DICTIONNAIRE

FRANÇAIS-ALLEMAND

ALLEMAND-FRANÇAIS

WÖRTERBUCH

FRANZÖSISCH-DEUTSCH

DEUTSCH-FRANZÖSISCH

2

DEUTSCH-FRANZÖSISCH

ALLEMAND-FRANÇAIS

GRAND DICTIONNAIRE

FRANÇAIS-ALLEMAND
ALLEMAND-FRANÇAIS

par Pierre Grappin
Professeur à la Sorbonne

avec la collaboration de

Jean Charue
Université de Dijon

Carol Heitz
Université de Paris X

Victor Schenker
Université de Nancy

et de Bernhard Hebecker
Oberstudienrat Dipl. Kfm. Dipl. Hdl.

pour la nouvelle édition

Christian Nugue
Université de Paris III

Ralf Brockmeier
D.E.A. des sciences du langage

Jacqueline Blériot
Rédactrice

LAROUSSE

LAROUSSE - 17, RUE DU MONTPARNASSE - 75298 PARIS CEDEX 06

cartographie

Michèle Bézille
Société Édica

ISBN 2-03-401318-2 (édition complète)
ISBN 2-03-401319-0 (volume 1)
ISBN 2-03-401320-4 (volume 2)
Larousse, Paris
Distributeur exclusif au Canada : Les Éditions Françaises Inc., Boucherville, Québec

GROSSWÖRTERBUCH

FRANZÖSISCH-DEUTSCH
DEUTSCH-FRANZÖSISCH

von Pierre Grappin
Professeur à la Sorbonne

unter der Mitwirkung von

Jean Charue
Université de Dijon

Carol Heitz
Université de Paris X

Victor Schenker
Université de Nancy

und Bernhard Hebecker
Oberstudienrat Dipl. Kfm. Dipl. Hdl.

für die neue Ausgabe

Christian Nugue
Université de Paris III

Ralf Brockmeier
D.E.A. des sciences du langage

Jacqueline Blériot
Rédactrice

LAROUSSE

LAROUSSE - 17, RUE DU MONTPARNASSE - 75298 PARIS CEDEX 06

Au Lecteur

Le présent ouvrage n'a d'autre ambition que de montrer les ressources du français et de l'allemand dans leur état actuel, en tenant compte de certains néologismes, techniques ou non, et d'un assez large secteur du langage familier, sans renoncer pour autant aux formes classiques des deux langues. Ces préoccupations impliquent un choix, et nous avons dû éliminer un très grand nombre de vocables qui sont souvent employés, mais qu'il a fallu rejeter au profit d'autres qui nous ont paru plus nécessaires. Un dictionnaire comme celui-ci n'est pas un ouvrage encyclopédique, mais un dictionnaire d'usage. Nous y avons introduit nombre de mots techniques, notamment parmi ceux qui sont nouvellement apparus. Les expressions techniques et scientifiques ont été retenues dans la mesure où elles correspondent à peu près aux connaissances qu'un homme cultivé peut avoir dans des domaines scientifiques ou techniques qui ne sont pas de sa spécialité. Le vocabulaire français de la langue courante, que l'on peut considérer comme la base de la culture générale, compte déjà quelque trente-deux mille mots.

C'est sur une base de cet ordre qu'a été édifiée la partie français-allemand de notre ouvrage. Dans la partie allemand-français, le nombre de mots traités est, du fait des caractères particuliers du vocabulaire allemand, très largement supérieur, presque le double de celui de la partie français-allemand.

Nous avons aussi cherché à établir un outil de traduction aussi précis et aussi commode que possible, en analysant et illustrant d'exemples nombreux les variétés de sens et d'emploi des mots à grande fréquence linguistique et en signalant les synonymes qui nous ont paru les plus intéressants. Pour vérifier le bon usage des locutions, nous nous sommes appuyé sur la langue littéraire, mais non sur elle exclusivement, notre premier souci étant d'allier la correction du langage et son actualité. Là encore il fallait choisir, puisque beaucoup de tournures classiques ont cessé d'être employées ; par ailleurs, les auteurs modernes emploient des expressions dont on n'est pas certain qu'elles seront ratifiées par l'usage.

Il est difficile de saisir une langue dans sa forme actuelle. Pour essayer d'y parvenir, nous avons fait rassembler, dans la presse en particulier, par des collaborateurs de l'une ou l'autre langue, un très grand nombre de vocables et de tours souvent intéressants, mais qui n'ont pas tous été retenus, car on peut penser que beaucoup n'auront qu'une existence éphémère. En outre, nous avons mené une enquête systématique sur la langue scientifique, en allemand et en français, en utilisant les manuels en usage au niveau du baccalauréat. Là encore nous n'avons gardé que l'essentiel, éliminant les vocables d'emploi trop restreint. Ainsi s'est élaboré, au cours des années, à partir d'une masse initiale considérable et par un contrôle mutuel constant de tous les collaborateurs, le texte que nous présentons.

Les tableaux de vocabulaire représentent une tentative de groupement logique des mots dans un ensemble sémantique. Nous avons dû nous limiter à quelques essais seulement.

À plusieurs reprises, M. J. Fourquet, professeur de philologie germanique à la Sorbonne, a bien voulu nous assister de ses conseils, pour lesquels nous le remercions. Nos remerciements vont aussi à tous ceux qui nous ont aidé, en particulier Mlle Brockhoff, Mlle Lorang, M. Moes, qui, de Metz, ont contribué au travail de rédaction, ainsi qu'à M. P. Kuhn et Mlle J. Englund, à MM. Hainaut et Rocher, Demuylder et Rademacher pour leurs observations. Enfin, nous souhaitons, pour que cet ouvrage puisse être amélioré à l'avenir, que nos lecteurs nous signalent les imperfections qu'ils ne manqueront pas d'y trouver.

Pierre Grappin

PRÉFACE DE LA NOUVELLE ÉDITION

Notre civilisation vit un profond bouleversement de ses moyens de création, d'échange et de communication. Cette évolution se caractérise, entre autres, par un remarquable enrichissement lexical. Des mots anciens reçoivent une acception nouvelle, plus spécifique ; des mots nouveaux apparaissent, qui tiennent compte de l'évolution des techniques et des changements de la vie économique, politique et sociale. Dans certains domaines de pointe, comme l'aéronautique, l'électronique, la médecine ou le traitement de l'information, les termes de spécialité se comptent par milliers, voire par dizaines de milliers.

Un dictionnaire de caractère général n'a certes pas pour vocation d'accueillir le vocabulaire des langues de spécialité. Mais il doit aussi donner le reflet le plus fidèle et le plus exhaustif possible de leur utilisation dans la langue courante, notamment dans les médias qui se font les interprètes privilégiés d'une société de communication. Tout se passe comme si certains concepts-clés forgés par les spécialistes entraient en quelque sorte, à un moment donné, dans l'usage quotidien.

Fidèle à sa double tradition – maintien d'une langue soutenue et ouverture aux technologies –, le GRAPPIN présente dans sa version remaniée l'essentiel des vocables ou effets de sens apparus tant dans la langue générale que dans les langues de spécialité au cours des dernières années. Le lecteur se voit offrir des milliers de termes nouveaux en français comme en allemand.

Notre reconnaissance s'adresse tout particulièrement à Madame Jacqueline Blériot pour la part considérable qu'elle a prise dans la réalisation de la nouvelle édition.

Pierre GRAPPIN
Christian NUGUE
Ralf BROCKMEIER

VORWORT DER NEUEN AUSGABE

Neue Formen der Produktion und der Kommunikation verändern die Welt, in der wir leben. Diese Entwicklung bringt eine außerordentliche Bereicherung des Wortschatzes mit sich. In der Folge des technischen, wirtschaftlichen, politischen und sozialen Wandels entstehen neue Ausdrücke oder bereits bestehende erhalten neue Bedeutungen. Bereiche wie Weltraumfahrt, Elektronik, Medizin oder Datenverarbeitung verzeichnen neue Termini zu Tausenden.

Ein allgemeinsprachliches Wörterbuch sollte den Gebrauch fachsprachlicher Termini in der Sprache des Alltags umfassend und zuverlässig dokumentieren. Es kann nicht seine Aufgabe sein, den Wortschatz der Fachsprachen zu erfassen. Man kann folgendes Phänomen beobachten: zu einem bestimmten Zeitpunkt werden die zunächst von Spezialisten geprägten Begriffe Allgemeingut. Bei diesem Prozeß kommt in einer Kommunikationsgesellschaft den Medien eine besondere Bedeutung zu.

Der «GRAPPIN» erfaßt in seiner überarbeiteten Ausgabe die wichtigsten Wörter und Bedeutungen, die in den letzten Jahren Eingang in den allgemeinen Sprachgebrauch gefunden haben. Dem Benutzer stehen sowohl im französischen als auch im deutschen Teil Tausende neuer Stichwörter zur Verfügung.

Unser besonderer Dank gilt Jacqueline Blériot, die maßgeblich an der Neubearbeitung beteiligt war.

Pierre GRAPPIN
Christian NUGUE
Ralf BROCKMEIER

INTRODUCTION

L'ordre alphabétique, qui est de règle dans un dictionnaire, n'a pas toujours été scrupuleusement respecté ici.

En effet, nous avons tenu à donner, après chaque mot représentant un radical important, les composés formés sur ce radical.

Ainsi apparaissent immédiatement après le mot **Bahn** ses composés ; de ce fait, le verbe *bahnen* se trouve repoussé après la série formée par ces composés. Quand deux termes de même forme ont des sens différents, ils sont traités séparément et chacun est suivi des composés qu'il sert à former. On trouve ainsi une série de composés sur **fest,** adjectif, et une autre sur **das Fest** ; une sur **der Nagel** (le clou), une autre sur **der Nagel** (l'ongle). Le signe °· indique que le composé est un substantif et comporte une majuscule à l'initiale.

Quand, dans un mot composé, le premier élément se termine par une consonne double et que le second élément commence par la même consonne, cette troisième consonne disparaît. Ainsi **Schiff/fahrt** s'écrit *Schiffahrt ;* **Schall/loch** s'écrit *Schalloch.*

Quand, dans une série de mots composés, apparaît un vocable très usité et qui sert lui-même à former d'autres composés, il a été, le plus souvent, traité séparément. Ainsi le mot *Haushalt* apparaît dans la série des composés de **Haus,** puis il est traité lui-même, séparément, avec ses propres composés. Si cette méthode ne permet pas toujours de respecter l'ordre alphabétique, elle nous a semblé répondre mieux aux règles de formation des mots composés.

Les différentes acceptions d'un mot sont traitées séparément ; chacune est définie par un terme de sens approximativement équivalent, placé entre crochets. Souvent, nous citons, à propos d'un mot, certains de ses composés usuels, qui nous ont paru propres à illustrer le sens du mot simple.

Verbes. — Pour les verbes, les formes réfléchies sont traitées dans le même article que les formes non réfléchies. Les participes passés, quand ils prennent une valeur particulière, sont placés à leur ordre alphabétique, donc, dans la plupart des cas, dans les mots commençant par **ge.** Pour les verbes forts, les changements de voyelle au prétérit et au parfait sont indiqués, ainsi **biegen** *(o, o).* On peut se reporter, par ailleurs, à la liste des verbes forts (v. p. VI), où sont indiquées les formes du présent de l'indicatif des verbes forts qui ont subi l'inflexion au présent, comme **fahren** *(du fährst, er fährt) ;* **treten** *(du trittst, er tritt).*

Les verbes à particule, dont le nombre est très grand, n'ont pas tous été énumérés. Mais les radicaux verbaux ont été étudiés avec un soin particulier, et pour chaque particule verbale, nous avons essayé de donner une liste des sens qu'elle peut prendre, de sorte que le sens d'un verbe à particule qui, éventuellement, ne serait pas mentionné, doit pouvoir être retrouvé sans peine.

Les infinitifs substantivés ne sont pas traités en dehors du verbe si leur sens recouvre exactement celui du verbe correspondant. La préférence a été souvent donnée à des substantifs dérivés avec le suffixe **ung.** Ceux-ci, en effet, n'ont pas toujours un sens exactement conforme à celui du verbe dont ils dérivent. Quand il existe des différences de sens entre ces sortes de formes voisines, nous avons essayé de les préciser.

Déclinaisons. — Pour chaque substantif nous avons indiqué la désinence du génitif singulier et celle du nominatif pluriel. Ainsi **Buch** *n. (s, ¨ er).* Le signe - indique que la forme ainsi mentionnée est exactement celle du nominatif singulier : **Hand** *f (-, ¨ e).*

Les désinences données entre parenthèses indiquent ce qui s'ajoute au radical. Dans le cas des noms terminés par ß, il faut tenir compte du fait que ß se résout en **ss** quand il n'est plus en position finale. Ainsi, au génitif singulier d'un mot comme **Erlaß** *m. (es, e),* il est entendu que le génitif singulier s'écrit *Erlasses.*

La désinence du génitif fort est **s ;** elle peut être écrite **es** dans tous les cas ; ainsi on dit *des Huts* ou *des Hutes.* Le **e** est obligé après les consonnes sifflantes ; là où il est obligatoire il a été chaque fois signalé.

La seconde indication entre parenthèses manque quand le pluriel du mot en question est inusité. Si un nom n'est suivi d'aucune indication de déclinaison, c'est que le génitif singulier a la forme du nominatif et que le pluriel est inusité. C'est le cas d'un grand nombre de féminins désignant des abstractions.

Les adjectifs et participes substantivés, quand ils constituent une entrée à part entière, sont présentés à la forme féminine et masculine qu'aurait l'adjectif épithète précédé de l'article indéfini ; ils ne sont suivis d'aucune indication de déclinaison ; ainsi **Körperbehinderte(r)** *f. (m.)* se lit : eine Körperbehinderte, ein Körperbehinderter.

Adjectifs numéraux. — Leurs formes n'ont été signalées que pour les plus usuels. Pour les autres, on devra se reporter à l'introduction grammaticale où les lois de leur formation sont indiquées. (V. p. IX.)

Mots allemands d'origine française. – Certains mots français employés en allemand dans leur forme et avec leur sens d'origine n'ont pas été mentionnés. Le lecteur pourra se reporter à la partie français-allemand.

Par contre, les mots de ce genre ont été traités quand, passant d'une langue à l'autre, ils ont subi une altération d'orthographe ou de sens.

Prononciation figurée. — Tous les mots-souches sont suivis de leur prononciation figurée. L'accent est indiqué par le signe '. Dans les mots où deux syllabes portent un accent, l'accent principal est indiqué par le signe ", l'accent secondaire par le signe '. Le signe d'accent a été placé immédiatement avant la syllabe accentuée.

L'accentuation indiquée pour un nom est celle de la forme singulier. En principe, l'accent demeure, au pluriel, sur la même syllabe ; certains masculins en **or** font exception à cette règle, l'accent se déplaçant au pluriel : *der 'Vektor,* mais *die Vek'toren ; der Pro'fessor,* mais *Profe'ssoren.*

La prononciation figurée n'a pas été donnée pour les mots composés, à l'exception du premier de la série. Quand, dans une série de composés, un mot nous a paru avoir une accentuation remarquable, celle-ci est indiquée par des signes conventionnels, ainsi : **Buchdruckerkunst** ["--/'-].

La prononciation indiquée pour un mot est celle de l'infinitif pour un verbe, du nominatif singulier pour un nom, du masculin singulier pour un adjectif. Il arrive que, dans certaines formes fléchies, la prononciation des finales change. Ainsi pour les adjectifs en **ig ;** *schuldig* = ʃuldiç, mais, devant un e, *eine Schuldige* = ʃuldigə.

L'alphabet employé est l'alphabet phonétique international adapté à l'allemand.

Consonnes

SIGNES	GRAPHIE	MOTS TYPES	SIGNES	GRAPHIE	MOTS TYPES
[b]	b	**B***ank* [baŋk]	[p]	p	**P***robe* [pro:bə]
[ç]	ch	*I***ch** [iç]	[pf]	pf	**Pf***erd* [pfe:rt]
	ig	*Köni***g** [køniç]	[r]	r	**R***itter* [ritər]
		*richti***g** [riçtiç]	[s]	s et ß	*Ki***ss***en* [kisən]
[d]	d	**D***ieb* [di:p]			*Flu***ß** [flus]
[f]	f et v	**F***unk* [funk]	[ʃ]	sch	**Sch***wester* [ʃvɛstər]
		V*ater* [fa:tər]		s	**S***prache* [ʃpra:xə]
[g]	g	**G***lück* [glyk]			**S***traße* [ʃtra:sə]
[h]	h	**H***ut* [hu:t]	[t]	t	**T***isch* [tiʃ]
[j]	j	**J***ahr* [ja:r]	[ts]	z	**Z***immer* [tsimər]
[k]	k	**K***ohle* [ko:lə]	[v]	w	**W***acht* [vaxt]
[ks]	chs	*wa***chs***en* [vaksən]	[x]	ch	*na***ch** [na:x]
[kv]	qu	**Qu***al* [qva:l]	[z]	s	*Ro***s***e* [ro:zə]
[k]	g	*Krie***g** [kri:k]	[ʒ]	g, j	**G***enie* [ʒeni:]
		*gesa***gt** [gəza:kt]			**J***ackett* [ʒakɛt]
[l]	l	**l***egen* [le:gən]			
[m]	m	**M***eer* [me:r]			
[n]	n	**N***ase* [na:zə]			
[ŋ]	ng	*ri***ng***en* [riŋən]			
	n	*O***n***kel* [ɔŋkəl]			

(:) signifie que la voyelle précédente est longue. En phonétique, il remplace :

– le **h** qui suit une voyelle simple ou se trouve entre des voyelles. Ex. : *fühlen* [fy:lən], *sehen* [ze:ən].

– le **e** qui suit un **i**. Ex. : *spielen* [ʃpi:lən].

Voyelles		
SIGNES	GRAPHIE	MOTS TYPES
[ɑ]	a	*Ahnung* [ɑ:nuŋ]
[a]	a	*Album* [album]
[ɛ:]	ä	*Rätsel* [rɛ:tsəl]
[ɛ]	e	*Teller* [tɛlər]
[e:]	e	*Rede* [re:də]
[e]	e	*Element* [elemɛnt]
[ə]	e	*genug* [gənu:k]
[i:]	i	*ihnen* [i:nən]
[i]	i	*immer* [imər]
[o:]	o	*Obst* [o:pst]
[o]	o	*Tomate* [tomɑ:tə]
[ɔ]	o	*offen* [ɔfən]
[ø:]	ö	*Öse* [ø:zə]
[ø]	ö	*öffnen* [øfnən]
[u:]	u	*Uhr* [u:r]
[u]	u	*Umlauf* [umlauf]
[y:]	ü	*Übung* [y:buŋ]
[y]	ü	*rütteln* [rytəln]

Diphtongues		
SIGNES	GRAPHIE	MOTS TYPES
[ai]	ai	*Waise* [vaizə]
	ei	*Feind* [faint]
[au]	au	*Auge* [augə]
[ɔy]	äu	*Täufling* [tɔyfliŋ]
	eu	*Feuer* [fɔyər]

Alphabet allemand		
	TRANSCRIPTION PHONETIQUE	TRANSCRIPTION FRANÇAISE APPROCHÉE
A a	[ɑ:]	a
B b	[be:]	bé
C c	[tse:]	tsé
D d	[de:]	dé
E e	[e:]	é
F f	[ɛf]	eff
G g	[ge:]	gué
H h	[hɑ:]	ha
I i	[i:]	i
J j	[jɔt]	yott
K k	[kɑ:]	ka
L l	[ɛl]	ell
M m	[ɛm]	emm
N n	[ɛn]	enn
O o	[o:]	o
P p	[pe:]	pé
Q q	[ku:]	kou
R r	[ɛr]	err
S s	[ɛs]	ess
T t	[te:]	té
U u	[u:]	ou
V v	[fau]	faou
W w	[ve:]	vé
X x	[iks]	ix
Y y	[ypsilon]	upsilonn
Z z	[tsɛt]	tsett

— Observ. : ß [ɛsstsɛt] a la même valeur phonétique que *ss*. Il n'existe qu'en minuscule.

NOTES SUR LA FORME ET L'USAGE DES MOTS ALLEMANDS

DÉCLINAISONS

Les éléments non verbaux d'une phrase se groupent, en allemand, suivant un ordre qui est normalement : article (ou déterminatif), adjectif épithète, substantif, complément déterminatif.

Les formes de l'article, de l'adjectif et du substantif varient suivant le cas. Ces différentes formes constituent les déclinaisons. Elles sont, en allemand, à quatre cas :

Nominatif : cas du sujet et de l'attribut (en allemand **Werfall**).

Génitif : cas du complément déterminatif **(Wesfall)**.

Datif : cas du complément d'attribution et de l'objet indirect **(Wemfall)**.

Accusatif : cas de l'objet du verbe transitif **(Wenfall)**.

DÉCLINAISON DES ARTICLES ET DÉTERMINATIFS

En allemand, les formes du nominatif et de l'accusatif sont identiques, sauf au masculin singulier. Un classement rationnel des cas rapprocherait donc le nominatif de l'accusatif, et les confondrait au féminin, au neutre et au pluriel. L'ordre adopté ici n'est pas « normal », mais seulement traditionnel.

Article défini

	MASCULIN	FÉMININ	NEUTRE	PLURIEL (3 genres)
N.	*der*	*die*	*das*	*die*
G.	*des*	*der*	*des*	*der*
D.	*dem*	*der*	*dem*	*den*
A.	*den*	*die*	*das*	*die*

Suivent cette déclinaison :

1. Les pronoms et adjectifs démonstratifs : **welcher, dieser, jener, mancher, aller, jeder ; einige, viele, wenige, mehrere.**

2. Les pronoms possessifs : **meiner, deiner, seiner, ihrer, unserer, eurer, ihrer.**

Article indéfini

	MASCULIN	FÉMININ	NEUTRE	
N.	*ein*	*eine*	*ein*	sans pluriel
G.	*eines*	*einer*	*eines*	
D.	*einem*	*einer*	*einem*	
A.	*einen*	*eine*	*ein*	

Le déterminatif négatif **kein** suit cette déclinaison, mais avec des formes plurielles : *keine, keiner, keinen, keine.* De même les adjectifs possessifs *(mein, dein, sein, ihr, unser, euer, ihr),* qui ont toutes les formes plurielles.

DÉCLINAISON DE L'ADJECTIF ÉPITHÈTE
avec l'article défini, ou un déterminatif de même flexion

	MASCULIN	FÉMININ	NEUTRE
N.	*der gute Mann*	*die gute Frau*	*das gute Kind*
G.	*des guten Mannes*	*der guten Frau*	*des guten Kindes*
D.	*dem guten Mann*	*der guten Frau*	*dem guten Kind*
A.	*den guten Mann*	*die gute Frau*	*das gute Kind*

Au pluriel, pour les trois genres, l'adjectif précédé de l'article défini prend **en** aux quatre cas.

avec l'article indéfini

	MASCULIN	FÉMININ	NEUTRE
N.	*ein guter...*	*eine gute...*	*ein gutes...*
G.	*eines guten...*	*einer guten...*	*eines guten...*
D.	*einem guten...*	*einer guten...*	*einem guten...*
A.	*einen guten...*	*eine gute...*	*ein gutes...*

Quand l'adjectif épithète n'est précédé d'aucun déterminatif, ou qu'il suit un mot invariable, il se décline comme un déterminatif. On conserve pourtant au génitif singulier masculin la désinence **en** à l'adjectif. Ainsi on dira : *ein Glas gut***en** *Wein***s**.

ADJECTIF SUBSTANTIVÉ

Tout adjectif allemand peut être employé substantivement. Il prend alors une majuscule :
Ex. : *der* ***K****ranke, ein* ***K****ranker.*
L'adjectif substantivé se décline suivant la règle générale de la déclinaison de l'adjectif épithète.
Au neutre, l'adjectif substantivé désigne des notions impersonnelles.
Ex. : *das Innere, das Schöne.*

DEGRÉS DE COMPARAISON DES ADJECTIFS

Le comparatif se forme avec le suffixe **er** : *schön, schön***er**.
Certains adjectifs prennent l'inflexion au comparatif : *alt, ält***er**. De même : *arg, arm, dumm, groß, grob, hart, jung, kalt, klug, krank, krumm, kurz, lang, nah, scharf, schwach, schwarz, stark, warm.*
Le superlatif a deux formes :
Le superlatif relatif, formé avec le suffixe **st** : *schön, der schön***ste** ;
Le superlatif absolu, formé par adjonction d'un adverbe tel que **sehr, ganz, äußerst** : **schön, sehr** *schön,* **äußerst** *schön.*
Il existe aussi une forme superlative de l'adverbe, formée avec la préposition **an** (**an dem,** contracté en **am**) :
Ex. : *auf dieser Strecke fährt man* **am schnellsten.**
Adverbe qualificatif. — À tout adjectif qualificatif allemand correspond un adverbe qui garde, d'une façon générale, la forme même de l'adjectif. L'adjectif allemand, employé adverbialement, ne prend pas la flexion : ***Adjectif épithète*** : *ein freiwilliges Opfer ;* ***Adverbe*** : *ein freiwillig dargebrachtes Opfer.*
On n'a donc pas jugé nécessaire, sauf exception, d'indiquer l'emploi adverbial de tous les adjectifs.
Par contre, on a donné les formes spécialement adverbiales que prennent certains adjectifs par adjonction des suffixes **maßen** *et* **weise.**
Ex. : **merkwürdig,** *merkwürdiger***weise.**

DÉCLINAISON DES NOMS COMMUNS

Dans la déclinaison des noms allemands, il ne subsiste qu'un petit nombre de formes différentes, au singulier seulement celle du génitif. Le pluriel a, le plus souvent, une désinence propre, qui est toujours **(e)n** au datif pluriel. Les noms masculins, féminins et neutres forts ont plusieurs types de désinences au pluriel : **e, ¨e, ¨er,** qui déterminent plusieurs types de déclinaisons.
Masculins forts (génitif singulier **s**). — Au singulier, type unique : N. *der Hut ;* G. *des Hut***(e)s ;** D. *dem Hut ;* A. *den Hut.*
Au pluriel, différentes désinences : **¨e, e, ¨**, rarement **¨er.**

De nombreux masculins n'ont pas de désinence particulière au pluriel (sauf **n** au datif pluriel).

Masculins faibles

	SINGULIER	PLURIEL
N.	*der Knabe*	*die Knaben*
G.	*des Knaben*	*der Knaben*
D.	*dem Knaben*	*den Knaben*
A.	*den Knaben*	*die Knaben*

Les noms qui suivent cette déclinaison sont terminés par **e** et désignent des êtres animés.
Un certain nombre (vingt-cinq environ) ont perdu le **e** et suivent néanmoins la déclinaison faible : ainsi *der Bär, der Bauer, der Fürst, der Prinz.*
Certains masculins faibles ont au génitif une forme en **ens** rappelant la déclinaison forte. Ainsi *der friede, der Glaube, der Name, der Wille.*
Noms neutres. — Au singulier, ils suivent tous la déclinaison forte. Ex. : *das Jahr, des Jahres, dem Jahr, das Jahr.*
Au pluriel, plusieurs types de désinences :
1. En **e** : *die Jahre* (dat. pl. *Jahr***en**).
2. En **¨er** : *die Bäder* (dat. pl. *Bäder***n**).
3. En **en** : *die Aug***en.**
4. Pluriel semblable au singulier : les neutres en **el, en, er** (sauf *Kloster,* pl. *Klöster*), **chen, lein ;** les neutres commençant par **ge** et terminés par **e.**
Noms féminins. — Au singulier, tous les féminins sont invariables.
Au pluriel :
1. FÉMININS FAIBLES : **en** à tous les cas.
2. FÉMININS FORTS : trois formes de pluriel :
– **¨e** : *die Früchte* (dat. pl. *Frücht***en**) ;
– **e** : *die Kenntnisse* (dat. pl. *Kenntniss***en**) ;
– **¨** deux noms seulement : *Mütter et Töchter.*

GENRE DES NOMS

Les êtres vivants de sexe masculin sont presque toujours désignés par un nom masculin, et ceux de sexe féminin par un nom féminin. Exception : **das** *Weib,* la femme, et les diminutifs comme **das** *Mädchen.*
Le genre des objets est imprévisible.
On peut remarquer pourtant que :
1. Les noms qui ont la forme d'un radical verbal sont presque toujours masculins : *der Schlag, der Sprung.*
2. Les noms à suffixes **(-ei, -heit, -keit, -schaft, -ung)** désignant des abstractions sont féminins. De même les substantifs féminins dérivés d'adjectifs : **die** *Kälte,* **die** *Weite.*
3. Presque tous les noms d'arbres sont féminins : **die** *Eiche.*
4. Presque tous les noms de métaux sont neutres : **das** *Eisen.*
5. Les diminutifs en **chen** et **lein** sont tous neutres.
6. Les collectifs en **Ge** sont neutres.
— OBSERV. Tous les noms en **Ge** ne sont pas de ce type. D'autres indiquent l'appartenance à une collectivité : *der Geselle, der Genosse.*
7. Les noms de couleurs sont neutres : *das Rot.*
8. Sont neutres aussi les noms de villes (**das** *schöne München*) et de pays (**das** *ganze Amerika*) sauf **die** *Schweiz* et les noms de pays terminés par **ei** (**die** *Türkei*).

DÉCLINAISON DES PRONOMS

pronoms personnels

	ich	du	er	sie	es	wir	ihr	Sie
N.	*ich*	*du*	*er*	*sie*	*es*	*wir*	*ihr*	*Sie*
G.	*meiner*	*deiner*	*seiner*	*ihrer*	*seiner*	*unser*	*euer*	*Ihrer*
D.	*mir*	*dir*	*ihm*	*ihr*	*ihm*	*uns*	*euch*	*Ihnen*
A.	*mich*	*dich*	*ihn*	*sie*	*es*	*uns*	*euch*	*Sie*

pronoms relatifs et démonstratifs

	MASCULIN	FÉMININ	NEUTRE	PLURIEL
N.	*der*	*die*	*das*	*die*
G.	*dessen*	*deren*	*dessen*	*deren*
D.	*dem*	*der*	*dem*	*denen*
A.	*den*	*die*	*das*	*die*

Si, au génitif pluriel, le pronom sert d'antécédent à une relative, on emploie la forme **derer** au lieu de **deren**.
Ex. : *wir gedenken* **derer**, *die im Kriege gefallen sind.*
Le génitif des relatifs sert à rendre le pronom français **dont**.
Ex. : *die Frau,* **deren** *Kind krank ist ; der Mann,* **dessen** *Frau wir sehen.*
Après les verbes à régime prépositionnel, la préposition demeure (équivalent du français *dont*).
Ex. : *der Briefträger,* **von dem** *wir sprechen ; der Traum,* **an den** *ich mich erinnere.*

CONJUGAISONS

Verbes auxiliaires

SEIN *(être)*

PRÉSENT DE L'INDICATIF : *ich bin, du bist, er ist, wir sind, ihr seid, sie sind.*
PRÉTÉRIT : *ich war.*
PASSÉ COMPOSÉ : *ich bin gewesen.*
SUBJONCTIF I : *ich sei.*
SUBJONCTIF II : *ich wäre.*

L'auxiliaire **sein** s'emploie pour les verbes *sein, werden, bleiben.*

Il est l'auxiliaire des verbes intransitifs qui marquent soit le mouvement vers un but (ex. : *er* **ist** *zu uns gekommen*), soit le changement d'état, l'entrée dans un état (ex. : *die Blume* **ist** *aufgeblüht*).

HABEN *(avoir)*

PRÉSENT DE L'INDICATIF : *ich habe, du hast, er hat, wir haben, ihr habt, sie haben.*
PRÉTÉRIT : *ich hatte.* — SUBJ. : *ich hätte.*
PASSÉ COMPOSÉ : *ich habe gehabt.*

Haben est l'auxiliaire des verbes transitifs ; des verbes intransitifs qui n'indiquent ni mouvement ni changement d'état ; des verbes réfléchis.

— OBSERV. Il arrive qu'on trouve le même verbe employé avec les deux auxiliaires, en particulier les verbes de position, tels que *stehen, sitzen, liegen.* On peut dire : *er* **ist** *da gestanden* et *er* **hat** *da gestanden.* La première tournure s'entend en Allemagne du Sud, la seconde dans le Nord.

WERDEN *(devenir)*

PRÉSENT DE L'INDICATIF : *ich werde, du wirst, er wird, wir werden, ihr werdet, sie werden.*
PRÉTÉRIT : *ich wurde.* — SUBJ. : *ich würde.*
PASSÉ COMPOSÉ : *ich bin geworden.*

Werden est l'auxiliaire du futur, du conditionnel, du passif action.

Ex. : *er schreibt den Brief (der Brief* **wird** *von ihm geschrieben) ; er schrieb den Brief (der Brief* **wurde** *von ihm geschrieben).*

Aux temps composés du passif, le participe passé de **werden** est **worden** : *das Schloß ist im Jahre 1750 gebaut* **worden.**

SEMI-AUXILIAIRES OU AUXILIAIRES DE MODE

Sur les sept verbes dits prétérito-présents **(dürfen, können, mögen, müssen, sollen, wissen, wollen)**, six peuvent remplir des fonctions voisines de celles de l'auxiliaire, pour marquer une nuance de mode, pour suppléer des formes manquantes, pour exprimer des nuances, des idées de *pouvoir, devoir, vouloir.*

Les six semi-auxiliaires ou auxiliaires de mode sont : **dürfen, können, mögen, müssen, sollen, wollen.**

Aux temps composés, le participe passé des auxiliaires de mode, lorsqu'il a lui-même pour complément un infinitif, a la forme de l'infinitif (règle du double infinitif). Ex. : *er hätte das nicht machen sollen.*

VERBES FORTS ET VERBES FAIBLES

Les verbes allemands se divisent en deux grands groupes, suivant le rapport entre le radical du présent de l'indicatif et celui du prétérit.

Verbes faibles. — On appelle verbes faibles ceux qui forment le prétérit en ajoutant le suffixe **te** au radical du présent.
Ex. : **lieb**|*en, ich lieb*|**te.**

Verbes forts. — On appelle *forts* ceux qui forment le radical du prétérit en changeant la voyelle de la syllabe principale.
Ex. : **springen,** *ich* **sprang.**
Le prétérit des verbes forts se distingue par l'absence de terminaison aux première et troisième personnes du singulier.

Verbes faibles irréguliers. — Les verbes faibles irréguliers, appelés aussi **verbes mixtes,** combinent au prétérit la désinence **te** des verbes faibles avec une altération du radical.
Ex. : **kennen,** *ich* **kannte ; denken,** *ich* **dachte.**

CONJUGAISON FAIBLE

Verbe « machen » (auxiliaire *haben*).

INDICATIF		SUBJONCTIF I		SUBJONCTIF II	
Présent.	*Futur.*	*Présent.*	*Futur.*	*Présent.*	*Futur.*
ich mache du machst er macht wir machen ihr macht sie machen	ich werde machen du wirst — er wird — wir werden — ihr werdet — sie werden —	ich mache du machest er mache wir machen ihr machet sie machen	ich werde machen du werdest — er werde — wir werden — ihr werdet — sie werden —	ich machte du machtest er machte wir machten ihr machtet sie machten	ich würde machen du würdest — er würde — wir würden — ihr würdet — sie würden —
Prétérit. ich machte du machtest er machte wir machten ihr machtet sie machten					
Parfait. ich habe gemacht *Plus-que-parfait.* ich hatte gemacht	*Futur antérieur.* ich werde gemacht haben er wird gemacht haben	*Parfait.* ich habe gemacht er habe gemacht	*Futur antérieur.* ich werde gemacht haben er werde gemacht haben	*Parfait.* ich hätte gemacht er hätte gemacht	*Futur antérieur.* ich würde gemacht haben er würde gemacht haben

IMPÉRATIF : mache ; machen wir ; macht ; machen Sie.

FORMES IMPERSONNELLES

Infinitif.	*Participe présent.*	*Participe passé.*
machen *Infinitif parfait.* gemacht haben	machend	gemacht

CONJUGAISON FORTE

Verbe « fahren » (auxiliaire *sein*).

INDICATIF		SUBJONCTIF I		SUBJONCTIF II	
Présent.	*Futur.*	*Présent.*	*Futur.*	*Présent.*	*Futur.*
ich fahre	ich werde fahren	ich fahre	ich werde fahren	ich führe	ich würde fahren
du fährst	du wirst —	du fahrest	du werdest —	du führest	du würdest —
er fährt	er wird —	er fahre	er werde —	er führe	er würde —
wir fahren	wir werden —	wir fahren	wir werden —	wir führen	wir würden —
ihr fahrt	ihr werdet —	ihr fahret	ihr werdet —	ihr führet	ihr würdet —
sie fahren	sie werden —	sie fahren	sie werden —	sie führen	sie würden —
Prétérit.					
ich fuhr					
du fuhrst					
er fuhr					
wir fuhren					
ihr fuhrt					
sie fuhren					
Parfait.	*Futur antérieur.*	*Parfait.*	*Futur antérieur.*	*Parfait.*	*Futur antérieur.*
ich bin gefahren	ich werde gefahren sein	ich sei gefahren	ich werde gefahren sein	ich wäre gefahren	ich würde gefahren sein
Plus-que-parfait.					
ich war gefahren	er wird gefahren sein	er sei gefahren	er werde gefahren sein	er wäre gefahren	er würde gefahren sein
IMPÉRATIF : fahre ; fahren wir ; fahrt ; fahren Sie.					
FORMES IMPERSONNELLES					
Infinitif. fahren		*Participe présent.* fahrend		*Participe passé.* gefahren	
Infinitif parfait. gefahren sein					

LISTE DES VERBES FORTS ET DES VERBES FAIBLES IRRÉGULIERS

INFINITIF	PRÉTÉRIT (3e pers. sing.) IND.	PART. PASSÉ	INFINITIF	PRÉTÉRIT (3e pers. sing.) IND.	PART. PASSÉ
backen (er bäckt)	buk (Vx)	gebacken	geschehen (es geschieht)	geschah	geschehen (S)
befehlen (er befiehlt)	befahl	befohlen	gewinnen	gewann	gewonnen
sich befleißen	befliß	beflissen	gießen	goß	gegossen
beginnen	begann	begonnen	gleichen	glich	geglichen
beißen	biß	gebissen	gleiten	glitt	geglitten (S)
bergen (er birgt)	barg (bürge) [1]	geborgen	glimmen	glomm	geglommen
bersten (er birst)	barst (borste)	geborsten (S) [2]	graben (er gräbt)	grub	gegraben
bewegen	bewog	bewogen	greifen	griff	gegriffen
biegen	bog	gebogen			
bieten	bot	geboten	halten (er hält)	hielt	gehalten
binden	band	gebunden	hangen (er hängt)	hing	gehangen
bitten	bat	gebeten	hauen	hieb	gehauen
blasen (er bläst)	blies	geblasen	heben	hob	gehoben
bleiben	blieb	geblieben	heißen	hieß	geheißen
braten (er brät)	briet	gebraten	helfen (er hilft)	half (hülfe)	geholfen
brechen (er bricht)	brach	gebrochen			
brennen	brannte	gebrannt	kennen	kannte	gekannt
bringen	brachte	gebracht	klimmen	klomm	geklommen (S)
			klingen	klang	geklungen
denken	dachte	gedacht	kneifen	kniff	gekniffen
dingen (Vx)	dang (Vx)	gedungen	kommen	kam	gekommen (S)
dreschen (er drischt)	drosch	gedroschen	können (er kann)	konnte	gekonnt
dringen	drang	gedrungen (S)	kriechen	kroch	gekrochen (S)
dürfen (er darf)	durfte	gedurft			
			laden (er lädt [ladet])	lud	geladen
empfehlen (er empfiehlt)	empfahl	empfohlen	lassen (er läßt)	ließ	gelassen
erlöschen (er erlischt)	erlosch	erloschen (S)	laufen (er läuft)	lief	gelaufen (S)
erschrecken (er erschrickt)	erschrak	erschrocken (S)	leiden	litt	gelitten
erwägen	erwog	erwogen	leihen	lieh	geliehen
essen (er ißt)	aß	gegessen	lesen (er liest)	las	gelesen
			liegen	lag	gelegen
fahren (er fährt)	fuhr	gefahren (S)	lügen	log	gelogen
fallen (er fällt)	fiel	gefallen (S)			
fangen (er fängt)	fing	gefangen	meiden	mied	gemieden
fechten (er ficht)	focht	gefochten	melken	molk	gemolken
finden	fand	gefunden	messen (er mißt)	maß	gemessen
fliegen	flog	geflogen (S)	mögen (er mag)	mochte	gemocht
fliehen	floh	geflohen (S)	müssen (er muß)	mußte	gemußt
fließen	floß	geflossen (S)			
fressen (er frißt)	fraß	gefressen	nehmen (er nimmt)	nahm	genommen
frieren	fror	gefroren	nennen	nannte	genannt
gären	gor (Vx)	gegoren	pfeifen	pfiff	gepfiffen
gebären (sie gebiert)	gebar	geboren	pflegen	pflog	gepflogen
geben (er gibt)	gab	gegeben	preisen	pries	gepriesen
gedeihen	gedieh	gediehen			
gehen	ging	gegangen (S)	quellen (er quillt)	quoll	gequollen
gelingen	gelang	gelungen (S)			
gelten (es gilt)	galt	gegolten	raten (er rät)	riet	geraten
genesen	genas	genesen	reiben	rieb	gerieben
genießen	genoß	genossen	reißen	riß	gerissen

(1) La forme indiquée entre parenthèses est celle du subjonctif II, présent, donnée chaque fois qu'elle se forme avec une autre voyelle que celle du prétérit.
(2) Le signe (S) indique que le verbe se conjugue avec l'auxiliaire *sein*.

INFINITIF	PRÉTÉRIT (3ᵉ pers. sing.) IND.	PART. PASSÉ
reiten	ritt	geritten (S) [2]
rennen	rannte	gerannt (S)
riechen	roch	gerochen
ringen	rang	gerungen
rinnen	rann	geronnen
rufen	rief	gerufen
saufen (er säuft)	soff	gesoffen
saugen	sog	gesogen
schaffen	schuf	geschaffen
scheiden	schied	geschieden
scheinen	schien	geschienen
schelten (er schilt)	schalt (schölte) [1]	gescholten
scheren	schor (scherte)	geschoren (geschert)
schieben	schob	geschoben
schießen	schoß	geschossen
schlafen (er schläft)	schlief	geschlafen
schlagen (er schlägt)	schlug	geschlagen
schleichen	schlich	geschlichen (S)
schleifen	schliff	geschliffen
schließen	schloß	geschlossen
schlingen	schlang	geschlungen
schmeißen	schmiß	geschmissen
schmelzen (er schmilzt)	schmolz	geschmolzen
schnauben	schnob	geschnoben
schneiden	schnitt	geschnitten
schreiben	schrieb	geschrieben
schreien	schrie	geschrieen
schreiten	schritt	geschritten (S)
schweigen	schwieg	geschwiegen
schwellen (er schwillt)	schwoll	geschwollen (S)
schwimmen	schwamm	geschwommen (S)
schwinden	schwand	geschwunden (S)
schwingen	schwang	geschwungen
schwören	schwor	geschworen
sehen (er sieht)	sah	gesehen
senden	sandte (sendete)	gesandt (gesendet)
sieden	sott (Vx)	gesotten
singen	sang	gesungen
sinken	sank	gesunken (S)
sinnen	sann	gesonnen
sitzen	saß	gesessen
sollen (er soll)	sollte	gesollt
speien	spie	gespieen
spinnen	spann	gesponnen

INFINITIF	PRÉTÉRIT (3ᵉ pers. sing.) IND.	PART. PASSÉ
sprechen (er spricht)	sprach	gesprochen
sprießen	sproß	gesprossen (S)
springen	sprang	gesprungen (S)
stechen (er sticht)	stach	gestochen
stehen	stand (stünde)	gestanden
stehlen (er stiehlt)	stahl	gestohlen
steigen	stieg	gestiegen (S)
sterben	starb (stürbe)	gestorben
stieben	stob (Vx)	gestoben (S) [Vx]
stinken	stank	gestunken
stoßen (er stößt)	stieß	gestoßen
streichen	strich	gestrichen
streiten	stritt	gestritten
tragen (er trägt)	trug	getragen
treffen (er trifft)	traf	getroffen
treiben	trieb	getrieben
treten (er tritt)	trat	getreten (S)
triefen	troff	(getrieft)
trinken	trank	getrunken
trügen	trog	getrogen
tun	tat	getan
verbieten	verbot	verboten
verderben (es verdirbt)	verdarb (verdürbe)	verdorben
verdrießen	verdroß	verdrossen
vergessen (er vergißt)	vergaß	vergessen
verlieren	verlor	verloren
wachsen (er wächst)	wuchs	gewachsen (S)
waschen (er wäscht)	wusch	gewaschen
weben	wob (webte)	gewoben (gewebt)
weichen	wich	gewichen (S)
weisen	wies	gewiesen
wenden	wandte (wendete)	gewandt (gewendet)
werben (er wirbt)	warb (würbe)	geworben
werfen (er wirft)	warf (würfe)	geworfen
winden	wand	gewunden
wollen (er will)	wollte	gewollt
zeihen	zieh	geziehen
ziehen	zog	gezogen (S)
zwingen	zwang	gezwungen

(1) La forme indiquée entre parenthèses est celle du subjonctif II, présent, donnée chaque fois qu'elle se forme avec une autre voyelle que celle du prétérit.
(2) Le signe (S) indique que le verbe se conjugue avec l'auxiliaire *sein*.

INFINITIF SUBSTANTIVÉ

Tout infinitif est susceptible de revêtir une valeur nominale ; c'est alors un substantif neutre, avec une majuscule initiale. Indiquant sous son aspect général l'action exprimée par le verbe, il ne peut pas se mettre au pluriel sauf, exceptionnellement, pour certains mots très usuels dont l'origine verbale est oubliée, tels que **das Wesen.**

Les infinitifs pronominaux substantivés d'usage courant se forment sans le réfléchi. Ainsi **das Betragen** est la forme substantivée de *sich betragen.* Mais dans certains cas l'infinitif substantivé serait incompréhensible sans le réfléchi.

Ex. : *sich hervortun* (se mettre en avant) donne **das Sichhervortun** (le fait de se mettre en avant, le manque de discrétion).

Des tournures de ce genre n'existent pas dans la langue courante, mais se sont multipliées dans le langage littéraire et philosophique moderne. On peut étendre le procédé à tout un groupe de mots : *ein In-sich-zur-Ruhe-kommen* (Nietzsche).

Nous nous sommes bornés à donner les formes les plus usuelles ou celles qui ont revêtu un sens particulier, différent du sens du verbe.

PARTICULES VERBALES

L'allemand compte un nombre très important, et toujours accru, de verbes à particule. Les particules sont des éléments invariables, de même origine que les prépositions ou les préfixes de composition. Elles s'associent au verbe de deux façons :

— comme ***particule inséparable,*** formant avec le verbe un tout, dans lequel il n'y a plus qu'une syllabe principale ;

— comme ***particule séparable.*** Les deux éléments verbe et particule sont alors unis par le sens, mais chacun conserve une syllabe principale et continue à suivre les mêmes règles de position et d'accentuation que s'il était indépendant. Un verbe à particule séparable représente l'équivalent d'une locution verbale.

Les particules inséparables sont : **be, emp, ent, er, ge, miß, ver, zer.** Elles ne portent pas l'accent, qui demeure sur le radical verbal.

Les particules séparables sont : **ab, an, auf, aus, bei, dar, ein, empor, entgegen, fort, heim, her** (et ses composés), **hin** (et ses composés), **los, mit, nach, nieder, vor** (et ses composés), **weg, zu** (et ses composés. Ex. : *zurück, zusammen*).

Six particules sont tantôt séparables, tantôt inséparables, suivant le sens du groupe verbe-particule. Ces particules à double régime sont : **durch, um, über, unter, hinter, wieder.** On peut reconnaître leur règle d'emploi d'après leur accentuation ; elles ne sont accentuées que quand elles sont séparables.

PLACE DE LA PARTICULE SÉPARABLE

La particule séparable peut être considérée comme le dernier des membres de la phrase.

Elle termine la phrase dans la proposition indépendante, si le verbe est à un temps simple.

Ex. : *der Zug fährt um neun Uhr von Köln* **ab ;** *um neun Uhr fährt der Zug von Köln* **ab.**

Si le verbe est à un temps composé, le participe ou l'infinitif se trouvent après la particule ; la particule et la forme impersonnelle s'écrivent en un seul mot.

Ex. : *der Zug ist um neun Uhr von Köln* ***ab****gefahren ; der Zug wird um neun Uhr von Köln* ***ab****fahren.*

Si la proposition est **subordonnée,** avec **rejet,** le verbe à une forme simple se trouve **après** la particule, et l'ensemble particule-verbe s'écrit **en un seul mot.**

Ex. : *wir stellten fest, daß der Zug um neun Uhr von Köln* **abfuhr.**

Si le verbe est à un temps composé, et **s'il y a rejet,** l'ordre des mots du groupe verbal devient : **particule-participe-auxiliaire.**

Ex. : *der Bahnbeamte sagt, daß der Zug um neun Uhr von Köln* **abgefahren** *ist.*

Toutefois, dans le cas du double infinitif, l'auxiliaire précède les deux infinitifs.

Ex. : *er sagt, daß der Zug um neun Uhr von Köln* **hätte abfahren müssen.**

PRÉPOSITIONS

Les prépositions allemandes se classent en quatre groupes d'après le cas que prend le groupe (substantival généralement) auquel elles se joignent.

1. Le groupe le plus original est celui des neuf prépositions qui gouvernent tantôt l'accusatif, tantôt le datif :

an, auf, hinter, in, neben, über, unter, vor, zwischen.

Elles définissent toutes une position *dans l'espace* et constituent ainsi un système de désignations spatiales, statiques ou dynamiques. M. Fourquet *(Grammaire de l'allemand)* en fait la description suivante :

« Toutes marquent une position définie *dans l'espace ;* il est facile d'en retrouver huit en faisant la liste des positions qu'un objet peut occuper par rapport à un corps creux, une caisse par exemple, dans les trois dimensions de l'espace. »

De haut en bas : **über ; auf ; unter.**

D'avant en arrière : **vor, hinter.**

De côté : **neben** (à côté de ; sans toucher) ; **an** (contre).

Centre commun : **in.**

Entre deux objets : **zwischen.**

Pour la majorité d'entre elles, ce système peut être transposé dans des significations temporelles ou abstraites. On trouvera dans le dictionnaire, pour chacune de ces prépositions, un essai de classement de ses différents sens suivant une progression allant du concret à l'abstrait : sens spatial ; sens temporel ; différents sens notionnels.

2. Prépositions avec l'accusatif : **durch, um, für, gegen** (Vx, **wider**), **ohne** (Vx, **sonder**).

3. Prépositions avec le datif : **bei, zu, nach, von, aus, seit, mit.**

Il faut y adjoindre des adverbes employés comme prépositions (ou postpositions) : **dank, nächst, nebst, längst** (aussi gén.), **binnen** (aussi gén.), **außer, gemäß, zufolge,** et des particules qui s'emploient en postposition : **entgegen, gegenüber, zuwider.**

4. Prépositions avec le génitif : **während, statt, anstatt, trotz, wegen.**

— Observ. L'usage parlé admet le complément au datif après **trotz** et **wegen.**

Outre ces prépositions usuelles, un grand nombre d'adverbes et de locutions adverbiales peuvent faire fonction de prépositions, ainsi : **diesseits, jenseits ; außerhalb, innerhalb, oberhalb, unterhalb ; inmitten, unweit, kraft, laut, ungeachtet, vermöge.**

Contraction de la préposition et de l'article. — Les prépositions usuelles se combinent avec l'article défini et donnent des formes contractées.

Certaines sont très usitées : **am, ans ; im, ins ; zum, zur ; vom ; beim ; ums.**

PRÉPOSITION	ADVERBE	CONJONCTION
an	*daran*	*woran*
bei	*dabei*	*wobei*
in	*darin*	*worin*
		indem
nach	*nachher*	
	hernach	*nachdem*
seit	*seither*	*seitdem*
über	*darüber*	*worüber*
unter	*darunter*	*worunter*
vor	*vorher*	*bevor*
von	*davon*	*wovon*

Combinaison des adverbes *da* et *wo* avec les prépositions. — Elle produit des adverbes démonstratifs qui commencent par **da** (ou **dar**) et **wo** (ou **wor**), ainsi que des conjonctions. On trouve la même combinaison avec les pronoms relatifs et le préfixe **her.**

CONJONCTIONS

Les **conjonctions de coordination** n'entraînent pas, en principe, de modification de l'ordre des mots dans la phrase.

Ainsi : **und, oder, aber, sondern, denn.** Placées devant une proposition, elles ne changent en rien sa construction.

Ex. : *Robert liest* **und** *Hans schreibt einen Brief. Sie lesen Zeitungen* **oder** *sie arbeiten zusammen. Robert geht zur Schule,* **aber** *Hans lernt zuhause. Er arbeitet nicht,* **sondern** *er geht spazieren. Wir gehen zu Bett,* **denn** *wir sind müde.*

— Observ. **also, doch** et **entweder** peuvent modifier l'ordre des mots de la phrase. (V. ces mots.)

Après toute **conjonction de subordination,** le verbe est rejeté à la fin de la proposition.

Ex. : *er sah, daß sein Freund nicht zu Hause* **war ;** *er kam, als wir schon von der Stadt* **weggefahren** *waren.*

Als* et *wenn. — **Als,** au sens de *quand,* s'emploie pour situer une action passée, un fait unique, qui s'est passé à un moment précis. Ex. : **Als** *Bismarck starb, war mein Vater noch ein Kind.*

Wenn signifie *toutes les fois que* et désigne une action répétée, dans le passé. Ex. : **Wenn** *wir in die Ferien fuhren, freuten wir uns.*

Pour un fait présent ou futur, on ne peut employer que **wenn.** Ex. : **Wenn** *ich nächstes Jahr nach Paris fahre...*

Subjonctif. — Aucune conjonction allemande n'exige le subjonctif, sauf **als ob** (ou **als** pris au sens de **als ob**). Mais le subjonctif s'emploie après **daß** si le verbe de la principale exprime la crainte ou le doute.

Ex. : *Wir fürchteten,* **daß** *er verunglückt sei.*

Cela s'applique en particulier aux verbes **fürchten, vermuten, wünschen, zweifeln.**

Le subjonctif, par ailleurs, s'emploie dans les propositions conditionnelles et, en dehors du style indirect, après *daß* dans l'expression : **zu... als daß.**

Ex. : *er ist* **zu** *krank,* **als daß** *er fahren könnte.*

ADVERBES

Adverbes qualificatifs. — En allemand, tout adjectif peut être employé adverbialement.

Au comparatif, l'adverbe garde la forme de l'adjectif ; au superlatif, il prend la forme d'une locution avec la préposition **an :**

Ex. : *schnell ; schneller ; am schnellsten.*

Il existe par ailleurs plusieurs séries d'adverbes qualificatifs invariables :

1. en **s : nachts ; rechts ; rings ; teils...**
2. en **lings : blindlings ; rittlings...**
3. en **maßen : einigermaßen ; folgendermaßen...**
4. en **wärts : abwärts ; stromaufwärts ; himmelwärts...**
5. en **weise : kreuzweise ; paarweise...**

Adverbes circonstantiels. — Ils peuvent être classés suivant la notion circonstantielle qu'ils servent à préciser :

Affirmation et négation : **doch ; ja ; nicht.**

Temps : **bald ; eben ; erst ; gerade ; heute...**

Lieu : **da ; dort ; hier** (et leurs composés en **-her** et **-hin**) ; **hinten ; links ; rechts...**

Quantité : **genug ; nur ; sehr ; viel...**

DISCOURS INDIRECT

Le subjonctif est le mode du discours indirect, du potentiel et de l'irréel.

Le discours indirect souligne qu'il s'agit de paroles ou de pensées d'une autre personne que celle qui parle.

Ex. : *man sagt, er sei krank und er müsse deswegen das Bett hüten. Es heißt, er habe die Prüfung mit Glanz bestanden.*

Le subjonctif du style indirect demeure au présent, même si le verbe de la proposition principale est au passé.

Ex. : **er schrieb,** *daß er krank* **sei.**

Il n'y a donc pas, dans ce cas, concordance des temps.

Les principaux verbes qui introduisent le discours indirect sont : **erzählen, antworten, sagen, meinen, glauben, denken, schreiben.**

TABLEAU DES TEMPS

DISCOURS DIRECT	DISCOURS INDIRECT	
Indicatif prés.	Subj. I, prés.	Si besoin est (v. Observ.) subj. II, présent.
Prétérit, passé composé.	Subj. I, parfait.	Subj. II, parfait.
Futur.	Subj. I, futur.	Subj. II, futur.

DISCOURS DIRECT	DISCOURS INDIRECT
Der Professor fragte die Studentin : « Von welcher Universität **kommen** *Sie ? Wieviel Semester studierten Sie bereits ? Haben Sie auch Spanisch* **gelernt** *? Werden Sie lange in Frankreich bleiben ? »*	*Der Professor fragte die Studentin, won welcher Universität sie* **komme,** *wieviel Semester sie bereits studiert habe, ob sie auch Spanisch* **gelernt habe,** *ob sie lange in Frankreich bleiben* **werde.**
Die Studentin antwortete : « Ich und meine Freundin **kommen** *aus München und wir werden ein Jahr in Frankreich bleiben. Wir* **haben** *auch Spanisch studiert. »*	*Die Studentin antwortete, sie und ihre Freundin* **kämen** *aus München und sie* **würden** *ein Jahr in Frankreich bleiben. Sie* **hätten** *auch Spanisch studiert.*
Der Professor sagte : « Besuchen Sie regelmäßig die Vorlesungen ! »	*Der Professor sagte, sie* **möchten (sollten)** *regelmäßig die Vorlesungen besuchen.*

En règle générale :

— À l'indicatif présent du discours direct correspond le subjonctif présent du discours indirect.

— Au prétérit, au passé composé et au plus-que-parfait du discours direct correspond le parfait du subjonctif I pour le discours indirect.

— Au futur de l'indicatif du discours direct correspond le futur du subjonctif I dans le discours indirect.

— OBSERV. Toutefois, si le présent, le parfait ou le futur du subjonctif I ne se distinguent pas des temps correspondants de l'indicatif, on les remplace par des temps correspondants du subjonctif II. C'est le cas notamment à la première personne du singulier et à celle du pluriel.

Ex. : *ich sage ihm, daß ich heute Abend über Rilke* **spräche.**

— L'impératif se transpose à l'aide des auxiliaires de mode **mögen, sollen, müssen.**

REMARQUES

1. Le subjonctif II se substitue au subjonctif I s'il s'agit d'exprimer un fait douteux ou contesté.

Ex. : *denkt euch, die Zeitung meldet, Herr Müller wäre gestorben* (ce qui n'est pas vrai).

2. Le futur du subjonctif II remplace souvent le présent quand il s'agit d'affirmer une détermination ou une certitude.

Ex. : *er versicherte, er würde kommen* est plus affirmatif que : *er versicherte, er komme* (ou *käme*).

3. Étant donné son caractère de parenthèse, la subordonnée relative du discours direct peut rester à l'indicatif dans le discours indirect.

4. Le subjonctif est employé par attraction quand une phrase complexe est transposée au discours indirect.

Ex. : *er sagte, er fahre, obwohl das Wetter schlecht* **sei.**

Alors qu'après **obwohl** on emploie normalement l'indicatif.

Ex. : *er fährt,* **obwohl** *das Wetter schlecht* **ist.**

CONSTRUCTION DE LA PROPOSITION

Place du verbe

Règle fondamentale. — Dans la phrase allemande (proposition indépendante), il ne peut y avoir avant le verbe plus d'un membre de phrase.

Il ne peut donc y avoir ici que deux positions du verbe dans une proposition indépendante.

La ***deuxième place :***
Der Lehrer **kommt** *jetzt in die Schule.*
Jetzt **kommt** *der Lehrer in die Schule.*

Ou bien la ***première,*** dans la proposition interrogative :
Kommt *der Lehrer jetzt in die Schule ?*

La construction avec le verbe à la deuxième place est la construction normale, celle qu'on emploie dans la majorité des cas.

Mais le membre de phrase qui occupe la première place n'est pas forcément le sujet. Il peut être un objet, un attribut, un complément circonstantiel. Le sujet vient alors immédiatement après le verbe (inversion du sujet).

SUJET : *die Autos* **fahren** *heute schnell.*

OBJET : *dieses Auto* **überhole** *ich.*

COMPLÉMENT CIRCONSTANCIEL : *in meinem Auto* **können** *nur zwei sitzen.*

ADVERBE : *bald* **fahren** *die Autos noch schneller.*

À la première place peut se trouver ***toute une proposition subordonnée*** qui remplit la fonction d'objet, de complément circonstanciel :

Ex. : **wenn die Straßen breit sind,** *fahren die Autos schneller.*

La subordonnée est toujours séparée de la principale par une virgule.

FORMATION DES MOTS

À l'origine du vocabulaire allemand, on trouve un nombre relativement limité (deux mille cinq cents environ) d'éléments radicaux simples. Ils sont à l'origine de familles de mots, simples ou complexes, très nombreuses et en continuel accroissement (soixante-cinq mille mots environ sont mentionnés dans le présent ouvrage). Une famille de mots comprend trois types de vocables : des radicaux verbaux ; des mots composés ; des mots dérivés.

MOTS COMPOSÉS

La composition est le procédé le plus vivant de formation des mots. Ses possibilités sont, en allemand, illimitées ; elles s'étendent aux substantifs, aux adjectifs, mais non aux verbes.

Un mot composé comprend un élément déterminant et un élément déterminé. Ainsi, dans **Weinflasche,** *Wein* est le déterminant et *Flasche* le déterminé.

Le déterminant, placé en tête, porte l'accent tonique principal. Toutefois, dans **Jahrzehnt, Jahrhundert,** et autres composés de **Jahr,** l'accent principal porte sur le dernier composant.

Un mot composé peut à son tour être modifié, par dérivation ou par un nouveau terme déterminant. Ainsi **Kraftwagen,** mot composé, devient, par une seconde composition : **Personen***kraftwagen.* On peut obtenir ainsi des vocables extrêmement longs, typiques des lois de la composition en allemand.

Le premier terme d'un composé se présente soit dans sa forme nue, tel *Obstgarten,* ou bien avec une désinence qui peut être celle du pluriel, ou d'une ancienne forme du génitif *Kirche***n***väter,* ou celle du génitif singulier : *Jahre***s***zeit.* Il arrive que **s** s'intercale après un mot féminin, donc sans justification grammaticale, ainsi dans les composés *Arbeit***s-**. Dans une même famille de mots, le premier terme peut ainsi apparaître sous différentes formes entre lesquelles l'usage quelquefois hésite ; dans d'autres cas, deux formes différentes ont été fixées, avec des valeurs différentes. Ainsi, *der Landmann* signifie « le campagnard », alors que *der Land***s***mann* signifie « le compatriote ».

Les innombrables mots composés de l'allemand ne pouvant pas figurer dans un dictionnaire, nous avons choisi, entre les plus usuels, ceux dont le sens ne ressort pas immédiatement des éléments composés. Là où la composition est simple et le sens du composé résulte immédiatement de l'union de ses éléments, nous n'avons pas jugé nécessaire de retenir certains mots, même très employés.

Préfixes. — Les principaux préfixes de composition sont : **ab, aber, ant, erz, miß, un, ur.**

Le préfixe **ge** sert à former de très nombreux noms à sens collectif ou désignant l'appartenance à une collectivité.

MOTS DÉRIVÉS

Ils se forment pas adjonction de suffixes.

Le suffixe peut être ajouté :

— à un mot simple : **froh,** *fröhlich ;*

— à un dérivé déjà pourvu d'un suffixe : **liederlich,** *Liederlichkeit ;*

— à un mot composé : **Haushalt,** *haushälterisch ;*

— à une association particule-verbe : **umgehen,** *Umgehung ;*

— même à un groupe d'éléments unis seulement par le sens : **langbeinig,** *wer lange Beine hat.*

On forme par dérivation :

— des ***noms masculins*** de personnes ou d'objets (principaux suffixes : **er, ler, ner, ling, rich**) ;

— des ***noms féminins*** (principaux suffixes : **e, ung, d, de, t, te, st, in** [pour les dérivés du masculin], **nis, sal, heit, keit, schaft**). Les éléments auxquels s'adjoignent ces suffixes sont souvent des adjectifs ou des participes ; ainsi **besessen,** *Besessenheit ;* **wirklich,** *Wirklichkeit.* Étant donné la très grande fréquence des dérivations de ce type, on s'est efforcé de n'admettre que celles qui font partie du vocabulaire le plus usuel ou qui ont leur place dans un tableau de la civilisation actuelle ;

— des ***noms neutres*** (principaux suffixes : **nis, sal, sel, tum**). Les suffixes **chen** et **lein** servent à former les diminutifs ;

— des ***adjectifs*** par les suffixes : **bar, en, ern, haft, ig, isch, lich, los, sam, selig.**

Le suffixe **er** sert à former des adjectifs invariables sur des noms géographiques : *der Köln***er** *Dom,* ou de nombres : *die siebzig***er** *Jahre.*

Suffixes adjectivaux d'origine nominale. — Certains adjectifs, comme **ähnlich, artig, förmig, mäßig, feindlich, fremdlich,** permettent, joints à des noms, de former une quantité pratiquement illimitée de nouveaux adjectifs composés.

Ex. : **förmig** (en forme de) a réalisé des compositions courantes comme *kreisförmig,* mais on peut en imaginer — ou en trouver dans les textes — une foule d'autres, comme celle, concevable, de *tannenzapfenförmig* (en forme de pomme de pin).

Nous n'avons indiqué qu'une faible proportion des formations possibles, dont la variété est sans limites.

NOMS DE NOMBRES ET ADJECTIFS NUMÉRAUX

eins (1)	*elf* (11)	*zwanzig* (20)
zwei (2)	*zwölf* (12)	*dreißig* (30)
drei (3)	*dreizehn* (13)	*vierzig* (40)
vier (4)	*vierzehn* (14)	*fünfzig* (50)
fünf (5)	*fünfzehn* (15)	*sechzig* (60)
sechs (6)	*sechzehn* (16)	*siebzig* (70)
sieben (7)	*siebzehn* (17)	*achtzig* (80)
acht (8)	*achtzehn* (18)	*neunzig* (90)
neun (9)	*neunzehn* (19)	
zehn (10)		

Les autres noms de nombres se forment par composition des éléments indiqués ci-dessus et, en outre, de *hundert* (cent) et *tausend* (mille).

Les noms de nombres composés s'écrivent en un seul mot, même s'ils sont très longs :

Ex. : *zweiundzwanzig* (22) ; *vierhundertsiebenunddreißig* (437) ; *neunzehnhundertdreiundsechzig* (1963) ; *achttausendachthundertachtzig* (8880) ; *vierhundertdreitausendsiebenhundertneunundzwanzig* (403729).

Les adjectifs numéraux ordinaux (sauf *der erste*) se forment par addition du suffixe **te** (jusqu'à dix-neuf) et **ste** (à partir de vingt) au nombre cardinal *(der vierzehn***te** *; der dreißig***ste***)*.

Les noms de **fractions** se forment en ajoutant **tel** (jusqu'à dix-neuf) et **stel** (à partir de vingt) aux noms de nombres : **vierzig,** *das Vierzigs***tel.**

Des adverbes en **tens** se forment sur les adjectifs numéraux : **vier,** *viertens,* quatrièmement.

ABRÉVIATIONS

I. Rubriques

ADM.	Administration.	MÉTALL.	Métallurgie.
AÉRON.	Aéronautique, Aviation.	MIL.	Art militaire.
AGRIC.	Agriculture.	MINÉRAL.	Minéralogie.
ANAT.	Anatomie.	MINES.	Mines.
ANTIQ.	Antiquité.	MUS.	Musique.
ARCHIT.	Architecture.	MYTH.	Mythologie.
ARTS.	Arts.	NUCL.	Nucléaire.
ASTRON.	Astronomie.	OPT.	Optique.
AUTOM.	Automobile.	PHILOS.	Philosophie.
BIOL.	Biologie.	PHOT.	Photographie.
BOT.	Botanique.	PHYS.	Physique.
CHIM.	Chimie.	PHYSIOL.	Physiologie.
COMM.	Commerce.	POÉS., POÉT.	Poésie.
CULIN.	Art culinaire.	POLIT.	Politique.
ÉCON.	Économie.	RADIO.	Radio.
ÉLECTR.	Électricité, Électronique.	RELIG.	Religion.
FILM.	Film, Cinéma.	SPORT.	Sports.
FIN.	Finances, Banque, Bourse.	STAT.	Statistique.
GÉOGR.	Géographie.	TECHN.	Techniques.
GÉOL.	Géologie.	TÉLÉCOMM.	Télécommunications.
GRAMM.	Grammaire.	TÉLÉPH.	Téléphone.
HÉRALD.	Héraldique.	TÉLÉV.	Télévision.
HIST.	Histoire.	TEXT.	Textiles.
INF.	Informatique.	THÉÂTRE.	Théâtre, Spectacles.
JUR.	Science et pratique du droit.	THÉOL.	Théologie.
LITTÉR.	Littérature.	TRANSP.	Transports, Chemins de fer.
MAR.	Marine.	TYPOGR.	Arts graphiques.
MATH.	Mathématiques.	UNIV.	Ecoles, Université.
MÉD.	Médecine, Chirurgie.	ZOOL.	Zoologie.

II. Autres abréviations

abrév.	abréviation.	nomin.	nominatif.
ABSOL.	absolument.	OBSERV.	observation.
ABUSIV.	abusivement.	PAR ANAL.	par analogie.
acc.	accusatif.	PAR EXT.	par extension.
adj.	adjectif.	partic.	particule.
adj. num. card.	adjectif numéral cardinal.	PARTICUL.	particulièrement.
adj. num. ord.	adjectif numéral ordinal.	part. pass.	participe passé.
adv.	adverbe.	part. prés.	participe présent.
ARG.	argot.	PÉJOR.	péjorativement.
compar.	comparatif.	pl.	pluriel.
compl.	complément.	PLAIS.	plaisamment.
condit.	conditionnel.	POP.	populaire.
conj.	conjonction	PR.	sens propre.
conjug.	conjugaison.	préf.	préfixe.
dat.	datif.	prét.	prétérit.
DIAL.	dialecte.	pr. dém.	pronom démonstratif.
en compos.	en composition.	pr. pers.	pronom personnel.
f.	féminin	pr. poss.	pronom possessif.
FAM.	familièrement.	pr. relat.	pronom relatif.
FIG.	sens figuré.	prop.	proposition.
futur.	futur.	PROV.	proverbe.
gén.	génitif.	qn	quelqu'un (1).
imparf.	imparfait.	qch.	quelque chose.
impér.	impératif.	s.	substantif.
indéf.	indéfini.	sépar.	séparable.
indic. prés.	présent de l'indicatif.	subj. prés.	présent du subjonctif.
infin.	infinitif.	SUBSTANTIV.	substantivement.
insépar.	inséparable.	superl.	superlatif.
interj.	interjection.	suff.	suffixe.
interr.	interrogation.	SYN.	synonyme.
invar.	invariable.	TRIV.	trivial.
IRON.	ironiquement.	v. impers.	verbe impersonnel.
LITT.	littéraire.	v. intr.	verbe intransitif.
LOC.	locution.	v. pr.	verbe pronominal.
m.	masculin.	v. tr.	verbe transitif.
n.	neutre	VULG.	vulgaire.
n. pr.	nom propre.	VX.	vieux.
NÉOL.	néologisme.		

1. en allemand : *jn*, jemanden (*js*, jemandes ; *jm*, jemandem).

DEUTSCHE ABKÜRZUNGEN — ABRÉVIATIONS ALLEMANDES

A	Ampere	ampère (A)
	Österreich (Austria)	Autriche
AA	Auswärtiges Amt	ministère des Affaires étrangères.
Abb.	Abbildung	figure (fig.)
Abk.	Abkürzung	abréviation
Abs.	Absender	expéditeur (exp.)
a.D.	außer Dienst	à la retraite
A.D.	Anno Domini ; im Jahre des Herrn	Anno Domini (A.D.)

ADAC	Allgemeiner Deutscher Automobilclub	Club automobile allemand
ADN	Allgemeiner Deutscher Nachrichtendienst (DDR)	Agence de presse allemande (R.D.A.)
Adr.	Adresse	adresse
AG	Aktiengesellschaft	société anonyme (S.A.)
allg.	allgemein	en général
a. M.	am Main	...sur-le-Main
Anm.	Anmerkung	remarque
Anm. d. Red.	Anmerkung der Redaktion	note de la rédaction (N.D.L.R.)
a. O.	an der Oder	...sur-l'Oder
AOK	Allgemeine Ortskrankenkasse	Caisse primaire d'assurance-maladie
ARD	Arbeitsgemeinschaft der Rundfunkanstalten Deutschlands	Société de production de télévision (première chaîne)
Art.	Artikel	article
Aufl.	Auflage	tirage
Ausg.	Ausgabe	édition
B	Bundesstraße	route nationale (R.N.)
b.	bei	chez ; c/o
Bd.	Band	volume
bes.	besonders	particulièrement
betr.	betreffs, betreffend	concernant
bez.	bezahlt	payé
BfA	Bundesversicherungsanstalt für Angestellte	Caisse centrale des assurances sociales des employés et des cadres
BGB	Bürgerliches Gesetzbuch	Code civil
Bhf.	Bahnhof	gare
BIZ	Bank für internationalen Zahlungsausgleich	Banque des règlements internationaux
BLZ	Bankleitzahl	numéro d'identité bancaire
BP	Bundespost	postes fédérales
BR	Bayerischer Rundfunk	radio Munich
BRT	Bruttoregistertonne	tonne brute
bsd.	besonders	particulièrement
b. w.	bitte wenden	tournez, s'il vous plaît (T.S.V.P.)
bzw.	beziehungsweise	ou bien ; éventuellement ; respectivement
ca.	zirka, etwa	environ
Cand.	Kandidat	candidat
CC	Konsularisches Korps	corps consulaire (C.C.)
CD	Diplomatisches Korps	corps diplomatique (C.D.)
CDU	Christlich-Demokratische Union	Union démocratique chrétienne
cg	Zentigramm	centigramme (cg)
cl	Zentiliter	centilitre (cl)
cm	Zentimeter	centimètre (cm)
Co.	Kompanie	compagnie (Cie)
CSU	Christlich-Soziale Union	Union sociale chrétienne
Ct.	Centime	centime (c)
D	Bundesrepublik Deutschland	R.F.A.
	Durchgangszug	rapide, express
DAAD	Deutscher Akademischer Austauschdienst	service allemand d'échanges internationaux
DaF	Deutsch als Fremdsprache	allemand langue étrangère
DAG	Deutsche Angestellten-Gewerkschaft	Syndicat des employés allemands
dat.	datum, dato	à dater de
DB	Deutsche Bundesbahn	chemins de fer allemands
DBB	Deutscher Beamtenbund	Union des fonctionnaires allemands
DER	Deutsches Reisebüro	Agence de voyages allemande
desgl.	desgleichen	idem (id.)
DGB	Deutscher Gewerkschaftsbund	Fédération des syndicats allemands
dgl.	dergleichen	tel ; pareil
d. h.	das heißt	c'est-à-dire (c.-à-d.)
d. i.	das ist	c'est-à-dire (c.-à-d.)
DIN	Deutsche Industrienorm	normes de l'industrie allemande
Dipl.	Diplom	diplôme
Dipl. Ing.	Diplomingenieur	ingénieur diplômé
Dir.	Direktor	directeur
d. J.	dieses Jahres ; der Jüngere	de l'année ; le plus jeune
DJH	Deutsches Jugendherbergswerk	Association des auberges de la jeunesse (R.F.A.)
DKP	Deutsche Kommunistische Partei	Parti communiste allemand (R.F.A.)
DLRG	Deutsche Lebensrettungsgesellschaft	Société de sauvetage allemande
d. M.	dieses Monats	du mois courant
DM	deutsche Mark	mark allemand
do., dto.	dito, dasselbe	dito (d^{o}) ; le même
dpa	Deutsche Presseagentur	Agence de presse allemande
d. R.	der Reserve	de réserve
DR	Deutsche Reichsbahn (DDR)	Chemins de fer du Reich (R.D.A.)
Dr.	Doktor	docteur (D^{r})
Dr. jur.	Doktor der Rechtswissenschaften	docteur en droit
DRK	Deutsches Rotes Kreuz	Croix-Rouge allemande
Dr. med.	Doktor der Medizin	docteur en médecine
Dr. phil.	Doktor der Philosophie	docteur ès lettres
Dtzd.	Dutzend	douzaine (dz)
ebd.	ebenda	à cet endroit
EG	Europäische Gemeinschaft	Communauté européenne (C.E.)
EGKS	Europäische Gemeinschaft für Kohle und Stahl (Montanunion)	Communauté européenne du charbon et de l'acier (C.E.C.A.)
ehem.	ehemals	autrefois
eidg.	eidgenössisch	helvétique
einschl.	einschließlich	inclusivement ; y compris
EKD	Evangelische Kirche in Deutschland	Église évangélique en Allemagne
Emp.	Empfänger	destinataire (dest.)
Entf.	Entfernung	distance
Euratom	Europäische Atomgemeinschaft	Communauté européenne de l'énergie atomique
e. V.	eingetragener Verein	association déclarée
ev.	evangelisch	protestant
evtl.	eventuell	éventuel(lement)
EWG	Europäische Wirtschaftsgemeinschaft	Communauté économique européenne (C.E.E.)
EWS	Europäische Währungssystem	système monétaire européen (S.M.E.)
exkl.	exklusive	exclusivement
Fa.	Firma	firme (commerciale)
Fam.	Familie	famille
FDGB	Freier Deutscher Gewerkschaftsbund (DDR)	Fédération libre des syndicats allemands (R.D.A.)
FDJ	Freie Deutsche Jugend (DDR)	Jeunesse allemande libre (R.D.A.)

FDP	Freie Demokratische Partei	Parti libéral (R.F.A.)
FF	Franc ; französischer Franc	franc ; franc français (F ; FF)
ff	folgende Seiten	suivant ; et la suite ; pages suivantes
FH	Fachhochschule	I.U.T.
FL	Fürstentum Liechtenstein	principauté du Liechtenstein
fob	free on board	free on board (FOB)
Forts.	Fortsetzung	suite
FPÖ	Freiheitliche Partei Österreichs	parti libéral autrichien
fr.	frei	franco
Fr.	Frau	madame (Mme)
Frl.	Fräulein	mademoiselle (Mlle)
frz.	französisch	français
FU	Freie Universität (Berlin)	Université libre de Berlin
g	Gramm	gramme (g)
geb.	geboren	né
Gebr.	Gebrüder	frères
gem.	gemäß	selon
Ges.	Gesellschaft	société
GEW	Gewerkschaft Erziehung und Wissenschaft	Syndicat des enseignants (R.F.A.)
gez.	gezeichnet	signé
GG	Grundgesetz	loi fondamentale
GmbH	Gesellschaft mit beschränkter Haftung	société à responsabilité limitée (S.A.R.L.)
h	hora (Stunde)	heure (h)
ha	Hektar	hectare (ha)
Hbf.	Hauptbahnhof	gare centrale
h. c.	honoris causa (ehrenhalber)	honoris causa
hg.	herausgegeben	édité
HGB	Handelsgesetzbuch	Code de commerce
hl.	heilig	saint (S^t, S^{te})
HO	Handels-Organisation (DDR)	organisation commerciale (R.D.A.)
HR	Hessischer Rundfunk	radio Francfort
i. A.	im Auftrage	par odre (p.o.)
i. allg.	im allgemeinen	en général
IAO	internationale Arbeitsorganisation	Bureau international du travail (B.I.T.)
IC	Intercity	intercity (train corail)
id.	idem	idem (id.)
IG	Industriegewerkschaft	Union syndicale (R.F.A.)
i. J.	im Jahre	dans l'année, en l'an
Imm.	Immobilien	immobilier
Ing.	Ingenieur	ingénieur
Inh.	Inhaber	propriétaire
inkl.	inklusive	inclus
IOK	Internationales Olympisches Komitee	Comité international olympique (C.I.O.)
i. R.	im Ruhestand	en retraite
i. V.	in Vertretung	par intérim
IWF	Internationaler Währungsfonds	Fonds monétaire international (F.M.I.)
Jb.	Jahrbuch	annuaire
jun.	junior	[commerce] fils
Kap.	Kapitel	chapitre
kath.	katholisch	catholique
kfm.	kaufmännisch	commercial
Kfz.	Kraftfahrzeug	véhicule à moteur
kg	Kilogramm	kilogramme (kg)
KG	Kommanditgesellschaft	société en commandite
Kl.	Klasse	classe
km	Kilometer	kilomètre (km)
km^2	Quadratkilometer	kilomètre carré (km^2)
km/h	Stundenkilometer	kilomètre-heure (km/h)
Kr.	Kreis	cercle ; canton ; district
KSZE	Konferenz über Sicherheit und Zusammenarbeit in Europa	Conférence sur la sécurité et la coopération en Europe (C.S.C.E.)
Kt.	Kanton	canton (Suisse)
Kto.	Konto	compte
Kto.-Nr.	Kontonummer	numéro de compte
kWh	Kilowattstunde	kilowattheure (kWh)
KZ	Konzentrationslager	camp de concentration
l	Liter	litre (l)
led.	ledig	célibataire
lfd.	laufend	courant
lks.	links	gauche
LKW	Lastkraftwagen	camion
lt.	laut	conformément à
M	Mark (DDR)	mark (R.D.A.)
m	Meter	mètre (m)
m^2	Quadratmeter	mètre carré (m^2)
m^3	Kubikmeter	mètre cube (m^3)
MdB, M. d. B.	Mitglied des Bundestags	membre du Parlement fédéral
MdL, M. d. L.	Mitglied des Landtags	membre de l'Assemblée du Land
m. E.	meines Erachtens	à mon avis
MEZ	mitteleuropäische Zeit	heure de l'Europe centrale
MG	Maschinengewehr	mitrailleuse
mg	Milligramm	milligramme (mg)
Mill., Mio.	Million	million
Mitgl.	Mitglied	membre
mm	Millimeter	millimètre (mm)
möbl.	möbliert	meublé
MP	Maschinenpistole	pistolet-mitrailleur (P.M.)
Mrd.	Milliarde	milliard
m ü. M.	Meter über dem Meeresspiegel	mètres au-dessus de la mer
m. W.	meines Wissens	autant que je sache
MwSt.	Mehrwertsteuer	taxe à la valeur ajoutée (T.V.A.)
N	Nord(en)	nord (N.)
n.	nach	à, pour
Nachf.	Nachfolger	successeur
nachm.	nachmittags	l'après-midi
NATO	Nordatlantikpaktorganisation	Organisation du traité de l'Atlantique Nord (O.T.A.N.)
n. Chr.	nach Christus	après Jésus-Christ (apr. J.-C.)
NDR	Norddeutscher Rundfunk	radio Hambourg
NO	Nordost(en)	nord-est (N.-E.)

Nr.	Nummer	numéro (n°)
NW	Nordwest(en)	nord-ouest (N.-O.)
O	Ost(en)	est (E.)
OAU	Organization of African Unity (Organisation für die Einheit Afrikas)	Organisation de l'unité africaine (O.U.A.)
OB	Oberbürgermeister	maire
o. B.	ohne Befund	néant
ÖBB	Österreichische Bundesbahnen	chemins de fer autrichiens
od.	oder	ou
OECD	Organization for Economic Cooperation and Development (Organisation für wirtschaftliche Zusammenarbeit und Entwicklung	Organisation de coopération et de développement économique (O.C.D.E.)
OPEC	Organization of Petroleum Exporting Countries (Organisation erdölexportierender Länder)	Organisation des pays exportateurs de pétrole (O.P.E.P.)
ÖRF	Österreichischer Rundfunk	Radio autrichienne
ÖS	Österreichischer Schilling	schilling autrichien
ÖVP	Österreichische Volkspartei	Parti populiste autrichien
p. A.	per Adresse	aux bons soins de
Pf.	Pfennig	pfennig
Pfd.	Pfund	livre (poids)
PH	Pädagogische Hochschule	école normale
PKW	Personenkraftwagen	voiture de tourisme
PLO	Palestinian Liberation Organization (Palästinensische Befreiungsfront)	Organisation de libération de la Palestine (O.L.P.)
priv.	privat	privé
Prof.	Professor	professeur d'université
PS	Pferdestärke	cheval-vapeur
	Postskriptum, Nachschrift	post-scriptum (P.-S.)
q. e. d.	quod erat demonstrandum	ce qu'il fallait démontrer (C.Q.F.D.)
qm	Quadratmeter	mètre carré (m^2)
r.	rechts	droite
rd.	rund	environ
RIAS	Rundfunksender im amerikanischen Sektor (von Berlin)	radio locale de Berlin
r. k.	römisch-katholisch	catholique romain
Rp.	Rappen	centime (suisse)
S	Süd(en)	sud (S.)
	Stadtbahn	Réseau express régional (RER)
s.	siehe	voyez
		confer (cf.)
S.	Seite	page (p.)
SBB	Schweizerische Bundesbahnen	chemins de fer fédéraux suisses (C.F.F.)
SDR	Süddeutscher Rundfunk	radio Stuttgart
S. E.	Seine Exzellenz (für Bischöfe)	Monseigneur (Mgr)
SED	Sozialistische Einheitspartei Deutschlands	Parti socialiste unifié allemand
Sek.	Sekunde	seconde
sen.	senior	[commerce] père
SFB	Sender Freies Berlin	radio Berlin libre
sfr, sFr.	Schweizer Franken	franc suisse
SJ	Jesuitenorden	Société de Jésus (S. J.)
S. M.	Seine Majestät	Sa Majesté (S. M.)
SO	Südost(en)	sud-est (S.-E.)
s.o.	siehe oben	voir plus haut
SPD	Sozialdemokratische Partei Deutschlands	Parti social-démocrate allemand
SR	Saarländischer Rundfunk	radio Sarrebruck
SS	Sommersemester	semestre d'été
St.	Sankt, der heilige	Saint (S^{t}, S^{te})
	Stück	pièce
Std.	Stunde(n)	heure (h)
Str.	Straße	rue (r.)
Stud.	Studiosus, Student	étudiant
StVO	Straßenverkehrsordnung	Code de la route
s. u.	siehe unten	voir plus bas
SW	Südwest(en)	sud-ouest (S.-O.)
SWF	Südwestfunk	radio Baden-Baden
SZR	Sonderziehungsrechte	droits de tirage spéciaux (D.T.S.)
t	Tonne	tonne (t)
Tabl.	Tablette	cachet, comprimé
Tel.	Telefon	téléphone (tél.)
TH	Technische Hochschule	établissement d'enseignement supérieur technique
TU	Technische Universität	université technique
TÜV	Technischer Überwachungsverein	Office de contrôle technique (Service des mines)
TV	Television (Fernsehen)	télévision (T.V.)
typ.	typisch	typique
U	Untergrundbahn	métro(politain)
u.	und	et
u. a.	unter anderem	entre autres
	und andere	et autres
U-Boot	Unterseeboot	sous-marin
UKW	Ultrakurzwelle	modulation de fréquence (FM)
UN	United Nations (Vereinte Nationen)	Nations unies
Uni	Universität	université (fac)
UNO	United Nations Organization (Organisation der Vereinten Nationen)	Organisation des Nations unies (O.N.U.)
usw.	und so weiter	et cetera (etc.)
u. U.	unter Umständen	le cas échéant
v.	von	de
v. Chr.	vor Christi Geburt	avant Jésus-Christ (av. J.-C.)
VEB	volkseigener Betrieb (DDR)	entreprise nationalisée (R.D.A.)
Verf.	Verfasser, Autor	auteur
verh.	verheiratet	marié
verk.	verkauft	vendu
Verl.	Verlag	éditions
Verw.	Verwaltung	administration
vgl.	vergleiche	confer (cf.)
v. H.	vom Hundert	pour cent
VHS	Volkshochschule	université populaire
VIP	Very Important Person (hochgestellte Persönlichkeit)	Very Important Person (VIP)

vorm.	vormals ; vormittags	autrefois ; le matin
VW	Volkswagen	Volkswagen
W	West(en)	ouest (O.)
WC	water-closet (Toilette)	toilettes (w.-c.)
WDR	Westdeutscher Rundfunk	radio Cologne
WG	Wohngemeinschaft	communauté
WGB	Weltgewerkschaftsbund	Fédération syndicale mondiale (F.S.M.)
WHO	Weltgesundheitsorganisation	Organisation mondiale de la santé (O.M.S.)
wiss.	wissenschaftlich	scientifique
WS	Wintersemester	semestre d'hiver
Wwe.	Witwe	veuve
Z.	Zeile	ligne
z. B.	zum Beispiel	par exemple
ZDF	Zweites Deutsches Fernsehen	Deuxième chaîne de télévision (R.F.A.)
z. H.	zu Händen	[lettre] à l'attention de
z. S.	zur See	de marine ; de vaisseau
z. T.	zum Teil	en partie
ZVS	Zentralstelle für die Vergabe von Studienplätzen	Bureau national d'attribution des places universitaires
z. Z.	zur Zeit	en ce moment

CHEMIE — CHIMIE

I. Laboratorium (Labor) — Laboratoire (labo)

Bunsenbrenner m.	bec (m.) Bunsen
Chemikalie f.	produit m.
Flasche f.	flacon m.
Gerät n.	appareil m.
Indikator m.	indicateur coloré
Kolben m.	ballon m.
Lackmus n.	tournesol m.
Meßzylinder m.	éprouvette graduée
Prüfstoff m. ; Reagenz n.	réactif m.
Reagenzglas n.	tube (m.) à essais
Retorte f.	cornue f.
Schiffchen n.	coupelle f.
Tiegel m.	creuset m.
Zylinder m.	éprouvette f.

II. Zusammensetzung — Composition

Atom n.	atome m.
Bauformel f. ; Strukturformel f.	formule développée
einwertig ; zweiwertig	monovalent ; bivalent
Element n. ; Grundstoff m.	élément m. ; corps (m.) simple
Formel f.	formule f.
Gemenge n.	mélange m.
Legierung f.	alliage m.
Lösung f.	solution f.
Molekül n.	molécule f.
Stoff m.	corps m.
Verbindung f.	composé m.
Wertigkeit f. ; Valenz f.	valence f.

III. Elemente — Éléments

Blei (Pb) n.	plomb m.
Eisen (Fe) n.	fer m.
Gold (Au) n.	or m.
Kalium (K) n.	potassium m.
Kohlenstoff (C) m.	carbone m.
Kupfer (Cu) n.	cuivre m.
Natrium (Na) n.	sodium m.
Quecksilber (Hg) n.	mercure m.
Sauerstoff (O) m.	oxygène m.
Schwefel (S) m.	soufre m.
Silber (Ag) n.	argent m.
Stickstoff (N) m.	azote m.
Wasserstoff (H) m.	hydrogène m.
Zink (Zn) m. et n.	zinc m.
Zinn (Sn) n.	étain m.

IV. Chemische Verbindungen — Composés

Ätzkali n. ; Kaliumhydroxyd n.	potasse (f.) caustique, hydrate (m.) de potassium
Ätznatron n. ; Natriumhydroxyd n.	soude (f.) caustique hydrate (m.) de sodium
Base f. ; Lauge f.	base f.
Chlorwasserstoff m.	acide (m.) chlorhydrique
Derivat n.	dérivé m.
Endung -at n.	suffixe -ate m.
Endung -id n.	suffixe -ure m.
Endung -it n.	suffixe -ite m.
Ester m.	ester m.
Fettsäure f.	acide gras
Hydroxyd n.	hydrate m. ; hydroxyde m.
Karbonsäure f.	acide (m.) organique
Kohlenwasserstoff m.	hydrocarbure m.
organische Chemie	chimie (f.) organique
Pottasche f.	potasse carbonatée, carbonate (m.) de potassium
Reihe f.	série f.
Salz n.	sel m.
Salzsäure f.	acide (m.) chlorhydrique en solution
Säure f.	acide m.
Schwefelsäure f.	acide (m.) sulfurique
Schwefelwasserstoff m.	acide (m.) sulfhydrique ; hydrogène sulfuré
Soda f.	soude (f.) du commerce, carbonate (m.) neutre de sodium

V. Chemische Umsetzung — Réaction chimique

Analyse f.	analyse f.
Doppelumsetzung f.	réaction (f.) de double décomposition
endothermer Vorgang	réaction (f.) endothermique
exothermer Vorgang	réaction (f.) exothermique
Fällung f.	précipitation f.
Gärung f.	fermentation f.
Gleichung f. ; Umsetzungsgleichung f.	équation f.
Katalysator m.	catalyseur m.
Katalyse f.	catalyse f.
Oxydation f.	oxydation f.
Reduktion f.	réduction f.
Reduktionsmittel n.	réducteur m.
Synthese f.	synthèse f.
umkehrbar	réversible

EISENBAHN — CHEMIN DE FER

I. Gleise — Voies

Abstellgleis n. ; Überholgleis n.	voie (f.) de garage
Abzweigung f.	bifurcation f.
Anschlußgleis n.	voie (f.) de raccordement
Bahnplanum n.	piste latérale
Bahnüberführung f.	passage supérieur
Bahnübergang m.	passage (m.) à niveau
Bettung f.	ballast m.
Damm m.	remblai m.
Einschnittbahn f.	voie (f.) en tranchée
Eisenbahnbrücke f.	pont m.
Eisenbahnsignale n. pl.	signaux m. pl.
Entgleisung f.	déraillement m.
Fahrdraht m.	caténaire m.
Flügelschiene f.	talon (m.) de l'aiguille
Flügelsignal n.	sémaphore m.
freie Fahrt	voie ouverte
Herzstück n.	cœur (m.) de l'aiguille
Joch n.	portique m. (voie électrifiée)
Lasche f.	éclisse f.
Radlenker m.	contre-rail m.
Schiene f. ; Schienenstrang m.	rail m. ; rails m. pl.
Schienenschraube f.	tire-fond m.
Schwelle f.	traverse f.
Sicherungswesen n.	sécurité f.
Spurweite f.	écartement m.
Stellwerk n.	poste (m.) d'aiguillage
Stoß (m.) mit Wärmelücke	joint (m.) de dilatation
Tunnel m.	tunnel m.
Weiche f.	aiguille f.
Zungenschiene f.	lame (f.) d'aiguille
Zusammenstoß m.	tamponnement m.

II. Zug — Train

Aussichtswagen m.	wagon-plate-forme m.
Dampflokomotive f.	locomotive (f.) à vapeur
Drehgestell n.	bogie m.
Durchgangszug m. (D-Zug) ; Schnellzug m.	train (m.) express
Eilzug m.	train (m.) semi-direct
Elektrolok f.	locomotive (f.) électrique
Fahrplan m.	horaire m.
Fernschnellzug m. (FD-Zug)	train (m.) rapide
gedeckter Güterwagen	wagon couvert
Gepäckwagen m.	fourgon (m.) à bagages
Güterwagen m.	wagon (m.) à marchandises
Güterzug m.	train (m.) de marchandises
Intercity m.	train (m.) Corail
Kesselwagen m.	wagon-citerne m.
Kippwagen m.	wagon-basculant m.
Kübel-, Behälterwagen m.	wagon-tombereau m.
Kühlwagen m.	wagon (m.) frigorifique
Kupplung f.	attelage m.
Personen- und Gepäckwagen m.	voiture (f.) mixte
Personenwagen m.	voiture (f.) à voyageurs
Personenzug m.	train (m.) omnibus
Postwagen m.	fourgon postal
Puffer m.	tampon m.
Rungenwagen m.	wagon (m.) à ranchers
Schlafwagen m.	voiture-lit f.
Speisewagen m.	voiture-restaurant f.
Tender m. ; Beiwagen m.	tender m.
Trichterwagen m.	wagon-trémie m.
Trittbrett n. ; Laufbrett n.	marchepied m.
Wagen m.	wagon m. ; voiture f.
Wagengestellung f.	mise (f.) en place des wagons
Wagentür f.	portière f.

EISENHÜTTE — USINE SIDÉRURGIQUE

I. Hochofen — Haut fourneau

Abstich m.	coulée f.
Abstichrinne f.	canal (m.) de coulée
ausmauern	maçonner
Ausmauerung f.	maçonnerie f. ; garnissage m.
beschicken	charger
Beschickung f.	chargement m. ; charge f.
Bunker m.	trémie f.
Düse f.	busillon m.
Düsenstock m.	porte-vent m.
feuerfest	réfractaire
Gasreiniger m.	épurateur (m.) de gaz
Gebläse n.	soufflante f.
Gestell n.	creuset m.
Gicht f.	gueulard m. ; charge f.
Gichtgas n.	gaz (m.) de haut fourneau (de gueulard)
Gichtverschluß m.	fermeture (f.) du gueulard
Gießmaschine (f.)	machine (f.) à couler
Heißwindleitung f.	circulaire (f.) à vent chaud
Hunt m.	benne f. (de skip)
Kohlensack m.	ventre m.
Kohlenstoffstein m.	brique (f.) de carbone
Kühlkasten m.	boîte (f.) de refroidissement
Massel f.	gueuse f.
Masselbett n.	lit (m.) de coulée
Rast f.	étalages m. pl.
Roheisen n.	fonte (f.) d'affinage
Roheisenpfanne f.	poche (f.) à fonte
Schacht m.	cuve f.
Schlacke f.	laitier m.
Schlackenpfanne f.	poche (f.) à laitier
Schrägaufzug m.	skip m.
Sinteranlage f.	(installation d')agglomération f.
sintern	agglomérer
Stichloch n.	trou (m.) de coulée
Winderhitzer m.	cowper m.
Windform f.	tuyère f.
Zuschläge m. pl.	additions f. pl. ; fondant m.

II. Stahlwerk — Aciérie

• *Thomas-Stahlwerk — Aciérie Thomas*

Abbrand m.	pertes (f. pl.) au feu
Bad n.	bain (m.) de fonte
basisch	basique
Birne f.	convertisseur m.
blasen	souffler
Boden m.	fond m.
Dolomit m.	dolomite f.
Drehzapfen m.	tourillon m.
Einsatz m.	charge f.
Fassung f.	capacité f.
frischen	affiner
Futter n.	revêtement (m.) réfractaire
Hals m.	bec m.
Kamin m.	cheminée f.
kippen	basculer
Konverter m.	convertisseur m.
Maul n.	bec m.
Mischer m.	mélangeur m.
sauer	acide
Thomasschlacken f. pl.	scories (f. pl.) de déphosphoration
Tragring m.	ceinture f.
Winddüse f.	tuyère f.
Windfrischverfahren n.	procédé (m.) d'affinage au vent
Windkasten m.	boîte (f.) à vent
Zahnrad n.	roue dentée ; pignon m.
Zahnstange f.	crémaillère f.

• *SM-Stahlwerk — Aciérie Martin*

Abgas n.	fumée f.
aufspeichern	accumuler, emmagasiner
aufwärmen	réchauffer
Brenner m.	brûleur m.
Chargiermaschine f.	chargeuse f.
Duplexverfahren n.	procédé (m.) Duplex
Gaserzeuger m.	gazogène m.
Generatorgas n.	gaz (m.) de gazogène
Gewölbe n.	voûte f.
Gitterwerk n.	empilages m. pl.
Herd m. ; Herdsohle f.	sole f.
Kammer f.	chambre (f.) de récupération
kippbar	basculant
Kippofen m.	four basculant
Mulde f.	auge f.
Ofenkopf m.	tête (f.) de four
Ölfeuerung f.	chauffage (m.) au mazout
Umsteuerventil n.	cloche (f.) d'inversion
Wärmespeicher m.	récupérateur m.

• *Elektrostahlwerk — Aciérie électrique*

Elektrode f.	électrode f.
Induktionsofen m.	four (m.) à induction
legieren	allier
Legierung f.	alliage m.
Lichtbogenofen m.	four (m.) à arc
Umformer m.	transformateur m.

• *Gießhalle — Halle de coulée*

Ausguß m.	busette f.
Gespannguß m.	coulée (f.) en source
Gespannplatte f.	plaque (f.) de coulée
Gießgrube f.	fosse (f.) de coulée
Gießpfanne f.	poche (f.) de coulée
Gießwagen m.	chariot (m.) à couler
Haube f.	masselotte f.
Kokille f.	lingotière f.
Strängeguß m.	coulée continue
Trichterrohr n.	entonnoir (m.) de coulée
Vakuumguß m.	coulée (f.) sous vide

III. Walzwerk — Laminoir

• *Anlage — Installation*

Abkühlbett n.	refroidissoir m.
Anstellspindel f.	vif (f.) de réglage
Dorn m.	mandrin m.
Duowalzwerk n.	laminoir (m.) duo
Fertigstraße f.	train finisseur
Gerüst n.	cage f.
Glühofen m.	four (m.) de recuit
Grobstraße f.	train dégrossisseur
Haspel f.	dévidoir m. ; bobineuse f.
Kaliber n.	cannelure f.
Kaltwalzen n.	laminage (m.) à froid
Kammwalzengerüst n.	cage (f.) à pignons
Kanter m.	basculeur m.
Pilgerschrittwalzwerk n.	laminoir (m.) à pas de pèlerin
Radreifenwalzwerk n.	laminoir (m.) à bandages
Ring m.	bobine f. ; coil m.
Rollgang m.	rouleaux m. pl.
Saumschere f.	cisaille (f.) de rive
Schere f.	cisaille f.
Schrägwalzwerk n.	laminoir (m.) oblique
Schwungrad n.	volant m.
Stoßofen m.	four poussant
Straße f.	train m.
Tiefofen m.	four m. ; pit m.
Triowalzwerk n.	laminoir (m.) trio
Umkehrwalzwerk n.	laminoir (m.) réversible
Universalwalzwerk n.	laminoir universel
Verschiebelineal n.	règle f.
Walze f.	cylindre m.
Wipptisch m.	tablier basculant
Zahnradübersetzung f.	engrenages réducteurs

• *Erzeugnis — Produit*

Bandstahl m.	feuillard m.
Blech n.	tôle f.
Breitflachstahl m.	large-plat m.
Draht m.	fil m.

Feinblech n.	tôle fine
Fertigerzeugnis n.	produit fini
Flachquerschnitt m.	produit plat
Formstahl m.	profilé m.
Grobblech n.	tôle forte
Halbzeug n.	demi-produit m.
Knüppel m.	billette f.
Mittelblech n.	tôle moyenne
Platine f.	larget m.
Profil n.	produit profilé
Rillenschiene f.	rail (m.) à gorge
Rohr n.	tube m.
Schiene f.	rail m.
Stabstahl m.	fer marchand
Spundbohle f.	palplanche f.
Träger m.	poutrelle f.
Vorblock m.	bloom m.
Vorbramme f.	brame f.

FILM — FILM

I. Allgemeines — Généralités

Filmkunst (f.), -wesen n.	cinématographie f.
Filmwirtschaft, -industrie f.	industrie (f.) cinématographique
Kinoapparat m.	cinématographe m.
Kino n., Lichtspielhaus, -theater n.	salle (f.) de cinéma
Kinovorstellung f.	séance (f.) de cinéma
Kleinbildkamera f.	microcinématographe m.

II. Verschiedene Filme — Différents films

Farbfilm m.	film (m.) en couleurs
Filmkopie f.	copie (f.) de film
Hauptfilm m.	grand film
Heimatfilm m.	film (m.) de terroir
Kultur-, Lehrfilm m.	documentaire m.
Kurzfilm m.	court métrage
Stummfilm m.	film muet
Ton-, Klang-, Sprechfilm	film sonore, parlant
Werbe-, Reklamefilm m.	bande (f.) publicitaire
Wildwestfilm m.	western m.
Wochenschau f.	actualités f. pl.
Zeichen-, Trickfilm m.	dessin animé

III. Filmtechnik — Technique du film

Außen-, Freilichtaufnahmen f. pl.	extérieurs m. pl.
Ausleuchtung f.	éclairage (m.) uniforme
Bildaufnahme f.	prise (f.) de vues
Bild-, Leinwand f.	écran m.
Breitbildverfahren n.	CinémaScope m.
Dreharbeiten f. pl.	tournage m.
Filmatelier, -studio n.	studio m.
Filmband n.	pellicule f.
Filmnegativ n.	négatif (m.) du film
Filmschnitt m.	découpage m.
Kamera f.	caméra f.
Nachsynchronisierung f.	postsynchronisation f.
Nahaufnahme f.	gros plan
Objektiv n.	objectif m.
Panoramaaufnahme f.	panoramique m.
Scheinwerfer m.	projecteur m.
Spielfläche f.	plateau m.
Streifen m.	séquence f.
Tonaufnahme f.	prise (f.) de son
Tonmischung f.	mixage m.
Trick m.	truquage m.
Zeitlupe f.	ralenti m.
Zeitraffer m.	accéléré m.

IV. Filmtechniker — Techniciens du film

Aufnahmeleiter m.	réalisateur m.
Drehbuch n.	scénario m.
Drehbuchverfasser m.	scénariste m.
Filmgröße f., -hauptdarsteller(in) m. (f.)	vedette f.
Filmproduzent m.	producteur m.
Filmregisseur m.	metteur (m.) en scène
Filmschaffender m.	cinéaste m.
Filmstar m., -sternchen n.	star f. ; starlette f.
Kameramann m.	cameraman m. ; cadreur m.
Maskenbildner m.	maquilleur m.
Produktionsleiter m.	directeur (m.) de production
Regieassistent m.	assistant m.
Requisitenmeister m.	accessoiriste m.
Skript-girl n.	scripte m. ou f.
Tonmeister m.	ingénieur (m.) du son

V. Filmverleih — Distribution des films

abzulehnen	à proscrire
abzuraten	à déconseiller
auch für die Jugend	permis aux adolescents
bedenklich	pour spectateurs avertis
Erstaufführungskino n.	salle (f.) d'exclusivité
Filmarchiv n.	cinémathèque f.
Filmbewertung f.	cotation (f.) des films
Filmfestspiele n. pl.	festival (m.) du cinéma
Filmprüfstelle f.	censure f.
Filmvorspann m.	générique m.
Kinder nicht zugelassen	interdit aux moins de 16 ans
Kinoklub m.	ciné-club m.
Lichtspielhausbesitzer m.	exploitant m.
mit Einschränkungen	avec réserves
unbedenklich	pour tous
Vorprogramm n.	avant-programme m.

GELDWESEN — FINANCES

I. Löhne ; Gehälter ; Honorare — Formes de rémunération

Advokatengebühr f.	honoraires m. pl. [avocats]
Ärztehonorar n.	honoraires m. pl. [médecins]
Bezahlung f. ; Vergütung f.	rémunération f. ; rétribution f.
Diäten f. pl.	indemnités f. pl. [parlementaires]
Diensteinkommen n.	traitement m. [fonctionnaires]
Dienstlohn m.	gages m. pl. [domestiques]
Gehalt n. ; Besoldung f.	appointements m. pl. ; émoluments m. pl.
Gewinnanteil m.	guelte f.
Kommissionsgebühr f.	commission f.
Kommissionsgebühr f.	provision f. [avoués]
Lohn m. ; Gehalt n.	paye f. ; salaire m. [employés, ouvriers]
Löhnung f.	prêt m. ; solde f. [militaires]
Pfründe f. ; Benefiz n.	bénéfice m. [ecclésiastique]
Prämie f. ; Zuschuß m.	prime f.
Sondervergütung f.	gratification f.
Spielhonorar n.	cachet m. [d'artistes sans contrat]
Tagegelder n. pl.	vacations f. pl. [juges]
Trinkgeld n.	pourboire m.
Zulage f. ; Zuweisung f.	suppléments (m. pl.) divers ; allocations f. pl.

II. Erscheinungsformen des Geldes — Différentes formes d'argent

bares Geld	argent (m.) liquide
Bargeld n.	espèces f. pl.
Bar-, Kassenbestand m.	encaisse f.
bewegliche Güter (n. pl.)	biens (m. pl.) meubles
Devisen f. pl.	devises f. pl.
Einkommen n.	revenu m.
Gelder n. pl. ; Barschaft f.	fonds m. pl.
Geldmittel n. pl. ; Erwerbsquellen f. pl.	ressources f. pl.
Gewinn (m.) und Verlust m.	profits (m. pl.) et pertes (f. pl.)
(gut) bei Geld, Kasse sein	être en fonds
Gut n. ; Vermögen n.	bien m. ; biens m. pl.
Habe f. ; Besitz m.	avoir m. ; avoirs m. pl.
Hartgeld n.	numéraire m.
Kleingeld n.	petite monnaie
Liegenschaften f. pl. ; Immobilien n. pl.	immeubles m. pl.
Münzamt n.	la Monnaie
Nennwert m.	valeur nominale
Reinertrag m.	bénéfice net
totes Kapital	capital immobilisé
Verdienst m., Profit m.	gain m.
verfügbares Kapital	capital (m.) disponible
Wertpapiere n. pl.	valeurs f. pl.

III. Münzen und Währungen — Monnaies et devises

Denar m., Silberling m.	denier m.
(Deutsche) Mark, D-Mark (DM)	mark m.
Dollar m.	dollar m.
Dukaten m.	écu m.
Franken m.	franc (m.) suisse
Franc m.	franc français
Gulden m.	florin m.
Heller m.	liard m.
Krone f.	couronne f.

Lira f.	lire f.
Pfund n.	livre (f.) sterling
Rubel m.	rouble m.
Schilling m.	schilling m. (Autriche)

IV. Geschäftsleben — Les affaires

Absender m.	expéditeur m.
Angebot (n.) und Nachfrage f.	l'offre (f.) et la demande f.
Anlagekapital n.	mise (f.) de fonds
Annahme f. ; Abnahmeprüfung f.	réception f.
Außenhandel m.	commerce extérieur
Ausverkauf m.	liquidation f.
Bestellung f. ; Auftrag m.	commande f.
Binnenhandel m.	commerce intérieur
Einkauf m. ; Verkauf m.	achat m. ; vente f.
Empfänger m.	destinataire m.
Erzeuger m. ; Produzent m.	producteur m.
Fracht-, Begleitbrief m.	lettre (f.) de voiture
Großhändler m.	grossiste m.
Hochkonjunktur f.	prospérité f.
Käufer m. ; Verkäufer m.	acheteur m. ; vendeur m.
Kleinhändler m.	détaillant m.
Kostenanschlag m.	devis m.
Kostenpreis m.	prix (m.) de revient
Krise f.	crise f.
Lieferung f.	livraison f.
Lieferbedingungen f. pl.	cahier (m.) des charges
Monopol n. ; Kartell n.	monopole m.
Muster n.	échantillon m.
Preisliste f.	prix courant
Rentabilität f.	rentabilité f.
Umsatz m.	chiffre (m.) d'affaires
Umsatz m. ; Geschäftsbetrieb m.	mouvement (m.) d'affaires
Verbraucher m.	consommateur m.
Verkaufspreis m.	prix (m.) de vente
Versand m. ; Absendung f.	expédition f.
Wettbewerb m. ; Konkurrenz f.	concurrence f.

V. Buchführung — Comptabilité

Aktiva n. pl.	actif m.
Ausgaben f. pl.	dépenses f. pl.
Barzahlung f.	paiement comptant
Betriebskosten f. pl.	frais (m. pl.) d'exploitation
Bilanz f.	bilan m.
Bücherrevisor m.	expert-comptable m.
Buchhalter, -führer m.	comptable m.
doppelte Buchführung	comptabilité (f.) en partie double
einfache Buchführung	comptabilité (f.) en partie simple
Einnahmen f. pl.	recettes f. pl.
Gemeinkosten f. pl.	frais généraux
Gewerbesteuer f.	patente f.
Haben n.	avoir m. ; crédit m.
Hauptbuch n.	grand livre
Inventur f.	inventaire m.
Konkurs m.	faillite f.
Passiva n. pl.	passif m.
Proformarechnung f.	facture (f.) pro forma
Ratenzahlung f.	paiement (m.) à tempérament
Rechnung f.	facture f.
Soll n.	doit m. ; débit m.
Unterhaltskosten f. pl.	frais (m. pl.) d'entretien
Verfalltag m.	échéance f.
Zahlungsfähigkeit f.	solvabilité f.

VI. Bank- und Börsenwesen — Banque et Bourse

Aktie f. ; Aktienbesitzer m.	action f. ; actionnaire m.
Banknote f. ; Geldschein m.	billet (m.) de banque
durchkreuzter Scheck	chèque barré
Überweisung f.	virement m.
eigener Wechsel	billet (m.) à ordre
Empfangsschein m., Quittung f.	reçu m. ; quittance f.
Geldschrank m. ; Safe m.	coffre-fort m.
Hinterlegung (f.) und Abhebung f.	dépôt (m.) de retrait m.
Kurssteigerung f.	hausse
Kurssturz m.	baisse f.
Makler m.	courtier m.
Notierung f. ; Kurse m. pl.	cote f. ; cours m.
Obligation f. ; Obligationsinhaber m.	obligation f. ; obligataire m.
Sensal m.	agent (m.) de change
Talon m. ; Stamm m.	talon m.
Tratte f.	traite f.
Wechsel m.	lettre (f.) de change
Zinsen m. pl.	intérêts m. pl.
Zinsschein m. ; Aktienabschnitt m.	coupon m.

KRAFTVERKEHR — TRAFIC AUTOMOBILE

Allgemeines — Généralités

Nutzfahrzeug n.	véhicule (m.) utilitaire
Personenwagen m.	voiture (f.) de tourisme
Straßenbenutzer m. ; Verkehrsteilnehmer m.	usager (m.) de la route
Straßenverkehr m.	circulation f.
Straßenverkehrsordnung f.	Code (m.) de la route
Straßen(verkehrs)polizei f.	police routière
Verkehrsdichte f.	intensité (f.) de la circulation
Verkehrsstauung f., -stockung f.	encombrement m. ; embouteillage m.
Verkehrsstoß m.	pointe f.
Verkehrsstreife f.	patrouille f. (de la police routière)
Verkehrswacht f.	prévention routière
Zweiradfahrzeug n.	« deux-roues » m.

Straßen — Routes

Ab-, Verzweigung f.	bifurcation f.
Ausfallstraße f.	route (f.) de sortie (d'une ville)
Autobahn f.	autoroute f. ; autostrade f.
Bundesstraße f.	route nationale, fédérale
Einbahnstraße f.	voie (f.) à sens unique
Gegenverkehr m.	circulation (f.) en sens inverse
Haupt-, Nebenstraße f.	route principale, secondaire
Kreisverkehr m.	sens (m.) giratoire
Kreuzung f.	croisement m. ; intersection f.
Leitplanke f.	bordure (f.) de protection
Mittelstreifen m.	bande médiane
Schnellstraße f.	route (f.) à circulation rapide
Straßenbankett n. ; Seitenstreifen m.	accotement m. ; bas-côté m.
Umgehungsstraße f.	route (f.) de contournement
Umleitung f.	déviation f.
Verbindungsstraße f.	route (f.) de raccordement ; bretelle f.
Verkehrsinsel f.	refuge m.
Verkehrsknotenpunkt m.	nœud routier

Gefahrenstellen — Obstacles

(bewachter, unbewachter) Bahnübergang	passage à niveau (gardé, non gardé)
Baustelle f.	travaux m. pl.
Doppelkurve f.	double virage m. ; virage en Z
Engpaß m.	chaussée rétrécie
Fußgängerüberweg m. ; Zebrastreifen m. pl.	passage (m.) pour piétons ; passage clouté
Gefälle n.	descente f.
Kurve f.	virage m.
Querrinne f.	cassis m.
Rechts-, Linkskurve f.	virage (m.) à droite, à gauche
Rollsplitt m.	gravillons m. pl.
Schlagloch n.	nid-de-poule m.
Schleudergefahr f.	chaussée glissante
Steigung f.	montée f.
Steinschlag m.	chute (f.) de pierres
Über-, Unterführung f.	passage supérieur, inférieur
Wildwechsel m.	passage (m.) de gibier

Sicherheit — Sécurité

Abblendlicht n.	lumières (f. pl.) « en code »
Beleuchtung f.	éclairage m.
Blinklicht n.	feu clignotant
Fahrtrichtungsanzeiger m.	indicateur (m.) de direction
Fernlicht n.	feux (m. pl.) de route
Hupe f.	avertisseur (m.) sonore.
Lichthupe f.	avertisseur (m.) optique
Nebelscheinwerfer m. pl.	antibrouillards m. pl.
Sicherheitsabstand m.	distance (f.) de sécurité
Sicherheitsgurt m.	sangle (f.), ceinture (f.) de sécurité
Stopplinie f., -schild n.	stop m.
Straße (f.) mit Fahrbahnmarkierungen	voie matérialisée
Verkehrsampel f.	feu (m.) de signalisation
Verkehrsschilder n. pl.	signalisation routière
Vorfahrt f.	priorité f.
Warnzeichen n.	signal m.

Verkehrsunfälle und- delikte — Accidents et infractions

Blutprobe f., -entnahme f.	prise (f.) de sang
Entzug (m.) des Führerscheins	retrait (m.) du permis de conduire
die Kontrolle über sein Fahrzeug verlieren	perdre la maîtrise de son véhicule
Linksüberholen n.	dépassement (m.) à gauche
Promille n. (Alkohol)	taux (m.) d'alcool (dans le sang)
Sachschaden m.	dégât matériel

ins Schleudern (Rutschen) geraten	déraper
sich überschlagen	faire un tonneau
Trunkenheit (f.) am Steuer	conduite (f.) en état d'ivresse
Unfallflucht f.	délit (m.) de fuite
Vorfahrtsverletzung f.	refus (m.) de priorité
zusammenprallen, -stoßen	entrer en collision

Versicherung — Assurance

Haftpflichtversicherung f.	assurance (f.) de responsabilité aux tiers
Kaskoversicherung f.	assurance (f.) multirisque
Prämienzuschlag	malus m.
Schadenfreiheitsrabatt m.	bonus m.
Vollkaskoversicherung f.	assurance (f.) tous risques

LÄNDERNAMEN — NOMS DE PAYS

Afghanistan	Afghanistan
Ägypten	Égypte
Albanien	Albanie
Algerien	Algérie
Andorra	Andorre
Angola	Angola
Äquatorial-Guinea	Guinée-Équatoriale
Argentinien	Argentine
Äthiopien	Éthiopie
Australien	Australie
Bahrain	Bahrein
Bangla Desh	Bangladesh
Belgien	Belgique
Benin	Bénin
Bhutan	Bhoutan
Birma	Birmanie
Bolivien	Bolivie
Botswana	Botswana
Brasilien	Brésil
Brunei	Brunei
Bulgarien	Bulgarie
Bundesrepublik Deutschland (BR Deutschland)	République fédérale d'Allemagne (R.F.A.)
Burkina	Burkina
Burundi	Burundi
Chile	Chili
China	Chine
Costa Rica	Costa Rica
Dänemark	Danemark
Deutsche Demokratische Republik (DDR)	République démocratique allemande (R.D.A.)
Dominikanische Republik	République Dominicaine
Ecuador	Équateur
Elfenbeinküste	Côte-d'Ivoire
El Salvador	Salvador
Fidschi	Fidji, Fiji
Finnland	Finlande
Frankreich	France
Gabun	Gabon
Gambia	Gambie
Ghana	Ghana
Grenada	Grenade
Griechenland	Grèce
Großbritannien	Grande-Bretagne
Guatemala	Guatemala
Guinea	Guinée
Guinea-Bissau	Guinée-Bissau
Guyana	Guyana
Haiti	Haïti
Honduras	Honduras
Indien	Inde
Indonesien	Indonésie
Irak	Iraq, Irak
Iran	Iran
Irland	Irlande
Island	Islande
Israel	Israël
Italien	Italie
Jamaika	Jamaïque
Japan	Japon
Jordanien	Jordanie
Jugoslawien	Yougoslavie
Kamerun	Cameroun
Kampuchea (Kambodscha)	Kampuchéa (Cambodge)
Kanada	Canada
Kapverde	Cap-Vert
Katar	Qatar, Katar
Kenia	Kenya
Kolumbien	Colombie
Komoren	Comores
Kongo	Congo
Kuba	Cuba
Kuwait	Koweït
Lesotho	Lesotho
Libanon	Liban
Liberia	Liberia
Libyen	Libye
Liechtenstein	Liechtenstein
Luxemburg	Luxembourg
Madagaskar	Madagascar
Malawi	Malawi
Malaysia	Malaysia
Malediven	Maldives
Mali	Mali
Malta	Malte
Marokko	Maroc
Mauretanien	Mauritanie
Mauritius	Maurice *(île)*
Mexiko	Mexique
Moçambique, Mozambique	Mozambique
Monaco	Monaco
Mongolische Volksrepublik	République populaire de Mongolie
Nepal	Népal
Neuguinea	Nouvelle-Guinée
Neuseeland	Nouvelle-Zélande
Nicaragua	Nicaragua
Niederlande	Pays-Bas
Niger	Niger
Nigeria	Nigeria
Nordjemen	Yémen du Nord
Nordkorea	Corée du Nord
Norwegen	Norvège
Oman	Oman
Österreich	Autriche
Pakistan	Pakistan
Panama	Panamá
Papua-Neuguinea	Papouasie-Nouvelle-Guinée
Paraguay	Paraguay
Peru	Pérou
Philippinen	Philippines
Polen	Pologne
Portugal	Portugal
Rumänien	Roumanie
Rwanda	Ruanda
Salomonen	Salomon *(îles)*
Sambia	Zambie
Samoa	Samoa
Saudi-Arabien	Arabie Saoudite
Schweden	Suède
Schweiz	Suisse
Senegal	Sénégal
Seychellen	Seychelles
Sierra Leone	Sierra Leone
Somalia	Somalie
Spanien	Espagne
Sri Lanka	Sri Lanka
Südafrika	Afrique du Sud
Sudan	Soudan
Südjemen	Yémen du Sud
Südkorea	Corée du Sud
Surinam	Surinam
Swasiland	Swaziland
Syrien	Syrie
Taiwan	Taiwan
Tansania	Tanzanie
Thailand	Thaïlande
Tibet	Tibet
Togo	Togo
Transkei	Ciskei
Trinidad und Tobago	Trinité-et-Tobago
Tschad	Tchad
Tschekoslowakei	Tchécoslovaquie
Tunesien	Tunisie
Türkei	Turquie
UdSSR	U.R.S.S.
Uganda	Ouganda
Ungarn	Hongrie
Uruguay	Uruguay
Vanuatu	Vanuatu
Vatikanstadt	Vatican
Venezuela	Venezuela
Vereinigte Arabische Emirate	Émirats arabes unis
Vereinigte Staaten	États-Unis
Vietnam	Viêt-nam
Zaïre	Zaïre
Zentralafrikanische Republik	République centrafricaine
Zimbabwe	Zimbabwe
Zypern	Chypre

DEUTSCH – FRANZÖSISCH

A

A, a [ɑ:] n. A, a m. | *das kleine* a, l'*a* minuscule. | *das große* A, l'*A* majuscule ; le grand *A*. ‖ Loc. *von A bis Z*, de A à Z ; du commencement à la fin. ‖ *das A und O*, l'alpha et l'oméga. | *wer A sagt, muß auch B sagen*, quand le vin est tiré, il faut le boire. ‖ Mus. *A-Dur*, « la » majeur. | *A-Moll*, « la » mineur.

à [a] (abrév. de *für, je, zu*) au prix de. | *drei Stück à drei Mark*, trois articles à trois marks.

Aachen ['ɑ:xən] n. pr. n. Géogr. Aix-la-Chapelle.

Aal [ɑ:l] m. (s, e) anguille f. | *Zitteraal*, gymnote m. | *Seeaal*, congre m.

Aal|fang ['ɑ:lfaŋ] m. (s,¨e) pêche (f.) des anguilles. ‖**-förmig** adj. anguilliforme. ‖°**-gabel** f. (-, n) foène f. ; fouëne f. ‖**-glatt** adj. souple comme une anguille. ‖ Fig. insaisissable. ‖°**-kasten** m. (s, ¨) anguillière f. ‖°**-schlange** f. (-, n) congre m. ‖°**-stecher** m. V. °**-gabel.** ‖°**-strich** m. (es, e) raie noire (sur le dos d'un cheval).

aalen (sich) [ziç'ɑ:lən] v. pr. Pop. s'étirer. | *sich in der Sonne aalen*, faire le lézard.

Aar [ɑ:r] m. (s, e). Poét. aigle m. et f. | *preußischer Aar*, aigle prussienne.

Aargau ['ɑ:rgau] n. pr. m. Géogr. Argovie f.

Aas [ɑ:s] n. (es, e, Äser). [Tiere] bête crevée ; charogne f. ‖ Par anal. [Menschen] pop. cadavre m. ; macchabée m. ‖ Fig. crapule f. ; canaille f. ‖ Fam. *ein kleines Aas*, une petite peste.

aasen ['ɑ:zən] v. intr. gâcher ; gaspiller. | *mit seiner Gesundheit aasen*, ruiner sa santé.

Aas|fliege [″ɑ:s'fli:gə] f. (-, n) mouche (f.) à viande. ‖°**-geier** m. (s, -). Zool. vautour m. ; percnoptère m. ‖°**-käfer** m. (s, -) [Insekt] nécrophage m.

ab [ap] adv., rarement prép. (dat.).

I. Sens local :
  a) mouvement de haut en bas ;
  b) en partant de.
II. Sens temporel : depuis.
III. Soustraction : en moins.
IV. Loc.
V. Partic. verbale sépar.

I. Sens local **a)** (mouvement de haut en bas) excl. comme : *Hut ab !*, chapeau bas ! | *Gewehr ab !*, reposez (vos) armes !

b) en partant de ; loin de. | *von hier ab*, en partant d'ici. | *fünf Schritte vom Wege ab*, à cinq pas du chemin. | *weit vom Wege ab*, loin du chemin. | *drei Meilen vom Strande ab*, à trois lieues du rivage. ‖ Comm. *ab Berlin*, pris à Berlin. | *ab Fabrik*, pris à l'usine ; départ usine. ‖ Transp. *Speisewagen ab Köln*, wagon-restaurant à partir de Cologne.

II. Sens temporel : à partir de ; depuis. | *ab acht Uhr*, à partir de huit heures. | *ab heute ; von heute ab*, à partir d'aujourd'hui. | *von da ab*, dès lors.

III. Soustraction : en moins ; de. | *von fünf drei ab*, en ôtant trois de cinq. | *ab Diskonto*, escompte à déduire. | *Unkosten ab*, frais à déduire.

IV. Loc. *ab und zu ; ab und an*, de temps à autre ; de temps en temps. | *auf und ab*, de long en large ; de haut en bas. | *auf und ab gehen*, aller et venir. | *ab sein*, être détaché ; être tombé. | *das Rad ist ab*, la roue s'est détachée.

V. Partic. verbale sépar. indiquant :
a) le départ : *ab/fahren ; ab/gehen ;*
b) la séparation ; l'éloignement : *ab/trennen ; ab/sondern ; ab/liegen ;*
c) la soustraction : *ab/ziehen ;*
d) la diminution : *ab/nehmen ; herab/setzen ;*
e) la perte [par usure] : *(ein Kleid) ab/tragen ; ab/wirtschaften.*

ab|änderbar [″ap'ɛndərba:r] adj. modifiable. ‖ Gramm. variable ; déclinable. ‖ Jur. commuable.

ab|ändern [-dərn] v. tr. sépar. [ändern] changer ; modifier. | *seinen Reiseplan abändern*, modifier son itinéraire. ‖ [Mode] transformer ; retoucher.

Ab|änderung [-dəruŋ] f. (-, en) changement m. | *eine Abänderung vornehmen*, opérer un changement.

Abänderungs|antrag [″apɛndəruŋs'antrɑ:k] m. (s, ¨e). Jur. amendement m.

ab|arbeiten [″ap'arbaitən] v. tr. [bearbeiten] dégrossir ; ébaucher. ‖ Par ext. [herunterarbeiten] abattre du travail ; achever un travail. ‖ Fig. [abzahlen] *er arbeitet seine Schulden ab*, il travaille pour rembourser ses dettes.

◇ v. pr. **sich abarbeiten,** [sich ermüden] fig. s'épuiser ; fam. s'éreinter.

Ab|art ['apɑ:rt] f. (-, en) [Sorte] variété f. ‖ Par ext. espèce bâtarde.

— Syn. : *Sonderart, Spielart*, variété ; *Untergattung*, sous-genre.

ab|ätzen [″ap'ɛtsən] v. tr. corroder ; décaper.

ab|balgen [″ap'balgən] v. tr. [die Haut abziehen] dépouiller ; écorcher.

◇ v. pr. **sich abbalgen,** [sich schlagen] se colleter ; se chamailler.

Ab|bau ['apbau] m. (s) [Zerlegen] démontage m. ‖ Mil. *Abbau einer Festung*, démantèlement (m.) d'une forteresse. ‖ Adm. *Abbau von Beamten*, suppression (f.) de fonctionnaires. ‖ Comm. [Senkung] *Abbau der Preise*, baisse (f.) des prix. ‖ Fig. *Abbau der Lebenshaltungskosten*, diminution (f.) du coût de la vie. ‖ Mines. exploitation f. | *Abbau einer Lagerstätte*, exploitation d'un gisement. ‖ [Kohlenabbau] abattage m. ‖ Par ext. ouvrage m. ‖ Chim. désintégration (f.) moléculaire.

ab|baubar [″apbau'bɑ:r] adj. *biologisch abbaubar*, biodégradable. | *biologisch abbaubarer Stoff*, substance (f.) biodégradable.

Abbau|druck [″apbau'druk] m. (s, e) pression (f.) à l'abattage. ‖°**-front** f. (-, en) front (m.) de taille. ‖°**-gerechtigkeit** f. (-, en) droit (m.) d'exploitation. ‖°**-halde** f. (-, n) terril (m.) de mine. ‖°**-hammer** m. (s, ¨) marteau-piqueur m. ‖°**-sohle** f. (-, n) étage (m.) d'exploitation. ‖°**-strecke** f. (-, n) taille f.

ab|bauen [″ap'bauən] v. tr. [zerlegen] démonter. | *ein Zelt abbauen*, défaire une tente. ‖ Par anal. *seine Lebenshaltung abbauen*, réduire son train de vie. ‖ Adm. [entlassen] *Personal abbauen*, licencier des employés. ‖ Mines. [gewinnen] *Erze abbauen*, exploiter des minerais.

◇ v. intr. *der Zirkus baut ab*, le cirque démonte ses installations, s'en va. ‖ Fam. s'affaiblir ; s'évanouir.

Abbé [a'be:] m. (s, s) abbé m.

ab|beeren [″ap'be:ren] v. tr. [abpflücken] égrapper ; égrener.

ab|beißen [″ap'baisən] (i, i) v. tr. arracher avec les

dents. | *ein Stück Wurst abbeißen*, mordre dans une saucisse. || FIG. *sich lieber die Zunge abbeißen als...*, plutôt mourir que de...

ab|beizen ["ap'baitsən] v. tr. CHIM. décaper.

ab|bekommen ["apbə'kɔmən] (a, o) v. tr. enlever. || PAR EXT. emporter. || POP. *er hat was abbekommen*, il en a pris pour son grade.

ab|berufen ["apbə'ru:fən] (ie, u) v. tr. [zurückrufen] rappeler ; révoquer. | *jn vom Amt abberufen*, rappeler, révoquer qn. | *einen Gesandten abberufen*, rappeler un ambassadeur. || POÉT. *Gott berief ihn ab*, Dieu l'a rappelé à lui.

Ab|berufung [-fuŋ] f. (-, en) révocation f. ; rappel m.

ab|bestellen ["apbə'ʃtɛlən] v. tr. COMM. [absagen] décommander (des marchandises).

ab|bezahlen ["apbə'tsɑ:lən] v. tr. payer par acomptes, à tempérament.

ab|biegen ["ap'bi:gən] (o, o) v. tr. [biegen] courber ; plier.

◇ v. intr. [abweichen] s'écarter. | *vom rechten Wege abbiegen*, s'écarter du droit chemin. || AUTOM. *nach links abbiegen*, tourner, prendre à gauche.

Ab|bild ['apbilt] n. (s, er) [Bild] copie f. ; image f. ; portrait m. | *sie ist das getreue Abbild ihrer Mutter*, c'est tout le portrait de sa mère. || FIG. reflet m. — SYN. : *Wiedergabe*, reproduction.

ab|bilden ["ap'bildən] v. tr. figurer ; représenter. || FIG. dépeindre.

Ab|bildung [-duŋ] f. (-, en) reproduction f. ; image f. ; illustration f. | *ein Buch mit vielen Abbildungen*, un livre abondamment illustré.

ab|binden ["ap'bindən] (a, u) v. tr. [losmachen] délier ; détacher ; défaire. | *ein Bündel Holz abbinden*, défaire un fagot de bois. || MÉD. *den Arm abbinden*, mettre un garrot au bras. || TECHN. *der Kalk bindet ab*, la chaux prend.

Ab|bitte ["ap'bitə] f. (-, n) excuse f. ; réparation f. | *jm für etwas Abbitte tun, leisten*, demander pardon à qn de qch.

ab|bitten [-tən] (a, e) v. tr. demander pardon.

ab|blasen ["ap'blɑ:zən] (ä, ie, a) v. tr. [wegblasen] souffler. || TECHN. *Staub abblasen*, souffler la poussière. | *Gas, Dampf abblasen*, lâcher le gaz, la vapeur. || FIG. sonner pour la dernière fois ; faire cesser. | *die Jagd abblasen*, forhuer. || FAM. [absagen] annuler ; décommander.

ab|blättern ["ap'blɛtərn] v. tr. effeuiller.

◇ v. intr. se détacher par feuilles. | *Die Farbe blättert ab*, la peinture s'écaille.

ab|blenden ["ap'blɛndən] v. tr. [verdecken] voiler ; masquer. | *die Lampe abblenden*, masquer la lampe. || PHOT. diaphragmer. || AUTOM. *die Scheinwerfer abblenden*, mettre en code.

Ab|blendlicht [-d'liçt] n. (s). AUTOM. code m. ; feux (m. pl.) de croisement.

ab|blitzen ["ap'blitsən] v. intr. FIG., FAM. *jn abblitzen lassen*, envoyer promener qn.

ab|blühen ["ap'bly:ən] v. intr. défleurir ; PR. et FIG. se faner. | *abgeblühte Rose*, rose fanée.

ab|böschen ["ap'bøʃən] v. tr. mettre en pente. | *einen Damm abböschen*, aménager un talus.

Ab|brand ['apbrant] m. (s, ¨e) [Verbrennungsreste] déchets m. pl. ; débris m. pl. || NUCL. combustion (f.) nucléaire.

ab|brausen ["ap'brauzən] v. tr. [spülen] doucher. | *den Wagen abbrausen*, laver la, sa voiture.

◇ v. intr. AUTOM. partir à toute allure.

ab|brechen ["ap'brɛçən] (i, a, o) v. tr. briser. | *einen Zweig abbrechen*, cueillir un rameau. || démolir ; détruire. | *ein Haus abbrechen*, démolir une maison. || PAR EXT. démonter. | *das Lager abbrechen*, lever le camp. | *ein Zelt abbrechen*, démonter une tente. || FIG. [unterbrechen] *ein Spiel abbrechen*, arrêter un jeu. | *Verhandlungen abbrechen*, rompre des pourparlers. | *einen Streik abbrechen*, arrêter une grève. | *alle Brücken hinter sich abbrechen*, couper tous les ponts derrière soi.

◇ v. intr. s'arrêter. | *mitten in der Rede abbrechen*, s'interrompre au milieu de son discours. | *kurzerhand abbrechen*, s'arrêter net. | *laßt uns abbrechen*, restons-en là. || se détacher ; tomber.

Ab|bremsung ["ap'brɛmzuŋ] f. (-, en). NUCL. modération f.

ab|brennen ["ap'brɛnən] (brannte, gebrannt) v. tr. brûler ; incendier. | *ein Feuerwerk abbrennen*, tirer un feu d'artifice. || TECHN. *Metall abbrennen*, dérocher du métal. | *Stahl abbrennen*, affiner l'acier.

◇ v. intr. se consumer ; être réduit en cendres. | *das Feuer abbrennen lassen*, laisser s'éteindre le feu. || FIG., FAM. *er ist abgebrannt*, il est sans un ; il est fauché.

ab|bringen ["ap'briŋən] (brachte, gebracht) v. tr. enlever ; ôter. || FIG. *jn von seinem Plan abbringen*, détourner qn de son projet. | *jn von seinem Glauben abbringen*, faire abandonner à qn sa confession.

ab|bröckeln ["ap'brøkəln] v. tr. émietter.

◇ v. intr. s'émietter ; s'écailler ; s'effriter. | *der Putz bröckelt ab*, le crépi s'émiette.

Ab|bröckelung [-kəluŋ] f. émiettement m. ; écaillement m.

Ab|bruch ['apbrux] m. (s, ¨e) démolition f. | *Abbruch des Hauses*, démolition de la maison. | *die Abtei von Cluny wurde auf Abbruch verkauft*, l'abbaye de Cluny fut vendue à une entreprise de démolition. || GÉOL. *Abbruch des Ufers*, éboulement (m.) de la berge. || MINES. éboulement m. ; déblaiement m. || POLIT. *Abbruch der diplomatischen Beziehungen*, rupture (f.) des relations diplomatiques. || FIG. *jm großen Abbruch tun*, causer à qn un préjudice considérable. || LOC. *Das tut der Liebe keinen Abbruch*, cela ne fait rien.

abbruch|reif [-raif] adj. vétuste.

ab|brühen ["ap'bry:ən] v. tr. échauder ; ébouillanter. || FIG., POP. *er ist abgebrüht*, c'est un dur à cuire.

ab|buchen ["ap'bu:xən] v. tr. COMM. [abschreiben] déduire ; amortir. | *von einem Konto abbuchen*, porter au débit d'un compte.

Ab|buchung ["ap'bu:xuŋ] f. (-, en). FIN. prélèvement m. | *Abbuchung per Dauerauftrag*, prélèvement automatique.

ab|bürsten ["ap'byrstən] v. tr. donner un coup de brosse ; brosser.

ab|büßen ["ap'by:sən] v. tr. expier ; subir (une peine). | *eine Strafe abbüßen*, purger une peine.

Ab|büßung [-suŋ] f. expiation f. ; purge f.

Abc [abe:'tse:] n. alphabet m.

ABC-Alarm [abe:tse:'alarm] m. (s, e) alarme (f.) antitoxique.

Abc-Schütze [abe:tse:'ʃytsə] m. (n, n) [Schulanfänger] enfant (m.) qui en est à l'abc.

ab|dachen ["ap'daxən] v. tr. ôter le toit. || mettre en talus ; mettre en pente. | *eine Böschung steil abdachen*, escarper un talus.

◇ v. pr. **sich abdachen,** aller en pente.

Ab|dachung [-xuŋ] f. (-, en) pente f. ; déclivité f. | *steile Abdachung*, escarpement m.

ab|dämmen ["ap'dɛmən] v. tr. endiguer ; barrer. | *einen Fluß abdämmen*, endiguer un fleuve. || MINES. *ein abgedämmtes Grubenfeld*, une mine endiguée.

Ab|dämmung [-muŋ] f. (-, en) endiguement m.

Ab|dampf ['apdampf] m. (es, ¨e). TECHN. vapeur (f.) d'évacuation. ||°**-hahn** m. (s, ¨e) purgeur m.

ab|dampfen ["ap'dampfən] v. intr. s'évaporer. || FIG., FAM. s'esbigner.

ab|danken ["ap'daŋkən] v. intr. abdiquer ; démissionner. | *der König dankte ab*, le roi abdiqua. | *abgedankter Offizier*, officier mis à la retraite.

Ab|dankung [-kuŋ] f. (-, en) abdication f.

ab|darben (sich) [ziç"ap'darbən] v. pr. se priver de. | *sich den Bissen vom Munde abdarben*, se priver de tout.

ab|decken ["ap'dɛkən] v. tr. *etwas gegen den Regen abdecken*, mettre qch. à l'abri de la pluie. || [abnehmen] découvrir. || PAR ANAL. *den Tisch abdecken*, desservir. || PAR EXT. *Tiere abdecken*, équarrir des cadavres.

Ab|decker [-kər] m. (s, -) équarrisseur m.

Ab|deckerei [apdɛkə'rai] f. (-, en) équarrissage m.

Abdeck|stift ["apdɛk'ʃtift] m. (s, e) anticerne m. ||°**-streifen** m. (s, -) bande (f.) de protection.

ab|dichten ["ap'diçtən] v. tr. boucher ; calfeutrer. | *ein Faß abdichten*, rendre un fût étanche.

Ab|dichtung [-tuŋ] f. (-, en) étanchéification f. || TECHN. joint m.

ab|dienen ["ap'di:nən] v. tr. MIL. *seine Zeit abdienen*, faire son service militaire.

ab|dingen ["ap'diŋən] v. tr. (Vx.) [feilschen] marchander. | *einen Preis abdingen*, rabattre sur un prix. || [entlassen] congédier. || [abspenstig machen] débaucher.

ab|drängen ["ap'drɛŋən] v. tr. écarter ; repousser. | *jn vom Platz abdrängen*, chasser qn de sa place ; supplanter qn.

ab|drehen ["ap'dre:ən] v. tr. et v. intr. tordre ; casser ; fermer. | *einen Knopf abdrehen*, arracher, faire sauter un bouton. || PAR ANAL. *das Wasser abdrehen*, fermer la conduite d'eau. | *das Gas abdrehen*, fermer le robinet du gaz. || Mar. *das Schiff dreht ab*, le bateau change de cap.

ab|drosseln ["ap'drɔsəln] v. tr. étrangler. || Techn. *den Motor abdrosseln*, mettre le moteur au ralenti ; caler.

Ab|druck ['apdruk] m. (s, ¨e) impression f. ; empreinte f. | *neuer Abdruck*, réimpression f. (d'un ouvrage). | *Fingerabdrücke*, empreintes digitales.
— Syn. : *Abzug*, reproduction ; *Durchschlag*, double.

ab|drucken ["ap'drukən] v. tr. imprimer ; reproduire. | *eine Rede abdrucken*, imprimer un discours.

ab|drücken ["ap'drykən] v. tr. empreindre ; mouler. | *in Gips abdrücken*, mouler en plâtre. || Mil. *die Pistole abdrücken*, presser la détente (du pistolet).

Abdrück|mutter ["apdryk'mutər] f. (-, n). Techn. écrou (m.) à embase.

ab|ebben ["ap'ɛbən] v. intr. se calmer ; s'apaiser.

abelsch ['a:bəlʃ] adj. Math. abélien. | *abelsche Gruppe*, groupe abélien.

Abend ['ɑ:bənt] m. (s, e). [Zeitpunkt] soir m. | *es wird Abend*, le jour baisse ; il se fait tard. || [Dauer] soirée f. || Fig., vx. [Westen] couchant m. ; occident m. | *g(eg)en Abend liegen*, être situé à l'ouest, au couchant. || *gegen Abend*, vers, sur le soir. | *am Abend*, le soir. | *diesen Abend*, ce soir. | *eines Abends*, un (beau) soir. | *heute abend*, ce soir. | *gestern abend*, hier (au) soir. | *heiliger Abend*, veille (f.) de Noël. | *am Abend vorher*, la veille (au soir). | *zu Abend essen*, dîner. | *guten Abend sagen*, dire bonsoir. || Prov. *man soll den Tag nicht vor dem Abend loben*, il ne faut pas trop tôt chanter victoire. | *es ist noch nicht aller Tage Abend*, rira bien qui rira le dernier. || *abends* adv. le soir.
— Syn. : *Tagesende*, fin du jour ; *Dämmerung*, crépuscule.

Abend|anzug ["ɑ:bənt'antsu:k] m. (s, ¨e) tenue (f.) de soirée. ||°**-aufführung** f. (-, en) représentation (f.) de soirée (théâtre). ||°**-blatt** n. (es, ¨er) journal (m.) du soir. ||°**-brot** n. ([e] s, e) dîner m. ; souper m. ||°**-dämmerung** f. (-, en) crépuscule m. ||°**-essen** n. (s, -) repas (m.) du soir ; dîner m. ||°**-geläute** n. (s) cloches (f. pl.) du soir ; couvre-feu m. ||°**-gesellschaft** ["--/-'--] f. (-, en) soirée f. ||°**-gymnasium** n. (s, ien) cours (m. pl.) secondaires du soir. ||°**-kasse** f. (-, n) Théâtre contrôle m. ||°**-kleid** n. (s, er) robe (f.) du soir ; habit (m.), tenue (f.) de soirée. ||°**-land** n. (es, ¨er) Occident m. ; pays occidentaux. || °**-länder(in)** m. (s, -), f. (-, nen) habitant(e) de l'Occident ; Occidental(e). ||°**-mahl** n. (s). Relig. Sainte Cène. | *das Abendmahl nehmen*, communier. | *zum heiligen Abendmahl gehen*, aller communier. ||°**-programm** n. (s, e) programme (m.) de la soirée. ||°**-rot** n. (s), °**-röte** f. coucher (m.) de Soleil ; couchant m. ||°**-schule** f. (-, n) cours (m. pl.) du soir. ||°**-stern** m. (s) étoile (f.) du soir ; étoile (f.) du berger.

abendlich ['ɑ:bəntliç] adj. du soir ; vespéral.

Abenteuer ['ɑ:bəntɔyər] n. (s, -) aventure f. | *auf Abenteuer (aus)ziehen, (aus)gehen,* courir, chercher des aventures.

abenteuerlich [-ərliç] adj. aventureux ; risqué. | *abenteuerliche Fahrt*, voyage semé d'aventures, mouvementé.

Abenteuerlichkeit [-ərliçkait] f. (-, en) [Menschen] caractère aventureux ; extravagance f. || [Dinge] fantastique m.

Abenteuer|lust ["ɑ:bəntɔyər'lust] f. goût (m.) de l'aventure. ||°**-roman** m. (s, e) roman (m.) d'aventures. ||°**-urlaub** m. (s, e) vacances-évasion f. pl.

abenteuern [-ərn] v. intr. chercher aventure. | *er abenteuerte jahrelang herum*, fam. il a roulé sa bosse pendant des années.

Abenteurer(in) [-rər(in)] m. (s, -), f. (-, nen) aventurier m. ; aventurière f.

aber ['ɑ:bər] adv. [nochmals] mais ; encore ; de nouveau. | *aber und abermals*, à maintes reprises. | *tausend und abertausend Leute* m. pl., des milliers (et des milliers) de personnes, de gens.
◇ conj. [jedoch] mais ; cependant ; pourtant. | *aber ja !, aber sicher !*, mais oui ! ; certainement. | *nun aber*, or. | *oder aber*, ou bien ; autrement. | *er will nicht oder aber er kann nicht*, il ne veut pas ou (bien) il ne le peut.

Aber ['ɑ:bər] n. (s, -) restriction f. ; réserve f. || Loc. *es ist ein Aber dabei*, il y a un mais. | *das Wenn und das Aber bedenken*, envisager tous les aspects du problème. | *ohne Wenn und Aber*, il n'y a pas de mais qui tienne. | *viele Wenn und Aber*, beaucoup de si et de mais.

Aber|glaube(n) ["ɑbər'glaubə(n)] m. (s) superstition f. ||**-gläubisch** adj. superstitieux. || **-malig** adj. répété ; réitéré. ||**-mals** adv. encore une fois ; une fois de plus. ||°**-witz** m. (es) déraison f. ; folie (des grandeurs). ||**-witzig** adj. fou ; absurde.

ab|erkennen ["apɛr'kɛnən] (erkannte, erkannt) v. tr. contester ; refuser. | *jm die Staatsbürgerschaft aberkennen*, déchoir qn de sa nationalité.

Ab|erkennung [-nuŋ] f. (-, en). Jur. privation f.

ab|ernten ["ap'ɛrntən] v. tr. moissonner. | *die Felder sind abgeerntet*, les champs sont moissonnés. || [pflücken] cueillir.

Aberration [abɛra'tsion] f. (-, en). Opt. aberration f. | *chromatische Aberration*, aberration chromatique.

Abessinien [abɛ'si:niən] n. pr. n. Géogr. Abyssinie f.

Abessinier(in) [-niər(in)] m. (s, -), f. (-, nen). Géogr. Abyssin(e) m. (f.), Abyssinien(ne) m. (f.).

abessinisch [-niʃ] adj. Géogr. abyssin.

ab|fädeln ["ap'fɛ:dəln] v. tr. enlever le fil ; défiler.

ab|fahren ["ap'fɑ:rən] (ä, u, a) v. tr. [fahren] charrier. | *Steine abfahren*, charrier, transporter des pierres. || Par ext. [abnützen] *eine Strecke abfahren*, défoncer un chemin ; [kontrollieren] inspecter un parcours. || Par anal. *js Bein abfahren*, écraser la jambe de qn.
◇ v. intr. partir (avec un véhicule). | *der Zug fährt eben ab*, le train part à l'instant. || Pop. *man ließ ihn abfahren*, on l'a éconduit.

Ab|fahrt ['apfɑ:rt] f. (-, en). [Zug] départ m. | *Abfahrt des Zuges*, départ du train. || Mar. partance f. || [Flugzeug] décollage m. || [Ski] descente f. || [Autobahn] sortie f.

Abfahrts|lauf ["apfɑ:rts'lauf] m. (es, ¨e) [Ski] course (f.) de descente.

Ab|fall ['apfal] m. (s, ¨e) déchets m. pl. ; [Müll] ordures f. pl. | *radioaktiver Abfall*, retombées radioactives. || Bot. *Abfall von Blüten*, chute (f.) des fleurs. | *Abfall von Früchten*, coulure f. || Géol. déclivité f. || Relig. *Abfall von Gott*, apostasie f. || Hist. *Abfall der Niederlande*, soulèvement (m.) des Pays-Bas.

Abfall|aufbereitung ["apfal'aufbəraituŋ] f. traitement (m.) des déchets. ||°**-eimer** m. (s, -) boîte (f.) à ordures, poubelle f. ||°**-produkt** n. (s, e) sous-produit m. ||°**-stoffe** m. pl. déchets m. pl. || °**-treteimer** m. ('--/'-'--) poubelle (f.) à pédale. || °**-verbrennungsanlage** f. (-, n) incinérateur m.

ab|fallen ["ap'falən] (ä, ie, a) v. intr. se détacher ; tomber. | *von der Wand abfallen*, se détacher, tomber du mur. || [Leistung] connaître une baisse de régime. || Bot. *die Blüten fallen ab*, les fleurs coulent. | *der Hang fällt steil ab*, la pente est escarpée. || Pop. *für dich fällt bei dem Geschäft etwas ab*, tu auras ta part de cette affaire. | *von einer Partei abfallen*, déserter un parti (politique). || Relig. *von Gott abfallen*, renier sa foi.

ab|fällig ["ap'fɛliç] adj. penché ; en déclivité. || Fig. défavorable. | *ein abfälliges Urteil*, un jugement négatif. || Relig. renégat m.

ab|fangen ["ap'faŋən] (ä, i, a) v. tr. attraper ; saisir ; intercepter. | *eine Nachricht abfangen*, capter une nouvelle. || Aéron. *ein Flugzeug abfangen*, dérouter un avion.

Abfang|jäger ["apfaŋ'jɛ:gər] m. (s, -). Mil. chasseur (m.) d'interception ; intercepteur m.

ab|färben ["ap'fɛrbən] v. intr. déteindre. | *dieses Grün färbt ab*, ce vert déteint. || Fig. *seine Umgebung färbt auf ihn ab*, son entourage déteint sur lui.

ab|fasern ["ap'fɑ:zərn] v. tr. et intr. effiler ; s'effiler ; s'effilocher.

ab|fassen ["ap'fasən] v. tr. **1.** Fam. surprendre ; appréhender.
2. rédiger, composer. | *einen Brief abfassen*, rédiger une lettre.

Ab|fassung [-suŋ] f. (-, en) rédaction f. | *Abfassung einer Klageschrift*, libellé (m.) d'une plainte.

ab|faulen ["ap'faulən] v. intr. pourrir. | *das Obst fault ab*, les fruits tombent en pourrissant.

ab|federn ["ap'fe:dərn] v. tr. Autom. amortir. | *der Wagen ist gut abgefedert*, cette voiture est bien suspendue.
◇ v. intr. Sport. prendre son appel.

ab|fegen ["ap'fe:gən] v. tr. balayer. | *den Staub abfegen*, balayer la poussière. | *den Teppich abfegen*, épousseter le tapis. || Zool. *der Hirsch fegt sein Geweih ab*, le cerf fraie sa tête, pose ses bois. || Fig., fam. [weglaufen] filer.

ab|feilen ["ap'failən] v. tr. limer ; ébarber.

ab|fertigen ["ap'fɛrtigən] v. tr. expédier. | *ein Paket abfertigen*, expédier un paquet. | *Gepäck abfertigen*, enregistrer des bagages. || PAR EXT. servir ; traiter. | *Kunden abfertigen*, servir des clients. | *einen Zug abfertigen*, faire partir un train. || FIG. *jn kurz abfertigen*, envoyer promener qn.

Ab|fertigung [-guŋ] f. (-, en) expédition f. ; renvoi m. || [Polizei, Zoll] contrôle m. || FIG., FAM. *seine Abfertigung erhalten*, recevoir son compte.

ab|feuern ["ap'fɔyərn] v. tr. tirer ; faire feu sur ; décharger. || MIL. *eine Salve auf jn abfeuern*, tirer une salve sur qn. | *ein Geschütz abfeuern*, tirer le canon.

ab|finden ["ap'findən] (a, u) v. tr. indemniser ; dédommager. | *jn mit Geld abfinden*, indemniser qn. ◇ v. pr. **sich abfinden,** FIG. *sich mit etwas abfinden*, s'accommoder, s'arranger de qch.

Ab|findung [-duŋ] f. (-, en) accommodement m. ; arrangement m. | *Abfindungssumme*, montant (m.) de l'indemnité ; forfait m. ; [Unternehmen] indemnité (f.) de départ.

ab|flauen ["ap'flauən] v. intr. faiblir ; mollir. || COMM. *das Geschäft flaut ab*, les affaires baissent.

ab|fliegen ["ap'fli:gən] (o, o) v. intr. **1.** s'envoler. | *das Flugzeug fliegt ab*, l'avion décolle, s'élève. **2.** se détacher ; s'arracher. | *ein Stück des Propellers flog ab*, un morceau de l'hélice se détacha.
◇ v. tr. reconnaître. | *eine Strecke abfliegen*, reconnaître un parcours en avion.

Ab|flug ['apflu:k] m. (s, ¨e) départ m. ; décollage m. (d'un avion).

Ab|fluß ['apflus] m. (es, ¨e) [Handlung] écoulement m. ; dégorgement m. | *dieses Gelände hat keinen Abfluß*, ce terrain n'a pas de pente. || [Instrument, Ort] déversoir m. ; égout m.

Abfluß|menge ["apflus'mɛŋə] f. (-, n) débit (m.) d'un fleuve. ||°**-rinne** f. (-, n) rigole f. ||°**-rohr** n. (s, e) dégorgeoir m.

ab|fordern ["ap'fɔrdərn] v. tr. réclamer ; demander ; exiger.

ab|formen ["ap'fɔrmən] v. tr. mouler.
◇ v. pr. **sich abformen,** se dessiner. | *das Werk formt sich in seinen großen Zügen ab*, l'œuvre prend forme.

Ab|formung [-muŋ] f. (-, en) moulage m.

ab|fragen ["ap'frɑ:gən] v. tr. interroger ; questionner.

ab|fressen ["ap'frɛsən] (i, a, e) v. tr. brouter ; dévorer.

Ab|fuhr ['apfu:r] f. (-, en) enlèvement m. ; transport m. | *Müllabfuhr*, enlèvement des ordures ménagères. || FIG. affront m. ; insulte f. || FAM. *jm eine Abfuhr erteilen*, envoyer qn paître.

ab|führen ["ap'fy:rən] v. tr. emmener ; transporter ; emporter. | *Gefangene abführen*, emmener des prisonniers. || FIG. *das führt zu weit vom Thema ab*, cela nous écarte trop du sujet. | *eine Summe abführen*, verser une somme. || [Duell] *er wurde abgeführt*, il fut mis hors de combat. || MÉD. purger.

Abführ|mittel ["apfy:r'mitəl] n. (s, -). MÉD. laxatif m. ; purgatif m. ; FAM. purge f.

Ab|führung ["ap'fy:ruŋ] f. (-, en) emprisonnement m. || COMM. virement m. ; versement m. | *Abführung von Geldern*, versement de fonds. || MÉD. évacuation intestinale.

ab|füllen ["ap'fylən] v. tr. TECHN. [Flüssigkeiten] mettre en bouteilles ; embouteiller. | *er füllt Bier in Flaschen ab*, il met de la bière en bouteilles. || [feste Körper] ensacher ; mettre en sacs.

ab|füttern ["ap'fytərn] v. tr. nourrir ; alimenter. | *die Tiere abfüttern*, nourrir les bêtes. || FIG. [couture] doubler. | *einen Überzieher abfüttern*, doubler un pardessus.

Ab|fütterung [-ruŋ] f. repas m. | *Abfütterung der Raubtiere*, repas (m.) des fauves.

Ab|gabe ["ap'gɑ:bə] f. (-, en) livraison f. ; remise f. ; distribution f. | *Abgabe einer Erklärung*, remise d'une déclaration. || FIN. impôt m. | *steuerliche Abgaben*, *Steuerabgabe*, impôts m. pl. || [Börse] vente f. || NUCL. *radioaktive Abgaben*, rejets radioactifs. || SPORT. [Fußball] passe f.

abgaben|frei ["apgɑ:bən'frai] adj. non imposable. | *abgabenfreier Betrag*, somme (f.) non imposable.

Ab|gang ['apgaŋ] m. ([e]s, ¨e) départ m. || [Austritt] sortie. | *Abgang eines Schauspielers*, sortie d'un acteur. || ADM. retraite f. | *Abgang eines Beamten*, retraite d'un fonctionnaire. || COMM. débit m. (d'une marchandise). || MÉD. écoulement m. ; dégorgement m.

ab|gängig ["ap'gɛŋiç] adj. disparu ; manquant.

Abgangs|bahnhof ["apgaŋs'bɑ:nho:f] m. (s, ¨e) gare (f.) de départ. ||°**-entschädigung** f. (-, en). ADM. indemnité (f.) forfaitaire. ||°**-prüfung** f. (-, en) examen (m.) de sortie (d'une école). ||°**-winkel** m. (s, -). MIL. angle (m.) de projection. ||°**-zeugnis** n. (ses, se) diplôme (m.) de fin d'études.

Ab|gas ['apgɑ:s] n. (es, e). TECHN. gaz (m.) d'échappement. || [Umwelt] effluents (m. pl.) gazeux.

Abgas|entschwefelung ["apgɑ:sent'ʃve:fəluŋ] f. (-, en). TECHN. désulfuration (f.) des gaz.

ab|geben ["ap'ge:bən] (i, a, e) v. tr. remettre ; livrer. | *einen Brief bei jm abgeben*, remettre une lettre à qn. || PAR ANAL. donner. | *seine Stimme für jn abgeben*, donner sa voix à qn. || JUR. *ein Urteil abgeben*, rendre un jugement. || FIG. *seine Meinung abgeben*, donner son avis. || [überlassen] laisser ; abandonner. | *viel an Steuern abgeben*, payer de gros impôts. | *billig abzugeben*, vente (f.) à bas prix. || LOC. faire. | *er wird einen guten Handwerker abgeben*, il fera, deviendra un bon artisan. || [sich ereignen] *es hat Prügel abgegeben*, il y a eu une volée de bois vert. || SPORT. *den Ball abgeben*, faire une passe.
◇ v. pr. **sich abgeben,** *sich mit etwas abgeben*, s'occuper de qch. || fréquenter. | *sich mit schlechter Gesellschaft abgeben*, avoir de mauvaises fréquentations.

ab|gedroschen ["apgə'drɔʃən] adj. FIG. rebattu ; ressassé ; éculé.

ab|gefeimt ["apgə'faimt] adj. audacieux ; malin. | *ein abgefeimter Schuft*, un fieffé coquin.

ab|gehen ["ap'ge:ən] (ging, gegangen) v. intr. **1.** s'en aller ; partir. | *der Zug geht ab*, le train part. || quitter. | *der Schüler geht zu Ostern ab*, cet élève quitte l'école définitivement à Pâques. || sortir. | *von der Bühne abgehen*, quitter la scène. | *von einem Amte abgehen*, quitter un emploi. | *ein Rad geht ab*, une roue se détache. || FIG. *von jm abgehen*, quitter le parti de qn. | *er wird von seiner Meinung nicht abgehen*, il ne démordra pas de son opinion. | *er läßt sich nichts abgehen*, il ne se refuse rien. | *vieles geht ihm ab*, bien des choses lui demeurent fermées. | *es geht mir dadurch nichts ab*, je n'y perds rien. || FIG. [sterben] mourir. || LOC. *auf- und abgehen*, se promener de long en large.
2. — **a)** COMM. [verkauft werden] se vendre. | *die Ware geht reißend ab*, cette marchandise s'écoule bien, se vend comme des petits pains. — **b)** réduire ; diminuer. | *von seinen Forderungen abgehen*, réduire ses exigences. | *vom Preise abgehen*, rabattre son prix. — **c)** se déduire. | *von der Summe gehen zwei Mark ab*, deux marks sont à déduire du total.
3. se terminer ; se passer. | *alles ist gut, glatt abgegangen*, tout s'est bien passé.
4. s'écailler ; s'en aller. | *diese Farbe geht ab*, cette peinture s'écaille.
◇ v. tr. TECHN. *Schienen abgehen*, contrôler des rails (en les parcourant). || MIL. *der General geht die Front ab*, le général passe les troupes en revue.

ab|gekartet ["apgə'kartət] adj. tramé ; comploté. || *ein abgekartetes Spiel*, un coup monté.

ab|geklärt ["apgə'klɛ:rt] adj. rasséréné ; serein. || FIG. *ein abgeklärter Greis*, un vieillard plein de sérénité, de sagesse.

ab|gelegen ["apgə'le:gən] adj. écarté ; isolé. | *ein abgelegenes Haus*, une maison isolée, retirée.

Ab|gelegenheit [-hait] f. isolement m. ; éloignement m. ; solitude f.

ab|gelten ["ap'gɛltən] (i, a, o) v. tr. rembourser. || FIG. *einen Dienst abgelten*, rendre un service.

Ab|geltung [-tuŋ] f. (-, en). JUR. forfait m. ; indemnisation f. | *eine Abgeltung zahlen*, payer un forfait.

Ab|gemessenheit ["apgə'mɛsənhait] f. FIG. retenue f. ; réserve f.

ab|geneigt ["apgə'naikt] part. pass. et adj. défavorable à ; répugnant à ; hostile à. || FIG. *dem Laster abgeneigt sein*, avoir horreur du vice. | *abgeneigt sein, zu*, refuser de. | *nicht abgeneigt sein, etwas zu tun*, être prêt, disposé à faire qch.

Ab|geneigtheit [-hait] f. aversion f. ; répugnance f.

Ab|geordnete(r) ["apgə'ɔrdnətə(r)] f. (m.). POLIT. député(e) m. (f.).

Abgeordneten|haus ["apgəɔrdnətən'haus] n. (es), °**-kammer** f. chambre (f.) des députés.

ab|gerissen ["apgə'risən] adj. déchiré ; en lambeaux. || FIG. incohérent ; sans suite.

Ab|gerissenheit [-hait] f. délabrement m. || FIG. caractère décousu (du style).

Ab|gesandte(r) ["apgə'zantə(r)] f. (m.). POLIT. délégué(e) m. (f.).

Ab|gesang ["apgə'zaŋ] m. ([e]s, ¨e) épode f.

ab|geschieden ["apgə'ʃi:dən] part. pass. et adj. isolé. | *eine abgeschiedene Gegend*, une contrée perdue. || FIG. mort ; décédé. | *sie ist vorgestern abgeschieden*, elle est décédée avant-hier.

Ab|geschiedenheit [-hait] f. isolement m.

ab|geschmackt ["apgə'ʃmakt] adj. fade ; sans goût ; insipide. || FIG. absurde. | *abgeschmacktes Zeug zusammenschwatzen*, débiter des niaiseries.

Ab|geschmacktheit [-hait] f. (-, en) ineptie f. ; absurdité f. ; sornette f.

ab|gesehen von ["apgə'ze:ənfɔn]. V. ABSEHEN.

ab|gestanden ["apgə'ʃtandən] part. pass. et adj. passé ; gâté. | *abgestandenes Bier*, bière éventée. | *abgestandene Luft*, air vicié.

ab|gewinnen ["apgə'vinən] (a, o) v. tr. gagner. | *jm beim Spiel Geld abgewinnen*, gagner de l'argent sur qn. || FIG. *der Lehrer hat mir Achtung abgewonnen*, le maître a forcé mon admiration. | *dem Leben die schönsten Seiten abgewinnen*, prendre la vie du bon côté.

Ab|gewogenheit ["apgə'vo:gənhait] f. V. AUSGEWOGENHEIT.

ab|gewöhnen ["apgə'vø:nən] v. tr. déshabituer. | *jm das Trinken abgewöhnen*, déshabituer qn de boire. | *sich etwas abgewöhnen*, se défaire d'une habitude.

ab|gießen ["ap'gi:sən] (o, o) v. tr. verser ; couler. | *die Kartoffeln abgießen*, égoutter les pommes de terre. || TECHN. couler. | *eine Statue in Bronze abgießen*, couler une statue en bronze.

Ab|glanz ['apglants] m. (es) reflet m. || FIG. *Abglanz seines Ruhmes*, reflet de sa gloire.

ab|gleiten ["ap'glaitən] (i, i) v. intr. glisser ; tomber en glissant. || FIG. déchoir. | *sozial abgleiten*, tomber bien bas ; déchoir de son rang social.

Ab|gott ['apgɔt] m. (es, ¨er) faux dieu ; idole f. | *sie beteten zu Abgöttern*, ils adoraient des idoles. || FIG. idole f. | *er war ihr Abgott*, il était son idole.

Ab|götterei ['apgøtə"rai] f. idolâtrie f. | *Abgötterei betreiben*, adorer les faux dieux.

ab|göttisch ["ap'gøtiʃ] adj. idolâtre. | *jn abgöttisch lieben*, idolâtrer qn.

Ab|gottschlange ["apgɔt'ʃlaŋə] f. (-, n). ZOOL. boa m.

ab|graben ["ap'gra:bən] (ä, u, a) v. tr. creuser ; abaisser ; détourner ; aplanir. | *ein Moor abgraben*, dessécher un marais. || FIG. *jm das Wasser abgraben*, couper l'herbe sous le pied à qn.

ab|grämen (sich) [ziç"ap'grɛ:mən] v. pr. s'affliger ; se chagriner.

ab|grasen ["ap'gra:zən] v. tr. brouter l'herbe. || [systematisch suchen] chercher partout.

ab|graten ["ab'gra:tən] v. tr. TECHN. ébavurer.

ab|greifen ["ap'graifən] (i, i) v. tr. user à force de manier. | *ein abgegriffenes Geldstück*, une pièce de monnaie très usée.

ab|grenzen ["ap'grɛntsən] v. tr. délimiter ; démarquer ; borner.

Ab|grenzung [-tsuŋ] f. (-, en) démarcation f. ; délimitation f.

Ab|grund ['apgrunt] m. (es, ¨e) gouffre m. ; précipice m. | *ein jäher Abgrund*, un précipice vertigineux. || FIG. *der Diktator brachte das Land an den Rand des Abgrunds*, le dictateur amena le pays au bord de la ruine.

ab|gründig ["ap'gryndiç] adj. insondable ; indéchiffrable.

abgrund|tief ["apgrunt'ti:f] adj. profond comme l'abîme ; abyssal.

ab|gucken ["ap'gukən] v. tr. imiter ; copier. | *jm seine Kunst, sein Handwerk abgucken*, imiter un art, un métier en voyant faire qn. || LOC. *sich die Augen abgucken*, s'écarquiller les yeux à force de regarder.

Ab|guß ['apgus] m. (es, ¨e) moulage m. || TYPOGR. cliché m.

ab|haben ["ab'habən] v. tr. FAM. *etwas abhaben wollen*, vouloir sa part du gâteau.

ab|hacken ["ap'hakən] v. tr. couper à la hache ; découper. || FIG. *abgehackt sprechen*, parler d'une façon saccadée.

ab|haken ["ap'ha:kən] v. tr. décrocher ; dégrafer. | *ein Bild abhaken*, décrocher un tableau. || FIG. *einen Namen auf einer Liste abhaken*, cocher un nom sur une liste.

ab|halftern ["ap'halftərn] v. tr. ôter le licou. || FIG., FAM. [entlassen] limoger.

ab|halten ["ap'haltən] (ä, ie, a) v. tr. **1.** éloigner ; empêcher ; débaucher. | *jn von der Arbeit abhalten*, détourner qn de son travail. || FIG. empêcher. | *jn von einer Unbesonnenheit abhalten*, empêcher qn de commettre une imprudence.
2. [veranstalten] organiser ; tenir. | *eine Sitzung abhalten*, tenir une séance. || RELIG. *einen Gottesdienst abhalten*, célébrer un office. || MIL. *eine Parade abhalten*, passer les troupes en revue.

Ab|haltung [-tuŋ] f. (-, en). 1° empêchement m. ; 2° célébration f.

ab|handeln ["ap'handəln] v. tr. COMM. marchander. || FIG. traiter. | *ein Thema abhandeln*, traiter un sujet.

abhanden|kommen [ap"handən'kɔmən] v. intr. se perdre. | *der Schlüssel ist mir abhandengekommen*, j'ai perdu la clef.

Ab|handlung ["ap'handluŋ] f. (-, en) traité m. | *Abhandlung über Philosophie*, traité de philosophie.

Ab|hang ['aphaŋ] m. (s, ¨e). GÉOL. pente f. | *ein steiler Abhang*, un escarpement.

ab|hängen ["ap'hɛŋən] v. tr. détacher ; décrocher ; dépendre ; découpler. | *ein Bild abhängen*, décrocher un tableau. || SPORT. *A. hing B. ab*, A. se détacha de B. || ADM., FIG. *jn abhängen*, déplacer qn. || TECHN. découpler.
◇ v. intr. (i, a) *von jm abhängen*, dépendre de qn ; être sous la coupe de qn. | *das hängt davon ab*, cela dépend (de).

ab|hängig ["ap'hɛŋiç] adj. *abhängig von*, dépendant de ; assujetti à. | *wir sind von ihm abhängig*, nous dépendons de lui.

Ab|hängigkeit [-kait] f. dépendance f.

ab|härmen (sich) [ziç"ap'hɛrmən] v. pr. se ronger ; se chagriner. | *eine abgehärmte Frau*, une femme rongée de chagrin.

ab|härten ["ap'hɛrtən] v. tr. endurcir. | *Wind und Wetter härten den Hirten ab*, les intempéries endurcissent le pâtre.
◇ v. pr. **sich abhärten,** s'endurcir.

Ab|härtung [-tuŋ] f. endurcissement m.

ab|haspeln ["ap'haspəln] v. tr. dévider ; dérouler.

ab|hauen ["ap'hauən] (hieb, gehauen) v. tr. couper ; trancher ; abattre.
◇ v. intr. (prétérit : haute). POP. filer ; décamper ; décaniller ; se tailler.

ab|häuten ["ap'hɔytən] v. tr. écorcher ; dépouiller (un animal).

ab|heben ["ap'he:bən] (o, o) v. tr. enlever ; découper ; décoller, démouler ; décrocher ; lever. | *den Deckel abheben*, soulever le couvercle. || CULIN. *den Rahm, die Sahne abheben*, écrémer ; FIG. faire son beurre. || COMM. retirer ; prélever. | *Geld von der Bank abheben*, retirer de l'argent de la banque. || [Kartenspiel] couper. | *Karten abheben*, couper les cartes. || TEXT. *die Masche abheben*, sauter une maille.
◇ v. intr. AÉRON. décoller.
◇ v. pr. **sich abheben,** FIG. se détacher ; se distinguer. | *die Berge heben sich am Horizont ab*, les montagnes se détachent, se découpent sur l'horizon.

Ab|hebung [-buŋ] f. (-, en), **Ab|heben** [-bən] n. (s) enlèvement m. ; retrait m. ; prélèvement m. || FIG. moulage m. ; coupe f.

ab|heften ["ap'hɛftən] v. tr. ADM. classer ; ranger dans un classeur.

ab|helfen ["ap'hɛlfən] (i, a, o) v. intr. aider à ; remédier à. || FIG. *einem Übel abhelfen*, remédier à un mal, à un inconvénient. | *der Sache kann abgeholfen werden*, on peut y remédier.

ab|hetzen ["ap'hɛtsən] v. tr. réduire aux abois.
◇ v. pr. **sich abhetzen,** s'éreinter.

Ab|hilfe ["ap'hilfə] f. remède m. ; secours m. | *Abhilfe schaffen*, porter remède à qch.

ab|hobeln ["ap'ho:bəln] v. tr. TECHN. raboter ; dégrossir ; dégauchir.
◇ v. pr. **sich abhobeln,** FIG. se dégrossir ; se civiliser.

ab|hold ['aphɔlt] adj. (dat.) hostile ; défavorable. | *er ist der Sache abhold*, il est défavorable à cette affaire. | *allem Förmlichen abhold*, ennemi des cérémonies.

ab|holen ["ap'ho:lən] v. tr. aller chercher. | *ein Paket am Zoll abholen*, aller prendre un colis à la douane ; dédouaner un colis. | *jn am Bahnhof abholen*, aller attendre qn à la gare. || [verhaften] arrêter ; emmener.

Ab|holung [-luŋ] f. (-, en) enlèvement m. || Postes. levée f. (des lettres).

ab|holzen ["ap'hɔltsən] v. tr. déboiser.

Ab|holzung [-tsuŋ] f. (-, en) déboisement m.

ab|horchen ["ap'hɔrçən] v. tr. écouter ; espionner ; épier. || Méd. ausculter.

Abhorch|gerät ["aphɔrçgə'rɛ:t] n. (es, e). Mil. appareil (m.) d'écoute.

Abhör|dienst ["aphø:r'di:nst] m. (es, e). Mil. service (m.) d'écoute. ||°**-gerät** n. (s, e) table (f.) d'écoute. ||°**-posten** m. (s, -), °**-station** f. (-, en) poste (m.) d'écoute.

ab|hören ["ap'hø:rən] v. tr. interroger ; écouter. | *die Schulaufgaben abhören*, interroger sur les leçons et les devoirs. || [Polizei] *jn abhören*, mettre qn sur table d'écoute. | *ein Gespräch abhören*, écouter une conversation. || Radio. *Rundfunk abhören*, écouter la radio.

ab|irren ["ap'irən] v. intr. errer ; s'égarer ; dévier ; se fourvoyer. | *vom Wege abirren*, perdre la direction ; se fourvoyer. || Fig. être dans l'erreur.

Ab|irrung [-ruŋ] f. (-, en) égarement m. ; déviation f. || Fig. aberration f.

Abitur [abi'tu:r] n. (s, e) [Deutschland] baccalauréat m.
— Syn. : *Reifeprüfung*.

Abiturient(in) [-turi'ɛnt, (in)] m. (en, en), f. (-, nen) bachelier m. ; bachelière f.

Abiturienten|ball [-"entən'bal] m. (s,¨e) bal (m.) des bacheliers. ||°**-examen** n. (s, mina), °**-prüfung** f. (-, en) baccalauréat m. ||°**-zeugnis** n. (ses, se) diplôme (m.) du baccalauréat.

ab|jagen ["ap'ja:gən] v. tr. Sport. [jagen, hetzen] fatiguer à la course. | *er hat seinen Hund abgejagt*, il a fatigué son chien. || [Jagd] ein Jagdrevier abjagen, battre un terrain de chasse. || Fig. [nehmen] prendre ; faire lâcher.

Abk. (abrév. de **Abkürzung**) f. abréviation f.

ab|kämmen ["ap'kɛmən] v. tr. peigner. | *einen Hund abkämmen*, peigner un chien. || Fig. fouiller. | *den Wald abkämmen*, passer la forêt au peigne fin.

ab|kämpfen ["ap'kɛmpfən] v. tr. arracher par la lutte.
◇ (employé surtout au part. pass.) **abgekämpft,** éreinté ; à bout de forces.
◇ v. pr. **sich abkämpfen,** s'exténuer au combat.

ab|kanten ["ap'kantən] v. tr. Techn. écorner ; biseauter ; chanfreiner. | *Teller abkanten*, ébrécher des assiettes. | *einen Spiegel abkanten*, biseauter une glace. | *ein Stück Holz abkanten*, chanfreiner un morceau de bois.

Ab|kantung [-tuŋ] f. (-, en). Techn. [Teller] écornure f. || [Spiegel] biseautage m. || [Holz] chanfreinage m. || [Blech] pliage m.

ab|kanzeln ["ap'kantsəln] v. tr. Fam. attraper ; sermonner ; chapitrer.

ab|kapseln (sich) [ziç"ap'kapsəln] v. pr. s'enfermer ; s'isoler. || Bot. *der Samen kapselt sich ab*, la graine s'enferme dans une capsule. || Méd. s'enkyster. || Fig. s'isoler. | *er kapselt sich ab*, il se retranche du monde.

Ab|kapselung ["ap'kapsəluŋ] f. (-, en) isolement m.

ab|karten ["ap'kartən] v. tr. tramer ; comploter. || Fig. *ein abgekartetes Spiel*, un coup monté.

ab|kaufen ["ap'kaufən] v. tr. Comm. acheter ; racheter.

Ab|kehr ['apke:r] f. éloignement m. ; aversion f. ; horreur f. || Fig. *Abkehr vom Bösen*, aversion pour le mal. || Mines. congé m.

ab|kehren ["ap'ke:rən] v. tr. balayer ; nettoyer. | *den Tisch abkehren*, nettoyer la table. || Par ext. détourner. | *den Blick abkehren*, détourner les yeux.
◇ v. intr. Mines. quitter la mine.
◇ v. pr. **sich abkehren,** fig. se détourner de ; prendre qch. en aversion.

ab|klappbar ["ap'klapba:r] adj. pliant.

ab|klären ["ap'klɛ:rən] v. tr. clarifier ; décanter. || Chim. *Wein abklären*, décanter du vin. || Fig. *abgeklärter Mann*, homme réfléchi, pondéré, rasséréné.

Ab|klatsch ['apklatʃ] m. (es, e) copie f. ; imitation f. ; épreuve f. ; cliché m. | *schwacher Abklatsch*, copie sans valeur.

ab|klatschen ["ap'klatʃən] v. tr. clicher ; décalquer.

Abkling|becken ["ap'kliŋbekən] n. (s, -). Nucl. piscine (f.) de désactivation.

ab|klingen ["ap'kliŋən] (a, u) v. intr. s'évanouir ; disparaître. || Mus. *der Gesang klingt ab*, le chant s'évanouit, meurt. || Fig. [abnehmen] *die Erregung klingt ab*, l'émotion diminue, faiblit. || [verschwinden] *die Krise klingt ab*, la crise s'estompe.

Abklingen|lassen ["ap'kliŋənlasən] n. (s). Nucl. désactivation f.

ab|klopfen ["ap'klɔpfən] v. tr. détacher ; battre ; faire tomber en frappant. | *den Staub abklopfen*, épousseter. || Par anal. *eine Mauer abklopfen*, sonder un mur. || Méd. *den Rücken abklopfen*, percuter le dos. || [betteln] *Haus für Haus abklopfen*, aller de porte en porte. || Mus. interrompre. | *der Kapellmeister klopft ab*, le chef d'orchestre (fait) arrête(r) les musiciens.

ab|knabbern ["ap'knabərn] v. tr. grignoter. | *die Knochen abknabbern*, ronger les os. | *etwas vom Brot abknabbern*, grignoter du pain.

ab|knallen ["ap'knalən] v. tr. massacrer ; fam. descendre. | *die Hasen werden abgeknallt*, on fait un carnage de lièvres.

ab|knapsen ["ap'knapsən] v. tr. rogner. | *er hat es sich mühsam abgeknapst*, il l'a acquis à force de privations.

ab|knipsen ["ap'knipsən] v. tr. couper ; faire sauter. || Fig., fam. prendre en photo.

ab|knöpfbar ["ap'knøpfba:r] adj. détachable. | *abknöpfbarer Kragen*, faux col.

ab|knöpfen ["ap'knøpfən] v. tr. déboutonner. || Fig., pop. soustraire (de l'argent) ; taper qn.

ab|knüpfen ["ap'knypfən] v. tr. délier ; détacher.

ab|kochen ["ap'kɔxən] v. tr. faire cuire ; faire bouillir. || Chim. faire une décoction.

ab|kommandieren ["apkɔman'di:rən] v. tr. Mil. détacher.

Ab|kommandierung [-ruŋ] f. (-, en). Mil. détachement m.

Ab|komme ["ap'kɔmə] m. (n, n) descendant m.
— Syn. : *Abkömmling, Nachkomme*, descendant.

ab|kommen ["ap'kɔmən] (a, o) v. intr. s'écarter ; s'éloigner ; se fourvoyer. | *vom Wege abkommen*, dévier de son chemin. || Par anal. *er kann nicht abkommen*, il n'est pas libre. || Fig. changer. | *er ist von seiner früheren Ansicht abgekommen*, il a changé d'avis. | *von einer Mode abkommen*, abandonner une mode. || Mil. pointer ; viser.

Ab|kommen ["ap'kɔmən] n. (s, -). **1.** descendance f.
2. entente f. ; arrangement m. ; accord m. | *ein Abkommen treffen*, conclure un traité, une convention. | *zu einem Abkommen gelangen*, tomber d'accord. || Polit. accord m. ; pacte m. | *Münchner Abkommen*, les accords de Munich. || Jur. arrangement m. | *ein gütliches Abkommen*, un arrangement (à l')amiable.

ab|kömmlich ["ap'kømliç] adj. disponible ; libre.

Ab|kömmlichkeit [-liçkait] f. disponibilité f.

Ab|kömmling [-liŋ] m. (s, e) descendant m. ; rejeton m.

ab|koppeln ["ap'kɔpəln], **-kuppeln** [-'kupəln] v. tr. découpler. || Autom. décrocher.

ab|kratzen ["ap'kratsən] v. tr. gratter ; racler ; nettoyer ; décrasser ; décrotter. | *Schuhe abkratzen*, décrotter des chaussures. || Archit. *den Putz abkratzen*, décrépir.
◇ v. intr. pop. passer l'arme à gauche ; clamser.

ab|kriegen ["ap'kri:gən] v. tr. Fig., fam. recevoir ; obtenir. | *er hat eins abgekriegt*, il a reçu un bon coup. | *sie hat keinen abgekriegt*, elle n'a pas réussi à se marier.

ab|kühlen ["ap'ky:lən] v. tr. rafraîchir ; réfrigérer ; refroidir. | *das Wasser abkühlen*, refroidir l'eau.
◇ v. impers. *es kühlt ab*, le temps se rafraîchit.
◇ v. pr. **sich abkühlen,** se refroidir. | *sein Zorn hat sich abgekühlt*, sa colère s'est calmée.

Ab|kühlung [-luŋ] f. (-, en). [Handlung] rafraîchissement m. ; refroidissement m. || Phys. réfrigération f. || Fig. désaffection f.

Ab|kunft ['apkunft] f. descendance f. ; origine f. ; extraction f. | *von vornehmer Abkunft*, de noble origine.

ab|kürzen ["ap'kyrtsən] v. tr. raccourcir ; abréger. | *den Weg abkürzen*, raccourcir son chemin. | *eine Diskussion abkürzen*, abréger une discussion.

Ab|kürzung [-tsuŋ] f. (-, en) raccourcissement m. ; abréviation f. ; réduction f. (s. Tafel S. X.)

ab|küssen ["ap'kysən] v. tr. Fam. bécoter.
◇ v. pr. **sich abküssen,** fam. se bécoter.

ab|laden ["ap'la:dən] (ä, u, a) v. tr. déposer ; décharger. | *einen Wagen abladen*, décharger une voiture. || Par ext. se débarrasser. | *eine Last abladen*, se débarrasser d'un fardeau. | *Schuttabladen verboten !*, défense de déposer des ordures. || FIG. *seinen Kummer bei jm abladen*, confier ses peines à qn.

Ablade|platz ["aplɑ:də'plats] m. (es, ¨e) lieu (m.) de déchargement.

Ab|lader ["ap'lɑ:dər] m. (s, -) portefaix m. ; fort m. (des Halles). || MAR. débardeur m.

Ab|ladung [-duŋ] f. (-, en) déchargement m. ; décharge f. || MAR. débardage m.

Ab|lage ["ap'lɑ:gə] f. (-, n). [Vorrichtung] dépôt m. ; magasin m. | *Kleiderablage*, vestiaire m. || FIG. *einen Plan in die Ablagemappe geben*, laisser un projet dans les cartons. || [Unterlagen] classement m. ; rangement m.

ab|lagern ["ap'lɑ:gərn] v. tr. entreposer. || GÉOL. déposer.

Ab|lagerung [-gəruŋ] f. (-, en) dépôt m. || GÉOL. dépôt m. ; gisement m. ; sédiment m. || CHIM. sédiment m. ; précipité m. ; résidu m. || [Bier, Wein] lie f.

ab|landig ["ap'landiç] adj. de terre. | *ablandiger Wind*, vent (m.) de terre.

Ab|laß ['aplas] m. (es, ¨e) roulement m. ; décharge f. || COMM. déduction f. ; rabais m. || RELIG. indulgence f. ; pardon m. ; rémission f.

Ablaß|brief ["aplas'bri:f] m. (es, e). RELIG. bulle (f.) d'indulgence. ||°**-hahn** m. (es, ¨e). TECHN. robinet (m.) de vidange, de purge ; purgeur m. ||°**-leitung** f. (-, en). TECHN. conduite (f.) d'écoulement. ||°**-rohr** n. (es, e). TECHN. tuyau (m.) d'échappement. ||°**-ventil** n. (s, e). TECHN. purgeur m.

ab|lassen ["ap'lasən] (ä, ie, a) v. tr. évacuer ; faire, laisser écouler ; laisser échapper ; vider. | *Dampf ablassen*, lâcher la vapeur. || PAR EXT. soutirer. || [nachlassen] réduire. | *von einer Schuld ablassen*, réduire une dette. || FIG. renoncer à. | *von einem Plan ablassen*, renoncer à un projet.

Ab|lassen ["ap'lasən] n. (s) rejet m. | *Ablassen auf See*, rejet en mer.

Ab|lativ [abla'ti:f] m. (s, e). GRAMM. ablatif m.

Ab|lauf ['aplauf] m. (s, ¨e). **1.** [Handlung] écoulement m. || [Abfahrt] départ m. | *Ablauf eines Schiffes*, lancement (m.) d'un navire. || FIG. déroulement m. ; révolution f. | *Ablauf der Schlacht*, déroulement de la bataille. || MAR. descente f. | *Ablauf der Flut*, marée descendante.

2. [Zeit] expiration f. | *nach Ablauf von vierzehn Tagen*, passé quinze jours ; au bout de quinze jours. || COMM. terme m. ; échéance f. | *Ablauf eines Wechsels*, échéance d'un effet, d'une traite. || issue f. | *Ablauf eines Geschäfts*, issue, résultat (m.) d'une affaire.

Ablauf|berg ["aplauf'bɛrk] m. (es, e). [Eisenbahn] butte (f.) de gravité. ||°**-diagramm** n. (s, e). INF. organigramme m. ||°**-frist** f. (-, en) délai (m.) [de l'échéance]. ||°**-hahn** m. (es, ¨e) robinet m.

ab|laufen ["ap'laufən] (ä, ie, a) v. tr. ADM. vérifier. | *die Strecke ablaufen*, contrôler un parcours. || FIG. l'emporter sur. | *jm den Rang ablaufen*, l'emporter sur qn.

◇ v. intr. **1.** s'écouler. | *das Wasser läuft ab*, l'eau s'écoule. || PAR ANAL. *der Film läuft ab*, le film se déroule. | *die Uhr läuft ab*, la montre s'arrête.

2. expirer. | *die Frist läuft ab*, le délai expire. || COMM. arriver à échéance.

3. (se) périmer. | *der Paß ist abgelaufen*, le passeport est périmé.

ab|lauschen ["ap'lauʃən] v. tr. épier.

Ab|laut ['aplaut] m. (s, e) apophonie f. ; alternance (f.) vocalique.

ab|lauten ["ap'lautən] v. tr. et v. intr. changer la voyelle du radical.

ab|läuten ["ap'lɔytən] v. tr. sonner le départ.

ab|leben ["ap'le:bən] v. intr. décéder.

◇ part. pass. et adj. **abgelebt**, usé. | *eine abgelebte Sitte*, une coutume démodée, désuète.

Ab|leben [-bən] n. (s) décès m.

— SYN. : *Hinscheiden*.

ab|ledern ["ap'le:dərn] v. tr. nettoyer avec une peau de chamois.

ab|legen ["ap'le:gən] v. tr. déposer ; ôter ; enlever. | *Briefe ablegen*, classer des lettres. | *den Mantel ablegen*, se défaire, se débarrasser de, enlever son manteau. || PAR ANAL. [Karten] écarter. | *eine Karte ablegen*, écarter une carte. || se défaire de ; mettre au rebut. | *die Kutte ablegen*, se défroquer ; jeter le froc aux orties. | *eine Maschine ablegen*, mettre une machine au rancart. || FIG. *die Kinderschuhe ablegen*, sortir de l'enfance. | *einen alten Fehler ablegen*, se corriger d'un vieux défaut. | *die Gewohnheit ablegen*, abandonner une habitude. | *alle Scham ablegen*, dépouiller toute honte. || JUR. *Rechenschaft ablegen*, rendre compte. | *Zeugnis ablegen*, déposer ; témoigner ; rendre témoignage. | *einen Eid ablegen*, prêter serment. || PAR EXT. *ein Versprechen ablegen*, promettre. | *eine Prüfung ablegen*, passer un examen.

◇ v. intr. MAR. dériver. || CHIM. déposer.

Ab|legen [-gən] n. (s) [action de] déposer ; dépôt m. || TECHN. dépose f.

Ab|leger [-gər] m. (s, -). AGRIC. provin m. ; bouture f. ; marcotte f. || FIG. branche f. ; descendant m.

Ablege|raum ["aple:gə'raum] m. (s, ¨e) vestiaire m.

Ab|legung ["ap'le:guŋ] f. ADM. classement m. || AGRIC. provinage m. ; marcottage m. || JUR. *Ablegung eines Eides*, prestation (f.) de serment.

ab|lehnen ["ap'le:nən] v. tr. refuser ; décliner ; rejeter. || JUR. *den Zeugen ablehnen*, récuser le témoin. || PAR ANAL. *sich ablehnend verhalten*, désapprouver.

— SYN. : *abweisen, ausschlagen*, écarter.

Ab|lehnung [-nuŋ] f. (-, en) refus m. || JUR. récusation f.

ab|leiern ["ap'laiərn] v. tr. FIG. psalmodier ; débiter. | *abgeleiertes Lied*, FAM. rengaine f.

ab|leisten ["ap'laistən] v. tr. accomplir un devoir.

Ab|leistung [-tuŋ] f. (-, en) accomplissement m. || JUR. *Ableistung eines Eides*, prestation (f.) de serment.

ab|leiten ["ap'laitən] v. tr. détourner ; écarter ; dériver. | *einen Bach ableiten*, dériver un ruisseau. | *den Blitz ableiten*, détourner la foudre par un paratonnerre. || GRAMM. tirer son origine de. | *von einem Wort ableiten*, dériver d'un mot.

Ab|leiter [-tər] m. (s, -). TECHN. déflecteur m.

Ab|leitung [-tuŋ] f. (-, en) déversement m. ; déviation f. ; dérivation f. || [Umwelt] *radioaktive Ableitungen*, effluents radioactifs. || MATH. dérivée f. || PHILOS. déduction f.

Ableitungs|kanal ["aplaituŋska'nɑ:l] m. (s, ¨e) canal (m.) de dérivation. ||°**-rohr** n. (s, e). ARCHIT. tuyau (m.) de descente. || [Brennerei] dégorgeoir m. ||°**-wort** n. (s, ¨er). GRAMM. dérivé m.

ab|lenkbar ["ap'lɛŋkbɑ:r] adj. mobile. || FIG. facile à distraire.

ab|lenken [-kən] v. tr. détourner ; distraire | *von der Fährte ablenken*, faire perdre la trace. || PHYS. *Strahlen ablenken*, diffracter des rayons. || FIG. détourner. | *den Verdacht von sich ablenken*, écarter le soupçon.

Ab|lenker [-kər] m. (s, -). TECHN. déflecteur m.

Ab|lenkung [-kuŋ] f. (-, en) déviation f. || PHYS. diffraction f. || GRAMM. déflexion f. || FIG. *sich Ablenkung schaffen*, se distraire.

Ablenkungs|manöver ["aplɛŋkuŋsma'nøvər] n. (s, -). MIL. diversion f. ||°**-winkel** m. (s, -). PHYS. angle (m.) de déflexion.

Ablese|fehler ["aple:zə'fe:lər] m. (s, -) erreur (f.) de lecture. ||°**-gerät** n. (s, e) appareil (m.), instrument (m.) de lecture ; lecteur m.

ab|lesen ["ap'le:zən] (ie, a, e) v. tr. cueillir. | *Beeren ablesen*, cueillir des baies. || PAR ANAL. ramasser. || FIG. lire ; faire une lecture. | *den Zähler ablesen*, relever le compteur. | *einen Wunsch an js Augen ablesen*, lire un désir dans les yeux de qn.

ab|leuchten ["ap'lɔyçtən] v. tr. contrôler avec la lumière ; éclairer. | *den Himmel ableuchten*, balayer le ciel.

ab|leugnen ["ap'lɔygnən] v. tr. désavouer ; nier ; dénier.

Ab|leugnung [-nuŋ] f. (-, en) dénégation f.

ab|lichten [ap'liçtən] v. tr. photocopier. | *Ablichtung*, photocopie f.

ab|liefern ["ap'li:fərn] v. tr. livrer ; fournir.

Ab|lieferung [-ruŋ] f. (-, en) livraison f. ; remise f. | *Ablieferungstermin*, délai (m.) de livraison.

ab|liegen ["ap'li:gən] (a, e) v. intr. être éloigné. | *das Dorf liegt weit ab*, le village est très isolé, à l'écart.

ab|listen ["ap'listən] v. tr. obtenir par la ruse. || FIG. escamoter. || POP. soutirer.

ab|locken ["ap'lɔkən] v. tr. tirer ; arracher. | *jm ein Lächeln ablocken*, arracher un sourire à qn.

ab|lösbar ["ap'lø:sbɑ:r] adj. démontable. || FIN. rachetable ; amortissable ; remboursable.

ab|löschen ["ap'løʃən] v. tr. éteindre. || FIG. sécher. || CULIN. déglacer.

ab|lösen ["ap'lø:zən] v. tr. **1.** délier ; détacher. | *Briefmarken ablösen*, détacher des timbres. | *das Zahnfleisch ablösen*, déchausser les dents.
2. [Folge] remplacer. | *jn in der Arbeit ablösen*, relayer qn. | *ein Jahr löst das andere ab*, une année succède à l'autre. || MIL. relever. | *einen Posten ablösen*, relever une sentinelle. | *eine Truppe ablösen*, relayer une troupe.
3. JUR. purger. | *eine Hypotheke ablösen*, purger une hypothèque. | *eine Schuld ablösen*, racheter une dette. | *eine Rente ablösen*, amortir une rente.

Ab|lösung [-zuŋ] f. (-, en) séparation f. || [Arbeit] remplacement m. ; relais m. || JUR. purge f. ; rachat m. || FIN. amortissement m. ; remboursement m. | *Ablösungsanleihe*, emprunt (m.) d'amortissement. || MIL. *Wachablösung*, relève (f.) de la garde.

ab|luchsen ['ap'luksən] v. tr. POP. soutirer ; escamoter.

Ab|luft ['apluft] f. NUCL. air (m.) de rejet. || TECHN. air (m.) d'évacuation ; air vicié.

ab|machen ["ap'maxən] v. tr. **1.** défaire ; ôter. | *das Firmenschild über der Tür abmachen*, enlever l'enseigne au-dessus de la porte.
2. FIG. arranger ; régler ; terminer. | *eine Sache gütlich abmachen*, régler une affaire à l'amiable. || convenir. | *abgemacht!*, d'accord ! | *einen Streit abmachen*, arranger une contestation.

Ab|machung [-xuŋ] f. (-, en) convention f. ; pacte m. ; arrangement m.

ab|magern ["ap'mɑ:gərn] v. intr. maigrir.

Ab|magerung [-gəruŋ] f. amaigrissement m.

ab|mähen ["ap'mɛ:ən] v. tr. couper. | *das Gras abmähen*, couper l'herbe.

ab|malen ["ap'mɑ:lən] v. tr. copier (un tableau). || dépeindre ; peindre.

Ab|marsch ['apmarʃ] m. (es, ¨e) départ m.

ab|marschieren ["apmar'ʃi:rən] v. intr. partir ; se mettre en route.

ab|martern ["ap'martərn] v. tr. tourmenter ; martyriser. || *sich abmartern*, se torturer ; se tourmenter.

ab|matten ["ap'matən] v. tr. fatiguer ; épuiser. || TECHN. matir.

ab|melden ["ap'mɛldən] v. tr. déclarer le départ. | *sich bei der Polizei abmelden*, déclarer son départ à la police. || FIG., FAM. *bei mir ist er abgemeldet*, pour ma part, c'est comme s'il n'existait pas.

ab|mergeln ["ap'mɛrgəln] v. tr. épuiser ; vider. | *ein abgemergeltes Pferd*, un cheval efflanqué.
— SYN. : *ausmergeln*.

ab|messen ["ap'mɛsən] (i, a, e) v. tr. [Maße] mesurer ; métrer. | *eine Entfernung abmessen*, mesurer une distance. || [Gewicht] doser ; peser. || FIG. mesurer. | *seine Worte abmessen*, mesurer ses dires.

Ab|messung [-suŋ] f. (-, en) métrage m. ; dosage m. ; poids m. || FIG. pondération f.

ab|montieren ["apmɔn'ti:rən] v. tr. démonter.

Ab|montierung [-ruŋ] f. (-, en) démontage m.

ab|mühen (sich) [ziç"ap'my:ən] v. pr. se fatiguer ; se donner du mal. || FIG. se démener.

ab|murksen ["ap'murksən] v. tr. FAM. abattre ; tuer ; estourbir ; zigouiller.

ab|mustern ["ap'mustərn] v. tr. MAR. licencier. | *abgemusterter Seemann*, marin licencié.

Ab|musterung [-tɛruŋ] f. (-, en). MAR. licenciement m.

ab|nabeln ["ap'nɑ:bəln] v. tr. MÉD. couper le cordon ombilical.

ab|nagen ["ap'nɑ:gən] v. tr. ronger.

ab|nähen ["ap'nɛ:ən] v. tr. piquer (une couture).

Ab|näher ["ap'nɛ:ər] m. (s, -). [Kleidung] pince f.

Ab|nahme ["ap'nɑ:mə] f. (-, n). **1.** [Handlung] enlèvement m. || RELIG. *Abnahme Christi vom Kreuz*, descente (f.) de croix. || MÉD. *Abnahme eines Beines*, amputation (f.) d'une jambe. || JUR. levée f. | *Abnahme der Siegel*, levée des scellés.
2. diminution f. ; déclin m. | *Gewichtabnahme*, perte (f.) de poids ; amaigrissement m. | *Abnahme der Kräfte*, déclin des forces ; dépérissement m.
3. COMM. réception f. | *Abnahme der Ware*, réception des marchandises ; débit m.

Abnahme|beamter ["apnɑ:məbə'amtər] m. agent (m.) réceptionnaire ; réceptionnaire m. ||°**-bedingungen** f. pl. cahier (m.) des charges. || °**-prüfung** f. (-, en). TECHN. contrôle (m.) d'acceptation. ||°**-schein** m. (s, e) reçu m. ; récépissé m.

ab|nehmbar ["ap'ne:mbɑ:r] adj. détachable ; démontable ; amovible.

ab|nehmen ["ap'ne:mən] (i, a, o) v. tr. **1.** enlever ; ôter. | *ein Bild abnehmen*, décrocher un tableau. | *den Deckel abnehmen*, découvrir (le pot, la marmite). | *vor jm den Hut abnehmen*, se découvrir devant qn. | *den Hörer abnehmen*, décrocher le combiné. || démonter. | *den Sattel abnehmen*, débâter. | *das Zaumzeug abnehmen*, débrider. || MÉD. enlever. | *einen Arm abnehmen*, amputer un bras. | *den Verband abnehmen*, débander, enlever le pansement. || FIG. die Maske abnehmen, se démasquer. || TECHN. déposer. | *den Besatz von einem Kleide abnehmen*, dégarnir une robe.
2. recevoir. | *Eid abnehmen*, recevoir le serment. | *eine Truppenparade abnehmen*, passer les troupes en revue. | *Ware abnehmen*, réceptionner de la marchandise.
◇ v. intr. décroître ; diminuer. | *in einem Monat hat sie sechs Pfund abgenommen*, en un mois elle a maigri de six livres. | *das Wasser nimmt ab*, les eaux sont en décrue. || ASTRON. décliner. | *die Tage nehmen ab*, les jours commencent à décroître. | *Abnehmen des Mondes*, déclin (m.) de la Lune. || MÉD. désenfler.

Ab|nehmer(in) [-mər(in)] m. (s, -), f. (-, nen) preneur ; acheteur ; client ; réceptionnaire.

Abnehmer|land ["apne:mər'lant] n. (es, ¨er) pays acheteur ; débouché m.

Ab|neigung ["ap'naiguŋ] f. antipathie f. ; répugnance f. ; dégoût m. ; aversion f. | *Abneigung vor, gegen Alkohol*, aversion pour l'alcool.
— SYN. : *Widerwille*, répugnance ; *Ekel*, dégoût.

ab|norm [ap'nɔrm] adj. anormal. || PAR EXT. très grand.
— SYN. : *regelwidrig*, anormal ; *krankhaft*, morbide.

Ab|normität [apnɔrmi'tɛ:t] f. (-, en) anomalie f.

ab|nötigen ["ap'nø:tigən] v. tr. arracher. | *ein Geständnis abnötigen*, extorquer un aveu.

ab|nutzen ["ap'nutsən] v. tr. user ; détériorer.

Ab|nutzung [-tsuŋ] f. usure f. ; détérioration f. | *Abnutzung einer Münze*, frai (m.) d'une monnaie.

Abnutzungs|anzeiger ["ap'nutsuŋsantsaigər] m. (s, -). [Reifen] indicateur (m.) d'usure.

Abolition [aboli'tsio:n] f. abolition f.
— SYN. : *Abschaffung*, abolition.

Abonnement [abɔnə'mɑ̃] n. (s, s) abonnement m.

Abonnement|fernsehen [abɔnə"mɑ̃'fɛrnze:ən] n. (s) télévision (f.) à péage.

Abonnent(in) [-'nɛnt(in)] m. (en, en), f. (-, nen) abonné(e) m. (f.).

abonnieren [-'ni:rən] v. tr., intr. et pr. abonner ; s'abonner. | *eine Zeitschrift abonnieren*, s'abonner à une revue.

ab|ordnen ["ap'ɔrdnən] v. tr. déléguer ; députer.

Ab|ordnung [-nuŋ] f. (-, en) délégation f. ; députation f.

Ab|ort ['apɔrt] m. (s, e) cabinets m. pl. (d'aisances) ; water-closet (W.-C.) m.

Ab|ortus [a'bɔrtus] m., **Abort** m. MÉD. fausse couche ; avortement m.

ab|packen ["ap'pakən] v. tr. empaqueter. | *abgepacktes Brot*, pain préemballé.

ab|passen ["ap'pasən] v. tr. attendre ; guetter. | *eine günstige Gelegenheit abpassen*, guetter une occasion favorable.

ab|pellen ["ap'pɛlən] v. tr. peler ; éplucher.

ab|pfeifen ["ap'pfaifən] (i, i) v. tr. SPORT. siffler la fin du match. || TRANSP. *den Zug abpfeifen*, donner le signal de départ du train.

ab|pflücken ["ap'pflykən] v. tr. cueillir.

ab|plagen (sich) [ziç"ap'plɑ:gən] v. pr. se fatiguer ; s'éreinter.

ab|platten ["ap'platən] v. tr. aplatir.

Ab|prall ['appral] m. (es, e) rebondissement m. ; rejaillissement m. ; ricochet m.

ab|prallen ["ap'pralən] v. intr. rebondir ; rejaillir ; ricocher. || FIG. *alles prallt an ihr ab*, rien ne la touche.

Ab|praller [-lər] m. (s, -). MIL. ricochet m.

ab|pressen ["ap'prɛsən] v. tr. extorquer.

ab|protzen ["ap'prɔtsən] v. tr. MIL. *ein Geschütz abprotzen*, ôter l'avant-train du canon ; mettre une pièce en batterie.

ab|putzen ["ap'putsən] v. tr. nettoyer. | *die Füße abputzen*, se décrotter les pieds. | *ein Kind abputzen*, essuyer un enfant. || ARCHIT. *ein Gebäude abputzen*, ravaler un bâtiment. || FIG., FAM. *jn abputzen*, réprimander qn.
◇ v. pr. **sich abputzen,** VULG. se torcher.

ab|quälen ["ap'kvɛ:lən] v. tr. torturer. ◇ v. pr. **sich abquälen,** se tourmenter.

ab|rackern (sich) [ziç"ap'rakərn] v. pr. Pop. s'éreinter.

ab|rahmen ["ap'rɑ:mən] v. tr. écrémer. | *die Milch abrahmen*, écrémer le lait.

Abrakadabra [abraka'dɑ:bra] n. (s) mots (m. pl.) sans suite, inintelligibles, abracadabrants.

Abrasion [abra'zio:n] f. (-). Techn. abrasion f.

Abrasions|fähigkeit [abra"zions'fɛ:içkait] f. Techn. résistance (f.) à l'abrasion.

ab|raten ["ap'rɑ:tən] (ä, ie, a) v. tr. déconseiller ; dissuader.

Ab|raum ['apraum] m. (s, ¨e) décombres m. pl. ; débris m. (pl.) ; déblai m. ; gravats m. pl.

Abraum|bagger ["apraum'bagər] m. (s, -) excavateur m. ||°**-betrieb** m. (s, e). Mines. exploitation (f.) par déblaiement. ||°**-halde** f. (-, n) terril m. ||°**-salz** n. (es, e). Chim. sel (m.) de potasse.

ab|räumen ["ap'rɔymən] v. tr. déblayer ; débarrasser. | *den Tisch abräumen*, débarrasser la table ; desservir.

Ab|räumung [muŋ] f. (-, en) déblaiement m. ; découverte f.

ab|rauschen ["ap'rauʃən] v. intr. Fam. prendre ses cliques et ses claques.

ab|rechnen ["ap'rɛçnən] v. tr. [abziehen] décompter ; déduire ; défalquer. | *die Kosten abrechnen*, défalquer les frais. || [ausgleichen] balancer ; régler. | *ein Konto abrechnen*, régler, liquider un compte. ◇ v. intr. faire les comptes.

Ab|rechnung [-nuŋ] f. (-, en) décompte m. ; déduction f. ; liquidation f. | *gegenseitige Abrechnung*, compensation f. | *nach, unter Abrechnung von*, déduction faite de ; sous déduction de. | *nach Abrechnung aller Unkosten*, tous frais déduits. || Fig. vengeance f. ; règlement (m.) de comptes.

Abrechnungs|bank ["aprɛçnuŋs'baŋk] f. (-, en) banque (f.) de compensation, de clearing. ||°**-stelle** f. (-, n) office (m.) de compensation. ||°**-termin** m. (s, e) date (f.) de règlement.

Ab|rede ["ap're:də] f. (-, n). **1.** convention f. ; entente f. ; accord m. | *sie trafen die Abrede*, ils tombèrent d'accord.
2. contestation f. | *etwas in Abrede stellen*, contester qch.

ab|reden [-dən] v. tr. désavouer ; dédire ; dénier. | *er redet das ab*, il dénie cela. || dissuader ; déconseiller. | *sie redete mir davon ab*, elle m'en dissuada. ◇ v. pr. **sich abreden,** fig. s'épuiser en parlant.

ab|reiben ["ap'raibən] (ie, ie) v. tr. frotter ; frictionner. | *ein Pferd abreiben*, bouchonner un cheval. || user. | *mit Bimsstein abreiben*, poncer. || broyer. | *Farben abreiben*, broyer des couleurs. || ôter avec une râpe. | *die Zitronenschale abreiben*, enlever le zeste d'un citron avec une râpe.

Ab|reibung [-buŋ] f. (-, en) frottement m. ; friction f. ; broyage m. (des couleurs). || Fig., pop. [Schläge] dégelée f. || Fig., fam. [Schelte] savon m.

Ab|reise ["ap'raizə] f. (-, n) départ m. | *Abreise nach Italien*, départ pour l'Italie.

ab|reisen [-zən] v. intr. partir. | *abreisen nach*, partir pour.

Abreiß|block ["aprais'blɔk] m. (s, ¨e) bloc-notes m. ||°**-kalender** m. (s, -) éphéméride f.

ab|reißen ["ap'raisən] (i, i) v. tr. démolir ; détruire. | *ein Haus abreißen*, démolir une maison. | *eine Festung abreißen*, démanteler les fortifications. || arracher. | *ein Blatt abreißen*, arracher, détacher une feuille (d'un bloc). | *jm die Maske abreißen*, démasquer qn. | *dem Baum die Krone abreißen*, découronner l'arbre. || Comm. interrompre. || Techn. déposer. ◇ v. intr. Fig. se rompre. || Mus. *die Musik reißt ab*, la musique s'arrête brusquement. | *ein Gespräch reißt ab*, une conversation s'interrompt tout à coup. | *abgerissene Kleider*, vêtements déguenillés.

ab|reiten ["ap'raitən] (i, i) v. tr. fatiguer. | *ein Pferd abreiten*, forcer un cheval. || Mil. *die Front abreiten*, passer une revue à cheval. ◇ v. intr. partir à cheval.

ab|rennen ["ap'rɛnən] (rannte, gerannt) v. intr. partir en courant.

ab|richten ["ap'riçtən] v. tr. dresser (des animaux). | *einen Hund abrichten*, dresser un chien. || Techn. aplanir. | *ein Brett abrichten*, dégauchir une planche. || Fig. endoctriner ; influencer.

Ab|richter [-tər] m. (s, -) dresseur m.

Abricht|hobelmaschine ["apriçtho:bəlma'ʃi:nə] f. (-, n). Techn. dégauchisseuse f.

Ab|richtung ["ap'riçtuŋ] f. dressage m. (d'animaux).

ab|riegeln ["ap'ri:gəln] v. tr. verrouiller. | *eine Tür abriegeln*, verrouiller une porte. | *eine Straße abriegeln*, barrer, barricader une rue.

Ab|riegelung [-geluŋ] f. (-, en). Mil. barrage m. || Électr. découplage m.

ab|ringen ["ap'riŋən] (a, u) v. tr. arracher par la lutte.

Ab|riß ['apris] m. (es, e) [Abreißen] démolition f. || [Entwurf] (Vx.) plan m. ; esquisse f. || [Übersicht] résumé m. ; abrégé m.

ab|rollen ["ap'rɔlən] v. tr. dérouler ; dévider. | *Papier abrollen*, dérouler du papier. || Transp. camionner. | *Güter abrollen*, camionner des marchandises. ◇ v. intr. se dérouler. | *die Zeit rollt ab*, le temps passe.

ab|rücken ["ap'rykən] v. tr. éloigner ; écarter. | *den Tisch vom Fenster abrücken*, écarter, éloigner la table de la fenêtre. ◇ v. intr. partir. || Mil. *die Truppe rückt ab*, la troupe part. || se détacher. | *von jm abrücken*, s'écarter de qn. || Pop. filer ; se débiner.

Ab|ruf ['apru:f] m. (s, e) rappel m. ; révocation f. | *Abruf eines Ministers*, rappel d'un ministre. || Fin. (à) disposition f. | *Kauf auf Abruf*, achat (m.) à disposition. || Inf. appel m.

ab|rufen ["ap'ru:fən] (ie, u) v. tr. appeler ; rappeler. || Transp. annoncer. | *den Zug abrufen*, annoncer l'arrivée (ou le départ) du train. || Comm. faire venir. || Fin. prélever. | *Geld abrufen*, retirer de l'argent. || Inf. appeler. | *Daten abrufen*, appeler des données.

ab|rühren ["ap'ry:rən] v. tr. Culin. battre ; délayer.

ab|runden ["ap'rundən] v. tr. arrondir. || Par anal. *einen Betrag abrunden*, arrondir une somme. || Fig. [glätten] polir. || Techn. chantourner.

Ab|rundung [-duŋ] f. [Handlung] (action d') arrondir.

abrupt [ap'rupt] adj. subit ; brusque ; soudain. ◇ adv. *abrupt abbrechen*, couper brusquement.

ab|rüsten ["ap'rystən] v. tr. Mil. désarmer. | *ein Land abrüsten*, désarmer une nation. || Mar. démonter. | *ein Schiff abrüsten*, déséquiper un navire.

Ab|rüstung [-tuŋ] f. (-, en) désarmement m. || Techn. démontage m.

Ab|rutschen ["ap'rutʃən] n. (s). Aéron. *(seitliches) Abrutschen*, glissade f.

ab|sacken ["ap'zakən] v. intr. tomber. || Aéron. descendre. | *das Flugzeug sackt ab*, l'avion perd subitement de la hauteur. || Géol. *der Boden sackt ab*, le sol s'affaisse. || Mar. *das Schiff sackt ab*, le bateau coule.

Ab|sage ["ap'zɑ:gə] f. (-, n) refus m. ; contrordre m. | *Absage einer Einladung*, refus d'une invitation. | *eine Absage erteilen*, refuser. ||°**-brief** m. (s, e) lettre (f.) d'excuses.
— Syn. : *Ablehnung, Verweigerung*, refus ; *Aufsage, Widerrufen*, dédit ; *Aufgabe*, défection.

ab|sagen [-gən] v. tr. refuser. | *eine Einladung absagen*, refuser une invitation. || décommander. ◇ v. intr. Fig. renoncer à. | *dem Laster absagen*, renoncer au vice ; s'amender.

ab|sägen ["ap'zɛ:gən] v. tr. scier. || Fig., pop. débarquer ; dégommer ; limoger.

ab|sahnen ["ap'zɑ:nən] v. tr. Fig., fam. se sucrer.

ab|satteln ["ap'zatəln] v. tr. desseller ; débâter.

Ab|satz ['apzats] m. (es, ¨e). **1.** [Schuh] talon m. | *sich die Absätze abtreten*, éculer ses talons. | *Bleistiftabsatz*, talon-aiguille m. | *Pfennigabsatz*, talon (de dame) ferré.
2. [in einem Text] alinéa m. ; paragraphe m. | *einen Absatz machen*, aller à la ligne.
3. [Treppe, Fassade] palier m. ; enlevure f.
4. [Verkauf] débit m. ; vente f. ; écoulement m. | *guten Absatz finden*, se vendre bien.
5. Chim. [Niederschlag] dépôt m.

Absatz|bereich ["apzatsbə'raiç] m. ([e]s, e). Comm. rayon (m.) de vente. ||**-fähig** adj. Comm. de bon débit ; vendable ; commercialisable. ||°**-feld** n. (es, er), °**-gebiet** n. (es, e). Comm. débouché m. ||°**-gelegenheit** f. [--/-'--] (-, en) occasion (f.) de vente. ||°**-genossenschaft** f. (-, en) coopérative f. ||°**-gestein** n. (s, e) roche (f.) sédimentaire. ||°**-krise** f. (-, n). Comm. mévente f. ||°**-markt** m. (es, ¨e). Comm. débouché m. | *einen Absatzmarkt erschließen*, conquérir un marché. | *Absatzmärkte erweitern*, multiplier les débouchés. ||°**-möglichkeit** f. (-, en) possibilité (f.) de créer des débouchés. ||°**-stockung** f. (-, en) mévente f. ||°**-strategie** f. (-, n) stratégie (f.) de vente.

ab|saufen ["ap'zaufən] v. intr. POP. se noyer. || AUTOM. *den Motor absaufen lassen*, noyer le moteur.

ab|saugen ["ap'zaugən] v. tr. aspirer.

Absaug|gerät ["apzaukgə'rɛ:t] n. (s, e) aspirateur m.

abschaben ["ap'ʃɑ:bən] v. tr. racler ; gratter. | *abgeschabte Hose*, pantalon râpé.

ab|schaffen ["ap'ʃafən] v. tr. (u, a) abolir ; supprimer. || JUR. abroger (une loi).

Ab|schaffung [-fuŋ] f. (-, en) abrogation f. ; suppression f. || JUR. abolition f. | *Abschaffung der Todesstrafe*, abolition de la peine capitale. || *Abschaffung des Wehrdienstes*, suppression du service militaire.
— SYN. : *Aufhebung, Abolition*, abolition.

ab|schälen ["ap'ʃɛ:lən] v. tr. écorcer ; décortiquer ; peler. | *seine Haut schält sich ab*, il pèle.

ab|schalten ["ap'ʃaltən] v. tr. ÉLECTR. couper. | *den Strom abschalten*, couper le courant. | *eine Maschine abschalten*, arrêter une machine. | *das Radio abschalten*, éteindre, fermer la radio. || TECHN. débrayer ; désaccoupler.
◇ v. intr. FIG., FAM. ne plus écouter ; décrocher.

Abschalt|reaktivität ["apʃaltreaktivi'tɛ:t] f. NUCL. réactivité résiduelle.

Ab|schaltung [-tuŋ] f. (-, en). ÉLECTR. coupure f. || TECHN. débrayage m.

ab|schatten ["ap'ʃatən] v. tr. estomper ; nuancer les couleurs ; dégrader.

ab|schätzen ["ap'ʃɛtsən] v. tr. taxer ; évaluer ; estimer.

ab|schätzig ["ap'ʃɛtsiç] adj. méprisant. | *abschätzig sprechen*, médire de qn.

Ab|schätzung ["ap'ʃɛtsuŋ] f. (-, en) estimation f. ; taxation f. ; évaluation f. | *eine Abschätzung vornehmen*, procéder à une évaluation.

Ab|schaum ['apʃaum] m. (s). PÉJOR. lie f. (de la société).

ab|schäumen ["ap'ʃɔymən] v. tr. CULIN. écumer.

ab|scheiden ["ap'ʃaidən] (ie, ie) v. tr. séparer.
◇ v. intr. décéder ; rendre l'esprit. | *die Abgeschiedenen*, les morts m. pl.

Ab|scheider [-dər] m. (s, -). TECHN. [Sammler] collecteur m. ; [Trennanlage] trieuse f.

Ab|scheidung [-duŋ] f. (-, en). CHIM. dépôt m.

Ab|scheu ['apʃɔy] m. (es) dégoût m. ; aversion f. ; répugnance f. | *Abscheu vor jm, gegen jn haben*, avoir, concevoir du dépit de qn ; avoir qn en horreur.

abscheu|erregend ["apʃɔyɛr're:gənt] adj. dégoûtant.

ab|scheulich [ap'ʃɔyliç] adj. affreux ; repoussant ; abominable ; horrible.

Ab|scheulichkeit [-liçkait] f. (-, en) horreur f. ; atrocité f. ; abomination f.

ab|schicken ["ap'ʃikən] v. tr. V. SCHICKEN.

ab|schieben ["ap'ʃi:bən] (o, o) v. tr. pousser ; repousser. || POLIT. expulser. | *einen Ausländer abschieben*, expulser un étranger. || FIG. écarter. | *eine Schuld von sich abschieben*, se disculper.
◇ v. intr. FIG., FAM. *er schob ab*, il décampa.

Ab|schiebung [-buŋ] f. (-, en) expulsion f. ; relégation f. ; interdiction (f.) de séjour.
— SYN. : *Ausweisung, Zwangsentfernung.*

Ab|schied ['apʃi:t] m. (s, e) départ m. ; adieux m. pl. ; retraite f. ; congé m. | *von seinen Eltern Abschied nehmen*, faire ses adieux à ses parents. | *seinen Abschied nehmen*, prendre sa retraite.

Abschieds|besuch ["apʃi:tsbə'zu:x] m. (es, e) visite (f.) d'adieux. ||°**-gesuch** n. (s, e) demande (f.) de mise à la retraite. ||°**-trunk** m. (s, ¨e) coup (m.) de l'étrier. ||°**-wort** n. (es, e) [parole (f.) d']adieux m. pl.

ab|schießen ["ap'ʃi:sən] (o, o) v. tr. décharger ; abattre. | *ein Rebhuhn abschießen*, tirer une perdrix. | *einen Pfeil abschießen*, décocher une flèche. | *ein Gewehr abschießen*, décharger un fusil. | *einen Panzer abschießen*, détruire un char. || *ein Flugzeug abschießen*, abattre un avion. || FIG., FAM. *er hat den Vogel abgeschossen*, il a décroché la timbale. | *man hat ihn abgeschossen*, on l'a débarqué.
◇ v. intr. descendre à pic. | *die Felswand schießt jäh ab*, la paroi du rocher descend à pic. || CHIM. perdre sa couleur.

ab|schinden ["ap'ʃindən] (u, u) v. tr. (Vx.) écorcher.
◇ v. pr. **sich abschinden**, s'éreinter.

ab|schirmen ["ap'ʃirmən] v. tr. mettre à l'abri ; isoler. | *das Licht abschirmen*, tamiser la lumière. || MIL. protéger. || ÉLECTR. blinder. || NUCL. confiner.

Ab|schirmung [-muŋ] f. (-, en) protection f. ; isolation f. || NUCL. confinement m. ; [Schutz] blindage m.

ab|schirren ["ap'ʃirən] v. tr. [Pferd, usw.] déharnacher.

ab|schlachten ["ap'ʃlaxtən] v. tr. [Schlächterei] égorger ; massacrer.

Ab|schlachtung [-tuŋ] f. (-, en) carnage m. ; égorgement m. || FIG. massacre m. ; tuerie f.

Ab|schlag ['apʃlɑ:k] m. (s, ¨e) [Wald] abattis m. | *Abschlag von Eichen*, abattis de chênes. || COMM. [Waren] baisse f. ; diminution f. ; réduction f. ; déduction f. ; rabais m. | *großer Preisabschlag*, grande baisse. || [Abzahlung] acompte m. | *auf Abschlag kaufen*, acheter à tempérament. || SPORT. *Ballabschlag*, dégagement m.

ab|schlagen ["ap'ʃlɑ:gən] (ä, u, a) v. tr. [niederschlagen] abattre. | *einen Baum abschlagen*, abattre, couper un arbre. | *den Kopf abschlagen*, décapiter. | *ein Gerüst abschlagen*, démonter un échafaud. || COMM. diminuer ; baisser ; réduire. || FIG. repousser. | *eine Bitte abschlagen*, repousser une demande. || MIL. repousser (une attaque).

ab|schlägig [-'ʃlɛ:giç] adj. négatif. | *einen abschlägigen Bescheid geben*, donner une réponse négative, une fin de non-recevoir.

Abschlags|dividende ["apʃlɑ:ksdivi'dɛndə] f. (-, n). FIN. dividende (m.) provisoire. ||°**-zahlung** f. (-, en). COMM. paiement (m.) par acomptes.

ab|schlämmen ["ap'ʃlɛmən] v. tr. laver ; décanter ; débourber.

ab|schleifen ["ap'ʃlaifən] (i, i) v. tr. affiler ; polir. || FIG. dégrossir ; dégauchir ; POP. décrasser.

ab|schleißen ["ap'ʃlaisən] (i, i) v. tr. user. | *abgeschlissene Kleidung*, vêtements râpés.

Abschlepp|dienst ["apʃlɛp'di:nst] m. (es, e). AUTOM. (service [m.] de) dépannage m. ||°**-seil** n. (s, e) câble (m.) de dépannage. ||°**-wagen** m. (s, -). AUTOM. dépanneuse f.

ab|schleppen ["ap'ʃlɛpən] v. tr. dépanner.
◇ v. pr. **sich abschleppen**, FIG. se fatiguer (en portant une charge).

ab|schließen ["ap'ʃli:sən] (o, o) v. tr. fermer. | *eine Tür abschließen*, fermer une porte. || [enden] arrêter. | *die Bücher abschließen*, arrêter les comptes. | *einen Vertrag abschließen*, conclure un traité. || FIN. contracter. || FIG. clôturer. | *ein Fest abschließen*, clôturer une fête.
◇ v. pr. **sich abschließen**, se retirer. | *sich von der Welt abschließen*, se retirer du monde.

Ab|schließung [-suŋ] f. (-, en). TECHN. isolation f. ; isolement m.

Ab|schluß ['abʃlus] m. (es, ¨e) conclusion f. (d'un contrat, d'un traité). || COMM. marché m. ; contrat (m.) d'achat. || clôture f. ; bilan m. | *er macht seinen Abschluß*, il fait son bilan. || *Jahresabschluß*, bilan (m.) de fin d'année.

Abschluß|bilanz ["apʃlusbi'lants] f. (-, en). COMM. bilan (définitif). ||°**-buchung** f. (-, en) arrêté (m.) de compte. ||°**-klasse** f. (-, en) classe terminale. ||°**-kundgebung** f. (-, en) meeting (m.) de clôture. ||°**-prüfer** m. (s, -). ÉCON. commissaire (m.) aux comptes. ||°**-prüfung** f. (-, en). UNIV. examen (m.) de fin d'études. ; ÉCON. examen (m.) des comptes. || °**-rechnung** f. (-, en). COMM. compte définitif. || °**-ring** m. (s, e). TECHN. anneau obturateur.

ab|schmieren ["ap'ʃmi:rən] v. tr. TECHN. graisser. || FIG., POP. copier (sur un camarade à l'école).

ab|schnallen ["ap'ʃnalən] v. tr. déboucler.

ab|schnappen ["ap'ʃnapən] v. tr. happer.
◇ v. intr. POP. mourir.

ab|schneiden ["ap'ʃnaidən] (i, i) v. tr. couper ; découper ; démembrer. | *den Hals abschneiden*, couper la gorge. | *sich die Nägel abschneiden*, se couper les ongles. || MÉD. amputer. | *einen Arm abschneiden*, amputer un bras. || PAR EXT. *den Weg abschneiden*, barrer le chemin. | *die Zufuhr abschneiden*, barrer l'accès. || FIG. couper. | *das Wort abschneiden*, couper la parole. | *die Ehre abschneiden*, déshonorer.

◇ v. intr. *gut abschneiden*, réussir ; faire bonne figure. | *schlecht abschneiden*, échouer ; faire mauvaise figure.

Ab|schneider [-dər] m. (s, -) partie tranchante (d'une machine). || raccourci m. || coupe-fil m.

ab|schnellen ["ap'ʃnɛlən] v. tr. lancer ; lâcher. ◇ v. intr. *der Pfeil schnellt ab*, la flèche part, est décochée.

Ab|schnitt ['apʃnit] m. (es, e) tranche f. ; section f. || ADM. [Kontrolle] souche f. || FIN. [Aktie] coupon m. || FIG., JUR. [Gesetz] paragraphe m. || LITTÉR. [Roman] passage m. ; page f. || MIL. secteur m. || MINES. enlevure f. || MATH. segment m.

abschnitts|weise ["apʃnits'vaizə] adv. par chapitre ; par secteur.

ab|schnüren ["ap'ʃny:rən] v. tr. ligaturer. || aligner au cordeau.

Ab|schnürung [-ruŋ] f. (-, en). POLIT. blocus m. || MÉD. ligature f.

ab|schöpfen ["ap'ʃøpfən] v. tr. écumer ; écrémer. || FIG. écrémer.

ab|schrägen ["ap'ʃrɛ:gən] v. tr. TECHN. chanfreiner ; couper en biseau.

Ab|schrägung [-guŋ] f. (-, en) chanfrein m. ; biseau m. ; inclinaison f.

ab|schrauben ["ap'ʃraubən] v. tr. dévisser ; déboulonner.

ab|schrecken ["ap'ʃrɛkən] v. tr. effrayer. | *ein abschreckendes Beispiel*, un exemple à ne pas suivre. | *sich von nichts abschrecken lassen*, avoir de l'aplomb, n'avoir pas froid aux yeux. || MÉTALL. *Metall abschrecken*, tremper du métal. || [Eier] tremper dans l'eau froide.

Ab|schreckung [-kuŋ] f. (-, en) intimidation f. || MÉTALL. trempe f. || MIL. dissuasion f.

Abschreckungs|streitmacht ["apʃrɛkuŋs'ʃtraitmaxt] f. (-, ¨e). MIL. force (f.) de dissuasion.

ab|schreiben ["ap'ʃraibən] (ie, ie) v. tr. copier. || FIG. *fremde Gedanken abschreiben*, plagier les idées d'autrui. || COMM. déduire. | *eine Schuld abschreiben*, éteindre une dette. || ÉCON. amortir. | *eine Maschine abschreiben*, amortir une machine. || FIG., FAM. *jn abschreiben*, cesser de voir qn. || user (à force d'écrire).

Ab|schreiber [-bər] m. (s, -) copiste m. || PÉJOR. plagiaire m.

Ab|schreibung [-buŋ] f. (-, en) copie f. || COMM. amortissement m. || FIN. *steuerliche Abschreibung*, amortissement anticipé.

ab|schreiten ["ap'ʃraitən] (i, i) v. tr. arpenter. | *eine Strecke abschreiten*, arpenter, mesurer une distance. || MIL. *die Front der Truppen abschreiten*, passer la revue des troupes.

Ab|schrift ['apʃrift] f. (-, en) copie f. | *Abschrift nehmen*, prendre copie. || ADM. *Abschrift beglaubigt*, pour copie conforme.

ab|schuften (sich) [ziç"ap'ʃuftən] v. pr. POP. s'éreinter.

ab|schuppen ["ap'ʃupən] v. tr. écailler. || TECHN. *Metall abschuppen*, dégrossir du métal.

ab|schürfen ["ap'ʃyrfən] v. tr. érafler ; écorcher.

Ab|schürfung [-fuŋ] f. (-, en) éraflure f. ; écorchure f.

Ab|schuß ['apʃus] m. (es, ¨e) [Waffe] décharge f. ; départ (m.) du coup. || AÉRON. lancement m. (d'un satellite). | *Abschußbasis für Raketen*, aire (f.) de lancement de fusées. | *Abschuß eines Flugzeugs*, destruction (f.) d'un avion.

ab|schüssig ["ap'ʃysiç] adj. escarpé ; abrupt ; déclive. | *abschüssig sein*, être en forte pente.

Ab|schüssigkeit [-kait] f. déclivité f.

Abschuß|turm ["apʃus'turm] m. (s, ¨e). AÉRON. tour (f.) de lancement.

ab|schütteln ["ap'ʃytəln] v. tr. secouer ; hocher. | *Obst abschütteln*, hocher des fruits. || FIG. *die Fremdherrschaft abschütteln*, secouer le joug de l'esclavage. | *einen Tadel abschütteln*, rejeter une réprimande. || FIG., FAM. *einen Bittsteller abschütteln*, se débarrasser d'un quémandeur.

ab|schütten ["ap'ʃytən] v. tr. verser.

ab|schwächen ["ap'ʃvɛçən] v. tr. affaiblir ; atténuer ; diminuer. || ÉLECTR. affaiblir.

Ab|schwächung [-çuŋ] f. (-, en) affaiblissement m. ; atténuation f. ; diminution f.

ab|schweifen ["ap'ʃvaifən] v. intr. s'écarter. | *er schweift vom Thema ab*, il s'écarte de son sujet.

Ab|schweifung [-fuŋ] f. (-, en) digression f.

ab|schwellen ["ap'ʃvɛlən] (i, o, o) v. tr. dégonfler. ◇ v. intr. et v. pr. MÉD. désenfler. | *der Fuß schwillt ab*, le pied désenfle. || FIG. diminuer, décroître.

ab|schwemmen ["ap'ʃvɛmən] v. tr. laver ; rincer ; faire flotter.

ab|schwenken ["ap'ʃvɛŋkən] v. tr. rincer. ◇ v. intr. dévier ; changer de direction. | *vom Wege abschwenken*, quitter la route. || MIL. faire une conversion.

ab|schwören ["ap'ʃvø:rən] (o, o) v. tr. abjurer ; renier.

Ab|schwörung [-ruŋ] f. abjuration f. ; reniement m.

ab|sehbar ["ap'ze:bɑ:r] adj. *in absehbarer Zeit*, à bref délai. | *die Folgen sind nicht absehbar*, les conséquences sont imprévisibles.

ab|sehen [-ze:ən] (ie, a, e) v. tr. voir. | *an den Augen absehen*, deviner. | *von jm etwas absehen*, copier qch. sur qn. || FIG. *es auf jn abgesehen haben*, viser qn. || JUR. *von einer Strafe absehen*, renoncer à punir. || LOC. *abgesehen von*, à part ; abstraction faite de.

ab|seigern ["ap'zaigərn] v. tr. MINES. [Schacht] creuser verticalement.

ab|seihen ["ap'zaiən] v. tr. filtrer.

ab|seilen ["ap'zailən] v. tr. SPORT. descendre en rappel.

Ab|seilen n. (s). SPORT. descente (f.) en rappel.

Ab|seite ['ap'zaitə] f. (-, n). ARCHIT. côté m. (de) derrière ; débarras m.

ab|seitig [-tiç] adj. à l'écart. || FIG. dénaturé.

ab|seits ['apzaits] adv. à l'écart. || SPORT. *der Spieler ist, steht abseits*, le joueur est hors jeu.

Abseits|stellung ["apzaits'ʃtɛluŋ] f. (-, en). SPORT. hors-jeu m. invar. | *sich in Abseitsstellung befinden*, être (en position de) hors-jeu.

ab|senden ["ap'zɛndən] (sandte, gesandt) v. tr. envoyer ; expédier.

Ab|sender(in) [-dər(in)] m. (s, -) f. (-, nen) expéditeur m. ; expéditrice f.

Ab|sendung [-duŋ] f. (-, en) envoi m. ; expédition f.

ab|senken ["ap'zɛŋkən] v. tr. abaisser. || BOT. *eine Pflanze absenken*, marcotter une plante. || TECHN. démouler.

Ab|senker [-kər] m. (s, -). [Pflanze] marcotte f. ; provin m. || FIG., IRON. descendant m. ; rejeton m.

Ab|senkung [-kuŋ] f. (-, en). TECHN. rabattement m.

absentieren (sich) [ziçabzɛn'ti:rən] v. pr. s'absenter.

Absenz [ab'zɛnts] f. (-, en) absence f.

ab|setzbar ["ap'zɛtsbɑ:r] adj. amovible ; révocable. || COMM. *leicht absetzbare Ware*, marchandise (f.) de vente facile. || FIN. déductible de l'impôt.

Absetz|becken ["apzɛts'bɛkɛn] n. (s, -). CHIM. bassin (m.) de dépôt, de décantation. ||°**-bewegung** f. (-, en). MIL. mouvement (m.) de repli.

ab|setzen ["ap'zɛtsən] v. tr. déposer. | *den Hut absetzen*, enlever son chapeau. || AÉRON. *Fallschirmspringer absetzen*, larguer des parachutistes. || MIL. *Gewehr absetzen*, reposer son fusil. || PAR ANAL. *sich vom Feinde absetzen*, décrocher de l'ennemi. || FIG. *Zeile absetzen*, aller à la ligne ; faire un alinéa. || COMM. *Waren absetzen*, vendre des marchandises. | *von der Rechnung absetzen*, déduire, défalquer de la facture, du compte. || FIN. déduire. | *von der Steuer absetzen*, déduire des impôts. || POLIT. *von der Tagesordnung absetzen*, rayer de l'ordre du jour. || JUR. révoquer qn (d'une fonction). | *den König absetzen*, déposer le roi. || MAR. débarder. || CHIM. *der Wein setzt Hefe ab*, le vin dépose (de la lie).
◇ v. intr. s'interrompre. | *ohne abzusetzen*, d'une traite. || MAR. *vom Lande absetzen*, quitter le rivage.
◇ v. pr. **sich absetzen**. CHIM. se déposer.

Ab|setzung [-suŋ] f. (-, en) déposition f. || MÉD. amputation f. || COMM. déduction f. || FIN. dégrèvement m. | *steuerliche Absetzung*, dégrèvement fiscal. || POLIT. *Absetzung eines Beamten*, révocation (f.) d'un fonctionnaire. | *Absetzung eines Herrschers*, déposition (f.), déchéance (f.) d'un souverain.

Ab|sicht ['apziçt] f. (-, en) intention f. ; dessein m. ; projet m. ; but m. | *strafbare Absicht*, projet criminel. | *Absichten auf etwas haben*, avoir des visées sur qch. | *redliche Absichten hegen*, être animé d'intentions louables.

ab|sichtlich [-liç] adj. et loc. adv. exprès ; à dessein ; intentionnellement ; de propos délibéré.

Ab|sichtlichkeit [-liçkait] f. (-, en) caractère intentionnel (d'un acte).

absichts|los ["apziçts'lo:s] adj. et adv. sans préméditation ; involontaire(ment). ||°**-satz** m. (es, ¨e). GRAMM. proposition finale.

ab|singen ["ap'ziŋən] (a, u) v. tr. **1.** chanter à livre ouvert, à vue.
2. chanter toute la chanson. || FIG. *eine abgesungene Stimme*, une voix cassée.

ab|sinken ["ap'ziŋkən] (a, u) v. intr. baisser.

Absinth [ap'zint] m. (s, e) absinthe f.

ab|sitzen ["ap'zitsən] (saß, gesessen) v. intr. descendre. | *vom Pferd absitzen*, descendre de cheval. || MIL. *absitzen !*, pied à terre !
◇ v. tr. PAR ANAL. *die Hose absitzen*, user son pantalon. || JUR. *eine Strafe absitzen*, purger une peine.

absolut [apzo'lu:t] adj. [selbst, ohne Hilfe] absolu. | *absoluter Wert*, valeur absolue, intrinsèque. | *absolute Monarchie*, monarchie absolue. | *absolute Mehrheit*, majorité absolue. || [Tiefe] *absoluter Nullpunkt*, zéro absolu. || PHILOS. *das Absolute*, l'absolu.
◇ adv. *er muß absolut kommen*, il faut (absolument) qu'il vienne.

Absolution [-lu'tsio:n] f. RELIG. absolution f. ; rémission f. (des péchés). || [Karfreitag] absoute f.

Absolutismus [-lu'tismus] m. absolutisme m.

absolutistisch [-lu'tistiʃ] adj. absolutiste.

Absolvent [apzɔl'vent] m. (en, en) candidat m.

absolvieren [-'vi:rən] v. tr. absoudre. || PAR EXT. terminer. | *die Schule absolvieren*, terminer ses études (à une école). | *die Prüfung absolvieren*, passer un examen.

ab|sonderlich ["ap'zɔndərliç] adj. curieux ; étrange ; bizarre.

Ab|sonderlichkeit [-liçkait] f. (-, en) singularité f. ; étrangeté f. ; bizarrerie f.

ab|sondern ["ap'zɔndərn] v. tr. séparer ; isoler, démêler ; dégager. | *einen Kranken absondern*, isoler un malade. || JUR. distraire. || CHIM. *den Wasserstoff vom Wasser absondern*, dégager l'hydrogène de l'eau. || FIG. *das Gute vom Bösen absondern*, faire le départ entre le bien et le mal ; distinguer le bien et le mal. || MÉD., BIOL. sécréter. | *Eiter absondern*, rejeter du pus.
◇ v. pr. **sich absondern,** faire bande à part.

Ab|sonderung [ruŋ] f. (-, en) 1° séparation f. ; 2° sécrétion f.

absorbieren [apzɔr'bi:rən] v. tr. absorber.

Absorption [apzɔrp'tsio:n] f. absorption f.

Absorptions|spektrum [apzɔrp"tsio:ns'ʃpektrum] n. (s, tren). PHYS. spectre (m.) d'absorption. ||°**-verlust** m. (s, e). ÉLECTR. perte (f.) par absorption. ||°**-vermögen** n. (s). PHYS. facteur (m.) d'absorption.

ab|spalten ["ap'ʃpaltən] v. tr. détacher ; fendre. || PHYS. *der Atomkern spaltet ein Teilchen ab*, le noyau atomique détache une petite particule.
◇ v. intr. *eine Partei spaltet von der Mehrheit ab*, un parti se détache de la majorité.
◇ v. pr. **sich abspalten,** se déliter.

Ab|spaltung [-tuŋ] f. (-, en) désagrégation f. ; fission f.

ab|spänen ["ap'ʃpɛ:nən] v. tr. raboter ; dégrossir.

ab|spannen ["ap'ʃpanən] v. tr. dételer. | *Pferde abspannen*, dételer des chevaux. | *die Leine abspannen*, lâcher la longe. || TECHN. *ein Werkzeug abspannen*, desserrer un outil.
◇ part. pass. et adj. **abgespannt,** fatigué ; las. || MÉD. atonique.

Ab|spannung [-nuŋ] f. (-, en). [Pferd] dételage m. || TECHN. haubanage m. || FIG. fatigue f.

ab|sparen (sich) [ziç"ap'ʃparən] v. pr. économiser. | *sich etwas vom Munde absparen*, économiser sou à sou (pour acheter qch.).

ab|speisen ["ap'ʃpaizən] v. tr. FIG. *jn mit leeren Worten abspeisen*, payer qn de belles paroles ; payer qn en monnaie de singe.
◇ v. intr. finir de manger.

ab|spenstig ["ap'ʃpɛnstiç] adj. *abspenstig machen*, détourner ; débaucher ; ravir.

ab|sperren ["ap'ʃpɛrən] v. tr. fermer ; bloquer ; verrouiller. | *die Straße absperren*, barrer la rue, la route. | *den Verkehr absperren*, arrêter la circulation. || ÉLECTR. *den Strom absperren*, couper le courant.

Absperr|schieber ["apʃpɛr'ʃi:bər] m. (s, -) vanne (f.) d'arrêt. ||°**-ventil** n. (s, e) soupape (f.) d'arrêt.

Ab|sperrung ["ap'ʃpɛruŋ] f. (-, en) arrêt m. ; blocage m. | *Absperrung des Stroms*, coupure (f.) du courant. | *Absperrung des Dampfes*, arrêt de la vapeur.

ab|spiegeln ["ap'ʃpi:gəln] v. tr. et v. pr. PR. et FIG. (se) refléter.

ab|spielen ["ap'ʃpi:lən] v. tr. [abnützen] *eine abgespielte Platte*, un disque usé. || FIG. *abgespieltes Stück*, ritournelle f. || MUS. *vom Blatte abspielen*, jouer à vue. | *eine Schallplatte abspielen*, passer un disque.
◇ v. pr. **sich abspielen,** *ein Ereignis spielt sich ab*, un événement se déroule.

Abspiel|gerät ["apʃpi:lgə'rɛ:t] n. (s, ¨e). ÉLECTR. lecteur m.

ab|spinnen ["ap'ʃpinən] v. tr. filer, dévider. || FIG. *sein Garn abspinnen*, dévider son chapelet ; raconter des histoires.

ab|splittern ["ap'ʃplitərn] v. tr. faire éclater.

Ab|sprache ["ap'ʃprɑ:xə] f. (-, n) accord m. ; convention f. ; stipulation f.

ab|sprechen ["ap'ʃprɛçən] (i, a, o) v. tr. **1.** discuter. || [durchsprechen] *eine Tagesordnung absprechen*, discuter de l'ordre du jour.
2. contester ; dénier. | *durch Urteil absprechen*, déposséder par jugement. | *absprechendes Urteil*, jugement (m.) défavorable. | *jm den guten Willen absprechen*, contester la bonne volonté de qn. || PÉJOR. critiquer.
◇ v. pr. **sich absprechen.** | *sich mit jm absprechen*, convenir avec qn.

ab|sprengen ["ap'ʃprɛŋən] v. tr. **1.** faire sauter. | *Felsblöcken absprengen*, faire sauter un rocher.
2. [begießen] *Rasen absprengen*, arroser le gazon.

ab|springen ["ap'ʃpriŋən] (a, u) v. intr. sauter ; se détacher. | *von der Straßenbahn abspringen*, sauter du tramway. | *mit dem Fallschirm abspringen*, sauter en parachute. | *der Knopf springt ab*, le bouton saute. || FIG. quitter ; abandonner.

Ab|sprung ['apʃpruŋ] m. (s, ¨e) saut m. ; bond m.

ab|spulen ["ap'ʃpu:lən] v. tr. TEXT. [Garn] débobiner ; dévider.

ab|spülen ["ap'ʃpy:lən] v. tr. rincer ; laver.

Ab|spülung [-luŋ] f. (-, en). TEXT. dégorgement m.

ab|stammen ["ap'ʃtamən] v. intr. descendre de. | *er stammt von armen Eltern ab*, il descend de parents pauvres. || GRAMM. *das Wort stammt von... ab*, ce mot (pro)vient de, est dérivé de.

Ab|stammung [-muŋ] f. origine f. ; descendance f. || GRAMM. origine f. ; provenance f.

Abstammungs|lehre ["apʃtamuŋs'le:rə] f. (-, n). BIOL. théorie (f.) de l'évolution ; lamarckisme m. || °**-tafel** f. (-, n) arbre (m.) généalogique.

Ab|stand ['apʃtant] m. (s, ¨e) écart m. ; intervalle m., distance f. | *den Abstand verkürzen*, réduire l'écart. | *von etwas Abstand nehmen*, renoncer à, se désister de qch. || FIG. *Abstand zu jm halten*, se montrer réservé envers qn. || COMM. *Abstand zahlen*, payer un dédit.

Abstands|geld ["apʃtants'gɛlt] n. (s, er). JUR. dédit m. ||°**-messer** m. (s, -). [Sperrlatte] écartomètre m. ||°**-stück** n. (s, e). TECHN. entretoise f.

ab|statten ["ap'ʃtatən] v. tr. présenter ; faire ; rendre. | *Besuch abstatten*, rendre visite. | *Dank abstatten*, remercier. | *Bericht abstatten*, rendre compte ; faire un rapport.

Ab|stattung [-tuŋ] f. (-, en) *Abstattung eines Besuchs*, visite f. | *Abstattung eines Berichts*, compte rendu m.

ab|stauben ["ap'staubən] v. tr. épousseter.
◇ v. intr. SPORT. marquer un but opportuniste.

ab|stechen ["ap'ʃtɛçən] (i, a, o) v. tr. TECHN. décolleter ; tronçonner. || [töten] *ein Schwein abstechen*, saigner un cochon. || PAR ANAL. *den Rasen abstechen*, couper le gazon.
◇ v. intr. FIG. *diese Farbe sticht von den anderen ab*, cette couleur tranche sur les autres.

Ab|stechen [-çən] n. (s). TECHN. décolletage m. ; coupe f. ; tronçonnage m.

Ab|stecher [-çər] m. (s, -) *einen Abstecher machen*, faire un crochet (en chemin).

ab|stecken ["ap'ʃtɛkən] v. tr. détacher. || délimiter ; jalonner. || *ein Kleid abstecken*, bâtir, épingler une robe, un habit. || PAR EXT. [festsetzen] *ein Ziel abstecken*, fixer un but.

Ab|steckung [-kuŋ] f. délimitation f. ; jalonnement m.

ab|stehen ["ap'ʃte:ən] (stand, gestanden) v. intr. être distant. | *abstehende Ohren*, oreilles décollées. | *das Haus steht von der Straße ab*, la maison est écartée de la route. || JUR. *von einer Klage abstehen*, se désister d'une plainte. || FIG. *von etwas nicht abstehen*, ne pas démordre de qch.

ab|stehlen [″ap'ʃte:lən] (i, a, o) v. tr. voler ; extorquer. | *sich die Zeit abstehlen*, prendre sur son temps.

ab|steifen [″ap'ʃtaifən] v. tr. raidir ; entretoiser.

Ab|steifung [-fuŋ] f. (-, en). MINES. étançonnement m. ; étayage m. ; étayement m.

ab|steigen [″ap'ʃtaigən] (ie, ie) v. intr. descendre. | *in einem Hotel absteigen*, descendre dans un hôtel. | *bei Freunden absteigen*, descendre chez des amis. || FIG. *absteigende Linie*, ligne descendante. || MUS. *die absteigende Tonleiter singen, spielen*, descendre la gamme.|| SPORT. être relégué ; descendre en division inférieure.

Absteige|quartier [″apʃtaigəkvar'ti:r] n. (s, e) pied-à-terre m. || PÉJOR. maison (f.) de passe.

ab|stellen [″ap'ʃtɛlən] v. tr. déplacer ; déposer. | *Gepäck abstellen,* déposer des bagages. | *sein Rad abstellen,* garer sa bicyclette. || PAR ANAL. *Wasser, Dampf, Strom, Motor, Maschine, Radio abstellen,* couper l'eau, la vapeur, le courant (électrique), arrêter son moteur, sa machine, la radio. || FIG. *einen Fehler abstellen,* corriger une faute. | *der Plan ist abgestellt auf...,* ce projet vise...

Abstell|gleis [″apʃtɛl'glais] n. (es, e). [Bahn] voie (f.) de garage. ||°-**hebel** m. (s, -). TECHN. levier (m.) d'arrêt. ||°-**raum** m. (s, ¨e) dépôt m. ||°-**schrank** m. (s, ¨e) armoire (f.) de rangement. ||°-**vorrichtung** f. (-, en) dispositif (m.) d'arrêt.

Ab|stellung [″ap'ʃtɛluŋ] f. (-, en) suppression f. ; arrêt m. ; dépôt m.

ab|stempeln [″ap'ʃtɛmpəln] v. tr. poinçonner ; estampiller ; timbrer. | *Marken abstempeln*, oblitérer des timbres. | *den Paß abstempeln*, estampiller le passeport. || MINES. étayer.

Ab|stempelung [-pəluŋ] f. (-, en) estampillage m. ; oblitération f. || MINES. soutènement m.

ab|sterben [″ap'ʃtɛrbən] (i, a, o) v. intr. dépérir ; mourir. || [Gliedmaßen] s'engourdir.

Ab|stich ['apʃtiç] m. (es, e) perçage m. || TECHN. [Metallguß] coulée f.

Ab|stieg ['apʃti:k] m. (s, e) descente f. || FIG. chute f. ; ruine f.

ab|stimmen [″ap'ʃtɪmən] v. intr. voter. | *durch Erheben von den Sitzen abstimmen*, voter par assis et levé. | *über etwas abstimmen lassen*, mettre qch. aux voix. ◇ v. tr. MUS. accorder. || ARTS. *die Farben aufeinander abstimmen*, assortir les couleurs. || TECHN. *Maschinen aufeinander abstimmen*, synchroniser des machines. ◇ v. pr. **sich abstimmen,** *sich mit jm abstimmen*, se mettre d'accord avec qn.

Abstimm|schärfe [″apʃtɪm'ʃɛrfə] f. (-, n). RADIO. sélectivité f.

Ab|stimmung [-'ʃtimuŋ] f. (-, en) vote m. ; scrutin m. | *Abstimmung durch Handzeichen*, vote à main levée. | *geheime Abstimmung*, scrutin secret ; vote à bulletin secret. | *namentliche Abstimmung*, scrutin nominal. | *zur Abstimmung !*, aux voix ! || RADIO. syntonisation f. ; réglage m.

abstinent [apʃti'nɛnt] adj. abstinent.

Ab|stinenz [-'nɛnts] f. abstinence f.

Ab|stinenzler(in) [-'nɛntslər(in)] m. (s, -), f. (-, nen) antialcoolique.

ab|stoppen [″ap'ʃtɔpən] v. tr. stopper ; arrêter. | *einen Wagen abstoppen*, arrêter une voiture. || SPORT. *die Zeit abstoppen*, chronométrer.

Ab|stoß ['apʃto:s] m. (es, ¨e) coup m. || SPORT. coup m. (d'envoi).

ab|stoßen [″ap'ʃto:sən] (ö, ie, o) v. tr. repousser. | *das Boot vom Ufer abstoßen*, éloigner la barque de la rive. | *den Ball abstoßen*, lancer la balle. || FIG. [ekeln] *einen Freund abstoßen*, dégoûter un ami. | *sich die Hörner abstoßen*, jeter sa gourme. || JUR. *eine Schuld abstoßen*, s'acquitter d'une dette. || [billig verkaufen] *Waren abstoßen*, solder. || TECHN. *Ecken abstoßen*, écorner.

ab|stoßend [-sənt] adj. dégoûtant. | *abstoßender Eindruck*, impression (f.) pénible.

Ab|stoßung [-suŋ] f. (-, en). BIOL. rejet m. || ÉLECTR. répulsion f.

Abstoßungs|krise [-suŋs'kri:sə] f. (-, n). BIOL. réaction (f.) de rejet. ||°-**phänomen** n. (s, e). BIOL., POLIT. phénomène (m.) de rejet.

abstrahieren [apstra'hi:rən] v. tr. abstraire.

abstrakt [-'strakt] adj. abstrait. | *abstrakter Begriff*, notion abstraite. | *abstrakte Kunst*, art abstrait.

Abstraktion [-strak'tsio:n] f. (-, en) abstraction f.

Abstraktum [-'straktum]n. (s) idée abstraite.

ab|streichen [″ap'ʃtraiçən] (i, i) v. tr. ôter ; enlever (en raclant). || COMM. déduire (d'un compte). || MIL. *ein Gelände mit dem Scheinwerfer abstreichen*, fouiller un terrain avec le projecteur.
◇ v. intr. *der Vogel streicht ab*, l'oiseau s'envole.

Ab|streicher [-çər] m. (s, -). TECHN. grattoir m. ; racloir m.

ab|streifen [″ap'ʃtraifən] v. tr. ZOOL. dépouiller. | *die Schlange streift (die Haut) ab*, le serpent fait peau neuve, mue. || PAR EXT. *einen Schleier abstreifen*, enlever, ôter un voile. | *Handschuhe abstreifen*, se déganter. | *Beeren abstreifen*, cueillir des baies. || FIG. *alte Vorurteile abstreifen*, se défaire d'anciens préjugés.
◇ v. intr. *vom Wege abstreifen*, dévier ; se fourvoyer.

Ab|streifer [-fər] m. (s, -). [Instrument] racle f. ; décrottoir m. || [zum Beerenlesen] peigne m. || [Metall] stripeur m.

ab|streiten [″ap'ʃtraitən] (i, i) v. tr. contester ; nier ; dénier ; défendre. | *etwas abstreiten*, contester qch. || LOC. *er läßt es sich nicht abstreiten*, il n'en démord pas.

Abstrich ['apʃtriç] m. (es, e). MÉD. [Entnahme] prélèvement m. || COMM. [Abzug] déduction f. || FIG. *Abstriche machen*, en rabattre. || MINES. scorie f. || TECHN. crasse f.

ab|strömen [″ap'ʃtrø:mən] v. intr. ruisseler. || MAR. dériver.

abstrus ['apʃtru:s] adj. confus ; trouble.

ab|stufen (sich) [ziç″ap'ʃtu:fən] v. pr. *der Park von Sanssouci stuft sich ab*, le parc de Sans-Souci descend en gradins.
◇ v. tr. FIG. *die Arbeit abstufen*, échelonner le travail. | *die Farben abstufen*, dégrader les couleurs.

Ab|stufung [″ap'ʃtu:fuŋ] f. (-, en) échelonnement m. ; graduation f. ; gamme f. ; dégradé m.

ab|stumpfen [″ap'ʃtumpfən] v. tr. émousser ; épointer. || FIG. *er ist abgestumpft*, il est blasé.

Ab|stumpfung [-fuŋ] f. (-). [Schere] épointage m. ; épointement m. || TECHN. troncature f. || FIG. insensibilité f.

Ab|sturz ['apʃturts] m. (es, ¨e). **1.** chute verticale. | *ein Flugzeug zum Absturz bringen*, descendre un avion. **2.** pente escarpée ; paroi f.

Absturz|stelle [″apʃturts'ʃtɛlə] f. (-, n). AÉRON. point (m.) de chute.

ab|stürzen [″ap'ʃtyrtsən] v. intr. tomber à pic ; faire une chute. || AÉRON. s'écraser. | *in Flammen abstürzen*, s'abattre en flammes. || [Alpinist] dérocher ; FAM. dévisser.

ab|stützen [″ap'ʃtytsən] v. tr. étayer ; étançonner ; soutenir.

Ab|stützung [-tsuŋ] f. (-, en). ARCHIT. appui m. ; support m. ; soutien m. ; étaiement m.

ab|suchen [″ap'zu:xən] v. tr. fouiller ; explorer.

Ab|sud [ap'zu:t] m. (s, e) (Vx.) décoction f.

absurd [ap'zurt] adj. absurde.

Absurdität [-zurdi'tɛ:t] f. (-, en) absurdité f.

Abszeß [ap'tsɛs] m. (es, sse). MÉD. abcès m.

Abszisse [ap'tsisə] f. (-, n) abscisse f.

Abt [apt] m. (es, ¨e). RELIG. prieur m. ; père (m.) abbé (d'un couvent).

Abt. [apt] abrév. de **Abteilung**.

ab|takeln [″ap'tɑ:kəln] v. tr. MAR. désarmer ; désappareiller ; désemparer ; dégréer ; déséquiper. ◇ part. pass. **abgetakelt,** FIG. fini ; FAM. décati.

Ab|taster [″ap'tastər] m. (s, -). ÉLECTR. analyseur m.

Ab|tastung [″ap'tastuŋ] f. (-, en). INF., RADIO. balayage m.

Abtau|automatik [″aptauauto'ma:tik] f. [Kühlschrank] dégivreur (m.) automatique.

ab|tauen [″ap'tauən] v. tr. et v. intr. dégeler.

Abtei [ap'tai] f. (-, en). RELIG. abbaye f.

Ab|teil [ap'tail] n. ou m. (s, e). [Zug] compartiment m.

ab|teilen [″ap'tailən] v. tr. diviser ; compartimenter ; démembrer.

Ab|teilung [-luŋ] f. (-, en). [action de] séparer ; division f. ; rayon m. ; département m. | *Abteilung der Handelsmarine*, département de la marine marchande. || MIL. section f. ; détachement m. ; groupe m.

Abteilungs|leiter [ab″tailuŋs'laitər] m. (s, -) chef (m.) de service.

abteilungs|weise [ap″tailuŋs'vaizə] adv. par sections.

ab|telefonieren [″aptelefo'ni:rən] v. intr. se décommander par téléphone.

ab|teufen [″ap'tɔyfən] v. tr. Mines. creuser ; foncer (un puits de mine).

ab|tippen [″ap'tipən] v. tr. taper à la machine.

Äbtissin [ɛp'tisin] f. (-, nen). Relig. abbesse f.

ab|tönen [″ap'tø:nən] v. tr. dégrader. | *Farben abtönen*, nuancer les couleurs.
◇ part. pass. et adj. **abgetönt,** dégradé.

Ab|tönung [-nuŋ] f. (-). [Malerei] dégradé m.

ab|töten [″ap'tø:tən] v. tr. tuer ; supprimer. || Méd. *Bazillen abtöten*, désinfecter. | *einen (Zahn)nerv abtöten*, dévitaliser une dent.

Ab|tötung [-tuŋ] f. destruction f. || Fig. *Abtötung der Sinnlichkeit*, mortification f.

Ab|trag ['aptrɑ:k] m. (s, ¨e) déblai m. || Jur. tort m. ; dommage m.

ab|tragen [″ap'trɑgən] (ä, u, a) v. tr. enlever ; déblayer. | *ein Gebäude abtragen*, démolir un bâtiment. || Par ext. *Kleider abtragen*, user des vêtements. | *die Speisen abtragen*, desservir la table. || Fin. *eine Schuld abtragen*, payer une dette. || Fig. *Dank abtragen*, remercier. || Math. [in richtiger Länge einzeichnen] rapporter sur le papier. || Jur. [ersetzen] remplacer.

ab|träglich [″ap'trɛ:kliç] adj. et adv. défavorable ; préjudiciable.

Ab|tragung [″ap'trɑ:guŋ] f. (-, en) démolition f. ; enlèvement m. ; déblaiement m. || Comm. paiement m. || Jur. amortissement m.

ab|treiben [″ap'traibən] (ie, ie) v. tr. chasser. | *der Wind treibt die Wolken ab*, le vent chasse les nuages. || Mines. *Gestein abtreiben*, décoller du minerai. || Chim. *Silber aus Blei abtreiben*, affiner de l'argent. || Méd. faire avorter. || expulser (du corps). | *ein Kind abtreiben*, provoquer un avortement.
◇ v. intr. Mar. [Schiff] dériver.

Ab|treibung [-buŋ] f. (-, en). Mines. exploitation f. || Chim. affinage m. ; coupellation f. || [Jagd] expulsion f. || Méd. avortement m. | *Abtreibungsmittel*, moyen abortif. || Mar. dérivation f.

ab|trennbar [″ap'trɛnbɑ:r] adj. séparable.

ab|trennen [-nən] v. tr. séparer ; découdre ; démembrer.

Ab|trennung [-nuŋ] f. (-, en) séparation f.

ab|treten [″ap'tre:tən] (i, a, e) v. intr. se retirer. | *der Richter ließ die Zeugen abtreten*, le juge fit se retirer les témoins. || Pr. et fig. *von der Bühne abtreten*, se retirer de la scène.
◇ v. tr. **1.** céder ; remettre. | *ein Zimmer abtreten*, céder une chambre. | *ein Recht abtreten*, céder un droit.
2. se débarrasser en marchant. | *den Schnee abtreten*, faire tomber la neige de ses chaussures en marchant.
3. user en marchant. | *seine Absätze abtreten*, user ses talons.

Abtreter [-tər] m. (s, -) décrottoir m. ; paillasson m.

Ab|tretung [-tuŋ] f. (-, en). Jur. cession f. ; dation f. ; transfert m. ; abandon m.

Ab|trieb ['aptri:p] m. (s, e). Bot. *(Wald)abtrieb*, coupe (f.) de forêt. || Mar. dérive f.

Ab|trift ['aptrift] f. (-, en). Mar., Aéron. dérive f.

ab|trinken [″ap'triŋkən] (a, u) v. tr. boire une petite gorgée. || Fam. buvoter ; siroter.

Ab|tritt ['aptrit] m. (s, e). **1.** retrait m. | *Abtritt von der Bühne*, (action de) se retirer, (de) quitter la scène. | *Abtritt eines Ministers*, retraite (f.) d'un ministre.
2. (Vx.) cabinet (m.) d'aisances.
3. [Jagd] herbe foulée par le gibier.

ab|trocknen [″ap'trɔknən] v. tr. sécher. | *sich die Hände abtrocknen*, s'essuyer les mains. | *das Geschirr abtrocknen*, essuyer la vaisselle.

ab|tropfen [″ap'trɔpfən], **-tröpfeln** [-'trøpfəln] v. intr. dégoutter ; distiller. | *Nudeln abtropfen lassen*, égoutter des pâtes.

ab|trotzen [″ap'trɔtsən] v. tr. extorquer (par violence ou menace).

ab|trudeln [″ap'tru:dəln] v. intr. Aéron. *ein Flugzeug trudelt ab*, un avion descend en vrille.

ab|trünnig [″ap'tryniç] adj. Polit. rebelle. || Relig. rénégat ; infidèle. | *Julian der Abtrünnige*, Julien l'Apostat.

Ab|trünnigkeit [-kait] f. Polit., Mil. défection f. ; désertion f. || Relig. apostasie f.

ab|tun ['aptu:n] (tat, getan) v. tr. enlever. | *den Rock abtun*, se défaire, se débarrasser de, enlever sa veste. || [Personen] *jn kurz abtun*, pop. expédier qn. || [Dinge] *einen Einwand abtun*, passer sur une objection. || Fig. *eine Unsitte abtun*, se défaire d'une mauvaise habitude. || Fam. *das ist abgetan*, c'est réglé. | *damit ist's noch nicht abgetan*, l'affaire n'est pas encore réglée.

ab|tupfen [″ap'tupfən] v. tr. éponger ; tamponner.

A|bulie [abu'li:] f. Méd. aboulie f.

ab|urteilen [″ap'urtailən] v. tr. Jur. juger. | *endgültig aburteilen*, juger sans appel.

ab|verdienen [″apfɛr'di:nən] v. tr. (Vx.) gagner par son travail.

ab|verlangen [″apfɛr'laŋən] v. tr. réclamer. | *die Pässe abverlangen*, demander les passeports.

ab|vieren [″ap'fi:rən] v. tr. Archit. équarrir.

ab|wägen [″ap'vɛ:gən] v. tr. Fig. balancer ; équilibrer ; proportionner. || soupeser ; peser. | *seine Worte abwägen*, peser ses paroles. | *das Für und Wider abwägen*, peser le pour et le contre.

Ab|wägung [-guŋ] f. (-, n) réflexion f. ; délibération f.

ab|wälzen [″ap'vɛltsən] v. tr. dérouler. || Fig., Jur. *eine (Be)schuld(igung) auf einen andern abwälzen*, se décharger d'une accusation sur qn. | *eine Schuld von sich abwälzen*, se disculper.

ab|wandeln [″ap'vandəln] v. tr. modifier ; changer. | *seine Gedanken abwandeln*, changer d'idées. || Gramm. décliner ; conjuguer.
◇ v. intr. *auf- und abwandeln*, aller et venir.

ab|wandern [″ap'vandərn] v. intr. partir ; s'en aller ; émigrer.

Ab|wanderung [″ap'vandəruŋ] f. (-, en) émigration f. ; exode m.

Ab|wandlung [″ap'vandluŋ] f. (-, en) modification f. ; changement m. || Gramm. flexion f. ; déclinaison f. ; conjugaison f.

Ab|wärme [″ap'vɛrmə] f. Phys. chaleur perdue ; chaleur (f.) d'échappement.

ab|warten [″ap'vartən] v. tr. attendre. | *etwas (ruhig) abwarten*, laisser, voir venir qch. | *eine abwartende Haltung einnehmen*, demeurer dans l'expectative.

ab|wärts ['apvɛrts] adv. en bas ; vers le bas ; en aval. | *der Weg führt abwärts*, le chemin va en descendant. || Fig. *mit ihr geht es abwärts*, elle décline.

Abwärts|bewegung [″apvɛrtsbə've:guŋ] f. (-, en). Écon. mouvement (m.) de baisse. ||°**-transformator** m. (s, en). Électr. dévolteur m.

Ab|wasch ['apvaʃ] m. (es) vaisselle (f.) sale. || [Handlung] lavage m. | *den Abwasch des Geschirrs besorgen*, faire la vaisselle.

ab|waschen [″ap'vaʃən] (ä, u, a) v. tr. laver ; nettoyer ; débarbouiller ; délaver. || Par ext. faire la vaisselle.

Abwasch|tisch [″apvaʃ'tiʃ] m. ([e]s, e) égouttoir m.

Ab|waschung [″ap'vaʃuŋ] f. (-, en) lavage m. ; nettoyage m. ; lessive f. || Relig. ablution f.

Ab|wässer [″ap'vɛsər] n. pl. eaux (f. pl.) d'égout ; eaux usées. || Techn. eaux résiduaires.

ab|wechseln [″ap'vɛksəln] v. tr. et v. intr. changer ; alterner ; se relayer.
◇ adj., part. prés. et adv. **abwechselnd,** tour à tour ; alternatif ; alternativement.

Ab|wechslung [-vɛksluŋ] f. (-, en) alternance f. ; changement m. | *abwechslungsreich*, varié.

Ab|weg ['apve:k] m. (s, e) détour m. ; fausse route. || Fig. *auf Abwege geraten*, s'égarer.

ab|wegig [″ap've:giç] adj. erroné. | *seine Überlegung ist abwegig*, son raisonnement porte à faux.

Ab|wegigkeit [-kait] f. (-, en) inexactitude f.

Ab|wehr ['apve:r] f. (-, en) défense f. ; défensive f. | *in Abwehr stehen*, être sur la défensive. || Mil. service (m.) de contre-espionnage.

Abwehr|bereitschaft [″apve:rbə'raitʃaft] f. (-, en). Biol. défense (f.) immunitaire. ||°**-feuer** n. (s, -). Mil. tir (m.) de barrage. ||°**-kampf** m. (es, ¨e) combat défensif. ||°**-kräfte** f. pl. Méd. défenses (f. pl.) immunitaires. ||°**-offizier** m. (s, e) officier (m.) du contre-espionnage. ||°**-stoff** m. (s, e). Méd. anticorps m.

ab|wehren [″ap've:rən] v. tr. parer (un coup) ; repousser. | *Besucher abwehren*, écarter des visiteurs. || Fig. *Dank abwehren*, refuser des remerciements. | *Unheil abwehren*, détourner un malheur. || Mil. *einen Angriff abwehren*, repousser une attaque.

ab|weichen [″ap'vaiçən] (i, i) v. intr. dévier. | *vom Wege abweichen*, s'écarter du, de son chemin. || Fig.

diese Satzform weicht von der Regel ab, la structure de cette phrase fait exception à la règle. | *in Abweichung von*, par dérogation à. || Jur. déroger. || Phys. décliner. || Mar. dériver.
◇ v. tr. (conjug. faible) [r]amollir.
◇ part. prés. et adj. **abweichend,** divergent ; irrégulier ; exceptionnel ; anormal.

Ab|weichung [-çuŋ] f. (-, en) déviation f. || Jur. dérogation f. || Phys. déclinaison f. ; décalage m. | *Abweichungswinkel*, angle (m.) de déclinaison. || Mar. dérivation f. || Mil. *Abweichungsbeobachtung*, observation (f.) des écarts.

ab|weiden ["ap'vaidən] v. tr. brouter.

ab|weisen ["ap'vaizən] (ie, ie) v. tr. refuser ; repousser. || Jur. démettre ; décliner. | *mit seiner Klage abgewiesen werden*, être débouté.

Ab|weisung [-zuŋ] f. (-, en) refus m. || Jur. rejet m. ; déboutement m.

ab|wenden ["ap'vɛndən] (wandte, gewandt) v. tr. éviter ; détourner. | *eine Gefahr abwenden*, écarter, prévenir un danger.
◇ v. pr. **sich abwenden.** Pr. et fig. se détourner.

ab|werben ["ap'vɛrbən] v. tr. débaucher.

ab|werfen ["ap'vɛrfən] (i, a, o) v. tr. jeter bas. | *Fesseln abwerfen*, se libérer. | *Kleider abwerfen*, se déshabiller. | *das Pferd wirft den Reiter ab*, le cheval désarçonne son cavalier. || Mil. *Bomben abwerfen*, bombarder. || Aéron. *das Flugzeug wirft Fallschirmjäger ab*, l'avion largue des parachutistes. || Fin. *Zinsen abwerfen*, rapporter des intérêts. | *Nutzen abwerfen*, être profitable. || Bot. *der Baum wirft seine Blüten ab*, l'arbre défleurit. | *der Hirsch wirft ab*, le cerf jette ses bois. || Fig. die Hülle abwerfen, se dépouiller.

ab|werten ["ap've:rtən] v. tr. Fin. déprécier ; dévaluer.

Ab|wertung [-tuŋ] f. (-, en). Fin. dépréciation f. ; dévaluation f.

ab|wesend ["ap've:zənt] adj. absent. || Prov. *ein Abwesender zieht immer den kürzeren*, les absents ont toujours tort.

Ab|wesenheit [-zənhait] f. (-, en) absence f. || *Abwesenheit vom Wohnsitz*, non-résidence f. || Jur. *Abwesenheit vor Gericht*, défaut (m.) de comparution devant le tribunal ; contumace f. | *in Abwesenheit verurteilen*, condamner par contumace. | *Abwesenheit während der Tat*, alibi m. | *in Abwesenheit von*, en l'absence de. || Iron. *durch Abwesenheit glänzen*, briller par son absence.

ab|wickelbar ["ap'vikəlbɑ:r] adj. déroulable. || Math. développable.

ab|wickeln [-kəln] v. tr. dérouler ; désentortiller ; dévider. | *eine Spule abwickeln*, débobiner. || Comm. *ein Geschäft abwickeln*, liquider une affaire. || Fig. *alles wickelt sich reibungslos ab*, tout va comme sur des roulettes.

Ab|wickler ["ap'viklər] m. (s, -) [Magnetband] dérouleur m.

Ab|wicklung [-kluŋ] f. déroulage m. || Text. dévidage m. ; débobinage m. | *Abwicklung von Wolle*, débobinage de laine. || Fig. règlement m. || Comm. liquidation f. | *Abwicklungsgeschäft*, opération (f.) de liquidation. | *Abwicklungsverfahren*, procédure (f.) de liquidation. || Math. développement (m.) [d'une courbe].

ab|wiegen ["ap'vi:gən] (o, o) v. tr. peser.
◇ part. pass. et adj. **abgewogen,** pondéré. | *abgewogene Rede*, discours prudent, pondéré.

Ab|wind ['apvint] m. (s, e) vent descendant ; vent soufflant de haut en bas. || Écon. marasme m.

ab|winken ["ap'viŋkən] v. tr. Transp. donner le signal du départ.
◇ v. intr. faire un signe de dénégation.

ab|wirtschaften ["ap'virtʃaftən] v. tr. ruiner ; mal travailler. | *abgewirtschafteter Betrieb*, entreprise (f.) sur le déclin, fam. aux abois.

ab|wischen ["ap'viʃən] v. tr. essuyer ; torcher ; nettoyer. | *mit dem Schwamm abwischen*, éponger ; passer l'éponge sur. | *sich die Stirne abwischen*, s'éponger le front.

ab|wracken ["ap'vrakən] v. tr. Mar. désappareiller. | *ein Schiff abwracken*, désarmer un navire.

Ab|wrackung [-kuŋ] f. (-). Mar. désarmement m.

Ab|wurf ['apvurf] m. (s, ¨e) jet m. | *Abwurf einer Bombe*, lancement (m.) d'une bombe. || Zool. *Abwurf des Geweihs,* mue f. || Sport. dégagement (m.) à la main. || Comm. rendement m.

Abwurf|fahrwerk ["apvurf'fɑ:rvɛrk] n. (s, e). Aéron. train (m.) largable. ||°**-stelle** f. (-, n). Aéron. point (m.) de chute.

ab|würgen ["ap'vyrgən] v. tr. étrangler ; étouffer. | *jn abwürgen*, étrangler qn. || Fig. *eine Diskussion abwürgen*, mettre fin sèchement à la discussion. || Autom. *den Motor abwürgen*, caler.

ab|zahlen ["ap'tsɑ:lən] v. tr. payer ; payer par acomptes, à tempérament.

ab|zählen ["ap'tsɛ:lən] v. tr. compter ; dénombrer. | *Geld abzählen*, compter l'argent. | *an den Fingern abzählen*, compter sur les doigts. || soustraire.

Ab|zahlung ["ap'tsɑ:luŋ] f. (-, en) paiement m. ; amortissement m. | *auf Abzahlung kaufen*, acheter à tempérament.

Ab|zählung ["ap'tsɛ:luŋ] f. (-, en) dénombrement m.

Abzahlungs|geschäft ["aptsɑ:luŋsgə'ʃɛft] n. (s, e). Comm. vente (f.) à crédit.

Abzähl|vers ["ap'tsɛlfɛrs] m. (es, e) comptine f.

ab|zapfen ["ap'tsapfən] v. tr. soutirer. | *Wein abzapfen*, soutirer du vin. || Méd. *Blut abzapfen*, saigner. || Fig., fam. *Geld abzapfen*, soutirer de l'argent. || Techn. *einen Teich abzapfen*, débonder un étang.

ab|zäumen ["ap'tsɔymən] v. tr. [Pferd] débrider.

ab|zäunen [-'tsɔynən] v. tr. délimiter par une clôture.

ab|zehren ["ap'tse:rən] v. tr. défaire ; épuiser.
◇ part. pass. et adj. **abgezehrt,** *ein abgezehrter Kranker*, un malade émacié, hâve.
◇ v. pr. **sich abzehren,** dépérir. | *sich vor Kummer abzehren*, se consumer de chagrin.

Ab|zehrung [-ruŋ] f. (Vx.) consomption f. ; phtisie f.

Ab|zeichen ["ap'tsaiçən] n. (s, -) insigne m. ; marque distinctive.

ab|zeichnen ["ap'tsaiçnən] v. tr. dessiner ; reproduire ; copier. | *ein Muster abzeichnen*, copier un modèle.
◇ v. pr. **sich abzeichnen,** fig. *eine Gefahr zeichnet sich ab*, un danger se dessine.

ab|ziehen [-'tsi:ən] (zog, gezogen) v. tr. enlever ; ôter. | *die Betten abziehen*, retirer, enlever les draps. | *den Hut abziehen*, ôter son chapeau ; se découvrir. | *den Schlüssel abziehen*, retirer la clef. | *einem Hasen das Fell abziehen*, dépouiller un lièvre. || Par anal. *ein Rad abziehen*, démonter une roue. || Par ext. *Wein abziehen*, (sou)tirer du vin. | *einen Film abziehen*, tirer un film. || Fig. *die Gedanken von etwas abziehen*, détourner ses pensées de qch. || Techn. poncer ; polir. | *das Rasiermesser abziehen*, repasser, affiler son rasoir. || Fin. *Skonto abziehen*, escompter. | *Kosten abziehen*, défalquer des frais. || [Farbe] *die Farben abziehen*, aviver les couleurs. || Chim. *eine Flüssigkeit abziehen lassen*, décanter un liquide.
◇ part. pass. (ayant valeur de prép.) **abgezogen,** déduction faite.
◇ v. intr. s'éloigner. | *sang- und klanglos abziehen*, déloger sans tambour ni trompette. || Mil. *die Wache zieht ab*, la garde descend.

Abzieh|bild ["aptsi:'bilt] n. (s, er) décalque m. ; décalcomanie f. ||°**-er** m. (s, -). Anat. abducteur m. ||°**-feile** ["--/'--] f. (-, n). Techn. [feine Feile] lime douce. ||°**-maschine** f. (-, n). Typogr. duplicateur m. ||°**-muskel** m. (s, -) muscle abducteur. ||°**-stein** m. (s, e) pierre (f.) à aiguiser ; repassoir m.

ab|zielen ["ap'tsi:lən] v. intr. (auf, acc.) viser à. || [Werbung] cibler.

ab|zirkeln ["ap'tsirkəln] v. tr. [genau abmessen] tracer au compas.

Ab|zug ['aptsu:k] m. (s, ¨e) déduction f. ; décompte m. ; défalcation f. ; copie f. | *Abzug vom Preis*, rabais m. | *unter, nach Abzug von*, déduction faite de. | *in Abzug bringen*, défalquer ; déduire. | *Abzüge vom Arbeitslohn*, retenues f. pl. || Mil. [Abmarsch] *Abzug der Truppen*, départ (m.) des troupes. || Phot. *Abzug eines Photos*, épreuve (f.) d'une photo. | *Abzug eines Briefes*, copie d'une lettre. || Techn. [Abfluß] bonde (f.) [d'un étang]. | *Rauchabzug*, hotte (f.) de cheminée. || [Gewehr] détente f. || Mécan. déclic m.

ab|züglich ["ap'tsy:kliç] adv. Comm. déduction, défalcation faite de ; sous, après déduction de.

abzugs|fähig ["aptsu:ks'fɛ:iç] adj. déductible. ||°**-feder** f. (-, n) ressort (m.) de détente. ||°**-haube** f. (-, n) hotte aspirante. ||°**-kanal** m. (s, ¨e) canal (m.) d'écoulement. ||°**-öffnung** f. (-, en) orifice (m.) d'écoulement. ||°**-ventil** n. (s, e) soupape (f.) d'échappement.

ab|zupfen [″ap'tsupfən] v. tr. arracher ; effilocher.

ab|zwacken [″ap'tsvakən] v. tr. pincer ; rogner. ◇ v. pr. *sich etwas abzwacken*, se priver de qch.

ab|zwecken [″ap'tsvɛkən] v. tr. et v. intr. (auf, acc.) avoir pour but ; viser.

Ab|zweig ['aptsvaik] m. (s, e) dérivation f. ; embranchement m.

ab|zweigen [″ap'tsvaigən] v. tr. ÉLECTR. mettre en dérivation ; dériver. || BOT. *einen Baum abzweigen*, émonder, élaguer un arbre. || FIG. *Geld abzweigen (für einen bestimmten Zweck)*, prélever de l'argent (pour un but déterminé).
◇ v. intr. *der Weg zweigt ab*, le chemin bifurque.

Ab|zweigung [-guŋ] f. (-, en) embranchement m. ; bifurcation f. || ÉLECTR. dérivation f.

ab|zwicken [″ap'tsvikən] v. tr. couper à la pince.

ab|zwingen [″ap'tsvingən] (a, u) v. tr. extorquer ; obtenir par la force.

a capella Chor [aka″pɛla'ko:r] (es, ¨e). MUS. chœur (m.) a cappella.

Acetylen [atsety'le:n] n. (s) acétylène m. ||°**-lampe** f. (-, n) lampe (f.) à acétylène.

ach ! [ax] interj. [Schmerz] hélas ! || [Erstaunen ; Bewunderung] ah ! | *ach wirklich ?*, tiens ! ; pas possible ! | *mit Ach und Krach*, avec bien du mal, FAM. cahin-caha. | *ach so !*, ah ! ah ! ; ah bon ! | *ach was !*, allons donc !

Achel ['axəl] f. (-, n). BOT. barbe (f.) d'épi.

Achill(es) [a'xil(əs)] n. pr. m. ANTIQ. Achille m.

Achilles|ferse [a″xiləs'fɛrsə] f. FIG. défaut (m.) de la cuirasse. ||°**-sehne** f. MÉD. tendon (m.) d'Achille.

a. C(hr). abrév. de *ante Christum (natum)*, avant Jésus-Christ.

Achromat [akro'mɑ:t] m. (s, e). OPT. lentille (f.), objectif (m.) achromatique.

achromatisch [-tiʃ] adj. achromatique.

Achse ['aksə] f. (-, n) axe m. ; arbre m. ; essieu m. || AUTOM. *sich um die eigene Achse drehen*, faire un tête-à-queue. || FAM. *immer auf Achse sein*, être toujours par monts et par vaux. || [adjektival] *ein-, zweiachsig*, adj. uniaxe ; biaxe.

Achsel ['aksəl] f. (-, n). ANAT. aisselle f. ; épaule f. | *die Achseln zucken, mit den Achseln zucken*, hausser les épaules. | *jn über die Achsel ansehen*, regarder qn de haut en bas ; toiser qn ; traiter qn par-dessus l'épaule. | *etwas auf die leichte Achsel nehmen*, prendre qch. à la légère ; FAM. traiter qch. par-dessous la jambe.

Achsel|band [″aksəl'bant] n. (es, ¨er) épaulette f. ||°**-höhle** f. (-, n). ANAT. creux (m.) de l'aisselle. ||°**-klappe** f. (-, n). MIL. patte (f.) d'épaule. ||°**-schnur** f. (-, ¨e). MIL. aiguillette f. ||°**-stück** n. (s, e). MIL. [Offiziere] épaulette f. ||°**-zucken** n. (s) haussement (m.) d'épaules. | *etwas mit Achselzucken aufnehmen, quittieren*, rester indifférent à.

Achsen|abstand [″aksən'apʃtant] m. (s, ¨e). TECHN. empattement m. ; écartement (m.) des essieux ; entraxe m. ||°**-antrieb** m. (s, e). TECHN. commande directe, axiale. ||°**-druck** m. (s, e). TECHN. charge (f.) sur l'essieu. ||°**-kreuz** n. (es, e). MATH. système (m.) de coordonnées. ||°**-lager** n. (s, -). TECHN. coussinet m.

Achs|nabe [″aks'nɑ:be] f. (-, n). TECHN. moyeu m.

Acht [axt] f. [Aufmerksamkeit] attention f. | *sich in acht nehmen*, faire attention. || *etwas in acht nehmen*, avoir soin de. | *achthaben, achtgeben (auf)*, faire attention (à). | *vor jm achthaben*, se garder de qn. | *außer acht lassen*, négliger. || [Bann ; Ächtung] bannissement m. | *in Acht und Bann tun*, proscrire. | *Achterklärung*, bannissement.

achtbar ['axtbɑ:r] adj. honorable ; estimable.

acht [axt] adj. num. card. huit. | *heute in acht Tagen*, dans huit jours. | *Montag in acht Tagen*, lundi en huit. | *auf acht Tage hinausschieben*, remettre à huitaine. ◇ **die Acht,** *eine Acht schreiben*, écrire un huit.

acht|armig [″axt'armiç] adj. à huit branches. || °**-eck** n. (s, e) octogone m. ||**-eckig** adj. octogonal. ||°**-ender** m. (s, -) cerf (m.) à huit cors. ||**-ens** adv. huitièmement. ||**-fach** adj. huit fois plus grand ; adv. huit fois autant. ||**-gliederig** adj. à huit éléments. || **-hundert** adj. num. card. huit cents. ||**-mal** adv. huit fois. | *achtmal zwei*, huit fois deux. ||°**-stundentag** m. (s, e) journée (f.) de huit heures. ||**-täglich** adj. tous les huit jours. ||**-zehn** adj. num. card. dix-huit.

achte ['axtə] adj. num. ord. huitième. || [Kalender] *der Achte des Monats*, le huit du mois.

Achtel ['axtəl] n. (s, -). MATH. huitième m. || flûte (à bière) ; fillette (pour le vin).

Achtel|note [″axtəl'no:tə] f. (-, n). MUS. croche f. ||°**-pause** f. (-, n). MUS. demi-soupir m.

achten ['axtən] v. tr. et v. intr. faire attention ; considérer ; estimer. | *auf etwas achten*, faire attention à qch. || *jn hoch achten*, estimer qn. | *jn gering achten*, mépriser qn. | *etwas für gut achten*, tenir qch. pour bon.

ächten ['ɛçtən] v. tr. bannir ; proscrire.

achtens|wert [″axtəns've:rt] adj. estimable.

Achter ['axtər] m. (s, -). MAR., SPORT. huit m. | *Achterbahn* f., grand huit ; montagnes (f. pl.) russes.

Achter|deck [″axtər'dɛk] n. (s,e). MAR. pont (m.) arrière. ||°**-steven** m. (s, -). MAR. étambot m.

achtlos ['axtlo:s] adj. inattentif ; négligent.

achtsam ['axtza:m] adj. attentif.

Achtung ['axtuŋ] f. [Aufmerksamkeit] attention f. | *Achtung !* interj. attention ! | *alle Achtung !*, chapeau bas ! ; mazette ! || MIL. garde à vous ! ; fixe ! || [Ehrung] déférence f. ; respect m. | *Achtung genießen*, être respecté. | *sich Achtung verschaffen*, se faire respecter. | *Achtung empfinden für, vor*, respecter ; vénérer. | *bei jm in Achtung stehen*, être tenu en estime par qn.

Achtungs|erfolg [″axtuŋsɛr'fɔlk] m. (s, e) succès (m.) d'estime. ||°**-verlust** m. (es) déconsidération f. ||**-voll** adj. déférent. | *sich achtungsvoll beugen vor*, déférer à, céder à.

Ächtung ['ɛçtuŋ] f. bannissement m. ; proscription f.

achtzig ['axtsiç] adj. num. card. MATH. quatre-vingt(s). | *ein Achtziger*, un octogénaire. | *in den achtziger Jahren*, dans les années quatre-vingt(s). || LOC. *auf die Achtzig gehen*, aller sur ses quatre-vingts ans.

ächzen ['ɛçtsən] v. intr. geindre ; gémir.

Ächzen [-sən] n. (s) gémissement m.

Acker [akər] m. (s,¨) [Feld] champ m. || [Feldmaß] acre m.

ackerbar ['akərbɑ:r] adj. labourable.

Acker|bau ['akərbau] m. (s) agriculture f. || °**-boden** m. (s,¨). AGRIC. terre (f.) labourable, arable. ||°**-fläche** f. (-, n) surface labourée. ||°**-flur** f. (-, en) terres labourées. ||°**-gaul** m. (s, ¨e) cheval (m.) de labour. || PÉJOR. vieux cheval. ||°**-gerät** n. (s, e). AGRIC. instruments (m. pl.) aratoires. ||°**-krume** f. AGRIC. terre végétale. ||°**-land** n. ([e]s, ¨er). AGRIC. terre (f.) arable. ||°**-(s)mann** m. ([e]s, -leute). POÉT. cultivateur m. ||°**-männchen** n. (s, -). ZOOL. [Bachstelze] bergeronnette f. ||°**-mennig** m. (es). BOT. [Steinwurz] aigremoine officinale. ||°**-röte** f. (-, n). BOT. shérardia m. ; shérardie f. ||°**-schachtelhalm** m. (es, e). BOT. [Zirmkraut] prèle f. ||°**-schlepper** m. (s, -) tracteur (m.) agricole. ||°**-senf** m. (es, e). BOT. sanve f. ; sénevé m. ; moutarde (f.) des champs. ||°**-wagen** m. (s, -). [Leiterwagen] chariot m. ||°**-walze** f. (-, n) rouleau m. ||°**-winde** f. (-, n). BOT. liseron (m.) des champs.

ackern [akərn] v. tr. labourer. || FIG. travailler d'arrache-pied ; FAM. bûcher.

a. D. [a'de:] abrév. ADM. *außer Dienst*, en retraite. || GÉOGR. *an der Donau*, sur le Danube. || RELIG. *Anno Domini (im Jahre des Herrn)*, après J.-C.

adagio [a'dɑ:dʒio] adv. MUS. [sanft] adagio.
◇ m. **Adagio,** [langsames Stück] adagio m.

Adam ['ɑ:dam] n. pr. m. Adam. | *seit Adams Zeiten*, depuis longtemps. | *bei Adam und Eva anfangen*, remonter au déluge. || FIG. *den alten Adam ausziehen*, dépouiller le vieil homme ; faire peau neuve. || FAM. *nach Adam Riese*, si mon calcul est bon.

Adams|apfel [″ɑ:dams'apfəl] m. (s, ¨). ANAT. pomme (f.) d'Adam. ||°**-kostüm** n. (s, e). FIG. [Nacktheit] costume (m.) d'Adam.

adäquat [adɛ'kvɑ:t] adj. conforme.

addieren [a'di:rən] v. tr. MATH. additionner.

Addier|maschine [a″di:rma'ʃi:nə] f. (-, n). TECHN. additionneuse f.

Addition [adi'tsio:n] f. (-, en). MATH. addition f.

ade ! [a'de:] interj. adieu !

Adebar ['ɑ:dəbɑ:r] n. pr. m. [Storch] (nom de la) cigogne f.

Adel ['ɑ:dəl] m. (s) noblesse f. ; nobles m. pl. | *Landadel*, noblesse campagnarde. | *von Adel sein*, être noble. || FIG. *Adel der Seele*, noblesse de cœur, de sentiment, d'âme.

Adelheid [″ɑ:dəl'hait] n. pr. f. Adélaïde.

adelig ['ɑ:dəliç] adj. V. ADLIG.

adeln ['ɑ:dəln] v. tr. anoblir.

Adels|brief [″ɑ:dəls'bri:f] m. (s, e) lettre (f.), titre (m.) de noblesse. ||°-**partikel** f. (-, n) particule (f.) nobiliaire. ||°-**stand** m. (es) noblesse f. ; aristocratie f.

Adept [a'dɛpt] m. (en, en) adepte m.

Ader ['ɑ:dər] f. (-, n). [Blutader] artère f. ; veine f. || MÉD. *die Ader abbinden*, ligaturer la veine. || (Vx.) *zur Ader lassen*, saigner, faire une saignée. || FIG. *eine dichterische Ader haben*, avoir la fibre poétique. || MINES. [Erzader] filon m. || ÉLECTR. [Kabel] fil conducteur.

Ader|haut ["ɑ:dər'haut] f. (-, ¨e). ANAT. choroïde f. ||-**häutig** adj. ANAT. [geädert] veineux. ||°-**laß** m. (sses, sse). MÉD. et FIG. saignée f. ; hémorragie f. || °-**verkalkung** f. artériosclérose f.

ädern ['ɛ:dərn] v. tr. ANAT. veiner.

Äderung [-ruŋ] f. (-, en). FIG. [Holz, Bergwerk] veine(s) f. (pl.).

Ad|häsion [adhɛ'zio:n] f. (-, en). ANAT. adhérence f. || PHYS. adhésion f.

Adhäsions|kraft [adhɛ"zio:ns'kraft] f. (-, ¨e). PHYS. pouvoir (m.), force (f.) d'adhérence.

Ädil [ɛ'di:l] m. (en, en). HIST. édile m.

ad infinitum [atinfi'ni:tum] loc. lat. [endlos] sans fin.

Adjektiv [adjɛk'ti:f] n. (s, e). GRAMM. adjectif m.

Adjunkt [ad'juŋkt] m. (s, e). ADM. adjoint m.

adjustieren [adjus'ti:rən] v. tr. TECHN. [einrichten] ajuster.

Adjutant [adju'tant] m. (en, en). MIL. officier (m.) d'ordonnance ; aide (m.) de camp.

Adlatus [ad'lɑ:tus] m. lieutenant m. || FIG. second m.

Adler ['ɑ:dlər] m. (s, -) aigle m. | *mit Adleraugen sehen*, regarder avec des yeux perçants. || FIG. aigle f. ; étendard m.

Adler|farn ["ɑ:dlər'farn] m. (s, e). BOT. fougère (f.) femelle. ||°-**horst** m. (es, e) aire f. ||°-**nase** f. (-, n). ANAT. nez aquilin. ||°-**orden** m. (s, -) *roter Adlerorden*, ordre (m.) de l'Aigle rouge.

adlig ['ɑ:dliç] adj. noble. | *ein Adliger*, un noble.

Administration [administra'tsio:n] f. (-, en) [Verwaltung] administration f.

Administrator(in) [-'strɑ:tɔr, -stra'to:rin] m. (s, en), f. (-, nen) administrateur m., -trice f.

administrativ [-stra'ti:f] adj. administratif.

Admiral [admi'rɑ:l] m. (s, ¨e). MAR. amiral m.

Admiralität [-rali'tɛ:t] f. MAR. amirauté f.

Admiralitäts... (en composition) amiral ; de l'amirauté.

Adolf ['ɑ:dɔlf] n. pr. m. Adolphe m.

adoptieren [adɔp'ti:rən] v. tr. JUR. adopter.

Adoption [-'tsio:n] f. JUR. adoption f.

Adoptiv|kind [adɔp"ti:f'kint] n. (es, er). JUR. enfant adoptif.

Adrenalin [adrena'li:n] n. (s). MÉD. adrénaline f.

Adressant [adrɛ'sant] m. (en, en) (Vx.) [Absender] expéditeur m.

Adressat [-'sɑ:t] m. (en, en). [Empfänger] destinataire m.

Adreß|buch [a"drɛs'bu:x] n. (s, ¨er) annuaire m.

Adreß|büchlein [a"drɛs'by:çlain] n. (s, -), °-**heft** n. (s, e) carnet (m.) d'adresses.

Adresse [a'drɛsə] f. (-, n) adresse f. | *an die falsche Adresse geraten*, se tromper d'adresse. | *per Adresse*, chez ; aux soins de. || ADM. adresse f. ; requête f. || INF. *virtuelle Adresse*, adresse virtuelle.

adressieren [adrɛ'si:rən] v. tr. adresser.

Adressier|maschine [adrɛ"si:rma'ʃi:nə] f. (-, n) adressographe m. ||°-**ung** f. (-, en) INF. adressage m.

Adress|raum [a"drɛs'raum] m. (s, ¨e) INF. espace-adresse m.

adrett [a'drɛt] adj. [sauber] propre ; soigné.

Adria ['ɑ:driɑ:] n. pr. f. GÉOGR. Adriatique f.

adriatisch [adri'ɑ:tiʃ] adj. adriatique. | *Adriatisches Meer*, mer Adriatique.

A-Dur ['ɑ:du:r] n. MUS. la majeur.

Advent [ad'vɛnt] m. (s, e). RELIG. Avent m.

Adventist(in) [-vɛn'tist(in)] m. (en, en), f. (-, nen). RELIG. adventiste s.

Adverb [ad'vɛrp] n. (s, ien). GRAMM. adverbe m.

adverbial [-vɛrbi'ɑ:l] adj. GRAMM. adverbial, ale, aux.

Advokat [advo'kɑ:t] m. (en, en) avocat m. || [Eierschnaps] cognac (m.) aux œufs.

Advokatur [-ka'tu:r] f. (-, en) bureau (m.) d'avocat.

Aero|dynamik [aerody'nɑ:mik] f. PHYS. aérodynamique f. ||-**dynamisch** adj. aérodynamique. | *aerodynamischer Widerstand*, traînée (f.) aérodynamique. ||°-**lith** m. (en, en). PHYS. [Meteorstein] aérolithe m. ||°-**nautik** f. [Luftfahrt] aéronautique f. ||°-**statik** f. PHYS. [Luftgleichgewichtslehre] aérostatique f.

Aero|sol [-zo:l] n. (s, e). CHIM. aérosol m.

Affäre [a'fɛ:rə] f. (-, n) affaire f. | *sich geschickt aus der Affäre ziehen*, tirer son épingle du jeu.

Affe ['afə] m. (n, n). ZOOL. singe m. || FIG. fat m. ; imitateur m. ; benêt m. | *flink wie ein Affe*, adroit, agile comme un singe. | *vom Affen gebissen sein*, POP. être dingo. || FAM. *an jm einen Affen gefressen haben*, être entiché de qn.

Affekt [a'fɛkt] m. (s, e) émotion f. ; état (m.) passionnel. || JUR. *im Affekt handeln*, agir sous l'empire de la passion.

Affekt|handlung [a"fɛkt'handluŋ] f. (-, en). JUR. acte passionnel.

affektiert [afɛk'ti:rt] adj. affecté ; maniéré.

Affektiertheit [-"ti:rt'hait] f. maniérisme m.

äffen ['ɛfən] v. tr. singer ; imiter ; se moquer de qn.

affen|ähnlich ["afən'ɛ:nliç] adj. simiesque. || -**artig** adj. simiesque ; simien. || FIG. *mit affenartiger Geschwindigkeit*, à une vitesse vertigineuse. ||°-**brotbaum** m. (s, ¨e). BOT. baobab m. ||-**jung** adj. FAM. fort jeune. ||°-**komödie** f. (-, n). FIG. singerie f. ||°-**liebe** f. FIG. amour (m.) aveugle ; amour insensé. ||°-**pinscher** m. (s, -). ZOOL. griffon m. ||°-**schande** f. (-, n). FAM. scandale m.

Äfferei [ɛfə'rai] f. (-, en) singerie f. ; moquerie f.

affig ['afiç] adj. FIG. ridicule.

Affigkeit [-kait] f. manières (f. pl.) ridicules.

Äffin ['ɛfin] f. (-, nen). ZOOL. guenon f.

Affinität [afini'tɛ:t] f. (-, en) affinité f.

Affodill [afɔ'dil] m. (s, e). BOT. asphodèle m.

Affront [a'frɔnt] m. (s, s) insulte f. ; injure f.

affrontieren [afrɔn'ti:rən] v. tr. insulter ; injurier ; offenser.

Afrika ['ɑ:frika] n. pr. n. GÉOGR. Afrique f.

Afrika(a)nder [afri'kandər] m. (s, -). [Bure] Boer m.

Afrikaner(in) [-'kɑ:nər(in)] m. (s, -), f. (-, nen) Africain(e) m. (f.).

afrikanisch [-'kɑ:niʃ] adj. africain.

Afrikanist [-'kɑ:nist] m. (en, en) africaniste m.

After ['aftər] m. (s, -). ANAT. séant m. ; anus m.

after ['aftər] préf. arrière ; derrière. || PAR EXT. de seconde main ; indirectement. || PÉJOR. de mauvaise qualité. ||°-**bildung** f. (Vx.) pseudo-culture f. || °-**klaue** f. (-, n). ZOOL. éperon m. ||°-**korn** n. AGRIC. menus grains. ||°-**mieter(in)** m. (s, -), f. (-, nen). (Vx.) sous-locataire s.

Ägäis [ɛ'gɛ:is] n. pr. f. GÉOGR. mer (f.) Égée.

ägäisch [-iʃ] adj. GÉOGR. égéen.

Agave [a'gɑ:və] f. (-, n) agave m.

Agent [a'gɛnt] m. (en, en). COMM. représentant m. ; agent m. || POLIT. agent secret.

Agentur [agɛn'tu:r] f. (-, en) agence f. ; succursale f. ; filiale f.

Agglomerat [aglomə'rɑ:t] n. (s, e) aggloméré m.

agglomerieren ['-ri:rən] v. tr. agglomérer.

Aggregat [agrɛ'gɑ:t] n. (s, e) agrégat m. || ÉCON. agrégat m. || ÉLECTR. *Stromaggregat*, groupe électrogène.

Aggregats|zustand [-stsu:ʃtant] m. (s, ¨e). PHYS. état (m.) de la matière.

Aggression [agrɛ'sio:n] f. (-, en) attaque f. ; agression f.

Ägide [ɛ'gi:də] f. égide f. ; protection f.

Agio ['ɑ:ʒio:] n. (s, s). FIN. agio m. ; prime f. (d'émission).

Agitation [agita'tsio:n] f. (-, en). POLIT. agitation f. ; propagande f.

agitatorisch [-ta'to:riʃ] adj. agitateur.

agitieren [-'ti:rən] v. intr. faire de la propagande.

Aglei [a'glai] f., **Agelei** [agə'lai] f., **Akelei** [akə'lai] f. (-, en). BOT. ancolie f.

Agnostizismus [agnɔsti'tsismus] m. PHILOS. agnosticisme m.

Agraffe [a'grafə] f. (-, n) agrafe f. ; crochet m. — SYN. : *Spange*, boucle, fermoir ; *Klammer*, pince.

agrar [a'grɑ:r] (composition) : agraire ; agricole.

Agrar|behörde [a"grɑ:rbə'hørdə] f. (-, n) chambre (f.) d'agriculture. ||°**-erzeugnis** n. (ses, se) produit (m.) agricole. ||°**-staat** m. (es, en) pays (m.) agricole. ||°**-technik** f. (-, en), °**-wesen** n. (s) génie rural. || °**-wirtschaft** f. économie (f.) agraire.

Agrarier [a'grɑ:riər] m. (s, -) agrarien m. ; propriétaire terrien.

agrarisch [-riʃ] adj. agraire.

Agronom [agro'no:m] m. (en, en) agronome m.

Agrumen [a'gru:mən] f. pl. agrumes m. pl.

Ägypten [ɛ'gyptən] n. pr. n. GÉOGR. Égypte f.

Ägypter(in) [-tər(in)] m. (s, -), f. (-, nen). Égyptien(ne) m. (f.).

ägyptisch [-tiʃ] adj. égyptien. || FIG. *ägyptische Finsternis*, ténèbres épaisses, profondes.

Ägyptologe [ɛgypto'lo:gə] m. (n, n) égyptologue m.

ah ! [ɑ:] interj. ah ! ; oh ! | *ah so !*, tiens ! | *ah was !*, eh !

aha ! [a'hɑ:] interj. ah ! ; voilà ; vous voyez bien !

Ahasver [ahas've:r] n. pr. m. THÉOL. Assuérus m.

Ahle ['ɑ:lə] f. (-, n). TECHN. [Schuster, Sattler] alêne f. || MINES, MÉTALL. alésoir m.

ahnden ['ɑ:ndən] v. tr. punir ; venger.

Ahndung [-duŋ] f. (-, en) punition f. ; châtiment m.

Ahn(e) ['ɑ:n(ə)] m. (f.) (en, en) aïeul(e) m. (f.). ◇ pl. **Ahnen,** ancêtres m. pl. ; aïeux m. pl.

ähneln ['ɛ:nəln] v. intr. ressembler à (qn ou qch.).

ahnen ['ɑ:nən] v. tr. et intr. pressentir ; se douter de. | *er ahnte seinen nahen Tod*, il sentit venir la mort. || FIG. entrevoir ; deviner. | *ihm ahnt nichts Gutes*, il ne présage rien de bon.

— SYN. : *vermuten*, se douter ; *mutmaßen*, soupçonner ; *wittern*, flairer.

Ahnen|bild ["ɑnən'bilt] n. (es, er) portrait (m.) d'aïeul(e). ||°**-galerie** f. (-, en) galerie (f.) des ancêtres. ||°**-kult** m. (s). RELIG. culte (m.) des ancêtres. ||°**-reihe** f. (-, n). HIST. quartiers (m. pl.) de noblesse. ||°**-tafel** f. (-, n). HIST. arbre (m.) généalogique.

Ahn|frau ['ɑ:nfrau] f. (-, en) (Vx.) aïeule f. ||°**-herr** m. (n, en) (Vx.) aïeul m.

ähnlich ['ɛ:nliç] adj. [Personen] ressemblant. | *sie ist ihrer Mutter ähnlich*, elle ressemble à sa mère. || FIG. *das sieht ihm ähnlich*, c'est bien lui. || [Dinge] semblable ; pareil ; analogue. | *ich kann nichts Ähnliches brauchen*, je ne veux rien de pareil. | *einander zum Verwechseln ähnlich sehen*, se ressembler comme deux gouttes d'eau. | *Solches und Ähnliches*, des choses semblables. || MATH. semblable.

— SYN. : *gleich*, semblable ; *entsprechend*, analogue ; *gleichwertig*, équivalent ; *gleichartig*, similaire.

Ähnlichkeit ['ɛ:nliçkait] f. (-, en) ressemblance f. ; similitude f. |[Gleichartigkeit] analogie f.

Ähnlichkeits|beweis [-sbevais] m. (es, e) MATH. preuve (f.) de similitude.

Ahnung ['ɑ:nuŋ] f. (-, en) pressentiment m. ; intuition f. | *böse Ahnung*, appréhension f. || PAR EXT. idée f. ; soupçon m. | *ich hatte keine, nicht die geringste Ahnung davon*, j'étais bien loin de m'en douter. | *keine blasse Ahnung von einer Sache haben*, ignorer tout d'une affaire.

— SYN. : *Vorahnung*, *Vorgefühl*, pressentiment.

ahnungs|los ["ɑ:nuŋs'lo:s] adj. inconscient ; sans se douter de qch. | *ahnungslos sein*, FAM. n'y voir que du bleu. ||**-voll** adj. [Personen] qui a des pressentiments. || [Sachen] mystérieux.

ahoi ! [a'hɔj] interj. MAR. ohé ! | *Boot ahoi !*, ohé, du canot !

Ahorn ['ɑ:hɔrn] m. (s, e). BOT. érable m.

Ähre ['ɛ:rə] f. (-, n) épi m. | *sich zu Ähren auswachsen*, se former en épi ; épier. | *Ähren lesen*, PR. et FIG. glaner.

Ähren|bildung ["ɛrən'bilduŋ] f. BOT. épiage m. ; épiaison f. ; épiation f. ||**-förmig** adj. en épi ; spiciforme. ||°**-lese** f. (-, n) glanage m. ||°**-leser(in)** s. glaneur m. ; glaneuse f.

AIDS [eids] n. (-). MÉD. sida m. | *manifestes AIDS*, sida avéré. | *AIDS haben*, avoir le sida.

Air [ɛ:r] n. (s, s) [Lied, Weise] air m. ; mélodie f. || [Aussehen] air m. ; mine f.

Ais [ais] n. MUS. la dièse m.

Akademie [akade'mi:] f. (-, en) académie f. || PAR EXT. université f.

Akademiker(in) [-'de:mikər(in)] m. (s, -), f. (-, nen) qui a fait des études universitaires.

akademisch [-'de:miʃ] adj. académique ; universitaire.

Akanthus [a'kantus] m. (-). BOT. acanthe f.

Akazie [a'kɑ:tsiə] f. (-, n). BOT. acacia m.

Akazien|gummi [-ngumi] n. (s) gomme (f.) arabique.

Akelei [ake'lai] f. (-, en). BOT. ancolie f.

Akklamation [aklama'tsio:n] f. (-, en) acclamation f. ; applaudissement m.

akklimatisieren [-ti'zi:rən] v. tr. acclimater.

Akkord [a'kɔrt] m. (s, e). MUS. accord m. | *einen Akkord anschlagen*, frapper un accord. || COMM. prix fait, convenu ; forfait m. | *im Akkord arbeiten*, travailler à la tâche, aux pièces. || JUR. arrangement m. (amiable) ; concordat m.

Akkord|arbeit ["akɔrt'arbait] f. travail (m.) aux pièces. ||°**-arbeiter(in)** m. (s, -), f. (-, nen) ouvrier (m.), ouvrière (f.) aux pièces. ||°**-lohn** m. (s, ¨e) salaire (m.) à la pièce, à la tâche ; forfait m.

akkordieren [akɔr'di:rən] v. tr. accorder. ◇ v. intr. être d'accord. ◇ v. pr. **sich akkordieren,** s'arranger (avec qn).

akkreditieren [akredi'ti:ren] v. tr. accréditer.

Akkreditiv [-'ti:f] n. (s, e). COMM. accréditif m. || POLIT. lettre (f.) de créance.

Akku [aku] m. abrév. de **Akkumulator** m.

Akkumulation [-mula'tsio:n] f. accumulation f.

Akkumulator [-'lɑ:tɔr] m. (s, en). ÉLECTR. accumulateur m. ; FAM. accu.

akkumulieren [-'li:rən] v. tr. accumuler.

akkurat [aku'rɑ:t] adj. exact ; méticuleux.

Akkuratesse [-ra'tɛsə] f. méticulosité f. ; netteté f. ; propreté f.

Akkusativ [akuza'ti:f] m. (s, e). GRAMM. [Wenfall] accusatif m. (compl. d'objet direct).

Akne ['aknə] f. MÉD. [Pickel] acné f.

Akonit [ako'ni:t] n. (s, e). BOT. aconit m.

Akonto|zahlung [a"kɔntɔ'tsɑ:luŋ] f. (-, en). COMM. paiement (m.) d'un acompte ; acompte m.

Akribie [akri'bi:] f. [Sorgfalt] méticulosité f.

Akrobat [akrɔ'bɑ:t] m. (en, en) acrobate m.

Akrobatik [-tik] f. (art [m.] de l')acrobatie f.

Akrostichon [a'krɔstiçɔn] n. (s, cha ou chen). POÉS. [Leistenvers] acrostiche m.

Akryl|faser [a"kryl'fa:zər] f. (-, n) fibre (f.) acrylique. ||°**-harz** n. (es, e) acrylique m. ||°**-säure** f. (-, n) acide (m.) acrylique.

Akt [akt] m. (es, e) acte m. ; action f. | *feierlicher Akt*, cérémonie f. || THÉÂTRE. acte m. | *im ersten Akt*, au premier acte. | *Zwischenaktmusik*, musique (f.) d'entracte. || ARTS. *ein weiblicher Akt*, nu m. (de femme). | *Aktmodell*, modèle (m.) pour le nu ; modèle vivant. | *Aktstudie*, étude (f.) de nu.

Akte ['aktə] f. (-, n), **Akt** m. JUR. pièce f. ; acte m. ; document m. | *notarielle Akte*, acte notarié. | *zu den Akten (ad acta) legen*, classer.

Akten|ordner ["aktən'ɔrdnər] m. (s, -) classeur m. || °**-schrank** m. (s, ¨e) cartonnier m. ||°**-stoß** m. (es, ¨e) pile (f.) de dossiers. ||°**-stück** n. (s, e) pièce f. ; document m. ||°**-studium** n. (s, dien) étude (f.) du dossier. ||°**-tasche** f. (-, n) porte-documents m.

Aktie ['aktsiə] f. (-, n). FIN. action f. | *Namensaktie*, action nominative. | *Aktien begeben, einziehen*, émettre, racheter des actions. | *Aktien zeichnen*, souscrire à une émission d'actions. | *die Aktien tendieren fester, schwächer*, la tendance est orientée à la hausse, à la baisse.

Aktien|bank ["aktsiən'baŋk] f. (-, en). COMM. banque (f.) par actions. ||°**-besitzer** m. (s, -) actionnaire m. ; porteur (m.) d'actions. ||°**-bezugsschein** m. (s, e) promesse (f.) d'action. ||°**-buch** n. (s, ¨er) registre (m.) des actionnaires. ||°**-einzahlung** f. (-, en) libération (f.) d'actions. ||°**-einziehung** f. (-, en) annulation (f.) d'actions. ||°**-gesellschaft** f. (-, en) [en abr. A.G.] société (f.) anonyme, par actions [S.A.]. ||°**-gesetz** n. (es, e) loi (f.) sur les sociétés anonymes. ||°**-handel** m. agiotage m. ||°**-inhaber** m. (s, -) actionnaire m. ; porteur (m.) d'actions. ||°**-kapital** n. (s, e et ien) capital (m.) en actions ; fonds social. ||°**-makler** m. (s, -) courtier m. ||°**-markt** m. (es, ¨e) Bourse (f.) des valeurs. ||°**-mehrheit** f. majorité (f.) des actions. | *die Aktionmehrheit übernehmen*, devenir l'actionnaire majoritaire.

Aktiniden [akti'ni:dən] m. pl. actinides m. pl.

Aktinie [ak'ti:niə] f. (-, n). ZOOL. actinie f. ; anémone (f.) de mer.

aktinisch [ak'ti:niʃ] adj. actinique.
Aktinium [ak'tinium] n. (s, ien). CHIM. matière radioactive.
Aktion [ak'tsio:n] f. (-, en) action f. ; activité f. | *in Aktion treten*, entrer en action.
Aktionär [aktsio'nɛ:r] m. (s, e). FIN. actionnaire m. ; porteur (m.) d'actions.
Aktionärs|hauptversammlung [aktsio'nɛ:rs-"hauptfɛrzamluŋ] (-, en) assemblée générale des actionnaires.
Aktions|radius [ak"tsio:ns'rɑ:dius] m. (-, ien) rayon (m.) d'action.
aktiv [ak'ti:f] adj. actif. | *er ist ein aktiver Politiker*, c'est un politicien actif. || MIL. *aktiver Offizier*, officier (m.) d'active, de carrière. | *aktive Dienstzeit*, service (militaire) actif. || COMM. *aktive Bilanz*, bilan actif. | *aktive Handelsbilanz*, balance commerciale excédentaire. ||°**-posten** m. (s, -), °**-saldo** m. (s, den) solde créditeur.
Aktiv [ak'ti:f] n. (s, e). GRAMM. actif m.
Aktiva [ak'ti:va] n. pl. FIN. actif m. ; masse active ; ressources f. pl. | *Aktiva und Passiva*, actif et passif.
aktivieren [akti'vi:rən] v. tr. activer. || COMM. virer, porter à l'actif. || INF. activer.
Aktivismus [-'vismus] m. POLIT. activisme m.
Aktivist [-'vist] m. (en, en) activiste m.
aktualisieren [aktuali'si:rən] v. tr. actualiser.
Aktualität [aktuali'tɛ:t] f. (-, en) actualité f.
Aktuar [aktu'ɑ:r] m. (s, e) (Vx.) greffier m. ; actuaire m.
aktuell [aktu'ɛl] adj. d'actualité ; actuel. || POLIT. [Bundestag] *aktuelle Stunde*, questions (f. pl.) d'actualité.
Akupunkteur [akupuŋk'tø:r] m. (s, e). MÉD. acuponcteur m.
Akupunktur [akupuŋk'tu:r] f. MÉD. acupuncture ou acuponcture f.
Akustik [a'kustik] f. acoustique f.
akustisch [-tiʃ] adj. acoustique. | *akustische Vorsatzlinse*, lentille (f.) acoustique.
akut [a'ku:t] adj. aigu ; aiguë. | *akute Frage*, question brûlante. || MÉD. *die Krankheit ist akut*, la maladie est à l'état aigu.
Akut [a'ku:t] m. (es, e). GRAMM. accent aigu.
Akzelerator [aktseler'atɔr] m. (s, en) accélérateur m.
Akzent [ak'tsɛnt] m. (s, e). GRAMM. accent m. | *er spricht mit hartem Akzent*, il a un accent dur. || FIG. *den Akzent auf etwas legen*, insister sur qch.
akzentuieren [-tsɛntu'i:rən] v. tr. accentuer.
Akzept [ak'tsɛpt] n. (es, e). COMM. acceptation f.
Akzeptant [-tsɛp'tant] m. (en, en). COMM. tiré m., acceptant m. ; accepteur m.
akzeptieren [-tsɛp'ti:rən] v. tr. COMM. accepter.
akzessorisch [aktsə'so:riʃ] adj. accessoire.
Akzise [ak'tsi:zə] f. (-, n). HIST. octroi m.
à la ['ala] loc. [nach Art von] à la manière de.
Alabaster [ala'bastər] m. (s, -). MINÉRAL. albâtre m.
Alarm [a'larm] m. (es, e) alarme f. ; alerte f. | *Alarm blasen, schlagen*, donner, sonner l'alarme ; FIG. tirer la sonnette d'alarme. | *blinder Alarm*, fausse alerte.
Alarm|anlage [a"larm'anlɑ:gə] f. (-, n) installation (f.) d'alarme. ||°**-apparat** m. (s, e) avertisseur m. ||°**-bereitschaft** f. état (m.) d'alerte ; dispositif (m.) d'alerte, piquet (m.) d'incendie. ||°**-glocke** f. (-, n) sonnerie (f.) d'alarme ; tocsin m.
alarmieren [alar'mi:rən] v. tr. alarmer ; alerter.
Alaun [a'laun] m. (s, e). CHIM. alun m.
Alaun|erde [a"laun'ɛrdə] f. CHIM. alumine f.
Alb [alp] f. (-, en). GÉOL. alpage m. || GÉOGR. *Schwäbische Alb*, Jura (m.) souabe.
Albaner [albɑ:nər], **Albanier(in)** [-niər(in)] m. (s, -), f. (-, nen). GÉOGR. Albanais(e) m. (f.).
Albanien [al'bɑ:niən] n. pr. n. GÉOGR. Albanie f.
albanisch [-niʃ] adj. GÉOGR. albanais.
Albatros ['albatrɔs] m. (-, sse). ZOOL. albatros m.
Albe ['albə] f. (-, n). RELIG. [Chorhemd] aube f. || ZOOL. [Fisch] ablette f. || BOT. peuplier blanc.
Alberei [albə'rai] f. (-, en) niaiserie f. (V. ALBERNHEIT.)
albern ['albərn] adj. niais ; nigaud ; simple ; déraisonnable. | *albernes Zeug zusammenreden*, dire des sottises ; radoter.
albern v. intr. dire, faire des niaiseries.
Albernheit ["albərn'hait] f. (-, en) niaiserie f. ; sottise f. ; sornettes f. pl.
Albigenser [albi'gɛnzər] m. (s, -). HIST., RELIG. albigeois m. | *Albigenserkrieg*, croisade (f.) des albigeois.
Albino [al'bi:no] m. (s, s) albinos m.
Albit [al'bi:t] m. (s, e). MINÉRAL. albite f.
Album ['album] n. (s, Alben) album m.
Albumin [albu'mi:n] n. (s, e). CHIM. albumine f.
Alchimie [alçi'mi:] f. alchimie f.
Alchimist [-'mist] m. (en, en) alchimiste m.
Aldehyd [alde'hy:t] m. ou n. (s, e) aldéhyde m.
Alemanne [ale'manə] n. pr. m. (n, n) Alaman m.
alemannisch [-niʃ] adj. alémanique.
alert [a'lɛrt] adj. alerte ; vivant ; vigilant.
Aleuten [ale'u:tən] n. pr. pl. GÉOGR. îles (f. pl.) Aléoutiennes.
Alexander [alɛk'sandər] n. pr. m. Alexandre m.
Alexandriner [-ksan'dri:nər] m. (s, -). POÉS. (vers [m.]) alexandrin m.
Alfa ['alfa] f. **Alfagras** ["alfa'grɑ:s] n. (es, ¨er). BOT. alfa m.
Alge ['algə] f. (-, n). BOT. algue f.
Algebra ['algebrɑ:] f. MATH. algèbre f.
algebraisch [alge'brɑ:iʃ] adj. algébrique.
Algerien [al'ge:riən] n. pr. n. (s). GÉOGR. Algérie f.
Algerier(in) [-riər(in)] m. (s, -), f. (-, nen) Algérien(ne) m. (f.).
algerisch [-riʃ] adj. algérien.
Algorithmus [algo'ritmus] m. (-, men). MATH. algorithme m.
Alibi ['ɑ:libi:] n. (s, s). JUR. alibi m.
Alimente [ali'mɛntə] n. pl. JUR. pension (f.) alimentaire.
Alk [alk] m. (s, e). ZOOL. pingouin m.
Alkali [al'kɑ:li] n. (s, en). CHIM. alcali m.
alkalisch [-liʃ] adj. alcalin. | *alkalisch machen*, alcaliniser.
Alkohol ['alkoho:l] m. (s, e) alcool m.
Alkohol|blutprobe [alko"ho:lblu:t'pro:bə] f. (-, n) alcootest m. ||**-frei** adj. sans alcool ; non alcoolisé. ||°**-gehalt** m. (s, e) degré (m.) d'alcool. ||°**-messer** m. (s, -) alcoomètre m. ||°**-nachweis** m. (es, e) vérification (f.) du dosage d'alcool. ||°**-pegel** m. (s, -) alcoolomètre m. ||°**-verbot** n. (es, e) prohibition f. (d'alcool). ||°**-vergiftung** f. (-, en) alcoolisme m. ; éthylisme m.
Alkoholiker [alko'ho:likər] m. alcoolique m.
alkoholisieren [-holi'zi:rən] v. tr. alcooliser.
Alkoholismus [-ho'lismus] m. alcoolisme m.
Alkoven [al'ko:vən] m. (s, -) alcôve f.
Alkylierung [alki'li:ruŋ] f. (-, en). PHYS. alkylation f.
All [al] n. (s) univers m. || PAR ANAL. totalité f. ; ensemble m.
all ['al] (er, e, es) adj. tout(e), tous, toutes. | *alle Menschen müssen sterben*, tous les hommes sont mortels. | *alle guten Bürger*, tous les bons citoyens. || [ganz] *mit all seiner Liebe*, avec tout son amour. | *dies alles*, tout cela. | *das wäre alles*, ce serait tout. | *alles Beliebige*, tout ce que vous voudrez. | *alles Schöne*, tout ce qu'il y a de beau. | *alles Mögliche*, tout ce qu'il y a de possible. || [distributiv] *alle Jahre wieder*, tous les ans. | *auf alle Fälle*, de toutes façons. | *vor allen Dingen*, avant tout. || [verstärkend] *in aller Frühe*, de très bonne heure. | *mit aller Deutlichkeit*, avec toute la netteté voulue. | *für alle Ewigkeit*, pour toujours. | *und was alles noch !*, et tout le reste avec ! | *was in aller Welt denken Sie sich ?*, à quoi diable pensez-vous ? | *was hat er alles gesagt ?*, qu'est-ce qu'il a bien pu dire ? || LOC. *alles in allem*, au bout du compte. | *ihr ein und alles*, tout son bonheur. | *da hört doch alles auf*, c'est trop fort. | *er ist alles, nur kein Pädagoge*, il est tout sauf un pédagogue. | *mir ist alles eins*, tout m'est égal. | *jetzt ist alles aus*, tout est fini. | *aller Anfang ist schwer*, il n'y a que le premier pas qui coûte. | *Ende gut, alles gut*, tout est bien qui finit bien. || FAM. fini. | *der Wein ist alle*, il n'y a plus de vin. | *ich bin alle !*, je suis fini !
all|bekannt ["albə'kant] adj. bien connu. | *das ist eine allbekannte Sache*, c'est le secret de Polichinelle. ||**-deutsch** adj. pangermaniste. | HIST. *alldeutscher Verband*, ligue pangermaniste. ||**-dieweil** conj. (Vx.) puisque, parce que. ||**-fällig** adj. DIAL. éventuel. | *bei allfälligen Widerständen*, en cas de résistance. ||°**-gegenwart** f. omniprésence f. ; ubiquité f.

||**-gemach** adv. (Vx.) tout doucement ; successivement.

all|gemein ["algə'main] adj. général ; universel. | *allgemeiner Nutzen*, intérêt public. | *allgemeine Richtlinien*, directives générales. || POLIT. *allgemeines Wahlrecht*, suffrage universel. | *allgemeine Dienstpflicht*, service (m.) obligatoire. || PHILOS. *vom Allgemeinen auf das Besondere schließen*, déduire du général au particulier. || TECHN. *allgemeine technische Daten*, caractéristiques générales.
◇ adv. im allgemeinen, en général ; généralement. | *man sagt allgemein*, le bruit court. | *allgemein gültig*, universellement valable.

Allgemein|befinden ["algəmainbə'findən] n. MÉD. état général. ||°**-bildung** f. culture générale. ||**-gültig** adj. de valeur universelle. ||°**-gut** n. (es, ¨er) bien public ; propriété publique ; biens collectifs. ||°**-mediziner** m. (s, -) médecin (m.) généraliste ; généraliste s. ||**-verständlich** adj. vulgarisé. ||°**-wohl** n. (s) bien-être général.

Allgemeinheit ["algəmain'hait] f. universalité f. ; généralité f. ; communauté f.

All|gewalt ["algə'valt] f. omnipotence f. | *Gottes Allgewalt*, l'omnipotence de Dieu. ||°**-heilmittel** n. (s, -) panacée f. ; remède universel. ||**-hier** adv. ici ; par ici. ||**-jährlich** adj. et adv. annuel ; tous les ans. ||°**-macht** (-, ¨e) toute-puissance f. ||**-mächtig** adj. tout-puissant. ||°**-mächtiger** m. (s) tout-puissant ; interj. *Allmächtiger !*, grand Dieu ; pas possible ! || **-mählich** adj. et adv. graduel ; peu à peu ; petit à petit. ||°**-mende** f. (-, n) terrain communal (Syn. Gemeindegut). ||**-monatlich** adj. et adv. mensuel ; tous les mois. ||**-nächtlich** adj. et adv. toutes les nuits. ||**-seitig** adj. et adv. universel ; de tous côtés ; de toutes parts. ||**-seits** adv. à tous égards. ||°**-tag** m. ([e]s, e) ouvrable ; jour (m.) ordinaire. | *der graue Alltag*, la grisaille quotidienne. ||**-täglich** adj. et adv. quotidien, ienne ; banal ; ordinaire. | *ein nicht alltäglicher Mann*, un homme peu banal. ||°**-täglichkeit** f. (-, en) banalité (f.) ; trivialité (f.). ||°**-tagskleid** n. (s, er) tenue (f.) de tous les jours. ||°**-tagskost** f. (l') ordinaire m. ||°**-tagsmensch** m. homme moyen, ordinaire. ||**-überall** adv. absolument partout. ||°**-vater** m. (Gott), Père universel ; Dieu le Père. ||**-verehrt** adj. bien-aimé, honoré de tous. ||**-wissend** adj. omniscient. || **-wöchentlich** adj. et adv. hebdomadaire. ||**-zu** adv. trop ; par trop. | *allzu oft*, par trop souvent. | *allzugelehrt*, trop savant. ||**-zumal** adv. POÉT. ensemble. ||**-zusehr** adv. trop ; par trop. ||**-zuviel** adv. trop. | *allzuviel ist ungesund*, l'excès en tout est un défaut ; trop, c'est trop. ||°**-zweck**... préf. polyvalent. | *Allzweckhalle*, salle polyvalente.

Allheit ['alhait] f. PHILOS. totalité f.

alle|dem ["alə'de:m] adv. LOC. *bei alledem, trotz alledem*, malgré tout. ||**-mal** adv. toutes les fois ; toujours. | *ein für allemal*, une fois pour toutes. || dans tous les cas ; à coup sûr. ||**-samt** adv. tout, tous, toutes ensemble. ||**-weil** adv. (dialect.) toujours. ||**-zeit** adv. (dialect.) toujours.

Allee [a'le:] f. (-, n) allée f. ; avenue f. ; cours m.

Allegorie [alego'ri:] f. (-, n) allégorie f.

allegorisch [-'go:riʃ] adj. allégorique.

allegorisieren [-gori'zi:rən] v. tr. allégoriser.

Allegro [a'le:gro] n. (s, s). MUS. allégro m.

allein [a'lain] adj. invar. (toujours attribut) seul ; seule. | *er lebt allein*, il vit seul. | *ein Unglück kommt selten allein*, un malheur ne vient jamais seul. || [ohne Hilfe] *das Kind läuft schon allein*, cet enfant marche déjà seul.
◇ adv. uniquement.
◇ conj. de coord. cependant ; mais. | *ich erwartete ihn, allein ich wurde enttäuscht*, je l'attendais, mais j'ai été déçu.

Allein|besitz [a"lainbə'zits] m. (es, e) possession exclusive. ||°**-berechtigung** f. (-, en) droit exclusif. ||°**-erbe** m. (n, n). JUR. légataire universel. ||°**-gang** m. (s, ¨e) SPORT., FIG. *im Alleingang*, en solitaire. ||°**-gesang** m. (s, ¨e) solo m. ||°**-gespräch** n. (s, ¨e) soliloque m. ||°**-haft** f. (-, en) internement (m.) en cellule ; emprisonnement cellulaire. ||°**-herrschaft** f. (-, en) monarchie f. ||°**-herrscher** m. (s, -) monarque m. ; autocrate m. ||**-stehend** adj. seul ; isolé ; sans appui ; sans famille. ||°**-verkauf** m. (s, ¨e) vente exclusive. ||°**-vertreter** m. dépositaire exclusif.

alleinig [a'lainiç] adj. unique ; exclusif.

allen|falls ["alən'fals] adv. au besoin ; à la rigueur ; tout au plus ; éventuellement.

allent|halben ["alənt'halbən] adv. partout ; en tout lieu.

aller ['alɛr] (en compos.) le plus ; très.

aller|art ["alər'ɑ:rt] adj. invar. de toute sorte.

aller|best ['alər"bɛst] adj. le meilleur de tous. || adv. *er hat am allerbesten gearbeitet*, c'est lui qui a le mieux travaillé. ||**-christlichster König** m. HIST. le roi Très Chrétien. ||**-dings** adv. en effet ; sans doute ; bien sûr ; cependant ; il est vrai. ||**-erst** adj. et adv. en premier lieu ; en première ligne ; premièrement. ||**-hand** adj. invar. [verschiedene] toutes sortes de. | *allerhand Geschichten*, toutes sortes d'histoires. || [ziemlich] *allerhand Geld*, (une) assez (forte somme) d'argent. || FIG., FAM. *das ist allerhand !*, c'en est trop ! ||°**-heiligen** n. RELIG. Toussaint f. ||°**-heiligste** n. (n) [Tempel] sanctuaire m. || [Innerste des Tempels] saint (m.) des saints ; sacraire ; tabernacle m. ; saint sacrement (Syn. HOSTIE.). ||°**-höchst** adj. très haut ; très honoré. ||**-lei** adj. invar. toutes sortes de. | *allerlei Schönes*, maintes belles choses. ||°**-lei** n. FIG. pot-pourri m. || CULIN. *Leipziger Allerlei*, macédoine f. ||**-letzt** adj. tout dernier. | *als allerletztes Mittel*, en désespoir de cause. || adv. *zu allerletzt*, en tout dernier lieu. ||**-liebst** adj. très cher. | *die Allerliebste*, la bien-aimée. | *am allerliebsten*, de préférence. ||**-meist** adj. bien des (pl.) ; la plupart de. || adv. *am allermeisten*, le plus (souvent). ||**-neuest** adj. le plus nouveau. || FIG. [Mode] dernier cri. ||**-orten, -orts** adv. en tout lieu, en tous lieux. ||°**-schönste** n. FIG., FAM. *das Allerschönste kommt erst jetzt*, voilà le bouquet ; voici le plus beau de tout. ||°**-seelen** n. RELIG. les Trépassés. ||**-seits** adv. de tous (les) côtés ; de partout. ||**-wärts, -wege** adv. partout. ||**-wenigste** adj. le, la moindre. || adv. *am allerwenigsten*, le moins du monde. ||°**-weltskerl** m. (s, e) gaillard m. ; luron m. ; POP. type m. ||°**-weltswort** n. (s, ¨er et e) mot (m.) passe-partout.

allergisch [a'lɛrgiʃ] adj. MÉD. [reizempfindlich] allergique.

Allergo|loge [alɛrgo'lo:gə] m. (n, n), °**-login** [-gin] f. (-, nen). MÉD. allergologue s.

Allianz [ali'ants] f. (-, en). POLIT. alliance f.

Alligator [ali'gɑ:to:r] m. (s, en). ZOOL. alligator m.

Alliierter [ali'i:rtər] m. allié m. || HIST. *die Alliierten*, les Alliés.

Alliteration [alitera'tsio:n] f. (-, en). LITTÉR. [Stabreim] allitération f.

Allod [a'lo:t] n. (s, e). JUR. bien allodial.

allodial [alodi'ɑ:l] adj. allodial.

Allonge [a'lɔ̃:ʒə] f. (-, n) allonge f. | *Allongeperücke*, grande perruque.

Allotria [a'lo:tria] pl. invar. frasque f. ; fatras m. | *Allotria treiben*, s'amuser.

Allotropie [alɔtrɔ'pi:] f. allotropie f.

Allrad|antrieb ['alrɑt"antri:p] m. (s, e) AUTOM. *mit Allradantrieb*, à quatre roues motrices. | *Fahrzeug (n.) mit Allradantrieb*, quatre-quatre m.

Allüren [a'ly:rən] f. pl. manières f. pl.

alluvial [aluvi'ɑ:l] adj. alluvionnaire.

Alluvium [a'luvium] n. (s) alluvion f.

Alm [alm] f. (-, en) alme f. ; prairie (f.), pâturage (m.) alpestre.

Almanach ['almanax] m. (s, e) almanach m. ; annuaire m.

Almosen ["al'mo:zən] n. (s, -) aumône f. | *um ein Almosen bitten*, demander l'aumône, la charité.

Aloe ["alo'e:] f. BOT. aloès m.

Alose [a'lo:zə] f. (-, n) [Fisch] alose f.

Alp [alp] m. (es, e) [Alb] cauchemar m. | *der Alp drückte mich ; ich hatte einen Alpdruck, einen Alptraum*, j'ai eu un cauchemar. || [Kobold] elfe m. || [Dummkopf] niais(e).

Alp [alp] f. (-, en). V. ALB. || V. ALM.

Alpaka [al'paka] n. (s, e). ZOOL. [Tier] alpaca m., alpaga m. || COMM. [Stoff, Wolle] alpaga m. || [Metallbesteck] métal (m.) argenté.

Alp|drücken ["alp'drykən] n. cauchemar m.

Alpen ['alpən] n. pr. f. pl. GÉOGR. Alpes f. pl.

Alpen|birke ["alpən'birkə] f. (-, n). BOT. bouleau nain. ||°**-dohle** f. (-, n). ZOOL. chouette (f.) rouge. ||°**-fauna** f. ZOOL. faune (f.) alpestre. ||°**-flora** f. BOT. flore (f.) alpestre. ||°**-jäger** m. (s, -). MIL. chasseur alpin. ||°**-kette** f. (-, n). GÉOGR. chaîne (f.), massif (m.) des Alpes. ||°**-klub** m. (s, s) club alpin. ||°**-land** n. ([e]s, ¨er) région alpine. ||°**-paß** m. (sses, ¨sse) col (m.) des Alpes. ||°**-pflanze** f. (-, n) plante (f.) alpestre. ||°**-rose** f. (-, n) rhododendron m. ||°**-sport** m. (s) alpinisme m. ||°**-veilchen** n. (s, -). BOT. cyclamen m. ||°**-vorland** n. (s.) contreforts (m. pl.) des Alpes ; Préalpes.

Alphabet [alfa'bɛ:t] n. (s, e) alphabet m.

alphabetisch [-tiʃ] adj. alphabétique. | *in alphabetischer Reihenfolge*, par ordre alphabétique.

alphanumerisch ["alfanu'me:riʃ] adj. alphanumérique.

Alp|horn ['alphɔrn] n. (s, ¨er) cor (m.) des Alpes.

alpin [al'pi:n] adj. alpin ; alpestre.

Alpinismus [alpi'nismus] m. alpinisme m.

Alpinist(in) [-'nist", (in)] m. (en, en), f. (-, nen) alpiniste m. et f.

Älpler(in) ['ɛlplər(in)] m. (s, -), f. (-, nen) habitant(e) des Alpes.

Alraun ["ɑ:l'raun] m. (s, e), **Alraune** [-nə] f. (-, n). BOT. mandragore f.

als [als] conj.

> **I.** COORDINATION DE SUBSTANTIFS OU ADJ. : comme ; en qualité de.
> **II.** DEGRÉS DE COMPARAISON : que. *so... als ; mehr... als ; zu... als ; um so mehr... als ; insofern... als ; als ob.*
> **III.** SUBORDINATION introduisant une prop. temporelle : lorsque ; que ; quand.

I. COORDINATION DE SUBSTANTIFS OU ADJ. : comme ; en qualité de ; en tant que. | *als Arbeiter*, en qualité de travailleur. | *er fragt den Arzt als Ratgeber*, il interroge le médecin comme un conseiller. | *er entlarvte sich als Betrüger*, il apparut être un escroc. | *als Vormund handeln*, agir en qualité de tuteur. | *als Mönch verkleidet*, déguisé en moine. | *als Kind*, étant enfant. | *als Märtyrer sterben*, mourir en martyr.

II. DEGRÉS DE COMPARAISON : que... — **a)** [égalité] *so bald als möglich*, aussitôt que possible. | *so wohl er als auch ich*, aussi bien lui que moi. — **b)** [inégalité] (après un compar.) *größer als*, plus grand que. | *er ist nichts weniger als glücklich*, il n'est rien moins qu'heureux. | *er ist anders als sein Bruder*, il ne ressemble pas à son frère. — **c)** [inégalité et rapport de conséquence] *zu... als...*, trop... pour que. | *er ist zu jung, als daß er schreiben könnte*, il est trop jeune pour savoir écrire. | *ich bin zu traurig, als daß ich tanze*, je suis trop triste pour danser. — **d)** [coordination comparative] *um so mehr... als*, d'autant plus... que ; *desto* et comparatif... *als...*, d'autant plus. | *um so mehr gilt das für dich, als du älter wirst*, cela vaut pour toi d'autant plus que tu vieillis. — **e)** [limitation] *insofern als*, dans la mesure où. | *die beiden ähneln sich insofern, als beide groß sind*, ils se ressemblent dans la mesure où ils sont grands tous les deux. — **f)** [supposition] *als ob*, comme si ; *als* avec le subj., comme si. | *tu, als ob du zu Hause wärest*, fais comme si tu étais chez toi. | *als wäre er mein Bruder*, comme s'il était mon frère.

III. SUBORDINATION introduisant une prop. temporelle : lorsque ; que ; quand. — **a)** deux événements contemporains, dans le passé. | *als ich kam, war sie da*, quand je vins, elle était là. | *als sein Vater starb, war er noch jung*, quand son père mourut il était encore jeune. — **b)** deux événements passés, qui se suivent immédiatement. | *kaum war ich da, als sie kam*, à peine étais-je là qu'elle vint. | *er fuhr erst, als seine Arbeit fertig war*, il ne partit que son travail fini.

als|bald [als'balt] adv. aussitôt ; tout de suite.

als|dann [-'dan] adv. puis ; ensuite ; alors ; après.

Alse ['alzə] f. (-, n) [Fisch] alose f.

also ['alzo:] adv. ainsi ; de cette manière. | *also geschah es*, cela se passa ainsi.
◇ conj. donc ; c'est pourquoi ; par conséquent. | *du hast gelogen, also wirst du bestraft*, tu as menti, donc tu seras puni.
◇ interj. FAM. *na also !*, eh bien, voilà !

alt [alt] (compar. **älter,** superl. **ältest**) adj. **1.** [Personen] vieux (devant une voyelle ou un *h* muet : vieil), vieille (pl. vieux, vieilles). | *wie alt ist er ?*, quel âge a-t-il ? | *er ist zehn Jahre alt*, il a dix ans ; il est âgé de dix ans. | *für wie alt halten Sie mich ?*, quel âge me donnez-vous ? | *so alt wie Methusalem*, FAM. vieux comme Hérode. | *die alten Menschen, Leute*, les personnes âgées. | *Alt(e) und Jung(e)*, grands et petits. | *sein älterer Bruder*, son frère aîné. | *alte Jungfer*, vieille fille. | *alt genug sein, um zu*, être d'âge à, en âge de (avec l'infin.) ; être assez grand pour. | *zu alt sein, um zu*, être trop âgé pour (avec l'infin.). | *alt werden*, vieillir. || invétéré. | *alter Trinker*, buveur invétéré. | *altes Übel*, mal invétéré.
2. (Dinge) [nicht mehr frisch] *altes Brot*, pain rassis. | *alte Bücher*, livres (m. pl.) d'occasion. | *altes Eisen*, ferraille f. ; riblon m. | *altes Zeug*, vieilleries f. pl.
3. [einstig] ancien ; antique. | *ein alter Freund*, un ami de toujours. | *Altsoldat*, vétéran m. | *er ist älter im Dienst als ich*, il a plus d'ancienneté (de service) que moi. || FIG. *von altem Schrot und Korn*, de vieille roche. | *alles ist beim alten geblieben*, rien n'a changé. || PROV. *alte Liebe rostet nicht*, on revient toujours à ses premières amours.
4. [aus früheren Zeiten] ancien ; antique. | *das Alte Testament*, l'Ancien Testament. | *die alten Römer*, les anciens Romains.
5. LOC. FAM. *immer wieder das alte Lied anstimmen*, chanter toujours la même antienne. | *zum alten Eisen werfen*, mettre au rancart. | *er ist immer der alte*, il est toujours le même. || FIG. *nicht alt werden*, ne pas s'éterniser. || PROV. *wie die Alten sungen, so zwitschern auch die Jungen*, tel père, tel fils.

Alt [alt] m. (es, e). MUS. alto m. ||°**-stimme** f. (-, n) voix d'alto f.

Altan [al'tɑ:n] m. (s, e) balcon m. ; galerie f.

Altar [al'tɑ:r] m. (s, ¨e). RELIG. autel m.

Altar|bekleidung [al"tɑ:rbə'klaiduŋ] f. (-, en), °**-bild** n. (s, er) retable m. ||°**-diener** m. (s, -) servant m. ; enfant (m.) de chœur. ||°**-himmel** m. (s, -) baldaquin m. ||°**-schrein** m. (s, e) tabernacle m.

alt|backen ["alt'bakən] adj. rassis ; réchauffé. | *das Brot ist altbacken*, le pain est rassis. || FIG. *altbackene Ansichten*, des idées vieux jeu. ||°**-Berlin** n. (s) [le] vieux Berlin. ||°**-besitz** m. (es, e). JUR. possessions anciennes. ||**-deutsch** adj. ancien allemand. || PÉJOR. tudesque. ||**-eingesessen** adj. propriétaire, habitant de très longue date. ||°**-eisen** n. (s) [Schrott] ferraille f. ; riblon m. ||**-fränkisch** adj. (Vx.), FIG. gothique ; suranné. ||**-gedient** adj. expert ; FIG. blanchi sous le harnois. ||**-gewohnt** adj. traditionnel. ||°**-glas** n. (es) verre (m.) jetable. ||**-hergebracht, -herkömmlich** adj. traditionnel. ||**-hochdeutsch,** ancien haut allemand. ||°**-jungfer** f. (-, n) vieille fille. ||**-jüngferlich** adj. à la manière d'une vieille fille. ||**-klug** adj. blanc-bec m. (pl. blancs-becs). ||°**-meister** m. (s, -). HIST. chef (m.) d'une corporation artisanale ; ex-champion m. ||°**-metall** n. (s, e) métal (m.) recyclable. ||**-modisch** adj. démodé. | *altmodisch werden*, se démoder ; FAM. être vieux jeu. ||**-nordisch** adj. vieux nor(r)ois. ||°**-öl** n. (s) huile (f.) de vidange ; huiles usagées. ||°**-ölentsorgung** f. (-) gestion (f.) des huiles de vidange. ||°**-philologe** m. (n, n) philologue (m.) classique. ||°**-philologie** f. philologie (f.) classique. ||**-väterlich** adj. à l'ancienne mode ; patriarcal ; FIG. tranquille. ||°**-vordern** m. pl. ancêtres m. pl. ||°**-warenhändler** m. (s, -). COMM. brocanteur m. ||°**-weibergeschwätz** n. (es). FAM. commérages m. pl. ||°**-weibersommer** m. (s) été (m.) de la Saint-Martin.

Alten|teil ["altən'tail] m. et n. (s, e). JUR. pension (f.) à verser aux parents. ||°**-wohnheim** n. (s, e) maison (f.) de retraite ; foyer (m.) de personnes âgées.

Alter ['altər] n. (s, -) âge m. | *in meinem Alter*, à mon âge. | *im Alter von*, à l'âge de. | *hohes Alter*, vieillesse f. ; âge avancé ; bel âge. | *im besten Alter*, dans la force de l'âge. || LOC., JUR. *das gesetzliche Alter haben*, avoir l'âge (requis). | *man sieht ihm sein Alter nicht an*, on ne lui donnerait pas son âge ; il ne paraît pas son âge. || MÉD. [Wechseljahre] *das gefährliche Alter*, retour (m.) d'âge ; âge critique. || PROV. *Alter schützt vor Torheit nicht*, on fait des sottises à tout âge.

altern [-tərn] v. intr. vieillir ; se faire vieux. | *er ist gealtert*, il a vieilli.

alternativ [altɛrna'ti:f] adj. alternatif. | *alternative Kultur*, contre-culture f. ||°**-medizin** f. (-), °**-verfahren** n. (s, -) médecine douce, parallèle. ||°**-szene** f. (-, n) monde (m.) des marginaux.

Alternative [-'ti:və] f. (-, n) alternative f.

Alternator [-'nɑ:tor] m. (s, en). ÉLECTR. alternateur m.

alters ['altərs] adv. *von alters her*, de tout temps. | *seit alters*, depuis longtemps.

Alters|genosse, ssin ["altərsgə'nɔsə", -sin] m. (n, n), f. (-, nen) contemporain(e) m. (f.). ||°**-grenze** f. (-, n) limite (f.) d'âge. | *die Altersgrenze erreichen*, être atteint par la limite d'âge. ||°**-gruppe** f. (-, n) tranche (f.) d'âge. ||°**-heilkunde** f. (-) MÉD. gériatrie. ||°**-heim** n. (s, e) maison (f.) de retraite ; foyer (m.) de personnes âgées. ||°**-präsident** m. (en, en) doyen m.

||°**-rente** f. (-, n) pension (f.) de vieillesse. || **-schwach** adj. sénile ; affaibli par l'âge ; décrépit. ||°**-schwäche** f. décrépitude f. ; débilité (f.) sénile. ||°**-schwachsinn** m. (s) démence (f.) sénile. ||°**-stufe** f. (-, n) rang (m.) d'âge. ||°**-unterstützung** f. (-, en) allocation (f.) aux vieux. ||°**-versorgung** f. (-, en) pension (f.) de vieillesse, de retraite ; [Sozialversicherung] régime (m.) vieillesse.

Altertum ["altər'tu:m] n. (s) antiquité f. ◇ pl. **Altertümer,** objets (m. pl.) antiques ; antiquités f. pl.

altertümlich [-'ty:mliç] adj. antique ; relatif à l'Antiquité.

Altertümlichkeit [-'ty:mliçkait] f. caractère (m.) antique, archaïque.

Altertums|forscher ["altərtu:ms'fɔrʃər] m. (s, -) archéologue m. ||°**-forschung** f., °**-kunde** f., °**-wissenschaft** f. archéologie f.

Altruismus [altru'ismus] m. altruisme m.
— SYN. : *Nächstenliebe*, charité ; *Uneigennützigkeit*, désintéressement.

Altruist [-'ist] m. (en, en) altruiste m. et f.

altruistisch [-'istiʃ] adj. altruiste.

Aluminium [alu'mi:nium] n. (s) aluminium m.

Alumnat [alum'nɑ:t] n. (s, e) internat m.

Alumne [a'lumnə] m. (n, n) interne m.

am [am] contract. de **an dem** (s'emploie toujours devant un superl.). | *am besten*, de la meilleure façon. || (souvent dans le sens local) *am Meer*, au bord de la mer. | *Frankfurt am Main*, Francfort-sur-le-Main. || (dans le sens temporel, devant les noms de jours) *am Montag*, le lundi. || (dans les expressions figurées) *am Leben bleiben*, demeurer en vie.

Amalgam [amal'gɑ:m] n. (s, e) amalgame m.

amalgamieren [-ga'mi:rən] v. tr. amalgamer.

Amalie [a'ma:liə] n. pr. f. Amélie f.

Amarant [ama'rant] m. (s, e). BOT. amarante f. ◇ adj. **amarant,** couleur amarante (invar.).

Amarelle [ama'rɛlə] f. (-, n). BOT. merise f.

Amateur(in) [ama'tø:r(in)] m. (s, e), f. (-, nen) amateur m.

Amazone [ama'tso:nə] f. (-, n). MYTH. Amazone f. || FIG. [Reiterin] amazone f.

Amber ['ambər] m. (s, -) ambre m.

Ambiente [ambi'ɛntə] n. ambiance f.

Ambition [ambi'tsio:n] f. (-, en) ambition f. | *Ambitionen haben*, être ambitieux.

Ambivalenz [ambiva'lɛnts] f. (-, en) ambivalence f. ||°**-konflikt** m. (s, e). MÉD. conflit (m.) d'ambivalence.

Amboß ['ambɔs] m. (sses, sse). TECHN. enclume f. ||°**-bahn** f. (-, en). TECHN. table (f.) d'enclume. || °**-horn** n. (es, ¨er). TECHN. bigorne f.

Ambra ['ambra] m. V. AMBER.

Ambrosia [am'bro:zia] f. MYTH. ambroisie f.

ambrosisch [-ziʃ] adj. ambrosiaque.

ambulant [ambu'lant] adj. [umherziehend] ambulant. | *ambulantes Gewerbe*, métier ambulant. || MÉD. *ambulante Behandlung*, traitement (m.) à domicile, sans hospitalisation ; médecine (f.) ambulatoire. | *ambulante Medizin*, médecine (f.) de ville, ambulatoire.

Ambulanz [-'lants] f. (-, en) [Krankenwagen] ambulance f. || [Behandlungsraum] dispensaire m. ; polyclinique f.

Ameise ['ɑ:maizə] f. (-, n) fourmi f.

Ameisen|äther ["ɑ:maizən'ɛ:tər] m. (s). CHIM. éther (m.) formique. ||°**-bär** m. (en, en) fourmilier m. ; tamanoir m. ||°**-haufen** m. (s, -) fourmilière f. ||°**-löwe** m. (n, n) fourmi-lion m. (pl. fourmis-lions). ||°**-säure** f. (-, n). CHIM. acide (m.) formique.

Amelungen ['ɑ:məluŋən] n. pr. m. pl. MYTH. Amales m. pl. ; Goths m. pl.

Amen ['ɑ:mən] n. (s, -). RELIG. amen m. || FIG. *ja amen sagen*, opiner du bonnet ; dire amen à tout. | *sicher wie das Amen in der Kirche sein*, aussi sûr que deux et deux font quatre.

Amenorrhoe, Amenorrhö [amenor'ø:] MÉD. aménorrhée f.

Amerika [a'me:rika] n. pr. n. (s). Amérique f.

Amerikaner(in) [ameri'kɑ:nər(in)] m. (s, -), f. (-, nen) Américain(e) m. (f.).

amerikanisch [-'kɑ:niʃ] adj. américain.

amerikanisieren [-kani'zi:rən] v. tr. américaniser.

Amerikanisierung [-kani'zi:ruŋ] f. américanisation f.

Amethyst [ame'tyst] m. (es, e) améthyste f.

Amino|säure [a"mi:no'zɔyrə] MÉD. acide aminé.

Amme ['amə] f. (-, n) nourrice f.

Ammer ['amər] f. (-, n). ZOOL. bruant m.

Ammoniak [amoni'ak] n. (s) ammoniaque f.

Ammons|horn ["amɔns'hɔrn] n. (es, ¨er) ammonite f. ; POP. corne (f.) d'Ammon.

Amnesie [amne'zi:] f. (-, n). MÉD. amnésie f.

Amnestie [amnɛs'ti:] f. (-, n). JUR. amnistie f.

amnestieren [-'ti:rən] v. tr. amnistier.

Amöbe [a'mø:bə] f. (-, n). ZOOL. amibe f.

Amöben|ruhr [a"mø:bən'ru:r] f. (-, en). MÉD. amibiase f.

Amok|lauf [a"mɔk'lauf] m. (s, ¨e) amok m. ; folie (f.) meurtrière.

Amor ['ɑ:mor] m. MYTH. Cupidon m. ; Amour m.

amoralisch ["ɑ:mo'rɑ:liʃ] adj. amoral.

Amorette [amo'rɛtə] f. petit dieu de l'Amour.

amorph [a'mɔrf] adj. amorphe.

Amortisation [amɔrtiza'tsio:n] f. (-, en). COMM. amortissement m.

amortisieren [-'zi:rən] v. tr. COMM. amortir.

Ampel ['ampəl] f. (-, n) lampe suspendue. || PAR EXT. feux (m. pl.) de signalisation.

Ampere [am'pɛ:rə] n. (-). [en abr. AMP.] ampère m.

Ampere|meter [am"pɛ:rə'me:tər] n. (s, -) ampèremètre m. ||°**-stunde** f. (-, n) ampère-heure f.

Ampfer ['ampfər] m. (s) rumex m.

Amphetamin [amfetɑ'mi:n] n. (s, e) MÉD. amphétamine f.

Amphibie [am'fi:bie] f. (-, n) amphibie m.

Amphibien|fahrzeug [-bien'fɑrtsɔyk] n. (s, e). AUTOM. voiture (f.) amphibie. ||°**-flugzeug** n. (s, e). AÉRON. avion (m.) amphibie.

amphibisch [-biʃ] adj. amphibie.

Amphibol [amfi'bɔl] m. (s). MINÉRAL. amphibole f.

Amphi|theater [am"fi:te'ɑtər] n. (s, -). ARCHIT. amphithéâtre m.

amphi|theatralisch [-fitea'trɑ:liʃ] adj. ARCHIT. amphithéâtral.

Amplitude [ampli'tu:də] f. (-, n). PHYS. amplitude.

Amplituden|modulation [-ənmodula'tsjo:n] f. (-, en). PHYS. modulation (f.) d'amplitude.

Ampulle [am'pulə] f. (-, n) ampoule f.

Amputation [amputa'tsio:n] f. (-, en). MÉD. amputation f.

amputieren [-'ti:rən] v. tr. MÉD. amputer.

Amsel ['amzəl] f. (-, n) merle m.

Amsel|horn ["amzəl'hɔrn] n. (s). BOT. épeautre m.

Amt [amt] n. (es, ¨er). **1.** ADM. [öffentliche Dienststellung] fonction f. ; charge f. ; emploi m. ; poste m. ; magistrature f. ; ministère m. | *ein Amt antreten*, entrer en fonction(s). | *ein Amt bekleiden*, exercer une fonction. | *sein Amt niederlegen*, démissionner. | *von seinem Amt zurücktreten*, se démettre de ses fonctions, de son emploi. | *im Amte*, en service. | *Amtsbruder*, collègue m. **2.** [Aufgabe] compétence f. ; juridiction f. | *kraft seines Amtes*, de par sa fonction. | *von Amts wegen*, d'office. **3.** [Dienststelle, -raum] bureau(x) m. (pl.) ; office m. ; administration f. ; service m. | *das statistische Amt der Stadt*, le service statistique de la ville. | *das Amt für Jugendfragen*, le service chargé de la jeunesse. | *das Auswärtige Amt*, le ministère (allemand) des Affaires étrangères.
4. RELIG. messe chantée.

Ämter|häufung ["ɛmtər'hɔyfuŋ] f. cumul (m.) des fonctions.

amtieren [am'ti:rən] v. intr. être en fonction(s).

amtlich ['amtliç] adj. officiel. | *das ist amtlich*, c'est officiel. | *amtliche Bestätigung*, officialisation f. | *amtliche Einführung*, introduction (f.) en Bourse. | *amtlicher Handel*, cote officielle. | *amtliches Mitteilungsblatt*, journal (m.) d'annonces légales. || AUTOM. *amtliche Zulassung*, immatriculation f. | *amtlicher Kurs*, cours officiel.
◇ adv. officiellement.

Amt|mann ['amtman] m. (s, ¨er) secrétaire m.

Amts|alter ["amts'altər] n. (s) ancienneté f. || °**-anmaßung** f. (-, en). JUR. abus (m.) de pouvoir. || °**-antritt** m. (es). ADM. entrée (f.) en fonction(s), en charge. ||°**-befugnis** f. (-, se) compétence f.

||°-**bezirk** m. (s, e) juridiction f. ; ressort m. ; circonscription f. ; district m. ||°-**blatt** n. (es, ¨er) journal, bulletin officiel. ||°-**dauer** f. durée (f.) du mandat. ||°-**eid** m. (es, e). JUR. serment (m.) d'entrée en charge. | *jm den Amtseid abnehmen*, assermenter qn. ||°-**enthebung** f. (-, en). JUR. suspension f. ; destitution f. ||°-**führung** f. (-, en) administration f. ; gestion f. ||°-**geheimnis** n. (ses, se). JUR. secret professionnel. ||°-**gebühren** f. pl. JUR. droits m. pl. ; frais m. pl. ||°-**gericht** n. (s, e) tribunal cantonal. ||°-**gewalt** f. (-, n) autorité f. ||°-**mißbrauch** m. (s, ¨e). JUR. abus (m.) de pouvoir. ||°-**niederlegung** f. démission f. ||°-**person** f. (-, en) fonctionnaire m. ; magistrat m. ||°-**pflicht** f. (-, en) devoirs (m. pl.) d'une charge. | *seine Amtspflichten verletzen*, trahir les devoirs de sa charge. ||°-**richter(in)** m. (s, -), f. (-, nen) juge de première instance. ||°-**schimmel** m. (s, -). FIG., POP. bureaucratie f. | *den Amtsschimmel reiten*, avoir l'esprit bureaucratique. ||°-**sprache** f. (-, n) langue officielle, administrative. ||°-**tracht** f. (-, en) costume officiel ; robe f. (d'un magistrat). ||°-**träger** m. (s, -) officier ministériel. ||°-**vergehen** n. (s, -) prévarication f. ; malversation f. ||°-**weg** m. (s, e) voie (f.) hiérarchique. ||°-**wohnung** f. (-, n). ADM. appartement (m.) de fonction. ||°-**zeichen** n. (s, -) tonalité f.

Amulett [amu'lɛt] n. (s, e) amulette f. ; talisman m. ; fétiche m. ; gri-gri m.

amüsant [amy'zant] adj. amusant ; drôle.

Amüsement [amyzə'mɑ̃] m. (s, s) amusement m.

amüsieren [amy'zi:rən] v. tr. et v. pr. amuser.

amusisch [a'mu:ziʃ] adj. indifférent à l'art ; béotien.

Amyl [a'my:l] n. (s). CHIM. amyle m.

an [an]

> **I.** prép. gouvernant l'acc. et le dat.
> **1.** SENS LOCAL ;
> **2.** SENS LOCAL ATTRIBUTIF ;
> **3.** SENS TEMPOREL ;
> **4.** SENS CAUSAL ;
> **5.** SENS INSTRUMENTAL ;
> **6.** SENS DISTRIBUTIF ;
> **7.** SENS ESTIMATIF.
> **II.** adv. SENS LOCAL ; SENS TEMPOREL.
> **III.** particule verbale.

I. prép. gouvernant l'acc. et le dat. — **1.** SENS LOCAL : **a)** marquant une situation (dat.) : à, contre, sur, en. | *das Bild hängt an der Wand*, le tableau est accroché au mur. | *an mehreren Stellen*, en plusieurs endroits. | *Frankfurt an der Oder*, Francfort-sur-l'Oder. **b)** marquant une direction de mouvement (acc.) : à, vers, contre. | *an die Wand werfen*, lancer contre le mur. | *er tritt an ihn heran*, il s'approche de lui. || FIG. [destination] *an jn schreiben*, écrire à qn. | *der Brief ist an dich*, cette lettre t'est adressée. | *ich habe eine Bitte an Sie*, j'ai une prière à vous adresser. | *Lied an die Freude* (SCHILLER), hymne à la joie.
2. SENS LOCAL ATTRIBUTIF : à, envers. — **a)** [désignant le lieu d'une activité] *er lehrt an der Realschule*, il est professeur au collège. | *der Pfarrer an der Karlskirche*, le curé de l'église Saint-Charles. | *er geht an die Arbeit*, il se met au travail. — **b)** *es liegt an ihm*, cela dépend de lui. | *die Schuld liegt an Ihnen*, c'est votre faute. | *was an mir liegt*, en ce qui me concerne. | *es liegt mir daran*, cela m'importe. | *es liegt mir am Herzen*, j'ai cela à cœur. || *du hast an mir schlecht gehandelt*, tu as mal agi envers moi. — **c)** *es ist nichts an dem*, il n'en est rien. | *es ist nichts an der Nachricht*, c'est un faux bruit. | *es ist nichts als Haut und Knochen an ihm*, il n'a que la peau sur les os. | *diese Stimme kenne ich an ihm nicht*, je ne lui connais pas cette voix. | *wenn Not am Mann ist*, si le besoin devient pressant ; en cas d'urgence. — **d)** [régime de verbes abstraits] *an jn denken*, penser à qn. | *sich an jn erinnern*, se souvenir de qn. | *es fehlt ihm an Mut*, il manque de courage. — **e)** *an sich, an und für sich*, en soi. || PHILOS. *das Ding an sich*, la chose en soi.
3. SENS TEMPOREL (dat., souvent sans prép.) : par ; que (où). | *an diesem Morgen*, ce matin. | *an diesem schönen Sommertag(e)*, par ce beau jour d'été. | *der Tag, an dem*, le jour où, que. || PAR ANAL. *es, die Reihe ist an ihm*, c'est son, c'est à son tour. | *es ist an der Zeit*, il est temps.
4. SENS CAUSAL (dat.) : à, de ; à la suite ; à cause de ; d'après. | *jn an seinem Schritt erkennen*, reconnaître qn à sa démarche. | *an einer Krankheit leiden*, souffrir d'une maladie.
5. SENS INSTRUMENTAL (dat.) : de ; par ; en ; avec. | *an der Leine führen*, tenir en laisse. | *jn an der Nase herumführen*, mener qn par le bout du nez. | *an der Krücke gehen*, marcher avec une béquille. | *an allen Gliedern zittern*, trembler de tous ses membres.
6. SENS DISTRIBUTIF (dat.) : de ; en ; comme ; en fait de. — **a)** [avec un v.] *was haben Sie an Kleidung ?*, qu'avez-vous comme vêtements ? | *was besitzt er an Taschengeld ?*, qu'a-t-il comme argent de poche ? — **b)** [avec un adj. ; locutions fixes] *jung an*, jeune en. | *arm an*, pauvre en. | *reich an*, riche en, de. — **c)** [avec un substantif ; locutions fixes] *Mangel an*, manque de. | *Überfluß an*, surabondance de. | *Vorrat an*, provision de.
7. SENS ESTIMATIF (acc.) : à peu près ; environ. | *an tausend Mann*, environ mille soldats. | *das ist wohl an die vier Wochen her*, il y a environ quatre semaines.
II. adv. SENS LOCAL : à partir de. | *von hier an*, à partir d'ici. || SENS TEMPOREL : à partir de ; dès. | *von jetzt (nun) an*, à partir de maintenant ; dorénavant ; désormais. | *ab und an*, parfois. || [Zustand] *das Radio ist an*, le poste marche. | *das Licht ist an*, la lumière brûle.
III. particule verbale : idée de se rapprocher ; par ex. *anlanden*, débarquer. | *annähern*, approcher. — monter ; par ex. *ansteigen*, monter. | *hinangehen*, monter. — commencer ; par ex. *anbauen*, défricher. | *ankurbeln*, démarrer. | *anfangen*, commencer. | *anbrechen*, entamer.

Anabolikum [ana'bo:likum] m. (s, ka). MÉD. anabolisant m.

Anachoret [anaço'rɛt] m. (en, en) anachorète m.

Anachronismus [anakro'nismus] m. (-, men) anachronisme m.

Anagramm [ana'gram] n. (es, e) anagramme m.

Anakonda [ana'kɔnda] f. (-, s). ZOOL. anaconda m.

anakreontisch [anakre'ɔntiʃ] adj. anacréontique.

analgisch [a'nalgiʃ] adj. MÉD. analgique ; analgésique.

analog [ana'lo:k] adj. analogue.

Analogie [-lo'gi:] f. (-, n) analogie f.

Analog|rechner [ana"lo:k'rɛçnər] m. (s, -). INF. calculateur (m.) analogique. ||°-**signal** n. (s, e). TÉLÉCOMM. signal (m.). analogique. ||°-**steuerung** f. (-, en). INF. commande (f.) analogique.

An|alphabet(in) [analfa'be:t(in)] m. (en, en), f. (-, nen) analphabète s. ; illettré(e) m. (f.).

Analphabetentum ['betɛntum] n. (s) analphabétisme m.

Analysator [analy'zɑ:tɔr] m. (en, en). INF. analyseur m.

Analyse [ana'ly:zə] f. (-, n) analyse f. | *eine Analyse vornehmen, ausführen, machen*, faire une analyse. || GRAMM. analyse grammaticale, logique.

analysieren [-ly'zi:rən] v. tr. analyser.

Analytik [-'ly:tik] f. analytique f.

Analytiker [-'ly:tikər] m. (s, -) analyste m.

analytisch [-'ly:tiʃ] adj. analytique.

Anämie [anɛm'i:] f. MÉD. anémie f.

anämisch [a'nɛ:miʃ] adj. MÉD. anémique.

Anamnese [anam'ne:zə] f. (-, n). MÉD. anamnèse f.

Ananas ['ananas] f. BOT. ananas m.

Anapäst [ana'pɛst] m. (s, e). POÉS. anapeste m.

Anapher [a'nɑ:fɛr] f. LITTÉR. anaphore f.

Anaphylaxie [anafyla'ksi:] f. (-, n). MÉD. anaphylaxie f.

Anarchie [anar'çi:] f. anarchie f.

anarchisch [an'arçiʃ] adj. anarchique.

Anarchismus [anar'çismus] m. POLIT. anarchisme m.

Anarchist [-'çist] m. (en, en). POLIT. anarchiste m.

anarchistisch [-'çistiʃ] adj. anarchiste.

Anästhesie [anɛste'zi:] f. (-, n) anesthésie f.

Anästhesist(in) [anɛste'zist(in)] m. (en, en), f. (-, nen). MÉD. anesthésiste s.

Anastigmat [anastig'mɑ:t] n. (s, e). PHOT. [Linse] anastigmat m. || [Apparat] anastigmat m.

Anastomose [anasto'mo:zə] f. (-, n). MÉD. anastomose f.

Anathem(a) [ana'tɛ:m(a)] n. (s, en). RELIG. anathème m.

Anatom [ana'to:m] m. (en, en) anatomiste m.

Anatomie [-to'mi:] f. anatomie f.

anatomieren [-to'mi:rən] v. tr. disséquer.

anatomisch [-'to:miʃ] adj. anatomique. | *anatomisches Lehrbuch*, manuel (m.) d'anatomie.

an|backen ["an'bakən] (ä, u, a) v. intr. [backen]

cuire brièvement. || [anbrennen] attacher. | *der Kuchen ist angebacken*, le gâteau a attaché.

an|bahnen [″an'bɑ:nən] v. tr. frayer, préparer la voie. || FIG. *ein Gespräch anbahnen*, engager une conversation. | *Verhandlungen anbahnen*, entamer des négociations. | *Beziehungen anbahnen*, entrer en relation.

An|bahnung [-nuŋ] f. (-, en) [Handlung] préparation f. || [Arbeiten] préparatifs m. pl.

an|bändeln [″an'bɛndəln] v. intr. flirter avec qn ; faire la cour à qn. || PÉJOR. chercher noise à qn.

An|bau ['anbau] m. (s) culture f. ; exploitation f. || ARCHIT. annexe f. ; agrandissement m.

an|bauen [″an'bauən] v. tr. AGRIC. cultiver ; mettre en culture ; exploiter. || ARCHIT. adosser à ; ajouter à.

anbau|fähig [″anbau'fɛ:iç] adj. AGRIC. cultivable. ||°**-fläche** f. (-, n) surface ensemencée ; emblavure f.

Anbau|schrank [″anbau'ʃrank] m. (s, ¨e) armoire (f.) à éléments.

an|befehlen [″anbə'fe:lən] (ie, a, o) v. tr. **1.** [befehlen] enjoindre ; commander. | *jm etwas anbefehlen*, ordonner qch. à qn. || MÉD. prescrire. **2.** [empfehlen] confier à. | *der Obhut von jm anbefehlen*, confier à la garde de qn.

An|beginn [″anbə'gin] m. (s) commencement m. ; début m. ; origine. f. | *von Anbeginn*, dès le début.

an|behalten [″anbə'haltən] (ä, ie, a) v. tr. garder ; ne pas quitter (un vêtement).

an|bei ['anbai] adv. ci-joint ; ci-inclus ; sous ce pli. | *anbei zwei Abschriften*, ci-inclus deux copies.

an|beißen [″an'baisən] (i, i) v. tr. entamer avec les dents ; grignoter ; mordre dans.
◇ v. intr. mordre à l'hameçon. | *der Fisch beißt an*, le poisson mord (à l'hameçon). || FIG. se laisser prendre ; gober. || FAM. *sie ist zum Anbeißen hübsch*, elle est jolie à croquer.

an|belangen [″anbə'lagən] v. impers. concerner. | *was ihn anbelangt*, en ce qui le concerne ; quant à lui.

an|bellen [″an'bɛlən] v. tr. aboyer contre qn.

an|beraumen [″anbə'raumən] v. tr. fixer ; déterminer une date.

An|beraumung [-muŋ] f. (-, en) fixation (f.) d'une date ; d'un délai.

an|beten [″an'be:tən] v. tr. adorer. || FIG. adorer. | *die Angebetete*, l'adorée ; la bien-aimée.

An|beter [-tər] m. (s, -) soupirant m.

An|betracht [″anbə'traxt] m. ou **Anbetreff** [″anbə'trɛf] m. dans la loc. *in Anbetracht, in Anbetreff* (gén.) eu égard à ; vu ; en considération de ; étant donné. | *in Anbetracht, daß*, étant donné que.

an|betreffen [″anbə'trɛfən] (i, a, o) v. tr. et v. intr. concerner. | *was mich anbetraf*, en ce qui me concernait.

an|betteln [″an'bɛtəln] v. tr. mendier (qch.) auprès de.

An|betung [″an'be:tuŋ] f. (-, en) adoration f.

an|biedern (sich) [ziç″an'bi:dərn] v. pr. se montrer familier (avec qn) ; faire des avances.

Anbiederungs|versuch [″anbi:dəruŋsfɛr'zu:x] m. (s, e) tentative (f.) de rapprochement.

an|bieten [″an'bi:tən] (o, o) v. tr. offrir ; proposer. | *ein Glas Wein anbieten*, offrir un verre de vin. | *eine Stelle anbieten*, proposer un emploi. | *zum Kauf anbieten*, mettre en vente.
◇ v. pr. **sich anbieten,** se mettre à la disposition de ; offrir ses services à.

an|binden [″an'bindən] (a, u) v. tr. attacher, lier à. || AGRIC. palisser. || MAR. amarrer.
◇ v. intr. FIG. *mit jm anbinden*, chercher querelle à qn ; prendre qn à partie.
◇ part. pass. et adj. **angebunden.** FIG. *er war kurz angebunden*, il était abrupt, grognon et avare de paroles.

an|blasen [″an'blɑ:zən] (ä, ie, a) v. tr. attiser ; souffler. | *das Feuer anblasen*, souffler le feu. || TECHN. *den Hochofen anblasen*, allumer le haut fourneau. || [Jagd] *die Jagd anblasen*, sonner la chasse. || FIG., FAM. [anpfeifen] *jn anblasen*, attraper, réprimander qn.

an|blecken [″an'blɛkən] v. tr. *der Hund bleckte ihn an*, le chien lui montra les dents. || FIG. regarder sinistrement.

An|blick ['anblik] m. (s, e) regard m. ; vue f. ; coup (m.) d'œil. || *beim Anblick von*, à la vue de. | *ein herrlicher Anblick*, un spectacle magnifique.

an|blicken [-ən] v. tr. regarder.

an|blinzeln [″an'blintsəln] v. tr. FAM. faire de l'œil à qn ; regarder du coin de l'œil.

an|bohren [″an'bo:rən] v. tr. sonder ; percer. | *ein Faß anbohren*, mettre un tonneau en perce. || MAR. saborder.

An|bohren n. (s) [Forstdienst] térébration f. || TECHN. forage m. ; amorçage m.

an|bräunen [″an'brɔynən] v. tr. hâler. || CULIN. faire dorer.

an|brausen [″an'brauzən] v. intr. arriver à toute vitesse.

an|brechen [″an'brɛçən] (i, a, o) v. tr. entamer ; écorner ; ébrécher.
◇ v. intr. commencer. | *der Tag bricht an*, le jour point, se lève, commence à paraître. | *bei anbrechendem Tag*, à l'aube.

an|brennen [″an'brɛnən] (brannte, gebrannt) v. tr. allumer ; mettre le feu à.
◇ v. intr. brûler ; prendre feu. | *angebrannt schmecken*, sentir le brûlé. || CULIN. attacher.

an|bringen [″an'briŋən] (brachte, gebracht) v. tr. placer ; mettre ; poser ; appliquer ; fixer. | *ein Gemälde an der Wand anbringen*, fixer un tableau au mur. | *eine Klage anbringen*, déposer une plainte. || FIG. *etwas Neues anbringen*, apporter des nouvelles. | *eine nicht angebrachte Bemerkung*, une observation déplacée.

An|bringung [-ŋuŋ] f. (-, en) placement m. ; montage m. ; attache f. ; fixation f.

An|bruch ['anbrux] m. (s, ¨e) [Beginn] commencement m. | *bei(m) Anbruch des Tages*, à la pointe du jour. | *bei(m) Anbruch der Nacht*, à la tombée de la nuit. || PAR ANAL. [Anfang der Fäulnis] pourriture f. || [Öffnen] ouverture f. | *Anbruch des Schinkens*, entamure (f.) du jambon. || [Bruch] cassure f. || MINES. ouverture f.

an|brüchig [″an'bryçiç] adj. gâté. | *anbrüchiges Obst*, fruits gâtés. | *anbrüchiger Zahn*, dent cariée. | *anbrüchig werden*, commencer à pourrir.

an|brüllen [″an'brylən] v. tr. FAM. rugir ; mugir contre. || FIG. pester, tonner contre qn.

an|brüten [″an'bry:tən] v. tr. commencer à couver. | *angebrütetes Ei*, œuf couvi.

An|chovis [an'ʃo:vis] f. (-, -) anchois m.

An|dacht ['andɑxt] f. (-, en) méditation f. ; recueillement m. || RELIG. *in Andacht versinken*, méditer. | *seine Andacht verrichten*, faire ses dévotions, sa prière. | *neuntägige Andacht*, neuvaine f. | *eine Andacht halten*, célébrer un office.

an|dächtig [″an'dɛçtiç] adj. recueilli. || FIG. attentif. | *andächtige Stimmung*, atmosphère recueillie.
◇ adv. *andächtig zuhören*, écouter attentivement.

andachts|voll [″andaxts'fɔl] adj. dévot ; pieux.

Andalusi|en [anda'lu:ziən] n. pr. n. GÉOGR. Andalousie f.

Andalusier(in) [-zier(in)] m. (s, -), f. (-, nen). GÉOGR. Andalou(se) m. (f.).

andalusisch [-ziʃ] adj. GÉOGR. andalou.

Andante [ən'dante] n. (s, s). MUS. andante m.

an|dauern [″an'dauərn] v. intr. durer ; persister.
◇ part. prés. et adj. **andauernd,** persistant ; continuel.

Anden ['andən] n. pr. f. pl. (Cordillère [f.] des) Andes pl.

an|denken [″an'dɛŋkən] (dachte, gedacht) v. intr. dénoter : penser à. | *denk (mal) an !*, figure-toi.

An|denken [-kən] n. (s, -) [Gedanke] souvenir m. ; mémoire f. | *zum Andenken an* (acc.), en souvenir de. | *in gutem Andenken bei jm stehen*, laisser un bon souvenir à qn. || [Gegenstand] souvenir m.

ander ['andər] (er, e, es, e) adj. et pron. **1.** autre ; nouveau. || [nicht derselbe ; unterschiedlich] *der eine, der and(e)re*, l'un, l'autre. | *auf dem andern Rheinufer*, de l'autre côté du Rhin. | *er ist einer and(e)ren Meinung*, il est d'un autre avis. | *am ander(e)n Tag(e)*, le lendemain.
2. *ein and(e)rer*, un autre. | *and(e)re Leute*, d'autres gens. | *er weiß noch ganz and(e)re Sachen*, il en sait long. | *sich auf and(e)re verlassen*, compter sur autrui. | *unter and(e)rem*, entre autres. | *ich habe ganz and(e)re Dinge erlebt*, j'en ai vu (bien) d'autres. | *kein and(e)rer als*, nul autre que. | *er denkt anders, als er spricht*, son cœur dément sa bouche. | *alles and(e)re*, tout le reste. | *diese Aufgabe verdient alles andere als Lob*, ce devoir mérite tout autre chose que des éloges.
3. LOC. *in and(e)ren Umständen sein*, être enceinte. | *sie sind einer wie der and(e)re*, l'un vaut l'autre. | *einer um den and(e)ren*, tour à tour. | *er macht eine Dummheit über*

die and(e)re, il fait sottise sur sottise. | *es vergeht ein Monat um den and(e)ren*, les mois s'écoulent. | *einmal übers andre*, coup sur coup.

andererseits ["andərər'zaits] adv. d'autre part ; par ailleurs.

Ander|geschwisterkind ["andərgə'ʃvistərkint] n. (es, er) cousin (m.) issu de germains. ||**-malig** adj. fait une seconde fois. ||**-wärtig** adj. autre. || **-weitig** adj. autre ; ultérieur.

ändern ['ɛndərn] v. tr. changer ; modifier ; corriger ; altérer. | *ein Kleid ändern*, retoucher un vêtement. || FIG. *seine Ansicht ändern*, changer d'avis. ◇ v. intr. et pr. changer. | *das Wetter ändert sich*, le temps change. || PROV. *die Zeiten ändern sich*, les temps ont changé.

andern|falls ["andərn'fals] adv. autrement ; sinon. ||**-orts** adv. (par) ailleurs. ||**-tags** adv. le lendemain.

anders ['andərs] adv. autrement ; différemment. | *anders als*, à la différence de. | *wenn anders*, si toutefois. || [neuartig] *es kommt ganz anders*, les choses se passent différemment. | *er wird anders*, il change. | *das ist was ganz anders*, FAM. c'est tout autre chose. | *mir wird ganz anders*, je me sens mal. | *jd anders*, qn d'autre. | *niemand anders*, personne d'autre. | *nirgend anders*, nulle part ailleurs. | *wie war es doch ganz anders !*, comme les choses ont changé ! | *das ist nun einmal nicht anders*, c'est comme ça ; il n'y a rien à changer. | *das klingt schon ganz anders*, voilà qui est mieux !

anders|artig ["andərs'ɑ:rtiç] adj. d'une autre espèce. ||**-gläubig** adj. RELIG. hétérodoxe. ||°**-gläubigkeit** f. RELIG. hétérodoxie f. ||**-rum** adv. dans l'autre sens. ||**-wo** adv. ailleurs. ||**-woher** adv. d'ailleurs. ||**-wohin** adv. ailleurs [avec mouvement].

andert|halb ["andərt'halp] adj. invar. un(e) et demi(e).

Änderung ['ɛndəruŋ] f. (-, en) changement m. ; modification f. ; variation f. ; altération f. | *eine Änderung vornehmen*, modifier. | *Änderungen vorbehalten*, sous réserve de modifications.

an|deuten ["an'dɔytən] v. tr. faire signe de ; indiquer. | *den Weg andeuten*, indiquer le chemin. || FIG. insinuer ; faire allusion à. || ARTS. ébaucher.

An|deutung [-tuŋ] f. (-, en) (vague) indication f. ; allusion (f.) à. | *eine Andeutung fallen lassen*, faire une allusion. | *in Andeutungen reden*, parler par allusions. | *versteckte Andeutungen machen*, dire à demi-mot. || ébauche f. | *die Andeutung eines Lächelns*, l'ébauche d'un sourire. | *andeutungsweise*, par allusion ; à demi-mot.

an|dichten ["an'diçtən] v. tr. inventer. | *jm Worte andichten*, prêter des paroles à qn.

an|donnern ["an'dɔnərn] v. tr. FIG., FAM. apostropher violemment (qn), fulminer (contre qn) ; foudroyer (qn). | *wie angedonnert da stehen*, rester stupéfait, sidéré.

Andorra [ən'dɔra] n. pr. n. GÉOGR. Andorre.

An|drang ['andraŋ] m. (s) affluence f. ; presse f. ; concours m.

an|drängen ["an'drɛŋən] v. intr. s'approcher ; se serrer.

Andreas [an'dre:as] n. pr. m. André m. ||°**-kreuz** n. (es, e) croix (f.) de Saint-André.

an|drehen ["an'dre:ən] v. tr. tourner. || AUTOM. *den Motor andrehen*, mettre le moteur en marche. || ÉLECTR. *das Licht andrehen*, allumer. || AÉRON. lancer. || COMM., FAM. *jm schlechte Ware andrehen*, fourguer, refiler de la camelote à qn.

An|drehen [-ən] n. (s). || AUTOM., AVIAT. mise (f.) en marche. || ÉLECTR. allumage m.

an|dringen ["an'driŋən] (a, u) v. intr. affluer ; s'approcher de ; se porter violemment sur.

an|drohen ["an'dro:ən] v. tr. menacer ; avertir. | *jm eine Strafe androhen*, menacer qn d'une punition.

An|drohung [-uŋ] f. (-, en) menace f. || JUR. *unter Androhung*, sous peine de.

Andromache [an'dromaxə] n. pr. f. Andromaque f.

Andromeda [an'dro:meda] n. pr. f. MYTH. Andromède f.

an|ecken ["an'ɛkən] v. intr. cogner ; heurter. ◇ v. tr. scandaliser.

Äneas [ɛ'ne:as] n. pr. m. MYTH. Énée m.

Äneide [ɛne'i:də] n. pr. f. LITTÉR. Énéide f.

an|eignen (sich) [ziç"an'aignən] v. pr. s'approprier ; se saisir de. || PHYS. s'assimiler. || FIG. *sich eine Sprache aneignen*, s'assimiler une langue étrangère.

An|eignung ["an'aignuŋ] f. (-, en) prise (f.) de possession ; appropriation f. || assimilation f.

an|einander [anain'andər] adv. l'un près de l'autre ; ensemble ; serré.

aneinander|geraten [anain"andərgə'rɑ:tən] (ä, ie, a) v. intr. se heurter ; se quereller ; se battre. ||**-grenzen** v. intr. être attenant, contigu. ||**-hängen** (i, a) v. tr. joindre ; adjoindre. — v. intr. FIG. être (intimement) lié. ||**-rücken** v. tr. rapprocher. — v. intr. se rapprocher. ||**-setzen** v. tr. joindre. ||**-stoßen** (ö, ie, o) v. intr. s'entrechoquer ; s'entreheurter. || AGRIC. être limitrophe.

Anekdote [anɛk'do:tə] f. (-, n) anecdote f.

an|ekeln ["an'e:kəln] v. tr. dégoûter ; écœurer. | *es ekelt mich an*, cela me répugne, m'écœure.

Anemometer [anemo'me:tər] n. (s, -). PHYS. anémomètre m.

Anemone [ane'mo:nə] f. (-, n). BOT. anémone f.

an|empfehlen ["anɛm'pfe:lən] (ie, a, o) v. tr. recommander ; confier (à).

An|erbe, erbin ["an'ɛrbə' 'ɛrbin] m. (n, n), f. (-, nen) héritier (m.), héritière (f.) (d'une propriété foncière) ; héritier privilégié. | *Anerberecht*, droit (m.) d'héritage par primogéniture.

an|erben [-bən] v. tr. hériter. ◇ part. pass. et adj. **angeerbt,** hérité ; héréditaire ; reçu par héritage.

anerbieten ["anɛr'bi:tən] (o, o) v. tr. offrir.

An|erbieten [-tən] n. (s, -) offre f. ; proposition f.

an|erkannt ["anɛr'kant] adj. (généralement) admis ; reconnu. || adv. *eine anerkannt gute Küche*, une cuisine réputée.

anerkanntermaßen ["anɛrkantər'mɑ:sən] adv. de l'aveu de tous.

an|erkennen ["anɛr'kɛnən] (kannte, gekannt) v. tr. reconnaître ; accepter. | *den Standpunkt des Gegners anerkennen*, accepter, admettre, approuver le point de vue de l'adversaire. | *eine Arbeit anerkennen*, reconnaître le mérite d'un travail ; apprécier un travail. || JUR. *gerichtlich, gesetzlich anerkennen*, légitimer ; légaliser. || COMM. *einen Wechsel anerkennen*, accepter une traite. || SPORT. *einen Rekord offiziell anerkennen*, homologuer un record. || [gestehen] avouer.

An|erkenntnis [-'kɛntnis] f. (-, se), **Anerkennung** [-'kɛnuŋ] f. (-, en) reconnaissance f. ; approbation f. || [Lob] appréciation f. ; louange f. | *Anerkennung finden*, être approuvé, apprécié. || JUR. légalisation f. || légitimation f. || COMM. acceptation f. || SPORT. homologation f. || POLIT. [Gesandter] exequatur m. || [Geständnis] aveu m.

Aneroid [anero'i:t] n. (s, e). PHYS. baromètre (m.) anéroïde.

an|erziehen ["anɛr'tsi:ən] (o, o) v. tr. inculquer.

an|fachen ["an'faxən] v. tr. PR. et FIG. attiser.

an|fahren ["an'fɑ:rən] (a, u, a) v. intr. **1.** arriver. | *der Wagen kommt angefahren*, la voiture approche, arrive. || MAR. [Schiff] aborder.
2. démarrer ; se mettre en marche.
3. MINES. descendre dans la mine.
◇ v. tr. [anstoßen] accrocher. | *jn mit dem Wagen anfahren*, accrocher, renverser qn avec sa voiture. || FIG. [schelten] brusquer. | *jn hart anfahren*, rabrouer, rudoyer, FAM. rembarrer qn. || COMM. amener (en voiture). || *Kohlen anfahren*, charrier du charbon.

An|fahrt ['anfɑ:rt] f. (-, en) arrivée f. | *leichte Anfahrt*, accès (m.) facile. | *weite Anfahrt*, long trajet. || MAR. abordage m. || AUTOM. démarrage m. || TRANSP. départ m. || MINES. descente f.

An|fall ['anfal] m. (s, ¨e). **1.** MÉD. accès m. ; attaque f. ; crise f. ; quinte f. | *Fieberanfall*, accès de fièvre. | *Nervenanfall*, crise de nerfs.
2. production f. | *der Anfall an Milch*, la production de lait.
3. JUR. [Erwerb] *Anfall der Erbschaft*, dévolution (f.) de l'héritage.
4. MINES. [Stützung] étançon m.

an|fallen ["an'falən] (ä, ie, a) v. tr. attaquer ; assaillir. | *der Wolf fällt die Herde an*, le loup attaque le troupeau.
◇ v. intr. JUR. [zufallen] échoir (en héritage). || apparaître accessoirement. | *was an Schlacken dabei anfällt*, les scories produites au cours de l'opération.

anfallend ["an'falənt] adj. occasionnel. | *anfallende Arbeiten*, travaux (m. pl.) courants.

an|fällig ["an'fɛliç] adj. de santé délicate.

An|fälligkeit [-kait] f. délicatesse de santé.

An|fang ['anfaŋ] m. (s, ¨e) commencement m. ; début m. ; origine f. | *Anfang Mai*, au début de mai. | *Schulanfang*, rentrée (f.) des classes. | *im Anfang ; anfangs*, au début. | *von Anfang an*, dès le début. | *von Anfang bis Ende*, du commencement à la fin. | *das Geschäft nimmt einen guten Anfang*, l'affaire prend un bon départ. | *sich aus kleinen Anfängen emporarbeiten*, partir de rien. | *die Anfänge der Mathematik*, les rudiments (m. pl.) des mathématiques. || LITTÉR. exorde m. ; entrée (f.) en matière.
— SYN. : *Beginn*, début ; *Einleitung*, introduction ; *Anbahnung*, commencement ; *Ursprung*, origine ; *Quelle*, source.

an|fangen ["an'faŋən] (ä, i, a) v. tr. commencer. | *ein neues Leben anfangen*, changer de vie. | *einen Prozeß anfangen*, intenter un procès. | *zu genesen anfangen*, entrer en convalescence.
◇ v. intr. entrer en action, en matière ; débuter ; commencer. | *die Hitze fängt wieder an*, la chaleur reprend. | *wie soll ich's anfangen ?*, comment m'y prendre ? | *es ist nichts mit euch anzufangen*, il n'y a rien à faire avec vous. | *ich weiß nichts damit anzufangen*, je ne sais qu'en faire. | *alles verkehrt anfangen*, prendre tout à rebours. | *bei Adam und Eva anfangen*, remonter au déluge.

An|fänger(in) [-'fɛŋər(in)] m. (s, -), f. (-, nen) débutant(e) m. (f.). || FAM. *er ist noch ein blutiger Anfänger*, il fait ses premiers pas.

an|fänglich ["an'fɛŋlio] adj. initial. || FIG. primitif. ◇ adv. au début ; au commencement.

an|fangs ['anfaŋs] adv. au commencement ; d'abord. | *Anfangs...*, initial.

Anfangs|buchstabe ["anfaŋs'bu:xʃta:bə] m. (n, n) lettre initiale. ||°**-gebot** n. (es, e) mise (f.) à prix. ||°**-gehalt** n. (s, ¨er). ÉCON. salaire (m.) de début. ||°**-geschwindigkeit** f. (-, en). PHYS. vitesse initiale. ||°**-gründe** m. pl. premières notions ; éléments m. pl. ; rudiments m. pl. ||°**-kurs** m. (es, e). [Börse] cours (m.) d'ouverture.

an|fassen ["an'fasən] v. tr. saisir ; prendre. | *faß mich nicht an !*, ne me touche pas ! || FIG. *eine Sache verkehrt anfassen*, prendre une affaire à l'envers ; mal s'y prendre. | *jn mit Glacéhandschuhen anfassen*, prendre des gants avec qn. | *jn rauh anfassen*, traiter qn brutalement.

an|faulen ["an'faulən] v. intr. se mettre à pourrir ; se gâter. | *angefaultes Obst*, fruits gâtés.

an|fechtbar ["an'fɛçtba:r] adj. contestable ; discutable ; attaquable.

An|fechtbarkeit [-barkait] f. JUR. contestabilité f. ; annulabilité f.

an|fechten ["an'fɛçtən] (i, o, o) v. tr. contester ; attaquer. | *ein Urteil anfechten*, attaquer un jugement. | *ein Testament anfechten*, contester la validité d'un testament. || FIG. combattre. | *ihn ficht nichts an*, il ne craint ni Dieu ni diable ; il n'a peur de rien.

An|fechtung [-tuŋ] f. (-, en). JUR. contestation f. ; discussion f.

an|feinden ["an'faindən] v. tr. attaquer ; harceler ; montrer de l'hostilité.

an|fertigen ["an'fɛrtigən] v. tr. fabriquer ; confectionner.

An|fertigung [-guŋ] f. (-, en) fabrication f. ; production f. | *Anfertigung einer Bilanz*, établissement (m.) d'un bilan.

an|feuchten ["an'fɔyçtən] v. tr. humecter. || [Pflanzen] bassiner ; mouiller.

An|feuchter [-tər] m. (s, -) humecteur m.

An|feuchtung [-tuŋ] f. (-) humectation f.

an|feuern ["an'fɔyərn] v. tr. allumer ; faire du feu. | *den Ofen anfeuern*, allumer le poêle. || FIG. enflammer ; exciter ; encourager. | *anfeuernde Worte*, des paroles d'exhortation.

An|feuern [-ərn] n. (s), °**-feuerung** [-əruŋ] f. (-, en) allumage m. || FIG. encouragement m.

an|flehen ["an'fle:ən] v. tr. implorer ; supplier. | *Gott um Vergebung seiner Sünden anflehen*, implorer le pardon de Dieu.

An|flehung [-uŋ] f. (-, en) imploration f. ; supplication f.

an|fletschen ["an'flɛtʃən] v. tr. montrer les dents.

an|fliegen ["an'fli:gən] (o, o) v. tr. aborder en volant. || AÉRON. *einen Flugplatz anfliegen*, faire escale.
◇ v. intr. heurter en volant ; donner contre qch. || FIG. *Wissen ist ihm angeflogen*, les connaissances lui viennent sans peine. | *was fliegt dich an ?*, quelle mouche te pique ?

an|flößen ["an'flø:sən] v. tr. amener par flottage. || charrier (en parlant d'un fleuve).

An|flug ['anflu:k] m. (s, ¨e). AÉRON. approche f. || [Schimmer] légère quantité. | *Anflug von Bart*, soupçon (m.) de barbe ; duvet m. | *ein Anflug von Spott*, un brin de moquerie. | *in einem Anflug von Heiterkeit*, dans un accès de gaieté. || BOT. semences apportées par le vent.

Anflug|weg ["anfluk've:k] m. (s, e). AÉRON. trajectoire (f.) d'approche.

an|fordern ["an'fɔrdərn] v. tr. exiger ; demander ; réclamer ; solliciter.

An|forderung [-ruŋ] f. (-, en) demande f. ; prière instante ; requête f. | *Anforderungen*, caractéristiques exigées.

Anforderungs|profil ["anfɔrdəruŋspro'fi:l] n. (s, e) profil m. | *Anforderungsprofil am Arbeitsplatz*, profil du poste.

An|frage ["an'fra:gə] f. (-, n). COMM. demande f. | *auf Anfrage*, sur demande. || POLIT. interpellation f.

an|fragen [-gən] v. tr. et v. intr. se renseigner, s'informer (auprès de qn de qch.) ; s'adresser (à qn). || POLIT. interpeller (qn).

an|fressen ["an'frɛsən] (i, a, e) v. tr. grignoter ; entamer. || ZOOL. [Motten] miter ; [Würmer] piquer ; [Vögel] picoter. || MÉD. ronger ; ulcérer ; carier. || CHIM. attaquer ; corroder. || TECHN. gripper.

an|freunden (sich) [ziç"an'frɔyndən] v. pr. se lier d'amitié. | *sich mit einem Gedanken anfreunden*, se faire à une idée.

an|frieren ["an'fri:rən] (o, o) v. intr. geler ; se congeler ; prendre.

an|fügen ["an'fy:gən] v. tr. joindre ; ajouter ; adapter ; apposer.

An|fügung [-guŋ] f. (-, en) addition f. ; adjonction f. | *unter Anfügung des Briefes*, ci-joint, ci-inclus la lettre.

An|fuhr ['anfu:r] f. (-, en). TECHN. charriage m. ; charroi m. ; transport m.

an|führen ["an'fy:rən] v. tr. conduire ; amener. | *den Tanz anführen*, mener la danse. | *ein Heer anführen*, commander une armée. || PAR ANAL. [Bücher, Worte] citer ; rapporter. | *eine Stelle anführen*, citer, mentionner un passage. || FIG. [betrügen] tromper ; duper. | *sich anführen lassen*, tomber dans le panneau.

An|führer [-rər] m. (s, -) chef m. ; conducteur m. || MIL. commandant m. || POLIT., PÉJOR. meneur m.

An|führung [-ruŋ] f. (-, en) direction f. ; conduite f. ; commandement m. || PAR ANAL. énumération f. ; citation f. || *Anführung einer Gesetzesstelle*, citation d'un passage du Code. || JUR. allégation f.
— SYN. : *Berufung*, citation ; *Vorwand*, allégation ; *Erwähnung*, mention.

Anführungs|striche ["anfy:ruŋs'ʃtriçə] m. pl. (n). TYPOGR. guillemets m. pl. || PR. et FIG. *in Anführungsstrichen*, entre guillemets.
— SYN. : *Anführungszeichen* n. pl.

an|füllen ["an'fylən] v. tr. (r)emplir ; combler.

An|gabe ["an'ga:bə] f. (-, n) indication f. ; information f. ; déclaration f. ; énoncé m. | *technische Angaben*, données (f. pl.) techniques. || JUR. *falsche Angaben*, faux témoignages m. pl. || PÉJOR. dénonciation f. || COMM. déclaration f. || ADM. disposition f. ; instruction f. || [Prahlerei] vantardise f. | *das ist reine Angabe*, c'est de la forfanterie.

an|gaffen ["an'gafən] v. tr. regarder ; rester bouche bée ; dévisager.

an|gängig ["an'gɛŋiç] adj. (Vx.) faisable ; possible. | *es ist nicht angängig, zu*, il n'est pas permis de.

an|geben ["an'ge:bən] (i, a, e) v. tr. **1.** indiquer ; donner des indications. | *eine Anschrift angeben*, donner une adresse. | *seinen Namen angeben*, décliner son nom, son identité. || [mitteilen] déclarer ; faire la déclaration de.. | *genau angeben*, préciser ; décrire. | *sein Einkommen angeben*, déclarer ses revenus. | *als Grund angeben*, donner comme prétexte.
2. MUS. *den Takt, den Ton angeben*, battre la mesure ; donner le ton.
3. JUR. *bei der Polizei angeben*, dénoncer à la police.
4. [protzen] se vanter ; crâner.
◇ v. intr. [anspielen] donner le premier (au jeu) ; faire.
◇ v. pr. **sich angeben,** *sich (als, für) angeben*, se présenter ; se donner (pour).

An|geber [-bər] m. (s, -) vantard m. ; FAM. esbroufeur m. ; m'as-tu-vu m.

An|geberei [ange:bə'rai] f. (-, en) vantardise f. ; FAM. esbroufe f.

an|geberisch ["an'ge:bərɪʃ] adj. fanfaron.
An|gebinde ["angə'bɪndə] n. (s, -). (Vx.) cadeau m.
an|geblich ["an'ge:plɪç] adj. prétendu ; soi-disant. | *er ist angeblich krank*, il est soi-disant malade.
an|geboren ["angə'bo:rən] adj. inné ; congénital.
An|gebot ["angə'bo:t] n. (es, e) offre f. ; enchère f. | *erstes Angebot*, première offre. | *festes Angebot*, offre ferme. | *höheres Angebot*, enchère ; surenchère f. | *die Nachfrage übersteigt das Angebot*, la demande excède, dépasse l'offre.
an|gebracht ["angə'braxt] adj. *nicht angebracht*, déplacé. | *etwas für angebracht halten*, tenir qch. pour opportun.
an|gedeihen ["angə'daiən] (ie, ie) v. tr. [nur mit lassen] accorder ; procurer. | *jm eine gute Erziehung, gute Pflege angedeihen lassen*, donner une bonne éducation à qn, soigner qn.
an|geduselt ["angə'du:zəlt] part. pass. et adj. FAM. éméché.
an|gegangen ["angə'gaŋən] part. pass. et adj. avancé. | *angegangenes Fleisch*, viande avancée.
an|gegossen ["angə'gɔsən] part. pass. et adj. versé. || MÉTALL. moulé, coulé. || FIG. *das Kleid sitzt ihr wie angegossen*, cette robe lui va comme un gant.
An|gegriffenheit ["angə'grɪfənhait] f. fatigue f.
an|gehaucht ["angə'hauxt] adj. FIG. légèrement coloré ; qui a reçu une teinte de.
an|geheitert ["angə'haitərt] part. pass. et adj. guilleret ; éméché ; gris.
an|gehen ["an'ge:ən] (ging, gegangen) v. tr. aborder. || [bitten] demander (qch. à qn). | *er ging mich um Geld an*, il me demanda de l'argent. || [angreifen] s'attaquer à. | *das Pferd geht das Hindernis an*, le cheval attaque l'obstacle. || [kämpfen gegen] brusquer. || [betreffen] concerner. | *das geht mich nicht(s) an*, cela ne me regarde pas ; cela n'est pas de mon ressort. ◇ v. intr. [beginnen] commencer ; débuter. | *der Ofen geht an*, le poêle prend feu. | *der Motor geht an*, le moteur part, FAM. démarre. || PAR ANAL., BOT. *die Pflanze geht an*, la plante prend (racine). | *ein angehender Gelehrter ; ein angehender Fünfziger*, un demi-savant ; un homme dans les cinquante (ans). || [mittelmäßig, erträglich] être passable, supportable, possible. | *das geht gerade noch an*, c'est encore supportable ; cela peut (encore) aller. | *das geht an*, cela va. | *das geht nicht an*, cela n'est pas convenable ; cela ne se fait pas. || [schlecht werden] se gâter. | *das Fleisch geht an*, la viande se gâte. || [sich anziehen lassen] se mettre. | *diese Schuhe gehen sehr schwer an*, ces chaussures se mettent difficilement.
an|gehören ["angə'hø:rən] v. intr. appartenir à. | *er gehört dem Ausschuß an*, il fait partie de la commission.
An|gehörige(r) [-rigə(r)] f. (m.) parent(e) m. (f.) (s'emploie surtout au pl.) les miens ; les tiens ; les siens ; les nôtres ; les vôtres ; les leurs. | *die nächsten Angehörigen*, les (plus) proches parents m. pl. ; la famille. || *die Angehörigen eines Betriebes*, le personnel d'une entreprise.
an|gekränkelt ["angə'krɛŋkəlt] adj. maladif. || FIG. *von Skepsis angekränkelt*, saisi par le doute.
Angel ['aŋəl] f. (-, n). [Tür] gond m. || FIG. *zwischen Tür und Angel*, entre deux portes ; en coup de vent. | *man soll die Finger nicht zwischen Tür und Angel stecken*, il ne faut pas mettre le doigt entre l'arbre et l'écorce. | *aus den Angeln heben*, sortir de ses gonds.
Angel|punkt ["aŋəl'puŋkt] m. (s, e). FIG. pivot (m.), charnière (f.) d'une affaire. ||**-weit** adv. dans la loc. *die Tür steht (sperr)angelweit auf*, la porte est grande ouverte.
Angel ['aŋəl] f. (-, n) ligne f. (pour la pêche).
Angel|köder ["aŋəl'kø:dər] m. (s, -) amorce f. ||°**-leine** f. (-, n) fil (m.) de la ligne. ||°**-rute** f. (-, n) canne (f.) à pêche. ||°**-schnur** f. (-en et ¨e) fil (m.) de la ligne. ||°**-sport** m. (s, e) sport (m.) halieutique.
an|gelangen ["angə'laŋən] v. intr. arriver.
an|gelegen ["angə'le:gən] adj. qui tient à cœur. | *sich etwas angelegen sein lassen*, prendre qch. à cœur.
An|gelegenheit [-hait] f. (-, en) affaire f. | *eine wichtige Angelegenheit*, une affaire importante. | *eine Angelegenheit erledigen*, régler une affaire. | *in welcher Angelegenheit kommen Sie ?*, quel est le but de votre démarche ?
an|gelegentlich [-gəntlɪç] adj. pressant ; empressé.
◇ adv. instamment ; avec empressement. | *angelegentlich empfehlen*, recommander vivement.
an|gelenkt [ɑngəlɛŋkt] adj. articulé. | *angelenktes Blatt*, pale articulée.
angeln ['aŋəln] v. tr. pêcher à la ligne ; prendre à l'hameçon.
an|geloben ["angə'lo:bən] v. tr. promettre.
An|gelöbnis [-'lø:pnis] n. (ses, se) promesse f.
Angel|sachse [aŋəl'zaksə], °**-sächsin** [-'zɛksin] m. (n, n), f. (-, nen) Anglo-Saxon(ne) m. (f.).
angel|sächsisch [-'zɛksiʃ] adj. anglo-saxon.
Angelus ['aŋgelus] m. RELIG. angélus m.
an|gemessen ["angə'mɛsən] part. pass. et adj. approprié ; convenable ; conforme à. | *für angemessen halten*, juger bon, à propos. | *angemessener Preis*, prix (m.) raisonnable, honnête.
An|gemessenheit [-hait] f. FIG. convenance f.
an|genehm ["angə'ne:m] adj. agréable. | *angenehme Stimme*, voix (f.) agréable. | *angenehme Abwechslung*, distraction (f.) agréable. || [Besuch] bienvenu. || [Bekanntschaft machen] *sehr angenehm !*, ravi, enchanté de faire votre connaissance.
Anger ['aŋər] m. (s, -). [Wiese] pâturage m. ; pacage m. ; herbage m.
Anger|blümchen ["aŋər'blymçən] n. (s, -) pâquerette f.
an|geregt ["angə're:kt] adj. PHYS. *angeregter Zustand*, état excité.
an|gereichert ["angə'raiçərt] adj. CHIM. enrichi. | *angereicherter Brennstoff*, combustible enrichi. | *angereichertes Uran*, uranium enrichi.
an|gesehen ["angə'ze:ən] part. pass. et adj. [Personen] bien vu ; considéré ; estimé.
an|gesessen ["angə'zɛsən] adj. établi ; fixé.
An|gesicht ["angə'ziçt] n. (s, er). [Sehen] vue f. ; présence f. | *nur von Angesicht kennen*, ne connaître que de vue. || [Vorderteil des Kopfes] visage m. ; face f. ; figure f. | *ins Angesicht sehen*, regarder en face. | *von Angesicht zu Angesicht*, face à face. | *im Schweiße seines Angesichts*, à la sueur de son front.
an|gesichts [-'ziçts] prép. (gén.) en vue de. | *angesichts des Feindes*, en vue de l'ennemi. || FIG. eu égard à. | *angesichts der Tatsache, daß*, eu égard au fait que.
an|gestammt ["angə'ʃtamt] adj. héréditaire. | *angestammter Besitz*, domaine (m.) héréditaire.
An|gestellte(r) ["angə'ʃtɛltə(r)] f. (m.) employé(e) m. (f.). | *kaufmännischer Angestellter*, employé de commerce. | *leitender Angestellter*, cadre supérieur. | *die Angestellten*, le personnel. | *Angestellter des öffentlichen Dienstes, (etwa)* agent contractuel de droit public. | *Angestellte(r) ohne festen Vertrag*, contractuel(le) m. (f.). | *Angestelltenverband*, syndicat (m.) des employés.
an|getan ["angə'ta:n] part. pass. de **antun** et adj. vêtu de. || de nature à. | *das Wetter ist nicht dazu angetan*, le temps ne convient pas pour cela. || *sie hat es ihm angetan*, elle l'a conquis.
an|getrunken ["angə'truŋkən] adj. *angetrunkene Flasche*, bouteille entamée. || FAM. éméché ; gris ; pris de boisson.
an|gewöhnen ["angə'vø:nən] v. tr. habituer.
◇ v. pr. **sich angewöhnen,** s'habituer ; s'accoutumer ; prendre une habitude.
An|gewohnheit [-'vo:nhait] f. (-, en), °**-gewöhnung** [-vø:nuŋ] f. (-, en) habitude f. ; accoutumance f.
an|gießen ["an'gi:sən] (o, o) v. tr. [Pflanzen] arroser ; humecter. || [Tee] infuser. || TECHN. couler.
◇ part. pass. **angegossen,** LOC. *diese Hose sitzt Ihnen wie angegossen*, ce pantalon vous va comme un gant.
Angiographie [aŋiogra'fi:] f. (-, n). MÉD. angiographie f.
an|gleichen ["an'glaiçən] v. tr. assimiler ; ajuster ; coordonner ; harmoniser ; égaliser.
An|gleichung [-çuŋ] f. (-, en) assimilation f. ; rajustement m. ; ajustement m. ; harmonisation f. ; coordination f. | *Angleichung der Gehälter an die Lebenskosten*, alignement (m.) des salaires sur le coût de la vie. | *Angleichung der Wechselkurse*, réalignement (m.) des monnaies.
Angler ['aŋglər] m. (s, -) pêcheur à la ligne.
Angliederung ["an'gli:dəruŋ] f. (-, en) annexion f. ; rattachement m.
anglikanisch [aŋgli'ka:niʃ] adj. RELIG. anglican. | *anglikanische Kirche*, Église anglicane.
anglisieren [-gli'zi:rən] v. tr. angliciser.
◇ v. pr. **sich anglisieren,** s'angliciser.

Anglist(in) [aŋ'glist(in)] m. (en, en), f. (-, nen) angliciste s.

Anglistik [aŋ'glistik] f. science (f.) des langues anglaise et américaine.

Anglo|normannen ['aŋglonɔr"manən] m. pl. Anglo-Normands m. pl. ||**-normannisch** adj. anglonormand.

an|glotzen ["an'glɔtsən] v. tr. FAM. écarquiller les yeux devant qn ; regarder bouche bée.

an|glühen ["an'gly:ən] v. tr. embraser ; enflammer.
◇ v. intr. s'embraser.

Angora|kaninchen [aŋ"go:raka'ninçən] n. (s, -) lapin (m.) angora. ||°**-katze** f. (-, n) chat (m.) angora ; angora m. ||°**-wolle** f. TEXT. laine (f.) angora ; angora m.

an|greifbar ["an'graifbɑ:r] adj. attaquable ; contestable ; discutable.

an|greifen [-fən] (i, i) v. tr. **1.** [feindlich losgehen auf] attaquer ; assaillir. || MIL. *mit der blanken Waffe angreifen*, attaquer à l'arme blanche. || FIG. *der Rost greift das Eisen an*, la rouille ronge, corrode, mange le fer. | *er wurde in den Zeitungen angegriffen*, il a été attaqué dans la presse.
2. [belästigen, ermüden] saisir ; fatiguer ; affecter. | *angegriffen aussehen*, avoir l'air fatigué.
3. [erfassen ; greifen ; berühren] prendre ; saisir.
4. [beginnen] entreprendre ; attaquer. | *es geschickt angreifen*, s'y prendre adroitement.
5. [anbrechen] entamer.

An|greifer [-fər] m. (s, -). [Personen] agresseur m. ; assaillant m. || MIL. envahisseur m. || TECHN. [Haken] crochet (m.) de levage.

an|grenzen ["an'grɛntsən] v. intr. | *angrenzen an*, avoisiner qch ; confiner à ; être limitrophe de.
◇ part. prés. et adj. **angrenzend,** adjacent ; contigu ; limitrophe.

An|griff ['angrif] m. (s, e) attaque f. ; assaut m. ; offensive f. ; agression f. | *zum Angriff antreten*, se rassembler pour l'assaut. | *zum Angriff ansetzen, übergehen*, déclencher l'attaque ; prendre l'offensive. | *den Angriff abschlagen, abweisen, zurückschlagen*, repousser l'attaque. || FIG. *eine Arbeit in Angriff nehmen*, aborder un travail.

Angriffs|fläche ["angrifs'flɛçə] f. (-, n) surface (f.) d'attaque. ||°**-geist** m. (s, er) esprit offensif. ||°**-krieg** m. (s, e) guerre (f.) d'agression. ||°**-lust** f. esprit agressif ; agressivité f. ||**-lustig** adj. agressif ; guerrier. ||°**-waffe** f. (-, en) arme offensive. ||°**-welle** f. (-, en) vague (f.) d'assaut.

an|grinsen ["an'grinzən] v. tr. regarder en ricanant ; ricaner.

Angst [aŋst] f. (-, ¨e) peur f. ; angoisse f. ; anxiété f. | *vor etwas* (dat.) *Angst haben*, craindre, redouter, appréhender qch ; avoir peur de qch. | *Angst einjagen*, inspirer de la frayeur. | *in Angst versetzen*, effrayer qn. | *in Angst geraten*, prendre peur ; s'effrayer.
◇ adj. **angst,** *ihm ist angst und bang(e)*, il est dans les transes.

angst|befallen ["aŋstbə'falɛn] adj. FIG. envahi par la peur. ||**-erfüllt** adj. angoissé ; plein d'angoisse. ||°**-hase** m. (n, n). FIG. poltron m. ; FAM. froussard m. ||°**-meier** m. (s, -) POP. poltron m. ||°**-peter** m. (s, -). FAM. poltron m. ||°**-psychose** f. (-, n) angoisse maladive. ||°**-röhre** f. (-, n). FAM., FIG. tube m. ; chapeau haut de forme. ||°**-schweiß** m. (es, e) sueur de l'angoisse. ||°**-zustand** m. (s, ¨e) état (m.) d'anxiété.

ängstlich ['ɛŋstliç] adj. [Personen, Tiere] anxieux ; craintif ; peureux ; timide ; apeuré. | *ängstliche Mutter*, mère inquiète. || [Dinge] dangereux. | *ängstliche Lage*, situation inquiétante.
◇ adv. minutieusement, scrupuleusement. | *ein ängstlich gehütetes Geheimnis*, un secret jalousement gardé.

an|gucken ["an'gukən] v. tr. regarder ; FAM. dévisager ; toiser. || FAM. *jn verliebt angucken*, couver qn des yeux ; faire les yeux doux à qn.

an|gürten ["an'gyrtən] v. tr. ceindre.

an|haben ["an'hɑ:bən] (hast, hatte, gehabt) v. tr. porter ; être vêtu de. | *sie hat ein schönes Kleid an*, elle porte une belle robe. || FIG. *er kann mir nichts anhaben*, il n'a pas de prise sur moi ; il ne peut rien contre moi.

an|haften ["an'haftən] v. intr. adhérer ; coller ; rester attaché à.

an|haken ["an'hɑ:kən] v. tr. accrocher ; agrafer. || FIG. *Zahlen anhaken*, cocher des chiffres.

An|halt ['anhalt] m. (s, e). [Stütze] (point d') appui m. ; soutien m. || [Halteplatz] arrêt m.

An|halt n. pr. n. GÉOGR. région d'Allemagne. | *er ist aus Anhalt*, il est près de ses sous.

an|halten ["an'haltən] (ä, ie, a) v. intr. **1.** [stehenbleiben] s'arrêter. | *der Zug hält an*, le train s'arrête. | *die Arbeit hält an*, le travail cesse. | *auf einmal anhalten*, FIG., FAM. s'arrêter pile.
2. persister, durer. | *der Regen hält an*, la pluie persiste. | *anhaltender Beifall*, applaudissements nourris.
3. briguer ; solliciter ; demander. | *um ein Mädchen anhalten*, demander la main d'une jeune fille.
◇ v. tr. **1.** [drücken] tenir (qch. contre qch.).
2. [aussetzen] suspendre. | *den Atem anhalten*, retenir son souffle.
3. [halten lassen] arrêter. | *ein Auto anhalten*, arrêter, faire stopper une voiture. || PAR ANAL. *einen Dieb anhalten*, arrêter un voleur.
4. [ermahnen] FIG. inviter à ; exhorter à. | *jn zur Arbeit, zum Lernen anhalten*, exhorter qn à travailler, à apprendre.
◇ v. pr. **sich anhalten,** *sich an etwas anhalten*, se tenir, se cramponner à qch.

anhaltend [-tənt] adv. sans désemparer.

Anhalte|punkt ["anhaltə'puŋkt] m. (s, e) arrêt m. ; station f. ; halte f.

Anhalter(in) [-tər(in)] m. (s, -), f. (-, nen) auto-stoppeur m. ; auto-stoppeuse f. | *per Anhalter fahren*, faire de l'auto-stop.

Anhalts|punkt ["anhalts'puŋkt] m. (s, e) point (m.) d'appui. || FIG. point (m.) de repère ; directive f.

An|hang ['anhaŋ] m. (s, ¨e). [Buch, Schrift] appendice m. || [Nachtrag] supplément m. || [Vertrag] annexe. | *als Anhang beifügen*, joindre ; annexer. || POLIT. [Partei] parti m. ; partisans m. pl. ; coterie f. || COMM. allonge f. || JUR. codicille m. || FIG., FAM. famille f.

Anhänge|adresse ["anhɛŋəa'drɛsə] f. (-, n) étiquette-adresse f. ; étiquette-bagage f. ||°**-schloß** n. (es, ¨er) cadenas m.

an|hängen ["an'hɛŋən] v. tr. accrocher ; suspendre ; attacher. | *einen Waggon anhängen*, accrocher un wagon. || FIG. [Streit suchen] *jm etwas anhängen*, imputer, attribuer qch. à qn.
◇ v. intr. POLIT. *jm anhängen*, être partisan de qn.

An|hänger [-ŋər] m. (s, -). [Schmuck] pendentif m. ; breloque f. ; pendeloque f. || [Zettel] étiquette f. || AUTOM. remorque f. || FIG. disciple m. ; adhérent m. ; adepte m.

Anhänger|kupplung ["anhɛŋər'kupluŋ] f. (-, en). AUTOM. dispositif (m.) d'attelage. ||°**-schaft** f. partisans m. pl.

an|hängig ["an'hɛŋiç] adj. JUR. pendant. | *einen Prozeß gegen jn anhängig machen*, intenter un procès à qn.

an|hänglich ["an'hɛŋliç] adj. fidèle ; dévoué.

An|hänglichkeit [-kait] f. (-, en) attachement m. ; fidélité f. ; affection f. ; dévouement m.

An|hängsel ["an'hɛŋzəl] n. (s, -) appendice m. ; breloque f. ; pendeloque f.

An|hauch ['anhaux] m. (es, e) souffle m. ; buée f. || FIG. trace f. ; teinte f.

an|hauchen ["an'hauxən] v. tr. effleurer d'un souffle ; souffler sur. || FIG., déteindre sur.

an|hauen ["an'hauən] (hieb, gehauen) v. tr. entamer à coups de hache. || MINES. attaquer une veine. || FAM. [pumpen] *jn anhauen*, taper qn.

an|häufeln ["an'hɔyfəln] v. tr. mettre en tas. || AGRIC. butter.

an|häufen [-fən] v. tr. accumuler ; entasser ; amasser ; amonceler. || JUR. *Strafen anhäufen*, cumuler des peines.
◇ v. pr. **sich anhäufen,** s'amasser ; s'entasser.

An|häufung [-fuŋ] f. (-, en). [Aufschichtung] mise (f.) en tas. || [Aufstapelung] entassement m. || [Ansammlung] accumulation f. || JUR. cumul m.

an|heben ["an'he:bən] (o, o) v. tr. soulever ; amorcer.
◇ v. intr. FIG. commencer. | *der Chor hob mit dem Lied an*, la chorale entonna le cantique.

an|heften ["an'hɛftən] v. tr. attacher ; agrafer ; brocher ; fixer.

an|heimeln ["an'haiməln] v. tr. FIG. envahir de nostalgie. | *das Zimmer heimelt mich an*, cette chambre me rappelle ma propre chambre, mon pays natal, mon foyer.

anheim|fallen [an"haim'falən] (fällt, fiel anheim, anheimgefallen) v. intr. échoir à qn. || JUR. *erbloses Gut fällt dem Staat anheim*, les biens en déshérence sont attribués à l'État.

anheim|geben [-'ge:bən] (i, a, e), **-stellen** v. tr. s'en remettre à ; s'en rapporter à. | *sich Gott anheimgeben*, s'en remettre à Dieu. | *das stelle ich dir anheim*, pour cela je m'en remets à toi.

an|heiraten ["an'haira:tən] v. tr. |*angeheiratet*, allié (par le mariage).

an|heischig ["an'haiʃiç] adj. dans la loc. : *sich anheischig machen zu*, s'engager à ; se faire fort de.

an|heizen ["an'haitsən] v. tr. (commencer à) chauffer. | *es ist angeheizt*, on a fait une flambée. || FIG. *die Stimmung anheizen*, réchauffer l'atmosphère.

an|herrschen ["an'hɛrʃən] v. tr. apostropher.

An|hieb ['anhi:p] m. (s, e) coup m. | *auf Anhieb*, du premier coup.

An|höhe ["an'hø:ə] f. (-, n) élévation f. ; éminence f. ; hauteur f. ; côte f. ; colline f.

an|holen ["an'ho:lən] v. tr. MAR. haler. | *das Tau anholen*, haler le cordage.

an|hören ["an'hø:rən] v. tr. écouter ; entendre ; prêter l'oreille à ; écouter attentivement. || JUR. *nach Anhören der Parteien*, ouï les parties. || FIG. *man hört ihm an der Stimme an, daß*, on reconnaît à sa voix que... | *es hört sich an, als ob*, on croirait (à l'entendre) que.

An|hörung [-ruŋ] f. (-, en). JUR. audition f. | *Anhörung der Zeugen*, audition des témoins.

Anhörungs|verfahren ["anhø:ruŋsfɛr'fa:rən] n. (s, -) enquête publique.

Anhydrid [anhy'dri:t] n. (s, e). CHIM. anhydride m.

Anilin [ani'li:n] n. (s). CHIM. aniline f. ||°**-farben** f. pl., couleurs (f. pl.) à l'aniline.

animalisch [ani'ma:liʃ] adj. animal ; bestial ; de façon animale.

animieren [ani'mi:rən] v. tr. aguicher ; exciter. | *er ist animiert*, il est exalté.

Animier|kneipe [ani"mi:r'knaipə] f. (-, n). POP. boîte (f.) de nuit. ||°**-mädchen** n. (s, -) entraîneuse f.

Anis [a'ni:s] m. (s, e). BOT. anis m.

an|kämpfen ["an'kɛmpfən] v. intr. lutter contre ; combattre. || FIG. *gegen alle Hindernisse ankämpfen*, aller contre vents et marées.

An|kauf ['ankauf] m. (s, ¨e) achat m.

an|kaufen [-fən] v. tr. acheter.

◇ v. pr. **sich ankaufen**, acquérir.

An|käufer ["an'kɔyfər] m. (s, -) acquéreur m.

Ankaufs|preis ["ankaufs'prais] m. (es, e) prix (m.) d'achat ; prix coûtant. ||°**-stelle** f. (-, n) point (m.) d'achat.

Anke ['aŋkə] m. (en, en) ou f. (-, n). [Lachsforelle] truite saumonée. || POP. [Nacken] nuque f.

Anker ['aŋkər] m. (s, -). MAR., ancre f. | *vor Anker gehen*, jeter l'ancre. | *den Anker fallen lassen*, mouiller l'ancre. | *vor Anker liegen*, être à l'ancre. | *den Anker lichten*, lever l'ancre. || PHYS. portant m. ; induit m. ; noyau m. ; armature f. || ARCHIT. ancre f.

Anker|bewicklung ["aŋkərbə'vikluŋ] f. (-, en). TECHN. enroulement (m.) d'induit ; bobinage m. ||°**-grund** m. (es,¨e) mouillage m. ; fond m. ||°**-kette** f. (-, n). MAR. câble-chaîne m. ||°**-klüse** f. (-, n). MAR. écubier m. ||°**-platz** m. (es,¨e) mouillage m. ||°**-spill** n. (s, e) cabestan m. ||°**-spule** f. (-, n). ÉLECTR. bobine (f.) d'induit. ||°**-stromkreis** m. (es, e) circuit (m.) d'induit. ||°**-uhr** f. (-, en) montre (f.) à échappement, à ancre. ||°**-winde** f. (-, n). MAR. guindeau m.

ankern ['aŋkərn] v. intr. MAR. mouiller ; jeter l'ancre.

an|ketten ["an'kɛtən] v. tr. mettre à la chaîne ; enchaîner.

an|kitten ["an'kitən] v. tr. mastiquer.

An|klage ["an'kla:gə] f. (-, n). JUR. accusation f. | *Anklage gegen jn erheben*, mettre qn en accusation ; accuser qn ; poursuivre qn. | *Anklage auf Leben und Tod*, accusation capitale. | *unter Anklage stellen*, accuser ; mettre en accusation.

Anklage|akte ["ankla:gə'aktə] f. (-, n), °**-akt** [-akt] m. (es, e) acte (m.) d'accusation. ||°**-bank** f. (-, ¨e) banc (m.) des accusés, des prévenus. | *auf der Anklagebank sitzen*, FIG., FAM. être mis sur la sellette. ||°**-gründe** m. pl., °**-punkte** m. pl., chefs (m. pl.) d'accusation. ||°**-kammer** f. (-, n), °**-senat** m. (s, e) chambre (f.) d'accusation. ||°**-rede** f. (-, n) réquisitoire m. ||°**-schrift** f. (-, en) acte (m.) d'accusation.

anklagen ["an'kla:gən] v. tr. accuser. | *jn des Diebstahls anklagen*, accuser qn de vol. || dénoncer. | *vor Gericht anklagen*, poursuivre devant les tribunaux. || *ein Angeklagter*, un prévenu ; un accusé.

An|kläger(in) ["an'klɛ:gər(in)] m. (s, -), f. (-, nen) accusateur m. ; accusatrice f.

an|klammern ["an'klamərn] v. tr. agrafer ; accrocher. | *die Wäsche anklammern*, fixer le linge avec des pinces.

◇ v. pr. **sich anklammern**, s'accrocher ; s'agripper ; se cramponner.

An|klang ['anklaŋ] m. (s, ¨e) résonance f. ; écho m. || FIG. réminiscence f. | *Anklang finden*, avoir du succès ; être bien accueilli (par le public) ; trouver un écho. || MUS. accord m. || LITTÉR. allitération f. ; assonance f.

an|kleben ["an'kle:bən] v. tr. coller (à, contre) ; afficher.

◇ v. intr. être collé ; tenir à.

Ankleide|kabine ["anklaidəka'bi:nə] f. (-, n) cabine-vestiaire f. ||°**-raum** m. (es, ¨e) vestiaire m.

an|kleiden ["an'klaidən] v. tr. habiller ; vêtir.

an|klingeln ["an'kliŋəln] v. tr. appeler au téléphone.

◇ v. intr. *bei jm anklingeln*, sonner à la porte de qn.

an|klingen ["an'kliŋən] (a, u) v. intr. résonner ; retentir. || FIG. *die mit A anklingenden Wörter*, les mots commençant par A. || [erinnern an] rappeler. | *dieses Lied klingt an ein Kirchenlied an*, ce lied rappelle un cantique. || PAR ANAL. [ähnlich sein] s'accorder ; former assonance avec.

◇ v. tr. *eine Saite anklingen (lassen)*, faire résonner une corde.

an|klopfen ["an'klɔpfən] v. intr. frapper (à la porte). || FIG. *bei jm anklopfen*, tâter le terrain auprès de qn ; pressentir qn.

◇ v. tr. fixer à coups de marteau. || MÉD. percuter.

an|knipsen ["an'knipsən] v. tr. *Licht anknipsen*, presser, tourner le bouton, le commutateur.

an|knöpfen ["an'knøpfən] v. tr. boutonner.

an|knüpfen ["an'knypfən] v. tr. attacher en nouant ; nouer. || FIG. lier ; nouer ; rattacher. | *ein Gespräch anknüpfen*, engager une conversation. | *Beziehungen anknüpfen*, entrer en relation. || COMM., POLIT. *Verhandlungen anknüpfen*, entamer des négociations.

◇ v. intr. attacher à ; partir de. | *mit jm anknüpfen*, nouer des relations avec qn.

Anknüpfungs|punkt ["anknypfuŋs'puŋkt] m. (s, e) point (m.) de contact, de liaison.

an|knurren ["an'knurən] v. tr. grogner contre.

an|ködern ["an'kødərn] v. tr. amorcer ; allécher.

an|kommen ["an'kɔmən] (a, o) v. intr. arriver. ||
1. [eintreffen ; da sein] *der Zug ist eben angekommen*, le train vient d'arriver. | *gesund und wohlbehalten ankommen*, arriver sain et sauf. || FAM. [aufgenommen, behandelt werden] être reçu. | *wir kommen gut bei ihm an*, nous tombons bien chez lui ; FIG. il comprend bien nos intentions.

2. [erreichen] parvenir ; arriver ; réussir à. | *er kann nicht gegen ihn ankommen*, il n'est pas de taille à rivaliser avec lui.

3. [seelisch ergreifen] venir à l'esprit. | *Erinnerung kommt mich an*, je me rappelle ; il me souvient. | *ihn kommt das Grauen an*, il frémit d'horreur. | *der Entschluß kam ihn hart an*, cette décision lui coûta.

◇ **ankommen auf**, (acc.). [der entscheidende Mann oder Punkt sein] dépendre de ; être conditionné par. | *es kommt uns darauf an, zu*, il nous importe de ; nous tenons à. | *es kommt darauf an*, FAM. cela dépend. | *es kommt ihm nicht auf Geld an*, il ne regarde pas à l'argent. | *darauf soll es nicht ankommen*, qu'à cela ne tienne.

An|kömmling ["an'kømliŋ] m. (s, e) nouveau venu.

an|können ["an'kønən] v. intr. LOC. *dagegen können wir nicht an*, à cela nous ne pouvons rien ; là contre, nous ne pouvons rien faire.

an|koppeln ["an'kɔpəln] v. tr. atteler. || TRANSP. *Wagen ankoppeln*, atteler des wagons. || AGRIC. *Kühe ankoppeln*, accoupler, attacher des vaches.

an|kratzen ["an'kratsən] v. tr. érafler. || POP. raccrocher (qn).

an|kreiden ["an'kraidən] v. tr. marquer, cocher à la craie. || FIG., FAM. *das werde ich ihm schön ankreiden*, il me le revaudra, me le paiera ; je lui garde un chien de ma chienne.

an|kündigen ["an'kyndigən] v. tr. annoncer ; faire savoir ; déclarer ; faire connaître. | *seinen Besuch ankündigen*, annoncer sa visite. | *seine Verlobung ankündigen*, faire part de ses fiançailles. || Par anal. avertir ; présager. | *das kündigt nichts Gutes an*, cela ne présage rien de bon. || Comm. donner avis.
◇ v. pr. **sich ankündigen,** s'annoncer.

An|kündigung [-guŋ] f. (-, en) annonce f. ; déclaration f. ; publication f. ; avis m.

An|kunft ['ankunft] f. (-, ¨e) arrivée f. ; venue f. || Transp. arrivée f. || Comm. arrivage m.

an|kuppeln ["an'kupəln] v. tr. Transp. accoupler, accrocher (des wagons).

an|kurbeln ["an'kurbəln] v. tr. tourner la manivelle ; donner un tour de manivelle. || Par anal., fig. mettre en marche ; lancer.

An|kurbeln [-bəln] n. (s), **An|kurbelung** [-bəluŋ] f. (-, en) mise (f.) en marche. || Autom. démarrage m. || Fig. lancement m. | *Ankurbelung der Wirtschaft*, relance (f.) économique.

Ankylose [anky'lo:zə] f. (-, n). Méd. ankylose f.

an|lachen ["an'laxən] v. tr. regarder en riant.

An|lage ["an'la:gə] f. (-, n). **1.** [Begabung ; Fähigkeit] aptitude f. ; disposition f. | *gute Anlagen haben zu*, avoir de bonnes dispositions à, pour ; être bien doué pour. | *Anlagen zu Fremdsprachen haben*, avoir la bosse des langues (vivantes). || [Neigung ; Veranlagung] disposition f. ; penchant m. | *Anlage zum Geiz*, disposition à, pour l'avarice.
2. [Anlegen ; Aufbau] établissement m. ; disposition f. ; arrangement m. | *Anlage einer Fabrik*, établissement d'une usine. | *Anlage von Gärten*, disposition de jardins. | *diese Stadt ist in der Anlage ganz modern*, cette ville a un plan très moderne. | *eine automatische Anlage*, une installation automatique. || *Radioanlage*, station (f.) de T.S.F.
3. square m. ; jardin public ; parc m.
4. Fin. placement m. | *Geld in schlechte Anlagen stecken*, mettre de l'argent dans de mauvais placements.
5. annexe f. ; pièce jointe (à une lettre). | *in der Anlage*, ci-joint.

Anlage|fonds ["anla:gə'fɔ̃] m. (-). Fin. fonds communs de placement. ||°**-kapital** n. (s, ien) capital (m.) d'investissement. ||°**-kosten** f. pl. frais (m. pl.) d'installation ; première mise. ||°**-politik** f. politique (f.) d'investissement. ||°**-vermögen** n. (s, -). Fin. immobilisations f. pl.

Anlagen|ausrüstung ["anla:gən'ausrystuŋ] f. (-, en). Inf. configuration (f.) du système. ||°**-generation** f. (-, en). Inf. génération (f.) de machines. ||°**-software** f. (-, s). Inf. progiciel m.

an|landen ["an'la:ndən] v. intr. Mar. accoster. || Géol. faire des alluvions.

An|landung [-duŋ] f. (-, en). Mar. arrivage m. ; débarquement m. || Aéron. atterrissage m. || Géol. [Handlung] alluvionnement m. || [Resultat] alluvion f.

an|langen ["an'laŋən] v. intr. arriver ; parvenir.
◇ v. tr. Fig. concerner. | *was dies anlangt*, pour ce qui est de cette affaire.

An|laß ['anlas] m. (es, ¨e) sujet m. ; occasion f. ; motif m. | *ein Anlaß zum Feiern*, une occasion, un motif de fête. | *das gibt zu Mißbrauch Anlaß*, cela ouvre la porte à des abus. | *ohne allen Anlaß*, sans aucun motif.

an|lassen ["an'lasən] (ä, ie, a) v. tr. **1.** garder ; ne pas ôter. | *den Mantel anlassen*, garder son manteau. | *das Radio anlassen*, laisser marcher la radio.
2. mettre en marche. | *den Motor anlassen*, mettre le moteur en marche.
3. tancer ; rudoyer ; rabrouer. | *jn hart anlassen*, tancer durement qn.
4. Métall. réchauffer ; recuire.
◇ v. pr. **sich anlassen,** s'annoncer ; se présenter. | *es läßt sich gut an*, cela s'annonce bien.

An|lassen n. (s) mise (f.) en marche. || Autom. démarrage m. || Métall. recuit m.

An|lasser [-sər] m. (s, -). Autom. démarreur m.

Anlaß|hebel ["anlas'he:bəl] m. (s, -). Autom. levier (m.) de démarrage. ||°**-ofen** m. (s, ¨). Métall. four (m.) à recuire.

an|läßlich ["an'lɛsliç] prép. (gén.) à l'occasion, au sujet, à propos de.

an|lasten ["an'lastən] v. tr. *jm etwas anlasten*, porter qch. au débit de qn.

An|lauf ['anlauf] m. (s, ¨e) élan m. | *der Weitspringer nimmt seinen Anlauf*, le sauteur en longueur prend son élan. | *im ersten Anlauf*, du premier coup ; d'emblée. || Par ext. afflux m. ; crue f. || Fig. affluence f. || Mil., Sport. attaque f. ; assaut m. || Autom. démarrage m. || Techn. couleur (f.) de recuit ; recuit m.

Anlauf|bahn ["anlauf'ba:n] f. (-, en). Autom., Aéron. piste (f.) de départ ; piste d'élan. ||°**-stelle** f. (-, n). Fig. point (m.) de chute.

an|laufen ["an'laufən] (ä, ie, a) v. intr. **1.** [Anlauf nehmen] prendre son élan ; s'élancer. | *die Produktion läuft an*, la production démarre. | *der Film läuft an*, le film commence. | *der Motor läuft an*, le moteur démarre.
2. Par ext. [anschwellen] *der Fluß läuft an*, le fleuve est en crue. | *hoch angelaufene Schulden*, des dettes amoncelées.
3. Fig., fam. [einen Empfang finden] *schlimm, übel anlaufen*, mal tomber ; se tromper d'adresse.
4. Fam. [erröten] rougir. | *der Kopf läuft dem Lügner rot an*, le menteur rougit.
5. [sich mit einer dünnen Schicht bedecken] *die Fenster laufen an*, les fenêtres se couvrent de buée, s'embuent. | *das Brot läuft an*, le pain moisit.
◇ v. tr. Mar. [landen] aborder. | *einen Hafen anlaufen*, faire escale.

An|laut ['anlaut] m. (es, e). Gramm. son initial.

an|lauten ["an'lautən] v. intr. commencer par.

an|läuten ["an'lɔytən] v. tr. sonner ; annoncer à son de cloche. || Par ext. *bei jm anläuten*, appeler qn au téléphone.

anleg|bar ["anleg'ba:r] adj. Écon. *anlegbarer Preis*, prix directeur.

Anlege|brücke ["anle:gə'brykə] f. (-, n) débarcadère m. ||°**-hafen** m. (s, ¨) port (m.) de relâche ; escale f. ||°**-gelder** n. pl. Fin. fonds (m. pl.) d'amortissement. ||°**-stelle** f. (-, n) appontement m. ; débarcadère m. ; embarcadère m.

an|legen ["an'le:gən] v. tr. **1.** mettre ; appliquer. *sie legt ihren Schmuck an*, elle met ses bijoux. | *einem Pferde Zügel anlegen*, mettre la bride à un cheval. | *Sporen anlegen*, chausser ses éperons. || Par anal. *(Kohlen, Holz) anlegen*, mettre (du charbon, du bois) au feu. || Par ext. *Maßstab an etwas anlegen*, appliquer une norme, un critère à qch. || Fig. *Hand anlegen*, donner un coup de main ; fam. mettre la main à la pâte.
2. [schaffen ; bereiten] disposer ; établir. | *einen Ziergarten anlegen*, tracer le plan d'un jardin d'agrément.
3. [anziehen] mettre. | *ein neues Kleid anlegen*, mettre une nouvelle robe, un nouveau complet. || Comm., Fin. placer. | *Geld verzinslich anlegen*, placer de l'argent à intérêt. | *kurzfristig anlegen*, placer, investir à court terme.
4. [zielen auf] viser. | *das Gewehr anlegen*, épauler ; mettre en joue. | *auf jn anlegen*, coucher qn en joue. | [den Plan haben, zu] viser à ; se donner la tâche de ; organiser ; tramer ; ourdir.
◇ v. intr. [landen] aborder ; accoster ; faire escale.
◇ v. pr. **sich anlegen,** Chim. se déposer sur.

An|leger ["an'le:gər] (s, -) m. Fin. *institutionelle Anleger*, investisseurs institutionnels ; fam. zinzins m. pl.

An|legung [-guŋ] f. (-, en) disposition f. ; installation f. | *Anlegung von Siegeln*, apposition (f.) des scellés. || Mar. accostage m.

an|lehnen ["an'le:nən] v. tr. adosser ; appuyer. | *die Leiter an die Wand anlehnen*, appuyer l'échelle contre le mur. | *die Tür ist nur angelehnt*, la porte est entrouverte.
◇ v. pr. **sich anlehnen,** s'appuyer. || Fig. *sich eng an ein Vorbild anlehnen*, suivre un modèle de près.

An|lehnung [-nuŋ] f. (-, en) appui m. ; soutien m.

An|leihe ["an'laiə] f. (-, n). Fin. emprunt m. | *kurzfristige Anleihe*, emprunt à court terme. | *öffentliche Anleihe*, emprunt public. | *unkündbare Anleihe*, emprunt consolidé. | *untilgbare Anleihe*, emprunt non amortissable. | *eine Anleihe auflegen, begeben*, émettre un emprunt. | *eine Anleihe aufnehmen*, contracter un emprunt. | *eine Anleihe gewähren*, accorder un prêt. | *eine Anleihe zeichnen*, souscrire à un emprunt.

Anleihe|ablösung ["anlaiə'aplø:zuŋ] f. (-, en) amortissement (m.) d'un emprunt. ||°**-ausstattung** f. (-, en) contrat (m.) d'émission. ||°**-geber** m. (s, -). Fin. prêteur m. ||°**-markt** m. (es, ¨e) marché (m.) obligataire, des obligations. ||°**-stücke** n. pl. titres (m. pl.) d'emprunt.

an|leimen ["an'laimən] v. tr. coller (à, contre). || Fam. piper ; rouler.

An|leitung ["an'laitʊŋ] f. (-, en) instruction f. ; conseil m. ; directives f. pl. | *technische Anleitung*, guide (m.) technique.

an|lernen ["an'lɛrnən] v. tr. instruire. | *einen Lehrling anlernen*, instruire, former un apprenti.
◇ part. pass. **angelernt,** appris ; non inné. || *angelernter Arbeiter*, ouvrier qualifié.

An|lernen n. (s) formation (f.) sur le tas.

an|liefern ["an'li:fərn] v. tr. COMM. livrer à domicile.

an|liegen ["an'li:gən] (a, e) v. intr. être voisin de ; être contigu, adjacent, attenant à ; être limitrophe de. | *sein Haus liegt an unserm an*, sa maison est contiguë à la nôtre. || PAR ANAL. *die Bluse liegt an*, cette blouse est très ajustée.
◇ part. prés. et adj. **anliegend,** contigu ; joignant ; jointif. | *eng anliegende Hose*, pantalon moulant. || *anliegend (anbei)*, sous ce pli. || MATH. adjacent.
◇ v. imp. FIG. importer. | *es liegt mir an, zu*, il m'importe de.
◇ v. tr. MAR. mettre le cap sur. | *das Schiff liegt Ost an*, ce bateau fait route vers l'est.

An|liegen [-gən] n. (s, -) contiguïté f. ; voisinage m. || FIG. requête f. ; désir m. ; prière f. ; sollicitation f. | *ein Anliegen haben*, avoir un désir à formuler, à présenter.

An|lieger [-gər] m. (s, -) voisin m. ; riverain m.

Anlieger|staat ["anli:gər'ʃta:t] m. (es, en) pays riverain.

an|locken ["an'lɔkən] v. tr. attirer ; allécher ; séduire.

an|löten ["an'lø:tən] v. tr. souder ; braser.

an|lügen ["an'ly:gən] (o, o) v. tr. mentir (à qn).

an|luven ["an'lu:fən] v. intr. MAR. [gegen den Wind richten] lofer.

an|machen ["an'maxən] v. tr. attacher ; fixer ; poser ; mettre. || CULIN. préparer. | *eine Soße anmachen*, faire une sauce. | *Salat anmachen*, assaisonner la salade. || [anzünden] allumer. | *Feuer anmachen*, allumer ; faire du feu. | *Licht anmachen*, allumer (la lumière) ; faire de la lumière. || TECHN. *Beton anmachen*, gâcher du béton. || FAM. [ansprechen] draguer.

an|mahnen ["an'ma:nən] v. tr. exhorter (à) ; rappeler (qch. à qn).

an|malen ["an'ma:lən] v. tr. peindre ; mettre une couche de peinture.

An|marsch ['anmarʃ] m. (es, ¨e). MIL. (marche [f.] d') approche f.

Anmarsch|straße ["anmarʃ'ʃtra:sə] f. (-, n), **°-weg** m. (s, e). MIL. route (f.) d'approche.

an|maßen (sich) [zɪç"an'ma:sən] v. pr. FIG. avoir la prétention, l'audace de ; se permettre de.
◇ part. prés. et adj. **anmaßend,** prétentieux ; présomptueux ; arrogant ; impertinent.

An|maßung ["an'ma:suŋ] f. (-, en) présomption f. ; prétention f. ; arrogance f. ; usurpation f.
— SYN. : *Anspruch*, prétention ; *Dünkel*, morgue ; *Einbildung*, fatuité ; *Überhebung*, outrecuidance ; *Prahlerei*, ostentation ; *Frechheit*, impertinence.

Anmelde|bescheinigung ["anmɛldə'bəʃainiguŋ] f. (-, en) certificat (m.) d'inscription. ||**°-formular** n. (s, e) formulaire (m.) d'inscription. ||**°-frist** f. (-, en) délai (m.) de déclaration, de dépôt. ||**°-pflicht** f. (-, en) déclaration (f.) obligatoire.

an|melden ["an'mɛldən] v. tr. annoncer. | *seinen Besuch anmelden*, annoncer sa visite. || ADM. déclarer. | *beim Zoll anmelden*, déclarer en douane. || [einschreiben lassen] ADM. inscrire. | *ein Kind in der Schule anmelden*, inscrire un enfant à l'école. || [Post] *ein Telefongespräch anmelden*, demander une communication téléphonique. || [Polizei, Standesamt] déclarer. | *eine Geburt anmelden*, déclarer une naissance. || JUR. *ein Recht anmelden*, revendiquer un droit. || COMM. déposer. | *ein Patent anmelden*, déposer un brevet. | *Konkurs anmelden*, déposer son bilan ; se déclarer en faillite.
◇ **sich anmelden,** s'annoncer.

An|meldung [-duŋ] f. (-, en) déclaration f. ; inscription f. || ADM. *Anmeldung eines Fremden*, déclaration (f.) de séjour. | *Anmeldung einer Geburt*, déclaration d'une naissance. || UNIV. inscription f. || JUR. *Anmeldung einer Forderung*, production (f.) d'une créance. | *Anmeldung eines Patents*, dépôt (m.) d'un brevet. || COMM. *Anmeldung beim Handelsregister*, inscription (f.) au registre du commerce. | *Anmeldung des Konkurses*, dépôt (m.) du bilan.

an|merken ["an'mɛrkən] v. tr. noter ; annoter ; prendre note de. || FIG. remarquer. | *man merkt ihm seinen Ärger an*, on lit la colère sur son visage.
◇ v. pr. **sich anmerken lassen,** laisser voir.

An|merkung [-kuŋ] f. (-, en) note f. ; annotation f. || FIG. observation f. ; remarque f.

an|messen ["an'mɛsən] (i, a, e) v. tr. prendre mesure. || FIG. *angemessener Preis*, prix (m.) convenable.

an|mustern ["an'mustərn] v. tr. MAR. enrôler.

An|mut ['anmu:t] f. grâce f. ; agrément m. ; gentillesse f. ; charme m. | *anmutsvoll*, gracieux ; plein de grâce.

an|muten ["an'mu:tən] v. intr. donner l'impression de.
◇ v. impers. *es mutet ihn heimatlich an*, il a l'impression d'être dans son pays, chez lui.

an|mutig [-tiç] adj. gracieux ; agréable ; charmant.
— SYN. : *artig*, aimable ; *einnehmend*, avenant, séduisant ; *lieblich*, amène ; *angenehm*, plaisant ; *heiter*, riant.

Anna ['ana] n. pr. f. Anne f. || RELIG. *Anna selbdritt*, Anne, Marie et Jésus.

an|nageln ["an'na:gəln] v. tr. clouer ; fixer avec des clous.

an|nagen ["an'na:gən] v. tr. grignoter.

an|nähen ["an'nɛ:ən] v. tr. coudre à ; attacher à (en cousant).

an|nähern ["an'nɛ:ərn] v. tr. approcher ; rapprocher de ; avancer vers.
◇ v. pr. **sich annähern,** s'approcher ; se rapprocher de ; s'avancer vers.

an|nähernd [-ərnt] part. prés. adj. et adv. approximatif ; approximativement ; environ.
— SYN. : *annäherungsweise*.

An|näherung [-əruŋ] f. (-, en) approche f. || FIG. rapprochement m.

Annäherungs|wert ["annɛ:ruŋs'vɛrt] m. (s, e) valeur approximative.

An|nahme ["an'na:mə] f. (-, n). **1.** [Empfang ; Übernehmen] réception f. | *Gepäckannahme*, guichet (m.) des bagages. | *Annahme eines Kindes*, adoption (f.) d'un enfant.
2. [Zustimmung] admission f. | *Annahme eines Angebots*, acceptation (f.) d'une offre. || POLIT. *Annahme eines Gesetzes*, adoption (f.) d'une loi. || COMM. *Annahme eines Wechsels*, acceptation d'une traite. || JUR. acceptation f.
3. FIG. [Vermutung] supposition f. ; hypothèse f. | *eine irrige Annahme*, une supposition erronée. | *in der Annahme, daß*, en supposant que. | *Grund zu einer Annahme haben*, avoir lieu de supposer.

Annahme|frist ["anna:mə'frist] f. (-, en) délai (m.) de réception. ||**°-verweigerung** f. (-, en) refus (m.) de réception.

Annalen [a'na:lən] f. pl. annales f. pl.

Ännchen ['ɛnçən] n. pr. f. Annette f.

an|nehmbar ["an'ne:mba:r] adj. acceptable ; admissible.

an|nehmen [-mən] (nimmt, nahm, genommen) v. tr. **1.** [Personen] accepter ; agréer ; prendre. | *als Schüler annehmen*, accepter comme écolier. | *an Kindes Statt annehmen*, adopter un enfant.
2. [Dinge] accepter ; recevoir. | *ein Geschenk annehmen*, accepter un cadeau. | *einen Vorschlag annehmen*, accepter une proposition. | *einen Auftrag annehmen*, accepter une mission. | *eine Religion annehmen*, embrasser une religion. || CHIM. *Farbe annehmen*, prendre la teinte. || FIN. *einen Wechsel annehmen*, accepter une traite.
3. admettre ; approuver ; adopter. | *eine Resolution annehmen*, approuver une résolution. | *ein Gesetz annehmen*, adopter une loi. || FIG. *keine Vernunft annehmen wollen*, ne pas entendre raison.
4. s'approprier ; prendre. | *schlechte Manieren annehmen*, prendre de mauvaises manières. | *ein angenommener Name*, un nom d'emprunt. | *eine gönnerhafte Miene annehmen*, prendre un air protecteur.
5. supposer ; admettre ; penser. | *als Grundsatz annehmen*, partir du principe que. | *angenommen, daß*, supposé que. | *das muß man doch wohl annehmen*, il faut pourtant l'admettre.
◇ v. pr. **sich annehmen,** [sorgen für] se charger de. | *er nimmt sich meines Prozesses an*, il se charge de mon procès.

an|nehmlich [-mliç] adj. agréable ; acceptable.

An|nehmlichkeit [-mliçkait] f. (-, en) charme m. ; avantage m. ; agrément m.

annektieren [anɛk'ti:rən] v. tr. annexer.

anno ['ano] (lat.) prép. en (l'an). || RELIG. *Anno*

Domini (A. D.), l'an (m.) après J.-C. | *Anno dazumal*, jadis.
Annonce [a'nɔ̃sə] f. (-, n) annonce f.
annoncieren [anɔ̃'si:rən] v. tr. annoncer ; publier une annonce.
Annuale [anu'ɑ:lə] n. (s, -). RELIG. annuel m.
Annuität [anui'tɛ:t] f. (-, en) annuité f.
annullieren [anu'li:rən] v. tr. annuler. | *einen Befehl annullieren*, rapporter un ordre.
Annullierung [-ruŋ] f. (-, en) annulation f. ; révocation f. ; invalidation f.
Anode [a'no:də] f. (-, n). PHYS. anode f.
Anoden|batterie [a"no:dənbatə'ri:] f. (-, n). RADIO. batterie (f.) d'anodes ; batterie de plaque. ||°**-kreis** m. (es, e). PHYS. circuit (m.) de plaques. ||°**-spannung** f. (-, en) tension (f.) de plaque. ||°**-strom** m. (s, ¨e) courant (m.) de plaque.
an|öden ["an'ø:dən] v. tr. POP. embêter.
anomal [ano'mɑ:l] adj. irrégulier ; exceptionnel.
Anomalie [-ma'li:] f. (-, n) anomalie f.
anonym [ano'ny:m] adj. anonyme.
Anonymität [-nymi'tɛ:t] f. anonymat m.
Anorak ['anɔrak] m. (s, s) anorak m.
an|ordnen ["an'ɔrdnən] v. tr. ordonner ; disposer ; ranger ; arranger. | *in Reihen anordnen*, mettre en rang(s) ; ranger. || PAR ANAL. organiser ; distribuer. | *eine Arbeit anordnen*, ordonner une tâche. || FIG. établir ; fixer. | *eine Versammlung anordnen*, organiser une réunion. | *die Mobilmachung anordnen*, décréter la mobilisation.
An|ordnung [-nuŋ] f. (-, en) disposition f. ; arrangement m. ; aménagement m. ; FIG. règlement m. ; décision f. ; arrêté m. ; décret m.
Anorexia [anorɛ'ksi:a] f. MÉD. anorexie f.
an|organisch ["anɔr'gɑ:niʃ] adj. CHIM. *anorganische Chemie*, chimie minérale.
anormal [anɔr'mal] adj. anormal.
an|packen ["an'pakən] v. tr. saisir ; empoigner. || FIG., FAM. *jn hart anpacken*, attraper qn.
an|passen ["an'pasən] v. tr. adapter ; ajuster. | *ein Kleid anpassen*, essayer un vêtement.
◇ v. pr. FIG. s'adapter. | *sich der Umgebung anpassen*, s'adapter, s'assimiler au milieu.
An|passung [-suŋ] f. (-, en) ajustement m. ; adaptation f. | *Anpassung eines Textes*, adaptation d'un texte. | *auf dem Wege der Anpassung*, par voie d'assimilation.
Anpassungs|fähigkeit ["anpasuŋs'fɛ:içkait] f. (-, en) faculté (f.) d'adaptation. || [Beruf] flexibilité f. || TECHN. *Anpassungsfähigkeit eines Motors*, souplesse (f.) d'un moteur.
an|peilen ["an'pailən] v. tr. MAR. mettre le cap sur.
an|pfeifen ["an'pfaifən] (i, i) v. tr. siffler. || FIG., FAM. rabrouer. || SPORT. *das Spiel anpfeifen*, donner le coup d'envoi.
An|pfiff ['anpfif] m. (s, e). SPORT. coup (m.) d'envoi. || FIG., FAM. savon m. ; attrapade f.
an|pflanzen ["an'pflantsən] v. tr. [Garten] planter. || [Land] cultiver.
◇ v. pr. **sich anpflanzen,** FIG. s'établir.
An|pflanzung [-tsuŋ] f. (-, en) plantation f.
an|pflöcken ["an'pfløkən] v. tr. cheviller.
an|picken ["an'pikən] v. tr. picorer ; becqueter.
an|pöbeln ["an'pø:bəln] v. intr. brusquer.
an|pochen ["an'pɔxən] v. intr. frapper (contre, à).
An|prall ['anpral] m. (s, e) m. collision f. ; choc m.
an|prallen ["an'pralən] v. intr. heurter ; donner contre.
an|prangern ["an'praŋərn] v. tr. FIG. clouer au pilori.
an|preisen ["an'praizən] (ie, ie) v. tr. vanter ; prôner ; recommander.
An|probe ["an'pro:bə] f. (-, n) essayage m.
an|proben [-bən], **an|probieren** ["anprɔ'bi:rən] v. tr. essayer.
an|pumpen ["an'pumpən] v. tr. POP. taper (qn).
Anrainer|staat ["anrainər'ʃtɑ:t] m. (s, en) pays riverain.
an|raten ["an'rɑ:tən] (ä, ie, a) v. tr. conseiller. | *jm etw. anraten*, recommander qch. à qn.
An|raten n. (s) conseil m. | *auf js Anraten*, sur le conseil de qn.
an|rauchen ["an'rauxən] v. tr. enfumer. | *eine Pfeife anrauchen*, culotter une pipe. | *eine Zigarre anrauchen*, allumer un cigare.
an|rechnen ["an'rɛçnən] v. tr. mettre au compte ; compter ; facturer. || COMM. défalquer ; déduire. || FIG. attribuer. | *wir rechnen es ihnen hoch an*, nous leur en savons infiniment gré. | *als Fehler anrechnen*, imputer à faute.
An|rechnung [-nuŋ] f. (-, en) imputation f. ; mise (f.) en compte. || COMM. facturation f.
An|recht ['anrɛçt] n. (s, e) droit m. ; titre m. | *ein Anrecht haben auf*, avoir droit à.
An|rede ["an're:də] f. (-, n) allocution f. ; harangue f. ; apostrophe f. || PAR ANAL. titre m.
Anrede|fall ["anre:də'fal] m. (s), °**-weise** [-'vaizə] f. (-, n). GRAMM. vocatif m.
an|reden ["an're:dən] v. tr. adresser la parole (à qn) ; haranguer.
an|regen ["an're:gən] v. tr. animer ; stimuler ; inciter. | *sein Vortrag regte uns an*, son discours nous a stimulés. | *eine angeregte Unterhaltung*, une conversation animée. || PAR EXT. [veranlassen] suggérer ; pousser à. | *einen Plan anregen*, suggérer un projet.
an|regend [-gənt] adj. 1° stimulant ; 2° suggestif.
An|regung [-guŋ] f. (-, en) animation f. ; impulsion f. | *auf seine Anregung hin*, sous son impulsion.
an|reiben ["an'raibən] (ie, ie) v. tr. [Streichholz] frotter. || [Farben] broyer ; mêler ; détremper.
an|reichern ["an'raiçərn] v. tr. GÉOL. enrichir.
An|reicherung [-çəruŋ] f. (-, en). GÉOL., NUCL. enrichissement m.
an|reihen ["an'raiən] v. tr. ranger ; joindre l'un à l'autre. || [Perlen] enfiler. || [Faden] faufiler.
An|reim ['anraim] m. (s, e). POÉS. allitération f.
an|reisen ["an'raizən] v. intr. arriver (de voyage).
Anreise|tag ["anraizə'tɑ:k] m. (es, e) jour (m.) d'arrivée.
an|reißen ["an'raisən] (i, i) v. tr. entamer ; déchirer au bord. | *das Vermögen anreißen*, entamer sa fortune. || COMM. [Kunden] raccrocher (des clients). || TECHN. tracer ; marquer. | *Linien anreißen*, tracer des lignes.
◇ part. pass. et adj. **angerissen,** FIG., FAM. gris ; éméché.
an|reißerisch ["an'raisəriʃ] adj. *anreißerische Reklame*, publicité tapageuse.
an|reiten ["an'raitən] (i, i) v. tr. avancer à cheval. || MIL. attaquer à cheval.
An|reiz ['anraits] m. (es, e) impulsion f. ; instigation f. | *einen Anreiz ausüben*, exciter. | *einen Anreiz in sich fühlen*, être intéressé. || MÉD. stimulation f.
an|reizen ["an'raitsən] v. tr. exciter ; stimuler ; encourager.
Anrempel|diebstahl ["anrɛmpəl'di:pʃtɑ:l] m. (s, ¨e) vol (m.) à l'esbroufe.
an|rempeln ["an'rɛmpəln] v. tr. FAM. bousculer ; injurier ; insulter.
an|rennen ["an'rɛnən] (rannte, gerannt) v. intr. accourir. | *angerannt kommen*, arriver en courant. || [anstoßen] heurter ; donner contre. || FIG. *übel anrennen*, tomber mal.
◇ v. tr. assaillir ; fondre sur.
An|richte ["an'riçtə] f. (-, n) dressoir m. ; desserte f. ; crédence f.
Anrichte|tisch ["anriçtə'tiʃ] m. (es, e) desserte f. ; crédence f. ||°**-zimmer** n. (s, -) office m.
an|richten ["an'riçtən] v. tr. [fertigmachen] préparer. | *es ist angerichtet*, le dîner est servi ; Madame est servie. || PAR ANAL. [verursachen] causer ; occasionner. | *Schaden anrichten*, causer des dégâts. || PAR IRON. *da haben Sie was Schönes angerichtet !*, vous en faites de belles !
— SYN. : *anstiften*, occasionner ; *herbeiführen*, entraîner ; *bewirken*, déterminer ; *verursachen*, procurer.
an|riechen ["an'ri:çən] (o, o) v. tr. sentir ; flairer.
An|ritt ['anrit] m. (s, e) premier exercice d'équitation. || PAR EXT. arrivée (f.) à cheval.
an|rollen ["an'rɔlən] v. tr. rouler ; pousser vers. || COMM. camionner. |transporter.
◇ v. intr. arriver en voiture. || commencer à rouler ; se mettre en route.
an|rüchig ["an'ryçiç] adj. mal famé ; suspect.
an|rücken ["an'rykən] v. tr. approcher.
◇ v. intr. approcher ; s'approcher. | *feindliche Truppen rücken an*, des troupes ennemies s'approchent.

an|rudern ["an'ru:dərn] v. tr. s'approcher en ramant. || MAR. aborder à la rame.

An|ruf ['anru:f] m. (s, e) appel m.; cri (m.) d'appel. || MAR. demande f. (d'un signe). || MIL. sommation f.; qui-vive m. || TÉLÉPH. appel m. | *Anruf im Orts-, im Fernverkehr*, appel local, interurbain.

Anruf|beantworter ["anru:fbə'antvɔrtər] m. (s, -) répondeur (m.) téléphonique, automatique. ||°**-weiterschaltung** f. (-, en) déviation (f.) des appels. ||°**-zeichen** n. (s, -) signal (m.) d'appel; indicatif m.

an|rufen ["an'ru:fən] (ie, u) v. tr. appeler; interpeller; héler. || *ein Schiff anrufen*, héler un bateau. | *jn anrufen*, appeler qn au téléphone. | *die Feuerwehr anrufen*, appeler les pompiers. | *die Polizei anrufen*, appeler police-secours. | *er rief mich um Hilfe an*, il m'appela au secours. || FIG. invoquer. | *zum Zeugen anrufen*, prendre à témoin. | *ein höheres Gericht anrufen*, faire appel. || RELIG. *Gott anrufen*, invoquer Dieu.

An|rufung [-fuŋ] f. (-, en) appel m. || RELIG. invocation f.

an|rühren ["an'ry:rən] v. tr. toucher à. | *nicht anrühren!*, n'y touchez pas! || CULIN. délayer. || [Farben] délayer.

an|säen ["an'zɛ:ən] v. tr. semer; ensemencer.

An|sage ["an'za:gə] f. (-, n) annonce f.; avertissement m.; notification f. | *Ansage eines Besuchs*, annonce d'une visite. |[Kartenspiel] *die Ansage haben*, annoncer la couleur. || RADIO. *Ansage im Rundfunk*, communiqué m. | *eine Ansage durchgeben*, transmettre un communiqué.

an|sagen [-gən] v. tr. annoncer; avertir; notifier; dire. | *seinen Besuch ansagen*, annoncer sa visite. || RADIO. annoncer; communiquer. || [Spiel] faire les annonces.

An|sager(in) [-gər(in)] m. (s. -), f. (-, nen). RADIO. présentateur m., présentatrice f.; speaker m., speakerine f. || [Kabarett] animateur m.

an|sammeln ["an'zaməln] v. tr. amasser; accumuler; rassembler. || MIL. rassembler.

An|sammlung [-'zamluŋ] f. (-, en) accumulation f.; amas m. |[Menschen] foule f. || MIL. rassemblement m.

an|sässig ["an'zɛsiç] adj. domicilié; établi. | *sich ansässig machen*, se domicilier; s'établir.

An|sässigkeit [-kait] f. caractère (m.) et droits (m. pl.) de résident.

An|satz ['anzats] m. (es, ¨e) commencement m.; élan m. | *auf den ersten Ansatz*, du premier coup; d'emblée; d'un seul élan. | *in den ersten Ansätzen steckenbleiben*, rester court dès le début. || BOT. jeune pousse f. || CHIM. dépôt m.; alluvion f. || [Verlängerung] pièce ajoutée. || MUS. [Mundstück] embouchure f. || ARCHIT. [Vorsprung] saillie f. || ANAT. [Darm] appendice m. || COMM. [Wechsel] (r)allonge f.; [Abschätzung] évaluation f. || MATH. mise (f.) en équation; disposition (f.) d'une opération.

Ansatz|punkt ["anzats'puŋkt] m. (s, e) point (m.) de départ. ||°**-rohr** n. (s, e). TECHN. tuyau (m.) de raccord; aj(o)utage m. ||°**-stück** n. (s, e). TECHN. (r)allonge f.; ajutage m.; embout m.

an|säuern ["an'zɔyərn] v. tr. mettre du levain (dans la pâte). || CHIM. aciduler.

an|saugen ["an'zaugən] (o, o) v. tr. aspirer; sucer.

an|säuseln ["an'zɔyzəln] v. intr. souffler doucement.
◇ v. pr. **sich ansäuseln,** FIG. se griser.

an|sausen ["an'zauzən] v. intr. *angesaust kommen*, arriver en coup de vent.

an|schaffen ["an'ʃafən] (u, a) v. tr. procurer; acquérir; acheter; pourvoir de. | *Möbel anschaffen*, acheter des meubles. || COMM. *Deckung anschaffen*, fournir la couverture.
— REM. Ce verbe admet aussi la conjugaison faible, en particulier à la forme pronominale.

An|schaffung [-fuŋ] f. (-, en) achat m.; acquisition f.; approvisionnement m. || FIN. provision f.; couverture f. || TECHN. installation f.

Anschaffungs|kosten ["anʃafuŋs'kɔstən] f. pl. COMM. frais (m. pl.) d'achat, de premier établissement. ||°**-preis** m. (es, e). COMM. prix (m.) de revient; prix coûtant. ||°**-wert** m. (es, e). COMM. valeur (f.) d'achat.

an|schalten ["an'ʃaltən] v. tr. mettre le contact. || ÉLECTR. *Licht anschalten*, allumer.

an|schärfen ["an'ʃɛrfən] v. tr. TECHN. affûter.

an|schauen ["an'ʃauən] v. tr. regarder; contempler; considérer; envisager. || PHILOS. avoir l'intuition directe (de qch.).

an|schaulich [-'ʃauliç] adj. clair; évident; expressif; intuitif. | *anschaulich machen*, dépeindre.

Anschauung [-'ʃauuŋ] f. (-, en) contemplation. || manière (f.) de voir; point (m.) de vue; opinion f.; conception f. | *meiner Anschauung nach*, à mon avis. || PHILOS. intuition; façon de voir, de concevoir.

Anschauungs|kraft ["anʃauuŋs'kraft] f. °**-vermögen** [-fœr'mø:gən] n. (s). PHILOS. intuition f.; faculté intuitive. ||°**-unterricht** m. (s) leçon (f.) de choses.

An|schein ['anʃain] m. (s, e) apparence f. | *den Anschein haben*, sembler; paraître. | *sich den Anschein geben, als ob*, faire semblant de; se donner l'air de. | *dem Anschein nach*, selon les apparences. | *allem Anschein nach*, selon toute apparence; tout porte à croire que.
— SYN.: *Wahrscheinlichkeit*, vraisemblance, probabilité; *Aussehen*, aspect; *äußerer Schein*, dehors; *Äußerlichkeit*, extérieur; *Ansehen*, semblant.

an|scheinen ["an'ʃainən] (ie, ie) v. tr. éclairer.
◇ part. prés. et adj. **anscheinend,** apparent.
◇ adv. apparemment; selon toute apparence.

an|scheinlich [-liç] adj. apparent.
◇ adv. apparemment; en apparence.

an|schicken (sich) [ziç"an'ʃikən] v. pr. s'apprêter, se préparer, se disposer à.

an|schielen ["an'ʃi:lən] v. tr. loucher vers; regarder de travers. || FIG. lorgner.

an|schießen ["an'ʃi:sən] (o, o) v. tr. [durch Schuß verletzen] blesser légèrement. | *der Jäger hat den Eber nur angeschossen*, le chasseur n'a fait que blesser le sanglier. || *ein Gewehr anschießen*, essayer un fusil.
◇ v. intr. s'élancer (vers); foncer (sur). || MIL., SPORT. tirer le premier. || CHIM. *in, zu Kristallen anschießen*, se cristalliser. || FIG., FAM. *er kommt angeschossen*, il arrive comme une flèche. || [angetrunken] FAM. *er ist angeschossen*, il est gris.

an|schiffen ["an'ʃifən] v. tr. amener par bateau.
◇ v. intr. aborder.

an|schirren ["an'ʃirən] v. tr. atteler; harnacher.

An|schlag ['anʃla:k] m. (s, ¨e) **1.** choc m.; coup m.; son m. (d'une cloche). | *der Anschlag eines Pianisten*, le toucher d'un pianiste. || TYPOGR. frappe f.; PAR EXT. signe m.
2. pancarte f.; affiche f.; panneau-réclame m. | *durch Anschlag veröffentlichen*, publier par voie d'affiche. | *einen Anschlag machen*, afficher.
3. [Veranschlagung] évaluation f.; estimation f.; devis m.; taxation f. | *in Anschlag bringen*, décompter; faire entrer en ligne de compte. | *in Anschlag kommen*, entrer en ligne de compte.
4. projet m.; plan m.; attentat m. | *einen Anschlag verüben*, commettre un attentat. | *ein geheimer Anschlag*, un complot.
5. ARCHIT. butée f. (de porte ou de fenêtre). || MATH. [Geometrie] amplitude f. || MAR. ressac m.; brisants m. pl. || MIL. *Gewehranschlag*, mise (f.) en joue. || MÉTALL. cran m.; taquet m. || [Hund] aboiement m.

Anschlag|bock ["anʃla:k'bɔk] m. (s, ¨e) butée f. ||°**-brett** n. (s, er) tableau (m.) d'affichage. ||°**-säule** f. (-, n) colonne (f.) d'affichage; colonne Morris. ||°**-zettel** m. (s, -) affiche f.; placard m.

an|schlagen ["an'ʃla:gən] (ä, u, a) v. tr. clouer; fixer. | *ein Brett anschlagen*, clouer une planche. || PAR ANAL. [bekanntmachen] afficher; placarder. | *Plakate anschlagen*, afficher; apposer des affiches. || [stoßen] frapper; donner contre. | *das Feuerzeug anschlagen*, battre le briquet. | *die Glocke anschlagen*, sonner la cloche. || FIG. *einen Ton anschlagen*, prendre un ton. | *einen andern Ton anschlagen*, changer de ton. || AUTOM. *den Wagen anschlagen*, accrocher la voiture, la remorque. || MIL. *das Gewehr anschlagen*, mettre en joue. || COMM. évaluer; estimer. || TECHN. buter.
◇ v. intr. battre; frapper. || MAR. *die Wellen schlagen an*, les vagues déferlent. | *die Glocke schlägt an*, la sonnerie retentit. || [bellen] *der Hund schlug an*, le chien aboyait. || MÉD. *das Heilmittel schlägt an*, le remède fait de l'effet, opère. || TECHN. amorcer. | *die Pumpe schlägt an*, la pompe s'amorce, fonctionne.

an|schlägig ["an'ʃlɛ:giç] adj. [Personen] avisé; plein de ressources.

an|schleichen ["an'ʃlaiçən] (i, i) v. intr. approcher à pas de loup, furtivement.

an|schleifen ["an'ʃlaifən] (i, i) v. tr. polir; aiguiser. || FIG. (formes faibles: schleifte an, angeschleift) amener en traînant; traîner.

an|schleppen ["an'ʃlɛpən] v. tr. traîner.

an|schließen ["an'ʃli:sən] (o, o) v. tr. attacher ; enchaîner. || ÉLECTR. relier ; connecter. || RADIO. relayer. | *angeschlossen alle europäischen Sender*, relayé par tous les postes européens.
◇ v. pr. **sich anschließen,** FIG. [in Berührung stehen] se rattacher ; être contigu. | *das anschließende Zimmer*, la pièce contiguë. || TRANSP. avoir la correspondance avec. || se rattacher à ; suivre. | *dem Vortrag schloß sich eine Diskussion an*, une discussion suivit la conférence. | *sich der Meinung eines andern anschließen*, se ranger à l'avis d'un autre. || *anschließend* (adv.), ensuite, immédiatement après.
◇ v. intr. joindre. | *das Fenster schließt nicht an*, la fenêtre joint mal.

an|schließend [-sənt] part. prés. et adj. suivant ; bien adapté. | *ein eng anschließender Pullover*, un pull-over collant.
◇ adv. sans discontinuer ; immédiatement après.

An|schluß ['anʃlus] m. (es, ¨e) rattachement m. ; enchaînement m. || PAR ANAL. fonction f. ; connexion f. ; branchement m. | *elektrischer Anschluß*, branchement (m.) électrique. || TRANSP. correspondance f. ; desserte f. | *der Zug hat Anschluß nach*, ce train établit la correspondance avec. | *den Anschluß erreichen*, avoir la correspondance. | *den Anschluß verfehlen*, manquer la correspondance ; FIG., FAM. manquer le coche. || FIG. *Anschluß suchen*, chercher à lier connaissance. || TÉLÉPH. communication f. || POLIT., HIST. *der Anschluß Österreichs*, le rattachement de l'Autriche à l'Allemagne.

Anschluß|bahn ["anʃlus'bɑ:n] f. (-, en) embranchement m. ; raccordement m. ||°**-bogen** m. (s, ¨) courbe (f.) de jonction. ||°**-dose** f. (-, n). ÉLECTR. boîte (f.) de connexion ; prise (f.) de courant. ||°**-draht** m. (s, ¨e) fil (m.) de raccordement. ||°**-gleis** n. (es, e) voie (f.) de raccordement. ||°**-kabel** n. (s, -) câble (m.) de raccordement. ||°**-klemme** f. (-, n) borne (f.) de raccordement ; serre-fils m. ||°**-kontakt** m. (s, e) fiche (f.) de jonction, de connexion. ||°**-leitung** f. (-, en) ligne (f.) de jonction. ||°**-stelle** f. (-, n). AUTOM. diffuseur m. ||°**-stöpsel** m. (s, -). ÉLECTR. fiche (f.) de contact. ||°**-stück** n. (s, e) raccord m. ; pièce (f.) de jonction. ||°**-wert** m. (s, e). ÉLECTR. puissance installée. ||°**-zug** m. (s, ¨e) train (m.) de correspondance.

an|schmachten ["an'ʃmaxtən] v. tr. FIG., FAM. faire la cour à qn ; faire le soupirant.

an|schmeicheln (sich) [ziç"an'ʃmaiçəln] v. pr. *sich bei jm anschmeicheln*, s'insinuer par des flatteries auprès de qn.

an|schmieden ["an'ʃmi:dən] v. tr. river ; attacher en forgeant.

an|schmiegen ["an'ʃmi:gən] v. tr. serrer contre ; appliquer ; coller à.
◇ v. pr. **sich anschmiegen,** se blottir. || FIG. s'insinuer ; être câlin.

an|schmieren ["an'ʃmi:rən] v. tr. enduire ; barbouiller. || FIG., FAM. rouler dans la farine.

an|schnallen ["an'ʃnalən] v. tr. attacher avec une boucle ; boucler.

an|schnauzen ["an'ʃnautsən] v. tr. FAM. rabrouer ; enguirlander. || VULG. engueuler.

An|schnauzer [-tsər] m. (s, -). FIG. réprimande f. ; POP. savon m.

an|schneiden ["an'ʃnaidən] (schnitt, geschnitten) v. tr. entamer. | *das Brot anschneiden*, entamer le pain. | *eine Pinie anschneiden*, gemmer un pin. || FIG. entamer. | *ein Thema anschneiden*, entamer un sujet, la discussion sur un sujet.

An|schnitt ['anʃnit] m. (s, e). [Brot, Schinken] entame f. ; entamure f. || BOT. gemmage m. || FIG. amorce f. || MIL. recoupement m.

Anschovis [an'ʃo:vis] f. (-, n) anchois m.

an|schrauben ["an'ʃraubən] v. tr. visser ; boulonner. | *fester anschrauben*, serrer (une vis).

an|schreiben ["an'ʃraibən] (ie, ie) v. tr. inscrire ; noter. || COMM. porter en compte. || FIG., FAM. estimer ; noter. | *bei jm gut angeschrieben sein*, être bien vu de qn. || [Billard] marquer.

Anschreiben [-bən] n. (s) circulaire f. ; lettre (f.) de candidature.

an|schreien ["an'ʃraiən] (ie, ie) v. tr. crier après qn ; apostropher vertement.

An|schrift ['anʃrift] f. (-, en) adresse f.

An|schrot ['anʃrɔt] n. (s, e) lisière f. (d'un drap).

An|schuldigung ["an'ʃuldiguŋ] f. (-, en) accusation f. ; inculpation f. | *falsche Anschuldigung*, dénonciation calomnieuse.

An|schuß ['anʃus] m. (es, ¨e). SPORT. coup (m.) d'envoi. || [Jagd] blessure (f.) par une arme à feu. || CHIM. dépôt (m.) de cristaux.

an|schwärmen ["an'ʃvɛrmən] v. intr. essaimer.
◇ v. tr. adorer, idolâtrer.

an|schwärzen ["an'ʃvɛrtsən] v. tr. noircir. || FIG. noircir ; diffamer ; dénigrer.

An|schwärzung [-tsuŋ] f. (-, en). FIG. calomnie f. ; dénigrement m. ; dénonciation f.

an|schweißen ["an'ʃvaisən] v. tr. souder à.

an|schwellen ["an'ʃvɛlən] (i, o, o) v. intr. enfler ; gonfler ; grossir. | *der Bach schwillt an*, le ruisseau est en crue, grossit. || MÉD. *die Backe ist angeschwollen*, la joue est enflée. || MUS. et FIG. aller crescendo.
◇ v. tr. (verbe faible) enfler ; grossir.

An|schwellen [-lən] n. (s) crue f. ||°**-schwellung** f. enflure f. ; gonflement m. ; renflement m. ; hausse f. || [Wasser] crue f. || MÉD. tumeur f.

an|schwemmen ["an'ʃvɛmən] v. tr. [Holz] flotter. ||[Sand] charrier. ||[Land] déposer. | *angeschwemmtes Land*, terrain (m.) d'alluvions.

An|schwemmung [-muŋ] f. (-, en) flottage m. ; dépôt m. ; alluvion f.

an|segeln ["an'ze:gəln] v. intr. approcher à pleines voiles.
◇ v. tr. aborder ; courir sur.

an|sehen ["an'ze:ən] (ie, a, e) v. tr. et v. pr.
1. [betrachten] regarder ; voir ; contempler. | *ich will mir morgen die Stadt ansehen*, demain je voudrais visiter la ville. | *jn mit offenem Munde ansehen*, regarder qn bouche bée. | *jn von der Seite, verstohlen ansehen*, regarder qn du coin de l'œil. | *das sieht sich wie Seide an*, on dirait de la soie. | *man sieht ihm sein Alter nicht an*, il ne paraît pas son âge. || PAR ANAL. considérer ; envisager. | *mit andern Augen ansehen*, voir d'un autre œil. | *im günstigsten Lichte ansehen*, voir en rose. || FIG. traiter. | *über die Schulter ansehen*, traiter par-dessus l'épaule ; regarder de haut.
2. FIG. [meinen] prendre pour ; considérer comme. | *wofür siehst du mich an ?*, pour qui me prends-tu ? | *bei jm hoch angesehen sein*, jouir d'un grand crédit auprès de qn. | *angesehene Leute*, des gens en vue, considérés.
3. LOC. *seht mal an !*, voyez plutôt. | *das sieht sich gut an*, cela a belle apparence.

An|sehen ["an'ze:ən] n. (s). [Handlung] vue f. ; coup (m.) d'œil. | *von Ansehen kennen*, connaître de vue. || [Resultat] apparence f. ; FIG. crédit m. | *hohes Ansehen genießen*, jouir d'un grand crédit. | *sein Ansehen behaupten*, tenir son rang. | *sein Ansehen verlieren*, perdre son crédit. | *wieder zu Ansehen kommen*, retrouver son crédit. | *ohne Ansehen der Person*, sans égard à la personne.

an|sehnlich [-'ze:nliç] adj. [Dinge] considérable ; important. | *ein ansehnliches Vermögen*, une belle fortune. || [Personen] respectable ; notable.

An|sehung [-ze:uŋ] f. considération f. ; égard m. | *in Ansehung der Person oder Sache*, eu égard à la personne ou à l'affaire.
— SYN. : *Rücksicht*, égard ; *Hinsicht*, aspect ; *Absicht*, intention.

an|seilen ["an'zailən] v. tr. attacher à la corde ; encorder.

an|setzen ["an'zɛtsən] v. tr. **1.** [haftend, passend befestigen] appliquer ; ajuster ; rapporter. | *Stoff ansetzen*, mettre un morceau de tissu à. || [daran fügen] *eine Leiter ansetzen*, poser une échelle. | *Blutegel ansetzen*, poser des sangsues. | *Sporen ansetzen*, donner de l'éperon.
2. disposer ; mettre. | *einen Hund ansetzen*, mettre un chien en chasse.
3. fixer (un délai, un prix). | *eine Frist ansetzen*, fixer un délai. | *den Beginn eines Festes ansetzen*, fixer l'heure d'une fête. | *den Wert ansetzen*, fixer la valeur ; estimer. | *einen Preis zu niedrig ansetzen*, sous-estimer.
4. préparer. | *Essig ansetzen*, préparer du vinaigre. | *eine Bowle ansetzen*, préparer un punch.
5. BOT. *Blätter, Blüten ansetzen*, pousser des feuilles, des fleurs. | *Früchte ansetzen*, se charger de fruits. || MÉD. *Fett ansetzen*, engraisser.
◇ v. intr. [beginnen] commencer ; prendre un élan. | *zum Sprung ansetzen*, prendre son élan. | *noch einmal ansetzen*, revenir à la charge. || BOT. *die Früchte setzen an*, les fruits nouent.
◇ v. pr. **sich ansetzen,** CHIM. (se) déposer.

An|setzung [-tsuŋ] f. (-, en). [Ärmel] ajustage m. Par ext. préparation f. || Fig. fixation f. ; mise (f.) à prix ; évaluation f.

Ansetz|punkt ["anzɛts'puŋkt] m. (s, e) point (m.) d'application.

An|sicht ['anziçt] f. (-, en) **1.** [Handlung] vue f. ; inspection f. ; examen m. | *der Buchhändler schickt ein Buch zur Ansicht*, le libraire envoie un livre en communication. || Par ext. [Anblick] vue f. ; aspect m. | *Ansicht von vorn*, vue de face. | *Ansicht von der Seite*, vue de profil. | *photographische Ansicht*, photographie f.

2. Fig. [Meinung] vue f. ; avis m. ; manière (f.) de voir ; idée f. | *eine Ansicht haben, vertreten*, avoir une opinion ; être d'avis (que). | *eine verkehrte Ansicht*, une opinion fausse. | *auf js Ansichten eingehen*, entrer dans les vues de qn. | *meiner Ansicht nach*, à mon avis. | *verschiedener Ansicht sein*, être d'un avis différent. | *mit seiner Ansicht zurückhalten*, ne pas donner son avis.

an|sichtig [-tiç] adj. *einer Sache ansichtig werden*, découvrir, apercevoir qch.

Ansichts|karte ["anziçts'kartə] f. (-, n) carte illustrée ; carte-vue f. ||°**-sache** f. (-, n) affaire (f.) de point de vue, de goût.

an|siedeln ["an'zi:dəln] v. tr. et v. pr. (s')établir ; (se) domicilier.

an|sieden ["an'zi:dən] (sott, gesotten) v. tr. faire bouillir. || Techn. [Färberei] décru(s)er.

An|siedler ["an'zi:dlər] m. (s, -) colon m.

An|siedlung [-luŋ] f. (-, en). [Handlung] établissement m. ; colonisation f. || [Resultat] établissement m. ; colonie f.

An|sinnen ["an'zinən] n. (s, -) prétention f. | *an jn das Ansinnen (die Zumutung) stellen*, engager qn à faire qch. qui ne lui agrée pas.

An|sitz ['anzits] m. (es, e). [Jagd] affût m.

an|sitzen ["an'zitsən] (saß, gesessen) v. intr. [Jagd] être à l'affût.

◇ part. pass. **angesessen,** domicilié ; résidant.

ansonsten [an'zɔnstən] adv. (Vx.) V. sonst.

an|spannen ["an'ʃpanən] v. tr. bander ; tendre (un arc ; ses muscles). || atteler (un cheval). || Fig. *mit angespannten Kräften*, de toutes ses forces. | *Anspannen aller Kräfte*, sursaut d'énergie. | *den Geist anspannen*, s'appliquer ; faire attention.

An|spannung [-nuŋ] f. (-, en) tension f. || attelage m. || Fig. effort m. ; application f.

an|speien ["an'ʃpaiən] (ie, ie) v. tr. cracher (sur). || Fig. conspuer ; honnir ; bafouer ; huer.

An|spiel ['anʃpi:l] n. (s, e) début (m.) du jeu.

an|spielen ["an'ʃpi:lən] v. intr. commencer à jouer. || Fig. *auf etwas anspielen*, faire allusion à qch. — Syn. : *meinen, andeuten*, viser à ; *zielen auf*, tendre à.

An|spielung [-luŋ] f. (-, en). Fig. allusion f. | *in versteckten Anspielungen*, à mots couverts.

an|spinnen ["an'ʃpinən] (a, o) v. tr. attacher en filant ; tramer ; nouer ; ourdir. | *eine Freundschaft anspinnen*, lier amitié. | *eine Unterhaltung anspinnen*, engager une conversation.

an|spitzen ["an'ʃpitsən] v. tr. [Nadeln] empointer ; appointer ; amincir. || [Bleistift] tailler.

An|sporn ['anʃpɔrn] m. (s, e) excitation f. ; stimulation f.

an|spornen ["an'ʃpɔrnən] v. tr. éperonner. || Fig. aiguillonner ; stimuler. | *zur Arbeit anspornen*, pousser au travail.

An|sprache ["an'ʃpra:xə] f. (-, n) allocution f. ; harangue f. | *eine Ansprache halten*, faire un discours ; haranguer.

an|sprechen ["an'ʃprɛçən] (i, a, o) v. tr. adresser la parole à qn. || aborder ; accoster. | *zudringlich ansprechen*, insister. | *jn um Geld ansprechen*, demander de l'argent à qn. || Fig. *etwas als überholt ansprechen*, considérer qch. comme démodé. || [Jagd] *der Hund spricht das Wild an*, le chien (courant) donne de la voix.

◇ v. intr. Fig. [gefallen] plaire ; intéresser. | *der Artikel spricht nicht an*, cet article ne dit rien. || Mus. *das Klavier spricht schwer an*, le piano répond mal.

an|sprechend [-çənt] part. prés. et adj. intéressant ; attirant.

Ansprech|zeit ["an'ʃprɛçtsait] f. (-, en). Inf. temps (m.) de réponse.

an|sprengen ["an'ʃprɛŋən] v. intr. arriver au galop.

an|springen ["an'ʃpriŋən] (a, u) v. tr. et intr. bondir ; s'approcher par bonds ; sauter. || partir. | *der Motor springt nicht an*, le moteur ne démarre pas. | *sofort anspringen*, démarrer au quart de tour.

an|spritzen ["an'ʃpritsən] v. tr. asperger ; éclabousser. || Bot. bassiner.

An|spruch ['anʃprux] m. (s, ¨e) revendication f. ; réclamation f. ; prétention f. ; titre m. | *auf etwas Anspruch haben*, avoir droit à. | *Anspruch erheben auf* (acc.), revendiquer, réclamer qch. | *ein Anspruch gegen jn*, une créance contre qn. | *erworbene Ansprüche*, droits (m. pl.) acquis. | *Ansprüche geltend machen*, prétendre à. || Fig. prétention f. | *übertriebene Ansprüche*, prétentions démesurées. | *seine Ansprüche herabschrauben*, déchanter. || Loc. *die Aufmerksamkeit in Anspruch nehmen*, captiver l'attention. | *ich bin sehr in Anspruch genommen*, je suis fort occupé.

anspruchs|berechtigt ["anʃpruxsbə'rɛçtiçt] adj. Jur. ayant droit. || [Arbeitsloser] *nicht mehr anspruchsberechtigt sein*, être en fin de droit. ||**-los** adj. simple ; modeste ; sans prétention. ||°**-losigkeit** f. simplicité f. ; modestie f. ||**-voll** adj. exigeant ; prétentieux.

An|sprung ['anʃpruŋ] m. (s, ¨e) élan m.

an|spülen ["an'ʃpy:lən] v. tr. baigner ; arroser. || Géol. [anflößen] charrier ; déposer.

an|stacheln ["an'ʃtaxəln] v. tr. aiguillonner ; piquer. || Fig. stimuler.

An|stalt ['anʃtalt] f. (-, en) établissement m. ; institution f. ; école f. | *eine Anstalt besuchen*, fréquenter une école. || maison (f.) de correction, de rééducation.

◇ f. pl. **Anstalten,** préparatifs m. pl. ; arrangement m. | *Anstalten treffen, machen*, prendre ses dispositions ; se préparer à. | *er macht Anstalten zum Gehen*, il s'apprête à partir.

An|stand ['anʃtant] m. ([e]s) **1.** [Schicklichkeit] tenue f. ; décence f. ; bienséance f. ; courtoisie f. | *den Anstand wahren*, respecter les règles de la bienséance. | *gegen den Anstand verstoßen*, manquer aux convenances. | *mit Anstand*, décemment ; convenablement.

2. hésitation f. ; scrupule m. | *keinen Anstand nehmen zu*, ne pas craindre de ; ne pas hésiter à [infin.].

3. Fig. [Einspruch] protestation f. | *Anstand erheben gegen*, protester contre.

4. [Jagd] affût m. | *auf den Anstand gehen*, se mettre à l'affût.

an|ständig ["an'ʃtɛndiç] adj. [schicklich] décent ; convenable ; bienséant. | *ein anständiges Benehmen*, une conduite correcte. | *in anständiger Weise*, décemment. || Par anal. [reichlich] suffisant ; décent.

An|ständigkeit [-kait] f. décence f. ; bienséance f. ; convenance f. ; honnêteté f.

Anstands|besuch ["anʃtantsbə'zu:x] m. (s, e) visite (f.) de politesse, de courtoisie. ||°**-dame** f. (-, n) chaperon m. ; duègne f. ||°**-gefühl** n. (s, e) tact m. ; savoir-vivre m., sentiment (m.) des convenances. ||**-halber** adv. pour la forme ; pour (garder) le décorum. ||**-los** adj. sans (aucune) difficulté ; sans opposition ; sans résistance. ||°**-regeln** f. pl. usages (m. pl.) de la bienséance. ||°**-rock** m. (s, ¨e). [Herren] habit m. (de cérémonie) ; [Damen] jupon m. ||°**-wauwau** m. (s, s) chaperon m.

an|starren ["an'ʃtarən] v. tr. regarder fixement ; fixer du regard ; dévisager.

an|statt ['anʃtat] prép. (gén.) au lieu de ; à la place de ; pour. | *anstatt meines Onkels*, à la place de mon oncle. | *anstatt deiner*, à ta place.

◇ conj. de subord. **anstatt zu ; anstatt daß,** au lieu de (infin.). | *anstatt daß er sein Versprechen hielt*, au lieu de tenir sa promesse.

an|stauen ["an'ʃtauən] v. tr. endiguer ; barrer.

◇ v. pr. **sich anstauen,** s'amasser.

an|staunen ["an'ʃtaunən] v. tr. considérer avec étonnement ; regarder bouche bée.

An|stauung ["an'ʃtauuŋ] f. (-, en) endiguement m. ; endigage m. ; digue f.

an|stechen ["an'ʃtɛçən] (i, a, o) v. tr. piquer ; faire une piqûre. || Par anal. percer. | *ein Faß anstechen*, mettre un tonneau en perce. || [Obst] *angestochenes Obst*, des fruits piqués, véreux. || Fig., fam. *er ist angestochen*, il est piqué.

Ansteck|ärmel ["anʃtɛk'ɛrməl] m. (s, -) fausse manche f.

an|stecken ["an'ʃtɛkən] v. tr. **1.** épingler ; piquer ; attacher ; fixer avec des épingles. | *den Braten anstecken*, embrocher le rôti.

2. mettre. | *einen Ring anstecken*, mettre une bague.

3. [Faß] mettre en perce.

4. Par ext. [anzünden] allumer. | *das Haus anstecken*, mettre le feu à la maison.

5. MÉD. contaminer. | *eine ansteckende Krankheit*, une maladie contagieuse.

Ansteck|nadel ["anʃtɛk'nɑdəl] f. (-, n). [Herren] épingle (f.) de cravate ; [Damen] broche f.

An|steckung ["an'ʃtɛkuŋ] f. (-, en). MÉD. contagion f. ; contamination f. ; infection f.

Ansteckungs|herd ["anʃtɛkuŋs'he:rt] m. (es, e). MÉD. foyer (m.) de contagion. ||°**-schutz** m. (es). MÉD. prophylaxie f.

an|stehen ["an'ʃte:ən] (stand, gestanden) v. intr. **1.** être proche de ; se trouver près de.
2. convenir ; être séant. | *das steht mir nicht an*, cela n'est pas mon affaire. | *es stünde Ihnen nicht an, das zu tun*, il ne vous reviendrait pas de le faire.
3. durer. | *es wird noch lange anstehen, bis*, il se passera du temps avant que. | *etwas anstehen lassen*, laisser traîner une affaire. | *eine Schuld steht noch an*, une dette demeure.
4. attendre en file ; faire la queue. | *nach Brot anstehen*, faire la queue pour avoir du pain.
5. nicht anstehen, ne pas hésiter à. | *ich stehe nicht an, Ihnen zu sagen*, je n'hésite pas à vous dire.
6. [Jagd] être à l'affût. | *auf Wild anstehen*, être à l'affût du gibier. || MINES. être à fleur de terre. | *anstehendes Gestein*, pierre vive.

an|steigen ["an'ʃtaigən] (ie, ie) v. intr. monter ; aller en montant. | *der Pfad steigt an*, le sentier est très escarpé. || croître. | *das Wasser steigt um einen Meter an*, l'eau monte d'un mètre. || FIG., COMM. [größer werden] s'accroître ; s'accumuler.
◇ part. prés. et adj. **ansteigend,** croissant.

an|stelle, an Stelle ['an"ʃtɛlə] (« von » ou gén.) prép. au lieu de ; à la place de. || FIG. *an seiner Stelle*, à sa place.

an|stellen ["an'ʃtɛlən] v. tr. **1.** placer, poser, mettre (contre). | *eine Leiter anstellen*, (ap)poser une échelle. || PAR ANAL. [einstellen] placer ; employer ; engager ; embaucher. | *jn anstellen*, engager, embaucher qn. | *fest anstellen*, titulariser.
2. FIG. [machen] arranger. | *etwas Dummes anstellen*, faire une bêtise. | *etwas geschickt anstellen*, s'y prendre habilement. | *einen Vergleich anstellen*, faire une comparaison ; comparer. | *Betrachtungen anstellen*, se livrer à des considérations. | *damit ist nichts anzustellen*, il n'y a rien à en faire. || [arbeiten lassen] faire marcher. | *das Radio anstellen*, faire marcher la radio. || JUR. *eine Klage anstellen*, déposer une plainte.
◇ v. pr. **sich anstellen, 1.** [sich anreihen] se placer (à la suite) ; se joindre.
2. [sich benehmen] se comporter. | *man stelle sich so oder so (an)*, de quelque façon qu'on s'y prenne. | *sich anstellen, als ob*, faire semblant de. | *sich anstellen*, faire la mijaurée.

An|stellerei [anʃtɛlə'rai] f. (-). FIG. simulation f.

an|stellig ["an'ʃtɛliç] adj. FIG. adroit ; habile ; FAM. débrouillard.

An|stellung [-luŋ] f. (-, en) emploi m. ; fonction f. ; engagement m. || TECHN. [Maschine] mise (f.) en marche ; démarrage m.

an|stemmen ["an'ʃtɛmən] v. tr. et v. pr. (s')appuyer contre.

an|steuern ["an'ʃtɔyərn] v. tr. MAR. mettre le cap sur ; diriger le bateau sur. | *das Schiff steuert den Hafen an*, le bateau aborde le port.

An|stich ['anʃtiç] m. (s, e). [Faß] mise (f.) en perce. || BOT. piqûre f. || MÉTALL. *Anstich eines Hochofens*, coulée (f.) d'un haut fourneau.

An|stieg ['anʃti:k] m. (s) montée f.

an|stieren ["an'ʃti:rən] v. tr. FIG. regarder avec des yeux ronds.
◇ v. pr. récipr. **sich anstieren,** FIG., POP. se regarder en chiens de faïence.

an|stiften ["an'ʃtiftən] v. tr. cheviller. || FIG. susciter ; provoquer ; exciter ; tramer ; faire naître ; machiner. | *ein Unheil anstiften*, causer un malheur. | *ein Verbrechen anstiften*, être l'instigateur d'un crime. || IRON., FAM. *da haben Sie was Schönes angestiftet*, c'est du propre ! ; vous en faites de belles !

An|stifter(in) [-tər(in)] m. (s, -), f. (-, nen) auteur m. ; instigateur m. ; fauteur m.

An|stiftung [-tuŋ] f. (-, en) impulsion f. ; instigation f.

an|stimmen ["an'ʃtimən] v. tr. entonner ; commencer à chanter. | *ein Lied anstimmen*, attaquer une chanson. || MUS. donner le ton. || FIG. *einen anderen Ton anstimmen*, changer de ton.

An|stoß ['anʃto:s] m. (es, ¨e). **1.** heurt m. ; choc m. ; coup m. || SPORT. coup (m.) d'envoi. || PAR ANAL. [Anregung, Anlaß] impulsion f. ; branle m. | *den Anstoß geben*, donner l'impulsion à ; prendre l'initiative de. || PAR EXT. [Aufprall] obstacle m. || FIG. *ohne Anstoß*, sans heurt ; FAM. sans anicroche.
2. [Ärgernis] scandale m. | *Anstoß erregen*, froisser ; choquer ; scandaliser. | *Anstoß an etwas* (dat.) *nehmen*, être choqué par qch. ; se formaliser, se scandaliser de qch. | *ein Stein des Anstoßes sein*, être un sujet de scandale.
3. TECHN. assemblage m. || TEXT. *Anstoß an der Hose*, talonnette f. || ARCHIT. [Balken] bout à bout m.

an|stoßen ["an'ʃto:sən] (ö, ie, o) v. tr. heurter ; cogner ; pousser ; trinquer. | *die Gläser, mit den Gläsern anstoßen*, choquer les verres ; trinquer. || TECHN. [anschieben] joindre ; assembler bout à bout.
◇ v. intr. toucher ; être contigu, attenant. | *anstoßendes Zimmer*, pièce contiguë, attenante. || PAR ANAL. se heurter. | *an die Wand anstoßen*, se heurter au mur. || PAR EXT. *mit der Zunge anstoßen*, zézayer. || FIG. [ärgern] choquer.

an|stößig ["an'ʃtø:siç] adj. incorrect ; choquant ; inconvenant ; indécent ; scabreux. | *anstößiger Ausdruck*, terme cru ; gros mot.

An|stößigkeit [-kait] f. (-, en) inconvenance f.

an|strahlen ["an'ʃtrɑ:lən] v. tr. darder ses rayons, rayonner sur. || FIG. regarder (qn) d'un air rayonnant.

an|streben ["an'ʃtre:bən] v. tr. et intr. tendre, aspirer à qch. || *gegen etwas anstreben*, lutter contre qch.

an|streichen ["an'ʃtraiçən] (i, i) v. tr. **1.** enduire ; badigeonner ; peindre.
2. marquer d'un trait ; souligner. | *einen Satz anstreichen*, souligner une phrase.
3. FIG. noter. | *diesen Tag streiche ich schwarz an*, je marque ce jour d'une pierre noire. || LOC. *das will ich dir anstreichen*, je t'en ferai repentir.

an|strengen ["an'ʃtrɛŋən] v. tr. tendre ; bander. || FIG. *anstrengende Arbeit*, travail fatigant. | *seinen Geist anstrengen*, tendre son esprit. || JUR. *einen Prozeß gegen jn anstrengen*, intenter un procès contre qn.
◇ v. pr. **sich anstrengen,** s'efforcer de ; s'appliquer à. | *sich vergebens anstrengen*, FIG., FAM. se battre les flancs. | *sich tüchtig anstrengen*, FIG., FAM. donner un coup de collier.

An|strengung [-ŋuŋ] f. (-, en) effort m.
— SYN. : *Bemühung*, peine ; *Mühe*, mal ; *Mühsal*, tourment.

An|strich ['anʃtriç] m. (s, e). [Farbe] badigeonnage m. ; enduit m. ; couche (f.) de peinture, de vernis. || FIG. [Schein, Vorspiegelung] vernis m. ; apparence f. ; semblant m. ; teinture f. | *sich einen vornehmen Anstrich geben*, se donner des airs ; prendre des airs. || [Fährte] empreinte f. || MUS. coup (m.) d'archet.

An|sturm ['anʃturm] m. (s, ¨e) assaut m. ; attaque f.

an|stürmen ["an'ʃtyrmən] v. intr. *anstürmen gegen* (acc.), assaillir ; charger ; donner l'assaut à.

an|suchen ["an'zu:xən] v. intr. solliciter ; demander. | *bei jm um etwas ansuchen*, avoir recours à qn pour obtenir qch. ; requérir qch. de qn.

An|suchen [-xən] n. (s) demande f. ; requête f. | *auf mein Ansuchen*, à ma requête.

Antagonismus [antagɔ'nismus] m. (-, men) antagonisme m.

Ant|arktis [ant'arktis] f. GÉOGR. région (f.) antarctique ; Antarctique m.

ant|arktisch [-tiʃ] adj. antarctique.

an|tasten ["an'tastən] v. tr. tâter ; palper ; toucher. || FIG. porter atteinte à.

ante|diluvianisch ["antədiluvi'ɑ:niʃ] adj. antédiluvien.

An|teil ['antail] m. (s, e) part f. ; portion f. ; quote-part f. || JUR. *rechtlicher Anteil*, portion afférente. || FIN. titre (m.) de participation ; part f. || PAR ANAL. contribution f. | *an etwas Anteil haben*, avoir part, participer à qch. || FIG. [Teilnahme] intérêt m. | *Anteil nehmen an* (dat.), prendre part à, s'intéresser à qch.
— SYN. : *Portion, Ration*, ration ; *Teil*, morceau ; *Bruchteil*, fraction ; *(Bruch)stück*, fragment.

Anteil|haber ["antail'hɑ:bər] m. (s, -). [Anteilseigner] porteur m. de parts. ||**-mäßig** adj. proportionnel. ||°**-nahme** f. (-, en) intérêt m. ; FIG. sympathie f. ; [Trauer] condoléances f. pl. ||°**-schein** m. (s, e). FIN., COMM. part (f.) bénéficiaire ; action f. ||°**-summe** f. (-, n). [des stillen Gesellschafters] commandite f.

Antenne [an'tɛnə] f. (-, n). ZOOL. antenne f. || RADIO. *Rahmenantenne*, antenne à cadre.

Antennen|weiche [an"tɛnən'vaiçə] f. (-, n). TECHN. présélecteur m.

Anthrazit [antra'tsit] m. (s, e) anthracite m.
Anthropogeographie [antropogeogra'fi:] f. géographie humaine.
Anthropoide [-po'i:də] m. (en, en) anthropoïde m.
Anthropologe [-po'lo:gə] m. (n, n) anthropologue m.
Anthropologie [-polɔ'gi:] f. (-) anthropologie f.
Anthropophage [-po'fɑ:gə] m. (n, n) anthropophage m.
Anthroposophie [-pozɔ'fi] f. (-) anthroposophie f. (doctrine de Rudolf Steiner).
anti préf. (sens d'opposition) anti ; contre.
Anti|alkoholiker [antialko'ho:likər] m. (s, -) antialcoolique m.
Anti|babypille [anti"be:bi:'pilə] f. (-, n). MÉD. pilule anticonceptionnelle.
Anti|biotikum [antibi'o:tikum] n. (s, ka). MÉD., CHIM. antibiotique m.
Anti|blockiersystem [antiblɔ"ki:rzys'te:m] n. (s, e), **ABS** [abe'ɛs]. AUTOM. système (m.) ABS.
anti|chambrieren [antiʃam'bri:rən] v. intr. faire antichambre. || FIG. flatter qn.
Anti|christ ["anti'krist] m. ([e]s) Antéchrist m.
Anti|depressivum ["antidepre'si:vum] n. (s, va). MÉD. antidépresseur m.
Anti|gen ["anti'ge:n] n. (s, e). MÉD. antigène m.
antik [an'tik] adj. ancien ; antique.
Antike [-kə] f. (-). [Altertum] antiquité f. | *Antikensammlung*, collection (f.) d'antiquités.
anti|klerikal [antikleri'kɑ:l] adj. anticlérical.
Anti|klopfmittel [anti'klɔpf"mitəl] n. (s, -). AUTOM. additifs antidétonants.
anti|konzeptionell [-kɔntsɛptsjɔ'nɛl] adj. MÉD. anticonceptionnel.
Anti|körper ["anti'kørpər] m. (s, -). MÉD. anticorps m.
Antillen [an'tilən] f. pl. GÉOGR. Antilles f. pl.
Antilope [anti'lo:pə] f. (-, n). ZOOL. antilope f.
Anti|lymphozytenserum [antilymfo"tsy:tən'se:rum] n. (s, seren ou sera). MÉD. sérum (m.) antilymphocytaire.
Anti|materie ["antima'te:riə] f. PHYS. antimatière f.
Antimon [anti'mon] n. (s). CHIM. antimoine m. | *Antimonglanz* m. stibine f.
Anti|nomie [antino'mi:] f. (-). antinomie f.
Anti|pathie [antipa'ti:] f. (-) antipathie f.
— SYN. : *Widerwille*, répugnance ; *Abneigung*, répulsion ; *Ekel*, dégoût ; *Abscheu*, aversion.
Anti|pode [anti'po:də] m. (n, n) antipode m. || FIG. antipode m.
Antiqua [an'tikva] f. (-). TYPOGR (caractère) romain m.
Antiquar [anti'kvɑ:r] m. (s, e) antiquaire m. || bouquiniste m.
Antiquariat [-kvari'ɑ:t] n. (s, e) boutique (f.) de bouquiniste ; librairie (f.) d'occasions.
antiquarisch [-'kvɑ:riʃ] adj. d'occasion.
antiquiert [-'kvi:rt] adj. démodé ; désuet.
Antiquität [-kvi'tɛ:t] f. (-, en). HIST. antiquité f. || PAR EXT. objet ancien, d'époque.
Anti|raucher... ["anti'rauxər] (en compos.) antitabac.
Antireflex|belag [antire"flɛksbə'la:k] m. (s, ¨e) couche (f.) antireflet.
Anti|semit [antize'mi:t] m. (en, en) antisémite m.
anti|semitisch [-tiʃ] adj. antisémite. ||°-**semitismus** [-zemi'tismus] m. antisémitisme m.
Anti|sepsis ['anti"zɛpzis] f. (-). MÉD. antisepsie f. ||°-**septikum** n. (s) antiseptique m. ||-**septisch** adj. antiseptique. ||-**spastisch** adj. antispasmodique.
Anti|these [anti'tɛ:zə] f. (-, n) antithèse f.
Anti|toxin [antitɔ'ksi:n] n. (s, e). MÉD. contrepoison m. ; antitoxine f.
antizipieren [antitsi'pi:rən] v. tr. anticiper.
Antlitz ['antlits] n. (es, e). POÉS. face f. ; visage m.
Anton ['antɔn], **Antonius** [an'to:nius] n. pr. m. Antoine m. | *Antoniuskreuz*, croix (f.) en tau.
Antonie [an'to:niə], **Antonia** [an'to:nia] n. pr. f. Antoinette f.
an|traben ["an'trɑ:bən] v. intr. prendre le trot.
An|trag ['antrɑ:k] m. (s, ¨e). FIG. proposition f. | *einen Antrag stellen*, faire une proposition. | *einen Antrag im Parlament einbringen*, soumettre une proposition au Parlement. | *auf Antrag von*, à la demande de ; sur la proposition de. | *Heiratsantrag*, demande (f.) en mariage. || JUR. demande f. ; requête f. ; réquisition f. | *Antrag auf Schadenersatz*, demande en dommages-intérêts. || LOC. *einem Antrag stattgeben*, déférer, faire droit à une demande. | *einem Antrag nicht stattgeben*, rejeter une demande. || COMM. offre f. | *einen Antrag machen*, faire une offre.
an|tragen ["an'trɑ:gən] (ä, u, a) v. tr. apporter ; rapporter. || FIG. offrir ; proposer.
Antrag|steller ["antrɑ:k'ʃtɛlər] m. (s, -) auteur (m.) de proposition, de motion ; pétitionnaire m. || JUR. demandeur m. [f. : demanderesse].
an|trauen ["an'trauən] v. tr. unir ; marier.
an|treffen ["an'trɛfən] (i, a, o) v. tr. rencontrer ; trouver.
an|treiben ["an'traibən] (ie, ie) v. tr. [drängen] pousser vers. | *Pferde antreiben*, fouailler des chevaux. || PAR ANAL. [in Bewegung bringen] activer ; actionner. || ÉLECTR. *den Motor antreiben*, actionner, faire marcher le moteur. || BOT. *Pflanzen antreiben*, forcer des plantes. || FIG. pousser ; exciter ; stimuler ; talonner. | *zur Arbeit antreiben*, faire travailler. || TECHN. chasser ; serrer ; faire joindre.
◇ v. intr. flotter vers. | *Holz treibt an*, le bois flottant échoue sur la côte, sur la berge. || BOT. commencer à bourgeonner.
an|treten ["an'tre:tən] (i, a, e) v. intr. approcher de ; aborder. | *zum Appell antreten*, se rassembler pour l'appel. | *zum Wettkampf antreten*, se présenter au concours. || MIL. *an(ge)treten !*, rassemblement ! | *zum Angriff antreten*, passer à l'attaque.
◇ v. tr. [beginnen] commencer. | *ein Amt antreten*, entrer en fonction. | *eine Reise antreten*, se mettre en route ; entreprendre un voyage. || FIG. *eine Erbschaft antreten*, recueillir une succession. || JUR. [beweisen] *den Beweis antreten*, fournir la preuve. || MIL. *den Rückzug antreten*, battre en retraite.
An|treten [-tən] n. (s). MIL. rassemblement m.
An|trieb ['antri:p] m. (s, e) commande f. ; attaque f. ; lancement m. ; propulsion f. ; entraînement m. | *elektrischer Antrieb*, commande (f.) électrique. | *hydraulischer Antrieb*, commande hydraulique. || FIG. impulsion f. ; instigation f. ; stimulation f. | *auf Antrieb von*, à l'instigation de. | *aus freiem Antrieb*, de plein gré. | *einer Sache einen Antrieb geben*, pousser une affaire.
— SYN. : *Aufmunterung*, encouragement ; *Anreiz*, incitation ; *Ermunterung*, exhortation.
Antriebs|achse ["antri:ps'aksə] f. (-, n) axe (m.) d'entraînement. ||°-**kraft** f. (-, ¨e) force motrice. ||°-**maschine** f. (-, n) machine motrice. ||°-**rad** n. (s, ¨er) roue motrice. ||°-**riemen** m. (s, -) courroie (f.) de transmission. ||°-**welle** f. (-, n). AUTOM. arbre (m.) de transmission.
an|trinken ["an'triŋkən] (a, u) v. tr. et v. pr. [zu trinken anfangen] commencer à boire. | *angetrunkene Flasche*, bouteille entamée. || PAR ANAL. *angetrunken sein*, être gris, FAM. éméché.
An|tritt ['antrit] m. (s, e) premier pas. || FIG. début m. ; commencement m. | *Antritt der Regierung*, avènement (m.) au pouvoir. | *Antritt einer Erbschaft*, prise (f.) de possession d'un héritage. | *Urlaubsantritt*, départ (m.) en congé. || PAR EXT. [erste Stufe] première marche ; (marche) palière f. ; [Tritt] degré m. ; [kleine Leiter] petite échelle. || SPORT. sprint m. ; emballage (m.) d'arrivée.
Antritts|besuch ["antritsbə'zu:x] m. (s, e) visite (f.) d'entrée en fonctions. ||°-**rede** f. (-, n). [Parlament] discours inaugural ; [Akademie] discours (m.) de réception. ||°-**vorlesung** f. (-, en) cours inaugural.
an|tun ['antu:n] v. tr. faire ; commettre. | *jm Gutes antun*, faire du bien à qn. | *jm Böses antun*, faire du mal à qn. | *Ehre antun*, faire honneur. | *Gewalt antun*, faire violence, forcer la main. || FAM. *sich etwas antun*, attenter à ses jours ; se tuer. || FIG. *diese Melodie hat es uns angetan*, cette mélodie nous a charmés. || [ankleiden] mettre ; (re)vêtir ; habiller. | *seinen Sonntagsrock antun*, s'endimancher.
Antwerpen ["ant'vɛrpən] n. pr. n. GÉOGR. Anvers m.
Antwort ['antvɔrt] f. (-, en) réponse f. ; réplique f. ; repartie f. | *rasche Antwort*, riposte f. | *eine treffende, bündige Antwort geben*, donner une réponse pertinente, qui porte ; répondre de façon concise. | *in Antwort auf* (acc.), en réponse à. | *nie um eine Antwort verlegen sein*, avoir la répartie prompte ; avoir réponse à tout. | *die Antwort schuldig bleiben*, laisser sans réponse. | *Rede und Antwort stehen*, rendre raison de. | *um Antwort wird gebeten*, réponse, s'il vous plaît (R. S. V. P.).

Antwort|karte ["antvɔrt'kartə] f. (-, n) carte-réponse f. ||°**-schein** m. (s, e) coupon-réponse (international). ||°**-schreiben** n. (s, -) réponse f.

ant|worten ['ant'vɔrtən] v. intr. répondre ; répliquer. | *schlagfertig antworten*, répondre du tac au tac.

an|vertrauen ["anfɛr'trauən] v. tr. confier (qch. à qn). | *anvertrautes Gut*, objet confié ; dépôt m.

an|verwandt ["anfɛr'vant] V. VERWANDT.

An|wachs ['anvaks] m. (es) accroissement m. ; croissance f. || augmentation f. || [Wasser] crue f. — SYN. : *Anwuchs*, augmentation ; *Zunahme*, agrandissement ; *Zusatz*, supplément ; *Zuwachs*, surcroît.

an|wachsen ["an'vaksən] (ä, u, a) v. intr. prendre racine. | *die Pflanze wächst an*, la plante prend racine, s'enracine. || PAR EXT. croître ; s'accroître ; augmenter ; grossir ; grandir. | *die Flut wächst an*, le flot monte.

An|walt ['anvalt] m. (s, ¨e). [Verteidiger ; Rechtsanwalt] avocat m. | *bestellter Anwalt*, avocat commis d'office. | *beratender Anwalt*, consultant ; conseil. || PAR EXT. [Staatsanwalt] procureur (m.) de la République. || [Sachanwalt ; Rechtsbeistand] avoué m. || [bevollmächtigter Vertreter] syndic m. || FIG. [Fürsprecher] tuteur m. ; défenseur m.

An|waltschaft [-ʃaft] f. (-, en) barreau m.

Anwalts|kammer ["anvalts'kamər] f. (-, n) conseil (m.) de l'ordre (des avocats). ||°**-praxis** f. cabinet (m.) d'avocat. ||°**-rolle** f. (-, n) tableau des avocats.

an|wandeln ["an'vandəln] v. tr. et intr. FIG. *es wandelt mich die Lust an, zu* (infin.), j'ai, il me prend envie de (infin.).

An|wandlung [-'vandluŋ] f. (-, en) accès m. ; atteinte f. (d'une maladie). || FIG. élan m. ; velléité f. | *Anwandlung von Edelmut*, accès de générosité.

an|wärmen ["an'vɛrmən] v. tr. chauffer légèrement.

An|wärter ["an'vɛrtər] m. (s, -) candidat m.

An|wartschaft ["an'vartʃaft] f. (-, en) candidature f.

an|wedeln ["an've:dəln] v. tr. [Hund] accueillir en frétillant.

an|wehen ["an've:ən] v. tr. souffler contre. || FIG. *eine Erinnerung weht mich an*, j'ai souvenance de.

an|weisen ["an'vaizən] (ie, ie) v. tr. [belehren] indiquer ; instruire ; diriger. | *jn in einer Arbeit anweisen*, instruire quelqu'un dans un travail. || PAR ANAL. [befehlen] donner des instructions, des ordres ; enjoindre. || PAR EXT. [zuteilen] déléguer ; mandater ; assigner. || COMM. *zur Zahlung anweisen*, ordonnancer. | *eine Summe anweisen*, mandater une somme. || FIG. *er ist auf mich angewiesen*, il dépend de moi.

An|weisung [-zuŋ] f. (-, en). [Belehrung] indication f. ; instruction f. ; directives f. pl. ; méthode f. || [Befehl] instruction f. ; ordre m. || MIL. consigne. || PAR EXT. délégation f. ; mandat m. ; assignation f. ; affectation f. || COMM. *eine Anweisung ausstellen*, tirer un chèque ; établir un mandat.

Anweisungs|betrag ["anvaizuŋsbə'tra:k] m. (s, ¨e) montant (m.) du mandat, du chèque. ||°**-empfänger** m. (s, -) assignataire m.

anwendbar ["an'vɛntba:r] adj. applicable ; adaptable. | *anwendbar sein auf* (acc.), s'appliquer à.

an|wenden [-'vɛndən] (wandte an, angewandt et conjug. faible) v. tr. appliquer ; utiliser ; employer ; faire usage de. | *eine Regel anwenden*, appliquer une règle. | *falsch anwenden*, faire un mauvais emploi. | *richtig anwenden*, faire (un) bon usage, un usage judicieux. || FIG. *alle Mittel anwenden*, FAM. faire flèche de tout bois. | *die äußersten Mittel anwenden*, FAM. remuer ciel et terre.
◇ part. pass. et adj. **angewandt,** appliqué. | *angewandte Physik*, physique expérimentale. | *angewandte Wissenschaften*, sciences appliquées.

An|wendung [-'vɛnduŋ] f. (-, en) application f. ; emploi m. ; utilisation f. ; usage m. ; pratique f. | *vorschriftsmäßige Anwendung*, application conforme aux instructions. | *Anwendung finden, zur Anwendung kommen*, s'appliquer à ; être applicable à. || JUR. *die Anwendung des Gesetzes verlangen*, requérir l'application de la loi.

Anwendungs|programm ['anvɛnduŋspro'gram] n. (s, e). INF. programme (m.) d'application. || °**-software** f. (-, s) logiciel (m.) d'application.

an|werben ["an'vɛrbən] (i, a, o) v. tr. enrôler ; recruter ; engager ; embaucher. | *Söldner anwerben*, enrôler des mercenaires.

An|werbung [-buŋ] f. (-, en) enrôlement m. ; recrutement m. ; engagement m. ; embauche f.

an|werfen ["an'vɛrfən] (i, a, o) v. tr. *den Motor anwerfen*, mettre le moteur en marche.
◇ v. intr. (au jeu) [anfangen] commencer.

An|wesen ["an've:zən] n. (s, -) propriété f. ; domaine m.

an|wesend [-zənt] adj. présent. | *die Anwesenden*, les personnes (f. pl.) présentes.

An|wesenheit [-hait] f. (-) présence f. | *Anwesenheit von Zeugen*, assistance (f.) de témoins. | *in Anwesenheit der Königin*, en présence de la reine.

Anwesenheits|gelder ["anve:zənhaits'gɛldər] n. pl. jetons (m. pl.) de présence. ||°**-prämie** f. (-, n) prime (f.) d'assiduité.

an|widern ["an'vi:dərn] v. tr. dégoûter ; répugner à. | *das widert mich an*, cela me dégoûte.
◇ part. prés. et adj. **anwidernd,** répugnant.

An|wohner ["an'vo:nər] m. (s, -). [Nachbar] voisin m. || [Fluß] riverain m.

An|wuchs ['anvuks] m. (es, ¨e). [Zuwachs] croissance f. || PAR ANAL. [junger Wald] taillis m. || FIG. accroissement m.

An|wurf ['anvurf] m. (s, ¨e) jet m. || ARCHIT. [Putz] crépi m. || [Spiel] premier coup. || AUTOM. mise (f.) en marche (du moteur). || FIG. [Beleidigung] injure f. ; offense f.

an|wurzeln ["an'vurtsəln] v. tr. planter.
◇ v. intr. s'enraciner. || prendre racine.

Anxiolytikum [aŋksio'ly:tikum] n. (s, ka). MÉD. anxiolytique m.

An|zahl ['antsa:l] f. nombre m. ; quantité f.

an|zahlen ["an'tsa:lən] v. tr. verser ; payer un acompte, des arrhes.

An|zahlung [-luŋ] f. (-, en). COMM. acompte m. ; arrhes f. pl.
— SYN. : *Angeld*, arrhes ; *Abzahlung, Abschlag, Teilzahlung*, acompte ; *Draufgabe, -geld*, provision.

an|zapfen ["an'tsapfən] v. tr. percer ; mettre en perce. || PAR ANAL. [Bäume] gemmer.

An|zapfung [-fuŋ] f. (-, en) mise (f.) en perce. || FIG. emprunt m. || ÉLECTR. prise f.

An|zeichen ["an'tsaiçən] n. (s, -) signe m. ; indice m. || MÉD. *die ersten Anzeichen der Krankheit*, les premiers symptômes de la maladie.

an|zeichnen [-tsaiçnən] v. tr. marquer ; noter. | *einen Text anzeichnen*, annoter un texte.

An|zeige ["an'tsaigə] f. (-, n). déclaration f. | *amtliche Anzeige*, annonce légale ; publication officielle. || JUR. *gerichtliche Anzeige*, signification f. | *strafrechtliche Anzeige*, assignation f. | *Anzeige gegen « Unbekannt »*, plainte (f.) contre X. | *eine Anzeige erstatten*, dénoncer ; déposer une plainte. || COMM. annonce f. || [Mitteilung] *schriftliche Anzeige*, avis écrit. || [Inserat] annonce f. (dans un journal) ; faire-part m. | *kleine Anzeige*, petite annonce. | *Heiratsanzeige*, faire-part (m.) de mariage. | *Geburtsanzeige*, faire-part (m.) de naissance. || INF. affichage m. ; visualisation f.

Anzeige|brett ["antsaigə'brɛt] n. (s, er) tableau (m.) d'annonces, d'affiches. || TECHN. tableau (m.) de contrôle. ||°**-instrument** n. (s, e) appareil indicateur. ||°**-pflicht** f. (-, en) déclaration (f.) obligatoire.

an|zeigen ["an'tsaigən] v. tr. indiquer ; déclarer. || JUR. *der Behörde, dem Gericht anzeigen*, dénoncer. || PAR ANAL. *in der Zeitung die Geburt eines Sohnes anzeigen*, annoncer (par, dans un journal) la naissance d'un garçon. || COMM. aviser. || INF. afficher ; visualiser.
— SYN. : *angeben*, indiquer ; *mitteilen*, communiquer ; *erklären*, déclarer ; *anklagen*, accuser.

Anzeigen|abteilung ["antsaigen'aptailuŋ] f. (-, en) service (m.) des annonces. ||°**-annahme** f. (-, n) office (m.) de publicité. ||°**-blätter** n. pl. presse gratuite. ||°**-vermittlungsbüro** n. (s, s) agence (f.) de publicité. ||°**-werber** m. (s, -) agent (m.) de publicité.

Anzeiger ["an'tsaigər] m. (s, -). [Zeitungen] moniteur m. ; indicateur f. || AUTOM. *Geschwindigkeitsanzeiger*, compteur (m.) de vitesse. | *Richtungsanzeiger*, clignotant m. (indicateur de direction). || ÉLECTR. *elektrischer Anzeiger*, jauge (f.) électrique. | *Stromanzeiger*, compteur électrique.

an|zetteln ["an'tsɛtəln] v. tr. FIG. monter un coup ; FAM. manigancer qch. | *ein Komplott anzetteln*, ourdir un complot. | *ein Verbrechen anzetteln*, méditer un crime.

an|ziehen ["an'tsi:ən] (zog, gezogen) v. tr. **1.** attirer ; tirer. | *die Schraube anziehen*, serrer la vis. | *das Seil anziehen*, tendre la corde. | *die Bremse anziehen*, freiner. | *die Pferde zogen an*, la voiture partit. | *die Zügel*

anziehen, tirer les rênes. || PAR ANAL. attirer. | *der Magnet zieht den Nagel an*, l'aimant attire le clou. **2.** FIG. [gefallen] attirer ; intéresser. | *das Theater zieht ihn an*, il aime le théâtre.
3. PAR EXT. mettre ; endosser ; (re)vêtir ; habiller. | *ein Kind anziehen*, habiller un enfant. | *ein Kleid anziehen*, mettre une robe, un complet. | *Handschuhe anziehen*, se ganter. | *sich sonntäglich anziehen*, s'endimancher. ◇ v. intr. COMM. *die Preise ziehen an*, les prix montent. || *die Börse zieht an*, la Bourse est à la hausse. || [Spiel] jouer le premier ; avoir le (premier) trait. ◇ adj. **anziehend,** attirant ; attrayant ; intéressant.

An|zieher [-ər] m. (s, -). [Schuhe] chausse-pied m. || ANAT. (muscle) adducteur m.

An|ziehung [-uŋ] f. attrait m. ; attraction f. | *eine Anziehung ausüben auf jn*, attirer qn ; être sympathique à qn. || TECHN. *Anziehung einer Schraube*, serrage (m.) d'une vis.

Anziehungs|bereich ["antsi:uŋsbə'raiç] m. (s, e), **°-feld** [-'fɛlt] n. (s, er) champ (m.) d'attraction. ||**°-kraft** f. (-, ¨e) force (f.) d'attraction ; FIG. attrait m. ; charme m. ||**°-punkt** m. (s, e). FIG. pôle (m.) d'attraction.

an|zischen ["an'tsiʃən] v. tr. émettre un sifflement. || FIG., FAM. rabrouer.

An|zug ['antsu:k] m. (s, ¨e) vêtement m. ; costume m. ; complet m. | *dieser Anzug sitzt, paßt ihm wie angegossen*, ce complet lui va comme un gant. || FIG. approche f. | *ein Gewitter ist im Anzug*, un orage s'annonce, menace. || MIL. *die Truppen sind im Anzug auf* (acc.), les troupes s'approchent de. || [Spiel] premier coup.

an|züglich ["an'tsy:kliç] adj. à double entente. | *anzügliche Reden führen*, faire des allusions déplacées, désobligeantes.

An|züglichkeit [-kait] f. (-, en) allusion désobligeante.

an|zünden ["an'tsyndən] v. tr. allumer ; embraser ; mettre le feu à. | *ein Streichholz anzünden*, craquer une allumette.

An|zünder [-dər] m. (s, -) allume-feu m.

An|zündung [-duŋ] f. (-) allumage m.

an|zwecken ["an'tsvɛkən] v. tr. FAM. punaiser.

an|zweifeln ["an'tsvaifəln] v. tr. mettre en doute.

Äonen [ɛ'o:nən] m. pl. âges m. pl. ; siècles m. pl. ; éternité f.

Aorist [ao'rist] m. (s, e). GRAMM. aoriste m.

Aorta [a'ɔrta] f. (-, ten). ANAT. aorte f.

Aorten|bogen [a"ɔrtən'bo:gən] m. [-s, ¨]. ANAT. crosse (f.) de l'aorte. ||**°-klappe** f. (-, n). ANAT. valve (f.) de l'aorte.

Apache [a'paxə] m. (n, n) Apache m.

apart [a'part] adj. raffiné.

Apathie [apa'ti:] f. (-) apathie f. ; indifférence f.

apathisch [a'pɑ:tiʃ] adj. apathique ; indifférent.

Apfel ['apfəl] m. (s, ¨) pomme f. | *Adamsapfel*, pomme d'Adam. | *Augapfel*, globe (m.) de l'œil ; prunelle f. | *Erdapfel*, pomme de terre. | *Reichsapfel*, globe impérial. || PROV. *der Apfel fällt nicht weit vom Stamm*, tel père, tel fils ; bon chien chasse de race.

Apfel|baum ["apfəl'baum] m. (s, ¨e) pommier m. ||**°-branntwein** m. (s) calvados m. ||**°-griebs** m. (s, e) trognon (m.) de pomme. ||**°-most** m. (s) jus de pomme. ||**°-säure** f. (-, n) acide (m.) malique. ||**°-schimmel** m. (s, -) cheval (m.) gris pommelé. ||**°-schnitte** f. (-, n) beignet (m.) aux pommes. ||**°-sine** f. (-, n) orange f. ||**°-sinenbaum** m. (s, ¨e) oranger m. ||**°-strudel** m. (s, -) chausson (m.) aux pommes. ||**°-wein** m. (s) cidre m.

Aphorismus [afo'rismus] m. (-, men) aphorisme m.

Aphrodisiakum [afrodi'ziakum] n. (s, aka). MÉD. aphrodisiaque m.

Aphthe ['aftə] f. (-, n). MÉD. aphte m.

Apnoe [ap'nø:] f. (-, n) apnée f.

Apogäum [apo'gɛ:um] n. (s, -äen) apogée m.

Apokalypse [apoka'lypsə] f. Apocalypse f.

apokalyptisch [-'lyptiʃ] adj. apocalyptique.

apollinisch [apɔ'li:niʃ] adj. apollinien.

Apoll(o) [a'pɔl(o)] n. pr. m. MYTH. Apollon m.

Apolog [apɔ'lo:k] m. (s, e) apologue m.

Apologet [-lɔ'ge:t] m. (en, en) apologiste m.

Apologetik [-lɔ'ge:tik] f. (-) apologétique f.

apologetisch [-lɔ'ge:tiʃ] adj. apologétique.

Apostasie [apɔsta'zi:] f. (-). RELIG. apostasie f.

Apostel [a'pɔstəl] m. (s, -). RELIG. apôtre m. | *Die Apostelgeschichte*, les Actes des Apôtres.

Apostolat [apɔsto'lɑ:t] n. (s) apostolat m.

apostolisch [-'sto:liʃ] adj. apostolique. | *der Apostolische Stuhl*, le Saint-Siège.

Apostroph [apɔ'stro:f] m. (s, e) apostrophe f.

apostrophieren [-strɔ'fi:rən] v. tr. TYPOGR. mettre une apostrophe. || GRAMM. apostropher.

Apotheke [apo'te:kə] f. (-, n) pharmacie f.

Apotheker(in) [-kər(in)] m. (s, -), f. (-, nen) pharmacien(ne) m. (f.).

Apotheose [apote'o:zə] f. (-, n) apothéose f.

Apparat [apa'rɑ:t] m. (s, e) appareil m. || [Rundfunk] (poste [m.] de) radio(diffusion) f. ; radio f. || PAR EXT. [Ausrüstung] équipement m. || FIG. *kritischer Apparat eines Textes*, apparat (critique) d'un texte. | *Parteiapparat*, appareil (m.) d'un parti.

Apparatur [-ra'tu:r] f. (-, en) appareillage m. ; équipement m.

Appell [a'pɛl] m. (s, e) appel m. | *einen Appell richten an* (acc.), en appeler à. || MIL. appel.

Appellant [apɛ'lant] m. (en, en). JUR. appelant m.

Appellation [-la'tsio:n] f. (-, en). JUR. appel m.

Appellations|gericht [apɛla"tsio:nsgə'riçt] n. (s, e). JUR. cour (f.) d'appel.

appellieren [apɛ'li:rən] v. intr. interjeter appel ; en appeler ; se pourvoir en appel.

Appendix [a'pɛndiks] m. (es, e) appendice m. ; supplément m. || ANAT. appendice m.

Appendizitis [apɛndi'tsi:tis] f. (-). MÉD. appendicite f.
— SYN. : *Blinddarmentzündung.*

Apperzeption [apɛrtsɛp'tsio:n] f. (-). PHILOS. aperception f.

Appetit [ape'ti:t] m. (s) appétit m. | *guten Appetit !*, bon appétit ! | *Appetit erregen*, ouvrir l'appétit ; donner de l'appétit. | *den Appetit verschlagen*, couper l'appétit. | *er macht ihm damit Appetit*, il lui en donne l'envie.

Appetit|häppchen [ape"ti:t'hɛpçən] n. (s, -). FAM. amuse-gueule m. ||**°-zügler** m. (s, -) anorexigène m. ; FAM. coupe-faim m.

appetitlich [-liç] adj. appétissant.

appetit|los [-lo:s] adj. sans appétit. ||**°-losigkeit** f. manque (m.) d'appétit ; inappétence f. ; anorexie f.

applanieren [apla'ni:rən] v. tr. aplanir.

applaudieren [a'plau"di:rən] v. tr. et v. intr. applaudir.

Applaus [a'plaus] m. (es, e) applaudissement m.

Applikatur [aplika'tu:r] f. (-, en). MUS. doigté m.

apportieren [apɔr'ti:rən] v. tr. [Jagd] (r)apporter.

Apposition [apozi'tsio:n] f. (-, en). GRAMM. apposition f.

appretieren [apre'ti:rən] v. tr. TEXT. apprêter.

Appretur [-'tu:r] f. (-, en). TEXT. apprêt m. | *die Appretur nehmen*, décatir.

Approbation [aproba'tsio:n] f. (-, en). [Zulassung] admission f. ; approbation f. || [Druckerlaubnis] permis (m.) d'imprimer ; RELIG. imprimatur m.

approbieren ['bi:rən] v. tr. admettre ; approuver ; permettre.

approximativ [aprɔksima'tif] adj. approximatif. ◇ adv. approximativement ; environ ; à peu près.

Aprikose [apri'ko:zə] f. (-, n). BOT. abricot m.

April [a'pril] m. (s) avril m. | *in den April schicken*, donner un poisson d'avril.

April|scherz [a"pril'ʃɛrts] m. (es, e) poisson (m.) d'avril. ||**°-wetter** n. (s) giboulées f. pl. (de mars).

Apside [ap'zi:də] f. (-, n), **Apsis** ['apsis] f. (-, iden). ARCHIT. abside f.

Aquädukt [akvɛ'dukt] m. ([e]s, e) aqueduc m.

Aquarell [akva'rɛl] n. (s, e) aquarelle f.

Aquarium [a'kva:rium] n. (s, ien) aquarium m.

Äquator [ɛ'kvɑ:tɔr] m. (s) équateur m.

äquatorial [ɛkvatɔri'ɑ:l] adj. équatorial.

Aquavit ['akva'vi:t] m. (s, e) alcool m. (de grain).

äqui|noktial [ɛkvinɔktsi'ɑ:l] adj. équinoxial. || **°-noktium** [-'nɔktsium] n. (s, tien) équinoxe m.

äqui|valent [-va'lɛnt] adj. équivalent.

Äquivalent|dosis [ɛkviva"lɛnt'do:zis] f. (-, sen). NUCL. équivalent (m.) de dose. | *höchstzugelassene Äquivalentdosis*, équivalent de dose maximale admissible.

Ar [ɑ:r] [en abr. **a**] n. (s, e) are m.

Ära ['ɛ:ra] f. (-, Ären) ère f.

Araber(in) [a'rɑ:bər(in)] m. (s, -), f. (-, nen) Arabe s.

Arabeske [ara'bɛskə] f. (-, n) arabesque f.

Arabien [a'rɑ:biən] n. pr. n. GÉOGR. Arabie f.

arabisch [-biʃ] adj. arabe. | *arabische Ziffern*, chiffres (m. pl.) arabes.

Arachnide [arak'ni:də] f. (-, n). ZOOL. arachnide m.

Aragonien [ara'go:niən] n. pr. n. Aragon m.

Aragonier(in) [-niər(in)] m. (s, -), f. (-, nen) Aragonais(e) m. (f.).

aragonisch [-niʃ] adj. GÉOGR. aragonais(e).

Aral|see ["arɑ:l'ze:] m. (s) mer (f.) d'Aral.

Aräo|meter [arɛo'me:tər] n. (s, -) aréomètre m. ; pèse-liqueur m.

Ärar [ɛ'rɑ:r] n. (s, ien). [Österreich] Trésor public.

Araukarie [arau'kariə] f. (-, n). BOT. araucaria m.

Arbeit ['arbait] f. (-, en). **1.** travail m. ; occupation f. ; besogne f. | *in seiner Arbeit erfahren sein*, être rompu à la tâche ; connaître son affaire. | *eine zwecklose Arbeit verrichten*, perdre son temps. | *jm die Arbeit vorkauen*, FIG. mâcher la besogne à qn. | *Arbeit am laufenden Band*, travail à la chaîne. | *sich an die Arbeit machen*, se mettre au travail. | *die Arbeit aufnehmen, wieder aufnehmen*, prendre son service, reprendre le travail, FAM. le collier, POP. le boulot, le turbin. | *die Arbeit einstellen*, cesser le travail, FAM. débrayer. | *eine Arbeit eilig abfertigen, erledigen*, bâcler un travail. | *sich vor der Arbeit drücken*, fuir le travail ; aimer la besogne toute faite. | *keine Arbeit scheuen*, mettre la main à la pâte ; ne pas reculer, ne pas renâcler devant la besogne. | *gemeinnützige Arbeiten*, travaux d'utilité collective (T.U.C.). | *gigantische Arbeit*, travail de titan. | *monotone, repetitive Arbeit*, tâche répétitive. | *Feldarbeit*, travaux des champs. | *Heimarbeit*, travail à domicile. | *Schwarzarbeit*, travail illicite. | *Zusammenarbeit*, collaboration f.
2. [Mühe] peine f. ; fatigue f. | *belanglose, unbedeutende Arbeit*, besogne insignifiante, FAM. bricole f. | *eine ehrenamtliche Arbeit*, un travail bénévole, non rémunéré, honorifique.
3. [Werk, Schöpfung] travail m. ; tâche f. ; œuvre f. ; ouvrage m. ; façon f. ; fabrication f. | *etwas in Arbeit haben*, avoir qch. sur le chantier. | *saubere Arbeit verrichten*, faire du bon travail, de la bonne besogne. | *er ist stolz auf seine Arbeit*, il est fier de son travail. | *eine schriftliche Arbeit*, [in der Schule] un devoir sur table. | *eine Hausarbeit*, un devoir fait à la maison. | *eine Doktorarbeit*, une thèse de doctorat. | *eine gelungene Arbeit*, un travail réussi. | *erhabene Arbeit*, (travail en) relief m. | *eingelegte Arbeit*, incrustation f. ; marqueterie f. | *gestochene Arbeit*, ciselure f. | *Handarbeit*, travail fait à la main.
4. FIG. [Gärung, Wallung] *der Wein ist in Arbeit*, le vin travaille, fermente.
5. PROV. *wie die Arbeit, so der Lohn*, à chacun selon ses mérites. | *jede Arbeit ist ihres Lohnes wert*, toute peine mérite salaire.
— SYN. : *Werk*, ouvrage, œuvre, besogne ; *Geschäft*, affaire ; *Beschäftigung*, occupation ; *Tagewerk*, tâche ; *Bürde*, corvée.

Arbeit|geber ["arbait'ge:bər] m. (s, -) patron m. ; employeur m. ||°**-geber|beiträge** m. pl. cotisations patronales. ||°**-geberschaft** f. patronat. ||°**-geber|verband** m. (s, ¨e) syndicat patronal. || °**-nehmer** m. (s, -) salarié m. ; employé m. | *Gewinnbeteiligung der Arbeitnehmer*, participation (f.) des salariés aux bénéfices. ||°**-nehmer|beiträge** m. pl. cotisations salariales. ||°**-nehmerschaft** f. salariat.

arbeiten ['ar'baitən] v. intr. **1.** travailler ; être occupé. | *schwer arbeiten*, peiner. | *rastlos arbeiten*, travailler d'arrache-pied. | *tüchtig arbeiten*, travailler ferme. | *wie ein Berserker arbeiten*, travailler comme un forcené. | *arbeiten, daß die Späne fliegen*, travailler comme un nègre. | *die arbeitende Klasse*, la classe laborieuse. || FIG. *mit Händen und Füßen arbeiten*, faire des pieds et des mains. || FAM. *arbeiten, bis einem der Kopf raucht*, suer sang et eau. || *bei jm als Aupair-Mädchen arbeiten*, être au pair chez qn. | *an etwas arbeiten*, avoir qch. en chantier, sur le chantier. | *jm in die Hand arbeiten*, aider, seconder qn ; faire le jeu de qn.
2. fonctionner. | *der Motor arbeitet regelmäßig*, le moteur marche régulièrement. || FIG. *das Schiff arbeitet bei stürmischer See*, le navire peine par mer démontée. || [gären] fermenter. | *der Most arbeitet*, le moût fermente. | *der Teig arbeitet*, la pâte lève. | *das Holz arbeitet*, le bois travaille, joue.
3. FIN. *das Kapital arbeiten lassen*, faire travailler l'argent. | *arbeitendes Kapital*, fonds (m. pl.) de roulement.
◇ v. tr. travailler ; façonner ; faire.
◇ v. pr. **sich arbeiten,** *sich tot, müde arbeiten*, se tuer, se fatiguer au travail. | *sich durch den Urwald arbeiten*, se frayer un chemin à travers la forêt vierge.

Arbeiter(in) ["ar'baitər(in)] m. (s, -) f. (-, nen) ouvrier m., ouvrière f. ; travailleur m., travailleuse f. ; salarié(e) m. (f.). | *erfahrener, fachgelernter Arbeiter*, ouvrier expérimenté, qualifié. | *ungelernter Arbeiter*, ouvrier spécialisé ; manœuvre m. | *organisierter Arbeiter*, ouvrier syndiqué. | *Arbeiter einstellen*, embaucher de la main-d'œuvre. | *Gastarbeiter* (m. pl.), main-d'œuvre étrangère.

Arbeiter|aktionär ["arbaitəraktsio'nɛ:r] m. (s, e) salarié (m.) actionnaire. ||°**-annahmestelle** f. (-, n) bureau (m.) d'embauche. ||°**-anwerbung** f. (-, en) embauche f. ; embauchage m. ||°**-ausschuß** m. (es, ¨e) comité (m.) des ouvriers. ||°**-aussperrung** f. (-, en) renvoi (m.) des ouvriers ; lock-out m. ||°**-ausstand** m. (s, ¨e) grève f. ||°**-bewegung** f. (-, en) mouvement ouvrier. ||°**-frage** f. (-, n) problème ouvrier. ||°**-gewerkschaft** f. (-, en) syndicat ouvrier. ||°**-klasse** f. (-, en) classe ouvrière. ||°**-mangel** m. (s, ¨) pénurie (f.) de main-d'œuvre. ||°**-partei** f. (-, en) parti ouvrier. ||°**-priester** m. (s, -) prêtre-ouvrier m. ||°**-siedlung** f. (-, en) cité ouvrière. ||°**-viertel** n. (s, -) quartier ouvrier. ||°**-zug** m. (s, ¨e) train ouvrier.

Arbeiterschaft ["ar'baitərʃaft] f. ensemble (m.) des ouvriers d'une entreprise ; classe ouvrière.

arbeitsam ["ar'baitzɑ:m] adj. laborieux ; actif ; appliqué.

Arbeitsamkeit [-kait] f. application f. ; activité f.

Arbeits|amt ["arbaits'amt] n. (s, ¨er) office (m.) du travail. | *Internationales Arbeitsamt*, Bureau international du travail. ||°**-anzug** m. (s, ¨e) combinaison f. ; POP. bleu (m.) de travail ; salopette f. ||°**-aufnahme** f. (-, n) reprise (f.) du travail. ||°**-aufwand** m. (s, ¨e) travail fourni ; énergie dépensée. ||°**-ausschuß** m. (es, ¨e) comité (m.) d'action. ||°**-bereich** m. (s, e) rayon (m.) d'action. ||°**-bescheinigung** f. (-, en) certificat (m.) de travail. ||°**-dauer** f. (-) durée (f.) du travail. ||°**-dienst** m. (s). HIST. service (m.) du travail obligatoire. ||°**-einheit** f. (-, en) unité (f.) de travail ; PHYS. erg m. ||°**-einstellung** f. (-, en) arrêt (m.), cessation (f.) du travail ; grève f. ||°**-einteilung** f. (-, en) répartition (f.) du travail. ||°**-entgelt** n. (s) salaire m. ; rémunération f. ||°**-erlaubnis** f. (-, se) carte (f.) de travail. ||**-fähig** adj. apte, propre au travail. ||°**-fähigkeit** f. (-, en) capacité (f.) de travail. ||°**-feld** n. (s, er) champ (m.) d'activité. ||°**-flucht** f. (-) absentéisme m. ||°**-freudigkeit** f. (-) ardeur (f.) au travail. ||°**-friede** m. (ns) paix sociale. ||°**-gang** m. (s, ¨e) opération (f.), phase (f.) de travail. ||°**-gebiet** (s, e). V. ARBEITSFELD. ||°**-gemeinschaft** f. (-, en) groupe (m.), centre (m.) d'études ; communauté (f.) de travail. | *Arbeitsgemeinschaft der öffentlich-rechtlichen Rundfunkanstalten der Bundesrepublik Deutschland (A.R.D.)*, société (f.) de production de télévision de la 1re chaîne en R.F.A. ||°**-gericht** n. (s, e) tribunal (m.) de travail ; conseil (m.) des prud'hommes. ||°**-gestaltung** f., **-planung** f. organisation (f.) du travail. ||°**-gruppe** f. (-, n) groupe (m.) de travail. ||°**-immigrant** m. (en, en) travailleur immigré. ||°**-kampf** m. (s, ¨e) conflit (m.) du travail ; conflit social. ||°**-kleid** n. (s, er) tenue (f.) de travail. ||°**-kollege** m. (n, n), °**-kollegin** f. (-, nen) collègue (s.) de travail. ||°**-kraft** f. (-, ¨e). [Arbeiter] main-d'œuvre f. ; [Tätigkeit] faculté (f.) de travail ; [Vermögen] TECHN. puissance (f.) de travail. ||°**-kräftemangel** m. (s) pénurie (f.) de main d'œuvre. ||°**-kreis** m. (es, e) groupe (m.) de travail. ||°**-lager** n. (s, -) camp (m.) de travail. ||°**-leistung** f. (-, en) production f. ; rendement m. ; débit m. ||°**-lohn** m. (s, ¨e) salaire m. ||°**-lohnsätze** m. pl. barème (m.) des salaires. ||**-los** adj. sans travail ; chômeur. | *ein Arbeitsloser*, un chômeur ; un sans-travail. ||°**-losenquote** f. (-, n) taux (m.) de chômage. ||°**-losenunterstützung** f. (-, en) allocation (f.), indemnisation (f.) de chômage. ||°**-losigkeit** f. (-, en) chômage m. | *Jugendarbeitslosigkeit*, chômage des jeunes. | *konjukturelle, verdeckte Arbeitslosigkeit*, chômage conjoncturel, déguisé. ||°**-markt** m. (s, ¨e) marché (m.) du travail. ||°**-mediziner** m. (s, -) médecin (m.) du travail. ||°**-methode** f. (-, n) méthode (f.), mode (m.) de travail. ||°**-minister** m. (s, -) ministre (m.) du Travail. ||°**-nachweis** m. (es, e) bureau (m.) de placement (ouvrier) ; bourse (f.) du travail. || °**-niederlegung** f. (-, en). [Streik] débrayage m. ;

[Krankheit] arrêt (m.) de travail. ||°-**opfer** n. (s, -) accidenté(e) m. (f.) du travail. ||°-**ordnung** f. (-, en) règlement (m.) du travail ; règlement intérieur. ||°-**pferd** n. (s, e) cheval (m.) de trait. ||°-**plan** m. (s, ¨e) plan (m.) de travail ; emploi (m.) du temps ; programme m. ||°-**platz** m. (es, ¨e) lieu (m.) de travail ; chantier m. ; poste (m.) de travail. || °-**platz-beschreibung** f. (-, en) profil (m.) du poste. ||°-**recht** n. (s) droit du travail. ||°-**regelung** f. (-) réglementation (f.) du travail. ||°-**ruhe** f. (-) repos m. ; interruption (f.) du travail. ||-**scheu** adj. rétif au travail ; paresseux, euse. ||°-**schicht** f. (-, en) équipe (f.), poste (m.) de travail. ||°-**schieds|gericht** n. (es, e) conseil (m.) des prud'hommes. ||°-**schutz** m. (es) protection (f.) du travail. ||°-**speicher** m. (s, -). Inf. mémoire (f.) de rafraîchissement ; mémoire vive. ||°-**sperre** f. (-, n) lock-out m. ||°-**stelle** f. (-, n) lieu (m.) de travail ; chantier m. ; atelier m. ||°-**stillstand** m. (s, ¨e) arrêt (m.) de travail ; chômage m. ||°-**stockung** f. arrêt (passager) du travail. ||°-**stück** n. (s, e) pièce (f.) à usiner. ||°-**suchende(r)** f. (m.) demandeur (m.), demandeuse (f.) d'emploi. ||°-**tag** m. (s, e) jour (m.) ouvrable. ||°-**takt** m. (s, e). [Motor] cadence f. ||°-**tarif** m. (s, e) tarif ouvrier. ||°-**teilung** f. (-, en) division (f.) du travail. ||°-**tisch** m. (s, e). [Kopfarbeiter] table f. ; bureau m. ; [Handarbeiter] banc m. ; établi m. ||°-**überlastung** f. (-, en) surcharge (f.), surcroît (m.) de travail. ||-**unfähig** adj. incapable de travailler ; inapte, impropre au travail ; invalide. ||°-**unfähigkeit** f. (-) incapacité (f.) physique ; inaptitude (f.) au travail. ||°-**unfall** m. (s, ¨e) accident (m.) de travail. | *Verhütung* (f.) *von Arbeitsunfällen*, prévention (f.) des accidents du travail. ||°-**verdienst** m. (es, e) revenu (m.) du travail. ||°-**verfahren** n. (s, -) procédé m. (technique) de travail. ||°-**verhältnis** n. (ses, se) contrat (m.) de travail. | *betriebliche Arbeitsverhältnisse*, conditions (f. pl.) de travail. ||°-**verlust** m. (es, e) perte (f.) de travail. ||°-**vermittlung** f. (-, en) bureau (m.) de placement ; bourse (f.) de travail. ||°-**vermögen** n. (s) énergie potentielle mécanique, dynamique ; capacité (f.) de travail. ||°-**versäumnis** n. (ses, se) absence injustifiée. ||°-**verteilung** f. (-, en) répartition (f.), distribution (f.) du travail. ||°-**vertrag** m. (s, ¨e) contrat (m.) de travail. ||°-**vorgang** m. (s, ¨e). Techn. opération f. ||°-**weise** f. (-, n) [mode (m.) de] fonctionnement m. ||°-**wert** m. (s, e) valeur travail f. ||°-**woche** f. (-, n) semaine (f.) de travail. ||°-**zeit** f. (-, en) durée (f.) de travail ; [Bearbeitungsdauer] temps (m.) d'usinage. | *gleitende Arbeitszeit*, horaire (m.) variable. || °-**zeit|einteilung** ["--/-'---] f. (-, en) répartition (f.) des heures de travail. ||°-**zeit|verkürzung** (-, en), °-**zeit|verringerung** f. (-, en) réduction (f.) du temps de travail. ||°-**zeug** n. (s). [Werkzeug] outils (m. pl.) ; [Kleidung] vêtements (m. pl.) de travail. ||°-**zimmer** n. (s, -) cabinet (m.) de travail ; studio m. ; bureau m.

Arbitrage [arbi'trɑ̃:gə] f. (e, en). Fin. arbitrage m.

arbitrieren [-tri:rən] v. tr. Fin. arbitrer.

archaisch [ar'çɑ:iʃ] adj. archaïque. || Fig. démodé.

Archaismus [arçɑ:'ismus] m. (-, men) archaïsme m.

Archäologe [arçɛo'lo:gə] m. (en, en) archéologue m.

archäologisch [-'lo:giʃ] adj. archéologique.

Arche ['arçə] f. (-, n) arche f. | *Arche Noah*, arche de Noé.

Archimedes [arçi'me:dəs] n. pr. m. Archimède m.

archimedisch [arçi'me:diʃ] adj. d'Archimède. | *archimedisches Gesetz, Prinzip*, principe (m.) d'Archimède.

Archipel [arçi'pe:l] m. (s, e). Géogr. archipel m.

Architekt [arçi'tɛkt] m. (en, en) architecte m.

Architektur [-tɛk'tu:r] f. (-, en) architecture f.

Architrav [arçi'trɑ:f] m. (s, e). Archit. architrave f.

Archiv [ar'çi:f] n. (s, e) archives f. pl. || Par ext. [Gebäude] (dépôt [m.] des) archives ; archives f. pl.

Archivar [arçi'vɑ:r] m. (s, e) archiviste m.

ARD [aɛr'de] f. première chaîne de télévision allemande.

Ardennen [ar'dɛnən] n. pr. pl. Géogr. Ardennes n. pr. f. pl.

Areal [are'ɑ:l] n. (s, e) aire f. ; superficie f.

Arena [a're:na] f. (-, nen) arène f.

Areopag [areo'pɑ:k] m. (s) aréopage m.

arg [ark] adj. mauvais ; méchant. || [Personen] méchant ; malicieux ; malin. | *das ist ein arger Fuchs*, c'est un rusé compère. || [Dinge] fâcheux ; vexant ; scandaleux. | *er hat mich in eine arge Lage gebracht*, il m'a mis dans une mauvaise posture, dans de beaux draps. | *vor dem Ärgsten bewahren*, éviter le pire. | *die Dinge liegen im Argen*, les affaires vont mal. | *es arg, zu arg treiben*, exagérer ; aller trop loin ; en faire de belles. | *es ist ärger denn je*, c'est pire que jamais.
◇ adv. méchamment ; sévèrement ; rudement. | *arg strafen*, punir durement.
◇ m. Théol. *Der Arge*, le Malin.
◇ compar. **ärger,** pire.
— Syn. : *unschön*, vilain ; *boshaft*, pervers ; *böse*, malin ; *häßlich*, détestable ; *(spott)schlecht*, exécrable ; *schlimm*, fâcheux ; *übel*, désagréable.

Arg [ark] n. (s) méchanceté f. ; malice f. | *ohne Arg sein, kein Arg dabei finden*, être sans malice ; n'y voir point de mal.

arg|denkend ["ark'dɛŋkent] adj. malintentionné. ||°-**list** f. (-, en) astuce f. ; malice f. ; perfidie f. || Jur. dol m. ||-**listig** adj. malicieux ; perfide. | *arglistige Worte*, paroles artificieuses. || Jur. dolosif. | *arglistige Täuschung*, acte dolosif ; dol m. ||-**los** adj. ingénu ; candide ; sans malice. ||°-**losigkeit** f. innocence f. ; candeur f.

Argentan [argɛn'tɑ:n] n. (s) maillechort m.

Argentinien [argɛn'ti:niən] n. pr. n. Géogr. Argentine f.

Argentinier(in) [-niər(in)] m. (s, -), f. (-, nen). Géogr. Argentin(e) m. (f.).

argentinisch [-niʃ] adj. Géogr. argentin. | *die argentinische Republik*, la République argentine.

Ärger ['ɛrgər] m. (s) irritation f. ; contrariété f. ; dépit m. | *sich Ärger machen*, se chagriner. | *ich habe viel Ärger damit*, j'en suis fort contrarié. | *seinen Ärger verbeißen*, réprimer son dépit. | *aus, vor Ärger*, de dépit.

ärgerlich [-liç] adj. irritant ; vexant ; agaçant ; fâcheux. | *wie ärgerlich !*, quel désagrément ! ; comme c'est ennuyeux ! | *er fängt an, ärgerlich zu werden*, fig., fam. la moutarde lui monte au nez. | *der ärgerliche Augenblick*, fam. le quart d'heure de Rabelais. | *ärgerlich machen*, dépiter ; fam. crisper.

ärgern [-gərn] v. tr. agacer ; contrarier ; faire enrager ; dépiter ; pop. faire bisquer ; fam. crisper.
◇ v. pr. **sich ärgern,** se fâcher ; se faire de la bile. | *sich furchtbar ärgern*, enrager ; se fâcher tout rouge.
— Syn. : *plagen*, harceler, taquiner ; *peinigen*, tourmenter ; *quälen*, tracasser ; *stacheln*, talonner ; *erbosen*, *erzürnen*, fâcher ; *verdrießen*, *verstimmen*, contrarier ; *auf-*, *überreizen*, *aufbringen*, irriter, exacerber.

Ärgernis [-gərnis] n. (sses, sse) contrariété f. ; dépit m. ; scandale m. | *Ärgernis geben*, faire, causer de l'esclandre.

Argheit ['arkhait] f. (-, en) méchanceté f.

Argon [ar'go:n] n. (s). Chim. argon m.

Argonnen [ar'gɔnən] n. pr. pl., **Argonner Wald** [ar"gɔnər'valt] m. Géogr. Argonne f.

Argument [argu'mɛnt] n. (s, e) argument m. | *unumstößliches Argument*, argument sans réplique.

argumentieren [-mɛn'ti:rən] v. intr. argumenter.

Argus ['argus] n. (-) pr. m. Myth. Argus m. | *Argusaugen haben*, avoir des yeux de lynx.

Argwohn ['arkvo:n] m. (s) défiance f. ; soupçon m. ; suspicion f. | *bei jm Argwohn erregen, erwecken*, donner, porter de l'ombrage à qn. | *Argwohn gegen jn hegen*, se méfier de qn. | *Argwohn schöpfen*, avoir du soupçon.

argwöhnen ["ark'vø:nən] v. tr. soupçonner ; suspecter. || [mißtrauisch sein] se défier ; se méfier de.

argwöhnisch [-niʃ] adj. soupçonneux ; défiant ; méfiant ; ombrageux.

Ariadne|faden [ari"ɑ:dnə'fɑ:dən] m. (s). Fig., Myth. fil (m.) d'Ariane.

Arianer [ari'ɑ:nər] m. (s, -). Relig. arien m.

arianisch [-niʃ] adj. arien.

Arie ['ɑ:riə] f. (-, n). Mus. air m. | *kurze Arie*, ariette f.

Arier(in) ['ɑ:riər(in)] m. (s, -), f. (-, nen) Aryen(ne) m. (f.).

Arier|paragraph ["ɑ:riərpara'grɑ:f] m. (en). Hist. loi nazie contre les Juifs.

arisch ['ɑ:riʃ] adj. aryen.

Aristokrat(in) [aristo'krɑ:t(in)] m. (en, en), f. (-, nen) aristocrate s.

Aristokratie [-kra'ti:] f. (-, n) aristocratie f.

aristokratisch [aristɔ'krɑ:tiʃ] adj. aristocratique.

Aristoteles [aris'to:təlɛs] m. Antiq. Aristote m.

Aristoteliker(in) [-to'telikər(in)] m. (s, -), f. (-, nen). Philos. aristotélicien(ne) m. (f.).

Arithmetik [arit'me:tik] f. (-) arithmétique f.

Arithmetiker(in) [-tikər(in)] m. (s, -), f. (-, nen) arithméticien (ienne) m. (f.).

arithmetisch [-tiʃ] adj. arithmétique. | *arithmetische Reihe*, progression (f.) arithmétique.

Arkade [ar'kɑ:də] f. (-, n). ARCHIT. arcade f.

Arkadien [ar'kɑ:diən] n. pr. n. Arcadie f.

Arkebuse [arkə'bu:zə] f. (-, n) arquebuse f.

Arktis ['arktis] n. pr. f. région (f.) arctique.

arktisch [-tiʃ] adj. arctique.

arm [arm] adj. (compar. **ärmer** ; superl. **ärmste[r]**). [mittellos] pauvre ; dépourvu de. | *seine Mutter ist arm*, sa mère est pauvre. | *arm und reich*, *Arme und Reiche*, (les) pauvres et (les) riches. | *arm wie eine Kirchenmaus*, pauvre comme un rat d'église. | *blutarm*, *bettelarm*, *arm wie Hiob*, pauvre comme Job. | *verschämter Armer*, pauvre honteux. || *arm machen*, appauvrir. | *arm werden*, s'appauvrir. || PAR ANAL. pauvre ; dépourvu. | *arm an Geist*, pauvre d'esprit. || PAR EXT. [bedauernswert] misérable ; malheureux. | *armer Schlucker*, *Wicht*, pauvre diable m. ; pauvre bougre m. | *armes Kind !*, pauvre enfant ! | *ich armer Mensch !*, misérable que je suis ! | *du Ärmster*, mon pauvre ! || [jämmerlich ; kümmerlich] nécessiteux ; indigent. | *ein armes Leben führen*, mener une vie d'indigent. || HIST. *der arme Konrad*, fédération (f.) des paysans au XVIe siècle. — SYN. : *elend*, *armselig*, misérable ; *erbärmlich*, malheureux ; *ärmlich*, piètre ; *bedürftig*, besogneux ; *bettelarm*, miséreux.

armselig [arm'ze:liç] adj. pauvre ; pitoyable ; misérable. | *armseliger Schüler*, piètre élève m. | *in armseligen Verhältnissen leben*, tirer le diable par la queue.

Arm [arm] m. (s, e) bras m. | *jm den Arm bieten*, *reichen*, donner, offrir le bras à qn. | *js Arm nehmen*, prendre le bras de qn. | *die Arme verschränken*, croiser les bras. | *Arm in Arm*, bras dessus, bras dessous. | *mit Armen und Beinen um sich schlagen*, se démener. | *die Arme frei haben*, avoir les mains libres. | *ein Arm voll*, une brassée. || ANAT. *Oberarm*, humérus m. | *Unterarm*, avant-bras m. || MÉD. *sich den Arm auskugeln*, *verrenken*, se luxer le bras. || FIG. *jn mit offenen Armen aufnehmen*, *empfangen*, recevoir, accueillir qn à bras ouverts. | *jm unter die Arme greifen*, donner un coup d'épaule à qn ; épauler qn. | *einen langen Arm haben*, avoir le bras long. | *jm in den Arm fallen*, arrêter le bras de qn. || POP. *jn auf den Arm nehmen*, se moquer de qn. || PAR ANAL. [Fluß] bras m. | *Meeresarm*, bras de mer.

Arm|band ['armbant] n. (s, ¨er) bracelet m. ||°**-banduhr** f. (-, en) montre-bracelet f. ||°**-binde** f. (-, n) brassard m. ; MÉD. écharpe f. ||°**-füßler** m. (s, -) brachiopode m. ||°**-höhle** f. (-, n) aisselle f. ||°**-lehne** f. (-, n) bras (m.) de fauteuil ; accoudoir m. ||°**-leuchter** m. (s, -) candélabre m. ||°**-muskel** m. (-, n) biceps m. ||°**-reif** m. (s, e) bracelet m. ||°**-sessel** m. (s, -), °**-stuhl** m. (s, ¨e) fauteuil m. ||°**-voll** m. (s, -) brassée f.

Armatur [arma'tu:r] f. (-, en). TECHN. armature f. ; garniture f. || PHYS. armure f. ; induit m.

Armaturen|brett [arma"tu:rən'brɛt] n. (es, er). TECHN. tableau (m.) de bord, de commande.

Armbrust ['armbrust] f. (-, ¨e) arbalète f.

Armee [ar'me:] f. (-, n). MIL. armée f.

Armee|befehl [ar"me:bə'fe:l] m. (s, e) ordre (m.) du jour des armées. ||°**-bereich** m. (s, e) zone (f.) des armées. ||°**-korps** n. (-, -). MIL. corps (m.) d'armée. ||°**-lieferant** m. (en, en) fournisseur (m.) aux armées.

Ärmel ['ɛrməl] m. (s, -) manche f. | *die Ärmel hochschlagen*, retrousser les manches. || FIG. *etwas aus dem Ärmel schütteln*, produire, faire qch. en un tour de main ; [Rede] parler d'abondance.

Ärmel|aufschlag ["ɛrməl'aufʃlɑ:k] m. (es, ¨e) revers (m.) de manche. ||°**-brett** n. (es, er). TECHN. jeannette f. ||°**-kanal** (s) n. pr. m. GÉOGR. Manche f. ||°**-schlitz** m. (es, e). HIST. [am Kleid] crevé m. ||°**-schoner** m. (s, -) manchette f.

Armen|anwalt ["armən'anvalt] m. (s, ¨e) assistant (m.) judiciaire. ||°**-arzt** m. (es, ¨e) médecin (m.) de l'assistance publique. ||°**-haus** n. (es, ¨er) hospice m. ; asile m. ||°**-kasse** f. (-, n) bureau (m.) de bienfaisance. ||°**-pflege** f., °**-wesen** n. (s) assistance (f.) publique. ||°**-recht** n. (s) assistance (f.) judiciaire.

Armenien [ar'me:niən] n. pr. n. Arménie f.

Armenier(in) [-niər(in)] m. (s, -), f. (-, nen). GÉOGR. Arménien(ne) m. (f.).

armenisch [-niʃ] adj. arménien.

Arme|sünder ['armə"zynder] m. IRON., FIG. misérable m. ; pauvre diable m.

Armesünder|gesicht [armə"zyndərgə'ziçt] n. (s, er). FIG. mine (f.) patibulaire. ||°**-glocke** f. (-, n), °**-glöckchen** n. (s, -) glas (m.) d'un condamné. ||°**-stuhl** m. (s, ¨e). FIG. *auf dem Armesünderstuhl sitzen*, être sur la sellette.

armieren [ar'mi:rən] v. tr. armer ; blinder. || ARCHIT. *armierter Beton*, béton armé.

Armierung [-ruŋ] f. (-, en) armement m. | *Armierung von Festungen*, *Schiffen*, *Maschinen*, armement de forteresse, équipement (m.) de navires, armature (f.) de machines.

Armierungs|eisen [ar"mi:ruŋs'aizən] n. (s, -) barre (f.) de fer à béton ; armature (f.) de fer.

ärmlich ['ɛrmliç] adj. assez pauvre ; nécessiteux. | *er führt ein ärmliches Dasein*, il mène une vie assez misérable.

Ärmlichkeit [-kait] f. (-) pauvreté f. ; dénuement m. ; nécessité f.

Ärmling ['ɛrmliŋ] m. (s, e) (fausse) manche ; manchette (f.) de protection.

Armut ['armu:t] f. (-) pauvreté f. ; indigence f. || FIG. *geistige Armut*, pauvreté d'esprit. || PROV. *Armut ist keine Schande*, pauvreté n'est pas vice. | *Armut ist ein schlimmer Gast*, pauvreté est mauvaise conseillère. — SYN. : *Not*, Bedürfnis ; *Bedürftigkeit*, indigence ; *Knappheit*, pénurie ; *Geldmangel*, impécuniosité ; *Notstand*, *-lage*, détresse ; *Mangel*, dénuement.

Armuts|zeugnis ["armu:ts'tsɔyknis] n. (ses, se) certificat (m.) d'indigence. || FIG. *damit stellt er sich ein Armutszeugnis aus*, il prouve par là son incapacité.

Aroma [a'ro:ma] n. (s, s) arôme m. ; parfum m.

aromatisch [arɔ'mɑ:tiʃ] adj. aromatique.

aromatisieren [-mati'zi:rən] v. tr. aromatiser.

Aron ['ɑ:rɔn] m. (s, s), **Aron|stab** ["ɑ:rɔn'ʃtɑ:p] m. ([e]s). BOT. arum m.

Arpeggiatur [arpɛdja'tu:r] f. (-, en). MUS. arpèges m. pl.

Arrak ['arak] m. (s, e) arack m. ; arac m.

Arrangement [arɑ̃:ʒə'mɑ̃] n. (s, s). [Anordnung] arrangement m. ; préparation f. ; disposition f. || PAR ANAL. [Übereinkommen] arrangement m. ; transaction f. ; compromis m. || MUS. arrangement m. ; adaptation f.

arrangieren [-'ʒi:rən] v. tr. préparer ; disposer. | *ein Fest arrangieren*, organiser une fête.

Arrest [a'rɛst] m. (s, e) emprisonnement m. ; arrêts m. pl. || MIL. *leichter Arrest*, salle (f.) de police ; arrêts (m. pl.) simples. | *strenger*, *verschärfter Arrest*, arrêts de rigueur. | *Stubenarrest haben*, être consigné à la chambre. || JUR. saisie-arrêt f. | *mit Arrest belegen*, saisir.

Arrest|lokal [a"rɛstlo'kɑ:l] n. (s), °**-stube** f. (-, n), °**-zimmer** n. (s, -) local (m.) disciplinaire ; salle (f.) de police.

arretieren [are'ti:rən] v. tr. arrêter. || JUR. saisir ; mettre arrêt sur.

Arretierung [-ruŋ] f. (-, en) arrestation f. || TECHN. dispositif (m.) d'arrêt.

arrivieren [ari'vi:rən] v. intr. réussir.

arrogant [aro'gant] adj. arrogant ; impertinent.

Arsch [arʃ] m. (s, ¨e). POP. cul m. ; derrière m. ; FAM. postérieur m.

ärschlings ['ɛrʃliŋs] adv. FIG., ARG. cul par-dessus tête.

Arsen [ar'ze:n] n. (s). CHIM. arsenic m.

arsen|haltig [ar"ze:n'haltiç] adj. CHIM. arsénical. ||°**-säure** f. (-, n). CHIM. acide (m.) arsénique.

Arsenal [arzə'nɑ:l] n. (s, e). MIL. arsenal m.

Arsenik [ar'ze:nik] n. (s) arsenic m.

Art [ɑ:rt] f. (-, en). **1.** [Wesen] nature f. ; être m. || PAR EXT. manière f. ; façon f. | *auf diese Art*, de cette manière. | *nach deiner Art*, à ta façon. | *nach Art von*, à la manière de. | *das ist so seine Art*, voilà bien son genre. || FIG. [Benehmen ; Auftreten] manière(s) f. (pl.). | *das ist doch keine Art !*, en voilà des façons ! | *jeder soll nach seiner Art selig werden*, à chacun sa religion ; chacun dans ce monde est heureux à sa manière.

2. [Sorte ; Gattung] espèce f. ; sorte f. ; classe f. | *diese Art Tulpen*, cette variété de tulipes. | *diese Art stirbt aus*, cette variété disparaît. | *er ist ganz aus der Art geschlagen*, il a dégénéré. || FIG. [ähnlich] espèce f. ; genre m. | *Margarine ist eine Art von Butter*, la margarine est une sorte de beurre. || *Unart*, mauvaise habitude. || *Wesensart*, nature f. ; caractère m. || *Denkart*, manière (f.) de penser. | *Getreideart*, variété (f.) de céréales. || MUS. *Tonart*, mode m. ; tonalité f.

Artefakt [arte'fakt] n. (s, e) artefact m.

art|eigen ["ɑ:rt'aigən] adj. caractéristique ; propre à l'espèce. ||**-fremd** adj. étranger à l'espèce ; allogène. ||°**-gewicht** n. (s, e) poids (m.) spécifique. ||**-verwandt** adj. apparenté à. ||°**-wärme** f. chaleur (f.) spécifique. ||°**-widerstand** m. (s, ¨e) résistance (f.) spécifique.

arten ['ɑ:rtən] v. intr. ressembler à ; tenir de. | *er artet seiner Mutter nach*, il tient de sa mère. | *er ist gut geartet*, il a un bon naturel.

Arterie [ar'te:riə] f. (-, n). Anat. artère f.

Arterien|verkalkung [ar"te:riənfɛr'kalkuŋ] f. (-, n), °**-sklerose** [-"--/-'--] f. (-, en). Méd. artériosclérose f.

Arteriographie [ar'te:riɔgra"fi:] f. (-, n). Méd. artériographie f.

artesisch [a'rte:ziʃ] adj. artésien. | *artesischer Brunnen*, puits artésien.

Arthritis [ar'tri:tis] f. Méd. arthritisme m.

artig ['ɑ:rtiç] adj. [Personen] qui a de bonnes façons ; bien élevé ; civil ; sage ; gentil. | *recht artig sein*, être sage comme une image. || [nett, liebenswürdig] (vx.) aimable ; galant ; amène ; courtois ; poli. | *man empfing ihn artig*, il fut reçu courtoisement. || [Dinge] gracieux ; gentil ; mignon ; joli. | *jm viel Artiges sagen*, faire de grands compliments à qn.
— Syn. : *niedlich*, mièvre ; *zierlich*, mignon ; *anmutig*, gracieux ; *freundlich*, aimable ; *gefällig*, agréable, avenant ; *hold(selig)*, amène ; *lieb*, gentil ; *gefällig*, complaisant ; *verbindlich*, obligeant.

Artig|keit [-kait] f. (-, en) courtoisie f. ; politesse f. ; civilité f. ; gentillesse f. | *er sagte ihr Artigkeiten*, il lui fit des compliments.

Artikel [ar'ti:kəl] m. (s, -). [Abschnitt] article m. ; clause f. | *eingeschobener Artikel*, entrefilet m. | *einen Artikel beschneiden, kürzen*, faire des coupures, couper dans un article. | *Leitartikel*, éditorial m. | *Geheimartikel*, clause secrète. || Comm. [Warengattung] article m. | *gängiger Artikel*, article courant. | *ein dankbarer Artikel*, une marchandise qui se vend bien. | *Gebrauchsartikel*, article utilitaire. | *Massenartikel*, article de série. || Gramm. article m. | *bestimmter Artikel*, article défini. | *unbestimmter Artikel*, article indéfini.

artikulieren [artiku'li:rən] v. tr. articuler.

Artillerie [artilə'ri:] f. (-, n). Mil. artillerie f. | *verladene Artillerie*, artillerie portée. | *Artilleriebeschuß*, tir (m.) d'artillerie.

Artillerie|flieger [artilə"ri:'fli:gər] m. (s, -) avion (m.) de réglage d'artillerie. ||°**-stellung** f. (-, en) position (f.) d'artillerie.

Artillerist [artilə'rist] m. (en, en) artilleur m.

artilleristisch [-tiʃ] adj. d'artillerie.

Artischocke [arti'ʃɔkə] f. (-, n). Bot. artichaut m.

Artist [ar'tist] m. (en, en) artiste m. ; équilibriste m. ; acrobate m.

artistisch [ar'tistiʃ] adj. artistique.

Artung ['ɑrtuŋ] f. (-, en) manière (f.) d'être.

Artus ['ɑ:rtus] n. pr. m. Myth. Arthur m. ; Artus m.

Artus|runde ["ɑ:tus'rundə] f. (-). Myth. chevaliers (m. pl.) de la Table ronde du roi Arthur (Artus).

Arznei [arts'nai] f. (-, en) médicament m. ; remède m. ; (Vx.) médecine f. | *heilsame Arznei*, médicament efficace. | *bittere Arznei*, médecine amère. | *eine Arznei verordnen, verschreiben*, prescrire un remède. | *eine Arznei verabreichen*, administrer un médicament.

Arznei|buch [arts"nai'bu:x] n. (es, ¨er). Pharm. Codex m. ||°**-kunde** f. médecine f. ||°**-mittel** n. (s, -) médicament m. ||°**-mittelsucht** f. pharmacomanie f. ||°**-pflanze** f. (-, n). Bot. plante officinale. ||°**-schrank** m. (es, ¨e) armoire (f.) à pharmacie ; pharmacie familiale. ||°**-trank** m. (s, ¨e) potion f. ||°**-verordnung** f. (-, en), °**-verschreibung** f. (-, en). Méd. ordonnance médicale.

Arzt [ɑ:rtst] m. (es, ¨e) médecin m. ; docteur m. | *Assistenzarzt*, médecin assistant ; interne (des hôpitaux) ; Mil. aide-major m. | *Augenarzt*, oculiste m. ; ophtalmologue m. | *Facharzt*, spécialiste m. | *Lungenarzt*, phtisiologue m. | *Zahnarzt*, dentiste m. | *behandelnder Arzt*, médecin traitant. | *praktischer Arzt*, omnipraticien m. ; généraliste s.

Ärzte|kammer ["ɛ:rtstə'kamər] f. (-, n) ordre (m.) des médecins.

Ärzteschaft ['ɛ:rtstəʃaft] f. corps médical.

Ärztin ['ɛ:rtstin] f. (-, nen) doctoresse f. ; femme (f.) médecin.

ärztlich [-tliç] adj. médical. | *ärztliche Praxis*, pratique (f.) médicale. | *ärztliche An-, Verordnung, Verschreibung*, ordonnance (médicale). | *ärztliches Zeugnis ; ärztliche Bescheinigung*, certificat médical. | *sich ärztlich behandeln lassen*, se faire soigner par un médecin.

As [as] n. invar. Mus. la (m.) bémol. | *As-Dur*, la bémol majeur. | *As-Moll*, la bémol mineur.

As [as] n. (Asses, Asse). [Kartenspiel] as m. || Fig. champion m. | *er ist ein As*, c'est un crack.

Asbest [as'bɛst] m. (s, e) amiante m.

Asbest|anzug [as"bɛst'antsu:k] m. (s, ¨e), vêtement (m.) d'amiante. ||°**-dichtung** f. (-, en) joint (m.) en amiante ; garniture (f.) d'amiante. ||°**-zement** m. (es, e) fibrociment m.

Asch [aʃ] m. (s, ¨e), **Äsche** ['ɛʃə] f. (-, n). [Fisch] ombre m.

Asch [aʃ] m. (s, ¨e) pot m. ; jatte f.

asch|blond ['aʃblɔnt] adj. blond cendré. ||**-fahl** adj. gris cendré ; livide.

Asche ['aʃə] f. (-, n) cendre f. | *in Schutt und Asche legen*, réduire en cendres. | *aus der Asche erstehen*, renaître de ses cendres. | *sich Asche aufs Haupt streuen*, faire pénitence. | *Friede seiner Asche !*, paix à ses cendres.

Aschen|bahn ["aʃən'bɑ:n] f. (-, en). Sport. cendrée f. ||°**-becher** m. (s, -) cendrier m. ||°**-brödel** n. (s), °**-puttel** n. (s) Cendrillon m. ||°**-eimer** m. (s, -) poubelle f. ||°**-falltür** f. (-, en) porte (f.), clapet (m.) du cendrier. ||°**-gehalt** m. (s) teneur (f.) en cendres ; taux (m.) de cendres. ||°**-kasten** m. (s, ¨) cendrier m. ||°**-kraut** n. (s, ¨er). Bot. cinéraire f. ||°**-krug** m. (s, ¨e) urne (f.) funéraire. ||**-reich** adj. cendreux. ||°**-regen** m. (s, -) pluie (f.) de cendres.

Ascher|mittwoch ["aʃər'mitvɔx] m. (s) mercredi (m.) des Cendres.

Äschylos ['ɛʃylɔs] n. pr. m. Eschyle m. | *die Äschylischen Tragödien*, les tragédies (f. pl.) d'Eschyle.

äsen ['ɛ:zən] v. intr. [Jagd] brouter. | *das Wild äst*, le gibier broute.

Asepsis [a'zɛpsis] f. (-). Méd. asepsie f.

Aseptik [-tik] f. (-). Méd. aseptisation f.

aseptisch [-tiʃ] adj. Méd. aseptique. | *aseptische Behandlung*, traitement (m.) aseptique.

Asiat(e) [azi'ɑt(ə)] m. (n, n). Géogr. Asiate m.

asiatisch [-tiʃ] adj. asiatique. | *das asiatische Rußland*, la Russie d'Asie.

Asien ['ɑ:ziən] n. pr. n. Géogr. Asie f.

Askanier [as'kɑ:niər] m. (s, -). Hist. Ascanien m.

Askari [as'kɑ:ri] m. (s, s). Géogr., Mil. askari m.

Askese [as'ke:zə] f. (-) ascétisme m. ; ascèse f.

Asket [as'ke:t] m. (en, en), **Asketiker** [-tikər] m. (s) ascète m. | *wie ein Asket leben*, mener une vie d'ascète.

asketisch [-tiʃ] adj. ascétique.

Äskulap ['ɛskulap] n. pr. m. Myth. Esculape m.

Äskulap|stab ["ɛskulap'ʃtɑ:p] m. (s, ¨e). Myth. caducée m.

Äsop ['ɛ:zɔp] n. pr. m. Ésope m. | *Äsopische Fabeln*, fables (f. pl.) d'Ésope.

a|sozial ["ɑ:sɔtsi'ɑ:l] adj. asocial.

Aspe ['aspə] f. (-, n). Bot. tremble m.

Aspekt [as'pɛkt] m. (s, e) manière (f.) de voir ; point (m.) de vue. ; conception f. || Astron. aspect (m.), position (f.) des astres. | *unter günstigem Aspekt geboren sein*, être né sous une bonne étoile. || Gramm. *Verbalaspekt*, aspect verbal.

Asphalt [as'falt] m. (s, e). Minéral. asphalte m. ; bitume m.

asphaltieren [asfal'ti:rən] v. tr. bitumer ; bituminer ; asphalter.

Asphaltierung [-ruŋ] f. (-, en) asphaltage m. ; bitumage m.

Asphalt|pappe [as"falt'papə] f. (-, n) carton asphalté. ||°**-straße** f. (-, n) route bitumée.

Asphodelos [asfo'de:los], **Aphodill** [afɔ'dil] m. (s, e). Bot. asphodèle m.

Aspik [as'pik] n. (s, e). [Gelee] aspic m.

Aspirant [aspi'rant] m. (en, en) candidat m. || Mil. aspirant m.

Aspirin [aspi'ri:n] n. (s) aspirine f. | *Aspirintablette*, comprimé (m.) d'aspirine.

aß [ɑ:s] prét. de **essen**.

Assekurant [aseku'rant] m. (en, en) assureur m.

Assekuranz [-'rants] f. (-, en) assurance f. | *Assekuranzschein*, police (f.) d'assurance.

Assekurat [-'rɑ:t] m. (en, en) assuré m.

Assel ['asəl] f. (-, n). ZOOL. mille-pattes m. ; cloporte m.
Assembler|programm [asɛm"bli:rprɔ'gram] n. (s, e). INF. assembleur m.
Assessor [a'sɛsɔr] m. (s, en), **Assessorin** [asɛ'so:rin] f. (-, nen) candidat(e) [m. (f.)] à une fonction supérieure. || JUR. assesseur m. ; adjoint(e) m. (f.).
Assimilation [asimila'tsio:n] f. (-, en), **Assimilierung** [-'li:ruŋ] f. (-, en) assimilation f.
assimilieren [-'li:rən] v. tr. assimiler.
Assistent [asis'tɛnt] m. (en, en) assistant m.
Assistenz [-'tɛnts] f. (-, en) assistance f. | *unter Assistenz von*, avec l'aide de.
Assistenz|arzt [asis"tɛnts'artst] m. (es, ¨e). MÉD. interne (m.) des hôpitaux. || MIL. aide-major m.
assistieren [-'ti:rən] v. tr. aider. || PAR EXT. assister à.
Assonanz [asɔ'nants] f. (-, en) assonance f.
assortieren [asɔr'ti:rən] v. tr. COMM. assortir. | *reich assortiertes Lager*, stock bien assorti.
Assortiment [-ti'mɛnt] n. (s, e) assortiment m. ; collection f. ; ensemble m.
Assoziation [asɔtsia'tsio:n] f. (-, en) société f. ; association f. || PHILOS. association (f.) d'idées.
Assoziativität [-tivi'tɛ:t] f. (-) associativité f.
assoziieren (sich) [ziçasɔtsi'i:rən] v. pr. s'associer.
Assyrien [a'sy:riən] n. pr. n. HIST. Assyrie f.
Assyrier [-riər] m. (s, -) Assyrien m.
assyrisch [-riʃ] adj. assyrien.
Ast [ast] m. (es, ¨e) branche f. || [Astteil] rameau m. | *ein dürrer Ast*, une branche morte. | *einen Ast (ab)stutzen*, étayer une branche. | *sich in Äste teilen*, se ramifier. || PAR EXT. nœud m. | *ein Brett mit vielen Ästen*, une planche avec des nœuds. || excroissance f. ; loupe f. || LOC. *den Ast absägen, auf dem man sitzt*, scier la branche sur laquelle on est assis. || *sich einen Ast lachen*, rire comme un bossu.
— SYN. : *Reis, Zweig*, rameau ; *Gezweige*, ramure ; *Astwerk*, ramée ; *Äste und Zweige*, branchage.
Ästchen ['ɛstçən] n. (s, -) petite branche ; rameau m. ; brindille f.
asten ['astən] v. intr. POP. peiner ; turbiner.
ästen ['ɛstən] v. intr. se ramifier.
Aster ['astər] f. (-, n). BOT. aster m.
ast|frei ['astfrai], **-rein** [rain] adj. [Holz] sans nœuds. || FIG. *die Sache ist nicht ganz astrein*, l'affaire n'est pas très catholique. || POP. *astrein !*, impec ; super ! ||°**-knorren** m. (s, -), °**-loch** n. (s, ¨er) nœud m. (dans le bois). ||°**-schere** f. (-, n) sécateur m. ||°**-werk** n. (s, e) ramure f. ; branchage m.
Asthenie [aste'ni:] f. (-). MÉD. asthénie f.
Ästhet [ɛs'te:t] m. (en, en) esthète m.
Ästhetik [-tik] f. (-) esthétique f.
Ästhetiker [-tikər] m. (s, -) esthéticien m.
ästhetisch [-tiʃ] adj. esthétique.
Asthma ['astma] n. (s). MÉD. asthme m.
Asthmatiker [ast'ma:tikər] m. (s, -). MÉD. asthmatique m.
asthmatisch [-tiʃ] adj. MÉD. asthmatique.
ästig ['ɛstiç] adj. [Holz] noueux. || [Krone] branchu.
astigmatisch [astig'ma:tiʃ] adj. astigmatique.
ästimieren [ɛsti'mi:rən], **estimieren** v. tr. COMM. estimer.
Astrachan ['astraxan] n. pr. m. GÉOGR. Astrakan m. || PAR ANAL. [Pelz] astrakan m.
astral- [as'tra:l] en compos. astral.
Astro|loge [astro'lo:gə] m. (n, n), °**-login** ['lo:gin] f. (-, nen) astrologue s. ||°**-naut** m. (en, en) astronaute m. ||°**-navigation** f. (-, en). AÉRON. guidage (m.) astronomique. ||°**-nom** m. (en, en) astronome m. ||**-nomisch** adj. astronomique.
Asturien [as'tu:riən] n. pr. n. Asturies f. pl.
Äsung ['ɛ:zuŋ] f. (-, en). [Jagd] gagnage m.
Asyl [a'zy:l] n. (s, e) asile m.
Asyl|bewerber(in) [a"zy:lbə'vɛrbər(in)] m. (s, -), f. (-, nen) demandeur (m.) d'asile. ||°**-land** n. (es, ¨er) terre (f.) d'asile ; pays (m.) d'accueil. ||°**-recht** n. (s, e) droit (m.) d'asile.
Asymmetrie [asyme'tri:] f. (-, n) asymétrie f.
asymmetrisch [-'me:triʃ] adj. asymétrique.
Atavismus [ata'vismus] m. atavisme m.
Atem ['a:təm] m. (s) respiration f. ; haleine f. ; souffle m. | *tief Atem holen*, respirer profondément. | *außer Atem ankommen*, arriver à bout de souffle. | *mit keuchendem Atem ; atemlos*, à bout de souffle ; essoufflé. | *jn in Atem halten*, tenir qn en haleine.
atembar [-ba:r] adj. respirable.
Atem|beklemmung ["a:tɛmbə'klɛmuŋ] f. (-, en) étouffement m. ; asthme m. ||**-benehmend, -beraubend,** palpitant ; FAM. époustouflant. ||°**-beschleunigung** f. accélération (f.) respiratoire. ||°**-beschwerde** f. (-, n) troubles (m. pl.) respiratoires. ||°**-gerät** n., °**-schutzgerät** n. (s, e) appareil (m.) respiratoire ; inhalateur m. ||°**-geräusch** n. (s, e) bruit (m.) respiratoire. ||°**-gymnastik** f. (-) gymnastique (f.) respiratoire. ||°**-losigkeit** f. (-) asphyxie f. ||°**-maske** f. (-, n) masque (m.) respiratoire. ||°**-not** f. (-) essoufflement m. ; dyspnée f. ||°**-pause** f. (-, n) temps (m.) d'arrêt ; pause f. ||°**-übung** f. (-, en) exercice (m.) respiratoire. ||°**-wege** m. pl. ANAT. voies aériennes. ||°**-zug** m. (s, ¨e) souffle m. | *in den letzten (Atem)zügen liegen*, être à l'agonie.
Äthan [ɛ'ta:n] n. (s, -). CHIM. éthane m.
Äthanol [ɛtano:l] m. (s). CHIM. éthanol m.
Atheismus [ate'ismus] m. RELIG. athéisme m.
Atheist(in) [-'ist(in)] m. (en, en), f. (-, nen). RELIG. athée s.
atheistisch [-'istiʃ] adj. athée.
Athen [a'te:n] n. pr. n. GÉOGR. Athènes f.
Athener(in) [-nər(in)] m. (s, -), f. (-, nen) Athénien (ienne) m. (f.).
Äther ['ɛ:tər] m. (s) éther m. || CHIM. éther m.
Atherosklerose ['aterɔskle"ro:zə] f. (-, n.) MÉD. athérosclérose f.
Äther|sucht ["ɛtər'zuxt] f. éthéromanie f.
ätherisch [ɛ'te:riʃ] adj. céleste. || CHIM. éthéré. | *ätherisches Öl*, huile essentielle.
Äthiopien [ɛti'o:piən] n. pr. n. Éthiopie f.
Athlet [at'le:t] m. (en, en) athlète m.
Athletik [-tik] f. (-) athlétisme m.
athletisch [-tiʃ] adj. athlétique.
Äthylen [ɛty'le:n] n. (s). CHIM. éthylène m.
Äthyl|alkohol [ɛ"ty:lalko'ho:l] m. (s, e) alcool (m.) éthylique.
Atlant [at'lant] m. (en, en). ARCHIT. atlante m.
Atlantik [-tik] n. pr. m. (s). GÉOGR. océan (m.) Atlantique ; Atlantique m.
Atlantik|charta [at"lantik'ʃarta] f. HIST. Charte (f.) atlantique. ||°**-staaten** m. pl. bloc (m.) atlantique. ||°**-wall** m. (s). HIST. mur (m.) de l'Atlantique.
atlantisch [at'lantiʃ] adj. atlantique.
Atlas ['atlas] n. pr. m. MYTH. Atlas m.
Atlas m. (ses, se ou Atlanten). GÉOGR. atlas m.
Atlas m. (ses, se). TEXT. satin m.
atmen ['a:tmən] v. intr. respirer.
Atmosphäre [atmos'fɛ:rə] f. (-, n) atmosphère f. | *Druck von einer Atmosphäre*, pression (f.) d'une atmosphère. || FIG. ambiance f. ; milieu m. | *gesellige Atmosphäre*, atmosphère agréable. | *Großstadtatmosphäre*, ambiance de grande ville. | *Treibhausatmosphäre*, atmosphère surchauffée. | *Verunreinigung der Atmosphäre*, pollution (f.) atmosphérique.
Atmosphären|druck [atmɔs"fɛ:rən'druk] m. (s) pression (f.) atmosphérique.
atmosphärisch [atmɔs'fɛ:riʃ] adj. atmosphérique. | *atmosphärische Störungen*, perturbations (f. pl.) atmosphériques.
Atmung ['a:tmuŋ] f. respiration f. | *künstliche Atmung*, respiration artificielle. | *Ausatmung*, expiration f. | *Einatmung*, inspiration f.
Atmungs|gerät ["a:tmuŋsgə'rɛ:t] n. (s, e) appareil (m.) respiratoire. ||°**-organ** n. (s, e). ANAT. appareil (m.) respiratoire.
Atoll [a'tɔl] n. (s, e). GÉOGR. atoll m.
Atom [a'to:m] n. (s, e) corpuscule m. || NUCL. atome m. | *das Atom spalten*, désintégrer l'atome.
Atom|batterie [a"to:mbatə'ri:] f. (-, n). NUCL. pile (f.) atomique. ||°**-bau** m. (es) structure (f.) de l'atome ; système (m.) atomique. ||°**-bindung** f. (-, en) liaison covalente. ||°**-bombe** f. (-, n) bombe (f.) atomique. ||°**-energie** f. (-, n). NUCL. énergie (f.) nucléaire. ||°**-forscher** m. (s, -) atomiste m. ||°**-gesetz** n. (es, e) loi (f.) atomique. ||°**-gewichtsbestimmung** f. (-, en) détermination (f.) du poids atomique. ||°**-kern** m. (s, e) noyau (m.) atomique. ||°**-kommissariat** n. (s) Commissariat (m.) à l'énergie atomique (C.E.A.). ||°**-kontrolle** f. (-, n) contrôle (m.) de l'énergie atomique. ||°**-kraftgegner(in)** m. (s, -), f. (-, nen) antinucléaire s. ||°**-kraftwerk** n. (s, e) centrale (f.) nucléaire ; centrale (f.) d'énergie atomique. ||°**-meiler**

m. (s, -) réacteur (m.), pile (f.) atomique. ||°-**müll** m. (s) déchets radioactifs, atomiques. ||°-**physik** f. (-) physique (f.) atomique. ||°-**reaktor** m. (s, en) réacteur (m.) atomique. ||°-**schutz** m. (es) sûreté (f.) nucléaire. ||°-**schutzkeller** m. (s, -) abri (m.) antiatomique. ||°-**spaltung** f. (-, en). PHYS. désintégration (f.) de l'atome ; fission f. ||°-**sperrvertrag** m. (s, ¨e) traité (m.) de non-prolifération des armes atomiques. ||°-**sprengkopf** m. (es, ¨e) ogive (f.) nucléaire. ||°-**streitmacht** f. (-, ¨e) puissance (f.) atomique ; force (f.) de frappe. ||°-**stromerzeuger** m. (s, -) générateur (m.) atomique. ||°-**umwandlung** f. (-, en) transmutation (f.) des atomes. ||°-**versuch** m. (s, e) essai (m.) nucléaire. ||°-**waffe** f. (-, n) arme (f.) atomique. ||-**waffenfrei** adj. dénucléarisé. | *atomwaffenfreie Zone*, zone dénucléarisée. ||°-**waffenversuch** m. (s, e) essai (m.) nucléaire. ||°-**wirtschaft** f. électronucléaire m. ||°-**wolke** f. (-, n) nuage radioactif. ||°-**zerfall** m. (s), °-**zertrümmerung** f. (-) désintégration (f.) de l'atome.

atomisieren [atomi'zi:rən] v. tr. atomiser.

atonal [ato'nɑ:l] adj. MUS. atonal. | *atonale Musik*, dodécaphonisme m.

Atrophie [atrɔ'fi:] f. atrophie f.

Atropin [atrɔ'pi:n] n. (s, e) atropine f.

ätsch ! [ɛtʃ] interj. FAM. hou ! ; c'est bien fait !

Attaché [ata'ʃe:] m. (s, s) attaché d'ambassade.

attachieren [-'ʃi:rən] v. tr. attacher.

Attacke [a'takə] f. (-, n). MIL. attaque f. || [Kavallerie] charge f.

attackieren [ata'ki:rən] v. tr. attaquer ; charger.

Attentat [atɛn'tɑ:t] n. (s, e) attentat m. | *ein Attentat auf jn planen*, préparer un attentat contre qn. | *ein Attentat verüben*, commettre un attentat.

Attentäter [-'tɛ:tər] m. (s, -) auteur (m.) d'un attentat.

Attest [a'tɛst] n. (s, e) attestation f. ; certificat m. | *ärztliches Attest*, certificat médical.

attestieren [atɛs'ti:rən] v. tr. attester ; certifier.

Attich ['atiç] m. (s, e). BOT. hièble f.

Attika ['atika] n. pr. n. GÉOGR. Attique f. || PAR EXT., ARCHIT. attique m.

Attila ['atila] n. pr. m. Attila m. || MIL. dolman m.

attisch ['atiʃ] adj. GÉOGR. attique.

Attizismus [ati'tsismus] m. atticisme m.

Attraktion [atrak'tsio:n] f. (-, en) attraction f. || GRAMM. attraction f.

attraktiv [-'ti:f] adj. attractif.

Attrappe [a'trapə] f. (-, n) trompe-l'œil m. ; objet (m.) factice. || FIG., FAM. attrape f.

Attribut [atri'bu:t] n. (s, e) emblème m. ; attribut m. || GRAMM. attribut m.

attributiv [-bu'ti:f] adj. attributif.

Atzel ['atsəl] f. (-, n). [Elster] pie f.

atzen ['atsən] v. tr. [Wild] nourrir ; appâter.

ätzen ['ɛtsən] v. tr. corroder ; ronger ; brûler ; attaquer. || ARTS. graver (à l'eau-forte).

ätzend ['ɛtsent] adj. corrosif ; caustique. || FIG. caustique ; mordant. | *ätzender Spott*, sarcasme m.

Ätz|figur ["ɛtsfi'gu:r] f. (-, en) [gravure (f.) à l'] eau-forte f. ||°-**gas** n. (s, e) gaz corrosif. ||°-**kalk** m. (s) chaux vive ; chaux hydratée, caustique. ||°-**künstler** m. (s, -) aquafortiste m. ||°-**mittel** n. (s, -) réactif (m.) d'attaque ; corrosif ; mordant m. ||°-**nadel** f. (-, n) échoppe f. (de graveur). ||°-**natron** n. CHIM. soude (f.) caustique. ||°-**wasser** n. (s) eau-forte f.

Atzung ['atsuŋ] f. (-, en). [Wild] nourriture f. ; (action de) nourrir.

Ätzung ['ɛ:tsuŋ] f. (-, n) corrosion f. || TECHN. gravure à l'eau-forte. || MÉD. cautérisation f.

au ! [au] interj. aïe ! || FAM. *au Backe !*, oh, là, là !

Au [au] f. (-, en), **Aue** [auə] f. (-, n) prairie f.

auch [aux] adv. et conj. **1.** [ebenfalls ; ebenso] aussi ; également. | *ich kenne auch seinen Bruder*, je connais également son frère. | *die Schwiegermutter kommt auch*, la belle-mère vient aussi. || [sogar ; noch ; selbst] encore ; même. | *auch der kleinste Fehler darf nicht übersehen werden*, il ne faut pas passer la moindre faute. | *das fehlte auch noch*, il ne manquait plus que cela. | *ohne auch nur zu antworten*, sans même répondre. | *nicht nur er, sondern auch sie*, non seulement lui, mais elle (aussi). | *auch du nicht*, même pas toi. | *ich hatte auch die Kosten zu bezahlen*, j'ai eu les frais à payer en plus.
2. [doch wohl ; wirklich ; tatsächlich] en effet ; sans doute. | *das ist auch wahr*, c'est bien vrai ; il en est ainsi. | *so ist es auch*, c'est comme ça. | *er tat es auch*, il ne manqua pas de le faire.
3. [allerdings] en effet. | *er tut es ja auch*, aussi le fait-il. | *so sieht er auch aus*, il en a bien l'air. | *er wartete auf seinen Bruder, der dann auch kam*, il attendait son frère, qui arriva en effet. | *das hat auch niemand behauptet*, personne n'a jamais prétendu cela.
4. [verächtlich] encore. | *auch so einer !*, encore un (de cette espèce) !
5. [einschränkend] *auch wenn ; wer, was auch*, même si ; qui que, quoi que ce soit. | *wenn er auch noch so reich ist ; so reich er auch ist*, si riche qu'il soit ; même s'il est riche. | *wäre es auch wahr*, même si c'était vrai ; fût-ce même vrai. | *was auch geschehen mag*, quoi qu'il arrive. | *wer es auch (immer) sei*, qui que ce soit. | *wie dem auch sei*, quoi qu'il en soit. | *aus welchen Gründen auch immer*, quelles qu'en soient les raisons.

Audienz [audi'ɛnts] f. (-, en) audience f. | *Audienz geben, erteilen*, donner audience.

Audio|vision ['audiovi"zio:n] f. audiovisuel m. ||-**visuell** adj. audiovisuel adj.

Auditorium [audi'to:rium] n. (s, rien) salle (f.) de concert, de conférences ; amphithéâtre m.

Auer ['auər] m. (s, -), **-ochs** m. (en, en). ZOOL. aurochs m.

Auer|hahn ["auər'hɑ:n] m. (s, ¨e). ZOOL. coq (m.) de bruyère ; tétras m.

auf [auf] prép., adv. et partic. verbale.

> **I.** prép.
> **a)** LIEU.
> **1.** [sens translocal] (acc.) dans ; à ; vers ; sur ; par.
> **2.** [sens intralocal] (dat.) : sur ; dans ; à ; en ; par ; de.
> **b)** TEMPS (acc.) : à ; vers ; pour ; de ; sur ; jusqu'à.
> **c)** MANIÈRE : de ; à ; sur ; en ; dans ; pour.
> **d)** SUCCESSION ; CONSÉQUENCE : après ; sur ; par ; à ; de ; contre.
> **e)** LOC. (régimes verbaux).
> **II.** adv.
> **III.** loc. prép. : **von... auf.**
> **IV.** loc. conj. : **auf daß.**
> **V.** partic. verbale sépar.

I. prép. **a)** LIEU. **1.** [sens translocal] (acc.) : dans ; à ; vers ; sur ; par. | *er ging auf die Straße, den Hof, die Wiese, das Land*, il alla dans la rue, dans la cour, dans (sur) la prairie, aux champs (à la campagne). | *aufs Gymnasium kommen*, entrer au lycée. | *sie kommt auf mich zu*, elle vient vers moi. | *auf etwas schießen*, tirer sur qch. | *das Zimmer geht auf den Garten*, la chambre donne sur le jardin. | *auf die Erde fallen*, tomber à terre, par terre. | *auf den Kopf fallen*, tomber la tête en bas. || FIG. *auf js Seite treten*, se mettre du côté de qn. | *auf den Gedanken kommen*, avoir l'idée de. | *aufs Tapet bringen*, mettre sur le tapis.
2. [sens intralocal] (dat.) : sur ; dans ; à ; en ; par ; de. | *er sitzt auf dem Dach, dem Boden*, il est assis sur le toit, par terre. | *er ist auf dem Feld, dem Hof, der Straße*, il est dans les champs, dans la cour, dans la rue. | *auf hoher See*, au large. | *auf Posten stehen*, être de garde. | *auf dieser Seite*, de ce côté-ci. || PAR ANAL. *sie ist auf ihrem Zimmer, der Post, dem Büro, dem Schloß, der Jagd, dem Markt*, elle est dans sa chambre, à la poste, au bureau, au château, à la chasse, au marché. | *auf dem Land*, à la campagne. | *auf der Reise, dem Wege*, en, pendant le voyage ; en route. || LOC. *auf dem Klavier spielen*, jouer du piano. | *auf frischer Tat ertappen*, prendre sur le fait. | *auf dem Herzen haben*, avoir sur le cœur. | *etwas auf dem Gewissen haben*, avoir qch. sur la conscience. | *früh auf den Beinen sein*, être debout, se lever de bonne heure. | *auf der Stelle*, sur-le-champ.
b) TEMPS (acc.) : à ; vers ; pour ; de ; sur ; jusqu'à. | *es geht auf vier Uhr*, il va être quatre heures ; il est vers les quatre heures. | *in der Nacht von Montag auf Dienstag*, dans la nuit de lundi à mardi. | *auf Ostern*, pour Pâques. | *auf lange Zeit*, pour longtemps. | *auf einen Augenblick*, pour un moment. | *auf den ersten Blick*, du premier coup d'œil. | *auf meine alten Tage*, sur mes vieux jours. | *auf immer*, à jamais. | *auf drei Jahre*, pour trois ans. | *bis auf weiteres*, jusqu'à nouvel ordre.
c) MANIÈRE : de ; à ; sur ; en ; dans ; pour. | *auf diese Weise*, de cette façon. | *auf folgende Art*, de la manière suivante. | *auf deutsch*, en allemand. | *auf alle Fälle*, en

tout cas ; dans tous les cas. | *aufs neue*, à nouveau. | *aufs Geratewohl* ; *auf gut Glück*, au petit bonheur. | *auf mein Wort*, sur ma parole. | *aufs Wort glauben*, croire sur parole. | *auf Treu und Glauben*, sur l'honneur. | *auf meine Ehre*, sur mon honneur. | *auf der Hut sein*, être sur ses gardes. | *auf meine Kosten*, à mes frais. | *auf Abruf*, sur commande. | *auf Kredit*, à crédit. | *aufs erste*, tout d'abord. || *auf einmal*, [plötzlich] tout à coup ; [in einem Zug] tout d'un coup. || FIG. *auf einen Zug austrinken*, boire d'un coup, d'un trait. || (devant un superlatif) *aufs Höchste*, au plus haut point. | *aufs Angenehmste*, de la façon la plus agréable.

d) SUCCESSION, CONSÉQUENCE : après ; sur ; par, à ; de ; contre. | *Brief auf Brief*, lettre après lettre ; lettre sur lettre. | *Schlag auf Schlag*, coup sur coup. | *Wein auf Bier*, vin sur, vin après bière. | *auf deine Bitte*, sur ta demande. | *auf Befehl*, sur ordre. | *auf deinen Rat*, sur ton conseil. | *auf einen Wink*, sur un signe. | *auf Ihre Gefahr (hin)*, à vos risques et périls. | *auf solches Betragen*, en présence d'une pareille attitude. | *Hoffnung auf*, espoir (m.) de. | *auf etwas antworten*, répondre à qch. | *auf den Fall, daß*, au cas où. | *stolz, eifersüchtig, böse auf*, fier, jaloux de, fâché contre.

e) LOC. (régimes verbaux) : *auf ein Wort !*, deux mots seulement ! | *auf Ihr Wohl !*, à votre santé ! | *auf Leben und Tod !*, à la vie (et) à la mort ! | *auf Wiedersehen !*, au revoir. | *auf Morgen*, à demain. | *auf ihn !*, (courez) sus à lui ! | *auf jn, etwas warten*, attendre qn, qch. | *das Wort Stadt endigt auf dt*, le mot « Stadt » se termine par « dt ». | *vertrauen auf*, avoir confiance en. | *hoffen auf*, espérer en. | *sich verlassen auf*, compter sur (qn). | *auf etwas pochen*, invoquer qch. | *bestehen auf*, tenir à ; persister dans. | *es darauf ankommen lassen*, risquer le coup ; courir la chance. | *es darauf absehen, zu*, se donner pour tâche de (infin.). | *Wert legen auf*, attacher de l'importance à. | *sich verstehen auf*, se connaître à. | *das liegt auf der Hand*, c'est évident. | *dem kommt es auf tausend Franken nicht an*, il n'est pas à mille francs près. — **auf sich haben,** *es hat etwas auf sich*, cela est important. | *es soll eine Million auf sich haben*, on dit qu'il s'agit d'un million. | *es hätte nichts auf sich, daß*, il serait sans importance que.

II. adv. : [von unten nach oben] de bas en haut ; en se dirigeant vers le haut. | *auf und ab gehen*, marcher de long en large ; faire les cent pas. | *das Auf und Ab*, les hauts et les bas. | *auf und davon fliegen*, s'envoler. || FIG. *auf und davon gehen ; sich auf und davon machen*, se sauver ; FAM. filer. || PAR ANAL. sur pied ; debout ; levé. | *mein Vater war noch auf*, mon père n'était pas encore couché. | *nicht auf können*, ne pas être en état de se lever. | *meine Mutter ist wohl auf*, ma mère est bien portante, se porte bien. || PAR EXT. ouvert. | *die Tür stand weit auf*, la porte était grande ouverte.

III. loc. prép. : **von... auf** (dat.) depuis ; dès. | *von Jugend auf*, dès la jeunesse. | *von klein auf*, dès l'enfance, depuis l'enfance. | *von unten auf*, en partant du bas.

IV. loc. conj. : **auf daß,** afin que (subj.) ; afin de (inf.) ; pour que (subj.) ; pour (infin.). | *ehre Vater und Mutter, auf daß du lange lebst auf Erden*, honore ton père et ta mère, afin que tu vives longtemps sur cette terre.

V. partic. verbale sépar. indiquant : **1.** le placement sur. Ex. : *auflegen*, poser sur ; *aufbürden*, charger (de). **2.** la direction ascendante. Ex. : *aufgehen*, se lever ; *aufsteigen*, monter ; *auffliegen*, s'envoler. **3.** l'ouverture ; le début. Ex. : *aufmachen*, ouvrir ; *aufblühen*, fleurir ; *aufwachen*, s'éveiller. **4.** l'achèvement. Ex. : *aufbrauchen*, consommer ; *aufhören*, cesser ; *aufräumen*, ranger ; *aufessen*, achever de manger un plat. || LOC. ADV. *das Brot ist auf*, il n'y a plus de pain.

auf|arbeiten ["auf'arbaitən] v. tr. achever, expédier un travail. | *einen Stoß Akten aufarbeiten*, liquider une pile de dossiers. | *ein Kleid aufarbeiten*, remettre un vêtement à neuf.

auf|atmen ["auf'a:tmən] v. intr. respirer ; reprendre haleine ; souffler.

auf|bahren ["auf'ba:rən] v. tr. mettre en bière.

Auf|bau ['aufbau] m. (s, ten) construction f. ; édification f. ; reconstruction f. | *Aufbau einer zerstörten Kirche*, reconstruction d'une église détruite. | *im Aufbau begriffen sein*, être en voie de (re)construction. | *Aufbau einer Maschine*, montage (m.) d'une machine. | *Wiederaufbau*, reconstruction f. || FIG. organisation f. | *Aufbau des Staates*, organisation de l'État. | *Aufbau des Schulwesens*, organisation de l'enseignement. || PAR EXT. constitution f. ; structure f. | *Aufbau einer Dichtung*, plan d'un poème. || CHIM. constitution f. || TÉLÉV. *Aufbau eines Fernsehbildes*, synthèse (f.) d'une image télévisée. || MAR. *Aufbauten eines Schiffes*, superstructure (f.) d'un navire.

auf|bauen ["auf'bauən] v. tr. construire ; reconstruire ; édifier ; élever ; ériger. || TECHN. monter ; organiser. || CHIM. faire la synthèse.

Aufbau|plan ["aufbau'pla:n] m. (s, ¨e) plan (m.), projet (m.) de construction. || plan (m.) économique. ||°**-schule** f. (-, n) enseignement secondaire accéléré. ||°**-seminar** n. (s, e) stage (m.) de perfectionnement.

auf|bäumen (sich) [ziç"auf'bɔymən] v. pr. se cabrer ; FIG. se révolter contre.

auf|bauschen ["auf'bauʃən] v. tr. faire bouffer ; gonfler. || FIG. exagérer. | *etwas aufbauschen*, monter qch. en épingle.

auf|begehren ["aufbə'ge:rən] v. intr. FIG., PÉJOR. protester ; s'insurger contre.

auf|bereiten ["aufbə'raitən] v. tr. préparer. || TECHN. *Erze aufbereiten*, traiter des minerais. | *aufbereitete Kohle*, charbon préparé.

Auf|bereitung [-tuŋ] f. (-, en) préparation f. || TECHN. traitement m. ; épuration f.

auf|bersten ["auf'bɛrstən] (i, a, o) v. intr. éclater ; crever.

auf|bessern ["auf'bɛsərn] v. tr. améliorer. || FIG. augmenter.

Auf|besserung [-ruŋ] f. (-, en) amélioration f. || FIG. *Aufbesserung der Gehälter und Löhne*, relèvement (m.) des traitements et salaires.

auf|bewahren ["aufbə'va:rən] v. tr. garder ; conserver. | *einen Gegenstand aufbewahren*, prendre un objet en dépôt. | *trocken aufbewahren*, tenir au sec.

Auf|bewahrung [-ruŋ] f. conservation f. ; garde f. ; dépôt m. ; consigne f. | *Gepäckaufbewahrung*, consigne des bagages.

Aufbewahrungs|frist ["aufbəva:ruŋs'frist] f. (-, en) délai (m.) de garde. ||°**-gebühr** f. (-, en) droit (m.) de garde ; frais (m. pl.) de consigne. ||°**-kosten** f. pl. frais (m. pl.) de garde. ||°**-ort** m. (es, e) lieu (m.) de dépôt. ||°**-raum** m. (s, ¨e). [Kleider] garde-robe f. ; vestiaire m. || [Speisen] garde-manger m.

auf|bieten ["auf'bi:tən] (o, o) v. tr. convoquer ; faire appel à ; proclamer. | *zur Eheschließung aufbieten*, publier les bans (de mariage). || MIL. *Truppen aufbieten*, lever des troupes. || FIG. *all(e) seine Kraft aufbieten*, déployer toutes ses forces. | *alles aufbieten*, remuer ciel et terre. | *seine ganze Beredsamkeit aufbieten, um*, déployer toute son éloquence pour.

Auf|bietung [-tuŋ] f. (-, en) appel m. ; proclamation f. || HIST. *Aufbietung des ganzen Volkes*, levée (f.) en masse. || FIG. mise (m.) en œuvre. | *unter Aufbietung aller Kräfte*, en déployant toutes ses forces.

auf|binden ["auf'bindən] (a, u) v. tr. [öffnen] délier ; dénouer ; défaire ; détacher. | *das Schuhband aufbinden*, délier, dénouer des lacets. || PAR EXT. [hochbinden] relever ; retrousser. | *das Haar aufbinden*, retrousser les cheveux. || FIG. [belügen] en faire accroire à qn. | *jm eins, etwas, einen (Bären) aufbinden*, FAM. monter un bateau à qn ; mener qn en bateau. | *sich etwas aufbinden lassen*, gober une histoire.

auf|blähen ["auf'blɛ:ən] v. tr. gonfler ; enfler.
◇ v. pr. **sich aufblähen,** se gonfler ; s'enfler ; se boursoufler ; se ballonner. || FIG. se rengorger.

Auf|blähung [-'blɛ:uŋ] f. (-, en) gonflement m. ; enflure f. ; boursouflure f. || FIG. suffisance f. ; vanité f.

auf|blasbar ["aufbla:s'ba:r] adj. gonflable.

auf|blasen ["auf'bla:zən] (ä, ie, a) v. tr. souffler ; gonfler.
◇ v. pr. **sich aufblasen**, se gonfler ; faire l'important.
◇ part. pass. et adj. **aufgeblasen,** FIG. suffisant ; poseur, qui fait l'important.

auf|blättern ["auf'blɛtərn] v. tr. feuilleter.

auf|bleiben ["auf'blaibən] (ie, ie) v. intr. rester debout ; veiller. || [offenbleiben] rester ouvert.

auf|blicken ["auf'blikən] v. intr. lever les yeux. || FIG. *zu jm aufblicken*, admirer qn.

auf|blitzen ["auf'blitsən] v. intr. jeter une lumière vive ; jaillir (comme l'éclair).

auf|blühen ["auf'bly:ən] v. intr. éclore ; fleurir ; s'épanouir. | *die Blume blüht auf*, la fleur s'ouvre. || FIG. être florissant ; prospérer.

Auf|blühen [-ən] n. (s). FIG. épanouissement m.

Auf|bohren ["auf'bo:rən] n. (s) percement m. ; percée f.

auf|brauchen ["auf'brauxən] v. tr. consommer ; user ; épuiser.

auf|brausen ["auf'brau:zən] v. intr. entrer en effervescence ; bouillonner. || FIG. s'emporter ; s'emballer ; FAM. monter sur ses grands chevaux. | *leicht aufbrausen*, être très soupe au lait.
auf|brechen ["auf'brɛçən] (i, a, o) v. tr. [gewaltsam öffnen] ouvrir en brisant ; fracturer. | *eine Tür aufbrechen*, enfoncer une porte. | *einen Brief aufbrechen*, décacheter une lettre. | *das Siegel aufbrechen*, briser les sceaux. | *das Pflaster aufbrechen*, éventrer la chaussée ; enlever le pavage ; dépaver. | *das Eis aufbrechen*, casser la glace. || AGRIC. défoncer. || TECHN. *einen Schacht aufbrechen*, ouvrir un puits. || [ausweiden] *ein Reh aufbrechen*, vider un chevreuil. || MIL. percer. | *die Front aufbrechen*, percer le front.
◇ v. intr. **1.** [sich öffnen] s'ouvrir ; éclater ; crever ; percer. | *die Knospe bricht auf*, le bouton éclate.
2. FIG. [weggehen] s'en aller ; plier bagage ; se mettre en route. | *die Gesellschaft bricht auf*, les convives se séparent.
auf|bringen ["auf'briŋən] (brachte, gebracht) v. tr. **1.** porter en haut ; soulever ; mettre debout. | *das nötige Geld leicht aufbringen*, réunir les fonds nécessaires. | *die Kosten aufbringen*, faire face aux frais. || FIG. apporter ; trouver. | *den Mut aufbringen*, avoir le courage. | *Gründe aufbringen*, alléguer des raisons. | *Verständnis aufbringen*, montrer de la compréhension.
2. ouvrir. | *er bringt den Schrank nicht auf*, il n'arrive pas à ouvrir l'armoire.
3. [einführen] introduire ; amener ; mettre en vogue, à la mode. | *ein Gerücht aufbringen*, faire circuler une rumeur.
4. *aufgebracht sein*, être en colère ; être dans tous ses états.
5. MAR. [kapern] capturer.
Auf|bringung [-ŋuŋ] f. (-). MIL. [Truppen] levée f. || MAR. [Schiff] capture f.
Auf|bruch ['aufbrux] m. (s, ¨e). [Öffnen] fracture f. ; effraction f. || départ m. ; élan nouveau. | *Aufbruch einer Nation*, renaissance (f.), sursaut (m.) d'une nation. || [Wild] entrailles f. pl.
auf|brühen ["auf'bry:ən] v. tr. faire bouillir ; ébouillanter. | *Tee aufbrühen*, faire du thé.
auf|bügeln ["auf'by:gəln] v. tr. [glätten] repasser. | *eine Hose schnell aufbügeln*, donner un coup de fer à un pantalon. || FIG. [bearbeiten] mettre au goût du jour ; moderniser.
auf|bürden ["auf'byrdən] v. tr. charger ; imposer une charge. || FIG., FAM. *jm eine Schuld aufbürden*, imputer une faute à qn ; charger qn.
auf|bürsten ["auf'byrstən] v. tr. donner un coup de brosse à ; nettoyer à la, avec une brosse.
auf|dämmen ["auf'dɛmən] v. tr. faire, élever une digue ; endiguer.
auf|decken ["auf'dɛkən] v. tr. [auflegen] étendre ; étaler. | *das Tischtuch aufdecken*, dresser la table ; mettre la nappe. || PAR EXT. [enthüllen] découvrir. | *das Bett aufdecken*, découvrir le lit. | *ein Verbrechen aufdecken*, déceler, découvrir un crime. || FIG. dévoiler. | *sein Spiel aufdecken*, découvrir, montrer son jeu.
Auf|deckung [-kuŋ] f. découverte f. | *Aufdeckung eines Anschlags*, découverte d'un complot.
auf|donnern (sich) [ziç"auf'dɔnərn] v. pr. FIG., POP. s'attifer ; se pomponner.
auf|drängen ["auf'drɛŋən] v. tr. imposer (qch. à qn).
◇ v. pr. *sich aufdrängen*, s'imposer ; imposer sa présence.
auf|drehen ["auf'dre:ən] v. tr. ouvrir en tournant. | *den Hahn aufdrehen*, ouvrir le robinet. | *das Licht aufdrehen*, faire de la lumière. | *die Uhr aufdrehen*, remonter l'horloge. || desserrer. | *eine Schraube aufdrehen*, dévisser. || PAR EXT. [festschrauben] visser.
auf|dringlich ["auf'driŋliç] adj. importun. | *jm aufdringlich werden*, importuner qn ; agacer qn.
Auf|dringlichkeit [-liçkait] f. (-, en) importunité f.
Auf|dringling [-liŋ] m. (s, e) importun m.
Auf|druck ['aufdruk] m. (s, e) impression f. || [Marken] surcharge f.
auf|drucken ["auf'drukən] v. tr. imprimer (sur).
auf|drücken ["auf'drykən] v. tr. [einprägen] appuyer ; presser sur. | *sein Siegel aufdrücken*, mettre, apposer son sceau. || [durch Druck öffnen] *eine Tür aufdrücken*, pousser une porte.
auf|einander [aufain'andər] adv. l'un sur, après l'autre.
Aufeinander|folge [aufain"andər'fɔlgə] f. (-) succession f. ||**-folgen** v. intr. se succéder ; se suivre. ||**-folgend** part. prés. et adj. successif ; consécutif. ||**-passen** v. tr. ajuster. || v. intr. s'accorder ; s'harmoniser. ||**-platzen, -prallen, -stoßen** (ö, ie, o), **-treffen** (i, a, o) v. intr. s'entrechoquer ; se heurter.
Auf|enthalt ["aufɛnt'halt] m. (s, e). [Halt] stationnement m. ; arrêt m. | *(der Zug hat hier) zehn Minuten Aufenthalt*, (le train a ici) dix minutes d'arrêt. || séjour m. | *ein längerer Aufenthalt*, un séjour prolongé. || [Verspätung] retard m. ; délai m. | *ohne Aufenthalt*, sans délai. || [Rastort] séjour m. ; résidence f. ; domicile m.
Aufenthalts|erlaubnis ["aufɛnthaltsɛr'laupnis] f. (-), °**-genehmigung** ["---/-'---] f. (-, en) permis (m.), carte (f.) de séjour. ||°**-ort** m. (s, e) résidence f. ; domicile m. ; séjour m. || MIL. lieu (m.) de stationnement. ||°**-verbot** n. (s, e) interdiction (f.) de séjour. | *von einem Aufenthaltsverbot betroffen sein*, être interdit de séjour. ||°**-wechsel** m. (s, -) changement (m.) de résidence.
auf|erlegen ["aufɛr'le:gən] v. tr. imposer ; enjoindre. | *eine Strafe auferlegen*, infliger une punition. | *eine Verpflichtung auferlegen*, imposer une obligation.
auf|erstehen ["aufɛr'ʃte:ən] (erstand, erstanden) v. intr. ressusciter. | *Christus ist auferstanden*, le Christ est ressuscité.
Auf|erstehung [-'ʃte:uŋ] f. (-) résurrection f.
auf|erwecken ["aufɛr'vɛkən] V. ERWECKEN.
auf|essen ["auf'ɛsən] (ißt, aß, gegessen) v. tr. manger tout ; consommer ; FAM. liquider.
auf|fädeln ["auf'fɛ:dəln] v. tr. enfiler ; faufiler.
auf|fahren ["auf'fa:rən] (ä, u, a) v. intr. [hochsteigen] monter ; s'élever. | *gen Himmel auffahren*, monter au ciel. | *der Bergmann fährt auf*, le mineur remonte. || [plötzlich in die Höhe gehen] sursauter. | *aus seiner Träumerei auffahren*, être brusquement tiré de ses rêves. || FIG. [in Zorn ausbrechen] s'emporter. || PAR EXT. [Aufstellung nehmen] arriver ; prendre position. | *die Wagen fahren auf*, les voitures se présentent (à l'entrée). || MAR. *ein Schiff fährt auf*, un navire échoue. || AUTOM. *ein auffahrendes Fahrzeug*, un véhicule tamponneur.
◇ v. tr. [heranbringen] amener. | *Erde auffahren*, amener, voiturer de la terre. || MIL. *ein Geschütz auffahren*, mettre un canon en batterie. || MINES. [Stollen vortreiben] pratiquer, creuser une sape. || PAR EXT. [aufreißen] défoncer.
Auf|fahrt ['auffa:rt] f. (-, en) montée f. ; ascension f. || RELIG. [Maria] Assomption f. || PAR ANAL. [Rampe, Bergstraße] montée f. ; rampe f. || ARCHIT. [Schloßauffahrt] rampe (f.) de château. || [Autobahn] entrée f. ; voie (f.) d'accès.
auf|fallen ["auf'falən] (ä, ie, a) v. intr. tomber sur. || FIG. frapper. | *er fiel unangenehm auf*, il s'est fait remarquer. | *es fiel mir auf, daß*, ce qui m'a frappé, c'est que (indic.).
auf|fallend [-lənt] part. prés. et adj. frappant ; voyant. | *dieses Kleid ist zu auffallend*, ce costume est trop voyant. || PHYS. *auffallendes Licht*, lumière incidente.
auf|fällig ["auf'fɛliç] adj. frappant ; singulier ; excentrique. | *auffällige Kleidung*, toilette criarde. | *sich auffällig machen*, se faire remarquer.
Auf|fälligkeit [-kait] f. (-) singularité f.
Auffang|becken ["auffaŋ'bɛkən] n. (s, -) bassin (m.) de réception. ||°**-lager** n. (s, -) centre (m.) d'accueil.
auf|fangen ["auf'faŋən] (ä, i, a) v. tr. saisir ; recueillir. | *einen Ball auffangen*, saisir une balle (au bond). | *einen Schlag auffangen*, parer un coup. | *Briefe auffangen*, intercepter des lettres. || FIG. *Flüchtlinge auffangen*, accueillir des réfugiés.
auf|färben ["auf'fɛrbən] v. tr. reteindre ; rafraîchir la couleur.
auf|fassen ["auf'fasən] v. tr. ramasser ; relever. || FIG. concevoir ; comprendre ; saisir. | *er faßt den Rat falsch auf*, il interprète mal le conseil.
Auf|fassung [-suŋ] f. (-, en). FIG. conception f. ; manière (f.) de voir ; interprétation f.
auf|finden ["auf'findən] (a, u) v. tr. trouver ; découvrir. || FIG. dénicher.
Auf|findung [-duŋ] f. (-) découverte f.
auf|fischen ["auf'fiʃən] v. tr. pêcher ; repêcher ; retirer de l'eau. || FIG., POP. dégoter.
auf|flackern ["auf'flakərn] v. intr. jeter une flamme, une clarté vacillante.
auf|flammen ["auf'flamən] v. intr. PR. et FIG. flamber ; s'enflammer ; s'embraser.

auf|flattern ["auf'flatərn] v. intr. s'envoler en battant des ailes.

auf|flechten ["auf'flɛçtən] v. tr. détresser.

auf|fliegen ["auf'fli:gən] (o, o) v. intr. s'envoler ; prendre son essor. || AÉRON. monter ; décoller. || PAR ANAL. voler en éclats ; exploser. || FIG. *die Tür fliegt auf*, la porte s'ouvre brusquement.

auf|flimmern ["auf'flimərn] v. intr. jeter une vive lueur.

auf|fordern ["auf'fɔrdərn] v. tr. convier, inviter à. | *zum Tanze auffordern*, inviter à danser. || JUR. mettre en demeure. || MIL. sommer.

Auf|forderung [-ruŋ] f. (-, en) invitation f. ; engagement m. ; appel m. || JUR. sommation f. | *gerichtliche Aufforderung*, mise (f.) en demeure. || FIN. *Aufforderung zur Einzahlung*, appel (m.) de fonds.

auf|forsten ["auf'fɔrstən] v. tr. reboiser.

Auf|forstung [-tuŋ] f. (-, en) reboisement m.

auf|fressen ["auf'frɛsən] (frißt, fraß, gefressen) v. tr. dévorer.

auf|frischen ["auf'friʃən] v. tr. rafraîchir ; raviver. || MÉD. aviver. || FIG. *die Wunde immer wieder auffrischen*, retourner le couteau dans la plaie.

Auf|frischung [-ʃuŋ] f. (-) rafraîchissement m. || MÉD. avivement m.

auf|führbar ["auf'fy:rba:r] adj. THÉÂTRE. jouable.

auf|führen [-rən] v. tr. [errichten, erbauen] construire ; bâtir ; élever. | *ein Gerüst aufführen*, dresser un échafaudage. || [Schauspiel] représenter ; jouer. | *ein Schauspiel aufführen*, jouer une pièce de théâtre. || JUR. [nennen] produire. | *einen Zeugen aufführen*, produire un témoin. || MIL. conduire. || FIN. [verzeichnen] porter en compte. | *einzeln aufführen*, énumérer.

◇ v. pr. FIG. **sich aufführen,** se conduire ; se comporter. | *sich gut aufführen*, avoir une bonne conduite ; savoir se tenir.

Auf|führung [-ruŋ] f. (-, en) construction f. || THÉÂTRE. représentation f. | *Uraufführung*, première f. || JUR. production f. ; présentation f. || FIN. inscription (f.) en compte. || FIG. conduite f.

auf|füllen ["auf'fylən] v. tr. (r)emplir. | *Benzin auffüllen*, faire le plein d'essence. | *Reserven auffüllen*, compléter les stocks. || ARCHIT. remblayer.

auf|füttern ["auf'fytərn] v. tr. nourrir ; élever.

Auf|gabe ["auf'ga:bə] f. (-, n). **1.** [Sendung] remise f. ; expédition f. | *Aufgabe des Gepäcks*, expédition des bagages.

2. [Anforderung] mission f. ; tâche f. | *vordringliche Aufgabe*, mission urgente. | *schriftliche Aufgabe*, devoir m. | *mündliche Aufgabe*, leçon f. | *mathematische Aufgabe*, problème m. | *eine Aufgabe stellen*, donner une tâche. || MIL. *taktische Aufgabe*, thème (m.) tactique. || COMM. *laut Aufgabe*, suivant vos ordres.

3. [Verzicht] abandon m. || JUR. *Aufgabe eines Recht(e)s*, abandon d'un droit. | *Aufgabe eines Gutes*, délaissement (m.) d'un bien. || COMM. cessation f. || SPORT. *Sieg durch Aufgabe*, victoire (f.) par abandon. || MÉTALL. [Gicht] gueulard m.

Aufgabe|schein ["aufga:bə'ʃein] m. (es, e) récépissé m. ||°**-station** f. (-, en) gare expéditrice. ||°**-stempel** m. (s, -) timbre (m.) au départ.

auf|gabeln ["auf'ga:bəln] v. tr. piquer à la fourche(tte). || POP. raccrocher ; dénicher.

Auf|gang ['aufgaŋ] m. (s, ¨e) montée f. ; ascension f. || ASTRON. lever m. || [Haus] escalier m. || PAR EXT. [Osten] Levant m. ; Orient m. || [Öffnung] ouverture (des portes). || GÉOGR. débâcle (f.) des glaces.

auf|geben ["auf'ge:bən] (i, a, e) v. tr. **1.** remettre ; expédier. | *sein Gepäck aufgeben*, expédier, faire enregistrer ses bagages. || [anfordern] charger ; demander (qch. à qn). || COMM. *eine große Bestellung aufgeben*, passer, faire une commande importante.

2. [verzichten] abandonner ; renoncer à. || JUR. *ein Recht aufgeben*, renoncer à un droit. | *seine Stelle aufgeben*, résigner ses fonctions ; se démettre ; donner sa démission. | *sein Geschäft aufgeben*, se retirer des affaires. || FIG. *den Geist aufgeben*, rendre l'âme, l'esprit. | *eine Meinung aufgeben*, revenir d'une opinion. | *eine Meinung nicht aufgeben*, ne pas en démordre. | *etwas aufgeben*, faire son deuil de qch. | *die Hoffnung aufgeben*, perdre l'espoir. | *einen Kranken aufgeben*, désespérer d'un malade.

Auf|geber [-bər] m. (s, -) expéditeur m.

auf|geblasen ["aufgə'bla:zən] part. pass. et adj. soufflé ; boursouflé ; gonflé. || FIG. ampoulé.

Auf|geblasenheit [-hait] f. bouffissure f. ; boursouflure f. || FIG. vanité f. ; suffisance f. ; fatuité f.

Auf|gebot ["aufgə'bo:t] n. (s, e) proclamation f. ; publication f. ; soumission f. | *Aufgebot eines Brautpaares*, publication des bans. || FIG. concentration f. ; mobilisation f. | *ein starkes Aufgebot von Polizeikräften*, une forte présence policière. | *Aufgebot aller seiner Kräfte*, en mobilisant toute son énergie. || MIL. levée f. ; conscription f. ; appel m. | *das letzte Aufgebot*, le dernier carré.

auf|gebracht ["aufgə'braxt] part. pass. et adj. FIG. fâché ; indigné ; irrité ; courroucé.

— SYN. : *empört*, outré ; *entrüstet*, indigné, révolté ; *erzürnt*, irrité.

auf|gedunsen ["aufgə'dunzən] part. pass. et adj. boursouflé ; bouffi.

Auf|gedunsenheit [-hait] f. boursouflure f. ; bouffissure f.

auf|gehen ["auf'ge:ən] (ging, gegangen) v. intr. **1.** [steigen] monter. | *die Sonne geht auf*, le soleil se lève ; le jour paraît. || PAR ANAL. [sich ausdehnen] *der Teig geht auf*, la pâte lève, gonfle. || BOT. lever ; pousser. | *der Samen geht auf*, la semence lève.

2. PAR EXT. [sich öffnen] s'ouvrir. | *die Tür geht auf*, la porte s'ouvre. | *der Vorhang geht auf*, le rideau se lève. | *ein Geschwür geht auf*, un abcès crève. | *die Naht geht auf*, la couture se défait. | *die Jagd geht auf*, la chasse est ouverte.

3. FIG. s'ouvrir à. | *ihm gehen die Augen auf*, ses yeux se dessillent. | *ein Licht geht mir auf*, je commence à y voir clair. | *ihm ging das Herz auf*, son cœur se fondit.

4. se perdre en ; se dissoudre. | *er geht ganz in der Musik auf*, il est entièrement pris par la musique. | *in Schall und Rauch aufgehen*, s'en aller en fumée.

5. MATH. [sich teilen lassen] être contenu dans, divisible sans reste. | *vier geht in zwölf auf*, douze est divisible par quatre.

Auf|geklärtheit ["aufgə'klɛ:rthait] f. opinion éclairée, avancée ; tendances (f. pl.) rationalistes.

Auf|geld ['aufgɛlt] n. (es, er). COMM. arrhes f. pl. || FIN. agio m. ; change m. ; prime f. ; report m.

auf|gelegt ["aufgə'le:kt] part. pass. et adj. FIG. disposé à. | *er ist gut aufgelegt*, il est bien disposé ; FAM. il est bien luné. | *sie ist zum Tanzen nicht aufgelegt*, elle n'a pas le cœur à danser.

auf|geräumt ["aufgə'rɔymt] part. pass. et adj. rangé. || FIG. de bonne humeur.

Auf|geräumtheit [-hait] f. bonne humeur ; entrain m. ; enjouement m.

auf|geregt ["aufgə're:kt] part. pass. et adj. excité ; agité ; ému ; FAM. énervé.

Auf|geregtheit [-hait] f. excitation f. ; nervosité f. ; FAM. énervement m.

auf|geschlossen ["aufgə'ʃlɔsən] part. pass. et adj. ouvert ; FIG. compréhensif.

Aufgeschlossenheit [-hait] f. esprit ouvert ; compréhension f.

auf|geschossen ["aufgə'ʃɔsən] adj. élancé.

auf|geweckt ["aufgə'vɛkt] part. pass. et adj. réveillé. || FIG. éveillé ; intelligent ; dégourdi.

Auf|gewecktheit [-hait] f. FIG. vivacité (f.) d'esprit ; air éveillé ; intelligence f.

auf|gießen ["auf'gi:sən] (o, o) v. tr. verser sur ; faire infuser. | *Tee aufgießen*, faire infuser du thé.

Auf|gliederung ["auf'gli:dəruŋ] f. ÉCON. ventilation f.

auf|graben ["auf'gra:bən] (ä, u, a) v. tr. creuser ; fouiller ; déterrer. | *um einen Baum aufgraben*, déchausser un arbre.

auf|greifen ["auf'graifən] (griff, gegriffen) v. tr. ramasser ; saisir ; appréhender. || FIG. *einen Gedanken aufgreifen*, s'inspirer d'une idée.

Auf|guß ['aufgus] m. (es, ¨e). MÉD. infusion f. || CULIN. glaçage (d'un gâteau).

Aufguß|tierchen ["aufgus'ti:rçən] n. (s, -). ZOOL. infusoires m. pl.

auf|haben ["auf'ha:bən] v. tr. FAM. garder ouvert ; garder sur soi. | *die Mütze aufhaben*, avoir la casquette sur la tête. || FIG. *er hat ein Gedicht auf*, il a une poésie à apprendre.

auf|hacken ["auf'hakən] v. tr. piocher ; fouiller avec la pioche.

auf|haken ["auf'ha:kən] v. tr. dégrafer ; décrocher.

auf|halsen ["auf'halzən] v. tr. charger de ; mettre qch. sur le dos de qn.

auf|halten ["auf'haltən] (ä, ie, a) v. tr. **1.** [offen haben] tenir, laisser ouvert. | *das Geschäft aufhalten*, tenir ouvert son magasin. || IRON. *die Hand aufhalten*, tendre la main ; mendier.
2. [hindern] arrêter ; attarder ; entraver ; empêcher. | *den Straßenverkehr aufhalten*, arrêter la circulation. | *jn aufhalten*, retarder, retenir qn. | *jn im Fall aufhalten*, amortir la chute de qn.
◇ v. pr. **sich aufhalten,** s'arrêter ; s'attarder. || PAR ANAL. séjourner. | *sich in Hamburg aufhalten*, faire un séjour à Hambourg. || FIG. [darüber reden] *sie halten sich über dein Benehmen auf*, ils critiquent ta conduite.

auf|hängen ["auf'hɛŋən] v. tr. suspendre ; accrocher. | *Gemälde aufhängen*, accrocher des tableaux. | *den Verbrecher aufhängen*, pendre le criminel.

Auf|hängung [-ŋuŋ] f. (-, en) suspension f. ; pendaison f.

auf|haspeln ["auf'haspəln] v. tr. dévider.

auf|hauen ["auf'hauən] (hieb, gehauen) v. tr. faire une entaille dans ; ouvrir.

auf|häufeln ["auf'hɔyfəln] v. tr. mettre en petits tas. || AGRIC. *die Kartoffeln (auf)häufeln*, butter les pommes de terre.

auf|häufen [-fən] v. tr. et v. pr. entasser ; (s')amonceler ; (s')amasser.

Auf|häufung [-fuŋ] f. (-, en) accumulation f. ; amoncellement m.

auf|heben ["auf'he:bən] (o, o) v. tr. **1.** [in die Höhe bringen] lever ; soulever. | *das Kind vom Boden aufheben*, soulever l'enfant du sol. | *einen Stein aufheben*, ramasser une pierre. | *die Augen aufheben*, lever les yeux au ciel.
2. FIG. [beenden] (se) lever. | *die Tafel aufheben*, se lever de table. | *die Sitzung aufheben*, lever la séance. || MIL. *die Belagerung aufheben*, lever le siège.
3. faire cesser ; arrêter ; supprimer ; abolir. | *einen Vertrag aufheben*, résilier un contrat. | *eine Beschlagnahme aufheben*, accorder mainlevée d'une saisie. | *ein Gesetz aufheben*, abroger une loi. || PROV. *aufgeschoben ist nicht aufgehoben*, partie remise n'est pas perdue ; FAM. je lui garde un chien de ma chienne. | *besser aufgeschoben als aufgehoben*, mieux vaut tard que jamais.
4. [aufbewahren] garder ; conserver ; ramasser ; mettre de côté. | *Geld aufheben*, conserver de l'argent. || FIG. *er ist gut aufgehoben*, il est en bonnes mains ; on prend soin de lui.
5. MATH. réduire. | *einen Bruch aufheben*, réduire, simplifier une fraction.
◇ v. pr. **sich aufheben,** *sich, einander aufheben*, se compenser ; s'annuler ; se neutraliser. | *10 — 10 hebt sich auf*, 10 — 10 égale zéro. || PHILOS. *Gegensätze heben sich auf*, les contraires s'annulent.

Auf|heben [-bən] n. (s). [Handlung] lever m., élévation f. || RELIG. *Aufheben der Hostie*, élévation de l'hostie. || FIG. *(viel) Aufhebens von etwas machen*, faire beaucoup de bruit autour de, grand cas de qch.

Auf|hebung [-buŋ] f. (-) levée f. || JUR. levée f. ; abolition f. ; résiliation f. ; abrogation f. ; annulation f. ; cassation f. ; mainlevée f. | *Aufhebung des Leichnams*, levée de corps. | *Aufhebung der Ehe*, annulation du mariage. | *Aufhebung eines Gesetzes, eines Haftbefehls*, abrogation d'une loi ; mainlevée d'un mandat de dépôt. | *Aufhebung eines Urteils*, cassation, annulation d'un jugement. | *Aufhebung eines Vertrags*, résiliation d'un contrat. || POLIT. *Aufhebung einer Sperre*, levée d'un blocus. || MUS. *Aufhebungszeichen* n. bécarre m.

auf|heften ["auf'hɛftən] v. tr. fixer ; attacher ; retrousser. || PAR EXT. détacher ; défaire ; dégrafer.

auf|heißen ["auf'haisən] v. tr. MAR. hisser ; arborer. | *Flagge, heißt auf!*, hissez le drapeau !

auf|heitern ["auf'haitərn] v. tr. rasséréner. || FIG. dérider ; égayer ; ragaillardir.
◇ v. pr. **sich aufheitern,** s'éclaircir. | *der Himmel heitert sich auf*, le ciel s'éclaircit. || FIG. se dérider ; s'épanouir.

Auf|heiterung [-ruŋ] f. éclaircie f. || FIG. distraction f. ; amusement m. ; épanouissement m.

auf|helfen ["auf'hɛlfən] (a, o) v. intr. *jm aufhelfen*, aider qn à se relever.

auf|hellen ["auf'hɛlən] v. tr. rendre clair ; clarifier. || FIG. élucider ; éclaircir. | *eine Frage aufhellen*, débrouiller une question.
◇ v. pr. **sich aufhellen,** s'éclaircir ; se découvrir ; se mettre au beau. | *der Himmel hellt sich auf*, le ciel se dégage.

Auf|hellung [-luŋ] f. (-) éclaircissement m. || FIG. éclaircissement m. ; explication f.

auf|hetzen ["auf'hɛtsən] v. tr. ameuter. || FIG. provoquer ; exciter.

auf|hissen ["auf'hisən] V. AUFHEIßEN.

auf|hocken ["auf'hɔkən] v. tr. prendre sur son dos ; mettre à califourchon. || FIG. *man hockt ihm alles auf*, on lui met tout sur le dos.

auf|höhen ["auf'hø:ən] v. tr. exhausser ; surhausser ; surélever.

auf|holen ["auf'ho:lən] v. tr. regagner du terrain, du temps perdu ; rattraper. || MAR. haler.

auf|horchen ["auf'hɔrçən] v. intr. écouter ; tendre, dresser l'oreille. | *dieses Geräusch ließ ihn aufhorchen*, ce bruit lui fit dresser l'oreille.

auf|hören ["auf'hø:rən] v. intr. arrêter ; cesser ; finir de. | *der Regen hört auf*, la pluie cesse (de tomber). || FIG. *da hört alles auf!*, c'est trop fort ! ; FAM. c'est la fin de tout.
— SYN. : *aussetzen*, interrompre ; *nachlassen*, cesser.

Auf|hören [-rən] n. (s) arrêt m. ; cessation f. ; fin f.

auf|jagen ["auf'ja:gən] v. tr. [Jagd] lancer ; lever. | *einen Hasen aufjagen*, lever un lièvre.

auf|jauchzen ["auf'jauxtsən] v. intr. exulter ; pousser des cris d'allégresse. || FAM. jubiler.

Auf|kauf ['aufkauf] m. (s, ¨e) achat (m.) en masse. || accaparement m.

auf|kaufen ["auf'kaufən] v. tr. acheter en masse ; enlever. || rafler ; accaparer.

Auf|käufer ["auf'kɔyfər] m. (s, e) accapareur m. (professionnel) ; acheteur m.

auf|keilen ["auf'kailən] v. tr. caler ; claveter. | *einen Stiel aufkeilen*, caler un manche.

auf|keimen ["auf'kaimən] v. intr. germer.

auf|klaffen ["auf'klafən] v. intr. être béant.

Auf|klang ['aufklaŋ] m. (s, ¨e) ouverture f. ; début m. ; commencement m.

auf|klappbar ["auf'klapba:r] adj. décapotable.

auf|klappen [-pən] v. tr. ouvrir. || AUTOM. décapoter.

auf|klaren ["auf'kla:rən] v. intr. s'éclaircir. || MAR. *das Wetter klart auf*, le ciel s'éclaircit.
◇ v. tr. MAR. parer.

auf|klären ["auf'klɛ:rən] v. tr. tirer, mettre au clair ; débrouiller. || MIL. reconnaître. | *das Gelände aufklären*, reconnaître le terrain ; patrouiller. || FIG. élucider ; débrouiller ; renseigner ; instruire ; informer. | *jn über einen Irrtum aufklären*, tirer qn d'erreur. | *einen Mord aufklären*, tirer au clair une affaire de meurtre.
◇ part. pass. et adj. **aufgeklärt,** [vorurteilsfrei] libre de préjugés ; éclairé. || PHILOS. libéral.

Auf|klärer [-rər] m. (s, -). PHILOS. rationaliste m. || AÉRON. avion (m.) de reconnaissance. || MIL. éclaireur m.

Auf|klärung [-ruŋ] f. (-, en) éclaircissement m. || PHILOS. rationalisme m. ; philosophie (f.) des lumières. | *das Zeitalter der Aufklärung*, le siècle des lumières. || MIL. reconnaissance f.

auf|kleben ["auf'kle:bən] v. tr. coller sur. | *Marken aufkleben*, affranchir.

Auf|kleber ['aufkle:bər] m. (s, -) autocollant m.

Aufklebe|zettel ["aufkle:bə'tsɛtəl] m. (s, -) étiquette gommée.

auf|klinken ["auf'kliŋkən] v. tr. tirer le loquet ; déclencher.
◇ v. intr. s'ouvrir. | *die Tür klinkt auf*, la porte s'ouvre.

auf|knacken ["auf'knakən] v. tr. casser. | *eine Nuß aufknacken*, casser une noix. || [Auto, Tresor] ouvrir par effraction.

auf|knöpfen ["auf'knøpfən] v. tr. déboutonner.
◇ part. pass. et adj. FIG. **aufgeknöpft,** expansif.

auf|knoten ["auf'kno:tən] v. tr. déficeler.

auf|knüpfen ["auf'knypfən] v. tr. défaire ; délier ; détacher. | *einen Knoten aufknüpfen*, défaire un nœud.

auf|kochen ["auf'kɔxən] v. tr. faire bouillir ; recuire.
◇ v. intr. bouillir.

Auf|kochung [-xuŋ] f. (-) décoction f. ; ébullition f.

auf|kommen ["auf'kɔmən] (a, o) v. intr. **1.** s'élever ; se relever. | *vom Boden aufkommen*, se relever. | *ein Wind kommt auf*, un vent se lève. | *wieder aufkommen*, se relever.
2. FIG. [wachsen ; gedeihen] se remettre ; se rétablir ; se relever ; croître ; grandir ; parvenir ; réussir. | *er kommt wieder auf*, il se relève, se remet. | *gegen jn nicht aufkommen können*, ne pas être de taille à rivaliser avec qn.

3. [auftauchen ; entstehen] faire son apparition ; s'implanter ; prendre. | *eine Mode kommt auf*, une mode prend, se répand. | *neue Staaten kommen in Afrika auf*, de nouveaux États se créent en Afrique. | *mir kommen Zweifel auf*, des doutes me viennent.

4. [bezahlen ; ersetzen] subvenir à ; garantir ; répondre de. | *wir kommen für den Schaden nicht auf*, nous ne répondons pas des dommages.

Auf|kömmling ["auf'kømliŋ] m. (s, e) parvenu m.

auf|kratzen ["auf'kratsən] v. tr. égratigner ; écorcher ; gratter. || TEXT. carder. || FIG., FAM. mettre de bonne humeur.

auf|krempeln ["auf'krɛmpəln] v. tr. retrousser. | *die Ärmel aufkrempeln*, retrousser ses manches.

auf|kriegen ["auf'kri:gən] v. tr. FAM. parvenir, arriver à ouvrir. || recevoir qch. à faire ; se faire donner une tâche.

auf|kündigen ["auf'kyndigən] v. tr. donner congé ; dénoncer ; se dédire de. || rompre. | *einen Mietsvertrag aufkündigen*, résilier un bail. | *einen Waffenstillstand aufkündigen*, dénoncer un armistice. | *jm den Dienst aufkündigen*, donner congé à, renvoyer qn. || FIG. *jm die Freundschaft aufkündigen*, rompre avec qn.

Auf|kündigung [-guŋ] f. (-, en) congé m. || JUR. dénonciation f. ; rupture f. ; résiliation f. || COMM. dédit m. || FIG. rupture f.

auf|lachen ["auf'laxən] v. intr. éclater de rire.

auf|laden ["auf'lɑ:dən] (ä, u, a) v. tr. charger. | *einen Wagen aufladen*, charger une voiture. || ÉLECTR. charger.

Auf|laden [-dən] n. (s) chargement m. || ÉLECTR. charge f.

Auf|lader [-dər] m. (s, -) fort (m.) des Halles.

Auf|lage ["auf'lɑ:gə] f. (-, n) charge f. ; obligation f. ; imposition f. ; impôt m. ; taxe f. || TYPOGR. tirage m. ; édition f. | *neue, vermehrte Auflage*, édition revue et augmentée. || JUR. obligation f. ; sommation f.

Auflage|fläche ["auflɑ:gə'flɛçə] f. (-, n) surface (f.) d'appui ; face (f.) de joint.

Auf|lager ["auf'lɑ:gər] n. (s, -) TECHN. support m. ; coussinet m.

auf|landig ["auf'landiç] adj. MAR. soufflant dans la direction de la terre.

auf|lassen ["auf'lasən] (ä, ie, a) v. tr. [aufgeben] céder ; résigner. | *ein Recht auflassen*, céder un droit. || MINES. *ein Bergwerk auflassen*, abandonner une mine. || FIG. [gestatten] permettre. || PAR EXT. *eine Tür auflassen*, laisser une porte ouverte. | *den Hut auflassen*, garder son chapeau ; rester couvert.

Auf|lassung [-suŋ] f. (-, en). JUR. résignation (f.), cession (f.) d'un droit. | *Auflassung einer Hypothek*, extinction (f.) d'une hypothèque.

Auflassungs|urkunde [-suŋs'u:rkundə] f. (-, n). JUR. acte notarié.

auf|lasten ["auf'lastən] v. tr. V. AUFBÜRDEN.

auf|lauern ["auf'lauərn] v. intr. guetter ; faire le guet. | *jm auflauern*, épier, espionner qn.
— SYN. : *belauern*, épier ; *überwachen*, surveiller.

Auf|lauf ['auflauf] m. (s, ¨e) attroupement m. ; rassemblement m. ; émeute f. || CULIN. soufflé m.

Auflauf|bremse ["auflauf'brɛmzə] f. (-, n). AUTOM. frein (m.) à inertie.

auf|laufen ["auf'laufən] (ä, ie, a) v. intr. gonfler ; enfler. || *die Ader läuft auf*, la veine enfle. || CULIN. lever. | *der Teig läuft auf*, la pâte lève. || MAR. échouer. | *das Schiff läuft auf*, le bateau échoue. || FIN. s'accumuler. || TECHN. se coincer.

auf|lauschen ["auf'lauʃən] v. tr. et intr. dresser l'oreille ; être à l'affût des commérages.

auf|leben ["auf'le:bən] v. intr. revivre ; renaître ; se ranimer.

Auf|leben n. (s) reprise f. | *ein erneuertes Aufleben des Terrorismus*, la reprise du terrorisme.

auf|lecken ["auf'lɛkən] v. tr. laper ; lécher. | *die Katze leckt die Milch auf*, le chat lape le lait.

auf|legen ["auf'le:gən] v. tr. **1.** poser ; mettre ; imposer. | *einem Pferd den Sattel auflegen*, mettre la selle à, seller un cheval. | *den Arm auflegen*, appuyer le bras. | *die Hände auflegen*, imposer les mains. | *Pflaster auflegen*, appliquer un emplâtre. | *Steuern auflegen*, mettre des impôts. || TÉLÉPH. *(den Hörer) auflegen*, reposer l'écouteur.

2. [auslegen] étaler. | *Waren auflegen*, étaler, exposer de la marchandise. | *die Karten auflegen*, étaler son jeu. || FIN. *eine Anleihe auflegen*, lancer un emprunt. | *Aktien auflegen*, ouvrir une souscription.

3. TYPOGR. *ein Buch auflegen*, éditer un livre.

4. MAR. *ein Schiff auflegen*, [bauen] mettre un bateau en chantier ; [abbauen] dégréer ; désarmer un bateau.

◇ part. pass. et adj. V. AUFGELEGT.

◇ v. pr. **sich auflegen,** s'accouder. | *das Pferd legt sich auf*, le cheval pèse à la main.

auf|lehnen (sich) [ziç"auf'le:nən] v. pr. s'appuyer. || FIG. se révolter ; se soulever ; s'insurger.

Auf|lehnung ["auf'le:nuŋ] f. (-, en) soulèvement m. ; révolte f. ; rébellion f. ; insurrection f.

auf|lesen ["auf'le:zən] (ie, a, e) v. tr. ramasser ; glaner ; (re)cueillir. | *Ähren auflesen*, glaner des épis. | *Steine auflesen*, épierrer. | *jn von der Straße auflesen*, ramasser qn dans le ruisseau.

auf|leuchten ["auf'lɔyçtən] v. intr. flamboyer ; se mettre à briller.

auf|lichten ["auf'liçtən] v. tr. éclaircir. | *den Wald auflichten*, éclaircir la forêt. | *die Farben auflichten*, éclaircir les couleurs.

auf|liefern ["auf'li:fərn] V. LIEFERN.

auf|liegen ["auf'li:gən] (a, e) v. intr. être posé, couché sur ; être étalé. || FIG. incomber à. | *es liegt mir auf*, il m'incombe. || importuner. | *ihm lag er auf*, il l'importunait.

◇ v. pr. **sich aufliegen,** MÉD. *sich den Rücken aufliegen*, avoir des escarres dans le dos.

Auf|liegen ["auf'li:gən] n. (s). MÉD. écorchure f. ; escarre f.

auf|lockern ["auf'lɔkərn] v. tr. desserrer ; défaire. | *einen Knoten auflockern*, desserrer un nœud. | *die Erde auflockern*, ameublir la terre. || SPORT. assouplir.

◇ v. pr. **sich auflockern,** se défaire ; se relâcher. || FIG. *die Sitten lockern sich (auf)*, les mœurs se relâchent.

Auf|lockerung [-ruŋ] f. (-). AGRIC. ameublissement m. ; culture f. || SPORT. assouplissement m. || FIG. relâchement m.

auf|lodern ["auf'lo:dərn] v. intr. s'embraser ; s'enflammer. | *die Flammen lodern auf*, les flammes montent. || FIG. se lever. | *Widerstand lodert auf*, la résistance se lève.

auf|lösbar ["auf'lø:sbɑ:r] adj. CHIM. soluble. || MATH. résoluble. || POLIT. dissoluble.

Auf|lösbarkeit [-kait] f. CHIM. solubilité f. || MATH. résolubilité f.

auf|lösen ["auf'lø:zən] v. tr. **1.** dénouer ; défaire ; délier ; détacher. | *mit aufgelöstem Haare*, les cheveux dénoués, épars. || FIG. *ein Rätsel auflösen*, résoudre une énigme. | *sich in Tränen auflösen*, fondre en larmes.

2. rompre ; disperser ; dissoudre. | *ein Heer auflösen*, licencier une armée. | *in aufgelöster Ordnung*, en ordre dispersé. || JUR. dissoudre. | *eine Gesellschaft auflösen*, dissoudre une société.

3. MATH. réduire ; résoudre. | *einen Bruch auflösen*, réduire une fraction. | *eine Gleichung auflösen*, résoudre une équation. || CHIM. dissoudre ; décomposer ; analyser. || GÉOL. désintégrer.

◇ v. pr. **sich auflösen,** CHIM. se décomposer ; se désintégrer. || FIG. *die Sitten lösen sich auf*, la morale se relâche.

auf|lösend [-zənt] adj. dissolvant.

Auf|lösung [-zuŋ] f. (-, en) action (f.) de délier ; dénouement m. ; dissolution f. | *Auflösung eines Knotens*, dénouement. | *Auflösung eines Vereins*, dissolution d'une association. | *Auflösung des Parlaments*, dissolution du Parlement. | *ein Heer in völliger Auflösung*, une armée en pleine déroute. | *Auflösung eines Vertrags*, résiliation (f.) d'un contrat. || FIG. *Auflösung der Sitten*, relâchement (m.) des mœurs. | *Auflösung eines Rätsels*, recherche (f.) de la solution d'une énigme. || MATH. réduction f. ; résolution f. || CHIM. dissolution f. ; désagrégation f. ; décomposition f. ; délayage m. | *Auflösung eines Körpers*, décomposition d'un corps. | *Auflösung einer Flüssigkeit*, analyse (f.) d'un liquide. || GÉOL. désintégration f. || PHYS. *axiale Auflösung*, résolution axiale.

Auflösungs|mittel ["auflø:zuŋs'mitəl] n. (s, -). CHIM. dissolvant m. || MÉD. excipient m. ||**°-rechnung** f. (-) calcul (m.) analytique. ||**°-vermögen** n. (s). CHIM. pouvoir séparateur. || OPT. pouvoir (m.) de résolution. ||**°-zeichen** n. (s, -). MUS. bécarre m.

auf|machen ["auf'maxən] v. tr. ouvrir. | *die Tür aufmachen*, ouvrir la porte. | *halb aufmachen*, entrouvrir. | *ein Paket aufmachen*, défaire un paquet. || PAR ANAL.

arranger ; parer ; apprêter. || FIG. *sie ist aufgemacht*, elle est en grande toilette.
◇ v. pr. **sich aufmachen,** se lever ; se mettre en route ; s'en aller ; partir. || MAR. *ein leichter Wind macht sich auf*, une brise commence à souffler.

Auf|machung [-xuŋ] f. (-, en) décor m. || FIG. *in großer Aufmachung*, en grande tenue. | *das ist nur äußere Aufmachung*, c'est du battage. || COMM. présentation f.

Auf|marsch ['aufmarʃ] m. (es, ¨e). MIL. marche f. ; déploiement m. | *Truppenaufmarsch*, déploiement de troupes. | *strategischer Aufmarsch*, concentration f. || SPORT. défilé m.

auf|marschieren ["aufmar'ʃi:rən] v. intr. se déployer (en bataille) ; entrer en ligne.

auf|maschen ["auf'maʃən] v. tr. remmailler.

auf|mauern ["auf'mauərn] v. tr. hausser un mur.

auf|meißeln ["auf'maisəln] v. tr. trépaner ; ouvrir au ciseau.

auf|merken ["auf'mɛrkən] v. intr. écouter ; dresser l'oreille.
◇ v. tr. noter ; prendre note de. | *etwas aufmerken*, prendre note de qch.

auf|merksam ["auf'mɛrkza:m] adj. attentif ; plein d'attention. | *jn auf etwas aufmerksam machen*, attirer l'attention de qn sur qch. ; faire remarquer qch. à qn.

Auf|merksamkeit [-kait] f. (-, en) attention f. || FIG. attentions f. pl. ; prévenances f. pl. ; égards m. pl. | *die Aufmerksamkeit auf sich lenken*, attirer l'attention sur soi. | *jm große Aufmerksamkeiten erweisen*, avoir de grands égards pour qn.

auf|mucken ["auf'mukən] v. intr. FIG. se rebiffer ; FAM. rouspéter.

auf|muntern ["auf'muntərn] v. tr. (r)animer. || FIG. encourager ; exhorter ; stimuler.
— SYN. : *ermuntern*, encourager ; *ermutigen*, enhardir ; *anspornen*, aiguillonner ; *anfeuern*, stimuler.

Auf|munterung [-ruŋ] f. (-, en) encouragement m. ; exhortation f.

auf|nähen ["auf'nɛ:ən] v. tr. coudre sur ; ourler.

Auf|nahme ["auf'na:mə] f. (-, n). [Empfang] accueil m. ; réception f. | *er fand eine gute Aufnahme*, il fut bien reçu. | *Aufnahme im Krankenhaus*, admission (f.) à l'hôpital. | *Aufnahme im Hotel*, réception (f.) à l'hôtel. | *Aufnahme in der Schule*, admission à l'école. | *feierliche Aufnahme*, réception solennelle. | *Aufnahme eines Wortes*, admission d'un mot, d'un terme. || FIG. [in Mode kommen] vogue f. ; succès m. | *in Aufnahme bringen*, mettre en vogue ; lancer. || *Aufnahme eines Protokolls*, établissement (m.) d'un procès-verbal. || COMM. *Aufnahme des Warenlagers*, inventaire m. || PHOT. cliché m. ; prise (f.) de vues. | *Achtung ! Aufnahme !*, silence ! on tourne ! || PHYS. *Aufnahme von Wärme*, absorption (f.) de chaleur. || PHYSIOL. susception f. || RAD., TÉLÉV. enregistrement m.

Aufnahme|apparat ["aufna:məapa'ra:t] m. (s, e). PHOT. appareil (m.) de prise de vues ; caméra f. ; appareil (photographique). || ÉLECTR. appareil (m.) d'enregistrement, appareil enregistreur. ||°**-bedingungen** f. pl. conditions (f. pl.) d'admission. ||°**-fähigkeit** f. (-, en) capacité (f.) d'absorption, d'assimilation. ||°**-gebühr** f. (-, en) droits (m. pl.) d'admission. ||°**-kapazität** f. (-, en) capacité (f.) d'accueil. ||°**-land** n. (s, ¨er) pays (m.) d'accueil. ||°**-platte** f. (-, n). PHOT. plaque f. ; cliché m. ||°**-prüfung** f. (-, en) examen (m.) d'admission. ||°**-raum** m. (s, ¨e). FILM. studio m. ; salle (f.) de prise de vues ; cabine (f.) d'enregistrement.

auf|nehmen ["auf'ne:mən] (nimmt, nahm, genommen) v. tr. **1.** (re)lever ; (r)amasser. | *einen Stein vom Boden aufnehmen*, ramasser une pierre. || FIG. *den Handschuh aufnehmen*, relever le gant.
2. PAR ANAL. [empfangen] accueillir ; recevoir ; admettre. | *in ein Krankenhaus aufnehmen*, admettre à l'hôpital. | *jn freundlich aufnehmen*, faire bon accueil à qn. | *jn bei sich aufnehmen*, accueillir qn chez soi. || FIG. *etwas als Scherz aufnehmen*, prendre bien qch. | *etwas als Beleidigung aufnehmen*, prendre mal qch. | *jn in einen Verein aufnehmen*, admettre qn dans une société.
3. FIG. prendre. | *den Kampf wieder aufnehmen*, reprendre le combat. | *Siegfried nahm es mit dem Drachen auf*, Siegfried affronta le dragon. | *die Arbeit wieder aufnehmen*, reprendre le travail. | *Verhandlungen aufnehmen*, engager des négociations. | *den Faden wieder aufnehmen*, reprendre le fil (de la conversation).
4. JUR. *ein Protokoll aufnehmen*, dresser (un) procès-verbal. | *ein Testament aufnehmen*, recueillir un testament. | *ein Warenlager aufnehmen*, faire l'inventaire ; inventorier. | *eine Anleihe aufnehmen*, contracter un emprunt. | *eine Hypothek aufnehmen*, prendre une hypothèque.
5. PHOT. enregistrer ; photographier. | *einen Film aufnehmen*, tourner un film. || MUS. *auf Langspielplatte aufnehmen*, enregistrer sur microsillon. || PHYS. absorber. | *Hitze aufnehmen*, absorber de la chaleur. || PHYSIOL. *in sich aufnehmen*, assimiler. || GÉOM. lever. | *einen Grundriß aufnehmen*, lever le plan de qch., faire le croquis de qch. || TECHN. *eine Masche wieder aufnehmen*, reprendre une maille.

auf|opfern ["auf'ɔpfərn] v. tr. sacrifier ; immoler. | *sie hat ihn in aufopfernder Liebe gepflegt*, elle l'a soigné avec beaucoup de dévouement.
◇ v. pr. **sich aufopfern,** *sich für jn, für etwas aufopfern*, se sacrifier pour qn, pour qch.

Auf|opferung [-ruŋ] f. (-, en) sacrifice m. ; dévouement m. | *aufopferungsfreudig*, dévoué.

auf|passen ["auf'pasən] v. intr. faire attention ; prendre garde ; veiller à. | *jm aufpassen*, épier, guetter qn. || FIG. *scharf aufpassen*, veiller au grain.
◇ part. pass. **aufgepaßt !,** attention !
◇ v. tr. ajuster. | *einen Deckel aufpassen*, ajuster un couvercle.

Auf|passer [-sər] m. (s, -) observateur m. ; guetteur m. || PÉJOR. espion m. ; mouchard m.

auf|peitschen ["auf'paitʃən] v. tr. fouetter. || FIG. exciter ; soulever.

auf|pflanzen ["auf'pflantsən] v. tr. arborer ; planter. || MIL. *das Seitengewehr aufpflanzen*, mettre baïonnette au canon.

auf|pfropfen ["auf'pfrɔpfən] v. tr. greffer.

auf|picken ["auf'pikən] v. tr. picorer.

auf|platzen ["auf'platsən] v. intr. éclater.

auf|plustern (sich) [ziç"auf'plustərn] v. pr. s'ébouriffer. || FIG., FAM. se rengorger.

auf|polieren ["aufpɔ'li:rən] v. tr. (re)polir.

auf|polstern ["auf'pɔlstərn] v. tr. rembourrer ; matelasser ; refaire (un fauteuil, un matelas).

auf|prägen ["auf'prɛ:gən] v. tr. mettre une empreinte ; empreindre ; imprimer.

Auf|prall ['aufpral] m. (s, e) choc m. ; ricochet m.

auf|prallen ["auf'pralən] v. intr. rebondir ; ricocher.

Auf|praller [-lər] m. (s, -). MIL. raté m.

Auf|preis ['aufprais] m. (es, e). COMM. surplus m. (de prix).

auf|pressen ["auf'prɛsən] v. tr. imprimer ; gaufrer. || emboutir.

auf|probieren ["aufpro'bi:rən] v. tr. essayer. | *einen Hut aufprobieren*, essayer un chapeau.

auf|protzen ["auf'prɔtsən] v. tr. MIL. atteler l'avant-train. || FIG., FAM. faire l'important.

auf|pumpen ["auf'pumpən] v. tr. gonfler.

Auf|putschmittel ["aufputʃ'mitəl] n. (s, -). SPORT. dopant m.

Auf|putz ['aufputs] m. (es) parure f. ; toilette f. ; ornementation f.

auf|putzen ["auf'putsən] v. tr. parer ; apprêter.
◇ v. pr. **sich aufputzen,** se parer ; faire toilette.

auf|quellen ["auf'kvɛlən] (i, o, o) v. intr. sourdre ; jaillir. || FIG. s'épanouir.
◇ v. tr. (conjug. faible). CULIN. faire revenir.

auf|raffen ["auf'rafən] v. tr. ramasser vite ; rafler ; relever.
◇ v. pr. **sich aufraffen,** FIG. se ressaisir ; se reprendre.

auf|ragen ["auf'ra:gən] v. intr. surgir ; se dresser ; s'élever.

auf|rappeln (sich) [ziç"auf'rapəln] v. pr. FIG., FAM. se relever (avec peine) ; remonter la pente.

auf|rauhen ["auf'rauən] v. tr. égratigner. | *einen Stoff aufrauhen*, égratigner un tissu.

auf|räumen ["auf'rɔymən] v. tr. mettre en ordre ; ranger ; débarrasser ; déblayer. | *die Wohnung aufräumen*, faire le ménage. || FIG. *mit einer Sache gänzlich aufräumen*, faire table rase ; liquider. | *die Seuchen räumen unter der Bevölkerung auf*, les épidémies ravagent les populations.
◇ part. pass. FIG. V. AUFGERÄUMT.

Auf|räumung [-muŋ] f. (-, en) rangement m. ; nettoyage m. || COMM. liquidation f.

Aufräumungs|arbeiten ["aufrɔymuŋs'arbaitən] f. pl. travaux (m. pl.) de déblaiement.

auf|rechnen ["auf'rɛçnən] v. tr. porter au compte de ; imputer à ; décompter.

auf|recht ['aufrɛçt] adv. debout. | *aufrecht stehen*, se tenir debout. || FIG. *aufrecht erhalten*, faire durer ; maintenir. | *den Frieden aufrecht erhalten*, maintenir la paix. | *das läßt sich nicht aufrecht erhalten*, cela ne peut (pas) se défendre.
◇ adj. vertical. || FIG. droit ; loyal.

Aufrecht|erhaltung ["aufrɛçtɛr'haltuŋ] f. (-). FIG. maintien m. | *Aufrechterhaltung der Ordnung*, maintien de l'ordre. ||°**-sehen** n. (s). PHYS. vision droite.

auf|recken ["auf'rɛkən] v. tr. allonger.
◇ v. pr. **sich aufrecken,** se dresser.

auf|reden ["auf're:dən] v. tr. FAM. *jm eine Ware aufreden*, placer (par persuasion) une marchandise à qn ; embobiner un client.

auf|regen ["auf're:gən] v. tr. et v. pr. [Dinge] soulever. | *das Meer aufregen*, soulever la mer. || [Personen] agiter ; émouvoir ; exciter ; énerver. | *sich über etwas aufregen*, s'irriter de qch.
◇ adj. **aufregend,** énervant ; crispant.

Auf|regung [-guŋ] f. (-, en) agitation f. ; excitation f. ; émotion f. ; énervement m. | *helle Aufregung*, alarme f. ; émoi m. | *in Aufregung bringen*, mettre en émoi ; irriter ; exciter.

auf|reiben ["auf'raibən] (ie, ie) v. tr. frotter ; écorcher ; érafler. | *er hat sich aufgerieben*, il s'est écorché. || *Farben aufreiben*, broyer des couleurs. || FIG. user ; miner ; ruiner. | *eine aufreibende Arbeit*, un travail usant. | *er rieb sich auf*, il a miné sa santé. || MIL. anéantir ; exterminer.

Auf|reibung [-buŋ] f. (-). FIG. fatigue f. ; épuisement m. || MIL. usure f. ; anéantissement m.

auf|reihen ["auf'raiən] v. tr. ranger ; enfiler. | *Perlen aufreihen*, enfiler des perles.

auf|reißen ["auf'raisən] (i, i) v. tr. déchirer ; arracher. | *das Pflaster aufreißen*, arracher le pavé ; dépaver, éventrer la chaussée. | *einen Brief aufreißen*, décacheter une lettre. | *das Fenster aufreißen*, ouvrir la fenêtre violemment. || FIG. *vor Staunen die Augen aufreißen*, écarquiller les yeux d'étonnement. || MÉD. *eine Wunde aufreißen*, déchirer une plaie. || FIG. *eine alte Wunde aufreißen*, retourner le fer dans la plaie. || GÉOM. dessiner ; tracer. | *einen Plan aufreißen*, tracer, dessiner un plan.
◇ v. intr. se crevasser ; se fendiller ; se gercer. | *die Haut reißt auf*, la peau se gerce.

auf|reiten (sich) [ziç"auf'raitən] (i, i) v. pr. s'écorcher (le séant) en allant à cheval.

auf|reizen ["auf'raitsən] v. tr. exciter ; pousser ; provoquer ; défier ; crisper.

Auf|reizung [-tsuŋ] f. (-) excitation f. ; provocation f. ; défi m. ; crispation f.

auf|richten ["auf'riçtən] v. tr. élever ; relever ; dresser ; mettre debout. | *den Körper aufrichten*, redresser le corps. | *ein Denkmal aufrichten*, ériger un monument. || FIG. consoler ; remonter. | *jn in seinem Kummer aufrichten*, consoler qn. || POLIT. *eine Diktatur aufrichten*, instaurer une dictature.
◇ v. pr. **sich aufrichten,** se mettre debout ; se (re)-dresser. || FIG. reprendre courage.

auf|richtig ["auf'riçtiç] adj. sincère ; franc.
◇ adj. sincèrement ; franchement.

Auf|richtigkeit ["auf'riçtiçkait] f. (-) sincérité f. ; franchise f. ; droiture f. ; bonne foi.

auf|riegeln ["auf'ri:gəln] v. tr. ouvrir le verrou ; déverrouiller.

Auf|riß ['aufri:s] m. (es, e). ARCHIT. dessin m. ; (levé [m.] de) plan m. ; élévation f. ; tracé m. ; profil m. ; épure f.

auf|ritzen ["auf'ritsən] v. tr. érafler ; égratigner.

auf|rollen ["auf'rɔlən] v. tr. **1.** dérouler ; développer ; déplier. | *ein Pergament aufrollen*, dérouler un parchemin. || FIG. *eine Frage aufrollen*, entamer, poser une question.
2. rouler ; enrouler. || MIL. attaquer, déborder par le flanc ; envelopper.

auf|rücken ["auf'rykən] v. intr. MIL. monter en grade. || FIG. serrer les rangs.

Auf|rückung [-kuŋ] f. (-) avancement m. ; promotion f.

Auf|ruf ['aufru:f] m. (s, e) appel m. ; proclamation f. || JUR. citation f.

auf|rufen ["auf'ru:fən] (ie, u) v. tr. appeler ; convoquer. || JUR. citer. | *die Zeugen aufrufen*, citer les témoins. | *die Parteien aufrufen*, faire l'appel des parties. || interroger. | *Schüler aufrufen*, interroger des élèves. || FIN. annuler.

Auf|ruhr ['aufru:r] m. (s, e) soulèvement m. ; émeute f. ; révolte f. ; insurrection f. ; rébellion f. | *Aufruhr stiften*, fomenter des troubles.

auf|rühren ["auf'ry:rən] v. tr. remuer ; agiter. | *die Suppe aufrühren*, remuer, POP. touiller la soupe. || FIG. agiter ; soulever. | *Erinnerungen aufrühren*, raviver, réveiller des souvenirs.

Auf|rührer [-rər] m. (s, -) émeutier m. ; révolté m. ; rebelle m. ; insurgé m.

auf|rührerisch [-rəriʃ] adj. rebelle ; séditieux ; factieux ; insurrectionnel.

auf|runden ["auf'rundən] v. tr. MATH. arrondir. | *eine Summe aufrunden*, arrondir une somme.

auf|rüsten ["auf'rystən] v. tr. réarmer.

Auf|rüstung [-tuŋ] f. (-, en) réarmement m.

auf|rütteln ["auf'rytəln] v. tr. secouer.

Auf|sage ["auf'za:gə] f. (-) résiliation f. ; congé m. || FIG. *Aufsage der Freundschaft*, rupture f. || PAR EXT. annonce f.

auf|sagen [-gən] v. tr. résilier ; donner congé. || FIG., FAM. rendre son tablier. || FIG. rompre. | *jm die Freundschaft aufsagen*, rompre avec qn. || PAR EXT. annoncer. | *ein Gedicht aufsagen*, réciter un poème.

auf|sammeln ["auf'zaməln] v. tr. recueillir ; (r)amasser ; (r)assembler.

auf|sässig ["auf'zɛsiç] adj. séditieux ; récalcitrant ; rebelle. | *jm aufsässig sein*, avoir de l'animosité contre qn.

auf|satteln ["auf'zatəln] v. tr. seller.

Auf|satz ['aufzats] m. (es, ¨e) composition f. ; dissertation f. ; rédaction f. ; article m. ; essai m. || [Tafelaufsatz] surtout m. || ARCHIT. [Kamin] garniture f. ; [Säule] chapiteau m. ; [Haus] corniche f. ; applique f. ; [Schornstein] mitre f. || TECHN. [Maschine] chapeau m. ; capote f.

auf|saugen ["auf'zaugən] (o, o) v. tr. aspirer ; absorber ; sucer. | *Wasser mit dem Schwamm aufsaugen*, éponger de l'eau.

Auf|saugung [-guŋ] f. (-) [Luft] aspiration f. || [Flüssigkeit] absorption f. ; succion f.

aufs beste ["aufs'bɛstə] loc. adv. au, du mieux. (V. AUF.)

auf|schauen ["auf'ʃauən] v. intr. lever les yeux.

auf|schaufeln ["auf'ʃaufəln] v. tr. ramasser à la pelle ; amonceler.

auf|schäumen ["auf'ʃɔymən] v. intr. écumer ; bouillonner. || FIG. enrager.

auf|scheuchen ["auf'ʃɔyçən] v. tr. effrayer ; effaroucher. || [Jagd] débucher ; faire lever.

auf|scheuern ["auf'ʃɔyərn] v. tr. (r)écurer.
◇ v. pr. **sich aufscheuern,** FIG. s'écorcher.

auf|schichten ["auf'ʃiçtən] v. tr. mettre en tas ; entasser ; disposer par couches.

Auf|schichtung [-tuŋ] f. (-, en) entassement m. ; amoncellement m. ; empilage m. ; gerbage m.

auf|schieben ["auf'ʃi:bən] (o, o) v. tr. pousser. || FIG. remettre ; ajourner ; différer ; retarder. || JUR. proroger ; reporter.
◇ part. prés. et adj. **aufschiebend,** JUR. dilatoire. | *aufschiebendes Veto*, veto suspensif.
◇ part. pass. et adj. **aufgeschoben,** remis ; différé. || PROV. *besser aufgeschoben als aufgehoben*, mieux vaut tard que jamais. | *aufgeschoben ist nicht aufgehoben*, partie remise n'est pas perdue.
— SYN. : *verschieben*, retarder ; *zurückstellen*, reculer ; *hinausschieben*, différer ; *vertagen*, renvoyer.

Auf|schiebung [-buŋ] f. (-, en) ajournement m. ; retard m. ; remise f.

auf|schießen ["auf'ʃi:sən] (o, o) v. intr. FIG. s'élancer ; s'élever ; pousser ; grandir. | *lang aufgeschossener Mensch*, FAM. échalas m.

Auf|schlag ['aufʃla:k] m. (s, ¨e) choc m. ; heurt m. ; écrasement m. || MIL. impact m. || [Kleid] parement m. | *Rockaufschlag*, revers (m.) de veste. || [Kartenspiel] retourne f. || COMM. enchère f. ; majoration (f.) de prix. || MUS. levé m. || SPORT. service m. || TEXT. chaîne f.

auf|schlagbar [-ba:r] adj. AUTOM. décapotable.

auf|schlagen [-'ʃla:gən] (ä, u, a) v. tr. **1.** ouvrir. | *Eis aufschlagen*, percer la glace. | *ein Ei aufschlagen*, casser un œuf. | *die Augen aufschlagen*, ouvrir les yeux. | *ein Buch aufschlagen*, ouvrir un livre.
2. élever ; monter ; établir. | *das Zelt aufschlagen*, planter, monter sa tente. | *ein Bett aufschlagen*, monter un lit. | *ein Baugerüst aufschlagen*, dresser un échafaudage. | *sein Quartier aufschlagen*, établir son quartier.

|| PAR ANAL. *die Ärmel aufschlagen*, retrousser ses manches.
3. COMM. augmenter ; hausser. | *der Kaufmann schlägt auf*, le commerçant hausse ses prix.
4. SPORT. servir.
◇ v. pr. **sich aufschlagen,** *sich das Knie aufschlagen*, se blesser le genou ; se couronner.
◇ v. intr. s'élever subitement ; jaillir. | *die Flamme schlug auf*, la flamme jaillit subitement. || heurter. | *mit dem Kopf auf den Tisch aufschlagen*, heurter la table de la tête. || MIL. *das Geschoß schlägt auf*, le projectile rebondit.
auf|schließen ["auf'ʃli:sən] (o, o) v. tr. ouvrir. | *jm sein Herz aufschließen*, s'ouvrir de qch. à qn. || CHIM. décomposer ; désagréger. || MINES. *ein Flöz aufschließen*, mettre à découvert un filon.
◇ v. intr. MIL. serrer les rangs.
◇ v. pr. **sich aufschließen,** s'ouvrir. || FIG. *sich jm aufschließen*, ouvrir son cœur à qn.
auf|schlingen ["auf'ʃliŋən] (a, u) v. tr. détortiller. | *einen Knoten aufschlingen*, défaire un nœud. || FIG. dévorer, avaler son repas.
auf|schlitzen ["auf'ʃlitsən] v. tr. taillader ; fendre ; découdre. | *den Bauch aufschlitzen*, ouvrir le ventre ; éventrer.
Auf|schluß ['aufʃlus] m. (es, ¨e) ouverture f. || FIG. explication f. ; renseignement m. ; éclaircissements m. pl. | *Aufschluß über etwas verlangen*, demander des explications au sujet de qch.
aufschluß|reich ["aufʃlus'raiç] adj. instructif.
auf|schmeißen ["auf'ʃmaisən] (i, i). FIG., POP. ouvrir violemment ; enfoncer ; forcer l'entrée.
auf|schnallen ["auf'ʃnalən] v. tr. [anschnallen] boucler. || [losschnallen] déboucler.
auf|schnappen ["auf'ʃnapən] v. tr. happer ; attraper. || FIG., FAM. apprendre par hasard.
◇ v. intr. *die Feder schnappt auf*, le ressort se débande.
auf|schneiden ["auf'ʃnaidən] (schnitt, geschnitten) v. tr. ouvrir ; couper ; fendre ; entailler. | *ein neues Buch aufschneiden*, couper les pages d'un livre. | *Geflügel aufschneiden*, découper de la volaille.
◇ v. intr. FIG. se vanter ; fanfaronner.
Auf|schneider [-dər] m. (s, -) [Brieföffner] coupe-papier m. || FIG. fanfaron m. ; hâbleur m. ; gascon m. ; fumiste m.
Auf|schneiderei ['aufʃnaidə"rai] f. (-, en) vantardise f. ; hâblerie f. ; fanfaronnade f.
auf|schneiderisch adj. fanfaron ; vantard.
auf|schnellen ["auf'ʃnɛlən] v. tr. lancer en l'air.
◇ v. intr. rebondir ; sauter en l'air.
Auf|schnitt ['aufʃnit] m. (s, e) entaille f. ; incision f. || CULIN. *(kalter) Aufschnitt*, viande froide (en tranches) ; charcuterie f. | *Platte mit kaltem Aufschnitt*, assiette anglaise.
auf|schnüffeln ["auf'ʃnyfəln], **auf|schnuppern** [-'ʃnupərn] v. tr. FIG. dénicher ; découvrir.
auf|schnüren ["auf'ʃny:rən] v. tr. déficeler ; délacer ; dénouer ; défaire. | *Schuhe aufschnüren*, délacer ses chaussures. | *ein Paket aufschnüren*, défaire un paquet.
auf|schrauben ["auf'ʃraubən] v. tr. visser ; boulonner. || PAR EXT. [lösen] dévisser ; déboulonner.
auf|schrecken ["auf'ʃrɛkən] v. tr. effrayer.
Auf|schrei ['aufʃrai] m. (s, e) cri perçant, strident.
auf|schreiben ["auf'ʃraibən] (ie, ie) v. tr. mettre par écrit ; noter ; prendre note de. | *er schreibt sich das auf*, il en prend note. | *der Polizist schreibt ihn auf*, l'agent lui dresse procès-verbal.
auf|schreien ["auf'ʃraiən] (ie, ie) v. intr. crier ; pousser un cri. | *Laut aufschreien*, se récrier.
Auf|schrift ['aufʃrift] f. (-, en) [Brief] adresse f. || [Ware] étiquette f. ; écriteau m. || [Überschrift] inscription f. ; titre m. ; épigraphe f.
Auf|schub ['aufʃu:p] m. (s, ¨e) délai m. ; prolongation f. ; répit m. ; ajournement m. ; retard m. || JUR., MIL. sursis m. ; moratoire m.
auf|schürzen ["auf'ʃyrtsən] v. tr. retrousser. || MAR. ferler.
auf|schütteln ["auf'ʃytəln] v. tr. secouer ; agiter ; remuer.
auf|schütten ["auf'ʃytən] v. tr. verser ; répandre. | *Kohlen aufschütten*, enfourner du charbon.
Auf|schüttung [-tuŋ] f. (-, en) [Häufung] entassement m. || [Bau] terrassement m. ; remblai m.
auf|schwatzen ["auf'ʃvatsən] v. tr. FIG., FAM. persuader de prendre, d'acheter.
— SYN. : *aufschwindeln.*
auf|schweißen ["auf'ʃvaisən] v. tr. souder ; corroyer ; ouvrir en faisant fondre.
auf|schwellen ["auf'ʃvɛlən] (i, o, o) v. intr. (s')enfler ; gonfler ; se tuméfier.
◇ v. tr. (conjug. faible) gonfler ; enfler.
auf|schwemmen ["auf'ʃvɛmən] v. tr. délaver ; charrier (des alluvions). || FIG. *aufgeschwemmtes Gesicht*, visage bouffi.
auf|schwingen (sich) [ziç"auf'ʃviŋən] (a, u) v. pr. s'élancer ; se hisser. || FIG. *sich zu etwas aufschwingen*, parvenir à qch.
Auf|schwung ['aufʃvuŋ] m. (s) élan m. ; essor m. || FIG. expansion f. ; extension f. | *das Geschäft nimmt einen ungeahnten Aufschwung*, l'affaire prend une extension inespérée.
auf|sehen ["auf'ze:ən] (ie, a, e) v. intr. lever les yeux. | *zu jm aufsehen*, lever les yeux sur, vers qn.
Auf|sehen [-ən] n. (s). FIG. sensation f. ; bruit m. | *Aufsehen erregen*, faire sensation. | *das wird großes Aufsehen erregen*, cela va faire du bruit. | *jedes Aufsehen vermeiden*, éviter tout incident.
aufsehen|erregend ["aufze:ənɛr're:gənt] adj. remarquable ; sensationnel.
Auf|seher(in) ["auf'ze:ər(in)] m. (s, -), f. (-, nen) surveillant(e) m. (f.) ; gardien m. ; gardienne f. || inspecteur m. ; conducteur (m.) de travaux.
auf|sein ['aufzain] (ist, war, gewesen) v. intr. FIG., FAM. être réveillé. || PAR EXT. [aufgestanden] être levé ; être sur pied. || [offen] être ouvert.
auf|setzen ["auf'zɛtsən] v. tr. mettre ; poser. | *den Hut aufsetzen*, mettre son chapeau. | *Garben aufsetzen*, mettre en gerbes ; gerber. | *ein Stockwerk aufsetzen*, ajouter un étage ; élever d'un étage. | *eine beleidigte Miene aufsetzen*, prendre un air offensé. || FAM. *einen Dickkopf aufsetzen*, s'entêter ; être cabochard. | *jm Hörner aufsetzen*, faire qn cocu ; cocufier qn. | *das setzt allem die Krone auf*, c'est le bouquet. || PAR ANAL. mettre par écrit ; rédiger ; composer. | *eine Bittschrift aufsetzen*, rédiger une pétition, une requête.
◇ v. pr. **sich aufsetzen,** se dresser sur son séant.
◇ v. intr. se poser. || AÉRON. *das Flugzeug setzte zu hart auf*, l'avion atterrit trop brutalement. || [Jagd] bourgeonner. | *der Hirsch setzt auf*, les bois du cerf repoussent.
auf|seufzen ["auf'zɔyftsən] v. intr. pousser un soupir.
Auf|sicht ['aufziçt] f. (-) surveillance f. ; contrôle m. ; inspection f. ; garde f. | *unter Aufsicht stellen*, placer sous surveillance.
Aufsichts|führender ["aufziçts'fy:rəndər] m. surveillant m. ; inspecteur m. ; garde m. ||°**-führung** f. (-) surveillance f. ; contrôle m. ||°**-rat** m. (s, ¨e) conseil (m.) d'administration.
auf|sitzen ["auf'zitsən] (saß, gesessen) v. intr. se mettre, se dresser sur son séant. || se mettre en selle ; monter à cheval ; monter sur le siège (d'un véhicule). || FIG. *jn aufsitzen lassen*, laisser qn en plan ; FAM. poser un lapin à qn. || MAR. échouer.
auf|spalten ["auf'ʃpaltən] v. tr. fendre ; déliter ; séparer. || PHYS. décomposer ; désagréger. | *das Atom aufspalten*, désintégrer l'atome.
Auf|spaltung [-tuŋ] f. (-, en). PHYS. décomposition f. ; désintégration f. || FIG. division f.
auf|spannen ["auf'ʃpanən] v. tr. déployer ; tendre. | *eine Leine aufspannen*, tendre une corde. | *den Schirm aufspannen*, ouvrir son parapluie. | *alle Segel aufspannen*, mettre toutes voiles dehors. || FIG. *mildere Saiten aufspannen*, rabattre de ses prétentions ; baisser le ton.
auf|sparen ["auf'ʃpɑ:rən] v. tr. réserver ; économiser ; épargner. | *etwas bis zu guter Letzt aufsparen*, FIG. garder qch. pour la bonne bouche.
auf|speichern ["auf'ʃpaiçərn] v. tr. engranger ; emmagasiner ; amasser ; stocker.
Auf|speicherung [-ruŋ] f. (-, en) emmagasinage m. ; accumulation f.
auf|sperren ["auf'ʃpɛrən] v. tr. ouvrir tout grand. || FIG. *die Augen aufsperren*, écarquiller les yeux. | *mit aufgesperrtem Munde*, bouche bée.
auf|spielen ["auf'ʃpi:lən] v. tr. se mettre à jouer. | *zum Tanz aufspielen*, se mettre à jouer des airs de danse.
◇ v. pr. **sich aufspielen,** se mettre en avant ; faire l'important.
auf|spießen ["auf'ʃpi:sən] v. tr. embrocher ; enferrer ; empaler.

auf|spreizen ["auf'ʃpraitsən] v. tr. étendre.
◇ v. pr. **sich aufspreizen,** s'étaler ; se pavaner.
auf|sprengen ["auf'ʃprɛŋən] v. tr. faire sauter ; forcer.
auf|sprießen ["auf'ʃpri:sən] (o, o) v. intr. germer ; lever ; pousser ; bourgeonner.
auf|springen ["auf'ʃpriŋən] (a, u) v. intr. bondir ; sursauter ; se lever ; sauter. | *vom Stuhl aufspringen*, bondir de sa chaise. || s'ouvrir brusquement. | *die Frucht springt auf*, le fruit éclate. | *die Lippen springen auf*, les lèvres se gercent. || Sport. rebondir.
Auf|springen [-ŋən] n. (s) bond m. ; rebondissement m. || Par anal. gerçure f. || Bot. déhiscence f.
auf|spritzen ["auf'ʃpritsən] v. intr. jaillir ; faire des éclaboussures.
◇ v. tr. faire jaillir. | *Farbe aufspritzen*, peindre au pistolet.
auf|sprossen ["auf'ʃprɔsən] v. intr. Bot. pousser.
auf|sprudeln ["auf'ʃpru:dəln] v. intr. jaillir ; bouillonner.
auf|sprühen ["auf'ʃpry:ən] v. intr. étinceler ; jeter des étincelles.
Auf|sprung ['aufʃpruŋ] m. (s, ¨e) bond m. ; sursaut m. ; soubresaut m. ; rebond m.
auf|spulen ["auf'ʃpu:lən] v. tr. Text. bobiner.
auf|spüren ["auf'ʃpy:rən] v. tr. dépister ; découvrir la piste. || Fig. flairer.
auf|stacheln ["auf'ʃtaxəln] v. tr. aiguillonner. || Fig. exciter ; énerver.
auf|stampfen ["auf'ʃtampfən] v. intr. frapper du pied ; piétiner ; fouler.
Auf|stand ['aufʃtant] m. (s, ¨e) soulèvement m. ; insurrection f.
auf|ständisch [-'ʃtɛndiʃ] adj. rebelle ; révolté ; insurrectionnel.
Auf|ständische (der) [-'ʃtɛndiʃə] (en, en) rebelle m. ; insurgé m.
auf|stapeln ["auf'ʃtɑ:pəln] v. tr. amonceler ; entasser ; emmagasiner ; stocker.
Auf|stapelung [-luŋ] f. (-, en) entassement m. ; emmagasinage m. ; stockage m.
auf|stauen ["auf'ʃtauən] v. tr. accumuler. | *Wasser aufstauen*, arrêter le cours de l'eau.
auf|stechen ["auf'ʃtɛçən] (i, a, o) v. tr. ouvrir. || Méd. *ein Geschwür aufstechen*, crever un abcès.
auf|stecken ["auf'ʃtɛkən] v. tr. planter sur ; épingler ; arborer. | *die Flagge aufstecken*, arborer le pavillon. || Par anal. relever ; attacher. | *das Haar aufstecken*, relever ses cheveux. || Culin. embrocher. || Fam. abandonner ; laisser tomber.
auf|stehen ["auf'ʃte:ən] (stand, gestanden) v. intr. se lever ; se mettre debout. | *früh aufstehen*, se lever de bonne heure. || Fig., fam. *er ist mit dem linken Fuß aufgestanden*, il s'est levé du pied gauche. || Polit. se soulever ; se révolter contre. || [auf sein] être ouvert. | *die Tür steht auf*, la porte est ouverte.
auf|steigen ["auf'ʃtaigən] (ie, ie) v. intr. monter ; s'élever. | *das Flugzeug steigt auf*, l'avion prend de l'altitude. || Fig. avancer. | *beruflich aufsteigen*, avancer. | *Verwandter in aufsteigender Linie*, ascendant m.
Auf|steigen [-gən] n. (s) montée f. || Aéron. montée f. || Fig. avancement m.
Auf|steiger ["auf'ʃtaigər] m. (s, -). [Fußball] équipe promue ; [Karrierist] ambitieux m. ; jeune loup (m.)
auf|stellen ["auf'ʃtɛlən] v. tr. mettre debout ; dresser ; placer ; poser ; monter. | *eine Vase aufstellen*, placer un vase. | *ein Denkmal aufstellen*, ériger un monument. | *eine Maschine aufstellen*, monter une machine. || Mil. placer ; poster. || Comm. établir. | *eine Rechnung aufstellen*, établir une facture. || Jur. produire. | *Zeugen aufstellen*, produire des témoins. | *einen Beweis aufstellen*, fournir la preuve. || Polit. *Kandidaten aufstellen*, présenter des candidats.
Auf|stellung [-luŋ] f. (-, en) mise (f.) en place ; installation f. | *Aufstellung einer Maschine*, montage (m.) d'une machine. || Mil. disposition f. | *Aufstellung einer Truppe*, mise sur pied d'une troupe. || Jur. production f. ; présentation f. || Polit. *Aufstellung eines Programms*, établissement (m.) d'un programme. || Sport. *Aufstellung einer Mannschaft*, composition (f.) d'une équipe.
auf|stemmen (sich) [ziç"auf'ʃtɛmən] v. tr. et v. pr. (s')appuyer ; (s')accoter ; (s')arc-bouter.
auf|stempeln ["auf'ʃtɛmpəln] v. tr. timbrer ; empreindre ; mettre une empreinte sur.
Auf|stieg ['aufʃti:k] m. (s, e) [Handlung] montée f. ; ascension f. || Aéron. départ m. ; décollage m. || Par ext. [Trittbrett] marche-pied m. || Fig. expansion f. | *Aufstieg der Wirtschaft*, expansion économique. | *Aufstieg im Amt*, avancement m.
auf|stöbern ["auf'ʃtø:bərn] v. tr. [Jagd] lever ; déterrer. || dénicher.
auf|stocken ["auf'ʃtɔkən] v. tr. surélever ; exhausser d'un étage. || Comm. élever.
auf|stöpseln ["auf'ʃtøpsəln] v. tr. déboucher (une bouteille).
Auf|stoß ['aufʃto:s] m. (es, ¨e) heurt m. ; choc m.
auf|stoßen ["auf'ʃto:sən] (ö, ie, o) v. tr. pousser ; ouvrir ; enfoncer ; défoncer. | *die Läden aufstoßen*, pousser les volets.
◇ v. intr. heurter ; toucher. || Mar. *das Schiff stößt auf*, le bateau touche (le fond). || Par anal. *es stößt ihm auf*, il a des renvois. || Fig. arriver ; survenir.
Auf|stoßen [-sən] n. (s). Méd. aigreurs f. pl. ; renvois m. pl. || Fam. rot m.
auf|streichen ["auf'ʃtraiçən] (i, i) v. tr. étendre. | *Honig aufstreichen*, étaler du miel sur sa tartine. || Par anal. *das Haar aufstreichen*, retrousser ses cheveux.
auf|streifen ["auf'ʃtraifən] v. tr. retrousser. | *die Ärmel aufstreifen*, retrousser ses manches.
Auf|strich ['aufʃtriç] m. (s, e). [Belag] matière grasse étendue sur le pain. || Mus. coup (m.) d'archet. || [Schrift] délié m.
auf|stülpen ["auf'ʃtylpən] v. tr. relever les bords (d'un chapeau, des lèvres).
auf|stutzen ["auf'ʃtutsən] v. tr. redresser. | *den Schnurrbart aufstutzen*, relever sa moustache.
◇ v. intr. regarder, écouter avec surprise. | *das Pferd stutzt auf*, le cheval dresse les oreilles.
auf|stützen ["auf'ʃtytsən] v. tr. étayer ; appuyer ; soutenir.
auf|suchen ["auf'zu:xən] v. tr. aller trouver ; être à la recherche de ; rendre visite à.
auf|takeln ["auf'tɑ:kəln] v. tr. Mar. gréer.
◇ v. pr. **sich auftakeln,** s'attifer ; s'accoutrer ; s'affubler.
Auf|takelung [-luŋ] f. (-). Mar. gréement m. ; agrès m. pl.
Auf|takt ['auftakt] m. (s, e). Mus. levé m. || Fig. départ m. ; ouverture f. ; prélude m. | *den Auftakt geben*, lancer ; déclencher le mouvement.
auf|tauchen ["auf'tauxən] v. intr. émerger ; paraître à la surface. || Fig. surgir. | *plötzlich tauchte er auf*, tout à coup il apparut.
auf|tau(e)n ["auf'tau(ə)n] v. tr. dégeler. || Culin. décongeler. || Fig. *Forderungen auftauen*, débloquer des créances.
◇ v. intr. dégeler ; fondre. || Fig. *endlich taut er auf*, enfin il se dégèle.
auf|teilen ["auf'tailən] v. tr. partager ; démembrer. | *eine Bodenfläche aufteilen*, lotir un terrain. || Math. *in Grade aufteilen*, diviser en degrés.
Auf|teilung [-luŋ] f. (-, en) répartition f. ; partage m. ; lotissement m. ; distribution f. | *Aufteilung von Vermögenswerten*, dévolution (f.) de biens. | *Aufteilung des Grundbesitzes*, morcellement (m.) de la propriété.
auf|tischen ["auf'tiʃən] v. tr. servir à table. || Par ext. couvrir la table de mets. || Fig. *alte Geschichten auftischen*, débiter de vieilles histoires.
Auf|trag ['auftrɑ:k] m. (s, ¨e) (com)mission f. ; course f. ; ordre m. ; charge f. | *jm einen Auftrag geben*, charger qn d'une mission. | *einen Auftrag ausrichten*, faire une commission. | *im Auftrag(e) von*, par ordre de ; par délégation. || Comm. commande f. ; ordre m. | *einen Auftrag ausführen*, exécuter une commande. | *einen Auftrag rückgängig machen*, annuler un ordre. | *in Auftrag geben*, passer commande. | *öffentliche Aufträge ; Aufträge der öffentlichen Hand*, commandes (f. pl.) d'un service public. || Mil. mission f. | *den Auftrag ausführen*, remplir sa mission.
Auftrag|geber ["auftrɑ:k'ge:bər] m. (s, -) commettant m. ; mandant m. ; [Werbung] annonceur m. ||°**-nehmer** m. (s, -) mandataire m. || Adm. adjudicataire m.
Auftrags|bestätigung ["auftrɑ:ksbə'ʃtɛ:tiguŋ] f. (-, en) confirmation (f.) de commande. ||°**-buch** n. (s, ¨er) carnet (m.) de commandes. ||°**-erteilung** f. (-, en) [passation (f.) de] commande f. ||°**-sperre** f. (-, n) blocage (m.) de commandes ; boycottage m. ||°**-streichung** f. (-, en) annulation (f.), révocation (f.) de commande. ||**-weise** adv. en commission. ||°**-zettel** m. (s, -) bon (m.) de commande.
auf|tragen ["auf'trɑ:gən] (ä, u, a) v. intr. servir ;

mettre sur la table. | *die Speisen auftragen*, servir ; apporter les plats. || étendre. | *Farben auftragen*, mettre, étaler des couleurs. | *Vergoldung auftragen*, dorer. || FIG. *er hat zu dick aufgetragen*, il a exagéré ; il en a remis. || PAR EXT. charger. | *jm eine Arbeit auftragen*, charger qn d'un travail. || FIG. *Grüße an jn auftragen*, charger qn de salutations pour.

auf|treffen ["auf'trɛfən] (i, a, o) v. intr. MIL. donner, frapper contre ; arriver au point de chute.

Auftreff|punkt ["auftrɛf'puŋkt] m. (es, e). MIL. point (m.) d'impact. ||°**-winkel** m. (s, -). MIL. angle (m.) d'impact.

auf|treiben ["auf'traibən] (ie, ie) v. tr. soulever. | *Staub auftreiben*, soulever de la poussière. || [Jagd] lever. | *Wild auftreiben*, lever du gibier. || FIG., FAM. dénicher. | *Waren auftreiben*, dénicher de la marchandise. || MÉD. tuméfier. || BOT. forcer.
◇ v. intr. MÉD. (se) gonfler. | *sein Bauch war aufgetrieben*, son ventre se ballonnait. || BOT. lever. || MAR. échouer.

auf|trennen ["auf'trɛnən] v. tr. découdre ; défaire. | *eine Naht auftrennen*, défaire une couture.

auf|treten ["auf'tre:tən] (i, a, e) v. tr. enfoncer. | *eine Tür auftreten*, enfoncer une porte.
◇ v. intr. poser le pied ; marcher ; avancer. | *fest auftreten*, marcher d'un pas ferme. || FIG. se présenter. | *der Schauspieler tritt auf*, l'acteur entre en scène, fait son entrée. | *zum ersten Mal auftreten*, faire ses débuts ; débuter. | *diese Seuche tritt selten auf*, cette épidémie se manifeste rarement. || JUR. *als Kläger auftreten*, se porter partie contre.

Auf|treten [-tən] n. (s) *ein sicheres Auftreten haben*, avoir de l'assurance.

Auf|trieb ['auftri:p] m. (s, e) départ (m.) des troupeaux pour l'alpage. || FIG. élan m. | *der Industrie einen neuen Auftrieb geben*, donner un nouvel essor à l'industrie. || PHYS. poussée f. ; portance (f.) aérodynamique.

Auftriebs|erhöhung ["auftri:psɛr'hø:uŋ] f. (-, en). AÉRON. hypersustentation f. ||°**-kraft** f. (-, ¨e) force ascensionnelle. ||°**-verlust** m. (es, e). AÉRON. perte (f.) de portance.

Auf|tritt ['auftrit] m. (s, e) entrée f. ; apparition f. | *Auftritt eines Schauspielers*, entrée (en scène) d'un acteur. || PAR EXT. scène f. | *zweiter Auftritt des dritten Aktes*, scène deux du troisième acte. || FIG. *es kam zwischen ihnen zu einem peinlichen Auftritt*, il y eut entre eux une scène pénible.

auf|trocknen ["auf'trɔknən] v. tr. et v. intr. sécher ; (se) dessécher.

auf|trumpfen ["auf'trumpfən] v. intr. [Kartenspiel] jouer atout. || FIG. dire son fait à qn.

auf|tun ['auftu:n] (tat, getan) v. tr. ouvrir. | *den Mund nicht auftun*, ne pas dire un mot ; ne pas desserrer les dents. | *ohne den Beutel aufzutun*, sans bourse délier. || PAR EXT., FAM. [aufsetzen] mettre.
◇ v. pr. **sich auftun,** s'ouvrir. || FIG. [prahlen] faire l'important ; FAM. crâner.

auf|türmen ["auf'tyrmən] v. tr. et pr. amonceler ; entasser. | *Wolken türmen sich auf*, des nuages s'amoncellent. || FIG. *immer neue Schwierigkeiten türmten sich vor ihm auf*, de nouvelles difficultés surgirent sans cesse devant lui.

Auf|und|ab|gehen ["aufunt'apge:ən] n. (-) va-et-vient m. ; aller et retour m.

auf|wachen ["auf'vaxən] v. intr. se réveiller ; s'éveiller. || FIG. se dégriser. | *aus seinem Irrtum aufwachen*, ouvrir les yeux.

Auf|wachen [-xən] n. (s) réveil m.

auf|wachsen ["auf'vaksən] (ä, u, a) v. intr. grandir ; croître ; pousser.

auf|wägen ["auf'vɛ:gən] (o, o et conjug. faible) v. tr. contrebalancer.

auf|wallen ["auf'valən] v. intr. se soulever ; bouillonner ; bouillir. | *das Wasser wallt auf*, les eaux bouillonnent. || FIG. s'emporter.

Auf|wand ['aufvant] m. ([e]s, ¨e) frais m. pl. ; dépenses f. pl. | *Aufwand von Kraft, von Zeit*, dépense (f.) de force, de temps. | *großen Aufwand machen*, vivre sur un grand pied ; mener grand train. | *mit großem Aufwand von*, à grand renfort de. || PHYS. *Aufwand von Energie*, déploiement (m.) d'énergie.

Aufwands|entschädigung ["aufvantsɛnt'ʃɛ:diguŋ] f. (-, en) indemnité (f.) de représentation.

auf|wärmen ["auf'vɛrmən] v. tr. réchauffer. | *Speisen aufwärmen*, réchauffer des aliments. || FIG. réveiller ; dégeler.

Aufwarte|frau ["aufvartə'frau] f. (-, en) femme (f.) de ménage.

auf|warten ["auf'vartən] v. intr. servir. | *jm aufwarten*, présenter ses hommages à qn. | *womit kann ich Ihnen aufwarten*, que puis-je faire pour vous ?

Auf|wärter(in) ["auf'vɛrtər(in)] m. (s, -), f. (-, nen) garçon m. ; servante f. ; femme (f.) de ménage.

auf|wärts ['aufvɛrts] adv. vers le haut ; en montant. | *flußaufwärts*, en remontant le fleuve ; en amont.

Aufwärts|bewegung ["aufvɛrtsbə've:guŋ] f. (-, en). COMM. (tendance à la) hausse f. ; reprise f. ||°**-entwickelung** f. extension f. ; progrès m. ||°**- trend** m. (s, -). ÉCON. [Währung] appréciation f.

Auf|wartung ["auf'vartuŋ] f. (-, en) service m. || PAR ANAL. visite f. | *jm seine Aufwartung machen*, présenter ses civilités à qn.

Auf|wasch ['aufvaʃ] m. (s) vaisselle (f.) à laver ; lavage (m.) de vaisselle.

auf|waschen ["auf'vaʃən] (ä, u, a) v. tr. laver, faire la vaisselle. || PAR EXT. user (en lavant).

auf|wecken ["auf'vɛkən] v. tr. réveiller. || FIG. *ein aufgewecktes Kind*, un enfant éveillé.

auf|weichen ["auf'vaiçən] v. tr. (r)amollir. | *aufgeweichter Weg*, chemin détrempé.

auf|weisen ["auf'vaizən] (ie, ie) v. tr. montrer ; présenter ; produire. || COMM. *ein Defizit aufweisen*, accuser un déficit.

auf|wenden ["auf'vɛndən] (wandte, gewandt, et aussi conjug. faible) v. tr. mettre en œuvre. || dépenser. | *Geld aufwenden*, dépenser de l'argent. | *alle Mittel aufwenden*, remuer ciel et terre.

Auf|wendung [-duŋ] f. (-, en) emploi (m.), dépense (f.) d'argent. (V. AUFWAND.)
◇ Pl. **Aufwendungen,** ÉCON. impenses f. pl. | *Aufwendungen für bezogene Waren und Leistungen*, achats et prestations reçus.

auf|werfen ["auf'vɛrfən] (i, a, o) v. tr. jeter en l'air ; (sou)lever ; relever. | *einen Graben aufwerfen*, creuser un fossé. | *einen Damm aufwerfen*, élever une digue. || PAR ANAL. [wölben] lever ; relever. | *die Lippen aufwerfen*, faire la moue, la lippe. | *aufgeworfene Nase*, nez retroussé. || FIG. *eine Frage aufwerfen*, soulever une question. || PAR EXT. ouvrir brusquement ; forcer.
◇ v. pr. **sich aufwerfen,** FIG. se poser, s'ériger en. | *sich zum Richter aufwerfen*, s'ériger en juge, en arbitre.

auf|werten ["auf'vɛrtən] v. tr. revaloriser.

Auf|wertung [-tuŋ] f. (-, en) revalorisation f. ; plus-value f. ; déflation f. ; réévaluation f.

auf|wickeln ["auf'vikəln] v. tr. enrouler ; bobiner. || PAR EXT. dérouler ; démêler ; dévider ; développer. | *Fäden aufwickeln*, débrouiller du fil.

Auf|wicklung [-kluŋ] f. (-, en) enroulement m. || PAR EXT. déroulement m. ; développement m.

Auf|wiegelei ["aufvi:gə'lai] f. (-, en) provocation f. ; soulèvement m. ; mutinerie f.

auf|wiegeln ["auf'vi:gəln] v. tr. soulever ; exciter ; provoquer.

auf|wiegen ["auf'vi:gən] (o, o) v. tr. contrebalancer ; compenser. | *das ist nicht mit Gold aufzuwiegen*, cela vaut son pesant d'or.

Auf|wiegler ["auf'vi:glər] m. (s, -) agitateur m. ; fauteur (m.) de troubles.

auf|wieglerisch [-riʃ] adj. séditieux ; factieux.

Auf|wind ['aufvint] m. (es, e). AÉRON. courant (d'air) ascendant.

auf|winden ["auf'vindən] (a, u) v. tr. [Kran] soulever ; guinder ; enrouler. | *das Seil aufwinden*, enrouler la corde. || PAR EXT. détordre ; détortiller.

auf|wirbeln ["auf'virbəln] v. tr. soulever des tourbillons de. || FIG. *viel Staub aufwirbeln*, faire grand bruit.
◇ v. intr. monter, s'élever en tourbillons.

auf|wischen ["auf'viʃən] v. tr. essuyer ; laver ; frotter.

Auf|wuchs ['aufvu:ks] m. (es, ¨e) jeune plantation f.

auf|wühlen ["auf'vy:lən] v. tr. retourner ; fouir ; fouiller ; remuer. | *die Erde aufwühlen*, fouiller le sol ; fouir la terre. || FIG. remuer ; bouleverser. | *sie war ganz aufgewühlt*, elle était toute retournée.

Auf|wurf ['aufvurf] m. (s, ¨e) levée f. ; remblai m. ; tertre m.

auf|zählen ["auf'tsɛ:lən] v. tr. énumérer ; dénombrer ; compter.

Auf|zählung [-luŋ] f. (-, en) énumération f. ; dénombrement m.

auf|zäumen ["auf'tsɔymən] v. tr. brider ; mettre la bride. || Fig. *das Pferd beim Schwanz aufzäumen*, mettre la charrue devant les bœufs.

auf|zehren ["auf'tse:rən] v. tr. consommer ; consumer ; absorber.

auf|zeichnen ["auf'tsaiçnən] v. tr. dessiner ; tracer. || Film. enregistrer. || Télév. retransmettre en différé.

Auf|zeichnung [-nuŋ] f. (-, en) dessin m. || Film. enregistrement m. || Télév. retransmission (f.) en différé.

◇ f. pl. **Aufzeichnungen,** notes f. pl.

auf|zeigen ["auf'tsaigən] v. tr. montrer ; présenter ; produire.

Aufzieh|brücke ["auftsi:'brykə] f. (-, n) pont-levis m. ||°**-fenster** n. (s, -) fenêtre (f.) à guillotine. ||°**-leine** f. (-, n). Aéron. sangle (f.) d'ouverture. | *selbsttätige Aufziehleine,* sangle d'ouverture automatique.

auf|ziehen ["auf'tsi:ən] (zog, gezogen) v. tr. **1.** [hochziehen] faire monter ; lever ; soulever ; arracher du sol. | *die Fahne aufziehen*, hisser le drapeau. | *den Vorhang aufziehen*, lever le rideau. | *die Segel aufziehen*, mettre les voiles. || Fig. *gelindere Saiten aufziehen*, baisser le ton. || Par anal. [spannen] (re)-monter. | *die Uhr aufziehen*, remonter sa montre. | *den Hahn (des Gewehrs) aufziehen*, armer son fusil. | *ein Konkurrenzunternehmen aufziehen*, monter une entreprise concurrente. || Fam. *jn aufziehen*, taquiner, plaisanter, faire marcher qn.

2. [erziehen] élever ; nourrir. | *ein Kind aufziehen*, élever un enfant.

3. [öffnen] ouvrir. | *die Schublade aufziehen*, tirer le tiroir. | *die Flasche aufziehen*, déboucher la bouteille. | *die Schleife aufziehen*, défaire le nœud.

4. [aufkleben] coller, tendre sur. | *Karten auf Leinwand aufziehen*, entoiler des cartes. | *Stickerei aufziehen*, tendre une broderie.

◇ v. intr. monter ; s'élever. | *ein Gewitter zieht auf*, un orage se prépare. | *Wolken ziehen auf*, des nuages montent (au ciel). || Mil. *die aufziehende Wache*, la garde montante.

Auf|zucht ['auftsuxt] f. (-). [Vieh] élevage m. || [Pflanzen] culture f.

Auf|zug ['auftsu:k] m. [s, ¨e] (appareil) élévateur m. ; ascenseur m. ; monte-charge m. ; monte-plats m. || Par anal. [Aufmarsch] défilé m. ; cortège m. ; procession f. | *Aufzug zu Pferde*, cavalcade f. || Fig. accoutrement m. || Par ext., Théâtre. acte m. | *zweiter Aufzug*, acte deux.

auf|zwängen ["auf'tsvɛŋən], **-zwingen** [-'tsviŋən] v. tr. faire entrer de force. || Fig. imposer de force.

Auge ['augə] n. (s, n) œil m. (pl. **yeux**).

> **I.** Partie du visage : œil.
> **II.** Organe de la vue : œil.
> **III.** Sens fig.
> **IV.** Prov.
> **V.** Sens particuliers.

I. Partie du visage : œil m. (pl. yeux). | *große Augen*, grands yeux. | *runde Augen*, yeux ronds. | *tiefliegende Augen*, yeux caves. | *dunkelblaue Augen*, yeux pers. | *meergrüne Augen*, yeux couleur d'aigue-marine. | *glasige Augen*, yeux vitreux. | *blauumränderte Augen*, yeux battus, cernés. | *starre Augen*, yeux fixes. | *ein Kind mit blauen Augen*, un enfant aux yeux bleus. | *scharfe Augen haben*, avoir des yeux perçants. | *gute Augen haben*, avoir une bonne vue, la vue bonne. | *die Augen niederschlagen*, baisser les yeux. | *verweinte Augen haben*, avoir les yeux rouges. | *die Augen quellen ihm aus dem Kopf*, les yeux lui sortent de la tête. | *die Augen öffnen*, ouvrir les yeux. | *die Augen weit aufreißen*, écarquiller les yeux. | *die Augen schließen*, fermer les yeux. || Fam. *ein blaues Auge haben*, avoir un œil au beurre noir. | *die Augen ausstechen*, crever les yeux.

II. Organe de la vue : œil m. | *seine Augen richten auf*, braquer ses yeux sur. | *mit den Augen suchen*, chercher des yeux. | *etwas im Auge haben*, envisager qch. | *seine Augen überall haben*, avoir l'œil à tout. | *in die Augen sehen, schauen*, regarder dans le blanc des yeux. | *im Auge behalten* ; *nicht aus den Augen verlieren*, ne pas quitter des yeux. | *aus den Augen kommen*, disparaître. | *so weit das Auge reicht*, aussi loin que porte le regard, la vue. | *man sieht nicht die Hand vor den Augen*, on n'y voit goutte. | *vor Augen sehen*, avoir devant, sous les yeux. | *mit verstohlenem Auge blicken*, regarder du coin de l'œil. | *kein Auge abwenden von*, ne pas détourner les yeux de. | *seine Augen weiden an*, repaître ses yeux de. | *mit den Augen verschlingen*, dévorer, couver des yeux. | *ein Auge auf jn, auf etwas haben*, avoir l'œil sur qn, sur qch. | *mit bloßem Auge*, à l'œil nu. | *vor meinen Augen*, sous mes yeux. | *vor aller Augen*, au vu et au su de tout le monde. | *unter die Augen treten*, paraître devant qn. | *in die Augen fallen, springen, stechen*, sauter aux yeux ; crever les yeux ; tomber sous le sens. | *jm in die Augen stechen*, taper dans l'œil de qn. | *unter vier Augen*, entre quatre (z)yeux ; seul à seul ; en tête à tête. | *Aug' in Auge*, les yeux dans les yeux. | *an den Augen absehen, ablesen*, lire dans les yeux. | *sich die Augen aus dem Kopf weinen*, pleurer comme une Madeleine. | *sein Auge bricht*, son œil s'éteint. | *schwarz vor den Augen sehen*, fam. tourner de l'œil. | *schlaftrunkene Augen haben*, avoir les yeux gonflés de sommeil. | *nur mit halbem Auge schlafen*, ne dormir que d'un œil. | *einem Toten die Augen schließen*, fermer les yeux d'un mort.

III. Sens fig. : *mit offenen Augen durch die Welt gehen*, ouvrir l'œil. | *große Augen machen*, ouvrir de grands yeux. | *die Augen gehen ihm auf*, il commence à voir clair. | *es fällt ihm wie Schuppen von den Augen*, ses yeux se dessillent. | *er schläft mit offenen Augen*, on ne sait où il a les yeux. | *einen Schleier vor den Augen haben*, avoir un voile sur les yeux. | *jm Sand in die Augen streuen*, jeter de la poudre aux yeux de qn. | *jm die Augen öffnen*, dessiller les yeux de qn. | *seinen Augen nicht trauen*, ne pas en croire ses yeux. | *um ihrer schönen Augen willen*, pour ses beaux yeux. | *er hütet sie wie seinen Augapfel*, il la garde comme la prunelle de ses yeux. | *der Lump sieht ihm aus den Augen*, il a bien l'air d'une fripouille. | *ein Auge bei etwas zudrücken*, faire semblant de ne pas voir ; fermer les yeux sur qch. | *beide Augen zudrücken*, ne rien voir ; être complice. | *ein wachsames Auge auf... haben*, avoir l'œil à. | *ganz Auge sein*, être tout yeux. | *ein Auge für etwas haben*, avoir le goût de qch. | *jm ein Dorn im Auge sein*, être la bête noire de qn.

IV. Prov. *Aug' um Auge, Zahn um Zahn*, œil pour œil, dent pour dent. | *aus den Augen, aus dem Sinn*, loin des yeux, loin du cœur. | *vier Augen sehen mehr als zwei*, il y a plus d'esprit dans deux têtes que dans une. | *das paßt wie die Faust aufs Auge*, cela ne rime à rien ; cela vient comme des cheveux sur la soupe. | *den Splitter in des Nächsten Auge sehen, aber nicht den Balken im eigenen*, voir la paille dans l'œil de son prochain et ne pas voir la poutre dans le sien.

V. Sens particuliers : [Punkt, Tupfen] œil m. || [Schmetterling], *Pfauenauge*, paon (m.) de nuit, de jour. || [Fett] *Suppenaugen*, yeux (du bouillon). || [Ei] germe m. || Text. lustre m. ; satiné m. || Mar. [Tauschlinge] boucle f. || Bot. [Knospe] petite pointe ; œil m. ; écusson m. ; bourgeon m. ; greffe f. || [Würfel] point m. || Mil. *Augen rechts !*, tête droite !

Äugelchen ['ɔygəlçən] n. (s, -), **Äug(e)lein** ['ɔyg(ə)lain] n. (s, -) petit œil. | *jm Äugelchen machen*, faire les yeux doux à qn.

äugeln ['ɔygəln] v. intr. lancer des œillades ; jouer de la prunelle ; faire signe des yeux.

äugen ['ɔygən] v. intr. regarder attentivement, fixement ; fixer.

Augen|arzt ["augən'artst] m. (es, ¨e), °**-ärztin** [-'ɛrtstin] f. (-, nen). [médecin] oculiste s. ; ophtalmologiste s. ||°**-bad** n. (s, ¨er) bain (m.) d'yeux.

Augen|blick ['augən'blik] m. ([e]s, e) instant m. ; moment m. | *jeden Augenblick*, à tout moment. | *der günstige Augenblick*, le moment propice. | *die letzten Augenblicke*, les derniers moments.

augen|blicklich [-liç] adj. et adv. instantané ; momentané ; à l'instant ; tout de suite ; sur-le-champ. — Syn. : *sofort*, immédiatement ; *flugs*, sur-le-champ ; *(als)-bald*, aussitôt ; *gleich*, à l'instant ; *plötzlich*, subitement ; *unverzüglich*, incontinent.

Augen|braue ["augən'brauə] f. (-, n) sourcil m. ||°**-dienerei** f. (-) servilité f. ||**-fällig** adj. 1° évident ; 2° voyant. ||**-förmig** adj. en forme d'œil. || Bot., Zool. œillé ; ocellé ; oculiforme. ||°**-glas** n. (es, ¨er) verre m. ; lunettes f. pl. ; lorgnon m. ; pince-nez m. ||°**-heilkunde** ["--/-'--] f. (-) ophtalmologie f. ||°**-höhle** f. (-, n). Anat. orbite f. ||°**-licht** n. (es) vue f. ||°**-lid** n. (s, er) paupière f. ||°**-lidflechte** f. (-, n). Méd. trachome m. ||°**-maß** n. (es, e) mesure (f.) à vue d'œil. | *gutes Augenmaß haben*, avoir du coup d'œil, le compas dans l'œil. ||°**-merk** n. (s) vue f. ; attention f. || Fig. *sein Augenmerk auf etwas richten*, avoir en vue qch. ||°**-mittel** n. (s, -) collyre m. ||°**-muskel** m. (s, n) muscle (m.) oculaire. ||°**-schein** m. (s) inspection f. ; examen m. ; coup (m.) d'œil. || Fig. *in Augenschein nehmen*, inspecter ; examiner. | *nach dem Augenschein*, à vue d'œil. ||**-scheinlich** adj. et adv. évident ; en apparence. || Fig. *das ist augenscheinlich*, cela crève les yeux. ||°**-schirm** m. (s, e) visière f. ; écran m. ||°**-schleim** m. (es) humeur f. ; chassie f. ||°**-spiegel** m. (s, -) rétinoscope m. ; ophtalmoscope m. ||°**-star** m. (s) cataracte f. ||°**-stern** m. (s, e) prunelle f. ; pupille f. | *etwas wie seinen Augenstern hüten, lieben*, conserver, chérir qch. comme la prunelle de ses yeux. ||°**-täuschung** f. (-, en) illusion (f.) d'optique. || [Malerei] trompe-l'œil m. ||°**-weide** f. (-, n) plaisir (m.) des yeux. ||°**-wimper** f. (-, n) cil m. ||°**-wink** m. (s, e) signe (m.) de l'œil ; œillade f. ||°**-zahl** f. (-, en). [Würfelspiel] nombre (m.) de points. ||°**-zahn** m. (s, ¨e) canine f. ||°**-zeuge** m. (n, n) témoin (m.) oculaire.

Augias|stall [au"gi:as'ʃtal] m. (s, ¨e). Myth. écuries (m. pl.) d'Augias. || Fig. *den Augiasstall ausmisten*, nettoyer les écuries d'Augias.

Augsburg ['augsburk] n. pr. n. Géogr. Augsbourg f. || Hist., Relig. *Augsburger Konfession*, confession (f.) d'Augsbourg.

Augur ['augur] m. (s, en) augure m. || Fig. *Augurenlächeln*, sourire (m.) de complicité.

August [au'gust] m. (s) août m.

August ['august] n. pr. m. Auguste m. || [Zirkus] *der dumme August*, l'auguste ; le clown.

Augustiner [augus'ti:nər] m. (s, -). Relig. augustin m.

Auktion [auk'tsion] f. (-, en) vente (f.) aux enchères. || Jur. *gerichtliche Auktion*, vente judiciaire, par autorité de justice.

Auktionator [auktsio'nɑ:tɔr] m. (s, en) commissaire-priseur m.

auktionieren [-'ni:rən] v. tr. vendre aux enchères ; mettre à l'encan.

Aula ['aula] f. (-, Aulen und Aulas) salle (f.) de fête ; salle (f.) des actes.

Aurikel [au'ri:kəl] f. (-, n). Bot. oreille (f.) d'ours.

aus [aus]

> **I.** prép. (dat.).
> **1.** Lieu (origine locale) ;
> **2.** Temps (origine dans le temps) ;
> **3.** Matière constitutive ;
> **4.** Cause ; raison ; origine ;
> **5.** Manière.
> **II.** adv. **aus ; aus und ein ; ein und aus ; von... aus.**
> **III.** partic. sépar. indiquant :
> **1.** l'origine ;
> **2.** la publication ;
> **3.** l'achèvement.

I. prép. (dat.). **1.** Lieu (origine locale) : de ; hors de ; par ; du fond de ; parmi ; d'entre ; dans. | *aus dem Haus kommen*, sortir de la maison. | *aus der Stadt kommen*, venir de la ville. | *aus der Türkei kommen*, venir de Turquie. | *aus dem Haus werfen*, mettre à la porte. | *aus dem Fenster sehen*, regarder par la fenêtre. | *aus der Hinterlassenschaft*, provenant de la succession de. | *aus der Hand geben*, lâcher. | *aus der Tiefe des Abgrundes*, du fond de l'abîme. | *aus dem Französischen übersetzen*, traduire du français. | *aus Hunderten einen wählen*, en choisir un parmi cent autres. | *aus einer Tasse trinken*, boire dans une tasse. | *aus einem Brunnen schöpfen*, puiser dans un puits. | *aus einer Pfeife rauchen*, fumer une pipe. | *Stelle aus einer Rede*, passage, extrait d'un discours. || Fig. *aus dem Sinn kommen*, sortir de l'esprit, de la mémoire. | *aus der Fassung geraten, aus der Haut fahren*, fam. sortir de ses gonds. || [venant de] *er ist aus Berlin*, il est de Berlin. | *er ist aus guter Familie*, il est de bonne famille. | *ich habe es aus erster Hand*, je le tiens de première main, de bonne source. | *was wird aus mir werden ?*, qu'adviendra-t-il de moi ? | *aus ihm wird nichts*, on ne fera jamais rien de lui. | *die Furcht spricht aus ihm*, c'est la peur qui le fait parler. || Prov. *aus den Augen, aus dem Sinn*, loin des yeux, loin du cœur. | *aus dem Regen in die Traufe kommen*, tomber de mal en pis, de Charybde en Scylla. | *aus Kindern werden Leute*, petit poisson deviendra grand. | *aus nichts wird nichts*, on ne fait rien de rien.
2. Temps (origine dans le temps) : *ein Märchen aus alten Zeiten*, une légende des temps anciens. | *aus der Zeit von*, du temps de. | *aus meiner Jugendzeit*, de ma jeunesse.
3. Matière constitutive : de ; en. | *eine Uhr aus Gold*, une montre en or. | *eine Mappe aus schwarzem Leder*, une serviette en cuir noir.
4. Cause ; raison ; origine : par ; pour ; faute de. | *aus diesem Grunde*, pour cette raison. | *aus Überzeugung*, par conviction. | *aus Mangel an*, faute de. | *aus Furcht, daß*, de peur que (subj.). | *aus reiner Verzweiflung*, en désespoir de cause. | *aus Liebe zu ihr*, par amour pour elle.
5. Manière : de ; à. | *aus Leibeskräften schreien*, crier à tue-tête, comme un beau diable. | *aus vollem Halse lachen*, rire à gorge déployée. | *aus dem Kopf hersagen*, réciter par cœur. | *aus dem Stegreif hersagen*, improviser. | *aus eigenem Antriebe handeln*, agir de son plein gré.
II. adv. sorti ; vide ; vidé ; fini ; éteint. | *er ist aus(gegangen)*, il est sorti. | *der Wein ist aus*, le vin est bu. | *der Film ist aus*, le film est terminé. | *das Lied ist aus*, finie la chanson. | *die Zeit ist aus*, le temps est passé. | *das Feuer ist aus*, le feu est éteint. | *Licht aus !*, éteignez (la lumière). | *es ist alles aus*, c'est la fin de tout. | *es ist aus mit mir*, je suis perdu ; c'en est fait de moi ; je suis un homme mort. | *auf etwas aus sein*, raffoler de qch. — **aus und ein ; ein und aus,** entrer et sortir ; aller et venir. | *bei jm aus- und eingehen*, fréquenter chez qn ; être l'ami intime de qn. || Fig. *nicht ein noch aus wissen*, s'être fourré dans un bourbier ; ne pas savoir à quel saint se vouer. | *jahraus, jahrein*, d'une année à l'autre ; bon an mal an. || Sport. *aus !*, out ! — **von... aus,** de ; à partir de ; depuis ; dès ; à ; dans. | *von hier aus*, d'ici. | *von meinem Fenster aus sehe ich das Gebirge*, de ma fenêtre, je vois la montagne. | *von diesem Standpunkt aus*, de, à ce point de vue. | *von Haus aus*, dès l'origine. | *von Haus aus arm*, d'origine pauvre. | *von Grund aus*, à fond ; de fond en comble ; dans le fond. | *von mir aus*, pour ce qui est de moi ; quant à moi.
III. partic. sépar., en compos. avec un verbe, indiquant : **1.** l'origine : *ausgehen*, sortir ; *auswandern*, émigrer ; *ausgraben*, déterrer ; *ausziehen*, extraire ; ausströmen, exhaler.
2. la publication : *aussprechen*, exprimer ; *ausschwatzen*, divulguer ; *ausstellen*, exposer.
3. l'achèvement : *ausrauchen*, achever de fumer ; *ausführen*, exécuter ; *austrinken*, vider son verre ; *ausschöpfen*, épuiser.

aus|arbeiten ["aus'arbaitən] v. tr. élaborer ; mettre au point ; parfaire.

Aus|arbeitung [-tuŋ] f. (-) finissage m. ; achèvement m. | *schriftliche Ausarbeitung*, rédaction f.

aus|arten ["aus'ɑ:rtən] v. intr. dégénérer.

Aus|artung [-tuŋ] f. (-) dégénérescence f.

aus|ästen ["aus'ɛstən] v. tr. élaguer ; ébrancher.

aus|atmen ["aus'ɑ:tmən] v. tr. exhaler ; expirer.

aus|baden ["aus'bɑ:dən] v. tr. rincer. || Fig. *etwas ausbaden müssen*, devoir trinquer ; avoir à payer les pots cassés.

aus|baggern ["aus'bagərn] v. tr. draguer ; creuser ; curer.

Aus|bau ['ausbau] m. (s) achèvement m. || Par anal. extension f. ; développement m. || Techn. dépose f. || Mines. boisage m.

aus|bauchen ["aus'bauxən] v. tr. bomber ; renfler.

aus|bauen ["aus'bauən] v. tr. Archit. achever ; finir de construire ; terminer. || Par ext. développer. || Mines. *einen Stollen ausbauen*, boiser une galerie. || Mil. *eine Stellung ausbauen*, aménager une position. || Techn. démonter, déposer.

aus|baufähig ["ausbau'fɛ:iç] adj. modulable.

aus|bedingen ["ausbə'diŋən] (a, u et conjug. faible) v. tr. stipuler.
◇ v. pr. **sich ausbedingen,** *sich etwas ausbedingen*, se réserver qch.

aus|beißen ["aus'baisən] (i, i) v. tr. arracher avec les dents. | *sich einen Zahn ausbeißen*, se casser une dent. || Fig. *sich die Zähne an etwas ausbeißen*, se casser les dents sur qch. ; échouer.

aus|beizen ["aus'baitsən] v. tr. cautériser.

aus|bessern ["aus'bɛsərn] v. tr. repriser ; réparer. | *die Wäsche ausbessern*, repriser le linge. | *ein Gemälde ausbessern*, restaurer un tableau. | *notdürftig ausbessern*, fam. rafistoler.

Aus|besserung [-səruŋ] f. (-, en) reprise f. ; réparation f. ; restauration (f.) [d'un tableau].

aus|beulen ["aus'bɔylən] v. tr. débosseler.

Aus|beute ["aus'bɔytə] f. (-, n) butin m. ; fruit m. ; rendement m. || Comm. dividende m. ; bénéfice m. || Fig. exploitation f.

aus|beuteln ["aus'bɔytəln] v. tr. passer au crible ; bluter. || Fig. voler ; gruger.

aus|beuten ["aus'bɔytən] v. tr. exploiter. | *ein Kohlenflöz ausbeuten*, exploiter un filon de charbon. ||

FIG. exploiter ; tirer profit ; tirer parti de. | *jn ausbeuten*, abuser de qn. | *etwas regelrecht ausbeuten*, mettre qch. en coupe réglée.

Aus|beuter [-tər] m. (s, -) exploiteur m. ; négrier m.

Aus|beutung [-tuŋ] f. (-, en) exploitation f. || POLIT. *Ausbeutung der Arbeiterklasse*, exploitation de la classe ouvrière.

aus|bezahlen [″ausbə'tsɑ:lən] v. tr. payer entièrement ; solder. || [Schuld] régler. | *pünktlich, aufs Härchen ausbezahlen*, payer rubis sur l'ongle.

Aus|bezahlung [-luŋ] f. (-, en) paiement intégral ; solde (m.) d'un compte.

aus|biegen [″aus'bi:gən] (o, o) v. tr. plier ; courber ; évaser.

◇ v. intr. céder la place ; s'effacer ; contourner.

aus|bilden [″aus'bildən] v. tr. façonner ; former ; instruire. | *einen Arbeiter ausbilden*, former un ouvrier. | *voll ausgebildete Form*, forme arrivée à son plein développement.

Aus|bilder [-dər] m. (s, -). MIL. instructeur m.

Aus|bildung [-duŋ] f. (-) formation f. ; instruction f. ; éducation f. ; culture f. | *Er ist von seiner Ausbildung her Lehrer*, il est professeur de formation. | *Ausbildung am Arbeitsplatz*, formation sur le tas. | *Ausbildung des Geistes*, culture de l'esprit. || MIL. instruction.

Ausbildungs|beihilfe [″ausbilduŋs'baihilfə] f. (-, en) présalaire m.

aus|bitten [″aus'bitən] (a, e) v. tr. [erbitten] prier d'accorder. | *sich ein Buch ausbitten*, emprunter un livre. || [verwahren] exiger. | *das möchte ich mir ausbitten*, je ne supporte pas ces manières ! ; FAM. pas de ça !

aus|blasen [″aus'blɑ:zən] (ä, ie, a) v. tr. souffler ; éteindre en soufflant. | *das Feuer ausblasen*, éteindre le feu. || TECHN. *Glas (aus)blasen*, souffler le verre. || FAM. *überall etwas ausblasen*, publier à son de trompe.

aus|bleiben [″aus'blaibən] (ie, ie) v. intr. être absent ; ne pas venir ; ne pas rentrer. | *mit der Zahlung ausbleiben*, être en retard pour le paiement. || ÉLECTR. *der Strom bleibt manchmal aus*, il y a parfois des coupures de courant. || FIG. *das konnte nicht ausbleiben*, cela ne pouvait pas manquer d'arriver.

Aus|blick ['ausblik] m. (s, e) vue f. ; coup (m.) d'œil ; perspective f. ; regard m.

aus|blicken [″aus'blikən] v. intr. *nach jm ausblikken*, chercher qn du regard.

aus|blühen [″aus'bly:ən] v. intr. défleurir ; se faner.

aus|bluten [″aus'blu:tən] v. intr. finir de saigner ; perdre tout son sang.

aus|bohren [″aus'bo:rən] v. tr. forer ; aléser ; tarauder ; creuser.

aus|bomben [″aus'bɔmbən] v. tr. détruire, raser par le bombardement. | *ein Ausgebombter*, un sinistré par suite de bombardements.

aus|booten [″aus'bo:tən] v. tr. débarquer. || FIG. débarquer ; FAM. dégommer ; renvoyer. | *einen Beamten ausbooten*, débarquer un employé. | *ausgebootet werden*, FAM. rester sur la touche.

aus|borgen [″aus'bɔrgən] v. tr. prêter. | *ich borge ein Buch aus*, je prête un livre.

aus|brechen [″aus'brɛçən] (i, a, o) v. tr. arracher ; ébrécher. | *Steine ausbrechen*, extraire de la pierre. || MINES. *einen Gang ausbrechen*, exploiter à fond un filon. || TECHN. *Zähne aus dem Zahnrad ausbrechen*, édenter le pignon.

◇ v. intr. sortir violemment ; s'échapper ; s'évader. | *aus dem Gefängnis ausbrechen*, s'évader de (la) prison. | *der Vesuv bricht aus*, le Vésuve fait éruption. || FIG. éclater ; se déclarer. | *ein Krieg bricht aus*, une guerre éclate. | *in Tränen ausbrechen*, fondre en larmes.

Aus|brechen [-'brɛçən] n. (s), **Aus|bruch** [-brux] m. (s,¨e) [Vulkan] éruption f. || [Krieg] déclenchement m. || [Stein, Erz] extraction f. || [Häftling] évasion f. || [Pferd] dérobade f. || [Krankheit] apparition f. || *zum Ausbruch kommen*, se déclarer.

Aus|brecher(in) [-'brɛçər(in)] m. (s, -), f. (-, nen) évadé(e) m. (f.).

aus|breiten [″aus'braitən] v. tr. étendre ; étaler ; déplier ; déployer ; dérouler. | *eine Decke ausbreiten*, déplier une couverture. | *Waren ausbreiten*, étaler de la marchandise. | *seine Flügel ausbreiten*, déployer ses ailes.

◇ v. pr. **sich ausbreiten,** se déployer ; s'étendre ; se propager. | *eine Krankheit hat sich ausgebreitet*, une maladie s'est répandue.

Aus|breitung [-tuŋ] f. (-) étalage m. ; déploiement m. ; extension f. ; propagation f. ; diffusion f. | *Ausbreitung des Lichtes*, propagation de la lumière.

aus|brennen [″aus'brɛnən] (brannte, gebrannt) v. tr. brûler entièrement ; consumer par le feu. || MÉD. cautériser.

◇ v. intr. être consumé par le feu ; brûler entièrement ; cesser de brûler ; s'éteindre.

aus|bringen [″aus'briŋən] (brachte, gebracht) v. tr. ôter ; faire sortir. | *einen Trinkspruch auf jn ausbringen*, boire à la santé de qn ; porter un toast à qn.

Aus|bruch ['ausbrux] m. V. AUSBRECHEN.

aus|brüten [″aus'bry:tən] v. tr. couver ; faire éclore. | *Eier ausbrüten*, couver des œufs. || FIG. machiner ; échafauder.

aus|bügeln [″aus'by:gəln] v. tr. repasser complètement ; enlever les plis en repassant.

Aus|bund ['ausbunt] m. ([e]s, ¨e) modèle m. ; prodige m. ; parangon m. | *ein Ausbund von Tüchtigkeit*, un modèle de valeur.

aus|bürgern [″aus'byrgərn] v. tr. déclarer déchu de sa nationalité, de ses droits de citoyen.

aus|bürsten [″aus'byrstən] v. tr. brosser ; donner un coup de brosse à.

Aus|dauer [″aus'dauər] f. (-) persévérance f. ; endurance f. ; résistance f. ; ténacité f.

aus|dauern [-ərn] v. intr. persévérer ; endurer ; persister ; aller jusqu'au bout.

aus|dauernd [-ərnt] part. pass. et adj. persévérant ; endurant ; persistant.

aus|dehnbar [″aus'de:nbɑ:r] adj. extensible ; malléable ; ductile.

aus|dehnen [-nən] v. tr. étendre ; allonger ; élargir ; agrandir. | *Handschuhe ausdehnen*, ouvrir des gants. || FIG. *seinen Weg ausdehnen bis*, aller jusqu'à. | *eine ausgedehnte Kundschaft*, une clientèle nombreuse. | *die Macht ausdehnen*, augmenter sa puissance. | *im ausgedehnten Sinne*, par extension.

◇ v. pr. **sich ausdehnen,** s'étendre ; s'élargir ; se dilater ; s'agrandir ; s'allonger. || FIG. faire tache d'huile.

Aus|dehnung [-nuŋ] f. (-, en) extension f. ; expansion f. ; étendue f. | *Ausdehnung eines Gartens*, dimensions (f. pl.) d'un jardin. || PHYS. dilatation f.

Ausdehnungs|kraft [″ausde:nuŋs'kraft] f. (-,¨e) force expansive. ||°**-messer** m. (s, -) dilatomètre m. ||°**-vermögen** n. (s) extensibilité f.

aus|denken [″aus'dɛŋkən] (dachte, gedacht) v. tr. penser ; se représenter ; imaginer.

aus|deuten [″aus'dɔytən] v. tr. interpréter ; expliquer ; déchiffrer.

Aus|deutung [-tuŋ] f. (-, en) interprétation f. ; explication f. ; déchiffrement m.

aus|dienen [″aus'di:nən] v. intr. achever son service.

◇ part. pass. et adj. **ausgedient,** en retraite. | *ausgedienter Soldat*, soldat libéré du service militaire ; vétéran m. | *ausgedientes Pferd*, cheval réformé. | *ausgedientes Kleid*, vêtement usagé.

aus|dingen [″aus'diŋən] (conjug. faible et aussi a, u) v. tr. poser des conditions ; stipuler.

◇ v. pr. **sich ausdingen,** se louer à ; se mettre aux gages de.

aus|drehen [″aus'dre:ən] v. tr. aléser. | *auf der Drehbank ausdrehen*, aléser, évider au tour. || PAR ANAL. dévisser. | *eine Schraube ausdrehen*, dévisser une vis. | *das Licht ausdrehen*, éteindre la lumière.

aus|dreschen [″aus'drɛʃən] (i, o, o) v. tr. battre. | *das Getreide ausdreschen*, battre le blé. || FIG., FAM. donner une raclée.

Ausdruck ['ausdruk] m. (s,¨e) expression f. ; terme m. ; formule f. | *gebräuchlicher, fester Ausdruck*, locution courante. | *veralteter Ausdruck*, archaïsme m. ; expression désuète. | *nach dem rechten Ausdruck suchen*, chercher le mot propre. | *zum Ausdruck bringen*, exprimer ; formuler. || diction f. ; élocution f. | *ein Lied mit Ausdruck singen*, chanter une chanson d'une façon expressive. || PAR EXT. air m. ; expression f. | *der Ausdruck ihres Gesichtes*, l'air, l'expression de son visage.

aus|drucken [″aus'drukən] v. tr. achever d'imprimer. || imprimer en toutes lettres.

aus|drücken [″aus'drykən] v. tr. exprimer ; presser. | *eine Zitrone ausdrücken*, presser un citron. || FIG. *seine Freude ausdrücken*, exprimer sa joie.

◇ v. pr. **sich ausdrücken,** s'exprimer.

aus|drücklich [-kliç] adj. formel ; strict ; exprès. | *ausdrücklicher Befehl*, ordre formel.

◇ adv. formellement ; expressément.

Ausdrucks|art [″ausdruks'a:rt] f. (-, en) style m. ; manière (f.) de parler, de s'exprimer. ‖**-los** adj. inexpressif. ‖**-voll** adj. expressif.

aus|dünsten [″aus'dynstən] v. intr. s'évaporer ; s'exhaler.

Aus|dünstung [-tuŋ] f. (-, en) évaporation f. ; émanation f. ; exhalaison f. ; effluve m.
— Syn. : *Verdunstung*, vaporisation ; *Aus-, Verdampfen*, évaporation.

aus|einander ['ausain″andər] adv. et partic. sépar. en se séparant ; séparés. | *sie sind weit auseinander*, ils sont éloignés l'un de l'autre.

auseinander|breiten [ausain″andər'braitən] v. tr. déployer ; étaler ; étendre. ‖**-bringen** (brachte, gebracht) v. tr. disjoindre ; séparer ; désunir. ‖**-falten** v. tr. déplier. ‖**-fliegen** v. intr. se disperser ; s'envoler en poussière. ‖**-gehen** (ging, gegangen) v. intr. se séparer. | *die Verbündeten gingen auseinander*, les alliés se séparèrent. ‖ se disjoindre ; se disloquer ; se débander. ‖ Fig. *die Ansichten der Sachverständigen gehen auseinander*, les avis des experts ne concordent pas. | *die Aussagen der Zeugen gehen weit auseinander*, les dépositions des témoins sont très divergentes. ‖**-halten** (ä, ie, a) v. tr. séparer ; démêler. ‖ Fig. distinguer ; démêler ; discerner. ‖**-laufen** (ä, ie, a) v. intr. se débander ; se disperser. ‖**-legen** v. tr. démonter ; séparer ; déployer ; étaler. ‖ Fig. expliquer ; exposer. ‖**-liegen** (a, e) v. intr. être écartés, séparés l'un de l'autre. | *die Gehöfte liegen auseinander*, les fermes sont dispersées. ‖**-nehmen** (nimmt, nahm, genommen) v. tr. défaire ; démonter ; déboîter ; désassembler. ‖**-reißen** (i, i) v. tr. déchirer ; mettre en morceaux, en pièces. ‖ écarteler. ‖**-setzen** v. tr. décomposer. ‖ exposer ; expliquer ; débattre. | *seine Gründe auseinandersetzen*, exposer ses raisons. | *sich auseinandersetzen*, s'expliquer. | *sich mit jm auseinandersetzen*, s'expliquer avec qn. ‖°**-setzung** f. (-, en) analyse f. ; décomposition f. ‖ explication f. ; discussion f. ; démêlé m. ‖**-stieben** (o, o) v. intr. se disperser ; s'envoler en poussière. ‖°**-streuung** f. (-) éparpillement m. ‖**-treiben** (ie, ie) v. tr. disperser ; chasser de tous côtés. ‖**-werfen** (a, o) v. tr. éparpiller ; bouleverser.

aus|erkiesen [″ausɛr'ki:zən] (erkor, erkoren) v. tr. choisir ; élire.
◇ part. pass. et adj. **auserkoren.** | *die Auserkorenen*, les élus m. pl. ; les prédestinés m. pl. ‖ Fam. [Braut] *die Auserkorene*, l'élue.

aus|erlesen [″ausɛr'le:zən] (ie, a, e) v. tr. choisir ; élire.
◇ part. pass. et adj. trié sur le volet. | *auserlesene Früchte*, fruits (m. pl.) de choix.

aus|erwählen [″ausɛr'vɛ:lən]. V. auserlesen.
◇ part. pass. *die Auserwählten*, les élus.

aus|essen [″aus'ɛsən] (ißt, aß, gegessen) v. tr. finir de manger. ‖ Par anal. manger tout. | *seinen Teller ausessen*, achever, vider son assiette.

aus|fädeln [″aus'fɛ:dəln] v. tr. ôter les fils ; désenfiler.

aus|fahren [″aus'fa:rən] (ä, u, a) v. intr. sortir ; aller se promener (dans un véhicule). ‖ Mar. sortir du port. ‖ Mines. *aus dem Schacht ausfahren*, (re)-monter du puits. ‖ Aéron. sortir le train d'atterrissage.
◇ v. tr. sortir. | *das Kind ausfahren*, promener l'enfant. ‖ Par ext. creuser ; user. | *die Geleise ausfahren*, user les rails.
◇ part. pass. et adj. **ausgefahren.** | *ausgefahrene Wege*, chemins défoncés ; fig. sentiers battus.

Aus|fahrt ['ausfa:rt] f. (-, en) sortie (f.) en voiture, en bateau. | *Achtung !, Ausfahrt !*, attention !, sortie de voitures.

Aus|fall ['ausfal] m. (s, ¨e). **1.** chute f. ‖ Méd. *Ausfall der Haare*, chute des cheveux. ‖ Mil. sortie f. ; attaque f. ‖ [Fechtkunst] *einen Ausfall im Fechten machen*, pousser une botte.
2. perte f. ‖ Mil. *die Truppe hatte viele Ausfälle*, la troupe a eu beaucoup de pertes.
3. Comm. découvert m. ; déficit m. ; différence (f.) en moins ; moins-value f.
4. Fig. issue f. ; résultat m. | *Ausfall der Anleihe*, résultat de l'emprunt.

aus|fallen [″aus'falən] (ä, ie, a) v. intr. tomber ; se détacher. | *die Zähne fallen ihm aus*, il perd ses dents. ‖ Mil. faire une sortie. | *die Belagerten fallen aus*, les assiégés font une sortie. ‖ Par ext. manquer ; tomber ; faire défaut ; n'avoir pas lieu. | *die Sitzung fällt aus*, la séance n'a pas lieu. ‖ Fig. finir. | *das Fest ist gut ausgefallen*, la fête a été une réussite. | *die Ernte fällt gut aus*, la récolte est bonne. | *gegen jn ausfallen*, faire une sortie contre qn ; invectiver qn.

aus|fällig [″aus'fɛliç] adj. agressif.

ausfall|sicher [″ausfal'ziçər] adj. Techn. à sûreté intégrée. ‖°**-straße** f. (-, n) sortie f. (d'une ville). ‖°**-tor** n. (s, e). Mil. poterne f. ‖°**-winkel** m. (s, -) angle (m.) de réflexion. ‖°**-zeit** f. (-, en) durée (f.) d'immobilisation.

aus|fasern [″aus'fa:zərn] v. tr., intr. et pr. (s')effiler ; (s')effilocher.

aus|fechten [″aus'fɛçtən] (i, o, o) v. tr. vider ; disputer. | *einen Streit ausfechten*, vider une querelle.

aus|fegen [″aus'fe:gən] v. tr. balayer ; nettoyer.

aus|feilen [″aus'failən] v. tr. limer ; polir.

aus|fertigen [″aus'fɛrtigən] v. tr. rédiger ; dresser ; passer. | *einen Wechsel ausfertigen*, établir une traite. | *eine Urkunde ausfertigen*, dresser un acte.

Ausfertiger [-gər] m. (s, -) expéditionnaire m.

Aus|fertigung [-guŋ] f. (-, en) expédition f. ; copie f. | *in doppelter, dreifacher Ausfertigung*, en double, triple exemplaire. | *für die Richtigkeit der Ausfertigung*, pour copie conforme.

aus|finden [″aus'findən] (a, u) v. tr. trouver.
◇ v. pr. **sich ausfinden,** s'y retrouver ; se débrouiller.

aus|findig [-diç] adj. | *ausfindig machen*, découvrir ; détecter ; fam. dénicher.

aus|flicken [″aus'flikən] v. tr. rapiécer ; raccommoder ; ravauder ; réparer.

aus|fliegen [″aus'fli:gən] (o, o) v. intr. s'envoler ; quitter le nid ; s'échapper.

aus|fließen [″aus'fli:sən] (o, o) v. intr. s'écouler ; fuir. ‖ Méd. suppurer.

aus|flippen ['ausflipən] v. intr. flipper.

Aus|flockung [″aus'flɔkuŋ] f. (-, en). Nucl. floculation f.

Aus|flucht ['ausfluxt] f. (-, ¨e). Fig. faux-fuyant m. ; prétexte m. | *leere Ausflüchte*, de mauvaises raisons.

Aus|flug ['ausflu:k] m. (s, ¨e) excursion f. ; randonnée f.

Aus|flügler [″aus'fly:glər] m. (s, -) excursionniste m. ; touriste m.

Aus|fluß ['ausflus] m. (es, ¨e) écoulement m. ; égout m. ; déversoir m. ‖ Méd. flux m. ; pus m. ; suppuration f. ‖ Phys. émanation f. ‖ Techn. dégorgement m. ‖ Fig. épanchement m.

Ausfluß|menge [″ausflus'mɛŋə] f. (-, n) débit m. (d'une rivière). ‖°**-rohr** n. (s, e) tuyau (m.) de décharge. ‖°**-ventil** n. (s, e) soupape (f.) de vidange.

aus|forschen [″aus'fɔrʃən] v. tr. explorer ; sonder.

aus|fragen [″aus'fra:gən] v. tr. questionner ; interroger. | *jn gründlich ausfragen*, fig. mettre qn sur la sellette.

aus|fransen [″aus'franzən] v. tr. et v. pr. (s')effranger ; (s')effilocher.

aus|fressen [″aus'frɛsən] (frißt, fraß, gefressen) v. tr. dévorer. ‖ Fig., pop. *etwas ausgefressen haben*, avoir qch. sur la conscience. ‖ Chim. ronger ; corroder.

aus|frieren [″aus'fri:rən] (o, o) v. intr. geler entièrement ; se congeler ; être transi de froid.

Aus|fuhr ['ausfu:r] f. (-) sortie f. ; exportation f. | *die Ausfuhr fördern*, favoriser l'exportation.

Ausfuhr|abteilung [″ausfu:r'aptailuŋ] f. service (m.) export. ‖°**-erlaubnis** f. (-, se) permis (m.) d'exportation. ‖°**-hafen** m. (s, ¨) port (m.) d'exportation. ‖°**-industrie** f. (-, n) industrie exportatrice. ‖°**-kredit** m. (s, e) crédit (m.) à l'exportation. ‖°**-land** n. (s, ¨er) pays exportateur. ‖°**-lizenz** f. (-, en) licence (f.) d'exportation. ‖°**-vergütung** f. (-, en) prime (f.) d'exportation. ‖°**-waren** f. pl. marchandises (f. pl.) d'exportation. ‖°**-zoll** m. (s, ¨e) droit (m.) d'exportation.

aus|führbar [″aus'fy:rba:r] adj. [ausfuhrfähig] exportable. ‖ [durchführbar] réalisable.

aus|führen [-rən] v. tr. **1.** [spazieren führen] sortir. | *den Hund ausführen*, sortir, promener le chien.
2. [ins Ausland verkaufen] exporter. | *Waren ausführen*, exporter des marchandises.
3. [ausarbeiten] exécuter ; accomplir. | *etwas sorgfältig ausführen*, fignoler qch. | *einen Bau ausführen*, édifier une construction.
4. [darlegen] traiter ; exposer ; développer. | *ein Thema ausführen*, s'étendre sur un sujet.

Aus|führer [-rər] m. (s, -). Comm. exportateur m. ‖ Par ext. exécutant m.

aus|führlich [″aus′fy:rliç] adj. détaillé ; circonstancié.
◇ adv. en détail. | *ausführlich erzählen*, raconter par le menu.

Aus|führlichkeit [-kait] f. (-) exactitude f.

Aus|führung [″aus′fy:ruŋ] f. (-, en) exécution f. ; opération f. ; réalisation f. ; accomplissement m. | *in Ausführung*, en cours d'exécution. | *zur Ausführung bringen*, mettre à exécution. | *Ausführungsbestimmungen erlassen*, fixer les modalités d'application. || ADM., COMM. *zur Ausführung kommen*, être exécuté. | *Ausführung eines Auftrags*, exécution d'une commande. || PAR EXT. *schriftliche Ausführung*, exposé m.

Ausführungs|schein [″ausfy:ruŋs′ʃain] m. (s, e). [Börse] avis (m.) d'opéré.

aus|füllen [″aus′fylən] v. tr. remplir ; combler. | *einen Graben ausfüllen*, combler un fossé. | *ein Formular ausfüllen*, remplir un formulaire.

Aus|füllung [-luŋ] f. (-) remplissage m. ; remblayage m. || FIG. remplissage m.

aus|füttern [″aus′fytərn] v. tr. [Vieh] nourrir ; engraisser. || PAR ANAL. [Kleider] doubler ; fourrer.

Aus|gabe [″aus′gɑ:bə] f. (-, n) [Geldaufwand] dépense f. | *eine Ausgabe machen*, dépenser ; faire une dépense. | *die Ausgaben bestreiten*, pourvoir aux dépenses. | *laufende Ausgaben*, dépenses courantes. | *öffentliche Ausgaben*, dépenses publiques. | *abzugsfähige Ausgaben*, dépenses déductibles. || PAR EXT. [Aushändigung] délivrance f. | *Ausgabe von Fahrkarten*, délivrance de billets (de chemin de fer). || FIN. émission f. || [Veröffentlichung] édition f. | *die neueste Ausgabe*, la dernière édition. || INF. édition f.

Ausgabe|einheit [″ausga:bə′ainhait] f. (-, en). INF. organe (m.), unité (f.) de sortie.

Aus|gang [′ausgaŋ] m. (s, ¨e). **1.** sortie f. | *einen Ausgang machen*, faire une promenade, un tour. | *das Mädchen hat Ausgang*, la bonne a son jour de sortie.
2. PAR EXT. [Tür] issue f. | *wo ist der Ausgang ?*, où est la sortie ? | *kein Ausgang !*, impasse f. | *das Haus hat Ausgang nach zwei Straßen*, la maison donne sur deux rues.
3. FIG. [Ende ; Ergebnis] fin f. ; dénouement m. ; résultat m. || LITTÉR. *der Ausgang des Romans*, le dénouement du roman. | *Ausgang der Verhandlungen*, résultat des pourparlers. | *unglücklicher Ausgang*, catastrophe f.

Ausgangs|basis [″ausgaŋs′ba:zis] f. (-, sen) base (f.) de départ. ||°**-impedanz** f. (-, en). ÉLECTR. impédance (f.) de sortie. ||°**-leistung** f. (-, en). PHYS. puissance (f.) de sortie. ||°**-punkt** m. (es, e). FIG. point (m.) de départ. ||°**-stellung** f. (-, en). MIL. base (f.) de départ. || TECHN. position initiale.

aus|geben [″aus′ge:bən] (i, a, e) v. tr. [verausgaben] dépenser. | *das Geld der Kasse ausgeben*, FIG., FAM. manger la grenouille. || PAR EXT. [verteilen] distribuer. || MIL. *die Parole ausgeben*, donner le mot de passe. || FIN., COMM. émettre. | *Banknoten ausgeben*, émettre des billets.
◇ v. pr. **sich ausgeben.** || FIG. *sich für etwas ausgeben*, se faire passer pour.

Aus|geburt [″ausgə′bu:rt] f. (-, en) créature f. ; produit m. || POP. avorton m.

aus|gedacht [″ausgə′daxt] part. pass. et adj. bien conçu. | *das ist ein ausgedachter Streich*, c'est un coup monté.

aus|gefallen adj. inusité ; rare. || PAR EXT. bizarre.

Aus|geglichenheit [″ausgə′gliçənhait] f. (-) symétrie f. || FIG. égalité (f.) d'humeur.

aus|gehen [″aus′ge:ən] (ging, gegangen) v. intr. sortir. | *aus- und eingehen*, entrer et sortir ; aller et venir. | *leer ausgehen*, revenir les mains vides ; FAM. rentrer bredouille ; faire chou blanc. || PAR ANAL. [verlorengehen] s'épuiser ; disparaître. | *die Ware geht aus*, la marchandise s'épuise. | *das Feuer geht aus*, le feu s'éteint. | *die Geduld geht mir aus*, je suis à bout de patience. || PAR EXT. finir. | *das geht gut aus*, cela finit bien. | *das geht schlecht aus*, cela finit mal. || GRAMM. *auf einen Vokal ausgehen*, se terminer par une voyelle. || FIG. *er geht auf Abenteuer aus*, il court les aventures. || **von... ausgehen,** venir ; procéder. || RELIG. *der Sohn geht vom Vater aus*, le Fils procède du Père. | *wenn wir davon ausgehen*, en commençant par là ; FIG. si nous considérons la chose de ce point de vue.

Aus|gehen [-ən] n. (s) sortie f. || PAR ANAL. épuisement m. ; disparition f.

aus|geklügelt [″ausgə′kly:gəlt] adj. sophistiqué.

aus|gelassen [″ausgə′lasən] part. pass. et adj. FIG. exubérant ; espiègle ; turbulent.

Aus|gelassenheit [-hait] f. (-) exubérance f. ; turbulence f. ; verve f.

aus|gelernt [″ausgə′lɛrnt] part. pass. et adj. sorti d'apprentissage.

aus|gepicht [″ausgə′piçt] part. pass. et adj. consommé. || FIG. *ein ausgepichter Kerl*, un individu astucieux.

aus|gerechnet [″ausgə′rɛçnət] adv. justement ; précisément.

aus|geschlossen [″ausgə′ʃlɔsən] part. pass. et adj. exclu. || FIG. *es ist ausgeschlossen*, c'est impossible. (V. AUSSCHLIEßEN.)

aus|gesprochen [″ausgə′ʃprɔxən] part. pass. et adj. FIG. déclaré ; marqué ; prononcé. | *ein ausgesprochener Fehltritt*, un faux pas caractérisé.
◇ adv. absolument ; décidément.

aus|gezeichnet [″ausgə′tsaiçnət] part. pass. et adj. excellent ; distingué ; signalé.
◇ interj. à merveille ! ; parfait !

aus|giebig [″aus′gi:biç] adj. abondant ; copieux.

aus|gießen [″aus′gi:sən] (o, o) v. tr. (dé)verser ; (r)épandre ; épancher. | *ein Glas ausgießen*, vider un verre. || PAR ANAL. *das Feuer ausgießen*, éteindre le feu (par l'eau). || PAR EXT. *mit Zement ausgießen*, couler du ciment dans les interstices. || [ausfüllen] *eine Form ausgießen*, remplir un moule.

Aus|gleich [′ausglaiç] m. (s, e). FIN. compensation f. ; équilibre m. ; péréquation f. | *Ausgleich von Währungen*, alignement (m.) des monnaies. | *zum Ausgleich unsrer Rechnung*, pour solde de notre compte. || POLIT. compromis m. ; arrangement m. || SPORT. [Vorgabe] handicap m.

aus|gleichen [″aus′glaiçən] (i, i) v. tr. FIN. égaliser ; compenser ; équilibrer. || COMM. *ein Konto ausgleichen*, solder, régler, balancer un compte. | *den Fehlbetrag ausgleichen*, combler le déficit. | *eine Rechnung ausgleichen*, payer une facture. || POLIT. [aussöhnen] concilier ; arranger ; accorder.
— SYN. : *gleichmachen*, égaler ; égaliser ; *aufwiegen*, contrebalancer ; *kompensieren*, compenser ; *erstatten*, dédommager ; *entgelten*, indemniser. || *versöhnen*, réconcilier ; *schlichten*, arranger, aplanir.

Ausgleich|getriebe [″ausglaiçgə′tri:bə] n. (s). TECHN. différentiel m. ||°**-gewicht** n. (s, e) contrepoids m.

Ausgleichs|abgabe [″ausglaiçsap′gɑ:bə] f. (-, n) taxe (f.) de compensation. | *Ausgleichsabgaben*, montants (m. pl.) compensatoires. ||°**-abkommen** n. (s) clearing m. ||°**-beträge** m. pl. montants (m. pl.) compensatoires. ||°**-fonds** m. (-). FIN. fonds (m.) d'égalisation, de compensation. ||°**-rennen** n. (s, -) handicap m. ||°**-tor** n. (s, e). SPORT. but égalisateur. ||°**-verfahren** n. (s, -). ÉCON., JUR. règlement (m.) judiciaire. || FIN. clearing m. ||°**-zulage** f. (-, n). FIN. indemnité compensatrice.

Aus|gleichung [″aus′glaiçuŋ] f. (-, en). COMM. balance f. ; règlement m. ; solde m.

aus|gleiten [″aus′glaitən] (i, i) v. intr. glisser. || AUTOM. déraper.

aus|gliedern [″aus′gli:dərn] v. tr. éliminer.

aus|glitschen [″aus′glitʃən]. V. AUSGLEITEN.

aus|glühen [″aus′gly:ən] v. tr. (re)cuire. || CHIM. aciérer. || MÉD. [Gerät] flamber.
◇ v. intr. se consumer ; s'éteindre.

aus|graben [″aus′grɑ:bən] (ä, u, a) v. tr. déterrer ; exhumer ; fouiller. | *ein Loch ausgraben*, creuser un trou. | *eine Leiche ausgraben*, exhumer un cadavre. || FIG. *eine alte Geschichte ausgraben*, ressortir une vieille histoire.

aus|greifen [″aus′graifən] (i, i) v. intr. allonger le pas. | *das Pferd greift aus*, le cheval allonge le pas. || FIG. *weit ausgreifende Pläne*, projets (m. pl.) de grande portée.

aus|grübeln [″aus′gry:bəln] v. tr. FIG. remâcher ; ruminer.

Aus|guck [′ausguk] m. (s, e). MAR. vigie f.

aus|gucken [″aus′gukən] v. intr. et v. tr. MAR. être en vigie. || PAR ANAL. épier. | *sich die Augen ausgucken*, écarquiller les yeux.

Aus|guß [′ausgu:s] m. (es, ¨e) déversement m. ; épanchement m. || PAR EXT. évier m. || [Tülle] bec m. || TECHN. coulée f. (de métal).

aus|hacken [″aus′hakən] v. tr. arracher ; crever. || PROV. *eine Krähe hackt der anderen kein Auge aus*, les loups ne se mangent pas entre eux.

aus|haken ["aus'ha:kən] v. tr. et v. pr. (se) dégrafer ; (se) décrocher.

aus|halten ["aus'haltən] (ä, ie, a) v. tr. soutenir ; supporter ; endurer. | *die Schmerzen aushalten*, supporter les douleurs. | *ich halte es nicht mehr aus*, je n'en puis plus. || Mus. *den Ton aushalten*, tenir une note. || Par ext. *jn aushalten*, entretenir qn.
◇ v. intr. persévérer ; tenir ; durer. | *noch lange aushalten*, durer encore longtemps. | *bei ihm ist es nicht auszuhalten*, il est insupportable.
— Syn. : *durchhalten*, tenir ; *erhalten*, maintenir ; *leiden*, endurer ; *erleiden*, supporter ; *ertragen*, soutenir ; *ausstehen*, pâtir ; *ausdauern*, endurer.

aus|händigen ["aus'hɛndigən] v. tr. remettre en mains propres ; délivrer. | *eine Karte aushändigen*, délivrer une carte.

Aus|händigung [-guŋ] f. (-, en) délivrance f. ; remise f.

Aus|hang ['aushaŋ] m. (s, ¨e) affiche f. ; placard m.

aus|hängen ["aus'hɛŋən] (i, a) v. tr. mettre à l'étalage ; afficher. || décrocher. | *ein Fenster aushängen*, décrocher une fenêtre. || Techn. démonter.

Aushänge|schild ["aushɛŋə'ʃilt] n. (es, er) enseigne f. ||°**-tafel** f. (-, n) écriteau m.

aus|harren ["aus'harən] v. intr. persévérer ; patienter.

aus|hauchen ["aus'hauxən] v. tr. exhaler ; expirer. | *die Seele aushauchen*, rendre l'âme.

aus|hauen ["aus'hauən] (hieb, gehauen) v. tr. creuser. || Par anal. [Wald] découper ; débiter ; détailler ; éclaircir. || Mines. exploiter. || Techn. tailler. | *ein Standbild in Marmor aushauen*, tailler une statue dans le marbre.

aus|heben ["aus'he:bən] (o, o) v. tr. ôter. | *ein Nest ausheben*, prendre les œufs au nid ; dénicher. || Fig., Jur. *ein Verbrechernest ausheben*, prendre une bande de criminels. || Mil. *Soldaten ausheben*, recruter, mobiliser des soldats. || Par anal. creuser. | *einen Graben ausheben*, creuser un fossé. || Techn. démonter.

Aus|heber [-bər] m. (s, -). Mil. recruteur m. || Agric. déplantoir m. || Techn. déclic m.

Aus|hebung [-buŋ] f. (-, en) prise f. || Mil. recrutement m.

aus|hecken ["aus'hɛkən] v. tr. couver ; faire éclore. || Fig. machiner, élucubrer. || Fam. *einen Streich aushecken*, monter un coup.

aus|heilen ["aus'hailən] v. intr. et v. tr. guérir. | *die Wunde heilt aus*, la blessure guérit. | *der Arzt heilt ihn aus*, le médecin le guérit complètement.

aus|helfen ["aus'hɛlfən] (i, a, o) v. intr. aider, assister qn. | *jm mit Geld aushelfen*, prêter de l'argent à qn. || Fam. dépanner.

Aus|hilfe ["aus'hılfə] f. (-) aide f. ; assistance f. ; secours m.

Aushilfs|kraft ["aushilfs'kraft] f. (-, ¨e) auxiliaire m. ||°**-personal** n. (s) personnel (m.) intérimaire.

aus|höhlen ["aus'hø:lən] v. tr. excaver ; creuser ; évider.

Aus|höhlung [-luŋ] f. (-, en) creux m. ; excavation f. ; cavité f. ; évidement m.

aus|holen ["aus'ho:lən] v. intr. allonger ; lever le bras. | *zum Schlage ausholen*, lever la main pour frapper. || Fig. reprendre. | *weit ausholen*, remonter au déluge.
◇ v. tr. Fig. questionner.

aus|holzen ["aus'hɔltsən] v. tr. déboiser.

aus|horchen ["aus'hɔrçən] v. tr. épier, surprendre les paroles de qn. || Méd. ausculter.

aus|hülsen ["aus'hylzən] v. tr. [Erbsen] écosser. || [Nüsse] écaler ; décortiquer.

aus|hungern ["aus'huŋərn] v. tr. affamer.

aus|kämmen ["aus'kɛmən] v. tr. enlever avec le peigne, démêler. | *Auskämmekamm*, démêloir m. || Par ext. trier.

aus|kämpfen ["aus'kɛmpfən] v. intr. et v. tr. lutter jusqu'au bout. || Fig. *eine Sache auskämpfen*, vider une querelle.

aus|kehren ["aus'ke:rən] v. tr. balayer.

aus|keilen ["aus'kailən] v. tr. caler.

aus|kennen (sich) [ziç"aus'kɛnən] (kannte, gekannt) v. pr. s'y connaître. || Fig. s'y retrouver. | *sich in etwas* (dat.) *gründlich auskennen*, être ferré sur qch. ; être dans son élément.

aus|kerben ["aus'kɛrbən] v. tr. entailler.

Aus|kerbung [-buŋ] f. (-, en) entaille f. ; encoche f.

aus|kernen ["aus'kɛrnən] v. tr. égrener ; ôter le noyau ; dénoyauter ; enlever les pépins ; épépiner.

aus|kitten ["aus'kitən] v. tr. mastiquer ; cimenter.

aus|klammern ["aus'klamərn] v. tr. Fig. mettre entre parenthèses.

Aus|klang ['ausklaŋ] m. (s, ¨e) note finale. || Fig. *Ausklang des Festes*, phase finale de la fête.

aus|klatschen ["aus'klatʃən] v. tr. ébruiter.

aus|klauben ["aus'klaubən] v. tr. découvrir (à force d'astuce) ; enlever. || Fig. éplucher. | *Fehler ausklauben*, éplucher un texte.

aus|kleben ["aus'kle:bən] v. tr. coller ; tapisser. | *mit Tapeten auskleben*, revêtir de papiers peints.

aus|kleiden ["aus'klaidən] v. tr. déshabiller. || Techn. revêtir ; garnir.
◇ v. pr. **sich auskleiden,** se déshabiller.

Auskleide|zimmer ["ausklaidə'tsimər] n. (s, -), °**-raum** [-raum] m. (s, ¨e) vestiaire m.

aus|klingeln ["aus'kliŋəln] v. intr. et v. tr. cesser de sonner. || annoncer (avec une clochette).

aus|klingen ["aus'kliŋən] (a, u) v. intr. cesser de résonner ; expirer. || Fig. finir.

aus|klinken ["aus'kliŋkən] v. tr. [Schleppseil] détacher ; [Bomben] larguer.
◇ v. intr. se détacher ; [Skibindung] se déclencher.

Ausklink|vorrichtung ["aus'kliŋk'fo:rriçtuŋ] f. (-, en). Techn. déclic m.

aus|klopfen ["aus'klɔpfən] v. tr. battre ; frapper. | *den Teppich ausklopfen*, épousseter le tapis. || Fig. *jn ausklopfen*, rosser qn.

Aus|klopfer [-fər] m. (s, -) baguette (f.) à épousseter ; tapette f.

aus|klügeln ["aus'kly:gəln] v. tr. découvrir ; raffiner ; arranger subtilement dans son esprit. | *sie klügelte sich etwas Neues aus*, elle imagina une nouvelle combinaison.

aus|kneifen ["aus'knaifən] (i, i) v. intr. Fig., fam. filer ; prendre la poudre d'escampette.

aus|knobeln ["aus'kno:bəln] v. tr. [entscheiden durch Würfeln] jouer aux dés ; tirer à la courte paille. || Par ext. raffiner ; subtiliser.

aus|kochen ["aus'kɔxən] v. intr. finir de cuire, de bouillir. || déborder, s'évaporer en bouillant.
◇ v. tr. faire bouillir ; faire cuire. | *Fleisch auskochen*, cuire de la viande à point. || Méd. *die Instrumente auskochen*, stériliser les instruments.
◇ part. pass. et adj. **ausgekocht,** fig. *ein ausgekochter Schuft*, un fieffé coquin.

aus|kommen ["aus'kɔmən] (a, o) v. intr. sortir. || éclater ; s'ébruiter. || Par ext. arriver au bout ; se tirer d'affaire avec. | *dürftig auskommen*, avoir juste de quoi vivre ; être réduit à la portion congrue. || Fig. *ich komme gut mit ihm aus*, je m'entends bien avec lui.

Aus|kommen ["aus'kɔmən] n. (s) [Unterhalt] revenu m., ressources f. pl. | *er hat sein Auskommen*, il a de quoi vivre. || [Nebeneinanderleben] entente f.

aus|kömmlich ["aus'kømliç] adj. suffisant.
◇ adv. assez ; suffisamment.

aus|koppeln ["aus'kɔpəln] v. tr. [Jagd] découpler. || Techn. débrayer ; débrancher.

aus|kosten ["aus'kɔstən] v. tr. déguster ; savourer. || Fig. *bis zur Neige auskosten*, boire jusqu'à la lie.

aus|kramen ["aus'kra:mən] v. tr. déballer ; étaler. | *Waren auskramen*, étaler de la marchandise. || Fig. déballer ; étaler (son savoir).

aus|kratzen ["aus'kratsən] v. tr. gratter ; arracher avec les ongles. | *jm die Augen auskratzen*, arracher les yeux à qn. || Méd. cureter.
◇ v. intr. Fam. montrer les talons ; lever le pied.

Aus|kratzer [-tsər] m. (s, -). Méd. curette f.

aus|kugeln ["aus'ku:gəln] v. tr. démettre.
◇ v. pr. **sich auskugeln,** Méd. *sich den Arm auskugeln*, se démettre le bras.

Aus|kugelung [-gəluŋ] f. (-). Méd. luxation f. ; déboîtement m. ; désarticulation f.

auskultieren ["auskul'ti:rən] v. tr. Méd. ausculter.

aus|kundschaften ["aus'kuntʃaftən] v. tr. se renseigner ; reconnaître (le terrain) ; épier.

Aus|kunft ['auskunft] f. (-, ¨e) renseignement m. ; information f. | *Auskunft erteilen über*, renseigner sur. | *Auskünfte einholen*, prendre des renseignements.

Aus|kunftei ['auskunf"tai] f. (-, en) bureau (m.) de renseignements.

Auskunfts|büro ["auskunftsby'ro:] n. (s, s) bureau (m.) de renseignements ; les renseignements m. pl. ||°**-quelle** f. (-, n) source (f.) d'informations.

aus|kuppeln ["aus'kupəln] v. tr. débrancher ; découpler. || [Wagen] désaccoupler ; déclencher. || AUTOM. *einen Gang auskuppeln*, débrayer.

aus|lachen ["aus'laxən] v. tr. se moquer, rire de qn.
◇ v. pr. **sich auslachen,** *sich tüchtig auslachen*, FAM. se dilater la rate.

aus|laden ["aus'lɑ:dən] (ä, u, a) v. tr. décharger. || MAR. débarquer ; débarder ; délester. || PAR EXT. décommander une invitation.
◇ v. intr. ARCHIT. faire saillie.

Aus|laden [-dən] n. (s), **Aus|ladung** [-duŋ] f. (-, en) décharge f. ; déchargement m. || MAR. débarquement m. ; débardage m. ; délestage m. || PAR EXT. contrordre m.

aus|ladend [auslɑ:dənd] adj. [Schultern] large ; [Hüften] épanoui ; généreux.

Auslade|stelle ["auslɑ:də'ʃtɛlə] f. (-, n) débarcadère m.

Aus|lage ["aus'lɑ:gə] f. (-, n) étalage m. || PAR ANAL. [Kosten] débours m. pl. ; frais m. pl. | *allgemeine Auslagen*, frais généraux. | *sonstige Auslagen*, frais divers. | *die Auslagen decken*, couvrir les frais. | *die Auslagen zurückerstatten*, rembourser ses frais à qn.

Auslagen|diebstahl ["auslɑ:gən'di:pʃtɑ:l] m. (s, ¨e). JUR. vol (m.) à l'étalage.

Aus|land ['auslant] n. (s) étranger m. | *fürs Ausland bestimmt*, destiné à l'étranger.

Aus|länder(in) ["aus'lɛndər(in)] m. (s, -), f. (-, nen) étranger m. ; étrangère f.

aus|ländisch [-'lɛndiʃ] adj. étranger. | *ausländische Geldsorten*, monnaies étrangères. | *ausländische Valuta*, devises f. pl.

Auslands|beziehungen ["auslantsbe'tsi:uŋən] f. pl. relations internationales. ||°**-geschäft** n. (es, e) opération (f.) avec l'étranger. ||°**-lieferung** f. (-, en). COMM. livraison destinée à, provenant de l'étranger. ||°**-markt** m. (s, ¨e). COMM. marché extérieur. ||°**-porto** n. (s, s) tarif international. ||°**-reise** f. (-, n) voyage (m.) à l'étranger. ||°**-schulden** f. pl., °**-verschuldung** f. (-, en). FIN. dette extérieure. ||°**-verbindlichkeiten** f. pl. FIN. engagements (m. pl.) envers l'étranger. ||°**-vertreter** m. (s, -) agent commercial à l'étranger. ||°**-ware** f. (-, n). COMM. marchandise importée. ||°**-zulage** f. (-, n). ADM. indemnité (f.) de dépaysement.

aus|langen ["aus'laŋen] v. intr. **1.** FAM. allonger le bras, la main. | *mit dem Arm auslangen*, tendre le bras.
2. suffire. | *ich lange mit meinem Geld aus*, je peux me tirer d'affaire avec ce que j'ai.

Aus|laß ['auslas] m. (es, ¨e) issue f. ; échappement m. ; vidange f.

Auslaß|ventil ["auslasvɛn'ti:l] n. (s, e). TECHN. soupape (f.) d'échappement.

aus|lassen ["aus'lasen] (ä, ie, a) v. tr. faire, laisser sortir ; laisser éclater. || FIG. *(an jm) seinen Zorn auslassen*, décharger, épancher sa colère (sur qn). || PAR EXT. [vergessen] omettre ; oublier. || MUS. *eine Note auslassen*, FIG., FAM. croquer une note. || CULIN. *Fett auslassen*, faire fondre de la graisse. || UNIV. *ein Kapitel auslassen*, faire une impasse sur un chapitre.
◇ part. pass. V. AUSGELASSEN.
◇ v. pr. **sich auslassen,** *sich über etwas auslassen*, s'étendre sur un sujet.

Aus|lassung [-suŋ] f. (-, en) omission f. ; oubli m. || expression f. ; manifestation (f.) d'une pensée.

Auslassungs|fehler ["auslasuŋs'fe:lər] m. (s, -) faute (f.) par omission. ||°**-zeichen** n. (s, -). GRAMM. apostrophe f.

Aus|lastung ["aus'lastuŋ] f. (-, en). [Betrieb] exploitation (f.) de la capacité.

Auslastungs|plan ["auslastuŋs'plan] m. (s, ¨e). [Betrieb] plan (m.) de charge.

Aus|lauf ['auslauf] m. (s, ¨e). [Handlung] écoulement m. ; coulage m. ; fuite f. || [Ort] bouche f. ; embouchure f. | *Auslauf der Wasserrinne*, goulotte (f.) d'écoulement, d'évacuation. || PAR ANAL. sortie f. ; parcours m. || MAR. *Auslauf eines Schiffes*, départ (m.) d'un navire.

Auslauf|bahn ["auslauf'bɑ:n] f. (-, en). [Flughafen] piste (f.) de roulement (après atterrissage). ||°**-hahn** m. (s, ¨e) robinet (m.) de vidange. ||°**-modell** n. (s, e). COMM. fin (f.) de série. ||°**-rohr** n. (s, e) tuyau (m.) de vidange, de sortie.

aus|laufen ["aus'laufən] (ä, ie, au) v. intr. **1.** sortir. | *aus- und einlaufen*, entrer et sortir. | *das Schiff läuft aus*, le bateau part.
2. couler ; fuir ; échapper. | *das Faß läuft aus*, le tonneau fuit. | *der Teich läuft aus*, l'étang déborde.
3. [enden] s'arrêter. | *der Fluß läuft in der Wüste aus*, le fleuve se perd dans le désert. | *spitz auslaufen*, se terminer en pointe. | *die Maschine läuft aus*, la machine cesse de marcher. | *das läuft schlecht aus*, cela finit mal.
◇ v. tr. *die Bahn auslaufen*, parcourir toute la piste.

Aus|läufer ["aus'lɔyfər] m. (s, -) contrefort montagneux ; ramification f. ; stolon m.

aus|laugen ["aus'laugən] v. tr. CHIM. lessiver. | *Salz auslaugen*, déminéraliser.

Aus|laugen n. (s, -). TECHN. lixiviation f.

Aus|laut ['auslaut] m. (s, e). GRAMM. syllabe finale. | *im Auslaut*, en position finale.

aus|lauten ["aus'lautən] v. intr. GRAMM. se terminer par.

aus|läuten ["aus'lɔytən] v. intr. et tr. achever, finir de sonner. || annoncer au son des cloches.

aus|leben ["aus'le:bən] v. intr. cesser de vivre ; expirer.
◇ adj. **ausgelebt,** qui a vécu ; fini ; usé.
◇ v. pr. **sich ausleben,** vivre sa vie ; FAM. se donner du bon temps. || FIG. se dépenser ; s'user.

aus|leeren ["aus'le:rən] v. tr. vider. || vidanger. || FIG. *sein Herz ausleeren*, épancher son cœur.
◇ v. pr. **sich ausleeren,** MÉD. évacuer. || POP. se soulager.

Aus|leerung [-ruŋ] f. (-, en) vidange f. || POSTES. levée f. || MÉD. évacuation f. ; déjection f.

Auslege|arbeit ["ausle:gə'arbait] f. (-, en) marqueterie f. ||°**-tisch** m. (es, e) comptoir (m.) de magasin.

aus|legen ["aus'le:gən] v. tr. **1.** étendre ; étaler. || COMM. *Waren auslegen*, étaler des marchandises.
2. FIG. expliquer ; commenter. | *ein Gesetz auslegen*, commenter une loi. | *einen Text auslegen*, interpréter un texte.
3. garnir ; marqueter ; incruster. | *mit Fliesen auslegen*, revêtir de carrelage ; carreler. || CULIN. [Form] foncer.
4. *Geld auslegen*, avancer de l'argent.

Aus|legen [-gən] n. (s), **Aus|legung** [-guŋ] f. (-, en). COMM. exposition f. || FIG. commentaire m. ; explication f. ; interprétation f. | *Textauslegung*, explication de texte. || TECHN. marqueterie f. ; incrustation f. ; carrelage m. ; damasquinage m.

Aus|leger [-gər] m. (s, -). [Personen] commentateur m. || [Dinge] console f. ; potence f. ; flèche (f.), bras (m.) d'une grue. || MAR. bout-dehors m.

Ausleger|brücke ["ausle:gər'brykə] f. (n.) pont (m.) cantilever.

aus|leiden ["aus'laidən] (litt, gelitten) v. intr. finir, cesser de souffrir. | *er hat ausgelitten*, il a cessé de souffrir (il est mort).

aus|leiern ["aus'laiərn] v. tr. user (par frottement).
◇ part. pass. et adj. **ausgeleiert,** usé.
◇ v. pr. **sich ausleiern,** prendre du jeu.

Aus|leihe ["aus'laiə]. V. AUSLEIHUNG.

aus|leihen ["aus'laiən] (ie, ie) v. tr. prêter ; louer. | *Geld auf hohe Zinsen ausleihen*, prêter de l'argent à gros intérêts. | *gegen Pfand ausleihen*, prêter sur gages. || [borgen] emprunter.

Aus|leiher [-ər] m. (s, -) prêteur m. ; loueur m.

Aus|leihung [-uŋ] f. (-, en), °**-leihe** [-laie] f. (-, n) prêt m.

aus|lernen ["aus'lɛrnən] v. tr. et v. intr. apprendre à fond ; finir d'apprendre. | *man hat nie ausgelernt*, on n'a jamais fini d'apprendre. | *er hat sein Handwerk ausgelernt*, il a appris son métier ; il a terminé son apprentissage.

Aus|lese ["aus'le:zə] f. (-, n). [Handlung] choix m. ; sélection f. || [Resultat] élite f. ; première qualité. || ZOOL., BOT. sélection. || LITTÉR. *literarische Auslese*, anthologie f. || [Wein] appellation (f.) d'origine.

aus|lesen [-zən] (ie, a, e) v. tr. **1.** choisir ; trier. | *Steine auslesen*, épierrer. || FIG. *sorgfältig auslesen*, FAM. trier sur le volet.
2. lire jusqu'au bout.

Aus|lesen n. (s, -). INF. *Auslesen von Daten*, extraction (f.) de données.

Aus|lieferer ["aus'li:fərər] m. (s, -) livreur m. ; expéditeur m.

aus|liefern [-fərn] v. tr. (dé)livrer ; expédier. |

Waren ausliefern, livrer, expédier des marchandises. ‖ FIG. communiquer ; trahir. ‖ JUR. remettre ; extrader. | *dem Gericht ausliefern*, remettre aux mains de la justice. | *einen Gefangenen ausliefern*, extrader un prisonnier.

Aus|lieferung [-fəruŋ] f. (-, en) livraison f. ; expédition f. ‖ FIG. *Auslieferung eines Geheimnisses*, trahison (f.) d'un secret. ‖ JUR. *Auslieferung von Verbrechern*, extradition de criminels.

Auslieferungs|schein [ʺausli:fəruŋs'ʃain] m. (s, e). COMM. bon (m.) de livraison. ‖°**-vertrag** m. (s, ¨e). JUR. convention (f.) d'extradition.

aus|liegen [ʺaus'li:gən] (a, e) v. intr. être étalé ; être exposé.

Aus|lieger [-gər] m. (s, -). MAR. garde-côte m. V. AUSLEGER.

aus|lochen [ʺaus'lɔxən] v. tr. TECHN. poinçonner ; mandriner.

aus|löffeln [ʺaus'løfəln] v. tr. boire, manger à la cuiller. ‖ FIG. *er muß die Suppe, den Brei auslöffeln*, il paie les pots cassés.

aus|löhnen [ʺaus'lø:nən] v. tr. faire la paie. ‖ PAR EXT. congédier ; renvoyer.

aus|löschen [ʺaus'løʃən] v. tr. éteindre. | *er löschte das Feuer aus*, il éteignit le feu. ‖ FIG. effacer ; éradiquer. | *ein Übel auslöschen*, éradiquer un mal. ‖ COMM. *eine Schuld auslöschen*, régler une dette.
— SYN. : *ausmachen*, éteindre ; *ersticken*, *löschen*, étouffer.

Aus|löschung [-ʃuŋ] f. extinction f. ; effaçage m.

aus|losen [ʺaus'lo:zən] v. tr. tirer au sort ; mettre en loterie.

aus|lösen [ʺaus'lø:zən] v. tr. détacher ; dégager ; racheter. | *Gefangene auslösen*, racheter des prisonniers. | *ein Pfand auslösen*, retirer un gage. ‖ COMM. acquitter. ‖ MIL. *einen Angriff auslösen*, déclencher une attaque. | *das Feuer auslösen*, ouvrir le feu. ‖ MÉD. désarticuler. ‖ TECHN. déclencher ; débrayer. | *einen Hebel auslösen*, déclencher un levier. ‖ FIG. *ein Gefühl auslösen*, provoquer un sentiment.

Aus|löser [-zər] m. (s, -). TECHN., PHOT. déclencheur m. ; dispositif (m.) de déclenchement.

Aus|losung [ʺaus'lo:zuŋ] f. (-, en) tirage (m.) au sort. | *Auslosung von Losen*, tirage au sort de lots.

Aus|lösung [ʺaus'lø:zuŋ] f. (-, en) dégagement m. ; rachat m. ; libération f. ‖ COMM. acquit m. ‖ MIL. déclenchement m. ‖ MÉD. désarticulation f. ‖ TECHN. déclenchement m. ; débrayage m. | *impulsgesteuerte Auslösung*, topage m.

aus|loten [ʺaus'lo:tən] v. tr. mesurer au plomb. ‖ MAR. sonder.

aus|lüften [ʺaus'lyftən] v. tr. aérer ; ventiler.

Aus|lug ['auslu:k] m. (s, e) MIL. (Vx.) poste (m.) d'observation, de guet.

aus|lugen [ʺaus'lu:gən] v. intr. observer ; guetter.

aus|machen [ʺaus'maxən] v. tr. arracher. | *Kartoffeln ausmachen*, arracher des pommes de terre. ‖ PAR ANAL. *das Feuer ausmachen*, éteindre le feu. ‖ FIG. arrêter ; décider ; convenir. | *einen Preis ausmachen*, convenir d'un prix. ‖ faire ; avoir pour résultat. | *im Ganzen macht das zehn Mark aus*, cela fait en tout dix marks. | *diese zwei Zimmer machen die Wohnung aus*, ces deux chambres font, constituent tout le logement. | *das macht nichts aus !*, cela ne fait rien. | *was macht das aus ?*, qu'importe ? | *ein Treffen ausmachen*, convenir d'une rencontre.
◇ part. pass. et adj. **ausgemacht,** consommé. | *das ist eine ausgemachte Sache*, c'est une affaire entendue. | *es ist ausgemacht*, (c'est) entendu ; d'accord. | *ein ausgemachter Schuft*, une crapule consommée ; un fieffé coquin.

aus|mahlen [ʺaus'mɑ:lən] v. tr. moudre.

Ausmahlungs|satz [ʺausmɑ:luŋs'zats] m. (es, ¨e) taux (m.) de blutage.

aus|malen [ʺaus'mɑ:lən] v. tr. achever de peindre. ‖ PAR ANAL. peindre ; colorier.
◇ v. pr. **sich ausmalen,** FIG. *sich etwas ausmalen*, se figurer ; se représenter qch.

Aus|marsch ['ausmarʃ] m. (es, ¨e). MIL. départ m. ; sortie f.

Aus|maß ['ausmɑ:s] n. (es, e) dimension f. ; mesure f. ; étendue f. | *in großem Ausmaß*, dans une large mesure.

aus|mauern [ʺaus'mauərn] v. tr. ARCHIT. hourder ; maçonner ; murer.

Aus|mauerung [-əruŋ] f. (-, en). ARCHIT. hourdage m. ; murage m. ; maçonnage m.

aus|meißeln [ʺaus'maisəln] v. tr. buriner ; ciseler ; creuser.

aus|mergeln [ʺaus'mɛrgəln] v. tr. exténuer ; épuiser.

aus|merzen [ʺaus'mɛrtsən] v. tr. retrancher ; éliminer. ‖ FIG. élaguer ; épurer. | *aus einem Buch die Druckfehler ausmerzen*, éliminer d'un livre les fautes d'impression ; corriger.

Aus|merzung [-tsuŋ] f. (-, en) suppression f. ; élimination f.

aus|messen [ʺaus'mɛsən] (i, a, e) v. tr. mesurer ; arpenter. ‖ MATH. cuber. ‖ MAR. jauger. ‖ COMM. détailler.

Aus|messung [-suŋ] f. (-, en) mesurage m. ; arpentage m. ‖ MATH. cubage m. ‖ MAR. jaugeage m.

aus|misten [ʺaus'mistən] v. tr. enlever le fumier.

aus|münzen [ʺaus'myntsən] v. tr. monnayer ; battre monnaie.

aus|mustern [ʺaus'mustərn] v. tr. trier ; passer en revue. ‖ COMM. *Waren ausmustern*, trier des marchandises. ‖ MIL. réformer.

Aus|musterung [-təruŋ] f. (-, en). COMM. choix m. ; tri m. ‖ MIL. réforme f.

Aus|nahme [ʺaus'nɑ:mə] f. (-, n) exception f. | *eine Ausnahme machen*, *bilden*, faire une exception. | *mit Ausnahme von*, à l'exception de ; sauf ; exception faite de ; sans. ‖ PROV. *die Ausnahme bestätigt die Regel*, l'exception confirme la règle.

Ausnahme|fall [ʺausnɑ:mə'fal] m. (s, ¨e) cas exceptionnel ; exception f. ‖°**-genehmigung** f. (-, en) autorisation exceptionnelle. ‖°**-gericht** n. (s, e) tribunal (m.) d'exception ; juridiction exceptionnelle. ‖°**-gesetz** n. (es, e) loi (f.) d'exception. ‖°**-preis** m. (es, e) prix exceptionnel. ‖°**-zustand** m. (s, ¨e) état (m.) de siège.

ausnahms|los [ʺausnɑ:ms'lo:s] adj. et adv. sans exception. ‖**-weise** adv. exceptionnellement ; par exception.

aus|nehmen [ʺaus'ne:mən] (i, a, o) v. tr. sortir ; tirer de. | *ein Nest ausnehmen*, dénicher des oiseaux. | *einen Bienenstock ausnehmen*, châtrer une ruche. | *Geflügel ausnehmen*, vider la volaille. | *im Spiel ausnehmen*, gagner toute la cave d'un joueur ; décaver un joueur. | *ausnehmend schön*, exceptionnellement beau. ‖ PAR ANAL. excepter ; faire exception de. | *Anwesende ausgenommen*, excepté ceux qui sont présents. ‖ FIG. *das nimmt sich gut aus*, cela fait bien ; cela fait bon effet.

aus|nützen [ʺaus'nytsən] v. tr. mettre à profit ; utiliser ; exploiter. | *eine Lage ausnützen*, exploiter une situation. | *jn ausnützen*, exploiter qn. | *alle Vorteile ausnützen*, faire flèche de tout bois.

Aus|nutzung [-tsuŋ] f. (-, en) utilisation f. ; mise (f.) à profit ; exploitation f.

aus|packen [ʺaus'pakən] v. tr. déballer ; dépaqueter ; défaire. ‖ FIG., POP *tüchtig auspacken*, dire rondement sa façon de penser.

aus|pauken [ʺaus'paukən] v. tr. publier à cor et à cri. ‖ PAR EXT. se battre en duel.

aus|peitschen [ʺaus'paitʃən] v. tr. fouetter ; fustiger.

aus|pfänden [ʺaus'pfɛndən] v. tr. JUR. saisir (les biens d'un débiteur).

Aus|pfänder [-dər] m. (s, -). JUR. saisissant m.

Aus|pfändung [-duŋ] f. (-, en). JUR. saisie f.

aus|pfeifen [ʺaus'pfaifən] (i, i) v. tr. siffler (jusqu'au bout) ; huer.

aus|pflanzen [ʺaus'pflantsən] v. tr. déplanter ; transplanter ; dépoter.

Aus|pflanzung [-tsuŋ] f. (-, en) déplantation f. ; transplantation f.

aus|pflücken [ʺaus'pflykən] v. tr. éclaircir les fruits d'un arbre.

Auspizium [aus'pitsium] n. (s, zien) auspice m.

aus|plaudern [ʺaus'plaudərn] v. tr. ébruiter. | *ein Geheimnis ausplaudern*, vendre la mèche.
— SYN. : *schwatzen*, papoter ; *ausschwätzen*, jaser ; *ausplappern*, révéler ; *ans Licht bringen*, dévoiler.

aus|plündern [ʺaus'plyndərn] v. tr. piller ; dépouiller ; ravager ; détrousser. | *etwas regelrecht ausplündern*, FIG. mettre qch. en coupe réglée.

Aus|plünderung [-dəruŋ] f. (-, en) pillage m. ; dépouillement m. ; ravage m.

aus|polstern [ʺaus'pɔlstərn] v. tr. matelasser ; rembourrer ; capitonner.

Aus|polsterung [-təruŋ] f. (-, en) rembourrage m.

aus|posaunen ["auspo'zaunən] v. tr. annoncer à son de trompe ; crier sur (tous) les toits.

aus|powern ["aus'po:vərn] v. tr. appauvrir ; exploiter ; gruger.

aus|prägen ["aus'prɛ:gən] v. tr. empreindre. || PAR EXT. monnayer. || FIG. marquer ; prononcer ; rendre net. | *ausgeprägte Gesichtszüge*, des traits marqués, accusés.

aus|pressen ["aus'prɛsən] v. tr. exprimer ; presser ; pressurer. | *eine Frucht auspressen*, presser un fruit. || FIG. *jn auspressen*, pressurer, exploiter qn.

Aus|pressung [-suŋ] f. (-, en) pressurage m. ; extraction f. ; exploitation f.

aus|proben ["aus'pro:bən], **ausprobieren** ["ausprɔ'bi:rən] v. tr. essayer.

Aus|puff ['auspuf] m. (s, e). AUTOM. échappement m.

Auspuff|gase ["auspuf'gɑ:zə] n. pl. gaz (m. pl.) d'échappement.

aus|pumpen ["aus'pumpən] v. tr. pomper ; faire le vide. || MÉD. *den Magen auspumpen*, laver l'estomac.
◇ part. pass. et adj. **ausgepumpt,** FIG., POP. *er ist ausgepumpt*, il est épuisé.

aus|punkten ["aus'puŋktən] v. tr. SPORT. [boxe] battre aux points.

Aus|putz ['ausputs] m. (es, e) décor m. ; garniture (f.) de robe.

aus|putzen ["aus'putsən] v. tr. orner ; parer ; décorer ; garnir. | *den Christbaum ausputzen*, garnir l'arbre de Noël. || PAR ANAL. nettoyer. | *ein Faß ausputzen*, rincer un tonneau. | *das Licht ausputzen*, moucher la chandelle. | *einen Baum ausputzen*, émonder, élaguer un arbre. || FAM. *jn ausputzen*, passer un savon à qn. || TECHN. ébarber.
◇ v. pr. **sich ausputzen,** se parer ; s'attifer.

aus|quartieren ["auskvar'ti:rən] v. tr. et v. pr. déloger ; déménager.

aus|radieren ["ausra'di:rən] v. tr. effacer ; gommer.

aus|rauben ["aus'raubən] v. tr. dépouiller ; dévaliser. || MINES. déboiser.

aus|räuchern ["aus'rɔyçərn] v. tr. enfumer.

aus|raufen ["aus'raufən] v. tr. arracher. | *sich die Haare ausraufen*, s'arracher les cheveux.

aus|räumen ["aus'rɔymən] v. tr. vider. | *ein Zimmer ausräumen*, dégarnir, démeubler une pièce. || PAR ANAL. nettoyer ; vider. || TECHN. curer ; vidanger ; dégorger.

Aus|räumung [-muŋ] f. (-, en) action de démeubler, de vider. || PAR ANAL. nettoyage m. ; curage m. ; vidange f.

aus|rechnen ["aus'rɛçnən] v. tr. calculer ; supputer.

Aus|rechnung [-nuŋ] f. (-, en) calcul m. ; supputation f.

aus|recken ["aus'rɛkən] v. tr. étendre ; étirer.

Aus|rede ["aus're:də] f. (-, n) excuse f. ; échappatoire f. ; prétexte m. ; défaite f. | *faule Ausrede*, faux-fuyant m. | *um eine Ausrede nicht verlegen sein*, trouver toujours des excuses. | *da hilft keine Ausrede*, FAM. il n'y a pas à tortiller.
— SYN. : *Ausflucht*, fuite ; *falscher Vorwand*, faux-fuyant ; *Vorgeben*, subterfuge ; *Vorwand*, échappatoire.

aus|reden ["aus're:dən] v. intr. achever de parler.
◇ v. tr. parler de ; épuiser un sujet ; finir une phrase. || PAR EXT. *jm etwas ausreden*, dissuader qn de qch.
◇ v. pr. **sich ausreden,** s'expliquer. | *sich mit jm ausreden*, s'expliquer avec qn. || FIG. chercher des excuses. | *sie redet sich aus*, elle avance un prétexte.

aus|reiben ["aus'raibən] (ie, ie) v. tr. frotter ; frictionner. || TECHN. aléser.

aus|reichen ["aus'raiçən] v. intr. suffire. | *mein Geld reicht aus*, j'ai assez d'argent.

aus|reichend [-çənt] adj. suffisant.
◇ adv. suffisamment. | *ausreichend frankiert*, dûment affranchi.

aus|reifen ["aus'raifən] v. intr. mûrir. | *die Sonne läßt die Früchte ausreifen*, le soleil mûrit les fruits. || FIG. mûrir. | *ein dichterisches Werk ausreifen lassen*, mûrir une œuvre poétique.

Aus|reise ["aus'raizə] f. (-, n) départ m. ; sortie f. ; passage (m.) de la frontière. | *Ausreisevisum*, visa (m.) de sortie.

aus|reisen [-zən] v. intr. partir ; sortir du pays ; passer la frontière.

aus|reißen ["aus'raisən] (i, i) v. tr. extirper ; arracher ; déraciner. | *Unkraut ausreißen*, arracher les mauvaises herbes ; désherber. | *die Haare ausreißen*, épiler. | *sich kein Bein ausreißen*, POP. ne pas se fouler la rate.
◇ v. intr. s'en aller ; se déchirer. || PAR ANAL. se sauver ; fuir ; prendre la clef des champs.

Aus|reißer [-sər] m. (s, -) fuyard m. ; évadé m. || MIL. déserteur m.

Aus|reißerei ['ausraisə"rai] f. (-, en) fuite f.

aus|reiten ["aus'raitən] (i, i) sortir à cheval.

aus|renken ["aus'rɛŋkən] v. tr. MÉD. démettre ; déboîter ; désarticuler. | *sich den Arm ausrenken*, se démettre le bras.

Aus|renkung [-kuŋ] f. (-, en) déboîtement m. ; déhanchement m. ; désarticulation f. ; luxation f.

aus|richten ["aus'riçtən] v. tr. **1.** aligner ; redresser. || MINES. *ein Flöz ausrichten*, découvrir un filon. || TECHN. dégauchir ; centrer. || TYPOGR. justifier. | *linksbündig, rechtsbündig ausrichten*, justifier à gauche, à droite.
2. PAR EXT. transmettre. | *einen Gruß ausrichten*, transmettre des salutations. || FIG. exécuter ; obtenir. | *er hat nicht viel ausgerichtet*, il n'a pas bien réussi. | *damit ist nichts ausgerichtet*, cela n'avance à rien.

Aus|richtung [-tuŋ] f. (-). MIL. alignement m. || TECHN. dégauchissement m. || OPT. *schlechte Ausrichtung* [Handlung] décentrage m. ; décentration f. ; [Resultat] décentrement m. || PAR EXT. commission f.

aus|ringen ["aus'riŋən] (a, u) v. tr. tordre (du linge) ; essorer.
◇ part. pass. **ausgerungen,** FIG., PAR EUPHÉM. *er hat ausgerungen*, il a fini de souffrir.

aus|rinnen ["aus'rinən] (a, o) v. intr. couler ; s'écouler.

Aus|ritt ['ausrit] m. (s, e) sortie (f.), promenade (f.) à cheval.

aus|roden ["aus'ro:dən] v. tr. [Forstwesen] essarter ; défricher ; déboiser.

Aus|rodung [-duŋ] f. (-, en) défrichement m. ; déracinement m. ; dessouchage m.

aus|rollen ["aus'rɔlən] v. tr. dérouler. | *Teig ausrollen*, étendre la pâte au rouleau.
◇ v. intr. finir de rouler.

aus|rotten ["aus'rɔtən] v. tr. exterminer ; extirper. || FIG. *ein Laster ausrotten*, déraciner un vice.
— SYN. : *vertilgen*, déraciner ; *vernichten*, détruire, anéantir.

Aus|rottung [-tuŋ] f. (-) extermination f. ; extirpation f.

aus|rücken ["aus'rykən] v. intr. partir ; sortir ; POP. déguerpir. | *bei Nacht und Nebel ausrücken*, déménager à la cloche de bois. || MIL. *die Truppen rücken aus*, les troupes se mettent en marche.
◇ v. tr. TECHN. débrayer ; désaccoupler ; désembrayer. | *Zahnräder ausrücken*, désengrener.

Aus|rückung [-kuŋ] f. (-, en) départ m. ; sortie f. || TECHN. déclenchement m. ; débrayage m.

Aus|ruf ['ausru:f] m. (s, e) exclamation f. ; cri m. || PAR EXT. publication f. ; proclamation f. || GRAMM. interjection f.

aus|rufen ["aus'ru:fən] (ie, u) v. tr. crier. | *Zeitungen ausrufen*, crier les journaux. | *öffentlich ausrufen*, publier ; proclamer. | *zum König ausrufen*, proclamer roi.

Aus|rufer ["aus'ru:fər] m. (s, -). HIST. héraut m. || *öffentlicher Ausrufer*, crieur public ; appariteur m.

Ausrufe|satz ["ausru:fə'zats] m. (es, ¨e). GRAMM. proposition exclamative.

Aus|rufung [-'ru:fuŋ] f. (-, en) proclamation f.

Ausrufungs|zeichen ["aus'ru:fuŋs'tsaiçən] n. (s, -). GRAMM. point (m.) d'exclamation.

aus|ruhen ["aus'ru:ən] v. intr. se reposer ; se délasser. || AGRIC. être en jachère.

aus|runden ["aus'rundən] v. tr. arrondir.

aus|rupfen ["aus'rupfən] v. tr. arracher. | *Haare ausrupfen*, arracher des cheveux ; épiler. | *Federn ausrupfen*, plumer. || [Textil] éplucher.

aus|rüsten ["aus'rystən] v. tr. équiper ; pourvoir ; munir ; armer.

Aus|rüstung [-tuŋ] f. (-, en). [Handlung] équipement m. ; armement m. || [Material] matériel m. || MIL. *in feldmarschmäßiger Ausrüstung*, en tenue de campagne. || TECHN. *Ausrüstung eines Stoffes*, apprêt (m.) d'un tissu.

aus|rutschen ["aus'rutʃən] v. intr. glisser ; faire un faux pas ; déraper.

Aus|saat ['ausza:t] f. (-, en) ensemencement m. ; semailles f. pl. ; emblavement m.

Aus|sage ["aus'za:gə] f. (-, n) affirmation f. ; déclaration f. ; dires m. pl. || JUR. *Aussage eines Zeugen*, déposition (f.) d'un témoin. | *beeidigte Aussage*, déclaration sous la foi du serment. | *seine Aussage widerrufen*, se rétracter ; se dédire. | *nach Aussage von*, au dire de.

Aussage|satz ["ausza:gə'zats] m. (es, ¨e). GRAMM. proposition affirmative. ||°**-wort** n. (s, ¨er). GRAMM. attribut m.

aus|sagen ["aus'za:gən] v. tr. déclarer ; affirmer ; dire. || JUR. *vor Gericht aussagen*, déposer en justice. | *zu Gunsten von jm aussagen*, déposer en faveur de qn. | *das sagt nichts darüber aus*, cela n'explique rien.

aus|sägen ["aus'zɛ:gən] v. tr. découper à la scie.

Aus|satz ['auszats] m. (es, ¨e). MÉD. lèpre f. || TYPOGR. [Gleichmäßigkeit des Drucks] égalité (f.) d'impression. || [Spiel] mise f. ; enjeu m.

aus|sätzig ["aus'zɛtsiç] adj. lépreux.

aus|saugen ["aus'zaugən] (o, o) v. tr. sucer ; vider en suçant. || FIG. exploiter ; pressurer.

aus|schachten ["aus'ʃaxtən] v. tr. creuser ; fouiller ; excaver.

Aus|schachtung [-tuŋ] f. (-, en) fouilles f. pl ; fonçage m.

aus|schalen ["aus'ʃa:lən] v. tr. ouvrir. | *Austern ausschalen*, écailler des huîtres. || TECHN. décoffrer.

Aus|schalen n. (s, -). TECHN. décoffrage m.

aus|schälen ["aus'ʃɛ:lən] v. tr. ôter l'enveloppe. | *Äpfel ausschälen*, peler des pommes. | *Nüsse ausschälen*, écaler des noix. | *Erbsen ausschälen*, écosser des petits pois. || MÉD. enlever.

aus|schalten ["aus'ʃaltən] v. tr. éliminer ; exclure ; isoler. || ÉLECTR. *den Strom ausschalten*, couper le courant. || AUTOM. *einen Gang ausschalten*, changer de vitesse. | *den Motor ausschalten*, arrêter le moteur. || TECHN. *die Kupplung ausschalten*, débrayer.

Aus|schalter [-tər] m. (s, -). ÉLECTR. interrupteur m. ; disjoncteur m. ; coupe-circuit m.

Aus|schaltung [-tuŋ] f. (-, en). ÉLECTR. coupure f. ; disjonction f. ; interruption f. || FIG., POLIT. *Ausschaltung eines Ministers*, FAM. limogeage (m.) d'un ministre.

Aus|schank ['ausʃaŋk] m. (s, ¨e) débit (m.) de boissons ; estaminet m.

Ausschank|recht ["ausʃaŋk'rɛçt] n. (s, e). JUR. licence f.

aus|scharren ["aus'ʃarən] v. tr. gratter. || FIG., VX. *einen Dozenten ausscharren*, chahuter un professeur (en trépignant).

aus|schattieren ["aus'ʃati:rən] v. tr. ombrer ; estomper (un dessin).

Aus|schau ['ausʃau] f. (-) tour (m.) d'horizon ; vue f. ; regard m. | *Ausschau halten*, scruter l'horizon.

aus|schauen ["aus'ʃauən] v. intr. | *nach jm ausschauen*, chercher qn du regard ; regarder ; observer. || PAR EXT. [aussehen] *böse ausschauen*, avoir l'air méchant.

aus|scheiden ["aus'ʃaidən] (ie, ie) v. intr. se séparer ; s'en aller. | *aus dem Geschäft ausscheiden*, se retirer des affaires. | *ein Beamter scheidet aus*, un fonctionnaire prend sa retraite. || SPORT. *eine Mannschaft scheidet aus*, une équipe est éliminée.
◇ v. tr. séparer ; écarter ; éliminer. || CHIM. *ein Gas ausscheiden*, dégager un gaz. || MÉD. *Eiter ausscheiden*, sécréter du pus.

Aus|scheidung [-duŋ] f. (-, en) séparation f. || ADM. retraite f. || SPORT. élimination f. || MÉD. sécrétion f. || ANAT. désassimilation f. || TECHN. départ m. ; dépôt m.

Ausscheidungs|kampf ["ausʃaiduŋs'kampf] m. (s, ¨e). SPORT. épreuve (f.) éliminatoire ; éliminatoire f. ||°**-spiel** n. (s, e). SPORT. match (m.) de sélection.

aus|schelten ["aus'ʃɛltən] (i, a, o) v. tr. gronder ; tancer.
— SYN. : *schelten*, réprimander ; *rügen*, reprendre ; *einen Verweis geben*, attraper.

aus|schenken ["aus'ʃɛŋkən] v. tr. verser (à boire). || PAR EXT. tenir un débit (de boissons).

aus|scheren ["aus'ʃe:rən] v. intr. MAR. dévier ; changer de direction. || [Fahrzeug] déboîter.

aus|scheren [-rən] (o, o) v. tr. couper aux ciseaux. || MAR. *ein Tau ausscheren*, épisser un câble.

aus|schicken ["aus'ʃikən] v. tr. envoyer ; expédier.

aus|schießen ["aus'ʃi:sən] (o, o) v. tr. tirer ; détruire en tirant ; user en tirant. | *ihm wurde ein Auge ausgeschossen*, on lui creva un œil d'un coup de feu. || PAR ANAL. *einen Preis ausschießen*, gagner un prix de tir. || trier ; séparer. | *schlechte Ware ausschießen*, éliminer la marchandise de mauvaise qualité.
◇ v. intr. déteindre ; passer (couleur).

aus|schiffen ["aus'ʃifən] v. tr. débarquer.

Aus|schiffung [-fuŋ] f. MAR. débarquement m.

aus|schimpfen ["aus'ʃimpfən] v. tr. gronder ; injurier ; tancer. || FAM. passer un savon à qn.

aus|schlachten ["aus'ʃlaxtən] v. tr. tuer les bêtes faibles d'un troupeau. || PAR EXT. dépecer. | *einen Wagen ausschlachten*, démolir une voiture. || FIG. exploiter. | *alles für sich ausschlachten*, faire flèche de tout bois. ||[Presse] *ein Ereignis ausschlachten*, exploiter un événement.

aus|schlacken ["aus'ʃlakən] v. tr. débarrasser des scories, du mâchefer.

aus|schlafen ["aus'ʃla:fən] (ä, ie, a) v. intr. FAM. faire la grasse matinée.
◇ v. tr. FIG., POP. *seinen Rausch ausschlafen*, cuver son vin.

Aus|schlag ['ausʃla:k] m. (s, ¨e). PHYS. déviation f. ; oscillation f. | *Ausschlag der Magnetnadel*, déviation de la boussole. || MAR. *Ausschlag des Steuers*, braquage (m.) du gouvernail. || MÉD. éruption f. || FIG. *den Ausschlag geben*, faire pencher la balance ; décider ; départager.

aus|schlagen ["aus'ʃla:gən] (ä, u, a) v. tr. faire sortir. | *einen Zahn ausschlagen*, casser une dent. | *ein Ei ausschlagen*, casser un œuf. || FIG. *das schlägt dem Faß den Boden aus*, cela passe la mesure ; c'est le bouquet. || PAR ANAL. *mit Samt ausschlagen*, garnir, tendre de velours. || PAR EXT. [verweigern] rejeter. | *eine Bitte ausschlagen*, repousser une demande.
◇ v. intr. ruer. | *das Pferd schlägt aus*, le cheval rue. || *das Herz hat ausgeschlagen*, le cœur a cessé de battre. || *die Waage schlägt aus*, la balance penche. || *die Bäume schlagen aus*, les arbres bourgeonnent. || FIG. *es schlägt zu meinem Vorteil aus*, cela tourne à mon avantage.

ausschlag|gebend ["ausʃla:k'ge:bənt] adj. décisif ; déterminant ; crucial.

Aus|schlagung ["aus'ʃla:guŋ] f. (-). JUR. refus m. ; renonciation f.

aus|schlämmen ["aus'ʃlɛmən] v. tr. curer ; débourber ; nettoyer ; laver.

aus|schleifen ["aus'ʃlaifən] (i, i) v. tr. affiler ; aiguiser ; évider ; rectifier à la meule ; roder.

aus|schließen ["aus'ʃli:sən] (o, o) v. tr. exclure ; excepter. | *niemanden davon ausschließen*, n'en excepter personne. | *er hat mich ausgeschlossen*, il m'a fermé sa porte.
◇ part. pass. et adj. **ausgeschlossen,** excepté. | *Sonntag ausgeschlossen*, excepté le dimanche.

aus|schließlich [-'ʃli:sliç] adj. (gén.) et adv. exclusif ; privatif ; à l'exclusion de. | *eine ausschließliche Gunst*, une faveur exclusive.

Aus|schließlichkeit [-liçkait] f. (-) exclusivité f.

Aus|schließung [-ʃli:suŋ] f. (-, en) exclusion f.

aus|schlüpfen ["aus'ʃlypfən] v. intr. éclore.

Aus|schluß ['ausʃlus] m. (es, ¨e) exclusion f. ; forclusion f. | *Ausschluß aus dem Verein*, exclusion de la société. || JUR. *Ausschluß der Gütergemeinschaft*, séparation (f.) de biens. | *unter Ausschluß der Öffentlichkeit*, à huis clos. || ADM. *zeitweiliger Ausschluß vom Dienst*, suspension f. || SPORT. disqualification f.

Aus|schmelzung ["aus'ʃmɛltsuŋ] f. (-, en). TECHN. fonte f. ; coupellation f.

aus|schmieden ["aus'ʃmi:dən] v. tr. forger ; marteler ; étirer.

aus|schmieren ["aus'ʃmi:rən] v. tr. enduire de graisse ; graisser ; lubrifier.

aus|schmücken ["aus'ʃmykən] v. tr. parer ; orner ; décorer. || FIG. *eine Nachricht ausschmücken*, enjoliver une information.

Aus|schmückung [-kuŋ] f. (-, en) [Handlung] décoration f. || [Resultat] parure f. ; décor m. ; ornementation f.

aus|schnappen ["aus'ʃnapən] v. intr. se lâcher ; se débander ; se déclencher.

aus|schnaufen ["aus'ʃnaufən] v. intr. reprendre haleine.

aus|schneiden ["aus'ʃnaidən] (schnitt, geschnitten) v. tr. découper ; échancrer. | *zackig ausschneiden*, denteler ; déchiqueter. | *einen Baum ausschneiden*, élaguer un arbre.

◇ part. pass. et adj. **ausgeschnitten,** *ausgeschnittenes Kleid*, robe décolletée.

Aus|schnitt ['ausʃnit] m. (s, e) échancrure f. ; coupure f. | *Ausschnitt aus einem Buch*, extrait (m.) d'un livre. | *zackiger Ausschnitt*, déchiqueture f. || [Kleid] décolleté m. || COMM. *im Ausschnitt verkaufen*, vendre au détail. | *Zeitungsausschnitt*, coupure de presse.

aus|schöpfen ["aus'ʃøpfən] v. tr. puiser ; épuiser. | *einen Brunnen ausschöpfen*, mettre un puits à sec. || FIG. *alle Möglichkeiten ausschöpfen*, épuiser toutes les possibilités.

aus|schoten ["aus'ʃo:tən] v. tr. écosser.

aus|schrägen ["aus'ʃrɛ:gən] v. tr. ARCHIT. ébraser.

aus|schrauben ["aus'ʃraubən] v. tr. dévisser ; déboulonner ; desserrer.

aus|schreiben ["aus'ʃraibən] (ie, ie) v. tr. **1.** écrire en toutes lettres. | *seinen Namen (voll) ausschreiben*, écrire son nom en toutes lettres.
2. PAR ANAL. transcrire ; copier. | *eine Rechnung ausschreiben*, relever un compte.
3. copier des extraits (d'un texte).
4. faire savoir ; publier. | *eine Stelle ausschreiben*, déclarer un emploi vacant. | *einen Wettbewerb ausschreiben*, ouvrir un concours.
◇ part. pass. et adj. **ausgeschrieben,** *eine ausgeschriebene Handschrift haben*, avoir une écriture bien formée.

Ausschreiber [-bər] m. (s, -) copiste m.

Aus|schreibung [-buŋ] f. (-, en) rédaction f. || PAR ANAL. transcription f. ; copie f. || ADM. *Ausschreibung eines Wettbewerbs*, ouverture (f.) d'un concours. || ÉCON. appel (m.) d'offres.

aus|schreien ["aus'ʃraiən] (ie, ie) v. tr. annoncer à cor et à cri ; crier partout. | *Zeitungen ausschreien*, vendre des journaux à la criée.

aus|schreiten ["aus'ʃraitən] (i, i) v. intr. 1° allonger le pas ; 2° dépasser ; transgresser.

Aus|schreitung [-tuŋ] f. (-, en) excès m. ; infraction f. | *Ausschreitungen begehen*, faire des excès.

Aus|schuß ['ausʃus] m. (es, ¨e). **1.** MIL. sortie f. (du projectile).
2. FIG., COMM., ADM. [Rat] comité m. ; commission f. ; délégation f. | *beratender Ausschuß*, comité consultatif. | *geschäftsführender Ausschuß*, conseil (m.) de gestion.
3. COMM. [Abfall] déchet m. ; rebut m. ; perte f. | *Ausschußware*, marchandise (f.) de rebut ; camelote f.

aus|schütteln ["aus'ʃytəln] v. tr. secouer.

aus|schütten ["aus'ʃytən] v. tr. répandre ; (ren)verser. | *einen Eimer ausschütten*, vider un seau. || FIN. *eine Dividende ausschütten*, distribuer, répartir un dividende. || FAM. *sein Herz ausschütten*, épancher son cœur ; s'ouvrir (à qn). | *das Kind mit dem Bade ausschütten*, jeter l'or avec les crasses ; rejeter les bonnes choses avec les mauvaises. || PAR ANAL. [ausfüllen] combler ; remblayer.
◇ v. pr. **sich ausschütten,** FIG., FAM. *sich vor Lachen ausschütten*, se tordre, se pâmer de rire.

Aus|schüttung [-tuŋ] f. (-, en). FIN. répartition f. ; distribution f. ; versement m. | *Ausschüttung der Dividende*, distribution des dividendes.

aus|schwärmen ["aus'ʃvɛrmən] v. intr. essaimer. | *die Bienen schwärmen aus*, les abeilles essaiment. || MIL. se déployer en tirailleurs, en éclaireurs.

aus|schwefeln ["aus'ʃve:fəln] v. tr. soufrer.

Aus|schwefelung [-fəluŋ] f. soufrage m.

aus|schweifen ["aus'ʃvaifən] v. tr. TECHN. chantourner ; échancrer ; évider.
◇ part. pass. et adj. **ausgeschweift,** échancré ; galbé ; qui a des formes rondes.
◇ v. intr. dévier ; sortir des limites ; divaguer ; digresser. || PAR EXT. faire des écarts.

aus|schweifend [-fənt] part. prés. et adj. FIG. extravagant ; déréglé. | *er führt ein ausschweifendes Leben*, il mène une vie déréglée. | *ausschweifende Phantasie*, imagination déréglée.
— SYN. : *liederlich*, débauché ; *lasterhaft*, libertin ; *schamlos*, dévergondé ; *zügellos*, effréné.

Aus|schweifung [-fuŋ] f. (-, en). TECHN. chantournement m. ; échancrure f. || FIG. excès m. ; débauche f. ; dérèglement m. ; déportements m. pl.

aus|schweigen (sich) [ziç"aus'ʃvaigən] (ie, ie) v. pr. se taire ; garder le secret.

Aus|schwemmung ["aus'ʃvɛmuŋ] f. (-, en). MÉD. diurèse f.

aus|schwenkbar ["aus'ʃvɛŋkbɑ:r] adj. TECHN. [horizontal] à bascule ; basculant. || [vertikal] pivotant ; articulé.

aus|schwenken [-kən] v. tr. rincer.
◇ v. intr. TECHN. basculer ; pivoter.

Aus|schwenkung [-kuŋ] f. (-, en). TECHN. basculage m. ; pivotement m.

aus|schwitzen ["aus'ʃvitsən] v. tr. éliminer par la transpiration. || MÉD. exsuder.
◇ v. intr. exsuder ; bien transpirer.

aus|sehen ["aus'ze:ən] (ie, a, e) v. intr. regarder. | *von dieser Warte sieht man weit aus*, de ce belvédère on voit loin à la ronde. | *der Türmer sieht nach dem Schiffe aus*, le gardien du phare cherche du regard un bateau. || PAR ANAL. paraître ; sembler. | *er sieht gut aus*, il a bonne mine. | *er sieht nach nichts aus*, il a l'air insignifiant. | *ganz harmlos aussehen*, avoir un air d'innocence. | *er sieht jünger aus, als er ist*, il paraît moins que son âge. | *er sieht danach aus*, il en a l'air. | *die Sache sieht günstig aus*, l'affaire prend (une) bonne tournure. || *aussehen wie*, ressembler à. | *es sieht nach Regen aus ; es sieht aus, als ob es regnen wollte*, on dirait qu'il va pleuvoir. | *das sieht nach etwas aus*, cela fait bien.
◇ v. tr. voir jusqu'au bout ; voir tout. | *sich die Augen aussehen*, s'abîmer les yeux, la vue.

Aus|sehen [-ən] n. (s) air m. ; mine f. ; aspect m. ; apparence f. | *nach dem (bloßen) Aussehen urteilen*, juger sur l'apparence.

aus|sehend [-ent] part. prés. et adj. | *gut aussehend*, de belle apparence.

aus|seigern ["aus'zaigərn] v. tr. TECHN. ressuer.

Aus|seigerung [-gəruŋ] f. (-). TECHN. ressuage m.

aus|seihen ["aus'zaiən] v. tr. filtrer ; vider en filtrant.

aus|senden ["aus'zɛndən] (sandte, gesandt et conjug. faible) v. tr. envoyer ; expédier. | *Boten aussenden*, envoyer des émissaires. | *ein Radioprogramm aussenden*, émettre un programme (de radio).

außen ['ausən] adv. [ohne Bewegung] dehors ; en dehors ; au-dehors ; à l'extérieur. | *außen herumgehen*, faire le tour par l'extérieur. || [Bewegung] *nach außen*, en dehors. | *diese Tür öffnet sich nach außen*, cette porte s'ouvre en dehors. | *von außen betrachtet*, vu de dehors. | *von außen her*, du dehors. | *von innen nach außen*, du dedans au dehors.

Außen ['ausən] m. (s, -). SPORT. ailier m. | *Linksaußen*, ailier gauche. | *Rechtsaußen*, ailier droit.

Außen|abteilung ["ausən'aptailuŋ] f. (-, en) filiale f. ; succursale f. ||°**-anlage** f. (-, n) dépendance f. ||°**-ansicht** f. (-, en) vue extérieure ; aspect extérieur. ||°**-aufnahme** f. (-, n). FILM. tournage (m.) en extérieur. ||°**-bordmotor** m. (s, e). MAR. moteur (m.) hors bord ; moteur amovible ; motogodille f. ||°**-bordmotorboot** n. (s, e) canot (m.) hors-bord ; hors-bord m. ||°**-dienst** m. (es, e) service extérieur. || COMM. service (m.) de diffusion. ||°**-durchmesser** m. (s, -). MATH. diamètre extérieur. ||°**-film** m. (es, e) film tourné en plein air. ||°**-fläche** f. (-, n). MATH. périphérie f. ||°**-hafen** m. (s, ¨). MAR. avant-port m. ||°**-handel** m. (s) commerce extérieur. ||°**-handelsüberschuß** m. (es, ¨e) excédent (m.) de la balance commerciale. ||°**-minister** m. (s, -) ministre (m.) des Affaires étrangères. ||°**-ministerium** (s) ministère (m.) des Affaires étrangères. ||°**-politik** f. (-) politique extérieure. ||°**-seite** f. (-, n) [côté] extérieur ; dehors m. || TEXT. endroit m. ||°**-seiter** m. (s, -). FIG. [Einsamer] solitaire m. ; retiré m. | *gesellschaftlicher Außenseiter*, marginal(e) m. (f.). |[Rennen] outsider m. ||°**-stände** m. pl. FIN. créances f. pl. ||°**-stelle** f. (-, n) service détaché ; succursale f. ||°**-stellung** f. (-, en). MIL. position avancée. ||°**-stürmer** m. (s, -). SPORT. ailier m. ||°**-welt** f. (-) monde extérieur. ||°**-werk** n. (s, e). MIL. fort m. ; fortin m. ; ouvrage avancé. ||°**-winkel** m. (s, -) angle (m.) externe.

außer ['ausər] prép. (dat.) **1.** [außerhalb] hors de ; en dehors de. | *außer Haus sein*, être sorti ; ne pas être chez soi.
2. PAR ANAL. *ein Werk außer Tätigkeit setzen*, désaffecter une usine. | *außer Gefecht setzen*, mettre hors de combat. | *außer Kurs setzen*, retirer de la circulation. || ADM. *außer Dienst*, en dehors du service ; [im Ruhestand] (a.D.), à la retraite.
3. FIG. *außer Atem*, essoufflé. | *sich außer Atem laufen*, courir à perdre haleine. | *außer Fassung*, déconcerté ; désarçonné ; décontenancé. | *außer Rand und Band geraten*, être déchaîné ; avoir le diable au corps. | *außer sich sein*, être hors de soi. | *ich bin außer mir vor Freude*, je suis transporté de joie. | *außer sich geraten*, FAM. sortir

de ses gonds. | *außer Acht lassen*, négliger ; ne pas tenir compte de. | *außer allem Zweifel*, sans aucun doute.
4. PAR EXT. [abgesehen von] outre ; excepté. | *außer ihm habe ich keinen Freund*, excepté lui, lui excepté, à part lui, je n'ai pas d'amis.
◇ loc. conj. **außer daß,** hormis que. | *sie ist eine schöne Frau, außer daß sie zu groß ist*, c'est une belle femme, hormis qu'elle est trop grande. — **außer wenn,** à moins que.

außer|amtlich ["ausər'amtliç] adj. officieux. ||°**-betriebsetzung** f. (-, en) mise (f.) hors service, hors d'usage. ||**-dem** adv. en outre, en plus. ||**-dienstlich** adj. en dehors du service. ||**-ehelich** adj. hors du mariage ; illégitime. | *außereheliches Kind*, enfant naturel. ||**-etatmäßig** adj. extrabudgétaire. ||**-fahrplanmäßig** adj. *außerfahrplanmäßiger Zug*, train (m.) supplémentaire. ||**-gerichtlich** adj. JUR. extra-judiciaire. | *außergerichtlicher Vertrag*, acte (m.) sous seing privé. ||**-gewöhnlich** adj. extraordinaire ; exceptionnel ; hors série. ||**-halb** adv. au-dehors ; à l'extérieur. | *ich weile außerhalb*, je ne suis pas chez moi. — prép. (gén.) hors de. | *außerhalb der Stadt, außerhalb des Landes*, hors (de la) ville ; à l'étranger. ||°**-kraftsetzung** f. (-, en) abrogation f. ; annulation f. ; invalidation f. ||°**-kurssetzung** f. (-, en). FIN. démonétisation f. ||**-ordentlich** adj. extraordinaire ; exceptionnel. || UNIV. *außerordentlicher Professor*, (professeur) chargé de cours. ||**-planmäßig** adj. hors programme. || FIN. extrabudgétaire. ||**-schulisch** adj. extrascolaire. ||**-stande** adv. hors d'état. | *außerstande sein*, être dans l'impossibilité (de). | *jn außerstande setzen, der Gesellschaft zu schaden*, mettre qn hors d'état de nuire à la société.

äußer ['ɔysər] adj. extérieur ; externe. | *äußerer Rand*, bord extérieur. | *der äußere Schein*, l'apparence extérieure. || MATH. *äußerer Winkel*, angle (m.) externe. || NUCL. *äußere Strahlenbelastung*, irradiation (f.) externe.

Äußere ['ɔysərə] n. (n) dehors m. ; extérieur m. ; apparences f. pl. | *von angenehmem Äußeren*, d'un physique agréable. | *viel auf das Äußere geben*, se fier trop aux apparences. | *auf sein Äußeres halten*, avoir toujours une mise soignée. || POLIT. *Minister des Äußeren*, ministre (m.) des Affaires étrangères.

äußerlich [-rliç] adj. extérieur. | *äußerliche Ruhe*, calme apparent. | *äußerlicher Eindruck*, impression superficielle. || FIG. *äußerlicher Mensch*, homme superficiel. || PHARM. externe. | *äußerliches Heilmittel*, remède (m.) pour l'usage externe. || PHILOS. extrinsèque. | *äußerlicher Wert*, valeur (f.) extrinsèque.
◇ adv. extérieurement ; du dehors ; en apparence. | *er ist nur äußerlich fromm*, il n'est dévot qu'en apparence.

Äußer|lichkeit ['ɔysərliçkait] f. (-, en) chose superficielle ; formalité f. | *sich nur an Äußerlichkeiten halten*, ne s'attacher qu'aux apparences.

äußern ['ɔysərn] v. tr. et v. pr. manifester ; marquer ; extérioriser ; dire. | *wodurch äußert sich die Krankheit ?*, quels sont les symptômes de cette maladie ? | *einen Wunsch äußern*, exprimer un désir. | *seine Meinung äußern*, dire son avis. | *sich zu etwas äußern*, dire son avis sur qch.

äußerst ['ɔysərst] adj. (superl. de **äußer**) le plus éloigné ; dernier ; extrême. | *der äußerste Stadtrand*, l'extrême bordure (f.) de la ville. | *das äußerste Dorf*, le village le plus éloigné. | *das äußerste Ende*, le bout. | *äußerster Termin*, dernier délai. | *äußerste Linke*, extrême gauche f. || FIG. extrême. | *im äußersten Falle*, à la dernière extrémité. | *jn zum Äußersten bringen*, exaspérer qn. | *jn aufs Äußerste treiben*, mettre, pousser qn à bout. | *die äußersten Mittel anwenden*, FIG. employer les grands moyens. | *zum Äußersten kommen*, en venir aux dernières extrémités. | *auf das, aufs Äußerste*, à outrance ; à bout ; extrêmement. | *aufs Äußerste gefaßt sein*, s'attendre au pire. | *sein Äußerstes tun*, faire (tout) son possible.
◇ adv. extrêmement ; fort. | *das ist äußerst lächerlich*, c'est du dernier ridicule.

Äußerung ['ɔysəruŋ] f. (-, en) manifestation f. ; propos m. ; dires m. pl. ; déclaration f. | *gutachtliche Äußerung*, avis motivé ; expertise f.

aus|setzen ["aus'zɛtsən] v. tr. **1.** mettre dehors ; exposer. | *ein Rettungsboot aussetzen*, mettre un canot (de sauvetage) à la mer. | *ein Kind aussetzen*, abandonner un enfant.
2. PAR ANAL. [festlegen] fixer ; proposer. | *eine Rente aussetzen*, constituer une rente. | *einen Preis aussetzen*, attribuer un prix.
3. PAR EXT. interrompre ; suspendre. | *die Zahlungen aussetzen*, suspendre les paiements. | *eine Reise aussetzen*, remettre un voyage. || JUR. *die Vollstreckung aussetzen*, suspendre l'exécution.
4. [tadeln] critiquer ; blâmer. | *es gibt mancherlei an diesem Werk auszusetzen*, il y a bien des choses à critiquer dans cet ouvrage.
◇ v. intr. arrêter. | *mit der Arbeit aussetzen*, arrêter le travail. || MÉD. *das Herz setzt aus*, le cœur s'arrête, cesse de battre. || TECHN. *der Motor setzt aus*, le moteur a des ratés.
◇ v. pr. **sich aussetzen,** s'exposer. | *sich einer Gefahr aussetzen*, courir un danger. | *sich der Kritik aussetzen*, donner prise à la critique.

Aus|setzen [-tsən] n. (s), °**-setzung** [-tsuŋ] f. (-, en) exposition f. ; débarquement m. | *Aussetzung von Truppen*, débarquement de troupes. | *Aussetzung eines Kindes*, abandon (m.) d'un enfant. || PAR ANAL. *Aussetzung einer Rente*, constitution (f.) d'une rente. | *Aussetzung eines Preises*, attribution (f.) d'un prix. || FIN. *Aussetzung von Kursnotierungen*, cotation réservée. || PAR EXT. *Aussetzung der Arbeit*, arrêt (m.) du travail. || TECHN. *Aussetzung des Stroms*, interruption (f.) du courant. | *Aussetzung des Motors*, raté (m.) du moteur. || MÉD. *Aussetzung des Pulses*, arrêt (m.), intermittence (f.) du pouls.

Aus|sicht ['ausziçt] f. (-, en) vue f. (sur) ; perspective f. ; coup d'œil m. | *Aussicht aufs Meer*, vue sur la mer. | *eine schmale Aussicht zwischen Bäumen*, une échappée entre les arbres. || FIG. perspective f. ; chance f. ; espérance f. | *gute Aussichten haben*, avoir de bonnes chances. | *etwas in Aussicht haben*, avoir qch. en vue. | *in Aussicht nehmen*, se proposer de. | *jm etwas in Aussicht stellen*, faire espérer, entrevoir qch. à qn.

aussichts|los ["ausziçts'lo:s] adj. sans espoir ; désespéré. | *aussichtsloser Fall*, cas désespéré. ||°**-punkt** m. (s, e) point (m.) de vue. ||**-reich** adj. FIG. prometteur. ||°**-turm** m. (s, ¨e) observatoire m. ; belvédère m.

aus|sieben ["aus'zi:bən] v. tr. cribler ; tamiser.

aus|singen ["aus'ziŋən] (a, u) v. tr. finir sa chanson. || *eine ausgesungene Stimme*, une voix cassée. | *sie hat sich ausgesungen*, elle a perdu sa voix.

aus|sinnen ["aus'zinən] (a, o) v. tr. imaginer ; inventer ; machiner.

aus|sitzen ["aus'zitsən] (saß, gesessen) v. tr. user (un siège) à force de s'y asseoir. | *ausgesessener Stuhl*, siège usé.

aus|söhnen ["aus'zø:nən] v. tr. et v. pr. (se) réconcilier.

Aus|söhnung [-nuŋ] f. (-, en) réconciliation f.

aus|sondern ["aus'zɔndərn] v. tr. trier ; démêler ; séparer. || JUR. distraire. || CHIM. sécréter.

Aus|sonderung [-dəruŋ] f. (-, en) tri m. ; triage m. ; choix m. ; séparation f. ; élimination f. | *Aussonderung von Büchern*, tri de livres. || CHIM. sécrétion f. || JUR. distraction f.

aus|sortieren ["aussɔr'ti:rən] v. tr. trier ; assortir.

aus|spähen ["aus'ʃpɛ:ən] v. tr. et v. intr. épier ; guetter. || MIL. reconnaître. || PÉJOR. espionner.

Aus|spann ['ausʃpan] m. (s, e) relais m. || TECHN. démontage m. ; desserrage m.

aus|spannen ["aus'ʃpanən] v. tr. déployer ; (é)tendre. | *seine Flügel ausspannen*, déployer ses ailes. || dételer. | *ein Pferd ausspannen*, dételer un cheval. || FIG. *(sich) ausspannen*, se délasser.

Aus|spannung [-nuŋ] f. (-) détente f. ; récréation f. ; repos m.

aus|speien ["aus'ʃpaiən] v. tr. cracher ; dégorger ; vomir.

aus|sperren ["aus'ʃpɛrən] v. tr. écarter. || PAR EXT. *jn aussperren*, fermer la porte à qn. | *Arbeiter aussperren*, renvoyer des ouvriers ; avoir recours au lock-out.

Aus|sperrung [-ruŋ] f. (-) fermeture (f.) de l'atelier, de l'usine ; lock-out m. | *die Aussperrung beschließen*, décider le lock-out.

aus|spielen ["aus'ʃpi:lən] v. tr. jouer. | *eine Karte ausspielen*, jouer une carte. || FIG. *er spielt den letzten Trumpf aus*, il joue son va-tout ; il brûle sa dernière cartouche.
◇ v. intr. [Spiel] jouer le premier. || SPORT. jouer un match. || FIG., FAM. *er hat ausgespielt*, il est au bout du rouleau. | *eine ausgespielte Platte*, un disque usé.

aus|spinnen ["aus'ʃpinən] (a, o) v. tr. allonger en filant. | *Fäden ausspinnen*, tirer des fils ; filer. || FIG. étendre ; délayer ; imaginer. | *eine Geschichte ausspinnen*, imaginer une histoire.

aus|spionieren ["ausʃpio'ni:rən] v. tr. espionner.

aus|spotten ["aus'ʃpɔtən] v. tr. V. VERSPOTTEN.

Aus|sprache ["aus'ʃprɑ:xə] f. (-, n) prononciation f. | *eine gute Aussprache haben*, avoir une bonne diction. | *eine fremdartige Aussprache haben*, parler avec un accent étranger. || PAR EXT. discussion f. ; explication f. | *ich wünsche eine offene Aussprache mit Ihnen*, j'aimerais m'expliquer franchement avec vous.

Aussprache|bezeichnung ["ausʃprɑ:xəbe'tsaiçnuŋ] f. (-, en) prononciation figurée.

aus|sprechen ["aus'ʃpreçən] (i, a, o) v. tr. et v. pr. (se) prononcer. | *gut aussprechen*, bien articuler. | *laut aussprechen*, prononcer à haute voix. | *sich für jn aussprechen*, se prononcer pour, en faveur de qn. | *seine Meinung aussprechen*, donner son avis. | *ein Urteil aussprechen*, prononcer un jugement.
◇ part. pass. et adj. **ausgesprochen,** FIG. marqué ; prononcé. (V. AUSGESPROCHEN.)

aus|spreizen ["aus'ʃpraitsən] v. tr. écarter ; étendre.

aus|sprengen ["aus'ʃprɛŋən] v. tr. faire sauter. | *Wurzeln aussprengen*, extirper des racines.

aus|sprießen ["aus'ʃpri:sən] (o, o) v. intr. V. KEIMEN, SPRIEßEN.

aus|springen ["aus'ʃpriŋən] (a, u) v. intr. sauter dehors ; sortir. | *eine Feder springt aus*, un ressort se déclenche. || ARCHIT. faire saillie.

aus|spritzen ["aus'ʃpritsən] v. tr. faire jaillir. || laver (avec un jet d'eau) ; éteindre un feu (avec un jet d'eau).
◇ v. intr. jaillir ; sortir par jets.

Aus|spruch ['ausʃprux] m. (s, ¨e) sentence f. || JUR. jugement m. | *Ausspruch der Geschworenen*, verdict (m.) du jury.

aus|sprudeln ["aus'ʃpru:dəln] v. intr. jaillir ; sortir en bouillonnant. || FIG. parler très vite.

aus|sprühen ["aus'ʃpry:ən] v. tr. lancer. | *Funken aussprühen*, lancer, faire des étincelles.

aus|spucken ["aus'ʃpukən] v. tr. cracher.

aus|spülen ["aus'ʃpy:lən] v. tr. rincer. | *das Geschirr ausspülen*, laver la vaisselle. | *den Mund ausspülen*, se rincer la bouche. || *das Ufer ausspülen*, éroder, miner le rivage. | *die Wurzeln ausspülen*, déchausser les racines.

Aus|spülung [-luŋ] f. (-, en) lavage m. ; rinçage m. || érosion f.

aus|spüren ["aus'ʃpy:rən] v. tr. éventer.

aus|staffieren ["ausʃta'fi:rən] v. tr. garnir ; équiper. || FIG. étoffer.
◇ v. pr. **sich ausstaffieren,** FAM. *sich lächerlich ausstaffieren*, se fagoter drôlement.

Aus|staffierung [-ruŋ] f. accoutrement m.

Aus|stand ['ausʃtant] m. (s, ¨e) [Streik] grève f. | *in den Ausstand treten*, se mettre en grève. || COMM. [Forderung] créance f. | *Ausstände einziehen*, recouvrer des créances. || PAR EXT. [Frist] délai m. | *Ausstand geben*, accorder un délai.

aus|ständig ["aus'ʃtɛndiç] adj. *ausständige Arbeiter*, grévistes m. pl. || COMM. *ausständige Zahlungen*, paiements arriérés.

aus|stanzen ["aus'ʃtantsən] v. tr. MÉTALL. découper ; poinçonner.

aus|statten ["aus'ʃtatən] v. tr. équiper ; pourvoir de. | *ein Zimmer ausstatten*, meubler, décorer une pièce. | *die Tochter ausstatten*, doter sa fille. | *ein Schiff ausstatten*, armer, équiper un navire. | *mit Vollmacht ausstatten*, donner pleins pouvoirs.

Aus|stattung [-tuŋ] f. (-, en) équipement m. | *Ausstattung eines Schiffes*, armement (m.), équipement d'un navire. | *Ausstattung eines Buches*, présentation (f.) d'un livre. | *vornehme Ausstattung*, mise élégante. || THÉÂTRE. *Ausstattung*, décors m. pl. | *Oper in großer Ausstattung*, opéra (m.) à grand spectacle. || COMM. conditionnement m. (d'un article).

Ausstattungs|film ["ausʃtatuŋs'film] m. (s, e) film (m.) à grand spectacle.

aus|stauben ["aus'ʃtaubən], **aus|stäuben** ["aus'ʃtɔybən] v. tr. épousseter.

aus|stechen ["aus'ʃtɛçən] (i, a, o) v. tr. enlever avec un instrument pointu ou tranchant. | *Rasen ausstechen*, enlever du gazon. | *Torf ausstechen*, extraire de la tourbe. | *jm die Augen austechen*, crever les yeux à qn. | *Flaschen ausstechen*, faire sauter les bouchons. || [Reitkunst] désarçonner, démonter un cavalier. || TECHN. graver ; pointer. || PAR ANAL. supplanter ; évincer ; FAM. couper l'herbe sous le pied de qn.

aus|stecken ["aus'ʃtɛkən] v. tr. arborer. | *die Fahne ausstecken*, arborer son drapeau. || PAR ANAL. planter ; garnir. | *den Hut mit Federn ausstecken*, mettre des plumes à son chapeau.

aus|stehen ["aus'ʃte:ən] **(stand, gestanden)** v. intr. **1.** être à l'étalage.
2. être en souffrance, en retard. | *seine Antwort steht noch aus*, on n'a pas encore sa réponse. || COMM. *ausstehende Gelder*, sommes (f. pl.) à recouvrer.
◇ v. tr. FIG. subir ; supporter. | *den Schmerz austehen*, supporter la douleur. | *jn nicht ausstehen können*, ne pas pouvoir supporter qn.

aus|stehlen ["aus'ʃte:lən] v. tr. piller ; dévaliser.

aus|steifen ["aus'ʃtaifən] v. tr. étançonner ; doubler ; renforcer.

Aus|steifung [-fuŋ] f. (-, en) étançonnement m. ; renforcement m.

aus|steigen ["aus'ʃtaigən] (ie, ie) v. intr. descendre ; débarquer. | *alles aussteigen !*, tout le monde descend !

Aus|steigen [-gən] n. (s) descente f. (de voiture).

Aus|steiger(in) ["aus'ʃtaigər(in)] m. (s, -), f. (-, nen) marginal(e) m. (f.).

aus|steinen ["aus'ʃtainən] v. tr. ôter les noyaux, les pépins ; dénoyauter ; épépiner. || épierrer.

aus|stellen ["aus'ʃtɛlən] v. tr. exposer. | *Bilder ausstellen*, exposer des tableaux. | *Waren ausstellen*, mettre des marchandises à l'étalage. || MIL. *Posten ausstellen*, disposer des sentinelles. || COMM. établir. | *eine Rechnung ausstellen*, établir une facture. | *einen Scheck ausstellen*, tirer un chèque. | *einen Wechsel ausstellen*, tirer une traite. || ADM. *eine Bescheinigung, ein Zeugnis ausstellen*, délivrer un certificat.

Aus|steller [-lər] n. (s, -) [Messe] exposant m. || [Geschäft] étalagiste m. || [Wechsel] tireur m.

Aus|stellung [-luŋ] f. (-, en) étalage m. ; exposition f. | *Ausstellung von Gemälden*, exposition de tableaux. || *Ausstellung einer Rechnung*, établissement (m.) d'une facture. | *Ausstellung eines Wechsels*, émission (f.) d'une traite. | *Ausstellung eines Visums*, délivrance (f.) d'un visa.

Ausstellungs|datum ["ausʃtɛluŋs'dɑ:tum] n. (s, ten) date (f.) d'émission. ||**°-gegenstand** ["—/'—] m. (s, ¨e) objet exposé. ||**°-gelände** n. (s) terrain (m.) d'exposition. ||**°-halle** f. (-, n) pavillon (m.) d'exposition. ||**°-stand** m. (s, ¨e) stand (m.) d'exposition. ||**°-ware** f. (-, n) marchandise destinée à l'exposition.

Aussterbe|etat ["ausʃtɛrbəe'tɑ:] m. (s, s) *auf den Ausserbeetat setzen*, condamner à disparaître ; considérer comme perdu.

aus|sterben ["aus'ʃtɛrbən] (i, a, o) v. intr. [Familie] s'éteindre. || [Rasse] disparaître. || [Stadt] se dépeupler. || [Pflanze] périr.

Aus|sterben n. (s, -) *vom Aussterben bedrohte Art*, espèce (f.) en voie de disparition.

Aus|steuer ["aus'ʃtɔyər] f. (-, n) trousseau m. ; dot f.

aus|steuern [-ərn] v. tr. donner un trousseau, une dot ; doter. || PAR ANAL. [ausstatten] *jn mit etwas aussteuern*, équiper qn de qch.

Aus|stich ['ausʃtiç] m. (s, e) première cuvée.

Aus|stieg ['ausʃti:k] m. (s, e) descente f. || [Verkehrsmittel] sortie f.

aus|stöbern ["aus'ʃtø:bərn] v. tr. fouiller ; dénicher ; faire débucher. || FIG. dénicher ; découvrir.

aus|stopfen ["aus'ʃtɔpfən] v. tr. rembourrer ; capitonner. | *Tiere ausstopfen*, naturaliser, empailler des animaux. || CULIN. farcir.

Aus|stoß ['ausʃto:s] m. (es, ¨e) [Faß] mise (f.) en perce. || MAR. lance-torpille m. || COMM. production (f.) d'une entreprise.

aus|stoßen ["aus'ʃto:sən] (ö, ie, o) v. tr. expulser ; rejeter ; émettre avec force. | *einem Faß den Boden ausstoßen*, défoncer un tonneau. | *Feuer ausstoßen*, cracher du feu. | *einen Schrei ausstoßen*, pousser un cri. | *Drohungen ausstoßen*, proférer des menaces ; menacer. | *aus einer Partei ausstoßen*, exclure, radier qn d'un parti. | *jn aus einem Land ausstoßen*, expulser qn d'un pays. || MIL. *ein Torpedo ausstoßen*, lancer une torpille.

Aus|stoßen [-sən] n. (s), **°-stoßung** [-suŋ] f. (-, en) expulsion f. ; émission f. ; exclusion f. ; élimination f. || [Rakete] lancement m.

aus|strahlen ["aus'ʃtrɑ:lən] v. tr. et v. intr. rayonner ; émettre des rayons. | *Wärme ausstrahlen*, répandre de la chaleur.

Aus|strahlung [-luŋ] f. (-, en) rayonnement m. ; radiation f. ; irradiation f. ; radiance f. | *spektrale*

Ausstrahlung, radiance spectrale. | *Ausstrahlung von Wellen*, émission (f.) d'ondes.

aus|strecken ["aus'ʃtrɛkən] v. tr. et v. pr. (s')étendre ; (s')étirer.

aus|streichen ["aus'ʃtraiçən] (i, i) v. tr. rayer ; biffer ; raturer. | *ein Wort ausstreichen*, biffer un mot. | *die Falten ausstreichen*, effacer les plis. || PAR ANAL. graisser. | *mit Fett, mit Farbe ausstreichen*, enduire de graisse, de peinture.
◇ v. intr. MINES. affleurer. | *eine Gesteinschicht streicht aus*, un filon affleure.

Aus|streichung [-çuŋ] f. (-, en) radiation f. ; lissage m. ; graissage m. || affleurement m.

aus|streuen ["aus'ʃtrɔyən] v. tr. épandre ; répandre ; disséminer ; disperser. || FIG. semer ; propager. | *Gedanken ausstreuen*, semer, propager des idées. | *Gerüchte ausstreuen*, répandre des (faux) bruits.

Aus|streuung [-uŋ] f. épandage m. ; dispersion f. ; dissémination f. || FIG. *Ausstreuung von Gedanken*, propagation (f.) d'idées.

aus|strömen ["aus'ʃtrø:mən] v. intr. s'écouler ; se répandre ; couler à flots ; se dégager ; émaner. || PHYS. *Gas strömt aus*, il y a une fuite de gaz.
◇ v. tr. répandre ; verser à flots ; déverser ; émettre. || FIG. *dieser Mensch strömt Kraft und Ruhe aus*, cet homme dégage une impression de force et de calme.

Aus|strömung [-muŋ] f. (-) écoulement m. ; coulée f. || PHYS. diffusion f. (de la lumière). || CHIM. dégagement m. ; émanation f.

aus|suchen ["aus'zu:xən] v. tr. choisir ; sélectionner ; trier. | *sorgfältig aussuchen*, FIG. trier sur le volet. | *ausgesuchte Waren*, marchandises (f. pl.) de premier choix.

aus|täfeln ["aus'tɛ:fəln] v. tr. lambrisser ; parqueter.

aus|tapezieren ["austape'tsi:rən] v. tr. tapisser ; poser des tentures, des papiers peints.

Aus|tausch ['austauʃ] m. (es, e) échange m. ; troc m. | *Austauschprofessor*, professeur associé. | *Austauschpartner*, échangiste m. | *Austauschstoff*, produit de remplacement ; ersatz.

aus|tauschbar ["aus'tauʃba:r] adj. interchangeable.

aus|tauschen ["aus'tauʃən] v. tr. échanger ; troquer ; permuter.

aus|teilen ["aus'tailən] v. tr. distribuer ; répartir. | *Geschenke, Faustschläge austeilen*, distribuer des cadeaux, donner des coups de poing.

Aus|teilung [-luŋ] f. (-, en) distribution f.

Auster ['austər] f. (-, n). ZOOL. huître f.

Austern|bank ["austərn'baŋk] f. (-, ¨e) MAR. banc (m.) d'huîtres ; huîtrière f. ||°**-fischer** m. (s, -). MAR. pêcheur (m.) d'huîtres. || ZOOL. pie (f.) de mer ; huîtrier m. ||°**-händler(in)** m. (s, -), f. (-, nen) écailler m., écaillère f. ||°**-messer** n. (s, -) couteau (m.) à huîtres. ||°**-zucht** f. (-) ostréiculture f.

aus|tiefen ["aus'ti:fən] v. tr. creuser ; approfondir.

aus|tilgen ["aus'tilgən] v. tr. exterminer ; extirper ; détruire. || FIG. *eine Schuld austilgen*, amortir une dette.

Aus|tilgung [-guŋ] f. (-, en) extermination f. ; extirpation f. || FIG. amortissement m.

aus|toben ["aus'to:bən] v. intr. donner libre cours à sa fureur.
◇ v. tr. *seinen Zorn austoben*, décharger sa colère. | *Jugend will sich austoben*, il faut que jeunesse se passe.
◇ v. pr. **sich austoben,** POP. s'éclater.

aus|tollen (sich) [ziç"aus'tɔlən] v. pr. faire le fou, des folies.

Austrag ['austra:k] m. (s, ¨e) solution f. (d'une affaire). | *zum Austrag bringen*, arranger, régler (une affaire). || SPORT. *einen Wettkampf zum Austrag bringen*, organiser une compétition.

aus|tragen ["aus'tra:gən] (ä, u, a) v. tr. sortir ; porter dehors. | *Post austragen*, distribuer du courrier. || COMM. *eine Summe austragen*, décharger un compte d'une somme. || mener à bout. | *einen Streit austragen*, régler un différend, une querelle. || PAR EXT. *ein Kind austragen*, mener la grossesse à terme. || SPORT. *einen Wettkampf austragen*, disputer une compétition.
◇ part. pass. et adj. **ausgetragen,** *ausgetragenes Kind*, enfant venu à terme. | *ausgetragene Kleider*, vêtements hors d'usage.

Aus|träger ["aus'trɛ:gər] m. (s, -). [Post] facteur m. ; distributeur m. || [Lebensmittel] porteur m. || FIG. [Gerüchte] rapporteur m.

Aus|tragung ["aus'tra:guŋ] f. (-, en). [Post] distribution f. || [Lebensmittel] portage m. || [Rechnung] décharge f. || [Streit] règlement m.

Australien [aus'tra:liən] n. pr. n. GÉOGR. Australie f.

Australier(in) [-liər(in)] m. (s, -), f. (-, nen) Australien(ne) m. (f.).

australisch [-liʃ] adj. australien(ne).

Austrasien [aus'tra:ziən] n. pr. n. HIST. Austrasie f.

aus|treiben ["aus'traibən] (ie, ie) v. tr. chasser ; expulser ; faire sortir. | *das Vieh austreiben*, conduire le bétail au pâturage. | *Knospen austreiben*, bourgeonner. || FIG. *den Teufel austreiben*, exorciser le démon. | *den Teufel durch Beelzebub austreiben*, FAM. déshabiller saint Pierre pour habiller saint Paul. || PAR ANAL. faire passer. | *ein Übel austreiben*, faire passer un mal. || TECHN. [ausbauchen] emboutir.
◇ v. intr. BOT. pousser ; bourgeonner.

Aus|treibung [-buŋ] f. (-, en) expulsion f. | *Austreibung aus dem Besitz*, éviction (f.) de la propriété. | *Austreibung aus dem Paradies*, expulsion du paradis. | *Austreibung von bösen Geistern*, exorcisme m.

aus|treten ["aus'tre:tən] (i, a, e) v. intr. sortir ; quitter. | *der Fluß tritt aus*, le fleuve déborde. | *aus einem Verein austreten*, sortir d'une association. | *aus dem Kloster ausgetretener Mönch*, moine défroqué. || POP. aller quelque part.
◇ v. tr. écraser. | *Schuhe austreten*, éculer des chaussures. | *Feuer austreten*, éteindre le feu (avec le pied). || FIG. *die Kinderschuhe ausgetreten haben*, être sorti de l'enfance.

Austria ['austria] n. pr. n. GÉOGR. Autriche f.

aus|trinken ["aus'triŋkən] (a, u) v. tr. vider son verre ; boire tout.

Aus|tritt ['austrit] m. (s, e) sortie f. || ADM. démission f. || CHIM. *Austritt von Gas*, dégagement (m.) de gaz.

Austritts|kanal ["austritska'na:l] m. (s, ¨e). [Dampf] conduit (m.) d'échappement. ||°**-ventil** n. (s, e) soupape (f.) d'échappement.

aus|trocknen ["aus'trɔknən] v. tr. dessécher ; assécher ; tarir ; mettre à sec. || CHIM. déshydrater.
◇ v. intr. (se) tarir ; se dessécher.

Aus|trocknung [-nuŋ] f. (-, en) assèchement m. || CHIM. déshydratation f.

aus|trommeln ["aus'trɔməln] v. tr. annoncer au son du tambour. || FIG. colporter.

aus|trompeten ["austrɔm'pe:tən] v. tr. annoncer, publier à son de trompe.

aus|tröpfeln ["aus'trøpfəln], **aus|tropfen** ["aus'trɔpfən] v. intr. s'égoutter ; couler, s'écouler goutte à goutte.

aus|tüfteln ["aus'tyftəln] v. tr. FAM. ratiociner ; combiner avec astuce.

aus|tuschen ["aus'tuʃən] v. tr. [Malerei] passer au lavis ; laver ; colorier.

aus|üben ["aus'y:bən] v. tr. exercer ; pratiquer. | *einen Beruf ausüben*, exercer une profession. | *Einfluß auf etwas* (acc.) *ausüben*, influer sur qch. | *Reiz ausüben*, exercer son charme. | *an jm Rache ausüben*, tirer vengeance de qn. || POLIT. *ausübende Gewalt*, pouvoir exécutif. || JUR. *ein Recht ausüben*, user d'un droit. | *ein Verbrechen ausüben*, commettre, perpétrer un crime. || FIN. *eine Option ausüben*, lever une option.

Aus|übung [-buŋ] f. exercice m. ; opération f. ; pratique f. | *Ausübung eines Berufs*, exercice d'une profession. || JUR. *Ausübung eines Rechts*, exercice d'un droit. || ADM. *in Ausübung seines Dienstes*, dans l'exercice de ses fonctions.

aus|ufern ["aus'u:fərn] v. intr. déborder.

Aus|verkauf ["ausfɛr'kauf] m. (s, ¨e). COMM. liquidation f. || [Sonderverkauf] soldes m. pl.

aus|verkaufen [-fən] v. tr. COMM. liquider ; solder. | *die Ware ist ausverkauft*, l'article est épuisé. || THÉÂTRE. *das Stück ist ausverkauft*, on joue à bureaux fermés ; on fait salle comble.

aus|wachsen ["aus'vaksən] (ä, u, a) v. intr. se développer ; arriver à sa croissance. | *er ist fast ausgewachsen*, il est arrivé presque au terme de sa croissance. || AGRIC. germer. | *das Getreide wächst aus*, le blé germe.
◇ v. pr. **sich auswachsen,** FIG. *diese Streitigkeiten wachsen sich zu einem Kriege aus*, ces différends vont engendrer une guerre.

aus|wägen ["aus'vɛ:gən] v. tr. V. ABWÄGEN, ABWIEGEN, DENKEN, PRÜFEN.

Aus|wahl ['ausva:l] f. (-, en) choix m. ; sélection

f. ; élite f. | *eine Auswahl treffen, vornehmen*, faire un choix ; choisir. || COMM. *zur Auswahl*, au choix. | *eine reiche Auswahl vorlegen*, présenter un grand assortiment.

Auswahl|mannschaft ["ausva:l'manʃaft] f. (-, en). SPORT. sélection f. ||°**-qualität** f. (-, en) premier choix. ||°**-verfahren** n. (s, -). SPORT. épreuve (f.) éliminatoire.

aus|wählen ["aus'vɛ:lən] v. tr. choisir ; faire son choix.

aus|walken ["aus'valkən] v. tr. fouler ; pilonner. | *Teig auswalken*, étendre de la pâte au rouleau.

aus|walzen ["aus'valtsən] v. tr. TECHN. laminer ; dégrossir ; cylindrer.

Aus|walzung [-tsuŋ] f. (-, en). TECHN. laminage m.

Aus|wanderer ["aus'vandərər] m. (s, -) émigrant m.

aus|wandern [-dərn] v. intr. émigrer ; quitter sa patrie.

Aus|wanderung [-dəruŋ] f. (-, en) émigration f.

aus|wärtig ["aus'vɛrtiç] adj. étranger ; extérieur. || COMM. *auswärtiger Handel*, commerce extérieur. || POLIT. *auswärtige Angelegenheiten*, Affaires étrangères. | *auswärtiges Amt*, ministère (m.) des Affaires étrangères. | *Minister des Auswärtigen*, ministre (m.) des Affaires étrangères. | *auswärtige Politik*, politique extérieure. || *auswärtiger Schüler*, (élève) externe m.

aus|wärts ['ausvɛrts] adv. dehors, au-dehors ; en dehors. | *auswärts essen*, manger en ville. | *auswärts wohnen*, habiter la banlieue.

Auswärts|spiel ["ausvɛ:rts'ʃpi:l] n. (s, e) match (m.) à l'extérieur, en déplacement.

aus|waschen ["aus'vaʃən] (ä, u, a) v. tr. laver ; délaver ; rincer. | *Wäsche auswaschen*, laver du linge. | *Wolle auswaschen*, dégorger, déssuinter de la laine. | *einen Fleck auswaschen*, enlever une tache. | *ausgewaschenes Kleid*, robe délavée. | *die Augen auswaschen*, se baigner les yeux. || GÉOL. *das Ufer auswaschen*, ronger, creuser la rive.

Aus|waschung [-ʃuŋ] f. (-, en) lavage m. ; rinçage m. || GÉOL. érosion f. || TECHN. lixiviation f.

aus|wechselbar ["aus'vɛksəlba:r] adj. échangeable ; interchangeable ; amovible.

aus|wechseln ["aus'vɛksəln] v. tr. changer ; échanger ; rechanger ; remplacer ; renouveler.

Aus|wechs(e)lung [-s(ə)luŋ] f. (-, en) changement m. ; remplacement m. ; échange m.

Aus|weg ['ausve:k] m. (s, e) issue f. ; sortie f. || FIG. échappatoire f. ; faux-fuyant m. || COMM. débouché m.

aus|weglos ["ausve:k'lo:s] adj. sans issue ; désespéré. | *in auswegloser Lage*, dans une situation désespérée.

Ausweg|losigkeit [-'loziçkait] f. (-) situation sans issue, désespérée.

aus|weichen ["aus'vaiçən] (i, i) v. intr. se garer ; se ranger de côté ; éviter. | *einem Wagen ausweichen*, éviter une voiture. | *einem Stoß ausweichen*, esquiver un coup. | *dem Kampf ausweichen*, refuser le combat. | *einer Frage ausweichen*, éluder une question. | *einer Gefahr ausweichen*, parer un danger.

◇ part. prés. et adj. **ausweichend,** *ausweichende Antwort*, réponse évasive. || adv. *ausweichend antworten*, FAM. répondre en Normand.

Ausweich|flughafen ["ausvaiç'flu:kha:fən] m. (s, ¨). AÉRON. aérodrome (m.) de dégagement, de déroutement. ||°**-g(e)leise** n. (s, -). TRANSP. voie (f.) de garage. ||°**-klausel** f. (-, n). JUR. clause (f.) échappatoire. ||°**-schiene** f. (-, n). TRANSP. aiguille f.

aus|weiden ["aus'vaidən] v. tr. [Jagd] éventrer ; vider.

aus|weinen ["aus'vainən] v. intr. et v. tr. finir de pleurer ; pleurer toutes les larmes de son corps.

Aus|weis ['ausvais] m. (es, e) pièce (f.) d'identité ; passeport m. ; papiers m. pl. ; laissez-passer m. | *den Ausweis vorzeigen*, montrer ses papiers, son laissez-passer.

aus|weisen ["aus'vaizən] (ie, ie) v. tr. [entfernen] expulser ; chasser ; mettre à la porte ; exclure. | *jn aus dem Lande ausweisen*, expulser qn du pays. || PAR EXT. démontrer ; justifier.

◇ v. pr. **sich ausweisen,** justifier de sa qualité.

Ausweis|karte ["ausvais'kartə] f. (-, n) carte (f.) d'identité. ||°**-papier** n. (s, e) pièce (f.) d'identité.

Aus|weisung ["aus'vaizuŋ] f. (-, en) expulsion f. ; bannissement m. ; interdiction (f.) de séjour.

aus|weiten ["aus'vaitən] v. tr. et v. pr. (s')élargir ; (s')étendre ; (s')évaser.

Aus|weitung [-tuŋ] f. (-, en) élargissement m. ; extension f. ; évasement m.

aus|wendig ["aus'vəndiç] adj. extérieur. | *die auswendige Seite*, le côté extérieur.

◇ adv. extérieurement ; à l'extérieur. || FIG. *einen Wald auswendig kennen*, connaître une forêt par cœur. | *ein Gedicht auswendig lernen*, apprendre une poésie par cœur. | *auswendig können*, savoir par cœur. | *einen Menschen in- und auswendig kennen*, connaître un homme comme sa poche.

aus|werfen ["aus'vɛrfən] (i, a, o) v. tr. jeter dehors ; rejeter ; expulser. | *einen Graben auswerfen*, creuser un fossé. | *Patronenhülsen auswerfen*, éjecter des douilles. || MAR. *den Anker auswerfen*, jeter l'ancre. | *ein Netz auswerfen*, jeter un filet. || MÉD. *Blut auswerfen*, cracher du sang. || FIN. *jm eine Summe auswerfen*, allouer une somme à qn.

aus|werten ["aus'vɛrtən] v. tr. exploiter. || [Presse ; Literatur] dépouiller.

Aus|wertung [-tuŋ] f. (-, en) exploitation f.

aus|wetzen ["aus'vɛtsən] v. tr. *eine Scharte auswetzen*, enlever une brèche (en aiguisant) ; FIG. réparer un échec.

aus|wickeln ["aus'vikəln] v. tr. débrouiller. | *ein Baby auswickeln*, démailloter un bébé.

aus|wiegen ["aus'vi:gən] (o, o) v. tr. peser exactement. | *ausgewogene Ernährung*, équilibre alimentaire, nutritionnel. || FIG. *eine ausgewogene Rede*, un discours mesuré.

aus|winden ["aus'vindən] v. tr. tordre.

aus|wintern ["aus'vintərn] v. tr. (faire) passer l'hiver ; hiverner.

◇ v. intr. se gâter (par l'effet du froid).

aus|wirken ["aus'virkən] v. tr. parfaire. || CULIN. *den Teig auswirken*, pétrir la pâte. || PAR EXT. [verschaffen] obtenir. | *jm eine Vergünstigung auswirken*, obtenir une faveur pour qn.

◇ v. pr. **sich auswirken,** produire tout son effet. | *sich (voll) auf etwas auswirken*, se répercuter sur qch. ; produire son (plein) effet sur qch.

Aus|wirkung [-kuŋ] f. (-, en) effet m. ; conséquence f. ; répercussion f.

aus|wischbar ["aus'viʃba:r] adj. effaçable.

aus|wischen [-ʃən] v. tr. effacer ; éponger.

aus|wittern ["aus'vitərn] v. tr. flairer. || FIG. *ein Geheimnis auswittern*, découvrir un secret.

◇ v. intr. s'altérer à l'air. || CHIM., MINES. effleurir.

aus|wölben ["aus'vølbən] v. tr. voûter.

aus|wringen ["aus'vriŋən] (a, u) v. tr. tordre. | *die Wäsche auswringen*, tordre le linge.

Aus|wuchs ['ausvuks] m. (es, ¨e) excroissance f. ; difformité f. || MÉD., BOT. loupe f. ; tumeur f.

◇ Pl., FIG. **Auswüchse,** excès m. pl ; aberrations f. pl. ; débordements m. pl.

aus|wuchten ["aus'vuxtən] v. tr. AUTOM. équilibrer.

Aus|wuchten n. (s). AUTOM. équilibrage m.

aus|wühlen ["aus'vy:lən] v. tr. fouiller ; déterrer.

Aus|wurf ['ausvurf] m. (s, ¨e) déjection f. || MÉD. crachat m. ; expectoration f. ; excréments m. pl. || MAR. varech m. || FIG. rebut m. ; lie f.

aus|würfeln ["aus'vyrfəln] v. tr. jouer aux dés.

Auswurf|masse ["ausvurf'masə] f. (-, n). GÉOL. déjection (f.) d'un volcan. ||°**-schale** f. (-, n) crachoir m.

aus|zacken ["aus'tsakən] v. tr. déchiqueter ; denteler ; échancrer ; découper. | *ausgezackte Blätter*, feuilles déchiquetées. || MIL. créneler.

Aus|zackung [-kuŋ] f. (-, en) déchiqueture f. ; dentelure f. ; échancrure f. || TECHN. crénelage m.

aus|zahlbar ["aus'tsa:lba:r] adj. payable.

aus|zahlen [-lən] v. tr. payer ; solder ; décaisser. | *die Angestellten auszahlen*, régler les employés.

aus|zählen ["aus'tsɛ:lən] v. tr. compter (tout). | *die Stimmzettel auszählen*, dépouiller le scrutin. || SPORT. *einen Boxer auszählen*, compter les dix secondes, compter out.

Aus|zahler ["aus'tsa:lər] m. (s, -) payeur m.

Aus|zählung [-'tsɛ:luŋ] f. (-) dénombrement m.

Aus|zahlung ["aus'tsa:luŋ] f. (-, en) paiement m. ; paye f. | *telegraphische Auszahlung*, mandat (m.) télégraphique.

Auszahlungs|abschnitt ["austsa:luŋs'apʃnit] m. (s, e) coupon (m.) de paiement. ||°**-anordnung** f.

(-, en) ordre (m.) de paiement. ||°-**schein** m. (s, e) avis (m.) de paiement.

aus|zahnen ["aus'tsa:nən] v. tr. denteler.

aus|zanken ["aus'tsaŋkən] v. tr. gronder ; réprimander ; tancer.

aus|zapfen ["aus'tsapfən] v. tr. tirer ; débiter.

aus|zehren ["aus'tse:rən] v. tr. et v. pr. (s')épuiser ; (se) consumer ; (s')affaiblir.

Aus|zehrung [-ruŋ] f. (-). MÉD. épuisement m. ; consomption f. ; phtisie f.

aus|zeichnen ["aus'tsaiçnən] v. tr. marquer ; distinguer. | *die Waren auszeichnen*, marquer les prix. | *Mitarbeiter auszeichnen*, décorer des collaborateurs. ◇ v. pr. **sich auszeichnen,** exceller ; se distinguer ; se signaler.
◇ part. pass. V. AUSGEZEICHNET.

Aus|zeichnung [-nuŋ] f. (-, en) marque f. ; étiquetage m. ; étiquette f. ; décoration f. || [Schule] *die Prüfung mit Auszeichnung bestehen*, passer l'examen avec mention.

aus|ziehbar ["aus'tsi:bɑ:r] adj. extensible. | *ausziehbarer Tisch*, table (f.) à rallonges.

aus|ziehen ["aus'tsi:ən] (zog, gezogen) v. tr. **1.** ôter ; retirer. | *den Mantel ausziehen*, ôter son manteau. | *die Schuhe ausziehen*, se déchausser. || FIG. *den alten Adam ausziehen*, dépouiller le vieil homme ; devenir un autre homme. | *die Uniform ausziehen*, quitter l'armée.
2. PAR ANAL. extraire ; sortir. | *Rüben ausziehen*, déterrer des betteraves. | *die Tischplatte ausziehen*, rallonger la table. | *eine Zeichnung mit Tinte ausziehen*, passer un dessin à l'encre. || TECHN. *Draht ausziehen*, étendre, étirer du fil. || CHIM. *einen Stoff ausziehen*, extraire une matière, une substance. || *die Sonne zieht die Farben aus*, le soleil fait passer les couleurs.
◇ v. intr. partir ; déménager. | *aus der Heimat ausziehen*, s'expatrier. | *aus der Wohnung ausziehen*, déménager. || MIL. partir en campagne.
◇ v. pr. **sich ausziehen,** se déshabiller.

Auszieh|feder ["austsi:'fe:dər] f. (-, n) tireligne m. ||°-**leiter** f. (-, n) échelle (f.) à coulisse. ||°-**rohr** n. (s, e). PHYS. tuyau (m.) télescopique. ||°-**schacht** m. (s, ¨e). MINES. puits (m.) d'aérage. ||°-**tisch** m. (s, e) table (f.) à rallonges, à coulisses. ||°-**tusche** f. (-, n) encre (f.) de Chine. ||°-**winde** f. (-, n). TECHN. défourneuse f.

aus|zieren ["aus'tsi:rən] v. tr. orner ; parer ; décorer.

aus|zischen ["aus'tsiʃən] v. tr. siffler ; huer.

Aus|zubildende(r) ["austsu'bildəndə(r)] f. (m.). (FAM. **Azubi**) apprenti(e) m. (f.) ; stagiaire s.

Aus|zug ['austsu:k] m. (s, ¨e) sortie f. ; départ m. ; émigration f. || [Tisch] allonge f. || CHIM. extrait m. || [Rede ; Urteil] extrait. || *Auszüge aus einem Buch*, extraits d'un livre. || *Auszug aus einem Konto*, relevé (m.) de compte. || JUR. *Auszug aus dem Strafregister*, extrait de casier judiciaire. || HIST. *Auszug der Juden*, exode des Hébreux. || LOC. *im Auszug*, en abrégé.

Auszugs|mehl ["austsu:gs'me:l] n. (s) fleur (f.) de farine. ||-**weise** adv. par extraits.

aus|zupfen ["aus'tsupfən] v. tr. plumer ; épiler. | *die Haare auszupfen*, épiler.

autark [aut'ark], **autarkisch** [-kiʃ] adj. se suffisant à soi-même ; autarcique.

Autarkie [autar'ki:] f. (-). POLIT. autarcie f.

authentisch [au'tɛntiʃ] adj. authentique. | *authentische Abschrift*, copie (f.) conforme.

Authentizität [autɛntitsi'tɛ:t] f. (-) authenticité f.

Auto ['auto] n. (s, s) [abrév. de **Automobil**] automobile f. | *ein Auto fahren, lenken, führen*, conduire une auto. | *Auto mit Raupenantrieb*, auto-chenille f.

Auto|abschleppwagen ["autoapʃlɛp'vɑ:gən] m. (s, -) dépanneuse f. ||°-**anhänger** m. (s, -) remorque f. ||°-**anruf** m. (s, e) station (f.) de taxis. ||°-**bahn** f. (-, en) autoroute f. ||°-**bahnanschlußstelle** f. (-, n), °-**bahnzubringer** m. (s, -) bretelle (f.) d'autoroute. ||°-**bahndreieck** n. (s, e), °-**bahnkreuz** n. (es, e). TRANSP. échangeur m. ||°-**bahnnetz** n. (es, e) réseau autoroutier. ||°-**bau** m. ([e]s, e) industrie (f.) automobile. ||°-**bombenattentat** n. (s, e) attentat (m.) à la voiture piégée. ||°-**boot** n. (s, e) canot (m.) automobile. ||°-**bus** m. (ses, se) autobus m. ; FAM. bus m. ||°-**busdoppeldecker** m. (s, -) autobus (m.) à impériale. ||°-**bussammelstelle** f. (-, n) dépôt (m.) d'autobus. ||°-**droschke** f. (-, n) taxi m. ||°-**ersatzteile** n. pl. pièces détachées. ||°-**fähre** f. (-, n) bac (m.) à voitures. ||°-**fahrer(in)** m. (s, -), f. (-, nen) automobiliste s. ; conducteur m. ; conductrice f. ||°-**fahrschule** f. (-, n) auto-école f. ||°-**führerschein** m. (s, e) permis (m.) de conduire. ||°-**garage** f. (-, n) garage m. (d'autos). ||°-**geschütz** n. (es, e). MIL. autocanon m. ||°-**heber** m. (s, -) cric (m.) pour automobile. ||°-**hersteller** m. (s, -) constructeur (m.) automobile. ||°-**hupe** f. (-, n) Klaxon m. ; avertisseur (m.) d'auto ; trompe f. ||°-**industrie** f. (-) industrie (de l') automobile. ||°-**kappe** f. (-, n) passe-montagne m. ||°-**karte** f. (-, n) carte routière. ||°-**koffer** m. (s, -) malle (f.) à bagages ; coffre m. ||°-**kran** m. (s, ¨e) grue (f.) sur camion. ||°-**park** m. (s, e) parc (m.) d'automobiles. ||°-**pilot** m. (en, en). AÉRON. pilote (m.) automatique. ||°-**rahmen** m. (s, -) châssis m. ||°-**reifen** m. (s, -) pneu (m.) d'auto. ||°-**reisezug** m. (s, ¨e) train (m.) auto-couchettes. ||°-**rennbahn** f. (-, en) circuit (m.) de compétitions automobiles. ||°-**rennen** n. (s, -) course (f.) d'automobiles. ||°-**reparatur** f. (-, en) dépannage (m.) d'autos. ||°-**schau** f. (-, en) exposition (f.) d'autos. ||°-**schlosser** m. (s, -) mécanicien m. (d'automobiles). ||°-**schlußlicht** n. (es, er) feu (m.) arrière. ||°-**schneekette** ["--/'--] f. (-, n) chaîne antidérapante. ||°-**schuppen** m. (s, -) garage (m.) d'automobiles. ||°-**skooter** m. (s, -) auto (-) tamponneuse f. ||°-**straße** f. (-, n) autoroute f. ||°-**teile** m. pl. accessoires (m. pl.) d'auto. ||°-**unfall** m. (s, ¨e) accident (m.) d'auto. ||°-**versicherung** f. (-, en) assurance (f.) automobile. ||°-**werkstatt** f. (-, ¨en) atelier (m.) de réparation d'autos. ||°-**wrack** n. (s, e) épave (f.) automobile. ||°-**zubehör** m. ou n. (s) accessoires (m. pl.) automobiles.

Auto|biographie ["autobiɔgra'fi] f. (-, en) autobiographie f.

autochthon ['autɔk"to:n] adj. autochtone.

Auto|didakt ['autodi"dakt] m. (en, en) autodidacte m.

autogen ['auto"ge:n] adj. autogène.

Autogen|schweißer [auto"ge:n'ʃvaisər] m. (s, -) soudeur (m.) autogène. ||°-**schweißung** f. (-, en) soudure (f.), soudage (m.) autogène.

Auto|gramm ['auto"gram] n. (s, e) autographe m.

Auto|immunkrankheit [autoi"mu:n'kraŋkhait] f. (-, en). BIOL. maladie (f.) auto-immune.

Auto|kratie ['autokra"ti:] f. (-) autocratie f.

auto|kratisch [-"krɑ:tiʃ] adj. autocratique.

Automat ['auto"ma:t] m. (en, en) automate m. ; distributeur (m.) automatique.

Automaten|büffet [auto"mɑ:tənby'fe:t] n. (s, s), °-**restaurant** n. (s, s) bar m., self-service m.

Automatik|getriebe [auto"mɑ:tikgə'tri:bə] n. (s). AUTOM. boîte (f.) de vitesses automatique.

Automation [automa'tsjo:n] f. automation f.

automatisch [auto'mɑ:tiʃ] adj. automatique.

automatisieren [automati'zi:rən] v. tr. TECHN. automatiser.

Automatisierung [ti'zi:ruŋ] f. TECHN. automation f.

Autopsie ['autɔp"si:] f. (-, n) autopsie f.

Autor ['autɔr] m. (s, en) auteur m.

Autoren|recht [au"torən'rɛçt] n. (s, e). JUR. droit (m.) d'auteur.

Autorisation [autɔriza'tsio:n] f. (-, en) autorisation f.

autorisieren [-"zi:rən] v. tr. autoriser.

autoritär ['autori"tɛ:r] adj. autoritaire ; directif. || POLIT. *autoritärer Staat*, État (m.) autoritaire.

Autorität [-"tɛ:t] f. (-, en) autorité f. | *Autorität genießen*, jouir d'une autorité. | *als Autorität gelten*, faire autorité.

Autorschaft ['autorʃaft] f. (-). [Eigenschaft] qualité (f.) d'auteur ; paternité (f.) littéraire. || PAR EXT. société (f.) des auteurs.

Auto|typie ['autoty"pi:] f. (-, en) autotypie f.

autsch! [autʃ], **auweh!** [au've:] interj. aïe !

Aval [a'vɑ:l] m. (s, e). JUR. cautionnement m. ; aval m. | *per Aval*, bon pour aval. ||°-**geber** m. (s, -) avaliste m. ||°-**provision** f. (-, en) commission (f.) pour aval.

avalieren [ava'li:rən] v. tr. avaliser.

Avancement [avɑ̃s'mɑ̃] n. (s) avancement m. ; promotion f.

avancieren [-'si:rən] v. tr. et v. intr. avancer ; promouvoir. | *er ist zum Hauptmann avanciert*, il est promu capitaine.

Avant|gardist [avɑ̃gar'dist] m. (en, en) artiste (m.), homme (m.) d'avant-garde.

Ave (Maria) ["avə(ma'ria)] n. RELIG. ave m.

Avenue [avə'ny:] f. (-, n) avenue f.

Aversion [avɛrzi'o:n] f. (-, en) aversion f. ; dégoût m. ; répugnance f.
Avis [av'i:] n. (es, e) avis m.
avisieren [avi'zi:rən] v. tr. aviser ; donner avis ; prévenir.
Aviso [a'vi:zo] m. (s, s). MAR. aviso m.
Axel ['aksɛl] n. pr. m. Axel n. pr. m. ; Absalon n. pr. m.
axial [aksi'a:l] adj. PHYS. axial.
Axiom [aksi'o:m] n. (s, e). PHILOS. axiome m.
Axt [akst] f. (-, ¨e) cognée f. ; hache f. | *kleine Axt*, hachette f. || FIG. *die Axt an die Wurzel legen*, couper le mal dans sa racine.
Azalee [atsa'le:ə], **Azalie** [a'tsɑ:liə] f. (-, n). BOT. azalée f.
Azetat [atse'ta:t] n. (s, e). CHIM. acétate m.
Azeton [atse'to:n] n. (s). CHIM. acétone f.
Azetylen [atse'ty'le:n] n. (s). CHIM. acétylène m. ||°**-entwickler** m. (s, -) générateur (m.) d'acétylène.
Azimut [atsi'mu:t] n. et m. (es) azimut m. ; gisement m.
Azoren [a'tso:rən] n. pr. f. pl. GÉOGR. Açores f. pl.
Azot [a'tso:t] n. (es) azote m.
Azteke [ats'te:kə] m. (n, n). HIST. Aztèque m.
Azubi ["atsu'bi:] m. (s, s) ; f. (-, s). V. AUSZUBILDENDE(R).
Azur [a'tsu:r] m. (s). POÉT. azur m.
azur|blau [a"tsu:r'blau] adj. azuré.
azyklisch ["a'tsy:kliʃ] adj. acyclique.

B

B, b [be:] n. B. m. || FIN. *B* (abrév. de *Brief*), cours m. || *b* [abrév. de *bei*], (au)près de. || MUS. *B*, si bémol m. || PROV. *wer A sagt, muß auch B sagen*, quand le vin est tiré, il faut le boire.
Baal [bɑ:l] n. pr. m. RELIG. Baal m.
Baba ['baba] f. FAM. lit m. ; dodo m. || PAR EXT. grand-mère f. ; FAM. grand-maman f. ; mémé f.
Babbelei [babə'lai] f. (-). FAM. babillage m.
babbeln ['babəln] v. tr. FAM. bavarder ; babiller.
Babel ['bɑ:bəl] n. pr. n. GÉOGR., HIST. Babel f. | *Turmbau zu Babel*, tour (f.) de Babel.
Babusche [ba'bu:ʃə] f. (-, n) babouche f.
Baby ['be:bi:] n. (s, s) bébé m.
Babylon ['bɑ:bylɔn] n. pr. n. GÉOGR. Babylone f.
Babylonien [baby'lo:niən] n. pr. n. GÉOGR. Babylonie f.
Babylonier(in) [-'lo:niər(in)] m. (s, -), f. (-, nen) Babylonien(ne) m. (f.).
babylonisch [-'lo:niʃ] adj. babylonien. || HIST. *Babylonische Gefangenschaft*, captivité (f.) des Juifs à Babylone. || FIG. *babylonische Verwirrung*, tour (f.) de Babel.
Baby|schlafsack ["be:bi:'ʃla:fzak] m. (s, ¨e) nid (m.) d'ange. ||°**-tragetasche** f. (-, n) porte-bébé m.
baby|sitten ["be:bi'sitən] v. intr. faire du baby-sitting.
Baby|sitter(in) ["be:bi'sitər(in)] m. (s, -), f. (-, nen) baby-sitter s.
Bacchanal [baxa'nɑ:l] n. (s, ien). FAM. bacchanale f. ; bacchanales f. pl.
Bacchant(in) [ba'xant(in)] m. (en, en), f. (-, nen) MYTH. bacchant(e) m. (f.).
bacchantisch [-tiʃ] adj. bachique.
Bach [bax] m. (s, ¨e) ruisseau m. || FIG. *über den Bach springen*, décéder ; mourir.
Bache ['baxə] f. (-, n). ZOOL. laie f.
Bächelchen ['bɛçəlçən] n. (s, -) ruisselet m.
Bach|stelze ["bax'ʃtɛltsə] f. (-, n). ZOOL. bergeronnette f. ; hochequeue m. ||°**-weide** f. (-, n). BOT. osier vert.
back [bak] adj. MAR. en arrière.
Back [bak] n. (s, e). MAR. [Vorderschiff] gaillard (m.) d'avant. || [Backbord] bâbord m.
Back|fisch ["bak'fiʃ] m. (s, e) petit poisson ; friture f. || FIG. petite jeune fille ; jouvencelle f. ||°**-fischalter** n. (s) âge ingrat. ||°**-form** f. (-, en) moule (m.) à pâtisserie ; tourtière f. ||°**-geld** n. (es) fournage m. ||°**-haube** f. (-, n) petit four à poser sur le fourneau à gaz. ||°**-haus** n. (es, ¨er) fournil m. ||°**-hitze** f. chaleur (f.) du four. ||°**-kohle** f. (-, n). MINES. charbon collant, agglutiné, bitumineux. ||°**- mulde** f. (-, n) pétrin m. ||°**-obst** n. (es) fruits secs. ||°**-ofen** m. (s, ¨) four m. | *Backofen voll*, fournée f. | FIG. fournaise f. ||°**-pfanne** f. (-, n) poêle (f.) à frire. ||°**-pfeife** f. (-, n) soufflet m. ; gifle f. ; POP. calotte f. ||°**-pflaume** f. (-, n) pruneau m. ||°**-pulver** n. (s). CULIN. levure (f.) en poudre. ||°**-röhre** f. (-, n) foyer (m.) à gaz. ||°**-schüssel** f. (-, n). CULIN. banneton m. ||°**-spiere** f. (-, n). MAR. tangon m. ||°**-stein** m. (s, e) brique f. ||°**-steingotik** f. gothique (f.) de briques (du nord de l'Allemagne). ||°**-stube** f. (-, n) fournil m. ; boulangerie f. ||°**-trog** m. (s, ¨e), °**-wanne** f. (-, n) pétrin m. ||°**-waren** f. pl. pâtisserie f. ||°**-zeit** f. (-, en) temps (m.) de cuisson.
Backe ['bakə] f. (-, n), **Backen** [-kən] m. (s, -) joue f. | *mit vollen Backen kauen*, manger à belles dents. | *eine dicke Backe haben*, avoir la joue enflée. | *hohle, eingefallene Backen*, joues creuses. || FIG. *über beide Backen strahlen*, avoir le visage rayonnant. || PAR EXT. *Hinterbacke*, fesse f. ; croupe f. || PAR ANAL., TECHN. mâchoires f. pl. ; mors m.
backen ['bakən] (ä, u, a, et conjug. faible) v. tr. cuire. | *Brot backen*, cuire du pain. | *Fisch backen*, frire du poisson. | *Eier backen*, faire des œufs sur le plat. | *Ziegel backen*, cuire des briques.
◇ v. intr. cuire ; durcir ; prendre. | *der Schnee backt an den Schuhen*, la neige colle aux chaussures. | *die Kohle backt*, le charbon s'agglutine.
Backen ['bakən] n. (s) cuisson f. || [Porzellan] cuite f.
Backen|bart ["bakən'bart] m. (es¨e) favoris m. pl. || POP. côtelettes f. pl. ||°**-streich** m. (s, e) soufflet m. ; gifle f. ||°**-zahn** m. (s, ¨e). ANAT. molaire f.
Bäcker(in) ['bɛkər(in)] m. (s, -), f. (-, nen) boulanger m. ; boulangère f.
Bäckerei [bɛkə'rai] f. (-, en) boulangerie f.
Bäcker|junge ["bɛkər'juŋə] m. (n, n) apprenti boulanger ; mitron m. ||°**-laden** m. (s, -). V. BÄCKEREI.
Bad [bɑ:t] n. (es, ¨er) bain m. | *ein Bad bereiten*, préparer, couler un bain. | *Zimmer mit Bad*, chambre (f.) avec salle de bains. || FIG. *das Kind mit dem Bade ausschütten*, jeter l'or avec les crasses ; rejeter les bonnes choses avec les mauvaises. || PAR EXT. (établissement [m.] de) bains m. pl. ; station balnéaire, thermale.
Bade|anstalt ["bɑ:də'anʃtalt] f. (-, en) établissement (m.) de bains. ||°**-anzug** m. (s, ¨e) costume (m.), maillot (m.) de bain. | *zweiteiliger Badeanzug*, maillot (m.) deux pièces. ||°**-arzt** m. (es, ¨e) médecin (m.) des eaux. ||°**-becken** n. (s, -) bidet m. ||°**-frau** f. (-, en) baigneuse f. ||°**-gast** m. (es, ¨e) baigneur m. ||°**-hose** f. (-, n) caleçon (m.) de bain ; slip m. ||°**-kabine** f. (-, n) cabine (f.) de bains. ||°**-kappe** f. (-, n) bonnet (m.) de bain. ||°**-kleid** n. (s, er) costume (m.) de bain. ||°**-kur** f. (-, en) cure (f.) balnéaire ; saison (f.) aux eaux. ||°**-mantel** m. (s, ¨) peignoir (m.) de bain.

||°**-matte** f. (-, n) natte (f.) de bain. ||°**-meister** m. (s, -) maître-nageur m. ||°**-ofen** m. (s, ¨) chauffe-bain m. ||°**-ort** m. (s, e) station balnéaire, thermale. ||°**-reise** f. (-, n) voyage (m.) aux eaux. ||°**-schwamm** m. (s, ¨e) éponge (f.) de toilette. ||°**-stelle** f. (-, n) baignade f. ||°**-strand** m. (s, e) plage f. ||°**-wanne** f. (-, n) baignoire f. ||°**-zelle** f. (-, n) cabine (f.) de bain. ||°**-zeug** n. (s) affaires (f. pl.) de bain. ||°**-zimmer** n. (s, -) salle (f.) de bains.

baden ['bɑ:dən] v. tr. et v. pr. (se) baigner ; donner, prendre un bain.
◇ v. intr. (se) baigner. | *kalt baden*, prendre un bain froid. || FIG. *tränengebadet*, baigné de larmes. | *schweißgebadet*, baigné de sueur.

Baden ['bɑ:dən] n. pr. n. le pays de Bade.

Badener(in) ['bɑ:dənər(in)], **Badenser(in)** [ba'dənzər(in)] n. pr. m. (s, -), f. (-, nen) Badois(e) m. (f.).

Bader ['bɑ:dər] m. (s, -) barbier m.

badisch ['bɑ:diʃ] adj. badois.

bäen ['bɛ:ən] v. intr. bêler.

Bafel ['bɑ:fəl] m. (s, -). COMM. rebut m. || FAM. rossignol m. || bavardage m.

baff [baf] interj. FAM. *baff sein*, être épaté, époustouflé.

BAFÖG ['baføk] n. (s) (*etwa*) régime (m.) d'allocations d'études.

Bagage [ba'gɑʒə] f. (-, n). [Gepäck] bagage m. || FIG., POP. [Gesellschaft] racaille f. || MIL. [Troß] équipages m. pl. ; train m.

Bagatelle [baga'tɛlə] f. (-, n) bagatelle f.

Bagatell|klage [baga"tɛl'klɑgə] f. (-, n). JUR. affaire (f.) de simple police.

bagatellisieren [bagatɛli'zi:rən] v. tr. minimiser.

Bagger ['bagər] m. (s, -) drague f. ; excavateur m. ; excavatrice f. ; pelle (f.) mécanique.

Bagger|eimer ["bagər'aimər] m. (s, -). TECHN. cuiller f. ||°**-kübel** m. (s, -) benne f. ; godet m. ; cuiller f. ||°**-schiff** n. (s, e). MAR. bateau dragueur. ||°**-see** m. (s, n) (*etwa*) lac artificiel.

baggern ['bagərn] v. tr. draguer.

Baggern [-gərn] n. (s) dragage m.

Bagno ['banjo] n. (s, s) bagne m.

Baguette [ba'gɛt] f. (-, n). CULIN. pain m.

bah ! [bɑ:], **bäh !** [bɛ:] interj. bah !

Bahn [bɑ:n] f. (-, en) **1.** voie f. ; chemin m. ; route f. | *die Bahn ist frei*, la voie est libre. || FIG. *Bahn brechen*, frayer la voie. | *reine Bahn machen*, mettre les choses au point. | *ausgetretene Bahnen gehen*, suivre des sentiers battus. | *freie Bahn haben*, avoir le champ libre. | *jn auf die rechte Bahn führen*, mettre qn sur, dans la bonne voie.
2. PAR ANAL., ASTRON. cours m. (d'une planète). || PHYS. *durchlaufene Bahn*, trajectoire (f.) d'un corps, d'un projectile. || HIST. lice f. ; carrière f. || TEXT. [Breite eines Gewebes] lé m. | *der Rock ist zwei Bahnen weit*, cette jupe a deux lés de large, de largeur. || [Zeltbahn] toile (f.) de tente. || FIG. [Fläche] face f. (d'une enclume) ; frappe f. ; pan m.
3. PAR EXT. [Eisenbahn] ligne f. ; voie (f.) de chemin de fer. | *frei Bahn*, franco. | *mit der Bahn*, par chemin de fer. || FAM. [Bahnhof] gare f. | *ich hole dich an der Bahn ab*, je viendrai te prendre à la gare.

Bahn|aktie ["bɑ:n'aktsiə] f. (-, n). FIN. action (f.) de chemin de fer. ||°**-anlage** f. (-, n). TRANSP. installation (f.) ferroviaire. ||°**-anschluß** m. (es, ¨e) raccordement (m.) de voies ferrées. ||°**-arbeiter** m. (s, -) homme (m.) d'équipe. ||°**-aufseher** m. (s, -) garde-voie m. ||°**-auskunft** f. (-, ¨e) [Bahnhof] renseignements m. pl. ||°**-beamte (der)** [n, n] employé (m.) de chemin de fer. ||**-brechend** adj. *bahnbrechende Erfindung*, invention (f.) qui fait époque. ||°**-brecher** m. (s, -). FIG. pionnier m. ||°**-damm** m. (s, ¨e) remblai (m.) de voie de chemin de fer ; talus m. ||°**-fracht** f. (-, en). TRANSP. port m. ||**-frei** adj. et adv. franco gare. ||°**-g(e)leise** n. (s, -) voie ferrée ; rails m. pl. ||°**-geschwindigkeit** ["-/-'—] f. (-, en). PHYS. vitesse (f.) linéaire. ||°**-hof** m. (s, ¨e) gare f. ; station f. | *Hauptbahnhof*, gare centrale, principale. | *Güterbahnhof*, gare des marchandises. ||°**-hofshalle** f. (-, n) hall (m.) de la gare ; salle (f.) des pas perdus. ||°**-hofsvorsteher** m. (s, -) chef (m.) de gare. ||°**-hofswache** f. (-, n) poste (m.) de police de la gare. ||°**-hofswirtschaft** f. (-, en) buffet de la gare. ||°**-körper** m. (s, -) terre-plein (m.) de la voie ; voies f. pl. ||**-lagernd** adj. en dépôt de gare. ||°**-post** f. (-) [im Zug] poste ambulante ; bureau de poste ambulant. ||°**-postwagen** m. (s, -) wagon-poste m. ||°**-räumer** m. (s, -) chasse-corps m. ||°**-rennen** n. (s). SPORT. course (f.) sur piste. ||°**-steig** m. (s, e) quai m. (de gare). ||°**-steigkarte** f. (-, n) ticket (m.) de quai. ||°**-strecke** f. (-, n) ligne, voie ferrée. ||°**-überführung** f. (-, en) passage supérieur. ||°**-übergang** m. (s, ¨e) passage (m.) à niveau. | *unbewachter Bahnübergang*, passage à niveau non gardé. ||°**-unterführung** f. (-, en) [Reisende] passage souterrain. || [Strecke] voie souterraine. ||°**-verbindung** f. (-, en) communication (f.) par voie ferrée. ||°**-versand** m. (s, e) envoi (m.), expédition (f.) par chemin de fer, par rail. ||°**-wärter(in)** m. (s, -), f. (-, nen) [Eisenbahn] garde-barrière m. (f.) ||°**-zeit** f. (-, en). ADM. heure légale.

bahnen ['bɑ:nən] v. tr. frayer ; aplanir. | *sich einen Weg bahnen*, se frayer un chemin.

Bahre ['bɑ:rə] f. (-, n). [Trage] civière f. | *Krankenbahre*, brancard m. | *Totenbahre*, bière f. | *hochgestellte Bahre*, catafalque m.

Bahren|träger ["bɑ:rən'trɛ:gər] m. (s, -) brancardier m.

Bahr|tuch ['bɑ:rtu:x] n. (es, ¨er) drap (m.) mortuaire ; poêle m.

Bai [bai] f. (-, en). MAR. baie f.

Baiser [bɛ'ze:] n. (s, s) meringue f.

Baisse ['bɛ:sə] f. (-). COMM., FIN. baisse f. | *auf Baisse spekulieren*, jouer à la baisse.

Baissier [bɛs'je] m. (s, s) spéculateur (m.) à la baisse.

Bajadere [baja'de:rə] f. (-, n) bayadère f.

Bajazzo [ba'jatso] m. (s, s) paillasse m. ; pitre m. ; clown m.

Bajonett [bajo'nɛt] n. (s, e). MIL. baïonnette f. | *mit aufgepflanztem Bajonett*, baïonnette au canon. | *das Bajonett fällen*, croiser la baïonnette. | *Bajonettangriff*, charge (f.) à la baïonnette.

Bajuware [baju'vɑ:rə] m. (n, n), **Bajuwarin** [-rin] f. (-, nen). PÉJOR. Bavarois(e) m. (f.)

bajuwarisch [-riʃ] adj. bavarois.

Bake ['bɑ:kə] f. (-, n). MAR. bouée f.

Bakelit [bakə'lit] n. (s, e). CHIM. bakélite f.

Bakkarat ['bakara] n. (s) baccara m.

Bakterie [bak'te:riə] f. (-, n). MÉD. bactérie f. ; microbe m.

Bakterien|forschung [bak"teriən'fɔrʃuŋ] f. (-) bactériologie f. ||°**-herd** m. (s, e) colonie (f.) de bactéries. ||°**-kunde** f. (-). MÉD. microbiologie f. ; bactériologie f. ||**-tötend** adj. MÉD. microbicide.

Bakteriologe [bakterio'lo:gə] m. (n, n). MÉD. bactériologue m.

Bakteriologie [-lo'gi:] f. (-) bactériologie f.

Balalaika [bala'laika] f. (-, s). MUS. balalaïka f.

Balance [ba'lɑ̃sə] f. (-, n) équilibre m. || COMM., FIG. balance f.

Balancier [balɑ̃'sı:r] m. (s, s) [Uhr] balancier m.

balancieren [-'si:rən] v. tr. balancer. | *ausbalancieren* v. tr. tenir la balance ; équilibrer.

Balancier|stange [balɑ̃"si:r'ʃtaŋə] f. (-, n) balancier m. (des danseurs de corde).

bald [balt] adv. bientôt ; sous peu ; peu après ; vite. | *komm bald wieder !*, reviens vite, bientôt ! | *so bald wie möglich ; möglichst bald* ; *baldmöglichst*, le plus tôt possible. | *die Gelegenheit kommt so bald nicht wieder*, cette occasion ne se représentera pas de sitôt. | *das ist bald gesagt*, c'est vite dit. | *bald darauf*, bientôt, aussitôt après. | *je bälder, je lieber*, le plus tôt sera le mieux. || PAR EXT. [fast ; beinahe] presque. | *es ist bald keinem Menschen mehr zu trauen*, on ne peut presque plus se fier à personne. | *ich hätte bald etwas gesagt*, je faillis, j'allais dire qch. || *bald..., bald...* tantôt..., tantôt...

Baldachin ["balda'xi:n] m. (s, e) baldaquin m. ; dais m.

Bälde ['bɛldə] f. *in Bälde*, bientôt ; sous peu.

baldig ['baldiç] adj. prochain.

baldigst [-dikst] adv. au plus tôt.

bald|möglichst ["balt'mø:kliçst] adv. V. BALD.

baldowern [bal'do:vərn] v. tr. (mieux : **ausbaldowern**). POP. épier ; espionner.

Baldrian ['baldriɑ:n] n. (s, e). BOT. valériane f.

bald|tunlichst ["balt'tu:nliçst] adv. le plus tôt possible.

Balduin ['baldui:n] n. pr. m. Baudouin m.

Balg [balk] m. (s, ¨e). ZOOL. peau f. ; dépouille f.

| *ausgestopfter Tierbalg*, peau d'animal empaillé. | *ausgestopfter Balg*, mannequin m. || TECHN. soufflet m. || MUS. soufflet m. (de l'orgue). || FIG., FAM. bedaine f. ; bedon m.

Balg [balk] m. (s, ¨e[r]). POP. marmot m. ; moutard m.

◇ m. pl. **Bälger,** POP. marmaille f.

balgen ['balgən] v. tr. et v. pr., mieux : **ab-, ausbalgen,** (se) dépouiller.

◇ v. pr. **sich balgen,** FIG., POP. se chamailler.

Balgerei [balgə'rai] f. (-, en) querelle f. ; dispute f. ; rixe f.

balhornisieren [balhɔrni'zi:rən] v. tr. défigurer, massacrer (un texte). [V. VERBALLHORNEN.]

Balkan ['balkan] n. pr. m. (s). GÉOGR. Balkans m. pl.

Balken ['balkən] m. (s, -) poutre f. ; solive f. | *kleiner Balken*, poutrelle f. ; soliveau m. | *aufrechtstehender Balken*, poteau m. ; montant m. | *eingespannter Balken*, poutre encastrée. || FIG. *er lügt, daß sich die Balken biegen*, il ment comme un arracheur de dents. || PROV. *das Wasser hat keine Balken*, l'onde est perfide.

Balken|lage ["balkən'la:gə] f. (-, n) charpente f. ||°**-überschrift** f. (-, en). [Zeitungen] manchette f. ; gros titre. ||°**-waage** f. (-, n). PHYS. peson m. ; romaine f. ; balance (f.) à fléau. ||°**-werk** n. (s, e) charpente f. ; poutrage m. ; solivage m.

Balkon [bal'ko:n] m. (s, e) balcon m.

Ball [bal] m. (s, ¨e) balle f. ; pelote f. ; ballon m. ; boule f. || [Billard] bille f. || *Handball*, pelote f. | *einen Ball schießen, werfen*, envoyer une balle. | *Ball spielen*, jouer à la balle. || FIG. *ein (Spiel)ball seiner Leidenschaften sein*, être l'esclave de ses passions.

Ball|junge ["bal'juŋə] m. (n, n). SPORT. ramasseur (m.) de balles. ||°**-rose** f. (-, n) [Schneeball]. BOT. boule-de-neige f. ||°**-spiel** n. (s, e) jeu (m.) de balle, de paume. | *baskisches Ballspiel*, pelote (f.) basque.

Ball [bal] m. (s, ¨e) bal m. | *auf den Ball gehen*, aller au bal. | *auf keinem Ball fehlen*, courir les bals.

Ball|abend ["bal'ɑbənt] m. (s, e) soirée dansante. ||°**-gesellschaft** f. (-, en) soirée, matinée dansante. ||°**-kleid** n. (s, er) robe (f.) de bal. ||°**-staat** m. (s) toilette (f.), parure (f.) de bal.

Ballade [ba'la:də] f. (-, n). POÉS. ballade f.

balladenhaft [ba'la:denhaft] adj. balladesque.
— SYN. : *balladesk*.

Ballast [ba'last] m. (s, -). MAR. lest m. ; ballast m. || FIG. remplissage m. ; fatras m.

Ballast|block ["balast'blɔk] m. (s, ¨e). TECHN. gueuse f. ||°**-stoffe** m. pl. fibres (f. pl.) alimentaires.

Bällchen ['bɛlçən] n. (s, -) petite balle ; ballot m.

Ballei [ba'lai] f. (-, en). HIST. [deutscher Ritterorden] bailliage m.

Balleisen ["bal'aizen] n. (s, -). TECHN. bédane m.

ballen ['balən] v. tr. mettre en boule, en pelote ; presser ; serrer. | *die Faust ballen*, serrer le poing. | *Schnee ballen*, faire des boules de neige.

◇ v. pr. **sich ballen,** se serrer ; se pelotonner.

Ballen ['balən] m. (s, -) ballot m. || [tausend Bogen] *ein Ballen Papier*, dix rames (f. pl.) de papier ; balle (f.) de papier. || *Handballen*, paume (f.) de la main. || *Fußballen*, plante (f.) des pieds. || [Fechtkunst] mouche (f.) du fleuret.

ballen|weise ["balən'vaizə] adv. par ballots.

Ballerine [balə'ri:nə] f. (-, inen) ballerine f.

ballern ['balɛrn] v. intr. tirer des salves, des coups de feu à l'aveuglette. || FIG. faire du tapage.

Ballett [ba'lɛt] n. (s, e) ballet m. | *Opernballett*, ballet de l'opéra.

Ballett|dichter [ba"lət'diçtər] m. (s, -). chorégraphe m.

Balletteuse [balɛ'tø:zə] f. (-, n) danseuse (f.) de ballet.

Ballett|kunst [ba"lɛt'kunst] f. (-, ¨e) chorégraphie f. ||°**-meister(in)** m. (s, -), f. (-, nen) maître (m.), maîtresse (f.) de ballet. ||°**-tänzer(in)** m. (s, -), f. (-, nen) danseur (m.), danseuse (f.) de ballet ; ballerine f.

ballig ['baliç] adj. TECHN. bombé ; convexe. | *ballig drehen*, bomber au tour.

Ballistik [ba'listik] f. (-). PHYS. balistique f.

ballistisch [-tiʃ] adj. balistique.

Ballon [ba'lɔ̃] m. (s, s). AÉRON. ballon m. | *Fesselballon*, ballon captif. || CHIM. *Glasballon*, bonbonne f.

Ballotage [balɔ'ta:ʒə] f. (-). POLIT. scrutin (m.) par boules blanches et noires.

Ballung ['baluŋ] f. V. ZUSAMMENBALLUNG.

Ballungs|zentrum ["baluŋs'tsɛntrum] n. (s, tren) conurbation f.

Balsam ['balzɑ:m] m. (s, e) baume m.

Balsam|baum ["balzɑ:m'baum] m. (s, ¨e). BOT. balsamier m. ; baumier m.

balsamieren [balza'mi:rən] v. tr. (mieux : **einbalsamieren**) embaumer.

balsamisch [bal'zɑ:miʃ] adj. balsamique ; embaumé ; parfumé.

Balsam|kraut ["balzam'kraut] n. (s, ¨er). BOT. balsamite f. ||°**-öl** n. (s, e) huile (f.) balsamique.

Balte ['baltə] n. pr. m. (n, n), **Baltin** ['baltin] n. pr. f. (-, nen). GÉOGR. Balte m. et f.

Baltikum [-tikum] n. pr. n. (s). GÉOGR. pays (m. pl.), provinces (f. pl.) baltiques.

baltisch [-tiʃ] adj. GÉOGR. baltique. || [Ostsee] *das Baltische Meer*, la mer Baltique.

Balustrade [balus'tra:də] f. (-, n) balustrade f.

Balz [balts] m. (es, e) et f. (-, en). ZOOL. accouplement (des oiseaux) m. ; pariade f.

balzen ['baltsən] v. intr. être en chaleur. | *balzender Auerhahn*, coq (m.) de bruyère en chaleur.

Balz|zeit ['baltstsait] f. (-, en) époque (f.) de l'accouplement ; pariade f.

Bambus ['bambus] m. (ses, se). BOT. bambou m.

Bambus|rohr ["bambus'ro:r] n. (s, e), °**-stock** m. (s, ¨e) [bâton, canne de] bambou m.

Bammel ['baməl] f. (-, n). FAM. frousse f. ; POP. pétoche f. ; trouille f. | *Bammel haben*, POP. avoir les jetons.

bammeln [-məln] v. intr. FAM. pendiller. || FIG., POP. avoir peur.

banal [ba'nɑ:l] adj. banal ; plat ; sans esprit. | *banales Geschwätz*, bavardage (m.) futile.
— SYN. : *gewöhnlich*, ordinaire ; *abgedroschen*, rebattu.

banalisieren [banali'zi:rən] v. tr. banaliser.

Banalität [-li'tɛ:t] f. (-, en) banalité f.

Banane [ba'nɑ:nə] f. (-, n). BOT. banane f.

Bananen|baum [ba"nɑ:nən'baum] m. (s, ¨e). BOT. bananier m. ||°**-republik** f. (-, en) république bananière. ||°**-stecker** m. (s, -). TECHN. fiche (f.) banane ; fiche (f.) à ressort.

Banause [ba'nauzə] m. (n, n) pédant m. ; cuistre m. ; baderne f.

Band [bant] n. (s, ¨er) lien m. ; nœud m. ; bande f. ; ruban m. ; [Förderband] courroie f. | *ein Band im Haar*, un ruban dans les cheveux. || MÉD. ligament m. || TECHN. [Bandarbeit] *am laufenden Band*, travail (m.) à la chaîne. | *Förderband, Laufband*, ruban transporteur. || *Schuhbänder,* lacets m. pl.

Band [bant] n. (s, e) lien moral. | *das Band der Freundschaft*, les liens de l'amitié. | *die Liebesbande*, les liens de l'amour. | *außer Rand und Band geraten*, être déchaîné, avoir le diable au corps. || POÉT. *in Banden liegen*, être dans les fers. | *in Bande schlagen*, mettre aux fers.

Band [bant] m. (s, ¨e) [Buch] volume m. ; tome m. (d'un ouvrage). | *in acht Bänden*, en huit volumes. || FIG. *das spricht Bände !*, voilà qui est éloquent !

Band|aufnahme ["bantauf'na:mə] f. (-, n). RADIO. enregistrement (m.) sur bande. ||°**-breite** f. (-, n). ÉLECTR. bande passante. || TÉLÉCOMM. largeur (f.) de bande. ||°**-eisen** n. (s, -). TECHN. fer (m.) en rubans ; feuillard m. ||°**-förderer** m. (s, -). TECHN. transporteur (m.) à bande. ||**-förmig** adj. en forme de ruban. ||°**-leuchte** f. (-, n). ÉLECTR. rampe (f.) électrique. ||°**-maß** n. (es, e) mètre (m.) à ruban. ||°**-paßfilter** m. ou n. (s, -). ÉLECTR. filtre (m.) passe-bande. ||°**-säge** f. (-, n). TECHN. scie (f.) à ruban. ||°**-scheibe** f. (-, n). ANAT. disque m. ||°**-scheiben...** (en compos.). ANAT. discal. ||°**-scheibenvorfall** m. (s, ¨e). MÉD. hernie discale. ||°**-seil** n. (s, e). TECHN. câble plat. ||°**-skimmer** m. (s, -). TECHN. récupérateur (m.) à bandes. ||°**-stahl** m. (s, e). TECHN. acier (m.) feuillard ; feuillards m. pl. ||°**-wickler** m. (s, -). TECHN. machine (f.) à rubaner, à enrouler. ||°**-wirker** m. (s, -) rubanier. ||°**-wurm** m. (s, ¨er). ZOOL. ver (m.) solitaire ; ténia m.

Bandage [ban'dɑ:ʒə] f. (-, n). MÉD. bandage m.

Bändchen ['bɛntçen] n. (s, -) petit ruban ; bandelette f. || PAR EXT. petit volume.

Bande ['bandə] f. (-, n) bande f. || TEXT. [Rand]

raie f. || [Billard] bande f. || FIG. bande f. ; troupe (scouts). | *Räuberbande*, bande de brigands.

Bandelier [bande'li:r] n. (s, e). (Vx.) MIL. bandoulière f. ; baudrier m.

Banderole [bandə'ro:lə] f. (-, n), **Band|rolle** [-rɔlə] f. (-, n) banderole f. ; bandelette f.

Bänder|riß ["bɛndər'ris] m. (es, e). MÉD. déchirure (f.) ligamentaire, d'un ligament.

Bänder|schuh ["bɛndər'ʃu:] m. (s, e) espadrille f.

bändig ['bɛndiç] adj. suff. *drei*, *mehrbändig*, en trois, en plusieurs volumes.

bändigen ['bɛndigən] v. tr. dompter ; maîtriser ; mater. || FIG. refréner.

Bändiger(in) [-gər(in)] m. (s, -), f. (-, nen) dompteur m. ; dompteuse f.

Bändigung [-guŋ] f. (-) domptage m.

Bandit [ban'di:t] m. (en, en) bandit m. ; brigand m.

Bandoneon [ban'do:neɔn] n. (s, ien). MUS. bandonéon m.

bang(e) [baŋ(ə)] adj. anxieux ; inquiet ; craintif ; intimidé ; peureux. | *in banger Erwartung*, plein d'inquiétude. | *mir ist angst und bang(e)*, j'ai grand peur. | *jm bange machen*, faire peur à qn, intimider qn.

Bange ['baŋə] f. (-) crainte f. | *ohne Bange*, sans crainte.

bangen [-ŋən] v. intr. craindre ; redouter ; appréhender ; avoir peur. | *er bangt um sein Leben*, il craint pour sa vie. || FIG. *mit Hangen und Bangen*, tant bien que mal.

Bangigkeit [-ŋiçkait] f. (-) angoisse f. ; anxiété f. ; peur f.

bänglich ['bɛŋliç] adj. inquiet ; craintif. | *ihm ist bänglich zumute*, il a peur.

Banjo ['banjo] n. (s, s). MUS. banjo m.

Bank [baŋk] f. (-,¨e). [zum Sitzen] banc m. ; [ohne Lehne] banquette f. | *vor leeren Bänken spielen*, jouer pour les banquettes. || FIG. *auf die lange Bank schieben*, faire traîner en longueur, renvoyer aux calendes grecques. | *durch die Bank*, sans exception ; sans distinction ; en tas ; en moyenne. || GÉOL. barre f. ; sillon m. ; lit m. || MAR. banc m. (de sable). || TECHN. établi m.

Bank|amboß ["baŋkam'bo:s] m. (es, e). TECHN. enclumeau m. ||°**-axt** f. (-,¨e) hache (f.) de charpentier.

Bank [baŋk] f. (-, en). [Geldinstitut] banque f. | *Geld auf der Bank haben*, avoir de l'argent en banque. | *Kreditbank*, banque d'affaires. | *Notenbank*, banque d'émission. || PAR ANAL. [Spiel] *die Bank halten*, tenir la banque. | *die Bank sprengen*, faire sauter la banque.

Bank|abschluß ["baŋk'apʃlus] m. (es, ¨e) bilan (m.) de banque. ||°**-agio** n. (s, s) agio m. ||°**-akzept** n. (es, e) acceptation (f.) de banque ; acceptation (f.) bancaire. ||°**-angestellte (der)** (n, n) employé (m.) de banque. ||°**-anweisung** f. (-, en) chèque (m.), assignation (f.) sur une banque. ||°**-auftrag** m. (es,¨e) ordre (m.) bancaire. ||°**-ausweis** m. (s, e) situation (f.) d'une banque ; bilan m. ||°**-auszug** m. (es, e) relevé (m.) d'identité bancaire. ||°**-aval** m. (s, s) aval (m.) ; garantie (f.) bancaire. ||°**-beamter** m., °**-beamtin** f. employé(e) [m. (f.)] de banque. ||°**-depositen** ["-/-'--] n. pl. dépôts (m. pl.) en banque. ||°**-diskont** m. (en, en) escompte commercial, bancaire ; escompte en dehors. ||°**-einlage** f. (-, n) dépôt (m.) en banque. ||**-fähig** adj. bancable. ||°**-fähigkeit** f. (-) négociabilité f. ||°**-forderungen** f. pl. créances (f. pl.) bancaires. ||°**-geheimnis** n. (ses, se) secret (m.) bancaire. ||°**-geschäft** n. (s, e), °**-haus** n. (es, er) banque f. ; maison (f.), établissement (m.) bancaire. | *Bankgeschäfte tätigen*, opérer des transactions bancaires. ||°**-halter** m. (s, -) [Spiel] banquier m. ||°**-institut** (s, e) établissement (m.) bancaire. ||°**-kapital** n. ([e]s, ien) capital (m.) bancaire. ||°**-konto** n. (s, en) compte (m.) en banque. ||°**-kredit** m. (s, e) crédit (m.) bancaire. ||°**-leitzahl, (BLZ)** f. (-, en) code (m.) banque. ||°**-mäßig** adj. bancable. ||°**-monopol** n. (s, e) monopole (m.) d'émission de billets de banque.

Bank|note ["baŋk'no:tə] f. (-, n) billet (m.) de banque ; banknote f. | *im Umlauf befindliche Banknoten*, billets (m. pl.) en circulation.

Banknoten|ausgabe ["baŋkno:tən'ausga:bə] f. émission (f.) fiduciaire ; émission (f.) de billets de banque. ||°**-fälscher** m. (s, -) falsificateur (m.) de billets de banque.

Bank|papiere ["baŋkpa'pi:rə] n. pl. valeurs (f. pl.) de banque ; titres (m. pl.) de banque. ||°**-praxis** f. pratique (f.) bancaire. ||°**-provision** f. (-, en) commission (f.) de banque, bancaire. ||°**-recht** n. (s, e). JUR. droit (m.) bancaire. ||°**-referenz** f. (-, en) référence (f.) bancaire. ||°**-satz** m. (es,¨e) taux (m.) bancaire. ||°**-schalter** m. (s, -) guichet (m.) de banque. ||°**-tratte** f. (-, n) traite (f.) de banque, bancaire. ||°**-überweisung** f. (-, en) virement (m.) bancaire. ||**-üblich** ["-/'--] adj. selon la coutume bancaire. ||°**-usance** f. (-, n) usage (m.) bancaire ; coutumes (f. pl.) bancaires. ||°**-verbindlichkeit** ["-/-'--] f. (-, en) engagement (m.) en banque. ||°**-verbindung** f. (-, en) relation (f.) bancaire. ||°**-vollmacht** f. (-, en) procuration (f.) de banque. ||°**-wechsel** m. (s, -) effet (m.), traite (f.) bancaire. ||°**-welt** f. (-) milieux (m. pl.) bancaires. ||°**-wert** m. (es, e) valeur (f.) bancaire. ||°**-wesen** n. (s, -) système (m.) bancaire ; banques f. pl.

Bänkel|gesang ["bɛŋkəlge'zaŋ] m. (s, ¨e). FAM. scie f. (populaire) ; chanson (f.) des rues. ||°**-kind** n. (s, er) bâtard m. ||°**-sänger** m. (s, -) chanteur ambulant.

Bankert ['baŋkərt] m. (s, e). PÉJOR. bâtard m.

Bankett [baŋ'kɛt] n. (s, e) banquet m. || ARCHIT. palissade (f.) à hauteur d'appui ; embasement m.

Bankette [-tə] f. (-, n) banquette f. ; accotement m. || ARCHIT. embasement m.

Bankier [ban'kie:] m. (s, s) banquier m.

Bankrott [baŋ'krɔt] m. (s, e) cessation (f.) de paiement ; banqueroute f. ; faillite f. ; FAM. désastre financier. | *betrügerischer Bankrott*, faillite frauduleuse. | *Bankrott machen*, faire faillite.

bankrott [-'krɔt] adj. insolvable ; en faillite. | *für bankrott erklären*, déclarer en faillite.

Bankrotteur [baŋkrɔ'tœ:r] m. (s, s). JUR. banqueroutier ; failli.

Bankung ['baŋkuŋ] f. (-, en) GÉOL. division (f.) en forme de bancs.

Bann [ban] m. (es, e) ban m. ; bannissement m. | *den Bann ausüben*, avoir le droit de contrainte, de bannir. | *in Acht und Bann schlagen*, bannir. | *mit dem Bann belegen*, mettre au ban. || RELIG. excommunier. || FIG. charme m. ; fascination f. | *den Bann brechen*, rompre le charme. | *in den Bann eines Menschen geraten*, tomber sous l'influence d'un homme. | *der Redner zwang die Zuhörerschaft in seinen Bann*, l'orateur tint son auditoire sous le charme. || PAR EXT. [Bannmeile] banlieue f. ; district m. ; territoire m. || HIST. *ein Bann Heerleute*, une compagnie d'hommes d'armes.

bannen ['banən] v. tr. bannir ; mettre au ban. || RELIG. excommunier. | *den Teufel bannen*, conjurer, exorciser le diable. || FIG. [begeistern] *er ist wie gebannt*, on le croirait ensorcelé. || [jagen] *die Sorge bannen*, chasser les soucis.

Bann|fluch ['banflu:x] m. (s,¨e). RELIG. anathème m. ; excommunication f. | *mit dem Bannfluch belegen*, excommunier ; anathématiser. ||°**-gut** n. (s, ¨er) contrebande f. ||°**-kreis** m. (es, e). JUR. juridiction f. || FIG. zone (f.) d'influence. ||°**-meile** f. (-, n). ADM. zone (f.) de protection renforcée. ||°**-strahl** m. (s, en). V. BANNFLUCH. ||°**-ware** f. (-, n) marchandise (f.) de contrebande.

Banner ['banər] n. (s, -) bannière f. ; étendard m.

Banner|träger ["banər'trɛ:gər] m. (s, -) porte-étendard m. ; porte-enseigne m.

Bantam|gewicht ["bantamgə'viçt] n. (s, e). SPORT. [Boxen] poids (m.) coq.

Baobab ['ba:obap] m. (s, s). BOT. baobab m.

Baptist [bap'tist] m. (en, en). RELIG. baptiste m.

Baptisterium [baptis'te:rium] n. (s, rien). ARCHIT. [Taufhaus] baptistère m.

bar [ba:r] adj. **1.** [entblößt] nu. | *baren Hauptes*, *barhäuptig*, tête nue ; nu-tête. | *barfuß* ; *barfüßig*, nu-pieds ; pieds nus. | *aller Vernunft bar*, dénué de toute raison. | *jedes Geldes bar*, dépourvu d'argent.

2. PAR EXT. [in Geld] comptant. | *bares Geld*, espèces f. pl. ; argent comptant. | *in barem Geld*, au comptant. || PROV. *bares Geld lacht*, argent comptant fait cœur content. || LOC. FIG. *etwas für bar(e Münze) nehmen*, prendre qch. pour argent comptant. | *das ist ja barer Unsinn*, c'est pure sottise.

◇ au lieu de « Bargeld » : *gegen bar* ; *in bar*, au comptant. | *bar bezahlen*, payer (au) comptant.

Bar|füßer ["ba:r'fy:sər] (sens **1.** de **bar**) m. (s, -). RELIG. cordelier m. ||**-füßig** adj. qui a les pieds nus. ||**-köpfig** adj. tête nue. ||**-häuptig** adj. tête nue.

Bar|abfindung ["ba:r'apfinduŋ] (sens **2.** de **bar**) f. (-, en) indemnité (f.) en espèces. ||°**-auslage** f. (-, en) débours m. pl. ||°-**bestand** m. (s, ¨e) encaisse f. ||°-**betrag** m. (s, ¨e) montant (m.) en espèces. ||°-**deckung** f. (-, en) couverture (f.) métallique. ||°-**eingang** m. (s, ¨e) recette (f.) au comptant. ||°-**kauf** m. (s, ¨e) achat (m.) au comptant. ||°-**preis** m. (es, e) prix comptant. ||°-**scheck** m. (s, e) chèque non barré. ||°-**vorschuß** m. (es, ¨e) avance (f.) en espèces. ||°-**zahlung** f. (-, en) paiement (m.) en espèces.

Bargeld ['bɑ:rgɛlt] n. (s). COMM., FIN. espèces f. pl. ; paiement (m.) en espèces ; numéraire m. | *in Bargeld*, en numéraire. ||°-**bestand** m. (s, ¨e). COMM. encaisse f. ||-**los** adj. COMM. par virement ; par mandat. | *bargeldloser Verkehr*, transactions (f. pl.) par virement.

Barschaft ['bɑ:rʃaft] f. (-, en) avoir (m.) liquide.

Bar [bɑ:r] f. (-, s) bar m. ; débit (m.) de boissons.

Bar|hocker ["bɑ:r'hɔkər] m. (s, -) tabouret (m.) de bar. ||°-**mädchen** n. (s, -) serveuse (f.) de bar ; barmaid f. ||°-**meister** m. (s, -), °-**mixer** m. (s, -) barman m.

bar [bɑ:r] [Suffix, Ausdruck der Möglichkeit, meist]... able ; ...ible. | *tragbar*, portable. | *trinkbar*, potable. | *lesbar*, lisible.

Bär [bɛ:r] m. (en, en) ours m. || FIG. *jm einen Bären aufbinden*, FAM. monter un bateau, en faire accroire à qn. || FAM. *er ist ein rechter Bär*, c'est un ours mal léché. || ASTRON. *der Große Bär*, la Grande Ourse. | *der Kleine Bär*, la Petite Ourse. || TECHNOL. [Fallhammer] mouton m. ; marteau-pilon m. ||[Rammklotz] bélier m.

bär|beißig ["bɛ:r'baisiç] adj. hargneux ; d'une humeur massacrante. | *bärbeißig werden*, POP. se mettre en boule. ||°-**beißigkeit** f. (-) caractère hargneux. ||°-**lapp** m. (s, e). BOT. lycopode m.

Baracke [ba'rakə] f. (-, n) baraque f. ; baraquement m.

Barbar [bar'bɑ:r] m. (en, en) barbare m.

Barbara ['barbara] n. pr. f. Barbe f.

Barbarei [barba'rai] f. (-) barbarie f. ; cruauté f.

barbarisch [-'bɑ:riʃ] adj. barbare.

Barbarismus [-ba'rismus] m. (-, men) barbarisme m.

Barbarossa [barba'rɔsa] n. pr. m. HIST. Barberousse m.

Barbe ['barbə] f. (-, n) barbeau m. ; bar m.

Barbier [bar'bi:r] m. (s, e) barbier m. ; coiffeur m. ; POP. figaro m.

barbieren [-rən] v. tr. (Vx.) raser ; faire la barbe. || FIG. *jn über den Löffel barbieren*, duper, FAM. rouler qn.

Barbier|messer [bar"bi:r'mɛsər] n. (s, -) rasoir m.

Barbiturat [barbitu'ra:t] n. (s, e). MÉD. barbiturique m.

Barbitur|säure [barbi"tu:r'zɔyrə] f. (-, n) acide (m.) barbiturique.

bardauz ! [bar'dauts] interj. patatras !

Barde ['bardə] m. (n, n). LITTÉR. barde m. ; chanteur (m.) celtique.

Bären|beißer ["bɛ:rən'baisər] m. (s, -). ZOOL. bouledogue m. ||°-**dienst** m. (es, e) LOC. *jm einen Bärendienst leisten*, rendre (sans le vouloir) un mauvais service à qqn. ||°-**fell** n. (s, e) peau (f.) d'ours. ||°-**führer** m. (s, -) montreur (m.) d'ours. ||°-**haut** f. (-, ¨e) peau (f.) d'ours. || FIG. *auf der Bärenhaut liegen*, FAM. être paresseux comme un loir. || PROV. *man soll nie die Bärenhaut verkaufen, bevor man den Bären erlegt hat*, il ne faut jamais vendre la peau de l'ours avant de l'avoir tué. ||°-**häuter** m. (s, -). FIG., FAM. fainéant m. ; flemmard m. ||°-**hunger** m. (s) faim (f.) de loup ; fringale f. ||°-**jäger** m. (s, -) chasseur (m.) d'ours. ||°-**kälte** f. (-) froid (m.) de loup, de canard. ||°-**klau** m. (s). BOT. acanthe f. ||°-**mütze** f. (-, n) bonnet (m.) à poil. ||°-**zwinger** m. (s, -) fosse (f.) aux ours.

Barett [ba'rɛt] n. (s, e) barrette f. ; toque f.

Bärin ['bɛ:rin] f. (-, nen). ZOOL. ourse f.

Bariton ['bɑ:ritɔn] m. (s, e). MUS. baryton m.

Barium ['bɑ:rium] n. (s). MINES. barium m.

Bark [bark] f. (-, en). MAR. trois-mâts m.

Barkarole [barka'ro:lə] f. (-, n). MUS. barcarolle f.

Barkasse [bar'kasə] f. (-, n). MAR. barcasse f.

Barke ['barkə] f. (-, n). MAR. barque f.

Bärlappgewächs ["bɛ:rlapgə'vɛks] n. (es, e). BOT. lycopode m.

Bar|lauf ['bɑ:rlauf] m. (s, ¨e) jeu (m.) de barres.

bar|laufen ["bɑ:r'laufən] (ä, ie, a) v. intr. jouer aux barres.

Bärme ['bɛrmə] f. (-), **Barm** [barm] m. (s), **Barmen** ['barmən] m. (s) levain m. ; levure f.

barmen ['barmən] v. intr. POP. se plaindre ; gémir.

barm|herzig [barm'hɛrtsiç] adj. miséricordieux ; charitable. | *barmherzige Brüder*, frères (m. pl.) de la Charité.

Barm|herzigkeit [-kait] f. (-) miséricorde f. ; charité f. ; pitié f.

Barnabas ['barnabas] n. pr. m. Barnabé m.

barock [ba'rɔk] adj. baroque ; bizarre. || FIG. *ein barocker Mensch*, un homme bizarre.

Barock [ba'rɔk] m. ou n. (s). ARTS. baroque m.

Barock|antiqua [ba"rɔk'antikva] m. (-). TYPOGR. garamond m. ||°-**stil** m. (s) style (m.) baroque.

Baro|graph [baro'grɑ:f] m. (en, en). PHYS. baromètre enregistreur. ||°-**meter** m. et n. (s, -) baromètre m. | *das Barometer steht auf veränderlich*, le baromètre est au variable.

barometrisch [baro'metriʃ] adj. barométrique.

Baron [ba'ro:n] m. (s, e) baron m.

Baronesse [baro'nɛsə] f. (-, n) baronne f. (épouse ou fille d'un baron).

Baronie [-ro'ni:] f. (-, n) baronnie f.

Baronin [-'ro:nin] f. (-, nen) baronne f. (épouse d'un baron).

baronisieren [-roni'zi:rən] v. tr. faire baron.

Barras [baras] m. (-). POP. service (m.) militaire.

Barre ['barə] f. (-, n) barre f. ; lingot m.

Barrel ['barəl] n. (s, s) baril m.

Barren ['barən] m. (s, -) barre f. ; lingot m. | *Gold in Barren, Barrengold*, or (m.) en lingots, en barres. || SPORT. barres (f. pl.) parallèles.

Barriere [bari'ɛ:rə] f. (-, n) barrière f.

Barrikade [bari'kɑ:də] f. (-, n) barricade f.

barrikadieren [-ka'di:rən] v. tr. et v. pr. ériger des barricades ; se barricader.

Barsch [bɑ:rʃ], **Bärsch** [bɛrʃ] m. ([e], e), **Bärsche** ['bɛrsʃə] f. (-, n). [Fisch] perche f.

barsch [barʃ] adj. [grob, verdrießlich] bourru ; brutal ; renfrogné. || [beißend] mordant ; cinglant. || [herb] âpre ; rude. | *in barschem Ton*, d'un ton rogue. | *jm barsch entgegenkommen*, FAM. recevoir qn comme un chien dans un jeu de quilles. | *zu barsch verfahren*, FAM. (y) aller fort.

Barschheit ['barʃhait] f. (-, en) brusquerie f.

Bart [bɑ:rt] m. (s, ¨e) barbe f. ; moustache f. | *sich den Bart wachsen lassen*, se laisser pousser la barbe. || FIG., FAM. *er murmelte etwas in den Bart*, il grommelait, il parlait entre ses dents. || FAM. *jm um den Bart gehen*, flatter, courtiser qn. | *in den Bart hineinlügen*, mentir impudemment. | *sich um des Kaisers Bart streiten*, FAM. se disputer, se quereller pour un rien ; avoir une querelle d'Allemand. || TECHN. [Schlüssel] panneton (m.) de clef. || [Grat] bavure f.

Bart|binde ["bɑ:rt'bində] f. (-, n) fixe-moustache m. ||°-**bürste** f. (-, n) brosse (f.) à favoris. ||°-**fäden** m. pl. barbillons (m. pl.) de poisson. ||°-**flechte** f. (-, n). MÉD. sycosis m. ; lichen plan. || BOT. lichen m. ||°-**grundel** f. (-, n) loche f. ||-**los** adj. imberbe ; sans barbe. ||°-**moos** n. (es, e). BOT. lichen m. ||°-**wichse** f. (-, n) cosmétique m. ||°-**wuchs** m. (es, ¨e) barbe f. | *einen schütteren, dünnen Bartwuchs haben*, avoir la barbe rare.

Bärtchen ['bɛ:rtçən] n. (s, -) barbiche f.

Barte ['bɑ:rtə] f. (-, n). ZOOL. fanon (m.) de baleine.

Bartel ['bartəl], **Barthel** ['bɛrtəl] n. pr. m. abrév. de **Bartholomäus.** || FAM. *der weiß, wo Bartel den Most holt*, il est malin ; c'est un finaud.

Bartholomäus [bartolo'mɛ:us] n. pr. m. Barthélemy m. | *die Bartholomäusnacht*, la nuit de la Saint-Barthélemy.

bärtig ['bɛ:rtiç] adj. barbu ; poilu.

Baryt [bary:t] m. (s). MINÉRAL. baryte m.

baryt|haltig [ba"ry:t'haltiç] adj. barytifère.

Basalt [ba'zalt] m. (s, e) MINÉRAL. basalte m.

Basalt|felsen [ba"zalt'fɛlzən] m. (s, -) roche (f.) basaltique. ||-**förmig** adj. basaltiforme. ||-**haltig** adj. basaltique. ||°-**porphyr** m. (s, e) basalte (m.) porphyrique. ||°-**schiefer** m. (s, -) basalte schisteux.

Basar [ba'zɑ:r] m. (s, e) bazar m.

Bäschen ['bɛ:sçən] n. (s, -) petite cousine.

Baschkire [baʃ'ki:rə] n. pr. m. GÉOGR. Baskir m. ; Bachkir m.

Base ['bɑ:zə] f. (-, n) tante f. || PAR EXT. cousine f. ; parente âgée. || FIG. commère f.

Base ['bɑ:zə] f. (-, n). CHIM. base f.

Base|ball ['besbo:l] m. (s). SPORT. baseball m.

Basedowsche Krankheit [bazə"dɔvʃə'krankhait] f. MÉD. goitre (m.) exophtalmique ; maladie (f.) de Basedow.

Basel ['bɑ:zel] n. pr. n. GÉOGR. Bâle f.

basieren [ba'zi:rən] v. tr. baser ; fonder.

Basilie [ba'zi:liə] f. (-, n). BOT. basilic m.

Basilika [ba'zi:lika] f. (-, ken) basilique f.

Basilisk [bazi'lisk] m. (en, en). ZOOL., MYTH. basilic m. | *Basiliskenblick*, yeux (m. pl.) de basilic.

Basis ['bɑ:zis] f. (-, sen), **Base** [bɑ:zə] f. (-, n) base f. ; fondement m.

basisch ['bɑ:ziʃ] adj. CHIM. basique.

Basizität [bazitsi'tɛt] f. (-, en). CHIM. basicité f.

Baske ['baskə] n. pr. m. (n, n), **Baskin** [baskin] n. pr. f. (-, nen). GÉOGR. Basque m. ; Basquaise f.

Basken|mütze ["baskən'mytsə] f. (-, n) béret (m.) basque.

Basket|ball ["beskit'bo:l] m. (s) basket-ball m.

Basketball|spieler ["be:skitbo:l'ʃpi:lər] m. (s, -) basquetteur m.

baskisch ['baskiʃ] adj. GÉOGR. basque.

Basler(in) ['bɑ:zlər(in)] m. (s, -), f. (-, nen) Bâlois(e) m. (f.). || RELIG. *Basler Konzil*, concile (m.) de Bâle.

baß [bas] adv. fort ; très. | *ich war baß erstaunt*, j'étais fort étonné.

Baß [bas] m. (es, ¨e). MUS. basse f. | *erster Baß*, première basse, baryton m. | *zweiter Baß*, basse-contre f. | *begleitender Baß*, basse continue.

Baß|bläser ["bas'blɛ:zər] m. (s, -). MUS. basson m. ||°**-geige** f. (-, n). MUS. basse (f.) de viole. | *große Baßgeige*, contrebasse f. | *kleine Baßgeige*, violoncelle m. ||°**-geiger** m. (s, -) violoncelliste m. ||°**-horn** n. (s, ¨er). MUS. cor (m.) de basset. ||°**-sänger** m. (s, -). MUS. basse f. ||°**-schlüssel** m. (s, -) clef (f.) de *fa*. ||°**-stimme** f. (-, n) [voix (f.) de] basse f.

Bassin [ba'sɛ̃] n. (s, s) bassin m. ; piscine f.

Bassist [ba'sist] m. (en, en) joueur (m.) de basse.

Bast [bast] m. (es, e). BOT. fibre végétale ; liber m. || [Werg ; Flachs] filasse f. || raphia m.

Bast|seide ["bast'zaidə] f. (-, n) soie écrue ; tussor m. ||°**-seil** n. (s, e) corde (f.) de chanvre.

basta ! ['basta] interj. bast(e) ! ; assez ! ; suffit !

Bastard ['bastart] m. (s, e) bâtard m.

bastardieren [bastar'di:rən] v. tr. abâtardir.

Bastei [bas'tai] f. (-, en). ARCHIT. bastion m.

Bastelei [bastə'lai] f. bricolage m.

basteln ['bastəln] v. tr. bricoler.

Bastler [-tlər] m. (s, -) bricoleur m.

Bataillon [batajɔ̃] n. (s, e). MIL. bataillon m.

Batate [ba'tɑ:tə] f. (-, n). BOT. patate f.

Bathseba [bat'ze:ba] n. pr. f. Bethsabée f.

Batist [ba'tist] m. ([e]s, e). TEXT. batiste f.

Batterie [batə'ri:] f. (-, en). MIL. batterie f. | *Batterie zu sechs Geschützen*, batterie à six pièces. || ÉLECTR. batterie f. ; pile f. | *Akkumulatorenbatterie*, batterie d'accumulateurs.

Batterie|element [batə"ri:ele'mɛnt] m. (s, e). ÉLECTR. élément (m.) de batterie. ||°**-klemme** f. (-, n). ÉLECTR. borne (f.) de batterie.

Batzen ['batsən] m. (s, -) **1.** motte (f.) de terre. **2.** ancienne monnaie. FAM. *einen schönen Batzen Geld haben*, avoir des écus. | *manchen Batzen haben*, être cousu d'or.

Bau [bau] m. ([e]s, e et Bauten) **1.** bâtiment m. ; édifice m. ; bâtisse f. ; construction f. | *öffentliche Bauten*, bâtiments publics. | *das Haus ist im Bau*, la maison est en construction. | *Bau einer Bahnlinie*, construction d'une voie ferrée. | *er ist vom Bau*, il est du bâtiment, du métier, de la partie.
2. [Dachs-, Fuchsloch] terrier m. || LOC. *immer in seinem Bau sitzen*, être toujours dans sa tanière. | *der Hunger treibt den Fuchs aus dem Bau*, la faim fait sortir le loup du bois.
3. culture f. (des champs).
4. structure (f.), constitution f. (d'un corps, d'un ensemble).
5. MINES. exploitation f.

Bau|abteilung ["bau'aptailuŋ] f. (-, en). ARCHIT. service (m.) des constructions. || MINES. section (f.) d'exploitation. ||°**-akademie** f. (-, n) académie (f.) d'architecture. ||°**-amt** n. (es, ¨er) office (m.) des constructions ; service (m.) des travaux publics. ||°**-anschlag** m. (s, ¨e) devis de construction estimatif. ||°**-arbeit** f. (-, en) travail (m.) de construction. ||°**-arbeiter** m. (s, -) ouvrier (m.) du bâtiment. ||°**-art** f. (-, en) type (m.) de construction ; architecture f. ||°**-bedarf** m. (s) matériaux (m. pl.) de construction. ||°**-betreuer** m. (s., -) maître (m.) d'œuvre. ||°**-bewilligung** f. (-, en) permis (m.) de construire. ||°**-darlehen** n. (s, -) prêt (m.) à la construction. ||°**-entwurf** m. (s, ¨e). ARCHIT. projet (m.) de construction. ||°**-erlaubnis** f. (-, e) permis (m.) de construire. ||°**-fach** n. (s, ¨er) profession (f.) d'architecte ; architecture f. ||**-fällig** adj. délabré ; croulant. | *baufällig werden*, se délabrer ; dépérir ; menacer ruine. ||°**-fälligkeit** f. (-) délabrement (m.) d'un édifice. ||°**-flucht(linie)** f. (-) alignement m. ||°**-formel** f. (-, n). CHIM. formule développée. ||°**-gelände** n. (s) terrain (m.) à bâtir. ||°**-geld(er)** n. (pl.) fonds (m. pl.) de construction. ||°**-genehmigung** f. (-, en) permis (m.) de construire. ||°**-gerüst** n. (es, e) échafaudage m. ||°**-gesuch** n. (s, e) demande (f.) de construction. ||°**-gewerbe** n. (s) industrie (f.) du bâtiment. ||°**-grund** m. ([e]s, ¨e) terrain (m.) à bâtir. ||°**-handwerk** n. (s, e) [industrie] (f.) du] bâtiment m. ||°**-herr** m. (n, en) maître (m.) d'œuvre. || NUCL. maître (m.) d'ouvrage. ||°**-hof** m. (s, ¨e) chantier m. (de construction). ||°**-holz** n. (es, ¨er) bois (m.) de construction. ||°**-jahr** n. (s, e) année (f.) de fabrication. ||°**-kapital** n. (s, ien) fonds (m. pl.) de construction. ||°**-kasten** m. (s, -) jeu (m.) de construction. ||°**-kostenvoranschlag** m. (s, ¨e) devis (m.) d'une construction. ||°**-kredit** m. (s, e) crédit (m.) de construction. ||°**-kunst** f. (-) architecture f. ||°**-land** n. (s) terrain (m.) à bâtir. ||°**-leiter** m. (s, -) architecte m. ; conducteur (m.) des travaux de construction. ||°**-linie** f. (-) alignement m. ||°**-manager** m. (s, s) promoteur immobilier. ||°**-material** n. (s) matériaux de construction. ||°**-meister** m. (s, -) architecte m. ; constructeur m. ||°**-normung** f. (-, en) standardisation (f.) de la construction. ||°**-ordnung** f. (-) réglementation (f.) de la construction. ||°**-plan** m. (s, ¨e) plan (m.), projet (m.) de construction. ||°**-platz** m. (es, ¨e) terrain (m.) à bâtir. || [im Bau] lieu (m.), chantier (m.) de construction. ||°**-rat** m. (s, ¨e) architecte m. ||**-reif** adj. prêt à construire. ||°**-sparvertrag** m. (s, ¨e) plan (m.) d'épargne-logement. ||°**-stätte** f., °**-stelle** f. (-, n) [zu verbauen] emplacement (m.), terrain (m.) à bâtir. || [im Bau] chantier (m.) de construction. ||°**-stein** m. (s, e) pierre (f.) à bâtir ; moellon m. ||°**-stellenleiter** m. (s, -) conducteur (m.) des travaux ; chef (m.) de chantier. ||°**-stil** m. (s, e). ARCHIT. style m. ||°**-stoff** m. ([e]s, e) matériaux de construction. ||°**-stofflager** n. (s, -) entrepôt (m.) de matériaux de construction. ||°**-stoffwechsel** m. (s). BIOL., MÉD. métabolisme m. ||°**-tätigkeit** f. (-) activité (f.) de construction. ||°**-träger** m. (s, -) maître (m.) d'ouvrage. ||°**-unternehmen** ["-/-'--] n. (s, -) entreprise (f.) de bâtiment. ||°**-unternehmer** m. (s, -) entrepreneur (m.) de bâtiment, de travaux publics. ||°**-vertrag** m. (s, ¨e) contrat (m.) de construction. ||°**-vorhaben** n. (s, -) projet (m.) de construction. ||°**-weise** f. (-, n) méthode (f.), type (m.) de construction. ||°**-werk** (s, e) édifice m. ; bâtiment m. ; ouvrage m. ; construction f. ||°**-wesen** n. (s) bâtiment m. ; génie civil. ||°**-zeit** f. (-, en) durée (f.) des travaux.

Bauch [baux] m. (s, ¨e). ANAT. ventre m. ; abdomen m. | *dicker Bauch*, gros ventre. | *leerer Bauch*, estomac creux. | *dem Bauch dienen*, FAM. être l'esclave de son ventre. | *er bekommt einen Bauch*, il prend du ventre. | *sich vor Lachen den Bauch halten*, rire à s'en tenir les côtes. | *sich den Bauch vollstopfen, vollschlagen*, s'empiffrer.

Bauch|binde ["baux'bində] f. (-, n). MÉD. ceinture f. ; bandage m. ; ventrière f. ||°**-deckenreflex** m. (es, e). MÉD. réflexe abdominal. ||°**-fell** n. (s, e) péritoine m. ||°**-fellentzündung** f. (-, en). MÉD. péritonite f. ||°**-flosse** f. (-, n) nageoire abdominale, pelvienne. ||°**-gurt** m. (s, e) [Pferd] sous-ventrière f. ; sangle f. ||°**-höhle** f. (-, n). ANAT. cavité abdominale. ||°**-höhlenschnitt** m. (s, e). MÉD. laparotomie f. ||°**-höhlenschwangerschaft** f. (-, en). MÉD. grossesse extra-utérine. ||°**-kneifen**, °**-kneipen** n. (s). MÉD. colique f. ||°**-krankheit** f. (-, en). MÉD. maladie (f.) gastrique. || FAM. embarras (m.) gastrique. ||°**-muskel** m. (s, n) ANAT. muscle abdominal. ||°**-redner** m. (s, -) ventriloque m. ||°**-rednerei** f. (-) ventriloquie f. ; engastrimysme m. ||°**-riemen** m. (s, -)

sous-ventrière f. ; ceinture f. ||°-**speicheldrüse** f. (-, n). ANAT. pancréas m. ||°-**tanz** m. (es, ¨e) danse (f.) du ventre. ||°-**weh** n. (s). MÉD. colique f. ; mal (m.) au ventre. ||°-**würmer** m. pl. MÉD. vers intestinaux.

bauchig ['bauxiç] adj. ventru ; pansu ; bombé ; convexe.

bäuchlings ['bɔyçliŋs] adv. à plat ventre.

Bauchung ['bauxuŋ] f. (-, en) renflement m.

Baude ['baudə] f. (-, n) cabane (f.), hutte (f.).

bauen ['bauən] v. tr. **1.** bâtir ; construire ; édifier. || [errichten] dresser ; élever. || *Wohnungen, Maschinen bauen*, construire des logements, des machines. | *die Vögel bauen (sich) Nester*, les oiseaux font des nids. || FAM. *ich habe Häuser auf ihn gebaut*, j'avais confiance en lui. || PAR EXT. FAM. *Seinen Doktor bauen*, passer son doctorat. || IRON. *Einen Unfall bauen*, avoir un accident.
2. PAR EXT. cultiver. | *den Boden (be)bauen*, travailler la terre. || planter ; cultiver (des plantes). | *Wein (an)-bauen*, planter de la vigne.
3. MINES. exploiter, tirer (du minerai).
◇ v. intr. **bauen an,** travailler à la construction de. — **bauen auf,** se fonder sur. | *darauf ist nicht zu bauen*, il ne faut pas y compter.

Bauer ['bauər] m. (n, n) paysan m. ; laboureur m. ; agriculteur m. ; cultivateur m. || [Pächter] fermier m. ; métayer m. || PÉJOR. rustre m. ; plouc m. || PROV. *(ein) Bauer bleibt (ein) Bauer*, la caque sent toujours le hareng. | *die dümmsten Bauern haben die dicksten Kartoffeln*, aux innocents les mains pleines. || PAR ANAL. [Kartenspiel] valet m. ; [Schach] pion m.

Bauer m. et n. (s, -) [Käfig] cage (f.) d'oiseau.

Bäuerchen ['bɔyərçən] n. (s, -) petit paysan.

Bäu(e)rin [-(ə)rin] f. (-, nen) paysanne f. ; cultivatrice f.

bäu(e)risch [-(ə)riʃ] adj. rustique ; paysan ; à la manière d'un paysan. || PÉJOR. rustre ; rustaud.

bäuerlich [-liç] adj. paysan.

Bauern|adel ["bauərn'ɑ:dəl] m. (s) noblesse paysanne. ||°-**aufstand** m. (s, ¨e) révolte (f.) des paysans ; jacquerie f. ||°-**bengel** m. (s, -). FIG. rustre m. ; manant m. ||°-**brot** n. (s, e) pain (m.) de campagne, de seigle. ||°-**fänger** m. (s, -) filou m. ; bonneteur m. ||°-**fängerei** f. (-, en) filouterie f. ||°-**fest** n. (es, e) fête villageoise. ||°-**gut** n. (es, ¨er), ferme f. ||°-**hochzeit** f. (-, en) noce villageoise, de village. ||°-**hof** m. (s, ¨e) ferme f. ; métairie f. ||°-**knecht** m. (s, e) valet (m.) de ferme. ||°-**land** n. (s, ¨er) pays (m.) agricole. ||°-**lümmel** V. BAUERNBENGEL. ||°-**mädchen** n. (s, -) jeune paysanne f. ||°-**regel** f. (-, n) dicton (m.) sur le temps (qu'il fait). ||°-**schenke** f. (-, n) auberge (f.) de village. ||°-**schläue** f. (-) ruse paysanne. ||°-**stand** m. (s, ¨e) classe paysanne ; paysannerie f. ||°-**stück** n. (s, e). THÉÂTRE. paysannerie f. ||°-**tracht** f. (-, en) costume villageois. ||°-**wirtschaft** f. (-, en) exploitation (f.) agricole ; ferme f. ; métairie f.

Bauers|frau ["bauərs'frau] f. (-, en) femme (f.) de paysan ; paysanne f.

Bauernschaft ['bauərnʃaft] f. (-, en) paysannerie f. (ensemble des paysans).

Bauerntum ['bauərntum] n. (s) paysannerie f. (caractère paysan ; manières rustres).

baulich ['bauliç] adj. habitable ; en bon état.

Baulichkeit [-kait] f. (-, en) construction f. ; immeuble m.

Baum [baum] m. (s, ¨e). BOT. arbre m. | *dicht belaubter Baum*, arbre feuillu, touffu. | *einen Baum ausschneiden*, élaguer un arbre. | *einen Baum pfropfen*, greffer un arbre. || PROV. *wie der Baum, so die Frucht*, tel père, tel fils. | *er sieht den Wald vor lauter Bäumen nicht*, les arbres lui cachent la forêt. | *auf einen Hieb fällt kein Baum*, Paris ne s'est pas fait en un jour. | *die Bäume wachsen nun einmal nicht in den Himmel*, il y a une limite à toutes choses. || LOC. *zwischen Baum und Borke*, entre l'arbre et l'écorce. | *Baum und Busch*, arbres et arbustes. || TECHN. arbre m. (de couche).

baum|artig ["baum'ɑ:rtiç] adj. arborescent ; ressemblant à un arbre. ||°-**blüte** f. (-, n). BOT. [Handlung] floraison f. ; [Resultat] fleur f. ||°-**eule** f. (-, n). ZOOL. chat-huant m. ; hulotte f. ||°-**falke** m. (n, n). ZOOL. hobereau m. ||°-**farn** m. (s, e). BOT. fougère arborescente. ||-**förmig** adj. en forme d'arbre ; arboriforme. ||°-**frevel** m. (s, -) délit forestier. ||°-**gärtner** m. (s, -) pépiniériste m. ||°-**gärtnerei** f. (-, en) pépinière f. ||°-**krone** f. (-, n) cime (f.) d'arbre. ||°-**kuchen** m. (s, -). CULIN. pièce montée. ||°-**läufer** m. (s, -). ZOOL. grimpereau m. ||°-**leiter** f. (-, n) échelle (f.) double. ||°-**lerche** f. (-, n) alouette (f.) des bois. ||°-**malve** f. (-, n) guimauve f. ||°-**marder** m. (s, -) martre f. ; martre (f.) des bois. ||°-**messer** n. (s, -) serpette f. ||°-**nymphe** f. (-, n) nymphe (f.) des bois ; hamadryade f. ||°-**pflanzung** f. (-, en). BOT. plantation (f.) d'arbres. ||°-**rinde** f. (-, n) écorce (f.) d'arbre. ||°-**saft** m. (s, ¨e) sève (f.) des arbres. ||°-**schere** f. (-, n). TECHN. sécateur m. ||°-**schröter** m. (s, -). ZOOL. cerf-volant m. ||°-**schule** f. (-, n) pépinière f. ||°-**schwamm** m. (s, ¨e). BOT. agaric m. ||°-**stamm** m. (s, ¨e) tronc (m.) d'arbre. ||-**stark** adj. FIG. fort comme un chêne. ||°-**stumpf** m. (s, ¨e) souche (f.) d'arbre. ||°-**zange** f. (-, n) sécateur m. ||°-**zucht** f. (-). BOT. arboriculture f. ||°-**züchter** m. (s, -) arboriculteur m.

Bäumchen ['bɔymçən] n. (s, -). BOT. petit arbre ; arbrisseau m. ; arbuste m.

Baumel ['bauməl] f. V. BAMMEL.

baumeln ['bauməln] v. intr. pendiller ; brandiller.

bäumen (sich) [ziç'bɔymən] v. pr. se cabrer.

Baum|wolle ["baum'vɔlə] f. (-) coton m.

baum|wollen [-'vɔlən] adj. de coton ; cotonné.

Baumwoll|garn ["baumvɔl'garn] n. (s). TEXT. fil (m.) de coton ; coton filé. ||°-**staude** f. (-, en) cotonnier m. ||°-**stoff** m. (s, e) cotonnade f. ||°-**strauch** m. (s, ¨er) cotonnier m. ||°-**tuch** n. (s, ¨er) cotonnade f. ||°-**waren** f. pl., °-**zeug** n. (s) étoffes (f. pl.) de coton ; cotonnades f. pl.

Bausch [bauʃ] m. (es, ¨e) bourrelet m. ; renflement m. ; coussinet m. || FIG. *in Bausch und Bogen kaufen*, acheter en bloc, à forfait, en vrac.

Bausch|ärmel ["bauʃ'ɛrməl] m. (s, -) manche bouffante.

bauschen ['bauʃən] v. tr. faire bouffer ; rendre bouffant.
◇ v. intr. bouffer ; être bouffant ; se renfler.

bauschig [-ʃiç] adj. bouffant.

Bauxit [bau'ksi:t] m. (s, e). MINÉRAL. bauxite f.

bauz ! [bauts] interj. POP. patatras !

Bayer(in) ['baiər(in)] m. (n, n), f. (-, nen) Bavarois(e) m. (f.).

bayerisch [-əriʃ] adj. bavarois. | *Bayerische Alpen*, Alpes bavaroises.

Bayern [-ərn] n. pr. n. (s). Bavière f.

Bazille [ba'tsilə] f. (-, n), **Bazillus** [-lus] m. (-, llen). MÉD. bacille m.

bazillen|tötend [ba"tsilən'tø:tənt] adj. MÉD. désinfectant. ||°-**träger** m. (s, -). MÉD. contagieux m.

be [bə] préf. verbal. Il ne porte jamais l'accent et sert à former des verbes transitifs :
1. avec des verbes simples intransitifs. Ex. : *be|steigen*, monter ; escalader. On dira : *auf den Berg steigen*, mais : *den Berg besteigen.*
2. avec des verbes simples transitifs. L'objet du verbe composé reste le même ; l'action du verbe nouveau est soulignée. Ex. : *grüßen*, saluer, mais : *be|grüßen*, accueillir solennellement.
3. avec des substantifs, le préfixe ayant le sens de « munir de ». Ex. : *die Seele*, l'âme ; *be|seelen*, animer.
4. avec des adjectifs, le préfixe ayant une valeur factitive. Ex. : *fähig*, capable ; *be|fähigen*, donner capacité.

be|absichtigen [bə"ap'ziçtigən] v. tr. avoir l'intention de ; projeter ; se proposer de ; compter.

beachten [bə'ɑxtən] v. tr. considérer ; prendre en considération ; tenir compte de ; écouter. | *ein Gesetz nicht beachten*, désobéir à une loi.

beachtens|wert [bə"ɑxtəns've:rt], **beachtlich** [-axtliç] adj. qui mérite l'attention ; important.

Beachtung [bə'ɑxtuŋ] f. (-) observation f. ; considération f. | *lebhafte Beachtung finden*, intéresser beaucoup. | *keine Beachtung schenken*, ne pas faire attention à.

beackern [bə'akərn] v. tr. labourer.
— SYN. : FIG. *bearbeiten.*

Beamter [bə'amtər] m. [Staat] fonctionnaire m. ; agent m. || [Privat, Stadt] employé m. | *planmäßiger Beamter*, fonctionnaire titulaire. | *Beamter werden*, entrer dans l'administration. | *einen Beamten versetzen*, déplacer un fonctionnaire. | *einen Beamten absetzen*, destituer, révoquer, suspendre un fonctionnaire.

Beamten|abbau [bə"amtən'apbau] m. (s) suppression (f.) de fonctionnaires. ||°-**bestechung** f. (-)

corruption (f.) de fonctionnaires. ||°-**herrschaft** f. (-) bureaucratie f. ||°-**stand** m. (s) fonctionnaires m. pl. ||°-**vergehen** n. (s, -) forfaiture f.

Beamtenschaft [bə'amtənʃaft] f. (-, en) corps (m.) des fonctionnaires.

Beamtentum [bə'amtəntu:m] n. (s) fonctionnarisme m.

Beamtin [bə'amtin] f. (-, nen). Adm. [Staat] fonctionnaire f.

be|ängstigen [bə'ɛŋstigən] v. tr. faire peur ; inquiéter.
◇ part. prés. et adj. **beängstigend,** inquiétant.

be|anspruchen [bə"an'ʃpruxən] v. tr. demander ; revendiquer ; prétendre à. | *jn stark beanspruchen*, demander beaucoup à qn. | *als Eigentum für sich beanspruchen*, revendiquer qch. || Techn. *das Material zu stark beanspruchen*, fatiguer le matériel.

Be|anspruchung [-xuŋ] f. (-) demande f. ; revendication f. || Techn. [Anstrengung] effort m. | *zulässige Beanspruchung*, charge admise.

be|anstanden [bə"an'ʃtandən] v. tr. formuler des objections, des critiques ; critiquer ; réclamer. | *es gibt mancherlei an diesem Bau zu beanstanden*, il y a bien des critiques à faire à ce bâtiment.

Be|anstandung [-duŋ] f. (-, en) objection f. ; critique f. ; réclamation f. | *Beanstandungen erheben*, formuler des objections.

be|antragen [bə"an'tra:gən] v. tr. proposer ; demander. || Jur. requérir.

be|antworten [bə"ant'vɔrtən] v. tr. répondre à.

Be|antwortung [-tuŋ] f. (-, en) réponse f.

be|arbeiten [bə"ar'baitən] v. tr. œuvrer à ; façonner ; travailler à ; usiner ; traiter. || Techn. *im Rohen bearbeiten*, dégrossir. || Littér., Mus. arranger. | *eine neu bearbeitete Auflage*, une édition refondue.

Be|arbeiter [-tər] m. (s, -) façonneur m. | surtout dans *Sachbearbeiter*, employé spécialisé ; spécialiste m. || Théâtre. adaptateur m.

Be|arbeitung [-tuŋ] f. (-, en) travail m. ; façon f. ; traitement m. ; transformation f. || Techn. usinage m. ; façonnage m. | *Bearbeitung aus dem Groben*, dégrossissage m. || Littér. élaboration f. ; remaniement (m.) d'un texte. || Polit. étude (f.) d'une affaire. || Mus. arrangement m.

Bearbeitungs|gebühren [bə"arbaituŋsgə'by:rən] f. pl. frais (m. pl.) de dossier.

be|argwöhnen [bə"ark'vø:nən] v. tr. soupçonner ; suspecter ; se méfier de.

Beau [bo:] m. (s, s) bel homme ; fam. beau gosse.

Beaufort|skala [bo"fɔ:r'ska:la] f. (-) échelle (f.) de Beaufort.

be|aufsichtigen [bə"auf'ziçtigən] v. tr. surveiller ; contrôler ; inspecter.

Be|aufsichtiger(in) [-gər(in)] m. (s, -), f. (-, nen) surveillant(e) m. (f.) ; contrôleur m.

Be|aufsichtigung [-guŋ] f. (-, en) surveillance f. ; contrôle m. ; inspection f.

be|auftragen [bə"auf'tra:gən] v. tr. charger ; commettre ; mandater ; déléguer ; députer.

Be|auftragter [-'tra:ktər] m. chargé (m.) d'affaires ; mandataire m.

Be|auftragung [-'tra:guŋ] f. (-, en) charge f. ; commission f. ; délégation f. ; mandat m.

be|äugeln [bə'ɔygəln] v. tr. guigner ; lorgner.

be|augen|scheinigen [bə"augən'ʃainigən] v. tr. [in Augenschein nehmen] inspecter, contrôler soi-même.

be|bändern [bə'bɛndərn] v. tr. garnir de rubans ; enrubanner.

be|baubar [bə"bau'ba:r] adj. viabilisé. | *bebaubares Gelände*, terrain viabilisé.

be|bauen [bə'bauən] v. tr. bâtir ; construire sur. | *bebautes Grundstück*, terrain bâti ; propriété bâtie. || Agric. cultiver. | *nie bebautes Land*, sol (m.) vierge.

Be|bauung [-uŋ] f. (-, en) construction f. (de bâtiments). || Agric. culture f.

Bebauungs|plan [-uŋs'pla:n] m. (s, ¨e) (*etwa*) plan (m.) d'aménagement concerté.

beben ['be:bən] v. intr. trembler ; frémir ; vibrer. | *die Erde bebt*, la terre tremble. || Fig. *vor Freude beben*, tressaillir de joie. | *vor Zorn beben*, trembler de colère.

be|bildern [bə'bildərn] v. tr. illustrer.

be|blättern (sich) [ziçbə'blɛtərn] v. pr. se couvrir de feuilles.

be|blümt [bə'bly:mt] adj. fleuri ; couvert de fleurs.

be|brillt [bə'brilt] adj. portant lunettes.

be|brüten [bə'bry:tən] v. tr. couver.

Becher ['bɛçər] m. (s, -) coupe f. || [Trinkbecher] gobelet m. ; timbale f. || [Mischbecher] shaker m. || [Würfel] cornet m. || Techn. [Bagger] godet m. || Fig. *den Becher bis auf die Neige leeren*, boire le calice jusqu'à la lie. | *den Becher des Leidens leeren*, épuiser la coupe des douleurs.

Becher|förderer ["bɛçər'førdərər] m. (s, -) transporteur (m.) à godets. ||-**förmig** adj. en forme de gobelet, de coupe. ||°-**glas** n. (es, ¨er) coupe f. (de cristal) ; verre-gobelet m. || Chim. bécher m. ||°-**werk** n. (s, e). Techn. élévateur (m.) à godets. || Agric. noria f.

bechern ['bɛçərn] v. intr. boire copieusement ; fam. picoler.

Becken ['bɛkən] n. (s, -) bassin m. ; bac m. || [Waschbecken] cuvette f. || [Brunnenbecken] vasque f. || Anat. *(menschliches) Becken*, bassin m. || Mar. bassin m. ; dock m. || Chim. *Klärbecken*, bassin de décantation. || Mines. *Kohlenbecken*, bassin houiller. || Mus. cymbales f. pl.

Becken|bein ["bɛkən'bain] n. (s, -) os (m.) iliaque. ||°-**höhle** f. (-, n). Anat. cavité pelvienne. ||°-**knochen** m. (s, -) os (m.) du bassin. ||°-**schläger** m. (s, -). Mus. cymbalier m.

bedachen [bə'daxən] v. tr. poser un toit ; une couverture ; couvrir (d'un toit).

bedacht [bə'daxt] adj. *bedacht sein auf*, être soucieux, jaloux de.

Bedacht [bə'daxt] m. (s) précaution f. ; circonspection f. ; réflexion f. | *mit Bedacht*, avec prudence. | *Bedacht nehmen auf*, avoir égard à ; tenir compte de.

bedächtig [be'dɛ:çtiç] adj. réfléchi ; prudent ; circonspect ; posé. | *er ist bedächtig*, c'est un homme réfléchi.

Be|dächtigkeit [-kait] f. (-) circonspection f. ; réflexion f. ; prudence f. || Iron. lenteur f.

bedachtsam [bə'daxtza:m] adj. V. bedächtig.

Be|dachtsamkeit [-kait] f. V. Bedächtigkeit.

Bedachung [-xuŋ] f. (-, en) toiture f. ; couverture f. || Par ext. maison f.

Be|dämpfung [bə'dɛmpfuŋ] f. (-, en). Phys. amortissement (m.) de l'écho.

bedanken (sich) [ziçbə'dankən] v. pr. remercier. | *sich bei jm für etwas bedanken*, remercier qn de qch. || Fam., iron. *dafür bedanke ich mich*, j'ai déjà donné.

Bedarf [bə'darf] m. (s) besoin(s) m. (pl.) ; (le) nécessaire ; provisions f. pl. | *dringender Bedarf*, besoin pressant. | *lebenswichtiger Bedarf*, besoin de première nécessité. | *nach Bedarf*, suivant les besoins. | *an etwas* (dat.) *Bedarf haben*, avoir besoin de qch. | *den Bedarf decken*, couvrir les besoins. || Techn. équipement m. | *Bürobedarf*, équipement de bureau.

Bedarfs|artikel [bə"darfsar'tikəl] m. (s, -) article (m.) de première nécessité. ||°-**fall** m. (s, e) *im Bedarfsfall*, en cas de besoin. ||°-**halte|stelle** f. (-, n). [Eisenbahn, Omnibus] arrêt facultatif.

bedauerlich [bə'dauərliç] adj. regrettable ; fâcheux.

bedauern [-ərn] v. tr. regretter ; déplorer. | *js Betragen bedauern*, déplorer la conduite de qn. || Par ext. plaindre ; avoir pitié de. | *er ist zu bedauern*, il est à plaindre.

Bedauern [-ərn] n. (s) regret m. ; désespoir m. | *zu meinem großen Bedauern*, à mon grand désespoir. || *sein Bedauern aussprechen*, regretter.

bedauerns|wert, -würdig [bə"dauərns've:rt, -'vyrdiç] adj. 1° pitoyable ; 2° regrettable.

bedecken [bə'dɛkən] v. tr. couvrir ; recouvrir. | *mit Sand bedecken*, couvrir, recouvrir de sable. | *bedeckter Himmel*, ciel couvert, gris, voilé.
◇ v. pr. **sich bedecken,** se couvrir ; se recouvrir ; se protéger. | *bedecken Sie sich*, couvrez-vous. || Mil. se couvrir ; s'abriter. || Fig. *sich mit Ruhm bedecken*, se couvrir de gloire.

Bedeckung [-kuŋ] f. (-, en) couverture f. ; abri m. || Mil. *unter Bedeckung*, sous escorte.

bedenken [bə'dɛŋkən] (bedachte, bedacht) v. tr. [denken] considérer ; penser, songer, réfléchir, prendre garde à ; ne pas oublier. | *die Folgen von etwas nicht bedenken*, ne pas penser aux conséquences de qch. | *vorher bedenken*, préméditer. | *das gibt zu bedenken*, cela donne à réfléchir. | *ich gebe Ihnen zu bedenken*, je vous laisse à penser. | *bedenkt man's recht, so*, à y bien réfléchir. || Par anal. [zögern] délibérer ; hésiter ;

balancer. | *sich eines Besseren bedenken*, changer d'avis ; se raviser. || PAR EXT. [beschenken] *jn in seinem Testament bedenken*, coucher qn sur son testament. | *zu Weihnachten werden die Kinder mit Geschenken bedacht*, à Noël les enfants reçoivent des cadeaux. || FIG. *von der Natur schlecht bedacht*, mal loti par la nature.
◇ v. pr. **sich bedenken,** délibérer.
Bedenken [-kən] n. (s, -) réflexion f. ; méditation f. ; considération f. ; doute m. ; hésitation f. | *ohne Bedenken*, sans hésitation ; sans scrupules. | *nach reiflichem Bedenken*, après mûre réflexion ; toute réflexion faite ; à la réflexion. | *Bedenken tragen, hegen*, avoir des doutes ; hésiter. | *voller Bedenken*, scrupuleux. | *das hat kein Bedenken*, cela ne pose pas de problème.
Bedenk|frist [bə"dɛŋk'frist] f. (-, en) délai (m.), temps (m.) de réflexion.
bedenklich [bə'dɛŋkliç] adj. [Personen] soucieux ; inquiet ; pensif ; préoccupé. || [Dinge] critique ; dangereux ; scabreux. | *eine bedenkliche Lage*, une situation critique, délicate. | *das stimmt bedenklich*, cela donne à penser ; c'est une affaire inquiétante.
bedeuten [bə'dɔy:tən] v. tr. [heißen] signifier ; vouloir dire ; représenter. | *das Kreissymbol bedeutet Ewigkeit*, le symbole circulaire représente l'éternité. | *das hat nichts zu bedeuten*, c'est sans importance ; cela ne signifie rien. || PAR ANAL. [ankünden] *das bedeutet nichts Gutes*, cela ne présage rien de bon. || PAR EXT. [zu verstehen geben] signifier, notifier qch. à qn. | *ich bedeutete ihm, zu schweigen*, je lui signifiai de se taire.
bedeutend [-tənt] part. pass. et adj., **be|deutsam** [bə"dɔyt'zɑ:m] adj. significatif ; signifiant ; considérable ; important ; remarquable. | *ein bedeutender Gelehrter*, un savant remarquable. | *eine bedeutende Summe*, une somme importante, considérable.
◇ adv. considérablement ; fort ; bien.
Bedeutung [-tuŋ] f. (-, en), **Bedeutsamkeit** [bə"dɔyt'zɑ:mkait] f. f. (-, en). [Sinn] sens m. ; signification f. | *Bedeutung eines Wortes*, acception (f.) d'un mot. | *eigentliche Bedeutung*, sens propre. | *bildliche Bedeutung*, sens figuré. || PAR ANAL. [Andeutung] présage m. || PAR EXT. [Wert] valeur f. ; portée f. | *ohne jede Bedeutung* ; *nicht von Bedeutung*, sans (aucune) importance ; futile.
bedeutungs|los [bə"dɔytuŋs'lo:s] adj. insignifiant ; sans valeur ; sans importance. ||°**-losigkeit** f. (-) insignifiance f. ||**-voll** adj. significatif ; très important.
bedienen [bə'di:nən] v. tr. servir. | *bei Tisch bedienen*, servir à table. | *einen Kunden bedienen*, servir un client. || FAM. *ich bin bedient*, j'en ai ma claque ; j'ai déjà donné. || MIL. *ein Geschütz bedienen*, servir une pièce. || TECHN. *eine Maschine bedienen*, servir une machine.
◇ v. pr. **sich bedienen,** se servir de. | *sich einer Sache bedienen*, se servir d'un objet. | *bitte, bedienen Sie sich*, servez-vous, s'il vous plaît.
Bedien|hebel [bə"di:n'he:bəl] m. (s, -). TECHN. manette (f.) de commande.
Bedienstete(r) [bə'di:nstətə(r)] f. (m.) domestique s. ; employé(e) m. (f.).
Bedienung [-nuŋ] f. (-, en) service m. || MIL. *Geschützbedienung*, servants (m. pl.) d'une pièce. || TECHN. *Bedienung einer Maschine*, maniement (m.) d'une machine.
Bedienungs|anleitung [bə"di:nuŋs'anlaituŋ] f. (-, en) TECHN. instruction (f.) de service ; mode (m.) d'emploi ; [Heft] manuel (m.) d'utilisation. ||°**-fehler** m. (s, -) fausse manœuvre. ||°**-geld** n. (s, er) pourboire m. ||°**-mann** m. (es, -leute) conducteur m. ; servant m. ; machiniste m. ; opérateur m. ||°**-mannschaft** f. (-, en). MIL. équipe (f.) d'une pièce ; servants m. pl. ||°**-personal** n. (s, e). TRANSP. personnel (m.) de conduite. ||°**-vorschrift** f. (-, en). TECHN. notice (f.) d'utilisation ; mode (m.) d'emploi.
bedingen [-ŋən] (bedang, bedungen, et conjug. faible) v. tr. conditionner ; stipuler ; exiger.
◇ part. pass. et adj. **bedingt,** *bedingt sein*, être conditionné par ; avoir pour condition. || COMM. *bedingter Kauf*, achat conditionnel.
◇ adv. sous réserve. | *das ist bedingt zulässig*, c'est admissible sous certaines réserves.
Bedingtheit [bə'diŋthait] f. (-) limitation f. ; relativité f. ; caractère limité.
Bedingung [bə'diŋuŋ] f. (-, n) **1.** condition f. ; modalité f. ; clause f. ; stipulation f. ; réserve f. ; restriction f. | *seine Bedingungen stellen*, poser des, ses conditions. | *zu sehr günstigen Bedingungen*, à très bon compte. | *unter der Bedingung, daß*, à (la) condition que (subj.) ; à condition de (infin.). | *unter der einen Bedingung*, à la seule condition de. | *an keine Bedingung gebunden*, inconditionnel.
2. JUR. *auflösende Bedingung*, condition résolutoire. | *aufschiebende Bedingung*, condition suspensive. | *unerläßliche Bedingung*, condition sine qua non.
Bedingungs|form [bə"diŋuŋs'fɔrm] f. (-) GRAMM. conditionnel m. ||**-los** adj. inconditionnel ; sans condition. || MIL., POLIT. *bedingungslose Übergabe, Kapitulation*, reddition (f.) sans condition. ||°**-satz** m. (es,¨e). GRAMM. proposition, phrase conditionnelle. ||°**-schlüssel** m. (s, -). INF. code (m.) d'état. ||**-weise** adv. sous condition ; conditionnellement ; sous réserve.
bedrängen [bə'drɛŋən] v. tr. serrer de près ; poursuivre ; opprimer. | *in bedrängter Lage*, dans l'embarras ; dans la gêne. | *jn mit Fragen bedrängen*, FIG. harceler qn de questions.
Bedrängnis [-ŋnis] f. (-, se) embarras m. ; gêne f. | *in großer Bedrängnis sein*, être au fond de la détresse.
bedripst [bə'dripst] adj. POP. interloqué.
bedrohen [bə'dro:ən] v. tr. menacer. | *von etwas bedroht sein*, être sous la menace de qch.
bedrohlich [-liç] adj. menaçant.
Bedrohung [-uŋ] f. (-, en) menace f.
bedrucken [bə'drukən] v. tr. imprimer.
bedrücken [bə'drykən] v. tr. presser. || FIG. opprimer ; accabler.
◇ part. pass. et adj. **bedrückt,** FIG. oppressé ; accablé ; triste.
Bedrückung [-kuŋ] f. (-, en). FIG. oppression f. ; accablement m. ; tristesse f.
Beduine [bedu'i:nə] n. pr. m. (n, n) Bédouin m.
Beduinin [-nin] n. pr. f. (-, nen) Bédouine f.
bedürfen [bə'dyrfən] (bedarf, bedurfte, bedurft) v. intr. (gén.) nécessiter qch. ; demander qch. ; avoir besoin de qch. | *das bedarf einer Erklärung*, cela demande explication.
Bedürfnis [-'dyrfnis] n. (ses, se) besoin m. ; nécessité f. | *Bedürfnis nach etwas*, besoin de qch. || FIG. *ein Bedürfnis befriedigen*, faire ses besoins.
Bedürfnis|anstalt [bə"dyrfnis'anʃtalt] f. (-, en) toilettes publiques ; vespasienne f. ||°**-losigkeit** f. (-) absence (f.) de besoins ; frugalité f.
bedürftig [bə'dyrftiç] adj. indigent ; pauvre ; nécessiteux. | *bedürftig werden*, tomber dans le besoin.
Bedürftigkeit [-kait] f. (-) nécessité f. ; indigence f.
beduseln [bə'du:zɛln] v. tr. et pr. FAM. (s')enivrer.
Beefsteak ['bi:fste:k] n. (s, s) bifteck m.
beehren [bə'e:rən] v. tr. honorer. | *beehren Sie mich bald wieder mit Ihrem Besuch*, faites-moi l'honneur de revenir bientôt. || COMM. honorer.
◇ v. pr. **sich beehren,** avoir l'honneur. | *X. und Y. beehren sich, ihre Verlobung bekannt zu geben*, X. et Y. ont l'honneur de vous faire part de leurs fiançailles.
beeiden [bə'aidən], **beeidigen** [-digən] v. tr. assermenter. || JUR. affirmer, assurer sous serment. | *beeidigte Aussage*, déposition (f.) sous serment.
Beeidigung [-diguŋ] f. (-, en). JUR. prestation (f.) de serment ; affirmation (f.) par serment.
beeifern (sich) [ziçbə'aifərn] v. pr. s'empresser ; faire du zèle.
Beeiferung [bə'aifəruŋ] f. (-, en) zèle ; empressement.
beeilen (sich) [ziçbə'ailən] v. pr. se dépêcher ; se presser ; s'empresser.
beeindrucken [bə"ain'drukən] v. tr. FIG. impressionner. | *ungünstig beeindrucken*, faire une mauvaise impression.
beeinflussen [bə"ain'flusən] v. tr. FIG. influencer ; exercer une influence sur ; influer sur.
Beeinflussung [-suŋ] f. (-, en) influence f. ; suggestion f. || [Umwelt] *thermische Beeinflussung*, pollution (f.) thermique.
beeinträchtigen [bə"ain'trɛçtigən] v. tr. porter atteinte, porter préjudice à ; léser. || JUR. *js Rechte beeinträchtigen*, empiéter sur les droits de qn.
Beeinträchtigung [-guŋ] f. (-, en). JUR. préjudice m. ; atteinte f. ; infraction f. ; dérogation f.
Beelzebub [bə"ɛltsə'bu:b] n. pr. m. RELIG. Belzébuth m. ; diable m. || PROV. *den Teufel durch, mit*

Beelzebub austreiben, déshabiller Pierre pour habiller Paul.

beenden [bə'ɛndən], **beendigen** [-digən] v. tr. finir ; terminer ; achever. | *die Sitzung beendigen*, lever la séance.
— Syn. : *enden*, finir ; *beschließen*, terminer ; *schließen*, conclure ; *vollenden*, achever, parfaire.

Beendigung [-diguŋ] f. (-, en) fin f. ; arrêt m. ; achèvement m. ; cessation f.

beengen [bə'ɛŋən] v. tr. resserrer ; rétrécir. | *beengt wohnen*, vivre à l'étroit.

Beengtheit [bə'ɛŋthait] f. (-) resserrement m. ; rétrécissement m.

beerben [bə'ɛrbən] v. tr. hériter de qn ; recueillir l'héritage de qn.

beerdigen [bə'e:rdigən] v. tr. enterrer. || [edel] inhumer ; ensevelir.

Beerdigung [-guŋ] f. (-, en) enterrement m. ; inhumation f. ; sépulture f. ; ensevelissement m.

Beerdigungs|feier [bə"e:rdiguŋs'faiər] f. (-, n) funérailles f. pl. ; obsèques f. pl. ||°**-institut** n. (s, e) pompes (f. pl.) funèbres. ||°**-schein** m. (s, e) permis (m.) d'inhumer.

Beer|blau ['be:rblau] n. (s) bleu végétal ; teinture (f.) de tournesol.

Beere ['be:rə] f. (-, n). Bot. baie f. || [Traube] grain m. | *Erdbeere*, fraise f. | *Himbeere*, framboise f.

beeren|förmig ["be:rən'førmiç] adj. Bot. bacciforme. ||**-fressend** adj. Bot. baccivore. ||**-tragend** adj. Bot. baccifère.

Beet [be:t] n. (es, e). Agric. planche f. ; plate-bande f. | *Blumen-*, *Rasenbeet*, parterre m.

Beete ['be:tə] f. (-, n). Bot. [rote Rübe] *rote Beete*, betterave (f.) rouge. || chou-rave m.

befähigen [bə'fɛ:igən] v. tr. rendre propre à ; rendre capable de ; qualifier ; habiliter à ; mettre à même de.
◇ part. pass. et adj. **befähigt,** qualifié (pour) ; capable de ; apte à.

Befähigung [-guŋ] f. (-, en) qualification f. ; capacité f.

Befähigungs|nachweis [bə"fɛ:iguŋs'nɑ:xvais] m. (es, e). Adm. certificat (m.) d'aptitude ; brevet m.

befahrbar [bə'fɑ:rbɑ:r] adj. carrossable ; praticable. | *mit dem Fahrrad befahrbar*, cyclable.

befahren [-rən] (ä, u, a) v. tr. passer ; circuler sur. || [Wasser] naviguer sur. | *stark befahrene Strecke*, parcours (m.) à forte circulation. || Mines. *einen Schacht befahren*, descendre dans un puits. || Par ext. exploiter une mine.

Befall [bə'fal] m. (s, ¨e). Zool., Agric. vermine f.

befallen [bə'falən] (ä, ie, a) v. tr. attaquer ; saisir. || Fig. *von Furcht befallen werden*, être pris de peur. | *die Seuche befällt das ganze Dorf*, l'épidémie envahit tout le village.

befangen [bə'faŋən] part. pass. et adj. gêné, empêtré ; perplexe ; gauche. | *in Vorurteilen befangen*, imbu de préjugés.

Befangenheit [bə'faŋənhait] f. (-) prévention f. ; préjugé m. ; embarras m. ; partialité f. || Jur. *Besorgnis der Befangenheit*, suspicion (f.) légitime.

befassen (sich) ['ziçbə"fasən] v. pr. s'occuper de. | *sich mit allerlei Geschäften befassen*, toucher à tout. | *das Buch befaßt sich mit*, le livre traite de.

befehden [bə'fe:dən] v. tr. et pr. Poét. combattre. || *sich befehden*, se faire la guerre.

Befehl [bə'fe:l] m. (s, e) ordre m. ; commandement m. | *einen Befehl geben*, *erteilen*, donner un ordre. | *einen Befehl erhalten*, *empfangen*, *bekommen*, recevoir un ordre. | *einen Befehl ausführen*, *vollziehen*, exécuter un ordre. | *sich einem Befehl unterwerfen*, déférer à un ordre. | *sich einem Befehl widersetzen*, désobéir. | *einen Befehl überschreiten*, outrepasser un ordre. || *einen Befehl einschärfen*, intimer un ordre. | *bis auf gegenteiligen Befehl*, sauf contrordre. | *zu Befehl, Herr Hauptmann !*, à vos ordres, mon capitaine ! | *auf königlichen Befehl*, par ordre du roi. | *unter seinem Befehl*, sous son commandement ; sous ses ordres. | *Befehl ist Befehl*, un ordre est un ordre. | *was steht zu Befehl ?*, qu'y a-t-il pour votre service ?

befehlen [-lən] (ie, a, o) v. tr. ordonner ; donner des ordres ; commander. || Adm. décréter. || Fig. *wie Sie befehlen*, comme il vous plaira. | *Gott befohlen !*, adieu !

befehligen [-ligən] v. tr. Mil. commander ; exercer le commandement.

Befehls|ausgabe [bə"fe:ls'ausgɑ:bə] f. (-, n). Mil. diffusion (f.) des ordres. ||°**-form** f. (-). Gramm. impératif m. ||**-gemäß** adv. Adm., Mil. conformément aux ordres reçus. ||°**-haber** m. (s, -). Mil. commandant m. | *Oberbefehlshaber*, commandant en chef. ||**-haberisch** adj. autoritaire ; impérieux. ||°**-stab** m. (s, ¨e). Mil. état-major (m.) de commandement. || [Eisenbahn] disque m., palette (f.) de commandement. ||°**-stelle** f. (-, n) poste (m.) de commandement. ||°**-taste** f. (-, n). Électr. touche (f.) de commande. ||**-widrig** adj. et adv. contraire(ment) aux ordres.

befeilen [bə'failən] v. tr. Techn. limer.

befeinden [bə'faindən] v. tr. combattre.

befestigen [bə'fɛstigɛn] v. tr. **1.** fixer ; attacher ; affermir ; consolider ; amarrer. | *mit einem Riemen befestigen*, attacher avec une sangle. || Mil. fortifier. | *eine Stadt befestigen*, fortifier une ville. || Mar. *mit einem Tau befestigen*, amarrer. || Techn. *mit Bolzen befestigen*, boulonner.
2. Fig. consolider ; raffermir ; conforter. | *sich im Glauben befestigen*, s'ancrer dans la croyance, dans la foi.

Befestigung [-guŋ] f. (-, en) fixation f. ; attache f. || Mil. fortification f. ; ouvrage fortifié. || Mar. amarrage m. || Techn. boulonnage m. ; goujonnage m. || Fig., Comm. consolidation f. ; raffermissement m. || Fin. redressement m.

Befestigungs|klaue [bə"fɛstiguŋs'klauə] f. (-, n). Techn. patte (f.) de fixation. ||°**-kunst** f. (-). Archit., Mil. art (m.) de fortifier ; fortification f. ||°**-schraube** f. (-, n). Techn. vis (f.) de fixation, d'assemblage.

befeuchten [bə'fɔyçtən] v. tr. humecter ; mouiller ; tremper.

befeuern [bə'fɔyərn] v. tr. Mil. tirer contre ; bombarder ; canonner. | *eine Stellung befeuern*, bombarder une position. || Mar. éclairer. || Fig. enflammer ; inciter.

Beffchen ['bɛfçən] n. (s, -) rabat m.

befiedern [bə'fi:dərn] v. t. et v. pr. (s')empenner ; (s')emplumer.

Befiederung [-ruŋ] f. (-) empennage m.

befinden [bə'findən] (a, u) v. tr. Fig. trouver ; juger ; estimer. | *es (für) gut befinden*, trouver bon ; juger à propos. || Jur. *jn für schuldig befinden*, déclarer, juger qn coupable. | *das Gericht wird darüber befinden*, la justice en connaîtra.
◇ v. pr. **sich befinden,** [Ort] se trouver dans, à un endroit. | *der Eingang befindet sich dort*, l'entrée est là-bas. || Par anal. [Gesundheitszustand] se trouver dans un état. | *wie befinden Sie sich ?*, comment allez-vous ? | *sich äußerst wohl befinden*, fam. se porter comme un charme. | *sie befindet sich in anderen Umstanden*, elle est enceinte.

Befinden [-dən] n. (s) avis m. ; opinion f. | *nach seinem Befinden*, à son avis. || [Gesundheitszustand] état (m.) de santé. | *sich nach js Befinden erkundigen*, demander des nouvelles de la santé de qn.

befindlich [bə'fintliç] adj. qui se trouve ; existant ; situé ; sis.

befingern [bə'fiŋərn] v. tr. palper ; tâter.

beflaggen [bə'flagən] v. tr. pavoiser.

Beflaggung [-guŋ] f. (-, en) pavoisement m.

beflecken [bə'flɛkən] v. tr. couvrir de taches ; tacher ; salir ; souiller. | *das Kleid beflecken*, tacher, salir sa robe. | *mit Blut beflecken*, ensanglanter. || Fig. entacher ; ternir ; flétrir. | *seinen guten Namen beflecken*, ternir sa réputation. | *js Ehre beflecken*, porter atteinte à l'honneur de qn.

Befleckung [-kuŋ] f. (-, en) tache f. ; souillure f.

befleißigen (sich) [ziçbə'flaisigən] v. pr. (gén.) s'efforcer de ; s'appliquer à.

befliegen [bə'fli:gən] v. tr. Aéron. voler sur ; parcourir. | *eine stark beflogene Strecke*, une ligne bien desservie.

beflissen [bə'flisən] adj. appliqué ; zélé ; empressé.

Beflissenheit [bə'flisənhait] f. (-) application f. ; soin m. ; effort m.

beflissentlich [bə'flisəntliç] adv. soigneusement.

beflügeln [bə'fly:gəln] v. tr. donner des ailes à. || Fig. hâter ; accélérer.
◇ part. pass. et adj. **beflügelt,** ailé. || Fig. ailé ; rapide.

befluten [bə'flu:tən] v. tr. inonder.

befolgen [bə'fɔlgən] v. tr. suivre ; obéir à. | *einen Rat befolgen*, suivre un conseil.

Befolgung [-guŋ] f. (-) observation f. || [Befehl] obéissance f. ; exécution f.

Beförderer [bə'førdərər] m. (s, -) transporteur m. ; expéditeur m.

befördern [-dərn] v. tr. transporter ; expédier. | *Waren befördern*, expédier des marchandises. | *ein Paket durch die Post befördern*, expédier un colis par la poste. || FAM. *ins Jenseits befördern*, envoyer dans l'autre monde. || PAR ANAL. promouvoir. | *zum Major befördert werden*, passer commandant.

Beförderung [-dəruŋ] f. (-, en) transport m. ; expédition f. | *Beförderung mit der Eisenbahn*, expédition par chemin de fer, par rail. || PAR ANAL. [aufrücken] MIL., ADM. avancement m. ; promotion f. | *Beförderung nach Dienstalter, nach Qualifikation*, avancement à l'ancienneté, au mérite.

Beförderungs|art [bə"førdəruŋs'ɑːrt] f. (-, en) mode (m.) de transport. ||°**-gesuch** n. ([e]s, e) demande (f.) d'avancement. ||°**-leistung** f. (-, en) *Beförderungsleistung (eines Verkehrsmittels)*, débit m. (d'un moyen de transport). ||°**-mittel** n. (s, -) moyen (m.) de transport. || FIG. stimulant m. ||°**-wesen** n. (s) régie f. ; ensemble (m.) des transports ; transports m. pl.

beforsten [bə'fɔrstən] v. tr. planter d'arbres ; boiser.

Beforstung [-tuŋ] f. (-, en) plantation (f.) d'arbres ; boisement m.

befrachten [bə'fraxtən] v. tr. [Wagen] charger. || MAR. [Schiff] affréter ; noliser. | *ein Schiff befrachten*, affréter, fréter un bateau.

Befrachter [-tər] m. (s, -) chargeur (m.) commissionnaire ; affréteur m.

Befrachtung [-tuŋ] f. (-, en) chargement m. || MAR. affrètement m. | *Befrachtung eines Schiffes*, [Atlantik] affrètement d'un bateau ; fret m. ; [Mittelmeer] nolisement m. ; nolis m.

Befrachtungs|vertrag [bə"fraxtuŋsfer'trɑːk] m. (s, ¨e). MAR. connaissement m. ; charte-partie f.

befragen [bə'frɑːgən] v. tr. questionner ; interroger ; interviewer ; demander à. | *jn um etwas befragen*, interroger, consulter qn au sujet de, sur qch. | *den Arzt befragen*, consulter le médecin.

Befragung [-guŋ] f. (-, en) interrogation f. ; enquête f. ; interview f. | *Befragung des Reporters*, interview. | *statistische Befragung*, enquête (f.) statistique. || MÉD. *Befragung des Arztes*, consultation (f.) du médecin. || JUR. *gerichtliche Befragung*, interrogatoire m.

befreien [bə'fraiən] v. tr. libérer ; délivrer. | *einen Gefangenen befreien*, relâcher un prisonnier. | *einen Sträfling befreien*, élargir un détenu. || FIG. libérer ; dégager ; affranchir ; débarrasser ; émanciper. | *sein Gewissen befreien*, libérer sa conscience. | *jn von einer Verantwortung befreien*, décharger qn d'une responsabilité. || PAR ANAL. dispenser. | *(Schüler) vom Turnunterricht befreien*, dispenser (les élèves) de gymnastique. || MIL. exempter.

◇ v. pr. **sich befreien,** se libérer.

— SYN. : *freimachen*, affranchir ; *erlösen*, délivrer ; *losgeben*, élargir ; *in Freiheit setzen*, relaxer.

Befreier [bə'fraiər] m. (s, -) libérateur m. ; émancipateur m.

Befreiung [-uŋ] f. (-) libération f. ; délivrance f. ; décharge f. ; dispense f. | *Befreiung aus dem Gefängnis*, libération d'un prisonnier. || POLIT., MIL. *Befreiung eines Landes*, libération d'un pays. || FIN. *Befreiung von Lasten und Steuern*, exemption (f.) des charges, des impôts. || ADM. *eine Befreiung erteilen*, accorder une dispense.

Befreiungs|kriege [bə"fraiuŋs'kriːgə] m. pl. HIST. guerres (f. pl.) d'indépendance. ||°**-theologie** f. POLIT. théologie (f.) de la libération.

befremden [bə'frɛmdən] v. tr. surprendre ; étonner ; frapper.

◇ v. impers. *es hat mich sehr befremdet*, j'ai trouvé (cela) très étrange.

◇ part. prés. et adj. **befremdend,** étrange ; déconcertant.

befremdlich [bə'frɛmtliç] adj. V. BEFREMDEND.

Befremdung [bə'frɛmduŋ] f. (-, en) surprise (f.) désagréable ; étonnement m.

befreunden [bə'frɔyndən] v. tr. et v. pr. (récipr.) rendre amis ; lier d'amitié. | *miteinander befreundet sein*, être amis. | *sie sind eng befreundet*, ils sont amis intimes. || FIG. *sie hat sich mit dem Gedanken befreundet*, elle s'est familiarisée avec cette idée.

befrieden [bə'friːdən] v. tr. pacifier ; calmer. | *ein Land befrieden*, établir, rétablir la paix dans un pays. || FIG. *sein Herz befrieden*, retrouver sa quiétude. || AGRIC. enclore. (V. EINFRIEDEN.)

befriedigen [-digən] v. tr. satisfaire ; contenter ; apaiser. || JUR. *einen Gläubiger befriedigen*, désintéresser, dédommager un créancier.

— SYN. : *zufriedenstellen*, satisfaire ; *Genüge tun*, contenter ; *beschwichtigen*, apaiser ; *beruhigen*, pacifier, calmer.

Befriedigung [-diguŋ] f. (-, en) contentement m. ; satisfaction f. ; apaisement m. ; assouvissement m. | *Befriedigung empfinden*, être content. | *diese Arbeit gewährt mir volle Befriedigung*, cette occupation me satisfait pleinement. || JUR., COMM. *anteilsmäßige Befriedigung*, règlement proportionnel ; paiement (m.) au prorata.

Befriedung [-duŋ] f. (-) pacification f.

befristen [bə'fristən] v. tr. fixer un délai, une limite ; soumettre à un délai. || COMM. *befristetes Angebot*, offre limitée.

befruchten [bə'fruxːtən] v. tr. BIOL. féconder ; fertiliser.

Befruchtung [-tuŋ] f. (-, en). BIOL. fécondation (f.) ; fertilisation f. | *künstliche Befruchtung*, insémination artificielle.

Befruchtungs|organe [bə"fruxtuŋsɔr'gɑːnə] n. pl. BIOL. organes (m. pl.) de la fécondation.

befugen [bə'fuːgən] v. tr. autoriser ; donner pouvoir à.

◇ part. pass. et adj. **befugt,** autorisé ; habilité. || JUR. délégué. | *befugter Richter*, juge compétent. | *befugt sein zu* (dat. ou inf.), avoir qualité pour ; être en droit de.

Befugnis [bə'fuːknis] f. (-, se) autorité f. ; compétence f. ; droit m. ; autorisation f. | *seine Befugnisse überschreiten*, outrepasser ses droits.

befühlen [bə'fyːlən] v. tr. tâter ; palper ; toucher.

befummeln [bəfuməln] v. tr. FAM. tripoter.

Befund [bə'funt] m. (s, e) état m. (de lieux, de choses) ; situation f. || MÉD. *ärztlicher Befund*, résultat (m.) d'un examen médical.

befürchten [bə'fyrçtən] v. tr. craindre ; redouter ; appréhender. | *es steht zu befürchten*, il est à craindre que (subj.).

Befürchtung [-tuŋ] f. (-, en) crainte f. ; appréhension f. | *Befürchtungen hegen*, craindre que (subj.).

befürworten [bə"fyːr'vɔrtən] v. tr. recommander ; donner un avis favorable.

Befürwortung [-tuŋ] f. (-, en) recommandation f. ; avis (m.) favorable.

Beg [beːk] m. (s, e). HIST. bey m.

begaben [bə'gɑːbən] v. tr. (mit) douer (de) ; doter ; gratifier ; pourvoir.

begabt [-'gɑːpt] adj. doué. | *er ist musikalisch sehr begabt*, il est très doué pour la musique.

Begabung [-'gɑːbuŋ] f. (-, en) intelligence f. ; aptitude f. ; talent m. ; don m.

begaffen [bə'gafən] v. tr. regarder bouche bée.

begasen [bə'gɑːzən] v. tr. MIL. gazer.

begatten [bə'gatən] v. tr. et v. pr. (s')accoupler ; (s')apparier.

begaunern [bə'gaunərn] v. tr. duper ; filouter.

begebbar [bə'geːpbɑːr] adj. COMM. négociable.

begeben [bə'geːbən] (i, a, e) vendre ; émettre ; mettre en circulation. | *einen Wechsel begeben*, négocier, passer une traite, un effet. | *eine Anleihe begeben*, émettre un emprunt.

◇ v. pr. **sich begeben, 1.** se dessaisir de ; se départir de. | *sich eines Vorteils begeben*, se démunir d'un avantage. || JUR. *sich einer Erbschaft begeben*, renoncer à un héritage.

2. PAR EXT. se rendre à. | *sich nach Berlin begeben*, aller à Berlin. | *sich zur Ruhe begeben*, aller se coucher. | *sich auf die Flucht begeben*, prendre la fuite. | *sich an Ort und Stelle begeben*, se rendre sur place. | *sich in Gefahr begeben*, encourir un danger.

◇ v. impers. arriver ; se passer ; se produire. || POÉT. *es begab sich, daß*, il arriva, il advint que.

Begebenheit [bə'geːbənhait] f. (-, en) événement m. ; incident m.

Begebung [bə'geːbuŋ] f. (-, en). FIN. émission f. ; négociation f. ; placement m.

begegnen [bə'geːgnən] v. intr. [antreffen] rencontrer ; croiser. | *jm begegnen*, rencontrer qn. | *sie ist mir begegnet*, je l'ai rencontrée, croisée. | *mir ist ein Unglück begegnet*, il m'est arrivé (un) malheur. || accueillir. | *jm höflich begegnen*, traiter qn poliment. || PAR

EXT. [entgegentreten] (auxil. « haben ») prévenir ; empêcher. | *einem Übelstand begegnen*, prévenir un mal.

Begegnis [-nis] n. (ses, se) rencontre f. || PAR EXT. événement m. ; accident m. ; incident m.

Begegnung [-nuŋ] f. (-, en) rencontre f. ; entrevue f. || SPORT. match m.

begehen [bə'ge:ən] (beging, begangen) v. tr. passer sur ; parcourir. | *dieser Weg ist stark begangen*, ce chemin est très fréquenté. | *viel begangene Pfade*, sentiers battus. || [Eisenbahn] *eine Strecke begehen*, inspecter un parcours. || PAR ANAL. fêter ; célébrer. | *ein Jubiläum begehen*, fêter un jubilé. || FIG. faire ; commettre. | *eine Sünde begehen*, commettre un péché ; pécher. | *ein Verbrechen begehen*, perpétrer un crime ; se rendre coupable d'un crime. | *einen Meineid begehen*, se parjurer.

Begehr [bə'ge:r], **Begehren** [-rən] n. (s) (nach) désir m. ; demande f. ; envie f. ; prière f. || POÉT. *was ist Ihr Begehr ?*, que désirez-vous ?

begehren [-rən] v. tr. désirer ; demander. | *von jm etwas begehren*, demander qch. à qn. | *ein begehrter Gast*, un convive très demandé. || COMM. *sehr begehrter Artikel*, article très demandé.

begehrens|wert [bə"ge:rəns've:rt] adj. désirable ; souhaitable.

begehrlich [bə'ge:rliç] adj. exigeant ; avide ; insatiable. | *begehrliche Blicke*, œillades concupiscentes.

Begehrlichkeit [-kait] f. (-, en) avidité f. ; exigence f. ; convoitise f. ; concupiscence f.

Begehung [bə'ge:uŋ] f. *Begehung eines Verbrechens*, perpétration (f.) d'un crime.

begeifern [bə'gaifərn] v. tr. baver sur. || FIG. répandre son venin sur ; déblatérer contre.

begeistern [bə'gaistərn] v. tr. enthousiasmer ; inspirer ; exciter ; exalter.
◇ v. pr. **sich begeistern,** s'enthousiasmer ; s'exalter ; s'enflammer. | *sich für Kunst begeistern*, se passionner pour les arts. | *ich kann mich dafür nicht begeistern*, cela me laisse froid.

Begeisterung [-təruŋ] f. (-) enthousiasme m. ; exaltation f. ; emballement m. | *helle Begeisterung auslösen*, FAM. faire un tabac.

Begichtung [bə'giçtuŋ] f. (-, en). MÉTALL. chargement m. (du gueulard).

Begier [bə'gi:r] f. (-), **Begierde** [-də] f. (-, n) désir m. ; envie f. ; convoitise f. ; [materiell] cupidité f. ; [sinnlich] concupiscence f. | *Begierde nach Ruhm*, désir de gloire. | *Begierde nach Reichtum*, soif (f.) de richesse. | *vor Begierde brennen*, brûler de désir.

begierig [-riç] adj. avide ; cupide ; concupiscent ; désireux de. | *ruhmbegierig*, avide de gloire. | *wißbegierig*, désireux de savoir.

begießen [bə'gi:sən] (o, o) v. tr. arroser. | *Blumen begießen*, arroser des fleurs. || LOC. *wie ein begossener Pudel dastehen*, rester tout penaud.

Begießen [-sən] n. (s) arrosage m.

Beginn [bə'gin] m. (s) commencement m. ; début m. || THÉÂTRE. *Beginn der Vorstellung um acht Uhr*, (lever [m.] du) rideau (m.) à huit heures. || FIG. entrée f. | *bei Beginn des Winters*, à l'entrée de l'hiver. | *gleich zu Beginn*, dès le début.

beginnen [-nən] v. tr. (a, o) commencer ; débuter. | *den Kampf beginnen*, engager le combat. | *ein Geschäft beginnen*, entreprendre une affaire. || PAR EXT. faire. | *was nun beginnen ?*, que faire maintenant ? | *frisch begonnen ist halb gewonnen*, la fortune sourit aux audacieux.
◇ v. intr. commencer ; être au début ; entrer. | *mit einer Arbeit beginnen*, commencer un travail, une entreprise. | *noch einmal beginnen*, recommencer. | *der Tag beginnt*, le jour point.
— SYN. : *anfangen*, commencer ; *vornehmen*, *unternehmen*, entreprendre ; *eröffnen*, entamer ; *in Angriff nehmen*, attaquer.

Beginnen [-nən] n. (s) commencement m. ; début m. ; entrée f. || PAR EXT. entreprise f.

begipsen [bə'gipsən] v. tr. plâtrer.

beglänzen [bə'glɛntsən] v. tr. illuminer.

beglaubigen [bə'glaubigən] v. tr. attester ; certifier. | *etwas beglaubigen*, certifier qch. | *eine Unterschrift amtlich beglaubigen*, légaliser une signature. | *Abschrift beglaubigt*, copie conforme. | *beglaubigte Urkunde*, acte (m.) authentique.

Beglaubigung [-guŋ] f. (-, en) attestation f. ; certification f. ; légalisation f. ; légitimation f. | *zur Beglaubigung dessen*, en foi de quoi ; dont acte.

Beglaubigungs|schreiben [bə"glaubiguŋs'ʃraibən] n. (s, -). POLIT. lettres (f. pl.) de créance.

begleichen [bə'glaiçən] v. tr. (i, i). COMM. solder ; régler ; payer ; acquitter. | *eine Rechnung begleichen*, régler une facture. | *eine Schuld begleichen*, (s')acquitter (d')une dette. | *einen Wechsel begleichen*, honorer une traite. | *ein Konto begleichen*, régler, solder un compte.

Begleichung [-çuŋ] f. (-, en). COMM. balance f. ; règlement m. ; paiement m.

Begleit|brief [bə"glait'bri:f] m. (s, e). TRANSP. lettre (f.) de voiture.

begleiten [bə'glaitən] v. tr. accompagner ; escorter. | *jn nach Hause begleiten*, accompagner qn chez lui. || MIL. escorter. || MAR. convoyer. || MUS. *den Sänger auf dem Klavier begleiten*, accompagner le chanteur au piano.

Begleiter(in) [-tər(in)] m. (s, -), f. (-, nen) compagnon m. ; compagne f. || MIL. escorteur m. ; convoyeur m. || MUS. accompagnateur m. ; accompagnatrice f.

Begleit|erscheinung [bə"glaitɛr'ʃainuŋ] f. (-, en) phénomène m., événement concomitant, secondaire. ||°**-mannschaft** f. (-, en). MIL. escorte f. ||°**-musik** f. (-) musique (f.) d'accompagnement, d'ambiance. ||°**-person** f. (-, en) accompagnateur m. ; accompagnatrice f. ; convoyeur m. ; escorteur m. ||°**-schein** m. (s, e), °**-schreiben** n. (s, -). COMM. lettre (f.) de voiture ; bordereau (m.) d'envoi. || FIN. acquit-à-caution m. ; passavant m. ||°**-schiff** n. (s, e). MAR. [bâtiment] convoyeur m. ||°**-schutz** m. (es). MIL. convoyage m. ||°**-worte** n. pl., °**-zettel** m. V. BEGLEITSCHREIBEN.

Begleitung [bə'glaituŋ] f. (-) accompagnement m. | *in Begleitung von*, en compagnie de.

be|glotzen [bə'glɔtsən] v. tr. FAM. regarder en écarquillant les yeux.

beglücken [bə'glykən] v. tr. rendre heureux.

Beglücktheit [bə'glykthait], **Beglückung** [-kuŋ] f. (-) bonheur m. ; ravissement m.

beglück|wünschen [bə"glyk'vynʃən] v. tr. féliciter. ||°**-wünschung** f. (-, en) félicitation f.

begnaden [bə'gna:dən] v. tr. accorder des faveurs. || *ein begnadeter Künstler*, un artiste très doué.

begnadigen [-digən] v. tr. JUR. gracier ; amnistier ; accorder l'amnistie.

Begnadigung [-diguŋ] f. (-, en). JUR. grâce f. ; amnistie f. ; pardon m.

Begnadigungs|gesuch [bə"gna:diguŋsgə'zu:x] n. (s, e). JUR. recours m., pourvoi (m.) en grâce. ||°**-recht** n. (s, e). JUR. droit (m.) de grâce. ||°**-schreiben** n. (s, -) lettre (f.) de grâce.

begnügen (sich) [ziçbə'gny:gən] v. pr. (mit) se contenter de ; être content de.
— SYN. : *zufrieden sein*.

begnügsam [bə'gny:kza:m] adj. qui se contente de peu ; modeste ; sans prétentions.

Begonie [bə'go:niə] f. (-, n). BOT. bégonia m.

begönnern [bə'gønərn] v. tr. se faire le protecteur, le mécène. || PAR EXT. traiter avec condescendance.

begraben [bə'gra:bən] (ä, u, a) v. tr. enterrer ; inhumer ; ensevelir. | *die Toten begraben*, ensevelir les morts. || FIG. *seine Hoffnungen begraben*, abandonner ses rêves. || FAM. *da liegt der Hund begraben*, voilà le hic ; c'est là que gît le lièvre.

Begräbnis [bə'grɛ:pnis] n. (ses, se) enterrement m. ; inhumation f. ; funérailles f. pl.

begradigen [bə'gra:digən] v. tr. rectifier ; aligner. | *eine Straße begradigen*, aligner les maisons d'une rue.

Begradigung [-diguŋ] f. (-, en) alignement m. ; rectification f.

begrasen [bə'gra:zən] v. tr. 1° brouter ; 2° mettre un terrain en prairie.
◇ part. pass. et adj. **begrast,** herbu.

begreifen [bə'graifən] (begriff, begriffen) v. tr.
1. DIAL. toucher ; tâter ; palper.
2. comprendre ; inclure ; renfermer. | *die Klausel ist im Vertrag (ein)begriffen*, cette clause est incluse dans le contrat. | *mit inbegriffen*, inclus. || PAR EXT. *Die Gäste sind im Aufbruch begriffen*, les invités s'apprêtent à partir. | *in der Ausführung begriffen*, en voie, en cours d'exécution.
3. FIG. comprendre ; saisir ; concevoir. | *leicht begreifen*, comprendre facilement. | *schwer begreifen*, avoir l'esprit lent. | *das ist einfach nicht zu begreifen*, c'est inconcevable.

Begreifen [-fən] n. (s) compréhension f.

begreiflich [-fliç] adj. compréhensible ; concevable ; intelligible ; naturel. | *etwas begreiflich machen*, bien expliquer, faire comprendre qch.

begreiflicher|weise [bə"graifliçər'vaizə] adv. naturellement.

begrenzen [bə'grɛntsən] v. tr. borner ; limiter ; délimiter. || ÉLECTR. écrêter.

Begrenzer [-'grɛntsər] m. (s, -). TECHN. limiteur m.

Begrenztheit [-'grɛntsthait] f. caractère limité, restreint.

Begrenzung [-'grɛntsuŋ] f. (-, en) bornage m. ; limitation f. ; délimitation f. ; démarcation f. || ÉLECTR. écrêtage m.

Begrenzungs|leuchten [-s'lɔyçtən] f. pl. TRANSP. feux (m. pl.) de gabarit.

Begriff [bə'grif] m. (s, e) concept m. ; notion f. ; idée f. | *der Begriff der Freiheit*, l'idée de liberté. | *ein klarer Begriff*, une idée nette. | *einen Begriff geben*, définir. | *nach unsern Begriffen*, selon notre conception. | *sich einen Begriff von etwas machen*, se faire une idée de qch. | *gar keinen Begriff von etwas haben*, n'avoir pas la moindre notion de qch. | *das geht, steigt über alle Begriffe*, cela dépasse tout ce qu'on peut imaginer. | *er hat einen hohen Begriff von seinem Amt*, il a une haute idée de sa fonction. || FAM. *schwer von Begriff sein*, avoir l'esprit obtus, lent. || PAR EXT. *er steht im Begriff abzureisen*, il est sur le point de partir ; il se dispose à partir.

begrifflich [-fliç] adj. abstrait.

Begriffs|bestimmung [bə"grifsbə'ʃtimuŋ] f. (-, en) définition f. ||**-mäßig** adj. abstrait, conforme à l'idée ; par définition. ||°**-schrift** f. (-, en) idéographie f. ||°**-vermögen** n. (s, -) capacité intellectuelle ; entendement m.

begründen [bə'gryndən] v. tr. créer ; fonder. | *einen Hausstand (be)gründen*, fonder un foyer, une maison. || justifier ; motiver. | *seine Ansicht begründen*, justifier, motiver son avis. | *das ist nicht begründet*, ce n'est pas fondé.

Begründer(in) [-dər(in)] m. (s, -), f. (-, nen) fondateur m., fondatrice f. ; créateur m., créatrice f.

Begründung [-duŋ] f. (-, en) fondation f. ; établissement m. || JUR. *Begründung eines Rechts*, établissement d'un droit. || FIG. motif m. ; raison f. ; explication f. ; justification f. | *zur Begründung seiner Aussage*, pour justifier ses dires.

begrünen [bə'gry:nən] v. tr. et v. pr. verdir.

begrüßen [bə'gry:sən] v. tr. saluer. | *jn begrüßen*, saluer qn. | *ein Ereignis begrüßen*, se réjouir d'un événement.

— SYN. : *willkommen heißen.*

Begrüßung [-suŋ] f. (-, en) salut m. ; salutation f.

begucken [bə'gukən] v. tr. FAM. contempler ; regarder. || FAM. lorgner.

begünstigen [bə'gynstigən] v. tr. favoriser ; avantager ; protéger ; appuyer. || FIG., POP. pistonner. ◇ part. pass. et adj. **begünstigt,** *begünstigt werden*, bénéficier de.

Begünstigte(r) [-tikte(r)] f. (m.) (n, n) bénéficiaire m. ou f. ; favori(e) m. (f.) ; protégé(e) m. (f.) ; privilégié(e) m. (f.)

Begünstigung [-tiguŋ] f. (-, en) faveur f. ; avantage m. ; privilège m. ; protection f. | *unter Begünstigung der Nacht*, à la faveur de la nuit.

Begünstigungs|klausel [bə"gynstiguŋs'klauzəl] f. (-, n). COMM. clause préférentielle. ||°**-tarif** m. (s, e) tarif (m.) de faveur, préférentiel. ||°**-wesen** n. (s) favoritisme m. ; népotisme m.

begutachten [bə"gu:t'axtən] v. tr. expertiser ; faire une expertise (sur) ; émettre un avis (sur).

Begutachter [-tər] m. (s, -) expert m.

Begutachtung [-tuŋ] f. (-, en) avis, jugement motivé. | *dem Sachverständigen zur Begutachtung vorlegen*, soumettre à l'examen de l'expert.

begütert [bə'gy:tərt] adj. riche ; fortuné.

begütigen [-tigən] v. tr. apaiser ; calmer.

Begütigung [-tiguŋ] f. (-) apaisement m.

behaaren (sich) [ziçbə'ha:rən] v. pr. se couvrir de cheveux, de poils.
◇ part. pass. et adj. **behaart,** [Kopf] chevelu ; [sonst] poilu.

Behaarung [bə'ha:ruŋ] f. (-) poils m. pl. || BIOL. pilosité f.

behaben (sich) [ziçbə'ha:bən] v. pr. se comporter ; se conduire.

Behaben [bə'ha:bən] n. (s) conduite f.

behäbig [bə'hɛ:biç] adj. [phlegmatisch] FAM. pépère ; [gemächlich] lent, tranquille. || DIAL. [in der Schweiz : wohlhabend] aisé ; cossu.

Behäbigkeit [-kait] f. (-) commodité f. ; confort m. || situation aisée.

behaftet [bə'haftət] part. pass. et adj. *mit Schulden behaftet*, endetté ; criblé de dettes. || MÉD. *mit einer Krankheit behaftet*, atteint d'une maladie. || FIG. *mit Mängeln behaftet*, défectueux.

behagen [bə'ha:gən] v. intr. plaire, être agréable à. ◇ v. impers. *es behagt mir*, il me plaît de.

Behagen [-gən] n. (s) agrément m. ; aise f. ; plaisir m. ; délectation f. | *er lebt nach seinem Behagen*, il vit à sa guise.

behaglich [bə'ha:kliç] adj. [Personen] à son aise. | *sich behaglich fühlen*, se sentir bien, à son aise. || accommodant. || [Dinge] confortable ; agréable. | *eine behagliche Stimmung*, une atmosphère cordiale.

Behaglichkeit [-kait] f. (-) aisance f. ; commodité f. ; agrément m. ; sentiment (m.) de bien-être.

behalten [bə'haltən] (ä, ie, a) v. tr. garder ; conserver. | *den Hut auf dem Kopf behalten*, garder son chapeau sur la tête ; rester couvert. || FIG. *etwas für sich behalten*, garder qch. pour soi ; être discret. | *sie kann Namen nicht behalten*, elle ne retient pas les noms. | *er behält diese Sache im Auge, im Blickfeld*, il ne perd pas de vue cette affaire. | *behalten Sie mich lieb*, gardez-moi votre affection. | *die Oberhand behalten*, garder la haute main sur. | *das Feld behalten*, rester maître du terrain. | *Recht behalten*, avoir raison. || MATH. *sechs schreiben, zwei behalten*, poser six et retenir deux.

Behälter [bə'hɛltər] m. (s, -), rarement **Behältnis** [-tnis] n. (ses, se) récipient m. ; réservoir m.

behandeln [bə'handəln] v. tr. manier ; traiter. | *jn gut behandeln*, traiter qn en ami. | *jn schlecht behandeln*, maltraiter qn. | *jn gut behandeln*, en user bien avec qn. | *jn kalt behandeln*, battre froid à qn. | *stiefmütterlich behandeln*, désavantager. || MÉD. soigner ; traiter. | *einen Kranken behandeln*, soigner un malade. | *stationär behandeln*, hospitaliser. | *behandelnder Arzt*, médecin traitant. || FIG. traiter. | *ein Thema behandeln*, traiter un sujet. | *gründlich behandeln*, traiter à fond.

behändigen [bə'hɛndigən] v. tr. remettre à.

Behandlung [bə'handluŋ] f. (-, en) traitement m. || MÉD. *ärztliche Behandlung*, traitement médical. | *Behandlung mit Röntgenstrahlen*, radiothérapie f. | *ambulante Behandlung*, médecine (f.) ambulatoire. | *stationäre Behandlung*, hospitalisation f. || TECHN. maniement m. ; conduite f.

Behandlungs|art [bə"handluŋs'a:rt] f. (-, en) mode (m.) de traitement. || MÉD. thérapeutique f.

Behang [be'haŋ] (s, ¨e) tenture f. || [Weihnachtsbaum] ornement (m.) d'arbre de Noël. || [Jagdhund] oreilles pendantes.

behängen [bə'hɛŋən] v. tr. pendre ; suspendre. | *die Wände mit Teppichen behängen*, tendre les murs de tapis. ◇ part. pass. et adj. **behängt, behangen,** *mit Orden behängt*, constellé de décorations. || [Jagd] *ein schön behangener Hund*, un chien bien coiffé.

beharken [bə'harkən] v. tr. ratisser ; râteler ; nettoyer avec le râteau. || MIL. bombarder.

beharren [bə'harən] v. intr. persister ; persévérer ; demeurer. | *auf seiner Meinung beharren*, tenir ferme à son opinion ; n'en pas démordre. | *auf etwas beharren*, insister sur qch.

beharrlich [bə'harliç] adj. persévérant ; persistant ; opiniâtre ; tenace. | *beharrlich auf etwas bestehen*, FAM. ne pas démordre de qch.

Beharrlichkeit [-'harliçkait] f. (-) persévérance f. ; persistance f. ; entêtement m.

— SYN. : *Ausdauer*, persévérance ; *Standhaftigkeit*, constance ; *Festhalten*, ténacité.

Beharrung [-'haruŋ] f. constance f. ; assiduité f.

Beharrungs|kraft [be"haruŋs'kraft] f. (-, ¨e), °**-vermögen** (s). PHYS. (force [f.] d')inertie f. ; énergie latente.

behauchen [bə'hauxən] v. tr. souffler sur ; embuer ; ternir. || AUTOM. *die Windschutzscheibe ist behaucht*, le pare-brise est couvert de buée.

behauen [bə'hauən] v. tr. tailler à la hache ; dégrossir. | *rechtwinklig behauen*, équarrir.

Behauen [bə'hauən] n. (s), **Behauung** [-uŋ] f. TECHN. taille f. ; façonnage m. (de bois) ; dégrossissage m. ; dégauchissage m. ; équarrissage m.

behaupten [bə'hauptən] v. tr. **1.** affirmer ; soute-

nir ; assurer ; prétendre. | *etwas steif und fest behaupten*, affirmer qch. contre vents et marées ; FAM. affirmer mordicus.
2. maintenir ; garder ; soutenir. | *seinen Rang behaupten*, tenir son rang. | *das Feld behaupten*, rester maître du terrain.
◇ v. pr. **sich behaupten,** tenir bon ; se maintenir.
Behauptung [-tuŋ] f. (-, en) affirmation f. ; assertion f. | *bloße Behauptung*, affirmation gratuite. | *eine Behauptung aufstellen*, avancer, soutenir une proposition ; prétendre.
Behauptungs|satz [bə"hauptuŋs'zats] m. (es, ¨e). GRAMM. proposition énonciative.
Behausung [bə'hauzuŋ] f. (-, en) demeure f. ; logement m. | *ärmliche Behausung*, pauvre logis m.
Behauung [bə'hau:uŋ] f. V. BEHAUEN.
beheben [bə'he:bən] (o, o) v. tr. écarter ; faire cesser ; supprimer. | *Schwierigkeiten beheben*, aplanir des difficultés. | *einen Mangel beheben*, remédier à qch.
beheimaten [bə'haimα:tən] v. tr. établir ; domicilier. || *beheimatet*, domicilié ; originaire de.
beheizen [bə'haitsən] v. tr. chauffer.
Beheizung [-tsuŋ] f. (-) chauffage m.
Behelf [bə'hɛlf] m. (s, e) expédient m.
behelfen (sich) [ziçbə'hɛlfən] (i, a, o) v. pr. se tirer d'affaire ; se débrouiller. | *sich mit wenigem behelfen*, se tirer d'affaire avec peu de chose.
Behelfs|ausfahrt [bə"hɛlfs'ausfα:rt] f. (-, en). AUTOM. sortie (f.) de délestage. ||°**-brücke** f. (-, n). ARCHIT. pont (m.) de fortune.
behelligen [bə'hɛligən] v. tr. molester ; importuner ; tracasser ; déranger. || FAM. embêter.
Behelligung [-guŋ] f. (-, en) importunité f. ; tracasserie f. ; dérangement m.
behelmen [bə'hɛlmən] v. tr. mettre un casque.
◇ part. pass. et adj. **behelmt,** casqué.
behende [bə'hɛnde] adj. agile ; preste ; leste ; alerte ; prompt.
beherbergen [bə'hɛrbɛrgən] v. tr. héberger ; loger ; donner l'hospitalité à qn.
Beherbergung [-guŋ] f. (-) hébergement m. ; logement m. ; hospitalité f.
Beherbergungs|gewerbe [bə"hɛrbɛrguŋsgə'vɛrbə] n. (s, -), °**-wesen** [-'ve:zən] n. (s, -) industrie hôtelière ; hôtellerie f.
beherrschen [bə'hɛrʃən] v. tr. être maître de ; dominer ; régner sur ; commander. | *ein Land beherrschen*, régner sur un pays. || PAR ANAL. posséder. | *eine Sprache beherrschen*, posséder, bien connaître une langue. | *seine Leidenschaften beherrschen*, dompter ses passions. || FIG. *die Türme beherrschen das Stadtbild*, ce sont les tours qui donnent son visage à cette ville.
◇ v. pr. **sich beherrschen,** être maître de soi ; se contenir ; se maîtriser ; se dominer.
Beherrscher [-ʃər] m. (s, -) souverain m. ; maître m. ; dominateur m.
Beherrschtheit [bə'hɛrsʃthait] f. maîtrise (f.) de soi-même ; self-control m.
Beherrschung [bə'hɛrʃuŋ] f. (-) domination f. ; maîtrise f. ; empire m.
beherzigen [bə'hɛrtsigən] v. tr. FIG. prendre à cœur ; méditer. | *er beherzigt ihren Rat*, il suit son conseil (à elle).
beherzt [bə'hɛrtst] adj. courageux ; résolu ; décidé ; intrépide ; hardi ; brave.
Beherztheit [bə'hɛrtsthait] f. courage m. ; intrépidité f. ; résolution f. ; bravoure f.
behexen [bə'hɛksən] v. tr. ensorceler ; envoûter ; enchanter.
Behexung [-ksuŋ] f. (-, en) ensorcellement m. ; maléfice m. ; envoûtement m. ; enchantement m.
behilflich [bə'hilfliç] adj. secourable ; serviable. | *jm behilflich sein*, aider qn.
behindern [bə'hindərn] v. tr. gêner ; empêcher. || PAR EXT. *ein Behinderter*, un handicapé.
Behinderten|ausweis [bə"hindərtən'ausvais] m. (es, e) carte (f.) d'invalidité.
Behinderung [-ruŋ] f. (-) gêne f. ; empêchement m.
Behinderungs|grad [-sgrα:t] m. (s, e) degré (m.) d'invalidité.
behobeln [bə'ho:bəln] v. tr. TECHN. raboter ; dégauchir ; aplanir ; dresser au rabot.
beholzen [bə'hɔltsən] v. tr. boiser. || PAR EXT. [abholzen] couper du bois.
behorchen [bə'hɔrçən] v. tr. écouter ; épier. || MÉD. *die Brust behorchen*, ausculter la poitrine.
Behorchung [-çuŋ] f. (-). MÉD. auscultation f.
Behörde [bə'hø:rdə] f. (-, n) autorité f. ; administration publique. | *zuständige Behörde*, autorité compétente.
behördlich [bə'hø:rtliç] adj. officiel.
Behuf [bə'hu:f] m. (s) usage m. ; utilité f. ; but m. | *zu diesem Behuf*, dans ce but, à cette fin.
be|hufs [bə'hu:fs] prép. (Vx.) à cause de.
behüten [bə'hy:tən] v. tr. garder ; sauvegarder ; protéger. | *Gott behüte !*, à Dieu ne plaise !
Behüter [-tər] m. (s, -) protecteur m. ; gardien m.
behutsam [bə'hu:tzα:m] adj. prudent ; circonspect. | *behutsam zu Werke gehen*, s'y prendre avec précaution.
Behutsamkeit f. prudence f. ; circonspection f.
Behütung [bə'hy:tuŋ] f. (-) protection f. ; garde f.
bei [bai]

I. prép. gouvernant le dat.
 1. SENS LOCAL (proximité).
 2. SENS INSTRUMENTAL.
 3. SENS TEMPOREL (proximité ; simultanéité).
 4. ÉTAT (momentané ou durable).
 5. CONDITION ; CIRCONSTANCES.
 6. CAUSALITÉ.
 7. RESTRICTION.
 8. SUCCESSION (spatiale et temporelle).
 9. APPROXIMATION.
II. adv.
III. partic. verbale sépar.

I. prép. gouvernant le dat. **1.** SENS LOCAL (proximité) : près (de) ; auprès de ; proche de ; contre ; sous ; sur ; de ; dans. | *Grinzing bei Wien*, Grinzing près Vienne. | *Gesandter beim Vatikan*, ambassadeur près le Vatican. | *Gesandter bei der Königin*, ambassadeur auprès de la reine. | *bei Hof(e)*, à la cour. | *Anwalt beim Landgericht*, avocat près le tribunal de première instance. | *er ist bei Meiers eingeladen*, il est invité chez les Meier. | *er dient bei der Luftwaffe*, il est dans l'aviation. | *bei jm Stunden haben*, prendre des leçons auprès de, chez qn. | *bei jm in Stellung sein*, être en condition chez, au service de qn. | *das ist bei uns nicht Sitte*, ce n'est pas la coutume, l'habitude chez nous. | *bei Goethe lesen wir*, nous lisons dans Goethe. || (proximité) près ; sur ; sous ; à. | *die Schlacht bei Leipzig*, la bataille de Leipzig. | *beim Gymnasium wohnen*, habiter près du lycée. | *Geld bei sich haben*, avoir de l'argent sur soi. | *etwas bei der Hand haben*, avoir qch. sous, à portée de la main.
2. SENS INSTRUMENTAL : par. | *bei der Hand nehmen*, prendre par la main. | *jn beim Kragen fassen*, attraper qn par le col, au collet.
— OBSERV. Une relation de même ordre se retrouve dans les formules de serment et certaines exclamations : *bei Gott !*, par Dieu ! | *bei meiner Ehre !*, sur mon honneur ! | *beim Barte des Propheten*, par la barbe du prophète !
3. SENS TEMPOREL (proximité ; simultanéité) : à, en ; de ; pendant ; lors de. | *bei Lebzeiten meines Großvaters*, du temps, du vivant de mon grand-père. | *bei seiner Abreise*, à son départ. | *beim Beginn des Krieges*, au commencement de la guerre. | *beim Frühstück*, au petit déjeuner. | *beim Aufstehen*, en se levant. | *bei Tag*, de jour. | *bei Nacht*, de nuit. | *bei Nacht und Nebel*, à la faveur de la nuit. | *bei Sonnenaufgang*, à l'aube. | *beim ersten Wink*, au premier signe. | *bei Gelegenheit*, à l'occasion. | *bei diesen Worten*, à ces mots. | *beizeiten*, de bonne heure. || PROV. *bei Nacht sind alle Katzen grau*, la nuit tous les chats sont gris.
4. ÉTAT (momentané ou durable) : à ; auprès ; en ; de. | *bei Stimme sein*, être en voix. | *bei Kräften sein*, avoir toutes ses forces. | *bei Laune sein*, être de bonne humeur. | *er ist schon bei Jahren*, il est déjà d'un certain âge. || POP. *bei Kasse sein*, FAM. être en fonds. || *bei Wasser und Brot sitzen*, être au pain et à l'eau. | *bei Licht besehen*, regarder à la lumière. | *das Beste bei der Sache*, le mieux dans cette affaire. | *ich dachte bei mir*, je pensais en moi-même. | *bei sich anfangen*, commencer par soi-même. || LOC. *er ist nicht ganz bei Trost*, il déraisonne. | *es bleibt beim Alten*, c'est comme par le passé ; rien n'est changé.
5. CONDITION ; CIRCONSTANCES : par ; dans ; sous peine de ; en cas de ; après. | *bei schlechtem Wetter*, par mauvais temps. | *bei Westwind*, par vent d'ouest. | *bei*

Frost, en cas de gel. | *etwas bei Todesstrafe verbieten*, défendre qch. sous peine de mort. | *bei einem Unfall*, dans un accident ; en cas d'accident. | *bei näherer Erkundigung*, après plus ample information ; après plus ample informé.
6. CAUSALITÉ : à cause de ; vu (que) ; avec ; en face de. | *bei seiner Schüchternheit*, étant donné sa timidité. | *bei seinem Charakter muß man vorsichtig handeln*, avec son caractère, il faut agir prudemment. | *bei der allgemeinen Lage*, eu égard à la situation générale.
7. RESTRICTION : malgré ; en dépit de ; avec. | *bei all seinem Reichtum bleibt er arm*, malgré, en dépit de toute sa richesse, il reste pauvre. | *beim besten Willen kann ich nicht*, avec la meilleure volonté du monde, je ne puis (le faire). | *bei alledem*, malgré tout cela.
8. SUCCESSION (spatiale et temporelle) : par ; à. | *Meter bei Meter*, mètre par mètre. | *Schritt bei Schritt*, pas à pas. | *Tag bei Tag wartete Gudrun*, jour après jour Gudrun attendait.
9. APPROXIMATION : autour de ; environ. || [an die] *bei tausend Mann*, environ mille hommes. — **bei weitem,** de loin ; de beaucoup ; loin de là ; tant s'en faut. | *er ist bei weitem nicht so alt*, il est loin d'avoir cet âge.
II. adv. POP. *da ist nichts bei*, ce n'est pas grave. || (en compos.) **dabei, anbei, hierbei,** ci-joint. | *dabei bleibt es*, on en reste là. | *anbei eine Photographie*, ci-joint une photographie. | *hierbei sagte er*, à ceci, il dit.
III. partic. verbale sépar. Elle exprime les idées de : **1.** proximité ; rapprochement ; présence. Ex. : *bei|treten ; bei|wohnen ; bei|mengen.* — **2.** assistance ; aide. Ex. : *bei|stehen ; bei|tragen.* — **3.** restriction. Ex. : *bei|geben : er gibt klein bei*, il cède. | *bei|drehen*, ralentir.

bei|behalten ["baibə'haltən] (ä, ie, a) v. tr. garder ; conserver ; ne pas changer.

Bei|blatt ['baiblat] n. (s, ¨er) supplément m. (d'un journal) ; numéro spécial ; édition spéciale.

Bei|boot ['baibo:t] n. (s, e). canot (m.) de bord.

bei|bringen ["bai'briŋən] (brachte, gebracht) v. tr. **1.** apporter ; fournir. | *Zeugen beibringen*, produire des témoins. | *Beweise, Gründe beibringen*, fournir, administrer des preuves. | *dem Gegner Verluste beibringen*, infliger des pertes à l'adversaire.
2. FIG. [lehren] apprendre ; enseigner. | *jm das Skilaufen beibringen*, apprendre à skier à qn. | *man kann ihm das nicht beibringen*, on ne peut pas lui faire entrer cela dans la tête.

Bei|bringung [-ŋuŋ] f. (-) fourniture f. ; production f.

Beichte ['baiçtə] f. (-, n). RELIG. confession f. ; aveux m. pl. | *zur Beichte gehen*, aller à confesse. | *die Beichte hören, abnehmen*, confesser qn. | *eine Beichte ablegen*, faire sa confession ; se confesser.

beichten [-tən] v. tr. RELIG. confesser ; avouer. ◇ v. intr. se confesser.

Beichtende(r) [-təndə(r)] f. (m.) RELIG. pénitent(e) m. (f.)

Beicht|formel ["baiçt'fɔrməl] f. (-, n) confiteor m. ||°-**geheimnis** n. (ses, se) secret (m.), sceau (m.) de la confession. ||°-**groschen** m. (s, -) denier (m.) de confession. ||°-**kind** n. (s, er) pénitent m. ||°-**stuhl** m. (s, ¨e) confessionnal m. ||°-**vater** m. (s, ¨) confesseur m. ||°-**zettel** m. (s, -) billet (m.) de confession.

Beichtiger ['baiçtigər] m. (s, -) confesseur m.

beide ['baidə] pron. ou adj. indéf. l'un et l'autre ; les deux. | *wir beide*, nous deux. | *auf beiden Seiten*, des deux côtés ; de côté et d'autre ; de part et d'autre. | *einer, eins von beiden*, l'un des deux ; l'un ou l'autre. || JUR. *Doktor beider Rechte*, docteur (m.) in utroque (jure).

beide|mal ["baidə'ma:l] adv. les deux fois.

beider|lei ['baidərlai] adj. invar. des deux espèces. | *auf beiderlei Art*, d'une manière et de l'autre. || RELIG. *Abendmahl unter beiderlei Gestalt*, communion (f.) sous les deux espèces.

beider|seitig ["baidər'zaitiç] adj., **beider|seits** [-'zaits] adv. (gén.) des deux côtés ; réciproque(ment) ; mutuel(lement) ; de part et d'autre.

Bei(d)er|wand ["bai(d)ər'vant] f. (-, -). TEXT. gros tissu en laine et coton ; tiretaine f.

beides ['baidəs] pron. indéf. neutre sing. les deux choses.

Beid|händer ["bait'hɛndər] m. (s, -). [Degen] espadon m.

beid|händig [-'hɛndiç] adj. ambidextre.

beid|lebig [-'le:biç] adj. BOT., ZOOL. amphibie.

bei|drehen ["bai'dre:ən] v. tr. et v. intr. MAR. ralentir ; (s')immobiliser ; (s')arrêter.

bei|einander ['baiain"andər] adv. l'un avec l'autre ; l'un auprès de l'autre ; ensemble. || FIG. *ein fröhliches Beieinander*, une société gaie.

Bei|fahrer ["bai'fa:rər] m. (s, -). AUTOM. [Kopilot] chauffeur (m.) en second ; [Mitfahrer] passager m.

Beifahrer|sitz ["baifa:rər'zits] m. (es, e). AUTOM. siège (m.) du passager.

Bei|fall ['baifal] m. (s) applaudissements m. pl. ; approbation f. | *stürmischer Beifall*, applaudissements enthousiastes, à tout rompre. | *Beifall finden*, avoir du succès. | *Beifall klatschen*, applaudir. | *laut(en) Beifall spenden*, crier bravo.

bei|fallen ["bai'falən] (ä, ie, a) v. intr. revenir à la mémoire, à l'esprit. || PAR EXT. approuver ; tomber d'accord (avec qn).

Beifall|klatschen ["baifal'klatʃən] n. (s) applaudissements m. pl.

Beifalls|ruf ["baifals'ru:f] m. (s, e) bravo m. ||°-**sturm** m. (s, ¨) salve (f.) d'applaudissements.

Bei|film ['baifilm] m. (s, e) court métrage.

bei|folgend ["bai'fɔlgənt] part. prés. et adj. *beifolgender Brief*, lettre ci-jointe, ci-incluse, ci-annexée.

Bei|form ['baifɔrm] f. (-, en). GRAMM. participe m.

bei|fügen ["bai'fy:gən] v. tr. ajouter ; joindre ; annexer.

Bei|fügung [-guŋ] f. (-, en) addition f. ; adjonction f. || GRAMM. [Hauptwort] complément (m.) de nom ; apposition f. || [Adjektiv] épithète f.

Bei|fuß ['baifus] m. (es). BOT. armoise f.

Bei|gabe ["bai'ga:bə] f. (-, n) supplément m. ; complément m. ; FAM. extra m. || COMM. prime f. || LITTÉR. appendice m. || CHIM. addition f.

beige [bɛ:ʒ] adj. de couleur naturelle ; beige.

bei|geben ["bai'ge:bən] (i, a, e) v. tr. ajouter ; joindre ; adjoindre ; annexer. || JUR. *beigegebener Vormund*, subrogé tuteur. || [Spiel] *eine Karte beigeben*, servir. || FIG. céder. | *klein beigeben*, baisser le ton ; FAM. filer doux.

bei|gehen ["bai'ge:ən] (ging, gegangen). v. intr. [selten] se mettre à.

Bei|gericht ["baigə'ri:çt] n. (s, e). CULIN. hors-d'œuvre m.

Bei|geschmack ["baigə'ʃmak] m. (s) arrière-goût m. ; relent m. || FIG. *ein Lob ohne jeden Beigeschmack*, un éloge sans aucune arrière-pensée.

Bei|geschoß ["baige'ʃɔs] n. (es, e). ARCHIT. entresol m.

bei|gesellen ["baigə'zɛlən] v. tr. (dat.) adjoindre à ; donner pour compagnon à.
◇ v. pr. **sich beigesellen,** s'adjoindre ; s'associer ; se joindre à.

beiher [bai'he:r] adv. (mieux : **nebenbei, nebenher)** à côté ; en passant ; incidemment.

Bei|hilfe ["bai'hilfə] f. (-, n) secours m. ; allocation f. ; subsides m. pl. ; aide f. | *Beihilfe an einem Verbrechen*, complicité criminelle. | *staatliche Beihilfe*, contribution (f.) de l'Etat.

bei|holen ["bai'ho:lən] v. tr. MAR. border. | *die Segel beiholen*, border, amener les voiles.

Bei|klang ['baiklaŋ] m. (s, ¨). PHYS. harmonique m. || MUS. seconde f.

bei|kommen ["bai'kɔmən] (a, o) v. intr. (dat.) arriver ; accéder à ; s'approcher de. || FIG. *jm nicht beikommen können*, ne pas avoir prise sur qn.

Beil [bail] n. (s, e) hache f. | *großes Beil*, grande hache ; cognée f. | *mit dem Beil hingerichtet werden*, avoir la tête tranchée.

Bei|lage ["bai'la:gə] f. (-, n) annexe f. ; supplément m. (d'un journal, d'un ouvrage) ; pièce jointe. || CULIN. garniture f.

bei|läufig ["bai'lɔyfiç] adj. et adv. accessoire(ment) ; incident, incidemment ; en passant. | *ein beiläufiger Bekannter*, une connaissance de passage. | *er sagte beiläufig*, il dit en passant.

bei|legen ["bai'le:gən] v. tr. ajouter ; joindre ; annexer. | *einem Schreiben eine Rechnung beilegen*, joindre une facture à une lettre. | *jm einen Titel beilegen*, donner, attribuer un titre à qn. || PAR ANAL. arranger ; régler. | *einen Streit beilegen*, cesser une querelle ; régler un différend.

Bei|legung [-guŋ] f. (-) jonction f. ; attribution f. || PAR ANAL. arrangement m. | *gütliche Beilegung*, règlement (m.), arrangement à l'amiable. || MAR. *Beilegung eines Schiffes*, mise (f.) à la cape d'un bateau.

— SYN. : *Schlichtung*, accommodement ; *Abmachung*, arrangement ; *Einigung*, conciliation ; *Vergleich*, compromis.
bei|leibe [bai'laibə] adv. *beileibe nicht !*, pas du tout ! ; FAM. dame non !
Bei|leid ['bailait] n. (s) condoléances f. pl. | *jm sein Beileid ausdrücken, bezeigen*, exprimer ses condoléances à qn.
Beileids|bezeigung ["bailaitsbə'tsaiguŋ] f. (-, en) condoléances f. pl. ||°**-schreiben** n. (s) lettre (f.) de condoléances.
beil|förmig ["bail'fœrmiç] adj. en forme de hache. ||°**-hammer** m. (s, ¨e) merlin m. ; masse f. ||°**-stein** m. (s, e). MINÉRAL. néphrite f. ; jade f.
bei|liegen ["bai'li:gən] (a, e) v. intr. être joint à. | *dem Brief beiliegen*, être joint, annexé à la lettre. || MAR. *das Schiff liegt bei*, le bateau est à la cape.
bei|liegend [-gənt] adj. ci-joint ; ci-annexé ; sous ce pli.
beim [baim] V. BEI DEM.
bei|mengen ["bai'mɛŋən] v. tr. mêler ; mélanger ; ajouter.
Bei|mengung [-ŋuŋ] f. (-) addition f. ; mélange m.
bei|messen ["bai'mɛsən] (mißt, maß, gemessen) v. tr. attribuer. | *einer Sache Glauben beimessen*, ajouter foi à qch. | *einer Sache Bedeutung beimessen*, attacher de l'importance à qch.
bei|mischen ["bai'mi:ʃən] v. tr. ajouter ; mélanger avec ; mêler à.
Bei|mischung [-ʃuŋ] f. (-) addition f. ; mélange m.
Bein [bain] n. (s, e) **1.** os m. | *es ist nichts als Haut und Bein an ihm*, il n'a que les os et la peau. | *zu Bein werden*, s'ossifier. || FIG. *das geht mir durch Mark und Bein*, cela me va à la moelle des os. | *es friert Stein und Bein*, il gèle à pierre fendre. | *er schwor Stein und Bein*, il jura ses grands dieux, par tous les saints du paradis.
2. [Menschen] jambe f. || [Tiere] patte f. | *gerade Beine*, jambes bien droites. | *krumme Beine*, jambes cagneuses, torses. | *X-Beine haben*, avoir les jambes cagneuses. | *künstliches Bein*, jambe artificielle. | *die Beine kreuzen, übereinander schlagen*, croiser les jambes. | *die Beine spreizen*, écarter les jambes. | *von einem Bein aufs andere treten*, sautiller d'une jambe sur l'autre. | *(sich) ein Bein brechen*, se casser, se briser, se fracturer une jambe. | *sich ein Bein auskugeln*, se déboîter une jambe. | *das Bein verrenken*, se démettre la jambe. | *meine Beine kribbeln, prickeln*, j'ai des fourmis dans les jambes.
3. LOC. **a)** SENS PR. *sich auf die Beine machen*, se mettre en route. | *er ist früh auf den Beinen*, il se lève tôt. | *den ganzen Tag auf den Beinen sein*, être sur pied toute la journée. | *er ist noch gut auf den Beinen*, il a encore bon pied, bon œil. | *lange Beine machen*, allonger le pas ; s'enfuir à toutes jambes. || FIG. *ein Heer auf die Beine bringen*, mettre sur pied une armée. | *jm wieder auf die Beine helfen*, aider qn à se remettre à flot ; tendre la perche à qn. | *er ist wieder auf den Beinen*, il est rétabli, remis ; FAM. il est retombé sur ses pattes. — **b)** FIG. *mit beiden Beinen auf der Erde stehen*, avoir les deux pieds sur terre. | *mit einem Bein im Grab stehen*, avoir un pied dans la tombe. | *mit dem linken Bein zuerst aufstehen*, se lever du mauvais pied. | *der Dieb nahm die Beine unter die Arme*, le voleur prit ses jambes à son cou. | *jm ein Bein stellen*, donner, faire un croc-en-jambe à qn. | *das habe ich ans Bein gebunden*, je me suis consolé de cette perte ; j'en ai fait mon deuil.
4. LOC. *das hat lange Beine*, cela n'est pas près de se faire. || PROV. *Lügen haben kurze Beine*, le mensonge ne mène pas bien loin.
5. TECHN. [Tisch] pied m. || [Zirkel] branche f.
bei|nah(e) [bai'nɑ:(ə) et 'bainɑ:(ə)] adv. presque ; près de ; à peu près ; à peu de chose près ; pour un peu. | *beinahe hätte ich gewonnen*, j'ai failli gagner ; j'ai manqué (de) gagner.
Beinahe|zusammenstoß ["bainɑ:ətsu'zamənʃto:s] m. (es, ¨e) collision évitée de peu.
Bei|name ["bai'nɑ:mə] m. (ns, n) surnom m. | *mit dem Beinamen*, surnommé.
Bein|arbeit ["bain'arbait] f. (-, en). SPORT. jeu (m.) de(s) jambes. ||°**-brecher** m. (s, -). ZOOL. orfraie f. ||°**-bruch** m. (s, ¨e). MÉD. fracture (f.) de la jambe. | *Hals- und Beinbruch !*, bonne chance. ||°**-haus** n. (es, ¨er) ossuaire m. ||°**-haut** f. (-, ¨e). ANAT. périoste m. ||°**-heil** n. (s). BOT. consoude f. ||°**-knopf** m. (s, ¨e) bouton (m.) en os. ||°**-leder** n. (s). MIL. basanes f. pl. ; houseaux m. pl. ||**-los** adj. *beinloser Krüppel*, cul-de-jatte m. ||°**-röhre** f. (-, en). [Panzer] jambière f. ||°**-schiene** f. (-, n), °**-schutz** m. (es) °**-schützer** m. (s, -). SPORT. jambière f. ; protège-tibia m. || MÉD. éclisse f. ||°**-schwarz** n. (es). [Farbe] noir animal. ||°**-stumpf** m. (s, ¨e) moignon (m.) de jambe. ||°**-well** m., °**-wurz** m. BOT. consoude officinale.
Beinchen [bainçən] n. (s, -). ANAT. [Knöchelchen] osselet m. || [kleines Bein] petite jambe.
beinern [-nərn] adj. (mieux **knöchern**) d'os ; en os.
...beinig [-niç] suff. ...pède. | *zwei-, vierbeinig*, bipède, quadrupède.
bei|ordnen ["bai'ɔrdnən] v. tr. adjoindre ; coordonner.
◇ part. pass. et adj. **beigeordnet,** adjoint.
Bei|ordnung [-nuŋ] f. (-, en) adjonction f.
Bei|pferd ["bai'pfe:rt] n. (s, e) cheval (m.) de main ; sous-verge m.
bei|pflichten ["bai'pfliçtən] v. intr. (dat.) consentir à ; se ranger à l'avis de ; approuver.
Bei|programm ["baipro'gram] n. (s, e). FILM. actualités f. pl. ; court métrage.
Bei|rat ['bairɑ:t] m. (s, ¨e) conseil m. ; avis m. || PAR EXT. conseil m. ; comité consultatif. | *juristischer Beirat*, avocat m. ; conseil judiciaire.
be|irren [bə'irən] v. tr. déconcerter ; déranger. | *sich nicht beirren lassen*, ne pas se laisser déconcerter.
bei|sammen [bai'zamən] adv. ensemble. | *beisammen sein,* être réunis.
Bei|sammensein [bai"zamən'zain] n. (s.) réunion f. | *gemütliches Beisammensein, (etwa)* réunion informelle.
Bei|sasse ["bai'zasə] m. (n, n). HIST. résident étranger.
Bei|satz ['baizats] m. (es, ¨e) supplément m. ; addition f. || GRAMM. apposition f.
bei|schaffen ["bai'ʃafən] v. tr. apporter.
bei|schießen ["bai'ʃi:sən] (o, o) v. tr. contribuer.
Bei|schlaf ['baiʃlɑ:f] m. (s) cohabitation f. || PÉJOR. concubinage m. || MÉD. acte, commerce sexuel, charnel ; coït m.
Bei|schläfer(in) ["bai'ʃlɛ:fər(in)] m. (s, -), f. (-, nen) amant m. ; maîtresse f. ; concubine f.
Bei|schlag ['baiʃlɑ:k] m. (s, ¨e). ARCHIT. petite terrasse en saillie ; perron m.
bei|schließen ["bai'ʃli:sən] (o, o) v. tr. ajouter ; joindre. | *beigeschlossene Rechnung*, facture ci-jointe, ci-incluse.
Bei|schlüssel ["bai'ʃlysəl] m. (s, -) [mieux **Nach|schlüssel**] fausse, seconde clef.
bei|schreiben ["bai'ʃraibən] (ie, ie) v. tr. écrire en marge ; ajouter.
Bei|segel ["bai'ze.gəl] n. (s, -). MAR. bonnette f. ; voile (f.) secondaire.
Bei|sein ['baizain] n. (s) présence f. | *im Beisein des Notars*, par-devant notaire.
bei|seite [bai'zaitə] adv. à part ; de côté ; à l'écart. | *beiseite schieben*, écarter. | *beiseite lassen*, laisser de côté. | *Scherz, Spaß beiseite*, trêve de plaisanteries ; FAM. blague à part.
beiseite|bringen [bai"zaitə'briŋən] (brachte, gebracht) v. tr. faire disparaître. ||**-legen** v. tr. mettre de côté ; différer. ||**-nehmen** (a, o) v. tr. prendre à part.
bei|setzen ["bai'zɛtsən] v. tr. mettre à côté. || PAR ANAL. *jn beisetzen*, enterrer, inhumer qn. || MAR. *Segel beisetzen*, mettre, déployer les voiles.
Bei|setzung [-tsuŋ] f. (-, en) enterrement m.
Beisetzungs|feier ["baizɛtsuŋs'faiər] f. (-, n) funérailles f. pl.
bei|sitzen ["bai'zitsən] (saß, gesessen) v. intr. siéger ; assister à.
Bei|sitzer [-tsər] m. (s, -) assesseur m.
Bei|spiel ['baiʃpi:l] n. (s, e) exemple m. ; modèle m. ; type m. ; idéal m. | *zum Beispiel*, par exemple. | *Beispiel für etwas*, exemple de qch. | *nach js Beispiel*, à l'exemple de qn. | *als Beispiel anführen, aufstellen*, citer en exemple ; proposer comme exemple. | *mit gutem Beispiel vorangehen*, prêcher d'exemple.
beispiel|gebend ["baiʃpi:l'ge:bənt] adj. exemplaire. ||**-los** adj. sans exemple.
beispielhaft ['baiʃpi:lhaft] adj. exemplaire.
beispiels|weise ["baiʃpi:ls'vaizə] adv. par exemple.
bei|springen ["bai'ʃpriŋən] (a, u) v. intr. (dat.) aider ; secourir ; courir au secours de qn.

Beiß|beere ['baisbe:rə] f. (-, en). Bot. piment m.

beißen ['baisən] (i, i) v. tr. et v. pr. mordre ; piquer ; démanger. | *sich auf die Lippen beißen*, se mordre les lèvres. || Fam. *nichts zu beißen noch zu brechen haben*, n'avoir rien à se mettre sous la dent. || Fig. *die Farben beißen sich*, ces couleurs hurlent.
◇ v. intr. mordre ; piquer ; cuire. | *tapfer beißen*, mordre à belles dents. | *an die Angel beißen*, mordre à l'hameçon. | *Pfeffer beißt auf der Zunge*, le poivre pique la langue. || Fig. *in sich beißen*, contenir ; avaler. | *in den sauren Apfel beißen (müssen)*, avaler la pilule. || Fam. *ins Gras beißen müssen*, mordre la poussière.
◇ part. prés. et adj. **beißend,** mordant ; piquant ; caustique. | *beißender Schmerz*, douleur cuisante. | *beißender Witz*, esprit, trait mordant ; sarcasme m. | *beißender Stil*, style (m.) caustique.

Beißerchen [-sərçən] n. (s, -). Fam. petite dent ; quenotte f.

Beiß|kohl ['baisko:l] m. (s, e). Bot. bette f. ||°**-zahn** m. m. (s, ¨e) [dent] incisive f. ||°**-zange** f. (-, n) pince coupante ; tenaille(s) f. (pl.).

Bei|stand ['baiʃtant] m. (s, ¨e) assistance f. ; secours m. ; aide f. | *jm Beistand leisten*, prêter assistance, main-forte à qn. || Jur. [Rechtshilfe] assistance (f.) judiciaire. || Par ext. soutien m. ; défenseur m. ; avocat m.

Beistands|gelder ["baiʃtants'gɛldər] n. pl. subsides m. pl.

bei|stehen ["bai'ʃte:ən] (stand, gestanden) v. intr. (dat.) aider ; secourir ; assister ; prêter assistance. || [Eid] *Gott steh mir bei !*, que Dieu m'assiste !

Bei|steuer ["bai'ʃtɔyər] f. (-, n) secours m. ; aide f. ; subside m.

bei|steuern [-ərn] v. tr. aider ; secourir ; subventionner ; contribuer à ; donner sa quote-part.

bei|stimmen ["bai'ʃtimən] v. intr. consentir, acquiescer à ; approuver.
— Syn. : *zustimmen*, consentir ; *einwilligen*, acquiescer.

Bei|stimmung [-muŋ] f. (-) consentement m. ; assentiment m. ; adhésion f.

Bei|strich ['baiʃtriç] m. (s, e). Gramm. virgule f.

Beitel ['baitəl] m. (s, -) ciseau m. ; burin m.

Bei|trag ['baitrɑ:k] m. (s, ¨e) contribution f. ; cotisation f. ; quote-part f. | *Mitgliedsbeitrag*, cotisation. || Par anal., Littér. collaboration f. | *einen Beitrag für eine Zeitung liefern*, donner un article à un journal.

bei|tragen ["bai'trɑ:gən] (ä, u, a) v. tr. contribuer ; concourir ; aider. || Par anal. collaborer. | *viel zu etwas beitragen*, entrer pour beaucoup dans qch.
— Syn. : *steuern, beisteuern zu*, contribuer à ; *mithelfen*, concourir ; *beistehen*, seconder.

Beitrags|anteil ["baitraks'antail] m. (s, e) part contributive ; quote-part f. ||**-pflichtig** adj. assujetti à des contributions. ||°**-zahler(in)** m. (s, -), f. (-, nen) cotisant(e) m. (f.).

bei|treibbar ["bai'traipbɑ:r] adj. exigible ; recouvrable ; récupérable ; poursuivable.

bei|treiben ["bai'traibən] (ie, ie) v. tr. Fin. faire rentrer. | *Steuern beitreiben*, faire rentrer des impôts. || exiger ; recouvrer. | *Forderungen beitreiben*, recouvrer des créances. || Mil. réquisitionner. || [Jagd] *Wild beitreiben*, rabattre le, du gibier.

Bei|treibung [-buŋ] f. (-, en). Comm., Fin. recouvrement m. ; rentrée f. || Mil. réquisition f. || [Jagd] rabattage m.

bei|treten ["bai'tre:tən] (i, a, e) v. intr. accéder, adhérer à. || *einer Gesellschaft beitreten*, entrer dans une société. | *einem Vertrag beitreten*, adhérer à une convention. | *einer Partei beitreten*, adhérer à un parti.

Bei|tritt ['baitrit] m. (s, e) adhésion f. ; affiliation f. || Polit. *Beitritt zu einem Staatsvertrag*, adhésion (f.) à un traité.

Bei|tun ['baitu:n] n. (s). | *ohne mein Beitun*, sans mon intervention.

Beitzker ['baitskər] m. (s, -). Zool. loche f.

Bei|wagen ["bai'vɑ:gən] m. (s, -) voiture (f.) supplémentaire ; remorque f. || [Straßenbahn] baladeuse f. || [Motorrad] side-car m.

Bei|werk ['baivɛrk] n. (s, e) accessoire m. || Fig. *schmückendes Beiwerk*, hors-d'œuvre m.

Bei|wert ['baive:rt] m. (s, e). Math. coefficient m. ; facteur m.

bei|wohnen ["bai'vo:nən] v. intr. (dat.) être présent à ; assister à ; cohabiter. | *einem Feste beiwohnen*, assister à une fête. | *ehelich beiwohnen*, vivre maritalement.

Bei|wohnung [-nuŋ] f. (-) présence f. ; assistance f. ; cohabitation f. ; commerce sexuel, charnel.

Bei|wort ['baivɔrt] n. (s, ¨er). Gramm. adjectif m. Fig. *schmückendes Beiwort*, épithète oiseuse.

Beiz|anlage ["baits'anlɑ:gə] f. (-, n). Techn. installation (f.) de décapage, à décaper. ||°**-bad** n. (s, ¨er). Techn. bain (m.) de décapage. ||°**-jagd** f. (-, en) chasse (f.) au vol, au faucon. ||°**-kraft** f. (-, ¨e). Chim. force corrosive ; causticité f. ||°**-mittel** n. (s, -). Chim. corrosif m. ; mordant m. ; caustique m. ; décapant m.

Beize ['baitsə] f. (-, n). Techn. corrodant m. ; liquide (m.) de décapage. || [Jagd] chasse (f.) au faucon.

bei|zeiten [bai'tsaitən] adv. à temps ; tôt ; de bonne heure.

beizen ['baitsən] v. tr. Techn. décaper ; corroder ; mariner. | *in Essig beizen*, mariner dans le vinaigre. || Techn. *schwarz beizen*, ébéner.

beizend [-tsənt] adj. caustique ; corrosif.

Beizung [-tsuŋ] f. (-) décapage m. ; corrosion f.

bejahen [bə'jɑ:ən] v. tr. affirmer ; dire oui ; répondre affirmativement.
◇ adj. **bejahend,** affirmatif. | *im bejahenden Fall* ; *bejahendenfalls*, dans l'affirmative.

bejahrt [bə'jɑ:rt] adj. âgé ; vieux ; chargé d'ans.

Bejahung [bə'jɑ:uŋ] f. (-, en) affirmation f. ; affirmative f.

bejammern [bə'jamərn] v. tr. déplorer ; pleurer ; se lamenter sur.

bejammerns|wert [bə"jamərns've:rt], **-würdig** [-'vyrdiç] adj. déplorable ; misérable. ||°**-würdigkeit** f. (-) état (m.) déplorable.

bejauchzen [bə'jauxtsən] v. tr. acclamer ; saluer par des cris de joie.

bekämpfen [bə'kɛmpfən] v. tr. combattre ; lutter contre.

Bekämpfung [-pfuŋ] f. (-, en) combat m. ; lutte f. ; répression f.

bekannt [bə'kant] adj. connu. | *ich bin mit ihm bekannt*, nous nous connaissons. | *bekannt machen*, présenter (qn à qn) ; faire les présentations. | *mit etwas bekannt werden*, apprendre qch. ; être mis au courant de qch. | *er ist in Wien bekannt*, on le connaît à Vienne. | *das ist eine bekannte Sache*, c'est un fait bien connu, notoire. | *bekannt werden*, s'ébruiter. | *er ist dafür bekannt, daß er jähzornig ist*, il est connu pour être coléreux. || Fig., fam. *er ist bekannt wie ein bunter Hund*, il est connu comme le loup blanc.

Bekannte(r) [-tə(r)] f. (m.) connaissance f. | *wir sind alte Bekannte*, nous sommes de vieilles connaissances.

bekannter|maßen [bə"kantər'mɑ:sən] adv. notoirement.

Bekannt|gabe [bə"kant'gɑ:bə] f. (-, n) avis m. ; déclaration f. ; proclamation f. ; communication f. ; notification f. ; diffusion f. | *öffentliche Bekanntgabe*, avis public. | *Bekanntgabe eines Geheimnisses*, divulgation (f.) d'un secret. ||**-geben** (i, a, e) v. tr. déclarer ; proclamer ; publier ; communiquer ; notifier. || Radio. *etwas über die Sender bekanntgeben*, diffuser qch. sur les antennes. ||**-machen**, v. tr. publier ; rendre public. | *feierlich bekanntmachen*, proclamer. ||°**-machung** f. (-, en) publication f. ; avis m. ; annonce f. | *amtliche Bekanntmachung*, avis au public. | *gerichtliche Bekanntmachung*, publication (f.) judiciaire. | *laut Bekanntmachung*, ainsi qu'il a été annoncé. | *Bekanntmachung von Gesetzen*, promulgation (f.) de lois.

bekanntlich [bə'kantliç] adv. comme on sait ; comme chacun sait.

Bekanntschaft [bə'kantʃaft] f. (-, en) connaissance f. | *mit jm Bekanntschaft machen*, faire la connaissance de qn. | *er gewinnt bei näherer Bekanntschaft*, il gagne à être connu.

Bekassine [beka'si:nə] f. (-, n). Zool. bécassine f.
— Syn. : *Sumpfschnepfe* f. ; *Moorschnepfe* f.

bekehren [bə'ke:rən] v. tr. et v. pr. Relig. (se) convertir. | *sich zum Katholizismus bekehren*, se convertir au catholicisme. || Fig. persuader ; convaincre.

Bekehrer [-rər] m. (s, -). Relig. convertisseur m.

Bekehrung [-ruŋ] f. (-, en). Relig. conversion f.

bekennen [bə'kɛnən] v. tr. et v. pr. (s')avouer ; (se) reconnaître ; (se) confesser. | *sich für schuldig bekennen*, s'avouer coupable. | *sich zu einem Anschlag bekennen*, revendiquer un attentat. | *sich zum Islam bekennen*, professer l'islam. | *er mußte endlich Farbe bekennen*, il dut finalement lever le masque.

Bekenner(in) [-nər(in)] m. (s, -), f. (-, nen). RELIG. fidèle m. ou f. ; adepte m. ou f. ; sectateur m. ; sectatrice f. || POLIT., PHILOS. partisan m. ; adepte m. ou f.

Bekenner|brief [bə"kɛnər'bri:f] m. (s, e) lettre (f.) de revendication.

Bekenntnis [-tnis] n. (ses, se). RELIG. confession f. ; profession (f.) de foi ; aveu m. || [Anschlag] revendication f.

Bekenntnis|kirche [bə"kɛntnis'kirçə] f. (-, n) Eglise confessante (protestante du xxe s.). ||°**-schule** f. (-, n) école confessionnelle.

beklagen [bə'klɑ:gən] v. tr. déplorer ; plaindre. | *ein Unglück beklagen*, déplorer un malheur.
◇ v. pr. **sich beklagen,** *sich über etwas* (acc.) *bei jm beklagen*, se plaindre de qch. à qn.

beklagens|wert [bə"klɑ:gəns've:rt], **-würdig** [-'vy:rdiç] adj. déplorable ; regrettable.

Beklagte(r) [bə'klɑ:ktə(r)] f. (m.) inculpé(e) m. (f.) ; défendeur m. ; prévenu(e) m. (f.).

beklatschen [bə'klatʃən] v. tr. applaudir. || PAR EXT. médire (de qn). | *jn in übler Weise beklatschen*, médire bassement de qn.

bekleben [bə'kle:bən] v. tr. coller ; afficher.

bekleckern [bə'klɛkərn], **beklecksen** [-ksən] v. tr. FAM. tacher ; couvrir de taches ; barbouiller.

bekleiden [bə'klaidən] v. tr. vêtir ; revêtir ; habiller. || PAR ANAL. couvrir ; garnir de. | *mit Holz, Marmor, Papier bekleiden*, boiser ; revêtir de marbre ; tapisser. | *mit Tafelwerk bekleiden*, lambrisser. || FIG. occuper. | *ein Amt bekleiden*, être revêtu d'une charge ; occuper une charge.

Bekleidung [-duŋ] f. (-, en) vêtement(s) m. (pl.) ; habits m. pl. ; habillement m. || PAR ANAL. revêtement m. ; recouvrement m. ; lambrissage m. || FIG. *Bekleidung eines Amtes, einer Würde*, exercice (m.) d'une fonction ; investiture (f.) d'une dignité.

bekleistern [bə'klaistərn] v. tr. enduire de colle.

beklemmen [bə'klɛmən] v. tr. serrer ; oppresser. | *eine beklemmende Lage*, une situation critique, difficile.

Beklemmung [-muŋ] f. (-) angoisse f. ; oppression f. ; serrement m.

beklommen [bə'klɔmən] adj. oppressé ; serré ; anxieux. | *beklommenen Herzens*, le cœur serré, gros.

Beklommenheit [bə'klɔmənhait] f. (-) angoisse f. ; serrement (m.) de cœur ; oppression f.

beklopfen [bə'klɔpfən] v. tr. frapper sur. || MÉD. percuter. || MINES. sonder.

beknabbern [bə'knabərn] v. tr. ronger.

bekohlen [bə'ko:lən] v. tr. MAR. ravitailler, approvisionner en, charger de charbon.

bekommen [bə'kɔmən] (a, o) v. tr. recevoir ; obtenir ; commencer à avoir. | *einen Brief bekommen*, recevoir une lettre. | *Geld bekommen*, recevoir de l'argent. | *Laub bekommen*, verdir. | *etwas umsonst bekommen*, avoir qch. gratis. || PAR ANAL. *ein Kind bekommen*, accoucher (d'un enfant). | *Junge bekommen*, mettre bas. | *die Bäume bekommen im Frühling Laub*, au printemps les feuilles poussent aux arbres. | *Hunger bekommen*, commencer à avoir faim. | *Zähne bekommen*, faire ses dents. | *Runzeln bekommen*, se rider. | *der Mörtel bekommt Risse*, le crépi se fendille. | *den Schnupfen bekommen*, s'enrhumer. | *einen Verweis bekommen*, recevoir un blâme. | *Furcht vor etwas bekommen*, prendre peur de qch. | *er bekommt Lust zu*, l'envie le prend de. || PAR EXT. *von jm etwas geliehen bekommen*, emprunter qch. à qn. | *von etwas Wind bekommen*, avoir vent de qch. | *zu Gesicht bekommen*, apercevoir. | *jn in seine Gewalt bekommen*, assujettir qn. || FAM. *einen Korb bekommen*, essuyer un refus. | *etwas satt bekommen*, avoir assez de qch.
◇ v. intr. réussir. | *der Wein bekommt dir nicht*, le vin ne te réussit pas. | *wohl bekomm's !*, grand bien vous fasse ! ; [beim Essen] bon appétit ! ; [beim Niesen] à vos souhaits !
◇ v. pr. **sich bekommen,** FAM. *endlich bekamen sie sich*, ils se marièrent enfin.

bekömmlich [bə'kømliç] adj. trouvable. || PAR EXT. profitable ; salutaire ; digestible.

beköstigen [bə'køstigən] v. tr. nourrir ; pourvoir à la nourriture (de qn).

Beköstigung [-guŋ] f. (-) nourriture f. | *Zimmer mit Beköstigung*, pension complète.

bekräftigen [bə'krɛftigən] v. tr. affirmer ; confirmer ; corroborer.

Bekräftigung [-guŋ] f. (-, en) affirmation f. ; confirmation f. | *zur Bekräftigung seiner Aussage*, à l'appui de ses dires.

bekrallt [bə'kralt] adj. muni de griffes ; griffu.

bekränzen [bə'krɛntsən] v. tr. couronner.

bekreuz(ig)en [bə'krɔyts(ig)ən] v. tr. faire le signe de la croix sur.
◇ v. pr. **sich bekreuzigen,** se signer.

bekriegen [bə'kri:gən] v. tr. faire la guerre à.

bekritteln [bə'kritəln] v. tr. critiquer ; faire des critiques à ; épiloguer sur. | *ein Werk bekritteln*, PÉJOR. éplucher une œuvre.

bekritzeln [bə'kritsəln] v. tr. griffonner ; tracer des inscriptions.

bekrönen [bə'krø:nən] v. tr. couronner.

Bekrönung [-nuŋ] f. (-, en) couronnement m.

bekümmern [bə'kymərn] v. tr. affliger ; soucier. | *bekümmert sein*, avoir des soucis.
◇ v. pr. **sich bekümmern,** s'inquiéter ; se mettre en peine ; se mêler, s'occuper de qch. | *sich um nichts bekümmern*, n'avoir cure de rien.

Bekümmernis [-nis] f. (-, se) chagrin m. ; souci m.

bekunden [bə'kundən] v. tr. déclarer ; dire ; manifester. || JUR. témoigner ; déposer.

Bekundung [-duŋ] f. (-, en) déclaration f. ; manifestation f. || JUR. déposition f. ; témoignage m.

belächeln [bə'lɛçəln] v. tr. sourire de. || FIG. railler ; se moquer de.

belachen [bə'laxən] v. tr. rire ; se moquer de.

beladen [bə'lɑ:dən] (ä, u, a) v. tr. et v. pr. (se) charger. | *den Wagen mit Holz beladen*, charger de bois la voiture. || MAR. fréter.

Beladung [-duŋ] f. (-) charge f. ; chargement m.

Belag [bə'lɑ:k] m. (s, ¨e) couche f. ; doublage m. ; revêtement m. ; garniture f. ; enduit m. (fixe) ; placage m. | *Zementbelag*, chape f. | *Brückenbelag*, tablier (m.) de pont. || MÉD. *Belag der Zunge*, dépôt (m.) sur la langue.

Belagerer [bə'lɑgərər] m. (s, -). MIL. assiégeant m.

belagern [-gərn] v. tr. assiéger.

Belagerung [-gəruŋ] f. (-, en). MIL. siège m.

Belagerungs|zustand [bə"lɑ:gəruŋs'tsuʃtant] m. (es). MIL., POLIT. état (m.) de siège.

Belang [bə'laŋ] m. (es, e) intérêt m. ; importance f. | *das ist nicht von Belang*, cela n'a pas d'importance. | *öffentliche Belange*, intérêts publics. | *seine Belange wahren*, veiller à ses intérêts.

belangen [-ŋən] v. tr. concerner. | *was uns belangt*, en ce qui nous concerne. || JUR. poursuivre ; attaquer. | *jn gerichtlich belangen*, traduire qn en justice ; intenter, faire un procès à qn.

belang|los [bə"laŋ'lo:s] adj. sans importance. | *ein belangloses Gespräch führen*, FAM. parler de la pluie et du beau temps. ||°**-losigkeit** f. (-, en) futilité f. ||**-reich** adj. important ; considérable ; de conséquence.

belassen [bə'lasən] (ä, ie, a) v. tr. laisser ; ne pas changer. | *er hat es dabei belassen*, il s'en est tenu là.

Belastbarkeit [bə'lastbɑ:rkait] f. capacité f. ; charge admise. || ÉLECTR. capacité (f.), limite (f.) de charge. || MÉD. *körperliche Belastbarkeit*, résistance (f.) physique.

belasten [bə'lastən] v. tr. charger ; poser sur ; mettre en charge. | *der Wagen ist zu schwer belastet*, la voiture est trop chargée. | *diese Arbeit belastet ihn*, ce travail lui pèse. || grever ; accabler ; obérer. | *belastende Zeugenaussagen*, des témoignages accablants. || COMM. *jn belasten*, porter au débit de qn. | *ein Konto belasten*, débiter un compte. | *mit Schulden belasten*, obérer de dettes. || MÉD. *erblich belastet sein*, avoir une hérédité chargée ; être atteint d'un mal héréditaire.

belästigen [bə'lɛstigən] v. tr. incommoder ; importuner ; tracasser ; molester.

Belästigung [bə'lɛstiguŋ] f. (-, en) harcèlement m. ; tracasseries f. pl. | *sexuelle, telephonische Belästigung*, harcèlement sexuel, téléphonique.

Belastung [bə'lastuŋ] f. (-, en). PHYS. charge f. ; mise (f.) en charge. | *zulässige Belastung*, charge admissible. || COMM. hypothèque f. ; charge f. || MÉD. *erbliche Belastung*, mal (m.) héréditaire ; tare f.

Belastungs|anzeige [bə"lastuŋs'antsaigə] f. (-, n), °**-aufgabe** [-'aufgɑ:bə] f. (-, n). COMM. avis (m.) de débit. ||**-fähig** adj. COMM. débitable. ||°**-gewicht** n.

(s, e) TECHN. gueuse f. ||°**-grad** m. (s, e), °**-grenze** f. (-, n). PHYS. degré (m.), limite (f.) de charge. ||°**-probe** f. (-, n). PHYS. épreuve (f.), essai (m.) de charge. ||°**-widerstand** m. (s,¨e). PHYS., ÉLECTR. impédance f. ; résistance (f.) de dérivation. ||°**-zeuge** m. (n, n) témoin (m.) à charge.

belatten [bə'latən] v. tr. latter.

Belattung [-tuŋ] f. (-, en) lattage m. ; lattis m.

belauben [bə'laubən] v. tr. et v. pr. (se) couvrir de feuillage, de verdure. | *dicht belaubt*, feuillu ; touffu.

belauern [bə'lauərn] v. tr. épier ; guetter.

belaufen [bə'laufən] (ä, ie, a) v. tr. parcourir. | *eine Strecke belaufen*, parcourir, inspecter, contrôler un parcours. || FIG. *der Spiegel ist belaufen*, le miroir est embué.

◇ v. pr. **sich belaufen,** (se) monter, s'élever à. | *seine Schulden belaufen sich auf fünftausend Mark*, ses dettes s'élèvent à cinq mille marks.

belauschen [bə'lauʃən] v. tr. [Worte] épier. || [Geheimnis] surprendre.

Belchen ['bɛlçən] m. (s). GÉOGR. ballon m. | *Elsässer Belchen*, ballon d'Alsace.

beleben [bə'le:bən] v. tr. et v. pr. (se) vivifier ; (s')animer. | *eine belebte Straße*, une rue animée.

Belebtheit [bə'le:pthait] f. animation f.

Belebung [bə'le:buŋ] f. (-) stimulation f.

belecken [bə'lɛkən] v. tr. lécher.

Beleg [bə'le:k] m. (s, e) document m. ; pièce à l'appui, justificative ; preuve f. ; référence f. | *als Beleg*, à titre documentaire.

Beleg|buch [bə"le:k'bu:x] n. (s, ¨er) livret (m.) universitaire ; carnet (m.) d'inscription.

belegen [bə'le:gən] v. tr. mettre sur ; couvrir. | *Brötchen mit Schinken belegen*, faire un sandwich au jambon. | *den Boden mit Fliesen belegen*, carreler le sol. || FIG. *einen Platz belegen*, réserver une place. || COMM. *ein Schiff mit Beschlag belegen*, mettre l'embargo sur un bateau. | *eine Rechnung belegen*, justifier un compte. || JUR. imposer. | *jn mit einer Strafe belegen*, infliger une peine à qn. || FIN. *mit Steuern belegen*, imposer. || UNIV. *eine Vorlesung belegen*, prendre une inscription pédagogique. || MIL. *eine Stadt mit Bomben belegen*, bombarder une ville. | *mit Feuer belegen*, prendre sous le feu. || LITTÉR. *durch Zitate belegen*, donner des références, des citations à l'appui. || ZOOL. couvrir ; saillir.

◇ part. pass. et adj. **belegt,** MÉD. *belegte Stimme, Zunge*, voix couverte, langue chargée.

Belegen [-gən] n. (s), **Belegung** [-guŋ] f. (-). ARCHIT. revêtement m. ; couverture f. || [Platten] dallage m. || [Fliesen] carrelage m. || FIG., COMM. [Schiff ; Waren] embargo m. ; saisie f. ; confiscation f. || [Rechnung] justification f. || JUR. imposition f. || UNIV. (prise [f.] d'une) inscription f. || LITTÉR. référence f. || ZOOL. monte f. ; saillie f.

Beleg|exemplar [bə"le:kɛksɛm'plɑ:r] n. (s, e), °**-nummer** f. (-, n) exemplaire justificatif ; [Buch] spécimen m. ||°**-lesen** n. (s). INF. lecture (f.) optique. ||°**-stück** m. (s, e) pièce justificative.

Belegschaft [bə'le:kʃaft] f. (-, en) personnel m. ; équipe f.

belehnen [bə'le:nən] v. tr. HIST. donner un fief. || JUR. ensaisiner ; investir.

Belehnung [-nuŋ] f. (-). HIST. inféodation f. || JUR. ensaisinement m. ; investiture f.

belehren [bə'le:rən] v. tr. enseigner ; instruire ; apprendre ; faire savoir. | *sich belehren lassen*, entendre raison. | *jn eines Besseren belehren*, détromper qn ; ouvrir les yeux à qn.

Belehrung [-ruŋ] f. (-, en) instruction f. ; information f. ; leçon f. ; enseignement m.

beleibt [bə'laipt] adj. corpulent ; replet.

Beleibtheit [bə'laipthait] f. (-) corpulence f. ; embonpoint m.

beleidigen [bə'laidigən] v. tr. offenser ; insulter ; injurier ; outrager ; blesser ; vexer. | *sich beleidigt fühlen*, se sentir offensé.

◇ part. prés. et adj. **beleidigend,** injurieux ; offensant. | *höchst beleidigend*, outrageant.

Beleidiger [-gər] m. (s, -) offenseur m.

Beleidigung [-guŋ] f. (-, en) offense f. ; insulte f. ; injure f. | *tätliche Beleidigung*, voies (f. pl.) de fait. | *eine Beleidigung einstecken*, avaler un affront.

Beleidigungs|klage [be"laidiguŋs'klɑ:gə] f. (-, n). JUR. plainte (f.) en diffamation.

beleihbar [bə'lai:bɑ:r] adj. qui peut être gagé.

beleihen [-'lai:ən] (ie, ie) v. tr. [nehmen] contracter un emprunt ; gager. | *ich beleihe mein Haus*, je gage ma maison ; je gage un emprunt sur ma maison. || PAR EXT. [geben] prêter sur hypothèque. | *du beleihst mein Haus*, tu me prêtes de l'argent sur ma maison.

Beleihung [-'laiuŋ] f. (-, en) gage m. ; mise (f.) en gage.

belemmert [bə'lɛmərt] adj. FAM. enquiquinant.

belesen [bə'le:zən] adj. qui a beaucoup lu. || PAR EXT. lettré. || *ein Mann von großer Belesenheit*, un homme qui a beaucoup lu.

Bel|etage ["bɛle'tɑ:ʒə] f. (-, n). ARCHIT. premier étage ; étage (m.) noble.

beleuchten [bə'lɔyçtən] v. tr. éclairer ; illuminer. | *die Stube beleuchten*, éclairer la pièce. || FIG. éclaircir ; examiner de près.

Beleuchtung [-tuŋ] f. (-, en) éclairage m. ; illumination f. | *indirekte Beleuchtung*, éclairage indirect. || FIG. éclaircissement m.

Beleuchtungs|anlage [bə"lɔyçtuŋs'anlɑ:gə] f. (-, n) installation (f.) d'éclairage. ||°**-körper** m. (s, -) appareil (m.) d'éclairage. ||°**-techniker(in)** m. (s, -), f. (-, nen) éclairagiste s.

beleum(un)det [bə'lɔym(un)dət] adj. nommé. | *gut beleum(un)det*, qui a une bonne renommée. | *ein übel beleum(un)deter Mensch*, une personne déconsidérée.

belfern ['bɛlfɛ:rn] v. intr. glapir ; criailler ; aboyer ; clabauder. || FIG. gronder.

Belfried ['bɛlfri:t] m. (s, e), **Belfroi** ['bɛlfrwa] m. ARCHIT. beffroi m. ; donjon m.

Belgien ['bɛlgiən] n. pr. n. GÉOGR. Belgique f.

Belgier(in) [-giər(in)] m. (s, -), f. (-, nen) Belge m. et f. || *schwerer Belgier*, cheval ardennais.

belgisch [-giʃ] adj. belge.

belichten [bə'liçtən] v. tr. exposer à la lumière. | *den Film belichten*, exposer, insoler le film.

Belichtung [-tuŋ] f. (-, en). PHOT. exposition f. ; éclairement m. ; pose f.

Belichtungs|dauer [bə"liçtuŋs'dauər] f. (-). PHOT. temps (m.) de pose. ||°**-messer** m. (s, -). PHOT. posemètre m. ; FAM. cellule f.

belieben [bə'li:bən] v. intr. plaire. | *ganz wie es dir beliebt*, comme il te plaît. | *wie beliebt ?*, plaît-il ? ; vous désirez ?

◇ v. tr. *Sie belieben zu scherzen !*, IRON. vous plaisantez !

Belieben [-'li:bən] n. (s) plaisir m. ; gré m. ; goût m. | *es steht ganz in deinem Belieben*, à ton gré. | *nach Belieb(en)*, au gré de.

beliebig [-'libiç] adj. quelconque. | *jeder beliebige*, qui que ce soit ; n'importe qui. | *zu jeder beliebigen Stunde*, à n'importe quelle heure.

◇ adv. à volonté ; à discrétion.

beliebt [-'li:pt] adj. aimé ; recherché ; en faveur. | *ein beliebter Schauspieler*, un acteur populaire, en vogue, aimé du public. | *sich bei jm beliebt machen*, se faire aimer de qn.

Beliebtheit [bə'li:pthait] f. (-) popularité f. ; faveur f. ; vogue f.

beliefern [bə'li:fərn] v. tr. fournir ; livrer.

Belladonna [bɛla'dɔna] f. (-, en). BOT. belladone f. ; belledame f. ; morelle furieuse.

bellen ['bɛlən] v. intr. aboyer ; glapir. || FAM. donner de la voix. | *die Hunde bellen*, les chiens aboient. | *die Füchse bellen*, les renards glapissent.

Belletrist [bɛlɛ'trist] m. (en, en). LITTÉR. homme (m.) de lettres ; journaliste m. ; romancier m.

Belletristik [-tik] f. (-). LITTÉR. belles-lettres f. pl.

belletristisch [-tiʃ] adj. littéraire.

belobigen [bə'lo:bigən] v. tr. louer.

belohnen [bə'lo:nən] v. tr. récompenser ; rétribuer ; rémunérer.

Belohnung [-nuŋ] f. (-, en) récompense f. ; rétribution f. ; rémunération f.

Belsazar [bɛl'zɑ:tsar] n. pr. m. Balthazar m.

beluchsen [bə'luksən] v. tr. POP. guetter ; épier.

Beluga [be'lu:ga] f. (-, s). ZOOL. bélouga m. ; FAM. baleine blanche.

◇ m. (-). CULIN. [Kaviar] béluga m.

belügen [bə'ly:gən] (o, o) v. tr. mentir à qn ; tromper qn.

belustigen [bə'lustigən] v. tr. et v. pr. (s')amuser ;

(se) divertir. | *die Gesellschaft belustigen*, FAM. amuser la galerie.

Belustigung [-guŋ] f. (-, en) amusement m. ; divertissement m. ; réjouissance f.

bemächtigen (sich) [ziçbə'mɛçtigən] v. pr. s'emparer de. | *sich des Thrones bemächtigen*, usurper le trône.

bemakeln [bə'ma:kəln] v. tr. souiller ; tacher ; déshonorer.

bemäkeln [bə'mɛ:kəln] v. tr. PÉJOR. critiquer ; dénigrer.

bemalen [bə'mɑ:lən] v. tr. peindre ; enduire de peinture. || PÉJOR. peinturlurer.

Bemalung [-luŋ] f. (-) peinture f. ; badigeonnage m.

bemängeln [bə'mɛŋəln] v. tr. critiquer ; dénigrer ; trouver à redire.

bemannen [bə'manən] v. tr. MAR. équiper.

Bemannung [-nuŋ] f. (-, en). MAR. équipement m. || PAR EXT. armement m. ; équipage m.

bemänteln [bə'mɛntəln] v. tr. recouvrir ; voiler. || FIG. voiler ; habiller ; dissimuler. | *die Wahrheit bemänteln*, farder, déguiser la vérité.

bemasten [bə'mastən] v. tr. MAR. mâter.

bemeiern [bə'maiərn] v. tr. POP. tromper.

bemeistern [bə'maistərn] v. tr. maîtriser ; dominer ; soumettre.
◇ v. pr. **sich bemeistern,** se dominer. | *sich einer Sache bemeistern*, s'emparer de qch.

bemerkbar [bə'mɛrkbɑ:r] adj. perceptible ; sensible ; apercevable. | *sich bemerkbar machen*, se faire remarquer ; se mettre en évidence.

bemerken [bə'mɛrkən] v. tr. remarquer ; s'apercevoir de. || PAR EXT. faire remarquer ; noter ; marquer. | *ich habe manches zu deinen Worten zu bemerken*, j'ai bien des choses à faire remarquer à propos de tes paroles.

bemerkens|wert [bə"mɛrkəns've:rt] adj. remarquable.

bemerklich [bə'mɛrkliç] adj. perceptible ; sensible.

Bemerkung [-kuŋ] f. (-, en) remarque f. ; réflexion f. ; observation f. ; critique f. | *alberne Bemerkungen*, réflexions saugrenues.

bemessen [bə'mɛsən] (i, a, e) v. tr. mesurer ; calculer ; fixer ; déterminer. | *knapp bemessen*, mesuré trop juste.

Bemessung [-suŋ] f. (-, en) mesure f. ; calcul m. ; fixation f. ; détermination f.

Bemessungs|grundlage [-sgruntlɑ:gə] f. (-, n) barème m.

be|mitleiden [bə'mitlaidən] v. tr. avoir pitié de ; prendre en pitié ; s'apitoyer sur.

bemitleidens|wert [bə"mitlaidəns've:rt]
-würdig [-'vyrdiç] adj. digne de pitié ; pitoyable.

Bemitleidung [bə'mitlaiduŋ] f. pitié f. ; compassion f.

bemittelt [bə'mitəlt] adj. aisé.

bemogeln [bə'mo:gəln] v. tr. FAM. tromper ; rouler ; filouter.

bemoost [bə'mo:st] adj. moussu ; couvert de mousse. || FIG. antique ; vieux ; chenu.

bemühen [bə'my:ən] v. tr. donner de la peine (à qn) ; déranger ; incommoder. | *jn in einer Sache bemühen*, déranger qn pour une affaire.
◇ v. pr. **sich bemühen,** se donner de la peine ; prendre la peine de ; s'efforcer de. | *sich um etwas bemühen*, se donner du mal pour qch. | *sich für jn bemühen*, faire des démarches pour qn.

Bemühung [-'my:uŋ] f. (-, en) peine f. ; effort m. ; soins m. pl. ; empressement m. | *ärztliche Bemühungen*, soins médicaux.

bemüßigen [bə'my:sigən] v. tr. [selten] forcer ; contraindre. | *sich bemüßigt fühlen*, se voir contraint, obligé de.

bemustern [bə'mustərn] v. tr. COMM. échantillonner.

Bemusterung [-ruŋ] f. (-). COMM. échantillonnage m.

bemuttern [bə'mutərn] v. tr. dorloter ; soigner ; gâter ; materner.

Bemutterung [bə'mutəruŋ] f. maternage m.

benachbart [bə'naxbɑ:rt] adj. voisin ; avoisinant.

be|nachrichtigen [bə'nɑ:xriçtigen] v. tr. aviser ; informer ; prévenir ; avertir.

Be|nachrichtigung [-guŋ] f. (-, en) information f. ; renseignement m. ; avertissement m. ; avis m. | *schriftliche Benachrichtigung*, avis (par) écrit. | *vorherige Benachrichtigung*, préavis m.

be|nachteiligen [bə'nɑ:xtailigən] v. tr. désavantager ; léser ; faire tort, porter préjudice (à qn).

Be|nachteiligung [-guŋ] f. (-, en) désavantage m. ; préjudice m. ; dommage m. ; détriment m.

benageln [bə'nɑ:gəln] v. tr. TECHN. [beschlagen] garnir de clous ; clouter. || [festnageln] clouer.

benagen [bə'nɑ:gən] v. tr. ronger.

benamsen [bə'nɑ:msən] v. tr. nommer ; dénommer ; appeler ; surnommer.

benässen [bə'nɛsən] v. tr. mouiller ; humecter.

benebeln [bə'ne:bəln] v. tr. couvrir de brouillard. || FIG. troubler.
◇ part. pass. et adj. **benebelt,** brouillé.
◇ v. pr. **sich benebeln,** FIG. se griser.

benedeien [bene'daiən] v. tr. bénir ; glorifier.

Benedikt ['be:nedikt] n. pr. m. Benedict m. ; Benoît m.

Benediktiner [benedik'ti:nər] m. (s, -). RELIG. bénédictin m.

Benefiz [bene'fits] n. (es, e). JUR. bénéfice m. || représentation (f.), concert (m.) à bénéfice.

Benefizial|erbe [benefitsi"ɑ:l'ɛrbə] m. (n, n) héritier (m.) bénéficiaire.

Benefizium [bene'fi:tsium] n. (s, zien). JUR., RELIG. prébende f. ; bénéfice m.

benehmen [bə'ne:mən] (benimmt, benahm, benommen) v. tr. enlever ; prendre ; ôter ; couper. | *der Anblick benahm mir den Atem*, le spectacle me coupa le souffle. | *die Zweifel benehmen*, lever les doutes. | *den Mut benehmen*, décourager.
◇ part. pass. et adj. **benommen,** *er war ganz benommen*, il était tout étourdi.
◇ v. pr. **sich benehmen,** se comporter ; se conduire. | *sich gut benehmen*, bien se conduire. | *er weiß sich zu benehmen*, il a du savoir-vivre.

Benehmen [-mən] n. (s) conduite f. ; comportement m. ; manières f. pl. ; manière (f.) d'agir. || [Lebensart] savoir-vivre m. | *musterhaftes Benehmen*, conduite exemplaire. | *ein linkisches Benehmen*, une allure gauche. || FIG. *sich mit jm ins Benehmen setzen*, se concerter avec qn.

beneiden [bə'naidən] v. tr. envier. | *jn um etwas beneiden*, envier qch. à qn.

beneidens|wert [bə"naidəns've:rt] adj. enviable ; digne d'envie.

Benelux [bene'luks] n. GÉOGR. Benelux m. (Belgique f., Pays-Bas m. pl., Luxembourg m.).

benennen [bə'nɛnən] (benannte, benannt) v. tr. nommer ; dénommer ; appeler ; désigner. | *Zeit und Ort benennen*, fixer le temps et le lieu. || MATH. *benannte Zahlen*, nombres concrets.

Benennung [-nuŋ] f. (-, en) nom m. ; dénomination f. ; appellation f. ; désignation f. ; titre m.

benetzen [bə'nɛtsən] v. tr. humecter ; mouiller ; arroser ; tremper. | *mit Tränen benetzen*, baigner, arroser de larmes.

Benetzung [-tsuŋ] f. (-) mouillage m. ; arrosage m.

Bengale [ben'gɑ:lə] n. pr. m. (n, n), **Bengalin** [-lin] f. (-, nen) n. pr. f. Bengali m. et f.

Bengalen [-lən] n. pr. n. GÉOGR. Bengale m.

bengalisch [-liʃ] adj. GÉOGR. bengali. | *bengalisches Feuer*, feu (m.) de Bengale.

Bengel ['bɛŋəl] m. (s, -) gourdin m. ; battant m. (de cloche). || FIG., FAM. gamin m. || POP. drôle m.

Bengelei [bɛŋə'lai] f. (-, en). FIG. grossièreté f.

bengelhaft ['bɛŋəlhaft] adj. grossier. | *bengelhaftes Benehmen*, manières (f. pl.) de polisson.

Benommenheit [bə'nɔmənhait] f. FIG. lourdeur f. ; engourdissement m. ; assoupissement m.

benörgeln [bə'nørgəln] v. tr. FIG. critiquer ; épiloguer sur.

benötigen [bə'nø:tigən] v. tr. avoir besoin de ; nécessiter.

benummern [bə'numərn] v. tr. numéroter.

benutzbar [bə'nutsbɑ:r] adj. utilisable.

benutzen [-tsən] v. tr. V. BENÜTZEN.

benützen [bə'nytsən] v. tr. utiliser ; employer ; se servir de ; tirer parti de. | *die Gelegenheit benützen*, profiter de l'occasion.
— SYN. : *Nutzen ziehen aus*, exploiter ; *nutzen*, utiliser ; *auswerten*, faire valoir ; *brauchen*, *gebrauchen*, user ; *verwenden*, employer ; *sich bedienen*, se servir de.

Benutzer [bə'nutsər] m. (s, -) usager m.

benutzer|freundlich [-frɔyntliç] adj. convivial.

Benutzung [-'nutsuŋ] f. (-) utilisation f. ; usage m. ; emploi m. ; exploitation f.

Benutzungs|recht [bə"nutsuŋs'rɛçt] n. (s, e). JUR. jouissance (f.), droit (m.) d'usufruit.

Benzin [bɛn'tsi:n] n. (s). CHIM. benzine f. ; essence f.

Benzin|behälter [bɛn"tsi:nbə'hɛltər] m. (s, -). AUTOM. réservoir (m.) d'essence. ||°**-kanister** m. (s, -) bidon (m.) à essence ; jerricane m. ||°**-kocher** m. (s, -) réchaud (m.) à essence. ||°**-motor** m. (s, en) moteur (m.) à essence. ||°**-prüfer** m. (s, -). TECHN. densimètre (m.) à essence. ||°**-stand|anzeiger,** °**-stand|messer** m. (s, -) niveau (m.) d'essence ; jauge (f.) d'essence. ||°**-tank** m. (s, e) réservoir (m.) à essence.||°**-uhr** f. (-, en) jauge (f.) d'essence ; indicateur (m.) de niveau d'essence. ||°**-zapfstelle** f. (-, n) pompe (f.) à essence.

Benzoe ['bɛntsoə] f. (-). BOT. benjoin m.

Benzoe|baum ["bentsoə'baum] m. (s, ¨e). BOT. badamier m. ||°**-öl** n. (s, e). CHIM. huile (f.) benzoïque. ||°**-tinktur** f. (-, en). PHARM. lait virginal.

Benzol [ben'tso:l] n. (s, e). CHIM. benzol m.

beobachten [bə'o:baxtən] v. tr. observer ; examiner ; surveiller. | *die Natur beobachten*, observer la nature. | *Stillschweigen beobachten*, garder le silence. | *Regeln beobachten*, observer des règles.
— SYN. : *betrachten*, considérer ; *an-, beschauen*, contempler ; *Beobachtungen anstellen*, observer ; *in Betracht ziehen*, envisager ; *ins Auge fassen*, dévisager, envisager.

Beobachter(in) [-tər(in)] m. (s, -), f. (-, nen) observateur m. ; observatrice f.

Beobachtung [-tuŋ] f. (-, en) observation f. ; surveillance f. | *etwas einer genauen Beobachtung unterziehen*, soumettre qch. à un examen attentif. || JUR., RELIG. observance f.

Beobachtungs|ballon [bə"o:baxtuŋsba'lɔ̃] m. (s, e). AÉRON. ballon (m.) d'observation. ||°**-flugzeug** n. (s, e). AÉRON. avion (m.) d'observation. ||°**-sperre** f. (-, n) quarantaine f. ||°**-stand** m. (s, ¨e). MIL. poste (m.) d'observation, de surveillance. ||°**-stelle** f. (-, n) observatoire m. ||°**-turm** m. (s, ¨e) mirador m. (de camp). ||°**-warte** f. (-, n) tour (f.) d'observation.

beordern [bə'ɔrdərn] v. tr. ordonner ; donner l'ordre ; commander. | *man beorderte ihn nach Berlin*, on l'envoya à Berlin.

Beorderung [-ruŋ] f. (-, en) ordre m. ; commandement m.

bepacken [bə'pakən] v. tr. charger.

bepanzern [bə'pantsərn] v. tr. MIL. cuirasser ; blinder. | *bepanzertes Fahrzeug*, voiture blindée.

bepflanzen [bə'pflantsən] v. tr. AGRIC. planter ; couvrir de végétation.

bepflastern [bə'pflastərn] v. tr. TECHN. paver.
◇ part. pass. et adj. **bepflastert,** FIG., POP. *mit Orden bepflastert*, chamarré de décorations.

bepflügen [bə'pfly:gən] v. tr. AGRIC. labourer ; travailler à la charrue.

bepinseln [bə'pinzəln] v. tr. passer au pinceau ; peindre.

beplanken [bə'plankən] v. tr. TECHN. revêtir, recouvrir de planches.

bepolstern [bə'pɔlstərn] v. tr. TECHN. rembourrer ; matelasser.

bequem [bə'kve:m] adj. [Sachen] commode ; confortable ; aisé ; facile. | *ein bequemer Weg*, un chemin facile. | *bequeme Schuhe*, des chaussures (f. pl.) confortables. | *bequeme Arbeit*, travail (m.) facile. || [Personen] facile ; agréable. || PAR EUPHÉM. *bequemer Schüler*, élève paresseux. | *er macht es sich bequem*, FAM. il ne se fatigue pas. | *machen Sie es sich bequem !*, mettez-vous à votre aise. | *jm eine Arbeit bequem machen*, mâcher la besogne à qn.

bequemen (sich) [ziçbə'kve:mən] v. pr. s'accommoder, se prêter, condescendre à.

Bequemlichkeit [bə'kve:mliçkait] f. (-, en) commodité f. ; confort m. ; aises f. pl. | *seine Bequemlichkeit lieben*, aimer ses aises. || PAR EUPHÉM. paresse f.

berändern [bə'rɛndərn] v. tr. façonner le bord de ; border. || TECHN. cordonner.

beranken [bə'raŋkən] v. tr. couvrir de pampres.

Berapp [bə'rap] m. (s). ARCHIT. crépi m. ; crépissage m. ; enduit m.

berappen [-pən] v. tr. ARCHIT. [verputzen] crépir ; ravaler. || FIG., POP. payer (à contrecœur) ; casquer.

beraten [bə'ra:tən] (ä, ie, a) v. tr. conseiller ; donner des conseils. | *jn gut beraten*, donner de bons conseils à qn. | *beratender Anwalt*, avocat (m.) conseil. | *beratender Ingenieur*, ingénieur (m.) conseil. | *mit beratender Stimme*, avec voix consultative. | *eine Gesetzvorlage beraten*, délibérer sur un projet de loi.
◇ v. intr. délibérer sur qch.
◇ v. pr. **sich beraten,** tenir conseil.

Berater [-tər] m. (s, -) conseiller m. ; consultant m. || JUR. conseil m.

berat|schlagen [bə"ra:t'ʃla:gən]. V. BERATEN.

Berat(schlag)ung [-'(ʃla:g)uŋ] f. (-, en) consultation f. ; délibération f. || JUR. délibération f. || MÉD. *ärztliche Beratung*, consultation médicale.

Beratungs|ausschuß [bə"ra:tuŋs'ausʃus] m. (es, ¨e) comité consultatif. ||°**-stelle** f. (-, n) service (m.) de consultation.

berauben [bə'raubən] v. tr. dépouiller ; piller ; voler ; dévaliser ; spolier ; détrousser. | *jn der Freiheit berauben*, ravir la liberté à, de qn. || FIG. *sich des Vorteils berauben*, se priver de l'avantage.
— SYN. : *stehlen*, voler ; *plündern*, piller ; *rauben*, dépouiller ; *ausplündern*, détrousser ; *ausstehlen*, dévaliser ; *einbrechen*, cambrioler ; *an sich reißen*, usurper.

Beraubung [-buŋ] f. (-, en) pillage m. ; dépouillement m. ; spoliation f. ; privation f.

beräuchern [bə'rɔyçərn] v. tr. enfumer.

berauschen [bə'rauʃən] v. tr. et v. pr. (se) griser ; (s')enivrer. | *berauschende Getränke*, boissons capiteuses. || FIG. (se) griser ; (s')enivrer.

Berber ['bɛrbər] m. (s, -) n. pr. m. Berbère m.

Berberei [bɛrbə'rai:] n. pr. f. GÉOGR. Barbarie f.

Berberitze [bɛrbə'ritsə] f. (-, n). BOT. berbéris commun ; épine-vinette f.

Berber|pferd ["bɛrbər'pfe:rt] n. (s, e). ZOOL. (cheval m.) barbe m.

berechenbar [bə'rɛçənba:r] adj. calculable.

berechnen [bə'rɛçnən] v. tr. calculer ; évaluer ; supputer ; compter. | *Kosten berechnen*, calculer les frais. | *Preise berechnen*, calculer les prix. | *Delkredere berechnen*, porter en compte ducroire.
◇ part. prés. et adj. **berechnend,** calculateur.

Berechner [-nər] m. (s, -) calculateur m.

Berechnung [-nuŋ] f. (-, en) calcul m. ; compte m. ; évaluation f. ; estimation f. ; supputation f. | *außer aller Berechnung*, incalculable. | *überschlägliche Berechnung*, calcul approximatif. || FIG. *bei ihm ist alles Berechnung*, il fait tout par calcul. | *sich jeder Berechnung entziehen*, échapper à tout calcul. | *js Berechnungen zuschanden machen*, ruiner les calculs de qn.

berechtigen [bə'rɛçtigən] v. tr. autoriser ; habiliter ; donner droit à qch. | *berechtigt sein, etwas zu tun*, avoir qualité pour, être fondé en droit de faire qch. | *berechtigtes Interesse*, intérêt (m.) légitime. | *sein Tun berechtigt zur Anmahme, daß*, ses actes autorisent à supposer que.

Berechtigte(r) [-tiktə(r)] f. (m.) JUR. ayant droit m. (pl. ayants droit) ; bénéficiaire s.

Berechtigung [-tiguŋ] f. (-, en) autorisation f. ; droit m. ; pouvoir m. | qualité f. ; titre m. | *ohne jede Berechtigung*, sans aucun droit. || COMM. licence f.

Berechtigungs|nachweis [bə"rɛçtiguŋs'na:xvais] m. (es, e) légitimation f. ||°**-schein** m. (s, e) titre (m.) d'autorisation.

bereden [bə're:dən] v. tr. parler (de qch.). | *sie bereden ihre Ferienpläne miteinander*, ils discutent de leurs projets de vacances. || FAM. [verabreden] *sich mit jm bereden*, convenir d'un rendez-vous avec qn. || PÉJOR. *jn bereden*, médire de qn. || PAR EXT. persuader.

beredsam [bə're:tza:m], **beredt** [bə're:t] adj. éloquent ; disert ; persuasif.

Beredsamkeit [-zamkait] f. (-) éloquence f. ; force persuasive, de persuasion.

beregnen [bə're:knən] v. tr. arroser par une pluie artificielle.

Beregnung [-nuŋ] f. (-, en) arrosage m.

Bereich [bə'raiç] m. (s, e) domaine m. ; rayon m. ; sphère f. ; zone f. ; étendue f. | *im Bereich der Stadt*, dans le périmètre de la ville. | *Verwaltungsbereich*, circonscription administrative ; département m. | *Bereich eines Ministers*, ressort (m.) d'un ministre. || FIG. attributions f. pl. ; ressort m. | *das gehört nicht zu meinem (in meinen) Bereich*, cela n'est pas de mon domaine, sort de mes attributions. | *das liegt im Bereich des Möglichen*, cela est dans le domaine du possible.

bereichern [bə'raiçərn] v. tr. enrichir. || FIG. étoffer.
◇ v. pr. **sich bereichern,** s'enrichir.

Bereicherung [-ruŋ] f. (-) enrichissement m.

bereifen [bə'raifən] v. tr. couvrir de gelée blanche.

bereifen [bə'raifən] v. tr. TECHN. cercler. || [Faß] cercler. || AUTOM. munir de pneus.

Bereifung [-fuŋ] f. (-). TECHN. cerclage m. || AUTOM. pneu(s) m. (pl.).

bereinigen [bə'rainigən] v. tr. apurer ; assainir. || FIG. *eine Angelegenheit bereinigen*, arranger une affaire. | *eine Schuld bereinigen*, régler une dette. | *ein Konto bereinigen*, apurer un compte.

Bereinigung [-guŋ] f. (-, en) assainissement m. ; apurement m. ; règlement m.

bereisen [bə'raizən] v. tr. parcourir ; visiter ; voyager ; circuler dans un pays.

bereit [bə'rait] adj. prêt ; disponible. | *stets bereit*, toujours prêt. | *sich bereit finden*, être prêt. | *sich bereit halten*, se tenir prêt. | *bereit stehen*, être disposé. | *bereit zu etwas sein*, être disposé à qch. || FIN. *bereite Kapitalien*, fonds (m. pl.) disponibles.

bereiten [-tən] v. tr. préparer ; apprêter. | *eine Speise bereiten*, préparer un plat. | *den Tisch bereiten*, dresser la table ; mettre le couvert. || FIG. *er bereitet mir Kummer*, il me fait de la peine. | *eine Überraschung bereiten*, ménager une surprise. | *das bereitet Mühe*, c'est pénible.

bereiten [bə'raitən] (beritt, beritten) v. tr. parcourir à cheval ; monter un cheval.

Bereiter [-tər] m. (s, -). [Vorbereiter] préparateur m. || [Zureiter] écuyer m.

bereit|legen [bə"rait'le:gən] v. tr. préparer ; mettre en place. ||**-machen** v. tr. et v. pr. (se) préparer. ||**-stellen** v. tr. tenir prêt ; mettre en place, à la disposition ; rendre disponible. ||°**-stellung** f. (-, en) mise (f.) en place. || MIL. mobilisation f. ; alerte f. ; base (f.) de départ. ||**-willig** adj. prêt ; disposé ; empressé ; officieux ; obligé. ||°**-willigkeit** f. (-) empressement m. ; obligeance f. ; complaisance f. ; bon vouloir.

Bereitschaft [bə'raitʃaft] f. (-, en) disposition f. ; disponibilité f. ; permanence f. | *in Bereitschaft sein, liegen, stehen*, être alerté.

Bereitschafts|abteilung [bə"raitʃaftsap'tailuŋ] f. (-, en). MIL. disponibilités f. pl. ; renforts m. pl. ; réserve f. ||°**-arzt** m. (es, ¨e) médecin (m.) de garde. ||°**-dienst** m. (es) service (m.) de permanence.

bereits [bə'raits] adv. déjà.

berennen [bə'rɛnən] (berannte, berannt) v. tr. attaquer ; assaillir. || PAR EXT. cerner ; investir.

bereuen [bə'rɔyən] v. tr. se repentir de qch. | *etwas bitter bereuen*, FAM. s'en mordre les doigts, les pouces. | *du wirst es bereuen*, POP. il t'en cuira.

Berg [bɛrk] m. (s, e) mont m. ; montagne f., côte f. | *Ottilienberg*, mont Sainte-Odile. | *Ölberg*, mont des Oliviers. | *ein steiler Berg*, une montagne escarpée. | *ein waldbedeckter Berg*, une montagne boisée. | *der Berg ist tausend Meter hoch*, la montagne est haute de mille mètres. | *auf einen Berg steigen* ; *einen Berg besteigen*, gravir une montagne. | *einen Berg umgehen*, tourner, contourner une montagne. | *einen Berg durchbohren*, percer une montagne. | *über Berg und Tal wandern*, aller par monts et par vaux. | *über alle Berge sein*, être loin ; avoir pris la clef des champs. || [Haufen] *Berge von Kartoffeln*, des monceaux de pommes de terre. || FIG., FAM. *goldene Berge versprechen*, promettre monts et merveilles. | *dastehen, wie der Ochs vorm Berg*, être pantois. | *mit seiner Meinung nicht hinter dem Berg halten*, ne pas cacher, ne pas dissimuler son opinion ; avoir son franc-parler. | *noch nicht über den Berg sein*, n'avoir pas encore fait le plus difficile. | *mir stehen die Haare zu Berge*, les cheveux se dressent sur ma tête. || LOC. *ein bergeversetzender Glaube*, une foi capable de transporter les montagnes. | *hinterm Berg wohnen auch Leute*, vérité en deçà des Pyrénées, erreur au-delà. || PAR ANAL. mine f. || TRANSP. rampe f.

berg|ab ['bɛrk"ap] adv. en descendant. | *bergab gehen*, descendre. | *der Weg führt bergab*, le chemin descend. || FIG. *es geht mit ihm bergab*, ses affaires vont mal ; MÉD. il baisse, décline ; FAM. il file un mauvais coton. ||°**-abhang** m. (s, ¨e). GÉOL. versant m. ||°**-abteilung** f. (-). ADM. administration (f.) des mines. ||**-abwärts** adv. en descendant. ||°**-ahorn** m. (s, e). BOT. érable (m.) à feuille d'obier. ||°**-akademie** f. (-, en) école nationale des mines. ||°**-ampfer** m. (s, -). BOT. rhubarbe (f.) sauvage. ||°**-amt** n. (s, ¨er) administration (f.), service (m.) des mines. ||°**-an** adv. [Gebirge] en montant ; [Fluß] en amont. ||°**-arbeiter** m. (s, -) mineur m. ||°**-arbeiter|siedlung** f. (-, en) cité ouvrière des mines ; coron m. ||**-auf** adv. en montant. | *bergauf gehen*, monter. || FIG. prospérer. ||°**-aufsicht** f. (-) contrôle (m.) des mines. ||°**-bahn** f. (-, en) chemin (m.) de fer à crémaillère. ||°**-bau** m. (s) exploitation (f.) des mines ; industrie extractive ; exploitation minière. | *Bergbaugebiet*, région minière. | *Bergbautreibender*, exploitant minier. | *Bergbautechnik*, technique minière. | *bergbaulich*, minier. ||°**-besteigung** f. (-, en) ascension (f.) de montagne ; alpinisme m. ||°**-bewohner** m. (s, -) montagnard m. ||°**-fahrt** f. (-, en) excursion (f.) dans la montagne. || MAR. remontage m. || [Eisenbahn] montée f. || °**-forelle** f. (-, n). ZOOL. truite (f.) fario. ||°**-fried** m. (s, e). ARCHIT. beffroi m. ||°**-führer** m. (s, -) guide montagnard. ||°**-gesetz** n. (es, e). [Schürfrecht] code (m.) des mineurs ; concession minière. ||°**-gewerkschaft** f. (-, en) société minière. ||°**-grat** m. (s, e). GÉOL. arête f. ||°**-hang** m. (s, ¨e) versant m. ||°**-harz** n. (es, e) bitume m. ||°**-hauptmann** m. (s, ¨er) ingénieur (m.) en chef, inspecteur (m.) en chef des mines. ||°**-hütte** f. (-, n) chaumière f. ; chalet (m.) de montagne. ||°**-ingenieur** m. (s, e) ingénieur (m.) des mines. ||°**-inspektor** m. (s, en) inspecteur (m.) des mines. ||°**-kamm** m. (s, ¨e) crête (f.), croupe (f.) de montagne. ||°**-kette** f. (-, n) chaîne (f.) de montagnes. ||°**-knappschaft** f. (-, en) corps (m.) des mineurs. ||°**-kristall** m. (s, e) cristal (m.) de roche. ||°**-kunde** f. (-) science (f.) des mines ; orographie f. ||°**-kuppe** f. (-, n). GÉOL. ballon m. ; sommet m. ||°**-land** n. (s, ¨er) pays (m.) de montagnes. ||°**-lehne** f. (-, n) versant m. ||°**-mann** m. (es, -leute) mineur m. ||°**-männchen** n. (s, -) gnome m. ||**-männisch** adj. à la manière des mineurs. ||°**-mannstracht** f. (-, en) costume (m.) de mineur. ||°**-nymphe** f. (-, n). MYTH. oréade f. ||°**-partei** f. HIST., POLIT. Montagne f. ; Montagnards m. pl. ||°**-polizei** f. (-) contrôle (m.) des mines. ||°**-predigt** f. RELIG. Sermon (m.) sur la Montagne. ||°**-rat** m. (s, ¨e) ingénieur (m.) des mines. | *erster Bergrat*, ingénieur en chef des mines. ||°**-recht** n. (s, e) code minier. ||°**-revier** n. (s, e) district minier. ||°**-rücken** m. (s, -) crête (f.), croupe (f.) de montagne. ||°**-rutsch** m. (es, e) glissement (m.) de terrain. ||°**-salz** n. (es, e) sel (m.) gemme. ||°**-schaden** m. (s, ¨) dommage minier ; dégât (m.) de surface causé par les mines. ||°**-schicht** f. (-, en). 1° couche (f.) géologique de montagne ; 2° équipe (f.) de mineurs. ||°**-schlitten** m. (s, -) traîneau m. ; luge f. ||°**-schlucht** f. (-, en) ravin m. ||°**-schuh** m. (s, e) soulier (m.) à crampon. ||°**-schuh|nägel** m. pl. crampons m. pl. ||°**-schule** f. (-, n) école (f.) technique des mines. ||°**-segen** m. (s, -) revenu minier. ||°**-spitze** f. (-, n) pic (m.), cime (f.) de montagne. ||°**-sport** m. (s) alpinisme m. ||°**-steiger** m. (s, -) ascensionniste m. ; alpiniste m. ||°**-stiefel** m. (s, -) chaussure(s) f. (pl.) de montagne. ||°**-stock** m. (s, ¨e) bâton ferré ; alpenstock m. || PAR EXT. GÉOL. massif m. (de montagnes). ||°**-stollen** m. (s, -) galerie (f.) de mine. ||°**-straße** f. (-, n) route (f.) de montagne. ||°**-strom** m. (s, ¨e) torrent m. ||°**-sturz** m. (es, ¨e) glissement m. ; éboulement m. ||°**-vorsprung** m. (s, ¨e) éperon rocheux. ||°**-wand** f. (-, ¨e) paroi f.

Berg|werk ['bɛrkvɛrk] n. (s, e) mine f. | *Kohlenbergwerk*, mine de houille ; houillère f.

Bergwerks|abgabe ["bɛrkvɛrks'apga:bə] f. (-, n) contribution, redevance minière. ||°**-anlagen** f. pl. (ensemble [m.] des) installations (f. pl.) des fosses de mine. ||°**-anteil** m. (s, e) part (f.) de mine. ||°**-bedarf** m. (s) matériel (m.) de fond. ||°**-betrieb** m. (s, e) exploitation minière ; travaux (m. pl.) de mine. ||°**-verleihung** f. (-, en) concession (f.) d'exploitation. ||°**-wesen** n. (s) industrie minière.

Berg- und Tal|bahn ["bɛrkunt"tɑlbɑ:n] f. (-, en) montagne(s) f. (pl.) russe(s) ; scenic railway m.

Berge|geld ["bɛrgə'gɛlt] n. (s, er) indemnité (f.) de sauvetage. ||°**-gut** n. (s, ¨er) épave f. ; bien sauvé d'un naufrage. ||°**-lohn** m. (s, ¨e). V. BERGEGELD. ||°**-recht** n. (s, e) droit (m.) à l'indemnité de sauvetage.

berge|hoch ["bɛrgə'ho:x] adj. haut comme une montagne.

bergen ['bɛrgən] (i, a, o) v. tr. cacher ; mettre en sûreté ; sauver ; [Verschüttete] dégager. | *die Ernte bergen*, mettre la moisson à l'abri. || MAR. sauver (d'un naufrage). | *die Segel bergen*, descendre les voiles. || PAR ANAL. contenir ; receler ; renfermer. | *die Erde birgt viele Schätze in sich,* la terre renferme de nombreuses richesses.

bergig ['bɛrgiç] adj. montagneux ; montueux.

Bergung ['bɛrguŋ] f. (-, en). MINES. sauvetage m. || MAR. sauvetage m. ; renflouage m. || TRANSP. dégagement m.

Bergungs|gut ["bɛrguŋs'gu:t] n. (s, ¨er) épaves recueillies en mer. ||°**-kosten** f. pl. (m. pl.) de sauvetage.

Bericht [bəriçt] m. (s, e) rapport m. ; exposé m. ; compte rendu m. ; relation f. ; mémoire m. ; aperçu m. ; communiqué m. | *laut Bericht*, suivant avis. | *einen Bericht entgegennehmen*, entendre un rapport. | *Bericht erstatten*, rapporter ; référer ; faire un rapport. || [Zeitungen] article m. ; reportage m. | *Auslandsbericht*, article (m.) d'un correspondant à l'étranger. || MIL. *Heeresbericht*, communiqué.
— SYN. : *Mitteilung*, avis ; *Bekanntmachung*, avertissement ; *Meldung*, annonce ; *Nachricht*, communiqué.

Bericht|erstatter [bə"riçtɛr'ʃtatər] m. (s, -) journaliste m. ; reporter m. ; correspondant m. || POLIT. [Parlament] rapporteur m. ||°**-erstattung** f. (-, en) rapport m. ; compte rendu m.

berichten [bə'riçtən] v. tr. rapporter ; relater ; référer ; informer ; faire un rapport ; rendre compte. | *ausführlich berichten*, faire un rapport détaillé.

berichtigen [bə'riçtigən] v. tr. rectifier ; corriger ; mettre en ordre ; arranger. | *einen Irrtum berichtigen*, redresser une erreur. || COMM. régler. | *ein Konto berichtigen*, régler un compte.
◇ v. pr. **sich berichtigen,** se corriger ; se redresser.

Berichtigung [-guŋ] f. (-, en) rectification f. ; rajustement m. ; correction f. ; rectification m. ; mise (f.) au point. | *zur Berichtigung unserer Anzeige*, pour rectification de notre avis. | *amtliche Berichtigung*, communiqué officiel. || COMM. *buchungsmäßige Berichtigung*, redressement (m.) comptable. | *Berichtigung einer Schuld*, règlement (m.), acquittement (m.) d'une dette. || INF. *automatische Berechtigung*, autocorrection f. || TECHN. ajustage.

Berichtigungs|anzeige [bə"riçtiguŋs'antsaigə] f. (-, n) avis (m.) de rectification ; avis rectificatif. ||°**-blatt** n. (s, ¨er) feuille rectificative. ||°**-faktor** m. (s, en) terme correctif.

Berichts|jahr [bə"riçts'ja:r] n. (s, e). FIN., COMM., ADM. exercice m.

beriechen [bə'ri:çən] v. tr. flairer ; sentir.

berieseln [bə'ri:zəln] v. tr. irriguer ; arroser.

Berieselung [-luŋ] f. (-) irrigation f. ; arrosage m. ; ruissellement m. ; épandage m.

Berieselungs|feld [bə"rizəluŋs'fɛlt] n. (s, er) champ irrigué ; champ (m.) d'épandage. ||°**-kühler** m. (s, -). TECHN. refroidisseur (m.) à ruissellement.

beringen [bə'riŋən] v. tr. garnir, charger de bagues, d'anneaux.

Beritt [bə'rit] m. (s, e). MIL. secteur m. ; district (m.) d'inspection. || PAR EXT. peloton m.

beritten [-tən] adj. à cheval ; monté.

Berlin [bɛr'li:n] n. pr. n. GÉOGR. Berlin.

Berline [bɛr'li:nə] f. (-, n). [Wagen] berline f.

Berliner(in) [bɛr'li:nər(in)] m. (s, -), f. (-, nen) Berlinois(e) m. (f.).
◇ m. **Berliner,** CULIN. (*etwa*) beignet m.
◇ adj. invar. **Berliner,** berlinois. | *Berliner Blau*, bleu (m.) de Prusse. | *die Berliner Mauer*, le mur de Berlin.

berlinerisch [-riʃ] adj. berlinois.

Bern [bɛrn] n. pr. n. GÉOGR. Berne.

Berner(in) ['bɛrnər(in)] m. (s, -), f. (-, nen) Bernois(e) m. (f.).

Bernhard ['bɛrnhart] n. pr. m. Bernard m.

Bernhardiner [bərnhar'di:nər] m. RELIG. bernardin m. || ZOOL. [Hund] saint-bernard m.

Bern|stein ['bɛrnʃtain] m. (s, e) ambre m. (jaune) ; succin m.

Bernstein|farbe ["bɛrnʃtain'farbə] f. (-, n) couleur ambrée. ||°**-säure** f. (-, n). CHIM. acide (m.) succinique.

Bersch [bɛrʃ] m. (es, e). ZOOL. perche f.

Berserker [bɛr'zɛrkər] n. pr. m. (s, -) guerrier (m.) sauvage. | *wie ein Berserker arbeiten*, travailler comme un forcené .

Berserker|wut [bɛr"zɛrkər'vu:t] f. (-) fureur guerrière ; frénésie f.

bersten ['bɛrstən] (i, a, o) v. intr. crever ; éclater ; se crevasser. | *das Eis barst*, la glace cassa, se brisa. | *die Granate birst*, la grenade éclate. | *bei der Dürre birst die Erde*, en temps de sécheresse la terre se crevasse. || FIG. éclater ; crever. | *vor Wut bersten*, crever de rage, de dépit. | *vor Lachen bersten*, éclater de rire.
◇ v. tr. *bersten machen*, crever.

Bersten [-tən] n. (s) éclatement m. ; crevassement m.

Berta ['bɛrta] n. pr. f. Berthe f.

Bertram ['bɛrtram] n. pr. m. Bertrand m. || m. BOT. pyrèthre m.

berüchtigt [be'ryçtiçt] adj. mal famé ; de mauvaise réputation.

berücken [bə'rykən] v. tr. ensorceler ; charmer ; prendre au filet ; attraper ; surprendre. | *mit Worten berücken*, séduire par des paroles.
— SYN. : *bezaubern*, charmer ; *bestricken*, enchanter ; *locken*, *verlocken*, séduire ; *entzücken*, ravir.

berückend [-kənt] adj. captivant ; ravissant.
— SYN. : *verführerisch*, séduisant ; *hinreißend*, enchanteur ; *einnehmend*, captivant.

be|rücksichtigen [bə"ryk'ziçtigən] v. tr. prendre en considération ; considérer ; tenir compte de. | *berücksichtigt werden*, être considéré ; entrer en considération. | *ein Kapitel nicht berücksichtigen*, faire une impasse sur un chapitre.
— SYN. : *erwägen*, *beachten*, considérer ; *in Betracht ziehen*, envisager.

Be|rücksichtigung [-guŋ] f. (-) considération f. ; égard m. ; prise (f.) en considération. | *unter Berücksichtigung von*, compte tenu de ; eu égard à ; en raison de ; considérant que.

Beruf [bə'ru:f] m. (s, e) profession f. ; métier m. ; carrière f. | *freier Beruf*, profession libérale. | *handwerklicher Beruf*, métier manuel, artisanal. | *einen Beruf ergreifen*, choisir une profession. | *einen Beruf ausüben*, exercer un métier. | *seinen Beruf ändern*, changer de métier. | *er ist von Beruf Arzt*, il est médecin de son métier. | *er geht seinem Beruf mit Fleiß nach*, il est sérieux dans son métier.

berufen [-fən] (ie, u) v. tr. mander ; faire venir ; convoquer ; appeler. | *jn auf ein Amt berufen*, nommer qn à une fonction. | *jn zum Nachfolger berufen*, appeler qn comme successeur. | *jn auf einen Lehrstuhl berufen*, nommer qn à une chaire. | *eine Versammlung berufen*, convoquer une assemblée. || FIG. *zu etwas berufen sein*, avoir la vocation de qch. || PROV. *viele sind berufen, aber wenige auserwählt*, il y a beaucoup d'appelés, mais peu d'élus.
◇ part. pass. et adj. **berufen,** compétent. | *berufener Vertreter*, représentant qualifié.
◇ v. pr. **sich berufen,** *sich auf etwas berufen*, invoquer, alléguer qch. | *sich auf jn berufen*, se réclamer de, en appeler à qn. || JUR. *sich auf seine Unschuld berufen*, protester de son innocence.

beruflich [-fliç] adj. professionnel. | *berufliche Eignung*, aptitude professionnelle. | *berufliche Mobilität*, mobilité professionnelle. | *beruflich tätig sein*, exercer une profession, un métier.

Berufs|arbeit [bə"rufs'arbait] f. (-, en) travail professionnel. ||°**-ausbildung** f. (-) formation professionnelle. ||°**-ausbildungskurse** m. pl. cours (m. pl.) de perfectionnement. ||°**-befähigung** f. (-, en) aptitude professionnelle. ||°**-berater(in)** m. (s, -), f. (-, nen) conseiller (m.), conseillère (f.) d'orientation. ||°**-beratung** f. (-, en) orientation professionnelle. ||°**-beratungsstelle** f. (-, n) service (m.) d'orientation professionnelle. ||°**-ehre** f. (-, n) honneur professionnel ; conscience professionnelle. ||°**-eingliederung** f. (-, en) insertion professionnelle. ||°**-erfahrung** f. (-, en) expérience professionnelle. ||°**-fahrer** m. (s, -). AUTOM. chauffeur m. (de taxi). || SPORT. pilote (m.) de marque. ||°**-geheimnis** n. (ses, se) secret professionnel. ||°**-genosse** m. (n, n) collègue m. ||°**-genossenschaft** f. (-, en) corporation f. ; association professionnelle. ||°**-handel** m. (s). JUR. délit (m.) d'initié. ||°**-krankheit** f. (-, en) maladie professionnelle. ||**-mäßig** adj. et adv. professionnel(lement) ; en vertu de sa charge. ||°**-offizier** m. (s, e) officier (m.) de carrière. ||°**-pflicht** f. (-, en) devoir professionnel. ||°**-schule** f. (-, n) école professionnelle. ||°**-schulung** f. (-, en) formation professionnelle. ||°**-sparte** f. (-, n) catégorie socio-professionnelle. ||°**-spieler** m. (s, -). SPORT. joueur professionnel. ||°**-stand** m. (s, ¨e) profession f. ; corporation f. ||**-ständisch** adj. corporatif ; socio-professionnel. ||°**-systematik** f. (-, en) classification (f.) des métiers. ||**-tätig** adj. qui exerce un métier, une profession. ||°**-tätigkeit** f. (-, en) activité professionnelle. ||°**-tüchtigkeit** f. (-) valeur, aptitude professionnelle. ||°**-unfähigkeit** f. (-) invalidité professionnelle. | *dauernde, vorübergehende Berufsunfähigkeit*, incapacité permanente, temporaire. ||°**-verband** m. (s, ¨e) organisation, association, fédération professionnelle. ||°**-vereinigung** f. (-, en) groupement professionnel. ||**-widrig** adj. contraire aux devoirs professionnels.

Berufung [bə'ru:fuŋ] f. (-, en) **1.** convocation f. || POLIT. *Berufung des Bundestags*, convocation du Parlement de la Fédération allemande. | *Berufung eines Ministers*, nomination (f.) d'un ministre.
2. vocation f. | *Berufung zum Musiker*, vocation pour la musique ; vocation de musicien.
3. JUR. appel m. | *Berufung einlegen gegen*, interjeter appel ; recourir en appel contre. || LOC. *unter, mit Berufung auf*, en se référant à.

Berufungs|fall [bə"ru:fuŋs'fal] m. (s, ¨e). JUR. précédent m. ||°**-frist** f. (-, en) délai (m.) d'appel. ||°**-gericht** n. (s, e), °**-instanz** f. (-, en). JUR. tribunal (m.), cour (f.) d'appel. ||°**-richter** m. (s, -). JUR. conseiller (m.) à la cour d'appel.

beruhen [bə'ru:ən] v. intr. reposer sur ; tenir à ; dépendre de ; provenir de. | *das beruht auf einem Irrtum*, cela provient d'une erreur. | *das beruht auf Gegenseitigkeit*, c'est réciproque. | *man läßt es auf sich beruhen*, on s'en tient là ; on en demeure là.

beruhigen [bə'ru:igən] v. tr. apaiser ; tranquilliser ; calmer ; rassurer ; remettre, rasséréner.
◇ v. pr. **sich beruhigen,** se tranquilliser ; se rassurer ; se remettre.
— SYN. : *befriedigen*, apaiser ; *zur Ruhe bringen*, calmer ; *beschwichtigen*, tranquilliser.

beruhigend [-ru:igənt] adj. MÉD. calmant ; sédatif.

Beruhigung [-ru:iguŋ] f. apaisement m. ; soulagement m. | *zur Beruhigung des Gewissens*, par acquit de conscience.

berühmt [bə'ry:mt] adj. renommé ; célèbre ; illustre ; fameux. || FIG., FAM. *das war nicht gerade berühmt*, ce n'était pas bien fameux.

Berühmtheit [bə'rymthait] f. (-, en) renom m. ; renommée f. ; célébrité f. || PAR ANAL. personnage (m.) célèbre, illustre.

berühren [bə'ry:rən] v. tr. toucher. | *bitte, das Brot nicht berühren !*, prière de ne pas toucher au pain. | *einen Ort auf der Reise berühren*, passer par un endroit. | *er hat diesen Punkt nicht berührt*, il n'a pas mentionné, effleuré ce point. | *es berührt schmerzlich*, cela est désagréable. | *das berührt mich nicht*, cela ne me touche pas.

berührend [-rənt] adj. MATH. tangent. | *sich berührend*, contigu.

Berührung [-ruŋ] f. (-, en) attouchement m. ; contact m. || FIG. *in Berührung kommen*, coudoyer. | *mit jm geschäftlich in Berührung kommen*, entrer en rapports d'affaires avec qn. || ÉLECTR. contact m. || MATH. tangence f.

Berührungs|empfindlichkeit [-sɛmpfintliçkait] f. (-, en). MÉD. hyperesthésie f. ||°**-linie** f. (-, n). MATH. tangente f. ||°**-punkt** m. (s, e) point (m.) de contact.

berußen [bə'ru:sən] v. tr. tacher, barbouiller, noircir de suie

Beryll [be'ry:l] m. (s, e). MINÉRAL. béryl m. ; béril m. ; émeraude (f.) de Limoges.

Beryllium [be'ry:lium] n. (s.). CHIM. beryllium m. ; glycine f. ; glycocolle m.

besabbeln [bə'zabəln], **besabbern** [-bərn] v. tr. POP. tacher de salive ; baver sur. || FIG. médire de.

besäen [bə'zɛ:ən] v. tr. ensemencer ; semer. | *mit Korn besäen*, emblaver.

besagen [bə'zɑ:gən] v. tr. dire ; énoncer ; expliquer ; signifier. | *das besagt nicht viel*, cela ne dit rien. | *das will gar nichts besagen*, cela ne veut rien dire.
◇ part. pass. et adj. **besagt,** mentionné ; susdit. || JUR. ledit.

besaiten [bə'zaitən] v. tr. [Geige] monter, mettre des cordes. | *Neu besaiten*, recorder.
◇ part. pass. et adj. **besaitet,** FIG. sensible. | *ein zart-, feinbesaitetes Gemüt*, une âme sensible.

besamen [be'zɑ:mən] v. tr. ensemencer ; féconder.

Besamung [-muŋ] f. (-, en) ensemencement m. ; dépôt (m.) de graines ; fécondation f. | *künstliche Besamung*, insémination artificielle.

Besan [be'zɑ:n] m. (s, e). MAR. artimon f. ||°**-baum** m. (s, ¨e) gui m. ||°**-mast** m. (es, en), °**-segel** n. (s, -) mât (m.), voile (f.) d'artimon.

besänftigen [bə'zɛnftigən] v. tr. et v. pr. (se) calmer ; (s')apaiser ; (s')adoucir.

Besatz [bə'zats] m. (es, ¨e) bordure ; f. garniture f.

Besatzung [bə'zatsuŋ] f. (-, en) garnison f. ; troupes (f. pl.) d'occupation. || MAR., AÉRON. équipage m.

Besatzungs|heer [bə"zatsuŋ'he:r] n. (es, e) armée (f.) d'occupation. ||°**-macht** f. (-, ¨e) puissance occupante. ||°**-zone** f. (-, n) zone (f.) d'occupation.

besaufen (sich) [ziçbə'zaufən] (ä, o, o) v. pr. POP. se soûler. | *er ist besoffen*, il est soûl.

besäumen [bə'zɔymən] v. tr. mettre une bordure.

besäuseln (sich) [ziçbə'zɔyzəln] v. pr. FAM. se griser.

beschädigen [bə'ʃɛ:digən] v. tr. endommager ; détériorer ; dégrader ; gâter ; avarier ; blesser. | *Kriegsbeschädigter*, MIL. mutilé (m.) de guerre.

Beschädigung [-guŋ] f. (-, en) endommagement m. ; dégradation f. ; détérioration f. ; dommage m. ; dégât m. ; avarie f. | *Beschädigung des Geräts*, dégradation du matériel.

beschaffen [bə'ʃafən] v. tr. procurer ; approvisionner. | *Geld beschaffen*, procurer de l'argent. | *Arbeit beschaffen*, procurer du travail. || LOC. *mit der Sache ist es folgendermaßen beschaffen*, voici ce qu'il en est de cette affaire.

Beschaffenheit [bə'ʃafənhait] f. (-) nature f. ; état m. ; condition f. ; propriété f. ; qualité f. ; constitution f. ; structure f. ; essence f. | *äußere Beschaffenheit*, aspect extérieur. | *körperliche Beschaffenheit*, constitution f. ; complexion f.

Beschaffung [bə'ʃafuŋ] f. (-) action de se procurer ; constitution f. ; achat m. ; approvisionnement m. | *Beschaffung von Geldern*, réunion (f.) de fonds.

beschäftigen [bə'ʃɛftigən] v. tr. occuper ; employer. | *dieses Werk beschäftigt tausend Arbeiter*, cette usine occupe mille ouvriers. || FIG. *der Vorfall beschäftigt mich*, l'incident me préoccupe.
◇ v. pr. **sich beschäftigen,** *sich mit einem Problem beschäftigen*, s'employer à un problème.
— SYN. : *sich befassen mit*, s'occuper de ; *sich bestreben*, s'appliquer ; *betreiben*, vaquer à.

Beschäftigung [-guŋ] f. (-, en) occupation f. ; emploi m. | *eine regelmäßige Beschäftigung ausüben*, exercer une occupation régulière.

Beschäftigungs|grad [bə"ʃɛftiguŋs'grɑ:t] m. (s, e) degré (m.) d'occupation. ||°**-index** m. (es, e). COMM. indice (m.) d'activité (industrielle). ||°**-stand** m. (s) situation (f.) du marché de l'emploi. || °**-therapie** f. (-, n) ergothérapie f.

beschalen [bə'ʃɑ:lən] v. tr. revêtir, munir de planches.

beschälen [bə'ʃɛ:lən] v. tr. [schälen] écorcer. || [decken] monter ; couvrir ; saillir.

Beschäler [bə'ʃɛ:lər] m. (s, -). ZOOL. étalon m.

beschallen [bə'ʃalən] v. tr. sonoriser.

Beschallung [bə'ʃaluŋ] f. (-, en) sonorisation f.

Beschälung [bə'ʃɛ:luŋ] f. (-, en) monte f. ; saillie f.

beschämen [bə'ʃɛ:mən] v. tr. humilier ; rendre honteux, confus ; confondre. | *jn durch Großmut beschämen*, confondre qn par sa magnanimité.
◇ part. prés. et adj. **beschämend,** humiliant.
◇ part. pass. et adj. **beschämt,** humilié ; honteux ; confus.

Beschämung [-muŋ] f. (-, en) honte f. ; confusion f. ; humiliation f.

beschatten [bə'ʃatən] v. tr. ombrager ; donner de l'ombre. || FIG. prendre en filature.

Beschau [bə'ʃau] f. (-) inspection f. ; examen m. | *Fleischbeschau*, inspection (f.) des viandes. | *Beschauzeichen*, poinçon m.

beschauen [-'ʃauən] v. tr. regarder ; examiner ; considérer ; inspecter.

Beschauer [-'ʃauər] m. (s, -) inspecteur m.

beschaulich [-'ʃauliç] adj. contemplatif. | *ein beschauliches Leben führen*, mener une vie contemplative. | *beschaulicher Orden*, ordre contemplatif.

Beschaulichkeit [-'ʃauliçkait] f. contemplation f. ; réflexion f.

Bescheid [bə'ʃait] m. (s, e) décision f. ; arrêt m. ; ordre m. ; décret m. ; réponse f. | *Bescheid geben*, donner une réponse. | *auf alles Bescheid wissen*, avoir réponse à tout ; être au courant de tout. | *einen abschlägigen Bescheid erteilen*, répondre par une fin de non-recevoir. | *jm Bescheid sagen*, avertir qn ; FIG., FAM. dire carrément son fait à qn. || JUR. *gerichtlicher Bescheid*, jugement m. ; arrêt m. || HIST. rescrit m.

bescheiden [bə'ʃaidən] (ie, ie) v. tr. **1.** départir, donner en partage (qch. à qn). | *ihr beschiedenes Teil*, sa légitime part. | *mir ist beschieden... zu tun*, il m'est échu de faire.

2. instruire ; informer ; renseigner. | *abschlägig bescheiden*, répondre par un refus.

3. mander ; convoquer. | *man hat ihn aufs Schloß beschieden*, on l'a mandé au château. || JUR. *vor Gericht bescheiden*, sommer ; citer.

◇ v. pr. **sich bescheiden,** *sich mit wenig bescheiden*, se contenter de peu.

bescheiden [bə'ʃaidən] adj. modeste ; modéré ; simple. | *ein bescheidenes Mädchen*, une fille modeste. | *bescheidener Lohn*, petit salaire. | *bescheidenes Essen*, modeste repas. | *bescheidenes Haus*, petite maison. | *von bescheidenem Herkommen*, d'extraction modeste.

Bescheidenheit [be'ʃaidənhait] f. (-) simplicité f. ; modestie f. ; modération f. ; décence f. | *gekünstelte Bescheidenheit*, fausse modestie. | *bei aller Bescheidenheit*, en toute modestie. || PROV. *Bescheidenheit ist eine Zier, doch weiter kommt man ohne ihr*, modestie est vertu, le monde ne s'en soucie. | *Bescheidenheit ist das schönste Kleid*, rien n'est plus beau que la modestie.

— SYN. : *Sittsamkeit*, décence ; *Anspruchslosigkeit*, modestie ; *Zurückhaltung*, pudeur ; *Mäßigung*, retenue.

bescheinen [bə'ʃainən] (ie, ie) v. tr. éclairer ; illuminer. | *die Sonne bescheint das Haus*, la maison est ensoleillée.

bescheinigen [bə'ʃainigən] v. tr. certifier ; attester. || JUR. *die Unterschrift bescheinigen*, légaliser, certifier exacte la signature.

Bescheinigung [-guŋ] f. (-, en) attestation f. ; certificat m. ; reçu m. ; quittance f. ; décharge f.

bescheißen [bə'ʃaisən] (i, i) v. tr. FIG., POP. estamper ; filouter ; rouler.

beschenken [bə'ʃɛnkən] v. tr. faire un cadeau. || JUR. doter ; donner à titre gracieux.

Beschenkte(r) [-kte(r)] f. (m.) donataire s.

Beschenkung [-kuŋ] f. (-, en) donation f. ; gratification f.

bescheren [bə'ʃe:rən] v. tr. [schenken] donner ; faire un cadeau. | *jm etwas, jn mit etwas bescheren*, offrir qch. à qn.

Bescherung [-ruŋ] f. (-, en) distribution (f.) de cadeaux ; cadeau m. ; présent m. ; étrennes f. pl. || FIG. *da haben wir die Bescherung !*, FAM. voilà le travail ! nous voilà dans de jolis draps.

beschicken [bə'ʃikən] v. tr. envoyer ; déléguer ; députer. | *eine Ausstellung mit Gemälden beschicken*, envoyer des tableaux à une exposition. | *den Markt beschicken*, approvisionner le marché. || FIG. *sein Haus beschicken*, mettre (de l')ordre à ses affaires (avant de mourir). || TECHN. *den Ofen beschicken*, charger le haut fourneau. | *Gold mit Legierung beschicken*, ajouter l'alliage à l'or.

beschienen [bə'ʃi:nən] v. tr. mettre, poser des rails. || MÉD. éclisser.

beschießen [bə'ʃi:sən] (o, o). MIL. tirer contre ; tirer sur ; canonner ; bombarder.

Beschießung [-suŋ] f. (-, en) tir m. ; bombardement m.

beschiffbar [bə'ʃifba:r] adj. navigable.

beschildern [bə'ʃildərn] v. tr. garnir de plaques.

beschimpfen [bə'ʃimpfən] v. tr. insulter ; injurier.

Beschimpfung [pfuŋ] f. (-, en) insulte f. ; injure f. ; outrage m. ; affront m.

beschirmen [bə'ʃirmən] v. tr. abriter. || FIG. protéger ; défendre.

beschlafen [bə'ʃla:fən] (ä, ie, a) v. tr. [Beischlaf ausüben] coucher avec ; POP. baiser. || [überdenken] se laisser la nuit pour réfléchir.

Beschlag [bə'ʃla:k] m. (s, ¨e). **1.** garniture f. ; armure f. | *Radbeschlag*, bandage m. | *Buchbeschlag*, bout m. ; fermoir m. | *Maschinenbeschlag*, armature f. || ferrure (f.) d'un meuble.

2. JUR. saisie f. ; confiscation f. ; séquestre m. ; séquestration f. | *mit Beschlag belegen*, saisir ; séquestrer. | *das Vermögen mit Beschlag belegen*, mettre arrêt sur les biens.

3. MAR. *ein Schiff mit Beschlag belegen*, mettre l'embargo sur un navire.

4. *Fensterbeschlag*, buée sur la fenêtre.

beschlagen [bə'ʃla:gən] (ä, u, a) v. tr. garnir ; armer. | *mit Eisen beschlagen*, armer ; ferrer. | *ein Pferd beschlagen*, ferrer un cheval. | *scharf beschlagen*, ferrer à glace. || FIG. *in etwas wohl beschlagen sein*, connaître à fond qch. ; être très ferré en qch.

◇ v. intr. et v. pr. **sich beschlagen,** se couvrir. | *sich mit Feuchtigkeit beschlagen*, se couvrir de buée. | *eine beschlagene Scheibe*, une vitre embuée.

Beschlagenheit [bə'ʃla:gənhait] f. (-). FIG. savoir m. ; intelligence f.

Beschlag|nahme [bə"ʃlag'na:mə] f. (-, n). JUR. saisie f. ; confiscation f. ; mainmise f. ; séquestre m. | *Beschlagnahme von Waren*, saisie-warrant f. | *Beschlagnahme von Möbeln*, saisie-exécution f. | *Beschlagnahme eines Schiffes*, embargo m. | *Beschlagnahme neutraler Schiffe*, angarie f. | *die Beschlagnahme aufheben*, lever le séquestre, l'embargo.

beschlag|nahmen [-'na:mən] v. tr. réquisitionner ; saisir ; confisquer ; séquestrer ; mettre l'embargo sur.

Beschlag|schmied [bə"ʃla:k'ʃmi:t] m. (s, e) maréchal-ferrant m. (pl. maréchaux-ferrants). ||°**-teile** m. pl. garnitures f. pl. ; ferrures f. pl.

beschleichen [bə'ʃlaiçən] (i, i) v. tr. s'approcher à pas de loup ; épier ; espionner. | *der Jäger beschleicht das Wild*, le chasseur approche le gibier. || FIG. *ein Angstgefühl beschlich ihn*, la peur le gagnait.

beschleunigen [bə'ʃlɔynigən] v. tr. accélérer ; hâter ; presser. | *die Abreise beschleunigen*, hâter le départ. | *die Produktion beschleunigen*, activer la production. || AUTOM. accélérer. || JUR. *beschleunigtes Verfahren*, procédure (f.) des flagrants délits.

◇ part. prés. et adj. **beschleunigend,** accélérateur.

— SYN. : *fördern*, accélérer ; *beeilen*, hâter ; *drängen*, presser ; *beleben*, activer.

Beschleunigung [-guŋ] f. (-) accélération f.

Beschleunigungs|messer [-smɛsər] m. (s, -). TECHN. accéléromètre m.

beschließen [bə'ʃli:sən] (o, o) v. tr. fermer ; circonscrire ; achever. | *eine Sitzung beschließen*, clore une session, une séance. || PAR ANAL. conclure ; résoudre ; décider ; arrêter ; fixer ; décréter. | *das Parlament beschließt die Absetzung des Königs*, le Parlement décide la déposition du roi. | *das ist beschlossene Sache*, c'est entendu ; c'est une affaire entendue.

beschlossener|maßen [bə"ʃlɔsənər'ma:sən] adv. comme convenu.

Beschluß [bə'ʃlus] m. (es, ¨e) clôture f. || conclusion f. | *zu keinem Beschluß kommen*, n'arriver, n'aboutir à aucune conclusion. | *zum Beschluß*, pour clore le débat. || PAR EXT. résolution f. ; décision f. | *einen Beschluß fassen*, prendre une décision ; voter une résolution (dans un congrès). || JUR. jugement m. ; décret m. | *Beschluß eines Richters*, décision judiciaire. || ADM. *Beschluß einer Versammlung*, résolution d'une assemblée.

beschluß|fähig [bə"ʃlus'fɛ:iç] adj. en nombre suffisant ; qui atteint le quorum. | *beschlußfähige Versammlung*, assemblée qualifiée pour délibérer. ||°**-fassung** f. (-, en) décision f. ; résolution f.

beschmieren [bə'ʃmi:rən] v. tr. enduire ; frotter. | *mit Butter beschmieren*, beurrer. || FAM. *Papier beschmieren*, barbouiller du papier. | *eine Wand beschmieren*, couvrir un mur de graffiti.

◇ v. pr. **sich beschmieren,** se barbouiller ; se tacher ; se salir ; se crotter.

beschmutzen [bə'ʃmutsən] v. tr. salir ; souiller ; maculer ; couvrir de boue.

— SYN. : *besudeln*, salir ; *verunreinigen*, souiller, polluer ; *beflecken*, tacher.

beschneiden [bə'ʃnaidən] (beschnitt, beschnitten) v. tr. tailler ; couper ; rogner ; réduire. | *Bäume beschneiden*, tailler des arbres. | *der Buchbinder beschneidet die Bücher*, le relieur ébarbe, rogne les livres. | *einen Film beschneiden*, faire le découpage d'un film. || MÉD., RELIG. circoncire. || TECHN. *den Rand beschneiden*, déborder.

Beschneidung [-duŋ] f. (-) coupe f. ; taille f. ; réduction f. || [Baum] taille f. ; émondage m. || [Buch] ébarbage m. ; rognage m. || FILM. découpage m. || MÉD., RELIG. circoncision f.

beschneien [bə'ʃnaiən] v. tr. couvrir de neige.

Beschnittener [bə'ʃnitənər] m. RELIG. circoncis m.

beschnüffeln [bə'ʃnyfəln] v. tr. flairer ; renifler sur. || FAM. mettre son nez dans.

beschönigen [bə'ʃø:nigən] v. tr. embellir ; enjoliver ; farder.

Beschönigung [-guŋ] f. (-, en). FIG. enjolivement m. ; enjolivure f. | *ohne Beschönigung*, crûment.

beschottern [bə'ʃɔtərn] v. tr. TECHN. empierrer. || [Eisenbahn] ballaster.

Beschotterung [-ruŋ] f. (-) empierrement m.

beschränken [bə'ʃrɛŋkən] v. tr. limiter ; restrein-

dre ; borner ; circonscrire. | *die Ausgaben beschränken*, réduire ses dépenses. | *sich auf... beschränken*, se limiter à.
◇ part. pass. et adj. **beschränkt,** limité ; borné ; étroit. | *beschränkte Mittel haben*, disposer de peu de moyens, de peu de fortune. || COMM. *beschränkte Haftung*, responsabilité limitée. || FIG. *er ist beschränkt*, il est borné ; il a la vue courte. | *beschränkte Ansichten haben*, avoir des vues courtes.

Beschränktheit [bəˈʃrɛŋkthait] f. (-) bornes f. pl. ; étroitesse f. | *Beschränktheit der Mittel*, insuffisance (f.) des moyens ; gêne f. || FIG. stupidité f. ; étroitesse (f.) de vue.

Beschränkung [bəˈʃrɛŋkuŋ] f. (-, en) limitation f. ; restriction f. ; étroitesse f. | *sich Beschränkungen auferlegen*, s'imposer des restrictions.

beschreiben [bəˈʃraibən] (ie, ie) v. tr. écrire sur ; couvrir d'écriture. | *Papier beschreiben*, noircir du papier. | *beschriebenes Blatt*, feuillet couvert d'écriture. || décrire. || MATH. *einen Kreis beschreiben*, tracer, dessiner, décrire un cercle. || FIG. décrire ; définir ; dépeindre. | *eine Landschaft beschreiben*, dépeindre un paysage. | *ein Erlebnis beschreiben*, narrer un événement. | *das ist nicht zu beschreiben*, cela est indescriptible.
— SYN. : *ausdrücken*, énoncer ; *erzählen*, dire, préciser ; *darlegen*, exposer ; *schildern*, peindre ; *darstellen*, dépeindre ; *anschaulich machen*, décrire.

Beschreibung [-buŋ] f. (-, en) description f. ; définition f. ; peinture f. | *Reisebeschreibung*, récit (m.) de voyage. | *eine Beschreibung geben*, décrire. | *das spottet jeder Beschreibung*, cela défie toute description.
— SYN. : *Darlegung*, exposé ; *Schilderung*, peinture.

beschreien [bəˈʃraiən] (ie, ie) v. tr. décrier. || jeter un sort (à qn).

beschreiten [bəˈʃraitən] (i, i) v. tr. mettre le pied sur, dans, à. | *einen Weg beschreiten*, s'engager dans une voie. | *den Rechtsweg beschreiten*, poursuivre par les voies de droit.

beschriften [bəˈʃriftən] v. tr. mettre une inscription ; inscrire sur ; étiqueter.

Beschriftung [-tuŋ] f. (-, en) inscription f. ; étiquette f.

beschroten [bəˈʃro:tən] v. tr. rogner ; ébarber.

beschuhen [bəˈʃu:ən] v. tr. chausser.

beschuldigen [bəˈʃuldigən] v. tr. incriminer ; inculper ; accuser. || JUR. *jn eines Verbrechens beschuldigen*, accuser qn d'un crime.
— SYN. : *anklagen*, accuser ; *anschuldigen*, incriminer ; *bezichtigen*, inculper.

Beschuldigte(r) [-diçtə(r)] f. (m.) JUR. accusé(e) m. (f.) ; inculpé(e) m. (f.) ; prévenu(e) m. (f.).

Beschuldigung [-diguŋ] f. (-, en). JUR. accusation f. ; incrimination f. ; imputation f. ; prévention f. || [Bezichtigung] inculpation f. || [Anzeige] dénonciation f. || [Klage] plainte f.

beschummeln [bəˈʃuməln] v. tr. FAM. tromper ; attraper ; POP. rouler ; filouter.

beschuppt [bəˈʃupt] adj. couvert d'écailles.

Beschuß [bəˈʃus] m. (es, ¨e). MIL. tir m. ; coup m. ; bombardement m.

beschütten [bəˈʃytən] v. tr. jeter, répandre sur ; combler de. | *den Tisch mit Milch beschütten*, répandre, renverser du lait sur la table. | *einen Weg mit Kies beschütten*, charger un chemin de cailloux.

beschützen [bəˈʃytsən] v. tr. protéger ; défendre.

Beschützer(in) [-tsər(in)] m. (s, -), f. (-, nen) protecteur m. ; protectrice f.

beschwänzt [bəˈʃvɛntst] adj. qui a une queue.

beschwatzen [bəˈʃvatsən] v. tr. FAM. *jn beschwatzen,* faire du boniment à qn. ; baratiner qn. | *sich beschwatzen lassen*, se laisser persuader ; FAM. se laisser embobiner.

Beschwer [bəˈʃve:r] f. (-), **Beschwerde** [bəˈʃve:rdə] f. (-, n) peine f. ; fatigue f. ; malaise m. ; charge f. | *ohne Beschwerde*, sans peine. | *Beschwerden haben*, être incommodé. || PAR EXT. grief m. ; charge f. ; plainte f. ; réclamation f. | *Beschwerde einlegen gegen*, porter plainte contre. | *einer Beschwerde stattgeben*, admettre une réclamation.

Beschwerde|buch [bəˈʃve:rdəˈbu:x] n. (s, ¨er) registre (m.) des réclamations. ||°**-erhebung** f. (-, en). JUR. interjection (f.) de recours. ||°**-frist** f. (-, en) délai (m.) de pourvoi.

beschweren [bəˈʃve:rən] v. tr. alourdir ; charger. | *den Magen beschweren*, charger, embarrasser l'estomac. || FIG. incommoder ; importuner. | *jm das Gewissen beschweren*, troubler qn.
◇ v. pr. **sich beschweren,** se plaindre. | *sich über etwas beschweren*, se plaindre de qch.

beschwerlich [bəˈʃve:rliç] adj. pénible ; difficile ; malaisé ; incommode.

Beschwerlichkeit [-rliçkait] f. (-, en) peine f. ; difficulté f. ; embarras m. ; incommodité f. ; importunité f. | *die Beschwerlichkeit einer Reise*, les fatigues (f. pl.) d'un voyage.

Beschwernis [bəˈʃve:rnis] n. (ses, se) peine f. ; fatigue f. ; malaise m. ; importunité f.

Beschwerung [-ruŋ] f. (-, en) charge f. ; accablement m.

beschwichtigen [bəˈʃviçtigən] v. tr. calmer ; apaiser ; tranquilliser ; faire taire. || FIG. *js Zorn beschwichtigen*, désarmer la colère de, fléchir qn.
— SYN. : *beruhigen*, apaiser ; *stillen*, calmer ; *lindern*, alléger ; *mildern*, *besänftigen*, adoucir.

Beschwichtigung [-guŋ] f. (-, en) apaisement m. || FIG. assoupissement m. ; tranquillisation f. | *zur Beschwichtigung meines Gewissens*, pour la tranquillité de ma conscience.

beschwindeln [bəˈʃvindeln] v. tr. POP. duper ; tromper ; berner ; filouter.

beschwingen [bəˈʃviŋən] v. tr. donner des ailes. || FIG. enthousiasmer ; transporter.
◇ part. pass. et adj. **beschwingt,** ailé. || FIG. enthousiasmé ; transporté.
— SYN. : *beflügelt.*

beschwipst [bəˈʃvipst] adj. FAM. éméché.

beschwören [bəˈʃvø:rən] (o, o) v. tr. jurer ; affirmer par serment. | *seine Aussagen (vor Gericht) beschwören*, affirmer sous la foi du serment. | *die Verfassung beschwören*, prêter serment sur la constitution. || PAR ANAL. adjurer ; conjurer. | *jn beschwören, von etwas abzulassen*, conjurer qn de ne pas faire qch. || PAR EXT. exorciser. | *einen Besessenen beschwören*, exorciser un possédé.

Beschwörung [-ruŋ] f. (-, en) affirmation (f.) par serment. || PAR ANAL. adjuration f. ; objurgation f. || PAR EXT. évocation f. ; exorcisme m. | *Beschwörung von Geistern*, conjuration des esprits.

Beschwörungs|buch [bəˈʃvø:ruŋsˈbu:x] n. (s, ¨er) grimoire m.

beseelen [bəˈze:lən] v. tr. animer ; inspirer. | *von einem frommen Eifer beseelt*, animé d'un zèle pieux.

besegeln [bəˈze:gəln] v. tr. MAR. garnir de voiles. | *ein Schiff besegeln*, voiler un navire. || PAR EXT. *eine Strecke besegeln*, naviguer sur un parcours.

besehen [bəˈze:ən] (ie, a, e) v. tr. considérer ; regarder de près ; examiner ; inspecter. | *Bilder besehen*, regarder des images.
◇ part. pass. et adj. **besehen,** vu, vue. | *bei Licht(e) besehen*, vu, regardé au grand jour.
◇ v. pr. **sich besehen,** *sich im Spiegel besehen*, se regarder dans la glace.

beseitigen [bəˈzaitigən] v. tr. supprimer ; écarter ; mettre de côté ; éloigner ; libérer ; débarrasser. | *Schwierigkeiten beseitigen*, aplanir des difficultés. | *ein Übel beseitigen*, éradiquer un mal.

Beseitigung [-guŋ] f. (-) éloignement m. ; aplanissement m. ; suppression f. | *Beseitigung der Zölle*, abolition (f.) des droits de douane. || [Umwelt] dépollution f.

beseligen [bəˈze:ligən] v. tr. rendre heureux ; ravir.

Besen [ˈbe:zən] m. (s, -) balai m. | *Federbesen*, plumeau m. || FIG. *mit eisernem Besen auskehren*, FAM. donner un grand coup de balai. || PROV. *neue Besen kehren gut*, tout nouveau, tout beau.

Besen|binder [ˈbezənˈbindər] m. (s, -) faiseur (m.) de balais. ||**-förmig** adj. en forme de balai. ||°**-stiel** m. (s, e) manche (m.) à balai. ||°**-strich** m. (s, e) coup (m.) de balai.

besessen [bəˈzɛsən] adj. FIG. possédé. | *wie besessen*, comme possédé (du démon). | *vom Teufel, vom bösen Geist besessen*, démoniaque.

Besessenheit [bəˈzɛsənhait] f. (-) possession f. ; obsession f. ; folie f.

besetzen [bəˈzɛtsən] v. tr. **1.** occuper. | *die Zuschauer besetzen die Plätze*, les spectateurs occupent les, leurs places.
2. occuper militairement. | *ein Haus besetzen,* squatter, squattériser une maison.
3. garnir de. | *mit Pelz besetzen*, garnir de fourrure.
4. THÉÂTRE. *die Rollen besetzen*, distribuer les rôles ; faire une distribution.

5. [Spiel] mettre une mise sur ; miser sur.
6. *einen Teich besetzen*, peupler, empoissonner un étang.
◇ part. pass. et adj. **besetzt,** occupé. || [Theater, Autobus] *alle Plätze sind besetzt*, toutes les places sont occupées. || TÉLÉPH. occupé ; pas libre. || garni de. | *mit Perlen besetzt*, garni de perles. || occupé par une armée étrangère. | *besetztes Gebiet*, régions occupées.
Besetzung [-tsuŋ] f. (-, en) garniture f. || MIL. occupation f. || THÉÂTRE. distribution f. || [Fische] peuplement m. ; empoissonnement m.
Besetzungs|umkehr [bə"zɛtsuŋs'umke:r] f. (-). PHYS. inversion (f.) de population.
besichtigen [bə'ziçtigən] v. tr. regarder ; visiter ; inspecter ; examiner. || MIL. passer en revue.
Besichtigung [-guŋ] f. (-, en) inspection f. ; visite f. ; examen m. || MIL. revue f. || JUR. *Besichtigung an Ort und Stelle*, descente (f.) sur les lieux.
besiedeln [bə'zi:dəln] v. tr. coloniser.
Besiedelung [-luŋ] f. (-, en) colonisation f.
besiegeln [bə'zi:gəln] v. tr. sceller ; apposer un sceau sur. || FIG. *mit seinem Blut besiegeln*, sceller de son sang.
Besiegelung [-luŋ] f. (-, en) apposition (f.) du sceau.
besiegen [bə'zi:gən] v. tr. vaincre ; défaire ; battre ; triompher de. | *sich selbst besiegen*, se vaincre soi-même.
besingen [bə'ziŋən] (a, u) v. tr. chanter. || PAR ANAL. célébrer.
besinnen (sich) [ziçbə'zinən] (a, o) v. pr. réfléchir. | *sich auf etwas besinnen*, se souvenir de, se rappeler qch. | *wenn ich mich recht besinne*, si j'ai bonne mémoire ; si je ne me trompe. | *sich eines andern, eines bessern besinnen*, changer d'avis ; se raviser. | *sich nicht lange besinnen*, ne pas tergiverser ; ne pas hésiter longtemps.
besinnlich [-liç] adj. méditatif ; pensif.
Besinnung [bə'zinuŋ] f. (-) réflexion f. || connaissance f. ; conscience f. | *die Besinnung verlieren*, perdre connaissance. | *wieder zur Besinnung kommen*, reprendre connaissance. || [Haltung ; Überlegung] *vor Zorn die Besinnung verlieren*, être aveuglé, égaré par la colère.
besinnungs|los [bə"zinuŋs'lo:s] adj. sans connaissance ; évanoui. ||°**-losigkeit** f. (-) évanouissement m.
Besitz [bə'zits] m. (es, e) **1.** possession f. ; propriété f. ; bien m. | *geistiger Besitz*, bien spirituel. | *etwas in Besitz nehmen ; von etwas Besitz ergreifen*, prendre possession de qch. | *im Besitz einer Sache sein*, être en possession d'une chose. | *etwas in Besitz haben*, posséder qch ; être en possession, avoir la possession de qch. | *aus dem Besitz vertreiben*, déposséder ; exproprier. | *sich in den Besitz von etwas setzen*, s'approprier qch.
2. JUR. détention f. ; possession f. | *rechtmäßiger Besitz*, possession légale. | *Besitz mehrerer Ämter*, cumul m. || PAR EXT. *beweglicher Besitz*, biens mobiliers ; meubles m. pl.
besitz|anzeigend [bə"zits'antsaigənt] adj. GRAMM. *besitzanzeigendes Fürwort*, pronom possessif. ||°**-einweisung** f. (-, en). JUR. envoi (m.) en possession. ||°**-entziehung** f. (-, en) dépossession f. ||°**-ergreifung** f. (-, en) prise (f.) de possession. | *widerrechtliche Besitzergreifung*, usurpation f. ||°**-klage** f. (-, n) action (f.) possessoire. ||°**-nahme** f. (-, n) prise (f.) de possession ; saisine f. ||°**-schutz** m. (es) maintenue f. ||°**-stand** m. (s, ¨e) état (m.) de fortune. || COMM. actif m. ||°**-störung** f. (-, en). JUR. nouvelleté f. || °**-übertragung** f. (-, en) transfert (m.) de titre. ||°**-urkunde** f. (-, n) titre (m.) de propriété.
besitzen [bə'zitsən] (besaß, besessen) v. tr. posséder ; détenir ; avoir. || FIG. *Einfluß besitzen*, avoir de l'influence.
◇ part. prés. et adj. **besitzend,** *die besitzenden Klassen*, les classes possédantes.
Besitzer(in) [-tsər(in)] m. (s, -), f. (-, nen) propriétaire m. (f.).
Besitztum [bə'sitstum] n. (s, ¨er) propriété f. ; domaine m. ; bien-fonds m.
Besitzung [bə'zitsuŋ] f. (-, en) propriété f. ; possession f. | *überseeische Besitzungen*, possessions (f. pl.) d'outre-mer.
besoffen [bə'zɔfən] adj. POP. ivre ; saoul.
Besoffenheit [bə'zɔfənhait] f. POP. ivresse f.
besohlen [bə'zo:lən] v. tr. mettre des semelles. | *wieder, neu besohlen*, ressemeler.

besolden [bə'zɔldən] v. tr. appointer ; gager ; salarier.
Besoldung [-duŋ] f. (-, en) rétribution f. ; rémunération f. ; salaire m. ; gages m. pl. ; solde f.
besonder [bə'zɔndər] (er, e, es) adj. spécial ; particulier ; singulier. | *besondere Wünsche*, vœux particuliers. | *besonderes Zimmer*, chambre séparée. | *besonderer Eingang*, entrée séparée. | *das Allgemeine und das Besondere*, le général et le particulier.
Besonderheit [bə'zɔndərhait] f. (-, en) particularité f. ; singularité f. ; PÉJOR. bizarrerie f.
besonders [bə'zɔndərs] adv. surtout ; particulièrement ; en particulier ; spécialement ; principalement. || FAM. *es geht mir nicht besonders (gut)*, ça ne va pas très fort. | *nichts Besond(e)res*, rien de particulier.
besonnen [bə'zɔnen] adj. réfléchi ; prudent ; pondéré ; circonspect.
Besonnenheit [bə'zɔnənhait] f. (-) circonspection f. ; pondération f.
besonnt [-'zɔnt] adj. ensoleillé.
Besonnung ["zɔnuŋ] f. ensoleillement m.
besorgen [bə'zɔrgən] v. tr. craindre ; appréhender. | *besorgt sein für, um jn*, être inquiet au sujet de qn. || PAR ANAL. soigner ; prendre soin de ; s'occuper de. | *die Wirtschaft besorgen*, s'occuper du ménage. || PAR EXT. procurer. | *er hat mir ein Zimmer besorgt*, il m'a procuré une chambre.
besorglich [bə'zɔrkliç] adj. [Personen] soucieux.
Besorgnis [-'zɔrknis] f. (-, se) souci m. ; préoccupation f. ; appréhension f. ; crainte f. | *besorgniserregend*, inquiétant ; préoccupant.
besorgt [-zɔrkt] adj. soucieux ; inquiet. | *um die Gesundheit besorgt*, soucieux, inquiet de sa santé.
Besorgung [-'zɔrguŋ] f. (-, en) gestion f. ; administration f. || PAR ANAL. course f. ; achat m. | *Besorgungen machen*, faire des courses.
bespannen [bə'ʃpanən] v. tr. atteler. | *einen Wagen mit Pferden bespannen*, atteler des chevaux à une voiture. || *einen Bogen mit einer Sehne bespannen*, tendre un arc avec une corde.
Bespannung [-nuŋ] f. (-, en) attelage m. || SPORT. [Schläger] cordage m.
bespeien [bə'ʃpaiən] (ie, ie) v. tr. cracher sur ; conspuer.
bespiegeln (sich) [ziçbə'ʃpi:gəln] v. pr. se mirer.
bespitzeln [bə'ʃpitsəln] v. tr. épier ; espionner.
bespötteln [bə'ʃpøtəln] v. tr. railler ; persifler ; se moquer de.
besprechen [bə'ʃprɛçən] (i, a, o) parler de ; débattre ; discuter ; commenter ; examiner ensemble. | *eine Sache gründlich besprechen*, discuter un problème à fond. || PAR ANAL. *ein Buch besprechen*, faire le compte rendu d'un livre. || *den bösen Geist besprechen*, conjurer le mauvais esprit.
◇ v. pr. **sich besprechen,** conférer, s'entendre, s'aboucher, se concerter avec qn.
Besprechung [-çuŋ] f. (-, en) entretien m. ; discussion f. ; conversation f. ; pourparlers m. pl. || LITTÉR. compte rendu m. ; commentaire m.
Besprechungs|exemplar [bə"ʃprɛçuŋsɛksem'-plɑ:r] n. (s, e) exemplaire (m.) de presse.
besprengen [bə'ʃprɛŋən] v. tr. arroser ; asperger ; mouiller.
besprenkeln [bə'ʃprɛŋkəln] v. tr. tacher.
bespringen [bə'ʃpriŋən] (a, u) v. tr. [Hündin] couvrir. || [Stute] saillir.
Bespringen [-ŋən] n. (s) monte f. ; saillie f.
bespritzen [bə'ʃpritsən] v. tr. éclabousser ; faire rejaillir sur ; arroser ; asperger. | *mit Blut bespritzen*, couvrir de sang ; ensanglanter.
besprühen [bə'ʃpry:ən] v. tr. couvrir de petites gouttes ; arroser.
bespülen [bə'ʃpy:lən] v. tr. baigner ; laver ; arroser.
Bessemer|birne ["bɛsemer'birnə] f. (-, n). TECHN. convertisseur (m.) acide ; cornue (f.) Bessemer.
besser ['bɛsər] compar. de **gut** adj. meilleur. | *bessere Tage*, des jours meilleurs. | *das bessere Teil*, la meilleure part. || FIG., FAM. *ein besserer Herr*, un monsieur bien. || LOC. *in etwas* (dat.) *besser sein*, être meilleur, plus fort en qch. | *besser werden*, s'améliorer ; s'amender. | *der Wein wird besser*, le vin se bonifie. | *das Wetter wird besser*, le temps se remet au beau. | *besser machen*, rendre meilleur ; améliorer ; amender.
◇ adv. mieux. | *besser sein*, valoir mieux. | *es geht ihr besser*, elle va mieux. | *es steht besser mit ihm*, il va

mieux ; il se remet. | *jn besser stellen*, améliorer la situation de qn ; COMM. augmenter qn. | *ihm ist besser*, il se sent mieux. | *immer besser*, de mieux en mieux. | *sie haben es besser als wir*, ils sont mieux lotis que nous. | *du weißt es besser*, tu en sais plus, davantage. | *je eher, desto (je) besser*, le plus tôt sera le mieux. | *um so besser*, tant mieux. | *besser ist besser*, on ne prend jamais trop de précautions. || PROV. *besser arm in Ehren, als reich mit Schande*, bonne renommée vaut mieux que ceinture dorée. | *besser aufgeschoben als aufgehoben*, mieux vaut tard que jamais. | *besser schlichten als richten*, un (mauvais) arrangement vaut mieux qu'un (bon) procès.
◇ superl. **das Bessere,** le meilleur ; le mieux. | *in Ermangelung eines Besseren*, faute de mieux. | *jn eines Besser(e)n belehren*, tirer qn d'erreur ; désabuser qn. | *sich eines Besser(e)n besinnen*, revenir à de meilleurs sentiments ; se raviser. | *die Wendung zum Besseren*, amélioration f. || PROV. *das Bessere ist des Guten Feind*, le mieux est l'ennemi du bien.

bessern [-sərn] v. tr. améliorer ; corriger.
◇ v. pr. **sich bessern,** s'améliorer ; se corriger. | *der Kranke, das Wetter bessert sich*, le malade va mieux ; le temps se remet.

Besserung [-sərʊŋ] f. (-, en) amélioration f. ; amendement m. || MÉD. *auf dem Wege der Besserung*, en voie de guérison. | *gute Besserung !*, meilleure santé ! ; prompt rétablissement !

Besserungs|anstalt ["bɛsərʊŋs'anʃtalt] f. (-, en), °**-haus** n. (es, ¨er) maison (f.) de correction. ||**-fähig** adj. corrigible.

Besser|wisser ["bɛsər'visər] m. (s, -) Gros-Jean qui en remontre à son curé.

best [bɛst] (er, e, es) adj. superl. de **gut, wohl,** le meilleur, la meilleure. | *das beste Brot*, le meilleur pain. | *einer Sache die beste Seite abgewinnen*, FAM. prendre la chose du bon côté. | *mein bester Freund*, mon meilleur ami. | *das Beste bis zuletzt aufsparen*, FAM. garder qch. pour la bonne bouche. | *das ist vom Besten (Wein)*, c'est de la première qualité. | *ich handle nach bestem Wissen und Gewissen*, j'agis en mon âme et conscience. | *beim besten Willen*, avec la meilleure volonté. | *ein Mann in den besten Jahren*, un homme dans la force de l'âge. | *auf dem besten Wege sein*, approcher du but. | *der erste beste*, le premier venu. | *sein Bestes tun*, faire de son mieux. | *ich halte es für das beste, zu*, je crois que le mieux, le meilleur est de (infin.).
◇ adv. le mieux. | *aufs beste, am besten*, au mieux ; le mieux ; très bien ; le mieux du monde ; le mieux possible. | *es ist am besten, wenn ich gehe*, le mieux est de m'en aller. | *am besten abschneiden*, être le premier ; réussir le mieux ; l'emporter sur. | *aufhören, wenn es am besten schmeckt*, demeurer sur son appétit. | *zum besten*, le mieux possible. | *jn zum besten haben*, se jouer de qn ; FAM. se payer la tête de qn. | *ein Lied zum besten geben*, chanter une chanson devant des amis. | *zum Besten der Gemeinschaft*, pour le plus grand bien de la collectivité.

best [bɛst] en compos. avec des substantifs, des adjectifs et participes passés pour exprimer le superlatif.

best|gemeint ["bɛst'gəmaint] adj. avec les meilleures intentions. ||°**-leistung** f. (-, en) record m. ||**-möglich** adj. le mieux possible. ||°**-wert** m. (s, e). FIN. valeur optimale. ||°**-zeit** f. (-, en). SPORT. meilleur temps.

bestallen [bə'ʃtalən] v. tr. nommer à ; installer dans un emploi.

Bestallung [-lʊŋ] f. (-, en) installation f. (dans) ; nomination f. (à).

Bestand [bə'ʃtant] m. (s, ¨e) existence f. ; persistance f. ; stabilité f. ; durée f. | *sein Fleiß hat wenig Bestand*, son application ne dure pas. | *das Wetter ist nicht von Bestand*, le temps n'est pas stable. || PAR ANAL., MIL. effectif m. ; état (m.) numérique. | *der eiserne Bestand*, les vivres (m. pl.) de réserve. || COMM. stock m. | *Kassenbestand*, (montant [m.] de l')encaisse f. | *den Bestand aufnehmen*, faire l'inventaire. || AGRIC. plantation f. ; cheptel m.

Bestands|änderungen [bə"ʃtants'ɛndərʊŋən] f. pl. COMM. mouvements (m. pl.) des stocks. || °**aufnahme** f. (-, n). COMM. inventaire m. ||°**-buch** n. (s, ¨er) état m. ||°**-buchführung** f. (-) comptabilité (f.) matières. ||°**-liste** f. (-, n) inventaire m.

Bestand|teil [bə"ʃtant'tail] m. (s, e) élément m. ; organe m. ; partie intégrante ; constituant m. ; composant m. || CHIM. *chemische Bestandteile*, composants m. pl. (chimiques). | *Bestandteil sein von*, entrer dans la composition de.

beständig [bə'ʃtɛndiç] adj. constant. | *ein beständiger Freund*, un ami constant, sûr. || PAR ANAL. durable ; stable ; fixe ; persistant ; persévérant. || FIN. *beständige Valuta*, monnaie (f.) stable ; valeur (f.), change (m.) fixe. || PHYS. *das Barometer steht auf beständig*, le baromètre est au fixe. || PAR EXT. perpétuel. | *in beständiger Sorge leben*, vivre dans des soucis permanents.

Beständigkeit [-kait] f. (-) stabilité f. ; fixité f. ; constance f. ; persistance f. ; permanence f.

bestärken [bə'ʃtɛrkən] v. tr. confirmer ; affermir ; corroborer. || FIG. *das bestärkt mich in dieser Meinung*, cela me fortifie dans ma conviction.

Bestärkung [-kʊŋ] f. (-, en) confirmation f. ; affermissement m.

bestätigen [bə'ʃtɛ:tigən] v. tr. constater ; vérifier confirmer ; certifier ; ratifier. | *eine Nachricht bestätigen*, confirmer une information. | *ein Gesetz bestätigen*, sanctionner une loi. | *gerichtlich bestätigen*, entériner ; homologuer. || COMM. accuser réception.

Bestätigung [-gʊŋ] f. (-, en) confirmation f. ; affirmation f. ; ratification f. ; légalisation f. | *Bestätigung einer Wahl*, validation (f.) d'une élection. | *Bestätigung von Verträgen*, ratification de traités. || COMM. accusé (m.) de réception.

bestatten [bə'ʃtatən] v. tr. enterrer ; inhumer.

Bestattung [-tʊŋ] f. (-, en) enterrement m. ; inhumation f. ; funérailles f. pl.

bestäuben [bə'ʃtɔybən] v. tr. couvrir de poussière. | *mit Puder bestäuben*, poudrer. || CULIN. saupoudrer. || BOT. féconder.
◇ part. pass. et adj. **bestäubt,** BOT. fécondé.

bestaubt [-'ʃtaupt] adj. poussiéreux ; poudreux.

Bestäubung [-'ʃtɔybʊŋ] f. (-). BOT. fécondation f. ; pollinisation f.

bestaunen [bə'ʃtaunən] v. tr. s'étonner de ; regarder avec étonnement.

bestech|bar [bə'ʃtɛçbɑ:r] adj. corruptible.

bestechen [bə'ʃtɛçən] (i, a, o) v. tr. corrompre ; acheter. || JUR. *Zeugen bestechen*, suborner des témoins. || FIG. *ihre Freundlichkeit besticht mich nicht*, son amabilité ne me séduit pas.

bestechlich [-'ʃtɛçliç] adj. corruptible ; vénal.

Bestechlichkeit [bə'ʃtɛçliçkait] f. (-) corruptibilité f. ; vénalité f.

Bestechung [-çʊŋ] f. (-, en) corruption f.

Besteck [bə'ʃtɛk] n. (s, e) trousse f. ; étui m. ; couvert m. | *silbernes Besteck*, couvert d'argent. | *Bestecke auflegen*, mettre le couvert. || MAR. *das Besteck nehmen*, faire le point.

bestecken [-kən] v. tr. garnir ; piquer.

bestehen [bə'ʃte:ən] (bestand, bestanden) v. tr. soutenir ; subir. | *einen Kampf, eine Prüfung bestehen*, soutenir un combat ; réussir à un examen.
◇ v. intr. exister ; demeurer ; rester ; durer. | *die Einrichtung besteht seit langem*, l'institution existe depuis longtemps. | *seine Forderung besteht zu Recht*, sa demande est justifiée. | *es besteht keine Gefahr*, il n'y a pas de danger, aucun danger. | *darüber besteht nicht der geringste Zweifel*, il n'y a pas l'ombre d'un doute à ce sujet. | *bestehen bleiben*, durer ; rester ; persister. || FIG. tenir tête à ; se suffire. | *er kann bei seinem Gehalt nicht bestehen*, il ne peut vivre avec son traitement. | *auf etwas bestehen*, persister dans ; exiger ; ne pas démordre de. — **bestehen aus,** se composer de. | *Wasser besteht aus Wasserstoff und Sauerstoff*, l'eau se compose d'hydrogène et d'oxygène. — **bestehen in,** consister à, dans ; être fait de. | *sein ganzes Wesen besteht in Treue*, il est toute fidélité. | *seine Aufgabe besteht darin, daß*, sa mission consiste à. || PROV. *Schönheit vergeht, Tugend besteht*, la beauté passe, la vertu reste.
◇ part. prés. **bestehend,** *die bestehende Verfassung*, la constitution en vigueur.
◇ part. pass. **bestanden,** *nach bestandenem Examen*, après avoir passé l'examen.

Bestehen [-ən] n. (s) existence f. ; persistance f. || *nach dem Bestehen der Prüfung*, après avoir subi l'examen.

bestehlen [bə'ʃte:lən] (ie, a, o) v. tr. voler.

besteigen [bə'ʃtaigən] (ie, ie) v. tr. monter sur ; gravir ; escalader ; faire l'ascension de. | *das Rad, das Pferd besteigen*, enfourcher la bicyclette ; monter à cheval. | *den Berg, den Thron besteigen*, escalader la montagne, monter sur le trône.

Besteigung [-guŋ] f. (-, en) ascension f. | *Thronbesteigung*, avènement m. (au trône).

bestellbar [bəˈʃtɛlbɑ:r] adj. AGRIC. cultivable.

bestellen [bəˈʃtɛlən] v. tr. **1.** cultiver ; labourer. | *den Acker bestellen*, cultiver son champ. || FIG. *sein Haus bestellen*, mettre de l'ordre dans ses affaires ; régler ses affaires.

2. remettre ; transmettre. | *Briefe, ein Paket bestellen*, remettre des lettres ; remettre un paquet. | *seinem Freund Grüße bestellen (senden)*, faire transmettre ses salutations à son ami.

3. commander. | *Waren (beim Kaufmann) bestellen*, passer une commande. | *eine Droschke bestellen*, retenir une voiture.

4. mander, faire venir. | *ich habe ihn in eine Gaststätte bestellt*, je lui ai donné rendez-vous dans un restaurant. | *jn zu sich bestellen*, faire venir, mander qn chez soi.

5. nommer, instituer (qn). | *jn zum Schiedsrichter bestellen*, nommer qn arbitre.

6. FIG., POP. *es ist schlecht um ihn bestellt*, FAM. il file un mauvais coton.

Bestell|dienst [bəˈʃtɛlˈdi:nst] m. (s, e). POSTES. service (m.) de factage. ||°**-formular** n. (s, e), °**-zettel** m. (s, -). COMM. bulletin (m.) de commande. ||°**-gang** m. (s, ¨e). POSTES. tournée (f.) de facteur. ||°**-gebühr** f. (-, en), °**-geld** n. (s, er). COMM. factage m. ; taxe (f.) de livraison.

Bestellung [bəˈʃtɛluŋ] f. (-, en) nomination f. ; constitution f. | *Bestellung eines Anwalts*, constitution d'un avoué, d'un avocat. | *Bestellung eines Vormunds von Amts wegen*, dation (f.) d'un tuteur. || COMM. commande f. | *eine Bestellung ausführen, rückgängig machen, verweigern*, exécuter, annuler, refuser une commande.

besten|falls [ˈbɛstənˈfals] adv. dans le meilleur des cas.

bestens [ˈbɛstəns] adv. le mieux ; le, du mieux possible ; pour le mieux ; au mieux ; fort ; très bien. | *ich danke bestens*, merci bien. | *ich empfehle mich bestens*, mes meilleures salutations. || COMM., FIN. *bestens verkaufen*, vendre au mieux.

besternt [bəˈʃtɛrnt] adj. étoilé ; parsemé d'étoiles. | *besternter Himmel*, ciel étoilé. || FIG. *besternte Brust*, poitrine constellée de décorations.

besteuern [bəˈʃtɔyərn] v. tr. FIN. imposer ; taxer.

Besteuerung [-ruŋ] f. (-, en). FIN. imposition f. ; taxation f.

bestialisch [bɛstiˈɑ:liʃ] adj. brutal ; bestial.

Bestialität [-tialiˈtɛ:t] f. (-) cruauté f. ; bestialité f.

besticken [bəˈʃtikən] v. tr. garnir de broderies ; broder.

Bestie [ˈbɛstiə] f. (-, n) bête (f.) féroce ; brute f.

bestiefeln [bəˈʃti:fəln] v. tr. botter.

bestimmbar [bəˈʃtimbɑ:r] adj. définissable ; déterminable. || PAR EXT. influençable.

bestimmen [bəˈʃtimən] v. tr. **1.** [festsetzen] fixer. | *den Tag des Ferienbeginns bestimmen*, fixer le jour du début des vacances. || [wissenschaftlich festlegen] préciser ; déterminer.

2. décider ; influencer. | *jn zu einer Handlung bestimmen*, décider qn à faire qch. | *über js Schicksal bestimmen*, décider du sort de qn.

3. [zudenken] destiner, désigner. | *dieses Buch habe ich für ihn bestimmt*, je lui ai destiné ce livre. | *er bestimmt sich zum Priesteramt*, il se destine à la prêtrise. | *zum Nachfolger bestimmen*, désigner pour successeur.

◇ part. prés. et adj. **bestimmend,** décisif, déterminant. | *ein bestimmendes Moment*, un facteur décisif.

◇ part. pass. et adj. **bestimmt,** [festgesetzt] déterminé ; net ; précis. | *zur bestimmten Stunde*, à l'heure fixée. | *zum bestimmten Preis*, au prix fixé. | *ein bestimmter Punkt*, un point précis. | *bestimmte Zahlen*, nombres bien définis. | *vorherbestimmtes Schicksal*, sort prédestiné ; prédestination f. | *vom Gesetz bestimmt*, prescrit par la loi. || PAR ANAL. décidé, sûr ; déterminé. | *eine bestimmte Antwort*, une réponse nette. | *in bestimmtem Ton*, d'un ton décidé, déterminé. || GRAMM. *der bestimmte Artikel*, l'article défini. || PAR EXT. [gewiß] certain. | *bestimmte Anzeichen sprechen dafür*, certains indices le prouvent.

◇ adv. **bestimmt,** sûrement ; certainement. | *er wird bestimmt kommen*, il viendra sûrement, sans faute.

◇ v. intr. arrêter ; prescrire ; ordonner. | *sie bestimmten, daß die Hochzeit zu Pfingsten sein sollte*, ils fixèrent la date du mariage à la Pentecôte. | *über jn, über etwas bestimmen*, disposer de qn ; décider de qch.

— SYN. : *entscheiden*, décider, se prononcer ; *feststellen*, déterminer ; *beschließen*, résoudre ; *ausmachen*, arrêter ; *verfügen*, décréter ; *festsetzen*, statuer, régler.

Bestimmtheit [bəˈʃtimthait] f. (-) certitude f. ; décision f. ; précision f. ; netteté f.

Bestimmung [bəˈʃtimuŋ] f. (-, en). [Bezeichnung] détermination f. ; définition f. ; précision f. || JUR. [Entscheidung] arrêt m. ; disposition f. ; ordonnance f. | *gesetzliche Bestimmungen*, dispositions légales. | *Bestimmungen eines Vertrags*, clauses (f. pl.) d'un traité. || COMM. destination f. || FIG. destination f. ; destinée f. ; sort m. ; vocation f.

Bestimmungs|bahnhof [bəˈʃtimuŋsˈbɑ:nho:f] m. (s, ¨e) gare (f.) de destination. ||°**-land** n. (s, ¨er) pays (m.) destinataire. ||°**-ort** m. (s, e) lieu (m.) de destination. ||°**-wort** n. (s, ¨er). GRAMM. déterminatif m.

bestirnt [bəˈʃtirnt] adj. étoilé ; constellé.

bestochen [bəˈʃtɔxən] part. pass. de BESTECHEN.

bestoßen [bəˈʃto:sən] (ö, ie, o) v. tr. heurter ; endommager. || TECHN. dresser ; écorner.

◇ part. pass. et adj. **bestoßen,** écorné. | *der Rücken dieses Buches ist leicht bestoßen*, le dos de ce livre est légèrement écorné.

bestrafen [bəˈʃtrɑ:fən] v. tr. punir ; châtier. | *mit Worten bestrafen*, réprimander. || JUR. *jn für ein Verbrechen bestrafen*, punir qn d'un crime. | *mit dem Tode bestrafen*, condamner à mort. || *gehörig bestraft werden*, FAM. recevoir une correction en règle.

Bestrafung [-fuŋ] f. (-, en) punition f. ; châtiment m.

bestrahlen [bəˈʃtrɑ:lən] v. tr. éclairer de ses rayons. || PHYS. irradier. | *bestrahltes Brennelement*, combustible irradié. || MÉD. *mit Höhensonne bestrahlen*, exposer aux rayons ultraviolets.

Bestrahlung [-luŋ] f. (-, en) exposition (f.) à l'action des rayons. || PHYS. irradiation f. || MÉD. radiothérapie f.

Bestrahlungs|anlage [bəˈʃtrɑ:luŋsˈanlɑ:gə] f. (-, n). TECHN. installation (f.) de sablage. ||°**-lampe** f. (-, n). TECHN. lampe (f.) à rayons ultraviolets. || °**-schäden** m. pl. MÉD. radiodermite f.

bestreben (sich) [ziçbəˈʃtre:bən] v. pr. s'efforcer ; s'appliquer ; tâcher.

Bestreben [bəˈʃtre:bən] n. (s) application f. ; effort m. ; désir m. ; volonté f. ; aspiration f.

Bestrebung [-buŋ] f. (-, en) tentative f. ; essai m. ; entreprise f.

bestreichen [bəˈʃtraiçən] (i, i) v. tr. enduire ; oindre ; frotter de. | *Brot mit Butter bestreichen*, beurrer une tartine. | *mit dem Magneten bestreichen*, aimanter. || MIL. balayer.

Bestreichen [-çən] n. (s), **Bestreichung** [-çuŋ] f. (-, en) graissage m. || FIG., MIL. tir (m.) d'enfilade.

bestreitbar [bəˈʃtraitbɑ:r] adj. contestable ; discutable ; incertain.

bestreiten [bəˈʃtraitən] (i, i) v. tr. contester ; nier ; dénier. | *das wird niemand bestreiten*, personne ne dira le contraire. || COMM. *eine Forderung bestreiten*, contester une dette. || PAR EXT. suffire, faire face à. | *die Kosten bestreiten*, payer les frais. || FIG. *die Kosten der Unterhaltung bestreiten*, faire les frais de la conversation.

Bestreitung [-tuŋ] f. (-, en) contestation f. || PAR EXT., FIG. paiement m. | *zur Bestreitung der Unkosten*, pour couvrir les frais.

bestreuen [bəˈʃtrɔyən] v. tr. répandre ; semer. | *mit Mehl bestreuen*, saupoudrer de farine. | *mit Sand bestreuen*, sabler.

bestricken [bəˈʃtrikən] v. tr. entourer de mailles ; envelopper dans un filet, un réseau. || FIG. prendre dans ses filets ; charmer ; enjôler. | *von bestrickender Schönheit*, d'une beauté captivante.

bestücken [bəˈʃtykən] v. tr. MIL., MAR. armer de canons. || PAR EXT. équiper.

Bestückung [-kuŋ] f. (-). MIL., MAR. équipement m. ; armement (m.) de canons.

bestürmen [bəˈʃtyrmən] v. tr. assaillir ; donner l'assaut à. || MIL. *eine Festung bestürmen*, donner l'assaut à une forteresse. || FIG. assaillir ; obséder ; importuner. | *jn mit Fragen, Bitten bestürmen*, presser qn de questions ; importuner qn par des prières, des demandes.

bestürzen [bəˈʃtyrtsən] v. tr. FIG. bouleverser ; troubler ; décontenancer.

◇ part. pass. et adj. **bestürzt,** FIG. stupéfait ; interdit ; confus ; bouleversé ; consterné ; déconcerté. | *bestürzt machen*, confondre ; troubler ; déconcerter ;

consterner. | *bestürzt werden*, se troubler ; se déconcerter.
— SYN. : *betreten*, confus ; *verwirrt*, confondu ; *verlegen*, embarrassé ; *betroffen*, gêné ; *verschämt*, honteux.
Bestürzung [-suŋ] f. (-) consternation f. ; confusion f. ; stupeur f. ; désarroi m. ; perplexité f.
Besuch [bə'zu:x] m. (s, e) visite f. | *auf Besuch*, en visite. | *bei jm zu, auf Besuch sein*, être en visite chez qn. | *einen Besuch machen (abstatten), empfangen, bekommen, erwidern*, rendre visite à qn ; recevoir (une visite) ; rendre sa visite à qn.
besuchen [-xən] v. tr. visiter ; faire une visite ; rendre visite à ; aller voir. | *die Schule besuchen*, aller à l'école. | *Vorlesungen, eine Versammlung besuchen*, suivre des cours ; assister à une réunion. | *ein Land besuchen*, visiter un pays.
Besucher(in) [-xər(in)] m. (s, -), f. (-, nen) visiteur m. ; visiteuse f. ||°-**ring** m. (s, e). THÉÂTRE. les abonnés m. pl.
Besuchs|karte [bə"zu:xs'kartə] f. (-, n). V. VISITENKARTE. ||°-**zeit** f. (-, en) heure (f.) de visite.
besudeln [bə'zu:dəln] v. tr. salir ; souiller ; polluer. | *mit Blut besudeln*, ensanglanter. || FIG. entacher ; flétrir ; déshonorer.
◇ v. pr. **sich besudeln,** se salir ; se souiller.
Besudelung [-luŋ] f. (-, en) souillure f. ; pollution f.
betäfeln [bətɛ:fəln] v. tr. lambrisser ; couvrir de boiseries.
betagt [bə'tɑ:kt] adj. très âgé ; d'un âge avancé.
Betagtheit [bə'tɑ:kthait] f. âge avancé.
betakeln [bə'takəln] v. tr. MAR. gréer.
Betakelung [-luŋ] f. (-). MAR. gréement m. ; agrès m. pl.
betasten [bə'tastən] v. tr. tâter ; palper ; toucher.
Betasten [-tən] n. (s) attouchement m. ; palpation f.
betätigen [bə'tɛ:tigən] v. tr. mettre en action. | *einen Hebel betätigen*, actionner un levier.
◇ v. pr. **sich betätigen,** se manifester. | *sich bei etwas* (dat.) *betätigen*, participer à qch. | *er betätigt sich in einem Sportverein*, il prend part à l'activité d'une société sportive.
Betätigung [-guŋ] f. (-, en) mise (f.) en action ; commande f. ; activité f. ; opération f. ; actionnement m. ; activité f. ; participation f.
Betätigungs|feld [bə"tɛ:tiguŋs'fɛlt] n. (s, er) champ (m.) d'activité. ||°-**gebiet** n. (s, e) zone (f.) d'activité ; rayon (m.) d'action. ||°-**hebel** m. (s, -) levier (m.) de manœuvre. ||°-**organ** n. (s, e). TECHN. activateur m.
Betatron ['be:tatro:n] n. (s, e). PHYS. bêtatron m.
betäuben [bə'tɔybən] v. tr. assourdir ; abasourdir ; engourdir ; assoupir ; étourdir ; FIG. casser la tête ; casser les oreilles. | *betäubt von einem Schlag*, abasourdi par un coup. || MÉD. anesthésier ; insensibiliser. | *durch Chloroform, örtlich betäuben*, chloroformer, anesthésier localement.
◇ part. prés. et adj. **betäubend,** assourdissant. || MÉD. *ein betäubendes Mittel*, un narcotique.
Betäubung [-buŋ] f. (-) assourdissement m. ; étourdissement m. ; engourdissement m. || MÉD. anesthésie f.
Betäubungs|mittel [bə"tɔybuŋs'mitəl] n. (s, -). MÉD. [Droge] stupéfiant m. ; [Narkotikum] anesthésique m.
beteiligen [bə'tailigən] v. tr. faire participer ; intéresser à qch. | *beteiligt sein*, avoir part à ; participer à. | *zu gleichen Teilen beteiligt sein*, participer à parts égales. | *am Gewinn beteiligt sein*, avoir part aux bénéfices. | *der Beteiligte*, le participant.
◇ v. pr. **sich beteiligen,** participer, s'intéresser, prendre part à. || COMM. *sich mit einer Einlage beteiligen*, commanditer qch.
Beteiligung [-liguŋ] f. (-, en) participation f. ; coopération f. ; concours m. ; intérêt m. || COMM. *stille Beteiligung*, participation financière sans intervention dans la gestion.
beten ['be:tən] v. tr. prier ; dire une prière. | *den Rosenkranz beten*, dire son chapelet.
◇ v. intr. prier. | *zu Gott, für die Verstorbenen beten*, prier Dieu, pour les morts.
Beten [-tən] n. (s) prière f.
Bet|bruder ["be:t'bru:dər] m. (s, ¨). RELIG., PÉJOR. bigot m. ||°-**fahrt** f. (-, en). V. WALLFAHRT. ||°-**gang** m. (s, ¨e). RELIG. procession f. ||°-**haus** n. (es, ¨er). RELIG. oratoire m. ; chapelle f. ||°-**schwester** f. (-, n). RELIG., PÉJOR. bigote f. ||°-**stuhl** m. (s, ¨e) prie-Dieu m.
Beter(in) ['be:tər(in)] m. (s, -), f. (-, nen) celui, celle qui prie.
beteuern [bə'tɔyərn] v. tr. affirmer ; protester de.
Beteuerung [-ruŋ] f. (-, en) affirmation f. ; protestation f.
betiteln [bə'ti:təln] v. tr. et v. pr. (s')intituler.
Betitelung [-luŋ] f. (-, en) titre m. ; qualification f.
betölpeln [bə'tœlpəln] v. tr. duper ; tromper. || FAM. rouler. || FAM. *sich betölpeln lassen*, donner dans le panneau.
Beton [be'tɔ̃] m. (s) béton m. | *Eisenbeton*, béton armé.
Beton|abschirmung [be"tɔ̃ap'ʃi:rmuŋ] f. (-, en). NUCL. enceinte (f.) de confinement. ||°-**arbeiter** m. (s, -) bétonneur m. ||°-**ausbau** m. (s, e) revêtement (m.) en béton. ||°-**bau** m. (s, e) construction (f.) en béton. ||°-**bett** n. (s, en) couche (f.) de béton. ||°-**mantel** m. (s, ¨) revêtement (m.), chape (f.) de béton. ||°-**mischer** m. (s, -), °-**misch|maschine** f. (-, n) bétonnière f. ||°-**spritz|maschine** f. (-, n). TECHN. injecteur (m.) à béton.
betonen [bə'to:nən] v. tr. accentuer ; mettre l'accent, appuyer sur. || FIG. insister sur.
betonieren [beto'ni:rən] v. tr. bétonner.
Betonung [bə'to:nuŋ] f. (-, n). GRAMM. accentuation f. ; accent m.
betören [bə'tø:rən] v. tr. séduire ; enjôler ; POP. embob(el)iner.
Betörung [-ruŋ] f. (-, en) séduction f. ; enjôlement m.
betr. (abrév. de **betreffend**) adj. concernant ; en ce qui concerne ; quant à.
Betracht [bə'trɑxt] m. (s) considération f. | *in Betracht*, eu égard à ; vu ; en considération de. | *in Betracht kommen, ziehen*, entrer en ligne de compte (en considération) ; prendre en considération. | *das kommt nicht in Betracht*, c'est sans importance. | *es muß außer Betracht bleiben*, il faut laisser cela de côté.
betrachten [-tən] v. tr. regarder ; considérer ; contempler ; observer ; envisager ; examiner. | *ein Bild aufmerksam betrachten*, contempler une image. || FIG. considérer ; examiner. | *wir müssen die Angelegenheit von allen Seiten betrachten*, nous devons examiner l'affaire sous tous les rapports, sous toutes ses faces.
◇ v. pr. **sich betrachten,** se contempler.
beträchtlich [bə'trɛ:çtliç] adj. considérable ; important ; sensible.
Beträchtlichkeit [-kait] f. (-) importance f.
Betrachtung [bə'traxtuŋ] f. (-, en) considération f. ; contemplation f. ; méditation f. ; réflexion f.
Betrachtungs|weise [bə"trɑ:xtuŋs'vaizə] f. (-, n) manière (f.) de voir (les choses).
Betrag [bə'trɑ:k] m. (s, ¨e) montant m. ; somme f. ; quantité f. | *abgerundeter Betrag*, montant arrondi. || COMM. *fälliger Betrag*, somme due, exigible. | *bis zum Betrage von tausend Mark*, jusqu'à concurrence de mille marks. | *Betrag erhalten*, pour acquit. | *Betrag bar erhalten*, payé comptant.
betragen [bə'trɑ:gən] (ä, u, a) v. intr. COMM. (se) monter, s'élever à ; faire. | *die Rechnung beträgt tausend Mark*, la facture s'élève à mille marks.
◇ v. pr. **sich betragen,** se comporter ; se conduire.
— SYN. : *sich benehmen*, se conduire ; *sich verhalten*, se comporter.
Betragen [-'trɑ:gən] n. (s) conduite f. ; attitude f. ; manières f. pl. ; procédé m. | *sich mit seinem Betragen nach jm richten*, modeler sa conduite sur celle de qn.
betrauen [bə'trauən] v. tr. confier ; charger. | *jn mit etwas betrauen*, confier qch. à qn.
betrauern [bə'trauərn] v. tr. déplorer ; regretter. | *jn betrauern*, porter le deuil de qn.
betrauerns|wert [bə"trauərns've:rt] adj. regrettable.
beträufeln [bə'trɔyfəln] v. tr. verser goutte à goutte.
Betreff [bə'trɛf] m. (s) référence f. ; rapport m. | *in Betreff* (gén.), au sujet de ; relativement à.
betreffen [-'trɛfən] (i, a, o) v. tr. atteindre ; frapper. | *ein schweres Unglück hat ihn betroffen*, un grand malheur l'a frappé. || PAR EXT. [angehen] concerner ; regarder. | *was dich betrifft*, en ce qui te concerne ; quant à toi ; pour ce qui te regarde.
◇ part. prés. et adj. **betreffend,** concernant ; relatif

à. || JUR. *die betreffende Behörde*, l'autorité compétente. | *der betreffende Plan*, le projet en question.
◇ part. pass. et adj. **betroffen,** frappé ; interdit. | *er schwieg betroffen*, il demeura interdit. || JUR. *von einem Aufenthaltsverbot betroffen sein*, être interdit de séjour.

betreffs [-'trɛfs] prép. (gén.) quant à.

betreiben [bə'traibən] (ie, ie) v. tr. exercer ; pratiquer ; exploiter. | *die Bahn wird elektrisch betrieben*, l'exploitation de la ligne est électrique. || FIG. pratiquer ; exploiter ; cultiver. | *ein Geschäft betreiben*, exploiter une affaire. | *Studien betreiben*, faire des études. || JUR. *einen Prozeß betreiben*, mener une affaire en justice.

Betreiben [-bən] n. (s) exercice m. ; exploitation f. || JUR. *Betreiben eines Prozesses*, poursuite f. || *auf Betreiben von...*, à l'instigation de...

Betreibung [-buŋ] f. (-) exploitation f. ; exercice m. (d'une profession).

betreßt [bə'trɛst] adj. galonné.

betreten [bə'tre:tən] (i, a, e) v. tr. mettre le pied, marcher sur ; fouler. | *die Kanzel betreten*, monter en chaire.
◇ part. pass. et adj. **betreten,** frayé ; battu ; fréquenté. | *betretener Weg*, chemin battu. || FIG. confus ; interdit ; consterné. | *sie schwieg betreten*, elle se tut, interdite. | *betretenes Schweigen*, silence gêné.

Betreten [-tən] n. (s) accès m. | *das Betreten des Rasens ist nicht gestattet*, il n'est pas permis de marcher sur le gazon.

Betretenheit [bə'tre:tənhait] f. (s) surprise f. ; confusion f. ; embarras m. ; consternation f.

Betretungs|fall [bə"tre:tuŋs'fal] m. (s, ¨e). JUR. *im Betretungsfall(e)*, en cas de contravention.

betreuen [bə'trɔyən] v. tr. avoir le soin, la garde, la charge de ; surveiller ; soigner. | *Kinder betreuen*, s'occuper d'enfants.

Betreuer [bə'trɔyər] m. (s, -). SPORT. soigneur m.

Betreuung [-uŋ] f. (-) soin m. ; assistance f. ; surveillance f. ; contrôle m.

Betreuungs|behörden [-sbəhø:rdən] pl. ADM. autorités (f. pl.) de tutelle.

Betrieb [bə'tri:p] m. (s, e) **1.** exploitation f. ; entreprise f. | *industrieller, gewerblicher Betrieb*, entreprise industrielle.
2. PAR EXT. mouvement m. ; marche f. ; service m. | *Baustelle in Betrieb*, chantier (m.) en activité. | *außer Betrieb*, hors service ; arrêté. | *in Betrieb setzen*, [Industrie] mettre en exploitation ; [Maschine] mettre en service, en marche, en fonctionnement ; mettre en action ; en activité ; [Hochofen] mettre à feu. | *wieder in Betrieb setzen*, remettre en marche. | *den Betrieb wieder aufnehmen*, reprendre le travail.
3. animation f. ; trafic m. | *auf dem Bahnhof war starker Betrieb*, à la gare le trafic était fort animé. || FAM. *in dieser Straße herrscht immer großer Betrieb*, cette rue est toujours très animée.

Betriebs|analyse [bə"tri:psana'ly:zə] f. (-, n). ADM. analyse (f.) d'exploitation. ||°**-anlagen** f. pl. installations f. pl. ; établissements m. pl. ; ateliers m. pl. ||°**-anleitung** f. (-, en) instruction (f.) de service ; manuel (m.) d'utilisation. ||°**-ausgaben** f. pl. frais (m. pl.) d'exploitation. ||°**-ausschuß** m. (es, ¨e) comité (m.) d'entreprise. ||°**-berater** m. (s, -) organisateur-conseil m. ||**-bereit** adj. en état, en ordre de marche ; prêt à fonctionner, à être mis en marche, en service. ||°**-dauer** f. (-) durée (f.) d'exploitation. ||°**-druck** m. (s, e). [Gas] pression (f.) de service. ||°**-eigenschaften** f. pl. TECHN. caractéristiques (f. pl.) de fonctionnement. ||°**-einnahmen** f. pl. recettes (f. pl.) d'entreprise. ||°**-einstellung** f. (-, en) fermeture (f.) d'entreprise ; arrêt (m.) de l'exploitation. || °**-ergebnis** n. (ses, se) compte (m.) d'exploitation. ||°**-ertrag** m. (s, ¨e) bénéfice m. ; rendement (m.) de l'exploitation. ||**-fähig, -fertig** adj. exploitable ; en état de marche, de fonctionnement. ||°**-fonds** m. (-, -) fonds (m.) de roulement. ||°**-geheimnis** n. (ses, se) secret (m.) d'exploitation ; secret professionnel. || °**-gewinn** m. (s, e) bénéfice (m.) d'exploitation. ||°**-inventar** n. (s, e) matériel (m.) d'exploitation. ||°**-kapital** n. (s, ien) capital (m.) d'exploitation ; fonds (m.) de roulement. ||°**-leiter** m. (s, -) chef (m.) technique ; chef d'exploitation, d'entreprise. || °**-material** n. (s, ien) matériel (m.) d'exploitation. ||°**-normung** f. (-, en) normalisation f. ; standardisation (f.) de l'exploitation. ||°**-obmann** m. (s, ¨er) délégué (m.) du personnel. ||°**-ordnung** f. (-, en) règlement intérieur, de service. ||°**-personal** n. (s) personnel (m.) d'exploitation. ||°**-rat** m. (s, ¨e) comité (m.) d'entreprise. ||°**-restaurant** n. (s, s) restaurant (m.) d'entreprise. ||**-sicher** adj. sûr ; offrant une entière sécurité de service ; éprouvé. ||°**-sicherheit** f. (-) sécurité (f.) de fonctionnement. ||°**-spannung** f. (-, en). ÉLECTR. tension (f.) de service. ||°**-stätte** f. (-, n) lieu (m.) d'exploitation. ||°**-stillegung** f. (-, en) arrêt (m.) du service ; fermeture (f.) de l'exploitation. ||°**-stoff** m. (s, e). [Werkstoff] matière (f.) de fabrication. || [Treibstoff] carburant m. ||°**-störung** f. (-, en) perturbation f., dérangement m. ; panne f. ||°**-system** n. (s, e). INF. système (m.) d'exploitation. ||°**-umstellung** f. (-, en) transformation (f.), regroupement (m.), réadaptation (f.) d'une entreprise. ||°**-unfall** m. (s, ¨e) accident (m.) du travail. || °**-verhältnisse** n. pl. conditions (f. pl.) de service ; situation (f.) d'entreprise. ||°**-verlegung** f. (-, en) déplacement (m.) d'entreprise. ||°**-vermögen** n. (s, -) [bewegliches] capital (m.), bien (m.) d'exploitation. || [unbewegliches] immobilisations f. pl. ||°**-verwaltung** f. (-, en) administration (f.) d'entreprise. ||°**-vorschriften** f. pl. consignes (f. pl.), instructions (f. pl.) de service. ||°**-wirt(in)** m. (s, e), f. (-, nen) diplômé(e) [m. (f.)] en gestion d'entreprise. ||°**-zeit** f. (-, en) heures (f. pl.) de travail. ||°**-zugehörigkeit** f. (-) appartenance (f.) à l'entreprise. ||°**-zustand** m. (s) état (m.) de l'exploitation. | *im Betriebszustand*, en état de marche. ||°**-zweig** m. (s, e) secteur (m.) de l'entreprise ; branche (f.) d'activité.

betrinken (sich) [ziçbə'triŋkən] (a, u) v. pr. s'enivrer ; se griser.

betroffen [bə'trɔfən] adj. interdit ; confus ; troublé.

Betroffene(r) [bə'trɔfənə(r)] f. (m.). personne concernée.

Betroffenheit [bə'trɔfənhait] f. (-) consternation f. ; surprise f. ; confusion f. ; trouble m.
— SYN. : *Verwirrung*, confusion ; *Bestürzung*, trouble.

betröpfeln [bə'trøpfəln], **betropfen** [bə'trɔpfən] v. tr. verser goutte à goutte.

betrüben [bə'try:bən] v. tr. attrister ; affliger ; contrister ; affecter.

betrüblich [-'try:pliç] adj. triste ; affligeant ; désolant.

Betrübnis [-'trypnis] f. (-, se) tristesse f. ; affliction f. ; désolation f.

Betrug [bə'tru:k] m. (s) tromperie f. ; fraude f. ; imposture f. ; tricherie f. ; escroquerie f. | *offenbarer Betrug*, tromperie manifeste, visible.

betrügen [bə'try:gən] (o, o) v. tr. tromper ; duper ; frauder. | *er wurde um seinen Tageserlös betrogen*, il a été frustré de ce qu'il avait gagné dans la journée. | *sich beim Spiel betrügen lassen*, se laisser piper.
— SYN. : *irreführen*, induire en erreur ; *hinters Licht führen*, *anführen* donner le change ; *überlisten*, attraper ; *hintergehen*, tromper ; *prellen*, berner ; *beschwindeln*, duper ; FAM. piper, rouler.

Betrüger(in) [-gər(in)] m. (s, -), f. (-, nen) trompeur m. ; trompeuse f. ; fraudeur m. ; fraudeuse f. ; fourbe m.

Betrügerei [-'try:gə"rai] f. (-, en) tromperie f. ; fraude f. ; supercherie f. ; imposture f.

betrügerisch [bə'try:gəriʃ] adj. [Personen] trompeur ; fourbe ; imposteur. || [Dinge] trompeur ; fallacieux ; frauduleux ; insidieux. || JUR. dolosif. | *betrügerischer Bankrott*, banqueroute frauduleuse.

betrunken [bə'truŋkən] adj. ivre. || FAM. *jn betrunken machen*, soûler qn.

Betrunkenheit [bə'truŋkənhait] f. ivresse f.

Bett [bɛt] n. (s, en) lit m. ; couche f. | *ein gutes Bett*, un bon lit. | *Klappbett*, lit-cage m. | *Brautbett*, lit nuptial. | *Sterbebett*, lit funèbre. | *ein Bett machen, überziehen*, faire un lit, mettre les draps. | *das Bett lüften*, aérer le lit. | *das Bett hüten*, garder le lit. | *sich zu (ins) Bett legen*, *ins Bett steigen*, aller se coucher. | *Federbett*, édredon m. || [Bettzeug] literie f. || JUR. *von Bett und Tisch getrennt*, séparés de corps et de biens. | *Kinder aus erstem Bett*, enfants (m. pl.) du premier lit. || PAR ANAL. lit m. | *der Wildbach hat sein Bett verlassen*, le torrent a quitté son lit. || [Jagd] gîte m. || MINES. couche f. ; gisement m. || AGRIC. couche f. || TECHN. [Maschine] semelle f. ; socle m.

Bett|bahn ["bɛt'bɑ:n] f. (-, en). TECHN. glissière (f.) de barre. ||°**-bezug** m. (s, ¨e) draps (m. pl.) de lit ; garniture (f.) de lit. ||°**-decke** f. (-, n) couverture (f.) de lit ; couvre-pieds m. | *gesteppte Bettdecke*, courtepointe f. ||°**-federn** f. pl. duvet m. ||°**-flasche** f. (-, n) bouillotte f. ||°**-gestell** n. (s, e) bois (m.) de lit. ||

MIL. châlit m. ||°-**himmel** m. (s, -) ciel (m.) de lit (pl. ciels de lit). ||-**lägerig** adj. alité ; grabataire. ||°-**laken** n. (s, -), °-**linnen** n. (s) drap (m.) de lit. ||°-**nässen** n. (s). MÉD. incontinence f. (d'urine) ; énurésie f. ||°-**rolle** f. (-, n) traversin m. ||°-**überzug** m. (s, ¨e) dessus (m.) de lit. ||°-**vorlage** f. (-, n), °-**vorleger** m. (s, -) descente (f.) de lit. ||°-**wärmer** m. (s, -) bouillotte f. ; chauffe-lit m. ; bassinoire f. ; moine m. ||°-**wäsche** f. (-), °-**zeug** n. (s) draps (m. pl.) de lit et taies f. pl.

Bettel ['bɛtəl] m. (s). (Vx.) mendicité f. | *auf den Bettel kommen*, tomber dans la mendicité. || PAR EXT. guenille f. ; bagatelle f. ; vétille f.

bettel|arm ["bɛtəl'arm] adj. misérable ; miséreux ; gueux ; FAM. pauvre comme Job, comme un rat d'église. ||°-**bruder** m. (s, ¨) [frère] mendiant m. ||°-**frau** f. (-, en) mendiante f. ||°-**mönch** m. (s, e) moine mendiant ; frère quêteur. ||°-**orden** m. (s, -) ordre mendiant. ||°-**sack** m. (s, ¨e) besace f. ||°-**stab** m. (s, ¨e) bâton (m.) de mendiant. || FIG. mendicité f. | *an den Bettelstab geraten*, être réduit à la mendicité.

Bettelei [bɛtə'lai] f. (-, en) mendicité f.

betteln ['bɛtəln] v. intr. mendier ; demander l'aumône.

Betteln [-təln] n. (s) mendicité f.

betten ['bɛtən] v. tr. faire le(s) lit(s) ; coucher. | *das Kind betten*, coucher l'enfant. | *auf Stroh betten*, coucher sur la paille.
◇ v. pr. **sich betten,** se faire un lit ; se coucher. || FIG. *er hat sich weich gebettet*, il s'est (bien) casé. || PROV. *wie man sich bettet, so liegt man,* FAM. comme on fait son lit, on se couche.

Bettler(in) ['bɛtlər(in)] m. (s, -), f. (-, nen) mendiant(e) m. (f.) ; gueux m. ; gueuse f. ; FAM. mendigot m.

Bettung ['bɛtuŋ] f. (-, en) base f. ; lit m. || MIL. plate-forme (f.) d'artillerie. || TRANSP. ballast m.

betu(e)n (sich) [ziçbə'tu:(ə)n] (betat, betan) v. pr. faire l'empressé.

betulich [bə'tu:liç] adj. empressé ; actif. || PAR EXT. habile, prévenant.

betupfen [bə'tupfən] v. tr. moucheter ; tapoter du bout du doigt, du pinceau. || Tamponner.

beugbar ['bɔykba:r] adj. flexible.

Beuge ['bɔygə] f. (-, n) courbure f. ; coude m. ; flexion f. ; fléchissement m.

Beuge|fall ["bɔygə'fal] m. (s, ¨e). GRAMM. cas m. ||°-**muskel** m. (s, -). ANAT. fléchisseur m.

beugen ['bɔygən] v. tr. fléchir ; plier ; ployer ; courber. | *das Knie, den Arm, den Ellenbogen beugen*, plier le genou, le bras, le coude. | *den Körper beugen*, ployer le corps. | *die Jahre haben ihn gebeugt*, il ploie sous le poids des ans. | *er ist gramgebeugt*, il est accablé de chagrin. || FIG. faire ployer. | *js Stolz beugen*, rabaisser l'orgueil de qn. || JUR. *das Recht beugen*, violer le droit. || GRAMM. décliner, conjuguer.
◇ v. pr. **sich beugen,** se plier ; se courber ; s'incliner. | *sich dem Befehl beugen*, obéir.

Beuger [-gər] m. (s, -). ANAT. fléchisseur m.

beugsam ['bɔykza:m] adj. flexible. || FIG. souple ; docile.
— SYN. : *biegsam*, souple ; *schmiegsam*, flexible ; *geschmeidig*, maniable ; *elastisch*, élastique ; *gehorsam*, obéissant ; *nachgiebig*, conciliant.

Beugung ['bɔyguŋ] f. (-, en) fléchissement m. ; courbure f. ; coude m. ; flexion f. ; inflexion f. || FIG., JUR. violation f. || GRAMM. [Hauptwort ; Beiwort] flexion f. ; déclinaison f. || [Tätigkeitswort] conjugaison f.

Beugungs|spektrum ["bɔyguŋs'ʃpɛktru:m] n. (s, tren). PHYS. spectre (m.) de diffraction.

Beule ['bɔylə] f. (-, n) bosse f. ; bosselure f. || MÉD. bosse f. ; enflure f. ; tumeur f. ; bubon m.

Beulen|pest ["bɔylən'pɛst] f. (-) MÉD. peste (f.) bubonique.

beulig ['bɔyliç] adj. plein de bosses ; bosselé ; bossué ; cabossé.

beunruhigen [bə"un'ru:igən] v. tr. inquiéter ; alarmer ; agiter ; troubler.
◇ v. pr. **sich beunruhigen,** s'inquiéter.

Beunruhigung [-guŋ] f. (-) inquiétude f. ; trouble m. ; alarme f.

beurkunden [bə"u:r'kundən] v. tr. produire des titres à l'appui de ; authentifier ; certifier ; attester.
— SYN. : *bezeugen*, témoigner ; *beweisen*, prouver ; *belegen*, justifier ; *bekräftigen*, confirmer.

Beurkundung [-duŋ] f. (-, en) documentation f. ; confirmation f. ; attestation f. ; preuve f. | *zur Beurkundung dessen*, dont acte.

beurlauben [bə'u:rlaubən] v. tr. donner congé à ; congédier ; licencier. | *Beamte, Angestellte beurlauben*, licencier des fonctionnaires, des employés. || MIL. *Soldaten beurlauben*, donner une permission à des soldats.
◇ v. pr. **sich beurlauben,** *sich von jm beurlauben*, prendre congé de qn.

Beurlaubten|stand [bə"u:rlauptən'ʃtant] m. (s). MIL. réserve f. || ADM., MIL. disponibilité f.

Beurlaubung [bə'u:rlaubuŋ] f. (-, en) renvoi m. ; mise (f.) en congé. || MIL. permission f. || ADM., UNIV. année (f.) sabbatique.

beurteilen [bə'urtailən] v. tr. juger ; critiquer ; apprécier ; estimer.

Beurteilung [-luŋ] f. (-, en) jugement m. ; critique f. ; analyse f. ; appréciation f.

Beute ['bɔytə] f. (-, n) butin m. | *Beute machen, die Beute verteilen*, faire du butin ; faire la part du butin. || MAR. prise f. ; capture f. || PAR ANAL. proie f. ; rapine f. | *auf Beute ausgehen*, chercher une proie. || FIG. proie f. ; victime f.

beute|lustig ["bɔytə'lustiç] adj. avide de butin ; âpre à la curée. ||°-**recht** n. (s, e) droit (m.) de prise. ||°-**zug** m. (s, ¨e) raid m. ; razzia f.

Beutel ['bɔytəl] m. (s, -) sac m. ; sachet m. ; sacoche f. | *Tabaksbeutel*, blague f. (à tabac). | *Brotbeutel*, musette f. | *Geldbeutel*, bourse f. | *einen leeren Beutel haben*, FAM. avoir la bourse plate. || FIG. *sich nach seinem Beutel richten*, régler sa dépense sur ses revenus.

Beutel|filter ["bɔytəl'filtər] m. (s, -) filtre (m.) à sac, à manche. ||°-**maus** f. (-, ¨e). ZOOL. saccophore m. ||°-**ratte** f. (-, n). ZOOL. sarigue m., f. ; opossum m. ||°-**schneider** m. (s, -) coupeur (m.) de bourse ; filou m. ; tire-laine m. ||°-**schneiderei** f. (-) filouterie f. ||°-**tiere** m. pl. ZOOL. marsupiaux m. pl.

beuteln ['bɔytəln] v. tr. secouer. | *Mehl beuteln*, filtrer, bluter la farine.
◇ v. intr. goder.

bevölkern [bə'følkərn] v. tr. et v. pr. (se) peupler. | *ein Land bevölkern*, peupler un pays. | *dicht bevölkert*, très peuplé ; populeux.

Bevölkerung [-ruŋ] f. (-, en) [Handlung] peuplement m. || [Zustand] population f.

Bevölkerungs|abnahme [bə"følkəruŋs'apna:mə] f. (-, n) diminution (f.), décroissance (f.) de la population. ||°-**aufbau** m. (s) structure (f.) de la population. ||°-**bewegung** f. (-, en) mouvement (m.) de la population. ||°-**dichte** f. (-, n) densité (f.) de la population. ||°-**druck** m. (s) poussée (f.) démographique. ||°-**schutz** m. (es) défense passive. ||°-**stand** m. (s) état (m.) de la population. ||°-**überschuß** m. (es, ¨e) excédent (m.) de population. ||°-**zunahme** f. (-, n) augmentation (f.) de la population.

bevollmächtigen [bə"fɔl'mɛçtigən] v. tr. JUR. autoriser ; donner procuration, pouvoir à qn ; mandater ; déléguer.

Bevollmächtigter [-tiçtər] m. JUR. mandataire m. ; fondé (m.) de pouvoir. || POLIT. plénipotentiaire m.

Bevollmächtigung [-tiguŋ] f. (-, en) autorisation f. ; procuration f. ; délégation f.

bevor [bə'fo:r] conj. avant que (subj.) ; avant de (infin.).

bevormunden [bə"fo:r'mundən] v. tr. être tuteur de qn. || PAR EXT. donner un tuteur à qn.

Bevormundung [-duŋ] f. PR. et FIG. tutelle f.

bevor|recht(ig)en [bə"fo:r'rɛçt(ig)ən] v. tr. privilégier ; accorder des prérogatives (à qn).

Bevor|rechtigung [-tiguŋ] f. (-, en) privilège m. ; prérogative f. ; préférence f.

bevor|stehen [bə"fo:rʃte:ən] (stand bevor, bevorgestanden) v. intr. être imminent ; être en perspective ; être sur le point d'arriver. | *es steht ihm etwas bevor,* FAM. ça lui pend au nez. | *die bevorstehenden Ferien*, les vacances proches.

bevorteilen [bə"fo:r'tailən] v. tr. [fördern] avantager ; donner des avantages ; préférer. || PAR EXT. [übervorteilen] léser ; porter préjudice à.

bevorzugen [bə"fo:r'tsu:gən] v. tr. préférer ; favoriser ; avantager ; accorder un traitement de faveur à. | *der Bevorzugte*, FAM. le préféré.

bewachen [bə'vaxən] v. tr. garder ; surveiller.
— SYN. : *überwachen, wachen über*, surveiller.

bewachsen [bə'vaksən] (ä, u, a) v. tr. et v. pr. (se) couvrir de végétation.

Bewachung [bəvaxuŋ] f. (-) garde f. ; surveillance f. ‖ JUR. *unter polizeilicher Bewachung stehen*, être gardé à vue.

bewaffnen [bə'vafnən] v. tr. et v. pr. (s')armer ; (s')équiper.

◇ part. pass. et adj. **bewaffnet,** armé ; équipé. ‖ JUR. *mit bewaffneter Hand*, à main armée. | *ein Bewaffneter*, un homme en armes.

Bewaffnung [-nuŋ] f. (-, en) armement m. ; équipement m.

bewahren [bə'vɑ:rən] v. tr. garder ; conserver ; protéger ; garantir ; préserver ; mettre à l'abri. | *einen Schatz bewahren*, garder un trésor. | *Gott bewahre mich !*, Dieu me garde ! | *Stillschweigen bewahren*, garder le silence. | *in seinem Herzen bewahren*, ne pas oublier.

bewähren [bə'vɛ:rən] v. tr. (Vx.) confirmer. | *seinen guten Ruf bewähren*, soutenir sa réputation.

◇ v. pr. **sich bewähren,** s'avérer ; se vérifier ; se révéler. ‖ faire ses preuves. | *sich nicht bewähren*, ne pas résister à l'épreuve.

bewahrheiten [bə'vɑ:rhaitən] v. tr. et v. pr. (se) confirmer ; (se) réaliser.

Bewahrheitung [-tuŋ] f. (-) confirmation f.

bewährt [bə'vɛ:rt] adj. éprouvé ; à toute épreuve. | *bewährter Freund*, ami éprouvé.

Bewährtheit [bə've:rthait] f. (-) authenticité f. ; solidité f. ; bonne qualité. ‖ FIG. fidélité f.

Bewahrung [bə'vɑ:ruŋ] f. (-, en) garde f. ; conservation f. ; préservation f. ; protection f.

Bewährung [bə'vɛ:ruŋ] f. (-, en) confirmation f. ; vérification f. ; épreuve f. ‖ JUR. liberté conditionnelle, provisoire.

Bewährungs|frist [bə"vɛ:ruŋs'frist] f. (-, en). JUR. sursis m. | *drei Monate Gefängnis mit Bewährungsfrist*, trois mois de prison avec sursis.

bewalden [bə'valdən] v. tr. boiser.

Bewaldung [-duŋ] f. (-, en) boisement m.

bewältigen [bə'vɛltigən] v. tr. venir à bout de ; dompter ; terrasser. | *Schwierigkeiten bewältigen*, surmonter des difficultés.

◇ part. prés. et adj. **bewältigend,** qui subjugue.

Bewältigung [-guŋ] f. soumission f. ; réduction f. ‖ accomplissement m. (d'un travail).

bewandert [bə'vandərt] adj. FIG. versé ; expert. | *er ist in Naturwissenschaften wohl bewandert*, il est fort en sciences naturelles.

Bewandertheit [bə'vandərthait] f. (-) expérience f. ; connaissance f.

bewandt [bə'vant] adj. (ancien part. pass. ; v. BEWENDEN). | *bei so bewandten Umständen*, dans de telles conditions. | *so ist die Sache bewandt*, il en est ainsi.

Bewandtnis [-nis] f. (-, se) caractère m. ; tournure f. | *damit hat es folgende Bewandtnis*, voici ce qu'il en est.

bewässern [bə'vɛsərn] v. tr. arroser ; irriguer.

Bewässerungs|anlage [bə"vɛsəruŋs'anlɑ:gə] f. (-, n) système (m.) d'irrigation.

bewegen [bə've:gən] v. tr. (conjug. faible) mouvoir ; agiter ; mettre en mouvement. | *der Wind bewegt die Blätter, das Meer*, le vent agite les feuilles, la mer. | *von der Stelle bewegen*, faire mouvoir. | *bewegende Kraft*, force motrice. ‖ FIG. *sich bewegen lassen*, se laisser ébranler, toucher.

◇ v. pr. **sich bewegen,** se mouvoir ; se mettre en mouvement. | *wir standen so dicht aneinander, daß wir uns nicht bewegen konnten*, nous étions si serrés que nous ne pouvions pas bouger. | *sich im Kreise bewegen*, tourner en rond. | *sich wellenförmig bewegen*, onduler. ‖ FIG. *sich in vornehmen Kreisen bewegen*, fréquenter la haute société.

bewegen [bə've:gən] (o, o) v. tr. amener à ; engager, déterminer à. | *was bewog dich zur Abreise ?*, qu'est-ce qui t'a engagé à partir ? | *sich bewogen fühlen*, se sentir porté à. | *er ließ sich zur Reise bewegen*, il se laissa convaincre de partir.

Beweg|grund [bə"ve:k'grunt] m. (s, ¨e) motif m. ; mobile m. ‖°-**kraft** f. (-, ¨e) force motrice.

beweglich [bə've:kliç] adj. mobile ; mouvant. ‖ JUR. meuble. | *bewegliche Güter*, biens (m. pl.) meubles. | *sein Geist ist höchst beweglich*, il a l'esprit très délié. ‖ FIG. (Vx.) émouvant.

Beweglichkeit [-kait] f. (-) mobilité f. ; vivacité f. ; volubilité f.

bewegt [bə've:kt] adj. en mouvement ; mouvant ; agité. | *bewegte See*, mer houleuse. ‖ FIG. mouvementé ; agité. | *bewegte Vergangenheit*, passé agité. | *bewegtes Leben*, vie mouvementée. | *bewegten Herzens*, avec émotion.

Bewegung [-'veguŋ] f. (-, en) mouvement m. ; geste m. | *in Bewegung setzen, bringen*, mettre en mouvement. | *sich Bewegung machen*, se dégourdir les jambes ; faire de l'exercice ; marcher. ‖ LOC. *alle Hebel in Bewegung setzen*, remuer ciel et terre. ‖ FIG. agitation f. ; émotion f. | *es gab eine große Bewegung unter den Zuhörern*, il se fit un grand mouvement dans l'auditoire. | *vor Bewegung zitterte ihre Stimme*, sa voix tremblait d'émotion. ‖ COMM. mouvement m. ; circulation f. ‖ PHYS. mouvement m. | *Lehre von der reinen Bewegung*, mécanique rationnelle. | *drehende, schwingende Bewegung*, mouvement de rotation, d'oscillation. ‖ ASTRON. *rückläufige Bewegung*, rétrogradation f.

Bewegungs|energie [bə"ve:guŋsenɛr'gi:] f. (-) énergie (f.) cinétique. ‖-**fähig** adj. mobile. ‖°-**fähigkeit** f. (-) mobilité f. ‖°-**gesetz** n. (es, e) loi (f.) du mouvement. ‖°-**größe** f. (-) quantité (f.) de mouvement. ‖-**hemmend** adj. retardateur. ‖°-**kraft** f. (-, ¨e) force motrice. ‖°-**krieg** m. (s, e). MIL. guerre (f.) de mouvement. ‖°-**lehre** f. (-, n) mécanique f. ; cinétique f. ‖-**los** adj. sans mouvement ; immobile. ‖°-**losigkeit** f. (-) immobilité f. ‖°-**sitz** m. (es, e). TECHN. ajustement (m.) avec jeu. ‖°-**spiele** n. pl. jeux (m. pl.) de plein air. ‖°-**übertragung** f. (-, en). PHYS. transmission (f.) de mouvement. ‖°-**vermögen** n. (s) mobilité f.

bewehren [bə've:rən] v. tr. MIL. (Vx.) mettre en état de défense ; armer.

beweiben (sich) [ziçbə'vaibən] v. pr. (Vx.) se marier ; prendre femme.

beweih|räuchern [bə"vai'rɔyçərn] v. tr. encenser.

beweinen [bə'vainən] v. tr. pleurer ; déplorer.

beweinens|wert [bə"vainəns've:rt] adj. déplorable ; lamentable.

Beweis [bə'vais] m. (es, e) preuve f. ; argument m. ; témoignage m. ; démonstration f. ; justification f. ; raison f. | *überzeugender, zwingender, schlagender Beweis*, preuve convaincante, décisive, éclatante. | *einen Beweis erbringen, liefern*, apporter, fournir une preuve. | *einen Beweis entkräften*, infirmer une preuve. | *unter Beweis stellen*, prouver ; faire la preuve de. | *halber Beweis*, commencement (m.) de preuve. | *schriftlicher Beweis*, preuve littérale. | *das bedarf des Beweises*, cela demande à être prouvé. ‖ MATH., PHILOS. preuve f. ; démonstration f. | *den Beweis eines Satzes führen*, faire la démonstration d'un théorème.

Beweis|aufnahme [bə"vais'aufnɑ:mə] f. (-, n). JUR. preuves f. pl. | *die Beweisaufnahme beschließen*, ordonner la preuve. ‖°-**frist** f. (-, en) terme accordé pour (faire) la preuve. ‖°-**führung** f. (-, en) argumentation f. ; démonstration f. ; raisonnement m. ‖°-**grund** m. (s, ¨e) argument m. ; raison (probante). ‖°-**kraft** f. (-) force démonstrative. ‖-**kräftig** adj. probant ; concluant ; démonstratif. | *beweiskräftige Tatsache*, fait probant. ‖°-**mittel** n. (s, -) argument m. ; preuve f. ‖ JUR. élément (m.) de preuve. ‖°-**schrift** f. (-, en) document justificatif. ‖ JUR. mémoire justificatif. ‖°-**stück** n. (s, e). JUR. pièce justificative ; preuve f. ‖°-**urkunde** f. (-, en). JUR. document probant. | *als Beweisurkunde*, à titre documentaire.

beweisbar [bə'vaisbɑ:r] adj. prouvable ; démontrable.

beweisen [bə'vaizən] (ie, ie) v. tr. prouver ; démontrer ; faire voir ; faire preuve de ; fournir des preuves. | *seine Unschuld beweisen*, prouver son innocence. ‖ MATH. *den Lehrsatz beweisen*, démontrer le théorème. ‖ PAR ANAL. [bezeugen] prouver ; témoigner. | *Mut beweisen*, montrer du courage.

◇ v. pr. **sich beweisen,** se montrer ; faire preuve de.

bewenden [bə'vɛndən] v. intr. employé dans la loc. *es bei, mit etwas bewenden lassen*, s'en tenir à qch ; en rester là.

Bewenden [-dən] n. employé dans la loc. *damit hat es sein Bewenden*, il faut s'en tenir là.

bewerben (sich) [ziçbə'vɛrbən] (i, a, o) v. pr. rechercher ; aspirer à ; se porter candidat (à). | *sich um eine Stelle bewerben*, solliciter, postuler un emploi.

Bewerber [bə'vɛrbər] m. (s, -) postulant m. ; solliciteur m. ; concurrent m. ‖ [um ein Mädchen] soupirant m. ; prétendant m.

Bewerbung [-buŋ] f. (-, en) recherche f. ; sollicitation f. ; concours m. ; candidature f. || [um ein Mädchen] demande (f.) en mariage.

Bewerbungs|frist [bə″vɛrbuŋ'frist] f. (-, en) délai (m.) du concours. ||°**-gesuch** n. (s, e) demande (f.) d'emploi. ||°**-schreiben** n. (s, -) demande écrite ; lettre (f.) de sollicitation. ||°**-unterlagen** f. pl. dossier (m.) de candidature.

bewerfen [bə'vɛrfən] (i, a, o) v. tr. jeter ; couvrir. | *jn mit Steinen bewerfen*, jeter des pierres à qn. || FIG. *jn mit Schmutz bewerfen*, couvrir qn de boue. || ARCHIT. ravaler ; crépir.

bewerkstelligen [bə″vɛrk'ʃtɛligən] v. tr. effectuer ; exécuter ; réaliser ; mettre en œuvre. | *bewerkstelligen, daß*, faire en sorte que.

bewerten [bə've:rtən] v. tr. évaluer ; estimer ; taxer. || FIN. *Aktien bewerten*, coter les actions. || FIN., COMM. *neu bewerten*, réévaluer.

Bewertung [-tuŋ] f. (-, en) taxation f. ; évaluation f. ; estimation f.

Bewertungs|art [bə″ve:rtuŋs'ɑ:rt] f. (-, en) mode (m.) d'évaluation, de taxation. ||°**-maßstab** m. (s, ¨e) échelle (f.) d'évaluation, de taxation. ||°**-stichtag** m. (s, e). JUR. jour (m.) a quo.

bewettern [bə'vɛtərn] v. tr. MINES. aérer ; assainir.

Bewetterung [-ruŋ] f. (-). MINES. aération f. ; ventilation f.

bewickeln [bə'vikəln] v. tr. envelopper ; enrouler. || TECHN. bobiner.

Bewicklung [-'vikluŋ] f. (-, en) enroulement m. || TECHN. bobinage m.

bewilligen [bə'viligən] v. tr. accorder ; octroyer ; allouer ; concéder ; impartir. | *eine Unterredung bewilligen*, accorder un entretien. | *eine Unterstützung bewilligen*, octroyer une subvention. || COMM. *einen Kredit bewilligen*, consentir un crédit.

Bewilligung [-guŋ] f. (-, en) consentement m. ; permission f. ; autorisation f. ; agrément m. | *zeitlich unbegrenzte Bewilligung*, concession perpétuelle.

bewillkommnen [bə'vilkɔmnən] v. tr. souhaiter la bienvenue à ; saluer.

bewimpeln [bə'vimpəln] v. tr. pavoiser.

bewirken [bə'virkən] v. tr. effectuer ; produire ; causer ; obtenir.

— SYN. : *verursachen*, occasionner ; *veranlassen*, causer ; *herbeiführen*, entraîner, déterminer.

bewirten [bə'virtən] v. tr. héberger ; donner l'hospitalité à. | *Gäste bewirten*, traiter, régaler des invités.

bewirtschaften [bə'virtʃaftən] v. tr. administrer ; exploiter. | *ein Gut bewirtschaften*, exploiter une propriété. || FIN. réglementer. | *Devisen bewirtschaften*, réglementer le marché des devises. || PAR EXT. [zuteilen] contingenter ; rationner.

Bewirtschaftung [-tuŋ] f. (-, en) exploitation f. ; gestion f. ; faire-valoir m. || FIN. réglementation f. || PAR EXT. rationnement m.

Bewirtung [bə'virtuŋ] f. (-) hospitalité f. ; traitement m.

bewitzeln [bə'vitsəln] v. tr. persifler ; railler.

bewohnbar [bə'vo:nbɑ:r] adj. habitable.

Bewohnbarkeit [bə'vo:nbɑ:rkait] f. (-) habitabilité f.

bewohnen [bə'vo:nən] v. tr. habiter ; habiter à, dans ; demeurer à, dans.

Bewohner(in) [-nər(in)] m. (s, -), f. (-, nen) habitant(e) m. (f.).

Bewohnerschaft [bə'vo:nərʃaft] f. (-) ensemble (m.) des habitants.

Bewohnung [-nuŋ] f. (-, en) fait (m.) d'habiter ; occupation f.

bewölken [bə'vølkən] v. tr. et v. pr. (se) couvrir de nuages. | *bewölkter Himmel*, ciel couvert. || FIG. (s') assombrir ; (se) rembrunir. | *bewölkte Stirn*, front soucieux.

Bewölkung [-kuŋ] f. (-) nuages m. pl. || AÉRON. nébulosité f. || FIG. assombrissement m.

Bewund(e)rer [bə'vund(e)rər] m. (s, -), **Bewunderin** [-dərin] f. (-, nen) admirateur m. ; admiratrice f.

bewundern [-dərn] v. tr. admirer.

bewunderns|wert [bə″vundərns've:rt], **-würdig** [-vy:rdiç] adj. admirable ; merveilleux, étonnant.

Bewunderung [bə'vundəruŋ] f. (-) admiration f. ; émerveillement m. ; ravissement m. ; enthousiasme m. ; extase f. | *ganz Bewunderung sein*, être dans l'admiration. | *voller Bewunderung*, plein d'admiration. | *in Bewunderung versetzen*, plonger dans l'admiration. | *das ist der Bewunderung wert*, cela vaut d'être admiré.

Bewurf [bə'vurf] m. (s, ¨e). ARCHIT. [Mörtel] crépi m. ; ravalement m. ; enduit m. ; crépissure f. ; mouchetis m. || [Kalk] hourdage (m.) à la chaux.

bewußt [bə'vust] adj. conscient. | *bewußt sein*, être conscient ; avoir conscience de. | *er war sich seiner Tat vollkommen bewußt*, il savait parfaitement ce qu'il faisait. || [sich erinnern] *es ist mir nicht mehr bewußt, was ich sagen wollte*, je ne me rappelle plus ce que je voulais dire. | *so viel mir bewußt ist*, que je sache. || [mit voller Absicht] *du hast mich bewußt belogen*, tu m'as menti sciemment. || PAR EXT. bien connu ; en question. | *das bewußte Buch*, le livre en question ; ce fameux livre. || FAM. *dieser bewußte Müller*, ce dénommé Muller.

Bewußtheit [bə'vusthait] f. (-) conscience f. ; connaissance (f.) de qch. || PAR EXT. [Absichtlichkeit] intention f.

bewußt|los [bə″vust'lo:s] adj. sans, privé de connaissance ; évanoui. || FIG. [unbewußt] inconscient ; instinctif. ||°**-losigkeit** f. (-) perte (f.) de connaissance ; évanouissement m. || FIG. inconscience f.

Bewußtsein [bə″vust'zain] n. (s) connaissance (f.) de soi ; conscience f. | *das Bewußtsein verlieren*, perdre connaissance. | *wieder zu(m) Bewußtsein kommen*, reprendre connaissance. || PAR EXT. [klar werden] *allmählich kam ihm zum Bewußtsein, daß...*, peu à peu il se rendit compte que... || [Gefühl] *im Bewußtsein seiner Unschuld*, fort de son innocence.

Bewußtseins|spaltung [bə″vustzains'ʃpaltuŋ] f. (-). MÉD., FIG. dédoublement (m.) du moi ; schizophrénie f.

Bey [bɛ] m. (s, s). POLIT. bey m.

bezahlbar [bə'tsɑ:lbɑ:r] adj. payable.

bezahlen [bə'tsɑ:lən] v. tr. payer ; rétribuer ; rémunérer ; acquitter. | *auf Heller und Pfennig, pünktlich, aufs Härchen, auf Sicht, im voraus, auf Abschlag, in klingender Münze bezahlen*, payer rubis sur l'ongle, jusqu'au dernier centime, à vue, d'avance, par acomptes, en espèces. | *was haben Sie dafür bezahlt ?*, combien avez-vous payé cela ? | *Rückantwort bezahlt*, réponse payée. || LOC. *den Schaden bezahlen müssen*, FAM. payer les pots cassés. | *jn mit gleicher Münze bezahlen*, rendre à qn la monnaie de sa pièce. | *mit Worten bezahlen*, payer en monnaie de singe. | *das ist nicht mit Gold zu bezahlen, aufzuwiegen*, cela vaut son pesant d'or ; cela n'a pas de prix. | *die Zeche bezahlen*, payer la note ; FIG. payer les pots cassés.

Bezahlung [-luŋ] f. (-, en) paiement m. ; rétribution f. ; rémunération f. | *gegen bare Bezahlung*, contre paiement comptant.

— SYN. : *Zahlung*, paiement ; *Entrichtung*, acquittement ; *Begleichung*, règlement ; *Besoldung*, solde.

bezähmbar [bə'tsɛ:mbɑ:r] adj. domptable.

bezähmen [bə'tsɛ:mən] v. tr. dompter ; apprivoiser ; maîtriser ; dominer.

Bezähmung [-muŋ] f. (-, en) domptage m. ; apprivoisement m.

bezaubern [bə'tsaubərn] v. tr. charmer ; enchanter ; fasciner ; ensorceler.

— SYN. : *berücken*, charmer ; *entzücken*, enchanter ; *verführen*, séduire ; *behexen*, ensorceler ; *bestricken*, fasciner.

bezaubernd [-bərnt] adj. ravissant ; charmant ; enchanteur ; charmeur.

Bezauberung [-bəruŋ] f. (-) charme m. ; enchantement m. ; ensorcellement m.

bezechen [bə'tsɛçən] v. tr. et v. pr. (s')enivrer ; (se) griser. | *bezecht sein*, être gris.

bezeichnen [bə'tsaiçnən] v. tr. **1.** caractériser ; dénoter ; indiquer. | *näher bezeichnen*, qualifier. | *treffend bezeichnen*, caractériser. | *nicht zu bezeichnen*, PÉJOR. inqualifiable.
2. marquer d'un signe. | *Bäume, Vieh bezeichnen*, marquer des arbres, du bétail. || COMM. étiqueter.
3. *sich bezeichnen*, se signer ; faire le signe de la croix.

bezeichnend [-nənt] adj. significatif ; caractéristique ; typique.

bezeichnender|weise [bə″tsaiçnəndər'vaizə] adv. typiquement.

Bezeichnung [bə'tsaiçnuŋ] f. (-, en) marque f. ; signe m. ; désignation f. ; dénomination f. ; indication f.

bezeigen [bə'tsaigən] v. tr. montrer ; faire voir ; manifester ; témoigner ; marquer. | *Freude bezeigen*, manifester sa joie. | *jm seine Achtung bezeigen*, témoigner de son respect pour qn.

bezeugen [bə'tsɔygən] v. tr. attester ; prouver ; témoigner ; certifier.

Bezeugung [-guŋ] f. (-, en) témoignage m. ; attestation f. ; protestation f.

bezichtigen [bə'tsiçtigən] v. tr. accuser. | *jn des Verrats bezichtigen*, accuser qn de trahison.
— SYN. : *anschuldigen*, incriminer ; *anklagen*, inculper.

Bezichtigung [-guŋ] f. (-, en) accusation f.

beziehbar [bə'tsi:bɑ:r] adj. qui peut se rapporter à. || PAR EXT. habitable.

beziehen [bə'tsi:ən] (bezog, bezogen) v. tr. **1.** couvrir ; revêtir ; garnir de. | *eine Zither, eine Geige mit Saiten beziehen*, monter une cithare, un violon. | *Betten, das Sofa beziehen*, mettre les draps ; garnir le divan. || PAR EXT. [einziehen] s'établir dans ; entrer. | *eine Wohnung beziehen*, aller occuper un appartement. || MIL. *einen (Wach)posten beziehen*, monter la garde. **2.** ADM., COMM. [erhalten] toucher ; percevoir ; recevoir. | *beziehen von...*, faire venir de...
◇ v. pr. **sich beziehen,** se couvrir de. | *der Himmel bezieht sich mit Wolken*, le ciel se couvre de nuages. || FIG. se rapporter, avoir trait, être relatif à ; concerner. | *seine Äußerung bezog sich nicht auf dich*, sa remarque ne te concernait pas. || COMM. se référer.

Beziehen [bə'tsi:ən] n. (s) action (f.) de couvrir, de monter ; PAR ANAL. de s'installer. | *beim Beziehen dieses Hauses*, au moment de l'installation dans cette maison.

Bezieher(in) [-ər(in)] m. (s, -), f. (-, nen). [Gehalt] bénéficiaire s. || [Zeitung] abonné(e) m. (f.).

Beziehung [-uŋ] f. (-, en) relation f. ; rapport m. ; commerce m. ; liaison f. ; correspondance f. | *gute Beziehungen zu jm haben*, avoir de bons rapports avec qn. | *gutnachbarliche Beziehungen*, rapports (m. pl.) de bon voisinage. | *zu jm in Beziehung treten*, entrer en rapport avec qn. | *in dieser Beziehung hat er recht*, sous ce rapport il a raison. | *in gewisser Beziehung*, à certains égards ; sous certains rapports.

Beziehungs|problem [bə"tsi:uŋs'proble:m] n. (s, e) (*etwa*) problème affectif, relationnel. ||**-weise** (en abr. **bzw.**) adv. ou ; respectivement ; le cas échéant ; éventuellement. ||°**-wort** n. (s, ¨er). GRAMM. pronom relatif.

beziffern [bə'tsifərn] v. tr. chiffrer ; numéroter. | *die Seiten eines Buches beziffern*, paginer, folioter un livre.
◇ v. pr. **sich beziffern,** se monter, s'élever à ; se chiffrer par.

Bezifferung [-ruŋ] f. (-, en) chiffrage m. ; numérotage m. || [Buch] pagination f. ; foliotage m. || [Schätzung] estimation f.

Bezirk [bə'tsirk] m. (s, e) rayon m. ; district m. ; circonscription f. ; arrondissement m. ; canton m. || JUR. ressort m. || FIG. sphère f. ; domaine m.

Bezirks|amt [bə"tsirks'amt] n. (es, ¨er). ADM. mairie (f.) d'arrondissement. ||°**-ausschuß** m. (es, ¨e). ADM. conseil (m.) d'arrondissement. ||°**-gericht** n. (es, e). JUR. tribunal cantonal. ||°**-kommando** n. (s, s). MIL. bureau (m.) de recrutement. ||°**-schulrat** m. (s, ¨e) inspecteur (m.) primaire (des écoles). ||**-weise** adv. par district ; par arrondissement.

Bezogener [bə'tso:gənər] m. COMM. tiré m.

bezuckern [bə'tsukərn] v. tr. saupoudrer de sucre.

Bezug [bə'tsu:k] m. (s, ¨e). [Überzug] taie f. ; housse f. ; garniture f. | *der Bezug der Betten und Kissen*, les draps et les taies d'oreiller. || cordes (f. pl.) de violon. | *diese Geige hat einen schlechten Bezug*, ce violon est mal monté. || COMM. fourniture f. | *Zeitschriftenbezug*, abonnement (m.) à des revues. || FIG. *mit Bezug auf* (acc.), relativement à ; touchant. || COMM. *unter Bezug auf Ihr Schreiben*, nous référant à votre lettre. || PAR EXT. **Bezüge** m. pl. [Einkommen] traitement m. ; salaire m. ; rémunération f. ; émoluments m. pl.

bezüglich [bə'tsy:kliç] adj. et adv. relatif ; concernant ; quant à. || COMM. *bezüglich Ihrer Anfrage*, concernant votre demande. || GRAMM. *bezügliches Fürwort*, pronom relatif.

Bezug|nahme [bə"tsu:k'nɑ:mə] f. (-) référence f.

Bezugs|anweisung [bə"tsu:ks'anvaizuŋ] f. (-, en) ordre (m.) de livraison, de paiement. ||°**-berechtigte(r)** f. (m.). COMM. ayant droit m. ; bénéficiaire s. ||**-fertig** adj. immédiatement habitable. ||°**-folge** f. (-, n) mise (f.) à jour. ||°**-genossenschaft** [-"-/-'--] f. (-, en). COMM. (société) coopérative (f.) d'achat. ||°**-preis** m. (es, e). COMM. prix (m.) d'achat. || FIN. prix (m.) d'émission. ||°**-quelle** f. (-, n). COMM. source f. ; origine f. ||°**-recht** n. (s, e). FIN. droit (préférentiel) de souscription. ||°**-schein** m. (s, e) bon (m.) d'achat.

bezwecken [bə'tsvɛkən] v. tr. TECHN. [benageln] cheviller. || PAR EXT. avoir pour but de ; tendre, viser à. | *was bezweckst du damit ?*, où veux-tu en arriver ?

bezweifelbar [bə'tsvaifəlbɑ:r] adj. douteux.

bezweifeln [bə'tsvaifəln] v. tr. mettre en doute ; douter de.

bezwingbar [bə'tsviŋbɑ:r] adj. domptable ; maîtrisable.

bezwingen [bə'tsviŋən] (a, u) v. tr. dompter ; maîtriser ; soumettre. | *einen Gegner bezwingen*, défaire un adversaire. || FIG. surmonter. | *ein Lachen bezwingen*, réprimer son envie de rire.

Bezwinger [-ŋər] m. (s, -) dompteur m. ; vainqueur m. ; triomphateur m.

Bezwingung [-ŋuŋ] f. (-) soumission f. ; assujettissement m.

bibbern ['bibərn] v. intr. POP. trembler.

Bibel ['bi:bəl] f. (-, n). RELIG. Bible f. ; Écriture sainte. || FIG. *das ist ihm zur Bibel geworden*, c'est pour lui la Loi et les Prophètes.

Bibel|ausleger ["bi:bəl'ausle:gər] m. (s, -) exégète (m.), commentateur (m.) des textes de la Bible. ||°**-auslegung** f. (-, en) exégèse (f.) biblique. ||**-fest** adj. versé dans la Bible. ||°**-kunde** f. (-) connaissance (f.) de la Bible. ||°**-spruch** m. (s, ¨e) verset m. ||°**-stunde** f. (-, n) instruction religieuse.

Biber ['bi:bər] m. (s, -). ZOOL. castor m.

Biber|affe ["bi:bər'afə] m. (n, n). ZOOL. babouin m. ||°**-bau** m. (s, e) construction (f.), terrier (m.) de castor. ||°**-fell** n. (s, e) peau (f.), fourrure (f.) de castor. ||°**-geil** n. (s). PHARM. castoréum m. ||°**-kraut** n. (s). BOT. petite centaurée. ||°**-schwanz** m. (es, ¨e). ARCHIT. [flacher Dachziegel] tuile plate. || TECHN. scie (f.) à main.

Bibernelle [bibər'nɛlə] f. (-, n). BOT. pimprenelle f. ; sanguisorbe f.

Bibliograph [biblio'grɑ:f] m. (en, en) bibliographe m.

Bibliographie [-gra'fi:] f. (-, n) bibliographie f.

bibliographisch [-'grɑ:fiʃ] adj. bibliographique.

Bibliomane [-'mɑ:nə] m. (n, n) bibliomane m.

Bibliophile [-'fi:lə] m. (n, n) bibliophile m.

Bibliophilie [-fi'li:] f. (-) bibliophilie f.

Bibliothek [-'tɛ:k] f. (-, en) bibliothèque f. | *Staatsbibliothek*, bibliothèque nationale.

Bibliothekar [-te'kɑ:r] m. (s, e) bibliothécaire m.

biblisch ['bi:bliʃ] adj. biblique. | *die biblische Geschichte*, l'Histoire sainte. || FIG. *ein biblisches Alter*, un âge fort avancé.

Bick|beere ["bik'be:rə] f. (-, n). BOT. myrtille f. ; airelle f.

biderbe [bi'dɛrbə] adj. brave ; rude.

Bidet [bi'de:] n. (s, s) [Badegefäß] bidet m.

bieder ['bi:dər] adj. bon ; brave ; honnête ; droit ; loyal ; probe.
— SYN. : *rechtschaffen*, loyal ; *redlich*, droit.

Biederkeit [-kait] f. (-) honnêteté f. ; probité f. ; bonhomie f.

Bieder|mann [-man] m. (s, ¨er) homme (m.) de bien ; honnête homme ; brave homme.

Bieder|meier ['bi:dərmaiər] n., **Biedermeierstil** ["bi:dərmaiər'ʃti:l] m. mode (f.), style (m.) de la Restauration, Louis-Philippe.

biegbar ['bi:kbɑ:r] adj. flexible ; pliable ; souple.

Biege ['bi:gə] f. (-, n) pli m. ; courbure f. ; courbe f. ; flexion f. ; coude m.

Biege|beanspruchung ["bi:gəbə'anʃpru:xuŋ] f. (-, en). PHYS. effort (m.) de flexion. ||°**-festigkeit** f. PHYS. résistance (f.) à la flexion. ||°**-maschine** f. (-, n). TECHN. cintreuse f. ||°**-radius** m. (-, dien). PHYS. rayon (m.) de courbure. ||°**-versuch** m. (s, e). TECHN. essai (m.) de flexion.

biegen ['bi:gən] (o, o) v. tr. plier ; courber ; arquer. | *das Knie, den Ellenbogen biegen*, ployer, fléchir le genou, plier le coude. | *gerade, krumm biegen*, redresser, (re)courber. | *knieförmig biegen*, couder. || FIG. *etwas gerade biegen*, réparer qch. || TECHN. couder.
◇ v. pr. **sich biegen,** se plier ; se ployer ; se courber. || FIG. *das Recht biegen*, fausser le sens de la loi. | *sich schmiegen und biegen*, se plier à tout ; être souple comme un gant. || LOC. *er lügt, daß sich die Balken biegen*, il ment comme un arracheur de dents.
◇ v. intr. tourner. | *der Weg biegt um den Berg*, le chemin (con)tourne la montagne. | *um die Ecke biegen*, prendre le tournant. || LOC. *biegen oder brechen*, se soumettre ou se démettre. | *auf Biegen oder Brechen*, de gré ou de force.

biegsam ['bi:kzam] adj. flexible ; pliable ; souple. || FIG. souple ; traitable.

Biegsamkeit [-kait] f. (-) flexibilité f. ; élasticité f. ; souplesse f. || FIG. souplesse f.

Biegung ['bi:guŋ] f. (-, en) courbure f. ; incurvation f. ; courbe f. ; sinuosité f. ; cambrure f. ; flexion f. | *scharfe Biegung*, tournant (m.) brusque. || TECHN. cintrage m. || GRAMM. flexion f.

Biel [bi:l] n. pr. n. GÉOGR. Bienne f. | *der Bieler See*, le lac de Bienne.

Bienchen ['bi:nçən] n. (s, -). ZOOL. petite abeille.

Biene ['bi:nə] f. (-, n) abeille f.

Bienen|bau ["bi:nən'bau] m. (s, e) apiculture f. ||°**-haus** n. (es, ¨er) rucher m. ||°**-königin** f. (-, nen). ZOOL. reine f. (des abeilles). ||°**-korb** m. (s, ¨e) ruche f. ||°**-pfeife** f. (-, n) enfumoir m. ||°**-schwarm** m. (s, ¨e) essaim m. (d'abeilles). ||°**-stand** m. (s, ¨e) rucher m. ||°**-stich** m. (s, e). MÉD. piqûre (f.) d'abeille. || CULIN. gâteau plat au miel. ||°**-stock** m. (s, ¨e) ruche f. | *ein Bienenstock voll Honig*, ruchée (f.) de miel ; gâteau (m.) de miel. ||°**-wabe** f. (-, n) rayon (m.) de miel. ||°**-wachs** n. (es) cire (f.) d'abeilles. ||°**-zelle** f. (-, n) alvéole f. ||°**-zucht** f. (-) apiculture f. ||°**-züchter** m. (s, -) apiculteur m.

Biennale ['bie"na:lə] f. (-, n) biennale f.

Bier [bi:r] n. (s, e) bière f. | *helles, dunkles Bier*, bière blonde, brune. | *Faß-, Flaschenbier*, bière en fût, en bouteille. | *Bier ausschenken*, débiter de la bière. | *Bier einschenken*, verser de la bière. | *(ein Faß) Bier anstechen, anzapfen*, mettre un tonneau de bière en perce. | *Bier auf Flaschen ziehen*, mettre de la bière en bouteilles.

Bier|baß ['bi:rbas] m. (es, ¨e) voix (f.) de rogomme. ||°**-bauch** m. (s, ¨e). FAM. bedon m. ; bedaine f. ; brioche f. | *einen Bierbauch haben*, avoir de la brioche. ||°**-bottich** m. (s, e) cuve (f.) à bière. ||°**-brauer** m. (s, -) brasseur m. ||°**-brauerei** f. (-, n) brasserie f. ||°**-eifer** m. (s). POP., IRON. chaleur communicative des banquets ; zèle excessif. ||°**-faß** n. (es, ¨er) tonneau (m.) à bière. ||°**-flasche** f. (-, n) bouteille (f.) à bière. ||°**-glas** n. (es, ¨er) verre (m.) à bière. ||°**-halle** f. (-, n) [mieux **Stehbierhalle**] estaminet m. ||°**-haus** n. (es, ¨er) brasserie f. ; taverne f. ||°**-hefe** f. (-) levure (f.) de bière. ||°**-keller** m. (s, -) cave (f.) à bière. || PAR ANAL. brasserie f. ; taverne f. ||°**-krug** m. (s, ¨e) cruche (f.) à bière. ||°**-schank** m. (s, ¨e), °**-schenke** f. (-, n), °**-ausschank** m. (s, ¨e) débit (m.) de bière ; estaminet m. ||°**-seidel** n. (s, -) pot (m.) à bière. ||°**-verleger** m. (s, -) dépositaire (m.) de bière.

Biese ['bi:zə] f. (-, n). MIL. passepoil m.

Bies|fliege ["bi:s'fli:gə] f. (-, n). ZOOL. taon m.

Biest [bi:st] n. (es, er). FAM. bête f. | *verdammtes Biest*, sale bête ! || FIG. V. LUDER.

bieten ['bi:tən] (o, o) v. tr. offrir ; proposer. | *jm den Arm bieten*, offrir son bras à qn. | *dem Nachbar einen Gruß bieten*, souhaiter le bonjour à son voisin. | *Waren feilbieten*, offrir des marchandises à la vente. || *die Stirn bieten*, faire front. | *dem König Schach bieten*, faire échec au roi. || LOC. *das bietet keine besondere Schwierigkeit*, cela ne fait pas de difficultés. | *das laß ich mir nicht bieten*, cela, je ne l'accepte pas, je ne l'admets pas. ◇ v. pr. **sich bieten,** s'offrir ; se présenter.

bifilar [bifi'la:r] adj. ÉLECTR. bifilaire.

Bigamie [biga'mi:] f. (-). JUR. bigamie f.

bigamisch [bi'ga:miʃ] adj. bigame.

bigott [bi'gɔt] adj. bigot ; cagot.

Bigotterie [bigɔtə'ri:] f. (-) bigoterie f.

Bikarbonat [bikarbona:t] n. (s, e). CHIM. bicarbonate m.

Bilanz [bi'lants] f. (-, en) bilan m. ; balance (f.) des comptes. | *eine Bilanz aufstellen*, établir un bilan. | *eine Bilanz feststellen*, arrêter un bilan. | *die Bilanz verschleiern*, maquiller son bilan. | *eine Bilanz frisieren*, FAM. maquiller un bilan. | *eine Bilanz vorlegen*, présenter un bilan. || JUR. *die Bilanz niederlegen*, déposer son bilan.

Bilanz|abschluß [bi"lants'apʃlus] m. (es, ¨e) clôture (f.) de bilan. ||°**-aufstellung** f. (-, en) établissement (m.) du bilan. ||°**-auszug** m. (s, ¨e) relevé (m.) du bilan. ||°**-bereinigung** f. (-, en) apurement (m.) des comptes. ||°**-posten** m. (s, -) poste (m.) de bilan. ||°**-prüfer** m. (s, -) expert-comptable m. ; [G.m.b.H.] commissaire (m.) aux comptes. ||°**-prüfung** f. (-, en) vérification (f.), contrôle (m.) du bilan. ||°**-rechnung** f. (-, en) bilan m. ||°**-saldo** m. (s, den et s) solde (m.) du bilan. ||°**-stichtag** m. (s, e) [jour (m.) de l'] échéance (f.) du bilan. ||°**-vorlegung** f. (-, en) présentation (f.) du bilan. ||°**-wert** m. (s, e) valeur (f.) figurant au bilan ; valeur (f.) comptable.

bilanzieren [bilan'tsi:rən] v. tr. faire, dresser, établir son bilan.

Bilanzierung [-ruŋ] f. (-) inscription (f.) au bilan.

Bilch [bilç] m. (es, e), **Bilch|maus** ["bilç'maus] f. (-, ¨e). ZOOL. loir m.

Bild [bilt] n. (s, er). **1.** image f. ; illustration f. ; figure f. ; tableau m. ; portrait m. | *Bild in Öl, Ölbild*, tableau. | *Bild in Erz*, (statue [f.] de) bronze m. | *ein Heiligenbild*, la statue d'un saint. | *ein Bild von etwas entwerfen*, faire la description de qch. | *ganz sein Bild*, c'est tout son portrait ; c'est tout à fait lui.

2. FIG. symbole m. ; métaphore f. ; figure f. ; idée f. | *gern in Bildern sprechen*, parler volontiers par images. | *ich kann mir kein rechtes Bild von dieser Sache machen*, je ne puis me faire une idée nette de cette chose. | *ich bin ganz im Bilde*, j'y vois clair ; j'ai compris ; j'y suis.

3. PHYS. *scheinbares (virtuelles), wirkliches Bild*, image virtuelle, réelle. || PHOT., FILM. *positives, negatives Bild*, positif m. ; négatif m. | *Bild mit Tonband übereinstimmen*, synchroniser.

Bild|abzug ["bilt'aptsu:k] m. (s, ¨e). TYPOGR. épreuve f. ||°**-archiv** n. (s, e) archives (f. pl.) photographiques. ||°**-aufklärung** f. (-, en). MIL., AÉRON. reconnaissance (f.) photographique. ||°**-ausschnitt** m. (s, e) cadrage m. ||°**-bericht** m. (s, e) reportage illustré. ||°**-berichterstattung** f. (-) information (f.) par l'image. ||°**-breite** f. (-), °**-höhe** f. (-) amplitude (f.) de l'image. ||°**-ebene** f. (-, n). MATH. plan (m.) de projection. ||°**-erfassung** f. (-). MÉD. *medizinische Bilderfassung*, imagerie médicale. || °**-fläche** f. (-, n). FILM. écran m. || FIG., FAM. *von der Bildfläche verschwinden*, disparaître. ||°**-folge** f. (-, n). FILM. cadence (f.) de prise de vue. ||°**-former** m. (s, -). TECHN. mouleur m. ||°**-funk** m. (s). RADIO. télévision f. ; téléphotographie f. ; bélino(graphie) f. ||°**-funksender** m. (s, -) bélinographe m. ||°**-hauer** m. (s, -) sculpteur m. ; statuaire m. ||°**-hauerei** f. (-) sculpture f. ; statuaire f. ||**-hübsch** adj. beau comme un astre. ||°**-nachricht** f. (-, en). INF. textimage m. ||°**-platte** f. (-, n) vidéodisque m. ||°**-prozessor** m. (s, en). INF. processeur (m.) d'image. ||°**-röhre** f. (-, n). [Fernsehen] tube (m.) cathodique. ||°**-säule** f. (-, n) statue f. ||°**-schärfe** f. (-). PHOT. clarté (f.), netteté (f.) [de l'image]. | *Bildschärfe einstellen*, mettre (l'appareil) au point. ||°**-schirm** m. (s, e) écran m. || ÉLECTR. écran (m.) de visualisation. ||°**-schirmsetzer(in)** m. (s, -), f. (-, nen) claviste s. ||°**-schirmtext** m. (es, e). ÉLECTR. vidéotex m. ||°**-schnitt** m. (s, e) découpage (m.) d'images, de photos ; photomontage m. ||°**-schnitzer** m. (s, -) sculpteur (m.) sur bois. ||°**-schnitzerei** f. (-) sculpture (f.) sur bois. ||**-schön** adj. beau comme un astre, comme le jour. ||°**-seite** f. (-, n) face f. ; effigie f. ||°**-stecher** m. (s, -). TECHN. graveur m. ||°**-streifen** m. (s, -). PHOT. pellicule f. ; film m. ||°**-telefon** n. (s, e) visiophone m. ||°**-telegramm** n. (s, e). PHOT. bélino(gramme) m. ||°**-telegraphie** f. (-) phototélégraphie f. ; télévision f. ||°**-tönung** f. (-). FILM. sonorisation (f.) d'images. ||°**-übertragung** f. (-, en). PHOT. télévision f. ||°**-umkehr** f. (-). MÉD. inversion (f.) d'image. ||°**-unterschrift** f. (-, en) légende f. ||°**-wand** f. (-, ¨e). FILM. écran m. ||°**-werfer** m. (s, -). PHOT. lanterne (f.), appareil (m.) de projection ; projecteur m. || [Schulen] épidiascope m. ||°**-wölbung** f. (-, en). PHOT. courbure (f.) du champ. ||°**-wurf** m. (s, ¨e). MATH. projection f. ||°**-zeichen** n. (s, -) pictogramme m.

Bildchen ['biltçən] n. (s, -) petite image ; photo(graphie) f.

bilden ['bildən] v. tr. former ; façonner. | *eine Statue aus gebranntem Lehm bilden*, faire une statue en terre cuite. || POLIT. *ein Kabinett bilden*, former un gouvernement. || GRAMM. *Wörter, Sätze bilden*, former, faire des mots, des phrases. || PAR EXT. cultiver ; instruire. | *den Verstand, den Charakter bilden*, former l'intelligence, le caractère. | *gebildete Leute*, gens cultivés. || CHIM. dégager.
◇ v. pr. **sich bilden,** se former ; se développer. || BOT. *der Keim bildet sich zur Pflanze*, le germe devient plante. | *er bildet sich zum Künstler heran*, il fait son éducation d'artiste.

bildend [-dənt] adj. *bildende Künste*, beaux-arts m. pl. ; arts (m. pl.) plastiques. | *bildender Künstler*, sculpteur m. ; (artiste) peintre m.

Bilder|anbeter ["bildər'anbe:tər] m. (s, -) idolâtre m. ; adorateur (m.) d'images. ||°**-anbetung** f. (-) iconolâtrie f. ||°**-archiv** n. (s, e) collection (f.) de clichés. ||°**-ausstellung** f. (-, en) exposition (f.) de tableaux. ||°**-beilage** f. (-, n) supplément illustré. ||°**-bogen** m. (s, ¨) feuille (f.), recueil (m.) d'images, d'illustrations. ||°**-buch** n. (s, ¨er) livre (m.) d'images. ||°**-galerie** f. (-, en) galerie (f.) de tableaux. ||°**-handel** m. (s, -). COMM. commerce (m.) de tableaux. ||°**-krieg** m. (s, e). HIST. guerre (f.) des iconoclastes. ||°**-rätsel** n. (s, -) rébus m. ||**-reich** adj. riche en images ; imagé ; figuré ; métaphorique. ||°**-saal** m. (s, ¨e) salon (m.), galerie (f.) de tableaux, de peinture. || [Ahnengalerie] salle (f.) des portraits. ||°**-schrift** f. (-, en) hiéroglyphes m. pl. ; langage figuré. ||°**-streit** m. (s, e). V. BILDERKRIEG. ||°**-strips** m. pl. bandes dessinées. ||°**-stürmer** m. (s, -) iconoclaste m. ||°**-tafel** f. (-, n) [Lexikon] planche f.

bildlich ['biltliç] adj. expliqué par les dessins ; historié. || FIG. figuré ; symbolique ; métaphorique. | *bildliche Sprache*, langage figuré. | *bildlicher Ausdruck*, expression figurée ; métaphore f.
◇ adv. par métaphore ; au figuré.

Bildner [-nər] m. (s, -) créateur (m.) d'images ; sculpteur m. || PAR EXT. éducateur m.

Bildnis [-nis] n. (ses, se) image f. ; portrait m. ; effigie f.

bildsam [-zɑ:m] adj. souple ; flexible ; plastique. || FIG. docile ; éducable.

Bildsamkeit [-zɑ:mkait] f. (-). TECHN. plasticité f. ; flexibilité f. || FIG. souplesse f. ; docilité f.

Bildung ['bilduŋ] f. (-, en) formation f. ; façonnement m. | *Bildung von Wolken, von Seen, von Staub*, formation de nuages, de lacs, de poussière. | *Bildung einer Regierung*, formation d'un gouvernement. | *Bildung von Früchten*, développement (m.) de fruits. || CHIM. cristallisation f. || PAR EXT. formation f. ; développement m. ; perfectionnement m. ; éducation f. ; culture f. ; civilisation f. | *Allgemeinbildung*, culture générale. | *wissenschaftliche, geistige Bildung*, culture scientifique ; formation intellectuelle. | *Bildung haben, sich Bildung aneignen*, avoir de l'instruction, de l'éducation ; s'instruire ; se cultiver.

Bildungs|dünkel ["bilduŋs'dyŋkəl] m. (s) orgueil (m.) des gens cultivés. ||**-fähig** adj. susceptible d'être instruit ; éducable. ||°**-fehler** m. (s, -) défaut (m.) de conformation ; faute (f.) d'éducation. ||°**-gut** n. (s, ¨er) patrimoine culturel. ||°**-lücke** f. (-, n) lacune (f.) dans la culture. ||°**-roman** m. (s, e) roman (m.) de formation ; roman d'éducation. ||°**-stätte** f. (-, n) centre (m.) de formation ; pépinière f. ||°**-stufe** f. (-, n) degré (m.) d'instruction, de culture. | *die verschiedenen Bildungsstufen*, les différents degrés de la civilisation. ||°**-trieb** m. (s, e) besoin (m.) de se cultiver ; soif intellectuelle. ||°**-urlaub** m. (s, e) congé (m.) de formation.

Bilge ['bilgə] f. (-, n). MAR. cale f.

Billard ['biljart] n. (s, s) billard m.

Billard|kugel [bil"jart'ku:gəl] f. (-, n) bille (f.) de billard. ||°**-stock** m. (s, ¨e) queue (f.) de billard. ||°**-zimmer** n. (s, -) salle (f.) de billard.

Billett [bil'jɛt] n. (s, e) billet m. ; ticket m.

Billiarde [bil'jardə] f. (-, n) mille billions.

billig ['biliç] adj. **1.** bon marché ; à bas prix ; de prix modique, modéré. || COMM. *ein billiger Hut*, un chapeau bon marché, pas cher. | *billig kaufen*, acheter bon marché. | *billiger, am billigsten*, meilleur marché ; le meilleur marché. | *der billigste Preis*, le dernier prix.
2. FIG. juste ; équitable ; raisonnable. | *billige Forderung*, demande justifiée. | *das ist recht und billig*, c'est fort juste. || PROV. *was dem einen recht ist, ist dem andern billig*, il ne doit pas y avoir deux poids et deux mesures.
3. PÉJOR. [leicht zu finden] *ein billiger Witz*, une mauvaise plaisanterie. | *billiges Versprechen*, promesse (f.) en l'air. | *billiger Trost*, consolation (f.) sans valeur.

billigen ['biligən] v. tr. approuver ; trouver bon ; agréer ; être d'accord ; consentir à.

billiger|weise ["biligər'vaizə] adv. équitablement ; en toute équité ; à bon droit.

Billig|flagge ["biliç'flagə] f. (-, n). MAR. pavillon (m.) de complaisance.

Billigkeit ['biliçkait] f. (-) bon marché ; modicité (f.) des prix. || FIG. équité f. ; justice f. | *nach Billigkeitsermessen*, en toute équité. | *aus Billigkeitsgründen*, pour des raisons d'équité.

Billigung ['biliguŋ] f. (-) approbation f. ; consentement m. ; agrément m. ; autorisation f.
— SYN. : *Genehmigung*, approbation ; *Beistimmung*, applaudissement ; *Zustimmung*, consentement.

Billion [bil'jo:n] f. (-, en) milliard m. || trillion m. (mille milliards).

Bilse ['bilzə] f. (-), **Bilsen|kraut** ["bilzən'kraut] n. (s). BOT. jusquiame f.

Bimmel ['biməl] f. (-, n). FAM. sonnette f. ; clochette f.

Bimmel|bahn ["biməl'bɑ:n] f. (-, en). FAM., TRANSP. tortillard m.

Bimmelei [bimə'lai] f. (-). FAM. sonnerie f. (importune).

bimmeln ['biməln] v. intr. FAM. tinter ; sonner ; carillonner ; sonnailler.

Bims|stein ["bims'ʃtain] m. (s, e) pierre (f.) ponce.

bimsstein|artig ["bimsʃtain'ɑ:rtiç] adj. ponceux.

binär [bi'nɛ:r] adj. binaire. | *binäre Addition*, addition (f.) binaire. | *binäres System*, système (m.) binaire.

Binär|operator [bi"nɛ:ropə'ra:tɔr] m. (s, en). INF. opérateur (m.) binaire.

Binde ['bində] f. (-, n) bande f. ; bandeau m. ; lien m. ; MÉD. bande (f.) élastique ; bandage m. | *den Arm in einer Binde tragen*, porter le bras en écharpe. | *eine Binde vor den Augen haben*, avoir un bandeau sur les yeux. || PAR ANAL. [Halsbinde] cravate f.

Binde|gewebe ["bindəgə've:bə] n. (s). ANAT. tissu conjonctif. ||°**-glied** n. (es, er) lien m. ||°**-haut** f. (-). ANAT. conjonctive f. ||°**-hautentzündung** f. (-, en). MÉD. conjonctivite f. ; blennophtalmie f. ||°**-kette** f. (-, n) chaîne (f.) de liaison. ||°**-kraft** f. (-, ¨e) cohésion f. ||°**-mäher** m. (s, -), °**-mähmaschine** f. (-, n). AGRIC. moissonneuse-lieuse f. ||°**-mittel** n. (s, -). ARCHIT. ciment m. ; liant m. ; mortier m. || CULIN. liaison f. ; liant m. || CHIM. fixateur m. ; agglomérant m. ; agglutinant m. ||°**-riemen** m. (s, -) courroie f. ||°**-strich** m. (s, e). GRAMM. trait (m.) d'union ; tiret m. ||°**-wort** n. (s, ¨er). GRAMM. conjonction f.

binden ['bindən] (a, u) v. tr. **1.** attacher ; lier ; nouer ; enchaîner. | *das Pferd an den Pflock binden*, attacher le cheval à un piquet. | *Getreide in Garben binden*, faire des gerbes de blé. | *fester binden*, serrer davantage. | *jn binden*, enchaîner qn. | *mit Bindfaden binden*, ficeler. | *ein Buch binden*, relier un livre. | *Besen, Bürsten, Fässer binden*, faire des balais, des brosses, relier (cercler) des tonneaux. | *eine Schleife, eine Krawatte (einen Schlips) binden*, faire un nœud, nouer une cravate. | *die Klinge binden*, engager, lier le fer. || MUS. lier. || CHIM. combiner ; fixer.
2. FIG. lier ; engager ; astreindre ; assujettir. | *jm die Hände binden*, gêner, embarrasser qn. | *jm etwas auf die Seele (das Gewissen) binden*, remettre qch. à la conscience de qn. | *jm nicht alles auf die Nase binden*, ne pas dire tout à qn. || JUR. *bindender Vertrag*, contrat (m.) obligatoire. | *bindend sein*, avoir force obligatoire pour.
◇ part. pass. et adj. **gebunden,** lié. | *an die Stunde gebunden*, tenu par l'heure. | *an feste Preise gebunden*, à prix fixes. | *an die Scholle gebunden*, lié à la glèbe. | *gebundene Rede*, langage soutenu. | *in gebundener Rede*, en vers.
◇ v. pr. **sich binden** (an, dat.) se lier ; s'engager ; s'obliger ; s'astreindre à. | *sich fürs Leben binden*, se lier pour la vie ; se marier.

Binder [-dər] m. (s, -) celui qui lie ; lieur m. || [Schlips, Krawatte], cravate f. || ARCHIT. boutisse f. ; ferme f. ; maîtresse poutre f. || AGRIC. moissonneuse-lieuse f. || TECHN. [Buch] relieur m. ; [Faß] tonnelier m.

Bind|faden ["bint'fɑ:dən] m. (s, ¨) ficelle f.

Bindung ['binduŋ] f. (-, en) fixation f. ; liaison f. ; lien m. ; attaches f. pl. | *vertragliche Bindung*, engagement contractuel. || GRAMM. *fehlerhafte Bindung*, liaison incorrecte. || MUS. coulé m. || AGRIC. bottelage m. || CHIM. combinaison f. ; fixation f. || SPORT. *Schibindung*, fixation f. || TECHN. [Buch] reliure f. ; [Faß] cerclage m.

Bingel|kraut ["biŋəl'kraut] n. (s). BOT. mercuriale f.

binnen ['binən] prép. (dat.) dans l'espace de. | *binnen vierundzwanzig Stunden*, dans les vingt-quatre heures. | *binnen Jahr und Tag*, dans le délai d'une année. | *binnen Monatsfrist*, dans le délai d'un mois. | *binnen kurzem*, sous peu.

Binnen|fischerei ["binənfiʃə'rai] f. (-) pêche (f.) en eau douce. ||°**-gewässer** n. pl. POLIT., MAR. eaux continentales. ||°**-hafen** m. (s, ¨) port fluvial ; bassin m. ; darse f. ||°**-handel** m. (s). COMM. commerce intérieur. ||°**-land** n. (s, ¨er) région continentale. ||°**-markt** m. (s, ¨e). COMM. marché intérieur.

||°**-schiffahrt** f. (-) navigation fluviale. ||°**-verkehr** m. (s) circulation intérieure ; trafic (m.) interne.
Binom [bi'no:m] n. (s, e). MATH. binôme m.
binomisch [-miʃ] adj. MATH. composé de deux termes ; binôme. | *binomische Größe*, binôme m.
Binse ['binzə] f. (-, n) jonc m. || FIG., FAM. *in die Binsen gehen*, (s'en) aller à vau-l'eau ; être fichu.
Binsen|wahrheit ["binzən'va:rhait] f. (-, en), °**-weisheit** [-'vaishait] f. (-, en). FIG., FAM. vérité de La Palisse ; lieu commun.
Bio|chemie [bioçe'mi:] f. (-) biochimie f. ; chimie (f.) biologique. ||°**-chemiker(in)** m. (s, -), f. (-, nen) biochimiste s.
Bio|ethik [bi'oe:tik] f. (-) bioéthique f.
biogenetisch [-ge'ne:tiʃ] adj. biogénétique.
Biograph [-'gra:f] m. (en, en), **Biographin** [-gra:fin] f. (-, nen) biographe s.
Biographie [-gra'fi:] f. (-, en) biographie f.
biographisch [-'gra:fiʃ] adj. biographique.
Bio|indikator [-indi'ka:tor] m. (s, en) indicateur (m.) écologique.
Biologe [-'lo:gə] m. (n, n), **Biologin** [-lo:gin] f. (-, nen) biologiste s.
Biologie [-lo'gi:] f. (-) biologie f.
biologisch [-'lo:giʃ] adj. biologique. | *Biologisch abbaubar*, biodégradable.
Biomasse [-masə] f. (-). [Umwelt] biomasse f.
Bionik [bi'o:nik] f. (-) bionique f.
bionisch [bi'o:niʃ] adj. bionique.
Biophysik [-fy'si:k] f. (-) biophysique f.
Biopsie [biɔ'psi:] f. (-, n). MÉD. biopsie f.
Biorhythmus [-'rytmus] m. (-, men) biorythme m.
Bio|synthese [-syn'te:zə] f. (-, n). BIOL. *Biosynthese der Proteine*, synthèse (f.) des protéines.
Biotit [bio'ti:t] m. (s.). MINES. biotite f.
Biotop [-'to:p] m. (s, e) biotope m.
Bi|polarität [-polari"tɛ:t] f. (-). PHYS. bipolarité f.
Bi|quadrat [-kwa"dra:t] n. (s, e). MATH. quatrième puissance f. ; puissance bicarrée.
Birke ['birkə] f. (-, n) bouleau m.
birken [-kən] adj. en, de bouleau.
Birken|schwamm ["birkən'ʃvam] m. (s, ¨e). BOT. amadouvier m. ; agaric amadouvier.
Birk|hahn ['birkha:n] m. (s, ¨e), **Birk|huhn** ['birkhun] n. (es, ¨er) coq (m.), poule (f.) de bruyère.
Birma ['birma] n. pr. n. GÉOGR. Birmanie f.
Birmane(se) [bir'ma:nə, -ma'ne:ze] m. (n, n). GÉOGR. Birman m.
Birn|baum ['birnbaum] m. (s, ¨e) poirier m.
Birne ['birnə] f. (-, n) poire f. | *saftige, weiche, teigige Birne*, poire fondante, molle, blette. || POP. tête f. ; tronche f. || ÉLECTR. ampoule f. || CHIM. cornue f. | *Bessemer Birne*, convertisseur (m.) acide ; cornue Bessemer.
birnen|förmig ["birnən'førmiç] adj. en forme de poire ; piriforme. ||°**-most** m. (es, e) jus (m.) de poiré. || PAR EXT. poiré m. ||°**-saft** m. (es, ¨e) jus (m.) de poire.
Birsch [birʃ] f. (-). [Vx.] chasse f. (V. PIRSCH.)
bis [bis].

> **I.** prép.
> **1.** SENS TEMPOREL : jusqu'à ; à ; pour.
> **2.** SENS LOCAL : jusque ; jusqu'à ; à ; en.
> **3.** APPROXIMATION ET EXCLUSION : environ ; près de ; sauf ; excepté ; jusqu'à.
> **II.** conj. : jusqu'à ce que ; avant que ; que.

I. prép. **1.** SENS TEMPOREL : jusqu'à ; à ; pour. | *bis wann ?* jusqu'à quand ? | *bis jetzt*, jusqu'à présent. | *bis zu diesem Tage*, jusqu'à ce jour. | *bis auf weiteres*, jusqu'à nouvel ordre. | *bis in die späte Nacht hinein*, jusque tard dans la nuit. | *bis zum Tod*, jusqu'à la mort. | *bis Montag*, à lundi !
2. SENS LOCAL : jusque ; jusqu'à ; à ; en. | *bis wo(hin) ?*, jusqu'où ? | *bis hierher*, jusqu'ici. | *bis dahin*, jusque-là. | *bis Frankfurt*, jusqu'à Francfort. | *bis an die Grenze*, jusqu'à la frontière. | *bis zu Ende*, jusqu'à la fin. | *bis an die Schulter, die Knie*, jusqu'aux épaules, aux genoux. | *bis über den Kopf*, par-dessus la tête. | *naß bis auf die Haut*, trempé jusqu'aux os. | *von Kopf bis Fuß, vom Scheitel bis zur Sohle*, de pied en cap. | *ich bezahle bis tausend Mark*, je paie mille marks au maximum. | *Kampf bis aufs Messer*, lutte (f.) sans merci, au couteau. | *er muß alles bis auf den letzten Heller bezahlen*, il doit tout payer jusqu'au dernier centime. || FIG. *bis an die Zähne bewaffnet*, armé jusqu'aux dents. | *bis über die Ohren in Schulden stecken*, être dans les dettes jusqu'au cou.
3. APPROXIMATION ET EXCLUSION : environ ; près de ; sauf ; excepté ; à l'exception de. | *sieben bis acht Tage*, environ sept à huit jours. | *bis an tausend Mark*, près de mille marks. | *bis auf einen kamen sie alle um*, ils périrent tous sauf un.
II. conj. : jusqu'à ce que ; avant que ; que (subj.). | *warte, bis ich komme*, attends que je vienne. | *kommen Sie nicht, bis daß Nachricht eintrifft*, ne venez pas avant d'avoir reçu des nouvelles.
Bisam ['bi:zam] m. (s, e) musc m.
Bisam|affe ["bi:zam'afə] m. (n, n) singe musqué. ||°**-katze** f. (-, n) civette f. ||°**-kraut** n. (s, ¨er). BOT. moscatelle f. ; moscatelline f. ; muscatell(in)e f. ||°**-ratte** f. (-, n). ZOOL. rat musqué.
Bischof ['biʃɔf] m. (s, ¨e) évêque m. || CULIN. vin aromatisé ; bichof m.
bischöflich ['biʃø:fliç] adj. épiscopal.
bischofs... ['biʃɔfs] préf. épiscopal.
Bischofs|amt ["biʃɔfs'amt] n. (s, ¨er) épiscopat m. ; dignité épiscopale. ||°**-hut** m. (s, ¨e) mitre f. ||°**-meise** f. (-, n) mésange huppée. ||°**-sitz** m. (es, e) évêché m. ; siège, palais épiscopal. ||°**-stab** m. (s, ¨e) crosse épiscopale, d'évêque. ||°**-würde** f. (-) dignité épiscopale ; épiscopat m.
bisexuell [bizɛksu'ɛl] adj. bisexué ; bisexuel.
bis|her [bis'he:r] adv. jusqu'ici.
bis|herig [-riç] adj. ce qui était, durait jusqu'ici. | *das bisherige Wetter*, le temps qu'il a fait jusqu'à ce jour.
Biskaya [bis'kaja] n. pr. f. GÉOGR. Biscaye f. | *der Golf von Biskaya*, le golfe de Gascogne.
biskayisch [-jiʃ] adj. GÉOGR. biscayen.
Biskuit [bis'kvi:t] m. ou n. (s, e). CULIN. biscuit m. || PAR ANAL. [Porzellan] biscuit m.
bis|lang [bis'laŋ] adv. jusqu'ici.
Bismut ['bismut] n. (s). MINES. bismuth m.
Bison ['bi:zɔn] m. (s, s). ZOOL. bison m.
Biß [bis] m. (es, e) morsure f. ; coup (m.) de dent. | *Schlangenbiß*, morsure (f.) de serpent.
bißchen ['bisçən] adv. un peu. | *ein bißchen Brot*, un peu de pain. | *ihr bißchen Habe*, le peu qu'elle possède.
Bißchen ['bisçən] n. (s, -) bouchée f.
Bissen [-sən] m. (s, -) bouchée f. ; morceau m. | *ein leckerer Bissen*, un fin morceau. | *ein Bissen Brot*, un morceau de pain. || FIG. *ein harter Bissen*, un morceau difficile à avaler ; FAM. un os.
bissig [-siç] adj. qui mord. | *bissiger Hund*, chien méchant. || FIG. mordant ; qui a la dent dure ; incisif ; hargneux.
Bissigkeit [-siçkait] f. (-) humeur hargneuse ; acrimonie f.
Biß|stelle ["bis'ʃtɛlə] f. (-, n) morsure f.
Biß|wunde ["bis'vundə] f. (-, n) morsure f.
Bister ['bistər] n. (s) bistre m.
Bis|tum ['bistu:m] n. (s, ¨er). RELIG. évêché m.
bis|weilen [bis'vailən] adv. parfois ; quelquefois.
Bithynien [bi'ty:niən] n. pr. n. GÉOGR. Bithynie f.
Bitt|brief [bit'bri:f] m. (s, e) pétition f. ; demande écrite ; requête f.
Bitte ['bitə] f. (-, n) prière f. ; désir m. ; demande f. ; requête f. ; sollicitation f. | *dringende Bitte*, demande pressante, instante. | *eine Bitte an jn richten*, faire, adresser une demande, une prière à qn. | *eine Bitte vorbringen*, faire, formuler, exposer, présenter une demande. | *eine Bitte gewähren*, accéder à une demande. | *eine Bitte erhören*, exaucer une prière. | *eine Bitte abschlagen*, repousser, rejeter une demande, une prière.
bitten [-tən] (a, e) v. tr. **1.** prier ; adresser une prière à ; demander. | *jn flehentlich bitten*, supplier, conjurer, implorer qn. | *jn inständig, fußfällig, auf den Knien bitten*, prier qn instamment, prier à genoux, à deux genoux. | *um Hilfe, Verzeihung bitten*, demander secours, pardon. | *ich bitte Sie darum*, je vous en prie. | *sich lange bitten lassen*, FAM. se faire tirer l'oreille. | *auf dein Bitten*, sur ta demande. || PAR EXT. réclamer ; demander ; solliciter. | *ums Wort bitten*, demander la parole.
2. LOC. *ich lasse bitten*, faites entrer ! || *wenn ich (zu Tische) bitten darf*, je vous prie (de prendre place). | *darf ich bitten (zum Tanze)*, puis-je me permettre ? | *bitte !*, s'il vous plaît ! | *bitte schön, sehr !*, je vous (en)

prie. | *bitte*, [nach Dank] il n'y a pas de quoi ; [nach Entschuldigung] il n'y a pas de mal. | *wie, bitte ?*, plaît-il ?

Bittende(r) [-təndə(r)]. V. BITTSTELLER(IN).

bitter ['bitər] adj. amer ; aigre ; piquant. | *bittere Mandeln, Arznei, Kräuter*, amandes amères ; médecine amère ; herbes amères. || FIG. amer ; piquant ; rigoureux ; sévère ; acharné. | *das ist bitter*, c'est dur à supporter. | *bittere Kälte*, froid piquant, rigoureux. | *bittere Armut, Not, Reue*, extrême pauvreté f. ; détresse f. ; repentir profond. | *bittere Tränen vergießen*, verser des larmes amères. | *bitterer Ernst*, gravité f. ; sérieux m. || LOC. *es war bitter kalt*, il faisait très froid. | *er ist bitterböse*, il est très fâché.

Bitter ['bitər] m. (s, -). [Likör] amer m.

Bitter|erde ["bitər'e:rdə] f. (-). CHIM. magnésie f. ||**-kalt** adj. très froid. | *Es ist bitterkalt,* il fait un froid de canard. ||°**-klee** m. (s). BOT. trèfle (m.) d'eau ; ményanthe m. ||°**-mandelöl** n. (s) huile (f.) d'amandes amères. ||°**-salz** n. (es, e). CHIM. sulfate (m.) de magnésie. ||**-süß** adj. aigre-doux ; doux-amer. ||°**-wurz** f. (-, en). BOT. gentiane f.

Bitterkeit ['bitərkait] f. (-, en) amertume f. ; aigreur f. || FIG. fiel m. ; mordant m.

bitterlich [-liç] adj. un peu amer ; un peu aigre. ◇ adv. amèrement. || FIG. *bitterlich weinen*, pleurer à chaudes larmes.

Bitternis [-nis] f. (-, se) amertume f. ; aigreur f. || FIG. dureté f. ; aigreur f. ; misère f. ; douleur f.

Bitt|gang ['bitgaŋ] m. (s, ¨e). RELIG. procession f. ; pèlerinage m. ||°**-gesuch** n. (s, e) pétition f. ; demande (écrite). ||°**-schrift** f. (-, en). ADM. demande (écrite) ; pétition f. || POLIT. supplique f. ; placet m. || JUR. requête f. ||°**-steller(in)** m. (s, -), f. (-, nen) pétitionnaire s. ; solliciteur m., solliciteuse f. ; demandeur m., demanderesse f. ||°**-woche** f. (-, n). RELIG. semaine (f.) des Rogations.

Bitumen [bi'tu:mən] n. (s). MINES. bitume m.

bituminös [-tumi'nø:s] adj. MINES. bitumineux.

Biwak ['bi:vak] n. (s, s) bivac m. ; bivouac m. | *das Biwak beziehen*, s'installer au bivac.

biwakieren [biva'ki:rən] v. intr. bivaquer ; bivouaquer.

bizarr [bi'tsar] adj. bizarre ; fantasque.

Bizeps ['bi:tsɛps] m. (es, e). ANAT. biceps m.

Blach|feld ['blaxfɛlt] n. (s, er) rase campagne ; pays plat ; plaine f.

Black|fisch ['blakfiʃ] m. (es, e) seiche f.

bläffen ['blɛfən] v. intr. aboyer.

blähen ['blɛ:ən] v. tr. et v. pr. (se) gonfler ; (s') enfler. | *der Wind bläht die Segel*, le vent gonfle les voiles. || FIG. s'enfler ; se gonfler ; se vanter.

Blähen [-ən] n. (s) gonflement m.

Blähung [-uŋ] f. (-, en). MÉD. vent m. ; vents m. pl. ; gaz m. pl. ; flatulence f. | *Mittel gegen Blähungen*, carminatif m.

blaken ['blɑ:kən] v. intr. charbonner ; fumer.

bläken ['blɛ:kən] v. intr. POP. criailler ; glapir.

blamabel [bla'mɑ:bəl] adj. ridicule ; honteux.

Blamage [-'mɑ:ʒə] f. (-, n) gaffe f. ; impair m. | *sich eine Blamage zuziehen*, commettre un impair.

blamieren [-'mi:rən] v. tr. discréditer ; décrier. | *jn blamieren*, ridiculiser qn.
◇ v. pr. **sich blamieren,** faire une gaffe, un pas de clerc.

blank [blaŋk] adj. **1.** [leuchtend] clair ; brillant ; reluisant. | *blankes Metall*, du métal brillant. | *blanke Haut*, peau blanche. | *blanke Flächen*, surfaces polies. | *blanke Stiefel*, chaussures, bottes reluisantes, astiquées. | *blanke Augen*, yeux clairs, brillants. || FIG. *er hat mit blankem Golde bezahlt*, il a payé en bel argent. || PAR ANAL. *blitz und blank*, reluisant. | *Waffen blank putzen*, fourbir des armes. || CHIM. décaper.
2. PAR EXT. [bloß, nackt] *er schlief auf blankem Boden*, il dormait à même le sol. | *sich mit blanker Waffe verteidigen*, se défendre à l'arme blanche. | *blank ziehen*, tirer l'épée ; mettre sabre au clair. | *in blankem Hemde*, en chemise. | *blank und bloß*, tout nu. || FIG. *blank sein*, être à sec, sans le sou.

blank|drehen ["blaŋk'dre:ən] v. tr. polir. || °**-drehen** n. (s) polissage m. ||**-geglüht** adj. TECHN. recuit ; blanc.

Blankett [blaŋ'kɛt] n. (s, e). COMM. carte blanche ; blanc-seing m. ; quittance (f.) en blanc.

blanko ['blaŋko] adv. COMM., JUR. en blanc. | *blanko indossieren*, endosser en blanc.

Blanko|akzept ["blaŋkoak'tsɛpt] n. (es, e). COMM., JUR. acceptation (f.) en blanc, à découvert. ||°**-geschäft** n. (s, e) [opération (f.) à] découvert m. ||°**-unterschrift** f. (-, en) blanc-seing m. ; signature (f.) en blanc. ||°**-vollmacht** f. (-, en) blanc-seing m. ||°**-wechsel** m. (s, -) traite (f.) en blanc.

Blase ['blɑ:zə] f. (-, n) bulle f. ; bouillon m. || MÉD. *Blase auf der Haut*, cloque f. | *sich Blasen am Fuß laufen*, se faire des ampoules au pied. || ANAT. *Harnblase*, vessie f. || CHIM. cornue f. ; alambic m.

Blase|balg ["blɑ:zə'balk] m. (s, ¨e) soufflet m. | *Blasebalgtreter*, souffleur (m.) d'orgue.

blasen ['blɑ:zən] (ä, ie, a) v. tr. souffler. | *Glas blasen*, souffler le verre. | *das Horn, die Trompete blasen*, sonner du cor ; jouer de la trompette. | *einen Marsch blasen*, jouer une marche. || FIG. *Trübsal blasen*, broyer du noir. || TECHN. *mit Sandstrahl blasen*, sabler.
◇ v. intr. souffler. | *der Wind, der Postillion bläst*, le vent souffle ; le postillon corne. || MIL. *zum Rückzug blasen*, sonner la retraite. || FIG. *er bläst mit ihm in ein Horn*, il est d'intelligence, FAM. de mèche avec lui.

Blasen ['blɑ:zən] n. (s). TECHN. (action de) souffler. || [Glas] soufflement m. ; soufflage m. || [mit Sandstrahlen] sablage m. || MUS. son (m.) du cor. || MIL. sonnerie f. ; fanfare f.

blasen|artig ["blɑ:zən'ɑ:rtiç] adj. MÉD. vésiculeux. ||°**-entzündung** f. (-, en). MÉD. inflammation vésicale ; cystite f. ||°**-käfer** m. (s, -). ZOOL. cantharide f. ; méloé m. ||°**-schwäche** f. (-, n). MÉD. atonie (f.) de la vessie. ||°**-sonde** f. (-, n). MÉD. sonde f. ; cathéter m. ||°**-speicher** m. (s, -). INF. mémoire (f.) à bulles. ||°**-stahl** m. (s). MÉTALL. acier effervescent. ||°**-tang** m. (s, e). BOT. varech m. ||**-ziehend** adj. MÉD. vésicant.

Bläser ['blɛ:zər] m. (s, -). TECHN. [Glas] souffleur m. || MUS. joueur (m.) d'instrument à vent. | *Flötenbläser*, joueur de flûte. || GÉOL. soufflard m.

blasiert [bla'zi:rt] adj. blasé ; infatué.

Blasiertheit [-hait] f. esprit blasé ; désabusement m. ; orgueil m.

blasig ['blɑ:ziç] adj. où il y a des bulles, des ampoules ; vésiculaire ; cellulaire. | *blasig werden*, se couvrir de bulles, de boursouflures.

Blas|instrument ["blɑsinʃtru'mənt] n. (s, e). MUS. instrument (m.) à vent. ||°**-rohr** n. (s, e) sarbacane f. || TECHN. [Glas] tube souffleur ; canne f. ; fêle f. ; felle f. || CHIM. chalumeau m.

Blasius ['blɑ:zius] n. pr. m. Blaise m.

Blasphemie [blasfe'mi:] f. (-, n). RELIG. blasphème m.

blasphemisch [-'fe:miʃ] adj. blasphémateur.

blaß [blas] adj. pâle ; blême ; blafard ; décoloré ; sans couleur. | *blasse Farben*, couleurs (f. pl.) pâles, ternes. | *ein blasses Gesicht*, un visage pâle, hâve. | *blaß wie der Tod*, pâle comme la mort. | *blaß vor Erregung*, blême d'indignation. | *blaß werden*, pâlir. || FIG., FAM. *keine blasse Ahnung von etwas haben*, n'avoir pas la moindre idée de qch. | *blasse Erinnerung*, faible souvenir m. | *vor Neid blaß werden*, pâlir d'envie.

blaß|blau ['blasblau] adj. bleu pâle.

Blässe ['blɛsə] f. (-) pâleur f. ; absence (f.) de couleur. || ANAT., ZOOL. [Pferd] étoile blanche ; chanfrein m.

Blaßheit ['blashait] f. (-) pâleur f.

Bläß|huhn ['blɛshu:n] n. (s, ¨er). ZOOL. poule (f.) d'eau ; foulque f.

bläßlich ['blɛsliç] adj. un peu pâle ; pâlot.

Blatt [blat] n. (s, ¨er). **1.** feuille f. | *grünes, neues, welkes, dürres Blatt*, feuille verte, nouvelle, flétrie, morte. || TECHN. *Blatt eines Beiles*, taillant (m.) d'une hache. | *Blatt eines Ruders*, pale (f.) d'une rame. | *Blatt einer Säge*, lame f. | *Blatt eines Tisches*, ais m. | *Blatt eines Stoffes*, lé m. | *Blatt eines Webstuhls*, lame f. | *Blatt Papier*, feuille, feuillet (m.) de papier. | *loses Blatt*, feuille volante. || AÉRON. pale f. | *angelenktes Blatt*, pale articulée.
2. FIG. *das Blatt wendet sich*, le vent tourne ; la situation change. | *er ist ein unbeschriebenes Blatt*, il n'a pas encore fait ses preuves. | *das steht auf einem andern Blatt*, c'est une autre question. | *er nimmt (sich) kein Blatt vor den Mund*, il ne mâche pas ses mots. || MUS. *vom Blatt spielen*, jouer à livre ouvert. || PAR EXT. [Tageblatt] journal m. | *wie die Blätter melden*, d'après les journaux.

blatt|ähnlich ["blat'ɛ:nliç] adj. BOT. foliacé. || °**-ansatz** m. (es, ¨e). BOT. stipule f. ||°**-feder** f. (-, n). TECHN. ressort (m.) à lames. ||°**-floh** m. (es, ¨e). ZOOL. puceron m. ||**-förmig** adj. en forme de feuille ; foliacé. ||°**-gewächs** n. (es, e). BOT. plante (f.) à feuilles. ||°-**gold** n. (s) or (m.) en feuilles ; or laminé ; or en paillettes. ||°-**grün** n. (s). BOT. chlorophylle f. ||°-**laus** f. (-, ¨e). ZOOL. puceron m. ||°-**lauskäfer** m. (s, -) bête (f.) à bon Dieu ; coccinelle f. ||-**los** adj. sans feuilles. ||°-**nase** f. (-, n). ZOOL. vampire m. ||°-**pflanze** f. (-, n) plante verte, à feuilles, d'ornement. ||°-**rippe** f. (-, n), °-**ader** f. (-, n) nervure (f.), côte (f.) de feuille. ||°-**silber** n. (s) argent (m.) en feuilles, en paillettes. ||°-**stiel** m. (s, e). BOT. pétiole m. ||-**weise** adv. par feuilles ; par feuillets ; page à page. ||°-**wender** m. (s, -) tourne-feuilles m. ||°-**zeichen** n. (s, -) signet m.

Blättchen ['blɛtçən] n. (s, -) petite feuille. || BOT. foliole f. ; lamelle f. || PAR ANAL., TECHN. lamelle f. | *Metallblättchen*, feuillet (m.) de métal. || MÉD. pustule f. || PAR EXT. petit journal ; FAM. feuille (f.) de chou. || ÉLECTR. *Blättchenelektroskop*, électroscope (m.) à feuille d'or.

Blätter|gold ["blɛtər'gɔlt] n. (s) or (m.) en feuilles. ||°-**kohle** f. (-, n). MINES. charbon lamelleux. ||-**los** adj. BOT. sans feuilles ; dépouillé de feuilles. ||°-**magen** m. (s, -) m. ZOOL. feuillet m. ||°-**pilz** m. (es, e). BOT. agaric m. ||°-**teig** m. (s, e). CULIN. pâte feuilletée. ||°-**werk** n. (s, e) [mieux **Blattwerk**]. BOT. feuillage m.

Blatter ['blatər] f. (-, n). MÉD. bouton m. ; pustule f. | *Blattern*, petite vérole ; variole f. | *Blatternimpfung*, vaccination (f.) antivariolique.

blatterig ['blatəriç] adj. grêlé.

Blatter|narbe ["blatər'narbə] f. (-, n). MÉD. marque (f.) de petite vérole. ||-**narbig** adj. MÉD. grêlé. ||°-**rose** f. couperose f.

blätterig ['blɛtəriç] adj. BOT. garni de feuilles ; feuillu, lamellé. || MINES. lamelleux.

blättern [-tɛrn] v. intr. feuilleter. | *in einem Buche blättern*, feuilleter un livre.

◇ v. pr. **sich blättern,** s'effeuiller. || PAR ANAL. s'écailler. | *die Farbe blättert sich*, la peinture, la couleur s'écaille.

blau [blau] adj. bleu ; azuré. | *blauer Himmel*, ciel bleu, d'azur. | *blaues Meer*, mer (f.) d'azur. | *blaue Augen*, yeux bleus. | *es wird mir grün und blau vor den Augen*, la tête me tourne. | *blau vor Kälte*, bleu de froid. | *das blaue Band*, le ruban bleu. || FIG. *blaues Blut*, sang bleu, noble. || LOC. FAM. *blauen Montag machen*, chômer le lundi ; manquer à son travail. | *er ist blau*, il est gris. | *wir sind mit einem blauen Auge davongekommen*, nous l'avons échappé belle. | *jm blauen Dunst vormachen*, en faire accroire à qn. | *du wirst noch dein blaues Wunder erleben*, tu n'en croiras pas tes yeux. | *er ärgert sich grün und blau*, il a des colères bleues.

◇ adv. *blau leuchten, schimmern*, bleuir. | *blau angelaufen*, poché. || CULIN. *blau sieden*, faire au bleu. | *Forelle blau*, truite (f.) au bleu. || TECHN. *Eisen blau anlaufen lassen*, bleuir le fer.

Blau(e) ['blau(ə)] n. (n) bleu m. ; couleur bleue. | *Blau des Himmels*, bleu, azur (m.) du ciel. | *leichtes Blau*, bleuté m. | *lichtes Blau*, bleu léger. | *dunkles Blau*, bleu foncé. || FIG. *das Blaue vom Himmel lügen*, mentir comme un arracheur de dents. | *er will für sie das Blaue vom Himmel holen*, il veut pour elle décrocher la lune. | *ins Blaue hinein reden, schießen*, parler, tirer en l'air. | *Fahrt ins Blaue*, voyage-surprise m. ; voyage (m.) à destination inconnue.

blau|äugig ["blau'ɔygiç] adj. aux yeux bleus. || FIG. naïf ; crédule. ||°-**bart** m. (s). LITTÉR. Barbe-Bleue. ||°-**beere** f. (-, n). BOT. myrtille f. ; airelle f. ||°-**ente** f. (-, n). ZOOL. canard (m.) sauvage. ||°-**felchen** m. (s, -). [Fisch] lavaret m. ; ombre bleu. ||°-**fuchs** m. (es, e). ZOOL. renard bleu ; isatis m. ||-**grau** adj. gris bleuâtre. ||-**grün** adj. vert bleu ; glauque. ||°-**holz** n. (es, ¨er) bois (m.) de campêche. ||°-**jacke** f. (-, n) matelot m. ; POP. col-bleu m. ||°-**kehlchen** n. (s, -). ZOOL. gorge-bleue f. ||°-**kraut** n. (s, ¨er). BOT. chou (m.) rouge. ||°-**kreuzler** m. (s, -) tempérancier m. ||°-**licht** n. (s, er) gyrophare m. ||°-**mann** m. (s, ¨er) bleu m. (de travail). ||°-**meise** f. (-, n). ZOOL. mésange bleue. ||°-**pause** f. (-, n). TECHN. bleu m. ; photocopie bleue ; calque m. ||-**rot** adj. violacé ; rouge foncé. ||°-**säure** f. (-). CHIM. acide (m.) cyanhydrique, prussique. ||°-**schimmel** m. (s, -). ZOOL. cheval pommelé. ||°-**stift** m. (s, e) crayon bleu. ||°-**strumpf** m. (s, ¨e). FIG. bas-bleu m. ||°-**sucht** f. (-). MÉD. cyanose f.

Bläue ['blɔyə] f. (-) bleu m. ; azur m.

blauen ['blauən] v. intr. et pr. bleuir ; être bleu.

bläuen ['blɔyən] v. tr. bleuir. | *die Wäsche bläuen*, passer le linge au bleu. || FAM. rosser.

bläulich [-liç] adj. bleuâtre.

Blech [blɛç] n. (s, e) tôle f. ; fer-blanc m. | *Eisenblech*, tôle (f.) en fer. | *verzinktes Blech*, tôle galvanisée. | *Weiß-, Wellblech*, fer-blanc ; tôle ondulée. || FIG. bourdes f. pl. | *das ist doch Blech*, cela ne rime à rien.

Blech|abfälle ["blɛç'apfɛlə] m. pl. déchets (m. pl.) de tôle. ||°-**büchse** f. (-, n), °-**dose** f. (-, n) boîte (f.) en fer-blanc. ||°-**flasche** f. (-, n) bidon m. ||°-**geschirr** n. (s, e) casseroles (f. pl.) en fer-blanc. ||°-**haube** f. (-, n) casque (m.) en tôle. || MIL., HIST. morion m. ||°-**hütte** f. (-, n) tôlerie f. ||°-**instrument** n. (s, e). MUS. (instrument [m.] de) cuivre m. ||°-**kappe** f. (-, n) casque m. ||°-**musik** f. (-, en). MUS. clique f. ; fanfare f. ||°-**rohr** n. (s, e) tuyau (m.) en tôle. ||°-**schaden** m. (s, ¨). AUTOM. (*etwa*) dégâts matériels. ||°-**schere** f. (-, n). TECHN. cisaille (f.) à tôle ; cisailles (f. pl.) de ferblantier. ||°-**schmied** m. (s, e). TECHN. ferblantier m. ||°-**schmiede** f. (-, n). TECHN. tôlerie f. ; ferblanterie f. ||°-**stimme** f. (-, n). FIG. voix criarde. ||°-**straße** f. (-, n). TECHN. train (m.) [de laminoirs] à tôles. ||°-**walzwerk** n. (s, e) laminoir (m.), train (m.) à tôles. ||°-**waren** f. pl. ferblanterie f.

blechen ['blɛçən] v. tr. POP. payer ; casquer.

blechern ['blɛçərn] adj. en fer-blanc ; en tôle. || FIG. creux. | *mit blecherner Stimme*, d'une voix creuse, blanche.

blecken ['blɛkən] v. tr. *die Zähne blecken*, montrer les dents, les crocs.

Blei [blai] n. (s) plomb m. | *Blei gießen*, fondre, couler du plomb. || FIG. *die Füße sind mir (schwer) wie Blei*, j'ai les jambes comme du plomb.

Blei|arbeit ["blai'arbait] f. (-) plomberie f. ||°-**asche** f. (-, n) cendre (f.) de plomb ; cendrée f. ; plomb brûlé. ||°-**balsam** m. (s) baume (m.) de Saturne. ||°-**baum** m. (s). CHIM. arbre (m.) de Saturne. ||°-**blumen** f. pl. CHIM. fleurs (f. pl.) de Saturne. ||°-**einlage** f. (-, n). ÉLECTR. fusible m. || [Bleistift] charge f. ||°-**erz** n. (es, e) minerai (m.) de plomb. ||°-**essig** m. (s). PHARM. sous-acétate (m.) de plomb ; extrait (m.) de Saturne. ||-**farben, -farbig** adj. plombé ; livide ; blafard ; blême. ||-**frei** adj. *bleifreies Benzin*, essence (f.) sans plomb. ||°-**glanz** m. (es) galène f. ; sulfure naturel de plomb. ||°-**glätte** f. (-) oxyde naturel de plomb ; litharge f. ||°-**glimmer** m. (s) plomb micacé. ||°-**hütte** f. (-, n) plomberie f. ||°-**kammer** f. (-, n). CHIM. chambre (f.) de plomb. || FIG., HIST. les Plombs (m. pl.) [de Venise]. ||°-**kolik** f. (-). MÉD. colique (f.) de plomb ; colique saturnine. ||°-**krankheit** f. (-, en) affection saturnine ; saturnisme m. ||°-**kugel** f. (-, n) balle (f.) de plomb. ||°-**legierung** f. (-, en) alliage (m.) de plomb. ||°-**lot** n. (s, e) fil (m.) à plomb ; sonde f. | *mit dem Bleilot messen*, sonder. ||°-**lötung** f. (-, en). TECHN. soudure (f.) à plomb. ||°-**mantel** m. (s, ¨) gaine (f.) de plomb. ||°-**mennige** f. (-). CHIM. minium (m.) de plomb. ||°-**mörser** m. (s, -). MINES. bloc (m.) de plomb. ||°-**plombe** f. (-, n). COMM. (cachet m., scellé[s] m. [pl.] de) plomb m. ||°-**pulver** n. (s). MINES. plomb (m.) en poudre. ||°-**salbe** f. (-, n). PHARM. onguent (m.) de Saturne. ||°-**schrot** m. ou n. (s) grenaille (f.) de plomb. ||°-**schwamm** m. (s, ¨e). MINES. plomb spongieux. ||-**schwer** adj. FIG. lourd comme du plomb ; accablant. ||°-**sicherung** f. (-, en). ÉLECTR. (plomb [m.]) fusible m. ; FAM. plomb. ||°-**sulfat** n. (s). CHIM. sulfate (m.) de plomb, plombeux, plombique. ||°-**vergiftung** f. (-, en). MÉD. empoisonnement (m.) par le plomb ; saturnisme m. ||°-**waage** f. (-, n). ARCHIT. niveau m. (de maçon). ||°-**wasser** n. (s). PHARM. eau blanche. ||°-**weiß** n. (es). CHIM. céruse f. ||°-**zucker** m. (s). CHIM. acétate (m.) de plomb ; sucre (m.) de Saturne. ||°-**zusätze** m. pl. AUTOM. additifs (m. pl.) au plomb.

Bleistift ["blai'ʃtift] m. (s, e) crayon m. | *stumpfer Bleistift*, crayon épointé. | *Tintenbleistift*, crayon à encre, copiant. | *den Bleistift spitzen*, tailler son crayon.

Bleistift|absatz ["blaiʃtift'apzats] m. (es, ¨e) talon (m.) aiguille. ||°-**einlage** f. (-, n) charge f. ||°-**halter** m. (s, -) porte-crayon m. ||°-**schützer** m. (s, -) protège-pointe m. ||°-**spitzer** m. (s, -) taille-crayon m. ||°-**zeichnung** f. (-, en) dessin (m.) au crayon.

Bleibe ['blaibə] f. (-, n) asile m. ; gîte m. ; logis m. | *keine Bleibe haben*, vagabonder. | *eine Notbleibe finden*, trouver un refuge. | *keine Bleibe haben*, n'avoir ni feu ni lieu.

bleiben ['blaibən] (ie, ie). **1.** v. intr. rester ; demeurer. | *zu Hause bleiben*, rester chez soi. | *nüchtern bleiben*, demeurer à jeun. | *treu bleiben*, rester fidèle. || *stehen, sitzen, liegen bleiben*, rester debout, assis, couché.

| *hier waren wir stehen geblieben*, nous nous étions arrêtés ici. — **stecken bleiben.** *das Auto bleibt im Schlamm stecken*, la voiture s'embourbe. | *der Redner bleibt in der Rede stecken*, l'orateur s'arrête, perd le fil. | *am Leben bleiben*, rester en vie.

2. Loc. *er ist und bleibt ein Spaßmacher*, il est et il restera, il sera toujours un farceur. | *alles bleibt beim Alten*, rien n'est changé. | *bei einerlei Rede bleiben*, ne pas varier dans ses propos. | *bei der Sache bleiben*, ne pas sortir du sujet. | *bei seiner Aussage bleiben*, persister dans ses déclarations. | *es bleibt dabei*, voilà qui est convenu ; c'est entendu. | *es dabei bleiben lassen*, en demeurer là ; en rester là. | *bleiben Sie mir weg mit solchen Reden*, épargnez-moi de pareils propos. | *jm vom Leibe, vom Halse bleiben*, FAM. ficher la paix à qn. | *der Schüler bleibt sitzen*, l'élève redouble. | *jm die Antwort schuldig bleiben*, rester en dette d'une réponse. || FAM. *bei der Stange bleiben*, ne pas s'écarter de son sujet. || [ledig, eine alte Jungfer bleiben] *sitzen bleiben*, demeurer fille ; coiffer sainte Catherine.

3. (aus)bleiben. | *wo nur mein Vater bleibt ?*, où peut bien être mon père ? | *wo bleibt mein Frühstück ?*, et mon déjeuner ? || PROV. *Schuster, bleib bei deinem Leisten !*, à chacun son métier. — **bleiben lassen.** *laß (mir) das bleiben*, laisse cela ! | *wenn Sie es nicht wollen, lassen Sie es bleiben*, c'est à prendre ou à laisser.

◇ part. prés. et adj. **bleibend,** permanent ; durable ; stable ; constant ; fixe. | *bleibende Erinnerung*, souvenir éternel, impérissable. | *bleibender Wert*, valeur (f.) durable. | *keine bleibende Stätte haben*, n'avoir ni feu ni lieu. || COMM. *frei bleibend*, sans engagement.

Bleiben [-bən] n. (s) *hier ist meines Bleibens nicht mehr*, je ne peux plus rester ici.

bleich [blaiç] adj. pâle ; blême ; blafard. | *bleiches Gesicht*, visage (m.) pâle. | *bleiche Farbe*, pâleur f. | *vor Schrecken bleich werden*, pâlir, blêmir de saisissement.

Bleichart ['blaiçart] m. (s), **Bleicher(t)** ['blaiçər(t)] m. (s). CULIN. vin rosé ; clairet m.

Bleiche ['blaiçə] f. (-, n). TECHN. blanchissage m. ; blanchiment m.

bleichen [-çən] v. tr. TECHN. blanchir ; décolorer. ◇ v. intr. (Vx. : i, i) pâlir ; blanchir ; se décolorer.

Bleicherei [-çə'rai] f. (-, en) blanchisserie f.

Bleich|sucht ['blaiçzuxt] f. (-). MÉD. anémie f. ; chlorose f. ||**-süchtig** adj. MÉD. anémique ; chlorotique. ||°**-wasser** n. (s). CHIM. eau (f.) de Javel.

Bleie ['blaiə] f. (-, n), **Blei** [blai] m. (s, e). ZOOL. brème f.

bleiern ['blaiərn] adj. de, en plomb. || FIG. pesant, lourd. | *bleierne Müdigkeit*, fatigue accablante.

Blende ['blɛndə] f. (-, n) œillère f. || MIL. blindes f. pl. ; masque de créneau(x). || ARCHIT. fausse porte ; niche f. | *Blendfenster*, fausse fenêtre. | *Fensterblende*, volet. || ÉLECTR. cabochon m. || MINES. [Licht] lampe (f.) de mine. || [Mineral] blende f. || PHOT. diaphragme m. | *die Blende einstellen*, diaphragmer.

blenden [-dən] v. tr. rendre aveugle ; aveugler ; crever les yeux ; éblouir. | *auf einem Auge blenden*, éborgner. | *der Schnee blendete (die Augen)*, la neige aveuglait. || FIG. éblouir ; tromper. | *sich durch den äußeren Schein blenden lassen*, se laisser tromper par les apparences. || PAR ANAL. [färben] ternir. | *Pelze blenden*, ternir des peaux, des fourrures. || PAR EXT. [tarnen] masquer. || AUTOM. *die Scheinwerfer (ab)blenden*, baisser les phares.

◇ part. prés. et adj. **blendend,** aveuglant ; prestigieux. || FIG. *blendender Erfolg*, succès éblouissant.

Blender [-dər] m. (s, -). FIG. [Personen] *er ist ein Blender*, il fait illusion ; c'est un faiseur. || [Worte, Dinge] trompe-l'œil m.

Blend|fenster ["blɛnt'fɛnstər] n. (s, -) fausse fenêtre. ||°**-giebel** m. (s, -) faux fronton. ||°**-laterne** f. (-, n) lanterne sourde. ||°**-leder** n. (s, -) œillères f. pl. ||°**-rahmen** m. (s, -) châssis m. ; encadrement (m.) de fenêtre. ||°**-schutz** m. (es) pare-soleil m. invar. ; écran, dispositif antiéblouissant. ||°**-werk** n. (s, e). MIL. blindes f. pl. || FIG. illusions f. pl. ; fascination f. ; fantasmagories f. pl.

Blendung ['blɛnduŋ] f. (-, en). [Handlung] aveuglement m. || FIG. éblouissement m. ; impression f. || [Instrument] MIL. blindes f. pl. || OPT. œilleton m.

Blennorrhöe [blɛno'rø] f. (-, n). MÉD. blennorragie f.

Blepharitis [blefa'ritis] f. blépharite f.

Blesse ['blɛsə] f. (-, n) étoile (f.) au front d'un animal ; chanfrein m.

blessieren [blɛ'si:rən] v. tr. [verletzen] blesser.

Blessur [-'su:r] f. (-, en) blessure f. ; plaie f.

Bleuel ['blɔyəl] m. (s, -) battoir (m.) à linge.

bleuen ['blɔyən] (mieux : **durchbleuen, verbleuen**) v. tr. FAM. battre ; rosser.

Blick [blik] m. (s, e) regard m. ; coup (m.) d'œil. | *sprechender, verstohlener, schmachtender Blick*, regard expressif, furtif, langoureux. | *den Blick auf etwas lenken, richten*, tourner ses regards vers, porter ses regards sur qch. | *jn mit den Blicken durchbohren*, transpercer qn du regard. | *er wandte keinen Blick davon*, il n'en détournait pas les yeux. | *ich folgte ihm mit dem Blick*, je le suivais du regard. | *einen sicheren, scharfen Blick haben*, avoir le coup d'œil. | *auf den ersten Blick*, du premier coup d'œil. | *Liebe auf den ersten Blick*, FIG. coup (m.) de foudre. | *jn keines Blickes würdigen*, ne pas daigner honorer qn d'un regard. | *Blick auf das Tal*, panorama (m.) de la vallée. | *er hat dafür keinen Blick*, il ne comprend pas ces choses-là. || PAR ANAL. lueur f. ; éclair m. ; éclat m.

Blick|fang ['blikfaŋ] m. (s, ¨e) objet (m.) qui accroche le regard. ||°**-feld** n. (s, er). PHOT. champ visuel. ||°**-punkt** m. (s, e) point (m.) de vue. ||°**-winkel** m. (s, -) angle visuel.

blicken ['blikən] v. intr. **1.** regarder. | *vor sich hin blicken*, regarder devant soi. | *scharf auf jn blicken*, jeter un regard perçant sur, scruter qn. | *zur Seite blicken*, regarder de côté. | *gen Himmel blicken*, lever les yeux au ciel. || FAM. *er läßt sich wieder blicken*, le voilà revenu ! | *das läßt tief blicken*, cela donne à penser, à réfléchir.

2. avoir l'air. | *trübe, heiter, freundlich blicken*, avoir l'air triste, gai, aimable.

3. luire, briller. | *die Sonne blickt durch die Wolken*, le soleil luit à travers les nuages.

◇ v. tr. montrer. | *sein Auge blickt Neid und Haß*, l'envie et la haine se lisent dans ses yeux.

blind [blint] adj. aveugle. | *ein blinder Bettler*, un mendiant aveugle. | *blind geboren*, aveugle de naissance. | *blind werden*, perdre la vue. | *blind machen*, aveugler. | *auf einem Auge blind*, borgne. || FIG. *blinder Haß, Zufall*, haine (f.) aveugle ; pur hasard. | *blinder Gehorsam*, obéissance (f.) aveugle. | *Liebe ist, macht blind*, l'amour (m.) est, rend aveugle. | *blinder Kauf, Lärm*, achat fictif ; fausse alarme. | *ein blinder Eifer*, un zèle outré. || PAR ANAL. faux ; feint ; fictif ; simulé. | *blindes Fenster*, fausse fenêtre. | *blinder Schuß*, coup (m.) de feu à blanc. | *blinder Passagier*, passager clandestin. || [Spiel] *blinder Mann*, mort m. || *blinde Gasse*, impasse f. || PAR EXT. terne. | *blind werden*, ternir ; perdre son éclat.

◇ adv. aveuglément. | *sich blind drauflos stürzen*, se jeter tête baissée sur. | *blind laden, schießen*, charger, tirer à blanc. | *die Straße endet blind*, la rue finit en cul-de-sac. | *blind schreiben*, écrire à la machine sans voir le clavier.

Blind|darm ['blintdarm] m. (s, ¨e). ANAT. cæcum m. || MÉD. *Blinddarmentzündung*, appendicite f. ||°**-druck** m. (s, e). TYPOGR. gaufrage m. ||°**-flug** m. (s, ¨e). AÉRON. pilotage (m.) sans visibilité (P.S.V.). ||°**-gänger** m. (s, -). MIL. raté m. ||°**-landung** f. (-, en). AÉRON. atterrissage (m.) sans visibilité. || °**-leistung** f. (-, en). ÉLECTR. puissance réactive, déwattée. ||**-lings** adv. à l'aveuglette ; aveuglément ; à tâtons ; d'estoc. | *blindlings auf etwas losgehen*, foncer tête baissée sur qch. | *blindlings ja sagen*, opiner du bonnet. ||°**-schacht** m. (s, ¨e). MINES. faux puits ; puits intérieur ; bure f. ||°**-schleiche** f. (-, n). ZOOL. orvet m. ||°**-schreiben** n. (s, -). [Schreibmaschine] frappe (f.) en aveugle. ||°**-spiel** n. (s, e). [Schach] partie (f.) à l'aveugle. ||°**-strom** m. (s). ÉLECTR. courant déwatté, réactif. ||°**-widerstand** m. (s, ¨e). PHYS. réactance f.

Blinde(r) ['blində(r)] f. (m.) aveugle s. || PROV. *unter den Blinden ist der Einäugige König*, au royaume des aveugles les borgnes sont rois.

Blinde|kuh ["blində'ku:] f. (-) colin-maillard m.

Blinden|anstalt ["blindən'anʃtalt] f. (-, en) institution (f.) pour aveugles. ||°**-hund** m. (s, e) chien (m.) d'aveugle. ||°**-schrift** f. (-) alphabet (m.) des aveugles ; caractères (m. pl.) Braille.

Blindheit ['blinthait] f. (-) cécité f. || FIG. aveuglement m. | *mit Blindheit schlagen*, aveugler ; frapper de cécité, d'aveuglement. | *wie mit Blindheit geschlagen sein*, FAM. avoir la berlue.

blinken ['bliŋkən] v. intr. luire ; briller ; étinceler. | *der See blinkt im Mondschein*, le lac brille au clair de lune. || PAR ANAL. clignoter. || MIL. faire des signaux lumineux.

Blinker [-kər] m. (s, -). AUTOM. (feu) clignotant m. || SPORT. [Angeln] cuiller f. ; cuillère f.

Blink|feuer ["bliŋk'fɔyər] n. (s, -). Mar. feu (m.) à éclipses, tournant, clignotant. ||°**-gerät** n. (s, e) appareil (m.) de signalisation optique. ||°**-licht** n. (s, er) feu intermittent ; [Polizei, usw.] gyrophare m. ||°**-spruch** m. (s, ¨e). Mil. message (m.) optique. ||°**-zeichen** n. (s, -). Mil. signal lumineux.

blinzeln ['blintsəln] v. intr. clignoter ; papilloter. | *mit den Augen blinzeln*, cligner des yeux.

Blitz [blits] m. (es, e). [Schein] éclair m. || [Schlag] foudre f. | *der Blitz schlägt ein*, la foudre tombe. | *vom Blitz getroffen*, foudroyé. || Loc., fam. *der Blitz schlage drein !*, que le diable l'emporte ! || Par anal. saillie f. | *Geistesblitze*, traits (m. pl.) d'esprit.

Blitz|ableiter ["blits'aplaitər] m. (s, -). Phys. paratonnerre m. ||**-artig** adj. Méd. foudroyant. ||°**-aufnahme** f. (-, n). Phot. photo(graphie) [f.] au flash. ||**-blank** adj. reluisant. | *blitzblank gescheuert*, brillant de propreté. ||°**-gespräch** n. (s, e) conversation téléphonique très urgente. ||°**-kerl** m. (s, e). Fam. gaillard m. ; luron m. ; pop. gars (m.) du tonnerre. ||°**-krieg** m. (s, e). Mil. guerre (f.) éclair. ||°**-licht** n. (s). Phot. flash m. ||°**-licht|aufnahme** f. (-, n) photo (f.) au flash. ||°**-mädel** n. (s, -). Fam., pop. fille (f.) du tonnerre. ||°**-schlag** m. (s, ¨e) coup (m.) de foudre. ||**-schnell** adj. rapide comme l'éclair. || adv. à toute allure. ||°**-schutz** m. (es). Électr. parafoudre m. ||°**-strahl** m. (s, en) foudre f. ||°**-verschluß** m. (es, ¨e). Techn. fermeture (f.) Éclair.

blitzen ['blitsən] v. imp. lancer des éclairs ; éclairer. | *es blitzt und donnert*, il fait des éclairs et il tonne. ◇ v. intr. étinceler ; briller ; resplendir ; flamboyer. | *die Schwerter blitzen*, les épées flamboient. || Fig. *alles blitzt vor Sauberkeit*, tout brille d'une extrême propreté.

Block [blɔk] m. (s, ¨e) bloc m. ; bille f. || [Holz] billot m. || [Guß] lingot m. || [Klumpen] saumon m. ; pain m. | *einen Felsblock zersprengen, behauen, spalten*, faire sauter, tailler, fendre un rocher. | *in den Block schließen*, mettre aux fers. || Comm. *im Block verkaufen*, vendre en bloc. || Archit. aggloméré m. | *(Häuser)-block*, îlot (m.), pâté (m.) de maisons. || Électr. *Kontaktblock*, plot (m.) de contact. || Autom. *Motorblock*, bloc-moteur m. || [Notizblock] bloc-notes m.

Block|flöte ["blɔk'flø:tə] f. (-, n). Mus. flûte (f.) à bec (d'une seule pièce). ||°**-form** f. (-, en). Métall. lingotière f. ||**-frei** adj. Polit. non-aligné. | *die Blockfreien*, les pays non-alignés. ||°**-freiheit** f. (-, en). Polit. non-alignement m. ||°**-haus** n. (es, ¨er). Mil. blockhaus m. ||°**-hebel** m. (s, -) levier (m.) de blocage. ||°**-motor** m. (s, en). Autom., Aéron. moteur (m.) monobloc. ||°**-schrift** f. (-) caractères (m. pl.) d'imprimerie (opposés à l'écriture cursive). || Typogr. gros caractères m. pl. ||°**-stelle** f. (-, n). Transp. poste (m.) d'aiguilleur.

Blockade [blɔ'ka:də] f. (-, n). Polit. blocus m. | *die Blockade durchbrechen*, forcer le blocus.

blocken ['blɔkən] v. tr. Techn. bloquer.

blockieren [-'ki:rən] v. tr. bloquer. || Mil., Polit. faire le blocus.

Blockierung [-kiruŋ] f. (-, en). Mil., Polit. verrouillage m. ; blocus m.

Blockung ['blɔkuŋ] f. Techn. blocage m.

blöde ['blø:də] adj. faible ; débile ; délicat. | *ein blödes Auge haben*, avoir la vue faible, basse. || Par anal. gauche ; timide ; gêné. || Par ext. stupide ; sot ; niais. ◇ adv. *sich blöde benehmen*, être gauche.

Blödian [-dian] m. (s, e). Fam. dadais m.

Blödigkeit [-diçkait] f. (-). Anat. faiblesse (f.) de la vue. || Par anal. gaucherie f. ; timidité f. || Par ext. sottise f. ; niaiserie f.
— Syn. : *Dummheit*, bêtise ; *Albernheit*, sottise ; *Dümmlichkeit*, stupidité ; *Einfalt*, niaiserie.

Blöd|sinn [-zin] m. (s). [Zustand] imbécillité f. ; stupidité f. ; idiotie f. || Par ext. [Worte ; Taten] absurdités f. pl. ; bêtises f. pl. ||**-sinnig** adj. sot ; stupide ; niais.

blöken ['blø:kən] v. intr. bêler ; beugler ; mugir.

Blöken [-kən] n. (s) bêlement m. ; beuglement m.

blond [blɔnt] adj. blond. | *eine hübsche Blonde*, une jolie blonde.

Blond [blɔnt] n. (s). [Farbe] blond m.

blond|gelockt ["blɔntgə'lɔkt] adj. qui a les, des cheveux blonds. ||**-haarig** adj. aux cheveux blonds. ||°**-kopf** m. (s, ¨e) blondin m. ; blondine f.

blondieren [blɔn'di:rən] v. tr. blondir ; oxygéner.

Blondine [-'di:nə] f. (-, n) blonde f.

bloß [blo:s] adj. nu ; découvert. | *bloße Füße*, pieds nus ; nu-pieds. | *nackt und bloß*, tout(e) nu(e). | *mit bloßem Kopf*, tête nue ; nu-tête. | *in bloßem Hemd*, en chemise. | *mit bloßem Schwert*, l'épée nue. | *auf bloßer Erde schlafen*, dormir, coucher sur la dure. | *auf bloßer Haut*, à même la peau. | *mit bloßem Auge sichtbar*, visible à l'œil nu. || Par ext. simple. | *das ist bloßer Neid*, c'est pure envie. | *der bloße Gedanke daran*, rien que le fait d'y penser. | *auf den bloßen Verdacht hin wurde er verhaftet*, on l'arrêta sur un simple soupçon. | *mit dem bloßen Schrecken davonkommen*, en être quitte pour la peur. ◇ adv. simplement ; seulement ; uniquement ; rien que. | *bloß zum Schein*, pour la parade.

bloß|decken (sich) [ziç"blo:s'dɛkən] v. pr. (se) découvrir. ||**-geben** (a, e) v. tr. et v. pr. *sich bloßgeben*, se découvrir ; montrer son faible. ||**-legen** v. tr. mettre à nu ; découvrir. || Méd. *einen Zahn, einen Knochen bloßlegen*, déchausser une dent ; dénuder un os. || Mines. *ein Flöz bloßlegen*, découvrir un filon. ||°**-legen** n. (s) mise (f.) à nu. || Méd. [Zahn] déchaussement m. ; [Knochen] dénudation f. || Mines. découverte f. ||**-liegen** (a, e) v. intr. être mis à nu. || Méd. [Zahn] être déchaussé ; [Knochen] être dénudé. ||**-stellen** v. tr. et v. pr. découvrir ; mettre à nu. || Mil. découvrir ; laisser sans protection. || Fig. (se) compromettre. | *bloßstellend*, compromettant.

Blöße ['blø:sə] f. (-, n) nudité f. || Fig. dénuement m. || Par anal., fig. côté (m.), point (m.) faible ; faible m. ; faiblesse f. | *sich eine Blöße geben*, donner prise sur soi ; prêter le flanc. || Sport. [Fechtkunst] se découvrir.

blubbern ['blubərn] v. intr. Fam. bredouiller. || gargouiller.

Bluff [bløf] m. (s, e) bluff m. ; tromperie f.

bluffen [-fən] v. tr. bluffer ; tromper ; intimider.

blühen ['bly:ən] v. intr. fleurir ; être en fleur ; pousser des fleurs. | *der Baum blüht*, l'arbre fleurit, est en fleurs. || Fig. être florissant. | *in Weimar blühte die deutsche Klassik*, le classicisme allemand a fleuri à Weimar. | *sein Geschäft blüht*, son affaire prospère ; fam. il fait florès. || Fam. *das kann mir auch noch blühen*, cela peut m'arriver aussi ; fam. cela me pend au nez. ◇ part. prés. et adj. **blühend,** fleuri ; en fleur. | *blühende Gärten*, des jardins en fleurs, fleuris. || Fig. florissant ; prospère. | *blühende Schönheit*, beauté éclatante. | *im blühenden Alter*, à la fleur de l'âge. | *blühender Stil*, style fleuri.

Blühen [-ən] n. (s) floraison f. || Fig. prospérité f.

Blümchen ['bly:mçən] n. (s, -) petite fleur ; fleurette f. || Fam. *Blümchenkaffee*, jus (m.) de chaussette ; lavasse f.

Blume ['blu:mə] f. (-, n) fleur f. | *eine gefüllte Blume*, une fleur double. | *mit Blumen übersät*, émaillé de fleurs. | *die Blume blüht auf, verkümmert*, la fleur s'épanouit, s'étiole. | *mit Blumen schmücken*, garnir de fleurs ; fleurir || Fig. *durch die Blume sprechen*, parler à mots couverts. | *Blume der Gesellschaft*, crème (f.), élite (f.) de la société. || Par ext. *Blume des Weines*, bouquet m. (du vin). || Zool. *Blume des Fuchses*, poil follet du renard. | *Blume des Pferdes*, tache blanche, étoile (f.) du cheval. || Anat. virginité f. || Chim. fleur f.

Blumen|ampel ["blu:mən'ampəl] f. (-, n) pot de fleur suspendu. ||°**-aue** f. (-, n) pré fleuri. ||°**-auge** n. (s, n) bouton (m.) de fleur. ||°**-beet** n. (s, e) parterre m. ||°**-binderin** f. (-, nen) bouquetière f. ||°**-blatt** n. (s, ¨er) pétale m. ||°**-büschel** n. (s, -) grappe (f.) de fleurs ; bouquet m. ; corymbe m. ||°**-deckblatt** n. (s, ¨er). Bot. bractée f. ||°**-duft** m. (s, ¨e) parfum (m.) des fleurs ; arôme m. ||°**-erde** f. (-). Agric. terreau m. ||°**-flor** m. (s) floraison f. || Par ext. assortiment (m.) de fleurs. ||°**-garten** m. (s, ¨) jardin (m.) d'ornement, d'agrément. ||°**-gärtner(in)** m. (s, -), f. (-, nen) jardinier m. ; jardinière f. ; fleuriste s. ||°**-gewinde** n. (s, -) guirlande f. ||°**-glas** n. (es, ¨er) vase m. (à fleurs). ||°**-göttin** f. (-). Myth. Flore n. pr. f. ||°**-griffel** m. (s, -). Bot. style m. ; pistil m. ||°**-händler(in)** m. (s, -), f. (-, nen) fleuriste s. ||°**-kasten** m. (s, -) jardinière f. ||°**-kelch** m. (s, e). Bot. calice m. ||°**-kohl** m. (s, e) chou-fleur m. ||°**-korb** m. (s, ¨e) corbeille (f.) à, de fleurs. ||°**-korso** m. et n. (s, s) corso fleuri. ||°**-kranz** m. (es, ¨e) couronne (f.) de fleurs ; guirlande f. ||°**-krone** f. (-, n). Bot. corolle f. || Par anal. couronne (f.) de fleurs. ||°**-laden** m. (s, ¨) boutique (f.) de fleuriste. ||°**-lese** f. (-, n) récolte (f.) des fleurs. || Par anal., Littér. anthologie f. || [Dichtung] florilège m. ||°**-mädchen** n. (s, -) fleuriste f. ; bouquetière f. ||°**-markt** m. (es, ¨e) marché (m.) aux fleurs. ||°**-monat** m. (s, e) [mois de] mai m. || Hist. floréal m. ||**-reich** adj. plein de fleurs. || Fig. fleuri. | *blumenreiche Sprache*, langage fleuri. ||°**-schale** f. (-, n) vase (m.) à fleurs ; bouquetier m. ;

coupe f. ||°**-schau** f. (-, en) floralies f. pl. ||°**-schere** f. (-, n). TECHN. sécateur m. ||°**-sprache** f. (-, n) langage (m.) des fleurs ; FIG. langage figuré. ||°**-stand** m. (s, ¨e). BOT. inflorescence f. || COMM. kiosque (m.) de fleuriste. ||°**-ständer** m. (s, -) jardinière f. (vase). ||°**-staub** m. (s) [mieux **Blütenstaub**]. BOT. pollen m. ||°**-stengel** m. (s, -) tige f. ||°**-stiel** m. (s, e). BOT. pédoncule m. ||°**-stock** m. (s, ¨e). BOT. pied (m.) de fleur. || PAR EXT. pot (m.) de fleurs. || [Stütze] tuteur m. ||°**-strauß** m. (es, ¨e) bouquet m. (de fleurs). ||°**-stück** n. (s, e) [tableau (m.) représentant des] fleurs f. pl. ||°**-topf** m. (s, ¨e) pot (m.) à, de fleurs. ||°**-topfkrause** f., °**-topfmanschette** f. (-, n) cache-pot m. ||°**-vase** f. (-, n) vase (m.) à fleurs ; bouquetier m. ||°**-werk** n. (s, e) fleurs artificielles. ||°**-zierat** m. (s). ARCHIT. fleurons m. pl. ||°**-züchter** m. (s, -) horticulteur m. ||°**-zwiebel** f. (-, n). BOT. oignon (m.) de fleurs ; bulbe m.

blümerant [blymə'rant] adj. | *mir wird blümerant*, j'ai des éblouissements ; la tête me tourne.

blumig ['blu:miç] adj. semé, plein, émaillé de fleurs. | *blumige Wiese*, pré émaillé de fleurs. || FIG. fleuri. | *blumige Redeweise*, style maniéré.

Bluse ['blu:zə] f. (-, n) blouse f. ; corsage m. ; chemisier m. | *Kittelbluse*, blouse f.

Blut [blu:t] n. (s). **1.** sang m. | *geronnenes Blut*, sang caillé. | *das Blut stillen*, arrêter le sang. | *Blut lassen*, [bluten] saigner ; perdre du sang ; [zur Ader lassen] se faire saigner. | *Blut spucken, husten*, cracher du sang. | *bis aufs Blut schlagen*, frapper jusqu'au sang. | *mit Blut überströmt*, couvert de sang. || PR. et FIG. *sein Blut vergießen*, verser son sang.
2. FIG. *das frischt mir das Blut auf*, cela me rafraîchit le sang. | *heißes Blut haben*, avoir le sang chaud. | *mein Blut empört sich*, mon sang se révolte. | *das Blut strömte ihm zum Herzen*, son sang ne fit qu'un tour. | *das Blut schoß ihr ins Gesicht*, le rouge lui monta au visage. | *alles Blut wich aus ihrem Gesicht*, elle blêmit. | *sich böses Blut machen*, FAM. se faire du mauvais sang. | *jn bis aufs Blut quälen*, faire damner quelqu'un. | *Blut sehen*, voir rouge. | *kalten Blutes*, de sang froid. | *ein junges Blut*, une jeune personne.
3. LOC. *Gut und Blut einsetzen, opfern*, mettre en jeu, sacrifier sa vie et ses biens. | *von, aus Fleisch und Blut sein*, être de chair et de sang. | *er ist mein Fleisch und Blut*, c'est mon sang. | *in Fleisch und Blut übergehen*, entrer dans le sang. | *wie Milch und Blut aussehen*, avoir un teint de lis et de roses. | *dies wird böses Blut verursachen*, cela aura de très mauvaises conséquences ; FAM. ça va aller mal.
4. FIG. sang m. ; race f. | *er hat blaues Blut in den Adern*, il a du sang bleu, noble. | *reines Blut haben*, être de sang pur. | *die Bande* (n. pl.) *des Blutes*, les liens (m. pl.) du sang. | *es liegt ihm im Blut*, il a cela dans le sang. | *sein Blut schreit nach Rache*, son sang crie vengeance. || PROV. *das Blut verleugnet sich nicht*, bon sang ne peut mentir. || PAR ANAL., FIG. *Blut der Reben*, jus (m.) de la treille ; vin m.

Blut|apfelsine ["blu:t'apfəlzi:nə] f. (-, n). BOT. (orange [f.]) sanguine f. ||**-arm** adj. anémique. || FIG., FAM. très pauvre ; pauvre comme Job. ||°**-armut** f. (-), MÉD. anémie f. ||°**-auswurf** m. (s, ¨e). MÉD. crachement m., expectoration (f.) de sang. ||°**-bad** n. (s, ¨er) effusion (f.) de sang ; tuerie f. ; carnage m. ; boucherie f. ; massacre m. ||°**-bank** f. (-, en) banque (m.) du sang. ||°**-bann** m. (s). JUR., HIST. juridiction criminelle. ||°**-baum** m. (s, ¨e). BOT. campêche m. ||**-befleckt** adj. taché, couvert de sang. ||°**-bild** n. (s, er). MÉD. formule (f.) hématologique ; hémogramme m. ||**-bildend** adj. MÉD. hémoplastique. ||°**-bildung** f. (-). MÉD. hémoplastie f. ||°**-brechen** n. (s). MÉD. vomissements (m. pl.) de sang. ||°**-buche** f. (-, n). BOT. hêtre (m.) rouge, pourpre. ||°**-druck** m. (s). MÉD. tension artérielle. | *erhöhter, niedriger Blutdruck*, hypertension f., hypotension f. ||°**-druckmesser** m. (s, -). MÉD. tensiomètre m. ||**-dürstig** adj. altéré de sang ; sanguinaire ; féroce. ||°**-egel** m. (s, -). ZOOL. sangsue f. ||°**-eiter** m. (s). MÉD. sanie f. ||°**-entnahme** f. (-, n). MÉD. prise (f.) de sang. ||°**-entziehung** f. (-, en) saignée f. ||°**-erguß** m. (es, ¨e) épanchement sanguin ; hémorragie f. ||°**-erzeugung** f. (-). MÉD. sanguification f. ||**-farbig** adj. sanguin ; rouge sang ; sanguinolent. || MINES. hématoïde. ||°**-farbstoff** m. (s, e). CHIM. hémoglobine f. ||°**-faserstoff** m. (s, e). PHYSIOL. fibrine f. ||°**-fink** m. (s, e). ZOOL. bouvreuil m. ||°**-fluß** m. (es). MÉD. flux (m.) de sang ; hémorragie f. ||°**-flüssigkeit** f. (-, en) plasma (m.) sanguin. ||**-flußstillend** adj. MÉD. hémostatique. ||°**-gefäß** n. (es, e). ANAT. vaisseau sanguin. ||°**-gericht** n. (s, e). JUR. juridiction criminelle. ||**-gerinnungshemmend** adj. MÉD. anticoagulant. | *blutgerinnungshemmendes Mittel*, anticoagulant m. ||°**-gerüst** n. (es, e). JUR. échafaud m. ; guillotine f. ||°**-gier** f. (-) goût (m.) du sang ; férocité f. ||**-gierig** adj. altéré de sang ; sanguinaire ; féroce. ||°**-gruppe** f. (-, n). MÉD. groupe sanguin. ||°**-gruppenbestimmung** f. (-, en). MÉD. groupage m. ||°**-hänfling** m. (s, e). ZOOL. linotte (f.) rouge. ||°**-harnen** n. (s). MÉD. hématurie f. ||°**-hochzeit (die).** HIST. (massacre [m.] de) la Saint-Barthélemy. ||°**-hund** m. (s, e). ZOOL. braque m. || FIG., FAM. homme (m.) sanguinaire ; boucher m. ||°**-husten** m. (s). MÉD. hémoptysie f. ||°**-igel** m. (s, -). ZOOL. sangsue f. ||**-jung** adj. très jeune. ||°**-klumpen** m. (s, -). MÉD. caillot (m.) de sang. ||°**-körperchen** n. (s, -). PHYSIOL. globule (m.) du sang. | *weißes Blutkörperchen*, globule blanc ; leucocyte m. | *rotes Blutkörperchen*, globule rouge ; hématie f. ||°**-kreislauf** m. (s). MÉD. circulation (f.) du sang. ||**-los** adj. exsangue. || FIG. pâle ; sans relief. ||°**-mangel** m. (s) anémie f. ||°**-numerierung** f. numération (f.) globulaire. ||°**-plättchen** n. (s, -). MÉD. plaquette sanguine. ||°**-probe** f. (-, n). MÉD. analyse (f.) du sang. ||°**-rache** f. (-) vengeance sanglante ; vendetta f. ||**-rot** adj. rouge sang. || FIG. *er wird blutrot*, il devient tout rouge. ||**-rünstig** adj. ensanglanté ; meurtri. || PAR EXT. cruel ; féroce. ||°**-sauger** m. (s, -). ZOOL. sangsue f. ; vampire m. || FIG. sangsue f. ; vampire m. ||°**-saugerei** f. (-). FIG. vampirisme m. ||°**-schande** f. (-). JUR. inceste m. ||**-schänderisch** adj. JUR. incestueux. ||°**-schuld** f. (-, en). JUR. homicide m. ; meurtre m. ||°**-senkung** f. (-). MÉD. sédimentation (f.) du sang. ||°**-speien** n. (s). MÉD. hémoptysie f. ; crachement (m.) de sang. ||°**-spende** f. (-, n). MÉD. don (m.) de sang. ||°**-spender** m. (s, -). MÉD. donneur (m.) de sang. ||°**-stein** m. (s, e). MINES. sanguine f. ; hématite f. ||**-stillend** adj. MÉD. hémostatique. | *blutstillendes Mittel*, hémostatique m. ||°**-strieme** f. (-, n). MÉD. meurtrissure f. ; hématome m. ||°**-sturz** m. (es, ¨e). MÉD. hémorragie foudroyante ; hémoptysie f. ; coup (m.) de sang. ||°**-tat** f. (-, en). JUR. meurtre m. ; crime m. ||°**-taufe** f. (-, n). FIG., MIL. baptême (m.) du feu. ||°**-übertragung** f. (-, en). MÉD. transfusion sanguine. ||**-unterlaufen** adj. injecté de sang. ||°**-unterlaufung** f. (-, en). MÉD. ecchymose f. ||°**-untersuchung** f. (-, en). MÉD. analyse (f.) du sang ; hématoscopie f. ||°**-vergießen** n. (s) effusion (f.) de sang. ||°**-vergiftung** f. (-, en). MÉD. empoisonnement (m.) du sang ; septicémie f. ; hémotoxie f. ||°**-verlust** m. (es, e) perte (f.) de sang. ||**-verträglich** adj. MÉD. hémocompatible. ||°**-wäsche** f. (-, n). MÉD. hémodialyse f. ||°**-wasser** n. (s). PHYSIOL. sérum m. ; lymphe f. ||**-wenig** adj. FIG. très peu ; en petite quantité ; en quantité infime. ||°**-wurst** f. (-, ¨e). CULIN. boudin m. ||°**-zeuge** m. (n, n), **-gin** f. (-, nen). RELIG. martyr(e) m. (f.). ||°**-zuckerspiegel** m. (s, -). MÉD. taux (m.) de glycémie.

Blüte ['bly:tə] f. (-, n). BOT. fleur f. | *duftende, welkende Blüten*, des fleurs parfumées, fanées. | *ein Baum voller Blüten*, un arbre couvert de fleurs. | *die Bäume stehen in voller Blüte*, les arbres sont tout en fleurs. || FIG. prospérité f. ; état florissant ; apogée m. | *in höchster Blüte*, en pleine prospérité ; à son apogée. | *die Blüte der Ritterschaft, der Jugend*, la fleur de la chevalerie ; l'élite de la jeunesse. | *in der Blüte des Alters, der Jahre*, à la fleur de l'âge. || PAR ANAL., MÉD. bouton m.

Blüte|zeit ["bly:tə'tsait] f. (-, en) [époque (f.) de la] floraison f. || FIG. prospérité f. ; apogée m. | *die Blütezeit des Lebens*, le printemps de la vie.

bluten ['blu:tən] v. intr. saigner ; perdre du sang. | *am Finger, aus der Nase bluten*, saigner du doigt, du nez. || FIG. *das Herz, die Seele blutet mir*, le cœur me saigne. | *die Rebe blutet*, la vigne pleure. || FAM. *er soll mir dafür bluten*, il me le paiera.

Bluten [-tən] n. (s). MÉD. saignement m.

Blüten|blatt ["bly:tən'blat] n. (s, ¨er). BOT. pétale m. ||°**-honig** m. (s) miel m. ; nectar m. ||°**-hülle** f. (-, n). BOT. enveloppe florale ; périanthe m. ||°**-kelch** m. (s, e). BOT. calice m. ||°**-knospe** f. (-, n) bouton (m.) à fleur. ||°**-schlauch** m. (s, ¨e). BOT. tube (m.) pollinique. ||°**-stand** m. (s). BOT. inflorescence f. ||°**-staub** m. (s) pollen m. ||°**-stengel** m. (s, -) tige florale.

Bluter(in) ['blu:tər(in)] m. (s, -), f. (-, nen). MÉD. hémophile s.

blutig ['blu:tiç] adj. sanglant ; sanguinolent ; ensanglanté. | *blutige Hände, blutiges Gesicht*, mains souillées, tachées de sang ; visage ensanglanté. | *blutiges Fleisch*, viande saignante. | *jn blutig schlagen*, frapper qn jusqu'au sang. || FIG., FAM. *es wird blutiger Ernst*, cela devient sérieux.

Bluts|freund ["blu:ts'frɔynt] m. (s, e) parent (m.) proche. ||°**-tropfen** m. (s, -) goutte (f.) de sang. ||°**-verwandte(r)** f. (m.) parent(e) [m. (f.)] consanguin(e). ||°**-verwandtschaft** f. (-, en) [vom Vater] agnation f. ; [von der Mutter] cognation f.

Blutung ['blu:tuŋ] f. (-, en). MÉD. saignement m. ; hémorragie f. || [Frau] règles f. pl.

B-moll ['be:mɔl] n. MUS. « si » bémol mineur.

Bö [bø:] f. (-, en). MAR. rafale f. ; grain m.

Boa ['bo:a] f. (-, s). ZOOL. boa m. || [Pelz] boa m.

Bob [bɔb] m. (s, s), **Bob|sleigh** m. (s, s). SPORT. bob m. ; bobsleigh m.

Bock [bɔk] m. (s, ¨e). ZOOL. [Schaf] bélier m. || [Ziege] bouc m. | *Steinbock*, bouquetin m. | *alter Bock*, bouquin m. || PROV. *den Bock zum Gärtner machen*, enfermer le loup dans la bergerie. || FIG., FAM. *alter, geiler Bock*, satyre m. ; vieux paillard. | *steifer Bock*, lourdaud m. || LOC. *einen Bock aufsetzen*, faire la tête de mule. | *einen Bock schießen*, faire la culbute ; FIG. faire une bévue, une gaffe, une boulette. | *weinen, als ob einen der Bock stieße*, pleurer par soubresauts, sangloter violemment. | *hol mich der Bock!*, que le diable m'emporte ! || PAR ANAL. *Kutscherbock*, siège (m.) du cocher. || SPORT. cheval (m.) de bois. || *Bock springen*, jouer à saute-mouton. || [Glas Bier] bock m. || ARCHIT. armature f. || TECHN. chevalet m. ; tréteau m. ; chèvre f. ; mouton m.

bock|beinig ["bɔk'bainiç] adj. récalcitrant ; entêté. ||°**-bier** n. (s, e) bière forte ; bière de mars. ||°**-käfer** m. (s, -). ZOOL. capricorne m. ||°**-kran** m. (s, ¨e). TECHN. pont m. ; grue f. ; portique m. ||°**-lamm** n. (s, ¨er). ZOOL. agneau (m.) mâle. ||°**-leiter** f. (-, n). TECHN. échelle (f.) double. ||°**-mühle** f. (-, n) moulin (m.) à vent. ||°**-pfeife** f. (-, n). MUS. cornemuse f.

Böckchen ['bøkçən] n. (s, -). ZOOL. jeune bouc m. ; chevreau m.

bocken ['bɔkən] v. intr. sauter comme un bouc ; donner des coups de corne. || FIG. s'entêter.

bockig [-kiç] adj. FIG., FAM. entêté ; rétif.

Bocks|auge ["bɔks'augə] n. (s, n). BOT. œil-de-bouc m. ||°**-bart** m. (s, ¨e). BOT. barbe (f.) de bouc. || PAR ANAL. [Bart] bouc m. || BOT. salsifis m. ||°**-beere** f. (-, n). BOT. groseille noire ; cassis (noir). ||°**-beutel** m. (s, -). ANAT. bourse (f.) de bouc. || PAR ANAL. [Flasche für Frankenwein] bouteille (f.) en forme de bourse. ||°**-fuß** m. (es, ¨e) pied (m.) du diable. ||°**-horn** n. (s, ¨er). ANAT. corne (f.) de bouc. || FIG., FAM. *jn ins Bockshorn jagen*, intimider qn. ||°**-sprung** m. (s, ¨e) cabriole f. ; gambade f.

Bodden ['bɔdən] m. (s, -) baie découpée.

Boden ['bo:dən] m. (s, ¨). **1.** [Erdgrund ; Ackerland] sol m. ; terre f. ; terrain m. ; terroir m. | *abwechslungsreicher Boden*, sol accidenté. | *ein ergiebiger Boden*, un sol généreux. | *den Boden urbar machen*, défricher. | *den Boden ebnen*, égaliser le terrain.

2. LOC. *auf ebenem Boden*, à même le sol ; au rez-de-chaussée. | *auf dem bloßen, auf hartem Boden schlafen*, coucher par terre, sur la dure. | *jn zu Boden werfen*, renverser qn. | *jn zu Boden strecken, schlagen*, terrasser, abattre, assommer qn. | *zu Boden drücken*, écraser. | *festen Boden unter den Füßen haben*, PR. et FIG. être sur un terrain solide. | *den Boden unter den Füßen verlieren*, perdre pied. | *jm Boden abgewinnen*, gagner du terrain sur qn. | *ihm brannte der Boden unter den Füßen*, il sentait le sol lui brûler les pieds. || *dem Erdboden gleichmachen*, détruire complètement ; raser.

3. [Grund und Boden] fonds m. ; terrain m. | *Grund und Boden*, terres f. pl. ; biens m. pl. || FIG. *in Grund und Boden verdorben*, foncièrement corrompu.

4. PAR EXT. [Grund ; unterer Boden] fond m. | *der Boden des Meeres*, le fond de la mer. | *der Boden des Topfes, des Fasses, des Brunnens, der Hose*, le fond du pot, du tonneau, du puits, de la culotte. | *ein Koffer mit doppeltem Boden*, une valise à double fond.

5. étage. | *Dachboden*, grenier m. | *Erdboden*, rez-de-chaussée m. | *auf demselben Boden wohnen*, habiter sur le même palier.

6. sol national. | *den französischen Boden betreten*, fouler le sol français.

7. FIG. fondement m. ; base f. | *auf dem Boden der Verfassung*, conformément à la constitution. | *auf dem Boden der Erfahrung*, en se fondant sur l'expérience.

Boden|abstand ["bo:dən'apʃtant] m. (s, ¨e). AÉRON. distance (f.) du sol. || AUTOM. garde (f.) au sol. ||°**-anleihe** f. (-, n). FIN. emprunt foncier. ||°**-belag** m. (s, ¨e) revêtement (m.) de sol. ||°**-beschaffenheit** f. (-). AGRIC. nature (f.) du sol, du terrain. ||°**-besitz** m. (es, e) propriété foncière. ||°**-bestellung** f. (-). AGRIC. emblavement m. ||°**-bildung** f. (-) formation (f.) du sol. ||°**-dienst** m. (es, e). AÉRON. service (m.) au sol. ||°**-effekt** m. (s, e). TECHN. effet (m.) de sol. ||°**-erhebung** f. (-, en). GÉOL. soulèvement (m.) du sol. ||°**-ertrag** m. (s, ¨e). AGRIC. rapport (m.) du sol ; revenu foncier. ||°**-erzeugnisse** n. pl. denrées (f. pl.) agricoles. ||°**-fenster** n. (s, -). ARCHIT. lucarne f. ||°**-fläche** f. (-, n) étendue f. ; superficie f. ||°**-freiheit** f. (-, en). AUTOM. garde (f.) au sol. ||°**-geschoß** n. (es, e). ARCHIT. grenier m. ; galetas m. ||°**-kammer** f. (-, n). ARCHIT. mansarde f. ||°**-kredit** m. (s, e). FIN. crédit foncier. ||**-los** adj. sans fond. || FIG. énorme. — adv. énormément ; immensément. ||°**-luke** f. (-, n). ARCHIT. lucarne f. ||°**-personal** n. (s). AVIAT. personnel non navigant ; personnel (m.) au sol. ||°**-platte** f. (-, n). ARCHIT. plaque f. ; dalle f. || TECHN. embase f. ||°**-probe** f. (-, n). GÉOL. carotte f. ||°**-recht** n. (s, e). JUR. droit foncier. ||°**-reform** f. (-, en). AGRIC. réforme (f.) agraire. ||°**-rente** f. (-, n) rente foncière. ||°**-satz** m. (es, ¨e). [Wein, Bier] dépôt m. ; lie f. || [Kaffee] marc m. || CHIM. sédiment m. ; résidu m. || MIL. culot m. ||°**-schätze** m. pl. MINES. produits (m. pl.) du sous-sol ; ressources minérales. ||°**-schicht** f. (-, en). GÉOL. couche (f.) de terrain. ||°**-see** n. pr. m. GÉOGR. lac (m.) de Constance. ||°**-senkung** f. (-, en). GÉOL. dépression (f.) de terrain ; affaissement m. ||°**-sicht** f. (-). AÉRON. visibilité (f.) au sol. ||°**-spekulation** f. (-, en) spéculation foncière. ||**-ständig** adj. du terroir ; natif. ||°**-ständigkeit** f. (-). FIG. enracinement m. ||°**-staubsauger** m. (s, -) aspirateur-traîneau m. ||°**-stein** m. (s, e). MINES. fond (m.) du haut fourneau, du creuset. ||°**-treppe** f. (-, n). ARCHIT. escalier (m.) de grenier. ||°**-übungen** f. pl. SPORT. exercices (m. pl.) au sol. ||°**-verhältnisse** n. pl. GÉOL. état (m.), nature (f.) du sol, du terrain. || AGRIC. conditions (f. pl.) de l'exploitation agricole. ||°**-vermessung** f. (-, en) arpentage m. ||**-verunreinigend** adj. [Umwelt] *bodenverunreinigende Stoffe*, polluants (m. pl.) des sols. ||°**-welle** f. (-, n). GÉOL. ondulation (f.), repli (m.) du sol. || AUTOM. dos (m.) d'âne. || RADIO. onde (f.) de sol. ||°**-wind** m. (s, e) vent (m.) au sol. ||°**-wohnung** f. (-, en). ARCHIT. galetas m. ||°**-zins** m. (es, en). FIN. rente foncière.

bodmen ['bɔdmən], **bödmen** ['bødmən] v. tr. JUR., MAR. *ein Schiff bödmen*, emprunter sur un navire.

Bodmerei [bodmə'rai] f. (-, en). JUR., MAR. prêt (m.) [à la grosse aventure].

Böe ['bø:ə] f. V. Bö.

Bofist ['bo:fist] m. (es, e), **Bovist** [-fist] m. (es, e). BOT. vesse-de-loup f. ; boviste m. ; lycoperdon m.

Bogen ['bo:gən] m. **1.** (s, ¨) coude m. | *der Fluß beschreibt einen großen Bogen um die Stadt*, la rivière fait, forme un grand coude autour de la ville. || MATH. courbe f. | *mit dem Zirkel einen Bogen schlagen*, décrire une courbe au compas. || [Schußwaffe] arc m. | *den Bogen spannen*, bander son arc. || MUS. [Fiedelbogen] archet m. || FIG. *er macht einen großen Bogen um mich*, il m'évite ; il fait un détour pour m'éviter. || LOC. *in Bausch und Bogen*, en bloc.

2. ARCHIT. arc m. ; arceau m. | *Strebebogen*, arc-boutant m. | *Brückenbogen*, arche f. | *Rundbogen*, arc en plein cintre. | *Spitzbogen*, ogive f. || COMM. *Papierbogen*, feuille (f.) de papier. | *Druckbogen*, placard (m.) d'imprimerie.

Bogen|brücke ["bo:gən'brykə] f. (-, n). ARCHIT. pont (m.) à arches. ||°**-decke** f. (-, n). ARCHIT. plafond voûté. ||°**-fenster** n. (s, -). ARCHIT. fenêtre cintrée. ||°**-fläche** f. (-, n) convexité f. ||**-förmig** adj. en arc ; arqué ; cintré ; voûté. ||°**-fries** m. (es, e). ARCHIT. frise arquée. ||°**-gang** m. (s, ¨e). ARCHIT. arcade f. ||°**-gewölbe** n. (s, -). ARCHIT. voûte (f.) en plein cintre. ||°**-höhe** f. (-, n). ARCHIT. montée (f.) d'un arc ; flèche (f.) d'une voûte. ||°**-lampe** f. (-, n), °**-licht** n. (s, er). ÉLECTR. lampe (f.) à arc. ||°**-linie** f. (-, n) [ligne f.] courbe f. ||°**-pfeiler** m. (s, -). ARCHIT. arc-boutant m. ||°**-rohr** n. (s, e) coude m. ; raccord courbé. ||**-rund** adj. en arc ; arqué ; en cintre ; cintré. ||°**-rundung** f. (-, en). ARCHIT. cintre m. ; voussure f. ||°**-säge** f. (-, n). TECHN. scie (f.) à arc. ||°**-schießen** n. (s) tir (m.) à l'arc. ||°**-schuß** m. (es, ¨e). MIL. tir courbe, plongeant. | *einen Bogenschuß weit*, à portée d'arc. ||°**-schütze** m. (n, n) archer m. ||°**-skala** f. (-, len) arc gradué. ||°**-spanner** m. (s, -) tendeur (m.) d'arc. ||°**-strich** m. (s, e). MUS. coup (m.) d'archet. ||°**-zirkel** m. (s, -) compas (m.) d'épaisseur.

Boheme [bo'ɛ:mə] f. (-) [vie (f.) de] bohème f.

Bohle ['bo:lə] f. (-, n). TECHN. planche épaisse ; madrier m. ; ais m. | *zugespitzte Bohlen*, palplanches f. pl.

Bohlen|belag ["bo:lənbə'la:g] m. (s). ARCHIT. platelage m. ; revêtement m., couverture (f.) en madriers. ||°**-wand** f. (-, ¨e). ARCHIT. palée f.

Böhme ['bø:mə] n. pr. m. (n, n), **Böhmin** ['bø:min] f. (-, nen). GÉOGR. Tchèque s. ; Bohémien m. ; Bohémienne f.

Böhmen ['bø:mən] n. pr. n. GÉOGR. Bohême f.

böhmisch [-miʃ] adj. GÉOGR. bohémien ; tchèque. || FIG., FAM. *das sind mir böhmische Dörfer*, pour moi c'est de l'hébreu. | *das kommt mir böhmisch vor*, je n'y entends goutte.

Bohne ['bo:nə] f. (-, n) haricot m. ; flageolet m. ; fève f. | *grüne Bohnen*, haricots verts. | *weiße, trockene Bohnen*, fèves f. pl. | *Schnittbohnen*, haricots verts. || FIG., FAM. *das ist keine Bohne wert*, cela ne vaut pas un liard.

bohnen ['bo:nən] v. tr. V. BOHNERN.

Bohnen|baum ["bo:nən'baum] m. (s, ¨e). BOT. cytise m. ; faux ébénier ; aubours m. ; viorne f. ||°**-fest** n. (es, e) fête (f.) des Rois. ||°**-kaffee** m. (s) café (m.) en grains. ||°**-könig** m. (s, e) roi (m.) de la fève. ||°**-stange** f. (-, n) rame (f.) de haricots. || FIG., FAM. [großer, dünner Mensch] perche f. ; échalas m. ; grande bringue. ||°**-stroh** n. (s) paille (f.) de fèves. || FIG., FAM. *dumm wie Bohnenstroh*, bête comme ses pieds.

Bohner|besen ["bo:nər'be:zən] m. (s, -) brosse (f.), cireuse (f.) à parquet. ||°**-maschine** f. (-, n) cireuse f. ||°**-wachs** n. (es, e) encaustique f.

bohnern ['bo:nərn] v. tr. cirer, frotter, faire le parquet.

Bohr|anlage ["bo:r'anla:gə] f. (-, n). TECHN. installation (f.), appareil (m.) de forage, de sondage. ||°**-apparat** m. (s, e) foreuse f. ||°**-backe** f. (-, n). TECHN. mâchoire intérieure. ||°**-bär** m. (en, en) mouton (m.) de sonde. ||°**-eisen** n. (s, -). TECHN. mèche f. ||°**-gerät** n. (s, e). TECHN. outillage (m.) de sondage. ||°**-gerüst** n. (s, e) tour (m.), chevalet (m.) de sondage. ||°**-gestänge** n. (s, -) tiges (f. pl.) de sondage. ||°**-hammer** m. (s, ¨). TECHN. marteau-perforateur m. ||°**-kopf** m. (s, ¨e). TECHN. mandrin m. ; plateau (m.) porte-lame. || °**-loch** n. (s, ¨er) trou (m.) de forage, de sonde, de mine. ||°**-maschine** f. (-, n). TECHN. machine (f.) à percer ; perceuse f. ; porte-foret m. ; vilebrequin m. ; chignole f. ||°**-mehl** n. (s). TECHN. poussière (f.), débris (m. pl.) de forage. ||°**-meißel** m. (s, -) pointeau (m.), fleuret (m.), trépan (m.) de sondage. ||°**-messer** n. (s, -) lame (f.) d'alésage. ||°**-profil** n. (s, e) coupe (f.) de sondage. ||°**-schiff** n. (s, e). TECHN. navire (m.) de forage. ||°**-schlamm** m. (s.). TECHN. eaux (f. pl.), boues (f. pl.) de forage. ||°**-schneide** f. (-, n) lame (f.) d'alésage. ||°**-spindel** f. (-, n) broche (f.) de perçage. ||°**-spitze** f. (-, n) mèche f. ; vrille f. ||°**-tisch** m. (s, e) table (f.) de perçage ; table rotative. ||°**-turm** m. (s, ¨e) tour (f.) de sondage ; derrick m. ||°**-winde** f. (-, n) vilebrequin m. ||°**-wurm** m. (s, ¨er). ZOOL. taret m.

Bohr- und Fräs|maschine ['-/-"-/--] f. (-, n). TECHN. perceuse-fraiseuse f. ; aléseuse-fraiseuse f.

bohren ['bo:rən] v. tr. TECHN. forer ; percer ; creuser ; perforer. | *ein Loch bohren*, percer, creuser, faire un trou ; trouer. | *einen Brunnen bohren*, creuser un puits. | *eine Schraube bohren in* (acc.), enfoncer une vis dans ; visser. | *eine Schraubenmutter bohren*, tarauder un écrou. | *jm das Schwert durch den Leib bohren*, passer l'épée au travers du corps de qn. || FIG., FAM. *das Brett bohren, wo es am dünnsten ist*, FAM. se la couler douce. ◇ v. intr. *auf, nach Erdöl bohren*, faire des sondages pour la recherche, la prospection du pétrole. || FIG. *an jm bohren*, tourmenter, tracasser qn.

Bohren ['bo:rən] n. (s). TECHN. forage m. ; perçage m. ; percement m. ; alésage m. ; taraudage m.

Bohrer [-rər] m. (s, -). TECHN. [Arbeiter] (ouvrier) perceur m. ; foreur m. || [Werkzeug] machine (f.) à percer ; perceuse f. ; fleuret m. ; foret m. | *Brustbohrer*, vilebrequin m. | *Holzbohrer*, mèche (f.) à bois.

Bohrung [-ruŋ] f. (-, en). TECHN. forage m. ; perçage m. ; alésage m. ; sondage m. ; taraudage m. | *Bohrung von Hand*, forage à la main. | *Trockenbohrung*, forage à sec. | *Durchbohrung*, perforation f. | *Gewindebohrung*, taraudage m. ; trou taraudé.

böig ['bø:iç] adj. MAR. à rafales ; à grains.

Boiler ['bɔylər] m. (s, -) chauffe-eau m. invar.

Bojare [bo'ja:rə] m. (n, n) boyard m.

Boje ['bojə] f. (-, n). MAR. bouée f. ; balise f.

Bolivianer(in) [bolivi'a:nər(in)] n. pr. m. (s, -), f. (-, nen). GÉOGR. Bolivien(ne) m. (f.).

bolivianisch [-niʃ] adj. GÉOGR. bolivien.

Bolivien [bo'li:viən] n. pr. n. (s). GÉOGR. Bolivie f.

bölken ['bølkən] v. intr. FAM. beugler ; hurler.

Bolle ['bɔlə] f. (-, n). BOT. bulbe m. ; oignon m.

Bollen|gewächs ["bɔləngə'vɛks] n. (es, e) plante bulbeuse.

Böller ['bølər] m. (s, -). MIL. petit mortier ; crapouillot m. | *mit Böllern empfangen*, recevoir avec des salves d'artillerie.

böllern [-lərn] v. intr. tirer le canon.

Boll|werk ['bɔlvɛrk] n. (s, e). ARCHIT., MIL. bastion m. || MAR. digue f. || FIG. rempart m. ; boulevard m.

Bolognese(r)[in] [bolɔ'ɲe:zər(in)] n. pr. m. (s, -), f. (-, nen). GÉOGR. Bolonais(e) m. (f.).

bologneser adj. GÉOGR. bolonais. | *Bologneser Hündchen*, chien maltais.

Bolschewismus [bɔlʃə'vismus] m. (-). POLIT. bolchevisme m.

Bolschewist [-'vist] m. (en, en) bolcheviste m.

bolschewistisch [-'vistiʃ] adj. bolcheviste.

Bolzen ['bɔltsən] m. (s, -) boulon m. ; cheville f. | *mit Bolzen befestigen*, boulonner. || [Maschine] axe m. ; cheville (f.) métallique ; goujon m.

Bolzen|drehbank ["bɔltsən'dre:baŋk] f. (-, ¨e). TECHN. tour (m.) à boulons. ||**-gerade** adj. FAM. droit comme un I. ||°**-gewinde** n. (s, -). TECHN. filet (m.) mâle. ||°**-verbindung** f. (-, en). TECHN. assemblage (m.) par boulons ; boulonnage m.

Bombardement [bɔmbardə'm] m. (s, s). MIL. bombardement m.

bombardieren [-'di:rən] v. tr. MIL. bombarder. || PAR ANAL. *mit Neutronen bombardieren*, activer des neutrons.

Bombardierung [-'di:ruŋ] f. (-, en). MIL. bombardement m.

Bombardon [-'dɔ̃] n. (s, e). MUS. bombardon m. ; contrebasse f. (à vent).

Bombast [bɔm'bast] m. (es). LITTÉR. emphase f. ; enflure f. ; phrases ampoulées.

bombastisch [-tiʃ] adj. LITTÉR. emphatique ; ampoulé ; boursouflé. || FAM. pompier.

Bombe ['bɔmbə] f. (-, n). MIL. bombe f. ; obus m. ; grenade f. | *Spreng-, Splitter-, Brand-, Zeitbombe*, bombe explosive, à fragmentation, incendiaire, à retardement. | *Atombombe*, bombe atomique. | *Bomben abwerfen*, bombarder. || FIG. *die Nachricht schlug ein wie eine Bombe*, la nouvelle éclata comme une bombe.

Bomben|alarm ["bɔmbəna'larm] m. (s, e) alerte (f.) à la bombe. ||°**-angriff** m. (s, e) bombardement aérien. ||°**-erfolg** m. (s, e). FIG. succès éclatant. ||**-fest** adj. MIL. à l'épreuve des bombes. | *bombenfest machen*, blinder. ||°**-flugzeug** n. (s, e) bombardier m. ||°**-geschwader** n. (s, -) escadrille (f.) de bombardement. ||°**-leger** m. (s, -) poseur (m.) de bombes ; plastiqueur m. ||°**-paket** n. (s, e) colis piégé. ||°**-satz** m. (es, ¨e) chapelet (m.) de bombes. ||°**-schütze** m. (n, n) bombardier m. ||**-sicher** adj. à l'abri des bombardements. || FAM. absolument sûr. ||°**-splitter** m. (s, -) éclat (m.) de bombe.

Bomber ['bɔmbər] m. (s, -) bombardier m.

Bommel ['bɔməl] f. (-, n) pendeloque f.

Bon [bɔn] m. (s, s). FIN. obligation f.

Bonbon [bɔ̃'bɔ̃] m. et n. (s, s) bonbon m.

Bonbonnière [bɔ̃bɔn'jɛ:rə] f. (-, n) bonbonnière f.

Bonifatius [boni'fa:tsius] n. pr. m. Boniface m.

Bonität [boni'tɛ:t] f. (-, en). COMM. valeur f. ; solvabilité f. || PAR EXT. remise f. ; bonification f.

Bonus ['bonus] m. (-). FIN. dividende supplémentaire, spécial ; bonus m.

Bonze ['bɔntsə] m. (n, n). RELIG. bonze m. || FIG., FAM., PÉJOR. bonze m. ; ponte m.

Boot [bo:t] n. (s, e) bateau m. ; barque f. ; canot m. | *zerbrechliches Boot*, embarcation (f.) frêle. | *leicht umschlagendes Boot*, périssoire f. | *Motor-, Faltboot*, canot automobile, pliant. | *das Boot treibt ab*, le bateau va à la dérive. | *das Boot scheitert, schlägt um, sinkt*, le bateau s'échoue, chavire, enfonce. | *ein Boot anlegen, losbinden, steuern*, amarrer, détacher, gouverner un bateau.

Böotien [bø'o:tsiən] n. pr. n. ANTIQ. Béotie f.

Boots|davit ["bo:tsda'vit] m. (s, s). MAR. davier m. ||°**-deck** n. (s, e) ponton supérieur d'un bateau. ||°**-haken** m. (s, -). MAR. gaffe f. ||°**-haus** n. (es, ¨er) hangar (m.) à canots. ||°**-mann** m. (s, ¨er). MAR. second maître. ||°**-rennen** n. régates f. pl.

Bor [bo:r] n. (s). CHIM. bore m.

Borat ['bo:rat] n. (s). CHIM. borate m.

Bord [bort] m. (s, e). MAR., AÉRON. bord m. | *an Bord sein*, être à bord. | *an Bord gehen*, monter à bord. | *über Bord werfen*, jeter par-dessus bord. | *über Bord fallen*, tomber à la mer. | *Mann über Bord !*, un homme à la mer ! | *an Bord legen*, aborder ; aller à l'abordage. | *eine schwere See über Bord bekommen*, embarquer un coup de mer. || COMM. *frei an Bord*, franco à bord (ABRÉV. : fob). || FIG. *Erinnerungen über Bord werfen*, se débarrasser de ses souvenirs. || PAR ANAL. [Rand] bord m. ; bordure f.

Bord [bɔrt] n. (s, e) planche f. ; rayon m. | *Bücherbord*, étagère à livres.

Bord|ausrüstung ["bɔrt'ausrystuŋ] f. (-, en). AÉRON. équipement (m.) de bord. ||°**-buch** n. (s, ¨er). AÉRON., MAR. carnet (m.), journal (m.), livre (m.) de bord. ||°**-elektronik** f. (-). AÉRON. électronique embarquée. ||°**-flugzeug** n. (s, e) avion embarqué. ||°**-funker** m. (s, -) radiotélégraphiste m. ||°**-linie** f. (-, n). MAR. ligne (f.) de flottaison, d'eau. ||°**-radar** m. ou n. (s, s) radar (m.) de bord. ||°**-schwelle** f. (-, n) bordure (f.) de trottoir. ||°**-waffen** f. pl. armes (f. pl.) de bord. ||°**-wand** f. (-, ¨e). MAR. bordage m. ||°**-wart** m. (s, e). MAR. mécanicien (m.) de bord.

Borde ['bɔrdə] f. (-, n) bordure f. ; galon m.

Bordell [bɔr'dɛl] n. (s, e) maison (f.) de tolérance. || VULG. bordel m.

bördeln ['børdəln] v. tr. TECHN. border.

bordieren [bɔr'di:rən] v. tr. border ; galonner.

Bordstein|schwalbe ["bɔrtʃtain'ʃvalbə] f. (-, n). FAM. péripatéticienne f.

Boreas ['bo:reas] n. pr. m. MYTH. Borée m.

Borg [bɔrk] m. (s, e). COMM. crédit m. ; emprunt m. | *auf Borg geben, nehmen*, faire (donner à) crédit ; prendre à crédit. | *vom Borge, auf Borg leben*, vivre d'emprunts, de crédit.

borgen ['bɔrgən] v. tr. [leihen] prêter ; faire crédit | *jm (das) Geld borgen*, prêter de l'argent à qn. || PAR EXT. [entleihen] emprunter. | *ich borge mir sein Fahrrad*, je lui emprunte sa bicyclette.

Borgen [-gən] n. (s). [leihen] prêt m. || PAR EXT. [entleihen] emprunt m.

Borger [-gər] m. (s, -). [Leiher] prêteur m. || PAR EXT. [Entleiher] emprunteur m.

borg|weise ["bɔrk'vaizə] adv. (mieux : **leih weise**) à crédit.

Borke ['bɔrkə] f. (-, n) écorce f. || MÉD. croûte f.

Borken|käfer ["bɔrkən'kɛ:fər] m. (s, -). ZOOL. bostryche (m.) capucin.

Born [bɔrn] m. (s, e). POÉT. puits m. ; source f. ; fontaine f.

borniert [bɔr'ni:rt] adj. borné.

Borniertheit [-hait] f. étroitesse (f.), médiocrité (f.) d'esprit.

Borretsch ['bɔrɛtʃ] m. (es). BOT. bourrache f.

Bor|salbe ["bo:r'zalbə] f. (-, n) vaseline boriquée. ||°**-säure** f. (-, n) acide (m.) borique.

Börse ['bø:rzə] f. (-, n) bourse f. || PAR EXT. [Gebäude] Bourse f. | *schwache, matte, schwankende, feste Börse*, Bourse faible, lourde, houleuse, ferme. | *an der Börse tätigen*, traiter à la Bourse. | *an der Börse notiert werden*, être coté en Bourse.

Börsen|abteilung ["bø:rzən'aptailuŋ] f. (-, en) secteur (m.), compartiment (m.) de Bourse. ||°**-angestellte(r)** f. (m.) employé(e) [m. (f.)] de Bourse. ||°**-auftrag** m. (s, ¨e) ordre (m.) de Bourse. ||°**-bericht** m. (s, e) informations financières. ||°**-brauch** m. (s, ¨e) usage boursier ; coutume boursière. ||**-fähig** adj. négociable, coté en, admis à la, en Bourse. ||**-gängig** adj. négocié à, en Bourse. ||°**-gebäude** n. (s) Bourse f. ||°**-geschäft** n. (s, e) transaction boursière ; marché (m.), opération (f.) de Bourse. | *kleine Börsengeschäfte machen*, FAM. boursicoter. ||°**-index** m. (es, e et dizes) indice boursier. ||°**-krach** m. (s, e) débâcle financière, boursière ; krach m. ||°**-kreise** m. pl. milieux boursiers. ||°**-kurs** m. (es, e) cote (f.), cours (m.) de la Bourse ; cours (m. pl.) des valeurs. ||°**-makler** m. (s, -) agent (m.) de change. ||°**-manöver** n. (s, -) manœuvre (f.), coup (m.) de Bourse. ||**-mäßig** adj. suivant les coutumes boursières. ||**-notiert** adj. FIN. coté. | *nicht börsennotierte Aktie*, action non cotée. ||°**-papier** n. (s, e) valeur mobilière. ||°**-preis** m. (es, e) prix coté à la Bourse ; prix officiel. ||°**-schwindel** m. (s) agiotage m. ||°**-spekulant** m. (en, en) spéculateur (m.) en Bourse ; agioteur m. ||°**-spekulation** f. (-, en) spéculation (f.) en Bourse ; agiotage m. ||°**-umsatzsteuer** f. (-, n) impôt (m.) sur les transactions boursières. ||°**-verein** m. (s, e). *Börsenverein des deutschen Buchhandels*, Union centrale de la librairie allemande. ||°**-verkauf** m. (s, ¨e). FIN. négociations (f. pl.) en Bourse. ||°**-vertreter** m. (s, -). [offiziell] agent (m.) de change. || [offiziös] courtier m. ||°**-wert** m. (s, e) valeur boursière. | *diese Aktie hat Börsenwert*, cette action est cotée en Bourse. ||°**-zulassung** f. (-, en) admission (f.) à la Bourse.

Börsianer [børzi'ɑ:nər] m. (s, -) boursier m. ; client (m.) de la Bourse.

Borst [bɔrst] m. (es, e) crevasse f. ; fente f.

Borste ['bɔrstə] f. (-, n) soie (f.) de porc. || [Igel] piquants m. pl. || BOT. poil m. ; soie f.

Borsten|vieh ["bɔrstən'fi:] n. (s, e). ZOOL. espèce porcine.

borstig ['bɔrstiç] adj. hérissé. || FIG. rébarbatif ; repoussant. | *borstig werden*, se hérisser.

Borstigkeit [-kait] f. (-) hérissement m. || FIG. humeur rébarbative.

Bort [bɔrt] n. (es, e) planche f.

Borte ['bɔrtə] f. (-, n) bordure f. ; galon m. ; passement m. ; passepoil m. | *mit einer Borte einfassen, besetzen*, border ; galonner.

Borten|wirkerei ["bɔrtən'virkərai] f. (-, en). TEXT. passementerie f.

Borussia [bo'rusia] n. pr. f. HIST. Prusse f.

borussisch [-siʃ] adj. prussien.

Bor|wasser ["bo:r'vasər] n. (s). PHARM. acide (m.) borique.

bös|artig ["bø:z'ɑ:rtiç] adj. mauvais ; malin ; pernicieux. | *bösartiges Fieber*, fièvre maligne. || FIG. méchant.

Bös|artigkeit [-kait] f. (-) malice f. ; malignité f. ; virulence f. ; méchanceté f.

Böschung ['bøʃuŋ] f. (-, en) talus m. ; pente f. || MIL. *äußere Böschung*, contrescarpe f.

Böschungs|winkel ["bøʃuŋs'viŋkəl] m. (s, -) inclinaison (f.) des talus. || MIL. angle (m.) de défilement.

böse ['bø:zə] adj. **1.** [arg ; schlecht ; unangenehm] mauvais ; méchant ; malin ; pernicieux. | *böser Mensch*, homme méchant. | *böse Zunge*, mauvaise langue. | *böser Blick*, regard méchant. | *böse Augen machen*, faire les gros yeux. || FIG. *böse Nachricht*, mauvaise, fâcheuse nouvelle. | *böser Blick*, mauvais œil. | *böse Beispiele*, de mauvais exemples m. pl. | *böser Streich*, PÉJOR. mauvais coup. | *böses Maul haben*, être mal embouché. || RELIG. *böser Geist, Feind*, démon m. ; malin m.

2. [krank] malade. | *böses Ding*, panaris m. | *böse Krankheit*, maladie dangereuse. | *böses Weh*, haut mal m. ; épilepsie f.

3. [erzürnt] *böse, gleich böse werden*, se fâcher, prendre la mouche. | *sie sind sich böse*, ils sont brouillés. | *seien Sie mir nicht böse*, ne m'en veuillez pas.

4. PAR EXT. [schlecht ; mühsam] mauvais ; pénible. | *böser Weg*, mauvais chemin, chemin difficile. | *böses Wetter*, mauvais temps. | *böse Zeiten*, temps durs, difficiles.

◇ adv. mal ; méchamment ; malignement. | *es war nicht böse gemeint*, sans penser à mal.

Böse|wicht ["bø:zə'viçt] m. (s, er) vaurien m. ; coquin m. ; méchant m.

boshaft ['bo:shaft] adj. mauvais ; méchant ; malin ; malicieux ; cynique ; pervers. | *recht boshaft sein*, être mauvais comme la gale, comme une teigne.

◇ adv. méchamment ; cyniquement.

Boshaftigkeit [-tiçkait] f. (-, en) malice f. ; méchanceté f. ; malignité f. ; FAM. rosserie f.

— SYN. : *Bösartigkeit, Bosheit*, malice ; *Tücke*, malignité.

Bos|heit ['bo:shait] f. (-, en). V. BOSHAFTIGKEIT.

Boskett [bɔs'kɛt] n. (s, e) bosquet m. ; petit bois.

böslich ['bø:sliç] adj. méchant. || JUR. *bösliche Verlassung*, abandon prémédité.

◇ adv. méchamment.

Bosnien ['bɔsniən] n. pr. n. GÉOGR. Bosnie f.

Bosporus ['bɔsporus] n. pr. m. GÉOGR. Bosphore m.

Boß [bɔs] m. (es, e). POP. patron m.

Bossier|arbeit [bɔ'si:r'arbait] f. (-, en). TECHN.

modelage m. ; ouvrage (m.) en bosse ; bosselage m. ||°-**eisen** n. (s, -) ébauchoir m.

bossieren [bɔ'si:rən] v. tr. bosseler.

Bossieren [-rən] n. (s) bosselage m.

bös|willig ["bø:s'viliç] adj. malveillant ; malintentionné. ||°-**willigkeit** f. (-) malveillance f.

Botanik [bo'tɑ:nik] f. (-) botanique f.

Botaniker [-nikər] m. (s, -) botaniste m.

botanisch [-niʃ] adj. botanique. | *botanischer Garten*, jardin (m.) botanique, des plantes.

botanisieren [botani'zi:rən] v. tr. botaniser ; herboriser.

Bote ['bo:tə] m. (n, n) messager m. ; courrier m. ; facteur m. ; commissionnaire m. | *eigener Bote*, exprès m. | *reitender Bote*, courrier m. ; estafette f.

Boten|gang ["bo:tən'gaŋ] m. (s, ¨e) course f. ; commission f. ||°-**gänger** m. (s, -) garçon (m.) de course m. ; commissionnaire m. ||°-**zustellung** f. (-, en) remise (f.) à domicile par porteur.

Botin ['bo:tin] f. (-, nen) messagère f. ; commissionnaire f.

botmäßig ["bo:t'mɛ:siç] adj. JUR. sujet ; soumis ; tributaire.

Botmäßigkeit [-kait] f. (-) dépendance f.

Botschaft ['bo:tʃaft] f. (-, en) message m. ; nouvelle f. ; avis m. | *Botschaft senden*, envoyer un message. || PAR ANAL., POLIT. message m. ; discours m. || PAR EXT. [Gesandtschaft] ambassade f.

Botschafter [-tər] m. (s, -) ambassadeur m.

Böttcher ['bøtçər] m. (s, -) tonnelier m.

Böttcherei [bøtçə'rai] f. (-, en) tonnellerie f.

Böttcher|gewerbe ["bøtçərgə'vɛrbə] n. (s) tonnellerie f.

Bottich ['bɔtiç] m. (s, e) cuve f. ; tonneau m.

bottnisch ['bɔtniʃ] adj. GÉOGR. bothniaque. | *bottnischer Meerbusen*, golfe (m.) de Bothnie.

Boudoir [bu'dwa:r] n. (s, s) boudoir m.

Bouillon [bu'jɔ̃] f. (-, s). CULIN. bouillon m. ; consommé m.

Bouillon|würfel [bu"jɔ̃'vyrfəl] m. (s, -). CULIN. cube (m.) de consommé.

Bourbone [bur'bo:nə] n. pr. m. (n, n) Bourbon m.

bourbonisch [-niʃ] adj. HIST. bourbonien.

Bovist ['bo:vist] m. (es, e). BOT. vesse-de-loup f. ; boviste m.

Bowle ['bo:lə] f. (-, n) bol m. || vin aromatisé.

Box [bɔks] f. (-, en et es). [im Stall] box m.

boxen ['bɔksən] v. tr. boxer.

Boxen n. (s). boxe f.

Boxer ['bɔksər] m. (s, -) boxeur m.

Box|handschuhe ["bɔks'hantʃu:ə] m. pl. gants (m. pl.) de boxe. ||°-**kampf** m. (s, ¨e) combat (m.), match (m.) de boxe ; [Sportart] boxe f. ||°-**meister** m. (s, -) champion (m.) de boxe. ||°-**ring** m. (s, e) ring m.

Boykott ['bɔjkɔt] m. (s, e) boycottage m.

boykottieren [bɔjkɔ'ti:rən] v. tr. boycotter.

brach [brɑ:x] adj. inculte ; en friche. | *brach liegende Felder*, des champs (m. pl.) en jachère. || FIG. improductif ; mort. | *brach liegendes Geld*, argent improductif.

Brache [-xe] f. (-, n). AGRIC. jachère f. ; friche f.

brachial [braxi'ɑ:l] adj. brachial.

Brachial|gewalt [braxi"ɑ:lgə'valt] f. (-) force brutale.

Brach|feld ['brɑ:xfɛlt] n. (s, er) jachère f. ||°-**land** n. (s, ¨er), terre (f.) en friche ; jachère f. ||-**liegen** v. intr. PR. et FIG. reposer ; être en friche ; rester inculte. ||°-**monat** m. (s, e) mois de juin. ||°-**vogel** m. (s, ¨) pluvier m. ; courlis m. ||°-**zeit** f. (-, en) période (f.) de jachère.

Brachse ['braksə] f. (-, n). [Fisch] brème f.

brachy|kephal ["brɑxyke'pɑ:l], **brachy|zephal** [-tse'pɑ:l] adj. ANAT. brachycéphale.

Bracke ['brakə] m. (n, n) [Spürhund] braque m.

Brack|wasser ["brak'vasər] n. (-) eau croupie, saumâtre.

Brahma ['brɑ:ma] n. pr. m. Brahma m.

Brahmane [bra'mɑ:nə], **Brahmine** [-'mi:nə] m. (n, n) brahmane m. ; bramine m.

brahmanisch [-'mɑ:niʃ] adj. brahmanique.

Bram [brɑ:m] m. (s, e). BOT. genêt m. || MAR. perroquet m.

Bräme ['brɛ:mə] f. (-, n) lisière f. || FIG., TEXT. lisière f. ; bordure f.

Bramarbas [bra'marbas] m. fanfaron m. ; matamore m. ; fier-à-bras m.

bramarbasieren [bramarba'zi:rən] v. intr. fanfaronner ; faire le matamore.

Bram|brasse ["bram'brasə] f. (-, n). MAR. bras (m.) de perroquet. ||°-**mast** m. (s, en). MAR. mât (m.) de perroquet. ||°-**rahe** f. (-, n). MAR. vergue (f.) de perroquet. ||°-**segel** n. (s, -). MAR. (voile [f.] de) perroquet m. ; cacatois m. ||°-**stenge** f. (-, n) mât (m.) de perroquet.

Bramme ['bramə] f. (-, n). TECHN. brame f.

Branche ['br:ʃə] f. (-, n). COMM. branche f. ; spécialité f.

Brand [brant] m. (s, ¨e) **1.** incendie m. ; feu m. ; embrasement m. ; sinistre m. | *das Gut steht in Brand*, la ferme est en flammes. | *in Brand geraten, stecken*, prendre feu (s'enflammer) ; mettre le feu à (incendier). | *Brand anfachen, bekämpfen, löschen, eindämmen*, allumer, combattre, éteindre, circonscrire l'incendie. | *Mord und Brand in ein Land tragen*, mettre un pays à feu et à sang. | *nach Brand riechen*, sentir le brûlé, le roussi. || PAR EXT. chaleur (f.) torride. || FIG., POP. soif f. ; FAM. pépie f. || TECHN. cuite f. (des tuiles).
2. PAR ANAL. [brennendes Holzstück] brandon m. ; tison m. | *den Brand schleudern*, lancer le brandon.
3. MÉD. gangrène f. ; nécrose f. | *trockener Brand*, gangrène sèche. || AGRIC. charbon m. ; rouille f. ; carie f. ; chancre m.

Brand|bekämpfung ["brantbə'kɛmpfuŋ] f. (-, en) lutte (f.) contre l'incendie. ||°-**blase** f. (-, n). MÉD. cloque f. ; ampoule f. ||°-**bock** m. (s, ¨e) chenet m. ||°-**bombe** f. (-, n) bombe (f.) incendiaire. ||°-**brief** m. (s, e) menace écrite d'incendie. || FIG. demande pressante de secours. ||°-**eule** f. (-, n). ZOOL. chat-huant m. ||°-**fackel** f. (-, n) brandon m. ; torche (f.) incendiaire. || FIG. brandon m. ||°-**flecken** m. (s, -). MÉD. (cicatrice [f.] de) brûlure f. ; tache gangrenée. ||°-**fleckig** adj. MÉD. couvert de taches gangrenées. ||°-**fuchs** m. (es, ¨e). ZOOL. (renard) charbonnier m. || (cheval) alezan brûlé. || UNIV. étudiant (m.) de second semestre. ||°-**gasse** f. (-, n) espace (m.) entre deux bâtiments ; dégagement (m.) d'incendie. ||°-**gefahr** f. (-, en) danger (m.) d'incendie. ||°-**geruch** m. (s, ¨e) odeur (f.) de roussi, de brûlé. ||°-**geschoß** n. (es, e), °-**granate** f. (-, n) obus (m.) incendiaire. ||°-**geschwür** n. (s, e) abcès gangreneux. ||°-**glocke** f. (-, n) tocsin m. ||°-**herd** m. (s, e) foyer (m.) d'incendie. ||°-**kalk** m. (s, e) chaux vive ; chaux anhydre. ||°-**kasse** f. (-, n) caisse (f.) d'assurance contre l'incendie. ||°-**leiter** f. (-, n) échelle (f.) à incendie. ||°-**mal** n. (s, e) marque (f.), cicatrice (f.) de brûlure ; marque (f.) au fer rouge ; stigmate m. || FIG. flétrissure f. ||°-**malerei** f. (-, en) pyrogravure f. ||-**marken** v. tr. marquer au fer rouge ; stigmatiser. || FIG. flétrir ; stigmatiser. ||°-**mauer** f. (-, n). ARCHIT. mur mitoyen, de refend, réfractaire. ||°-**melder** m. (s, -). TECHN. détecteur (m.) d'incendie. ||°-**opfer** n. (s, -). RELIG. holocauste m. ||°-**pflaster** n. (s, -). MÉD. emplâtre (m.) antipyrétique. ||°-**rakete** f. (-, n). MIL. fusée (f.) incendiaire. ||°-**rede** f. (-, n). FIG. discours (m.) incendiaire. ||°-**rose** f. (-, n). MÉD. érysipèle gangreneux. ||-**rot** adj. rouge, roux ardent. ||°-**salbe** f. (-, n) onguent (m.), baume (m.), liniment (m.) contre les brûlures. ||°-**schaden** m. (s, ¨) dommage causé par l'incendie ; sinistre m. ||-**schatzen** v. tr. rançonner ; pressurer ; imposer une contribution à. ||°-**schatzen** n. (s, -) °-**schatzung** f. (-, en) rançon f. ; contribution (f.) de guerre. ||°-**schiefer** m. (s, -) schiste noir, charbonneux. ||°-**schutz** m. (es) pare-feu m. ||°-**schwaden** m. pl. fumées (f. pl.) d'incendie. ||°-**schwäre** f. (-, n). MÉD. anthrax m. ||°-**stätte** f. (-, n), °-**stelle** f. (-, n) lieu (m.) du sinistre. ||°-**stifter** m. (s, -) incendiaire m. ||°-**stiftung** f. (-, en) incendie (m.) volontaire. ||°-**versicherung** f. (-, en) assurance (f.) contre l'incendie. ||°-**vogel** m. (s, ¨). ZOOL. hirondelle (f.) de mer ; goélette f. ||°-**wache** f. (-, en) garde (f.), patrouille (f.) veillant aux incendies. ||°-**wunde** f. (-, n). MÉD. brûlure f. ||°-**zeichen** n. (s, -) marque (f.) au fer rouge ; stigmate m.

branden ['brandən] v. intr. déferler. | *die Wellen branden gegen die Felsküste*, les vagues se brisent contre les rochers.

Branden [-dən] n. (s) tumulte m. | *Branden der Wogen*, tumulte des vagues. || FIG. *Branden der Menge*, tumulte de la foule.

Brandenburg ['brandənburk] n. pr. n. Brandebourg m.

Brandenburger(in) [-gər(in)] m. (s, -), f. (-, nen) Brandebourgeois(e) m. (f.).
brandenburgisch [-giʃ] adj. brandebourgeois.
Brander ['brandər] m. (s, -). MAR. brûlot m. || MIL. fusée f. || ZOOL. (renard) charbonnier m.
brandig [-diç] adj. qui sent le brûlé, le roussi. || MÉD. gangrené. || AGRIC. rouillé ; charbonné.
Brandung ['brandʊŋ] f. (-, en) ressac m. ; déferlement (m.), brisement (m.) des flots.
Brannt|wein ['brantvain] m. (s, e) eau-de-vie f. ; alcool m.
Branntwein|brenner ["brantvain'brɛnər] m. (s, -) bouilleur (m.) de cru ; distillateur m. ||°**-brennerei** f. (-, en) distillerie f.
Brasilianer(in) [brazili'jɑ:nər(in)] n. pr. m. (s, -), f. (-, nen). GÉOGR. Brésilien(ne) m. (f.).
brasilianisch [li'ɑ:niʃ] adj. brésilien.
Brasilien [-'zi:ljən] n. pr. n. (s) Brésil m.
Brasse ['brasə] f. (-, n) [Fisch] brème f.
Brasse ['brasə] f. (-, n). MAR. bras m. ; brasse f.
brassen [-sən] v. tr. MAR. brasser.
Brat|apfel ["brɑ:t'apfəl] m. (s, ¨) pomme (f.) à cuire. || PAR EXT. pomme cuite. ||°**-fisch** m. (s, e) poisson (m.) à frire ; poisson frit ; friture f. ||°**-hähnchen** n. (s, -) poulet rôti. ||°**-kartoffeln** f. pl. pommes de terre sautées, frites. ||°**-ofen** m. (s, ¨) four m. ||°**-pfanne** f. (-, n) poêle (f.) à frire. ||°**-rost** m. (s, e) gril m. ||°**-spieß** m. (es, e) broche (f.) à rôtir. ||°**-wurst** f. (-, ¨e), **-würstchen** n. (s, -) saucisse (f.) à griller ; saucisse grillée.
braten ['brɑ:tən] (ä, ie, a) v. tr. cuire ; rôtir. | *in der Pfanne braten*, frire. | *auf dem Rost braten*, griller. || PROV. *es fliegen einem keine gebratenen Tauben ins Maul*, les alouettes ne nous tomberont pas toutes rôties dans le bec.
◇ v. intr. rôtir ; griller ; cuire. || FIG. *in der Sonne braten,* (se) rôtir au soleil.
Braten [-tən] m. (s, -). CULIN. rôti m. || FIG. *ein fetter Braten*, une aubaine. | *den Braten riechen*, éventer la mèche ; avoir vent de qch.
Braten [-tən] n. (s) rôtissage m. ; friture f.
Braten|rock ["brɑ:tən'rɔk] m. (s, ¨). FIG., FAM. habit (m.) de gala ; redingote f. ||°**-wender** m (s, -) tournebroche m.
Bratsche ['brɑ:tʃə] f. (-, n). MUS. alto m.
Bräu [brɔy] m. et n. (s,¨e). [DIAL.] bière (bavaroise). || PAR EXT. brasserie f.
Brau|berechtigung ["braubə'rɛçtiguŋ] f. (-, en). JUR. droit (m.) de brasser. ||°**-bottich** m. (s, e). TECHN. cuve (f.) de brasseur.
Brauch [braux] m. (s, ¨e) coutume f. ; usage m. | *nach altem Brauch*, selon la vieille coutume. | *alte Bräuche wiederbeleben*, ranimer les vieux usages. | *Sitte und Brauch*, us et coutumes.
brauchbar ['brauxbɑ:r] adj. utilisable ; qui peut servir. | *brauchbare Kleider*, vêtements (m. pl.) mettables.
Brauchbarkeit [-kait] f. (-) utilité f. ; capacité f. ; aptitude f.
brauchen ['brauxən] v. tr. [nötig haben] avoir besoin de ; nécessiter. | *der Kranke braucht Ruhe*, le malade a besoin de repos. | *der Boden braucht Regen*, la terre demande de la pluie. | *wir brauchen dafür drei Stunden*, nous y mettons trois heures. | *ich brauche dich zu dieser Arbeit*, j'ai besoin de toi pour ce travail. | *in nicht brauchen*, n'avoir que faire de qn. | *das brauchen Sie mir nicht erst zu sagen*, cela va sans dire. | *er braucht nicht zu wissen*, il n'a pas besoin de savoir. | *du brauchst darauf nicht stolz zu sein*, il n'y a pas de quoi être fier. | *er braucht nur aufzutreten, und der Saal applaudiert*, il suffit qu'il paraisse pour que la salle applaudisse. || PAR ANAL. [verwenden ; gebrauchen] se servir de ; user de ; utiliser ; employer. | *sie braucht viel Geld*, elle dépense beaucoup d'argent. | *der Mann ist zu allem zu brauchen*, cet homme est bon à tout faire. | *gebrauchte Kleider, Bücher*, vêtements usagés ; livres (m. pl.) d'occasion.
Brauch|tum ['brauxtu:m] n. (s) coutumes f. pl. ; mœurs f. pl. ; habitudes f. pl. ||°**-wasser** n. (s) eau (f.) non potable.
Braue ['brauə] f. (-, n). ANAT. sourcil m. | *die Brauen runzeln, hochziehen*, froncer les sourcils.
brauen ['brauən] v. tr. brasser. | *Bier brauen*, brasser de la bière. | *einen Punsch, einen Zaubertrank brauen*, faire, préparer un punch, un philtre.
◇ v. pr. **sich brauen,** [sich zusammenballen] *ein Wetter braut sich zusammen*, un orage s'amoncelle.
◇ v. intr. exhaler. | *Nebel brauen (wallen)*, des brouillards montent de la terre.
Brauer [-ər] m. (s, -) brasseur m.
Brauerei [brauə'rai] f. (-, en) brasserie f.
Brau|haus ['brauhaus], **Bräu|haus** ['brɔyhaus] n. (es, ¨er) brasserie f. ||°**-herr** m. (n, en) maître (m.), propriétaire (m.) d'une brasserie ; brasseur m. ||°**-hof** m. (s, ¨e) brasserie f. ||°**-kessel** m. (s, -). TECHN. chaudière (f.) à brasser.
braun [braun] adj. brun. | *braunes Haar*, cheveux bruns. | *braunes Bier*, bière brune. | *von der Sonne braun werden*, brunir ; se hâler ; se bronzer. || FIG. *braun und blau schlagen*, couvrir de bleus ; rouer de coups. || PAR ANAL., CULIN. *braun braten*, roussir. | *braune Butter*, beurre noir. || TECHN. *braun beizen*, brunir ; bronzer.
braun|äugig ["braun'ɔygiç] adj. aux yeux bruns. ||°**-bier** n. (s, e) bière brune. ||°**-eisenstein** m. (s, e). MINES. hématite brune ; limonite f. ||**-gefleckt** adj. tacheté de brun. ||**-gelb** adj. bistre ; (couleur) feuille morte. ||°**-kohl** m. (s, e). BOT. chou (m.) rouge. ||°**-kohle** f. (-, n). MINES. lignite m. ||°**-öl** n. (s, e). CHIM. huile (f.) de lignite. ||**-rot** adj. brun-rouge. ||°**-wurz** f. (-, en). BOT. scrofulaire.
Braun(e) n. (n) brun m. ; couleur brune.
Bräune ['brɔynə] f. (-, n) couleur brune. || TECHN. bronzage m.
bräunen ['brɔynən] v. tr. et intr. brunir.
Brauner ['braunə] m. ZOOL. cheval (m.) bai.
bräunlich ['brɔynliç] adj. brunâtre.
Braunschweig ['braunʃvaik] n. pr. n. Brunswick m.
Braunschweiger(in) [-ʃvaigər(in)] n. pr. m. (s, -), f. (-, nen) Brunswickois(e) m. (f.).
braunschweigisch [-ʃvaigiʃ] adj. brunswickois.
Braunschweig|spat ["braunʃvaik'ʃpɑ:t] m. (s, e). MINÉRAL. spath brunissant. ||°**-stein** m. (s, e). MINÉRAL. manganèse m.
Braus [braus] m. (es) bruit m. ; vacarme m. | *in Saus und Braus leben*, mener la vie à grandes guides.
Brausche ['brauʃə] f. (-, n). MÉD. contusion f. ; bosse f. ; bleu m.
Brause ['brauzə] f. (-, n) effervescence f. ; bouillonnement m. ; fermentation f. | *das Bier ist in der Brause*, la bière fermente. || PAR ANAL. limonade f. | *eine Brause trinken*, boire une limonade. || PAR EXT. arrosoir m. ; pomme (f.) d'arrosoir, de douche. | *unter die Brause gehen*, se doucher.
Brause|bad ["brauzə'bɑ:t] n. (s, ¨er) douche f. ||°**-kopf** m. (s, ¨e). FIG. tête chaude ; homme impétueux, emporté, emballé. || FAM. soupe (f.) au lait. ||°**-limonade** f. (-, n) limonade gazeuse.
brausen ['brauzən] v. intr. bruire ; mugir ; gronder ; souffler ; bourdonner. | *der Wind braust*, le vent souffle. | *die Wogen brausen*, les flots mugissent. | *es braust mir in den Ohren*, j'ai des bourdonnements d'oreilles ; les oreilles me tintent. || PAR ANAL. passer en trombe ; filer à grand fracas.
◇ v. tr. et v. pr. (s')asperger ; (s')arroser.
Brausen [-zən] n. (s.). [Wellen] mugissement m. || [Wind] sifflement m. || [Zug] fracas m. || [Ohren] bourdonnement m.
brausend [-zənt] adj. mugissant ; bruyant ; impétueux ; emporté. || FIG. *brausender Beifall*, tonnerre (m.) d'applaudissements.
Brause|pulver ["brauzə'pulfər] n. (s, -) limonade sèche. ||°**-rohr** n. (s, e). TECHN. tuyau perforé, d'arrosage. ||°**-wind** m. (s, e). FIG. jeune impétueux, écervelé, évaporé.
Braut [braut] f. (-, ¨e) fiancée f. ; FAM. promise f. ; future f. | *sie ist Braut*, elle est fiancée. || PAR EXT. [Hochzeitstag] épousée f. ; mariée f. || BOT. *Braut in Haaren*, nigelle f. ; fleur (f.) de Vénus.
Braut|bett ['brautbɛt] n. (s, en) lit nuptial. ||°**-führer** m. (s, -) garçon (m.) d'honneur. ||°**-gemach** n. (s, ¨er) chambre nuptiale. ||°**-geschenk** n. (s, e) cadeau (m.) de fiançailles. ||°**-gewand** n. (s, ¨er) toilette (f.) de mariée. ||°**-jungfer** f. (-, n) demoiselle (f.) d'honneur. ||°**-kleid** n. (s, er) robe (f.) de mariée ; toilette (f.) de noces, de mariée. ||°**-kranz** m. (es, ¨e) couronne nuptiale. ||°**-leute** pl. fiancés m. pl. || PAR EXT. nouveaux, jeunes mariés. ||°**-nacht** f. (s, ¨e) nuit (f.) de noces. ||°**-paar** n. (s, e) fiancés m. pl. || PAR EXT. nouveaux époux ; nouveaux, jeunes mariés. ||°**-ring** m. (s, e) [Verlobungsring] bague (f.) de fiançailles. ||°**-schau** f. (-) première visite faite à celle dont on pense faire sa fiancée. || FAM. *auf Brautschau gehen*,

chercher femme. ||°**-schleier** m. (s, -) voile (m.) de mariée. ||°**-schmuck** m. (s, e), °**-staat** m. (s, en) parure (f.), toilette (f.) de mariée. ||°**-stand** m. (s, ¨e) fiançailles f. pl. ||°**-werber** m. (s, -) celui qui fait la demande en mariage. ||°**-werbung** f. (-, en) demande (f.) en mariage. ||°**-zeit** f. (-, en) durée (f.) des fiançailles.

Bräutigam ['brɔytigɑm] m. (s, e) fiancé m. ; FAM. futur m. ; promis m.

bräutlich ['brɔytliç] adj. et adv. nuptial ; à la manière d'un fiancé, d'une fiancée.

brav [brɑ:f] adj. [artig] brave ; bon ; gentil ; probe. | *ein braves Kind*, un enfant sage. || [tüchtig] *eine brave Hausfrau*, une bonne ménagère. || [tapfer] brave ; courageux ; vaillant. | *als Soldat und brav* (GOETHE), en soldat courageux.

◇ adv. comme il faut ; très bien. | *brav gehandelt !*, voilà qui est courageux !

bravo ['brɑ:vo] exclam. bravo !

Bravour [bra'vu:r] f. (-) bravoure f. ; courage m.

Bravour|stück [bra"vu:r'ʃtyk] n. (s, e) action (f.) d'éclat ; haut fait d'armes. || FIG., MUS. grand air.

Brech|backe ["brɛç'bakə] f. (-, n). TECHN. mâchoire (f.) de concasseur ; mâchoire-concasseur m. ||°**-bank** f. (-, ¨e) brisoir m. ||°**-bohne** f. (-, n) haricot (m.) mange-tout. ||°**-eisen** n. (s, -), °**-stange** f. (-, n) levier m. ; pince-monseigneur f. || MINES. barre (f.) à mine. ||°**-koks** m. (es, e) coke concassé, gailleteux. ||°**-maschine** f. (-, n) machine (f.) à broyer. ||°**-mittel** n. (s, -) vomitif m. ; émétique m. ||°**-nuß** f. (-, ¨e) noix (f.) vomique. ||°**-reiz** m. (es, e) envie (f.) de vomir ; nausée f. ||°**-ruhr** f. (-) cholérine f. ; choléra (f.) nostras. ||°**-see** f. (-, n) lame brisante ; coup de mer. ||°**-tanne** f. (-, n). BOT. mélèze m. ||°**-wurz** f. (-, en). BOT. ellébore m. ||°**-wurzel** f. (-, en). BOT. ipéca m.

brechbar [brɛçbɑ:r] adj. cassant ; fragile. || PHYS. réfrangible.

Brechbarkeit [-kait] f. (-) fragilité f. || PHYS. réfrangibilité f.

brechen ['brɛçən] (i, a, o) v. tr. [mit einem Male] casser. || [in Stücke] briser. || [entzwei] rompre ; mettre en morceaux ; fracasser. | *Brot brechen*, rompre le pain. | *Blumen brechen*, cueillir des fleurs. | *Hanf brechen*, broyer du chanvre. | *den Acker brechen*, labourer le champ. | *Marmor brechen*, extraire du marbre. | *den Hals brechen*, se casser, se rompre le cou (PR. et FIG.). || MÉD. *Blut, Galle brechen*, vomir du sang, de la bile. || SPORT. *einen Rekord brechen*, battre un record. || LOC. *für jn eine Lanze brechen*, rompre une lance pour qn. | *den Stab über jn brechen*, prononcer la sentence de mort contre qn ; condamner qn. | *etwas übers Knie brechen*, expédier une affaire. | *den Widerstand brechen*, briser la résistance. | *einen Streit vom Zaun brechen*, chercher une querelle d'Allemand ; chercher noise. || JUR. *einen Eid, einen Vertrag, sein Wort, die Ehe brechen*, violer son serment, un contrat, manquer à sa parole (se parjurer), violer la foi conjugale. || PROV. *er hat nichts zu beißen und zu brechen*, il n'a rien à se mettre sous la dent. | *Glück und Glas, wie leicht bricht das*, le bonheur est fragile comme verre.

◇ v. intr. **1.** rompre ; se briser ; (se) casser. | *die Bäume brachen unter der Last der Früchte*, les branches des arbres cassaient sous le poids des fruits. | *im Frühling bricht das Eis*, au printemps la glace fond. | *Leder, Seide bricht*, le cuir se casse ; la soie se fend, se coupe. | *das Auge bricht*, le regard s'éteint. | *mir bricht das Herz*, j'ai le cœur brisé. | *mit jm brechen*, rompre avec qn. | *ihm bricht die Geduld*, il est à bout de patience. **2.** apparaître brusquement, faire irruption. | *die Sonne, der Mond bricht aus den Wolken*, le soleil, la lune perce les nuages. | *die Quelle bricht aus dem Felsen*, la source jaillit du rocher. | *das Kind bricht aus den Reihen*, l'enfant s'élance hors des rangs. || *aus dem Gefängnis ausbrechen*, s'évader de la prison. | *aus dem Hinterhalt hervorbrechen*, surgir d'une embuscade.

◇ part. prés. et adj. **brechend,** FIG. *brechendes Auge*, regard (m) [du] mourant.

◇ part. pass. et adj. **gebrochen,** brisé. | *gebrochenes Deutsch*, mauvais allemand. | *ein gebrochener Akkord*, un accord brisé. | *gebrochene Linie*, ligne brisée. | *gebrochene Zahl*, nombre (m.) fractionnaire. | *mit gebrochenem Herzen*, le cœur brisé. || ARCHIT. *zweimal gebrochene Treppe*, escalier (m.) à deux paliers.

◇ v. pr. **sich brechen,** se rompre ; se casser ; se briser. | *sich den Arm brechen*, se fracturer le bras. | *Lichtstrahlen brechen sich*, les rayons lumineux se réfractent, se réfléchissent. || FIG. *die Krankheit, die Kälte bricht sich*, la maladie commence à céder ; le froid diminue.

Brechen [-çən] n. (s) brisement m. ; cassement m. ; rupture f. || PHYS. réfraction f. ; réflexion f. || MINES. extraction f. || MÉD. [Bruch] fracture f. ; [Erbrechen] nausée f. ; vomissement m. || FIG. rupture f. ; manque (m.) de parole. || JUR. violation f. || LOC. *besser Biegen als Brechen*, mieux vaut plier que rompre.

Brecher [-çər] m. (s, -) concasseur m. ; broyeur m. | *Backenbrecher*, concasseur à mâchoires. || MAR. lame brisante ; paquet (m.) de mer. || [Damm] brise-lames m.

Brechung [-çuŋ] f. (-, en). PHYS. réfraction f. || GRAMM. alternance vocalique ; flexion f.

Brechungs|index ["brɛçuŋs'indɛks] m. (es, e ou -indizes). PHYS. indice (m.) de réfraction.

Bregen ['bre:gən] m. (s, -). ANAT. cervelle f. || FIG., FAM. caboche f. ; ciboulot m.

Brei [brai] m. (s, e) bouillie f. ; purée f. ; pâtée f. ; marmelade f. | *zu Brei kochen*, mettre en marmelade. || FIG. *wie die Katze um den heißen Brei herumgehen*, tourner autour du pot. | *einen Brei anrühren*, tramer une affaire. | *alten Brei wieder aufrühren, aufkochen*, réchauffer de vieilles histoires. | *seinen Brei selber auslöffeln*, supporter les conséquences de ses actes. || PROV. *viele Köche verderben den Brei*, trop de cuisiniers gâtent la sauce.

brei|artig ["brai'ɑ:rtiç] adj. comme de la bouillie. ||°**-umschlag** m. (s, ¨e) cataplasme m.

Breisach ['braizax] n. pr. n. GÉOGR. Brisach m.

Breis|gau ['braisgau] n. pr. m. GÉOGR. Brisgau m.

breit [brait] adj. **1.** large ; ample ; vaste. | *eine breite Straße*, une rue large. | *eine Hand breit*, large(ur) [f.] d'une main. | *keinen Finger breit nachgeben ; nicht einen Fuß breit weichen*, ne pas reculer d'une ligne ; ne pas céder un pouce de terrain. | *der Stoff liegt achtzig Zentimeter breit*, le tissu a quatre-vingts centimètres de large. | *breit(er) machen, breit(er) werden*, élargir ; s'élargir. | *breit drücken, schlagen, treten*, aplatir, élargir. | *breit gedrückte Nase*, nez camus.
2. FIG. *breit treten*, s'étendre sur ; rabâcher ; être prolixe ; délayer. | *breiter Stil*, prolixité f. | *breit reden*, pérorer. | *sich breit machen*, faire l'important. | *ein Breites und Langes erzählen*, ne pas finir de raconter. | *die breite Öffentlichkeit*, tout le monde ; le public. | *weit und breit*, partout ; à la ronde. | *er ist weit und breit bekannt*, il est connu à cent lieues à la ronde.

Breit|band ["brait'band] n. (s, ¨er). TÉLÉCOMM. large bande. ||**-beinig** adj. et adv. qui a les jambes écartées. ||**-blättrig** adj. BOT. latifolié. ||**-drücken** v. tr. aplatir. ||**-fingerig** adj. aux doigts larges. ||**-gestreift** adj. à larges raies. ||**-nasig** adj. au nez camus. ||**-randig** adj. à bord large. ||**-schulterig** adj. aux épaules carrées ; de forte carrure. ||**-schwänzig** adj. ZOOL. à large queue. ||°**-seite** f. (-, n) flanc m. || MAR. bordée f. | *eine volle Breitseite feuern*, lâcher une bordée. ||°**-spur** f. (-, en). TRANSP. voie (f.) à grand écartement. ||°**-spurbahn** f. (-, en) chemin (m.) de fer à grand écartement. ||**-spurig** adj. TRANSP. à voie large. || FIG. qui fait l'important ; qui a de l'aplomb ; arrogant. | *breitspurig darlegen*, exposer sans faire grâce d'aucun détail. ||**-treten** (i, a, e) v. tr. élargir ; aplatir. || FIG. délayer ; s'étendre.

Breite ['braitə] f. (-, n) largeur f. | *die Breite des Schwimmbeckens beträgt 20 Meter*, la largeur du bassin est de 20 mètres. | *Breite der Schultern*, carrure f. ; largeur (f.) d'épaules. | *in die Breite gehen*, grossir. | *Breite des Degens*, plat (m.) de l'épée. || ASTRON. *geographische Breite eines Ortes*, latitude (f.) d'un lieu. | *südliche Breite*, latitude (f.) sud. || MAR. [Segel] envergure f. || FIG. ampleur f. ; prolixité f. | *epische Breite*, ampleur épique. | *um Haaresbreite einen Unfall vermeiden*, éviter d'un cheveu un accident.

breiten [-tən] v. tr. élargir ; aplatir. || PAR EXT. étendre ; déployer. | *nach jm die Arme breiten*, tendre les bras à qn. | *eine Decke auf den Boden breiten*, étendre une couverture par terre. || AGRIC. *Heu breiten*, étendre du foin.

Breiten|feuer ["braitən'fɔyər] n. (s, -). MIL. tir fauchant. ||°**-grad** m. (s, e). ASTRON. degré (m.) de latitude. ||°**-kreis** m. (es, e). ASTRON. parallèle m.

Breme ['bre:mə] f. (-, n). ZOOL. taon m.

Bremen ['bre:mən] n. pr. n. GÉOGR. Brême m.

Bremer(in) [-mər(in)] m. (s, -), f. (-, nen) Brémois(e) m. (f.).

bremisch [-miʃ] adj. brémois.

Brems|backe ["brɛms'bakə] f. (-, n). TECHN.

mâchoire (f.) de frein ; sabot m. ; segment (m.) de frein, de freinage. ||°**-belag** m. (s, e) garniture (f.) de frein. ||°**-belagträger** m. (s, -) patin (m.) de frein. ||°**-berg** m. (s, e) plan incliné à traînage. ||°**-druckregler** m. (s, -) régulateur (m.) de freinage. ||°**-einrichtung** f. (-, en) dispositif (m.) de freinage. ||°**-fähigkeit** f. (-, en) puissance (f.) de freinage, des freins. ||°**-gitter** n. (s, -). RADIO. grille (f.) d'arrêt. ||°**-klappe** f. (-, n). AÉRON. frein (m.) aérodynamique ; aérofrein m. ||°**-klotz** m. (es, ¨e) patin (m.) de frein. ||°**-kraft** f. (-, ¨e) puissance de freinage. ||°**-leistung** f. (-, en) puissance (f.) des freins. ||°**-licht** n. (s, er). AUTOM. feu (m.) de signalisation, de freinage ; feu (m.) de stop. ||°**-rakete** f. (-, n). AÉRON. rétrofusée f. ||°**-scheibe** f. (-, n) disque (m.) de frein. ||°**-schirm** m. (s, e). AÉRON. parachute (n.) de queue. ||°**-schuh** m. (s, e) sabot (m.) de frein. || TRANSP. cale f. ||°**-seil** n. (s, e) câble (m.) de frein. ||°**-strom** m. (s, ¨e) courant retardateur. ||°**-trommel** f. (-, n) tambour (m.) de frein. ||°**-weg** m. (s, e). AUTOM. distance (f.) de freinage.

Bremse ['brɛmzə] f. (-, n) frein m. | *starke Bremse*, frein puissant. | *Felgen-*, *Fußbremse*, frein sur jante, à pied. | *Hand-*, *Luftdruckbremse*, frein à main, à air comprimé (pneumatique). | *Trommel-*, *Reibungs-*, *Öldruckbremse*, frein à tambour, à friction, hydraulique. | *Rücktritt-*, *Hinterradbremse*, frein à rétropédalage, arrière. | *Notbremse*, frein de secours.

Bremse ['brɛmzə] f. (-, n). ZOOL. taon m.

bremsen ['brɛmzən] v. intr. freiner ; serrer le frein. | *stark bremsen*, bloquer le frein. | *scharf bremsen*, freiner brusquement.

Bremsen [-zən] n. (s) freinage m.

Bremser [-zər] m. (s, -). TRANSP. garde-frein m. ; serre-frein m.

Bremsung [-zuŋ] f. (-, en) freinage m.

Brenn|achse ["brɛn'aksə] f. (-, n). PHYS. axe focal. ||°**-dauer** f. (-) [Lampe] durée (f.) d'éclairage. || [Ziegel] durée (f.) de cuisson. ||°**-eisen** n. (s, -). TECHN. fer (m.) rouge ; fer à friser. || MÉD. cautère m. ||°**-element** n. (s, e). NUCL. *bestrahltes Brennelement*, combustible irradié. ||°**-(n)essel** f. (-, n). BOT. ortie f. ||°**-geschwindigkeit** ["-/-'--] f. (-, en) vitesse (f.) de combustion. ||°**-glas** n. (es, ¨er). PHYS. loupe f. ; lentille f. ||°**-holz** n. (es) bois (m.) de chauffage. ||°**-kammer** f. (-, n) chambre (f.) de combustion. ||°**-kolben** m. (s, -). CHIM. alambic m. ||°**-linie** f. (-, n). OPT. parabole focale. ||°**-maschine** f. (-, n). TECHN. machine (f.) à pyrograver ; thermocautère m. ||°**-material** n. (s, ien) combustibles m. pl. ||°**-ofen** m. (s, ¨) four (m.) de calcinage, de cuisson. ||°**-öl** n. (s, e) huile (f.) à brûler ; lampant m. ||°**-punkt** m. (s, e). OPT. foyer m. | *auf den Brennpunkt einstellen*, mettre au point. ||°**-rohr** n. (s, e) tube brûleur. ||**-schneiden** v. tr. couper à l'autogène. ||°**-schweißen** n. (s) soudure (f.) à chaud. ||°**-stab** m. (s, ¨e). NUCL. aiguille (f.), barreau (m.) de combustible. ||°**-stoff** m. (s, e) combustible m. || AÉRON. ergol m. || AUTOM. carburant m. | *nuklearer Brennstoff*, combustible nucléaire. ||°**-stoffzelle** f. (-, n). NUCL. pile (f.) à combustible. ||°**-weite** f. (-, n). PHYS. distance focale.

brennbar ["brɛn'ba:r] adj. combustible.

Brennbarkeit [-kait] f. (-) combustibilité f.

brennen ['brɛnən] (brannte, gebrannt) v. intr. brûler ; prendre feu ; s'allumer ; être en flammes ; flamber ; briller. | *lichterloh*, *flackernd brennen*, brûler clair, à petit feu. | *das Haus*, *der Wald brennt*, la maison, la forêt est en flammes. | *es brennt in der Scheune*, la grange est en flammes. | *es brennt !*, au feu ! | *die Lampe will heute nicht brennen*, la lampe ne marche pas bien aujourd'hui. || PAR EXT. *die Wunde brennt*, la plaie cuit. | *die Nessel brennt*, l'ortie pique. | *die Sonne brennt*, le soleil est brûlant. | *der Pfeffer brennt auf der Zunge*, le poivre pique la langue. || FIG. *auf etwas brennen*, être impatient, s'impatienter de. | *vor Ungeduld*, *Ehrgeiz*, *Begierde*, *Neugierde brennen*, brûler d'impatience, d'ambition, de désir, de curiosité. | *für jn brennen*, être épris d'amour. | *es brennt mir auf der Seele*, cela me ronge le cœur. | *das Wort brennt mir auf der Zunge*, j'ai le mot sur le bout de la langue. | *ihm brannte der Boden unter den Füßen*, le sol lui brûlait les pieds. | *brennen lassen*, *was nicht zu retten ist*, faire la part du feu.

◇ v. tr. et v. pr. **(sich) brennen,** (se) brûler ; mettre le feu à ; mettre en feu ; (se) consumer. | *Holz*, *Torf*, *Öl*, *Gas brennen*, brûler du bois, de la tourbe, du pétrole, du gaz. | *meine Wunde brennt mich*, ma blessure me brûle, me cuit. | *Holz zu Kohlen brennen*, faire du charbon de bois. | *Gips*, *Kalk brennen*, calciner du plâtre, de la chaux. | *Ton*, *Porzellan*, *Backsteine*, *Ziegel brennen*, cuire de l'argile, de la porcelaine, des briques, des tuiles. | *Kaffee*, *Mehl brennen*, griller, torréfier du café ; griller de la farine. || [destillieren] *Kartoffeln*, *Getreide*, *Branntwein brennen*, distiller des pommes de terre, du blé, de l'eau-de-vie. || [brandmarken] *die Schafe brennen*, marquer les moutons. || *sich die Haare brennen*, donner un coup de fer à ses cheveux ; se friser les cheveux. || MÉD. *die Wunde brennen*, cautériser la plaie. || LOC. *sich eine Kugel vor den Kopf brennen*, se brûler la cervelle. | *sengen und brennen*, mettre à feu et à sang.

◇ part. prés. et adj. **brennend,** brûlant ; ardent ; en feu. | *brennender Dornbusch*, buisson ardent. | *brennende heiße Sonne*, soleil (m.) torride. || FIG. *brennendes Rot*, rouge éclatant. | *brennendes Weh*, douleur cuisante. | *brennende Frage*, question brûlante. || BOT. *Brennende Liebe*, croix (f.) de Malte.

◇ part. pass. et adj. **gebrannt,** brûlé ; calciné ; consumé. | *gebrannte Mandeln*, amandes grillées. || PROV. *gebranntes Kind scheut (das) Feuer*, chat échaudé craint l'eau froide.

Brennen [-nən] n. (s) brûlure f. ; cuisson f. ; calcination f. ; torréfaction f. ; grillage m. || MÉD. *Brennen im Magen*, brûlures d'estomac.

Brenner [-nər] m. (s, -). [Personen] brûleur m. | *Branntweinbrenner*, distillateur m. | *Ziegelbrenner*, cuiseur m. (de briques, de tuiles) ; briquetier m. || [Dinge] brûleur m. | *Bunsen-*, *Gasbrenner*, bec (m.) Bunsen, à gaz. || AGRIC., BOT. charbon m. ; nielle f. ; carie f.

Brennerei [brɛnə'rai] f. (-, en). [Alkohol] distillerie f. || [Ziegel] tuilerie f.

brenzeln ['brɛntsəln] v. intr. sentir le roussi.

brenzlig [-tsliç] adj. qui sent le roussi, le brûlé. | *brenzliger Geruch*, odeur (f.) de brûlé. || FIG. *die Sache wird brenzlig*, FAM. l'affaire se gâte.
— SYN. : *brenzlich ; brenzlicht* (vx).

Bresche ['brɛʃə] f. (-, n) brèche f. | *eine Bresche schlagen*, ouvrir une brèche. || FIG. *in die Bresche springen*, intervenir ; porter assistance à.

Bretone [brə'to:nə] n. pr. m., **Bretonin** [-nin] f. Breton m. ; Bretonne f.

bretonisch [-niʃ] adj. breton(ne).

Brett [brɛt] n. (s, er). **1.** planche f. ; ais m. | *Tannen-*, *Eichenbrett*, planche de sapin, de chêne. | *dünnes Brett*, volige f. | *Bretter schneiden*, scier du bois en planches. | *mit Brettern auslegen*, *beschlagen*, planchéier ; lambrisser.

2. LOC., FIG. *er hat ein Brett vor dem Kopf*, c'est un imbécile ; POP. il est bouché. | *ich habe bei ihm einen Stein im Brett*, je suis dans ses petits papiers. | *nicht gern dicke Bretter bohren*, aimer la besogne faite. || FIG., COMM. *auf einem Brett bezahlen*, payer tout à la fois. | *hoch am Brett sein*, *ans Brett kommen*, être en crédit, en faveur.

3. PAR EXT. *das schwarze Brett*, le tableau noir ; le panneau d'affichage. | *Bücherbrett*, rayon m. ; étagère f. | *Zeichenbrett*, planche à dessin. | *Schachbrett*, échiquier m. || JUR. *vors Brett kommen*, venir en justice. || THÉÂTRE. *die Bretter betreten*, *besteigen*, monter sur les planches. | *das Stück ging zwölfmal über die Bretter*, la pièce eut douze représentations.

Brett|säge ["brɛt'zɛ:gə] f. (-, n) scie (f.) à refendre. ||°**-säger** (s, -) scieur (m.) de long. ||°**-spiel** n. (s, e) jeu (m.) de société (avec damier ou échiquier). ||°**-stein** m. (s, e) pion m.

Brettchen ['brɛtçən] n. (s) planchette f. || MUS. éclisse (f.) de violon.

Bretter|belag ["brɛtərbə'la:k] m. (s, ¨e) plancher m. ; platelage m. ||°**-bude** f. (-, n) baraque (f.) en planches. ||°**-bühne** f. (-, n). THÉÂTRE. tréteaux m. pl. ||°**-verschlag** m. (s, ¨e), **-wand** f. (-, ¨e) cloison f. ||°**-zaun** m. (s, ¨e) clôture (f.) en planches.

brettern ['brɛtərn] adj. de, en planches.

Brettl [brɛtl] n. (s, -) théâtre (m.) de variétés ; café-concert m. ; cabaret m.

Breve ['bre:və] n. RELIG. bref m.

Brevet [brə'vɛ:] n. (s, s) brevet m.

Brevier [bre'vi:r] n. (s, e). RELIG. bréviaire m. | *sein Brevier beten*, dire son bréviaire.

Brezel ['bre:tsəl] f. (-, n). CULIN. craquelin m. ; bretzel m.

Bridge [bridʒ] n. (s, s) jeu (m.), partie (f.) de bridge ; bridge m.

Brief [bri:f] m. (s, e) lettre f. ; missive f. ; épître f. | *ein unleserlicher Brief*, une lettre illisible. | *Beileids-*,

Empfehlungsbrief, lettre de condoléances, de recommandation. | *eingeschriebener Brief*, lettre recommandée. | *Kreditbrief*, lettre de crédit. || *Frachtbrief*, lettre de voiture. | *einen Brief austragen, überbringen, unterschlagen*, porter, remettre, intercepter une lettre. || FIG. *ich gebe dir Brief und Siegel*, tu peux m'en croire ; tu peux compter sur moi.
— SYN. : *Schreiben*, lettre ; *Sendbrief, Epistel*, épître ; *Sendschreiben*, missive ; *Mitteilung*, message.

Brief|abfertigung ["bri:f'apfɛrtiguŋ] f. (-, en) expédition (f.) des lettres. ||°**-abholung** f. (-, n) levée (f.) des lettres. ||°**-ablage** f. (-, n) classement (m.) des lettres. ||°**-anschrift** f. (-, n) adresse f. ||°**-beschwerer** m. (s, -) presse-papiers m. ||°**-beutel** m. (s, -) sac (m.) aux lettres. ||°**-bogen** m. (s, -) feuille (f.) de papier à lettres. ||°**-bote** m. (n, n) facteur m. ||°**-buch** n. (s, ¨er). COMM. livre (m.) de correspondance. || °**-geheimnis** n. (ses, se). JUR. secret postal. ||°**-karte** f. (-, n) carte-lettre f. ||°**-kasten** m. (s, ¨) boîte (f.) aux lettres. ||°**-kasten|leerung** f. (-, en) levée (f.) des boîtes aux lettres. ||°**-kasten|onkel** m. (s, -), °**-kasten|tante** f. (-, n) courriériste s. ||°**-kopf** m. (es, ¨e) en-tête (m.) de lettre. ||°**-kurs** m. (es, e). [Börse] cours offert. ||°**-öffner** m. (s, -) ouvre-lettres m. ; coupe-papier m. ||°**-ordner** m. (s, -) classeur (m.) de lettres. ||°**-papier** n. (s, e) papier (m.) à lettres. | *Briefpapier mit Trauerrand*, papier à lettres de deuil. ||°**-porto** n. (s, s) port m. ; affranchissement m. ||°**-prüf|stelle** f. (-, n). ADM. contrôle (m.) du courrier ; censure (f.) des lettres. ||°**-schreiber** m. (s, -) auteur (m.) d'une lettre ; correspondant m. ; épistolier m. ||°**-stempel** m. (s, -) timbre (m.) de la poste. ||°**-stil** m. (s, e). LITTÉR. style (m.) épistolaire. ||°**-tasche** f. (-, n) portefeuille m. ||°**-taube** f. (-, n). ZOOL. pigeon voyageur. ||°**-telegramm** n. (s, e) télégramme-lettre m. ||°**-träger** m. (s, -) facteur m. ||°**-waage** f. (-, n) pèse-lettres m. ||°**-wechsel** m. (s, -) échange (m.) de lettres ; correspondance f.

Brief|marke ["bri:f'markə] f. (-, n) timbre-poste m.

Briefmarken|album ["bri:fmarkən'album] n. (s, alben) album (m.) de timbres-poste. ||°**-automat** m. (en, en) distributeur (m.) automatique de timbres-poste. ||°**-heft** n. (s, e) carnet (m.) de timbres-poste. ||°**-sammeln** n. (s) philatélie f. ||°**-sammler** m. (s, -) philatéliste m. ||°**-sammlung** f. (-, en) collection (f.) de timbres-poste.

brieflich ['bri:fliç] adj. et adv. par lettre. | *brieflicher Verkehr*, correspondance f. | *brieflich mit jm verkehren*, correspondre avec qn.

Briefschaften ['bri:fʃaftən] f. pl. lettres f. pl. ; courrier m. ; correspondance f.

Bries [bri:s] m. et n. (es, e) ris (m.) de veau.

briet [bri:t] prétérit de **braten.**

Brigade [bri'gɑ:də] f. (-, n). MIL. brigade f.

Brigadier [briga'di:r] m. (s, s). MIL. général (m.) de brigade. || brigadier m. ; caporal m.

Brigant [bri'gant] m. (en, en) brigand m.

Brigg [brig] f. (-, en). MAR. voilier (m.) à deux mâts ; brick m.

Brikett [bri'kɛt] n. (s, e) briquette f. ; aggloméré m. | *Eierbrikett*, boulet m.

brikettieren [-kɛ'ti:rən] v. tr. briqueter ; agglomérer en briquettes.

brillant [bril'jant] adj. brillant. || FIG. excellent.
— SYN. : *glänzend*, brillant ; *hervorragend*, éminent.

Brillant ['jant] m. (en, en) brillant m. ; diamant (m.) à facettes.

Brillantine [-jan'ti:nə] f. (-) brillantine f.

Brille ['brilə] f. (-, n) lunettes f. pl. ; pince-nez m. ; lorgnon m. | *eine Brille*, une paire de lunettes. | *eine Brille tragen, aufsetzen, die Brille absetzen*, porter, mettre des lunettes ; ôter (enlever) ses lunettes. | *Sonnenbrille*, lunettes de soleil. || FIG. *durch eine rosige Brille sehen*, voir la vie en rose.

Brillen|bügel ["brilən'by:gəl] m. (s, -) branche (f.) de lunettes. ||°**-fassung** f. (-, en) monture (f.), châsse (f.) de lunettes. ||°**-futteral** n. (s, e) étui (m.) à lunettes. ||°**-glas** n. (es, ¨er) verre (m.) de lunettes ; verre lenticulaire. ||°**-schlange** f. (-, n). ZOOL. serpent (m.) à lunettes. || FIG., IRON. femme (f.) qui porte des lunettes.

brillieren [bril'ji:rən] v. intr. FIG. briller ; se distinguer.

Brimborium [brim'borjum] n. (s, orien). FAM. *viel Brimborium machen*, faire des manières.

bringen ['briŋən] (brachte, gebracht) v. tr.

> **I.** sens du verbe simple.
> **1.** APPORTER ; PORTER VERS.
> **2.** RAPPORTER ; PRODUIRE ; DONNER ; PROCURER.
> **3.** PRODUIRE ; METTRE AU JOUR.
> **4.** RECONDUIRE ; ACCOMPAGNER.
> **II.** avec adverbes.
> **III.** avec prépositions.

I. Sens du verbe simple. **1.** apporter ; porter vers. | *einen Stuhl bringen*, apporter une chaise. | *bring mir ein Glas Wasser*, apporte-moi un verre d'eau. | *einen Brief zur Post bringen*, porter une lettre à la poste. | *Nachricht, Kunde bringen*, renseigner. | *das Programm bringt nichts Neues*, le programme n'offre rien de nouveau. | *die Zeitungen brachten nichts darüber*, les journaux n'en dirent rien, n'en parlèrent pas, furent muets. | *Hilfe bringen*, porter secours. | *Trost bringen*, consoler. | *ein Opfer bringen*, faire des sacrifices. | *etwas zum Opfer bringen*, sacrifier qch. | *Tod und Verderben bringen*, apporter la mort et la désolation. | *ein Ständchen bringen*, donner une sérénade. | *es jm bringen*, boire à la santé de qn. | *das bringt Glück*, cela porte chance. | *Freude bringen*, causer de la joie. | *Ehre bringen*, faire honneur à. | *das bringt ihm Schimpf und Schande*, cela tournera à sa honte.

2. RAPPORTER ; PRODUIRE ; DONNER ; PROCURER : *das Geschäft bringt reichen Ertrag*, cette affaire rapporte, est d'un bon rendement. | *Nutzen bringen*, donner un bénéfice. | *Zinsen bringen*, porter des intérêts. | *es bringt nicht viel*, cela ne rapporte pas beaucoup. | *die Menge muß es bringen*, il faut se rattraper sur la quantité. | *ein Wort bringt das andere*, un mot en amène un autre. || LOC. *Zeit bringt Rat*, la nuit porte conseil. | *Zeit bringt Rosen*, tout vient à point à qui sait attendre.

3. PRODUIRE ; METTRE AU JOUR : *auf die Welt, zur Welt bringen*, mettre au monde. | *etwas zum Vorschein bringen*, produire, montrer qch. | *die Sonne bringt es an den Tag*, tôt ou tard la vérité se fera.

4. RECONDUIRE ; ACCOMPAGNER : *jn ins Krankenhaus bringen*, conduire qn à l'hôpital. | *jn nach Hause, an die Bahn, über die Grenze bringen*, reconduire qn chez soi, à la gare, au-delà de la frontière. | *etwas zu(m) Markte bringen*, porter qch. au marché ; lancer qch. sur le marché. | *zu Grabe bringen*, porter en terre. | *unter die Erde bringen*, mettre, porter en terre ; FIG. pousser qn au désespoir.

II. avec adverbes. **dahin :** *es dahin bringen, daß*, faire en sorte que. — **entzwei :** *entzweibringen*, désunir. — **fertig :** *er bringt es fertig, zwei Seiten in einer Stunde zu schreiben*, il arrive à écrire deux pages à l'heure. — **heim :** *heimbringen*, reconduire à la maison. — **her :** *wo bringst du das her ?* où as-tu pris cela ? — **hoch :** *ein Geschäft hochbringen*, développer une affaire. — **klein :** *in seinem Fach bringt ihn niemand klein*, personne ne le bat dans sa spécialité. — **nahe :** *dem Untergang nahebringen*, amener au bord de la perte. — **vorwärts :** *seine Geschäfte vorwärtsbringen*, faire avancer ses affaires. — **weit :** *jung schon brachte er es weit*, jeune il est allé déjà loin (dans le succès). — **zusammen :** *die Beiden zusammenbringen*, agencer une rencontre, un mariage.

III. avec prépositions. **an :** *wieder an sich bringen*, recouvrer. | *eine Ware an den Mann bringen*, placer une marchandise. | *an den Bettelstab bringen*, réduire à la mendicité. | *jn an den Rand der Verzweiflung bringen*, amener qn au bord du désespoir. — **auf :** *auf die Beine bringen*, remettre sur pied. | *wieder aufs Tapet bringen*, mettre sur le tapis, revenir à la charge. | *jn auf andere Gedanken bringen*, faire changer d'idée, distraire qn. — **aus :** *jn aus der Fassung, aus dem Häuschen bringen*, faire perdre contenance à qn. | *jn aus dem Konzept bringen*, désarçonner qn. | *jn aus dem Gleichgewicht bringen*, faire perdre l'équilibre à qn ; désaxer qn. | *aus der Mode bringen*, démoder. | *aus den Fugen bringen*, démantibuler. — **bis :** *es bis zum Minister bringen*, monter jusqu'au rang de ministre. | *es bis auf neunzig bringen*, atteindre quatre-vingt-dix ans. — **hinter :** *einen Gauner hinter Schloß und Riegel bringen*, mettre un escroc sous les verrous. — **in :** *in Bewegung, in Gang bringen*, mettre en marche. | *wieder in Gang bringen*, dépanner (une automobile). | *in Verbindung bringen*, mettre en rapports. | *etwas in seinen Besitz bringen*, se mettre en possession de qch. | *in Einklang bringen*, mettre d'accord ; accorder. | *in Erinnerung bringen*, rappeler. | *in Erfahrung bringen*, apprendre (par l'expérience). | *in Gefahr bringen*, mettre en danger. | *in Mode bringen*, mettre à la mode. | *etwas in Ordnung bringen*, mettre de l'ordre dans qch. | *in Sicherheit bringen*, mettre en sûreté. | *ein Gerücht in Umlauf bringen*, faire circuler un bruit. | *in Verlegenheit bringen*, embarrasser ; gêner. | *jn in Aufregung bringen*, exciter, énerver qn. | *jn ins Elend bringen*, réduire qn à la misère. | *jn ins Gerede, in üblen Ruf bringen*, compromettre, faire une mauvaise réputation à qn. | *in Verruf bringen*, discréditer. | *ins Reine, ins Klare bringen*, tirer au clair. | *ins Stocken bringen*, interrompre. || Loc. *sein Schäfchen ins Trockene bringen*, mettre du foin dans ses bottes. || Comm. *in Rechnung bringen*, mettre sur le compte de. | *in Ausgabe, in Einnahme bringen*, porter en dépense, en recette. — **mit :** *die Sache bringt es mit sich*, cela est dans la nature de la chose. — **über :** *Segen über ein Land bringen*, faire la prospérité d'un pays. | *er konnte es nicht übers Herz bringen*, il ne put pas s'y résoudre. | *kein Wort über die Lippen bringen*, ne dire mot. — **um** (au sens de ôter, enlever) [acc.] : *jn um etwas bringen*, faire perdre qch. à qn. | *jn ums Leben bringen*, faire mourir, tuer qn ; coûter la vie à qn. | *sich ums Leben bringen*, se tuer. | *jn um seine Stellung, um seine Ehre, um Hab und Gut bringen*, enlever, faire perdre à qn sa situation, son honneur, ses biens. || Loc. pop. *jn um die Ecke bringen*, faire passer à qn l'arme à gauche. — **unter :** *die Ernte unter Dach und Fach bringen*, rentrer la récolte. | *etwas unter die Leute bringen*, divulguer, ébruiter qch. | *etwas unter das Volk bringen*, mettre qch. en circulation. | *zwei unter einen Hut bringen*, réconcilier, unir deux personnes. | *seine Tochter unter die Haube bringen*, marier sa fille. — **von :** *etwas von der Stelle, vom Fleck bringen*, déplacer, faire bouger qch. | *jn von Sinnen bringen*, rendre qn fou ; faire perdre la raison à qn. — **zu :** *zum Ausdruck bringen*, exprimer. | *zur Kenntnis bringen*, porter à la connaissance de. | *zu Papier bringen*, coucher sur le papier. | *zur Reife bringen*, amener à maturité. | *jn zum Lachen, zum Schweigen bringen*, faire rire qn ; réduire qn au silence. | *jn zur Vernunft bringen*, ramener qn à la raison. | *zu Fall bringen*, causer la perte. | *zu Ende, zum Abschluß bringen*, mener à terme, à sa conclusion. | *jn zur Einsicht bringen*, faire entendre raison à qn. | *es zu hohen Ehren bringen*, arriver aux plus grands honneurs. — **dazu :** *jn dazu bringen, daß*, pousser qn à. | *du bringst mich nicht dazu, darauf zu verzichten*, tu ne me feras pas renoncer à... — **zustande :** *er bringt eine gute Leistung zustande*, il réussit une bonne performance.

brisant [bri'zant] adj. brisant.

Brisanz [bri'zants] f. (-) force explosive.

Brise ['bri:zə] f. (-, n). Mar. brise f. ; vent frais.

Britannien [bri'tanjen] n. pr. n. (s). Géogr. îles (f. pl.) Britanniques.

Brite ['britə] m. (n, n), **Britin** [-tin] f. (-, nen). Britannique s.

britisch [-tiʃ] adj. britannique.

Bröckchen ['brøkçən] n. (s, -) petit morceau ; miette f.

bröckelig [-kəliç] adj. friable ; cassant.

bröckeln [-kəln] ou **brocken** ['brɔkən] v. tr. émietter ; casser. | *Brot in die Suppe brocken*, mettre du pain dans la soupe.

Brocken ['brɔkən] m. (s, -) fragment m. ; parcelle f. ; morceau m. ; éclat m. | *ein Brocken Brot*, un morceau de pain. || Fig. *das sind harte Brocken*, c'est dur à avaler. | *ein paar Brocken Englisch*, quelques bribes (f. pl.) d'anglais.

brocken|weise ["brɔkən'vaizə] adv. par petits morceaux ; par fragments ; par miettes ; par bribes.

Brodel ['bro:dəl] m. (s) vapeur f. ; fumée f.

brodeln [-dəln] v. intr. bouillonner ; être en ébullition.

Brodeln [-dəln] n. (s) bouillonnement m.

Brodem [-dəm] m. (s) vapeur chaude.

Brokat [bro'ka:t] m. (s, e). Techn. brocart m.

Brokkoli ['brɔkoli] pl. Bot. brocoli m.

Brom [bro:m] n. (s). Chim. brome m.

Brom|beere ["brɔm'be:rə] f. (-, n). Bot. mûre f. | *Brombeerstrauch*, ronce f.

brom|haltig ["brɔm'haltiç] adj. Chim. bromique. ||°**-silber** n. (s, -). Chim. bromure (m.) d'argent.

Bronchien ['brɔnçiən] f. pl. Anat. bronches f. pl.

Bronchitis [brɔn'çi:tis] f. (-). Méd. bronchite f.

Bronnen ['brɔnən] m. (s, -). Poét. [Brunnen] fontaine f. ; source f.

Bronze ['brɔ̃sə] f. (-, n) bronze m.

bronze|farben ["brɔ̃sə'farbən] adj. couleur (f.) [de] bronze ; bronzé. ||°**-guß** m. (es, ¨e). Techn. [Handlung] moulage (m.) en bronze. || Par ext. fonte (f.) de bronze ; bronze fondu. ||°**-zeit** f. (-) âge (m.) du bronze.

bronzieren [brɔ'si:rən] v. tr. Techn. bronzer ; brunir.

Brosam ['bro:za:m] m. (s, e), **Brosame** [-:za:mə] f. (-, n) mie f. ; miette (f.) de pain.

Brosche ['brɔʃə] f. (-, n) broche f.

broschieren [brɔ'ʃi:ren] v. tr. brocher.

Broschüre [brɔ'ʃy:rə] f. (-, n) brochure f.

Brösel ['brø:zəl] n. (s, -) miette (f.) de pain.

Brot [bro:t] n. (s, e) **1.** pain m. | *frischbackenes Brot*, pain frais. | *trockenes Brot*, pain sec. | *geweihtes Brot*, pain bénit. | *ungesäuertes Brot*, pain azyme, sans levain. | *eine Schnitte Brot*, une tranche de pain. | *Brot bereiten, backen*, faire, cuire le pain. | *Brot in den (Back)ofen schießen, einschieben*, enfourner le pain. | *Brot ausschießen*, défourner le pain. | *Brot abschneiden, anschneiden*, couper, entamer le pain. | *Brot brechen*, rompre le pain. | *Brot rösten*, griller du pain. | *bei Wasser und Brot sitzen*, être en prison.

2. Fig. pain m. ; gagne-pain m. | *sein Brot im Schweiße seines Angesichts verdienen*, gagner son pain à la sueur de son front. | *sein Brot haben*, avoir de quoi vivre. | *in Brot und Lohn bei jm stehen*, être au service de qn. | *jn ums Brot bringen*, ôter son pain à qn. || Loc. *unser tägliches Brot gib uns heute*, donnez-nous aujourd'hui notre pain quotidien.

Brot|baum ['bro:tbaum] m. (s, ¨e). Bot. arbre (m.) à pain ; artocarpe m. ||°**-beutel** m. (s, -) musette f. ||°**-erwerb** m. (s) gagne-pain m. ||°**-frucht** f. (-, ¨e). Bot. fruit (m.) de l'artocarpe. ||°**-herr** m. (n, n) maître m. ; patron m. ||°**-kanten** m. (s, -) quignon (m.) de pain. ||°**-korb** m. (s, ¨e) corbeille (f.) à pain. || Fig. *jm den Brotkorb höher hängen*, tenir la dragée haute à qn. ||°**-krümchen** n. (s, -) miette (f.) de pain. ||°**-kruste** f. (-, n) croûte (f.) de pain ; croûton m. ||°**-laib** m. (s, e) miche (f.) de pain. ||**-los** adj. 1° sans pain. || Fig. sans ressources. | *jn brotlos machen*, ôter le pain, les moyens d'existence à qn. || 2° peu lucratif. | *brotlose Arbeit*, travail peu lucratif. ||°**-losigkeit** f. (-) disette f. ||°**-neid** m. (s) jalousie (f.) professionnelle. ||°**-rinde** f. (-, n) croûte (f.) de pain. | *Stück Brotrinde*, croûton m. ||°**-sack** m. (s, ¨e) besace f. ; panetière f. ||°**-schnitte** f. (-, n) tranche (f.) de pain ; mouillette f. ||°**-schrank** m. (s, ¨e) armoire (f.) au pain ; huche f. ; panetière f. ||°**-studium** n. (s, ien). Fig. études faites pour avoir un gagne-pain. ||°**-suppe** f. (-, n) panade f. ||°**-tasche** f. (-, n) musette f. ; besace f. ||°**-(ver)wandlung** f. (-, en) transsubstantiation f.

Brötchen ['brø:tçən] n. (s, -) petit pain. | *ein belegtes Brötchen*, un sandwich.

brotzeln ['brɔtsəln], **brutzeln** ['brutsəln] v. intr. bouillonner ; grésiller ; frire.

Brouillon n. (s, s) brouillon m. ; brouillard m.

brr ! [br] interj. brr !

Bruch [brux] m. (s, ¨e) **1.** brisure f. ; bris m. ; rupture f. ; cassure f. ; brèche f. ; fente f. ; crevasse f. | *zu Bruch gehen*, se rompre. | *Brüche bekommen*, se crevasser. || Géol. cassure f. ; fracture f. || Aéron. *Bruch machen*, briser son train d'atterrissage ; fam. casser du bois.

2. Méd. *Knochenbruch*, fracture f. | *Leistenbruch*, hernie f. ; descente f. | *eingeklemmter Bruch*, hernie étranglée. | *einen Bruch einrichten*, réduire une hernie, une fracture. || [Papier ; Stoff] *wieder in die alten Brüche legen*, replier. || [Jagd] brisées f. pl. || Archit. *Bruch eines Daches*, brisis m.

3. Fig. *es kam zwischen ihnen zum Bruch*, ils se séparèrent ; ils rompirent l'un avec l'autre. || Jur. *Bruch eines Versprechens, eines Vertrages*, rupture (f.) d'une promesse, d'un traité ; violation (f.) d'un traité. | *das Unternehmen geht in die Brüche*, l'entreprise échoue. | *das ist Bruch*, ce sont des déchets ; c'est du rebut. | *das geht in die Brüche*, c'est incalculable.

4. Math. fraction f. | *gemeiner, gemischter Bruch*, fraction ordinaire ; nombre (m.) fractionnaire. || *unechter Bruch*, expression (f.) fractionnaire. | *Bruchkürzung*, réduction (f.) d'une fraction.

5. Mil. brèche f.

Bruch [brux] n. [ou m.] (s, ¨e) marécage m.

Bruch|band ['bruxbant] n. (s, ¨er). Méd. bandage (m.) herniaire. ||°**-bau** m. (s, e). Mines. exploitation (f.) par foudroyage. ||°**-belastung** f. (-, en) charge (f.) de rupture. ||°**-bude** f. (-, en). Fam. bicoque f. ||°**-einklemmung** f. (-, en). Méd. hernie étranglée. ||°**-fahrer** m. (s, -). Autom. fam. chauffard m. ||°**-feld** n. (s, er). Mines. éboulis (m.) de foudroyage ; champ éboulé ; zone foudroyée. ||**-fest** adj. résistant à la rupture. ||°**-festigkeit** f. (-) résistance (f.) à la rupture. ||°**-fläche** f. (-, n) surface cassée ; cassure f. ||°**-fort|pflanzung** f. (-, en). TECHN. propagation (f.) de rupture. ||°**-kante** f. (-, n) ligne (f.) de cassure ; bordure (f.) du foudroyage. ||°**-koks** m. (-) déchets (m. pl.) de coke. ||°**-landschaft** f. (-, en) région marécageuse. ||°**-linie** f. (-, n). GÉOL. ligne (f.) de faille. ||°**-schiene** f. (-, n). MÉD. éclisse f. ; attelle f. ; attel m. ||**-sicher** adj. incassable. ||°**-spalte** f. (-, n) cassure f. ; fracture f. || MINES. crevasse (f.) de rupture. ||°**-stein** m. (s, e). ARCHIT. moellon m. ; pierre (f.) de taille. ||°**-strich** m. (es, e) trait (m.) de fraction. ||°**-stück** n. (s, e) fragment m. ; morceau m. ; bribe f. ||°**-stückweise** adv. par bribes. ||°**-teil** m. (s, e) fraction f. ; partie f. | *Bruchteil einer Sekunde*, fraction de seconde. ||°**-teils|gemeinschaft** f. (-, en). JUR. indivision f. ||°**-wasser** n. (s) eau marécageuse. ||°**-weide** f. (-, n). BOT. saule cendré. ||°**-winkel** m. (s, -) angle (m.) de rupture. ||°**-zahl** f. (-, en) nombre (m.) fractionnaire.

bruchig ['bruxiç] adj. marécageux.

brüchig ['bryçiç] adj. cassant ; friable ; fragile. | *brüchige Seide*, soie qui est coupée. || TECHN. *brüchige Stelle*, paille f. || FIG. cassé ; fêlé ; raté. | *brüchige Stimme*, voix cassée. | *brüchige Existenz*, vie ratée.

Brüchigkeit [-kait] f. (-) fragilité f.

Brücke ['brykə] f. (-, n) pont m. | *fliegende, schwimmende Brücke*, pont volant, flottant. | *stehende Brücke*, pont dormant. | *eine Brücke bauen, schlagen, abbrechen, sprengen*, construire, jeter, rompre, faire sauter un pont. | *über eine Brücke gehen*, passer sur un pont. | *eine Brücke führt über den Strom*, un pont traverse le fleuve. || FIG. *jm goldene Brücken bauen*, faciliter la tâche à qn. | *alle Brücken hinter sich abbrechen*, brûler ses vaisseaux. || PAR ANAL. tapis m. ; carpette f. || [Zähne] bridge m. || SPORT. souplesse (f.) arrière.

Brücken|bau ["brykən'bau] m. (s, e). ARCHIT. construction (f.) de ponts ; pontage m. ||°**-bau|-kolonne** f. (-, n). MIL. bataillon (m.) de pontonniers. ||°**-belag** m. (s, e). ARCHIT. tablier (m.) de pont. ||°**-bogen** m. (s, ¨). ARCHIT. arche f. ||°**-geländer** n. (s, -) garde-fou m. ; parapet (m.) de pont. ||°**-joch** n. (s, e) travée (f.) de pont. ||°**-kopf** m. (es, ¨e). MIL. tête (f.) de pont. ||°**-pfeiler** m. (s, -). ARCHIT. pile (f.) d'un pont. ||°**-waage** f. (-, n) pont bascule. ||°**-wagen** m. (s, -) wagon plat. ||°**-zoll** m. (s, ¨e). FIN. péage m.

Bruder ['bru:dər] m. (s, ¨) frère m. | *mein älterer Bruder*, mon frère aîné, puîné. | *mein jüngster Bruder*, mon (frère) cadet. | *feindliche Brüder*, frères ennemis. || PROV. *gleiche Brüder, gleiche Kappen*, qui se ressemble s'assemble. || RELIG. *geistlicher Bruder*, frère. || PAR EXT. confrère m. ; camarade m. || POP. copain m. | *Bruder Leichtfuß*, écervelé m. | *Bruder Lustig*, joyeux compère ; loustic m. || FIG. *ein Preis unter Brüdern*, un prix d'amis.

Bruder|art ["bru:dər'ɑ:rt] f. (-, en) manières fraternelles ; camaraderie f. ||°**-bund** m. (s, ¨e) amitié (f.) sincère ; union fraternelle. ||°**-gemeinde** f. (-, n). RELIG. communauté (f.) piétiste. ||°**-hand** f. (-, ¨e) main fraternelle. || FIG. secours fraternel. ||°**-kind** n. (s, er) neveu m. ; nièce f. ||°**-liebe** f. (-, n) amour fraternel. ||°**-mord** m. (s, e) fratricide m. ||°**-mörder** (s, -) fratricide m. ||°**-zwist** m. (s, e) querelle (f.) entre frères.

brüderlich ['bry:dərliç] adj. fraternel.

Brüderlichkeit [-kait] f. (-) fraternité f.

Brüderschaft ['bry:dərʃaft] f. (-) fraternité f. ; confraternité f. | *mit jm Brüderschaft trinken*, fraterniser avec qn. || FIG., RELIG. congrégation f. ; confrérie f. ; communauté f.

Brügge ['brygə] n. pr. n. GÉOGR. Bruges m.

Brühe ['bry:ə] f. (-, n). CULIN. bouillon m. ; sauce f. | *klare Brühe*, coulis m. || FAM. *in der Brühe sitzen, stecken*, être dans le pétrin.

brühen [-ən] v. tr. échauder. | *die Wäsche brühen*, couler la lessive.

brüh|heiß ['bry:hais] adj. bouillant ; tout chaud. ||°**-kartoffeln** f. pl. CULIN. pommes de terre bouillies. ||**-warm** adj. FAM. tout chaud ; bouillant. || FIG. tout frais. | *brühwarme Neuigkeit*, nouvelle toute fraîche. ||°**-würfel** m. (s, -). CULIN. cube (m.) de consommé.

Brüll|affe ["bryl'afə] m. (n, n). ZOOL. (singe) hurleur m. ||°**-ochs** m. (en, en). ZOOL. taureau m.

brüllen ['brylən] v. intr. [Rind] mugir. || [Schaf] bêler. || [Löwe] rugir. || PAR ANAL. mugir ; beugler. || FIG. hurler ; vociférer.
◇ v. tr. *ein Lied brüllen*, beugler une chanson.

Brüllen [-lən] n. (s) [Rind] mugissement m. || [Schaf] bêlement m. || [Löwe] rugissement m. || FIG. hurlement m. ; vocifération f.

Brumm|bär ['brumbɛ:r] m. (en, en). ZOOL. ours m. || FIG. [mürrischer Mensch] bougon m. ; FAM. ronchon(neur) m. ||°**-bart** m. (s, ¨e) ours m. || FIG. grognon m. ||°**-baß** m. (es, ¨e). MUS. bourdon m. ; forte voix de basse. ||°**-eisen** n. (s, -). MUS. guimbarde f. ||°**-fliege** f. (-, n) mouche bleue. ||°**-kreisel** m. (s, -) [Spiel] toupie bourdonnante, d'Allemagne. ||°**-ochs** m. (en, en). ZOOL. taureau m. ||°**-schädel** m. (s, -). LOC. POP. *einen Brummschädel haben*, avoir mal aux cheveux.

brummen [-mən] v. intr. bourdonner ; grommeler ; grogner ; maugréer ; bougonner ; murmurer. | *Fliegen brummen*, les mouches bourdonnent. | *die Glocke brummt*, la cloche résonne. | *der Kreisel brummt*, la toupie ronfle. | *der Motor brummt*, le moteur ronfle. || FIG. *mir brummt der Kopf*, j'en ai la tête cassée. | *in den Bart brummen*, marmonner. || PAR EXT., FAM. être en prison.
◇ v. tr. FAM. *ein Lied brummen*, fredonner.
— SYN. : *summen*, bourdonner ; *schnurren*, ronfler, vrombir ; *murren*, grommeler ; *knurren*, grogner.

Brummer [-mər] m. (s, -). ZOOL. mouche bleue. || FIG., FAM. grognon m. || MUS. bourdon m. || ARG. MIL. grosse pièce d'artillerie.

brummig [-miç] adj. grondeur ; grognon ; de mauvaise humeur.

brünett [bry'nɛt] adj. brun ; brunet.

Brunft [brunft] f. (-). ZOOL. (mieux : **Brunst**) rut m. ; chaleur f.

brunften ['brunftən] v. intr. être en chaleur.

brunftig [-tiç] adj. en chaleur.

Brunhilde [brun'hildə] n. pr. f. Brunehaut f.

brünieren [bry'ni:rən] v. tr. TECHN. brunir ; polir.

Brünieren [-rən] n. (s), **Brünierung** [-ruŋ] f. (-, en). TECHN. brunissage m. ; polissage m.

Brünne ['brynə] f. (-, n). HIST., POÉT. cuirasse f. ; armure f.

Brunnen ['brunən] m. (s, -) source f. ; fontaine f. ; puits m. | *artesischer Brunnen*, puits artésien. | *einen Brunnen graben, bohren, zuschütten*, creuser, forer, combler un puits. || FIG. *seine Aussichten sind in den Brunnen gefallen*, ses projets sont tombés à l'eau. || PROV. *der Krug geht so lange zum Brunnen, bis er bricht*, tant va la cruche à l'eau qu'à la fin elle se casse. || PAR ANAL. source thermale ; source, eau minérale.

Brunnen|bauer ["brunən'bauər] m. (s, -), °**-bohrer** [-'bo :rər] m. (s, -), °**-gräber** [-'grɛ:bər] m. (s, -). TECHN. puisatier m. ||°**-kresse** f. (-, n). BOT. cresson (m.) de fontaine. ||°**-kur** f. (-, en). MÉD. cure (f.) de station thermale. ||°**-vergifter** m. (s, -). FIG. semeur (m.) de haine.

Brünnlein ['brynlain] n. (s, -). POÉT. fontaine f. ; petite source.

Brunst [brunst] f. (-, ¨e) rut m. ; chaleur f. (des animaux). || PAR EXT. fougue, passion violente.

brünstig ['brynstiç] adj. ZOOL. en rut ; en chaleur. || PAR EXT. ardent ; fervent. | *(in)brünstiges Gebet*, prière fervente. | *brünstige Bitten*, prières instantes ; instances f. pl.

Brunst|zeit ["brunst'tsait] f. (-, en). ZOOL. temps (m.), époque (f.), saison (f.) du rut.

brunzen ['bruntsən] v. intr. TRIV. pisser.

brüsk [brysk] adj. brusque ; rude ; brutal.
— SYN. : *jäh*, brusque ; *schroff*, bourru ; *unwirsch*, renfrogné ; *mürrisch, brummig*, bougon ; *knurrig*, grognon.

brüskieren [brys'ki:rən] v. tr. brusquer ; rudoyer ; offenser.

Brüssel ['brysəl] n. pr. m. GÉOGR. Bruxelles m.

Brüsseler(in) [-lər(in)] m. (s, -), f. (-, nen) Bruxellois(e) m. (f.).

Brust [brust] f. (-, ¨e) **1.** poitrine f. | *starke, schwache Brust*, poitrine forte, faible (délicate). | *er hat es auf der Brust*, il a la poitrine prise. | *er ist schwach auf der Brust*, il a la poitrine faible. | *jn an seine Brust ziehen, drücken*, serrer qn sur son cœur. | *Brust an Brust stehen*, se serrer ; être coude à coude. || LOC. *sich in die Brust werfen, die Brust verwölben*, bomber la poitrine ; plastronner. | *sich an die Brust schlagen*, se frapper la poitrine ; battre sa coulpe. | *aus voller Brust lachen*, rire à gorge déployée. **2.** PAR EXT. gorge f. ; sein m. | *dem Kind die Brust geben*, donner le sein à son enfant. | *ein Kind von der Brust entwöhnen*, sevrer un enfant. || PAR EXT. *Hemdenbrust*, devant m. (de chemise).

Brust... (en compos.) de la poitrine ; pectoral ; thoracique ; pulmonaire.

Brust|bein ["brust'bain] n. (s, e). ANAT. sternum m. ||°**-bild** n. (es, er) buste m. ||°**-binde** f. (-, n) plastron m. ||°**-bohrer** m. (s, -). TECHN. vilebrequin m. ||°**-drüse** f. (-, n) thymus m. ; ris (m.) de veau. ||°**-fell** n. (s, e). ANAT. plèvre f. ||°**-fell|entzündung** f. (-, en). MÉD. pleurésie f. ||°**-flosse** f. (-, n). ZOOL. nageoire pectorale. ||°**-höhe** f. (-, n). MIL. hauteur (f.) d'appui. ||°**-kasten** m. (s, -), °**-korb** m. (s, ¨e). ANAT. cage (f.) thoracique ; thorax m. ||**-krank** adj. poitrinaire ; tuberculeux. ||°**-krebs** m. (es, e). MÉD. cancer (m.) du sein. ||°**-leier** f. (-, n). TECHN. vilebrequin m. ||°**-schild** m. (s, e) bouclier m. ||°**-schwimmen** n. (s). SPORT. brasse f. ||°**-stimme** f. (-, n). MUS. voix (f.) de poitrine. ||°**-tasche** f. (-, n) poche intérieure. ||°**-tee** m. (s) tisane, potion pectorale. ||°**-ton** m. (s, ¨e). MUS. note (f.) de poitrine. || FIG. *mit dem Brustton der Überzeugung*, d'un ton de profonde conviction. ||°**-tuch** n. (s, ¨er) fichu m. ||°**-warze** f. (-, n). ANAT. téton m. ; mamelon m. ||°**-wehr** f. (-, en). MIL. parapet m. ||°**-weite** f. (-, n) tour (m.) de poitrine. ||°**-wickel** f. (-, n) plastron m. ||°**-winkel** m. (s, -). TECHN. angle (m.) d'affûtage.

Brüstchen ['brystçən] n. (s, -) petite poitrine ; petit sein. || PAR EXT. brassière f.

brüsten (sich) [ziç'brystən] v. pr. bomber la poitrine. || FIG. se rengorger ; plastronner ; faire le faraud.

Brüstung ['brystuŋ] f. (-, en). ARCHIT. parapet m. ; appui m. ; balustrade f.

Brut [bru:t] f. (-, en) incubation f. | *die Henne ist in der Brut*, la poule couve. || PAR EXT. [Vogel] couvée f. || [Bienen] couvain m. || [Fische] frai m. ; alevin m. ; fretin m. || FIG. engeance f. ; race f.

Brut|apparat ["bru:tapa'ra:t] m. (s, e) couveuse artificielle. ||°**-ei** n. (s, er) œuf (m.) à couver ; œuf couvi. ||°**-element** n. (s, e). NUCL. élément (m.) fertile. ||°**-henne** f. (-, n) poule couveuse. ||°**-hitze** f. (-, n), °**-wärme** f. (-, n) chaleur (f.) d'incubation. ||°**-kasten** m. (s, -), °**-schrank** m. (s, ¨e) étuve (f.) bactériologique. ||°**-nest** n. (s, er) couvoir m. ||°**-reaktor** m. (s, en). NUCL. sur(ré)générateur m. ; réacteur (m.) à neutrons rapides. ||°**-stätte** f. (-, n) couvoir ; FIG. foyer m. ; lieu (m.) d'origine ; point (m.) de départ. ||°**-stoff** m. (s, e). NUCL. matière (f.) fertile. ||°**-zeit** f. (-, en) couvaison f. ||°**-zone** f. (-, n). NUCL. couche (f.) fertile. ||°**-zwiebel** f. (-, n). BOT. caïeu m. ; oignon (m.) à fleurs.

brutal [bru'tɑ:l] adj. brutal ; grossier ; rude ; cruel.

Brutalität [brutali'tɛ:t] f. (-, en) brutalité f. ; rudesse f. ; cruauté f.

brüten ['bry:tən] v. intr. couver. || FIG. couver ; méditer ; songer. | *die Sonne brütet*, il fait très chaud. | *über eine Sache brüten*, ourdir qch.
◇ v. tr. *Rache brüten*, méditer une vengeance.

Brüter [-tər] m. (s, -). PHYS. sur(ré)générateur.

brütig [tiç] adj. ZOOL. qui a envie de couver. | *brütiges Ei*, œuf couvi. || FIG. *brütige Luft*, air lourd.

brutto ['bruto] adv. brut. || COMM. *brutto für netto*, poids brut pour net.

Brutto... (en compos.) brut. ||°**-gewicht** n. (s, e) poids brut. ||°**-inlands|produkt** n. (s, e). ÉCON. produit intérieur brut. ||°**-inlands|verbrauch** m. (s). ÉCON. consommation intérieure brute. ||°**-preis** m. (es, e) prix fort. ||°**-register|tonne** (en abr. **brt**). COMM. tonneau de jauge internationale brute. ||°**-sozial|produkt** n. (s, e). ÉCON. produit national brut (P. N. B.). ||°**-zinssatz** m. (es, ¨e). FIN. taux actuariel brut.

brutzeln ['brutsəln] v. intr. FAM. grésiller ; frire.

bst! [pst] interj. pst !, ps't ! ; psitt !

Bub [bu:b] m. (en, en). FAM. garçon m.

Bübchen ['by:bçən] n. (s, -) petit bonhomme ; gamin m.

Bube ['bu:bə] m. (n, n) [petit] garçon m. ; gamin m. || FAM. polisson m. || [Spiel] valet m. || PAR EXT., PÉJOR. [Schuft] coquin m. ; fripon m.

bubenhaft ['bu:bənhaft] adj. en, de gamin. || FAM. en coquin ; en polisson. | *bubenhafte Gesinnung*, sentiments (m. pl.) de fripon.

Buben|streich [-'ʃtraiç] m. (es, e) gaminerie f. ; rosserie f. ; mauvais tour m. || PAR EXT., PÉJOR. friponnerie f. ; canaillerie f.

Bubi ['bu:bi] m. (s, s). FAM. petit m. ; chéri m.

Bubi|kopf ["bu:bi'kɔpf] m. (s, ¨e) cheveux (de femme) coupés court, à la garçonne.

Bübin ['by:bin] f. (-, nen). FAM. gamine f. || PAR ANAL., PÉJOR. [Schurkin] méchante fille ; friponne f. ; scélérate f.

bübisch [-biʃ] adj. polisson ; fripon. || PAR EXT. méchant ; fourbe ; canaille.

Buch [bu:x] n. (s, ¨er). **1.** livre m. | *gebundenes Buch*, livre relié. | *antiquarisches Buch*, livre d'occasion. | *neu bearbeitetes, erweitertes Buch*, livre revu, augmenté. | *juristisches, medizinisches Buch*, livre de droit, de médecine. || RELIG. *das Buch der Bücher*, la Sainte Écriture ; la Bible. | *die fünf Bücher Mosis*, le Pentateuque.
2. FIG. *ein Buch verschlingen*, dévorer un livre. | *aus einem Buch lesen*, lire dans un livre. | *über Büchern hocken*, être enfoui dans des livres ; FAM. être bûcheur. | *über den Büchern sitzen*, pâlir sur les livres. | *es ließe sich darüber ein Buch schreiben*, on en ferait un livre. | *das ist mir ein Buch mit sieben Siegeln*, c'est de l'hébreu pour moi.
3. PAR EXT., COMM. *Buch Papier*, main (f.) de papier. | *Buch führen*, tenir les livres ; faire la comptabilité. | *er steht bei mir im Buche*, il me doit de l'argent. | *die Bücher abschließen*, arrêter les comptes. | *das Grundstück steht mit fünfzig tausend Mark zu Buch*, ce terrain figure pour cinquante mille marks au bilan.

Buch|abschluß ["bu:x'apʃlus] m. (es, ¨e). COMM. arrêté m. (du livre) de comptes. | *auf Grund eines Buchabschlusses*, en vertu d'un arrêté de compte. ||°**-ausstellung** f. (-, en). COMM. exposition (f.) de livres. ||°**-besprechung** f. (-, en). LITTÉR. compte rendu m. ||°**-binder** m. (s, -) relieur m. ||°**-decke** f. (-, n) couverture (f.) de livre ; reliure f. ||°**-druck** m. (s, e) imprimerie f. ; typographie f. || PAR EXT. imprimé m. ||°**-drucker** m. (s, -) imprimeur m. ; typographe m. ||°**-druckerei** f. (-, en) imprimerie f. ; typographie f. ||°**-drucker|kunst** ["-/--/'-] f. (-) art (m.) typographique ; typographie f. ; imprimerie f. ||°**-drucker|schwärze** f. (-, n) encre (f.) d'imprimerie. ||°**-forderung** f. (-, en). COMM. créance (f.) comptable ; dette active. ||°**-führung** f. (-, en) comptabilité f. ; tenue (f.) des livres. | *einfache, doppelte Buchführung*, comptabilité en partie simple, en partie double. | *die Buchführung bestätigen*, certifier les comptes. ||°**-geld** n. (s, er). COMM. monnaie (f.) de compte ; monnaie-virement f. ; monnaie scripturale. ||°**-gelehrsamkeit** f. (-) érudition f. ; science (f.) livresque. ||°**-halter** m. (s, -). COMM. comptable m. ; teneur (m.) de livres. ||°**-haltung** f. (-, en) comptabilité f. ||°**-handel** m. (s). COMM. librairie f. | *im Buchhandel sein*, être en vente. ||°**-händler** m. (s, -) libraire m. ||°**-handlung** f. (-, en) librairie f. ||°**-hülle** f. (-, n) liseuse f. ||°**-hypothek** f. (-, en). COMM. hypothèque sans cédule, inscrite au livre foncier. ||°**-macher** m. (s, -). SPORT. bookmaker m. ||**-mäßig** adj. COMM. suivant le système comptable. | *buchmäßige Berechnung, Forderung*, calcul actuariel ; créance comptable. ||°**-messe** f. (-, n) foire (f.) du livre. ||°**-prüfer** m. (s, -). COMM. expert-comptable. ||°**-prüfung** f. (-, en) vérification (f.) des livres. | *Buch- und Betriebsprüfung*, contrôle (m.) des livres et de l'entreprise. ||°**-schuld** f. (-, en) dette (f.) comptable ; dette (f.) en compte. ||°**-verleih** m. (s, e) [Leihbuchhandlung] prêt (m.) de livres. ||°**-wert** m. (s, e). COMM. valeur (f.) en compte. ||°**-zeichen** n. (s, -) ex-libris m.

Buch|ecker ["bu:x'ɛkər] f. (-, n) °**-eichel** [-'aiçəl] f. (-, n). BOT. faine f. ||°**-fink** m. (s, e). ZOOL. pinson m. ||°**-weizen** m. (s, -). BOT. sarrasin m. ; blé noir.

Buche ['bu:xə] f. (-, n). BOT. hêtre m.

Büchelchen ['by:çəlçən] n. (s, -) petit livre ; livret m. ; opuscule m.

buchen ['bu:xən] v. tr. COMM. passer écriture ; passer en compte ; comptabiliser. | *ins Haben buchen*, créditer. | *einen Platz auf einem Schiff buchen*, retenir une place sur un bateau. || SPORT. *Punkte buchen*, marquer des points. || FIG. *das wäre als ein Erfolg zu buchen*, on pourrait considérer cela comme un succès.

buchen ['bu:xən] adj. de, en hêtre.

Buchen|hain ["bu:xən'hain] m. (s, e). BOT., POÉT. bois m., bosquet (m.) de hêtres ; hêtraie f. ||°**-holz** n. (es) hêtre m.

Buchenholzteer|flüssigkeit ["bu:xənhɔlts'te:r-flysiçkait] f. (-, en). CHIM. créosote f.

Bücher|abschluß ["by:çər'apʃlus] m. (es, ¨e). COMM. arrêté (m.) de comptes ; clôture (f.) des livres. ||°**-bord** n. (s, e), °**-brett** n. (s, er) rayon (m.) ; rayonnage (m.) ; étagère (f.) à livres. ||°**-bus** m. (es, e) bibliobus m. ||°**-freund** m. (es, e) amateur (m.) de livres ; bibliophile m. ||°**-gestell** n. (s, e) étagère (f.), rayon (m.), rayonnage (m.) à livres ; bibliothèque f. ||°**-markt** m. (s, ¨e) marché (m.) du livre. ||°**-narr**

m. (en, en) bibliomane m. ||°-**revision** f. (-, en). COMM. vérification, contrôle (m.) des livres. ||°-**revisor** m. (s, en). COMM. expert-comptable m. ||°-**sammlung** f. (-, en) collection (f.) de livres ; bibliothèque f. ||°-**schrank** m. (s, ¨e) bibliothèque f. ||°-**sprache** f. (-, n). LITTÉR. langue écrite, littéraire. ||°-**ständer** m. (s, -) présentoir (m.) de livres. ||°-**stube** f. (-, n) cabinet (m.) de lecture. ||°-**trödler** m. (s, -). COMM. bouquiniste m. ||°-**verzeichnis** n. (ses, se) liste (f.), catalogue (m.) de livres. ||°-**wart** m. (s, e) bibliothécaire m. ||°-**wurm** m. (s, ¨er). ZOOL. ver rongeur ; gerce f. ; teigne f. || FIG. rat (m.) de bibliothèque. ||°-**wut** f. (-) bibliomanie f. ||°-**zeichen** n. (s, -) ex-libris m. ||°-**zettel** m. (s, -) bulletin (m.) de prêt (de livres).

Bücherei [by:çə'rai] f. (-, en) bibliothèque f.

Bücherei|verwalter [by:çə"raifɛr'valtər] m. (s, -) bibliothécaire m.

Büchlein ['by:çlain] n. (s, -) petit livre ; opuscule m.

Buchs|baum ['buksbaum] m. (s, ¨e). BOT. buis m.

Büchschen ['byksçən] n. (s, -) petite boîte ; capsule f.

Buchse ['buksə] f. (-, n). TECHN. fiche (f.) femelle.

Büchse ['byksə] f. (-, n) boîte f. | *Blech-, Konservenbüchse*, boîte en fer-blanc ; boîte à conserves. || PAR ANAL. [Sparbüchse] tirelire f. || PAR EXT. [Gewehr] fusil m. ; carabine f.

Büchsen|fleisch ["byksən'flaiʃ] n. (es) viande (f.) de conserve. ||°-**frucht** f. (-, ¨e). BOT. fruit (m.) en capsule. ||°-**früchte** f. pl. CULIN. fruits (m. pl.) en conserve. ||°-**gemüse** n. (s). CULIN. légumes (m. pl.) en conserve. ||°-**lauf** m. (s, ¨e). TECHN. canon (m.) de carabine. ||°-**macher** m. (s, -). TECHN. armurier m. ||°-**milch** f. (-). CULIN. lait condensé ; lait (m.) en boîte. ||°-**öffner** m. (s, -) ouvre-boîtes m.

Buchstabe ["bu:xʃtɑ:bə] m. (ns, n) lettre f. ; caractère m. | *großer, kleiner Buchstabe*, majuscule f. ; capitale f. ; [lettre] minuscule f. || TYPOGR. *doppelte zusammengegossene Buchstaben*, ligature f. | *in großen Buchstaben*, en capitales. | *in Buchstaben*, en toutes lettres. | *dem Buchstaben nach*, au pied de la lettre.

Buchstaben|folge ["bu:xʃtɑ:bən'fɔlgə] f. (-, n) ordre (m.) alphabétique. ||°-**gleich|klang** m. (s, ¨e). LITTÉR. allitération f. ||°-**gleichung** f. (-, en). MATH. équation (f.) algébrique. ||°-**rätsel** n. (s, -) logogriphe m. ||°-**rechnung** f. (-, en). MATH. calcul (m.) algébrique. ||°-**schloß** n. (es, ¨er) serrure (f.) à combinaison. ||°-**spiel** n. (es, e) anagramme m. ||°-**versetzung** f. (-, en) métathèse f.

buchstabieren ['bu:xʃta"bi:rən] v. tr. épeler.

buchstäblich ['bu:xʃtɛ:pliç] adj. littéral ; textuel. ◇ adv. littéralement ; textuellement ; à la lettre. | *er faßt das buchstäblich auf*, il prend cela à la lettre. || FIG. *er wurde buchstäblich in Stücke gerissen*, il fut littéralement déchiqueté.

Bucht [buxt] f. (-, en) courbe f. ; sinuosité f. || GÉOGR. baie f. ; anse f. ; golfe m. | *kleine Bucht*, crique f. || FIG., POP. [Bett] pieu m.

buchten (sich) [ziç'buxtən] v. pr. faire une courbure ; former une baie.

buchtig ['buxtiç] adj. courbé ; sinueux.

Buchung ['bu:xuŋ] f. (-, en). COMM. écriture (f.) comptable ; comptabilisation f. ; passation (f.) d'écriture. | *gleichlautende, irrtümliche Buchung*, écriture conforme, erronée. | *eine Buchung machen, vornehmen*, passer écriture.

Buchungs|beleg ["bu:xuŋsbə'le:k] m. (s, e) pièce (f.) comptable. ||°-**maschine** f. (-, n) machine (f.) comptable. ||°-**nummer** f. (-, n) contre-marque f. ||°-**posten** m. (s, -) écriture (f.) comptable. ||°-**unterlage** f. (-, n) document (m.) comptable.

Buckel ['bukəl] m. (s, -) bosse f. ; dos m. || ANAT. gibbosité f. || FIG. *sich einen Buckel lachen*, se tordre de rire. | *der hat einen breiten Buckel*, il a bon dos. | *jm den Buckel voll schlagen*, rouer qn de coups.

Buckel [-kəl] m. (s, -) ou f. (-, n) boucle f. || MÉD. bosse f. || ARCHIT. saillie f. ; ventre m.

buck(e)lig [-k(e)liç] adj. bossu. | *buckeliges Gelände*, terrain mamelonné.

— SYN. : *buckelicht* (vx).

buckeln [-kəln] v. tr. POP. porter sur le dos. ◇ v. intr. faire le gros dos.

bücken ['bykən] v. tr. baisser ; incliner. | *vom Alter gebückt*, courbé par l'âge.
◇ v. pr. **sich bücken,** se courber ; se baisser ; s'incliner. | *sich nach etwas bücken*, se baisser pour ramasser qch.

Bückling [-kliŋ] m. (s, e) révérence f. ; courbette f.

Bück(l)ing ['byk(l)iŋ] m. (s, e). CULIN. hareng saur.

Buddelei [budə'lai] f. (-, en) fouille f.

buddeln ['budəln] v. tr. fouir ; piocher ; creuser.

Buddha ['buda] n. pr. m. (s, s) Bouddha m.

Buddhist [bu'dist] m. (en, en) bouddhiste m.

buddhistisch [-'distiʃ] adj. bouddhique.

Bude ['bu:də] f. (-, n) boutique f. ; baraque f. ; échoppe f. || PAR ANAL. boîte f. ; chambre f. (d'étudiant) ; FAM. turne f. || FIG. *Leben in die Bude bringen*, être boute-en-train.

Budget [byd'ʒe:] n. (s, s). POLIT. budget m. | *ein Budget aufstellen, besprechen, genehmigen*, établir (dresser), discuter, voter un budget.

Budget|gesetz ["byd'ʒe:gə'zɛts] n. (es, e). POLIT. loi (f.) de finances. ||°-**jahr** n. (s, e). POLIT. année (f.) budgétaire ; exercice m. ||°-**kürzung** f. (-, en). FIN. compression (f.) budgétaire.

Budike [bu'di:kə] f. (-, n). FAM. boutique f. || PAR EXT. estaminet m. ; cabaret m. ; bistrot m.

Budiker [-kər] m. (s, -). FAM. boutiquier m. || PAR EXT., POP. patron (m.), propriétaire (m.) d'un bistrot.

Büfett [by'fe:] n. (s, s) buffet m. ; crédence f.

Büffel ['byfəl] m. (s, -). ZOOL. buffle m. || FIG. butor m.

Büffelei [byfə'lai] f. (-, en). FIG. manières (f. pl.) de butor. | *durch Büffelei*, à force de travail.

büffeln ['byfəln] v. tr. FAM. travailler d'arrache-pied ; bûcher ; potasser.

Büffet [by'fe:] n. (s, s). V. BÜFETT.

Büffler ['byflər] m. (s, -). FAM. bûcheur m.

Bug [bu:k] m. (s, ¨e) courbure f. ; pli m. || ANAT. [Schulterstück] épaule f. ; jarret m. ; paleron m. || MAR. avant m. ; proue f. || AÉRON. nez m.

Bug|flagge ["bu:k'flagə] f. (-, n). MAR. pavillon (m.) de beaupré. ||°-**kanzel** f. (-, n). AÉRON. carlingue f. ||°-**leine** f. (-, n). MAR. bouline f. ||°-**spriet** n. (s, e) beaupré m. ||°-**stag** n. bouline f. ||°-**welle** f. (-, n). MAR. lame (f.) de proue.

Bügel ['by:gəl] m. (s, -) pièce courbe ; cintre m. ; étrier m.

Bügel|anstalt ["by:gəl'anʃtalt] f. (-, en) blanchisserie f. ; boutique (f.) de repasseuse. ||°-**brett** n. (s, er) planche (f.) à repasser. ||°-**eisen** n. (s, -) fer (m.) à repasser ; carreau (m.) de tailleur. ||°-**falte** f. (-, n) pli (m.) du pantalon. ||-**fest** adj. [Reitkunst] ferme sur ses étriers ; [Stoff] qui supporte le repassage. ||°-**horn** n. (s, ¨er). MUS. cornet m. ; clairon m. ; bugle m. ||-**los** adj. [Reitkunst] sans étriers. | *bügellos werden*, perdre les étriers. ||°-**maschine** f. (-, n) machine (f.) à repasser. ||°-**riemen** m. (s, -) [Reitkunst] étrivière f. ||°-**ring** m. (s, e) porte-étrivière m. ||°-**säge** f. (-, n). TECHN. scie (f.) à archet.

bügeln ['by:gəln] v. tr. TECHN. repasser.

Bügeln [-gəln] n. (s, -). TECHN. repassage m.

Büglerin ['by:glərin] f. (-, nen) repasseuse f.

bugsieren [buk'zi:rən] v. tr. MAR. remorquer.

Bugsierer [-rər] m. (s, -) remorqueur m.

Bühl [by:l] m. (s, e), **Bühel** ['by:əl] m. (s, -). DIAL. [oberdeutsch] colline f.

Buhle ['bu:lə] m. (n, n) et f. (-, n). POÉT. amant m. ; galant m. ; amoureux m.

buhlen [-lən] v. intr. aimer ; se montrer amoureux. | *um ein Mädchen buhlen*, courtiser une jeune fille. || FIG. *um die Gunst der Menge buhlen*, briguer les suffrages de la foule.

Buhler [-lər] m. (s, -). POÉT. amoureux m. ; amant m. ; galant m. ; courtisan m.

Buhlerei [bu:lə'rai] f. (-, en), **Buhlschaft** ['bulʃaft] f. (-, en) coquetterie f. ; galanterie f.

Buhlerin ['bu:lərin] f. (-, nen). PÉJOR. femme galante ; courtisane f.

buhlerisch [-riʃ] adj. (Vx.) amoureux ; galant. || [Blicke ; Geste] lascif.

Buhne ['bu:nə] f. (-, n). MAR. épi m. ; brise-lames m.

Bühne ['by:nə] f. (-, n). THÉÂTRE. scène f. ; estrade f. ; planches f. pl. ; théâtre m. | *die Bühne betreten, zur Bühne gehen*, paraître sur la scène ; entrer en scène ; monter sur les planches. | *ein Stück auf die Bühne bringen*, monter une pièce. || TECHN. plateau m. ;

plancher m. ; palier m. ; plate-forme f. || DIAL. grenier m.

Bühnen|anweisungen ["by:nən'anwaizuŋən] f. pl. indications (f. pl.) scéniques. ||°**-aussprache** f. (-, n) prononciation employée au théâtre. ||°**-ausstattung** f. (-, en) décor m. ||°**-bild** n. (s, er) décors m. pl. ||°**-bildner** m. (s, -) décorateur m. ||°**-dekoration** f. (-, en). THÉÂTRE. décors m. pl. ; coulisses f. pl. ||°**-dichter** m. (s, -) auteur (m.) dramatique. ||°**-festspiel** n. (s, e) festival (m.) dramatique. ||°**-fieber** n. (s) trac. ||**-gerecht** adj. adapté à la scène. ||°**-held** m. (en, en) vedette (f.) de théâtre. ||°**-künstler** m. (s, -) artiste (m.) dramatique. ||°**-maler** m. (s, -) peintre (m.) de décors. ||**-mäßig** adj. scénique ; théâtral. ||°**-stück** n. (s, e) pièce (f.) de théâtre. ||°**-wand** f. (-, ¨e) coulisse f. ||°**-werk** n. (s, e). 1° pièce (f.) de théâtre || 2° machinerie f. ||°**-werkmeister** m. (s, -) machiniste m. ||°**-wirkung** f. (-, en) effet (m.) de scène ; effet théâtral. ||°**-zubehör** n. (s) accessoire (m.) de théâtre.

Bukett [bu'kɛt] n. (s, e) bouquet m. || PAR EXT. [Duft des Weines] bouquet m.

bukolisch [bu'ko:liʃ] adj. LITTÉR. bucolique.

Bulgare [bul'gɑ:rə] n. pr. m. (n, n). GÉOGR. Bulgare m.

Bulgarien [-riən] n. pr. n. (s). GÉOGR. Bulgarie f.

Bulgarin [bul'gɑ:rin] n. pr. f. Bulgare f.

bulgarisch [-riʃ] adj. bulgare.

Bull|auge ["bul'augə] n. (s, n). ARCHIT. œil-de-bœuf m. (pl. œils-de-bœuf). || MAR. hublot m.

Bull|dogg ['buldɔg] m. (s, en), **Bull|dogge** f. (-, n). ZOOL. bouledogue m.

Bulle ['bulə] m. (n, n). ZOOL. taureau m. || PAR ANAL. dogue m. || ARG. flic m.

Bulle ['bulə] f. (-, n) sceau m. ; bulle f.

Bullen|beißer ["bulən'baisər] m. (s, -). ZOOL. bouledogue m. ||°**-wiese** f. (-, n) très bon pâturage. ||°**-winkel** m. (s, -). DIAL. [Norddeutsch] cul-de-sac (pl. culs-de-sac).

bullerig ['buləriç] adj. ronflant.

bullern ['bulərn] v. intr. bouillonner (bruit de l'eau bouillonnante) ; ronronner.

Bulletin ['byltɛ̃] n. (s, s) bulletin m.

Bullrich|salz ["bulriç'zalts] n. (es). CHIM. bicarbonate (m.) de soude.

Bult ['bult] m. (s, en) monticule herbeux.

bum ! [bum] interj. boum ! ; crac !

Bumerang ['bu:məraŋ] m. (s, e) boomerang m.

Bummel ['buməl] m. (s). FAM. balade f.

Bummelei [bumə'lai] f. FAM. flânerie f. ; lenteur f. ; fainéantise f.

bummeln ['buməln] v. intr. FAM. flâner ; paresser ; traîner.

Bummel|leben ["buməl'le:bən] n. (s). FAM. vie (f.) de bohème. ||°**-zug** m. (s, ¨e) petit train || FAM. tortillard m. ; tacot m.

Bummler ['bumlər] m. (s, -). FAM. flâneur m. ; traînard m. ; bohème m. || PAR EXT. dissipé m.

bummlig [-liç] adj. négligent ; paresseux.

bums ! [bums] interj. pouf ! ; crac ! ; patatras !

bumsen ['bumzən] v. intr. tomber avec un bruit sourd sur qch.

Bums|lokal ["bumslo'kɑ:l] n. (s, e). FAM. bastringue m.

Buna ['bu:na] (s), **Buna|gummi** m. et n. (s) buna m. ; caoutchouc (m.) synthétique.

Bund [bunt] m. (s, ¨e) lien m. ; bandeau m. ; bande f. ; nœud m. ; cercle m. ; anneau m. || FIG. alliance f. ; union f. ; ligue f. ; coalition f. ; confédération f. || HIST. *deutscher Bund*, Confédération germanique. | *Schweizer Bund*, Confédération helvétique. | *Bund der Hansa*, ligue hanséatique. | *einen Bund schließen, künd(ig)en*, contracter, dénoncer une alliance. || RELIG. *der Alte, der Neue Bund*, l'Ancien, le Nouveau Testament.

Bund [bunt] n. (es, e) faisceau m. ; paquet m. ; botte f. | *fünf Bund Radieschen*, cinq bottes de radis. | *ein Bund Stroh, Holz*, une botte de paille, un fagot de bois. | *ein Bund Garn*, un écheveau de fil. | *Bund Schlüssel*, trousseau (m.) de clefs. || TECHN. collet m. ; collerette f. ; rebord m.

bund|artig ["bunt'ɑ:rtiç] adj. en forme de botte, de fagot, de faisceau. ||**-brüchig** adj. traître ; parjure. ||°**-falte** f. (-, n) pince f. | *Bundfaltenhose*, pantalon (m.) à pinces. ||°**-holz** n. (es) bois (m.) en fagots. ||°**-ring** m. (s, e). TECHN. bride f ||°**-schuh** m. (s, e). HIST. botte (f.) de paysan. || PAR EXT., HIST. ligue (f.) des paysans révoltés. ||°**-verbindung** f. (-, en). TECHN. joint (m.) à collerette. ||°**-zeichen** n. (s, -). TECHN., ARCHIT. signe (m.) d'assemblage.

Bündchen ['byntçən] n. (s, -). TEXT. bord supérieur de chemise, de pantalon.

Bündel ['byndəl] n. (s, -) trousseau m. ; paquet m. | *Bündel Schlüssel*, trousseau de clefs. | *Bündel Reisig, Stroh*, fagot m. (de bois) ; botte (f.) de paille. | *Bündel Wäsche*, paquet de linge. | *Bündel Briefe*, liasse (f.) de lettres. || PHYS. *Strahlenbündel*, faisceau (m.) de rayons. || FIG., FAM. *sein Bündel schnüren*, faire son paquet.

Bündel|pfeiler ["byndəl'pfɑilər] m. (s, -). ARCHIT. pilier-faisceau m. ||**-weise** adv. par paquets ; par bottes.

bündeln [-dəln] v. tr. lier ensemble ; faire un paquet de. || ÉLECTR. [Strahlen] concentrer ; focaliser.

Bundes|akte ["bundəs'akte] f. (-, n). POLIT. pacte fédéral. ||°**-ausbildungsförderungs|gesetz, (BAFÖG)** n. (es, e) *(etwa)* régime fédéral de l'allocation d'études. ||°**-bahn** f. (-, en) chemin de fer fédéral. ||°**-behörde** f. (-, n). ADM. autorité fédérale. || f. pl. autorités (f. pl.) de Bonn. ||°**-bruder** m. (s, ¨) confédéré m. ||°**-deutsche(r)** f. (m.) Allemand(e) de l'Ouest m. (f.) ; Ouest-Allemand(e) m. (f.). ||°**-genosse** m. (n, n). POLIT. allié m. ||°**-genossenschaft** f. (-, en) alliance f. ; confédération f. ; alliés m. pl. ||°**-gericht** n. (s, e). JUR. tribunal fédéral. ||°**-kanzler** m. (s, -) chancelier (m.) de la République fédérale (d'Allemagne). ||°**-lade** f. (-, n). RELIG. arche (f.) d'alliance. ||°**-minister** m. (s, -) ministre (m.) de la République fédérale (d'Allemagne). ||°**-ministerium** n. (s, ien) ministère fédéral. ||°**-rat** m. (s, ¨e) conseil fédéral. ||°**-republik** f. (-) République fédérale (d'Allemagne). ||°**-republikaner(in)** m. (s, -), f. (-, nen) Allemand(e) de l'Ouest m. (f.) ; Ouest-Allemand(e) m. (f.). ||**-republikanisch** adj. ouest-allemand. ||°**-staat** m. (s, en) confédération f. ; État confédéré. | *einzelner Bundesstaat*, État fédéral. ||°**-staats|system** n. (s, e). POLIT. fédéralisme m. ||°**-tag** m. (s) diète fédérale. ||°**-wehr** f. armée de l'Allemagne fédérale.

bündig ['byndiç] adj. JUR. [bindend] obligatoire. || [gültig] valable ; valide. || [überzeugend] démonstratif ; concluant. | *bündiger Beweis*, preuve concluante. || FIG. serré ; concis ; précis ; laconique. | *bündige Antwort*, réponse nette.

◇ adv. *kurz und bündig*, sans détours.

Bündigkeit [-kait] f. (-). JUR. validité f. ; obligation f. || FIG. concision f. ; précision f. ; netteté f.

bündisch ['byndiʃ] adj. POLIT. confédéré ; corporatif.

Bündner ['byntnər] m. (s, -) confédéré m. || GÉOGR. *Graubündner*, Grison m.

Bündnis [-tnis] n. (ses, se). POLIT. alliance f. ; (con)-fédération f. ; ligue f. ; coalition f. ; pacte m. | *ein Bündnis suchen, schließen, besiegeln, lösen*, rechercher, contracter, sceller, rompre une alliance.

bündnis|frei ["byntnis'frai] adj. non engagé par des alliances. | *bündnisfreier Staat*, État non-aligné. ||°**-politik** f. (-, en) politique (f.) des alliances. ||°**-vertrag** m. (s, ¨e) traité (m.) d'alliance.

Bunker ['buŋkər] m. (s, -). MAR. soute (f.) à charbon. || SPORT. *Golfbunker*, trou (m.) de golf. || PAR EXT. abri bétonné. || FIG. cachot m.

Bunker|luke ["buŋkər'lu:kə] f. (-, n). MAR. écoutille f. ||°**-station** f. (-, en) dépôt (m.) de charbon.

bunkern ['bunkərn] v. intr. faire du charbon.

Bunsen|brenner ["bunzən'brɛnər] m. (s, -). CHIM. brûleur (m.) Bunsen ; bec (m.) Bunsen.

bunt [bunt] adj. de, en couleur ; de diverses couleurs ; bariolé ; multicolore ; bigarré. | *bunte Blumen, Bänder*, fleurs diaprées (jaspées) ; rubans multicolores (variés). | *bunte Kuh*, vache tachetée. || FIG. *er hat den bunten Rock angezogen*, il a endossé l'uniforme. | *bunter Abend*, soirée (f.) de variétés. || FAM. fort ; exagéré. | *das wird mir zu bunt*, j'en ai assez ; c'en est trop. | *wie ein bunter Hund bekannt*, connu comme le loup blanc.

◇ adv. pêle-mêle. | *alles bunt durcheinander werfen*, jeter tout pêle-mêle. || FAM. *er treibt es zu bunt*, il va trop loin. | *es ging recht bunt zu*, tout allait sens dessus dessous.

Bunt|druck ['buntdruk] m. (s). TYPOGR. chromotypographie f. ; chromotypie f. ; impression (f.) en couleurs. ||**-farbig** adj. multicolore. ||°**-feuer|werk** n. (s, e) feu (m.) de Bengale. ||**-fleckig** adj. tacheté ; tigré ; marbré. ||°**-kupfer|kies** ["-/-/'-] m. (es).

MINÉRAL. cuivre pyriteux panaché ; érubescite f. ||°**-sand|stein** m. (s, e). GÉOL. grès bigarré. ||**-scheckig** adj. bariolé. ||**-schillernd** adj. chatoyant ; diapré. ||°**-specht** m. (s, e). ZOOL. épeiche f. ||°**-stift** m. (s, e) crayon (m.) de couleur. ||**-streifig** adj. panaché. ||°**-wäsche** f. (-). TEXT. linge (m.) de couleur.

Bur [bu:r] n. pr. m. (s, en). GÉOGR. Boer m. ; Boor m.

Bürde ['byrdə] f. (-, n) fardeau m. ; charge f. ; faix m. | *jm eine Bürde aufladen*, imposer un fardeau, une charge à qn ; charger qn. || PROV. *Würde bringt Bürde*, noblesse oblige.

Bureau [by'ro:] n. (s ou x). V. BÜRO.

Burg [burk] f. (-, en). ARCHIT. château m. ; château fort ; castel m. ; manoir m. || PAR EXT. citadelle f. ; forteresse f. || FIG. asile m. | *ein' feste Burg ist unser Gott*, Dieu est notre refuge.

Burg|bann ['burkban] m. (s). HIST. châtellenie f. ||°**-fried** m. (s, e). ARCHIT. donjon m. ||°**-friede** m. (ns, n). HIST. banlieue (f.) du château fort. || FIG. trêve (f.) politique, parlementaire. ||°**-graf** m. (en, en). HIST. burgrave m. ||°**-grafschaft** f. (-, en) burgraviat m. ||°**-herr** m. (n, en) seigneur (m.) d'un château. ||°**-saß** m. (es, e), °**-sasse** m. (n, n). HIST., JUR. qui relève de la juridiction seigneuriale. ||°**-verlies** n. (ses, se). ARCHIT. oubliettes f. pl. ||°**-vogt** m. (s, ¨e) intendant (m.) d'un château fort. ||°**-vogtei** f. (-, en) châtellenie f. ||°**-wache** f. (-, n) garde (f.) du château. ||°**-wall** m. (s, ¨e) rempart m.

Bürge ['byrgə] m. (n, n). JUR. caution f. ; garant m. ; répondant m. ; otage m. | *sicherer Bürge*, solide garantie f. | *Bürgen stellen*, fournir caution.

bürgen [-gən] v. intr. JUR. garantir ; répondre de. | *für etwas bürgen*, se porter garant pour qch. || COMM. *für einen Wechsel bürgen*, avaliser une traite.

Bürger(in) ['byrgər(in)] m. (s, -), f. (-, nen) bourgeois(e) m. (f.). || [Staat] citoyen(ne) m. (f.). || HIST. *Bürger des dritten Standes*, roturier m. | *akademischer Bürger*, étudiant m.

Bürger|adel ["byrgər'ɑ:dəl] m. (s) patriciens m. pl. ||°**-brief** m. (s, e) lettre (f.) de bourgeoisie. ||°**-garde** f. (-, n). MIL. garde nationale ; milice (urbaine). ||°**-gardist** m. (en, en) garde national. ||°**-haus** n. (es, ¨er) maison bourgeoise. ||°**-initiative** f. (-, n) groupement (m.) de défense. ||°**-könig** m. (s, e). HIST. roi-citoyen m. ||°**-krieg** m. (s, e) guerre civile. ||°**-kunde** f. (-, n) instruction (f.) civique. ||°**-meister** m. (s, -) maire m. || [Belgien] bourgmestre m. || [Berlin] *Regierender Bürgermeister*, bourgmestre-chef (m.) du gouvernement. || [Schweiz] syndic m. ||°**-meister|amt** n. (s, ¨er) mairie f. ||°**-pflicht** f. (-, en). JUR. devoir (m.) civique. ||°**-quartier** n. (s, e). MIL. logement m. ; quartier (m.) chez l'habitant. ||°**-recht** n. (s, e). JUR. 1° droits civils et politiques ; 2° droit (m.) de cité. ||°**-sinn** m. (s) civisme m. ||°**-steig** m. (s, e) trottoir m. ||°**-tugend** ["--/'--] f. (-, en) vertu (f.) civique. ||°**-wehr** f. (-, en) garde nationale.

bürgerlich ['byrgərliç] adj. bourgeois. || PÉJOR. roturier. | *bürgerliche Gesellschaft*, société bourgeoise. || PAR ANAL. [nicht militärisch] civil ; civique. || JUR. *bürgerliche Freiheiten*, libertés individuelles. | *bürgerliches Jahr*, année civile. | *bürgerliches Gesetzbuch, BGB*, Code civil. | *bürgerlicher Tod*, perte (f.) des droits civiques.

Bürgerlichkeit [-liçkait] f. (-) caractère bourgeois ; mœurs bourgeoises.

Bürgerschaft [-ʃaft] f. (-) bourgeoisie f. ; ensemble (m.) des bourgeois d'une ville. || municipalité f.

Bürgers|mann ["byrgərs'man] m. (s, -leute). POÉT. bourgeois m. ; citoyen m.

Bürgertum ['byrgərtu:m] n. (s) bourgeoisie f.

Bürgin ['byrgin] f. (-, nen). JUR. garante f. ; répondante f. ; caution f.

Bürgschaft ['byrkʃaft] f. (-, en). JUR. caution f. ; garantie f. ; cautionnement m. | *Bürgschaft leisten für*, fournir caution pour. | *Wechsel mit Bürgschaft versehen*, avaliser un effet. | *gegen Bürgschaft freigelassen werden*, être mis en liberté sous caution.

Bürgschafts|klage ["byrkʃafts'klɑ:gə] f. (-, n). JUR. action (f.) en garantie. ||°**-leistung** f. (-, en) cautionnement m. ||°**-vergütung** f. (-, en). JUR. ducroire m. ||°**-vertrag** m. (s, ¨e) cautionnement m.

Burgund [bur'gunt] n. pr. n. GÉOGR. Bourgogne f.

Burgunder(in) [-'gundər(in)] m. (s, -), f. (-, nen). Bourguignon(ne) m. (f.). || vin (m.) de Bourgogne.

burgundisch [-'gundiʃ] adj. bourguignon. | *Burgundische Pforte*, trouée (f.) de Belfort.

burisch ['bu:riʃ] adj. GÉOGR. boer.

burlesk [bur'lɛsk] adj. burlesque.

Burleske [-kə] f. (-, n) farce f.

Burnus ['burnus] m. (-) et (ses, se) burnous m.

Büro [by'ro] n. (s, s). [Zimmer] bureau m. ; cabinet (m.) d'étude.

Büro|angestellte(r) [by"ro'angəʃtɛltə(r)] f. (m.) employé(e) [m. (f.)] de bureau. ||°**-automation** f. (-), °**-kommunikation** f. (-) bureautique f. ||°**-bedarf** m. (s) article (m.), matériel (m.), fournitures (f. pl.) de bureau. ||°**-einrichtung** f. (-, en) mobilier (m.) de bureau. ||°**-(hoch)haus** n. (es, ¨er). ARCHIT. immeuble (m.) de bureaux. ||°**-mensch** m. (en, en). FIG. rond-de-cuir m. ||°**-stunden** f. pl. heures (f. pl.) de bureau. ||°**-technik** f. (-) bureautique f. ||°**-zeit** f. (-, en) heures (f. pl.) de service.

Bürokrat [byro'krɑ:t] m. (en, en) bureaucrate m.

Bürokratie [-kra'ti:] f. bureaucratie f.

bürokratisch [-'krɑ:tiʃ] adj. bureaucratique.

Bursche ['burʃə] m. (n, n) garçon m. ; gars m. ; gaillard m. || PÉJOR. *liederlicher Bursche*, vaurien m. || IRON. *sauberer Bursche*, drôle m. || PAR EXT. [Student] étudiant m. || MIL. ordonnance f. ou m.

Burschenschaft [-ʃənʃaft] f. (-, en) association (f.) d'étudiants.

burschikos [burʃi'ko:s] adj. du genre estudiantin. || PAR EXT. sans-gêne ; cavalier.

Bürste ['byrstə] f. (-, n) brosse f. || ÉLECTR. balai m.

bürsten [-tən] v. tr. brosser. || FIG. *jm den Kopf bürsten*, laver la tête à qn.

Bürsten|abzug ["byrstən'aptsu:k] m. (s, ¨e). TYPOGR. épreuve (f.) à la brosse ; morasse f. ||°**-binder** m. (s, -). COMM. fabricant (m.) de brosses ; brossier m. || FIG., FAM. *er säuft wie ein Bürstenbinder*, il boit comme un trou. ||°**-binderei** ["--/--'-] f. (-, en). TECHN. fabrication (f.) de brosses ; brosserie f. ||°**-brücke** f. (-, n). ÉLECTR. pont (m.) de balai ; porte-balai m.

Bürzel ['byrtsəl] m. (s, -). ANAT., FAM. croupion m. || TRIV. [Steiß] derrière m.

Bus [bus] m. (es, se). FAM. bus m. | *den Bus verpassen*, manquer le bus.

Bus [bus] m. (es, se). INF. bus m.

Bus|bahnhof ["bus'bɑ:nho:f] m. (s, ¨e) gare routière. ||°**-fahrer** m. (s, -) conducteur (m.) de bus. ||°**-haltestelle** f. (-, n) arrêt (m.) de bus. ||°**-linie** f. (-, n) ligne (f.) de bus.

Busch [buʃ] m. (es, ¨e). BOT. arbuste m. ; arbrisseau m. ; buisson m. ; bouquet m. || PAR EXT. hallier m. ; taillis m. ; bosquet m. ; bocage m. ; bois m. || FIG. *auf den Busch klopfen*, tâter le terrain. | *hinter dem Busch halten*, agir en dessous ; cacher son jeu. | *sich in die Büsche schlagen*, s'esquiver.

Busch|affe ["buʃ'afə] m. (n, n). ZOOL. orang-outan(g) m. ||**-artig** adj. en buisson. ||°**-bohne** f. (-, n). BOT. haricot nain. ||°**-eule** f. (-, n). ZOOL. hulotte f. ||°**-holz** n. (es, ¨er) buissons m. pl. ; broussailles f. pl. ; branchages m. pl. ||°**-klepper** m. (s, -) brigand m. ; bandit (m.) de grand chemin. ||°**-mann** m. (s, ¨er), °**-neger** m. (s, -). GÉOGR. Boschimans m. pl. ; Bushmen m. pl. ||°**-rohr|sänger** m. (s, -). ZOOL. fauvette f. ||°**-rose** f. (-, n). BOT. anémone f. ||°**-wald** m. (s, ¨er) bosquet m. ; bocage m. ; taillis m. ; petit bois. ||°**-werk** n. (s, e) broussailles f. pl.

Büschel ['byʃəl] n. (s, -) poignée f. ; bouquet m. ; botte f. | *Heubüschel*, botte de foin. || PAR ANAL. touffe f. ; toupet m. ; épi m. ; aigrette f. | *Haarbüschel*, touffe de cheveux. || ÉLECTR. *elektrische Büschel*, aigrettes électriques.

buschig ['buʃiç] adj. touffu ; broussailleux.

Busen ['bu:zən] m. (s, -). ANAT. sein m. ; gorge f. ; poitrine f. | *ein voller Busen*, une belle poitrine. || FIG. poitrine f. ; cœur m. | *jm seinen Busen öffnen*, ouvrir, épancher son cœur. | *eine Schlange am Busen nähren*, réchauffer un serpent dans son sein. || GÉOGR. baie f. ; golfe m.

Busen|freund(in) ["bu:zən'frɔynt, -'frɔyndin] m. (s, e), f. (-, nen). FIG. ami(e) [m. (f.)] intime. ||°**-nadel** f. (-, n) broche f. ; épingle f. ||°**-tuch** n. (s, ¨er) fichu m. ; guimpe f.

Bussard ['busart] m. (s, e). ZOOL. buse f. ; busard m.

Buß|bank ["bu:s'baŋk] f. (-, ¨e), °**-bänkchen** [-bɛŋkçən] n. (s, -). RELIG. sellette f. ||**-fertig** adj. contrit ; repentant. ||°**-fertigkeit** f. (-) contrition f. ;

repentance f. ||°-**geld** n. (s, er) amende f. ||°-**prediger** m. (s, -). RELIG. prédicateur (m.) de carême. ||°-**predigt** f. (-, en) sermon (m.) de carême. ||°-**tag** m. (s, e). RELIG. jour (m.) de pénitence, de jeûne et de prières.

Buße ['bu:sə] f. (-, n) pénitence f. ; peine f. | *jm eine Buße auferlegen*, infliger une pénitence à qn. | *Buße tun*, faire pénitence ; faire amende honorable. | *körperliche Buße*, châtiment corporel. | *Geldbuße*, amende f.

büßen ['by:sən] v. tr. expier ; réparer ; faire pénitence. | *das mußt du (mir) büßen*, tu en seras puni ; tu me le paieras. | *mit Geld büßen*, payer une amende. | *er mußte seinen Leichtsinn mit dem Leben büßen*, il paya de sa vie sa légèreté.

Büßen [-sən] n. (s) pénitence f. ; expiation f.

Büßende(r) [-səndə(r)] f. (m.) pénitent(e) m. (f.).

Büßer(in) ['by:sər(in)] m. (s, -), f. (-, nen) pénitent(e) m. (f.).

Büßer|hemd ["bysər'hɛmt] n. (s, en). RELIG. haire f. ; cilice m. ||°-**kleid** n. (s, er) vêtement (m.) de pénitence ; haire f. ; cilice m.

Buß(erl) ['bus(ərl)] m. DIAL. baiser m.

Bussole [bu'so:lə] f. (-, n). TECHN. boussole f.

Büste ['bystə] f. (-, n) buste m. || PAR EXT. poitrine f.

Büsten|halter ["bystən'haltər] m. (s, -) soutien-gorge m. ||°-**ständer** m. (s, -) mannequin m.

Butan [bu'ta:n] n. (s). CHIM. butane m.

Buten [bu'te:n] n. (s) gaz (m.) butène ; butylène.

Buten|land ["bu:tən'lant] n. (s, ¨er). GÉOGR., DIAL. [Norddeutsch] terre située devant la digue.

Butike [bu'ti:kə] f. V. BUDIKE.

Butler ['batlər] m. (s, -). 1° sommelier m. ; 2° maître (m.) d'hôtel.

Butt [but] m. (s, e). ZOOL. pleuronecte m. ; limande f. ; plie f. ; flet m. ; flétan m. | *Steinbutt*, turbot m.

Bütt(e) ['byt(ə)] f. (-, en) cuve f. ; baquet m. ; hotte f. | *eine Bütte voll*, une cuvée.

Buttel ['butəl] f. (-, n). FAM. bouteille f.

Büttel ['bytəl] m. (s, -). HIST. archer m. ; sbire m. ; valet (m.) de bourreau. || JUR. huissier m.

Bütten|papier ["bytənpa'pi:r] n. (s) papier (m.) à la cuve. ||°-**träger** m. (s, -) porteur (m.) de hotte.

Butter ['butər] f. (-) beurre m. | *frische, ranzige, braune Butter*, beurre frais, rance, noir. | *Tafelbutter*, beurre de table. | *Butter zerlassen*, faire fondre du beurre. | *mit Butter bestreichen*, beurrer. | *Butter stoßen*, battre le beurre ; baratter. || FAM. *es ist alles in Butter*, tout baigne (dans l'huile).

Butter|birne ["butər'birnə] f. (-, n). BOT. beurré m. ||°-**blume** f. (-, n). BOT. pissenlit m. ; renoncule f. ; bouton (m.) d'or. ||°-**brot** n. (s, e) tartine (f.) de beurre. | *belegtes Butterbrot*, sandwich m. || FAM. *etwas für ein Butterbrot bekommen*, acheter qch. pour un morceau de pain. ||°-**dose** f. (-, n) beurrier m. ||°-**fahrt** f. (-, en) (*etwa*) excursion (f.) dans le but d'acheter des produits détaxés. ||°-**faß** n. (es, ¨er) baratte f. ||-**gelb** adj. [Farbe] beurre frais. ||°-**geschäft** n. (s, e) crémerie f. ||°-**maschine** f. (-, n) baratte f. ; malaxeur m. ||°-**milch** f. (-) petit lait ; babeurre m. ||°-**säure** f. (-). CHIM. acide (m.) butyrique. ||°-**schmalz** n. (es) beurre fondu et refroidi. ||°-**schnitte** f. (-, en) tartine (f.) de beurre ; beurrée. ||°-**stempel** m. (s. -) pilon (m.) de baratte. ||°-**stulle** f. (-, n) tartine (f.) de beurre. ||°-**vogel** m. (s, ¨). FAM. piéride (f.) du chou. ||-**weich** adj. mou comme du beurre. || FIG. mou ; sans énergie.

butt(e)rig ['but(ə)riç] adj. butyreux. || FIG. mou.

buttern [-tərn] v. intr. et v. tr. battre le beurre ; baratter.

Butt|fisch ['butfiʃ] m. (es, e). ZOOL. barbue f. ; turbot m.

Büttner ['bytnər] m. (s, -). TECHN. tonnelier m.

Butylen [buty'le:n] n. (s). CHIM. butylène m. ; butène m.

Butze|mann ["butsə'man] m. (s, ¨er). POP. farfadet m. ; épouvantail m. ; croque-mitaine m.

Butzen ['butsən] m. (s, -). [Augen] chassie f. || [Nase] morve f. || [Obst] trognon m. || [Licht] lumignon m. || MÉD. [Eiterpflock] bourbillon m.

Butzen|scheibe ["butsən'ʃaibə] f. (-, n). ARCHIT. vitre f. ; vitrail (m.) en culs de bouteille.

Butz|kopf ['butskɔpf] m. (s, ¨e). ZOOL. épaulard m. ; orque f.

Bux [buks] m. V. BUCHSBAUM.

Bypass ['baipa:s] m. (es). MÉD. (*koronarer*) *Bypass*, bipasse m. ; pontage m. (coronaire).

Byzantiner(in) [bytsan'ti:nər(in)] m. (s, -), f. (-, nen) Byzantin(e) m. (f.). || FIG. flagorneur m.

byzantinisch [-'ti:niʃ] adj. byzantin. || FIG. vil ; servile.

Byzantinismus [-ti'nismus] m. (-) 1° byzantinisme m. || 2° régime (m.) de courtisans.

Byzanz [by'tsants] n. pr. n. GÉOGR. Byzance f. ; Constantinople f.

C

BEMERKUNG. — Das *C* findet sich im Deutschen nur in den Verbindungen *ch* und *ck*, sonst in Fremdwörtern, wo es vor *a*, *o*, *u*, und *ä*, *ö*, *ü* meist als *k*, vor *e*, *i* und *y* als *z* ausgesprochen und oft auch geschrieben wird.

OBSERV. — Le *C* ne se trouve en allemand que dans les combinaisons *ch* et *ck*, par ailleurs dans des mots d'origine étrangère ; devant les voyelles *a*, *o*, *u*, et les infléchies *ä*, *ö*, *ü*, il est prononcé — et souvent écrit — comme *k* ; devant *e*, *i*, *y*, il est prononcé — et souvent écrit — comme *z*.

C, c [tse:] n. C m. | *großes C*, C majuscule. | *kleines c*, c minuscule. || MUS. *C*, do m. ; ut m. | *C-Dur*, do, ut majeur. | *C-Moll*, ut mineur. | *C-Schlüssel*, clef (f.) d'ut. || COMM., HIST. [chiffre romain] cent m. || PHYS. *C(elsius)*, Celsius m. || CHIM. *C(arboneum) Kohlenstoff*, carbone m.

Cab [kɛb] n. (s, s) cabriolet léger pour un cheval.

Caban ['kabɑ:n] m. (s, s) caban m.

Cäcilie [tsɛ'tsi:liə] n. pr. f. Cécile f.

Caddie ['kɛdi] m. [Golfjunge] caddie m.

Cadmium ['kadmium] n. (s) cadmium m.

Cadmium|stab ["kadmium'ʃtɑ:p] m. (s, ¨e) barre (f.) de cadmium.

Cælibat [tsɛli'bɑ:t] n. (s) célibat m. (V. ZÖLIBAT.)

Cæsar ['tse:zar] n. pr. m. HIST. César m.

Cæsaren|herrschaft [tse"zɑ:rən'hɛrʃaft] f. (-) césarisme m.

Caesarentum [tse'zɑ:rentu:m] n. (s). HIST. césarisme m.

cæsarisch [-riʃ] adj. HIST. césarien. || PAR EXT. dictatorial.

Cæsur [tse'zu:r] f. (-, en) césure f. ; coupure f. ; repos m. (V. ZAESUR.)

Cæsur|reim [tse"zu:r'raim] m. (s, e) rime (f.) de la césure.

Café [kafe] n. (s, s) café m. (local).

Cafeteria [kafete'ri:a] f. (-, rien) cafétéria f.

Cajetan [kaje'tɑ:n] n. pr. m. Gaétan m.

Calvinist [kalvi'nist] m. (en, en) calviniste m.

Camper(in) ['kɛmpər(in)] m. (s, -), f. (-, nen) campeur m., campeuse f.

Camping ['kɛmpiŋ] n. (s) camping m. | *auf Camping gehen*, faire du camping.

Canaille [ka'na:jə] f. V. KANAILLE.

cand. [kand] m. abrév. de **Candidat** m.

Caprice [ka'pri:sə] f. (-, n) caprice m.

Carboneum [kar'bo:neum] n. (s) carbone m.

Cardan-Gelenk, Kardan-Gelenk [kar"dɑ:ngə-'lɛŋk] n. (s, e). TECHN. joint (m.) de cardan.

Caritas ['kɑ:ritas] f. (-). RELIG. amour (m.) du prochain ; charité f.

Cartesianer [kartezi'ɑ:nər] m. (s, -). PHILOS. cartésien m.

cartesianisch [-niʃ] adj. cartésien.

Cartesius [kar'te:zius] n. pr. m. Descartes m.

Cashewnuß ['kɛʃunus] f. (-, ¨e). BOT. noix (f.) de cajou.

Cäsium ['tsɛ:zium] n. (s, -). CHIM. cæsium m.

Casus ['kazus] m. (-) cas m. || POLIT. *casus belli* ; motif (m.) d'une guerre. || GRAMM. cas m.

Causa ['kauza] f. JUR. raison (f.) juridique.

cbm [tse:be:'ɛm] abrév. de **Kubikmeter** m. ou n. (s, -). MATH. mètre (m.) cube.

ccm [tse:tse:'ɛm] abrév. de **Kubikzentimeter** m. ou n. (s, -). MATH. centimètre (m.) cube.

cdm [tse:de:'ɛm] abrév. de **Kubikdezimeter** m. ou n. (s, -). MATH. décimètre (m.) cube.

Cedille [se'di:j] f. (-, n). GRAMM. cédille f.

C-Dur ['tse:du:r] n. (-). MUS. ut majeur.

celebrieren [tsele'bri:rən] v. tr. célébrer.

Cella ['tsɛla] f. cella (d'un temple ancien).

Cellist [tʃɛ'list] m. (en, en). MUS. violoncelliste m.

Cello ['tʃɛlo] n. (s, s). MUS. violoncelle m.

Cello|phan(e) [tsɛlo'fɑ:n(ə)] n. (s) Cellophane f.

Celluloïd [tsɛlulo'i:t] n. V. ZELLULOID.

Celsius-grad ["tsɛlzius'grɑ:t] m. (s, e) degré (m.) Celsius.

Cembalo ['tʃɛmbalo] m. (s, s). MUS. clavecin m.

Cement [tse'mɛnt] V. ZEMENT.

Centrosom ['tsɛntro'zo:m] n. (s) centrosome m.

cerebral [tsere'brɑ:l] adj. V. ZEREBRAL.

ceremonial [tseremoni'ɑ:l] adj. V. ZEREMONIAL.

Ces [tsɛs] n. (-). MUS. ut (m.) bémol.

Chaise ['ʃɛ:zə] f. HIST. chaise (f.) de poste.

Chaldäa [kal'dɛ:a] n. pr. n. (s) Mésopotamie (f.) du Sud ; Chaldée f. ; PAR EXT. Babylonie f.

Chaldäer [-'dɛ:ər] n. pr. m. (s, -) Chaldéen m. || PAR EXT. Babylonien m.

chaldäisch [-'dɛ:iʃ] adj. chaldéen ; chaldaïque.

Chalzedon [kaltse'do:n] m., **Chalkedon** [-ke-'do:n] m. (s, e). MINÉRAL. calcédoine f.

Chamäleon [ka'mɛ:leɔn] n. (s, s). ZOOL. caméléon m. || FIG. personne (f.) instable.

chamois ['ʃamwa] adj. TECHN. (couleur jaune particulière) chamois.

Chamotte [ʃa'mɔtə] f. (-, n). TECHN. chamot m. ; chamotte f. ; argile (f.) réfractaire.

Chamotte|stein [ʃa"mɔtə'ʃtain] m. (s, e) brique (f.) réfractaire.

Champagner [ʃam'panjər] m. (s) champagne m. ; vin (m.) de Champagne. | *Champagner auf Eis*, champagne frappé.

Champignon [ʃampi'ŋɔ̃] m. (s, s) champignon m.

Chance ['ʃɑ̃:sə] f. (-, n) chance f. || [Aussichten] *er hat die besten Chancen auf den Sieg*, il a le plus de chances de remporter la victoire. || PAR EXT. [Möglichkeit ; Gelegenheit] chance f.

changieren [ʃɑ̃'ʒi:rən] v. tr. changer. | *ein Pferd changieren*, changer de cheval.

Chansonnette [ʃɑ̃nzo'nɛtə] f. (-, n) [Sängerin] chanteuse f. (de variétés) ; [Chanson] chansonnette f.

Chaos ['kɑ:ɔs] n. (-) chaos m. ; désordre m.

Chaot(in) [ka'o:t(in)] m. (s, en), f. (-, nen) [gewalttätiger Demonstrant] casseur m., casseuse f.

chaotisch [ka'o:tiʃ] adj. PR. et FIG. chaotique.

Charakter [ka'raktər] m. (s, e) caractère m. ; humeur f. ; tempérament m. ; nature f. | *guter Charakter*, bon caractère. | *Mann von Charakter*, homme (m.) de caractère. | *die Besprechung trug vertraulichen Charakter*, l'entretien était confidentiel.

Charakter|beschaffenheit [ka"raktərbə'ʃafənhait] f. (-) nature (f.) du caractère. ||°**-bild** n. (s, er) portrait moral. || PHILOS. analyse caractérielle. || PAR EXT. caractère m. ||°**-darsteller** m. (s, -) acteur (m.) de rôles de caractère. ||**-fest** adj. d'un caractère ferme. ||°**-kopf** m. (s, ¨e) visage (m.) typique. ||°**-kunde** f. (-) caractérologie f. ||°**-schilderung** f. (-, en) peinture (f.) d'un caractère. ||**-voll** adj. qui a du caractère. ||°**-zug** m. (s, ¨e) trait (m.) de caractère ; trait (m.) caractéristique.

charakterlich [ka'raktərliç] adj. de caractère. | *charakterliche Eigenschaften haben*, avoir de la personnalité.

charakterlos [ka"raktər'lo:s] adj. sans caractère ; versatile.

Charakterlosigkeit [-lo:ziçkait] f. (-) manque (m.) de caractère ; versatilité f. ; faiblesse f.

charakterisieren [karakteri'zi:rən] v. tr. caractériser ; dépeindre ; faire le portrait moral de.

Charakteristik [-'ristik] f. (-, en) caractéristique

f. ; portrait moral ; peinture (f.) de caractère. || MATH. caractéristique f.

charakteristisch [-'ristiʃ] adj. caractéristique ; typique. | *charakteristisch für eine Zeit*, typique d'une époque.

Charge [ʃarʒə] f. (-, n) [Last] charge f. ; emploi m. ; office m. || PAR ANAL., THÉÂTRE. (kleine Rolle) rôle (m.) secondaire. || MIL. grade m. || TECHN. [Beschikkung] *Charge des Hochofens*, charge du haut fourneau.

chargieren [ʃar'ʒi:rən] v. tr. [beschicken] charger. || PAR ANAL. [beauftragen] donner mission à ; charger. || UNIV. (VX.) *der Chargierte*, étudiant titulaire d'une fonction dans une corporation d'étudiants.

Charité [ʃari'te:] f. MÉD. Hôtel-Dieu m.

Charit(inn)en [ʃa'rit(in)ən] f. pl. MYTH. Grâces f. pl. ; Charites f. pl.

Charivari [ʃari'vɑ:ri] n. (s, s) charivari m.

Charleston ['tʃarləstɔn] m. (-, s) charleston m.

Charlotte [ʃar'lɔtə] n. pr. f. Charlotte f. || CULIN. charlotte f.

Charme ['ʃarmə] m. (-) charme m.

charmieren [ʃar'mi:rən] v. tr. charmer.

Charon ['ʃaron] n. pr. m. MYTH. Caron m.

Charta ['karta] f. (-, ten). JUR., POLIT. charte f.

Charterer ['ʃartərər] m. (s, -). MAR. chargeur m. ; commissionnaire (m.) chargeur.

Charter|gebühren ["ʃartərgə'by:rən] f. pl. COMM., MAR. fret m. ||°**-gesellschaft** f. (-, en). AÉRON. compagnie (f.) d'affrètement ; compagnie (f.) de charters.

chartern ['ʃartərn] v. tr. MAR. fréter ; affréter.

Charybdis [ʃa'rybdis et 'karybdis] n. pr. f. MYTH. Charybde f.

Chassis [ʃa'si:] n. (-, -). TECHN., AUTOM. châssis m.

Chauffeur, Schofför [ʃɔ'fø:r] m. (s, -) chauffeur m.

Chaussee [ʃɔ'se:] f. (-, n) chaussée f. ; route nationale.

Chaussee|arbeiter [ʃɔ"se:'arbaitər] m. (s, -) cantonnier m. ||°**-bau** m. (s, ten) construction (f.) de grandes routes. || PAR EXT. ponts (m. pl.) et chaussées f. pl. ||°**-geld** n. (s, er). JUR. droits (m. pl.) de péage. ||°**-stein** m. (s, e). TECHN. pavé m. || PAR EXT. borne (f.) kilométrique.

— OBSERV. Famille de mots désuète.

chaussieren [ʃɔ'si:rən] v. tr. TECHN. empierrer (une route). || PAR EXT. macadamiser ; asphalter.

Chauvinismus [ʃɔ'vinismus] m. (-) chauvinisme m.

Chauvinist(in) [-'nist(in)] m. (en, en), f. (-, nen) chauvin(e) m. (f.).

chauvinistisch [-'nistiʃ] adj. chauvin.

Chef [ʃɛf] m. (s, s) chef m. ; patron m. || MIL. *Chef des Stabes*, chef d'état-major. || FAM., CULIN. chef m. (de cuisine).

Chef... (en compos.) chef ; en chef ; principal.

Chef|ingenieur ["ʃɛfinʒəni'ø:r] m. (s, e) ingénieur (m.) en chef. ||°**-redakteur(in)** m. (s, e), f. (-, nen) rédacteur (m.), rédactrice (f.) en chef.

Chemie [çe'mi:] f. (-) chimie f. | *organische Chemie*, chimie organique, animale et végétale. | *physikalische Chemie*, physico-chimie f. (s. Tafel S. XIV).

Chemikalie [çemi'kɑ:liə] f. (-, n) produit (m.) chimique.

Chemiker(in) ['çe:mikər(in)] m. (s, -), f. (-, nen) chimiste s.

chemisch [-miʃ] adj. chimique. | *chemische Formel*, formule (f.) chimique. | *chemische Verbindung*, constitution (f.) chimique. | *chemische Zusammensetzung*, composé (m.) chimique. | *chemischer Stoff*, produit (m.) chimique. | *ohne chemische Wirkung*, inactinique. | *chemisch-physikalisch*, chimico-physique. | *chemische Fabrik, Werke*, fabrique (f.), usine (f.) de produits chimiques. | *chemisch untersuchen*, faire l'analyse chimique de.

Chemisch|reiniger(in) [çe:miʃ'rainigər(in)] m. (s, -), f. (-, nen) teinturier m., teinturière f.

Chemisett [ʃəmi'zɛt] n. (s, s), **Chemisette** [-'zɛtə] f. (-, n). TEXT. chemisette f.

Chemo|therapie [çe:motera'pi:] f. (-, n). MÉD. chimiothérapie f.

Cherub ['çe:rup] m. (s, im et inen). RELIG. chérubin m.

Cherubim [keru'bi:m] m. (s, e) chérubin m.

Cherusker [çe'ruskər] n. pr. m. pl. HIST. Chérusques m. pl.

Chester(käse) ["tʃɛstər'kɛ:zə] m. chester m.

Chiffer ['ʃifər] f., **Chiffre** [ʃifrə] f. (-, n). ADM. chiffre m. | *in Chiffren geschrieben*, chiffré.

Chiffer|adresse ["ʃifəra'drɛsə] f. (-, n) adresse chiffrée ; adresse-clef f. ||°**-nummer** f. (-, n) numéro-clef m. ; chiffre (m.) du code. ||°**-schlüssel** m. (s, -). ADM. clef (m.) du chiffre. ||°**-schrift** f. (-, en) écriture chiffrée ; chiffre m. ||°**-telegramm** n. (s, e) dépêche chiffrée.

chiffrieren [ʃi'fri:ren] v. tr. ADM. chiffrer.

Chiffrier|maschine [ʃi"fri:rma'ʃinə] f. (-, n) machine (f.) à déchiffrer.

Chiffrierung [ʃi'fri:ruŋ] f. (-, en) chiffrage m.

Chile ['tʃi:lə] n. pr. n. (s). GÉOGR. Chili m.

Chilene [tʃi'le:nə] m. (n, n). GÉOGR. Chilien m.

Chilenin [-nin] n. pr. f. GÉOGR. Chilienne f.

chilenisch [-niʃ] adj. GÉOGR. chilien.

Chile|salpeter ["tʃi:ləzal'pe:tər] m. (s). CHIM. azotate (m.) de sodium ; salpêtre (m.) du Chili.

Chiliasmus [tʃili'asmus] m. (-). RELIG. chiliasme m.

Chimäre [ʃi'mɛ:rə] f. (-, n) chimère f.

chimerisch [-'me:riʃ] adj. chimérique.

China ['çi:na] n. pr. n. GÉOGR. Chine f.

China|baum ["çina'baum] m. (s, ¨e). BOT. quinquina m. ||°**-fieber** n. (s, -) fièvre (f.) jaune. ||°**-rinde** f. (-, n). MÉD. quinquina m.

Chinese [çi'ne:zə] n. pr. m. (n, n). GÉOGR. Chinois m.

Chinesin [-zin] f. (-, nen). GÉOGR. Chinoise f.

chinesisch [-ziʃ] adj. GÉOGR. chinois. | *chinesische Mauer*, muraille (f.) de Chine. | *chinesische Tusche*, encre (f.) de Chine.

Chinin [çi'ni:n] n. (s). MÉD. quinine f.

Chip [tʃip] n. (s, s). ÉLECTR. puce f. | *Chip-Karte*, carte (f.) à mémoire.

Chiragra ['çi:ragra] n. (s). MÉD. goutte (f.) aux mains ; chiragre f.

Chiro|mant [çirɔ'mant] m. (en, en) chiromancien m.

Chiro|mantie [-man'ti] f. (-) chiromancie f.

Chirurg(in) [çi'rurk(in)] m. (en, en), f. (-, nen) chirurgien m., chirurgienne f.

Chirurgie [-rur'gi:] f. (-) chirurgie f.

chirurgisch [-'rurgiʃ] adj. chirurgical. | *chirurgischer Eingriff*, intervention chirurgicale.

Chlodwig ['klo:tviç] n. pr. m. Clovis m.

Chlor [klo:r] n. (s). CHIM. chlore m.

Chlor|ammonium ["klo:ra'mo:nium] n. (s). CHIM. sel ammoniac ; chlorure (m.) d'ammonium. ||°**-arsenik** n. (s) chlorure arsenical, arsenique. ||°**-blei** n. (s) chlorure (m.) de plomb. ||°**-bleiche** f. (-, n) blanchiment (m.) au chlore. ||°**-eisen** n. (s) chlorure (m.) de fer. ||°**-gas** n. (es) chlore m. ||**-haltig** adj. chloré. ||°**-hydrat** n. (s) chlorhydrate m. ||°**-kalk** m. (s) chlorure (m.) de chaux ||°**-kalzium** n. (s) chlorure (m.) de calcium. ||°**-monoxyd** n. (s) anhydride hypochloreux. ||°**-natrium** n. (s) chlorure (m.) de sodium. ||°**-natron** n. (s) chlorure (m.) de soude ; eau (f.) de Labarraque. ||°**-säure** f. (-) acide (m.) chlorique. ||°**-verbindung** f. (-, en) chlorure m. ||°**-wasser** n. (s) eau chlorurée ; eau de Javel. ||°**-wasserstoff** m. (s) acide (m.) chlorhydrique. ||°**-zink** n. (s) chlorure (m.) de zinc.

Chloral [klo'rɑ:l] n. (s) chloral m.

Chlorat [klo'rɑ:t] n. (s, e) chlorate m.

chloren ['klo:rən] v. tr. chlorurer.

Chlorid [klo'ri:t] n. (s). CHIM. chlorure m.

Chlorierung [-'ri:ruŋ] f. (-). TECHN. chloruration f.

Chlorit [klo'ri:t] n. (s, e). [chlorigsaures Salz] chlorite m.

Chloro|form [klɔro'fɔrm] n. (s, e). CHIM. chloroforme m. ||**-formieren** v. tr. MÉD. chloroformer ; chloroformiser. ||°**-phyll** n. (s). CHIM. chlorophylle f.

Chlorose [klɔ'ro:zə] f. (-). MÉD. [Bleichsucht] chlorose f.

Cholera ['ko:lera] f. (-). MÉD. choléra m.

Cholera|anfall ["kolera'anfal] m. (s, ¨e). MÉD. cholérine f. ; choléra nostras m.

Choleriker(in) [kɔ'le:rikər(in)] m. (s, -), f. (-, nen) coléreux m., coléreuse f.

Cholerine [kɔle'ri:nə] f. (-). MÉD. cholérine f. ; choléra nostras m.

cholerisch [ko'le:riʃ] adj. colère ; colérique ; coléreux ; emporté.

Cholesterin [koleste:'rin] n. (s). MÉD. cholestérol m.

Cholesterin|spiegel [kolɛste"ri:n'ʃpi:gəl] m. (s, -). MÉD. taux (m.) de cholestérol.

Chor [ko:r] m. (s, ¨e). MUS. chœur m. ; chant m. | *zwei-, dreistimmiger Chor*, chœur à deux, trois voix, parties. | *einstimmiger Chor*, chœur à l'unisson. | *im Chor singen*, chanter en chœur. | *im Chor einfallen*, faire chorus. || ARCHIT. chœur m. ; [dans ce sens, aussi n.] galerie f.

Chor|altar ["ko:ral'tɑ:r] m. (s, ¨e). RELIG. maître-autel m. ||°**-frau** f. (-, en). RELIG. chanoinesse f. ||°**-führer** m. (s, -). LITTÉR. coryphée m. || THÉÂTRE. chef (m.) de chœur. ||°**-gang** m. (s, ¨). ARCHIT. pourtour (m.) du chœur ; déambulatoire m. || °**-gesang** m. (s, ¨e). MUS. chœur m. || RELIG. plain-chant m. ||°**-gewölbe** n. (s, -). ARCHIT. voûte (f.) en niche. ||°**-hemd** n. (s, en). RELIG. surplis m. ||°**-herr** m. (n, en) chanoine m. ||°**-knabe** m. (n, n). RELIG. enfant (m.) de chœur. ||°**-pult** n. (s, e). RELIG. lutrin m. ||°**-rock** m. (s, ¨e). RELIG. surplis m. ||°**-sänger** m. (s, -). MUS. choriste m. || RELIG. chantre m. ||°**-umgang** m. (s, ¨e) déambulatoire m.

Choral [ko'rɑ:l] m. (s, ¨e). MUS. choral m. ; cantique m. ; psaume m. ; hymne m.

Choreo|graph [kɔreɔ'grɑ:f] m. (en, en) chorégraphe m. ||°**-graphie** f. (-) chorégraphie f. || **-graphisch** adj. chorégraphique.

chorisch ['ko:riʃ] adj. MUS. à chanter, à dire en chœur.

Chorist(in) [ko'rist(in)] m. (en, en), f. (-, nen). MUS. choriste s.

Chr. [tse:haɛ:r] abrév. de **Christus.**

Chrisma ['krisma] n. (s) [saint] chrème.

Christ [krist] m. (en, en) le Christ. || chrétien m. | *evangelischer Christ*, protestant m. | *Christ werden*, se faire chrétien. | *als Christ sterben*, mourir en chrétien.

Christ|abend ["krist'ɑ:bənt] m. (s, e) veille (f.) de Noël. ||°**-baum** m. (s, ¨e) arbre (m.) de Noël. ||°**-dorn** m. (s). BOT. aubépine f. ||°**-kind** n. (s). RELIG. l'enfant, le petit enfant Jésus. || FIG., FAM. *du glaubst wohl noch an das Christkind(l) ?*, tu crois encore au Père Noël ? ||°**-markt** m. (es, ¨e). COMM. foire (f.) de Noël. ||°**-messe** f. (-, n), °**-mette** f. (-, n). RELIG. messe (f.) de minuit. ||°**-monat** m. (s, e) décembre m. ||°**-nacht** f. (-, ¨e). RELIG. nuit (f.) de Noël. ||°**-rose** f. (-, n). BOT. ellébore m. ; rose (f.) de Noël. ||°**-stolle** f. (-, n), °**-stollen** m. (s, -). CULIN. bûche (f.) de Noël. ||°**-tag** m. (s, e). RELIG. (jour [m.] de) Noël.

Christel ['kristəl] n. pr. m. diminutif de **Christine** et **Christiane.**

Christen|gemeinde ["kristəngə'mainde] f. (-, n). RELIG. communauté (f.) des chrétiens. ||°**-glaube** m. (ns) foi chrétienne. ||°**-lehre** f. (-) doctrine chrétienne. ||°**-mensch** m. (en, en) chrétien.

Christenheit ['kristənhait] f. (-) chrétienté f.

Christentum [-tu:m] n. (s) chrétienté f. ; christianisme m.

Christin ['kristin] f. (-, nen) chrétienne f.

christlich [-tliç] adj. chrétien. | *ein christliches Leben führen*, vivre en bon chrétien. | *christliche Liebe*, charité chrétienne. | *christliche Kunst*, art sacré.

Christoph ['kristɔf] n. pr. m. Christophe m.

Christus ['kristus] m. (ti). RELIG. Jésus-Christ m. ; Christ m. | *vor, nach Christus, Christi Geburt*, avant, après Jésus-Christ.

Christus|bild ["kristus'bilt] n. (s, er) image (f.) du Christ ; christ m. ||°**-lehre** f. (-) christologie f.

Chrom [kro:m] n. (s). CHIM. chrome m.

Chromat [kro'mɑ:t] n. (s). CHIM. chromate m.

Chromatik [-tik] f. (-). PHYS. chromatique f.

Chromatin [kroma'ti:n] n. (s). MÉD. chromatine f.

chromatisch [-tiʃ] adj. MUS. chromatique.

Chromato|graphie [kromatogra'fi:] f. (-, n). PHYS. chromatographie f.

Chroma|typie [kromaty'pi:] f. (-). TYPOGR. impression (f.) en couleurs.

Chrom|eisenerz ["kro:maizən'e:rts] n. (es, e). MINÉRAL. chromite f. ||°**-leder** n. (s, -) cuir chromé. ||°**-säure** f. (-) acide (m.) chromique. ||°**-stahl** m. (s) acier chromé ; ferrochrome m.

Chromo|druck ["kro:mo'druk] m. (s, e). TYPOGR. chromolithographie f. ; FAM. chromo m.

Chromogen [kromo'ge:n] n. (s) chromogène.

Chromosom [kromo'zo:m] n. (s, en). BIOL. chromosome m. | *atypisches Chromosom*, chromosome atypique.

Chromosomen|mutation [kromo"zo:mənmuta'tsio:n] f. (-, en). BIOL. mutation (f.) chromosomique.

Chronik ['kro:nik] f. (-, en) chronique f.

Chroniken|schreiber [krɔ"nikən'ʃraiber] m. (s, -) chroniqueur m.

chronisch ['kro:niʃ] adj. chronique.

Chronist(in) [krɔ'nist(in)] m. (en, en), f. (-, nen) chroniqueur m., chroniqueuse f. ; courriériste s.

Chrono|logie [krɔnɔlɔ'gi:] f. (-) chronologie f. ||**-logisch** adj. chronologique. ||°**-meter** n. (s, -) chronomètre m.

Chrysalide [kryza'li:de] f. (-, n). ZOOL. chrysalide f.

Chrysantheme [kryzan'te:mə] f. (-, n). BOT. chrysanthème m.

Chur [ku:r] n. pr. n. GÉOGR. [Stadt] Coire.

chur|welsch ['ku:rvɛlʃ] adj. GÉOGR. romanche.

Ciborium [tsi'bo:rium] n. (s, rien). RELIG. ciboire m.

Cicero ['tsi:tsero] n. pr. m. Cicéron m.

Cicerone [tsitse'ro:nə] m. ([s], s) cicerone m.

ciceronisch [-niʃ] adj. cicéronien.

Cigarre [tsi'garə] f. V. ZIGARRE.

circa ['tsirka] adv. environ ; à peu près. — SYN. : *zirka.*

Cirrus ['tsirus] m. (-, -) cirrus.

Cis [tsis] n. MUS. ut (m.) dièse.

Cisterzienser m. V. ZISTERZIENSER.

Claque [klak] f. (-). THÉÂTRE. claque f.

Clearing ['kli:riŋ] n. (s). FIN. clearing m.

Cliché [kli'ʃe:] n. (s, s) cliché m.

Clique [klikə] f. (-, n) clique f. ; coterie f. ; bande f. ; groupe m. | *eine Clique bilden*, former une bande.

Cliquen|wesen ["klikən've:zən] n. (s) régime (m.) de coterie. ||°**-wirtschaft** f. (-) régime (m.), esprit (m.) de coterie, de clique.

Close up ['kləusap] m. (s, s). FILM. plan serré.

Clou [klu:] m. (s, s). FIG. clou m. | *der Clou des Abends*, le clou de la soirée.

Clown [klaun] m. (s, s) clown m.

cm [tse:ɛm] abrév. de **Zentimeter** m. ou n. (s, -). MATH. centimètre m. ; cm.

cmm [tseɛmɛm] (Vx.) abrév. de **Kubikmillimeter** m. ou n. (s, -). MATH. millimètre cube ; mm^3.

C-Moll ['tse:mɔl] n. MUS. ut mineur.

Codein [kode'i:n] n. (s). PHARM. codéine f.

Code|telegramm ["ko:dətele'gram] n. (s, e) télégramme chiffré, en code. ||°**-umsetzung** f. (-, en). INF. transcodage m.

Coetus ['kɔe:tus] m. UNIV. promotion f. ; année f.

Coitus ['ko:itus] m. MÉD. coït m.

Comic ['kɔmik] m. (s, s) m. bande dessinée ; FAM. B.D. f.

Compact Disk [kɔm'paktdisk], **CD** [tse:'de:] f. (-, s) disque compact ; compact m.

Compiler [kɔm'pailər] m. (s, -). INF. compilateur m.

Computer [kɔm'pju:tər] m. (s, -). INF. ordinateur m.

Computer|ausdruck [-'ausdruk] m. (s, ¨e). INF. sortie (f.) ordinateur. ||**-gestützt** adj. INF. *computergestütztes Konzept*, conception assistée par ordinateur, C.A.O. f. | *computergestützte Übersetzung*, traduction assistée par ordinateur, T.A.O. f. | *computergestützer Unterricht*, enseignement assisté par ordinateur, E.A.O. m. ||°**-graphik** f. (-, en). INF. infographie f. ||°**-spielprogramm** n. (s, e). INF. ludiciel m. ||°**-tomograph** m. (en, en). MÉD. scanner m. ; scanographe m. ||°**-tomographie** f. MÉD. scanographie f.

Conférencier [kɔ̃fərɑ̃sje:] m. (s, s). THÉÂTRE. présentateur m.

Container [kɔn'te:nər] m. (s, -) conteneur m.

Container|schiff [kɔn"te:nər'ʃif] n. (s, e). MAR. porte-conteneurs m.

Cornwall(is) ['kɔrnval(is)] n. pr. n. GÉOGR. Cornouaille(s) f.

Corps [ko:r] n. corporation f. ; groupe m. ; société f. | *Diplomatisches Corps*, corps (m.) diplomatique.

Corps|bruder ["ko:r'bru:dər] m. (s, ¨), °**-student** [-ʃtu'dɛnt] m. (en, en). [Deutschland] membre (m.) d'une corporation d'étudiants.

Corticoide [kɔrtiko'i:də] n. pl. MÉD. corticoïdes m. pl.

Couch [kautʃ] f. (-, es) divan m. ; sofa m.

Couleur [ku'lø:r] f. (-, en) couleur f. || PAR EXT. [Spiel] atout m. || UNIV. [Deutschland] couleurs (f. pl.) des corporations d'étudiants, estudiantines.

Countdown ['kaunt"daun] m. ou n. (s, s) compte (m.) à rebours.

Coup [ku:] m. (s, s) coup m. | *einen großen Coup landen*, faire un grand coup.
Coupé [ku'pe:] n. (s, s) compartiment (m.) de chemin de fer. || AUTOM. coupé m.
Couplet [ku'ple:] n. (s, s) couplet m.
Cour [ku:r] f. (-, en). FIG. cour f. ; politesse f. ; civilité f. | *einer Dame die Cour machen, schneiden*, faire la cour à une dame ; courtiser une dame.
Courage [ku'rɑ:ʒə] f. (-) courage m. ; cœur m.
Courtage [kur'tɑ:ʒə] f. (-, n). FIN. courtage m.
Courtage|satz [kur"tɑ:ʒə'zats] m. (es, ¨e). FIN. taux (m.) de courtage.
Cousin [ku'zɛ̃:] m. (s, s) cousin m.
Cousine [-'zi:nə] f. (-, n) cousine f.
Couvert [ku'vɛ:r] n. (s, s). [Briefumschlag] enveloppe f.
Crack|verfahren ["krakfɛr'fɑ:rən] n. (s). TECHN. (procédé [m.] du) cracking m.
crawlen ['kro:lən] v. intr. SPORT. nager le crawl. V. KRAULEN.
Creme [krɛ:m] f. (-, s). CULIN. crème f.
creme|farben ["krɛ:m'farbən] adj. de couleur crème. ||°-**suppe** f. (-, n). CULIN. velouté m.
Cumulus ['ku:mulus] m. (-) cumulus m.
Cyan [tsy'an] V. ZYAN.
Cycladen [tsy'klɑ:dən] f. pl. Cyclades f. pl.
Cyclop [tsy'klo:p] m. (en, en) cyclope m.
Cyclotron [tsyklo'tro:n] n. (s). V. ZYKLOTRON.
Cylinder [tsy'lindər] m. V. ZYLINDER.
Cymbal [tsym'bɑ:l] m. (s, e). MUS. cymbale f.
cynisch ['tsy:niʃ] adj. cynique.
Cyniker [-nikər] m. (s, -) cynique m.
Cypern ['tsy:pərn] n. pr. n. GÉOGR. Chypre m.
Cypresse [tsy'prɛsə] f. V. ZYPRESSE.
cyrillisch [tsy'riliʃ] adj. cyrillique.
Cyrillus [tsy'ri:lus] n. pr. m. V. KYRILL.

D

D, d [de:] n. D m. | *großes D*, D majuscule. | *kleines d*, d minuscule. || AUTOM. *D* [Deutschland], Allemagne. || COMM., HIST. *D* [chiffre romain] cinq cents. || MUS. *D*, ré m. | *D-Dur*, ré majeur. | *D-Moll*, ré mineur. || RELIG. *D(oktor) der Theologie*, docteur (m.) en théologie.
da [dɑ:]

> **I.** adv.
> **1.** SENS LOCAL : là ; ici ;
> **2.** SENS TEMPOREL : alors ; là ; lors ; dans le temps où ;
> **3.** CIRCONSTANCES ;
> **4.** LOC. : *da* explétif.
> **II.** conj.
> **1.** SENS TEMPOREL (simultanéité) : lorsque ; au moment où ; comme ; quand ; pendant que.
> **2.** SENS CAUSAL : comme ; puisque ; vu que ; attendu que.
> **III.** partic. sépar. PRÉSENCE ; EXISTENCE.

I. adv. **1.** SENS LOCAL [entfernt] là ; [näher] ici. | *er ist da*, il est là ; il est présent. | *da ist er ja*, le voilà. | *da kommt er*, le voilà (qui vient). | *da drinnen*, là-dedans ; *da oben*, là-haut ; *da unten*, là-bas. | *hie(r) und da*, par ci, par là ; deçà, delà. | *da und dort*, çà et là ; par ci par là. | *da und da*, à tel et tel endroit. | *der Mann da*, l'homme que voilà. | *der da*, celui-là. | *du da !*, eh toi, là-bas ! | *ich bin gleich wieder da*, je reviens à l'instant. | *da irren Sie sich*, là, en cela vous faites erreur. || MIL. *wer da ?*, qui vive ?
2. SENS TEMPOREL : alors ; lors ; dans le temps où, que. | *von da an, ab*, à partir de ce moment ; dès lors. | *ich sagte es ihm, da erschrak er*, je le lui dis, alors il prit peur. | *da siehst du !*, tu vois maintenant. | *da hört er*, voilà qu'il entend.
3. CIRCONSTANCES : *was kann man da machen ?*, qu'y faire ? *da kann man sagen*, c'est le cas de dire. | *hier und da*, parfois ; par moments ; de temps à autre.
4. LOC. : *nichts da !*, que non ! ; POP. bernique ! | *da hast dus !*, tiens ! | *da nimms !*, prends ! | *da haben wirs !*, nous y voilà ! ; ça y est ! | *da siehst du !*, tu vois ! | *da könnt ihr euch denken, wie*, je vous laisse à penser comme(nt). | *da ist keiner, der*, il n'est personne qui (subj.). | *wer da lacht*, celui qui rira. | *die Stimmen mehren sich, die da sagen*, il y a de plus en plus de gens qui prétendent. | *als da sind*, tel(le)s que ; par exemple. | *wer da will*, quiconque veut ; tous ceux qui veulent. | *da lief alles fort*, et tout le monde de se sauver.
II. conj. **1.** SENS TEMPOREL (simultanéité, même valeur que *als*) : lorsque ; au moment où ; comme ; quand ; pendant que. | *sie kam, da alles fertig war*, elle arriva alors que tout était terminé.
2. SENS CAUSAL (même valeur que *weil*) : comme ; puisque ; vu que ; attendu que. | *da dem so ist*, puisqu'il en est ainsi ; cela étant. | *da ja*, étant donné que. | *da jedoch*, mais comme. | *da aber*, étant donné que.
III. partic. sépar. PRÉSENCE ; EXISTENCE : *dableiben*, rester. | *dasitzen*, être assis. | *dastehen*, se tenir debout. | *daliegen*, être couché.
d.Ä. [de:ɛ:], abrév. de **der Ältere** (n, n), l'aîné m.
dabei ['dabaı - da'bai] adv. **1.** [Ort] auprès, près. | *wir sind ganz nahe dabei*, nous en sommes tout près. | *eine Villa und ein Park dabei*, une villa et un parc. | *mein Bruder ist dabei*, mon frère est de la partie. **2.** [Zeit] *er war gerade dabei zu telefonieren*, il allait téléphoner.
3. FIG. *er bleibt dabei*, il persiste ; il s'en tient là. | *es mag dabei bleiben*, soit. | *es bleibt dabei*, c'est entendu. | *es dabei bewenden lassen*, s'en tenir là, en rester là. | *was ist (denn) dabei ?*, quel mal y a-t-il à cela ? | *es ist nichts dabei*, il n'y a rien (de vrai, de sérieux) là-dedans. | *es kommt nichts dabei heraus*, il n'en sortira rien (de bon). | *das Gute dabei ist, daß*, ce qu'il y a de bon, c'est. | *dabei befinde ich mich wohl*, je m'en trouve bien. | *sie hat sich nichts Böses dabei gedacht*, elle a fait cela sans penser à mal. | *dabei wußte er nichts*, et pourtant il ne savait rien.
dabei|sein [da"bai'zain] v. intr. être présent ; assister à ; être de la partie ; en être.
da capo [da'kɑ:po] loc. adv. bis. || MUS. da capo.
Dach [dax] n. (s, ¨er) **1.** toit m. ; toiture f. | *flaches Dach*, toit plat, en terrasse. | *schiefes Dach*, toit en pente. | *spitzes Dach*, toit en pointe. | *das Dach decken, aufsetzen*, couvrir la maison. | *einen Bau unter Dach bringen*, achever un bâtiment jusqu'au toit. | *die Ernte unter Dach bringen*, rentrer la moisson. | *unter Dach und Fach*, à l'abri ; à couvert ; en sécurité.
2. FAM. tête f. || LOC. FAM. *eins aufs Dach bekommen*, en prendre pour son grade. || PROV. *lieber einen Sperling in der Hand als eine Taube auf dem Dach*, un tiens vaut mieux que deux tu l'auras. | *die Spatzen pfeifen es von allen Dächern*, c'est le secret de Polichinelle.
Dach|arbeiten ["dax'arbaitən] f. pl. travaux (m. pl.) de couverture. ||°-**balken** m. (s, -) solive f. ||°-**boden** m. (s, ¨) combles m. pl. ; grenier m. ||°-**decker** m. (s, -). ARCHIT. couvreur m. ||°-**fahne** f. (-, n) girouette f. ||°-**fenster** n. (s, -) lucarne f. ; fenêtre mansardée. ||°-**first** m. (es, e) faîte f. ; faîtage m. ||-**förmig** adj. en forme de toit. ||°-**garten** m. (s, ¨) jardin suspendu. ||°-**gebälk** n. (s) charpente f. ||°-**geschoß** n. (es, e) étage mansardé ; combles m. pl. ||°-**gesellschaft** f. (-, en). FIN. holding m. ||°-**gesims** n. (es, e) corniche (f.) du toit. ||°-**helm** m. (s, e). ARCHIT. coupole f. ; tour (f.) de toit.

||°-**kammer** f. (-, n) mansarde f. ; galetas m. ||°-**luke** f. (-, n) lucarne f. ||°-**organisation** f. (-, en). Fin. groupe (m.) de sociétés. ||°-**pappe** f. (-, n) carton goudronné. ||°-**reiter** m. (s, -). Archit. lanternon (m.) de la croisée. ||°-**rinne** f. (-, n) gouttière f. ; chéneau m. ||°-**rohr** n. (s, e) tuyau (m.) de descente. ||°-**schiefer** m. (s, -) ardoise (f.) de toiture ; schiste ardoisier. ||°-**schindel** f. (-, n). Archit. bardeau m. ||°-**schütze** m. (n, n). Mil. franc-tireur m. ||°-**sparren** m. (s, -) chevron m. ||°-**stübchen** n. (s, -) mansarde f. || Fig., pop. *es ist bei ihm nicht ganz richtig im Dachstübchen*, pop. il a une araignée au plafond. ||°-**stuhl** m. (s, ¨e). Archit. ferme f. ||°-**stuhl|stütze** f. (-, n) arbalétrier m. ||°-**traufe** f. (-, n) gouttière f. ||°-**werk** n. (s, e) charpente (f.) de combles. ||°-**wohnung** f. (-, en) mansarde f. ||°-**ziegel** m. (s, -) tuile f. ||-**ziegel|artig** adj. imbriqué.

dachen ['daxən] v. tr. couvrir d'un toit.
◇ v. pr. **sich dachen,** aller en pente.

Dachs [daks] m. (es, e). Zool. blaireau m. || [Hund] basset m. || Fam. *er schläft wie ein Dachs*, il dort comme un loir. || Fig. *frecher Dachs*, insolent m.

Dachs|bau ["daks'bau] m. (s, e). Zool. terrier (m.) de blaireau. ||-**beinig** adj. cagneux. || °-**haar|pinsel** m. (s, -) blaireau m. (à barbe). ||°-**hund** m. (s, e). Zool. basset m. ; teckel m. ||°-**loch** n. (s, ¨er). Zool. terrier (m.) de blaireau.

Dächsin ['dɛksin] f. (-, nen). Zool. femelle (f.) du blaireau.

Dachtel ['daxtəl] f. (-, n). Pop. baffe f.

dachteln [-təln] v. tr. Pop. filer une baffe à.

Dackel ['dakəl] m. (s, -). Zool. basset m.

Dackelbeine ["dakəl'bainə] n. pl. Anat. jambes très courtes et torses.

Dadaismus [dada'ismus] m. Littér. dadaïsme m.

Dädalus ['de:dalus] n. pr. m. Myth. Dédale m.

da|durch ['da:durç - da'durç] adv. [Ort] par-là. | *dadurch muß er kommen*, il faut qu'il passe par là. || [Mittel] par là ; par ce moyen ; de cette façon ; ainsi. | *dadurch, daß er krank ist*, du fait qu'il est malade.

da|für [da'fy:r - 'da:fy:r] adv. **1.** pour cela ; en échange ; pour. | *er gibt mir ein Buch dafür*, il me donne un livre en échange. | *er ist klein, aber dafür kräftig*, il est petit, mais vigoureux. | *ich half ihm, dafür schenkte er mir*, je l'ai aidé, en retour il m'a récompensé.
2. Loc. *dafür oder dagegen sein*, être pour ou contre. | *ich bin dafür, daß*, je suis d'avis que. | *er kann nichts dafür*, il n'y peut rien. | *wer kann dafür ?*, qu'y faire ?
3. dafür halten, tenir pour ; croire ; juger ; considérer comme. | *er ist nicht reich, aber man hält ihn dafür*, il n'est pas riche, mais on le considère comme tel.

Dafür|halten [da"fy:r'haltən] n. (s) opinion f. ; avis m. | *nach unserm Dafürhalten*, à notre (humble) avis.

da|gegen [da'ge:gən - "da:'ge:gən] adv.
1. contre ; là contre. | *ich kann nichts dagegen*, je ne puis rien là contre. | *dagegen handeln*, contrevenir à. | *dagegen hilft nichts*, il n'y a rien à y faire.
2. par contre.
3. en regard ; en revanche.

dagegen|halten [da"ge:gən'haltən] (ä, ie, a) v. tr. comparer ; mettre en regard. || Fig. opposer.

da|heim [da'haim] adv. à la maison ; chez soi. | *daheim bleiben*, rester chez soi. | *ist sie daheim ?*, est-elle chez elle ?

da|her [da'he:r - 'da:he:r] adv. [Ort] de là ; de ce côté. | *er kommt daher*, il arrive. || [Zeit] *bis daher*, jusqu'à présent. | *seit daher*, depuis ce temps. || [Grund] de là. | *daher die Aufregung*, d'où l'émotion.
◇ conj. c'est pourquoi ; pour cette raison ; à cause de cela ; par conséquent.

daher|eilen [da"he:r'ailən] v. intr. arriver vite.

daher|gehen [da"he:r'ge:ən] (ging, gegangen) v. intr. avancer ; se promener ; flâner.

daher|kommen [da"he:r'kɔmən] (kam, gekommen) v. intr. arriver ; s'en venir. || Fig. provenir de.

daher|reden [da"he:r're:dən] v. tr. parler sans réfléchir. | *dumm daherreden*, débiter des sottises.
◇ v. intr. bavarder.

daher|rühren [da"he:r'ry:rən] v. intr. Fig. provenir de.

da|hier [da'hi:r] adv. ici ; en ce lieu.

da|hin [da'hin - 'da:hin] adv. **1.** [Bewegung] là ; là-bas ; vers cet endroit-là ; y. | *du gehst dahin*, tu vas là-bas ; tu y vas. | *ist es noch weit bis dahin ?*, y a-t-il encore loin jusque-là(-bas) ? | *leg das dahin !*, mets cela là(-bas). || [Zeit] *bis dahin*, jusque-là ; jusqu'à ce moment-là. || [Zweck] jusque-là. | *das Trinken hat ihn dahin gebracht*, c'est la boisson qui l'a amené là. | *meine Meinung geht dahin, daß*, je suis d'avis que.
2. Fig. parti ; passé ; perdu ; anéanti. | *meine Ruhe ist dahin*, c'en est fait de ma sérénité. || Par ext. *er ist dahin*, il a trépassé. || Pop. cassé ; brisé.

da|hinab ['dahin"ap - "da:hin'ap] adv. par là (-bas).

da|hinauf ['dahin"auf - "da:hin'auf] adv. par là (-haut).

da|hinaus ['dahin"aus - "da:hin'aus] adv. par-là ; de ce côté-là.

dahin|bringen [da"hin'briŋən] (brachte, gebracht) v. tr. amener là ; porter là. || Fig. *es dahin bringen, daß*, parvenir à (infin.) ; réussir ; faire en sorte que. | *jn dahin bringen, daß*, amener qn à (infin.).

dahin|eilen [da"hin'ailən] v. intr. aller, passer rapidement, en vitesse, à toute allure.

dahin|ein ["da:hin'ain] adv. là-dedans.

dahin|fahren [da"hin'fa:rən] (ä, u, a) v. intr. s'éloigner. || Fig. *alle Hoffnung dahinfahren lassen*, désespérer. || Par euph. mourir.

dahin|geben [da"hin'ge:bən] (i, a, a) v. tr. sacrifier. | *sein Leben dahingeben*, sacrifier sa vie.

dahin|gegen [da'hin"ge:gən] adv. et conj. tandis que ; au lieu que ; par contre.

dahin|gehen [da"hin'ge:ən] (ging, gegangen) v. intr. passer. || Fig. *die Jahre gehen dahin*, les années passent.

dahin|gehören [da"hingə'hø:rən] v. intr. faire partie de ; appartenir à ; se rapporter à.

dahin|gestellt [da"hingə'ʃtɛlt] part. pass. et adj. *es bleibe dahingestellt, ob wir das Haus kaufen oder nicht*, ne décidons pas encore si nous achèterons cette maison. | *lassen wir es dahingestellt sein*, passons là-dessus.

dahin|leben [da"hin'le:bən] v. intr. se laisser vivre ; couler ses jours. || Fig. végéter.

dahin|raffen [da"hin'rafən] v. tr. Fig. enlever ; emporter ; faucher.

dahin|siechen [da"hin'zi:çən] v. intr. dépérir.

dahin|stehen [da"hin'ʃte:ən] (stand, gestanden) v. intr. *es steht noch dahin, ob*, on ne sait encore si.

dahin|sterben [da"hin'ʃtɛrbən] (i, a, o) v. intr. se mourir ; dépérir ; s'éteindre.

da|hinten ['da"hintən] adv. en arrière ; derrière.

da|hinter ["da:'hintər - 'da"hintər] adv. derrière ; là derrière. || Fig. *sich dahinter machen*, se mettre à l'œuvre. | *es steckt nichts dahinter*, fam. c'est du vent.

dahinter|kommen [da"hintər'kɔmən] (a, o) v. intr. Fig. éclaircir qch. ; découvrir le mystère ; fam. découvrir le pot aux roses.

dahin|über ["da:hin'ybər] adv. par là ; de ce côté-là.

dahin|unter ["da:hin'untər] adv. là-bas ; en descendant (par) là.

dahin|welken [da"hin'vɛlkən] v. intr. se flétrir ; s'étioler.

Dahlie ['da:liə] f. (-, n). Bot. dahlia m.

Dahome [daho'me:] n. pr. n. Géogr. Dahomey m.

Daktylo|skopie [daktyloskɔ'pi:] f. (-) dactyloscopie f. ; prise (f.) d'empreintes digitales.

Daktylus ['daktylus] m. (-, len). Poés. dactyle m.

da|liegen ["da:'li:gən] (a, e) v. intr. être couché. || Fig. être disponible.

Dalles ['daləs] m. (-). Arg. dèche f. | *den Dalles haben*, tirer le diable par la queue ; fam. être fauché.

dalli ['dali] adv. Fam. lestement ; prestement.

Dalmatien [dal'ma:tsiən] n. pr. n. Géogr. Dalmatie f.

Dalmati(n)er(in) [-ma'ti(n)ər(in)] m. (s, -), f. (-, nen). Géogr. Dalmate.

dalmat(in)isch [-ma'tiniʃ, -'ma:tiʃ] adj. Géogr. dalmate.

Daltonismus [daltɔ'nismus] m. (-). Méd. daltonisme m.

da|malig ["da:'ma:liç] adj. d'alors ; de cette époque-là ; d'autrefois ; de jadis.

da|mals ['da:mals] adv. en ce temps-là ; à cette époque-là ; alors ; à l'époque.

Damaskus [da'maskus] n. pr. n. Géogr. Damas m. || Fig. *seinen Tag von Damaskus erleben*, trouver son chemin de Damas.

Damast ['damast] m. (es, e). Text. damas m.

Damast... (en compos.). TEXT. damassé. | *eine Damasttischdecke*, une nappe damassée.

Damaszener|stahl [damas"tse:nər'ʃtɑ:l] m. (s). TECHN. acier (m.) de Damas ; acier damassé.

Damaszier|arbeit [damas"tsi:r'arbait] f. (-, en). TECHN. damasquinure f. ; damasquinage m.

damaszieren [damas'tsi:rən] v. tr. TECHN. damasquiner.

Damaszierung [-ruŋ] f. (-, en). TECHN. damasquinage m. ; damasquinure f.

Dam|bock ['dambɔk] m. (s, ¨e), °**-hirsch** m. (es, e). ZOOL. daim m. ||°**-hirschkuh** f. (-, ¨e) daine f. ||°**-kalb** n. (s, ¨er) faon m. ||°**-tier** n. (s, e) daim m. ||°**-wild** n. (s) les daims (m. pl.). ||°**-wildbret** n. (s) gros gibier.

Däm|chen ['dɛmçən] n. (s, -). FAM. petite dame.

Dame ['dɑ:mə] f. (-, n) dame f. | *meine Damen und Herren*, mesdames, messieurs. || [Damenspiel] dame f. | *eine Dame machen*, damer le pion. | *Dame spielen*, jouer aux dames. || [Kartenspiel] dame f. | *vier Damen*, carré (m.) de dames.

Dame|brett ["dɑ:mə'brɛt] n. (s, er) damier m. ||°**-spiel** n. (s, e) jeu (m.) de dames.

Dämel ['dɛməl] m. (s, -). FAM. nigaud m.

Dämelei [dɛmə'lai] f. (-, en). FAM. nigauderie f. ; stupidité f.

dämeln [-məln] v. intr. DIAL. rêver ; rêvasser. || PAR EXT. dire des sottises.

Damen|bekanntschaft ["dɑ:mənbə'kantʃaft] f. (-, en) relation féminine ; FAM. amie f. ||°**-binde** f. (-, n) serviette (f.) hygiénique. ||°**-doppel** n. (s, -). [Tennis] double dames m. ||°**-einzel** n. (s, -). [Tennis] simple dames m. ||°**-frieden** m. (s). HIST. paix (f.) des Dames. ||°**-kleid** n. (s, er) vêtement (m.) de femme ; robe f. ||°**-reit|anzug** m. (s, ¨e), °**-reit|kleid** n. (s, er) amazone f. ||°**-sattel** m. (s, ¨) selle (f.) d'amazone. ||°**-schneider** m. (s, -) tailleur (m.) pour dames ; couturier m. ||°**-sitz** m. *im Damensitz reiten*, monter en amazone. ||°**-stift** n. (s, e) couvent (m.) de dames. ||°**-wahl** f. (-) danse où les dames choisissent leur cavalier. ||°**-welt** f. (-) les dames.

dämisch ['dɛ:miʃ] adj. DIAL. nigaud ; niais.

da|mit [da'mit - 'dɑ:mit] adv. avec cela ; par là ; par ce moyen. | *er kaufte Lebensmittel ein und ging damit nach Hause*, il acheta des denrées et les rapporta. | *was soll ich damit (anfangen) ?*, qu'en ferai-je ? | *ich bin damit zufrieden*, j'en suis content. | *es ist aus damit*, c'en est fait. | *damit ist uns gar nicht gedient*, cela ne nous arrange pas du tout. | *damit ist alles gesagt*, c'est tout dire. | *damit gingen sie*, là-dessus ils partirent. | *immer, nur her damit !* ; donne(z) toujours ! | *heraus damit !*, allons ! vite !
◇ conj. de subord. afin que (subj.) ; pour que (subj.) ; afin de ; pour (infin.). | *damit du weißt*, afin, pour que tu saches.

dämlich ['dɛmliç] adj. FAM. stupide ; nigaud ; niais.

Damm [dam] m. (s, ¨e) digue f. ; barrière f. || MINES. *Damm gegen das Wasser*, serrement m. | *einen Damm aufschütten, bauen*, construire, élever une digue, un barrage. | *das Wasser bricht, durchsticht den Damm*, les eaux rompent, détruisent la digue. | *der Damm bricht*, la digue se rompt. || FIG. *der öffentlichen Zügellosigkeit einen Damm (entgegen) setzen*, opposer une digue à la licence publique. || FAM. *wieder auf den Damm bringen, kommen*, remettre sur pied ; se rétablir. || *recht auf dem Damm sein*, être d'attaque.

Damm|arbeit ["dam'arbait] f. (-, en) terrassement m. ; travail (m.) d'endiguement. ||°**-arbeiter** m. (s, -) terrassier m. ||°**-bruch** m. (s, ¨e) rupture (f.) de digue. || MÉD. rupture périnéale. ||°**-riß** m. (es, e). MÉD. déchirure périnéale. ||°**-straße** f. (-, n), °**-weg** m. (s, e) chaussée f.

dämmen ['dɛmən] v. tr. TECHN. endiguer ; élever une digue.

dämmerhaft ['dɛmərhaft], **dämmerig** ['dɛməriç] adj. crépusculaire ; encore, déjà sombre. | *es wird dämmerig*, le crépuscule tombe.

Dämmer|licht [-'liçt] n. (es) lueur (f.) du crépuscule, de l'aube ; crépuscule m. ; pointe (f.) du jour ; petit jour ; pénombre f. ||°**-schein** m. (s) demi-jour m. ; pénombre f. ||°**-schlaf** m. (s) somnolence f. ||°**-stunde** f. (-, n) crépuscule m. | *in der Dämmerstunde*, entre chien et loup.

dämmern ['dɛmərn] v. intr. poindre. | *es dämmert*, [Morgen] le jour, l'aube point ; [Abend] le soir tombe. || FIG., FAM. *jetzt dämmert's mir*, je commence à y voir clair. || PAR ANAL. rêvasser ; somnoler.

Dämmerung ['dɛməruŋ] f. (-, en) crépuscule m. ; nuit tombante.

Dämmerungs|zustand ["dɛməruŋs'tsu:ʃtant] m. (s, ¨e). MÉD. état (m.) crépusculaire.

Damokles|schwert [da"mɔkləs'ʃve:rt] n. (es, e). HIST. épée (f.) de Damoclès.

Dämon ['dɛ:mɔn] m. (s, en) démon m. ; génie m. | *guter, böser Dämon*, bon, mauvais génie.

dämonisch [dɛ'mo:niʃ] adj. démoniaque.

Dampf [dampf] m. (s, ¨e). **1.** PHYS. vapeur f. | *Dampf abblasen*, lâcher la vapeur. | *Dampf aufbehalten*, rester sous pression. | *Dampf aufmachen*, mettre en pression. | *unter Dampf*, PR. et FIG. sous pression. **2.** FIG., FAM. *mit Dampf arbeiten*, travailler d'arrache-pied. || PAR EXT. *Hansdampf in allen Gassen*, la mouche du coche. || PAR ANAL., MÉD. asthme m.

Dampf|absperrung ["dampf'apʃpɛruŋ] f. (-, en) détente (f.) de la vapeur. ||°**-antrieb** m. (s, e) traction (f.) à vapeur ; fonctionnement (m.) à la vapeur. ||°**-anzapfrohr** n. (s, e) prise (f.) de vapeur. ||°**-bad** n. (s, ¨er) bain (m.) de vapeur. ||°**-bildung** f. (-, en) vaporisation f. ||°**-dichte** f. (-). PHYS. densité (f.) de vapeur. ||°**-druck** m. (s) pression (f.) de la vapeur. ||°**-druck|messer** m. (s, -). TECHN. manomètre m. ||°**-düse** f. (-, n) tuyère f. ; injecteur (m.) de vapeur. ||°**-entwässerer** m. (s, -) dessiccateur m. ||°**-entweichung** f. (-) échappement (m.) de vapeur. ||°**-faß** n. (es, ¨er). TECHN. cuve (f.) de vaporisage. ||**-förmig** adj. PHYS. à l'état de vapeur. ||°**-heizung** f. (-, en) chauffage (m.) à la vapeur. ||°**-kessel** m. (s, -) chaudière (f.) à vapeur. ||°**-kessel|bau** m. (s). TECHN. chaudronnerie f. ||°**-kocher** m. (s, -). TECHN. autoclave m. ||°**-kochtopf** m. (es, ¨e) autocuiseur m. ; cocotte-minute f. ||°**-kracken** n. (s). TECHN. craquage (m.) à la vapeur ; vapocraquage m. ||°**-kraft** f. (-, ¨e) force motrice à vapeur. ||°**-leitung** f. (-, en). TECHN. conduite (f.), tuyauterie (f.) de vapeur. ||°**-lokomotive** f. (-, n) locomotive (f.) à vapeur. || °**-maschine** f. (-, n). TECHN. machine (f.) à vapeur. ||°**-menge** f. (-, n). PHYS. débit (m.) de vapeur. ||°**-messer** m. (s, -). PHYS. manomètre m. ||°**-motor** m. (s, en). PHYS. moteur (m.) à vapeur. ||°**-nudeln** f. pl. CULIN. boulettes de pâte sucrées. ||°**-pfeife** f. (-, n). PHYS. sifflet (m.) à vapeur. ||°**-ramme** f. (-, n). TECHN. mouton (m.) à vapeur. ||°**-reiniger** m. (s, -) épurateur (m.) de vapeur. ||°**-sammler** m. (s, -). PHYS. collecteur (m.) de vapeur. ||°**-schieber** m. (s, -) tiroir (m.) à vapeur. ||°**-schiff** n. (s, e). MAR. bateau (m.) à vapeur. ||°**-spannung** f. (-, en) tension de vapeur. ||°**-strahl** m. (s, en). PHYS. jet (m.) de vapeur. ||°**-turbine** f. (-, n). TECHN. turbomoteur m. || °**-überschuß** m. (es, ¨e) excédent (m.) de vapeur. ||°**-umformer** m. (s, -) convertisseur (m.), transformateur (m.) de vapeur. ||°**-ventil** n. (s, e). PHYS. soupape (f.) à vapeur. ||°**-walze** f. (-, n). PHYS. rouleau compresseur. ||°**-winde** f. (-, n). TECHN. treuil (m.) à vapeur. ||°**-zuleitung** f. (-, en), °**-zutritt** m. (s, e). PHYS. admission (f.) de vapeur.

dampfen ['dampfən] v. intr. fumer ; dégager des vapeurs. | *die Suppe dampft*, la soupe fume.
◇ v. tr. fumer. | *dampfende Pferde*, des chevaux en nage.

dämpfen ['dɛmpfən] v. tr. CULIN. cuire en daube ; cuire à l'étuvée ; étuver. | *Fleisch dämpfen*, dauber de la viande. || CHIM. *ein Gewebe dämpfen*, préparer un tissu à l'aide de vapeurs concentrées. || TECHN. *den Hochofen dämpfen*, mettre le haut fourneau en veilleuse. || FIG. étouffer ; éteindre ; affaiblir ; réprimer ; amortir ; adoucir. | *mit gedämpfter Stimme*, à voix basse. | *den Ton dämpfen*, mettre la sourdine. | *die Schmerzen dämpfen*, atténuer les douleurs.

Dampfer ['dampfər] m. (s, -). MAR. vapeur m.

Dämpfer ['dɛmpfər] m. (s, -). TECHN. éteignoir m. ; modérateur m. ; amortisseur m. || MUS. sourdine f. || FIG. *seinen Wünschen einen Dämpfer aufsetzen*, mettre une sourdine à ses désirs.

Dämpf|fleisch ["dɛmpf'flaiʃ] n. (es) daube f.

dampfig ['dampfiç] adj. vaporeux.

dämpfig ['dɛmpfiç] adj. [Pferd] poussif.

Dämpfung ['dɛmpfuŋ] f. (-, en). || AÉRON. stabilisation f. || CHIM. absorption f. || CULIN. cuisson (f.) à l'étuvée. || ÉLECTR. amortissement m. || MÉD. matité f. || FIG. affaiblissement m. ; répression f.

Dämpfungs|fläche ["dɛmpfuŋs'flɛçə] f. (-, n), °**-flosse** f. (-, n), °**-wand** f. (-, ¨e). AÉRON. stabilisateur

m. ||°-**vorrichtung** f. (-, en). PHYS. dispositif (m.) amortisseur ; amortisseur m.

da|nach ['da:na:x - da'na:x] adv. après cela ; vers cela ; à cela ; de cela ; après ; là-dessus. || FIG. *er strebt danach*, il y aspire. | *sich danach richten*, s'y conformer. | *mein Sinn steht danach*, c'est vers cela que vont mes pensées. | *ich frage nicht danach*, cela ne m'intéresse pas. || FAM. *es ist auch danach*, ça ne vaut pas grand-chose. | *es ging euch auch danach*, vous en avez subi les conséquences. || [Zeit] *nicht viel danach*, peu après.

Danaide [dana'i:də] f. (-, n) n. pr. f. MYTH. Danaïde f. | *das Faß der Danaiden*, le tonneau des Danaïdes.

Dandy ['dandi] m. (s, s) dandy m.

Dandytum ['danditu:m] n. (s) dandysme m.

Däne ['dɛ:nə] n. pr. m. (n, n). GÉOGR. Danois m.

da|neben ['da"ne:bən] adv. à côté ; près ; auprès. | *das Eßzimmer ist daneben*, la salle à manger est à côté. || en plus ; en outre ; outre cela ; en même temps. | *er ist Abgeordneter, daneben ist er auch Bürgermeister*, il est député-maire.

daneben|gehen [da"ne:bən'ge:ən] (ging, gegangen) v. intr. marcher à côté ; passer à côté (du but visé).

daneben|hauen [da"ne:bən'hauən] (hieb, gehauen) v. intr. POP. frapper à côté. || FAM. se tromper ; faire erreur. | *danebengehauen*, POP. loupé !

Dane|brog ["danə'bro:k] m. (s). POLIT. drapeau danois.

Däne|mark ['dɛnəmark] n. pr. n. GÉOGR. Danemark m.

da|nieder ['da"ni:dər] adv. en bas ; à, par terre.

da|nieder|liegen [da"ni:dər'li:gən] (a, e) v. intr. être alité. || FIG. languir.

Dänin ['dɛ:nin] n. pr. f. (-, nen). GÉOGR. Danoise f.

dänisch [-niʃ] adj. GÉOGR. danois(e).
◇ n. **Dänisch,** [Sprache] danois m.

Dank [daŋk] m. (s, pl. : Danksagungen f. pl.) remerciement m. ; reconnaissance f. ; gratitude f. ; gré m. ; action (f.) de grâces ; grâces f. pl. | *aufrichtigen Dank für*, sincères remerciements pour. | *tausend Dank*, mille mercis ! | *jm für etwas Dank abstatten*, adresser à qn ses remerciements de, pour qch. | *Dank bezeigen*, témoigner sa gratitude, sa reconnaissance. | *Dank ernten*, recevoir des remerciements. | *Dank genehmigen*, agréer des remerciements. | *sich in Danksagungen erschöpfen, sich in Danksagungen nicht genugtun können*, se confondre en remerciements. | *Gott sei Dank !*, Dieu merci. | *jn zu Dank verpflichten*, obliger qn. | *etwas mit Dank erhalten*, recevoir, agréer avec reconnaissance. | *zum Dank dafür*, en reconnaissance de. | *(keinen) Dank wissen*, (ne pas) savoir gré. | *schlechten Dank für etwas bekommen*, être mal payé de qch. || COMM. *mit Dank erhalten*, pour acquit.

dank [daŋk] prép. (dat., plus rarement gén.) grâce à. | *dank seiner Arbeit*, grâce à son travail.

Dank|adresse ["daŋka'drɛsə] f. (-, n) adresse (f.) de remerciements. ||-**beflissen** adj. empressé à remercier ; plein de gratitude. ||-**erfüllt** adj. plein de gratitude. ||°-**feier** f. (-, n). RELIG. action (f.) de grâces. ||°-**gebet** n. (s, e). RELIG. action (f.) de grâces. ||°-**gefühl** n. (s, e) gratitude f. ; reconnaissance f. ||°-**gottesdienst** m. (es, e) action (f.) de grâce. ||°-**opfer** n. (s, -). RELIG. sacrifice offert en action de grâces. ||-**sagen** v. intr. remercier ; rendre grâce(s). ||°-**sagung** f. (-, en) remerciement(s) m. (pl.) ; action (f.) de grâces. ||°-**schreiben** n. (s, -), lettre (f.) de remerciements. ||-**vergessen** adj. ingrat.

dankbar ['daŋkba:r] adj. reconnaissant. | *sich gegen jn dankbar zeigen, erweisen*, témoigner de la reconnaissance à qn. || FIG. agréable ; qui apporte une satisfaction ; gratifiant. | *eine dankbare Arbeit*, un travail agréable. || THÉÂTRE. *dankbare Rolle*, rôle (m.) à effet. | *ein dankbares Publikum*, un excellent public.

Dankbarkeit [-ba:rkait] f. (-) reconnaissance f. ; gratitude f. | *aus Dankbarkeit*, par reconnaissance.

danke ! ['daŋkə] interj. merci. | *danke sehr ; danke schön !*, merci bien ; merci beaucoup.

danken [-kən] v. intr. remercier ; rendre grâce. | *herzlich danken*, remercier cordialement. | *er läßt danken*, il (vous) dit merci. | *ich danke Ihnen dafür*, je vous en remercie. | *keine Ursache ; nicht(s) zu danken,* (il n'y a) pas de quoi. || COMM. *dankend erhalten*, pour acquit.
◇ v. tr. devoir ; être redevable de. | *das danke ich ihm*, je lui sais gré ; je lui en suis reconnaissant. | *das dankt er seinem Mut*, il doit cela à son courage.

dankens|wert ["daŋkəns've:rt] adj. digne de reconnaissance.

dann [dan] adv. [Zeit] alors ; ensuite ; après cela. | *erst die Arbeit, dann das Spiel*, le travail d'abord, le jeu ensuite. | *dann und wann*, de temps en temps ; de temps à autre ; par moments. | *dann und dann*, à tel et tel moment. || [Folge] alors ; dans, en ce cas. | *was soll dann aus uns werden ?*, que deviendrons-nous alors ? | *was dann ? ; wie dann ?, und dann ?*, et puis ? ; et après ? || [Bedingung] *selbst dann*, alors même que ; même dans ce cas. | *selbst dann, wenn er recht hätte*, même s'il avait raison. | *selbst dann nicht*, même pas dans ce cas-là.

dannen ['danən] adv. *von dannen gehen*, s'en aller ; partir.

dantisch ['dantiʃ] adj. LITTÉR. dantesque.

Danzig ['dantsiç] n. pr. n. GÉOGR. Dantzig m.

Danziger(in) [-tsigər(in)] n. pr. m. (s, -), f. (-, nen). GÉOGR. Dantzicois(e) m. (f.). || HIST. *Danziger Korridor*, couloir (m.) de Dantzig.

dar|an [dar'an - 'da:ran] adv. (FAM. **dran**). **1.** [Ort] auprès ; près ; à côté ; attenant ; y attenant. | *mein Acker liegt dicht daran*, mon champ est tout à côté.
2. [Zeit] *nahe daran sein*, être sur le point de. | *drauf und dran sein zu*, être sur le point de (infin.) | *alles was drum und dran hängt*, tout ce qui s'y rapporte ; FAM. et tout le tremblement. | *sich daran machen*, se mettre à la besogne ; s'y mettre.
3. [Folge] *mir liegt viel daran*, j'y tiens beaucoup. | *wer kommt jetzt dran, daran ?*, à qui le tour ? | *du wirst schon dran kommen*, ton tour viendra.
4. LOC. *ich denke ja nicht daran*, je n'y pense pas. | *daran ist etwas Wahres*, il y a du vrai là-dedans. | *es ist nichts daran*, il n'en est rien. | *daran erkennt man ihn*, on le reconnaît bien là. || FIG., FAM. *er hat daran glauben müssen*, 1° il en a fait les frais ; 2° il y est resté. | *er ist gut dran*, il a beau jeu. | *er ist schlecht dran*, il est en mauvaise posture. | *wenn ich recht dran bin*, si je ne me trompe. | *man weiß nie, wie man mit ihm dran ist*, on ne sait jamais à quoi s'en tenir avec lui.

daran|geben [da"ran'ge:bən] (i, a, e) v. tr. donner en vue de ; sacrifier ; mettre en œuvre. | *er gab sein ganzes Geld daran*, il sacrifia tout son argent. | *er gibt alles daran*, il met tout en œuvre. ||-**gehen** (ging, gegangen) v. intr. commencer. ||-**glauben** v. intr. y croire. || FIG. *er mußte daran glauben*, 1° il y est resté ; 2° il en a fait les frais. ||-**halten** (ä, ie, a) y tenir. || PAR EXT. continuer opiniâtrement. ||-**kommen** (kam, gekommen) v. intr. avoir son tour. ||-**machen (sich)** v. intr. se mettre à. ||-**nehmen** (i, a, o) v. tr. s'occuper de. || FIG., FAM. *jn tüchtig darannehmen*, sermonner qn. ||-**setzen** V. DARANGEBEN. ||-**stoßen** (ie, o) v. intr. être contigu à.

dar|auf [da'rauf] adv. (FAM. **drauf**). **1.** [Ort] là-dessus ; sur cela ; sur ceci ; dessus. | *darauf ruht der ganze Bau*, c'est là-dessus que repose toute la bâtisse. | *hier ist ein Stuhl ; setzen Sie sich darauf*, voici une chaise, asseyez-vous (dessus).
2. [Zeit] après ; ensuite ; puis ; là-dessus. | *ein Jahr darauf*, un an après. | *am Tag darauf*, le lendemain. | *kurz darauf*, peu après.
3. LOC. FIG. *er zählt darauf*, il compte là-dessus. | *ich achte darauf*, j'y prends garde. | *viel darauf halten*, y tenir. | *wie bist du darauf gekommen ?* comment t'est venue cette idée ? | *sie ist stolz darauf*, elle en est fière. | *darauf läßt er sich nicht ein*, il n'entre pas dans ces considérations. | *er gibt nichts darauf*, il n'y croit pas. | *darauf warten wir*, c'est cela que nous attendons. | *ihm kommt es darauf an*, c'est cela qui lui importe. | *darauf soll es nicht ankommen*, qu'à cela ne tienne. | *er ließ es darauf ankommen*, il a accepté le risque. | *er war darauf aus, zu* (infin.), il visait à (infin.). | *sie zielen darauf hin*, ils visent à (infin.). | *darauf steht ein Jahr Gefängnis*, cela vaut un an de prison. | *er ist drauf und dran, nachzugeben*, il s'en faut d'un rien qu'il cède.

darauf|folgend [da"rauf'fɔlgənt] adj. suivant. | *am darauffolgenden Tag*, le lendemain. ||°-**gabe** f. (-, n) arrhes f. pl. ||-**geben** (i, a, e) v. tr. donner un acompte. || FIG. insister sur. ||-**gehen** (ging, gegangen) v. intr. y passer. | *sein ganzes Vermögen ging darauf*, toute sa fortune y passa. | *es geht viel Zeit dabei darauf*, cela prend beaucoup de temps. | *es gingen hundert Mark darauf*, cela coûta 100 marks. || FIG., FAM. crever ; périr.

darauf|hin ['da:rauf"hin] adv. [Zeit] là-dessus ; à ces paroles ; à ces mots. | *daraufhin ging er*, là-dessus il s'en alla. || [Folge] d'après cela ; d'après quoi.

dar|aus ['da:raus - dar'aus] adv. (FAM. **draus**). [Ort] de là ; de cela ; en. | *Gold daraus ziehen*, en extraire de l'or. || [Folge] *daraus wird ein Baum*, cela donnera un arbre. | *was wird daraus werden ?*, qu'en adviendra-t-il ? | *daraus wird nichts*, il n'en sera rien. | *er macht kein Geheimnis daraus*, il n'en fait pas mystère. | *man wird nicht klug daraus*, on n'y comprend goutte. | *er macht sich nichts daraus*, il s'en moque (bien). | *daraus folgt*, il s'ensuit.

darben ['darbən] v. intr. se priver ; manquer du nécessaire ; être dans le besoin.

Darben [-bən] n. (s) indigence f. ; privations f. pl.

dar|bieten ["da:r'bi:tən] (o, o) v. tr. présenter ; offrir. | *in diesem Zirkus wird vieles dargeboten*, ce cirque offre un brillant programme.

◇ v. pr. **sich darbieten,** s'offrir ; se présenter. || FIG. *eine gute Gelegenheit bietet sich dar*, une (bonne) occasion se présente.

Dar|bietung [-'bi:tuŋ] f. (-, en) offre f. ; présentation f. || THÉÂTRE. représentation f. ; spectacle m.

dar|bringen ["da:r'briŋən] (brachte, gebracht) v. tr. apporter ; offrir ; faire offrande de ; sacrifier. | *jm Huldigungen darbringen*, rendre hommage à qn.

Darbringung [-'briŋuŋ] f. (-, en) offre m.

Dardanellen [darda'nɛlən] n. pr. f. pl. GÉOGR. (détroit [m.] des) Dardanelles f. pl. || HIST. Hellespont m.

dar|ein [da'rain - "da:'rain] adv. (FAM. **drein**). [Ort] dans ce lieu ; là-dedans ; y. | *sich darein ergeben, finden, schicken*, s'y résigner ; s'incliner.

d(a)rein|geben [da"rain'ge:bən] (i, a, e) v. tr. donner par-dessus le marché. ||**-mischen (sich)** v. pr. intervenir ; se mêler de ; s'immiscer dans. ||**-reden** v. intr. intervenir dans la conversation. ||**-schlagen** (ä, u, a) v. intr. frapper à tort et à travers. ||**-willigen** v. intr. y consentir.

darf [darf] V. DÜRFEN.

dar|in [dar'in - 'da:rin] adv. (FAM. **drin**) là-dedans ; en cela ; y. | *ein Geldschrank und nichts drin*, un coffre-fort et rien dedans. | *darin hast du Recht*, en cela tu as raison. | *darin inbegriffen*, y compris.

darinnen [da'rinən] adv. (Vx.) V. DARIN.

dar|legen ["da:r'le:gən] v. tr. exposer ; faire voir ; montrer. || FIG. exposer ; expliquer. | *offen darlegen*, expliquer. | *umständlich darlegen*, détailler.

Dar|legung [-guŋ] f. (-, en) exposition f. || FIG. exposé m. ; explication f.

Dar|lehen ["da:r'le:ən] n. (s, -). COMM. prêt (m.) d'argent ; avance f. | *langfristiges, ungesichertes Darlehen*, prêt à long terme ; avance à découvert (sur notoriété). | *als Darlehen*, à titre de prêt. | *ein Darlehen aufnehmen, gewähren*, contracter, accorder un prêt.

Darlehens|antrag ["da:rle:əns'antrak] m. (s, ¨e). COMM. demande (f.) de prêt. ||°**-forderung** f. (-, en). COMM. créance (f.) résultant de prêts. ||°**-gesellschaft** f. (-, en) société (f.) de prêts. ||°**-konto** n. (s, ten) compte (m.) d'avances.

Darm [darm] m. (s, ¨e). ANAT. intestin m. ; boyau m.

Darm... (en compos.) intestinal.

Darm|ausleerung ["darm'ausle:ruŋ] f. (-, en) évacuation f. ||°**-bein** n. (s, e) os (m.) iliaque. ||°**-bruch** m. (s, ¨e) entérocèle f. ||°**-entzündung** f. (-, en) entérite f. ||°**-flora** f. (-, ren). MÉD. flore intestinale. ||°**-geschwür** n. (s, e). MÉD. ulcère intestinal. ||°**-katarrh** m. (s, e). MÉD. entérite f. ||°**-lähmung** f. (-, en). MÉD. parésie intestinale. ||°**-leiden** n. (s, -) affection intestinale. ||°**-saite** f. (-, n). MUS. corde (f.) de boyau. ||°**-schlinge** f. (-, n). ANAT. anse intestinale. ||°**-verschlingung** f. (-, en). MÉD. occlusion intestinale ; torsion (f.) de l'intestin ; volvulus m. ; étranglement intestinal. ||°**-verstopfung** f. (-, en). MÉD. constipation f. ||°**-zotte** f. (-, n) villosité f.

dar|nach [da:r'na:x], **dar|nieder** [da:r'ni:dər] adv. V. DANACH, DANIEDER.

darnieder|liegen [da:r"ni:dər'li:gən] (lag, gelegen) v. intr. être couché, malade.

Darre ['darə] f. (-, n). [Handlung] séchage m. ; torréfaction f. || [Ort] touraille f. ; four (m.) à sécher. || PAR ANAL., MÉD. atrophie f.

dar|reichen ["da:r'raiçən] v. tr. offrir ; présenter ; tendre.

darren ['darən] v. tr. sécher au four ; torréfier.

dar|stellbar ["da:r'ʃtɛlba:r] adj. représentable. || THÉÂTRE. jouable.

dar|stellen [-'ʃtɛlən] v. tr. exposer ; représenter ; produire ; démontrer. || LITTÉR. décrire ; dépeindre ; représenter. || THÉÂTRE. *dieser Schauspieler stellte Faust meisterhaft dar*, cet acteur a été un excellent Faust. | *bildlich darstellen*, figurer.

dar|stellend [-'ʃtɛlənt] adj. descriptif. | *darstellende Künste*, arts figuratifs. || MATH. *darstellende Geometrie*, géométrie descriptive.

Dar|steller(in) [-'ʃtɛlər(in)] m. (s, -), f. (-, nen) acteur m. ; actrice f. ; démonstrateur m. ; démonstratrice f. ; artiste m. et f.

Dar|stellung [-'ʃtɛluŋ] f. (-, en) présentation f. ; description f. ; exposé m. || THÉÂTRE. représentation f. || FIG. peinture f.

Darstellungs|gabe ["da:rʃtɛluŋs'ga:bə] f. (-, n) don (m.) de peindre, talent (m.) d'évocation. ||°**-kunst** f. (-, ¨e) don (m.), talent (m.) de représenter, de peindre, d'imiter.

dar|tun ['da:rtu:n] (tat, getan) v. tr. montrer ; démontrer ; faire voir ; prouver.

dar|über [da'ry:bər - "da:'ry:bər] adv. (FAM. **drüber**). **1.** SENS LOCAL : au-dessus de cela ; sur cela ; par-dessus ; dessus ; par-delà ; au-delà. | *leg deine Kleider darüber*, mets tes habits par-dessus.

2. FIG., LOC. *darüber geht nichts*, il n'y a rien de mieux. | *sie ist darüber hinweg*, elle est au-dessus de cela. | *darüber hinaus gehen*, (dé)passer le but ; aller trop loin. | *er setzt sich leicht darüber hinweg*, rien ne lui coûte.

3. QUANTITÉ : en sus ; en plus. | *ein Drittel darüber*, un tiers en plus. | *es sind zwanzig Jahre und darüber*, il y a vingt ans et davantage.

4. TEMPS : sur ces entrefaites ; pendant ce temps-là ; là-dessus ; en plus ; au-delà. | *darüber kam der Sommer*, l'été arriva sur ces entrefaites.

5. PAR RAPPORT À UN SUJET : à ce sujet ; là-dessus ; de cela ; en ; y. | *wir freuen uns darüber*, nous nous en réjouissons. | *sie beschwert sich darüber*, elle s'en plaint. | *wir werden uns darüber machen*, nous allons nous y mettre.

darüber|liegen [da"ry:bər'li:gən] (lag, gelegen) v. intr. être situé, placé au-dessus.

dar|um [da'rum - "da:'rum] adv. (FAM. **drum**). **1.** SENS LOCAL : autour ; tout autour. | *binde die Schnur darum*, mets la ficelle autour. | *der See ist groß ; viele Tannen stehen darum*, le lac est grand ; il est entouré de beaucoup de sapins. || FIG. *es hängt viel drum und dran*, bien des choses s'y rattachent ; c'est complexe.

2. SENS FINAL : pour cela ; de cela ; en. [Avec les verbes se construisant avec *um (bitten ; bemühen ; sich handeln ; besorgen*, etc.), v. ces verbes.] | *ich bitte Sie darum*, je vous en prie. | *ich gäbe viel darum, wenn*, je donnerais beaucoup pour. | *wie steht es darum ?*, où en est l'affaire ? | *ich weiß darum*, je suis au courant de l'affaire. || FIG., FAM. *er ist darum gekommen*, il a perdu cela. | *darum bringen*, faire perdre qch. | *sei es drum !*, soit.

◇ conj. de coord. c'est pourquoi ; donc ; pour cette raison ; aussi. | *du bist krank, darum schone dich*, tu es malade, ménage-toi donc.

darum|legen [dar"um'le·gən] v. tr. entourer.

dar|unter [da'runtər - "da:'runtər] adv. (FAM. **drunter**) là-dessous ; au-dessous ; par-dessous ; dessous. | *gehen wir unter diesen Baum ; darunter ist man geschützt*, allons sous cet arbre ; on y est à l'abri. | *darunter legen*, poser en dessous, dessous. | *drunter und drüber*, sens dessus dessous. | *was steckt darunter ?* qu'y a-t-il là-dessous ? | *was verstehen Sie darunter ?*, qu'entendez-vous par là ? | *er leidet darunter*, il en souffre. || [weniger] au-dessous ; moins. | *darunter verkauft er das Haus nicht*, il ne vend pas sa maison à moins. || [zwischen] entre ; parmi ; dans le, du nombre ; en ; y. | *darunter sein*, être du nombre. | *mit darunter (ein)-begriffen*, y compris, y inclus. | *Wein und Wasser darunter*, du vin coupé d'eau.

Darwinismus [darvi'nismus] m. (-). PHILOS. darwinisme m.

darwinistisch [-'nistiʃ] adj. PHILOS. darwinien.

das [das] n. art. défini le ; la. | *das Buch*, le livre, | *das Mädchen*, la jeune fille.

◇ pron. dém. n. cela ; ceci ; ce. | *was ist das ?*, qu'est-ce ? ; qu'est-ce que cela ? ; qu'est-ce que c'est ? ; qu'y a-t-il ? | *das waren doch schöne Zeiten*, c'était le bon temps. | *das heißt (d. h.) ; das ist (d. i.)*, c'est-à-dire. | *das bin ich*, c'est moi. | *das, was*, ce qui ; ce que. || FAM. *das ist ja gut*, à la bonne heure ! | *das wären drei*, et de trois.

◇ pron. relat. n. (nomin. et acc.) qui ; que. | *das Haus, das leer ist*, la maison qui est vide. | *das Auto, das er kauft*, la voiture qu'il achète.

da|sein ['da:zain] v. intr. être présent ; exister ; être là ; être ; être arrivé, venu.

Da|sein [-zain] n. (s) présence f. ; fait d'être là. || existence f. ; vie f. | *Kampf ums Dasein*, lutte pour la vie. | *Freude am Dasein*, joie de vivre. | *daseinsfroh*, heureux de vivre.

Daseins|bedingungen ["dazainsbə'diŋuŋən] f. pl. conditions (f. pl.) de vie. ||°-**kampf** m. (s, ¨e) lutte (f.) pour la vie. ||°-**philosophie** f. (-) existentialisme m.

da|selbst [da'zɛlbst] adv. là-même ; en ce lieu ; au même endroit ; y.

da|sitzen ["da:'zitsən] (saß, gesessen) v. intr. être assis là. || Fig. *untätig, mit den Händen im Schoß dasitzen*, se croiser les bras ; avoir les bras croisés.

das|jenige ['das"je:nigə] pron. dém. n. sing. celui ; celle ; ce.

daß [das] conj. que.

Sert à introduire des propositions :
I. ÉNONCIATIVES EN FONCTION D'OBJET ;
II. COMPLÉTIVES DE STYLE INDIRECT ;
III. FORMANT SUJET (RÉEL) ;
IV. FORMANT ATTRIBUT ;
V. FINALES ;
VI. CONSÉCUTIVES ;
VII. CONDITIONNELLES ;
VIII. TEMPORELLES ;
IX. CONCESSIVES ;
X. OPTATIVES ET EXCLAMATIVES ;
XI. EN RELATION AVEC DES ADV. DÉM., ou *dem, dessen*.

I. Propositions énonciatives en fonction d'objet : *ich weiß, daß es wahr ist*, je sais que c'est vrai. | *ich glaube, daß du unrecht hast*, je crois que tu as tort.
II. Propositions complétives de style indirect : *er sagt, daß er krank gewesen sei*, il dit avoir été malade. | *ich glaube, daß die Ritterlichkeit auch heute noch fortlebt*, je crois que l'esprit chevaleresque demeure vivant aujourd'hui encore.
III. Propositions formant sujet (réel) : *daß du bald kommst, freut mich*, le fait que tu viendras bientôt me réjouit.
IV. Propositions formant attribut : *das Ergebnis der Prüfung ist, daß der Kandidat durchgefallen ist*, le résultat de l'examen est que le candidat a échoué. | *Tatsache ist, daß ich ihn rettete*, c'est un fait que je l'ai sauvé. | *was hast du denn, daß du so weinst ?*, qu'as-tu donc à pleurer ainsi ? || (attribut de nom) *er läßt nicht von dem Gedanken ab, daß er recht habe*, il ne démord pas de l'idée qu'il a raison.
V. Propositions finales : **daß ; auf daß** (style biblique ou noble) afin que ; pour que (mêmes fonctions que *damit*). | *machen wir das Fenster zu, daß uns niemand hört*, fermons la fenêtre pour que personne ne nous entende. || Relig. *du sollst Vater und Mutter ehren, auf daß du lange lebst auf Erden*, tes père et mère honoreras afin de vivre longuement.
VI. Propositions consécutives : **so... daß,** de telle sorte que ; **zu..., als daß,** trop pour que. | *er kann so schnell laufen, daß ihn niemand einholt*, il court si vite que personne ne peut le rattraper. | *er schlug, daß weit der Wald erklang*, il frappait si fort que la forêt en retentissait. | *es ist zu schön, als daß es wahr sein könnte*, c'est trop beau pour être vrai.
VII. Propositions conditionnelles : **unter der Bedingung, daß,** à (la) condition que (subj.), de (infin.). | *du darfst unter der Bedingung ausgehen, daß du nicht zu spät nach Hause kommst*, tu peux aller jouer à condition de ne pas rentrer trop tard.
VIII. Propositions temporelles : **bis daß,** jusqu'à ce que (subj.) ; **ehe daß,** avant que (subj.). | *es sind zwei Jahre (her), daß*, il y a deux ans que. | *es dauert noch zwei Jahre, bis (daß) sie heiraten können*, il faudra encore deux ans avant qu'ils puissent se marier. | *ehe (daß) du kommst, schreibe mir*, avant de venir, écris-moi.
IX. Propositions concessives (exprimant une réserve) : **es sei denn, daß,** à moins que. ; **außer daß,** sinon que ; si ce n'est que.
X. Propositions optatives et exclamatives : **daß... nur,** *daß Sie doch nur auf uns hörten !*, qu'ils nous écoutent seulement ! | *daß sie doch nur gekommen wäre !*, si seulement elle était venue ! | *daß dir gerade das passieren mußte*, fallait-il que cela t'arrivât ! | *daß Gott erbarm !*, (que) Dieu nous ait en sa miséricorde !
XI. En relation avec des adv. dém., ou **dem, dessen, dadurch, daß,** du fait, par le fait que. — **dafür, daß,** *sorgen Sie dafür, daß die Post mir nachgeschickt wird*, faites en sorte que mon courrier soit réexpédié. — **darüber, daß,** *wundern Sie sich nicht darüber, daß ich gehe*, ne vous étonnez pas que je parte. — **daran, daß,** *er scheiterte daran, daß er zu unvorsichtig war*, il a échoué parce qu'il était trop imprudent. — **darauf, daß,** *er hält darauf, daß wir alle anwesend sind*, il tient à ce que nous soyons tous présents. — **daß... dessen,** *daß das so nicht weitergehen konnte, dessen wurde er sich bewußt*, que cela ne pouvait pas continuer ainsi, il s'en rendit compte.
◇ Loc. *nicht daß ich wüßte*, pas que je sache.

das|selbe ['das"zɛlbə] pron. dém. n. le, la même ; la même chose.

da|stehen ["da:'ʃte:ən] (stand, gestanden) v. intr. être là, debout. | *wie begossen dastehen*, se tenir immobile comme une statue. || Fig. *schuldig dastehen*, être en posture d'accusé.

Datei [da'tai] f. (-, en). Inf. fichier m.

Datei|aufbereiter [da"tai'aufbəraitər] m. (s, -), °-**editor** m. (s, en). Inf. éditeur m. (de fichier). ||°-**generierung** f. (-, en). Inf. création (f.) de fichier. ||°-**verwaltung** f. (-, en). Inf. gestion (f.) de fichier. ||°-**zuordnung** f. (-, en). Inf. affectation (f.) de fichier.

Daten [da:tən] n. pl. Inf. données f. pl.

Daten|anzeige ["da:tən'antsaigə] f. (-, n). Inf. affichage (m.) des données. ||°-**bank** f. (-, en). Inf. banque (f.) de données. ||°-**eingabe** f. (-, n). Inf. entrée (f.) des données. ||°-**einspeicherung** f. (-, en), °-**erfassung** f. (-, en). Inf. saisie f. (de données). ||°-**(end)station** f. (-, en). Inf. terminal m. ||°-**fernübertragung** f. (-, en). Inf. messagerie (f.) électronique ; transmission (f.) de données à distance. ||°-**fernverarbeitung** f. (-, en). Inf. [Fach] télématique f. ; [Vorgang] télétraitement m. ||°-**fluß** m. (es, ¨e) flux (m.) d'informations. ||°-**netz** n. (es, e). Inf. réseau m. ||°-**paket** n. (s, e). Inf. paquet m. ||°-**schutz** m. (es). Inf. protection (f.) des données. | *Datenschutzgesetz*, loi (f.) sur l'informatique et les libertés. | *Datenschutzkommission*, commission nationale de l'informatique et des libertés. ||°-**sichtgerät** n. (s, e). Inf. écran (m.) de visualisation ; terminal (m.) vidéo. ||°-**sichtstation** f. (-, en). Inf. visuel m. ||°-**teilnehmer(in)** m. (s, -), f. (-, nen). Inf. abonné(e) m. (f.). ||°-**träger** (s, -). Inf. support (m.) de données. ||°-**typist(in)** m. (en, en), f. (-, nen). Inf. opérateur m., opératrice f. || °-**verarbeitung** f. (-, en). Inf. traitement (m.) des données. | *linguistiche Datenverarbeitung*, traitement automatique du langage. | *verteilte Datenverarbeitung*, informatique distribuée. ||°-**verarbeitungs|system** n. (s, e). Inf. système (m.) de traitement des données.

datieren [da'ti:rən] v. tr. mettre la date ; dater. ◇ v. intr. dater de.

datiert [-'ti:rt] adj. daté.

Datierung [da'ti:ruŋ] f. (-, en) datation f.

Dativ [da'ti:f, 'da:ti:f] m. (s, e). Gramm. datif m.

DAT-Kassette ["dat'kasɛtə] f. (-, n) cassette (f.) audionumérique.

dato ['da:to] adv. Comm. aujourd'hui ; à ce jour. | *bis dato*, jusqu'à ce jour. | *a dato*, à dater de ce jour.

Dato|wechsel ["da:to'vɛksəl] m. (s, -). Comm. traite (f.), lettre (f.) de change à échéance fixe.

Dattel ['datəl] f. (-, n). Bot. datte f.

Dattel|baum ["datəl'baum] m. (s, ¨e), °-**palme** f. (-, n). Bot. dattier m.

Datt(e)rich ['dat(ə)riç] m. (s). Pop. tremblote f.

Datum ['da:tum] n. (s, ten) date f. | *das Datum auf einen Brief setzen*, mettre la date sur, dater une lettre. | *ein Datum festsetzen*, fixer une date. | *ein früheres, späteres Datum einsetzen*, antidater ; postdater. | *was für ein Datum hatten wir gestern ?*, quel jour étions-nous hier ? || Inf. donnée f.

Datum|stempel ["da:tum'ʃtɛmpəl] m. (s, -) cachet (m.) à date ; (tampon) dateur m.

Datura [da'tu:ra] f. (-, ren). Bot. datura m.

Dau [dau] f. (-, en). Mar. boutre m.

Daube ['daubə] f. (-, n). Techn. douve f. ; douelle f.

Dauben|holz ["daubən'hɔlts] n. (es, ¨er). Techn. douvain m. ; merrain m. ; mairin m.

Dauer ['dauər] f. (-). [Zeit] durée f. ; temps passé, nécessaire à. | *ununterbrochene Dauer*, continuité f. ; permanence f. | *von langer Dauer*, de longue durée. | *auf die Dauer*, à la longue. | *für die Dauer*, dans, pour l'avenir. || Par ext. [Beständigkeit] stabilité f. ; persistance f. | *sein Fleiß ist von Dauer*, son zèle se maintient.

Dauer|anzeige ["dauər'antsaigə] f. (-, n) annonce permanente. ||°-**apfel** m. (s, ¨). Bot. pomme (f.) d'hiver, de garde. ||°-**auftrag** (s, ¨e). Fin. prélèvement (m.) automatique. ||°-**ausstellung** f. (-, en) exposition permanente. ||°-**belastung** f. (-, en). TECHN. charge permanente. ||°-**betrieb** m. (s, e). TECHN. fonctionnement continu. ||°-**birne** f. (-, n). BOT. poire (f.) d'hiver, de garde. ||°-**brandofen** m. (s, ¨), °-**brenner** m. (s, -) poêle (m.) à feu continu. ||°-**fahrer** m. (s, -). SPORT. stayer m. ||°-**fahrt** f. (-, en). SPORT. épreuve (f.) de fond. ||°-**festigkeit** f. TECHN. endurance f. ||°-**flamme** f. (-, n) veilleuse f. ||°-**gemüse** n. (s) légumes (m. pl.) de conserve. ||°-**gewächse** n. pl. BOT. plantes (f. pl.) vivaces. ||°-**karte** f. (-, n) carte permanente ; abonnement m. ||°-**krise** f. (-, n) [état de] crise chronique, persistante. ||°-**lauf** m. (s, ¨e). SPORT. pas (m.) gymnastique. || PAR EXT. course (f.) de fond ; jogging m. ||°-**leistung** f. (-, en). TECHN. débit continu. ||°-**magnet** m. (s, e). PHYS. aimant permanent. ||°-**marsch** m. (es, ¨e). SPORT. marche forcée. ||°-**obst** n. (es) fruits (m. pl.) de garde. ||°-**pflanze** f. (-, n). BOT. plante (f.) vivace. ||°-**prüfung** f. (-, n). TECHN. essai (m.) d'endurance. ||°-**regen** m. (s, -) crachin m. ||°-**rekord** m. (s, e) record (m.) d'endurance. ||°-**rennen** n. (s, -). SPORT. course (f.) de fond. ||°-**rente** f. (-, n). FIN. rente viagère. ||°-**stellung** f. (-, en). COMM., ADM. situation (f.) stable. || MIL. position (f.) fixe. ||°-**strom** m. (s, ¨e). ÉLECTR. intensité permanente. ||°-**ton** m. (s, ¨e). TÉLÉPH. tonalité continue. ||°-**welle** f. (-, n) permanente f. ||°-**zustand** m. (s, ¨e) état, régime permanent.

dauerhaft ['dauərhaft] adj. durable ; solide ; stable ; de durée.
◇ adv. de durée ; à demeure.

Dauerhaftigkeit ['dauerhaftiçkait] f. (-) durée f. ; stabilité f. ; solidité f. ; persistance f. | *erprobte Dauerhaftigkeit*, solidité à toute épreuve.

dauern ['dauərn] v. intr. [andauern] durer ; persister ; subsister. | *das dauert mir zu lange*, c'est trop long pour moi. | *es dauert lange, bis, ehe*, il se passera du temps avant que (subj.). | *es dauert lange, bis er kommt*, il est long à venir. | *die Sitzung dauert immer noch*, la séance continue. | *ewig dauern*, s'éterniser. | *länger dauern lassen*, prolonger. || PAR ANAL. [sich erhalten] se conserver ; être de garde.
◇ v. tr. [bedauern] faire pitié. | *der arme Kerl dauert mich*, ce pauvre diable me fait pitié. | *die Zeit dauert mich*, je ne voudrais pas gaspiller mon temps.
— SYN. : *währen*, durer ; *fortdauern, fortwähren*, continuer ; *anhalten, weiterbestehen*, persister ; *sich halten*, se conserver.

dauernd [-ərnt] adj. durable ; permanent ; persistant ; continu. | *dauernde Berufsunfähigkeit*, incapacité permanente. | *eine dauernde Stellung*, un emploi stable. | *dauernder Wohnsitz*, domicile (m.) fixe.
◇ adv. à demeure ; en permanence. | *dauernd bei jm wohnen*, être à demeure chez qn. | *das Lokal ist dauernd besetzt*, cet établissement ne désemplit pas. | *dauernd untauglich*, MIL. réformé définitif.

Däumchen ['dɔymçən] n. (s, -) petit pouce ; Petit Poucet.

Daumen ['daumən] m. (s, -). ANAT. pouce m. || FIG., FAM. *einem den Daumen halten*, faire des vœux pour le succès de qn. | *den Daumen auf den Geldbeutel halten*, serrer les cordons de sa bourse.

Daumen|abdruck ["daumən'apdruk] m. (s, ¨e). JUR. empreinte (f.) du pouce. ||°-**breite** f. (-, n) largeur (f.) de pouce. || FIG. *um Daumenbreite*, presque. ||°-**lutscher** m. (s, -). FAM. qui suce son pouce. ||°-**schraube** f. (-, n). HIST. poucettes f. pl. ||°-**welle** f. (-, n). TECHN. arbre (m.) à cames.

Daumes|breite ["dauməs'braitə] V. DAUMENBREITE. ||°-**dick** m. Petit Poucet.

Däumlein ['dɔymlain] n. (s, -), °-**ling** m. (s, e) marmouset m. ; Petit Poucet. || TECHN. came f.

Daune ['daunə] f. (-, n) duvet m. ; édredon m.

Daunen|bett ["daunən'bɛt] n. (s, en) duvet m.

Daus [daus] m. (es, -) diable m. | *potz Daus !*, diable !

Daus [daus] n. (es, e). [Karten] as m.

Davis-Pokal ["dɛivispɔ'ka:l] m. (s, -). SPORT. coupe (f.) Davis.

Davit ['davit] m. ou n. (s, s). MAR. bossoir m.

da|von [da'fɔn - 'da:fɔn] adv. de cela ; de là ; en ; par-là. | *er ging, machte sich davon*, il s'en alla. | *weg ! die Hände davon !*, n'y touche(z) pas. | *genug davon !*, en voilà assez ! | *nichts mehr davon !*, n'en parlons plus. | *er weiß davon*, il est au courant. | *davon ist keine, nicht die Rede*, il n'en est pas question. | *sie ist davon krank geworden*, cela l'a rendue malade. | *hast du etwas davon ?*, cela te profitera-t-il ? | *nimm davon !*, prends-en ! | *er hat mehr davon*, 1° il en a encore ; 2° il y gagne davantage.

davon|bleiben [da"fɔn'blaibən] (ie, ie) v. intr. ne pas y toucher ; ne pas y aller. || FIG. s'en abstenir ; ne pas s'en mêler. ||-**eilen** v. intr. s'enfuir ; partir en hâte. ||-**fahren** (ä, u, a) v. intr. partir en voiture, à bicyclette. ||-**fliegen** (o, o) v. intr. s'envoler. || -**fliehen** (o, o) v. intr. s'enfuir. ||-**führen** v. tr. emmener. ||-**gehen** (ging, gegangen) v. intr. s'en aller ; se sauver ; FAM. filer. ||-**kommen** (a, o) v. intr. s'en tirer ; en réchapper ; en revenir. || FIG. *gut, mit einem blauen Auge davonkommen*, l'échapper belle. | *mit dem bloßen Schrecken davonkommen*, en être quitte pour la peur. | *mit heiler Haut davonkommen*, s'en tirer sain et sauf. ||-**laufen** (ä, ie, a) v. intr. s'enfuir ; détaler ; filer. | *jm davonlaufen*, fausser compagnie à qn. ||-**machen (sich)** v. pr. s'enfuir. | *sich heimlich davonmachen*, s'esquiver. ||-**schleichen (sich)** (i, i) v. pr. s'esquiver ; s'éclipser. ||-**tragen** (ä, u, a) v. tr. emporter. | *einen Sieg davontragen*, remporter une victoire. | *eine Krankheit davontragen*, attraper une maladie.

da|vor [da'fo:r - 'da:fo:r] adv. devant. | *davor treten*, se mettre devant. | *davor stehen*, être devant. || FIG. de cela ; en. | *Gott bewahre, behüte uns davor !*, Dieu nous en préserve !

da|wider ['da"vi:dər - "da:'vi:dər] adv. là contre. | *er hat nichts dawider zu sagen*, il n'a rien à répondre ; il n'a pas à être d'un autre avis. | *dafür und dawider*, pour et contre.

Dazien ['da:tsiən] n. HIST. Dacie f.

da|zu [da'tsu: - 'da:tsu] adv. **1.** [Richtung] y ; à cela. | *wie kommst du dazu ?*, 1° comment y arrives-tu ? ; qu'est-ce qui te le fait croire ? ; 2° comment as-tu eu cela ? | *was meinst du dazu ?*, qu'en penses-tu ? | *er ist dazu berechtigt*, il en a le droit.

2. [Zweck] à ; pour cela ; à cet effet ; à cette fin ; y ; en. | *ich bin dazu bereit*, j'y suis prêt. | *dazu gehört Zeit*, cela demande du temps.

3. [Hinzufügen] en outre ; de, en plus ; par-dessus le marché ; en même temps. | *sie ist schön und reich dazu*, elle est belle et riche avec cela. | *dazu kommt, daß*, ajoutez que ; et avec cela.

dazu|geben [da"tsu:'ge:bən] (i, a, e) v. tr. ajouter ; donner en plus. ||-**gehören** v. intr. en faire partie ; faire partie de. ||-**kommen** (a, o) v. intr. surgir. || FIG. s'ajouter. ||-**mal** adv. autrefois ; jadis. || IRON. *anno dazumal*, au bon vieux temps. ||-**schreiben** (ie, ie) v. tr. ajouter par écrit. ||-**tun** (tat, getan) v. tr. ajouter. ||°-**tun** n. *ohne sein Dazutun*, sans son intervention ; sans qu'il y mette du sien.

da|zwischen [da'tsviʃən] adv. [Ort] entre. | *dazwischen liegt ein Meer*, entre les deux il y a une mer. || [Zeit] *es ist etwas dazwischengekommen*, il est survenu un contretemps.

dazwischen|kommen [da"tsviʃən'kɔmən] (a, o) v. intr. intervenir ; s'interposer ; survenir ; s'immiscer. ||-**rufen** (ie, u) v. tr. interrompre ; s'écrier. || -**treten** (i, a, e) v. intr. intervenir.

Debatte [de'batə] f. (-, n). POLIT. discussion (f.) parlementaire ; débat m.

Debatten|schrift [de"batən'ʃrift] f. (-, en) sténographie abrégée.

debattieren [deba'ti:rən] v. tr. et v. intr. débattre ; discuter.

Debet ['de:bɛt] n. (s, s). COMM. débit m. | *ins Debet stellen*, porter au débit.

Debet|konto ["de:bɛt'kɔnto] n. (s, ten) compte débiteur. ||°-**saldo** m. (s, en) solde débiteur ; passif m.

debitieren [debi'ti:rən] v. tr. COMM. débiter ; porter au débit.

Debitor ['de:bitor] m. (s, en) débiteur m.

Debitoren|konto [debi"to:rən'kɔnto] n. (s, en) compte débiteur. ||°-**saldo** m. (s, en) solde débiteur.

Debüt [de'by:] n. (s, s) début m. ; commencement m.

debütieren [deby'ti:rən] v. intr. débuter ; commencer ; jouer son premier rôle.

Dechanat [deça'na:t] (s, e). UNIV. dignité (f.), fonction (f.) du doyen ; décanat m. || RELIG. dignité (f.), fonction (f.) du doyen d'église ; doyenné m. || PAR EXT. demeure (f.), circonscription (f.) du doyen.

Dechanei [-'nai] f. (-, en). RELIG. circonscription (f.) du doyen (catholique) ; doyenné m.

Dechant [de'kant] m. (en, en). UNIV. doyen (m.) de faculté. || RELIG. 1° doyen m. (catholique) ; 2° [Superintendent] doyen protestant.

dechiffrieren [deʃi'fri:rən] v. tr. déchiffrer.

Deck [dɛk] n. (s, e). MAR. pont m. | *alle Mann auf, an Deck !*, tout le monde sur le pont ! || FIG., FAM. *er ist wieder auf Deck*, il est rétabli.

Deck|adresse [ʺdɛka'drɛsə] f. (-, n) couvert m. ||°**-akt** m. (es, e). COMM. couvrement m. ||°**-anstrich** m. (es, e). TECHN. seconde couche. ||°**-aufbau** m. (s, ten). ARCHIT. superstructure f. ||°**-bett** n. (s, en) édredon m. ; couverture f. ||°**-blatt** n. (s, ¨er). BOT. bractée f. | *Deckblatt einer Zigarre*, robe (f.) d'un cigare. ||°**-blech** n. (s, e) tôle (f.) de protection. ||°**-farbe** f. (-, n). TECHN. couleur, peinture couvrante. || °**-federn** f. pl., °**-flügel** m. (s, -). ZOOL. élytre m. ||°**-flügler** m. (s, -). ZOOL. coléoptère m. ||°**-gebirge** n. (s, -). GÉOL., MINES. morts-terrains m. pl. ; terrain (m.) de recouvrement. ||°**-hengst** m. (es, e). ZOOL. étalon m. ||°**-landung** f. (-, en). MAR., MIL. appontage m. ||°**-leiste** f. (-, n). TECHN. couvre-joint m. ; [Innenarchitektur] baguette (f.) de moulure. ||°**-licht** n. (s, er) plafonnier m. ||°**-mantel** m. (s, ¨) manteau m. || FIG., PÉJOR. couvert m. ; prétexte m. ||°**-name** m. (ns, n) nom (m.) d'emprunt, de guerre ; pseudonyme m. ||°**-offizier** m. (s, e). MIL., MAR. maître m. ||°**-plane** f. (-, n) bâche f.

Decke ['dɛkə] f. (-, n) couverture f. || LOC. *sich nach der Decke strecken*, vivre selon ses moyens. | *er steckt mit ihm unter einer Decke*, ils s'entendent comme larrons en foire. || PAR ANAL., ARCHIT. [Zimmer] plafond m. ; voûte f. || BOT. [Blätter] couvert m. || ANAT., BOT. enveloppe f. || MUS. table f. || MINES. ciel m.

Deckel [-kəl] m. (s, -) couvercle m. | *den Deckel abnehmen*, ôter le couvercle. || FAM. [Hut, Mütze] couvre-chef m. | *Topf und Deckel*, couple uni. || BOT., ZOOL. opercule m. || CHIM. dôme m.

decken ['dɛkən] v. tr. **1.** [bedecken] couvrir ; recouvrir. | *das Dach mit Ziegeln decken*, couvrir le toit de tuiles. || [drauflegen] *den Tisch decken*, mettre le couvert.

2. [verdecken] *diese Farbe deckt gut*, cette couleur est couvrante.

3. [beschützen] protéger. | *jn mit seinem Ruf decken*, couvrir qn de sa réputation. || MIL. *Roland deckte den Rückzug*, Roland couvrait la retraite.

4. COMM. couvrir ; nantir. | *durch Versicherung gedeckt*, couvert par l'assurance. | *seinen Bedarf an etwas decken*, s'approvisionner. | *ein Defizit decken*, combler un déficit. | *einen Wechsel decken*, honorer une traite.

5. ZOOL. couvrir ; saillir ; monter.

◇ v. pr. **sich decken,** se couvrir ; se protéger. || MIL. *sich den Rücken decken*, protéger ses arrières. || COMM. se couvrir ; se nantir ; prendre des garanties. || MATH. coïncider. | *die beiden Dreiecke decken sich*, les deux triangles coïncident. || FIG. *seine Interessen decken sich mit den meinen*, ses intérêts coïncident avec les miens.

Decken|balken [ʺdɛkən'balkən] m. (s, -). ARCHIT. solive f. ||°**-beleuchtung** f. (-, en) plafonnier m. ||°**-täfelung** f. (-, en). ARCHIT. lambris m.

Deckung ['dɛkuŋ] f. (-, en) couverture f. ; couvert m. ; abri m. ; protection f. || MIL. couvert m. ; protection f. | *in Deckung gehen*, se mettre à couvert. | *ohne Deckung*, à découvert. || SPORT. [Fechtkunst] parade f. || COMM. *bankmäßige Deckung*, couverture bancaire. || SPORT. marquage m. | *enge Deckung*, marquage serré. || ZOOL. saillie f. ; monte f.

Deckungs|arbeit [ʺdɛkuŋs'arbait] f. (-, en). SPORT. marquage m. ||°**-fähigkeit** f. (-). MATH. coïncidence f. ||°**-kapital** n. (s, ien). COMM. capital (m.), fonds (m. pl.) de couverture. ||°**-loch** n. (s, ¨er). MIL. trou-abri m. ||°**-papiere** n. pl. valeurs (f. pl.) de garantie. ||°**-rückstellung** f. (-, en). FIN. [Versicherung] provision (f.) mathématique.

dedizieren [dedi'tsi:rən] v. tr. dédier.

Deduktion [deduk'tsio:n] f. (-, en). PHILOS. déduction f.

deduzieren [-du'tsi:rən] v. tr. PHILOS. déduire.

de facto [de'fakto] adv. de fait.

Defaitist [defɛ'tist] m. (en, en) défaitiste m.

Defäkation [defɛka'tsio:n] f. MÉD. défécation f.

defekt [de'fɛkt] adj. défectueux ; détérioré ; avarié ; en mauvais état. | *defektes Buch*, livre incomplet. | *defekt sein*, avoir des défauts.

Defekt [-'fɛkt] m. (s, e) manque m. ; défaut m. ; détérioration f. ; dégradation f. || TECHN. défaut ; panne f. || COMM. manque m. | *die Kasse weist einen Defekt von hundert Mark auf*, il manque cent marks dans la caisse. || TYPOGR. défet m.

defensiv [defɛn'zi:f] adj. défensif.

Defensive [-'zi:və] f. (-). MIL. défensive f. | *in der Defensive bleiben*, rester sur la défensive.

Defilee [defi'le:] n. (s, s) défilé m. ; gorge f. ; col m. || PAR EXT., MIL. revue f. ; défilé m.

defilieren [-'li:rən] v. intr. MIL. défiler ; passer.

definierbar [defi'ni:rba:r] adj. définissable ; explicable.

definieren ['ni:rən] v. tr. PHILOS. définir ; expliquer.

Definition [-ni'tsio:n] f. (-, en). PHILOS. définition f. ; explication f.

definitiv [-ni'ti:f] adj. définitif.

Defizit ['defitsit] n. (s, e). COMM. déficit m.

Deflation [defla'tsio:n] f. (-, en). FIN. déflation f.

Defloration [deflora'tsio:n] f. (-, en). PHYSIOL. défloration f.

deformieren [defɔr'mi:rən] v. tr. déformer.

Deformierung [-ruŋ] f. (-, en) déformation f.

Defraudant(in) [defrɔ'dant(in)] m. (en, en), f. (-, nen) fraudeur m. ; fraudeuse f.

Defraudation [-da'tsio:n] f. (-, en) fraude f.

defraudieren [-'di:rən] v. tr. frauder.

deftig ['deftiç] adj. [kräftig] solide. | *eine deftige Mahlzeit*, un solide repas. || [derb] cru ; vert ; osé. | *eine deftige Abreibung hinnehmen*, se faire réprimander vertement.

Degen ['de:gən] m. (s, -) épée f. ; glaive m. ; sabre m. ; rapière f. ; dague f. ; fleuret m. | *den Degen führen*, porter l'épée. | *den Degen ziehen*, tirer l'épée. | *zum Degen greifen*, mettre l'épée à la main. | *sich auf Degen schlagen*, se battre à l'épée. || PAR EXT., POÉS., HIST. preux m. ; héros m. | *alter Degen*, vieux soldat.

— SYN. : *Schwert*, épée ; POÉT. glaive ; *Säbel*, sabre ; *Hieber*, brette ; *Handdegen*, espadon ; *Stoßdegen*, estoc.

Degen|band [ʺde:gən'bant] n. (s, ¨er). MIL. dragonne f. ||°**-fisch** m. (es, e). ZOOL. espadon m. ||°**-fläche** f. (-, n). TECHN. plat (m.) de l'épée. ||°**-gehänge** n. (s, -), °**-gehenk** n. (s, e), °**-gurt** m. (s, e). TECHN. baudrier m. ; ceinturon m. ; porte-épée m. ; bélière f. ||°**-knopf** m. (s, ¨e) pommeau (m.) d'épée. ||°**-quaste** f. (-, n), °**-troddel** f. (-, n) dragonne f. ||°**-schärfe** f. (-), °**-schneide** f. (-). TECHN. fil (m.) de l'épée. ||°**-stich** m. (s, e), °**-stoß** m. (es, ¨e), coup (m.) d'épée. ||°**-stock** m. (s, ¨e) canne (f.) à épée.

Degeneration [degenera'tsio:n] f. PHYSIOL. dégénération f. ; dégénérescence f.

degenerieren [-'ri:rən] v. intr. PHYSIOL. dégénérer.

Degradation [degrada'tsio:n] f. MIL. dégradation f. || ADM. rétrogradation f.

degradieren [-'di:rən] v. tr. MIL. dégrader ; casser. || ADM. rétrograder.

degressiv [degrɛ'sif] adj. dégressif.

dehnbar ['de:nba:r] adj. extensible ; élastique ; souple. || PHYS. dilatable. || [Gas] expansible. || [Metall] ductile ; malléable. || FIG. vague. | *dehnbare Begriffe*, notions mal définies.

Dehnbarkeit [-ba:rkeit] f. (-) élasticité f. ; souplesse f. || PHYS. dilatabilité f. || [Gas] expansibilité f. || [Metall] ductilité f. ; malléabilité f.

dehnen ['de:nən] v. tr. tendre ; étendre ; allonger ; étirer ; élargir. | *die Glieder dehnen*, étirer ses membres. || FIG. *gedehnt sprechen*, traîner sur les mots.

◇ v. pr. **sich dehnen,** se tendre ; s'étendre ; s'allonger ; s'étirer ; s'élargir. || FIG. *die Sitzung dehnt sich in die Länge*, la séance traîne en longueur.

Dehnung [-nuŋ] f. (-, en) extension f. ; étirage m. ; allongement m. || PHYS. dilatation f. || GRAMM. longueur f. (d'une syllabe). || MÉD. élongation f.

Dehnungs|fuge [ʺde:nuŋs'fu:gə] f. (-, n). TECHN. joint (m.) de dilatation. ||°**-grenze** f. (-, n). TECHN. limite (f.) d'allongement, de dilatation. ||°**-messer** m. (s, -). TECHN. dilatomètre m. ; extensomètre m. ||°**-meßgerät** n. (s, e), °**-meßstreifen** m. (s, -). TECHN. jauge (f.) de contrainte. ||°**-zeichen** n. (s, -). GRAMM. signe (m.) de longueur ; accent (m.) circonflexe.

Dehors [de'o:r] pl. invar. *die Dehors wahren*, sauver les apparences.

Deibel ['daibəl] m. (s). POP. diable m. || PAR EUPHÉM. diantre ! | *pfui Deibel !*, fi donc !

Deich [daiç] m. (s, e) digue f. ; levée f. ; chaussée f.

Deich|damm ['daiçdam] m. (s, ¨e) jetée f. ; rempart (m.) d'une digue. ||°**-graf** m. (en, en) intendant (m.) des digues. ||°**-hauptmann** m. V. DEICHGRAF. ||°**-schau** f. (-) inspection (f.) des digues.

Deichsel ['daiksəl] f. (-, n) timon m. ; limonière f. ; brancard m.

Deichsel|gabel [ʺdaiksəl'ga:bəl] f. (-, n) limon m.

||°-**nagel** m. (s, ¨). TECHN. atteloire f. ||°-**pferd** n. (s, e) timonier m. ||°-**wagen** m. (s, -) char (m.) à simple timon.

deichseln ['daiksəln] v. tr. FIG., FAM. venir à bout de ; arranger.

dein [dain] **(deine, dein)** adj. poss. ton, ta, tes, ◇ pron. poss. **(deine, deines)** le tien, la tienne, les tiens, les tiennes. | *mein Haus ist neu, das deine alt*, ma maison est neuve, la tienne vieille. | *die Deinen*, les tiens. | *das Deine*, ton bien. | *tu das Deine*, fais ton devoir ; fais ce que dois.

deiner|seits ["dainər'zaits] adv. de ton côté ; à ton tour ; de ta part.

deines|gleichen [-nəs'glaiçən] adv. ton pareil, ta pareille ; ton semblable ; comme toi.

deinet|halben [-nət'halbən], **deinet|wegen** [-nət've:gən], **deinet|willen** [-nət'vilən] adv. à cause, pour l'amour de toi.

deinige ['dainigə] pron. poss. le tien, la tienne,

Deismus [de'ismus] m. (-). PHILOS. déisme m.

Deist [de'ist] m. (en, en). PHILOS. déiste m.

deistisch [-tiʃ] adj. PHILOS. déiste.

Deixel ['daiksəl] m. FAM. diable m. (V. DEIBEL.)

de jure [de:'iu:rə] loc. adv. JUR. de droit.

Dekade [de'kɑ:də] f. (-, n) décade f.

dekadent [deka'dɛnt] adj. décadent.

Dekadenz [-'dɛnts] f. (-) décadence f.

Deka|liter [deka'li:tər] m. et n. (s, -) décalitre m.

Deka|meter [-'me:tər] m. et n. (s, -) décamètre m.

Dekan [de'kɑ:n] m. (s, e). UNIV. doyen m.

Dekanat [-ka'nɑ:t] n. (s, e) décanat m.

dekantieren [dekan'ti:rən] v. tr. décanter.

Dekantieren [-rən] n. (s, -) décantation f.

Deka|ster [deka'stɛ:r] m. (s, e) décastère m.

Deklamation [deklama'tsio:n] f. (-, en) déclamation f. ; récitation f. ; diction f.

deklamatorisch [-ma'to:riʃ] adj. déclamatoire.

deklamieren [-'mi:rən] v. tr. déclamer ; réciter.

Deklaration [deklara'tsio:n] f. (-, en) déclaration f.

deklaratorisch [-ra'to:riʃ] adj. JUR. déclaratoire ; déclaratif.

deklarieren [-'ri:rən] v. tr. COMM. [Zoll] déclarer.

deklassieren [dekla'si:rən] v. tr. déclasser.

Deklination [deklina'tsio:n] f. (-, en). GRAMM. déclinaison f. || PHYS. déclinaison f. ; déviation f.

deklinierbar [-ni:rbɑ:r] adj. GRAMM. déclinable.

deklinieren [-'ni:rən] v. tr. GRAMM. décliner.

Dekodier|einrichtung [dekɔ"di:r'ainriçtuŋ] f. (-, en). INF. decodeur m.

dekodieren [dekɔ'di:rən] v. tr. INF. décoder.

Dekodieren n. (s). INF. décodage m.

Dekolleté [de:kɔl(ə)'te:] n. (s) décolleté m.

dekomponieren [de:kɔmpɔ'ni:rən] v. tr. décomposer.

Dekompression [dekɔmprɛ'sio:n] f. (-). TECHN. décompression f.

Dekompressions|einrichtung [dekɔmprɛ"sio:ns-'ainriçtuŋ] f. (-, en). TECHN. décompresseur m. ||°-**raum** m. (s, ¨e). TECHN. chambre (f.) de décompression. ||°-**stufe** f. (-, n). [Tauchen] palier (m.) de décompression.

Dekorateur [dekɔra'tø:r] m. (s, s) décorateur m.

Dekoration [-ra'tsio:n] f. (-, en). [Kunst, Auszeichnung] décoration f. || THÉÂTRE. décor m.

Dekorations|maler [-ra"tsio:ns'mɑ:lər] m. (s, -) peintre décorateur m. ; peintre (m.) de décors.

dekorativ [-ra'ti:f] adj. décoratif ; ornemental.

dekorieren [-'ri:rən] v. tr. [schmücken] décorer. || [auszeichnen] décorer ; donner une décoration.

Dekret [de'kre:t] n. (s, e). POLIT. décret m. | *ein Dekret erlassen*, prendre un décret ; décréter.

Dekretale [-kre'tɑ:lə] n. (s, n et ien). RELIG. décrétale f.

dekretieren [-kre'ti:rən] v. tr. décréter.

Delegation [delega'tsio:n] f. (-, en) délégation f.

delegieren [-'gi:rən] v. tr. [senden] déléguer.

delikat [deli'kɑ:t] adj. CULIN. fin ; délicieux ; délicat. || FIG. [heikel, schwierig] délicat. | *delikate Angelegenheit*, affaire délicate. || [Personen : zart, feinfühlend] délicat. || [empfindlich] délicat.

Delikatesse [-ka'tɛsə] f. (-, n). CULIN. friandise f. ; comestibles (m. pl.) de choix. || FIG. [Zartgefühl ; Geschmack] délicatesse f. ; tact m. ; bon goût.

Delikatessen|handlung [delika"tɛsən'handluŋ] f. (-, en). COMM. épicerie fine ; traiteur m.

Delikt [de'likt] n. (s, e). JUR. délit m. ; acte délictueux.

Delikthaftung [de"likt'haftuŋ] f. (-, en). JUR. responsabilité délictuelle, « ex delicto ».

Delinquent [deliŋ'kvɛnt] m. (en, en). JUR. délinquant m.

Delirium [de'li:rium] n. (s, rien). MÉD. délire m.

Delkredere [delkre'de:rə] n. (-, -). COMM. ducroire m.

Delkrederekonto [delkre"dere'kɔnto] n. (s, ten). COMM. compte ducroire m.

Delphin [dɛl'fi:n] m. (s, e). ZOOL. dauphin m.

delphisch ['dɛlfiʃ] adj. GÉOGR., HIST. delphien. | *delphisches Orakel*, oracle (m.) de Delphes.

Delta ['dɛlta] n. (s, s). [Buchstabe] delta m. || PAR EXT., GÉOGR. delta m.

Delta|muskel ["dɛlta'muskəl] m. (s, -). ANAT. muscle (m.) deltoïde ; deltoïde m.

dem [de:m] art. déf. et pron. dém. et rel. dat. sing. m. et n. au ; à la ; à ce ; à cet ; à cette ; à celui-ci ; à celle-ci ; à ceci ; à celui-là ; à celle-là ; à cela ; à qui ; auquel ; à laquelle ; à quoi. | *mit dem kann man vorliebnehmen*, on peut se contenter de cela. | *wenn dem so ist*, s'il en est ainsi. | *wie dem auch sei ; dem sei, wie ihm wolle*, quoi qu'il en soit.

Demagoge [dema'go:gə] m. (n, n). POLIT. démagogue m.

Demagogentum [-'go:gəntu:m] n. (s). POLIT. démagogie f.

Demagogie [-go'gi:] f. (-). POLIT. démagogie f.

Demant [de'mant] m. (s, e). POÉT. diamant m.

Demarche [de'marʃə] f. (-, n). POLIT. démarche f.

Demarkations|linie [demarka"tsio:ns'liniə] f. (-, n) ligne (f.) de démarcation.

demaskieren [demas'ki:rən] v. tr. FIG. et MIL. démasquer.

dem|entgegen ["de:mɛnt'ge:gən] adv. contre ; à cela ; là contre.

Dementi [de'mɛnti] n. (s, s) démenti m. | *ein amtliches Dementi geben*, donner, opposer un démenti officiel.

dementieren [-mɛn'ti:rən] v. tr. démentir.

dem|entsprechend ["de:mɛnt'ʃprɛçənt] adj. conforme à cela.
◇ adv. conformément à, en suite de cela ; par conséquent ; en conséquence ; par suite.

dem|gegenüber ["de:mge:gən'y:bər] adv. V. ANDERSEITS, DEMENTGEGEN.

dem|gemäß ["de:mgə'mɛs] adv. conformément à cela ; par conséquent ; en conséquence.

Demission [demi'sio:n] f. (-, en) démission f.

demissionieren [demisiɔ'ni:rən] v. intr. donner sa démission ; démissionner.

Demiurg [demi'urk] m. (en ou s, en) démiurge m.

dem|nach ['de:mnɑ:x - de:m'nɑ:x] adv. d'après, selon cela ; en conséquence ; par conséquent ; donc.

dem|nächst ['de:mnɛkst - de:m'nɛkst] adv. prochainement ; bientôt ; sous peu ; un de ces jours.

demobilisieren [demɔbili'zi:rən] v. tr. MIL. démobiliser.

Demobilisierung [-ruŋ] f. (-, en), **Demobilisation** f. (-, en). MIL. démobilisation f.

Demodulator [demɔdu'lɑ:tor] m. (s, en). ÉLECTR. démodulateur m.

Demograph [demo'grɑ:f] m. (en, en) démographe m.

Demographie [-gra'fi:] f. (-, en) démographie f.

Demo|krat [demo'krɑ:t] m. (en, en). POLIT. démocrate m. ||°-**kratie** f. (-, en). POLIT. démocratie f. ||-**kratisch** adj. POLIT. [Dinge] démocratique. || [Personen] démocrate. ||-**kratisieren** v. tr. POLIT. démocratiser. ||°-**skopie** f. étude (f.) de l'opinion publique. ||-**tisch** adj. démotique.

demolieren [demo'li:rən] v. tr. démolir.

Demolierung [-ruŋ] f. (-, en) démolition f.

Demonetisierung [demoneti'zi:ruŋ] f. (-, en). FIN. démonétisation f.

Demonstrant [demɔn'strant] m. (en, en). POLIT. manifestant m.

Demonstration [-stra'tsio:n] f. (-, en). POLIT. démonstration f. ; manifestation f. || MATH. démonstration f.

demonstrativ [-stra'ti:f] adj. démonstratif. ◇ par démonstration.
Demonstrativ|pronomen [demɔnstra"ti:fprɔ'no:-mən] n. (s, mina). GRAMM. pronom démonstratif.
demonstrieren [-'stri:rən] v. tr. démontrer.
Demontage [demɔn'tɑ:ʒə] f. (-, n). TECHN. démontage m.; désassemblage m.; démantèlement m.
demontieren [-'ti:rən] v. tr. TECHN. démonter.
Demoralisation [demoraliza'tsio:n] f., **Demoralisierung** [-z'i:ruŋ] f. (-) démoralisation f.
demoralisieren [-'zi:rən] v. tr. démoraliser; décourager.
dem|unerachtet ["de:m'unεraxtət], **dem|ungeachtet** [-'ungeaxtət]. V. DES(SEN)UNGEACHTET.
Demut ['de:mu:t] f. (-) humilité f.; soumission f.; abaissement m.
demütig ['de:my:tiç] adj. humble; soumis; modeste.
demütigen [-my:tigən] v. tr. humilier; abaisser; mortifier.
◇ v. pr. **sich demütigen,** s'humilier.
Demütigung [-my:tiguŋ] f. (-, en) humiliation f.; mortification f.; abaissement m.
dem|zufolge ["de:mtsu'fɔlgə] adv. en conséquence; par conséquent; conséquemment.
den [de:n] art. déf. et pron. dém. et rel., acc. sing. et dat. pl. m., f., n. le; la; aux; celui-ci; celui-là; celle-ci; celle-là; ce(ci); ce(la); à ceux-ci, à ceux-là; à celle-ci, à celle-là; que; lequel; laquelle. | *den sehe ich*, celui-là, je le vois.
Denar [de'nɑ:r] m. (s, e). HIST. [Rom; Frankreich] denier m.
denationalisieren [de:natsionali'zi:rən] v. tr. POLIT. dénationaliser.
Denaturierung [denatu'ri:ruŋ] f. (-). TECHN. dénaturation f.
Denazifizierung [denatsifi'tsi:ruŋ] f. (-). POLIT. dénazification f.
denen ['de:nən] pron. dém. et rel., dat. pl., m., f., n. GRAMM. à ceux-ci, à ceux-là, à celles-ci, à celles-là; à qui; auxquels, auxquelles.
dengeln ['dεŋəln] v. tr. marteler, battre (faux).
Denk|anstoß ["deŋk'anʃto:s] m. (es,¨e) impulsion f.; incitation f.; déclic m. ||°**-art** f. (-, en) façon (f.), manière (f.) de penser; mentalité f. ||°**-bild** n. (es, er) symbole m. ||°**-faulheit** f. (-) paresse (f.) d'esprit. ||°**-freiheit** f. (-) liberté (f.) de pensée. ||°**-mal** n. ([e]s, e et¨er) monument m. || °**-mal|schändung** f. (-, en). JUR. dégradation (f.) d'un monument. ||°**-münze** f. (-, n) médaille commémorative. ||°**-schrift** f. (-, en) mémoire m.; mémorandum m.; placet m. ||°**-spruch** m. (s,¨e) sentence f.; devise f. ||°**-stein** m. (s, e). ARCHIT. pierre commémorative. ||°**-störung** f. (-, en). MÉD. trouble mental. ||°**-weise** f. (-, n) manière (f.) de penser, de voir. ||**-würdig** adj. mémorable. ||°**-würdigkeit** f. (-, en) importance f.; fait (m.), chose (f.) mémorable. || PAR EXT., LITTÉR. *Denkwürdigkeiten*, Mémoires m. pl. ||°**-zettel** m. (s, -) note f.; mémento m. || FIG., IRON. *jm einen (tüchtigen) Denkzettel geben*, donner une leçon à qn.
denkbar ['dεŋkbɑ:r] adj. imaginable; concevable. ◇ adv. avec adj. au superl. possible. | *in den denkbar besten Verhältnissen*, dans les meilleures conditions possibles.
denken [-kən] (dachte, gedacht) v. intr. **1.** penser; songer; avoir des pensées, des sentiments. | *edel denken*, penser noblement. | *ich denke, also bin ich*, je pense, donc je suis. | *nur an sich denken*, ne penser qu'à soi. | *woran denken Sie?*, à quoi songez-vous?; y songez-vous? | *hoch hinaus denken*, avoir de grands projets. || DANS LE DISCOURS INDIRECT: *ich dachte, er sei einer von deinen Schülern*, je pensais qu'il était un de tes élèves.
2. [überlegen] *hin und her denken*, penser et repenser; se creuser la tête. | *wo denken Sie hin?*, y songez-vous? | *wie Sie denken*, comme vous jugez bon. | *auf Böses denken*, penser, songer à mal; machiner qch. | *man sollte denken, er wäre ein Narr*, on dirait qu'il est fou.
3. [nicht vergessen] *denken Sie daran, es bald zu tun*, pensez à le faire bientôt. | *nicht daran denken*, oublier. | *ich denke gar nicht d(a)ran*, loin de moi cette pensée.
4. [darüber denken] penser; raisonner. | *wie denken Sie darüber?* qu'en pensez-vous? | *denken Sie mal!*, figurez-vous.
5. [glauben; meinen] opiner; croire; présumer. | *wie denken Sie von ihm?* quelle opinion avez-vous de lui? | *sie dachte, wir hätten bald genug davon*, elle pensait que nous en aurions bientôt assez. | *machen Sie, wie Sie denken*, faites à votre idée. || PROV. *der Mensch denkt, Gott lenkt*, l'homme propose, Dieu dispose.
◇ v. tr. **1.** penser; se représenter; se figurer; imaginer; croire. | *du denkst immer das Schlimmste*, tu vois toujours les choses en noir. | *das habe ich mir gedacht*, c'est bien ce que je pensais; IRON. c'est bien ça. | *Arges, Böses denken*, avoir de mauvais desseins. | *von jm niedrig, gering denken*, penser du mal de qn. | *dabei habe ich mir nichts gedacht*, je l'ai dit sans penser à mal. | *wer hätte das gedacht?*, qui eût (aurait) cru cela? | *ich dachte mir die Stadt sehr schön*, je croyais cette ville très belle. | *ich denke mir mein Teil*, je n'en pense pas moins.
2. [sich einbilden] se figurer; se représenter; s'imaginer. | *er denkt, wunder was getan zu haben*, il s'imagine avoir fait qch. d'extraordinaire. | *es läßt sich kaum denken, wie schrecklich die Katastrophe war*, on imagine difficilement l'horreur de la catastrophe. | *er denkt wunder was er sei*, il est infatué de sa personne. | *das hätte ich mir nie gedacht*, je n'aurais jamais cru cela. | *denken Sie sich meine Freude!*, imaginez ma joie. | *ich denke mir die Sache so*, voilà comment je vois l'affaire. | *das läßt sich schon denken*, cela se conçoit.
3. [Absicht haben] songer à; avoir l'intention de; se proposer de; compter. | *was denken Sie zu tun?*, que comptez-vous faire?
denkend [-kənt] adj. pensant; penseur. | *denkender Kopf*, penseur m. | *jeder denkende Mensch*, tout homme qui réfléchit.
Denker [-kər] m. (s, -) penseur m.
Denkungs|art ["dεŋkuŋs'a:rt] f. (-, en) façon (f.) de penser.
denn [dεn] conj. **1.** CAUSE: car; en effet. | *geh nicht fort, denn wir arbeiten gleich*, ne t'en va pas, nous allons travailler. || CONSÉQUENCE: donc; ainsi donc. | *sei es denn!; wohlan denn!*, eh bien!; soit!
2. POUR RENFORCER: donc. | *wo ist er denn?* où est-il donc? || FAM. *was ist denn los?*, qu'y a-t-il donc?
3. [einräumend] *es sei denn, daß*, à moins que. | *ich glaube dir nicht, es sei denn du zeigst mir den Brief*, je ne te crois pas, à moins que tu ne me montres la lettre.
4. [Vergleich] *schöner denn je*, plus beau que jamais.
dennoch ['dεnnɔx] adv. cependant; pourtant; néanmoins; toutefois; tout de même.
Densito|meter [dεnzito'me:tər] n. (s, -) densitomètre m.
Dentist(in) [dən'tist(in)] m. (en, en), f. (-, nen) dentiste s.
Denunziant [denuntsi'ant] m. (en, en). JUR. dénonciateur m.; délateur m.
Denunziation [-tsia'tsio:n] f. (-, en). JUR. dénonciation f.; délation f.
denunzieren [-'tsi:rən] v. tr. JUR. dénoncer.
Deodorant [deodo'rant] n. (s, s) déodorant m.
Deontologie [deɔntolo'gi:] f. déontologie f.
Depesche [de'pεʃə] f. (-, n) dépêche f. (télégraphique); télégramme m.; FAM. câble m. || POLIT. dépêche (f.) diplomatique.
depeschieren [depε'ʃi:rən] v. tr. envoyer un télégramme; télégraphier.
Depilation [depila'tsio:n] f. (-, en) épilation f.
depilieren [-'li:rən] v. tr. épiler.
deplaciert [depla'tsi:rt] adj. *deplacierte Worte*, paroles déplacées.
Depolarisation [depolariza'tsio:n] f. (-). ÉLECTR. dépolarisation f.
depolarisieren [-'zi:rən] v. tr. ÉLECTR. dépolariser.
Deponens [depɔ'nεns] n. (-, zien). GRAMM. (verbe m.) déponent.
Deponent m. (en, en). JUR., FIN. déposant m.
Deponie [depo:'niə] f. (-, n) décharge publique.
deponierbar [-'ni:rbɑ:r] adj. FIN. déposable.
deponieren [-'ni:rən] v. tr. JUR. déposer; témoigner. || FIN. déposer; mettre, donner en dépôt.
Deportation [depɔrta'tsio:n] f. (-, en), **Deportierung** [-'ti:ruŋ] f. (-, en). POLIT. déportation f.
deportieren [-'ti:rən] v. tr. POLIT. déporter.
Deportierte(r) [-'ti:rtə(r)] f. (m.) déporté(e) m. (f.).
Deport|(geschäft) [de'pɔrt(gəʃεft)] n. (s, e). FIN. déport m.
Depositär [depozi'tε:r] m. (s, e). COMM. dépositaire m.

Depositen [de'po:zitən] n. pl. Fin. dépôt(s) m. (pl.).

Depositen|bank [de"po:zitən'baŋk] f. (-, en) banque (f.) de dépôts. | *Depositen- und Girobank*, banque de dépôts et de virements. ||°-**gelder** n. pl. fonds (m. pl.) mis en dépôt. ||°-**geschäft** n. (s, e) opérations (m. pl.) de dépôts. ||°-**kasse** f. (-, n) caisse (f.) des dépôts et consignations.

Depot [de'po:] n. (s, s) dépôt m. ; entrepôt m. ; endroit m. ; magasin m. || Fin. dépôt m.

Depot|buch [de'po:bu:x] n. (s, ¨er). Fin. livre (m.) de dépôts. ||°-**geschäft** n. (s, e). Fin. opérations (f. pl.) sur dépôts. ||°-**konto** n. (s, ten). Fin. compte (m.) de dépôt. ||°-**zwang** m. (s). Fin. dépôt (m.) obligatoire.

Depp [dɛp] m. (s, en). Dial. (homme [m.]) stupide, sot, lourdaud. | *so ein Depp!*, quel balourd !

deppen ['dɛpən] v. tr. Dial. berner ; tromper.

Depression [deprɛ'sio:n] f. (-, en). Phys., Géol., Météor. dépression f. || Méd. dépression (nerveuse) ; fam. déprime f. || Comm. dépression f. ; crise f.

depressiv [deprɛ'sif] adj. déprimé.

depretiieren [depre'tsi'i:rən] v. tr. [unterchätzen] déprécier.

deprezieren [depre'tsi:rən] v. tr. (Vx.) *jm etwas deprezieren*, demander pardon de qch. à qn.

deprimieren [depri'mi:rən] v. tr. déprimer ; décourager ; accabler.

Deputat [depu'tɑ:t] n. (s, e). [Naturallohn] prestations (f. pl.) en nature ; part f. || Par ext. *Stundendeputat*, heures dues (en supplément).

Deputation [deputa'tsio:n] f. (-, en). Polit. [Abordnung] députation f. ; délégation f.

deputieren [-'ti:rən] v. tr. Polit. [senden] députer ; déléguer.

Deputierte(r) [-'ti:rtə(r)] f. (m.). Polit. député m.

Deputierten|kammer [depu"ti:rtən'kamər] f. (-, n). Polit. chambre (f.) des députés.

der [de:r] art. déf. ; nom. sing. m. ; gén. dat. sing. f. ; gén. pl. m., f., n. le ; de ; à la ; des. | *der Mann*, l'homme. | *das Kind der Frau*, l'enfant de la femme. | *ich gebe der Frau die Hand*, je donne la main à la, à cette dame. | *die Ranzen der Schüler*, les cartables des écoliers. || Par ext. pron. dém. nom. sing. m. celui ; celui-ci ; celui-là ; ce ; cet. | *mein Garten und der meiner Schwester*, mon jardin et celui de ma sœur. | *der und der*, un tel. || Fam. *hol dich der und jener*, que le diable t'emporte !
◇ pron. rel. ; nom. sing. m. ; dat. sing. f. qui ; lequel ; à qui ; laquelle. | *der Schüler, der kommt*, l'élève qui vient. | *die Schwester, der ich die Tür öffne*, la sœur à qui, à laquelle j'ouvre la porte.
◇ adj. dém. Fam. (employé pour **dieser**) *der Mann da!*, cet homme-là ! ; celui-là !

der|art ['de:rɑ:rt] adv. de telle façon ; de telle manière ; tant ; tellement.

der|artig ["de:r'ɑ:rtiç] adj. semblable ; pareil ; tel ; de cette espèce(-là).

derb [dɛrp] adj. [zusammengepreßt] compact ; ferme ; dense ; épais. | *derbes Brot*, pain compact. | *derber Boden*, terrain compact, lourd, tenace. || [körnig, rauh, stark] dru ; épais ; touffu ; serré. | *derbes Gras* herbe drue. | *derbes Mädchen*, fille drue ; luronne f. ; fam. gaillarde f. || Par anal., fig. [unfein] rude ; lourd ; brutal ; grossier. | *derber Spaß*, plaisanterie grossière ; gauloiserie f. ; propos corsés. | *derber Verweis*, camouflet.
◇ adv. sans fard ; crûment ; vertement. | *er geht derb drauf los*, il n'y va pas de main morte. | *derb prügeln*, rosser d'importance. | *derb anfahren*, rabrouer.

Derbheit ['dɛrphait] f. (-, en) solidité f. ; fermeté f. ; vigueur f. || Fig. rudesse f. ; grossièreté f. || expression (f.) vulgaire ; grossièreté.

der|einst [de:r'ainst] adv. [Vergangenheit] une fois ; jadis ; anciennement. || [Zukunft] un jour.

der|einstig [-tiç] adj. futur ; à venir.

deren ['de:rən] pron. dém. et rel. gén. sing. f., gén. pl. m., f., n. dont ; de qui ; de laquelle ; desquels, desquelles ; en. | *Bücher? du hast deren viele*, des livres ? tu en as beaucoup.

der|(ent)|halben ["de:r(ənt)'halbən], **-wegen** [-'ve:gen], **-willen** [-'vilən] adv. à cause, pour l'amour d'eux, d'elles, de cela ; pour l'amour de qui (duquel, de laquelle), de quoi. || Par ext. c'est pourquoi ; ainsi.

derer ['de:rər] pron. dém. et rel. gén. pl. m., f., n. de ceux ; de celles ; dont, de qui, desquels, desquelles. | *das Haus derer, die*, la maison de ceux, de celles qui.

der|gestalt ["de:rgə'ʃtalt] adv. de telle façon, sorte, manière ; tellement ; si bien que. | *dergestalt, daß*, de sorte que ; à telle(s) enseigne(s) que.

der|gleichen [de:r'glaiçən] adj. invar. tel ; pareil ; semblable. | *dergleichen Schuhe*, des chaussures (f. pl.) semblables. | *nichts dergleichen*, rien de pareil. | *und dergleichen mehr*, et caetera (etc.).

Derivat [de:ri'vɑ:t] n. (s, e). Gramm. dérivé m.

der|jenige ["de:r'je:nigə] m., **die|jenige** ["di:'je:nigə] f., **das|jenige** ["das'je:nigə] n., **die|jenigen** ["di:'je:nigən] pron. dém. m., f., n. celui ; celle ; ce ; ceux. | *derjenige, der*, celui qui.

der|lei ['de:rlai] adj. invar. V. dergleichen.

der|(mal)|einst ['de:r(mal)"ainst] adv. un jour ; plus tard ; dans la suite.

der|maßen ["de:r'mɑ:sən] adv. tellement ; à tel point.

Dermatologe [dɛrmatɔ'lo:gə] m. (en, en), **Dermatologin** [dɛrmatɔ'lo:gin] f. (-, nen). Méd. dermatologiste s. ; dermatologue s.

Dermatose [dɛrma'to:zə] f. (-, n). Méd. dermatose f.

dero ['dero] ancien gén. de **die** (ancienne forme de politesse) votre. | *dero Majestät*, votre Majesté.

der|selbe ['de:r"zɛlbə] m., **die|selbe** ['di:"zɛlbə] f., **das|selbe** ['das"zɛlbə] n., **die|selben** ['di:"zɛlbən] pl. pron. dém. le, la même ; les mêmes. | *es ist alles ein und dasselbe*, tout cela revient au même.

derweil [der'vail] adv. (Vx.) cependant ; entretemps.

der|zeit ['de:rtsait] adv. actuellement ; à présent.

der|zeitig [-tiç] adj. actuel ; présent.

des [dɛs] art. déf. et pron. dém. gén. sing. m., n. du ; de ce (cet) ; de celui ; de cela. | *die Tür des Gartens*, la porte du jardin. || Prov. *wes das Herz voll ist, des läuft der Mund über*, la bouche parle de l'abondance du cœur.

Des [dɛs] n. invar. Mus. ré (m.) bémol.

Desaster [de'zastər] n. (s). Fam. désastre m.

desavouieren [deza'vui:rən] v. tr. désavouer. || Par ext. laisser en plan ; laisser tomber.

desensibilisieren [dezɛnzibili'zi:rən] v. tr. Méd. désensibiliser.

Desensibilisierung [dezɛnzibili'zi:ruŋ] f. (-). Méd. désensibilisation f.

desertieren [dezɛr'ti:rən] v. intr. déserter.

desfalls ['dɛsfals] adv. dans ce cas ; à cet égard.

des|gleichen [dɛs'glaiçən] (en abr. : **dsgl.**) adj. invar. telle chose ; chose pareille. | *er sah noch nie desgleichen*, il n'a jamais vu chose pareille.
◇ adv. pareillement ; de même.

des|halb ['dɛshalp] adv. [Grund] pour, à cause de cela ; pour cette raison. | *ich habe das deshalb getan, weil*, j'ai fait cela parce que. || [Folge] à cet effet ; c'est pourquoi ; donc. | *er lügt, deshalb wird er bestraft*, il ment, c'est pourquoi il sera puni.

Desinfektion [desinfɛk'tsio:n] f. (-). Méd. désinfection f.

Desinfektions|mittel [-"tsio:ns'mitəl] n. (s, -). Méd. désinfectant m.

desinfizieren [-'tsi:rən] v. tr. Méd. désinfecter ; aseptiser.

desinteressiert [desinterɛ'si:rt] adj. indifférent ; impartial ; désintéressé.

desolat [dezɔ'lɑ:t] adj. désolé.

despektierlich [despɛk'ti:rliç] adj. irrespectueux ; méprisant.

desperat [dɛspe'rɑ:t] adj. désespéré.
◇ adv. désespérément.

Despot [dɛs'po:t] m. (en, en). Polit. despote m.

despotisch [-'po:tiʃ] adj. despotique.

Despotismus [-po'tismus] m. (-). Polit. despotisme m.

des|selben [dɛs'zɛlbən] pron. dém. gén. sing. m. et n. V. derselbe.

dessen ['dɛsɛn] pron. rel. et dém. gén. sing. m. et n. dont ; duquel ; de laquelle ; de qui ; de celui ; de celle ; de ce ; en ; son ; sa ; ses. | *der Mann, dessen Name*, l'homme dont le nom. | *du kennst dessen Adresse*, tu connais son adresse.

des(sen)|ungeachtet ["dɛs(sən)ungə'axtət] adv. malgré cela ; néanmoins ; nonobstant.

Dessert [de'sɛ:r] n. (s, s). Culin. dessert m.

Dessert... (en compos.) de, à dessert. ||°**-teller** m. (s, -) assiette (f.) à dessert.

Destillat [dɛsti'lɑ:t] n. (s, e). CHIM. distillat m.

Destillation [-la'tsio:n] f. (-). CHIM. distillation f.

Destillier|blase [dɛsti"li:r'blɑ:zə] f. (-, n). TECHN. alambic m.

destillieren ['li:rən] v. tr. CHIM. distiller.

desto ['dɛsto] adv. d'autant. | *desto besser*, d'autant mieux, meilleur. | *desto mehr*, d'autant plus. | *je mehr er hat, desto mehr will er*, plus il a, plus il veut. | *desto weniger*, d'autant moins. || PROV. *je toller, desto besser*, plus on est de fous, plus on rit.

des|ungeachtet ["dɛsungə'axtət] adv. V. DESSENUNGEACHTET.

des|wegen ['dɛs"ve:gən] adv. c'est pourquoi ; à cause de cela ; pour cette raison ; pour cela.

Deszendent [dɛstsɛn'dɛnt] m. (en, en) descendant.

Deszendenz [dɛstsɛn'dɛnts] f. (-) descendance f. ||°**-theorie** f. (-, en). BIOL. théorie (f.) de la descendance, de l'hérédité.

Detachement [detaʃ'mɑ̃] n. (s, s). MIL. détachement m.

Detail [de'ta:j] n. (s, s) détail m. || COMM. détail m. | *Verkauf im Detail*, vente (f.) au détail.

Detail|bericht [de"ta:jbə'riçt] m. (s, e) rapport détaillé. ||°**-geschäft** n. (s, e) magasin (m.) de détail. ||°**-handel** m. (s) commerce (m.) de détail. || °**-verkauf** m. (s, ¨e) vente (f.) au détail.

detaillieren [deta'ji:rən] v. tr. diviser en parties. || PAR ANAL. raconter en détail. || COMM. vendre au détail ; détailler.

Detaillist [-'jist] m. (en, en). COMM. détaillant m.

Detektiv [detɛk'ti:f] m. (s, e) détective m. || °**-roman** m. (s, e) roman policier.

Detektor [de'tɛktor] m. (s, en). RADIO. détecteur m.

Detektor|apparat [de"tɛktorapa'rɑ:t] m. (s, e), °**-empfänger** m. (s, -). RADIO. poste (m.) à galène.

Determinismus [detɛrmi'nismus] m. (-). PHILOS. déterminisme m.

detestabel [detɛs'tɑ:bəl] adj. très mauvais.

Detonation [detɔna'tsio:n] f. (-, en). CHIM. détonation f. ; explosion f.

detonieren [-'ni:rən] v. intr. CHIM. détoner ; exploser. || MUS. détonner.

deucht [dɔyçt] (Vx pour **dünkt**) *mir deucht, es deucht mich*, il me semble. (V. DÜNKEN.)

Deut [dɔyt] m. (s, e). POP. liard m. | *nicht einen Deut haben*, n'avoir pas un (rouge) liard. | *um keinen Deut*, pas d'un pouce.

Deutelei [dɔytə'lai] f. (-, en). FAM. interprétation subtile ; ergotage m. ; finesse excessive et outrée ; argutie f.

deuteln ['dɔytəln] v. tr. et v. intr. interpréter subtilement ; ergoter ; chicaner.

deuten ['dɔytən] v. intr. [hinzeigen] montrer, indiquer (du doigt, des yeux). | *auf jn deuten*, montrer qn (du doigt, des yeux). || FIG. annoncer ; présager ; faire allusion à. | *das deutet auf Regen*, cela annonce de la pluie.
◇ v. tr. expliquer ; interpréter. | *Träume deuten*, interpréter les songes. | *das Gesetz deuten*, commenter la loi.

Deuter ['dəytər] m. (s, -) [celui qui] interprète.

Deuterium [dɔy'te:rium] n. (s) deutérium m.

Deutler ['dɔytlər] m. (s, -) ergoteur m. ; esprit pointilleux.

deutlich ['dɔytliç] adj. distinct ; précis ; clair ; net ; défini. | *deutliche Stimme*, voix distincte. | *deutliche Schrift*, écriture claire, lisible. | *deutliche Begriffe*, termes bien définis ; idées précises. | *jm etwas deutlich machen*, faire comprendre qch. à qn. || FIG. *eine deutliche Sprache reden*, parler net.
◇ adv. distinctement ; nettement. | *deutlich schreiben*, écrire lisiblement. | *er fühlte deutlich, daß sein Ende nahe*, il sentait nettement sa fin approcher. | *drücke dich deutlicher aus !*, exprime-toi plus clairement !

Deutlichkeit [-kait] f. (-) netteté f. ; clarté f. ; précision f. ; distinction f.

deutsch [dɔytʃ] adj. allemand ; d'Allemagne ; germanique ; teuton ; teutonique. | *deutsches Reich*, Empire allemand. | *deutsches Volk*, peuple allemand. | *das deutsche Land*, le pays d'Allemagne. | *deutsches Land*, pays allemand. | *die deutschen Länder*, les États (m. pl.) de l'Allemagne fédérale (de l'Ouest). | *deutsche Schweiz*, Suisse (f.) alémanique. | *deutsche Schrift*, écriture (f.) gothique ; TYPOGR. gothique f. | *das Deutsche Reich*, le Reich. | *eine Deutsche Mark*, un mark. | *Ritter des Deutschen Ordens*, chevalier (m.) de l'Ordre teutonique. | *deutscher Tanz*, valse f. || GRAMM. *deutsche Spracheigenheit*, germanisme m. | *auf deutsch*, en allemand. ◇ adv. *deutsch reden, sprechen*, parler allemand. || FIG. *mit dem muß man deutsch reden*, il ne faut pas lui mâcher les mots.

Deutsch [dɔytʃ] n. l'allemand m. ; la langue allemande. | *schlechtes Deutsch*, mauvais allemand. | *er lernt, er kann Deutsch*, il apprend, sait l'allemand. | *er spricht Deutsch*, il parle (l')allemand. | *aus dem Deutschen ins Englische übersetzen*, traduire de l'allemand en anglais.

Deutsch|amerikaner ["dɔytʃameri'kɑ:nər] m. (s, -) Américain d'origine allemande. ||**-deutsch** adj. interallemand. | *eine deutsch-deutsche Auseinandersetzung*, un conflit interallemand, entre les deux Allemagnes. ||**-feindlich** adj. POLIT. antiallemand ; germanophobe. ||**-französisch** adj. POLIT. franco-allemand. | *deutsch-französisches Jugendwerk (DFJW)*, Office franco-allemand pour la jeunesse (O.F.A.J.). ||**-freundlich** adj. POLIT. germanophile. ||°**-freundlichkeit** f. (-). POLIT. germanophilie. ||°**-herren** m. pl. chevaliers (m. pl.) de l'Ordre teutonique. ||°**-lehrer** m. (s, -) professeur (m.) d'allemand. ||**-österreichisch** adj. austro-allemand. ||**-sprachig** adj. GRAMM. de langue allemande. ||**-sprachlich** adj. allemand. | *deutschsprachlicher Unterricht*, enseignement (m.) en allemand. ||**-stämmig** adj. de souche allemande.

Deutsche(r) ['dɔytʃə(r)] f. (m.) Allemand(e) m. (f.). | *ein guter Deutscher*, un bon Allemand. | *seine Frau ist eine Deutsche*, sa femme est Allemande. | *wir Deutsche(n)*, nous autres Allemands.

Deutschen|fresser ["dɔytʃən'frɛsər] m. (s, -). FAM. germanophobe m. ||°**-furcht** f. (-) germanophobie f.

Deutschheit ['dɔytʃhait] f. (-) origine, qualité allemande ; caractère allemand ; mentalité allemande.

Deutschland ['dɔytʃlant] n. (s). GÉOGR. Allemagne f. | *altes Deutschland*, Germanie f.

Deutschland|lied ["dɔytʃlant'li:t] n. (es) hymne national allemand.

Deutschtum ['dɔytʃtu:m] n. (s). POLIT. nationalité, qualité allemande ; germanisme m. ; coutumes allemandes ; esprit allemand. || POLIT. *Deutschtum im Ausland*, les Allemands à l'étranger.

Deutschtümelei [dɔytʃtymə'lai] f. (-) teutomanie f.

Deutung ['dɔytuŋ] f. (-, en) interprétation f. ; explication f.

Devalvation [devalva'tsio:n] f. (-, en). FIN. dévaluation f.

devastieren [devas'ti:rən] v. tr. dévaster.

Devise [de'vi:zə] f. (-, n) devise f. ; sentence f. || FIN. devise étrangère ; change m. | *harte, schwache Devise*, devise forte, faible.

Devisen|abkommen [de"vi:zən'apkɔmən] n. (s, -). FIN. convention (f.) sur les changes. ||°**-abschlüsse** m. pl. opérations (f. pl.) de change. ||°**-abteilung** f. (-, en) service (m.) des changes. ||°**-ausgleichsfonds** m. (-) fonds (m. pl.) de compensation, d'égalisation des changes. ||°**-bestand** m. (s, ¨e) portefeuille-devises m. | *verfügbare Devisenbestände*, disponibilités (f. pl.) en devises. ||°**-bewirtschaftungsstelle** f. (-, n) office (m.) des changes. ||°**-gewinn** m. (s, e) bénéfice (m.) sur change. ||°**-guthaben** n. (s, -) avoir (m.) de change, en devises. ||°**-handel** m. (s) commerce (m.) de devises ; bureau (m.) de change. ||°**-kontrolle** f. (-, n) contrôle (m.) des changes. ||°**-kurs** m. (es, e) cours (m.) des devises, des changes ; change m. ||°**-markt** m. (es, ¨e) marché (m.) des changes ; change m. ||°**-notierung** f. (-, en) cotation (f.) des changes ; change m. ||°**-ordnung** f. (-, en) réglementation (f.) des changes. ||°**-polster** n. (s, -) matelas (m.) de devises. ||°**-rücklage** f. (-, n) réserve (f.) en devises. ||°**-sätze** m. pl. taux (m. pl.) des changes. ||°**-schiebung** f. (-, en), °**-vergehen** n. (s, -) infraction (f.) à la réglementation des changes. ||°**-zuteilung** f. (-, en) attribution (f.) de devises.

devonisch [de'vo:niʃ] adj. GÉOL. dévonien.

devot [de'vo:t] adj. dévot ; humble ; soumis.

Devotion [devo'tsio:n] f. (-, en). RELIG. dévotion f.

Devotionalien [-tsio'nɑ:liən] f. pl. RELIG. articles, objets religieux, sacrés.

Dextrin [dɛks'tri:n] n. (s, e). CHIM. dextrine f.

Dextrose [-'trozə] f. (-) dextrose m. ; glucose m.

Dezem [de'tsɛm] m. (s, s). [Zehnte] dîme f.
Dezember [de'tsɛmbər] m. (s) décembre m.
Dezennium [de'tsɛnium] n. (s, nien). [Jahrzehnt] espace (m.) de dix ans ; décennie f.
dezent [de'tsɛnt] adj. [unaufdringlich] doux ; délicat ; convenable ; décent.
◇ adv. décemment. | *dezent gekleidet*, mis décemment ; correctement vêtu.
dezentralisieren [detsɛntrali'zi:rən] v. tr. ADM. décentraliser.
Dezernat [detsɛr'nɑ:t] n. (s). ADM. ressort m. ; service m. ; division f.
Dezernent [-'nɛnt] m. (en, en). ADM. chef (m.) de service.
Dezi|bel ['de:tsibɛl] n. (s, -). PHYS. décibel m.
Dezi|gramm [de:tsi'gram] n. (s, e) décigramme m.
Dezi|liter [-'li:tər] m. et n. (s, -) décilitre m.
Dezimal... [-'mɑ:l] (en compos.) décimal. || °**-bruch** m. (s, ¨e) fraction décimale ; décimale f. ||°**-system** n. (s) système décimal.
Dezi|meter [-'me:tər] m. et n. (s, -) décimètre m.
dezimieren [detsi'mi:rən] v. tr. MIL. décimer. || PAR ANAL. faire périr beaucoup de personnes.
Dezimierung [-'mi:ruŋ] f. MIL. décimation f.
d. Gr. [de:ge:'ɛr] abrév. de **der Große,** le Grand.
Dia ['dia] n. (s, s). PHOT. diapositive f.
Diabetes [dia'be:təs] m. (-). MÉD. [Zuckerkrankheit] diabète m.
Diabetiker [-tikər] m. (s, -). MÉD. diabétique m.
diabolisch [dia'bo:liʃ] adj. diabolique.
Diachronie [diakro'ni:] f. (-) diachronie f.
Diachylon|pflaster [diaxy"lo:n'pflastər] n. (s, -). MÉD. sparadrap m.
Diadem [dia'de:m] n. (s, e) diadème m.
Diadoche [dia'dɔxə] m. (n, n). HIST. diadoque m.
Diagnose [dia'gno:zə] f. (-, n). MÉD. diagnostic m. ; diagnose f. | *die Diagnose stellen*, diagnostiquer.
diagnostisch [-gnɔstiʃ] adj. diagnostique.
diagnostizieren [-gnɔsti'tsi:rən] v. tr. MÉD. diagnostiquer ; établir un diagnostic.
diagonal [diagɔ'nɑ:l] adj. MATH. diagonal.
Diagonal [-'nɑ:l] n. (s). TEXT. tissu croisé.
Diagonale [-'nɑ:lə] f. (-, n). MATH. diagonale.
Diagramm [dia'gram] n. (s, e) diagramme m.
diagrammatisch [-gra'mɑ:tiʃ] adj. graphique.
Diakon [dia'ko:n] m. (s, et en, en). RELIG. diacre m. || [katholisch] qui a reçu l'ordre immédiatement inférieur à la prêtrise ; aide (m.) du prêtre. || [protestantisch] fidèle qui aide le pasteur dans ses œuvres de bienfaisance.
Diakonat [-kɔ'nɑ:t] n. (s, e) diaconat m.
Diakonisse [-kɔ'nisə] f. (-, n). [evangelische (Pflege)schwester] diaconesse f.
Dialekt [dia'lɛkt] m. (s, e). [Mundart] dialecte m. ; patois m. | *Dialektausdruck*, expression dialectale.
dialekt|frei [dia"lɛkt'frai] adj. [Sprache ; Stil] pur. | *dialektfreie Sprache*, langue correcte, pure.
Dialektik [dia'lɛktik] f. (-). PHILOS. dialectique f.
Dialektiker [-tikər] m. (s, -) dialecticien m.
dialektisch [-tiʃ] adj. PHILOS. dialectique. || [mundartlich] dialectal.
Dialog [dia'lo:k] m. (s, e) dialogue m.
Dialog... (en compos.). INF. conversationnel.
Dialog|fenster [dia"lo:k'fɛnstər] n. (s, -). INF. fenêtre (f.) de dialogue. ||°**-gerät** n. (s, e). INF. terminal conversationnel.
dialogisch [-'lo:giʃ] adj. en forme de dialogue ; dialogué.
dialogisieren [-logi'zi:rən] v. tr. mettre en dialogue ; dialoguer.
Dialyse [dia'ly:zə] f. (-, n). MÉD. dialyse f.
Dialysator [dialy'zɑ:tor] m. (s, en). MÉD. dialyseur m.
Diamant [dia'mant] m. (s, en). MINÉR. diamant m. | *der Diamant wird rautenförmig geschliffen*, le diamant se taille à facettes. | *einen Diamanten fassen, einsetzen*, enchâsser un diamant. || FIG. *schwarze Diamanten*, charbons m. pl.
diamant|artig [dia"mant'ɑ:rtiç] adamantin. || °**-bohrer** m. (s, -). TECHN. fleuret (m.) à diamants. ||°**-bohrung** f. (-, en). TECHN. sondage (m.) au diamant. ||°**-gewicht** n. (s, e) carat m. ||°**-halsband** n. (s, ¨er) rivière (f.) de diamants. ||°**-schleifer** m. (s, -), °**-schneider** m. (s, -). TECHN. tailleur (m.) de diamants ; diamantaire m. ; lapidaire m. ||°**-strauß** m. (es, ¨e) aigrette (f.) de diamants.
diamanten [dia'mantən] adj. de, diamants ; qui ressemble au diamant. || FIG. *diamantene Hochzeit*, noces (f. pl.) de diamant.
Diameter [di'ame:tər] m. (s, -). MATH. [Durchmesser] diamètre m.
diametral [diame'trɑ:l] adj. MATH. diamétral. || FIG. *diametral entgegengesetzt*, diamétralement opposé.
diametrisch [-'me:triʃ] adv. V. DIAMETRAL.
Diana [di'ɑ:na] n. pr. f. MYTH. Diane f.
Diapason [dia'pɑ:zon] m. et n. (s, e). MUS. diapason m.
diaphan [dia'fɑ:n] adj. diaphane.
Diaphragma [dia'fragma] (s, nen). MÉD., FAM. diaphragme m.
Diapositiv [diapo:zi'ti:f] n. (s, e). PHOT. diapositive f. (diminutif : Dia).
Diarrhöe [dia'rø:] f. (-, n). MÉD. [Durchfall] diarrhée f.
Diaskop [dia'sko:p] n. (s, e). TECHN. projecteur m.
Diaspora [di'aspora] f. (-). RELIG., HIST. diaspora f. ; dispersion f.
Diastole [dia'sto:lə] f. (-, n). MÉD. diastole f. ; dilatation (f.) des cavités cardiaques.
Diät [di'ɛ:t] f. (-) diète f. || [Kur] régime (m.) alimentaire. || [Abstinenz] abstinence f. ; jeûne m. | *Diät halten*, être au régime.
diät [di'ɛt] adv. | *diät leben*, se (re)mettre au régime ; être au régime ; vivre de régime. | *streng diät leben*, être au grand régime.
Diät|assistent(in) [di"ɛ:tasis'tɛnt(in)], °**-spezialist(in)** [-ʃpetsia'list(in)] m. (en, en), f. (-, nen) diététicien m., diététicienne f.
Diäten [-tən] f. pl. ADM. [Tagegelder] indemnité journalière. | *gegen Diäten angestellt sein*, être payé par indemnité journalière.
Diätetik [diɛ'tɛ:tik] f. MÉD. diététique f.
Diatomee [diato'me:ə] f. (-, n). BOT. diatomée f.
dich [diç] pron. pers. acc. sing. V. DU.
dicht [diçt] adj. [enggefügt] dense ; compact ; épais ; concentré ; serré ; touffu ; dru. | *dichter Wald*, forêt touffue. | *dichtes Gefieder*, plumage épais, dru. | *dichter Regen, Nebel*, pluie drue, brouillard (m.) dense. | *dicht werden*, s'épaissir. || [undurchlässig] étanche ; hermétique ; imperméable. | *dichter Stoff*, tissu (m.) imperméable. *dicht machen*, imperméabiliser. || FIG., FAM. [verschwiegen] discret. | *dichthalten*, savoir se taire.
◇ adv. *hier stehen die Bäume zu dicht*, ici les arbres sont trop serrés. | *dicht verhängte Fenster*, fenêtres garnies de rideaux épais. | *dem Feind dicht auf den Fersen sein*, talonner l'ennemi.
Dicht|art ['diçtɑ:rt] f. (-, en) genre (m.) poétique. ||°**-kunst** f. (-) poésie f. ; art (m.) des vers.
dicht|behaart [-bəhɑ:rt] adj. velu. ||**-belaubt** adj. touffu. ||**-bewachsen** adj. couvert d'une épaisse végétation. ||°**-flansche** f. (-, en). TECHN. joint (m.) étanche. ||**-gedrängt** adj. compact ; serré ; pressé ; en rangs pressés. ||°**-profil** n. (s, e). TECHN. profil (m.) d'étanchéité. ||°**-ring** m. (s, e). TECHN. joint (m.) d'étanchéité.
Dichte ['diçtə] f. (-). [Enge] densité f. || [Undurchlässigkeit] étanchéité f. ; imperméabilité f. || PHYS. masse (f.) spécifique. || [Licht] intensité f.
Dichte|messer ["diçtə'mɛsər] m. (s, -). TECHN. densimètre m.
dichten ['diçtən] v. tr. TECHN. [undurchlässig machen] rendre compact, étanche ; condenser ; étancher ; boucher les fentes. | *ein Faß dichten*, étancher un tonneau. | *ein Schiff dichten*, calfater un navire.
dichten ['diçtən] v. intr. et v. tr. LITTÉR. faire des vers ; écrire ; composer des ouvrages littéraires. | *von früher Jugend an dichtete Goethe*, dès sa prime jeunesse Goethe faisait des vers. | *ein Lied, ein Epos dichten*, composer une chanson, une épopée. || PAR EXT. imaginer ; broder. || IRON. *er dichtet*, il invente.
Dichter(in) [-tər(in)] m. (s, -), f. (-, nen) poète m. ; poétesse f. ; auteur m. ; (femme [f.] auteur) ; écrivain m. || PAR EXT. rêveur m. ; rêveuse f.
— SYN. : *Poet*, poète ; *Verskünstler*, versificateur ; *Sänger*, chantre ; *Reimeschmied*, rimeur.
Dichter|akademie ["diçtərakade'mi:] f. (-, n) union (f.) des poètes et écrivains. ||°**-beruf** m. (s, e) vocation (f.) poétique. ||°**-freiheit** f. (-, en) licence

(f.) poétique. ||°-**roß** n. (es) Pégase m. ||°-**wort** n. (s, e) sentence (f.) poétique.

dichterisch ['diçtəriʃ] adj. poétique.

Dichterling [-tərliŋ] m. (s, e). PÉJOR., FAM. rimailleur m.

Dichtheit ['diçthait] f. (-), **Dichtigkeit** ['diçtiçkait] f. compacité f. ; densité f. ; étanchéité f. ; imperméabilité f. || PHYS. densité.

Dichtigkeits|messer ["diçtiçkaits'mɛsər] m. (s, -). TECHN. densimètre m.

Dichtung ['diçtuŋ] f. (-, en). TECHN. joint m. (d'étanchéité) ; garniture f. ; étoupage m. ; étanchage m.

Dichtung ['diçtuŋ] f. (-, en) poésie f. ; art (m.) de composer des ouvrages poétiques ; poème m. ; ouvrage (m.) littéraire [prose ou vers].

Dichtungs|art ["diçtuŋs'ɑ:rt] f. (-, en). LITTÉR. genre (m.) poétique ; versification f.

Dichtungs|fläche ["diçtuŋs'flɛçə] f. (-, n). TECHN. surface (f.) de joint ; contact (m.) d'étanchéité. ||°-**ring** m. (s, e) anneau (m.), bague (f.) d'étanchéité. ||°-**schlauch** m. (s, ¨e) boudin (m.) d'étanchéité.

dick [dik] adj. gros ; gras ; épais ; dense. | *dicke Backen*, des joues pleines. | *dick werden*, grossir ; engraisser. | *dick und fett*, gras comme un moine. | *dicker Baumstamm*, gros tronc d'arbre. | *dicker Brei*, bouillie épaisse. | *dicke Milch*, lait caillé, pris. | *dickes Blut*, sang épais, coagulé. | *dicker Nebel*, épais brouillard. || FAM. *zu dick auftragen*, en faire un peu trop. | *sich dicke tun*, faire l'important. | *ein dickes Fell haben*, avoir la peau dure. | *dicke Freundschaft, Freunde*, amis (m. pl.) intimes. | *dick in der Wolle sitzen*, vivre comme un coq en pâte. | *mit jm durch dick und dünn gehen*, suivre qn quoi qu'il arrive. | *er hat's faustdick hinter den Ohren*, c'est un malin. | *das dicke Ende kommt noch*, nous n'avons pas vu le plus beau. || POP. *dicke Luft !*, gare ! ; il va y avoir du vilain.

— SYN. : *dicht*, épais ; *fest*, dense ; *gedrängt*, condensé ; *drall*, dru.

Dick|bauch ['dikbaux] m. (s, ¨e). FAM. bedon m. ||-**bäuchig** adj. FAM. ventru ; bedonnant. ||-**blätt(e)rig** adj. BOT. crassifolié. ||°-**darm** m. (s, ¨e). ANAT. gros intestin. ||-**flüssig** adj. filant ; épais ; visqueux. ||°-**häuter** m. (s, -). ZOOL. pachyderme m. ||-**häutig** adj. ZOOL. pachyderme. ||°-**kopf** m. (s, ¨e). POP. grosse tête. || FIG. esprit obtus ; tête dure, carrée ; POP. caboche f. | *einen Dickkopf aufsetzen*, faire l'entêté. ||-**köpfig** adj. qui a une grosse tête. || FIG. têtu ; entêté ; FAM. cabochard. ||-**leibig** adj. [Personen] corpulent ; replet ; obèse. || [Dinge] FIG. gros ; volumineux ||°-**leibigkeit** f. (-) embonpoint m. ; corpulence f. ; obésité f. ||°-**milch** f. (-). CULIN. [Sauermilch] lait caillé. ||°-**ohr** n. (s, en) qui fait la sourde oreille. ||°-**saft** m. (s, ¨e). CULIN. extrait m. ; sirop m. ||°-**wanst** m. (es, ¨e). FAM. bedaine f. || PAR EXT. gros homme ; FAM. bon gros m. ||°-**wurz** f. (-, en). BOT. betterave f.

Dicke ['dikə] f. (-) épaisseur f. ; grosseur f. ; embonpoint m. ; corpulence f. ; volume m. ; calibre m.

Dicken|messer ["dikən'mɛsər] m. (s, -). TECHN. micromètre m.

dick(e)|tun ['dik(ə)tun] v. intr. se gonfler. ||°-**tuer** m. (s, -). FIG., FAM. fanfaron m. ; vantard m. ||-**tuerisch** adj. FIG., FAM. vantard ; fanfaron.

Dickicht ['dikiçt] n. (s, e) fourré m. ; hallier m. ; taillis m.

dicklich ['dikliç] adj. potelé ; replet ; dodu.

Didaktik [di'daktik] f. (-) pédagogie f.

didaktisch [-tiʃ] adj. [belehrend] didactique.

die [di:] art. déf., pron. dém. et relat. nom. et acc. sing. f., nom. et acc. plur. m., f. et n. la, les ; celle-ci, celle-là ; ceux-ci, celles-ci ; ceux-là, celles-là ; qui, que.

Dieb [di:p] m. (s, e), **Diebin** ['di:bin] f. (-, nen) voleur m. ; voleuse f. | *haltet den Dieb !*, au voleur ! || PROV. *Gelegenheit macht Diebe*, l'occasion fait le larron.

— SYN. : *Straßenräuber*, voleur de grand chemin ; *Taschendieb*, pickpocket, voleur à la tire, vide-gousset ; *Schwindler, Preller*, escroc ; *Beutelschneider*, filou ; *Spitzbube*, larron ; *Gauner*, coquin, aigrefin ; *Einbrecher*, cambrioleur ; *Obstdieb*, maraudeur.

Dieb(e)s|bande ["di:b(ə)s'bandə] f. (-, n) bande (f.) de voleurs. ||°-**hehler** m. (s, -) receleur m. ||°-**helfer** m. (s, -) complice (m.) d'un vol. ||°-**höhle** f. (-, n) repaire (m.) de voleurs ; coupe-gorge m. ||°-**laterne** f. (-, n) lanterne sourde. ||°-**schlüssel** m. (s, -). TECHN. fausse clef ; crochet m. ; pince-monseigneur f. ||-**sicher** adj. à l'abri des voleurs. | *diebessicheres Schloß*, serrure (f.) incrochetable. || °-**sprache** f. (-, n) argot m. (des voleurs).

Diebin ['di:bin] f. V. DIEB.

diebisch [-biʃ] adj. voleur ; enclin, adonné au vol ; fripon ; coquin. || ZOOL. *diebische Elster*, pie voleuse. || FIG. furtif. | *diebischer Blick*, regard furtif. || PAR EXT., FAM. [riesig] *eine diebische Freude haben*, se frotter les mains.

Dieb|stahl ['di:pʃtɑ:l] m. (s, ¨e) vol m. ; larcin m. | *schwerer Diebstahl*, vol qualifié. | *gewaltsamer Diebstahl*, vol à main armée. | *Diebstahl mit Einbruch*, vol avec effraction ; cambriolage m. | *einen Diebstahl begehen*, commettre un vol. | *einen Diebstahl verhehlen*, receler un vol. | *wegen Diebstahls verurteilen*, condamner pour vol.

Diebstahl|sicherung ["di:pʃtɑ:l'ziçəruŋ] f. (-, en) dispositif (m.) antivol.

Diedenhofen ["di:dən'ho:fən] n. pr. n. GÉOGR. Thionville f.

Diego [di'e:go] n. pr. m. Diègue m.

die|jenige ["di:'je:nigə] pron. dém. nom., acc. sing. f., celle ; celle-ci ; celle-là.

Diele ['di:lə] f. (-, n). TECHN. planche f. ; ais m. ; madrier m. || PAR ANAL. lame (f.) de parquet ; parquet m. ; plancher m. || PAR EXT. vestibule m. ; entrée f. ; galerie f. ; grenier m.

dielektrisch [die'lektriʃ] adj. ÉLECTR. diélectrique ; non conducteur ; isolant.

dielen ['di:lən] v. tr. planchéier ; parqueter.

dienen ['di:nən] v. intr. (dat.) **1.** servir. | *als Magd dienen*, être bonne. || FAM. *mehreren Herren dienen*, manger à plusieurs râteliers.

2. PAR ANAL. [wirken für] aider ; rendre service ; être utile. | *dem Staat(e) dienen*, servir l'Etat. | *damit ist mir wenig gedient*, cela ne m'arrange guère. || COMM. *womit kann ich Ihnen dienen ?*, qu'y a-t-il pour votre service ? | *(Ihnen) zu dienen !*, à votre service !

3. MIL. servir ; faire son service militaire. | *als gemeiner Soldat dienen*, être simple soldat. || FAM. *von der Pike auf dienen*, sortir du rang.

4. PAR EXT. [zu, als etwas] servir de. | *jetzt dient dies Zimmer als Warenablage*, cette pièce sert maintenant de remise. | *zum Schutz dienen*, servir de protection. || FIG. *zum Gelächter dienen*, être la risée.

dienend [-nənt] adj. *in dienender Stellung sein*, être domestique ; être en condition.

Diener [-nər] m. (s, -) serviteur m. ; domestique m. ; valet m. ; laquais m. || FIG. serviteur (formules de politesse). | *Ihr ergebenster Diener*, votre très dévoué serviteur. || PAR EXT. [Verbeugung] révérence f.

— SYN. : *Bedienter*, serviteur. *Hausdiener*, domestique. *Knecht*, valet.

Dienerin [-nərin] f. (-, nen) servante f. ; bonne f.

dienerisch [-nəriʃ] adj. servile ; de domestique.

dienern [-nərn] v. intr. faire la révérence.

Dienerschaft [-nərʃaft] f. domestiques m. pl. ; domesticité f. ; personnel (m.) domestique ; gens (m. pl.) de maison.

dienlich ['di:nliç] adj. utile, propre à ; convenable. | *der Gesundheit dienlich*, bon pour la santé ; salutaire. | *für dienlich erachten*, trouver, juger bon. | *zu etwas dienlich sein*, servir à qch.

— SYN. : *zweckdienlich*, approprié ; *geeignet*, convenable ; *passend*, idoine ; *nützlich*, utile.

Dienlichkeit [-kait] f. (-) utilité f. ; convenance f. ; usage m.

Dienst ['di:nst] m. (es, e). **1.** [Stelle, Arbeit] service m. ; emploi m. ; place f. ; fonction f. ; charge f. | *öffentlicher Dienst*, fonction publique. | *mühevoller Dienst*, service pénible. | *einträglicher Dienst*, place lucrative. | *einen Dienst antreten, kündigen*, entrer en service ; donner congé. | *bei jm in (den) Dienst treten*, se faire domestique chez qn. | *jn in Dienst nehmen*, prendre qn à son service. | *aus dem Dienst entlassen*, [Bedienter] congédier ; licencier ; renvoyer ; [Beamter] mettre à la retraite ; MIL. renvoyer dans ses foyers. | *seinen Dienst versehen*, faire son service. | *Dienst haben*, être de service. | *im Dienst*, pendant le service. | *außer Dienst*, (en abr. : a. D.) [pensioniert] en retraite ; [ohne Stellung] sans emploi ; sans place ; chômeur. | *außerhalb des Dienstes*, en dehors du service. | *Dienst nach Vorschrift*, grève (f.) du zèle.

2. MIL. *Offizier vom Dienst*, officier (m.) de service, de jour.

3. RELIG. service m. ; office m. ; messe f.

4. [Hilfe] service m. ; bon office. | *jm einen Dienst erweisen*, rendre un service à qn. | *große Dienste leisten*, *tun*, rendre de grands services. || PROV. *guter Dienst bleibt unverloren*, un bienfait n'est jamais perdu. || HIST. *sich in den Dienst einer edlen Dame begeben*, servir sa dame.

5. COMM. *Dienst am Kunden*, service après vente. | *ich stehe zu (Ihren) Diensten*, à votre service.

6. ARCHIT. [Pfeilerdienst] colonnette (f.) d'un pilier (dans le style gothique).

Dienst|alter ["di:nst'altər] n. (s) années (f. pl.) de service ; ancienneté f. | *nach dem Dienstalter*, à l'ancienneté. ||°**-älteste(r)** f. (m.) le plus ancien, la plus ancienne ; doyen m., doyenne f. ||°**-antritt** m. (s, e) entrée (f.) en fonctions. ||°**-anweisung** f. (-, en) instructions (f. pl.), ordres (m. pl.) de service. ||**-beflissen** adj. zélé ; empressé. ||°**-beflissenheit** f. (-) zèle m. ||**-bereit** adj. de garde. | *dienstbereite Apotheke*, pharmacie (f.) de garde. ||°**-bote** m. (n, n) serviteur m. ||°**-buch** n. (s, ¨er) [anc.] livret (m.) des ouvriers. ||°**-eid** m. (es, e) serment professionnel. ||°**-einkommen** n. (s, -) traitement m. ; appointements m. pl. ||°**-enthebung** f. (-, en) destitution f. ; suspension f. ||°**-entlassung** f. (-, en) mise (f.) en congé ; licenciement m. ; révocation f. ||**-fähig** adj. MIL. apte au service. ||°**-fähigkeit** f. (-). MIL., ADM. aptitude (f.) au service. ||**-fertig** adj. serviable ; obligeant ; zélé ; empressé. ||°**-fertigkeit** f. (-) serviabilité f. ; empressement m. ; obligeance f. ||**-frei** adj. exempt de service. ||°**-habende(r)** f. (m.) personne (f.) de service. ||°**-herr** m. (n, en) maître m. ; patron m. ||°**-leistung** f. (-, en) service m. ; prestation (f.) de service. ||°**-leistungs|bereich** m. (s, e) secteur (m.) tertiaire ; tertiaire m ||°**-leistungs|beruf** m. (s, e) métier (m.) du secteur tertiaire. || °**-leistungs|erbringer** m. (s, -) prestataire (m.) de service. ||°**-leute** m. pl. domestiques m. pl. ||°**-lohn** m. (s, ¨e) gages m. pl. ; salaire m. ||°**-mädchen** n. (s, -) bonne f. ; domestique f. ||°**-magd** f. (-, ¨e) servante f. ||°**-mann** m. (s, ¨er) homme (m.) de peine ; commissionnaire m. || HIST. (pl. Dienstmannen) homme (m.) lige ; vassal m. (pl. vassaux). || PAR EXT. commissionnaire m. ; homme (m.) de peine ; porteur m. ||°**-marke** f. (-, n). POSTES. timbre-poste m. (pour affaire) de service. ||**-mäßig** adj. ADM., MIL. réglementaire. ||°**-personal** n. (s) personnel m. ; gens (m. pl.) de service. ||°**-pflicht** f. (-, en) devoirs (m. pl.) d'une fonction ; obligation (f.) de servir. | *aus Dienstpflicht*, d'office. || MIL. *allgemeine Dienstpflicht*, service militaire obligatoire. ||**-pflichtig** adj. astreint au service. ||°**-pflicht|verweigerung** f. (-). MIL. insoumission f. ||°**-sache** f. (-, n) affaire (f.) de service. ||°**-siegel** n. (s, -) cachet officiel. ||°**-stelle** f. (-, n) bureaux m. pl. ; services m. pl. | *zuständige Dienststelle*, service compétent. ||°**-stellung** f. (-, en) fonction f. ; grade administratif, militaire. ||°**-stunden** f. pl. heures (f. pl.) de bureau, de service. ||**-tauglich** adj. MIL. bon pour le service actif ; apte au service armé. ||**-unfähig** adj. impropre, inapte au service militaire. ||°**-unfähigkeit** f. (-) inaptitude (f.) au service militaire. ||**-untauglich, -untüchtig** adj. MIL. inapte au service militaire. ||°**-vergehen** n. (s, -) malversation f. ; faute professionnelle. ||°**-verhältnis** n. (ses, se) domesticité f. ; rapports (m. pl.) entre maître et domestique. ||°**-verhältnisse** n. pl. MIL. états (m. pl.) de service. ||°**-verschleppung** f. (-, en) résistance passive ; sabotage m. ||°**-verschwiegenheit** f. (-) secret professionnel. ||°**-vertrag** m. (s, ¨e). JUR. contrat m. MIL. engagement m. ||°**-vorschrift** f. (-, en) règlement (m.) de service. || MIL. consigne f. ||°**-weg** m. (s, e) voie (f.) hiérarchique. | *auf dem Dienstwege*, par la voie hiérarchique. ||**-widrig** adj. contraire au règlement. ||°**-wohnung** f. (-, en) appartement (m.), logement (m.) de fonction. ||°**-zeit** f. (-, en). ADM., MIL. [Gesamtdienste] années (f. pl.) de service ; service m. || [Bürostunden] heures (f. pl.) de service. ||°**-zeugnis** n. (ses, se) certificat m. ; états (m. pl.) de service. ||°**-zweig** m. (es, e) service m.

Dienstag ['di:nstɑ:k] m. (s, e) mardi m. | *am Dienstag, dienstags*, le mardi.

dienstbar ['di:nstba:r] adj. tributaire ; sujet. | *dienstbar machen*, assujettir.

Dienstbarkeit [-barkeit] f. (-, en). JUR. servitude f.

dienstlich [-liç] adj. officiel ; de service ; d'office. ◇ adv. officiellement ; de service ; d'office ; en service.

dies [di:s] pron. dém. neutre sing. ce ; cet ; cette.

dies|bezüglich ["di:sbə'tsy:kliç] adj. relatif ; à ceci, à cela ; à cet effet ; à ce sujet ; y afférent.

diese ['di:zə] adj. et pron. dém. nom et acc. sing. f., nom. et acc. pl. m., f. et n. V. DIESER.

Diesel|aggregat ["dizəlagre:'gɑ:t] n. (s, e) groupe (m.) Diesel. ||°**-motor** m. (s, en) moteur (m.) Diesel ; moteur (m.) à combustion interne.

dieser ['di:zər], **diese** ['di:zə], **dies(es)** ['di:z(əs)] (pl. **diese**) ['di:zə] adj. et pron. dém. ce (cet), ce...-ci ; celui-ci ; cette ; celle-ci ; ce ; ce...-ci ; ceci ; ces ; ces...-ci. | *dieser und jener*, celui-ci et celui-là. | *dies und das* ; *dies und jenes*, une chose et l'autre. | *bald dieser, bald jener*, tantôt l'un, tantôt l'autre. || COMM. *am dritten dieses (Monats)*, le trois courant.

dies|falls ['di:sfals] adv. dans, en ce cas.

dies|jährig ["di:s'jɛ:riç] adj. de cette année.

dies|mal ['di:smɑ:l] adv. cette fois(-ci) ; pour le coup.

dies|malig ["di:s'mɑ:liç] adj. qui a lieu cette fois.

dies|seitig [-'zaitiç] adj. de ce côté-ci ; en deçà.

dies|seits ['di:szaits] prép. (gén.) en deçà ; de ce côté-ci. | *diesseits und jenseits*, en deçà et au-delà.

Dies|seits [-zaits] n. (-) ici-bas m. ; monde (m.) terrestre.

Dietrich ['di:triç] n. pr. m. Didier m. ; Thierry m. HIST. Théodoric m. || TECHN. fausse clef ; passe-partout m. ; crochet m. ; rossignol m.

die|weil [di:'vail] adj. en attendant. ◇ conj. vu que ; parce que.

Diffamation [difama'tsio:n] f. (-, en), **Diffamierung** [-'mi:ruŋ] f. (-, en). JUR. [Verleumdung] diffamation f.

diffamieren [-'mi:rən] v. tr. diffamer.

differential [diferɛntsi'ɑ:l] adj. différentiel.

Differential [-tsi'ɑ:l] n. (s, e). MATH. différentielle f. || AUTOM. différentiel m.

Differential... [-tsi'ɑ:l] (en compos.). MATH., AUTOM. différentiel. | *Differentialrechnung*, calcul différentiel.

Differenz [dife'rɛnts] f. (-, en). [Streit] différend m. | *mit jm Differenzen haben*, avoir des différends avec qn. || [Unterschied] MATH., COMM. différence f.

differenzieren [-rɛn'tsi:rən] v. tr. différencier. || MATH. différentier.

differieren [-'ri:rən] v. intr. différer ; être différents.

Difformität [difɔrmi'tɛ:t] f. (-, en) difformité f.

Diffraktion [difrak'tsio:n] f. (-). PHYS. diffraction f.

diffus [di'fus] adj. PHYS. diffus ; diffusé. | *diffuses Licht*, lumière diffuse. || FIG. diffus ; verbeux.

digital [digi'tɑ:l] adj. INF. digital. | *digitale Steuerung*, commande numérisée.

Digital|-Analog-Umsetzer [digi"tɑ:lana'lo:k-'umzɛtsər] m. (s, -). INF. numérisateur m. ||°**-rechner** m. (s, -). INF. calculateur (m.) numérique.

Digitalin [digita'lin] n. (s) CHIM. digitaline f.

digitalisieren [digitali'zi:rən] v. tr. INF. numériser.

Dikta|phon [dikta'fo:n] n. (s, e). TECHN. dictaphone m. ; machine (f.) à dicter.

Diktat [-'tɑ:t] n. (s, e) dictée f. | *nach Diktat schreiben*, écrire sous la dictée. || PAR EXT. [harter Befehl] injonction f. || POLIT. traité imposé.

Diktat|aufnahmeapparat [dik"tɑ:taufna:məapa-'rɑ:t] m. (s, e). TECHN. appareil enregistreur ; dictaphone m. ||°**-friede** (ns, n) m. paix imposée.

Diktator [dik'tɑ:tɔr] m. (s, en) dictateur m.

diktatorisch [-ta'to:riʃ] adj. dictatorial.

Diktatur [-ta'tu:r] f. (-, en) dictature f.

diktieren [-'ti:rən] v. tr. dicter. || PAR EXT. imposer. || *Diktiermaschine*, machine (f.) à dicter.

Diktion [dik'tsio:n] f. (-, en) diction f. ; élocution f.

Diktionär [-tsio'nɛ:r] m. et n. (s, e). [Wörterbuch] dictionnaire m.

dilatorisch [dila'to:riʃ] adj. JUR. dilatoire.

Dilemma [di'lɛma] n. (s, s et ta) dilemme m.

Dilettant [dilɛ'tant] m. (en, en) dilettante m. (plur. dilettanti) ; amateur m.

Dilettantismus [-tan'tismus] m. (-) dilettantisme m.

Dill [dil] m. (s, e). BOT. aneth m.

diluvial [diluvi'ɑ:l] adj. diluvien. || GÉOL. diluvial ; diluvien.

Diluvium [di'lu:vium] n. (s, vien) déluge m.

Dimension [dimɛn'zio:n] f. (-, en). MATH. dimension f. || FIG. *die vierte Dimension*, la quatrième dimension.

Diminutiv [diminu'ti:f] n. (s, e). GRAMM. diminutif m.

Dimission [dimi'sio:n] f. (-, en). ADM. [Entlassung] démission f. ; renvoi m. ; mise (f.) en congé.

dimittieren [-mi'ti:rən] v. tr. ADM. [entlassen] renvoyer ; mettre en congé.

Dimmer ['dimər] m. (s, -) variateur (m.) de lumière.

Dimorphismus [di'mɔrfismus] m. (-, men). BIOL. dimorphisme m.

Din (Norm) ['din(-nɔrm)] (s, e) abrév. de *Deutsche Industrienorm*, norme industrielle allemande. | *Dinformat*, format normalisé, standardisé.

Dinar [di'nɑ:r] m. (s, e). [Währungseinheit] dinar m.

dinarisch [di'nɑ:riʃ] adj. GÉOGR. dinarique.

Diner [di'ne:] n. (s, s). CULIN. repas cérémonieux (déjeuner ou dîner). | *ein Diner geben*, offrir un dîner.

Ding [diŋ] n. (s, e et FAM. er). **1.** chose f. ; objet m. ; affaire f. | *unbedeutendes Ding*, bagatelle f. || PHILOS. *das Ding an sich*, la chose en soi. || LOC. *die Dinge beim rechten Namen nennen*, appeler les choses par leur nom.
2. FIG. chose f. ; affaire f. | *vor allen Dingen*, avant tout ; surtout. | *nach Lage der Dinge*, selon les conditions du moment. | *den Dingen ihren Lauf lassen*, laisser aller les choses. | *das ist ein Ding der Unmöglichkeit*, c'est impossible. | *den Dingen nicht mehr gewachsen sein*, être dépassé par les événements. | *das ist ein and(e)res Ding*, c'est une autre histoire ; c'est tout autre chose. | *unverrichteter Dinge abziehen, heimkehren*, revenir bredouille. | *es geht (hier) nicht mit rechten Dingen zu*, ce n'est pas naturel. | *guter Dinge sein*, être de bonne humeur. | *er hat große Dinge vor*, il a de grands projets.
3. LOC. FAM. *was sind das für Dinge ?*, que se passe-t-il ? | *Herr Dingsda*, Monsieur Chose, Machin.
4. FAM. (pl. Dinger) être m. ; créature f. | *ein naseweises Ding*, une péronnelle.
5. PROV. *aller guten Dinge sind drei*, jamais deux sans trois. | *gut Ding will Weile haben*, Paris ne s'est pas fait en un jour. | *jedes Ding hat zwei Seiten*, toute médaille a son revers. | *jedes Ding hat seine Zeit*, il y a temps pour tout ; chaque chose en son temps. | *geschehen Ding ist nicht zu ändern*, ce qui est fait est fait.

ding|fest ['diŋfɛst] adj. arrêté. | *dingfest machen*, mettre en état d'arrestation ; arrêter. ||°**-wort** n. (s, ¨er). GRAMM. nom commun.

Dingelchen ['diŋəlçən] n. (s, -). FAM. petite chose ; petite créature ; bagatelle f.

dingen ['diŋən] (dingte, gedingt ou dang, gedungen) v. tr. engager ; embaucher ; louer. | *einen Mörder dingen*, soudoyer un assassin. || MAR. affréter.

Dingerchen ['diŋərçən] n. pl. FAM. petites choses. V. DING.

dinglich ['diŋliç] adj. JUR. réel. | *dingliches Recht*, droit réel.

Dings(da) [diŋs(da)] n. invar. FAM. chose f. ; machin m. ; zinzin m. | *Herr Dingsda*, monsieur Chose.

Dingstätte ["diŋ'stɛtə] f. [Thingstätte] place (f.) où se réunissaient les guerriers germains.

Dingung ['diŋuŋ] f. (-, en). JUR. bail m. (pl. baux) ; ferme f.

dinieren [di'ni:rən] v. tr. déjeuner ; dîner (en ville).

Dinkel ['diŋkəl] m. (s, -). BOT. épeautre m.

Dinosaurier [dinɔ'zauriər] m. (s, -) dinosaure m.

Diode [di'odə] f. (-, n). ÉLECTR. diode f.

Dionysien [dio'nyziən] f. pl. HIST. dionysies f. pl. ; fêtes (f. pl.) en l'honneur de Dionysos.

Dionys(ius) [dio'nyz(ius)] n. pr. m. HIST. Denys m.

Dionysos [di'onyzɔs] n. pr. m. MYTH. Dionysos m.

Diopter [di'ɔptər] m. (s, -). PHYS. dioptre m.

Dioptrie [diɔp'tri:] f. (-, en). PHYS. dioptrie f.

Diözese [diø'tse:zə] f. (-, n). RELIG. diocèse m.

Diphterie [difte'ri:] f. (-). MÉD. diphtérie f.

Diphthong [dif'tɔŋ] m. (s ou en, e ou en). GRAMM. diphtongue f.

diphthongieren [-tɔŋ'gi:rən] v. tr. GRAMM. faire devenir diphtongue ; diphtonguer.

Diplom [di'plo:m] n. (s, e) diplôme m. ; brevet m.

Diplomat [diplo'mɑ:t] m. (en, en) diplomate m. || FIG. diplomate m. ; homme rusé.

Diplomaten|schreibtisch [diplo"mɑ:tən'ʃraiptiʃ] m. (es, e) bureau (m.) ministre. ||°**-schub** m. (s, ¨e). POLIT. mouvement (m.) diplomatique.

Diplomatie [diploma'ti:] f. (-, en) diplomatie f.

diplomatisch [diplo'mɑ:tiʃ] adj. [Personen] diplomate. || [Sachen] diplomatique.

Diplom|ingenieur [dip"lo:minʒeni'ø:r] m. (s, e) ingénieur diplômé, titulaire.

Dipol|antenne [di"po:lan'tɛnə] f. (-, n). RADIO. antenne (f.) à dipôle.

dippeln ['dipəln] v. intr. FAM. marcher à petits pas.

Diptychon ['diptyxɔn] n. (s, chen ou cha). ARTS, RELIG. diptyque m.

dir [di:r] pron. pers. dat. sing. te ; à toi. | *ich glaube es dir*, je te crois. || FIG. *mir nichts, dir nichts*, sans autre forme de procès.

direkt [di'rɛkt] adj. direct ; immédiat. | *ein direkter Weg*, un chemin direct. | *direkter Waggon*, voiture directe. || FIN. *direkte Steuern*, impôts directs. || GRAMM. *direkte Rede*, discours direct. || LOC. *in direkter Linie von jm abstammen*, descendre en ligne directe de qn. ◇ adv. directement ; en droite ligne ; absolument. | *direkt auf jn zugehen*, aller droit à qn. | *direkt antworten*, répondre immédiatement, du tac au tac.

Direktion [dirɛk'tsio:n] f. (-, en). ADM. [Leitung] direction f.

Direktive [dirɛk'ti:və] f. (-, n). ADM., MIL. [Richtlinie] directive f. ; ensemble (m.) des instructions générales. | *Direktiven geben*, donner des directives.

Direktor [di'rɛktɔr] m. (s, en) [pl. dirœk'to :rən] directeur m. | *stellvertretender Direktor*, sous-directeur m. | *technischer Direktor*, ingénieur (m.) en chef.

Direktorat [dirɛkto'rɑ:t] n. (s, e). ADM., UNIV. direction f. ; poste (m.), fonction (f.) de directeur. || PAR EXT. bureau (m.) du directeur.

Direktorial|abteilung [dirɛktori"ɑ:l'aptailuŋ] f. (-, en). ADM. bureau (m.) du directeur.

Direktorin [dirɛk'to:rin] f. (-, nen) directrice f.

Direktorium [-rium] n. (s) Directoire m.

Direkt|zugriff [di"rɛkt'tsu:grif] m. (s, e). INF. accès séquentiel.

Dirigent [diri'gɛnt] m. (en, en). MUS. chef (m.) d'orchestre.

dirigieren [-'gi:rən] v. tr. diriger, conduire l'orchestre.

Dirne ['dirnə] f. (-, n). PÉJOR. prostituée f. ; fille (f.) de joie. || PAR EXT., POP. jeune fille f. | *eine schmucke Dirne*, un beau brin de fille.

Dis [dis] n. invar. MUS. ré (m.) dièse.

Dis|agio [dis'ɑ:ʒio] n. (s, s). FIN. différence (f.) en moins du pair ; perte (f.) au change ; disagio m. ; frais (m. pl.) d'escompte.

Dis|harmonie [disharmo'ni:] f. (-, n). MUS. [Mißklang] mauvaise harmonie ; discordance f. ; dissonance f. || FIG. désunion f. ; dissension f.

dis|harmonisch ['mo:niʃ] adj. MUS. discordant ; dissonant.

Dis|kant [dis'kant] m. (s, e). MUS. voix, note haute ; soprano m.

Diskette ['diskɛtə] f. (-, n) disquette f.

Dis|kont [dis'kɔnt] m. (s, e). COMM. escompte m. | *unter Abzug von, abzüglich Diskont*, sous déduction de, moins l'escompte.

Diskont|bank [dis"kɔnt'baŋk] f. (-, en) banque (f.) d'escompte. ||°**-erhöhung** f. (-, en) relèvement (m.) du taux de l'escompte. ||°**-erlös** m. (es, e) produit (m.) de l'escompte. ||**-fähig** adj. escomptable. ||°**-fuß** m. (es, ¨e) taux (m.) d'escompte. ||°**-geschäft** n. (s, e) opérations (f. pl.) d'escompte. ||°**-nehmer** m. (s, -) escompteur m. ||°**-satz** m. (es, ¨e) taux (m.) d'escompte. ||°**-wechsel** m. (s, -) lettre (f.) de change à l'escompte.

dis|kontierbar [diskɔn'ti:rbɑ:r] adj. FIN. escomptable.

dis|kontieren [-'ti:rən] v. tr. FIN. escompter. | *einen Wechsel diskontieren*, escompter un effet.

Dis|kontierung [-'tiruŋ] f. (-, en). FIN. opération (f.) d'escompte.

Dis|kordanz [diskɔr'dants] f. (-, en). MUS. discordance f. || FIG. discordance f.

Diskothek [disko'te:k] f. (-, en) discothèque f.

dis|kreditieren [diskredi'ti:rən] v. tr. discréditer ; déprécier.

Dis|krepanz [diskre'pants] f. (-, en) contradiction f. ; hiatus m.

diskret [di'skre:t] adj. discret ; réservé ; secret. ◇ adv. discrètement ; confidentiellement.

Diskretion [-kre'tsio:n] f. (-) discrétion f. | *Diskretion zugesichert*, discrétion garantie, assurée.

dis|kriminieren [diskrimi'ni:rən] v. tr. distinguer, établir une différence entre ; discriminer. | *diskriminierende Maßnahme*, mesure (f.) discriminatoire.
Diskriminierung [-'ni:ruŋ] f. (-, en) discrimination f.
Diskus ['diskus] m. (-, se). SPORT. disque m.
Diskus|werfer ["diskus'vɛrfər] m. (s, -). SPORT. discobole m. ||°**-wurf** m. (s, ¨e) lancement (m.) du disque.
Dis|kussion [disku'sio:n] f. (-, en) discussion f. ; débats m. pl. ; dispute f. ; controverse f. | *lebhafte Diskussion*, discussion vive. | *eine Diskussion entspinnt sich*, une discussion s'engage. | *eine Diskussion dreht sich um einen Punkt*, une discussion tourne autour d'un point. | *das steht nicht zur Diskussion*, cela n'est pas à l'ordre du jour ; il n'en est pas question.
dis|kutabel [disku'tɑ:bəl], **dis|kutierbar** [-'ti:rbɑ:r] adj. digne qu'on en parle.
diskutieren [-'ti:rən] v. tr. discuter ; débattre. | *ein Gesetz diskutieren*, discuter une loi.
◇ discuter. | *über etwas* (acc.) *diskutieren*, discuter, délibérer de qch.
dis|parat [dispa'rat] adj. disparate.
Dis|pens [dis'pɛns] m. (es, e) dispense f. ; exemption f.
dispensieren [-pɛn'zi:rən] v. tr. dispenser (de) ; exempter (de).
Dispergator [dispɛr'gɑ:tɔr] m. (s, en). TECHN. dispersant m.
Dispersions|farbe [dispɛr"zjo:ns'fɑrbə] f. (-, n). TECHN. peinture (f.) à dispersion. ||°**-prisma** n. (s, men). PHYS. prisme (m.) de dispersion.
Dis|ponent [dispo'nɛnt] m. (en, en). COMM. gérant m. ; fondé (m.) de pouvoir.
dis|ponibel [-'ni:bəl] adj. [verfügbar] disponible.
dis|ponieren [-'ni:rən] v. tr. [ordnen] disposer ; arranger. || FIG. *gut disponiert*, bien disposé.
◇ v. intr. [verfügen über] disposer (de). | *über seine Zeit disponieren*, disposer de son temps.
Dis|position [dispozi'tsio:n] f. (-, en). **1.** [Plan, Einteilung] disposition f. ; arrangement m. || PAR EXT. [Vorbereitungen] *Dispositionen treffen*, prendre des dispositions (pour).
2. [Verfugung] *jm etwas zur Disposition stellen*, mettre qch. à la disposition de qn. | *zur Disposition stehen*, être à la disposition.
3. FIG. [Anlage] disposition f. ; aptitude f. ; prédisposition f. | *Disposition zu einer Krankheit haben*, être prédisposé à une maladie.
Dis|proportion [disprɔpɔr'tsio:n] f. (-, en) disproportion f.
Dis|put [dis'pu:t] m. (s, e) [Wortstreit] dispute f. ; discussion f.
Dis|putation [-puta'tsio:n] f. (-, en) dispute f. ; soutenance (f.) de thèse ; débat (m.) oratoire.
dis|putieren [-pu'ti:rən] v. intr. [über etwas streiten] disputer ; discuter de, sur qch.
Dis|qualifikation [diskvalifika'tsio:n] f. (-, en). SPORT. [Ausschluß] disqualification f.
dis|qualifizieren [-'tsi:rən] v. tr. SPORT. disqualifier.
Dissenz [dis'ɛns] m. (-). divergence f. ; désaccord m.
Dis|senter [dis'sɛntər] m. (s, -). RELIG. dissident m.
Dis|sertation [disɛrta'tsio:n] f. (-, en) dissertation f. || PAR EXT. thèse (f.) de doctorat.
Dis|sident(in) [disi'dɛnt(in)] m. (en, en), f. (-, nen). RELIG. dissident(e) m. (f.) ; non-conformiste s. || POLIT. dissident(e) m. (f.).
Dis|sonanz [disɔ'nants] f. (-, en). MUS. dissonance f. || FIG. dissonance f. ; désaccord m.
dis|sonieren [-'ni:rən] v. impers. être dissonant.
Dis|soziation [disɔtsia'tsio:n] f. (-, en). CHIM. dissociation f. ; désagrégation (f.) des molécules d'un corps.
dis|soziieren [-tsi'i:rən] v. tr. CHIM. dissocier ; désagréger les molécules d'un corps.
Dis|tanz [dis'tants] f. (-, en) distance f. ; écartement m. || FIG. distance f. | *Distanz halten*, tenir à distance ; être distant.
Distanz|bolzen [dis"tants'bɔltsən] m. (s, -). TECHN. boulon (m.) d'écartement, d'entretoisement. ||°**-messer** m. (s, -). TECHN. télémètre m.
distanzieren [distan'tsi:rən] v. tr. distancer. || FIG. *sich von jm distanzieren*, prendre ses distances à l'égard de qn.
Distel ['distəl] f. (-, n). BOT. chardon m.
Distel|fink ["distəl'fiŋk] m. (s, e). ZOOL. chardonneret m.
Dis|tichon ['distiçɔn] n. (s, chen). POÉS. [Zweizeiler] distique m.
dis|tinguiert [distiŋ'gi:rt] adj. distingué ; noble.
Dis|tinktion [distiŋk'tsio:n] f. (-, en) distinction f. ; noblesse f.
dis|tributiv [distribu'ti:f] adj. distributif.
Distrikt [dis'trikt] m. (s, e) [Bezirk] district m. ; arrondissement m.
Disziplin [distsi'pli:n] f. (-, en). **1.** [Zucht] discipline f. | *strenge Disziplin*, discipline rigoureuse, sévère. | *jn in Disziplin nehmen*, former, discipliner qn. | *sich der Disziplin fügen*, se plier à la discipline. | *die Disziplin übertreten, verletzen*, enfreindre la discipline. || RELIG. pratique (f.) de la flagellation volontaire ; mortification f. ; macération f.
2. [Unterricht] instruction donnée ou reçue ; doctrine f. ; discipline f. ; matière (f.) d'enseignement.
3. SPORT. discipline f. | *olympische Disziplin*, discipline olympique.
disziplin|los [distsi'pli:nlo:s] adj. sans discipline ; indiscipliné ; déréglé. ||°**-losigkeit** f. (-) indiscipline f. ||**-widrig** adj. contre la discipline ; désobéissant.
Disziplinar|abteilung [distsipli"nɑ:r'aptailuŋ] f. (-, en). MIL. bataillon (m.) disciplinaire. ||°**-fall** m. (s, ¨e) cas (m.) d'infraction à la discipline. ||°**-gericht** n. (s, e) conseil (m.) de discipline. ||°**-maßnahme** f. (-, n) mesure (f.) disciplinaire. ||°**-strafe** f. (-, en) peine disciplinaire. ||°**-vergehen** n. (s, -) infraction (f.), faute (f.) contre la discipline.
disziplinarisch [distsipli'nɑ:riʃ] adj. disciplinaire.
disziplinieren [-'ni:rən] v. tr. discipliner ; former, rompre à la discipline.
Dithyrambe [dity'rambə] f. (-, n), **Dithyrambus** [-bus] m. (-, ben). LITTÉR. et FIG. dithyrambe m.
dithyrambisch [-biʃ] adj. dithyrambique.
dito ['dito] adv. COMM. dito ; idem ; pareillement ; de même.
Dittchen ['ditçən] n. (s, -). DIAL. sou m.
Diurese [diu're:zə] f. (-, n). MÉD. diurèse f.
Diuretikum [diu're:tikum] n. (s, ka). MÉD. diurétique m.
diuretisch [diu're:tiʃ] adj. MÉD. diurétique.
Diva ['di:va] f. (-, ven). MUS. [Sängerin] célèbre cantatrice f. ; diva f.
divergent [divɛr'gɛnt] adj. [auseinandergehend] divergent ; contraire.
Divergenz [-gɛnts] f. (-, en). PR. et FIG. divergence f.
divergieren [-'gi:rən] v. intr. PR. et FIG. diverger.
divers [di'vɛrs] adj. divers ; varié.
Diversion [divɛr'zio:n] f. (-, en). MIL. diversion f. || FIG. diversion f.
Divertikel [divɛr'tikəl] n. (s, -). ANAT. diverticule m.
Dividend [divi'dɛnd] m. (en, en). MATH. dividende m.
Dividende [-də] f. (-, n). COMM., FIN. [Gewinnbeteiligung] dividende m. | *fällige Dividende*, dividende échéant, échu. | *eine Dividende ausschütten*, distribuer un dividende.
Dividenden|abschnitt [divi"dɛndən'apʃnit] m. (s, e). FIN. dividende m. ; coupon m. ||°**-ausfall** m. (s, ¨e) suppression (f.) du dividende. ||°**-ausschüttung** f. (-, en) versement (m.) de dividendes. ||°**-rendite** f. (-, n) rendement m. (d'une action). ||°**-schein** m. (s, e) coupon m.
dividieren [divi'di:rən] v. tr. MATH. diviser (durch, par).
Divinations|gabe [divina"tsio:ns'gɑ:bə] f. (-, n) divination f. ; don (m.) de prophétie.
divinatorisch [-'to:riʃ] adj. divinatoire.
Division [divi'zio:n] f. (-, en). MATH. division f. || ADM. section f. || MIL. division f.
Divisions|kommandeur [divi"zio:nskɔman'dø:r] m. (s, e). MIL. général (m.) de division.
— SYN. : *Divisionär.*
Divisor [di'vi:zor] m. (s, en). MATH. diviseur m.
Diwan [di'va:n] m. (s, e) divan m.
dm abrév. de **Dezimeter.**
Döbel ['dø:bəl] m. V. DÜBEL.
Dobermann ['do:bərman] m. (s, ¨er). ZOOL. dobermann m.
doch [dɔx] conj. de coord. **1.** [jedoch] cependant ;

pourtant ; néanmoins ; toutefois ; mais ; quand même ; tout de même. | *er ist zwar sehr alt, doch ist er noch rüstig*, il est très vieux et pourtant encore alerte. | *ich möchte doch fort*, pourtant je voudrais partir.
2. [bejahend] si ! ; que, mais si ! ; si fait ! | *ja doch*, mais si !
3. (verstärkend ; n'est pas toujours traduisible) *er ist doch nicht etwa krank ?*, serait-il (donc) malade, par hasard ? | *du kommst doch ?*, ne viens-tu (donc) pas ? || *wenn er doch (erst) käme*, si seulement il venait ! | *denk doch !*, pense donc ! | *nicht doch !*, mais que non ! ◇ loc. conj. **da... doch.** *er kann nicht laufen, da er doch im Bette liegt*, il ne peut pas courir puisqu'il est au lit.

Docht [dɔxt] m. (s, e) mèche f.

Dock [dɔk] n. (s, s ou e). MAR. dock m. ; bassin (m.) de construction ; cale f.

Dock|arbeiter ["dɔk'arbaitər] m. (s, -). MAR. docker m.

Docke ['dɔkə] f. (-, n). FAM. poupée f. (de paille). || PAR EXT., TEXT. écheveau m. || ARCHIT. montant m. ; balustre m.

docken ['dɔkən] v. tr. MAR. mettre en cale sèche. || TEXT. mettre en écheveaux.

Doge [do:ʒə] m. (n, n). HIST. doge m.

Dogge ['dɔgə] f. (-, n). ZOOL. dogue m. | *deutsche Dogge*, dogue danois. | *kleine Dogge*, bouledogue m.

Dogger ['dɔgər] m. (s, -). GÉOL. dogger m. ; jurassique moyen et supérieur. || MAR. dogre m.

Dogma ['dɔgma] n. (s, men ou mata). RELIG. dogme m. ; article (m.) de foi. | *ein Dogma aufstellen*, établir un dogme. || PHILOS. dogme m.

Dogmatik [dɔg'ma:tik] f. (-, en). RELIG. dogmatique f.

Dogmatiker [-tikər] m. (s, -). RELIG., PHILOS. dogmatique m.

dogmatisch [-tiʃ] adj. RELIG. dogmatique.

Dogmatismus [dɔgma'tismus] m. (-) dogmatisme m.

Dohle ['do:lə] f. (-, n). ZOOL. choucas m. || FIG., POP. [Dirne] femme (f.) de mœurs légères.

Dohne ['do:nə] f. (-, n) [Jagd] collet m.

doktern ['dɔktərn] v. intr. FAM. *an sich doktern*, essayer tous les remèdes pour guérir.

Doktor [-tɔr] m. (s, en). UNIV. (grade [m.] de) docteur m. | *Doktor der Philosophie (Dr. phil.)*, docteur ès lettres. | *Doktor der Rechte (Dr. jur.)*, docteur en droit. | *Doktor der Medizin (Dr. med.)*, docteur en médecine. | *er macht im Juni seinen Doktor*, il passe son doctorat en juin. || PAR EXT. docteur (m.) en médecine ; médecin m.

Doktorand(in) [dɔkto'rant, andin] m. (en, en), f. (-, nen) candidat(e) [m. (f.)] au doctorat ; FAM. thésard(e) m. (f.).

Doktorat [-'ra:t] n. (s, e) doctorat m.

Doktor|arbeit ["dɔktɔr'arbait] f. (-, en) thèse (f.) de doctorat. ||°**-vater** m. (s, ¨) directeur (m.) de thèse.

Doktrin [dɔk'trin] f. (-, en). PHILOS., RELIG. doctrine f. ; système m.

doktrinär [-tri'nɛ:r] adj. doctrinaire.

Dokument [dɔku'mɛnt] n. (s, e) document m. ; pièce f. ; acte m. || JUR. instrument m.

Dokumentalist(in) [dokumɛnta'list(in)] m. (en, en), f. (-, nen) documentaliste s.

Dokumentar|film [dɔkumɛn"ta:r'film] m. (s, e) film (m.) documentaire ; documentaire m.

dokumentarisch [-'ta:riʃ] adj. documentaire.

Dokumenten|akkreditiv [-tənakredi'ti:f] n. (s, e). FIN. accréditif (m.) bancaire.

dokumentieren [-'ti:rən] v. tr. documenter ; certifier ; attester.

Dolch [dɔlç] m. (s, e) poignard m. | *kleiner Dolch*, stylet m. | *mit einem Dolch erstechen*, poignarder.

Dolch|stich ['dɔlçʃtiç] m. (s, e), °**-stoß** [-ʃto:s] m. (es, ¨e) coup (m.) de poignard. ||°**-stock** m. (s, ¨e) canne (f.) à épée.

Dolde ['dɔldə] f. (-, n). BOT. ombelle f.

dolden|artig ["dɔldən'a:rtiç] adj. BOT. ombelliforme. ||°**-blütler** m. pl. BOT. ombellifères f. pl.

Dollar ['dɔla:r] m. (s, -) [Währungseinheit] dollar m. ; FAM. billet vert.

Dollar|klausel ["dɔlar'klauzəl] f. (-, n). JUR. clause (f.) de garantie basée sur le dollar. || °**-währungsgebiet** n. (s, e). FIN. zone (f.) dollar.

Dollbord ['dɔlbɔrt] m. (s, e). MAR. plat-bord m.

Dolle ['dɔlə] f. (-, n) MAR. tolet m. ; dame (f.) de nage.

Dollen|boot ["dɔlən'bo:t] n. (s, e). MAR. yole f.

Dolman ['dɔlman] m. (s, e) dolman m.

Dolmen ['dɔlmɛn] m. (s, -) dolmen m.

Dolmetscher(in) ['dɔlmɛtʃər(in)] m. (s, -), f. (-, nen) interprète s. | *als Dolmetscher dienen*, servir d'interprète.

dolmetschen [-ʃən] v. intr. servir d'interprète. ◇ v. tr. interpréter.

Dolomit [dolo'mit] m. (s, e). MINÉRAL. dolomite f. ; dolomie f.

Dolomiten [-'mitən] n. pr. pl. GÉOGR. Dolomites f. pl. ; Alpes (f. pl.) dolomitiques.

dolomitisch [-'mitiʃ] adj. dolomitique.

Dom [do:m] m. (s, e) [grande] église ; cathédrale f. || [in Italien] dôme m. | *Mailänder Dom*, dôme de Milan. || ARCHIT. dôme m. ; coupole f. || PHYS. dôme m. ; collecteur (m.) de vapeur.

Dom|dekan ["do:mde'ka:n] (s, e), °**-dechant** [de'çant] m. (en, en) doyen (m.) du chapitre. ||°**-frau** f. (-, en) chanoinesse f. ||°**-herr** m. (n, en) chanoine m. ||°**-kirche** f. (-, n) cathédrale f. ||°**-pfaff(e)** m. (n, n). ZOOL. bouvreuil m. ||°**-propst** m. (es, ¨e). RELIG. prévôt (m.) du chapitre. ||°**-schnepfe** f. (-, n). ZOOL. courlis vert.

Domäne [dɔ'mɛ:nə] f. (-, n) terre domaniale ; domaine (m.) de l'État ; domaine (public ou privé).

Domänen|amt [dɔ"mɛnən'amt] n. (es) administration (f.) des domaines.

domanial [dɔmani'a:l] adj. domanial.

Dominante [dɔmi'nantə] f. (-, n). MUS. dominante f.

Dominanz [dɔmi'nants] f. (-, en). MÉD. dominance f.

dominieren ['ni:rən] v. tr. et v. intr. dominer.

Dominikaner(in) [domini'ka:nər(in)] m. (s, -), f. (-, nen). RELIG. dominicain(e) m. (f.).

Domino ['do:mino] m. (s, s). [Maske] domino m.

Domino [-no] n. (s, s). [Spiel] domino m.

Domizil [domi'tsi:l] n. (s, s). FIN. domicile m. | *mit einem Domizil versehen*, domicilier.

Domizil|provision [domi"tsi:lprɔvi'zion] f. (-, en). COMM. commission (f.) pour domiciliation. ||°**-wechsel** m. (s, -). COMM. traite (f.), effet (m.), lettre (f.) de change à domicile.

domizilieren [dɔmitsi'li:rən] v. tr. COMM. domicilier. | *Wechsel domizilieren*, domicilier un effet.

Domizilierung [-ruŋ] f. (-, en). COMM. domiciliation f.

Donation [dɔna'tsio:n] f. (-, en). JUR. donation f.

Donator [dɔ'na:tor] m. (s, en). JUR. donateur m.

Donau ['do:nau] n. pr. f. GÉOGR. Danube m.

Donau|raum ["do:nau'raum] m. (s, ¨e) région danubienne. ||°**-staaten** m. pl. États danubiens.

Donner ['dɔnər] m. (s, -) tonnerre m. | *der Donner rollt, grollt*, le tonnerre roule, gronde. || FIG. *der Donner der Geschütze*, le grondement des canons. || FAM. *Donner und Doria !*, mille tonnerres !

Donner|bart ["dɔnər'bart] m. (s, ¨e). BOT. joubarbe f. ||°**-büchse** f. (-, n). HIST. bombarde f. ||°**-gott** m. (es). MYTH. [Römer] Jupiter m. ; maître (m.) du tonnerre. || [Germanen] Donar m. ||°**-grollen** n. (s) grondements (m. pl.) du tonnerre. ||°**-keil** m. (s, e). PHYS. aérolithe m. ; météorite f. || MINÉRAL. bélemnite f. || MYTH. foudre f. | *Donnerkeil !*, diable ! ; diantre ! ; mille tonnerres. ||°**-kraut** n. (s). BOT. joubarbe f. ||°**-schlag** m. (s, ¨e) coup (m.) de tonnerre, de foudre. ||°**-stein** m. (s, e). MINÉRAL. bélemnite. ||°**-stimme** f. (-, n) voix tonnante, tonitruante. ||°**-strahl** m. (s, en) foudre f. ||°**-wetter** n. (s, -) orage avec tonnerre et éclairs. | *Donnerwetter !*, tonnerre (de Brest) ! ; sapristi ! ||°**-wolke** f. (-, n) nuée (f.) d'orage. ||°**-wort** n. (s, e). FIG. parole foudroyante.

Donnerer ['dɔnərər] n. pr. m. MYTH. Jupiter tonnant.

donnern [-nərn] v. intr. tonner. | *es donnert*, il tonne. || FIG. *der Zug donnert über die Brücke*, le train passe le pont avec un fracas de tonnerre. | *gegen jn donnern*, fulminer, tempêter contre qn.

donnernd [-nərnt] adj. tonnant. || FIG. *donnernder Beifall*, tonnerre (m.) d'applaudissements.

Donners|tag ["dɔnərs'ta:k] m. (s, e) jeudi m.

doof [do:f] adj. FAM. stupide ; bête.

dopen ['do:pən] v. tr. SPORT. doper.

Doping ['do:piŋ] n. (s). SPORT. doping m. ; dopage m.

Doping|kontrolle ["do:piŋkɔn'trɔlə] f. (-, n). SPORT. contrôle (m.) antidopage.

Doppel ['dɔpəl] n. (s, -). [Tennis] double m. ◇ m. [Mensch] double m.

doppel ['dɔpəl] (en compos.) double ; bi...

Doppel|adler ["dɔpəl'ɑ:dlər] m. (s, -) aigle impériale ; aigle (f.) à deux têtes. ||°**-agent** m. (en, en) [Spionage] agent (m.) double. ||°**-anker** m. (s, -). TECHN. induit (m.) double. ||**-armig** adj. à deux bras. ||°**-belichtung** f. (-, en). PHOT. surimpression f. ; double exposition f. ||°**-bett** n. (s, en) lit (m.) à deux personnes. ||°**-bild** n. (s, er) image (f.) avec réflexion. ||**-blind** adj. MÉD. double aveugle. | *doppelblinder Test*, test (m.) en double aveugle. ||°**-boden** m. (s,¨) double fond m. ||°**-bogen** m. (s, -). TECHN. raccord (m.), courbe (f.) double. ||°**-brechung** f. (-, en). PHYS. biréfringence f. ||°**-büchse** f. (-, n) carabine (f.) à deux coups. ||**-chörig** adj. ARCHIT. *doppelchörige Kirche*, église (f.) à contre-abside. ||°**-decker** m. (s, -). AÉRON. biplan m. ||°**-ehe** f. (-, en). JUR. bigamie f. ||°**-fernrohr** n. (s, e) jumelles f. pl. ||°**-flinte** f. (-, n) fusil (m.) à deux coups. ||°**-flußreaktor** m. (s, en). AÉRON. réacteur (m.) à double flux. ||°**-fuß** m. (es,¨e). POÉS. dipodie f. ||°**-gänger** m. (s, -) double m. ; sosie m. ||°**-gesang** m. (s,¨). MUS. duo m. ||**-geschlechtig** adj. bi(s)sexuel ; hermaphrodite. ||°**-gespann** n. (s, e) attelage (m.) à deux chevaux. ||°**-glas** n. (es, ¨er) binoculaire m. ||**-gleisig** adj. à deux voies. ||°**-helix** f. (-). BIOL. double hélice f. ||°**-klasse** f. (-, n). UNIV. classe (f.) parallèle. ||°**-klemme** f. (-, en). TECHN. serre-fil m. || °**-konsonant** m. (en, en). GRAMM. consonne géminée. ||°**-kran** m. (s, ¨e). TECHN. grue (f.) à deux flèches. ||°**-lauf** m. (s, ¨e) canon (m.) double. ||°**-läufer** m. (s, -) fusil (m.) à double canon. ||°**-laut** m. (s, e). GRAMM. diphtongue f. ||**-lebig** adj. ZOOL. amphibie. ||°**-leitwerk** n. (s, e). AÉRON. dérive f. ||**-polig** adj. ÉLECTR., MATH. bipolaire. ||°**-posten** m. (s, -). MIL. sentinelle (f.) double. ||°**-punkt** m. (s, e). GRAMM., TYPOGR. deux-points m. pl. ||°**-räder** n. pl. TECHN. roues (f. pl.) jumelles. ||°**-rahmkäse** m. (s-, -). CULIN. double-crème m. ||°**-reihe** f. (-, n) deux rangs m. pl. ; double haie f. ||**-reihig** adj. à deux rangs. ||°**-reime** m. pl. POÉS. rimes redoublées. ||°**-schluß** m. (es, ¨e). PHILOS. dilemme m. || °**-schluß|motor** m. (s, en). ELECTR. moteur (m.) compound. ||°**-schritt** m. (s, e). MIL., MUS. pas redoublé. ||°**-sehen** n. (s). MÉD. double vue f. ; diplopie f. ||°**-seite** f. (-, n). [Presse] double page f. ||**-seitig** adj. MATH. bilatéral ; à double face. || MÉD. *doppelseitige Lungenentzündung*, pneumonie (f.) double. ||°**-selbstlaut** m. (s, e). GRAMM. diphtongue f. ||°**-sichtigkeit** f. (-). MÉD. double vue f. ; diplopie f. ||°**-sinn** m. (s, e). GRAMM. double sens m. ; ambiguïté f. ; amphibologie f. ||**-sinnig** adj. GRAMM. à double sens ; ambigu ; amphibologique. ||°**-sitzer** m. (s, -). AÉRON. biplace m. ||°**-skuller** m. (s, -). SPORT. double-scull m. ||°**-spiel** n. (s, e). PR. et FIG. double jeu m. || [Tennis] *gemischtes Doppelspiel*, double (m.) mixte. || MUS. duo m. || FIG. duplicité f. ; double jeu m. ||°**-steuer** n. (s, -), °**-steuerung** f. (-, en). AÉRON. double commande f. ||°**-stück** n. (s, e). COMM. double m. ; duplicata m. ||°**-T-Eisen** n. (s, -). TECHN. fer (m.) à double T. ||°**-tür** f. (-, en) porte (f.) à deux battants ; PAR EXT. double porte f. ||°**-verdienst** m. (es, e) cumul m. (des salaires). ||°**-vokal** m. (s, e). GRAMM. diphtongue f. ||°**-währung** f. (-, en). FIN. double étalon m. ; bimétallisme m. ||°**-waise** f. (-, n) orphelin(e) m. (f.) de père et de mère. ||**-wertig** adj. bivalent. ||°**-zentner** m. (s, -) quintal (m.) métrique. ||°**-zimmer** n. (s, -) chambre (f.) à deux lits. ||**-züngig** adj. FIG. double ; faux. ||°**-züngigkeit** f. (-) duplicité f.

Doppelheit ['dɔpəlhait] f. dualité, duplicité.

doppeln ['dɔpəln] v. tr. MATH. [verdoppeln] doubler. || THÉÂTRE. doubler. || TECHN. [füttern] doubler. ◇ v. intr. jouer aux dés.

Doppeln [-pəln] n. (s). THÉÂTRE. doublage m.

doppelt [-pəlt] adj. **1.** double. | *doppelte Tulpe*, tulipe (f.) double. | *Urkunde in doppelter Ausfertigung*, acte (m.) en double. | *doppelt und dreifach*, deux et trois fois. || COMM. *doppelte Buchführung*, comptabilité (f.) en partie double. || FIG. *doppeltes Spiel treiben*, jouer double jeu. **2.** PROV. *geteilte Freude ist doppelte Freude*, plaisir partagé, plaisir doublé. | *doppelt hält besser*, deux sûretés valent mieux qu'une.
◇ adv. doublement. | *der Stoff liegt doppelt*, ce drap a deux largeurs. | *doppelt wirkend*, à double effet. || LOC. *doppelt genäht hält besser*, deux précautions valent mieux qu'une.

Doppeltes [-pəltəs] n. double m. | *um das Doppelte größer*, deux fois plus grand.

doppelt|gefiedert ["dɔpəltgə'fi:dərt] adj. BOT. bipenné. ||**-hochrund** adj. PHYS. biconvexe. ||**-hohl** adj. PHYS. biconcave. ||**-kohlensauer** adj. CHIM. bicarbonaté. | *doppeltkohlensaures Natrium*, bicarbonate (m.) de soude. ||**-wirkend** adj. à double effet.

Doppelung ['dɔpəluŋ] f. (-, en) doublement m. ; doublage m.

Doppler|effekt ["dɔplərɛ'fɛkt] m. (s, e). PHYS. effet (m.) Doppler.

Dora ['do:ra] n. pr. f. Dorothée f.

Dorade [dɔ'rɑ:də] f. (-, n). ZOOL. dorade f.

Dorado [do'rɑ:do] n. (s). FIG. eldorado m.

Dorf [dɔrf] n. (s, ¨er) village m. ; bourg m. ; bourgade f. ; petite commune. | *kleines Dorf*, hameau m. | *in Dorf und Stadt*, partout. || FIG. *das sind mir böhmische Dörfer*, c'est de l'hébreu pour moi.
— SYN. : *Ort, Flecken*, bourg ; *Weiler*, hameau.

Dorf|bewohner(in) ["dɔrfbə'vo:nər(in)] m. (s, -), f. (-, nen) villageois(e) m. (f.). ||°**-depp** m. (s, s), °**-trottel** m. (s, -). FAM. idiot (m.) du village. ||°**-geistlicher** m. pasteur (protestant) ; curé (catholique) de village. ||°**-gemeinde** f. (-, n) petite commune ; hameau m. ; commune rurale. ||°**-geschichte** f. (-, n) récit villageois ; conte (m.) rustique. ||°**-kirmes** f. (-, en), °**-kirchweih** f. (-, en) fête villageoise ; kermesse f. ||°**-leben** n. (s) vie (f.) rustique. ||°**-leute** m. pl. villageois m. pl. ; habitants (m. pl.) du village. ||°**-schulze** m. (n, n) maire (m.) du village.

Dörflein ['dø:rflain] n. (s, -) petit village ; hameau m.

Dörfler(in) [-flər(in)] m. (s, -), f. (-, nen) villageois(e) m. (f.) ; paysan(ne) m. (f.).

dörflich ['dørfliç] adj. rustique ; rural.

Dorier ['do:riər] m. (s, -). ANTIQ. Dorien m.

dorisch ['do:riʃ] adj. ANTIQ. dorien. || ARCHIT. dorique.

Dorn [dɔrn] m. (s, e et en ou ¨er) épine f. ; piquant m. || [Stachel] aiguillon m. ; dard m. | *einen Dorn aus dem Fuß ziehen*, retirer une épine du pied. || PAR EXT. arbuste (m.) à piquants ; arbuste, arbrisseau épineux. || TECHN. mandrin m. ; broche f. ; chevillette f. || FIG. *ich bin ihm ein Dorn im Auge*, il ne peut me sentir.

dorn|artig ["dɔrn'ɑrtiç] adj. BOT. spiniforme. || °**-baum** m. (s, ¨e). BOT. aubépine f. ; épine blanche. ||°**-busch** m. (s, ¨e). BOT. arbuste épineux. ||°**-fisch** m. (s, e). ZOOL. épinoche f. ||°**-röschen** n. (s) Belle (f.) au Bois dormant. ||°**-rose** f. (-, n). BOT. rosier (m.) sauvage ; églantier m. ||°**-schuh** m. (s, e). SPORT. chaussure (f.) à pointes ; soulier (m.) de course. ||°**-schwein** n. (s, e) 1° porc-épic m. ; 2° rascasse f.

Dornen|hecke ["dɔrnən'hɛkə] f. (-, n). BOT. haie (f.) d'épines. ||**-los** adj. BOT. sans épines. || FIG. exempt de difficultés ; sans soucis. ||°**-pfad** m. (s, e). FIG. chemin épineux, pénible ; calvaire m. ||**-voll** adj. hérissé, plein d'épines ; épineux. || FIG. plein de difficultés ; pénible.

dornicht, dornig ['dɔrniçt, -niç] adj. BOT. épineux ; plein d'épines. || FIG. hérissé, plein de difficultés ; difficile ; pénible.

dorren ['dɔrən] v. intr. POÉT. sécher ; (se) dessécher ; se faner.

dörren ['dørən] v. intr. et v. tr. [Blumen] sécher ; dessécher. || [Obst] sécher au four ; torréfier.

Dörren [-rən] n. (s) [Blumen, Schwämme] dessèchement m. ; dessiccation f. || [Obst, Kaffee] torréfaction f.

Dörr|gemüse ["dørgə'my:zə] n. (s) légumes secs. ||°**-obst** n. (es) fruits secs.

Dorsal|mark [dɔr"za:l'mark] (s). ANAT. moelle épinière, vertébrale. ||°**-nerv** m. (s, en). ANAT. nerf (m.) thoracique.

Dorsch [dɔrʃ] m. (es, e). ZOOL. [Schellfisch] dorsch m. ; jeune morue f. ; merluche f. ; merlus m. || *Dorschleberöl*, huile (f.) de foie de morue.

dort [dɔrt] adv. là-bas ; par là ; y. | *da und dort*, çà et là. | *hier und dort*, ici et là. | *er kam von dort*, il en vint. | *von dort an, aus*, à partir de là ; depuis là. | *dort oben*, là-haut.

dort|her ['dɔrthe:r - dɔrt'he:r] adv. de par là ; de là ; de là-bas ; de ce côté. ||**-heraus** adv. en sortant de là.

dort|hin ['dɔrthin - dɔrt'hin] adv. y ; dans cette direction ; de ce côté-là ; par là ; là-bas. ||**-hinab** adv. en descendant par là. ||**-hinauf,** en montant par là. ||**-hinaus** adv. en sortant par là. || Loc. *er will dorthinaus*, c'est là qu'il veut en venir. || **-hinunter** ["dɔrthin'untər - 'dɔrthin"untər] adv. en descendant par là.

dortig ['dɔrtiç] adj. situé là-bas, en ce lieu-là. | *mein dortiger Garten*, le jardin que j'ai là-bas.

dort|zulande ["dɔrttsu'landə] adv. dans ce pays-là.

Dose ['do:zə] f. (-, n) boîte f. | *Konservendose*, boîte de conserves. || Par ext. [Menge] dose f.

Dosen|barometer ["do:zənbaro'me:tər] n. (s, -) baromètre (m.) anéroïde. ||°**-libelle** f. (-, n) niveau (m.) sphérique. ||°**-öffner** m. (s, -) ouvre-boîtes m.

dösen ['dø:zən] v. intr. sommeiller ; somnoler. | *Döskopf*, pop. dadais m.

dosieren [do'zi:rən] v. tr. doser.

Dosierung [-ruŋ] f. (-, en) dosage m. || Méd. posologie f.

Dosimeter [dozi'me:tər] n. (s, -). Nucl. dosimètre m.

Dosimetrie [dozime'tri:] f. (-, -). Nucl. dosimétrie f.

Dosis ['do:zis] f. (-, sen) dose f. ; quantité f. || Nucl. *höchstzulässige Dosis*, dose maximale admissible.

Dosis|leistung ["do:zis'laistuŋ] f. (-, en). Électr., Nucl. débit (m.) de dose.

Dost [dɔst] m. (es, e), **Doste** ['dɔstə] f. (-, n). Bot. thym (m.) sauvage ; marjolaine f. ; origan m.

Dotal|system [do"tɑ:lsys'te:m] n. (s, e). Jur. régime dotal.

Dotation [dota'tsio:n] f. (-, en). Jur. dotation f.

dotieren [-'ti:rən] v. tr. doter ; pourvoir d'une dot ; constituer une dot à. || Fig. payer ; rémunérer. | *gut dotierter Posten*, poste bien rémunéré.

Dotierung [-'ti:ruŋ] f. (-, en). V. Dotation.

Dotter ['dɔtər] m. et n. (s, -) jaune (m.) d'œuf.

Dotter|blume ["dɔtər'blu:mə] f. (-, n). Bot. renoncule f. ; pissenlit m. ||**-gelb** adj. [Farbe] jaune d'œuf.

Dozent(in) [dɔ'tsɛnt(in)] m. (en, en), f. (-, nen) chargé(e) de cours à la faculté ; maître (m.) de conférences.

Dozentur [-tsɛn'tu:r] f. (-, en) charge (f.) d'enseignement dans une faculté.

dozieren [-'tsi:rən] v. tr. et v. intr. enseigner ; professer.

Drache(n) ['draxə(n)] m. (n, n). Myth. dragon m. || Par anal. [Spielzeug] cerf-volant m. || Fig., fam. dragon m. ; mégère f. ; virago f.

Drachen|ballon ["draxənba'lɔŋ] m. (s, s). Aéron. ballon captif. ||°**-flieger** m. (s, -) delta-plane m. ||°**-wurz** f. (-). Bot. serpentaire m.

Drachme ['draxmə] f. (-, n) drachme f.

Dragée [dra'ʒe] n. (s, s). Culin. dragée f.

draggen ['dragən] v. tr. draguer.

Dragon [dra'go:n] m. et n. (s). Bot. estragon m.

Dragoner [dra'go:nər] m. (s, -). Mil. dragon m. || Fig. *ein wahrer Dragoner*, une virago.

Draht [drɑ:t] m. (s, ¨e) fil (m.) de fer. | *blanker Draht*, fil nu. | *Draht ziehen*, tréfiler ; étirer. || Par ext., Téléph. câble m. | *der heiße Draht*, le téléphone rouge. || Fig., fam. *er ist auf Draht*, il a le réflexe prompt.

Draht|anschluß ["drɑ:t'anʃlus] m. (es, ¨e). Postes. raccordement (m.) par fil. ||°**-anschrift** f. (-, en) adresse (f.) télégraphique. ||°**-anweisung** f. (-, en) mandat (m.) télégraphique. ||°**-arbeit** f. (-, en). Techn. filigrane m. ||°**-auslöser** m. (s, -). Phot. déclencheur (m.) à fil. ||°**-bank** f. (-, ¨e). Techn. filière f. ||°**-bauer** n. (s, -), °**-käfig** m. (s, e) cage (f.) métallique. ||°**-bürste** f. (-, n) brosse (f.) métallique. ||°**-fenster** n. (s, -) fenêtre grillagée. ||°**-fernmeldedienst** m. (es, e). Postes. télécommunication (f.) par fil. ||°**-geflecht** n. (s, e) grillage (m.), treillis (m.) métallique ; armature f. ||°**-gewebe** n. (s, -) toile (f.) métallique. ||°**-gitter** n. (s, -) treillis (m.) de fils de fer ; grillage m. ||°**-glas** n. (es) verre armé. ||°**-haar** n. (s, e). Zool. fox (m.) à poil dur. ||°**-hammer** m. (s, ¨e). Techn. tréfilerie f. ||°**-hindernis** n. (ses, se). Mil. réseau (m.) de fils de fer. ||°**-korb** m. (s, ¨e). Techn. panier (m.) métallique ; tamis m. || °**-kugellager** n. (s, -). Techn. palier (m.) de roulement. ||°**-lehre** f. (-, n). Techn. jauge (f.) à fils métalliques. ||°**-leitung** f. (-, en) fil m. ; câble m. || Postes. ligne (f.) télégraphique. ||**-los** adj. sans fil. | *drahtlose Telegraphie*, télégraphie (f.) sans fil (T.S.F.). | *etwas drahtlos übermitteln*, transmettre qch. par radio. || °**-nachricht** f. (-, en). Postes. télégramme m. ||°**-netz** n. (es, e). Techn. grillage (m.), treillis (m.) en fil de fer. ||°**-plätter** m. (s, -). Techn. laminoir m. ||°**-puppe** f. (-, n) marionnette f. ||°**-schere** f. (-, n). Techn. cisailles f. pl. ||°**-schiene** f. (-, n). Méd. attelle (f.) métallique. ||°**-seil** n. (s, e) câble (m.) métallique. ||°**-seilbahn** f. (-, en) funiculaire m. ; téléphérique m. ||°**-seilfabrik** f. (-, en). Techn. tréfilerie f. || °**-seilkünstler(in)** m. (s, -), f. (-, nen) fildefériste s. ||°**-spule** f. (-, n). Électr. bobine f. ||°**-verhau** m. (s, e). Mil. réseau (m.) de (fils de fer) barbelés. ||°**-walzwerk** n. (s, e). Techn. laminoir (m.), train (m.) à fils. ||°**-zaun** m. (s, ¨e) clôture (f.) en fil de fer. ||°**-zieher** m. (s, -). Techn. tréfileur m. ; fig. instigateur m. ; meneur m. ||°**-zieherei** f. (-, en). Techn. tréfilerie f. ; fig. menées f. pl.

drahten ['drɑ:tən] v. tr. télégraphier ; câbler.

drahtlich [-tliç] adj. télégraphique.

◇ adv. télégraphiquement ; par câble ; par fil.

Drain [drɛ:n] m. V. Drän.

Draisine ['drɛzinə] f. (-, n). V. Dräsin.

drakonisch [dra'ko:niʃ] adj. draconien.

drall [dral] adj. retors ; tordu ; raide. | *dralle Seide*, soie retorse. || Par ext. solide ; plantureux. || Fig. ferme. | *dralles Mädchen*, fille plantureuse.

Drall [dral] m. (es). Techn. pas (m.) des rainures ; rotation (f.) des projectiles. | *Linksdrall*, pas à gauche. | *zunehmender Drall*, pas progressif.

drall|frei ['dralfrai] adj. Techn. antigiratoire. || °**-länge** f. (-). Techn. longueur (f.) de pas. || **-stabilisiert** adj. Techn. gyroscopé.

Drama ['drɑ:ma] n. (s, men) drame m.

— Observ. Ancien pl. : *Dramata* ; pl. moderne : *Dramen*.

Dramatiker [dra'mɑ:tikər] m. (s, -). Littér. dramaturge m. ; auteur (m.) dramatique.

dramatisch [-'mɑtiʃ] adj. dramatique.

dramatisieren [-mati'zi:rən] v. tr. Littér. adapter à la scène. || Fig. faire un drame ; dramatiser.

Dramaturg [-ma'tu:rk] m. (en, en). Littér. critique (m.) de théâtre dramatique. || Par ext. auteur (m.) de drames ; dramaturge m.

Dramaturgie [-matur'gi] f. (-). Littér. théorie (f.) sur le drame ; dramaturgie f. | *hamburgische Dramaturgie*, dramaturgie de Hambourg.

dran [dran] adv. (fam. pour **daran**). *an etwas dran sein*, être tout près de. || Fig. *schlecht dran sein*, se trouver dans une mauvaise situation. | *ich bin dran*, c'est à moi (de jouer). | *dran glauben müssen*, fam. devoir y passer.

Drän [drɛ:n] m. (s, s). Méd., Agric. drain m.

Dränage [drɛ'nɑ:ʒə] f. (-, n). drainage m.

drang [draŋ] prét. de **dringen.**

Drang [draŋ] m. (s) pression f. ; oppression f. | *Drang der Not*, pression de la nécessité. | *im Drange der Geschäfte*, dans la fièvre des affaires. || Par anal. poussée f. ; impulsion f. ; tendance f. ; désir m. ; penchant m. | *Drang zum Lügen*, penchant au mensonge. | *Drang nach Freiheit*, désir de liberté. || Hist. *Drang nach Osten*, poussée vers l'Est.

drängeln ['drɛŋəln] v. tr. et v. intr. Fam. pousser ; bousculer ; jouer des coudes.

Drängeln [-ŋəln] n. (s) bousculade f. ; poussée f.

drängen [-ŋən] v. tr. presser ; serrer ; pousser. | *jn auf die Seite drängen*, pousser qn sur le côté. || Fig. presser ; pousser ; faire pression sur ; tourmenter ; opprimer. | *zur Entscheidung drängen*, pousser à prendre une décision.

◇ v. intr. presser. | *dränge nicht so !*, ne pousse pas ! || Fig. *die Zeit drängt*, le temps presse ; fam. ça urge.

◇ v. impers. *es drängt mich zu*, j'ai grande envie de.

◇ part. pass. et adj. **gedrängt,** pressé ; épais. | *gedrängt voll*, comble. || Fig. *gedrängter Stil*, style serré, concis.

◇ v. pr. **sich drängen,** se presser ; se pousser ; se bousculer. | *sich um jn drängen*, se presser autour de qn. | *sich durch die Menge drängen*, se frayer un passage à travers la foule. || Fig. *die Ereignisse drängen sich*, les événements se précipitent.

Drängen [-ŋən] n. (s) poussée f. ; insistance f. || Fig. obsession f. ; insistance f.

Dränger [-ŋər] m. (s, -) celui qui pousse, presse.

Drang|sal ['draŋzɑ:l] f. (-, e) et n. (s, e) tourment m. ; tribulations f. pl. ; épreuves f. pl.

drang|salieren [draŋza'li:rən] v. tr. brimer ; tourmenter ; Fam. tarabuster.

dränieren [drɛ'ni:rən] v. tr. Agric. drainer.

dran|setzen ["dran'zɛtsən] v. tr. Fam. mettre ; placer ; apposer. || Fig. s'efforcer de ; tendre à. | *alles dransetzen, um... zu*, faire tous ses efforts pour.

Draperie [drapə'ri] f. (-, n). Arts. draperie f. ; décor m.

drapieren [-'pi:rən] v. tr. couvrir de draperie ; draper.

Dräsine [drɛ'zi:nə] f. (-, n) draisine f.

drastisch ['drastiʃ] adj. frappant ; vif ; expressif. || Fig. fort ; vert. | *drastische Schilderung*, description saisissante. | *eine drastische Preissenkung*, une baisse spectaculaire des prix. | *drastische Mittel anwenden*, employer des moyens énergiques. || Méd. drastique.

Drau [drau] n. pr. f. Géogr. Drave f.

drauf [drauf] adv. Fam. *immer fest drauf!*, vas-y carrément ! ; hardi ! V. daraup.

Drauf|gabe ["drauf'ga:bə] f. (-, n). Comm. arrhes f. pl. ||°**-gänger** m. (s, -). Fam. risque-tout m. ||**-gängerisch** adj. téméraire. ||**-gehen** v. intr. être dépensé, disparaître. | *Dabei ging viel Geld drauf*, cela a coûté beaucoup d'argent. ||°**-geld** n. (s, er) arrhes f. pl. ||°**-los** interj. allez-y ! vas-y !

drauflos|gehen [drauf"los'ge:ən] v. intr. attaquer carrément. ||**-hauen** v. intr. frapper comme un sourd. ||**-reden** v. intr. parler à tort et à travers. ||**-schießen** v. intr. tirer dans le tas. ||**-wirtschaften**, dépenser sans compter.

draus [draus] adv. Fam. V. daraus.

draußen ['drausən] adv. (au-)dehors. | *draußen bleiben*, rester dehors. || Polit. à l'étranger.

Drechsel|bank ["drɛksəl'baŋk] f. (-, ¨e). Techn. tour m.

drechseln ['drɛksəln] v. tr. Techn. tourner ; faire au tour. || Par ext. façonner avec soin.

Drechsler [-slər] m. (s, -). Techn. tourneur m.

Drechslerei ['drɛkslə"rai] f. (-, en). Techn. atelier (m.) de tourneur. || art (m.) du tourneur.

Dreck [drɛk] m. (s). Fam. excréments m. pl. ; déjections f. pl. ; fange f. ; saleté f. ; ordure f. ; vase f. ; crotte f. ; gadoue f. || Gross. merde f. | *im Dreck herumpatschen, sich wälzen*, patauger, se vautrer dans la boue. | *in den Dreck schleppen*, traîner dans la boue. || Fig. ich mache mir einen Dreck draus, je m'en fiche. | *jn in den Dreck ziehen*, traîner qn dans la boue.

Dreck|bürste ["drɛk'byrstə] f. (-, en) brosse (f.) à décrotter. ||°**-eimer** m. (s, -). Techn. poubelle f. ||°**-fink** m. (s, e). Pop. saligaud m. ||°**-käfer** m. (s, -) Zool. bousier m. ||°**-lappen** m. (s, -). Fam. torchon m. || Fig. [Personen] souillon m. ||°**-wetter** n. (s). Fam. temps (m.) de chien.

dreckig [drɛkiç] adj. Fam. sale ; crotté.
◇ adv. Fig. *es geht ihm sehr dreckig*, il est dans la mouise.

Dredsche ['dretʃə] f. (-, n), **Dregge** ['drɛgə] f. (-, n). Mar. 1° grappin m. ; 2° chalut m.

dreggen ['drɛgən] v. tr. Mar. draguer.

Dregg|netz ['drɛgnɛts] n. (es, e). Mar. chalut m.

Dreh [dre:] m. (s, e) tournure f. || Par ext. tournant f. || Fig., fam. truc m. ; système m. | *den (richtigen) Dreh rauskriegen*, trouver, connaître le truc. | *auf den Dreh kommen*, fam. être à la coule.

Dreh|achse ["dre:'aksə] f. (-, n) axe (m.) de rotation, de révolution. ||°**-arbeit** f. (-, en) travail (m.) au tour. ||°**-bank** f. (-, ¨e). Techn. tour m. ||°**-bewegung** f. (-, en) rotation f. ; mouvement rotatif. ||°**-bohrer** m. (s, -). Techn. mèche f. ; tarière f. ||°**-bolzen** m. (s, -) tourillon m. ||°**-brücke** f. (-, n) pont tournant. ||°**-buch** n. (s, ¨e). Film. scénario m. ; livret m. ||°**-bühne** f. (-, n). Théâtre. scène tournante. ||°**-eisen** n. (s). Techn. tord-fil m. ||°**-feld** n. (s, er). Techn. champ tournant. ||°**-fläche** f. (-, n). Math. surface (f.) de révolution. ||°**-flügler** m. (s, -) giravion m. ||°**-funkfeuer** n. (s, -). Mar. radiophare omnidirectionnel. ||°**-geschütz** n. (es, e). Mil. pièce tournante. ||°**-geschwindigkeit** f. (-) vitesse (f.) de rotation. ||°**-gestell** n. (s, e). Techn. bog(g)ie m. ||°**-kondensator** m. (s, en). Techn. condensateur (m.) variable. ||°**-körper** m. (s, -). Math. solide (m.) de révolution. ||°**-kraft** f. (-, ¨e). Phys. force rotative. ||°**-kran** m. (s, ¨e). Techn. grue pivotante. ||°**-krankheit** f. (-). Zool. tournis m. ||°**-kreuz** n. (es, e) tourniquet m. ||°**-mangel** f. (s, ¨) calandre f. ||°**-maschine** f. (-, n) perforatrice rotative ; perceuse rotative. ||°**-moment** n. (s, e) couple (m.) de rotation. ||°**-moment|wandler** m. (s, -). Autom. convertisseur (m.) de couple. ||°**-orgel** f. (-, n). Mus. orgue (m.) de Barbarie. ||°**-prisma** n. (s, men). Phys. prisme tournant. ||°**-punkt** m. (s, e). Techn. pivot m. ; centre (m.) de rotation. ||°**-richtung** f. (-, en) sens (m.) de rotation. ||°**-riegel** m. (s, -) espagnolette f. ||°**-rolle** f. (-, n) calandre f. ||°**-rost** m. (es, e) grille tournante. ||°**-schalter** m. (s, -). Électr. commutateur rotatif. ||°**-scheibe** f. (-, n). Transp. plaque tournante. || Mil. cible tournante. || [Lotterie] tourniquet m. || Techn. tour m. ||°**-schlag** m. (s, ¨e). [Tennis] balle coupée. ||°**-schleuse** f. (-, n) sas (m.) à tourniquet. || °**-spul|gerät** n. (s, e) galvanomètre (m.) à cadre mobile. ||°**-stab** m. (s, ¨e) barre (f.) de torsion. ||°**-stichel** m. (s, -) outil (m.) de tour. ||°**-stift** m. (s, e) arbre m. ||°**-strom** m. (s, ¨e). Électr. courant triphasé. ||°**-strom|generator** m. (s, en). Techn. alternateur triphasé. ||°**-stuhl** m. (s, ¨e) chaise tounante. ||°**-tür** f. (-, en) porte tournante. ||°**-turm** m. (s, ¨e). Mil. tourelle. ||°**-zahl** f. (-, en) vitesse (f.) de rotation ; régime m. (d'un moteur). || °**-zahl|anzeiger** m. (s, -), °**-zahl|messer** m. (s, -). Techn. tachymètre m. ||°**-zahl|zähler** m. (s, -) compte-tours m. ||°**-zapfen** m. (s, -) pivot m. ; tourillon m.

drehbar ['dre:ba:r] adj. tournant ; réversible.

Drehe ['dre:ə] f. (-, n). Fam. tournant m. ; courbe f. || [Schafe] tournis m.

drehen [-ən] v. tr. **1.** [im Kreise bewegen] tourner. | *die Kurbei drehen*, tourner la manivelle. || Fig. *einen Film drehen*, tourner un film. | *jm eine Nase drehen*, faire un pied de nez à qn.
2. [wenden] tourner. | *den Kopf drehen*, tourner la tête ; se retourner. | *das Schiff drehen*, virer de bord. || Fig. *etwas nach allen Seiten drehen*, ruminer qch. | *wie man das Ding auch dreht*, de quelque côté que l'on envisage la chose. | *einen Satz drehen und deuten*, ergoter sur, torturer une phrase. | *alles dreht sich mir im Kopf*, la tête me tourne. | *den Mantel nach dem Winde drehen*, tourner à tout vent ; fam. retourner sa veste. | *das Recht drehen*, chicaner.
3. [formen ; drechseln ; zusammendrehen] tordre ; rouler ; tourner. | *Zigaretten drehen*, rouler des cigarettes. | *Tüten drehen*, faire des cornets. | *gedrehte Baumvolle*, coton retors.
◇ v. intr. *an einem Gesetz drehen*, tourner la loi ; faire violence à la loi.
◇ v. pr. **sich drehen,** (se) tourner ; pivoter. | *der Wind dreht sich*, le vent tourne, change. || Fig. *alles dreht sich um die Frage*, tout tourne autour de cette question. | *die Unterhaltung drehte sich um das Theater*, la conversation roulait sur le théâtre.

Dreher [-ər] m. (s, -). Techn. [Person] tourneur m. || [Sache] Autom. manivelle f.

Dreherei [dre:ə'rai] f. (-, en). [Ort] atelier (m.) de tourneur. || [Handlung] tournage m.

Drehung ['dre:uŋ] f. (-, en) tour m. ; mouvement (m.) giratoire ; rotation f. ; torsion f. ; révolution f. | *halbe, ganze Drehung*, demi-tour, tour entier.

Drehungs|achse ["dre:uŋs'aksə] f. (-, n) axe (m.) de rotation. ||°**-moment** n. (s, e). Math. moment (m.) d'inertie. ||°**-vermögen** n. (s, -) pouvoir (m.) rotatoire.

drei [drai] adj. num. card. trois. | *es waren ihrer drei*, ils étaient trois. | *es hat eben drei geschlagen*, trois heures viennent de sonner. | *die Aussage dreier Zeugen*, les déclarations de trois témoins. || Fig. *ehe man bis drei zählen kann*, fam. en moins de deux.
◇ f. **die Drei,** le trois. || [Würfeln] *zwei Dreien werfen*, amener deux trois.

Drei|achteltakt [drai"axtəl'takt] m. (s, e). Mus. [mesure à] trois-huit ; trois-huit m. ||°**-akter** m. (s, -). Théâtre. pièce (f.) en trois actes. ||°**-angel** m. (s, -). Math., Mus. triangle m. V. Triangel. ||**-armig** adj. à trois bras, branches. ||°**-bein** n. (s, e) escabeau (m.) à trois pieds. || Math. trièdre m. || Phot. trépied m. ||°**-blatt** n. (s, ¨er). Bot. trèfle m. ; trèfle (m.) d'eau ; ményanthe trifolié. ||°**-bund** m. (s) Triple-Alliance f. ||°**-decker** m. (s, -). Aéron. triplan m. || Mar. trois-ponts m. ||°**-eck** n. (s, e). Math. triangle m. || Techn. équerre f. ||**-eckig** adj. Math. triangulaire. | *dreieckiger Hut*, tricorne m. ||°**-ecksmessung** f. (-). Math. trigonométrie f. ||°**-ecksvermessung** f. (-, en). Math. triangulation f. ||**-einhalb** adj. num. card. trois et demi. ||°**-einigkeit** f. V. Dreifaltigkeit. ||**-fach** adj. et adv. triple ; triplement. | *dreifache Krone*, tiare f. | *das Dreifache*, le triple. | *um das Dreifache teurer*, trois fois plus cher. ||°**-faltigkeit** f. (-). Relig. trinité f. | *heilige Dreifaltigkeit*, Sainte Trinité. ||°**-farbendruck** m. (s, e). Techn. tirage (m.) en trois couleurs ; trichromie f. ||**-farbig** adj. tricolore ||°**-felderwirtschaft** f. (-). AGRIC. culture triennale, à trois assolements. ||°**-fuß** m. (es, ¨e), escabeau (m.) à trois pieds ; trépied m. ||°**-ganggetriebe** m. (s, -). AUTOM. boîte (f.) à trois vitesses. ||°**-gesang** m. (s, ¨e). MUS. trio m. ||**-gliedrig** adj. à trois membres, rangs. || MATH. *dreigliedrige Größe*, trinôme m. ||°**-herrschaft** f. (-, en) triumvirat m. ||°**-holz** n. (es, ¨er) gibet m. ||**-hundert** adj. num. card. trois cent(s). ||**-jährig** adj. (âgé de) trois ans. ||**-jährlich** adj. tous les trois ans ; triennal. ||°**-kampf** m. (s, ¨e). SPORT. triathlon m. ||°**-kant** m. (s, e). MATH. trièdre m. ||**-kantig** adj. MATH. triangulaire. ||°**-käsehoch** m. nabot m. ; marmouset m. ||°**-königsfest** n. (es). RELIG. Epiphanie f. ; jour (m.), fête (f.) des Rois. ||**-mal** adv. trois fois ; à trois reprises. ||**-malig** adj. triple ; fait, répété trois fois. ||°**-männer** m. pl. triumvirs m. pl. ||°**-mastbark** f. (-, en), °**-master** m. (s, -). MAR. trois-mâts m. ||**-monatlich** adj. trimestriel. ||**-motorig** adj. AÉRON. trimoteur. ||°**-paß** m. (es, ¨e) trèfle (m.) d'ogive. ||°**-pfünder** m. (s, -). HIST., MIL. canon (m.), pièce (f.) de trois livres. ||°**-phasenstrom** m. (s, ¨e). ÉLECTR. courant triphasé. ||**-phasig** adj. ÉLECTR. triphasé. ||**-prozentig** adj. FIN. à trois pour cent. ||°**-rad** n. (s, ¨er) véhicule (m.) à trois roues. || PAR EXT. [Fahrrad] tricycle m. ; triporteur m. ||**-reihig** adj. à, sur trois rangs. ||°**-ruderer** m. (s, -). MAR. trirème f. ||°**-schichtendienst** m. (es, e). [Fabrikarbeit] trois-huit m. pl. ||°**-schlag** m. (s, ¨e), °**-takt** m. (s, e). MUS. mesure (f.) à trois temps. ||**-seitig** adj. MATH. trilatéral. ||°**-spitz** m. (es, e) tricorne m. ||**-stimmig** adj. MUS. à trois voix. ||**-stöckig** adj. [Häuser] à trois étages. ||**-stufig** adj. à trois étages. | *dreistufige Rakete*, fusée (f.) à trois étages. ||**-tägig** adj. de trois jours. ||°**-takt** m. (s, e) cycle (m.) à trois temps. || MÉD. [Herz] bruit (m.) de galop. ||**-teilig** adj. en trois parties ; divisé en trois parties. || MATH. *dreiteiliger Ausdruck*, trinôme m. ||°**-teilung** f. (-) division (f.) en trois parties. || MATH. trisection f. ; tripartition f. ||°**-viertel** n. (s, -) trois quarts m. pl. ||°**-viertelstunde** f. (-, n) trois quarts (m. pl.) d'heure. ||**-wertig** adj. CHIM. trivalent. ||°**-zack** m. (s). TECHN. trident m. ||**-zackig** adj. à trois pointes. || BOT. tridenté. ||°**-zahl** f. (-, en) triade f. ||**-zehn** adj. num. card. treize. || FIG., FAM. *nun schlägts dreizehn*, j'en ai assez ; c'en est trop. ||**-zehnte** adj. num. ord. treizième. ||**-zeilig** adj. GRAMM. de, en trois lignes. || POÉS. *dreizeilige Strophe*, tercet m.

Dreier ['draiər] m. (s, -) chiffre trois. || PAR EXT. pièce (f.) de trois pfennigs ; note (f.) trois.

dreierlei [draiər'lai] adj. inv. de trois sortes.

Dreier|wette ["draiər'vɛtə] f. (-, n). [Pferderennen] pari tiercé ; tiercé m.

Dreiheit ['draihait] f. (-) trinité f. ; triade f.

drein [drain] adv. FAM. V. DAREIN.

drein|hauen ["drain'hauən] v. intr. FAM. battre ; frapper ; taper sur.

dreißig ['draisiç] adj. num. card. trente.
◇ **die Dreißig,** le nombre trente. | *er ist Mitte Dreißig, Mitte der Dreißiger, in den Dreißigern*, il a la trentaine, largement la trentaine. | *in den dreißiger Jahren*, dans les années trente à quarante (1930-1940).

Dreißiger(in) [-sigər(in)] m. (s, -), f. (-, nen) personne (f.) qui a trente ans, la trentaine.

dreißig|jährig ["draisiç'jɛ:riç] adj. de trente ans. || HIST. *dreißigjähriger Krieg*, guerre de Trente Ans.

dreißigste ['draisikstə] adj. num. ord. trentième. | *der (den, am) dreißigste(n) Mai*, le trente mai.

Dreißigstel ['draisikstəl] n. (s, -) trentième ; la trentième partie.

dreißigstens [-sikstəns] adv. trentièmement.

dreist [draist] adj. [zuversichtlich] hardi ; sûr ; assuré. || PÉJOR. [keck] osé ; effronté ; impertinent. | *dreist sein*, avoir du toupet.
◇ adv. hardiment ; avec assurance. || PAR EXT., PÉJOR. effrontément.

Dreistigkeit ['draistiçkait] f. (-) audace f. || PÉJOR. effronterie f. ; toupet m.

Drell [drɛl] m. (s, e). TEXT. treillis m. ; coutil m.

Dresch|boden ["drɛʃ'bo:dən] m. (s, ¨), °**-diele** f. (-, n), °**-tenne** f. (-, n) aire (f.) de battage. ||°**-flegel** m. (s, -) fléau (m.) à battre. ||°**-gut** n. (s) blé (m.) à battre. ||°**-maschine** f. (-, n) batteuse f.

Dresche ['drɛʃə] f. (-, n). AGRIC. battage m. ; batteuse f. || FIG., POP. bastonnade f. ; rossée f.

dreschen [-ʃən] v. tr. (i, o, o). AGRIC. battre (du grain) ; égrener. || FIG. rosser.

Dresden ['dre:sdən] n. pr. n. GÉOGR. Dresde f.

Dreß [drɛs] m. et f. (-) tenue (f.), vêtement (m.) de sport.

dressieren [drɛ'si:rən] v. tr. [bändigen] dresser.

Dressur [-'su:r] f. (-, en) dressage m.

Drift [drift] f. (-, en). MAR. dérive f.

driften ['driftən] v. intr. MAR. dériver.

Dril(li)ch ['dril(i)ç], **Drill** [dril] m. V. DRELL.

Drill [dril] m. (s). MIL. entraînement m. ; dressage m. ; instruction f. || ZOOL. [Affe] drill m.

Drill|bohrer ["dril'bo:rər] m. (s, -). TECHN. vilebrequin m. ; drille f. ; vrille f. ||°**-maschine** f. (-, n). AGRIC. semoir m. ||°**-meister** m. (s, -) sergent instructeur. ||°**-platz** m. (es, ¨e) champ (m.) de manœuvre.

drillen ['drilən] v. tr. faire tourner rapidement. || MIL. entraîner ; instruire. || FIG. mener au pas ; mener dur. || TECHN. percer ; forer.

Driller [-lər] m. (s, -). MIL. instructeur m.

Drillich|zeug ["driliç'tsɔyk] n. (s, e) vêtement (m.) de travail.

Drillinge ['driliŋə] m. pl. trois jumeaux m. pl. ; triplés m. pl. || PAR EXT. fusil (m.) à trois canons.

Drillings|nerv ["driliŋs'nɛrf] m. (es, en). ANAT. nerf trijumeau.

drin [drin] adv. FAM. V. DARIN.

dringen ['driŋən] (a, u) v. intr. **1.** pénétrer ; passer ; percer ; traverser ; se frayer un passage. | *in ein Geheimnis dringen*, approfondir un mystère. | *das Wasser drang aus der Erde*, l'eau s'échappait de la terre. | *das Gerücht drang schließlich bis zum König*, la rumeur finit par arriver aux oreilles du roi. | *in ein Geheimnis dringen*, percer un mystère ; entrer dans un secret. **2.** presser ; insister sur. | *die Stunde dringt*, l'instant presse. | *in jn dringen*, interroger qn avec insistance. | *auf Bezahlung dringen*, insister pour être payé. | *ich fühle mich gedrungen, zu*, je me vois dans la nécessité de. | *gedrungen*, serré ; compact. | *gedrungener Stil*, style ramassé.

dringend [-ŋənt] adj. pressant ; urgent ; impérieux. | *dringende Gefahr*, danger pressant. | *das Dringendste zuerst machen*, aller, courir au plus pressé. | *dringend sein*, FAM. urger.
◇ adv. instamment ; impérieusement ; fort. | *er bat aufs dringendste*, il priait instamment.

dringlich [-ŋliç] adj. pressant ; urgent ; d'urgence.

Dringlichkeit [-ŋliçkait] f. (-) urgence f. ; insistance f.

Dringlichkeits|antrag ["driŋliçkaits'antra:k] m. (s, ¨e). ADM., POLIT. demande (f.) d'urgence. ||°**-stufe** f. (-, n) degré (m.) d'urgence.

drinnen ['drinən] adv. FAM. (là-)dedans. V. DARIN.

dritt [drit] (er, e, es) adj. num. ord. troisième ; tiers ; tierce. | *der dritte im Bund* (SCHILLER), le troisième associé. | *zu dritt*, à trois. | *der dritte von links*, le troisième de, à gauche. | *der lachende Dritte*, le troisième larron. | *jedes dritte Wort (bei ihm) ist eine Lüge*, il ment comme il respire. | *zum dritten*, troisièmement ; tertio. | *in der dritten Person reden*, parler à la troisième personne. | *es ist noch ein Drittes zu erwägen*, il y a encore un troisième point à considérer. || MATH. *in der dritten Potenz*, à la puissance trois ; au cube. || COMM. *in dritter Hand*, en main tierce. || JUR. *dritte Erben*, héritiers (m. pl.) de la troisième génération. || HIST. *der dritte Stand*, le tiers état. || RELIG. *Maria selbdritt*, trinité mariale.

Drit(t)|teil ['drittail] m. (s, e), **Drittel** ['dritəl] n. (s, -) troisième partie ; tiers m. | *um ein Drittel erhöhen*, augmenter d'un tiers.

dritteln [-təln] v. tr. diviser en trois.

drittens [-təns] adv. troisièmement ; tertio.

dritt|höchst ['dritho̸:çst] adj. troisième par rang de taille. ||**-letzt** adj. POÉS. antépénultième. ||°**-mann** m. (s, ¨er) tierce personne.

drob [drɔb] adv. FAM. V. DARÜBER, DESHALB.

droben ['dro:bən] adv. là-haut ; en haut.

Droge ['dro:gə] f. (-, n) drogue f. | *harte, weiche Droge*, drogue dure, douce.

Drogen|dezernat ["dro:gəndetsɛr'na:t] n. (s, e) brigade (f.) des stupéfiants. ||°**-geschäft** n. (s, e), °**-handel** m. (s) trafic (m.) de drogue. ||**-süchtig** adj. drogué. ||°**-süchtige(r)** f. (m.) drogué(e) m. (f.).

Drogerie [drogə'ri:] f. (-, n). COMM. droguerie f.

Drogett [dro:'gɛt] m. (s, e) droguet m.

Drogist [-'gist] m. (en, en) droguiste m.

Droh... [dro:] (en compos.) menaçant.

Droh|brief ['dro:bri:f] m. (s, e) lettre (f.) de menaces.

drohen ['dro:ən] v. intr. (dat.) menacer. | *er drohte mit dem Stock*, il menaçait de son bâton. | *er drohte mit einer Klage*, il menaçait de porter plainte. || PAR EXT. [bevorstehen] *ein Gewitter droht*, l'orage menace. | *das Haus droht einzustürzen*, la maison menace ruine.

drohend [-ənt] adj. menaçant ; comminatoire. || PAR EXT. imminent. | *drohende Gefahr*, danger imminent.

Drohne ['dro:nə] f. (-, n). ZOOL. faux bourdon ; abeille (f.) mâle ; frelon m. || FIG. fainéant m.

dröhnen ['drø:nən] v. intr. résonner ; retentir ; bourdonner ; vibrer ; vrombir ; gronder. | *die Flugzeugreaktoren dröhnen*, les réacteurs de l'avion grondent. | *er hat eine dröhnende Stimme*, il a une voix tonitruante. | *ihm dröhnt der Kopf vor lauter Vokabeln*, il a la tête farcie de mots nouveaux.

Dröhnen [-nən] n. (s) retentissement m. ; ébranlement m. ; bourdonnement m. ; grondement m. ; vrombissement m.

Drohnen|schlacht ["dro:nən'ʃlaxt] f. (-, en) massacre (m.) de frelons.

Drohung ['dro:uŋ] f. (-, en) menace f. | *Drohungen ausstoßen*, proférer des menaces ; menacer.

drollig ['drɔliç] adj. drôle ; comique ; amusant.

Dromedar [drome'dɑ:r] n. (s, e). ZOOL. dromadaire m.

Drommete [drɔ'me:tə] f. (-, n). MUS., POÉT. trompette f.

Droschke ['drɔʃkə] f. (-, n) voiture (f.) de place ; fiacre m. ; taxi m.

Droschken|kutscher ["drɔʃkən'kutʃər] m. (s, -) cocher (m.) de fiacre.

Drosophila [dro'zo:fila] f. (-, lae). ZOOL. drosophile f.

Drossel ['drɔsəl] f. (-, n). ZOOL. grive f.

Drossel|ader ["drɔsəl'ɑ:dər] f. (-, n) veine (f.) jugulaire. ||°**-klappe** f. (-, n) clapet (m.) de réglage, d'étranglement. ||°**-schieber** m. (s, -) vanne (f.) de réglage. ||°**-spule** f. (-, n). ÉLECTR. bobine (f.) d'impédance. ||°**-ventil** n. (s, e) soupape (f.) de réglage.

drosseln ['drɔsəln] v. tr. TECHN. étrangler ; serrer ; réduire ; étouffer ; amortir. | *den Dampf drosseln*, réduire la vapeur. || COMM. *die Devisenausfuhr drosseln*, restreindre la sortie des devises.

Drosselung [-səluŋ] f. (-). ÉCON. limitation f. ; réduction f. || TECHN. étranglement m.

Drost [drɔst] m. (s, e), **Droste** ['drɔstə] m. (n, n) HIST. bailli m.

drüben ['dry.bən] adv. FAM. de l'autre côté ; au-delà ; par-delà. | *hüben und drüben*, d'un côté comme de l'autre.

drüber [-bər] adv. FAM. au-delà. | *drüber hinaus gehen*, aller au-delà ; dépasser.

Druck [druk] m. (s, e) **1.** pression f. ; compression f. | *Druck einer Last*, pression d'une charge. | *hydraulischer Druck*, pression hydraulique. | *Druck eines Gewölbes*, poussée (f.) d'une voûte. | *Druck im Magen*, pesanteur (f.) d'estomac. || AÉRON. *Druck ablassen*, dépressuriser. || TECHN. *den Druck mindern*, décomprimer.

2. FIG. pression f. | *dem Druck des Volkes weichen*, céder à la pression populaire. | *einen Druck auf jn ausüben*, exercer une pression sur qn. | *Druck erzeugt Gegendruck*, l'action appelle la réaction. | *Druck der Steuern*, poids (m.) des impôts ; pression fiscale.

3. TYPOGR. impression f. ; tirage m. | *etwas in Druck geben*, faire imprimer qch. | *im Druck sein*, être sous presse. | *im Druck erscheinen*, paraître. || [Buch ; Bild] *erster Druck*, édition (f.) princeps ; incunable m. | *alter Druck*, première impression ; *seltener Druck*, édition (f.) rare.

Druck|abfall ["druk'apfal] m. (s). AÉRON. dépressurisation f. || PHYS. décompression f. || TECHN. baisse (f.) de pression. ||°**-auflage** f. (-, n). TYPOGR. tirage m. ||°**-ausgleich** m. (s). PHYS. pressurisation f. ||°**-belastung** f. (-, en). PHYS. charge (f.) de compression. ||°**-berichtiger** m. (s, -). TYPOGR. correcteur m. ||°**-berichtigung** f. (-, en). TYPOGR. correction f. ||°**-bewilligung** f. (-, en). TYPOGR. permis (m.) d'imprimer. || RELIG. imprimatur m. ||°**-bogen** m. (s, ¨) feuille f. ; placard m. || °**-buchstabe** m. (n, n) lettre (f.) d'imprimerie. ||**-fähig** adj. TYPOGR. imprimable ; bon à imprimer. ||°**-fahne** f. (-, n) placard m. ||°**-fehler** m. (s, -) faute (f.) d'impression ; coquille f. ||°**-fehler|verzeichnis** n. (ses, se). TYPOGR. errata m. pl. ||**-fertig** adj. TYPOGR. bon à tirer. ||**-fest** adj. PHYS. résistant à la pression, à la compression. ||°**-festigkeit** f. (-). PHYS. résistance (f.) à la pression, à la compression. ||°**-freiheit** f. (-). POLIT. liberté (f.) de la presse. ||°**-gas** m. (es, e). CHIM. gaz comprimé. ||°**-genehmigung** f. (-, en) permis (m.) d'imprimer. ||°**-höhe** f. (-, n). PHYS. hauteur (f.) manométrique, de charge, de pression. ||°**-kabine** f. (-, n). AÉRON. cabine pressurisée. ||°**-kessel** m. (s, -). TECHN. chaudière (f.) à pression ; autoclave m. ||°**-knopf** m. (s, ¨e). TECHN. [Schaltgerät] bouton-poussoir m. ; bouton (m.) d'appel ; [Kleider] bouton-pression m. ||°**-kraft** f. (-, ¨e). PHYS. pression f. ; force (f.) de pression, de compression. ||°**-lager** n. (s, -). TECHN. palier (m.) de butée. ||°**-legung** f. (-, en). TYPOGR. mise (f.) sous presse. ||°**-leitung** f. (-, en). PHYS. conduite sous pression, forcée. ||°**-linie** f. (-, n). PHYS. courbe (f.) des pressions. ||°**-luft** f. (-). PHYS. air comprimé. ||**-luft|betätigt** adj. PHYS. pneumatique ; actionné par air comprimé. ||°**-luft|bremse** f. (-, n). TECHN. frein (m.) à air comprimé. || °**-luft|hammer** m. (s, -). TECHN. marteau (m.) pneumatique. ||°**-maschine** f. (-, n). TYPOGR. presse f. ||°**-messer** m. (s, -). PHYS. manomètre m. ||°**-minderer** m. (s, -). TECHN. décompresseur m. ||°**-minderung** f. (-, en). TECHN. décompression f. ||°**-mittel** n. (s, -). FIG. moyen (m.) de pression, de coercition. ||°**-platte** f. (-, n) stéréotype m. || °**-plattenguß** m. (es) stéréotypie f. ||°**-probe** f. (-, n). TYPOGR. épreuve f. ||°**-pumpe** f. (-, n). TECHN. pompe foulante. ||°**-punkt** m. (s, e). PHYS. point (m.) de poussée. ||°**-raster** m. (s, -) PHOT. trame f. ; réseau m. ; quadrillage m. ||°**-regler** m. (s, -) régulateur (m.) de pression. ||**-reif** adj. TYPOGR. bon à être imprimé ; bon à tirer. ||°**-rohr** n. (s, e). NUCL. tube (m.) de force. ||°**-sache** f. (-, n). POSTES. imprimé(s) m. (pl.). ||°**-schalter** m. (s, -). TECHN. manocontact m. ||°**-scheibe** f. (-, n). TECHN. rondelle (f.) de butée. ||°**-schmierung** f. (-, en). TECHN. graissage (m.) sous pression. ||°**-schraube** f. (-, n). TECHN. vis (f.) de serrage, de pression. || AÉRON. hélice propulsive. ||°**-schreiber** m. (s, -). TECHN. manomètre enregistreur. ||°**-schrift** f. (-, en). POSTES. imprimé m. ; ouvrage imprimé ; livre m. ||°**-schriften** f. pl. caractères typographiques. ||°**-sichtbogen** m. (s, ¨) épreuve f. ||°**-seite** f. (-, n). AÉRON. intrados m. ||°**-stempel** m. (s, -). TECHN. estampille f. ; cachet m. ; timbre m. ||°**-stock** m. (s, ¨e). TYPOGR. cliché m. ||°**-stoff** m. (s, e) tissu imprimé ; imprimé m. ||°**-ventil** n. (s, e). TECHN. soupape (f.) de refoulement, de compression. ||°**-verbot** n. (s, e) défense (f.) d'imprimer. ||°**-verhältnis** n. (ses, se) conditions (f. pl.) de pression. | *normale Druckverhältnisse*, pression ambiante. ||°**-verminderer** m. (s, -) TECHN. réducteur (m.) de pression. ||°**-versuch** m. (s, e). PHYS. essai (m.) de (com)pression. ||°**-verweigerung** f. (-). V. DRUCKVERBOT. ||°**-vorlage** f. (-, n) manuscrit m. ; copie f. ||°**-walze** f. (-, n). TECHN. cylindre-presseur m. ; rouleau chargeur. ||°**-waren** f. pl. tissus imprimés. ||°**-wasser** n. (s). PHYS. eau (f.) sous pression, pressurisée. ||°**-wasser|anlage** f. (-, n). TECHN. installation (f.) hydraulique. ||°**-wasser|reaktor** m. (s, en). NUCL. réacteur (m.) à eau pressurisée. ||°**-werk** n. (s, e) pompe foulante ; balancier (m.) à imprimer les monnaies ; TYPOGR. ouvrage imprimé.

druckbar ['drukbɑ:r] adj. imprimable.

Drücke|berger ["drykə'bɛrgər] m. (s, -). FAM. lâcheur m. ; tire-au-flanc m. || MIL. embusqué m.

drucken ['drukən] v. tr. TECHN. imprimer. | *Bücher drucken*, imprimer des livres. || [drücken] presser ; pressurer. (V. DRÜCKEN.)

Drucken [-kən] n. (s). TECHN. impression f. ; tirage m.

drücken ['drykən] v. tr. **1.** presser ; serrer ; comprimer. | *jm die Hand drücken*, serrer la main à qn. | *an sein Herz drücken*, serrer qn sur son cœur. | *jm ein Geldstück in die Hand drücken*, glisser à qn une pièce d'argent dans la main. | *den Hut ins Gesicht drücken*, enfoncer son chapeau sur les yeux. || FIG. *jn an die Wand drücken*, FIG. acculer qn. | *diese Schuhe drücken mich*, ces souliers me serrent, me font mal. || FIG. *ich weiß, wo ihn der Schuh drückt*, je sais où le bât le blesse. | *die Schulbank drücken*, user ses fonds de culotte à l'école.

2. FIG. accabler ; oppresser ; opprimer. | *der Hunger drückte die belagerte Stadt*, la faim pressait la ville assiégée. | *ihn drücken Sorgen*, des soucis l'accablent.

| *in gedrückten Verhältnissen leben*, vivre dans la gêne. || ARCHIT. *gedrückter Bogen*, arc surbaissé. || COMM. *die Preise drücken*, peser sur les prix. || SPORT. *einen Rekord drücken*, abaisser un record.
◇ v. intr. peser, presser, appuyer sur. | *auf den Knopf drücken*, presser, appuyer sur le bouton.
◇ v. pr. **sich drücken,** se blottir ; s'aplatir. | *sich in die Ecke drücken*, se tapir dans un coin. || FIG., FAM. *er drückt sich*, il s'esquive.

Drücken [-kən] n. (s) pression f. ; pesanteur f. || FIG. accablement m. ; oppression f.

drückend [-kənt] adj. pesant ; lourd ; déprimant ; accablant. | *drückende Hitze*, chaleur accablante, étouffante. || FIG. *drückende Schulden*, dettes écrasantes.

Drucker ['drukər] m. (s, -) imprimeur m. ; pressier m. || [informatique] imprimante f.

Drucker|presse ["drukər'prɛsə] f. (-, n) presse (f.) d'imprimerie. ||°**-schwärze** f. (-, n) encre (f.) d'imprimerie.

Drücker ['drykər] m. (s, -). [Klinke] loquet m. ; clenche f. ; poignée f. || [Gewehrabzug] gâchette f. ; détente f. || FAM. *auf den letzten Drücker kommen*, être à la bourre.

Drücker|schloß ["drykər'ʃlɔs] n. (es, ¨er) serrure (f.) à ressort.

Druckerei [drukə'rai] f. (-, en) imprimerie f.

Drückerei [drykə'rai] f. (action [f.] de) presser sur. || FIG., FAM. absence non autorisée ; absentéisme m.

drucksen ['druksən] v. intr. FAM. hésiter ; lambiner.

Drud [dru:t] m. (es, e) lutin m. ; farfadet m.

Drude ['dru:də] f. (-, n) sorcière f.

Druden|fuß ["dru:dən'fus] m. (es, ¨e) pentacle m. ; pentagramme m. ; pentalpha m.

Druide [dru'i:də] m. (n, n) druide m.

Druiden|stein [dru"i:dən'ʃtain] m. (s, e). RELIG. monument (m.) druidique ; dolmen m. ; menhir m.

Druidentum [-'tu:m] n. (s). RELIG. druidisme m.

Druidin [dru'i:din] f. (-, nen) druidesse f.

drum [drum] adv. (abrév. FAM. de **darum**) *das Drum und Dran*, les tenants et les aboutissants ; tout ce qui s'y rattache ; FAM. et tout le tremblement ; et tout le tralala. || *drumherum reden*, tourner autour du pot.

drunten ['druntən] adv. (abrév. de **dort|unten**). FAM. en bas ; là-bas.

drunter [-tər] adv. (FAM. pour **darunter**). *es geht alles drunter und drüber*, cela va sens dessus dessous.

Drusch [druʃ] m. (s, e). AGRIC. [Handlung] battage m. || PAR EXT. [Ertrag] blé battu.

Druse ['dru:zə] f. (-, n). GÉOL. druse m. || [Pferdekrankheit] gourme f.

Drüse ['dry:zə] f. (-, n). ANAT. glande f.

druseln ['dru:zəln] v. intr. FAM. somnoler.

Drüsen|anschwellung ["dry:zən'anʃvɛluŋ] f. (-, n). MÉD. gonflement (m.) des glandes. ||**-artig** adj. glandulaire ; glanduleux. ||°**-entzündung** f. (-, en). MÉD. adénite f. ||°**-erkrankung** f. (-, en). MÉD. adénopathie f. ||°**-schmerz** m. (es, en) adénopathie f.

drüsig ['dry:ziç] adj. glanduleux. || MÉD. qui a des glandes.

drusig ['dru:ziç] adj. MINES. plein de cristaux, de druses. || ZOOL. atteint de gourme.

Dryade [dry'ɑ:də] f. (-, n). MYTH. [Baumnymphe] dryade f.

Dschiu-Dschitsu ['dʒiu-"dʒitsu] n. SPORT. jiu-jitsu m.

Dschungel ['dʒuŋəl] f. (-, n) [aussi m. et n.] jungle f.

Dschunke ['dʒuŋkə] f. (-, n). MAR. jonque f.

d. u., abrév. pour **der Unterzeichnete,** le soussigné.

du [du:] pron. pers. nom. sing. tu ; toi. | *du, der du willst*, toi qui veux. | *auf du und du stehen*, être à tu et à toi. | *du lieber Gott !*, ah ! mon Dieu ! || SUBSTANTIV. *das vertraute Du*, le tutoiement de l'amitié.
— OBSERV. *Du* se décline gén. *deiner* ; dat. *dir* ; acc. *dich*.

Dual [du'ɑ:l] m. (s). GRAMM. duel m.

Dualismus [dua'lismus] m. dualisme m.

dualistisch [-'listiʃ] adj. PHILOS. dualiste.

Dual|zahlen|system [du"ɑ:ltsɑ:lənsys'te:m] n. (s). MATH. numération (f.) binaire.

Dübel ['dy:bəl] m. (s, -), **Döbel** ['dø:bəl] m. (s, -). TECHN. cheville f. ; goujon (m.) en bois ; tampon m.

dubios, dubiös [dubi'o:s, dubi'ø:s] adj. douteux. || COMM. *dubiose Forderung*, provision (f.) pour créance douteuse.

Duble ['du:blə] m. (s, s). THÉÂTRE. [Doppelspieler] doublure f.

Dublee|schmuck [du"ble'ʃmuk] m. (s). [Gold] doublé or ; [Silber] doublé argent ; plaqué m.

Dublette [du'blɛt] f. (-, n) double m. || [Edelstein] copie f. ; imitation f. || GRAMM. doublet m.

Dublone [du'blo:nə] f. (-, n) doublon m.

Dückdalbe [dyk'dalbə] f. (-, n) estacade f.

ducken ['dukən] v. tr. baisser ; rabaisser. | *jn ducken*, faire courber la tête à qn.
◇ v. pr. **sich ducken,** baisser la tête ; se baisser. || FIG. courber l'échine ; s'incliner.

Duck|mäuser(in) ["duk'mɔyzər(in)] m. (s, -), f. (-, nen). FAM. placide m. et f. ; PAR ANAL. poltron(ne) m. (f.) ; PAR EXT., PÉJOR. sournois(e) m. (f.). || °**-mäuserei** f. (-) poltronnerie f. ; PAR EXT. sournoiserie f. ||**-mäuserig** adj. poltron ; PAR EXT. sournois. ||**-mäusern** v. intr. faire le sournois.

dudeldumdei [dudəldum'dai] interj. turlututu.

Dudelei [dude'lai] f. (-, en). FAM., MUS. musique (f.) d'orgue de Barbarie ; ritournelle f.

Dud(e)ler ['du:d(ə)lər] m. (s, -). MUS. joueur (m.) de cornemuse. || FIG. méchant musicien.

dudeln [-dəln] v. intr. jouer de la cornemuse ; jouer des ritournelles.

Dudel|sack ["du:dəl'zak] m. (s, ¨e). MUS. cornemuse f. ||°**-sack|pfeifer** m. (s, -). MUS. cornemuseux m.

Duell [du'ɛ:l] n. (s, e) duel m. ; combat singulier. | *Duell auf Säbel*, duel au sabre (à l'épée). | *zum Duell (heraus)fordern*, provoquer en duel. | *ein Duell ausfechten, bestehen*, se battre en duel.

Duellant [duɛ'lant] m. (en, en) personne (f.) qui se bat en duel.

duellieren (sich) [ziçduɛ'li:rən] v. pr. se battre en duel.

Duett [duɛt] n. (s, e). MUS. duo m.

Duft [duft] m. (s, ¨e) faible odeur f. ; parfum m. ; arôme m. | *fauliger Duft*, odeur fétide. || PAR EXT. [Dunst] vapeur f. ; brume légère.

Duft|gebilde ["duftgə'bildə] n. (s, -) forme vaporeuse, aérienne. ||**-los** adj. inodore. ||°**-stoff** m. (s, e) parfum m.

duften ['duftən] v. intr. exhaler un parfum (agréable) ; répandre un parfum, une odeur ; sentir bon. | *es duftet, nach Apfelsinen*, cela sent l'orange. | *diese Rosen duften*, ces roses sentent bon.
◇ v. tr. exhaler, répandre un parfum.

duftend [-tənt] adj. odorant ; parfumé ; embaumé ; odoriférant.

duftig [-tiç] adj. [riechend] parfumé ; odorant ; embaumé. | *duftige Blumen*, des fleurs odorantes. || FIG. [leicht] vaporeux ; léger ; flou ; aérien ; nébuleux. | *duftiges Kleid*, robe aérienne.

Dukaten [du'kɑ:tən] m. (s, -) ducat m.

duktil [duk'ti:l] adj. ductile.

Duktilität [duktili'tɛ:t] f. (-). PHYS. ductilité f.

Duktus ['duktus] m. (-) trait (m.) de plume.

duldbar ['dultbɑ:r] adj. tolérable.

dulden ['duldən] v. tr. [leiden] subir ; souffrir ; endurer. || PAR ANAL. tolérer ; accepter ; admettre ; permettre. | *Unrecht dulden*, souffrir l'injustice. | *die Sache duldet keinen Aufschub*, l'affaire ne souffre point de délai.
— SYN. : *leiden*, souffrir ; *erdulden, ertragen, sich gefallen lassen*, supporter ; *erleiden*, subir ; *gestatten*, tolérer.

Dulden [-dən] n. (s) souffrance (subie). || PAR ANAL. tolérance f.

Dulder(in) [-dər(in)] m. invar. souffre-douleur m. (s, -), f. (-, nen) martyr(e) m. (f.).

duldsam ['dultzɑ:m] adj. indulgent ; tolérant ; patient ; résigné.

Duldsamkeit [-kait] f. (-) indulgence f. ; patience f. ; tolérance f. ; résignation f.

Duldung ['dulduŋ] f. (-) tolérance f.

Dulzinea [dultsi'ne:a] f. FAM. dulcinée f.

dumm [dum] adj. (compar. **dümmer ;** superl. **dümmste[r]**). **1.** [unklug] déraisonnable ; inintelligent ; sot ; bête ; stupide. | *ein dummer Mensch, Kerl, Teufel*, un sot ; un niais ; un nigaud. | *eine dumme Gans*, une bécasse ; une péronnelle. | *dummes Zeug reden*, dire des inepties. | *dummes Zeug !*, chansons que tout cela ! *dumme Streiche machen*, FAM. faire des siennes. || FAM. *er macht ein dummes Gesicht*, il a l'air bête. | *sich dumm* *anstellen*, faire la bête. | *den dummen August spielen*, faire le jacques.

2. [unbegabt] ignorant ; idiot ; imbécile ; simple ; inepte ; borné. | *dummer Schüler*, élève ignorant. | *so dumm sind wir nicht !*, pas si bête ! || PROV. *die dümmsten Bauern haben die dicksten Kartoffeln*, aux innocents les mains pleines.

3. [betäubt] abasourdi ; hébété ; stupide ; FAM. abruti. | *mir wird von alledem so dumm*, j'en reste abasourdi. || FIG. [unangenehm] fâcheux ; absurde. || FAM. *das ist aber dumm !*, c'est bête ! | *die Sache wird ihm zu dumm*, il commence à en avoir assez. | *das ist aber eine dumme Geschichte*, c'est une sale histoire. | *ein dummer Streich*, un vilain tour.

— SYN. : *einfältig*, sot, simpliste ; *schwachsinnig*, *geistesschwach*, imbécile ; *geistesarm*, pauvre d'esprit ; *schwerfällig*, lourd ; *beschränkt*, borné ; *blöde*, stupide ; *stumpfsinnig*, abruti ; *läppisch*, *albern*, niais.

Dumm|bart ['dumbart] m. (s, ¨e). FAM. sot m. ; imbécile m. ||°**-kopf** m. (s, ¨e) sot m. ; imbécile m. ; nigaud m. ; benêt m. ||**-stolz** adj. bêtement vaniteux.

Dumme (der) ['dumə] (n, n) sot m. ; niais m. || FAM. *der Dumme sein*, être le dindon de la farce.

Dummerjan ["dumər'ja:n] m. (s) nigaud m.

Dummheit ['dumhait] f. (-, en) sottise f. ; niaiserie f. ; bêtise f. ; stupidité f. ; FAM. gaffe f. | *Dummheiten begehen*, faire des bêtises.

dümmlich ['dymliç] adj. bébête ; bêta.

dumpf [dumpf] adj. [moderig] lourd ; étouffant ; accablant. | *dumpfer Geruch*, odeur (f.) de renfermé. | *dumpfer Geschmack*, relent m. || [beklemmend] FIG. morne ; engourdi ; apathique. | *dumpfes Schweigen*, morne silence m. | PAR ANAL. [hohlklingend] sourd. | *das dumpfe Rollen des Donners*, les roulements sourds du tonnerre. || FIG. mat ; terne. | *dumpfe Stimme*, voix creuse, caverneuse. | *dumpfe Farben*, couleurs mates.

Dumpfheit ['dumpfhait] f. (-) engourdissement m. ; torpeur f. || FIG. insensibilité f. ; apathie f. ; matité f.

dumpfig [-pfiç] adj. qui a de l'odeur, du relent ; lourd ; étouffant ; qui sent le moisi, le renfermé. | *dumpfiges Getreide*, blé, grain échauffé. | *es riecht dumpfig*, cela sent le renfermé.

Dumping ['dampiŋ] n. (s, s). COMM. dumping m.

Düne ['dy:nə] f. (-, n). MAR. dune f.

Dünen|gras ["dy:nən'gra:s] n. (es, ¨er). BOT. roseau (m.) maritime.

Dung [duŋ] m. (s, e), **Dünger** m. (s, -). AGRIC. [Stoff] engrais m. ; fumure f. ; fumier m. || [Handlung] fumage m. ; fumure f.

Dung|ablage ["duŋ'apla:gə] f. (-, n) fumier m. ; PAR EXT. dépotoir m.

Dünge|mittel ["dyŋə'mitəl] n. (s, -). ||°**-stoffe** m. pl. AGRIC. engrais m. pl. (artificiels, chimiques).

düngen ['dyŋən] v. tr. AGRIC. engraisser ; fumer. | *einen Acker düngen*, fumer un champ.

◇ v. intr. servir d'engrais, de fumier.

Dünger [-ŋər] m. V. DUNG.

Dünger|erde ["dyŋər'ɛ:rdə] f. (-, n) terreau m. ||°**-salz** m. (es, e) engrais (m.) chimique.

Düngung ['dyŋuŋ] f. (-). AGRIC. fumage m. ; fumure f.

dunkel ['duŋkəl] adj. **1.** obscur ; sombre ; sans lumière ; foncé. | *dunkle Wolken*, des nuages (m. pl.) sombres. | *dunkler werden*, s'obscurcir ; s'assombrir. | *im Dunkeln, im Dunklen*, dans l'obscurité. | *im Dunkeln tappen*, être dans l'incertitude, FAM. dans le brouillard. | *jn im Dunklen lassen*, laisser qn dans l'incertitude. | *im Dunklen etwas vorbereiten*, tramer qch. dans l'ombre. | *ein Sprung ins Dunkle*, un saut dans l'inconnu. || PROV. *im Dunkeln ist gut munkeln*, l'ombre est propice aux confidences. || [dunkelfarbig] *dunkle Brillengläser*, verres fumés. | *dunkles Bier*, bière brune. | *dunkles Haar*, cheveux foncés. | *es ist dunkel wie in einem Sack*, il fait noir comme dans un four.

2. FIG. obscur ; vague ; confus ; douteux. | *eine dunkle Vorstellung von etwas haben*, n'avoir qu'une vague idée de qch. | *dunkle Herkunft*, origine obscure. | *eine dunkle Existenz*, une vie secrète. || GRAMM. *dunkle Vokale*, voyelles sourdes. || LITTÉR. *dunkle Textstelle*, passage obscur.

— SYN. : *trübe*, sombre ; *finster*, ténébreux ; *düster*, obscur. FIG. *undeutlich*, *unklar*, confus ; *verworren*, embrouillé ; *verschwommen*, vague.

Dunkel ['duŋkəl] n. (s) obscurité f. ; ténèbres f. pl. || FIG. incertitude f. | *das Dunkel des Aberglaubens*, les ténèbres de la superstition.

dunkel|blau ["duŋkəl'blau] adj. bleu foncé. ||**-grau** adj. gris foncé. ||**-grün** adj. vert foncé. ||°**-hell** n. clair-obscur m. ||°**-kammer** f. (-, n) chambre noire. ||°**-mann** m. (s, ¨er) obscurantiste m. ||°**-stoff** m. (s, e) [Haut] pigment m. ||°**-werden** n. tombée (f.) du jour. ||°**-ziffer** f. (-, n) (*etwa*) estimation officieuse.

Dünkel ['dyŋkəl] m. (s) prétention f. ; suffisance f. ; infatuation f. ; outrecuidance f. ; morgue f.

— SYN. : *Hochmut*, superbe ; *Eitelkeit*, vanité ; *Eingebildetheit*, suffisance ; *Überhebung*, outrecuidance.

dünkelhaft ['dynkəlhaft] adj. suffisant ; infatué ; outrecuidant.

Dunkelheit ['duŋkəlhait] f. obscurité f. ; ténèbres f. pl. ; ombre f. | *bei eintretender Dunkelheit*, à la nuit tombante. || FIG. *Dunkelheit eines Textes*, obscurité d'un texte.

dunkeln ['duŋkəln] v. intr. foncer ; devenir plus foncé. || FIG. *seine Augen dunkeln*, sa vue baisse.

◇ v. impers. *es dunkelt*, il fait sombre ; la nuit tombe.

◇ v. tr. obscurcir ; assombrir ; foncer. | *eine Farbe dunkeln*, foncer une couleur. | *diese Farbe dunkelt nach*, cette couleur s'assombrit.

dünken ['dyŋkən] (dünkte, deuchte, gedünkt). (Vx.) v. tr. et v. intr. sembler ; paraître. | *mich, mir dünkt das gut*, cela me paraît bon.

◇ v. impers. *es dünkte mir, daß*, il me semblait que.

◇ v. pr. **sich dünken,** se croire. | *er dünkt sich ein bedeutender Mann*, il se croit un homme important.

Dünkirchen ['dy:nkirçən] n. pr. n. GÉOGR. Dunkerque f.

Dunkle(s) ['duŋklə(s)] n. V. DUNKEL.

dünn [dyn] adj. **1.** [von geringer Dicke] mince ; peu épais. | *dünnes Papier*, papier (m.) mince. | *dünner Draht*, fil (m.) de faible calibre. | *dünne Haut*, peau fine, délicate. | *dünner Strich*, trait fin.

2. [mager] menu ; maigre ; grêle ; fluet.

3. [nicht dicht] rare ; clairsemé. | *dünne Bevölkerung*, population clairsemée. | *dünne Luft*, 1° air léger ; 2° air rare. | *dünn säen*, semer clair.

4. [wässerig, gehaltarm] faible. | *dünner Kaffee*, café léger. | *dünnes Blut*, sang appauvri. | *dünner machen*, couper ; allonger d'eau. || FIG. *eine dünne Stimme*, une voix grêle, fluette. | *er machte sich dünn(e)*, il s'esquiva.

— SYN. : *schmal*, mince ; *schmächtig*, maigre ; *schlank*, svelte ; *zart*, fluet ; *hager*, grêle.

Dünn|belag ["dynbə'la:g] m. (s, e) placage m. ||°**-bier** n. (s, e) petite bière. || POP. bibine f. ||°**-darm** m. (s, e). ANAT. intestin (m.) grêle. ||°**-darm|entzündung** f. (-, en). MÉD. entérite f. ||°**-druck|papier** n. (s, e). TECHN. papier (m.) bible. ||**-flüssig** adj. fluide. ||**-leibig** adj. élancé ; efflanqué. ||°**-schliff** m. (s, e). TECHN. lamelle (f.) pour microscope. ||**-wandig** adj. à parois minces.

Dünne ['dynə] f. (-), **Dünnheit** ['dynhait] f. (-) minceur f. ; finesse f. ; ténuité f. ; légèreté f. ; fluidité f.

Dunst [dunst] m. (es, ¨e). [Hauch, Ausdünstung] exhalaison f. ; émanation f. ; effluve m. ; vapeur f. | *der Wasserfall sprühte feinen Dunst*, autour de la cascade s'élevait une légère vapeur. | *schädliche Dünste*, exhalaisons pernicieuses. || PAR EXT. [Trübung der Luft] nébulosité f. ; fumée f. | *die Berge sind in blauen Dunst gehüllt*, les montagnes baignent dans une vapeur bleue. || FIG. [Nichtigkeit] fumée f. ; vent m. | *alles ging in Rauch und Dunst auf*, tout s'évapora en fumée. | *jm blauen Dunst vormachen*, en faire accroire à qn. | *er hatte keinen blassen Dunst davon*, il n'en avait pas la moindre idée. || ARCHIT., TECHN. écume (f.) de plomb ; cendrée f.

dunst|artig ["dunst'a:rtiç] adj. vaporeux. ||°**-bad** n. (s, ¨er) bain (m.) de vapeur. ||°**-bild** n. (s, er). FIG. vision (f.) fantasmagorique. ||°**-flinte** (-, n) carabine (f.) à oiseler. ||°**-glas** n. (es, ¨er) bocal (m.) à fruits. ||°**-haube** f. (-, n) hotte (f.) d'aération. ||°**-kreis** m. (es, e). PHYS. atmosphère f. || FIG. *im Dunstkreis einer Partei stehen*, être dans la mouvance d'un parti. ||°**-obst** n. (es) compote f. ||°**-rohr** n. (s, e) tuyau (m.) d'aération.

dunsten [dunstən] v. intr. exhaler des vapeurs ; s'évaporer. || PÉJOR. sentir mauvais.

dünsten ['dynstən] v. tr. CULIN. étuver ; faire cuire à l'étuvée.

dunstig ['dunstiç] adj. chargé de vapeur ; vaporeux.

Dünung ['dy:nuŋ] f. (-). MAR. houle f. ; ressac m.

Duo ['du:o] n. (s, s). MUS. duo m.

Duo|dez [duo'dɛ:ts] n. (-), **Duo|dez|format** [duo"dɛ:tsfɔr'ma:t] n. (s, e). TYPOGR. in-douze m.

Duodez|fürst [duo"dɛts'fyrst] m. (en, en). FAM. petit prince. ||°**-staat** m. (s, en) État (m.) en miniature.

duo|dezimal [duodɛtsi'ma:l] adj. MATH. duodécimal.

Duo|straße ["duo'ʃtra:sə] f. (-, n), °**-walzwerk** n. (s, e) [train (m.)] duo m. ; laminoir (m.) à deux cylindres.

Duplex|betrieb ["du:plɛksbɔ'tri:p] m. (s, e). TÉLÉCOMM. duplex m.

Duplikat [dupli'ka:t] n. (s, e) duplicata m. ; copie f. ; double m. || ADM. ampliation f.

Duplikation [-'tio:n] f. (-, en). CHIM. duplication f.

Duplikat|rechnung [dupli"ka:t'rɛçnuŋ] f. (-, en). COMM. double (m.) de facture.

Duplizität [duplitsi'tɛ:t] f. (-) duplicité f.

Dur [du:r] n. (-). MUS. mode, ton majeur.

Dur|aluminium ["du:ralu'mi:nium] n. (s) Duralumin m.

durch [durç]

> **I.** prép. (acc.).
> **1.** SENS LOCAL : par ; à travers ; au travers de ;
> **2.** SENS TEMPOREL : pendant ; durant ;
> **3.** SENS INSTRUMENTAL : par ; au moyen de ; moyennant ; grâce à ; à cause de.
> **II.** adv. à travers.
> **III.** partic. tantôt sépar., tantôt insépar.

I. prép. (acc.). **1.** SENS LOCAL : par ; à travers ; au travers de. | *er geht durch den Saal*, il traverse la salle. | *durch die Luft fliegen*, fendre l'air. | *durch den Fluß schwimmen*, traverser la rivière à la nage. | *mir geht ein Gedanke durch den Kopf*, une idée me traverse l'esprit. || FIG. *für jn durchs Feuer gehen*, se mettre en quatre pour qn.

2. SENS TEMPOREL : pendant ; durant. | *durch das ganze Leben (hindurch)*, durant toute la vie ; toute la vie ; la vie durant. | *die ganze Nacht hindurch*, durant toute la nuit.

3. SENS INSTRUMENTAL : par ; au moyen de ; moyennant ; grâce à ; à cause de. | *durch einen Boten*, par coursier. | *durch vieles Arbeiten*, à force de travail. | *durch mich*, grâce à moi.

II. adv. à travers. | *durch und durch*, de part en part ; tout à fait. || FIG. *durch und durch verdorben*, complètement perverti. || FAM. *meine Sohlen sind durch*, mes semelles sont percées. | *fünf Uhr durch*, cinq heures passées. | *wir müssen durch*, nous devons passer. | *er hat das Buch noch nicht durch*, il n'a pas encore fini ce livre.

III. partic. tantôt sépar., tantôt insépar. **1.** insépar. dans les verbes (transitifs) où elle marque l'action de traverser. | *die Milchstraße durchzieht den Himmel*, la Voie lactée traverse le ciel.

2. sépar. 1° là où elle signifie « totalement », « tout à fait » (sens fig.). | *er hat viel durchgemacht*, il en a vu de toutes les couleurs. 2° quand elle a conservésa valeur primitive de prép., dont on peut suppléersans peine le compl. | *er kommt sicher durch (die Prüfung)*, il réussira certainement (à l'examen). | *er ist durchgewatet (durch den Fluß)*, il a traversé à gué (la rivière).

durch|ackern ["durç'akərn] v. tr. (sépar.) labourer à fond. || FIG. étudier à fond.

durch|arbeiten ["durç'arbaitən] v. tr. (sépar.) travailler sans s'arrêter ; bien travailler. | *der Teig wurde durchgearbeitet*, la pâte fut pétrie. || FIG. étudier à fond.
◇ v. intr. *wir arbeiten mittagsüber durch*, nous travaillons sans interruption à midi.
◇ v. pr. **sich durcharbeiten** (sépar.), se frayer un passage, un chemin.

durch|aus [durç'aus] adv. tout à fait ; complètement ; à fond ; absolument. | *durchaus nicht*, pas le moins du monde.

durch|backen ["durç'bakən] (ä, u, a) v. tr. (sépar.). CULIN. bien cuire. | *gut durchgebackenes Brot*, pain bien cuit.
— OBSERV. Le prétérit présente également la forme faible.

durch|beben ['durç"be:bən] v. tr. (insépar.) ébranler jusque dans les profondeurs ; faire trembler.

durch|beißen ["durç'baisən] (i, i) v. tr. (sépar.) percer, couper d'un coup de dent. | *die Ratte beißt die Leiste durch*, le rat troue la plinthe en la rongeant.
◇ v. pr. (sépar.) **sich durchbeißen.** FIG., FAM. se tirer d'affaire.

durch|bekommen ["durçbə'kɔmən] (a, o) v. tr. (sépar.). FAM. faire passer. || POLIT. *ein Gesetz durchbekommen*, faire passer, adopter une loi.

durch|betteln ['durç"bɛtəln - "durç'bɛtəln] v. tr. (insépar.) *das Land durchbetteln*, parcourir le pays en mendiant.
◇ v. pr. **sich durchbetteln** (sépar.), vivre de mendicité.

durch|bilden ["durç'bildən] v. tr. (sépar.) bien former ; élaborer. || FIG. instruire à fond.

Durch|binder ["durç'bindər] m. (s, -) parpaing m.

durch|blasen ["durç'bla:zən - 'durç"bla:zən] (ä, ie, a) v. tr. (sépar.) souffler à travers. || MUS. *ein Stück durchblasen*, jouer un morceau en entier. || CHIM. faire barboter dans. || (insépar.) MAR. pénétrer ; gonfler ; fouetter.

durch|blättern ["durç'blɛtərn - 'durç"blɛtərn] v. tr. (sépar. ou insépar.) feuilleter ; parcourir en feuilletant.

durch|bläuen, -bleuen ["durç'blɔyən] v. tr. FAM. rosser ; étriller.

Durch|blick ['durçblik] m. (s, e) échappée f. ; vue f. || FIG. coup (m.) d'œil.

durch|blicken ["durç'blikən - 'durç"blikən] v. intr. (sépar.) regarder ; voir à travers. | *die Sonne blickt durch die Wolken durch*, le soleil perce les nuages. || FIG. *durchblicken lassen*, laisser entrevoir.
◇ v. tr. (insépar.) percer, pénétrer du regard. || FIG. *er durchblickt mich*, il a deviné mes intentions.

durch|bluten ['durç"blu:tən] v. tr. (insépar.). MÉD. irriguer.

durch|bohren ["durç'bo:rən - 'durç"bo:rən] v. tr. (sépar.) perforer ; percer. | *mit dem Dolch durchbohren*, percer d'un coup de poignard.
◇ insépar. trouer ; transpercer. | *von Kugeln durchbohrt*, criblé de balles. || FIG. *ein durchbohrender Blick*, un regard pénétrant.

Durch|bohrung ["durç'bo:ruŋ] f. (-, en). TECHN. forage m. ; percement m. || MÉD. trépanation f.

durch|braten ["durç'bra:tən] (ä, ie, a) v. tr. (sépar.). CULIN. faire bien rôtir, cuire. | *gut durchgebratenes Steak*, steak bien cuit.
◇ v. intr. bien rôtir.

durch|brausen ["durç'brau:zən - 'durç"brau:zən] v. intr. (sépar.) passer, traverser à grand fracas.
◇ v. tr. (insépar.) traverser en bruissant, en mugissant.

durch|brechen ["durç'brɛçən - 'durç"brɛçən] (i, a, o) v. intr. (sépar.) percer ; se faire jour ; rompre ; éclater ; éclore. | *die Zähne des Kindes brechen durch*, les dents de l'enfant percent. || FIG. *seine wahre Natur bricht durch*, son vrai naturel se montre, se révèle.
◇ v. tr. rompre ; briser ; casser.
◇ part. pass. et adj. **durchbrochen,** ajouré ; à jour. | *durchbrochene Stickerei*, broderie ajourée.
◇ v. tr. (insépar.) percer ; rompre ; enfoncer ; trouer.
◇ v. pr. **sich durchbrechen,** se faire jour à travers. || JUR. forcer sa prison ; s'évader.

durch|brennen ["durç'brɛnən - 'durç"brɛnən] (brannte, gebrannt) v. tr. (sépar.). TECHN. percer à l'aide du feu.
◇ v. intr. (sépar.). ÉLECTR. *die Sicherung brennt durch*, le fusible fond. | *die Birne ist durchgebrannt*, l'ampoule est grillée. || FIG., FAM. filer ; lever le pied ; prendre la poudre d'escampette. || MIL. déserter.
◇ v. tr. (insépar.) brûler entièrement ; calciner.

Durchbrenner(in) ["durç'brɛnər(in)] m. (s, -), f. (-, nen) fugitif m. ; fugitive f. || MIL. déserteur m.

durch|bringen ["durç'briŋən - 'durç"briŋən] (brachte, gebracht) v. tr. (sépar.) faire passer ; conduire à travers. || FIG., FAM. tirer d'affaire.
◇ v. tr. (insépar.) passer. | *sie durchbrachte eine schlaflose Nacht*, elle passa une nuit blanche.
◇ v. pr. (sépar.) **sich durchbringen.** FIG. se tirer d'affaire ; subsister. | *sich recht und schlecht durchbringen*, s'en tirer vaille que vaille. || PAR EXT. [vergeuden] dissiper ; dilapider.

Durch|bruch ['durçbrux] m. (s, ¨e) percée f. ; percement m. ; rupture f. ; brèche f. | *zum Durchbruch kommen*, percer ; éclater. || MIL. percée f. || MINES. percement m. ; communication f. || MÉD. éruption f. ; épanchement m. || FIG. percée f. | *der Durchbruch neuer Gedanken*, l'irruption (f.) d'idées nouvelles.

durch|denken ["durç'dɛŋkən - 'durç"dɛŋkən] (dachte, gedacht) v. tr. (sépar. ou insépar.) approfondir ; examiner à fond. | *wir haben die Angelegenheit durchdacht*, nous avons médité l'affaire.

◇ part. pass. et adj. **durchdacht,** bien réfléchi.

durch|dienen ["durç'di:nən] v. tr. (sépar.) servir sans interruption. | *alle Grade durchdienen*, passer par tous les grades.

durch|drängen ["durç'drɛŋən] v. tr. (sépar.) faire passer de force.
◇ v. pr. **sich durchdrängen,** passer de force ; fendre la foule ; FAM. jouer des coudes.

durch|drehen ["durç'dre:ən] v. tr. (sépar.) faire passer (en tournant). || FAM. *durchgedreht*, détraqué ; déséquilibré.

durch|dreschen ["durç'drɛʃən] (i, o, o) v. tr. (sépar.). FAM. rosser.

durch|dringen ["durç'driŋən - 'durç"driŋən] (a, u) v. intr. (sépar.) pénétrer ; se frayer un passage ; percer. || [Stimme] porter. | *mit seiner Ansicht durchdringen*, faire prévaloir son opinion.
◇ v. tr. (insépar.) percer ; transpercer ; pénétrer ; imprégner. | *und Licht durchdrang die Finsternis*, et la lumière dissipa les ténèbres. | *von Kälte durchdrungen*, transis ; glacé.

durch|dringend ["durç'driŋənt] adj. pénétrant. | *mit durchdringender Stimme*, d'une voix perçante.

Durch|dringung [-ŋuŋ] f. (-) pénétration f. ; infiltration f.

durch|drücken ["durç'drykən] v. tr. (sépar.) faire entrer, passer de force ; enfoncer. | *die Gemüsesuppe durchdrücken*, écraser la soupe aux légumes. || FIG. faire passer ; faire admettre.
◇ v. pr. **sich durchdrücken,** se frayer un passage. || FIG. faire son chemin.

durch|eilen ['durç"ailən] v. tr. (insépar.) parcourir.
◇ ["-/'--] v. intr. (sépar.) passer rapidement par ; traverser à la hâte, en toute hâte.

durch|einander ['durçain"andər] adv. pêle-mêle ; sans ordre ; sens dessus dessous.

Durch|einander ["durçain'andər et '-/-"--] n. (s) confusion f. ; fouillis m. ; pêle-mêle m. ; désordre m. ; remue-ménage m. ; imbroglio m. | *ein wüstes Durcheinander*, un tohu-bohu.

durcheinander|gehen [durçain"andər'ge:ən] v. intr. s'embrouiller ; se confondre. ||**-mengen** v. tr. brouiller ; embrouiller ; confondre ; entremêler. || **-reden** v. intr. parler confusément. | *alle redeten durcheinander*, ils parlaient tous à la fois.

durch|fahren ["durç'fɑ:rən - 'durç"fɑ:rən] (ä, u, a) v. intr. (sépar.) passer par ; traverser. | *ich fahre durch Paris durch*, je traverse Paris (en voiture). | *Ich bin die ganze Nacht durchgefahren*, j'ai roulé (en voiture) toute la nuit.
◇ v. intr. (insépar.) traverser vite. | *ich durchfahre Paris*, je traverse Paris en toute hâte, je ne fais que traverser Paris. || FIG. *es durchfährt mich ein Schauer*, j'ai la chair de poule.

Durch|fahrt ['durçfɑ:rt] f. (-, en) passage m. ; traversée f. | *Durchfahrt verboten !*, défense de traverser. || PAR EXT. [Tor] porte cochère. || MAR. *enge Durchfahrt*, goulet m. || COMM. transit m.

Durch|fall ['durçfal] m. (s, ¨e) chute f. || MÉD. diarrhée f. || TECHN. menus (m. pl.) de crible ; partie tamisée. || FIG. échec m. ; FAM. fiasco m. || THÉÂTRE. four m.

durch|fallen ["durç'falən - 'durç"falən] (ä, ie, a) v. intr. (sépar.) tomber à travers. || FIG., FAM. échouer, être refusé ; ne pas réussir. | *im Examen durchfallen*, échouer à l'examen. || PHYS. *durchfallendes Licht*, éclairage par transparence. || THÉÂTRE. faire un four.
◇ v. tr. (insépar.) *der Stein hat den Raum durchfallen*, la pierre a traversé l'espace en tombant.

durch|faulen ["durç'faulən - 'durç"faulən] v. intr. (sépar. et insépar.) pourrir entièrement, jusqu'à la moelle.

durch|fechten ["durç'fɛçtən] (i, o, o) v. tr. (sépar.) emporter de haute lutte ; venir à bout de. || JUR. *einen Prozeß durchfechten*, gagner un procès.
◇ v. pr. **sich durchfechten.** MIL. se faire jour l'épée à la main ; l'emporter à la pointe de l'épée. || FIG. se tirer d'affaire vaille que vaille.

durch|feilen ["durç'failən] v. tr. (sépar.). TECHN. couper, percer à la lime. || FIG. limer ; polir ; fignoler.

durch|feuchten ["durç'fɔyçtən - 'durç"fɔyçtən] v. intr. (sépar.) imprégner d'humidité ; percer.
◇ v. tr. (insépar.) bien humecter ; mouiller ; tremper.

durch|finden (sich) [ziç"durç'findən] (a, u) v. pr. (sépar.) trouver le chemin ; s'y retrouver.

durch|fliegen ['durç"fli:gən] (o, o) v. tr. (insépar.) traverser, franchir au vol. | *das Flugzeug durchfliegt das Gewitter*, l'avion traverse l'orage. || FIG. parcourir rapidement (une lettre, un livre).
◇ v. intr. ["-/'--] (sépar.) passer au vol, en volant.

durch|fließen ['durç"fli:sən] (o, o) v. tr. (insépar.) couler à travers ; arroser. | *die Seine durchfließt Paris*, la Seine traverse Paris.
◇ ["-/'--] v. intr. (sépar.). ÉLECTR. circuler. | *der Strom fließt durch*, le courant passe.

Durch|fluß ['durçflus] m. (es) passage m. ; cours (m.) à travers. ||°**-messer** n. (s, -). TECHN. débitmètre m.

durch|forschen ["durç'fɔrʃən - 'durç"fɔrʃən] v. tr. (sépar. et insépar.) examiner à fond ; approfondir ; sonder ; scruter ; explorer.

durch|fragen ["durç'frɑ:gən - 'durç"frɑ:gən] v. tr. (insépar.) interroger successivement, l'un après l'autre ; questionner, interroger à fond.
◇ v. pr. (sépar.) **sich durchfragen,** demander son chemin (en route).

durch|fressen ["durç'frɛsən - 'durç"frɛsən] (i, a, e) v. tr. (sépar. et insépar.) ronger ; percer ; corroder.
◇ v. pr. (sépar.) **sich durchfressen,** se faire un passage en rongeant. || FIG., FAM. se faire nourrir. | *er frißt sich überall durch*, il mange à tous les râteliers.

durch|frieren ["durç'fri:rən - 'durç"fri:rən] (o, o) v. intr. (sépar.) geler entièrement ; se glacer.
◇ v. tr. (insépar.) transir ; glacer jusqu'aux os.

durch|fühlen ["durç'fy:lən] v. tr. (sépar.) sentir à travers ; s'apercevoir de. || FIG. sentir profondément.

Durch|fuhr ['durçfu:r] f. (-, en) passage m. ; transit m.

durch|führbar ["durç'fy:rbɑ:r] adj. exécutable ; applicable ; faisable.

Durchführbarkeit [-kait] f. faisabilité.

Durchführbarkeits|studie [-kaits'ʃtu:diə] f. (-, n) étude (f.) de faisabilité, d'opportunité.

durch|führen [-rən] v. tr. (sépar.) accomplir ; exécuter ; organiser. | *einen Plan durchführen*, exécuter un projet. | *einen Wettkampf durchführen*, organiser une compétition. | *eine Rolle durchführen*, soutenir un rôle. || JUR. appliquer (une loi).

Durch|führung [-ruŋ] f. (-, en) exécution f. ; réalisation f. ; accomplissement m. ; mise (f.) en vigueur ; application f.

durch|furchen ['durç"fu:rçən] v. tr. (insépar.) sillonner ; fendre. || PAR ANAL. *eine vom Alter durchfurchte Stirn*, un front creusé, sillonné (par l'âge).

durch|füttern ["durç'fytərn] v. tr. (sépar.) nourrir pendant l'hiver (les animaux)

Durch|gang ['durçgaŋ] m. (s, ¨e) passage m. ; issue f. | *breiter Durchgang*, passage large. | *den Durchgang öffnen*, ouvrir le passage. | *den Durchgang sperren*, barrer le passage. | *den Durchgang freimachen*, dégager le passage. | *sich einen Durchgang verschaffen*, s'ouvrir un passage. || TRANSP. [Bahnhof] *unterirdischer Durchgang*, passage souterrain. | *Durchgang verboten !*, passage interdit. | *kein Durchgang !*, défense de passer. || MIL. poterne f. | *einen Durchgang verteidigen*, défendre un passage. || FIG. *beim Durchgang Ihrer Rechnung*, en examinant votre facture. || COMM. transit m.

Durch|gänger ["durç'gɛŋər] m. (s, -). FAM. qui file, qui s'esquive ; filou m. || [Pferd] cheval (m.) qui s'emballe.

durch|gängig [-ŋiç] adj. courant ; moyen.
◇ adv. en moyenne ; couramment.

Durchgangs|abgabe ["durçgaŋs'apgɑ:bə] f. (-, n) taxe (f.) de transit. ||°**-bahnhof** m. (s, ¨e) gare (f.) de transit, de passage. ||°**-erschwernis** f. (-, se) chicane f. ||°**-gut** n. (s, ¨er) marchandise (f.) en transit. ||°**-lager** n. (s, -) camp (m.) de passage (pour réfugiés, prisonniers). ||°**-punkt** m. (es, e). MATH. point (m.) d'intersection. ||°**-schein** m. (s, e) passavant m. ||°**-verkehr** m. (s) trafic (m.) de transit. ||°**-wagen** m. (s, -). TRANSP. [Eisenbahn] voiture (f.) à couloir. ||°**-zug** m. (s, ¨e) train (m.) express.

durch|geben ["durç'ge:bən] (i, a, e) v. tr. (sépar. et insépar.) transmettre ; faire passer. | *eine Nachricht durchgeben*, transmettre une nouvelle.

durch|gehen ["durç'ge:ən - 'durç"ge:ən] (ging, gegangen) v. intr. (sépar.) [überschreiten] traverser. | *einen Wald durchgehen*, traverser une forêt. || [eindringen] pénétrer ; passer à travers. | *die Kugel ging durch bis ins Herz*, la balle pénétra jusqu'au cœur. || FAM. [fortlaufen] prendre le mors aux dents ; s'emballer ; s'emporter ; filer ; prendre la poudre d'escampette. | *der Kassierer ist durchgegangen*, le caissier a mangé la

grenouille. || MIL. *der Soldat ging durch*, le soldat a déserté. || FIG. *die Phantasie ging mit ihm durch*, son imagination s'emballait. || [angenommen werden] passer ; être adopté. | *der Antrag ging durch*, cette proposition fut adoptée. || [nachgeben] *alle Kaprizen durchgehen lassen*, (laisser) passer tous les caprices.
◇ v. tr. percer ; trouer. | *sich die Sohlen durchgehen*, user ses semelles. || FIG. (parfois insépar.) parcourir ; examiner ; contrôler ; vérifier ; réviser. | *genau durchgehen*, éplucher.

durch|gehend [-ənt] adj. de bout en bout ; tout le long ; en transitant. | *durchgehende Regel*, règle générale. | *durchgehende Arbeitszeit*, travail ininterrompu. || COMM. *durchgehend geöffneter Laden*, magasin ouvert sans interruption. | *durchgehende Waren*, marchandises (f. pl.) en transit. || TRANSP. *durchgehender Zug (D-Zug)*, train (m.) express. || TECHN. *durchgehende Welle*, arbre (m.) de transmission.

durch|geistern ['durç"gaistərn] v. tr. (insépar.) *ein Gerücht durchgeistert die Stadt*, une rumeur mystérieuse circule à travers la ville.

durch|geistigen ['durç"gaistigən] v. tr. (insépar.) animer ; transfigurer. | *durchgeistigtes Gesicht*, visage transfiguré.

durch|gerben ["durç'gɛrbən] v. tr. (sépar.). TECHN. tanner ; corroyer. || FIG., POP. tanner la peau à qn.

durch|gießen ["durç'gi:sən] (o, o) v. tr. (sépar.) verser ; filtrer ; (faire) passer.

durch|gliedern ["durç'gli:dərn] v. tr. (sépar.) diviser ; disposer.

durch|glühen ["durç'gly:ən - 'durç"gly:ən] v. tr. (sépar.) faire rougir à blanc.
◇ v. tr. FIG. (insépar.) enflammer ; échauffer. | *Freude durchglühte ihre Wangen*, ses joues s'empourpraient de joie.

durch|graben ["durç'gra:bən - 'durç"gra:bən] (ä, u, a) v. tr. (sépar. et insépar.) bien creuser ; fouiller.

durch|greifen ["durç'graifən] (griff, gegriffen) v. intr. (sépar.) passer la main à travers. || FIG. prendre des mesures énergiques ; trancher net.

durch|greifend [-fənt] adj. FIG. énergique ; décisif ; tranchant ; efficace ; radical. | *durchgreifende Maßnahme*, mesure (f.) énergique. | *durchgreifende Besserung*, nette amélioration.

Durch|guß ['durçgu:s] m. (es, ¨e). TECHN. [Handlung] filtrage m. ; versement m. || PAR EXT. [Ort] évier m. || [Sieb] passoire f. ; crible m.

durch|haben ["durç'ha:bən] (hast, hat, hatte, gehabt) v. tr. (sépar.). FAM. en avoir fini avec qch.

durch|halten ["durç'haltən] (ä, ie, a) v. tr. (sépar.) tenir sans lâcher.
◇ v. intr. (sépar.) tenir bon, ferme ; ne pas céder.

Durch|hau ["durç'hau] m. (s, e) percée f., tranchée f. (dans une forêt).

durch|hauen ["durç'hauən] (hieb, gehauen) v. tr. (sépar.) trancher ; couper en deux. | *sich einen Weg durchhauen*, se frayer un passage. || LOC. *den Gordischen Knoten durchhauen*, trancher le nœud gordien. || FAM. administrer une volée de bois vert (à qn).

durch|hecheln ["durç'heçəln] v. tr. (sépar.). TECHN. passer au peigne. | *der Flachs wird durchgehechelt*, on passe le chanvre au peigne. || FIG., FAM. critiquer qn ; déchirer qn à belles dents ; éreinter qn.

durch|heizen ["durç'haitsən] v. tr. (sépar.) bien chauffer.

durch|helfen ["durç'hɛlfən] (i, a, o) v. intr. (sépar.) [dat.] assister, secourir, aider qn.
◇ v. pr. (sépar.) **sich durchhelfen,** s'en tirer. | *sich kümmerlich durchhelfen*, joindre difficilement les deux bouts.

Durch|hieb ['durçhi:p] m. (s, e). AGRIC. tranchée f. ; laie f. ; ligne f. || [Jagd] layon m.

durch|hören ["durç'hø:rən] v. tr. (sépar.) entendre à travers. || PAR EXT. écouter jusqu'au bout.

durch|irren ['durç"irən] v. tr. (insépar.) errer à travers, par ; être perdu.

durch|jagen ["durç'ja:gən - 'durç"ja:gən] v. tr. (sépar.) passer à travers en chassant. || PAR EXT. passer à toute allure.
◇ v. tr. (insépar.) *den Feind durch die Straßen durchjagen*, poursuivre l'ennemi à travers les rues. | *ein Buch durchjagen*, parcourir un livre.

durch|kälten ['durç"kɛltən] v. tr. (insépar.) glacer ; réfrigérer ; mettre au froid. || [Getränke] frapper.

durch|kämmen ["durç'kɛmən - 'durç"kɛmən] v. tr. (sépar. ou insépar.) démêler avec le peigne ; peigner. || FIG. fouiller. | *ein Waldstück durchkämmen*, ratisser, fouiller un canton de forêt.

durch|kämpfen ["durç'kɛmpfən] v. tr. (sépar.). V. DURCHFECHTEN.
◇ v. pr. (sépar.) **sich durchkämpfen,** se faire jour en combattant. || FIG. faire son chemin ; arriver à la force du poignet.

durch|käuen ["durç'kɔyən] v. tr. (sépar.) bien mâcher. || FIG. ruminer ; remâcher. || PÉJOR. rabâcher.

durch|klingen ["durç'kliŋən - 'durç"kliŋən] (a, u) v. intr. (sépar. et insépar.) résonner, retenir à travers.

durch|klopfen ["durç'klɔpfən - 'durç"klɔpfən] v. tr. (sépar. et insépar.) bien battre, taper. || PAR EXT. taper sur ; rosser.

durch|kneten ["durç'kne:tən] v. tr. bien pétrir.

durch|kommen ["durç'kɔmən] (a, o) v. intr. (sépar.) passer par, à travers ; parvenir à passer ; traverser ; percer. | *früher kam die Eisenbahn hier durch*, autrefois le chemin de fer passait par ici. || FIG. réussir.

Durch|kommen [-mən] n. (s) passage m. || FIG. réussite f. ; succès m. || MÉD. guérison f.

durch|können ["durç'kønən] (kann, kannst, konnte, gekonnt) v. intr. (sépar.). FAM. pouvoir passer ; réussir à traverser.

durch|kosten ["durç'kɔstən] v. tr. (sépar.) bien goûter ; goûter l'un après l'autre. || FIG. épuiser. | *die ganze Bitterkeit durchkosten*, boire la coupe jusqu'à la lie.

durch|kreuzen ['durç"krɔytsən] v. tr. (insépar.) [fahren über] croiser ; traverser. || FIG. [stören] contrecarrer ; contrarier.
◇ ["-/'--] v. tr. (sépar.) faire une croix sur ; barrer ; rayer.

Durch|kreuzung [-tsuŋ] f. (-, en) croisement m. ; traversée f. ; barrage m.

durch|kriechen ["durç'kri:çən] (o, o) v. intr. (sépar.) se glisser ; ramper à travers.
◇ ['-/"--] v. tr. (insépar.) traverser en rampant.

durch|langen ["durç'laŋən] v. tr. (sépar.) donner, passer à travers.

Durch|laß ['durçlas] m. (es, ¨e). [Handlung] passage m. || PAR EXT. [Ort] endroit (m.) où l'on peut passer ; passage m. || TECHN. [Sieb] passoire f. ; crible m. ; couloire f.

durch|lassen ["durç'lasən] (läßt, ließ, gelassen) v. tr. (sépar.) laisser passer ; passer ; filtrer.
◇ v. intr. (sépar.) fuir ; faire eau.

durch|lässig ["durç'lɛsiç] adj. perméable.

Durch|lässigkeit [-kait] f. (-) perméabilité f.

Durch|laucht ['durçlauxt - durç'lauxt] f. (-, en). POLIT. Altesse f. || RELIG. Monseigneur m.

durch|lauchtig ['durç"lauxtiç] adj. sérénissime.

Durch|lauf ['durçlauf] m. (s, ¨e) passage m. || PAR EXT., ADM. circulaire f.

durch|laufen ["durç'laufən - 'durç"laufən] (ä, ie, au) v. tr. (insépar.) courir à travers ; passer par ; parcourir. | *er durchläuft die 400-Meter in 44,9 Sekunden*, il court le 400 mètres en 44,9 secondes. || FIG. parcourir. | *er durchlief rasch alle Dienstränge*, il a brûlé les étapes de la hiérarchie.
◇ v. intr. (sépar.) passer ; passer en courant ; feuilleter ; parcourir ; faire le tour de. | *wir sind durch das Museum nur durchgelaufen*, nous avons fait rapidement le tour du musée. || FIG. *sich die Füße durchlaufen*, se blesser les pieds. | *durchgelaufene Schuhe*, chaussures percées, trouées.

durch|laufend [-fənt] adj. continu. || COMM. *durchlaufender Posten*, compte (m.) d'ordre. || TECHN. *durchlaufender Betrieb*, service continu.

durch|leben ['durç"le:bən] v. tr. (insépar.) passer. | *wir haben dort manche Jahre durchlebt*, nous y avons passé bien des années. || FIG. passer par. | *alle Stimmungen durchleben*, passer par, éprouver tous les sentiments.
◇ ["-/'--] v. tr. (sépar.) assister à.

durch|lesen ["durç'le:zən - 'durç"le:zən] (ie, a, e) v. tr. (sépar.) lire d'un bout à l'autre. | *ein Buch durchlesen*, lire un livre entièrement.
◇ v. tr. (insépar.) parcourir. | *ein Buch flüchtig durchlesen*, parcourir, jeter un coup d'œil dans un livre.

durch|leuchten ["durç'lɔyçtən - 'durç"lɔyçtən] v. tr. (insépar.) pénétrer de lumière. || MÉD. radiographier. || FIG. examiner ; tirer au clair.
◇ v. intr. (sépar.) luire à travers ; pénétrer. || FIG. se trahir ; percer.

Durch|leuchtung [-tuŋ] f. (-, en), **°-leuchten** [-tən] n. (s). Méd. radioscopie f. ; radiographie f.
Durchleuchtungs|bild ['durç"lɔyçtuŋsbilt] n. (s, er). Méd. radiographie f. || Fam. radio f.
durch|liegen (sich) [ziç"durç'li:gən] (a, e) v. pr. (sépar.). Méd. attraper des escarres.
durch|lochen ['durç"lɔxən], **-löchern** [-"løçərn] v. tr. (insépar.) perforer ; trouer. | *Fahrkarten durchlochen*, poinçonner des billets. | *Durchlöchert*, criblé.
durch|lüften ['durç"lyftən] v. tr. (insépar.) aérer ; éventer.
◇ ["-/'--] v. tr. (sépar.) aérer à fond.
Durch|lüftung [-tuŋ] f. (-) aération f. ; aérage m.
durch|lügen (sich) [ziç"durç'ly:gən] (o, o) v. pr. (sépar.) se tirer d'affaire par des mensonges.
durch|machen ["durç'maxən] v. tr. (sépar.). Fam. percer ; faire passer à travers ; passer par. | *viel durchmachen*, passer par bien des épreuves. | *das Gymnasium durchmachen*, faire toutes les classes du lycée.
durch|mahlen ["durç'mɑ:lən] v. tr. (sépar.) moudre complètement.
Durch|marsch ['durçmarʃ] m. (es, ¨e). Mil. passage (m.) de troupes. || Fig., fam. diarrhée f.
durch|marschieren ["durçmar'ʃi:rən] v. intr. (sépar.). Mil. passer par ; traverser.
durch|mengen ["durç'mɛŋən - 'durç"mɛŋən] v. tr. (sépar. et insépar.) mêler ; entremêler ; mélanger.
durch|messen ["durç'mɛsən - 'durç"mɛsən] (i, a, e) v. tr. (sépar.) mesurer tout entier.
◇ v. tr. (insépar.) parcourir. | *die Rakete hat 14 000 Kilometer durchmessen*, la fusée a parcouru 14 000 kilomètres.
Durch|messer ["durç'mɛsər] m. (s, -). Math. diamètre m.
durch|mustern ["durç'mustərn - 'durç"mustərn] v. tr. (sépar. et insépar.) passer en revue.
Durch|musterung [-tərun] f. (-, en) examen m. ; vérification f.
durch|nässen ['durç"nɛsən] v. tr. (insépar.) [von Feuchtigkeit] percer ; traverser.
◇ ["-/'--] v. tr. (sépar.) tremper.
durch|nehmen ["durç'ne:mən] (nimmt, nahm, genommen) v. tr. (sépar.) s'occuper de ; traiter ; étudier. | *eine Lektion durchnehmen*, étudier une leçon.
Durch|pause ["durç'pauzə] f. (-, n). Techn. ponçage m. || Par ext. calque m.
durch|pausen [-zən] v. tr. (sépar.). Techn. poncer. || Par ext. calquer.
durch|peitschen ["durç'paitʃən] v. tr. (sépar.) fouetter ; fustiger ; cravacher. || Fig., fam. expédier | *einen Unterrichtsstoff in der Klasse durchpeitschen*, expédier, bâcler une matière en classe.
durch|pressen ["durç'prɛsən] v. tr. (sépar.) faire passer en pressant.
◇ v. pr. (sépar.) **sich durchpressen,** se frayer un passage à travers.
durch|prügeln ["durç'pry:gəln] v. tr. (sépar.) rouer de coups.
durch|pulsen ['durç"pulzən] v. tr. (insépar.) animer.
durch|queren ['durç"kve:rən] v. tr. (insépar.) traverser ; parcourir. || Fig. contrecarrer.
Durch|querung [-ruŋ] f. (-, en) traversée f. || Fig. obstacle mis à.
durch|quetschen ["durç'kvɛtʃən] v. tr. (sépar.) faire passer à travers ; passer au presse-purée.
durch|rasen ["durç'rɑ:zən - 'durç"rɑ:zən] v. intr. (sépar. et insépar.) passer en vitesse ; brûler les étapes.
durch|rechnen ["durç'rɛçnən] v. tr. (sépar.) calculer ; faire le compte de.
durch|regnen ["durç're:knən - 'durç"re:knən] v. intr. (sépar.) pleuvoir à travers ; percer.
◇ v. tr. (sépar.) tremper ; percer.
Durch|reise ["durç'rai:zə] f. (-, n) passage m.
Durchreise|vermerk ["durçraizəfɛr'mɛrk] n. (s, e) visa (m.) de transit.
durch|reisen ["durç'rai:zən] v. intr. (sépar.) passer par.
◇ ['/"--] v. tr. insépar. parcourir.
durch|reißen ["durç'raisən - 'durç"raisən] v. tr. (sépar. ou insépar.) déchirer de part en part ; rompre.
durch|reiten ["durç'raitən] (i, i) v. tr. (insépar.) passer, parcourir à cheval.
◇ v. pr. (sépar.) **sich durchreiten,** s'écorcher en montant à cheval.
◇ ['-/"--] v. intr. (sépar.) passer à cheval.
durch|rieseln ["durç'ri:zəln - 'durç"ri:zəln] v. intr. (sépar.) ruisseler ; filtrer à travers ; suinter.
◇ v. tr. (insépar.) ruisseler ; traverser. | *es durchrieselt mich kalt*, je suis transi de peur, d'effroi.
durch|ringen (sich) [ziç"durç'riŋən] (a, u) v. pr. (sépar.). Fig. surmonter tous les obstacles ; passer. | *er hat sich zu der Überzeugung durchgerungen*, il s'est affermi dans cette conviction.
durch|rollen ["durç'rɔlən] v. intr. (sépar.) rouler par.
◇ v. tr. (sépar.) Techn. [Wäsche] calandrer.
durch|röntgen ['durç"røntgən] v. tr. (insépar.) Méd. examiner aux rayons X ; radiographier.
durch|rösten ["durç'røstən] v. tr. (sépar). torréfier.
durch|rufen ["durç'ru:fən] (ie, u) v. tr. (sépar.) téléphoner ; faire passer un ordre.
durch|rühren ["durç'ry:rən] v. tr. (sépar.) presser ; passer. || Par ext. mélanger ; remuer ; brasser.
durch|rütteln ["durç'rytəln] v. tr. (sépar.) cahoter.
durchs [durçs] prép. contraction de durch das.
durch|sacken ["durç'zakən] v. intr. tomber.
durch|sagen ["durç'zɑ:gən] v. tr. (sépar.) transmettre oralement.
Durch|sagen ["durç'zɑ:gən] n. (s) transmission verbale.
durch|sägen ["durç'zɛ:gən - 'durç"zɛ:gən] v. tr. (sépar. ou insépar.). Techn. couper, découper à la scie ; scier.
Durch|satz ['durçzats] m. (es, ¨e). Techn. [Hochofen] allure f.
durch|säuern ["durç'zɔyərn - 'durç"zɔyərn] v. tr. (sépar. ou insépar.). Culin. faire aigrir. | *den Teig durchsäuern*, mettre du levain dans la pâte.
durch|schalten ["durç'ʃaltən - 'durç"ʃaltən] v. tr. (sépar. ou insépar.). Électr. mettre sous courant ; connecter.
Durch|schaltung [-tuŋ] f. (-, en). Électr. mise (f.) sous tension.
durch|schau(d)ern ['durç"ʃau(d)ərn] v. tr. (insépar.) traverser d'un frisson ; faire frissonner. | *es durchschau(d)ert mich*, cela me donne le frisson.
durch|schauen ["durç'ʃauən - 'durç"ʃauən] v. intr. (sépar.) voir à travers. | *er schaut durch ein Fernrohr durch*, il regarde à travers une longue-vue.
◇ v. tr. (insépar.) percer à jour ; pénétrer. | *in durchschauen*, percer à jour les projets de qn.
durch|scheinbar ["durç'ʃainbɑ:r] adj. transparent.
durch|scheinen ["durç'ʃainən - 'durç"ʃainən] (ie, ie) v. intr. (sépar.) pénétrer ; transparaître ; luire à travers.
◇ v. tr. (insépar.) remplir de lumière.
durch|scheinend [-nənt] adj. transparent ; translucide ; diaphane.
durch|schieben ["durç'ʃi:bən] (o, o) v. tr. (sépar.) pousser, faire glisser à travers.
durch|schießen ['durç"ʃi:sən] (o, o) v. tr. (insépar.) transpercer ; traverser. | *das Bein wurde ihm durchschossen*, une balle lui a transpercé la jambe. || Par ext., Typogr. espacer ; interligner. || [heften] interfolier.
◇ ["-/'--] v. intr. (sépar.) tirer à travers, par. || Fig. passer comme un trait.
durch|schlafen ["durç'ʃlɑ:fən - 'durç"ʃlɑ:fən] (ä, ie, a) v. intr. (sépar.) dormir sans se réveiller.
◇ v. tr. (insépar.) passer son temps à dormir.
Durch|schlag ['durçʃlɑ:k] m. (s, ¨e) [Werkzeug] poinçon m. || [Abschrift] double m. ; copie f. || Culin. [Sieb] passoire f. || Mil. pénétration f. (d'un projectile).
Durchschlag|eisen ["durçʃlɑ:k'aizən] n. (s, -) emporte-pièce m. ||°**-hammer** m. (s, ¨) chasse-coin m. ||°**-papier** n. (s, e) papier carbone m. ||°**-sicherung** f. (-, en) disjoncteur m. ||°**-wirkung** f. (-, en) effet perforant.
durch|schlagen ["durç'ʃlɑ:gən - 'durç"ʃlɑ:gən] (ä, u, a) v. tr. (insépar.) battre ; percer ; défoncer ; traverser. || Culin. passer.
◇ v. pr. (sépar.) **sich durchschlagen,** arriver à passer à travers. || Fig. vivoter.
◇ v. intr. (sépar.) percer ; pénétrer ; passer à travers. || Électr. *die Sicherung schlug durch*, le fusible sauta. || Fig. réussir ; être efficace.

durch|schlagend [-gənt] adj. efficace ; décisif. | *durchschlagende Gründe*, raisons convaincantes. | *durchschlagender Erfolg*, plein succès.
Durch|schläger ["durç'ʃlɛ:gər] m. (s, -). TECHN. poinçon m. ; chasse-pointe m.
durch|schlägig [-giç] adj. 1° efficace ; 2° de niveau moyen, général.
durch|schlängeln ['durç"ʃlɛŋəln] v. tr. (insépar.) serpenter à travers.
◇ ["-/'--] v. pr. (sépar.) **sich durchschlängeln,** se glisser, serpenter à travers. || FIG., FAM. se débrouiller.
durch|schleichen ["durç'ʃlaiçən - 'durç"ʃlaiçən] (i, i) v. intr. et v. pr. (sépar.) s'en aller furtivement.
◇ v. tr. (insépar.) traverser furtivement.
durch|schleifen ["durç'ʃlaifən] (i, i) v. tr. (sépar.) traîner à travers ; réduire en frottant.
durch|schleppen ["durç'ʃlɛpən] v. tr. (sépar.) traîner à travers. || FIG. secourir ; sustenter.
◇ v. pr. **sich durchschleppen,** se sustenter. || FIG. *sich kümmerlich durchschleppen*, vivoter.
durch|schleusen ["durç'ʃlɔyzən] v. tr. (sépar.). MAR. passer le sas ; sasser.
Durch|schleusung [-zuŋ] f. (-). MAR. sassement m. ; éclusage m.
durch|schlingen ['durç"ʃliŋən] (a, u) v. tr. (insépar.) entrelacer. || FIG. réunir étroitement.
Durch|schlupf ['durçʃlupf] m. (s, ¨e) passage très étroit ; trou m.
durch|schlüpfen ["durç'ʃlypfən] v. intr. glisser à travers ; se faufiler. || FIG. échapper.
durch|schmuggeln ["durç'ʃmugəln] v. tr. faire passer en contrebande.
durch|schneiden ["durç'ʃnaidən - 'durç"ʃnaidən] (schnitt, geschnitten) v. tr. (sépar.) sectionner ; trancher. | *einen Knoten durchschneiden*, trancher un nœud.
◇ v. tr. (insépar.) couper ; fendre. || [Schiff] *die Wellen durchschneiden*, fendre les vagues.
◇ v. pr. **sich durchschneiden,** se couper ; se croiser ; s'entrecroiser. || MATH. se couper.
durch|schneien ["durç'ʃnaiən] v. intr. (sépar.) neiger sans arrêt.
◇ v. tr. faire entrer la neige.
Durch|schnitt ['durçʃnit] m. (s, e) [Handlung] coupe f. ; section f. || FIG. [Mittelwert] moyenne f. | *im Durchschnitt*, en moyenne. | *er erreicht den Durchschnitt*, il atteint la moyenne. || ARCHIT. coupe f. ; profil m. | *im Durchschnitt zeichnen*, dessiner en coupe ; profiler. || MATH. 1° intersection f. ; 2° diamètre m.
Durchschnitt... (en compos.) moyen.
durch|schnittlich ["durç'ʃnitliç] adj. moyen.
◇ adv. en moyenne ; l'un dans l'autre.
Durchschnitts|alter ["durçʃnits'altər] n. (s) âge moyen. ||°**-ansicht** f. (-, en). ARCHIT. coupe f. ; profil m. ||°**-einkommen** n. (s, -). FIN. revenu moyen. ||°**-ertrag** m. (s, ¨e) rendement moyen. ||°**-geschwindigkeit** f. (-, en) vitesse moyenne. ||°**-kurs** m. (es, e). FIN. cours moyen. ||°**-leistung** f. (-, en) débit, rendement moyen. ||°**-lohn** m. (s, ¨e) salaire moyen. ||°**-mensch** m. (en, en) homme moyen, ordinaire ; (l')homme de la rue. ||°**-punkt** m. (s, e). MATH. point (m.) d'intersection. ||°**-rechnung** f. (-, en). MATH. règle de mélange (directe). ||°**-sätze** m. pl. taux moyens. ||°**-ware** f. (-, n). COMM. marchandise (f.) de qualité moyenne. ||°**-wert** m. (s, e) valeur moyenne.
durch|schnüffeln ["durç'ʃnyfəln - 'durç"ʃnyfəln], v. tr. FAM. fureter ; fouiller ; POP. farfouiller.
Durchschreibe|buchführung ["durçʃraibə'bu:x-fy:ruŋ] f. (-, en) comptabilité (f.) par décalque.
durch|schreiben ["durç'ʃraibən - 'durç"ʃraibən] (ie, ie) v. tr. calquer. || PAR EXT. copier.
durch|schreiten ["durç'ʃraitən - 'durç"ʃraitən] (i, i) v. intr. (sépar.) marcher, passer à travers ; traverser ; franchir. | *sie kamen vor das Tor und schritten durch*, ils arrivèrent à la porte et la franchirent.
◇ v. tr. (insépar.) traverser ; arpenter. | *er durchschritt den Park*, il traversa le parc.
Durch|schrift ['durçʃrift] f. (-, en) double m.
Durch|schuß ['durçʃus] m. (es, ¨e). TEXT. [Einschlag] trame f. || MIL. perforation f. || TYPOGR. interlignage m.
Durchschuß|blatt ["durçʃus'blat] n. (s, ¨er), °**-seite** [-'zaitə] f. (-, n). TYPOGR. feuillet (m.) intercalaire.
durch|schütteln ["durç'ʃytəln] v. tr. (sépar.) bien secouer ; agiter ; remuer jusqu'au fond.
durch|schüttern ["durç'ʃytərn] v. tr. (sépar.) ébranler.
durch|schwärmen ["durç'ʃvɛrmən] v. tr. (sépar.) parcourir en bande joyeuse. || PAR EXT. *die Nacht durchschwärmen*, passer la nuit à s'amuser.
durch|schwimmen ["durç'ʃvimən - 'durç"ʃvimən] (a, o) v. intr. (sépar.) passer à la nage.
◇ v. tr. (insépar.) traverser à la nage.
durch|schwindeln (sich) [ziç"durç'ʃvindəln] v. pr. (sépar.) vivre d'expédients.
durch|schwingen ['durç"ʃvi:ŋən] v. tr. (insépar.) | *eine heitere Stimmung durchschwingt das ganze Stück*, d'un bout à l'autre de cette pièce l'atmosphère est sereine.
durch|schwitzen ["durç'ʃvitsən - 'durç"ʃvitsən] v. intr. (sépar.) suinter ; transpirer ; transsuder. | *ich bin ganz durchgeschwitzt*, je suis en nage.
◇ v. tr. (insépar.) mouiller ; tremper de sueur.
durch|sehen ['durç'ze:ən] (ie, a, e) v. intr. (sépar.) voir, regarder, apercevoir à travers. || PAR EXT. paraître, apparaître à travers.
◇ v. tr. (sépar.) 1° percer à jour ; 2° examiner ; revoir. | *er mußte seine Arbeit noch durchsehen*, il lui a fallu revoir son travail. | *Aktenstücke durchsehen*, compulser un dossier.
Durch|sehen [-ən] n. (s) examen n. ; révision f. ; correction f.
durch|seihen ["durç'zaiən] v. tr. (sépar.) filtrer ; passer.
durch|sein ['durçzain] (bin, war, gewesen) v. intr. (sépar.). FAM. avoir passé, réussi. | *er ist durch*, il a été reçu (à l'examen). || TRANSP. *der Zug ist eben durch*, le train vient de passer. || PAR EXT. *die Sohle ist durch*, la semelle est percée.
durch|setzen ["durç'zɛtsən - 'durç"zɛtsen] v. intr. (sépar.) traverser ; franchir.
◇ v. tr. (sépar.) faire exécuter ; mener à bonne fin ; venir à bout de ; faire passer. | *einen Plan durchsetzen*, faire adopter un plan. | *seinen Willen durchsetzen*, imposer sa volonté ; arriver à ses fins. | *es durchsetzen, daß*, obtenir que.
◇ v. pr. **sich durchsetzen.** FIG. percer ; se faire une place au soleil. | *er hat sich durchgesetzt*, il s'est imposé.
◇ v. tr. (insépar.) traverser ; pénétrer ; imprégner.
◇ part. pass. et adj. **durchsezt,** entremêlé ; imprégné. | *ein mit Silbererz durchsetztes Gestein*, une roche entremêlée de minerai d'argent.
durch|seuchen ['durç"zɔyçən] v. tr. (insépar.) infecter ; empester.
Durch|sicht ['durçziçt] f. (-, en) échappée f. ; percée f. || PAR EXT. révision f. ; examen m. | *Durchsicht einer Rechnung*, révision d'un compte.
durch|sichtig ["durç'ziçtiç] adj. transparent ; limpide ; diaphane ; translucide ; clair. || FIG. clair ; manifeste.
Durch|sichtigkeit [-tiçkait] f. (-) transparence f. ; limpidité f. ; clarté f.
durch|sickern ["durç'zikərn - 'durç"zikərn] v. tr. (insépar.) suinter à travers ; filtrer ; dégoutter. | *das Wasser durchsickert die Mauer*, l'eau passe à travers le mur.
◇ v. intr. (sépar.) *das Wasser sickert durch die Mauer (hin)durch*, l'eau s'est trouvé un chemin à travers le mur. || FIG. (toujours sépar.) *von dem Plan sind Einzelheiten durchgesickert*, des détails de ce plan ont transpiré.
durch|sieben ["durç'zi:bən] v. tr. (sépar.) cribler ; tamiser ; passer au crible, au tamis.
Durch|siebung [-buŋ] f. (-) tamisage m. ; criblage m.
durch|sinnen ["durç'zinən] (a, o) v. tr. (insépar.) délibérer ; penser.
durch|sintern ["durç'zintərn] v. tr. V. DURCHSEIHEN.
durch|sitzen ["durç'zitsən] (saß, gesessen) v. tr. (sépar.) user (à force d'être assis dessus). || PAR EXT. rester assis.
durch|spalten ["durç'ʃpaltən - 'durç"ʃpalten] v. tr. fendre en deux.
durch|spielen ["durç'ʃpi:lən - 'durç"ʃpi:lən] v. tr. (sépar.). MUS. jouer d'un bout à l'autre. || PAR EXT. (insépar.) passer son temps au jeu. | *sie haben die Nacht durchgespielt*, ils ont passé la nuit au jeu.
durch|spießen ["durç'ʃpi:sən] v. tr. (sépar.) percer de part en part ; transpercer. || CULIN. embrocher.

durch|sprechen ["durç'ʃprɛçən] (i, a, o) v. tr. (sépar.) dire en entier. || PAR EXT. discuter à fond ; débattre.
durch|sprengen ["durç'ʃprɛŋən - 'durç"ʃprɛŋən] v. intr. (sépar.) passer au galop.
◇ v. tr. (insépar.) traverser au galop.
durch|springen ["durç'ʃpriŋən - 'durç"ʃpriŋən] (a, u) v. intr. (sépar.) sauter à travers. || PAR EXT. se fêler ; se fendre.
◇ v. tr. insépar. traverser ; franchir d'un saut.
durch|spüren ["durç'ʃpy:rən - 'durç"ʃpy:rən] v. tr. (sépar.) sentir, flairer à travers.
◇ v. tr. (insépar.) fureter, fouiller partout.
durch|stechen ["durç'ʃtɛçən, 'durç"ʃtɛçən] (i, a, o) v. tr. (insépar. et sépar.) percer ; transpercer ; piquer ; perforer. | *die Arbeiter stechen den Damm durch*, les ouvriers percent la digue. | *die Näherin hat sich den Finger durchstochen*, la couturière s'est piqué le doigt (avec une aiguille).
Durch|stecherei ['durçʃtɛçə'rai] f. (-, en). FIG., JUR. collusion f. ; connivence f. ; manigance f.
Durch|stechung ["durç'ʃtɛçuŋ] f. (-, en) percement m.
Durch|stich ['durçʃtiç] m. (s, e) percement m. || [Résultat] percée f. ; tranchée f. ; tunnel m.
durch|stöbern ["durç'ʃtø:bərn - 'durç"ʃtø:bərn] v. tr. (sépar. ou insépar.) fureter ; fouiller.
Durch|stoß ['durçʃto:s] m. (es, ¨e). MIL. poussée f. ; percée f. || TECHN. emporte-pièce m. ; matrice f. ; perforatrice f.
durch|stoßen ["durç'ʃto:sən - 'durç"ʃto:sən] (ö, ie, o) v. tr. (sépar. et insépar.) pousser à travers ; enfoncer. | *die Front durchstoßen*, enfoncer le front.
durch|strahlen ["durç'ʃtrɑ:lən - 'durç"ʃtrɑ:lən] v. intr. (sépar.) rayonner à travers.
◇ v. tr. (insépar.) pénétrer de ses rayons. || MÉD. radioscoper ; radiographier.
durch|streichen ["durç'ʃtraiçən - 'durç"ʃtraiçən] (i, i) v. tr. (sépar. et insépar.) rayer ; biffer ; raturer. || PAR ANAL. parcourir ; rôder ; passer par. || PAR EXT. souffler à travers.
Durch|streichung [-çuŋ] f. (-, en) biffage m. ; rature f. ; suppression f.
durch|streifen ["durç'ʃtraifən - 'durç"ʃtraifən] v. tr. (sépar. et insépar.) vagabonder ; parcourir en tous sens ; battre la campagne.
durch|strömen ["durç'ʃtrø:mən] v. tr. (insépar.) traverser en coulant. | *die Donau durchströmt verschiedene Länder*, le Danube parcourt plusieurs pays. || FIG. inonder, remplir, pénétrer de.
◇ ['-/"] v. intr. (sépar.) couler à travers ; passer à flots à travers.
durch|suchen ["durç'zu:xən - 'durç"zu:xən] v. tr. (sépar. et insépar.) fouiller ; visiter ; explorer. | *die Polizei durchsuchte das Haus*, la police fit une perquisition dans la maison. | *ich suchte das ganze Haus nach meinen Schlüsseln durch*, j'ai retourné toute la maison pour trouver mes clefs. || MIL. explorer un terrain. || [Jagd] faire une battue dans.
Durch|suchung [-xuŋ] f. (-, en) perquisition f. ; visite f. ; fouille f. || MIL. exploration f. || [Jagd] battue f.
durch|süßen ['durç"zy:sən] v. tr. (insépar.) sucrer. || PHARM. édulcorer.
durch|tanzen ["durç'tantsən - 'durç"tantsən] v. tr. (sépar. et insépar.) rester au bal jusqu'à la fin. || PAR EXT. *die Nacht durchtanzen*, passer la nuit à danser.
Durch|teufung ["durç'tɔyfuŋ] f. (-, en). MINES. percement (m.), fonçage (m.) d'une couche.
durch|tränken ['durç"trɛnkən] v. tr. (insépar.) tremper ; imprégner ; imbiber. | *bis auf die Haut durchtränkt (durchnäßt)*, trempé jusqu'aux os. || FIG. imprégné.
Durch|tränkung ['durç"trɛŋkuŋ] f. (-, en) imprégnation f.
durch|träufeln ["durç'trɔyfəln] v. intr. (sépar.) filtrer ; dégoutter ; couler goutte à goutte.
durch|treiben ["durç'traibən] (ie, ie) v. tr. (sépar.) passer. || PAR EXT. chasser ; conduire, faire passer à travers.
durch|treten ["durç'tre:tən] (i, a, e) v. tr. (sépar.) user en marchant dessus. | *er hat seine Schuhe durchgetreten*, il a troué ses semelles à force de marcher. || AUTOM. *den Gashebel durchtreten*, appuyer à fond sur l'accélérateur.
Durch|trieb ['durçtri:p] m. (s, e). AGRIC. passage (m.) du bétail.
durch|trieben ['durç"tri:bən] adj. FIG. rompu ; madré ; roué ; rusé ; retors.
Durch|triebenheit [-"tri:bənhait] f. rouerie f.
durch|wachen ["durç'vaxən - 'durç"vaxən] v. tr. (insépar.) *er durchwacht die halbe Nacht*, il passe la moitié de la nuit à veiller.
◇ v. intr. (sépar.) *er hat bis zum Morgen durchgewacht*, il a veillé jusqu'au matin.
durch|wachsen ["durç'vaksən - 'durç"vaksən] (ä, u, a) v. intr. (sépar.) croître ; pousser à travers.
◇ v. tr. (insépar.) traverser en croissant ; pousser de-ci de-là dans. | *der Baum durchwächst die Mauer*, l'arbre pousse à travers le mur.
durch|wachsen ['durç"vaksən] adj. CULIN. entrelardé. | *durchwachsener Speck*, lard (m.) maigre. || BOT. perfolié. || MINES. *durchwachsene Kohle*, charbon barré. | *durchwachsenes Gestein*, complexe m. ; mixtes m. pl.
durch|walken ["durç'valkən] v. tr. (sépar.). TECHN., TEXT. fouler. | *das Tuch wird durchgewalkt*, on foule le drap. || FIG., FAM. étriller ; rouer de coups.
durch|wandern ["durç'vandərn - 'durç"vandərn] v. intr. (sépar.) passer à pied. | *hier bin ich schon einmal durchgewandert*, je suis déjà passé une fois ici.
◇ v. tr. (insépar.) traverser ; parcourir. | *im Sommer habe ich die Schweiz durchwandert*, en été j'ai parcouru la Suisse.
durch|wärmen ["durç'vɛrmən - 'durç"vɛrmən] v. tr. (sépar. ou insépar.) chauffer ; réchauffer.
durch|wässern ['durç"vɛsərn] v. tr. (insépar.) pénétrer d'eau ; imbiber. || PAR EXT. laisser tremper.
durch|waten ["durç'vɑ:tən - 'durç"vɑ:tən] v. tr. (insépar.) passer à gué. | *wir haben den Bach durchwatet*, nous avons passé la rivière à gué.
◇ v. intr. (sépar.) passer à gué.
durch|weben ['durç"ve:bən] (o, o) v. tr. (insépar.) entrelacer ; entremêler de. | *eine Rede mit Zitaten durchweben*, émailler un discours de citations. || FIG. *Humor durchwebt Gottfried Kellers Novellen*, on sent l'humour à travers toutes les nouvelles de Gottfried Keller.
Durch|weg ['durçve:k] m. (s, e) passage m. ; traverse f.
durch|weg(s) ['durçve:k(s) - durç've:k(s)] adv. de bout en bout ; d'un bout à l'autre. || en règle générale ; généralement.
durch|wehen ["durç've:ən - 'durç"ve:ən] v. intr. (sépar.) souffler à travers, partout, de tous les côtés.
◇ v. tr. (insépar.) balayer (de son souffle).
durch|weichen ["durç'vaiçən - 'durç"vaiçən] v. tr. (insépar.) amollir ; tremper.
◇ v. intr. (insépar.) tremper ; s'amollir.
durch|weinen ["durç'vainən - 'durç"vainən] v. tr. (sépar. et insépar.) passer son temps à pleurer ; ne pas cesser de pleurer.
durch|winden (sich) [ziç"durç'vindən] (a, u) v. pr. (sépar.) se faufiler. || FIG. se tirer d'affaire.
durch|wintern ["durç'vintərn - 'durç"vintərn] v. intr. et v. tr. (sépar. ou insépar.) passer l'hiver.
Durch|winterung [-təruŋ] f. (-, en) hivernage m.
durch|wirken ['durç"virkən] v. tr. (insépar.). TEXT. brocher. | *mit Gold durchwirkter Stoff*, tissu broché d'or.
◇ ["/'-] v. intr. (sépar.) agir à travers.
durch|wischen ["durç'viʃən] v. intr. (sépar.) FAM. s'échapper ; se sauver.
durch|wollen ["durç'vɔlən] (will, wollte, gewollt) v. intr. sépar. FAM. vouloir passer, traverser.
durch|wühlen ["durç'vy:lən - 'durç"vy:lən] v. tr. (sépar. et insépar.) fouiller ; bouleverser.
Durch|wühlung [-luŋ] f. (-, en) fouille f. ; bouleversement m.
Durch|wurf ['durçvurf] m. (s, ¨e) crible m.
durch|würzen ['durç"vyrtsən] v. tr. (insépar.). CULIN. épicer ; aromatiser ; assaisonner.
durch|zählen ["durç'tsɛ:lən - 'durç"tsɛ:lən] v. tr. (sépar. ou insépar.) compter un à un ; vérifier.
Durch|zeichen|papier ["durç'tsaiçənpapi:r] n. (s, e) papier (m.) à décalquer.
durch|zeichnen ["durç'tsaiçnən] v. tr. (sépar.) calquer.
Durch|zeichnung ["durç'tsaiçnuŋ] f. (-, en) calque m. ; calquage m.
durch|ziehen ["durç'tsi:ən - 'durç"tsi:ən] (zog, gezogen) v. tr. (sépar.) faire passer. || MATH. tirer ; tracer.

◇ v. intr. (sépar.) passer par. | *sie sind durch Flandern durchgezogen*, ils ont traversé la Flandre.
◇ v. tr. (insépar.) traverser ; parcourir ; sillonner. | *wir haben Flandern in wenigen Tagen durchzogen*, nous avons traversé la Flandre en quelques jours. || *mit etwas durchziehen*, imprégner de qch.

durch|zittern ['durç"tsitərn] v. tr. (insépar.) traverser d'un frisson. | *Angst durchzittert seine Seele*, l'angoisse emplit son cœur.

durch|zucken ['durç"tsukən] v. tr. (insépar.) traverser comme l'éclair ; sillonner. | *Blitze durchzucken den Himmel*, des éclairs sillonnent le ciel. || FIG. faire tressaillir.

Durch|zug ['durçtsu:k] m. (s, ¨e) passage m. ; courant (m.) d'air. || ARCHIT. architrave f.

durch|zwängen, -zwingen ["durç'tsvɛŋən, -'tsviŋən] (a, u) v. tr. (sépar.) faire passer de force.
◇ v. pr. (sépar.) **sich durchzwängen, -zwingen,** passer en jouant des coudes ; forcer le passage.

dürfen ['dyrfən] (darf, durfte, gedurft) v. auxil. de mode, v. tr. **1.** [die Erlaubnis haben] avoir la permission, le droit de ; pouvoir ; être autorisé à. | *mitreden dürfen*, avoir voix au chapitre. | *ich durfte dieses Schloß besuchen*, il me fut donné de visiter ce château. | *darf ich Sie bitten, einzutreten ?*, puis-je vous prier d'entrer ? | *darf ich ?*, oserai-je ? ; m'est-il permis ? | *wenn ich bitten darf*, s'il vous plaît. | *ich darf keinen Wein trinken*, le vin m'est défendu. | *darüber darf man sich nicht wundern*, ce n'est pas étonnant.
2. n'avoir qu'à. | *ich darf nicht daran denken, sonst gerate ich in Wut*, rien que d'y penser, j'entre en fureur.
3. [vermutlich] être possible, probable. | *morgen dürfte schönes Wetter sein*, demain il pourrait faire beau. | *das dürfen Sie mir glauben*, vous pouvez m'en croire. | *es dürfte wohl das Beste sein*, il me semble que ce serait le mieux. | *er dürfte heute abend nicht ankommen*, je ne crois pas qu'il puisse arriver ce soir.

dürftig ['dyrftiç] adj. [Personen] indigent ; nécessiteux. | *dürftiger Greis*, vieillard indigent. || FIG. [Dinge] insuffisant ; mesquin ; médiocre ; maigre.
◇ adv. pauvrement ; misérablement.

Dürftigkeit [-kait] f. (-). [Dinge] pauvreté f. ; médiocrité f. || FIG. insuffisance f. ; mesquinerie f. || [Personen] besoin m. ; indigence f.

dürr [dyr] adj. [trocken] sec ; desséché. | *dürres Holz*, bois sec, mort. || PAR ANAL. [mager] maigre ; décharné ; desséché ; mince ; grêle. | *ein dürres Männlein*, un petit bonhomme sec. || PAR EXT. aride ; stérile.

dürr|beinig ["dyr'bainiç] adj. qui a les jambes maigres, grêles. ||°**-fleisch** m. (es) viande fumée. ||°**-obst** n. (es) fruits séchés. (Syn. : *Dörrobst.*)

Dürre ['dyrə] f. (-) sécheresse f. ; aridité f. ; maigreur f.
— SYN. : *Trockenheit*, sécheresse ; *Unfruchtbarkeit*, aridité ; *Unergiebigkeit*, stérilité.

Durst [durst] m. (es) soif f. | *den Durst stillen, löschen*, étancher (apaiser), calmer (éteindre) la soif ; se désaltérer. | *Durst machen*, donner soif. || FAM. *er hat einen über den Durst getrunken*, il a bu un coup de trop. || FIG. soif f. ; désir m. | *Durst nach Ehre*, soif des honneurs.

dürsten ['dyrstən] v. intr. avoir soif ; être altéré ; avoir envie de boire. || FIG. *nach Rache dürsten*, avoir soif de vengeance.

durstig ['durstiç] adj. altéré ; assoiffé. | *durstig sein*, avoir soif.

durst|löschend, -stillend ["durst'løʃənt, -'ʃtilənt] adj. désaltérant. ||°**-strecke** f. (-, n). FIG. traversée (f.) du désert.

Dur|ton ['du:rto:n] m. (s, ¨e). MUS. ton, mode majeur. ||°**-ton|leiter** f. (-, n). MUS. gamme majeure.

Dusche ['duʃə] f. (-, n) douche f.

duschen [-ʃən] v. tr. doucher.
◇ v. intr. prendre une douche.

Dusch|fußbecken ["duʃ'fu:sbekən] m. (s) bac (m.) à douche. ||°**-kopf** m. (s, ¨e) pomme (f.) de douche. ||°**-vorhang** m. (s, ¨e) rideau (m.) de douche.

Düse ['dy:zə] f. (-, n). TECHN. tuyère f. ; ajutage m. ; buse f. || AUTOM. gicleur m.

Dusel [du:zəl] m. (s). POP. vertige m. ; étourdissement m. ; assoupissement m. ; somnolence f. || FAM. veine f. ; chance f.

duselig [-zəliç] adj. POP. somnolent ; assoupi ; abasourdi.

duseln [-zəln] v. intr. POP. somnoler ; rêvasser.

Düsen|antrieb ["dy:zən'antri:p] m. (s, e). TECHN. propulsion (f.) par réaction. | *mit Düsenantrieb*, à réaction. ||°**-flugzeug** n. (s, e). AÉRON. avion (m.) à réaction. ||°**-triebwerk** n. (s, e). AÉRON. réacteur m., moteur (m.) à réaction.

Dussel ['dusəl] m. (s, -). FAM. idiot m.

dusselig, dußlig ['dusəliç, 'dusliç] adj. FAM. stupide ; bête.

Dust [dust] m. (es) poussière f.

düster ['dy:stər] adj. sombre ; obscur ; ténébreux. || FIG. sombre ; morne ; noir ; triste ; lugubre. | *düstere Stimmung*, humeur (f.) sombre.

Düsterheit ['dy:stərhait] f. (-), **Düsterkeit** ['dystərkait] f. (-) obscurité f. || FIG. mélancolie f. ; abattement m.

düstern ['dy:stərn] v. intr. s'assombrir. | *es düstert schon*, le soir descend.

Dutzend ['dutsənt] n. (s, e) douzaine f. | *zwölf Dutzend*, grosse f. || FIG. *davon gehen zwölf auf ein Dutzend*, on en trouve à la douzaine.

Dutzend|gesicht ["dutsəntgə'ziçt] n. (s, er) visage insignifiant. ||°**-mensch** m. (en, en) homme (m.) très ordinaire. ||°**-ware** f. (-, n) marchandise (f.) de pacotille. ||**-weise** adv. à la douzaine ; par douzaines.

Duz|bruder ["duts'bru:dər] m. (s, ¨) ami (m.) de cœur ; ami qu'on tutoie. ||°**-brüderschaft** f. (-, en) amitié (f.) de cœur. ||°**-freund** m. (s, e), °**-freundin** f. (-, nen) ami, amie intime, qu'on tutoie. | *sie sind Duzfreunde*, ils sont à tu et à toi. ||°**-fuß** m. (es, ¨e) *mit jm auf dem Duzfuß stehen*, être à tu et à toi avec qn ; se tutoyer.

duzen ['du:tsən] v. tr. tutoyer.
◇ v. pr. **sich duzen,** se tutoyer.

Duzen ['du:tsən] n. (s) tutoiement m.

Dynamik [dy'na:mik] f. (-). PHYS. dynamique f.

dynamisch [-miʃ] adj. PHYS. dynamique.

Dynamismus [dyna'mismus] m. dynamisme m.

Dynamit [dyna'mi:t] n. (s, e). CHIM. dynamite f. ; nitroglycérine f.

Dynamo [dy'na:mo] m. (-, s). ÉLECTR. dynamo f. ; génératrice (f.) électrique.

Dynamo|meter [dynamo'me:tər] m. (s, -) dynamomètre m.

Dynast [dy'nast] m. (en, en). POLIT. dynaste m. ; petit souverain.

Dynastie [-nas'ti:] f. (-, en). POLIT. dynastie f.

dynastisch [-'nastiʃ] adj. POLIT. dynastique.

Dyne ['dy:ne] f. (-, n). PHYS. dyne f.

Dysenterie [dysɛnte'ri:] f. (-, n). MÉD. dysenterie f.

Dysfunktion ['dysfuŋktio:n] f. (-, en). MÉD. dysfonctionnement m.

Dyspepsie [dyspɛp'si:] f. (-, n). MÉD. dyspepsie f.

E

E, e [e:] n. E. m. | *das große* E, l'*E* majuscule. | *das kleine* e, l'*e* minuscule. || Mus. *E*, mi m. | *E-Dur*, mi majeur.

Ebbe ['ɛbə] f. (-, n). Mar. reflux m. ; marée basse, descendante. | *es ist Ebbe*, la marée descend.

ebben ['ɛbən] v. intr. et v. impers. Mar. *es ebbt*, la marée descend. || Fig. baisser ; diminuer.

Eben ['e:bən] n., plus souvent **Eben|holz** n. (es) ébène m. ; bois (m.) d'ébène.

eben ['e:bən] adj. plan ; uni ; égal ; plat ; de plain-pied ; lisse. | *ebenes Land*, pays(age) plat ; plaine f. ; pays (m.) de plaines. | *ebenes Feld*, rase campagne. | *zu ebener Erde wohnen*, habiter le rez-de-chaussée. | *ebenen Fußes*, de plain-pied. | *eben machen*, aplanir. || Math. plan.
◇ adv. juste ; à l'instant même ; précisément. || [gerade, genau] *das eben wollte ich sagen*, c'est précisément ce que j'allais dire. | *das ist es eben*, c'est cela même. | *das wäre mir eben recht*, cela m'arrangerait. || [nun einmal] *er ist eben nicht zu gebrauchen*, c'est qu'il n'est bon à rien. || [gerade noch] *er ist nicht eben klug*, il n'est pas précisément sage. | *mit drei Mark komme ich eben aus*, j'y arrive tout juste avec trois marks. || [gerade jetzt] *er ist eben gekommen*, il vient d'arriver. | *er war eben hier*, il était là il y a un instant. | *eben recht kommen*, venir à propos.

Eben|bild ["e:bən'bilt] n. (s, er) portrait m. ; image f. ||**-bürtig** adj. (dat.) l'égal de ; égal ; de pair. ||°**-bürtigkeit** ["--/'---] f. (-) égalité (f.) de naissance, de valeur, de condition. ||**-da** adv. au même endroit ; dans le même passage ; ibid(em). ||**-daher** adv. du même endroit ; fig. pour la même raison. ||**-dahin** adv. au même endroit. ||**-darum** adv. juste pour cette raison. ||**-der, -die, -das, -derselbe, -dieselbe, -dasselbe** pron. dém. le même ; la même. || **-deshalb** ["--/-'-], **-deswegen** [--/-'--] adv. voilà (justement) pourquoi. ||**-falls** adv. également ; aussi ; de même. ||°**-maß** n. (es, e) harmonie f. ; symétrie f. ; régularité f. ; mesure f. ||**-so** ['--/-] adv. de même ; aussi. | *ebenso klein*, juste aussi petit. | *es geht mir ebenso*, c'est aussi mon cas. ||**-solcher, -solche, -solches** pron. dém. un tel.

Ebene ['e:bənə] f. (-, n). Géogr. plaine f. || Math. plan m. ; surface plane. || Fig., Polit. *Verhandlungen auf höchster Ebene*, conférence (f.) au sommet. || Fam. *auf die schiefe Ebene geraten*, sombrer.

eb(e)nen ['e:b(ə)nən] v. tr. aplanir ; niveler ; égaliser. || Fig. *die Wege ebnen*, aplanir les difficultés. — Syn. : *abflachen, flächen*, aplanir ; *eben-, gleichmachen*, niveler ; *ausgleichen*, égaliser.

Ebenheit ['e:bənhait] f. (-, en) égalité f. ; uniformité f.

Eber ['e:bər] m. (s, -). Zool. sanglier m. ; verrat m.

Eber|esche ["e:bər'ɛʃə] f. (-, n). Bot. sorbier m.

Eberhard ['e:bərhart] n. pr. m. Évrard m.

ebnen ['e:bnən] v. tr. V. eb(e)nen.

Ebnung ['e:bnuŋ] f. (-, en) nivellement m.

Ebonit [ebo'nit] n. (s) ébonite f.

Echo ['ɛço] n. (s, s) écho m. || Fig. retentissement m.

echoen [-ən] v. impers. faire écho. | *es echot*, il y a un écho.

Echo|gramm ["ɛço'gram] n. (s, e). Méd. échogramme m. ||°**-kardiographie** f. (-, n). Méd. échocardiographie f. ||°**-lot** n. (s, e). Mar. sonde (f.) acoustique ; sonar m. ||°**-ortung** f. (-, en). Phys. écholocation f. ||°**-signal** n. (s, e). Méd. signal (m.) échographique. ||°**-tomographie** f. Méd. échotomographie f.

Echse ['ɛksə] f. (-, n). Zool. saurien m.

echt [ɛçt] adj. vrai ; véritable ; authentique ; original. || Fig. *echte Färbung*, bon teint. | *ein Mann von echtem Schrot und Korn*, un homme de bon aloi. || Math. *echte und unechte Brüche*, fractions (f. pl.) ordinaires et nombres (m. pl.) fractionnaires.

Echtheit ['ɛçthait] f. (-) authenticité f. ; pureté f.

Echt|zeit ["ɛçt'tsait] f. (-, en). Inf. temps réel.

Eck [ɛk] n. (s, e). V. Ecke.

Eck|balken ["ɛk'balkən] m. (s, -). Archit. pied, poteau cornier. ||°**-ball** m. (s, ¨e). Sport. corner m. ||°**-bank** f. (-, ¨e) cosy corner m. ||°**-daten** n. pl. statistiques (f. pl.) de référence. ||°**-haus** n. (es, ¨er) maison (f.) d'angle. ||°**-lohn** m. (s, ¨e) salaire (m.) de référence. ||°**-pfeiler** m. (s, -) pilier (m.) angulaire ; butée (f.) d'angle ; culée (f.) de pont. ||°**-pfosten** m. (s, -) poteau (m.) d'angle. ||°**-platz** m. (es, ¨e), encoignure f. ||°**-schrank** m. (s, ¨e) encoignure f. ; meuble (m.) d'angle. ||°**-stein** m. (s, e) pierre (f.) angulaire ; chasse-roues m. ||°**-zahn** m. (s, ¨e). Anat. canine f. ||°**-zimmer** n. (s, -) chambre (f.) d'angle. ||°**-zins** m. (es, en ou e). Fin. taux (m.) de base bancaire.

Ecke ['ɛkə] f. (-, n) coin m. ; encoignure f. | *Straßenecke*, coin (m.), angle (m.) de rue. | *Ecke am Kamin*, coin du feu. | *den Schüler in die Ecke stellen*, mettre l'élève au coin. | *das Auto biegt um die Ecke*, l'automobile tourne au coin de la rue. | *in allen Ecken und Winkeln*, partout. || Fig., fam. *jn um die Ecke bringen*, assassiner qn. || Sport. *eine Ecke schießen*, tirer un corner.

ecken ['ɛkən] v. tr. Techn. [querstellen] mettre en travers. || [schrägstellen] mettre de biais.
◇ v. intr. [sich klemmen] se coincer.

Ecken|linie ["ɛkən'liniə] f. (-, n) diagonale f. ||°**-steher** m. (s, -) homme (m.) de peine.

Ecker ['ɛkər] f. (-, n). Bot. gland m. ; faine f.

eckig ['ɛkiç] adj. anguleux ; angulaire. || Fig. gauche ; maladroit. | *eckiges Auftreten*, gaucherie f.

Eckigkeit [-kait] f. (-). Fig. maladresse f.

Ecu [e'ku:] m. (s, s) [Europäische Rechnungseinheit] écu m.

edel ['e:dəl] adj. noble ; élevé ; illustre. | *aus edlem Geschlecht*, de noble lignée. || Par ext. généreux ; fin ; pur. | *edle Seele*, belle âme. | *edler Wein*, vin fin. | *edle Metalle*, métaux (m. pl.) précieux.

edel|bürtig ["e:dəl'byrtiç] adj. de naissance, d'origine noble ; de haute lignée. ||°**-bürger** m. (s, -) patricien m. ||°**-dame** f. (-, n), °**-frau** f. (-, en) dame (f.) noble. ||°**-fäule** f. (-). Biol. pourriture (f.) noble. ||°**-gas** n. (es, e). Chim. gaz (m.) rare. ||°**-holz** n. (es, ¨er). Bot. essence (f.) rare. ||°**-kastanie** f. (-, n). Bot. [Frucht] châtaigne f. ; marron m. || [Baum] châtaignier m. ; marronnier m. ||°**-knabe** m. (n, n) page m. ||°**-knecht** m. (s, e) écuyer m. ||°**-koralle** f. (-, n). Zool. anthozoaire m. ||°**-mann** m. (s, -leute) gentilhomme m. ; noble m. V. Edle. ||°**-metall** n. (s, e) métal précieux. ||°**-mut** m. (s) générosité f. ; noblesse (f.) de cœur. ||**-mütig** adj. généreux ; (au cœur) noble. ||°**-obst** n. (es). Culin. fruits sélectionnés. ||°**-pflaume** f. (-, n). Bot. reine-claude f. ||°**-pilz** m. (es, e). Bot. bolet m. ; cèpe m. ||°**-raute** f. (-, n). Bot. génépi m. ||°**-reis** n. (es, er). Bot. greffe f. ; greffon m. ||°**-rost** m. (es) patine f. ||°**-sinn** m. (s) générosité f. ; noblesse (f.) de sentiment. ||°**-stahl** m. (s, e) acier spécial. ||°**-stein** m. (s, e). Minéral. pierre précieuse, fine. ||°**-steine** m. pl. pierreries f. pl. ||°**-steingewicht** ["--/-/-'-] n. (s, e) carat m. ||°**-tanne** f. (-, n). Bot. sapin argenté. ||°**-valuta** f. (-, ten). Fin. valeur or. ||°**-weiß** n. Bot. pied-de-lion m. ; edelweiss m. ||°**-wild** n. (s). Zool. gros gibier.

Edeling ['e:dəliŋ] m. (s, e) noble (germain).

Eden ['e:dən] n. (s). Relig. Éden m. || Fig. paradis m.

edieren [e'di:rən] v. tr. publier.

Edikt [e'dikt] n. (s, e). Polit. édit m. ; ordonnance f.

Editor [e'di:tor] m. (s, en). Inf. éditeur m.

Edle(r) ['e:dlə(r)] f. (m.) noble s.
◇ n. **Edles,** ce qui est noble, généreux.
Edmund ['ɛtmunt] n. pr. m. Edmond m.
Eduard ['e:duart] n. pr. m. Édouard m.
E-Dur ['e:du:r] n. Mus. mi majeur.
EDV [e:de:'fau] f. Inf. traitement (m.) électronique des données. | *auf EDV umstellen*, informatiser.
Efeu ['e:fɔy] m. et n. (s). Bot. lierre m.
Effekt [ɛ'fɛkt] m. (s, e) effet m. ; résultat m. | *nach Effekt haschen*, viser à l'effet.
◇ pl. **Effekten,** effets m. pl. ; vêtements m. pl. ; bagages m. pl. || Comm., Fin. effets m. pl. ; valeurs f. pl. ; titres m. pl. | *Effekten beleihen*, prêter sur titres.
Effekt|hascher [ɛ"fɛkt'haʃər] m. (s, -). Fam. poseur m. ; fam. épateur m. ||°**-hascherei** f. (-, n) pose f. ||**-voll** adj. plein d'effet ; efficace ; impressionnant.
Effekten|bestand [ɛ"fɛktənbə'ʃtant] m. (s, ¨e). Fin. portefeuille-titres m. ||°**-börse** f. (-, n). Fin. Bourse (f.) des valeurs mobilières. ||°**-giroverkehr** m. (s) transfert (m.) de titres par compensation. ||°**-handel** m. (s) arbitrage m. ||°**-händler** m. (s, -) [offiziell] agent (m.) de change. || [Kulisse] courtier (m.) en valeurs mobilières. ||°**-inhaber** m. (s, -) porteur (m.) de titres. ||°**-kommission** f. (-, en) courtage (m.) sur titres. ||°**-lombard** m. (s) avance (f.), prêt (m.) sur titres. ||°**-lombardierung** f. (-, en) crédit (m.) lombard sur effets. ||°**-markt** m. (es, ¨e). Fin. marché (m.) des valeurs mobilières.
effektiv [ɛfɛk'ti:f] adj. effectif.
Effektiv|bestand [ɛfɛk"ti:fbə'ʃtant] m. (s, ¨e). Comm., Mil. effectif m. ||°**-verzinsung** f. (-, en). Fin. taux (m.) de rendement actuariel.
efferent [ɛfe'rɛnt] adj. Méd. efférent.
effizient [ɛfi'tsiɛnt] adj. [Person] efficace.
egal [e'ga:l] adj. Fam. égal ; indifférent. | *mir ist alles egal*, tout me laisse indifférent.
egalisieren [egali'zi:rən] v. tr. égaliser.
Egalisierung [-ruŋ] f. (-, en) égalisation f.
Egel ['e:gəl] m. (s, -). Zool. sangsue f.
Egge ['ɛgə] f. (-, n). Agric. herse f.
eggen ['ɛgən] v. tr. Agric. herser.
Egoismus [ego'ismus] m. (-) égoïsme m.
Egoist [-'ist] m. (en, en), **Egoistin** [-'istin] f. (-, nen) égoïste m. et f.
egoistisch [-'istiʃ] adj. égoïste.
egozentrisch [-'tsɛntriʃ] adj. égocentrique.
eh ! [e:] interj. eh ! ; hé !
ehe ['e:ə] adv. (compar. **eher ;** superl. **ehest**). [früher] auparavant ; antérieurement ; plutôt.
◇ conj. [bevor] avant de (infin.) ; avant que (subj.).
Ehe ['e:ə] f. (-, n) mariage m. ; union conjugale. | *eine Ehe schließen, stiften*, contracter mariage. | *in den Stand der Ehe treten*, se marier. | *in glücklicher Ehe leben*, faire bon ménage. | *wilde Ehe*, union (f.) libre ; concubinage m. | *in zweiter Ehe*, en secondes noces. | *Kinder aus erster Ehe*, enfants du premier lit.
— Syn. : *Heirat*, mariage. *Vermählung*, union.
Ehe|aufhebung ["e:ə'aufhe:buŋ] f. (-, en). Jur. annulation (f.) de mariage. ||°**-berater(in)** m. (s, -), f. (-, nen) conseiller conjugal ; conseillère conjugale. ||°**-brecher** m. (s, -), °**-brecherin** f. (-, nen) [homme, femme] adultère m. et f. ||**-brecherisch** adj. adultère. ||°**-bruch** m. (s, ¨e) adultère m. | *im Ehebruch erzeugt*, adultérin. ||°**-bund** m. (s, ¨e) union conjugale. ||°**-dispens** ["-/-'-] m. (es, e). Jur. dispense (f.) d'âge. ||°**-frau** f. (-, en) épouse f. ; femme f. ||°**-gatte** m. (n, n) conjoint m. ; époux m. ; mari m. ||°**-gattin** f. (-, nen) épouse f. ; femme f. ||°**-hälfte** f. (-, n). Iron. moitié f. ||°**-hindernis** n. (ses, se) empêchement (m.) au mariage. || Jur. *trennendes Ehehindernis*, empêchement dirimant. ||°**-konsens** ["-/-'-] m. (es, e) certificat prénuptial. ||°**-kontrakt** m. (s, e) contrat (m.) de mariage. ||°**-leute** m. pl. époux m. pl. ; conjoints m. pl. ||**-los** adj. célibataire. | *eheloser Stand*, célibat m. ||°**-losigkeit** ["-/'--] f. (-) célibat m. ||°**-mann** m. (s, ¨er) époux m. ; mari m. ||°**-paar** n. (s, e) époux m. pl. ; couple m. ||°**-partner(in)** m. (s, -), f. (-, nen) conjoint m. ||°**-pflicht** f. (-, en) devoir conjugal. ||°**-recht** n. (s, e). Jur. droit matrimonial. ||°**-ring** m. (s, e) alliance f. ||°**-schänder** m. (s, -), °**-schänderin** f. (-, nen) adultère m. et f. ||°**-scheidung** f. (-, en) divorce m. | *auf Ehescheidung klagen*, demander le divorce. ||°**-scheidungsklage** f. (-, n) instance (f.) en divorce. ||°**-schließung** f. (-, en) mariage m. ||°**-segen** m. (s, -). Relig. bénédiction nuptiale. || Fig. fruits (m. pl.) du mariage. ||°**-stand** m. (s) mariage m. ; vie conjugale. | *in den Ehestand treten*, se marier ; convoler. ||°**-verfehlung** f. (-, en) manquement (m.) aux devoirs conjugaux. ||°**-vertrag** m. (s, ¨e) contrat (m.) de mariage. ||°**-werbung** f. (-, en) demande (f.) en mariage.
ehedem ["e:ə'de:m] adv. jadis ; autrefois.
— Syn. : *ehemals*, anciennement ; *vormals, vordern*, jadis ; *früher, eher, einst, vorzeiten, zuvor*, autrefois.
ehelich ['e:əliç] adj. conjugal ; matrimonial. | *eheliche Treue*, fidélité conjugale. | *ehelicher Wohnsitz*, domicile conjugal. || Par ext. légitime. | *für ehelich erklären*, légitimer.
◇ adv. *ehelich verbinden*, lier par les liens du mariage.
ehelichen [-çən] v. tr. épouser.
◇ v. pr. **sich ehelichen,** se marier.
Ehelichkeits|erklärung ["e:əliçkaitsɛr'klɛ:ruŋ] f. (-, en). Jur. légitimation f.
ehemalig ["e:ə'ma:liç] adj. d'autrefois ; ancien.
ehemals ["e:ə'mals] adv. autrefois.
eher ['e:ər] adv. (compar. de **ehe,** superl. **ehestens**) [früher] plus tôt ; avant ; auparavant ; antérieurement à. | *je eher, je lieber*, le plus tôt sera le mieux. || Par ext. [lieber] plutôt. | *eher sterben*, plutôt mourir. | *er wird es um so eher tun, als es ja sein Vorteil ist*, il le fera d'autant plus volontiers que c'est (dans) son intérêt. | *er ist eher klein*, il est plutôt petit. | *das ist eher möglich*, c'est plus probable.
ehern ['e:ərn] adj. d'airain ; en bronze.
Ehr|abschneider ["e:r'apʃnaidər] m. (s, -) [Vx.] diffamateur m. ; calomniateur m. ||°**-abschneiderei** ["-/--'-] f. (-, en) [Vx.] calomnie f. ; diffamation f. ||°**-begier(de)** f. (-, n) ambition f. ||**-erbietig** ["-/-'--] adj. respectueux ; déférent. ||°**-erbietigkeit** ["-/-'---], °**erbietung** f. (-, en) témoignage (m.) de respect ; déférence f. ; haute considération ; vénération f. ||°**-furcht** f. (-, ¨e) respect m. ; vénération f. | *jm seine Ehrfurcht bezeigen*, présenter ses respects, ses hommages à qn. ||**-fürchtig** adj. respectueux. ||°**-gefühl** n. (s, e) sens (m.), sentiment (m.) de l'honneur. ||°**-geiz** m. (es) ambition f. ||**-geizig** adj. ambitieux. ||°**-liebe** f. (-) amour-propre m. ; dignité f. ||**-los** adj. sans honneur ; perdu d'honneur ; déshonoré ; déshonnête ; infâme ; malhonnête. ||°**-losigkeit** f. déshonneur m. ; infamie f. ||°**-sucht** f. (-) ambition. ||**-süchtig** adj. avide d'honneurs ; ambitieux. || **-vergessen** adj. sans honneur ; malhonnête ; infâme. ||°**-vergessenheit** ["-/-'--] f. (-) infamie f. ; bassesse f. ||**-verletzend** ["-/-'--] adj. outrageant. ||°**-verlust** m. (es) perte (f.) de l'honneur. || Jur. dégradation (f.) civique. ||**-widrig** adj. indigne. ||°**-würden** [Titel] *Euer, eure Ehrwürden*, Votre Révérence. ||**-würdig** adj. vénérable ; respectable. | *ehrwürdiger Pater*, révérend père. ||°**-würdigkeit** f. (-) respectabilité f.
ehrbar ['e:rba:r] adj. [Personen] honorable ; honnête ; respectable. | *ehrbarer Bürger*, honorable citoyen m. || [Dinge] bienséant ; décent ; digne. | *ehrbare Sitten*, bonnes mœurs.
Ehrbarkeit [-kait] f. (-) honorabilité f. ; honnêteté f. ; dignité f. ; bienséance f. ; décence f.
Ehre ['e:rə] f. (-, n). **1.** [Würde] honneur m. | *ein Mann von Ehre*, un homme d'honneur. | *auf seine Ehre halten*, tenir à son honneur. | *seine Ehre darein setzen*, mettre son honneur à ; se faire un point d'honneur. | *jn bei seiner Ehre packen*, piquer qn d'honneur. | *seine Ehre preisgeben, verlieren*, se perdre d'honneur ; se déshonorer. | *seine Ehre retten, wahren*, sauver l'honneur. || Fam. *mit Ehren eine schwierige Lage bestehen*, se tirer honorablement d'un mauvais pas.
2. [Achtung] réputation f. ; renom m. | *jm die Ehre abschneiden*, diffamer qn. | *jn um seine Ehre bringen*, perdre qn d'honneur. | *wieder zu Ehren bringen*, remettre en honneur. | *wieder zu Ehren kommen*, se réhabiliter. | *es geht um seine Ehre*, il y va de son honneur. | *der Ehre Abbruch tun*, porter atteinte à l'honneur. | *etwas in allen Ehren sagen, tun*, dire, faire qch. en tout bien tout honneur. | *aller Ehre wert sein*, être digne d'estime, d'éloges. | *die Ehre kommt jm zu*, l'honneur revient à qn. | *hoch in Ehren stehen*, être en honneur, à l'honneur. | *er hat damit Ehre eingelegt*, cela lui a valu des honneurs. | *seinem Vaterlande Ehre machen*, faire honneur à sa patrie. | *er hat die Prüfung mit Ehren bestanden*, il a été reçu à l'examen avec la mention honorable. | *alte Sitten in Ehren halten*, respecter les vieilles coutumes.
3. Par ext. [rühmliche Auszeichnung] honneurs m. pl. | *jm kriegerische Ehren erweisen*, rendre à qn les honneurs de la guerre.
4. [Höflichkeitsformel, Schwur] honneur m. ; parole f. ; foi f. | *auf Eid und Ehre !*, parole d'honneur ! | *bei*

meiner Ehre ! ; *auf Ehre !*, sur l'honneur ! ; parole d'honneur ! | *X. und Y. geben sich die Ehre, Sie zum Tee einzuladen*, X. et Y. ont l'honneur de vous inviter à prendre le thé. | *mit wem habe ich die Ehre, zu sprechen ?*, à qui ai-je l'honneur de parler ? | *darf ich um die Ehre Ihres Besuches bitten ?*, puis-je vous demander de m'honorer de votre visite ? | *was verschafft mir die Ehre ?*, que me vaut l'honneur ? | *(ich) habe die Ehre !*, enchanté ! ; charmé ! | *Ihr Wort in Ehren*, sauf votre respect. | *Ehre sei Gott !*, gloire à Dieu ! || PROV. *Ehre, wem Ehre gebührt*, à tout seigneur, tout honneur. | *Ehre verloren, alles verloren*, tout est perdu quand on a perdu l'honneur.

— SYN. : *Ruhm*, gloire ; *Ruf*, renom ; *Leumund*, réputation ; *Ansehen*, considération ; *Nachruhm*, renommée f.

ehren ['e:rən] v. tr. honorer ; rendre honneur à ; respecter. | *seine Freundschaft ehrt mich*, son amitié m'honore.

Ehren... (en compos.) d'honneur ; honorifique ; qui concerne l'honneur, la dignité, la réputation.

Ehren|akzept ["e:rənak'tsɛpt] n. (es, e). COMM. acceptation (f.) par intervention. ||°**-amt** n. (s, ¨er) charge (f.) honorifique. ||**-amtlich** adj. (à titre) honorifique. ||°**-bezeigung** ["--/-'--] f. (-, en), °**-bezeugung** f. (-, en) marque (f.) d'estime, de respect ; hommage m. ; honneurs rendus à qn. || MIL. honneurs (m. pl.) militaires. ||°**-doktor** m. (s, en) docteur (m.) honoris causa. ||°**-erklärung** ["--/-'--] f. (-, en) réparation (f.) d'honneur. ||°**-handel** m. (s) affaire (f.) d'honneur ; duel m. ||°**-klage** f. (-, n) demande (f.) en réparation d'honneur. ||°**-kleid** n. (s, er) grande tenue ; tenue (f.) de gala. ||°**-kränkung** f. (-, en) outrage m. ; injure f. ; insulte f. ||°**-legion** ["--/--/'-] f. (-) Légion (f.) d'honneur. ||°**-mal** n. (s, ¨er) monument (m.) aux victimes, aux morts de la guerre. ||°**-mann** m. (s, ¨er) homme (m.) de bien ; homme (m.) d'honneur. ||°**-mitglied** ["--/'--] n. (s, er) membre (m.) d'honneur, honoraire. ||°**-pforte** f. (-, n) arc (m.) de triomphe. ||°**-preis** m. (es). BOT. véronique f. (syn. : *Männertreu*). ||°**-punkt** m. (s, e) point (m.) d'honneur. ||°**-rat** m. (s, ¨e) 1° conseiller (m.) honoraire. 2° jury (m.) d'honneur. ||°**-rechte** n. pl. droits (m. pl.) civiques. | *Aberkennung, Verlust der bürgerlichen Ehrenrechte*, dégradation (f.) civique ; privation (f.) des droits civiques. ||°**-rettung** f. (-, en) réhabilitation f. ||**-rührig** adj. injurieux ; infamant ; diffamant ; diffamatoire ; outrageant. ||°**-sache** f. (-, n) affaire (f.) d'honneur. | *Ehrensache !*, promis ! ; parole (f.) d'honneur ! ||°**-schändung** f. (-, en) atteinte (f.) à l'honneur ; calomnie f. ; diffamation f. ||°**-spalier** n. (s, e) garde (f.) d'honneur. ||°**-strafe** f. (-, n). MIL. peine infamante. ||°**-streit** m. (s, e) affaire (f.) d'honneur. ||°**-tafel** f. (-, n) [für Gefallene und Schüler] tableau (m.) d'honneur. ||°**-tag** m. (s, e) anniversaire m. ; solennité f. ||°**-titel** m. (s, -) titre (m.) honorifique. ||°**-trunk** m. (s) toast m. ; vin (m.) d'honneur. ||**-voll** adj. plein d'honneur ; honorable ; qui fait honneur. ||°**-vorsitz** ["--/'--] m. (es, e) présidence (f.) d'honneur. ||**-wert** adj. digne ; honorable. ||°**-wort** n. (s, e) parole (f.) d'honneur. | *Gefangener auf Ehrenwort*, prisonnier (m.) sur parole. ||°**-zahler** m. (s, -) recommandataire m. ||°**-zahlung** f. (-, en) paiement (m.) par intervention. ||°**-zeichen** n. (s, -) décoration f. ; marque (f.) d'honneur.

ehrenhaft ['e:rənhaft] adj. honorable ; honnête. | *ehrenhafter Mann*, homme (m.) d'honneur.

Ehrenhaftigkeit [-tiçkait] f. honorabilité f. ; honnêteté f.

ehren|halber ["e:rən'halbər] adv. pour l'honneur ; pour sauver les apparences ; pour la forme.

ehrlich ['e:rliç] adj. honorable ; honnête ; probe ; loyal ; de bonne foi. | *ein ehrlicher Mann*, un homme de bien, d'honneur. | *jn wieder ehrlich machen*, réhabiliter qn. || JUR. *ein Kind ehrlich machen*, légitimer un enfant. | *ehrliche Angestellte*, employés intègres. | *er hat ehrliche Absichten*, ses intentions sont pures. | *ehrliche Waffen*, armes loyales. || FIG., FAM. *eine ehrliche Haut*, une bonne pâte (d'homme).

◇ adv. honnêtement ; honorablement ; loyalement ; de bonne foi. | *ehrlich gesagt*, franchement. | *sich ehrlich mühen*, se donner beaucoup de mal.

Ehrlichkeit [-kait] f. (-) honnêteté f. ; honorabilité f. ; probité f. ; loyauté f. ; bonne foi.

ehrsam ['er:za:m] adj. honnête ; respectable ; honorable. | *eine ehrsame Jungfrau*, une jeune fille honnête.

Ehrung ['e:ruŋ] f. (-, en) honneur m. ; hommage m.

ei ! [ai] interj. ah ! ; eh ! ; hé ! ; tiens ! | *ei was !*, mais non ! ; allons donc !

Ei [ai] n. (s, er) œuf m. | *weich-, hartgesottenes Ei*, œuf mollet (à la coque), dur. | *in der Schale gekochtes Ei*, œuf à la coque. | *Eier legen*, pondre. | *Eier ausbrüten*, couver des œufs. | *Eier aufschlagen, umrühren, einschlagen*, casser, brouiller (battre), pocher des œufs. || FIG. *sie gleichen einander wie ein Ei dem andern*, ils se ressemblent comme deux gouttes d'eau. || FAM. *er ist kaum aus dem Ei gekrochen*, c'est un blanc-bec. || PROV. *Das Ei will klüger als die Henne sein*, Gros-Jean en remontre à son curé.

Ei|dotter ["ai'dɔtər] m. et n. (s, -), °**-gelb** n. (s) jaune (m.) d'œuf. ||°**-form** f. (-, en) forme (f.) ovale. ||**-förmig** adj. oviforme ; ovale. ||°**-formpresse** ['-/-'--] f. (-, n). TECHN. presse (f.) à boulets. ||°**-leiter** m. (s, -). ANAT. trompe utérine. ||°**-linie** f. (-, n). MATH. ellipse f. ; ovale m. ||°**-pulver** n. (s). CULIN. œufs (m. pl.) en poudre ; poudre (f.) d'œufs. ||**-rund** adj. ovale. ||°**-rund** n. (s) ovale m. ||°**-weiß** n. (es) blanc (m.) d'œuf ; albumine f. || BOT. albumen m. ||**-weißhaltig** adj. albumineux ; albuminé. ||°**-weißharnen** n. (s). MÉD. albuminurie f. ||°**-weißstoff** m. (s, e) albumine f.

Eiapopeia [aiapɔ'paia] n. ENF. heure (f.) du dodo. | *Eiapopeia machen*, faire dodo ; dormir.

Eibe ['aibə] f. (-, n). BOT. if m.

Eibisch ['aibiʃ] m. (s, e). BOT. guimauve f.

Eich|amt ["aiç'amt] n. (s, ¨er) bureau (m.) de vérification des poids et mesures. ||°**-gebühr** f. (-, en) droit (m.) de jaugeage. ||°**-maß** n. (es, e). TECHN. jauge f. ; étalon m. ; matrice f. ||°**-meister** m. (s, -). TECHN. jaugeur m. ; vérificateur (m.) des poids et mesures. ||°**-stab** m. (s, ¨e). TECHN. jauge f. ||°**-waage** f. (-, n) bascule-étalon.

Eich|apfel ["aiç'apfəl] m. (s, ¨). BOT. noix (f.) de galle. ||°**-baum** m. (s, ¨e). BOT. chêne m. ||°**-horn** n. (s, ¨er), °**-hörnchen** n. (s, -), °**-kätzchen** n. (s, -). ZOOL. écureuil m. ||°**-moos** n. (-). BOT. lichen m. ||°**-schwamm** m. (s, ¨e). BOT. agaric (m.) du chêne.

Eiche ['aiçə] f. (-, n). BOT. chêne m. | *immergrüne Eiche*, chêne vert ; yeuse f.

Eiche ['aiçe] f. (-, n), **Eichung** ['aiçuŋ] f. (-, en). [Handlung] jaugeage m. ; étalonnage m. || PAR EXT. [Instrument] jauge f. ; étalon m.

Eichel ['aiçəl] f. (-, n). BOT., MÉD. gland m. || PAR ANAL. [deutsches Kartenspiel] trèfle m.

Eichel|entzündung ["aiçəlɛn'tsynduŋ] f. (-, en). MÉD. balanite f. ||°**-häher** m. (s, -). ZOOL. geai m.

eichen ['aiçən] adj. de, en chêne.

Eichen|hain ["aiçən'hain] m. (s, e) chênaie f. ||°**-holz** n. (es) bois (m.) de chêne. ||°**-lohe** f. (-, n) tan m.

eichen ['aiçən] v. tr. TECHN. jauger ; étalonner ; vérifier ; poinçonner ; graduer. | *Maße und Gewichte eichen*, étalonner des poids et des mesures.

Eichen ['aiçən] n. (s, -) petit œuf. || BOT., PHYS. ovule m.

Eicher ['aiçər] m. (s, -). TECHN. jaugeur m. ; étalonneur m. ; vérificateur (m.) des poids et mesures.

Eichung ['aiçuŋ] f. V. EICHE.

Eid [ait] m. (s, e) serment m. | *einen Eid auf die Bibel schwören*, prêter serment sur la Bible. | *einen Eid verweigern, brechen*, refuser, violer un serment. | *Beamte in Eid und Pflicht nehmen*, faire prêter serment à des fonctionnaires. | *durch einen Eid gebunden*, lié par le serment. | *der Richter nahm ihm den Eid ab*, le juge lui fit prêter serment. | *hippokratischer Eid*, serment d'Hippocrate. | *etwas an Eides Statt versichern*, affirmer qch. formellement (sans prêter serment).

Eid|ablegung ["ait'aple:guŋ] f. (-, en) prestation (f.) de serment. ||°**-brecher** m. (s, -) parjure m. ||°**-bruch** m. (s, ¨e) violation (f.) de serment ; parjure m. ||**-brüchig** adj. parjure. ||°**-genosse** ["-/-'--] m. (n, n). HIST. confédéré m. ||°**-genossenschaft** f. (-, en). HIST. confédération f. ||**-genössisch** ["-/-'--] adj. POLIT. fédéral. ||°**-schwur** m. (s, ¨e) serment m.

Eidechse ['aidɛksə] f. (-, n). ZOOL. lézard m. ; lacertidé m.

Eider|daunen ["aidər'daunən] f. pl. duvet (m.) de l'eider. || PAR EXT. duvet m. ; édredon m. ||°**-ente** f. (-, n), °**-gans** f. (-, ¨e), °**-vogel** m. (s, ¨). ZOOL. eider m.

Eides|ablegung ["aidəs'aple:guŋ] f. (-, en) prestation (f.) de serment. ||°**-ablehnung** f. (-, en) refus (m.) de prêter serment. ||°**-leistung** f. (-, en) prestation (f.) de serment. ||**-stattlich** adj. JUR. formel ; solennel. ||°**-versicherung** ["--/-'---] f. (-, en).

JUR. affidavit m. ||°-**verweigerer** m. pl. HIST. non-jureurs m. pl.

eidlich ['aitliç] adj. JUR. sous la foi du serment ; par, sous serment. | *eine eidliche Erklärung abgeben*, faire une déclaration, déclarer sous la foi du serment. ◇ adv. *ich habe mich eidlich dazu verpflichtet*, je me suis engagé par serment à.

Eier|apfel ["aiər'apfel] m. (s, ¨) aubergine f. ||°-**auflauf** m. (s, ¨e) omelette soufflée. ||°-**becher** m. (s, -) coquetier m. ||°-**brikett** n. (s, s) boulet m. ||°-**kuchen** m. (s, -) omelette f. ||°-**legen** n. (s) ponte f. ||-**legend** adj. ZOOL. qui pond ; ovipare. ||°-**prüfer** m. (s, -). TECHN. mire-œuf(s) m. ; ovoscope m. ||°-**schale** f. (-, n) coque (f.), coquille (f.) d'œuf. ||°-**schwamm** m. (s, ¨e). BOT. chanterelle f. ; girolle f. ||°-**spiegel** m. (s, -). TECHN. mire-œuf(s) m. ; ovoscope m. ||°-**stab** m. (s, ¨e). ARCHIT. ove m. ||°-**stock** m. (s, ¨e). ANAT. ovaire m.

Eifer ['aifər] m. (s) zèle m. ; empressement m. ; ardeur f. ; ferveur f., dévouement m. | *Eifer zur Schau tragen*, affecter du zèle pour. | *zu viel Eifer zeigen*, faire du zèle. | *in Eifer geraten*, s'emporter ; FAM. s'emballer. | *im Eifer des Gefechts*, dans le feu de l'opération. || PROV. *blinder Eifer schadet nur*, qui trop embrasse mal étreint.

Eiferer [-fərər] m. (s, -) zélateur m. ; apôtre ardent ; partisan (m.) enthousiaste.

eifern [-fərn] v. intr. montrer du zèle. || PAR EXT. s'échauffer ; s'emporter ; FAM. s'emballer. | *für etwas eifern*, montrer du zèle pour qch. | *mit jm eifern*, rivaliser de zèle avec qn. | *über etwas eifern*, s'échauffer au sujet de.

Eifer|sucht ["aifər'zuxt] f. (-) jalousie f. ; rivalité f. | *die Eifersucht verzehrt sie*, la jalousie la ronge.
— SYN. : *Neid, Scheelsucht*, envie ; *Mißgunst*, jalousie.

eifer|süchtig [-'zyçtiç] adj. jaloux. | *auf jn eifersüchtig sein*, être jaloux de qn ; jalouser qn. | *eifersüchtig werden*, prendre ombrage de.

eifrig ['aifriç] adj. zélé ; empressé ; fervent ; ardent. | *ich bin ein eifriger Zeitungsleser*, je lis régulièrement les journaux.
◇ adv. avec zèle, empressement. | *wir sind eifrig bemüht, ihm zu helfen*, nous ferons l'impossible pour l'aider.

eigen ['aigən] adj. **1.** [besitzend] propre ; à soi ; personnel. | *sein eigenes Haus besitzen*, avoir sa maison à soi. | *er hat es zu eigen, als eigen*, il a cela en propre. | *es ist sein eigen*, c'est à lui ; c'est son bien propre. | *sich etwas zu eigen machen*, s'approprier qch. | *ein Kind als eigen(es) annehmen*, adopter un enfant. | *auf eigene Rechnung*, pour son propre compte. | *auf eigene Gefahr und Kosten*, à mes (tes, ses, etc.) risques et périls. | *auf eigenen Füßen stehen*, ne dépendre de personne. | *aus eigener Tasche bezahlen*, payer de sa poche. | *in eigener Person*, en personne.
2. PAR EXT. [eigentümlich] particulier ; séparé ; privé. | *eigener Eingang*, entrée particulière.
3. [wunderlich] bizarre.
4. [wählerisch] exigeant ; difficile. | *sie ist sehr eigen im Essen*, elle est très difficile, exigeante pour la nourriture. || PAR EXT. pointilleux ; méticuleux ; vétilleux.

Eigen|art ["aigən'a:rt] f. (-, en) particularité f. ; propriété f. ; trait distinctif ; caractéristique f. ||-**artig** adj. particulier ; singulier ; spécial. ||°-**bedarf** m. (s). ÉCON. besoins (m. pl.) internes. ||°-**besitz** m. (es, e) propriété f. ; biens personnels, propres. ||°-**brötelei** f. (-, en). PÉJOR. particularisme m. ; originalité f. ; individualisme exalté. ||°-**brötler** m. (s, -). PÉJOR. original m. ||°-**dünkel** m. (s) suffisance f. ; outrecuidance f. ; infatuation f. ||°-**finanzierung** ["--/-'--] f. (-, en). COMM. autofinancement m. ||°-**gewicht** n. (s, e). PHYS. poids (m.) spécifique. || COMM. tare f. ||-**händig** adj. de sa propre main ; olographe ; autographe. | *eigenhändig übergeben*, remettre en mains propres. ||°-**kapital** n. (s, ien ou e). ÉCON. fonds (m. pl.) propres. ||°-**kontrolle** f. (-, n) autocensure f. ||°-**leben** n. (s) vie indépendante. ||°-**liebe** f. (-) amour-propre m. ; égoïsme m. ||°-**lob** n. (s) éloge (m.) de soi. | *Eigenlob stinkt*, l'éloge de soi est haïssable. ||-**mächtig** adj. autoritaire ; arbitraire ; despotique. ◇ adv. de sa propre autorité ; d'autorité. || °-**mächtigkeit** f. (-). POLIT. et FIG. autoritarisme m. ; despotisme m. ||°-**mittel** n. pl. ÉCON. capitaux (m. pl.), fonds (m. pl.) propres. ||°-**name** m. (ns, n) nom (m.) propre. ||°-**nutz** m. (es) intérêt personnel ; égoïsme m. ||-**nützig** adj. égoïste ; intéressé. ||°-**sinn** m. (s) caractère entier ; opiniâtreté f. ; obstination f. ; entêtement m. ; caprice m. ; bizarrerie f. ||-**sinnig** adj. au caractère entier ; qui n'en fait qu'à sa tête ; volontaire ; têtu ; obstiné ; opiniâtre ; capricieux ; difficile. ||-**staatlich, -ständig** adj. POLIT. indépendant ; autonome. ||°-**ständigkeit** ["-/'--] f. (-). POLIT. indépendance f. ; autonomie f. ||°-**sucht** f. (-) égoïsme m. ||-**süchtig** adj. égoïste. ||°-**verbrauch** m. (s) usage personnel. ||°-**wechsel** m. (s, -). COMM. billet (m.) à ordre. ||°-**wille** m. (ns) volontés f. pl. ; entêtement m. ||-**willig** adj. volontaire ; entêté ; obstiné. || °-**willigkeit** f. (-) entêtement m.

Eigenheit ['aigənhait] f. (-, en) propriété f. ; particularité f. | *Eigenheit der Sprache*, idiotisme m. | *Eigenheit der deutschen Sprache*, germanisme m. || PAR EXT. singularité f. ; originalité f. | *er hat seine Eigenheiten*, il a ses marottes.

eigens ['aigəns] adv. exprès ; spécialement ; particulièrement.

Eigenschaft ['aigənʃaft] f. (-, en) qualité f. ; propriété f. ; caractère m. ; caractère (m.) propre ; vertu f. ; attribut m. ; condition f. ; état m. | *körperliche Eigenschaften*, qualités physiques. | *in meiner Eigenschaft als Vormund*, en ma qualité de tuteur. || PHYS. *physikalische Eigenschaften*, propriétés physiques.

Eigenschafts|wort ["aigənʃafts'vɔrt] n. (s, ¨er). GRAMM. adjectif m.

eigentlich ['aigəntliç] adj. propre ; particulier ; caractéristique ; vrai ; véritable. | *im eigentlichen Sinn*, au sens propre.
◇ adv. proprement dit ; à proprement parler ; à vrai dire ; au vrai ; à la vérité ; en réalité. | *Jean-Paul hieß eigentlich Richter*, Jean-Paul s'appelait en réalité Richter. || [ursprünglich] *wir wollten eigentlich nach München*, nous voulions d'abord aller à Munich. || [im Grund] *er hat eigentlich recht*, au fond il a raison. || [wirklich] *was willst du denn eigentlich ?*, que veux-tu donc, au juste ?

Eigentum ['aigəntu:m] n. (s, ¨er) propriété f. ; possession f. ; biens m. pl. | *geistiges Eigentum*, propriété littéraire. || JUR. *in der Ehe erworbenes Eigentum*, acquêts m. pl.

Eigentümer(in) ['aigənty:mər(in)] m. (s, -), f. (-, nen) propriétaire s. ; maître m. ; maîtresse f. ; possesseur m.
— SYN. : *Besitzer*, propriétaire ; *Inhaber(in)*, possesseur.

eigentümlich ['aigənty:mliç] adj. propre à ; en propre. | *der ihm eigentümliche Stolz*, cet orgueil qui lui est propre, qui le caractérise. || PAR EXT. singulier ; curieux ; étrange.

Eigentümlichkeit [-kait] f. (-, en) propriété f. ; particularité f. ; caractéristique f. ; trait distinctif ; PAR EXT. étrangeté f.

Eigentums|beraubung ["aigəntu:msbə'raubuŋ] f. (-, en). JUR. expropriation f. ||°-**bildung** f. (-) accession (f.) à la propriété. ||°-**erwerb** m. (s) acquisition (f.) de biens, terrain, propriété. ||°-**förderungs|kredit** m. (s, e) prêt (m.) d'accession à la propriété. ||°-**nachweis** m. (es, e) preuve (f.) de l'origine. ||°-**recht** n. (s, e) droit (m.) de propriété. ||°-**titel** m. (s, -) titre (m.) de propriété. ||°-**wohnung** f. (-, en) appartement (m.) en copropriété.

eignen (sich) [ziç'aignən] v. pr. convenir pour ; se prêter à ; être propre, apte à ; être qualifié pour qch. | *diese Rolle eignet sich nicht für ihn*, ce rôle ne lui convient pas.

Eigner(in) ['aignər(in)] m. (s, -), f. (-, nen) propriétaire s. ; possesseur m.

Eignung ['aignuŋ] f. (-, en) qualification f.

Eignungs|prüfung ["aignuŋs'pry:fuŋ] f. (-, en), °-**test** [-'tɛst] m. (s, s) examen (m.), test (m.) d'aptitude.

Eiland ['ailant] n. (s, e). GÉOGR. (Vx.) île f. ; îlot m.

Eiländer ['ailɛndər] m. (s, -) insulaire m.

Eil|bedarf ["ailbə'darf] m. (s) besoin immédiat, urgent. ||-**bedürftig** adj. urgent. ||°-**bedürftigkeit** f. (-) urgence f. ||°-**beförderung** f. (-, en) transport (m.) par exprès. ||°-**bestelldienst** m. (es, e), °-**bestellung** f. (-, en). POSTES. remise (f.) par exprès. ||°-**bote** m. (n, n). POSTES. exprès m. | *durch Eilboten*, par exprès. ||°-**brief** m. (s, e) lettre f. (par exprès). ||°-**dienst** m. (es, e) service (m.) rapide. ||-**fertig** adj. prompt ; empressé ; diligent. ||°-**fertigkeit** f. (-) hâte f. ; promptitude f. ; empressement m. ; précipitation f. ||°-**gut** n. (s, ¨er). TRANSP. colis exprès ; grande vitesse. ||°-**marsch** m. (es, ¨e). MIL. marche forcée. ||°-**post** f. (-, en). POSTES., HIST. diligence f. ; malle-poste f. | *mit Eilpost*, par exprès. ||°-**schrift** f.

(-, en) sténographie abrégée. ||°**-zug** m. (s, ¨e). TRANSP. express m.

Eile ['ailə] f. (-) hâte f. ; promptitude f. ; diligence f. ; vitesse f. ; rapidité f. ; précipitation f. | *fieberhafte Eile*, hâte fébrile. | *ich habe Eile*, j'ai grand-hâte. | *ich habe keine Eile*, je ne suis pas pressé. | *es hat keine Eile damit*, cela ne presse pas. | *in aller Eile*, en hâte.
— SYN. : *Schnelligkeit*, vitesse ; *Geschwindigkeit*, rapidité ; *Flinkheit*, célérité ; *Eilfertigkeit*, promptitude ; *Lebhaftigkeit*, vivacité ; *Hurtigkeit*, diligence ; *Hast*, hâte ; *Übereilung*, précipitation ; *Raschheit*, vélocité.

eilen [-lən] v. intr. presser ; être pressant, pressé. | *jm zu Hilfe eilen*, voler au secours de qn. | *eilt denn die Sache ?, eilt es mit der Sache ?*, est-ce pressé ? | *die Zeit eilt*, le temps presse. || POSTES. *eilt !*, urgent. || PROV. *eile mit Weile !*, hâte-toi lentement.
◇ v. pr. **sich eilen,** se hâter ; se dépêcher ; se presser ; faire diligence.

eilends [-lənts] adv. en, à la hâte ; d'urgence ; précipitamment.

eilig [-liç] adj. pressé ; pressant ; urgent. | *eilige Nachricht*, dépêche f. | *etwas Eiliges*, qch. d'urgent. || PAR EXT. prompt ; diligent ; rapide. | *die Sache ist eilig*, cette affaire presse. | *es eilig haben*, être pressé. | *er hat nichts Eiligeres zu tun, als...*, il n'a rien de plus pressé que de...
◇ adv. vite ; promptement.

Eimer ['aimər] m. (s, -) seau m. | *Eimer voll Wasser*, seau d'eau. || FAM. *in den Eimer gucken*, en être pour ses frais.

Eimer|kette ["aimər'kɛtə] f. (-, n). TECHN. chaîne (f.) à godets ; noria f. ; pompe (f.) à chapelet ; chapelet m.

Eimerketten|bagger [-n'bagər] m. (s, -). TECHN. excavateur (m.) à chaîne à godets.

ein [ain] m. et n., **eine** ['ainə] f. **1.** art. indéf. un, une. | *ein Mann, eine Frau, ein Kind*, un homme, une femme, un enfant. | *ich bin ein Franzose*, je suis Français. | *du bist ein Kaufmann*, tu es commerçant. | *ein jeder*, chacun. | *was für ein, welch ein Lärm !*, quel vacarme !
◇ pron. indéf. (accentué) un ; une ; l'un, l'une ; l'un(e) , l'autre ; quelqu'un(e) ; on. | *nur einer hat zu bestimmen*, un seul décide. | *einer von beiden*, l'un des deux ; l'un ou l'autre. | *einer für alle, alle für einen*, un pour tous, tous pour un. || FAM. *der eine will (nach) rechts, der andre (nach) links*, l'un tire à hue et l'autre à dia. | *das kann einem alle Tage zustoßen*, cela peut vous arriver tous les jours. | *er ist pfiffig wie selten einer*, c'est un malin comme on en voit rarement. || FIG., FAM. *einen trinken*, boire un coup. || POP. *eins trinken*, boire un coup. | *eins bekommen*, recevoir un coup. || LOC. *eins werden*, tomber d'accord.
◇ adj. num. card. (suivi d'un nom : *ein* ; non suivi d'un nom : *eins*) [accentué] un ; une (pris dans ce sens, il a pour forme négative **nicht ein,** alors que la forme négative de l'indéf. est **kein**). | *das eine, das not tut*, la seule chose nécessaire. | *auf einen Zug*, d'un trait. | *einer Meinung sein*, être d'accord, du même avis. | *es kommt auf ein und dasselbe heraus*, cela revient au même. | *in einem fort*, sans arrêt. | *ein für allemal*, une fois pour toutes. | *eins oder das andere*, de deux choses l'une. | *ihm ist alles eins*, tout lui est égal. | *eins ins andere gerechnet*, l'un dans l'autre.

ein préf. (en compos.) mono... ; uni... ; à un, une.
— OBSERV. 1° Les mots *einfach, Einfalt* et *Einheit* ainsi que leurs composés doivent être cherchés à leur place alphabétique.
2° Cette série de composés exclut naturellement ceux qui sont construits avec *ein*, particule verbale.
— Cette forme, qui se rattache au latin *in-*, est traitée page 876 et suivie de ses composés.

ein|achsig ["ain'aksiç] adj. à un essieu. ||°**-akter** m. (s, -). THÉÂTRE. pièce (f.) en un acte. ||**-ander** adv. l'un(e) l'autre ; les uns les autres ; réciproquement ; mutuellement. | *sich einander helfen*, s'entraider. ||**-armig** adj. manchot. || TECHN. à bras unique ; à une seule branche. ||**-äugig** adj. borgne. || PHYS. monoculaire. || PROV. *unter den Blinden ist der Einäugige König*, au royaume des aveugles les borgnes sont rois. ||°**-bahn|straße** f. (-, n) rue (f.), voie (f.) à sens unique. ||°**-baum** m. (s, ¨e) pirogue f. ||**-beinig** adj. qui n'a qu'une jambe ; unijambiste. ||°**-decker** m. (s, -). AÉRON. monoplan m. ||**-deutig** adj. clair ; net ; non équivoque. ||°**-ehe** f. (-, n) monogamie f. ||**-ehig** adj. monandre. ||**-eiig** adj. BIOL. univitellin. ||**-eindeutig** adj. MATH. univoque. ||**-einhalb** adj. num. card. un et demi. ||°**-familien|haus** n. (es, ¨er) maison (f.) pour une seule famille. ||**-farbig** adj. d'une seule couleur ; monochrome. ||°**-flächer** m., **-flügelig** adj. qui n'a qu'une aile ; monoptère. || [Tür] à un seul battant. ||**-förmig** adj. uniforme. || FIG. monotone. ||°**-förmigkeit** f. (-) uniformité f. ; monotonie f. ||**-füßig** adj. qui n'a qu'un pied. ||**-geschlechtig** adj. unisexué ; unisexuel. ||°**-glas** n. (es, ¨er) monocle m. ||°**-gläubigkeit** f. (-) monothéisme m. ||**-gleisig** adj. *eingleisige Eisenbahn*, chemin de fer à voie unique. ||°**-händer** m. (s, -) manchot m. ||**-händig** adj. manchot. || MUS. à une main. ||**-häusig** adj. BOT. *einhäusige Pflanze*, plante monoïque. || FIG. sédentaire ; casanier. ||**-hellig** **1.** adj. unanime. — **2.** adv. à l'unanimité ; à l'unisson. ||°**-helligkeit** f. (-) unanimité f. ||°**-horn** n. (s, ¨er). MYTH. licorne f. || ZOOL. narval m. ||**-hörnig** adj. unicorne. ||°**-horn|schnecke** f. (-, n). ZOOL. licorne f. ||**-hufig** adj. solipède. ||**-hundert** adj. num. card. cent. ||**-jährig** adj. d'un an ; annuel. || MIL. *einjähriger Freiwilligendienst*, volontariat (m.) d'un an. ||°**-kammer|system** n. (s, e). POLIT. système (m.) de la chambre unique ; monocamérisme m. ||°**-klang** m. (s, ¨e) unisson m. ; accord m. ; harmonie f. || FIG. *in Einklang bringen mit*, mettre d'accord, concilier avec. ||**-klappig** adj. TECHN. univalve. ||**-klassig** adj. d'une seule classe ; à classe unique. ||°**-knopfbedienung** f. (-, en). TECHN. monoréglage m. ||**-mal** adv. une fois. | *einmal drei ist drei*, une fois trois égale trois. | *einmal über das andere*, coup sur coup. | *ein(mal) für allemal*, une fois pour toutes. || PROV. *einmal ist keinmal*, une fois n'est pas coutume. || [plötzlich] soudain ; subitement ; tout à coup. | *auf einmal*, tout à coup ; en même temps. || [einst] une fois ; un jour ; jadis. | *es war einmal*, il était une fois. || [sogar] même. | *nicht einmal*, pas même ; même pas. || LOC. *es ist nun einmal so*, c'est comme ça. | *komm einmal her !*, viens un peu ici. | *bin ich einmal wieder gesund, so mache ich mich an die Arbeit wieder*, une fois rétabli, je me remettrai au travail. ||**-mal|eins** n. (-). MATH. table (f.) de multiplication. ||**-malig** adj. qui n'arrive qu'une fois ; unique ; exceptionnel ; irremplaçable. ||°**-maligkeit** f. (-) unicité f. ; caractère (m.) unique. ||°**-markstück** n. (s, e). FIN. pièce (f.) d'un mark. ||°**-master** m. (s, -). MAR. cotre m. ||**-monatig** adj. qui dure un mois. ||**-monatlich** adj. mensuel. ||**-motorig** adj. monomoteur. | *einmotoriges Flugzeug*, monomoteur m. ||**-mütig** adj. unanime. ||°**-mütigkeit** f. (-) unanimité f. ||°**-öde** f. (-, n) désert m. || FIG. solitude f. ||°**-phasen|strom** m. (s, ¨e). ÉLECTR. courant monophasé. ||**-polig** adj. ÉLECTR. unipolaire. ||**-reihig** adj. à un seul rang. | *einreihige Weste*, gilet droit. ||**-samen|lappig** adj. monocotylédone. || **-schalig** adj. *einschalige Muscheln*, mollusques (m. pl.) univalves. ||°**-scheiben|kupplung** f. (-, en). AUTOM. embrayage (m.) monodisque. ||°**-schicht|lack** m. (s, e) peinture (f.) monocouche. ||°**-schienen|bahn** f. (-, en) monorail m. ||**-schienig** adj. monorail. ||**-schürig** adj. [Schafe] qu'on ne tond qu'une fois l'an. || [Wiese] qu'on ne fauche qu'une fois l'an. ||**-seitig** — 1. adj. unilatéral. || PAR ANAL. partiel. | *einseitiger Frieden*, paix séparée. || FIG. exclusif ; incomplet ; partial. | *einseitige Beurteilung*, conception étroite. — 2. adv. sur un seul côté. || FIG. avec parti pris, partialité. ||°**-seitigkeit** f. (-) point de vue exclusif ; partialité f. ; caractère unilatéral, incomplet. ||°**-siedel** m. (s, -), °**-siedler** m. (s, -) ermite m. ||°**-siedelei** f. (-, en) ermitage m. ||**-siedlerisch** adj. en, d'ermite ; en solitaire. ||°**-siedlerkrebs** m. (es, e). ZOOL. bernard-l'ermite m. ||°**-silber** m. (s, -) monosyllabe m. ||**-silbig** adj. monosyllabique. || FIG. taciturne. ||°**-silbigkeit** f. (-) laconisme m. ||°**-sitzer** m. (s, -) véhicule (m.) à une place. || AÉRON. monoplace m. ||**-sitzig** adj. à une place. ||**-sohlig** adj. à semelle simple. ||°**-spänner** m. (s, -) voiture (f.) à un cheval. || FIG. solitaire m. ||**-spännig** adj. à un cheval. ||°**-spurbahn** f. (-, en) ligne (f.) de chemin de fer à une voie. ||**-stämmig** adj. BOT. à un seul tronc. || GRAMM. monothématique. ||**-stimmig** adj. à une seule voix. || MUS. *einstimmige Arie*, solo. || FIG. unanime(ment) ; à l'unisson ; d'un commun accord. | *einstimmig gewählt*, élu à l'unanimité. ||°**-stimmigkeit** f. (-) unanimité f. ||**-stöckig** adj. d'un seul, à un seul étage. ||**-stufig** adj. à un seul étage, à un seul échelon. ||**-stündig** adj. qui dure une heure. ||**-tägig** adj. qui dure un jour ; éphémère. ||°**-tags|blume** f. (-, n). BOT. éphémère f. ||°**-tagsfliege** f. (-, n). ZOOL. éphémère m. || FIG. création f. ; combinaison (f.) politique sans lendemain. ||°**-tagsliebe** f. (-, n) passade f. ||**-teilig** adj. d'une seule partie ; indivisé. ||**-tönig** adj. monotone. ||°**-tönigkeit** f. (-) monotonie f. ||°**-tracht** f. (-) union f. ; accord m. ; harmonie f. ; concorde f. | *in Eintracht* *leben*, vivre en bonne intelligence. || PROV. *Eintracht macht stark*, l'union fait la force. ||**-trächtig** adj. uni ; d'accord ; en bonne intelligence. ||°**-weg...** *Einwegglas*, verre non repris, non consigné. | *Einwegverpackung*, emballage perdu. ||**-wöchig** adj. d'une semaine. ||°**-zahl** f. (-). GRAMM. singulier m. ||**-zeilig** adj. d'une ligne. ||°**-zeller** m. (s, -). ZOOL. organisme (m.) unicellulaire. ||**-zifferig** adj. à un seul chiffre.

ein partic. verbale sépar. entrant en composition avec des verbes qui marquent :
a) l'idée d'entrer dans un lieu : *ein | treten* ;
b) l'idée de faire entrer : *ein | flößen* ; *ein | trichtern* ;
c) l'introduction (remplaçant un compl. circonst.) : *ein | legen* ; *ein | stecken* ;
d) la fermeture : *ein | kerkern* ; *ein | schließen* ;
e) la réduction : *ein | gehen* ;
f) le début d'un processus : *ein | arbeiten.*
◇ adv. *nicht ein noch aus wissen*, ne savoir de quel côté se tourner ; être à quia.

ein|ackern ["ain'akərn] v. tr. AGRIC. enfouir.

ein|arbeiten ["ain'arbaitən] v. tr. faire entrer ; enfoncer. || PAR EXT. mettre en train, au courant. | *der Lehrling mußte erst eingearbeitet werden*, il fallait d'abord mettre l'apprenti au courant (de son métier).
◇ v. pr. **sich einarbeiten,** *sich in einer Sache einarbeiten*, se familiariser avec une tâche.

Ein|arbeitungs|zeit ["ainarbaituŋs'tsait] f. (-, en) stage m. ; période (f.) d'entraînement, d'apprentissage.

ein|äschern ["ain'ɛʃərn] v. tr. réduire en cendres. || [Begräbnis] incinérer ; crémer.

Ein|äscherung [-ruŋ] f. (-, en) incinération f. || [Begräbnis] incinération f. ; crémation f.

Einäscherungs|ofen ["ainɛʃəruŋs'o:fən] m. (s, ¨). TECHN. four (m.) crématoire. ||°**-stätte** f. (-, en) crématorium m.

ein|atmen ["ain'ɑ:tmən] v. tr. aspirer ; inspirer ; inhaler ; respirer.

Ein|atmung [-muŋ] f. (-, en) aspiration f. ; inhalation f. ; respiration f.

ein|ätzen ["ain'ɛtsən] v. tr. TECHN. graver à l'eau-forte.

ein|balsamieren ["ainbalza'mi:rən] v. tr. embaumer. ||°**-balsamierung** f. embaumement m.

Ein|band ['ainbant] m. (s, ¨e) reliure f.

ein|bändig ["ain'bɛndiç] adj. en un volume.

Ein|bau ['ainbau] m. (s, ten). ARCHIT. aménagement (m.) d'une construction.

ein|bauen ["ain'bauən] v. tr. ARCHIT. aménager ; incorporer. || TECHN. incorporer ; monter dans.

Einbau|küche [-'kyçə] f. (-, n) bloc-cuisine m. ||°**-kühlschrank** m. (s, ¨e) réfrigérateur encastré. ||°**-schrank** m. (s, ¨e) placard m.

ein|begreifen ["ainbə'graifən] (i, i) v. tr. comprendre dans ; englober.
◇ adj. **einbegriffen,** compris. | *mit einbegriffen*, y compris.

ein|behalten ["ainbə'haltən] (ä, ie, a) v. tr. retenir.

Ein|behaltung [-tuŋ] f. (-, en). COMM. retenue f. ; rétention f. || JUR. retenue f. ; rétention f.

ein|berufen ["ainbə'ru:fən] (ie, u) v. tr. convoquer ; assembler. | *den Senat einberufen*, convoquer le Sénat. || MIL. *zum Heeresdienst einberufen*, appeler sous les drapeaux.

Ein|berufung [-fuŋ] f. (-, en) convocation f. ; appel m. | *Einberufung der Hauptversammlung*, convocation de l'assemblée générale.

ein|betonieren ["ainbetɔ'ni:rən] v. tr. TECHN. enrober de, encastrer dans le, dans du béton.

ein|betten ["ain'bɛtən] v. tr. FIG. envelopper ; enrober. || TECHN. encastrer.
◇ part. pass. **eingebettet,** PR. et FIG. entouré, enveloppé.

ein|beziehen ["ainbə'tsi:ən] (bezog, bezogen) v. tr. comprendre, faire entrer dans.

ein|biegen ["ain'bi:gən] (o, o) v. tr. plier ; arquer ; courber en dedans.
◇ v. pr. **sich einbiegen,** se recourber ; s'arquer, s'infléchir en dedans.
◇ v. intr. *in einen Weg einbiegen*, prendre un chemin.

Ein|biegung [-guŋ] f. (-, en) courbe f. ; courbure f. ; sinuosité f. || PAR ANAL. virage m.

ein|bilden (sich) [ziç"ain'bildən] v. pr. s'imaginer ; se figurer ; croire ; penser. | *sich viel auf seine Schönheit einbilden*, tirer vanité de sa beauté. | *er bildet sich ein, ein Künstler zu sein*, il se pique d'être artiste.

Ein|bildung ["ain'bilduŋ] f. (-, en) imagination f. || PAR ANAL. illusion f. ; fantaisie f. ; chimère f. || PAR EXT. présomption f. ; vanité f.

Einbildungs|kraft ["ainbilduŋs'kraft] f. imagination f. ||°**-vermögen** ["--/-'--] n. (s) faculté (f.), puissance (f.) imaginative.

ein|binden ["ain'bindən] (a, u) v. tr. TECHN. envelopper ; relier. || MAR. *Segel einbinden*, ferler des voiles.

ein|blasen ["ain'blɑ:zən] (ä, ie, a) v. tr. souffler dans. || CHIM. *Gas einblasen*, faire barboter un gaz. || FIG. souffler ; suggérer ; insinuer.

ein|bleuen ["ain'blɔyən] v. tr. FAM. inculquer, apprendre qch. à qn à force de coups.

Ein|blick ['ainblik] m. (s, e) coup (m.) d'œil. || FIG. aperçu m. | *jm Einblick in etwas gewähren, geben*, donner à qn droit de regard dans qch.

ein|brechen ["ain'brɛçən] (i, a, o) v. intr. **1.** s'enfoncer ; s'écrouler. | *das Haus bricht ein*, la maison s'écroule. || FIG. *die Nacht bricht ein*, la nuit tombe.
2. pénétrer de force ; faire irruption ; entrer par effraction ; cambrioler. | *in das Haus ist eingebrochen worden*, on a cambriolé cette maison. || MIL. envahir.
◇ v. tr. faire une brèche dans.

Ein|brechen [-çən] n. (s) enfoncement m. ; écroulement m. || MIL. invasion f. || PAR EXT. effraction f.

Ein|brecher [-çər] m. (s, -) cambrioleur m.

Ein|brenn ['ainbrɛn] f. (-). CULIN. roux m.

ein|brennen ["ain'brɛnən] (brannte, gebrannt) v. tr. marquer au fer rouge. | *ein Zeichen einbrennen*, marquer au fer rouge. || PAR ANAL. *Farben in das Porzellan einbrennen*, mitonner la porcelaine. || CULIN. *Mehl einbrennen*, roussir de la farine. || MÉD. cautériser. || [Faß] mécher.
◇ v. intr. brûler.

ein|bringen ["ain'briŋən] (brachte, gebracht) v. tr. amener ; engranger. | *Getreide einbringen*, engranger le blé. || MAR. *ein Schiff einbringen*, ramener un navire. || JUR. *das eingebrachte Gut*, les apports m. pl. ; les biens paraphernaux. || PAR ANAL. rapporter. | *dies Buch bringt ihm Ehre ein*, ce livre lui fera honneur. || PAR EXT., JUR. déposer. | *einen Gesetzentwurf einbringen*, déposer un projet de loi.

Ein|bringung [-ŋuŋ] f. (-, en) introduction f. || [Getreide] engrangement m. || JUR. déposition f. || COMM. rapport m. ; rendement m. || [Verlust] recouvrement m.

ein|brocken ["ain'brɔkən] v. tr. tremper. | *Brot einbrocken*, tremper du pain. || FIG., FAM. *er hat sich eine schöne Suppe eingebrockt*, il s'est mis dans de beaux draps.

Ein|bruch ['ainbrux] m. (s, ¨e) effraction f. ; cambriolage m. || MIL. percée f. | *den Einbruch abriegeln*, colmater la brèche. || FIG. *vor Einbruch der Dunkelheit*, avant la tombée de la nuit. || TECHN. saignée f.

Einbruchs|diebstahl ["ainbruxs'di:pʃtɑ:l] m. (s, ¨e). JUR. vol (m.) avec effraction ; cambriolage m. ||°**-stelle** f. (-, n). MIL. percée f.

Ein|buchtung ["ain'buxtuŋ] f. (-, en). GÉOGR. anse f. ; anfractuosité f. ; baie f.

ein|buddeln ["ain'budəln] v. tr. FAM. creuser (la terre) ; enterrer.
◇ v. pr. **sich einbuddeln,** se terrer.

ein|bürgern ["ain'byrgərn] v. tr. JUR. naturaliser ; donner droit de cité (à qn).
◇ v. pr. **sich einbürgern,** acquérir droit de cité ; se faire naturaliser. || FIG. s'acclimater ; s'introduire. | *viele Fremdwörter haben sich in unserer Sprache eingebürgert*, beaucoup de mots étrangers se sont introduits dans notre langue.

Ein|bürgerung [-geruŋ] f. (-, en). JUR. naturalisation f. || FIG. acclimatation f. ; introduction f.

Ein|buße ["ain'bu:sə] f. (-, n) dommage m. ; perte f. | *Einbuße an Ehre, Geld*, perte d'honneur, d'argent.

ein|büßen ["ain'by:sən] v. tr. perdre. | *sein ganzes Vermögen einbüßen*, perdre toute sa fortune.

ein|dämmen ["ain'dɛmən] v. tr. protéger par une digue ; endiguer. || FIG. refréner ; enrayer ; juguler. | *die Inflation eindämmen*, juguler l'inflation.

ein|dämmern ["ain'dɛmərn] v. intr. s'assoupir.

ein|dampfen ["ain'dampfən] v. tr. CHIM. réduire (par évaporation).

ein|dämpfen ["ain'dɛmpfən] v. tr. enfumer. || PAR EXT., CULIN. faire cuire à l'étuvée ; étuver.

ein|decken ["ain'dɛkən] v. tr. ARCHIT. poser la couverture ; couvrir. || AGRIC. couvrir (les plantes en hiver). || MIL. couvrir ; blinder.

◇ v. pr. **sich eindecken,** *sich mit etwas eindecken*, se prémunir de qch. ; faire provision de qch. ;

Ein|deckung [-kuŋ] f. (-, en) provisions f. pl. || MIL. [Handlung] blindage m. || [Ort] abri blindé. || FIN. couverture f.

ein|deichen ["ain'daiçən] v. tr. endiguer.

ein|deutschen ["ain'dɔytʃən] v. tr. rendre allemand ; germaniser.

ein|dicken ["ain'dikən] v. tr. épaissir ; condenser.

ein|docken ["ain'dɔkən] v. tr. MAR. faire entrer aux docks.

ein|dorren ["ain'dɔrən] v. intr. se rétrécir ; se ratatiner ; se racornir.

ein|dosen ["ain'do:zən] v. tr. mettre en boîtes.

ein|drängen ["ain'drɛŋən] v. tr. faire entrer ; introduire. || PAR EXT. enfoncer.

◇ v. pr. **sich eindrängen,** entrer de force ; s'introduire en jouant des coudes. || FIG. s'ingérer.

ein|drehen ["ain'dre:ən] v. tr. faire entrer en tournant ; visser.

ein|drillen ["ain'drilən] v. tr. TECHN. percer au drille ; forer. || FIG., FAM. entraîner intensivement.

ein|dringen ["ain'driŋən] (a, u) v. intr. entrer de, par force ; pénétrer ; envahir. | *das Wasser dringt in die Stiefel ein*, l'eau entre dans les bottes. || MIL. envahir. || FIG. aller au fond de. | *in den Geist einer Sprache eindringen*, saisir l'esprit d'une langue.

ein|dringlich [-'driŋliç] adj. pénétrant ; pressant ; émouvant.

◇ adv. avec insistance.

Ein|dringling ['driŋliŋ] m. (s, e) intrus m. ; envahisseur m. || FIG. fâcheux.

Eindring|prüfung ["aindriŋ'pry:fuŋ] f. (-, en). TECHN. ressuage m.

Ein|druck ['aindruk] m. (s, ¨e) empreinte f. ; marque f. ; impression f. ; trace f. || FIG. impression f. ; effet m. | *lebhafter Eindruck*, vive impression. | *Eindruck machen*, faire impression, faire sensation. | *den Eindruck erwecken, als ob*, donner l'impression de (infin.). | *den Eindruck haben*, avoir l'impression. | *sich des Eindrucks nicht erwehren können, daß*, ne pouvoir se défendre de l'impression que.

ein|drucken ["ain'drukən] v. tr. TYPOGR. insérer ; imprimer.

ein|drücken ["ain'drykən] v. tr. faire entrer en pressant ; presser ; enfoncer ; écraser. | *die Fensterscheibe eindrücken*, casser la vitre, le carreau. || MIL. *die Front eindrücken*, enfoncer le front.

◇ v. pr. **sich eindrücken,** s'imprimer ; se graver.

ein|drücklich [-'drykliç] adj. (Vx.) impressionnant.

eindrucks|voll ["aindruks'fɔl] adj. impressionnant.

ein|dünsten ["ain'dynstən] v. tr. CHIM. concentrer ; évaporer.

eine ['ainə]. V. EIN.

ein|ebnen ["ain'e:bnən] v. tr. aplanir ; égaliser ; niveler. | *eine Straße einebnen*, cylindrer une rue.

Ein|ebnung [-nuŋ] f. (-, en) aplanissement m. ; nivellement m.

einen ['ainən] v. tr. unir ; unifier.

◇ v. pr. **sich einen,** FIG. se mettre d'accord.

ein|engen ["ain'ɛŋən] v. tr. rétrécir ; resserrer ; mettre à l'étroit ; gêner. || MIL. *einen Brückenkopf einengen*, réduire une tête de pont.

Ein|engung [-ŋuŋ] f. (-, en) rétrécissement m. ; resserrement m. ; étroitesse f. || FIG. gêne f.

einer ['ainər] adj. num. card. un.

Einer ['ainər] m. (s) unité f. || SPORT. un (m.) sans barreur ; skiff m.

einerlei ['ainər"lai] adj. de même espèce ; indifférent. | *das ist ihm einerlei*, cela lui est égal.

ein|ernten ["ain'ɛrntən] v. tr. récolter. || FIG. recueillir ; récolter.

einer|seits ["ainər'zaits] adv. d'une part ; d'un côté. | *einerseits..., anderseits*, d'une part..., d'autre part.

ein|exerzieren ["ainɛksər'tsi:rən] v. tr. MIL. instruire ; exercer.

einfach ['ainfax] adj. simple ; élémentaire. || CHIM. *einfache Körper*, corps (m. pl.) simples. | *einfache Farben*, couleurs primitives. || MATH. *einfache Zahl*, nombre premier. | *einfache Größe*, monôme m. || COMM. *einfache Buchführung*, comptabilité (f.) en partie simple. || POLIT. *einfache Stimmenmehrheit*, majorité (f.) simple. || TRANSP. *einfache Fahrt*, aller m. || FIG. simple ; uni ; modeste ; naturel ; sans recherche. | *einfache Kleidung*, mise (f.) simple. | *einfache Leute*, gens (m. pl.) du peuple. | *die Sache ist nicht so einfach*, la chose n'est pas si simple.

◇ adv. simplement ; tout bonnement. | *das ist einfach wunderbar*, c'est tout simplement merveilleux. | *ich verstehe Sie einfach nicht*, je ne vous comprends vraiment pas. | *du gehst einfach hin und sagst*, tu n'as qu'à y aller et dire.

Einfach|heit ['ainfaxhait] f. simplicité f. ; modestie f. ; frugalité f. | *der Einfachheit halber*, pour simplifier les choses.

ein|fädeln ["ain'fɛ:dəln] v. tr. enfiler. | *die Nadel einfädeln*, enfiler son aiguille. || FIG. engager ; manigancer. | *eine Sache fein einfädeln*, FAM. bien manigancer une affaire.

ein|fahren ["ain'fɑ:rən] (ä, u, a) v. intr. entrer ; rentrer ; pénétrer. | *der Zug fährt ein*, le train entre en gare. | *die Bergleute fahren ein*, les mineurs descendent dans le puits.

◇ v. tr. rentrer. | *das Getreide wird eingefahren*, on rentre le blé. || MIL. *Geschütze einfahren*, amener des pièces. || AUTOM. roder. | *wird eingefahren !*, en rodage !

Ein|fahren ["ain'fɑ:rən] n. (s). AGRIC. engrangement m. || MINES. descente f. || TRANSP. entrée (f.) en gare. || AÉRON. entrée (f.) du train. || AUTOM. rodage m.

Ein|fahrt ['ainfɑ:rt] f. (-, en). **1.** [Einfahren] *der Zug hat Einfahrt auf Gleis vier*, le train entre en gare sur la voie quatre.

2. [Zugang] *Toreinfahrt*, porte cochère. || MAR. *enge Einfahrt*, goulet m. (d'un port).

Einfahrts|signal ["ainfɑ:rtszig'nɑ:l] n. (s, e). TRANSP. signal (m.) d'entrée. ||°**-tor** n. (s, e). ARCHIT. porte cochère.

Ein|fall ["ain'fal] m. (s, ¨e) chute f. ; écroulement m. || MIL. invasion f. ; irruption f. || PAR ANAL. idée f. ; inspiration f. ; fantaisie f. | *launiger Einfall*, caprice m. ; coup (m.) de tête ; lubie f. | *witziger Einfall*, saillie f. ; pointe f. | *auf den Einfall kommen*, avoir l'idée ; s'aviser. | *der Einfall kam ihm*, il lui vint à l'idée. || PHYS. *Einfall von Strahlen*, incidence (f.) de rayons.

ein|fallen ["ain'falən] (ä, ie, a) v. intr. tomber ; crouler. | *das alte Gemäuer ist eingefallen*, les vieux murs se sont écroulés. || PAR ANAL. tomber sur ; faire irruption ; envahir. || MIL. envahir. || PHYS. se réfracter. || MINES. plonger. || MUS. rentrer ; se faire entendre. || FIG. venir à l'esprit, à l'idée ; passer par la tête. | *der Name fällt mir nicht ein*, je ne retrouve pas ce nom. || FAM. *das fällt mir im Traum nicht ein*, jamais de la vie ! | *was fällt Ihnen denn nur ein ?*, qu'est-ce qui vous prend ? | *in ein Gespräch einfallen*, placer son mot. || *eingefallene Wangen*, joues creusées.

ein|fallend [-lənt] adj. PHYS. incident. | *einfallendes Licht*, lumière incidente. || MINES. incliné ; descendant.

Einfall|winkel ["ainfal'viŋkəl] m. (s, -). MINES. pendage m. || PHYS. angle (m.) d'incidence.

Ein|falt ['ainfalt] f. simplicité (f.) d'esprit ; ingénuité f. ; naïveté f. ; candeur f. ; innocence f. || FIG. *kleine Einfalt*, gourde f.

einfältig ['ainfɛltiç] adj. simple (d'esprit) ; naïf.

Einfältigkeit ["ainfɛltigkait] f. simplicité (f.) d'esprit ; niaiserie f.

Einfalts|pinsel ["ainfalts'pinzəl] m. (s, -) nigaud m. ; nigaude f. ; imbécile s.

ein|falzen v. tr. TECHN. encastrer ; encarter.

ein|fangen ["ain'faŋən] (ä, i, a) v. tr. prendre ; reprendre ; saisir ; attraper. || PHYS. capter.

ein|fassen ["ain'fasən] v. tr. border ; garnir de. | *in einem Rahmen einfassen*, encadrer. || TECHN. sertir ; monter ; enchâsser. | *Edelsteine einfassen*, monter, sertir des pierres précieuses.

Ein|fassung [-suŋ] f. (-, en) montage m. ; bordure f. ; cadre m. ; encadrement m. || TECHN. [Steine] sertissage m. ; montage m. || [Bild] châssis m.

ein|fetten ["ain'fɛtən] v. tr. graisser ; lubrifier ; huiler.

Ein|fettung [-tuŋ] f. (-, en) graissage m. ; lubrification f.

ein|feuchten ["ain'fɔyçtən] v. tr. humecter ; tremper.

ein|finden (sich) [ziç"ain'findən] (a, u) v. pr. se trouver à un endroit ; se rendre ; être présent ; y être.

|| FAM. *sich nicht einfinden*, fausser compagnie. || FIG. *sich in eine neue Tätigkeit einfinden*, se faire à un nouvel emploi.

ein|flechten ["ain'flɛçtən] (i, o, o) v. tr. entrelacer ; entremêler ; natter ; tresser. | *die Haare einflechten*, tresser les cheveux. || FIG. entremêler ; insérer.

ein|flicken ["ain'flikən] v. tr. FIG. rajouter. | *Wörter einflicken*, interpoler des mots. || FAM. recoudre.

ein|fliegen ["ain'fli:gən] (o, o) v. intr. entrer en volant. | *aus- und einfliegen*, aller et venir en volant.

ein|fließen ["ain'fli:sən] (o, o) v. intr. couler dans. || FIG. glisser.

ein|flößen ["ain'flø:sən] v. tr. instiller ; faire couler doucement ; ingurgiter. || MÉD. *einem Kranken Arznei einflößen*, faire prendre sa potion à un malade. || FIG. inspirer ; suggérer ; insinuer. | *jm Mitleid, Vertrauen einflößen*, faire pitié, inspirer confiance à qn.

Ein|flug ['ainflu:k] m. (s, ¨e). ZOOL. entrée f. || AÉRON. entrée f. || MIL. raid m.

Ein|fluß ['ainflus] m. (es, ¨e) influence f. ; ascendant m. ; crédit m. | *einen nachteiligen Einfluß ausüben auf*, exercer une influence funeste sur. | *unter dem Einfluß von*, sous l'influence de. | *Einfluß gewinnen*, prendre de l'ascendant. || [Umwelt] impact m. | *ökologischer Einfluß*, impact écologique.

einfluß|los ["ainflus'lo:s] adj. sans influence. || **-reich** adj. influent. ||°**-sphäre** f. (-, n). POLIT. sphère (f.) d'influence.

ein|flüstern ["ain'flystərn] v. tr. FIG. souffler ; chuchoter ; suggérer.

Ein|flüsterung [-ruŋ] f. (-, en). FIG. insinuation f. ; suggestion f.

ein|fordern ["ain'fɔrdərn] v. tr. réclamer ; exiger. || COMM. *Geld einfordern*, réclamer une somme. | *Kapitalien einfordern*, appeler des fonds. || FIN. *Steuern einfordern*, recouvrer les impôts.

Ein|forderung [-ruŋ] f. (-, en). FIN. recouvrement m. ; perception f. || COMM. encaissement m.

ein|fressen ["ain'frɛsən] (i, a, e) v. tr. et v. intr. CHIM. creuser un trou ; mordre sur ; corroder ; ronger. ◇ **sich einfressen (in),** corroder.

Ein|fressen ["ain'frɛsən] n. (s) corrosion f.

ein|frieden ["ain'fri:dən] v. tr. enclore ; clore ; clôturer.

Ein|fried(ig)ung [-d(ig)uŋ] f. (-, en) clôture f. ; haie f.

ein|frieren ["ain'fri:rən] (o, o) v. intr. geler. | *eingefrorene Wasserleitung*, conduite gelée.

Ein|frieren n. (s). CULIN. congélation f. || ÉCON. gel m. | *Einfrieren der Löhne, der Preise*, gel des salaires, des prix.

ein|fugen ["ain'fu:gən] v. tr. emboîter ; enchâsser ; encastrer ; enclaver.

ein|fügen ["ain'fy:gən] v. tr. TECHN. emboîter ; enclaver ; joindre ; enchâsser. || FIG. insérer. ◇ v. pr. **sich einfügen,** FIG. s'adapter ; s'insérer.

Ein|fügung [-guŋ] f. (-) insertion f. ; adaptation f.

ein|fühlen (sich) [ziç"ain'fy:lən] v. pr. s'identifier à ; se mettre au diapason de ; comprendre l'esprit de.

Ein|fühlung ["ain'fy:luŋ] f. PHILOS. capacité de saisir de l'intérieur ; intuition.

Ein|fuhr ["ain'fu:r] f. (-, en). COMM. importation f. ; entrée f. | *Ein- und Ausfuhrausgleich*, balance commerciale.

einführbar ["ain'fy:rba:r] adj. importable.

Einfuhr|bewilligung ["ainfu:rbə'viliguŋ] f. (-, en), °**-erlaubnis** f. (-, se), °**-genehmigung** f. (-, en). COMM. licence (f.) d'importation. ||°**-land** n. (s, ¨er). COMM. pays importateur. ||°**-menge** f. (-, n), °**-volumen** n. (s). COMM. volume (m.) des importations. ||°**-waren** f. pl. COMM. marchandises importées. ||°**-ziffer** f. (-, n) montant (m.) des importations. ||°**-zoll** m. (s, ¨e). COMM. droit (m.) de douane à l'entrée.

ein|führen ["ain'fy:rən] v. tr. introduire. || MÉD. *die Sonde in die Wunde einführen*, introduire la sonde dans la plaie. || COMM. importer. || PAR ANAL. introduire ; présenter ; faire admettre. | *jn in eine Familie einführen*, présenter qn à une famille. || ADM. *in ein Amt einführen*, installer dans une charge. || FIG. initier ; introduire. | *eine Mode einführen*, introduire une mode. ◇ v. pr. **sich einführen,** s'introduire.

Ein|führer [-rər] m. (s, -). COMM. importateur m. || PAR ANAL. introducteur m. ; parrain m.

Ein|führung [-ruŋ] f. (-, en) introduction f. | *Einführung bei einer Familie*, présentation (f.) à une famille. || LITTÉR. introduction f. || [Börse] *amtliche Einführung*, introduction (f.) en Bourse.

Einführungs|feierlichkeit ["ainfy:ruŋs'faiərliçkait] f. (-, en) cérémonie (f.) d'installation. ||°**-kurs** m. (es, e) stage (m.) d'initiation. ||°**-schreiben** n. (s, -) lettre (f.) d'introduction. ||°**-werbung** f. (-, en). COMM. campagne (f.) publicitaire.

ein|füllen ["ain'fylən] v. tr. verser dans ; entonner ; remplir. | *in Flaschen einfüllen*, mettre en bouteilles. (V. ERFÜLLEN.)

Ein|gabe ["ain'ga:bə] f. (-, n). ADM. présentation (f.), demande (f.) par écrit ; pétition f. || JUR. requête f. | *eine Eingabe richten*, adresser une demande. || INF. entrée f. | *Ein-Ausgabe-Werk*, système (m.) d'entrée-sortie.

Eingabe|einheit [-'ainhait] f. (-, en). INF. organe (m.) d'entrée.

Ein|gang ['aingaŋ] m. (s, ¨e) entrée f. ; accès m. | *Eingang zum Bahnhof*, entrée de la gare. | *beim Eingang*, à l'entrée ; en entrant. || PAR ANAL. *in die höchsten Kreise Eingang finden*, avoir ses entrées dans le (grand) monde. || PAR EXT. arrivée f. || COMM. *den Eingang eines Briefes bestätigen*, confirmer la réception d'une lettre. | *Eingang der Außenstände*, recouvrement (m.) de sommes dues. | *nach Eingang*, après réception.

ein|gangs ['aingaŋs] adv. d'abord ; au début ; au commencement ; plus haut. ◇ loc. prép. *eingangs des Briefes*, en tête, au début de la lettre.

Eingangs|artikel ["aingaŋsar'tikəl] m. (s, -). COMM. article (m.) d'importation. ||°**-benachrichtigung** ["--/-'---] f. (-, en). COMM. avis (m.) d'arrivage. ||°**-gericht** n. (es, e). CULIN. entrée f. ||°**-halle** f. (-, n). ARCHIT. halle f. ; hall m. ||°**-tor** n. (s, e) porte (f.) d'entrée ; porte cochère.

ein|gebaut ["aingə'baut] adj. encastré ; incorporé. | *eingebauter Schrank*, placard m.

ein|geben ["ain'ge:bən] (i, a, e) v. tr. administrer ; faire prendre. | *jm Arznei eingeben*, faire prendre un médicament à qn. || FIG. inspirer ; suggérer. | *ein Gedicht eingeben*, inspirer une poésie. || PAR ANAL. présenter ; remettre. | *eine Beschwerde eingeben*, présenter une plainte. || ADM. *zur Beförderung eingeben*, proposer pour l'avancement.

ein|gebildet ["aingə'bildət] adj. [Sachen] imaginaire. || [Personen] suffisant ; vaniteux ; prétentieux. | *auf etwas eingebildet sein*, se piquer de qch.

Ein|gebildetheit ["aingə'bildəthait] f. (-) suffisance f. ; fatuité f. ; prétention f.

ein|gebogen ["aingə'bo:gən] adj. arqué. | *eingebogene Beine*, jambes arquées.

ein|geboren ["aingə'bo:rən] adj. né dans le pays ; natif ; indigène. || PAR EXT. de naissance ; inné.

Ein|geborene(r) [-nə(r)] f. (m.) indigène s.

Ein|gebung ["ain'ge:buŋ] f. (-, en). FIG. inspiration f. ; suggestion f. ; illumination f.

ein|gedenk ["aingə'dɛŋk] prép. (gén.) en se souvenant de ; en pensant à. | *seiner eingedenk*, à son souvenir. | *einer Sache eingedenk bleiben*, ne pas oublier qch.

ein|gedrückt ["aingə'drykt] adj. écrasé. | *eingedrückte Nase*, nez camus, écrasé. V. EINDRÜCKEN.

ein|gefallen ["aingə'falən] adj. enfoncé ; affaissé ; creux ; maigre. | *eingefallene Wangen*, joues creuses. (V. EINFALLEN.)

ein|gefleischt ["aingə'flaiʃt] adj. incarné. || PAR EXT. incorrigible ; endurci. | *ein eingefleischter Junggeselle*, un célibataire endurci.

ein|gefroren ["aingə'fro:rən] adj. gelé. || FIG., COMM. gelé ; bloqué. (V. EINFRIEREN.)

ein|gehakt ["aingə'hakt], **ein|gehängt** ["aingə'hɛŋt] adj. bras dessus, bras dessous.

ein|gehen ["ain'ge:ən] (ging, gegangen) v. intr. entrer. | *auf jede Einzelheit eingehen*, entrer dans les moindres détails. || FAM. *es geht ihm schwer, sauer ein*, il comprend difficilement. || PAR ANAL. [ankommen] rentrer ; arriver. | *Außenstände gehen ein*, des dettes rentrent. || [einschrumpfen] se rétrécir ; se raccourcir. | *dieser Stoff geht ein*, ce tissu se rétrécit. || PAR EXT. [sich einlassen] *auf eine Frage eingehen*, aborder une question. | *auf js Ansicht eingehen*, entrer dans les vues de qn. || FIG. [absterben] s'éteindre ; dépérir ; mourir ; cesser. | *der Baum ist eingegangen*, l'arbre a dépéri. | *die Zeitung geht ein*, le journal cesse de paraître. ◇ v. tr. approuver ; conclure. | *Verpflichtungen eingehen*, prendre un engagement. | *einen Vergleich* eingehen, transiger. | *eine Ehe eingehen*, contracter (un) mariage.

Ein|gehen [-ən] n. (s) entrée f. || PAR ANAL. arrivée f. ; rentrée f. ; rétrécissement m. || PAR EXT. consentement m. ; conclusion f. || FIG. dépérissement m. ; cessation f. ; disparition f. ; suppression f.

ein|gehend [-ənt] adj. détaillé ; minutieux ; poussé.
◇ adv. à fond. | *eingehend prüfen*, examiner à fond, minutieusement.

Ein|gemachtes ["aingə'maxtəs] n. CULIN. conserves f. pl.

ein|gemeinden ["aingə'maindən] v. tr. POLIT. incorporer à, dans une commune, un État.

Ein|gemeindung [-duŋ] f. (-, en). POLIT. incorporation (f.) dans (une ville, un État).

ein|genommen ["aingə'nɔmən] adj. absorbé ; pris. || FIG. prévenu. | *eingenommen für jn*, prévenu en faveur de qn. || PAR EXT. *von sich eingenommen*, suffisant ; épris de soi-même. | *von etwas eingenommen*, entiché de qch.

Ein|genommenheit ["aingə'nɔmənhait] f. (-) prévention f. || FIG. engouement m. ; infatuation f.

ein|gerückt ["aingə'rykt] adj. entré en service.

ein|gesandt ["aingə'zant] adj. communiqué (se dit d'une lettre de lecteur que publie un journal).

ein|geschlossen ["aingə'ʃlɔsən] adj. enfermé ; renfermé ; inclus. | *mit eingeschlossen*, ci-inclus. || GÉOGR. encaissé. (V. EINSCHLIEẞEN.)

ein|geschossen ["aingə'ʃɔsən] adj. FIG., FIN., COMM. versé ; investi ; placé.

Ein|geschränktheit ["aingə'ʃrɛŋkthait] f. (-) restriction f. ; étroitesse f. ; limitation f. || FIG. bornes f. pl.

ein|geschrieben ["aingə'ʃri:bən] adj. inscrit. || MATH. *eingeschriebener Kreis*, cercle inscrit. || POSTES. recommandé.

ein|gesessen ["aingə'zɛsən] adj. domicilié ; installé ; établi à.

Ein|geständnis ["aingə'ʃtɛntnis] n. (ses, se) aveu m.

ein|gestehen ["aingə'ʃte:ən] (gestand, gestanden) v. tr. avouer ; faire l'aveu de ; confesser.

ein|getragen ["aingə'trɑ:gən] adj. inscrit ; enregistré.

ein|gewachsen ["aingə'vaksən] adj. MÉD. incarné.

ein|gewandert ["ainge'vandərt] adj. immigré.

Ein|geweide ["aingə'vaidə] n. (s, -). ANAT. entrailles f. pl. ; intestins m. pl. , viscères m. pl. ; boyaux m. pl. | *tierische Eingeweide*, tripes f. pl.

Ein|geweihte(r) ["aingə'vaitə(r)] f. (m.) initié(e) m. (f.).

ein|gewöhnen ["aingə'vø.nən] v. tr. habituer ; accoutumer ; acclimater.
◇ v. pr. **sich eingewöhnen,** s'acclimater à.

ein|gezahlt ["aingə'tsɑ:lt] adj. FIN. libéré. | *voll eingezahltes Kapital*, capital entièrement versé. (V. EINZAHLEN.)

ein|gezogen ["aingə'tso:gən] adj. retiré ; isolé. || ADM. confisqué ; saisi ; retiré. || MIL. appelé sous les drapeaux. (V. EINZIEHEN.)

Ein|gezogenheit [-hait] f. (-) isolement m.

ein|gießen ["ain'gi:sən] (o, o) v. tr. verser ; faire couler dans. || CULIN. infuser.

Ein|gießen [-sən] n. (s), **°-gießung** [-suŋ] f. (-, en) infusion f. || MÉD. transfusion f.

ein|gipsen ["ain'gipsən] v. tr. TECHN. sceller à l'aide de plâtre. || MÉD. plâtrer.

ein|gliedern ["ain'gli:dərn] v. tr. incorporer ; annexer.

Ein|gliederung [-ruŋ] f. (-, en) incorporation f.

ein|graben ["ain'grɑ:bən] (ä, u, a) v. tr. mettre en terre ; enterrer ; enfouir. | *einen Pfahl in die Erde eingraben*, enfoncer un pieu. || PAR ANAL. graver. | *in Metall eingraben*, graver dans le métal.
◇ v. pr. **sich eingraben,** MIL. se terrer ; se retrancher. || FIG. se graver. | *sich ins Gedächtnis eingraben*, se graver dans la mémoire.

ein|gravieren ["aingra'vi:rən] v. tr. TECHN. graver dans.

ein|greifen ["ain'graifən] (i, i) v. intr. passer, mettre la main dans. || PAR EXT., TECHN. engrener ; être en prise. | *das Rad greift in das Getriebe ein*, le pignon engrène sur la roue. || FIG. intervenir. | *in js Rechte eingreifen*, empiéter sur les droits de qn. | *disziplinarisch eingreifen*, sévir.

Ein|greifen [-fən] n. (s). TECHN. engrenage m. || FIG. intervention f. ; empiétement m.

ein|grenzen ["ain'grɛntsən] v. tr. enclore.

Ein|griff ["ain'grif] m. (s, e). TECHN. engrenage m. ; prise f. | *Eingriff des Zahnrads*, engrenure f. | *direkter Eingriff*, prise directe. || MÉD. opération f. ; intervention f. || FIG. empiétement m. | *Eingriff in js Rechte*, empiétement sur les droits de qn.

Ein|guß ["ain'gus] m. (es, ¨e) infusion f. ; coulée f. || MÉD. lavement m. || TECHN. moule m.

Einguß|form ["aingus'fɔrm] f. (-, en). TECHN. moule (m.) de coulée. ||**°-trichter** m. (s, -). TECHN. coulée f.

ein|hacken ["ain'hakən] v. intr. donner des coups de hache, de bec dans. || FIG. *auf jn einhacken*, prendre qn pour cible.
◇ v. tr. CULIN. hacher.

ein|haken ["ain'hɑ:kən] v. tr. agrafer ; accrocher. | *das Fenster einhaken*, accrocher la fenêtre.
◇ v. intr. mordre (sur, dans). || TECHN. enclencher. || FIG., FAM. intervenir.
◇ v. pr. **sich einhaken,** s'accrocher. || se donner le bras.

Ein|halt ['ainhalt] m. (s) arrêt m. ; suspension f. | *einer Sache Einhalt tun*, mettre un terme à qch.

ein|halten ["ain'haltən] (ä, ie, a) v. tr. arrêter ; retenir ; réprimer. || PAR EXT. tenir. | *eine Frist einhalten*, respecter un délai. || AUTOM. *die rechte Seite einhalten*, tenir sa droite.
◇ v. intr. s'arrêter ; cesser de ; s'interrompre ; suspendre. | *mit dem Lesen einhalten*, cesser de lire. || COMM. suspendre.

Ein|haltung [-tuŋ] f. (-, en) arrêt m. ; interruption f. || PAR EXT. observation f. ; respect m. || JUR. observance f.

ein|hämmern ["ain'hɛmərn] v. tr. enfoncer avec un marteau. || FIG. faire entrer dans la tête.

Ein|hämmern n. (s) *Einhämmern eines Werbeslogans*, matraquage (m.) publicitaire.

ein|handeln ["ain'handəln] v. tr. [eintauschen] troquer ; échanger.
◇ v. pr. **sich einhandeln,** FAM. *sich etwas einhandeln*, se prendre qc.

ein|händigen ["ain'hɛndigən] v. tr. remettre, délivrer en main propre.

Ein|händigung [-diguŋ] f. (-, en) remise f. ; livraison f.

Einhändigungs|schein ["ainhɛndiguŋs'ʃain] m. (s, e) récépissé m.

ein|hängen ["ain'hɛŋən] v. tr. pendre ; suspendre ; accrocher. | *den Hörer einhängen*, (r)accrocher le récepteur.
◇ v. pr. **sich einhängen,** prendre le bras de qn.

ein|hauchen ["ain'hauxən] v. tr. aspirer. || PAR EXT. insuffler ; inspirer. || FIG. inspirer.

ein|heften ["ain'hɛftən] v. tr. TECHN. brocher.

ein|hegen ["ain'he:gən] v. tr. clore d'une haie.

ein|heimisch ["ain'haimiʃ] adj. du pays ; indigène ; aborigène ; natif. | *einheimische Sitten*, coutumes locales ; folklore m.

ein|heimsen ["ain'haimzən] v. tr. engranger ; récolter. || FIG. récolter ; ramasser ; cueillir.

ein|heiraten ["ain'hairɑ:tən] v. intr. entrer dans une famille par mariage.

Ein|heit ['ainhait] f. (-, en) unité f. || LITTÉR. *Einheit der Handlung*, unité d'action. || POLIT. union f. | *Einheit eines Volkes*, union nationale. || MIL. unité f. || MATH., PHYS. unité f. || PHILOS. monade f.

ein|heitlich ['ainhaitliç] adj. qui a de l'unité ; unitaire ; homogène.
◇ adv. avec esprit de suite. | *einheitlich vorgehen*, procéder selon un (plan d')ensemble.

Ein|heitlichkeit [-kait] f. (-) unité f. ; homogénéité f. ; ensemble m. ; suite f.

Einheits|bestrebung ["ainhaitsbə'ʃtre:buŋ] f. (-, en) aspiration (f.) à l'unité. ||**°-gebühr** f. (-, en) droit (m.), taxe (f.) uniforme. ||**°-partei** f. (-, en). POLIT. *sozialistische Einheitspartei Deutschlands,* (en abr. : *SED*), parti socialiste unifié d'Allemagne. ||**°-preis** m. (es, e). COMM. prix (m.) unique. ||**°-preisgeschäft** n. (s, e). COMM. magasin (m.) à prix unique. ||**°-satz** m. (es, ¨e) taux (m.) uniforme. ||**°-schule** f. (-, n) école (f.) unique, école laïque. ||**°-währung** f. (-, en) monométallisme m. ||**°-zeit** f. (-) heure universelle.

ein|heizen ["ain'haitsən] v. tr. chauffer.
◇ v. intr. chauffer. | *tüchtig einheizen*, bien chauffer.

|| FIG., FAM. *einem tüchtig einheizen*, réprimander sévèrement, punir qn.
ein|henkeln (sich) [ziç"ain'hɛŋkəln] v. pr. FAM. prendre le bras de qn ; aller bras dessus bras dessous.
einher [ain'he:r] partic. de compos. ; en compos. verbale, indique le mouvement vers l'endroit où l'on se trouve ou un passage ; la modalité du passage est déterminée par le verbe. Ainsi : *einher | brausen*, passer à grand fracas, à grande vitesse ; *einher | stolzieren*, passer d'un air fier ; parader.
ein|holen ["ain'ho:lən] v. tr. [einkaufen] aller chercher ; aller aux provisions. || MAR. haler. | *ein Tau einholen*, haler un cordage. | *die Flagge einholen*, amener (son pavillon). || [erreichen] atteindre ; rejoindre ; rattraper. || FIG. *die versäumte Zeit wieder einholen*, rattraper le temps perdu. || [erbitten] demander ; aller prendre. | *die Erlaubnis einholen*, demander la permission.
Einhol|netz ["ainho:l'nɛts] n. (es, e) filet (m.) à provisions. ||°**-tasche** f. (-, n) sac (m.) à provisions.
ein|hüllen ["ain'hylən] v. tr. envelopper ; couvrir ; draper. | *in ein Leichentuch einhüllen*, ensevelir. ◇ v. pr. **sich einhüllen,** s'envelopper ; se couvrir. || FIG. envelopper ; cacher ; affubler. | *sich in seine Würde einhüllen*, se draper dans sa dignité.
einig ['ainiç] adj. uni ; d'accord. | *über einen Handel einig werden*, conclure un marché.
einige ['ainigə] pron. indéf. quelques ; quelques-uns ; quelques-unes ; certains ; certaines. || *einige Zahlen*, quelques chiffres m. pl. | *einige dreißig*, quelque trente ; une trentaine. | *einige..., andere...*, les uns..., d'autres... || *einiges Geld*, quelque argent. | *vor einiger Zeit*, il y a quelque temps.
— SYN. : *mehrere*, plusieurs ; *manche*, maint ; d'aucuns ; *gewisse*, certains ; *etliche*, quelques-uns ; certains.
einigen ['ainigən] v. tr. mettre d'accord ; unifier ; concilier.
◇ v. pr. **sich einigen,** tomber d'accord.
einiger|maßen ["ainigər'mɑ:sən] adv. en quelque sorte ; dans une certaine mesure ; tant soit peu. | *er kann einigermaßen gut Deutsch*, il sait passablement l'allemand.
Einigkeit ['ainiçkait] f. (-) union f. || PROV. *Einigkeit macht stark*, l'union fait la force.
Einigung ['ainiguŋ] f. (-, en). [Übereinstimmung] accord m. || [Zusammenschluß] unification f. || [Vergleich] arrangement m. ; compromis. | *zu einer Einigung gelangen*, parvenir à un accord.
ein|impfen ["ain'impfən] v. tr. MÉD. inoculer ; vacciner. || FIG. inculquer ; inoculer.
Ein|impfung [-fuŋ] f. (-, en). MÉD. inoculation f.
ein|jagen ["ain'jɑ:gən] v. tr. FIG. inspirer. | *jm Furcht einjagen*, faire peur à qn.
ein|jochen ["ain'jɔxən] v. tr. mettre sous le joug.
ein|kacheln ["ain'kaxəln] v. tr. FAM. chauffer ; faire du feu.
ein|kalken ["ain'kalkən] v. tr. chauler.
ein|kapseln ["ain'kapsəln] v. tr. MÉD. enkyster. ◇ v. pr. **sich einkapseln,** MÉD. s'enkyster. || FIG. s'isoler.
ein|kassieren ["ainka'si:rən] v. tr. COMM. encaisser ; recouvrer. | *einen Scheck einkassieren*, toucher, encaisser un chèque.
Ein|kassierung [-ruŋ] f. COMM. encaissement m. ; recouvrement m.
Ein|kauf ["ain'kauf] m. (s, ¨e). COMM. achat m. ; acquisition f. || [kleinere Sachen] emplette f.
ein|kaufen ["ain'kaufən] v. tr. COMM. faire des achats, des emplettes ; faire achat, emplette, acquisition ; acheter. | *einkaufen gehen*, aller faire son marché, les courses.
◇ v. pr. **sich einkaufen,** *sich in eine Lebensversicherung einkaufen*, prendre une assurance, s'assurer sur la vie.
Ein|käufer [-'kɔyfər] m. (s, -). COMM. acheteur m.
Einkaufs|land ["ainkaufs'lant] n. (s, ¨er) pays (m.) d'importation. ||°**-passage** f. (-, en) galerie marchande. ||°**-preis** m. (es, e). COMM. prix (m.) d'achat ; prix coûtant. ||°**-tasche** f. (-, n) sac (m.) à provisions. ||°**-wagen** m. (s, -) Caddie m. ||°**-zeit** f. (-, en) heures (f. pl.) d'ouverture des magasins. ||°**-zentrum** n. (s, tren) centre commercial.
ein|kehlen ["ain'ke:lən] v. tr. TECHN. encocher.
Ein|kehlung [-luŋ] f. (-, en). TECHN. cannelure f. ; encoche f. ; encochement m. ; entaille f.
Ein|kehr ["ain'ke:r] f. arrivée f. || (Vx.) *im Gasthaus Einkehr halten*, descendre à l'auberge. || PAR EXT. gîte m. ; auberge f. || FIG. recueillement m. | *in, mit, bei sich Einkehr halten*, se recueillir. || RELIG. *fromme Einkehr*, retraite f.
ein|kehren ["ain'ke:rən] v. intr. entrer, descendre chez qn ; descendre à l'hôtel. | *bei jm einkehren*, entrer chez qn en passant. || FIG. entrer. | *die Not kehrte bei ihnen ein*, la misère s'installa chez eux.
ein|keilen ["ain'kailən] v. tr. TECHN. caler ; coincer. | *Pflöcke einkeilen*, enfoncer des pieux. || FIG. serrer.
ein|kellern ["ain'kɛlərn] v. tr. mettre en cave.
ein|kerben ["ain'kɛrbən] v. tr. TECHN. entailler ; encocher ; mortaiser ; faire une entaille.
Ein|kerbung [-buŋ] f. (-, en). TECHN. entaille f. ; encoche f. ; mortaise f. ; cran m. ; gorge f.
ein|kerkern ["ain'kɛrkərn] v. tr. incarcérer.
Ein|kerkerung [-kəruŋ] f. (-, en) incarcération f.
ein|kesseln ["ain'kɛsəln] v. tr. MIL. encercler.
ein|kitten ["ain'kitən] v. tr. TECHN. mastiquer.
ein|klagen ["ain'klɑ:gən] v. tr. JUR. poursuivre le recouvrement.
ein|klammern ["ain'klamərn] v. tr. mettre entre parenthèses, entre crochets. || TECHN. fixer avec des crampons.
Ein|klammerung [-ruŋ] f. (-, en) parenthèse f.
Ein|klang ['ainklaŋ] m. (s, ¨e). MUS. unisson m. ; accord m. ; harmonie f. || FIG. accord m. | *in Einklang bringen mit*, mettre d'accord ; accorder, concilier avec.
ein|kleiden ["ain'klaidən] v. tr. vêtir ; habiller. | *jn neu einkleiden*, habiller qn de neuf. || faire prendre l'habit [moine], le voile [nonne]. | *eingekleidet werden*, prendre le voile. || FIG. orner ; décorer ; embellir. | *seine Gedanken einkleiden*, orner, envelopper sa pensée.
ein|klemmen ["ain'klɛmən] v. tr. serrer avec des pinces ; pincer ; coincer ; encastrer.
Ein|klemmung [-muŋ] f. (-, en) serrement m. ; étranglement m.
ein|klinken ["ain'kliŋkən] v. tr. fermer au loquet ; enclencher.
ein|klopfen ["ain'klɔpfən] v. tr. enfoncer.
ein|knicken ["ain'knikən] v. tr. plier ; ployer ; briser ; casser à demi ; corner.
◇ v. intr. se briser ; ne plus tenir debout ; tomber.
ein|kochen ["ain'kɔxən] v. tr. CULIN. réduire ; épaissir ; concentrer ; condenser.
◇ v. intr. se réduire par l'ébullition.
Einkoch|glas ["ainkɔx'glɑ:s] n. (es, ¨er). TECHN. bocal (m.) à conserves.
ein|kommen ["ain'kɔmən] (a, o) v. intr. COMM. [kommen] arriver ; rentrer. | *Gelder kommen ein*, des fonds rentrent. || PAR EXT., ADM. [bitten] demander. | *schriftlich einkommen*, adresser une requête. || JUR. *um Kassation einkommen*, se pourvoir en cassation. || FIG. [einfallen] venir à l'esprit.
Ein|kommen [-mən] n. (s) rentrée f. ; revenu m. ; rente f. ; [Lohn] salaire m. ; [Gehalt] appointements m. pl. | *ständiges Einkommen*, revenu stable. | *sein Einkommen beträgt, beläuft sich auf*, ses revenus se montent à. | *ein Einkommen beziehen*, toucher un revenu. || PAR EXT. demande f. ; requête f. || JUR. pourvoi m.
Einkommen|steuer ["ainkɔmen'ʃtɔyər] f. (-, n). FIN. impôt (m.) sur le revenu. ||°**-steuer|erklärung** f. (-, en). FIN. déclaration (f.) d'impôts sur les revenus.
Einkommens|höchstgrenze ["ainkɔmens'høçstgrɛntsə] f. (-, n). FIN. plafond (m.) de revenus. ||°**-verhältnisse** n. pl. niveau (m.) de ressources.
Einkorn ["ain'kɔrn] n. (s). AGRIC. épeautre m.
ein|kratzen ["ain'kratsən] v. tr. griffonner, tracer sur. | *seinen Namen in eine Wand einkratzen*, graver son nom dans un mur.
ein|kreisen ["ain'kraizən] v. tr. tracer, décrire un cercle autour ; cerner ; encercler.
Ein|kreisung [-zuŋ] f. encerclement m.
Ein|künfte ["ain'kynftə] f. pl. revenus m. pl. ; rentes f. pl. ; recettes f. pl. | *ungewisse Einkünfte*, casuel m. | *mit Einkünften versehen*, doter.
ein|kuppeln ["ain'kupəln] v. tr. TECHN. embrayer ; accoupler.
ein|laden ["ain'lɑ:dən] (ä, u, a) v. tr. COMM. charger ; embarquer. || FIG. inviter ; prier ; convier. | *zum Tanze einladen*, inviter à une danse.
einladend [-dənt] adj. engageant ; attrayant.
Ein|ladung [-duŋ] f. (-, en). COMM. chargement m. ; embarquement m. || FIG. invitation f.
Ein|lage ["ain'lɑ:gə] f. (-, n). [im Brief] annexe f.

|| TECHN. [zur Zeitung] encart m. || [Schuh] support (m.) orthopédique. || [Zigarre] intérieur m. ; tripe f. || [Gewebe] couche (f.), insertion (f.) de tissu. || [beim Spiel] enjeu m. || COMM., FIN. apport m. | *Einlage in eine Gesellschaft*, part sociale. || CULIN. *Suppe mit Einlage*, soupe épaisse. || THÉÂTRE. intermède m.

Einlagen|bezugsschein ["ainla:gən'bətsu:ksʃain] m. (s, e). FIN. promesse (f.) d'apport.

ein|lagern ["ain'la:gərn] v. tr. AGRIC. ensiler. || COMM. emmagasiner ; stocker ; déposer.

Ein|lagerung [-gəruŋ] f. (-, en). COMM. emmagasinage m. ; magasinage m. ; stockage m.

Ein|laß ['ainlas] m. (es, ¨e) admission f. ; entrée f. | *Einlaß begehren*, demander à entrer. | *Einlaß 16 Uhr*, entrée, ouverture (f.) à 16 heures.

Einlaß|karte ["ainlas'kartə] f. (-, n) billet (m.) d'entrée. ||°**-klappe** f. (-, n), °**-ventil** n. (s, e). TECHN. soupape (f.) d'admission.

ein|lassen ["ain'lasən] (ä, ie, a) v. tr. laisser, faire entrer ; admettre.
◇ v. pr. **sich einlassen,** s'engager. | *sich in ein Gespräch einlassen*, entrer en conversation. | *sich in ein Geschäft einlassen*, s'embarquer dans une affaire. | *sich mit jm einlassen*, frayer, se commettre avec qn.

Ein|lauf ['ainlauf] m. (s, ¨e). MÉD. lavement m. || COMM. courrier (m.) à l'arrivée.

ein|laufen ["ain'laufən] (ä, ie, a) v. tr. enfoncer.
◇ v. intr. entrer. || MAR. *in den Hafen einlaufen*, entrer dans le port. || POSTES. *Briefe laufen ein*, des lettres arrivent. || FIG. rétrécir. | *beim Waschen einlaufen*, rétrécir au lavage.
◇ v. pr. **sich einlaufen,** AUTOM. se roder.

Einlauf|kanal ["ainlaufka'na:l] m. (s, ¨e). TECHN. prise (f.) d'eau ; bief m. ||°**-kurve** f. (-, n) entrée (f.) de virage. ||°**-rinne** f. (-, n). TECHN. goulotte f., goulette (f.) d'entrée.

ein|laugen ["ain'laugən] v. tr. lessiver.

ein|läuten ["ain'lɔytən] v. tr. annoncer à son de cloche.

ein|leben (sich) [ziç"ain'le:bən] v. pr. s'habituer ; s'acclimater ; s'adapter à.

Einlege|arbeit ["ainle:gə'arbait] f. (-, en). TECHN. [Metall] damasquinage m. || [Holz] marqueterie f. ||°**-holz** n. (es) bois (m.) de marqueterie. ||°**-sohle** f. (-, n) semelle orthopédique ; fausse semelle.

ein|legen ["ain'le:gən] v. tr. mettre ; placer. || CULIN. conserver. | *Eier, Früchte einlegen*, mettre des œufs, des fruits en conserve. || COMM., FIN. déposer. | *Geld in die Kasse einlegen*, verser de l'argent en caisse. || AGRIC. marcotter, provigner. || TECHN. incruster ; marqueter ; damasquiner. | *Elfenbein, Perlmutter, Holz, Metall einlegen*, incruster de l'ivoire, marqueter de nacre, de bois, damasquiner. || [Brief] joindre. || THÉÂTRE. insérer. | *einen Monolog einlegen*, insérer un monologue. || FIG. intercéder. | *für jn ein gutes Wort einlegen*, intercéder pour qn. || JUR. interjeter. | *Berufung, Verwahrung einlegen*, interjeter appel, protester. | *Veto einlegen*, mettre son veto. || FIG. récolter. | *Ehre mit etwas einlegen*, retirer de la gloire de qch.

Ein|leger ["ain'le:gər] m. (s, -). COMM. déposant m. || AGRIC. marcotte f. ; provin m.

Ein|legung [-guŋ] f. (-, en) insertion. || FIN. placement m. ; apport m. || AGRIC. provignement m. || TECHN. marquetage m. || JUR. interjection (f.) d'appel.

ein|leiten ["ain'laitən] v. tr. introduire ; préparer. | *Verhandlungen einleiten*, entamer des négociations. || JUR. instruire. | *ein Ermittlungsverfahren einleiten*, ouvrir une information judiciaire. | *ein gerichtliches Verfahren einleiten*, ouvrir l'instruction d'un procès. || MIL. *eine Offensive einleiten*, lancer une offensive. || MUS. préluder. || LITTÉR. *ein Buch einleiten*, préfacer un livre.

Ein|leitung [-tuŋ] f. (-, en) introduction f. || [Verhandlungen] ouverture f. || MUS. prélude m. ; ouverture f. || LITTÉR. avant-propos m. ; introduction f.
— SYN. : *Einführung*, introduction ; *Vorbereitung*, préparatif ; *Vorspiel*, prélude ; *Vorrede*, préliminaire.

ein|lenken ["ain'lɛŋkən] v. intr. tourner ; entrer (dans). || FIG. revenir à bien ; baisser le ton. | *bei einer Diskussion einlenken*, faire des concessions dans la discussion. | *wieder einlenken*, revenir à ses moutons ; se raviser.

ein|leuchten ["ain'lɔyçtən] v. intr. être évident ; sauter aux yeux. | *das will mir nicht einleuchten*, je ne peux pas me faire à cette idée.

ein|leuchtend [-tənt] adj. clair ; évident.

ein|liefern ["ain'li:fərn] v. tr. livrer ; remettre. | *Waren einliefern*, livrer de la marchandise. | *ins Krankenhaus einliefern*, transporter à l'hôpital.

Ein|lieferung [-ruŋ] f. (-, en) livraison f. ; remise f.

Einlieferungs|schein ["ainli:fəruŋs'ʃain] m. (s, e) bulletin (m.) de dépôt ; reçu m. ; récépissé m.

ein|liegen ["ain'li:gən] (a, e) v. intr. CULIN. macérer ; mariner. || MIL. être logé, cantonner chez. || [Briefe] être joint, inclus. | *einliegend*, ci-inclus.

ein|lochen ["ain'lɔxən] v. tr. mortaiser. || FAM. mettre au violon, sous les verrous ; coffrer.

ein|lösbar ["ain'lø:sba:r] adj. FIN. remboursable ; payable ; convertible.

Ein|lösbarkeit [-barkait] f. (-). FIN. remboursabilité f. ; convertibilité f.

ein|lösen ["ain'lø:zən] v. tr. dégager ; racheter. | *ein Pfand einlösen*, retirer un gage. || FIN. *einen Wechsel einlösen*, honorer un effet. || FIG. *sein Versprechen einlösen*, tenir sa promesse.

Ein|lösung [-zuŋ] f. (-, en) rachat m. ; retrait m. ; paiement m. ; remboursement m. || FIN. conversion f.

Einlösungs|frist ["ainlø:zuŋs'frist] f. (-, en). FIN. délai (m.) de paiement. ||°**-kurs** m. (es, e). FIN. cours (m.) de rachat. ||°**-termin** m. (s, e). FIN. terme [m.] (de paiement).

ein|loten ["ain'lo:tən] v. tr. ARCHIT. prendre l'aplomb.

ein|löten ["ain'lø:tən] v. tr. souder.

ein|lotsen ["ain'lɔtsən] v. tr. MAR. piloter ; conduire à bon port.

ein|lullen ["ain'lulən] v. tr. FAM. endormir en chantant une berceuse ; endormir en chantant.

ein|machen ["ain'maxən] v. tr. CULIN. confire ; mettre en conserve.

Einmach|glas ["ainmax'gla:s] n. (es, ¨er). TECHN. bocal (m.) à conserves.

Ein|maligkeit ["ain'ma:liçkait] f. caractère (m.) unique.

Ein|marsch ['ainmarʃ] m. (es, ¨e). MIL. entrée f. ; invasion f. ; occupation f.

ein|marschieren ["ainmar'ʃi:rən] v. intr. MIL. entrer, faire une entrée dans ; occuper.

ein|mauern ["ain'mauərn] v. tr. ARCHIT. murer ; emmurer ; sceller.
◇ v. pr. **sich einmauern,** se cloîtrer.

Ein|mauerung [-ruŋ] f. (-, en). ARCHIT. murage m. ; scellement m.

ein|meißeln ["ain'maisəln] v. tr. TECHN. ciseler dans.

ein|mengen ["ain'mɛŋən] v. tr. mêler à.
◇ v. pr. **sich einmengen,** FIG. se mêler de ; intervenir ; s'immiscer (dans qch.).

Ein|mengung [-ŋuŋ] f. (-, en) mélange m. || FIG. immixtion f. ; ingérence f. ; intervention f.

ein|mieten ["ain'mi:tən] v. tr. 1° louer un logement. | *sich bei jm einmieten*, louer une chambre chez qn. || 2° mettre en location.

ein|mischen ["ain'miʃən] v. tr. mêler à.
◇ v. pr. **sich einmischen,** se mêler à.

Ein|mischung [-ʃuŋ] f. (-, en) mélange m. || FIG. ingérence f. ; intervention f. || POLIT. *Einmischung in die inneren Angelegenheiten*, ingérence (f.) dans les affaires intérieures.

ein|mumme(l)n ["ain'mumə(l)n] v. tr. et v. pr. FAM. (s')emmitoufler.

ein|münden ["ain'myndən] v. intr. se jeter, déboucher dans.

Ein|mündung [-duŋ] f. (-, en) embouchure f. ; orifice m.

ein|münzen ["ain'myntsən] v. tr. TECHN. refondre.

ein|nähen ["ain'nɛ:ən] v. tr. coudre dans. || TECHN., TEXT. rétrécir le bord.

Ein|nahme ["ain'na:mə] f. (-, n) prise f. || MIL. conquête f. || COMM. recette f. || FIN. revenu m. ; perception f.

Einnahme|quelle ["ainna:mə'kvɛlə] f. (-, n). COMM., FIN. source (f.) de revenus ; ressource f. ||°**-stelle** f. (-, n) [bureau (m.) de] perception f.

ein|nebeln ["ain'ne:bəln] v. tr. embrumer ; entourer d'un nuage.

ein|nehmen ["ain'ne:mən] (i, a, o). **1.** v. tr. prendre ; absorber. | *eine Mahlzeit einnehmen*, prendre

un repas. || COMM., FIN. encaisser ; percevoir. || MIL. *eine Stadt einnehmen*, prendre une ville. || FIG. *von Vorurteilen eingenommen*, plein, imbu de préjugés. | *jn gegen jn einnehmen*, prévenir qn contre qn.
2. [sich setzen] occuper ; prendre place. | *seinen Platz einnehmen*, prendre place. || [füllen] occuper. | *drei Seiten einnehmen*, occuper trois pages.
3. FIG. [gewinnen] captiver ; charmer. | *für sich einnehmen*, captiver ; séduire.
4. FIG. *dieser Wein nimmt den Kopf ein*, ce vin monte à la tête.

ein|nehmend [-mənt] adj. FIG. prévenant ; captivant ; engageant ; charmant.

Ein|nehmer [-mər] m. (s, -) receveur m. ; percepteur m.

ein|nicken [″ain′nikən] v. intr. FAM. s'assoupir.

ein|nisten (sich) [ziç″ain′nistən] v. pr. se nicher. || FIG. s'incruster (chez qn).

ein|ölen [″ain′ø:lən] v. tr. huiler.

ein|ordnen [″ain′ɔrdnən] v. tr. ranger ; classer. ◇ v. pr. **sich einordnen,** s'adapter.

ein|packen [″ain′pakən] v. tr. emballer ; envelopper ; empaqueter. || PAR EXT. plier bagage.

Ein|packung [-kuŋ] f. (-, en) emballage m. ; empaquetage m. ; mise (f.) en caisses. || MÉD. enveloppement m.

ein|passen [″ain′pasən] v. tr. ajuster ; adapter. || TECHN. emboîter ; encastrer.

Ein|passung [-suŋ] f. (-, en) ajustage m. || TECHN. encastrement m. ; emboîtage m.

ein|pauken [″ain′paukən] v. tr. FAM. faire répéter ; inculquer ; bachoter. || PAR ANAL. exercer à l'escrime.

Ein|pauker [-kər] m. (s, -). FAM. répétiteur m.

ein|pferchen [″ain′pfɛrçən] v. tr. parquer.

ein|pflanzen [″ain′pflantsən] v. tr. BOT. planter dans. || FIG. implanter ; inculquer.

Ein|pflanzung [-tsuŋ] f. (-, en). BOT. plantation f. || FIG. implantation f.

ein|pflöcken [″ain′pfløkən] v. tr. cheviller.

ein|pfropfen [″ain′pfrɔpfən] v. tr. entasser. || PAR EXT., BOT. greffer. || FIG. bourrer ; inculquer.

Ein|pfropfung [-fuŋ] f. (-, en) greffe f. ; ente f.

ein|pökeln [″ain′pøkəln] v. tr. CULIN. saler ; mettre dans la saumure.

ein|prägbar [″ain′prɛ:gbɑ:r] adj. FIG. facile à apprendre, à inculquer.

ein|prägen [-′prɛ:gən] v. tr. empreindre ; imprimer ; graver. || FIG. graver ; inculquer. | *etwas dem Gedächtnis einprägen*, graver qch. dans sa mémoire. ◇ v. pr. **sich einprägen,** mémoriser. | *diese Landschaft hat sich mir tief eingeprägt*, ce paysage reste gravé dans mon âme.

einprägsam [-′prɛ:gzam] adj. facile à comprendre ; impressionnable.

ein|pressen [″ain′prɛsən] v. tr. imprimer ; presser ; serrer ; comprimer.

ein|pudern [″ain′pudərn] v. tr. saupoudrer.

ein|puppen (sich) [ziç″ain′pupən] v. pr. ZOOL. et FIG. se changer, se transformer en chrysalide.

ein|quartieren [″ainkvar′ti:rən] v. tr. et v. pr. (se) loger ; (s')installer. | *einquartiert sein*, être logé chez l'habitant.

Ein|quartierung [-ruŋ] f. (-, en). MIL. logement m. ; cantonnement m.

ein|quellen [″ain′kvɛlən] v. tr. tremper ; mouiller.

ein|quetschen [″ain′kvɛtʃən] v. tr. enfoncer ; coincer ; serrer.

ein|rahmen [″ain′rɑ:mən] v. tr. encadrer.

Ein|rahmung [-muŋ] f. (-, en) encadrement m.

ein|rammen [″ain′ramən] v. tr. TECHN. pilonner ; enfoncer. | *Pflaster einrammen*, damer des pavés.

Ein|rammung [-muŋ] f. (-). TECHN. enfoncement m. ; damage m.

ein|rändern [″ain′rɛndərn] v. tr. border.

ein|räuchern [″ain′rɔyçərn] v. tr. enfumer.

Ein|räucherung [-ruŋ] f. (-, en) fumigation f.

ein|räumen [″ain′rɔymən] v. tr. mettre en place ; ranger. | *eine Wohnung einräumen*, aménager un appartement. || PAR ANAL. céder ; abandonner. | *ich werde dir eines meiner Zimmer einräumen*, je te céderai une de mes pièces. || FIG. accorder ; concéder ; admettre. || COMM. *Kredit einräumen*, accorder un crédit.

Ein|räumung [-muŋ] f. (-) rangement m. ; emmagasinage m. || FIG. concession f.

ein|rechnen [″ain′rɛçnən] v. tr. COMM. comprendre dans un compte. | *Unkosten eingerechnet*, frais (m. pl.) inclus, compris.

Ein|rede [″ain′re:də] f. (-, n) objection f. | *Einrede erheben*, soulever une objection. || JUR. exception f. ; demande exceptionnelle ; grief m. | *prozeßhindernde Einrede*, exception dilatoire ; fin (f.) de non-recevoir.

ein|reden [″ain′re:dən] v. tr. persuader qn de qch. ; faire croire qch. à qn.
◇ v. intr. contredire qn ; faire une objection. | *auf jn einreden*, chercher à persuader qn.
◇ v. pr. **sich einreden,** se persuader.

ein|reiben [″ain′raibən] (ie, ie) râper. || PAR EXT. frotter ; frictionner.

Ein|reibung [-buŋ] f. (-, en). MÉD. friction f.

ein|reichen [″ain′raiçən] v. tr. présenter ; remettre. | *seine Entlassung einreichen*, donner sa démission. || JUR. *eine Klage einreichen*, intenter, introduire, engager une action.

Ein|reichung [-çuŋ] f. (-, en) présentation f. ; remise f. || JUR. dépôt m. ; plainte f.

ein|reifen [″ain′raifən] v. tr. cercler.

ein|reifen (sich) [ziç″ain′raifən] v. pr. se couvrir de givre.

ein|reihen [″ain′rai:ən] v. tr. ranger ; intercaler ; enrôler ; incorporer.

Ein|reihung [″ain′raiuŋ] f. (-, en) rangement m. || MIL. incorporation f. ; enrôlement m.

Ein|reise [″ain′raizə] f. (-, n) entrée (f.) dans un pays.

Einreise|bewilligung [″ainraizəbə′viliguŋ] f. (-, en), °**-vermerk** n. (s, e), °**-visum** n. (s, sen) visa (m.) d'entrée ; visa m.

ein|reisen [″ain′rai:zən] v. intr. entrer dans un pays.

einreißen [″ain′raisən] (i, i) v. tr. déchirer, faire une déchirure à ; démolir. | *ein Haus einreißen*, raser une maison. || PAR EXT. tracer. | *einen Plan einreißen*, dessiner un plan.
◇ v. intr. se déchirer. || FIG. faire irruption ; se répandre ; se propager. | *Unsitten reißen ein*, les mœurs se dégradent.

ein|reiten [″ain′raitən] (i, i) v. intr. entrer à cheval.
◇ v. tr. dresser un cheval de selle.

ein|renken [″ain′rɛŋkən] v. tr. MÉD. réduire ; remettre. | *einen Arm einrenken*, remboîter un bras. || FIG. remettre ; réparer. || FAM. arranger.

Einrenkung [-kuŋ] f. MÉD. réduction f.

ein|rennen [″ain′rɛnən] (rannte, gerannt) v. tr. enfoncer en courant. || FIG. *offene Türen einrennen*, enfoncer des portes ouvertes. | *sich den Kopf einrennen*, se briser la tête contre les murs.

ein|richten [″ain′riçtən] v. tr. installer ; organiser ; disposer. | *eine Wohnung einrichten*, installer un appartement. || MÉD., MATH. réduire.
◇ v. pr. **sich einrichten,** s'installer ; s'organiser ; s'arranger. | *sich auf etwas* (acc.) *einrichten*, prendre ses dispositions en vue de qch.

Ein|richten [-tən] n. (s) installation f. ; création f. ; disposition f. || MIL. pointage m.

Ein|richtung [-tuŋ] f. (-, en) arrangement m. ; disposition f. ; aménagement m. ; institution f. ; organisation f. | *neue Einrichtung*, réorganisation f. | *nützliche Einrichtung*, institution utile. | *öffentliche Einrichtungen*, équipements publics.

ein|riegeln [″ain′ri:gəln] v. tr. verrouiller.
◇ v. pr. **sich einriegeln,** verrouiller sa porte.

Ein|ritt [′ainrit] m. (s, e) entrée (f.) à cheval.

ein|ritzen [″ain′ritsən] v. tr. graver ; tracer ; inciser ; égratigner.

ein|rollen [″ain′rɔlən] v. tr. enrouler.

ein|rosten [″ain′rɔstən] v. intr. (se) rouiller. || FIG., FAM. se rouiller ; s'encroûter.

ein|rücken [″ain′rykən] v. intr. entrer. | *in js Stelle einrücken*, prendre la place de, remplacer qn. | *zum Militär einrücken*, aller faire son service.
◇ v. tr. faire (r)entrer ; intercaler.

Ein|rückung [-kuŋ] f. (-, en) introduction f. || MIL. entrée f. || TYPOGR. insertion f. || TECHN. embrayage m. ; démarrage m.

ein|rühren [″ain′ry:rən] v. tr. délayer. | *ein Pulver, Suppe einrühren*, délayer une poudre, tremper la soupe. || FIG. *jm etwas Schlimmes einrühren*, jouer un mauvais tour à qn.

Eins ['ains] f. (-, en) un ; une. | *Eins ins Andere*, l'un dans l'autre. | *die Eins*, le chiffre un. | *der Schüler hat eine Eins bekommen*, l'écolier a eu vingt sur vingt. || [Spiel] as m.

eins. V. EIN.

Ein|saat ['ainzɑ:t] f. (-, en). AGRIC. ensemencement m.

ein|säckeln ["ain'zɛkəln], **ein|sacken** [-'zakən] v. tr. ensacher ; empocher.

ein|säen ["ain'zɛ:ən] v. tr. AGRIC. ensemencer.

ein|salben ["ain'zalbən] v. tr. oindre.

Ein|salbung [-buŋ] f. (-, en) onction f.

ein|salzen ["ain'zaltsən] v. tr. CULIN. saler.

einsam ['ainzɑ:m] adj. [Personen] solitaire ; seul ; retiré. || [Sachen] désert ; isolé.

Einsamkeit [-kait] f. (-) isolement m. ; solitude f. ; retraite f.

ein|sammeln ["ain'zaməln] v. tr. recueillir ; ramasser ; cueillir ; récolter.

ein|sargen ["ain'zargən] v. tr. mettre en bière.

Ein|satz ['ainzats] m. (es, ¨e) mise (f.) en œuvre, en jeu ; intervention f. || FIG. *unter Einsatz seines Lebens*, au péril de sa vie. | *mit vollem Einsatz arbeiten*, travailler à plein. || TECHN. pièce (f.) de rechange ; garniture f. ; jeu m. || TEXT. *Einsatz aus Spitzen*, entredeux (m.) de dentelle. || COMM. consigne f. ; caution f. || [Spiel] enjeu m. || MIL. engagement m. || ZOOL. [Fischteich] vivier m. || MUS. *Einsatz der ersten Stimme*, rentrée (f.) du soprano. || TECHN. *im Einsatz härten*, cémenter (et tremper).

Einsatz|bereich ["ainzatsbə'raiç] m. (s, e). AÉRON. rayon (m.) d'action. ||**-bereit** adj. MIL. prêt à intervenir. ||**-fähig** adj. opérationnel. ||**-freudig** adj. dynamique. ||°**-kommando** n. (s, s) *mobiles Einsatzkommando*, brigade (f.) antigang. ||°**-stahl** m. (s) acier cémenté.

ein|säuern ["ain'zɔyərn] v. tr. CULIN. mariner. | *den Teig einsäuern*, mettre du levain dans la pâte.

ein|saugen ["ain'zaugən] v. tr. sucer ; humer ; aspirer ; boire ; absorber.

Ein|saugen [-gən] n. (s) absorption f. ; inhalation f.

ein|säumen ["ain'zɔymən] v. tr. TECHN. ourler.

ein|schachteln ["ain'ʃa:xtəln] v. tr. mettre dans une boîte ; emboîter. || FIG. enchevêtrer ; embrouiller. || TECHN. intercaler ; enclaver.

Ein|schachtelung [-luŋ] f. (-, en) emboîtage m. ; emboîtement m.

ein|schalen ["ain'ʃɑ:lən] v. tr. ARCHIT. coffrer.

ein|schalten ["ain'ʃaltən] v. tr. intercaler ; insérer. || AUTOM. *einen Gang einschalten*, passer une vitesse. || ÉLECTR. *den Strom einschalten*, mettre en circuit. | *die Kupplung, die Maschine einschalten*, embrayer, mettre en marche. || RADIO., TÉLÉV. allumer, mettre. | *das Radio einschalten*, mettre la radio. || PAR EXT. intercaler ; ajouter ; insérer. || GRAMM. *eingeschalteter Satz*, incidente f. ; incise f.
◇ v. pr. **sich einschalten,** s'intercaler ; s'insérer. || FIG. s'ingérer ; s'immiscer.

Ein|schalter [-tər] m. (s, -). TECHN. conjoncteur m. ; coupleur m. ; commutateur m.

Einschalt|quote ["ainʃalt'kvo:tə] f. (-, n). RADIO., TÉLÉV. indice (m.), taux (m.) d'écoute.

Ein|schaltung [-tuŋ] f. (-, en) intercalation f. ; interpolation f. ; insertion f. || ÉLECTR. fermeture (f.) du circuit. || TECHN. embrayage m. || TYPOGR. intercalation f.

Ein|schalung ["ain'ʃɑ:luŋ] f. (-, en). ARCHIT. coffrage m. ; revêtement m.

ein|schanzen ["ain'ʃantsən] v. tr. MIL. retrancher.

ein|schärfen ["ain'ʃɛrfən] v. tr. [einprägen] inculquer ; enjoindre ; insister sur.

ein|scharren ["ain'ʃarən] v. tr. enfouir ; enterrer.

ein|schätzen ["ain'ʃɛtsən] v. tr. estimer ; évaluer.

Ein|schätzung [-tsuŋ] f. (-, en) taxation f. ; estimation f. ; évaluation f.

ein|schenken ["ain'ʃɛŋkən] v. tr. verser à boire. | *ein Glas Bier einschenken*, verser un verre de bière. || FIG., FAM. *jm reinen Wein einschenken*, dire son fait à qn.

ein|scheren ["ain'ʃe:rən] v. intr. AUTOM. se remettre dans sa file. || MAR. reprendre la direction ; se mettre en ligne.

ein|schicken ["ain'ʃikən] v. tr. faire remettre ; envoyer (chez qn).

ein|schieben ["ain'ʃi:bən] (o, o) v. tr. pousser, glisser dans. || CULIN. *in den Ofen einschieben*, enfourner. || PAR EXT. intercaler ; insérer.
◇ v. pr. **sich einschieben,** s'interposer.

Ein|schiebung [-buŋ] f. (-, en) intercalation f. ; insertion f. ; addition f.

ein|schießen ["ain'ʃi:sən] (o, o) v. tr. MIL. démolir à coups de canon ; battre en brèche ; régler le tir d'une arme. || COMM. *Kapitalien einschießen*, verser des fonds. || TYPOGR. interfolier. || CULIN. *Brot in den Ofen einschießen*, enfourner du pain. || MAR. *Ballast einschießen*, lester un navire.
◇ v. pr. **sich einschießen,** MIL. *sich auf ein Ziel einschießen*, régler son tir.

ein|schiffen ["ain'ʃifən] v. tr. MAR. embarquer.

Ein|schiffung [-fuŋ] f. (-, en). MAR. embarquement m.

ein|schirren ["ain'ʃirən] v. tr. harnacher.

ein|schlafen ["ain'ʃlɑ:fən] (ä, ie, a) v. intr. s'endormir. || FIG. s'engourdir. | *sanft einschlafen*, s'éteindre doucement.

ein|schläfern ["ain'ʃlɛ:fərn] v. tr. faire dormir ; endormir. | *ein Kind einschläfern*, faire dormir un enfant. || FIG. engourdir.

Einschläferungs|mittel ["ainʃlɛ:fəruŋs'mitəl] n. (s, -). MÉD. narcotique m. ; soporifique m.

Ein|schlag ['ainʃlɑ:k] m. (s, ¨e) [action (f.) de] taper dans la main. || PHYS. chute f. || MIL. *Einschlag eines Geschosses*, point (m.) d'impact d'un projectile. || [Packung] emballage m. ; enveloppe f. || [im Walde] bois coupé. || TEXT. trame f. || FIG. succès m. (d'un spectacle).

ein|schlagen ["ain'ʃlɑ:gən] (ä, u, a) v. tr. [hineintreiben] chasser ; enfoncer. | *Nägel, Pfähle einschlagen*, chasser des clous, enfoncer des pieux. || PAR ANAL. [zertrümmern] casser ; briser ; faire un trou. | *eine Fensterscheibe einschlagen*, casser une vitre. || PAR EXT. [einwickeln] envelopper ; emballer. || FIG. [sich richten] *einen falschen Weg einschlagen*, faire fausse route ; se fourvoyer. | *einen Beruf einschlagen*, choisir une carrière.
◇ v. intr. (avec haben) se précipiter sur ; fondre sur. | *auf jn einschlagen*, fondre sur qn. | *der Blitz hat eingeschlagen*, la foudre est tombée. | *eine Granate schlägt ein*, un obus éclate. | *schlag ein !*, tope ! || COMM. (avec sein) remporter du succès ; se vendre bien.

ein|schlägig ["ain'ʃlɛ:giç] adj. se rapportant, relatif à ; respectif ; compétent. | *einschlägige Literatur*, ouvrages (m. pl.) se rapportant au sujet. | *einschlägige Behörde*, autorité compétente.

ein|schleichen (sich) [ziç"ain'ʃlaiçən] (i, i) v. pr. s'introduire ; se glisser ; s'insinuer. || FIG. *ein Fehler hat sich eingeschlichen*, une erreur s'est glissée

ein|schleiern ["ain'ʃlaiərn] v. tr. *sich einschleiern lassen*, prendre le voile.

ein|schleifen ["ain'ʃlaifən] (schliff, geschliffen) v. tr. TECHN. [Glas] tailler (sur verre).

ein|schleppen ["ain'ʃlɛpən] v. tr. traîner dans. || MAR. remorquer. || [Krankheit] apporter ; introduire.

ein|schleusen ["ain'ʃlɔyzən] v. tr. faire entrer dans une écluse ; écluser. || BIOL. insérer. | *ein Gen einschleusen*, insérer un gène.

ein|schließen ["ain'ʃli:sən] (o, o) v. tr. entourer ; enserrer ; inclure ; mettre dans ; enfermer ; renfermer. | *jn in sein Zimmer einschließen*, enfermer qn dans sa chambre. || PAR ANAL., MIL. entourer ; enserrer. | *eine Festung einschließen*, investir une forteresse. || FIG. *eine Bemerkung einschließen*, inclure une remarque.
◇ v. pr. **sich einschließen,** s'enfermer.

ein|schließlich [-sliç] adv. et prép. (gén.) [en abr. **einschl.**] y compris ; inclusivement ; inclus.

Ein|schließung [-suŋ] f. (-, en) inclusion f. | *mit Einschließung von*, y compris. || MIL. investissement m. ; encerclement m.

ein|schlummern ["ain'ʃlumərn] v. intr. s'assoupir. || FIG. s'éteindre ; mourir. | *nach langem Leiden ist er sanft eingeschlummert*, il s'est éteint doucement après une longue maladie.

ein|schlüpfen ["ain'ʃlypfən] v. intr. se glisser furtivement dans.

ein|schlürfen ["ain'ʃlyrfən] v. tr. avaler. || FAM. siroter.

Ein|schluß ['ainʃlus] m. (es, ¨e) pièce incluse ; annexe (f.) de lettre. | *unter, mit Einschluß von*, y compris ; ce qui se trouve inclus entre parenthèses. || MINES. *Einschluß im Gestein*, inclusion f. ; enclave f. || MIL. encerclement m. || NUCL. confinement m.

Einschluß|gebiet ["ainʃlusgə'bi:t] n. (s, e). POLIT. enclave f. ||°**-klammer** f. (-, n) parenthèse f.

ein|schmeicheln (sich) [ziç"ain'ʃmaiçəln] v. pr. s'insinuer auprès de. | *sich bei jm einschmeicheln*, s'insinuer dans les bonnes grâces de qn ; enjôler qn.

ein|schmelzen ["ain'ʃmɛltsən] (i ou e, o, o) v. tr. fondre ; refondre.
◇ v. intr. fondre.

ein|schmieden ["ain'ʃmi:dən] v. tr. forger. || PAR EXT. enchaîner ; mettre les fers.

ein|schmieren ["ain'ʃmi:rən] v. tr. enduire ; FAM. barbouiller. | *mit Öl einschmieren*, huiler. || TECHN. graisser ; lubrifier.

ein|schmuggeln ["ain'ʃmugəln] v. tr. introduire en fraude, en contrebande.

ein|schnappen ["ain'ʃnapən] v. intr. TECHN. enclencher ; encliqueter. || FIG. *eingeschnappt*, vexé ; qui a un air pincé.

ein|schneiden ["ain'ʃnaidən] (schnitt, geschnitten) v. tr. faire une entaille, une incision.
◇ v. intr. couper ; trancher.

ein|schneidend [-dənt] adj. tranchant. || FIG. incisif ; radical. | *einschneidende Änderungen*, des modifications radicales. | *einschneidende Worte*, paroles (f. pl.) qui marquent, mémorables.

ein|schneien ["ain'ʃnaiən] v. tr. enneiger.

Ein|schnitt ['ainʃnit] m. (s, e) entaille f. ; encoche f. ; cran m. ; coupure f. ; tranchée f. || MÉD. incision f. || TECHN. mortaise f. || PAR ANAL., MUS. incise f. || POÉS. césure f. ; coupe f. || FIG. chapitre m. | *wichtiger Einschnitt im Leben*, un moment décisif ; un tournant dans la vie.

ein|schnitzen ["ain'ʃnitsən] v. tr. graver.

ein|schnüren ["ain'ʃny:rən] v. tr. serrer ; lacer ; entourer d'une corde ; comprimer.

Ein|schnürung [-ruŋ] f. (-, en) serrement m.

ein|schränken ["ain'ʃrɛŋkən] v. tr. borner ; limiter ; réduire.
◇ v. pr. **sich einschränken,** se restreindre.
— SYN. : *beschränken*, restreindre ; *begrenzen*, limiter.

ein|schränkend [-kənt] adj. restrictif ; limitatif.

Ein|schränkung [-kuŋ] f. (-, en) limitation f. ; réduction f. ; réserve f. ; restriction f.
— SYN. : *(Ver)kürzung*, diminution ; *Begrenzung*, limitation.

Einschreibe|brief ["ainʃraibə'bri:f] m. (s, e). POSTES. lettre recommandée. ||°**-gebühr** f. (-, en). ADM. droit (m.) d'enregistrement. || POSTES. taxe (f.) de recommandation. || UNIV. droits (m. pl.) d'inscription. ||°**-stelle** f. (-, n) bureau (m.) de l'enregistrement.

ein|schreiben ["ain'ʃraibən] (ie, ie) v. tr. écrire, inscrire dans ; porter dans ses livres ; enregistrer. | *sich in die Matrikel einschreiben*, s'inscrire à l'université. || POSTES. *einen Brief einschreiben lassen*, recommander une lettre.
◇ v. pr. **sich einschreiben,** s'inscrire.

Ein|schreibung [-buŋ] f. (-, en) inscription f. ; enregistrement m. || MIL. inscription f. ; enrôlement m. || UNIV. immatriculation f. ; inscription f. || POSTES. recommandation f. ; enregistrement m.

ein|schreiten ["ain'ʃraitən] (i, i) v. intr. entrer à pas comptés. || FIG. intervenir. | *gerichtlich einschreiten*, ouvrir une action judiciaire.

ein|schrumpfen ["ain'ʃrumpfən] v. intr. se rétrécir ; diminuer ; se ratatiner.

Ein|schrumpfen [-fən] n. (s) rétrécissement m.

Ein|schub ["ain'ʃup] m. (s, ¨e) supplément m. ; chose intercalée.

ein|schüchtern ["ain'ʃyçtərn] v. tr. intimider ; effaroucher.

Ein|schüchterung [-ruŋ] f. (-, en) intimidation f.

ein|schulen ["ain'ʃu:lən] v. tr. former ; dresser ; endoctriner.

Ein|schulung [-luŋ] f. **1.** entrée (f.) à l'école ; scolarisation f.
2. dressage m. ; endoctrinement m.

Ein|schuß ["ain'ʃus] m. (es, ¨e). MIL., point (m.) d'impact d'un projectile. || COMM. mise (f.) de fonds ; apport m. | *Einschuß fordern*, faire un appel de fonds. || TEXT. trame f.

ein|schütten ["ain'ʃytən] v. tr. verser dans.

ein|schwatzen ["ain'ʃvatsən] v. tr. FAM. *jm etwas einschwatzen*, faire accroire qch. à qn.

ein|schwefeln ["ain'ʃve:fəln] v. tr. soufrer.

ein|schwenken ["ain'ʃvɛŋkən] v. intr. MIL. opérer une conversion. || FIG. changer d'avis.

ein|segnen ["ain'ze:gnən] v. tr. donner la bénédiction à. || RELIG. bénir ; consacrer ; confirmer. | *einen Priester einsegnen*, ordonner un prêtre.

Ein|segnung [-nuŋ] f. (-, en). RELIG. bénédiction f. ; consécration f. ; ordination f.

ein|sehen ["ain'ze:ən] (ie, a, e) v. intr. regarder, jeter un coup d'œil dans, sur.
◇ v. tr. [prüfen] examiner. || FIG. comprendre ; saisir ; reconnaître ; voir. | *seinen Irrtum einsehen*, reconnaître son erreur. || MIL. repérer.

Ein|sehen ["ain'ze:ən] n. (s) regard m. ; examen m. || FIG. discernement m. ; compréhension f. | *er hat ein Einsehen*, il se rend à la raison.

ein|seifen ["ain'zaifən] v. tr. savonner.

Einseif|pinsel ["ainzaif'pinzəl] m. (s, -) blaireau m. (à barbe).

ein|seihen ["ain'zai:ən] v. tr. infiltrer.

ein|senden ["ain'zɛndən] (sandte, gesandt) v. tr. envoyer, expédier. || PAR EXT. communiquer.

Ein|sender [-dər] m. (s, -) expéditeur m. || PAR EXT. correspondant m. ; auteur m.

Einsende|tag ["ainzɛndə'tɑ:k] m. (s, e), **Einsende|termin** m. (s, e) date (f.) limite d'envoi.

Ein|sendung ["ain'zɛnduŋ] f. (-, en) envoi m. ; expédition f. || PAR EXT. communiqué m. ; article m.

ein|senken ["ain'zɛŋkən] v. tr. enfoncer ; descendre dans. || AGRIC. marcotter ; provigner.

Ein|senkung [-kuŋ] f. (-, en) enfoncement m. ; dépression f. || AGRIC. marcottage m. ; provignage m.

ein|setzen ["ain'zɛtsən] v. tr. **1.** mettre, placer, poser dans. | *Scheiben in ein Fenster einsetzen*, poser des vitres dans une fenêtre. || [Edelsteine] enchâsser. || AGRIC. planter ; empoter. || COMM. *eine Summe im Budget einsetzen*, inscrire une somme au budget. || [Reitkunst] *die Sporen einsetzen*, donner de l'éperon. || MAR. *einen Mast einsetzen*, arborer un mât. || TECHN. *Rohre einsetzen*, tuber. | *Stahl einsetzen*, cémenter l'acier.
2. PAR ANAL. installer ; établir ; investir. || ADM., POLIT. *als Bürgermeister einsetzen*, installer dans les fonctions de maire. || JUR. *jn zu seinem Erben einsetzen*, instituer qn son héritier. || PAR EXT. engager (une force armée). || FIG. *sich für etwas einsetzen*, s'employer pour qch. | *sein Leben für etwas einsetzen*, risquer sa vie pour qch.
◇ v. intr. commencer ; se mettre à. | *der Regen setzt wieder ein*, la pluie reprend.

Ein|setzung [-tsuŋ] f. (-, en) pose f. ; mise f. || COMM. investissement m. || AGRIC. plantation f. || CULIN. conservation f. || TECHN. tubage m. ; cémentation f. || PAR ANAL., ADM. installation f. || JUR. *Einsetzung eines Gerichtshofes*, institution (f.) d'un tribunal. || PAR EXT. engagement m. || MIL. entrée (f.) en ligne. || FIG. intervention f.

Ein|sicht ["ain'ziçt] f. (-, en) inspection f. ; examen m. | *Einsicht in die Akten nehmen*, (action de) prendre connaissance des dossiers. | *zur gefälligen Einsicht*, pour examen. || FIG. discernement m. ; intelligence f. ; compréhension f. | *zur Einsicht gelangen*, devenir raisonnable.

ein|sichtig ["ain'ziçtiç] adj. compréhensif ; judicieux ; entendu.

Einsicht|nahme ["ainziçt'nɑ:mə] f. (-) consultation f. ; communication f. ; fait (m.) de prendre connaissance de qch. | *Recht auf Einsichtnahme*, droit (m.) de regard.

einsichts|los ["ainziçts'lo:s] adj. qui ne comprend pas. ||**-voll** adj. intelligent ; compréhensif.

ein|sickern ["ain'zikərn] v. intr. s'infiltrer.

ein|sieden ["ain'zi:dən] (sott, gesotten) v. tr. réduire par ébullition.

ein|singen ["ain'ziŋən] (a, u) v. tr. endormir par des chants.
◇ v. pr. **sich einsingen,** s'exercer à chanter.

ein|sinken ["ain'ziŋkən] (a, u) v. intr. (s')enfoncer. || [Boden] s'affaisser. || [Haus] s'écrouler.

Ein|sinken [-kən] n. (s) affaissement m. ; écroulement m.

ein|spannen ["ain'ʃpanən] v. tr. atteler. || FIG., FAM. *durch eine dringende Arbeit völlig eingespannt*, accaparé par un travail urgent. || ARCHIT. encastrer. || TECHN. serrer ; fixer.

ein|sparen ["ain'ʃpɑ:rən] v. tr. économiser.

Ein|sparung [-ruŋ] f. (-, en) économie f.

ein|speichern ["ain'ʃpaiçərn] v. tr. emmagasiner.

ein|speisen ["ain'ʃpaizən] v. tr. ÉLECTR. alimenter.

Ein|speisung ["ain'ʃpaizuŋ] f. (-, en). ÉLECTR. alimentation f.

ein|sperren ["ain'ʃpɛrən] v. tr. enfermer ; mettre en prison. || POP. coffrer.

ein|spielen ["ain'ʃpi:lən] v. tr. et v. pr. (s') exercer ; (s')entraîner à jouer.

ein|spinnen ["ain'ʃpinən] (a, o) v. tr. envelopper d'un réseau, d'une toile. || FIG., FAM. embobiner. ◇ v. pr. **sich einspinnen,** ZOOL. filer son cocon.

Ein|sprache ["ain'ʃpra:xə] f. (-, n) objection f.

ein|sprechen ["ain'ʃprɛçən] (i, a, o) v. tr. [einreden] *jm Mut einsprechen*, insuffler du courage à qn. ◇ v. intr. *auf jn einsprechen*, tâcher d'influencer qn. | *gegen etwas einsprechen*, protester contre qch.

ein|sprengen ["ain'ʃprɛŋən] v. tr. faire sauter ; faire éclater ; forcer. | *das Stadttor einsprengen*, enfoncer la porte de la ville. || PAR EXT. arroser ; asperger. || MINES. *in diesem Gestein ist Silber eingesprengt*, dans ce minéral il y a des traces d'argent.
◇ v. intr. entrer au galop. || MIL. charger.

ein|springen ["ain'ʃpriŋən] (a, u) v. intr. sauter. || FIG. accourir au secours de. || PAR ANAL. *für jn einspringen*, remplacer qn.

ein|springend [-ŋənt] adj. rentrant.

Einspritz|düse ["ainʃprits'dy:zə] f. (-, n). AUTOM. gicleur m. || AÉRON. injecteur m. ||°**-motor** m. (s, en) moteur (m.) à injection.

ein|spritzen ["ain'ʃpritsən] v. tr. éclabousser ; asperger ; humecter. || MÉD. injecter ; faire des piqûres. || TECHN. injecter.

Ein|spritzer [-tsər] m. (s, -). TECHN. injecteur m.

Ein|spritzung [-tsuŋ] f. (-, en). TECHN. injection f. | *elektronische Einspritzung*, injection électronique. || MÉD. injection f. ; piqûre f. | *subkutane Einspritzung*, injection sous-cutanée.

Ein|spruch ["ain'ʃpru:x] m. (s, ¨e) protestation f. ; opposition f. ; réclamation f. | *gegen etwas Einspruch erheben, einlegen* faire, mettre opposition à ; réclamer, se pourvoir contre qch. || JUR. pourvoi m. ; grief déclinatoire.
— SYN. : *Widerspruch*, opposition, *Beanstandung*, contestation ; *Protest*, réclamation ; *Verwahrung*, opposition ; *Einwand*, objection.

Einspruchs|frist ["ainʃpru:xs'frist] f. (-, en). JUR. délai (m.) d'opposition. ||°**-recht** n. (s, e). JUR. (droit de) veto m. ; droit (m.) d'opposition.

einst ['ainst] adv. [früher] jadis ; autrefois ; un jour. || [später] un jour (dans l'avenir).

ein|stallen ["ain'ʃtalən] v. tr. mettre à l'écurie.

ein|stampfen ["ain'ʃtampfən] v. tr. battre ; fouler. || [Bücher] mettre au pilon. || TECHN. pilonner ; damer.

Ein|stampfen [-pfən] n. (s), **Ein|stampfung** [-pfuŋ] f. (-, en) foulage m. ; damage m. ; mise (f.) au pilon.

Einstampf|papier ["ainʃtampfpa'pi:r] n. (s, e). TYPOGR. maculature f.

Ein|stand ["ain'ʃtant] m. (s) entrée (f.) en fonctions. || PAR ANAL. *Einstand feiern*, pendre la crémaillère. || PAR EXT. arroser ses galons. || SPORT. égalité f.

Einstands|preis ["ainʃtants'prais] m. (es, e). COMM. prix (m.) d'achat. ||°**-recht** n. (s, e). JUR. droit (m.) de préemption.

ein|stänkern ["ain'ʃtɛnkərn] v. tr. empester ; empuantir.

ein|stäuben ["ain'ʃtɔybən] v. intr. se couvrir de poussière.
◇ v. tr. poudrer ; couvrir de poussière.

ein|stechen ["ain'ʃtɛçən] v. tr. enfoncer ; piquer. || TECHN. perforer.

ein|stecken ["ain'ʃtɛkən] v. tr. enfoncer ; ficher. || PAR EXT. empocher. | *das Schwert einstecken*, rengainer. || [ertragen] supporter. || FIG., FAM. avaler ; encaisser. | *Beleidigungen einstecken*, avaler des couleuvres. | *etwas einstecken müssen*, prendre une claque.

ein|stehen ["ain'ʃte:ən] (stand, gestanden) v. intr. être sur le point d'entrer, d'arriver. || FIG. *für jn einstehen*, prendre le parti de qn ; répondre de qn. | *für seine Ideen einstehen*, avoir le courage de ses opinions. || JUR. se porter caution.

ein|stehlen (sich) [ziç"ain'ʃte:lən] (ie, a, o) v. pr. se faufiler ; se glisser. || FIG. s'insinuer.

ein|steigen ["ain'ʃtaigən] (ie, ie) v. intr. entrer en montant. | *in den Zug einsteigen*, monter dans le train. | *einsteigen !*, en voiture ! || MAR. s'embarquer. || FIG., FAM. *in ein Geschäft einsteigen*, participer à une affaire.

Einsteige|brücke ["ainʃtaigə'brykə] f. (-, n) passerelle (f.) d'embarquement. ||°**-diebstahl** m. (s, ¨e) vol (m.) à l'escalade. ||°**-loch** n. (s, ¨er) bouche (f.) d'égout. ||°**-schacht** m. (s, ¨e). MINES. entrée f.

ein|stellbar ["ain'ʃtɛlba:r] adj. réglable ; ajustable ; orientable.

ein|stellen ["ain'ʃtɛlən] v. tr. **1.** [unterbringen] placer ; mettre en dépôt ; remiser. | *den Wagen einstellen*, mettre sa voiture au garage.
2. [dingen] prendre ; engager ; embaucher. || MIL. *Rekruten einstellen*, incorporer des conscrits.
3. [aufhören] suspendre ; arrêter. | *die Arbeit einstellen*, cesser le travail ; débrayer. | *die Zahlungen einstellen*, suspendre les paiements. || MIL. *das Feuer einstellen*, cesser le feu.
4. [regeln] mettre au point. || MIL. pointer. || PHOT., PHYS. *richtig, scharf einstellen*, mettre au point.
◇ v. pr. **sich einstellen,** [kommen] arriver ; se présenter ; se trouver. || FIG. prendre position. | *sich gegen etwas einstellen*, prendre position contre qch. | *sich auf etwas einstellen*, se conformer à qch. ; se régler sur.

Ein|stellen n. (s). FIN. *Einstellen in die Rücklagen*, affectation (f.), incorporation (f.) aux réserves.

Einstell|knopf ["ainʃtɛl'knɔpf] m. (s, ¨e) bouton (m.) de réglage. ||°**-marke** f. (-, n) repère m. ||°**-scheibe** f. (-, n). PHOT. verre dépoli. ||°**-schraube** f. (-, n). PHOT. vis (f.) de réglage. ||°**-winkel** m. (s, -). AÉRON. angle (m.) de calage.

Ein|stellung ["ain'ʃtɛluŋ] f. (-, en). **1.** [Unterbringung] placement m. ; mise (f.) en dépôt ; logement m. ; garage m. || FIN. *Einstellung in Rücklagen*, incorporation (f.) aux réserves.
2. [Aufnahme eines Arbeitsverhältnisses] engagement m. ; embauchage m. ; embauche f. | *Einstellung auf Probe*, préembauche f. || MIL. incorporation f.
3. [Aufhören] suspension f. ; arrêt m. ; cessation f. ; grève f. || JUR. *Einstellung des Verfahrens*, ordonnance (f.) de non-lieu. || MIL. *Einstellung der Feindseligkeiten*, cessation des hostilités.
4. [Regelung] réglage m. || COMM. *Einstellung auf eine Produktion*, spécialisation (f.) dans une production. || TECHN. réglage m. ; mise (f.) au point. || ANAT. *Einstellung des Auges*, accommodation f.
5. FIG. prise (f.) de position ; position f. ; attitude f. ; point (m.) de vue ; manière (f.) de voir.

Einstellungs|beschluß ["ainʃtɛluŋsbə'ʃlus] m. (es, ¨e). JUR. ordonnance (f.) de non-lieu. ||°**-kosten** f. pl. frais (m. pl.) d'établissement, d'installation. ||°**-prämie** f. (-, en) prime (f.) d'embauchage.

ein|stemmen ["ain'ʃtɛmən] v. tr. *die Arme einstemmen*, mettre les poings sur les hanches. || TECHN. mater.

einstens ['ainstəns] adv. (Vx.) un jour.

Ein|stich ['ainʃtiç] m. (s, e) piqûre.

Ein|stieg ["ain'ʃti:k] m. (s, e). AUTOM. entrée f. ; montée f.

einstig ['ainstiç] adj. [früher] d'autrefois ; ancien. || [später] à venir ; futur.

ein|stimmen ["ain'ʃtimən] v. intr. s'accorder ; se mettre à l'unisson ; joindre sa voix à. | *in einen Gesang einstimmen*, entonner une chanson en chœur. || FIG. faire chorus ; acquiescer.
— SYN. : *übereinstimmen*, concorder ; *zu etwas passen*, cadrer avec ; *übereinkommen*, s'accorder.

einst|malig ["ainst'ma:liç] adj. V. EINSTIG.

einst|mals ['ainstma:ls] adv. V. EINST.

ein|stopfen ["ain'ʃtɔpfən] v. tr. fourrer dans ; bourrer.

ein|stoßen ["ain'ʃto:sən] (ö, ie, o) v. tr. enfoncer ; briser en poussant ; défoncer.

ein|streichen ["ain'ʃtraiçən] (i, i) v. tr. faire entrer en frottant ; enduire. || FIG., FAM. empocher.

ein|streuen ["ain'ʃtrɔyən] v. tr. répandre dans ; semer sur ; entremêler. | *Stroh einstreuen*, répandre de la paille ; faire une litière de paille. || FIG. semer ; insérer. | *Verse in seine Rede einstreuen*, semer des vers dans son discours.

ein|strömen ["ain'ʃtrø:mən] v. intr. affluer ; couler, se jeter dans.

Ein|strömung [-muŋ] f. (-, en). PHYS. admission f. (de la vapeur).

ein|studieren ["ainʃtu'di:rən] v. tr. apprendre par cœur ; étudier.

ein|stufen ["ain'ʃtu:fən] v. tr. classer ; distribuer par classes.

Ein|stufung [-fuŋ] f. (-, en) classement m. ; classification f.

ein|stürmen ["ain'ʃtyrmən] v. intr. entrer comme

un ouragan, rapidement. || FIG. *auf jn einstürmen*, fondre sur qn.

Ein|sturz [″ain'ʃturts] m. (es, ¨e) écroulement m. ; effondrement m.

ein|stürzen [″ain'ʃtyrtsən] v. intr. s'effondrer ; crouler ; tomber en ruine ; s'écrouler. || FIG. *auf jn einstürzen*, fondre, s'abattre sur qn.
◇ v. tr. renverser ; démolir ; faire écrouler.

einst|weilen [″ainst'vailən] adv. en attendant ; entretemps ; dans l'intervalle ; provisoirement.

einst|weilig [-liç] adj. provisoire ; intérimaire.
◇ adv. par intérim.

ein|tauchen [″ain'tauxən] v. tr. plonger, tremper dans ; immerger dans.
◇ v. intr. plonger ; s'immerger.

Ein|tausch ['aintauʃ] m. (es,¨e) troc m. ; échange m.

ein|tauschen [″ain'tauʃən] v. tr. troquer ; échanger.

ein|tausend [″ain'tauzənt] adj. num. card. mille.

ein|teilen [″ain'tailən] v. tr. diviser. | *in Abschnitte einteilen*, diviser en paragraphes. || PAR ANAL. partager ; distribuer ; répartir. | *seine Zeit gut einteilen*, bien régler l'emploi de son temps. || PAR EXT. ranger ; classer. || PHYS. graduer.

Ein|teilung [-luŋ] f. (-, en) division f. ; partition f. || PAR ANAL. partage m. ; répartition f. ; distribution f. || PAR EXT. classement m. ; classification f. || PHYS. graduation f.

ein|tonnen [″ain'tɔnən] v. tr. COMM. mettre en tonneaux, en barriques. || [Heringe] encaquer.

Ein|topf ['aintɔpf] m. (s) (*etwa*) plat (m.) unique.

Ein|trag ['aintra:k] m. (s, ¨e) inscription f. || FIG. préjudice m. ; tort m. V. EINTRAGUNG. || [Wörterbuch] entrée f.

ein|tragen [″ain'tra:gən] (ä, u, a) v. tr. **1.** porter dans, sur ; enregistrer ; inscrire ; immatriculer. | *ins Handelsregister eintragen*, inscrire au registre du commerce. | *ein Patent eintragen*, déposer un brevet. | *gerichtlich eintragen*, entériner.
2. PAR EXT. rapporter ; produire ; rendre. | *dieses Geschäft trägt wenig ein*, cette affaire rapporte peu.

ein|träglich [″ain'trɛkliç] adj. lucratif ; qui rapporte.

Ein|träglichkeit [-kait] f. (-) rendement m. ; rapport m. ; rentabilité f. ; fertilité f. (d'un terrain).

Ein|tragung [″ain'tra:guŋ] f. (-, en) inscription f. ; enregistrement m. ; immatriculation f. ; transcription f. || JUR. entérinement m.

ein|tränken [″ain'trɛŋkən] v. tr. imbiber ; imprégner ; tremper ; abreuver. || FIG., FAM. *dem werde ich's schon eintränken*, il me le payera.

ein|träufeln [″ain'trɔyfəln] v. tr. MÉD. verser goutte à goutte ; instiller.

ein|treffen [″ain'trɛfən] (i, a, o) v. intr. arriver à destination. | *unvermutet eintreffen*, arriver inopinément ; survenir. || FIG. se produire ; se réaliser ; se confirmer.

ein|treibbar [″ain'traipba:r] adj. JUR. exigible ; recouvrable.

Ein|treibbarkeit [-barkait] f. JUR. exigibilité f.

ein|treiben [″ain'traibən] (ie, ie) v. tr. enfoncer. || PAR EXT. [Vieh] faire rentrer. || FIG. faire rentrer ; recouvrer. || FIN. *Steuern eintreiben*, faire rentrer des impôts.
◇ v. intr. MAR. entrer (au port).

Ein|treibung [-buŋ] f. (-, en). COMM. recouvrement m. || FIN. perception f. ; recouvrement m.

ein|treten [″ain'tre:tən] (i, a, e) v. intr. **1.** entrer ; pénétrer. | *wieder eintreten*, rentrer. | *er ist in das Haus eingetreten*, il est entré dans la maison. || FIG. entrer. | *in einen Verein eintreten*, entrer dans une société. || ADM. *in ein Amt eintreten*, entrer dans un service. || RELIG. *in einen Orden eintreten*, entrer dans un ordre.
2. [ankommen] arriver ; se présenter ; se produire. | *Ebbe tritt ein*, la marée descend. | *Dunkelheit tritt ein*, il se fait nuit. | *Kälte tritt ein*, le froid survient. | *einen Augenblick lang trat Stille ein*, il se fit un moment de silence.
3. arriver ; se produire. | *ein solcher Fall tritt selten ein*, un pareil cas se produit rarement.
4. intervenir ; se mettre en avant (pour qn). | *für js Sache eintreten*, prendre fait et cause pour qn.
◇ v. tr. faire entrer (de force) ; enfoncer. | *die Tür eintreten*, enfoncer la porte.

Ein|treten n. (s). FIN. *Eintreten der Zahlungsunfähigkeit*, cessation (f.) de paiement.

ein|tretend [-tənt] adj. échéant. | *eintretenden Falls*, le cas échéant. || COMM. *bei eintretendem Bedarf*, en cas de besoin.

ein|trichtern [″ain'triçtərn] v. tr. verser à l'aide d'un entonnoir ; entonner. || FIG. inculquer ; seriner.

Ein|tritt ['aintrit] m. (s, e). [Handlung] entrée f. *Eintritt verboten !*, défense d'entrer. || RELIG. *Eintritt ins Kloster*, prise (f.) d'habit. || PAR EXT. (prix [m.] d') entrée f. | *freier Eintritt*, entrée libre. || FIG. arrivée f. ; commencement m. | *bei Eintritt der Dunkelheit*, au crépuscule. || JUR. *Eintritt in die Rechte des Gläubigers*, subrogation personnelle.

Eintritts|geld [″aintrits'gɛlt] n. (s, er). [prix (m.) d']entrée f. ||°**-karte** f. (-, n) billet m. ; ticket m. ||°**-termin** n. (s, e) date (f.) d'entrée dans un emploi.

ein|trocknen [″ain'trɔknən] v. tr. dessécher.
◇ v. intr. se dessécher ; sécher ; tarir. || se resserrer par la sécheresse.

ein|tröpfeln [″ain'trøpfəln] v. tr. MÉD. instiller.

ein|tunken [″ain'tuŋkən] v. tr. tremper ; saucer.

ein|tüten [″ain'ty:tən] v. tr. ensacher.

ein|üben [″ain'y:bən] v. tr. étudier. || MIL. dresser.
◇ v. pr. **sich einüben,** s'exercer ; se faire la main.

Einung ['ainuŋ] f. V. EINIGUNG.

ein|verleiben [″ainfɛr'laibən] v. tr. incorporer ; englober ; intégrer ; annexer.

Ein|verleibung [-buŋ] f. (-, en) incorporation f. ; annexion f. ; réunion f.

Ein|vernehmen [″ainfɛr'ne:mən] n. (s) accord m. ; entente f. | *in bestem Einvernehmen miteinander leben*, être dans les meilleurs termes. | *in schlechtem Einvernehmen leben*, vivre comme chien et chat. | *im Einvernehmen mit*, agissant de concert avec.

ein|verstanden [″ainfɛr'ʃtandən] adj. d'accord. | *einverstanden sein*, être d'accord avec ; approuver.

Ein|verständnis [-'ʃtɛntnis] n. (ses, se) accord m. ; entente f. ; bonne intelligence ; consentement m. | *im Einverständnis mit jm handeln*, agir d'intelligence avec qn. | *geheimes Einverständnis*, collusion f. ; connivence f. || POLIT. *Einverständnis mit dem Feinde*, intelligences avec l'ennemi.

ein|wachsen [″ain'vaksən] (ä, u, a) v. intr. pénétrer dans ; pousser des racines dans. || FIG. s'enraciner. || MÉD. *die Nägel wachsen ein*, les ongles s'incarnent.
◇ v. tr. (faible) encaustiquer ; cirer.

Ein|wand ['ainvant] m. (s, ¨e) objection f. ; prétexte m. | *nichtiger Einwand*, faux prétexte. | *Einwände erheben*, soulever des objections. || JUR. opposition f.

Ein|wanderer [″ain'vandərər] m. (s, -) immigrant m. ; immigré m.

ein|wandern [-dərn] v. intr. immigrer ; se fixer, s'établir dans un pays.

Ein|wanderung [-dəruŋ] f. (-, en) immigration f.

einwand|frei [″ainvant'frai] adj. irréprochable ; incontestable ; impeccable ; irrécusable.

ein|wärts ['ainvɛrts] adv. en dedans. | *die Füße einwärts setzen*, tourner les pieds en dedans.

ein|wässern [″ain'vɛsərn] v. tr. tremper dans l'eau. || CULIN. dessaler.

ein|weben [″ain've:bən] (o, o) envelopper d'un tissu. || brocher ; damasser.

ein|wechseln [″ain'vɛksəln] v. tr. changer ; échanger ; convertir.

Ein|wechselung [-luŋ] f. (-, en) change m.

ein|wecken [″ain'vɛkən] (du nom d'un fabricant de verres à conserves) v. tr. CULIN. conserver ; stériliser.

Einweg|feuerzeug [″ainve:k'fɔyərtsɔyk] n. (s, e) briquet (m.) jetable. ||°**-flaschen** pl., °**-glas** n. (es, ¨er) verre perdu. ||°**-rasierer** m. (s, -) rasoir (m.) jetable. ||°**-(ver)packung** f. (-) emballage perdu.

ein|weichen [″ain'vaiçən] v. tr. amollir ; tremper ; macérer.

ein|weihen [″ain'vai:ən] v. tr. inaugurer. | *ein Denkmal einweihen*, inaugurer un monument. || RELIG. bénir ; consacrer. || FIG. *eine Wohnung einweihen*, pendre la crémaillère. | *ein neues Kleid einweihen*, étrenner un costume. | *jn in etwas einweihen*, initier qn à qch.

Ein|weihung [-'vai:uŋ] f. (-, en). [Denkmal] inauguration f. ; [Kirche] consécration f. ; bénédiction f. || FIG. initiation f.

ein|weisen [″ain'vaizən] (ie, ie) v. tr. affecter ; installer. | *in ein Amt einweisen*, installer dans une fonction. || JUR. *in einen Besitz einweisen*, envoyer en possession.

ein|wenden ["ain'vɛndən] (wandte, gewandt) v. tr. objecter ; opposer ; prétexter.

Ein|wendung [-duŋ] f. (-, en) objection f. ; opposition f. | *Einwendungen machen, erheben, widerlegen*, formuler, faire, soulever, élever, réfuter des objections. || Jur. *Einwendung vor Gericht*, exception f.

ein|werfen ["ain'vɛrfən] (i, a, o) v. tr. jeter, mettre dans ; lancer. | *ein Fenster einwerfen*, briser une vitre. | *einen Brief einwerfen*, mettre une lettre à la poste. || Sport. *den Ball einwerfen*, lancer la balle. || Fig. objecter ; opposer.

ein|wickeln ["ain'vikəln] v. tr. envelopper ; emmailloter. | *in Papier einwickeln*, envelopper dans du papier. || Fig. entortiller.
◇ v. pr. **sich einwickeln,** s'emmitoufler.

Ein|wickelung [-kəluŋ] f. (-, en) enveloppement m. ; emmaillotement m.

ein|wiegen ["ain'vi:gən] v. tr. endormir en berçant ; bercer.

ein|willigen ["ain'viligən] v. intr. (in, acc.) consentir, acquiescer, adhérer, souscrire à ; agréer qch.

Ein|willigung [-guŋ] f. (-, en) consentement m. ; acquiescement m. ; agrément m.

ein|winden ["ain'vindən] v. tr. enrouler. || Mar. *den Anker einwinden*, hisser l'ancre.

ein|wintern ["ain'vintərn] v. intr. hiberner ; hiverner.
◇ v. tr. protéger contre l'hiver.

ein|wirken ["ain'virkən] v. intr. (auf, acc.) agir, influer sur ; influencer.
◇ v. tr. Text. tisser dans.

Ein|wirkung [-kuŋ] f. (-, en) influence f. ; action f.

Ein|wohner(in) ["ain'vo:nər(in)] m. (s, -), f. (-, nen) habitant(e) m. (f.).

Einwohner|meldeamt ["ainvo:nər'mɛldəamt] n. (s, ¨er) bureau (m.) de déclaration de résidence. ||°**-verzeichnis** ["--/-'--] n. (ses, se) registre (m.) des habitants ; annuaire m.

Ein|wohnerschaft ["ain'vo:nərʃaft] f. (-) population f.

ein|wühlen ["ain'vy:lən] v. tr. enfouir.

Ein|wurf ['ainvurf] m. (s, ¨e) ouverture f. | *Briefeinwurf*, ouverture (f.) de la boîte aux lettres. || Sport. rentrée en touche. || Fig. objection f.

ein|wurzeln ["ain'vurtsəln] v. intr. prendre racine ; (s')enraciner. || Fig. *eingewurzelte Gewohnheit*, habitude invétérée.
◇ v. pr. **sich einwurzeln,** s'enraciner.

ein|zahlen ["ain'tsɑ:lən] v. tr. Comm. verser ; payer ; déposer. | *auf ein Konto einzahlen*, verser à un compte. || Fin. *eine Aktie voll einzahlen*, libérer une action.

Ein|zahler [-lər] m. (s, -). Comm. déposant m.

Ein|zahlung [-luŋ] f. (-, en). Comm. paiement m. ; versement m. | *eine Einzahlung leisten*, faire, opérer, effectuer un versement. || Fin. *eine neue Einzahlung ausschreiben*, faire un appel de fonds.

ein|zähnen ["ain'tsɛ:nən] v. tr. Techn. denteler ; endenter.

ein|zapfen ["ain'tsapfən] v. tr. *Wein in Flaschen einzapfen*, tirer du vin. || Techn. encastrer ; mortaiser.

ein|zäunen ["ain'tsɔynən] v. tr. enclore.

Ein|zäunung [-nuŋ] f. (-, en) clôture f. ; haie f.

ein|zeichnen ["ain'tsaiçnən] v. tr. dessiner dans. || Archit. *Maße in einen Riß einzeichnen*, coter un dessin. || Par ext. inscrire.

Einzel... ['aintsəl] en compos., indique le caractère unique d'un objet, d'une personne ou d'une action.

Einzel|angaben ["aintsəl'angɑ:bən] f. pl. Comm. données spéciales ; indications détaillées. ||°**-arrest** m. (s, e). Mil. cellule f. || Adm. détention (f.) cellulaire. ||°**-aufhängung** f. (-, en). Autom. suspension indépendante. ||°**-betrieb** m. (s, e) entreprise individuelle. ||°**-ding** n. (s, e) chose isolée ; individu m. ||°**-fall** m. (s, ¨e) cas isolé, particulier, individuel, d'espèce. ||°**-feuer** n. (s, -). Mil. tir individuel, par pièce, coup par coup. ||°**-gänger** m. (s, -). Sport. [Jagd] solitaire m. || Fig. solitaire m. ||°**-gesang** m. (s, ¨e). Mus. solo m. ||°**-haft** f. (-) détention (f.) cellulaire. ||°**-handel** m. (s). Comm. commerce (m.) de détail. ||°**-händler** m. (s, -). Comm. détaillant m. ||°**-kampf** m. (s, ¨e) combat singulier. ||°**-leben** n. (s) vie (f.) solitaire. ||°**-person** f. (-, en) individu m. ; particulier m. ||°**-preis** m. (es, e). Comm. prix (m.) unitaire de détail. ||°**-sänger** m. (s, -). Mus. soliste m. ||°**-schallkopf** m. (s, ¨e). Méd. sonde (f.) monocristal. ||°**-schütze** m. (n, n). Mil. combattant individuel. ||°**-spiel** n. (s, e). Sport. [Tennis] simple m. ||**-stehend** adj. isolé. ||°**-stimme** f. (-, n). Mus. solo m. ||°**-stück** n. (s, e). Mus. solo m. || pièce (f.) rare. ||°**-teil** m. (s, e). Techn. élément (m.), pièce (f.) détachée. ||°**-unternehmen** n. (s, -). Écon. entreprise individuelle. ||°**-verkauf** m. (s, ¨e). Comm. vente (f.) au détail. ||°**-vertrag** m. (s, ¨e) accord particulier. ||°**-währung** f. (-, en). Fin. monométallisme m. ||°**-wesen** n. (s, -) individu m. ||°**-wirtschaft** f. (-, en). Comm., Agric. économie individuelle. || °**-zimmer** n. (s, -). chambre (f.) à un lit.

Einzelheit ['aintsəlhait] f. (-, en) fait particulier ; détail m. ; particularité f. | *bis in alle Einzelheiten*, jusqu'au dernier détail.

einzeln ['aintsəln] adj. seul ; isolé ; séparé. | *ein einzelner Mensch*, un homme seul. | *die einzelnen Teile eines Ganzen*, les différentes parties d'un tout. || Par anal. épars ; détaché. | *einzelne Gehöfte*, fermes isolées, éparses. | *einzelnes Blatt*, feuille volante. || Par ext. particulier ; individuel ; partiel. | *ins Einzelne gehen*, détailler. | *einzelne Beobachtungen*, quelques observations f. pl.
◇ adv. séparément ; en particulier ; mis à part. | *die Gäste kamen einzeln*, les invités arrivèrent un à un. | *jeder Band ist einzeln zu haben*, chaque volume s'achète séparément. | *jeder einzeln*, chacun en particulier. | *einzeln hintereinander*, en file indienne.

einziehbar ['aintsi:bɑ:r] adj. Aéron. [Fahrgestell] escamotable. || Fin. recouvrable. || Zool. rétractile.

ein|ziehen ["ain'tsi:ən] (zog. gezogen). **1.** v. tr. faire entrer ; passer dans ; introduire. | *den Faden ins Nadelöhr einziehen*, enfiler l'aiguille. || [atmen] *Luft einziehen*, aspirer l'air. || [holen] recueillir. | *Erkundigungen einziehen*, recueillir des renseignements. || [verhaften] *einen Übeltäter einziehen*, arrêter un malfaiteur. || Mil. *Rekruten einziehen*, lever, incorporer des recrues. || Comm., Fin. faire rentrer ; recouvrer. || Jur. *durch Urteil einziehen*, confisquer.
2. [aufheben] supprimer. || Fin. *Banknoten einziehen*, retirer des billets de banque.
3. [zurückziehen] retirer ; rentrer. | *der Hund zieht den Schwanz ein*, le chien serre la queue entre les pattes. || Mar. *die Netze, die Segel einziehen*, retirer les filets, amener les voiles. | *eine Fahne einziehen*, amener le pavillon. || Aéron. *das Fahrgestell einziehen*, rentrer le train d'atterrissage. || Loc. *die Achseln einziehen*, effacer les épaules.
◇ v. intr. pénétrer ; entrer ; s'infiltrer. | *in die Wohnung einziehen*, emménager. || Fig. entrer. | *der Winter zieht ein*, l'hiver fait son apparition.
◇ v. pr. **sich einziehen,** (se) rétrécir. || Fig. se restreindre ; se resserrer.

Ein|ziehung [-'tsi:uŋ] f. (-, en). [Eingang] entrée f. || [Wohnung] emménagement m. ; introduction f. || Par anal. [Einsatz] pose f. ; mise f. || [Atmung] absorption f. ; aspiration f. || [Verhaftung] arrestation f. || Mil. incorporation f. ; enrôlement m. ; appel m. || Comm. rentrée f. ; encaissement m. | *zur Einziehung*, à l'encaissement. || Fin. recouvrement m. ; retrait (m.) de la circulation. || Jur. confiscation f. || Chim., Text. rétrécissement m.

Einziehungs|anzeige ["aintsi:uŋs'antsaigə] f. (-, n). Fin. avis (m.) d'encaissement ; avis (m.) de retrait, d'invalidation. ||°**-auftrag** m. (s, ¨e). Postes. mandat (m.) de recouvrement.

einzig ['aintsiç] adj. seul ; unique. | *einziges Kind*, enfant unique. || extraordinaire ; singulier. | *einzig in seiner Art*, unique en son genre. | *ein einziges Mal*, une seule fois.
◇ adv. uniquement. | *einzig und allein*, purement et simplement. | *ein einzig schöner Augenblick*, un moment d'une rare beauté.

einzig|artig [-'ɑ:rtiç] adj. singulier.

ein|zuckern ["ain'tsukərn] v. tr. Culin. saupoudrer de sucre ; sucrer. || Par ext. confire.

Ein|zug ["ain'tsu:k] m. (s, ¨e) entrée f. | *seinen Einzug halten*, faire son entrée (solennelle). || Par ext. emménagement m. || Fin. *Einzug von Forderungen*, recouvrement (m.) de créances.

ein|zwängen ["ain'tsvɛŋən] v. tr. forcer à entrer ; faire entrer de force ; presser. | *sich einzwängen*, se comprimer le corps.

ein|zwingen ["ain'tsviŋən] (a, u) v. tr. faire entrer de force.

Eis ['e:is] n. Mus. mi (m.) dièse.

Eis [ais] n. (es). **1.** glace f. | *zu Eis gefrieren*, se congeler ; prendre. | *Eis treiben, führen*, charrier des glaces. | *das Eis bricht*, la glace se rompt. | *das Eis schmilzt*, la glace fond. | *aufs Eis gehen*, aller patiner. || FIG. *das Eis brechen*, rompre la glace. || FIG., FAM. *jn aufs (Glatt)eis führen*, tendre un piège à qn.

2. CULIN. *eine Stange Eis*, un pain de glace. | *Champagner auf Eis legen*, frapper du champagne. | *Vanilleeis*, glace à la vanille.

Eis|bahn ['aisbɑ:n] f. (-, en) patinoire f. ||°**-bank** f. (-, ¨e). MAR. banc (m.) de glace ; banquise f. ||°**-bär** m. (en, en). ZOOL. ours blanc, polaire. ||°**-beil** n. (s, e). TECHN. piolet m. ||°**-bein** n. (s, e). CULIN. jambonneau m. ||°**-berg** m. (s, e). MAR. iceberg m. ||°**-bildung** f. (-, en) givrage m. ||°**-brecher** m. (s, -). MAR. brise-glace m. ||°**-bruch** m. (s, ¨e) dégel m. ||°**-decke** f. (-, n) couche (f.) de glace. ||°**-feld** n. (s, er) banquise f. ||**-frei** adj. débarrassé des glaces. ||°**-gang** m. (s) débâcle f. ||**-gekühlt** adj. glacé ; frappé. ||°**-händler** m. (s, -) glacier m. ||°**-heiligen** m. pl. saints (m. pl.) de glace. ||°**-hockey** n. (s). SPORT. hockey (m.) sur glace. ||°**-höhle** f. (-, n) glacière f. ||**-kalt** adj. glacé ; très froid. | *es läuft mir eiskalt über den Rücken*, cela me donne la chair de poule. || FIG. glacial. ||°**-kälte** f. froid glacial. ||°**-keller** m. (s, -) glacière f. ||°**-kluft** f. (-, en). BOT. gélivure f. ||°**-klumpen** m. (s, -) glaçon m. ||°**-kunstlauf** m. (s, ¨e) patinage (m.) artistique. ||°**-maschine** f. (-, n) glacière f. ; (appareil [m.]) frigorifique m. ; réfrigérateur m. ||°**-meer** n. (s, e). MAR. mer (f.) polaire. | *Nördliches Eismeer*, océan Glacial Arctique. | *Südliches Eismeer*, océan Glacial Antarctique. ||°**-monat** m. (s, e) janvier m. || °**-nadelschleierwolke** f. (-, n) cirro-stratus m. ||°**-nebel** m. (s, -) frimas m. ||°**-picke** f. (-, n), °**-pickel** m. (s, -) piolet m. ||°**-punkt** m. (s) zéro (degré) ; température (f.) de congélation. ||°**-schnell(l)auf(en)** m. (n.). SPORT. patinage (m.) de vitesse. ||°**-scholle** f. (-, n) glaçon m. ||°**-schrank** m. (s, ¨) glacière f. ; réfrigérateur m. ||°**-schuh** m. (es, e). SPORT. patin m. ||°**-spitze** f. (-, n). TECHN. crampon m. ||°**-stadion** n. (s, dien) patinoire f. ||°**-vogel** m. (s, ¨). ZOOL. alcyon m. ; martin-pêcheur m. ||°**-würfel** m. (s, -). CULIN. glaçon m. ||°**-würfel|schale** f. (-, n) bac (m.) à glaçons. ||°**-zapfen** m. (s, -) glaçon m. ; stalactite (f.) de glace. ||°**-zeit** f. (-). GÉOL. époque (f.) glaciaire.

eisen ['aizən] v. impers. *es eist*, il gèle.

Eisen ['aizən] n. (s, -). **1.** fer m. | *schmiedbares, brüchiges Eisen*, fer malléable, cassant (pailleux). | *weiches Eisen*, fer doux. | *altes Eisen*, ferraille f. | *Eisen schmieden, hämmern, strecken (walzen)*, battre (forger), marteler le fer, laminer du fer. || FIG. *heißes Eisen*, sujet brûlant.

2. [Gegenstand] instrument (m.) en fer. | *Bügeleisen*, fer à repasser. | *Löteisen*, fer à souder. | *Hufeisen*, fer à cheval.

3. POÉT. fer m. ; épée f. | *jm das Eisen in die Brust stoßen*, plonger le fer dans la poitrine de qn.

4. LOC. FAM. *zum alten Eisen werfen*, mettre au rancart. | *mehrere Eisen im Feuer haben*, avoir plusieurs cordes à son arc. | *er ist wie von Eisen*, il a une santé de fer. || PROV. *man muß das Eisen schmieden, so lange es warm ist*, il faut battre le fer tant qu'il est chaud. | *Not bricht Eisen*, nécessité fait loi.

Eisen|abfälle ["aizən'apfɛlə] m. pl. limaille (f.) de fer ; PAR EXT. ferraille f. ||**-artig** adj. de fer ; ferrique. ||°**-ausbau** m. (s, ten) soutènement (m.) métallique (pour les mines).

Eisen|bahn ["aizən'bɑ:n] f. (-, en) chemin (m.) de fer ; voie ferrée. | *mit der Eisenbahn fahren*, prendre le train. (s. Tafel S. XIV). || FIG., FAM. *es ist höchste Eisenbahn*, il est temps, grand temps.

Eisenbahn|anschluß ["aizənbɑ:n'anʃlus] m. (es, ¨e) embranchement (m.) de chemin de fer ; interconnexion (f.) ferroviaire. ||°**-arbeiter** m. (s, -) cheminot m. ||°**-betrieb** m. (s, e) exploitation (f.) ferroviaire. ||°**-damm** m. (s, ¨e) remblai (m.) du chemin de fer. ||°**-fähre** f. (-, n) ferry-boat m. ||°**-fahrplan** m. (s, ¨e) horaire (m.) des chemins de fer. ||°**-fracht** f. (-, en) port (m) par fer. ||°**-freifahrt** f. (-, en) permis (m.) de circulation gratuite. ||°**-gesellschaft** f. (-, en) compagnie (f.) de chemin de fer. ||°**-gleis** n. (es, e) voie ferrée ; rails m. pl. ||°**-knotenpunkt** ["--/--'-] m. (s, e) nœud (m.) ferroviaire. ||°**-netz** n. (es, e) réseau ferré. || °**-polizei** ["--/-'-] f. (-, en) police (f.) des gares. ||°**-schwelle** f. (-, n) traverse f. ||°**-tarif** m. (s, e) tarif (m.) ferroviaire. ||°**-überführung** f. (-, en) passage supérieur. ||°**-übergang** ["--/-'-] m. (s, ¨e) passage (m.) à niveau. ||°**-unterführung** f. (-, en) passage souterrain. ||°**-vergünstigung** ["--/-'--] f. (-, en) tarif préférentiel. ||°**-verkehr** m. (s) trafic (m.) ferroviaire. ||°**-wagen** m. (s, -) voiture (f.) de chemin de fer. ||°**-wesen** n. (s) voies ferrées ; service (m.) des chemins de fer.

Eisen|bahner ["aizən'bɑ:nər] m. (s, -) agent (m.) du chemin de fer ; cheminot m.

Eisen|band ["aizən'bant] n. (s, ¨er). TECHN. feuillard m. ; ruban (m.) de fer. ||°**-bau** m. (s, ten). ARCHIT. construction (f.) métallique. ||°**-bauwerkstatt** f. (-, ¨e) atelier (m.) de charpentes métalliques. || °**-bearbeitung** f. (-, en) usinage (m.) de fer. || °**-bergwerk** n. (s, e) mine (f.) de fer. ||°**-beton** m. (s). ARCHIT. béton armé. ||°**-blech** n. (s, e) tôle f. ; fer-blanc m. ||°**-erz** n. (es, e) minerai (m.) de fer. ||°**-erzfelder** n. pl. mines (f. pl.) de fer. ||°**-erzgrube** f. (-, n) mine (f.) de fer. ||°**-fresser** m. (s, -). FIG. fier-à-bras m. ; matamore m. ||°**-gerippe** n. (s) charpente (f.) métallique, en fer. ||°**-gießerei** f. (-, en) fonderie (f.) de fer. ||°**-glanz** m (es). MINÉRAL. galène (f.) de fer. ||°**-guß** (es, ¨e) fonte f. ||°**-gußstück** n. (s, e) pièce (f.) de fonte ; fonte moulée ; fer coulé. ||**-haltig** adj. ferrugineux. ||°**-händler** m. (s, -) marchand (m.) de fer ; quincaillier m. ||°**-handlung** f. (-, en) commerce (m.) de fer ; quincaillerie f. ||°**-hochbau** m. (s, ten) construction (f.), charpente (f.) métallique. ||°**-hut** m. (es). POLIT., HIST. casque (m.) de fer. || BOT. aconit m. ||°**-hütte** f. (-, n) usine (f.) sidérurgique (s. Tafel S. XV). ||°**-hüttenanlage** f. (-, n) installation (f.) sidérurgique. ||°**-hüttenkunde** f. (-, n) sidérurgie f. ; métallurgie (f.) du fer. ||°**-hüttenwerk** n. (s, e) usine (f.) sidérurgique. ||°**-industrie** ["-/--'-] f. (-, n) industrie (f.) du fer ; sidérurgie f. ; métallurgie f. ||°**-kern** m. (s, e) noyau (m.) de fer ; pointe (f.) de cœur. ||°**-kies** m. (es) pyrite (f.) de fer. ||°**-kram** m. (s). PÉJOR. ferraille f. ||°**-kraut** n. (s, ¨er). BOT. verveine f. ||°**-massel** f. (-, n). TECHN. gueuse (f.) de fer. ||°**-oxyd** n. (s). CHIM. oxyde (m.) de fer. ||°**-quelle** f. (-, n) source ferrugineuse. ||°**-rost** m. (es) rouille f. ||°**-schlacke** f. (-, n) laitier (m.) de hauts fourneaux ; mâchefer m. ; scorie (f.) de fer. ||°**-schneider** m. (s, -) coupe-fer m. ||°**-schrott** m. (s) riblon m. ; ferraille f. ||°**-späne** m. pl. limaille (f.), paille (f.) de fer. ||°**-spat** m. (s) fer (m.) spathique ; sidérite f. ||°**-stab** m. (s, ¨e) barre (f.) de fer. ||°**-träger** m. (s, -) poutrelle (f.) métallique. ||°**-verhüttung** f. (-, en) sidérurgie f. ||°**-vitriol** ["--/-'-] m. ou n. (s, -). CHIM. sulfate (m.) de fer. ||°**-zink** n. (s) zinc (m.) de fer.

eisern ['aizərn] adj. de, en fer ; de bronze. | *eisernes Gitter*, grille (f.) de fer. | *eisernes Kreuz*, croix (f.) de fer. || MÉD. *eiserne Lunge*, poumon (m.) d'acier. || FIG. *eiserne Gesundheit*, santé (f.) de fer. | *eisernes Zeitalter*, âge (m.), siècle (m.) de fer. || MIL. *eiserne Ration*, ration (f.) de vivres de réserve. || COMM. *eiserner Bestand*, (stock [m.] de) réserve f.

eisig ['aiziç] adj. couvert de glace ; glacé ; congelé ; très froid. | *eisige Luft*, air glacé. || FIG. glacé ; glacial. | *eisiger Empfang*, accueil glacé.

eitel ['aitəl] adj. [lauter] pur. | *aus eitel Gold*, d'or pur. || PAR EXT. [von Sachen : wertlos] vide ; futile. | *eitles Geschwätz*, verbiage m. || [eingebildet] vain ; vaniteux ; frivole. | *eitler Geck*, fat m.

Eitelkeit [-kait] f. (-, en) vanité f. ; coquetterie f. ; frivolité f. ; futilité f. ; inanité f.

Eiter ['aitər] m. (s). MÉD. pus m.

Eiter|(aus)fluß ["aitər'(aus)flus] m. (es, ¨e). MÉD. pyorrhée f. ; suppuration f. ||°**-bazillus** ["--/-'--] m. (-, llen). MÉD. virus m. ||°**-beule** f. (-, n). MÉD. abcès m. ; clou m. ; furoncle m. || FIG. *die Eiterbeule öffnen*, crever, percer l'abcès. ||°**-erreger** m. (s, -). V. EITERBAZILLUS. ||°**-geschwulst** ["--/-'-] f. (-, ¨e). MÉD. abcès m. ||°**-stock** m. ([e]s, ¨e) bourbillon m.

eiterig ['aitəriç] adj. MÉD. purulent ; suppurant.

eitern [-tərn] v. intr. MÉD. former du pus ; suppurer.

Eiterung [-təruŋ] f. (-, en). MÉD. suppuration f.

Ekel ['e:kəl] m. (s) dégoût m. ; mal (m.) au cœur ; nausée f. || FIG. répugnance f. ; aversion f. ; écœurement m. | *Ekel vor jm empfinden*, éprouver du dégoût devant qn.

Ekel ['e:kəl] n. (s, -). FAM. personne irritante.

ekelhaft ['e:kəlhaft], **ek(e)lig** ['e:k(ə)liç] adj. dégoûtant ; écœurant. || FIG. répugnant.

— SYN. : *widerlich*, répugnant ; *anwidernd*, dégoûtant.

ekeln (sich) [ziç'e:kəln] v. pr. avoir des nausées. | *ich ek(e)le mich davor*, cela me répugne.

◇ v. impers. *mir, mich ekelt es davor*, j'en ai le dégoût.

Eklektiker [e'klɛktikər] m. (s, -). Philos. éclectique m.

eklektisch [-tiʃ] adj. Philos. éclectique.

eklig ['e:kliç] adj. V. ekelhaft.

Eklipse [e'klipsə] f. (-, n). Astron. éclipse f.

Ekliptik [-ptik] f. (-, en). Astron. écliptique f.

Ekloge [e'klogə] f. (-, n). Littér. églogue f.

Ekstase [ɛk'stɑ:zə] f. (-, n) extase f. ; transport m. ; ravissement m.

ekstatisch [-tiʃ] adj. extatique.

— Syn. : *verzückt*, transporté ; *hingerissen*, délirant.

Ekuador [ɛkva'do:r] n. pr. n. Géogr. l'Équateur m.

Ekzem [ɛ'ksɛ:m] n. (s, e). Méd. eczéma m.

Ekzem|kranke(r) [ɛ"ksɛ:m'kraŋkə(r)] f. (m.) Méd. eczémateux m., eczémateuse f.

Elaborat [elabo'rɑ:t] n. (s, e). Péjor. élaboration f. ; composition f.

Elan [e'lɑ:n] m. (s) élan m. ; enthousiasme m.

elastisch [e'lastiʃ] adj. élastique ; souple.

Elastizität [elastitsi'tɛ:t] f. élasticité f.

Elastizitäts|modul [elastitsi"tɛ:ts'mo:dul] m. (s, n). Phys. coefficient (m.) d'élasticité.

Elastomere [elasto'me:rə] pl. Chim. élastomères m. pl.

Elba ['ɛlba] n. pr. n. Géogr. île (f.) d'Elbe.

elb|abwärts ['ɛlp"apvɛrts] adv. en aval de l'Elbe. ||°**-kahn** m. (s, ¨e) chaland m.

Elbe ['ɛlbə] n. pr. f. Géogr. [Fluß] Elbe.

Elch [ɛlç] m. (s, e). Zool. élan m. ; orignal m.

Elefant [ele'fant] m. (en, en). Zool. éléphant m. || Fam. *aus einer Mücke einen Elefanten machen*, se faire une montagne de qch. ; se noyer dans un verre d'eau.

Elefanten|führer [ele"fantən'fy:rər] m. (s, -) cornac m. ||°**-gras** n. (es, ¨er). Bot. herbe (f.) à éléphants ; pennisetum m. ||°**-krankheit** f. (-). Méd. éléphantiasis f. ||°**-zahn** m. (s, ¨e). Zool. dentale m.

elegant [ele'gant] adj. élégant.

Eleganz [-'gants] f. (-) élégance f.

Elegie [ele'gi:] f. (-, en) élégie f.

Elegiker [e'le:gikər] m. (s, -) poète (m.) élégiaque.

elegisch [-giʃ] adj. élégiaque.

elektrifizieren [elɛktrifi'tsi:rən] v. tr. électrifier.

Elektrifizierung [-ruŋ] f. (-) électrification f.

Elektriker [e'lɛktrikər] m. (s, -) électricien m.

elektrisch [-triʃ] adj. électrique. | *elektrische Birne*, ampoule (f.) électrique. | *elektrische (Straßen)bahn* (fam. *Elektrische*), tramway m. (électrique). || Fig., fam. *im Saal herrscht elektrische Spannung*, il y a de l'électricité dans l'air.

elektrisieren [elɛktri'zi:rən] v. tr. électriser. || Fig. enflammer ; électriser ; galvaniser.
◇ v. pr. **sich elektrisieren,** recevoir une décharge électrique.

Elektrizität [-tsi'tɛ:t] f. (-) électricité f.

Elektrizitäts|entladung [elɛktritsi"tɛ:tsɛnt'lɑ:duŋ] f. (-, en) décharge (f.) électrique. ||°**-lehre** f. (-) électrophysique f. ||°**-leiter** m. (s, -) conducteur (m.) électrique. ||°**-menge** f. (-, en) quantité (f.) d'électricité. ||°**-messer** m. (s, -) électromètre m. || °**-sammler** m. (s, -) accumulateur m. ||°**-teilchen** n. (s, -) particule (f.) élémentaire d'électricité ; électron m. ||°**-versorgung** f. (-, en) distribution (f.) d'énergie électrique. ||°**-werk** n. (s, e) centrale (f.) électrique. ||°**-zähler** m. (s, -). Techn. compteur (m.) électrique.

Elektro... (en compos.) électrique ; électro...

Elektro|anker [e"lɛktro'aŋkər] m. (s, -) électro-aimant m. ||°**-chemie** f. (-) électrochimie f. || °**-enzephalogramm** n. (s, e). Méd. électroencéphalogramme m. ||°**-filter** m. ou n. (s, -) séparateur (m.) électrique ; électrofiltre m. ||°**-karren** m. (s, -) chariot (m.) électrique. ||°**-kocher** m. (s, -) bouilloire (f.) électrique. ||**-magnetisch** adj. électromagnétique. | *elektromagnetische Welle,* onde (f.) électromagnétique. ||°**-phorese** f. Électr. électrophorèse f. ||°**-pumpe** f. (-, n). Techn. électropompe f. ||°**-schweißung** f. (-, en) électrosoudure f. ||**-statisch** adj. Électr. électrostatique. ||°**-techniker(in)** m. (s, -), f. (-, nen) électrotechnicien m. ; électrotechnicienne f. ||°**-zug** m. (s, ¨e) palan (m.) électrique.

Elektrode [elɛk'tro:də] f. (-, n) électrode f.

Elektroden|ofen [elək"tro:dən'o:fən] m. (s, ¨) four (m.) à arc.

Elektrolyse [elɛktro'ly:zə] f. (-, n) électrolyse f.

elektrolytisch [-'ly:tiʃ] adj. électrolytique.

Elektron [elɛk'tro:n] n. (s, en) électron m. | *positives, negatives, schweres Elektron*, électron m. ; négaton m. ; méson m.

Elektronen|austritt [elɛk'tro:nən'austrit] m. (s, e) décharge (f.), émission (f.) d'électrons. ||°**-gerät** n. (s, e) appareil (m.) électronique. ||°**-rechner** m. (s, -) calculateur (m.) électronique. ||°**-röhre** f. (-, n) tube (m.) électronique. ||°**-schleuder** f. (-, n) cyclotron m. ||°**-strahl** (s, en) rayon (m.) électronique. || °**-strahl|heizung** f. (-, en) chauffage (m.) par bombardement électronique. ||°**-strom** m. (s, ¨e) flux (m.) d'électrons. ||°**-vervielfacher** m. (s, -) multiplicateur (m.) d'électrons. ||°**-volt** n. (s, s) électron-volt m.

Elektroniker(in) [elɛk'tro:nikər(in)] m. (s, -), f. (-, nen) électronicien m. ; électronicienne f.

elektronisch [elɛk'tro:niʃ] adj. électronique. | *elektronische Einspritzung*, injection (f.) électronique. | *elektronisches Telefonbuch*, annuaire (m.) électronique.

Elektroskop [-tro'skop] n. (s, e) électroscope m.

Element [ele'mɛnt] n. (s, e). **1.** [Grundstoff] élément m. ; corps (m.) simple. | *einen Körper in seine Elemente zerlegen*, décomposer un corps en ses éléments.
2. [Naturgewalt] élément m. | *die entfesselten Elemente*, les éléments déchaînés. | *das nasse Element*, l'élément liquide. || Fig., fam. *in seinem Element sein*, être dans son élément. | *übles Element*, mauvais sujet.
3. Fig. base f. ; élément m.
4. Électr. élément producteur d'électricité. | *voltaisches Element*, pile (f.) de Volta.
— Syn. : *Grundstoff*, corps ; *Stoff*, substance ; *Grundzüge*, éléments.

Element|umwandlung [ele"mɛnt'umvandluŋ] f. (-). Chim. transmutation f.

elementar [elemɛn'tɑ:r] adj. élémentaire. | *elementare Kräfte, Kenntnisse*, forces (f. pl.), connaissances (f. pl.) élémentaires.

Elementar|analyse [elemɛn"tɑ:rana'ly:zə] f. (-, n). Chim. analyse (f.) d'une matière, d'un élément. ||°**-buch** n. (s, ¨er) manuel (m.) pour les classes élémentaires. ||°**-geist** m. (s, er) esprit (m.) élémentaire ; génie (m.) de la nature. ||°**-schaden** m. (s, ¨) dommage causé par les éléments. ||°**-schule** f. (-, n) école (f.) primaire. ||°**-teilchen** n. (s, -). Nucl. particule (f.) élémentaire.

Elen ['ɛlən] n. (s, e). Zool. élan m.

Elend ['e:lɛnt] n. (s). [Not] misère f. ; dénuement m. ; détresse f. | *ins bittere Elend geraten*, tomber dans la misère noire. || Loc. *da steht er wie ein Häuflein Elend*, il est l'image même du désespoir. | *das Elend schaut aus allen Ecken heraus*, ici tout est misère et désolation.

elend ['e:lɛnt] adj. misérable ; malheureux ; pitoyable ; lamentable. | *eine elende Hütte*, un taudis. | *elend aussehen*, avoir mauvaise mine. | *sich elend fühlen*, se sentir très mal. || Fam. *mir ist elend zumute*, j'ai le cafard. | *mir wird elend zumute*, j'ai mal au cœur. | *(elendes) Nest*, trou m. | *elender Kerl*, misérable m. || Par ext. piètre.
◇ adv. fort ; beaucoup. | *ihm geht es elend schlecht*, il tire le diable par la queue.

elendig(lich) ['e:lɛndik(liç)] adv. misérablement.

Elevator [ele'vɑ:tor] m. (s, en). Techn. élévateur m. || Anat. élévateur m.

elf [ɛlf] adj. num. card. onze.
◇ f. **Elf,** Sport. [Fußball] équipe f.

Elf [ɛlf] m. (en, en), **Elfe** ['ɛlfə] f. (-, n). Myth. elfe m. ; sylphe m. ou f. ; sylphide f.

Elf|eck ['ɛlfɛk] n. (s, e). Math. hendécagone m.

Elfen|bein ["ɛlfən'bain] n. (s, e). Zool. ivoire m.

elfenbein|artig ["ɛlfənbain'ɑ:rtiç] adj. ivoirin.

elfen|beinern [-'bainərn] adj. en, d'ivoire ; ivoirin.

elfenhaft ['ɛlfənhaft] adj. féerique.

Elfen|könig ["ɛlfən'kø:niç] m. (s, e). Myth. roi (m.) des elfes. ||°**-königin** f. (-, nen). Myth. reine (f.) des elfes.

elfte [-tə] adj. num. ord. onzième. | *Ludwig der Elfte*, Louis XI.

Elftel ['ɛlftəl] n. (s) la onzième partie ; le onzième.

Elias [e'lias] n. pr. m. Élie m.

elidieren [eli'di:rən] v. tr. Gramm. élider.

Eligius [e'li:gius] n. pr. m. Éloi m. | *Sankt Eligius*, saint Éloi.

eliminieren [elimi'ni:rən] v. tr. éliminer.

Elision [eli'zio:n] f. (-, en). Gramm. élision f.

Elite [e'li:tə] f. (-, n) élite f.

Elixier [eli'ksi:r] n. (s, e). Méd. élixir m.

Ell|bogen ["ɛl'bo:gən] m. (s, -). ANAT. coude m. | *sich auf die Ellbogen stützen*, s'appuyer sur ses coudes ; s'accouder.

Ellbogen|freiheit ["ɛlbo:gən'fraihait] f. (-, en). FIG. liberté (f.) d'action, de mouvement. ||°**-lehne** f. (-, n) accoudoir m. ||°**-mensch** m. (en, en) arriviste m.

Elle ['ɛlə] f. (-, n) aune f. | *mit der Elle messen*, auner. || ANAT. cubitus m.

Ellen ['ɛlən] n. pr. f. Hélène f.

Ellen|bogen ["ɛlən'bo:gən] m. V. ELLBOGEN.

Ellipse [ɛ'lipsə] f. (-, n). MATH., GRAMM. ellipse f.

Ellipsen|bahn [ɛ"lipsən'bɑ:n] f. (-, en). ASTRON. orbite (f.) elliptique.

Ellipsoid [ɛlipso'i:t] n. (s, e). MATH. ellipsoïde m.

elliptisch [-'liptiʃ] adj. MATH., GRAMM. elliptique.

Elms|feuer ["ɛlms'fɔyər] n. (s, -). MAR. feu (m.) Saint-Elme.

eloxieren [elɔk'si:rən] v. tr. TECHN. anodiser.

Elritze [ɛl'ritsə] f. (-, n). ZOOL. vairon m.

Elsa ['ɛlza] n. pr. f. Élise f.

Elsaß ['ɛlzas] n. (es) Alsace f. || HIST. *Elsaß-Lothringen*, Alsace-Lorraine f.

Elsässer(in) ['ɛlzɛsər(in)] m. (s, -), f. (-, nen) Alsacien(ne) m. (f.)

elsässer [-sər], **elsässisch** [-siʃ] adj. alsacien.

Elsbeer|baum ["ɛlsbe:r'baum] m. (s, ¨e). BOT. alisier m.

Els|beere [-'be:rə] f. (-, n). BOT. alise f.

Elsbeth ['ɛlsbɛt] n. pr. f. Élisabeth f. ; Élise f.

Else ['ɛlzə] n. pr. f. Élise f.

Else ['ɛlzə] f. (-, n). 1° BOT. au(l)ne m. ; 2° ZOOL. alose f.

Elster ['ɛlstər] f. (-, n). ZOOL. pie f.

elterlich ['ɛltərliç] adj. qui vient des, qui appartient aux parents. || JUR. *elterliche Gewalt*, autorité parentale.

Eltern ['ɛltərn] m. pl. parents m. pl. ; père et mère.

Eltern|beirat ["ɛltərn'bairɑ:t] m. (s, ¨e). JUR. conseil (m.) de tutelle. ||°**-haus** n. (es, ¨er) maison paternelle. ||°**-liebe** f. (-) amour (m.) des parents pour les enfants. ||**-los** adj. orphelin ; sans parents. ||°**-mord** m. (s, e), °**-mörder** m. (s, -) parricide m.

Eltern|schaft ['əltərnʃaft] f. (-) ensemble (m.) des parents (des élèves d'une école).

elys(ä)isch [e'ly:ziʃ ou ely'zɛ:iʃ] adj. élyséen. || MYTH. *elysäische Gefilde*, Champs-Élysées m. pl.

Elysium [e'ly:zium] n. (s). MYTH. Élysée m.

Elzevier|ausgabe [ɛltsə"fi:r'ausgɑ:bə] f. (-, n). [Buch] elzévir m.

Email [e'mɑ:j] n. (s, s), **Emaille** f. (-, n) émail m.

Emaille|lack [e"malje'lak] m. (s, e) vernis (m.) à l'émail.

emaillieren [emal'ji:rən] v. tr. TECHN. émailler.

Emaillierung [-ruŋ] f. (-, en). TECHN. émaillage m. ; émaillure f.

Emanation [emana'tsio:n] f. (-, en). PR. et FIG. émanation f.

emanieren [ema'ni:rən] v. tr. émaner.

Emanzipation [emantsipa'tsio:n] f. (-, en) émancipation f.

emanzipieren [-'pi:rən] v. tr. émanciper.

Embargo [ɛm'bɑrgo] n. (s, s). POLIT., MAR. embargo m.

Emblem [ɛm'ble:m] n. (s, e) emblème m.

Embolie [ɛmbo'li:] f. (-, n). MÉD. embolie f.

Embryo ['ɛmbryo:] m. (s, nen). MÉD. embryon m.

Embryo|genese ["ɛmbryoge'ne:sə] f. (-, n). MÉD. embryogenèse f.

embryonal [ɛmbryo'nɑ:l], **embryonisch** [-bry-'o:niʃ] adj. MÉD. embryonnaire.

emeritiert [emeri'ti:rt] adj. en retraite ; honoraire.

Emigrant(in) [emi'grant(in)] m. (en, en), f. (-, nen) émigrant(e) m. (f.) ; émigré(e) m. (f.).

Emigration [-gra'tsio:n] f. (-, en). POLIT. émigration f.

emigrieren [-'gri:rən] v. intr. émigrer.

Emil ['e:mi:l] n. pr. m. Émile m.

eminent [emi'nɛnt] adj. éminent.

Eminenz [-'nɛnts] f. (-, en). POLIT., RELIG. éminence f.

Emissär [emi'sɛ:r] m. (s, e) émissaire m.

Emission [emi'sio:n] f. (-, en). FIN. émission f. | *Emission von Aktien*, émission d'actions. || NUCL. émission f.

Emissions|kurs [em"isio:ns'kurs] m. (es, e). ÉCON. taux (m.) d'émission. ||°**-quelle** f. (-, n). NUCL. lieu (m.) d'émission.

Emittent [emi'tɛnt] m. (en, en). [Umwelt] source (f.) de pollution.

emittieren [emi'ti:rən] v. tr. FIN. émettre. || RADIO. émettre.

Emmentaler ["emɛn'tɑ:lər] m. (s, -), °**-käse** [-kɛ :zə] m. (s, -) emmenthal m.

emotional [emotsio'nɑ:l] adj. émotif ; sensible.

emp... [ɛmp] partic. insépar. de compos. verbale, de même valeur que la particule **ent,** mais d'emploi beaucoup plus restreint.

Empfang [ɛm'pfaŋ] m. (s, ¨e). [Erhalt] réception f. ; accueil m. | *jm einen guten Empfang bereiten*, faire bon accueil à qn. | *bei Empfang des Briefes*, à la réception de cette lettre. | *den Empfang bestätigen*, accuser réception. || COMM. *zahlbar bei Empfang*, payable à réception. || réception, réunion mondaine. || PAR EXT., RADIO. réception f. ; écoute f. ; captage m.

empfangen [-ŋən] (ä, i, a) v. tr. [entgegennehmen] recevoir ; accepter. | *eine Belohnung empfangen*, recevoir une récompense. || RADIO., TÉLÉV. capter. | *einen Sender empfangen*, capter un poste. | *Sie empfangen den Bayrischen Rundfunk*, vous êtes à l'écoute de radio Munich. || RELIG. *die Taufe empfangen*, recevoir le baptême. || PAR EXT. [willkommen heißen] accueillir ; recevoir. | *mit offenen Armen empfangen*, recevoir à bras ouverts.

◇ v. intr. [schwanger werden] devenir enceinte.

empfangen [-ŋən] adj. reçu. || COMM. *Betrag empfangen*, pour acquit.

Empfänger [ɛm'pfɛŋər] m. (s, -) destinataire m. || COMM. partie prenante. || RADIO. récepteur m.

empfänglich [-ŋliç] adj. réceptif. | *für Lob empfänglich*, sensible aux louanges. || PAR EXT. susceptible.

Empfänglichkeit [-ŋliçkait] f. (-) réceptivité f. ; susceptibilité f. | *Empfänglichkeit für eine Krankheit*, prédisposition (f.) à une maladie.

Empfängnis [-ŋnis] f. (-). PHYSIOL. conception f.

empfängnis|verhütend [ɛm"pfɛŋnisfɛr'hy:tent] adj. anticonceptionnel ; contraceptif. ||°**-verhütung** f. (-) contraception f. | *natürliche Empfängnisverhütung*, contraception naturelle. ||°**-verhütungs|mittel** n. (s, -) contraceptif m.

Empfangs|antenne [ɛm"pfaŋsan'tɛnə] f. (-, n). RADIO. antenne réceptrice. ||°**-anzeige** f. (-, n) accusé (m.) de réception. ||°**-berechtigte(r)** f. (m.) destinataire s. ; ayant droit m. ||°**-bescheinigung** f. (-, en) récépissé m. ; reçu m. ||°**-bestätigung** f. (-, en) accusé (m.) de réception. ||°**-störung** f. (-, en) perturbation (f.) de la réception. ||**-verstärkend** adj. RADIO. hétérodyne. ||°**-zeit** f. (-, en) heures (f. pl.) de réception. ||°**-zimmer** n. (s, -) salon m.

empfehlen [ɛm'pfe:lən] (ie, a, o) v. tr. recommander. || COMM. *ein Geschäft empfehlen*, recommander une affaire. | *bitte, empfehlen Sie mich Ihren Eltern*, mes respects à vos parents, je vous prie.

◇ v. pr. **sich empfehlen,** prendre congé. || FAM. *sich auf französisch empfehlen*, filer à l'anglaise.

◇ v. impers. être recommandé, indiqué. | *es empfiehlt sich, noch zu warten*, il est préférable d'attendre (encore).

empfehlens|wert [ɛm"pfe:ləns've:rt] adj. recommandable.

Empfehlung [ɛmp'fe:luŋ] f. (-, en) recommandation f. ; introduction f. || COMM. *gute Empfehlungen*, bonnes références. || PAR EXT. compliments m. pl. ; respects m. pl. ; hommages m. pl. ; salutations f. pl.

Empfehlungs|brief [ɛm"pfe:luŋs'bri:f] m. (s, e), °**-schreiben** n. (s, -) lettre (f.) de recommandation. ||**-wert, -würdig** adj. recommandable.

empfindbar [ɛm'pfintbɑ:r] adj. sensible ; perceptible. | *empfindbar machen*, faire sentir.

Empfindbarkeit [ɛm"pfintbar'kait] f. (-) sensibilité f.

Empfindelei [ɛmpfində'lai] f. (-, en) sensiblerie f.

empfinden [ɛm'pfindən] (a, u) v. tr. éprouver ; sentir ; ressentir. | *Schmerz empfinden*, ressentir une douleur. | *einen Verlust empfinden*, éprouver une perte. | *Achtung vor jm, Freundschaft für jn empfinden*, avoir du respect, éprouver de l'amitié pour qn.

empfindlich [-'pfintliç] adj. sensible ; impressionnable. | *empfindliche Stelle*, point (m.) sensible. | *gegen Kälte empfindlich*, sensible au froid. || FIG. sensible ;

susceptible ; irritable. | *empfindliche Stelle*, point (m.) faible. | *empfindliche Strafe*, punition (f.) sévère. || Phot. sensible. || Techn. *empfindliches Instrument*, instrument (m.) sensible.
◇ adv. vivement ; sensiblement. | *empfindlich treffen*, toucher au point sensible.

Empfindlichkeit [-'pfintliçkait] f. (-, en) sensibilité f. ; susceptibilité f.

empfindsam [-'pfintzɑ:m] adj. sensible ; émotif ; sentimental.

Empfindsamkeit [-'pfintzɑ:mkait] f. (-, en) sensibilité f. ; sentimentalité f. ; émotivité f. ; sensiblerie f.

Empfindung [-'pfinduŋ] f. (-, en) sensation f. ; sentiment m. ; émotion f.

Empfindungs|kraft [ɛm"pfinduŋs'kraft] f. sensibilité f. ||**-los** adj. dépourvu de sensibilité ; insensible. ||°**-losigkeit** f. (-, en) insensibilité f. ||°**-nerv** m. (s, en) nerf sensitif. ||°**-vermögen** n. (s) sensibilité f. ; faculté perceptrice. ||**-voll** adj. sensible. ||°**-wort** n. (es, ¨er). Gramm. interjection f.

empfohlen [ɛm'pfo:lən] adj. recommandé.

Emphase [ɛm'fɑ:zə] f. (-, n). Littér. emphase f.

emphatisch [-'fɑ:tiʃ] adj. emphatique.
— Syn. : *schwülstig*, ampoulé ; *aufgeblasen*, enflé.

Emphysem [ɛmfy'zɛm] n. (s, e). Méd. emphysème m.

Empirie [ɛmpi'ri:] f. (-), **Empirik** [ɛm'pirik] f. (-). Philos. empirisme m.

Empiriker [ɛm'pirikər] m. (s, -). Philos. empiriste m.

empirisch [-riʃ] adj. Philos. empirique.

empor [ɛm'po:r] adv. et partic. sépar. ; en haut ; vers le haut ; vers le ciel ; au ciel.

empor|arbeiten (sich) [ziçɛm"po:r'arbaitən] v. pr. parvenir par son travail, son effort. || Fam. arriver à la force du poignet.

empor|blicken [ɛm"po:r'blikən] v. intr. lever les yeux ; regarder en haut, en l'air.

empor|bringen [ɛm"po:r'briŋən] (brachte, gebracht) v. tr. élever ; donner l'essor à ; faire réussir.
◇ v. pr. Fig. **sich emporbringen,** arriver.

Empore [ɛm'po:rə] f. (-, n). Archit. galerie f.

empören [ɛm'pø:rən] v. tr. soulever ; révolter. || Fig. outrer. v. pr. **sich empören,** se révolter ; se soulever ; s'insurger. || Fig. s'indigner.

empörend [-rənt] adj. Fig. révoltant.

Empörer [-rər] m. (s, -) révolté m. ; rebelle m.

empörerisch [-rəriʃ] adj. séditieux ; insurrectionnel.

empor|fahren [ɛm"po:r'fɑ:rən] (ä, u, a) v. intr. monter. || [auffahren] se lever brusquement ; sursauter ; bondir. || Fig. bondir.

empor|fliegen [ɛm"po:r'fli:gən] (o, o) v. intr. prendre son vol ; s'élever dans les airs.

empor|helfen [ɛm"po:r'hɛlfən] (i, a, o) v. intr. aider (qn) à se relever, à parvenir.

Emporium [ɛm'porium] n. (s, ien). Comm. entrepôt m. ; grand centre commercial.

empor|kommen [ɛm"po:r'kɔmən] (a, o) v. intr. s'élever. || Fig. parvenir ; arriver ; faire son chemin.

Empor|kömmling [-'kømliŋ] m. (s, e) parvenu m.

empor|raffen [ɛm"po:r'rafən] v. intr. se lever brusquement. | *sich emporraffen*, fig. se rétablir.

empor|ragen [ɛm"po:r'rɑ:gən] v. intr. se dresser au-dessus de ; dominer.

empor|ranken [ɛm"po:r'raŋkən] v. intr. et v. pr. Bot. grimper.

empor|richten [ɛm"po:r'riçtən] v. tr. dresser.

empor|schnellen [ɛm"po:r'ʃnɛlən] v. intr. monter en flèche.

empor|schwingen (sich) [ziçɛm"po:r'ʃviŋən] (a, u) v. pr. prendre son essor, son vol ; s'élancer dans les airs. || Fig. arriver.

empor|sehen [ɛm"po:r'ze:ən] (ie, a, e) v. intr. lever les yeux. | *zu jm mit Bewunderung emporsehen*, admirer qn.

empor|steigen [ɛm"po:r'ʃtaigən] (ie, ie) v. intr. s'élever ; monter ; surgir ; faire une ascension.

empor|streben [ɛm"po:r'ʃtre:bən] v. intr. Fig. avoir de l'ambition ; chercher à s'élever.

empört [ɛm'pø:rt] adj. révolté. || Fig. indigné ; outré.

empor|treiben [ɛm"po:r'traibən] (ie, ie) v. tr. faire monter ; pousser en l'air.

Empörung [ɛm'pø:ruŋ] f. (-, en) soulèvement m. ; rébellion f. ; révolte f. || Fig. indignation f.
— Syn. : *Aufruhr*, *Auflehnung*, révolte ; *Aufstand*, rébellion ; *Meuterei*, sédition ; *Entrüstung*, indignation.

emsig ['ɛmziç] adj. appliqué ; diligent ; laborieux ; actif ; empressé.

Emsigkeit [-kait] f. (-) activité f. ; zèle m. ; application f. ; diligence f. ; empressement f.

Emu ['e:mu] m. (s, s). Zool. émeu m.

Emulation [emula'tsio:n] f. Inf. émulation f.

Emulator [emu'lɑ:tɔr] m. (s, en). Inf. émulateur m.

Emulgator [emul'ga:tɔr] m. (s, en) émulsifiant m. ; émulsif m.

emulgieren [emul'gi:rən] v. tr. Chim. émulsionner ; émulsifier.

Emulsion [emul'zio:n] f. (-, en). Chim. émulsion f.

End... [ɛnt] (en compos.) final ; terminal ; définitif ; total.

End|bahnhof ["ɛnt'bɑ:nho:f] m. (s, ¨e). Transp. (gare [f.]) terminus m. ||°**-bescheid** m. (s, e). Jur. jugement définitif ; sentence définitive. ||°**-buchstabe** m. (n, n). Gramm. finale f. ||°**-darm** m. (s, ¨e). Anat. rectum m. ||°**-effekt** m. (s, e) résultat final. | *im Endeffekt*, au total. ||°**-ergebnis** n. (ses, se) résultat (définitif). ||°**-fabrikat** n. (s, e) produit (final). ||**-gültig** adj. définitif. ||°**-haltestelle** f. (-, n) terminus m. ||°**-kampf** m. (s, ¨e). Sport. finale f. (pour les jeux). ||°**-kontakt** m. (s, e) butée (f.) électrique. ||°**-lager** n. (s, -). Nucl. aire (f.) de stockage définitif. ||°**-lagerung** f. (-, en). Nucl. stockage définitif (des déchets). ||°**-lauf** m. (s, ¨e). Sport. finale f. (pour les courses). ||**-los** adj. sans fin ; interminable. || °**-losigkeit** f. (-) durée infinie ; infinité f. || Philos. éternité f. ||°**-moräne** f. (-, n). Géol. moraine terminale. ||°**-produkt** n. (s, e) produit final. ||°**-punkt** m. (s, e) extrémité f. ; terme m. ||°**-reim** m. (s, e). Poés. rime finale. | *gegebene Endreime*, bouts-rimés m. pl. ||°**-spiel** n. (s, e). Sport. finale f. ||°**-spurt** m. (s, e). Sport. rush m. ||°**-station** f. (-, en). Transp. terminus m. ; tête (f.) de ligne. ||°**-summe** f. (-, n). Fin. total m. ||°**-termin** m. (s, e) terme (m.) extrême. ||°**-ursache** f. (-, n) cause finale. ||°**-urteil** n. (s, e). Jur. sentence définitive. ||°**-verbraucher** m. (s, -). Écon. utilisateur final. ||°**-zahl** f. (-, en) résultat m. ; somme f. ; total m. ||°**-ziel** n. (s, e) but m. ; terme m. ; objectif m. ||°**-zweck** m. (s, e) but m. ; fin f. || Philos. cause finale.

Ende ['ɛndə] n. (s, n) fin f. ; terme m. ; bout m. ; conclusion f. ; dénouement m. | *Schraube ohne Ende*, vis (f.) sans fin. | *die beiden Enden der Schnur*, les deux bouts de la ficelle. | *am Ende seiner Rede, sagte er*, à la fin de son discours, il dit. || Comm. *Ende dieses Monats*, fin courant. || Par ext. mort f. ; fin f.
Loc. **1.** *der Weg nimmt kein Ende*, ce chemin n'en finit pas. | *es ist noch ein gutes Ende bis zur Stadt*, il y a encore un bon bout de chemin jusqu'à la ville. | *an allen Ecken und Enden*, de toutes parts. | *an allen Enden*, partout.
2. *der Tag neigt sich seinem Ende zu*, le jour décline. | *es geht mit ihm zu Ende*, il baisse ; il approche de sa fin. | *ich bin am Ende (meiner Kräfte)*, je n'en peux plus. | *meine Geduld ist zu Ende*, ma patience est à bout. | *mit etwas ein Ende machen*, en finir avec qch. | *etwas zu Ende führen*, mener qch. à bien. | *er kommt mit dieser Arbeit endlich zu Ende*, enfin il vient à bout de ce travail. || Fam. *das ist das Ende vom Lied*, c'est la fin des haricots. | *das dicke Ende kommt noch*, nous n'avons pas vu le plus beau. | *mit seiner Weisheit rasch zu Ende sein*, être vite au bout de sa science. || (Vx.) *des Staunens war kein Ende*, on n'en finissait pas de s'étonner.
3. *einem Übelstand ein Ende bereiten*, mettre fin à un abus. | *mit dem nimmt es noch ein schlimmes Ende*, celui-là finira mal. | *eine Sache am richtigen (verkehrten) Ende anfassen*, prendre une chose par le bon (le mauvais) bout. | *am Ende*, en fin de compte ; après tout. | *letzten Endes*, en fin de compte. | *Winckelmann und kein Ende*, Winckelmann, toujours Winckelmann ! || Prov. *Ende gut, alles gut*, tout est bien qui finit bien.

Endemie [ɛnde'mi:] f. (-, n). Méd. endémie f.

endemisch [-'de:miʃ] adj. Méd. endémique.

enden ['ɛndən] v. intr. finir ; s'arrêter ; cesser. | *die Frist endet morgen*, le délai expire demain.
◇ v. tr. finir ; terminer ; achever. | *sein Leben enden*, finir ses jours.

Endivie [ɛn'di:viə] f. (-, n) chicorée frisée ; FAM. frisée f.

endlich ['ɛntliç] adj. final ; définitif ; dernier. || PAR EXT. limité ; borné ; fini.
◇ adv. finalement ; en dernier lieu ; au bout du compte ; enfin ; en définitive.

Endlichkeit [-kait] f. (-) ce qui est limité, fini. || PHILOS. *die Endlichkeit der Welt*, le monde fini.

Endogamie [ɛndoga'mi:] f. [Ethnographie] endogamie f.

Endonuklease ['ɛndonukle"ɑ:zə] f. (-, n.). MÉD. endonucléase f.

Endoskopie [ɛndosko'pi:] f. (-, n). MÉD. endoscopie f.

Endosmose [ɛndɔs'mo:zə] f. (-, n). BIOL. endosmose f.

Endossement [ɛndɔsə'mɛnt] n. (s). V. INDOSSAMENT.

Endung ['ɛnduŋ] f. (-, en) terminaison f.

Energie [enɛr'gi:] f. (-, n). PHYS. énergie f. | *Energie der Bewegung, der Lage*, énergie cinétique, potentielle. | *fossile, grüne, sanfte Energie*, énergie fossile, verte, douce. | *freigewordene, aufgenommene Energie*, énergie libérée, absorbée. || FIG. *Energie haben ; mit Energie verlangen*, être énergique ; demander avec insistance.

Energie|aufspeicherung [enɛr"gi:'aufʃpaiçəruŋ] f. (-, en). PHYS. accumulation (f.) d'énergie. ||°**-bedarf** m. (s). PHYS. besoin (m.) d'énergie ; énergie (f.) nécessaire. || ÉCON. besoins (m. pl.) énergétiques. ||°**-bilanz** f. (-, en) bilan (m.) énergétique. ||°**-dosis** f. (-, sen). NUCL. dose absorbée. ||°**-einschränkung** [-"-/'--] f. (-, en), °**-einsparung** f. (-, en). ÉLECTR. restriction (f.) de l'énergie électrique. ||°**-fluß** m. (es, ¨e). PHYS. flux (m.) énergétique. ||°**-freisetzung** f. (-, en). PHYS. libération (f.) d'énergie. ||°**-haushalten** n. (s). [Umwelt] maîtrise (f.) de l'énergie. ||**-los** adj. PHYS. sans énergie. || FIG. lâche ; faible. ||°**-losigkeit** f. (-). PHYS. manque (m.) d'énergie. || FIG. faiblesse f. ||°**-menge** f. (-, n). PHYS. quantité (f.) d'énergie. ||°**-politik** f. politique (f.) énergétique. ||°**-prognose** f. (-, n) prévision (f.) énergétique. ||°**-quelle** f. (-, n). PHYS. source (f.) d'énergie ; ressource (f.) énergétique. ||°**-resonanz** f. (-, en). PHYS. résonance (f.) d'énergie. ||°**-rückgewinnung** f. (-, en). [Umwelt] récupération (f.) de l'énergie. ||°**-umformung** f. (-, en), °**-umwandlung** f. (-, en). PHYS. transformation (f.) d'énergie. ||°**-verbrauch** m. (s) dépense (f.) énergétique. ||°**-versorgung** f. (-, en). ÉLECTR. approvisionnement (m.), alimentation (f.) en énergie. ||°**-verteilungs|netz** n. (es, e) réseau (m.) de distribution d'énergie. ||°**-wirtschaft** f. (-, en). ÉLECTR. production (f.) de l'énergie électrique.

energisch [e'nɛrgiʃ] adj. FIG. énergique. | *er geht energisch vor*, FAM. il n'y va pas de main morte.

eng [ɛŋ] adj. étroit ; resserré. | *enges Zimmer*, chambre étroite. || PAR ANAL. serré ; collant. | *enges Sieb*, passoire fine. | *enger Kamm*, peigne fin. | *enger machen*, rétrécir. | *enger werden*, se rétrécir. || LOC. *es ist mir so eng ums Herz*, j'ai le cœur si serré. | *die engere Bekanntschaft*, le cercle des intimes.
◇ adv. étroitement ; à l'étroit. | *sie sitzen zu eng*, ils sont assis trop serrés. | *zu eng schreiben*, écrire serré. | *ein eng anliegendes Kleid*, une robe moulante.

Engagement [ɑ̃gaʒ'mɑ̃] n. (s, s). THÉÂTRE. engagement m.

eng|bäuchig ["ɛŋ'bɔyçiç] adj. efflanqué. ||**-begrenzt** adj. étroitement borné, limité. ||**-brüstig** adj. asthmatique. ||°**-brüstigkeit** f. (-). MÉD. asthme m. ||**-halsig** adj. à goulot étroit. ||**-herzig** adj. qui a le cœur sec. ||°**-herzigkeit** f. (-) étroitesse (f.) de cœur. ||**-maschig** adj. TEXT. à mailles serrées. ||°**-paß** m. (es, ¨e) défilé m. ; gorge f. ; col m. ; passage m. ; pas m. ||**-sichtig** adj. qui a des vues bornées. ||**-stirnig** adj. borné.

Enge ['ɛŋə] f. (-, n) espace limité ; étroitesse f. || [Berg] défilé m. ; gorge f. || [Meer] détroit m. ; passe f. || FIG. étroitesse f. ; petitesse f. ; mesquinerie f. | *in der Enge sein*, être dans la gêne. | *in die Enge treiben*, pousser à bout.

Engel ['ɛŋəl] m. (s, -) ange m. ; envoyé (m.), messager (m.) du ciel. | *gefallener Engel*, ange déchu. || FIG. *sie ist ein wahrer Engel*, elle est un ange de bonté. | *mein guter Engel*, mon bon génie. || FAM. *ein Engel fliegt durchs Zimmer*, un ange passe. || FAM. *die Engel im Himmel pfeifen hören*, voir trente-six chandelles.

Engel|macherin ["ɛŋəlmaxərin] f. (-, nen) faiseuse (f.) d'anges.

Engel(s)|bild ["ɛŋəl(s)'bilt] n. (es, er) créature (f.) angélique. ||°**-brot** n. (s, e) manne (f.) céleste. ||°**-burg** f. (-) château (m.) Saint-Ange (à Rome). ||°**-gruß** m. (es, ¨e). RELIG. angélus m. ||°**-güte** f. (-) bonté (f.) angélique. ||°**-wurz** f. (-). BOT. angélique f. ||°**-zunge** f. (-, n). *jn mit Engelszungen bereden*, enjôler qn.

engen ['ɛŋən] v. tr. et v. pr. (se) rétrécir ; gêner.

Engerling ['ɛŋərliŋ] m. (s, e). ZOOL. ver blanc ; larve (f.) de hanneton.

Engineering [ɛndʒi'ni:riŋ] n. (s) ingénierie f.

England ['ɛŋlant] n. pr. n. GÉOGR. Angleterre f.

Engländer(in) ['ɛŋlɛndər(in)] m. (s, -), f. (-, nen). GÉOGR. Anglais(e) m. (f.).
◇ m. TECHN. clef anglaise.

englisch ['ɛŋliʃ] adj. GÉOGR. anglais. || MÉD. *englische Krankheit*, rachitisme m. || GRAMM. *englische Redensart*, anglicisme m. || FAM. *sich auf englisch empfehlen*, filer à l'anglaise.

Englisch ['ɛŋliʃ] n. [Sprache] anglais m. | *er spricht Englisch*, il parle (l')anglais. | *ins Englische übersetzen*, traduire en anglais.

Englisch|horn [-'hɔrn] n. (s, ¨er) cor anglais.

engros [ɑ̃:gro:] adv. et préf. COMM. en gros ; de gros. | *Engrosgeschäft*, commerce (m.) de gros.

Enkaustik [ɛn'kɔstik] f. (-) encaustique f.

Enkel ['ɛŋkəl] m. (s, -). [Fußknöchel] cheville f.

Enkel(in) ['ɛŋkəl(in)] m. (s, -), f. (-, nen) petit-fils m. ; petite-fille f. || PAR EXT. descendant(e) m. (f.).

Enkel|kind ["ɛŋkəl'kint] n. (s, er) petit-fils m. ; petite-fille f. ; petits-enfants m. pl. ||°**-sohn** m. (s, ¨e) arrière-petit-fils m. ||°**-tochter** f. (-, ¨) arrière-petite-fille f.

Enklave [ɛŋ'klɑ:və] f. (-, n) enclave f.

Enklitikon [ɛŋ'kli:tikɔn] n. (s, ken), **Enklitika** [-tika] f. (-, ken). GRAMM. enclitique m.

enklitisch [-tiʃ] adj. GRAMM. enclitique.

enorm [e'nɔrm] adj. énorme ; étonnant.

Ensemble [ɑ̃'sɑ̃:bəl] n. (s, s). THÉÂTRE. ensemble m. ; compagnie f.

ent... [ɛnt] partic. insépar. de compos. verbale.
I. Marquant l'opposition : **a.** pour indiquer l'action inverse : *binden ; ent|binden.* — **b)** à partir d'un substantif : *Wasser ent|wässern.* — **c)** pour indiquer un éloignement : *ent|gehen.*
II. Marquant : **a.** le début d'une action : *entflammen* ; **b.** le passage à un autre état : *ent|schlafen.*

ent|arten [ɛnt'ɑ:rtən] v. intr. dégénérer ; s'abâtardir. || FIG. mal tourner ; se dépraver.

Ent|artung [-tuŋ] f. (-, en) action (f.) de dégénérer ; dégénérescence f. ; abâtardissement m.

ent|ästen [ɛnt'ɛstən] v. tr. ébrancher ; élaguer.

ent|äußern (sich) [ziçɛnt'ɔysərn] v. pr. (gén.) se défaire ; se dessaisir. || JUR. et PHILOS. aliéner.

Ent|äußerung [ɛnt'ɔysəruŋ] f. (-, en) dessaisissement m. ; cession f. || JUR. aliénation f.

ent|behren [ɛnt'be:rən] v. tr. être privé de ; manquer de ; se passer de. | *etwas nicht entbehren können*, ne pouvoir vivre sans qch.
◇ v. intr. manquer de. | *sein Verhalten entbehrt nicht einer gewissen Größe*, sa conduite ne manque pas d'une certaine grandeur.

ent|behrlich [-'be:rliç] adj. dont on peut se passer ; superflu.
— SYN. : *unnütz*, inutile ; *nutzlos*, *überflüssig*, superflu.

Ent|behrlichkeit [-'be:rliçkait] f. (-) inutilité f. ; superfluité f.

Ent|behrung [ɛnt'be:ruŋ] f. (-, en) privation f. ; dénuement m. | *sich Entbehrungen auferlegen*, s'imposer des privations.

ent|bieten [ɛnt'bi:tən] (o, o) v. tr. POÉT. faire savoir à ; porter à la connaissance de ; offrir. | *ich entbiete Euch meinen Gruß*, je vous adresse mes salutations. || PAR EXT. *jn zu sich entbieten*, mander qn.

ent|binden [ɛnt'bindən] (a, u) v. tr. FIG. détacher ; délier. | *von einem Eid, einem Amt entbinden*, délier d'un serment, relever d'une fonction. || PAR EXT. dégager ; dispenser. || MÉD. *von einem Knaben entbunden werden*, accoucher d'un garçon.

Ent|bindung [-duŋ] f. (-, en) délivrance f. ; dégagement m. || MÉD. accouchement m.

Entbindungs|anstalt [ɛnt"binduŋs'anʃtalt] f. (-, en) clinique (f.) d'accouchement ; maternité f. ||°**-arzt** m. (es, ¨e) médecin accoucheur.

ent|blättern [ɛnt'blɛtərn] v. tr. dépouiller de ses feuilles ; effeuiller. || [Rebe] épamprer.
◇ v. pr. **sich entblättern,** perdre ses feuilles.

ent|blöden (sich) [ziçɛnt'blø:dən] v. pr. *sich nicht entblöden, etwas zu tun*, avoir le front, ne pas avoir honte de faire qch.

ent|blößen [ɛnt'blø:sən] v. tr. mettre à nu ; dénuder ; découvrir. | *mit entblößtem Haupt*, tête nue. || PAR EXT. montrer ; exhiber. || FIG. démunir ; dépouiller. | *jn seiner Habe entblößen*, priver qn de ses biens. || MIL. dégarnir.

Ent|blößung [-suŋ] f. (-, en) mise (f.) à nu ; nudité f. ; dépouillement m. || FIG. dénuement m.

ent|brennen [ɛnt'brɛnən] (entbrannte, entbrannt) v. intr. s'enflammer. || FIG. s'allumer ; s'enflammer ; éclater. | *vor Wut entbrennen*, enrager. | *der Krieg entbrennt*, la guerre éclate, se déchaîne.

Entchen ['ɛntçən] n. (s, -) caneton m.

ent|decken [ɛnt'dɛkən] v. tr. découvrir ; trouver ; dévoiler ; révéler. | *den Südpol entdecken*, découvrir le pôle Sud. | *jm ein Geheimnis entdecken*, révéler, confier un secret à qn.

Ent|decker [-kər] m. (s, -) auteur (m.) d'une découverte ; explorateur m. ; inventeur m.

Ent|deckung [-kuŋ] f. (-, en) découverte f. ; exploration f.

ent|dramatisieren [ɛntdramati'zi:rən] v. tr. dédramatiser.

Ente ['ɛntə] f. (-, n). ZOOL. canard m. ; [Weibchen] cane f. | *junge Ente*, caneton m. || FIG., FAM. canard m. ; bobard m.

Enten|braten [″ɛntən'brɑ:tən] m. (s, -) canard rôti. ||°**-pfuhl** m. (s, e), °**-teich** m. (s, e) canardière f.

Enterich ['ɛntəriç] m. (s, e) canard (m.) mâle.

ent|ehren [ɛnt'e:rən] v. tr. déshonorer ; flétrir.

ent|ehrend [-'e:rənt] adj. diffamant. || JUR. *entehrende Strafe*, peine infamante.

ent|eignen [ɛnt'aignən] v. tr. déposséder ; exproprier.

Ent|eignung [-nuŋ] f. (-, en) expropriation f.

Enteignungs|verfahren [ɛnt″aignuŋsfɛr'fa:rən] n. (s, -). JUR. procédure (f.) d'expropriation.

ent|eilen [ɛnt'ailən] v. intr. s'enfuir ; s'en aller en vitesse.

ent|eisen [ɛnt'aizən] v. tr. enlever la glace ; dégivrer.

Ent|eiser [-zər] m. (s, -). AÉRON. dégivreur m.

Entente [ɑ̃'tɑ̃:tə] f. (-, n). POLIT. entente f.

Enter|beil [″ɛntər'bail] n. (s, e). MAR. hache (f.) d'abordage. ||°**-haken** m. (s, -). MAR. grappin (m.) d'abordage.

ent|erben [ɛnt'ɛrbən] v. tr. déshériter || JUR. exhéréder.

Ent|erbung [ɛnt'ɛrbuŋ] f. (-, en). JUR. exhérédation f.

entern ['ɛntərn] v. tr. MAR. aborder.

Enterung [-ruŋ] f. (-, en). MAR. abordage m.

ent|fachen [ɛnt'fɑ:xən] v. tr. allumer. || FIG. enflammer. | *Begierde entfachen*, allumer le désir.

ent|fahren [ɛnt'fɑ:rən] (ä, u, a) v. intr. (s') échapper. | *ein unbedachtes Wort entfährt ihm*, un propos irréfléchi lui échappe.

ent|fallen [ɛnt'falən] (ä, ie, a) v. intr. échapper. | *die Vase entfiel ihren Händen*, le vase échappa de ses mains. || FIG. *der Name ist mir entfallen*, ce nom m'a échappé. || PAR EXT. revenir à qn. | *auf jeden entfallen zwei Brote*, chacun a droit à deux pains.

ent|falten [ɛnt'faltən] v. tr. déplier ; déployer ; dérouler. || FIG. *eine rege Tätigkeit entfalten*, déployer une activité intense.

◇ v. pr. **sich entfalten,** se déplier ; se déployer ; se développer. | *die Blüte entfaltet sich*, cette fleur s'épanouit. || se dérider. || FIG. s'épanouir. || MIL. se déployer.

Ent|faltung [-tuŋ] f. (-, en) déploiement m. ; développement m. ; épanouissement m. || MIL. déploiement m.

ent|färben [ɛnt'fɛrbən] v. tr. décolorer.

◇ v. pr. **sich entfärben,** se décolorer ; perdre sa, ses couleurs. || FIG. changer de couleur ; pâlir.

Ent|färbung [-buŋ] f. (-, en) décoloration f.

ent|fasern [ɛnt'fa:zərn] v. tr. effiler ; effilocher.

ent|federn [ɛnt'fe:dərn] v. tr. déplumer ; priver, dépouiller de ses plumes.

ent|fernen [ɛnt'fɛrnən] v. tr. éloigner ; enlever ; écarter. | *Flecken entfernen*, détacher. || CHIM. éliminer.

◇ v. pr. **sich entfernen,** s'éloigner ; s'absenter. || FIG. s'écarter, s'éloigner.

ent|fernt [-'fɛrnt] adj. éloigné ; distant. || PAR EXT. absent. | *eine entfernte Gegend*, une contrée éloignée. || FIG. éloigné ; loin de. | *ich bin weit (davon) entfernt, zu glauben, daß*, je suis loin de croire que.

◇ adv. *wir sind entfernt verwandt*, nous sommes des parents éloignés. | *nicht im entferntesten daran denken*, n'y pas penser le moins du monde.

Ent|fernung [-'fɛrnuŋ] f. (-, en) distance f. ; éloignement m. | *auf weite Entfernung*, à grande distance. || PAR ANAL. éloignement m. ; renvoi m. | *auf js Entfernung dringen*, exiger le renvoi de qn. || PAR EXT. [Abwesenheit] absence f.

— SYN. : *Ferne*, *Abstand*, distance ; éloignement ; *Zwischenraum*, intervalle ; *Ausbleiben*, absence.

Entfernungs|messer [ɛnt″fɛrnuŋs'mɛsər] m. (s, -). TECHN. télémètre m.

ent|fesseln [ɛnt'fɛsəln] v. tr. dégager de ses liens ; déchaîner ; détacher. || FIG. déchaîner.

ent|fesselt [-səlt] adj. déchaîné.

Ent|fesselung [-səluŋ] f. (-, en) déchaînement m.

ent|fetten [ɛnt'fɛtən] v. tr. TECHN. dégraisser.

Ent|fettung [-tuŋ] f. (-, en). TECHN. dégraissage m.

Entfettungs|kur [ɛnt″fɛtuŋs'ku:r] f. (-, en) régime (m.), cure (f.) d'amaigrissement. ||°**-mittel** n. (s, -). TECHN. dégraissant m.

ent|flammbar [ɛnt'flammbɑ:r] adj. inflammable.

ent|flammen [-mən] v. tr. allumer ; enflammer ; embraser. | *js Zorn entflammen*, provoquer la colère de qn. || FIG. électriser.

◇ v. intr. et v. pr. prendre feu ; s'enflammer ; s'embraser.

Ent|flammung [-muŋ] f. (-, en) embrasement m.

ent|flechten [ɛnt'flɛçtən] v. tr. déconcentrer ; décartelliser. ||°**-flechtung** f. décartellisation f.

ent|fleischen [ɛnt'flaiʃən] v. tr. décharner.

ent|fliegen [ɛnt'fli:gən] (o, o) v. intr. s'envoler ; s'échapper. || FIG. s'échapper.

ent|fliehen [ɛnt'fli:ən] (o, o) v. intr. s'enfuir ; se sauver ; s'échapper. | *entflohener Häftling*, détenu (m.) en fuite, FAM. en cavale. || FIG. *die Zeit entflieht*, le temps s'envole.

ent|fließen [ɛnt'fli:sən] (o, o) v. intr. couler.

ent|formen [ɛnt'fɔrmən] v. tr. TECHN. démouler.

Ent|formung [-muŋ] f. (-, en). TECHN. démoulage m.

ent|fremden [ɛnt'frɛmdən] v. tr. rendre étranger ; aliéner. || PAR EXT. détourner ; dérober. || FIG. surprendre ; déconcerter.

◇ v. pr. **sich entfremden,** devenir étranger.

Ent|fremdung [-duŋ] f. (-, en) aliénation f. || FIG. refroidissement m.

ent|frosten [ɛnt'frɔstən] v. tr. TECHN. dégivrer.

Ent|froster [ɛnt'frɔstər] m. (s, -). TECHN. dégivreur m.

Ent|frostung [ɛnt'frɔstuŋ] f. (-, en). TECHN. dégivrage m.

Entfrostungs|anlage [ɛnt″frɔstuŋs'anlagə] f. (-, n). V. ENTFROSTER.

ent|führen [ɛnt'fy:rən] v. tr. enlever ; ravir. || PAR EXT. entraîner ; détourner.

Ent|führer [-rər] m. (s, -) ravisseur m.

Ent|führung [-ruŋ] f. (-, en) enlèvement m. ; rapt m.

ent|gangen [ɛnt'gaŋən] adj. FIG. *entgangener Gewinn*, manque (m.) à gagner.

ent|gasen [ɛnt'gɑ:zən] v. tr. dégazer.

Ent|gaser [ɛnt'gɑ:zər] m. (s, -). TECHN. dégazeur m.

Ent|gasung [ɛnt'gɑ:zuŋ] f. (-, en) dégazage m. || TECHN. pyrogénation f.

ent|gegen [ɛnt'ge:gən] prép. (dat. d'habitude placé après) au-devant, à la rencontre de ; vers. | *dir entgegen*, au-devant de toi ; à ta rencontre. || PAR ANAL. [gegen] contre ; contraire ; opposé à. | *dem Strom entgegen*, contre le fil de l'eau. || FIG. [zuwider] *dem steht nichts entgegen*, il n'y a rien (à dire) là contre. | *entgegen meinem Befehl*, malgré mon ordre. || [zum Unterschied] *dem entgegen muß festgestellt werden*, par contre, il faut constater.

◇ part. verbale sépar. exprimant l'idée de rencontre (hostile ou favorable).

entgegen|arbeiten [ɛnt″ge:gən'arbaitən] v. intr. travailler contre. || FIG. contrarier ; contrecarrer ; s'opposer à.

entgegen|bringen [ɛnt″ge:gən'briŋən] v. tr. apporter. || FIG. présenter. | *Wohlwollen entgegenbringen*, montrer de la bienveillance.

entgegen|eilen [ɛnt"ge:gən'ailən] v. intr. se hâter à la rencontre de.

entgegen|gehen [ɛnt"ge:gən'ge:ən] v. intr. aller au-devant de. | *seinem Untergang entgegengehen*, aller à sa perte. || FIG. braver ; affronter.

entgegen|gesetzt [ɛnt"ge:gəngə'zɛtst] adj. opposé ; contraire ; inverse ; adverse. | *gerade entgegengesetzt*, aux antipodes.

entgegen|halten [ɛnt"ge:gən'haltən] (ä, ie, a) v. tr. tendre vers ; opposer. || FIG. objecter.

entgegen|handeln [ɛnt"ge:gən'handəln] (dat.) v. intr. agir contre ; enfreindre ; contrevenir à.

entgegen|harren [ɛnt"ge:gən'harən] v. intr. attendre avec impatience.

entgegen|jauchzen [ɛnt"ge:gən'jauxtsən], **-jubeln** [-'ju:bəln] v. intr. accueillir par, avec des acclamations, des cris d'allégresse.

entgegen|kommen [ɛnt"ge:gən'kɔmən] (a, o) v. intr. venir à la rencontre, au-devant de. || FIG. *jm freundlich entgegenkommen*, être prévenant pour qn. | *auf halbem Wege entgegenkommen*, faire des concessions.

Entgegen|kommen [ɛnt"ge:gən'kɔmən] n. (s) bienveillance f. ; complaisance f.

entgegen|kommend [-mənt] adj. prévenant ; empressé ; accueillant.

entgegen|laufen [ɛnt"ge:gən'laufən] (ä, ie, a) v. intr. courir au-devant de.

entgegen|nehmen [ɛnt"ge:gən'ne:mən] v. tr. recevoir ; accepter ; agréer. | *eine Zahlung entgegennehmen*, recevoir un paiement.

entgegen|reden [ɛnt"ge:gən're:dən] v. intr. contredire.

entgegen|sehen [ɛnt"ge:gən'ze:ən] (ie, a, e) v. intr. envisager ; attendre. || COMM. *einer günstigen Antwort entgegensehend*, dans l'attente d'une réponse favorable.

entgegen|setzen [ɛnt"ge:gən'zɛtsən] v. tr. opposer à.

◇ v. pr. **sich entgegensetzen,** s'opposer à ; résister à.

entgegen|stellen [ɛnt"ge:gən'ʃtɛlən] v. tr. opposer à ; mettre en parallèle.

◇ v. pr. **sich entgegenstellen,** s'opposer, résister à.

entgegen|strecken [ɛnt"ge:gən'ʃtrɛkən] v. tr. tendre vers. | *jm die Hand entgegenstrecken*, tendre la main à qn.

entgegen|treten [ɛnt"ge:gən'tre:tən] (i, a, e) v. intr. s'opposer à. | *dem Feinde entgegentreten*, combattre, résister à l'ennemi. || FIG. combattre.

entgegen|wirken [ɛnt"ge:gən'virkən] v. intr. agir contre ; contrecarrer ; contrarier.

ent|gegnen [ɛnt'ge:gnən] v. intr. répliquer ; riposter ; répondre.

Ent|gegnung [-nuŋ] f. (-, en) réplique f. ; repartie f.

ent|gehen [ɛnt'ge:ən] (entging, entgangen) v. intr. échapper à ; éviter ; se dérober ; se soustraire. | *dem Tode entgehen*, échapper à la mort. | *es ist mir nicht entgangen, daß*, il ne m'a pas échappé que. | *sich eine Gelegenheit nicht entgehen lassen*, ne pas laisser échapper une occasion.

ent|geistert [ɛnt'gaistərt] adj. sans âme ; hébété. || FIG. pétrifié.

Ent|gelt [ɛnt'gɛlt] m. ou n. (s) dédommagement m. ; compensation f. ; récompense f. | *gegen Entgelt*, moyennant rétribution ; à titre onéreux. | *ohne Entgelt*, gratuitement ; gracieusement.

ent|gelten [-tən] (i, a, o) v. tr. porter la peine de ; expier. | *jn etwas entgelten lassen*, faire payer qn. *er soll es mir entgelten*, il me le paiera.

ent|giften [ɛnt'giftən] v. tr. MÉD. désintoxiquer. || [Umwelt] dépolluer.

ent|glänzen [ɛnt'glɛntsən] v. tr. TECHN. déglacer.

Ent|glänzen n. (s). TECHN. déglaçage m.

ent|gleisen [ɛnt'glaizən] v. intr. dérailler.

Ent|gleisung [-zuŋ] f. (-, en) déraillement m. || FIG., FAM. gaffe f.

ent|gleiten [ɛnt'glaitən] (i, i) v. intr. échapper. | *der Hand entgleiten*, glisser, échapper des mains.

ent|glimmen [ɛnt'glimən] (o, o) v. intr. s'allumer doucement ; rougir.

ent|glühen [ɛnt'gly:ən] v. intr. s'enflammer ; s'embraser. || FIG. s'embraser ; être transporté.

ent|göttern [ɛnt'gøtərn] v. tr. priver de dieux.

ent|graten [ɛnt'gra:tən] v. tr. TECHN. ébarber ; ébavurer.

Ent|graten n. (s). TECHN. ébarbage m. ; ébavurage m.

ent|gräten [ɛnt'grɛ:tən] v. tr. ôter les arêtes.

ent|gürten [ɛnt'gyrtən] v. tr. ôter la ceinture. || [Pferd] dessangler.

ent|haaren [ɛnt'ha:rən] v. tr. [Körperhaare] épiler. || TEXT. débourrer.

Ent|haarung [-ruŋ] f. (-, en). [Körperhaare] épilation f. || TEXT. débourrage m.

Ent|haarungs... [ɛnt'ha:ruŋs] (en compos.) épilatoire ; dépilatoire.

Enthaarungs|creme [ɛnt"ha:ruŋs'kre:mə] f. (-, s) crème (f.) (d)épilatoire. ||°**-mittel** n. (s, -) dépilatoire m. ; épilatoire m.

ent|halten [ɛnt'haltən] (ä, ie, a) v. tr. contenir ; renfermer ; tenir ; comprendre. | *wie oft ist vier in sechzehn enthalten ?*, combien (y a-t-il) de fois quatre dans seize ?

◇ v. pr. **sich enthalten,** s'abstenir ; se retenir. | *er kann sich der Tränen nicht enthalten*, il ne peut (pas) retenir ses larmes. | *sich der Stimme enthalten*, s'abstenir de voter.

ent|haltsam [ɛnt'haltza:m] adj. abstinent ; continent. || PAR EXT. sobre.

Ent|haltsamkeit [-kait] f. abstinence f. ; tempérance f. || PAR EXT. sobriété f.

Ent|haltung [ɛnt'haltuŋ] f. (-, en). [Wahl] abstention f. ; [Enthaltsamkeit] abstinence f.

ent|härten [ɛnt'hɛrtən] v. tr. adoucir.

Ent|härter [ɛnt'hɛrtər] m. (s, -) adoucisseur m.

Ent|härtung [ɛnt'hɛrtuŋ] f. (-, en) adoucissement m. || TECHN. adoucissage m.

ent|haupten [ɛnt'hauptən] v. tr. décapiter.

Ent|hauptung [-tuŋ] f. (-, en). JUR. exécution capitale ; décapitation f.

ent|häuten [ɛnt'hɔytən] v. tr. enlever la peau ; dépouiller ; écorcher.

ent|heben [ɛnt'he:bən] (o, o) v. tr. décharger ; dispenser, débarrasser de. || PAR EXT., ADM. destituer. | *er wurde seines Amtes enthoben*, il fut relevé de ses fonctions, suspendu.

Ent|hebung [-buŋ] f. (-, en) dispense f. || PAR EXT., destitution f. ; mise (f.) à pied.

ent|heiligen [ɛnt'hailigən] v. tr. RELIG. profaner ; violer.

Ent|heiligung [-guŋ] f. (-, en). RELIG. profanation f. ; violation f.

ent|hüllen [ɛnt'hylən] v. tr. découvrir ; dévoiler. || PAR EXT. inaugurer. || FIG. *ein Geheimnis enthüllen*, révéler un secret.

◇ v. pr. **sich enthüllen,** se démasquer.

Ent|hüllung [-luŋ] f. (-, en). [Denkmal] inauguration f. || FIG. révélation f. ; découverte f.

ent|hülsen [ɛnt'hylzən] v. tr. écosser.

enthusiasmieren [ɛntuzias'mi:rən] v. tr. et v. pr. (s')enthousiasmer.

Enthusiasmus [-zi'asmus] m. (-) enthousiasme m.

Enthusiast [-zi'ast] m. (en, en) enthousiaste m. ; exalté m.

Entität [ɛnti'tɛ:t] f. (-, en). PHILOS. entité f.

ent|jungfern [ɛnt'juŋfərn] v. tr. déflorer.

ent|kalken [ɛnt'kalkən] v. tr. MÉD. décalcifier.

ent|keimen [ɛnt'kaimən] v. tr. enlever, supprimer, tuer les germes de ; dégermer ; stériliser. || [Milch] pasteuriser. || MÉD. désinfecter.

Ent|keimung [-muŋ] f. (-, en) stérilisation f. || [Milch] pasteurisation f. || [Kartoffeln] dégermage m.

ent|kernen [ɛnt'kɛrnən] v. tr. ôter les noyaux, les pépins. || [Steinobst] dénoyauter.

Ent|kerner [-nər] m. (s, -). [Steinobst] dénoyauteur m. || [Kernobst] vide-pommes m.

ent|kleiden [ɛnt'klaidən] v. tr. déshabiller ; dévêtir. || FIG. dépouiller.

◇ v. pr. **sich entkleiden,** se déshabiller ; se dévêtir.

ent|knechten [ɛnt'knɛçtən] v. tr. FIG. libérer ; délivrer.

ent|knoten [ɛnt'knotən] v. tr. dénouer.

ent|kohlen [ɛnt'ko:lən] v. tr. CHIM. décarburer ; décarboniser.

ent|kolonisieren ['ɛntkɔloni"zi:rən] v. tr. décoloniser.

Ent|kolonisierung [-"zi:ruŋ] f. (-) décolonisation f.
ent|kommen [ɛnt'kɔmən] (a, o) v. intr. échapper ; s'échapper ; se sauver ; s'enfuir.
Ent|kommen [-mən] n. (s) évasion f. ; fuite f.
ent|korken [ɛnt'kɔrkən] v. tr. déboucher.
ent|kräften [ɛnt'krɛftən] v. tr. Physiol. priver de forces ; affaiblir ; user. || Fig. infirmer ; atténuer. || Jur. *einen Beweis entkräften*, infirmer une preuve. | *einen Verdacht entkräften*, ôter un soupçon.
Ent|kräft(ig)ung [-t(ig)uŋ] f. (-, en). Physiol. affaiblissement m. ; débilitation f. ; prostration f. || Méd. inanition f. || Jur. invalidation f. ; infirmation f. ; cassation f. ; annulation f.
ent|krampfen [ɛnt'krampfən] v. tr. Polit. décrisper.
Ent|krampfung [-fuŋ] f. (-). Polit. décrispation f.
ent|kuppeln [ɛnt'kupəln] v. tr. Techn. débrayer ; découpler.
Ent|kuppelung [-luŋ] f. (-, en). Techn. découplage m. ; débrayage m.
ent|laden [ɛnt'lɑ:dən] (ä, u, a) v. tr. décharger. || Mil. décharger ; retirer la charge. | *er entlädt seine Pistole auf den Angreifer*, il vide son pistolet sur l'agresseur. || Fig. soulager. | *sein Herz entladen*, soulager son cœur. ◇ v. pr. **sich entladen,** fig. se décharger. || Électr. *die Batterie entlädt sich*, la batterie se décharge. | *das Gewitter entlud sich im Gebirge*, l'orage éclata au-dessus de la montagne.
Ent|lader [-dər] m. (s, -). Électr. excitateur m.
Ent|ladung [-duŋ] f. (-, en). Électr. décharge f.
ent|lang [ɛnt'laŋ] prép. (acc.) et adv. le long de. | *den, am Weg entlang*, le long du chemin.
entlang|gehen [ɛnt"laŋ'ge:ən] (ging, gegangen) v. intr. longer.
ent|larven [ɛnt'larvən] v. tr. démasquer.
ent|lassen [ɛnt'lasən] (ä, ie, a) v. tr. congédier ; renvoyer ; licencier. | *aus dem Militärdienst entlassen*, libérer du service militaire. | *aus dem Gefängnis, aus der Haft entlassen*, libérer.
— Syn. : *fortschicken*, congédier ; *kündigen, aufkünden*, donner congé ; *verabschieden*, licencier ; *seines Amtes entheben*, relever de ses fonctions.
Ent|lassung [-suŋ] f. (-, en) congé m. | *fristlose Entlassung*, licenciement (m.) sans préavis. || [Offiziere, Angestellte, Dienstpersonal] congé m. *seine Entlassung einreichen*, donner sa démission. | *Entlassung der Soldaten*, libération (f.) des soldats. || Adm. mise (f.) à la retraite. || Comm. renvoi m.
ent|lasten [ɛnt'lastən] v. tr. alléger les charges de ; soulager ; exonérer. || Mar. délester. || Fig. *sein Gewissen entlasten*, décharger sa conscience. | *jn vor Gericht entlasten*, disculper qn devant le tribunal. || Fin. *von Steuern entlasten*, dégrever d'impôts. | *jn für eine Summe entlasten*, porter une somme au crédit de qn. || Jur. *von einer Hypothek entlasten*, purger une hypothèque.
Ent|lastung [-tuŋ] f. (-, en) décharge f. ; exonération f. ; débarras m. ; soulagement m. || Fig. décharge f. | *zur Entlastung*, pour décharge. | *Entlastung erteilen*, donner quitus, décharge. | *Entlastung eines Angeklagten*, décharge, disculpation (f.) d'un accusé.
Entlastungs|offensive [ɛnt"lastuŋsɔfɛn'zi:və] f. (-, n). Mil. offensive (f.) de diversion. ||°**-straße** f. (-, n) voie (f.) de dégagement. ||°**-zeuge** m. (n, n). Jur. témoin (m.) à décharge.
ent|lauben [ɛnt'laubən] v. tr. dépouiller de ses feuilles ; effeuiller.
Ent|lauben [ɛnt'laubən] n. (s) effeuillage m.
ent|laufen [ɛnt'laufən] (ä, ie, a) v. intr. se sauver ; s'enfuir ; s'évader. || Mil. déserter. | *ein Entlaufener*, un déserteur.
Ent|laufen [ɛnt'laufən] n. (s) fuite f. ; évasion f. ; fugue f. || Mil. désertion f.
ent|lausen [ɛnt'lauzən] v. tr. épouiller.
Ent|lausung [-zuŋ] f. (-, en) épouillage m.
ent|ledigen (sich) [ziçɛnt'le:digən] v. pr. (gén.) se défaire, se débarrasser de. || Fig. *sich eines Auftrags entledigen*, s'acquitter d'une mission.
ent|leeren [ɛnt'le:rən] v. tr. vider ; dégonfler ; dégorger. || Autom. vidanger. || Méd. évacuer ; désenfler ; éjaculer. || Techn. décharger.
Ent|leerung [-ruŋ] f. (-, en) vidage m. ; dégonflement m. || Postes. levée f. || Autom. vidange f. || Méd. évacuation f.
ent|legen [ɛnt'le:gən] adj. éloigné ; lointain ; isolé.
Ent|legenheit [ɛnt'le:gənhait] f. (-) éloignement m. ; isolement m.
ent|lehnen [ɛnt'le:nən] v. tr. emprunter.
Ent|lehnung [-nuŋ] f. (-, en) emprunt m.
ent|leiben (sich) [ziçɛnt'laibən] v. pr. se tuer ; mettre fin à ses jours.
ent|leihen [ɛnt'laiən] (ie, ie) v. tr. emprunter.
Ent|leiher [-ər] m. (s, -) emprunteur m.
Ent|lein ['ɛntlain] n. (s, -). Zool. caneton m.
ent|loben (sich) [ziçɛnt'lo:bən] v. pr. rompre ses fiançailles.
Ent|lobung [ɛnt'lo:buŋ] f. (-, en) rupture (f.) des fiançailles.
ent|locken [ɛnt'lɔkən] v. tr. tirer ; arracher. | *jm ein Geheimnis entlocken*, arracher un secret à qn. | *einer Geige zarte Töne entlocken*, tirer d'un violon les sons les plus doux.
ent|lohnen [ɛnt'lo:nən] v. tr. payer ; régler son compte à qn.
Ent|lohnung [-nuŋ] f. (-, en) paie f. ; solde f.
ent|lüften [ɛnt'lyftən] v. tr. aérer ; ventiler.
Ent|lüfter [-tər] m. (s, -). Mar. aérateur m.
Ent|lüftung [-tuŋ] f. (-). Techn. aération f. ; ventilation f.
ent|magnetisieren [ɛntmagneti'zi:rən] v. tr. Phys. démagnétiser ; désaimanter.
Ent|magnetisierung [-ruŋ] f. (-). Phys. démagnétisation f. ; désaimantation f.
ent|mannen [ɛnt'manən] v. tr. châtrer ; castrer ; émasculer.
ent|mannt [-mant] adj. châtré ; émasculé ; énervé.
Ent|mannung [-'manuŋ] f. (-, en). Méd. castration f. ; émasculation f.
ent|masten [ɛnt'mastən] v. tr. Mar. démâter.
ent|materialisieren [ɛntmateriali'zi:rən] v. tr. dématérialiser.
ent|menscht [ɛnt'mɛnʃt] adj. inhumain ; dénaturé ; cruel ; barbare.
ent|militarisieren [ɛntmilitari'zi:rən] v. tr. démilitariser.
Ent|militarisierung [-ruŋ] f. (-, en) démilitarisation f.
ent|minen [ɛnt'mi:nən] v. tr. Mil. déminer.
Ent|minung [-nuŋ] f. (-, en). Mil. déminage m.
ent|modulieren [ɛntmodu'li:rən] v. tr. Électr. démoduler ; détecter.
ent|mündigen [ɛnt'myndigən] v. tr. Jur. interdire ; mettre sous tutelle.
Ent|mündigung [-guŋ] f. (-, en) interdiction f.
Entmündigungs|klage [ɛnt"myndiguŋs'kla:gə] f. (-, n). Jur. demande (f.) en interdiction
ent|mutigen [ɛnt'mu:tigən] v. tr. décourager ; démoraliser ; déprimer.
Ent|mutigung [-guŋ] f. (-, en) découragement m. ; démoralisation f.
ent|mythifizieren v. tr. démythifier.
Ent|nahme [ɛnt'nɑ:mə] f. (-, n) prélèvement m. ; retrait m. || Fin. décaissement m. | *Entnahme aus Rücklagen*, incorporation (f.) des réserves.
ent|nationalisieren [ɛntnatsionali'zi:rən] v. tr. dénationaliser.
Ent|nationalisierung [-ruŋ] f. (-, en) dénationalisation f.
ent|nazifizieren [ɛntnatsifi'tsi:rən] v. tr. dénazifier.
Ent|nazifizierung [-ruŋ] f. (-) dénazification f.
ent|nebeln [ɛnt'ne:bəln] v. intr. dissiper le brouillard.
ent|nehmen [ɛnt'ne:mən] (nimmt, nahm, genommen) v. tr. prendre ; prélever. | *Geld der Kasse entnehmen*, prendre de l'argent dans sa caisse. || Fig. prendre ; emprunter ; tirer de. | *er hat diese Stelle Goethe entnommen*, il a emprunté ce passage à Goethe. || [schließen] conclure. | *aus Ihrem Schreiben entnehme ich, daß*, de votre lettre je conclus que.
ent|nerven [ɛnt'nɛrvən] v. tr. énerver ; affaiblir. || Fig. vider.
Ent|nervung [-vuŋ] f. (-, en) énervement m. ; agacement m. ; irritation f.
ent|ölen [ɛnt'ø:lən] v. tr. Techn. déshuiler ; dégraisser.
ent|puppen (sich) [ziçɛnt'pupən] v. pr. Zool. devenir papillon. || Fig. jeter le masque ; se révéler ; se dévoiler. | *sich als ein gefährlicher Verbrecher entpuppen*, se révéler comme un criminel dangereux.

ent|quellen [ɛnt'kvɛlən] (i, o, o) v. intr. sourdre ; jaillir ; prendre sa source.
ent|raffen [ɛnt'rafən] v. tr. LITT. enlever ; ravir.
ent|rahmen [ɛnt'rɑ:mən] v. tr. écrémer.
Ent|rahmer [-mər] m. (s, -). TECHN. écrémeuse f.
Ent|rahmung [-muŋ] f. (-, en) écrémage m.
ent|raten [ɛnt'rɑ:tən] (ä, ie, a) v. intr. (gén.). 1° ne pas avoir ; manquer de ; 2° se passer de.
ent|rätseln [ɛnt'rɛtzəln] v. tr. résoudre ; déchiffrer.
ent|rechten [ɛnt'rɛçtən] v. tr. priver de ses droits.
Ent|rechtung [-tuŋ] f. (-, en). JUR. privation (f.) des droits.
Entrée [ɑ̃'tre:] n. (s, s). ARCHIT. vestibule m. ; antichambre f. ‖ THÉÂTRE. (prix [m.] d')entrée f. ‖ CULIN. entrée f. ‖ MUS. ouverture f. ; prélude m.
ent|reißen [ɛnt'raisən] (i, i) v. tr. arracher ; ravir ; enlever ; dérober. | *jn den Flammen entreißen*, arracher qn aux flammes. ‖ FIG. *jm den Sieg entreißen*, ravir la victoire à qn.
ent|richten [ɛnt'riçtən] v. tr. payer ; verser ; acquitter. | *seinen Tribut entrichten*, payer son tribut.
Ent|richtung [-tuŋ] f. (-, en) paiement m. ; versement m. ; acquittement m.
ent|riegeln [ɛnt'ri:gəln] v. tr. déverrouiller.
Ent|riegelung [ɛnt'ri:gəluŋ] f. (-, en) déverrouillage m.
ent|rinden [ɛnt'rindən] v. tr. décortiquer.
ent|ringen [ɛnt'riŋən] (a, u) v. tr. arracher. ‖ FIG. *ein tiefer Seufzer entringt sich seiner Brust*, il pousse un profond soupir.
ent|rinnen [ɛnt'rinən] (a, o) v. intr. s'écouler. ‖ FIG. couler ; s'échapper ; s'enfuir. | *mit knapper Not der Gefahr entrinnen*, l'échapper belle.
ent|rollen [ɛnt'rɔlən] v. tr. dérouler ; déployer ; déplier.
◇ v. pr. **sich entrollen.** | *eine schöne Landschaft entrollt sich vor mir*, un beau paysage s'étend devant moi. ◇ v. intr. échapper. | *das Geldstück entrollt mir*, la pièce m'échappe, me glisse des mains.
Entropie [ɛntro'pi:] f. (-, n). PHYS. entropie f.
ent|rosten [ɛnt'rɔstən] v. tr. dérouiller.
Ent|rostung [-tuŋ] f. dérouillage m.
ent|rücken [ɛnt'rykən] v. tr. enlever ; éloigner ; soustraire ; dérober. ‖ FIG. enchanter ; enthousiasmer.
ent|rümpeln [ɛnt'rympəln] v. tr. débarrasser des vieilleries, du fatras ; désencombrer.
ent|runzeln [ɛnt'runtsəln] v. tr. dérider ; défroncer.
ent|rußen [ɛnt'ru:sən] v. tr. TECHN. décalaminer.
Ent|rußen n. (s). TECHN. décalaminage m.
ent|rüsten [ɛnt'rystən] v. tr. outrer ; indigner ; mettre hors de soi.
◇ v. pr. **sich entrüsten,** s'indigner ; s'irriter.
Ent|rüstung [-tuŋ] f. (-) indignation f. ; exaspération f. ; irritation f. ; horreur f.
ent|sagen [ɛnt'zɑ:gən] v. intr. renoncer à ; se désister de. | *der Welt entsagen*, renoncer au monde. | *seinem Glauben entsagen*, abjurer, renier sa foi.
Ent|sagung [-guŋ] f. (-, en) renoncement m. ; désistement m. ‖ JUR. renonciation f. ‖ FIG. abnégation f.
ent|salzen [ɛnt'zaltsən] v. tr. CULIN. dessaler. ‖ TECHN. dessaler ; déminéraliser.
Ent|salzung [ɛnt'zaltsuŋ] f. (-). CULIN. dessalage m. ‖ TECHN. dessalement m. ; déminéralisation f.
Ent|satz [ɛnt'zats] m. (es). MIL. débloquement (m.), levée (f.) de, d'un blocus.
Entsatz|heer [ɛnt"zats'he:r] n. (s, e) armée (f.) de dégagement. ‖°**-truppen** f. pl. troupes (f. pl.) de secours.
Ent|säuerung [ɛnt'zɔyəruŋ] f. (-, en). CHIM. élimination (f.) des acides ; neutralisation f.
ent|schädigen [ɛnt'ʃɛ:digən] v. tr. dédommager ; indemniser.
Ent|schädigung [-guŋ] f. (-, en) indemnité f. ; indemnisation f. ; dédommagement m. ; désintéressement m. ; compensation f. ; récompense f.
Entschädigungs|antrag [ɛnt"ʃɛ:diguŋs'antrɑ:k] m. (s, ¨e). JUR. demande (f.) d'indemnisation. ‖°**-leistung** f. (-, en). JUR. dédommagement m.
ent|schärfen [ɛnt'ʃɛrfən] v. tr. MIL. désamorcer ; désarmer. ‖ FIG. dédramatiser. ‖ POLIT. décrisper.
Ent|schärfung [ɛnt'ʃɛrfuŋ] f. (-). MIL. désamorçage m. ‖ FIG. dédramatisation f. ‖ POLIT. décrispation f.

Ent|scheid [ɛnt'ʃait] m. (s, e) décision f. V. ENTSCHEIDUNG.
ent|scheiden [-'ʃaidən] (ie, ie) v. tr. décider ; résoudre ; trancher ; régler ; FAM. faire la pluie et le beau temps. | *diese Schlacht entschied den Krieg*, cette bataille décida de la guerre.
◇ v. pr. **sich entscheiden,** se décider ; se déterminer ; se jouer. | *es wird sich bald entscheiden, ob*, on saura bientôt si.
ent|scheidend [ɛnt'ʃaidənt] adj. décisif ; définitif ; péremptoire. | *entscheidende Stimme*, voix prépondérante. ‖ MÉD. critique.
Ent|scheidung [-duŋ] f. (-, en) décision f. ; résultat m. | *eine Entscheidung treffen, fällen*, prendre une décision. ‖ JUR. jugement m. ; verdict m. ; arbitrage m. ; arrêt m. | *gerichtliche Entscheidung*, décision de justice ; jugement m. ; arrêté m. | *grundsätzliche Entscheidung*, décision (f.) de principe.
Entscheidungs|befugnis [ɛnt"ʃaiduŋsbə'fu:knis] f. (-, se) pouvoir décisionnel. ‖°**-grund** m. (es, ¨e) raison (f.) péremptoire. ‖°**-instanz** f. (-, en), °**-träger** m. (s, -) décideur m. ‖°**-spiel** n. (s, e). SPORT. match décisif. ‖ [Spiel] belle f.
ent|schieden [ɛnt'ʃi:dən] adj. décidé ; déterminé ; résolu. ‖ PAR EXT. incontestable.
◇ adv. décidément. ‖ FIG. nettement ; strictement.
Ent|schiedenheit [ɛnt'ʃi:dənhait] f. (-) décision f. ; détermination f. ; fermeté f.
ent|schlacken [ɛnt'ʃlakən] v. tr. TECHN. débarrasser des scories ; décrasser.
Ent|schlackung [-kuŋ] f. (-, en). TECHN. décrassage m.
ent|schlafen [ɛnt'ʃlɑ:fən] (ä, ie, a) v. intr. mourir ; s'éteindre.
Ent|schlafene(r) [-nə(r)] f. (m.) défunt m., défunte f.
ent|schlagen (sich) [ziçɛnt'ʃlɑ:gən] (ä, u, a) v. pr. (gén.) se défaire ; se débarrasser.
ent|schlammen [ɛnt'ʃlamən], **-schlämmen** ['ʃlɛmən] v. tr. MINES. débourber.
ent|schleiern [ɛnt'ʃlaiərn] v. tr. dévoiler ; soulever le voile de. ‖ FIG. dévoiler ; révéler.
ent|schließen (sich) [ziçɛnt'ʃli:sən] (o, o) v. pr. se décider ; se résoudre à ; prendre un parti.
Ent|schließung [ɛnt'ʃli:suŋ] f. (-, en) résolution f. V. ENTSCHLUß.
ent|schlossen [ɛnt'ʃlɔsən] adj. décidé ; résolu ; déterminé. | *zu etwas entschlossen sein*, être décidé à qch. | *kurz entschlossen*, prompt à se décider.
◇ adv. résolument ; délibérément ; énergiquement.
Ent|schlossenheit [ɛnt'ʃlɔsənhait] f. (-) fermeté f. ; résolution f. ; (esprit [m.] de) décision f.
ent|schlummern [ɛnt'ʃlumərn] v. intr. s'endormir ; s'assoupir. ‖ FIG. s'endormir ; s'éteindre.
ent|schlüpfen [ɛnt'ʃlypfən] v. intr. échapper. | *aus dem Gefängnis entschlüpfen*, s'évader de la prison. ‖ FIG. échapper. | *dieses Wort ist ihm entschlüpft*, ce mot lui a échappé.
Ent|schluß [ɛnt'ʃlus] m. (es, ¨e) décision f. ; détermination f. ; résolution f. | *einen Entschluß fassen*, prendre une résolution. | *zu keinem Entschluß kommen können*, ne savoir se décider.
ent|schlüsseln [ɛnt'ʃlysəln] v. tr. déchiffrer ; décoder.
ent|schuldbar [ɛnt'ʃultbɑ:r] adj. excusable ; pardonnable.
ent|schulden [ɛnt'ʃuldən] v. tr. libérer, dégrever de(s) dettes.
◇ v. pr. **sich entschulden,** s'acquitter de ses dettes.
ent|schuldigen [ɛnt'ʃuldigən] v. tr. excuser ; disculper. | *entschuldigen Sie, daß ich störe*, excusez le dérangement.
◇ v. pr. **sich entschuldigen,** s'excuser ; présenter des excuses.
Ent|schuldigung [-guŋ] f. (-, en) excuse f. ; justification f. ; explication f. | *eine triftige Entschuldigung*, une excuse valable. | *ich bitte um Entschuldigung*, (je vous demande) pardon ! ; mille excuses ! ‖ PAR EXT. prétexte m. ; faux-fuyant m. | *als Entschuldigung vorbringen*, prétexter ; alléguer pour excuse.
Ent|schuldung [ɛnt'ʃulduŋ] f. (-) rémission (f.) des dettes.
ent|schuppen [ɛnt'ʃupən] v. tr. CULIN. écailler.
ent|schweben [ɛnt'ʃve:bən] v. intr. s'envoler.
ent|schwefeln [ɛnt'ʃve:fəln] v. tr. désulfurer.
Ent|schwefelung [-fəluŋ] f. (-) désulfuration f.

ent|schwinden [ɛnt'ʃvindən] (a, u) v. intr. disparaître. | *das ist mir aus dem Gedächtnis entschwunden*, j'en ai perdu le souvenir.
ent|seelt [ɛnt'ze:lt] adj. inanimé ; mort.
ent|senden [ɛnt'zɛndən] (entsandte, entsandt) v. tr. envoyer ; expédier. | *eine Abordnung entsenden*, envoyer une députation.
ent|setzen [ɛnt'zɛtsən] v. tr. [absetzen] révoquer ; destituer. | *jn seines Amtes entsetzen*, destituer qn de ses fonctions. || [befreien] *eine Festung entsetzen*, dégager une place forte.
◇ v. pr. FIG. **sich entsetzen,** s'effrayer ; s'épouvanter.
Ent|setzen [-tsən] n. (s) effroi m. ; épouvante f. ; terreur f.
ent|setzlich [-tsliç] adj. épouvantable ; horrible ; atroce.
◇ adv. terriblement.
Ent|setzlichkeit [-tsliçkait] f. (-) horreur f. ; atrocité f.
Ent|setzung [ɛnt'zɛtsuŋ] (-, en) destitution f. ; révocation f. || MIL. dégagement m.
ent|seuchen [ɛnt'zɔyçən] v. tr. désinfecter. || NUCL. décontaminer.
Ent|seuchung [-çuŋ] f. (-, en) désinfection f. || NUCL. décontamination f.
ent|sichern [ɛnt'ziçərn] v. tr. armer. || MIL. *das Gewehr entsichern*, armer son fusil.
ent|siegeln [ɛnt'zi:gəln] v. tr. décacheter ; rompre le sceau. || JUR. desceller.
Ent|siegelung [-gəluŋ] f. (-, en). JUR. levée (f.) des scellés ; descellement m.
ent|sinken [ɛnt'ziŋkən] (a, u) v. intr. échapper des mains.
ent|sinnen (sich) [ziçɛnt'zinən] (a, o) v. pr. se souvenir de ; se rappeler.
ent|sintern [ɛnt'zintərn] v. tr. TECHN. décalaminer.
ent|sittlichen [ɛnt'zitliçən] v. tr. démoraliser ; dépraver.
Ent|sorgung [ɛnt'zɔrguŋ] f. (-, en). NUCL. gestion (f.) des déchets. | *Entsorgung von radioaktivem Abfall*, gestion des déchets radioactifs.
ent|spannen [ɛnt'ʃpanən] v. tr. détendre ; débander. || ANAT. décontracter. || FIG. détendre.
◇ v. pr. **sich entspannen,** FIG. se détendre ; se relaxer ; FAM. décompresser.
Ent|spannung [-nuŋ] f. (-) détente f. ; desserrage m. || FIG. détente f., délassement m.
Entspannungs|brüden [ɛnt"ʃpanuŋs'bry:dən] pl. TECHN. vapeur (f.) de détente.
Entsperr|taste [ɛnt"ʃpɛr'tastə] f. (-, n). ÉLECTR. touche (f.) de déverrouillage.
ent|spinnen [ɛnt'ʃpinən] (a, o) v. tr. commencer ; engager.
◇ v. pr. **sich entspinnen,** s'engager ; naître ; se préparer. | *eine Idylle entspinnt sich*, une idylle se noue.
ent|sprechen [ɛnt'ʃprɛ:çən] (i, a, o) v. intr. (dat.) être conforme à ; répondre, correspondre à. | *das entspricht nicht den Tatsachen*, cela ne correspond pas à la réalité. || PAR EXT. *einem Wunsch entsprechen*, satisfaire une demande.
ent|sprechend [-çənt] adj. en rapport avec ; conforme à ; proportionné à.
Entsprechung [-çuŋ] f. (-, en) correspondance f. ; analogie f.
ent|sprießen [ɛnt'ʃpri:sən] (o, o) v. intr. naître. || FIG. être issu ; provenir, descendre de.
ent|springen [ɛnt'ʃpriŋən] (a, u) v. intr. s'évader ; s'échapper de. | *(aus) dem Gefängnis entspringen*, s'évader de prison. || [Flüsse] prendre sa source ; sourdre. | *Der Rhein entspringt in der Schweiz*, le Rhin prend sa source en Suisse.
ent|sprudeln [ɛnt'ʃpru:dəln] v. intr. saillir ; sourdre ; sortir.
ent|staatlichen [ɛnt'ʃta:tliçən] v. tr. dénationaliser ; céder un monopole d'État.
ent|stammen [ɛnt'ʃtamən] v. intr. provenir ; descendre de.
ent|stauben [ɛnt'ʃtaubən] v. tr. dépoussiérer.
Ent|staubung [-buŋ] f. (-) dépoussiérage m.
ent|stehen [ɛnt'ʃte:ən] (entstand, entstanden) v. intr. naître ; s'engendrer ; devenir. || PAR EXT. se produire ; résulter ; s'élever. | *ein Brand entsteht in der Fabrik*, un incendie se déclare à l'usine.
Ent|stehung [-'ʃte:uŋ] f. (-, en) origine f. ; commencement m. ; genèse f. ; naissance f. ; formation f. | *in der Entstehung begriffen*, en voie de formation.
— SYN. : *Anfang*, commencement ; *Geburt*, naissance ; *Beginn*, début ; *Herkunft*, origine.
Entstehungs|art [ɛnt"ʃte:uŋs'ɑ:rt] f. (-, en) mode (m.) de formation. ||°**-ursache** f. (-, n) cause originelle. ||°**-zustand** m. (s, ¨e). CHIM. état naissant.
ent|steigen [ɛnt'ʃtaigən] (ie, ie) v. intr. (dat.) sortir, surgir, s'élever de.
ent|steinen [ɛnt'ʃtainən] v. tr. CULIN. dénoyauter. || MINES. *Kohlen entsteinen*, épierrer du charbon.
ent|stellen [ɛnt'ʃtɛlən] v. tr. déformer ; défigurer. | *diese Narbe entstellt ihn*, cette cicatrice le défigure. || FIG. dénaturer ; altérer ; falsifier.
ent|stellt [-ʃtɛlt] adj. déformé ; défiguré ; méconnaissable.
Ent|stellung [-'ʃtɛluŋ] f. (-, en) déformation f. ; défiguration f. ; dénaturation f. ; altération f.
ent|stören [ɛnt'ʃtø:rən] v. tr. antiparasiter.
Ent|störung [ɛnt'ʃtø:ruŋ] f. antiparasitage m. ; [gegen andere Sender] antibrouillage m.
Entstörungs|gerät [ɛnt"ʃtø:ruŋsgə'rɛ:t] n. (s, e). RADIO. dispositif (m.) antiparasite.
ent|strahlen [ɛnt'ʃtrɑ:lən] v. intr. rayonner ; s'irradier.
Entstrahlungs|maßnahmen [ɛnt"ʃtrɑ:luŋs'mɑ:sna:mən] f. pl. mesures (f. pl.) de radioprotection.
ent|strömen [ɛnt'ʃtrø:mən] v. intr. (dat.) jaillir, s'écouler de ; se dégager. || PAR EXT. rayonner de.
ent|stürzen [ɛnt'ʃtyrtsən] v. intr. (dat.) se précipiter hors de ; jaillir.
ent|sühnen [ɛnt'zy:nən] v. tr. expier.
ent|sumpfen [ɛnt'zumpfən] v. tr. assécher.
ent|täuschen [ɛnt'tɔyʃən] v. tr. décevoir ; désillusionner ; désabuser ; désappointer ; tirer d'erreur.
Ent|täuschung [-ʃuŋ] f. (-, en) désenchantement m. ; déception f. ; désappointement m.
ent|thronen [ɛnt'tro:nən] v. tr. détrôner.
Ent|thronung [-nuŋ] f. (-, en) déposition (f.) d'un roi ; destitution f.
ent|trümmern [ɛnt'trymərn] v. tr. désencombrer ; enlever les décombres.
ent|völkern [ɛnt'følkərn] v. tr. dépeupler.
Ent|völkerung [-ruŋ] f. (-, en) dépeuplement m.
ent|wachsen [ɛnt'vaksən] part. pass. et adj. FIG. *er ist seinen Kleidern entwachsen*, ses habits sont devenus trop courts pour lui. | *er ist diesen Spielen entwachsen*, ces jeux ne sont plus de son âge.
ent|waffnen [ɛnt'vafnən] v. tr. PR. et FIG. désarmer.
Ent|waffnung [-nuŋ] f. (-, en) désarmement m.
ent|währen [ɛnt'vɛ:rən] v. tr. FIN. démonétiser.
Ent|währung [-ruŋ] f. (-, en). FIN. démonétisation f.
ent|walden [ɛnt'valdən] v. tr. déboiser.
ent|warnen [ɛnt'varnən] v. tr. signaler la fin de l'alerte.
Ent|warnung [-nuŋ] f. (-, en) signal (m.) de fin d'alerte.
ent|wässern [ɛnt'vɛsərn] v. tr. AGRIC. drainer ; assécher. || CHIM. déshydrater ; rectifier.
Ent|wässerung [-ruŋ] f. (-, en). AGRIC. drainage m. ; assèchement m. || CHIM. déshydratation f. ; [Alkohol] rectification f.
ent|weder... oder [ɛnt"ve:dər'o:dər] conj. de coord. ou... ou ; ou bien... ou bien ; soit... soit ; d'une façon ou de l'autre. || FAM. *entweder dies oder nichts*, c'est à prendre ou à laisser.
ent|weichen [ɛnt'vaiçən] (i, i) v. intr. s'enfuir ; s'évader ; s'échapper. || CHIM. se dégager.
Ent|weichen [-çən] n. (s) fuite f. || CHIM. dégagement m.
ent|weihen [ɛnt'vaiən] v. tr. profaner.
Ent|weihung [-'vaiuŋ] f. (-, en) profanation f.
ent|wenden [ɛnt'vɛndən] (entwandte, entwandt et conjug. faible) v. tr. dérober ; détourner ; soustraire.
Ent|wendung [-duŋ] f. (-, en) détournement m.
ent|werfen [ɛnt'vɛ:rfən] (i, a, o) v. tr. tracer ; tirer. | *einen Plan entwerfen*, tracer un plan. || PAR ANAL. esquisser ; ébaucher. || FIG. projeter ; concevoir ; échafauder.
ent|werten [ɛnt've:rtən] v. tr. avilir ; déprécier ; démonétiser. || [Briefmarken] oblitérer. || TRANSP. composter. || FIN. dévaloriser ; dévaluer.

Ent|wertung [-tuŋ] f. (-, en) avilissement m. ; dépréciation f. ; démonétisation f. || [Briefmarken] oblitération f. || FIN. dévalorisation f. ; dévaluation f.
ent|wickeln [ɛnt'vikəln] v. tr. développer ; déployer ; dérouler ; démêler. || MIL. déployer. || PHOT. développer. || CHIM. *Gas entwickeln*, dégager du gaz. || FIG. développer. | *eine Idee entwickeln*, exposer une idée.
◇ v. pr. **sich entwickeln,** se déployer ; devenir ; grandir. | *aus der Puppe entwickelt sich der Falter*, la chrysalide devient papillon. || MIL. se déployer. || FIG., PHILOS. évoluer.
Ent|wickler [-klər] m. (s, -). ÉLECTR. générateur m. || PHOT. révélateur m.
Ent|wicklung [-kluŋ] f. (-, en) développement m. || MIL. déploiement m. || PHOT. développement m. || FIG. développement m. ; évolution f. | *geistige Entwicklung*, développement intellectuel.
entwicklungs|fähig [ɛnt"vikluŋs'fɛ:iç] adj. susceptible de développement, d'évolution. | *entwicklungsfähige Position* situation (f.) d'avenir. ||°**-gang** m. (es, ¨e) développement m. ||**-gehemmt** adj. retardé. | *entwicklungsgehemmte Kinder*, enfants retardés. || °**-helfer(in)** m. (s, -), f. (-, nen) coopérant(e) m. (f.). ||°**-hilfe** f. POLIT. aide (f.) au développement ; coopération f. ||°**-land** n. (s, ¨er) pays en voie de développement. ||°**-lehre** f. (-, n). BIOL., PHILOS. évolutionnisme m. ||°**-störung** f. (-, en). BIOL. trouble (m.) de croissance. ||°**-wanne** f. (-, n). PHOT. cuve (f.) de développement.
ent|winden [ɛnt'vindən] (a, u) v. tr. et pr. (s') arracher.
ent|wirren [ɛnt'virən] v. tr. débrouiller ; démêler. | *ein Wollknäuel entwirren*, démêler un écheveau. || FIG. clarifier.
ent|wischen [ɛnt'viʃən] v. intr. (dat.). FAM. échapper à ; se sauver ; s'esquiver.
ent|wöhnen [ɛnt'vø:nən] v. tr. faire perdre l'habitude ; déshabituer ; désaccoutumer. | *ein Kind entwöhnen*, sevrer un enfant.
◇ v. pr. **sich entwöhnen,** perdre l'habitude. | *sich des Rauchens entwöhnen*, se déshabituer de fumer.
Ent|wöhnung [-nuŋ] f. (-, en) perte (f.) d'une habitude. | *Entwöhnungskur*, cure (f.) de désintoxication.
ent|wölken [ɛnt'vølkən] v. tr. dissiper les nuages.
◇ part. pass. et adj. **entwölkt,** sans nuages.
◇ v. pr. **sich entwölken,** se découvrir ; s'éclaircir. | *der Himmel entwölkt sich*, le ciel s'éclaircit.
ent|würdigen [ɛnt'vyrdigən] v. tr. et v. pr. (se) dégrader ; (s')abaisser ; (s')avilir.
Ent|würdigung [-guŋ] f. (-, en) dégradation f. ; abaissement m. ; avilissement m.
Ent|wurf [ɛnt'vurf] m. (s, ¨e) projet m. ; plan m. ; ébauche f. ; dessin m. ; minute f. ; brouillon m. | *einfacher Entwurf*, simple projet. | *einen Entwurf ausarbeiten*, élaborer un projet. |*einen Entwurf annehmen, verwerfen*, adopter, rejeter un projet. | *Gesetzesentwurf*, projet de loi. || PAR ANAL., ARTS. ébauche f. ; esquisse f. ; croquis m. ; maquette f.
ent|wurzeln [ɛnt'vurtsəln] v. tr. PR. et FIG. déraciner.
Ent|wurzelung [-luŋ] f. (-, en). PR. et FIG. déracinement m. ; éradication f.
ent|zaubern [ɛnt'tsaubərn] v. tr. désensorceler ; désenchanter ; rompre le charme.
Ent|zauberung f. (-, en) désenchantement m.
ent|zerren [ɛnt'tsɛrən] v. tr. TECHN. équilibrer, corriger la distorsion.
ent|ziehen [ɛnt'tsi:ən] (entzog, entzogen) v. tr. enlever ; ôter ; retirer ; soustraire ; retrancher ; priver. | *jm das Wort entziehen*, retirer la parole à qn. | *den Führerschein entziehen*, retirer le permis de conduire. || CHIM. *Sauerstoff, Wasser entziehen*, désoxyder, déshydrater. | *Salz entziehen*, déminéraliser. | *die Farbe entziehen*, décolorer. || JUR. *den Besitz entziehen*, déposséder. || POLIT. *jm die Staatsangehörigkeit entziehen*, priver qn de sa nationalité. || FIG. dérober ; cacher. | *den Augen entziehen*, dérober à la vue.
◇ v. pr. **sich entziehen,** se retirer ; se retrancher ; se dérober ; se soustraire ; échapper. | *sich den Blicken entziehen*, se dérober à la vue. || FIG. *sich einer Pflicht entziehen*, se dérober à une obligation. |*das entzieht sich meiner Kenntnis*, cela échappe à ma connaissance.
Ent|ziehung [-'tsi:uŋ] f. (-, en) enlèvement m. ; retrait m. ; privation f. || JUR. privation f. ; retrait m. ; dessaisissement m. ; distraction f. | *Entziehung der bürgerlichen Ehrenrechte*, privation des droits civiques ; déchéance f.
Entziehungs|kur [ɛnt"tsi:uŋs'ku:r] f. (-, en). MÉD. cure (f.) de désintoxication.
ent|zifferbar [ɛnt'tsifərbɑ:r] adj. déchiffrable.
ent|ziffern [-fərn] v. tr. déchiffrer ; décrypter. || FIG. démêler.
Ent|zifferung [-fəruŋ] f. (-, en) déchiffrement m.
ent|zücken [ɛnt'tsykən] v. tr. charmer ; ravir ; enchanter.
ent|zückend [-kənt] adj. ravissant ; enchanteur.
Ent|zückung [-kuŋ] f. (-, en) enchantement m. ; ravissement m.
Entzug [ɛnt'tsu:k] m. (s) action de retirer ; privation f. | *Entzug der Ehrenrechte*, privation des droits civiques.
ent|zügelt [ɛnt'tsy:gəlt] adj. [zügellos] effréné.
ent|zündbar [ɛnt'tsyntbɑ:r] adj. inflammable.
Ent|zündbarkeit [-barkait] f. inflammabilité f.
ent|zünden [ɛnt'tsyndən] v. tr. mettre le feu à ; allumer. | *Pulver entzünden*, mettre le feu à la poudre. || FIG. *Leidenschaft entzünden*, allumer une passion.
◇ v. pr. **sich entzünden,** s'enflammer ; s'allumer ; prendre feu.
Ent|zünder [-dər] m. (s, -). TECHN. détonateur m. ; amorce f.
ent|zundern [ɛnt'tsundərn] v. tr. TECHN. décaper.
ent|zündet [ɛnt'tsyndət] adj. enflammé.
ent|zündlich [-'tsyntliç] adj. inflammable.
Ent|zündung [-tsynduŋ] f. (-, en). PHYS. allumage m. ; mise (f.) en route. | *Selbstentzündung*, inflammation, combustion spontanée. || MÉD. inflammation f. ; irritation f. | *Blinddarmentzündung*, appendicite f. | *Lungenentzündung*, pneumonie f.
Entzündungs|geschwulst [ɛnt"tsynduŋsgə'ʃvulst] f. (-, ¨e). MÉD. phlegmon m. ||**-hemmend** adj. MÉD. anti-inflammatoire. | *entzündungshemmendes Mittel*, anti-inflammatoire m.
ent|zwei [ɛnt'tsvai] adj. invar. en deux ; en morceaux ; brisé ; cassé.
entzwei|brechen [ɛnt"tsvai'brɛçən] (i, a, o) v. tr. et v. intr. (se) casser ; (se) briser ; (se) rompre. ||**-gehen** (ging, gegangen) v. intr. se casser.
ent|zweien [ɛnt'tsvaiən] v. tr. diviser. || FIG. diviser ; brouiller ; désunir.
◇ v. pr. **sich entzweien,** se diviser ; se brouiller.
Ent|zweiung [-'tsvaiuŋ] f. (-, en) division f. ; désunion f. ; brouille f.
Enukleation [enuklea'tsio:n] f. (-, en). MÉD. énucléation f.
enukleieren [enukle'i:rən] v. tr. MÉD. énucléer.
En|zian [ɛntsi'ɑ:n] m. (s, e). BOT. gentiane f.
Enzyklika [ɛn'tsy:klika] f. (-, ken). RELIG. encyclique f.
enzyklisch [-liʃ] adj. RELIG. encyclique.
Enzyklopädie [ɛntsyklopɛ'di:] f. (-, n). LITTÉR. encyclopédie f.
enzyklopädisch [-'pɛ:diʃ] adj. encyclopédique.
Enzym [ɛntsy:m] n. (s, e). CHIM. enzyme f.
Epakte [e'pɑktə] f. ASTRON. épacte f.
Epaulette [epo'lɛtə] f. (-, n) épaulette f.
Ephebe [e'fe:bə] m. (n, n) éphèbe m.
Ephemeriden [efeme'ri:dən] f. pl. ASTRON. éphémérides f. pl.
Epidemie [epide'mi:] f. (-, n). MÉD. épidémie f.
epidemisch [-'de:miʃ] adj. MÉD. épidémique.
Epigone [epi'go:nə] m. (n, n) épigone m. ; descendant m. || PAR EXT. mauvais imitateur.
epigonenhaft [-nənhaft] adj. ARTS. académique. || [unschöpferisch] sans génie créateur.
Epigonentum [-nəntu:m] n. (s). ARTS. décadence f. ; académisme m.
Epigramm [epi'gram] n. (s, e). POÉS. épigramme f.
Epigraph [-'grɑ:f] n. (s, e) épigraphe f.
Epigraphik [-'grɑ:fik] f. (-) épigraphie f.
Epik ['e:pik] f. (-). POÉS. poésie (f.) épique.
Epiker [-kər] m. (s, -). POÉS. poète (m.) épique.
Epikureer [epiku're:ər] m. (s, -). PHILOS. épicurien m.
epikureisch [-'re:iʃ], **epikurisch** [-'ku:riʃ] adj. PHILOS. épicurien.
Epilepsie [epilɛp'si:] f. (-). MÉD. épilepsie f.
Epileptiker(in) [epi'lɛptikər(in)] m. (s, -), f. (-, nen). MÉD. épileptique s.

epileptisch [-tiʃ] adj. MÉD. épileptique.

Epilog [epi'lo:k] m. (s, e) épilogue m.

episch ['e:piʃ] adj. LITTÉR. épique. || [heldenhaft] héroïque.

episkopal [episko'pɑ:l] adj. RELIG. épiscopal.

Episkopat [-'pɑ:t] m. et n. (s, e). RELIG. épiscopat m.

Episode [epi'zo:də] f. (-, n) épisode m.

episodenhaft [epi'zo:dənhaft], **episodisch** [-diʃ] adj. épisodique.

Epistel [e'pistəl] f. (-, n) épître f. || FIG. *jm die Epistel lesen*, chapitrer qn.

Epitaph [epi'ta:f] n. (s, e) épitaphe f.

Epi|zentrum [epi'tsɛntrum] n. (s, tren). GÉOL. épicentre m.

Epoche [e'pɔxə] f. (-, n) époque f. ; siècle m. ; date f. ; moment m. | *Epoche machen*, faire date.

Epos ['e:pɔs] n. (-, pen). LITTÉR. poème (m.) épique ; épopée f.

Epoxy(d)|harz [ɛpɔk"si:(t)'harts] n. (es, e) résine (f.) époxy.

Eppich ['ɛpiç] m. (s, e). BOT. ache f. || POÉT. lierre m.

Equipage [eki'pɑ:ʒə] f. (-, n) voiture (f.) de maître ; équipage m. || MAR. équipage m.

Equipe [e'ki:pə] f. (-, n) ensemble de cavaliers.

equipieren [ekvi'pi :rən] v. tr. équiper ; munir de.

Equipierung [-ruŋ] f. (-, en). MIL. équipement m.

er [e:r] pron. pers. m. sing. (avec verbe) il ; (accentué) lui.

er... partic. insépar. de compos. verbale.
I. marquant le commencement d'une action, l'entrée dans un état.
a) à partir d'un verbe simple : *klingen, er|klingen* (se mettre à sonner) ; *tönen, er|tönen* (retentir).
b) à partir d'un adj. : *krank, er|kranken* (tomber malade) ; *weich, er|weichen* (amollir ; attendrir).
II. marquant l'aboutissement d'une action à partir d'un verbe simple : *ringen, er|ringen* (obtenir en luttant).

er|achten [ɛr'ɑ:xtən] v. tr. estimer ; juger ; croire. | *für gut erachten*, juger opportun, juger à propos (de).

Er|achten [-tən] n. (s) opinion f. ; avis m. | *nach meinem Erachten, meines Erachtens*, à mon avis.

er|arbeiten [ɛr'arbaitən] v. tr. obtenir par son travail.

Erb... (en compos.) héréditaire ; de succession ; d'héritage.

Erb|adel ["ɛrp'ɑ:dəl] m. (s) noblesse (f.) héréditaire. ||°**-änderung** f. (-, en). BIOL. mutation (f.) génétique. ||°**-anlagen** f. pl., caractères (m. pl.) héréditaires. ||°**-anspruch** m. (s, ¨e). JUR. prétention (f.) à un héritage. ||°**-antritt** m. (s, e) acceptation (f.) d'une succession. ||°**-auseinandersetzung** f. (s, en). JUR. liquidation (f.) d'héritage. ||°**-bau|recht** [" / /'] n. (s, e). JUR. fonds dominant ; servitude f. || **-berechtigt** ["-/-'--] adj. JUR. qui a droit à la succession ; successible. ||°**-bild** n. (s, er). BIOL. génotype m. ||**-eigen** adj. JUR. acquis par héritage ; héréditaire ; allodial. ||**-eingesessen** adj. installé de père en fils. ||°**-einsetzung** ["-/'--] f. (-, en). JUR. institution (f.) d'héritier. ||**-fähig** adj. JUR. qui a droit à succéder ; successible. ||°**-fähigkeit** ["-/'---] f. (-, en). JUR. successibilité f. ||°**-fall** m. (s, ¨e) [cas (m.) de] succession f. | *Eintritt des Erbfalls*, ouverture (f.) de la succession. ||°**-fehler** m. (s, -) tare (f.) héréditaire. ||°**-feind** m. (s, e) ennemi (m.) héréditaire. ||°**-folge** f. (-, n). JUR. ordre (m.) de succession. | *Erbfolge in gerader Linie*, succession (f.) [en ligne] directe. ||**-folgeberechtigt** adj. JUR. qui a droit à la succession ; successible. ||°**-folge|krieg** m. (s, e). HIST. guerre (f.) de succession. ||°**-gang** m. (s, ¨e). JUR. dévolution f. ; succession (f.) héréditaire. || BIOL. lignée f. ||°**-gesetze** n. pl. BIOL. lois (f. pl.) de l'hérédité. ||°**-gut** n. (s, ¨er) patrimoine m. || BIOL. (ensemble des) caractères (m. pl.) héréditaires. ||**-krank** adj. BIOL. atteint d'un mal héréditaire. ||°**-krankheit** f. (-, en). BIOL. maladie (f.) héréditaire. ||°**-lasser(in)** m. (s, -), f. (-, nen). JUR. testateur m. ; testatrice f. ; « de cujus » m. ; donateur m. ; donatrice f. ||°**-onkel** m. (s, -) oncle (m.) à héritage. ||°**-pacht** f. (-, en). JUR. bail m. (pl. baux) emphytéotique ; emphytéose f. ; ac(c)ensement m. ||°**-pächter** m. (s, -). JUR. emphytéote m. ; ac(c)enseur m. ||°**-prinz** m. (en, en) prince héritier. ||°**-recht** n. (s, e). JUR. droits successifs. ||°**-schein** m. (s, e). V. ERBSCHAFTSSCHEIN. ||°**-schleicher** m. (s, -) captateur (m.) d'héritage. ||°**-schleicherei** f. (-, en) captation (f.) d'héritage. ||°**-schuld** f. (-, en). JUR. dette (f.), charge (f.) héréditaire. ||°**-stück** n. (s, e). JUR. objet hérité ; héritage m. ||°**-sünde** f. (-, n) péché originel. ||°**-teil** m. et n. (s, e). JUR. part (f.) d'héritage, de succession. | *elterlicher Erbteil*, patrimoine m. ||°**-teilung** f. (-, en). JUR. partage (m.) de succession. ||°**-teilungs|klage** f. (-, n) action (f.) en partage. ||°**-übel** n. (s, -). BIOL. mal (m.) héréditaire. ||°**-vermächtnis** ["-/-'--] n. (ses, se). JUR. legs m. ||°**-zins** m. (es, en). JUR. redevance (f.) emphytéotique.

er|barmen [ɛr'barmən] v. tr. faire pitié ; apitoyer ; attendrir ; émouvoir. | *das könnte einen Stein erbarmen*, c'est à faire pleurer des pierres. | *Gott erbarm !*, miséricorde !
◇ v. pr. **sich erbarmen** (gén.) s'apitoyer ; s'attendrir ; s'émouvoir ; avoir pitié.

Er|barmen [ɛr'barmən] n. (s) pitié f. ; miséricorde f. ; compassion f. | *ich habe Erbarmen mit ihm*, j'ai pitié de lui. || FIG. *es ist zum Erbarmen*, c'est à faire pitié.
— SYN. : *Mitleid*, pitié, commisération ; *Barmherzigkeit*, miséricorde ; *Mitgefühl*, compassion.

erbarmens|wert [ɛr"barməns've:rt] adj. digne de pitié, de compassion ; pitoyable.

Er|barmer [-mər] m. (s, -) personne miséricordieuse ; Dieu (m.) de miséricorde.

er|bärmlich [ɛr'bɛrmliç] adj. lamentable ; pitoyable ; déplorable ; malheureux. || PAR EXT. misérable ; méprisable.

Er|bärmlichkeit [ɛr'bɛrmliçkait] f. (-, en) misère f. ; état (m.) pitoyable, lamentable. || PAR EXT. lâcheté f. ; pauvreté f.

erbarmungs|los [ɛr"barmuŋs'lo:s] adj. impitoyable ; implacable ; sans pitié.
— SYN. : *unmenschlich*, inhumain ; *unbarmherzig*, impitoyable ; *unerbittlich*, inexorable.

er|bauen [ɛr'bauən] v. tr. construire ; bâtir ; édifier ; fonder ; élever. || FIG. édifier ; porter à la piété, à la vertu. | *den Leser erbauen*, édifier le lecteur.

Er|bauer [-ər] m. (s, -) bâtisseur m. ; architecte m. ; fondateur m.

er|baulich [ɛr'bauliç] adj. FIG. édifiant.

Er|baulichkeit [-kait] f. (-). FIG. caractère édifiant.

Er|bauung [ɛr'bauuŋ] f. (-, en) construction f. || FIG. édification f. ; piété f.

Erbauungs|buch [ɛr"bauuŋs'bu:x] n. (s, ¨er). RELIG. livre (m.) de piété ; livre (m.) d'heures.

Erbe ['ɛrbə] m. (n, n). JUR. héritier m. | *als Erbe einsetzen, bezeichnen*, instituer, nommer son héritier.

Erbe [-bə] n. (s) héritage m. ; succession f. ; patrimoine m. | *das Erbe fällt jm zu*, l'héritage échoit à qn. | *das Erbe antreten, ausschlagen*, recueillir, refuser l'héritage

er|beben [ɛr'be:bən] v. intr. se mettre à trembler ; tressaillir ; frémir. | *der Saal erbebte vor Zurufen*, la salle trembla sous les acclamations. | *vor Zorn erbeben*, frémir de colère.

Er|beben [-bən] n. (s) tremblement m. || FIG. tressaillement m.

erben ['ɛrbən] v. tr. JUR. hériter ; être héritier de. | *ein Haus von seinen Eltern erben*, hériter une maison de ses parents. || FIG. hériter.

er|beten [ɛr'be:tən] v. tr. obtenir par ses prières.

er|beten [-tən] part. pass. de **erbitten.** | *Antwort erbeten*, répondez s.v.p.

er|betteln [ɛr'bɛtəln] v. tr. mendier ; obtenir en mendiant ; quémander.

er|beuten [ɛr'bɔytən] v. tr. prendre à l'ennemi ; faire du butin sur l'ennemi ; enlever ; capturer.

er|bieten [ɛr'bi:tən] (o, o) v. tr. offrir.
◇ v. pr. **sich erbieten,** s'offrir à ; être prêt à. | *er erbot sich, den Führer zu spielen*, il s'offrit à servir de guide.

Er|bieten [-tən] n. (s) offre f.

Erbin ['ɛrbin] f. (-, nen). JUR. héritière f.

er|bitten [ɛr'bitən] (erbat, erbeten) v. tr. prier ; implorer ; demander. | *etwas von jm erbitten*, 1° demander qch. à qn ; 2° obtenir qch. de qn par des prières.

er|bittern [ɛr'bitərn] v. tr. FIG. aigrir ; ulcérer ; exaspérer ; irriter.

er|bittert [-tərt] adj. FIG. aigri ; irrité ; ulcéré. | *erbitterter Feind*, ennemi acharné.

Er|bitterung [-təruŋ] f. (-, en) aigreur f. ; irritation f. ; exaspération f.

er|blasen [ɛr'blɑ:zən] (ä, ie, a) v. tr. TECHN. souffler, produire (de la fonte).

er|blassen [ɛr'blasən] v. intr. pâlir ; blêmir. || PAR EXT. s'éteindre ; décéder.

er|bleichen [ɛr'blaiçən] (i, i) v. intr. pâlir ; blêmir.

erblich ['ɛrpliç] adj. héréditaire. | *erbliche Belastung*, hérédité chargée ; tare (f.) héréditaire.
◇ adv. JUR. à titre héréditaire ; par voie d'hérédité. | *erblich besitzen*, posséder par héritage. || BIOL. *erblich belastet*, atteint d'un mal héréditaire.

Erb|lichkeit [-kait] f. hérédité f.

er|blicken [ɛr'blikən] v. tr. apercevoir ; découvrir ; voir. | *das Licht der Welt erblicken*, naître.

er|blinden [ɛr'blindən] v. intr. perdre la vue ; devenir aveugle.

er|blindet [-dət] adj. aveuglé. || FIG. *erblindeter Spiegel*, glace ternie, voilée.

Er|blindung [-duŋ] f. (-, en) perte (f.) de la vue ; cécité f.

erb|los ["ɛrp'lo:s] adj. JUR. [ohne Erben] sans héritiers ; vacant ; en déshérence. || [ohne Erbe, ohne Erbschaft] privé d'héritage. | *erblos machen*, déshériter.

er|blühen [ɛr'bly:ən] v. intr. fleurir ; être en fleur ; s'épanouir.

er|bohren [ɛr'bo:rən] v. tr. TECHN. découvrir par sondage.

er|borgen [ɛr'bɔrgən] v. tr. emprunter.

er|bosen [ɛr'bo:zən] v. tr. et v. pr. (se) fâcher ; (s') irriter.

Er|bostheit [ɛr'bo:sthait] f. (-) colère f. ; dépit m.

er|bötig [ɛr'bø:tiç] adj. (zu, dat.) prêt, disposé à.

er|brausen [ɛr'brauzən] v. intr. retentir ; mugir.

er|brechen [ɛr'brɛçən] (i, a, o) v. tr. ouvrir en rompant, avec effraction. || MÉD. vomir ; rendre. ◇ v. pr. **sich erbrechen,** MÉD. rendre ; vomir. || FIG., FAM. *zum Erbrechen*, à vomir.

Er|brechen [-çən] n. (s) rupture f. || MÉD. vomissement m.

er|bringen [ɛr'briŋən] (erbrachte, erbracht) v. tr. apporter ; produire. | *den Beweis erbringen*, produire la preuve. || FIN. *Zinsen erbringen*, rapporter des intérêts.

Erbschaft ['ɛrpʃaft] f. (-, en). JUR. héritage m. ; succession f. || FIG. hérédité f.

Erbschafts|antritt ["ɛrpʃafts'antrit] m. (s). JUR. acceptation (f.) d'un héritage, d'une succession. ||°**-klage** f. (-, n). JUR. action successorale. ||°**-schein** m. (s, e) ou **Erb|schein** m. (s, e). JUR. certificat (m.) d'hérédité ; ordonnance (f.) d'envoi en possession. ||°**-steuer** f. (-, n). FIN. droits (m. pl.) de succession.

Erbse ['ɛrpsə] f. (-, n) pois m. | *grüne Erbsen*, pois verts. || CULIN. *durchgeschlagene Erbsen*, purée (f.) de pois. || FIG., FAM. *Erbsen zählen*, ergoter.

Erbsen|koks ["ɛrpzən'ko:ks] m. (es) noisette (f.) de coke ; coke fin.

Erd|ableitung ["e:rt'aplaituŋ] f. (-, en). RADIO. prise (f.) de terre. ||°**-abwehr** f. (-). MIL. [Flak] défense antiaérienne, contre avions. ||°**-alkalimetall** ["-/-'--/--] n. (s, e) métal alcalinoterreux. ||°**-anschluß** m. (es, ¨e) prise (f.) de terre. ||°**-anziehung** f. (-). PHYS. attraction (f.), gravitation (f.) terrestre. ||°**-anziehungskraft** f. (-, ¨e). PHYS. force (f.) d'attraction terrestre. ||°**-apfel** m. (s, ¨) pomme (f.) de terre. ||°**-arbeiten** f. pl. travaux (m. pl.) de terrassement. ||°**-arbeiter** m. (s, -) terrassier m. ||°**-aufwurf** m. (s, ¨e) terre-plein m. ||°**-ausheber** ["-/'---] m. (s, -). TECHN. excavateur m. ||°**-ausschachtungsarbeiten** ["-/'-----] f. pl. travaux (m. pl.) de terrassement. ||°**-bahn** f. (-, en). ASTRON. orbite (m.) terrestre. ||°**-ball** m. (s, ¨e) globe (m.) terrestre. ||°**-beben** n. (s, -). GÉOL. tremblement (m.) de terre ; séisme m. ||°**-bebenherd** m. (es, e). GÉOL. épicentre m. ||°**-bebenmesser** m. (s, -). TECHN. sismographe m. ||°**-beerbaum** m. (s, ¨e). BOT. arbousier m. ||°**-beerbeet** n. (s, e) planche (f.) de fraisiers. ||°**-beere** f. (-, n) fraise f. ||°**-beerpflanze** f. (-, n) fraisier m. ||°**-beerranke** f. (-, n). BOT. stolon m. ||°**-beschleunigung** ["-/-'--] f. (-). PHYS. accélération (f.) de la pesanteur. ||°**-beschreibung** f. (-) géographie f. ||°**-boden** m. (s) surface (f.) de la terre ; sol m. | *dem Erdboden gleich machen*, raser. || PAR EXT. terre f. ; terrain m. ||°**-bohrer** m. (s, -). TECHN. sonde f. ; tarière f. (à sonder). ||°**-bohrung** f. (-, en). TECHN. sondage m. ; forage m. ||°**-eichel** f. (-, n). BOT. arachide f. ||°**-erschütterung** f. (-, en). V. ERDBEBEN. ||**-fahl** adj. terreux. ||°**-fall** m. (s, ¨e). GÉOL. éboulement m. || PAR EXT. affaissement (m.) de terrain. ||°**-feld** n. (s, er) *magnetisches Erdfeld*, champ (m.) magnétique terrestre. ||°**-ferne** f. (-). ASTRON. apogée m. ||°**-feuer** n. (s) feu (m.) souterrain. ||°**-floh** m. (s, ¨e) puce (f.) terrestre. ||°**-gas** n. (es, e). CHIM. gaz naturel. ||**-geboren** adj. terrestre ; mortel. ||°**-geist** m. (es, er) gnome m. ||°**-geschichte** f. (-). GÉOL. histoire (f.) de la terre ; géologie f. ||°**-geschoß** n. (es, e). ARCHIT. rez-de-chaussée m. ||°**-gewölbe** n. (s, -) cave f. ||**-grau** adj. gris sale. ||°**-grille** f. (-, n). ZOOL. courtilière f. ; taupe-grillon m. ||°**-gürtel** m. (s, -) zone f. ; climat m. ||°**-hälfte** f. (-, n). GÉOGR. hémisphère m. ||**-haltig** adj. mêlé de terre ; bourbeux ; terreux. ||°**-harz** n. (es, e). MINES. bitume m. ||°**-hügel** m. (s, -) butte f. ; tertre m. ||°**-karte** f. (-, n). GÉOGR. mappemonde f. ; planisphère m. ||°**-kontakt** m. (s, e). ÉLECTR. terre f. ||°**-körper** m. (s), °**-kreis** m. (es), °**-kugel** f. (-). GÉOGR. globe m. (terrestre). ||°**-kunde** f. (-). GÉOGR. géographie f. ||°**-leitung** f. (-, en). ÉLECTR. prise (f.) de terre ; ligne télégraphique souterraine. ||°**-männchen** n. (s, -) gnome m. ||°**-maus** f. (-, ¨e). ZOOL. mulot m. ||°**-messung** f. (-, en). GÉOL. arpentage m. ; géodésie f. ||°**-nähe** f. (-). ASTRON. périgée m. ||°**-nuß** f. (-, ¨e). BOT. arachide f. ; cacahuète f. ||°**-öl** n. (s, e) huile minérale ; pétrole m. || MINES. *Erdölbohrung*, sondage pétrolier. | *Erdölfelder*, terrains (m. pl.) pétrolifères. | *Erdöllagerstätte*, gisement (m.) de pétrole. || TECHN. *Erdölchemie*, pétrochimie f. | *Erdölleitung*, pipe-line m. ; oléoduc m. | *Erdölveredelungswerk*, raffinerie (f.) de pétrole. ||°**-pech** n. (s, e). MINES. bitume m. ; poix minérale ; asphalte m. ||°**-pfeiler** m. (s, -), °**-pyramide** f. (-, n) cheminée (f.) des fées. ||°**-radiant** m. (en, en) radiant (m.) terrestre. ||°**-rauch** m. (s). BOT. fumeterre m. ||°**-räumer** m. (s, -) drague f. ||°**-reich** n. (s) la Terre. || PAR EXT. sol m. ||°**-rücken** m. (s, -) élévation f. ; croupe f. ; dos d'âne m. ||°**-rutsch** m. (es, e) glissement (m.) de terrain. ||°**-schaltung** f. (-, en). ÉLECTR. prise (f.) de terre. ||°**-schnecke** f. (-, n). ZOOL. limace f. ||°**-spalte** f. (-, n) crevasse f. ||°**-stern** m. (s, e). BOT. géaster m. ||°**-stoß** m. (es, ¨e). GÉOL. secousse (f.) tellurique. ||°**-strich** m. (s, e). GÉOGR. contrée f. ; région f. ; zone f. ; latitude f. ; climat m. ||°**-strom** m. (s, ¨e). ÉLECTR. courant (m.) tellurique. ||°**-sturz** m. (es, ¨e). GÉOL. éboulement m. ||°**-teil** m. (s, e). GÉOGR. continent m. ||°**-umsegelung** f. (-, en). MAR. circumnavigation f. ; périple m. ||°**-vermessung** f. (-) géodésie f. ||°**-wachs** n. (es) cire (f.) fossile ; paraffine naturelle. ||°**-wall** m. (s, ¨e) levée (f.) de terre. ||°**-wärme** f. (-). PHYS. géothermie f. ||°**-wärmestrom** m. (s, ¨e). TECHN. énergie (f.) géothermique. ||°**-wurm** m. (s, ¨er). ZOOL. ver (m.) de terre ; lombric m. ||°**-ziel** n. (s, e). MIL., AÉRON. objectif m. ||°**-zone** f. (-, n). GÉOGR. zone f. ; latitude f. ; climat m.

Erde ['e:rdə] f. (-, n). [Welt] terre f. ; monde m. ; globe (m.) terrestre ; univers m. | *auf der ganzen Erde*, par toute la terre. | *auf Erden*, sur terre ; ici-bas. || PAR EXT. [Boden] terre f. ; terrain m. ; sol m. | *fruchtbare Erde*, terre, sol fertile. | *rote Erde*, terre, argile (f.) rouge. | *auf die Erde fallen*, tomber à, par terre. | *zu ebener Erde wohnen*, habiter le, au rez-de-chaussée. | *der Erde gleichmachen*, raser. || ÉLECTR. *an Erde legen*, mettre à la terre. || FIG. *Himmel und Erde in Bewegung setzen*, remuer ciel et terre.

erden ['e:rdən] v. tr. ÉLECTR. et RADIO. mettre à la terre, à la masse.

Erden|bürger ["e:rdən'byrgər] m. (s, -). POÉT. homme m. ; humain m. ; mortel m. ||°**-last** f. (-, en) misère humaine. ||°**-lauf** m. (s, ¨e) vie humaine. ||°**-los** n. (es, e) sort humain. ||°**-rund** n. (s) globe (m.) terrestre.

er|denkbar [ɛr'dɛŋkba:r] adj. imaginable ; concevable.

er|denken [-kən] (erdachte, erdacht) v. tr. concevoir ; imaginer ; fabriquer de toutes pièces ; inventer.

er|denklich [-kliç] adj. imaginable ; concevable. | *sich alle erdenkliche Mühe geben*, se donner toutes les peines du monde.

er|dichten [ɛr'diçtən] v. tr. imaginer ; inventer ; fabriquer de toutes pièces.

Er|dichtung [-tuŋ] f. (-, en) invention f. ; fable f.

er|dienen [ɛr'di:nən] v. tr. acquérir, gagner à force de travail.

erdig ['e:rdiç] adj. qui contient de la terre ; terreux. | *erdiger Geruch*, odeur (f.) de terre. || PAR EXT. terrestre.

er|dolchen [ɛr'dɔlçən] v. tr. poignarder.

er|dreisten (sich) [ziçɛr'draistən] v. pr. oser ; avoir le front de. || FAM. avoir le toupet de.

er|dröhnen [ɛr'drø:nən] v. intr. retentir ; résonner.

er|drosseln [ɛr'drɔsəln] v. tr. étrangler.

Er|drosselung [-luŋ] f. (-, en) étranglement m. ; strangulation f.

er|drücken [ɛr'drykən] v. tr. écraser ; étouffer ; opprimer ; accabler. || Fig. *er wurde von der Last der Sorgen erdrückt*, il fut accablé par des soucis.

er|drückend [-kənt] adj. écrasant. || Fig. accablant. | *erdrückende Beweise*, preuves accablantes.

er|dulden [ɛr'duldən] v. tr. endurer ; supporter ; souffrir.

Erdung ['e:rduŋ] f. (-, en). Électr. mise (f.) à la terre, à la masse ; prise (f.) de terre.

er|eifern (sich) [ziçɛr'aifərn] v. pr. s'échauffer au sujet de ; se passionner pour. || Fig. s'échauffer ; s'emporter ; fam. s'emballer.

Er|eiferung [ɛr'aifəruŋ] f. (-, en) zèle m. ; emportement m. || Fam. emballement m.

er|eignen (sich) [ziçɛr'aignən] v. pr. se passer ; avoir lieu ; se produire ; arriver. | *ein Unfall ereignete sich*, un accident est arrivé.

Er|eignis [ɛr'aignis] n. (ses, se) événement m. ; incident m.
— Syn. : *Geschehnis*, événement ; *Vorfall*, accident.

ereignis|los [ɛr"aignis'lo:s] adj. calme ; fam. sans histoire. ||**-reich, -voll** adj. mouvementé.

er|eilen [ɛr'ailən] v. tr. rattraper ; rejoindre ; atteindre en courant. || Fig. *der Tod hat ihn ereilt*, la mort l'a surpris.

Eremit [ere'mi:t] m. (en, en) ermite m.
— Syn. : *Einsiedler*, *Klausner*, ermite.

Eremitage [-mi'tɑ:ʒə] f. (-, n) ermitage m.

er|erben [ɛr'ɛrbən] v. tr. V. erben.

er|fahren [ɛr'fɑ:rən] (ä, u, a) v. tr. [erleiden, erleben] faire l'expérience de ; éprouver ; être l'objet de ; subir. | *eine Demütigung erfahren*, subir une humiliation. || [zu hören bekommen] apprendre. | *ich konnte nichts Näheres erfahren*, c'est tout ce que j'ai pu apprendre, savoir. | *etwas von jm erfahren*, tenir qch. de qn.

er|fahren [-rən] adj. expérimenté ; expert ; éprouvé. | *ein erfahrener Mann*, un homme d'expérience. | *in einer Arbeit erfahren*, rompu à la tâche.
— Syn. : *geübt*, *fertig*, adroit ; *erprobt*, expérimenté.

Er|fahrenheit [-rənhait] f. (-) expérience f.

Er|fahrung [-ruŋ] f. (-, en) expérience f. ; pratique f. ; usage m. | *Erfahrung haben*, avoir de l'expérience. | *etwas aus Erfahrung wissen*, savoir qch. par expérience. | *sich js Erfahrung zunutze machen*, mettre à profit l'expérience de qn. | *Erfahrungen anstellen*, faire des expériences ; expérimenter. | *schlechte Erfahrungen mit jm machen*, avoir des déconvenues avec qn.

Erfahrungs|beweis [ɛr"fɑ:ruŋsbə'vais] m. (es, e) preuve expérimentale. ||**-gemäß, -mäßig** adj. empirique ; expérimental. || adv. comme le montre l'expérience. ||**-reich** adj. expérimenté.

erfaßbar [ɛr'fasbɑ:r] adj. Philos. appréhensible.

er|fassen [ɛr'fasən] v. tr. **1.** saisir ; empoigner. | *die Hand erfassen*, saisir, prendre la main. || Par ext. toucher ; atteindre. | *durch Werbung erfassen*, toucher un vaste public par la publicité.
2. recenser ; inventorier.
3. Fig. [begreifen] saisir ; percevoir ; comprendre ; concevoir ; avoir conscience de. || Philos. appréhender.
4. concerner ; viser. | *die Versicherung erfaßt das ganze Personal des Werkes*, cette assurance vaut pour tout le personnel de l'usine.

Er|fassung [-suŋ] f. (-, en). Adm., Mil. recensement m. ; contrôle m. ; réquisition f. | *Erfassung der Bedürfnisse*, recensement des besoins. | *statistische Erfassung*, recensement m.
— Syn. : *Bestandaufnahme*, inventaire ; *Statistik*, statistique.

er|fechten [ɛr'fɛçtən] (i, o, o) v. tr. acquérir en combattant. | *einen Sieg erfechten*, remporter une victoire.

er|finden [ɛr'findən] (a, u) v. tr. trouver ; inventer ; découvrir ; créer. | *eine Maschine erfinden*, inventer une machine. | *von A bis Z erfinden*, imaginer de toutes pièces.

Er|finder(in) [-dər(in)] m. (s, -), f. (-, nen) inventeur m. ; inventrice f. ; créateur m. ; créatrice f. ; auteur m.

er|finderisch [-dəriʃ] adj. inventif ; ingénieux ; imaginatif. | *ein erfinderischer Kopf, Geist*, un esprit inventif, ingénieux.

Erfinder|schutz [ɛr"findər'ʃuts] m. (es). Jur. protection (f.) des brevets ; garanties (f. pl.) contre les contrefaçons.

Er|findung [ɛr'finduŋ] f. (-, en) invention f. ; découverte f. ; création f. | *eine Erfindung zum Patent anmelden*, déposer une demande de brevet. | *das ist meine Erfindung*, c'est de mon cru.

Erfindungs|gabe [ɛr"finduŋs'gɑ:bə] f. (-, n) talent inventif ; imagination f. ||°**-geist** m. ([e]s, er) génie inventif. ||°**-patent** [-"--/-'-] n. (s, e) brevet (m.) d'invention.

er|flehen [ɛr'fle:ən] v. tr. implorer. | *eine Gnade erflehen*, demander une grâce.

Er|folg [ɛr'fɔlk] m. (s, e) suite f. ; issue f. ; résultat m. ; succès m. ; réussite f. | *der Erfolg steigt ihm zu Kopfe*, le succès lui monte à la tête. | *schlechten Erfolg haben*, ne pas réussir. | *seine Bemühungen waren von Erfolg gekrönt*, ses efforts furent couronnés de succès. | *guten Erfolg !*, bonne chance !

er|folgen [ɛr'fɔlgən] v. intr. être la suite, la conséquence de ; résulter ; s'ensuivre. || Par ext. se faire ; se produire. | *sein Eintritt in die Firma kann sofort erfolgen*, il peut entrer tout de suite dans notre firme.

erfolg|los [ɛr"fɔlk'lo:s] adj. infructueux.
◇ adv. sans succès.

Erfolg|losigkeit [-'lo:ziçkait] f. insuccès m. ; inutilité f. ||**-reich** adj. couronné de succès. — adv. avec succès. ||**-versprechend** [-"-/-'--] adj. prometteur.

Erfolgs|quote [ɛr"fɔlgs'kvo:tə] f. (-, n) taux (m.) de réussite, de succès.

er|forderlich [ɛr'fɔrdərliç] adj. nécessaire ; exigé ; requis. | *das erforderliche Alter*, l'âge requis. | *soweit erforderlich*, en tant que de besoin.

erforderlich(enfalls) [-dərliç(ənfals)] adv. en cas de besoin.

er|fordern [-dərn] v. tr. réclamer ; exiger ; demander ; requérir. | *das erfordert Zeit und Geld*, il y faut du temps et de l'argent.

Er|fordernis [-dərnis] n. (ses, se) nécessité f. || Par ext. exigence f. | *peinliches Erfordernis*, pénible nécessité f.

er|forschen [ɛr'fɔrʃən] v. tr. explorer. | *eine Gegend erforschen*, explorer une région. || Par ext. pénétrer ; sonder. | *ein Problem erforschen*, étudier un problème. | *sich selbst erforschen*, interroger sa conscience.

Er|forscher [-ʃər] m. (s, -). V. Forscher.

er|forschlich [-ʃliç] adj. explorable.

Er|forschung [-ʃuŋ] f. (-, en) exploration f. ; recherche f. | *Erforschung eines Kontinents*, exploration d'un continent. || Par ext. étude approfondie ; examen m.

er|fragen [ɛr'frɑ:gən] v. tr. questionner ; demander ; poser des questions. | *den Weg erfragen*, demander son chemin.

er|frechen (sich) [ziçɛr'frɛçən] v. pr. avoir le front, l'audace, fam. le toupet de ; oser.

er|freuen [ɛr'frɔyən] v. tr. faire plaisir à ; réjouir ; délecter. | *Ihr Brief hat uns sehr erfreut*, votre lettre nous a fait grand plaisir.
◇ v. pr. **sich erfreuen,** se réjouir de ; jouir de. | *ich erfreue mich am Anblick des Gartens*, je jouis de la vue du jardin. | *sich eines guten Rufes, einer guten Gesundheit erfreuen*, jouir d'une bonne réputation, d'une bonne santé. | *sich großer Beliebtheit erfreuen*, avoir bonne presse ; être très populaire.

er|freulich [-'frɔyliç] adj. agréable ; réjouissant ; satisfaisant. | *erfreuliche Fortschritte machen*, faire des progrès sensibles. | *wenig erfreulich*, déplaisant.

erfreulicher|weise [ɛr"frɔyliçər'vaizə] adv. heureusement ; par bonheur.

er|freut [ɛr'frɔyt] adj. réjoui ; enchanté. | *über etwas hoch erfreut sein*, se réjouir beaucoup de qch. | *sehr erfreut, Ihre Bekanntschaft zu machen*, enchanté de faire votre connaissance.

er|frieren [ɛr'fri:rən] (o, o) v. intr. geler ; périr, mourir de froid.
◇ v. tr. *ich habe mir zwei Finger erfroren*, j'ai eu deux doigts gelés.

Er|frieren [-rən] n. (s) congélation f.

er|frischen [ɛr'friʃən] v. tr. et v. pr. (se) rafraîchir ; (se) désaltérer ; (se) restaurer ; (se) réconforter ; (se) remonter.

er|frischend [-ʃənt] adj. rafraîchissant. | *erfrischendes Getränk*, boisson rafraîchissante.

Erfrischungs|raum [ɛr"friʃuŋs'raum] m. (s, ¨e) buffet m. ; buvette f.

er|froren [ɛr'fro:rən] adj. gelé ; mort de froid.

er|füllen [ɛr'fylən] v. tr. remplir. || Fig. remplir ;

exécuter ; réaliser ; accomplir. | *seine Worte haben uns mit Hoffnung erfüllt*, ses paroles nous ont remplis d'espoir. | *eine Bitte erfüllen*, exaucer une prière. | *einen Vertrag erfüllen*, exécuter un contrat. | *ein Versprechen erfüllen*, tenir sa promesse. | *eine Pflicht erfüllen*, s'acquitter d'un devoir. | *seinen Zweck erfüllen*, être utile ; avoir sa raison d'être.

◇ v. pr. **sich erfüllen,** s'accomplir ; se réaliser.

er|füllt [ɛr'fylt] adj. rempli. | *mit Rauch erfüllt*, enfumé. || Fig. accompli ; accordé. || [Bibel] *die Zeiten sind noch nicht erfüllt*, le temps n'est pas encore venu.

Er|füllung [-luŋ] f. (-, en) accomplissement m. ; réalisation f. | *ein Wunsch geht in Erfüllung*, un vœu se réalise. || Comm. exécution f.

er|gänzen [ɛr'gɛntsən] v. tr. compléter ; combler ; reconstituer. || Fig. *sie ergänzen einander*, ils se complètent.

er|gänzend [-tsənt] adj. complémentaire ; supplémentaire.

Er|gänzung [-tsuŋ] f. (-, en) complément m. ; supplément m. ; adjonction f. || Jur. amendement m. || Gramm. complément m. ; régime (direct, indirect).

Ergänzungs|band [ɛr"gɛntsuŋs'bant] m. (s, ¨e) supplément m. ||°**-bogen** m. (s, ¨). Typogr. défet m. ||°**-farben** f. pl. couleurs (f. pl.) complémentaires. ||°**-stück** n. (es, e) complément m. ||°**-summe** f. (-, n) appoint m. ||°**-wahl** f. (-, en) élection partielle. ||°**-winkel** m. (s, -). Math. angle (m.) complémentaire.

er|gattern [ɛr'gatərn] v. tr. se procurer habilement. || Fam. s'arranger pour avoir.

er|gaunern [ɛr'gaunərn] v. tr. escroquer.

er|geben [ɛr'ge:bən] (i, a, e) v. tr. donner ; fournir ; rapporter. | *die Sammlung ergab hundert Mark*, la quête rapporta cent marks. || Fig. montrer ; démontrer ; prouver. | *die Untersuchung ergab seine Unschuld*, l'enquête prouva son innocence.

◇ v. pr. **sich ergeben,** capituler ; se rendre. || Par anal. se soumettre. || Par ext. s'adonner, se dévouer à. | *sich dem Spiel ergeben*, s'adonner au jeu. || Fig. s'ensuivre ; résulter de. | *daraus ergibt sich, daß*, il s'ensuit que ; il en résulte que.

er|geben [-bən] adj. adonné. || Par ext. dévoué. | *jm ergeben sein*, être dévoué à qn. | *Ihr ergebener, ergebenster*, votre (bien) dévoué. | *in sein Schicksal ergeben*, résigné à son sort.

Er|gebenheit [ɛr'ge:bənhait] f. dévouement m. ; attachement m. || soumission f. (à une volonté étrangère).

Er|gebnis [ɛr'ge:pnis] n. (ses, se) conséquence f. ; résultat m. ; produit m. || Fig. produit m. ; fruit m. | *mageres Ergebnis*, faible, maigre résultat.

ergebnis|los [ɛr"ge:pnis'lo:s] adj. sans résultat ; sans effet.

Er|gebung [ɛr'ge:buŋ] f. (-, en). Fig. résignation f. ; soumission f.

er|gehen [ɛr'ge:ən] (erging, ergangen) v. intr. paraître ; être publié. | *ein Befehl ergeht*, un ordre est donné. | *Gnade für Recht ergehen lassen*, user de clémence. | *der Ruf an die Universität Marburg ergeht an Professor X.*, une chaire est offerte au professeur X à l'université de Marbourg. || Par anal. *alles über sich ergehen lassen*, supporter tout patiemment.

◇ v. impers. devenir ; se trouver. | *wie ist es dir ergangen ?*, qu'est-il advenu de toi ?

◇ v. pr. **sich ergehen,** Poét. [lustwandeln] se promener. || Fig. *sich in Schmähungen gegen jn ergehen*, se répandre en injures contre qn.

Er|gehen [ɛr'ge:ən] n. (s) état (m.) de santé. | *nach seinem Ergehen fragen*, demander de ses nouvelles.

er|giebig [ɛr'gi:biç] adj. productif ; lucratif ; rentable. || Par ext. riche ; abondant. || Fig. fertile.

Er|giebigkeit [ɛr'gi:biçkait] f. rendement m. ; rapport m. || Par ext. abondance f. ; richesse f. | *Ergiebigkeit einer Quelle*, pr. et fig. débit (m.) d'une source.

er|gießen (sich) [ziçɛr'gi:sən] (o, o) v. pr. se déverser ; s'épandre ; s'épancher. || [Flüsse] se jeter. || Fig. *sich in Vorwürfen ergießen*, se répandre en reproches.

Er|gießen [ɛr'gi:sən] n. (s), **Er|gießung** [-suŋ] f. (-, en). Fig. épanchement m. ; effusion f. || Méd. épanchement m. ; débordement m.

— Syn. : *Erguß, Ausfluß, Ausguß*, épanchement.

er|glänzen [ɛr'glɛntsən] v. intr. briller ; resplendir.

er|glimmen [ɛr'glimən] (o, o) v. intr. se mettre à luire.

er|glühen [ɛr'gly:ən] v. intr. rougir ; s'enflammer ; s'embraser ; s'empourprer. || Fig. *in Liebe zu jm erglühen*, s'enflammer d'amour pour qn.

Ergonom(in) [ɛrgo'no:m(in)] m. (en, en), f. (-, nen) ergonome s.

Ergonomie [ɛrgono'mi:], **Ergonomik** [ɛrgo'nomik] f. ergonomie f.

Ergotherapeut(in) ["ɛrgotera'pɔyt(in)] m. (en, en), f. (-, nen). Méd. ergothérapeute s.

Ergotherapie [-'pi:] f. ergothérapie f.

er|götzen [ɛr'gøtsən] v. tr. amuser ; réjouir ; divertir ; (Vx.) ébaudir.

◇ v. pr. **sich ergötzen,** s'amuser ; se réjouir ; se divertir. | *ich ergötzte mich an seinem Anblick*, je m'amusais de son aspect.

Er|götzen [-tsən] n. (s) plaisir m. ; divertissement m. ; amusement m. | *zum Ergötzen der Zuschauer*, à la grande joie des spectateurs.

er|götzlich [-tsliç] adj. récréatif ; divertissant ; plaisant ; amusant ; réjouissant.

Er|götzlichkeit [ɛr'gøtsliçkait] f. (-, en), **Er|götzung** [ɛr'gøtsuŋ] f. (-, en) divertissement m. ; amusement m. ; plaisir m.

er|grauen [ɛr'grauən] v. intr. devenir gris ; grisonner ; blanchir. | *ergraute Schläfen*, tempes grisonnantes. || Fig. *im Dienst ergraut*, blanchi sous le harnois.

er|greifen [ɛr'graifən] (i, i) v. tr. saisir ; prendre. | *das Schwert ergreifen*, saisir son épée. | *er ergriff mich bei der Hand*, il me prit la main. || Par ext. *einen Verbrecher ergreifen*, arrêter un criminel. || Fig. saisir ; prendre. | *eine Gelegenheit ergreifen*, saisir une occasion. | *von etwas Besitz ergreifen*, prendre possession de qch. | *Maßregeln gegen etwas ergreifen*, prendre des mesures contre qch. | *einen Beruf ergreifen*, embrasser une profession. | *die Flucht ergreifen*, prendre la fuite. | *das Wort ergreifen*, prendre la parole. | *Partei ergreifen*, prendre parti. | *seine Worte haben uns ergriffen*, nous avons été touchés par ses paroles.

er|greifend [-fənt] adj. prenant ; émouvant ; saisissant.

Er|greifung [-fuŋ] f. (-, en) capture f. ; prise f. ; arrestation f.

er|griffen [ɛr'grifən] adj. Fig. ému.

Er|griffenheit [ɛr'grifənhait] f. saisissement m. ; émotion f.

er|grimmen [ɛr'grimən] v. intr. se mettre en colère, en courroux ; se courroucer ; enrager.

er|gründen [ɛr'gryndən] v. tr. sonder ; mesurer la profondeur de. || Fig. creuser ; approfondir.

— Syn. : *loten*, sonder ; *prüfen, erforschen*, examiner.

er|grünen [ɛr'gry:nən] v. intr. verdir.

Er|guß [ɛr'gu:s] m. (es, ¨e) épanchement m. ; effusion f. || Méd. épanchement (m.), effusion f. (de sang). || Fig. effusion f. ; flot m.

Erguß|gestein [ɛr"gusgə'ʃtain] n. (s, e), **Eruptiv|gestein** [erup"ti:fgə'ʃtain] n. (s, e) roche éruptive.

er|haben [ɛr'ha:bən] adj. élevé ; saillant ; proéminent ; en relief. || Arts. *ganz erhabene Arbeit*, haut-relief m. | *flach erhabene Arbeit*, bas-relief m. || Fig. éminent ; auguste ; sublime ; Péjor. solennel. | *ein erhabener Stil*, un style noble. | *über etwas erhaben sein*, être au-dessus de qch. | *über jedes Lob erhaben*, au-dessus de tout éloge.

Er|habenheit [ɛr'ha:bənhait] f. relief m. ; proéminence f. ; élévation f. || Fig. hauteur (f.) de vue ; noblesse f. ; sublimité f. || Péjor. solennité f.

er|hallen [ɛr'halən] v. intr. retentir.

Er|halt [ɛr'halt] m. V. Empfang.

er|halten [-tən] (ä, ie, a) v. tr. [bekommen] recevoir ; obtenir. | *Nachricht erhalten*, avoir des nouvelles. || Par ext. [unterhalten] entretenir. | *eine zahlreiche Familie erhalten*, nourrir une nombreuse famille. | *Gott erhalte ihn*, que Dieu le garde. || Comm. *dankend erhalten*, pour acquit.

◇ v. pr. **sich erhalten,** se conserver ; se maintenir. || Fig. se maintenir. | *sich jung erhalten*, rester jeune.

er|halten [-tən] adj. entretenu ; conservé. | *gut erhalten*, bien conservé ; en bon état.

Er|halter [-tər] m. (s, -) soutien m. (de famille) ; conservateur m.

er|hältlich [ɛr'hɛltliç] adj. qui se trouve ; que l'on peut obtenir ; trouvable.

Er|haltung [ɛr'haltuŋ] f. (-, en). [Empfang] réception f. || Par ext. [Unterhalt] conservation f. ; maintien m. ; entretien m. || [Ernährung] subsistance f.

Erhaltungs|trieb [ɛr"haltuŋs'tri:p] m. (s) instinct (m.) de conservation.
er|handeln [ɛr'handəln] v. tr. faire l'achat de (après marchandage).
er|hängen [ɛr'hɛŋən] v. tr. et v. pr. (se) pendre.
Er|hängte(r) [-'hɛŋtə(r)] f. (m.) pendu(e) m. (f.).
Er|hängung [-'hɛŋuŋ] f. (-, en) pendaison f.
er|harren [ɛr'harən] v. tr. attendre impatiemment.
er|härten [ɛr'hɛrtən] v. tr. rendre dur ; durcir ; endurcir. || FIG. confirmer ; corroborer. || JUR. *eine Aussage eidlich erhärten*, affirmer par serment. | *durch Beweise erhärten*, corroborer par des preuves.
◇ v. pr. **sich erhärten,** (se) durcir ; (s')endurcir ; devenir dur. || ARCHIT. prendre.
er|haschen [ɛr'haʃən] v. tr. attraper ; happer ; saisir au vol. || FIG. *die erste beste Gelegenheit erhaschen*, saisir la première occasion qui se présente.
er|heben [ɛr'he:bən] (o, o) v. tr. lever ; élever ; relever ; ériger. | *den Kopf erheben*, redresser la tête. || FIG. élever ; soulever ; exalter ; prélever. | *ein großes Geschrei erheben*, pousser des hauts cris. | *Einwendungen erheben*, soulever des objections. | *auf etwas Anspruch erheben*, émettre une prétention à qch. | *in den Adelstand erheben*, anoblir. | *in den Himmel erheben*, porter au pinacle. || JUR. *eine Klage erheben*, intenter une action contre qn. || FIN. *Steuern erheben*, lever des impôts. | *im voraus erheben*, prélever. || MATH. *in die dritte Potenz erheben*, élever à la puissance trois.
◇ v. pr. **sich erheben,** se mettre debout ; se lever ; se soulever ; s'élever. | *sich vom Stuhl erheben*, se lever de sa chaise. | *ein Sturm erhebt sich*, une tempête se lève. || AÉRON. décoller. || FIG., POLIT. se soulever. | *eine Frage erhebt sich*, une question se pose. || PAR EXT. surmonter. | *sich über seinen Schmerz erheben*, surmonter sa douleur.
er|hebend [-bənt] adj. FIG. émouvant ; exaltant.
er|heblich [ɛr'he:pliç] adj. important ; considérable.
◇ adv. considérablement ; beaucoup ; lourdement.
Er|heblichkeit [-kait] f. importance f.
Er|hebung [ɛr'he:buŋ] f. (-, en) élévation f. ; éminence f. || FIG. *Erhebung in den Adelstand*, anoblissement m. | *Erhebung in den Generalsrang*, promotion (f.) au grade de général. || FIN. *Erhebung von Steuern*, levée (f.) d'impôts. || ADM. *statistische Erhebungen*, relevés (m. pl.) statistiques. | *Erhebungen über etwas anstellen*, se livrer à des recherches, à des enquêtes sur qch. || POLIT. soulèvement m. ; révolution f.
er|heiraten [ɛr'haira:tən] v. tr. acquérir par mariage.
er|heischen [ɛr'haiʃən] v. tr. réclamer ; exiger.
er|heitern [ɛr'haitərn] v. tr. et v. pr. (s')égayer ; (se) rasséréner ; (s')éclaircir.
Er|heiterung [-təruŋ] f. (-, en) divertissement m. || [Wetter] embellie f.
er|hellen [ɛr'hɛlən] v. tr. éclairer ; éclaircir.
◇ v. impers. FIG. *daraus erhellt, daß*, on en déduit, on en conclut que ; de ce fait il appert que.
◇ v. pr. **sich erhellen,** s'éclaircir.
er|heucheln [ɛr'hɔyçəln] v. tr. simuler ; feindre. || PAR EXT. obtenir par simulation.
er|hitzen [ɛr'hitsən] v. tr. chauffer ; échauffer. | *Wasser auf 80 Grad erhitzen*, échauffer l'eau à 80 degrés. || FIG. échauffer. | *Wein erhitzt*, le vin échauffe. | *erhitzte Geister*, esprits échauffés.
◇ v. pr. **sich erhitzen,** s'échauffer ; prendre chaud. || FIG. s'échauffer ; s'emporter.
Er|hitzung [-tsuŋ] f. (-, en) chauffage m. ; échauffement m.
er|hoffen [ɛr'hɔfən] v. tr. espérer.
er|höhen [ɛr'hø:ən] v. tr. hausser ; exhausser ; rehausser ; élever ; relever. | *ein Gebäude um ein Stockwerk erhöhen*, (sur)élever un bâtiment d'un étage. || COMM. *die Preise um 50 % erhöhen*, élever les prix de 50 %. || TECHN. accroître ; augmenter. | *die Geschwindigkeit erhöhen*, accélérer. || CULIN. *den Geschmack erhöhen*, relever le goût.
◇ v. pr. **sich erhöhen,** s'élever ; se hausser. | *die Zahl der Opfer hat sich auf fünfzig erhöht*, le nombre des victimes s'est élevé à cinquante.
er|höht [-'hø:t] adj. élevé ; relevé ; haussé ; accru ; augmenté ; aggravé. | *erhöhte Lebenstätigkeit*, vitalité accrue. | *erhöhte Tätigkeit*, activité accrue. || COMM. *erhöhter Preis*, prix augmenté.
Er|höhung [-'hø:uŋ] f. (-, en). [Handlung] rehaussement m. ; élévation f. ; augmentation f. || PAR EXT. [Ort] élévation f. ; colline f. ; monticule m. || FIG. exaltation f. ; aggravation f. || MUS. hausse (f.) d'un demi-ton.
Erhöhungs|zeichen [ɛr"hø:uŋs'tsaiçən] n. (s, -). MUS. dièse m.
er|holen (sich) [ziçɛr'ho:lən] v. pr. reprendre des forces ; se remettre ; se reposer ; se rétablir. | *er konnte sich von seinem Schrecken nicht erholen*, il ne pouvait pas surmonter sa frayeur.
erholsam [-za:m] adj. reposant.
Er|holung [ɛr'ho:luŋ] f. (-, en) repos m. ; détente f. ; délassement m. ; rétablissement m. ; récréation f. ; divertissement m.
— SYN. : *Genesung*, guérison ; *Ruhe*, repos.
Erholungs|heim [ɛr"ho:luŋs'haim] n. (s, e) maison (f.) de repos. ||°**-pause** f. (-, en) récréation f. ; répit m. ; trêve f. ||°**-zeit** f. (-, en) [saison (f.) des] vacances f. pl. ; récréation f.
er|hören [ɛr'hø:rən] v. tr. entendre. || PAR EXT. exaucer.
Erich ['e:riç] n. pr. m. Eric m.
Erika ['e:rika] f. (-, ken). BOT. bruyère f.
er|innerlich [ɛr'inərliç] adj. présent à la mémoire.
er|innern [-nərn] v. tr. faire souvenir de ; rappeler ; faire songer, penser à. | *jn an etwas erinnern*, rappeler qch. à qn. | *erinnere mich daran*, fais m'y penser.
◇ v. pr. **sich erinnern,** se souvenir de ; se rappeler qch. | *ich kann mich an ihn nicht mehr erinnern*, je ne me souviens plus de lui. | *wenn ich mich recht erinnere*, si j'ai bonne mémoire.
— SYN. : *ins Gedächtnis rufen*, *in Erinnerung bringen*, rappeler ; *sich entsinnen*, se souvenir.
Er|innerung [-nəruŋ] f. (-, en) souvenir m. | *frische Erinnerung*, souvenir récent. | *etwas in Erinnerung bringen*, remettre qch. en mémoire. | *wir haben ihn in guter Erinnerung*, nous avons gardé un bon souvenir de lui. | *zur Erinnerung an*, en souvenir de. || PAR EXT. avertissement m. ; rappel m.
Erinnerungs|schreiben [ɛr"inəruŋs'ʃraibən] n. (s, -) lettre (f.) monitoire. ||°**-tafel** f. (-, n) plaque commémorative.
Erinnyen [er'inyən] f. pl. MYTH. [Furien] Erinnyes f. pl.
er|jagen [ɛr'ja:gən] v. tr. prendre à la chasse ; atteindre à la course. || FIG. *Ruhm erjagen*, vouloir forcer la chance.
er|kalten [ɛr'kaltən] v. intr. (se) refroidir. || FIG. *sein Eifer erkaltet*, son ardeur se relâche.
er|kälten (sich) [ziçɛr'kɛltən] v. pr. se refroidir ; prendre froid ; s'enrhumer. | *ich bin leicht erkaltet*, j'ai pris froid.
Er|kaltung [-'kaltuŋ] f. (-, en) refroidissement m.
Er|kältung [-'kɛltuŋ] f. (-, en) refroidissement m. | *ich habe mir eine Erkältung zugezogen, geholt*, j'ai pris froid.
er|kämpfen [ɛr'kɛmpfən] v. tr. acquérir de haute lutte. || MIL. *den Sieg erkämpfen*, remporter la victoire.
er|kaufen [ɛr'kaufən] v. tr. acheter ; acquérir ; obtenir à prix d'argent. || PAR EXT., PÉJOR. soudoyer ; corrompre.
er|käuflich [ɛr'kɔyfliç] adj. qui peut être acheté.
er|kennbar [ɛr'kɛnba:r] adj. perceptible ; connaissable ; reconnaissable.
er|kennen [ɛr'kɛnən] (erkannte, erkannt) v. tr. connaître ; reconnaître. | *jn an seiner Stimme erkennen*, reconnaître qn à sa voix. | *sich zu erkennen geben*, se faire connaître. || PAR ANAL. distinguer ; discerner ; repérer. || PAR EXT. reconnaître ; avouer ; s'apercevoir de. | *seinen Irrtum erkennen*, reconnaître, avouer son erreur. || COMM. *ein Konto mit einem Betrage erkennen*, créditer un compte d'une somme.
◇ v. intr. se prononcer sur qch. || JUR. *über etwas (acc.) erkennen*, connaître de qch. | *auf Geldstrafe erkennen*, condamner à l'amende. | *über etwas (acc.) erkennen*, connaître de qch.
er|kenntlich [-'kɛntliç] adj. reconnaissable. || PAR EXT. reconnaissant. | *sich erkenntlich zeigen*, savoir gré ; témoigner de la gratitude.
Er|kenntlichkeit [-'kɛntliçkait] f. (-) reconnaissance f. ; gratitude f.
Er|kenntnis [-'kɛntnis] f. (-, se) connaissance f. ; entendement m. ; science f.
Er|kenntnis n. (ses, se). JUR. décision f. ; arrêt m. ; jugement m. ; sentence f. | *urteilskräftiges Erkenntnis*, jugement m. ; arrêt m. | *Erkenntnis in Strafsachen*, sentence f.

Erkenntnis|lehre [ɛr"kɛntnis'le:rə] f. (-). PHILOS. théorie (f.) de la connaissance. ||°**-vermögen** [-"--/-'--] n. (s) entendement m.

Er|kennung [ɛr'kɛnuŋ] f. (-, en) reconnaissance f. || MÉD. diagnostic m. || PHYSIOL. commerce charnel.

Erkennungs|dienst [ɛr"kɛnuŋs'di:nst] m. (s, e) service (m.) anthropométrique. ||°**-marke** f. (-, n). MIL. plaque (f.) d'identité. ||°**-nummer** f. (-, n). MIL. matricule m. ||°**-wort** n. (es, e). MIL. mot (m.) de passe. ||°**-zeichen** n. (s, -) signe (m.) de ralliement.

Erker ['ɛrkər] m. (s, -). ARCHIT. pièce (f.) en saillie ; encorbellement m. ; bow-window m.

er|klärbar [ɛr'klɛ:rbɑ:r] adj. explicable.

er|klären [ɛr'klɛ:rən] v. tr. expliquer ; définir ; élucider ; éclaircir ; commenter ; interpréter. | *ein Phänomen erklären*, commenter, expliquer un phénomène. | *ich erkläre mir die Sache so*, je m'explique ainsi cette affaire. | *das läßt sich leicht erklären*, cela s'explique facilement. || PAR EXT. [ansagen, verkünden] déclarer ; proclamer. | *seine Liebe erklären*, déclarer son amour. | *den Krieg erklären*, déclarer la guerre. | *man muß das für eine Lüge erklären*, il faut appeler cela un mensonge. || JUR. *jn (für) schuldig, (für) bankrott erklären*, déclarer qn coupable, en faillite. | *jn zu seinem Erben erklären*, instituer qn son héritier.

◇ v. pr. **sich erklären,** s'expliquer ; se déclarer ; se proclamer. | *sich deutlich erklären*, s'expliquer sans ambages. | *sich für jn erklären*, se déclarer pour qn. | *sie erwartet, daß er sich endlich erklärt*, elle espère qu'il finira par se déclarer. || POLIT. *zum König erklären*, proclamer roi.

er|klärend [-rənt] adj. explicatif. || JUR. déclaratif.

Er|klärer [-rər] m. (s, -) commentateur m. ; interprète m.

er|klärlich [-rliç] adj. explicable.

er|klärt [ɛr'klɛ:rt] adj. déclaré. | *erklärter Feind*, ennemi déclaré.

Er|klärung [-ruŋ] f. (-, en) explication f. ; interprétation f. ; éclaircissement m. ; commentaire m. ; démonstration f. || INF. déclaration f. || HIST. *Erklärung der Menschenrechte*, déclaration (f.) des droits de l'homme. || LITTÉR. exégèse f. ; commentaire m. ; interprétation f. || POLIT. proclamation f. ; déclaration f. | *öffentliche Erklärung*, manifeste m. | *letzte Erklärung*, ultimatum m.

— SYN. : *Darlegung*, explication ; *Deutung*, interprétation ; *Erläuterung*, *Erörterung*, élucidation.

Erklärungs|muster [ɛr"klɛ:ruŋs'mustər] n. (s, -) (*etwa*) mode (m.) d'explication.

er|klecklich [ɛr'klɛkliç] adj. FAM. suffisant. || PAR EXT. *eine erkleckliche Summe*, une somme considérable.

er|klettern [ɛr'klɛtərn], **-klimmen** [-'klimən] (o, o et conjug. faible) v. tr. gravir ; grimper. || MIL. escalader.

er|klingen [ɛr'kliŋən] (a, u) v. intr. retentir ; résonner. | *die Gläser erklingen*, les verres tintent ; on trinque.

er|klügeln [ɛr'kly:gəln] v. tr. se livrer à des subtilités. || FAM. couper les cheveux en quatre.

er|koren [ɛr'ko:rən] adj. choisi ; élu.

er|kranken [ɛr'kraŋkən] v. intr. MÉD. tomber malade. | *an Typhus erkranken*, être atteint du typhus.

Er|krankung [-kuŋ] f. (-, en). MÉD. maladie f. ; affection f. ; indisposition f. ; malaise m.

er|kühnen (sich) [ziçɛr'ky:nən] v. pr. avoir l'audace, le toupet de ; oser ; s'enhardir à.

er|kunden [ɛr'kundən] v. tr. MIL. reconnaître ; aller à la reconnaissance.

Er|kunder [-dər] m. (s, -). MIL. éclaireur m.

er|kundigen (sich) [ziçɛr'kundigən] v. pr. se renseigner ; s'informer ; s'enquérir. | *sich nach jm erkundigen*, prendre des nouvelles de qn.

Er|kundigung [ɛr'kundiguŋ] f. (-, en) renseignement m. ; information f. ; enquête f. | *Erkundigungen einziehen*, *einholen*, prendre des renseignements ; se renseigner ; s'informer ; s'enquérir.

Er|kundung [ɛr'kunduŋ] f. (-, en). MIL., MAR. reconnaissance f. ; repérage m.

Erkundungs|flug [ɛr"kunduŋs'flu:k] m. (s, ¨e). AÉRON. vol (m.) de reconnaissance. ||°**-trupp** m. (s, s). MIL. patrouille f.

er|künsteln [ɛr'kynstəln] v. tr. affecter ; feindre.

er|küren [ɛr'ky:rən] (erkor, erkoren) v. tr. POÉT. choisir ; élire.

er|lahmen [ɛr'lɑ:mən] v. intr. être paralysé, perclus, sans force. || FIG. diminuer ; (se) ralentir.

er|langen [ɛr'laŋən] v. tr. atteindre. | *hohe Würden erlangen*, atteindre de grands honneurs. || FIG. obtenir ; acquérir. | *er hat von mir erlangt, daß*, il a obtenu de moi que.

Er|langung [-ŋuŋ] f. (-, en) obtention f. | *Dissertation zur Erlangung der Doktorwürde*, thèse (f.) pour l'obtention du doctorat.

Er|laß [ɛr'las] m. (es, e). [Anordnung] arrêté m. ; décret m. ; ordonnance f. ; édit m. ; promulgation f. || PAR EXT. [Nachlaß] dispense f. ; exemption f. ; remise f. | *Erlaß einer Strafe*, *einer Schuld*, remise d'une peine, d'une dette. | *Erlaß einer Steuer*, dégrèvement fiscal. | *Erlaß von Gebühren*, détaxe f. || COMM. *Erlaß im Preise*, remise f. ; rabais m. || JUR. *Erlaß der Pfändung*, mainlevée (f.) de saisie. || RELIG. *Erlaß von Sünden*, rémission f. ; indulgence f. ; absolution f.

— SYN. : *Bestimmung*, *Vorschrift*, règlement ; *Verordnung*, prescription ; *Anordnung*, ordonnance ; *Beschluß*, *Verfügung*, arrêté ; HIST. *Reskript*, rescrit.

Erlaß|geld [ɛr"las'gɛlt] n. (s, er) droit (m.) de dispense. ||°**-jahr** n. (s, e) année (f.) jubilaire.

er|lassen [ɛr'lasən] (ä, ie, a) v. tr. [verkünden] publier ; adresser. | *ein Gesetz erlassen*, promulguer une loi. | *ein Urteil erlassen*, prononcer un jugement. | *einen Haftbefehl erlassen*, délivrer un mandat d'arrêt. || PAR EXT. [nachlassen] dispenser ; exempter. | *seine Strafe ist ihm erlassen worden*, on lui a fait remise de sa peine. | *jm seine Sünden erlassen*, délier qn de ses péchés.

er|läßlich [ɛr'lɛsliç] adj. pardonnable ; rémissible. || RELIG. *erläßliche Sünde*, péché véniel.

Erlassungs|sünde [ɛr"lasuŋs'zyndə] f. (-, n) péché véniel.

er|lauben [ɛr'laubən] v. tr. autoriser ; permettre ; accorder. || FIG. *meine Mittel erlauben es mir*, mes moyens me le permettent. | *erlauben Sie ?*, puis-je ? | *erlauben Sie !*, permettez !

◇ v. pr. **sich erlauben,** se permettre. | *ich erlaube mir, Sie darauf hinzuweisen*, je prends la liberté de vous faire remarquer.

— SYN. : *gestatten*, permettre ; *billigen*, *gutheißen*, autoriser ; *einwilligen*, *bewilligen*, consentir.

Er|laubnis [ɛr'laupnis] f. (-, se) permission f. ; autorisation f. ; consentement m. | *die Erlaubnis geben*, *bewilligen*, donner, accorder la permission. || IRON. *mit Ihrer (gütigen) Erlaubnis !*, ne vous déplaise.

— SYN. : *Genehmigung*, *Gestatten*, permission ; *Beistimmung*, assentiment ; *Zusage*, adhésion ; *Einwilligung*, *Bewilligung*, consentement ; *Gutbefinden*, agrément ; *Befugnis*, autorisation.

Erlaubnis|schein [ɛr"laupnis'ʃain] m. (s, e) permis m. ; dispense f. ; licence f.

er|laucht [ɛr'lauxt] adj. illustre. || [Anrede] *Seine Erlaucht*, Monseigneur.

er|lauschen [ɛr'lauʃən] v. tr. entendre dire ; apprendre en écoutant ; surprendre.

er|läutern [ɛr'lɔytərn] v. tr. expliquer ; commenter ; élucider ; éclaircir.

Er|läuterung [-ruŋ] f. (-, en) commentaire m. ; éclaircissement m. ; explication f.

Erle ['ɛrlə] f. (-, n). BOT. au(l)ne m.

er|leben [ɛr'le:bən] v. tr. vivre ; faire l'expérience de ; assister à ; être témoin de. | *der Großvater erlebte noch die Geburt seines Enkels*, le grand-père a pu encore voir naître son petit-fils. || FIG. *das Buch erlebt seine zehnte Auflage*, ce livre en est à sa dixième édition. || FAM. *wir werden es ja erleben*, on verra bien. | *du erlebst was, wenn du das sagst*, gare à toi si tu le dis ! | *hat man je sowas erlebt ?* a-t-on jamais vu ça ?

Er|lebnis [ɛr'le:pnis] n. (ses, se) expérience vécue ; événement vécu. | *ein Erlebnisbericht*, un récit vécu. | *seine Erlebnisse niederschreiben*, faire le récit de sa vie.

er|ledigen [ɛr'le:digən] v. tr. finir ; en finir avec ; régler ; liquider. | *eine Arbeit erledigen*, achever un travail. || FIG. *jn erledigen*, démolir qn.

er|ledigt [-diçt] adj. réglé. || [frei geworden] *erledigte Stellen*, emplois vacants. | *die Sache ist erledigt*, l'affaire est réglée. || FIG., FAM. fatigué ; crevé. | *Er ist erledigt*, c'est un homme fini.

Er|ledigung [-diguŋ] f. (-, en) action de terminer, de régler. | *Erledigung der laufenden Geschäfte*, expédition (f.) des affaires courantes.

er|legen [ɛr'le:gən] v. tr. [einzahlen] payer. | *eine Geldsumme erlegen*, payer, verser une somme (d'argent). || [töten] tuer ; abattre.

Er|legung [-guŋ] f. (-, en). [Einzahlung] paiement m. || [Tötung] action de tuer.

er|leichtern [ɛr'laiçtərn] v. tr. faciliter. || MÉD. soulager. || FIG., FAM. *das Gewissen erleichtern*, décharger

sa conscience. | *jn um sein Geld erleichtern*, délester qn de son argent.
◇ v. pr. **sich erleichtern,** s'alléger ; s'adoucir. || FIG. *sich das Herz erleichtern*, s'épancher.

Er|leichterung [-tərʊŋ] f. (-, en) allégement m. ; dégagement m. || FIG. soulagement m. || COMM. *Erleichterungen gewähren*, accorder des facilités de paiement.

er|leiden [ɛr'laidən] (erlitt, erlitten) v. tr. éprouver ; subir ; essuyer ; supporter ; souffrir ; endurer. | *einen Schaden erleiden*, subir un dommage. | *eine Niederlage erleiden*, essuyer une défaite. | *sein Ansehen erleidet Einbuße durch*, son crédit est entamé par. | *Schiffbruch erleiden*, faire naufrage.

Erlen|bruch ["ɛrlən'bru:x] m. ou n. (s, ¨e) landes couvertes d'au(l)nes ; au(l)naie f.

er|lernbar [ɛr'lɛrnbɑ:r] adj. qui peut s'apprendre.

er|lernen [ɛr'lɛrnən] v. tr. apprendre. | *ein Handwerk erlernen*, apprendre un métier.

er|lesen [ɛr'le:zən] (ie, a, e) v. tr. faire choix ; élire.

er|lesen [-zən] adj. choisi ; de choix ; d'élite ; de haute qualité ; exquis.

er|leuchten [ɛr'lɔyçtən] v. tr. éclairer ; illuminer. || FIG. *ein erleuchteter Geist*, un esprit éclairé.

Er|leuchtung [-tʊŋ] f. (-, en). FIG. intuition f. ; illumination f. ; inspiration f.

er|liegen [ɛr'li:gən] (a, e) v. intr. succomber à. | *seinen Verletzungen erliegen*, succomber à ses blessures. || FIG. *der Versuchung erliegen*, succomber à la tentation.

Er|liegen [ɛr'li:gən] n. (s) épuisement m. || MINES. *zum Erliegen kommen*, être épuisé.

er|listen [ɛr'listən] v. tr. obtenir par (la) ruse. || FAM. soutirer.

Erl|könig ["ɛrl'kø:niç] m. (s). MYTH. roi (m.) des au(l)nes.

er|logen [ɛr'lo:gən] adj. faux ; inventé ; mensonger.

Er|lös [ɛr'lø:s] m. (es, e) produit m. ; montant m. ; recette f.

er|löschen [ɛr'løʃən] (i, o, o) v. intr. s'éteindre. || FIG. s'éteindre ; tomber en désuétude ; pâlir ; s'effacer. | *mit erlöschender Stimme*, d'une voix mourante. | *mit X. erlosch dieses Geschlecht*, avec X, cette famille s'est éteinte.

Er|löschen [ɛr'løʃən] n. (s) extinction f. || PHYSIOL. défaillance f.

er|loschen [ɛr'lɔʃən] adj. éteint. || FIG. éteint ; disparu. | *sein Auge ist erloschen*, ses yeux sont éteints. | *mit erloschener Stimme*, d'une voix faible. | *die Frist ist erloschen*, le délai est expiré. | *die Hypothek ist erloschen*, l'hypothèque est éteinte.

er|lösen [ɛr'lø:zən] v. tr. délivrer ; libérer. | *jn aus den Fesseln erlösen*, délivrer qn de ses chaînes. || RELIG. *von der Sünde erlösen*, racheter d'un péché. | *und erlöse uns von dem Übel*, et délivrez-nous du mal.

er|lösend [-'lø:zənt] adj. libérateur ; rédempteur.

Er|löser [-'lø:zər] m. (s, -) libérateur m. || RELIG. Rédempteur m. ; Sauveur m. ; Messie m.

er|löst [-'løst] adj. affranchi ; libéré. | *das erlöste Geld*, le produit d'une vente. || FIG. *er ist erlöst*, il a cessé de souffrir.

Er|lösung [-'løsʊŋ] f. (-, en) délivrance f. || RELIG. rédemption f.

er|luchsen [ɛr'luksən] v. tr. attraper par ruse.

er|lügen [ɛr'ly:gən] (o, o) v. intr. inventer (des mensonges). || acquérir par des mensonges.

er|mächtigen [ɛr'mɛçtigən] v. tr. autoriser ; donner pouvoir à ; mandater.
◇ v. pr. **sich ermächtigen,** s'emparer de.

Er|mächtigung [-gʊŋ] f. (-, en) autorisation f. ; pouvoir m. ; procuration f. ; habilitation f.

Ermächtigungs|gesetz [ɛr"mɛçtigʊŋsgə'zɛts] n. (es, e) [loi (f.) des] pleins pouvoirs m. pl.

er|mahnen [ɛr'mɑ:nən] v. tr. (zu, dat.) exhorter ; sermonner. || JUR. admonester.

er|mangeln [ɛr'maŋəln] v. intr. manquer. | *der nötigen Energie ermangeln*, manquer de l'énergie nécessaire. | *es am gebührenden Respekt gegen jn ermangeln lassen*, manquer au respect dû à qn.

Er|mangelung [-lʊŋ] f. (-, en) manque m. ; manquement m. | *in Ermangelung eines Besseren*, faute de mieux.

er|mannen (sich) [ziçɛr'manən] v. pr. se ressaisir énergiquement ; prendre une résolution virile. | *ermannt euch !*, du cran !

er|mäßigen [ɛr'mɛ:sigən] v. tr. diminuer ; réduire ; baisser ; alléger ; abaisser. | *die Preise ermäßigen*, baisser les prix.
◇ part. pass. **ermäßigt,** [Kleidung] dégriffé.

Er|mäßigung [-gʊŋ] f. (-, en) diminution f. ; réduction f. ; remise f. ; rabais m.

er|matten [ɛr'matən] v. tr. lasser ; fatiguer ; accabler.
◇ v. intr. se lasser ; s'épuiser ; s'affaiblir. || FIG. *sein Fleiß ermattet*, son zèle se relâche.

er|mattet [-tət] adj. las ; fatigué ; harassé ; exténué.

er|messen [ɛr'mɛsən] (i, a, e) v. tr. mesurer ; calculer. || FIG. mesurer ; apprécier ; évaluer.

Er|messen [ɛr'mɛsən] n. (s) jugement m. || [Entscheidung] *er überläßt es ganz meinem Ermessen*, il s'en remet entièrement à moi du soin de décider. || [Urteil] *nach menschlichem Ermessen*, autant qu'on puisse en juger.

er|mitteln [ɛr'mitəln] v. tr. trouver ; découvrir ; dépister.

Er|mitt(e)lung [-t(ə)lʊŋ] f. (-, en) découverte f. ; recherche f. ; enquête f. || JUR. instruction f. ; information f.

Ermitt(e)lungs|verfahren [ɛr"mit(ə)lʊŋsfɛr'fɑ:rən] n. (s, -). JUR. instruction f. | *ein Ermittlungsverfahren einleiten*, ouvrir une information judiciaire.

er|möglichen [ɛr'mø:gliçən] v. tr. rendre possible ; faciliter ; permettre.

er|morden [ɛr'mɔrdən] v. tr. assassiner ; tuer.

Er|mordung [-dʊŋ] f. (-, en) assassinat m. ; meurtre m.

er|müden [ɛr'my:dən] v. tr. fatiguer ; lasser.
◇ v. intr. et v. pr. se fatiguer ; se lasser.

er|müdend [-dənt] adj. fatigant ; lassant.

er|müdet [-dət] adj. fatigué ; épuisé. | *er sieht ermüdet aus*, il a l'air fatigué.

Er|müdung [ɛr'my:dʊŋ] f. fatigue f. | *vor Ermüdung einschlafen*, tomber de sommeil.

Ermüdungs|versuch [ɛr"my:dʊŋsfɛr'zu:x] m. (s, e). TECHN. essai (m.) de fatigue.

er|muntern [ɛr'muntərn] v. tr. éveiller ; animer ; inciter ; encourager ; exhorter. | *jn zur Arbeit ermuntern*, encourager qn au travail.

Er|munterung [-rʊŋ] f. (-, en) encouragement m. ; excitation f. ; exhortation f.

er|mutigen [ɛr'mu:tigən] v. tr. donner du courage ; encourager ; enhardir.

Er|mutigung [-gʊŋ] f., encouragement m.

er|nähren [ɛr'nɛ:rən] v. tr. nourrir ; alimenter. | *sich durch seiner Hände Fleiß ernähren*, vivre du travail de ses mains.

Er|nährer [-rər] m. (s, -) qui nourrit, entretient ; soutien (m.) de famille.

Er|nährung [-rʊŋ] f. (-, en) nourriture f. ; alimentation f. ; entretien m. ; ravitaillement m. || PHYSIOL. nutrition f. | *ausgewogene Ernährung*, équilibre alimentaire, nutritionnel ; alimentation équilibrée.

Ernährungs|bewußtsein [ɛr"nɛ:rʊŋsbe'vʊstzain] n. (s) hygiène (f.) alimentaire. ||°**-lehre** f. (-, n) diététique f. ||°**-wissenschaftler(in)** m. (s, -), f. (-, nen) nutritionniste s. ; diététicien m. ; diététicienne f.

er|nennen [ɛr'nɛnən] (ernannte, ernannt) v. tr. nommer ; désigner ; constituer ; instituer. | *jn zu etwas ernennen*, commettre qn à qch. | *er wurde zum Major ernannt*, il a été nommé commandant. || JUR. instituer.

Er|nennung [-nʊŋ] f. (-, en) désignation f. ; nomination f. ; promotion f.
— SYN. : *Berufung, Bestellung*, nomination ; *Beförderung*, promotion ; *Bestimmung*, désignation.

er|neue(r)n [ɛr'nɔyə(r)n] v. tr. renouveler ; rénover ; refaire ; réparer. | *eine Fassade erneuern*, refaire une façade. || COMM. *einen Vertrag erneuern*, renouveler un contrat. | *den Prozeß erneuern*, reprendre le procès. | *sein Versprechen erneuern*, confirmer sa promesse.

Erneuerer(in) [-rər(in)] m. (s, -), f. (-, nen) rénovateur m., rénovatrice f.

Erneuerung [ɛr'nɔyərʊŋ] f. (-, en) rénovation f. ; renouvellement m. ; ravalement m. ; reconduction f.

er|neut ['nɔyt] adj. répété ; réitéré ; de, à nouveau. | *erneute Vorladung*, réassignation f.

er|niedrigen [ɛr'ni:drigən] v. tr. diminuer ; baisser. || MUS. baisser ; bémoliser. || FIG. mater ; dégrader ; humilier ; rabaisser.
◇ v. pr. **sich erniedrigen,** s'abaisser ; s'humilier ; se dégrader ; s'avilir ; se ravaler ; descendre.

Er|niedrigung [-guŋ] f. (-, en) diminution f. ; réduction f. || FIG. abaissement m. ; dégradation f. ; humiliation f. ; avilissement m.

Erniedrigungszeichen [ɛr″ni:driguŋs'tsaiçən] n. (s, -). MUS. bémol m.

Ernst [ɛrnst] n. pr. m. Ernest m.

Ernst [ɛrnst] m. (es) sérieux m. ; gravité f. | *es wird Ernst*, c'est sérieux. | *Ernst mit einer Drohung machen*, mettre une menace à exécution. | *ist dies dein Ernst ?*, est-ce sérieux ? | *allen Ernstes*, le plus sérieusement du monde. | *halb im Spaß, halb im Ernst*, mi-figue, mi-raisin. || PAR EXT. sévérité f. ; rigueur f. ; austérité f. | *Ernst der Strafe*, rigueur de la peine, de la punition.

ernst [ɛrnst] adj. sérieux ; grave. || PAR EXT. sévère. | *ein ernstes Gesicht machen*, avoir un air grave. | *die Lage ist ernst*, la situation est grave. | *es ist seine ernste Absicht*, il y est fermement décidé. | *er nimmt seinen Beruf ernst*, il prend son métier au sérieux. | *jn ernst nehmen*, prendre qn au sérieux. | *ernst bleiben*, garder son sérieux. | *es ist ihm nicht ernst*, il plaisante. | *ein ernstes Wort mit jm reden*, dire son fait à qn.
— SYN. : *ernsthaft, ernstlich, folgenreich, schwer, schlimm*, grave ; *bedenklich*, sérieux.

Ernst|fall [″ɛrnst'fal] m. (s, ¨e) cas (m.) où les choses deviennent graves.

ernsthaft ['ɛrnsthaft] adj. sérieux ; grave. | *ernsthafter Mann*, homme sérieux.
◇ adv. sérieusement. | *ernsthaft meinen*, croire sérieusement. | *ernsthaft nehmen*, prendre au sérieux.

Ernsthaftigkeit ['ɛrnsthaftiçkait] f. sérieux m. ; gravité f.

ernstlich ['ɛrnstliç] adj. sérieux ; grave. || PAR EXT. bien arrêté ; formel. | *ernstliche Meinung*, opinion bien arrêtée.
◇ adv. gravement ; sérieusement. | *ernstlich krank*, sérieusement malade.

Ernte ['ɛrntə] f. (-, n) récolte f. ; moisson f. ; cueillette f. ; vendange f. | *die Ernte wird eingebracht*, on rentre la récolte. || FIG. *der Tod hält Ernte*, la mort fauche. || PROV. *wie die Saat, so die Ernte*, chacun récolte ce qu'il a semé.

Ernte|arbeiter(in) [″ɛrntə'arbaitər(in)] m. (s, -), f. (-, nen). AGRIC. moissonneur m. ; moissonneuse f. ||°**-dankfest** [″-/'-] n. (es) action (f.) de grâces pour la récolte. ||°**-ertrag** [″-/-'-] m. (s, e) produit (m.) de la récolte. ||°**-fest** n. (es, e) fête (f.) de la moisson. ||°**-kranz** m. (es, ¨e) couronne (f.) d'épis et de fleurs. ||°**-monat** m. (s) août m. || HIST. messidor m. ||°**-segen** m. (s) heureuse récolte. ||°**-tag** m. (s, e) fête (f.) des moissons.

ernten ['ɛrntən] v. tr. faire la moisson ; moissonner ; récolter ; recueillir. || FIG. recueillir ; faire une moisson de. | *Undank ernten*, être payé d'ingratitude. | *die Früchte seines Fleißes ernten*, recueillir le fruit de son travail. || PROV. *wer Wind sät, wird Sturm ernten*, qui sème le vent récolte la tempête.
— SYN. : *einernten, einsammeln*, récolter ; *lesen, einlesen*, recueillir ; *pflücken*, cueillir.

er|nüchtern [ɛr'nyçtərn] v. tr. ramener à la raison ; dégriser ; désenivrer ; FAM. doucher. || FIG. désenchanter.
◇ v. pr. **sich ernüchtern,** se dégriser.

Er|nüchterung [-təruŋ] f. (-, en) retour (m.) à la raison ; désillusion f. ; déception f.

Er|oberer [ɛr'o:bərər] m. (s, -) conquérant m.

er|obern [-bərn] v. tr. conquérir ; prendre. || MIL. *eine Festung erobern*, prendre une place. || FIG. conquérir ; séduire ; captiver.

Er|oberung [-bəruŋ] f. (-, en). MIL. conquête f. ; prise f. || FIG. conquête f.

erodieren [ɛro'di:rən] v. tr. GÉOL. éroder.

er|öffnen [ɛr'øfnən] v. tr. ouvrir. | *einen Brief eröffnen*, ouvrir une lettre. || COMM. *einen Kredit eröffnen*, ouvrir un crédit. || MIL. *die Feindseligkeiten, das Feuer eröffnen*, ouvrir les hostilités, le feu. || FIG. faire savoir, connaître ; communiquer. | *jm sein Herz eröffnen*, ouvrir son cœur à qn.
◇ v. pr. **sich eröffnen,** FIG. s'ouvrir ; se présenter. | *neue Möglichkeiten eröffnen sich*, de nouvelles possibilités se présentent. | *sie eröffnete sich mir*, elle s'en ouvrit à moi.

Er|öffnung [-nuŋ] f. (-, en) ouverture f. | *Eröffnung der Sitzung*, ouverture de la séance. | *Eröffnung eines Testaments*, ouverture d'un testament.

Eröffnungs|bilanz [ɛr″øfnuŋsbi'lants] f. (-, en). FIN. bilan (m.) d'ouverture. ||°**-feier(lichkeit)** f. (-, n) inauguration f. ||°**-sitzung** [-″-/'-] f. (-, en) séance inaugurale, de rentrée.

er|örtern [ɛr'ørtərn] v. tr. débattre ; discuter.

Er|örterung [-təruŋ] f. (-, en) discussion f. ; débat m. | *das bedarf näherer Erörterung*, cela demande plus ample examen.

Eros ['e:rɔs] n. pr. m. MYTH. Éros m.

Erosion [ero'zio:n] f. (-, en). GÉOL. érosion f.

Erotik [e'ro:tik] f. (-) érotisme m.

erotisch [-tiʃ] adj. érotique.

Erpel ['ɛrpəl] m. (s, -). ZOOL. canard mâle.

er|picht [ɛr'piçt] adj. FAM. passionné pour ; acharné à ; avide de.

Er|pichtheit [ɛr'piçthait] f. acharnement m.

er|pressen [ɛr'prɛsən] v. tr. presser. || FIG. extorquer ; arracher.

Er|presser(in) [-sər(in)] m. (s, -), f. (-, nen) maître-chanteur m. ; extorqueur m., extorqueuse f.

Er|pressung [-suŋ] f. (-, en) extorsion f. ; chantage m.

er|proben [ɛr'pro:bən] v. tr. éprouver ; essayer. | *seine Tapferkeit erproben*, mettre sa bravoure à l'épreuve.

er|probt [-'pro:pt] adj. éprouvé ; à toute épreuve. | *erprobtes Mittel*, remède éprouvé.

er|quicken [ɛr'kvikən] v. tr. revigorer ; ranimer. | *ein erquickendes Schauspiel*, un spectacle réconfortant.
◇ v. pr. **sich erquicken,** se rafraîchir ; se désaltérer ; se réconforter.

er|quicklich [-kliç] adj. rafraîchissant ; désaltérant. || FIG. réconfortant.

Er|quickung [-kuŋ] f. (-, en) rafraîchissement m. ; réconfort m. || FIG. réconfort m.

er|raffen [ɛr'rafən] v. tr. emporter ; saisir ; enlever.

er|raten [ɛr'rɑ:tən] (ä, ie, a) v. tr. deviner ; mettre le doigt sur. | *ein Rätsel erraten*, deviner une énigme.

erratisch [ɛr'rɑ:tiʃ] adj. GÉOL. erratique.

er|rechnen [ɛr'rɛçnən] v. tr. calculer ; fixer, déterminer par calcul.

er|regbar [ɛr're:kbɑ:r] adj. émotif ; irritable ; excitable ; susceptible.

Er|regbarkeit [-kait] f. (-) émotivité f. ; irritabilité f. ; susceptibilité f.

er|regen [ɛr're:gən] v. tr. exciter ; provoquer ; énerver. | *das Blut erregen*, fouetter le sang. | *den Appetit erregen*, ouvrir l'appétit. || FIG. *Anstoß erregen*, faire scandale. | *den Neid erregen*, éveiller l'envie. | *Heiterkeit erregen*, faire rire. | *Unwillen erregen*, mécontenter. || ÉLECTR. exciter.
◇ v. pr. **sich erregen,** s'émouvoir ; s'irriter.

Er|reger [-gər] m. (s, -) excitateur m. || MÉD. agent (m.) pathogène.

Erreger|dynamo [ɛr're:gərdy'nɑ:mo] m. (s, s). ÉLECTR. dynamo génératrice. ||°**-strom** m. (s, ¨e) courant excitateur.

Er|regtheit [ɛr're:kthait] f. (-) excitation f. ; irritation f. ; énervement m.

Er|regung [-'re:guŋ] f. excitation f. ; irritation f. ; agitation f. | *in großer Erregung*, très excité. || ÉLECTR. excitation f. ; amorçage m.

Erregungs|mittel [ɛr″rəguŋs'mitəl] n. (s, -). MÉD. excitant m. ||°**-niveau** n. (s, s). PHYS. niveau (m.) d'excitation.

er|reichbar [ɛr'raiçbɑ:r] adj. accessible ; abordable. | *ich bin jederzeit erreichbar*, on peut toujours m'atteindre, me toucher, me trouver.

er|reichen [ɛr'raiçən] v. tr. atteindre ; arriver ; parvenir. | *dieses Auto erreicht 150 Stunden-Kilometer*, cette auto atteint une vitesse de 150 kilomètres à l'heure. || PAR ANAL. rattraper. | *ich erreiche den Zug nicht mehr*, je vais manquer mon train. | *ein Ziel erreichen*, atteindre un but. | *wie kann man Sie erreichen ?*, comment peut-on vous joindre ? | *wir sind nur telefonisch zu erreichen*, on ne peut nous toucher que par téléphone. | *sie ist telefonisch schwer zu erreichen*, elle est difficilement joignable au téléphone.

er|retten [ɛr'rɛtən] v. tr. sauver ; délivrer ; tirer de. | *jn vom Tode erretten*, arracher qn à la mort.

Er|retter [-tər] m. (s, -) sauveur m. ; libérateur m.

Er|rettung [-tuŋ] f. (-, en) délivrance f. ; sauvetage m.

er|richten [ɛr'riçtən] v. tr. dresser ; élever ; ériger ; établir. | *ein Denkmal errichten*, ériger un monument. | *ein Gerüst errichten*, dresser un échafaudage. || FIG. instituer ; fonder ; établir. | *eine Schule errichten*, créer une école.

Er|richtung [-tuŋ] f. (-, en) fondation f. ; établissement m. ; érection f. (d'un monument).

er|ringen [ɛr'riŋən] (a, u) v. tr. emporter de haute lutte ; conquérir ; remporter.

er|röten [ɛr'rø:tən] v. intr. rougir.

Er|röten [-tən] n. (s) rougeur f.

Er|rungenschaft [ɛr'ruŋənʃaft] f. (-, en) acquisition f. ; conquête f. | *die Errungenschaften der Wissenschaft*, les conquêtes de la science. | *soziale Errungenschaften*, conquêtes sociales. || JUR. acquêts m. pl. | *Errungenschaftengemeinschaft*, communauté réduite aux acquêts.

Er|satz [ɛr'zats] m. (es). **1.** remplacement m. ; restitution f. ; compensation f. | *zum Ersatz*, en compensation ; en retour ; à la place de. | *für einen Verlust Ersatz leisten*, dédommager d'une perte. | *Schadenersatz zahlen*, payer des dommages et intérêts. || MIL. *Ersatztruppen*, troupes (f. pl.) de réserve. | *Pferdeersatz*, remonte f.
2. [Ersatzstoff] équivalent m. ; produit (m.) de remplacement ; succédané m. ; PÉJOR. ersatz m.

Ersatz|dienst [ɛr"zats'di:nst] m. (es, e). [Zivildienst] service civil. ||°**-mann** m. (s, ¨er ou -leute) remplaçant m. ; suppléant m. ||°**-mittel** n. (s, -) succédané m. ; produit (m.) de remplacement, de substitution. ||°**-rad** n. (s, ¨er). AUTOM. roue (f.) de secours. ||°**-reifen** m. (s, -) pneu (m.) de rechange. ||°**-stoff** m. (s, e) produit (m.) de remplacement. ||°**-strafe** f. (-, n). JUR. peine (f.) de substitution. ||°**-teil** n. (s, e). AUTOM. pièce (f.) de rechange. ||°**-wahl** f. (-, n) élection (f.) complémentaire. ||°**-wert** m. (s) équivalent m.

er|saufen [ɛr'zaufən] (ä, o, o) v. intr. FAM. se noyer.

er|säufen [ɛr'zɔyfən] v. tr. noyer ; jeter à l'eau ; inonder. || FIG. *seinen Kummer im Wein ersäufen*, noyer sa peine dans le vin.

Er|säufen [-fən] n. (s). FAM. noyade f.

er|schaffen [ɛr'ʃafən] (u, a) v. tr. créer ; faire.

Er|schaffer [-fər] m. (s, -) créateur m.

Er|schaffung [-fuŋ] f. (-, en) création f.

er|schallen [ɛr'ʃalən] (conjug. faible et o, o) v. intr. retentir ; résonner ; tinter.

er|schau(d)ern [ɛr'ʃau(d)ərn] v. intr. avoir horreur ; s'effrayer.

er|scheinen [ɛr'ʃainən] (ie, ie) v. intr. paraître ; apparaître ; se montrer ; faire son apparition. | *im Traum erscheinen*, apparaître en songe. || JUR. *als Zeuge vor Gericht erscheinen*, comparaître comme témoin ; témoigner en justice. | *auf Vorladung nicht erscheinen*, faire défaut. | *persönlich erscheinen*, comparaître en personne ; faire acte de présence. | *es erscheint wünschenswert*, il paraît souhaitable. || FIG. [Bücher] paraître.

Er|scheinen [-nən] n. (s) apparition f. ; manifestation f. | *Erscheinen eines Buches*, parution (f.) d'un livre. || JUR. *Erscheinen vor Gericht*, comparution f.

Er|scheinung [-nuŋ] f. (-, en). **1.** apparition f. ; manifestation f. ; phénomène m. | *zur Erscheinung bringen, kommen*, manifester, se manifester. || MÉD. symptôme m.
2. [Gesicht] apparition f. ; vision f. ; spectre m.
3. [Schein] apparence f. ; extérieur m. ; air m. | *er ist eine stattliche Erscheinung*, il est de belle prestance.
4. PHILOS. apparence (f.) sensible. | *die Welt der Erscheinung*, le monde sensible.
— SYN. : *Gespenst, Phantom, Geist*, fantôme ; *Schein-, Trugbild*, simulacre ; *Spuk*, revenant ; *Schemen*, ombre ; *Wahnbild, Täuschung, Trug*, illusion ; *Traumgesicht*, songe.

Erscheinungs|bild [ɛr"ʃainuŋs'bilt] n. (s, er). BIOL. phénotype m.

er|schienen [ɛr'ʃi:nən] adj. paru. | *soeben erschienen*, qui vient de paraître.

er|schießen [ɛr'ʃi:sən] (o, o) v. tr. abattre d'un coup de feu ; fusiller ; passer par les armes. || FIG., FAM. *völlig erschossen sein*, être (complètement) crevé.
◇ v. pr. **sich erschießen,** se brûler la cervelle ; se tuer (d'un coup de feu).

Er|schießung [-suŋ] f. (-, en) exécution (f.) par les armes.

er|schlaffen [ɛr'ʃlafən] v. tr. détendre ; amollir. affaiblir.
◇ v. intr. se relâcher ; s'amollir ; s'alanguir.

Er|schlaffung [-fuŋ] f. (-, en) relâchement m. ; affaiblissement m. ; fatigue f. ; efféminement m. || MÉD. relaxation f. ; atonie f.

er|schlagen [ɛr'ʃla:gən] (ä, u, a) v. tr. abattre ; assommer ; tuer.

er|schleichen [ɛr'ʃlaiçən] (i, i) v. tr. surprendre. | *eine Erbschaft erschleichen*, capter un héritage.

Er|schleichung [-çuŋ] f. (-, en) captation f.

er|schließen [ɛr'ʃli:sən] (o, o) v. tr. **1.** ouvrir ; rendre accessible. | *Neuland erschließen*, défricher un terrain ; coloniser une terre. | *neue Absatzmärkte erschließen*, créer de nouveaux débouchés. | *erschlossenes Gelände*, terrain viabilisé. || FIG. *jm sein Herz erschließen*, ouvrir son cœur à qn.
2. [durch Schlußfolgerung feststellen] inférer ; déduire de. | *aus dem Zusammenhang erschließen*, déduire du contexte ; inférer des circonstances.
◇ v. pr. **sich erschließen,** s'ouvrir ; s'épanouir ; éclore.

Er|schließung [ɛr'ʃli:suŋ] f. (-, en) *Erschließung (eines Grundstücks)*, viabilisation f.

er|schmeicheln [ɛr'ʃmaiçəln] v. tr. obtenir à force de flatteries, par la flatterie.

er|schöpfen [ɛr'ʃøpfən] v. tr. épuiser ; exténuer ; harasser. | *die Vorräte erschöpfen*, épuiser les stocks.
◇ v. pr. **sich erschöpfen,** s'épuiser ; s'exténuer.

er|schöpfend [-pfənt] adj. épuisant. || FIG. complet. | *eine erschöpfende Darstellung*, une description exhaustive.
◇ adv. *ein Thema erschöpfend behandeln*, traiter un sujet à fond.

Er|schöpfung [-pfuŋ] f. (-, en) épuisement m. || MÉD. prostration f.

er|schrecken [ɛr'ʃrɛkən] v. tr. effrayer ; épouvanter ; faire peur à.

er|schrecken [ɛr'ʃrɛkən] (i, a, o) v. intr. s'effrayer ; s'épouvanter ; prendre peur.

Er|schrecken [-'ʃrɛkən] n. (s) frayeur f. ; effroi m. ; épouvante f.

er|schrecklich [-'ʃrɛkliç] adj. effroyable ; terrible. (V. SCHRECKLICH.)

er|schüttern [ɛr'ʃytərn] v. tr. secouer ; ébranler. || FIG. affecter ; bouleverser.

er|schütternd [-tərnt] adj. bouleversant. | *erschütternder Schrei*, cri déchirant.

Er|schütterung [-teruŋ] f. (-, en) ébranlement m. ; secousse f. ; choc m. || FIG. émotion f. ; commotion f. ; bouleversement m.

er|schweren [ɛr'ʃve:rən] v. tr. aggraver ; rendre difficile. | *sie erschwert sich unnötig die Arbeit*, elle se complique inutilement la tâche.

er|schwerend [-rənt] adj. JUR. aggravant. | *erschwerender Umstand*, circonstance aggravante.

Er|schwernis [-rnis] f. (-, se) difficulté f.

Er|schwerung [-ruŋ] f. (-, en) surcroît (m.) de difficultés ; aggravation f.

er|schwindeln [ɛr'ʃvindəln] v. tr. FAM. escroquer.

er|schwingbar [ɛr'ʃviŋbar], **-schwinglich** [-'ʃviŋliç] adj. FIG. accessible ; abordable.

er|schwingen [-'ʃviŋən] (a, u) v. tr. FIG. atteindre par des efforts ; arriver à. || [aufbringen] *er kann die Summe kaum erschwingen*, il n'est pas en état de payer cette somme.

er|sehen [ɛr'ze:ən] (ie, a, e) v. tr. voir ; remarquer ; juger ; reconnaître. | *hieraus ersehe ich, daß*, par là je juge que. || PAR ANAL. choisir ; saisir. | *eine Gelegenheit ersehen*, guetter l'occasion.

er|sehnen [ɛr'ze:nən] v. tr. souhaiter vivement ; désirer avec ardeur ; aspirer à.

er|setzbar [ɛr'zɛtsba:r] adj. remplaçable ; réparable.

er|setzen [ɛr'zɛtsən] v. tr. [an die Stelle von etwas setzen] remplacer ; suppléer à ; tenir lieu de. | *jn in seinem Amt ersetzen*, remplacer qn dans ses fonctions. | *Talent durch Fleiß ersetzen*, suppléer au talent par le zèle. || PAR EXT. [erstatten ; wiedergeben] rendre ; restituer ; réparer. || COMM. *Kosten ersetzen*, rembourser les frais. | *Schaden ersetzen*, dédommager ; indemniser.

Er|setzung [-tsuŋ] f. (-, en) remplacement m. ; dédommagement m. ; compensation f.

er|sichtlich [ɛr'ziçtliç] adj. visible ; évident. | *daraus war ersichtlich*, d'où il ressortait.
◇ adv. manifestement.

er|sinnen [ɛr'zinən] (a, o) v. tr. imaginer ; inventer. | *Ausreden ersinnen*, inventer des prétextes.

er|sitzen [ɛr'zitsən] (ersaß, ersessen) v. tr. JUR. acquérir par prescription ; prescrire.

er|spähen [ɛr'ʃpɛ:ən] v. tr. épier ; guetter.

er|sparen [ɛr'ʃpa:rən] v. tr. épargner ; économiser ; mettre de côté. || Fig. *Sie können sich alle weiteren Bemerkungen ersparen*, faites-nous grâce de vos observations. | *ihnen blieb nichts erspart*, rien ne leur a été épargné.

Er|sparnis [-rnis] f. (-, se) économie f. ; épargne f.

Er|sparung [-ruŋ] f. épargne f.

er|sprießen [ɛrˈʃpri:sən] (o, o) v. intr. germer ; naître ; sortir de.

er|sprießlich [-sliç] adj. profitable ; avantageux ; fructueux ; salutaire.

Er|sprießlichkeit [-sliçkait] f. utilité f. ; avantage m. ; profit m.

erst [e:rst] adv. [zuerst ; als erste]. **1.** premièrement ; en premier lieu. || Prov. *erst die Arbeit, dann das Spiel*, avant le jeu, le travail. | *erst das Geschäft*, les affaires avant tout.
2. [fürs erste] en premier lieu ; en attendant.
3. préalablement ; avant tout. | *ich muß erst schlafen*, je dois d'abord dormir ; il faut d'abord que je dorme.
4. au premier moment ; à première vue. | *ich glaubte erst, ein Kind weinen zu hören, dann aber...*, j'ai cru d'abord entendre pleurer un enfant, mais ensuite...
5. [nur ; nicht eher als] (temporel) seulement ; ne... que. | *er ist erst gestern angekommen*, il n'est arrivé qu'hier. | *er ist eben erst angekommen*, il vient tout juste d'arriver.
6. [gar] justement ; raison de plus. | *nun erst recht nicht*, maintenant moins que jamais. | *wäre der Frühling doch erst da !*, si seulement le printemps était là ! | *aber ich erst !*, et moi donc !

erst [e:rst] **(der, die, das erste)** adj. num. ord. premier ; première.
1. *Otto der Erste*, Othon Ier. | *der erste Mai*, le 1er mai. | *der Erste der Klasse ; der Klassenerste*, le premier de la classe. | *er wohnt im ersten Stock*, il habite au premier (étage). | *die erste Silbe*, la première syllabe. | *mein Erstes ; mein erstes Kind*, mon premier (enfant). | *er ist unter den Ersten*, il figure parmi les premiers. | *der (die, das) erste, der letztere*, celui-ci ; celui-là. | *bei erster Gelegenheit*, à la première occasion.
2. *ein Stern erster Größe*, une étoile de première grandeur. | *ein Artikel erster Klasse*, un article de première qualité. | *die erste Geige spielen*, être premier violon. | *die erste Hilfe*, les secours d'urgence ; les premiers secours ; les premiers soins. | *die Ersten der Stadt*, les notables de la ville. | *der erste beste*, le premier venu.
◇ loc. adv. [zunächst] *fürs, vors erste*, pour le moment ; provisoirement. | *fürs erste nimmt er damit vorlieb*, pour le moment il s'en contente. | *aufs erste*, avant tout. | *zum ersten*, d'abord ; en premier lieu. | *zum, beim ersten Mal, erstenmal*, pour la première fois.

Erst|aufführung [ˈˈe:rstaufˈfy:ruŋ] f. (-, en). Théâtre. première (représentation). ||°**-ausgabe** f. (-, n) première édition ; édition princeps. || °**-gebärende** f. Méd. primipare f. ||**-geboren** adj. premier-né ; première-née ; aîné. ||°**-geburt** f. (-, en) première naissance. || Jur. primogéniture f. || *Erstgeburtsrecht*, droit (m.) d'aînesse. ||**-klassig** adj. de première qualité ; de premier ordre. ||**-malig** adj. premier. — adv. pour la première fois. ||**-rangig** adj. de premier ordre. ||°**-täter** m. (s, -). Jur. délinquant (m.) primaire.

er|starken [ɛrˈʃtarkən] v. intr. prendre des forces ; devenir fort ; se fortifier.

er|starren [ɛrˈʃtarən] v. intr. devenir raide ; se raidir ; s'engourdir ; se figer ; se congeler. | *vor Schreck erstarrte ihm das Blut in den Adern*, l'effroi lui glaçait le sang dans les veines. | *ich bin vor Kälte ganz erstarrt*, je suis transi de froid. | *im Tode erstarren die Glieder*, la mort raidit les membres.

Er|starrung [-ruŋ] f. (-, en) engourdissement m. ; raideur f. ; solidification f. ; torpeur f.

er|statten [ɛrˈʃtatən] v. tr. rendre ; remplacer ; restituer. || *über etwas Bericht erstatten*, faire un rapport sur qch. ; faire un reportage. | *Dank erstatten*, remercier.

Er|stattung [-tuŋ] f. (-, en) restitution f. ; remboursement m. | *Erstattung von Auslagen*, remboursement de frais. || *Berichterstattung*, reportage m.

er|staunen [ɛrˈʃtaunən] v. tr. étonner ; frapper ; surprendre.
◇ v. intr. s'étonner ; s'ébahir.

Er|staunen [-nən] n. (s) étonnement m. ; surprise f. ; ébahissement m. | *das setzt mich in Erstaunen*, cela me stupéfie. | *sich von seinem Erstaunen erholen*, revenir, se remettre de son étonnement. | *zu meinem großen Erstaunen*, à ma grande surprise.

er|staunlich [-nliç] adj. étonnant ; surprenant.

er|stechen [ɛrˈʃtɛçən] (i, a, o) v. tr. tuer à coups d'épée, de sabre, de couteau. | *mit dem Dolch erstechen*, poignarder.

er|stehen [ɛrˈʃte:ən] (erstand, erstanden) v. tr. acheter à l'encan, aux enchères.
◇ v. intr. naître ; s'élever. | *eine neue Stadt ist aus den Ruinen erstanden*, une ville nouvelle a surgi des ruines. || Par ext. ressusciter. | *Christ ist erstanden*, le Christ est ressuscité.

er|steigen [ɛrˈʃtaigən] (ie, ie) v. tr. gravir ; monter ; grimper ; faire l'ascension de.

Er|steigerer [-gərər] m. (s, -) adjudicataire m.

ersteigern [-gərn] v. tr. acheter aux enchères.

Ersteigerung [-gəruŋ] f. (-, en) achat (m.) aux enchères.

Er|steigung [-guŋ] f. (-, en) ascension f. ; escalade f.

er|stellen [ɛrˈʃtɛlən] v. tr. produire ; établir.

erstens [ˈe:rstəns] adv. premièrement ; d'abord ; en premier lieu.

er|sterben [ɛrˈʃtɛrbən] (i, a, o) v. intr. [Flamme] s'éteindre ; [Lächeln] se figer.

er|sticken [ɛrˈʃtikən] v. tr. étouffer ; suffoquer. | *seine Tränen ersticken*, ravaler ses larmes.
◇ v. intr. étouffer ; suffoquer ; s'étrangler. | *er ist an einem Bissen Brot erstickt*, un morceau de pain l'a étranglé.

er|stickend [-kənt] adj. étouffant.

Er|stickung [-kuŋ] f. (-, en) suffocation f. ; étouffement m. ; asphyxie f.

Erstickungs|tod [ɛrˈˈʃtikuŋsˈto:t] m. (es) [mort (f.) par] asphyxie f.

erst|lich [ˈe:rstliç] adv. premièrement ; d'abord.

Erst|ling [-liŋ] m. (s, e) premier-né m.

Erstlings|arbeit [ˈˈe:rstliŋsˈarbait] f. (-, en) œuvre (f.), travail (m.) de débutant. ||°**-ausstattung** f. (-, en) linge (m.) de bébé ; layette f. ||°**-druck** m. (s, e) premier tirage. ||°**-rolle** f. (-, n) *in einer Erstlingsrolle auftreten*, débuter.

er|strahlen [ɛrˈʃtrɑ:lən] v. intr. briller.

er|streben [ɛrˈʃtre:bən] v. tr. tâcher de, à ; s'efforcer d'atteindre ; obtenir par ses efforts.

erstrebens|wert [ɛrˈˈʃtre:bənsˈve:rt] adj. digne d'effort, d'être atteint.

er|strecken (sich) [ziçɛrˈʃtrɛkən] v. pr. s'étendre.

Erstreckung [-kuŋ] f. (-, en) extension f.

er|streiten [ɛrˈʃtraitən] (erstritt, erstritten) v. tr. conquérir ; emporter de haute lutte.

er|stunken [ɛrˈʃtuŋkən] adj. Fig., fam. *erstunken und erlogen*, inventé de toutes pièces.

er|stürmen [ɛrˈʃtyrmən] v. tr. Mil. enlever ; prendre d'assaut.

Erstürmung [-muŋ] f. (-, en) prise (f.) d'assaut.

er|suchen [ɛrˈzu:xən] v. tr. prier ; inviter ; requérir. | *jn um eine Gefälligkeit ersuchen*, demander un service à qn.

Er|suchen [-xən] n. (s) prière f. ; demande f. requête f. | *auf sein Ersuchen hin*, sur sa demande, à sa requête.

er|tappen [ɛrˈtapən] v. tr. prendre ; attraper ; surprendre. | *auf frischer Tat ertappen*, prendre en flagrant délit.

er|teilen [ɛrˈtailən] v. tr. donner ; attribuer ; accorder ; conférer ; distribuer. | *Unterricht erteilen*, enseigner. | *ein Visum erteilen*, délivrer un visa. || Comm. *Entlastung erteilen*, donner décharge, quitus. | *Vollmacht erteilen*, donner pleins pouvoirs, carte blanche.

Er|teilung [-luŋ] f. (-, en) attribution f. ; octroi m. ; délivrance f. ; collation f. | *Erteilung eines Auftrags*, ordre m. | *Erteilung einer Befugnis*, habilitation f. ; permission f.

er|tönen [ɛrˈtø:nən] v. intr. retentir ; résonner.

Er|trag [ɛrˈtrɑ:k] m. (s, ¨e) rapport m. ; revenu m. ; produit m. ; recette f. | *nur einen geringen Ertrag abwerfen*, ne pas être d'un grand rapport, d'un grand rendement.

er|tragen [ɛrˈtrɑ:gən] (ä, u, a) v. tr. [dulden] supporter ; subir ; endurer ; souffrir ; supporter les douleurs. | *das ist kaum zu ertragen*, c'est presque insupportable, intolérable.

ertrags|fähig [ɛrˈˈtrɑ:ksˈfɛ:iç] adj. productif ; de rapport ; rentable ; lucratif. ||°**-fähigkeit** f. (-) productivité f.

er|träglich [ɛrˈtrɛ:kliç] adj. tolérable ; supportable.

Er|trägnis [ɛr'trɛ:knis] n. (ses, se). [Ertrag] produit m. ; rapport m.

er|tränken [ɛr'trɛŋkən] v. tr. noyer ; jeter à l'eau. || FIG. noyer. | *seinen Kummer im Wein ertränken*, noyer son chagrin dans le vin.
◇ v. pr. **sich ertränken,** se jeter à l'eau ; se noyer.

er|träumen [ɛr'trɔymən] v. tr. rêver ; (s') imaginer.

er|trinken [ɛr'triŋkən] (a, u) v. intr. se noyer ; périr dans un naufrage.

er|trotzen [ɛr'trɔtsən] v. tr. obtenir par des menaces, en dépit de ; forcer.

er|tüchtigen [ɛr'tyçtigən] v. tr. éduquer ; entraîner.

Er|tüchtigung [-guŋ] f. (-, en) entraînement m.

er|übrigen [ɛr'y:brigən] v. tr. économiser ; épargner. | *können Sie eine Stunde für mich erübrigen ?*, pouvez-vous me réserver une heure ?
◇ v. pr. **sich erübrigen,** être superflu, inutile.
◇ v. impers. *es erübrigt sich, mit ihm weiterzureden*, il est inutile de continuer à parler avec lui.

eruieren [ɛru'i:rən] v. tr. trouver ; découvrir.

Eruptiv|gestein [erup"ti:fgə'ʃtain] n. (s, e). GÉOL. roches éruptives.

er|wachen [ɛr'vaxən] v. intr. s'éveiller ; se réveiller. | *aus dem Schlaf erwachen*, se réveiller.
— SYN. : *aufwachen, wach werden*, s'éveiller.

Er|wachen [-xən] n. (s) réveil m. | *beim Erwachen*, au réveil. || FIG. éveil m. | *das Erwachen der Sinne*, l'éveil des sens.

er|wachsen [ɛr'vaksən] (ä, u, a) croître ; grandir. | *er erwuchs zum Jüngling*, il grandit et devint un jeune homme. || FIG. *viele Sorgen erwuchsen mir daraus*, de nombreux soucis en résultèrent pour moi.

er|wachsen [ɛr'vaksən] adj. adulte.

er|wägen [ɛr'vɛ:gən] (o, o) v. tr. peser ; examiner avec soin ; réfléchir. | *alles wohl erwogen*, tout bien pesé, considéré ; (toute) réflexion faite. | *sorgfältig erwägen*, peser avec soin.

Er|wägung [-guŋ] f. (-, en) réflexion f. ; considération f. ; examen m. | *in Erwägung, daß*, attendu, vu que. | *in Erwägung ziehen*, prendre en considération.

er|wählen [ɛr'vɛ:lən] v. tr. choisir ; élire ; faire choix de.

er|wähnen [ɛr'vɛ:nən] v. tr. mentionner ; faire mention de.
— SYN. : *auf-, anführen*, citer ; *nennen*, mentionner.

erwähnens|wert [ɛr"vɛ:nəns've:rt] adj. digne d'être mentionné ; assez important.

Er|wähnung [ɛr'vɛ:nuŋ] f. (-, en) mention f. | *die Sache ist nicht der Erwähnung wert*, l'affaire ne mérite pas d'être mentionnée. | *ehrenvolle Erwähnung*, mention honorable.

er|wärmen [ɛr'vɛrmən] v. tr. échauffer ; réchauffer.
◇ v. pr. **sich erwärmen,** s'échauffer ; se réchauffer. || FIG. *sich für eine Sache erwärmen*, s'échauffer au sujet de ; s'intéresser à.

Er|wärmung [-muŋ] f. (-, en) réchauffement m.

er|warten [ɛr'vartən] v. tr. attendre ; espérer. || PAR ANAL. s'attendre à ; compter que. | *das habe ich nicht von ihm erwartet*, je ne m'attendais pas à cela de sa part.

Er|warten [-tən] n. (s), °**-wartung** [-tuŋ] f. (-, en) attente f. ; expectative f. ; espoir m. | *über (alles) Erwarten*, au-delà de toute attente, de tout espoir. | *voller Erwartung*, plein d'espoir. | *wider alles Erwarten*, contre toute attente.

erwartungs|voll [ɛr"vartuŋs'fɔl] adj. plein d'espoir ; impatient.

er|wecken [ɛr'vɛkən] v. tr. éveiller ; réveiller. | *jn aus dem Schlaf erwecken*, tirer qn de son sommeil. || FIG. éveiller ; exciter ; provoquer. | *Mitleid erwecken* susciter la pitié.
— SYN. : *erregen*, exciter ; *hervorrufen*, provoquer.

Er|weckung [-kuŋ] f. (-, en) éveil m. ; réveil m. ; résurrection f. ; provocation f. || FIG. excitation f.

Erweckungs|bewegung [ɛr"vɛkuŋsbə've:guŋ] f. RELIG. piétisme m.

er|wehren (sich) [ziçɛr've:rən] v. pr. s'empêcher, se défendre de. | *sich eines Gegners nicht erwehren können*, avoir du mal à se défendre d'un adversaire. | *er konnte sich des Lachens nicht erwehren*, il ne pouvait s'empêcher de rire.

er|weichen [ɛr'vaiçən] v. tr. amollir ; ramollir. || FIG. amollir ; ramollir ; fléchir ; attendrir. || [Phonetik] vélariser.
◇ v. pr. **sich erweichen,** FIG. s'attendrir. | *sich erweichen lassen*, se laisser attendrir.

er|weichend [-çənt] adj. MÉD. *erweichendes Mittel*, émollient m.

Er|weichung [-çuŋ] f. (-, en) amollissement m. ; ramollissement m. || FIG. attendrissement m. || [Phonetik] vélarisation f.

Er|weis [ɛr'vais] m. (es, e) preuve f. ; démonstration f. | *den Erweis erbringen*, faire la preuve.

er|weisen [ɛr'vaizən] (ie, ie) v. tr. témoigner ; manifester ; montrer. | *jm Gutes erweisen*, faire du bien à qn. | *jm einen Gefallen erweisen*, faire plaisir à qn. | *jm einen Dienst erweisen*, rendre (un) service à qn. | *jm die letzte Ehre erweisen*, rendre les derniers honneurs à qn.
◇ v. pr. **sich erweisen,** se montrer ; se révéler.

er|weislich [-'vaisliç] adj. démontrable.

er|weitern [ɛr'vaitərn] v. tr. élargir ; étendre ; augmenter ; dilater ; développer. | *seinen Bekanntenkreis erweitern*, élargir le cercle de ses connaissances. | *einen Betrieb erweitern*, agrandir une entreprise. | *seinen Absatzmarkt erweitern*, multiplier ses débouchés ; trouver de nouveaux débouchés.

Er|weiterung [-təruŋ] f. (-, en) élargissement m. ; agrandissement m. ; extension f. || RADIO. amplification f. || PHYSIOL. dilatation f. || MÉD. débridement m. || GRAMM. extension f.

Er|werb [ɛr'vɛrp] m. (s, e) produit (m.) du travail ; travail m. | *seinem Erwerb nachgehen*, vaquer à ses occupations. || PAR EXT. gain m. ; profit m. ; acquisition f.

er|werben [ɛr'vɛrbən] (i, a, o) v. tr. acquérir ; gagner. | *Kenntnisse erwerben*, acquérir des connaissances. | *sich sein Brot redlich erwerben*, gagner son pain honnêtement.

Er|werber [-bər] m. (s, -) acquéreur m.

Erwerbs|beschränkung [ɛr"vɛrpsbə'ʃrɛŋkuŋ] f. (-, en) invalidité partielle. ||°**-charakter** m. (s, e) *ohne Erwerbscharakter*, sans but lucratif. ||°**-einkünfte** f. pl. revenus professionnels. ||**-fähig** adj. capable de gagner sa vie. ||°**-fähigkeit** f. (-, en) capacité (f.) de travail. ||°**-genossenschaft** f. (-, en). COMM. société coopérative. ||°**-leben** n. (s) vie active. | *ins Erwerbsleben treten*, entrer dans la vie active. ||**-los** adj. chômeur ; sans travail. ||°**-losenfürsorge** [-"-/--'---] f. (-) fonds national de chômage. ||°**-losenunterstützung** [-"-/----'--] f. (-, en) allocation (f.) de chômage. ||°**-mittel** n. (s, -) gagne-pain m. ; moyen(s) m. (pl.) d'existence. ||°**-personen** pl. population active. ||°**-quote** f. (-, n) taux (m.) d'activité. ||°**-steuer** f. (-, n). FIN. impôt (m.) sur les bénéfices. ||**-tätig** adj. *erwerbstätige Bevölkerung*, population active. ||°**-tätige(r)** f. (m.) travailleur m., travailleuse f. ; salarié(e) m. (f.). | *selbstständiger Erwerbstätiger*, travailleur indépendant. ||°**-tätigkeit** f. (-, en) activité f. ; industrie f. ||**-unfähig** adj. incapable de gagner son pain, sa vie ; inapte au travail. ||°**-unfähigkeit** [-"-/-'---] f. (-, en) incapacité (f.) de travail. ||°**-zweig** m. (s, e) branche (f.) d'industrie.

Er|werbung [ɛr'vɛrbuŋ] f. (-, en). [Erwerb] acquisition f.

er|widern [ɛr'vi:dərn] v. tr. répliquer ; répondre (à) ; riposter ; repartir. | *einen Gruß erwidern*, rendre son salut à qn. | *darauf konnte er nichts erwidern*, il ne sut que répondre, répliquer à cela.
— SYN. : *antworten*, répondre ; *entgegnen*, repartir.

Er|widerung [-ruŋ] f. (-, en) réponse f. ; repartie f. ; réplique f. ; revanche f. | *in Erwiderung auf*, en réponse à.

er|wirken [ɛr'virkən] v. tr. obtenir. || avoir pour conséquence ; provoquer.

er|wischen [ɛr'viʃən] v. tr. FAM. attraper ; prendre ; saisir ; pincer. | *jn auf frischer Tat erwischen*, prendre qn sur le fait, en flagrant délit, FAM. la main dans le sac.

er|wogen [ɛr'vo:gən] part. pass. de **erwägen.**

er|wünschen [ɛr'vynʃən] v. tr. désirer vivement, ardemment.

er|wünscht [-'vynʃt] adj. désiré ; agréable ; souhaitable.

er|würgen [ɛr'vyrgən] v. tr. étrangler ; étouffer.
◇ v. intr. s'étrangler ; étouffer ; suffoquer.

Er|würgung [-guŋ] f. étranglement m. ; suffocation f.

Erz ['e:rts] n. (es, e) minerai m. | *Erz gewinnen, zutage* *fördern, aufbereiten*, extraire du minerai. || PARTICUL. bronze m. || POÉT. airain m.

Erz|aufbereitung [″e:rts'aufbəraituŋ] f. (-, en) préparation (f.), traitement (m.) des minerais. || °**-bergwerk** [″-/-'-] n. (s, e). MINES. mine f. ; exploitation (f.) de minerai. ||°**-brecher** m. (s, -) concasseur (m.) de minerai. ||°**-frachter** m. (s, -). MAR. minéralier m. ||**-führend** [″-/'--] adj. métallifère. ||°**-gang** m. (s, ¨e). MINES. filon (m.), veine (f.) métallifère. ||°**-gießer** m. (s, -). TECHN. fondeur m. ||°**-gießerei** f. (-, en). TECHN. fonderie f. ||°**-grube** f. (-, n). MINES. mine (f.) métallique. ||**-haltig** adj. métallifère. ||°**-hütte** f. (-, n) fonderie f. ||°**-lager** n. (s, -). MINES. couche (f.), dépôt (m.) de minerai. ||°**-vorkommen** [″-/'---] n. (s, -) gisement (m.) de minerai.

erz... (en compos., marque un degré supérieur d'intensité) archi.

Erz|bischof [″ɛrts'biʃɔf] m. (s, ¨e) archevêque m. ||**-bischöflich** [″-/-'--] adj. archiépiscopal. ||°**-bistum** [″-/'--] n. (s, ¨er) archevêché m. ; archiépiscopat m. ||°**-bösewicht** m. (s, e) franc scélérat. ||°**-dechant** m. (en, en) archidiacre m. ||**-dumm** adj. FAM. bête à manger du foin, comme ses pieds. ||°**-dummkopf** m. (s, ¨e). FAM. maître sot m. ; POP. ballot m. ||°**-engel** m. (s, -) archange m. ||**-faul** adj. FAM. paresseux comme une couleuvre, comme un loir ; fort paresseux. ||°**-feind** m. (es, e) ennemi juré, déclaré, acharné. || POLIT. ennemi (m.) héréditaire. || °**-halunke** [″-/-'--] m. (n, n) fieffé coquin ; maître fripon. (Syn. *Erzgauner*.) ||°**-herzog** m. (s, ¨e) archiduc m. ||°**-herzogtum** n. (s, ¨er) archiduché m. || °**-kämmerer** m. (s, -). HIST. archichambellan m. ||°**-kanzler** m. (s, -). HIST. grand chancelier. || **-katholisch** adj. FAM., RELIG. bigot ; cagot ; calotin. ||°**-lügner** m. (s, -) fieffé menteur. ||°**-mundschenk** m. (s, e). HIST. grand échanson. ||°**-narr** m. (en, en). FAM. archifou. ||°**-priester** m. (s, -) archiprêtre m. ||°**-schalk** m. (s, e). FAM. fin matois ; rusé compère. ||°**-schelm** m. (s, e). FAM. fieffé coquin ; fripon m. ||°**-schuft** m. (s, e), °**-schurke** m. (n. n.). FAM. fieffé coquin ; canaille f. ; fripouille f. ||°**-stift** n. (s, e) archevêché m. ||°**-truchseß** m. (en, en). HIST. écuyer tranchant. ||°**-vater** m. (s, ¨). RELIG. patriarche m. ||**-väterlich** adj. patriarcal.

er|zählen [ɛr'tsɛ:lən] v. tr. raconter ; conter ; dire ; narrer ; rapporter ; mander. | *ein Märchen erzählen*, raconter un conte. | *ich habe mir erzählen lassen, daß*, je me suis laissé dire que. | *erzählende Dichtung*, poésie narrative. || FAM. *erzähle keine Märchen !*, (ne raconte) pas d'histoires ! | *der kann was darüber erzählen*, là-dessus il peut en dire long ; POP. il en connaît un bout.

erzählens|wert [ɛr″tsɛ:ləns've:rt] adj. qui vaut la peine, qui mérite d'être conté, raconté.

Er|zähler [ɛr'tsɛ:lər] m. (s, -) conteur m.

Er|zählung [-luŋ] f. (-, en) récit m. ; conte m. ; narration f. ; narré m. ; histoire f. ; nouvelle f.
— SYN. : *Märchen*, conte ; *Legende*, légende ; *Fabel, Sage*, fable ; *Geschichte*, histoire ; *Roman*, roman ; *Novelle*, nouvelle.

er|zeigen [ɛr'tsaigən] v. tr. montrer ; témoigner. | *jm eine Gefälligkeit erzeigen*, faire plaisir à qn ; obliger qn.

◇ v. pr. **sich erzeigen,** donner des marques de. | *sich treu erzeigen*, se montrer fidèle.

erzen ['e:rtsən] adj. de bronze. || POÉT. d'airain.

er|zeugen [ɛr'tsɔygən] v. tr. former ; produire ; fabriquer. || AGRIC. *Korn erzeugen*, produire du blé.
— SYN. : *gebären, hervorbringen*, engendrer ; *zeugen*, procréer ; *schaffen, erschaffen*, créer ; *produzieren*, produire ; *herstellen*, fabriquer.

Er|zeugende [-gəndə] f. (-, n). MATH. génératrice f.

Er|zeuger [-gər] m. (s, -) celui qui engendre ; procréateur m. || PAR EXT. producteur m. || PHYS. générateur m. (de vapeur).

Erzeuger|land [ɛr″tsɔygər'land] n. (s, ¨er) pays producteur. ||°**-preis** m. (es, e). COMM. prix (m.) de fabrication.

Er|zeugnis [ɛr'tsɔyknis] n. (ses, se). COMM. produit m. ; objet manufacturé.

Er|zeugung [-guŋ] f. (-, en) procréation f. ; génération f. || PAR EXT. production f. ; fabrication f.

Erzeugungs|kosten [ɛr″tsɔyguŋs'kɔstən] f. pl. frais (m. pl.), coût (m.) de production, de fabrication. ||°**-kraft** f. (-, ¨e). 1° puissance génératrice ; 2° capacité (f.) de production. ||°**-vermögen** n. (s). ÉLECTR. productibilité f.

er|ziehen [ɛr'tsi:ən] (erzog, erzogen) v. tr. [großziehen] élever ; faire l'éducation de ; cultiver.

Er|zieher [-ər] m. (s, -) pédagogue m. ; éducateur m. ; précepteur m. ; maître m.

Er|zieherin [-ərin] f. (-, nen) éducatrice f. ; gouvernante f. ; maîtresse f.

er|zieherisch [-əriʃ] adj. éducatif ; pédagogique.

Er|ziehung [-uŋ] f. (-, en) éducation f. ; instruction f. ; enseignement m. | *jm eine gute Erziehung geben, angedeihen lassen*, donner une bonne éducation à qn.

Erziehungs|anstalt [ɛr″tsi:uŋs'anʃtalt] f. (-, en) maison (f.) d'éducation ; institution f. ||°**-haus** n. (es, ¨er) pénitencier m. ; maison (f.) de correction. ||°**-lehre** f. (-, n) pédagogie f. ; science (f.) pédagogique. ||°**-wesen** n. (s) éducation f. ; instruction publique. ||**-widrig** [-″--/'--] adj. antipédagogique.

er|zielen [ɛr'tsi:lən] v. tr. atteindre ; obtenir ; viser, parvenir à. | *Erfolg erzielen*, avoir du succès ; réussir. || COMM. *Gewinn erzielen*, réaliser un bénéfice. || FIG. *einen Preis erzielen*, décrocher un prix.

Er|zielung [-luŋ] f. (-, en) obtention f. ; réalisation f.

er|zittern [ɛr'tsitərn] v. intr. se mettre à trembler, à frémir ; être pris d'un tremblement.

er|zürnen [ɛr'tsyrnən] v. tr. et pr. mettre en colère ; fâcher ; irriter ; courroucer.

er|zwingen [ɛr'tsviŋən] (a, u) v. tr. forcer ; obtenir de force.

Er|zwingung [-ŋuŋ] f. (-, en) extorsion f. ; contrainte f. ; force f.

erzwungener|maßen [ɛr″tsvuŋənər'ma:sən] adv. forcément ; par force.

es [ɛs] pron. pers. 3e pers. du sing. neutre.
1. employé comme sujet ou complément d'objet remplaçant un substantif neutre. | *siehst du das Kind ? es ist hübsch*, vois-tu cet enfant ?, il est beau. | *willst du dieses Buch ? nimm es*, veux-tu ce livre ? prends-le.
2. remplaçant un attribut ou un objet. | *er ist arm, ich bin es auch*, il est pauvre, je le suis aussi. | *er ist hier, ich weiß es*, il est ici, je le sais. | *ich habe es gut*, je suis bien traité. | *ich habe es satt*, j'en ai assez. | *ich bin es leid*, j'en suis las. | *wir sind's*, c'est nous. | *ja, ich bin's*, oui, c'est moi. | *ich halte es für möglich*, je crois la chose possible. | *es mit jm halten*, être du parti de qn. | *es mit jm aufnehmen*, défier qn.
3. antécédent de subordonnées. | *ich halte es für unnötig, daß*, je tiens pour superflu que. | *sie ist es nicht wert, daß*, elle ne mérite pas que.
4. sujet d'un v. impers. | *es donnert*, il tonne. | *es regnet*, il pleut. | *es schneit*, il neige. | *es wird dunkel*, la nuit tombe.
5. sujet d'un v. employé impersonnellement ; sens pass. traduit par « on ». | *es pocht an die Tür*, on frappe à la porte. | *es trinkt sich gut aus diesem Glas*, il est agréable de boire dans ce verre. | *es fährt sich angenehm in diesem Auto*, il fait bon rouler dans cette voiture.
6. dans les formules optatives et impératives avec sujet apparent. | *es lebe der König !*, vive le roi ! | *es sei dies ein für allemal gesagt !*, que cela soit dit une fois pour toutes.
7. LOC. *es war einmal*, il était une fois. | *da haben wir's !*, FAM. nous voilà bien ! ; nous voilà dans de beaux draps. | *es mit jm verderben*, se brouiller avec qn. | *es mit niemandem verderben wollen*, ménager la chèvre et le chou. | *es mit jm zu tun haben*, avoir affaire à qn. | *es auf etwas abgesehen haben*, viser qch. | *es faustdick hinter den Ohren haben*, être roublard ; être un fin matois. | *es zu bunt treiben*, aller trop loin ; passer les bornes ; FAM. (y) aller (un peu) fort. | *es gut meinen*, ne pas avoir de mauvaises intentions. | *er hat es weit gebracht*, il est allé loin. | *es gewohnt sein*, y être habitué. | *es waren ihrer drei*, ils étaient trois. || PROV. *es ist noch nicht aller Tage Abend*, qui vivra verra ; demain il fera jour. | *es ist nichts so fein gesponnen, es kommt doch endlich an die Sonnen*, la vérité finit toujours par se savoir.

Es [ɛs] n. MUS. mi (m.) bémol.

Esau ['e:zau] n. pr. m. THÉOL. Esaü m.

Esche ['ɛʃə] f. (-, n). BOT. frêne m.

eschen ['ɛʃən] adj. BOT. en (bois de) frêne.

Eschen|holz [″ɛʃən'hɔlts] n. (es). BOT. bois (m.) de frêne ; frêne m.

Esel ['e:zəl] m. (s, -) âne m. ; FAM. baudet m. ; bourriquet m. | *geduldiger Esel*, âne patient. | *starrköpfiger Esel*, âne rétif. || FAM. *so'n Esel !*, quel âne ! ; c'est un âne bâté. | *du alter Esel !*, vieille bête ! | *störrisch wie ein Esel*, têtu comme une mule. | *er ist bepackt, beladen wie ein Esel*, il est chargé comme un baudet. | *das ist doch* ein rechter Esel, il est bigrement bête. || FIG. ignorant m. | *um des Esels Schatten zanken*, disputer sur des pointes d'aiguille. || PROV. *ein Esel schilt den andern Langohr*, c'est l'hôpital qui se moque de la charité. | *vom Pferd auf den Esel kommen*, d'évêque il s'est fait meunier. | *wenn es dem Esel zu wohl ist, geht er aufs Eis*, quand tout va trop bien, on va trop loin. | *wenn man den Esel nennt, kommt er angerennt*, quand on parle du loup, on en voit la queue.

Eselchen [-çən] n. (s, -) ânon m. ; FAM. bourricot m.

Eselei [e:zə'lai] f. (-, en) ânerie f. ; bêtise f.

Esel|füllen ["e:zəl'fylən] n. (s, -) petit (m.) de l'âne ; ânon m. ||**-haft** adj. comme un, en âne ; nigaud. ||°**-hengst** m. (es, e) baudet (m.) étalon.

Eselin ['e:zəlin] f. (-, nen) ânesse f.

Esels|brücke ["e:zəls'brykə] f. (-, n) pont (m.) aux ânes ; guide-âne m. ||°**-geschrei** ["-/-'-] n. (s) braiment m. ||°**-ohr** n. (s, en) oreille (f.) d'âne. || FIG. corne f. | *Eselsohren machen, knicken*, corner (les pages d')un livre. ||°**-treiber** m. (s, -) ânier m.

Eskader [ɛ'skɑ:dər] f. (-, s). MAR. escadre f.

Eskadron [ɛska'dro:n] f. (-, en). MIL. escadron m.

Eskapade [ɛska'pɑ:də] f. (-, n) foucade f.

Eskimo ['ɛskimo] m. (s, s). GÉOGR. Esquimau m.

Eskorte [ɛs'kɔrtə] f. (-, n). MIL., MAR. escorte f.

Esparsette [ɛspar'zɛtə] f. (-, n). BOT. sainfoin m. ; esparcette f.

Esparto [ɛ'sparto] m. (s). BOT. alfa m. ; spart(e) m.

Espe ['ɛspə] f. (-, n). BOT. tremble m. || FIG. *wie Espenlaub zittern*, trembler comme une feuille.

Esperanto [ɛspe'ranto] n. (s) espéranto m.

Essay [es'ɛ] m. et n. (s, s). LITTÉR. étude f.

Essayist [esɛ:'ist] m. (en, en). LITTÉR. essayiste m.

eßbar ['ɛsbɑ:r] adj. comestible ; mangeable ; bon à manger.

Eßbarkeit ['ɛsbarkait] f. (-) comestibilité f.

Eß|besteck ["ɛsbə'ʃtɛk] n. (s, e) couvert m. ||°**-ecke** f. (-, n) coin (m.) repas. ||°**-geschirr** n. (s, e) vaisselle f. ||°**-gier** f. (-) appétit dévorant ; boulimie f. ||**-gierig** adj. glouton ; goulu. ||°**-korb** m. (s, ¨e) panier (m.) à provisions. ||°**-löffel** m. (s, -) cuiller (f.) à soupe. ||°**-lust** f. (-, ¨e) appétit m. ||°**-saal** m. (s, -säle) réfectoire m. ; salle (f.) à manger. ||°**-waren** f. pl. CULIN. denrées (f. pl.) alimentaires ; comestibles. m. pl. ||°**-zimmer** n. (s, -) salle (f.) à manger.

Esse ['ɛsə] f. (-, n) cheminée f. ; foyer (m.) de forge. | *Essenkehrer*, ramoneur m. | *Esskohle*, charbon (m.) de forge.

essen ['ɛsən] (ißt, aß, gegessen) v. intr. prendre un, son repas ; manger. | *gut essen und trinken*, bien manger et bien boire ; faire bonne chère. | *mit Widerstreben essen*, manger du bout des dents. | *roh essen*, manger cru. | *gekocht essen*, manger cuit. | *sich krank essen*, se rendre malade à force de manger. | *sich satt essen*, manger à son appétit, à sa faim. | *nichts essen dürfen*, être à la diète. | *für vier Mann essen*, FAM. manger comme quatre. | *tüchtig essen*, FAM. nettoyer les plats. | *sich voll essen*, s'empiffrer ; se gorger de mangeaille. | *zu Mittag essen*, déjeuner. | *zu Abend essen*, dîner. | *bei jm essen*, déjeuner, dîner chez qn. | *auswärts, daheim essen*, déjeuner, dîner en ville, chez soi. | *in aller Eile, stehend essen*, FAM. manger sur le pouce.
◇ v. tr. *Brot essen*, manger du pain. | *gern Austern essen*, aimer les huîtres. | *die Schüsseln leer essen*, vider les plats. || FAM. *nichts zu essen bekommen*, FAM. dîner par cœur. || PROV. *wes Brot ich eß, des Lied ich sing*, je chante les louanges de celui qui me nourrit. | *wer nicht kommt zur rechten Zeit, der muß essen, was übrig bleibt*, qui va à la chasse perd sa place. | *er hat die Weisheit mit Löffeln gegessen*, il a la sagesse infuse.
— SYN. : *speisen*, [von Tieren] *fressen*, manger ; PÉJOR. bâfrer ; *verzehren*, dévorer ; FAM. *futtern*, POP. boulotter ; bouffer.

Essen ['ɛsən] n. (s). **1.** [action de] manger ; manger m. | *zu vieles Essen ist schädlich*, trop manger nuit. **2.** repas m. ; POP. frichti m. | *zum Essen einladen*, inviter à déjeuner, à dîner. | *vom Essen aufstehen*, se lever de table. || PROV. *der Appetit kommt beim, mit dem Essen*, l'appétit vient en mangeant.
— SYN. : *Mahl, Mahlzeit*, repas ; *Frühstück*, (petit) déjeuner ; *Mittagessen*, déjeuner (de midi) ; *Abendessen, Abendbrot, Nachtessen, Abendtisch*, dîner, souper ; *kleine Mahlzeit*, dînette ; *Festessen, Gastmahl, Bankett, Fesigelage*, banquet.

essential [esɛntsi'ɑ:l], **essentiell** [-tsi'ɛl] adj. essentiel ; nécessaire ; important.

Essenz [ɛ'sɛnts] f. (-, en). CHIM. essence f. ; huile essentielle. || PHILOS. essence f.

Esser(in) ['ɛsər(in)] m. (s, -), f. (-, nen) mangeur m., mangeuse f. | *tüchtiger Esser sein*, avoir un bon coup de fourchette. | *unnütze Esser*, bouches inutiles.

Esserei ["ɛsə'rai] f. (-, en) festin m. ; gloutonnerie f.

Essig ['ɛsiç] m. (s, e). CULIN. vinaigre m. | *der Wein wird zu Essig*, le vin tourne en vinaigre. | *mit Essig anmachen, Essig beigeben*, assaisonner de vinaigre ; vinaigrer. || FIG., FAM. *damit ist es Essig*, c'est raté ; c'est fichu.

Essig... (en compos.) acétique.

Essig|baum ["ɛsiç'baum] m. (s, ¨e). BOT. sumac m. ||°**-bildung** f. (-, en). CHIM. acétification f. ||°**-brauerei** f. (-, en), °**-fabrik** f. (-, en) vinaigrerie f. ||°**-gurke** f. (-, n) cornichon (m.), concombre (m.) au vinaigre. ||°**-mutter** f. (-, ¨) mère (f.) de vinaigre. ||**-sauer** adj. CULIN. acide. || CHIM. acétique. || PHARM. *essigsaure Tonerde*, acétate (m.) d'alumine. | *essigsaures Salz*, acétate m. ||°**-säure** f. (-, n). CHIM. acide (m.) acétique. ||°**-soße** f. (-, n). CULIN. vinaigrette f.

Este ['ɛstə] n. pr. m. (n, n). GÉOGR. Estonien m.

Ester ['ɛstər] m. (s). CHIM. éther-sel m. ; ester m.

Estin ['ɛstin] n. pr. f. (-, nen). GÉOGR. Estonienne f.

Est|land [e:stlant] n. pr. n. GÉOGR. Estonie f.

est|ländisch ["e:st'lɛndiʃ], **estnisch** [-niʃ] adj. estonien.

Estrade [ɛ'strɑ:də] f. (-, n) estrade f.

Estragon [ɛstra'go:n] m. (s). BOT. estragon m.

Estrich ['ɛstriç] m. (s, e) aire f. (en ciment) ; carrelage m. || TECHN. *schwimmender Estrich*, dalle flottante.

etablieren [eta'bli:rən] v. tr. établir. || COMM. *ein Geschäft etablieren*, fonder, ouvrir une affaire.

Etage [e'tɑ:ʒə] f. (-, n). ARCHIT. étage m. | *Etageheizung*, chauffage central par étage.

Etagen|bett [e"tɑ:ʒən'bɛt] n. (s, en) lits superposés.

Etagere [eta'ʒe:rə] f. (-, n) étagère f.

Etappe [e'tapə] f. (-, n). MIL. étape f. ; halte f. || PAR EXT. arrière m. ; service (m.) des étapes.

Etat [e'tɑ:] m. (s, s). POLIT. budget m. | *im Etat nicht vorgesehen*, non prévu dans le budget.

Etat|ansatz [e"tɑ:'anzats] m. (es, ¨e) projet (m.) de budget. ||°**-aufstellung** f. (-, en) établissement (m.) du budget. ||°**-mittel** n. pl. POLIT. ressources (f. pl.) budgétaires.

etatisieren [etati'zi:rən] v. tr. POLIT. inscrire au budget.

etepetete ["e:te'petete] adj. FAM. maniéré.

Ethik ['e:tik] f. (-). PHILOS. éthique f. ; morale f.

Ethiker [-kər] m. (s, -). PHILOS. moraliste m.

ethisch ['e:tiʃ] adj. PHILOS. moral ; éthique.

ethnisch ['ɛtniʃ] adj. ethnique.

Ethnograph(in) [ɛtno'grɑ:f(in)] m. (en, en), f. (-, nen) ethnographe s.

Ethnographie [-gra'fi] f. (-) ethnographie f.

Ethnologe [-'lo:gə] m. (n, n), **Ethnologin** [-'lo:gin] f. (-, nen) ethnologue s.

Ethnologie [-'logi:] f. ethnologie f.

Ethologie [etolo'gi:] f. [Umwelt] éthologie f.

Ethos ['e:tɔs] n. (-). PHILOS. principe moral ; morale f.

Etikett [eti'kɛt] n. (s, e). [Aufkleber] étiquette f. || INF. étiquette f.

Etikette [eti'kɛtə] f. (-) étiquette f. ; cérémonial m. ; protocole m. ; bienséance f. ; convenance f.

etikettieren [etikɛ'ti:rən] v. tr. étiqueter.

etlich ['ɛtliç] pron. indéf. quelque. | *nach etlicher Zeit*, au bout de quelque temps.

Etrurien [ɛ'tru:riən] n. pr. n. HIST. Étrurie f.

Etrusker [ɛ'truskər] n. pr. m. (s, -). HIST. Étrusque m.

etruskisch [-kiʃ] adj. HIST. étrusque.

Etsch ['ɛtʃ] n. pr. f. GÉOGR. Adige m.

Etüde [ɛ'tydə] f. (-, n). MUS. étude f.

Etui [ety'i] n. (s, s) étui m.

etwa ['ɛtva] adv. à peu près ; environ. | *etwa acht Tage*, environ huit jours. || PAR EXT. peut-être ; d'aventure ; par hasard. | *das ist doch nicht etwa dein Fall!*, cela ne serait tout de même pas ton cas ! | *meinst* *du nicht etwa, daß*, ne penses-tu pas que ? | *nicht etwa, daß*, non que (subj.).

etwaig ['ɛtvaik] adj. éventuel. | *etwaige Kosten*, des frais éventuels.

etwas ['ɛtvas] (Fam. was) pron. indéf. invar. n. quelque chose. | *irgend etwas*, n'importe quoi. | *etwas Schönes*, qch. de beau. | *etwas Geld*, un peu d'argent. | *das ist doch wenigstens etwas !*, c'est déjà quelque chose. | *so etwas von Nachlässigkeit !*, quelle négligence ! | *er hat etwas von einem Gelehrten*, il a quelque chose du savant. || Loc. *es zu etwas bringen*, faire son chemin. | *aus diesem Burschen wird noch etwas*, ce gaillard-là ira loin. | *nein, so was !*, quelle drôle de chose ! ; quelle affaire ! ; quelle histoire !
◇ adv. un peu ; quelque peu. | *das ist etwas stark*, c'est un peu fort. | *das ist mir etwas zu viel*, c'est trop pour moi. | *sie spricht etwas Spanisch*, elle parle un peu (l')espagnol.

Etwas ['ɛtvas] n. (-) *sie hat das gewisse Etwas*, Fam. elle a du chien.

Etymologie [etymolo'gi:] f. (-, n) étymologie f.

etymologisch [-'lo:giʃ] adj. étymologique.

Etzel ['ɛtsɛl] n. pr. m. Hist. Attila m.

euch [ɔyç] pron. pers. dat. et acc. de **ihr** (2e pers. du pl.) vous ; à vous. | *ich danke euch*, je vous remercie. | *ich denke an euch*, je pense à vous.

Eucharistie [ɔyçaris'ti:] f. (-). Relig. eucharistie f.

euer ['ɔyər] pron. pers. gén. de **ihr** (2e pers. du pl.) de vous. | *er gedachte euer*, il pensait à vous.
◇ adj. et pron. poss. votre ; vôtre ; vos. | *euer Haus*, votre maison. | *mein Haus ist klein, das eure groß*, ma maison est petite, la vôtre est grande.

Eugen [ɔy'ge:n] n. pr. m. Eugène m.

Eugenie [-nie] n. pr. f. Eugénie f.

Eugenik [ɔy'ge:nik] f. (-). Biol. eugénisme m.

Eukaryont [ɔyka'ryɔnt] m. (en, en). Bot. eucaryote m.

Eule ['ɔylə] f. (-, n). Zool. chouette f. ; hibou m. ; chat-huant m. ; effraie f. || Prov. *Eulen nach Athen tragen*, porter de l'eau à la rivière.

Eulen|spiegel ["ɔylən'ʃpi:gəl] n. pr. Till l'Espiègle m. || Par ext. loustic m. ; farceur m.

Eulen|spiegelei ["ɔylənʃpi:gə'lai] f. (-, en) espièglerie f.

Eunuch [ɔy'nu:x] m. (en, en) eunuque m.

Euphemismus [ɔyfe'mismus] m. (-, men). Littér. euphémisme m.

euphemistisch [-'mistiʃ] adj. euphémique.

Eur|asien [ɔyr'ɑ:ziən] n. pr. n. Géogr. Eurasie f.

eurer|seits ["ɔyrər'zaits] adv. de votre côté ; de votre part.

euret|wegen ["ɔyrɛt've:gən], **-willen** [-'vilən] adv. pour l'amour de vous ; à cause de vous.

eurige ['ɔyrigə] pron. poss. le, la vôtre.

Euro|aktie ["ɔyro'aktsiə] f. (-, n). Fin. euroaction f. ||°**-scheck** m. (s, e). Fin. eurochèque m.

Europa [ɔy'ro:pa] n. pr. (s) Europe f.

Europäer [ɔyro'pɛ:ər] n. pr. m. (s, -) Européen m.

Europäerin [-'pɛ:ərin] n. pr. f. (-, nen) Européenne f.

europäisch [ɔyro'pɛ:iʃ] adj. européen. | *Europäische Gemeinschaften (EG)*, Communautés européennes (C. E.). | *Europäische Gemeinschaft für Kohle und Stahl*, Communauté européenne du charbon et de l'acier (C. E. C. A.). | *Europäische Montan-Union*, Communauté (f.) charbon-acier. | *Europäische Zahlungsunion (EZU)*, Union européenne des paiements (U. E. P.). | *Europäischer Wirtschaftsrat*, Organisation européenne de coopération économique (O. E. C. E.). | *Europäisches Atomforschungszentrum (Euratom)*, Centre européen de recherches nucléaires.

Europa|parlament [ɔy"ropaparla'mɛnt] n. (s). Polit. parlement européen de Strasbourg.

Euter ['ɔytər] n. (s, -) pis m. ; mamelle f.

Eutrophierung [ɔytro'fi:ruŋ] f. [Umwelt] eutrophisation f.

Eva ['e:va] n. pr. f. Relig. Ève f.

evakuieren [evaku'i:rən] v. tr. évacuer.

Evakuierung [-ruŋ] f. (-, en) évacuation f.

evangelisch [evaŋ'ge:liʃ] adj. Relig. évangélique ; de l'Évangile. || Par ext., Relig. protestant. | *evangelisch-reformiert*, protestant réformé. | *evangelische Kirche*, Église protestante.

Evangelist [-ge'list] m. (en, en) évangéliste m.

Evangelium [-'ge:lium] n. (s, ien) Évangile m.

eventuell [evɛntu'ɛl] adj. éventuel.

evident [evi'dɛnt] adj. évident ; patent.

Evolution [evolu'tsio:n] f. (-, en). Philos. évolution f. || Math. développement m.

Evolutions|theorie [evɔlu"tsio:nsteo'ri] f. (-, en). Philos. évolutionnisme m. ; transformisme m.

Ewer ['e:vər] m. (s, -). Mar. gabare f.

ewig ['e:viç] adj. éternel ; perpétuel ; continuel. | *der Ewige*, l'Éternel. | *ewige Verdammnis*, feu éternel ; enfer m. | *Rom, die Ewige Stadt*, Rome, la Ville éternelle. | *ewiger Friede*, paix perpétuelle. | *Ewiger Jude*, Juif errant. || Fig. immémorial ; péjor. sempiternel. | *ewiger Schnee*, neiges éternelles. || Fam., pop. *laß doch dein ewiges Geweine*, arrête donc tes pleurnicheries.
◇ adv. éternellement ; à jamais. | *das kann doch nicht ewig dauern*, cela ne peut continuer ainsi. | *immer und ewig*, à jamais ; à perpétuité. | *es ist ewig schade um ihn*, c'est grand dommage que nous l'ayons perdu. | *auf ewig*, pour toujours.
— Syn. : *unvergänglich*, éternel ; *immerwährend*, sempiternel ; *unsterblich*, immortel ; *fortdauernd*, perpétuel.

Ewigkeit [-kait] f. (-, en) éternité f. ; perpétuité f. ; vie éternelle. | *in alle Ewigkeit*, à tout jamais. | *von Ewigkeit zu Ewigkeit*, dans les siècles des siècles ; jusqu'à la consommation des siècles. | *ich habe ihn seit einer Ewigkeit nicht gesehen*, il y a une éternité que je ne l'ai vu. | *von Ewigkeit her*, de toute éternité. | *in aller, für alle Ewigkeit*, pour l'éternité. | *in die Ewigkeit eingehen*, entrer dans la vie éternelle. || Fam. *das ist ja eine Ewigkeit her*, il y a, ça fait un bail.

ewiglich [-liç] adv. éternellement.

exakt [ɛ'ksakt] adj. exact.

Exaktheit [ɛ"ksakt'hait] f. (-) exactitude f.

ex|altiert [ɛksal'ti:rt] adj. exalté ; démesuré.

Ex|altiertheit [ɛksal"ti:rt'hait] f. (-) exagération f.

Examen [ɛ'ksɑ:mən] n. (s, mina) examen m. ; épreuve f. ; concours m. | *schriftliches Examen*, examen écrit ; écrit m. | *mündliches Examen*, examen oral ; oral m. | *ein Examen ablegen*, passer un examen.

Examinand [ɛksami'nant] m. (en, en) candidat m.

Examinator [-mi'nɑ:tɔr] m. (en, en) examinateur m.

examinieren [-mi'ni:rən] v. tr. faire passer un, l'examen.

Exegese [ekse'ge:zə] f. (-, n). Relig. exégèse f.

Exeget [-'gɛt] m. (en, en). Relig. exégète m.

ex|ekutieren [ɛkseku'ti:rən] v. tr. exécuter.

Ex|ekution [-'tsio:n] f. (-, en) exécution f. ; saisie f.

Ex|ekutive [-'ti:və] f. (-, n), **Ex|ekutiv|gewalt** [ɛksəku"ti:vgə'valt] f. (-, en). Polit. (pouvoir) exécutif.

Exempel [ɛ'ksɛmpəl] n. (s, -) exemple m. ; modèle m. | *ein böses Exempel*, un exemple pernicieux. | *zum Exempel*, par exemple. | *ein Exempel statuieren*, faire un exemple.

Exemplar [ɛksɛm'plɑ:r] n. (s, e) exemplaire m.

exemplarisch [-'plɑ:riʃ] adj. exemplaire.

exerzieren [ɛksɛr'tsi:rən] v. tr. Mil. exercer.
◇ v. intr. faire l'exercice ; manœuvrer.

Exerzier|meister [ɛksɛr"tsi:r'maistər] m. (s, -). Mil. officier instructeur. ||°**-platz** m. (es, ¨e). Mil. place (f.) d'armes ; champ (m.) de manœuvres.

Exerzitium [ɛksɛr'tsitsium] n. (s, tien). Univ., Mil. thème m. ; sujet m. ; exercice m.

Ex|haustor [ɛks'haustɔr] m. (s, en). Techn. aspirateur m. ; ventilateur m.

Exil [ɛ'ksi:l] n. (s, e) exil m. | *ins Exil gehen*, s'exiler.

exilieren [ɛksi'li:rən] v. tr. exiler.

existent [eksis'tɛnt] adj. existant ; réel.

existential [ɛksistɛntsi'ɑ:l], **existentiell** [-'tsiɛl] adj. Philos. existentiel.

Existentialismus [ɛksistɛntsia'lismus] m. (-). Philos. existentialisme m.

Existentialist [-'list] m. (en, en). Philos. existentialiste m.

Existential|philosophie [ɛksistɛntsi"ɑ:lfilozo'fi:] f. philosophie (f.) existentialiste.

Existenz [ɛksi'stɛnts] f. (-, en) existence f. ; vie f. | *unabhängige Existenz*, existence indépendante. | *keine sichere Existenz haben*, mener une vie précaire. | *verfehlte Existenzen*, ratés m. pl.

Existenz|bedingung [ɛksi"stɛntsbə'diŋuŋ] f. (-, en). Philos. condition (f.) d'existence. ||°**-berechtigung** f. (-, en). Philos. raison (f.) d'être ; droit (m.) à l'existence. ||**-fähig** adj. Méd. viable. ||

°-kampf m. (s, ¨) lutte (f.) pour la vie. ||°-**minimum** [--"-/'--] n. (s, ma) minimum vital. ||°-**mittel** n. pl. moyens (m. pl.) d'existence.

existieren [ɛksis'ti:rən] v. intr. exister ; être.

Exitus ['ɛksitus] m. (-). MÉD. mort f.

Ex|kaiser ["ɛks'kaizər] m. (s, -) ex-empereur m.

ex|klusiv [ɛksklu'zi:f] adj. exclusif. || FIG. *exklusive Kreise*, société fermée.

ex|klusive [-'zi:və] adv. non compris ; exclusivement ; sans ; en exceptant ; excepté.

Ex|klusivität [-zivi'tɛt] f. (-) exclusivité f.

Ex|kommunikation [ɛkskɔmunika'tsio:n] f. (-, en). RELIG. excommunication f.

ex|kommunizieren [-'tsi:rən] v. tr. RELIG. excommunier ; jeter l'anathème sur.

Ex|krement [ɛkskre'mɛnt] n. (s, e) excrément m.

Ex|kurs [ɛks'kurs] m. (es, e) digression f.

Ex|matrikel [ɛksma'trikəl] f. (-, n) diplôme (m.) de fin d'études. ||°-**matrikulation** f. (-, en). [Schule] radiation f. ||-**matrikulieren** v. tr. rayer des listes.

Ex|odus ['ɛksodus] m. (-). RELIG. 1° exode m. ; 2° Livre (m.) de Moïse.

Exo|gamie [ɛkzoga'mi:] f. (-, n) exogamie f.

Exon [ɛk'zo:n] m. (s). MÉD. exon m.

Exorzismus [ɛksɔr'tsismus] m. (-, men). RELIG. exorcisme m.

Exo|sphäre [ɛkzo'sfɛ:rə] f. (-, n). ASTRON. exosphère f.

exo|therm(isch) [ɛksɔ'tɛrm(iʃ)] adj. CHIM. exotherme ; exothermique.

exotisch [ɛ'kso:tiʃ] adj. GÉOGR. exotique.

Ex|pansion [ɛkspan'zio:n] f. (-, en). PHYS. expansion f. ; détente f. || POLIT. expansion f.

Expansions|gefäß [ɛkspan"zio:nsgə'fɛs] n. (es, e). PHYS. vase (m.) d'expansion.

ex|pansiv [ɛkspan'zi:f] adj. expansif.

ex|patriieren [ɛkspatri'i:rən] v. tr. POLIT. expulser ; chasser ; renvoyer ; expatrier.

Ex|pedient [ɛkspe'diɛnt] m. (en, en). COMM. expéditionnaire m.

ex|pedieren [-'di:rən] v. tr. envoyer ; expédier.

Ex|pedition [ɛkspedi'tsio:n] f. (-, en) expédition f. ; envoi m. || GÉOGR. expédition f. ; voyage m.

Expeditions|korps [ɛkspedi"tsio:ns'ko:r] n. (-, -). MIL. corps (m.) expéditionnaire.

Experiment [ɛksperi'mɛnt] n. (s, e). PHYS. expérience f. ; essai m.

experimental [-mɛn'ta:l], **experimentell** [-tɛl] adj. PHYS. expérimental.

experimentieren [-mɛn'ti:rən] v. intr. PHYS., CHIM. expérimenter ; faire des expériences.

Experimentierung [-mɛn'ti:ruŋ] f. (-, en) expérimentation f.

Ex|perte [ɛks'pɛrtə] m. (n, n) expert m.

Experten|system [ɛks"pɛrtənzys'te:m] n. (s, e). INF. système expert.

ex|plizieren [ɛkspli'tsi:rən] v. tr. expliquer.

ex|plodieren [ɛksplɔ'di:rən] v. intr. PHYS. exploser ; faire explosion ; éclater. | *zum Explodieren bringen*, faire éclater.

Exploration [ɛksplora'tsio:n] f. (-, en). MINES. exploration f.

Ex|plosion [ɛksplo'zio:n] f. (-, en). PHYS. explosion f.

Explosions|gefahr [ɛksplo"zio:nsgə'fa:r] f. (-, en) danger (m.) d'explosion. ||°-**gemisch** n. (es, e). AUTOM. mélange explosif, détonant ; mélange combustible. ||°-**motor** m. (s, en) moteur (m.) à explosion. ||-**sicher** adj. antidéflagrant ; inexplosible ; à l'épreuve de l'explosion.

ex|plosiv [ɛksplo'zi:f] adj. explosif.

Explosiv|geschoß [ɛksplo"zi:fgə'ʃɔs] n. (es, e) balle explosive. ||°-**stoff** m. (s, e) matière explosive.

Ex|ponent [ɛkspɔ'nɛnt] m. (en, en). MATH. exposant m. ; indice m.

Exponential|funktion [ɛkspɔnɛn"tsia:lfunk'tsio:n] f. (-, en) fonction exponentielle. ||°-**gleichung** f. (-, en) équation exponentielle. ||°-**kurve** f. (-, n) courbe exponentielle.

ex|ponentiell [ɛkspɔnɛn"tsiɛl] adj. exponentiel.

ex|ponieren [-'ni:rən] v. tr. exposer. || PHOT. exposer ; poser.

Ex|port [ɛks'pɔrt] m. (s, e) exportation f.

Export|kaufmann [ɛks"pɔrt'kaufman] m. (s, -leute) exportateur m.

exportieren [ɛkspɔr'ti:rən] v. tr. exporter.

Ex|posé [ɛkspo'ze:] n. (s, s) rapport m. ; mémoire m. ; placet m.

Exposition [ɛksposi'tsio:n] f. (-, en). NUCL. exposition f. || THÉÂTRE. introduction f. ; exposition f.

ex|preß [ɛks'prɛs] adj. exprès.

◇ adv. expressément ; exprès.

Expreß|bote [ɛks"prɛs'bo:tə] m. (n, n) exprès m. ||°-**gut** n. (s, ¨er) envoi (m.) exprès. ||°-**zug** m. (s, ¨e) [train (m.)] express m.

Ex|pressionismus [ɛksprɛsio'nismus] m. (-). ARTS. expressionnisme m.

ex|pressionistisch [-'nistiʃ] adj. expressionniste.

ex|propriieren [ɛksprɔpri'i:rən] v. tr. JUR. exproprier.

exquisit [ɛkskui'sit] adj. choisi.

Ex|temporale [ɛkstɛmpɔ'ra:lə] n. (s, lien) exercice improvisé, fait en classe sans préparation.

ex|tensiv [ɛkstɛn'zi:f] adj. extensif.

ex|tern [ɛks'tɛrn] adj. externe ; extérieur.

Ex|ternat [-tɛr'na:t] n. (s, e) externat m.

Ex|territorialität [ɛkstɛritoriali'tɛ:t] f. (-). POLIT. exterritorialité f.

extra ['ɛkstra] adj. en plus ; en sus ; en supplément ; à part. | *das kostet noch etwas extra*, cela coûte un peu plus. || PAR ANAL. extra ; de qualité particulière, supérieure ; FAM. épatant.

◇ adv. extraordinairement ; expressément. | *extra deswegen kommen*, venir tout exprès.

Extra|ausgabe ["ɛkstra'ausga:bə] f. (-, n). TYPOGR. édition spéciale. ||°-**blatt** (s, ¨er) supplément m. ||°-**wurst** (-, ¨e). FIG., FAM. *er will immer eine Extrawurst gebraten bekommen*, il lui faut toujours qch. à part ; il ne veut jamais faire comme tout le monde. ||°-**zug** m. (s, ¨e) train spécial.

extrahieren [ɛkstra'hi:rən] v. tr. extraire.

Ex|trakt [ɛks'trakt] m. (s, e) extrait m.

Ex|traktion [ɛkstrak'tsio:n] f. (-, en). MÉD. extraction f.

Extraktions|zange [-s'tsaŋə] f. (-, n). MÉD. davier m.

Ex|trem [ɛks'tre:m] n. (s, e) extrême m.

◇ adj. **extrem**, extrême.

Ex|tremität [-tremi'tɛ:t] f. (-, en) extrémité f. ; bout m.

Ex|zellenz [ɛkstsɛ'lɛnts] f. (-, en) excellence f.

ex|zellieren [-'li:rən] v. intr. exceller.

Ex|zenter [ɛks'tsɛntər] m. (s, -). TECHN. excentrique m.

Exzenter|rolle [ɛks"tsɛntər'rɔlə] f. (-, n). TECHN. galet (m.) de came. ||°-**welle** f. (-, n). TECHN. arbre (m.) à excentrique. ||°-**zahnrad** n. (s, ¨er). TECHN. pignon (m.) excentrique.

ex|zentrisch [ɛks'tsɛntriʃ] adj. et adv. TECHN. excentrique ; désaxé ; excentré. | *exzentrisch verstellen*, excentrer. || FIG. excentrique ; bizarre ; singulier.

Ex|zentrizität [-tsɛntritsi'tɛ:t] f. (-, en) excentricité f.

ex|zerpieren [ɛkstsɛr'pi:rən] v. tr. faire des extraits ; extraire.

Ex|zeß [ɛks'tsɛs] m. (es, e) excès m. ; abus m.

ex|zidieren [ɛkstsi'di:rən] v. tr. MÉD. exciser.

Ex|zision [ɛkstsi'zio:n] f. (-, en). MÉD. excision f.

F

F, f [ɛf] n. F m. | *das große* F, *F* majuscule. | *das kleine* f., *f* minuscule. || Mus. *F*, fa m.

Fabel ['fɑ:bəl] f. (-, n). Littér. fable f. ; apologue m. || Par anal. fiction f. ; invention f. || Par ext. sujet m. ; thème m. | *Fabel eines Theaterstückes*, sujet d'une pièce de théâtre.

Fabel|buch ["fɑ:bəl'bu:x] n. (s, ¨er) recueil (m.) de fables ; fablier m. ||°**-dichter** m. (s, -) fabuliste m. ||°**-tier** n. (s, e) animal fabuleux ; chimère f.

Fabelei [fɑ:bə'lai] f. (-, en) sornettes f. pl.

fabel|haft ['fɑ:bəlhaft] adj. fabuleux ; imaginaire. || Par ext. merveilleux ; prodigieux ; étonnant ; extraordinaire. | *das ist ja fabelhaft*, c'est vraiment étonnant, extraordinaire.
◇ adv. fabuleusement. || Fig. fort.

fabeln ['fɑ:bəln] v. tr. et v. intr. conter ; raconter des histoires. || Par ext. divaguer ; radoter.

Fabrik [fa'brik] f. (-, en) usine f. ; fabrique f. ; manufacture f.

Fabrik|abwässer [fa"brik'apvɛsər] n. pl. eaux industrielles ; effluents industriels. ||°**-arbeiter(in)** m. (s, -), f. (-, nen) ouvrier (m.), ouvrière (f.) ||°**-besitzer** m. (s, -) propriétaire (m.) d'usine ; fabricant m. ; industriel m. ||°**-erzeugnis** n. (ses, se) produit manufacturé. ||°**-marke** f. (-, n) marque (f.) de fabrique. ||**-mäßig** adj. produit en série. ||**-neu** adj. sortant de l'usine. ||°**-preis** m. (es, e) prix (m.) usine. ||°**-stadt** f. (-, ¨e) ville industrielle.

Fabrikant [fabri'kant] m. (en, en) fabricant m. ; industriel m.

Fabrikat [-'kɑ:t] n. (s, e) produit (manufacturé).

Fabrikation [-ka'tsio:n] f. (-, en) fabrication f.

Fabrikations|fehler [fabrika'tsio:nsfe:lər] m. (s, -) vice (m.), défaut (m.) de fabrication. ||°**-geheimnis** n. (ses, se) secret (m.) de fabrication. ||°**-stätte** f. (-, n) atelier m. ||°**-technik** f. (-) technique industrielle. ||°**-zweig** m. (s, e) branche, spécialité industrielle.

fabrizieren [fabri'tsi:rən] v. tr. fabriquer ; produire.

Fabulant(in) [fabu'lant(in)] m. (en, en), f. (-, nen) fabulateur m., fabulatrice f.

fabulieren [fabu'li:rən] v. tr. et v. intr. raconter des histoires. || Par ext. bavarder.

Facette [fa'sɛtə] f. (-, n) facette f.

Facetten|glas [fa"sɛtən'glɑ:s] n. (es, ¨er) glace biseautée.

facettieren [fasɛ'ti:rən] v. tr. Techn. tailler à facettes ; facetter.

Fach [fax] n. (s, ¨er) case f. ; casier m. ; compartiment m. ; rayon m. | *geheimes Fach*, tiroir (m.) à secret. || Fig. partie f. ; spécialité f. ; branche f. ; [Studium] discipline f. ; matière f. (d'enseignement). | *das schlägt nicht in mein Fach* ; *das ist nicht mein Fach*, ce n'est pas de mon ressort, de ma partie, de ma compétence, de mon rayon. | *ein Mann vom Fach*, un spécialiste ; un homme du métier, de la partie.

Fach|arbeiter ["fax'arbaitər] m. (s, -) ouvrier qualifié. ||°**-arbeiterzeugnis** n. (ses, se) certificat (m.) d'aptitude professionnelle (C.A.P.). ||°**-arbeitskräfte** f. pl. main-d'œuvre spécialisée. ||°**-arzt** m. (es, ¨e). Méd. spécialiste m. ||°**-ausbildung** f. (-, en) formation professionnelle. ||°**-ausdruck** m. (s, ¨e) terme (m.), expression (f.) technique ; terme (m.) de métier. ||°**-ausschuß** m. (es, ¨e) sous-commission f. ||°**-bereich** m. (s, e). Univ. unité (f.) d'enseignement et de recherche (U.E.R.). ||°**-gebiet** n. (s, e) spécialité f. ; branche f. ||°**-kenntnisse** f. pl. connaissances professionnelles, spéciales, techniques. ||**-kundig** adj. compétent. ||°**-mann** m. (s, -leute ou -männer) spécialiste m. ; expert m. ; homme (m.) du métier ; professionnel m. ; technicien m. ||**-männisch** adj. spécial ; technique. — adv. [wie ein Fachmann] comme un homme du métier. || [als Fachmann] en homme du métier. ||°**-presse** f. (-, n) presse spécialisée, technique. ||°**-richtung** f. (-, en) branche f. ; spécialité f. ||°**-schule** f. (-, n) école professionnelle, technique. ||°**-simpelei** f. (-, en) déformation professionnelle. || Fam. manie (f.) de ne parler que métier. ||**-simpeln** v. intr. Fam. parler métier. ||°**-sprache** f. (-, n) langage (m.) technique. ||°**-studium** n. (s, ien), étude spécialisée ; spécialisation f. ||**-übergreifend** adj. Univ. pluridisciplinaire. ||**-weise** adv. par compartiments. ||°**-welt** f. (-) gens (m. pl.) du métier. ||°**-werk** n. (s, e) ouvrage spécialisé, technique. || Archit. colombage m. ; cloisonnage m. ; lambourdes f. pl. ||°**-werkbogen** m. (s, ¨). Archit. arc (m.) en treillis. ||°**-werkträger** m. (s, -). Archit. poutre (f.) en treillis. ||°**-wissenschaft** f. (-, en) spécialité f. ; branche f. ||°**-zeitschrift** f. (-, en) périodique spécialisé, technique ; revue spécialisée.

fachen ['fɑ:xən] v. tr. attiser.

fachlich [faxliç] adj. spécialisé.

Fachschaft [-ʃaft] f. (-, en) association professionnelle ; groupement professionnel.

fächeln ['fɛçəln] v. tr. et v. pr. (s')éventer.

Fächer ['fɛçər] m. (s, -) éventail m.

Fächer|farn ["fɛçər'farn] m. (s). Bot. adiante flabellé. ||**-förmig** adj. en forme d'éventail ; flabelliforme. ||°**-palme** f. (-, n). Bot. 1° palmiste m. ; palmier (m.) éventail ; 2° latanier m. ||°**-schrank** m. (s, ¨e) chiffonnier m.

Fackel ['fakəl] f. (-, n) torche f. ; flambeau m. | *Brandfackel*, brandon m. | *dicke Fackel*, torchère f.

Fackel|distel ["fakel'distəl] f. (-, n). Bot. cactus m. ; oponce m. ; opuntia m. ; nopal m. ||°**-träger** m. (s, -) porte-flambeau m. ||°**-zug** m. (s, ¨e) retraite (f.) aux flambeaux.

fackeln ['fakəln] v. tr. Fig. balancer. || Fam. lanterner. | *ohne zu fackeln*, sans hésiter. | *nicht lange fackeln*, fam. ne faire ni une ni deux.

fad(e) [fɑ:t, 'fɑ:də] adj. fade ; plat ; insipide. | *fad(e) schmecken*, n'avoir pas de goût ; n'avoir aucun goût.

Fädchen ['fɛdçən] n. (s, -) bout (m.) de fil.

fädeln [-dəln] v. tr. et v. pr. [auffädeln] enfiler. || [ausfransen] (s')effilocher.

Faden ['fɑ:dən] m. (s, ¨) fil m. | *feiner Faden*, fil fin. | *sehr dünner Faden*, fil délié. | *gezwirnter Faden*, fil retors. | *den Faden aufnehmen*, reprendre le fil. | *den Faden wickeln*, pelotonner du fil. | *den Faden ausziehen*, étirer du fil. | *nach dem Faden schneiden*, couper une étoffe de droit fil. | *zu Faden schlagen*, faufiler. || Fig. *der rote Faden*, le fil conducteur ; le fil d'Ariane. | *keinen trockenen Faden (mehr) am Leibe haben*, être trempé jusqu'aux os, fam. comme une soupe. | *den Faden der Rede verlieren, wieder aufnehmen*, perdre, reprendre le fil de son discours. | *sein Leben hängt nur noch an einem seidenen Faden*, sa vie ne tient plus qu'à un fil. || Par anal. [Lampe] filament m. || [Fleisch ; Holz] fibre f. || [Etamin] filet m. || Mar. brasse f. | *sechs Faden tief*, six brasses de profondeur.

faden|dünn ["fɑ:dən'dyn] adj. mince comme un fil. ||**-förmig** adj. filiforme. || Par ext. filamenteux. ||°**-führer** m. (s, -). Techn. arquet m. ||°**-heftmaschine** f. (-, n). Techn. piqueuse (f.) au fil. ||°**-kreuz** n. (es, e). Phys. réticule m. ||°**-kreuzlupe** f. (-, n). Opt. loupe réticulée. ||°**-nudeln** f. pl. Culin. vermicelle m. ||**-recht** adj. et adv. de droit fil. ||**-scheinig** adj. élimé ; râpé ; usé jusqu'à la corde. || Fig. *fadenscheiniger Vorwand*, prétexte transparent, cousu de fil blanc. ||°**-wurm** m. (s, ¨er). Zool. filaire f. ; nématode m. ||°**-zähler** m. (s, -). Opt. compte-fils m.

Fadheit ['fɑ:thait] f. (-, en) fadeur f. || Fig. fadaise f.

Fading ['fɛdiŋ] n. (s). Radio. fading m.

Fading|regulierung ["fɛdiŋregu'li:ruŋ] f. (-, en). Radio. antifading m.

Fagott [fa'gɔt] n. (s, e). Mus. basson m.

Fagottist [-gɔ'tist] m. (en, en). Mus. basson m. ; bassoniste m.
— Syn. : *Fagottbläser.*

Fähe ['fɛ:ə] f. (-, n). Zool. femelle (f.) de carnassier.

fähig ['fɛ:iç] adj. capable (de) ; apte (à) ; susceptible (de). | *ein fähiger Kopf*, un homme capable. | *zu allem fähig sein*, être capable de tout. || Jur. apte (à) ; habile (à).

Fähigkeit [-kait] f. (-, en) aptitude f. ; capacité f. ; faculté f. || Jur. capacité f. ; habilité f.

fahl [fa:l] adj. terne ; blême ; blafard ; livide ; pâle.

Fahl|erz ['fa:lɛrts] n. (es, e). Minéral. cuivre gris. ||**-grau** adj. grisâtre. ||**-rot** adj. fauve.

Fähnchen ['fɛ:nçən] n. (s, -) banderole f. ; oriflamme f. || Mil. fanion m. || Mil., Mar. flamme f. ; guidon m. || Fig., fam. robe (f.) de quatre sous.

fahnden ['fa:ndən] v. intr. rechercher ; être à la recherche de qn.

Fahndungs|dienst ["fa:nduŋs'di:nst] m. (s, e) service (m.) des recherches. | *internationaler Fahndungsdienst*, Interpol m. ||°**-skizze** f. (-, n) portrait-robot m.

Fahne ['fa:nə] f. (-, n) drapeau m. || [Standarte] étendard m. || [Banner] bannière f. || [Flagge] pavillon m. || Hist. oriflamme f. ; gonfalon m. | *nationale Fahne*, couleurs nationales. | *umflorte Fahne*, drapeau en berne, cravaté de deuil. | *die weiße Fahne*, le drapeau blanc. | *die schwarze Fahne*, le drapeau noir. | *die rote Fahne*, le drapeau rouge. | *eine Fahne aufziehen, aufstecken*, hisser, arborer un drapeau. | *mit wehenden, flatternden Fahnen marschieren*, avancer bannières déployées. || Mil. *zur Fahne einberufen werden*, être appelé sous les drapeaux. || Par anal. [Wetter] girouette f. || [Feder] barbe f. || Typogr. placard m.

Fahnen|abzug ["fa:nən'aptsu:k] m. (s, ¨e). Typogr. placard m. ||°**-eid** m. (s, e) serment (m.) de fidélité au drapeau. ||°**-flucht** f. (-, en) désertion f. ||**-flüchtig** adj. déserteur. | *fahnenflüchtig werden*, déserter. ||°**-flüchtiger** m. déserteur m. ||°**-junker** m. (s, -). Mil. (porte-)enseigne m. ; aspirant m. ||°**-korrektur** f. (-, en). Typogr. correction (f.) des, sur placards. ||**-pflichtig** adj. Mil. astreint au service militaire. ||°**-schaft** m. (s, ¨), °**-stange** f. (-, n), °**-stock** m. (s, ¨e) hampe f. ||°**-träger** m. (s, -). Mil. porte-drapeau m. || Hist. cornette m. ; porte-étendard m. || Relig. gonfalonier m.

Fähnlein ['fɛ:nlain] n. (s, -) fanion m. ; flamme f. ; guidon m. || Par ext., Hist. escadron m. | *das Fähnlein der sieben Aufrechten* (Gottfried Keller), les Sept Justes.

Fähnrich ['fɛ:nriç] m. (s, e). Hist. porte-drapeau m. ; porte-étendard m. || Mar. *Fähnrich zur See*, enseigne (m.) de vaisseau. || Mil. aspirant m.

Fahr|antrieb ["fa:r'antri:p] m. (s, e) propulsion f. ||°**-aufnahme** f. (-, n). Film. travelling m. || °**-ausweis** m. (es, e). Adm. carte f. ; billet m. ; ticket m. || [unentgeltlich] permis (m.), titre (m.) de circulation. ||°**-bahn** f. (-, en) chaussée f. ; voie f. || Sport. piste f. || [Autorennen] circuit m. ||**-bereit** adj. prêt à partir. || [Fahrzeug] en état de marche. ||°**-betrieb** m. (s, e) traction f. ; mouvement m. ; exploitation f. ||°**-bewegung** f. (-, en). Autom. manœuvre f. ||°**-bügel** m. (s, -). Électr. archet m. ||°**-damm** m. (s, ¨e) chaussée f. ||°**-draht** m. (s, ¨e). [Straßenbahn ; Omnibus] conducteur aérien. || [Eisenbahn] caténaire m. ||°**-erlaubnis** f. (-, se). Autom. permis (m.) de conduire. ||°**-gast** m. (s, ¨e) voyageur m. ; passager m. ; client m. ||°**-geld** n. (s, er) prix (m.) du voyage ; frais (m. pl.) de transport. ||°**-gelegenheit** ["-/-'--] f. (-, en) moyen (m.) de transport. ||°**-geräusch** n. (s, e) bruit (m.) de roulement. ||°**-gestell** n. (s, e). Autom. châssis m. || Aéron. train (m.) d'atterrissage m. | *einziehbares, ausfahrbares Fahrgestell*, train (d'atterrissage) escamotable. ||°**-gestell|nummer** f. (-, n). Autom. numéro (m.) de châssis. ||°**-gleis** n. (es, e) ornière f. || Autom. voie f. || [Eisenbahn] voie f. ; écartement m. ||°**-karte** f. (-, n) billet m. ; ticket m. | *Fahrkarte zweiter Klasse, hin und zurück*, billet de seconde, aller et retour. | *eine Fahrkarte lösen*, prendre un billet. ||°**-karten|schalter** ["--/'--] m. (s, -). [Eisenbahn] guichet m. ||°**-küche** f. (-, n). Mil. (cuisine) roulante f. ||°**-lehrer** m. (s, -). Autom. moniteur (m.) d'auto-école. ||°**-lizenz** f. (-, en) autorisation (f.) de circuler. || Autom. permis (m.) de conduire. ||°**-plan** m. (s, ¨e) indicateur m. ; horaire m. | *den Fahrplan studieren*, consulter l'horaire. ||**-plan|mäßig** adj. et adv. suivant l'horaire ; à l'heure. ||°**-preis** m. (es, e) prix (m.) du transport, du voyage, de la course (taxi). ||°**-preis|anzeiger** m. (s, -). Autom. compteur m. ; taximètre m.

Fahrrad ['fa:rra:t] n. (s, ¨er) bicyclette f. ; cycle m. ; (Vx.) vélocipède m. || Fam. vélo m. ; bécane f. | *einrädriges Fahrrad*, monocycle m. | *dreirädriges Fahrrad*, tricycle m. | *Fahrrad mit zwei Sitzen ; zweisitziges Fahrrad*, tandem m. | *ein Fahrrad besteigen*, enfourcher une bicyclette. | *Fahrradbereifung*, bandages (m. pl.), pneumatiques (m. pl.) pour cycles. | *Fahrradpumpe*, pompe (f.) à vélo. | *Fahrradrahmen*, cadre (m.) de bicyclette. | *Fahrradrennen*, course (f.) cycliste. | *Fahrradständer*, porte-bicyclettes m. ; support (m.) à bicyclettes. | *Fahrradtasche*, sacoche f.

Fahr|schein ['fa:rʃain] m. (s, e) billet m. ; ticket m. ; titre (m.) de transport. | *Fahrscheinheft*, carnet (m.) de tickets. ||°**-schule** f. (-, n). Autom. auto-école f. ||°**-schüler(in)** m. (s, -), f. (-, nen) 1° élève forain ; 2° apprenti conducteur. ||°**-sessel** m. (s, -) fauteuil (m.) à roulettes, roulant. ||°**-strecke** f. (-, n) trajet m. ; parcours m. ||°**-stuhl** m. (s, ¨e). Techn. 1° ascenseur m. ; lift m. ; 2° chaise roulante, à roulettes ; fauteuil (m.) de malade. ||°**-stuhl|führer** m. (s, -) garçon (m.) d'ascenseur ; liftier m. || °**-vorschrift** f. (-, en) règlement (m.) de la circulation ; code (m.) de la route. ||°**-wasser** n. (s). Mar. eau (f.) navigable ; chenal m. ; passe f. || Fig., fam. *in js Fahrwasser schwimmen*, être dans le sillage de qn. ||°**-weg** m. (s, e) chemin (m.) carrossable ; chaussée f. ||°**-werk** n. (s, e). Aéron. train (m.) d'atterrissage. ||°**-werk|schacht** m. (s, ¨e). Aéron. logement (m.) de train. ||°**-zeit** f. (-, en) durée (f.) du parcours, du trajet. ||°**-zeug** n. (s, e) véhicule m. || Mar. bâtiment m. ; [kleines Fahrzeug] embarcation f. ||°**-zeug|halter** m. (s, -). Jur. détenteur d'un véhicule. ||°**-zeug|schein** m. Autom. carte grise.

Fähr|boot ['fɛ:rbo:t] n. (s, e). Mar. bac m. ||°**-geld** n. (s, er) [prix (m.) du] passage m. ||°**-lohn** m. (s, ¨e) péage m. ||°**-mann** m. (s, -leute) passeur m. ; batelier m.

fahrbar ['fa:rba:r] adj. praticable ; carrossable. || Par ext. mobile ; transportable.

Fahrbarkeit ['fa:rba:rkait] f. (-) viabilité f. || Par ext. transportabilité f. || Mar. navigabilité f.

Fähre ['fɛ:rə] f. (-, n). Mar. bac m.

fahren ['fa:rən] (ä, u, a) v. intr. **1.** [von einem Fahrzeug] se déplacer ; rouler ; marcher. | *das Auto fährt gut*, la voiture marche bien. | *wie lange fährt der Zug ?*, combien de temps le train met-il ?

2. [ein Fahrzeug benutzen] utiliser ; prendre ; se déplacer en. | *mit der Bahn fahren*, prendre le train. | *mit dem Auto fahren*, aller en voiture. | *mit dem Rad fahren*, aller à bicyclette. | *Schi fahren*, faire du ski. | *hin und her fahren*, faire la navette.

3. [weggehen ; wegfahren] partir ; s'en aller. | *wann fährt der nächste Zug ?*, quand part le train suivant ? | *fahr wohl !*, adieu ! | *fahr in die, zur Hölle !*, va-t-en au diable, à tous les diables ! || Fam. *in die Grube fahren*, mourir ; pop. casser sa pipe. || Relig. *gen Himmel fahren*, monter aux cieux. | *zur Hölle fahren*, descendre aux enfers.

4. [sich schnell bewegen] passer rapidement ; bondir ; sauter ; traverser. | *jm an die Kehle fahren*, se jeter à la gorge de qn ; prendre qn à la gorge. | *aus dem Bett fahren*, sauter en bas du lit. | *ein Geschoß fährt durch die Wand*, un projectile traverse la cloison. | *ein Gedanke fährt mir durch den Kopf*, une idée me traverse l'esprit. | *in die Höhe fahren*, sursauter. | *in die Kleider fahren*, s'habiller en toute hâte. | *mit der Hand über die Stirn fahren*, se passer vivement la main sur le front. || Fig. *aus der Haut fahren*, sortir de ses gonds ; se mettre hors de soi.

5. Mar. *zur See fahren*, naviguer. | *übers Meer fahren*, traverser la mer. | *auf den Grund fahren*, toucher le fond. || Mines. *in die Grube fahren*, descendre au fond. || Autom. *rückwärts fahren*, reculer ; faire marche arrière.

6. Fig. *fahren lassen*, lâcher ; abandonner ; fam. laisser tomber. | *gut bei einer Sache fahren*, y trouver son compte ; faire une bonne affaire.

◇ v. tr. **1.** transporter. || [schwere Last] charrier. | *täglich fährt er Gemüse nach der Stadt*, chaque jour il transporte des légumes à la ville.

2. conduire ; *er hat uns gut gefahren*, il nous a bien conduits ; il nous a menés bon train. | *jn über den Fluß fahren*, faire passer, traverser la rivière à qn.

3. conduire. | *er fährt einen Lastwagen*, il conduit un camion. | *den Karren in den Dreck fahren*, embourber sa carriole. | *einen Sportwagen fahren*, rouler en, avoir une voiture de sport. | *zuschanden, in Grund und Boden fahren*, abîmer, FAM. démolir qch. | *jn über den Haufen fahren*, culbuter qn.

Fahren [-rən] n. (s.). [Verkehr] marche f. ; circulation f. || [Beförderung] transport m. ; charroi m. ; roulage m. || [Führung] conduite f. | *er versteht sich aufs Fahren*, il sait (bien) conduire. | *das Fahren nicht vertragen*, ne pas supporter la voiture (ou autre véhicule). | *Fahren ohne Führerschein*, conduite sans permis.

fahrend [-rənt] adj. ambulant, errant. | *fahrender Spielmann*, ménétrier m. | *fahrender Schüler*, étudiant qui allait d'université en université. | *fahrendes Volk*, nomades m. pl.

Fahrer [-rər] m. (s, -) conducteur m.

Fahrer|flucht ["fɑ:rər'flu:xt] f. (-, en). JUR. délit (m.) de fuite.

...fahrer [-rər] suff. voyageur m. ; navigateur m. ; explorateur m.

fahrig ['fɑ:riç] adj. instable ; agité ; nerveux.

Fahrigkeit [-kait] f. (-) instabilité f. ; agitation f.

fahrlässig ['fɑ:rlɛsiç] adj. négligent ; imprudent. || JUR. *fahrlässige Tötung*, homicide (m.) par imprudence.

Fahrlässigkeit ['fɑ:rlɛsiçkait] f. négligence f. ; imprudence f. | *grobe Fahrlässigkeit*, faute lourde.

Fahrnis ['fɑ:rnis] f. JUR. [Fahrhabe ; fahrende Habe] biens meubles.

Fährschiff ['fɛ:rʃif] n. (s, e). MAR. navire (m.) transbordeur.

Fahrt [fɑ:rt] f. (-, en). **1.** [Reise ; Wanderung] parcours m. ; trajet m. ; voyage m. (en voiture ou autre véhicule). || [Taxifahrt] course f. | *glatte, flotte Fahrt*, voyage sans anicroche, sans histoires. | *auf der Fahrt*, durant le trajet, le voyage. | *auf der Fahrt nach*, en route pour. || MAR. *kurze Fahrt*, cabotage m. | *mittlere Fahrt*, grand cabotage. | *lange Fahrt*, voyage au long cours. | *die Fahrt, den Kurs nach Osten richten*, faire route vers l'est. | *von der Fahrt abkommen*, faire fausse route.
2. [Ausflug] promenade f. ; sortie f. | *auf Fahrt gehen*, faire une promenade. | *auf Fahrt sein*, être en promenade. | *Fahrt ins Blaue*, excursion-surprise f.
3. [Geschwindigkeit] vitesse f., allure f. | *in Fahrt bringen*, mettre en mouvement, en branle. | *in Fahrt kommen*, prendre de la vitesse. | *sich in voller Fahrt befinden*, aller, rouler à toute allure. || MAR. *alle Fahrt*, toute vitesse. | *kleine Fahrt*, petite vitesse. | *wenig Fahrt machen*, avancer doucement.
4. [Eisenbahn] *das Signal steht auf freie Fahrt*, la voie est libre ; [früher] le disque est effacé ; [jetzt] le signal est au vert. | *freie Fahrt haben*, [Zug] avoir la voie libre, le feu vert ; [Eisenbahnbeamter] avoir le droit de circuler gratuitement. || AUTOM. *freie Fahrt*, fin (f.) de limitation de vitesse.
5. FIG., FAM. *in Fahrt kommen, sein*, se mettre, être en train. | *er ist in Fahrt*, il est en verve.
6. MINES. échelles f. pl. ; descente f.

Fahrt|ausweis ["fɑ:rt'ausvais] m. (es, e) carte (f.), titre (m.) de circulation, de transport ; billet m. ; ticket m. ||°**-messer** m. (s, -). MAR. loch m. || AÉRON. anémomètre m. ; badin m. ||°**-richtung** f. (-, en) direction f. | *vorgeschriebene Fahrtrichtung*, sens (m.) obligatoire. | *verbotene Fahrtrichtung*, sens interdit. ||°**-richtungsänderung** f. (-, en) changement (m.) de direction. || MAR. changement (m.) de cap. ||°**-richtungsanzeiger** m. (s, -). AUTOM. indicateur (m.) de direction ; clignotant m. ||°**-schreiber** m. TRANSP. tachygraphe m. ; boîte noire. ||°**-wind** m. (s) écoulement (m.) d'air.

Fährte ['fɛ:rtə] f. (-, n) trace f. ; piste f. | *auf eine Fährte kommen*, trouver une piste. | *jn auf die richtige Fährte bringen*, mettre qn sur la bonne piste.

Fahrten|buch ["fɑ:rtən'bu:x] n. (s, ¨er). MAR. carnet (m.), journal (m.) de bord. ||°**-schreiber** m. (s, -). TRANSP. boîte noire ; tachygraphe m.

fair [fɛ:r] adj. franc ; loyal. || SPORT. *faires Spiel*, fair-play m. ; franc jeu ; jeu loyal, correct.

Fäkalien [fɛ'kɑ:liən] f. pl. déjections f. pl. ; matières fécales.

Fakir ['faki:r] m. (s, e ou s) fakir m.

Faksimile [fak'si:milə] n. (s, s) fac-similé m.

faktisch ['faktiʃ] adj. effectif ; réel. || PHILOS. factuel.
◇ adv. de, en fait, en réalité.

Faktor ['faktor] m. (s, en). COMM. gérant m. || TYPOGR. prote m. || TECHN. contremaître m. || MATH. facteur m.

Faktorei [faktɔ'rai] f. (-, en). COMM. comptoir m. ; factorerie f.

Faktoren|analyse [fak'to:rənana'ly:sə] f. (-, n). MATH. analyse factorielle.

Faktur [fak'tu:r] f. (-, en). COMM. facture f.

Faktura|betrag [fak"turabə'trɑ:k] m. (s, ¨e). COMM. montant (m.) de la facture. ||°**-buch** n. (s, ¨er). COMM. facturier m. ||°**-wert** m. (s, e). COMM. valeur (f.) d'après facture.

fakturieren [faktu'ri:rən] v. tr. COMM. facturer.

Fakultät [fakul'tɛ:t] f. (-, en) faculté f. | *philosophische Fakultät*, faculté des lettres et des sciences humaines. | *juristische Fakultät*, faculté de droit. || MATH. factorielle f.

falb [falp] adj. [Farbe] fauve ; jaune pâle. || ZOOL. *falbes Pferd*, cheval (m.) aubère, aubert.

Falbe ['falbə] m. (n, n). ZOOL. cheval (m.) aubère.

Falbel ['falbəl] f. (-, n) volant m. ; falbala m.

fälbeln ['fɛlbəln] v. tr. garnir, orner de falbalas.

Falke ['falkə] m. (n, n). ZOOL. faucon m. || FIG. *er hat ein Auge wie ein Falke*, il a des yeux de lynx.

Falken|beize ["falkən'baitsə] f. (-, n) [Jagd] fauconnerie f. ||°**-haube** f. (-, n) chaperon m.

Falkner ['falknər] m. (s, -) fauconnier m.

Fall [fal] m. (s, ¨e). **1.** [Fallen] chute f. ; descente f. | *einen schweren Fall tun*, faire une chute grave. | *zu Fall kommen*, tomber. | *zu Fall bringen*, faire tomber ; renverser ; culbuter. || PHYS. *freier Fall*, chute libre. || GÉOL. déclivité f. ; pente f. || COMM. *Fall eines Hauses*, faillite f. ; banqueroute f. ; FAM. déconfiture f. || FIN. *Fall der ausländischen Werte*, chute des valeurs étrangères. || PROV. *Hochmut kommt vor dem Falle*, il n'y a qu'un pas du Capitole à la roche Tarpéienne. || LOC. *jn Knall und Fall fortschicken*, renvoyer qn avec perte et fracas.
2. [Umstand] cas m. ; circonstance f. ; éventualité f. ; hasard m. ; occurrence f. | *typischer Fall*, cas typique. | *verzweifelter Fall*, cas désespéré. | *setzen wir, gesetzt den Fall, daß*, supposons que ; supposé que (subj.). | *auf jeden Fall*, en tout cas ; à toute éventualité. | *auf keinen Fall*, en aucun cas ; jamais... ne. | *auf alle Fälle*, en tout cas ; dans tous les cas. | *für diesen Fall*, dans ce cas. | *im schlimmsten, äußersten Fall*, au pis-aller. | *im besten Falle, bestenfalls*, dans le meilleur des cas ; en mettant les choses au mieux. | *für den Fall, daß*, au cas où. | *im entgegengesetzten Falle*, dans le cas inverse ; sinon. | *in einem solchen Falle*, en pareil cas. | *in zweifelhaften Fällen*, dans le doute. | *sich von Fall zu Fall entscheiden*, se décider selon le cas, suivant les circonstances. | *das ist der Fall*, c'est bien le cas. || FAM. *das ist ganz mein Fall*, c'est tout à fait ce qu'il me faut.
3. JUR. [Tatbestand] affaire f. ; cause f. | *der Fall Dreyfus*, l'affaire Dreyfus. || MÉD. [Vorkommen] cas m. || GRAMM. [Biegung] cas m. | *erster, zweiter, dritter, vierter Fall*, nominatif m. ; génitif m. ; datif m. ; accusatif m.
— SYN. : *Fallen, Sturz*, chute, saut ; *Gefälle*, pente ; *Vorfall, Umstand, Zustand, Lage*, cas ; *Gelegenheit*, occurrence.

fällbar ['fɛlbɑ:r] adj. précipitable.

Fall|baum ["fal'baum] m. (s, ¨e) barrière (mobile). ||°**-beil** n. (s, e) couperet m. ; guillotine f. ||°**-brücke** f. (-, en) pont-levis m. ||°**-fenster** n. (s, -). ARCHIT. fenêtre (f.) à guillotine. ||°**-gatter** n. (s, -). MIL. herse f. ||°**-gesetz** n. (es, e). PHYS. loi (f.) de la chute des corps. ||°**-gewicht** n. (s, e). PHYS. contrepoids m. ; poids tombant ; masse tombante. || TECHN. mouton m. ||°**-grube** f. (-, n) trappe f. ; piège m. ||°**-hammer** m. (s, ¨). TECHN. mouton m. ; marteau-pilon m. ||°**-höhe** f. (-, n). PHYS. hauteur (f.) de chute, de frappe. ||°**-klinke** f. (-, n). TECHN. loquet m. ||°**-linie** f. (-, n). PHYS. ligne (f.) de plus grande pente. ||°**-obst** n. (es). CULIN. fruits tombés, talés. ||°**-reep** n. (es, e). MAR. coupée f. ||°**-schirm** m. (s, e). AÉRON. parachute m. | *automatischer Fallschirm*, parachute à déclenchement automatique. | *Fallschirm mit Handauslösung*, parachute à déclenchement manuel. | *mit dem Fallschirm abspringen*, sauter en parachute. | *mit dem Fallschirm abwerfen, absetzen*, lancer par parachute ; parachuter. ||°**-schirm|absprung** m. (s, ¨e) descente (f.) en parachute. ||°**-schirm|jäger** m. (s, -) parachutiste m. (militaire). ||°**-schirm|springen** n. (s.) parachutisme m. ||°**-schirm|springer(in)** m. (s, -), f. (-, nen) parachutiste s. ||°**-schirm|truppen** f. pl. troupes aéroportées. ||°**-strick** m. (s, e) chausse-trape f. ; lacs m. || FIG. embûche f. | *Fallstricke legen*, tendre des pièges à. || [Jagd] trappe f. ||°**-stromversorger** m. (s, -). AUTOM. carburateur inversé. ||°**-sucht** f (-). MÉD. épilepsie f. ; (Vx.) haut mal. ||**-süchtig** adj. MÉD.

épileptique. ||°-**treppe** f. (-, n) escalier (m.) à trappe. ||°-**tür** f. (-, en) trappe f. ; volet (m.) mobile.

Falle ['falə] f. (-, n) piège m. ; attrape f. ; embûche f. ; traquenard m. ; trébuchet m. | *Fallen stellen*, tendre des pièges. || FIG. [Hinterhalt] *jn in eine Falle locken*, attirer qn dans un guet-apens. | *er ist in die Falle gegangen*, il est tombé, il a donné dans le piège, le panneau. | *in eine Falle geraten*, tomber dans un piège. || POP. *die Falle*, le pieu ; le plumard.

fallen ['falən] (ä, ie, a).

I. v. intr.
1. [sich nach unten bewegen] tomber ; faire une chute ; choir ;
2. FIG. ;
3. PAR EXT. [sterben] mourir ;
4. [sinken] baisser ; décroître ;
5. [eine schnelle Bewegung machen] se jeter ;
6. [auf etwas treffen ; mit etwas zusammenstimmen] tomber sur ; frapper ;
7. [in einen Zustand geraten] devenir ;
8. fallen lassen.
II. v. tr. faire qch. en tombant.

I. v. intr. **1.** [sich nach unten bewegen] tomber ; faire une chute ; choir ; se jeter. | *gestern fiel Schnee*, il tombait de la neige hier ; hier il neigeait. | *das Laub fällt*, les feuilles tombent. | *zu Boden, auf die Erde fallen*, tomber à terre. | *das Kind ist ins Wasser gefallen*, l'enfant tomba à l'eau. | *vom Pferd fallen*, tomber de cheval ; faire une chute de cheval. | *frei fallen*, tomber en chute libre. || [abhängig sein] *die Felsen fallen schroff in die Tiefe*, les rochers abrupts se dressent au-dessus de l'abîme.
2. FIG. *jm in die Hände fallen*, tomber dans les griffes de qn. | *dem Feinde in den Rücken fallen*, tomber dans le dos de l'ennemi. | *in ein Land einfallen*, envahir un pays. | *über jn herfallen*, tomber sur qn ; attaquer qn. | *ein Schuß fällt*, un coup part. | *kein Wort fällt*, on ne prononce aucune parole ; pas un mot. | *bei jm nicht schwer ins Gewicht fallen*, ne pas peser lourd aux yeux de qn. | *jm zur Last fallen*, être à charge à, importuner qn. | *das Lernen fällt ihm schwer*, il a de la peine à apprendre. | *das Lügen fällt ihr leicht*, elle ment comme elle respire. | *aus der Rolle fallen*, sortir de son rôle. | *er ist nicht auf den Kopf gefallen*, il n'est pas sot. | *er ist nicht auf den Mund gefallen*, il n'a pas la langue dans sa poche. | *der Minister ist in Ungnade gefallen*, le ministre est tombé en disgrâce. | *mir fällt eine schwere Last, ein Stein vom Herzen*, cela m'enlève un poids de l'estomac. | *es fiel ihm wie Schuppen von den Augen*, ses yeux se dessillèrent. | *mit der Tür ins Haus fallen*, ne pas y aller par quatre chemins ; ne pas prendre de gants. || PROV. *es ist noch kein Meister vom Himmel gefallen*, apprenti n'est pas maître. | *der Apfel fällt nicht weit vom Stamm*, bon chien chasse de race ; tel père, tel fils.
3. PAR EXT. [sterben] *tot umfallen*, tomber raide mort. | *im Kriege, im Felde fallen*, mourir à la guerre, au combat. | *viel Wild ist dem Winter zum Opfer gefallen*, beaucoup de gibier a été victime de l'hiver.
4. [sinken] baisser ; décroître. | *das Hochwasser fällt stündlich*, la crue diminue d'heure en heure. | *das Barometer ist gefallen*, le baromètre a baissé, est descendu. | *die Aktien fallen*, les actions baissent, sont en baisse. || FIG. *sein Einfluß ist gefallen*, son influence a baissé. | *ein gefallener Mann*, un homme perdu. | *ein gefallener Engel*, un ange déchu.
5. [eine schnelle Bewegung machen] se jeter. | *sie fiel der Freundin um den Hals*, elle se jeta au cou de son amie. | *einem Pferde in die Zügel fallen*, saisir par la bride un cheval (emballé). | *sie fielen einander in die Arme*, ils se jetèrent dans les bras l'un de l'autre. | *jm flehend zu Füßen, vor jm auf die Knie fallen*, se jeter aux pieds, aux genoux de, à genoux devant qn. | *die Tür fällt ins Schloß*, la porte claque. || FIG. *ich bin ihm in den Arm gefallen*, je lui ai arrêté le bras. | *jm ins Wort, in die Rede fallen*, couper la parole à, interrompre qn.
6. [auf etwas treffen ; mit etwas zusammenstimmen] tomber sur ; frapper. | *der Schatten fällt auf, an die Wand*, l'ombre se projette sur le mur. | *das Licht fällt durch das Fenster*, la lumière pénètre, vient par la fenêtre. | *mein Blick fällt auf den Ring*, mon regard se pose sur la bague. | *der Verdacht ist auf ihn gefallen*, le soupçon se porta sur lui. | *die Wahl fiel auf diese Frau*, son choix se porta sur cette femme. | *der Heilige Abend fällt auf einen Montag*, la veille de Noël tombe un lundi.
7. [in einen Zustand geraten] devenir. | *in Ohnmacht fallen*, tomber sans connaissance ; défaillir ; s'évanouir. || [zufallen] échoir ; passer. | *die Erbschaft fiel an entfernte Verwandte*, l'héritage échut, revint à des parents éloignés. | *das ist ihm in den Schoß gefallen*, cela lui est tombé du ciel ; la fortune lui est venue en dormant. || FIG. *der Vorgang fällt nicht unter diese Bestimmung*, cet acte ne tombe pas sous le coup du décret. | *das fällt in dieselbe Kategorie*, cela rentre dans la même catégorie.
8. fallen lassen, laisser tomber ; laisser échapper ; lâcher. | *eine Masche fallen lassen*, laisser échapper, lâcher une maille. | *darüber ließ er kein Wort fallen*, il n'en souffla mot. || FIG. *jn fallen lassen*, laisser tomber, sacrifier, éviter qn ; se désintéresser de qn. | *die Maske fallen lassen*, lever le masque. | *die Hoffnung fallen lassen*, abandonner tout espoir. | *eine Meinung fallen lassen*, renoncer à une opinion. | *Ansprüche fallen lassen*, renoncer à ses prétentions.
II. v. tr. faire qch. en tombant. | *sich wund fallen*, se blesser en tombant.

Fallen ['falən] n. (s) chute f. | *beim Fallen*, en tombant. || FIG. déclin m. ; mort f. || [Tiere] mortalité f. || COMM. baisse f. ; diminution f.

fällen ['fɛlən] v. tr. faire tomber ; abattre. | *Bäume, Holz fällen*, abattre des arbres, couper du bois. | *Tiere fällen*, abattre, tuer des animaux. || MIL. *das Bajonett fällen*, croiser la baïonnette. || JUR. *ein Urteil fällen*, porter, rendre un jugement, un arrêt. | *eine Entscheidung fällen*, prendre une décision. || MATH. *ein Lot auf eine Gerade fällen*, abaisser une perpendiculaire à une droite. || CHIM. précipiter.

Fällen ['fɛlən] n. (s) [Tiere, Bäume] abattage m. || [Wald] coupe f. || JUR. [Urteil] prononcé m. || MATH. abaissement m. || CHIM. [Verbindung] précipitation f.

fallend ['falənt] adj. tombant. | *fallendes Gelände*, terrain (m.) en pente.

fallieren [fa'li:rən] v. intr. COMM. faire faillite, banqueroute.

fällig ['fɛliç] adj. COMM. échéant ; échu ; exigible ; payable ; dû. | *die Miete ist fällig*, le terme (du loyer) est échu. | *fällig werden*, venir à échéance. | *fällige Zinsen*, intérêts (m. pl.) exigibles.

Fälligkeit [-kait] f. (-, en). COMM. échéance f. ; exigibilité f. | *bei Fälligkeit*, à l'échéance.

Fälligkeits|tag ["fɛliçkaits'ta:k] m. (s, e), °-**termin** m. (s, e). COMM. date (f.), terme (m.) d'échéance.

Falliment [fali'mɛnt] n. (s, e). COMM. faillite f. ; banqueroute f.
— SYN. : *Konkurs, Bankrott*, faillite ; *Zusammenbruch, Ruin*, déconfiture ; *Krach, Börsenkrach*, krach.

Fallit|erklärung [fa"li:ter'klɛruŋ] f. (-, en). COMM. déclaration (f.) de faillite.

falls [fals] conj. de subord. au cas où ; pour, dans le cas où ; si.

Fall|studie ["fal'ʃtu:diə] f. (-, n) étude (f.) de cas.

Fällung ['fɛluŋ] f. (-). CHIM. précipitation f. || AGRIC. abattage m. (d'un arbre). || JUR. prononcé (m.) d'un jugement.

falsch [falʃ] adj. faux. || [Dinge] *eine falsche Richtung einschlagen*, s'engager dans une mauvaise direction. | *falsches Geld*, fausse monnaie. | *falsche Zähne*, fausses dents ; dentier m. | *falsche (Spiel)karten*, cartes biseautées. | *falsche Würfel*, dés pipés. | *falscher Schlüssel*, fausse clef. | *falscher Diamant*, diamant faux. | *unter falschem Namen reisen*, voyager sous un nom d'emprunt. | *Vorspielung falscher Tatsachen*, récit mensonger. | *etwas für falsch erklären*, s'inscrire en faux contre qch. | *falscher Eid*, faux serment. || [Personen] *ein falscher Mensch*, un homme faux, peu sincère, perfide. | *falscher Spieler; Falschspieler*, tricheur m. | *falsch wie eine Katze*, faux comme un jeton. || LOC. *auf jn falsch sein, werden*, en vouloir à qn.
◇ adv. *falsch schreiben*, 1° écrire de travers ; mal écrire ; 2° mal orthographier. | *etwas falsch auslegen*, se méprendre sur qch. | *falsch singen*, chanter faux. | *falschspielen*, tricher au jeu. | *falsch sehen*, avoir la berlue. | *falsch schwören*, faire un faux serment ; se parjurer. | *falsch handeln*, mal agir ; agir incorrectement, avec duplicité. || TÉLÉPH. *falsch verbunden*, il y a erreur.

Falsch [falʃ] m. ou n. (-) *ohne Falsch*, franc ; loyal. | *es ist kein Falsch an ihm*, il est franc comme l'or.

Falsch|buchung ["falʃ'buxuŋ] f. (-, en). COMM. faux emploi. ||°-**meldung** f. (-, en) fausse nouvelle ; FAM. bobard m. ; canard m. ||°-**münzer** m. (s, -) faux-monnayeur m. ||°-**spieler** m. (s, -) tricheur m.

fälschen ['fɛlʃən] v. tr. fausser ; falsifier ; altérer. | *Wein fälschen*, frelater, falsifier, adultérer du vin. | *Würfel fälschen*, piper des dés. | *Karten fälschen*, biseauter, truquer, apprêter des cartes. | *Banknoten fälschen*, falsifier, contrefaire des billets de banque. || Jur. commettre un faux.

Fälscher [-ʃər] m. (s, -). Comm. [Bücher] falsificateur m. || [Geld] faussaire m.

Falschheit ['falʃhait] f. (-, en) fausseté f. ; duplicité f. ; perfidie f.

fälschlich ['fɛlʃliç] adj. faux ; erroné.

fälschlicher|weise ["fɛlʃliçər'vaizə] adv. faussement ; par erreur ; à tort.

Fälschung ['fɛlʃuŋ] f. (-, n). [Handlung] falsification f. ; altération f. ; [von Spielkarten] biseautage m. | *Fälschung von Urkunden*, faux en écritures. || [Ergebnis] faux m. ; contrefaçon f.

fälschungs|sicher ["fɛlʃuŋs'ziçər] adj. infalsifiable.

Falsett [fal'zɛt] n. (s, e). Mus. fausset m. ; voix (f.) de tête.

faltbar ['faltbɑ:r] adj. pliable ; pliant.

Falt|boot ['faltbo:t] n. (s, e). Mar. bateau (m.), canot (m.) pliant, démontable. ||°**-maschine** f. (-, n). Techn. plieuse f. ||°**-maßstab** m. (s, ¨e). Techn. mètre pliant. ||°**-prospekt** m. (s, e) [Faltblatt] dépliant m. ||°**-stuhl** m. (s, ¨e) pliant m. || strapontin m.

Falte ['faltə] f. (-, n) **1.** [in einem Stoff] pli m. | *der Vorhang wirft, schlägt Falten*, le rideau fait des plis. | *etwas in Falten legen*, plier qch. | *die Falten verlieren*, se déplisser ; perdre ses plis. | *die Falten glätten*, effacer les plis.
2. [Stirnfalte] *Falten im Gesicht haben*, avoir des rides ; être ridé. | *die Stirn in Falten legen, ziehen*, froncer les sourcils.
3. Géol. pli m.

fälteln ['fɛltəln] v. tr. plisser ; froncer.

falten ['faltən] v. tr. (au part. pass. parfois **gefalten**). | *einen Brief falten*, plier une lettre. | *die Stirn falten*, froncer les sourcils. | *die Hände falten*, joindre les mains.

Falten ['faltən] n. (s) pliage m.

Falten|bildung ["faltən'bilduŋ] f. (-, en) formation (f.) de plis. || Anat. plissement (m.) de la peau. || Géol. plissement m. ||**-los** adj. sans plis ; sans rides. ||°**-magen** m. (s, -). Zool. feuillet m. ||°**-rock** m. (s, ¨e) jupe plissée. ||°**-wurf** m. (s, ¨e) drapé m. ; agencement (m.) des plis.

Falter ['faltər] m. (s, -). Zool. papillon m. ; lépidoptère m.

faltig ['faltiç] adj. [Kleid] plissé ; à plis. || Par anal. [Gesicht] ridé.

Faltung ['faltuŋ] f. (-, en) pliage m. || Text., Géol. plissement m.

Falz [falts] m. (es, e). Archit. coulisse f. ; rainure f. ; feuillure f. || [Binderei] onglet m. || Techn. agrafure f.

Falz|bein ["falts'bain] n. (s, e). Techn. plioir m. ||°**-hobel** m. (s, -). Techn. feuilleret m. ||°**-maschine** f. (-, n). Techn. plieuse f.

falzen ['faltsən] v. tr. Techn. [Bücher] plier ; encarter. || [Blech] agrafer ; replier. || [Holz] rainer. || [Leder] drayer. || Typogr. assembler.

Falzung [-tsuŋ] f. (-, en). Techn. pliage m.

Fama ['fama] n. pr. f. Myth. Renommée f.

familiär [famil'jɛr] adj. familier. | *zu familiär*, indiscret ; importun. | *familiär tun*, se permettre des familiarités.

Familiare [familjɑ:rə] m. (en, en). Hist. serf m.

Familiarität [-jari'tɛ:t] f. (-, en) familiarité f. ; familiarités f. pl.

Familie [fa'mi:liə] f. (-, n) famille f. ; parenté f. | *keine Familie haben*, ne pas avoir d'enfants ; être sans enfants. | *das liegt in der Familie*, cela tient de famille.

Familien|ähnlichkeit [fa"mi:liən'ɛ:nliçkait] f. (-, en) air (m.) de famille. ||°**-angehörige(r)** f. (m.) membre (m.) de la famille. ||°**-angelegenheit** f. (-, en) affaire (f.) de famille. ||°**-beihilfe** f. (-, n) allocation familiale. ||°**-betrieb** m. (s, e) entreprise familiale. ||°**-buch** n. (s, ¨er) livret (m.) de famille. ||°**-freibetrag** m. (s, ¨e). Écon. (*etwa*) quotient familial. ||°**-grab** n. (s, ¨er), °**-gruft** f. (-, ¨e) caveau de famille. ||°**-kreis** m. (es, e) cercle (m.) de famille. ||**-los** adj. sans famille. ||°**-name** m. (n, n) nom (m.) de famille. ||°**-oberhaupt** n. (s, ¨er) chef (m.) de famille. ||°**-planung** f. planning familial. ||°**-stand** m. (s, ¨e) situation (f.) de famille. ||°**-unterstützung** f. (-, en), °**-zulage** f. (-, n). Adm. allocation familiale. ||°**-vater** m. (s, ¨) père (m.) de famille. ||°**-zusammenführung** f. (-, en) réunification (f.) des familles.

famos [fa'mo:s] adj. Fam. fameux ; pop. épatant.

Famulus ['fɑ:mulus] m. (-, li ou lusse) famulus m. || Iron. maître Jacques.

Fanal [fa'nɑ:l] n. (s, e) fanal m.

Fanatiker [fa'nɑ:tikər] m. (s, -) fanatique m.

fanatisch [-tiʃ] adj. fanatique.

fanatisieren [fanati'zi:rən] v. tr. fanatiser.

Fanatismus [-'tismus] m. (-) fanatisme m.

Fanfare [fan'fɑ:rə] f. (-, n). Mus. fanfare f.

Fang [faŋ] m. (s, ¨e) [Handlung] prise f. ; capture f. || [Resultat] butin m. ; proie f. ; prise f. ; pêche f. | *einen guten Fang tun*, faire une bonne prise. || Par ext. [Krallen, Zähne] (Eber) défense f. ; (Raubvogel) serre f. || [Falle] piège m. ; trappe f. || [Töten] *einem Wild den Fang geben*, donner le coup de grâce à, achever un gibier.

Fang|arme ["faŋ'armə] m. pl. Zool. bras m. ; tentacules m. pl. ||°**-ball** m. (s, ¨e) balle f. || Par ext. jeu (m.) de balle. | *Fangball spielen*, jouer à la balle. || Fig. *mit jm Fangball spielen*, faire son jouet de qn. ||°**-damm** m. (s, ¨e) batardeau m. ; bâtardeau m. ||°**-eisen** n. (s, -). Mil. chausse-trape f. ||°**-garn** n. (s, e). [Jagd] filets m. pl. || Fig., Littér. rets m. pl. ||°**-leine** f. (-, n). [Jagd] laisse f. || [Feuerwehr] cordage (m.) d'incendie ; corde (f.) de sauvetage. || Aéron. suspentes (f. pl.) de parachute. ||°**-schlinge** f. (-, n) lasso m. ||°**-schuß** m. (es, ¨e). [Jagd] coup (m.) de grâce. ||°**-stütze** f. (-, n). [Eisenbahn] taquet (m.) d'arrêt, de sûreté. ||°**-vorrichtung** f. (-, en). Mines. parachute (m.) de cage ; dispositif (m.) d'arrêt. ||°**-zähne** m. pl. Zool. crocs m. pl. ; défenses f. pl.

fangen ['faŋən] (ä, i, a) v. tr. prendre ; saisir ; attraper. | *Feuer fangen*, prendre feu ; s'allumer. || Fam. *er fängt leicht Feuer*, il s'enflamme facilement. || [Jagd] *einen Hirsch fangen*, servir un cerf.
◇ v. pr. **sich fangen,** se prendre au piège ; être pris, attrapé. | *eine Maus hat sich in der Falle gefangen*, une souris s'est prise dans la souricière. || Fig. *der Wind fängt sich im Kamin*, le vent s'engouffre dans la cheminée. | *sich wieder fangen*, se rattraper.

Fänger ['fɛŋər] m. (s, -). [Jagd] celui qui a capturé l'animal. || Par ext. [Hirschfänger] couteau (m.) de chasse. || [Tiere] croc m. ; défense f.

Fant [fant] m. (s, e) [Vx.] blanc-bec m. ; béjaune m.

Farb|anstrich ["farp'anʃtriç] m. (s, e) couche (f.) de peinture. ||°**-band** n. (s, ¨er) ruban (m.) de machine à écrire ; ruban encreur. ||°**-druck** m. (s, e). Typogr. impression (f.) en couleurs ; chromolithographie f. ||**-echt** adj. grand teint. ||°**-fehler** m. (s, -). Phys. aberration (f.) chromatique. ||°**-fernseher** m. (s, -), °**-fernsehgerät** n. (s, e) (appareil [m.] de) télévision (f.) en couleurs. ||°**-film** m. (s, e) film (m.) en couleurs. ||°**-filter** m. (s). Phot. écran, filtre coloré. ||°**-gebung** f. (-, en). Techn. teinture f. ; coloration f. || Typogr. encrage m. ||°**-kasten** m. (s, -) boîte (f.) de couleurs, de peinture. ||°**-kissen** n. (s, -) boîte (f.) à tampon. ||**-los** adj. incolore ; sans couleur. ||**-spritzen** v. tr. Techn. peindre au pistolet. ||°**-spritzraum** m. (s, ¨e) atelier (m.) de peinture. ||°**-stich** m. (s, e). Phot. dominante f. ||°**-stift** m. (s, e) pastel m. ; crayon (m.) de couleur. ||°**-stiftzeichnung** f. (-, en) pastel m. ||°**-stoff** m. (s, e) matière, substance colorante. || Physiol. pigment m. ||°**-stofflaser** m. (s, -). Électr. laser (m.) à colorant. ||°**-temperatur** f. (-, en) température (f.) de couleur.

Farbe ['farbə] f. (-, n). **1.** couleur f. ; teinte f. ; coloris m. ; ton m. | *abstechende Farbe*, couleur tranchante. | *in allen Farben spielen*, s'iriser ; se diaprer. || [Hautfarbe] *Farbe verlieren*, perdre ses couleurs. | *wieder Farbe bekommen*, retrouver ses couleurs. | *die Farbe wechseln*, changer de couleur. | *Farbe des Pferdes*, robe f.
2. [Anstrichfarbe] peinture f. ; couleur f. | *Farben auftragen*, colorier ; étaler des couleurs. | *die Farbe hält*, cette couleur tient, ne passe pas. | *die Farbe geht aus, verschießt, verblaßt*, cette couleur passe.
3. couleur f. [Karten] *eine Farbe ausspielen*, jouer une couleur. | *die Farbe bekennen*, fournir la couleur ; fig. jouer cartes sur table.
◇ f. pl. **Farben,** couleurs f. pl. | *die Landesfarben*, les couleurs nationales. | *im Ausland die deutschen Farben vertreten*, représenter l'Allemagne à l'étranger.

Färbe|holz ["fɛrbə'hɔlts] n. (es). Techn. bois (m.) de campêche, d'Inde ; bois bleu. ||°**-mittel** n. (s, -). Chim. teinture f. ; colorant m.

farben|blind ["farbən'blint] adj. Méd. daltonien.

||°-**blindheit** f. (-). MÉD. daltonisme m. ||°-**druck** m. (s, e). TYPOGR. impression (f.) en couleurs ; chromotyp(ograph)ie f. ||-**empfindlich** adj. PHYS., PHOT. orthochromatique. ||°-**fehlsichtigkeit** f. MÉD. amétropie (f.) de couleur. ||-**freudig** adj. de couleurs vives. ||°-**glanz** m. (es, e) éclat (m.), vivacité (f.) de coloris. ||-**kräftig** adj. haut en couleur. ||°-**lehre** f. (-). PHYS. théorie (f.) des couleurs ; chromatique f. ||°-**photographie** f. (-) photographie (f.) en couleurs. ||°-**skala** f. (-) gamme (f.) des couleurs.

färben ['fɛrbən] v. tr. teindre ; colorer. | *Tuch blau färben*, teindre du drap en bleu. || FIG. *humoristisch gefärbt*, teinté d'humour.
◇ v. pr. **sich färben,** se colorer ; prendre un ton.
◇ v. intr. FAM. *diese Bluse färbt nicht*, ce chemisier ne déteint pas.

Färber [-bər] m. (s, -). TECHN. teinturier m.

Färberei [fɛrbə'rai] f. (-, en) teinturerie f.

Färber|röte ["fɛrbər'rø:tə] f. (-) garance f.

farbig ['farbiç] adj. de, en couleur ; coloré ; colorié. | *farbige Tapeten*, papiers peints.

Farbige(r) ['farbigə(r)] f. (m.) homme (m.), femme (f.) de couleur.

Färbung ['fɛrbuŋ] f. (-, en) coloration f. ; nuance f. ; ton m. || PAR EXT. teinture f. || PHYS. chromatisme m.

Farce ['farsə] f. (-, n). CULIN. [Füllung] farce f. || THÉÂTRE. farce f.

Farin [fa'rin] m. (s, e), **Farinade** [fari'na:də] f. (-, n). [Mehlzucker] sucre (m.) en poudre.

Farm [farm] f. (-, en) exploitation (f.) agricole.

Farmer ['farmər] m. (s, -) cultivateur m.

Farn [farn] m. (s, e), **Farn|kraut** ['farnkraut] n. (s, ¨er). BOT. fougère f.

Farn|feld ['farnfɛlt] n. (s, er). BOT. fougeraie f.

Färöer(inseln) [fɛ'rø:ər(inzɛln)] n. pr. f. pl. GÉOGR. îles (f. pl.) Féroé.

Färse ['fɛrzə] f. (-, n) génisse f.

Fasan [fa'za:n] m. (s, e[n]). ZOOL. faisan m.

Fasanen|hahn [fa"zanən'ha:n] m. (s, ¨e). ZOOL. faisan m. ||°-**huhn** n. (s, ¨er) poule faisane f.

Fasanerie [fazanə'ri:] f. (-, n) faisanderie f.

Faschine [fa'ʃinə] f. (-, n) fascine f.

Faschinen|messer [fa"ʃinən'mɛsər] n. (s, -) serpe f. ; serpette f.

Fasching ['faʃiŋ] m. (s, e) carnaval m.

Faschings|treiben ["faʃiŋs'traibən] n. (s) liesse (f.) du carnaval. ||°-**zug** m. (s, ¨e) [aussi -**aufzug**] cortège (m.) de carnaval ; cavalcade (f.) de mi-carême.

Faschismus [fa'ʃismus] m. fascisme m.

Faschist [-'ʃist] m. (en, en) fasciste m.

faschistisch [-'ʃistiʃ] adj. fasciste.

Fase [fa:zə] f. (-, n). [am Beil] fil m. || [am Balken] chanfrein m. || [an einer Glasplatte] biseau m. || [Faser] fibre f. ; filament m.

Fasel ['fa:zəl] m. (s, -) reproduction f. (des animaux). | *Faselbock*, bélier m. | *Faselhengst*, étalon m. (pour la remonte). | *Faselschwein*, verrat m.

Fasel|hans ["fa:zəl'hans] m. (es). FAM. radoteur m. ; bavard m. ||°-**liese** f. (-). FAM. radoteuse f. ; bavarde f. ; commère f.

Faselei [fazə'lai] f. (-, en) radotage m.

faselig ['fa:zəliç] adj. écervelé ; évaporé.
— SYN. : *unbesonnen, leichtsinnig*, étourdi ; *leichtfertig*, écervelé.

faseln [-zəln] v. tr. divaguer ; bavarder.

fasen ['fa:zən] v. tr. et v. pr. **1.** [ausfransen] (s')effilocher.
2. [abschrägen] chanfreiner ; biseauter.

Faser ['fa:zər] f. (-, n) fibre f. ; fil m. ; filament m. || BOT. fil m. ; filandre f. ; fibre. || CULIN. [Fleisch] fibre. || ANAT. fibre.

faserig [-zəriç] adj. fibreux ; filamenteux ; filandreux. || ANAT. fibroïde.

fasern [-zərn] v. tr. V. FASEN.

Faserung [-zəruŋ] f. effilochage m.

Faß [fas] n. (es, ¨er) tonneau m. ; fût m. ; futaille f. ; barrique f. | *großes Faß*, tonne f. ; foudre m. | *kleines Faß*, baril m. ; tonnelet m. | *zwei Faß Bier*, deux tonneaux de bière. | *ein Faß binden*, cercler un tonneau. | *ein Faß einschlagen*, enfoncer, défoncer, éventrer un tonneau. | *Wein vom, im Faß*, vin (m.) en fût. | *frisch vom Faß*, fraîchement tiré. || FIG., FAM. *das schlägt dem Faß den Boden aus*, c'est la goutte qui fait déborder le vase.

Faß|band ['fasbant] n. (s, ¨er). TECHN. cercle m. ||°-**bier** n. (s, e) bière (f.) en tonneau. ||°-**binder** m. (s, -). TECHN. tonnelier m. ||°-**daube** f. (-, n) douve f. ||°-**holz** n. (es, ¨er) bois merrain ; douvain m. ||°-**karren** m. (s, -) haquet m. ||°-**wein** m. (s, e) vin (m.) à la tireuse.

Fassade [fa'sa:də] f. (-, n). ARCHIT. façade f.

Fassaden|kletterer [fa"sa:dən'klɛtərər] m. (s, -) monte-en-l'air m.

faßbar ['fasba:r] adj. saisissable. || FIG. compréhensible ; intelligible ; concevable.

Faßbarkeit [-kait] f. (-). FIG. intelligibilité f.

Fäßchen ['fɛsçən] n. (s, -) baril m. ; tonnelet m.

fassen ['fasən] v. tr. **1.** [etwas ergreifen] saisir ; empoigner ; prendre. | *festen Fuß fassen*, prendre pied. | *Wurzel fassen*, prendre racine. | *eine Quelle fassen*, capter une source. || FIG. *einen Gedanken fassen*, former, concevoir un projet. | *einen Beschluß fassen*, prendre une résolution. | *Mut fassen*, prendre courage. | *Neigung zu jm fassen*, se prendre d'amitié pour qn.
2. [jn ergreifen] saisir ; empoigner. || JUR. appréhender. | *jn fest ins Auge fassen*, regarder qn dans le blanc des yeux. | *jn beim Kragen fassen*, saisir qn au collet ; mettre la main au collet à qn. | *faß ihn !*, attrape-le ! mords-le ! | *den Kerl haben wir gefaßt*, nous le tenons. | *einen Dieb fassen*, appréhender un voleur. || FIG. *ein Grauen faßt ihn*, il est saisi d'horreur. | *die Gelegenheit beim Schopf fassen*, sauter sur l'occasion.
3. [in sich aufnehmen] contenir. | *einen Liter fassen*, avoir une contenance d'un litre.
4. [in ein Gefäß bringen] mettre en. | *in Säcke fassen*, mettre en sacs ; ensacher.
5. [einfassen] sertir ; enchâsser. | *in einen Rahmen fassen*, encadrer. || FIG. *seine Gedanken in Worte fassen*, trouver les mots qui traduisent sa pensée.
6. [begreifen] comprendre ; saisir. | *das fasse ich nicht*, je ne saisis pas.
◇ v. intr. *der Nagel faßt*, le clou tient.
◇ part. pass. **gefaßt,** *gefaßt sein*, se dominer, se maîtriser. | *auf etwas gefaßt sein*, s'attendre à qch. | *sich auf etwas gefaßt machen*, se faire à l'idée de qch. || PR. *in Gold gefaßt*, serti or.
◇ v. pr. **sich fassen,** *sich ein Herz fassen*, prendre son courage à deux mains. | *sich kurz fassen*, abréger ; ne pas dire de paroles inutiles. | *sich in Geduld fassen*, prendre patience. | *sich schnell wieder fassen*, se ressaisir. | *faß dich !*, du calme !

faßlich ['fasliç] adj. intelligible ; concevable.

Faßlichkeit [-kait] f. (-) intelligibilité f.

Fasson [fa'so:n] f. (-, s) forme f. ; façon f. | *keine Fasson mehr haben* ; *aus der Fasson sein*, n'avoir plus de forme.

fassonieren [fasɔ'ni:rən] v. tr. [formen] façonner || [mustern] orner ; ouvrager.

Fassung ['fasuŋ] f. (-, en). **1.** [Fassen] capture f. ; captage m. | *Fassung einer Quelle*, captage d'une source.
2. [Umrahmung] monture f. ; sertissure f. | *Fassung eines Edelsteins*, monture d'une pierre. || MINES. *Fassung einer Grube*, cuvelage (m.) d'un puits.
3. [Gestaltung ; Bearbeitung] version f. | *der Film läuft in deutscher Fassung*, le film passe en version allemande.
4. [Ruhe ; Beherrschung] *jn aus der Fassung bringen*, décontenancer qn. | *aus der Fassung geraten*, perdre contenance. | *nicht so leicht aus der Fassung kommen*, ne pas se démonter facilement. | *die Fassung bewahren*, garder son calme.

Fassungs|gabe ["fasuŋs'ga:bə] f. (-, n), -**kraft** ['kraft] f. (-, ¨e) compréhension f. ; intelligence f. ||-**los** adj. déconcerté ; décontenancé. ||°-**raum** m. (s, ¨e) capacité f. ; volume m. ; contenance f. ||°-**vermögen** n. (s) capacité f. ; volume m. ; contenance f. || PHILOS. intelligence f. ; compréhension f.

fast [fast] adv. presque. | *fast wäre er gekommen*, il a failli venir ; pour un peu il serait venu.

fasten ['fastən] v. intr. jeûner ; faire maigre.

Fasten ['fastən] n. (s). RELIG. jeûne m. ; carême m.

Fasten|kur ["fastən'ku:r] f. (-, en) régime amaigrissant. ||°-**speise** f. (-, n). CULIN. plat (m.) maigre. ||°-**zeit** f. (-, en). RELIG. carême m.

Fast|nacht ['fastnaxt] f. (-) mardi gras ; carnaval m.

Fastnachts|dienstag ["fastnaxts'di:nsta:k] m. (s, e) mardi gras. ||°-**narr** m. (en, en) carême-prenant m.

Fast|tag ['fasttak] m. (s, e) jour (m.) maigre.

Faszikel [fas'tsikəl] m. (s, -) fascicule m. ; dossier m.

faszinieren [fastsi'ni:rən] v. tr. fasciner.

fatal [fa'tɑ:l] adj. fâcheux ; ennuyeux ; contrariant. | *fatale Geschichte*, FAM. sale histoire. | *fatale Konsequenz*, fâcheuse conséquence.

Fatalismus [-ta'lismus] m. (-) fatalisme m.

Fatalist [-ta'list] m. (en, en) fataliste m.

fatalistisch [-ta'listiʃ] adj. fataliste.

Fatalität [-tali'tɛt] f. (-, en) fatalité f. || PAR EXT. contrariété f. ; désagrément m. ; FAM. tuile f. ; pépin m.

Fata Morgana [-mɔr'gana] f. (-, s) mirage m.

Fatum ['fɑ:tum] n. (s, - ou ta) sort m. ; fatalité f.

Fatzke ['fatskə] m. (n, n). FAM. poseur m. ; fat m.

fauchen ['fauxən] v. intr. cracher ; feuler.

Fauchen n. (s) feulement m.

faul [faul] adj. **1.** [verdorben] gâté ; pourri ; corrompu. | *faules Fleisch*, viande avariée. | *faule Luft*, air vicié, fétide. | *faules Wild*, gibier faisandé. | *faules Ei*, œuf pourri. | *fauler Zahn*, dent cariée. || FIG. *faule Geschichte*, affaire douteuse, malsaine. | *fauler Witz*, plaisanterie douteuse. | *fauler Zahler*, mauvais payeur. | *fauler Friede*, paix boiteuse. | *etwas ist faul im Staate Dänemark*, il y a quelque chose de pourri au royaume de Danemark.
2. [träge] paresseux ; fainéant. | *fauler Strick*, grand fainéant. | *nicht faul*, vite ; sans crier gare. | *auf der faulen Haut liegen*, paresser ; FAM. tirer sa flemme.
◇ adv. *faul schmecken*, avoir un goût de pourri. | *faul riechen*, sentir mauvais. | *es steht faul mit dem Geschäft*, FAM. cette affaire est vaseuse.

Faul|baum ['faulbaum] m. (s, ¨e). BOT. bourdaine f. ||°**-bett** n. (s, en). (Vx.) chaise longue. ||°**-pelz** m. (es, e). FAM. paresseux m. ; fainéant m. ; POP. flemmard m. ||°**-tier** n. (s, e). ZOOL. paresseux m.

Fäule ['fɔylə] f. (-) pourriture f. || [Zähne] carie f.

faulen ['faulən] v. intr. se gâter ; pourrir ; se corrompre ; se décomposer. | *der Zahn fault*, la dent se carie.

faulenzen [-lɛntsən] v. intr. flâner ; paresser.

Faulenzer [-lɛntsər] m. (s, -) paresseux m. ; fainéant m. ; POP. flemmard. || [Liegestuhl] chaise longue.

Faulenzerei ['faulɛntsə"rai] f. (-). POP. flemme f.

Faulheit ['faulhait] f. (-) paresse f. ; fainéantise f. || POP. flemme f. ; cosse f.

faulig [-liç] adj. putride.

Fäulnis ['fɔylnis] f. (-) pourriture f. ; décomposition f. || BIOL. putréfaction f. || CHIM. décomposition (f.) putride. || FIG. corruption f.

fäulnis|erregend ["fɔylnisɛr're:gənt] adj. MÉD. septique. ||**-hindernd** adj. MÉD. antiseptique.

Faun [faun] m. (s, e). MYTH. faune m. ; satyre m.

Fauna ['fauna] f. (-, nen). ZOOL. faune f.

faun(en)artig ["faun(ən)'artiç], **faunisch** ['fauniʃ] adj. de faune ; faunesque.

Faunen|blick ["faunən'blik] m. (s, e) regard impudent.

Faust [faust] f. (-, ¨e). ANAT. poing m. ; poigne f. | *die Faust ballen*, serrer le poing. | *eine Faust in der Tasche, im Sack machen*, serrer les poings dans ses poches. || FIG., FAM. *das paßt wie die Faust aufs Auge*, cela vient comme des cheveux sur la soupe. | *etwas auf eigene Faust tun*, faire qch, agir de son propre chef, de sa propre initiative. || FAM. *sich ins Fäustchen lachen*, rire sous cape. | *aus freier Faust essen*, manger sur le pouce. | *Politik der eisernen Faust*, régime (m.) à poigne.

Faust|degen ["faust'de:gən] m. (s, -) dague f. ||**-dick** adj. gros comme le poing. || FIG., FAM. *er hat es faustdick hinter den Ohren*, c'est un malin, un roublard. ||°**-größe** f. (-, n) grandeur (f.) du poing. ||°**-handschuh** m. (s, e) moufle f. ; mitaine f. ||°**-kampf** m. (s, ¨e). SPORT. boxe f. || HIST. pugilat m. ||°**-keil** m. (s, e). HIST. biface m. ||°**-pfand** n. (s, ¨er). COMM. gage m. ||°**-recht** n. (s). HIST. droit (m.) du plus fort. ||°**-regel** f. (-, n) formule, règle approximative. ||°**-riemen** m. (s, -). MIL. dragonne f. ||°**-schlag** m. (s, ¨e) coup (m.) de poing. ||°**-voll** f. (-) poignée f.

Fäustel ['fɔystəl] m. (s, -). MINES. marteau m. ; masse f. ; massette f.

Fäustling ['fɔystliŋ] m. (s, e). MIL. pistolet m. || [Fausthandschuh] mitaine f. ; moufle f.

favorisieren [favori'zi:rən] v. tr. favoriser.

Favorit(in) [favo'rit(in)] m. (en, en), f. (-, nen) favori(te) m. (f.).

Faxe ['faksə] f. (-, n) blague f. ; farce f. ; bouffonnerie f. ; singerie f.

Faxen|macher ["faksən'maxər] m. (s, -) bouffon m. ; farceur m. ; blagueur m.

Fayence [fa'jansə] f. (-, n) faïence f.

fazettiert [fatsɛ'ti:rt] adj. biseauté.

Fazit ['fɑtsit] n. (s, e). COMM. montant m. ; total m. ; bilan m. || FIG. résultat m. ; bilan m. | *das Fazit ziehen*, dresser le bilan.

F-Dur ['ɛfdu:r] n. (-). MUS. fa majeur.

Februar ['februar, febru'ɑ:r] m. (s, e) février m.

Fecht|bahn ['fɛçtbɑ:n] f. (-, en). SPORT. piste (f.) d'assaut. ||°**-boden** m. (s, ¨) salle (f.) d'armes. ||°**-bruder** m. (s,¨). POP. vagabond m. ; mendiant m. ; mendigot m. ||°**-degen** m. (s, -). [Stoßdegen] fleuret m. ; [Haudegen] rapière f. ||°**-korb** m. (s, ¨e) masque (m.) d'escrime. ||°**-kunst** f. (-, ¨e) escrime f. ; tour (m.) d'arme ; feinte f. ||°**-lehrer** m. (s, -), °**-meister** m. (s, -). SPORT. maître (m.) d'armes. ||°**-platz** m. (es, ¨e). [Fechtboden] salle (f.) d'armes. || HIST. [Kampfplatz] lice f. ||°**-saal** m. (s, ¨e), °**-schule** f. (-, n) salle (f.) d'armes, d'escrime. ||°**-schurz** m. (es, e) plastron m. (d'escrime).

fechten ['fɛçtən] (i, o, o) v. intr. faire de l'escrime, des armes ; se battre à l'épée, au sabre ; tirer les armes. || FIG. *mit den Händen fechten*, gesticuler. | *mit Worten fechten*, livrer une joute oratoire. || FAM. *fechten gehen*, mendier.
◇ v. tr. faire des armes. | *einen Gang fechten*, faire un assaut. | *fechten lernen*, apprendre l'escrime.

Fechten [-tən] n. (s) escrime f. ; combat m. | *sich im Fechten üben*, s'exercer aux armes, à l'escrime.

Fechter [-tər] m. (s, -) escrimeur m. ; tireur m. | *guter Fechter*, bonne, fine lame. || HIST. gladiateur m.

Feder ['fe:dər] f. (-, n). **1.** ZOOL. plume f. | *die Federn*, le plumage. | *Federn verlieren*, se déplumer. || FIG. *noch in den Federn liegen*, être encore au lit, FAM. dans les plumes. | *sich mit fremden Federn schmücken*, se parer des plumes du paon. | *Federn lassen*, FIG. y laisser des plumes.
2. PAR ANAL. [Schreibfeder] plume f. | *mit der Feder schreiben*, écrire à la plume. | *zur Feder greifen*, mettre la main à la plume. | *ein Werk unter der Feder haben*, avoir un ouvrage en train, en, sur le chantier. | *in die Feder diktieren*, dicter à qn. | *seiner Feder freien Lauf lassen*, écrire au courant de la plume. | *aus der Feder fließen*, venir sous la plume.
3. PAR EXT., TECHN. ressort m. | *gesprungene Feder*, ressort rompu. | *eine Feder spannen, anziehen*, tendre, bander un ressort.

feder|artig ["fe:dər'ɑ:rtiç] adj. plumeux. || PAR EXT. élastique. ||°**-ball** m. (s, ¨e). [Spielzeug] volant m. ; [Sportart] badminton m. ||°**-bein** n. (s, e). AÉRON. jambe (f.) élastique. ||°**-besen** m. (s, -) plumeau m. ||°**-bett** n. (s, en) lit (m.) de plume. ||°**-blatt** n. (s, ¨er). TECHN. lame (f.) de ressort. ||°**-busch** m. (es, ¨e) plumet m. ; huppe f. ; aigrette f. ; panache m. ||°**-decke** f. (-, n), °**-deckbett** n. (s, en) couvre-lit m. ; édredon m. ||°**-fuchser** m. (s, -). FAM. [schlechter Schriftsteller] écrivailleur m. ; écrivassier m. || [Büromensch] gratte-papier m. ; plumitif m. ; POP. scribouillard m. ||**-führend** adj. FIG., JUR. responsable ; compétent. ||°**-gabel** f. (-, n). AUTOM. fourche (f.) à ressort. ||**-gewandt** adj. qui sait (bien) écrire. ||°**-gewicht** n. (s, e). SPORT. poids (m.) plume. ||°**-halter** m. (s, -) porte-plume m. ||°**-held** m. (en, en). IRON. écrivassier m. ; PÉJOR. gendelettre m. ||°**-hut** m. (s, ¨e) chapeau (m.) à plumes. ||°**-kasten** m. (s, -) plumier m. ||°**-kiel** m. (s, e) tuyau (m.) de plume. ||°**-krieg** m. (s, e) polémique f. ; discussion (f.), controverse (f.) littéraire. ||**-leicht** adj. léger comme une plume. ||°**-lesen** n. (s). | *nicht viel Ferderlesens mit jm machen*, traiter qn cavalièrement ; ne pas y aller par quatre chemins avec qn. ||**-los** adj. déplumé. ||°**-mappe** f. (-, n), °**-mäppchen** n. (s, -) trousse (f.) d'écolier. ||°**-matratze** f. (-, n) matelas (m.) à ressorts. ||°**-messer** n. (s, -) canif m. ||°**-spitze** f. (-, n) bec (m.) de plume. ||°**-strich** m. (s, e) trait (m.) de plume. | *durch einen Federstrich*, d'un trait de plume. ||°**-vieh** n. (s) volaille f. || PAR EXT. basse-cour f. ||°**-waage** f. (-, n) peson (m.) à ressort. ||°**-wild** n. (es) gibier (m.) à plumes. ||°**-wischer** m. (s, -) essuie-plumes m. ||°**-wolke** f. (-, n) cirrus m. ||°**-zange** f. (-, en). TECHN. brucelles f. pl. || °**-zeichnung** f. (-, en) dessin (m.) à la plume.

Federchen ['fe:dərçən] n. (s, -). ZOOL. duvet m.

federn ['fe:dərn] v. intr. TECHN. [unter dem Druck

nachgeben] faire ressort. || Autom. *der Wagen federt gut*, la voiture est bien suspendue.
◇ v. tr. Techn. garnir, munir de ressorts.

federnd [-dərnt] adj. élastique ; souple. || Autom. *federnde Aufhängung*, suspension (f.) élastique. || Fig. *federnder Gang*, démarche, allure souple, élastique.

Federung [-dəruŋ] f. (-, en). Autom. suspension f. ; ressorts m. pl.

Fee [fe:] f. (-, n) fée f.

feenhaft ['fe:ənhaft] adj. féerique ; merveilleux.

Feen|hände ["fe:ən'hεndə] f. pl. doigts (m. pl.) de fée. ||°**-märchen** n. (s, -) conte (m.) de fées. ||°**-stück** n. (s, e). Théâtre. féerie f.

Feg(e)|feuer ["fe:g(e)'fɔyər] n. (s). Relig. purgatoire m. ||°**-mühle** f. (-, n). Agric. tarare m.

fegen ['fe:gən] v. tr. balayer ; nettoyer. | *die Straße fegen*, balayer la rue. | *den Schornstein fegen*, ramoner la cheminée. | *einen Brunnen fegen*, curer un puits. || Par anal. [blank machen] nettoyer ; fourbir. | *das Schwert fegen*, fourbir son épée. || Agric. vanner. || Prov. *jeder fege vor seiner Tür !*, que chacun s'occupe de ce qui le regarde.
◇ v. intr. passer en tourbillon, en trombe. | *der Wind fegt durch die Straßen*, le vent balaie les rues.

Fegen ['fe:gən] n. (s) balayage m. ; nettoyage m. || [Straße] nettoiement m. || [Schornstein] ramonage m. || [Brunnen] curage m. ; écurage m. || [Waffe] fourbissage m.

Feger [-gər] m. (s, -) nettoyeur m. | *Straßenfeger*, balayeur m. ; cantonnier m. | *Schornsteinfeger*, ramoneur m. | *Brunnenfeger*, cureur m.

Fegsel ['fe:kzεl] n. (s, -) balayures f. pl.

Feh [fe:] n. (s, e) petit-gris m.
— Syn. : (Vx.) *Fäh.*

Fehde ['fe:də] f. (-, n). Hist. guerre privée ; démêlé m. ; querelle f. | *jm Fehde bieten*, défier qn. | *die Fehde annehmen*, relever le défi. | *mit jm in Fehde liegen*, avoir des démêlés avec qn.

Fehde|brief ["fe:də'bri:f] m. (s, e) défi m. ; cartel m. || Hist. déclaration (f.) de guerre (privée). ||°**-handschuh** m. (s, e). Hist. gant m. ; gantelet m. | *jm den Fehdehandschuh hinwerfen, vor die Füße werfen*, jeter le gant à qn. | *den Fehdehandschuh aufheben, aufnehmen*, relever le gant.

Fehen|pelz ["fe:ən'pεlts] m. (es, e) petit-gris m.

Fehl [fe:l] m. ou n. (s, e). Poét. défaut m. | *ohne Fehl*, sans défaut.

fehl [fe:l] adv. mal ; à faux ; de travers. | *fehl am Platze sein*, ne pas être de mise.

Fehl|anzeige ["fe:l'antsaigə] f. (-, n) état (m.) néant. ||°**-bericht** m. (s, e) faux rapport. ||°**-betrag** m. (s, ¨e). Comm., Fin. déficit m. ; découvert m. | *einen Fehlbetrag aufweisen*, être en déficit, être déficitaire. ||°**-bitte** f. (-, n) prière (f.) inutile. | *eine Fehlbitte tun*, essuyer un refus. ||°**-diagnose** f. (-, n). Méd. erreur (f.) de diagnostic. ||°**-gang** m. (s, ¨e) démarche (f.) inutile. ||°**-geburt** f. (-, en). Méd. avortement m. ; fausse couche. ||**-gehen** (ging, gegangen) faire fausse route ; se tromper de chemin ; se fourvoyer. | *der Schuß ging fehl*, le coup est passé à côté. ||**-greifen** (i, i) v. intr. Mus. faire une fausse note. || Fig. se méprendre ; commettre un impair, une bévue ; fam. gaffer ; faire une gaffe. ||°**-griff** m. (s, e) impair m. ; méprise f. ; bévue f. ||°**-information** f. (-, en) information erronée. | *gelenkte Fehlinformation*, désinformation f. ||°**-investition** f. (-, en) mauvais investissement. ||°**-leistung** f. (-, en) [Psychologie] acte manqué. ||**-leiten** v. tr. fourvoyer. ||°**-rechnung** f. (-, en) mécompte m. || Fig. mécompte m. ; déception f. ||**-schießen** (o, o) v. intr. manquer son but. || Fig., fam. se tromper. | *fehlgeschossen !*, manqué ! ; vous n'y êtes pas ! ||°**-schlag** m. (s, ¨e) coup manqué, raté. || Fig. déception f. ||**-schlagen** (ä, u, a) v. intr. Fam. manquer son coup ; échouer. ||°**-schluß** m. (es, ¨e). Philos. conclusion erronée ; paralogisme m. ||°**-schritt** m. (s, e) démarche malheureuse. ||°**-schuß** m. (es, ¨e) coup manqué. ||**-sichtig** adj. Méd. amétrope. ||°**-sichtigkeit** f. Méd. amétropie f. ||°**-stück** n. (s, e). Techn. pièce manquée, ratée. ||**-treffen** (i, a, o) v. intr. manquer le but. || Fig. tomber à côté. ||**-treten** (i, a, e) v. intr. faire un faux pas ; trébucher. || Fig., fam. fauter. ||°**-tritt** m. (s, e) faux pas. ||°**-urteil** n. (s, e). Jur. erreur (f.) judiciaire ; mal-jugé m. ||°**-zündung** f. (-, en). Autom. allumage défectueux ; raté (m.) d'allumage.

fehlbar ['fe:lbɑ:r] adj. faillible.

Fehlbarkeit [-kait] f. (-) faillibilité f.

fehlen ['fe:lən] v. intr. **1.** [mißlingen] échouer ; ne pas réussir ; fam. manquer son coup. | *daran soll es nicht fehlen !*, qu'à cela ne tienne ! | *an mir soll es nicht fehlen, daß*, ce ne sera pas ma faute si. | *weit gefehlt !*, erreur ! ; vous êtes loin du compte !
2. Par anal. [unrecht handeln] manquer à ; faire, commettre une faute ; pécher. | *er hat in seiner Jugend gefehlt*, il a commis des erreurs de jeunesse. | *gegen seine Pflicht fehlen*, manquer à son devoir.
3. [mangeln] manquer ; être manquant. | *es fehlt uns an Geld*, nous manquons d'argent. | *es fehlt uns Geld*, il nous manque de l'argent. | *du hast mir sehr gefehlt*, tu m'as beaucoup manqué. | *es fehlte nicht viel, so wäre er überfahren worden*, il a failli, manqué (de) se faire écraser. | *es fehlt nicht viel daran*, peu s'en faut ; il s'en faut de peu. | *es fehlt irgend etwas*, il y a qch. qui cloche. | *das fehlte gerade noch !*, il ne manquait que ça ! | *es sich an nichts fehlen lassen*, ne rien se refuser. | *es an nichts fehlen lassen*, ne rien négliger ; faire son possible. | *wo fehlt es ?*, où avez-vous mal ? ; qu'est-ce qui ne va pas ? | *mir fehlt nichts*, je vais bien. || [abwesend sein] manquer. | *in der Schule fehlen*, manquer la classe.

Fehlen [-lən] n. (s) manquement m. ; manque m.

Fehler [-lər] m. (s, -). [Abweichung vom Richtigen] faute f. ; erreur f. | *leichter, leichtsinniger Fehler*, faute vénielle. | *einen Fehler machen, begehen*, commettre une faute. | *seine Fehler nicht einsehen*, ne pas reconnaître ses fautes. | *Fehler gegen die Syntax*, fautes de syntaxe. | *Fehler gegen den Sinn*, solécisme m. ; contresens m. | *Fehler gegen die Reinheit der Sprache*, barbarisme m.

fehler|frei ["fe:lər'frai], **-los** [-los] adj. correct ; parfait ; irréprochable. ||°**-quelle** f. (-, n) source (f.), cause (f.) d'erreurs. ||°**-verzeichnis** ["--/-'--] n. (ses, se). Typogr. errata m. pl.

fehlerhaft ['fe:lərhaft] adj. incorrect ; défectueux.

Fehlerhaftigkeit [-haftiçkait] f. (-, en) défectuosité f. ; imperfection f.

Fehn [fe:n] n. (s, e). Dial. marécage m. (V. Fenn.)

feien ['faiən] v. tr. pourvoir d'un charme ; rendre invulnérable.

Feier ['faiər] f. (-, n) fête f. ; solennité f. ; cérémonie f. | *eine Feier begehen*, célébrer une fête. | *eine Feier veranstalten*, organiser une fête.

Feier|abend ["faiər'ɑ:bənt] m. (s, e) veille (f.) de fête. || [Arbeitsschluß] repos m. | *Feierabend machen*, cesser le travail. | *Feierabend haben*, n'avoir plus rien à faire. ||°**-schicht** f. (-, en). Écon. chômage (m.) technique. ||°**-stunde** f. (-, n) heure (f.) de repos, de loisir. || [Schule] récréation f. ||°**-tag** m. (s, e) jour (m.) de fête ; jour (m.) de repos ; jour férié. ||**-tags** adv. les jours fériés.

feierlich ['faiərliç] adj. solennel ; de cérémonie.
◇ adv. solennellement ; cérémonieusement. | *einen Tag feierlich begehen*, fêter, célébrer un jour. | *etwas feierlich geloben*, promettre solennellement.

Feierlichkeit ['faiərliçkait] f. (-, en) cérémonie f. ; fête f. ; solennité f. || Par ext. air solennel ; solennité f.

feiern ['faiərn] v. tr. [Feste begehen] fêter ; célébrer. | *ein Fest feiern*, célébrer une fête. || Par ext. [ehren, preisen] honorer ; fêter. | *jn stürmisch feiern*, réserver un accueil triomphal à qn.
◇ v. intr. [die Arbeit ruhen lassen] cesser le travail ; chômer ; se reposer. | *feiern müssen*, être réduit au chômage. | *krank feiern*, être en arrêt de maladie.

feig(e) ['faig(ə)] adj. lâche ; peureux ; poltron.

Feigheit ['faikhait] f. (-) lâcheté f.

Feigling [-liŋ] m. (s, e) lâche m. ; poltron m.

Feig|warze ["faik'vɑ:rtsə] f. (-, n). Zool. fic m.

Feige ['faigə] f. (-, n). Bot. figue f. || [Feigenbaum] figuier m. | *indische Feige*, oponce m.

Feigen|baum ["faigən'baum] m. (s, ¨e). Bot. figuier m. ||°**-blatt** n. (s, ¨er) feuille (f.) de figuier. || [bei Statuen] feuille (f.) de vigne.

feil [fail] adj. vénal ; à vendre. | *feil sein*, être à vendre. | *feil haben*, avoir à vendre. || [käuflich ; bestechlich] vénal ; mercenaire.

feil|bieten ["fail'bi:tən] (o, o) v. tr. Comm. mettre en vente ; offrir. ||**-halten** (ä, ie, a) vendre ; offrir. || Fig., fam. *Maulaffen feilhalten*, faire le badaud.

Feil|bank ['failbank] f. (-, ¨e) établi (m.) de serrurier. ||°**-kloben** m. (s, -), °**-kolben** m. (s, -) étau (m.) à main. ||°**-maschine** f. (-, n) étau limeur. ||°**-späne** m. pl. limaille f. || [zum Abreiben] paille (f.) de fer. ||°**-staub** m. (s) limaille f. ; limure f.

Feile ['failə] f. (-, n) lime f. | *spitzrunde Feile*, queue-de-rat f. | *dreikantige Feile*, tiers-point m. |

vierkantige Feile, lime carrée. | *mit der Feile glätten*, limer. || FIG. *die letzte Feile an eine Arbeit legen*, mettre la dernière main à un ouvrage.

feilen [-lən] v. tr. limer.
◇ v. intr. FIG. polir. || FAM. fignoler.

Feilen [-lən] n. (s) limage m.

Feilen|hieb ["failən'hi:p] m. (s, e) taille (f.) de lime.

Feilicht ['failiçt] n. (s), **Feilsel** [-zəl] n. (s). V. FEILSTAUB.

feilschen ['failʃən] v. intr. marchander ; lésiner.

fein [fain] adj. [zart, dünn] fin ; mince ; menu ; ténu ; délié. | *feiner Faden*, fil fin. | *feines Zeug*, tissu fin. | *feine Wäsche*, lingerie fine. | *feine Gesichtszüge*, traits fins. || [klein zerteilt] fin. | *feines Mehl*, fine fleur de farine. | *feiner Kamm*, peigne fin. || PAR ANAL. [von der besten Beschaffenheit] fin ; bon ; soigné ; raffiné. | *feines Gold*, or fin. | *ein feines Geschäft machen*, faire une bonne affaire. | *feiner Plan*, projet bien conçu. | *eine feine Nase haben*, avoir le nez fin ; FAM. avoir du flair. | *feine Weine*, vins fins. | *feines Essen*, bonne chère. | *feine Marke*, première qualité ; fine fleur. | *feine Sorte*, qualité extrafine ; surchoix m. | *das ist aber fein !*, c'est fameux ; FAM. c'est chic. | *das Feinste bis zuletzt aufsparen*, FAM. garder qch. pour la bonne bouche. || FIG. *ein feiner Kopf*, un esprit subtil. | *eine feine Arbeit*, un travail très soigné. | *feines Gehör*, oreille fine. || PAR EXT. [vornehm] bon ; bien élevé ; distingué ; délicat ; exquis. | *feines Benehmen*, bonnes manières. | *feines Wesen*, manières distinguées. | *feiner Geschmack*, bon goût. | *feines Haus*, bonne maison. | *feiner Mann*, homme distingué, bien élevé ; galant homme. | *feine Dame*, femme, dame élégante ; élégante f. | *feiner Kerl*, chic type. | *feine Leute*, gens (pl.) du monde ; (le) beau monde.
◇ adv. *das schmeckt fein*, c'est bon ; cela a bon goût. | *das riecht fein*, cela sent bon. || MUS. *das Instrument ist fein gestimmt*, cet instrument est bien accordé. || FAM. *das hat er fein gemacht*, il s'en est bien tiré. || FIG., FAM. *er ist jetzt fein heraus*, il est arrivé à ses fins.

Fein|arbeit ["fain'arbait] f. (-, en) travail (m.) de précision. ||°**-bäcker** m. (s, -) pâtissier-confiseur m. ||°**-bäckerei** f. (-, en). [Waren] pâtisserie f. ||°**-blech** n. (s, e) tôle fine, mince. ||°**-blechstraße** f. (-, n) train (m.) à tôles fines. ||**-fühlend, -fühlig** adj. délicat ; sensible ; plein de tact. ||°**-fühligkeit** f. (-) délicatesse f. ; tact m. ||°**-gebäck** n. (s) pâtisserie f. ||°**-gefühl** n. (s) délicatesse f. ; tact m. ||**-körnig** adj. à grains fins ; à petits grains. ||°**-kost** f. (-) produit (m.) d'épicerie fine. ||°**-kosthandlung** f. (-, en) épicerie fine. ||°**-mahlung** f. (-, en) pulvérisation f. || **-maschig** adj. à mailles fines. ||°**-mechanik** f. (-, en) mécanique (f.) de précision. ||°**-mechaniker** m. (s, -) mécanicien (m.) de précision. ||°**-schmecker** m. (s, -) gourmet m. ; FAM. bec fin. ||°**-silber** n. (s) argent fin. ||°**-sinn** m. (s) esprit délicat, délié. ||**-sinnig** adj. d'un goût exquis. ||°**-stahl** m. (s) acier fin. ||°**-stellschraube** f. (-, n) vis (f.) micrométrique. ||°**-wäsche** f. (-, n) lingerie fine. ||°**-werkzeug** n. (s, e) instrument (m.) de précision. ||**-zahnig** adj. TECHN. à denture fine. ||°**-zerkleinerung** f. (-). MINES. broyage m.

feind [faint] adj. hostile ; ennemi. | *jm feind sein*, être hostile, en vouloir à qn.

Feind [faint] m. (s, e) ennemi m. ; adversaire m. | *erbitterter Feind*, ennemi acharné, implacable. | *unerbittlicher Feind*, ennemi irréductible. | *ich habe ihn mir zum Feind gemacht*, j'ai fait de lui mon ennemi. | *er ist ein Feind des Kartenspiels*, il a horreur des cartes. || MIL. *auf den Feind losgehen*, marcher à l'ennemi. | *in Feindeshand fallen*, tomber entre les, aux mains de l'ennemi ; être fait prisonnier. | *zum Feinde übergehen*, passer à l'ennemi. || POLIT. *der innere Feind*, l'ennemi de l'intérieur. || RELIG. *der böse Feind*, le malin ; le diable. || FAM. *wie der Feind (wie wild)*, sauvagement ; sans retenue.

feindlich ['faintliç] adj. ennemi ; hostile ; opposé ; adverse. | *die feindlichen Brüder*, les frères ennemis. || [angreifend] agressif.

Feindlichkeit [-liçkait] f. (-, en) hostilité f. ; inimitié f. ; sentiments (m. pl.) hostiles.

Feindschaft [-ʃaft] f. (-, en) inimitié f. ; hostilité f. ; animosité f. | *alte Feindschaft*, vieille rancune. | *darum keine Feindschaft !*, sans rancune.

feindschaftlich [-ʃaftliç] adj. hostile.

feindselig ["faint'ze:liç] adj. hostile ; haineux.

Feindseligkeit [-kait] f. (-, en) hostilité f. | *geheime Feindseligkeit*, sourde hostilité. | *die Feindseligkeiten eröffnen*, ouvrir les hostilités.

feindwärts ['faintvɛrts] adv. vers, du côté de l'ennemi.

feinen ['fainən] v. tr. TECHN. affiner ; raffiner.

Feinheit ['fainhait] f. (-, en) finesse f. ; délicatesse f. || PAR ANAL. [Münze] titre m. || FIG. gentillesse f. ; élégance f. ; noblesse f.

Feins|liebchen ['fains"li:pçən] n. (s, -). POÉT. jolie fille. || [Anrede] ma mie.

Feinst|bearbeitung ["fainstbə'arbaituŋ] f. (-, en) travail (m.) de précision.

feist [faist] adj. gras ; replet. || FAM. grassouillet.

feisten ['faistən] v. tr. [Vieh] engraisser.

Feisterling ['faistərliŋ] m. (s, -). BOT. trémelle f.

Feistheit ['faisthait] f. (-), **Feistigkeit** ['faistiçkait] f. (-) graisse f. ; obésité f.

Feist|zeit ['faisttsait] f. (-, en). [Jagd] saison (f.) avant le rut.

feixen ['faiksən] v. intr. ricaner.

Felbel ['fɛlbəl] m. (s, -) velours m. ; panne f.

Felchen ['fɛlçən] m. (s, -). [Renke] féra m.

Feld [fɛlt] n. (s, er). **1.** [Acker] champ m. ; pièce (f.) de terre ; terrain m. | *braches Feld*, champ en friche. | *ein Feld bestellen*, cultiver un champ.

2. [Gelände ; Gefilde] champs m. pl. ; campagne f. ; plaine f. | *auf freiem Feld*, en pleins champs. | *offenes, flaches Feld*, pays découvert ; campagne. | *Felder und Wälder*, plaine et forêts. | *das Feld durchstreifen*, battre la campagne. | *ins, aufs Feld gehen*, aller aux champs. || POÉT. nature f. || FIG. *das steht noch in weitem Feld*, c'est une perspective lointaine.

3. FIG. [Gebiet] champ m. | *ein weites Feld für Entdeckungen*, un vaste champ d'exploration. | *das ist ein zu weites Feld*, il y aurait beaucoup à dire. | *auf diesem Feld*, sur ce terrain ; dans ce domaine. | *mein Feld ist die Welt*, je sème à tout vent.

4. [Kriegsschauplatz] champ (m.) de bataille. || [Feldzug] campagne f. | *zu Feld, ins Feld rücken, ziehen*, entrer en campagne. | *im Felde stehen*, être aux armées. | *das Feld behaupten*, rester maître du terrain. | *das Feld räumen*, abandonner le terrain ; battre en retraite. | *aus dem Felde schlagen*, mettre en fuite, en déroute ; FIG. évincer. | *auf dem Feld der Ehre fallen*, tomber au champ d'honneur.

5. ÉLECTR. *elektrisches Feld*, champ électrique. | *magnetisches Feld*, champ magnétique. || HÉRALD. champ m. | *im roten Feld*, sur champ de gueules. || MINES. *ein Feld abbauen*, exploiter une mine. || TECHN. [Abteilung einer Fläche] champ m. ; panneau m. | *Tür mit farbigem Feld*, porte (f.) à panneau peint. || [Schachbrett] case f.

Feld|altar ["fɛlt'altɑ:r] m. (s, e) autel portatif. ||°**-anzug** m. (s, ¨e). MIL. tenue (f.) de campagne. ||°**-apotheke** f. (-, n) pharmacie (f.) militaire. ||°**-arbeiter** m. (s, -). AGRIC. ouvrier (m.) agricole. ||**-aus** adv. *feldaus feldein*, à travers champs. ||°**-bau** m. (s) agriculture f. ||°**-becher** m. (s, n). MIL. quart m. ||°**-bestellung** f. (-, en). AGRIC. labour m. ; labourage m. ||°**-bett** n. (s, en). MIL. lit (m.) de camp. ||°**-blume** f. (-, n). BOT. fleur (f.) des champs. ||°**-bluse** f. (-, n). MIL. vareuse f. ||°**-bohne** f. (-, n). BOT. fève (f.) des marais. ||°**-briefpost** f. MIL. poste (f.) aux armées. ||°**-dieb** m. (s, e) maraudeur m. ||°**-dienst** m. (es). MIL. service (m.) en campagne. | *felddienstfähig*, apte au service en campagne. ||°**-einteilung** f. (-, en). TECHN. maillage m. ||°**-erbse** f. (-, n). POP. pois commun. ||°**-flasche** f. (-, n). MIL. bidon m. ||°**-flüchtige (der)** [n, n]. MIL. déserteur m. ||°**-forschung** f. (-, en) recherches (f. pl.) sur le terrain. ||°**-frevel** m. (s, -) maraude f. maraudage m. ||°**-früchte** f. pl. AGRIC. céréales f. pl. ||°**-geistliche (der)** [n, n]. RELIG., MIL. aumônier (m.) militaire. ||°**-gendarmerie** f. (-, n). MIL. prévôté f. ; police (f.) militaire. ||°**-gerät** n. (s, e). AGRIC. outils (m. pl.), instruments (m. pl.) aratoires. || MIL. matériel (m.) de guerre. ||°**-geschrei** n. (s). MIL. cri (m.) de ralliement ; mot (m.) d'ordre. ||°**-geschütz** n. (es, e). MIL. canon (m.) de campagne. ||**-grau** adj. MIL. [Uniformfarbe] gris verdâtre ; grisâtre ; gris-vert ; feldgrau. ||°**-grauer** m. MIL., FAM. soldat m. || POP. poilu allemand. ||°**-häcksler** m. (s, -) AGRIC. ensileuse f. ||°**-hauptmann** m. (s, ¨er). HIST. général m. ||°**-herr** m. (n, n). MIL. général (m.) en chef. ||°**-herrnkunst** f. (s, ¨e). MIL. stratégie f. ||°**-huhn** n. (s, ¨er) perdrix grise. | *junges Feldhuhn*, perdreau m. ||°**-hüter** m. (s, -) garde (m.) champêtre. ||°**-jäger** m. (s, -). MIL. chasseur (m.) à pied ; gendarme m. ||°**-jägerei** f. (-, en) chasse f. || MIL. prévôté f. ; police (f.) militaire. ||°**-kaplan** m. (s, ¨e) m. aumônier (m.)

militaire catholique. ||°-**küche** f. (-, n). MIL. cuisine roulante ; FAM. roulante f. ; popote f. ||°-**kümmel** m. (s, -). BOT. serpolet m. ||°-**lager** n. (s, -). MIL. camp m. ; bivouac m. ||°-**linie** f. (-, n) ligne (f.) de force. ||°-**magnet** m. (s, e ou en, en). ÉLECTR. électroaimant (m.) inducteur ; inducteur m. ||°-**marschall** m. (s, ¨e). MIL. maréchal m. ||-**marschmäßig** adj. MIL. en tenue de campagne. ||°-**maus** (-, ¨e). ZOOL. campagnol m. ; rat (m.) des champs. ||°-**messen** n. (s), °-**meßkunst** f. (-) géodésie f. ||°-**messer** m. (s, -) arpenteur m. ; géomètre m. ||°-**messung** f. (-, en) arpentage m. ||°-**post** f. MIL. poste (f.) aux armées. ||°-**posten** m. (s, -). MIL. guetteur m. ||°-**prediger** m. (s, -). MIL. aumônier (m.) militaire. ||°-**propst** m. (es, e). MIL. aumônier général. ||°-**rain** m. (s, e) bord (m.) d'un champ. ||°-**regler** m. (s, -). ÉLECTR. rhéostat (m.) d'excitation. ||°-**scher** m. (s, e). HIST. barbier m. ; chirurgien (m.) militaire. ||°-**schlacht** f. (-, en). MIL. bataille rangée. ||°-**schlange** f. (-, n). HIST. couleuvrine f. ||°-**spat** m. (s). MINÉRAL. feldspath m. ||°-**stecher** m. (s, -). OPT. jumelle(s) f. (pl.) de campagne. ||°-**studie** f. (-, n) travail (m.) de terrain. ||°-**stuhl** m. (s, ¨e) pliant m. ||°-**webel** m. (s, -). MIL. adjudant m. ; [Artillerie ; Kavallerie] maréchal-des-logis chef m. ||°-**weg** m. (s, e) chemin vicinal, rural. ||°-**wicklung** f. (-, en). ÉLECTR. enroulement (m.) de champ ; bobine inductrice. ||°-**winde** f. (-, n). BOT. liseron (m.) des champs. ||°-**wirtschaft** f. (-, en) économie rurale ; agronomie f. ||°-**zeichen** n. (s, -). MIL. insigne m. ; marque distinctive. ||°-**zeugmeister** m. (s, -). MIL., HIST. général (m.) commandant l'artillerie. || [Österreich] général (m.) d'artillerie. ||°-**zug** m. (s, ¨e). MIL. campagne f. ; expédition f. | *einen Feldzug mitmachen*, faire une campagne.

Felge ['fɛlgə] f. (-, n) jante f. | *aus der Felge springen*, (se) déjanter. || SPORT. soleil m.

Fell [fɛl] n. (s, e). [Haut] peau f. || [Pelz] pelage m. ; fourrure f. || [Pferd] robe f. || FIG., FAM. *jm das Fell über die Ohren ziehen*, duper, tromper, rouler qn. | *sich das Fell über die Ohren ziehen lassen*, se laisser tondre la laine sur le dos ; FAM. se laisser plumer. | *ein dickes Fell haben*, avoir la peau dure ; être coriace ; FIG. être blindé. | *jm das Fell gerben*, rosser qn. | *ihm sind die Felle fortgeschwommen*, il est fort déçu. || FAM. *dich, dir juckt wohl das Fell ?*, est-ce que tu as envie d'une raclée ?

Fell|bereiter ["fɛlbə'raitər] m. (s, -) peaussier m. ||°-**eisen** n. (s, -) valise f. ; malle f. ; sac (m.) de voyage. ||°-**handel** m. (s) pelleterie f. ||°-**händler** m. (s, -) pelletier m.

Fellache [fɛ'la:xə] m. (n, n) fellah m.

Fellatio [fɛ'la.tsio] f. fellation f.

Fels [fɛls] m. (en, en), **Felsen** ['fɛlzən] m. (s, -) roc m. ; rocher m. ; roche f. ; rocaille f.

Fels|abhang ["fɛls'aphaŋ] m. (s, ¨e) pente rocheuse. ||°-**art** f. (-, en) roche f. ||°-**eiland** n. (s, e) îlot rocheux. ||°-**klettern** n. (s) escalade (f.) en rocher ; varappe f. ||°-**wand** f. (-, e) paroi rocheuse ; falaise f. ||°-**zeichnung** f. (-, n) dessin (m.) rupestre.

Felsen|bein ["fɛlzən'bain] n. (s, e). ANAT. rocher m. ||-**fest** adj. ferme comme un roc ; inébranlable. | *felsenfest glauben*, croire dur comme fer. ||°-**gebirge** n. (s, -) montagne rocheuse. ||°-**grund** m. (s, ¨e) fond rocheux. ||°-**küste** f. (-, n) côte rocheuse ; falaise f. ||°-**riff** n. (s, e) banc (m.) de rochers ; écueil m. ; récif m. ; brisants m. pl. ||°-**zeichnung.** V. FELSZEICHNUNG.

Feme ['fe:mə] f. (-). HIST. (Sainte-)Vehme.

Feme|gericht ["fe:məgə'riçt] n. (s, e). HIST. tribunal (m.) de la (Sainte-)Vehme ; tribunal (m.) des francs-juges. ||°-**mord** m. (s, e) meurtre ordonné par la (Sainte-)Vehme.

feminin [femi'nin] adj. féminin.

Femininum [-num] n. (s, na). GRAMM. féminin m.

Fenchel ['fɛnçəl] m. (s). BOT. fenouil m.

Fenn [fɛn] n. (s, e), **Fenne** [fɛnə] f. (-, n). V. FEHN.

Fenster ['fɛnstər] n. (s, -) fenêtre f. ; croisée f. | *rundes Fenster*, œil-de-bœuf m. | *blindes Fenster*, fausse fenêtre. | *durchs Fenster steigen*, passer par la fenêtre. | *aus dem Fenster, zum Fenster hinaussehen*, regarder par la fenêtre. | *zum Fenster hinauswerfen*, jeter par la fenêtre.

Fenster|bank ["fɛnstər'bank] f. (-, ¨e), °-**brett** n. (s, er) rebord (m.) de fenêtre. ||°-**brüstung** f. (-, en) appui (m.) de fenêtre. ||°-**dichtung** f. (-) bourrelets (m. pl.) de fenêtre. ||°-**flügel** m. (s, -) battant (m.) de fenêtre. ||°-**glas** n. (es, ¨er) verre (m.) à vitres. ||°-**heber** m. (s, -). AUTOM. lève-glace m. | *automatischer Fensterheber*, lève-glace automatique. ||°-**kreuz** n. (es, e) croisée f. ; meneau m. ||°-**laden** m. (s, ¨) volet m. ; contrevent m. ; persienne f. ||°-**leder** n. (s, -) peau (f.) de chamois. ||°-**loch** n. (s, ¨er). MAR. hublot m. ||°-**nische** f. (-, n) embrasure f. ||°-**öffnung** f. (-, en) fenêtre f. ; jour m. ; baie f. ||°-**rahmen** m. (s, -) châssis m. ||°-**riegel** m. (s, -) targette f. ; crémone f. || [Drehriegel] espagnolette f. ||°-**rose** f. (-, n) rosace f. ||°-**scheibe** f. (-, n) vitre f. ; carreau m. ||°-**schirm** m. (s, e) jalousie f. ; persienne f. || [Vordach] marquise f. ||°-**schutz** m. (es) brise-bise m. ||°-**sitz** m. (es, e). [Eisenbahn] coin (m.) fenêtre. ||°-**spiegel** m. (s, -) trumeau m. || [beweglicher Fensterspiegel] espion m. ||°-**sturz** m. (es, ¨e) linteau m. || HIST. défenestration f. (de Prague). ||°-**tür** f. (-, en) porte-fenêtre f.

Ferien ['fe:riən] pl. vacances f. pl. ; congé m. | *die großen Ferien*, les grandes vacances. | *in die Ferien gehen*, partir en vacances. || JUR. vacations f. pl.

Ferien|dorf ["fe:riən'dɔrf] n. (s, ¨er) village (m.) de vacances. ||°-**heim** n. (s, e) centre (m.) de vacances. ||°-**kolonie** f. (-, n) colonie (f.) de vacances. ||°-**lager** n. (s, -) camp (m.) de vacances.

Ferkel ['fɛrkəl] n. (s, -) petit cochon ; porcelet m. ; cochon (m.) de lait ; goret m. || FIG. pourceau m.

ferkeln ['fɛrkəln] v. intr. ZOOL. mettre bas. || FIG., FAM. se conduire comme un cochon.

Ferkel|stecher ["fɛrkəl'ʃtɛçər] m. (s, -). FAM. [Pfuscher] bousilleur m. || [Winkelanwalt] avocat (m.) marron.

Fermate [fɛr'ma:tə] f. (-, n). MUS. point (m.) d'orgue, d'arrêt.

Ferment [fɛr'mɛnt] n. (s, e). CHIM. ferment m.

fermentieren [-mɛn'ti:rən] v. intr. fermenter.

fern [fɛrn] adj. éloigné ; lointain ; distant ; reculé. | *der Ferne Osten*, l'Extrême-Orient m. | *in nicht zu ferner Zeit*, avant peu ; sous peu. | *die Zeit ist noch nicht fern*, il n'y a pas si longtemps. | *fern von der Straße*, à l'écart de la rue. | *das sei fern von mir !*, Dieu m'en garde, m'en préserve !
◇ adv. loin ; de loin. | *von nah und fern*, de toutes parts. | *von fern betrachtet*, vu de loin.
◇ compar. **ferner,** [außerdem] en outre. || [noch längst] encore.

fern|ab ['fɛrnap] adv. très, bien loin.
◇ prép. (gén.) à l'écart de ; à l'encontre de.

Fern|amt ['fɛrnamt] n. (s, ¨er) [service (m.) téléphonique] interurbain m. ; FAM. inter m. | *Fernamt, bitte !*, l'inter, s'il vous plaît. ||°-**anruf** m. (s, e) communication interurbaine. ||°-**aufnahme** f. (-, n). PHOT. téléphotographie f. ||°-**auslöser** m. (s, -). PHOT. déclencheur (m.) à distance. ||°-**bedienung** f. (-, en) commande (f.) à distance. || TECHN. télémanipulateur m. ||°-**betätigung** f. (-, en). TÉLÉCOMM. télémanipulation f. ||-**bleiben** (ie, ie) v. intr. s'abstenir de ; ne pas se mêler à. | *jm fernbleiben*, ne pas fréquenter qn. ||°-**bleiben** n. (s). [Arbeit, Unterricht] absentéisme m. ||°-**dienst** m. (es). TÉLÉPH. (service) interurbain m. || AÉRON. vol (m.) de long courrier. ||°-**dokumentation** f. (-, en). TÉLÉCOMM. télédocumentation f. ||°-**drucker** m. (s, -) téléscripteur m. ||°-**D.-Zug** m. (s, ¨e) grand express ; rapide m. ||°-**einstellung** f. (-, en). OPT. mise (f.) au point à l'infini. ||°-**erfassung** f. (-, en). TECHN. télédétection f. ||°-**fahrer** m. (s, -). TRANSP. routier m. ||°-**fahrt** f. (-, en) long trajet. ||°-**feld** n. (s, er). PHYS. champ éloigné. ||°-**gas** n. (es, e) distribution (f.) de gaz à longue distance. ||°-**geschütz** n. (es, e). MIL. canon (m.) à longue portée. ||°-**gespräch** n. (s, e). TÉLÉPH. communication interurbaine. | *Ferngespräch mit Voranmeldung*, communication avec préavis. ||°-**glas** n. (es, ¨er). OPT. lunette (f.) d'approche ; jumelle(s) f. (pl.). ||-**halten** (ä, ie, a) v. tr. tenir à l'écart, éloigné. | *jn von allen Sorgen fernhalten*, épargner tous soucis à qn. | *sich von jm fernhalten*, éviter qn. ||°-**heizung** f. (-, en) chauffage urbain. ||-**her** adv. *von fernher*, de loin. ||-**hin** adv. au loin. ||°-**hörer** m. (s, -). TÉLÉPH. récepteur m. ||°-**kampfgeschütz** n. (es, e). MIL. pièce lourde à longue portée. ||°-**kopierer** m. (s, -). TÉLÉCOMM. télécopieur m. ||°-**laden** n. (s). INF. téléchargement m. ||°-**laster** m. (s, -). AUTOM. camion routier. ||-**lenken** v. tr. téléguider. | *ferngelenktes Geschoß*, projectile téléguidé. ||°-**lenkung** f. (-, en). ÉLECTR. télécommande f. ; téléguidage m. ||-**liegen** (a, e) v. intr. être loin. || FIG. *es lag mir fern, ihn zu betrügen*, je n'avais pas l'intention de, je ne voulais pas le tromper. ||°-**meldeanlage** f. (-, n) centre (m.) de télécommunication. ||°-**meldeverkehr** m. (s), °-**meldewesen** n. (s) télécommunications f. pl. ||°-**meßgerät** n. (s, e) appareil (m.) télémétrique.

||°-**meßtechnik** f. (-, en) télémétrie f. ||°-**messung** f. (-, en). TECHN. télémesure f. ||°-**objektiv** n. (s, e) téléobjectif m. ||°-**ost** m. (s). GÉOGR. l'Extrême-Orient. ||-**östlich** adj. GÉOGR. d'Extrême-Orient. ||°-**rohr** n. (s, e) jumelles f. pl. ; lunette f. ; télescope m. | *galileisches, holländisches Fernrohr*, lunette de Galilée. ||°-**ruf** m. (s, e) appel (m.) téléphonique. ||°-**rufnummer** f. (-, n) numéro (m.) de téléphone. ||°-**schreiber** m. (s, -) téléscripteur m. ; télétype m. ||°-**schreibnetz** n. (es, e). TÉLÉCOMM. télex m. ||°-**studium** n. (s) télé-enseignement.

Fernseh... ['fɛrnze:] (en compos.) de télévision ; télévisuel.

Fernseh|abend ["fɛrnze:'abənt] m. (s, e). FAM. soirée (f.) télé. ||°-**ansager(in)** m. (s, -), f. (-, nen) speaker(ine) m. (f.). ||°-**ansprache** f. (-, n) allocution télévisée. ||°-**apparat** m. (s, e) poste (m.) de télévision. ||°-**ausstrahlung** f. (-, en) télédiffusion f. ||°-**bild** n. (s, er) image télévisée. ||°-**bildschirm** m. (s, e) écran (m.) de télévision ; petit écran. ||°-**duell** n. (s, e) face-à-face télévisé. ||°-**empfänger** m. (s, -) téléviseur m. ; récepteur (m.) de télévision. ||°-**film** m. (s, e) téléfilm m. ||°-**gerät** n. (s, e) appareil (m.) récepteur (m.), poste (m.) de télévision. ||°-**funk** m. (s, e) télévision f. ||°-**nachrichten** f. pl. journal télévisé. ||°-**teilnehmer(in)** m. (s, -), f. (-, nen), °-**zuschauer(in)** (s, -), f. (-, nen) téléspectateur m. ; téléspectatrice f. ||°-**zeitschrift** f. (-, en) télé-journal m.

Fern|sehen ["fɛrn'ze:ən] n. (s) télévision f.

fern|sehen v. intr. sép. regarder la télévision.

Fern|sicht ['fɛrnziçt] f. (-, en) panorama m. ; perspective f. ||-**sichtig** adj. presbyte. ||°-**sichtigkeit** f. (-, en) presbytie f.

Fern|sprech... (en compos.) téléphonique.

Fernsprech|amt ["fɛrnʃprɛç'amt] n. (s, ¨er) bureau (m.) téléphonique. ||°-**anschluß** m. (es, ¨e) raccordement (m.) au réseau téléphonique. ||°-**automat** m. (en, en) taxiphone m. ||°-**stelle** f. (-, n) poste téléphonique public. ||°-**verbindung** f. (-, en) communication (f.) téléphonique. || °-**verzeichnis** n. (ses, se) annuaire (m.) du téléphone, téléphonique. ||°-**wesen** n. (s) service (m.) téléphonique ; téléphone m. ||°-**zelle** f. (-, n) cabine (f.) téléphonique.

Fern|sprecher ["fɛrn'ʃprɛçər] m. (s, -) téléphone m. | *drahtloser Fernsprecher*, radiotéléphone m. ||°-**spruch** m. (s, ¨e) message téléphonique, téléphoné. ||-**stehen** (stand, gestanden) v. intr. *einer Sache fernstehen*, rester étranger à qch. ||-**steuern** v. tr. télécommander ; téléguider. ||°-**steuerung** f. (-) télécommande f. ||°-**übertragung** f. (-, en). TECHN. télétransmission f. ||°-**unterricht** m. (s, e) cours (m.), enseignement (m.) par correspondance ; téléenseignement m. ||°-**verbindung** f. (-, en). [Eisenbahn] grande ligne. ||°-**verkehr** m. (s) service interurbain. || [Eisenbahn] service (m.) des grandes lignes. ||°-**wartung** f. INF. télémaintenance f.

Ferne ['fɛrnə] f. (-, n) distance f. ; éloignement m. ; lointain m. | *Gruß aus der Ferne !*, meilleur souvenir de vacances (formule de carte postale). | *etwas aus der Ferne betrachten*, regarder qch. de loin. || FIG. *das liegt noch in weiter Ferne*, nous en sommes loin.

Ferner ['fɛrnər] m. (s, -). GÉOL. glacier m.

fernerhin ["fɛrnər'hin] adv. désormais ; à l'avenir. || en outre.

ferro|magnetisch ["fɛromag'ne:tiʃ] adj. ÉLECTR. ferromagnétique. ||°-**mangan** n. (s). CHIM. ferromanganèse m.

Ferse ['fɛrzə] f. (-, n). ANAT. talon m. || [Strumpf] talon m. | *jm auf den Fersen folgen*, être aux trousses de qn. | *jn auf den Fersen haben*, avoir qn à ses trousses.

Fersen|bein ["fɛrzən'bain] n. (s, e). ANAT. calcanéum m. ||°-**geld**. *Fersengeld geben*, FAM. prendre la poudre d'escampette. ||°-**sehne** f. (-, n). ANAT. tendon (m.) d'Achille.

fertig ['fɛrtiç] adj. **1.** [vollendet] fini ; achevé ; prêt. | *fertig sein*, être prêt. | *er ist nie rechtzeitig fertig*, il est toujours en retard. | *das Essen ist fertig*, le repas est prêt ; c'est prêt. | *fertige Kleider*, vêtements de confection, prêts à porter. | *fertige Speisen*, plats préparés. || FIG. *er ist fertig*, [zugrundegerichtet] c'est un homme fini, perdu ; [betrunken] il est plein.

2. fertig zu, prêt à. | *das Schiff ist fertig zur Abfahrt*, le bateau est prêt à partir.

3. fertig in, habile, adroit à, en. | *mit fertiger Zunge reden, im Reden fertig sein*, avoir une bonne langue ; avoir la langue bien pendue.

4. fertig mit. | *mit etwas fertig sein*, avoir terminé qch. | *mit etwas fertig werden*, venir à bout de qch. | *er muß zusehen, wie er damit fertig wird*, à lui de voir comment il s'en tirera. | *mit jm fertig werden*, venir à bout de qn.

◇ adv. *fertig Englisch sprechen*, parler parfaitement, couramment (l')anglais. || SPORT. *Achtung, fertig, los !*, attention, prêts, partez !

Fertig|bearbeitung ["fɛrtiçbe'arbaituŋ] f. (-, en) finissage m. ; finition f. ||-**bringen** (brachte, gebracht) v. tr. achever ; finir ; venir à bout de. ||°-**erzeugnis** n. (ses, se) produit fini, manufacturé. ||°-**gericht** n. (s, e) plat cuisiné. ||°-**haus** n. (es, ¨er) maison préfabriquée. ||°-**kleidung** f. (-, en) vêtements de confection (m. pl.), prêts à porter. ||-**machen** v. tr. apprêter ; préparer. || venir à bout de. | *eine Arbeit fertigmachen*, terminer, achever un travail. || FAM. *jn fertigmachen*, achever qn. — v. pr. **sich fertigmachen,** se préparer à. ||°-**produkt** n. (s, e) produit fini. ||-**stellen** v. tr. finir ; achever. ||°-**stellung** f. (-, en) achèvement m. ; finissage m. ; finition f. ||°-**waren** f. pl. COMM. produits manufacturés.

fertigen ['fɛrtigən] v. tr. fabriquer ; confectionner.

Fertigkeit [-tiçkait] f. (-, en) habileté f. ; dextérité f. ; facilité f.

— SYN. : *Gewandtheit*, adresse ; *Geschicklichkeit*, habileté.

Fertigung [-tiguŋ] f. (-, en) production f. ; fabrication f.

Fertigungs|ausstoß ["fɛrtiguŋs'ausʃto:s] m. (es, ¨e) cadence (f.) de fabrication.

Fes [fes] n. (-). MUS. fa (m.) bémol.

Fes [fɛs] m. ou n. (-) fez m.

fesch [fɛʃ] adj. chic ; fringant.

Fessel ['fɛsəl] f. (-, n) lien m. ; chaîne f. ; fers m. pl. ; entrave f. | *in Fesseln legen*, mettre aux fers. | *die Fesseln sprengen*, briser ses fers. || [Pferd] paturon m.

Fessel|ballon ["fɛsəlba'lɔ̃] m. (s, s). AÉRON. ballon captif ; FAM. saucisse f.

fesseln ['fɛsəln] v. tr. **1.** enchaîner ; ligoter. || FIG. *ans Bett fesseln*, clouer au lit.

2. FIG. captiver. | *der Vortrag fesselte die Zuhörer*, la conférence captiva les auditeurs.

3. MAR. amarrer ; ancrer. || [Pferd] entraver.

fest [fɛst] adj. [solid] solide ; dur. | *fester Körper*, (corps) solide m. | *feste Nahrung*, nourriture (f.), alimentation (f.) solide. | *fester Boden*, terrain (m.) ferme. | *festes Gestein*, roche dure. || [sicher] ferme ; stable ; fixe. | *festen Fuß fassen*, prendre pied. | *festen Fußes*, de pied ferme. || MIL. *feste Stellung*, position fortifiée. | *feste Stadt*, ville fortifiée. || [unerschütterlich] ferme ; inébranlable ; imperturbable. | *feste Überzeugung*, ferme conviction f. | *in seinem Fach fest sein*, connaître sa spécialité à fond. | *fest sein*, être invulnérable. || [dauernd gleichbleibend ; unbeweglich] *fester Platz*, emploi (m.) stable. | *festes Gehalt*, appointements (m. pl.) fixes ; fixe m. | *fester Wohnsitz*, domicile (m.) fixe. | *keinen festen Aufenthalt haben*, être comme l'oiseau sur la branche. | *feste Rolle*, poulie (f.) fixe. | *feste Kundschaft*, clientèle (f.) fixe, fidèle. | *feste Preise*, prix (m. pl.) fixes. | *feste Börse*, tendance (f.) ferme à la Bourse. | *festes Geld*, dépôt (m.) à terme. | *nicht fest angestellt sein*, ne pas être titulaire. | *sich fest vornehmen*, prendre la ferme résolution de. | *steif und fest behaupten*, prétendre dur comme fer. | *fest versprechen*, promettre solennellement. | *fest schlafen*, dormir à poings fermés.

Fest|ballon ["fɛstba'lɔ̃] m. (s, s) ballon captif. ||-**binden** (a, u) v. tr. lier ; attacher solidement ; fixer ; serrer. ||-**fahren** (ä, u, a) v. intr. ne plus pouvoir avancer ; être embourbé. | *der Wagen ist festgefahren*, la voiture ne peut plus avancer. || FIG. *die Sache ist festgefahren*, cette affaire est au point mort. — v. pr. **sich festfahren,** être en panne ; s'embourber. || MAR. toucher le fond. || FIG. s'enferrer. ||-**fressen (sich)** (i, a, e) v. pr. TECHN. gripper ; s'enrayer. ||°-**geld** n. (s, er). FIN. fonds immobilisés. || -**gewurzelt, -gründig** adj. profondément enraciné. ||-**haften** v. intr. coller, adhérer à ; être attaché à. ||-**halten** (ä, ie, a) v. tr. retenir ; fixer. — v. intr. tenir ferme, bon ; bien tenir. — v. pr. **sich festhalten,** s'accrocher ; ne pas lâcher prise. ||°-**halten** n. (s) attachement m. | *Festhalten an der Pflicht*, fidélité (f.) au devoir. ||-**keilen** v. tr. TECHN. caler ; bloquer. ||°-**komma** n. (s, s ou ta). INF. virgule (f.) fixe. ||-**kommen** (a, o) v. intr. MAR. s'échouer. ||°-**land** n. (s, ¨er) terre (f.) ferme ; continent m. ||-**ländisch** adj. GÉOGR. continental. ||°-**landsockel** m. (s, -). GÉOGR. plateau continental. ||-**legen** v. tr. établir ; déterminer. || MIL. repérer. || FIN. placer. | *Kapital* *festlegen*, placer des capitaux. || MAR. *das Schiff festlegen*, mouiller le navire. — v. pr. **sich festlegen,** se lier ; s'engager. | *ich möchte mich noch nicht festlegen*, je ne voudrais pas (encore) m'engager. ||°**-legen** n. (s). MIL. repérage m. ||°**-legepunkt** m. (s, e) point (m.) de repère. ||°**-legung** f. (-) stabilisation. || PHILOS. *begriffliche Festlegung*, définition f. ||**-liegen** (a, e) v. intr. être immobilisé. ||**-machen** v. tr. fixer ; affermir ; consolider. ||°**-meter** n. (s, -) mètre (m.) cube ; stère m. ||**-nageln** v. tr. clouer ; river ; cheviller. ||°**-nahme** f. (-, n) arrestation f. ||**-nehmen** (nimmt, nahm, genommen) v. tr. arrêter ; mettre la main sur. ||°**-platte** f. (-, n). INF. disque dur. ||°**-preis** m. (es, e). COMM. prix (m.) fixe. ||°**-punkt** m. (s, e) point (m.) fixe ; repère m. ; point (m.) de repère. ||**-setzen** v. tr. arrêter ; emprisonner. || FIG. fixer ; établir. | *einen Termin festsetzen*, arrêter, fixer une date. — v. pr. **sich festsetzen.** *sich an einem Ort festsetzen*, se fixer dans une localité. ||°**-setzung** f. (-, en) emprisonnement m. || FIG. fixation f. ; détermination f. ||**-sitzen** (saß, gesessen) v. intr. ne (pas) pouvoir bouger (de sa place). || MAR. être échoué. || FIG. être arrêté, immobilisé, cloué sur place. || FAM. [nichts mehr sagen können] demeurer court. || AUTOM. *der Wagen sitzt fest*, la voiture est en panne. | *der Motor sitzt fest*, le moteur est grippé. ||°**-speicher** m. (s, -). INF. mémoire morte. ||**-stehen** (stand, gestanden) v. intr. se tenir ferme sur ses pieds ; être bien posé, campé ; ne pas bouger. | *die Tatsache steht fest*, c'est un fait établi. — v. impers. *es steht fest, daß*, il est établi que ; c'est un fait que ; il est de fait que. | *es steht fest, soviel fest, daß*, ce qui est certain, c'est que. ||°**-stellbremse** f. (-, n). AUTOM. frein (m.) de stationnement. ||**-stellen** v. tr. fixer ; établir ; déterminer. | *einen Preis feststellen*, fixer un prix. || PAR ANAL. constater ; établir ; recherchen. | *feststellen, ob*, recherchen si. | *die Personalien feststellen*, établir l'identité. || MIL. repérer. ||°**-stellung** f. (-, en) [Bestimmung] détermination f. ; constatation f. ; établissement m. | *Festellung einer Rente*, liquidation (f.) d'une rente. | *sachliche Feststellung*, vérification f. | *Feststellung einer Tatsache*, établissement d'un fait. || JUR. *gerichtliche, juristische Feststellung*, acte (m.) déclaratoire. ||**-treten** (i, a, e) v. tr. tasser avec les pieds. ||**-verzinslich** adj. FIN. à revenu fixe. | *festverzinsliche Wertpapiere*, valeurs (f. pl.) à revenu fixe. ||°**-werden** n. (s) coagulation f. ||°**-wertspeicher** m. (s, -). INF. mémoire morte. ||**-wurzeln** v. intr. prendre racine ; s'enraciner.

Fest [fɛst] n. (es, e) fête f. ; solennité f. || [Musikfest] festival m. | *bewegliches Fest*, fête mobile. | *unbewegliches Fest*, fête fixe. | *Erntedankfest*, fête des moissons. | *Kirchweihfest*, fête de la dédicace. | *Nationalfest*, fête nationale.

Fest|ausschuß ["fɛst'ausʃus] m. (es, ¨e) comité (m.) des fêtes. ||°**-essen** n. (s, -) banquet m. ||°**-gabe** f. (-, n) cadeau (m.), hommage m. (à un maître). ||°**-geber** m. (s, -) hôte m. (qui invite). ||°**-kleid** n. (s, er), **-kleidung** f. (-, en) habit(s) [m. (pl.)] de fête, de gala. ||°**-lied** n. (s, er) hymne m. ||°**-mahl** n. (s, e) festin m. ; banquet m. ||°**-ordner** m. (s, -), commissaire (m.) organisateur d'une fête. ||°**-ordnung** f. (-, en) programme (m.) d'une fête. ||°**-rede** f. (-, n) discours solennel. ||°**-schrift** f. (-, en) discours, article rédigé en l'honneur d'un maître. ||°**-spiel** n. (s, e). THÉÂTRE, MUS. festival m. ; gala m. ||°**-tafel** f. (-, n) banquet m. ||°**-tag** m. (s, e) jour (m.) de fête ; jour férié. ||**-täglich** adj. solennel ; des jours de fête. ||**-tags** adv. les jours de fête. ||°**-vorstellung** f. (-, en). THÉÂTRE. représentation (f.) de gala ; gala m. ||°**-zug** m. (s, ¨e) cortège solennel ; procession f.

Feste ['fɛstə] f. (-, n). MIL. forteresse f. ; place forte ; citadelle f. || [Bibel] *Feste des Himmels*, firmament m.

festigen [-tigən] v. tr. affermir ; consolider.

Festigkeit [-tiçkait] f. (-) fermeté f. || [Stärke] solidité f. || [Härte] dureté f. || [Dichtigkeit] densité f. || PAR ANAL. consistance f. ; compacité f. || [Dauerhaftigkeit] stabilité f. || FIN. [Standhaftigkeit] fermeté f. ; aplomb m. ; persévérance f.

Festigkeits|berechnung ["fɛstiçkaitsbə'rɛçnuŋ] f. (-, en). PHYS. calcul (m.) de résistance des matériaux.

Festigung ['fɛstiguŋ] f. (-, en) renforcement m. ; consolidation f.

Festivität [fɛstivi'tɛ:t] f. (-, en). FAM. solennité f.

festlich ['fɛstliç] adj. et adv. solennel ; pompeux. | *festlich begehen*, célébrer.

Festlichkeit [-kait] f. (-, en) pompe f. ; fête f. ; cérémonie f. ; solennité f. ; caractère solennel.

Festung ['fɛstuŋ] f. (-, en). MIL. forteresse f. ; place forte. | *eine Festung schleifen*, démanteler une forteresse. || PAR EXT. *zu drei Monaten Festung verurteilen*, condamner à trois mois de forteresse.

Festungs|arrest ["fɛstuŋsa'rɛst] m. (s). MIL. arrêts (m. pl.) de forteresse. ||°**-bau** m. (s, ten). MIL. fortification f. ||°**-haft** f. (-) détention (f.) dans une enceinte fortifiée. ||°**-kommandant** m. (en, en) commandant (m.) de place. ||°**-krieg** m. (s, e) guerre (f.) de siège. ||°**-wall** m. (s, e) rempart m. ||°**-werk** n. (s, e) ouvrage fortifié.

Fetisch ['fe:tiʃ] m. (es, e) fétiche m.

Fetisch|anbeter ["fe:tiʃ'anbe:tər] m. (s, -) fétichiste m.

Fetischismus [feti'ʃismus] m. (-) fétichisme m.

fetischistisch [-'ʃistiʃ] adj. fétichiste.

fett [fɛt] adj. [Dinge] gras ; graisseux. || [ölig] huileux. | *fette Haare*, cheveux gras. || PAR ANAL. [Personen ; Tiere] gros ; gras ; obèse ; adipeux. | *fette Gans*, oie grasse. | *dick und fett*, gros et gras. || FIG. gras ; bon. | *fetter Boden*, terre grasse ; sol (m.) fertile. | *fette Weide*, gras pâturage. | *fette Erbschaft*, gros héritage. | *fettes Amt*, fonction lucrative ; FAM. bonne place ; POP. fromage m. | *fettes Jahr*, année (f.) d'abondance, de vaches grasses. | *fetter Bissen*, bon morceau. || FAM. *das macht das Kraut, den Kohl nicht fett*, cela ne met pas de beurre dans les épinards. || TYPOGR. *fette Buchstaben*, caractères (m. pl.) gras ; gras m.

Fett [fɛt] n. (s, e) graisse f. ; gras m. | *ausgelassenes Fett*, graisse fondue. | *Fett ansetzen*, engraisser ; grossir. | *mit Fett bestreichen*, graisser. | *das Fett abschöpfen*, dégraisser ; FIG. se réserver la meilleure part. | *die Fette*, les corps gras. || FIG., FAM. *er hat sein Fett*, il a son compte. | *vom eigenen Fett zehren*, vivre sur soi-même, sur son acquis.

Fett|ablagerung ["fɛt'aplɑ:gəruŋ] f. (-, en). MÉD. dépôt adipeux. ||**-artig** adj. lipoïde. ||°**-augen** n. pl. yeux (m. pl.) du bouillon. ||°**-bauch** m. (s, ¨e) gros ventre ; bedaine f. ||**-bäuchig** adj. bedonnant. ||°**-druck** m. (s, e). TYPOGR. caractères gras ; gras m. ||**-drucken** v. tr. TYPOGR. composer en (caractères) gras. ||°**-drüse** f. (-, n). ANAT. glande sébacée. ||**-durchwachsen** adj. entrelardé. ||°**-fleck(en)** m. ([en]s, -) tache (f.) de graisse. ||°**-gewebe** n. (s, -). MÉD. tissu adipeux. ||°**-leber** f. (-, n). MÉD. cirrhose f. | *alkoholische Fettleber*, cirrhose alcoolique. ||°**-leibigkeit** f. (-). MÉD. embonpoint m. ; obésité f. ||**-lösend** adj. lipolytique. ||**-löslich** adj. liposoluble. ||°**-näpfchen** n. (s, -) *ins Fettnäpfchen treten*, commettre un impair. ||°**-papier** n. (s, e) papier sulfurisé. ||°**-pflanze** f. (-, n). BOT. plante grasse. ||°**-polster** n. (s, -) bourrelet (m.) de graisse. ||°**-säure** f. (-, n). CHIM. acide gras. ||°**-sucht** f. (-). obésité f. ; adiposité f. ; adipose f.

fett|artig ["fɛt'a:rtiç] adj. lipoïde.

fetten ['fɛtən] v. tr. graisser ; lubrifier. || PAR EXT., PÉJOR. salir.

fettig [-tiç] adj. gras ; graisseux. || PÉJOR. [schmutzig] crasseux. || MÉD. adipeux.

Fetzen ['fɛtsən] m. (s, -) lambeau m. ; chiffon m. ; [zerfetzte Kleider] haillon m. ; guenille f. || FAM. *in Fetzen hängen*, s'en aller en lambeaux.

feucht [fɔyçt] adj. humide ; mouillé ; moite. | *feuchte Augen*, yeux embués de larmes. | *feucht machen*, humecter. || FIG., FAM. *er ist noch feucht hinter den Ohren*, c'est un blanc-bec, un béjaune.

Feuchte ['fɔyçtə] f. V. FEUCHTIGKEIT.

Feuchtigkeit [-tiçkait] f. (-) humidité f. ; moiteur f. | *die Feuchtigkeit abhaltend*, hydrofuge. || PHYS. degré (m.) d'hygrométrie.

feuchtigkeits|beständig ["fɔyçtiçkaitsbə'ʃtɛndiç] adj. qui ne craint pas l'humidité. ||°**-creme** f. (-, s) crème hydratante. ||°**-grad** m. (s, e) degré (m.) d'humidité. ||°**-messer** m. (s, -). PHYS. hygromètre m.

feudal [fɔy'dɑ:l] adj. POLIT. féodal. || FIG., IRON. somptueux ; fastueux. | *feudale Wohnung*, appartement luxueux.

Feudal|herr [fɔy"dɑ:l'hɛr] m. (n, en). HIST. seigneur féodal. ||°**-herrschaft** f. (-, en) féodalité f. ||°**-recht** n. (s, e) droit féodal. ||°**-staat** m. (s, en) État féodal. ||°**-wesen** n. (s, -) féodalité.

Feudalismus [fɔyda'lismus] m. (-). HIST. féodalisme m.

Feudalität [-li'tɛ:t] f. HIST. féodalité f.

Feuer ['fɔyər] n. (s, -). **1.** feu m. ; flamme f. | *das Feuer lodert auf*, les flammes jaillissent. | *Feuer (an) machen*, faire du feu. | *Feuer aus dem Stein schlagen*, battre le briquet. | *das Feuer ist ausgegangen*, le feu s'est éteint.

| *das Feuer unterhalten*, entretenir le feu. | *etwas bei gelindem Feuer kochen*, cuire qch. à feu doux. | *etwas bei starkem Feuer kochen*, cuire qch. à feu vif, à grand feu. | *den Topf aufs Feuer stellen*, mettre la marmite sur le feu. || PAR ANAL. [Brand] feu m. ; incendie m. ; sinistre m. | *Feuer an ein Haus legen, anlegen*, mettre le feu à une maison ; incendier une maison. | *in der Scheune ist Feuer ausgebrochen*, un incendie s'est déclaré dans la grange. | *dem Feuer wehren*, lutter contre l'incendie. | *Feuer!*, au feu ! | *bengalisches Feuer*, feu de Bengale. || PAR EXT. *Feuer fangen*, prendre feu. || MIL. feu m. ; fusillade f. ; canonnade f. | *fortgesetztes Feuer*, feu soutenu. | *andauerndes Feuer*, feu nourri. | *unter Feuer nehmen* ; *mit Feuer belegen*, prendre sous son feu. | *im feindlichen Feuer stehen*, être sous le feu de l'ennemi. | *Feuer geben*, faire feu. | *Feuer!*, feu ! || LOC. *wie Feuer und Wasser*, comme le jour et la nuit. || FIG. *Öl ins Feuer gießen*, jeter de l'huile sur le feu. | *ich möchte die Hand dafür ins Feuer legen*, j'en mettrais ma main au feu. | *für jn durchs Feuer gehen*, se mettre en quatre pour qn. || FAM. *für jn die Kastanien aus dem Feuer holen*, tirer les marrons du feu pour qn.

2. [Glut ; Schwung ; Leidenschaft] feu m. | *Feuer und Flamme sein*, être tout feu tout flamme. | *Feuer der Liebe*, flammes, feux de l'amour. | *Feuer und Flamme speien*, jeter feu et flamme. | *leicht Feuer fangen*, s'enflammer facilement ; FAM. s'emballer. | *das Feuer des Diamanten*, les feux du diamant. | *der Wein hat Feuer*, c'est un vin généreux. || PROV. *gebranntes Kind scheut das Feuer*, chat échaudé craint l'eau froide.

Feuer|alarm ["fɔyəra'larm] m. (s) alerte (f.) au feu. ||°**-anbeter** m. (s, -) pyrolâtre m. ; ignicole m. ||°**-anbetung** f. (-, en) pyrolâtrie f. ||°**-ball** m. (s, ¨e) globe (m.), boule (f.) de feu. ||°**-bereich** m. (s, e). MIL. zone (f.) de tir. ||**-bereit** adj. MIL. prêt à tirer ; en batterie. ||°**-berg** m. (s, e). POÉT. volcan m. ||**-beständig** adj. qui résiste au feu ; réfractaire. ||°**-beständigkeit** f. (-). PHYS. résistance (f.) au feu. ||°**-bestattung** f. (-, en) incinération f. ||°**-brand** m. (s, ¨e) brandon m. ||°**-eifer** m. (s) zèle ardent ; ferveur f. ||°**-eimer** m. (s, -) seau (m.) à incendie. ||°**-einheit** f. (-, en). MIL. unité (f.) de tir. ||**-farben, -farbig** adj. couleur de feu. ||**-fest** adj. PHYS. réfractaire ; incombustible ; ignifugé. | *feuerfester Stein*, brique (f.) réfractaire. ||°**-festigkeit** f. (-). PHYS. incombustibilité f. ||**-flüssig** adj. CHIM. igné ; éruptif. | *feuerflüssige Elektrolyse*, électrolyse ignée. ||°**-fresser** m. (s, -) ignivore m. ||°**-gase** n. pl. gaz (m. pl.) de combustion. ||°**-gatter** n. (s, -) pare-étincelles m. ; garde-feu m. ||°**-gefahr** f. (-, en) danger (m.) d'incendie. ||**-gefährlich** adj. facilement inflammable. ||°**-gefährlichkeit** f. (-) inflammabilité f. ||°**-glocke** f. (-, n) tocsin m. ||°**-glut** f. (-, en) brasier m. ||°**-haken** m. (s, -) tisonnier m. ; pique-feu m. ; croc (m.) à incendie. ||°**-herd** m. (s, e) âtre m. ; foyer m. || PAR EXT. foyer (m.) d'incendie. ||°**-land** n. pr. n. (s). GÉOGR. Terre (f.) de Feu. ||°**-lärm** m. (s) alerte (f.) d'incendie. ||°**-lilie** f. (-, n) lis orangé. ||°**-löschapparat** m. (s, e), ||°**-löscher** m. (s, -) extincteur m. ||°**-löschmannschaft** f. (-, en) corps (m.) de sapeurs-pompiers. ||°**-mauer** f. (-, n) mur (m.) coupe-feu. ||°**-melder** m. (s, -) avertisseur (m.) d'incendie. ||°**-probe** f. (-, n) épreuve (f.) du feu. || HIST. jugement (m.) de Dieu. ||°**-rost** m. (es, e) grille (f.) du foyer. ||**-rot** adj. rouge feu. | *feuerrotes Haar*, cheveux roux. | *feuerrot werden*, devenir cramoisi. ||°**-schaden** m. (s, ¨) dégâts causés par l'incendie ; sinistre m. ||°**-schirm** m. (s, e) pare-étincelles m. ; garde-feu m. ; écran m. ||°**-schlund** m. (s, ¨e). MIL. (Vx.) bouche à feu. ||°**-schwamm** m. (s, ¨e) amadou m. ||**-sicher** adj. à l'épreuve du feu ; ignifuge ; incombustible. ||**-speiend** adj. qui lance des flammes. | *feuerspeiender Berg*, volcan m. ||°**-spritze** f. (-, n) pompe (f.) à incendie. ||°**-stein** m. (s, e). MINÉRAL. pierre (f.) à feu, à fusil ; silex (m.) pyromaque. ||°**-strafe** f. (-, n) supplice (m.) du feu. ||°**-taufe** f. (-, n) baptême (m.) du feu. ||°**-versicherung** f. (-, en) assurance (f.) contre l'incendie. ||°**-versicherungsvertrag** m. (s, ¨e) JUR. police-incendie f. ||°**-wache** f. (-, n) poste (m.) des pompiers. ||°**-wächter** m. (s, -) veilleur (m.) d'incendie. ||°**-waffe** f. (-, n) arme (f.) à feu. ||°**-wehr** f. (-, en) [corps (m.) des] sapeurs-pompiers m. pl. ||°**-wehrmann** m. (s, -leute) sapeur-pompier m. ||°**-werk** n. (s, e) feu (m.) d'artifice. ||°**-werker** m. (s, -) artificier m. ||°**-werkskunst** f. (-) pyrotechnie f. ||°**-wirkung** f. (-, en). MIL. efficacité (f.) du tir. ||°**-zange** f. (-, n) pincettes f. pl. (de cheminée) ||°**-zeichen** n. (s, -) fanal m. ; feu m. ; signal (m.) d'incendie ; trace (f.) de brûlure. ||°**-zeug** n. (s, e) briquet m.

feuern ['fɔyərn] v. intr. faire du feu ; chauffer. | *mit Holz feuern*, brûler du bois. || MIL. faire feu ; tirer. | *blind feuern*, tirer à blanc. | *scharf feuern*, tirer à balle. ◇ v. tr. FAM. *etwas in die Ecke feuern*, lancer qch. dans un coin. | *jm eins um die Ohren feuern*, gifler qn. | *jn feuern*, mettre qn à la porte.

Feuers|brunst ["fɔyərs'brunst] f. (-, ¨e) incendie m. ||°**-not** f. (-, ¨e) sinistre m. ; incendie m. || [Feuergefahr] danger (m.) d'incendie.

Feuerung ['fɔyəruŋ] f. f. (-) [Handlung] chauffage m. || PAR EXT. [Stoff] combustible m. || TECHN. chauffe f. ; foyer m.

Feuerungs|anlage ["fɔyəruŋs'anlɑ:gə] f. (-, n) installation (f.) de chauffage ; chaufferie f. ||°**-gase** n. pl. gaz (m. pl.) de chauffage. ||°**-material** n. (s, ien) combustible m.

Feuilleton ['fœjətɔ̃] n. (s, s) pages culturelles ; supplément culturel.

feurig ['fɔyriç] adj. de, en feu ; enflammé ; ardent. | *feurige Kohlen*, charbons ardents. || FIG. ardent ; brûlant ; généreux ; fervent ; fougueux. | *feuriger Wein*, vin généreux. | *feuriges Pferd*, cheval fougueux, ardent, fringant. | *feuriger Redner*, orateur fougueux, ardent, pathétique. | *feurige Liebe*, amour ardent, passionné. | *feurige Kohlen auf js Haupt sammeln*, couvrir qn de confusion.

Fex [fɛks] m. (es, e). [Schimpfwort] fou m. ; toqué m. || FAM. polichinelle m.

Fez [fe:ts] m. (es) facétie f. ; plaisanterie f.

ff [ɛfɛf] n. FAM. *eine Sache aus dem ff verstehen*, savoir qch. sur le bout des doigts.

Fiaker [fi'akər] m. (s, -) fiacre m.

Fiale [fi'ɑ:lə] f. ARCHIT. pinacle m.

Fiasko ['fiasko] n. (s, s) fiasco m. ; four m.

Fibel ['fi:bəl] f. (-, n) 1° abécédaire m. ; alphabet m. ; abc m. ; 2° broche f.

Fiber ['fibər] f. (-, n). BOT., ANAT. fibre f.

Fibrille [fi'brilə] f. (-, n). ANAT. fibrille f.

Fibrin [fi'bri:n] n. (s, -) fibrine f.

Fibrom [fi'bro:m] n. (s, e). MÉD. fibrome m.

fibrös [-'brø:s] adj. fibreux.

Fichte ['fiçtə] f. (-, n). BOT. épicéa m. ; sapin m.

fichten [-tən] adj. en bois de sapin.

Fichten|apfel ["fiçtən'apfɛl] m. (s, ¨). BOT. pomme (f.) de pin. ||°**-holz** n. (es). BOT. bois (m.) de sapin, de pin, d'épicéa. ||°**-nadel** f. (-, n). BOT. aiguille (f.) de pin, de sapin, d'épicéa.

fick|facken ["fik'fakən] v. intr. FAM. prendre la tangente.

Fidei|kommiß [fideikɔ'mis] n. (es, e). JUR. fidéicommis m.

fidel [fi'de:l] adj. [Studentensprache] gai ; joyeux. | *fideler Bursche*, gai luron. | *fideler Hans*, joyeux compère.

Fidelitas [-'delitas] f. (-), **Fidelität** [-deli'tɛt] f. (-). FAM., UNIV. gaieté f.

Fidibus ['fi:dibus] m. (- ou ses, se). POP. allume-pipe m. (en papier).

Fiduz [fi'du:ts] n. (es, -). POP. confiance f.

Fieber ['fi:bər] n. (s, -) fièvre f. ; température f. | *das Fieber bricht aus*, la fièvre se déclare. | *Fieber bekommen*, FAM. *kriegen*, être pris de fièvre. | *Fieber messen*, prendre la température. | *Mittel gegen Fieber*, fébrifuge m.

fieber|artig ["fi:bər'ɑ:rtiç] adj. fébrile. ||°**-arznei** f. (-, en). MÉD. fébrifuge m. ||**-bekämpfend** adj. MÉD. fébrifuge m. ; antipyrétique. ||°**-frost** m. (es, ¨e). MÉD. frisson m. pl. ||°**-hitze** f. MÉD. température f. (de fièvre) ; chaleur (f.) fébrile. ||**-krank** adj. MÉD. pris de fièvre. ||°**-mittel** n. (s, -). MÉD. fébrifuge m. ; antipyrine f. ||°**-rinde** f. (-, n). MÉD. quinquina m. ||°**-tabelle** f. (-, n). MÉD. feuille (f.) de température. ||°**-thermometer** n. (s, -) thermomètre médical. ||°**-wahn** m. (s). MÉD. délire m. ; hallucinations f. pl.

fieberhaft ['fi:bərhaft], **fieb(e)rig** ['fi:b(ə)riç] adj. fiévreux ; fébrile ; qui a de la température.

fiebern ['fi:bərn] v. intr. avoir de la fièvre, de la température ; être fiévreux ; délirer ; battre la campagne. | *er fiebert vor Erregung*, il est en proie à une agitation fébrile.

Fiedel ['fi:dəl] f. (-, n). MUS. violon m. || POP. crincrin m.

Fiedel|bogen ["fi:dəl'bo:gən] m. (s, ¨). MUS. archet m. ||°**-bohrer** m. (s, -) drille f.

fiedeln ['fi:dəln] v. intr. FAM. racler du violon.

Fieder ['fi:dər] f. (-, n) petite plume. || BOT. petite feuille (d'une feuille pennée).
fiedern ['fi:dərn] v. tr. et v. pr. (s')emplumer. | *die gefiederte Welt*, la gent ailée. || BOT. *gefiedertes Blatt*, feuille pennée.
Fiedler ['fi:dlər] m. (s, -). MUS. ménétrier m. ; racleur (m.) de violon. || POP. violoneux.
fied(e)rig ['fi:d(ə)riç] adj. emplumé ; à plumes.
fieren ['fi:rən] v. tr. MAR. lâcher peu à peu, larguer, filer une amarre.
Figur [fi'gu:r] f. (-, en) [Gestalt] figure f. ; personne f. ; stature f. ; taille f. | *sie hat eine hübsche Figur*, elle est bien faite. | *Figur machen*, être ou paraître un personnage ; faire figure. | *jn in ganzer Figur malen*, peindre qn en pied. || FIG. *er spielte hierbei eine traurige Figur*, il jouait un vilain rôle en l'occurrence. || PAR ANAL. [Bildwerk] figure f. ; pièce f. || FIG. *der Schachspieler zieht die Figuren*, le joueur d'échecs déplace ses pièces. || PAR EXT. [Bewegung ; Wendung] figure f. || AÉRON. acrobaties f. pl.
Figurant [figu'rant] m. (en, en). THÉÂTRE. figurant m. ; comparse m.
Figürchen [fi'gyrçən] n. (s, -) figurine f.
figurieren [figu'ri:rən] v. tr. et v. intr. figurer ; donner figure à.
Figurine [-'rinə] f. (-, n) figurine f.
figürlich [fi'gy:rliç] adj. figuré.
◇ adv. au figuré.
Fiktion [fik'tsio:n] f. (-, en) fiction f.
fiktiv [fik'ti:f] adj. fictif.
Filet [fi'lɛ] n. (s, s). [Netz] filet m. || CULIN. filet m.
Filiale [fili'ɑ:lə] f. (-, n). COMM. succursale f. ; filiale f. ; annexe f. ; dépendance f.
Filigran [fili'grɑ:n] n. (s, e) filigrane m.
Film [film] m. (s, e) film m. ; pellicule f. | *belichteter Film*, pellicule exposée. | *unbelichteter Film*, pellicule vierge. || PAR EXT. *sie will zum Film gehen*, elle veut faire du cinéma. | *kurzer Film*, court métrage. (s. Tafel S. XVI).
Film|apparat ["filmapa'rɑ:t] m. (s, e) appareil (m.) cinématographique ; caméra f. ||°**-archiv** n. (s, e) cinémathèque f. ||°**-atelier** n. (s, s) studio m. ||°**-aufnahme** f. (-, n) prise (f.) de vues cinématographiques. ||°**-autor(in)** m. (s, en), f. (-, nen) scénariste s. ||°**-diva** f. (-, ven) vedette (f.) de cinéma ; star f. ||°**-drehbuch** n. (s, ¨er) scénario m. || °**-empfindlichkeit** f. (-, en) sensibilité (f.) de la pellicule. ||°**-größe** f. (-, n) vedette f. ; étoile (f.) de film ; star f. ||°**-industrie** f. (-, en) industrie (f.) cinématographique. ||°**-künstler** m. (s, -) cinéaste m. ||°**-mitnehmer** m. (s, -). PHOT. griffe (f.) d'entraînement. ||°**-prüfstelle** f. (-, n). ADM. office (m.), service (m.) de contrôle, de censure (f.) des films. ||°**-regisseur** m. (s, e). FILM. metteur (m.) en scène. ||°**-schnitt** m. (s, e). TECHN. découpage m. ; séquence f. ||°**-streifen** m. (s, -) bande f. (de film). ||°**-theater** n. (s, -) [salle (f.) de] cinéma m. ||°**-transport** m. (s) transport (m.) du film. ||°**-verleih** m. (s) distribution (f.) de films. ||°**-verzeichnis** n. (es, e) filmographie f. ||°**-vorführung** f. (-, en) projection f. (de films). ||°**-wissenschaft** f. (-) filmologie f.
filmen ['filmən] v. tr. tourner un film ; filmer ; cinématographier.
◇ v. intr. jouer dans un film ; tourner.
Filter ['filtər] m. ou n. (s, -) filtre m.
filtern [-tərn] v. tr. TECHN. filtrer.
Filterung [-təruŋ] f. (-, en). TECHN. filtrage m. ; filtration f.
Filter|zigarette ["filtər'tsigarɛtə] f. (-, n) cigarette (f.) à bout filtre.
Filtrier|beutel [fil"tri:r'bɔytəl] m. (s, -) filtre m. ; passoire f. ||°**-papier** n. (s) papier (m.) filtre.
filtrieren [fil'tri:rən] v. tr. TECHN. filtrer.
Filz [filts] m. (es, e) feutre m. || FIG. ladre m. ; pingre m. ; grigou m.
Filz|dichtung ["filts'diçtuŋ] f. (-, en) joint (m.) de feutre. ||°**-hut** (s, ¨e) feutre m. ||°**-laus** f. (-, ¨e) pou (m.) du pubis ; POP. morpion m. ||°**-marker** m. (s, -) marqueur m. ||°**-schreiber** m. (s, -), °**-stift** m. (s, e) [crayon-]feutre m.
filzen ['filtsən] adj. en, de feutre.
filzen [-tsən] v. tr. feutrer. || FIG. palper.
◇ v. intr. FIG. lésiner ; être ladre, pingre.
filzig [-tsiç] adj. feutré. || FIG. pingre.
Fimmel ['fiməl] m. (s, -). BOT. chanvre m. || TECHN. coin (m.) de bûcheron. || FIG., FAM. toquade f. ; folie f. ; passion f.
Finale [fi'nɑ:lə] n. (s, s) finale m.
Finanz|abkommen [fi"nants'apkɔmən] n. (s, -). POLIT. accord financier. ||°**-amt** n. (s, ¨er). [Verwaltung] fisc m. || [Gebäude] hôtel (m.) des impôts. ||°**-analyse** f. (-, n) étude financière. ||°**-analytiker(in)** m. (s, -), f. (-, nen) analyste financier (m.), financière f. ||°**-bereich** m. (s, e) domaine financier ; compétence financière. ||°**-jahr** n. (s, e). FIN., COMM. exercice (financier) ; année budgétaire, fiscale. ||°**-kontrolle** f. (-, n) contrôle fiscal. ||°**-kontrolleur** m. (s, e) inspecteur (m.) des contributions directes. ||°**-kreise** m. pl. milieux financiers. ||°**-mann** m. (s, ¨er) financier m. ||°**-platz** m. (es, ¨e) place financière. ||°**-wissenschaft** f. (-, en) sciences économiques et financières.
Finanzen [fi'nantsən] f. pl. finances f. pl. ; capitaux m. pl. ; argent m. ; fonds m. pl. | *öffentliche Finanzen*, finances publiques.
finanziell [finan'tsiɛl] adj. financier. | *finanzielle Sanierung*, assainissement financier.
finanzieren [-'tsi:rən] v. tr. financer.
Finanzierung [-'tsi:ruŋ] f. (-, en) financement m.
findbar ['fintbɑr] adj. trouvable.
Findel|haus ["findəl'haus] n. (es, ¨er) hospice (m.) des enfants trouvés. ||°**-kind** n. (s, er) enfant trouvé.
finden ['findən] (a, u) v. tr. **1.** [durch Suchen oder Zufall] trouver. || [antreffen] rencontrer. || [auffinden] découvrir. | *eine Wohnung finden*, trouver un appartement. | *ich kann das Buch nicht finden*, je n'arrive pas à mettre la main sur ce livre. | *er ist nirgends zu finden*, il est introuvable. | *keinen Ausweg finden*, ne pas trouver d'issue. | *ich fand ihn bei der Arbeit*, je le trouvai en train de travailler. | *seinen Meister finden*, trouver son maître.
2. [erhalten] *Ruhe finden*, trouver la paix. | *Gnade finden*, trouver grâce. | *Glauben finden*, trouver créance. | *Beifall finden*, avoir du succès. | *keinen Widerhall finden*, ne pas trouver d'écho ; [Redner] prêcher dans le désert. | *den Tod finden*, trouver la mort. || PAR EXT. [durch Betrachtung, Überlegung darauf stoßen] trouver ; découvrir ; mettre au jour. | *die Lösung eines Rätsels finden*, trouver le mot d'une énigme. | *die Lösung eines Problems finden*, trouver la solution d'un, résoudre un problème. || *Mittel und Wege finden*, trouver moyen. || FIG. [meinen ; beurteilen] trouver ; juger ; penser ; être d'avis ; estimer. | *ich kann nichts dabei finden*, je ne trouve rien à dire. | *ich finde das nicht nett von dir*, je ne trouve pas ça bien de ta part. | *ich finde es warm hier*, je trouve qu'il fait chaud ici.
◇ v. pr. **sich finden** [sich eingewöhnen] *er findet sich nicht in sein neues Leben*, il ne se fait pas à sa nouvelle vie. | *sich ins Unabänderliche finden*, se résigner à l'irrémédiable. || [zusammenfinden] se rencontrer ; FIG. communier. | *sie fanden sich in einer gemeinsamen Leidenschaft für die Malerei*, une commune passion pour la peinture les unissait, les réunissait. || [vorkommen] *die Gelegenheit wird sich schon finden*, l'occasion se présentera bien. | *es wird sich finden*, on verra bien. || [sich herausstellen] *es fand sich, daß*, il se trouva que.
Finder [-dər] m. (s, -) celui qui trouve, qui a trouvé. || JUR. inventeur m.
Finder|lohn ["findər'lo:n] m. (s, ¨e) récompense (f.) à qui rapporte un objet perdu.
findig ['findiç] adj. habile ; FAM. débrouillard.
Findigkeit [-diçkait] f. (-) ingéniosité f. ; habileté f.
Findling ['fintliŋ] m. (s, e) enfant trouvé. || GÉOL. bloc (m.) erratique.
Finesse [fi'nɛsə] f. (-, n) finesse f.
Finger ['fiŋər] m. (s, -) doigt m. | *knochiger Finger*, doigt noueux. | *krummer Finger*, doigt crochu. | *kleiner Finger*, auriculaire m. ; petit doigt. | *sich in den Finger schneiden*, se couper le doigt ; FIG. se mettre le doigt dans l'œil. | *mit dem Finger, mit Fingern auf jn weisen, zeigen*, montrer qn du doigt. | *an den Fingern abzählen*, compter sur ses doigts. || FIG. *lange, krumme Finger machen*, avoir les doigts crochus. | *die Finger davon lassen*, ne pas s'en mêler. | *keinen Finger für jn rühren*, ne pas faire le moindre geste en faveur de qn. | *sich lieber einen Finger abbeißen lassen als eingestehen*, se faire tuer plutôt que d'avouer. | *sich die Finger dabei verbrennen*, s'y brûler les doigts. | *man kann seine Anhänger an den fünf Fingern abzählen*, on peut compter ses partisans sur les doigts d'une main. | *etwas an den Fingern hersagen können*, savoir qch. sur le bout des doigts. | *jm auf die Finger sehen*, avoir qn à l'œil. | *jm auf die Finger klopfen*, taper sur les doigts de qn. | *eins auf die Finger bekommen*, se faire taper sur les doigts.

| *nicht aus den Fingern lassen*, ne pas lâcher. | *jm durch die Finger sehen*, être indulgent pour qn ; faire preuve de patience à l'égard de qn. | *etwas mit spitzen Fingern anfassen*, saisir qch. du bout des doigts. | *sich um den Finger wickeln lassen*, être du bois dont on fait les flûtes. | *das Geld zerrinnt ihm unter den Fingern*, l'argent lui file entre les doigts. || PROV. *wenn man dem Teufel den kleinen Finger reicht, nimmt er die ganze Hand*, si on lui donne long comme le doigt, il en prend long comme le bras. | *man muß die Finger nicht zwischen Tür und Angel stecken*, entre l'arbre et l'écorce il ne faut pas mettre le doigt. || [am Handschuh] doigt m. | *drei Finger breit*, large de trois pouces.

Finger|abdruck ["fiŋər'apdruk] m. (s, ¨e) empreintes digitales. ||°**-abdruck|vergleich** m. (s, e) dactyloscopie f. ||**-breit** adj. de la largeur d'un doigt. | *keinen Fingerbreit weichen*, ne pas céder d'un pouce. ||**-dick** adj. de l'épaisseur d'un doigt. ||**-fertig** adj. habile de ses doigts, de ses mains. ||°**-fertigkeit** f. (-, en) habileté manuelle, des mains ; dextérité f. ||**-förmig** adj. digité. ||°**-geschwür** n. (s, e). MÉD. panaris m. ||°**-glied** n. (s, er). ANAT. phalange f. ||°**-hut** m. (s, ¨e) dé (m.) à coudre. || BOT. digitale f. ||°**-satz** m. (es, ¨e). MUS. doigté m. ||°**-spitze** f. (-, n). ANAT. bout (m.) du doigt. ||°**-spitzengefühl** n. (s). FIG. doigté m. ; tact m. ||°**-sprache** f. (-, n) langage (m.) des sourds-muets. ||°**-übung** f. (-, en). MUS. exercice (m.) de doigté. ||°**-zeig** m. (s, e) indication f. ; avis m. ; avertissement m. | *jm einen Fingerzeig geben*, fournir une indication à qn.

Fingerling ['fiŋərliŋ] m. (s, e). TECHN. doigtier m. ; doigt (m.) de gant ; capuchon m.

fingern [-ŋərn] v. intr. FAM. jouer des doigts ; tapoter. | *er fingert nach dem Gelde*, il est avide d'argent. | *an etwas fingern*, tripoter qch.
◇ v. tr. FIG., FAM. *wir werden das Ding schon fingern*, nous goupillerons cette affaire.

fingieren [fiŋ'gi:rən] v. tr. feindre ; simuler.

fingiert [-'gi:rt] adj. feint ; simulé ; imaginaire. || COMM. *fingierte Rechnung*, facture fictive.

Fink(e) ['fiŋk(ə)] m. (en, en). ZOOL. pinson m. | *bengalischer Fink*, bengali m. || FIG. [Studentensprache] étudiant non affilié à une corporation.

Finken|meise ["fiŋkən'maizə] f. (-, n). ZOOL. mésange charbonnière.

Finkler ['fiŋklər] m. (s, -) oiseleur m.

Finne ['finə] n. pr. m. (n, n). GÉOGR. Finnois m.

Finne ['finə] f. (-, n). ZOOL. [Rückenflosse] nageoire f. || [Bandwurmanfang] cysticerque m. || MÉD. bouton m. ; point noir. || TECHN. panne f. (de marteau).

Finnen|ausschlag ["finen'ausʃla:k] m. (s, ¨e). MÉD. acné f. ; comédon m. ||°**-krankheit** f. (-, en). ZOOL. ladrerie f. ||°**-wal** m. (s, e). ZOOL. baleinoptère m. ; rorqual m.

finnig ['finiç] adj. couvert de boutons ; pustuleux. || ZOOL. ladre. | *finniges Schweinefleisch*, porc (m.) ladre.

Finnin ['finin] n. pr. f. (-, nen). GÉOGR. Finnoise f.

finnisch [-niʃ] adj. GÉOGR. finnois ; finlandais.

Finn|land ['finlant] n. pr. n. GÉOGR. Finlande f. ||°**-länder(in)** n. pr. m. (s, -), f. (-, nen) Finlandais(e) m. (f.). ||**-ländisch** adj. GÉOGR. finlandais.

finno-ugrisch ["fino'u:griʃ] adj. finno-ougrien. | *finno-ugrische Sprachen*, langues finno-ougriennes.

finster ['finstər] adj. sombre ; noir. | *finstere Nacht*, nuit épaisse, noire. | *es wird finster*, la nuit vient ; il commence à faire sombre, noir, nuit. || FIG. sombre ; ténébreux. | *finsteres Gesicht*, mine (f.) sombre. | *finstere Gedanken*, idées noires. | *finstere Angelegenheit*, affaire ténébreuse.
◇ adv. *finster ansehen*, regarder d'un air sombre.

Finsternis [-nis] f. (-, se) ténèbres f. pl. ; obscurité f. | *ägyptische Finsternis*, ténèbres profondes, épaisses. || ASTRON. éclipse f. || RELIG. ténèbres f. pl. | *die Macht der Finsternis*, l'esprit (m.) des ténèbres.

Finte ['fintə] f. (-, n). [Scheinstoß] feinte f. || [Täuschung] ruse f. ; détours m. pl.

Fips [fips] m. (es, e). [kleiner Kerl] gringalet m. || [Laune] lubie f. ; grain (m.) de folie. || [Schneider] tailleur m.

Firlefanz ["firlə'fants] m. (es, e) niaiseries f. pl. ; balivernes f. pl. || FIG. [Geck] fat m.

firlefanzen [-tsən] v. intr. FAM. muser.

firm [firm] adj. *in etwas firm sein*, être versé dans qch. ; connaître bien qch.

Firma ['firma] f. (-, men). COMM. firme f. ; raison sociale ; maison (f.) de commerce.

Firmament [firma'mɛnt] n. (s, e) firmament m.

firmeln ['firməln], **firmen** ['firmən] v. tr. RELIG. confirmer.

Firmen|name ["firmən'na:mə] m. (ns, n). COMM. raison sociale. ||°**-register** n. (s, -) registre (m.) du commerce. ||°**-schild** n. (s, er) enseigne f. ||°**-stempel** m. (s, -) timbre (m.), en-tête (m.) d'une maison de commerce.

firmieren [fir'mi:rən] v. tr. COMM. avoir pour raison sociale ; s'intituler.

Firmung ['firmuŋ] f. (-, en). RELIG. confirmation f.

Firn [firn] m. (s, e) névé m. ; neige glacée.

firn [firn] adj. [Wein] qui n'est pas de l'année.

Firner ['firnər] m. (s, -). GÉOL. glacier m.

Firnis ['firnis] m. (ses, se). PR. et FIG. vernis m. *mit Firnis streichen*, vernir.

Firnis|baum ["firnis'baum] m. (s, ¨e). BOT. sumac m. ||°**-lack** m. (s, e) vernis m. ; laque f.

firnissen ['firnisən] v. tr. vernir ; vernisser.

Firn|schnee ['firnʃne:] m. (s) névé m. ; neige éternelle. ||°**-spalte** f. (-, n) crevasse (f.) de glacier.

First [first] m. (es, e) ou f. (-, en). [Gebirgskamm] crête f. || [Dachkante] faîte m. ; arête f.

First|blech ['firstblɛç] n. (s, e). ARCHIT. faîtage m. ||°**-ziegel** m. (s, -) tuile faîtière.

Fis [fis] n. (-). MUS. fa (m.) dièse.

Fisch [fiʃ] m. (es, e) poisson m. | *gesund wie ein Fisch sein*, se porter comme un charme. | *stumm wie ein Fisch*, muet comme une carpe. || FIG., FAM. *das ist weder Fisch noch Fleisch*, ce n'est ni chair ni poisson. || FAM. *das sind faule Fische*, ce sont des boniments, des faux-fuyants, POP. des bobards.

Fisch|angel ["fiʃ'aŋəl] f. (-, n) hameçon m. ||°**-behälter** m. (s, -) vivier m. ||°**-bein** n. (es, e) fanon (m.) de baleine. | *weißes Fischbein*, os (m.) de seiche. ||°**-blase** f. (-, n) vessie (f.) natatoire. ||°**-blut** n. (s). FIG., IRON. *Fischblut haben*, ne pas avoir de sang dans les veines ; avoir du sang de navet. ||°**-brühe** f. (-, n) court-bouillon m. ||°**-brut** f. (-) alevin m. ; frai m. ||°**-dampfer** m. (s, -). MAR. chalutier m. ||°**-fang** m. (s, ¨e) pêche f. ||°**-fresser** m. (s, -). ZOOL. piscivore ; ichtyophage. ||°**-garn** n. (s, e) filet m. (de pêche). ||°**-geier** m. (s, -). ZOOL. vautour pêcheur. ||°**-gräte** f. (-, n) arête (f.) de poisson. ||°**-händler** m. (s, -) poissonnier ; marchand (m.) de poisson. ||°**-korb** m. (s, ¨e) nasse f. ||°**-kunde** f. (-) ichtyologie. ||°**-laden** m. (s, -). COMM. poissonnerie f. ||°**-laich** m. (s). ZOOL. frai (m.) de poisson. ||°**-leder** n. (s, -) galuchat m. ||°**-milch** f. (-) laitance f. ||°**-otter** m. (s, -). ZOOL. loutre f. ||**-reich** adj. poissonneux. ||°**-reiher** m. (s, -). ZOOL. héron cendré. ||°**-reuse** f. (-, n) nasse f. ||°**-rogen** m. (s, -) œufs (m. pl.) de poisson ; rogue f. ||°**-saurier** m. (s, -) ichtyosaure m. ||°**-suppe** f. (-, n). CULIN. soupe (f.) de poissons. ||°**-weib** n. (s, er). PÉJOR. poissarde f. || FIG. naïade f. ||°**-zucht** f. (-) pisciculture f. ||°**-zuchtfarm** f. (-, en) ferme (f.) aquatique. ||°**-zug** m. (s, ¨e) coup (m.) de filet.

Fischchen ['fiʃçən] n. (s, -). ZOOL. fretin m.

fischen [-ʃən] v. tr. et v. intr. pêcher. | *mit dem Netz fischen*, pêcher au filet. | *mit der Angel fischen*, pêcher à la ligne. | *mit dem Wurfgang fischen*, pêcher à l'épervier. || FIG., FAM. *es ist nichts dabei zu fischen*, il n'y a rien à y gagner, à y récolter. | *im trüben fischen*, pêcher en eau trouble.

Fischen [-ʃən] n. (s) pêche f.

Fischer [-ʃər] m. (s, -) pêcheur m.

Fischer|leine ["fiʃər'lainə] f. (-, n) ligne f. (de pêcheur). ||°**-netz** n. (es, e) filet (m.) de pêche. ||°**-stechen** n. (s, -) joute (f.) nautique.

Fischerei [fiʃə'rai] f. (-, en) pêcherie f. ; pêche f.

Fischerei|aufseher [fiʃə"rai'aufze:ər] m. (s, -) garde-pêche m. ||°**-fahrzeug** n. (s, e) bâtiment (m.) de pêche ; bateau pêcheur. ||°**-frevel** m. (s, -) délit (m.) de pêche.

fiseln ['fizəln] v. impers. pleuvoter ; neiger un peu, légèrement.

Fisematenten [fisema'tɛntən] f. pl. FAM. *Fisematenten machen*, faire des histoires, des chichis.

Fiskus ['fiskus] m. (-). FIN. fisc m. ; Trésor m.

Fistel ['fistəl] f. (-, n). MÉD. fistule f. || MUS. fausset m. ; voix (f.) de tête.

fisteln [-təln] v. intr. MUS. chanter, parler d'une voix de fausset, de tête.

Fittich ['fitiç] m. (s, e). POÉT. aile f.

Fitze ['fitsə] f. (-, n). 1° [Knäuel] écheveau m. ; 2° [Runzel] ride f.

fitzen ['fitsən] v. intr. FAM. se démener.

◇ v. tr. FAM. fouetter ; châtier.
fix [fiks] adj. [fest] fixe. || [flink] prompt ; leste ; preste. || [bereit] prêt. | *fix und fertig sein*, être fin prêt.
Fix|auftrag ["fiks'auftrɑ:k] m. (s, ¨e). COMM., FIN. ordres (m. pl.) à terme. ||°**-stern** m. (s, e). ASTRON. étoile (f.) fixe.
Fixativ [fiksa'ti:f] n. (es, e) fixatif m.
Fixier|bad [fi"ksi:r'bɑ:t] n. (s,¨er). PHOT. bain (m.) de fixation. ||°**-natron** n. (s). PHOT. hyposulfite (m.) de soude. ||°**-salz** n. (es, e). PHOT. fixateur m.
fixieren [fi'ksi:rən] v. tr. [anstarren] fixer du regard ; regarder fixement. || [festlegen] fixer ; déterminer. || PHOT. fixer.
Fixierung [-ruŋ] f. (-) fixation f.
Fixum ['fiksum] n. (s, xa). COMM. fixe m.
Fjord [fjɔrt] m. (s, e). GÉOGR. fiord m. ; fjord m.
flach [flax] adj. [eben] plan ; ras. | *flache Brust*, poitrine plate. | *auf dem flachen Land*, dans la plaine ; en rase campagne. | *flache Klinge*, plat (m.) de l'épée. | *flache Hand*, plat de la main. | *flacher Teller*, assiette plate. | *flache Dächer*, toits (m. pl.) en terrasse. || [untief] *flaches Wasser*, basses eaux. | *flaches Fahrzeug*, chaland m. || FIG. *ein flacher Kopf*, un esprit plat. | *flaches Urteil*, jugement superficiel.
Flach|bahn ['flaxbɑ:n] f. (-, en) trajectoire tendue. ||°**-bahnfeuer** n. (s), °**-schießen** n. (s) tir tendu. ||°**-bohrung** f. (-, en) forage horizontal. ||°**-dach** n. (s,¨er). ARCHIT. toit (m.) en terrasse. ||**-füßig** adj. qui a les pieds plats. ||°**-hang** m. (s, ¨e) pente douce. ||°**-kopf** m. (s, ¨e). FIG., FAM. esprit plat, borné. ||°**-küste** f. (-, n) côte basse. ||°**-land** n. (s) pays plat ; plaine f. ||°**-meißel** m. (s, -). TECHN. burin m. ||**-nasig** adj. camus. ||°**-zange** f. (-, n). TECHN. pince plate.
Flachheit ['flaxhait] f. (-, en) planéité f. || FIG. platitude f. ; banalité f.
Fläche ['flɛçə] f. (-, n) surface f. ; superficie f. | *ebene Fläche*, surface unie. | *unebene Fläche*, surface raboteuse. || MATH. surface f. ; face f. ; plan m. | *senkrechte Fläche*, plan vertical. | *geneigte Fläche*, plan incliné.
flächen [-çən] v. tr. TECHN. aplanir ; aplatir.
Flächen|ausdehnung ["flɛçən'ausde:nuŋ] f. (-, en) superficie f. ; étendue f. ||°**-bedarf** m. (s) superficie requise. ||°**-einheit** f. (-, e). MATH. superficie f. ; aire f. ||°**-messung** f. (-, en). MATH. planimétrie f. ||°**-nutzungs|plan** m. (s, ¨e). ADM. plan (m.) d'occupation des sols (P.O.S.). ||°**-raum** m. (s,¨e). MATH. superficie f. ||°**-winkel** m. (s, -). MATH. dièdre m.
flächenhaft ['flɛçənhaft] adj. MATH. à deux dimensions.
Flachs [flaks] m. (es) lin m. ; filasse f.
Flachs|brecher ["flaks'brɛçər] m. (s, -). TECHN. broyeur (m.) de lin. ||°**-feld** n. (s, er). AGRIC. linière f. ||°**-haar** n. (s, e) cheveux très blonds ; PÉJOR. cheveux filasse. ||°**-hechel** f. (-, n). TECHN. affinoir m. ||°**-kopf** m. (s, ¨e) blondin m.
flächsen ['flɛksən] adj. [flächsern] de lin.
Flacker|feuer ["flakər'fɔyər] n. (s, -) flamme vacillante. || MAR. feu (m.) à scintillations. ||°**-licht** n. (es, er) lumière clignotante.
flackern ['flakərn] v. intr. [Feuer ; Licht] vaciller ; danser ; lancer des lueurs. | *die Flammen flackern im Kamin*, les flammes dansent dans la cheminée.
Flackern ['flakərn] n. (s). [Licht] vacillement m.
Fladen ['flɑ:dən] m. (s, -) galette f. PAR ANAL., FAM. [Kuhfladen] bouse f. (de vache).
Flader ['flɑ:dər] f. (-, n) anneau (m.) du bois.
Flagellant [flagə'lant] m. (en, en). HIST. flagellant m.
Flagge ['flagə] f. (-, n). MAR. pavillon m. | *die Flagge streichen*, amener le pavillon. | *die deutsche Flagge führen*, battre pavillon allemand. | *unter falscher Flagge segeln*, naviguer sous un pavillon d'emprunt.
flaggen [-gən] v. intr. pavoiser.
Flaggen [-gən] n. (s) pavoisement m.
Flaggen|ehrung ["flagən'e:ruŋ] f. (-, en) salut (m.) au drapeau. ||°**-mast** m. (es, e et en), °**-stange** f. (-, n), °**-stocke** f. (-, n) hampe f. ||°**-tor** n. (s, e). [Skisport] porte (f.) de slalom.
Flagg|schiff ['flagʃif] n. (s, e). MAR. vaisseau amiral.
Flamberg ['flambɛrk] m. (s, e) flamberge f.
flambieren [flam'bi:rən] v. tr. CULIN. flamber.
Flame ['flɑ:mə] m. (n. n), **Flämin** ['flɛ:min] f. (-, nen) n. pr. GÉOGR. Flamand m., Flamande f.
Flamingo [fla'miŋgo] m. (s, s). ZOOL. flamant m.
flämisch ['flɛ:miʃ] adj. GÉOGR. flamand.
Flamm|bogen ["flam'bo:gən] m. (s, -). ÉLECTR. arc (m.) électrique. ||°**-feuer** n. (s, -) flambée f. ||°**-kohle** f. (-, n). MINES. charbon flambant. ||°**-kuchen** m. (s, -). CULIN. galette f. ||°**-ofen** m. (s,¨) four (m.) à réverbère. ||°**-punkt** m. (s, e) point (m.) d'inflammation.
Flamme ['flamə] f. (-, n). [Feuer] flamme f. | *die Flamme schlägt heraus*, la flamme jaillit. | *in Flammen ausbrechen*, lancer des flammes. | *in Flammen setzen*, incendier. | *in Flammen stehen*, être en flammes. | *in Flammen aufgehen*, être la proie des flammes. || FIG. *er ist gleich Feuer und Flamme für*, il est tout feu tout flamme pour. || [Geliebte] *seine Flamme*, l'objet (m.) de sa flamme.
flammen [-mən] v. intr. flamber. || FIG. *flammende Begeisterung*, enthousiasme débordant. | *flammende Augen*, regards flamboyants.
◇ v. tr. exposer à la flamme ; flamber. | *Geflügel flammen*, flamber une volaille. || TECHN. *Bänder flammen*, moirer des rubans.
Flammen|blume ["flamən'blumə] f. (-, n). BOT. phlox m. ||°**-schutzkleidung** f. (-, en) vêtement (m.) ignifuge. ||°**-schwert** n. (s, er). [Bibel] épée flamboyante ; épée (f.) de feu. ||**-sicher** adj. ignifugé. ||°**-werfer** m. (s, -). MIL. lance-flammes m.
Flammeri ['flaməri] m. (s, s) pudding m.
flammig [-miç] adj. embrasé ; flamboyant ; en flammes. || TEXT. moiré.
Flandern ['flandərn] n. pr. n. Flandres f. pl.
flandrisch [-driʃ] adj. flamand.
Flanell [fla'nɛl] m. (s, e). TEXT. flanelle f.
Flanke ['flaŋkə] f. (-, n). ANAT. flanc m. ; côté m. || PAR ANAL. flanc m. || MIL. *den Feind in der Flanke fassen, angreifen ; dem Feinde in die Flanke fallen*, prendre l'ennemi en flanc. || SPORT. saut latéral.
Flanken|deckung ["flaŋkən'dɛkuŋ] f. (-, en). MIL. flanquement m. ||°**-feuer** n. (s, -). MIL. tir (m.) en écharpe.
flankieren [flaŋ'ki:rən] v. tr. flanquer. | *flankierende Maßnahmen*, mesures (f. pl.) d'accompagnement, de soutien. || MIL. prendre en écharpe. | *flankierendes Feuer*, tir (m.) de flanquement.
Flankierung [-ruŋ] f. (-, en). MIL. flanquement m.
Flansche ['flanʃə] f. (-, en). TECHN. bride f. (d'assemblage) ; ailette f. ; flasque m. ; collet m.
flanschen [-ʃən] v. tr. TECHN. brider.
Flappe ['flapə] f. (-, n). FAM. *eine Flappe ziehen*, faire la moue.
Flaps [flaps] m. (es, e). FAM. butor m. ; rustre m.
flapsig ['flapsiç] adj. grossier ; rustre ; lourdaud.
Fläschchen ['flɛʃçən] n. (s, -) flacon m. ; petite bouteille ; fiole f. ; burette f.
Flasche ['flaʃə] f. (-, n) bouteille f. | *eine Flasche Bier*, une bouteille de bière ; une canette. | *Wein auf Flaschen ziehen*, mettre du vin en bouteilles. | *dieser Wein liegt zehn Jahre auf Flaschen*, ce vin a dix ans de bouteille. | *einem Kind die Flasche geben*, nourrir un enfant au biberon. || FIG., FAM. *einer Flasche den Hals brechen*, vider une bouteille.
Flaschen|bier ["flaʃən'bi:r] n. (s, e) bière (f.) en bouteilles. ||°**-boden** m. (s, -) cul (m.) de bouteille. ||°**-bürste** f. (-, n) goupillon m. ||°**-füllmaschine** f. (-, n). TECHN. soutireuse f. ||°**-gas** n. (-) gaz comprimé. ||°**-gestell** n. (s, e) porte-bouteilles m. ; casier (m.) à bouteilles. ||°**-hals** m. (es, ¨e) goulot m. (de bouteille). ||°**-kühler** m. (s, -) seau (m.) à rafraîchir. ||°**-kürbis** m. (ses, se). BOT. calebasse f. ||°**-milch** f. (-) lait (m.) en bouteilles. ||°**-öffner** m. (s, -) débouchoir m. ; décapsuleur m. ||°**-post** f. (-) bouteille (f.) à la mer. ||°**-ständer** m. (s, -). V. FLASCHENGESTELL. ||°**-wein** m. (s, e) vin bouché. ||°**-zug** m. (s,¨e) moufle f. ; poulie mouflée ; palan m.
Flatter|füßler ["flatər'fyslər] m. pl. ZOOL. chiroptères m. pl. ||°**-geist** m. (es). FIG. tête (f.) sans cervelle ; écervelé m. ||°**-mine** f. (-, n). MIL. fougasse f.
flatterhaft ['flatərhaft] adj. FIG. évaporé ; écervelé ; volage.
Flatterhaftigkeit [-haftiçkait] f. humeur (f.) volage ; légèreté f. ; étourderie f.
flattern ['flatərn] v. intr. [unsicher fliegen] voleter. || [umher fliegen] voltiger. || PAR ANAL. [im Winde] flotter. || FIG. folâtrer ; papillonner. || AUTOM. flotter.
flau [flau] adj. FAM. faible ; mou ; fade. | *sich flau fühlen*, se sentir vaseux. | *mir wird flau*, je vais me trouver mal. || COMM., FIN. [Geschäfte, Tendenz]

calme ; peu actif. || MAR. *flaue Brise*, brise molle. || PHOT. *flaues Bild*, image floue.
◇ adv. COMM., FIN. *flau machen*, pousser à la baisse. | *die Geschäfte gehen flau*, c'est le marasme.

flauen ['flauən] v. intr. languir. || MAR. mollir.

Flauheit ['flauhait] f. (-) faiblesse f. ; indolence f. ; mollesse f. || COMM. marasme m.

Flaum [flaum] m. (s) duvet m.

Flau|macher ["flau'maxər] m. (s, -). FIN. baissier m. || POLIT. pessimiste m. ; défaitiste m.

Flaum|bart ['flaumbart] m. (s, ¨e) barbe naissante ; duvet m. ; poil follet. ||°**-bett** n. (s, en) duvet m. ||**-weich** adj. moelleux.

flaumig ['flaumiç] adj. duveté ; cotonneux.

Flaus [flaus] m. (es, e), **Flausch** [flauʃ] m. (es, e). TEXT. bure f. ; frise f. || PAR EXT. [Männerüberrock] bure f. || [Büschel] touffe f.

Flause ['flauzə] f. (-, n). FAM. *mach mir doch keine Flausen vor !*, (ne me raconte) pas de boniments ; POP. pas de bobards, de baratin !

Flaute ['flautə] f. (-, n). MAR. calme m. || FIG., COMM., FIN. morte-saison f. ; marasme m.

Fläz [flɛts] m. (es, e). FAM. butor m. ; rustre m.

fläzen ['flɛtsən] v. intr. FAM. se conduire en butor.
◇ v. pr. **sich fläzen,** se vautrer.

Flecht|arbeit ["flɛçt'arbait] f. (-, en) vannerie f. ; tressage m. ||°**-band** n. (s, ¨er). TECHN. ruban (m.) à tresser. ||°**-korb** m. (s, ¨e) panier (m.), corbeille (f.) d'osier. ||°**-werk** n. (s, e). TECHN. treillis m. ; clayonnage m. ; clisse f.

Flechte ['flɛçtə] f. (-, n) natte f. ; tresse f. ; claie f. || BOT. lichen m. || MÉD. dartre f. ; impétigo sec.

flechten [-tən] (i, o, o) v. tr. natter ; tresser ; entrelacer ; clisser ; clayonner. | *die Haare in Zöpfe flechten*, natter ses cheveux. | *Körbe flechten*, tresser des paniers. | *Stühle flechten*, faire des sièges en rotin ; canner des sièges. | *einen (Blumen)kranz flechten*, faire une couronne de fleurs. || HIST., JUR. *einen Verbrecher auf das Rad flechten*, attacher un criminel sur la roue. || FIG. *einen Bund flechten*, sceller un pacte, une alliance.

flechten|artig ["flɛçtən'ɑ:rtiç] adj. MÉD. dartreux ; herpétique.

Flechter ['flɛçtər] m. (s, -). TECHN. vannier m.

Flechterei [fleçtə'rai] f. (-). TECHN. tressage m.

Fleck [flɛk] m. (s, e et en), **Flecken** ['flɛkən] m. (s, -). **1.** [Flicken, Fetzen] pièce f. ; morceau m. ; bout m. | *einen Fleck auf die Hose setzen*, mettre une pièce à un pantalon. || PAR ANAL. [kleine Fläche] pièce f. | *ein Fleck Land(s)*, un lopin de terre.
2. [Beschmutzung] tache f. ; souillure f. | *Flecke bekommen*, se tacher. | *einen Fleck entfernen*, enlever une tache ; détacher. | *blaue Flecken*, meurtrissures f. pl. ; bleus m. pl.
3. PAR EXT. [Punkt, Stelle] endroit m. ; place f. | *den rechten Fleck treffen*, mettre le doigt dessus. | *er hat das Herz auf dem rechten Fleck*, c'est un homme de cœur. | *nicht vom Fleck kommen*, ne pas progresser.
4. [Ortschaft, Dorf] bourg m. ; bourgade f.

flecken ['flɛkən] v. tr. mettre des pièces. || [beschmutzen] tacher ; faire des taches. || TYPOGR. maculer.
◇ v. intr. tacher ; faire des taches.

Fleck|fieber ["flɛk'fi:bər] n. (s). MÉD. fièvre pourprée ; urticaire f. ||°**-typhus** m. (-). MÉD. typhus (m.) exanthématique.

Flecken|bildung ["flɛkən'bilduŋ] f. (-, en). PHOT. marbrure f. ||°**-entferner** m. (s, -) détachant m. ||**-los** adj. sans tache ; immaculé. ||°**-reiniger** m. (s, -) dégraisseur m. ; teinturier m. ||°**-reinigung** f. (-) dégraissage m. ||°**-wasser** n. (s). CHIM. eau (f.) à dégraisser, à détacher ; eau (f.) de Javel ; javelle f.

fleckig ['flɛkiç] adj. tacheté ; tavelé ; moucheté. || PAR ANAL. sale ; souillé ; taché.

Fledderer ['flɛdərər] m. (s, -). ARG. voleur m.

fleddern [-dərn] v. tr. ARG. dévaliser. | *Leichen fleddern*, détrousser des cadavres.

Fleder|maus ["fle:dər'maus] f. (-, ¨e). ZOOL. chauve-souris f. ||°**-wisch** m. (es, e) plumeau m.

Flegel ['fle:gəl] m. (s, -). AGRIC. fléau m. || FIG. rustre m. ; butor m. ; mufle m.

Flegelei [flegə'lai] f. (-, en) grossièreté f. ; impertinence f. ; goujaterie f. ; muflerie f.
— SYN. : *Frechheit*, insolence ; *Unverschämtheit*, impudence ; *Anmaßung*, arrogance ; *Grobheit*, goujaterie.

flegelhaft ['fle:gəlhaft] adj. rustre ; grossier.

Flegelhaftigkeit [-haftiçkait] f. (-, en) manières (f. pl.) de rustre ; grossièreté f.

Flegel|jahre ["fle:gəl'jɑ:rə] n. pl. âge ingrat.

flegeln (sich) [ziç'kfle:gəln] v. pr. se conduire comme un rustre.

flehen ['fle:ən] v. intr. implorer ; supplier. | *zu jm um etwas* (acc.) *flehen*, implorer qch. de qn.

Flehen [-ən] n. (s) imploration f. ; prière instante ; supplication f.

flehentlich [-əntliç] adj. fervent ; instant.

Fleisch [flaiʃ] n. (es). **1.** [zum Essen] viande f.
2. [am Körper] chair f. | *ins Fleisch schneiden*, couper dans le vif. | *in Fleisch und Bein*, en chair et en os. || RELIG. *Fleisch essen*, faire gras.
3. BOT. chair (f.), pulpe (f.) d'un fruit.
4. LOC. FIG. *das ist ihm in Fleisch und Blut übergegangen*, il a cela dans le sang. || FAM. *er wird sich ins eigene Fleisch schneiden*, il se fera tort à lui-même.

Fleisch|abfälle ["flaiʃ'apfɛlə] m. pl. issues. f. pl. ; rognures f. pl. ; déchets m. pl. ||**-artig** adj. BOT. charnu. ||°**-bank** f. (-, ¨e) étal (m.) de boucher. ||°**-beschau** f. (-) inspection (f.) sanitaire de la viande. ||°**-brühe** f. (-, n) bouillon gras ; consommé m. ||°**-büchse** f. (-, n) conserve (f.) de viande. ||°**-esser** m. (s, -) carnivore m. ||°**-farbe** f. (-, n) carnation f. ||**-farben, -farbig** adj. couleur, ton chair ; incarnation. ||°**-fondue** n. (s, s). CULIN. fondue bourguignonne. ||°**-fresser** m. (s, -). ZOOL. carnassier m. ; carnivore m. ||°**-hackmaschine** f. (-, n) hache-viande m. ||°**-hackmesser** m. (s, -) hachoir m. ||°**-haken** m. (s, -) croc (m.) de boucher. ||°**-hauer** m. (s, -) boucher m. ||°**-klößchen** n. (s, -). CULIN. boulette f. ||°**-kost** f. (-) alimentation carnée. ||°**-laden** m. (s, ¨) boucherie f. ; charcuterie f. ||°**-nahrung** f. (-) alimentation carnée ; régime carné. ||°**-platte** f. (-, n). CULIN. assiette (f.) anglaise. ||°**-topf** m. (s, ¨e) marmite f. ; pot-au-feu m. ||°**-vergiftung** f. (-, en). MÉD. botulisme m. ||°**-waren** f. pl. boucherie f. ; charcuterie f. ||°**-waren|händler** m. (s, -) boucher m. ; charcutier m. ||°**-werdung** f. RELIG. incarnation f. ||°**-wolf** m. hachoir (m.) à viande.

Fleischer ['flaiʃər] m. (s, -) boucher m. ; charcutier m.

Fleischer|geselle ["flaiʃərgə'zɛlə] m. (n, n) garçon (m.) boucher. ||°**-laden** m. (s, ¨) boucherie f. ; charcuterie f. ||°**-stand** m. (s, ¨e) étal m. (de boucher).

Fleischerei [flaiʃə'rai] f. (-, en) boucherie f. ; charcuterie f.

Fleisches|lust ["flaiʃəs'lust] f. (-, ¨e) désirs charnels ; concupiscence f.

fleischig ['flaiʃiç] adj. charnu. || BOT. pulpeux.

fleischlich [-ʃliç] adj. charnel ; de la chair.

Fleischlichkeit ['flaiʃliçkait] f. (-) inclination charnelle ; concupiscence f. ; sensualité f.

fleischlos ['flaiʃlo:s] adj. décharné. || PAR EXT. sans viande ; maigre.

Fleiß [flais] m. (es) application f. ; zèle m. ; assiduité f. ; activité f. ; diligence f. | *unermüdlicher, eiserner Fleiß*, labeur acharné. | *ich werde meinen ganzen Fleiß aufbieten, daran setzen*, je mettrai tous mes soins, tout mon effort à. || PÉJOR. *mit Fleiß tun*, faire exprès, de propos délibéré, à dessein. || LOC. *ohne Fleiß kein Preis*, on n'a rien sans mal.
— SYN. : *Aufmerksamkeit*, attention ; *Arbeitsamkeit*, application ; *Anstrengung*, effort ; *Sorgfalt*, *Beflissenheit*, soin ; *Emsigkeit*, diligence.

fleißig ['flaisiç] adj. appliqué ; laborieux ; diligent ; actif ; travailleur ; studieux.
◇ adv. *fleißig arbeiten*, s'appliquer au travail ; abattre de la besogne. | *fleißig spazierengehen*, se promener souvent.

flektieren [flɛk'ti:rən] v. tr. et pr. GRAMM. (se) décliner ; (se) conjuguer.

Flektierung [-ruŋ] f. (-, en). GRAMM. déclinaison f. ; conjugaison f.

flennen ['flɛnən] v. intr. FAM. pleurnicher ; geindre.

fletschen ['flɛtʃən] v. tr. *die Zähne fletschen*, grimacer en montrant les dents.

flexibel [flɛ'ksi:bəl] adj. flexible.

Flexion [-'ksio:n] f. (-, en). GRAMM. flexion f.

Flick|arbeit ["flik'arbait] f. (-, en) rapiéçage m. ||°**-lappen** m. (s, -) pièce f. ; morceau m. ||°**-schuster** m. (s, -) savetier m. ||°**-werk** n. (s, e) rapiéçage m. ; FAM. rafistolage m. || FIG. compilation f. ||°**-wort** n. (es, ¨er). GRAMM. mot explétif. || POÉS. cheville f. ||°**-zeug** n. (s, e) nécessaire (m.) de réparation.

flicken ['flikən] v. tr. TECHN. rapiécer ; repriser ;

ravauder ; stopper ; Fam. rafistoler. | *Schuhe flicken*, rapetasser des souliers. | *Dächer flicken*, réparer des toits. | *einen Reifenschlauch flicken*, réparer un pneu. || Fig., Fam. *jm etwas am Zeuge flicken*, faire de sévères remontrances à qn ; montrer ses fautes à qn.

Flicken [-kən] n. (s) rapiéçage m. ; reprisage m. ; raccommodage m. ; ravaudage m. ; rapetassage m.

Flickerei [flikə'rai] f. (-, en). V. Flicken.

Flickerin ['flikərin] f. (-, nen) raccommodeuse f. ; ravaudeuse f.

Flieder ['fli:dər] m. (s). Bot. lilas m.

Flieder|tee ["fli:dər'te:] m. (s). Culin. infusion (f.) de sureau.

Fliege ['fli:gə] f. (-, n). Zool. mouche f. ; insecte m. | *kleine Fliege*, moucheron m. | *spanische Fliege*, cantharide f. ; mouche d'Espagne. || Fig. *zwei Fliegen mit einer Klappe schlagen*, faire d'une pierre deux coups. || Prov. *in der Not frißt der Teufel Fliegen*, faute de grives, on mange des merles. || Par ext., Mil. guidon m. ; mire f. || Méd. vésicatoire m.

fliegen ['fli:gən] (o, o) v. intr. voler ; s'envoler. || Aéron. aller en avion. || Fig. s'élancer ; se précipiter ; sauter.

Fliegen|baum ["fli:gən'baum] m. (s, ¨e). Bot. orme m. ||°**-dreck** m. (s) chiures (f. pl.) de mouches. ||°**-falle** f. (-, n) attrape-mouches m. ||°**-fänger** m. (s, -), °**-schnäpper** m. (s, -). Zool. gobe-mouches m. ||°**-gewicht** n. (s). Sport. poids (m.) mouche. ||°**-gitter** n. (s, -) toile (f.) moustiquaire. ||°**-klappe** f. (-, n), °**-klatsche** f. (-, n) tapette f. ||°**-kopf** m. (s, ¨e). Typogr. lettre bloquée, renversée. ||°**-netz** n. (es, e). Techn. émouchette f. ||°**-pilz** m. (es, e). Bot. amanite mouchetée, tue-mouches. ||°**-wedel** m. (s, -). Techn. chasse-mouches m.

fliegend ['fli:gənt] adj. volant. | *in fliegender Eile, Hast*, à la hâte ; en hâte. || Mus. *der fliegende Holländer*, le vaisseau fantôme. || Par anal. *mit fliegenden Haaren*, les cheveux épars. | *mit fliegendem Atem*, haletant. || Mil. *die Truppen zogen mit fliegenden Fahnen ein*, les troupes firent leur entrée, drapeaux déployés. || Aéron. *fliegendes Personal*, personnel navigant. | *fliegende Festung*, forteresse volante.

Flieger [-gər] m. (s, -). Aéron. aviateur m. ; aéronaute m. || Par ext. avion m.

Flieger|abwehr ["fli:gər'apve:r] f. (- en) [abrév. Flak] défense (f.) contre avions (D. C. A.). ||°**-alarm** m. (s, e). Mil. alerte aérienne. ||°**-aufnahme** f. (-, n) vue prise en avion ; photo(graphie) aérienne. ||°**-dreß** m. (es, e) combinaison (f.) de vol. ||°**-lager** n. (s, -) camp (m.) d'aviation. ||°**-offizier** m. (s, e) officier aviateur ; observateur (m.) d'avion. ||°**-schule** f. (-, n) école (f.) de pilotage. ||°**-sicht** f. (-). Aéron. vue plongeante. | *gegen Fliegersicht gedeckt*, camouflé. ||°**-staffel** f. (-, n) escadrille (f.) d'avions.

Fliegerei [fli:gə'rai] f. (-) aviation f.

fliegerisch ['fli:gəriʃ] adj. qui concerne l'aviation.

fliehen ['fli:ən] (o, o) v. tr. fuir ; éviter. | *die Gefahr fliehen*, fuir le danger. | *js Gegenwart fliehen*, éviter la présence de qn.

◇ v. intr. fuir ; s'enfuir ; prendre la fuite. | *vor der Gefahr fliehen*, éviter le danger. | *zu jm, vor jm fliehen*, se réfugier chez, s'enfuir devant qn.

fliehend [-ənt] adj. fugitif ; en fuite. || Fig. fuyant. | *fliehende Stirn*, front fuyant.

Flieh|kraft ['fli:kraft] f. (-). Phys. force (f.) centrifuge.

Fliese ['fli:zə] f. (-, n). Archit. dalle f. ; carreau m. | *mit Fliesen belegen*, daller ; carreler.

Fliesen|fußboden ["fli:zən'fusbo:dən] m. (s, ¨). Archit. carrelage m. ||°**-setzer** m. (s, -). Techn. carreleur m.

Fließ [fli:s] n. (es, e) petit ruisseau ; ru m.

Fließ|bandarbeit ["fli:sbant'arbait] f. (-, en). Techn. travail (m.) à la chaîne. ||°**-laut** m. (s, e). Gramm. liquide f. ||°**-papier** n. (s, e) papier (m.) buvard.

fließen ['fli:sən] (o, o) v. intr. couler. | *die Elbe fließt durch Sachsen*, l'Elbe traverse la Saxe. | *der Schweiß fließt ihm von der Stirn*, son front ruisselle de sueur. || Fig. *die Arbeit floß unter ihren Händen munter fort*, le travail, sous leurs mains, avançait sans répit. | *die Verse fließen ihm leicht aus der Feder*, les vers coulent aisément de sa plume. | *aus dieser Erkenntnis fließen weitere*, cette vérité en entraîne d'autres.

Fließen [-sən] n. (s) écoulement m. || Techn. fusion f.

fließend [-sənt] adj. coulant ; liquide ; mouvant. | *Zimmer mit fließendem Wasser*, chambre (f.) avec l'eau courante. | *sie spricht fließend Englisch*, elle parle couramment (l')anglais.

Flimmer [-mər] m. (s, -) lueur faible, tremblotante. || Par anal. clinquant m. || Minéral. mica m. || Zool. cil (m.) vibratile.

Flimmer|härchen ["flimər'hεrçən] n. (s, -) cil (m.) vibratile. ||°**-zelle** f. (-, n) cellule (f.) vibratile.

flimmern ['flimərn] v. intr. scintiller ; vibrer. | *es flimmert mir vor den Augen*, j'ai des éblouissements ; ma vue se trouble.

Flimmern [-mərn] n. (s) scintillement m. || Méd. fibrillation f.

flink [flink] adj. agile ; leste ; alerte ; prompt ; preste ; ingambe ; vif.

— Syn. : *gewandt, behend*, agile ; *munter*, allègre ; *lebhaft*, fringant ; *leichtfüßig*, ingambe ; *flott*, léger.

Flinkheit ['fliŋkhait] f. (-) agilité f. ; prestesse f. ; promptitude f. ; célérité f.

Flint [flint] m. (es, e) silex m. ; pierre (f.) à fusil.

Flinte ['flintə] f. (-, n) fusil m. ; carabine f. || Loc. *die Flinte ins Korn werfen*, jeter le manche après la cognée.

Flipperspiel ["fliper'ʃpi:l] n. (s, e) flipper m.

flirren ['flirən] v. intr. vibrer ; trembloter ; papilloter ; danser. | *es flirrt ihm vor den Augen*, il a des éblouissements.

Flirt [flørt] m. (s, s) flirt m.

flirten [-tən] v. intr. flirter.

Flitter ['flitər] m. (s, -) paillette f. || Par anal. clinquant m. ; oripeaux m. pl. ; colifichet(s) m. (pl.).

Flitter|kram ["flitər'kra:m] m. (s) fanfreluches f. pl. ; colifichets m.pl. ||°**-wochen** f. pl. lune (f.) de miel.

flitterhaft ['flitərhaft] adj. du clinquant.

flittern ['flitərn] v. intr. scintiller ; papilloter.

Flitz|bogen ["flits'bo:gən] m. (s,¨). [Spielzeug] arc m. ; arbalète f.

flitzen ['flitsən] v. intr. Fam. filer comme une flèche.

floaten ['flɔutən] v. intr. Écon. flotter. | *die Währung floaten lassen*, laisser flotter la monnaie.

Floaten n. (s). Écon. flottement m. (des monnaies).

Flocke ['flɔkə] f. (-, n) flocon m.

flocken [-kən] v. intr. tomber à gros flocons.

◇ v. tr. Techn. démêler.

◇ v. pr. **sich flocken,** se mettre en, faire des flocons ; floconner.

Flocken|blume ["flɔkən'blu:mə] f. (-, n). Bot. centaurée f.

flockig ['flɔkiç] adj. floconneux ; pelucheux.

Flock|seide ["flɔk'zaidə] f. (-, n). Text. soie (f.) floche. ||°**-wolle** f. (-, n) bourre (f.) de laine.

Flockungs|mittel ["flɔkuŋs'mitəl] n. (s.) floculant m.

Floh [flo:] m. (s, ¨e). Zool. puce f. || Loc. *die Flöhe husten hören*, entendre pousser l'herbe. || Fig. *jm einen Floh ins Ohr setzen*, mettre la puce à l'oreille à qn.

flöhen ['flø:ən] v. tr. épucer.

Floh|farbe ["flo:'farbə] f. (-, n) couleur (f.) puce. ||°**-kiste** f. (-, n). [Bett] Pop. pucier m. ||°**-markt** m. (es, ¨e) marché (m.) aux puces. ||°**-stich** m. (s, e) piqûre (f.) de puce.

Floppy Disk ['flɔpidisk] f. (-, s). Inf. disque (m.) souple.

Flor [flo:r] m. (s, e) floraison f. ; fleuraison f. | *Wiese im Flor*, prairie (f.) en fleurs. || Fig. prospérité f. ; état florissant. || Par ext. crêpe m. ; gaze f. ; voile m. | *Flor anlegen*, prendre le crêpe ; se mettre en deuil.

Flora ['flo:ra] n. pr. f. Myth. Flore f.

Flora ['flo:ra] f. (-, ren) flore f.

Flor|band ['flo:rbant] n. (s, ¨er) brassard (m.) de crêpe ; crêpe m. ||°**-schleier** m. (s, -) voile (m.) de deuil. ||°**-streifen** m. (s, -) brassard m. ; crêpe m.

Florentiner(in) [florən'ti:nər(in)] m. (s, -), f. (-, nen) Florentin(e) m. (f.).

◇ m. Culin. florentin m.

florentinisch [-niʃ] adj. florentin.

Florenz [flo'rεnts] n. pr. n. Géogr. Florence f.

Florett [flo'rεt] n. (s, e) fleuret m.

Florett|fechter [flo"rεt'fεçtər] m. (s, -) fleurettiste m. ||°**-seide** f. (-, n). Text. filoselle f.

florieren [flo'ri:rən] v. intr. être florissant.

Floskel ['flɔskəl] f. (-, n). Littér. fleur (f.) de rhétorique ; clausule f.

floskelhaft ['flɔskəlhaft] adj. verbeux.

Floß [flo:s] n. (es, ¨e) radeau m. || PAR ANAL. train (m.) de bois.
floß [flɔs] prét. de **fließen.**
floßbar ['flɔsbɑ:r] adj. flottable.
Floß|boot ["flo:s'bo:t] n. (s, e) radeau (m.) en caoutchouc. ||°**-brücke** f. (-, n) pont (m.) de radeaux.
Flosse ['flɔsə] f. (-, n). ZOOL. nageoire f. ; aileron m. || AÉRON. plan (m.) fixe ; stabilisateur m. || [Fischerei] flotteur m.
Flöße ['flø:sə] f. (-, n). [Fischerei] flotteur m.
flößen [-sən] v. tr. TECHN. (faire) flotter.
Flößen [-sən] n. (s). TECHN. flottage m.
Flossen|füß(l)er ["flɔsən'fys(l)ər] m. (s, -). ZOOL. pinnipède m. ; ptéropode m.
Flößer ['flø:sər] m. (s, -). TECHN. flotteur m. || PAR ANAL. batelier (m.) d'un radeau.
Flößerei [fløsə'rai] f. (-). TECHN. flottage m.
Floß|feder ["flɔs'fe:dər] f. (-, n). ZOOL. nageoire f.
Flöß|holz ['fløshɔlts] n. (es) bois flotté.
flossig ['flosiç] adj. ZOOL. muni de nageoires.
Flotation [flɔta'tsio:n] f. (-). MINES. flottage m. ; flottation f. ; brassage (m.) à l'air, à l'huile.
Flöte ['flø:tə] f. (-, n). MUS. flûte f. || [Sektglas] flûte (f.) à champagne.
flöten [-tən] v. intr. jouer de la flûte ; parler, chanter d'une voix flûtée.
Flöten|bläser ["flø:tən'blɛ:zər] m. (s, -). MUS. (joueur [m.] de) flûte f. ; flûtiste m. ||**-gehen** (ging, gegangen). FAM. se perdre. | *die Sache geht flöten*, l'affaire est dans le lac. ||°**-register** n. (s, -). MUS. jeu (m.) de flûtes. ||°**-spieler(in)** m. (s, -), f. (-, nen). MUS. flûtiste s.
Flötist(in) [flø'tist(in)] m. (en, en), f. (-, nen) flûtiste s.
flott [flɔt] adj. MAR. à flot. | *das Schiff wurde wieder flott gemacht*, ce bateau a été renfloué. || FIG. [leicht] léger ; dégagé ; [schnell] rapide. | *ein flotter Bursche*, un gaillard. | *flotter Hut*, chapeau élégant, chic.
◇ adv. FAM. *hier geht's flott her*, ici on s'amuse bien. | *ein flottgehender Betrieb*, une affaire qui marche bien.
Flott [flɔt] n. (s, e). BOT. lentille (f.) d'eau.
Flotte ['flɔtə] f. (-, n). MAR. flotte f. ; marine f.
Flotten|abkommen ["flɔtən'apkɔmən] n. (s, -). POLIT. traité naval. ||°**-flaggschiff** n. (s, e). MAR. vaisseau-amiral m. ||°**-manöver** n. (s, -). MAR. manœuvres navales. ||°**-stützpunkt** m. (s, e). MAR. base navale.
flottieren [flɔ'ti:rən] v. intr. flotter.
Flottille [-'tilə] f. (-, n). MAR. flottille f. ; escadre f.
flott|weg ["flɔt've:k] adv. sans hésitation ; d'un trait ; en un tour de main. || PAR EXT. sans façon.
Flöz [flø:ts] n. (es, e). GÉOL. couche (f.) sédimentaire ; stratification horizontale. || MINES. veine f.
Fluch [flu:x] m. (s, ¨e) malédiction f. ; imprécation f. ; blasphème m. | *ein Fluch liegt auf diesem Haus*, une malédiction pèse sur cette maison. | *es gereicht ihm zum Fluche*, ce sera pour son malheur. | *ein Fluch trifft ihn*, une malédiction s'abat sur lui. || PAR EXT. juron m.
fluch|beladen ["flu:xbə'lɑ:dən] adj. chargé de malédiction ; maudit. ||**-würdig** adj. abominable.
fluchen ['flu:xən] v. intr. maudire. | *auf jn fluchen*, maudire qn. || PAR ANAL. jurer ; sacrer ; pester ; maugréer.
Flucht [fluxt] f. (-) fuite f. évasion f. ; exode m. | *die Flucht ergreifen*, prendre la fuite, le large. | *auf der Flucht sein*, être en fuite. || MIL. *den Feind in die Flucht schlagen*, mettre l'ennemi en fuite. | *Fahnenflucht*, désertion f. | *Massenflucht*, débandade f. || FIG. *Flucht der Jahre*, fuite des années. | *Flucht nach vorn*, fuite (f.) en avant. || PAR ANAL. [Linie] enfilade f. ; alignement m. | *Flucht halten*, s'aligner. | *eine Häuserflucht*, une rangée de maisons. | *eine Fensterflucht*, un alignement de fenêtres. | *eine Flucht von Zimmern*, une enfilade de pièces. | *diese Tür hat nicht genug Flucht*, cette porte n'a pas assez de battement. || PAR EXT. saut m. ; bond m. | *das Reh floh in langen Fluchten*, le chevreuil disparut en bondissant.
flucht|artig ["fluxt'artiç] adv. précipitamment.
fluchten ['fluxtən] v. tr. ARCHIT. aligner.
flüchten ['flyçtən] v. intr. et v. pr. fuir ; s'enfuir ; prendre la fuite ; se sauver.
◇ v. tr. FAM. *seine Habe flüchten*, sauver son bien.
flüchtig [-tiç] adj. fugitif ; fuyard. | *der flüchtige Hirsch*, le cerf en fuite. | *das flüchtige Heer*, l'armée en déroute. || FIG. rapide ; fugitif ; passager ; fugace. | *ein flüchtiger Eindruck*, une vague impression. | *eine flüchtige Arbeit*, un travail superficiel. || CHIM. volatil.
— SYN. : *vergänglich*, fugitif ; *vorübergehend*, passager, transitoire ; *augenblicklich*, momentané.
Flüchtigkeit [-tiçkait] f. (-, en) rapidité f. || FIG. négligence f. ; légèreté f. ; manque (m.) d'attention ; distraction f. || CHIM. volatilité f.
Flüchtigkeits|fehler ["flyçtiçkaits'fe:lər] m. (s, -) faute (f.) d'inattention ; négligence f.
Flüchtling ['flyçtliŋ] m. (s, e) fugitif m. ; fuyard m. ; réfugié m. || MIL. déserteur m. | *Flüchtlingslager*, camp (m.) de réfugiés.
Flucht|linie ["fluxt'liniə] f. (-, n). ARCHIT. alignement m. || OPT. ligne (f.) de fuite. ||°**-verdacht** m. (s) suspicion (f.) de fuite. ||°**-versuch** m. (s, e) tentative (f.) de fuite. ||°**-wert** m. (s, e). FIN. valeur refuge f.
Flug [flu:k] m. (s, ¨e) vol m. ; volée f. ; essor m. | *der Flug des Geschosses*, le trajet de la balle. | *der Flug der Gedanken*, l'envol (m.) rapide des pensées. || FIG. *die Zeit verging im Fluge*, le temps passa très vite. | *im Flug*, à la hâte. || AÉRON. vol m. ; raid m. ; croisière f. | *Flüge ausführen*, voler ; effectuer des vols. | *Segelflug*, vol à voiles. | *Abflug*, décollage m. | *Gleitflug*, vol plané. || PAR EXT. [Schwarm] *ein Flug Tauben*, une volée de pigeons.
Flug|abwehr ["flu:k'apve:r] f. (-, en). MIL. défense (f.) contre avions (D.C.A.). ||°**-apparat** m. (s, e) avion m. ||°**-bahn** f. (-, en). MIL. trajectoire f. || AÉRON. trajet m. ||°**-begleitpersonal** n. (s) équipage commercial. ||°**-bereich** m. (s, e). AÉRON. rayon (m.) d'action. ||°**-bild** n. (s, er). PHOT. photo(graphie) aérienne. ||°**-blatt** n. (s, ¨er) feuille volante ; tract m. ; pamphlet m. ||°**-boot** n. (s, e). MAR. hydravion (m.) à coque. ||°**-dauer** f. autonomie (f.) de vol. ||°**-deck** n. (s, s) pont (m.) d'atterrissage. ||°**-dienst** m. (es, e) service aérien. ||°**-echse** f. (-, n). GÉOL., ZOOL. ptérosaurien m. ||°**-feld** n. (s, er) champ (m.), terrain (m.) d'aviation ; terrain (m.) d'atterrissage ; aérodrome m. ||°**-fracht** f. (-, en) fret aérien. ||°**-gast** m. (es, ¨e) passager m. (à bord d'un avion). ||°**-geschwader** n. (s, -) escadrille f. ||°**-gesellschaft** f. (-, en) compagnie aérienne. ||°**-hafen** m. (s, ¨) aéroport m. ||°**-halle** f. (-, n) hangar (m.) d'avions. ||°**-höhe** f. (-, n). AÉRON. hauteur (f.) de vol ; plafond m. || MIL. flèche (f.) de trajectoire. ||°**-kapitän** m. (s, e) commandant (m.) de bord. ||°**-körper** m. (s, -) engin m. | *ballistischer Flugkörper*, engin ballistique. ||°**-lageanzeiger** m. (s, -) indicateur (m.) d'assiette. ||°**-lotse** m. (n, n) aiguilleur (m.) du ciel ; contrôleur aérien. ||°**-maschine** f. (-, n) avion m. ||°**-navigation** f. navigation aérienne. ||°**-objekt** n. (s, e) *unbekanntes Flugobjekt (UFO)*, objet volant non identifié (OVNI). ||°**-plan** m. (s, ¨e) plan (m.) de vol. ||°**-platz** m. (es, ¨e) champ (m.) d'aviation ; aérodrome m. ||°**-platzbefeuerung** f. (-, en) balisage m. ||°**-post** f. (-) poste aérienne. ||°**-regler** m. (s, -) pilote (m.) automatique. ||°**-sand** m. (s, e) sable mouvant. ||°**-schein** m. (s, e). 1° billet (m.) d'avion ; 2° certificat (m.) de pilote. ||°**-schrauber** m. (s, -) girodyne m. ||°**-schreiber** m. (s, -) boîte noire. ||°**-schrift** f. (-, en) tract m. ; brochure (f.) de propagande. ||°**-schule** f. (-, n) école (f.) de pilotage. ||°**-schüler** m. (s, -) élève-pilote m. ||°**-sicherung** f. (-, en) contrôle aérien. ||°**-sicht** f. visibilité (f.) en vol. ||°**-simulator** m. (s, en) simulateur (m.) de vol. ||°**-staub** m. (s) poussières fines (en suspension dans l'air). ||°**-strecke** f. (-, n) parcours m. ; ligne aérienne. ||°**-stützpunkt** m. (s, e) base aérienne. ||°**-tauglichkeit** f. (-). [Pilot] aptitude (f.) à voler ; [Apparat] navigabilité f. ||°**-technik** f. (-, en) technique (f.) de vol ; aviation f. ; aérotechnique f. ||°**-verbindung** f. (-, en) correspondance aérienne. ||°**-verkehr** m. (s) trafic aérien. ||°**-weite** f. (-, n) rayon (m.) d'action ; autonomie (f.) de vol. ||°**-wesen** n. (s) aviation f. ; aéronautique f.
Flug|zeug ['flu:ktsɔyk] n. (s, e) avion m. | *viermotoriges Flugzeug*, avion quadrimoteur. | *Wasserflugzeug*, hydravion m. | *Schwimmflugzeug*, hydravion (m.) à flotteurs. | *Landwasserflugzeug* ; *Amphibienflugzeug*, avion amphibie. | *Rückstoßflugzeug* ; *Flugzeug mit Strahlantrieb* ; *Düsenflugzeug*, avion à réaction. | *Raketenflugzeug*, avion fusée. | *Segelflugzeug*, planeur m. || MIL. *Jagdflugzeug*, avion de chasse. | *Bombenflugzeug*, bombardier m. | *Sturzkampfflugzeug (Stuka)*, bombardier (m.) en piqué.
Flugzeug|abwehr ["flu:ktscyk'apve:r] f. (-) défense aérienne ; défense contre avions (D.C.A.). ||°**-abwehrkanone** f. (-, n) (abrév. **Flak**) canon antiaérien (D.C.A.). ||°**-aufnahme** f. (-, n). PHOT. vue

prise en avion ; photo(graphie) aérienne. ||°-**bauer** m. (s, -) avionneur m. ||°-**besatzung** f. (-, en) équipage (m.) d'un avion. ||°-**entführer** m. (s, -) pirate (n.) de l'air. ||°-**entführung** f. (-, en) détournement (m.) d'avion. ||°-**führer** m. (s, -) aviateur m. ; pilote m. (d'avions). ||°-**führerkanzel** f. (-, n) cockpit m. ||°-**führerschein** m. (s, e) brevet (m.) de pilote, d'aviateur. ||°-**halle** f. (-, n) hangar (m.) d'avions. ||°-**kabine** f. (-, n) carlingue f. ||°-**körper** m. (s, -) fuselage m. ||°-**mutterschiff** n. (s, e). MAR. [navire (m.)] porte-avions m. ||°-**ortung** f. (-) repérage (m.) des avions. ||°-**rumpf** m. (s, e) coque (f.) d'avion ; fuselage m. ||°-**schleuder** f. (-, n) catapulte f. ; lance-avions m. ||°-**sporn** m. (s, oren) béquille f. (d'avion). ||°-**träger** m. (s, -). MAR. porte-avions m.

flügge ['flygə] adj. dru ; prêt à quitter le nid. || FIG. *flügge werden*, prendre sa volée.

flugs [fluks] adv. prestement ; à la volée.

Flügel ['fly:gəl] m. (s, -). **1.** ANAT. aile f. | *seine Flügel ausspannen*, déployer ses ailes. | *mit den Flügeln schlagen*, battre des ailes. || FIG. *jm die Flügel beschneiden*, rogner les ailes à qn. | *jn unter seine Flügel nehmen*, protéger, abriter qn sous son aile. | *die Angst gibt ihm Flügel*, la peur lui donne des ailes. | *die Flügel wachsen ihm*, il prend de la force, du courage.
2. PAR EXT., ARCHIT. *Flügel des Schlosses*, aile du château. | *Flügel eines Fensters, einer Tür*, battant (m.) d'une fenêtre, d'une porte (vantail). | *Flügel eines Altars*, volets (m. pl.) d'un retable. | *Flügel einer Windmühle*, ailes d'un moulin à vent. || MUS. piano (m.) à queue. || MIL. *Flügel eines Heeres*, aile d'une armée. | *Flügel eines Geschosses*, empennage (m.) d'un projectile. || AÉRON. aile f. ; pale f. || ANAT. aile f. ; lobe m. | *Flügel der Lunge*, lobe du poumon. | *Flügel der Nase*, aile du nez. || TECHN. ailette f. || AUTOM. *Kotflügel*, aile f.

Flügel|adjutant ["fly:gəladju'tant] m. (en, en). MIL. aide (m.) de camp. ||°-**altar** m. (s, e) retable (m.) à volets. ||°-**bombe** f. (-, n) bombe (f.) à ailettes. ||°-**bote** m. (n). MYTH. messager ailé ; Mercure m. ||°-**decke** f. (-, n). ZOOL. élytre m. ||°-**fenster** n. (s, -). ARCHIT. fenêtre (f.) à battants. ||°-**haube** f. (-, n) cornette f. ||°-**horn** n. (s, ¨er). MUS. cor (m.) de chasse. ||°-**kappe** f. (-, n). AÉRON. aileron m. ||-**lahm** adj. qui bat de l'aile ; qui a du plomb dans l'aile. || ÉCON., FIG. *flügellahme Firma*, canard boiteux. ||°-**mann** m. (s, -männer et -leute). MIL. chef (m.) de file. | *rechter Flügelmann*, homme (m.) de base. ||°-**mutter** f. (-, n). TECHN. écrou (m.) à oreilles. ||°-**pferd** n. (s, e). POÉT. Pégase m. ||°-**rad** n. (s, ¨er). TECHN. roue (f.) à palettes, à aubes. ||°-**schlag** m. (s, ¨e) coup (m.) d'aile ; battement (m.) d'ailes. | *mit raschem Flügelschlag*, à tire-d'aile. ||°-**schraube** f. (-, n). TECHN. vis (f.) à ailettes. ||°-**tür** f. (-, en) porte (f.) à deux battants, à vantaux. ||°-**weite** f. (-, n). AÉRON. envergure f.

Fluidum ['fluidum] n. (s, da) fluide m.

fluktuieren [fluktu'i:rən] v. intr. fluctuer.

Flunder ['flundər] m. (s, -), f. (-, n). ZOOL. flet m.

Flunkerei [fluŋkə'rai] f. (-, en) vantardise f. ; vanterie f. ; forfanterie f. ; fanfaronnade f.

Flunkerer ['fluŋkərər] m. (s, -) hâbleur m. ; fanfaron m.

flunkern [-kərn] v. intr. jeter de la poudre aux yeux ; hâbler ; fanfaronner ; blaguer ; gasconner. || POP. faire de l'épate, du tape-à-l'œil.

Flunsch [flunʃ] m. (es, e). FAM. moue f. | *einen Flunsch ziehen, machen*, faire la moue ; bouder.

Fluor ['fluo:r] n. (s). CHIM. fluor m.

Fluoreszein [fluo:rɛstse'i:n] n. (s). CHIM. fluorescéine f.

Fluoreszenz|beleuchtung [fluo:rɛst"sɛntsbə'lɔyçtuŋ] f. (-) éclairage fluorescent. ||°-**prüfung** f. (-, en). TECHN. ressuage fluorescent.

Fluor|wasserstoff|säure ["fluo:r'vasərʃtɔfzɔyrə] f. (-, n). CHIM. acide (m.) fluorhydrique.

Fluppe ['flupə] f. (-, n). POP. clope f.

Flur [flu:r] m. (s, e). [Hausgang] vestibule m. ; couloir m. ; palier m. | *Treppenflur*, palier m.

Flur [flu:r] f. (-, en). [Feld] champs m. pl. ; terres f. pl. ; territoire m. | *durch Feld und Flur schweifen*, aller se promener dans les champs. || POÉT. campagnes f. pl.

Flur|bereinigung ["flu:rbə'rainiguŋ] f. (-). AGRIC. remembrement (m.) des parcelles. ||°-**buch** n. (s, ¨er). ADM. cadastre m. ||°-**gott** m. (s). MYTH. dieu (m.) des champs. ||°-**grenze** f. (-, n). AGRIC. limites (f. pl.) d'un territoire. ||°-**hüter** m. (s, -) garde (m.) champêtre. ||°-**karte** f. (-, n) plan cadastral. ||°-**namenforschung** f. (-, en) toponymie f. || °-**stein** m. (s, e) borne f. ||°-**umgang** m. (s, ¨e). RELIG. procession f. ; rogations f. pl. ||°-**vermessung** f. (-, en). AGRIC. arpentage m. ||°-**wächter** m. (s, -). AGRIC. garde (m.) champêtre. ||°-**zwang** m. (s). ADM., AGRIC. réglementation (f.), ordre (m.) obligatoire des cultures.

Fluß [flus] m. (es, ¨e). **1.** fleuve m. ; rivière f. | *der Lauf eines Flusses*, le cours d'un fleuve. | *die Ufer eines Flusses*, les rives d'un fleuve. | *der Fluß entspringt*, le fleuve prend sa source. | *der Fluß tritt aus seinen Ufern*, le fleuve sort de son lit. | *der Fluß mündet ins Meer*, le fleuve se jette dans la mer. | *einen Fluß ab-, aufwärts fahren*, descendre, remonter un fleuve. | *einen Fluß entlang gehen*, longer, côtoyer un fleuve. | *ein Nebenfluß*, un affluent. | *der Zusammenfluß*, le confluent. || ÉLECTR. *magnetischer Fluß*, flux (m.) magnétique. || FIG. flot m. ; flux m. | *Redefluß*, débit m. (de la parole). | *ein Gespräch wieder in Fluß bringen*, reprendre une conversation. || *Überfluß*, surabondance f.
2. PAR EXT. fusion f. ; liquéfaction f. | *das Metall gerät in Fluß*, le métal entre en fusion. | *Flußeisen*, fonte f. | *Glasfluß*, strass m.
3. MÉD. écoulement m. ; fluxion f. ; rhumatisme m. | *monatlicher Fluß*, règles f. pl. ; menstruation f. | *weißer Fluß*, pertes blanches ; leucorrhée f. | *Schlagfluß*, apoplexie f.
— OBSERV. Le mot *Fluß* désigne un cours d'eau plus important qu'un ruisseau *(Bach)*, moins qu'un grand fleuve *(Strom)* : *Die Mosel ist ein Fluß, der Rhein ein Strom.*

Fluß|aal ['flusa:l] m. (s, e). ZOOL. anguille f. ||-**ab(wärts)** adv. en aval. ||°-**anwohner** m. (s, -) riverain m. ||°-**arm** m. (s, e) bras (m.) de rivière. ||-**arm** adj. (région f.) sans cours d'eau. ||-**auf(wärts)** en amont. ||°-**barsch** m. (es, e). ZOOL. perche commune. ||°-**becken** n. (s, -) bassin fluvial. ||°-**bett** n. (s, en) lit (m.) d'un fleuve. ||°-**damm** m. (s, ¨e) chaussée f. ; quai m. ||°-**dampfer** m. (s, -) vapeur fluvial. ||°-**diagramm** n. (s, e). INF. organigramme m. ; ordinogramme m. ||°-**eisen** n. (s, -). TECHN. fer fondu ; fonte f. ; acier doux. ||°-**fieber** n. (s). MÉD. fièvre rhumatismale. ||°-**fisch** m. (es, e). ZOOL. poisson (m.) d'eau douce. ||°-**krümmung** f. (-, en) coude (m.) d'une rivière. ||°-**messer** m. (s, -) fluviomètre m. ||°-**otter** m. (s, -). ZOOL. loutre f. ||°-**pferd** n. (s, e). ZOOL. hippopotame m. || °-**regulierung** f. (-, en) rectification (f.), régularisation (f.) d'un fleuve. ||°-**säure** f. (-, n). CHIM. acide (m.) fluorhydrique. ||°-**schiffahrt** f. (-, en) batellerie f. ; navigation fluviale. ||°-**schiffer** m. (s, -) batelier m. ; marinier m. ||°-**schifferei** f. (-, en) batellerie f. ; navigation fluviale. ||°-**stahl** m. (s) acier doux. ||°-**stahlblech** n. (s) tôle (f.) en acier doux. ||°-**ufer** n. (s, -) rive f. ; bord m. ; berge f. ||°-**windungen** f. pl. sinuosités (f. pl.) d'un fleuve ; méandres m. pl.

Flüßchen ['flysçən] n. (s, -) petite rivière.

flüssig ['flysiç] adj. liquide ; fluide. | *leicht-, dünnflüssig*, fluide. | *dickflüssig*, visqueux. || MÉTALL. *schwerflüssig*, rebelle à la fusion ; réfractaire. | *flüssiges Metall*, métal fondu. | *flüssige Luft*, air (m.) liquide. | *flüssig werden*, fondre ; se liquéfier ; entrer en fusion. || FIG. coulant ; aisé. | *flüssiger Stil*, style coulant, aisé. | *sich in flüssigem Englisch ausdrücken*, s'exprimer couramment en anglais. | *flüssige Laute*, liquides f. pl. || FIN. liquide. | *flüssige Gelder*, liquidités f. pl. ; disponibilités f. pl.

Flüssig|chromatographie ["flysiçkromatogra'fi:] f. (-, n). PHYS. chromatographie (f.) en phase liquide. ||°-**gas** n. (es, e). CHIM. gaz (m.) liquide. || °-**gastanker** m. (s). MAR. méthanier m. ||°-**kristall** m. (s, e) cristal (m.) liquide. ||°-**kristallanzeige** f. (-, n). ÉLECTR. affichage (m.) à cristaux liquides. ||-**machen** v. tr. CHIM. liquéfier ; rendre liquide. || FIG., FIN. liquider ; réaliser. | *Gelder flüssigmachen*, réaliser des fonds. ||°-**machung** f. (-, en). CHIM. liquéfaction f. || FIG., FIN. réalisation f. ||°-**sauerstoff** m. (s, e). AÉRON. comburant m.

Flüssigkeit ['flysiçkait] f. (-, en) fluide m. ; liquide m. ; liqueur f. || PAR ANAL. fluidité f. ; liquidité f. || FIG. facilité f. ; aisance f.

Flüssigkeits|bremse ["flysiçkaits'brɛmzə] f. (-, n) frein (m.) hydraulique. ||°-**messer** m. (s, -) pèse-liquides m. ||°-**waage** f. (-, n) pèse-liqueurs m.

flüstern ['flystərn] v. tr. murmurer ; chuchoter. | *ins Ohr flüstern*, glisser à l'oreille.

Flüster|propaganda ["flystərpropa'ganda] f. (-). FAM. propagande de bouche à oreille, secrète. ||°-**ton** m. (s, ¨e) murmure m. | *im Flüsterton sprechen*, parler tout bas, à voix basse. ||°-**tüte** f. (-, n). FAM. mégaphone m.

Flut [flu:t] f. (-, en) flot m. ; flux m. | *wütende Fluten*, flots courroucés. | *die Flut braust, tost*, les flots mugissent. | *Ebbe und Flut*, flux (m.) et reflux (m.) ; marée haute et basse. || PAR EXT. *eine Menschenflut*, une marée humaine. || FIG. déluge m. ; torrent m. | *Flut von Tränen*, torrent (m.) de larmes. | *eine Flut von Schimpfwörtern*, une bordée d'injures.

Flut|anzeiger ["flu:t'antsaigər] m. (s, -). MAR. maréosiphon m. ||°-**becken** n. (s, -) bassin (m.) à flot. ||°-**brecher** m. (s, -). MAR. brise-lames m. || °-**kraftwerk** n. (s, e) usine marémotrice. | *durch Flutkraftwerk gewonnene Energie*, houille bleue. || °-**messer** m. (s, -). MAR. échelle (f.) de marée. ||°-**tabelle** f. (-, n). MAR. annuaire (m.) des marées. ||°-**welle** f. (-, n) raz (m.) de marée. ||°-**zeit** f. (-, en) [heure (f.) de la] marée f.

fluten ['flu:tən] v. intr. arriver à flots ; couler à flots ; s'enfler. | *Licht flutet in den Raum*, la pièce est inondée de lumière. | *die Menge flutet in den Zirkus hinein*, la foule s'engouffre dans le cirque. | *es flutet*, la marée monte.

fluvio|glazial [fluviogla'tsia:l] adj. GÉOL. fluvioglaciaire.

Flysch [fliʃ] m. ou n. (es). GÉOL. flysch m.

Fock [fɔk] f. (-, en). MAR. misaine f.

Fock|mars ['fɔkmars] m. (es, e) et f. (-, en). MAR. hune (f.) de misaine. ||°-**mast** m. (s, e ou en). MAR. mât (m.) de misaine ; [Lateinersegel] trinquet m.

Föderalismus [fødəra'lismus] m. (-). POLIT. fédéralisme m.

Föderalist [-ra'list] m. (en, en) fédéraliste m.

föderalistisch [-ra'listiʃ] adj. fédéraliste.

Föderation [-ra'tsio:n] f. (-, en) fédération f.

föderativ [-ra'ti:f] adj. fédératif.

föderieren [-'ri:rən] v. tr. et v. pr. (se) fédérer.

Fohlen ['fo:lən] n. (s, -). ZOOL. poulain m.

fohlen [-lən] v. intr. faire un poulain ; pouliner.

Föhn [fø:n] m. (s, e) fœhn m. ; lombarde f.

Föhn|wetter ["fø:n'vɛtər] n. (s) brusque dégel m.

Föhre ['fø:rə] f. (-, n). BOT. pin m.

fokal [fo'kɑ:l] adj. PHYS. focal.

Fokus ['fo:kus] m. (-, -). PHYS. foyer m. ; point focal.

Folge ['fɔlgə] f. (-, n). **1.** [Ergebnis] suite(s) f. (pl.) ; effet m. ; résultat m. ; conséquence f. ; conclusion f. | *an den Folgen eines Unfalls sterben*, mourir des suites d'un accident. | *die Folgen einer Krankheit*, les séquelles d'une maladie. | *die Folgen bedenken*, réfléchir aux, considérer, peser les conséquences. | *er zieht daraus die Folgen*, il en tire les conséquences. | *zur Folge haben*, entraîner (à sa suite). | *für alle Folgen stehen*, endosser tous les risques (d'une affaire). | *die Sache kann unangenehme Folgen nach sich ziehen*, cette affaire peut entraîner des suites désagréables. | *infolge* (gén.), en conséquence, en vertu, par suite de.
2. [Reihe, Abfolge] suite f. ; succession f. ; continuation f. ; série f. | *eine lange Folge von Königen*, une longue suite de rois. | *Folge der Jahrhunderte*, suite des temps. | *in einer Folge*, sans interruption ; en une suite continue. | *in bunter Folge*, pêle-mêle. || [Spiel] séquence f. | *Folge von vier, fünf Karten*, quatrième f. ; quinte f. || [Zukunft] suite f. ; avenir m. | *in der Folge*, dans, par la suite. | *für die Folge*, pour l'avenir.
3. [Annahme, Gehorsam] acceptation f. ; obéissance f. | *einem Befehl Folge leisten*, obéir, obtempérer à un ordre. | *er hat dem Rufe der Universität Marburg Folge geleistet*, il a répondu à l'appel de l'université de Marburg. | *einer Einladung Folge leisten*, se rendre à une invitation.
4. (Vx.) convoi (m.) funèbre.
5. JUR. [Jagd] droit (m.) de poursuite.

Folge|erscheinung ["fɔlgəɛr'ʃainuŋ] f. (-, en) conséquence f. || ÉCON. effets induits. ||-**gemäß** adj. conséquent ; logique. ||°-**leistung** f. (-, en), acte (m.) d'obéissance. ||-**recht, -richtig** adj. conséquent ; logique ; conforme aux prémisses. ||°-**richtigkeit** f. (-) caractère logique ; logique (d'une action). ||°-**satz** m. (es, ¨e). GRAMM. proposition consécutive. || PHILOS. corollaire m. ||-**widrig** adj. illogique ; inconséquent. ||°-**widrigkeit** f. inconséquence f. ; illogisme m. ||°-**zeit** f. (-) suite f. ; avenir m.

folgen ['fɔlgən] v. intr. **1.** [nachgehen] suivre. | *jm blindlings folgen*, suivre qn aveuglément. | *jm auf Schritt und Tritt folgen*, ne pas lâcher qn d'une semelle. || FIG. *jm mit den Augen, mit den Blicken folgen*, suivre qn des yeux. | *seinen Erklärungen nicht folgen können*, être incapable de suivre ses explications. | *nur seinem Herzen folgen*, n'écouter que son cœur.
2. PAR ANAL. [gehorchen] obéir à ; écouter ; croire. | *dem Lehrer folgen*, obéir au maître. | *er folgt seinem Rat*, il suit son conseil. | *einem Beispiel folgen*, suivre un exemple. | *der Mode folgen*, suivre la mode. | *dieses Schiff folgt leicht dem Steuer*, ce bateau se manœuvre aisément.
3. PAR EXT. [aufeinander folgen] venir après ; suivre ; succéder à. | *jm im Amte folgen*, succéder à qn dans ses fonctions. | *auf jeden Winter folgt ein Frühling*, à chaque hiver succède un printemps. || [Zeitung, Zeitschrift] *(die) Fortsetzung folgt*, la suite au prochain numéro ; à suivre. || PROV. *auf Regen folgt Sonnenschein*, après la pluie, le beau temps.
4. [sich ergeben] résulter. | *daraus folgt, daß*, il en résulte que.

folgen|reich ["fɔlgən'raiç] adj. riche de conséquences ; important ; grave. ||-**schwer** adj. lourd, gros de conséquences.

folgend ['fɔlgənt] adj. suivant ; successif ; subséquent. | *am folgenden Tag*, le lendemain. | *in der folgenden Nacht*, la nuit suivante. | *im folgenden Kapitel*, au chapitre suivant. | *auf folgende Weise*, de la manière suivante. | *im folgenden berichtete er*, par la suite il rapporta. | *Folgendes war darin zu lesen*, on pouvait y lire ce qui suit.

folgender|gestalt ["fɔlgəndərgə'ʃtalt], **-maßen** [-'mɑ:sən], **-weise** [-'vaizə] adv. de la façon, de la manière suivante.

folgern ['fɔlgərn] v. tr. PHILOS. conclure de ; inférer. ◇ v. intr. *ich folgere daraus, daß...*, j'en conclus que... — SYN. : *schließen*, induire ; *entnehmen aus*, conclure ; *den Schluß ziehen*, arguer, inférer ; *ableiten, deduzieren*, déduire.

Folgerung [-ruŋ] f. (-, en). PHILOS. déduction f. ; induction f. ; conclusion f. ; raisonnement m.

folglich ['fɔlkliç] adv. en conséquence ; par conséquent ; ainsi ; donc ; par suite ; partant ; dès lors. | *ich denke, folglich bin ich*, je pense, donc je suis.

folgsam [-zɑ:m] adj. obéissant ; docile ; soumis.

Folgsamkeit ['fɔlkzɑ:mkait] f. (-) obéissance f. ; soumission f. ; docilité f.

Foliant [foli'ant] m. (en, en) in-folio m.

Folie ['foliə] f. (-, n). TECHN. feuille f. ; feuille (f.) mince ; lamelle f. || [am Spiegel] tain m. || FIG. repoussoir m.

foliieren [foli'i:rən] v. tr. numéroter les feuilles ; folioter ; paginer. || TECHN. [Spiegel] étamer.

Folio ['fo:lio] n. (s, e et ien) feuillet m. (de papier) ; folio m. | *Folienzahl*, folio ; nombre (m.) de feuilles. || PAR EXT. papier (m.) ministre.

Folio|band ["fo:lio'bant] m. (s, ¨e) livre (m.) in-folio ; in-folio m. ||°-**blatt** n. (s, ¨er) feuille (f.) in-folio. ||°-**format** n. (s, e) format (m.) in-folio.

Follikel [fɔ'likəl] m. (s, -). ANAT., BOT. follicule m.

Follikel|hormon [fɔ"likəlhɔr'mo:n] n. (s, e). MÉD. folliculine f.

Folter ['fɔltər] f. (-, n). [Instrument] chevalet m. ; instrument (m.) de torture. | *jn auf die Folter spannen*, mettre qn à la torture, à la question ; donner la question à qn. || FIG., FAM. *er spannt mich auf die Folter*, il met ma curiosité à rude épreuve. || PAR EXT. [Handlung] torture f. ; question f. ; martyre m.

Folter|bank ["fɔltər'baŋk] f. (-, ¨e) chevalet (m.) de torture. ||°-**eisen** n. (s, -) outil (m.) de torture. ||°-**kammer** f. (-, n) chambre (f.) de torture. ||°-**knecht** m. (s, e) tortionnaire m. ; bourreau m.

Folterer ['fɔltərər] m. (s, -) tortionnaire m. ; bourreau m.

foltern [-tərn] v. tr. torturer ; mettre à la torture, à la question, au supplice ; faire subir le martyre.

Folterung [-təruŋ] f. (-, en) torture f.

Fön [fø:n] m. (s, e). (Wz.) sèche-cheveux m.

Fond [fɔ̃] m. (s, s). [Grundlage] fond m. || THÉÂTRE. fond m.

Fonds [fɔ̃] m. (-). COMM. fonds m. ; capitaux m. pl. || FIN. fonds d'État, publics.

Fonds|börse ["fɔ̃'bœrʒə] f. (-, n) Bourse (f.) des valeurs mobilières.

Fön|frisur [fø:nfri'zur] f. (-, en) Brushing m. (Wz.).

Fontäne [fɔn'tɛ:nə] f. (-, n) fontaine f. ; jet (m.) d'eau.

Fontanelle [fɔnta'nɛlə] f. (-, n). ANAT. fontanelle f. || MÉD. drain m. ; séton m.

foppen ['fɔpən] v. tr. berner ; duper ; mystifier ; narguer ; flouer.

Fopper [-pər] m. (s, -) mauvais plaisant ; farceur m.

Fopperei [fɔpə'rai] f. (-, en) duperie f. ; mystification f. ; mauvaise plaisanterie.
— Syn. : *Aufzieherei*, mystification ; *Streich*, tour ; *Spaß*, *Posse*, farce ; *Schabernack*, niche ; *Ulk*, blague.

forcieren [fɔr'si:rən] v. tr. forcer ; exagérer.

Förde ['førdə] f. (-, n). Mar. baie f. ; calanque f.

Förder|anlage ["førdər'anlɑ:gə] f. (-, n). Mines. installation (f.) de transport mécanique ; installation (f.) d'extraction. || Techn. appareil (m.) de manutention. ||°**-bahn** f. (-, en) voie (f.) d'exploitation. ||°**-band** n. (s, ¨er) convoyeur m. ; transporteur (m.) à bande ; tapis roulant. ||°**-brücke** f. (-, n) pont roulant transporteur ; pont roulant de manœuvre, de transport. ||°**-eimer** m. (s, -). Techn. godet (m.) de dragage. ||°**-flaschenzug** m. (s, ¨e). Techn. palan (m.) de manutention. ||°**-gerüst** n. (s, e) chevalement m. ; charpente (f.) d'extraction. ||°**-grube** f. (-, n) puits (m.), mine (f.) d'extraction. ||°**-gurt** m. (s, e) courroie transporteuse. ||°**-gut** n. (s, ¨er) produit extrait ; matières (f. pl.) de manutention. ||°**-haspel** f. (-, n) treuil (m.) d'extraction, de mine. ||°**-höhe** f. (-, n) hauteur (f.) de levage, d'élévation, d'extraction. ||°**-kette** f. (-, n). Techn. chaîne (f.) de manutention. ||°**-korb** m. (s, ¨e) benne f. ; cage f. ||°**-kübel** m. (s, -) benne f. ; skip m. ||°**-mann** m. (s, ¨er et -leute) hercheur m. ; rouleur m. ||°**-schnecke** f. (-, n) vis (f.) sans fin ; hélice transporteuse. ||°**-seil** n. (s, e) câble (m.) d'extraction. ||°**-soll** n. (s). Comm. production imposée, prévue. ||°**-steiger** m. (s, -) porion (m.) de roulage. ||°**-stollen** m. (s, -) galerie (f.) de roulage. ||°**-technik** f. (-, en). Techn. manutention f. ||°**-turm** m. (s, ¨e) chevalement (m.) d'extraction. ||°**-wagen** m. (s, -) berline f. ; wagonnet (m.) de mine.

Forderer ['fɔrdərər] m. (s, -) auteur (m.) d'une provocation. || Comm. créancier m. || Polit. prétendant m. || Jur. requérant m.

Förderer ['førdərər] m. (s, -). Mines. [Person] hercheur m. || [Instrument] convoyeur m. ; transporteur m. || Fig. promoteur m.

förderlich ['førdərliç] adj. profitable ; utile.

fordern ['fɔrdərn] v. tr. demander ; réclamer ; exiger. | *Geld fordern*, réclamer de l'argent. | *ich werde Genugtuung von ihm fordern*, je lui demanderai satisfaction. | *einen hohen Preis für etwas fordern*, demander un prix élevé pour qch. || Jur. *vor Gericht fordern*, citer, assigner en justice. || Par anal. convoquer ; provoquer. | *jn zu sich fordern*, mander qn. | *jn zum Duell fordern*, provoquer qn en duel. | *jn auf Pistolen fordern*, provoquer qn au pistolet. | *der Offizier fordert zuviel von seinen Leuten*, l'officier exige trop de ses hommes. | *die Ehre fordert es*, c'est une question d'honneur.

fördern ['førdərn] v. tr. activer ; accélérer ; hâter. | *die Arbeit fördern*, faire progresser son travail. || Par anal. encourager ; favoriser ; seconder ; faire progresser. | *jn fördern*, encourager, pousser qn. | *die Kunst fördern*, encourager les arts ; être un mécène. | *die Sprachwissenschaft fördern*, faire avancer la linguistique. || Par ext., Mines. extraire ; hercher ; transporter. || Fig. mettre au jour.

Forderung ['fɔrdəruŋ] f. (-, en) demande f. ; sommation f. ; réclamation f. ; revendication f. | *eine billige, begründete Forderung*, une réclamation fondée. | *die Forderung erheben*, prétendre ; avoir la prétention. | *Forderungen an jn stellen*, exiger de qn. | *eine Forderung erfüllen*, satisfaire à une demande. || Comm. créance f. | *rückständige Forderung*, créance arriérée. | *uneintragbare Forderung*, créance irrécouvrable. | *eine Forderung einziehen, eintreiben*, encaisser, recouvrer une créance. | *eine Forderung abschreiben*, amortir une créance. || Par anal. provocation f. | *Forderung auf Säbel*, provocation en duel au sabre.

Förderung ['førdəruŋ] f. (-, en) accélération f. ; avancement m. ; expédition f. || Par anal. secours m. ; encouragement m. || Mines. extraction f. ; herchage m.

Forelle [fɔ'rɛlə] f. (-, n) truite f.

forensisch [fɔ'rɛnziʃ] adj. Jur. judiciaire.

Forke ['fɔrkə] f. (-, n). Agric., pop. fourche f.

Form [fɔrm] f. (-, en). **1.** [äußere Gestalt] forme f. | *Frankreich hat die Form eines Sechsecks*, la France a la forme d'un hexagone. | *Gesichtsform*, forme du visage. | *dieser Hut kommt aus der Form*, ce chapeau se déforme. || *Form und Inhalt*, la forme et le fond. | *Hauptform*, forme principale. | *Nebenform*, forme secondaire. | *Urform*, forme primitive.
2. [Gestalt eines Verhaltens] formes f. pl. ; manière f. | *die Formen des gesellschaftlichen Lebens*, les bonnes manières ; les usages de la vie sociale. | *in aller Form*, en bonne et due forme. | *die Form(en) wahren*, garder les formes ; observer l'étiquette. | *der Form wegen (pro forma)*, pour la forme. | *ein Mann ohne Formen*, un homme sans usages.
3. Gramm. *die tätige Form*, la forme active. | *die leidende Form*, la voix passive.
4. Techn. moule m. | *in eine Form gießen*, mouler.
5. Sport. forme f.

Form|änderung ["fɔrm'ɛndəruŋ] f. (-, en) transformation. ||°**-blatt** n. (s, ¨er) formulaire m. ||°**-brett** n. (s, er) gabarit m. ||**-drehen** v. tr. façonner au tour. ||°**-eisen** n. (s, -) fer profilé. ||°**-erde** f. (-) terre à modeler. ||°**-fehler** m. (s, -). Jur. vice (m.) de forme. ||°**-gebung** f. (-, en) façonnage m. ; modelage m. ; action de donner forme. ||**-gerecht** adj. dans les formes ; en bonne (et due) forme. ||**-gewandt** adj. Fig. qui a des usages, du savoir-vivre. ||°**-gießer** m. (s, -) mouleur m. ||°**-guß** m. (es, ¨e) moulage m. ||°**-krise** f. (-, n), °**-tief** n. (s, e). Sport. méforme f. ||**-los** adj. sans forme ; informe. || Par ext. difforme. || Fig. sans façons ; sans gêne. ||°**-losigkeit** f. (-, en) absence (f.) de forme. || Par ext. difformité f. || Fig. manque (m.) de formes, de savoir-vivre, d'usages. ||°**-maschine** f. (-, n) machine (f.) à mouler ; mouleuse f. ||°**-sache** f. (-, n) formalité f. ||°**-sand** m. (s) sable (m.) de moulage. ||°**-scheibe** f. (-, n) tour (m.) de potier. ||**-schön** adj. de belle(s) forme(s) ; harmonieux. ||°**-sinn** m. (s) bon goût. ||°**-stahl** m. (s). Techn. outil (m.) à façonner, à profiler. ||°**-veränderung** f. (-, en) changement (m.) de forme ; transformation f. ||**-vollendet** adj. de forme parfaite ; beau à la perfection. ||**-widrig** adj. contraire aux formes.

formal [fɔr'mɑ:l] adj. formel.

Formaldehyd [fɔrmalde'i:d] m. ou n. (s, e) formaldéhyde m.

Formalien [-'mɑliən] f. pl. formalités f. pl.

Formalin [fɔrma'li:n] f. formol m.

Formalismus [fɔrma'lismus] m. (-) formalisme m.

Formalität [-li'tɛ:t] f. (-, en) formalité f.

Format [fɔr'mɑ:t] n. (s, e). Typogr., Comm. format m. || Par ext. dimension f. | *ein Politiker von Format*, un homme politique d'envergure.

formatieren [fɔrma'ti:rən] v. tr. Inf. formater.

Formatieren [fɔrma'ti:rən] n., **Formatierung** [-'ti:ruŋ] f. Inf. formatage m.

Formation [fɔrma'tsio:n] f. (-, en). Mil. formation f. ; unité f. || Math., Gramm. formation f. || Géol. terrain m. ; formation f.

formbar ['fɔrmbɑ:r] adj. plastique ; malléable.

Formbarkeit [-barkait] f. (-) malléabilité f ; plasticité f.

Formel ['fɔrməl] f. (-, n). Pr., Chim., Math. formule f.

Formel|kram ["fɔrməl'kram] m. (s). Fam. formalités f. pl. ; péjor. chinoiseries f. pl.

formell [fɔr'mɛl] adj. formel.
◇ adv. formellement ; selon les formes.

formen ['fɔrmən] v. tr. former ; modeler ; façonner ; faire ; donner sa forme à une chose, à un être. | *ich habe ihn zum Künstler geformt*, j'ai fait de lui un artiste. | *die Sätze sorgsam formen*, bien tourner ses phrases.
◇ v. pr. **sich formen,** se former ; se modeler.

formen|arm ["fɔrmən'arm] adj. Gramm. défectif. ||°**-lehre** f. (-, n). Gramm. morphologie f. ||°**-mensch** m. (en, en). Fig. personne (f.) à cheval sur les formes ; formaliste m. ||**-reich** adj. riche en formes ; multiforme ; polymorphe. ||°**-reichtum** m. (s) richesse (f.) des formes. ||°**-reiter** m. (s, -) formaliste m. ||°**-wesen** n. (s) formalisme m.

Former ['fɔrmər] m. (s, -) celui qui forme. || Techn. modeleur m. ; mouleur m.

Formerei [fɔrmə'rai] f. (-). Techn. modelage m. ; moulage m.

formieren [fɔr'mi:rən] v. tr. former ; ranger. || Typogr. *in Seiten formieren*, mettre en pages.
◇ v. pr. **sich formieren,** se former ; se ranger.

Formierung [-'mi:ruŋ] f. (-, en). Mil. formation f. || Typogr. mise (f.) en pages.

förmlich ['førmliç] adj. [feierlich] dans les formes ;

en bonne et due forme ; cérémonieux. | *er wird förmlich*, il prend un ton guindé. || PAR ANAL. [regelrecht] formel ; vrai. | *da entstand ein förmlicher Aufruhr*, il s'ensuivit un véritable tumulte.
◇ adv. formellement ; en termes formels, exprès.

Förmlichkeit [-kait] f. (-, en) formalité f. ; respect (m.) des formes ; étiquette f. || PAR EXT. cérémonie f. | *ohne Förmlichkeiten*, sans cérémonie.

Förmlichkeits|krämer ["førmliçkaits'krɛ:mər] m. (s, -). FAM. formaliste m.

Formol [fɔr'mo:l] n. (s). CHIM. formol m.

Formular [fɔrmu'lɑ:r] n. (s, e) formulaire m.

formulieren [-'li:rən] v. tr. formuler ; exprimer.

Formung ['fɔrmuŋ] f. (-, en) formation f. ; mise (f.) en forme ; façon f. || TECHN. modelage m. ; moulage m.

forsch [fɔrʃ] adj. plein de vie, d'entrain ; fringant ; pétulant. | *forscher Bursche*, gaillard dynamique. | *ein forsches Mädchen*, une luronne. | *ein forsches Auftreten*, un air de bravade.

forschen ['fɔrʃən] v. intr. faire des recherches ; rechercher ; explorer. | *in alten Papieren forschen*, fouiller de vieux papiers. | *ein forschender Blick*, un regard scrutateur.

Forscher [-ʃər] m. (s, -) savant m. ; chercheur m.

Forscher|geist ["fɔrʃər'gaist] m. (s) esprit (m.) d'investigation, de recherche ; esprit observateur.

Forschung ['fɔrʃuŋ] f. (-, en) recherche f. ; investigation f. ; exploration f. | *wissenschaftliche Forschung*, recherche scientifique.

Forschungs|anstalt ["fɔrʃuŋs'anʃtalt] f. (-, en) institut (m.), laboratoire (m.) de recherche. ||°**-gebiet** n. (s, e) champ (m.), domaine (m.) de recherche, d'investigation. ||°**-reise** f. (-, n) (voyage [m.] d') exploration f. ||°**-satellit** m. (en, en) satellite (m.) scientifique. ||°**-semester** n. (s, -). UNIV. (*etwa*) année (f.) sabbatique. ||°**-trieb** m. (s) goût (m.) de la recherche.

Forst [fɔrst] m. (s, e) forêt m.

Forst|akademie ["fɔrstakadə'mi:] f. (-, n) école forestière. ||°**-amt** n. (s, ¨er) administration (f.), service (m.) des eaux et forêts. ||°**-assessor** m. (en, en) ingénieur adjoint des eaux et forêts. ||°**-aufseher** m. (s, -) garde forestier. ||°**-frevel** m. (s, -) délit forestier. ||°**-haus** n. (es, ¨er) maison forestière. ||°**-hüter** m. (s, -) garde forestier. ||°**-kunde** f. (-) sylviculture f. ||°**-recht** n. (s) droit, code forestier. || PAR ANAL. droit (m.) de faire du bois en forêt. ||°**-revier** n. (s, e) district forestier. ||°**-wesen** n. (s) eaux et forêts pl. ||°**-wirtschaft** f. (-, en) sylviculture f. ; exploitation forestière. ||°**-zins** m. (es, en et e) forestage m.

forsten ['fɔrstən] v. tr. exploiter les forêts.

Förster ['førstər] m. (s, -) garde forestier.

Försterei [førstə'rai] f. (-, en) charge (f.) de garde forestier. || PAR EXT. maison forestière.

Fort [fɔ:r] n. (s, s). MIL. fort m. | *kleines Fort*, fortin m.

fort [fɔrt] adv. [weg] au loin ; parti ; absent. | *fort !*, allez-vous-en ! ; sortez ! ; partez ! ; FAM. filez ! | *fort mit ihm !*, qu'il s'en aille. | *der Onkel ist fort*, l'oncle est parti. | *wir wollen noch heute fort*, nous voulons partir aujourd'hui même. || PAR EXT. adv. indiquant l'avancement, la progression. | *es will mit ihm nicht recht fort*, il n'avance guère. || LOC. *in einem fort*, sans discontinuer ; d'un trait ; sans relâche. | *nur immer fort !*, continuez, allez toujours ! | *fort und fort*, sans cesse. | *und so fort*, et ainsi de suite.

fort [fɔrt] partic. sépar. exprimant : **1.** l'éloignement. Ex. : *fort | laufen*, s'éloigner (en courant) ; *fort | ziehen*, déménager ; *fort | jagen*, chasser ; *fort | reißen*, emporter.
2. la continuation d'une action. Ex. : *fort | arbeiten*, continuer à travailler ; *fort | dauern*, durer ; *fort | leben*, survivre ; *sich fort | pflanzen*, se reproduire.

fort|ab [fɔrt'ap], **fort|an** [fɔrt'an] adv. dès lors ; à l'avenir ; désormais ; dorénavant.

fort|begeben (sich) [ziç"fɔrtbə'ge:bən] (i, a, e) v. pr. s'en aller ; partir ; s'absenter.

Fort|bestand ["fɔrtbə'ʃtant] m. (s, ¨e) maintien m. ; continuation f. ; continuité f. ; pérennité f.

fort|bestehen [-'ʃte:ən] (bestand, bestanden) v. intr. subsister ; continuer d'exister ; se maintenir ; persister ; durer.

fort|bewegen ["fɔrtbə've:gən] v. tr. avancer ; mouvoir ; déplacer ; faire avancer ; faire bouger.

Fort|bewegung [-guŋ] f. (-, en) locomotion f. || PAR EXT. mouvement progressif, continu.

fort|bilden ["fɔrt'bildən] v. tr. et v. pr. (se) perfectionner.

Fort|bildung [-duŋ] f. (-, en) formation continue, permanente.

Fortbildungs|lehrgang ["fɔrtbilduŋs'le:rgaŋ] m. (s, ¨e) cours (m.) de perfectionnement. ||°**-schule** f. (-, n) cours (m.) d'adultes ; école (f.) de perfectionnement ; enseignement (m.) postscolaire.

fort|bleiben ["fɔrt'blaibən] (ie, ie) v. intr. ne pas (re)venir ; demeurer, rester absent.

fort|bringen ["fɔrt'briŋən] (brachte, gebracht) v. tr. enlever ; déplacer ; emmener ; emporter. || PAR ANAL. faire partir. || FIG. faire vivre ; faire réussir.
◇ v. pr. **sich fortbringen.** FAM. faire son chemin ; se tirer d'affaire.

Fort|dauer ["fɔrt'dauər] f. (-) durée f. ; continuation f. ; prolongation f. ; persistance f.

fort|dürfen ["fɔrt'dyrfən] (a, u, u) v. intr. FAM. avoir la permission de s'en aller.

Forte|piano ['fɔrtəpi"ɑ:no] n. (s, s). MUS. piano m.

fort|erben (sich) [ziç"fɔrt'ɛrbən] v. pr. se transmettre par hérédité.

fort|fahren ["fɔrt'fɑ:rən] (ä, u, a) v. intr. partir, s'en aller en voiture, en train, en bateau, à bicyclette. || PAR EXT. continuer ; poursuivre. | *in seiner Rede fortfahren*, continuer son discours.
◇ v. tr. emporter ; emmener (sur une voiture).

Fort|fall ['fɔrtfal] m. (s) suppression f. ; abolition f. | *in Fortfall kommen*, être supprimé.

fort|fallen ["fɔrt'falən] (ä, ie, a) v. intr. être supprimé ; ne pas avoir lieu ; FAM. tomber.

fort|fliegen ["fɔrt'fli:gən] (o, o) v. intr. s'envoler. || AÉRON. s'envoler ; partir en avion.

fort|fließen ["fɔrt'fli:sən] (o, o) v. intr. s'écouler. || PAR EXT. continuer à couler.

fort|führen ["fɔrt'fy:rən] v. tr. enlever ; emmener ; transporter. | *der Strom hat die Brücke fortgeführt*, le fleuve a emporté le pont. || PAR EXT. continuer ; prolonger ; prendre la suite. | *der Schüler führt das Werk seines Lehrers fort*, le disciple continue l'œuvre de son maître.

Fort|führung [-ruŋ] f. continuation f. ; suite f.

Fort|gang ['fɔrtgaŋ] m. (s) départ m. | *sein Fortgang hinterließ eine Lücke*, son départ a laissé un vide. || PAR EXT. marche f. ; suite f. ; avancement m. ; développement m. ; progrès m.

fort|gehen ["fɔrt'ge:ən] (ging, gegangen) v. intr. s'en aller ; partir. || PAR EXT. continuer ; poursuivre. | *wenn das so fortgeht*, pour peu que cela dure.

fort|geschritten ["fɔrtgə'ʃritən] adj. avancé ; développé. | *Fortgeschrittenenkurs*, cours supérieur.

fort|gesetzt ["fɔrtgə'zɛtst] adj. ininterrompu ; sans cesse ; toujours.

fort|helfen ["fɔrt'hɛlfən] (i, a, o) v. intr. (dat.) faciliter le départ, la fuite, l'évasion de qn. || PAR EXT. soutenir ; secourir ; aider à continuer.

fort|hin [fɔrt'hin] adv. dorénavant ; à partir de maintenant ; dès à présent.

fort|jagen ["fɔrt'jɑ:gən] v. tr. chasser ; mettre à la porte.
◇ v. intr. continuer de chasser. || FIG. partir au grand galop, ventre à terre.

fort|kommen ["fɔrt'kɔmən] (a, o) v. intr. s'en aller ; échapper. | *machen Sie, daß Sie fortkommen !*, filez ! ; décampez ! || PAR EXT. avancer ; faire des progrès. | *der Weg ist so steinig, daß man schlecht fortkommt*, le chemin est si plein de pierres qu'on avance mal. || FIG. *im Leben fortkommen*, faire son chemin ; réussir.

Fort|kommen ["fɔrt'kɔmən] n. (s) progrès m. ; avancement m. ; prospérité f. | *sein gutes Fortkommen haben*, bien gagner sa vie.

fort|lassen ["fɔrt'lasən] (ä, ie, a) v. tr. 1° laisser partir ; rendre la liberté à ; 2° omettre ; retrancher.

fort|laufen ["fɔrt'laufən] (ä, ie, a) v. intr. s'éloigner en courant ; s'échapper ; s'enfuir. | *das Kind ist fortgelaufen*, l'enfant s'est sauvé. || PAR EXT. continuer de courir, de couler ; se prolonger.

fort|laufend [-fənt] adj. suivi ; continu. | *fortlaufende Nummer*, numéro (m.) d'ordre.

fort|leben ["fɔrt'le:bən] v. intr. continuer de vivre ; ne pas cesser d'exister ; survivre. | *in seinen Werken fortleben*, survivre dans ses œuvres.

Fort|leben ["fɔrt'le:bən] n. (s) survie f. ; pérennité f.

fort|machen ["fɔrt'maxən] v. intr. continuer ; aller son train.
◇ v. pr. **sich fortmachen,** s'en aller ; se sauver ; s'enfuir ; FAM. déguerpir, décamper.

fort|müssen ["fɔrt'mysən] (muß, mußte, gemußt) v. intr. devoir partir.

fort|nehmen ["fɔrt'ne:mən] (nimmt, nahm, genommen) v. tr. emporter ; emmener ; enlever. | *sein Kind von der Schule fortnehmen*, retirer son enfant de l'école.

fort|packen (sich) [ziç"fɔrt'pakən] v. pr. FAM. plier bagage.

fort|pflanzen ["fɔrt'pflantsən] v. tr. reproduire.
◇ v. pr. **sich fortpflanzen,** se reproduire ; se propager ; se répandre ; se perpétuer.

Fort|pflanzung [-tsuŋ] f. (-, en) reproduction f. ; propagation f. ; multiplication f. || BIOL. *geschlechtliche Fortpflanzung*, génération sexuée.

Fortpflanzungs|trieb ["fɔrtpflantsuŋs'tri:p] m. (s, e) instinct (m.) de reproduction.

Fortran ['fɔrtran] n. INF. fortran m.

fort|räumen ["fɔrt'rɔymən] v. tr. débarrasser ; enlever.

fort|reißen ["fɔrt'raisən] (i, i) v. tr. emporter ; entraîner ; enlever. | *der Strom hat alles mit sich fortgerissen*, le fleuve a tout arraché sur son passage. || FIG. *Dantons Reden rissen das Volk mit sich fort*, les discours de Danton entraînaient le peuple.

fort|rennen ["fɔrt'rɛnən] (rannte, gerannt) v. intr. se sauver à toutes jambes.

fort|rücken ["fɔrt'rykən] v. tr. déplacer.
◇ v. intr. PR. et FIG. avancer.

Fort|satz ['fɔrtzats] m. (es, ¨e). ANAT. apophyse f. ; appendice m.

fort|schaffen ["fɔrt'ʃafən] v. tr. enlever ; transporter ailleurs ; ôter ; emmener ; faire disparaître. | *schafft ihn fort !*, ôtez-le de ma vue.
◇ v. intr. (u, a) continuer de créer, de travailler.

fort|scheren (sich) [ziç"fɔrt'ʃe:rən] v. pr. FAM. filer ; POP. déguerpir. ; VULG. foutre le camp.

fort|scheuchen ["fɔrt'ʃɔyçən] v. tr. faire fuir ; effaroucher.

fort|schicken ["fɔrt'ʃikən] v. tr. congédier ; renvoyer ; expédier.

fort|schießen ["fɔrt'ʃi:sən] (o, o) v. intr. s'en aller au galop. || PAR EXT. continuer à, de tirer.
◇ v. tr. enlever ; faire disparaître en tirant.

fort|schleichen ["fɔrt'ʃlaiçən] (i, i) v. intr. et v. pr. s'esquiver, se dérober.

fort|schleppen ["fɔrt'ʃlɛpən] v. tr. emporter ; traîner derrière soi.
◇ v. pr. **sich fortschleppen,** se traîner.

fort|schlüpfen ["fɔrt'ʃlypfən] v. intr. se dérober ; s'esquiver.

fort|schreiten ["fɔrt'ʃraitən] (i, i) continuer de marcher, d'avancer ; avancer. || FIG. faire des progrès.

Fort|schritt ['fɔrtʃrit] m. (s, e) progrès m. ; avancement m. | *im Fortschritt begriffen sein*, être en progrès. | *gute Fortschritte machen*, faire des progrès.

fort|schrittlich ["fɔrt'ʃritliç] adj. POLIT. progressiste. | *fortschrittliche Ansichten*, idées avancées. || [Dinge] conforme au progrès.

Fortschritts|partei ["fɔrtʃritspar'tai] f. (-). POLIT. parti (m.) progressiste ; libéraux m. pl.

fort|schwemmen ["fɔrt'ʃvɛmən] v. tr. [durch Wasser] emporter ; rouler.

fort|sehnen (sich) [ziç"fɔrt'ze:nən] v. pr. aspirer à partir ; désirer être loin.

fort|setzen ["fɔrt'zɛtsən] v. tr. continuer ; poursuivre.

Fort|setzer [-tsər] m. (s, -) continuateur m.

Fort|setzung [-tsuŋ] f. (-, en) suite f. ; continuation f. || [Zeitung ; Zeitschrift] *Fortsetzung folgt*, à suivre ; la suite au prochain numéro. | *in Fortsetzungen*, en feuilleton.

fort|stehlen (sich) [ziç"fɔrt'ʃte:lən] (ie, a, o) s'en aller furtivement, à la dérobée ; se dérober.

fort|stellen ["fɔrt'ʃtɛlən] v. tr. ôter ; enlever ; mettre ailleurs.

fort|tragen ["fɔrt'tra:gən] (ä, u, a) v. tr. enlever ; emporter ; transporter ailleurs.

fort|treiben ["fɔrt'traibən] (ie, ie) v. tr. chasser ; expulser. | *die Feinde haben sein Vieh fortgetrieben*, les ennemis lui ont volé son bétail. | *von der Strömung fortgetrieben werden*, être emporté par le courant. || PAR EXT. continuer de, à faire. | *so darf er's nicht (lange) forttreiben*, il ne doit pas continuer ainsi, de la sorte.

Fortuna [fɔr'tu:na] n. pr. f. MYTH. Fortune f.

fort|währen ["fɔrt'vɛ:rən] v. intr. durer ; se prolonger ; continuer.

fort|während [-rənt] adj. continuel ; constant.

fort|wälzen ["fɔrt'vɛltsən] v. tr. faire rouler plus loin ; entraîner.
◇ v. pr. **sich fortwälzen,** rouler ses eaux.

fort|wandeln ["fɔrt'vandəln] v. intr. poursuivre son chemin. || FIG. persévérer dans une voie.

fort|wandern ["fɔrt'vandərn] v. intr. s'en aller à pied. || PAR EXT. émigrer. || FIG. poursuivre son chemin.

fort|weisen ["fɔrt'vai:zən] (ie, ie) v. tr. montrer la porte à ; éconduire.

fort|ziehen ["fɔrt'tsi:ən] (zog, gezogen) v. tr. tirer ; entraîner.
◇ v. intr. déménager ; émigrer.

Fort|ziehen ["fɔrt'tsi:ən] n. (s) départ m. ; déménagement m. ; émigration f.

Forum ['fɔrum] n. (s). HIST. forum m.

Fossil [fɔ'si:l] n. (s, ien). GÉOL. fossile m.

fossil [-'si:l] adj. GÉOL. fossile ; préhistorique. | *fossil werden*, se fossiliser.

Fossilien|bildung [-"si:lien'bilduŋ] f. fossilisation f.

foto... préf. V. PHOTO...

Foto ['fɔto] n. (s, s). FAM. photo f.

Foto|apparat ["fɔtoapa'ra:t] m. (s, e). PHOT. appareil (m.) photographique. ||°**-roman** m. (s, e) roman-photo m. ||°**-zelle** f. (-, n) cellule (f.) photoélectrique.

fotogen [foto'ge:n] adj. photogénique.

Fotograf(in) [fɔto'gra:f(in)] m. (en, en), f. (-, nen) photographe s.

Fotografie [-gra'fi] f. (-, n) photographie f. ; FAM. photo f.

Fötus ['fø:tus] m. (ses, se ou ten). PHYSIOL. fœtus m. ; embryon m.

Fracht [fraxt] f. (-, en). MAR. fret m. ; cargaison f. ; charge f. | *Fracht führen*, transporter une cargaison ; être chargé. | *ein Schiff in Fracht nehmen*, affréter un navire. || PAR EXT., COMM. port m. | *die Fracht beträgt*, le fret se monte à. || TRANSP. *per Fracht*, par, en petite vitesse.

Fracht|brief ['fraxtbri:f] m. (s, e). TRANSP. lettre (f.) de voiture. || MAR. connaissement m. ||°**-dampfer** m. (s, -). MAR. cargo m. ||°**-flugzeug** n. (s, e) avion-cargo m. ||**-frei** adj. COMM. port, fret payé ; sans frais de port ; franco. ||°**-gebühr** f. (-, en). °**-geld** n. (s, er). COMM. frais (m. pl.) de transport. || MAR. fret m. ; nolisement m. ||°**-gut** n. (s, ¨er). TRANSP. marchandise (f.) en petite vitesse f. ||°**-kahn** m. (s,¨e). MAR. chaland m. ||°**-raum** m. (s, ¨e). TRANSP. [Eisenbahn] fourgon m. || MAR. cale (f.) à marchandises. ||°**-stückgut** n. (s, ¨er). TRANSP. marchandises (f. pl.) en petite vitesse f.

frachten ['fraxtən] v. tr. COMM. envoyer, expédier par voiture. || MAR. affréter.

Frachter [-tər] m. (s, -). MAR. cargo m.

Frack [frak] m. (s, ¨e) habit m. ; frac m. ; FAM. queue-de-pie f.

Frack|zwang ['fraktsvaŋ] m. (s) tenue (f.) de soirée de rigueur.

Frage ['fra:gə] f. (-, n) question f. ; demande f. ; interrogation f. | *eine Frage an jn stellen, richten*, poser, adresser une question à qn. | *etwas steht in Frage*, qch. reste en question. | *etwas in Frage stellen*, mettre en question, en doute. | *das ist eben die Frage*, reste à savoir ; voilà le hic. | *es steht außer Frage*, il n'y a pas, cela ne fait pas de doute. | *die Frage ist, ob*, reste à savoir si. | *das kommt nicht in Frage*, il n'en est pas question. | *ohne Frage*, sans aucun doute. || PAR EXT. [Sache ; Angelegenheit ; Aufgabe] problème m. ; affaire f. ; sujet m. | *die deutsche Frage*, la question allemande. | *um eine Frage nicht herumkommen*, ne pas pouvoir éluder une question. | *die soziale Frage lösen*, résoudre la question sociale. || *Rückfrage*, demande d'information. || *Vorfrage*, question préalable, préjudicielle.

Frage|bogen ["fra:gə'bo:gən] m. (s, ¨) questionnaire m. ||°**-fürwort** n. (es, ¨er) pronom interrogatif. ||°**-punkt** m. (s, e) question f. ; problème m. ; point (m.) à débattre. ||°**-satz** m. (es, ¨e) proposition interrogative. ||°**-steller(in)** m. (s, -), f. (-, nen). V.

FRAGER(IN). ||°-**stellung** f. (-). GRAMM. forme interrogative. || PHILOS. termes (m. pl.) du problème. ||°-**stunde** f. (-, n). [Parlament] questions orales ; interpellation f. ||°-**zeichen** n. (s, -) point (m.) d'interrogation.

fragen ['frɑ:gən] v. tr. interroger ; questionner ; demander ; s'informer de. | *jn nach dem Wege fragen*, demander son chemin à qn. | *jn um Rat fragen*, demander conseil à qn. | *er fragte sie nach ihrem Wohlergehen*, il lui demanda des nouvelles de sa santé. | *nicht lange fragen*, ne pas faire de façons. | *ich frage mich noch*, je suis encore à me demander. | *was fragen wir danach !*, peu nous importe. || COMM. *dieser Artikel wird viel gefragt*, cet article est très demandé.
◇ v. pr. **sich fragen,** se demander. | *man fragt sich, ob*, on se demande si. | *sich zurecht fragen*, s'orienter en posant des questions.
◇ v. impers. *es fragt sich, ob*, il s'agit de savoir si ; reste à savoir si.

fragend [-gənt] adj. interrogateur ; interrogatif. || GRAMM. interrogatif.

Frager(in) [-gər(in)] m. (s, -), f. (-, nen) questionneur m. ; questionneuse f. ; interrogateur m. ; interrogatrice f.

Fragerei [fragə'rai] f. (-, en) manie (f.) de questionner.

fraglich ['frɑ:kliç] adj. [zweifelhaft] douteux ; discutable ; contestable ; problématique. | *der fragliche Band*, le tome en question. | *die fragliche Äußerung*, le propos qu'on lui prête. | *ein fragliches Unterfangen*, une entreprise douteuse.

fraglos ['frɑ:klo:s] adj. incontestable ; hors de doute.

frag|würdig ["frɑ:k'vyrdiç] adj. douteux, louche.

Fragment [frag'mɛnt] n. (s, e) fragment m.

fragmentarisch [-mɛn'tɑ:riʃ] adj. fragmentaire.

Fraktion [frak'tsio:n] f. (-, en) fraction f. || POLIT. groupe m.

fraktionieren [-tsio'ni:rən] v. tr. fractionner. || CHIM. *fraktionierte Destillation*, distillation fractionnée.

Fraktionier|turm [fraktsio"ni:r'turm] m. (s, ¨e). CHIM. tour (f.) de fractionnement.

fraktions|los [frak"tsio:ns'lo:s] adj. POLIT. non-inscrit. ||°-**lose(r)** f. (m.). POLIT. non-inscrit(e) m. (f.). ||°-**zwang** m. (s). POLIT. discipline (f.) de vote (au Parlement).

Fraktur [frak'tu:r] f. (-, en). MÉD. fracture f. | *offene Fraktur*, fracture ouverte. || TYPOGR. [deutsche Schrift] caractères (m. pl.) gothiques ; gothique f.

Fraktur|buchstaben [frak"tu:r'buxʃtɑ:bən] m. pl., °-**schrift** [-ʃrift] f. (-). TYPOGR. caractères (m. pl.) gothiques ; gothique f.

Franc [frɑ̃] m. (-, s) franc m.

frank [fraŋk] adj. franc ; d'une pièce ; rond ; net.
◇ adv. franchement. | *etwas frank und frei heraussagen*, parler net, sans ambages.

Frankatur [fraŋka'tu:r] f. (-, en) affranchissement m. ; port m.

Franke ['fraŋkə] m. (n, n) n. pr. m. HIST. Franc m. || GÉOGR. Franconien m.

Franken m. (s, -). [Münze] franc (m.) suisse.

Franken ['fraŋkən] n. pr. n. GÉOGR. Franconie f.

Franken|gebiet ["fraŋkəngə'bi:t] n. (s). FIN. zone (f.) [du] franc. ||°-**land** n. (s) pays (m.) des Francs. ||°-**reich** n. (s). HIST. royaume (m.), territoire (m.) des Francs.

Frank|furt ['fraŋkfurt] n. pr. n. *Frankfurt am Main*, Francfort-sur-le-Main. | *Frankfurt an der Oder*, Francfort-sur-l'Oder.

Frank|furter [-tər] (s, -) n. pr. m. Francfortois m. | *Frankfurter Würstchen*, saucisse de Francfort.

frankieren [fraŋ'ki:rən] v. tr. POSTES. affranchir.

Frankierung [-'ki:ruŋ] f. (-, en). POSTES. affranchissement m.

Fränkin ['frɛŋkin] n. pr. f. Franconienne f.

fränkisch [-kiʃ] adj. HIST. franc. | *das Fränkische*, la langue franque. || GÉOGR. franconien. | *fränkischer Jura*, Jura franconien.

franko ['fraŋko] adv. sans frais ; gratuitement ; franc de port ; franco. || COMM. *franko Bestimmungsort*, franco (rendu point de) destination. | *franko Bord*, franco à bord.

frankophon [fraŋko'fo:n] adj. francophone.

Frankophonie [fraŋkofo'ni:] f. (-) francophonie f.

Frank|reich ['fraŋkraiç] n. pr. n. GÉOGR. France f. || FAM. *wie Gott in Frankreich leben*, vivre comme un coq en pâte.

Franse ['franzə] f. (-, n) frange f. ; crépine f.

fransen [-zən] v. tr. franger.

fransig [-ziç] adj. frangé.

Franz [frants] n. pr. m. François m.

Franz|apfel ["frants'apfəl] m. (s, ¨). BOT. pomme (f.) d'api. ||°-**band** n. (s, ¨e). TECHN. reliure (f.) en cuir (basane, maroquin, veau). ||°-**brot** n. (s, e) pain (m.) au lait.

Franziska [fran'tsiska] n. pr. f. Françoise f.

Franziskaner [frantsis'kɑ:nər] m. (s, -). RELIG. franciscain m.

Franz|mann ['frantsman] (s, ¨er). PÉJOR. Français m. ; HIST. poilu m.

Franzose [fran'tso:zə] m. (n, n) Français m.

Franzosen|feind [fran"tso:zən'faint] m. (s, e) francophobe m. ; gallophobe m. ||-**freundlich** adj. francophile. ||°-**sucht** f. (-) gallomanie f.

Französin [fran'tsø:zin] f. (-, nen) Française f.

französisch [-ziʃ] adj. français. | *französische Redensart*, gallicisme m. | *französisches Institut für Meinungsforschung*, I.F.O.P. m. || LOC. FAM. *sich auf französisch empfehlen*, filer à l'anglaise.

Französisch [-ziʃ] n. (en). [Sprache] (le) français. | *Französisch lernen*, apprendre le français. | *Französisch sprechen*, parler (le) français. | *ins Französische übersetzen*, traduire en français.

französisch|sprachig [-ʃpraxiç] adj. francophone.

frappant [fra'pant] adj. [erstaunlich] surprenant ; frappant.

frappieren [-'pi:rən] v. tr. [Wein] frapper. || FIG. frapper ; surprendre.

Fräs|arbeit ["frɛ:z'arbait] f. (-, en). TECHN. [travail (m.), opération (f.) de] fraisage m. ||°-**automat** m. (en, en). TECHN. fraiseuse (f.) automatique. || °-**maschine** f. (-, n). TECHN. fraiseuse f.

Fräse ['frɛ:zə] f. (-, n). TECHN. machine (f.) à fraiser ; fraise f.

fräsen [-zən] v. tr. TECHN. fraiser ; tailler à la fraise.

Fräser [-zər] m. (s, -). TECHN. [Maschine] fraise f. ; [Person] fraiseur m.

Fraß [frɑ:s] m. (es, e). [Dinge] nourriture f. ; pâture f. ; mangeaille f. ; pitance f. || [Handlung ; Zustand] voracité f. ; gloutonnerie f.

Frater ['frɑ:tər] m. (s, tres). RELIG. frère m.

fraternisieren [fratərni'zi:rən] v. intr. fraterniser.

Fratz [frats] m. (es, e) petit drôle ; marmouset m. || PAR EXT. godelureau m.

Fratze ['fratsə] f. (-, n). FAM. grimace f. ; moue f. | *Fratzen schneiden*, faire des grimaces. || PAR ANAL. figure (f.) grotesque ; caricature f.
— SYN. : *Zerrbild.*

fratzenhaft ['fratsənhaft] adj. bouffon ; grotesque ; grimaçant.

Fratzen|schneider ["fratsən'ʃnaidər] m. (s, -) personne qui fait des grimaces ; grimacier m.

Frau [frau] f. (-, en) femme f. | *die Frau des Hauses*, la maîtresse de maison. | *Unsere Liebe Frau*, Notre Dame f. || PAR ANAL. madame f. ; dame f. | *wie geht es Ihrer Frau Mutter ?*, comment va madame votre mère ? | *Ihre Frau Gemahlin*, madame f. ; votre femme. | *Frau Oberin*, madame la supérieure. || PAR EXT. épouse f. | *sich eine Frau nehmen*, se marier ; prendre femme. | *eine geborene Meier zur Frau haben*, avoir épousé une femme née Meier. | *zur Frau geben*, donner pour femme, en mariage. | *geschiedene Frau*, femme divorcée. | *Ehefrau*, épouse f. | *Hausfrau*, maîtresse (f.) de maison ; ménagère f. | *Putz-*, *Stundenfrau*, femme de ménage. | *Waschfrau*, lavandière f. | *Meer-*, *Wasserfrau*, nixe f. ; ondine f.

Frauchen ['frauçən] n. (s, -). FAM. petite dame ; [Hundebesitzerin] mémère f.

Frauen|abteil ["frauən'aptail] n. (s, e). [Eisenbahn] compartiment (m.) pour dames. ||°-**arbeit** f. (-, en) travail (m.) de femme. || PAR EXT. ouvrages (m. pl.) de dames. ||°-**arzt** m. (es, ¨e). MÉD. gynécologue m. ||°-**bewegung** f. (-). POLIT. mouvement (m.) féministe ; féminisme m. ||°-**bildnis** n. (ses, se) portrait (m.) de femme. ||°-**feind** m. (s, e) misogyne m. ||°-**frage** f. (-). POLIT. féminisme m. ||°-**gemach** n. (s, ¨er). HIST. boudoir m. || HIST. [Kemenate] gynécée m. ||°-**heilkunde** f. (-). MÉD. gynécologie f. ||°-**kloster** n. (s, ¨). RELIG. couvent m. (de femmes). ||°-**knecht** m. (s, e). IRON. damoiseau m. ; godelureau

m. ||°-**liebling** m. (s, e) coqueluche (f.) des femmes. ||°-**lob** n. (s, e) éloge (m.) des femmes. ||°-**sattel** m. (s, -) selle (f.) de dames. ||°-**seite** f. (-, n) [in einer Zeitschrift] rubrique féminine. ||°-**stimmrecht** n. (es). Polit. (droit [m.] de) vote (m.) des femmes ; suffrage féminin. ||°-**tracht** f. (-, en) costume (m.) de femme ; costume féminin ; toilette f. ||°-**verein** m. (s, e) association féminine. ||°-**zeitschrift** f. (-, en) magazine féminin. ||°-**zimmer** n. (s, -) femme f. ; péjor. fille f. ; donzelle f.

frauenhaft ['frauənhaft] adj. de femme ; féminin.

Frauentum [-tu:m] n. (s) manière, mentalité féminine.

Fräulein ['frɔylain] n. (s, -) demoiselle f. ; mademoiselle f. | *gnädiges Fräulein*, mademoiselle f. | *Ihr Fräulein Tochter*, mademoiselle votre fille.

Fräulein|stift ["frɔylain'ʃtift] n. (s, e). Relig. couvent (m.) de demoiselles nobles.

fraulich ['frauliç] adj. qui sied à la femme.

frech [frɛç] adj. hardi ; insolent ; impertinent ; effronté ; fam. culotté. | *frecher Kerl*, personnage impudent. | *frech sein*, ne pas manquer de toupet.

Frech|dachs ['frɛçdaks] m. (es, e). Fam. type culotté, insolent.

Frechheit [-hait] f. (-, en) hardiesse f. ; insolence f. ; effronterie f. ; impudence f. ; impertinence f. || Fam. culot m. ; toupet m.

Fregatte [fre'gatə] f. (-, n). Mar. frégate f.

frei [frai] adj. **1.** libre ; indépendant. | *ein freies Volk*, un peuple libre. | *er hat seinen freien Willen*, il est son maître. | *freier Schriftsteller*, écrivain indépendant. | *freier Beruf*, profession libérale. | *freies Geleit*, sauf-conduit m. | *das steht zu freier Verfügung*, c'est à la libre disposition de tous. || Fig. *die freien Künste*, les arts libéraux. | *freie Verse*, vers (m. pl.) libres. | *freie Übersetzung*, traduction (f.) libre ; adaptation f. || Comm. *freier Markt*, marché libre. | *freie Reserven*, réserves (f. pl.) disponibles. | *freier Diskont*, escompte privé. || Chim. *Gas wird frei*, le gaz se dégage. || Électr. *freie Energie*, énergie libérée. | *freie Neutronen*, neutrons errants. || Sport. *freier Fall*, chute (f.) libre. || Loc. *jn auf freien Fuß setzen*, mettre qn en liberté ; libérer qn. | *jn auf freiem Fuße lassen*, laisser qn en liberté provisoire. | *jm freie Hand lassen*, laisser, donner a qn toute latitude. | *freie Hand haben*, avoir les coudées franches. | *jm freies Spiel lassen*, laisser le champ libre à qn. | *etwas aus freiem Antrieb, aus freien Stücken tun*, faire qch. de son plein gré, spontanément. | *seiner Phantasie freien Lauf lassen*, donner libre cours à son imagination. | *freie Ansichten haben*, avoir des opinions libérales. | *aus freier Hand kaufen*, acheter à l'amiable, de la main à la main. | *aus freier Hand zeichnen*, dessiner à main levée. | *die Memoiren dieses Dichters sind frei geworden*, les Mémoires de ce poète sont tombés dans le domaine public. || — adv. *frei sprechen*, improviser. | *etwas frei heraussagen*, parler franchement, sans fard. || Fam. *frei von der Leber weg*, sans prendre de gants. | *frei erfunden*, inventé de toutes pièces.

2. [ohne Behinderung] débarrassé ; affranchi ; exempt de. | *frei von Abgaben*, exempt d'impôts. | *frei von Lasten*, libre de charges. | *frei von Verpflichtungen*, libre d'obligations. | *frei von Fehlern*, sans défauts. | *frei von Schuld*, innocent. | *frei von Mängeln*, impeccable. | *freie Fahrt*, voyage gratuit. | *(die Eisenbahn)strecke ist frei*, la voie est libre. | *frei von Vorurteilen*, sans préjugés. || Mil. *vom Feinde frei*, dégagé ; débarrassé ; évacué. | *frei vom Militärdienst*, exempt du service militaire. | *frei weg !*, rompez (les rangs) ! | *den Rücken frei haben*, être couvert sur l'arrière.

3. découvert ; dégagé ; illimité. | *freie Gegend*, région découverte. | *freies Feld*, rase campagne. | *freier Platz*, endroit ouvert, découvert. | *unter freiem Himmel*, en plein air ; à la belle étoile. | *im Freien nächtigen*, dormir, loger à la belle étoile.

4. libre ; inoccupé ; vacant. | *die Wohnung ist frei*, cet appartement est libre. | *für jn, für etwas Platz frei lassen*, laisser, réserver une place pour qn, pour qch. | *dieser Platz ist noch frei*, cette place n'est pas occupée. | *die Stelle wird bald frei*, ce poste, cet emploi sera bientôt vacant.

5. [ohne Arbeit] libre. | *einen freien Tag bekommen*, avoir un jour de congé. | *er hat keine freie Stunde mehr*, il n'a plus une heure de liberté. | *freie Arbeitskräfte*, main-d'œuvre (f.) disponible. | *(sich) frei nehmen*, se libérer ; se rendre libre.

6. gratuit ; sans frais ; gratis ; franco ; franc de port. | *freier Eintritt*, entrée libre, gratuite. | *freie Station*, logé et nourri. || — adv. Comm. *die Ware wird frei Haus geliefert*, cette marchandise est livrée franco à domicile. || Jur. *frei verfügbarer Teil*, quotité (f.) disponible. || Comm., Mar. *frei Schiff*, franco bateau.

Frei|aktie ["frai'aktsiə] f. (-, n). Fin. action gratuite. ||°-**bad** n. (s, ¨er) piscine (f.) en plein air. ||-**bekommen** (a, o) v. tr. avoir congé ; avoir des vacances. ||°-**betrag** m. (s, ¨e) tolérance f. ; exemption f. ; exonération f. ||°-**beuter** m. (s, -). Mar. forban m. ; flibustier m. ; pirate m. ||°-**beuterei** f. (-, en). Mar. piraterie f. ; flibuste f. ||-**bleibend** adv. Comm. sans engagement ; sauf variations ; facultatif. ||°-**brief** m. (s, e). Hist. lettre (f.) de franchise ; privilège m. ; sauf-conduit m. ||°-**denker** m. (s, -) libre penseur m. ||°-**denkerei** f. (-) libre pensée f. ||°-**exemplar** n. (s, e) exemplaire gratuit, de presse ; spécimen. ||°-**fahrtschein** m. (s, e). Transp. permis (m.) de circulation. ||°-**frau** f. (-, en), °-**fräulein** n. baronne f. ||°-**gabe** f. (-, n). Jur. mise (f.) en liberté ; élargissement m. ; relaxation f. || Comm. déblocage m. ; libération f. | *Freigabe der Preise*, libération des prix. ||°-**gabetaste** f. (-, n). Électr. touche (f.) de validation. ||°-**gänger** m. (s, -). Mil. franc-tireur m. ; partisan m. || Jur. détenu (m.) en liberté conditionnelle, en régime de semi-liberté. ||-**geben** (i, a, e) v. tr. relâcher ; remettre en liberté ; relaxer ; congédier. || Par anal. donner congé, vacances. || *diese Straße ist jetzt für den Verkehr freigegeben*, cette rue est maintenant ouverte à la circulation. | *Landung, Start freigegeben*, autorisé à atterrir, à décoller. ||-**gebig** adj. libéral ; généreux. ||°-**gebigkeit** ["-/'--] f. générosité f. ; munificence f. ; libéralités f. pl. ; largesses f. pl. ||°-**geist** m. ([e]s, er) libre-penseur m. ||°-**geisterei** f. libre pensée ; incrédulité f. ||-**geistig** adj. libéral ; large d'esprit ; sans préjugés. ||°-**gepäck** n. (s) bagage (m.) en franchise, gratuit. ||°-**graf** m. (en, en). Hist. juge (m.) de la Sainte-Vehme. ||°-**grafschaft** n. pr. f. Franche-Comté f. ||°-**grenze** f. (-, n) tolérance f. ||°-**gut** n. (s, ¨er). Hist. franc-alleu m. ; bien allodial. || Comm. marchandise exempte de droits. || Mar. pacotille f. ||°-**hafen** m. (s, ¨). Mar. port franc. ||-**halten** (ä, ie, a) v. tr. dégager. | *den Garageneingang bitte freihalten*, ne pas stationner devant l'entrée du garage, s.v.p. ||°-**handel** m. (s) libre-échange m. ||°-**handelspolitik** f. (-) politique (f.) libre-échangiste. ||-**händig** adj. [freiwillig]. Comm. *freihändiger Verkauf*, vente (f.) à l'amiable ; marché (m.) de gré à gré. || [mit, aus freier Hand] *freihändiges Schießen*, tir (m.) sans appui. — adv. *freihändig zeichnen*, dessiner à main levée. ||-**heraus** adv. franchement. ||°-**herr** m. (n, en) baron m. ||°-**herrschaft** f. (-, en) seigneurie f. ; baronnie f. ||°-**karte** f. (-, n). Film., Théâtre. entrée gratuite ; billet gratuit. || Transp. permis gratuit. ||°-**kauf** m. (s, ¨e) rachat m. ; rançon f. ||-**kommen** (a, o) v. intr. se libérer, trouver la liberté. || Fig. se dégager ; se rendre libre. ||°-**korps** n. (-). Mil. corps franc. ||-**lassen** (ä, ie, a) v. tr. remettre en liberté ; relâcher ; relaxer ; lâcher. || Par anal. émanciper ; affranchir. ||°-**lassung** f. (-, en) mise (f.) en liberté ; libération f. ; élargissement. ||°-**lauf** m. (s, ¨e) roue (f.) libre. ||-**legen** v. tr. dégager ; déblayer ; mettre à nu. | *freigelegte Balken*, poutres apparentes. ||°-**legung** f. (-, en) mise (f.) à nu ; découverte f. ||°-**leitung** f. (-, en) ligne aérienne ; fil aérien. ||°-**licht** n. (es) plein air. ||°-**lichtaufführung** f. (-, en). Théâtre. représentation (f.) en plein air. ||°-**lichtaufnahme** f. (-, n). Film. tournage (m.) en extérieur. ||°-**luftplatz** m. (es, ¨e). [Tennisplatz] court découvert, en plein air. ||°-**luftschwimmbad** n. ([e]s, ¨er) piscine découverte, en plein air. ||-**machen** v. tr. libérer ; délivrer ; affranchir ; dégager ; décharger. ||°-**machung** f. (-, en) affranchissement m. ; exemption f. ||°-**markt** m. (es, ¨e) marché franc, libre. ||°-**maurer** m. (s, -). Philos. franc-maçon m. ||°-**maurerei** f. (-), franc-maçonnerie f. ||°-**mut** m. (s), °-**mütigkeit** f. naturel, caractère ouvert ; rondeur f. ; franchise f. ; sincérité f. ||-**mütig** adj. franc ; sincère ; ouvert. ||°-**platz** m. (es, ¨e) billet gratuit. ||°-**raum** m. (s, ¨e). Fig. marge (f.) de manœuvre. ||°-**schar** f. (-, en). Mil. corps franc. ||°-**schärler** m. (s, -). Mil. franc-tireur m. ; partisan m. ||°-**schule** f. (-, n) enseignement gratuit. || °-**schüler** m. (s, -) boursier m. ||°-**schütz(e)** m. (en, en). Mil. franc-tireur m. || (Vx.) franc archer. ||°-**setzung** f. (-, en). [Umwelt] *Freisetzung von Gasen*, émanation (f.) de gaz. ||°-**sinn** m. (s) esprit libéral ; largeur (f.) de vues. || Polit. libéralisme m. ||-**sinnig** adj. libéral ; éclairé. || Polit. libéral. ||-**sprechen** (i, a, o) v. tr. Jur. déclarer non coupable ; acquitter. || Relig. absoudre. || °-**sprechung** f. (-, en). Jur. verdict (m.) de non-culpabilité ; acquittement m. || Relig. absolution f. ||°-**spruch** m. (s, ¨e). Jur. acquittement

m. ; décision (f.) absolutoire. ||°**-staat** m. (s, en). État (m.) libre ; république f. ||**-staatlich** adj. républicain. ||°**-stadt** f. (-, ¨e) ville (f.) libre. ||°**-statt** f. (-, ¨e), °**-stätte** f. (-, n) [lieu (m.) d']asile m. ||°**-stelle** f. (-, n). UNIV. bourse f. ||**-stellen** v. tr. laisser libre de ; permettre. ||°**-stilschwimmen** n. (s, -) nage (f.) libre (dans les compétitions de natation). ||°**-stoß** m. (es, ¨e). SPORT. coup franc. ||°**-stück** n. ([e]s, e). COMM. exemplaire gratuit ; service m. ||°**-stunde** f. (-, n) loisir m. ; récréation f. ||°**-tisch** m. (es, e) pension gratuite. ||°**-tod** m. (s) mort (f.) volontaire ; suicide m. ||**-tragend** adj. ARCHIT. en porte à faux. || AÉRON. *freitragender Flügel*, aile (f.) en porte à faux. ||°**-treppe** f. (-, n). ARCHIT. perron m. ||°**-übung** f. (-, en). SPORT. gymnastique f. (sans agrès). ||°**-umschlag** m. (s, ¨e). POSTES. enveloppe timbrée, affranchie. ||°**-verkehr** m. (s). FIN. marché (m.) libre ; coulisse f. ; open market m. | *geregelter, ungeregelter Freiverkehr*, (*etwa*) second marché ; marché hors cote. ||**-weg** adv. franchement ; tout net ; sans fard ; sans ambages. ||°**-werden** n. (s). CHIM. dégagement m. ||°**-wild** n. (es) gibier (m.) sur lequel on a tous les droits. || FIG., JUR. hors-la-loi. ||**-willig** adj. volontaire ; spontané ; facultatif. ||°**-williger** m. MIL. volontaire m. ||°**-willigkeit** f. spontanéité f. ; bon gré. ||°**-zeit** f. (-, en) loisirs m. pl. ; temps (m.) libre. ||°**-zeitgestalter(in)** m. (s, -), f. (-, nen) animateur (m.), animatrice (f.) socioculturel(le). ||°**-zeitgestaltung** f. (-) organisation (f.) des loisirs. ||°**-zeitland** n. (s, ¨er), °**-zeitpark** m. (s, s) parc (m.) de loisirs. ||°**-zügigkeit** f. liberté (f.) de domicile ; libre circulation f.

Freiburg ['fraiburk] n. pr. n. Fribourg m.

Freie ['fraiə] n. (n) espace (m.) libre. | *im Freien*, au grand air ; en pleine, en rase campagne ; en plein air ; dehors. | *im Freien wachsender Baum*, arbre (m.) de plein vent.

freien ['fraiən] v. tr. (Vx.) épouser. | *ein Mädchen freien*, demander la main d'une jeune fille.
◇ v. intr. *um ein Mädchen freien*, rechercher, demander une jeune fille en mariage.

Freier [-ər] m. (s, -) prétendant m. ; galant m. | *auf Freiersfüßen gehen*, chercher à prendre femme. || [Brautwerber] *Freiersmann*, celui qui fait la demande en mariage (pour un autre).

Freiheit ['fraihait] f. (-, en) liberté f. ; indépendance f. | *Freiheit, Gleichheit, Brüderlichkeit*, liberté, égalité, fraternité. | *politische Freiheit*, libertés. | *religiöse Freiheit*, liberté de conscience. | *einem Volke die Freiheit schenken*, accorder la liberté à un peuple. || FIG. *sich die Freiheit nehmen*, prendre la liberté ; se permettre. | *sich Freiheiten gegen jn herausnehmen*, se permettre des familiarités envers qn. || PAR EXT. latitude f. | *volle Freiheit haben*, avoir toute latitude ; avoir carte blanche. | *poetische Freiheit*, licence (f.) poétique. || JUR. *bürgerliche Freiheiten*, libertés individuelles. || POLIT. privilège m. ; immunité f.

freiheitlich [-liç] adj. qui a trait à la liberté ; libéral.

Freiheits|beraubung ["fraihaitsbə'raubuŋ] f. (-). JUR. atteinte (f.) à la liberté ; détention illégale. ||°**-beschränkung** f. restriction (f.) de la liberté. ||°**-drang** m. (s) soif (f.) de liberté. ||°**-entzug** m. (s). JUR. réclusion criminelle. ||°**-kämpfer** m. (s, -) champion (m.) de la liberté. || HIST. combattant (m.) des guerres d'indépendance. ||°**-krieg** m. (s, e) guerre (f.) d'indépendance. ||°**-mütze** f. (-, n). HIST. bonnet (m.) rouge ; bonnet phrygien. ||°**-rechte** n. pl. JUR. libertés publiques. ||°**-strafe** f. (-, n). JUR. emprisonnement m. ; réclusion criminelle.

Freiin ['fraiin] f. (-, nen) baronne f.

freilich ['frailiç] adv. [wirklich, sicherlich] à vrai dire ; à dire vrai ; à la vérité ; assurément. | *freilich haben wir wenig dadurch gewonnen*, à vrai dire nous n'y avons pas gagné grand-chose. || PAR EXT. oui ; mais oui, certainement. | *hast du verstanden ?, freilich*, as-tu compris ?, mais oui !

Freitag ['fraitɑ:k] m. (s, e) vendredi m. | *Freitag morgen*, vendredi matin. | *freitags*, le(s) vendredi(s). || RELIG. *Karfreitag, stiller Freitag*, vendredi saint. || [freier Tag] jour (m.) de congé.

frei|täglich ['fraitɛ:kliç] adv. tous les vendredis.

fremd [frɛmt] adj. **1.** [anders] étranger ; exotique. | *fremde Länder, fremde Sitten*, autres pays, autres mœurs. | *ein Fremder*, un étranger. | *fremde Sprachen*, des langues étrangères.
2. [anderen angehörend] d'autrui ; emprunté. | *fremdes Gut*, bien d'autrui. | *für fremde Rechnung*, pour le compte d'un tiers.
3. [unbekannt] étranger ; inconnu. | *ich bin hier fremd*, je suis étranger ici ; je ne suis pas d'ici. | *das ist mir ganz fremd*, cela m'est tout à fait étranger ; je n'y entends rien. | *in jener Gesellschaft kam ich mir ganz fremd vor*, je me trouvais dépaysé dans cette société. | *unter fremdem Namen reisen*, voyager sous un nom d'emprunt, incognito.
4. [fremdartig] étrange ; singulier. | *das kam uns fremd vor*, cela nous semblait, nous paraissait bizarre, étrange. || FIG. *fremd tun*, être très réservé, distant. | *er trat mir fremd und kalt entgegen*, il m'a battu froid.

Fremd|arbeiter ["frɛmt'arbaitər] m. (s, -) travailleur étranger. ||**-artig** adj. de nature différente ; exotique. || PAR EXT. étrange ; bizarre ; insolite. ||°**-artigkeit** f. (-) nature différente ; exotisme m. || PAR EXT. étrangeté f. ; bizarrerie f. ||°**-herrschaft** f. domination étrangère. ||°**-körper** m. (s, -) corps étranger. ||**-ländisch** adj. étranger ; exotique. ||°**-sprache** f. (-, n) langue étrangère. ||**-sprachig** adj. parlant une langue étrangère. ||**-sprachlich** adj. d'une langue étrangère. ||°**-transplantation** f. (-, en). MÉD. hétérogreffe f. ||°**-wort** n. (es, ¨er) mot étranger.

Fremde ['frɛmdə] f. pays étranger ; étranger m. | *in die Fremde gehen*, partir pour l'étranger, s'expatrier.

Fremden|buch ["frɛmdən'bu:x] n. (s, ¨er) registre (m.) des voyageurs (dans un hôtel). ||**-feindlich** adj. xénophobe. ||°**-feindlichkeit** f. xénophobie f. || °**-führer** m. (s, -) guide m. ; cicerone m. ||°**-industrie** f. (-) [industrie (f.) du] tourisme m. ; industrie touristique. ||°**-legion** f. MIL. légion étrangère. ||°**-verkehr** m. (s) tourisme m. ||°**-zimmer** n. (s, -) chambre (f.) d'hôte.

Fremdheit ['frɛmthait] f. caractère étranger ; étrangeté f. ; singularité f.

Fremdling ['frɛmtliŋ] m. (s, e) étranger m.

frenetisch [fre'ne:tiʃ] adj. frénétique.

frequent [fre'kvɛnt] adj. fréquent.

frequentieren [-kvɛn'ti:rən] v. tr. fréquenter.

Frequenz [-'kvɛnts] f. (-, en) fréquentation f. ; affluence f. || RADIO. fréquence f.

Frequenz|bereich [-bə'raiç] m. (s, e). ÉLECTR. gamme (f.) de fréquence. ||°**-modulation** f. (-, en). RADIO. modulation (f.) de fréquence (F.M.). || **-moduliert** adj. RADIO. à modulation de fréquence.

Freske ['frɛskə] f. (-, n), **Fresko** [-ko] n. (s, ken). ARTS. fresque f.

Fresko|malerei ["frɛskomɑ:lə'rai] f. (-, en) peinture (f.) à fresque.

Fressalien [frɛ'sɑ:liən] f. pl. ARG. boustifaille f. ; bectance f.

Fresse ['frɛsə] f. (-, n). POP. gueule f. | *jm in die Fresse schlagen, jm eins in die Fresse hauen*, casser la gueule à qn.

fressen [-sən] (i, a, e) v. tr. [Tiere] manger ; brouter ; paître. | *der Baum wurde von den Käfern kahl gefressen*, les insectes ont mangé tout le feuillage de cet arbre. | *einem Tier etwas zu fressen geben*, donner la pâture à, donner à manger à, nourrir une bête. || [Menschen] manger gloutonnement, goulûment ; dévorer ; engloutir ; POP. bouffer ; becter. | *sich satt, rund, voll, dick fressen*, se gaver ; s'empiffrer. || FAM. *er frißt wie ein Scheunendrescher*, il mange comme quatre. || FIG., FAM. *jn arm fressen*, ruiner qn en dépenses. | *ich werde dich nicht fressen*, je ne te mangerai pas. | *einen Narren an jm fressen*, raffoler de qn ; être (tout) engoué de qn ; FAM. avoir un béguin pour qn ; s'enticher de qn. | *er hat die Weisheit mit Löffeln gefressen*, il croit avoir la science infuse. | *dies Unternehmen frißt viel Geld*, cette entreprise engloutit, dévore, coûte beaucoup d'argent. | *die Säure hat Löcher ins Tuch gefressen*, l'acide a rongé le tissu. | *seinen Kummer, sein Leid in sich (hinein)fressen*, ravaler son chagrin. | *ihn frißt der Neid*, l'envie le ronge. | *um sich fressen*, gagner ; se répandre.

Fressen [-sən] n. (s) pâture f. ; pâtée f. ; POP. boustifaille f. | *hat der Hund schon sein Fressen ?*, a-t-on donné à manger au chien ? || FIG., FAM. *das war ein gefundenes Fressen für ihn*, ce fut une bonne aubaine pour lui. || FAM. *das Kind ist zum Fressen*, cet enfant est à croquer.

Fresser [-sər] m. (s, -). FAM. glouton m. ; goinfre m.

Fresserei [frɛsə'rai] f. (-, en). FAM. voracité f. ; gloutonnerie f. ; goinfrerie f. || PAR EXT. bombance f.

Freß|gier ['frɛsgi:r] f. (-) gloutonnerie f. ||**-gierig** adj. vorace ; glouton ; goulu. ||°**-korb** m. (s, ¨e). FAM. panier (m.) aux provisions. | *jm den Freßkorb höher hängen*, tenir la dragée haute, serrer la vis à qn.

||°**-napf** m. (s, ¨e) mangeoire f. ; auge f. ||°**-sack** m. (s, ¨e). FAM. musette f. (pour chevaux). || FIG. goinfre m. ; glouton m. ||°**-sucht** f. MÉD. boulimie f. ||°**-zange** f. (-, n). ZOOL. pince f. (des insectes).

Frett [frɛt] n. (es, e), **Frettchen** ['frɛtçən] n. (s, -). ZOOL. furet m.

frettieren [frɛ'ti:rən] v. intr. chasser au furet.

Freude ['frɔydə] f. (-, n) joie f. ; bonheur m. ; délice m. | *sinnliche Freuden*, plaisirs (m. pl.) des sens. | *laute Freude*, jubilation f. ; allégresse f. ; liesse f. | *jm Freude machen, bereiten*, faire plaisir à qn. | *wir tun das mit Freuden*, c'est pour nous un plaisir. | *vor Freude außer sich sein*, ne pas se sentir de joie. | *vor Freude weinen*, pleurer de joie. | *das ist eine Freude, wenn die Mutter kommt*, quel bonheur, quel plaisir quand sa mère arrive. | *er hat an seinen Kindern Freude*, ses enfants lui donnent de la joie, de la satisfaction. | *Freude an etwas haben*, trouver plaisir à qch. | *es herrscht Freude wegen* (gén.), on se réjouit, on éprouve de la joie à cause de. | *der Schmied hämmerte, daß es eine reine Freude war*, c'était un plaisir de voir le forgeron manier le marteau. | *es wird mir eine große Freude sein, zu*, ce sera pour moi un plaisir, une joie de. | *jm eine Freude verderben*, gâcher le plaisir de qn. | *herrlich und in Freuden leben*, se faire la vie belle ; vivre en joie et liesse. || PROV. *geteilte Freude ist doppelte Freude*, plaisir partagé, plaisir doublé. | *kein Freud ohn' Leid*, nul plaisir sans peine ; il n'y a pas de roses sans épines.
— SYN. : *Lust, Wonne*, joie ; *Jubel, Frohlocken, Jauchzen*, allégresse ; *Glück*, bonheur ; *Glückseligkeit*, félicité ; *Seligkeit*, béatitude.

freude|leer ["frɔydə'le:r], **-los** [-'lo:s] adj. sans joie ; morne ; triste. ||**-strahlend** adj. rayonnant de joie ; épanoui. ||**-trunken** adj. ivre, transporté de joie. ||**-voll** adj. joyeux ; plein de joie.

freuden|arm ["frɔydən'arm] adj. sans plaisir ; triste. ||°**-botschaft** f. (-) joyeuse nouvelle. ||°**-fest** n. (es, e) réjouissance f. ; fête f. ||°**-feuer** n. (s, -) feu (m.) de joie. ||°**-haus** n. (es, ¨er) maison (f.) de tolérance ; maison close. ||°**-mädchen** n. (s, -) fille (f.) de joie. ||°**-mahl** n. (s, e et ¨er) festin m. ||°**-störer** m. (s, -) trouble-fête m. ; rabat-joie m. ||°**-tag** m. (s, e) jour (m.) d'allégresse. ||°**-taumel** m. (s) transport (m.) de joie ; joie folle ; vertige (m.) des plaisirs. ||°**-tränen** f. pl. larmes (f. pl.) de joie.

Freudianer(in) [frɔydi'ɑ:nər(in)] m. (s, -), f. (-, nen). PHILOS. freudien m. ; freudienne f.

freudig ['frɔydiç] adj. [Personen] joyeux ; gai ; heureux ; content. || FIG. [Dinge] joyeux. | *ein freudiges Ereignis* [Geburt eines Kindes], un heureux événement.
◇ adv. avec le sourire ; de bon cœur.

Freudigkeit [-kait] f. joie f. ; bonne humeur ; humeur joyeuse ; jovialité f. ; gaieté f.

freuen ['frɔyən] v. tr. réjouir ; faire plaisir à. | *das freut mich*, j'en suis bien aise. | *es freut mich, daß du endlich da bist*, je suis content de te voir arriver.
◇ v. pr. **sich freuen,** se réjouir ; être bien aise, heureux, charmé. | *ich freue mich über dein Glück*, je me réjouis de ton bonheur. | *er freut sich wie ein Kind*, il a une vraie joie d'enfant.

Freund [frɔynt] m. (s, e) ami m. | *ein echter Freund*, un ami véritable. | *mein bester Freund*, mon meilleur ami. | *sie sind (miteinander) gut Freund geworden*, ils sont devenus bons amis. || FAM. *sie sind dicke Freunde*, ils sont grands amis. | *kein Freund von vielen Worten sein*, ne pas aimer les paroles superflues. | *gegen Freund und Feind*, envers et contre tous. || POÉT. *Freund Hein*, la mort.

Freundes|dienst ["frɔyndəs'di:nst] m. (es, e) complaisance f. ||°**-kreis** m. (es, e) cercle (m.) d'amis ; cercle (m.) des intimes.

Freundin ['frɔyndin] f. (-, nen) amie f. ; camarade f. || FAM. [eines Mannes] petite amie.

freundlich ['frɔyntliç] adj. amical ; aimable ; cordial ; bienveillant ; avenant ; accueillant. | *freundlich gegen jn, zu jm sein*, traiter qn amicalement. | *freundliche Grüße*, amitiés f. pl. | *eine freundliche Miene zeigen*, sourire. || FIG. agréable ; gai. | *eine helle, freundliche Stube*, une chambre claire et accueillante. | *freundliche Gegend*, région riante. | *freundliches Wetter*, temps ensoleillé.

Freundlichkeit [-kait] f. (-, en) amabilité f. ; bienveillance f. ; aménité f. ; obligeance f.

Freundschaft ['frɔyntʃaft] f. (-, en) amitié f. ; attachement m. ; sympathie f. ; affection f. ; tendresse f. | *mit jm Freundschaft schließen*, lier amitié, se lier d'amitié, nouer amitié avec qn. | *jm die Freundschaft kündigen*, rompre avec un ami. || PROV. *Freundschaft geht über Verwandtschaft*, un bon ami vaut mieux qu'un parent. | *Geld kennt keine Freundschaft*, les bons comptes font les bons amis.
— SYN. : *Zuneigung*, affection ; *Zärtlichkeit*, tendresse ; *Neigung*, inclination ; *Anhänglichkeit*, attachement ; *Freundschaftsbezeigung*, amitié ; *Vorliebe*, dilection ; *Kameradschaft*, camaraderie.

freundschaftlich [-ʃaftliç] adj. amical ; d'ami ; aimable ; cordial. | *freundschaftlicher Rat*, conseil (m.) d'ami.
◇ adv. amicalement ; cordialement ; aimablement. | *freundschaftlich gegen jn gesinnt sein*, être bien disposé envers qn. | *wir haben die Sache freundschaftlich geregelt*, nous avons réglé l'affaire à l'amiable.

Freundschaftlichkeit [-ʃaftliçkait] f. (-, en) empressement amical ; amabilité f.

Freundschafts|bande ["frɔyntʃafts'bandə] n. pl. liens (m. pl.) de l'amitié. ||°**-bezeigung** f. (-, en), °**-bezeugung** f. (-, en) démonstration (f.), marque (f.), témoignage (m.), signe (m.) d'amitié. ||°**-preis** m. (es, e) prix (m.) d'ami. ||°**-spiel** n. (s, e). SPORT. match amical. ||°**-vertrag** m. (s, ¨e) traité (m.) d'amitié.

Frevel ['fre:fəl] m. (s, -) méchanceté f. ; vilenie f. ; outrage m. || PAR EXT. méfait m. ; forfait m. ; crime m. || RELIG. *Frevel gegen Gott*, sacrilège m.

Frevel|mut ["fre:fəl'mu:t] m. (s) audace (f.) impie ; folle témérité. ||°**-tat** f. (-, en) forfait m. ; méfait m. ; crime m. ; attentat m. ||°**-wort** n. (es, e) parole criminelle. || RELIG. parole (f.) impie.

frevelhaft ['fre:fəlhaft] adj. JUR. criminel ; attentatoire. || RELIG. impie ; sacrilège.

Frevelhaftigkeit [-'haftiçkait] f. RELIG. impiété f. || JUR. caractère délictueux.

freveln ['fre:fəln] v. intr. JUR. se rendre coupable d'un crime, d'un outrage. | *an jm freveln*, commettre un attentat contre qn. | *gegen das Gesetz freveln*, enfreindre, violer la loi.

freventlich ['frefɛntliç] adj. V. FREVELHAFT.

Frevler [-flər] m. (s, -) délinquant m. ; scélérat m. ; criminel m. || RELIG. impie m. ; sacrilège m.

frevlerisch [-fləriʃ] adj. V. FREVELHAFT.

friderizianisch [fridəritsi'ɑ:niʃ] adj. HIST. de Frédéric II (roi de Prusse).

Friede(n) ['fri:də(n)] m. (ns) paix f. | *Frieden schließen*, conclure la paix. | *Frieden halten*, observer la paix. | *den Frieden stören*, troubler la paix. | *in Frieden leben*, vivre en paix. | *der Westfälische Frieden*, le traité de Westphalie. | *Frieden stiften*, faire régner la paix ; pacifier. | *um Frieden bitten*, demander la paix. || FIG. paix f. ; calme m. ; tranquillité f. ; repos m. | *um des lieben Friedens willen*, pour avoir la paix. | *er gibt nie Frieden*, il ne laisse la paix à personne. | *häuslicher Frieden*, paix du ménage. | *laß mich in Frieden!*, laisse-moi tranquille. | *zum ewigen Frieden eingehen*, entrer dans la paix éternelle. | *Friede seiner Asche*, paix à ses cendres. || PROV. *Friede ernährt, Unfriede verzehrt*, concorde construit, discorde détruit.

Friedens|abschluß ["fri:dəns'apʃlus] m. (es, ¨e) conclusion (f.) de la paix. ||°**-bedingungen** f. pl. conditions (f. pl.) de paix. ||°**-bewegung** f. (-, en) mouvement (m.) pour la paix. ||°**-brecher** m. (s, -) qui trouble la paix publique. ||°**-fürst** m. (en, en) Jésus-Christ m. ||°**-fuß** m. (es) *auf dem Friedensfuße*, sur le pied de paix ; FIG. (vivre) en bonne entente (avec qn). ||°**-gericht** n. (s, e). JUR. [in Deutschland] commission (f.) d'arbitrage. || [in Frankreich, England, USA] justice (f.) de paix. ||°**-gerichtsbarkeit** f. JUR. justice (f.) de paix. ||°**-pfeife** f. (-, n) calumet (m.) de la paix. ||°**-politik** f. politique (f.) de paix. ||°**-preis** m. (es, e) prix (m.) Nobel de la paix. || COMM. prix (m.) d'avant-guerre. ||°**-produktion** f. (-) production (f.) d'avant-guerre. ||°**-richter** m. (s, -). JUR. [Deutschland] arbitre m. || [Frankreich, England, USA] juge (m.) de paix. ||°**-schluß** m. (es, ¨e) conclusion (f.) de la paix. ||°**-sicherung** f. (-, en) assurance (f.) du maintien de la paix. ||°**-stifter** m. (s, -) qui travaille pour la paix ; pacificateur m. ||°**-störer** m. (s, -) agitateur m. ; fauteur (m.) de troubles ; factieux m. ; perturbateur m. || FAM. trublion m. || FIG. trouble-fête m. ; rabat-joie m. ||°**-vermittlung** f. (-, en) médiation (f.) de paix. ||°**-vertrag** m. (s, ¨e) traité (m.) de paix. ||°**-vorschlag** m. (s, ¨e) ouverture (f.), proposition (f.) de paix. ||°**-zeit** f. (-, en) temps (m.), années (f. pl.) de paix. | *in Friedenszeiten*, en temps de paix. ||°**-zustand** m. (s, ¨e) état (m.) de paix.

Friederike [fridə'ri:kə] n. pr. f. Frédérique f.

fried|fertig ["fri:t'fɛrtiç] adj. pacifique ; paisible ; tranquille. ||°**-fertigkeit** f. caractère (m.), humeur (f.)

pacifique ; esprit conciliant. ||°-**hof** m. (s, ¨e) cimetière m. ||-**liebend** adj. pacifique. ||-**los** adj. sans repos ; inquiet ; agité.

friedlich ['fri:tliç] adj. pacifique ; paisible ; tranquille. | *friedlicher Vergleich*, arrangement m. (à l') amiable. | *friedliche Zeiten*, temps (m. pl.) calmes. || PAR ANAL. *friedlicher Anblick*, vue reposante.

Friedlichkeit [-kait] f. caractère (m.), humeur (f.) pacifique ; tranquillité f.

Friedrich ['fri:triç] n. pr. m. Frédéric m. || HIST. *Friedrich der Große*, Frédéric II (roi de Prusse).

friedsam ['fri:tzɑ:m] adj. V. FRIEDLICH.

frieren ['fri:rən] (o, o) v. intr. geler ; se congeler ; prendre. | *das Wasser friert*, l'eau prend, se congèle, gèle. | *der Fluß ist gefroren*, le fleuve est gelé ; la rivière est prise. | *ich habe mir die Finger steif gefroren*, j'ai les doigts engourdis par le froid.
◇ v. impers. **es friert**, il gèle. | *es friert Stein und Bein*, il gèle à pierre fendre. | *es friert mich ; mich friert*, j'ai froid.

Frier|punkt ['fri:rpuŋkt] m. (s). PHYS. point (m.) de congélation ; zéro m.

Fries [fri:s] m. (es, e). ARCHIT., TEXT. frise f.

Friese ['fri:zə] m. (n, n) n. pr. m. Frison m.

Frieseln [-zəln] f. pl., **Friesel|fieber** ["fri:zəl-'fi:bər] n. (s). MÉD. fièvre (f.) miliaire.

Friesin ['fri:zin] n. pr. f. (-, nen) Frisonne f.

friesisch [-ziʃ] adj. frison.

Fries|land ['fri:slant] n. (s). GÉOGR. Frise f. ||°-**länder** m. (s, -) Frison m.

frigid [fri'gid] frigide.

Frigidität [-gidi'tɛ:t] f. frigidité f.

Frikadelle [frika'dɛlə] f. (-, n). CULIN. boulette grillée.

Frikassee [frika'se:] n. (s, s) fricassée f.

frikassieren [-'si:rən] v. tr. fricasser.

Frikativ|laut [frika"ti:f'laut] m. (s, e). GRAMM. fricative f.

Friktion [frik'tsio:n] f. (-, en). PHYS. friction f. ; frottement m. || FIG. friction f. ; froissement m.

frisch [friʃ] adj. **1.** frais. | *frische Eier*, des œufs frais. | *frisches Brot*, du pain frais. || PROV. *frische Fische, gute Fische*, ne remets pas au lendemain ce que tu peux faire le jour même.
2. [neu, bisher nicht verwendet] frais ; nouveau ; propre. | *frische Truppen*, troupes fraîches. | *frische Pferde nehmen*, changer de chevaux. | *frische Wäsche anziehen*, changer de linge. | *eine frische Seite anfangen*, commencer une (nouvelle) page.
3. [kühl] frais ; FAM. frisquet. | *frischer Morgen*, matinée fraîche. | *frische Luft schöpfen*, prendre l'air, le frais ; respirer le grand air. | *frische Bergluft*, air (vif) des montagnes. | *das Wetter wird frisch*, le temps fraîchit. | *ein Glas frisches Wasser*, un verre d'eau fraîche.
4. [gesund, munter] frais ; alerte ; vif ; éveillé ; robuste. | *er ist frisch und gesund*, il est frais et dispos ; il se porte comme un charme. | *frischen Mut fassen*, reprendre courage. || FIG. *frische Gesichtsfarbe*, teint frais.
5. récent ; nouveau. | *frische Wunde*, blessure fraîche, récente. | *frisches Gemüse*, légumes verts. | *frische Erbsen*, petits pois. || FIG. *frischer Eindruck*, impression récente. | *auf frischer Tat ertappen*, prendre en flagrant délit, sur le fait ; FAM. la main dans le sac. | *die Erinnerung daran ist noch frisch*, je m'en souviens fort bien. || LOC. [Turnerwahlspruch] *frisch, fromm, fröhlich, frei*, frais, franc, joyeux et libre !
◇ adv. *Achtung, frisch gestrichen !*, attention à la peinture ! | *frisch gefallener Schnee*, neige fraîche, fraîchement tombée. | *ein Bett frisch beziehen*, changer les draps (d'un lit). | *frisch im Gedächtnis haben*, avoir encore présent à la mémoire ; garder un souvenir précis. | *frisch rasiert*, rasé de frais. | *frisch angekommen*, frais, nouvellement arrivé. | *frisch drauflos !*, allons ! ; allons-y gaiement ! || PROV. *frisch gewagt ist halb gewonnen*, la fortune sourit aux audacieux.

frisch|auf ! [friʃ'auf] interj. allons ! ; courage ! ; en avant ! ||°-**gemüse** n. (s) légumes verts. ||°-**halte-packung** f. (-, en) emballage (m.) longue conservation. ||°-**luft** f. air frais. ||°-**ofen** m. (s, ¨e). TECHN. four (m.) d'affinage. ||°-**wasser** n. (s) eau fraîche. ||-**weg** adv. hardiment ; sans hésiter.

Frische ['friʃə] f. (-) fraîcheur f. ; frais m. || FIG. verdeur f. ; vigueur f. | *in alter Frische !*, toujours bon pied, bon œil ! | *Sommerfrische*, villégiature f.

frischen [-ʃən] v. tr. TECHN. affiner ; puddler ; ressuer. || [Tiere] mettre bas.

Frischling ['friʃliŋ] m. (s, e). [Jagd] marcassin m.

Friseur [fri'zø:r] m. (s, e), **Frisör** m. (s, e) coiffeur m.

Friseuse [-'zø:zə] f. (-, n), **Frisörin** [fri'zø:rin] f. (-, nen) coiffeuse f.

Frisier|eisen [fri"zi:r'aizən] n. (s, -) fer (m.) à friser, à coiffer. ||°-**haube** f. (-, n) casque m. ||°-**kamm** m. (s, ¨e) démêloir m. ||°-**kommode** f. (-, n) coiffeuse f. ||°-**mantel** m. (s, ¨e) peignoir m. ||°-**tisch** m. (s, e) table-coiffeuse f.

frisieren [fri'zi:rən] v. tr. friser ; coiffer ; onduler. || FIG., COMM. *eine Bilanz frisieren*, maquiller un bilan.

Frisör(in) [fri'zø:r(in)] V. FRISEUR, FRISEUSE.

Frist [frist] f. (-, en) temps m. ; terme m. ; délai m. | *eine Frist von 15 Tagen*, un délai de quinze jours. | *die paar Monate Frist, die ihm der Tod vergönnte*, les quelques mois de répit que la mort lui a laissés. || COMM. prolongation f. ; prorogation f. | *eine Frist verlängern*, prolonger une échéance. | *die Frist ist abgelaufen*, le délai a expiré. | *in bestimmter Frist*, à terme. | *auf kurze Frist*, à court terme. | *zu jeder Frist*, de, en tout temps ; à toute heure. || JUR. sursis m.
— SYN. : *Verzug*, délai ; *Aufschub*, répit ; *Verlängerung*, prolongation, prorogation.

Frist|ablauf ["frist'aplauf] m. (s). JUR., COMM. expiration (f.) du délai. ||°-**bewilligung** f. (-, en), °-**gewährung** f. (-, en). COMM. moratoire m. || JUR. sursis m.

fristen ['fristən] v. tr. *kümmerlich sein Leben fristen*, vivoter ; tirer le diable par la queue.

fristlos ['fristlo:s] adj. immédiat ; sans délai. | *fristlose Entlassung*, renvoi (m.) sans préavis.

Frisur [fri'zu:r] f. (-, en) frisure f. ; coiffure f.

Fritte ['fritə] f. (-, n). TECHN. fritte f.

fritten [-tən] v. tr. TECHN. fritter.

Fritter ['fritər] m. (s, -). RADIO. cohéreur m. ; radioconducteur m.

Fritt(er)|röhre ["frit(ər)'rø:rə] f. (-, n). RADIO. cohéreur m.

Frittung ['frituŋ] f. ÉLECTR., PHYS. cohésion f.

Fritz [frits] n. pr. m. Frédéric m. | *der alte Fritz*, Frédéric II, roi de Prusse.

frivol [fri'vo:l] adj. frivole.

Frivolität [-voli'tɛ:t] f. (-, en) frivolité f.

froh [fro:] adj. [Personen] joyeux ; ravi ; heureux ; bien aise. | *ich bin froh, daß du gekommen bist*, je suis content que tu sois venu ; tant mieux que tu sois là. | *ein frohes Wiedersehen*, un joyeux revoir. | *er ist froh darüber daß*, il se réjouit du fait que. | *er wird seines Lebens nicht mehr froh*, de sa vie il n'aura plus de joie. | *frohen Muts*, de bonne humeur. || [Dinge] joyeux ; gai ; heureux. | *frohes Neujahr !* bonne année ! | *frohes Ereignis*, heureux événement (naissance). | *die frohe Botschaft*, la bonne nouvelle ; RELIG. l'Évangile.
— SYN. : *lustig, fröhlich, heiter*, gai ; *munter*, guilleret ; *frohsinnig*, enjoué ; *vergnügt*, réjoui ; *freudig*, jovial ; *zufrieden*, content.

froh|gelaunt ["fro:gə'launt] adj. de bonne humeur ; FAM. bien luné. ||-**gemut** adj. réjoui. ||-**locken** v. intr. être transporté de joie ; exulter. ||°-**locken** n. (s) cris (m. pl.) d'allégresse ; jubilation f. ||-**mütig** adj. V. FROHSINNIG. ||°-**sinn** m. (s) gaieté f. ; belle humeur ; enjouement m. ; entrain m. ; jovialité f. ||-**sinnig** adj. gai ; enjoué ; heureux.

fröhlich ['frø:liç] adj. joyeux ; réjoui ; enjoué ; plein d'entrain. | *fröhliches Gesicht*, visage réjoui. | *fröhlich drauflosw irtschaften, (etwa)* ne pas regarder à la dépense.

Fröhlichkeit [-kait] f. (-, en) joie f. ; entrain m. ; gaieté f. ; belle humeur ; enjouement m.

fromm [frɔm] adj. [gläubig] pieux ; religieux ; dévot ; pratiquant. | *ein frommer Lebenswandel*, une vie pieuse. | *fromme Lüge*, pieux mensonge. || FIG. [geduldig ; still ; gehorsam] docile ; patient. | *fromm wie ein Lamm*, doux comme un agneau. | *das wird wohl immer ein frommer Wunsch bleiben*, cela restera toujours un vœu pieux.
◇ adv. pieusement. | *fromm leben*, vivre pieusement. | *fromm tun*, prendre des airs innocents ; faire la sainte nitouche.

Frömmelei [frœmə'lai] f. fausse dévotion, tartuferie f. ; bigoterie f. ; hypocrisie f.

frömmeln ['frœməln] v. intr. faire le dévot.

frommen ['frɔmən] v. intr. et v. tr. (Vx.) profiter ; servir ; être utile à. | *das frommt seinem Interesse*, cela sert son intérêt. | *was frommt es dich ?*, qu'as-tu à y gagner ?

Frommen [-mən] n. (s) utilité f. ; profit m. | *zu Nutz und Frommen*, pour l'intérêt de.
Frommheit ['frɔmhait] f., **Frömmigkeit** ['frømiç-kait] f. piété f. ; dévotion f. ; religiosité f.
Frömmler ['frømlər] m. (s, -). PÉJOR. faux dévot ; tartufe m. ; cagot m.
Fron [fro:n] f. (-, en), **Fronde** ['frɔndə] f. (-, n). HIST. corvée f. || FIG. corvée f.
Fron|altar ["fro:nal'tɑ:r] m. (s, ¨e). RELIG. (Vx.) autel (m.) du Saint-Sauveur. ||°**-amt** n. (s, ¨er). RELIG. grand-messe f. ||°**-arbeit** f. (-, en). HIST. et FIG. corvée f. ||°**-arbeiter** m. (s, -). HIST. corvéable m. ; serf m. ||°**-bauer** m. (s, n). HIST. serf m. ||°**-feste** f. (-, n). HIST. château fort féodal. ||°**-herr** m. (n, en). HIST. seigneur féodal. ||°**-leichnam** m. (s). RELIG. saint sacrement. ||°**-leichnamsfest** n. (es). RELIG. Fête-Dieu f.
frondieren [frɔn'di:rən] v. intr. faire le frondeur.
fronen ['fro:nən] v. intr. HIST. faire, exécuter des corvées.
frönen ['frø:nən] v. intr. payer tribut à ; être l'esclave de ; s'abandonner à. | *der Mode frönen*, être l'esclave de la mode. | *dem Trunke frönen*, s'adonner à la boisson.
Front [frɔnt] f. (-, en). ARCHIT. [Vorderseite] façade f. ; frontispice m. | *Front auf den Fluß haben*, avoir la façade tournée vers la rivière. || MIL. front m. ; première ligne. | *Kampf nach zwei Fronten*, combat (m.) sur deux fronts. | *Front machen gegen*, faire front contre. || FIG. union f. | *eine geschlossene Front bilden*, présenter un front uni.
Front|antrieb ["frɔnt'antri:p] m. (s, e). AUTOM. traction (f.) avant. ||°**-dienst** m. (s, e). MIL. service (m.) au front. ||°**-kämpfer** m. (s, -). MIL. combattant m. ||°**-kämpfervereinigung** f. (-, en). MIL. association (f.) des anciens combattants.
frontal [frɔn'tɑ:l] adj. frontal. | *Frontalzusammenstoß*, choc (m.) de plein fouet.
Front-End-Rechner ["frɔnt'ɛntrɛçnər] m. (s, -). INF. ordinateur frontal.
Frosch [frɔʃ] m. (es, ¨e). ZOOL. grenouille f. || FIG., FAM. *er bläst sich auf wie ein Frosch*, il crâne. | *er hat einen Frosch im Halse*, il a un chat dans la gorge. | *einen Knallfrosch abbrennen*, faire éclater un pétard. || MÉD. [Geschwulst unter der Zunge] grenouillette f. || MUS. hausse f. (d'archet). || MINES. lampe (f.) au feu nu.
Frosch|augen ["frɔʃ'augən] n. pl. FIG. yeux saillants. ||°**-biß** m. (es, e). BOT. renoncule (f.) des marais. ||°**-blut** n. (s). *Froschblut haben*, être insensible, sans passion. ||°**-gequake** n. (s) coassement m. ||°**-lurch** m. (es, e). ZOOL. anoure m. ||°**-mann** m. (es, ¨er) homme-grenouille m. ||°**-maul** n. (s, er). ARCHIT. lucarne demi-ronde ; lucarne (f.) à lunette. ||°**-perspektive** f. (-, n). FIG. vue étroite ; horizon borné. ||°**-teich** m. (s, e) mare (f.) aux grenouilles ; grenouillère f.
Frost [frɔst] m. (es, ¨e) froid m. ; gelée f. | *starker, heftiger Frost*, forte gelée ; froid intense. | *vor Frost zittern*, grelotter de froid.
Frost|beule ["frɔst'bɔylə] f. (-, n). MÉD. engelure f. ||°**-brand** m. (s). MÉD. brûlure f. | *Frostbrand in den Füßen*, pieds gelés. ||**-empfindlich** adj. sensible au froid. ||**-frei** adj. à l'abri du froid, de la gelée. ||°**-mittel** n. (s, -). PHARM. pommade (f.), remède (m.) contre les engelures. || AUTOM. antigel m. ||°**-schaden** m. (s, ¨) dommage causé par la gelée, le froid. ||°**-schauer** m. (s, -) frisson m. ||°**-schutzscheibe** f. (-, n). AUTOM. dégivreur m. ||°**-wetter** n. (s) temps de gel.
frösteln ['frøstəln] v. intr. frissonner. | *mich fröstelt, ich fröst(e)le*, j'ai le frisson ; je frissonne.
◇ v. impers. **es fröstelt,** il fait frais ; FAM. il fait frisquet.
Frösteln ['frøstəln] n. (s) frissons(s) m. (pl.).
frostig ['frɔstiç] adj. froid ; glacial ; glacé. || FIG. froid ; plein de froideur.
Frostigkeit [-kait] f. FIG. froideur f.
Frottee, Frotté [frɔ'te:] n. ou m. tissu (m.) éponge. | *Frotteehandtuch*, serviette-éponge.
— REM. : en composition ou dérivé *Frotté-, Frottee-* ou *Frottier-*.
frottieren [frɔ'ti:rən] v. tr. frotter ; frictionner.
Frottieren n. (s) friction f. ; frottement m.
Frottier|handtuch cf. FROTTEE.
frotzeln ['frɔtsəln] v. tr. FAM. taquiner.
Frucht [fruxt] f. (-, ¨e) fruit m. | *die Obstbäume tragen Früchte*, les arbres fruitiers portent des fruits. | *eingemachte Früchte*, fruits confits. | *die Früchte des Feldes*, les fruits de la terre ; les récoltes f. pl. | *Früchte eines Landes*, produits (m. pl.) d'un pays. | *Früchte in Alkohol (eingelegt)*, fruits à l'eau-de-vie. | *die Frucht, das Getreide steht gut*, les céréales, les blés sont beaux, bien venus. || FIG. fruit m. ; produit m. ; résultat m. | *Frucht der Liebe*, enfant (m., f.) de l'amour ; enfant naturel. || LOC. *die verbotene Frucht*, le fruit défendu. || PROV. *verbotene Früchte schmecken am besten*, le fruit défendu a le plus de saveur.
Frucht|acker ["fruxt'akər] n. (s, ¨) terre (f.) arable ; terre (f.) à blé. ||°**-balg** m. (s, ¨e). BOT. follicule m. ; glume f. ||°**-baum** m. (s, ¨e). AGRIC., BOT. arbre fruitier. ||°**-blase** f. (-, n). MÉD. cavité (f.) amniotique. ||°**-blüte** f. (-, n) fleur (f.) femelle. ||°**-boden** m. (s, -). BOT. réceptacle m. ||**-bringend** adj. BOT. fructifère. || FIG. fructueux ; productif ; profitable ; avantageux. ||°**-eis** n. (es). CULIN. glace (f.) aux fruits. || °**-entwicklung** f. fructification f. ||°**-erde** f. (-, n). AGRIC. terre (f.) arable. ||°**-ertrag** m. (s, ¨e) récolte f. ||**-essend** adj. ZOOL. frugivore. ||°**-feld** n. (s, er). AGRIC. champ cultivé. ||°**-fleisch** m. (es) pulpe f. ||°**-folge** f. (-, n). AGRIC. suite (f.), alternance (f.) des cultures ; assolement m. ||°**-gehäuse** n. (s, -). BOT. péricarpe m. ||°**-göttin** f. MYTH. Pomone f. ; Cérès f. ||°**-horn** n. (s, ¨er) corne (f.) d'abondance. ||°**-hülse** f. (-, n). BOT. gousse f. ; cosse f. ||°**-knoten** m. (s, -), °**-knötchen** n. (s, -). ANAT., BOT. ovaire m. ||°**-korn** n. (s, ¨er). BOT. grain (m.) de blé. ||°**-körper** m. (s, -). BOT. carpophore m. ||**-los** adj. BOT., PHYSIOL. stérile ; infécond. || FIG. infructueux ; inefficace ; inutile. ||°**-losigkeit** f. (-) stérilité f. ; FIG. inutilité f. ||°**-monat** m. (s). HIST. fructidor m. ||°**-presse** f. (-, n) presse-fruits m. ||**-reich** adj. fécond ; fructueux ; productif ; profitable. ||°**-saft** m. (s, ¨e) jus (m.) de fruits ; sirop m. ||°**-salat** m. (s, e) salade (f.) de fruits. ||°**-schale** f. (-, n) coupe (f.) à fruits. || BOT. peau (f.), pelure (f.) de fruit. ||**-tragend** adj. fructifère ; frugifère. ||°**-wasser** n. (s). MÉD. liquide (m.) amniotique. ||°**-wasser|untersuchung** f. (-, en). MÉD. amniocentèse f. ||°**-zucker** m. (s) sucre (m.) de fruits ; fructose m. ; lévulose m.
fruchtbar ['fruxtbɑ:r] adj. fertile ; productif ; prolifique ; fécond. | *fruchtbarer Boden*, terre (f.) fertile. | *fruchtbares Jahr*, année productive, prospère. || FIG. fécond ; productif. | *fruchtbare Phantasie*, imagination (f.) fertile.
Fruchtbar|keit [-kait] f. fertilité f. ; fécondité f. ; productivité f.
Fruchtbarkeits|ziffer ["fruxtbɑrkaits'tsifər] f. (-, n) taux (m.) de fécondité.
Früchtchen ['fryçtçən] n. (s, -). BOT. petit fruit. || FIG., FAM. *ein nettes, sauberes Früchtchen!*, un joli garnement.
fruchten ['fruxtən] v. intr. FAM. porter des fruits ; fructifier. || FIG. *nichts fruchten*, demeurer sans effet.
frugal [fru'gɑ:l] adj. frugal, sobre.
Frugalität [-gali'tɛ:t] f. frugalité f. ; sobriété f.
früh [fry:] adj. **1.** matinal ; précoce. | *am frühen Morgen*, de bon matin ; de grand matin ; dès l'aube. | *ein früher Winter*, un hiver précoce. | *die Weinlese ist in diesem Jahr sehr früh*, la vendange se fait tôt cette année. | *frühes Obst*, fruits (m. pl.) précoces ; primeurs f. pl. | *eine frühe Erbsensorte*, une variété de pois hâtive. | *in seinen frühen Jahren*, dans ses jeunes années. | *früher Tod*, mort prématurée.
2. früher, antérieur ; premier ; ancien ; primitif. | *in früheren Zeiten*, autrefois ; au temps jadis ; dans les premiers âges ; dans les premiers temps. | *der frühere Besitzer*, l'ancien propriétaire. | *früherer Fall*, précédent m. | *frühere Bestrafung*, condamnation antérieure. | *die früheren Ausgaben des Buchs*, les éditions antérieures de ce livre.
3. frühest, *die früheste Erscheinung des Spitzbogens sieht man in Burgund*, la première apparition de l'arc brisé se trouve en Bourgogne. | *die frühesten Urkunden*, les documents les plus anciens. | *die frühesten Menschen*, les premiers hommes. | *die frühesten Zeiten*, les premiers temps, âges.
◇ adv. **1.** de bonne heure ; tôt. | *früh und spät*, matin et soir. | *von früh bis spät ; von früh morgens bis spät abends*, du matin au soir. | *Pfingsten fällt dieses Jahr sehr früh*, la Pentecôte tombe très tôt cette année. | *er ist zehn Minuten zu früh gekommen*, il est venu dix minutes trop tôt. | *zu früh geboren*, né avant terme. | *früh am Morgen*, de grand matin. | *heute früh*, ce matin. | *früh aufstehen*, se lever au matin ; être matinal. || PROV. *früh übt sich, wer ein Meister werden will*, il faut commencer tôt son apprentissage.

2. früher, plus tôt ; jadis ; autrefois. | *sich früher auf den Weg machen*, se mettre en route plus tôt. | *früher, als es noch keine Flugzeuge gab*, autrefois, quand il n'y avait pas encore d'avions. | *früher oder später*, tôt ou tard ; un jour ou l'autre. | *je früher, desto besser, lieber*, le plus tôt sera le mieux. | *er war früher Weinhändler*, il était autrefois marchand de vin.

3. frühstens, au plus tôt. | *frühstens in einer Woche*, au plus tôt dans une semaine.

Früh|aufsteher ["fry:'aufʃte:ər] m. (s, -). FAM. (un) lève-tôt. ||°**-beet** n. (s, e). AGRIC. couche f. ||°**-birne** f. (-, n) poire (f.) précoce. ||°**-druck** m. (s, e). [Buch] incunable m. ; première impression ; édition (f.) princeps. ||°**-erbse** f. (-, n) pois hâtif. || °**-erkennung** f. (-, en). MÉD. dépistage (m.) précoce. ||°**-geburt** f. (-, en) naissance (f.) avant terme ; accouchement prématuré. || PAR EXT. [Kind] prématuré m. ||°**-gemüse** n. (s) primeurs f. pl. ||°**-gerste** f. (-, n). AGRIC. orge hâtive ; escourgeon m. ; écourgeon m. ||°**-gotik** f. ARCHIT. style ogival primitif ; premier art gothique. ||°**-gottesdienst** m. (s, e). RELIG. première messe ; office (m.) du matin. ||°**-jahr** n. (s, e) printemps m. ||°**-kartoffel** f. (-, n) pomme de terre nouvelle. ||°**-messe** f. (-, n), °**-mette** f. (-, n). RELIG. messe basse ; matines f. pl. ||**-morgens** adv. de grand, de bon matin ; de bonne heure (le matin). ||°**-obst** n. (es) fruits (m. pl.) précoces ; primeurs f. pl. ||**-reif** adj. PR. et FIG. précoce ; hâtif. ||°**-reif** m. (s) gelée blanche. ||°**-reife** f. PR. et FIG. précocité f. ||°**-rot** n. (s) aurore f. ||°**-saat** f. (-, en). AGRIC. premières semailles. ||°**-schicht** f. (-, en) équipe (f.) du matin (à l'usine). ||°**-schoppen** m. (s, -) chope (f.) du matin ; apéritif m. ||°**-stück** n. (s, e) petit déjeuner. ||**-stücken** v. intr. prendre le petit déjeuner. ||°**-warn|system** n. (s, e). MIL. système (m.) de surveillance électronique. ||°**-zeit** f. (-, en). HIST. haute époque ; époque primitive. ||**-zeitig** adj. précoce ; hâtif. || PAR EXT. prématuré. — adv. de bonne heure ; tôt. || PAR EXT. prématurément ; avant l'heure. ||°**-zug** m. (s, ¨e). TRANSP. train (m.) du matin.

Frühe ['fry:ə] f. matin m. ; aube f. ; point (m.) du jour. | *in der Frühe*, le matin. | *in der ersten, in aller Frühe*, de grand matin.

— SYN. : *Morgendämmerung*, *Tagesanbruch*, aube ; *Tagesgrauen*, point du jour, pointe du jour ; petit jour m.

Früher|sein ["fry:ər'zain] n. (s) antériorité f. ; priorité f.

Frühling ['fry:liŋ] m. (s, e) printemps m. ; saison nouvelle, fleurie ; renouveau m. | *lauer Frühling*, printemps tiède. | *es wird Frühling*, on sent venir le printemps. || FIG. printemps m. | *der Frühling des Lebens*, la jeunesse.

Frühlings... (en compos.) de printemps ; printanier.

Frühlings|nachtgleiche ["fry:liŋs'naxtglaiçə] f. (-, n). ASTRON. équinoxe (m.) de printemps. ||°**-punkt** m. (s). ASTRON. point vernal. ||°**-zeichen** n. (s). ASTRON. signe vernal.

Frustration [frustra'tsio:n] f. (-, en) frustration f.

frustrieren [frus'tri:rən] v. tr. frustrer.

frustriert [frus'tri:rt] adj. frustré.

F-Schlüssel ["ɛf'ʃlysəl] m. (s). MUS. clef (f.) de fa.

Fuchs [fuks] m. (es, ¨e). ZOOL. renard m. | *junger Fuchs*, renardeau m. | *Silberfuchs*, renard argenté. || LOC. *wo Fuchs und Hase sich gute Nacht sagen*, au fin fond des bois ; au bout du monde. || FIG. renard m. ; compère m. | *schlauer Fuchs*, fin renard ; rusé compère ; matois m. || LITTÉR. *Reineke Fuchs*, maître (m.) Renart ; Goupil m. || PAR ANAL. [Pferd] alezan m. || UNIV. étudiant (m.) de première année ; FAM. bizuth m.

Fuchs|affe ["fuks'afə] m. (n, n). ZOOL. maki m. ||°**-balg** m. (s, ¨e) peau (f.) de renard. ||°**-bart** m. (s, ¨e) barbe rousse. ||°**-bau** m. (s, e). [Jagd] terrier (m.) de renard ; renardière f. || MIL. abri léger. ||°**-beere** f. (-, n). BOT. ronce bleue. ||°**-eisen** n. (s, -), °**-falle** f. (-, n) piège (m.) à renard ; traquet m. ; traquenard m. ||°**-grube** f. (-, n). [Bau] terrier (m.) de renard ; renardière f. || [Falle] trappe f. ||°**-haar** n. (s, e) poil (m.) de renard. || PAR ANAL. cheveux (m. pl.) roux. ||°**-jagd** f. (-, en) chasse (f.) au renard. ||°**-pelz** m. (es, e) [fourrure (f.) de] renard m. ||**-rot** adj. roux ; roussâtre. ||°**-scheck** m. (en, en) cheval blanc marqué de roux. ||°**-schwanz** m. (es, ¨e) queue (f.) de renard. || BOT. vulpin m. || TECHN. scie (f.) passe-partout ; scie égoïne. ||**-schwänze(l)n** v. intr. FAM. (Vx.) flagorner ; flatter. ||°**-schwänzer** m. (s, -). FAM. (Vx.) flagorneur m. ||°**-stute** f. (-, n). ZOOL. jument alezane. ||**-teufelswild** adj. FAM. *fuchsteufelswild werden*, se mettre en boule ; se fâcher tout rouge ; sortir de ses gonds.

Füchschen ['fyksçən] n. (s, -) renardeau m.

fuchsen ['fuksən] v. tr. FAM. taquiner ; vexer ; irriter.

Fuchsia ['fuksia] f. (-, sien), **Fuchsie** [-siə] f. (-, n). BOT. fuchsia m.

fuchsig ['fuksiç] adj. qui tient du renard. || PAR ANAL. roux. || FIG. fâché tout rouge.

Füchsin ['fyksin] f. (-, nen). ZOOL. femelle (f.) du renard ; renarde f.

Fuchtel ['fuxtəl] f. (-, n) rapière f. ; flamberge f. || PAR EXT. férule f. | *jn unter der Fuchtel halten*, *unter die Fuchtel nehmen*, discipliner, mener qn durement ; dresser qn. | *unter der Fuchtel stehen*, être sous la férule.

fuchteln ['fuxtəln] v. intr. *mit den Händen hin und her fuchteln*, agiter les bras ; gesticuler.

◇ v. tr. *jn fuchteln*, donner des coups de plat de sabre à qn ; fustiger qn.

fuchtig ['fuxtiç] adj. FAM. fâché ; irrité ; enragé.

Fuder ['fu:dər] n. (s, -). *Fuder Heu*, charretée (f.) de foin. | *Fuder Wein*, foudre (m.) de vin.

Fug [fu:k] m. (s). [Vx.] faculté f. ; droit m. | *mit Fug und Recht*, à bon droit ; en bonne justice.

Fuge ['fu:gə] f. (-, n) joint m. ; jointure f. ; mortaise f. ; emboîture f. || ARCHIT. *ruhende Fuge*, joint de lit. | *senkrechte Fuge*, joint montant ; joint d'assise. | *aus den Fugen bringen*, déboîter ; disloquer. | *aus den Fugen gehen*, se disloquer. || ANAT. jointure f. ; commissure f. || MUS. fugue f. | *die Kunst der Fuge (Bach)*, l'art (m.) de la fugue.

fugen [-gən] v. tr. TECHN. joindre ; emboîter. || ARCHIT. jointoyer.

fügen ['fy:gən] v. tr. TECHN. joindre ; assembler ; monter ; emboîter. | *eine wohlgefügte Mauer*, un mur bien construit. || FIG. régler ; disposer. | *Gott, das Schicksal hat es so gefügt*, Dieu, le sort en a disposé ainsi.

◇ v. pr. **sich fügen.** TECHN. s'emboîter ; s'articuler ; s'engrener. || FIG. s'adapter ; s'accommoder ; se conformer. | *er fügt sich dem Befehl*, il se conforme à l'ordre. | *man muß sich darein fügen*, il faut en prendre son parti. | *sich ins Unabänderliche fügen*, se résigner à l'inévitable. | *es hat sich nicht gefügt*, cela ne s'est pas arrangé.

fugen|dicht ["fu:gən'diçt] adj. bien joint ; jointif. ||°**-werk** n. (s, e) assemblage m.

Füge|wort ["fy:gə'vɔrt] n. (es, ¨er). GRAMM. conjonction f.

füglich ['fy:kliç] adj. convenable ; opportun.

◇ adv. convenablement ; opportunément ; avec raison ; en bonne justice ; décemment.

fügsam [-za:m] adj. FIG. souple ; facile ; traitable. || PAR ANAL. docile ; soumis.

Fügsamkeit [-zamkait] f. caractère accommodant, traitable ; souplesse f. ; docilité f.

Fügung ['fy:guŋ] f. (-, en) rencontre f. ; fatalité f. | *Fügung der Worte*, enchaînement (m.), construction (f.) des mots. | *Fügung der Umstände*, enchaînement (m.) des circonstances. || PAR EXT. soumission f. ; résignation f.

fühlbar ['fy:lba:r] adj. sensible ; palpable ; perceptible ; tangible. | *fühlbarer Verlust*, perte (f.) sensible. | *sich fühlbar machen*, se faire sentir. || MÉD. *die Geschwulst ist deutlich fühlbar*, on sent bien la tumeur au toucher.

Fühlbarkeit [-barkait] f. état (m.) de ce qui est sensible, perceptible ; tangibilité f.

fühlen [fy:lən] v. tr. [tasten] sentir ; toucher ; palper ; tâter. | *der Arzt fühlte den Puls*, le médecin tâta le pouls. || [empfinden] sentir ; éprouver ; ressentir. | *Schmerz fühlen*, éprouver de la douleur. | *die Kälte fühlen*, sentir le froid. | *er fühlte sein Herz schlagen*, il sentit battre son cœur.

◇ v. intr. FIG., FAM. *jm auf den Zahn fühlen*, mettre qn sur la sellette.

◇ v. pr. **sich fühlen,** se sentir ; prendre conscience de soi. | *sich krank fühlen*, se sentir malade. | *er fühlt sich als Fachmann*, il se tient pour spécialiste. | *ich fühle mich dafür verantwortlich*, je m'en sens responsable.

Fühlen [-lən] n. (s) [Tasten] attouchement m. ; contact m. || [Empfinden] sentiment m.

Fühler [-lər] m. (s, -). ZOOL. antenne f. || FIG., FAM. *die Fühler ausstrecken*, lancer un ballon d'essai.

Fühl|faden ["fy:l'fa:dən] m. (s, ¨). ZOOL. tentacule m. ||°**-horn** n. (s, ¨er). ZOOL. antenne f.

fühl|los ['fy:llo:s] adj. insensible ; apathique.

Fühl|losigkeit ["fy:l'loziçkait] f. insensibilité f. ; apathie f.

Fühlung ['fy:luŋ] f. attouchement m. ; toucher m. || PAR ANAL. contact m. | *Fühlung suchen, nehmen*, chercher, prendre contact ; contacter. | *Fühlungnahme*, prise (f.) de contact.

Fuhre ['fu:re] f. (-, n) charroi m. ; charriage m. ; roulage m. || PAR EXT. charretée f. ; charge f.

Fuhr|geld ['fu:rgɛlt] n. (s, er) frais (m. pl.) de transport, de voiture. ||°**-knecht** m. (s, e) charretier m. ||°**-leute** pl. V. FUHRMANN. ||°**-lohn** m. (s, ¨e) frais (m. pl.) de transport, de voiture. ||°**-mann** m. (s, -leute) charretier m. ; voiturier m. ; roulier m. ||°**-unternehmer** m. (s, -) entrepreneur (m.) de transports ; commissionnaire-expéditeur m. ; transporteur m. ||°**-weg** m. (s, e). (Vx.) grand chemin ; route (f.) carrossable. ||°**-werk** n. (s, e) véhicule m. ; voiture f. ; char m. ; chariot m. ; charrette f. ||°**-wesen** n. (s) transports m. pl.

führen ['fy:rən] v. tr. **1.** [geleiten] conduire ; mener ; guider ; donner la main, le bras à. | *ein Kind (an der Hand) führen*, mener un enfant par la main. | *einen Greis über die Straße führen*, faire traverser la rue à un vieillard. || [leiten] mener ; conduire ; diriger. | *führe mich den nächsten Weg !*, mène-moi par le chemin le plus court. | *dem Kinde beim Schreiben die Hand führen*, conduire la main à un enfant qui apprend à écrire. | *was führt dich zu uns ?*, qu'est-ce qui, quel bon vent t'amène ? | *Truppen ins Feld führen*, conduire les troupes au combat, à la guerre. | *ein Flugzeug führen*, piloter un avion. || FIG., FAM. *jn aufs Glatteis führen*, entraîner qn sur un terrain glissant ; mettre qn en mauvaise posture. | *er ist hinters Licht geführt worden*, il a été dupé, berné. || RELIG. *und führe uns nicht in Versuchung*, ne nous laissez pas succomber à la tentation.

2. [anführen] diriger ; mener ; commander. || MIL. *ein Regiment führen*, commander un régiment. || FAM. *sie führt das Regiment im Hause*, FAM. elle porte la culotte.

3. [bei sich haben ; mit sich führen] porter ; transporter. | *den Degen führen*, porter épée. | *er führte eine Waffe mit sich*, il portait une arme sur lui. | *Nancy führt eine Distel im Wappen*, Nancy a un chardon dans ses armes. | *der Fluß führt Eis*, ce fleuve charrie des glaçons. || MAR. *das Schiff führt eine Ladung Holz*, ce bateau transporte un chargement de bois. || COMM. *einen Markenartikel führen*, avoir des marchandises, un article de marque. || FIG. *ein Wort, eine Redensart im Munde führen*, avoir une expression à la bouche. | *etwas im Schilde führen*, avoir un dessein caché, une idée de derrière la tête ; manigancer qch.

4. [anlegen ; ziehen] établir ; élever ; dresser. || LOC. [Umschreibung eines Verbums]. *Krieg führen mit*, faire la guerre à. | *das Ruder führen*, tenir le gouvernail ; gouverner. || JUR. *Klage führen*, porter plainte ; plaider. | *einen Beweis führen*, apporter, fournir, établir, donner la preuve ; prouver. | *einen Prozeß führen*, faire un procès. | *ein Gespräch führen*, avoir, entretenir une conversation. | *den Vorsitz führen*, présider ; diriger. | *Verhandlungen führen*, négocier. | *die Aufsicht führen*, surveiller. | *ein frommes Leben führen*, mener une vie pieuse ; vivre en bon chrétien. | *eine glückliche Ehe führen*, faire bon ménage. || COMM. *die (Rechnungs)-bücher führen, Buch führen*, tenir les livres de comptes, la comptabilité. | *den Bogen (beim Geigenspiel) führen*, manier l'archet (du violon). | *die Feder (beim Schreiben) führen*, manier, tenir la plume ; écrire. | *Speisen zum Munde führen*, porter des aliments à la bouche. | *eine angefangene Arbeit zu Ende führen*, achever, terminer un travail. | *ein Werk weiter führen*, continuer une œuvre. || FIG., FAM. *er führt sich ein Glas Wein zu Gemüte*, il s'offre un verre de vin.

◇ v. intr. [an erster Stelle stehen] être en tête ; tenir la tête. || SPORT. *er führt beim Rennen*, il est en tête, il mène dans cette course. | *wir führen mit eins zu null*, nous menons par un (but) à zéro. || [hinführen] mener ; conduire. | *wohin führt dieser Weg ?*, où mène ce chemin ? | *die Brücke führt über den Fluß*, le pont passe sur le fleuve. || FIG. *wohin soll das noch führen ?*, à quoi cela aboutira-t-il ? ; à quoi cela conduira-t-il ?, mènera-t-il ? | *das führt zu nichts Gutem*, cela ne mène à rien de bon. | *es würde zu weit führen, wollte ich*, cela m'entraînerait trop loin si je voulais. || PROV. *alle Wege führen nach Rom*, tous les chemins mènent à Rome.

◇ v. pr. **sich führen,** [sich betragen] se conduire. | *sich gut, schlecht führen*, se conduire bien, mal.

— SYN. : *leiten, lenken, steuern*, conduire, guider.

führend [-rənt] adj. dirigeant ; directeur ; à la tête (de). | *führende Männer*, chefs m. pl. || COMM. *führendes Haus*, maison de commerce renommée, bien connue. | *führendes Hotel*, hôtel m. (de) première catégorie. || *führende Stellung*, position (f.) en vue.

Führer [-rər] m. (s, -) conducteur m. ; guide m. ; chef m. || [Fahrzeug]. AÉRON., MAR. pilote m. || AUTOM. chauffeur m. || [Eisenbahn] mécanicien m. | *Zugführer*, chef (m.) de train. || [Straßenbahn] conducteur m. || [Kran] grutier m. || PAR ANAL. gérant m. ; directeur m. ; administrateur m. || [Buch] guide m. || TECHN. coulisseau m. ; guide m.

Führer|gondel ["fy:rər'gɔndəl] f. (-, n). AÉRON. nacelle f. ||°**-haus** n. (es, ¨er) cabine (f.) de grutier. ||°**-kabine** f. (-, n). AÉRON. cockpit m. ; poste (m.) de pilotage.

führerlos ["fy:rər'lo:s] adj. sans chef ; sans direction ; sans patron.

Führerschaft ['fy:rərʃaft] f. commandement m. ; conduite f. ; direction f. || PAR ANAL. qualité (f.), position (f.) de chef. || PAR EXT. (ensemble [m.] des) dirigeants m. pl. ; chefs m. pl. ; guides m. pl.

Führer|schein ["fy:rər'ʃain] m. (s, e). AÉRON. brevet (m.) de pilote. || AUTOM. permis (m.) de conduire. | *seinen Führerschein machen*, passer son permis de conduire. | *Fahren ohne Führerschein*, conduite (f.) sans permis. ||°**-scheinentzug** m. (s). JUR. retrait (m.) du permis de conduire. ||°**-sitz** m. (es, e) siège (m.) du conducteur. ||°**-stand** m. (s, ¨e). [Eisenbahn] poste (m.) du mécanicien.

Führung ['fy:ruŋ] f. (-, en) [Leitung] conduite f. ; direction f. ; gestion f. | *die Führung übernehmen*, prendre la direction, le commandement. | *Führung eines Geschäftes*, gestion (f.), direction (f.), administration (f.) d'une affaire. || SPORT. *er ging in Führung*, il prit la tête. || PAR EXT. [Besichtigung] visite f. | *eine Führung durch die Stadt veranstalten*, organiser la visite d'une ville. || [Betragen] conduite f. | *eine lobenswerte, mustergültige Führung*, une conduite digne d'éloges, exemplaire. | *er wurde wegen schlechter Führung entlassen*, il fut renvoyé pour inconduite. || TECHN. guide m. ; coulisseau m.

Führungs|attest ["fy:ruŋsa'tɛst] n. (es, e) certificat (m.) de bonne conduite, de bonnes vie et mœurs. ||°**-gremium** n. (s, mien). POLIT. comité directeur. ||°**-kräfte** f. pl. cadres supérieurs. ||°**-raum** m. (s, ¨e) poste (m.) de pilotage. ||°**-rolle** f. (-, n). TECHN. galet (m.) de guidage. ||°**-stab** m. (s, ¨e). MIL. état-major m. ||°**-stange** f. (-, n). [Fahrrad] guidon m. || TECHN. tige directrice. ||°**-zeugnis** n. (ses, se). ADM. *amtliches Führungszeugnis*, extrait (m.) de casier judiciaire.

Füll|bleistift ["fyl'blaiʃtift] m. (s, e) porte-mine m. ||°**-erde** f. (-, n) terre (f.) à remblai. ||°**-feder** f. (-, n), °**-federhalter** m. (s, -) stylographe m. ; FAM. stylo m. ||°**-haar** n. (s, e). TECHN. bourre f. ||°**-horn** n. (s, ¨er). POÉT. corne (f.) d'abondance. ||°**-rumpf** m. (es, e). TECHN. trémie f. ||°**-werk** n. (s) remplissage m. ||°**-wort** n. (es, ¨er). GRAMM. explétif m.

Fülle ['fylə] f. plénitude f. | *körperliche Fülle*, embonpoint m. ; formes pleines. || PAR ANAL. quantité f. ; masse f. ; abondance f. | *Brasilien hat Kaffee in Hülle und Fülle*, le Brésil regorge de café.

füllen [-lən] v. tr. emplir ; remplir ; garnir ; bourrer ; gonfler. | *ein Glas mit Wasser füllen*, remplir un verre d'eau. | *den Kopf mit Wissen füllen*, se fourrer du savoir plein la tête. | *den Wein in, auf Flaschen füllen*, mettre du vin en bouteilles. | *in Fässer füllen*, entonner. | *in Säcke füllen*, ensacher. | *einen Zahn füllen*, plomber une dent. | *den Beutel mit Geld füllen*, garnir sa bourse d'argent ; remplir sa bourse. | *diese Abhandlung füllt sieben Seiten*, cet exposé couvre sept pages. || FIG. *das füllt meine Seele mit Mut, Hoffnung*, cela me rend (du) courage, me donne de l'espoir. | *jm die Hand füllen*, FAM. graisser la patte à qn.

Füllen [-lən] n. (s, -). ZOOL. poulain m. | *weibliches Füllen*, pouliche f.

Füller [-lər] m. (s, -) stylographe m. ; FAM. stylo m. || TECHN. chargeur m. ; pelleteur m.

füllig [-liç] adj. rondelet ; replet ; dodu.

Füllsel ['fylzɛl] n. (s, -) remplissage m. || CULIN. farce f.

Füllung [-luŋ] f. (-, en) remplissage m. || *Füllung in Flaschen*, mise (f.) en bouteilles. || [Ball] gonflement m. || [Zahn] plombage m. || CULIN. farce f. || TECHN. [Tür] panneau m. [Fenster] carreau m. || MIL. *Füllung eines Geschosses*, charge f. || PHYS. *Füllung eines Motorzylinders*, admission f.

Fumarole [fuma'rɔlə] f. (-, n) fumerolle f.

fummeln ['fuməln] v. tr. et v. intr. Pop. bricoler ; tripoter.

Fund [funt] m. (s, e) objet trouvé. | *guter Fund*, trouvaille f. || Fig. découverte f. ; invention f.

Fund|büro ["funtby'ro] n. (s, s) bureau (m.) des objets trouvés. ||°**-gegenstand** m. (s, ¨e) objet trouvé. ||°**-geld** n. (s) récompense (f.) pour un objet trouvé. ||°**-grube** f. (-, n). Fig. mine f. | *eine wahre Fundgrube*, une véritable mine. ||°**-recht** n. (s). Jur. récompense due pour un objet trouvé. || °**-unterschlagung** f. (-, en). Jur. détournement (m.) d'un objet trouvé.

Fundament [funda'mɛnt] n. (s, e). Archit. fondements m. pl. ; base f. ; socle m. || Fig. *das Fundament einer Wissenschaft*, les fondements d'une science.

fundamental [-mɛn'tɑ:l] adj. fondamental.

Fundamentalismus [fundamɛnta'lismus] m. (-, men). Phil., Relig. fondamentalisme m.

Fundamentalist(in) [fundamɛnta'list(in)] m. (en, en), f. (-, nen). Phil., Relig. fondamentaliste s.

fundamentalistisch [-listiʃ] adj. Phil., Relig. fondamentaliste.

fundieren [fun'di:rən] v. tr. fonder ; établir. | *ein Haus gut fundieren*, jeter les fondements solides d'une maison. || Fig. fonder ; créer. || Comm. *gut fundiertes Geschäft*, affaire solide, sérieuse.

Fundierung [-'di:ruŋ] f. (-, en) fondation f. ; établissement m.

fündig ['fyndiç] adj. Mines. riche ; exploitable. | *fündig werden*, trouver un filon.

Funeralien [funə'rɑ:liən] pl. funérailles f. pl.

fünf [fynf] adj. num. card. cinq. | *die fünf Sinne*, les cinq sens. | *unser fünf*, nous cinq. | *alle fünf Jahre*, tous les cinq ans. | *wir kommen zu fünf(t)*, nous venons à cinq. | *es ist fünf (Uhr)*, il est cinq heures. | *es schlägt eben fünf*, cinq heures viennent de sonner. | *Viertel fünf, Viertel nach vier*, quatre heures et quart. | *halb fünf*, quatre heures et demie. | *er kommt gegen fünf*, il arrivera vers cinq heures. || Fam. *das Kind wird fünf*, cet enfant aura bientôt cinq ans. || Comm., Fin. *zu fünf Prozent*, à cinq pour cent. || Fig., fam. *das kannst du dir doch an den fünf Fingern abzählen*, c'est pourtant facile à comprendre, à saisir. | *Fünf(e) gerade sein lassen*, n'y pas regarder de trop près.
◇ **die Fünf,** le chiffre cinq.

Fünf|eck ['fynfɛk] n. (s, e). Math. pentagone m. ||**-eckig** adj. Math. pentagonal. ||**-einhalb** adj. num. card. cinq et demi. ||**-fach, -fältig** adj. quintuple. ||°**-fingerkraut** m. (s). Bot. potentille rampante ; cinq-feuilles f. pl. ||°**-flächner** m. (s, -). Math. pentaèdre m. ||**-füßig** adj. pentamètre. || Poés. *fünffüßiger Vers*, pentamètre m. ||**-hundert** adj. num. card. cinq cent(s). ||°**-jahresplan** m. (s, ¨e). Polit. plan quinquennal. ||**-jährig** adj. âgé de cinq ans ; qui dure cinq ans ; quinquennal. ||**-jährlich** adj. tous les cinq ans ; quinquennal. ||°**-kampf** m. (s, ¨e). Sport. pentathlon m. ||**-malig** adj. (répété) cinq fois. ||**-monatlich** adj. (qui se répète) tous les cinq mois. ||°**-pfennigstück** n. (s, e) pièce (f.) de cinq pfennigs. ||**-pfündig** adj. de cinq livres. ||**-prozentig** adj. à cinq pour cent. ||**-reihig** adj. sur cinq rangs. ||**-seitig** adj. de cinq pages. || Math. pentagonal. ||**-silbig** adj. Gramm. pentasyllabe. ||**-sitzig** adj. [Wagen] à cinq places. ||**-sprachig** adj. en cinq langues. ||**-stellig** adj. à cinq chiffres. ||**-stimmig** adj. Mus. à cinq voix. ||**-tägig** adj. âgé de cinq jours. || Par anal. qui dure cinq jours. ||°**-uhrtee** m. (s) thé m. (de cinq heures) ; five o'clock (tea) m. ||°**-zehn** f. le nombre quinze ; adj. num. card. quinze. ||**-zehnte** adj. num. ord. quinzième. ||°**-zehntel** n. (s, -) quinzième m.

Fünfer ['fynfər] m. (s, -) chiffre (m.), nombre (m.) cinq. || [Münze] pièce (f.) de cinq pfennigs.

fünferlei [fynfər'lai] adj. invar. de cinq sortes, espèces.

fünft [fynft] adj. num. card. V. fünf.

fünfte ['fynftə] adj. num. ord. cinquième. | *Karl der Fünfte*, Charles Quint. || Fig. *das fünfte Rad am Wagen sein*, être la cinquième roue du carrosse.

Fünftel ['fynftəl] n. (s, -) cinquième m. ; cinquième partie f.

fünftens [-təns] adv. cinquièmement.

fünfzig [-tsiç] adj. num. card. cinquante. | *etwa fünfzig*, une cinquantaine. || Loc. *er ist in den Fünfzig(ern)*, il a atteint la cinquantaine ; il a dans les cinquante ans.

Fünfzig|jahrfeier ["fynftsiçjɑ:r'faiər] f. (-, n) cinquantenaire m. ; jubilé m. ||**-jährig** adj. âgé de cinquante ans ; quinquagénaire. | *das fünfzigjährige Jubiläum feiern*, fêter le cinquantenaire.

Fünfziger ['fynftsigər] m. (s, -) homme (m.) de cinquante ans, qui a la cinquantaine ; quinquagénaire. | *er ist ein Endfünfziger*, il a bien cinquante ans. | *hoch in den Fünfzigern*, près de soixante ans. || Par ext. [Geld] billet (m.) de cinquante marks.

fünfzigste [-tsikstə] adj. num. ord. cinquantième.

Fünfzigstel [-tsikstəl] n. (s, -) cinquantième m.

fungieren [fuŋ'gi:rən] v. intr. fonctionner ; être en fonction ; faire fonction de.

fungizid [fuŋgi'tsi:t] adj. fongicide.

Fungizid n. (es, e) fongicide m.

Funk [fuŋk] m. (s, e) radio f. ; T.S.F. f. | *über Funk*, par radio.

Funk|amateur(in) ["fuŋkama'tø:r(in)] m. (s, e), f. (-, nen) cibiste s. ||°**-anlage** f. (-, n) installation (f.) de radio, de T.S.F. ||°**-bild** n. (s, er) téléphotographie f. ; image transmise par T.S.F. ; bélinogramme m. ; fam. bélino m. ||°**-empfangsgerät** n. (s, e) poste récepteur (de radio). ||°**-feuer** n. (s, -). Aéron. radiobalise f. ||°**-gerät** n. (s, e) appareil (m.) radioélectrique. ||°**-mast** m. (es, e) pylône (m.), mât (m.) d'antenne. ||°**-messer** m. (s, -), °**-meßgerät** n. (s, e) appareil (m.) de radar. ||°**-meßtechnik** f. (-) radiogoniométrie f. ||°**-nachricht** f. (-, en) nouvelle radiodiffusée ; information f. ||°**-peiler** m. (s, -). Aéron. goniomètre m. | *automatischer Funkpeiler*, radiocompas (m.) automatique. ||°**-peilung** f. (-, en). Aéron. radiogoniométrie f. ; repérage (m.), orientation (f.) par T.S.F. ; radiodétection f. ||°**-sendegerät** n. (s, e) appareil émetteur ; poste émetteur de radiotéléphonie. ||°**-sonde** f. (-, n). Aéron. radiosonde f. ||°**-spruch** m. (s, ¨e) message (m.) par radio ; radio(télé)gramme m. ||°**-station** f. (-, en) poste (m.) de radio ; station (f.) d'émissions, de T.S.F. ||°**-stelle** f. (-, n) station (f.) de radiotélégraphie, de raditéléphonie. ||°**-taxi** n. (s, s ou xen) radio-taxi m. ||°**-technik** f. (-, en) technique (f.) radiophonique. ||°**-techniker** m. (s, -) technicien (m.) de T.S.F., de radio. ||°**-telegramm** n. (s, e) radiogramme m. ||°**-telegraphie** f. radiotélégraphie f. ||°**-telephonie** f. radiotéléphonie f. ; radio f. ||°**-trupp** m. (s, s) équipe (f.) de radiotéléphonie. ||°**-turm** m. (s, ¨e) pylône de T.S.F. ||°**-verbindung** f. (-, en) liaison (f.) par radio. | *in Funkverbindung mit jm treten*, être, se mettre en liaison par radio avec qn ; prendre contact avec qn par radio. ||°**-verkehr** m. (s) communication (f.), trafic (m.) radioélectrique. ||°**-wagen** m. (s, -) voiture (f.) radio. ||°**-wesen** n. (s) radiophonie f. ||°**-zeitung** f. (-, en). Radio. journal parlé.

Fünkchen ['fyŋkçən] n. (s, -) petite étincelle. || Fig. *kein Fünkchen Verstand*, pas un grain de bon sens.

Funke ['fuŋkə] m. (n, n), **Funken** [-kən] m. (s, -) étincelle f. | *Funken sprühen*, jeter, lancer des étincelles. | *Funken aus dem Stein schlagen*, faire jaillir des étincelles du silex. | *fliegende Funken*, flammèches f. pl. || Fig. brin m. ; parcelle f. ; grain m. | *keinen Funken (von) Ehrgefühl (im Leibe) haben*, n'avoir pas le moindre sens de l'honneur ; n'avoir pas un brin d'amour-propre. | *ein Funken Hoffnung*, une lueur d'espoir.

funkeln [-kəln] v. intr. étinceler ; scintiller ; briller ; resplendir ; pétiller. | *seine Augen funkelten vor Freude*, la joie brillait dans ses yeux.

Funkeln [-kəln] n. (s) étincellement m. ; scintillement m. ; pétillement m.

funkel|nagelneu ["fuŋkəl'nɑ:gəlnɔy] adj. Fam. flambant neuf.

funken ['fuŋkən] v. tr. Radio. envoyer un (message) sans fil, un sans-fil. || Mar. *das Schiff hat SOS gefunkt*, le bateau a lancé un S.O.S. (par fil). || Mil. tirer ; faire feu.

Funken [-kən] n. (s) transmission (f.) par radio.

Funker [-kər] m. (s, -) radiotélégraphiste m. ; radiotéléphoniste m. ; radio m.

funkisch ['funkiʃ] adj. radiophonique.

Funktion [fuŋk'tsio:n] f. (-, en) fonction f. ; activité f. || Par ext. [Amt] fonction f. ; charge f. || Chim., Math. fonction f.

Funktionär [-tsio'nɛ:r] m. (s, e) fonctionnaire m. | *Gewerkschaftsfunktionär*, permanent syndical.

funktionieren [-tsio'ni:rən] v. intr. fonctionner.

funktions|gerecht [fuŋktsio:nsgərɛçt] adj. fonctionnel. ||°**-störung** f. (-, en). Méd. dysfonctionnement m. ||°**-taste** f. (-, n). Inf. touche (f.) de fonction.

Funzel ['funtsəl] f. (-, n). Fam., péjor. lumignon m.

für [fy:r] prép. (acc.) pour.

> **I.** SENS LOCAL (Vx.) et IDÉE DE SÉPARATION : devant.
> **II.** SENS TEMPOREL ; IDÉE DE SUCCESSION : pour, après.
> **III.** SENS ABSTRAITS.
> **1.** pour ; en faveur de ;
> **2.** [betreffend] pour ; quant à ;
> **3.** [im Verhältnis zu] pour ; vu ;
> **4.** [gegen] en vue ; contre ;
> **5.** [anstelle] au lieu de ; pour ;
> **6.** comme ; pour ;
> **7.** en échange de ; pour.
> **8.** LOC.

I. SENS LOCAL : *nur Schritt für Schritt vorwärtskommen*, n'avancer que pas à pas. | *das Landhaus liegt für sich*, la maison de campagne est isolée, à l'écart. | *jeder für sich*, chacun pour soi. | *das ist eine Sache für sich*, c'est une affaire à part. | *für sich allein*, pour lui tout seul.
II. SENS TEMPOREL ; IDÉE DE SUCCESSION : pour ; après. | *genug für heute, jetzt*, assez pour aujourd'hui, pour le moment. | *für morgen*, pour demain. | *für immer ; für ewig ; für und für*, pour toujours ; à jamais. | *für drei Stunden*, pour une durée de trois heures. | *für fünf Uhr*, pour cinq heures. | *fürs erste*, premièrement. | *ein für allemal*, une fois pour toutes. | *Tag für Tag besuchte sie ihn*, jour après jour elle venait le voir. | *Tag für Tag traf er wieder bei uns ein*, jour pour jour, il se présenta de nouveau chez nous. | *Mann für Mann wurden sie verhört*, ils furent interrogés tous, l'un après l'autre. | *Punkt für Punkt*, point par point. | *er hat den Text Wort für Wort abgeschrieben*, il a copié le texte mot pour mot.
III. SENS ABSTRAITS. **1.** pour ; en faveur de. | *für eine gerechte Sache kämpfen*, lutter pour une juste cause. | *sich für etwas einsetzen, eintreten*, prendre fait et cause pour ; prendre le parti de. | *bürgen für*, se porter garant de. | *für die Freiheit sterben*, mourir pour la liberté. | *sorgen für*, se soucier de. | *sich begeistern für*, s'enthousiasmer pour. | *für etwas danken*, remercier pour qch. | *Sinn für Kunst haben*, avoir des goûts artistiques. | *Platz für alle*, de la place pour tous. | *diese Sache hat viel für sich*, cette affaire ne manque pas d'intérêt. | *das Für und Wider bedenken*, peser le pour et le contre.
2. [betreffend] pour ; quant à. | *das ist keine Arbeit für Kinder*, ce n'est pas un travail pour les enfants, d'enfants. | *ich für mein Teil (meine Person)*, en ce qui me concerne ; pour ma part. | *es ist das beste, klügste für ihn*, c'est la meilleure, la plus sage solution pour lui. | *an und für sich ist der Film nicht schlecht, aber*, en lui-même, en soi-même, ce film n'est pas mauvais, mais. || FIG., FAM. *die ganze Mühe ist für die Katz*, c'est du travail pour rien ; cela ne vaut pas tripette.
3. [im Verhältnis zu] pour ; vu. | *für sein hohes Alter ist er noch rüstig*, il est encore vaillant pour son âge. | *für die zwanziger Jahre war das ein schnelles Verkehrsmittel*, pour les années vingt c'était un moyen de transport rapide. | *zu teuer für mich*, trop cher pour moi. | *für einen Ausländer spricht er gut Französisch*, pour un étranger, il parle bien le français.
4. [gegen] en vue ; contre. | *ein Mittel für Kopfschmerzen*, un remède contre la migraine.
5. [anstelle] pour ; en échange ; à la place ; au lieu de ; contre. | *Salz für Zucker nehmen*, prendre du sel pour du sucre. | *für jn zahlen*, payer à la place de qn. | *er ißt für zwei*, il mange comme quatre.
6. comme ; pour. | *man hält seinen Vater für reich*, son père passe pour un homme riche. | *er hält es nicht für möglich*, il ne croit pas la chose possible. | *er hat es für gut befunden*, il a jugé cela bon.
7. en échange de. | *einen Mantel für zweihundert Mark kaufen*, acheter un manteau pour deux cents marks.
8. LOC. *was für einen Wein trinkst du ?*, quel vin bois-tu ? | *was für ein Buch liest du ?*, quel livre lis-tu ? | *was für Ansichten hat er ?*, quelles sont ses idées ? | *was für eine herrliche Landschaft !*, quel magnifique paysage ! | *er ißt für sein Leben gern Marzipan*, il aime par-dessus tout la pâte d'amandes. | *ich bin dafür !*, je partage cet avis. | *wofür ?*, pour quoi ?

Furage [fu'ra:ʒə] f. MIL. fourrage m.

furagieren [-ra'ʒi:rən] v. intr. MIL. fourrager ; procurer le fourrage.

für|baß ['fy:rbas] adv. (Vx.) en avant ; plus loin. | *fürbaß gehen*, passer outre, plus loin.

Für|bitte ["fy:r'bitə] f. (-, n) intercession f. ; prière f. ; médiation f. | *Fürbitte einlegen*, intercéder.

für|bitten [-tən] v. défectif (part. pass. **fürgebeten**) v. intr. intercéder.

Für|bitter [-tər] m. (s, -) intercesseur m. ; médiateur m. ; solliciteur m.

Furche ['furçə] f. (-, n). AGRIC. sillon m. ; rayon m. | *eine Furche ziehen*, tracer un sillon. || FIG. *ein von Furchen durchzogenes Gesicht*, un visage sillonné de rides.

furchen [-çən] v. tr. sillonner ; tracer des sillons. || FIG. rider.

Furchen|rad ["furçən'ra:t] n. (s, ¨er). TECHN. roue (f.) de charrue. ||**-weise** adv. en, par sillons.

furchig ['furçiç] adj. en sillons. || FIG. ridé.

Furcht [furçt] f. crainte f. ; peur f. ; appréhension f. | *Furcht empfinden*, avoir peur. | *Furcht erwecken*, faire peur. | *in Furcht geraten*, prendre peur. | *Furcht vor der Strafe*, crainte du châtiment. | *Ritter ohne Furcht und Tadel*, chevalier (m.) sans peur et sans reproche.
— SYN. : *Angst*, angoisse ; *Besorgnis*, inquiétude ; *Schreck*, frayeur ; *Grauen*, frisson ; *Entsetzen*, affres ; *Grausen*, épouvante.

furcht|los ['furçtlo:s] adj. sans crainte ; intrépide. ||°**-losigkeit** f. intrépidité f. ; hardiesse f.

furchtbar ['furçtba:r] adj. terrible ; effroyable ; effrayant ; formidable ; atroce. | *ein furchtbares Gewitter*, un orage épouvantable. | *furchtbare Kälte*, froid (m.) horrible. | *furchtbare Angst*, peur (f.) terrible. | *furchtbare Macht*, pouvoir (m.) redoutable.
◇ adv. FIG. terriblement ; excessivement. | *furchtbar häßlich*, laid à faire peur. | *eine furchtbar lange Wartezeit*, une attente terriblement longue. || FAM. *das ist furchtbar einfach*, cette affaire est fort simple. | *das ist furchtbar nett von Ihnen*, c'est très gentil à vous. | *furchtbar lachen*, être pris d'un fou rire.

Furchtbarkeit ['furçtbarkait] f. caractère (m.) redoutable, terrible, effrayant.

fürchten ['fyrçtən] v. tr. craindre ; appréhender ; redouter ; avoir peur. | *ich fürchte, er ist schon fort*, je crains qu'il ne soit (déjà) parti. | *er wird allgemein gefürchtet*, tout le monde le craint, a peur de lui. | *ich fürchte für sein Leben*, je tremble pour sa vie.
◇ v. pr. *sich fürchten (vor)*, avoir peur (de).
— SYN. : *befürchten, bangen*, craindre ; *besorgen, sich scheuen*, appréhender ; *Angst haben*, redouter, avoir peur.

fürchterlich ['fyrçtərliç] adj. effrayant ; effroyable ; épouvantable ; horrible ; affreux. | *ein fürchterlicher Ort*, un endroit effrayant. | *fürchterliche Drohungen*, horribles menaces f. pl.

furchtsam ['furçtza:m] adj. peureux ; timide ; craintif. || FAM. *ein Furchtsamer*, un poltron.

Furchtsamkeit [-zamkait] f. (-) caractère craintif, peureux ; timidité f. ; poltronnerie f. ; crainte f.

fürder ['fyrdə:r], **fürderhin** ["fyrdər'hin] adv. (Vx.) dorénavant ; à l'avenir.

für|einander [fyraın'andər] adv. l'un pour l'autre ; les uns pour les autres.

Furie ['fu:riə] f. (-, n). MYTH. Furie f. || FIG. furie f. ; mégère f.

Furier [fu'ri:r] m. (s, e). MIL. fourrier m. ; sergent m. ; maréchal (m.) des logis fourrier.

fürlieb|nehmen [fyr"li:p'ne:mən] (i, a, o) v. intr. se contenter de.

Furnier [fur'ni:r] n. (s, e). TECHN. placage m.

furnieren [-rən] v. tr. TECHN. plaquer.

Furnier|holz [fur"ni:r'hɔlts] n. (es, ¨er). TECHN. bois (m.) de placage ; contre-plaqué m.

Furnierung [fur'ni:ruŋ] f. (-, en). TECHN. placage m.

Furor(e) [fu'ro:r] m. (s) fureur f. || FIG. *Furore machen*, faire fureur ; être en vogue.

fürs [fy:rs] contraction de **für das.** | *fürs erste*, premièrement ; d'abord.

Für|sorge ["fy:r'zɔrgə] f. soins m. pl. ; sollicitude f. | *unermüdliche Fürsorge*, sollicitude de tous les instants. | *Fürsorge für Blinde*, soins (donnés) aux aveugles. || PAR EXT. *staatliche Fürsorge*, prévoyance, assistance sociale. | *er lebte von der Fürsorge*, il bénéficiait de l'assistance sociale. | *öffentliche Fürsorge*, assistance (f.) publique. || PROV. *Vorsorge ist besser als Fürsorge*, il vaut mieux prévoir que pourvoir.

Fürsorge|amt ["fy:rzɔrgə'amt] n. (s, ¨er) bureau (m.) d'assistance publique. ||°**-anstalt** f. (-, en) assistance publique. ||°**-arzt** m. (er, ¨e) médecin (m.) de l'Assistance publique. ||°**-erziehung** f. (-, en) régime (m.) pénitentiaire. ||°**-fonds** m. ADM., COMM., FIN. fonds (m.) de prévoyance ; œuvres sociales. || °**-wesen** n. (s) assistance sociale ; [Frankreich] Direction des affaires sanitaires et sociales (D.A.S.S.).

Für|sorgerin ["fy:r'zɔrgərin] f. (-, nen) assistante sociale.
für|sorglich [-'zɔrkliç] adj. affectueux ; prévoyant.
Für|sprache ["fy:r'ʃprɑ:xə] f. intervention f. ; intercession f. | *Fürsprache für jn einlegen*, intercéder, intervenir en faveur de qn.
Für|sprecher [-'ʃprɛçər] m. (s, -) intercesseur m.
Fürst [fyrst] m. (en, en) prince m. ; souverain m. | *er lebt wie ein Fürst*, il vit en prince. | *der Fürst dieser Welt*, le prince des ténèbres, des enfers.
Fürst|bischof ["fyrst'biʃɔf] m. (s, ¨e). RELIG., HIST. prince-évêque m.
fürsten ['fyrstən] v. tr. élever au rang de prince.
Fürsten|bund ["fyrstən'bunt] m. (s, ¨e). POLIT. ligue (f.) des princes. ||°**-diener** m. (s, -) courtisan m. || FIG. âme (f.) servile. ||°**-familie** f. (-, n) famille princière. ||°**-geschlecht** n. (s, er) race princière ; dynastie f. ||°**-haus** n. (es, ¨er) maison princière ; souveraine ; dynastie f. ||**-mäßig** adj. digne d'un prince ; princier. ||°**-stand** m. (s) dignité (f.) de prince ; principauté f. ; principat m. ||°**-tag** m. (s, e). POLIT. diète (f.) de princes. ||°**-würde** f. dignité princière.
Fürstentum ['fyrstəntu:m] n. (s, ¨er) principauté f.
Fürstin ['fyrstin] f. (-, nen) princesse f.
fürstlich ['fyrstliç] adj. princier ; de, en prince.
Fürstlichkeit [-kait] f. (-, en). [Titel] Altesse f. || [Eigenschaft] caractère princier, de prince.
Furt [furt] f. (-, en) gué m. | *eine Furt durchwaten*, passer une rivière à gué.
Furunkel [fu'ruŋkəl] m. ou n. (s, -). MÉD. clou m. ; furoncle m.
Furunkulose [furuŋku'lo:zə] f. MÉD. furonculose f.
für|wahr [fyr'vɑ:r] adv. en vérité ; certes.
Für|wort ['fy:rvɔrt] n. (es, ¨er). GRAMM. pronom m.
Fusel ['fu:zəl] m. (s) [Fuselöl] CHIM. huile (f.) empyreumatique. || PAR EXT., PÉJOR. mauvais alcool ; eau-de-vie (f.) de mauvaise qualité.
fuseln [-zəln] v. intr. s'effilocher. || PAR EXT. 1° travailler nerveusement ; 2° écrire très fin.
Fusel|öl ["fu:zəl'ø:l] n. (s). CHIM. huile (f.) empyreumatique. ||°**-schnaps** m. (es, ¨e). FAM. schnaps m.
Füsilier [fyzi'li:r] m. (s, e). MIL. fusilier m.
füsilieren [-'li:rən] v. tr. fusiller.
Fusion [fu'zio:n] f. (-, en) fusion f. ; mise (f.) en commun.
fusionieren [-ziɔ'ni:rən] v. tr. fusionner.
Fuß [fu:s] m. (es, ¨e). **1.** [Menschen, Tiere] pied m. || [Vögel, Insekten] patte f. ; jambe f. ; extrémités f. pl. | *zu Fuß gehen*, aller à pied. | *ich bin gut, schlecht zu Fuß*, je suis bon, mauvais marcheur. | *von Kopf bis Fuß*, de pied en cap ; des pieds à la tête. | *den Fuß ans Land setzen*, mettre le pied sur la terre ferme. | *er schreitet leichten Fußes dahin*, il avance d'un pied léger. | *beschwingten Fußes*, d'un pas ailé. | *sich den rechten Fuß brechen*, se casser le pied droit. | *jm auf die Füße treten*, marcher sur les pieds de qn. | *jm auf dem Fuße folgen*, emboîter le pas à qn ; suivre qn de près. | *jm zu Füßen fallen*, se jeter aux pieds de qn. || FIG. *die Firma konnte in Frankreich Fuß fassen*, cet établissement commercial a pu s'établir en France. || PAR EXT. pied m. | *ein gedrechselter Tischfuß*, un pied de table tourné. | *am Fuße des Berges*, au pied de la montagne. || PHOT. support m. || [Mast, Stange] talon m. || ARCHIT. [Säule] pied m. ; base f. || [Denkmal] piédestal m.
2. [Maß] pied m. | *zehn Fuß messen ungefähr drei Meter*, dix pieds mesurent environ trois mètres.
3. POÉS. pied m. | *der Hexameter hat sechs Füße*, l'hexamètre a six pieds.
4. LOC. *Gewehr bei Fuß stehen*, être l'arme au pied. | *die Füße in die Hände nehmen*, prendre ses jambes à son cou. | *stehenden Fußes*, de ce pas ; sur-le-champ. | *festen Fußes*, de pied ferme. | *auf eigenen Füßen stehen*, être indépendant ; voler de ses propres ailes. | *auf großem Fuß leben*, vivre sur un grand pied. | *diese Ansicht steht auf schwachen Füßen*, cette hypothèse repose sur des bases fragiles. | *mit jm auf gutem Fuß leben*, être en bons termes avec qn. | *der Boden brannte ihm unter den Füßen*, il avait hâte, il brûlait de partir. | *das Recht mit Füßen treten*, fouler le droit aux pieds. | *er wehrt sich mit Händen und Füßen dagegen*, il se défend avec bec et ongles. | *die Sache hat weder Hand noch Fuß*, cela n'a ni queue ni tête. | *sich die Füße in den Leib stehen*, FAM. faire le pied de grue ; POP. poireauter. | *mit einem Fuße schon im Grabe stehen*, avoir un pied dans la tombe. | *mit einem Fuß im Gefängnis stehen*, être au bord de l'illégalité. || JUR. *auf freiem Fuß sein*, être (laissé) en liberté. | *auf freien Fuß setzen*, mettre en liberté. || PROV. *was man nicht im Kopfe hat, das muß man in den Füßen haben*, quand on n'a pas de tête il faut avoir des jambes ; oubli fait double route.
Fuß|abkratzer ["fu:s'apkratsər] m. (s, -), °**-abstreicher** m. (s, -) décrottoir m. ||°**-angel** f. (-, n). MIL. chausse-trape f. ||°**-bad** n. (s, ¨er) bain (m.) de pieds ; pédiluve m. ||°**-ball** m. (s, ¨e). SPORT. ballon m. ; football m. ||°**-ballmannschaft** f. (-, en) équipe (f.) de football. ||°**-ballspiel** n. (s, e) match (m.) de football. ||°**-ballspieler(in)** m. (s, -), f. (-, nen) footballeur m. ; footballeuse f. ||°**-bank** f. (-, ¨e) petit banc ; tabouret m. ||°**-bekleidung** f. (-, en) chaussure f. ||°**-beuge** f. (-, n). ANAT. cou-de-pied m. ||°**-blatt** n. (s, ¨er). ANAT. plante (f.) du pied. ||°**-boden** m. (s, ¨) plancher m. ; sol m. ; parquet m. || °**-bodenbelag** m. (s, ¨e). ARCHIT. revêtement (m.) du sol, du plancher. ||°**-bodenheizung** f. (-, en) chauffage (m.) par le sol. ||°**-breit** m. *keinen Fußbreit weichen*, ne pas reculer d'une semelle. | *keinen Fußbreit Land (Boden) abtreten*, ne pas céder un pouce de terrain. ||°**-bremse** f. (-, n). AUTOM. frein (m.) à pédale. ||°**-bügel** m. (s, -) pédalier m. ||°**-decke** f. (-, n) [Bettdecke] couvre-pied(s) m. || [Bettvorlage] descente (f.) de lit ; tapis m. ||**-dick** adj. épais d'un pied ; de l'épaisseur d'un pied. ||°**-eisen** n. (s, -) [Gefangener] fers m. pl. || [Jagd] piège (m.) à loups ; chausse-trape f. || TECHN. crampon m. ||°**-ende** n. (s) pied m. (du lit). ||°**-fall** m. (s, ¨e) génuflexion f. ; agenouillement m. ; prosternation f. | *einen Fußfall vor jm tun*, se jeter aux pieds de qn. ||**-fällig** adj. prosterné ; à genoux. ||°**-gänger** m. (s, -) piéton m. ; marcheur m. ||°**-gängerbrücke** f. (-, n) passerelle f. ||°**-gängerüberquerung** f. (-, en), °**-übergang** m. (s, ¨e) passage clouté. ||°**-gängerweg** m. (s, e) voie piétonne. ||°**-gängerzone** f. (-, n) zone piétonne, piétonnière. ||°**-gelenk** n. (s, e). ANAT. cou-de-pied m. ||°**-gestell** n. (s, e). ARCHIT. piédestal m. ; socle m. ; tréteau m. || [Möbel] escabeau m. ||°**-gewölbe** n. (s). ANAT. voûte (f.) plantaire. ||°**-haken** m. (s, -). [Fahrrad] cale-pieds m. ||°**-hebel** m. (s, -). AUTOM. pédale f. || AÉRON. palonnier m. ||**-hoch** adj. haut d'un pied. ||°**-kissen** n. (s, -) pouf m. ||°**-klaviatur** f. (-, en). MUS. pédale (f.) d'orgue. ||°**-knöchel** m. (s, -). ANAT. cheville f. ||**-lahm** adj. perclus ; FAM. éclopé. ||°**-leiste** f. (-, n). ARCHIT. plinthe f. ||**-los** adj. sans pieds. || ZOOL. apode. ||°**-maß** n. (es, e) mesure (f.) du pied ; mesure (f.) par pieds. ||°**-matte** f. (-, n) paillasson m. ; tapis-brosse m. ||°**-note** f. (-, n). [Buch] note explicative au bas des pages ; annotation f. ||°**-partie** f. (-, n) excursion (f.), promenade (f.) à pied. ||°**-pfad** m. (s, e) sentier m. ||°**-pflege** f. podologie f. ||°**-pfleger(in)** m. (s, -), f. (-, nen) pédicure s. ||°**-pilz** m. (es, e) mycose (f.) des pieds. ||°**-punkt** m. (s, e). ASTRON. nadir m. || MATH. pied (m.) d'une perpendiculaire. ||°**-raste** f. (-, n), °**-raster** m. (s, -). AUTOM. appuie-pied(s) m. ; support (m.) de pied(s) ; repose-pied(s) m. ||°**-register** n. (s, -). MUS. [Orgel] jeu (m.) de pédale. ||°**-reiniger** m. (s, -) décrottoir m. ||°**-reise** f. (-, n) voyage (m.) à pied. ||°**-sack** m. (s, ¨e) chancelière f. ; chauffe-pieds m. ||°**-schaltung** f. (-, en). AUTOM. commande (f.) à pied, au pied, à, par pédale. ||°**-schemel** m. (s, -) petit banc ; tabouret m. ; escabeau m. ||°**-sohle** f. (-, n). ANAT. plante (f.) du pied. ||°**-soldat** m. (en, en). MIL. fantassin m. ||°**-spezialist(in)** m. (en, en), f. (-, nen) podologue s. ||°**-spitze** f. (-, n). ANAT. pointe (f.) du pied. ||°**-spur** f. (-, en) trace f. ; empreinte f. ||°**-standbild** n. (s, er) statue (f.) pédestre. ||°**-stapfen** m. (s, -) trace f. ; empreinte f. ; vestige m. || FIG. *in js Fußstapfen treten*, marcher sur les traces de qn. ||°**-steig** m. (s, e) sentier m. || PAR ANAL. trottoir m. ||°**-teppich** m. (s, e) tapis-brosse m. ; chemin m. ; descente (f.) de lit. ||°**-tritt** m. (s, e) [Stoß] coup (m.) de pied. || TECHN. [Stufe] marchepied m. ; escabeau m. ||°**-truppen** f. pl. infanterie f. ; fantassins m. pl. ||°**-volk** n. (s). MIL. infanterie f. ; PÉJOR. piétaille f. ||°**-wärmer** m. (s, -) chaufferette f. ; bouillotte f. ||°**-waschung** f. (-, en). RELIG. lavement (m.) des pieds. ||°**-weg** m. (s, e) sentier m. ||°**-wurzel** f. (-, n). ANAT. tarse m.
füßeln ['fy:səln] v. intr. aller à petits pas ; trottiner. || PAR EXT., FAM. faire du pied.
fußen ['fu:sən] v. intr. prendre pied. || FIG. se fonder ; s'appuyer ; se fier à ; reposer sur. || [Vögel] se poser ; piéter.

Füßling ['fy:sliŋ] m. (s, e) pied (m.) de bas.
futsch [futʃ] adv. perdu. || FAM. détraqué ; esquinté. || POP. fichu ; foutu.
Futter ['futər] n. (s) nourriture (f.) des animaux ; pâture f. ; fourrage m. ; pâtée f. ; mangeaille f.
Futter ['futər] n. (s) étui m. ; gaine f. ; doublure f.
Futteral [futə'ra:l] n. (s, e) étui m. ; gaine f. ; fourreau m.
futter|arm ["futər'arm] adj. pauvre en fourrage, en pâturage. ||°**-bank** f. (-, ¨e) hache-paille m. ||°**-beutel** m. (s, -) musette f. ; bissac m. ||°**-gras** n. (es, ¨er). AGRIC. fourrage vert. ||°**-krippe** f. (-, n) mangeoire f. ; FIG. assiette (f.) au beurre. ||°**-napf** m. (es, ¨e) gamelle f. ; écuelle f. ||°**-pflanze** f. (-, n) plante fourragère. ||°**-raufe** f. (-, n) râtelier m. ||°**-sack** m. (s, ¨e) sac (m.) à avoine (des chevaux). ||°**-trog** m. (s, ¨e) mangeoire f. ||°**-wagen** m. (s, -) fourragère f.
Futter|holz ["futər'hɔlts] n. (es, ¨er) bois (m.) de revêtement. ||°**-zeug** n. (s) étoffe (f.) pour doublure.
futtern ['futərn] v. intr. POP. bouffer ; becqueter.
füttern ['fytərn] v. tr. donner à manger ; faire manger ; donner la becquée à. || TECHN. garnir ; revêtir. || TEXT. doubler. | *mit Watte füttern*, doubler de ouate ; ouater. | *mit Pelz füttern*, doubler de fourrure ; fourrer.
Fütterung [-ruŋ] f. (-, en). [Handlung] alimentation f. || [Mittel] pâture f. ; pâtée f. ; fourrage m. || TEXT. doublure f. || ARCHIT. revêtement m.
Futur [fu'tu:r] (s, a), **Futurum** [fu'turum] n. (s, ra). GRAMM. futur m.
Futurologe [futuro'lo:gə] m. (n, n), **Futurologin** [-'lo:gin] f. (-, nen) futurologue s.
Futurologie [-logi:] f. futurologie f.

G

G, g [ge:] n. G m. | *großes* G, *G* majuscule. | *kleines* g, *g* minuscule. || MUS. *G*, sol m. | *G-Dur*, sol majeur. | *G-Moll*, sol mineur. | *G-Saite*, grosse corde.
Gabe ['ga:bə] f. (-, n) cadeau m. ; présent m. ; don m. ; offrande f. | *milde Gabe*, aumône f. ; don charitable | *zu Weihnachten werden die Kinder mit Gaben beschert*, à Noël les enfants reçoivent des cadeaux. || FIG. don m. (de la nature) ; faculté f. ; talent m. | *Opfergabe*, offrande f. | *Rednergabe*, talent oratoire. || PAR EXT. [Arznei] dose f.
gäbe [g'ɛ:bə] imparf. du subj. de **geben.** | *das ist gang und gäbe*, c'est courant ; cela se voit couramment.
Gabel ['ga:bəl] f. (-, n) fourche f. || [Tisch] fourchette f. || PAR ANAL. [Wagen] brancards m. pl. || BOT. vrille f. || [Fahrrad] fourche f.
Gabel|achse ["ga:bəl'aksə] f. (-, n) axe bifurqué. ||°**-ast** m. (es, ¨e) branche fourchue. ||°**-bildung** f. (-, en) [Artillerie] encadrement m. ||°**-bock** m. (s, ¨e). ZOOL. antilope f. ||°**-deichsel** f. (-, n) brancard(s) m. (pl.) ; limonière f. ||**-förmig** adj. fourchu. || °**-frühstück** n. (s, e) déjeuner (m.) à la fourchette. ||°**-häkelei** f. (-, en) ouvrage (m.) au crochet. ||°**-huhn** n. (s, ¨er). ZOOL. perdreau m. ||°**-pferd** n. (s, e) limonier m. ||°**-schlüssel** m. (s, -), °**-schraubenschlüssel** m. (s, -). TECHN. clef (f.) à fourche. ||°**-schwanz** m. (es, ¨e). ZOOL. [Schmetterling] queue fourchue ; [Vogel] colibri vert. ||°**-stapler** m. (s, -) transpalette m. ; gerbeur (m.) à fourche ; chariot élévateur. ||°**-wagen** m. (s, -) voiture (f.) à limon ; limonière f. ||°**-weihe** f. (-, n). ZOOL. grand milan. ||°**-zacke** f., °**-zinke** f. (-, n) dent (f.) de fourche, de fourchette ; fourchon m.
gabelig ['ga:baliç] adj. fourchu ; qui fait, forme une fourche.
gabeln [-bəln] v. tr. prendre avec la fourche ; piquer à la fourchette ; enfourcher.
◇ v. pr. **sich gabeln,** faire la fourche ; bifurquer.
Gabeln [-bəln] n. (s) bifurcation f. ; fourche f.
Gabelung [-bəluŋ] f. (-, en) bifurcation f.
gackeln ['gakəln], **gackern** [-kərn], **gacksen** [-ksən] v. intr. caqueter. || FIG. bavarder.
Gackerei [gakə'rai] f. FIG. caquet m.
Gaden ['ga:dən] m. (s, -). ARCHIT. (Vx.) cabinet m. || *Lichtgaden*, rangée (f.) de fenêtres dans une basilique.
Gaffel ['gafəl] f. (-, n). MAR. fourche f. ; gaffe f.
Gaffel|schoner ["gafəl'ʃo:nər] m. (s, -). MAR. goélette f. ||°**-segel** n. (s, -). MAR. voile (f.) à corne ; brigantine f.
gaffen ['gafən] v. intr. FAM. bayer aux corneilles ; regarder bouche bée ; badauder.
Gaffer [-fər] m. (s, -). FAM. badaud m.
Gafferei [gafə'rai] f. FAM. badauderie f.
Gagat [ga'ga:t] m. (s, e). MINÉRAL. jais m.
Gage ['ga:ʒə] f. (-, n). JUR. gage m. || PAR EXT. gages m. pl. ; salaire m. ; paie f. || MIL. solde f.
gähnen ['gɛ:nən] v. intr. bâiller. | *er gähnt vor Langeweile*, il bâille d'ennui. || FIG. s'ouvrir ; être béant. | *tief gähnt der Abgrund vor ihnen*, un précipice béant s'ouvre devant eux.
Gähnen [-nən] n. (s) bâillement m.
gähnend [-nənt] adj. FAM. béant.
Gähn|laut ['gɛ:nlaut] m. (s, e). GRAMM. hiatus m.
Gala ['gala] f. (-) gala m. || PAR EXT. toilette (f.), habit (m.) de gala. || FAM. *sich in Gala werfen*, *in Gala sein*, se mettre, être en grande tenue.
Gala|anzug ["gala'antsu.k] m. (s, ¨e) toilette (f.), habit (m.) de gala. ||°**-uniform** f. (-, en) grande tenue. ||°**-vorstellung** f. (-, en) représentation (f.) de gala.
Galaktose [galak'to:zə] f. (-, n) galactose m.
Galan [ga'la:n] m. (s, e) galant m. ; amoureux m.
Galander [ga'landər] m. (s, -). ZOOL. alouette huppée.
galant [ga'lant] adj. galant ; courtois ; gaillard. | *galantes Abenteuer*, aventure galante.
Galanterie [galantə'ri] f. galanterie f.
Galanterie|arbeit [galantə"ri'arbait] f. (-, en). COMM. bijouterie f. ; maroquinerie f. ||°**-waren** f. pl. COMM. articles (m. pl.) de luxe, de mode, de fantaisie.
Galatea [gala'te:a] n. pr. f. MYTH. Galatée f.
Gäle ['gɛ:lə] n. pr. m. (n, n). GÉOGR. Gallois m.
Galeasse [gale'asə] f. (-, n). MAR., HIST. galéasse f. ; galéace f.
Galeere [ga'le:rə] f. (-, n). MAR., HIST. galère f.
Galeeren|anker [ga"le:rən'aŋkər] m. (s, -). MAR. grappin m. ||°**-arbeit** f. (-, en). JUR. travaux forcés. ||°**-sklave** m. (n, n) galérien m. ; forçat m. ||°**-strafe** f. (-, n). HIST. travaux forcés ; galères f. pl. ; bagne m. ||°**-sträfling** m. (s, e). HIST. galérien m. ; forçat m. ||°**-vogt** m. (s, ¨e). HIST. garde-chiourme m.
Galenit [ga'le:nit] m. (s). MINÉRAL. galène f.
Galeone [gale'o:nə] f. (-, n). MAR., HIST. galion m. ; grande galère.
Galeote [gale'o:tə] f. (-, n). MAR. galiote f.
Galerie [galə'ri:] f. (-, n). ARCHIT., MINES. galerie f. || PAR EXT. galerie (f.) de tableaux. || THÉÂTRE. galerie f. ; foyer m. | *oberste Galerie*, FAM. paradis m. ; poulailler m. || FAM. *für die Galerie spielen*, poser pour la galerie.
Galgant [gal'gant] m. (s, e). BOT. galanga m.
Galgen ['galgən] m. (s, -) gibet m. ; potence f. | *an den Galgen kommen*, être envoyé à la potence. || PR.

et FIG. *jn an den Galgen bringen*, faire pendre qn. | *er ist reif für den Galgen*, il est bon, mûr pour la potence ; il mérite la potence.

Galgen|frist [″galgən′frist] f. (-) quart (m.) d'heure de grâce. ||°**-gesicht** n. (s, er) mine (f.) patibulaire. ||°**-humor** m. (s) humour (m.) macabre ; humour noir ; rire (m.) jaune. ||°**-männlein** n. (s). BOT. mandragore f. ||**-mäßig** adj. patibulaire. || °**-schelm** m. (s, e), °**-strick** m. (s, e). FIG. gibier (m.) de potence. ||°**-vogel** m. (s, ¨) corbeau m. (du gibet) ; charognard m. || FIG. pendard m. ; homme (m.) de sac et de corde.

Galiläa [gali′le:a] n. pr. n. GÉOGR. Galilée f.

Galiläer [-′le:ər] n. pr. m. Galiléen m.

galiläisch [-′le:iʃ] adj. galiléen.

Galilei [-′le:i] n. pr. m. Galilée m.

Galimathias [galima′tias] m. galimatias m.

Galion [gali′o:n] n. (s, en). MAR. éperon m. | *Galionsfigur*, figure (f.) de proue.

gälisch [′gɛ:liʃ] adj. gaélique.

Galizien [ga′litsiən] n. pr. n. GÉOGR. Galicie f.

Galizier(in) [-tsiər(in)] m. (s, -), f. (-, nen) Galicien m. ; Galicienne f.

galizisch [-tsiʃ] adj. galicien.

Gall|apfel [″gal′apfəl] m. (s, ¨). BOT. (noix [f.] de) galle f. ||°**-eiche** f. (-, n) chêne (m.) à galles ; cerre f. ||°**-wespe** f. (-, n). ZOOL. mouche (f.) de galle ; cynips m.

Galle [′galə] f. (-, n). PHYSIOL. bile f. ; fiel m. || ZOOL. amer m. | *bitter wie Galle*, amer comme le fiel. || FIG., FAM. fiel m. ; bile f. ; amertume f. | *die Galle lief mir über*, cela m'échauffa la bile. | *er läßt seine Galle daran aus*, il passe sa colère sur.

gallen|bitter [″galən′bitər] adj. amer comme le fiel. ||°**-blase** f. (-, n). ANAT. vésicule (f.) biliaire. ||°**-blasenentzündung** f. (-, en). MÉD. cholécystite f. ||°**-gang** m. (s, ¨e). ANAT. canal (m.) cholédoque. ||°**-grieß** m. (es). MÉD. (petits) calculs biliaires. ||°**-stein** m. (s, e). MÉD. calcul (m.) biliaire. ||°**-steinkolik** f. (-, en). MÉD. colique (f.) hépatique. ||°**-sucht** f. (-). MÉD. jaunisse f. ||**-süchtig** adj. MÉD. bilieux.

Gallert [′galərt] n. (s, e), **Gallerte** [ga′lɛrtə] f. (-, n). CHIM. gélatine f. || CULIN. gelée f. || ANAT. pulpe f.

gallert|artig [″galərt′ɑ:rtiç] adj. gélatineux ; colloïde. ||°**-säure** f. (-) acide (m.) pectique.

Gallien [′galiən] n. pr. n. HIST. Gaule f.

Gallier [-liər] n. pr. m. HIST. Gaulois m.

gallig [′galiç] adj. chargé de bile ; biliaire. || FIG. bilieux ; fielleux ; atrabilaire ; hargneux.
— SYN. : *hämisch*, *bärbeißig*, hargneux ; *gallsüchtig*, atrabilaire ; *bitter*, acerbe ; *launisch*, quinteux ; *unmutig*, renfrogné.

gallikanisch [gali′kɑ:niʃ] adj. RELIG. gallican.

Gallion n. V. GALION.

gallisch [′galiʃ] adj. HIST. gaulois.

gallisieren [gali′zi:rən] v. tr. POLIT. franciser.

Gallium [′galium] n. (s). CHIM. gallium m.

Gallium|selenit [-zele′ni:t] n. (s, e). CHIM. séléniure (m.) de gallium.

Gallizismus [gali′tsismus] m. (-, men). GRAMM. gallicisme m.

Gallone [ga′lo:nə] f. (-, n). [Hohlmaß] gallon m.

Gallo|romanen [″galorɔ′mɑ:nən] m. pl. GÉOGR., HIST. Gallo-Romains m. pl.

Gallus|säure [″galus′zɔyrə] f. (-, n). CHIM. acide (m.) gallique.

Galmei [gal′mai] m. (s). MINÉRAL. calamine f.

Galon [ga′lɔ̃] m. (s, s), **Galone** [′lo:nə] f. (-, n) galon m.

Galopp [ga′lɔp] m. (s, e). [Reitkunst] galop m. | *Galopp reiten*, aller au galop. | *in gestrecktem Galopp*, au grand galop.

galoppieren [galɔ′pi:rən] v. intr. aller au galop ; galoper. || FIG. galoper. || MÉD. *galoppierende Schwindsucht*, phtisie galopante.

Galosche [ga′lɔʃə] f. (-, n) galoche f.

galvanisch [gal′vɑ:niʃ] adj. PHYS. galvanique.

galvanisieren [-vani′zi:rən] v. tr. PHYS. galvaniser. || FIG. galvaniser ; enflammer.

Galvanisierung [-vani′zi:ruŋ] f. galvanisation f.

Galvano [gal′vɑ:no] n. (s, s). TYPOGR. galvanotype m. ; galvano m. ; cliché m.

Galvano|meter [galvano′me:tər] n. (s, -). PHYS. galvanomètre m. ||°**-plastik** f. (-). TECHN. galvanoplastie f. ||**-plastisch** adj. galvanoplastique.

Gamander [ga′mandər] m. (s, -) germandrée f.

Gamasche [ga′maʃə] f. (-, n) guêtre f.

Gamaschen|dienst [ga″maʃən′di:nst] m. (es). FIG., IRON. service (militaire) minutieux ; caporalisme m. ||°**-held** m. (en, en). FIG., PÉJOR. culotte (f.) de peau.

Gambe [′gambə] f. (-, n). MUS. basse (f.) de viole.

Gambit [gam′bit] n. (s, e). [Schachspiel] gambit m.

Gamet [ga′me:t] m. (en, en). BIOL. gamète m.

Gamma|globulin [″gamaglɔbu′li:n] n. (s). MÉD. gammaglobuline f. ||°**-graphie** f. (-, en). MÉD. gammagraphie f. ||°**-strahlen** m. pl. PHYS. rayons (m. pl.) gamma.

Gammler [′gamlər] m. (s, -). FAM. hippie m.

Ganasche [ga′naʃə] f. (-, n). ZOOL. ganache f.

Gang [gaŋ] m. (s, ¨e). **1.** [Bewegung] fonctionnement m. ; mouvement m. ; marche f. ; activité f. | *die Maschine in Gang bringen*, mettre la machine en marche, en mouvement, en train. | *außer Gang setzen*, débrayer. | *toter Gang*, point mort. || FAM. *ich glaube, da ist etwas im Gange*, je crois qu'il y a qch. en route, en train. || AUTOM. *erster Gang*, première vitesse ; première f.

2. [Ablauf ; Verlauf] cours m. | *Gang der Zeit*, cours du temps. | *der Gang der Geschäfte*, le train des affaires. | *man muß der Sache ihren Gang lassen*, il faut laisser cette chose aller son train. | *das Fest ist in vollem Gange*, la fête bat son plein. || FIN. cours m.

3. [Art und Weise des Gehens] façon (f.) d'aller, de marcher ; allure f. ; train m. ; démarche f. ; marche f. | *ein ungezwungener Gang*, une démarche naturelle. | *man erkennt ihn an seinem Gang*, on le reconnaît à sa démarche.

4. [Einzelhandlung der Bewegung] course f. ; démarche f. ; visite f. ; promenade f. ; tour m. | *mein erster Gang war zu ihm*, ma première visite fut pour lui. | *Gänge in der Stadt erledigen*, faire des courses en ville. || FIG. *der letzte Gang*, le dernier voyage. | *ein schwerer Gang*, une partie difficile ; une démarche pénible.

5. [Fechtkunst] *einen Gang mit jm ausfechten*, livrer assaut à qn. || [Boxen] *er wurde beim, im zweiten Gang kampfunfähig*, il fut mis hors (de) combat à la deuxième reprise.

6. [Raum ; Weg] passage m. ; corridor m. ; couloir m. ; chemin m. || FIG., MINES. *Gesteingang*, filon m. ; veine f. || ANAT. conduit m.

Gang [gaŋ] m. (s, s). [Verbrecherbande] gang m.

gang [gaŋ] adj. invar. *das ist gang und gäbe*, cela se voit tous les jours ; cela se fait ; c'est courant.

Gang|art [″gaŋ′ɑ:rt] f. (-, en) façon (f.) de marcher ; démarche f. ; train m. ; allure f. || MINES. gangue f. ||°**-erz** n. (es, e). MINES. minerai (m.) en gangue. ||°**-gestein** n. (s, e). MINES. roche filonienne. ||°**-gewicht** n. (s, e). [Uhr] poids m. (de l'horloge). ||°**-hebel** m. (s, -). AUTOM. levier (m.) de changement de vitesse. ||°**-höhe** f. (-, n) pas (m.) de vis. ||°**-schaltung** f. (-, en). AUTOM. changement (m.) de vitesse. ||°**-tiefe** f. (-, n). [Schraube] profondeur (f.) du filet. ||°**-wechsel** m. (s). AUTOM. changement (m.) de vitesse. ||°**-weise** f. (-, n) manière (f.), façon (f.) de marcher. ||**-weise** adv. MINES. par filons.

gangbar [-bɑ:r] adj. praticable. || PAR EXT. fréquenté ; passant. || FIG. [Münze] courant ; en cours. | *gangbares Geld*, monnaie (f.) en cours. || COMM. marchand. | *gangbare Ware*, marchandise (f.) qui se vend facilement.

Gangbarkeit [-barkait] f. viabilité f. ; état (m.) praticable. || FIG. [Münze] cours m. || COMM. bon débit.

Gängel|band [″gɛŋəl′bant] n. (s, ¨er) laisse f. ; lisière f. || FIG. *jn am Gängelband führen*, tenir qn en lisière, en tutelle ; mener qn.

gängeln [′gɛŋəln] v. tr. PÉJOR. tenir en laisse, en lisière ; mener.

Ganges [′gaŋgəs] n. pr. m. GÉOGR. Gange m.

gängig [′gɛŋiç] adj. qui a de l'allant. || COMM. de bon débit ; qui se vend bien.

Ganglion [′gaŋgliɔn] n. (s, lien). ANAT. ganglion m.

Gangster [′gɛŋstər] m. (s, -) gangster m. ; bandit m.

Gans [gans] f. (-, ¨e). ZOOL. oie f. | *wilde Gans*, oie sauvage. | *junge Gans*, oison m. || FIG., FAM. *dumme Gans*, oie f. ; dinde f. ; sotte f. ; pécore f.

Gänschen [′gɛnsçən] n. (s, -). ZOOL. petite oie ;

oison m. || FIG. *dummes Gänschen*, oie blanche ; sotte f.

Gänse|blümchen ["gɛnzə'bly:mçən] n. (s, -). BOT. pâquerette f. ||°**-braten** m. (s, -). CULIN. rôti (m.) d'oie ; oie rôtie. ||°**-brust** f. (-, ¨e). CULIN. poitrine (f.) d'oie. || FIG., ANAT. poitrine étroite, plate. ||°**-fett** n. (s) graisse (f.) d'oie. ||°**-fuß** m. (es, ¨e). ZOOL. patte (f.) d'oie. || BOT. patte-d'oie f. ; chénopode m. ; ansérine f. ||°**-füßchen** n. pr. TYPOGR. guillemets m. pl. | *ein Wort in Gänsefüßchen setzen*, mettre un mot entre guillemets. ||°**-haut** f. (-, ¨e). FIG., FAM. *mich überläuft eine Gänsehaut ; ich bekomme die Gänsehaut*, cela me donne la chair de poule. ||°**-kiel** m. (s, e). [tube (m.) de] plume (f.) d'oie. ||°**-klein** n. (s). CULIN. abats (m. pl.), capilotade (f.) d'oie. ||°**-kraut** n. (s, ¨er). BOT. pâquerette f. ||°**-leber** f. (-). CULIN. foie (m.) d'oie ; foie gras. ||°**-leberpastete** f. (-, n) pâté (m.) de foie gras. ||°**-marsch** m. (es). FIG. file indienne. | *im Gänsemarsch gehen*, marcher à la queue leu leu. ||°**-spiel** n. (s, e) jeu (m.) de l'oie. ||°**-wein** m. (s). FAM., IRON. eau f.

Gänserich ['gɛnzəriç] m. (s, e). ZOOL. jars m.

Ganymed [gany'me:t] n. pr. m. MYTH. Ganymède m. || FIG., FAM. garçon (m.) de café.

ganz [gants] adj. [heil ; unversehrt] entier ; total ; complet ; intact ; intégral ; non entamé. | *die Brille fiel zu Boden und blieb doch ganz*, les lunettes sont tombées sans se briser. | *ein ganzer Monat*, tout un mois ; un mois entier. | *den ganzen Tag über arbeitet er daran*, il y travaille toute la journée. | *vier ganze Stunden*, quatre grandes heures. | *am ganzen Leibe zittern*, trembler comme une feuille ; trembler de tous ses membres. | *ganz Deutschland*, toute l'Allemagne. | *die ganze Stadt spricht davon*, toute la ville en parle. || [all ; gesamt ; vollkommen] entier ; tout ; parfait ; complet ; plein ; accompli. | *von ganzem Herzen*, de tout (mon) cœur. | *seine ganze Kraft einsetzen*, employer toutes ses forces. | *ganze vierzehn Tage mußte er das Bett hüten*, il a dû garder le lit quinze jours pleins. | *eine ganze Menge Geld in der Lotterie gewinnen*, gagner un tas d'argent à la loterie. | *ein ganzer Mann*, (c'est) un homme ; (c'est) quelqu'un. || LOC. *im großen und ganzen ; im ganzen genommen*, dans l'ensemble ; somme toute. || MATH. *ganze Zahlen*, des nombres entiers. || PHOT. *in ganzer Figur*, en pied.

◇ adv. [völlig ; durchaus] tout à fait ; complètement ; entièrement ; totalement ; absolument. | *er ist ganz der Vater*, c'est tout à fait son père. | *die Flasche wurde ganz ausgetrunken*, on vida la bouteille. | *ganz und gar*, complètement. | *ganz und gar nicht*, nullement ; pas du tout. | *ganz Ohr sein*, être tout oreilles. | *ganz Auge sein*, être tout yeux. | *er ist ganz der Mann dazu*, c'est bien l'homme qu'il faut. | *eine ganz andere Sache*, une tout autre affaire. | *ganz leise sprechen*, parler à voix basse. | *ganz in der Nähe*, à deux pas d'ici, de là. || [leidlich ; ziemlich gut] passablement ; assez bien. | *der Wein hat ganz gut geschmeckt*, ce vin n'était pas mauvais. | *dieses Mädchen ist ganz hübsch*, cette jeune fille est assez jolie, n'est pas mal.

— SYN. : *gänzlich*, parfaitement ; *voll und ganz, in vollem Maße*, pleinement ; *durchweg*, totalement ; *durch und durch, vollends*, tout à fait.

Ganz|fabrikat ["gantsfabri'ka:t] n. (s, e). COMM. produit fini. ||°**-jahr** n. (es, e). FIN. année pleine. ||°**-körper|bestrahlung** f. (-, en). NUCL. irradiation globale. ||°**-lederband** ["-/'-/-] m. (s, ¨e) reliure (f.) pleine peau. ||°**-leinenband** m. (s, ¨e) reliure (f.) pleine toile. ||**-tägig** adj. pendant toute la journée. | *ganztägige Kost, Pension*, pension complète.

Ganze ['gantsə] n. (n) [le] tout ; intégralité f. ; totalité f. ; ensemble m. | *ein Ganzes*, un tout. | *aufs Ganze gehen*, viser, vouloir (le) tout. | *es geht ums Ganze*, tout est en jeu.

Gänze ['gɛntsə] f. total m. ; somme f. ; tout m. | *in Gänze*, entièrement ; totalement.

Ganzheit ['gantshait] f. tout m. ; totalité f., ensemble m. ; intégralité f. || FIG. intégrité f.

Ganzheits|methode ["gantshaitsmeto:də] f. (-, n). [Lehrmethode] méthode globale.

gänzlich ['gɛntsliç] adj. entier ; complet ; total. ◇ adv. tout à fait ; entièrement ; complètement ; totalement ; intégralement ; de fond en comble.

gar [ga:r] adj. CULIN. prêt ; assez, bien cuit ; à point. | *der Braten ist noch nicht gar*, la viande n'est pas encore cuite, prête (à manger). || TECHN. *gares Leder*, cuir tanné. | *garer Stahl*, acier corroyé, affiné. || AGRIC. *garer Boden*, terre (f.) meuble.

◇ adv. FAM. [völlig] complètement ; entièrement. | *er ist ganz und gar verrückt*, il est complètement fou. || [sehr] bien ; fort ; très. | *gar bald*, très tôt ; dans très peu de temps. | *gar schön*, fort beau. | *gar zu viele Leute*, trop de monde, de gens. | *gar wenig*, très peu. | *gar zu wenig*, trop peu. | *gar nichts*, rien du tout ; absolument rien. | *er hat damit gar nichts zu tun*, il est complètement étranger à cette affaire. | *gar zu große Ansprüche*, des prétentions trop grandes, démesurées. | *gar keiner*, personne du tout. | *sich gar nicht um die Meinung der Leute kümmern*, se moquer du tiers et du quart. || [etwa] donc. | *warum nicht gar !, ich dächte gar !*, allons donc ! ; par exemple.

Gar|arbeit ["ga:r'arbait] f. (-, en). TECHN. affinage m. ||°**-koch** m. (s, ¨e). CULIN. rôtisseur m. ; traiteur m. || PÉJOR. gargotier m. ||°**-küche** f. (-, n) rôtisserie f. ; petit restaurant. || PÉJOR. gargote f. ||°**-kupfer** n. (s) cuivre corroyé, affiné. ||°**-leder** n. (s) peau mégie. ||°**-machen** n. (s). TECHN. affinage m. ||°**-ofen** m. (s, ¨) fourneau (m.) d'affinage. ||°**-probe** f. (-, n). TECHN. essai m.

Garage [ga'ra:ʒə] f. (-, n). AUTOM. garage m.

Garagen|besitzer [ga"ra:ʒənbə'zitsər] m. (s, -) garagiste m.

Garant [ga'rant] m. (en, en) garant m.

Garantie [garan'ti:] f. (-, n) garantie f. ; caution f. ; gage m. | *ein Jahr Garantie für den Trockenrasierer*, un an de garantie pour le rasoir électrique. | *die Garantie für etwas übernehmen*, garantir qch.

Garantie|schein [garan"ti:'ʃain] m. (s, e) bulletin (m.), certificat (m.) de garantie. ||°**-spanne** f. (-, n) marge (f.) de garantie. ||°**-stempel** m. (s, -) poinçon officiel.

garantieren [-'ti:rən] v. tr. donner une garantie, une caution ; garantir ; répondre de. | *das garantiere ich dir*, je te donne ma parole ; FAM., POP. je te fiche mon billet.

Garaus [ga:'raus] m. FAM. *jm den Garaus machen*, occire, achever qn.

Garbe ['garbə] f. (-, n) gerbe f. | *Garben, in Garben binden*, mettre en gerbes. || MIL. gerbe f. | *Geschoßgarbe*, gerbe de balles. | *Feuergarbe*, gerbe de feu.

Garben|band ["garbən'bant] n. (es, ¨er). AGRIC. lien m. ||°**-bindemaschine** f. (-, n), °**-binder** m. (s, -). AGRIC. lieuse f. ||**-förmig** adj. en gerbes.

gärben ['gɛrbən] v. tr. [gerben] tanner ; corroyer. || MÉTALL. *Stahl gärben*, affiner l'acier.

Garda|see ["garda'ze:] n. pr. m. (s) lac (m.) de Garde.

Garde ['gardə] f. (-, n). MIL. garde f. || FIG., FAM. *einer von der (alten) Garde*, un vieux de la vieille.

Garde|robe ['gardərobə] f. (-, n). [Kleiderablage] garde-robe f. || THÉÂTRE. vestiaire m. || PAR EXT. [Kleider] garde-robe f.

Gardine [gar'di:nə] f. (-, n) rideau m. ; courtine f. || FIG., POP. *schwedische Gardinen*, prison f. ; POP. violon m.

Gardinen|arm [gar"di:nən'arm] m. (s, e), °**-halter** m. (s, -) embrasse (f.) de rideau. ||°**-leiste** f. (-, n) baguette (f.) de rideau. ||°**-predigt** f. (-, en). FIG., FAM. semonce f. | *eine Gardinenpredigt halten*, semoncer ; sermonner.

gären ['gɛ:rən] (conjug. faible et gor, gegoren) v. intr. fermenter ; lever. | *den Teig gären lassen*, faire lever la pâte. | *Bier gärt*, la bière roche. || FIG. *es gärt im Volke*, le peuple bouge, s'agite.

Gär|bottich ["gɛ:r'bɔtiç] m. (s, e) cuve (f.) de fermentation ; guilloire f. ||°**-mittel** n. (s, -). TECHN. ferment m. ||°**-prozeß** m. (es, e) action (f.) fermentaire. ||°**-stoff** m. (s, e). CHIM. ferment m. ; levain m.

Garibaldianer [garibaldi'a:nər] m. (s, -). HIST. garibaldien m.

Garn [garn] n. (s, e) fil m. | *Garn wichsen, wachsen*, poisser du fil. | *Garn wickeln*, pelotonner du fil. | *Garn aufspulen*, bobiner du fil. | *Garn abspulen*, dévider du fil. | *Garn heften*, faufiler. || PAR EXT. [Jagd ; Fischerei] filet m. ; rets m. pl. ; lacets m. pl. ; panneau m. | *das Garn aufstellen, auswerfen*, tendre, jeter le filet. || FAM. *jn ins Garn locken*, faire tomber qn dans ses filets. | *jm ins Garn gehen, laufen*, donner, tomber dans le panneau.

Garn|haspel ["garn'haspəl] f. (-, n). TECHN. dévidoir m. ||°**-knäuel** n. (s, -) peloton (m.) de fil. ||°**-rolle** f. (-, n) écheveau m. ||°**-spule** f. (-, n) bobine f. ; fusée f. ; broche f. ||°**-weber** m. (s, -) tisserand m. ||°**-weberei** f. (-, en) filature f. ||°**-winde** f. (-, n) dévidoir m.

Garnele [gar'ne:lə] f. (-, n). ZOOL. crevette f.

garnieren [gar'ni:rən] v. tr. mettre une garniture ; garnir ; monter ; orner.

Garnison [garni'zo:n] f. (-, en) garnison f. | *in Garnison liegen*, être en, tenir garnison à.

Garnison|dienst [garni"zo:n'di:nst] m. (es, e) service (m.) de place ; garnison f. ||°-**lazarett** n. (s, e) hôpital (m.) militaire.

Garnitur [garni'tu:r] f. (-, en) garniture f. ; parement m. ; parure f. ; assortiment m. || PAR EXT. 1° jeu m. ; 2° uniforme m. || LOC. FAM. *die erste Garnitur*, le dessus du panier ; l'élite f. || THÉÂTRE., FAM. *die zweite Garnitur*, les doublures f. pl.

garstig ['garstiç] adj. repoussant, répugnant. || PAR EXT. vilain ; laid ; affreux ; sale ; infâme.

Garstigkeit [-kait] f. (-, en) laideur f. ; saleté f. || PAR EXT. vilaine conduite ; vilenie f.

Gärtchen ['gɛrtçən] n. (s, -), **Gärtlein** ['gɛrtlain] n. (s, -) petit jardin ; jardinet m.

Garten ['gartən] m. (s, ¨) jardin m. | *im Garten arbeiten*, jardiner ; travailler au jardin. | *Lust-*, *Ziergarten*, jardin d'agrément, de plaisance. | *französischer Garten*, jardin français, à la française. | *englischer Garten*, jardin anglais. | *Wintergarten*, jardin d'hiver. | *Schrebergarten*, jardin ouvrier ; jardin de banlieusard. | *Obstgarten*, verger m. | *Gemüsegarten*, potager m.

Garten|anlage ["gartən'anla:gə] f. (-, n). [Handlung] création (f.) de jardins. || PAR EXT. [Garten] jardin m. ; jardin d'ornement, public ; square m. ||°-**arbeit** f. (-, en) jardinage m. ||°-**architekt** m. (en, en) architecte (m.) paysagiste. ||°-**bau** m. (s) jardinage m. ; horticulture f. ||°-**beet** n. (s, e) planche f. ; plate-bande f. ; carré m. ||°-**blume** f. (-, n) fleur cultivée. ||°-**erde** f. (-, n) terre végétale ; terreau m. ||°-**fest** n. (es, e) fête (f.) champêtre. ||°-**gerät** n. (s, e) outil (m.) de jardin. ||°-**gerbera** f. (-, s). BOT. gerbéra m. ||°-**haus** n. (es, ¨er) pavillon m. ||°-**kunst** f. horticulture f. ||°-**land** n. (es, ¨er) terrain (m.) propre au jardinage ; terre (f.) de jardin. ||°-**laube** f. (-, n) tonnelle f. ; berceau m. ||°-**lokal** n. (s, e) restaurant (m.), café (m.) en plein air. ||°-**messer** n. (s, -) serpette f. ||°-**mohn** m. (es, e). BOT. pavot m. ; œillette f. ||°-**musik** f. concert (m.) en plein air. ||°-**schere** f. (-, n) sécateur m. ||°-**schläfer** m. (s, -). ZOOL. lérot m. ||°-**schlauch** m. (s, ¨e), °-**spritze** f. (-, n) tuyau (m.) d'arrosage. ||°-**stadt** f. (-, ¨e) cité-jardin f. ||°-**theater** n. (s, -) théâtre (m.) de verdure. ||°-**wesen** n. (s) jardinage m. ; horticulture f. ||°-**zaun** m. (s, ¨e) clôture (f.) de jardin.

Gärtner ['gɛrtnər] m. (s, -) jardinier m. ; maraîcher m. ; horticulteur m. || FIG. *den Bock zum Gärtner machen*, enfermer le loup dans la bergerie.

Gärtnerei [gɛrtnə'rai] f. (-, en) [Handlung] jardinage m. ; horticulture f. | *Gärtnerei betreiben*, jardiner ; faire du jardinage, de l'horticulture. || [Gartenanlage] établissement (m.) horticole.

gärtnern ['gɛrtnərn] v. intr. jardiner.

Gärung ['gɛ:ruŋ] f. (-, en). PHYS. fermentation f. ; effervescence f. || FIG. ébullition f. ; effervescence f.

Gärungs|milchsäure ["gɛ:ruŋs'milçzɔyrə] f. (-, n) acide (m.) lactique. ||°-**verfahren** n. (s, -). PHYS. zymotechnie f.

Gas [ga:s] n. (es, e). CHIM. gaz m. ; fluide m. | *schädliches Gas*, gaz délétère. | *Gas flüssig machen*, liquéfier du gaz. | *Gas strömt aus*, le gaz se dégage. | *Gas auffangen*, recueillir du gaz. | *giftiges Gas*, gaz toxique. || AUTOM. *Gas geben*, donner les gaz ; accélérer. | *mit Gas beleuchten*, éclairer au gaz. | *Erdgas*, gaz naturel. | *Stadtgas*, gaz de ville. | *Leuchtgas*, gaz d'éclairage. | *Tränengas*, gaz lacrymogène.

Gas|abblasen ["ga:s'apbla:zən] n. (s). MIL. émission (f.) de gaz. ||°-**abzugskanal** n. (s, ¨e). TECHN. carneau (m.) à gaz. ||°-**abzugsrohr** n. (s, e) tuyau (m.) d'échappement des gaz. ||°-**alarm** m. (s). MIL. alerte (f.) aux gaz. ||°-**angriff** m. (s, e). MIL. attaque (f.) par les gaz. ||°-**arbeiter** m. (s, -) gazier m. ; ouvrier (m.) du gaz. ||-**arm** adj. pauvre en gaz. ||-**artig** adj. gazeux. ||°-**ausscheidung** f. (-, en) dégagement (m.) de gaz. ||°-**ausströmung** f. émission (f.) de gaz. ||°-**behälter** m. (s, -) gazomètre m. ; réservoir (m.) à gaz. ||°-**beleuchtung** f. éclairage (m.) au gaz. ||°-**bildung** f. CHIM. formation (f.) de gaz ; gazéification f. ||°-**blase** f. (-, n) soufflure f. ||°-**bombe** f. (-, n) récipient (m.) à gaz comprimé. || MIL. bombe (f.) à gaz. ||°-**brenner** m. (s, -) bec (m.) de gaz. ||°-**chromatographie** f. (-). TECHN. chromatographie (f.) en phase gazeuse. ||-**dicht** adj. hermétique. ||°-**dichte** f. densité (f.) du gaz. ||°-**druck** m. (s). PHYS. pression (f.) du gaz. ||°-**druckmesser** m. (s, -) manomètre m. ||°-**entwickler** m. (s, -). PHYS. générateur (m.) de gaz. ||°-**entwicklung** f. dégagement (m.) de gaz. || -**erzeugend** adj. gazogène. ||°-**erzeuger** m. (s, -) gazogène m. ||°-**fabrik** f. (-, en) usine (f.) à gaz. ||°-**fackel** f. (-, n) torchère (f.) de gaz. ||°-**fernleitung** f. (-, en) gazoduc m. ||°-**fernversorgung** f. (-, en) distribution (f.) de gaz à longue distance. || °-**feuerung** f. chauffage (m.) au gaz. ||°-**flammkohle** f. (-, n). MINÉRAL. charbon flambant, gras (à longue flamme). ||°-**flasche** f. (-, n) bouteille (f.) à gaz. ||°-**förmig** adj. gazéiforme. ||°-**Graphit Linie** f. (-). NUCL. filière (f.) graphite-gaz. ||°-**hahn** m. (s, ¨e) robinet (m.) à gaz. ||-**haltig** adj. gazeux. ||°-**hebel** m. (s, -) manette (f.) des gaz. || AUTOM. (pédale [f.] d') accélérateur m. ||°-**heizung** f. chauffage (m.) au gaz. ||°-**herd** m. (s, e), °-**kocher** m. (s, -) réchaud (m.), cuisinière (f.) à gaz. ||°-**koks** m. (es, e). MINÉRAL. coke (m.) de gaz. ||°-**krieg** m. (s, e) guerre (f.) des gaz. ||°-**lampe** f. (-, n) lampe (f.) à gaz ; bec (m.) de gaz. ||°-**laterne** f. (-, n) bec (m.) de gaz ; réverbère (m.) à gaz. ||°-**leitung** f. (-, en) conduite (f.) de gaz. ||°-**leitungsnetz** n. (es, e) réseau gazier ; conduite (f.) de gaz. ||°-**maske** f. (-, en) masque (m.) à gaz. ||°-**messer** m. (s, -). [Behälter] gazomètre m. || [Zähler] compteur (m.) à gaz. ||°-**motor** m. (s, en) moteur (m.) à gaz. ||°-**öl** n. (s) huile (f.) à gaz ; gasoil m. ||°-**schutz** m. (es) protection (f.) contre les gaz. ||°-**schutzgerät** n. (s, e) masque (m.) à gaz. ||-**sicher** adj. à l'abri des gaz. ||°-**spürer** m. (s, -). TECHN. détecteur (m.) des gaz. ||°-**strahl** m. (s, en) jet gazeux. ||°-**strom** m. (s, ¨e) courant gazeux. ||°-**strumpf** m. (s, ¨e) bec Auer. ||°-**uhr** f. (-, en) compteur (m.) à gaz. ||-**vergiftet** adj. intoxiqué par les gaz ; gazé. ||°-**vergiftung** f. (-, en) intoxication (f.) par les gaz. ||°-**wäscher** m. (s, -). CHIM. laveur m. ; scrubber m. ||°-**wasser** n. (s) eau ammoniacale. ||°-**werk** n. (s, e) usine (f.) à gaz. ||°-**wolke** f. (-, n) nappe (f.) de gaz. ||°-**zähler** m. (s, -) compteur (m.) à gaz. ||°-**zelle** f. (-, n). AÉRON. compartiment (m.) de ballon ; ballonnet m. ||°-**zentrifugenverfahren** n. (s, -). TECHN. ultracentrifugation f. ||°-**zufuhr** f. AUTOM. arrivée (f.), admission (f.) des gaz. ||°-**zünder** m. (s, -) allume-gaz m.

Gaskogner [gas'kɔnjər] m. (s, -). Gascon m.

gaskognisch [-njiʃ] adj. gascon.

Gasolin [gazɔ'li:n] n. (s) gazoline f. ; éther (m.) de pétrole.

Gasometer [gazɔ'metər] m. (s, -) gazomètre m.

Gasse ['gasə] f. (-, n) rue f. | *eine winkelige Gasse*, une ruelle tortueuse. || FIG., FAM. *auf der Gasse liegen*, vagabonder. | *man hört es in allen Gassen*, cela court les rues.

Gassen|bube ["gasən'bu:bə] m. (n, n). PÉJOR. polisson m. ; voyou m. ; garnement m. ||°-**bubenstreich** m. (s, e), °-**büberei** f. (-, en) gaminerie f. ; polissonnerie f. ||°-**hauer** m. (s, -). MUS. scie f. ; refrain (m.) populaire ; rengaine f. ||°-**junge** m. (n, n) gamin m. ; gosse m. ; polisson m. ||°-**witz** m. (es, e) plaisanterie triviale.

Gäßchen ['gɛsçən] n. (s, -) ruelle f. ; venelle f.

Gast [gast] m. (s, ¨e) [Besucher] visiteur m. ; hôte m. || PAR ANAL. [Beiwohner] hôte m. ; convive m. | *ungebetener Gast*, personne non invitée ; intrus m. | *bei jm zu Gaste sein*, être l'hôte, l'invité de qn. | *Gäste haben, zu sich laden*, avoir des invités ; recevoir (chez soi). || THÉÂTRE. *als Gast auftreten*, jouer sur une scène étrangère, en tournée. || [Gasthof] client m. ; voyageur m. ; consommateur m. ; habitué m.

Gast|arbeiter ["gast'arbaitər] m. (s, -) travailleur immigré. ||°-**bett** n. (s, en) lit m. (pour l'hôte, l'ami). ||-**frei** adj. hospitalier. ||°-**freiheit** f. hospitalité f. ||°-**freund** m. (s, e) hôte m. ||-**freundlich** adj. hospitalier. ||°-**freundlichkeit** f. hospitalité f. ; bon accueil. ||°-**freundschaft** f. hospitalité f. | *js Gastfreundschaft genießen*, jouir de l'hospitalité de qn. ||°-**geber(in)** m. (s, -) f. (-, nen) celui, celle qui donne l'hospitalité, qui reçoit, invite ; hôte m. ; hôtesse f. ||°-**haus** n. (es, ¨er), °-**hof** m. (s, ¨e) petit hôtel ; hôtellerie f. ; auberge f. ||°-**hörer** m. (s, -). UNIV. auditeur libre. ||°-**land** n. (es, ¨er) pays (m.) d'asile. ||°-**mahl** n. (s, ¨er) festin m. ; banquet m. || °-**professor** (s, en). UNIV. professeur associé. || °-**recht** n. (s) lois (f. pl.) de l'hospitalité ; droit (m.) d'hospitalité. | *Gastrecht genießen*, recevoir l'hospitalité. ||°-**reise** f. (-, n). THÉÂTRE. tournée f. ||°-**rolle** f. (-, n). THÉÂTRE. rôle (m.) d'un acteur de passage, en représentation. ||°-**spiel** n. (s, e). THÉÂTRE. représentation (f.) d'acteurs de passage ; tournée

f. ||°-**stätte** f. (-, n) restaurant m. ; auberge f. ; café m. ; hôtel m. ||°-**stube** f. (-, n) salle (f.) de restaurant. ||°-**wirt(in)** m. (s, e), f. (-, nen) hôte m. ; hôtesse f. ; hôtelier m. ; restaurateur m. ||°-**wirtschaft** f. (-, en) auberge f. ; petit hôtel. ||°-**zimmer** n. (s, -) 1° salle (f.) d'auberge ; 2° [Gästezimmer] chambre (f.) d'amis.

Gasterei [gastə'rai] f. (-, en) festin m.

gastieren [gas'ti:rən] v. intr. THÉÂTRE. jouer sur une scène étrangère, en tournée.

gastlich ['gastliç] adj. hospitalier.

Gastlichkeit [-kait] f. hospitalité f.

gastrisch ['gastriʃ] adj. gastrique.

Gastro|enterologie ["gastroεnterolo'gi:] f. (-). MÉD. gastro-entérologie f.

Gastronom [gastrɔ'no:m] m. (en, en) restaurateur m.

Gastronomie [-no'mi] f. restauration f.

Gat(t) [gat] n. (s, s). MAR. 1° arrière (m.) de navire ; poupe f. ; 2° chenal m. ; 3° trou m.

Gatte ['gatə] m. (n, n) époux m. ; mari m. | *die Gatten*, les époux.

Gatten|glück ["gatən'glyk] n. (s) bonheur conjugal. ||°-**liebe** f. amour conjugal. ||°-**treue** f. fidélité conjugale.

Gatter ['gatər] n. (s, -) grille f. ; grillage m. ; treillage m. || PAR ANAL. châssis (m.) de scie.

gattern [-tərn] v. tr. grillager ; entourer d'une grille, d'un grillage. || FIG. épier.

Gatter|säge ["gatər'zε:gə] f. (-, n). TECHN. scie (f.) à cadre, alternative, multiple, verticale, à plusieurs lames. ||°-**stäbe** m. pl. barreaux (m. pl.) de grille. ||°-**tor** n. (s, e), °-**tür** f. (-, n) porte (f.) à claire-voie ; grille f. ; grillage m. ; treillage m.

Gattin ['gatin] f. (-, nen) épouse f. ; femme f.

Gattung ['gatuŋ] f. (-, en) espèce f. ; sorte f. || BOT., ZOOL. genre m. | *die Gattung betreffend*, générique. || LITTÉR. genre m.

Gattungs|begriff ["gatuŋsbə'grif] m. (s, e) catégorie f. ||°-**name** m. (ns, n). GRAMM. nom commun, générique. ||°-**waren** f. pl. JUR. choses (f. pl.) fongibles.

Gau [gau] m. (s, e) district m. ; canton m. ; région f.

GAU [gau] m. (abrév. de **größter anzunehmender Unfall**) (s, -). NUCL. accident maximal prévisible.

Gauch|heil ['gauxhail] n. (s). BOT. mouron m.

Gaudee ['gaude] f., **Gaudi** ['gaudi] f., **Gaudium** ['gaudium] n. (s). FAM. ébaudissement m. ; hilarité f. | *Gaudeamus igitur* (titre et début de la plus célèbre chanson d'étudiants).

gaufrieren [go'fri:rən] v. tr. TECHN. gaufrer.

Gaukel|bild ["gaukəl'bilt] n. (s, er) image trompeuse ; illusion f. ; fantasmagorie f. ||°-**kunst** f. art (m.) du jongleur, de l'illusionniste.

Gaukelei [gaukə'lai] f. (-, en) jonglerie f. ; tours (m. pl.) de prestidigitation, de passe-passe, de bateleur ; escamotage m. || FIG. momeries f. pl. ; bouffonneries f. pl. ; fantasmagorie f.

gaukelhaft ['gaukəlhaft], **gauklerisch** ['gauklәriʃ] adj. trompeur ; fantasmagorique.

gaukeln ['gaukəln] v. intr. voltiger ; folâtrer. || PAR ANAL. faire des tours de passe-passe, de prestidigitation ; jongler.

Gaukler [-klər] m. (s, -) prestidigitateur m. ; jongleur m. ; illusionniste m. ; bateleur m. ; charlatan m. ; bouffon m.

gauklerisch [-klәriʃ] adj. V. GAUKELHAFT.

Gaul [gaul] m. (s, ¨e) vieux, mauvais cheval ; FAM. cheval (bon ou mauvais). || POP. carcan m. | *ein müder Gaul*, un cheval harassé. || PROV. *einem geschenkten Gaul sieht man nicht ins Maul*, à cheval donné on ne regarde pas à la bride.

Gaumen ['gaumən] m. (s, -). ANAT. palais m. | *einen feinen Gaumen haben*, avoir le palais fin ; être gourmet, un fin bec. | *den Gaumen netzen*, mouiller son palais.

Gaumen|bein ["gaumən'bain] n. (s, e). ANAT. os palatin. ||°-**laut** m. (s, e). GRAMM. palatale f. ||°-**platte** f. (-, n) palais artificiel ; prothèse supérieure. ||°-**reiz** m. (es, e) chatouillement (m.) du palais. ||°-**segel** n. (s, -) voile (m.) du palais.

Gauner ['gaunər] m. (s, -) filou m. ; escroc m.

Gauner|bande ["gaunər'bandə] f. (-, n) bande (f.) de fripouilles ; gang m. ||°-**sprache** f. (-, n) argot m. ; langue verte. ||°-**streich** m. (s, e) escroquerie f. ||°-**welt** f. PÉJOR. milieu m.

gaunerhaft ['gaunərhaft], **gaunerisch** [-nәriʃ] adj. d'escroc, de filou.

Gauß [gaus] n. (es). ÉLECTR. gauss m.

Gaußsch [gausʃ] adj. MATH. de Gauss ; gaussien. | *Gaußsche Verteilung*, répartition gaussienne.

Gaze [gɑ:z] f. (-, n). TEXT. gaze f.

Gazelle [ga'tsεlə] f. (-, n). ZOOL. gazelle f.

Gazette [ga'tsεtə] f. (-, n) journal m. ; gazette f.
— SYN. : *Zeitung*, journal ; *Anzeiger*, gazette ; *Blatt*, organe.

G-Dur ['ge:du:r] n. MUS. sol majeur.

Geächtete(r) [gə'εçtətə(r)] f. (m.) proscrit(e) m. (f.) ; hors-la-loi m.

Geächze [gə'εçtsə] n. (s) gémissements m. pl.

Geäder [gə'ε:dər] n. (s) veines f. pl. ; nervures f. pl. ; marbrures f. pl.

geädert [-dərt] adj. veiné ; marbré.

geartet [gə'artət] adj. fait de telle manière ; qui est de telle nature.

Geäse [gə'ε:zə] n. (s) bouche (f.) du gibier. || PAR EXT. [gefressene Pflanzen] viandis m. ; gagnage m.

Geäst(e) [gə'εst(ə)] n. (s) branchage m. ; ramure f.

geästet [-tət] adj. ramifié ; branchu.

geäugt [gə'ɔykt] adj. pourvu d'yeux ; ocellé.

Gebäck [gə'bεk] n. (s, e) pâtisserie f. ; gâteaux m. pl.

Gebälk [gə'bεlk] n. (s). TECHN. charpente f. ; solives f. pl. || ARCHIT. entablement m.

Gebälk|träger [gə"bεlk'trε:gər] m. (-, s). ARCHIT. télamon m. ; atlante m.

geballt [gə'balt] adj. [Faust] fermé ; serré. || ANAT., BOT. *geballte Drüsen*, glandes englobées ; ganglions (m. pl.) lymphatiques. || MIL. *geballte Ladung*, charge concentrée.

Gebär|mutter [gə"bεr'mutər] f. (-, ¨). ANAT. matrice f. ; utérus m. ||°-**mutterentzündung** f. (-, en). MÉD. métrite f. ||°-**mutterhals** m. (es, ¨e). ANAT. col (m.) de l'utérus. ||°-**mutterkrebs** m. (es, e). MÉD. cancer (m.) de l'utérus. ||°-**muttervorfall** m. (s, ¨e). MÉD. descente (f.) de matrice. ||°-**wehen** f. pl. douleurs (f. pl.) de l'enfantement. ||°-**zeit** f. durée (f.) de l'accouchement. || PAR EXT. terme m. (de la grossesse). | *vor der Gebärzeit*, avant terme.

Gebärde [gə'bε:rdə] f. (-, n). [Aussehen] air m. ; extérieur m. ; mine f. || PAR EXT. geste m. ; mouvement m. | *Gebärden machen*, gesticuler. | *drohende Gebärden*, gestes menaçants. | *eine verneinende Gebärde*, un geste de dénégation.

gebärden (sich) [ziçgə'bεrdən] v. pr. se conduire (comme). | *sich wie ein Wilder gebärden*, se démener comme un sauvage.

Gebärden|kunst [gə"bεrdən'kunst] f. (-) mimique f. ; pantomime f. ||°-**spieler** m. (s, -) mime m. ; pantomime f. ||°-**sprache** f. (-, n) langage (m.) par gestes ; mimique f. ; pantomime f.

gebaren (sich) [ziçgə'bɑ:rən] v. pr. se conduire ; se montrer.

Gebaren [gə'bɑ:rən] n. (s) faits et gestes m. pl. ; conduite f. ; façon (f.) de se conduire.

gebären [gə'bε:rən] (gebiert, a, o) v. tr. mettre au monde ; enfanter ; accoucher de. | *vor der Zeit gebären*, accoucher avant terme ; faire une fausse couche. || FIG. engendrer ; donner naissance à ; créer. | *für einen Beruf geboren sein*, être fait, avoir une vocation pour un métier.
— SYN. : *niederkommen*, accoucher ; *zur Welt bringen*, enfanter.

Gebären [-rən] n. (s) enfantement m. ; accouchement m. || ZOOL. parturition f.

Gebäude [gə'bɔydə] n. (s, -) bâtiment m. ; bâtisse f. ; édifice m. ; construction f. ; immeuble m. | *öffentliches Gebäude*, bâtiment public. || FIG. structure f. ; système m.

Gebäude|schaden [gə"bɔydə"ʃɑ:dən] m. (s, ¨) dommage immobilier. ||°-**steuer** f. (-, n). FIN. impôt (m.) foncier. ||°-**versicherung** f. (-, en) assurance immobilière.

gebe|freudig ["ge:bə'frɔydiç] adj. qui donne volontiers ; généreux.

Gebein [gə'bain] n. (s, e). POÉT. os m. pl. ; ossements m. pl. ; squelette m.

Gebelfer [gə'bεlfər] n. (s) jappement m. ; glapissement m. || FIG. criaillerie f. ; clabauderie f.

Gebell(e) [gə'bεl] n. (s) aboiement m.

geben ['ge:bən] (gibt, gab, gegeben).

I. v. tr.
1. [schenken] donner ; faire présent ;
2. [reichen ; anbieten] donner ; offrir ; présenter ;
3. [erteilen] accorder ; octroyer ;
4. [zuerkennen] donner ; accorder ; imputer ;
5. Loc. verbales ;
6. [hervorbringen] produire ; donner ; rapporter ;
7. [ergeben] faire ; donner ;
8. [veranstalten] donner ; organiser.
II. v. pr. **sich geben.**
1. [sich verhalten] se comporter ;
2. [sich ergeben] se résigner ; s'accommoder de ;
3. [sich bieten] se présenter ; s'offrir ;
4. [nachlassen ; aufhören] s'apaiser.
III. v. impers. **es gibt** [vorhanden sein] il y a ; il est.

I. v. tr. **1.** [schenken] donner ; faire présent de ; gratifier de. | *einem Gedanken Form geben*, prêter forme à une pensée. | *dem Bettler ein Almosen geben*, faire l'aumône au mendiant. | *mit offenen Händen geben*, donner à pleines mains. | *jm seine Tochter zur Frau geben*, donner sa fille en mariage à qn ; marier sa fille à qn. | *zur Mitgift geben*, donner en dot. | *der Himmel gebs !*, fasse le ciel ! ; plût à Dieu ! | *seinen Segen geben*, donner sa bénédiction ; bénir. | *ich gäbe viel darum, wenn ich das wüßte*, je donnerais gros pour le savoir. | *ich gebe nichts auf sein Urteil*, je ne fais aucun cas de son jugement. | *er gibt viel auf ihn*, il fait grand cas de lui. | *es ist ihm nicht gegeben, glücklich zu werden*, il ne lui a pas été accordé d'être heureux. || Comm. *auf Borg geben*, donner à crédit ; prêter. | *ein Pfand geben*, nantir. | *in Zahlung geben*, donner en paiement. || Prov. *ein Schelm gibt mehr als er hat*, la plus belle fille du monde ne peut donner que ce qu'elle a. | *doppelt gibt, wer schnell gibt*, la façon de donner vaut mieux que ce qu'on donne.
2. [reichen ; anbieten] donner ; offrir ; présenter. | *jm etwas zu essen und trinken geben*, donner à manger et à boire à qn. | *dem Kinde die Brust geben*, donner le sein au nourrisson. | *jm die Hand geben*, donner la main à qn. | *einer Dame den Arm geben*, donner le bras à une dame. | *Feuer geben*, offrir du feu. | *etwas wieder von sich geben*, [sich erbrechen] rendre ; vomir. | *keinen Laut von sich geben*, rester muet comme une carpe. || Prov. *gibt man ihm den kleinen Finger, so nimmt er gleich die ganze Hand*, si on lui tend le petit doigt, il prend tout de suite jusqu'au bras.
3. [erteilen] accorder ; octroyer ; procurer ; fournir ; donner. | *eine Frist geben*, accorder un délai. | *Kredit geben*, faire crédit. | *Rabatt geben*, accorder un rabais. | *über etwas Rechenschaft geben*, rendre compte de qch. | *einen Verweis geben*, réprimander. | *seine Einwilligung geben*, donner son accord. | *jm einen Auftrag geben*, confier une mission à qn. | *jm einen Wink geben*, donner à qn une indication. | *Genugtuung geben*, donner satisfaction. | *die Gelegenheit wurde uns nie gegeben*, l'occasion ne nous en a jamais été offerte. | *jm zu verstehen geben*, donner à entendre à qn. | *seinen Worten Nachdruck geben*, donner du poids à ses paroles. | *sein Verhalten gibt zu denken*, sa manière de se comporter donne à réfléchir. || Loc. *Fersengeld geben*, prendre la poudre d'escampette ; montrer les talons. || Jur. *gegeben zu Berlin, den*, fait à Berlin, le.
4. [zuerkennen] donner ; accorder ; imputer. | *jm die Schuld geben*, imputer la faute à qn. | *jm Recht geben*, donner raison à qn ; approuver qn. | *Gnade geben*, faire grâce. | *jm den Vortritt geben*, donner la préséance à qn.
5. Loc. verbales : *acht geben*, faire attention. | *Unterricht geben*, enseigner. | *Gas geben*, accélérer. | *Feuer geben*, faire feu. | *Nachricht von sich geben*, donner de ses nouvelles. | *einen Rat geben*, donner un conseil. | *in Druck geben*, donner à l'impression ; faire imprimer. | *einen Jungen in die Lehre geben*, mettre un jeune homme en apprentissage. | *etwas in Auftrag geben*, passer commande d'un travail. | *Beispiel geben*, donner l'exemple ; prêcher d'exemple. | *er wurde mir zum Gefährten gegeben*, il m'a été donné comme compagnon. | *in Verwahrung geben*, mettre en dépôt. | *jm etwas in Obhut geben*, confier qch. à la garde de qn. | *einem Pferde die Sporen geben*, éperonner un cheval. | *ein Schiff verloren geben*, considérer un navire comme perdu. | *einen Witz zum besten geben*, raconter une bonne histoire. || Fam. *seinen Senf dazu geben*, y mettre son grain de sel. | *jm eins auf die Finger geben*, donner sur les doigts à qn.
6. [hervorbringen] produire ; donner ; rapporter. | *ein Bienenstock gibt jährlich zwanzig Pfund Honig*, une ruche donne vingt livres de miel par an. | *dieser Acker gibt sechzig Zentner Korn pro Hektar*, ce champ rapporte trente quintaux de blé à l'hectare. | *diese Bäume geben viel Obst*, ces arbres donnent beaucoup de fruits.
7. [ergeben] faire ; donner. | *eins und zwei gibt drei*, un et deux font trois. | *Eichenholz gibt gute Balken*, le (bois de) chêne donne de bonnes poutres. || Fig. *ein Wort gab das andere*, un propos en amena un autre ; de fil en aiguille.
8. [veranstalten] donner ; organiser. | *ein Essen geben*, donner un dîner. | *der Bürgermeister gab einen Empfang*, le maire donna une réception. | *die Technische Hochschule gibt einen Ball*, l'école d'ingénieurs organise un bal. | *man gibt « Wallenstein » im Stadttheater*, on donne *Wallenstein* au Théâtre municipal.
II. v. pr. **sich geben. 1.** [sich verhalten] se comporter. | *er gibt sich wie er ist*, il a un comportement naturel ; il se donne pour ce qu'il est. | *er gab sich unbeholfen*, il jouait la maladresse.
2. [sich ergeben] se résigner ; s'accommoder de. | *sich in js Macht (be)geben*, se remettre au pouvoir de qn. | *er hat sich dreingegeben*, il s'est résigné. | *sich gefangengeben*, se rendre (à l'ennemi). | *sich zufrieden geben*, se contenter.
3. [sich bieten] se présenter ; s'offrir. | *wenn sich die Gelegenheit gibt*, si l'occasion se présente. | *sich zu erkennen geben*, se faire connaître.
4. [nachlassen ; aufhören] s'apaiser. | *der Schmerz wird sich bald geben*, la douleur s'apaisera bientôt.
III. v. impers. **es gibt** [vorhanden sein] il y a ; il est. | *es hat Lärm gegeben*, il y a eu du tapage. | *morgen wird es Linsen geben*, demain il y aura des lentilles. | *gibt es etwas Besseres ?*, peut-on trouver mieux ?

Geber [-bər] m. (s, -) celui qui donne ; donneur m. ; donateur m. || Radio. émetteur m.

Geberin [-bərin] f. (-, nen) donatrice f.

Gebet [gə'be:t] n. (s, e). Relig. prière f. ; oraison f. | *sein Gebet verrichten*, faire, dire sa (ses) prière(s). || Fig. *jn ins Gebet nehmen*, mettre qn sur la sellette.

Gebet|buch [gə"be:t'bu:x] n. (s, ¨er) livre (m.) de prières ; livre (m.) d'heures. ||°**-mühle** f. (-, n) moulin (m.) à prières.

Gebets|riemen [gə"be:ts'ri:mən] m. (s, -) phylactère m.

gebierst [gə'bi:rst], **gebiert** [-bi:rt] indic. prés. de **gebären.**

Gebiet [gə'bi:t] n. (s, e) domaine m. ; territoire m. ; région f. ; zone f. | *Staatsgebiet*, territoire national. || Fig. champ m. ; ressort m. ; spécialité f. | *auf dem Gebiet der Sprachwissenschaft hat er gute Kenntnisse*, dans le domaine de la linguistique, il possède de solides connaissances. | *auf finanziellem Gebiet*, dans le domaine financier. | *auf juristischem Gebiet*, dans le, du ressort juridique.

gebieten [gə'bi:tən] (o, o) v. tr. ordonner ; commander ; enjoindre. | *Ruhe gebieten*, imposer silence. | *die Not gebietet Sparsamkeit*, la détresse impose des restrictions. | *hier ist Vorsicht geboten*, ici la prudence est de rigueur.
◇ v. intr. *über etwas* (acc.) *gebieten*, être le maître de qch. ; disposer de qch. | *jm gebieten*, commander à qn. | *seinen Leidenschaften gebieten*, dominer ses passions ; être maître de soi. | *Achtung gebieten*, commander l'estime, le respect.

Gebieter [-tər] m. (s, -) maître m. || Polit. seigneur m. ; souverain m.

Gebieterin [-tərin] f. (-, nen) maîtresse. || Polit. souveraine f.

gebieterisch [-təriʃ] adj. impérieux ; impératif.

Gebiets|abtretung [ge"bi:ts'aptre:tuŋ] f. (-, en) cession (f.) de territoire. ||°**-anspruch** m. (s, ¨e) revendication territoriale. ||°**-einschluß** m. (es, ¨e) enclave f. ||°**-erweiterung** f. (-, en) agrandissement (m.) de territoire. ||°**-körperschaft** f. (-, en) collectivité territoriale.

Gebilde [gə'bildə] n. (s, -) image f. ; dessin m. ; figure f. || [Aufbau] structure f. || Par ext. œuvre f. ; produit m. ; création f. || Text. dessin m. || Géol. formation f.

gebildet [-dət] adj. cultivé. | *ein gebildeter Mensch*, homme cultivé, instruit.

Gebimmel [gə'biməl] n. (s). Fam. tintement m.

Gebinde [gə'bində] n. (s, -) faisceau m. || Agric. [Garbe] gerbe f. || [Faß] futaille f. ; barrique f. || Text. écheveau m. || Archit. assemblage m.

Gebirge [gə'birgə] n. (s, -) monts m. pl. ; montagne

f. | *Mittelgebirge*, montagne d'altitude moyenne. | *Hochgebirge*, haute montagne. | *Vorgebirge*, promontoire m. | *Kamm des Gebirges*, arête (f.), crête (f.) de la montagne. | *ins Gebirge gehen*, aller en montagne. || GÉOL. roche f.

— SYN. : *Berg*, *Höhe*, mont ; *Gebirgsmasse*, montagne ; *Spitze*, *Bergspitze*, pic ; *Bergkuppe*, puy ; *Gipfel*, cime ; *Hügel*, colline.

gebirgig [-giç] adj. montagneux.

Gebirgler [-klər] m. (s, -) montagnard m.

Gebirgs|art [gə"birks'ɑ:rt] f. (-). GÉOL. roche f. ||°**-bach** m. (s,¨e) torrent m. ||°**-bahn** f. (-, en) chemin (m.) de fer à crémaillère. || PAR ANAL. [Rutschbahn] montagne (f.) russe. ||°**-beschreibung** f. (-, en). GÉOGR. orographie f. ||°**-bewegung** f. (-, en). GÉOL. mouvement (m.) des terrains ; mouvement (m.) orogénique. ||°**-bewohner** m. (s, -) montagnard m. ||°**-bildung** f. (-, en) orogenèse f. ||°**-grat** m. (s, e), °**-kamm** m. (s,¨e) crête (f.) de montagne. ||°**-kessel** m. (s, -). GÉOL. cirque m. ||°**-kunde** f. GÉOGR. orographie f. ||°**-massiv** n. (s, e) massif montagneux. ||°**-rücken** m. (s, -) crête (f.), arête (f.) de montagne. ||°**-schicht** f. (-, en) strate f. ; couche f. ; assise f. ||°**-schlag** m. (s, ¨e). MINES. coup (m.) de charge ; poussée (f.) de mine, de toit. ||°**-schlucht** f. (-, en) gorge f. ; ravin m. ||°**-see** m. (s, n) lac (m.) de montagne. ||°**-stock** m. (s,¨e) 1° bâton ferré ; piolet m. ; 2° massif (m.) de montagne. ||°**-wand** f. (-, ¨e) paroi (f.) de rocher ; muraille f. ||°**-zug** m. (s, ¨e) chaîne (f.) de montagnes.

Gebiß [gə'bis] n. (es, e) denture f. ; dents f. pl. | *künstliches*, *falsches Gebiß*, dentier m. ; appareil (m.), prothèse (f.) dentaire ; fausses dents ; FAM. râtelier m. || PAR EXT. [Pferd] mors m. ; frein m.

Geblaffe [gə'blafə] n. (s) aboiements m. pl.

Geblase [gə'blɑ:zə] n. (s) sonnerie f.

Gebläse [gə'blɛ:zə] n. (s, -). TECHN. soufflets m. pl. ; (machine) soufflante f. || MUS. [Orgel] soufflerie f.

Geblöke [gə'blø:kə] n. (s) bêlement m. ; beuglement m.

geblümt [gə'bly:mt] adj. à fleurs ; parsemé de fleurs. || FIG., TEXT. ouvré ; (tissu) à ramages.

Geblüt [gə'bly:t] n. (s) sang m. || PAR EXT. sang m. ; race f. ; lignée f. | *von königlichem Geblüt*, de sang royal.

gebogen [gə'bo:gən] adj. recourbé ; courbé ; courbe ; arqué.

geboren [gə'bo:rən] part. pass. de **gebären,** né. | *sie ist eine geborene Schulze*, elle est née Schulze. | *geborene Deutsche*, d'origine allemande. || FIG. *geborener Kaufmann*, véritable commerçant m. | *er ist ein geborener Künstler*, c'est un artiste-né.

geborgen [gə'bɔrgən] adj. en sûreté ; dans une retraite ; caché.

Geborgenheit [gə'bɔrgənhait] f. retraite f. ; abri m.

Gebot [gə'bo:t] n. (s, e) commandement m. ; ordre m. ; injonction f. || RELIG. *die zehn Gebote*, les dix commandements de Dieu ; le décalogue. || PAR ANAL. loi f. ; décret m. ; précepte m. || FIG. *das Gebot der Stunde*, la nécessité de l'heure. | *zu Gebote stehen*, être à la disposition ; être disponible. || PROV. *Not kennt kein Gebot*, nécessité n'a point de loi. || PAR EXT., COMM. [Angebot] offre f. ; mise f. ; enchère f. ; soumission f. | *ein Gebot machen*, faire une offre.

— SYN. : *Befehl*, commandement ; *Anordnung*, ordre ; *Vorschrift*, précepte ; *Verordnung*, *Bestimmung*, prescription ; *Aufforderung*, sommation ; *Geheiß*, *Aufschlag*, enchère.

gebraten [gə'brɑ:tən] adj. rôti. | *gebratenes Huhn*, poulet rôti.

Gebratenes [-nəs] n. CULIN. rôti m. ; friture f.

Gebräu [gə'brɔy] n. (s, e). PÉJOR. mélange m. (de boissons) ; breuvage m. ; bibine f.

Gebrauch [gə'braux] m. (s, ¨e) usage m. ; emploi m. ; utilisation f. | *häufiger Gebrauch derselben Redensart*, emploi fréquent de la même tournure. | *in Gebrauch nehmen*, mettre en usage. | *von den Waffen Gebrauch machen*, faire usage des armes. || FIG. usage m. ; habitude f. ; coutume f. | *Sitten und Gebräuche*, us (m. pl.) et coutumes. | *nach altem Gebrauch*, d'après les coutumes anciennes. | *Allgemeingebrauch*, usage, emploi courant. | *der Wagen ist außer Gebrauch*, cette voiture est hors d'usage. | *Hofgebrauch*, *Hofbrauch*, étiquette f.

gebrauchen [-xen] v. tr. se servir ; faire usage de ; utiliser ; employer. | *das kann ich gut gebrauchen*, cela me rend bien service. | *Kraftausdrücke gebrauchen*, parler crûment.

gebräuchlich [gə'brɔyçliç] adj. en usage ; d'usage ; usité ; usuel ; courant. | *gebräuchlich werden*, passer dans l'usage. | *gebräuchliche Ausdrücke*, locutions courantes ; expressions usuelles.

Gebrauchs|anweisung [gə"brauxs'anvaizuŋ] f. (-, en) mode (m.) d'emploi ; instruction f. ; notice (f.) d'utilisation. ||**-fähig** adj. employable. ||**-fertig** adj. prêt à l'usage, à servir ; en état de service. ||°**-gegenstand** m. (s,¨e) objet (m.) usuel ; objet (m.) utilitaire. ||°**-graphik** f. ARTS. art (m.), dessin (m.) publicitaire. ||°**-graphiker** m. (s, -) dessinateur (m.) publicitaire. ||°**-muster** n. (s, -). COMM. modèle déposé ; marque déposée. ||°**-musterschutz** m. (es). JUR. brevet (m.) protégeant la marque déposée. ||°**-vorschrift** f. (-, en) mode (m.) d'emploi ; instruction f. ; manière (f.) de s'en servir. ||°**-wert** m. (s, e) valeur (f.) utilitaire.

gebraucht [gə'brauxt] adj. usé. | *gebrauchter Anzug*, complet usagé.

Gebraucht|wagen [gə"brauxt'vɑ:gən] m. (s, -). FAM. voiture (f.) d'occasion.

Gebraus [gə'braus] n. (es), **Gebrause** [-'brauzə] n. (s) bruissement m. ; mugissement m. ; fracas m. ; tumulte m. ; grondement m.

Gebrech [gə'brɛç] n. (s) [Rüssel] boutoir (m.) de sanglier. || [Erde] boutis m.

Gebrechen [gə'brɛçən] n. (s, -) défaut m. ; infirmité f. ; imperfection f. ; défaut (m.) physique. | *Gebrechen des Alters*, infirmités de la vieillesse.

gebrechen [gə'brɛçən] (a, o) v. impers. *mir gebricht es an Geld*, je manque d'argent.

gebrechlich [-'brɛçliç] adj. fragile ; infirme ; impotent. || FIG. fragile ; frêle ; faible ; délicat.

Gebrechlichkeit [-'brɛçliçkait] f. (-, en) fragilité f. ; faiblesse f. ; infirmité f. ; décrépitude f.

gebrochen [-'brɔxən] adj. brisé. | *gebrochene Linie*, ligne brisée.

◇ adv. *gebrochen Französisch sprechen*, baragouiner le français. || FIG. *gebrochenes Herz*, cœur brisé. | *gebrochene Stimme*, voix cassée, mourante.

Gebröckel [-'brøkəl] n. (s) débris m. pl. ; fragments m. pl. ; brisures f. pl. ; miettes f. pl.

Gebrodel [gə'bro:dəl] n. (s) bouillonnement m.

Gebrüder [gə'bry:dər] m. pl. frères m. pl. || COMM. *Gebrüder Schulz und Cº* (en abr. GEBR. SCHULZ *u. Cº*), Schulz frères et Cie.

Gebrüll [gə'bryl] n. (s) mugissement(s) m. (pl.) ; rugissement(s) m. (pl.) ; hurlement(s) m. (pl.). || FIG. [Kanone] grondement m.

Gebrumm(e) [gə'brum(ə)] n. (s) grondement m. ; bourdonnement m. ; grognement m.

Gebühr [gə'by:r] f. (-, en). [Zahlung] taxe f. ; droit m. ; frais m. pl. | *hohe Gebühr*, taxe élevée. | *Gebühren bezahlen*, payer des taxes. | *Gebühren herabsetzen*, *nachlassen*, détaxer. || FIG. convenance f. ; devoir m. ; obligation f. | *er wurde nach Gebühr belohnt*, il fut récompensé comme il convient, selon ses mérites. | *über Gebühr beansprucht*, occupé à l'excès ; débordé ; surmené.

gebühren [-rən] v. intr. appartenir, être dû à ; revenir de droit à. | *Ehrfurcht gebührt ihm*, il a droit au respect. | *es gebührt dir nicht*, tu n'y as pas droit ; tu ne le mérites pas. | *Ehre, wem Ehre gebührt*, à tout seigneur tout honneur.

◇ v. impers. et pr. **es gebührt sich,** il convient.

Gebühren|berechnung [gə"by:rənbə'rɛçnuŋ] f. (-, en) taxation f. ||°**-erlaß** m. (es, e) remise (f.) des droits. ||**-frei** adj. exempt de taxes, de droits ; exonéré de frais ; sans frais ; en franchise. ||°**-freiheit** f. (-, en) franchise f. ; exonération f. ; gratuité f. || °**-konto** n. (s, ten) compte (m.) des redevances. || °**-nachlaß** m. (es,¨e) détaxe f. ||°**-ordnung** f. (-, en) tarif m. ; taxes f. pl. | *ärztliche Gebührenordnung*, nomenclature f. ||**-pflichtig** adj. passible d'un droit, de droits ; soumis aux droits ; taxable. | *gebührenpflichtige Autobahn*, autoroute (f.) à péage. | *gebührenpflichtiger Parkplatz*, stationnement payant. | *gebührenpflichtige Verwarnung*, sommation (f.) avec frais. ||°**-rückerstattung** f. (-, en) détaxe f. ; remboursement (m.) des droits. ||°**-rückstand** m. (s, ¨e) arriéré m. (des taxes). ||°**-streichung** f. (-, en) dégrèvement (m.), exonération (f.) des droits, des taxes.

gebührend [gəby:rənt] adj. afférent ; revenant à ; convenable ; bienséant ; juste. | *er erhielt eine gebührende Antwort*, on lui répondit comme il fallait. | *jm die gebührende Achtung erweisen*, recevoir qn avec les honneurs dus à son rang.

◇ adv. dûment.

gebührlich [gə'by:rliç] adj. V. GEBÜHREND.

gebündelt [gə'byndəlt] adj. PHYS. [Strahlen] en faisceau ; en grappe.

ge|bunden [gə'bundən] adj. lié ; attaché. || FIG. *an niemanden gebunden sein*, être indépendant ; ne dépendre de personne. || COMM. *gebundenes Konto ; gebundener Preis*, compte (m.) à échéance fixe ; prix (m.) fixe. || CHIM. *chemisch gebunden*, combiné. || MUS. lié. || LITTÉR. *in gebundener Rede*, en vers. || *gebundenes Buch*, livre relié.

Gebundenheit [gə'bundənhait] f. assujettissement m. ; sujétion f. ; contrainte f. ; règle f.

Geburt [gə'burt] f. (-, en) naissance f. ; accouchement m. ; enfantement m. ; venue (f.) au monde. | *sie ist von Geburt blind*, elle est aveugle de naissance. | *von Geburt an*, depuis la naissance. | *nach Christi Geburt*, après Jésus-Christ. || FIG. naissance f. ; origine f. ; extraction f. | *von hoher Geburt sein*, être de haute naissance, d'un sang illustre. | *ein Mann von Geburt*, un homme de qualité. | *er ist der Geburt nach Adliger*, il est noble d'origine, d'origine noble.

Geburten|abnahme [gə"burtən'apna:mə] f. régression (f.) de la natalité ; dénatalité f. ||°-**beschränkung** f. limitation (f.) des naissances ; malthusianisme m. ||-**fördernd** adj. nataliste. | *geburtenfördernde Politik*, politique (f.) nataliste. ||°-**kontrolle** f. (-) contrôle (m.) des naissances. ||°-**regelung** f. contrôle (m.) des naissances. || °-**rückgang** m. (s). V. GEBURTENABNAHME. || °-**überschuß** m. (es, ¨e) excédent (m.) des naissances. ||°-**ziffer** f. (-, n) natalité f. ||°-**zuwachs** m. (es) accroissement (m.) des naissances, de la natalité.

gebürtig [gə'byrtiç] adj. natif. | *aus Berlin gebürtig*, natif de, né à Berlin.

Geburts|adel [gə"burts'a:dəl] m. (s) noblesse (f.) héréditaire. ||°-**anzeige** f. (-, n) faire-part (m.) de naissance. || [Standesamt] déclaration (f.) de naissance. ||°-**arbeit** f. MÉD. enfantement m. ||°-**fehler** m. (s, -) défaut naturel, inné, de naissance ; vice (m.), tare (f.) héréditaire. ||°-**haus** n. (es, ¨er) maison natale. ||°-**helfer** m. (s, -) [médecin (m.)] accoucheur m. ||°-**helferin** f. (-, nen) accoucheuse f. ; sage-femme f. ||°-**hilfe** f. obstétrique f. ; aide (f.) à l'accouchée. ||°-**jahr** n. (s, e) année (f.) de naissance. ||°-**land** n. (s) pays natal. ||°-**lehre** f. MÉD. obstétrique f. ||°-**liste** f. (-, n) registre (m.) des naissances de l'état civil. ||°-**ort** m. (s, e) lieu (m.) de naissance. ||°-**recht** n. (s, e) droit (m.) de naissance, du sang. ||°-**register** n. (s, -). V. GEBURTSLISTE. ||°-**schein** m. (s, e) acte (m.), extrait (m.) de naissance. ||°-**schmerzen** m. pl. MÉD. douleurs (f. pl.) de l'enfantement. ||°-**stadt** f. (-, ¨e) ville natale. ||°-**tag** m. (s, e) anniversaire m. ; ADM. date (f.) de naissance. ||°-**wehen** f. pl. douleurs (f. pl.) de l'enfantement. ||°-**zange** f. (-, n). MÉD. forceps m. ||°-**zeit** f. terme m.

Gebüsch [gə'byʃ] n. (es, e) broussailles f. pl. ; buissons m. pl. ; hallier m. | *das Gebüsch abschlagen*, battre les buissons.
— SYN. : *Buschwerk, Strauch, Busch*, buisson ; *Gestrüpp, Gesträuch, Strauchwerk*, broussailles.

Geck [gɛk] m. (en, en) fat m. ; freluquet m. ; poseur m. ; dandy m. ; (Vx.) gandin m.

geckenhaft ['gɛkənhaft] adj. ; fat ; sot. | *geckenhaftes Benehmen*, sotte conduite.
◇ adv. *geckenhaft gekleidet*, habillé en dandy.

Geckenhaftigkeit [-tiçkait] f. sottise f. ; fatuité f. ; pose f. ; manières (f. pl.) de poseur.

Geckerei [gɛkə'rai] f. (-, en). PÉJOR. pose f.

Gecko ['gɛ:ko] m. (s, s). ZOOL. gecko m.

ge|dacht [gə'da:xt] part. pass. de **denken** et **gedenken.**

Gedächtnis [gə'dɛçtnis] n. (ses, se) mémoire f. | *ein gutes Gedächtnis haben*, avoir une mémoire excellente. | *kurzes Gedächtnis*, mémoire courte. | *wenn mich mein Gedächtnis nicht täuscht, trügt*, si j'ai bonne mémoire. | *etwas im Gedächtnis haben, behalten*, avoir qch. présent à la mémoire ; garder qch. en mémoire. | *etwas aus dem Gedächtnis verlieren*, perdre le souvenir, la mémoire de qch. | *sich etwas ins Gedächtnis zurückrufen*, se remettre qch. en mémoire ; se remémorer qch. || FAM. *jm das Gedächtnis auffrischen*, rafraîchir la mémoire à qn. | *er hat kein Gedächtnis für Gesichter*, il n'est pas physionomiste. | *er hat kein Gedächtnis für Daten*, il ne retient pas les dates ; il n'a pas la mémoire des dates. || PAR EXT. [Andenken] souvenir m. | *der Toten Gedächtnis bewahren*, garder le souvenir des morts.

Gedächtnis|feier [gə"dɛçtnis'faiər] f. (-, n) fête commémorative ; commémoration f. ||°-**kirche** f. (-, n) église commémorative. ||°-**kunst** f. (-, ¨e), °-**lehre** f. mnémotechnique f. ; mnémotechnie f. ||°-**münze** f. (-, n) médaille commémorative. ||°-**rede** f. (-, n) discours (m.) à la mémoire de. ||°-**sache** f. (-, n) affaire (f.) de pure mémoire. ||°-**schwäche** f. amnésie f. ||°-**stütze** f. (-, n) moyen (m.) mnémotechnique. ||°-**tafel** f. (-, n) plaque commémorative. || °-**tag** m. (s, e) anniversaire m.

Gedämpftes [gə'dɛmpftəs] n. CULIN. daube f. ; bœuf (m.) en daube.

Gedanke [gə'daŋkə] m. (ns, n) pensée f. ; idée f. ; réflexion f. ; esprit m. ; souvenir m. | *mir kam der Gedanke*, l'idée m'est venue ; j'ai eu l'idée. || FAM. *der Gedanke schoß mir durch den Kopf*, l'idée me passa par la tête, me traversa l'esprit. || *Hauptgedanke*, idée principale. | *Leitgedanke*, idée directrice. | *sich etwas aus den Gedanken schlagen*, bannir qch. de sa mémoire. | *auf einen Gedanken kommen*, avoir une idée. | *sich mit dem Gedanken herumtragen, ein Haus zu kaufen*, nourrir le projet d'acheter une maison. | *sich Gedanken über etwas machen*, s'inquiéter au sujet de qch. ; se préoccuper de qch. | *Gedanken sind zollfrei*, la pensée est libre. | *seine Gedanken sammeln*, se concentrer. | *in Gedanken vertieft, versunken sein*, être absorbé dans ses réflexions, perdu dans ses pensées. | *auf andere Gedanken kommen*, se changer les idées. || FIG. *der Kaffee ist (um) einen Gedanken zu süß*, le café est une idée, un rien trop sucré.

gedanken|arm [gə"daŋkən'arm] adj. dépourvu d'idées ; pauvre d'esprit ; vide. ||°-**armut** f. absence (f.) d'idées ; pauvreté (f.) d'esprit ; platitude f. ||°-**austausch** m. (es, e) échange (m.) d'idées. ||°-**blitz** m. (es, e) saillie f. ; mot (m.) d'esprit. ||°-**folge** f. (-) fil (m.), suite (f.) des idées. ||°-**freiheit** f. liberté (f.) de la pensée. ||°-**fülle** f. abondance (f.) de pensées, d'idées ; richesse (f.) de pensées. ||°-**gang** m. (s) cours (m.), suite (f.) des idées. ||-**leer** adj. dépourvu, vide d'idées. ||-**reich** adj. riche en idées ; qui a une foule d'idées. ||-**schwer** adj. riche d'idées. ||°-**splitter** m. pl. aphorismes m. pl. ||°-**sprung** m. (s, ¨e) coq-à-l'âne m. ||°-**strich** m. (s, e). GRAMM. tiret m. ; points (m. pl.) de suspension. ||°-**übertragung** f. (-, en) transmission (f.) de pensée. ||°-**verbindung** f. (-, en) association (f.) d'idées. ||-**voll** adj. riche en idées ; riche de pensées. || PAR EXT. pensif. || °-**vorbehalt** m. (s, e). PHILOS. restriction mentale. ||°-**welt** f. (-, en) imaginaire m. ; monde (m.) des idées.

gedanken|los [gə"daŋkən'lo:s] adj. sans pensées. || PAR EXT. irréfléchi ; distrait ; étourdi ; machinal.
◇ adv. machinalement ; sans y penser.
— SYN. : *kopflos*, étourdi ; *unbesonnen*, écervelé ; *leichtsinnig*, évaporé ; *unvorsichtig*, imprudent ; *unüberlegt*, irréfléchi ; *leichtfertig*, inconsidéré.

Gedanken|losigkeit [-'loziçkait] f. absence (f.), manque (m.) d'idées ; irréflexion f. || PAR EXT. étourderie f. ; légèreté (f.) d'esprit.

Gedärm [gə'dɛrm] n. (s, e) intestins m. pl. ; VULG. boyaux m. pl. || CULIN. tripes f. pl.
— SYN. : *Darm*, boyau ; *Eingeweide*, intestins, entrailles ; *Kutteln*, tripes.

Gedeck [gə'dɛk] n. (s, e) ce qui sert à couvrir ; couverture f. || [Tisch] nappe f. || [Bett] couverture f. || [Pferd] housse f. || ARCHIT. couverture f. || PAR ANAL. [Tischwäsche] linge (m.) de table. || PAR EXT. couvert m. (couteau, fourchette, cuiller, assiette). | *ein zusätzliches Gedeck auflegen*, mettre un couvert de plus.

Gedeih [gə'dai] m. (s). LOC. *auf Gedeih und Verderb*, pour le meilleur et pour le pire.

gedeihen [-'dai:ən] (ie, ie) v. intr. prospérer ; bien venir ; bien pousser ; croître ; grandir ; réussir ; avoir du succès. || PROV. *unrecht Gut gedeihet nicht*, bien mal acquis ne profite jamais.

Gedeihen n. (s) prospérité f. ; développement m. ; croissance f. ; réussite f. ; succès m.

gedeihlich [-'dailiç] adj. prospère. || PAR EXT. profitable ; utile.

Gedenk|buch [gə"dɛŋk'bu:x] n. (s, ¨er) mémorial m. ; mémento m. ; agenda m. ; album m. ||°-**feier** f. (-, n) fête commémorative. ||°-**stätte** f. (-, n) lieu commémoratif. ||°-**stein** m. (s, e) monument (commémoratif). ||°-**tafel** f. (-, n) plaque commémorative.

gedenken [gə'dɛnkən] (gedachte, gedacht) v. intr. se souvenir, garder le souvenir de ; ne pas oublier. | *gedenke meiner !*, pense à moi ; ne m'oublie pas. | *der verstorbenen Eltern gedenken*, rester fidèle au souvenir de ses parents. | *js in seinem Gebet gedenken*, ne pas oublier qn dans ses prières. || se proposer. | *ich gedenke, heute nicht zu arbeiten*, je n'ai pas l'intention de travailler aujourd'hui.

Gedenken [-kən] n. (s) pensée f. ; mémoire f. ; souvenir m. | *seit Menschengedenken*, de temps immémorial ; de mémoire d'homme.

Gedicht [gə'diçt] n. (s, e) poème m. ; (pièce [f.] de) vers m. pl. ; poésie f. | *episches Gedicht*, poème épique ; épopée f. | *lyrisches Gedicht*, poème lyrique ; ode f.

Gedicht|form [gə"diçt'fɔrm] f. (-, en) [forme (f.) du] vers m. | *in Gedichtform*, en vers. ||°**-sammlung** f. (-, en) recueil (m.) de poésies, de poèmes ; anthologie f.

gediegen [gə'di:gən] adj. solide ; ferme ; massif ; fin. | *gediegenes Gold*, or pur. || Fig. bien fait ; vrai ; droit ; sûr. | *gediegener Charakter*, caractère (m.) ferme. | *gediegenes Wissen ; gediegene Kenntnisse*, connaissances (f. pl.) solides. | *ein gediegener Mensch*, un homme de caractère. | *gediegene Ware*, marchandise (f.) de bonne qualité.

Gediegenheit [gə'di:gənhait] f. solidité f. ; fermeté f. ; pureté f.

gedieh [gə'di:] prét. de **gedeihen.**

gedient [gə'di:nt] adj. Mil. *ein gedienter Soldat*, un soldat libéré. | *ein gedienter Offizier*, un officier versé dans la réserve.

Gedinge [gə'diŋə] n. (s) prix convenu ; accord m. ; forfait m. | *im Gedinge*, à la tâche ; à forfait.

Gedinge|arbeit [gə"diŋə'arbait] f. (-, en) travail (m.) à la tâche, à forfait. || Typogr. (travail [m.] en) conscience f. ||°**-arbeiter** m. (s, -) ouvrier payé à la tâche.

gedoppelt [gə'dɔpəlt] adj. doublé.

Gedränge [gə'drɛŋə] n. (s) presse f. ; foule f. ; cohue f. ; encombrement m. | *vor dem Kino herrschte großes Gedränge*, devant la salle de cinéma, il y avait foule, on se bousculait. || Fig. embarras m. || Fam. *ins Gedränge kommen*, se trouver dans l'embarras ; être coincé.

gedrängt [-'drɛŋt] adj. serré ; pressé ; compact. || Fig. concis.

Gedrängtheit [gə'drɛŋthait] f. entassement m. ; encombrement m. ; compacité f. || Fig. concision f.

gedruckt [gə'drukt] adj. imprimé. || Fam. *wie gedruckt lügen*, mentir comme un arracheur de dents.

Gedrücktheit [gə'drykthait] f. Fig. situation (f.), état (m.) pénible ; dépression f. ; abattement m.

gedrungen [gə'druŋən] adj. serré ; compact ; trapu. || Fig. concis.

Gedrungenheit [gə'druŋənhait] f. [Körper] stature trapue. || Fig. [Stil] concision f.

Geduld [gə'dult] f. patience f. ; persévérance f. ; longanimité f. | *Geduld mit jm haben*, faire preuve de patience envers qn. | *er hat viel Geduld*, il a beaucoup de patience. | *die Geduld verlieren*, perdre patience ; s'impatienter. | *einen Augenblick Geduld, bitte !*, patientez un peu, s'il vous plaît ! | *mir reißt die Geduld*, fam. je suis à bout (de patience), las d'attendre ; ma patience est à bout. | *mit Geduld ertragen*, supporter patiemment. | *Engelsgeduld*, patience d'ange. || Prov. *mit Geduld und Zeit kommt man weit*, patience et longueur de temps font plus que force ni que rage.

Geduld|faden [gə"dult'fa:dən] m. (s, ¨e) *der Geduldfaden reißt mir*, j'en ai assez. ||°**-losigkeit** f. (-) manque (m.) de patience. ||°**-probe** f. (-, n) épreuves f. pl. ; ouvrage (m.) de patience. ||°**-spiel** n. (s, e) jeu (m.) de patience ; puzzle m.

gedulden (sich) [ziçgə'duldən] v. pr. prendre patience ; patienter.

geduldig [gə'duldiç] adj. patient ; endurant. | *geduldig wie ein Lamm*, doux comme un agneau.

gedunsen [gə'dunzən] (Vx.) adj. boursouflé ; bouffi ; enflé.

Gedunsenheit [gə'dunzənhait] f. boursouflement m. ; bouffissure f.

geeicht [gə'aiçt] adj. étalonné ; jaugé ; contrôlé.

geeignet [gə'aiknət] adj. (dat.) propre à ; convenable ; désigné pour. || Par ext. capable de. | *nicht geeignet*, inapte (à). | *diese Übersetzung scheint mir am geeignetsten*, cette traduction me semble la meilleure.

geerdet [gə'e:rdət] adj. Électr. (mis) à la terre.

Geest [ge:st] f. terrain élevé et stérile.

Gefabel [gə'fa:bəl] n. (s). Fam. fables f. pl. ; contes m. pl.

Gefahr [gə'fa:r] f. (-, en) danger m. ; péril m. ; risque m. ; détresse f. | *es droht Gefahr*, un danger menace. | *sich einer Gefahr aussetzen*, s'exposer à un danger. | *in Gefahr kommen, Gefahr laufen*, courir un danger. | *jn in Gefahr bringen*, mettre les jours de qn en danger. | *es ist Gefahr im Anzug*, le danger menace. | *es ist Gefahr im Verzuge*, il y a péril en la demeure. | *es hat keine Gefahr*, il n'y a pas péril en la demeure. | *eine Gefahr abwenden*, détourner, conjurer le danger. | *auf eigene Gefahr*, à ses risques et périls. | *sich in Gefahr begeben*, s'exposer au danger. | *einer Gefahr entgehen*, échapper à un danger ; l'échapper belle. | *auf die Gefahr hin, daß er alles verliert*, au risque de tout perdre. | *der Verletzte ist außer Gefahr*, le blessé est hors de danger. | *unter Gefahr seines Lebens*, au péril de sa vie. | *Feuersgefahr*, danger d'incendie. | *Lebensgefahr ; Todesgefahr*, danger de mort.

gefahr|bringend [gə"fa:r'briŋənt] adj. dangereux ; menaçant. ||°**-deich** m. (s, e). Mar. première digue de protection. ||**-drohend** adj. menaçant ; dangereux. ||**-los** adj. sans danger ; sûr ; sans risque. ||°**-losigkeit** f. absence (f.) de danger, de risque ; sûreté f. ; sécurité f.

gefährden [gə'fɛ:rdən] v. tr. mettre en danger, en péril ; faire courir le risque ; exposer ; compromettre. || Mil. *gefährdete Zone*, zone dangereuse.

gefährlich [gə'fɛ:rliç] adj. dangereux ; périlleux ; menaçant ; critique ; hasardeux. | *eine gefährliche Krankheit*, une maladie grave. | *ein gefährliches Leben führen*, mener une vie aventureuse. | *in gefährlichen Zeiten leben*, vivre des temps dangereux. | *ein gefährlicher Verbrecher*, un criminel dangereux. | *ein gefährlicher Autofahrer*, fam. un chauffard. | *ein gefährliches Unternehmen*, une entreprise risquée. || Fig. *das gefährliche Alter*, l'âge (m.) critique ; le retour d'âge.

Gefährlichkeit [-kait] f. gravité f. ; danger m.

Gefährt [gə'fɛ:rt] n. (es, e) véhicule m. ; voiture f.

Gefährte [-tə] m. (n, n) compagnon m. ; camarade m. | *Lebensgefährte*, compagnon de vie. | *Leidensgefährte*, compagnon d'infortune.

Gefährtin [-tin] f. (-, nen) compagne f. ; camarade f.

gefahr|voll [gə'fa:rfɔl] adj. dangereux ; périlleux ; critique.

Gefälle [gə'fɛlə] n. (s, e) inclinaison f. ; déclivité f. ; pente f. ; chute f. | *das Gelände hat ein starkes Gefälle*, le terrain est en forte pente. || Électr. chute (f.) de tension, de potentiel. || Géogr. *Gefällskurve*, profil (m.) d'un fleuve.

gefallen [gə'falən] (ä, ie, a) v. intr. plaire ; convenir ; être agréable ; faire plaisir. | *dieser Roman gefällt mir*, ce roman me plaît. | *wie hat es dir am Meer gefallen ?*, comment t'a plu ton séjour à la mer ? | *sein blasses Gesicht will mir nicht gefallen*, sa pâleur ne laisse pas de m'inquiéter. | *so gefällst du mir*, à la bonne heure ; c'est ainsi que j'aime te voir. | *das lasse ich mir nicht gefallen*, je n'admettrai, je ne tolérerai pas cela.

Gefallen [-lən] m. (s) plaisir m. ; bon plaisir ; gré m. ; volonté f. | *an etwas Gefallen finden*, prendre plaisir à qch. || Par ext. complaisance f. ; service m. | *jm einen Gefallen tun, erweisen*, rendre un service à qn. | *jm zu Gefallen reden*, abonder (servilement) dans le sens de qn. | *ganz nach Ihrem Gefallen*, tout à votre guise.

gefallen [-lən] adj. tombé ; déchu.

gefällig [gə'fɛliç] adj. agréable ; convenable ; plaisant. | *ein gefälliges Aussehen*, un air agréable, avenant. || Par ext. *ein gefälliger Mensch*, un homme serviable, complaisant. | *was ist gefällig ?*, que désirez-vous ? || Fam. *ist es so gefällig ?*, cela vous convient-il ?

Gefälligkeit [-kait] f. (-, en) complaisance f. ; obligeance f. ; service m. | *jm eine Gefälligkeit erweisen*, obliger qn. | *jn um eine Gefälligkeit bitten*, demander un service à qn. | *kleine Gefälligkeiten erhalten die Freundschaft*, les petits cadeaux entretiennent l'amitié.

gefälligst [gə'fɛliçst] adv. s'il vous plaît.

Gefall|sucht [gə"fal'zu:xt] f. coquetterie f.

gefall|süchtig [-'zy:çtiç] adj. empressé à plaire ; coquet.

gefangen [gə'faŋən] adj. pris ; captif ; prisonnier ; détenu.

Gefangenen|aufseher [gə"faŋənən'aufze:ər] m. (s, -) gardien (m.) de prison ; geôlier m. ||°**-lager** n. (s, -). Mil. camp (m.) de prisonniers.

gefangen|geben (sich) [ziçgə"faŋən'ge:bən] (i, a, e) v. pr. se rendre.

gefangen|halten [gə"faŋən'haltən] (ä, ie, a) v. tr. Jur. détenir. ||°**-nahme** f. (-, n). Jur., Mil. arrestation f. ; capture f. ; prise f. ||**-nehmen** (i, a, o) v. tr. Mil. prendre ; arrêter ; faire prisonnier. ||**-setzen** v. tr. arrêter ; mettre en prison.

Gefangenschaft [gə'faŋənʃaft] f. captivité f. ; détention f. || Mil. *in Gefangenschaft geraten*, être fait prisonnier.

Gefängnis [gə'fɛŋnis] n. (ses, se) prison f. ; maison (f.) d'arrêt ; cachot m. ; geôle f. | *zu drei Jahren Gefängnis verurteilen*, condamner à trois ans de prison.
Gefängnis|haft [gə'fɛŋnishaft] f. emprisonnement m. || °**-strafe** f. (-, en) peine (f.) de prison. ||°**-wärter** m. (s, -) geôlier m. ||°**-welt** f. (-) univers carcéral. ||°**-wesen** n. (s) système (m.) pénitentiaire. ||°**-zelle** f. (-, n) cellule f. ; FAM. cabanon m.
Gefasel [gə'fɑ:zəl] n. (s) radotage m.
Gefäß [gə'fɛ:s] n. (es, e) récipient m. ; vase m. ; cuve f. ; réservoir m. | *das Gefäß läuft über*, le vase déborde. || ANAT., BOT. vaisseau m. | *ausführende Gefäße*, canaux efférents. || PHYS. *verbundene Gefäße*, vases communicants. || PAR EXT. [Degengriff] poignée f.
Gefäß|barometer [gə"fɛ:sbarɔ'me:tər] m. ou n. (s, -). PHYS. baromètre (m.) à cuvette. ||°**-bildung** f. MÉD. vascularisation f. ||°**-erkrankung** f. (-, en) maladie (f.) vasculaire. ||°**-förderung** f. MINES. extraction (f.) par skip. ||°**-schwulst** m. (es, ¨e). MÉD. angiome m. ||°**-system** n. (s). ANAT. système (m.) vasculaire. ||°**-verkalkung** f. MÉD. artériosclérose f. ; endartérite oblitérante. ||°**-verstopfung** f. (-, en). MÉD. embolie f.
gefaßt [gə'fast] (-, en) adj. prêt ; préparé à ; calme ; impassible ; tranquille.
Gefaßtheit [gə'fasthait] f. calme m. ; tranquillité f. ; sang-froid m.
Gefecht [gə'fɛçt] n. (s, e). MIL. combat m. ; rencontre f. ; engagement m. ; escarmouche f. | *eine Batterie außer Gefecht setzen*, mettre une batterie hors de combat. || FIG., FAM. *in der Hitze des Gefechtes*, dans l'ardeur du combat. | *triftige Gründe ins Gefecht führen*, avancer des arguments solides.
gefechts|bereit [gə"fɛçtsbə'rait] adj. en garde ; prêt au combat. ||°**-einheit** f. (-, en). MIL. unité (f.) tactique, de combat. ||°**-feld** n. (s, er). MIL. terrain (m.) de combat ; champ (m.) de bataille. ||**-klar** adj. MAR. paré. ||°**-lage** f. (-, n) situation (f.) tactique. ||°**-lehre** f. MIL. tactique f. ||°**-stand** m. (s, ¨e) poste (m.) de commandement (P.C.).
gefedert [gə'fə:dərt] adj. ZOOL. emplumé ; garni de plumes. || TECHN. garni de ressorts ; suspendu (sur ressorts).
gefeit [gə'fait] adj. immunisé ; invulnérable ; protégé.
Gefiedel [gə'fi:dəl] m. (s). FAM. raclement m. (du violon).
Gefieder [gə'fi:dər] n. (s) plumage m. ; plumes f. pl. || PAR EXT. volaille f. ; oiseau m.
gefiedert [-dərt] adj. emplumé. || FIG. empenné. || BOT. *gefiederte Blätter*, feuilles pennées.
Gefilde [gə'fildə] n. (s, -). POÉT. champs m. pl. || MYTH. *die elys(ä)ischen Gefilde*, Élysée m. ; champs élyséens ; régions élyséennes.
gefingert [gə'fiŋərt] adj. BOT., ZOOL. digité ; dactylé.
Geflacker [gə'flakər] n. (s) vacillement m. ; flamboiement m.
Geflatter [gə'flatər] n. (s) battement (m.) d'ailes.
Geflecht [gə'flɛçt] n. (s, e). TECHN. entrelacement m. ; entrelacs m. || ANAT. *(Sonnen)geflecht*, plexus m. (solaire). || PAR EXT. claie f. ; clayonnage m. ; treillis m. ; clisse f.
gefleckt [gə'flɛkt] adj. tacheté ; tigré ; moucheté ; tavelé ; marqueté.
Geflenne [gə'flɛnə] n. (s). FAM. pleurnicherie f.
Geflimmer [gə'flimər] n. (s) papillotement m. ; scintillement m.
geflissen [gə'flisən] adj. voulu ; intentionnel. || PAR EXT. appliqué.
Geflissenheit [gə'flisənhait] f. soin m. ; assiduité f.
geflissentlich [-səntliç] adv. intentionnellement ; avec zèle, application. | *geflissentlich liebdienern*, faire des platitudes.
Geflügel [gə'flygəl] n. (s). ZOOL. volaille f. ; volatile(s) m. (pl.).
Geflügel|farm [gə"fly:gəl'farm] f. (-, en) exploitation (f.) avicole. ||°**-haltung** f. (-) aviculture f. ||°**-schere** f. (-, n) ciseaux (m. pl.) à volaille. ||°**-zucht** f. élevage (m.) de volailles ; aviculture f.
geflügelt [gə'fly:gəlt] adj. qui a des ailes ; ailé. || FIG. *geflügelte Worte*, sentence(s) f. (pl.) ; adage(s) m. (pl.) ; citation(s) f. (pl.).

Geflunker [gə'fluŋkər] n. (s). FAM. craque f. ; blagues f. pl. ; gasconnade f.
Geflüster [gə'flystər] n. (s) chuchotement m. ; murmures m. pl.
Gefolge [gə'fɔlgə] n. (s) suite f. ; suivants m. pl. ; escorte f.
Gefolgschaft [gə'fɔlkʃaft] f. (-, en) suite f. ; partisans m. pl. || HIST. tenants m. pl.
Gefrage [gə'frɑ:gə] n. (s). PÉJOR. questions continuelles, importunes ; interrogatoire m.
gefragt [-'frɑ:kt] adj. COMM., FIN. demandé, recherché.
gefräßig [-siç] adj. vorace ; glouton ; goulu.
Gefräßigkeit [-siçkait] f. voracité f. ; gloutonnerie f.
Gefreiter [gə'fraitər] m. caporal m.
Gefrier|anlage [gə"fri:r'anlɑ:gə] f. (-, n). TECHN. congélateur m. ; installation (f.) frigorifique. || °**-fleisch** n. (s) viande congelée, frigorifiée ; FAM. frigo m. ||°**-kammer** f. (-, n) chambre (f.) de réfrigération ; frigorifique m. ||°**-kette** f. (-, n) chaîne (f.) du froid. ||°**-punkt** m. (s). PHYS. point (m.) de congélation ; zéro m. ||°**-raum** m. (s, ¨e) chambre froide. ||°**-schutzmittel** n. (s, -). AUTOM. antigel m. ||°**-trockenverfahren** n. (s, -), °**-trocknung** f. (-) lyophilisation f. ||**-trocknen** v. tr. lyophiliser. ||°**-truhe** f. (-, n) congélateur m. ||°**-ware** f. (-, n) denrées congelées, frigorifiées, réfrigérées.
gefrierbar [gə'fri:rbɑ:r] adj. PHYS. congelable.
gefrieren [-'fri:rən] (o, o) v. intr. PHYS. (se) geler, (se) congeler ; prendre. | *gefrieren machen*, congeler ; frigorifier. || FIG., FIN. *gefrorener Kredit*, crédit gelé.
Gefrieren (s) n. PHYS. congélation f.
gefrierend [-'fri:rənd] adj. verglaçant. | *gefrierender Regen*, pluie verglaçante.
Gefrorenes [gə'fro:rənəs] n. CULIN. glace f.
Gefüge [gə'fy:gə] n. (s) joints m. pl. ; assemblage m. || PAR EXT. structure f. ; texture f. ; constitution f. | *das industrielle Gefüge*, le tissu industriel.
gefügig [-giç] adj. souple ; maniable ; accommodant ; docile.
Gefügigkeit [-giçkait] f. souplesse f. ; docilité f. ; caractère accommodant.
Gefühl [gə'fy:l] n. (s, e). **1.** [Tastempfindung] toucher m. ; tact m. ; sentiment m. ; sensibilité (f.) physique. | *vor Kälte hat er kein Gefühl mehr in den Fingern*, il ne sent plus ses doigts tant il a froid. | *ein prickelndes Gefühl am ganzen Körper haben*, avoir une sensation de picotement sur tout le corps.
2. PAR ANAL. [Empfindung] sensation f. ; impression f. ; sentiment m. | *ein feines, zartes Gefühl haben*, avoir des sentiments délicats. | *Gefühl der Furcht*, (sentiment de) crainte f. | *Gefühl der Unsicherheit*, sentiment d'insécurité. | *Lustgefühl*, (sensation de) plaisir m. || [seelische Regung ; Stimmung] sentiment m. | *sittliches Gefühl*, sentiment moral. | *ein edles Gefühl*, un sentiment noble. | *Gefühl der Reue*, sentiment de repentir. | *Schamgefühl*, sentiment de honte.
3. PAR EXT. [Empfindsamkeit] faculté (f.) de sentir ; sensibilité f. | *Gefühl für das Schöne haben*, avoir le sentiment du beau. | *Gefühl für Anstand*, sens (m.) des convenances. | *musikalisches Gefühl haben*, avoir le sens de la musique. | *etwas mit Gefühl vortragen*, réciter, jouer qch. avec âme. | *an js Gefühl appellieren*, prendre qn par les sentiments. | *ein Mensch ohne Gefühl*, un homme sans cœur.
4. [Ahnung] (simple) impression f. ; sentiment m. | *ich habe das Gefühl, daß etwas geschehen wird*, j'ai le sentiment, le pressentiment qu'il arrivera, qu'il se passera qch. | *ein dunkles Gefühl*, un vague pressentiment. || *Mitgefühl*, compassion f. | *Selbstgefühl*, amour-propre m. | *Sprachgefühl*, sens (m.) de la langue.
gefühl|los [gə"fy'lo:s] adj. insensible ; dépourvu de sensibilité, de cœur. || PAR EXT. dur ; sec ; impassible. ||°**-losigkeit** f. insensibilité f. ; absence (f.) de sensibilité. || MÉD. anesthésie f. || PAR EXT. froideur f. ; impassibilité f. ; apathie f. ||**-voll** adj. sensible ; sentimental ; affectueux ; chaleureux.
Gefühls|art [gə"fy:ls'ɑ:rt] f. (-, en) manière (f.) de sentir. ||**-betont** adj. sensible ; sentimental. || °**-duselei** f. sensiblerie f. ||°**-mangel** m. (s) manque (m.) de sensibilité, de sentiment ; insensibilité f. ; froideur f. ||°**-mensch** m. (en, en) homme sentimental ; (un) sentimental. ||°**-sache** f. (-, n) affaire (f.) de sentiment. ||°**-schwärmerei** f. sentimentalité f. ; FAM. emballement m. ||°**-sinn** m. (s) [sens (m.) du] toucher m. ; tact m. ||°**-tiefe** f. profondeur (f.) du sentiment.

gefüllt [gə'fylt] adj. empli ; rempli. || CULIN. *gefülltes Huhn*, poulet farci.

gegebenen|falls [gə'ge:bənənfals] adv. le cas échéant.

Gegebenheit [gə'ge:bənhait] f. (-, en). PHILOS. donnée f.

gegen ['ge:gən] prép. (acc.). **1.** SENS LOCAL : contre ; à l'encontre ; vers ; du côté de. | *gegen Norden (hin) wird das Klima kühler*, vers le nord le climat se rafraîchit. | *gegen den Himmel*, en direction du, vers le ciel. | *er stemmt sich gegen die Tür*, il s'arc-boute contre la porte. | *das Auto raste gegen den Baum*, la voiture se jeta contre un arbre.
2. SENS TEMPOREL : vers. | *gegen Mittag wird der Verkehr reger*, vers midi la circulation devient plus intense. | *er kommt gegen drei Uhr*, il viendra vers trois heures. | *gegen Ende des vorigen Jahrhunderts*, vers la fin du siècle dernier.
3. SENS ABSTRAIT : **a)** à l'encontre de ; contre. | *gegen einen überzähligen Feind kämpfen*, lutter contre un ennemi supérieur en nombre. | *gegen den Wind ankämpfen*, lutter contre le vent. | *gegen Wind und Wetter*, contre vents et marées. | *das geht gegen die Vernunft*, cela va à l'encontre de la raison. | *gegen den Strom (an)schwimmen*, nager à contre-courant. | *Mann gegen Mann kämpfen*, lutter d'homme à homme. | *gegen meinen Willen*, contre mon gré ; à mon corps défendant. | *taub gegen meine Bitten*, sourd à mes prières. | *Pillen gegen das Alter*, pilules (f. pl.) contre le vieillissement. — **b)** à l'égard de ; vis-à-vis de ; pour. | *er erweist sich dankbar gegen mich*, il se montre reconnaissant à mon égard. | *Ehrfurcht gegen das Alter*, respect (m.) de l'âge. — **c)** en échange de. | *Lieferung gegen Barbezahlung*, livraison (f.) contre paiement comptant. | *gegen Quittung*, en échange d'un, contre reçu. | *ich wette zehn gegen eins*, je parie dix contre un. — **d)** à peu près ; environ ; approximativement. | *es waren gegen (an die) zweitausend Personen bei der Erstaufführung*, environ deux mille personnes ont assisté à la première. | *er geht schon gegen die fünfzig*, il approche déjà de la cinquantaine. — **e)** en comparaison de ; auprès de. | *was ist dein Schmerz gegen den meinen ?*, qu'est ta douleur à côté de la mienne ? | *mein Vermögen ist gering gegen dasjenige meines Schwagers*, ma fortune est petite à côté de celle de mon beau-frère. | *gegen früher reisen wir bequemer*, nous voyageons plus confortablement qu'autrefois. | *gegen die Sonne ist die Erde ein kleiner Ball*, comparée au Soleil la Terre est petite.

Gegen ['ge:gən] n. *das Für und das Gegen erwägen*, peser le pour et le contre.

Gegen|abdruck [″ge:gən'apdruk] m. (s, ¨e). ARTS. contre-épreuve f. ||°**-angriff** m. (s, e). MIL. contre-attaque f. | *zum Gegenangriff antreten, übergehen*, passer à la contre-offensive ; passer à la contre-attaque. ||°**-anschlag** m. (s, ¨e). ARCHIT. contre-boutant m. ; contre-butement m. || FIG. riposte f. ||°**-antrag** m. (s, ¨e) contre-proposition f. ||°**-antwort** f. (-, en) repartie f. ; réplique f. ; riposte f. ||°**-befehl** m. (s, e) contrordre m. ||°**-behauptung** f. (-, en) affirmation (f.) contraire. ||°**-beschuldigung** f. (-, en). JUR. contre-accusation f. ; récrimination f. | *Gegenbeschuldigungen vorbringen*, récriminer. ||°**-besuch** m. (s, e) *jm einen Gegenbesuch machen*, rendre sa visite à qn. ||°**-bewegung** f. (-, en) mouvement opposé. || °**-beweis** m. (es, e) preuve (f.) du contraire. || °**-beziehung** f. (-, en) rapport (m.) réciproque ; corrélation f. ||°**-buchung** f. (-, en). COMM. contre-passation f. ; ristourne f. ||°**-bürgschaft** f. (-, en) arrière-caution f. ||°**-dampf** m. (es). PHYS. contre-vapeur f. | *Gegendampf geben*, renverser la vapeur ; faire machine arrière. ||°**-darstellung** f. (-, en) point (m.) de vue contradictoire. | *Recht auf Gegendarstellung*, droit (m.) de réponse. ||°**-dienst** m. (s, e) service rendu en retour d'un autre. | *zu Gegendiensten (gern) bereit*, à charge de revanche. ||°**-druck** m. (s) réaction f.

gegen|einander ['ge:gənain″andər] adv. l'un contre l'autre ; mutuellement ; réciproquement.

gegeneinander|halten [-'haltən] (ä, ie, a) v. tr. mettre en regard l'un de l'autre ; comparer ; rapprocher. ||**-prallen** v. intr. se heurter. ||**-stehen** (stand, gestanden) v. intr. être en face, vis-à-vis l'un de l'autre. || FIG. être dressés l'un contre l'autre. ||**-stellen** v. tr. mettre en face, en regard l'un de l'autre ; confronter ; opposer ; comparer. ||**-stoßen** (ö, ie, o) v. intr. s'entrechoquer.

Gegen|entwurf [″ge:gənɛnt'vu:rf] (s, ¨e) contre-projet m. ||°**-erklärung** f. (-, en) contre-déclaration f. ; démenti m. ; désaveu m. ||°**-fahrbahn** f. (-, en) voie (f.) à double circulation. ||°**-fahrt** f. (-, en) marche (f.) en amont. ||°**-fall** m. (s, ¨e) *im Gegenfalle*, au cas contraire. ||°**-farbe** f. (-, n). PHYS. couleur (f.) complémentaire. ||°**-forderung** f. (-, en). JUR. créance (f.) en contrepartie ; contre-créance f. ; demande reconventionnelle. ||°**-füßler** m. (s, -). GÉOGR. antipode m. ||°**-gabe** f. (-, n), °**-geschenk** n. (s, e) cadeau offert en retour d'un autre. ||°**-gewicht** n. (s, e). PHYS. contrepoids m. | *das Gegengewicht halten*, contrebalancer ; faire équilibre à. ||°**-gift** n. (s, e). MÉD. contrepoison m. ; antidote m. ||°**-grund** m. (s, ¨e) argument opposé, inverse ; raison (f.) contraire. ||°**-gruß** m. (es, ¨e) salut rendu. || MAR. contre-salut m. ||°**-gutachten** n. (s, -) contre-expertise f. ||°**-halt** m. (s, e) point (m.) d'appui. || PAR EXT. résistance f. ||°**-hang** m. (s, ¨e) contre-pente f. ||°**-hieb** m. (s, e). [Fechtkunst] contre m. ||°**-hilfe** f. assistance mutuelle. ||°**-klage** f. (-, n). JUR. contre-accusation f. ; action, demande reconventionnelle ; reconvention f. ||°**-könig** m. (s, e) antiroi m. ||°**-kultur** f. (-) contre-culture f. ||°**-läufigkeit** f. mouvement (m.) contraire, inverse. ||°**-leistung** f. (-, en) service rendu en échange. ||**-lenken** v. intr. AUTOM. contre-braquer. ||°**-licht** n. (es) contre-jour m. ||°**-lichtaufnahme** f. (-, n) photographie (f.) à contre-jour. ||°**-liebe** f. amour partagé, réciproque ; amour payé de retour. | *nicht auf Gegenliebe stoßen*, ne pas recevoir un accueil favorable. ||°**-macht** f. (-, ¨e) puissance opposée. ||°**-maßnahme** f. (-, n), °**-maßregel** f. (-, n) mesure (f.) de rétorsion, de représailles ; représailles f. pl. ||°**-mine** f. (-, n). MIL. contre-mine f. ||°**-mittel** n. (s, -). MÉD. et FIG. antidote m. ; contrepoison m. ||°**-mutter** f. (-, ¨). TECHN. contre-écrou m. ||°**-papst** m. (es, ¨e). HIST. antipape m. ||°**-part** m. (s, e) adversaire m. ; antagoniste m. || JUR. partie (f.) adverse. ||°**-partei** f. (-, en). POLIT. parti opposé, d'opposition ; opposition f. || JUR. partie (f.) adverse. ||°**-pfeiler** m. (s, -) contrefort m. ||°**-pol** m. (s, e). ÉLECTR. pôle opposé. ||°**-probe** f. (-, n) contre-épreuve f. ||°**-rechnung** f. (-, en). COMM. vérification f. ; décompte m. ; contrepartie f. ||°**-rede** f. (-, n) réplique f. ; objection f. ||°**-reformation** f. HIST. Contre-Réforme f. ||°**-revolution** f. (-, en) contre-révolution f. ||°**-richtung** f. (-, en) direction opposée.

Gegen|satz [″ge:gən'zats] m. (es, ¨e) opposition f. ; contraste m. ; contradiction f. | *im Gegensatz zu*, contrairement à ; par opposition à. | *die Gegensätze heben sich auf*, les contraires s'annulent. | *die Gegensätze verschärfen sich*, les contrastes s'accentuent, vont (en) s'accentuant. || PROV. *die Gegensätze berühren sich*, les extrêmes se touchent. || PAR EXT. contraire m. ; opposé m. || LITTÉR. antithèse f.

gegen|sätzlich [-zɛtsliç] adj. opposé ; en contraste avec. || LITTÉR. antithétique.

Gegen|schlag [″ge:gən'ʃlɑ:g] m. (s, ¨e) riposte f. ||°**-schrift** f. (-, en) réplique f. (à un écrit), réfutation f. || JUR. défense f. ||°**-seite** f. (-, n) côté opposé ; revers m. ||**-seitig** adj. mutuel ; réciproque ; respectif. | *gegenseitige Übereinkunft* ; *gegenseitiges Einverständnis*, consentement mutuel. || PAR EXT. opposé ; adverse. ||°**-seitigkeit** f. mutualité f. ; réciprocité. ||**-sinnig** adj. de sens contraire. ||°**-spieler(in)** m. (s, -), f. (-, nen) antagoniste s. ; adversaire s. ||°**-spionage** f. (-, n). contre-espionnage m. ||°**-sprechanlage** f. (-, n) interphone m.

Gegen|stand [″gegən'ʃtant] m. (s, ¨e) objet m. ; chose f. | *im Museum sind viele kostbare (Kunst)-gegenstände*, au musée il y a beaucoup d'objets (d'art) précieux. || FIG. objet m. ; cause f. ; motif m. ; sujet m. ; matière f. | *der Gegenstand seiner Neigung*, l'objet de sa sympathie. | *der Gegenstand einer Verhandlung*, l'objet de pourparlers. | *Gegenstand einer Darstellung*, sujet d'un exposé. | *wir werden auf diesen Gegenstand zurückkommen*, nous reviendrons sur ce point, cette matière, ce chapitre.
— SYN. : *Ding*, chose ; *Objekt*, objet ; *Stoff, Inhalt, Frage*, sujet ; *Zweck, Vorhaben*, intention.

gegen|ständlich [″ge:gən'ʃtɛntliç] adj. objectif. || PAR EXT. explicatif ; clair.

gegenstand(s)|los [″ge:gənʃtants'lo:s] adj. sans objet ; sans raison d'être ; superflu ; inutile.

Gegen|stoß [″ge:gən'ʃto:s] m. (es, ¨e) contre-coup m. || [Fechtkunst] riposte f. || MIL. contre-attaque f. ||°**-strom** m. (s, ¨e), °**-strömung** f. (-, en) contre-courant m. || ÉLECTR. courant (m.) inverse. || °**-strophe** f. (-, n). POÉS. antistrophe f. ||°**-stück** n. (s, e) contraire m. ; opposé m. || ARTS. réplique f. ; pendant m. ||°**-tausch** m. (es, e) échange m. ; troc m. ||°**-teil** n. (s, e) contraire m. ; opposé m. ; inverse m. ; contre-pied m. | *ich behaupte das Gegenteil*, je prétends, j'affirme le contraire. | *er ist ganz das*

Gegenteil seines Vaters, il est tout le contraire de son père. | *gerade, genau das Gegenteil machen*, faire tout juste le contraire. | *(ganz) im Gegenteil*, (bien) au contraire. | *im Gegenteil zu*, contrairement à ; au contraire de. ||**-teilig** adj. contraire ; opposé.

gegen|über ['ge:gən"y:bər] prép. (dat.) en face de ; vis-à-vis de. | *dem Postamt gegenüber*, vis-à-vis de la poste. || FIG. en regard de ; envers.
◇ adv. en face. | *der Garten gegenüber*, le jardin d'en face.

Gegen|über n. (s) [Gegenstand] pendant m. || [Person] FAM. vis-à-vis m.

gegenüber|liegen [ge:gən"y:bər'li:gən] (a, e) v. intr. être en face de ; faire face à. ||**-setzen** v. tr. et v. pr. (se) mettre en face de. ||**-stehen** (stand, gestanden) v. intr. être en face. | *sich feindlich gegenüberstehen*, se dresser en face l'un de l'autre. ||**-stehend** adj. en regard. | *gegenüberstehende Übersetzung*, traduction (f.) en regard. ||**-stellbar** adj. opposable ; FIG. comparable. ||**-stellen** v. tr. mettre en face, en regard. || JUR. confronter. ||°**-stellung** f. (-, en) opposition f. || FIG. comparaison f. ; parallèle m. || JUR. confrontation f. || LITTÉR. antithèse f.

Gegen|verkehr ["ge:gənfɛr'ke:r] m. (s) circulation (f.) venant en sens inverse. ||°**-versprechen** n. (s, -) promesse (f.) réciproque. || JUR. contre-promesse f. ||°**-vertrag** m. (s, ¨e). POLIT. traité (m.) de réciprocité. ||°**-vorschlag** m. (s, ¨e) contre-proposition f. || °**-vorwurf** m. (s, ¨e) récrimination f.

Gegen|wart ['ge:gənvɑ:rt] f. [Zeit] temps présent ; présent m. ; époque actuelle. | *die Probleme der Gegenwart*, les problèmes du présent, de l'actualité. | *in der Gegenwart leben*, vivre avec son temps. || GRAMM. présent m. || [Anwesenheit] présence f. | *in meiner Gegenwart*, en ma présence. | *lästige Gegenwart*, présence gênante.

gegen|wärtig [-vɛrtiç] adj. présent ; actuel. | *die gegenwärtigen Zustände*, les circonstances actuelles. | *er war bei der Versammlung gegenwärtig*, il était présent, il assistait à la réunion. || FIG. présent à l'esprit, à la mémoire. | *ich habe die Sache noch ganz gegenwärtig*, je me souviens encore fort bien de cette affaire.
◇ adv. à présent ; présentement ; actuellement ; maintenant ; de notre temps. || FAM. *er ist gegenwärtig in Afrika*, il est en ce moment en Afrique.
— SYN. : *jetzig*, actuel ; *heutig*, présent ; *zurzeit*, *heutzutage*, actuellement ; *heutigentags*, aujourd'hui, de nos jours, de notre temps ; *augenblicklich*, à présent.

Gegen|wechsel ["ge:gən'vɛksəl] m. (s, -). COMM. retraite f. ||°**-wehr** f. contre-action f. ; défense f. ; résistance f. ||°**-wert** m. (s, e) équivalent m. ; contre-partie f. ||°**-wind** m. (es, e) vent (m.) contraire ; vent (m.) debout. ||°**-winkel** m. (s, -). MATH. angle opposé. ||°**-wirkung** f. (-, en) réaction f. || PHYS. obstacle m. ||°**-zeichen** n. (s, -). MIL., MAR. contre-signal m. || COMM. contremarque f. || **-zeichnen** v. tr. contresigner ; contremarquer. ||°**-zeichnung** f. (-, en) contreseing m. ||°**-zeuge** m. (n, n) témoin (m.) adverse ; témoin (m.) à décharge. ||°**-zug** m. (s, ¨e). [Schachspiel] riposte f. || [Eisenbahn] train (m.) venant en sens inverse.

Gegend ['ge:gənt] f. (-, en) [Landschaft] région f. ; contrée f. ; pays m. | *eine anmutige Gegend*, une région riante. | *öde Gegend*, région déserte. || PAR ANAL. [Nähe] côté m. ; zone f. | *in der vornehmsten Gegend der Stadt wohnen*, habiter le quartier le plus chic de la ville. | *aus welcher Gegend kommt das Gewitter ?*, de quel côté vient l'orage ? || PAR EXT. [Umgebung] alentours m. pl. ; environs m. pl. ; parages m. pl. | *in der ganzen Gegend war kein Brot mehr zu finden*, on ne trouvait plus de pain nulle part. || ANAT. région f. | *er fühlt Schmerzen in der Gegend des Herzens*, il a mal dans la région du cœur.
— SYN. : *Land*, *Landstrich*, pays ; *Landschaft*, contrée ; *Region*, région ; *Stätte*, lieu ; *Zone*, *Himmelsstrich*, *Klima*, climat ; *Richtung*, direction, côté.

Gegirre [gə'girə] n. (s) roucoulement m.

Gegner ['ge:gnər] m. (s, -) adversaire m. ; antagoniste m. ; rival m. | *er ist ein erklärter Gegner dieser Politik*, c'est un ennemi déclaré de cette politique. | *einen Gegner nicht ernst nehmen*, ne pas prendre au sérieux un adversaire.

gegnerisch [-riʃ] adj. du parti opposé ; de la partie adverse. || PAR EXT. opposant.

Gegnerschaft ['ge:gnərʃaft] f. (-, en) rivalité f. ; antagonisme m. ; inimitié f. ; hostilité f. || PAR ANAL. adversaires m. pl. ; ennemis m. pl.

Gehabe(n) [gə'hɑ:bə(n)] n. (s). FAM. manières f. pl. ; afféteries f. pl.

gehaben (sich) [ziçgə'hɑ:bən] v. pr. se conduire ; se comporter. || PAR EXT. *gehabt Euch wohl !*, portez-vous bien ; adieu !

Gehacktes [gə'haktəs] n. CULIN. viande hachée ; hachis m.

Gehalt [gə'halt] m. (s, e). **1.** capacité f. ; contenance f. | *der Gehalt eines Fasses*, la contenance d'un tonneau.
2. [Inhalt] élément constitutif ; contenu m. ; teneur f. ; titre m. | *der Gehalt an Erz ist gering*, la teneur en minerai est faible. | *die Münze hat einen großen Goldgehalt*, cette pièce a une forte teneur en or ; le titre de cette pièce d'or est élevé. | *Gehalt an Säuren*, *Säuregehalt*, teneur en acides.
3. [Wert] valeur f. | *dieses Werk ist nicht von großem Gehalt*, cette œuvre n'a pas beaucoup de valeur, de substance.

gehalt|los [gə"halt'lo:s] adj. creux ; vide ; pauvre. || FIG. futile ; nul. ||°**-losigkeit** f. vide m. || FIG. insignifiance f. ; nullité f. ; futilité f. ||**-reich** adj. qui a du fond ; plein. || FIG. substantiel ; nourri ; solide.

Gehalt [gə'halt] n. (s, ¨er). [Arbeitsentgelt] traitement m. ; salaire m. || MIL. solde f. | *stehendes Gehalt*, traitement fixe. | *die Gehälter wurden erhöht*, les traitements furent augmentés.
— SYN. : *Lohn*, rétribution ; *Vergütung*, rémunération ; *Besoldung*, appointements ; *Löhnung*, salaire ; *Ablohnung*, *Arbeitslohn*, paie ; *Gage*, *Dienstlohn*, gages ; *Diensteinkommen*, traitement : *Sold*, solde ; *Gebühren*, émoluments.

Gehalts|abbau [gə"halts'apbau] m. (s) diminution (f.) des traitements. ||°**-abrechnung** f. (-, en) fiche (f.) de paie. ||°**-abzug** m. (s, ¨e) retenue (f.) sur le traitement. ||°**-aufbesserung** f. (-, en) relèvement (m.) des traitements. ||°**-bescheinigung** f. (-, en) bulletin (m.) de salaire. ||°**-empfänger** m. (s, -) salarié m. ; fonctionnaire m. ; employé m. ||°**-erhöhung** f. (-, en) augmentation (f.), relèvement (m.) de traitement. ||°**-kürzung** f. (-, en), °**-senkung** f. (-, en) diminution (f.), réduction (f.) de traitement. || °**-sperre** f. (-, n) suspension (f.) de traitement. ||°**-streifen** m. (s, -) fiche (f.) de paie. ||°**-stufe** f. (-, n) échelon (m.) de traitement. ||°**-wunsch** m. (es, ¨e) prétentions f. pl.

Gehänge [gə'hɛŋə] n. (s, -). [Behang] pendants (m. pl.) d'oreilles. || [Uhr] breloque f. ; pendeloque f. || [Blumen] guirlande f. || MIL. [Koppel] ceinture f. ; ceinturon m. ; baudrier m. || PAR ANAL. [Jagdhund] oreilles f. pl. || MINES. pente f. ; déclivité f. || TECHN. suspension f.

geharnischt [gə'harniʃt] adj. revêtu d'une cuirasse ; cuirassé. || FIG. *geharnischter Protest*, protestation (f.) énergique.

gehässig [gə'hɛsiç] adj. haineux ; hostile. | *gehässiger Mensch*, homme, individu haineux, plein de fiel, de haine. | *gehässige Reden*, paroles (f. pl.) de haine.

Gehässigkeit [-kait] f. (-, en) sentiment mauvais, odieux ; hargne f. ; haine f. ; fiel m.

Gehau [gə'hau] n. (s, e) taillis m.

Gehäuse [gə'hɔyzə] n. (s, -) boîte f. ; capsule f. ; étui m. || BOT. [Kapsel] coque f. ; [Apfelsine ; Zitrone] zeste m. || ZOOL. [Schnecke ; Auster] coquille f. || [Uhr] boîtier m. || [Kompaß] habitacle m. || [Standuhr] cage f. ; boîte f. || [Fahrrad] carter m.

Gehege [gə'he:ge] n. (s, -) enclos m. ; défend(s) m. ; réserve (f.) de chasse ; varenne f. || FIG. *jm ins Gehege kommen*, aller sur les brisées de qn.

geheim [gə'haim] adj. secret ; caché ; clandestin ; occulte. | *in geheimer Beratung*, en délibération secrète ; à huis clos. | *geheimer Kummer*, chagrin caché. | *geheime Abstimmung*, vote (m.) à bulletins secrets. | *geheimes Einverständnis*, collusion f. ; connivence f. | *geheimer Vorbehalt*, restriction mentale. | *geheimer Sinn*, sens caché. | *geheime Sitzung*, huis clos m. | *geheime Tür*, porte dérobée.
◇ adv. *im geheimen*, en secret, en cachette ; secrètement. | *insgeheim*, à l'insu de ; en secret.
— SYN. : *versteckt*, caché ; *heimlich*, secret ; *verborgen*, latent ; *geheimnisvoll*, mystérieux ; *unerlaubt*, clandestin ; *heimlich*, à la dérobée ; *verstohlen*, furtivement.

Geheim|bericht [gə"haimbə'riçt] m. (s, e) rapport confidentiel. ||°**-brief** m. (s, e). HIST. lettre (f.) de cachet. ||°**-bund** m. (s, ¨e) société secrète. ||°**-fonds** m. (-). POLIT. fonds secrets. ||**-halten** (ä, ie, a) v. tr. tenir secret ; cacher. ||°**-lehre** f. (-, n). PHILOS. doctrine (f.) ésotérique ; ésotérisme m. ; mystère m. ||°**-mittel** n. (s, -) arcane m. ||°**-polizei** f. (-). POLIT. police secrète. ||°**-polizist** m. (en, en) agent (m.) de la police secrète ; détective m. ||°**-rat** m. (s, ¨e) conseiller privé.

||°-**schloß** n. (es, ¨er). TECHN. serrure (f.), cadenas (m.) à secret. ||°-**schreibekunst** f. cryptographie f. ||°-**schrift** f. (-, en) écriture chiffrée ; cryptogramme m. ||°-**tip** m. (s, s). FAM. tuyau m. ||°-**tinte** f. (-, n) encre (f.) sympathique. ||°-**vorbehalt** m. (s, e) restriction mentale.

Geheimnis [gə'haimnis] n. (ses, se) secret m. ; mystère m. | *tiefes Geheimnis*, secret profond. | *ein Geheimnis bewahren*, garder un secret. | *ein Geheimnis ausplaudern*, trahir, divulguer un secret. | *jm ein Geheimnis anvertrauen*, confier un secret à qn. | *jn in das Geheimnis einweihen*, mettre qn dans le secret. | *kein Geheimnis daraus machen*, ne pas faire mystère de ; ne pas se cacher de. | *sich in Geheimnis hüllen*, s'entourer de mystère. | *das ist ein öffentliches Geheimnis*, c'est le secret de Polichinelle. | *Staatsgeheimnis*, secret d'État. || RELIG. mystère m.

Geheimnis|deuter [gə"haimnis'dɔytər] m. (s, -) mystagogue m. ||°-**krämer** m. (s, -). FAM. cachottier m. ||°-**krämerei** f. (-, en). FAM. cachotterie f. ||-**voll** adj. mystérieux ; secret ; discret. | *geheimnisvolle Ferne*, lointain mystérieux.
◇ adv. mystérieusement. || FAM. *tu' nicht so geheimnisvoll*, ne fais pas le mystérieux !

Geheiß [gə'hais] n. (es). *auf js Geheiß etwas tun*, faire qch. sur l'ordre, l'injonction de qn.

gehen ['ge:ən] (ging, gegangen) v. intr.

> **I.** [allgemeine Bewegung].
> **1.** [zu Fuß gehen] aller.
> **2.** [sich fortbewegen] aller ; se déplacer.
> **II.** [Bewegung von leblosen Dingen] marcher ; fonctionner.
> **III.** [Bewegung in Richtung auf ein Ziel] se diriger ; aller à.
> **IV.** [Aufbruch (weggehen ; abfahren)] partir ; s'en aller.
> **V.** [Abwicklung einer Handlung] aller ; marcher.
> **VI.** [Verstoß gegen etwas] aller contre.
> **VII.** [Zustand und Maß] aller ; passer.
> **VIII.** LOC. et PROV.
> **IX.** v. pr. **sich gehen.**
> **X.** v. tr.

I. [allgemeine Bewegung] **1.** [zu Fuß gehen] aller ; aller à pied ; marcher. | *schnell gehen*, marcher vite. | *er geht aufrecht*, il marche la tête haute. | *er geht krumm*, il marche courbé. | *barfuß gehen*, marcher pieds nus. | *über die Brücke gehen*, traverser le pont. | *durch die Stadt gehen*, traverser la ville. | *im Gänsemarsch gehen*, marcher en file indienne. | *vor dem Rathaus auf- und abgehen*, faire les cent pas devant l'hôtel de ville. | *im Park hin- und hergehen*, aller et venir dans le parc. | *auf den Zehen gehen*, marcher sur la pointe des pieds ; marcher à pas de loup. | *wie auf Eiern gehen*, marcher comme sur des œufs. | *hinaufgehen*, monter. | *hinabgehen*, descendre. | *bergabgehen*, descendre la montagne. | *zurückgehen*, reculer ; revenir sur ses pas. | *vorangehen*, marcher en tête. | *vorwärtsgehen*, avancer. | *ich bin falsch gegangen*, je me suis trompé de chemin. || PR. et FIG. *fehlgehen ; irregehen*, se tromper de chemin.
2. [sich fortbewegen] se déplacer ; se mouvoir ; avancer. | *seines Weges gehen*, suivre, passer son chemin. | *an Krücken gehen*, marcher avec des béquilles. | *nicht von der Stelle gehen*, ne pas bouger. | *in die Hocke gehen*, prendre la position accroupie.
II. [Bewegung von leblosen Dingen] marcher ; fonctionner ; tourner. | *die Uhr geht (richtig)*, la montre marche (juste). | *die Maschine geht*, la machine fonctionne. | *der Wind geht*, le vent souffle. | *der Teig geht*, la pâte lève. | *die See geht hoch*, la mer est agitée. | *die Tür geht*, on ouvre la porte. | *dieser Gegenstand geht durch verschiedene Hände*, cet objet passe par différentes mains. | *es gehen allerlei Gerüchte*, toutes sortes de bruits circulent. | *es geht die Rede, daß*, il paraît que ; il est question de.
III. [Bewegung in Richtung auf ein Ziel] se diriger ; aller à ; se rendre. | *zur Schule gehen*, aller à l'école. | *auf die Universität gehen*, aller à l'Université. | *auf das Standesamt gehen*, se rendre à l'état civil. | *zur Kirche gehen*, aller à l'église. | *auf Reisen gehen*, partir en voyage. | *auf die Jagd gehen*, aller à la chasse. | *er geht nach Amerika*, il part pour l'Amérique. | *an Bord gehen*, s'embarquer. | *in See gehen, stechen*, appareiller. | *an Land gehen*, aller, descendre à terre. | *ins Kloster gehen*, entrer au couvent. | *zu Tisch gehen*, passer à table. | *zu Bett gehen ; schlafengehen*, aller au lit. | *spazierengehen*, aller se promener. | *auf die andere Seite gehen*, changer de côté. | *an die Arbeit gehen*, se mettre au travail. | *jm zu Leibe gehen*, s'en prendre à qn ; attaquer qn. | *diese Worte gingen ihm zu Herzen*, ces paroles lui allèrent droit au cœur, le touchèrent. | *in Erfüllung gehen*, se réaliser. | *der Krug geht in Stücke*, la cruche se brise. | *die Gemeinschaft ging in die Brüche*, la communauté se disloqua. | *einer Sache auf den Grund gehen*, examiner une chose à fond. | *der Winter geht zu Ende*, l'hiver touche à sa fin. | *der Schuß ging daneben*, la balle a manqué son but. | *das Fenster geht auf den Garten*, la fenêtre donne sur le jardin. | *es geht auf Mitternacht*, minuit approche. | *in sich gehen*, méditer sur ses propres torts ; faire un retour sur soi-même. | *Gott geht mit ihm streng ins Gericht*, Dieu se montre sévère à son égard. | *mein Rat geht dahin*, je te conseille de. | *der Tag geht zur Neige*, le jour baisse, tombe, décline. | *der Wein ging zur Neige*, il n'y avait plus de vin. | *dieser Farbton geht ins Rotbraune*, cette nuance tire sur le brun-rouge. | *in die Falle gehen*, tomber dans le piège. | *jm auf den Leim gehen*, donner dans le panneau ; être dupe. || FAM. *er geht vor die Hunde*, il déchoit ; il tourne mal. | *das geht über seine Kräfte*, cela dépasse ses forces ; c'est au-dessus de ses forces. | *die Leichtathletik geht ihm über alles*, l'athlétisme a toutes ses préférences. | *geh' zum Teufel !, geh' zum Kuckuck !*, va-t'en au diable !
IV. [Aufbruch (weggehen ; abfahren)] partir ; s'en aller. | *der letzte Zug geht kurz vor Mitternacht*, le dernier train part peu avant minuit. | *das Schiff geht um neun Uhr*, le bateau part à neuf heures. || PAR EXT. *er ist von uns gegangen*, il nous a quittés ; il est décédé. | *er geht am Ende dieses Jahres*, il quitte ses fonctions, son emploi à la fin de cette année. | *der Finanzminister ist gegangen worden*, FAM., IRON. le ministre des Finances a été remercié, congédié.
V. [Abwicklung einer Handlung] aller ; marcher. | *alles ging nach Wunsch*, tout alla à souhait. | *die Sache geht schief*, l'affaire tourne mal. | *alles geht wie am Schnürchen*, tout marche comme sur des roulettes. | *in diesem Haus geht alles drunter und drüber*, le désordre règne dans cette maison. | *die Arbeit geht gut vonstatten*, le travail avance (beaucoup). | *diese Ware geht gut*, cette marchandise se vend bien. | *wir wissen, worum es geht*, nous connaissons l'enjeu de cette affaire. | *hier geht es nicht mit rechten Dingen zu*, cela n'est pas naturel ; il y a qch. là-dessous. | *was geht hier vor sich ?*, que se passe-t-il ici ? | *morgen soll die Krönung vor sich gehen*, demain doit avoir lieu le couronnement.
VI. [Verstoß gegen etwas] aller contre ; être à l'encontre de. | *das geht gegen mein Gewissen*, cela heurte ma conscience. | *das geht gegen die Natur*, c'est contraire à la nature. | *das geht mir gegen die Gesinnung*, c'est contraire à mes opinions. | *das geht gegen die Ehre*, c'est contre l'honneur. | *das geht ihm gegen den Strich*, cela contrarie ses projets. | *das geht mir über die Hutschnur*, j'en ai par-dessus la tête. | *das geht denn doch nicht !*, allons donc !, vous n'y pensez pas.
VII. [Zustand und Maß] aller ; se porter ; entrer dans ; être contenu dans ; passer. — **1.** [Zustand] *wie geht es Ihnen ?*, comment allez-vous ? | *es geht mir gut*, je vais bien. | *ihm geht es gut*, il va bien ; il est dans l'aisance. | *er läßt es sich gut gehen*, il mène une vie agréable ; POP. il se la coule douce. | *es ist ihm schlecht gegangen*, il a connu des jours difficiles.
2. [Maß] *die Zahl seiner Romane geht in die Dutzende*, ses romans se comptent par douzaines. | *in diesen Eimer gehen zehn Liter Milch*, ce seau peut contenir dix litres de lait. | *es gehen fünfzig Pfund in diesen Sack*, ce sac peut contenir 50 livres. | *der Schrank geht nicht durch die Tür*, l'armoire ne passe par cette porte. | *sie geht ihm kaum bis zur Schulter*, elle lui arrive à peine à l'épaule. || FIG. *das geht auf keine Kuhhaut*, c'est inénarrable.
VIII. LOC. et PROV. *sicher gehen*, ne pas courir de risque. | *verloren gehen*, se perdre ; être égaré. | *jm an die Hand gehen*, seconder qn. | *das geht zu weit*, cela passe les bornes. | *das geht mir auf die Nerven*, cela m'énerve, m'agace. | *sich gehen lassen*, se laisser aller. | *es geht auf Leben und Tod*, c'est une question de vie ou de mort. | *auf Freiersfüßen gehen*, chercher femme. | *am Bettelstab gehen*, être réduit à la mendicité. | *am Gängelband gehen*, être sous la tutelle de ; être tenu en laisse. | *es geht ihm an den Kragen*, il risque gros. | *das will mir nicht in den Kopf gehen*, je ne puis m'y faire ; je ne puis me faire à cette idée. | *die Arbeit geht ihm flott von der Hand*, il abat de la besogne. | *ins Garn gehen*, donner dans le panneau. | *mit sich zu Rate gehen*, réfléchir sérieusement. | *jm aus dem Weg gehen*, éviter qn. | *geh' mir aus den Augen*, disparais ! | *wir wissen, wie man dabei zu Werke geht*, nous savons comment il faut s'y prendre. | *es geht hoch her*, il y a de la joie. | *wie die Katze um den heißen Brei gehen*, tourner autour du pot. | *er geht schnell hoch*, il prend

la mouche. | *sie geht mit ihm seit mehreren Monaten*, elle est son amie depuis plusieurs mois. | *aus den Fugen gehen*, s'en aller en morceaux. | *das geht nicht an*, cela ne se fait pas. | *das geht gerade noch an*, c'est tout juste convenable. | *nichts geht über die Freundschaft*, rien ne vaut l'amitié. | *es gehe, wie es wolle !*, advienne que pourra ! | *es ging ihm nichts darüber...* (GOETHE), rien ne lui était plus cher. | *die Augen gingen ihm über...* (GOETHE), ses yeux se remplissaient de larmes. | *der Krug geht so lange zum Brunnen, bis er bricht*, tant va la cruche à l'eau qu'à la fin elle se brise.

IX. v. pr. **sich gehen.** | *es geht sich schlecht*, on marche difficilement. | *es geht sich gut (auf diesem Grund)*, on marche bien. | *sich die Füße wund gehen*, avoir les pieds blessés par la marche. | *sich müde gehen*, se fatiguer à la marche.

X. v. tr. *das Pferd geht einen ruhigen Gang*, ce cheval a l'allure douce. | *das Pferd geht einen harten Trab*, ce cheval a le trot rude. | *er geht still seinen Weg*, il va son petit bonhomme de chemin.

Gehen ['ge:ən] n. (s) marche f. | *im Gehen*, en marchant. | *das Gehen fiel ihr schwer*, elle avait de la peine à marcher.

Geher ['ge:ər] m. (s, -). SPORT. marcheur m.

geheuer [gə'hɔyər] adj. *in jener Ruine ist es nicht geheuer*, on ne se sent pas en sûreté dans ces ruines. | *das kommt mir nicht geheuer vor*, cela ne me dit rien qui vaille.

Geheul [gə'hɔyl] n. (s). FAM. hurlements m. pl. || FIG. mugissement m. ; lamentations f. pl.

Gehilfe [gə'hilfə] m. (n, n), **Gehilfin** f. (-, nen) aide s. ; assistant(e) m. (f.) ; commis m.

— SYN. : *Beistand*, aide, second ; *Helfer*, adjoint ; *Assessor*, *Assistent*, *Beisteher*, assistant ; *Assessorin*, *Assistentin*, *Fürsorgerin*, assistante ; *Hilfe*, *Hilfsarbeiter*, *Hilfsbeamter*, auxiliaire ; *Zubereiter*, préparateur ; *Geselle*, compagnon ; *Frisörgehilfe*, garçon coiffeur.

Gehirn [gə'hirn] n. (s, e). ANAT. cerveau m. ; cervelle f. ; encéphale m. || FIG. et FAM. *er hat kein Gehirn im Kopf*, c'est une tête sans cervelle.

— SYN. : *Hirn*, cerveau, encéphale, cervelle.

Gehirn|blutung [gə"hirn'blutuŋ] f. (-, en) hémorragie cérébrale. ||°**-entzündung** f. (-, en) fièvre cérébrale ; encéphalite f. ||°**-erschütterung** f. (-, en) commotion cérébrale. ||°**-erweichung** f. (-, en) ramollissement du cerveau. ||°**-hälfte** f. (-, n). ANAT. hémisphère cérébral. ||°**-haut** f. (-, ¨e) méninge f. ||°**-hautentzündung** f. (-, en) méningite f. ||**-krank** adj. atteint d'une maladie cérébrale, d'aliénation mentale. ||°**-krankheit** f. (-, en) maladie cérébrale ; aliénation mentale. ||°**-mark** n. (s). ANAT. matière grise. ||°**-schale** f. (-, n) crâne m. ||°**-schlag** m. (s, ¨e). MÉD. apoplexie f. ||°**-tumor** m. (s, en) tumeur cérébrale, encéphaloïde. ||°**-windung** f. (-, en) circonvolution cérébrale.

gehoben [gə'ho:bən] adj. FIG. *gehobene Sprache*, style soutenu. | *in gehobener Stimmung*, fort animé ; exalté ; excité.

Gehöft [gə'hø:ft] n. (s, e) ferme f. ; métairie f.

Gehölz [gə'hølts] n. (es, e) bocage m. ; bosquet m. ; bois m.

Gehör [gə'hø:r] n. (s) ouïe f. | *ein feines, scharfes Gehör haben*, avoir l'ouïe, l'oreille fine, subtile. | *ein musikalisches Gehör haben*, avoir de l'oreille. | *das Gehör verlieren*, devenir sourd. | *einer Bitte kein Gehör schenken*, rester sourd à une demande ; faire la sourde oreille. | *nach dem Gehör spielen*, jouer d'oreille. || PAR EXT. audience f. | *um Gehör bitten*, demander audience. | *sich Gehör verschaffen*, se faire entendre. | *Gehör finden*, être écouté.

Gehör|fehler [gə"hø:r'fe:lər] m. (s, -) défaut (m.) d'oreille ; surdité f. ||°**-gang** m. (s, ¨e). ANAT. conduit auditif. ||°**-knöchelchen** n. (s, -). ANAT. osselet m. ||°**-losigkeit** f. surdité f. ||°**-nerv** m. (s, en) nerf auditif. ||°**-organ** n. (s, e) organe (m.) de l'ouïe. ||°**-schnecke** f. (-, n). ANAT. limaçon m. ||°**-sinn** m. (s). ANAT. (sens [m.] de l') ouïe f. ||°**-trichter** m. (s, -). TECHN. cornet (m.) acoustique. ||°**-trommel** f. (-, n). ANAT. tympan m.

gehorchen [gə'hɔrçən] v. intr. obéir ; obtempérer ; se soumettre. | *seinen Vorgesetzten gehorchen*, obéir à ses supérieurs. | *aufs Wort gehorchen*, obéir au doigt et à l'œil. | *nicht gehorchen*, désobéir. | *der Wagen gehorcht seinen Bremsen nicht mehr*, les freins ne répondent plus.

gehören [gə'hø:rən] v. intr. **1.** [Eigentum] appartenir à ; être à. | *dieses Grundstück gehört mir*, ce terrain m'appartient.

2. [angehören] compter ; faire partie de ; être au nombre de. | *er gehört zu meinen Freunden*, il compte au nombre de mes amis. | *er gehört zu den oberen Zehntausend*, il fait partie de la haute société. | *das gehört noch dazu*, cela fait encore partie de. | *das gehört zur Sache*, c'est un élément de l'affaire. | *es gehört zur Sitte*, cela relève de l'usage, des convenances.

3. [zukommen ; gebühren] être dû. | *diese Summe gehört ihm noch*, cette somme lui revient aussi. | *diese Ehre gehört ihm*, cet honneur lui est dû.

4. [passen] être à sa place ; aller ensemble. | *wohin gehört dieses Buch ?*, où se range ce livre ? | *dieser Redner gehört ins Parlament*, cet orateur a sa place au Parlement ; la place de cet orateur est au Parlement. | *dieser Stuhl gehört ins Eßzimmer*, la place de cette chaise est dans la salle à manger. | *das gehört vor die Strafkammer*, c'est du ressort de la chambre pénale.

5. [nötig sein] être nécessaire ; falloir. | *dazu gehört Mut*, il y faut du courage. | *es gehört schon etwas dazu*, il faut avoir du cœur pour le faire.

◇ v. pr. **sich gehören,** convenir ; être convenable. | *das gehört sich nicht*, ce n'est pas convenable ; cela ne se fait pas. | *wie es sich gehört*, comme il sied ; comme il se doit.

gehörig [-riç] adj. appartenant à. || JUR. *die ihm gehörigen Grundstücke*, les terrains lui appartenant, qui lui appartiennent. || PAR ANAL. [gebührend] dû ; nécessaire ; convenable. | *in gehöriger Form*, en bonne et due forme. || [notwendig] nécessaire ; requis ; compétent. | *die gehörigen Mittel anwenden*, employer les moyens adéquats. | *das gehörige Alter*, l'âge requis. || FIG. [gründlich ; ziemlich hoch] bon ; fameux. | *er hat die gehörige Strafe erhalten*, il a reçu la peine qu'il méritait. | *ein gehöriger Lügner*, un fameux menteur. | *ein gehöriges Alter erreichen*, atteindre un grand âge.

◇ adv. FAM. comme il se doit ; dûment ; bien ; convenablement. | *wir haben ihm gehörig die Wahrheit gesagt*, nous lui avons dit ses (quatre) vérités.

Gehörn [gə'hørn] n. (s, e). ZOOL. [Haustiere] cornes f. pl. || [Hörner des Hochwildes] bois m. pl.

gehörnt [gə'hørnt] adj. encorné ; cornu. | *gehörntes Wild*, gibier cornu. || FIG., FAM. cocu.

Gehorsam [gə'ho:rza:m] m. (s) obéissance f. ; docilité f. ; soumission f. | *den Gehorsam verweigern*, refuser l'obéissance ; refuser d'obéir. | *Gehorsam leisten*, obéir. | *blinder Gehorsam*, obéissance aveugle. | *geistlicher Gehorsam*, obédience monacale. | *Gehorsamsverweigerung*, refus (m.) d'obéissance.

gehorsam adj. obéissant ; docile ; soumis.

— SYN. : *biegsam*, *fügsam*, souple ; *zahm*, *willig*, *fromm*, docile ; *folgsam*, obéissant ; *gefällig*, complaisant ; *demütig*, humble.

Geh|rock ['gə:rɔk] m. (s, ¨e) redingote f. ||°**-steig** m. (s, e) trottoir m. ; chemin (m.) pour piétons. ||°**-versuch** m. (s, e) | *die ersten Gehversuche*, les premiers pas. ||°**-werk** n. (s, e). TECHN. mouvement m.

Gehre ['ge:rə] f. (-, n). TECHN. biais m. ; onglet m. ; coin m. ; chanteau m.

Gehrung [-ruŋ] f. (-, en). TECHN. coin m. ; biais m. ; onglet m. | *auf Gehrung schneiden*, couper de, en biais, à, en onglet.

Geier ['gaiər] m. (s, -). ZOOL. vautour m. || FAM. *hol dich, hols der Geier !*, que le diable t'emporte ! ; au diable ! | *weiß der Geier !*, qui diable peut le savoir !

Geier|adler ["gaiər'a:dlər] m. (s, -). ZOOL. gypaète barbu ; vautour (m.) des agneaux. ||°**-falk(e)** m. (n, n). ZOOL. gerfaut m.

Geifer ['gaifər] m. (s) bave f. ; écume f.

geifern ['gaifərn] v. intr. baver ; jeter sa bave. || FIG. écumer de rage.

Geige ['gaigə] f. (-, n) violon m. | *eine Geige stimmen*, accorder un violon. | *Geige spielen*, jouer du violon. | *die erste Geige spielen*, jouer le premier violon. | *der Himmel hängt ihm voller Geigen*, il voit tout en rose ; il est aux anges, au septième ciel.

geigen [-gən] v. intr. MUS. jouer du violon.

◇ v. tr. *ein Stück geigen*, jouer un morceau de violon.

Geigen|bauer ["gaigən'bauər] m. (s, -) luthier m. ||°**-bogen** m. (s, -) archet m. ||°**-bohrer** m. (s, -) vrille f. ; vilebrequin m. ||°**-hals** m. (es, ¨e) manche (m.) de violon. ||°**-harz** n. (es) colophane f. ||°**-steg** m. (s, -) chevalet (m.) du violon. ||°**-stimme** f. (-, n) partie (f.) du violon. ||°**-stunde** f. (-, n) leçon (f.) de violon.

Geiger ['gaigər] m. (s, -). MUS. violoniste m.

Geiger|zähler ["gaigər'tsɛ:lər] m. (s, -). TECHN. compteur m. (de) Geiger.

geil [gail] adj. AGRIC., BOT. [üppig ; wuchernd] luxuriant ; exubérant. | *geiler Boden*, sol trop gras. | *geile*

Triebe, gourmands m. pl. ‖ PAR ANAL. [gierig; geschlechtserregt] luxurieux; concupiscent; lascif; lubrique.

Geilheit ['gailhait] f. AGRIC., BOT. exubérance f. ‖ PAR ANAL. luxure f.; lasciveté f.; lubricité f. ‖ [Tiere] chaleur f.; rut m.

Geisel ['gaizəl] f. (-, n), m. (s, -) otage m.

Geisel|nahme [-nɑ:mə] f. (-) prise (f.) d'otages. ‖°**-nehmer(in)** m. (s, -), f. (-, nen) preneur (m.), preneuse (f.) d'otages.

Geiser ['gaizər] m. (s, -) geyser m.

Geiß [gais] f. (-, en). ZOOL. femelle (f.) du chamois, du bouquetin, du chevreuil; chèvre f.

Geiß|bart ['gaisbart] m. (s, ¨e) barbe (f.) de chèvre. ‖ BOT. reine-des-prés f.; herbe aux abeilles f.; ulmaire f. ‖°**-blatt** n. (s, ¨er). BOT. chèvrefeuille m. ‖°**-bock** m. (s, ¨e) bouc m. ‖°**-fuß** m. (es, ¨e). ZOOL. pied (m.) de chèvre. ‖ BOT. ægopode f.; herbe aux goutteux f. ‖ TECHN. pied-de-biche m. ‖°**-hirt** m. (en, en) chevrier m. ‖°**-klee** m. (s). BOT. cytise m.

Geißel ['gaisəl] f. (-, n) fouet m.; verge f. ‖ FIG. *Attila, die Geißel Gottes*, Attila, le fléau de Dieu. ‖ RELIG. discipline f.

Geißel|bruder ["gaisəl'bru:dər] m. (s, ¨). RELIG. flagellant m.

geißeln ['gaisəln] v. tr. fouetter; fustiger. ‖ RELIG. flageller. ‖ FIG. flageller; stigmatiser.

Geißelung [-səluŋ] f. (-, en) fustigation f.; peine (f.) du fouet. ‖ RELIG. flagellation f.

Geißler [-slər] m. (s, -). RELIG. flagellant m.

Geist [gaist] m. (s, er). **1.** [antreibende Kraft] *Geist und Materie*, esprit et matière. | *Leib und Geist*, corps et âme. | *der menschliche Geist*, l'esprit humain.
2. [das Leben erhaltende Kraft] *den Geist aufgeben*, rendre l'âme; mourir. ‖ [Bibel] *er befahl seinen Geist in Gottes Hände*, il remit, recommanda son âme à Dieu. ‖ *seine Lebensgeister waren früh aufgeregt* (GOETHE), tôt il s'éveilla à la vie.
3. [überirdisches, unkörperliches Wesen] esprit m.; génie m.; démon m. | *der Heilige Geist*, le Saint-Esprit. | *der Geist Gottes*, l'esprit de Dieu. | *die höllischen Geister*, les puissances (f. pl.), les esprits de l'enfer. | *der Geist der Finsternis*, l'esprit, le prince des ténèbres. | *vom bösen Geist besessen sein*, être possédé du diable; avoir le diable au corps. | *von allen guten Geistern verlassen sein*, perdre la tête; ne plus savoir ce qu'on fait.
4. [geistige Haltung] *ein großer Geist*, un esprit supérieur. | *ein edler Geist*, un esprit noble. | *ein freier Geist*, un esprit libre. | *ein Mann von Geist*, un homme d'esprit. | *ein Mann von beschränktem Geist*, un esprit borné; un petit esprit. | *wir sind im Geiste mit Euch*, nous sommes par la pensée, en esprit avec vous. | *in diesem Unternehmen herrscht ein guter Geist*, dans cette entreprise règne un excellent esprit. | *der Sohn handelt im Geiste seines Vaters*, le fils agit selon l'esprit du père. | *der Geist ist willig, das Fleisch ist schwach*, l'esprit est prompt, mais la chair est faible. | *der Geist der Klassik*, l'esprit du classicisme. | *der Geist eines Buches*, le sens d'un livre.
5. [Träger eines solchen Geistes] *Schöngeist*, bel esprit. | *Freigeist*, esprit fort; libre penseur. | *Zeitgeist*, esprit du temps, du siècle. | *Gemeingeist*, esprit public, national; esprit de corps.
6. [Chemie: Extrakt; Essenz] *Weingeist*, esprit-de-vin m. | *der Wein hat viel Geist*, ce vin a de la force. | *Salpetergeist*, alcool (m.), acide (m.) nitrique.
7. [Spuk] esprit m.; génie (aérien); spectre m.; fantôme m.; revenant m. | *die ich rief, die Geister, werd ich nun nicht los* (GOETHE), les esprits que j'ai appelés à mon secours, je ne peux plus m'en défaire. | *ein dienstbarer Geist* [auch humoristisch], génie domestique; serviteur m.; servante f.
8. ZOOL. [Afterspinne] phalangium opilio m.; faucheur m. | *der schwarze Geist* [die Steindohle, Steinkrähe], crave m.; chouette (f.) rouge.

geist|bildend ["gaist'bildənt] adj. qui cultive l'esprit. ‖**-los** adj. dépourvu d'esprit; vide; insipide; insignifiant; fade; vulgaire. ‖°**-losigkeit** f. manque (m.) d'esprit; insipidité f.; fadeur f.; platitude f. ‖**-reich** adj. spirituel; plein d'esprit. | *sehr geistreich sein*, avoir de l'esprit jusqu'au bout des ongles. | *geistreich sein wollen*, vouloir faire de l'esprit.
◇ adv. avec esprit; spirituellement.

geister|ähnlich ["gaistə'ɛ:nliç] adj. semblable à un spectre; spectral. ‖°**-banner** m. (s, -), °**-beschwörer** m. (s, -). RELIG. nécromancien m.; exorciste m. ‖°**-beschwörung** f. RELIG. conjuration des esprits; nécromancie f.; exorcisme m. ‖°**-bild** n. (s, er) fantôme m. ‖°**-erscheinung** f. (-, en) apparition f.; vision f. ‖°**-fahrer** m. (s, -). FAM. conducteur fou. ‖°**-seher(in)** m. (s, -), f. (-, nen) visionnaire s. ‖°**-welt** f. (-) monde (m.) des esprits; monde surnaturel.

geisterhaft ['gaistərhaft] adj. fantomatique; surnaturel; spectral; mystérieux.

geistern ['gaistərn] v. intr. rôder en fantôme.

geistes|abwesend ["gaistəs'apve:zənt] adj. absent; distrait, inattentif. ‖°**-abwesenheit** f. absence (f.) d'esprit; distraction f. ‖°**-armut** f. pauvreté (f.), sécheresse (f.) d'esprit. ‖°**-bildung** f. culture intellectuelle. ‖°**-blitz** m. (es, e) éclair (m.) de génie. ‖°**-funke** m. (n, n). FIG. étincelle f.; saillie f. ‖°**-fürst** m. (en, en). FIG. génie m. ‖°**-gabe** f. (-, n) don (m.) de l'esprit; talent m.; faculté intellectuelle. ‖ °**-gegenwart** f. présence (f.) d'esprit. ‖**-gestört** adj. MÉD. atteint de troubles cérébraux; dont l'esprit est dérangé; aliéné. ‖°**-größe** f. élévation (f.) d'esprit; grandeur (f.) d'âme; magnanimité f. ‖°**-kraft** f. (-, ¨e) force (f.) de l'esprit; faculté intellectuelle. ‖ **-krank** adj. MÉD. atteint d'aliénation mentale; aliéné. ‖°**-krankheit** f. (-, en) maladie mentale; aliénation f.; psychose f. ‖°**-richtung** f. (-, en) tendance (f.) d'esprit. ‖**-schwach** adj. faible d'esprit; imbécile; idiot. ‖°**-schwäche** f. faiblesse (f.) d'esprit; imbécillité f.; idiotie f. ‖°**-störung** f. (-, en) trouble mental; aliénation mentale. ‖°**-strömung** f. (-, en) courant intellectuel. ‖**-stumpf** adj. d'un esprit obtus; hébété. ‖**-träge** adj. lourd, paresseux d'esprit. ‖ °**-verfassung** f. état (m.), disposition (f.) d'esprit; mentalité f. ‖**-verwandt** adj. qui a des affinités intellectuelles; qui est en communion d'esprit avec. ‖°**-verwandtschaft** f. (-, en) affinité (f.), parenté (f.) d'esprit; sympathie intellectuelle. ‖**-verwirrt** adj. FIG. égaré. ‖°**-verwirrung** f. (-, en) égarement m.; dérangement (m.) de l'esprit; trouble mental. ‖°**-welt** f. monde intellectuel; monde (m.) des idées. ‖°**-wissenschaften** f. pl. sciences humaines. ‖ PAR EXT. lettres f. pl. ‖°**-zerrüttung** f. égarement m.; trouble mental; aliénation mentale. ‖°**-zustand** m. (es) état mental. ‖°**-zwang** m. (s) contrainte morale.

geistig ['gaistiç] adj. spirituel; immatériel. | *geistige Nahrung*, nourriture spirituelle. ‖ PAR ANAL. intellectuel; moral. | *eine geistige Anstrengung*, un effort d'intelligence. | *geistige Genüsse*, des jouissances intellectuelles. ‖ FIG. spiritueux. | *geistige Getränke*, spiritueux m. pl.

Geistigkeit ['gaistiçkait] f. nature intellectuelle, morale; spiritualité f.; immatérialité f. | *Geistigkeit der Seele*, spiritualité de l'âme.

geistlich ['gaistliç] adj. RELIG. spirituel. | *geistliches Konzert*, concert spirituel, religieux. | *geistliches Lied*, cantique m. | *geistliches Drama*, drame spirituel, religieux. | *geistliche Güter*, biens spirituels. | *geistliche Beredsamkeit*, éloquence sacrée; éloquence (f.) de la chaire. | *geistliche Verwandtschaft*, parenté spirituelle. | *geistlicher Berater*, conseiller, guide spirituel. | *das Geistliche und das Weltliche*, le spirituel et le temporel. ‖ PAR EXT. religieux; clérical; ecclésiastique. | *geistliche Behörde*, autorité ecclésiastique. | *geistlicher Stand*, clergé m.

Geistlicher [-liçər] m. RELIG. ecclésiastique m.; prêtre m.; clerc m. ‖ [katholisch] curé m. ‖ [protestantisch] pasteur m. ‖ [jüdisch] rabbin m.
— SYN.: *Ordensgeistlicher*, religieux; *Mönch*, moine; *Ordensbruder*, congréganiste; *Pfarrer*, *Priester*, curé; *Pastor*, pasteur.

Geistlichkeit [-liçkait] f. RELIG. clergé m.; ecclésiastiques m. pl.; (Vx.) cléricature f.

Geiz [gaits] m. (es) avarice f.; ladrerie f.; lésine f. | *schmutziger Geiz*, avarice sordide. ‖ FIG., BOT. [Geiztrieb] gourmand m.; rejeton m.; tendron m.

geizen [-tsən] v. intr. être avare; lésiner. | *mit der Zeit geizen*, être avare de son temps. | *mit dem Geld geizen*, être avare de son argent. ‖ PAR ANAL. *er geizt nach Ehren*, il est avide, assoiffé d'honneurs.
◇ v. tr. AGRIC. élaguer. | *Tomaten geizen*, ôter les gourmands des plants de tomates.

Geiz|hals ['gaitshals] m. (es, ¨e) avare m.; ladre m. ‖ FIG., POP. grippe-sou m.; fesse-mathieu m. | *alter Geizhals*, harpagon m.

geizig ['gaitsiç] adj. avare; avaricieux; ladre.

Gejammer [gə'jamər] n. (s). FAM. plaintes f. pl.; lamentations f. pl.; jérémiades f. pl.

Gejubel [gə'ju:bəl] n. (s). cris (m. pl.) d'allégresse; exultation f.

Gekicher [gə'kiçər] n. (s) rires étouffés.

Gekläffe [ge'klɛfə] n. (s) aboiements m. pl.

Geklapper [gə'klapər] n. (s). FAM. claquement m. ; clic-clac m. || [Storch] craquètement m.

Geklimper [gə'klimpər] n. (s). FAM. (action [f.] de) tapoter, pianoter.

Geklingel [gə'kliŋəl] n. (s) sonnerie f. ; drelin m. ; tintement (m.) de clochettes.

Geklirr(e) [gə'klir(ə)] n. (s) cliquetis m. ; choc m. | *Waffengeklirr*, cliquetis des armes.

Geknatter [gə'knatər] n. (s) crépitement m. ; détonations f. pl. || [Storch] craquètement m.

Geknurr(e) [gə'knur(ə)] n. (s). FAM. grondement m. ; gargouillement m.

gekört [gə'kø:rt] adj. [Tiere] sélectionné. | *gekörter Hengst*, étalon sélectionné.

Gekreisch(e) [gə'kraiʃ(ə)] n. (s). FAM. criailleries f. pl. ; cris aigus, perçants ; piaillerie f.

Gekreuzigte (der) [gə'krɔytsiktə] (n) crucifié m. || RELIG. Jésus-Christ.

Gekritzel [gə'kritsəl] n. (s). FAM. griffonnage m.

gekröpft [gə'krøpft] adj. TECHN. coudé ; rompu. | *gekröpfte Welle*, arbre coudé. || TECHN. *gekröpftes Bett*, banc rompu.

Gekröse [gəkrø:zə] n. (s). [Halskrause] fraise f. || CULIN. tripes f. pl. ; fraise f. || ANAT. mésentère m. ; intestin (m.) grêle ; gros intestin.

gekünstelt [gə'kynstəlt] adj. factice ; artificiel ; affecté ; recherché ; guindé ; maniéré.

Gel [ge:l] n. (s, e) [Substanz] gel m.

Gelächter [gə'lɛçtər] n. (s) rires m. pl. ; explosion (f.) de rires. | *lautes Gelächter*, éclats (m. pl.) de rire. | *in Gelächter ausbrechen*, éclater de rire ; rire à gorge déployée. | *zum Gelächter werden*, devenir la risée de tout le monde ; être un objet de dérision (pour tous). | *jn zum Gelächter machen*, tourner qn en dérision.

geladen [gə'lɑ:dən] adj. [aufgefordert ; eingeladen] invité. | *vor geladenen Gästen*, devant les invités. || [schußbereit] chargé. | *geladenes Gewehr*, fusil chargé. || FIG., FAM. [gereizt] *auf jn geladen sein*, être monté contre qn.

Gelage [gə'lɑ:gə] n. (s) festin m. ; banquet m. || PAR EXT. orgie f. | *Trinkgelage*, beuverie f.

gelähmt [gə'lɛ:mt] adj. paralysé ; perclus ; estropié.

Gelalle [gəl'allə] (s) babillements m. pl.

Gelände [gə'lɛndə] n. (s, -) étendue (f.) de terrain ; terrain m. ; contrée f. ; région f. | *bebaubares, erschlossenes Gelände*, terrain viabilisé. | *fruchtbares Gelände*, terrain, terre (f.) fertile. | *ebenes Gelände*, terrain plat. | *hügeliges Gelände*, terrain accidenté. | *Gelände gewinnen*, gagner du terrain. | *Gelände verlieren*, perdre du terrain. | *Militärgelände*, terrain militaire. | *Wein-, Rebengelände*, terrain planté de vignes.

Gelände|abschnitt [gə"lɛndə'apʃnit] m. (s, e) secteur m. ||°**-aufnahme** f. (-, n). MIL. lever (m.) topographique. ||°**-beschaffenheit** f. nature (f.), configuration (f.) du terrain. ||°**-fahrzeug** n. (s, e). AUTOM., MIL. véhicule (m.) tout terrain. ||**-gängig** adj. AUTOM. [nicht an die Straßen gebunden] tout terrain. ||°**-gestaltung** f. configuration (f.) du terrain. || °**-kunde** f. topographie f. ||°**-lauf** m. (s, ¨e). SPORT. cross (country) m. ||°**-spiegel** m. (s, -). MIL. périscope m. ||°**-streifen** m. (s, -) bande (f.) de terrain. ||°**-wagen** m. (s, -) voiture (f.) tout terrain.

Geländer [gə'lɛndər] n. (s, -). ARCHIT. balustrade f. ; parapet m. ; garde-fou m. ; rampe f. | *Brückengeländer*, garde-corps m. | *Treppengeländer*, rampe d'escalier. | *Geländerstab*, barreau (m.) d'une balustrade.

gelangen [gə'laŋən] v. intr. arriver ; parvenir ; atteindre ; accéder à. | *ans, zum Ziel gelangen*, arriver au but. | *zu einem Entschluß gelangen*, se décider enfin. | *der Plan ist nicht zur Ausführung gelangt*, le plan ne fut pas mis à exécution. | *die Verhandlungen gelangten zum Abschluß*, les négociations furent menées à bonne fin. | *zu Ansehen gelangen*, acquérir du crédit ; se faire estimer.

gelassen [gə'lasən] adj. laissé. || PAR EXT. calme ; placide ; impassible ; tranquille ; résigné. | *gelassener Mann*, homme (m.) placide ; tête froide.
◇ adv. calmement ; avec sang-froid, flegme. | *er nahm die schlimme Nachricht gelassen auf*, il reçut avec calme, sang-froid la triste nouvelle.
— SYN. : *ruhig*, calme ; *leidenschaftslos*, sans passion ; *geduldig*, patient ; *ergeben*, résigné ; *besonnen*, de sang-froid ; *mäßig*, pondéré, modéré.

Gelassenheit [gə'lasənhait] f. calme m. ; placidité f. ; tranquillité f. ; sang-froid m. ; résignation f. ; sagesse f. | *sein Leid mit Gelassenheit ertragen*, prendre son mal en patience. || PHILOS. ataraxie f.

geläufig [gə'lɔyfiç] adj. courant ; coulant ; exercé. | *eine geläufige Zunge, ein geläufiges Mundwerk haben*, avoir la langue bien pendue, bien affilée. || FIG. familier ; bien connu. | *geläufiger Ausdruck*, expression courante. | *das Französische ist ihm geläufig*, le français lui est familier ; il sait (bien) le français.
◇ adv. avec facilité ; couramment. | *er spricht geläufig Französisch*, il parle couramment (le) français.

Geläufigkeit [-kait] f. aisance f. ; facilité f. | *Geläufigkeit der Zunge*, volubilité f. || MUS. vélocité f.

gelaunt [gə'launt] adj. *schlecht gelaunt sein*, être de mauvaise humeur, mal disposé, mal luné ; FAM. de mauvais poil. | *wenn er gut gelaunt ist*, à ses heures ; dans ses bons moments.

Geläute [gə'lɔytə] n. (s). [Glockenläuten] son (m.) de cloches. || [Läutwerk] sonnerie f. ; carillon m. ; grelots m. pl. | *Totengeläute*, glas m. || PAR EXT. [Anschlagen der Hunde] cris (m. pl.) des chiens à la chasse.

gelb [gɛlp] adj. jaune. | *gelbe Haare*, cheveux blonds. | *gelbe Rüben*, carottes f. pl. || SPORT. *gelbes Trikot*, maillot (m.) jaune. || FIG. *gelber Neid*, envie f. ; jalousie f. | *vor Neid gelb (und grün) werden*, pâlir, verdir d'envie.

Gelb [gɛlp] n. (s) jaune m. ; couleur (f.) jaune. | *das Gelb vom Ei, das Eigelb*, le jaune d'œuf.

gelb|braun ['gɛlpbraun] adj. jaune-brun. ||°**-filter** m. (s, -). PHOT. filtre (m.), écran (m.) jaune. ||**-grün** adj. jaune verdâtre.

gelblich ['gɛlpliç] adj. jaunâtre.

gelb|rot ['gɛlpro:t] adj. rouge jaunâtre. ||°**-scheibe** f. (-, n). PHOT. filtre (m.), écran (m.) jaune. ||°**-schnabel** m. (s, ¨). FIG. béjaune m. ; blanc-bec m. ||°**-sucht** f. MÉD. jaunisse f. ; ictère m. ||°**-süchtig** adj. MÉD. atteint de jaunisse ; ictérique. ||°**-veiglein** n. (s). V. GOLDLACK.

Gelber ['gɛlbər] m. [Rasse] Jaune m. || ZOOL. cheval (m.) isabelle. || FIG. [Streikbrecher] jaune m.

Geld [gɛlt] n. (s) argent m. ; espèces f. pl. ; numéraire m. | *bares Geld*, argent comptant. | *falsches Geld*, fausse monnaie. | *ein Stück Geld*, une belle somme. | *Geld auf die hohe Kante legen*, FAM. mettre de l'argent à gauche. | *Geld schlagen, prägen*, battre monnaie. | *Geld verdienen*, gagner de l'argent. | *Geld sparen*, faire des économies. | *bei Gelde sein*, être en fonds. | *im Gelde wühlen*, brasser de l'argent ; rouler sur l'or. | *Geld wie Heu haben*, être riche comme Crésus. | *das kostet viel Geld*, c'est cher. | *Geld ausgeben*, dépenser de l'argent. | *jm Geld vorstrecken*, avancer de l'argent à qn. | *das Geld zum Fenster hinauswerfen*, jeter l'argent par les fenêtres. | *mit dem Geld um sich schmeißen, werfen*, FAM. avoir de l'argent à foison. | *sein Geld anlegen*, placer son argent. | *von seinem Gelde leben*, vivre de ses rentes. | *um Geld spielen*, jouer de l'argent. | *um sein Geld kommen*, en être pour son argent. | *Geld verspielen*, perdre de l'argent au jeu. | *Bargeld*, argent comptant. | *Kleingeld*, monnaie f. | *Papiergeld*, billets (m. pl.) de banque. | *das kostet ein Heidengeld*, cela coûte les yeux de la tête. | *Haushaltsgeld*, budget familial. || PROV. *Geld regiert die Welt*, l'argent est roi. | *Zeit ist Geld*, le temps, c'est de l'argent.
◇ n. pl. **Gelder,** deniers m. pl. ; fonds m. pl. | *öffentliche Gelder*, fonds publics. | *private Gelder*, fonds privés. | *flüssige Gelder*, capitaux (m. pl.) liquides.

Geld|abfindung ["gɛlt'apfinduŋ] f. (-, en) somme (f.), indemnité (f.) forfaitaire. ||°**-abwertung** f. (-, en) dévaluation (f.) monétaire. ||°**-adel** m. (s) titre de noblesse acheté. || PAR EXT. aristocratie (f.) d'argent ; haute finance ; ploutocratie f. ||°**-anweisung** f. (-, en). POSTES. mandat m. | *telegraphische Geldanweisung*, mandat télégraphique. || FIN. chèque m. ; envoi (m.) de fonds. || ADM. allocation f. ||°**-aufnahme** f. (-, n) prêt m. ; emprunt m. ||°**-ausfuhr** f. FIN. exportation (f.) de capitaux. ||°**-ausgabe** f. (-, n) dépenses f. pl. ||°**-automat** m. (en, en) distributeur (m.) de billets de banque ; billetterie f. ||°**-beitrag** m. (s, ¨e) contribution f. ; subvention f. ; cotisation f. ||°**-beutel** m. (s, -) bourse f. ; escarcelle f. ||°**-bewegung** f. (-, en) mouvement de fonds, monétaire et financier. || °**-börse** f. (-, n) bourse f. ; porte-monnaie m. ||°**-brief** m. (s, e). POSTES. lettre chargée ; valeur déclarée. ||°**-buße** f. (-, n) amende f. ||°**-eingang** m. (s, ¨e) rentrée (f.) d'argent. ||°**-einlage** f. (-, n). FIN. apport (m.) en numéraire. ||°**-entschädigung** f. (-, en) indemnité (f.) pécuniaire, en espèces. ||°**-entwertung** f. (-, en). FIN. dépréciation (f.) monétaire ; dévalorisation f. ||°**-erwerb** m. (s) gain m. ; lucre m.

||°-**fälscher** m. (s, -) faux-monnayeur m. ||°-**geber** m. (s, -). COMM. bailleur (m.) de fonds. ||°-**geschäft** n. (s, e) affaire (f.), opération (f.) monétaire ; affaire (f.) d'argent. ||°-**geschenk** n. (s, e) don (m.) en argent. ||°-**gier** f. cupidité f. ; amour (m.) de l'argent. ||-**gierig** adj. qui aime l'argent ; cupide. ||°-**herrschaft** f. ploutocratie f. ||°-**hortung** f. thésaurisation f. ||°-**hunger** m. (s) cupidité f. ||°-**kapital** n. (s, lien) capital effectif, versé. ||°-**knappheit** f. pénurie (f.), rareté (f.) d'argent. ||°-**krise** f. (-, n) crise monétaire, financière. ||°-**kurs** m. (es, e). (cours [m.] du) change m. ; [Börse] cours demandé. ||°-**kurszettel** m. (s, -). FIN. cote (f.) des changes. ||°-**lage** f. situation monétaire, financière. ||°-**macht** f. (-, ¨e) puissance financière ; ploutocratie f. ||°-**makler** m. (s, -). FIN. agent (m.) de change ; courtier m. ||°-**mangel** m. (s) manque (m.) d'argent ; impécuniosité f. ||°-**markt** m. (es, ¨e) marché (m.) monétaire. ||°-**marktpapier** n. (s, e) effet (m.) négociable (sur le marché monétaire). ||°-**menge** f. (-, n), °-**volumen** n. (s, -) masse (f.) monétaire. ||°-**mengensteuerung** f. (-) contrôle (m.) de la masse monétaire. ||°-**mittel** n. pl. ressources financières, monétaires ; moyens financiers. || °-**münze** f. (-, n) pièce f. (de monnaie). ||°-**not** f. pénurie (f.) d'argent. ||°-**politik** f. politique (f.) monétaire. ||°-**posten** m. (s, -). COMM. somme (f.) d'argent ; poste m. ||°-**protz** m. (en, en) parvenu m. ; nouveau riche. ||°-**sache** f. (-, n) affaire (f.), question (f.) d'argent. ||°-**sammlung** f. (-, en) collecte f. ; quête f. ||°-**satz** m. (es, ¨e). FIN. taux (m.) de l'argent. ||°-**schein** m. (s, e) billet (m.) de banque ; banknote f. ||°-**schöpfung** f. (-) création (f.) monétaire. ||°-**schrank** m. (s, ¨e) coffre-fort m. ||°-**sorten** f. pl. FIN. espèces f. pl. ||°-**spende** f. (-, n) don (m.) d'argent. ||°-**spritze** f. (-, n). FIN., FAM. bouffée (f.) d'oxygène. ||°-**strafe** f. (-, n) amende f. | *mit einer Geldstrafe belegen*, frapper d'une amende. | *eine Geldstrafe entrichten*, acquitter une amende. ||°-**stück** n. (s, e) pièce (f.) d'argent. ||°-**summe** f. (-, n) somme (f.) d'argent. ||°-**tasche** f. (-, n) gousset m. || PAR EXT. porte-monnaie m. ; portefeuille m. ; sacoche f. ||°-**telegramm** n. (s, e). POSTES mandat (m.) télégraphique. ||°-**überfluß** m. (es) pléthore (f.), surabondance (f.) de capitaux. ||°-**überweisung** f. (-, en) virement m. ; transfert (m.) d'argent, de fonds. | *telegraphische Geldüberweisung*, mandat (m.) télégraphique ; dépêche-mandat f. ||°-**umlauf** m. (s.). FIN circulation (f.) fiduciaire. ||°-**umlaufgeschwindigkeit** f. (-, en) vitesse (f.) de circulation de la monnaie. ||°-**umstellung** f. (-, en) réforme monétaire. ||°-**umtausch** (es, e). FIN. (opération [f.] de) conversion (f.) monétaire. ||°-**waage** f. (-, n) trébuchet m. ||°-**währung** f. (-, en) étalon (m.) monétaire. ||°-**wert** m. (s, e) valeur (f.) monétaire ; valeur en argent. ||°-**wertbeständigkeit** f. stabilité monétaire, financière. ||°-**wertschwund** m. (s, -) érosion (f.) monétaire. ||°-**wesen** n. (s) affaires financières ; finances f. pl. ; régime (m.), système (m.) monétaire. s. Tafel S. XVI ||°-**wucher** m. (s) spéculations (f. pl.) de Bourse ; agiotage m. | *Geldwucher betreiben*, agioter. ||°-**wucherer** m. (s, -) spéculateur m. ; agioteur m. ||°-**zins** m. (es, en) taux (m.) de l'argent ; rente f.

Geldes|wert ["geldəs'vert] m. (s, e) valeur (f.) en argent ; valeur marchande. | *Geld und Geldeswert*, argent (m.) et valeurs f. pl.

ge|legen [gə'le:gən] adj. situé ; sis. | *einsam gelegener Bauernhof*, ferme isolée. | *schön gelegen*, bien situé ; bien exposé. | *nach Osten gelegen*, exposé à, donnant à l'est. || FIG. opportun ; à propos ; convenable ; commode. | *ich werde zu gelegener Zeit wiederkommen*, je reviendrai au bon moment, au moment propice, favorable. | *das kam ihm sehr gelegen*, cela lui arriva fort à propos, au moment voulu.

Gelegenheit [gə'le:gənhait] f. (-, en) occasion f. | *die Gelegenheit nutzen*, profiter de l'occasion. | *er nimmt die Gelegenheit wahr ; er ergreift die Gelegenheit*, il saisit l'occasion. | *er versäumt, verpaßt die Gelegenheit*, il manque, FAM. rate l'occasion. | *jm Gelegenheit geben zu*, fournir, donner à qn l'occasion de. | *es bietet sich ihm eine günstige Gelegenheit*, une (bonne) occasion se présente, s'offre à lui. | *bei der erstbesten Gelegenheit*, à la première occasion. | *bei Gelegenheit*, à l'occasion. | *bei jeder Gelegenheit*, FAM. à tous (les) coups. || PROV. *Gelegenheit macht Diebe*, l'occasion fait le larron.

Gelegenheits|arbeit [gə"le:gənhaits'arbait] f. (-, en) travail occasionnel. ||°-**arbeiter** m. (s, -) travailleur occasionnel. ||°-**gedicht** n. (s, e) poésie (f.) de circonstance. ||°-**kauf** m. (s, ¨e). COMM. occasion f.

gelegentlich [gə'le:gəntliç] adj. occasionnel ; accidentel.
◇ adv. à l'occasion ; par hasard ; incidemment ; accidentellement. | *gelegentlich seines Aufenthaltes in Paris machte er einige Besuche*, à l'occasion de son séjour à Paris il fit quelques visites.

gelehrig [gə'lə:riç], **gelehrsam** [-'le:rzam] adj. docile ; disciplinable ; intelligent. | *Hunde sind sehr gelehrig*, les chiens se dressent facilement.

Gelehrsamkeit [gə'le:rzamkait] f. savoir m. ; science f. ; érudition f. ; instruction f.

gelehrt [gə'le:rt] adj. [Personen] érudit ; savant ; instruit ; lettré ; docte. | *je gelehrter, je verkehrter*, mieux vaut tête bien faite que tête bien pleine. || PÉJOR. pédant. || [Dinge] scientifique ; savant.
◇ adv. savamment. | *er spricht sehr gelehrt davon*, il en parle comme un livre.
— SYN. : *kenntnisreich, vielwissend*, érudit ; *gebildet*, instruit ; *beschlagen, bewandert*, versé dans ; FAM. calé.

Gelehrten|dünkel [gə"le:rtən"dyŋkəl] m. (s) pédantisme m. ||°-**stand** m. (s) état (m.) d'homme de science.

Gelehrtheit [gə'le:rthait] f. science f. ; savoir m. ; érudition f. ; instruction f.

Geleier [gə'laiər] n. (s). FAM. jeu (m.) de l'orgue de Barbarie. || FIG., PÉJOR. antienne f. ; ritournelle f. ; FAM. scie f. | *immer das alte Geleier*, toujours la même chanson, le même refrain.

Geleise [gə'laizə] n. (s, -), **Gleis** [glais] n. (es, e) [Wagenspur] ornière f. || PAR EXT. voie ferrée ; rails m. pl. | *einspuriges Geleise*, voie unique. | *schmalspuriges Geleise*, voie étroite. | *der (Eisenbahn)wagen sprang aus dem Gleise*, le wagon dérailla. | *totes Geleise*, voie de garage. || FIG. *aus dem Gleise kommen*, FAM. dérailler. | *etwas wieder ins rechte Geleise bringen*, remettre qch. dans la bonne voie. | *im Geleise bleiben*, suivre les sentiers battus.

Geleit [gə'lait] n. (s) accompagnement m. ; conduite f. | *jm das Geleit geben*, accompagner, reconduire qn. | *jm das letzte Geleit geben*, accompagner qn à sa dernière demeure. | *freies Geleit gewähren*, accorder, délivrer un sauf-conduit. || PAR ANAL. suite f. ; escorte f. || MIL. escorte f. || MAR. convoi m.

Geleit|brief [gə"lait'bri:f] m. (s, e). POLIT. sauf-conduit m. || COMM. lettre (f.) d'envoi ; acquit m. ||°-**mann** (s, leute). V. GELEITER. ||°-**schiff** n. (s, e). MAR. convoyeur m. ||°-**schutz** m. (es). MIL. escorte f. ||°-**wort** n. (es, e) préface f. ; avant-propos m. ||°-**zug** m (s, ¨e). MAR. convoi m.

geleiten [-tən] v. tr. accompagner ; reconduire ; escorter. || MIL. escorter. || MAR. convoyer.

Geleiter [-tər] m. (s, -) conducteur m. ; homme (m.) appartenant à une escorte. || MAR. escorteur m.

Gelenk [gə'lɛŋk] n. (s, e). ANAT. articulation f. ; jointure f. | *Handgelenk*, poignet m. | *Fußgelenk*, cheville f. || TECHN. jointure f. ; charnière f.

Gelenk|band [gə"lɛŋk'bant] n. (s, ¨er). ANAT. ligament (m.) articulaire. || TECHN. charnière f. ||°-**bruch** m. (s, ¨e) fracture (f.) articulaire. || °-**entzündung** f. (-, en). MÉD. arthrite f. ||°-**hebel** m. (s, -). TECHN. levier articulé. ||°-**höhle** f. (-, n). ANAT. cavité (f.) glénoïde, glénoïdale ; glénoïde f. ||°-**pfanne** f. (-, n). ANAT. cavité (f.) articulaire ; coussinet (m.) de rotule ; glène f. ||°-**rheumatismus** m. (-, men). MÉD. rhumatisme (m.) articulaire. ||-**steif** adj. MÉD. ankylosé. ||°-**stück** n. (s, e). TECHN. joint articulé ; pièce articulée. ||°-**übung** f. (-, en). SPORT. exercice (m.) d'assouplissement. ||°-**wasser** n. (s). ANAT. synovie f. ||°-**wassersucht** f. MÉD. synovite f. ; hydarthrose f. ||°-**welle** f. (-, n). AUTOM. transmission articulée ; arbre articulé.

gelenkig [gə'lɛŋkiç] adj. articulé. || PAR EXT. souple. | *ein Pferd gelenkig machen*, débourrer un cheval. | *gelenkige Glieder*, des membres (m. pl.) souples.

Gelenkigkeit [-kait] f. souplesse f. ; agilité f.

Gelese [gə'le:zə] n. (s) lecture (f.) sans discernement. || TECHN. [Textil] ourdissage m.

Gelichter [gə'liçtər] n. (s) espèce f. ; engeance f. ; clique f. ; coterie f.

Geliebte(r) [gə'li:ptə(r)] f. (m.) aimé(e) m. (f.) ; bien-aimé(e) m. (f.) ; amant m. ; maîtresse f.

Gelier|mittel [ʒe"li:r'mitəl] n. (s, -). CHIM. agent gélifiant.

gelind(e) [gə'lint, -'lind(ə)] adj. doux ; tempéré ; modéré ; bénin ; amène. | *ein gelindes Klima*, un climat doux. | *bei gelindem Feuer braten*, faire rôtir à feu doux. | *gelinde Kälte*, froid modéré. | *mit einer gelinden Strafe davonkommen*, s'en tirer avec une peine légère. || FIG., FAM. *gelindere Saiten aufziehen*, baisser le ton ; filer doux. ◇ adv. doucement ; modérément. | *gelinde wirkende Arznei*, médication bénigne. || FAM. *gelinde gesagt*, pour ne rien dire de plus ; au bas mot.

Gelindheit [gə'linthait] f, **Gelindigkeit** [-diç-kait] f. douceur f. ; aménité f. ; indulgence f.

gelingen [gə'liŋən] (a, u) v. intr. réussir ; avoir du succès. | *das Vorhaben gelang nicht*, le projet échoua. ◇ v. impers. *es ist ihm gelungen, den Rekord zu verbessern*, il a réussi à améliorer le record. | *alles gelingt ihm, was er in die Hand nimmt*, il réussit tout ce qu'il entreprend. | *endlich gelingt es ihm*, enfin il y arrive, il y parvient.

Gelingen n. (s) réussite f. ; succès m.

Gelispel [gə'lispəl] n. (s) chuchotement m. ; zézaiement m.

gellen ['gɛlən] v. intr. résonner ; retentir. | *der Schrei gellt mir noch in den Ohren*, j'entends encore ce cri perçant. || PAR EXT. rendre un son perçant, aigu, strident.

gellend [-lənt] adj. perçant ; strident ; aigu. | *gellendes Lachen*, éclats (m. pl.) de rire. | *gellender Pfiff*, coup de sifflet strident.

geloben [gə'lo:bən] v. tr. faire vœu ; promettre solennellement. | *jm Treue geloben*, promettre solennellement fidélité à qn.
◇ v. pr. **sich geloben.** | *sich Gott geloben*, se consacrer à Dieu.

Gelöbnis [gə'lø:pnis] n. (ses, se) vœu m. ; promesse solennelle. | *ein Gelöbnis ablegen*, faire un vœu.

gelobt [-'lo:pt] adj. promis. || THÉOL. *das Gelobte Land*, la Terre promise.

gelocht [gə'lɔxt] adj. perforé.

Gelock [gə'lɔk] n. (s) boucles f. pl. ; cheveux bouclés.

gelockt [-'lɔkt] adj. bouclé.

gelogen [gə'lo:gən] part. pass. de **lügen.**

gelt [gɛlt] (de **gelten**) adv. DIAL. interrogatif (après une question) n'est-ce-pas ? || (au début d'une phrase) pour sûr ; certes. | *gelt, das hast du vergessen*, je gage que tu as oublié.

gelt [gɛlt] adj. ZOOL. stérile. || [Weibchen] non pleine.

gelten ['gɛltən] (i, a, o) v. tr. [wert sein] valoir ; coûter. | *diese Münze gilt nicht viel*, cette pièce (de monnaie) ne vaut pas grand-chose. | *was gilt die Wette ?* combien pariez-vous ? || FIG. *sein Wort gilt etwas im Lande*, sa parole a du poids.
◇ v. intr. **1.** [gültig, in Kraft sein] être valable ; avoir cours ; compter. | *diese Briefmarke gilt noch*, ce timbre est toujours bon, a encore cours. | *das Visum gilt nicht für Israel*, ce visa n'est pas valable pour Israël. | *das laß' ich gelten*, à la bonne heure ! ; d'accord ! | *das Gesetz gilt*, cette loi est (toujours) en vigueur. | *das gilt nicht* [beim Spiel], ce n'est pas de jeu. || FIG. *einen Vorwand gelten lassen*, admettre comme plausible un prétexte. | *die dort geltenden Ansichten*, les idées en cours dans ce pays. | *eine Bitte gelten lassen*, recevoir une demande.
2. [angesehen werden] être estimé, réputé ; avoir du crédit, de l'autorité. | *er gilt als der beste Spieler der Mannschaft*, il passe pour le meilleur joueur de l'équipe. | *er ist nicht wohlhabend, er gilt nur dafür*, il n'est pas riche, mais il passe pour l'être.
3. [bestimmt sein für] concerner ; s'appliquer à. | *die Frage hat nicht ihm, sondern dir gegolten*, la question ne s'adressait pas à lui, mais à toi. | *wem gilt diese Anspielung ?*, à qui s'adresse cette allusion ?
◇ v. impers. **es gilt.** [es kommt darauf an] il s'agit de. | *jetzt gilts ; es gilt*, c'est le moment ; allons-y ! | *es galt um nichts geringeres als*, il ne s'agissait de rien moins que de.

geltend [-tənt] adj. en cours ; valable. | *geltendes Recht*, jurisprudence (f.) en vigueur. | *geltende Ansicht*, opinion (f.) en cours. | *geltend machen*, faire valoir, prévaloir ; représenter. | *er weiß seine Ansprüche geltend zu machen*, il sait faire valoir ses droits.

Geltung [-tuŋ] f. valeur f. ; cours m. ; importance f. ; crédit m. ; autorité f. | *sich Geltung verschaffen*, s'imposer. | *zur Geltung bringen*, mettre en valeur. || PHILOS. acception f.

Geltungs|bedürfnis ["gɛltuŋsbə'dyrfnis] n. (ses, se) besoin (m.) de se faire valoir ; ambition f. ||°**-bereich** m. (s, e) domaine (m.), champ (m.) d'application ; JUR. domaine (m.) d'application. || °**-dauer** f. durée (f.) de validité. ||°**-trieb** m. (s) besoin (m.) de se faire valoir ; ambition f.

Gelübde [gə'lypdə] n. (s, -). RELIG. vœu m. ; promesse solennelle. | *die Ordensgelübde ablegen*, prononcer les vœux. | *ein Gelübde erfüllen*, s'acquitter d'une promesse.

Gelumpe [gə'lumpə] n. (s). FAM. chiffons m. pl., déchets (m. pl.) de tissu. || FAM. hardes f. pl.

gelungen [gə'luŋən] adj. réussi. | *gelungener Streich*, coup réussi. || PAR EXT. [drollig] comique ; fameux.

Gelüst(e) [gə'lyst(ə)] n. (s) désir m. ; envie f. ; convoitise f. ; appétit m. ; concupiscence f.

gelüsten [-tən] v. tr. et v. impers. désirer ; convoiter ; avoir envie de. | *es gelüstet mich nach etwas*, j'ai envie de qch. | *es gelüstet mich, etwas zu tun*, j'ai envie de faire quelque chose.

Gemach [gə'ma:x] n. (s, ¨er). ARCHIT. chambre f. ; salle f. ; appartement m.

gemach [gə'ma:x] adj. lentement ; peu à peu ; doucement. | *nur gemach !*, tout doux !

gemächlich [-'mɛ:çliç] adj. commode. || PAR EXT. nonchalant ; qui aime ses aises. | *ein gemächliches Leben führen*, vivre à l'aise, à son aise.

Gemächlichkeit [-'mɛçliçkait] f. commodité f. ; aisance f.

gemacht [gə'maxt] adj. fait. || PAR EXT. artificiel. || FIG., FAM. *er ist ein gemachter Mann*, c'est un homme arrivé ; cet homme a sa fortune faite.

Gemahl [gə'ma:l] m. (s, e) époux m.

Gemahlin [gə'ma:lin] f. (-, nen) épouse f.

gemahnen [gə'ma:nən] v. tr. faire souvenir ; rappeler. | *jn an etwas* (acc.) *gemahnen*, faire souvenir qn de qch. ; rappeler qch. à qn.

Gemälde [gə'mɛldə] n. (s, -) tableau m. ; peinture f. ; toile f.

Gemälde|ausstellung [gə"mɛldə'ausʃtɛluŋ] f. (-, en) exposition (f.) de tableaux, de peinture ; salon m. ||°**-fälscher** m. (s, -) peintre (m.) faussaire. || °**-galerie** f. (-, en) galerie (f.) de peinture, de tableaux. ||°**-sammlung** f. (-, en) collection (f.) de tableaux.

Gemansche [gə'manʃə] n. (s). FAM. tripatouillage m.

Gemarkung [gə'markuŋ] f. (-, en). AGRIC. ban m. ; finage m. ; district m. ; canton m.

gemäß [gə'mɛ:s] prép. (dat.) selon ; d'après ; conformément à. | *gemäß einer städtischen Verfügung darf man nicht*, en vertu d'un arrêté municipal, on n'a pas le droit de. | *die Reise verlief seinem Wunsche gemäß, wunschgemäß*, le voyage s'est déroulé à souhait. | *pflichtgemäß*, conforme au devoir. | *standesgemäß*, digne de son rang. | *befehlsgemäß*, conformément aux ordres.

Gemäßheit [ge'mɛ:shait] f. conformité f. | *in Gemäßheit mit*, en conformité avec ; conforme à.

gemäßigt [gə'mɛ:siçt] adj. modéré ; tempéré ; atténué. | *gemäßigtes Klima*, climat tempéré. | *gemäßigte Ansichten*, opinions modérées.

Gemäuer [gə'mɔyər] n. (s, -) murailles f. pl. | *verfallenes Gemäuer*, masures f. pl. ; murs (m. pl.) en ruine. || [Mauerwerk] maçonnerie f.

Gemecker [gə'mɛkər] n. (s) bêlements m. pl. || FIG. critique f. ; POP. rouspétance f.

gemein [gə'main] adj. **1.** [allgemein] commun ; public. | *das gemeine Wohl*, le bien public. | *das gemeine Recht*, le droit commun.
2. [gemeinsam] *mit jm gemeine Sache machen*, faire cause commune avec qn. | *das ist ihnen gemein ; das haben sie miteinander gemein*, ils ont ceci de commun. | *das Gut war den Brüdern gemein*, le domaine était propriété commune des deux frères. || FAM. *sich mit jm gemein machen*, s'acoquiner avec qn.
3. [gewöhnlich] commun ; ordinaire ; vulgaire. | *gemeines Jahr*, année (f.) ordinaire (non bissextile). | *das gemeine Volk*, le peuple ; le vulgaire ; le commun. | *der gemeine Mann*, l'homme (m.) du peuple. | *gemeiner Soldat*, simple soldat m. ; soldat (m.) de deuxième classe.
4. PÉJOR. [niedrig gesinnt] commun ; vulgaire ; populacier ; vil ; ignoble. | *gemeine Gesinnung*, petitesse (f.) d'esprit ; bassesse (f.) de cœur. | *gemeine Redensarten*, expressions (f. pl.) vulgaires.

Gemeiner [-nər] m. MIL. simple soldat m. ; soldat (m.) de deuxième classe. || HIST. *die Gemeinen*, le tiers état.

gemein|faßlich [gə"main'fasliç] adj. à la portée de tous (les esprits) ; populaire. ||**-gefährlich** adj.

JUR. qui constitue un danger public. ||°**-gefühl** n. (s) sens commun. ||°**-geist** m. (es) esprit (m.) de corps ; esprit public. ||**-gültig** adj. valable pour tous. ||°**-gut** n. (s, ¨er) bien commun ; domaine public ; communauté f. | *Gemeingut werden*, tomber dans le domaine public. || POLIT. *zum Gemeingut erklären*, nationaliser. ||°**-kosten** f. pl. frais généraux. ||°**-nutz** m. (es) intérêt général. | *Gemeinnutz geht vor Eigennutz*, le bien commun prime. ||**-nützig** adj. d'utilité publique ; d'intérêt général. | *gemeinnützige Gesellschaft*, société (f.), association (f.) d'utilité publique. | *gemeinnützige Arbeiten*, travaux (m. pl.) d'utilité collective (T.U.C.). ||°**-nützigkeit** f. intérêt général. ||°**-nützigkeitsfeststellung** f. (-). ADM. enquête (f.) d'utilité publique. ||°**-platz** m. (es, ¨e) lieu commun ; banalité f. ||**-rechtlich** adj. de droit commun. ||°**-schuld** f. (-, en). JUR. masse (f.) de faillite. ||°**-schuldner** m. (s, -). JUR. failli m. ||°**-sinn** m. (s). V. GEMEINSCHAFTSSINN. ||**-verständlich** adj. à la portée de tous ; populaire. | *gemeinverständlich machen*, vulgariser. || °**-wert** m. (s, e). COMM. valeur courante. ||°**-wesen** n. (s) chose publique. ||°**-wirtschaft** f. FIN. étatisme m. ; économie (f.) communautaire. ||°**-wohl** n. (s) bien, salut public ; intérêt commun.

gemeinhin [gə″main'hin] adv. ordinairement ; communément ; d'ordinaire.

Gemeinde [gə'maində] f. (-, n) commune f. ; municipalité f. | *zur Gemeinde gehörig*, communal ; municipal. || RELIG. communauté f. ; paroisse f.

Gemeinde|abgaben [gə″maində'apgɑ:bən] f. pl. impôt communal. ||°**-behörde** f. (-, n) autorité municipale ; municipalité f. ||°**-bezirk** m. (s, e) circonscription municipale. ||°**-diener** m. (s, -) appariteur m. ||°**-gut** n. (s, ¨er) bien communal. ||°**-haus** n. (es, ¨er) mairie f. ; maison commune. ||°**-ländereien** f. pl. terrains communaux ; communaux m. pl. ||°**-rat** m. (s, ¨e) conseil municipal ; municipalité f. || PAR EXT. conseiller municipal. ||°**-recht** n. (s, e) droit municipal. ||°**-sache** f. (-, n) affaire communale, municipale. ||°**-schule** f. (-, n) école communale. ||°**-vorstand** m. (s, ¨e), °**-vorsteher** m. (s, -) maire m.

Gemeinheit [gə'mainhait] f. (-, en) vulgarité f. ; bassesse f. ; platitude f. ; vilenie f.

gemeinsam [gə'mainzɑ:m] adj. commun ; en commun. | *mit jm gemeinsame Sache machen*, faire cause commune avec qn. || [EWG] *der gemeinsame Markt*, le Marché commun.
◇ adv. en commun ; ensemble. | *gemeinsam handeln*, agir en commun. || JUR. *gemeinsam haften*, être solidairement responsables.

Gemeinsamkeit [-kait] f. communauté f.

Gemeinschaft [gə'mainʃaft] f. (-, en) communauté f. ; collectivité f. || POLIT. *Europäische Gemeinschaften (EG)*, Communautés européennes (C.E.). | *Europäische Gemeinschaft für Kohle und Stahl (Montan-Union)*, Communauté européenne du charbon et de l'acier (C.E.C.A.). | *in Gemeinschaft mit*, de compagnie, en commun avec. | *in Gemeinschaft leben*, vivre en commun. || RELIG. communauté f. ; communion f. | *Gemeinschaft der Heiligen*, communion des saints. || JUR. communauté f. ; indivision f.

Gemeinschafts|dienst [gə″mainʃafts'di:nst] m. (s, e) service (m.) en commun. ||°**-einrichtung** f. (-, en) équipement collectif. ||°**-erziehung** f., coéducation f. ||°**-gefühl** n. (s, e) [sentiment (m.) de] solidarité f. ||°**-geist** m. (s) [esprit (m.) de] solidarité f. ||°**-haftung** f. (-, en). JUR. responsabilité, garantie collective. ||°**-produktion** f. (-, en). ÉCON., FILM. coproduction f. ||°**-raum** m. (s, ¨e) salle (f.) de réunion. ||°**-schule** f. (-, n) école interconfessionnelle, laïque. ||°**-sinn** (s) m. sens (m.) civique ; civisme m. ||°**-unternehmen** n. (s, -). FIN. association (f.) à risques communs.

gemeinschaftlich [gə'mainʃaftliç] adj. commun ; collectif. | *gemeinschaftliche Sache machen*, faire cause commune. | *gemeinschaftliches Eigentum, Vermögen*, copropriété f. ; biens indivis.
◇ adv. ensemble ; en commun, conjointement ; de concert.

Gemeinschaftlichkeit [gə'mainʃaftliçkait] f. communauté f. ; indivision f. ; possession commune.

Gemenge [gə'mɛŋə] n. (s) [Mischung] mélange m. ; alliage m. || PAR ANAL. [Kampfgewühl] mêlée f.

Gemengsel [-ŋzəl] n. (s). FAM. mélange (m.) informe ; amalgame m. || FIG., FAM. salade f.

gemessen [gə'mɛsən] adj. mesuré. | *gemessenen Schrittes*, à pas mesurés, comptés. || FIG. mesuré ; formel ; réservé ; grave.

Gemessenheit [gə'mɛsənhait] f. mesure f. ; réserve f. ; gravité f.

Gemetzel [gə'mɛtsəl] n. (s, -). FIG. massacre m. ; carnage m. ; tuerie f. ; boucherie f.

Gemisch [gə'miʃ] n. (es, e) mélange m. || AUTOM. *armes, fettes Gemisch*, mélange pauvre, riche. || CHIM. alliage m. || PÉJOR. méli-mélo m.

Gemischtwaren|handlung [gə″miʃtvɑ:rən'handluŋ] f. (-, en). COMM. épicerie f.

Gemme ['gɛmə] f. (-, n) pierre gravée ; [erhaben] camée m. ; [vertieft] intaille f.

gemocht [gə'mɔxt] part. pass. de **mögen.**

Gems|bart ['gɛmsbart] m. (s, ¨e) barbe (f.) de chamois ; touffe (f.) de poils de chamois. ||°**-bock** m. (s, ¨e) chamois (m.) mâle. ||°**-haut** f. (-, ¨e) peau (f.) de chamois.

Gemse ['gɛmzə] f. (-, n). ZOOL. chamois m. ; isard m.

Gemunkel [gə'muŋkəl] n. (s). FAM. chuchotements m. pl. ; murmures m. pl. cancans m. pl.

gemünzt [gə'myntst] adj. monnayé. | *gemünztes Geld*, espèces f. pl. ; argent monnayé. || FIG. *das ist auf mich gemünzt*, c'est moi qui suis visé ; c'est une pierre dans mon jardin.

Gemurmel [gə'murməl] n. (s) murmure m.

Gemurre [gə'murə] n. (s) grondement m.

Gemüse [gə'my:zə] n. (s, -) légume(s) m. (pl.). | *Frühgemüse*, primeurs f. pl. || CULIN. *gemischtes Gemüse*, macédoine f. ; jardinière f.

Gemüse|anbau [gə″my:zə'anbau] m. (s) culture maraîchère. ||°**-garten** m. (s, ¨) potager m. || °**-gärtner** m. (s, -) maraîcher m. ||°**-händler** m. (s, -) marchand (m.) des quatre-saisons. ||°**-markt** m. (es, ¨e) marché (m.) aux légumes. ||°**-steige** f. (-, n) cageot (m.) de légumes. ||°**-suppe** f. (-, n) bouillon (m.) de légumes ; julienne f.

Gemüt [gə'my:t] n. (s, er) âme f. ; cœur m. | *ein edles Gemüt*, un noble cœur. | *ein weiches Gemüt*, une âme sensible. | *kindliches Gemüt*, naïveté f. | *ein sonniges Gemüt*, un naturel gai. | *er hat wenig Gemüt*, ce n'est pas un sentimental. || FIG. *sich etwas zu Gemüte führen*, prendre qch. à cœur ; FIG. se régaler de qch.

gemütlich [-liç] adj. [Personen] qui a du cœur ; cordial ; débonnaire ; bonhomme. | *gemütlicher Alter*, vieux bonhomme. | *gemütlicher Kerl*, bon garçon. || [Dinge] intime ; qui met à l'aise ; agréable ; gai ; confortable. | *gemütliches Heim*, foyer (m.) agréable, confortable. | *hier ist's gemütlich*, c'est très sympathique ici ; on est bien ici.

Gemütlichkeit [-liçkait] f. cordialité f. ; bonhomie f. ; bonté f. || PAR ANAL. douceur f. ; agrément m. ; confort m. ; aise(s) f. (pl.). | *die Wiener Gemütlichkeit*, la bonhomie viennoise.

gemüt|los [gə″my:t'lo:s] adj. sans cœur ; sec ; froid ; insensible.

Gemüt|losigkeit [-'lo:ziçkait] f. manque (m.), sécheresse (f.) de cœur ; insensibilité f.

Gemüts|adel [gə″myts'ɑ:dəl] m. (s) noblesse (f.) de cœur. ||°**-art** f. (-, en) caractère m. ; naturel m. ; tempérament m. ; goûts m. pl. ||°**-erregbarkeit** f. affectivité f. ||°**-erschütterung** f. (-, en) bouleversement m. ; secousse morale ; altération (f.) de l'âme. ||**-krank** adj. mélancolique ; neurasthénique ; hypocondriaque. ||°**-krankheit** f. (-, en) mélancolie f. ; neurasthénie f. ; humeur noire ; hypocondrie f. ||°**-leben** n. (s) vie (f.) du cœur ; vie sentimentale, affective. ||°**-regung** f. (-, en) émotion f. ; trouble m. ; émoi m. ||°**-ruhe** f. égalité (f.), tranquillité (f.) d'âme ; quiétude f. ; calme m. ||°**-stimmung** f. humeur f. ; moral m. ; état (m.) d'âme ; disposition (f.) d'esprit. ||°**-verfassung** f., °**-zustand** m. (s). V. GEMÜTSSTIMMUNG.

gen [gən] (abrév. de **gegen**) prép. *gen Himmel*, vers le ciel ; au ciel.

Gen [ge:n] n. (s, e). BIOL. gène m. | *springendes Gen*, gène sauteur, mobile.

Gen|manipulation [″ge:nmanipula'tsio:n] f. (-, en). BIOL. manipulation (f.) génétique. ||°**-mutation** f. (-, en) mutation (f.) génétique. ||°**-technologie** f. génie (m.) génétique.

genäschig [gə'nɛʃiç] adj. friand.

genasführt [gə″nɑ:s'fy:rt] part. pass. FAM. *genasführt werden*, être mené par le bout du nez ; être dupe.

genau [gə'nau] adj. [abweichungsfrei] qui a de la justesse ; qui s'adapte ; juste. | *genaue Waage*, balance

(f.) juste. | *in allem genau sein*, être très exact ; mettre les points sur les *i*. || [sorgfältig, pünktlich] exact ; précis ; rigoureux ; minutieux. | *genaue Angaben*, indications précises. | *peinlich genau im Ausdruck*, méticuleux dans le choix de ses mots. || FIG. [sparsam] strict ; rigide. | *Mutter ist sehr genau*, ma mère est très stricte. | *alles aufs genaueste berechnen*, calculer tout au plus juste. || LOC. *mit genauer Not entkommen*, s'en tirer de justesse.
◇ adv. juste ; strictement ; exactement ; précisément. | *das Kind wiegt genau acht Pfund*, l'enfant pèse juste huit livres. | *der Schlüssel paßt genau*, la clef va juste. | *die Uhr geht auf die Minute genau*, cette montre va juste, à une minute près. | *das ist genau dasselbe*, c'est exactement pareil, la même chose. | *er nimmt es mit dem Korrigieren sehr genau*, il corrige avec beaucoup de soin. | *sich genau an die Verkehrsregeln halten*, observer exactement le code de la route. | *es nicht so genau nehmen*, ne pas y regarder de (trop) près. | *genau genommen*, rigoureusement, strictement parlant ; à bien prendre. | *etwas genauer betrachten*, regarder qch. de plus près. | *das stimmt genau*, c'est exact. || MATH. *auf drei Dezimalen genau*, à trois décimales près.

Genauigkeit [-içkait] f. justesse f. ; exactitude f. ; précision f. ; régularité f. ; ponctualité f. ; minutie f. ; rigueur f. | *Genauigkeit eines Meßgeräts*, précision, sensibilité (f.) d'un appareil de mesure. || PAR EXT. [Sparsamkeit] parcimonie f.

Gendarm [ʒan'darm] m. (en, en) gendarme m.

Genealoge [genea'lo:gə] m. (n, n) généalogiste m.

genealogisch [-giʃ] adj. généalogique.

genehm [gə'ne:m] adj. agréable ; plaisant. | *es ist mir genehm*, cela me plaît, me va.

genehmigen [-migən] v. tr. permettre ; consentir à ; autoriser. | *ein Gesuch genehmigen*, donner une suite favorable à une requête. || COMM. accepter ; agréer. | *eine Bilanz genehmigen*, sanctionner un bilan.
◇ v. pr. **sich genehmigen,** FAM. *sich etwas genehmigen*, se payer qch. ; *sich einen genehmigen*, s'en jeter un (derrière la cravate).

Genehmigung [-miguŋ] f. (-, en) agrément m. ; autorisation f. ; consentement m. ; acceptation f. || PAR ANAL. ratification f. ; sanction f. ; approbation f. | *nach vorheriger Genehmigung*, sur autorisation préalable.

Genehmigungs|verfahren [gə"ne:miguŋsfɛr'fɑ:rən] n. (s, -). NUCL. procédure (f.) d'autorisation.

geneigt [gə'naikt] adj. penché ; incliné. | *geneigte Ebene*, plan incliné. || FIG. favorable ; bienveillant. | *er ist mir geneigt*, il m'est favorable. | *jm geneigtes Gehör schenken*, prêter une oreille bienveillante aux propos de qn. | *der geneigte Leser*, le lecteur indulgent. | *geneigt sein*, avoir un penchant. | *er ist geneigt, diese Arbeit zu nehmen*, il est disposé à prendre ce travail.

Geneigtheit [gə'naikthait] f. inclinaison f. ; pente f. ; déclivité f. || FIG. penchant m. ; bienveillance f. ; inclination (f.) pour ; propension (f.) à.

General [gene'rɑ:l] m. (s, e). MIL. général m. | *kommandierender General*, général en chef.

General|adjutant [gene"rɑ:latju'tant] m. (en, en). MIL. aide (m.) de camp. ||°**-agent** m. (en, en). COMM. agent général. ||°**-agentur** f. (-, en). COMM. agence générale. ||°**-bevollmächtigte (der)** [n n]. COMM., POLIT. mandataire général ; fondé (m.) de pouvoir. ||°**-bilanz** f. (-, en). COMM. bilan général ; bilan d'ensemble. ||°**-direktor** [--"/-'--] m. (s, en) directeur général. ||°**-feldmarschall** [--'-/"---] m. (s, ¨e). MIL. feld-maréchal m. || [Frankreich] maréchal (m.) de France. ||°**-intendant** m. (en, en). MIL. intendant (m.) en chef. || THÉÂTRE. directeur général. ||°**-kommando** n. (s). MIL. commandement (m.) en chef. ||°**-konsul** m. (s, e). POLIT. consul général. ||°**-leutnant** m. (s, s et e). MIL. général (m.) de division. || HIST. lieutenant général. ||°**-major** m. (s, e). MIL. général (m.) de brigade. ||°**-marsch** m. (es, ¨e). MIL. générale f. | *den Generalmarsch schlagen*, battre la générale. ||°**-oberst** m. (en, en). MIL. général m. (de corps) d'armée. ||°**-pächter** m. (s, -). HIST. fermier général. ||°**-probe** f. (-, n). THÉÂTRE. répétition générale ; FAM. générale f. ||°**-stab** m. (s, ¨e). MIL. grand quartier général. ||°**-stäbler** m. (s, -) officier (m.) d'état-major. ||°**-stabskarte** f. (-, n). MIL. carte (f.) d'état-major. ||°**-stabsoffizier** m. (s, e). MIL. officier (m.) d'état-major. ||°**-stände** m. pl. HIST. états généraux. ||°**-streik** m. (s, e) grève générale. || °**-untersuchung** f. (-, en). MÉD. bilan (m.) de santé. ||°**-versammlung** f. (-, en) assemblée générale. ||°**-vollmacht** f. (-, en) procuration générale.

generalisieren [generali'zi:rən] v. tr. généraliser.

Generalität [generali'tɛ:t] f. MIL., POP. les généraux ; l'état-major.

Generalissimus [genera'lisimus] m. MIL. généralissime m.

generativ [genera'ti:f] adj. génératif. | *generative Grammatik*, grammaire générative.

Generator [gene'rɑ:tɔr] m. (s, en). ÉLECTR. générateur m. (dynamo ou alternateur).

generell [gene'rɛl] adj. général ; générique.

genesen [gə'ne:zən] (a, e) v. intr. guérir ; se rétablir ; retrouver, recouvrer la santé. | *er genas von schwerer Krankheit*, il a guéri d'une grave maladie. || (Vx.) accoucher. | *sie ist eines Knaben genesen*, elle a accouché d'un garçon.

genesend [-zənt] adj. convalescent.

Genesis ['ge:nezis] f. (-). RELIG. Genèse f.

Genesung [gə'ne:zuŋ] f. (-, en) guérison f. ; convalescence f. ; rétablissement m.

Genesungs|heim [gə"ne:zuŋs'haim] n. (s, e) maison (f.) de convalescence.

Genetik [ge'ne:tik] f. BIOL. génétique f.

genetisch [-tiʃ] adj. génétique. | *genetischer Code*, code (m.) génétique. | *genetisches Merkmal*, marqueur (m.) génétique.

Genf [gɛnf] n. pr. n. GÉOGR. Genève f.

Genfer ['gɛnfər] n. pr. m. GÉOGR. Genevois m.

Genfer [-fər], **genferisch** [-fəriʃ] adj. GÉOGR. de Genève. | *Genfer See*, lac (m.) de Genève ; lac Léman.

genial [geni'ɑ:l] adj. qui a du génie ; génial. | *ein genialer Einfall*, un trait de génie.

Genialität [-ali'tɛt] f. génialité f. ; génie m.

Genick [gə'nik] n. (s, e). ANAT. nuque f. ; cou m. | *jn am Genick packen*, prendre qn au collet. | *sich das Genick brechen*, se rompre le cou. || FIG., FAM. *jm das Genick brechen*, casser les reins à qn.

Genick|bruch [gə"nik'brux] m. (s, ¨e) rupture (f.) des vertèbres cervicales. ||°**-starre** f. (-, n). MÉD. méningite cérébro-spinale. ||°**-stütze** f. (-, n). MÉD. minerve f.

Genie [ʒe'ni:] n. (s, s) génie m. ; esprit m. | *schöpferisches Genie*, génie créateur. | *ein verkanntes Genie*, un génie méconnu. || PAR EXT. homme (m.) de génie. | *er ist kein Genie*, ce n'est pas un aigle. || MIL. [Truppe] génie m.

Genie|truppe [ʒe"ni'trupə] f. (-, n), °**-wesen** [-'vezən] n. (s). MIL. génie m.

genieren [ʒe'ni:rən] v. tr. (Vx.) gêner. | *das geniert mich nicht*, cela ne me gêne pas.
◇ v. pr. **sich genieren,** se gêner ; être gêné. | *bitte genieren Sie sich nicht*, ne vous gênez pas.

genießbar [gə'ni:sbɑ:r] adj. [Essen] mangeable ; [Trinken] potable. || PAR EXT. FIG., FAM. *der Mann ist heute nicht genießbar*, aujourd'hui il n'est pas à prendre avec des pincettes.

genießen [gə'ni:sən] (o, o) v. tr. jouir, profiter de. | *das Leben genießen*, jouir de la vie. | *er hat eine gute Erziehung genossen*, il a reçu une bonne éducation. | *Luther genoß fürstlichen Schutz*, Luther a joui de la protection de son prince. || PAR EXT. *Speise und Trank genießen*, manger et boire. | *diese versalzene Suppe ist nicht zu genießen*, cette soupe trop salée est immangeable.

Genießer [-sər] m. (s, -) jouisseur m.

genießerisch [-səriʃ] adj. de, en jouisseur.

Geniste [gə'nistə] n. (s) nid m. || PAR EXT. broussailles f. pl.

Genitalien [geni'tɑ:liən] pl. ANAT. organes génitaux ; parties génitales.

Genitiv ['ge:nitif] m. (s, e). GRAMM. génitif m.

Genius ['ge:nius] m. (-, Genien). MYTH. génie m.

Genom [ge'no:m] n. (s, -). BIOL. génome m.

Genörgel [gə'nørgəl] n. (s). FAM. critique f.

genormt [gə'nɔrmt] adj. standardisé ; normalisé. || TECHN. *genormte Maschinenteile*, pièces (f. pl.) standards.

Genosse [gə'nɔse] m. (n, n) camarade m. ; compagnon m. ; collègue m. | *Leidensgenosse*, compagnon de souffrances. | *Tischgenosse*, convive m. || POLIT. camarade m. || COMM. associé m.

Genossenschaft [gə'nɔsənʃaft] f. (-, en) société f. ; confrérie f. ; association f. || PAR EXT. syndicat m. ; coopérative f. ; confédération f.

genossenschaftlich [-liç] adj. coopératif.

Genossin [gə'nɔsin] f. (-, nen) compagne f. ; collègue f. ; camarade f. || COMM. associée f.

Genoveva [genɔ've:va] n. pr. f. Geneviève f.

Genozid [geno'tsi:t] m. (s, e) génocide m.

Genre [ʒɑ̃:r] n. (s, s) genre m. ; espèce f.

Genre|malerei ["ʒɑ̃:rmalə'rai] f. (-, en). ARTS. peinture (f.) de genre.

Gent [gɛnt] n. pr. n. GÉOGR. Gand f.

Genua ['ge:nua] n. pr. n. Gênes f.

Genua ['ge:nua] f. (-, s). NAUT. génois m.

Genueser [genu'e:zər] n. pr. m. Génois m.

genuesisch [-ziʃ] adj. génois.

genug [gə'nu:k] adv. [ausreichend] assez ; suffisamment. | *noch Zeit genug haben, um*, avoir encore le temps de. | *er hat des Ruhmes genug*, il est comblé de gloire. || [die Grenze erreichend] *es ist (nun) genug !*, assez ! ; c'est bon ! ; cela suffit. | *nicht genug, daß er log*, non content de mentir. | *du hast genug getrunken*, tu as assez bu. | *mehr als genug*, plus qu'assez. | *wir können es gar nicht genug beklagen, daß*, nous ne pourrons jamais assez regretter que. | *ich habe genug davon*, j'en ai assez ; en voilà assez. | *laß es genug sein*, que cela te suffise ; arrête ! | *genug der Tränen !*, assez de larmes ! | *laß dir das genug sein*, contente-toi de cela. | *er ist Manns genug, Ihnen Rede zu stehen*, il est homme à vous répondre. | *ich bin nicht Kenner genug, um*, je ne suis pas assez connaisseur pour.

Genüge [gə'ny:gə] f. suffisance f. | *ich kenne ihn zur Genüge*, je le connais assez, suffisamment. || PAR EXT. contentement m. ; satisfaction f. | *jm Genüge leisten, tun*, satisfaire, contenter qn.

genügen [-gən] v. intr. suffire ; être suffisant. | *deine Entschuldigung genügt mir nicht*, tes excuses ne me donnent pas satisfaction. | *das genügt*, cela suffit. | *es genügt nicht, schöne Reden zu halten*, il ne suffit pas de faire de beaux discours. | *der Ehre genügen*, satisfaire à l'honneur.

ge|nügend [-gənt] adj. suffisant ; satisfaisant. | *er hat genügend Land*, il a assez de terres.

genügsam [gə'ny:kzɑ:m] adj. content de peu ; facile à satisfaire ; sobre ; frugal ; tempérant.

Genügsamkeit [-kait] f. modération (f.) des désirs ; sobriété f. ; frugalité f. ; contentement m.

genug|tun [gə"nu:k'tu:n] (tat, getan) v. intr. (dat.) contenter ; satisfaire, donner satisfaction à.

Genug|tuung [-'tu:uŋ] f. (-, en). **1.** satisfaction f. ; réparation f. | *Genugtuung fordern*, demander réparation (d'une offense). | *sich Genugtuung verschaffen*, se faire rendre raison.

2. satisfaction f. ; contentement m. | *er erlebt mit Genugtuung die Erfolge seiner Schüler*, il est content du succès de ses élèves. | *mit Genugtuung etwas vernehmen*, apprendre qch. avec satisfaction.

Genuß [gə'nus] m. (es, ¨e). [Gebrauch] jouissance f. ; usage m. | *übermäßiger Alkoholgenuß ist ungesund*, un excès d'alcool est nuisible à la santé. || JUR. usufruit m. | *ungestörter Genuß*, possession (f.) paisible. || RELIG. *Genuß der Hostie*, consomption (f.) de l'hostie. || PAR EXT. jouissance f. ; plaisir m. | *diese Musik ist ein großer Genuß*, c'est un vrai plaisir d'écouter cette musique. | *es ist ein Genuß, ihm zuzuhören*, c'est un plaisir de l'entendre parler.

Genuß|aktie [gə"nus'aktsiə] f. (-, n). FIN. action (f.) de jouissance. ||°**-mensch** m. (en, en) jouisseur m. ||°**-mittel** n. (s, -) stimulant m. ; produit stimulant. ||**-reich** adj. délicieux. ||°**-sucht** f. recherche (f.), goût (m.) du plaisir. ||**-süchtig** adj. adonné aux plaisirs ; avide de jouissance, de plaisirs.

Geochemie [geoçe'mi:] f. géochimie f.

Geodäsie [geodɛ'zi:] f. géodésie f.

geodätisch [geo'dɛ:tiʃ] adj. géodésique.

Geode [ge'o:də] f. (-, n). MINÉRAL. géode f.

Geograph [geo'grɑ:f] m. (en, en) géographe m.

geographisch [-fiʃ] adj. géographique. | *geographische Breite*, latitude f. | *geographische Länge*, longitude f.

Geologe [geo'lo:gə] m. (en, en) géologue m.

Geologie [-lo'gi:] f. géologie f.

geologisch [-'lo:giʃ] adj. géologique.

Geometer [geo'me:tər] m. (s, -) géomètre m.

Geometrie [-me'tri:] f. géométrie f. | *analytische, darstellende Geometrie*, géométrie analytique, descriptive.

geometrisch [-'me:triʃ] adj. géométrique. | *geometrische Reihe*, progression (f.) géométrique.

Geophysik [geofy'zik] f. géophysique f.

Geopolitik [geopoli'tik] f. POLIT. géopolitique f.

Georg ['ge:ɔrk] n. pr. m. Georges m.

Georgien [ge'ɔrgiən] n. pr. n. GÉOGR. Géorgie f.

geostationär [geoʃtatsio'nɛ:r] adj. ASTRON. géostationnaire. | *geostationäre Bahn*, orbite (f.) géostationnaire.

geosynchron [geosyn'kro:n] adj. ASTRON. géostationnaire.

Geosynklinale [geosynkli'nɑ:lə] f. (-, n). GÉOGR. géosynclinal m.

geothermisch [geo'tɛ:rmiʃ] adj. géothermique. | *geothermisches Kraftwerk*, centrale (f.) géothermique.

geozentrisch [geo'tsɛntriʃ] adj. géocentrique.

gepaart [gə'pɑ:rt] adj. par couples ; deux par deux ; appariés ; par paires ; géminés.

Gepaartheit [gə'pɑ:rthait] f. appariement m. ; gémination f.

Gepäck [gə'pɛk] n. (s, e) bagage(s) m. (pl.). | *sein Gepäck aufgeben*, faire enregistrer ses bagages. || FAM. attirail m. || MIL. paquetage m. ; équipement.

Gepäck|abfertigung [gə"pɛk'apfɛrtiguŋ] f. (-, en) [Eisenbahn] enregistrement (m.) des bagages. || °**-annahmestelle** f. (-, n) guichet (m.) des bagages. ||°**-aufbewahrungsstelle** f. (-, n) consigne f. ||°**-aufgabe** f. V. GEPÄCKABFERTIGUNG. ||°**-ausgabe** f., °**-auslieferung** f. (-, en) livraison (f.) des bagages. ||°**-netz** m. (es, e) filet (m.) à bagages. ||°**-stück** n. (s, e) colis m. ||°**-träger** m. (s, -) [im Bahnhof] porteur m. ; [am Fahrrad] porte-bagages m. ||°**-wagen** m. (s, -) fourgon m.

gepanzert [gə'pantsərt] adj. blindé.

Gepard [gə'part] m. (s, e). ZOOL. guépard m.

gepfeffert [gə'pfɛfərt] adj. poivré. || FIG. grivois.

Gepflegtheit [gə'pfle:kthait] f. extérieur soigné.

Gepflogenheit [gə'pflo:gənhait] f. (-, en) coutume f. ; usage m.

Gepiepe [gə'pi:pə] n. (s). FAM. pépiement(s) m. (pl.) ; piaulement(s) m. (pl.).

Geplänkel [gə'plɛŋkəl] n. (s). MIL. escarmouches f. pl. || FIG. tiraillerie f.

Geplapper [gə'plapər] n. (s). FAM. babil m. ; caquet m.

Geplärr(e) [gə'plɛr(ə)] n. (s). FAM. criailleries f. pl. ; piaillerie f. ; glapissement m.

Geplätscher [gə'plɛtʃər] n. (s) gazouillement m. ; murmure m. ; clapotis m. ; clapotage m.

Geplauder [gə'plaudər] n. (s) bavardage m. ; causerie f.

Gepolter [gə'pɔltər] n. (s) tapage m. ; vacarme m. ; fracas m.

Gepräge [gə'prɛ:gə] n. (s) empreinte f. || [Münze] frappe f. ; coin m. | *diese Münze hat das österreichische Gepräge*, cette monnaie est frappée au coin de l'Autriche. || FIG. caractère m. ; marque f. ; physionomie f. ; cachet m. | *die Weimarer Klassik erhielt von der Antike ihr Gepräge*, le classicisme de Weimar porte l'empreinte de l'Antiquité.

Geprahle [gə'prɑ:lə] n. (s). FAM. vantardise f. ; fanfaronnades f. pl.

Gepränge [gə'prɛŋə] n. (s) faste m. ; pompe f. ; grand apparat.

Geprassel [gə'prasəl] n. (s) pétillement m. ; crépitement m. ; craquement m.

Geprickel [gə'prikəl] n. (s) picotement m.

gequadert [gə'kvɑ:dərt] adj. ARCHIT. en pierres de taille.

Gequake [gə'kvɑ:kə] n. (s) coassement m.

Gequassel [gə'kvasəl] n. (s). FAM. bavardage (m.) stupide ; radotage m.

Gequieke [gə'kvi:kə] n. (s). FAM. cris aigus ; couinement(s) m. (pl.).

Ger [gɛ:r] m. (s, e). HIST. javelot m.

g(e)rade [g(e)rɑ:də] adj. [krümmungsfrei] droit ; aligné ; direct. | *der gerade Weg*, le chemin direct. | *in gerader Linie*, en droite ligne ; en ligne droite, directe. || [genau] juste ; exact. | *das gerade Gegenteil*, exactement, juste le contraire. || MATH. droit ; perpendiculaire. | *gerade Linie*, ligne droite ; droite f. | *gerade Zahl*, nombre pair. || PAR EXT. *in gerader Linie von jm abstammen*, descendre directement, en ligne directe de qn. | *Erbe in gerader Linie*, héritier direct. || FIG. [aufrichtig] droit ; loyal ; franc ; sincère. | *eine gerade Antwort*, une réponse sincère, franche.

◇ adv. [krümmungsfrei] droit ; en ligne droite ; perpendiculairement ; d'aplomb. | *er steht gerade*, il se tient droit, se dresse debout, droit. | *der Baum ist gerade gewachsen*, cet arbre pousse bien droit. | *gerade richten*, redresser ; aligner. | *Kopf gerade*, la tête droite. || FIG. [offen] franchement ; sans détours ; sincèrement. | *ich sage es gerade heraus*, je le dis, je parle franchement, tout net, sans ambages. || [genau] exactement ; tout juste, précisément. | *gerade das Gegenteil*, juste le, tout le contraire ; exactement l'inverse. | *das ist gerade der Mann, den wir brauchen*, voilà l'homme qu'il nous faut. | *gerade ein Monat*, juste un mois ; un mois jour pour jour. | *er wollte gerade sprechen*, il allait parler. | *ich bin gerade dabei, den Brief fertig zu schreiben*, je suis justement en train de finir ma lettre. | *sie war gerade angekommen*, elle venait d'arriver. | *du kommst gerade recht*, tu viens, tu arrives à point. | *er ist nicht gerade mein Freund*, il n'est pas précisément mon ami. | *gerade deshalb, darum, weil*, par cela même que. | *gerade als ob (wenn)*, (tout) comme si. | *gerade so viel*, tout autant. | *gerade so groß*, tout aussi grand.

Gerade [gə'rɑ:də] f. (n, n) [ligne] droite f. || MATH. droite f. || SPORT. ligne, piste droite.

gerade|aus [gə"rɑ:də'aus] adv. tout droit ; droit devant soi. | *geradeaus gehen*, aller tout droit. || MIL. *Augen geradeaus !*, fixe !

gerade|halten [gə"rɑ:də'haltən] (ä, ie, a) v. tr. et v. pr. (se) tenir droit. ||**-heraus** adv. FIG. franchement ; sans détours ; sans ambages. ||**-richten** v. tr. redresser. || TECHN. dégauchir. ||**-sitzen** (saß, gesessen) v. intr. être assis tout droit. ||**-so** adv. de la même manière. ||**-stellen** v. tr. poser droit ; dresser. ||**-wegs** adv. tout droit ; sans détours. ||**-zu** adv. tout droit ; directement. || FIG. carrément ; simplement ; rondement ; vraiment. | *das ist ja geradezu entsetzlich*, c'est vraiment terrible.

Geradheit [gə'rɑ:thait] f. rectitude f. | *Geradheit des Körpers*, attitude droite. || FIG. franchise f. ; droiture f. ; rectitude f. ; sincérité f.

Geranie [gə'rɑ:niə] f. (-, n), **Geranium** [-nium] n. (s, nien). BOT. géranium m.

Gerassel [gə'rasəl] n. (s) roulement m. ; bruit (m.) de ferraille.

Gerät [gə'rɛ:t] n. (s, e) ustensile m. ; outil m. ; instrument m. ; attirail m. ; appareil m. ; matériel m.

Geräte|hersteller [gə"rɛ:tə'he:rstɛlər] m. (s, -). AÉRON. équipementier m. ||°**-kammer** f. (-, n) débarras m. ; cagibi m. ||°**-kasten** m. (s, ¨) boîte (f.) à outils. ||°**-schuppen** m. (s, -) cabane (f.) à outils. ||°**-turnen** n. (s). SPORT. gymnastique (f.) aux agrès.

geraten [gə'rɑ:tən] (ä, ie, a). [in, über etwas kommen] arriver par hasard ; entrer, se mettre, tomber dans un lieu, dans un état. | *an eine falsche Adresse geraten*, être envoyé à une mauvaise adresse. | *in Armut geraten*, tomber dans la pauvreté. | *in Vergessenheit geraten*, tomber dans l'oubli. | *in Schulden geraten*, s'endetter. | *in Schweiß geraten*, entrer en transpiration ; FAM. s'échauffer. | *er geriet in Zorn*, il se mit en colère. | *er geriet in Wut*, il entra en fureur. | *das Haus geriet in Brand*, la maison prit feu. | *in Gefangenschaft geraten*, être fait prisonnier. | *die Verhandlungen sind ins Stocken geraten*, les pourparlers se sont arrêtés. | *in js Hände geraten*, tomber entre les, aux mains de qn. || FIG. *einander in die Haare geraten*, se prendre aux cheveux. | *ins Hintertreffen geraten*, être dépassé, éclipsé. | *er geriet auf den Einfall, den Gedanken*, il eut l'idée ; l'idée lui vint. | *außer sich geraten*, sortir de ses gonds ; être exaspéré. | *vor Freude außer sich geraten*, ne pas se sentir de joie. || PAR EXT. avoir tel résultat ; réussir ; tourner (bien ou mal). | *alles, was er begann, geriet ihm gut*, tout ce qu'il entreprenait réussissait. | *diese Arbeit ist ihm gut geraten*, il a bien réussi ce travail. | *wohlgeratene Kinder*, enfants bien venus. | *die Tochter ist nach dem Vater geraten*, cette fille tient de son père.

Gerate|wohl [gə"rɑ:tə'vo:l] n. (s) *etwas aufs Geratewohl versuchen*, essayer qch. au hasard, au petit bonheur.

Gerätschaft [gə'rɛtʃaft] f. (-, en). V. GERÄT.

Geratter [gə'ratər] n. (s). FAM. crépitement m. ; pétarade f.

Geraufe [gə'raufə] n. (s). FAM. pugilat m. ; chamaillis m. ; chamaillerie f. ; rixe f.

geraum [gə'raum] adj. *seit geraumer Zeit*, depuis longtemps.

geräumig [-'rɔymiç] adj. spacieux ; grand.

Geräumigkeit [-'rɔymiçkait] f. espace m. ; étendue f. ; grandeur f.

Geraune [gə'raunə] n. (s) chuchotements m. pl.

Geräusch [gə'rɔyʃ] n. (es, e) bruit m. ; rumeur f. ; bourdonnement m. — SYN. : *Lärm*, bruit, rumeur ; *Knall*, éclat ; *Poltern*, tintamarre ; *Krachen*, fracas ; *Tosen*, vacarme.

Geräusch|dämpfer [gə"rɔyʃ'dɛmpfər] m. (s, -). TECHN. amortisseur (m.) de bruit ; silencieux m. ||°**-empfänger** m. (s, -). MAR. hydrophone m. ; filtre (m.) acoustique. ||°**-filter** m. (s, -). RADIO. filtre (m.) acoustique. ||°**-kulisse** f. (-, n) bruits (m. pl.) de fond. || RADIO., THÉÂTRE. bruitage m. ||**-los** adj. silencieux ; calme ; tranquille. | *geräuschloser Gang*, marche silencieuse. | *geräuschloses Wirken*, activité (f.) en sourdine. ||**-voll** adj. bruyant ; tumultueux.

Geräusper [gə'rɔyspər] n. (s) toux f. ; expectoration f. ; toussotement m.

gerben ['gɛrbən] v. tr. TECHN. corroyer ; tanner. | *das Leder gerben*, tanner, corroyer du cuir. | *Stahl gerben*, corroyer, polir, brunir de l'acier. | *rot gerben*, tanner. | *weiß gerben*, mégisser. || FIG., FAM. *jm das Fell gerben*, donner une raclée à qn ; rosser qn.

Gerb|säure ["gɛrp'zɔyrə] f. CHIM. tannin m. ; acide (m.) tannique, digallique, gallotannique. | *Umwandlung in Gerbsäure*, tannification f. ||°**-stahl** m. (s). [Materie] acier corroyé. || TECHN. brunissoir m. ||°**-stoff** m. (s, e). CHIM. tannin m.

Gerber ['gɛrbər] m. (s, -). TECHN. tanneur m. ; corroyeur m. ; mégissier m.

Gerber|lohe ["gɛrbər'lo:ə] f. (-, n) tan m.

Gerberei [gɛrbə'rai] f. (-, en) tannerie f. ; corroierie f. ; mégisserie f.

gerecht [gə'rɛçt] adj. **1.** [passend ; gewachsen] conforme à ; convenable. | *eine gerechte Verteilung*, une répartition convenable, équitable.
2. [recht, rechtschaffen] juste ; légitime ; équitable. | *gerechter Richter*, juge impartial, juste, équitable. | *gerechte Strafe*, juste punition f. | *gerechte Ansprüche*, prétentions (f. pl.) légitimes. | *jm gerecht werden*, rendre justice à qn. | *er bemüht sich, seinem Amt gerecht zu werden*, il s'efforce de satisfaire aux devoirs de sa charge. || LOC. *den Schlaf des Gerechten schlafen*, dormir du sommeil du juste. | *gerechter Himmel !*, juste ciel ! — SYN. : *angemessen, billig*, équitable ; *recht, rechtlich*, juste ; *unparteiisch*, impartial ; *rechtschaffen, redlich*, droit.

Gerechtigkeit [-tiçkait] f. [gerechtes Verhalten] justice f. ; équité f. | *jm Gerechtigkeit widerfahren lassen*, rendre justice à qn. || [rechtlich begründeter Anspruch] légitimité f. | *Gerechtigkeit der Strafe*, légalité (f.) de la peine. || PAR EXT. [Gericht] justice f. ; tribunaux m. pl. | *der Gerechtigkeit ihren Lauf lassen*, laisser la justice suivre son cours.

Gerechtsame [gə"rɛçt'zɑmə] f. (-, n). (Vx.) JUR. droit m. ; privilège m.

Gerede [gə're:də] n. (s) bavardage m. ; verbiage m. || PAR EXT. racontars m. pl. ; commérages m. pl. | *jn ins Gerede bringen*, répandre des bruits, des médisances sur qn ; compromettre qn. | *sie kam ins Gerede*, elle devint la fable de la ville. | *sich nicht ums Gerede der Leute kümmern*, ne pas se soucier du qu'en-dira-t-on.

gereichen [gə'raiçən] v. intr. (Vx.) tourner ; contribuer à ; causer. | *es gereicht ihm zur Ehre*, cela lui fait honneur. | *es gereicht ihm zur Schande*, cela tourne à sa honte.

Gereiztheit [gə'raitshait] f. (-, en) irritation f. || PAR EXT. irritabilité f.

Gerhard ['gɛrhart] n. pr. m. Gérard m.

Geriater [geria:'tər] m. (s.) gériatre s. ; gérontologue s.

Geriatrie [geria:'tri:] f. (-). MÉD. gériatrie f. ; gérontologie f.

Gericht [gə'riçt] n. (s, e) mets m. ; plat m. ; service m. | *ein erlesenes Gericht*, un plat de roi. | *Hauptgericht*, plat de résistance.

Gericht [gə'riçt] n. (s, e) tribunal (pl. tribunaux). | *Gericht erster Instanz*, tribunal de première instance. | *Landgericht*, justice (f.) de paix. | *geistliches Gericht*, juridiction spirituelle. | *weltliches Gericht*, juridiction temporelle. | *vor Gericht gehen*, comparaître en justice. | *vor Gericht erscheinen*, paraître à la barre. | *die Sache kommt vor Gericht*, cette affaire sera traduite en justice. | *vor Gericht auftreten*, ester en justice. | *vor Gericht laden, fordern*, assigner, citer en justice. | *sich dem Gericht stellen*, se présenter (de son propre chef) à la justice. | *jn beim Gericht verklagen*, poursuivre en justice. | *über jn Gericht halten*, juger qn. | *über jn zu Gerichte sitzen*, être appelé à juger qn. | *mit jm scharf ins Gericht gehen*, critiquer sévèrement qn ; faire le procès de qn. | *das Hochgericht*, la potence. || RELIG. *das jüngste Gericht*, le Jugement dernier.

Gerichts|akten [gə"riçts'aktən] f. pl. JUR. dossier (m.) judiciaire ; pièces f. pl. ||°**-arzt** m. (es, ¨e) médecin (m.) légiste. ||°-**beamte(r)** m. (n, n) officier (m.) de police judiciaire ; magistrat m. ||°-**befehl** m. (s, e) mandat (m.) du tribunal. ||°-**behörde** f. (-, n) autorité (f.) judiciaire ; tribunal m. ||°-**bescheid** m. (s, e), -**beschluß** m. (es, ¨e) décision (f.) du tribunal. ||°-**bezirk** m. (s, e) juridiction f. ; ressort m. ; compétence territoriale du tribunal. ||°-**diener** m. (s, -) auxiliaire (m.) de justice. ||°-**entscheid** m. (s, e), °-**entscheidung** f. (-, en) décision (f.) de justice, du tribunal. ||°-**ferien** pl. vacation (f.) des tribunaux. ||°-**formel** f. (-, n) formule (f.) judiciaire. ||°-**gang** m. (s, ¨e). JUR. cours (m.) de la justice ; procédure f. ||°-**gebäude** n. (s, -) tribunal m. ; palais (m.) de justice. ||°-**herr** m. (n, en). HIST. seigneur justicier. ||°-**hof** m. (s, ¨e) tribunal m. ; cour f. | *höherer, oberster Gerichtshof*, cour (f.) de justice ; cour (f.) suprême. ||°-**instanz** f. (-, en) instance f. ; degré (m.), ressort (m.) de juridiction. ||°-**kanzlei** f. (-, en) greffe m. ||°-**kosten** pl. frais (m. pl.) de justice, judiciaires, de poursuite. ||°-**medizin** f. médecine légale. || °-**ordnung** f. (-, en) code (m.) de procédure. ||°-**pflege** f. administration (f.) judiciaire. ||°-**protokoll** n. (s, e). JUR. procès-verbal m. ||°-**rat** m. (s, ¨e) conseiller (m.) à la cour. ||°-**referendar** m. (s, e) juge suppléant. ||°-**saal** m. (s, säle) salle (f.) d'audience, du tribunal ; auditoire m. ; prétoire m. ||°-**sache** f. (-, n) affaire (f.), cause (f.) judiciaire. ||°-**schranke** f. (-, n) barre f. ||°-**schreiber** m. (s, -) greffier m. ||°-**sitzung** f. (-, en) audience f. ; session (f.) du tribunal. ||°-**sprache** f. langage (m.) du palais ; langage (m.) juridique. ||°-**sprengel** m. (s, -) circonscription (f.) judiciaire. ||°-**spruch** m. (s, ¨e) sentence f. ||°-**stand** m. (s, ¨e) tribunal compétent ; compétence f. (judiciaire). | *Gerichtsstand des Erfüllungsortes*, tribunal compétent. ||°-**stil** m. (s) style juridique. ||°-**tag** m. (s, e) jour (m.) d'audience ; jour (m.) plaidable. ||°-**termin** m. (s, e) assignation f. ; audience f. ; jour (m.) de comparution. ||°-**verfahren** n. (s, -) action (f.) judiciaire ; procédure f. ; procès m. ; poursuite f. ||°-**verfassung** f. (-, en) organisation (f.) judiciaire. ||°-**verhandlung** f. (-, en) débat(s) m. (pl.) judiciaire(s). | *öffentliche Gerichtsverhandlung*, débats publics. ||°-**vollzieher** m. (s, -) huissier m. ||°-**wesen** n. (s) justice f.

gerichtlich [gə'riçtliç] adj. juridique ; judiciaire. | *gerichtliche Verordnung ; gerichtliches Verfahren*, arrêt (m.) judiciaire ; procédure (f.) juridique. | *gerichtliche Untersuchung*, enquête (f.) judiciaire. | *gerichtliche Medizin*, médecine légale.
◇ adv. juridiquement ; judiciairement. | *er wurde gerichtlich belangt*, il fut poursuivi, appelé, attaqué, déféré en justice. | *jn gerichtlich vorladen*, appeler, citer, assigner qn en justice. | *gerichtlich vorgehen*, actionner en justice.

Gerichtsbarkeit [gə'riçtsbarkait] f. (-, en). JUR. juridiction f. ; compétence juridictionnelle. | *von einer Gerichtsbarkeit ausnehmen*, ne pas relever d'une juridiction. | *zu einer Gerichtsbarkeit gehören*, ressortir à un tribunal.

gerieben [gə'ri:bən] adj. frotté. || FIG., FAM. roublard ; madré ; retors. | *ein geriebener Bursche*, un rusé compère.

Geriebenheit [gə'ri:bənhait] f. roublardise f.

Geriesel [gə'rizəl] n. (s) murmure (m.) de l'eau ; écoulement lent.

gerillt [gə'rilt] adj. cannelé ; rainé.

gering [gə'riŋ] adj. **1.** petit ; peu important ; infime ; insignifiant ; minime. | *von geringem Wert*, de peu de valeur. | *wir hatten nicht die geringste Schwierigkeit*, il n'y a pas eu la moindre difficulté. | *seine Verlegenheit war nicht gering*, il n'était pas dans un mince embarras. | *sein Wissen ist gering*, son savoir est modeste. | *der geringste Unterschied*, la moindre différence. | *von geringem Belang*, de peu d'importance. | *geringes Einkommen*, revenu (m.) modique. | *das macht keinen geringen Eindruck*, cela ne fait pas peu d'impression. | *jn in nicht geringe Gefahr bringen*, exposer qn à un péril considérable.
2. FIG. mince ; ordinaire ; médiocre ; de peu de valeur. | *das soll meine geringste Sorge sein*, c'est le dernier de mes soucis. | *Vornehme und Geringe*, les grands et les petits. | *er erwarb das Bild um ein Geringes*, il a eu ce tableau à bas prix, pour un morceau de pain. | *kein Geringerer als Goethe hat das gesagt*, c'est un mot de Goethe lui-même.
◇ adv. peu ; de peu de valeur. || [niedrig] *gering schätzen*, faire peu de cas de ; tenir en piètre estime. || [wenig] *gering gerechnet hat er eine halbe Stunde Weg*, il a, au bas mot, une demi-heure de chemin. | *nicht im geringsten*, pas le moins du monde.

gering|achten [gə"riŋ'axtən] v. tr. faire peu de cas de ; mépriser. ||°-**achtung** f. manque (m.) d'estime ; dédain m. ||-**fügig** adj. petit ; de peu d'importance ; insignifiant. || POLIT. mineur. | *geringfügige Änderung*, amendement mineur. ||°-**fügigkeit** f. (-, en) insignifiance f. ; futilité f. ; bagatelle f. ; médiocrité f. ||-**haltig** adj. de faible teneur ; de peu de valeur ; de titre bas, inférieur. ||-**schätzen** v. tr. estimer peu ; dédaigner ; mépriser. ||°-**schätzung** f. dédain m. ; mépris m. ||-**schätzig** adj. dédaigneux ; méprisant. | *geringschätziger Ausdruck*, expression (f.) péjorative. ||-**wertig** adj. de peu de valeur.

geringsten|falls [gə"riŋstən'fals] adv. au moins.

gerinnbar [gə'rinbɑ:r] adj. qui peut se figer, se coaguler ; coagulable.

Gerinne [gə'rinə] n. (s) écoulement continu, lent.

gerinnen [gə'rinən] (a, o) v. intr. se coaguler ; cailler ; (se) figer ; tourner ; prendre. | *geronnenes Blut*, sang coagulé. | *geronnene Milch*, lait caillé.
— SYN. : *stocken*, se cailler ; *erstarren*, se figer.

Gerinnen [gə'rinən] n. (s) coagulation f.

Gerinnsel [gə'rinzəl] n. (s) filet m. (de liquide). || PAR EXT. masse coagulée ; caillot m.

Gerippe [gə'ripə] n. (s, -). ANAT. squelette m. ; ossature f. ; carcasse f. | *Gerippe eines Tieres*, squelette d'animal. || FIG. carcasse f. ; membrure f. | *das Gerippe des Schiffes*, la membrure du bateau. | *Gerippe eines Gebäudes*, charpente f.

gerippt [-'ript] adj. à côtes ; à nervures. || TEXT. *gerippter Samt*, velours côtelé. || BOT. nervé. || ARCHIT. *gerippte Säule*, colonne cannelée. || *geripptes Papier*, papier vergé.

gerissen [gə'risən] adj. déchiré. | *gerissenes Holz*, bois fendu. || FIG. futé ; madré ; roué. | *ein gerissener Bursche*, un fin matois.

Germane [gɛr'mɑ:nə] n. pr. m. (n, n). HIST. Germain m.

Germanentum [gɛr'mɑ:nəntu:m] n. (s) le monde des anciens Germains.

Germanien [-'mɑ:niən] n. pr. n. Germanie f.

Germanin [gɛr'mɑ:nin] n. pr. f. (-, nen). HIST. femme (f.) germanique.

germanisch [-'mɑ:niʃ] adj. GÉOGR. germanique ; germain. || PÉJOR. tudesque.

germanisieren [-mani'zi:rən] v. tr. germaniser.

Germanismus [-ma'nismus] m. (-, men). GRAMM. germanisme m.

Germanist(in) [-ma'nist(in)] m. (en, en), f. (-, nen) germaniste s.

Germanistik [-ma'nistik] f. étude (f.) de la langue, de l'histoire et de la culture germaniques.

Germanium [gɛr'mɑ:nium] n. (s, -). CHIM. germanium m.

germinativ [gɛrmina'ti:f] adj. germinatif.

gern(e) ['gɛrn(ə)] adv. (compar. **lieber ;** superl. **am liebsten**). [mit Vorliebe] volontiers ; avec plaisir ; de bon cœur ; de bon gré. | *er spielt gern Tennis*, il aime le tennis. | *ich möchte gern ins Ausland reisen*, j'aimerais voyager à l'étranger. | *sie mag Schokolade gern*, elle aime le chocolat. | *für mein Leben gern*, par-dessus tout. | *er sieht gern, daß*, il aime à voir que. | *das glaube ich gern*, je le crois bien, aisément ; je veux bien le croire. || FAM., IRON. *der kann mich (aber) gern haben*, je me fiche de lui. || LOC. *gern geschehen !* de bon cœur ; à votre service ! | *gern oder ungern*, bon gré, mal gré. | *ungern*, à contrecœur.

Gerne|groß ["gɛrnə'grɔs] m. (-, e) *er ist ein kleiner Gernegroß*, c'est un petit ambitieux.

gern|gesehen ["gɛrngə'ze:ən] adj. bien vu ; bienvenu. ||-**klug** adj. [Personen] suffisant.

Geröchel [gə'rœçəl] n. (s) râles m. pl.

Geröhr(e) [gə'rø:r(ə)] n. ([e]s). ZOOL. bramement m.

Geroll(e) [gə'rɔl(e)] n. ([e]s) roulement continuel ; bruit sourd ; grondement m.

Geröll(e) [gə'rœl(ə)] n. ([e]s) éboulis m.

Geröll|halde [gə"rœl'haldə] f. (-, n) éboulis m. ; pierrier m.

geronnen [gə'rɔnən] part. pass. de **gerinnen.**

Geronto|loge [gerɔnto'lo:gə] m. (n, n), °-**login** [-'lo:gin] f. (-, nen). MÉD. gérontologue s.

Gerste ['gɛrstə] f. (-, n). BOT. orge f.

Gersten|graupen ["gɛrstən'graupən] f. pl. CULIN. orge mondé. ||°-**grütze** f. (-, n) gruau (m.) d'orge.

||°-**korn** n. (s, ¨er). BOT. grain (m.) d'orge. || MÉD. orgelet m. ||°-**malz** n. (es) malt m. ||°-**saft** m. (s, ¨e). IRON. bière f. ||°-**zucker** m. (s) sucre (m.) d'orge.

Gerte ['gɛrtə] f. (-, n) verge f. ; baguette f. ; badine f.

Geruch [gə'rux] m. (s, ¨e). [Geruchssinn] odorat m. ; flair m. | *feiner Geruch*, odorat fin. | *scharfer Geruch*, odorat subtil. || [Ausdünstung] odeur f. ; senteur f. | *muffiger Geruch*, odeur de renfermé ; remugle m. | *Bratengeruch*, odeur de rôti. | *brandiger Geruch*, odeur de roussi. | *Geruch von Blumen*, parfum (m.) des fleurs. || LOC., FIG. *in gutem Geruch stehen*, jouir d'une bonne réputation.

geruch|los [gə"rux'lo:s] adj. privé de l'odorat. || PAR EXT. sans odeur ; inodore. | *diese Blume ist geruchlos*, cette fleur est inodore, ne sent pas. | *geruchlos machen*, désodoriser.

Geruch|losigkeit [-'lo:ziçkait] f. défaut (m.) d'odorat. || PAR EXT. absence (f.), manque (m.) d'odeur.

Geruchs|nerv [gə"ruxs'nɛrf] m. (s, en). ANAT. nerf olfactif. ||°-**sinn** m. (s) [sens de l'] odorat m.

Gerücht [gə'ryçt] n. (s, e) bruit m. ; rumeur f. | *allgemeines Gerücht*, rumeur publique. | *das Gerücht geht um, daß*, le bruit court que.

geruhen [gə'ru:ən] v. tr. vouloir bien ; daigner. *Ihre Majestät haben geruht, mich hierher zu beordern*, votre Majesté a daigné me faire venir.

geruhig [gə'ru:iç], **geruhsam** [gə"ru:'zam] adj. tranquille ; confortable.

Gerumpel [gə'rumpəl] n. (s) bruit m. ; roulement (m.) de voiture ; cahots m. pl.

Gerümpel [gə'rympəl] n. (s) vieilleries f. pl. ; bric-à-brac m.

Gerüst [gə'ryst] n. (s, e) échafaudage m. ; tribune f. ; échafaud m.

Ges [gɛs] n. MUS. sol bémol.

Gesalzene (das) [gə'zaltsənə] (n). CULIN. petit salé ; salaisons f. pl.

gesamt [gə'zamt] adj. total ; tout ; entier. | *die gesamte Einwohnerschaft der Stadt*, tous les habitants de la ville. | JUR. *Eigentum zur gesamten Hand*, patrimoine commun.

Gesamt|ansicht [gə"zamt'anziçt] f. (-, en). [vue (f.) d'] ensemble m. ; vue générale, panoramique. ||°-**auflage** f. (-, n). [Buch] tirage global. ||°-**ausgabe** f. (-, n) dépense totale. || LITTÉR. œuvres complètes. ||°-**begriff** m. (s, e) notion générale. ||°-**belegschaft** f. ensemble (m.), effectif (m.) des ouvriers et du personnel. ||°-**besitz** m. (es) totalité (f.) de ce qu'on possède. ||°-**bestrahlung** f. (-, en). NUCL. irradiation totale. ||°-**betrag** m. (s, ¨e) montant m. ; total m. ; somme totale. ||°-**bild** n. (s, er) tableau (m.) d'ensemble ; aperçu général. ||-**deutsch** adj. interallemand. ||°-**eindruck** m. (s, ¨e) impression générale, d'ensemble. ||°-**emissionsvermögen** n. (s, -). NUCL. émittance f. ||°-**erbe** m. (n, n) légataire universel. ||°-**ergebnis** n. (ses, se). SPORT. classement final. ||°-**ertrag** m. (s, ¨e). FIN. revenu total. ||°-**gewicht** n. (s, e) poids total. ||°-**gewinn** m. (s, e). COMM. bénéfice total. ||°-**gläubiger** m. pl. créanciers (m. pl.) solidaires. ||°-**gut** n. (s, ¨er) bien commun. || °-**haftung** f. (-, en) garantie (f.) solidaire. ||°-**hand** f., °-**eigentum** n. JUR. copropriété f. (en main commune). ||°-**last** f. (-, en) charge totale. || °-**leistung** f. (-, en). MINES. rendement (m.) au fond et jour. || TECHN. *Gesamtleistung einer Maschine*, puissance totale. ||°-**plan** m. (s, ¨e) plan (m.) d'ensemble. ||°-**preis** m. (es, e) prix global. || °-**regelung** f. (-, en) règlement général. || °-**schuldner** m. pl. FIN. débiteurs (m. pl.) solidaires. ||°-**schule** f. (-, n). UNIV. école intégrée, interconfessionnelle. ||°-**werk** n. (s) œuvres complètes (d'un écrivain). ||°-**wert** m. (s, e) valeur totale. ||°-**wohl** n. (s) bien public. ||°-**zahl** f. (-, en) nombre total ; totalité f.

Gesamtheit [gə'zamthait] f. tout m. ; totalité f. ; masse f. ; ensemble m. || PAR ANAL. collectivité f.

Gesandter [gə'zantər] m. envoyé m. || POLIT. ministre (m.) plénipotentiaire ; ambassadeur m. || RELIG. nonce m.

Gesandtschaft [gə'zantʃaft] f. (-, en). POLIT. légation f. ; ambassade f. || RELIG. *päpstliche Gesandtschaft*, nonciature f.

Gesandtschafts|rat [gə"zantʃafts'ra:t] m. (s, ¨e). POLIT. conseiller (m.) d'ambassade.

Gesang [gə'zaŋ] m. (s, ¨e) chant m. ; air m. ; chanson f. | *weltlicher Gesang*, chant profane. | *kirchlicher Gesang*, chant religieux. | *geistlicher Gesang*, cantique m. | *Gesang der Vögel*, chant des oiseaux ; ramage m. ; gazouillement m. ; gazouillis m. || LITTÉR. chant m. — SYN. : *Sang, Singen*, chant ; *Weise, Melodie*, air ; *Lied*, chanson ; *Liedchen*, couplet ; *Redegesang*, mélopée ; *Vor-, Wechselgesang*, antienne ; *Antwortgesang*, répons.

Gesang|buch [gə"zaŋ'bu:x] n. (s, ¨er). RELIG. livre (m.) de cantiques ; psautier m. ||°-**verein** m. (s, e) chorale f.

Gesäß [gə'zɛs] n. (es, e) séant m. ; postérieur m. ; derrière m. ; fesses f. pl. | *Gesäßtasche*, poche (f.) revolver.

Gesaufe [gə'zaufə] n. (s). FAM. beuverie f.

Gesause [gə'zauzə] n. (s) sifflement m. ; mugissement m.

Gesäusel [-'zɔyzəl] n. (s) murmure m. ; bruissement m.

Geschäft [gə'ʃɛft] n. (s, e). **1.** [Tätigkeit] affaire f. ; occupation f. ; besogne f. | *wie gehen die Geschäfte ?*, comment vont les affaires ? | *die Geschäfte stocken*, les affaires languissent. | *er hat dringende Geschäfte zu besorgen*, il a des affaires urgentes à régler. | *mit Geschäften beladen*, surchargé d'affaires. | *welches Geschäft betreiben Sie ?*, quelle profession exercez-vous ?

2. marché m. ; affaire f. | *ein Geschäft anfangen*, engager une affaire. | *ein Geschäft abschließen*, conclure un marché. | *Geschäft ist Geschäft*, les affaires sont les affaires. | *ein Geschäftsfreund*, une relation d'affaires.

3. commerce m. ; fonds (m.) de commerce ; entreprise f. ; établissement m. ; magasin m. ; boutique f. | *ein Geschäft eröffnen*, ouvrir un magasin. | *ein eigenes Geschäft haben*, avoir son propre magasin. | *in ein Geschäft als Teilhaber eintreten*, entrer dans un commerce comme associé. | *für ein Geschäft reisen*, être le représentant d'une entreprise.

Geschäfts|abschluß [gə"ʃɛfts'apʃlus] m. (es, ¨e). COMM. comptes (m. pl.) de l'exercice ; bilan m. ||°-**abteilung** f. (-, en) service m. ; rayon m. ; compartiment m. ||°-**adresse** f. (-, n) adresse commerciale. ||°-**angelegenheit** f. (-, en) affaire f. | *in Geschäftsangelegenheiten*, pour affaires. ||°-**anteil** m. (s, e) participation (f.) à une affaire ; apport m. ; mise (f.) de fonds ; [G.m.b.H.] part sociale. ||°-**aufgabe** f. (-, n) cessation (f.) de commerce. ||°-**aufsicht** f. surveillance (f.) judiciaire. ||°-**auftrag** m. (s, ¨e). COMM. commande f. ; commission f. ; ordre m. ||°-**bereich** m. (s, e) champ (m.) d'activité ; département m. ; ressort m. ; compétence f. ||°-**bericht** m. (s, e) rapport (m.) de gestion. ||°-**betrieb** m. (s, e). COMM. exploitation f. ||°-**beziehungen** f. pl. relations (f. pl.) d'affaires. ||°-**bilanz** f. (-, en) balance (f.) des écritures ; bilan commercial. ||°-**brief** m. (s, e) lettre (f.) d'affaires. ||°-**buch** n. (s, ¨er) livre (m.) de commerce, de compte. ||°-**erfahrung** f. expérience (f.) des affaires. ||°-**fach** n. (s, ¨er) branche f. ; activité f. ; spécialité f. ; ressort m. ||-**fähig** adj. solvable ; capable de contracter. ||°-**fähigkeit** f. (-). JUR. capacité (f.) de contracter. ||°-**flaute** f. (-, n) morte-saison f. ; ralentissement (m.) des affaires. ||°-**führer** m. (s, -) gérant m. ; directeur commercial. ||°-**führung** f. gérance f. ; direction commerciale. ||°-**gang** m. (s) 1° marche (f.) des affaires ; 2° course (f.) pour affaires. ||°-**gebrauch** m. (s, ¨e) coutume commerciale. ||°-**gegend** f. (-, en) quartier commerçant. ||°-**geist** m. (es) sens (m.) des affaires. ||-**gewandt** adj. rompu aux affaires. ||°-**herr** m. (n, en) patron (m.) d'une maison de commerce. ||°-**inhaber** m. (s, -) chef (m.), patron (m.), propriétaire (m.) d'une maison de commerce. ||°-**inventar** n. (s, e) inventaire annuel. ||°-**jahr** n. (s, e) exercice m. ||°-**kapital** n. (s, lien) capital commercial, social. ||°-**kosten** pl. frais généraux. ||°-**kreis** m. (es, e) sphère (f.), champ (m.) d'activité. ||-**kundig** adj. versé dans les affaires. ||°-**lage** f. situation commerciale ; conjoncture f. ||°-**leben** n. (s) [vie (f.) des] affaires f. pl. ||°-**leiter** m. (s, -) gérant m. ||°-**leitung** f. (-, en) gérance f. ||°-**leute** pl., commerçants m. pl. ; marchands m. pl. ; négociants m. pl. ; gens (pl.) d'affaires. ||°-**lokal** n. (s, e) magasin m. ; comptoir m. ; établissement m. ||°-**losigkeit** f. désœuvrement m. ; loisir m. ; morte-saison f. ; stagnation (f.) des affaires. ||°-**makler** m. (s, -) agent commercial. ||°-**mann** m. (s, -leute) homme (m.) d'affaires ; commerçant m. ||-**mäßig** adj. et adv. selon l'usage des affaires. ||°-**neid** m. (s) jalousie (f.) de boutique. ||°-**ordnung** f. (-, en). COMM. règlement (m.), statut (m.) d'une entreprise. || POLIT. règlement (m.) de la Chambre. ||°-**raum** m. (s, ¨e) local commercial. ||°**-reisende(r)** f. (m.) représentant(e) [m. (f.)] de commerce ; commis-voyageur m. ||°**-sache** f. (-, n) [question (f.) d']affaire(s) f. (pl.). ||°**-schluß** m. (es, ¨e) fermeture f. ||°**-sprache** f. langage commercial, des affaires. ||°**-stelle** f. (-, n) agence f. ; office m. ; bureau m. || JUR. greffe m. ||°**-straße** f. (-, n) rue commerçante. ||°**-stunden** f. pl. heures (f. pl.) de bureau. ||°**-tätigkeit** f. activité commerciale. ||°**-teilhaber** m. (s, -) associé m. | *stiller Geschäftsteilhaber*, bailleur (m.) de fonds ; commanditaire m. ||°**-träger** m. (s, -). POLIT. chargé d'affaires. ||°**-übernahme** f. (action de) prendre une affaire. ||°**-übersicht** f. (-, en) compte rendu d'une affaire commerciale ; bilan m. ||°**-umsatz** m. (es, ¨e) chiffre (m.) d'affaires. ||**-unfähig** adj. JUR. incapable de contracter. ||°**-verbindung** f. (-, en) relations (f. pl.) d'affaires. ||°**-verhältnisse** n. pl. situation commerciale. ||°**-verkehr** m. (s) rapports (m. pl.), relations (f. pl.) d'affaires ; relations commerciales. ||°**-verlauf** m. (s) cours (m.), marche (f.) des affaires. ||°**-verlust** m. (es, e) perte (commerciale). ||°**-verwalter** m. (s, -) administrateur commercial. ||°**-viertel** n. (s, -) quartier (m.) des affaires ; quartier commerçant. ||°**-welt** f. monde (m.) des affaires ; milieu commercial. ||°**-wert** m. (s) valeur (f.) de l'entreprise. ||°**-zeichen** n. (s, -) marque f. ||°**-zeit** f. (-, en) heures (f. pl.) d'ouverture. ||°**-zimmer** n. (s, -) bureau m. ; comptoir m. ||°**-zweig** m. (s, e) branche commerciale.

geschäftig [gə'ʃɛrftiç] adj. affairé ; occupé.

Geschäftigkeit [-tiçkait] f. activité f. ; empressement m. ; affairement m.

geschäftlich [-tliç] adj. commercial. | *geschäftliche Verbindungen*, relations commerciales.
◇ adv. commercialement. | *geschäftlich verhindert*, empêché par les affaires.

geschah [gə'ʃa] prét. de **geschehen.**

gescheckt [gə'ʃɛkt] adj. tacheté ; pie.

geschehen [gə'ʃe:ən] (ie, a, e) v. intr. arriver ; advenir ; avoir lieu ; se produire ; se passer ; se faire. | *es geschah ein großes Erdbeben*, un grand tremblement de terre se produisit. | *es ist ein Unglück geschehen*, il est arrivé un accident. | *dabei geschah ein Versehen*, un oubli, une méprise se produisit. | *er ließ es geschehen, daß*, il permit que. | *es geschieht dir nichts*, on ne te fera rien. | *das geschieht ihm (ganz) recht*, c'est bien fait pour lui ; il l'a voulu ; il n'a que ce qu'il mérite. | *es kann dir dabei nichts geschehen*, tu ne risques rien ; tu n'as rien à craindre. | *es ist ihm Unrecht geschehen*, il a subi un tort. | *es muß etwas geschehen*, il faut faire qch ; on ne peut en rester là. | *es war um ihn geschehen*, c'en était fait de lui. | *geschehene Dinge sind nicht zu ändern*, ce qui est fait est fait. | *dein Wille geschehe !*, que ta volonté soit faite ! || HIST. *so geschehen am*, fait le ; donné le.

Geschehen n. (s) événement m. | *Tagesgeschehen*, événement du jour.

Geschehnis [gə'ʃe:nis] n. (ses, se) événement m. ; fait m.

gescheit [gə'ʃait] adj. sensé ; intelligent ; raisonnable ; avisé. | *ein gescheiter Kopf*, un homme d'une réelle intelligence. | *ich werde aus ihm nicht gescheit*, il me déroute. || FAM. *du bist wohl nicht recht gescheit !*, tu as donc perdu la tête !
◇ adv. avec bon sens ; de façon sensée. | *das hast du gescheit gemacht*, tu t'y es pris adroitement.

Gescheitheit [gə'ʃaithait] f. bon sens ; intelligence f. ; esprit judicieux.

Geschenk [gə'ʃɛŋk] n. (s, e) don m. ; cadeau m. ; présent m. | *jm ein Geschenk machen*, faire un cadeau à qn. | *ich machte ihm die Uhr zum Geschenk*, je lui ai fait cadeau de cette montre. | *Geschenk des Himmels*, don du ciel.

Geschichtchen [gə'ʃiçtçən] n. (s, -) historiette f. ; anecdote f.

Geschichte [gə'ʃiçtə] f. (-, n). **1.** [Geschehenes ; Ereignis] affaire f. ; histoire f. | *eine Geschichte schreiben*, rapporter un événement. || FAM. *lauter alte Geschichten !*, ce sont de vieilles lunes. | *mach keine Geschichten !* (ne fais) pas d'histoires !
2. FAM. chose f. ; affaire f. | *das ist eine dumme Geschichte*, c'est une affaire ennuyeuse. | *das ist eine schöne Geschichte !*, en voilà de belles !
3. [Bericht] histoire f. ; conte m. | *die Geschichte von der schönen Magelone*, l'histoire de la belle Magelone. | *Lebensgeschichte*, biographie f. | *Kindergeschichten*, contes pour enfants. | *alberne Geschichten*, contes à dormir debout.
4. *Geschichte der Malerei*, histoire de la peinture. | *Kunstgeschichte*, histoire de l'art. | *Naturgeschichte*, histoire naturelle. || [Geschichtswissenschaft] histoire f. | *er studiert Geschichte*, il étudie l'histoire ; il fait des études d'histoire.

Geschichten|buch [gə"ʃiçtən'bu:x] n. (s, ¨er) livre (m.) de contes, d'histoires.

Geschichts|kenntnis [gə"ʃiçts'kɛntnis] f. (-, se) connaissance (f.), science (f.) de l'histoire. ||°**-quelle** f. (-, n) source (f.) historique. ||°**-stunde** f. (-, n) classe (f.), cours (m.) d'histoire.

geschichtlich [gə'ʃiçtliç] adj. historique.

Geschichtlichkeit [-kait] f. (-) historicité f. ; authenticité (f.) d'un fait.

Geschick [gə'ʃik] n. (s, e). **1.** sort m. ; destin m. ; destinée f. ; fatalité f. | *ein günstiges Geschick*, un destin favorable. | *ein ungünstiges Geschick*, un destin contraire.
2. [Geschicklichkeit] adresse f. ; habileté f. ; dextérité f. ; savoir-faire m. | *er hat viel Geschick im Sprechen*, il a le don de la parole. | *er hat dazu, dafür ein besonderes Geschick*, il a pour cela un talent particulier ; il est particulièrement doué pour cela.

Geschicklichkeit [-liçkait] f. (-, en) adresse f. ; dextérité f. ; habileté f. ; talent m. ; aptitude f.
— SYN. : *Anstelligkeit*, adresse ; *Hand-*, *Fingerfertigkeit*, dextérité, doigté ; *Kunst*, art ; *Findigkeit*, ingéniosité ; *Gewandtheit*, savoir-faire ; *Schick*, chic.

geschickt [gə'ʃikt] adj. 1° envoyé ; expédié ; 2° adroit ; vite ; habile ; propre, apte à.

geschieden [gə'ʃi:dən] adj. séparé ; divorcé.

Geschieße [gə'ʃi:sə] n. (s). FAM. coups (m. pl.) de feu ; fusillade f.

Geschimpfe [gə'ʃimpfə] n. (s). FAM. injures f. pl. ; invectives f. pl. ; reproches m. pl.

Geschirr [gə'ʃir] n. (s, e). **1.** ustensiles m. pl. ; batterie (f.) de cuisine ; vaisselle f. | *Porzellangeschirr*, vaisselle de porcelaine. | *Geschirr abwaschen, spülen*, faire la vaisselle.
2. harnais m. | *dem Pferd das Geschirr anlegen*, harnacher le cheval. | *die Pferde legen sich ins Geschirr*, les chevaux donnent à plein collier.

Geschirr|macher [gə"ʃir'maxər] m. (s, -) sellier m. ; bourrelier m. ||°**-schrank** m. (s, ¨e) buffet m. ||°**-spülmaschine** f. (-, n) lave-vaisselle m.

Geschlecht [gə'ʃlɛçt] n. (s, er). **1.** genre m. ; sexe m. | *männliches Geschlecht*, sexe masculin. | *weibliches Geschlecht*, sexe féminin.
2. espèce f. ; genre m. | *menschliches Geschlecht*, genre humain ; espèce humaine.
3. famille f. ; race f. ; lignée f. ; descendance f. | *das Geschlecht der Hohenstaufen ist ausgestorben*, la lignée des Hohenstaufen est éteinte.
4. génération f. | *die kommenden Geschlechter*, les générations à venir ; la postérité.
5. GRAMM. genre m.

Geschlechter|kunde [gə"ʃlɛçtər'kundə] f. généalogie f.

Geschlechts|adel [gə"ʃlɛçts'a:dəl] m. (s) noblesse (f.) du sang. ||°**-akt** m. (es, e) acte sexuel ; coït m. ||°**-alter** n. (s, -) âge m. ; génération f. ||°**-art** f. (-, en) sexe m. ||°**-folge** f. génération f. ; filiation f. ; généalogie f. ||°**-glied** n. (s, er). ANAT. membre viril ; pénis m. ; verge f. ||°**-krankheit** f. (-, en) maladie vénérienne. ||°**-leben** n. (s) vie sexuelle. ||°**-liebe** f. amour (m.) physique. ||**-los** adj. sans sexe, asexué. ||°**-name** m. (ns, n) nom (m.) de famille. || BOT., ZOOL. nom (m.) générique. ||°**-organ** n. (s, e). ANAT. organe génital. ||°**-reife** f. puberté f. ||°**-teile** m. pl. ANAT. organes génitaux. ||°**-trieb** m. (s, e) instinct sexuel. ||°**-verkehr** m. (s) relations sexuelles. || °**-wort** n. (s, ¨er). GRAMM. article m. ||°**-zelle** f. (-, n). PHYSIOL. cellule germinale.

geschlechtlich [gə'ʃlɛçtliç] adj. sexuel.

Geschlender [gə'ʃlɛndər] n. (s). FAM. flânerie f.

geschliffen [gə'ʃlifən] adj. poli. || FIG. poli ; qui a de bonnes manières. || [Stil] ciselé.

Geschliffenheit [gə'ʃlifənhait] f. FIG. politesse f.

Geschlinge [gə'ʃliŋə] n. (s). FAM. entrelacs m. ; fouillis m. || ZOOL., CULIN. fressure f.

Geschlossenheit [gə'ʃlɔsənhait] f. unité f.

Geschluchze [gə'ʃluxtsə] n. (s) sanglots m. pl.

Geschmack [gə'ʃmak] m. (s, ¨e). **1.** goût m. ; sens (m.) du goût.
2. PAR ANAL. goût m. ; saveur f. | *ein herber Geschmack*, une saveur âpre. | *ein fader Geschmack*, un goût fade.
3. FIG. [Schönheitssinn] goût m. | *seinen Geschmack verfeinern*, affiner son goût. | *ein feiner Geschmack*, un

goût délicat. | *dieses Theaterstück war nicht nach meinem Geschmack*, cette pièce n'était pas à mon goût. | *die Geschmäcke, Geschmäcker sind verschieden*, il en faut pour tous les goûts. | *Geschmack an einer Sache finden*, prendre goût à qch. | *einer Sache Geschmack abgewinnen*, prendre intérêt à qch.

4. mode f. ; style m. | *nach klassizistischem Geschmack gebaut*, conçu dans le goût classique. | *Modegeschmack*, goût du jour.

geschmack|frei [gə"ʃmak'frai] adj. sans goût. ||**-los** adj. [Personen] qui manque, est dépourvu de goût. || [Dinge] fade ; sans saveur ; insipide ; FIG. de mauvais goût. ||°**-losigkeit** f. [Personen] mauvais goût ; faute (f.) de goût, de tact. || [Dinge] absence (f.) de goût ; fadeur f. ; platitude f. ||°**-sache** f. *das ist Geschmacksache*, c'est affaire de goût ; cela dépend (des goûts). ||**-voll** adj. plein de goût ; de bon goût ; de bon ton ; exquis ; élégant.

Geschmacks|organ [gə"ʃmaksɔr'gɑ:n] n. (s, e). ANAT. organe (m.) du goût. ||°**-sinn** m. (s) sens (m.) du goût. ||°**-verirrung** f. (-, en) aberration (f.) du goût ; manque (m.) de goût ; mauvais goût.

Geschmause [gə'ʃmauzə] n. (s). FAM. festin m. ; régal m. ; PÉJOR. ripaille f.

Geschmeide [gə'ʃmaidə] n. (s) joyaux m. pl.

Geschmeide|handel [gə"ʃmaidə'handəl] m. (s) bijouterie f. ; joaillerie f. ||°**-händler** m. (s, -) bijoutier m. ; joaillier m. ||°**-kästchen** n. (s, -) écrin m. ; coffret (m.) à bijoux ; baguier m.

geschmeidig [gə'ʃmaidiç] adj. souple ; flexible ; pliant ; maniable. | *geschmeidiges Leder*, cuir (m.) souple. || FIG. docile ; malléable. | *ein geschmeidiger Politiker*, un politicien souple.

Geschmeidigkeit [-kait] f. souplesse f ; flexibilité f. || FIG. docilité f. ; malléabilité f.

Geschmeiß [gə'ʃmais] n. (es, e). [Jagd] fiente (f.) des rapaces. || FAM. vermine f. ; racaille f.

Geschmetter [gə'ʃmɛtər] n. (s) *Trompetengeschmetter*, sonnerie (f.) de trompettes. || PAR EXT. fracas m.

Geschmiere [gə'ʃmi:rə] n. (s). FIG., FAM. barbouillage m. ; griffonnage m. ; travail bâclé.

Geschnatter [gə'ʃnatər] n. (s). FAM. caquetage m.

Geschnaube [gə'ʃnaubə] n. (s), **Geschnaufe** [gə'ʃnaufə] n. (s). FAM. respiration saccadée, haletante ; halètement m.

geschniegelt [gə'ʃni:gəlt] adj. FAM. attifé ; pommadé ; calamistré. | *geschniegelt und gebügelt*, tiré à quatre épingles.

Geschnüffel [gə'ʃnyfəl] n. (s). 1° FAM. reniflement(s) m. (pl.) ; 2° trop grande curiosité ; espionnage m.

Geschnurre [gə'ʃnurə] n. (s). FAM. bourdonnement m. ; ronron m. ; vrombissement m.

Geschöpf [gə'ʃøpf] n. (s, e). **1.** créature f. ; être m. | *ein reizendes Geschöpf*, une charmante créature. || PÉJOR. *ein Geschöpf des Diktators*, une créature du dictateur.

2. création f. | *ein Geschöpf seiner Phantasie*, une création de son imagination.

Geschoß [gə'ʃɔs] n. (es, e) projectile m. ; obus m. ; balle f. || ARCHIT. étage m.

Geschoß|aufschlag [gə"ʃɔs'aufʃlɑ:k] m. (s, ¨e). MIL. point (m.) de chute, point (m.) d'impact. ||°**-bahn** f. (-, en). MIL. trajectoire f. ||°**-boden** m. (s, ¨) culot m. ||°**-garbe** f. (-, n). MIL. gerbe (f.) d'éclatement. ||°**-knall** m. (s, e) onde (f.) de choc. ||°**-spitze** f. (-, n). MIL. ogive f.

geschränkt [gə'ʃrɛŋkt] adj. TECHN. croisé. | *geschränkte Säge*, scie (f.) qui a de la voie. | *geschränkte Treibriemen*, courroies croisées.

geschraubt [gə'ʃraupt] adj. FIG. guindé ; maniéré. | *geschraubter Stil*, style entortillé ; ampoulé.

Geschraubtheit [gə'ʃraupthait] f. (-, en) affectation f. ; caractère guindé.

Geschrei [gə'ʃrai] n. (s) cri(s) m. (pl.) ; clameur(s) f. (pl.) ; criailleries f. pl. ; vociférations f. pl. ; hurlements m. pl. | *jämmerliches Geschrei*, lamentations f. pl. | *es erhob sich ein fürchterliches Geschrei*, une clameur épouvantable retentit. | *Kriegsgeschrei*, cri de guerre. || PROV. *viel Geschrei und wenig Wolle*, faire plus de bruit que de besogne. | *viel Geschrei um nichts*, beaucoup de bruit pour rien.

Geschreibe [gə'ʃraibə] n. (s), **Geschreibsel** [gə'ʃraipsəl] n. (s). FAM. griffonnage m. ; gribouillis m.

geschuppt [gə'ʃupt] adj. garni d'écailles.

Geschütz [gə'ʃyts] n. (es, e). MIL. bouche (f.) à feu ; canon m. ; pièce (f.) d'artillerie. | *schweres Geschütz*, canon lourd. | *ein Geschütz richten*, braquer, pointer un canon. | *ein Geschütz auffahren lassen*, mettre un canon en batterie.

Geschwader [gə'ʃvɑ:dər] n. (s, -). MIL. (VX.) *ein Geschwader Reiter*, un escadron de cavalerie. || MAR. escadre f. || AÉRON. escadrille f. ; flottille f. || ZOOL. *ein Geschwader von Wildenten*, un vol de canards sauvages.

Geschwafel [gə'ʃvɑ:fəl] n. (s). FAM. balivernes f. pl.

geschwänzt [gə'ʃvɛntst] adj. à queue ; caudé.

Geschwätz [gə'ʃvɛts] n. (es, e) bavardage m. ; babillage m. ; verbiage m. | *fades Geschwätz*, fadaises f. pl. | *verwirrtes Geschwätz*, galimatias m.

geschwätzig [-tsiç] adj. bavard ; loquace ; verbeux ; babillard.

Geschwätzigkeit [-tsiçkait] f. bavardage m. ; loquacité f. ; verbosité f.

geschweift [gə'ʃvaift] adj. échancré ; arqué ; bombé ; cambré ; évasé.

geschweige [gə'ʃvaigə] adv. encore moins ; sans parler de. | *er kann kaum reden, geschweige denn singen*, il peut à peine parler, encore moins chanter.

geschwind [gə'ʃvint] adj. prompt ; rapide ; preste ; leste ; accéléré.
◇ adv. vite ; vivement.

Geschwindigkeit [gə'ʃvindiçkait] f. (-, en) vitesse f. ; rapidité f. ; célérité f. ; promptitude f. | *das Auto hat eine Höchstgeschwindigkeit von 150 Stundenkilometern*, cette auto atteint une vitesse de 150 kilomètres à l'heure.

Geschwindigkeits|abnahme [gə"ʃvindiçkaitsapnɑ:mə] f. diminution (f.), perte (f.) de vitesse ; ralentissement m. ||°**-anzeiger** m. (s, -). TECHN. indicateur (m.) de vitesse ; tachymètre m. || °**-begrenzung** f. (-, en). AUTOM. limitation (f.) de vitesse. ||°**-messer** m. (s, -). TECHN. tachymètre m. ; compteur (m.) de vitesse. ||°**-pol** m. (s, e). PHYS. centre instantané de rotation. ||°**-übertretung** f. (-, en). AUTOM. excès (m.) de vitesse.

Geschwirr [gə'ʃvir] n. (s) bruit (m.) d'ailes ; bourdonnement m.

Geschwister [gə'ʃvistər] pl. *mein Bruder, meine Schwester und ich sind Geschwister*, nous sommes frères et sœurs.

Geschwister|kind [gə"ʃvistər'kint] n. (s, er) cousin germain ; cousine germaine. ||°**-liebe** f. amour fraternel. ||°**-paar** n. (s, e) frère (m.) et sœur f.

geschwisterlich [gə'ʃvistərliç] adj. fraternel.

geschwollen [gə'ʃvɔlən] adj. enflé ; gonflé ; tuméfié. || FIG. *rede nicht so geschwollen*, ne fais pas le prétentieux.

Geschwollenheit [gə'ʃvɔlənhait] f. (-, en) gonflement m. ; enflure f. || FIG. enflure f.

geschworen [gə'ʃvo:rən] adj. juré ; assermenté. | *geschworener Feind*, ennemi juré.

Geschworene(r) [-nə(r)] f. (m.). JUR. juré m. | *jn vor die Geschworenen stellen*, renvoyer qn aux assises.

Geschworenen|obmann [gə"ʃvo:rənən'ɔpman] m. (s, ¨er). JUR. président (m.) du jury. ||°**-spruch** m. (s, ¨e). JUR. verdict m. (du jury).

Geschwulst [gə'ʃvulst] f. (-, ¨e). MÉD. enflure f. ; grosseur f. ; tumeur f. ; gonflement m.

Geschwür [gə'ʃvy:r] n. (s, e). MÉD. abcès m. ; tumeur f. ; ulcère m.

Geschwür|bildung [gə"ʃvy:r'bilduŋ] f. MÉD. ulcération f.

geschwürig [gə'ʃvy:riç] adj. MÉD. ulcéreux.

gesegnet [gə'ze:knət] adj. béni. || PAR EXT. prospère ; fertile. | *gesegnete Mahlzeit !*, bon appétit ! | *gesegnetes Land*, pays riant. | *sie ist gesegneten Leibes*, elle est enceinte.

Geselle [gə'zɛlə] m. (n, n) compagnon m. ; ouvrier m. ; garçon m. | *er ist Bäckergeselle*, il est compagnon boulanger. || FIG. compagnon m. ; camarade m. ; compère m. ; FAM. copain m. | *lustiger Geselle*, bon vivant.

gesellen (sich) [ziçgə'zɛlən] v. pr. se joindre ; s'associer. | *ein Fremder gesellte sich zu unser Tischgemeinschaft*, un étranger se joignit à notre tablée. || PROV. *gleich und gleich gesellt sich gern*, qui se ressemble s'assemble.

Gesellen|jahre [gə"zɛlən'jɑ:rə] n. pl. années (f. pl.) de compagnonnage. ||°**-stück** n. (s, e) chef-d'œuvre (m.) d'un compagnon. ||°**-zeit.** V. GESELLENJAHRE.

Gesellenschaft [gə'zɛlənʃaft] f. (-, en) compagnonnage m. || PAR EXT. compagnons m. pl.

gesellig [gə'zɛliç] adj. sociable. | *er ist von geselliger Natur*, il a une nature sociable ; il est facile à vivre. | *einen geselligen Abend verbringen*, passer une agréable soirée en société.

Geselligkeit [-kait] f. (-, en) sociabilité f. ; mondanité f.

Gesellschaft [gə'zɛlʃaft] f. (-, en). **1.** [Begleitung ; Umgang] société f. ; compagnie f. | *er reist in Gesellschaft von drei Kollegen*, il voyage en compagnie de trois collègues. | *ich meide seine Gesellschaft*, j'évite sa compagnie. | *jm Gesellschaft leisten*, tenir compagnie à qn. | *er ist in schlechte Gesellschaft geraten*, il a de mauvaises fréquentations. || PROV. *schlechte Gesellschaft verdirbt gute Sitten*, les mauvaises compagnies corrompent les bonnes mœurs.
2. [Gemeinschaft der Menschen] société f. | *bürgerliche Gesellschaft*, société civile. | *Gesellschaftsformen*, formes (f. pl.) de la vie en société.
3. [Kreis von Menschen] société f. ; cercle m. ; réunion f. ; monde m. ; soirée f. | *geschlossene Gesellschaft*, société fermée ; cercle m. ; club m. | *eine Gesellschaft einladen, geben*, donner une soirée ; recevoir. | *die Gesellschaft unterhalten*, FAM. amuser le tapis. | *sie gehört zur besten Gesellschaft*, elle appartient à la meilleure société, au meilleur monde. || [Vereinigung] société f. ; association f. ; troupe f. | *gelehrte Gesellschaft*, société savante. | *wissenschaftliche Gesellschaft*, société scientifique. | *Gesellschaft Jesu*, Compagnie (f.) de Jésus. || COMM. *Gesellschaft mit beschränkter Haftung, Haftpflicht* (G. m. b. H.), société à responsabilité limitée (S. A. R. L.). | *eine Kommanditgesellschaft*, une société en commandite. | *Treuhandgesellschaft*, holding m.

Gesellschafts|abend [gə"zɛlʃafts'ɑ:bənt] m. (s, e) soirée f. ||°-**anteil** n. (s, e). FIN. part sociale. ||°-**anzug** m. (s, ¨e) tenue (f.) de soirée ; habit f. ||°-**einlage** f. (-, n) mise sociale ; mise (f.) de fonds ; fonds social. ||°-**glied** n. (s, er) sociétaire m. ||°-**gründung** f. (-, en) formation (f.) d'une société. ||°-**kapital** n. (s, lien) capital, fonds social. ||°-**kleid** n. (s, er) robe (f.) de soirée. ||°-**kreis** m. (es, e) société f. ; relations f. pl. ||°-**lehre** f. sociologie f. ||°-**name** m. (ns, n) raison sociale. ||°-**raum** m. (s, ¨e). ARCHIT. salon m. ||°-**recht** n. (s, e) droit social ; droit (m.) de société. ||°-**reise** f. (-, n) voyage organisé. ||°-**satzungen** f. pl. statuts (m. pl.) de société. ||°-**sitz** m. (es, e) siège social. ||°-**steuer** f. (-, n) impôt (m.) sur les sociétés. ||°-**ton** m. ton (m.) de la bonne société. ||°-**vertrag** m. (s, ¨e) contrat social ; [Unternehmen] acte constitutif de société ; contrat (m.) de société. ||-**widrig** adj. antisocial. ||°-**zimmer** n. (s, -) salon m.

Gesellschafter [gə'zɛlʃaftər] m. (s, -) compagnon m. || COMM. associé m. | *stiller Gesellschafter*, bailleur (m.) de fonds ; commanditaire m.

Gesellschafterin [-ʃaftərin] f. (-, nen) dame (f.), demoiselle (f.) de compagnie. || COMM. associée f.

gesellschaftlich [-ʃaftliç] adj. de la, en société ; mondain. | *gesellschaftlicher Außenseiter*, marginal(e) m. (f.). | *gesellschaftlicher Zwang*, usage mondain ; étiquette f. | *gesellschaftlicher Schliff*, savoir-vivre m. | *gesellschaftliche Beziehungen*, rapports mondains ; relations f. pl. || COMM. social ; collectif.

Gesellschaftlichkeit [-ʃaftliçkait] f. (-) sociabilité f. ; rapports sociaux.

Gesenk(e) [gə'zɛŋk(ə)] n. (s, e). GÉOGR. affaissement (m.) de terrain. || MINES. puits m. || TECHN. matrice f. ; étampe f. ; estampe f.

Gesenk|amboß [gə"zɛŋk'ambo:s] m. (es, e). TECHN. enclume (f.) à estamper. ||°-**arbeit** f. (-, en) TECHN. travail (m.) d'estampage. ||°-**presse** f. (-, n). TECHN. presse (f.) à matrice ; estampeuse f. || °-**schmiede** f. (-, n). TECHN. atelier (m.) d'estampage. ||-**schmieden** v. tr. TECHN. estamper au pilon ; forger à l'estampe, en matrice ; matricer.

Gesetz [gə'zɛts] n. (es, e). **1.** loi f. ; ordonnance f. ; édit m. ; décret m. | *im Namen des Gesetzes !*, au nom de la loi ! | *ein Gesetz einbringen*, proposer une loi. | *ein Gesetz beraten*, discuter une loi. | *ein Gesetz annehmen*, voter une loi. | *ein Gesetz bestätigen*, sanctionner une loi. | *ein Gesetz in Kraft setzen*, appliquer une loi. | *ein Gesetz in Kraft treten lassen*, faire appliquer une loi. | *ein Gesetz befolgen*, observer une loi. | *ein Gesetz verletzen*, violer une loi. | *ein Gesetz umgehen*, tourner une loi.
2. loi f. | *ein Gesetz der Natur, ein Naturgesetz*, une loi de la nature ; une loi naturelle. | *Gesetz des freien Falls*, loi de la chute libre.
3. règle f. ; prescription f. | *Gesetze des Dramas*, lois de la dramaturgie. | *Gesetze der Musikkomposition*, lois de la composition musicale.

Gesetz|artikel [gə"zɛtsar'tikəl] n. (s, -) article (m.) de loi. ||°-**blatt** n. (s, ¨er) bulletin (m.) des lois ; journal officiel. ||°-**buch** n. (s, ¨er) code m. | *bürgerliches Gesetzbuch*, Code civil. ||°-**entwurf** m. (s, ¨e) projet (m.) de loi. | *einen Gesetzentwurf einbringen*, déposer un projet de loi. ||-**gebend** adj. législatif. | *gesetzgebende Gewalt*, pouvoir législatif. ||°-**geber** m. (s, -) législateur m. ||°-**gebung** f. législation f. ||°-**gebungsgewalt** f. pouvoir législatif. ||-**los** adj. sans loi ; sans règle ; anarchique. ||°-**losigkeit** f. absence (f.) de lois ; anarchie. ||-**mäßig** adj. légal ; conforme aux lois. ||°-**mäßigkeit** f. légalité f. ; légitimité f. ; bienjugé m. || PHILOS. norme f. ||°-**sammlung** f. (-, en) recueil (m.) des lois. ||°-**umgehung** f. (-, en) fraude f. ||°-**verletzung** f. (-, en) violation (f.) de la loi. ||°-**vorlage** f. (-, n) projet (m.) de loi. ||°-**vorschrift** f. (-, en) disposition légale. ||-**widrig** adj. illégal ; contraire à la loi. ||°-**widrigkeit** f. (-, en) infraction (f.) à la loi ; illégalité f.

Gesetzes|dschungel [gə"zɛtsəs'dʒuŋəl] m. (s, -) dédale (m.), maquis (m.) des lois. ||°-**kraft** f. *Gesetzeskraft haben*, avoir force de loi. ||-**kundig** adj. *gesetzeskundig sein*, bien connaître les lois. ||°-**wirkung** f. (-, en) effet (m.) d'une loi.

gesetzlich [gə'zɛtsliç] adj. légal ; conforme à, fixé par la loi. | *gesetzliche Anordnung*, disposition légale. | *gesetzliche Vorschriften*, dispositions légales. | *gesetzlicher Wohnsitz*, domicile légal. | *gesetzlicher Erbe*, héritier (m.) de droit.
◇ adv. légalement ; par la loi. | *gesetzlich anerkennen*, légaliser ; légitimer. | *gesetzlich geschützt*, breveté ; déposé.

Gesetzlichkeit [-kait] f. légalité f.

gesetzt [gə'zɛtst] adj. posé ; assis. | *gesetzt (den Fall), daß*, supposé que. || FIG. rassis ; pondéré ; grave ; mûr.

gesetzten|falls [gə"zɛtstən'fals] adv. le cas échéant.

Gesetztheit [gə'zɛtsthait] f. caractère posé ; pondération f.

Geseufze [gə'zɔyftsə] n. (s). FAM. gémissement(s) m. (pl.), soupirs m. pl.

Gesicht [gə'ziçt] n. (s, er). **1.** visage m. ; face f. ; figure f. ; physionomie f. | *ein rundes Gesicht*, un visage rond. | *ein ovales Gesicht*, un visage ovale. | *ein frisches Gesicht*, un visage frais. | *ein blasses Gesicht*, un visage pâle. | *ein verschmitztes, spitzbübisches Gesicht*, un air futé. | *ein Gesicht wie sieben Tage Regenwetter machen*, FAM. faire un visage long comme un jour sans pain. | *ein schiefes Gesicht ziehen*, faire grise mine. | *dazu macht er ein saueres Gesicht*, cela lui fait faire la grimace. | *ein langes Gesicht ziehen*, faire grise mine. | *ein verdutztes Gesicht machen*, être ébahi, ébaubi. | *jm ins Gesicht lachen*, rire au nez de qn.
2. grimace f. | *Gesichter machen, schneiden*, faire des grimaces. | *das Gesicht verziehen, verzerren*, faire la grimace ; grimacer.
3. [Aussehen] figure f. ; physionomie f. ; mine f. ; pose f. | *ein anderes Gesicht aufsetzen, aufstecken*, changer de visage. | *er ist seinem Vater wie aus dem Gesicht geschnitten*, il ressemble beaucoup à son père ; FAM. c'est son père tout craché. || FIG. visage m. | *das wahre Gesicht eines Landes*, le vrai visage d'un pays. | *einer Gefahr ins Gesicht blicken*, faire face à un danger. | *diese Behauptung schlägt den Tatsachen ins Gesicht*, cette affirmation est contraire aux faits. | *dadurch bekommt die Sache freilich ein anderes Gesicht*, de ce fait la chose prend un autre aspect.
4. [Sehvermögen] (Vx.) vue f. ; vision f. | *ein scharfes Gesicht*, une vue perçante. | *ein schwaches Gesicht*, une vue faible. | *ein gutes Gesicht*, une bonne vue. | *wenn mich mein Gesicht nicht trügt*, si je vois bien. | *dann kam er mir aus dem Gesicht*, ensuite je l'ai perdu de vue. | *etwas im Gesicht haben*, avoir qch. sous les yeux. | *im Gesicht behalten*, garder en vue. || FIG. *das zweite, das doppelte Gesicht*, la seconde, la double vue.
5. (pl. **Gesichte**) vision f. ; apparition f. | *Gesichte haben, sehen*, avoir des visions, des apparitions.

Gesichtchen [gə'ziçtçən] n. (s, -) petite figure ; frimousse f. ; minois m.

Gesichts|abguß [gə"ziçts'apgus] m. (es, ¨e) masque m. ; moulage m. ||°-**ausdruck** m. (s, ¨e) physionomie f. ; mine f. ; expression (f.) du visage. ||°-**farbe** f. (-, n) teint m. ||°-**feld** n. (s) champ visuel. ||°-**form** f. (-, en) forme (f.) du visage. ||°-**kreis** m.

(es) [ligne (f.) d'] horizon m. || FIG. *seinen Gesichtskreis erweitern*, élargir son horizon. ||°**-linie** f. (-, n). OPT. ligne (f.) de visée ; rayon visuel. ||°**-massage** f. (-, n) massage facial. ||°**-muskel** m. (s, n) muscle facial. ||°**-nerv** m. (s, en) nerf facial, optique. ||°**-punkt** m. (s, e). OPT. point visuel ; point (m.) de vue. || FIG. point (m.) de vue. ||°**-sinn** m. (s). [sens de la] vue f. ||°**-täuschung** f. (-, en) illusion (f.) d'optique. || PAR EXT. hallucination f. ||°**-verzerrung** f. (-, en) grimace f. ||°**-weite** f. OPT. portée (f.) de la vue. || PAR EXT. horizon m. ||°**-winkel** m. (s, -) angle facial. || OPT. angle visuel. || FIG. point (m.) de vue. ||°**-zug** m. (s, ¨e) trait m. (du visage).

Gesims [gə'zims] n. (es, e). ARCHIT. cimaise f. ; corniche f. ; entablement m.

Gesinde [gə'zində] n. (s). [Vx.] gens (m. pl.) de maison ; domesticité f. ; domestique m. || PAR EXT. valets (m. pl.), garçons (m. pl.) de ferme.

Gesinde|stube [gə"zində'ʃtu:bə] f. (-, n) office m. ||°**-wohnung** f. (-, en). ARCHIT. communs m. pl.

Gesindel [gə'zindəl] n. (s). PÉJOR. canaille f. ; racaille f.

gesinnt [gə'zint] adj. disposé ; intentionné. | *er ist mir gut gesinnt*, il est bien disposé envers moi. | *er ist republikanisch gesinnt*, il a des sentiments républicains. | *mild gesinnt*, indulgent.

Gesinnung [gə'zinuŋ] f. (-, en) manière (f.) de penser ; sentiments m. pl. ; disposition (f.) d'esprit ; opinion f. ; tendance f. | *seine Gesinnung ändern*, changer d'opinions ; faire volte-face. | *treue Gesinnung*, fidélité f. | *sklavische Gesinnung*, sentiments de servilité.

Gesinnungs|genosse [gə"zinuŋsgə'nɔsə] m. (n, n) qui partage une manière de voir. || POLIT. ami (m.) politique. || RELIG. coreligionnaire m. ||**-los** adj. sans caractère ; sans conviction ; veule. ||°**-losigkeit** f. manque (m.) de caractère ; veulerie f. ||**-treu** adj. loyal ; sûr. ||°**-treue** f. loyalisme m. ||**-tüchtig** adj. sûr ; loyal. ||°**-wechsel** m. (s) changement subit d'opinion ; volte-face f.

gesittet [gə'zitət] adj. civilisé ; civil ; bien élevé.

Gesittung [-tuŋ] f. politesse f. ; civilité f. ; caractère policé ; civilisation f.

Gesöff [gə'zøf] n. (es). POP. piquette f. ; bibine f.

gesonnen [gə'zonən] adj. disposé. | *ich bin nicht gesonnen, zu kommen*, je ne suis pas disposé, je n'ai pas l'intention de venir.

gesotten [gə'zɔtən] adj. bouilli. || CULIN. *gesottenes Ei*, œuf (m.) à la coque.

Gespan [gə'ʃpa:n] m. (s, e). [Vx.] compagnon m.

Gespann [gə'ʃpan] n. (s, e) attelage m. || PAR EXT. couple m. ; paire f. || FIG. couple m.

gespannt [gə'ʃpant] adj. tendu. FIG. curieux. || POLIT. *gespannte Lage*, situation (f.) critique. | *auf gespanntem Fuße mit jm stehen*, être en froid, à couteaux tirés avec qn. | *ich bin gespannt darauf*, je suis curieux de le savoir.

Gespanntheit [gə'ʃpanthait] f. tension f. || FIG. tension (f.) d'esprit ; attention f. ; curiosité f. ; impatience f. || PAR EXT. froideur (f.) des relations ; brouille f.

Gespenst [gə'ʃpɛnst] n. (es, er). [spukhafte Erscheinung] fantôme m. ; spectre m. ; apparition f. ; revenant m. ; esprit m. ; vision f. | *in der Burgruine geht das Gespenst der Schloßdame um*, le spectre de la châtelaine hante les ruines du château fort. | *er sieht überall Gespenster*, il voit partout des fantômes. || FIG. *das Gespenst der Inflation*, le spectre de l'inflation.

gespenster|artig [gə"ʃpɛnstər'ɑ:rtiç] adj. V. GESPENSTERHAFT. ||°**-erscheinung** f. (-, en) apparition f. ||°**-furcht** f. peur (f.) des revenants. ||°**-geschichte** f. (-, n) histoire (f.) de revenants ; conte (m.) fantastique ; FAM. conte (m.) de bonne femme. ||°**-schiff** n. (s, e) vaisseau (m.) fantôme. ||°**-stunde** f. (-, n) heure (f.) des revenants.

gespensterhaft [gə'ʃpɛnstərhaft] adj. spectral ; fantomal ; fantomatique.

gespenstig [gə'ʃpɛnstiç], **gespenstisch** [-tiʃ] adj. V. GESPENSTERHAFT.

Gesperre [gə'ʃpɛrə] n. (s). TECHN. fermeture f. ; encombrement m. ; barricade f. ; fermoir m. ; cliquet m. || ZOOL. couvée (f.) de faisans.

gesperrt [-'ʃpɛrt] adj. barré ; bloqué ; clos. | *gesperrte Straße*, route, rue barrée. || COMM. *gesperrtes Guthaben*, compte frappé d'opposition. | *gesperrtes Konto*, compte bloqué. || TYPOGR. *gesperrter Druck*, caractères espacés.

gespickt [gə'ʃpikt] adj. lardé ; piqué. || FIG. farci ; rempli.

Gespiele [gə'ʃpi:lə] n. (s). FAM. jeux continuels.

Gespiele [-le] m. (n, n), **Gespielin** [-lin] f. (-, nen). [Vx.] compagnon (m.), compagne (f.), camarade (s.) de jeu.

Gespinst [gə'ʃpinst] n. (es, e) fils m. pl. ; filure f. ; filage m. | *feines, haltbares Gespinst*, fil fin, résistant. || PAR EXT. trame f. ; tissu m. || FIG. tissu m. | *Lügengespinst*, tissu de mensonges. || ZOOL. cocon m.

Gespinst|faser [gə"ʃpinst'fɑ:zər] f. (-, n) fibre (f.) textile. ||°**-pflanzen** f. pl. BOT. plantes (f. pl.) textiles.

Gespons [gə'ʃpɔns] m. ou n. (es, e). POÉT. fiancé m. ; époux m. ; épouse f.

Gespött [gə'ʃpøt] n. (s) raillerie f. ; moquerie f. ; dérision f. ; persiflage m. ; gouaille f. | *sein Gespött mit jm treiben*, tourner qn en dérision. || PAR EXT. objet (m.) de raillerie ; risée f. | *zum Gespött werden, dienen*, être la risée de qn. | *er ist das Gespött der ganzen Stadt*, il est la risée de la ville.

Gespöttel [-'ʃpøtəl] n. (s). V. GESPÖTT.

Gespräch [gə'ʃprɛ:ç] n. (s, e) conversation f. ; entretien m. ; causerie f. ; dialogue m. | *ein lehrreiches Gespräch*, une conversation instructive. | *ein telefonisches Gespräch anmelden*, demander une communication téléphonique. | *mit jm ein Gespräch anknüpfen*, engager une conversation avec qn. | *ein Gespräch mit jm über etwas haben, halten, führen*, avoir une conversation avec qn sur qch. | *sich in ein Gespräch einlassen*, lier conversation avec qn. | *sich in ein Gespräch mischen*, se mêler à une conversation. | *das Gespräch auf etwas bringen*, amener la conversation sur qch. | *mit jm ein Gespräch unter vier Augen haben*, avoir une conversation en tête-à-tête avec qn. | *den Gegenstand des Gesprächs wechseln*, changer de conversation. | *das Gespräch allein führen*, faire les frais de la conversation. | *er ist das Gespräch der ganzen Stadt*, il est, devient la fable de (toute) la ville. | *Tagesgespräch*, sujet (m.) du moment. — SYN. : *Unterhaltung*, conversation ; *Unterredung*, colloque ; *Zwiegespräch*, tête-à-tête, dialogue.

Gesprächs|anmeldung [gə"ʃprɛ:çs'anmɛlduŋ] f. (-, en). TÉLÉPH. demande (f.) de communication. ||°**-aufforderung** f. (-, en). TÉLÉPH. avis (m.) d'appel. ||°**-einheit** f. (-, en). TÉLÉCOMM. taxe (f.) de base. ||°**-form** f. (-, en) forme dialoguée. | *in Gesprächsform*, sous forme de dialogue. ||°**-gegenstand** m. (s, ¨e), °**-stoff** m. (s) sujet (m.) de conversation. || °**-grundlage** f. (-, n) base (f.) de discussion. ||°**-ton** m. (s) ton (m.) de la conversation. ||**-weise** adv. en causant ; dans la conversation.

gesprächig [gə'ʃprɛ:çiç] adj. loquace ; communicatif ; bavard.

Gesprächigkeit [-kait] f. loquacité f.

gespreizt [gə'ʃpraitst] adj. FIG. artificiel ; maniéré ; affecté.

Gespreiztheit [gə'ʃpraitsthait] f. (-, en). FIG. affectation f. ; bouffissure f.

Gesprudel [gə'ʃpru:dəl] n. (s) bouillonnement m. ; clapotis m.

Gespuke [gə'ʃpu:kə] n. (s) apparition f.

Gestade [gə'ʃtɑ:də] n. (s, -). POÉT. rive f. ; rivage m. ; plage f. ; bord m.

gestaffelt [gə'ʃtafəlt] adj. échelonné.

Gestalt [gə'ʃtalt] f. (-, en) forme f. ; aspect m. ; façon f. ; configuration f. | *Gestalt gewinnen*, prendre forme. | *gestaltgebende Kraft*, force créatrice. || [Körperbeschaffenheit] corps m. | *von kleiner Gestalt*, de petite taille. | *eine liebliche Gestalt*, une charmante figure. | *von anmutiger Gestalt*, gracieux. | *menschliche Gestalt*, forme humaine. | *von schöner Gestalt*, bien fait. || RELIG. *das Abendmahl in beiderlei Gestalt nehmen*, communier sous les deux espèces.

gestalten [-tən] v. tr. former ; donner forme à ; façonner. | *sein Schicksal selbst gestalten*, faire soi-même sa destinée. | *sein Leben neu gestalten*, se refaire une vie. || TECHN. modeler.

Gestalter [-tər] m. (s, -). ARTS. créateur m.

Gestalt|lehre [gə"ʃtalt'le:rə] f. morphologie f. ||**-los** adj. sans forme ; informe ; amorphe. || °**-losigkeit** f. absence (f.) de forme ; amorphisme m. ||°**-theorie** f. PHILOS. théorie de la forme, de la structure ; gestaltisme m.

Gestaltung [gə'ʃtaltuŋ] f. (-, en) [action de] former, façonner. || PAR EXT. forme f. ; réalisation f. ; aspect m. || ARTS. modelage m.

gestaltungs|fähig [gə"ʃtaltuŋs'fɛ:iç] adj. plastique. ||°**-fähigkeit** f. plasticité f.

Gestammel [gə'ʃtaməl] n. (s) bégaiement m. ; balbutiement m. ; bredouillement m.

Gestampfe [gə'ʃtampfə] n. (s) piétinement m. ; trépignement m.

geständig [gə'ʃtɛndiç] adj. qui avoue. | *geständig sein*, avouer ; faire l'aveu de.

Geständnis [-'ʃtɛntnis] n. (ses, se) aveu m. | *ein Geständnis ablegen*, faire un aveu. | *jn zum Geständnis bringen*, obliger qn à avouer.

Gestänge [gə'ʃtɛŋə] n. (s). TECHN. tiges f. pl. ; tringles f. pl. ; tringlerie f.

Gestank [gə'ʃtaŋk] m. (s) mauvaise odeur ; puanteur f.

Gestänker [gə'ʃtɛnkər] n. (s) querelle f. ; FAM. rouspétance f.

Gestapo [ges'tɑ:po] f. (abrév. de **Geheime Staatspolizei**). HIST. police secrète (hitlérienne).

gestatten [gə'ʃtatən] v. tr. permettre ; consentir à ; souffrir ; tolérer. || [Höflichkeitsformel] *gestatten Sie, daß*, permettez que.

Geste ['gɛstə] f. (-, n) geste m. ; mouvement m.

gestehen [gə'ʃte:ən] (gestand, gestanden), v. tr. avouer ; confesser ; convenir de. | *seine Schuld gestehen*, avouer, confesser sa faute ; dire son mea culpa. | *ich muß gestehen, daß*, je dois avouer, dire que. | *die Wahrheit zu gestehen*, à dire vrai.

Gestehungs|kosten [gə"ʃte:uŋs'kɔstən] f. pl. COMM. prix coûtant ; prix de revient. ||°**-preis** m. (es, e). COMM. prix coûtant.

gesteigert [gə'ʃtaigərt] adj. intensifié. || GRAMM. au comparatif.

Gestein [gə'ʃtain] n. (s, e). GÉOL. pierres f. pl. ; pierraille f. ; roches f. pl. ; rocaille f. ; minerai m. | *taubes Gestein*, roche stérile.

Gestein|gang [gə"ʃtain'gaŋ] m. (s, ¨e). MINES. filon m. ||°**-halde** f. (-, n). MINES. terril rocheux. || °**-(s)kunde** f. minéralogie f. ; pétrographie f. ||°**-masse** f. (-, n). GÉOL. masse rocheuse. ||°**-reich** n. (s). GÉOL. règne minéral. ||°**-schicht** f. (-, en). GÉOL. strate f.

Gestell [gə'ʃtɛl] n. (s, e). ARCHIT. socle m. ; piédestal m. || PAR ANAL. chevalet m. ; tréteau m. || AUTOM. châssis m. ; bâti m. || [Wagen] train m. || AÉRON. carcasse f. || [Brille] monture f.

gestellen [gə'ʃtɛlən] v. tr. apporter ; livrer. || JUR. traduire en justice.

Gestellung [gə'ʃtɛluŋ] f. (-, en) mise (f.) à disposition ; fourniture f. || MIL. appel (m.) sous les drapeaux. | *Gestellungsbefehl*, convocation f.

gestern ['gɛstərn] adv. hier. | *gestern morgen*, hier matin. || FIG., FAM. *er ist nicht von gestern*, il n'est pas né d'hier.

gesternt [gə'ʃtɛrnt] adj. étoilé ; constellé.

Gestichel [gə'ʃtiçəl] n. (s). FAM. pointes f. pl. || FIG. coups (m. pl.) d'épingle ; persiflage m.

gestiefelt [gə'ʃti:fəlt] adj. botté. | *das Märchen vom gestiefelten Kater*, le conte du « Chat botté ». | *gestiefelt und gespornt*, armé de pied en cap.

gestielt [gə'ʃti:lt] adj. emmanché. || BOT. pétiolé. || BOT., ZOOL. pédiculé ; pédonculé.

Gestikulation [gɛstikula'tsio:n] f. gesticulation f. ; (action de) faire des gestes.

gestikulieren [-'li:rən] v. intr. faire des gestes ; gesticuler.

Gestirn [gə'ʃtirn] n. (s, e). ASTRON. constellation f. ; astre(s) m. (pl.) ; étoile(s) f. pl.

gestirnt [-'ʃtirnt] adj. étoilé ; semé d'étoiles ; constellé. | *gestirnter Himmel*, ciel étoilé.

Gestöber [gə'ʃtø:bər] n. (s) tourbillon m. ; rafale f.

Gestöhne [gə'ʃtø:nə] n. (s) gémissements m. pl.

Gestolper [gə'ʃtɔlpər] n. (s). 1° [action de] trébucher, broncher ; 2° faux pas m. pl.

Gestotter [gə'ʃtɔtər] n. (s) bégaiements m. pl. ; balbutiements m. pl.

Gestrampel [gə'ʃtrampəl] n. (s) piétinement m. ; gigotement m.

Gesträuch [gə'ʃtrɔyç] n. (s, e) buissons m. pl. ; fourré m. ; hallier m. ; broussaille(s) f. (pl.).

gestreckt [gə'ʃtrɛkt] adj. tendu ; étiré ; allongé. || [Reitkunst] *in gestrecktem Galopp*, ventre à terre.

gestreift [gə'ʃtraift] adj. rayé ; strié ; zébré ; à rayures ; à raies.

gestreng [gə'ʃtrɛŋ] adj. (Vx.) sévère. || FIG. [die Eisheiligen] *die gestrengen Herren*, les saints de glace.

gestrig ['gɛstriç] adj. d'hier ; de la veille.

Gestrüpp [gə'ʃtryp] n. (s, e) fourré m. ; hallier m. ; broussaille(s) f. (pl.).

Gestühl [gə'ʃty:l] n. (s, e) chaises f. pl. ; sièges m. pl. | *Chorgestühl*, stalles f. pl.

Gestümper [gə'ʃtympər] n. (s). FAM. mauvais travail ; travail bâclé.

Gestüt [gə'ʃty:t] n. (s, e) haras m.

Gestüt|hengst [gə"ʃty:t'hɛŋst] m. (es, e). ZOOL. étalon m.

Gesuch [gə'zu:x] n. (s, e) demande f. ; requête f. ; pétition f. ; supplique f. | *ein Gesuch abfassen, einreichen*, formuler, présenter une demande.

Gesuch|steller [gə"zu:x'ʃtɛlər] m. (s, -) requérant, m. ; pétitionnaire m.

gesucht [gə'zu:xt] adj. [begehrt] recherché ; FAM. couru. | *gesuchte Ware*, article recherché, demandé. || FIG. [unnatürlich] recherché ; maniéré ; affecté. | *gesuchte Redeweise*, style maniéré, précieux.

Gesuchtheit [gə'zu:xthait] f. FIG. recherche f. ; affectation f. ; préciosité f. ; afféterie f. ; maniérisme m.

Gesudel [gə'zu:dəl] n. (s). FAM. barbouillage m.

Gesumme [gə'zumə] n. (s) bourdonnement m.

gesund [gə'zunt] adj. [Personen] sain ; bien portant ; en bonne santé ; valide. | *gesunder Mensch*, homme sain. | *gesunde Glieder*, des membres valides. | *einen Kranken gesund machen*, guérir un malade. | *sich gesund erhalten*, se maintenir en bonne santé. | *gesund und munter*, frais et dispos. || MÉD. *gesunder Virusträger*, porteur sain. || FAM. *er ist gesund wie ein Fisch*, il se porte comme un charme ; il est frais comme un gardon. || [Dinge] sain ; salubre. | *gesunde Zähne*, dents saines. | *gesunde Nahrung*, nourriture saine. | *gesundes Aussehen* ; *gesunde Gesichtsfarbe*, teint frais. | *gesunder Schlaf*, bon sommeil. || FAM. sain ; bon ; commun. | *gesunder Menschenverstand*, bon sens ; sens commun.

Gesund|brunnen [gə"zunt'brunən] m. (s, -) source (f.) de bienfaits.

gesunden [gə'zundən] v. intr. guérir ; recouvrer la santé.

Gesundheit [gə'zunthait] f. (-, en) santé f. ; état (m.) de santé. | *er hat eine eiserne Gesundheit*, il resplendit de santé. | *bei guter Gesundheit sein*, jouir d'une bonne santé ; être bien portant. | *schwächliche Gesundheit*, santé débile. | *wie steht's mit der Gesundheit ?*, comment va la santé ? || [Zuruf beim Trinken] *Gesundheit !*, à votre santé ; [Niesen] à vos souhaits. | *bei Tisch eine Gesundheit ausbringen* ; *auf js Gesundheit trinken*, porter un toast à qn ; boire à la santé de qn.

Gesundheits|amt [gə"zunthaits'amt] n. (s, ¨er) office (m.) de santé, d'hygiène ; dispensaire m. ||°**-dienst** m. (s) service (m.) de santé. ||**-halber** adv. pour raison(s) de santé. ||°**-lehre** f. hygiène f. ||°**-pflege** f. soins (m. pl.) d'hygiène ; hygiène f. ||°**-polizei** f. police (f.) sanitaire ; contrôle (m.) sanitaire. ||°**-probe** f. (-, n) quarantaine f. ||°**-regel** f. (-, n) règle (f.) d'hygiène. ||°**-rücksichten** f. pl. *aus Gesundheitsrücksichten*, pour raisons de santé. || **-schädlich** adj. malsain ; insalubre. ||°**-schutz** m. (es). NUCL. protection (f.) sanitaire. ||°**-wesen** n. (s) hygiène (publique). ||**-widrig** adj. antihygiénique. ||°**-zustand** m. (s, ¨e) état (m.) de santé.

gesundheitlich [gə'zunthaitliç] adj. qui a rapport à la santé ; sanitaire ; hygiénique.

Gesundung [gə'zunduŋ] f. guérison f.

Gesurre [gə'zurə] n. (s) bourdonnement m. ; ronflement m. ; vrombissement m.

Getäfel [gə'tɛ:fəl] n. (s). ARCHIT. boiserie f. ; lambris m.

Getändel [gə'tɛndəl] n. (s) badinage m.

getarnt [gə'tarnt] adj. MIL. camouflé. | *Getarntes Polizeiauto*, voiture de police banalisée.

Getier [gə'ti:r] n. (s). FAM. animaux m. pl.

getigert [gə'ti:gərt] adj. tigré.

Getobe [gə'to:bə] n. (s). FAM. fureurs f. pl. ; déchaînement m.

Getön(e) [gə'tø:n(ə)] n. ([e]s). FAM. retentissement m. ; sons m. pl. ; bruits m. pl.

Getöse [gə'tø:zə] n. (s) fracas m. ; tumulte m. ; tapage m. ; vacarme m.

Getrabe [gə'trɑ:bə] n. (s) trot m.

Getrampel [gə'trampəl] n. (s). FAM. trépignements m. pl. ; piétinements m. pl.

Getränk [gə'trɛŋk] n. (s, e) boisson f. ; breuvage m. | *alkoholische, geistige Getränke*, spiritueux m. pl. ; boissons alcoolisées.

Getratsch(e) [gə'tratʃ(ə)] n. ([e]s). FAM. commérages m. pl.

getrauen (sich) [ziçgə'trauən] v. pr. oser ; avoir le courage de.

Getreibe [gə'traibə] n. (s) mouvement m. ; agitation f. ; va-et-vient m. || FIG. foule f.

Getreide [gə'traidə] n. (s, -) céréales f. pl. ; grains m. pl. | *allerlei Getreide : Weizen, Roggen, Gerste, Hafer, Hirse, Reis*, toutes sortes de céréales : du blé, du seigle, de l'orge, de l'avoine, du mil, du riz.

Getreide|anbau [gə"traidə'anbau] m. (s) culture (f.) de blé. ||°**-art** f. (-, en) espèce (f.) de céréales, de blé. ||°**-börse** f. (-, n) bourse (f.) aux grains. ||°**-brand** m. (s) rouille f. ; charbon m. ; nielle f. ||°**-halle** f. (-, n) halle (f.) au blé, aux grains ; grenier m. ||°**-händler** m. (s, -) marchand (m.) de grains. ||°**-korn** n. (s, ¨er) grain (m.) de blé. ||°**-mäher** m. (s, -). AGRIC. moissonneuse m. ||°**-markt** m. (es, ¨e) marché (m.), bourse (f.) aux grains. ||°**-maß** n. (es, e) mesure (f.) de grains. ||°**-rost** m. (es). BOT. rouille f. || °**-schwinge** f. (-, n). AGRIC. van m. ; vanneuse f. || °**-silo** m. (s, s), °**-speicher** m. (s, -) silo (m.) à blé.

getrennt [gə'trɛnt] adj. séparé ; distinct. || TECHN. discret. | *getrennter Transistor*, transistor discret.

getreu [gə'trɔy] adj. fidèle ; loyal. | *eine getreue Erzählung*, un récit fidèle. | *ein naturgetreues Bildnis*, un portrait fidèle. | *meinem Versprechen getreu*, fidèle à ma promesse.

getreulich [-liç] adv. V. GETREU.

Getriebe [gə'tri:bə] n. (s). TECHN. mouvement m. ; mécanisme m. ; engrenage m. ; mouvement m. (d'une montre). || AUTOM. *Getriebe eines Autos*, boîte (f.) de vitesses d'une auto. || FIG. mouvement m. ; agitation f. | *Getriebe einer Großstadt*, animation (f.), circulation (f.) dans, d'une grande ville.

Getriebe|block [gə"tri:bə'blɔk] m. (s, ¨e). TECHN. bloc (m.) de commande, d'engrenages. ||°**-gehäuse** n. (s, -). TECHN. boîte (f.) de vitesses ; carter (m.) d'engrenages. ||°**-rad** n. (s, ¨er). TECHN. roue (f.) d'engrenage ; pignon m. ||°**-welle** f. (-, n). TECHN. arbre (m.) moteur.

getrieben [gə'tri:bən] adj. poussé. || TECHN. repoussé.

Getrippel [gə'tripəl] n. (s). FAM. trottinement m. ; marche (f.) à petits pas, à pas menus.

Getrommel [gə'trɔməl] n. (s) roulements (m. pl.) de tambour.

getrost [gə'tro:st] adj. plein de confiance ; assuré ; tranquille. | *nur getrost !*, du courage !

Getto, Ghetto ['gɛto] n. (s, s) ghetto m.

Getue [gə'tu:ə] n. (s). FAM. agissements m. pl. || PAR ANAL., FAM. chichis m. pl.

Getümmel [gə'tyməl] n. (s) mêlée f. ; cohue f. ; presse f.

getüpfelt [gə'typfəlt] adj. pointillé ; moucheté.

Getute [gə'tu:tə] n. (s) [action de] corner.

geübt [gə'y:pt] adj. exercé ; entraîné ; expert ; adroit.

Geübtheit [gə'y:pthait] f. dextérité f. ; adresse f.

Geusen ['gɔyzən] m. pl. HIST. gueux m. pl.

Gevatter [gə'fatər] m. (s, n). [Vx.] parrain m. ; compère m. | *Gevatter stehen*, être, servir de parrain. | *jn zum Gevatter bitten*, demander à qn d'être parrain. || FIG. compère m.

Gevatterin [-rin] f. (-, nen). [Vx.] marraine f. ; commère f. || FIG. commère f.

Gevatter|schaft [ge'fatərʃaft] f. (-, en). [Vx.] parrainage m. ; parrain (m.) et marraine (f.). || PAR EXT. compères m. pl. ; commères f. pl.

geviert [gə'fi:rt] adj. MATH. carré ; quadrangulaire. || PAR EXT. divisé en quatre.

Geviert [-'fi:rt] n. (s, e). MATH. carré m. || MINES. équarrissage m.

Geviert|maß [gə"fi:rt'ma:s] n. (es, e). MATH. mesure (f.) de superficie. ||°**-meter** m. et n. (s, -) mètre carré. ||°**-wurzel** f. (-, n). MATH. racine carrée.

Gewächs [gə'vɛks] n. (es, e) végétation f. ; végétal m. ; plante f. | *Jahresgewächs*, plante annuelle. | *einheimisches Gewächs*, plante indigène. || PAR ANAL. cru m. | *dieser Wein ist eigenes Gewächs*, ce vin est de mes vignes. || MÉD. excroissance f. || FIG. rejeton m. ; descendant m.

gewachsen [gə'vaksən] adj. crû. || FIG. *einer Lage gewachsen sein*, être à la hauteur d'une situation.

Gewächs|erde [gə"vɛks'e:rdə] f. AGRIC. terreau m. ||°**-haus** n. (es, ¨er) serre f.

Gewackel [gə'vakəl] n. (s). FAM. démarche vacillante.

gewagt [gə'va:kt] adj. osé ; aventuré. | *ein gewagtes Unternehmen*, une entreprise osée. | *er treibt ein gewagtes Spiel*, il joue gros jeu.

gewahr [gə'va:r] adj. | *eines Irrtums gewahr werden*, s'apercevoir d'une erreur.

Gewähr [gə'vɛ:r] f. (-) garantie f. ; caution f. ; sûreté f. ; assurance(s) f. (pl.). | *für etwas die Gewähr übernehmen*, répondre de qch.

gewahren [gə'va:rən] v. tr. apercevoir.

gewähren [gə'vɛ:rən] v. tr. accorder ; exaucer. | *Schutz gewähren*, accorder protection. | *Obdach gewähren*, donner asile. | *eine Frist, einen Aufschub gewähren*, accorder un délai.

◇ v. intr. se porter garant. | *jn gewähren lassen*, laisser faire, ne pas contrarier, ne pas empêcher qn. | *laß ihn gewähren !*, laisse-le faire !

gewähr|leisten [gə"vɛ:r'laistən] v. tr. garantir, se porter garant de. ||°**-leistung** f. (-, en) garantie f. ; caution f. || JUR. fidéjussion f.

Gewahrsam [gə'va:rza:m] m. (s, e) garde f. ; sûreté f. ; surveillance f. ; protection f. | *etwas in Gewahrsam nehmen*, se charger de la garde de qn. || PAR EXT., FAM. *jn in Gewahrsam bringen*, mettre qn en lieu sûr.

Gewährs|mann [gə"vɛ:rs'man] m. (s, -männer et -leute) répondant m. ; garant m.

Gewährung [gə'vɛ:ruŋ] f. autorisation f. || COMM. *Gewährung eines Kredits*, octroi (m.) d'un crédit.

Gewalt [gə'valt] f. (-, en). **1.** force f. ; violence f. | *die Gewalt des Stromes*, la violence du courant. | *Naturgewalten*, forces de la nature.

2. pouvoir m. ; puissance f. | *göttliche Gewalt*, puissance divine. | *höhere Gewalt*, (cas de) force majeure. | *im Falle höherer Gewalt*, en cas de force majeure. | *öffentliche Gewalt*, puissance publique. | *Gewalt über Leben und Tod haben*, avoir droit de vie et de mort. | *sich in der Gewalt haben*, être maître de soi. | *er tat sich Gewalt an, um nicht*, il dut se faire violence pour ne pas. | *Gewalt über jn haben*, tenir qn en son pouvoir. | *in js Gewalt sein, stehen*, être à la merci, au pouvoir de qn. | *unter js Gewalt geraten*, tomber au pouvoir de qn. | *jn in seiner Gewalt haben*, avoir qn en son pouvoir.

3. violence f. | *Gewalt ausüben*, exercer une violence. | *eine Tür mit Gewalt öffnen*, enfoncer une porte. | *der Wahrheit, der Geschichte Gewalt antun*, faire violence à la vérité, à l'histoire ; violer, défigurer la vérité, l'histoire. | *ich weiche nur der Gewalt*, je ne cède qu'à la force. || FIG. *mit aller Gewalt lachen*, se forcer à rire. || PROV. *Gewalt geht vor Recht*, la force prime le droit.

Gewalt|anmaßung [gə"valt'anma:suŋ] f. (-, en) usurpation (f.) de pouvoir. ||°**-handlung** f. (-, en). JUR. acte (m.) de violence ; voies (f. pl.) de fait. ||°**-herrschaft** f. (-, en). POLIT. despotisme m. ; tyrannie f. ||°**-herrscher** m. (s, -) despote m. ||**-los** adj. non-violent. ||°**-lose(r)** f. (m.) non-violent(e) m. (f.). ||°**-losigkeit** f. (-) non-violence f. ||°**-marsch** m. (es, ¨e). SPORT., MIL. marche forcée. ||°**-maßregel** f. (-, n) mesure arbitraire, illégale ; mesure violente ; acte (m.) de despotisme. ||°**-mißbrauch** m. (s, ¨e). JUR. abus (m.) de pouvoir. ||°**-schritt** m. (s, e). FIG. acte (m.) d'arbitraire. ||°**-streich** m. (s, e) coup (m.) de force. || POLIT. coup (m.) d'État. || MIL. coup (m.) de main. ||°**-tat** f. (-, en) violence f. ; brutalité f. ; voies (f. pl.) de fait. ||**-tätig** adj. violent ; brutal. || °**-tätigkeit** f. (-, en) violence f. ; brutalité f. || PAR EXT., POLIT. despotisme m. ||°**-übertragung** f. (-, en). JUR. délégation (f.) de pouvoir.

Gewalten|teilung [gə"valtən'tailuŋ] f. POLIT. séparation (f.) des pouvoirs.

gewaltig [gə'valtiç] adj. puissant ; fort. | *eine gewaltige Anstrengung*, un puissant effort. || FIG. grand ; énorme ; vaste. | *gewaltige Felsen*, d'énormes rochers m. pl. || FAM. *das war ein gewaltiger Irrtum*, ce fut une grosse, grande erreur.

◇ adv. grandement ; puissamment ; énormément ; considérablement ; extrêmement. | *sich in etwas gewaltig täuschen*, se tromper lourdement sur qch. | *sich gewaltig langweilen*, s'ennuyer ferme.

gewaltsam [ge'valtza:m] adj. violent. | *gewaltsamer Tod*, mort violente.

Gewaltsamkeit [-zamkait] f. (-, en) violence f.

gewalzt [gə'valtst] adj. TECHN. laminé.

Gewand [gə'vant] n. (s, ¨er) vêtement m.

Gewand|nadel [gə"vant'na:dəl] f. (-, n) broche f. ||°**-spange** f. (-, n) agrafe f. ; broche f.

gewandt [gə'vant] adj. tourné ; retourné. || PAR EXT. habile ; adroit ; agile ; souple. | *ein gewandter Geist*, un esprit agile. | *gewandt in der Rede*, bon orateur. || FIG. coulant ; aisé ; habile. | *gewandte Schreibart*, style aisé. | *gewandtes Benehmen*, bonnes manières ; savoir-vivre m.

Gewandtheit [gə'vanthait] f. adresse f. ; habileté f. ; souplesse f. || FIG. aisance f. ; savoir-vivre m.

Gewandung [gə'vanduŋ] f. (-, en) vêtement m.

gewärtig [gə'vɛrtiç] adj. (gén.) qui s'attend à. | *dessen war er nicht gewärtig*, il ne s'attendait pas à cela.

gewärtigen [gə'vɛrtigən] v. tr. s'attendre à. | *du kannst dich dessen gewärtigen*, tu peux t'y attendre.

Gewäsch [gə'vɛʃ] n. (s). FAM. verbiage m.

Gewässer [gə'vɛsər] n. (s, -) eaux f. pl. || MAR. parages m. pl.

Gewatschel [gə'vatʃəl] n. (s). FAM. dandinement m.

Gewebe [gə've:bə] n. (s, -). TEXT. [Weber] texture f. ; tissage m. ; [Stoff] tissu m. ; toile f. ; étoffe f. || PAR ANAL., MÉD. tissu m. || FIG. tissu m.

Gewebe|lehre [ge"ve:bə'le:rə] f. ANAT., BOT. histologie f. ||°**-probenentnahme** f. (-, n). MÉD. biopsie f. ||°**-verpflanzung** f. (-, en). MÉD. greffe animale. ||°**-verträglichkeit** f. (-). MÉD. histocompatibilité f.

Gewehr [gə've:r] n. (s, e) fusil m. ; arme portative. | *das Gewehr anlegen*, mettre en joue. | *das Gewehr schultern*, épauler. || MIL. *ins, unters Gewehr treten*, prendre les armes. | *präsentiert das Gewehr !*, présentez arme ! | *Gewehr bei Fuß stehen*, être l'arme au pied. || *Maschinengewehr*, mitrailleuse f.

Gewehr|auflage [gə"ve:r'aufla:gə] f. (-, n) banquette (f.) de tir ; appui (m.) pour le fusil. ||°**-feuer** n. (s) feu (m.) de mousqueterie, d'infanterie. ||°**-granate** f. (-, n) grenade (f.) à fusil. ||°**-kolben** m. (s, -) crosse (f.) de fusil. ||°**-lauf** m. (s, ¨e) canon (m.) de fusil. ||°**-pyramide** f. (-, n) faisceau (m.) de fusils. ||°**-riemen** m. (s, -) bretelle (f.) de fusil. ||°**-schloß** n. (es, ¨er) culasse (f.) de fusil. ||°**-ständer** m. (s, -) ratelier m.

Geweih [gə'vai] n. (es, e). ZOOL. bois m. ; ramure f. (du cerf) ; tête f. | *ästiges Geweih*, bois branchus. | *erstes Geweih des Hirsches*, dagues f. pl. | *der Hirsch hat ein neues Geweih aufgesetzt*, le cerf a du refait. | *das Geweih abwerfen*, jeter, quitter ses bois. | *das Geweih fegen*, frayer sa tête.

geweiht [gə'vait] adj. sacré ; consacré.

Gewerbe [gə'vɛrbə] n. (s, -) activité f. ; occupation f. ; industrie f. ; métier m. ; profession f. | *Gewerbe eines Handwerkers*, métier artisanal. | *kaufmännisches Gewerbe*, profession commerciale. | *ein ehrliches Gewerbe*, un métier honorable.

Gewerbe|aufsicht [gə"vɛrbə'aufziçt] f. ADM. inspection (f.) du travail. ||°**-ausstellung** f. (-, en) exposition industrielle. ||°**-freiheit** f. liberté (f.) d'entreprise. ||°**-gericht** n. (s, e). JUR. conseil (m.) des prud'hommes. ||°**-inspektor** m. (s, en). ADM. inspecteur (m.) du travail. ||°**-kammer** f. (-, n). ADM. chambre (f.) des métiers. ||°**-museum** n. (s) conservatoire (m.), musée (m.) des Arts et Métiers. ||°**-schein** m. (s, e) licence f. ; patente f. ||°**-schule** f. (-, n) école professionnelle, technique, industrielle. ||°**-steuer** f. (-, n). FIN. taxe professionnelle. ||°**-treibender** m. industriel m. ; commerçant m. ; artisan m.

gewerbs|mäßig [gə"vɛrps'mɛ:siç] adj. JUR. professionnel. | *gewerbsmäßige Bettelei*, mendicité professionnelle. ||°**-zweig** m. (s, e) branche (f.) d'industrie, d'activité.

gewerb|tätig [gə"vɛrp'tɛ:tiç] adj. industriel. || PAR EXT. industrieux. ||°**-tätigkeit** f. (-, en) activité industrielle ; industrie f.

gewerblich [gə'vɛrpliç] adj. professionnel ; industriel. | *gewerbliches Erzeugnis*, produit fabriqué. | *gewerblicher Gewinn*, bénéfice industriel. | *gewerblicher Unterricht*, enseignement (m.) technique.
◇ adv. *gewerblich tätig sein*, exercer une profession.

Gewerkschaft [gə'vɛrkʃaft] f. (-, n) syndicat ouvrier. | *sich einer Gewerkschaft anschließen* ; *einer Gewerkschaft beitreten*, adhérer à, devenir membre d'un syndicat ; se syndiquer.

Gewerkschaftler [-lər] m. (s, -) syndicaliste m.

Gewerkschafts|bewegung [gə"vɛrkʃaftsbə've:guŋ] f. (-, en) syndicalisme m. ; mouvement syndical. ||°**-bund** m. (s) fédération syndicale ouvrière. | *Deutscher Gewerkschaftsbund (DGB)*, fédération (f.) des syndicats ouvriers allemands. | *Weltgewerkschaftsbund*, Fédération syndicale mondiale. ||°**-recht** n. (s). JUR. droit syndical. ||°**-verband** m. (s, ¨e) organisme syndical. ||°**-vertreter(in)** m. (s, -), f. (-, nen) délégué(e) syndical(e) ; représentant(e) [m. (f.)] d'une organisation syndicale.

Gewicht [gə'viçt] n. (s, e) poids m. | *richtiges Gewicht*, poids exact. | *falsches Gewicht*, poids faussé. | *spezifisches Gewicht*, poids spécifique. | *nach Gewicht kaufen*, acheter au poids. || FIG. poids m. ; importance f. | *Gewicht auf etwas legen*, attacher de l'importance à qch. | *diese Tat fällt schwer ins Gewicht*, cet acte compte pour beaucoup. | *das ist von keinem Gewicht*, cela ne tire pas à conséquence. | *seine Aussage ist von Gewicht*, son témoignage a du poids.

Gewicht|ausschlag [gə"viçt'ausʃla:k] m. (s) excédent (m.) de poids. ||°**-heben** n. (s). SPORT. haltérophilie f. ; poids et haltères. ||°**-heber** m. (s, -) haltérophile m. ||**-los** adj. sans poids ; FIG. insignifiant.

gewichtet [gə"viçtət] adj. ÉCON., MATH. pondéré. | *gewichteter Index*, indice pondéré.

Gewichts|abgang [gə"viçts'apgaŋ] m. (s, ¨e). COMM. perte (f.), déchet (m.) de poids ; tare f. ||°**-analyse** f. (-, n). CHIM. analyse pondérale, gravimétrique ; gravimétrie f. ||°**-anzeiger** m. (s, -). TECHN. indicateur (m.) du poids. ||°**-einheit** f. unité (f.) de poids ; gramme m. ||°**-menge** f. (-, n) tonnage m. ||°**-satz** m. (es, ¨e) série (f.) de poids. ||°**-schwund** m. (s) perte (f.) de poids. ||°**-stange** f. (-, n). PHYS. balancier m. ||°**-tabelle** f. (-, n) spécification (f.) de(s) poids. ||°**-zeichen** n. (s, -). ADM. poinçon m.

gewichtig [gə'viçtiç] adj. qui a du poids ; pesant ; lourd. || FIG. de grand poids ; grave ; important.

Gewichtigkeit [-kait] f. poids m. || FIG. gravité f. ; importance f.

Gewichtung [gə'viçtuŋ] f. (-) ÉCON., MATH. pondération f.

gewieft [gə'vi:ft] adj. adroit ; rusé.

gewiegt [gɛ'vi:kt] adj. versé dans ; exercé ; expérimenté ; malin.

Gewieher [gə'vi:ər] n. (s) hennissements m. pl.

gewillt [gə'vilt] adj. qui consent, est disposé à ; qui a la volonté, l'intention de.

Gewimmel [gə'viməl] n. (s) fourmillement m. ; grouillement m. ; cohue f.

Gewimmer [gə'vimər] n. (s). FAM. gémissements m. pl. ; lamentations f. pl.

Gewinde [gə'vində] n. (s, -). [Geflecht ; Blumenkranz] guirlande f. ; couronne (f.) de fleurs. || TECHN. [Schraubengänge] pas (m.) de vis ; filet m. ; gonds m. pl. | *ausgeleiertes Gewinde*, filet foiré. | *Gewinde schneiden*, tailler des filets ; fileter.

Gewinde|arbeit [gə"vində'arbait] f. (-). TECHN. (travail de) filetage m. ||°**-bohren** n. (s) taraudage m. ||°**-bohrer** m. (s, -) taraud m. ||°**-bohrmaschine** f. (-, n) machine (f.) à tarauder ; taraudeuse f. ||°**-bohrung** f. (-, en) ouverture taraudée. || °**-drehbank** f. (-, ¨e) tour (m.) à fileter. ||°**-fräser** m. (s, -) fraise (f.) à fileter. ||°**-gang** m. (s, ¨e) filet m. ; spire f. ; pas m. ||°**-lehre** f. (-, n) calibre (m.) de filetage. ||°**-ring** m. (s, e) bague filetée. ||°**-schraube** f. (-, n) vis filetée.

Gewinn [gə'vin] m. (s, e) gain m. ; bénéfice m. ; profit m. ; avantage m. ; FIG. fruit m. | *eine Ware mit Gewinn verkaufen*, vendre une denrée avec bénéfice. | *redlicher Gewinn*, gain honnête. | *betrügerischer Gewinn*, gain malhonnête. | *Gewinn im Spiele*, gain au jeu. | *Gewinn an Geld*, gain d'argent. | *Gewinn an Zeit*, gain de temps. | *Gewinn aus einer Sache schlagen*, tirer bénéfice de qch. | *das Geschäft wirft Gewinn ab*, l'affaire fait des profits. | *Gewinn aus einer Lektüre ziehen*, tirer profit d'une lecture.

Gewinn|abführung [gə"vin'apfy:ruŋ] f. (-, en), °**-abhebung** f. (-, en) prélèvement (m.) sur les bénéfices. ||°**-anteil** m. (s, e) part (f.) de bénéfice ; dividende m. ; tantième m. ||°**-anteilschein** m. (s, e). FIN. part (f.) bénéficiaire ; (coupon de) dividende m. ||°**-ausfall** m. (s, ¨e) manque (m.) à gagner. ||°**-ausschüttung** f. (-, en) répartition (f.), distribution (f.) des bénéfices. | *an der Gewinnausschüttung teilnehmen*, toucher des dividendes. ||°**-beteiligung** f. (-, en) participation (f.) aux bénéfices. ||**-bringend** adj. avantageux ; lucratif. ||°**-schuldverschreibung** f. (-, en). FIN. titre participatif. ||°**-spanne** f. (-, n) marge (f.) de bénéfice ; marge (f.) bénéficiaire. ||°**-sucht** f. âpreté (f.) au gain ; esprit (m.) de lucre ; cupidité f. ; intérêt m. ||**-süchtig** adj. âpre au gain ; cupide ; intéressé. ||°**-verwendung** f. (-, en) répartition (f.) des bénéfices. ||°**-zweck** m. (es, e) *ohne Gewinnzweck*, sans but lucratif.

Gewinn- und Verlust|rechnung [gə"vinuntfɛr-'lust'rɛçnuŋ] f. (-, en). COMM. compte (m.) de profits et pertes ; compte (m.) de résultats.

gewinnen [gə'vinən] (a, o) v. tr. **1.** gagner ; acquérir ; conquérir. | *eine Wette gewinnen*, gagner un pari. | *einen Vorsprung gewinnen*, prendre de l'avance. | *über jn die Oberhand gewinnen*, prendre le dessus sur qn. | *Zeit gewinnen*, gagner du temps. | *Einblick in etwas gewinnen*, se faire une idée de qch. | *js Gunst gewinnen*, gagner la faveur de qn. | *er gewann mich für seine Sache*, il m'a gagné à sa cause. | *jn zum Freunde gewinnen*, se faire un ami de qn. | *die Überzeugung gewinnen, daß*, acquérir la conviction que. | *Einfluß gewinnen*, devenir influent. || LOC. *Geschmack an etwas gewinnen*, prendre goût à qch. || PROV. *frisch gewagt ist halb gewonnen*, qui ne risque rien n'a rien. | *wie gewonnen, so zerronnen*, argent vite gagné sera vite envolé.
2. tirer ; extraire. | *Zucker aus Rüben gewinnen*, extraire du sucre des betteraves. | *Radium wird aus der Pechblende gewonnen*, le radium est extrait de la pechblende. **3.** [räumlich] *das Weite gewinnen*, prendre le large. | *das Schiff gewinnt die hohe See*, le navire gagne la haute mer. | *die Gestrandeten suchten die Küste zu gewinnen*, les naufragés cherchaient à gagner la côte.
◇ v. intr. l'emporter ; gagner ; faire du bénéfice ; profiter. | *das Los Nr 16 gewinnt*, le billet n° 16 gagne. | *er hat auf den ersten Wurf gewonnen*, il a gagné du premier coup. | *er gewinnt bei näherer Bekanntschaft*, il gagne à être connu. | *die Sache gewinnt bei näherer Betrachtung*, l'affaire gagne à être regardée de près. | *an Klarheit gewinnen*, gagner en clarté.
◇ part. prés. **gewinnend.** *ein gewinnendes Äußeres*, un extérieur engageant.
◇ part. pass. **gewonnen.** *er hat gewonnenes Spiel*, il a partie gagnée.

Gewinner [-nər] m. (s, -) gagnant m. ; vainqueur m. || [Rennen] cheval gagnant. || [Lotterie] numéro gagnant.

Gewinnung [-nuŋ] f. (-, en) acquisition f. ; obtention f. ; production f. ; exploitation f. || MINES. extraction f.

Gewirr [gə'vir] n. (s) enchevêtrement m. ; embrouillement m. ; FIG. pêle-mêle m. ; chaos m. | *das Gewirr des Straßennetzes*, le labyrinthe des rues. | *Stimmengewirr*, bruit de voix confus.

gewiß [gə'vis] adj. **1.** certain ; sûr. | *der gewissen Zuversicht sein*, être tout à fait assuré que. | *er ist sich seiner Sache gewiß*, il est sûr de son affaire. | *ich bin gewiß, daß er heute kommt*, je suis sûr qu'il viendra aujourd'hui. | *soviel ist gewiß, daß er heute ankommt*, ce qui est certain, c'est qu'il arrive aujourd'hui. | *seine Hilfe ist mir gewiß*, je suis sûr de son soutien. | *für gewiß halten*, tenir pour certain. | *etwas als gewiß behaupten*, avancer qch. comme certain.
2. [unbenannt] un certain ; une certaine ; vague ; indéfinissable. | *ein gewisser Müller*, un certain Muller. | *bis zu einem gewissen Punkte*, jusqu'à un certain point. | *in einem gewissen Maße*, dans une certaine mesure. | *eine gewisse Unruhe herrschte in der Versammlung*, une certaine inquiétude régnait dans la salle.
◇ adv. sûrement ; certainement ; certes ; sans doute. | *das glaube ich gewiß*, je le crois ; à coup sûr. | *haben Sie das Buch gelesen ? — Gewiß*, avez-vous lu ce livre ? — Mais oui ! | *gewiß wollen Sie auf Reisen gehen*, on dirait que vous allez faire un voyage.
◇ **das Gewisse,** ce qui est certain. | *das Gewisse gegen das Ungewisse eintauschen*, lâcher la proie pour l'ombre.

Gewissen [-sən] n. (s, -) conscience (morale) ; voix intérieure. | *ein gutes Gewissen haben*, n'avoir rien à se reprocher ; avoir bonne conscience. | *ruhiges, friedliches Gewissen*, conscience en repos. | *ein Mensch ohne Gewissen*, un homme sans conscience. | *die Gewissen verwirren*, troubler les consciences. | *sein Gewissen beruhigen*, apaiser sa conscience. | *mit gutem Gewissen*, en conscience. | *nach bestem Gewissen*, en toute conscience. | *etwas auf dem Gewissen haben*, avoir qch. sur la conscience. | *jm ins Gewissen reden*, en appeler à la conscience de qn. | *das stelle ich Ihrem Gewissen anheim*, je vous laisse décider en toute conscience. | *er machte sich kein Gewissen daraus, zu*, il ne s'est pas fait scrupule de. || LOC. *nach bestem Wissen und Gewissen*, pour le mieux. || PROV. *ein gutes Gewissen ist ein sanftes Ruhekissen*, une bonne conscience est un mol oreiller.

gewissen|los [gə"visən'lo:s] adj. sans conscience ; sans scrupule ; sans foi ; déloyal.
— SYN. : *unredlich, treulos*, déloyal ; *untreu*, infidèle ; *falsch, hinterlistig*, perfide ; *wortbrüchig*, renégat.

Gewissen|losigkeit [-'lo:ziçkait] f. manque (m.) de conscience ; déloyauté f. ; indélicatesse f.

Gewissens|bisse [gə"visəns'bisə] m. pl. remords m. pl. ||°**-fall** m. (s, ¨e), °**-frage** f. (-, n) cas (m.) de conscience. ||°**-freiheit** f. liberté (f.) de conscience ; liberté (f.) des cultes. ||**-halber** adv. par acquit de conscience. ||°**-ruhe** f. quiétude f. ; paix (f.) de l'âme. ||°**-zwang** m. (s) contrainte morale ; violation (f.) des consciences. ||°**-zweifel** m. (s, -) scrupule m.

gewissenhaft [gə'visənhaft] adj. consciencieux ; scrupuleux.

Gewissenhaftigkeit [-tiçkait] f. conscience f. ; probité f.

gewisser|maßen [gə"visər'ma:sən] adv. pour ainsi dire ; en quelque sorte.

Gewißheit [gə'vishait] f. (-, en) assurance f. ; certitude f.

Gewitter [gə'vitər] n. (s, -) orage m. ; tempête f. | *ein Gewitter droht, zieht auf*, un orage menace, s'élève. | *ein Gewitter zieht sich zusammen, geht nieder*, un orage se forme, éclate. | *das Gewitter zieht vorüber*, l'orage s'éloigne. | *Gewitterwolke*, nuée chargée d'orage.

gewitterhaft [gə'vitərhaft] adj. orageux.

gewitzigt [gə'vitsiçt] adj. rendu prudent, méfiant par. | *die Notjahre haben ihn gewitzigt*, les années de misère l'ont rendu prudent.

gewitzt [gə'vitst] adj. rusé, malin.

gewogen [gə'vo:gən] adj. bienveillant ; favorable. | *er ist mir sehr gewogen*, je suis dans ses bonnes grâces ; il a un faible pour moi.

Gewogenheit [gə'vo:gənhait] f. bienveillance f. ; inclination f. ; bonnes grâces.

gewöhnen [gə'vø:nən] v. tr. accoutumer ; habituer ; familiariser. | *wir sind's gewöhnt*, nous y sommes habitués.
◇ v. pr. **sich gewöhnen,** s'accoutumer ; s'habituer ; se familiariser ; se faire. | *ich gewöhne mich nur schwer ans tropische Klima*, je me fais difficilement au climat tropical.

Gewohnheit [gə'vo:nhait] f. (-, en) habitude f. ; accoutumance f. ; coutume f. ; usage m. | *eine schlechte, üble Gewohnheit*, une mauvaise, détestable habitude. | *eine Gewohnheit annehmen*, prendre une habitude. | *eine Gewohnheit ablegen*, se défaire d'une habitude. | *das ist gegen meine Gewohnheit*, cela est contraire à mes habitudes. | *nach hergebrachter Gewohnheit*, selon l'usage. | *das ist aus der Gewohnheit gekommen*, ce n'est plus la mode. | *etwas aus Gewohnheit tun*, faire qch. par (la force de l') habitude. | *es ist ihm zur Gewohnheit geworden*, chez lui c'est devenu une habitude. | *er hat es sich zur Gewohnheit gemacht*, il en a pris l'habitude. | *die Macht der Gewohnheit*, la force de l'habitude. || PROV. *Gewohnheit wird zum zweiten Ich*, l'habitude est une seconde nature.

gewohnheits|mäßig [gə"vo:nheits'mɛ:siç] adj. habituel. ||°**-mensch** m. (en, en) routinier m. ; homme (m.) d'habitude ; qui aime ses habitudes. ||°**-recht** n. (s, e). JUR. droit coutumier. ||°**-trinker** m. (s, -) buveur invétéré. ||°**-verbrecher** m. (s, -) récidiviste m. ; repris de justice.

gewöhnlich [gə'vø:nliç] adj. [üblich] ordinaire ; habituel. | *zur gewöhnlichen Zeit*, à l'heure habituelle. | *die gewöhnliche Bedeutung eines Wortes*, le sens habituel d'un mot. || FIG. [unfein, gemein] ordinaire ; vulgaire ; médiocre ; banal. | *er ist ein ganz gewöhnlicher Mensch*, c'est un individu tout à fait banal. | *gewöhnlich werden*, devenir vulgaire. | *sein Benehmen war recht gewöhnlich*, sa conduite était bien médiocre.
◇ adv. habituellement ; à l'ordinaire ; ordinairement. | *er kommt wie gewöhnlich*, il arrive comme d'habitude, comme toujours. | *er sieht recht gewöhnlich aus*, il a l'air vulgaire, commun.

Gewöhnlichkeit [-kait] f. (-, en) état habituel ; caractère ordinaire, banal, commun. || FIG. médiocrité f. ; trivialité f.

gewohnt [gə'vo:nt] adj. accoutumé ; fait à ; habitué. | *eine Sache gewohnt sein*, être habitué à qch. | *er ist es gewohnt, daß*, il a coutume de. | *auf gewohnte, in gewohnter Weise*, selon l'habitude, la coutume. | *eine ungewohnte Arbeit*, un travail inhabituel. || PROV. *jung gewohnt, alt getan*, on garde dans la vieillesse les habitudes de la jeunesse.

Gewölbe [gə'vølbə] n. (s, -). ARCHIT. voûte f. | *Tonnengewölbe*, voûte en berceau. | *Kreuzgratgewölbe*, voûte d'arête (art roman). | *Kreuzrippengewölbe*, voûte ogivale (gothique). | *Gewölbe nach der Korblinie*, voûte en anse de panier. | *Klostergewölbe*, voûte cloisonnée (en arc de cloître). || FIG. *Himmelsgewölbe*, voûte des cieux. || ANAT. *Schädelgewölbe*, boîte crânienne. || PAR EXT. souterrain m. ; caveau m.

Gewölbe|bau [gə"vølbə'bau] m. (s, ten). ARCHIT.

construction (f.) en voûte. ||°**-bogen** m. (s, ¨). Archit. arc m. ; arceau m. ; voussure f. ; berceau m. ||°**-fuge** f. (-, n) joint (m.) de voûte. ||°**-kappe** f. (-, n). 1° lunette f. ; 2° caisson (m.) de voûte. ||°**-kreuzung** f. (-, en) voûte (f.) en croix ; voûte (f.) à double courbure. ||°**-leibung** f. douelles intérieures. ||°**-schlußstein** m. (s, e) clef (f.) de voûte. ||°**-stein** m. (s, e) voussoir m.

gewölbt [gə'vølpt] adj. voûté ; bombé. | *gewölbte Brücke*, pont (m.) en dos d'âne. | *gewölbte Stirn*, front bombé.

Gewölk [gə'vølk] n. (s) nuages m. pl. ; nuées f. pl.

Gewühl [gə'vy:l] n. (s) fouillis m. ; mêlée f. ; cohue f. ; tumulte m.

gewunden [gə'vundən] adj. tordu ; tortueux ; sinueux ; contourné. | *gewundene Säulen*, colonnes (f. pl.) torses. || Fig. *gewundene Sätze*, phrases obscures, embrouillées.

gewürfelt [gə'vyrfəlt] adj. quadrillé ; en damier. || Text. *gewürfelter Stoff*, tissu (m.), étoffe (f.) à carreaux.

Gewürz [gə'vyrts] n. (es, e) épice f. ; aromate m. ; condiment m. ; assaisonnement m.

gewürz|artig [gə"vyrts'ɑ:rtiç] adj. aromatique. ||°**-gurke** f. (-, n) cornichon m. ||°**-handel** m. (s) épicerie f. ||°**-händler** m. (s, -) épicier m. ||°**-nelken** f. pl. clous (m. pl.) de girofle.

gewürzt [ge'vyrtst] adj. épicé ; relevé.

Geysir ['gaizir] m. (s, -). Géol. geyser m.

gezähnt [gə'tsɛ:nt], **gezähnelt** [-'tsɛ:nəlt] adj. denté ; dentelé.

Gezänk [gə'tsɛnk] n. (s, e), **Gezanke** [gə'tsaŋkə] n. (s, -) disputes f. pl. ; querelles f. pl.

Gezappel [gə'tsapəl] n. (s). [action de] se débattre, pop. (de) gigoter ; frétillements m. pl.

Gezeche [gə'tsɛçə] n. (s) libations copieuses ; beuverie f. ; pop. ribote f.

Gezeiten [gə'tzaitən] f. pl. Mar. marées f. pl.

Gezeiten|energie [gə"tzaitənenɛr'gi:] f. (-) énergie marémotrice. ||°**-hub** m. (s, -) hauteur (f.) de marée. ||°**-kraftwerk** n. (s, e) usine marémotrice.

Gezeter [gə'tse:tər] n. (s) hauts cris ; clameurs f. pl. ; vociférations f. pl.

geziemen (sich) [ziçgə'tsi:mən] v. pr. convenir ; être convenable, décent. | *es geziemt sich*, il convient | *wie es sich geziemt*, comme il faut.

geziemend [gə'tsi:mənt] adj. convenable ; décent.

geziert [gə'tsi:rt] adj. affecté ; maniéré.

Geziertheit [gə'tsi:rthait] f. (-, en) manières affectées ; affectation f. ; mièvrerie f.

Gezischel [gə'tsiʃəl] n. (s) sifflement m. || Fam. chuchotements m. pl. ; chuchoterie f.

gezogen [gə'tso:gən] adj. tiré. || [Lotterie] *gezogenes Los*, lot sorti. || Mil. *gezogenes Rohr*, tube rayé. || Techn. *gezogener Stahl*, acier tréfilé. || Comm. *gezogener Wechsel*, effet tiré.

Gezwitscher [gə'tsvitʃər] n. (s) gazouillement m. ; gazouillis m. ; ramage m.

gezwungen [gə'tsvuŋən] adj. forcé ; contraint ; gêné. | *sie lacht gezwungen*, son rire est forcé ; elle rit jaune. || Par anal. affecté.

Gezwungenheit [gə'tsvuŋənhait] f. état, air contraint, gêné ; contrainte f.

gezwungener|maßen [gə"tsvuŋənər'ma:sən] adv. forcément.

Gibelline [gibə'li:nə] n. pr. m. (n, n). Hist. gibelin m.

Gicht [giçt] f. Méd. goutte f. ; arthrite f. | *Gicht an den Händen, in den Füßen*, chiragre m. ; podagre m. || Techn. [Hochofenöffnung] gueulard m. || [Ladung] charge f. ; chargement m.

Gicht|anfall ["giçt'anfal] m. (s, ¨e) attaque (f.), accès (m.) de goutte. ||**-artig** adj. arthritique ; goutteux. ||°**-beere** f. (-, n). Bot. cassis m. ||°**-gas** n. (es) gaz (m.) de gueulard, de haut fourneau. ||°**-knoten** m. (s, -). Méd. nœud (m.) articulaire ; tophus m. ||°**-krankheit** f., °**-leiden** n. (s). Méd. goutte f. ; arthrite f.

gichtig ['giçtiç], **gichtisch** [-tiʃ] adj. Méd. goutteux ; arthritique. || Fig. irascible ; coléreux.

Gickel ['gikəl] m. (s, -). Fam. coq m.

Gick|gack ['gikgak] n. (s). [Gänsegeschnatter] (action de) cacarder.

gicksen ['giksən] v. intr. 1° [Stimme] faire couac ; 2° [Billard] faire fausse queue ; 3° [Gans, Ente] cacarder ; caqueter.

Giebel ['gi:bəl] m. (s, -). Archit. pignon m. ; faîte m. ; comble m. ; fronton m. | *Türgiebel*, linteau (m.) d'une porte.

Giebel|dach ["gi:bəl'dɑ:x] n. (s, ¨er) toit (m.) à pignon. ||°**-seite** f. (-, n) frontispice m. ||°**-spitze** f. (-, n) poinçon m. ||°**-stube** f. (-, n) mansarde f.

Gier [gi:r] f. avidité f. ; désir m. ; voracité f. ; concupiscence f.

gieren ['gi:rən] v. intr. convoiter ; désirer vivement. | *er giert nach Geld*, il convoite l'argent. || Mar. louvoyer ; faire une embardée.

gierig ['gi:riç] adj. avide. | *auf Neuigkeiten gierig sein*, être avide de nouvelles. || Par ext. glouton ; vorace ; concupiscent. | *gierige Blicke*, regards concupiscents.

Gierigkeit [-kait] f. avidité f. ; voracité f. ; concupiscence f.

Gieß|bach ['gi:sbɑx] m. (s, ¨e) torrent m. ; ravine f. ||°**-bad** n. (s, ¨er) douche f. ||°**-becken** n. (s, -) cuvette f. ; aiguière f. ||°**-erz** n. (es, e) bronze m. ||°**-form** f. (-, en) moule m. ; lingotière f. ||°**-grube** f. (-, n) fosse (f.) de coulée. ||°**-hütte** f. (-, n) fonderie f. ||°**-kanne** f. (-, n) arrosoir m. ||°**-kannenprinzip** n. (s, ien). Iron. saupoudrage m. (des subventions). ||°**-ofen** m. (s, ¨). Métall. fourneau m. (de fonderie). ||°**-rinne** f. (-, n) rigole (f.) de coulée. ||°**-zettel** m. (s, -). Typogr. police (f.) de caractères.

gießen ['gi:sən] (o, o) v. tr. arroser. | *die Blumen, den Garten gießen*, arroser les fleurs, le jardin. || Par anal. répandre ; verser ; fondre. | *flüssiges Metall in eine Form gießen*, couler du métal liquide dans un, en moule. | *Blei gießen*, fondre du plomb. | *eine Statue in Erz gießen*, fondre une statue en bronze. || Fig. *Öl ins Feuer gießen*, jeter de l'huile sur le feu. | *Wasser in seinen Wein gießen*, mettre de l'eau dans son vin. || Pop. *eins hinter die Binde gießen*, boire un coup ; s'en jeter un derrière la cravate.

◇ v. impers. **es gießt**, il pleut à verse. | *es gießt in Strömen, wie mit Eimern*, il pleut à torrents, à seaux.

Gießen [-sən] n. (s) fonte f. ; coulage m. ; moulage m.

Gießer [-sər] m. (s, -) fondeur m. ; mouleur m.

Gießerei [gi:sə'rai] f. (-, en) coulage m. ; moulage m. || Par ext. fonderie f.

Gift [gift] n. (s, e) poison m. ; venin m. ; virus m. ; toxique m. | *ein tödliches Gift*, un poison mortel. | *ein schleichendes Gift*, un poison lent. || Fig., fam. *darauf kannst du Gift nehmen*, j'en mettrais ma main au feu. | *Gift und Galle speien*, cracher son venin ; être dans une grande fureur.

gift|artig ["gift'ɑ:rtiç] adj. vénéneux. ||°**-becher** m. (s, -) coupe empoisonnée ; Hist. ciguë f. ||°**-blase** f. (-, n). Zool. poche (f.) à venin. ||**-fest** adj. immunisé ; mithridatisé. | *giftfest machen*, immuniser. ||**-frei** adj. non toxique. ||°**-gas** n. (es, e) gaz (m.) toxique. ||**-haltig** adj. vénéneux ; toxique. ||°**-kunde** f., °**-lehre** f. toxicologie f. ||°**-mischer** m. (s, -) empoisonneur m. ||°**-mischerei** f. préparation (f.) de poisons ; empoisonnement m. ||°**-mittel** n. (s, -) contrepoison m. ; antidote m. ||°**-mord** m. (s, e) empoisonnement m. ||°**-mörder** m. (s, -) empoisonneur m. ||°**-müll** m. (s, -) déchets (m. pl.) toxiques. ||°**-pfeil** m. (s, e) flèche empoisonnée. ||°**-pflanze** f. (-, n) plante vénéneuse. ||°**-pilz** m. (es, e) champignon vénéneux. ||°**-schlange** f. (-, n) serpent venimeux. ||°**-stoff** m. (s, e) toxine f. ; virus m. ||°**-zahn** m. (s, ¨e) [Schlange] crochet (m.) à venin.

giften (sich) [ziç'giftən] v. pr. et v. tr. Fam. se fâcher. | *er giftet sich mächtig*, il s'irrite fort. | *das giftet ihn*, fam. cela le met en rogne.

giftig ['giftiç] adj. vénéneux ; toxique ; venimeux. | *ein giftiger Pilz*, un champignon vénéneux. | *giftige Gase*, gaz (m. pl.) toxiques. || Fig. *giftige Reden*, discours venimeux. | *giftige Zunge*, langue (f.) de vipère.

Giftigkeit f. (-) caractère vénéneux ; toxicité f.

Gigant [gi'gant] m. (en, en). Myth. géant m.

gigantisch [-tiʃ] adj. gigantesque ; énorme. | *gigantische Arbeit*, travail de Titan.

Gigolo ['ʒi:golo] m. (s, s). Fam. gigolo m.

Gilde ['gildə] f. (-, n) corporation f. ; association. || Hist. g(u)ilde f. ; ghilde f.

Gimpel ['gimpəl] m. (s, -). Zool. bouvreuil m. || Fig., fam. serin m. ; nigaud m. ; niais m.

Gimpel|fang ["gimpəl'faŋ] m. (s). Fig. attrape-nigaud m. ; filouterie f.

Gimpelei [gimpə'lai] f. (-, en) niaiserie f.

gimpelhaft ['gimpəlhaft] adj. niais ; sot.

Ginster ['ginstər] m. (s, -). Bot. genêt m. || Zool. *Die Ginsterkatze*, la genette.

Gipfel ['gipfəl] m. (s, -) sommet m. ; point culminant ; cime f. ; crête f. ; faîte m. | *Gipfel eines Berges*, cime d'une montagne. || Fig. comble m. ; pinacle m. | *auf dem Gipfel seines Ruhmes*, à l'apogée de sa gloire. | *das ist der Gipfel der Frechheit*, c'est le comble de l'insolence.

Gipfel|konferenz ["gipfəlkɔnfə'rɛnts] f. (-, en). Polit. conférence (f.) au sommet. ||°**-leistung** f. (-, en). Sport. performance (f.) de premier plan. ||°**-punkt** m. (s, e) point culminant. ||°**-treffen** n. (s, -). Polit. rencontre (f.) au sommet.

gipfeln ['gipfəln] v. intr. atteindre son point culminant ; parvenir à son apogée.

Gips [gips] m. (es, e) plâtre m. ; gypse m.

Gips|abdruck ["gips'apdruk] m. (s, ¨e), **-abguß** [-'apgus] m. (es, ¨e) [ouvrage moulé en] plâtre m. ; moulage m. ||°**-arbeit** f. (-, en) plâtrage m. ; plâtres m. pl. ||°**-arbeiter** m. (s, -) plâtrier m. ||**-artig** adj. gypseux ; plâtreux. ||°**-binde** f. (-, n). Méd. bande plâtrée ; plâtre m. ||°**-brennerei** f. (-, en). Techn. plâtrière f. ||°**-bruch** m. (s, ¨e) carrière (f.) de plâtre. ||°**-figur** f. (-, en) moulage m. ; plâtre m. ||°**-kalk** m. (s) plâtre cuit. ||°**-marmor** m. (s) faux marbre. ||°**-mergel** m. (s) marne gypseuse. ||°**-mörtel** m. (s). Archit. stuc m. ||°**-ofen** m. (s, ¨) four (m.) à plâtre. ||°**-schutt** m. (s) plâtras m. ||°**-stein** m. (s, e) pierre (f.) à plâtre ; gypse. ||°**-verband** m. (s, ¨e). Méd. plâtre m. | *den Gips(verband) abnehmen*, déplâtrer.

gipsen ['gipsən] v. tr. plâtrer ; enduire de plâtre.

Gipser [-sər] m. (s, -) plâtrier m.

Gipser|kelle ["gipsər'kɛlə] f. (-, n). Techn. truelle (f.) à plâtrer ; taloche f.

Giraffe [gi'rafə] f. (-, n). Zool. girafe f.

Giralgeld [ʒi'rɑ:lgɛlt] n. (es). Fin. monnaie scripturale.

girierbar [ʒi'ri:rbɑ:r] adj. Comm. endossable ; transférable.

girieren [ʒi'ri:rən] v. tr. Comm. endosser ; virer ; opérer un virement. | *blanko girieren*, endosser en blanc. | *einen Wechsel girieren*, passer une lettre de change, une traite à l'ordre d'un tiers.

Girlande [gir'landə] f. (-, n) feston m. ; guirlande f.

Girlitz [gir'lits] m. (es, e). Zool. serin m.

Giro ['ʒi:ro] n. (s, s). Comm. virement m. ; endossement m. | *einen Wechsel mit Giro versehen*, endosser un effet.

Giro|geld ["ʒi:ro'gɛlt] n. (s, er). Fin. monnaie scripturale. ||°**-geschäft** n. (s, e) opération (f.), transaction (f.) de virement. ||°**-konto** n. (s, ten) compte courant en banque ; compte (m.) de virement. ||°**-überweisung** f. (-, en) virement (m.) bancaire par voie de clearing. ||°**-verbuchung** f. (-, en). Fin. virement m. ||°**-verkehr** m. (s) virements m. pl.

girren ['girən] v. intr. roucouler.

Gis [gis] n. Mus. sol (m.) dièse.

Gischt [giʃt] m. (es, e) et f. écume f. || Mar. embrun m.

Gitarre [gi'tarə] f. (-, n). Mus. guitare f. | *elektrische, klassische Gitarre*, guitare électrique, sèche.

Gitter ['gitər] n. (s, -) grille f. ; grillage m. ; treillis m. ; treillage m. ; claire-voie f. ; barreaux m. pl. || Par ext. fermeture f. ; guichet m. || Mil. [Karte] quadrillage m. || Radio. grille f.

gitter|artig ["gitər'ɑ:rtiç] adj. grillé ; treillissé. ||°**-draht** m. (s, ¨e). Techn. grillage m. ; maillage m. ||°**-fenster** n. (s, -) fenêtre (f.) à barreaux ; fenêtre grillagée. ||°**-laden** m. (s, ¨). Archit. jalousie f. ||°**-leinwand** f. (-, ¨e). Text. canevas m. ||°**-loge** f. (-, n). Théâtre. loge grillée. ||°**-mast** m. (es, en) pylône m. ||°**-papier** n. (s) papier quadrillé. ||°**-tor** n. (s, e) grille f. ; porte (f.) de grille ; portillon m. ||°**-träger** m. (s, -) poutre (f.) en treillis ; pylône m. ||°**-tür** f. (-, en). V. Gittertor. ||°**-zaun** m. (s, ¨e) treillis m. ; treillage m. ; clôture (f.) à claire-voie.

gittern ['gitərn] v. tr. grillager.

Glacé|handschuh [gla"se:'hantʃu:] m. (s, e) gant (de chevreau) glacé. || Fig., fam. *jn mit Glacéhandschuhen anfassen*, mettre, prendre des gants avec qn.

glacieren [gla'si:rən] v. tr. [gefrieren lassen] mettre à la glace. || Culin. [mit Zucker überziehen] glacer.

Gladiator [gladi'ɑ:tɔr] m. (s, en). Hist. gladiateur m.

Glanz [glants] m. (es) éclat m. ; brillant m. | *Glanz des Metalls*, éclat du métal. | *Glanz der Edelsteine*, brillant des pierres précieuses. | *heller Glanz*, vif éclat. | *matter Glanz*, éclat doux. || Fig. éclat m. ; splendeur f. ; lustre m. | *die Schauspielerin zeigt sich in ihrem vollen Glanze*, l'actrice brille de tous ses feux. | *im Glanze der Jugend stehen*, avoir l'éclat de la jeunesse. | *einer Sache falschen Glanz geben*, donner un faux brillant à qch. || *Bleiglanz*, galène f. || *Kupferglanz*, pyrite f.

glänzen ['glɛntsən] v. intr. briller ; luire ; reluire ; rayonner ; resplendir. | *sternhell glänzt die Nacht*, les étoiles resplendissent dans la nuit. | *vor Fieber glänzende Augen*, des yeux brillants de fièvre. | *er glänzt mit seinen Fähigkeiten*, il fait briller ses capacités. || Iron. *er glänzt durch Abwesenheit*, il brille par son absence. || Prov. *es ist nicht alles Gold, was glänzt*, tout ce qui brille n'est pas or.

Glänzen ['glɛntsən] n. (s). Techn. lissage m. ; lustrage m. ; brunissage m. ; polissage m.

glänzend [-tsənt] adj. brillant ; éclatant. | *ein glänzender Erfolg*, un succès éclatant. | *eine glänzende Rede*, un discours brillant.

Glanz|bürste ["glants'byrstə] f. (-, n) brosse (f.) à lustrer, à reluire. ||°**-farbe** f. (-, n) couleur brillante ; vernis m. ||°**-gold** n. ([e]s) clinquant m. ||°**-lack** m. (s, e) vernis m. ; laque m. ||°**-leder** n. (s) cuir verni. ||°**-leinwand** f. (-, ¨e) toile lustrée. ||°**-leistung** f. (-, en). Fig. (brillante) performance f. ||**-los** adj. sans éclat ; terne ; mat. | *glanzlos machen*, dépolir ; ternir. || Fig. obscur ; modeste. ||°**-papier** n. (s) papier satiné, glacé. ||°**-pappe** f. (-, n) carton glacé. ||°**-periode** f. (-, n). Fig. période brillante ; apogée m. ||°**-stoff** m. (s, e). Text. soie artificielle ; rayonne f. ||**-voll** adj. éclatant ; brillant ; splendide. ||°**-zwirn** m. (s, e) coton mercerisé.

Glas [glɑ:s] n. (es, ¨er). **1.** verre m. | *geschliffenes Glas*, verre taillé. | *milchiges Glas*, verre laiteux, dépoli. | *trübes Glas*, verre louche. | *Glas blasen*, souffler le verre. | *Glasfaser* f., fibre (f.) de verre. || Fig., fam. *du bist doch nicht aus Glas*, tu n'es (tout de même) pas transparent. || Prov. *Glück und Glas, wie leicht bricht das !*, le bonheur est fragile comme (le) verre.

2. [Trinkgefäß und Inhalt] verre. | *Weinglas*, verre à vin. | *ein Glas Wein*, un verre de vin. | *aus einem Glas trinken*, boire dans un verre. | *ein Glas ums andere leeren*, vider un verre après l'autre. | Fam. *zu tief ins Glas gucken*, boire plus que de raison.

3. Opt. *eine Brille mit starken Gläsern*, des lunettes à verres épais. || *(Fern)glas*, jumelle f. | *Stundenglas*, sablier m. | *Brennglas*, loupe f. | *Kontaktglas*, verre de contact.

4. (Pl. en) Mar. demi-heure f.

glas|ähnlich ["glɑ:s'ɛ:nliç] adj. vitreux ; hyalin. ||°**-arbeit** f. (-, en) verrerie f. ; vitrage m. ||°**-arbeiter** m. (s, -) verrier m. ||**-artig** adj. vitreux. ||°**-auge** n. (s, n) œil (m.) de verre ; œil artificiel ; fig. œil vitreux. ||°**-birne** f. (-, n). Électr. ampoule f. ||°**-blasen** n. (s). Techn. soufflage m. ||°**-bläser** m. (s, -). Techn. souffleur (m.) de verre. ||°**-dach** n. (s, ¨er) toit vitré. ||°**-fabrik** f. (-, en). Techn. verrerie f. ; cristallerie f. ||°**-faser** f. (-, n) fibre (f.) optique. ||°**-fenster** n. (s, -) fenêtre vitrée ; vitrage m. ; glace f. ||°**-gefäß** n. (es, e) bocal m. ||°**-geschirr** n. (s, e) verrerie f. ; verres m. pl. ; cristaux m. pl. ||°**-glocke** f. (-, n). [Uhr ; Licht] globe m. ; [Pflanzen] cloche f. ||°**-grün** adj. vert bouteille ; glauque. ||°**-haus** n. (es, ¨er) maison de, en verre. || Agric. serre f. ||°**-hütte** f. (-, n). Techn. verrerie f. ||°**-kasten** m. (s, ¨) vitrine f. ||°**-macher** m. (s, -). Techn. verrier m. ||°**-maler** m. (s, -). Arts. peintre (m.) sur verre. ||°**-malerei** f. peinture (f.) sur verre. ||°**-papier** n. (s) papier (m.) de verre. ||°**-perle** f. (-, n) perle (f.) de verre ; perle fausse. ||°**-röhre** f. (-, n) tube (m.) de verre. || [Barometer] verrine f. ||°**-sand** m. (s) Techn. sable (m.) vitrifiable. ||°**-scheibe** f. (-, n) carreau m. ; vitre f. ||°**-scherbe** f. (-, n) débris (m.) de verre ; verre cassé ; tesson m. ||°**-schleifer** m. (s, -) tailleur (m.) de verre. ||°**-schneider** m. (s, -). Techn. 1° tailleur (m.) de verre ; 2° diamant (m.) de vitrier. ||°**-schrank** m. (s, ¨e). 1° armoire (f.) à glace ; 2° vitrine f. ||°**-splitter** m. (s, -) éclat (m.) de verre. ||°**-tür** f. (-, en) porte vitrée ; porte-fenêtre f. ||°**-wand** f. (-, ¨e) paroi (f.) de verre. ||°**-waren** f. pl. Comm. verrerie f. ; verroterie f. ; cristaux m. pl. ||°**-wolle** f. laine (f.) de verre.

Glaser ['glɑ:zər] m. (s, -) vitrier m.

Glaser|kitt ["glɑ:zər'kit] m. (s, e) mastic (m.) de vitrier.

Glaserei [glɑ:zə'rai] f. (-, en) vitrerie f.

gläsern ['glɛ:zərn] adj. en verre. | *gläserne Geräte*, outils (m. pl.) en verre. || Fig. *ein gläserner Blick*, un regard vitreux, éteint.

glasieren [gla'zi:rən] v. tr. Techn. glacer ; émailler ; vernir ; vernisser.

Glasierer [-rər] m. (s, -). Techn. émailleur m. ; vernisseur m.

glasig ['glɑːziç] adj. vitreux.

Glasur [gla'zuːr] f. (-, en) vernis m. ; glaçure f. ; émail m. || [Leder] glacé m. || Arts. glacis m. || Culin. glaçage m.

glatt [glat] adj. (compar. **glatter,** rarement **glätter**). **1.** poli ; lisse ; uni ; net. | *ein glatter Baumstamm*, un tronc lisse. | *glatter Fußboden*, plancher uni. | *glattes Haar*, cheveux plats. | *glatter Stoff*, tissu uni.
2. Fig. aisé ; facile. | *glatter Verlauf*, déroulement sans heurts. | *eine glatte Landung*, un atterrissage facile, sans anicroche, sans difficultés.
3. Fig. doucereux ; mielleux. | *glatte Reden*, belles paroles. | *glatte Manieren*, belles manières. | *er hat eine glatte Zunge*, il est beau parleur. | *aalglatt*, trop habile ; insaisissable.
4. Comm. *glatte Rechnung*, compte rond.
5. (adverbialement) *ein Brett glatt hobeln*, polir une planche au rabot. | *glatt geschoren*, tondu à ras.
◇ adv. Fam. sans encombre ; sans difficultés ; aisément ; facilement. | *der Antrag wurde glatt abgelehnt*, cette proposition fut nettement repoussée. | *jm etwas glatt ins Gesicht sagen*, dire qch. à qn carrément. | *ich sagte es ihm glatt heraus*, je le lui ai dit sans ambages. | *er hat alles glatt geleugnet*, il a tout nié carrément. | *glatt abgehen, ablaufen*, se dérouler, se passer sans incidents ; aller comme sur des roulettes.

Glätte ['glɛtə] f. (-, n) poli m. ; lissé m.

Glatt|eis ['glatais] n. (es) verglas m. || Fig., fam. *jn aufs Glatteis führen*, induire qn en erreur. ||**-haarig** adj. à poil lisse ; à cheveux plats. ||**-stellen** v. tr. Fin. liquider. ||**-weg** adv. Fam. net ; nettement ; tout net ; tout uniment ; sans façon. V. glatt adv. ||**-züngig** adj. Fig. doucereux ; mielleux ; patelin.

Glätt|eisen ["glɛt'aizən] n. (s, -) fer (m.) à polir ; polissoir m. ||°**-walze** f. (-, n). Techn. calandre f.

glätten ['glɛtən] v. tr. polir ; lisser ; dérider.

Glätten [-tən] n. (s) planage m. ; polissage m.

Glätter [-tər] m. (s, -) planeur m. ; lisseur m. ; polisseur m.

Glättung [-tuŋ] f. (-). [Statistik] lissage m. (d'une courbe).

Glatze ['glatsə] f. (-, n) calvitie f. ; tête (f.) chauve.

Glatz|kopf ['glatskɔpf] m. (s, ¨e). V. Glatze. ||**-köpfig** adj. chauve.

Glaube ['glaubə] m. (ns), **Glauben** [-bən] m. (s). Relig. foi f. ; croyance f. ; religion f. ; confession f. ; culte m. | *der Glaube an Gott*, la croyance, la foi en Dieu. | *Glaube an die Unsterblichkeit der Seele*, foi en l'immortalité de l'âme. | *fester, unerschütterlicher Glaube*, foi solide, inébranlable. | *wankender Glaube*, foi vacillante. | *seinen Glauben bekennen*, faire profession de sa foi. | *er ist katholischen Glaubens*, il est de religion catholique. || [innere Gewißheit] foi f. ; croyance f. ; créance f. ; crédit m. | *Glauben finden*, trouver créance, crédit. | *auf Treu und Glauben*, de bonne foi. | *einer Sache Glauben beimessen*, ajouter foi à qch. | *einem Gerücht Glauben schenken*, accorder créance à un bruit. | *in gutem Glauben versichern*, assurer de bonne foi.

glauben [-bən] v. intr. croire ; accorder crédit. || Relig. *an Gott, an die Unsterblichkeit glauben*, croire en Dieu, à l'immortalité. | *der Glaube macht selig*, il n'y a que la foi qui sauve. || Fig., fam. *er hat daran glauben müssen*, il lui a fallu y passer, en passer par là. || [abkratzen] il a cassé sa pipe.
◇ v. tr. **1.** croire ; avoir confiance. | *jm etwas glauben*, ajouter foi, croire aux paroles de qn. | *das glaube ich dir nicht*, je ne te crois pas. | *das ist kaum zu glauben*, c'est à peine croyable. | *das will ich gerne glauben*, je veux bien le croire. | *das soll einer glauben !*, et il faudrait le croire ! | *jm aufs Wort glauben*, croire qn sur parole.
2. [meinen] penser ; supposer ; s'imaginer. | *wir glaubten dich in Berlin*, nous te croyions à Berlin. | *Elisabeth glaubte Maria Stuart zu demütigen*, Elisabeth pensa humilier Marie Stuart. || Comm. faire crédit.

Glaubens|abfall ["glaubəns'apfal] m. (s). Relig. reniement m. ; apostasie f. ||°**-abtrünnige(r)** f. (m.). Relig. renégat m., renégate f. ; apostat m. ||°**-änderung** f. (-, en). Relig. changement (m.) de religion ; conversion f. ||°**-artikel** m. (s, -). Relig. article (m.) de foi. ||°**-bekenntnis** n. (ses, se). Relig. acte (m.), profession (f.) de foi. | *das Apostolische Glaubensbekenntnis*, le Symbole des Apôtres. ||°**-eifer** m. (s) zèle religieux ; prosélytisme m. ; fanatisme m. ||°**-eiferer** m. (s, -) prosélyte m. ; zélateur (m.) de la foi. ||°**-freiheit** f. liberté religieuse ; liberté (f.) du culte, de conscience. ||°**-genosse** m. (n, n) coreligionnaire m. ||°**-krieg** m. (s, e). Hist., Relig. guerre (f.) de religion. ||°**-lehre** f. Relig. dogme m. ; catéchisme m. ||°**-sache** f. (-, n) matière (f.) de foi. ||°**-satz** m. (es, ¨e). Relig. article (m.) de foi ; dogme m. ||°**-spaltung** f. (-, en). Relig. schisme m. ||°**-streit** m. (s) querelle, controverse religieuse. ||**-wert** adj. digne de foi ; croyable. ||°**-zweifel** m. (s, -) doute religieux ; scrupule religieux.

Glauber|salz ["glaubər'zalts] n. (es, e). Pharm. sel (m.) de Glauber. || Chim. sulfate (m.) de soude.

glaubhaft ['glauphaft] adj. digne de foi ; croyable.

Glaubhaftigkeit [-haftiçkait] f. crédibilité f. ; authenticité (f.) d'une nouvelle.

gläubig ['glɔybiç] adj. crédule. || Relig. croyant ; fidèle ; orthodoxe.

Gläubige(r) ['glɔybigə(r)] f. (m.). Relig. croyant m., croyante f. ; fidèle s.

Gläubiger [-bigər] m. (s, -). Comm., Jur. créancier m.

Gläubiger|verzug ["glɔybigərfɛr'tsuːk] m. (s) refus (m.) du créancier d'accepter le paiement.

Gläubigkeit ['glɔybiçkait] f. foi f.

glaublich ['glaupliç] adj. croyable ; vraisemblable. | *das ist kaum glaublich*, c'est à peine croyable.
— Syn. : *plausibel, scheinbar*, plausible ; *wahrscheinlich*, vraisemblable ; *vermutlich, mutmaßlich*, probable.

Glaublichkeit [-kait] f. vraisemblance f. ; probabilité f.

glaub|würdig ["glaup'vyrdiç] adj. digne de foi ; croyable. | *diese Quelle ist glaubwürdig*, cette source est digne de foi, de créance.

Glaub|würdigkeit [-kait] f. véracité f. ; crédibilité f. || Jur. *Glaubwürdigkeit eines Zeugen*, authenticité (f.) d'un témoin.

Glaukom [glau'koːm] n. (s, e). Méd. glaucome m.

Glaziologe [glatsio'loːgə] m. (n, n), **Glaziologin** f. (-, nen) glaciologue s.

gleich [glaiç] adj. [übereinstimmend] égal ; pareil ; semblable ; équivalent ; analogue ; identique. | *ganz gleiche Fälle*, des cas (m. pl.) tout à fait semblables. | *er hat das gleiche Alter wie ich*, il est du même âge que moi. || Math. *drei mal drei ist (gleich) neun* ($3 \times 3 = 9$), trois fois trois font neuf. | *Gleiches mit Gleichem vergelten*, rendre la pareille. | *gleiches Recht für alle*, même droit pour tous. | *etwas auf gleiche Weise tun*, faire qch. de la même façon, de la même manière. | *Leute vom gleichen Schlag*, gens (m. pl.) du même acabit, fam. de même farine. | *es kommt aufs gleiche hinaus*, cela revient au même ; fam. c'est kif-kif. | *er sieht sich nicht mehr gleich*, il ne se ressemble plus. | *sie bleibt sich gleich*, 1° elle reste (toujours) la même ; 2° elle ne se dément pas. | *zu gleicher Zeit*, en même temps, à la même heure. || Fig. *mit gleicher Münze vergelten*, rendre la monnaie de la pièce ; rendre la pareille. | *das ist mir ganz gleich*, ça m'est tout à fait égal. | *ungleich*, inégal ; dissemblable. || Prov. *gleich und gleich gesellt sich gern*, qui se ressemble s'assemble.
◇ adv. également ; de manière égale ; équitablement ; juste(ment) ; de même. | *Deutsch und Französisch gleich gut sprechen*, parler l'allemand et le français également bien. | *gleich groß*, de même taille. | *gleich alt*, du même âge. || Fig. [sofort] aussitôt ; sur-le-champ ; à l'instant ; tout de suite. | *gleich nach dem Abendbrot gehen wir ins Theater*, sitôt dîné, nous irons au théâtre. | *gleich anfangs*, dès le début.
◇ conj. *gleich wie... so...*, de même que... ainsi... || [pour *wenn gleich*] *ist er gleich nicht jung*, bien qu'il ne soit pas jeune.

gleich|achsig ["glaiç'aksiç] adj. Techn. équiaxe. ||**-altrig** adj. du même âge. ||**-artig** adj. de même nature ; de même espèce ; identique ; analogue ; similaire. ||°**-artigkeit** f. analogie f. ; similitude f. ; identité f. ||**-bedeutend** adj. synonyme ; identique ; équivalent. ||**-berechtigt** adj. Jur. égal en droit. ||°**-berechtigung** f. Jur. égalité (f.) de droits. || Polit. *politische Gleichberechtigung*, égalité (f.) politique. ||**-bleiben** (ie, ie) rester le même ; ne pas changer. ||**-falls** adv. de même ; pareillement ; aussi. ||**-farbig** adj. de la même couleur. ||**-förmig** adj. uniforme ; symétrique ; semblable. ||°**-förmigkeit** f. ressemblance f. ; symétrie f. ; similitude f. ; uniformité f. ||**-geschlechtlich** adj. du même sexe. ||**-gesinnt** adj. sympathisant. ||**-gestaltet** adj. de même forme ; conforme. ||**-gestellt** adj. mis au même rang ; assimilé. ||**-gestimmt** adj. Mus. à l'unisson. || Fig. d'accord ; accordé. ||°**-gewicht** n. (s). Phys. équilibre m. ; balance f. | *stabiles, labiles Gleichgewicht*, équilibre stable, instable. | *das Gleichgewicht verlieren*, perdre l'équilibre. || PR. et FIG. *aus dem Gleichgewicht kommen*, perdre l'équilibre. | *jn aus dem Gleichgewicht bringen*, désarçonner qn ; faire perdre l'équilibre à qn. || POLIT. *das europäische Gleichgewicht*, l'équilibre européen. | *Gleichgewicht des Schreckens*, équilibre (m.) de la terreur. ||°**-gewichtslehre** f. PHYS. statique f. ||°**-gewichtsstange** f. (-, n) balancier m. ||**-gradig** adj. à degrés égaux. ||**-gültig** adj. indifférent ; insensible ; impassible ; apathique. | *das ist mir gleichgültig*, cela m'est indifférent ; cela m'est égal. | *von gleichgültigen Dingen sprechen*, parler de la pluie et du beau temps. | *er ist gegen vieles gleichgültig geworden*, bien des choses lui sont devenues indifférentes. | *ein gleichgültiger Mensch*, un homme indifférent, insensible. ||°**-gültigkeit** f. indifférence f. ; insensibilité f. ; apathie f. ; impassibilité f. ||°**-klang** m. (s). MUS. unisson m. ; accord m. ; harmonie f. ; consonance f. || GRAMM. consonance f. ; homophonie f. ||**-kommen** (a, o) v. intr. égaler. | *das kommt einem Verrat gleich*, cela équivaut à une trahison. ||**-laufend** adj. MATH. parallèle. ||°**-laufsschwankung** f. (-, en). [Tonband, usw.] pleurage m. ||°**-laut** m. (s, e). GRAMM. consonance f. ; homonyme f. ; homophonie f. ||**-lautend** adj. conforme. | *für gleichlautende Abschrift*, pour copie conforme. || GRAMM. homonyme. ||**-machen** v. tr. rendre uni, égal ; égaler ; égaliser ; niveler ; aplanir. | *dem Erdboden gleichmachen*, raser. ||°**-maß** n. (es) proportion f. ; symétrie f. ||**-mäßig** adj. égal ; régulier ; uni ; uniforme ; proportionné ; symétrique. | *gleichmäßiger Schritt*, pas régulier. — adv. également ; uniformément ; dans la même proportion. | *die Güter gleichmäßig verteilen*, répartir les biens équitablement. ||°**-mäßigkeit** f. symétrie f. ; égalité f. ; régularité f. ; uniformité f. ||°**-mut** m. (s) égalité (f.) d'âme, d'humeur ; impassibilité f. ||**-mütig** adj. d'humeur égale ; impassible ; flegmatique ; stoïque. ||**-namig** adj. qui porte le même nom ; homonyme. || PHYS. *gleichnamige Pole*, pôles (m. pl.) semblables. || GRAMM. homonyme. || MATH. correspondant. | *gleichnamig machen*, réduire au même dénominateur. ||°**-namigkeit** f. GRAMM. homonymie f. ||°**-ordnung** f. coordination f. ||**-potent** adj. MATH. idempotent. ||**-richten** v. tr. ÉLECTR. redresser. ||°**-richter** m. (s, -). ÉLECTR. redresseur m. ||°**-richterröhre** f. (-, n) tube redresseur ; valve redresseuse. ||°**-richtung** f. (-). ÉLECTR. redressement m. | *optische Gleichrichtung*, redressement optique. ||**-schalten** v. tr. unifier ; synchroniser ; harmoniser ; coordonner. ||°**-schaltung** f. synchronisation f. ; harmonisation f. || POLIT. mise (f.) au pas. ||**-schenk(e)lig** adj. MATH. isocèle. ||°**-schritt** m. (s). MIL. pas cadencé. ||**-sehen** (ie, a, e) v. intr. (dat.) ressembler à. || FIG. *das sieht ihm gleich*, je le reconnais bien là. ||**-seitig** adj. MATH. équilatéral. ||°**-seitigkeit** f. MATH. égalité (f.) des côtés. ||**-setzen** v. tr. mettre au même rang, au même niveau ; égaler. ||**-silbig** adj. GRAMM. parisyllabique. ||**-stellen** v. tr. égaler ; mettre sur le même pied, au même rang, au même niveau. ||°**-stellung** f. assimilation f. ; rapprochement m. ; parité f. ||**-stimmen** v. tr. MUS. accorder. ||**-stimmig** adj. MUS. à l'unisson ; d'accord ; consonant. ||°**-stimmigkeit** f. MUS. accord m. ; unisson m. ||°**-strom** m. (s). ÉLECTR. courant continu. ||°**-tritt** m. (s) cadence f. ; pas cadencé. ||**-viel** adv. tout autant ; n'importe. | *gleichviel ob*, peu importe que. ||°**-wert** m. (s) pair m. ||**-wertig** adj. équivalent. ||°**-wertigkeit** f. équivalence f. ||**-wie** adv. de même que ; ainsi que ; comme. ||**-wink(e)lig** adj. MATH. équiangle ; isogone ; régulier. ||**-wohl** adv. néanmoins ; cependant ; pourtant ; toutefois. — conj. de subord. bien que ; encore que ; quoique (subj.) [V. OBGLEICH.] ||**-zeitig** adj. simultané ; concomitant ; contemporain. || [Bewegung] isochrone ; synchronique. — adv. en même temps. ||°**-zeitigkeit** f. simultanéité f. ; synchronisme m. ; coïncidence f.

Gleiche ['glaiçə] f. (-, n) égalité f. || ASTRON. [Tagundnachtgleiche] équinoxe m.

gleichen [-çən] (i, i) v. intr. ressembler ; être semblable, analogue à. | *sie gleichen einander wie ein Ei dem anderen*, ils se ressemblent comme deux gouttes d'eau. | *das Kind gleicht ganz dem Vater*, cet enfant est tout le portrait de son père.

gleicher|gestalt ["glaiçərgə'ʃtalt], **-maßen** [-maːsən], **-weise** [-vaizə] adv. de la même façon, manière ; pareillement.

Gleichheit ['glaiçhait] f. (-, en) égalité f. ; parité f. ; identité f. ; similitude f. ; conformité f. || POLIT. *Freiheit, Gleichheit, Brüderlichkeit*, liberté, égalité, fraternité. || MATH. égalité f.

Gleichheits|zeichen ["glaiçhaits'tsaiçən] n. (s, -). MATH. signe (m.) d'égalité (=).

Gleichnis ['glaiçnis] n. (ses, se) allégorie f. ; parabole f. ; apologue m. | *das Gleichnis vom guten Hirten*, la parabole du Bon Pasteur. || FIG., FAM. *in Gleichnissen reden*, parler par allégories. || GRAMM. image f. ; figure f. ; métaphore f.

Gleichnis|rede ["glaiçnis're:də] f. (-, n) allégorie f. ; parabole f.

gleichsam ['glaiçzaːm] adv. comme ; pour ainsi dire ; en quelque sorte ; quasi.

Gleichung [-çuŋ] f. (-, en) égalisation f. || MATH. égalité f. ; équation f.

Gleis [glais] n. (es, e). V. GELEISE.

Gleis|anlage ["glais'anlaːgə] f. (-, n) voie ferrée. ||°**-anschluß** m. (es, ¨e) raccordement (m.) de voie ferrée ; voie (f.) de raccordement. ||°**-bettung** f. (-, en) ballast m. ||°**-kette** f. (-, n). AUTOM. chenille f. ||°**-kettenfahrzeug** n. (s, e). AUTOM. véhicule (m.) sur chenilles. ||°**-sperre** f. (-, n) blocage (m.) de voie. ||°**-strang** m. (s, ¨e) file (f.) de rails. ||°**-waage** f. (-, n). [Eisenbahn] pont-bascule m.

Gleisner ['glaisnər] m. (s, -) (Vx.) hypocrite m. ; bigot m. ; faux dévot ; FAM. papelard m. ; cagot m.

Gleisnerei [glaisnə'rai] f. (Vx.) duplicité f. ; dissimulation f. ; hypocrisie f. ; bigoterie f.

gleisnerisch ['glaisnəriʃ] adj. hypocrite ; dissimulé ; cafard.

gleißen ['glaisən] v. intr. briller ; luire.

gleißend [-sənt] adj. brillant ; luisant. || FIG. V. GLEISNERISCH.

Gleit|backe ["glait'bakə] f. (-, en). [Eisenbahn] patin (m.) de frein. ||°**-bahn** f. (-, en). [Schlitterbahn] glissoire f. ||°**-boot** n. (s, e). AÉRON. hydroglisseur m. ||°**-flug** m. (s, ¨e) vol plané. ||°**-hang** m. (s, ¨e). GÉOGR. rive (f.) convexe d'un méandre. ||°**-komma** n. (s, ata). INF. virgule flottante. ||°**-schiene** f. (-, n) glissière f. ||°**-schutz** m. (es) antidérapant m.

gleiten ['glaitən] (i, i) v. intr. glisser. | *der Schlittschuhläufer gleitet über die Eisfläche*, le patineur glisse sur la glace. | *das Schiff gleitet durch die Wogen*, le navire fend les vagues. | *die Möwe gleitet über die Wellen*, la mouette rase les vagues. | *das Buch glitt ihm aus der Hand*, le livre lui échappa des mains. || AUTOM. déraper ; patiner.

Gleiten [-tən] n. (s) glissement m. || PAR ANAL., AUTOM. dérapage m.

gleitend [-tənt] adj. glissant. || FIG., ÉCON. *gleitende Arbeitszeit*, horaire variable. | *gleitende Lohnskala*, échelle (f.) mobile des salaires. | *gleitende Preise*, prix indexés. || POÉS. *gleitende Reime* [dreisilbige Reime] rimes riches, léonines.

Gleiter [-tər] m. (s, -). AÉRON. planeur m.

Glenscheck ['glenʃɛk] m. (s). TEXT. prince de galles m.

Gletscher ['glɛtʃər] m. (s, -). GÉOL. glacier m.

gletscher|artig ["glɛtʃər'aːrtiç] adj. GÉOL. glaciaire. ||°**-brand** m. (s, ¨e) brûlure f. ; coup (m.) de soleil. ||°**-kunde** f. (-) glaciologie f. ||°**-moräne** f. (-, n). GÉOL. moraine f. ||°**-schnee** m. (s) névé m. ||°**-spalte** f. (-, n) crevasse f. ||°**-zunge** f. (-, n). GÉOL. langue (f.) glaciaire.

Glied [gliːt] n. (s, er). **1.** membre m. | *ein Mensch von gesunden, geraden Gliedern*, un homme normalement constitué, bien membré. | *der Kopf, der Rumpf und die Glieder*, la tête, le tronc et les membres. | *vor Kälte steife Glieder haben*, avoir les membres engourdis par le froid. | *die Glieder nicht rühren können*, ne plus pouvoir bouger. | *Fingerglied*, phalange f. | *männliches Glied*, membre viril. | *an allen Gliedern zittern*, trembler de tous ses membres. | *der Schreck fuhr mir durch alle Glieder*, l'effroi me glaça jusqu'aux moelles.

2. PAR EXT. membre m. ; chaînon m. ; maillon m. | *Familienglied*, membre de la famille. | *bis ins siebente Glied*, jusqu'à la septième génération. | *ein Glied in einer Beweiskette*, un chaînon dans un raisonnement. | *das schwächste Glied*, le maillon le plus faible. | *er war das Bindeglied zwischen den zwei Parteien*, il faisait le lien entre les deux partis. | *Mitglied eines Vereins*, membre d'une association. || MIL. rang m. ; file f. | *in Reih und Glied stehen, marschieren*, être, marcher en rangs. | *ins Glied treten*, rentrer dans le rang.

Glied|maßen ["gliːt'maːsən] f. pl. ANAT. membres m. pl. ||**-weise** adv. [Glied für Glied] élément par élément. || MIL. par rangs.

Glieder|bau ["gliːdər'bau] m. (s) membrure f. ; structure f. ||°**-füß(l)er** m. (s, -). ZOOL. arthropode

m. ||°-**kette** f. (-, n) chaîne (f.) à maillons. ||-**lahm** adj. MÉD. perclus ; paralytique. ||°-**lähmung** f. (-, en). MÉD. paralysie f. ||°-**puppe** f. (-, n) poupée articulée ; marionnette f. ; mannequin m. ||°-**reißen** n. (s) douleurs (f. pl.) arthritiques.

glied(e)rig ['gli:d(e)riç] adj. articulé. | *vielgliedrig*, à plusieurs éléments.

gliedern [-dərn] v. tr. diviser ; échelonner. || FIG. articuler ; enchaîner ; organiser. | *seine Gedanken übersichtlich gliedern*, mettre de l'ordre dans ses idées. | *einen Vortrag, einen Beweis gliedern*, articuler un exposé, une démonstration. | *angliedern ; eingliedern*, rattacher ; incorporer. | *Schillers Wallenstein ist in drei Teile gegliedert*, le « Wallenstein » de Schiller est divisé en trois parties.
◇ v. pr. **sich gliedern in,** se diviser en.
— SYN. : *teilen*, partager ; *zerlegen, zerteilen, spalten*, diviser ; *zerstückeln, zersplittern*, fragmenter, démembrer.

Gliederung [-dəruŋ] f. (-, en). ANAT. articulation f. ; membrure f. || FIG. division f. ; plan m. ; composition f. | *berufliche Gliederung*, répartition professionnelle. || MIL. dispositif m. ; échelonnement m.

glimmen ['glimən] (o, o) v. intr. brûler sans flamme ; répandre une faible lueur. | *die Kohlen glimmen*, les charbons sont ardents. | *das Feuer glimmt noch unter der Asche*, le feu couve sous la cendre. | *die Augen der Katze glimmen in der Nacht*, les yeux du chat luisent dans la nuit. || FIG. *noch glimmt ein Funken Hoffnung*, il y a encore une lueur d'espoir.

Glimmen [-mən] n. (s) combustion lente ; luminescence f. ; lueur (f.) faible.

Glimmer [-mər] m. (s) faible, douce lueur. || MINÉRAL. mica m.

glimmern ['glimərn] v. intr. briller ; scintiller.

Glimmer|sand ["glimər'zant] m. (s) sable micacé. ||°-**schiefer** m. (s, -) micaschiste m.

Glimm|stengel ["glim'ʃtɛŋəl] m. (s, -). POP. clope f.

Glimpf [glimpf] m. (s). [Vx.] indulgence f.

glimpflich ['glimpfliç] adj. convenable. | *eine glimpfliche Strafe*, une peine modérée, légère.
◇ adv. *jn glimpflich behandeln*, traiter qn avec ménagement. | *glimpflich davonkommen*, s'en tirer sans trop de mal.

Glitsch|bahn ['glitʃba:n] f. (-, en), **Glitsche** ['glitʃə] f. (-, n). POP. glissoire f.

glitschen [-ʃən] v. intr. FAM. glisser ; déraper.

glitschig [-ʃiç] adj. glissant. || PAR EXT. gluant.

glitzern ['glitsərn] v. intr. étinceler ; scintiller.

global [glo'ba:l] adj. mondial ; universel.

Global|steuer [glo"ba:l'ʃtɔyər] f. (-, n) FIN. impôt général sur le revenu. ||°-**summe** f. (-, n) montant total.

Globus ['glo:bus] m. (-, ben). GÉOGR. globe m.

Glöckchen ['glœkçən] n. (s, -) clochette f.

Glocke ['glɔkə] f. (-, n) cloche f. ; sonnette f. | *große Glocke*, bourdon m. | *eine gesprungene Glocke*, une cloche fêlée. | *Glocken gießen*, fondre des cloches. | *die Glocke schlägt elf (Uhr)*, onze heures sonnent. || FAM. *etwas an die große Glocke hängen*, crier qch. sur les toits, à tous les échos ; publier à son de trompe. | *er weiß, was die Glocke geschlagen hat*, il sait à quoi s'en tenir.
— SYN. : *Glöckchen*, clochette ; *Kuhglocke*, clarine ; *Klingel*, sonnette ; *Hammerglocke*, timbre ; *Schelle*, grelot ; *Totenglocke*, glas ; *Sturmglocke*, tocsin.

Glocken|blume ["glɔkən'blu:mə] f. (-, n). BOT. ancolie f. ; campanule f. ||-**förmig** adj. en forme de cloche. ||°-**geläut(e)** n. (s) sonnerie f. ; tintement (m.) de cloches, de clochettes ; carillons m. | *unter Glockengeläute*, au son des cloches. ||°-**gießer** m. (s, -) fondeur (m.) de cloches. ||°-**gießerei** f. (-, en) fonderie (f.) de cloches. ||°-**haus** n. (es, ¨er) clocher m. ; beffroi m. ||-**hell** adj. argentin. ||°-**klang** m. (s, ¨e) son (m.) de cloches. ||°-**klöppel** m. (s, -) battant (m.) de cloche. ||°-**kurve** f. (-, n). MATH. courbe (f.) en cloche. ||°-**schlag** m. (s, ¨e) coup (m.) de cloche. ||°-**schwengel** m. (s, -) battant (m.) de cloche. ||°-**speise** f. TECHN. bronze (m.) de cloche. ||°-**spiel** n. (s, e) carillon m. || MUS. métallophone m. ||°-**spielklavier** n. (s, e). MUS. glockenspiel m. || °-**strang** m. (s, ¨e) corde (f.) de cloche. ||°-**stuhl** m. (s, ¨e). TECHN. charpente (f.) de clocher. ||°-**ton** m. (s, ¨e) son (m.), timbre (m.) d'une cloche. ||°-**turm** m. (s, ¨e). ARCHIT. clocher m. ; campanile m. ||°-**zug** m. (s, ¨e) corde (f.) de cloche ; cordon (m.) de sonnette.

Glöcklein ['glœklain] n. (s, -) clochette f.

Glöckner [-nər] m. (s, -) sonneur (m.) de cloches.

Glorie ['glo:riə] f. (-, n) gloire f. || ARTS. gloire f. || PAR EXT. nimbe f. ; auréole f.
— SYN. : *Nimbus, Strahlenkranz*, nimbe ; *Heiligenschein, Glorienschein*, auréole, gloire.

glorifizieren [glorifi'tsi:rən] v. tr. glorifier ; rendre gloire à.

glor|reich ['glo:rraiç] adj. glorieux.

Glossar [glo'sa:r] n. (s, e et ien) glossaire m.

Glosse ['glo:sə] f. (-, n). LITTÉR. glose f.

glossieren [glo'si:rən] v. tr. commenter.

Glottis ['glɔtis] f. (-). ANAT. glotte f.

Glotz|auge ["glɔts'augə] n. (s, n) œil (m.) à fleur de tête ; œil (m.) de bœuf. ||-**äugig** adj. MÉD. qui a les yeux à fleur de tête ; exophtalmique.

glotzen ['glɔtsən] v. intr. FAM. ouvrir de grands yeux ; écarquiller les yeux.

Glück [glyk] n. (s) fortune f. ; chance f. ; bonheur m. | *das Glück ist ihm hold, lacht ihm*, la fortune lui sourit. | *dem Glücke im Schoße sitzen ; ein Schoßkind des Glückes sein*, être un favori de la fortune. | *das Glück ist blind, launisch*, la fortune est aveugle, capricieuse. | *das Glück hat ihm den Rücken gekehrt*, la chance le quitte. | *sein Glück machen*, faire fortune ; faire son chemin. | *ein bloßes Glück !*, un pur effet du hasard. | *er hat immer Glück*, il est chanceux. | *er kann von Glück reden*, il peut dire qu'il a de la chance. | *sein Glück versuchen*, tenter sa chance. | *damit wirst du kein Glück haben*, tu ne réussiras pas ; cela ne te portera pas bonheur. | *sein Glück verscherzen*, gaspiller sa chance. | *das Glück beim Schopfe fassen*, saisir la chance, l'occasion aux cheveux. | *jm zu einem Erfolg beglückwünschen*, féliciter qn pour son succès. | *Glück bringen*, porter bonheur. | *Glück zum neuen Jahr wünschen*, faire des vœux de bonne année. | *ein Glück, daß er kam !*, heureusement, il est venu. | *js Glück machen*, faire le bonheur de qn. | *wir halten im Glück und Unglück zusammen*, nous sommes unis pour le meilleur et pour le pire. | *auf gut Glück*, au petit bonheur. | *zum Glück !*, par bonheur. | *jeder ist seines eigenen Glückes Schmied*, chacun est l'artisan de son bonheur. | *Glück auf !*, bonne chance ; (salut des mineurs). || PROV. *Glück und Glas, wie leicht bricht das !*, le bonheur est fragile comme (le) verre. | *wer das Glück hat, führt die Braut heim*, le plus heureux l'emporte. | *Unglück im Spiel, Glück in der Liebe*, malheureux au jeu, heureux en amour. | *der Dumme hat's Glück*, aux innocents les mains pleines.
— SYN. : *Wohl*, bonheur ; *Seligkeit*, félicité ; *Glückseligkeit*, béatitude ; *Wohlstand*, prospérité ; *Erfolg*, succès ; POP. *Schwein*, veine ; *Glücksfall*, aubaine.

glück|selig ["glyk'ze:liç] adj. bienheureux ; radieux. ||°-**seligkeit** f. félicité f. ; bonheur (m.) suprême. | *himmlische Glückseligkeit*, béatitude f. ||-**strahlend** adj. rayonnant de joie, de bonheur ; radieux. ||°-**wunsch** m. (es, ¨e) bons vœux ; compliments m. pl. ; souhaits m. pl. | *meinen herzlichsten Glückwunsch*, mes meilleurs vœux ! | *Glückwunschschreiben*, lettre (f.) de félicitations.

Glücks|botschaft ["glyks'bo:tʃaft] f. (-, en) heureuse nouvelle. ||°-**fall** m. (s, ¨e) coup (m.) de chance ; aubaine f. ||°-**göttin** f. MYTH. Fortune f. ; déesse (f.) de la fortune. ||°-**kind** n. (s, er) veinard m. ||°-**männchen** n. (s, -) porte-bonheur m. ; fétiche m. ; mascotte f. ||°-**pilz** m. (es, -). FIG. *ein Glückspilz sein*, être né sous une bonne étoile. ||°-**rad** n. (s, ¨er) roue (f.) de la fortune. || [Glückspiel] roulette f. ||°-**ritter** m. (s, -) aventurier m. ; chevalier (m.) d'industrie. ||°-**sache** f. (-, n) affaire (f.) de chance. ||°-**schwein** n. (s, e). FIG. V. GLÜCKSMÄNNCHEN. ||°-**spiel** n. (s, e) jeu (m.) de hasard ; loterie f. ||°-**stern** m. (s, e) bonne étoile. ||°-**tag** m. (s, e) jour (m.) de chance. ||°-**vogel** m. (s, ¨). FIG. veinard m. ||°-**wechsel** m. (s, -) revers (m.) de fortune.

glucken ['glukən] v. intr. glousser.

Gluck|henne ["gluk'hɛnə] f. (-, n) [*Glucke*]. ZOOL. (poule) couveuse f.

glücken ['glukən] v. intr. réussir. | *dieses Unternehmen wird glücken*, cette entreprise réussira. | *es ist mir geglückt*, j'ai réussi.

glückhaft ['glykhaft] adj. heureux ; chanceux.

glücklich [-liç] adj. [Personen] heureux ; content. | *glücklicher Mensch*, homme heureux. || [Dinge] heureux ; bon ; favorable. | *glückliche Natur*, nature heureuse. | *glückliche Zeiten*, temps heureux. || FIG. heureux ; avantageux ; bon ; prospère. | *glücklicher Einfall*, bonne idée. | *er hat eine glückliche Hand*, il a la main heureuse. | *sich glücklich preisen*, se féliciter.

◇ adv. heureusement ; bien ; avec bonheur. | *glücklich davonkommen*, l'échapper belle. | *die Sache läuft glücklich ab*, l'affaire se passe bien. | *die Fahrt ging glücklich vonstatten*, le voyage se déroula dans de bonnes conditions.

— SYN. : *beglückt*, heureux ; *glückselig*, fortuné ; *zufrieden*, content ; *entzückt*, ravi ; *selig*, béat.

glücklicher|weise ["glykliçər'vaizə] adv. heureusement ; par bonheur.

glucksen ['gluksən] v. intr. glousser.

Glüh|birne ["gly:'birnə] f. (-, n). ÉLECTR. ampoule f. ||°-**faden** m. (s, ¨). ÉLECTR. filament (m.) à incandescence. ||°-**feuer** n. (s). TECHN. braise f. ||°-**hitze** f. fournaise f. ; brasier m. ; chaleur (f.) torride. || TECHN. chauffe f. ||°-**kathodenröhre** f. (-, n) diode f. ||°-**körper** m. (s, -). ÉLECTR. corps incandescent. ||°-**lampe** f. (-, n) lampe (f.) à incandescence ; lampe (f.) électrique ; ampoule f. ||°-**ofen** m. (s, ¨). TECHN. four m. ; chaufferie f. ||°-**strumpf** m. (s, ¨e). TECHN. manchon (m.) à incandescence. ||°-**wein** m. (s) vin chaud. || °-**würmchen** n. (s, -). ZOOL. ver luisant.

Glühe ['gly:ə] f. TECHN. [Eisen] recuit m. ; recuite f. || [Stahl] cémentation f.

glühen [-ən] v. intr. être rouge, ardent, embrasé, en feu. | *der Ofen glüht*, le poêle est rouge. | *das Eisen im Feuer glüht*, le fer est au rouge. | *die Sonne glüht am Abendhimmel*, le soleil rougeoie dans le ciel du soir. | *das Morgenrot, das Abendrot glüht*, les lueurs de l'aurore ; le feu du couchant. || FIG. être enflammé. | *er glüht vor Eifer, vor Zorn*, l'ardeur, la colère empourpre son visage. | *glühende Begeisterung*, enthousiasme ardent.

◇ v. tr. faire rougir au feu ; chauffer à blanc. || CHIM. calciner. || TECHN. [Eisen] porter au rouge ; recuire. || [Stahl] cémenter.

Glühen [-ən] n. (s) ignition f. ; incandescence f. || TECHN. [Eisen] recuit m. || [Stahl] cémentation f.

glühend [-ənt] adj. ardent ; en feu ; brûlant ; embrasé. | *glühende Sonne, Hitze*, soleil brillant ; fournaise f. | *glühende Kohlen*, charbons ardents ; braise (f.) rouge ; brasier m. | *glühende Lampe*, lampe incandescente. || FIG. ardent ; fervent. | *glühender Blick*, regard ardent. | *glühende Wangen*, joues brûlantes. | *glühender Haß*, haine violente.

Glukose [glu'ko:zə] f. (-, n). CHIM. glucose m.

Glut [glu:t] f. (-, en) ardeur f. ; feu m. ; brasier m. ; chaleur torride, ardente. | *Glut der Sonne*, soleil ardent. || FIG. ardeur f. ; flamme f. ; feu m. ; ferveur f. | *Glut der Leidenschaften, der Begierde, des Hasses*, véhémence (f.) des passions ; violence (f.) du désir, de la haine. | *Liebesglut*, ardeur, feux de l'amour.

Glutamat [gluta'ma:t] n. (s, e). CHIM. glutamate m.

Glut|feuer ["glu:t'fɔyər] n. (s) feu vif et clair ; chaude f. ||-**rot** adj. rouge feu ; cramoisi.

Glykol [gly'ko:l] n. (s, e). CHIM. glycol m.

Glykose [gly'ko:zə]. V. GLUKOSE.

Glyptothek [glypto'te:k] f. (-, n). ARTS. musée (m.) de sculpture.

Glyzerin [glytsə'ri:n] n. (s, e) glycérine f.

Glyzine [gly'tsi:nə] f. (-, n). BOT. glycine f.

G-Moll ['ge:mɔl] n. MUS. sol mineur.

Gnade ['gna:də] f. (-, n) [herablassendes Wohlwollen] inclination f. ; grâce f. | *bei jm in Gnaden sein, stehen*, être dans les bonnes grâces de qn. | *js Gnade verlieren*, tomber en disgrâce auprès de qn. | *von js Gnade leben*, manger le pain de qn. | *Gnade üben, spenden*, faire grâce. | *wieder zu Gnade kommen*, rentrer en grâce. || [unverdiente Gunst] grâce f. ; faveur f. | *jm Gnade widerfahren lassen*, faire grâce à qn. | *jm eine Gnade gewähren, erweisen*, accorder une faveur à qn. | *sich eine Gnade ausbitten*, demander une grâce. | *König von Gottes Gnaden*, roi par la grâce de Dieu. || RELIG. grâce f. | *im Zustand der Gnade leben*, vivre, être en état de grâce ; avoir la grâce. || [Verzeihung] clémence f. ; pardon m. ; merci f. ; miséricorde f. | *Gnade vor jm finden*, trouver grâce auprès de qn ; obtenir les bonnes grâces de qn. | *sich auf Gnade oder Ungnade ergeben*, se rendre à discrétion, à merci, sans conditions. | *Gnade vor, für Recht ergehen lassen*, faire grâce ; user de clémence, d'indulgence. || [Anrede] (Vx.) *Euer Gnaden ! (Ew. Gnaden)*, Votre Grâce.

gnaden [-dən] v. intr. (Vx.) *gnade uns Gott !*, que Dieu nous soit propice, nous soit en aide !

Gnaden|beweis ["gna:dənbə'vais] m. (es, e) témoignage (m.) de bienveillance ; marque (f.) de faveur ; grâce f. ||°-**bild** n. (s, er). RELIG. image, statue miraculeuse. ||°-**brief** m. (s, e) lettres (f. pl.) de grâce. ||°-**brot** n. (s) *jm das Gnadenbrot gewähren*, entretenir qn par charité. ||°-**frist** f. (-, en) délai (m.) de grâce. ||°-**gesuch** n. (s, e). JUR. recours (m.) en grâce. | *ein Gnadengesuch einreichen*, se pourvoir en grâce. ||-**reich, -voll** adj. plein de grâce ; charitable ; secourable. ||°-**stoß** m. (es, ¨e) coup (m.) de grâce. ||°-**wahl** f. RELIG. prédestination f.

gnädig ['gnɛ:diç] adj. favorable ; propice ; gracieux ; indulgent ; clément. | *Gott sei mir gnädig !*, que Dieu me soit en aide. | *gnädiger Herr*, Monseigneur. | *gnädige Frau*, Madame. | *Gnädigste*, Madame.

◇ adv. avec indulgence, bonté. || FIG. *er ist noch gnädig davongekommen*, il s'en est assez bien tiré ; il l'a échappé belle.

gnädiglich [-liç] adv. V. GNÄDIG.

Gneis [gnais] m. (es, e). MINÉRAL. gneiss m.

Gnom [gno:m] m. (en, en). MYTH. gnome m. | *gnomenhaft*, nain, gnomique.

Gnosis ['gno:zis] f. PHILOS. gnose f.

Gnostiker ['gnostikər] m. PHILOS. gnostique m. || *Gnostizismus*, gnosticisme.

Gobelin [gɔbəlɛ̃] m. (s, s). ARTS. gobelin m. ; tapisserie f.

— SYN. : *Bildteppich* ; *Wandteppich*.

Gockel ['gɔkəl] m. (s, -), **Gockel|hahn** ["gɔkəl'ha:n] m. (s, ¨e). FAM. coq.

Gold [gɔlt] n. (s) or m. | *blaßgelbes Gold*, vieil or. | *rein gefundenes Gold*, or natif. | *gemünztes, geprägtes Gold*, or monnayé. | *massives Gold*, or massif. | *nachgeahmtes Gold*, faux or ; simili-or. | *treu wie Gold*, franc comme l'or. | *in Gold bezahlen*, payer en or. | *das ist nicht mit Gold aufzuwiegen*, cela vaut son pesant d'or. || PROV. *es ist nicht alles Gold, was glänzt*, tout ce qui brille n'est pas or. | *Morgenstunde hat Gold im Munde*, à qui se lève matin, Dieu aide et prête la main.

Gold|ader ["gɔlt'a:dər] f. (-, n). MINES. filon (m.) d'or. || ANAT. veine hémorroïdale. || MÉD. hémorroïdes f. pl. ||°-**adler** m. (s, -). ZOOL. aigle royal, doré, fauve. ||°-**ammer** f. (-, n). ZOOL. bruant m. ||°-**amsel** f. (-, n). ZOOL. loriot m. ||°-**anleihe** f. (-, n). FIN. emprunt-or m. ||°-**arbeit** f. (-, en) orfèvrerie f. ||°-**arbeiter** m. (s, -) orfèvre m. ||°-**barren** m. (s, -) lingot (m.) d'or. ||°-**basis** f. (-, sen). FIN. étalon-or m. ||°-**bestand** m. (s, ¨e). FIN. encaisse-or f. ||°-**bronze** f. bronze doré. ||°-**butt** m. (s, e). ZOOL. carrelet m. ; plie f. ||°-**deckung** f. FIN. couverture-or. ||-**durchwirkt** adj. lamé d'or. ||°-**erz** n. (es) minerai (m.) aurifère. ||°-**farbe** f. (-, n) jaune (m.) d'or. ||-**farbig** adj. doré ; couleur (f.) d'or. ||°-**fasan** m. (s, e). ZOOL. faisan doré. ||°-**feld** n. (s, er) mine (f.) d'or ; placer m. ||°-**finger** m. (s, -). ANAT. annulaire m. ||°-**fink** m. (en, en). ZOOL. bouvreuil m. ||°-**fisch** m. (s, e). ZOOL. poisson (m.) rouge. || FIG., FAM. beau parti. ||°-**flimmer** m. (s, -), °-**flitter** m. (s, -) paillette (f.) d'or ; clinquant m. ||°-**forelle** f. (-, n). ZOOL. ombre m. ; omble m. ||°-**frank** m. (s, en). FIN. franc-or m. ||°-**fuchs** m. (es, ¨e). ZOOL. alezan doré. || FIG., FAM. pièce (f.) d'or ; jaunet m. ||°-**gehalt** m. (s). FIN. titre (m.), teneur (f.) en or. ||-**gelb** adj. jaune d'or ; jaune doré. ||°-**gier** f. soif (f.) de l'or. ||°-**gräber** m. (s, -) chercheur (m.) d'or. ||°-**grube** f. (-, n).PR. et FIG. mine (f.) d'or. ||-**grün** adj. vert doré. ||°-**hähnchen** n. (s, -). ZOOL. roitelet huppé. ||-**haltig** adj. MINES. aurifère. ||-**hell** adj. clair, jaune comme de l'or. || FIG. *goldhelle Stimme*, voix (f.) d'or. ||°-**jungfer** f. (-, n). ZOOL. libellule f. ||°-**käfer** m. (s, -). ZOOL. cétoine dorée ; hanneton (m.) des roses. ||°-**karpfen** m. (s, -). ZOOL. cyprin doré. ||°-**kies** m. (es). MINES. sable (m.), pyrite (m.) aurifère. ||°-**klausel** f. (-, n).FIN., JUR. clause (f.), garantie (f.) or. ||°-**klumpen** m. (s, -). MINES. pépite f. ||°-**küste** n. pr. f. GÉOGR. Côte-de-l'Or (Ghana). ||°-**lack** m. (s). CHIM. vernis (m.) d'or ; dorure f. ; cire (f.) à cacheter d'or. || BOT. giroflée (f.) jaune. ||°-**lager** n. (s, -). MINES. gisement (m.) aurifère. ||°-**legierung** f. (-, en). TECHN. alliage (m.) d'or. ||°-**macher** m. (s, -) alchimiste m. ||°-**macherei** f. alchimie f. ||°-**mark** f. (-). FIN. mark-or m. ||°-**markt** m. (es, ¨e). FIN. marché (m.) de l'or. ||°-**münze** f. (-, n). FIN. pièce (f.), monnaie (f.) or. ||°-**parität** f. (-). FIN. parité-or f. ||°-**plombe** f. (-, n). MÉD. inlay m. ||°-**punkt** m. (s, e). FIN. gold-point m. ; parité-or f. ||°-**rausch** m. (es). FIG. ruée (f.) vers l'or. ||°-**regen** m. (s). MYTH. pluie (f.) d'or. || BOT. cytise m. ||°-**reif** m. (s, e), °-**ring** m. (s, e) anneau (m.) d'or. ||°-**sachen** f. pl. orfèvrerie f. ; bijouterie f. ||°-**sand** m. (s). MINES. sable (m.) aurifère. ||°-**scheider** m. (s, -). TECHN. affineur (m.) d'or. ||°-**schmied** m. (s, e) orfèvre m. ; joaillier m. ||°-**schmiedearbeit** f. (-, en) orfèvrerie

f. ; joaillerie f. ||°-**schnitt** m. (s, e). TYPOGR. tranche dorée. ||°-**silber** n. (s) vermeil m. ||°-**standard** m. (s, s). FIN. étalon-or m. ||°-**stoff** m. (s, e) étoffe lamée d'or. ||°-**tresse** f. (-, n) galon (m.) d'or. ||°-**vorrat** m. (s, ¨e). COMM., FIN. encaisse-or f. ; réserve (f.) d'or. ||°-**waage** f. (-, n). TECHN. trébuchet m. ||°-**währung** f. FIN. étalon-or m. ||°-**waren** f. pl. orfèvrerie f. ||°-**warenhändler** m. (s, -). COMM. bijoutier m. ||°-**wäscher** m. (s, -) laveur (m.) d'or ; orpailleur m. ||°-**wasser** n. (s) *Danziger Goldwasser*, eau-de-vie (f.) de Dantzig. ||°-**wert** m. (s, e) valeur (f.) or. ||°-**zahn** m. (s, ¨e) dent (f.) en or.

golden ['gɔldən] adj. d'or ; en or. | *goldene Kette, Uhr*, chaîne (f.), montre (f.) en or. || HIST. *die Goldene Bulle*, la Bulle d'or (1356). || MYTH. *das Goldene Vlies*, la Toison d'or. || RELIG. *das Goldene Kalb*, le veau d'or. || FIG. *ein goldenes Herz*, un cœur d'or. | *goldene Worte sprechen*, parler d'or. | *goldene Hochzeit*, noces (f. pl.) d'or. | *goldener Schnitt*, tranche dorée. | *goldenes Zeitalter*, âge (m.) d'or. | *der goldene Mittelweg*, le juste milieu. | *jm goldene Berge versprechen*, promettre à qn monts et merveilles. | *dem Gegner goldene Brücken bauen*, tendre la perche à qn. | *goldene Ader*, veine hémorroïdale. || MATH. *der goldene Schnitt*, la section d'or. || GÉOGR. *das Goldene Horn*, la Corne d'or. || ASTRON. *goldene Zahl*, nombre (m.) d'or. || PROV. *Handwerk hat goldenen Boden*, il n'est si petit métier qui ne nourrisse son maître.

goldig ['gɔldiç] adj. (tout) en or. || FIG., FAM. *das ist doch goldig !*, c'est délicieux, merveilleux.

Golf [gɔlf] m. (s, e). GÉOGR. golfe m.

Golf [gɔlf] n. (s). SPORT. golf m.

Golf|bahn ['gɔlfbɑ:n] f. (-, en). SPORT. terrain (m.) de golf. ||°-**schläger** m. (s, -). SPORT. club m.

Golf|strom ["gɔlf'ʃtro:m] m. (s). GÉOGR. Gulf Stream m.

Gomorr(h)a [go'mɔra] n. pr. n. Gomorrhe f.

Gondel ['gɔndəl] f. (-, n) gondole f. ; canot (m.) de plaisance. || AÉRON. nacelle f. || SPORT. [Seilbahn] cabine f. ; FAM. œuf m.

Gondel|fahrer ["gɔndəl'fɑ:rər], °-**führer** (s, -) gondolier m. ||°-**lied** n. (s, er) barcarolle f.

gondeln ['gɔndəln] v. intr. aller en gondole.

Gong [gɔŋ] m. (s, s) gong m. | *beim Gongschlag*, au coup de gong.

Gonio|meter [gɔnio'me:tər] n. (s, -). MATH. goniomètre m. ||°-**metrie** f. goniométrie f.

gönnen ['gønən] v. tr. accorder ; permettre ; octroyer. | *ich gönne ihm gern, daß er vorwärts kommt*, je me réjouis de le voir avancer. | *ich gönne es ihm*, grand bien lui fasse ! | *sich etwas gönnen*, FAM. s'offrir un (petit) plaisir. | *jm das Leben gönnen*, accorder la vie sauve à qn ; laisser vivre qn. | *jm das Wort gönnen*, donner la parole à qn.

Gönner [-nər] m. (s, -) bienfaiteur m. ; mécène m. ; protecteur m.

Gönner|miene ["gønər'mi:nə] f. (-, n) air protecteur. ||°-**wirtschaft** f. PÉJOR. népotisme m.

gönnerhaft ['gønərhaft] adj. condescendant ; complaisant.

Gönnerschaft [-ʃaft] f. protection f. ; patronage m. ; mécénat m. || PAR EXT. protecteurs m. pl.

Gonokokkus [gono'kɔkus] m. (-, ken). MÉD. gonocoque m.

Gonorrhöe [-'røə] f. (-, n). MÉD. blennorragie f.

Gör [gø:r] n. (s, en). FAM. petit enfant. || PAR EXT. blanc-bec m.

gordisch ['gɔrdiʃ] adj. HIST. gordien. | *gordischer Knoten*, nœud gordien.

Göre ['gø:rə] f. (-, n). FAM. gosse f. ; polissonne f.

Gorgo ['gɔrgo] n. pr. f. (-, nen). MYTH. Gorgone f.

Gorgonen|haupt [gɔr"go:nən'haupt] n. (s) tête (f.) de Méduse.

Gorilla [gɔ'rila] m. (s, s). ZOOL. gorille m.

Gosse ['gɔsə] f. (-, n) évier m. || PAR EXT. caniveau m. ; rigole f. || FIG. égout m. ; ruisseau m. | *jn aus der Gosse ziehen*, tirer qn du ruisseau.

Gote ['go:tə] n. pr. m. (n, n). GÉOGR. Goth m.

gothaisch [go'tɑ:iʃ] adj. | *gothaischer Hofkalender*, [der große Gotha] almanach (m.) de Gotha.

Gotik ['go:tik] f. (-). ARCHIT. (style) gothique m. ; architecture (f.) gothique.

gotisch [-tiʃ] adj. HIST. gothique ; moyenâgeux. || TYPOGR. *gotische Schrift*, caractères (m. pl.) gothiques ; écriture (f.) gothique ; gothique f.

Gott [gɔt] m. (s, ¨er) **1.** Dieu m. ; [Heiden] dieu m. | *die Götter Griechenlands*, les dieux de la Grèce. | *der allmächtige, allgütige, allweise Gott*, Dieu tout-puissant, infiniment bon, infiniment sage. | *Gott der Gerechte*, Dieu de justice. | *an Gott glauben*, croire en Dieu. | *auf Gott bauen, vertrauen*, se remettre entre les mains de Dieu. | *bei Gott schwören*, jurer (par) Dieu. | *zu Gott beten*, prier Dieu. | *Gott anbeten*, adorer Dieu. | *Gottes Sohn*, fils (m.) de Dieu. | *das Reich Gottes*, le royaume de Dieu. | *Gott dienen*, servir Dieu. | *hier ruht in Gott*, ici repose en Dieu.

2. [Grüße ; Wünsche] *grüß (dich) Gott !*, bonjour ; bonsoir ; adieu ! | *(ach) Gott*, Dieu ! ; ah ! mon Dieu ! | *großer Gott !*, grand Dieu ! ; mon Dieu ! | *leider Gottes*, malheureusement ; hélas. | *Gott sei (Lob und) Dank*, Dieu merci ; le ciel soit béni ; grâce à Dieu. | *um Gottes willen*, pour l'amour de Dieu ! | *wenn Gott will ; will's Gott !*, s'il plaît à Dieu. | *Gott gebe es !*, Dieu vous entende ! ; plaise à Dieu ! | *Gott bewahre (uns davor) !*, Dieu nous en garde, nous en préserve ! ; à Dieu ne plaise. | *daß (sich) Gott erbarm !*, quelle pitié ! | *da sei Gott davor !*, à Dieu ne plaise ! | *in Gottes Namen !*, au nom de Dieu ! ; par Dieu ! | *Gott sei uns gnädig !*, Dieu, le Ciel soit avec nous ! | *Gnade (Euch) Gott*, que Dieu vous soit en aide ! | *Gott stehe uns bei !*, Dieu, le Ciel soit avec nous ! | *bei Gott !*, par Dieu ! ; FAM. pardi ! ; dame !

3. LOC. *ich bin, weiß Gott, nicht furchtsam*, je ne suis pas timide, Dieu sait ! | *wann er kommt, das weiß der liebe Gott*, Dieu (seul) sait quand il viendra. || FAM. *den lieben Gott einen guten Mann sein lassen*, ne pas s'en faire. || LOC. *wie Gott in Frankreich leben*, vivre comme un coq en pâte.

4. PROV. *der Mensch denkt, Gott lenkt*, l'homme propose et Dieu dispose. | *Volkes Stimme, Gottes Stimme*, la voix du peuple est la voix de Dieu. | *Gott gibt's den Seinen im Schlaf*, la fortune vient en dormant. | *dem Mutigen hilft Gott*, la fortune sourit aux audacieux. | *der Gott, der Eisen wachsen ließ, der wollte keine Knechte* (ARNDT), Dieu a créé le fer, mais non pour forger nos chaînes. | *eine feste Burg ist unser Gott* (LUTHER), Dieu est notre rempart.

— SYN. : *Gottheit*, divinité, déité ; *Vorsehung*, Providence ; *Ewige*, Éternel ; *Herr*, Seigneur ; *Schöpfer*, Créateur ; *Allmächtiger*, Tout-Puissant.

gott|ähnlich ["gɔt'ɛ:nliç] adj. qui ressemble à Dieu ; fait à l'image de Dieu ; semblable à Dieu. ||-**begnadet** adj. qui a reçu la grâce divine ; béni des dieux ; génial. | *er ist ein gottbegnadeter Dichter*, c'est un poète divin. ||-**ergeben** adj. soumis à la volonté de Dieu. ||°-**ergebenheit** f. soumission (f.) à Dieu. ||-**gefällig** adj. agréable à Dieu. | *gottgefällige Tat*, œuvre (f.) pie. ||-**geweiht** adj. consacré à Dieu. ||-**jämmerlich** adj. FAM. misérable. ||-**lob** interj. Dieu soit loué ! ||-**los** adj. RELIG. sans Dieu ; impie ; mécréant ; scélérat. | *ein gottloser Bursche*, un sacripant. — adv. sans Dieu ; méchamment. ||°-**losigkeit** f. impiété f. ; irréligiosité f. ; méchanceté f. ; scélératesse f. ||°-**mensch** m. (en) Homme-Dieu m. ; Jésus-Christ m. ||°-**seibeiuns** m. FAM. diable m. ; malin m. ||°-**seligkeit** f. piété f. ; dévotion f. ||°-**vater** m. (s) Dieu le Père. ||-**verlassen** adj. abandonné de Dieu ; réprouvé ; maudit. | *gottverlassene Gegend*, région désolée ; FAM. trou perdu.

Götter|berg ["gøtər'bɛrk] m. (s). MYTH. Olympe m. ||°-**bild** n. (s, er) idole f. ; faux dieu ; simulacre m. ||°-**bote** m. (n). MYTH. Mercure m. ||°-**burg** f. MYTH. Walhalla m. ||°-**dämmerung** f. MYTH. crépuscule (m.) des dieux. ||°-**funke** m. (n, n). FIG. étincelle divine ; génie m. ||°-**geschichte** f. mythologie f. ||-**gleich** adj. semblable aux dieux ; divin. ||°-**mahl** n. (s) ambroisie f. || FIG. régal m. ||°-**sage** f. mythologie f. ||°-**sitz** m. (es, e). MYTH. résidence (f.), demeure (f.) des dieux ; Olympe m. ||°-**speise** f. MYTH. ambroisie f. ||°-**spruch** m. (s, ¨e) oracle m. ||°-**trank** m. (s). MYTH. nectar m. ||°-**welt** f. MYTH. monde (m.) des dieux ; mythologie f.

Gottes|acker ["gɔtəs'akər] m. (s, ¨) cimetière m. ||°-**anbeterin** f. (-, nen). ZOOL. mante religieuse. ||°-**diener** m. (s, -) serviteur (m.) de Dieu ; prêtre m. ||°-**dienst** m. (es, e) service divin, religieux ; culte m. ; office divin. | *Gottesdienst abhalten*, officier ; célébrer l'office. ||°-**friede** m. (ns). HIST. trêve (f.) de Dieu. ||°-**furcht** f. (-) crainte (f.) de Dieu ; piété f. ||-**fürchtig** adj. pieux ; craignant Dieu. ||°-**gabe** f. (-, n) don (m.) du ciel. ||°-**geißel** f. (-, n) fléau (m.) de Dieu. ||°-**haus** n. (es, ¨er) église f. ; temple m. ||°-**lästerer** m. (s, -) blasphémateur m. ; sacrilège m. ||-**lästerlich** adj. blasphématoire ; sacrilège. || °-**lästerung** f. (-, en) blasphème m. ; sacrilège m.

||°-**leugner** m. (s, -) athée m. ||-**leugnerisch** adj. athée. ||°-**leugnung** f. athéisme m. ||°-**sohn** m. (s) fils (m.) de Dieu ; Jésus-Christ m. ||°-**urteil** n. (s, e). JUR., HIST. jugement (m.) de Dieu ; ordalie f. || °-**verächter** m. (s, -) impie m. ||°-**verachtung** f. impiété f. ||°-**verehrung** f. (-) vénération (f.) de Dieu.

Gottfried ['gɔtfri:t] n. pr. m. Geoffroi m.

Gottheit ['gɔthait] f. (-, en) divinité f.

Göttin ['gøtin] f. (-, nen) déesse f.

göttlich ['gøtliç] adj. divin ; de Dieu. || FIG. sublime. | *göttlicher Gedanke*, idée sublime, géniale. || IRON. impayable.

Göttlichkeit [-kait] f. RELIG. divinité f. ; essence, nature divine.

Götze ['gøtsə] m. (n, n). RELIG. faux dieu ; idole f. | *Götze aus Holz*, idole de bois. || FAM. *er sitzt da wie ein Ölgötze*, il reste là comme une souche ; il est de glace.

Götzen|anbeter ["gøtsən'anbe:tər] m. (s, -) idolâtre m. ; adorateur (m.) de faux dieux ; païen m. ||°-**bild** n. (s, er) idole f. ; simulacre m. ||°-**diener** m. (s, -). V. GÖTZENANBETER. ||°-**dienst** m. (es, e) m. idolâtrie f. ; culte (m.) des idoles.

Götzentum ['gøtsəntu:m] n. (s), °-**wesen** n. (s). RELIG. idolâtrie f.

Gouvernante [guvɛr'nantə] f. (-, n) gouvernante f.

Grab [grɑ:p] n. (s, ¨er) fosse f. ; tombe f. ; tombeau m. ; sépulture f. | *ein Grab ausheben*, creuser une tombe. | *das Grab zuschütten, zuschaufeln*, refermer une tombe. | *einen Toten in das Grab legen*, ensevelir un mort. | *einen Toten zu Grabe tragen, geleiten*, porter un mort en terre. | *das Heilige Grab*, le Saint-Sépulcre. | *das Grab des unbekannten Soldaten*, le tombeau du Soldat inconnu. || LOC. *sein Grab in den Wellen, ein feuchtes Grab finden*, périr dans les flots. | *schweigsam, verschwiegen wie das Grab sein*, être muet comme la tombe. | *Treue bis über das Grab hinaus*, rester fidèle jusqu'à la tombe. || FAM. *er würde sich im Grab umkehren, wenn er das wüßte*, il se retournerait dans sa tombe s'il savait cela. || FIG. *mit einem Fuß im Grabe stehen*, être au bord de la tombe ; avoir (déjà) un pied dans la tombe. | *jn ins Grab bringen*, rendre à qn la vie impossible.
— SYN. : *Gruft, Grabhügel, Ruhestätte*, tombe ; *Totengruft*, caveau ; *Grabstätte*, sépulcre, sépulture ; *Grabmal*, tombeau.

Grab|denkmal ["grɑ:p'dɛnkmɑ:l] n. (s, ¨er) pierre tombale ; monument (m.) funéraire. ||°-**geläute** n. (s) glas m. ||°-**gesang** m. (s, ¨e) chant (m.) funèbre. ||°-**gewölbe** n. (s, -) caveau m. ||°-**hügel** m. (s, -) tertre m. ||°-**inschrift,** °-**schrift** f. (-, en) inscription f. ; épitaphe f. ||°-**legung** f. (-, en) mise (f.) au tombeau ; sépulture f. ; inhumation f. ||°-**lied** n. (s, er) chant (m.) funèbre. ||°-**mal** n. (s, ¨er) tombeau m. ; monument (m.) funéraire ; mausolée m. ; stèle f. ||°-**säule** f. (-, n) colonne (f.) funéraire. || °-**schändung** f. (-, en). JUR. profanation (f.), violation (f.) de sépulture. ||°-**stätte** f. (-, n) sépulture f. ; tombe f. | *unterirdische Grabstätten*, catacombes f. pl. ||°-**stein** m. (s, e) pierre tombale ; tombe f. ||°-**tuch** n. (s, ¨er) drap (m.) mortuaire ; suaire m. || PAR EXT. poêle m.

Grabes|ruhe ["grɑ:bəs'ru:ə] f., °-**stille** ['ʃtilə] f. silence (m.) du tombeau. ||°-**stimme** f. (-, n) voix sépulcrale.

grabbeln ['grabəln] v. intr. FAM. grouiller ; gratter.

graben ['grɑ:bən] (ä, u, a) v. tr. creuser ; bêcher. | *einen Brunnen graben*, creuser un puits. | *nach Gold, nach Schätzen graben*, chercher de l'or, des trésors. | *den Garten mit dem Spaten umgraben*, bêcher le jardin. | *sich in die Erde (ein)graben*, s'enterrer (dans des abris souterrains). | *in Stein graben*, graver dans la pierre. || FIG. *js Bild in sein Herz graben*, graver l'image de qn dans son cœur. || PROV. *wer andern eine Grube gräbt, fällt selbst hinein*, tel est pris qui croyait prendre.

Grab|meißel ["grɑ:p'maisəl] m. (s, -), °-**stichel** m. (s, -) poinçon m. ; ciselet m. ||°-**schaufel** f. (-, n) pelle (f.) de jardinier. ||°-**scheit** n. (s, e) pelle carrée. ||°-**tiere** n. pl. animaux fouisseurs.

Graben ['grɑ:bən] m. (s, ¨) fossé m. ; tranchée f. ; canal m. || MIL. *den Graben nehmen, aufrollen*, prendre d'assaut, nettoyer une tranchée.

Graben|krieg ["grɑ:bən'kri:k] m. (s, e) guerre (f.) de tranchées. ||°-**netz** n. (es, e). MIL. 1° réseau (m.) de tranchées ; 2° (filet de) camouflage m. ||°-**senkung** f. (-, en). GÉOL. fossé (m.) d'effondrement.

Gräber ['grɛ:bər] m. (s, -) bêcheur m. ; [Archäologe] fouilleur m. | *Totengräber*, fossoyeur m. | *Schatzgräber*, chercheur (m.) de trésors.

Gräber|fund ["grɛ:bər'funt] m. (s, e). ARCHÉOL. mise (f.) au jour par les fouilles ; fouille f.

Grad [grɑ:t] m. (s, e) degré m. | *das Thermometer steht auf 10 Grad*, le thermomètre marque 10 degrés. | *in Grade einteilen*, graduer. || MATH. [Winkel ; Gleichung] degré m. || GRAMM. *Grad der Steigerung*, degré de comparaison. || GÉOGR. *Breitengrad*, degré de latitude. | *Längengrad*, degré de longitude. || [Verwandtschaftsgrad] degré de parenté. | *sie sind Vettern im vierten Grade*, ils sont cousins au quatrième degré. || FIG. [Rang ; Rangstufe] grade m. ; rang m. | *akademischer Grad*, grade universitaire. || [Freimaurerei] degré m. || MIL. grade m. || LOC. *das ist mir im höchsten Grad peinlich*, cela m'est pénible au suprême degré, au plus haut point. | *in unerlaubtem Grade*, au-delà des limites permises. | *bis zu einem gewissen Grade zustimmen*, approuver jusqu'à un certain point.

Grad|abteilung ["grɑ:t'aptailuŋ] f. (-, en) graduation f. ; division (f.) en degrés. ||°-**abzeichen** n. (s, -). MIL. insigne m. (de grade). ||°-**bogen** m. (s, ¨). MATH., TECHN. cercle gradué ; limbe m. ; rapporteur m. ||°-**einteilung** f. (-, en). PHYS. échelle f. ; graduation f. ||-**linig** adj. rectiligne. ||°-**messer** m. (s, -). PHYS. échelle graduée ; graduation f. ||-**weise** adj. graduel ; successif.

grade ['grɑ:də] V. GERADE.

Gradient [gra'di:nt] m. (en, en) gradient m. | *geothermischer Gradient*, gradient géothermique.

gradieren [gra'di:rən] v. tr. graduer.

gradig ['grɑ:diç] suff. d'adj. à tant de degrés. | *hochgradig*, à un haut degré ; fort.

gradual [gradu'ɑ:l], **graduell** [-du'ɛl] adj. graduel.

graduieren [-du'i:rən] v. tr. graduer.

Graf [grɑ:f] m. (en, en) comte m. | *Deichgraf*, intendant (m.) des digues.

Gräfin ['grɛ:fin] f. (-, nen) comtesse f.

gräflich ['grɛ:fliç] adj. de comte ; comtal.

Grafschaft ['grɑ:fʃaft] f. (-, en). [Land] comté m. || [Titel] dignité (f.) de comte.

grajisch ['grɑ:jiʃ] adj. GÉOGR. *grajische Alpen*, Alpes grées, graies.

Gral [grɑ:l] m. (s) le (Saint-)Graal.

gram [gra:m] adj. *jm gram sein wegen*, en vouloir à, détester qn de. | *jm gram werden*, prendre qn en aversion.

Gram [gra:m] m. (s) chagrin m. ; affliction f. ; peine f. | *vom Gram gebeugt*, accablé de chagrin. | *sie starb aus Gram über*, elle mourut de chagrin. | *der Gram nagt, frißt an ihm*, le chagrin le ronge, le mine, le dévore. | *seinem Grame nachhängen*, broyer du noir.

gram|gebeugt ["gra:mgə'bɔykt] adj. accablé de chagrin.

grämen (sich) [ziç'grɛ:mən] v. pr. se chagriner ; FAM. broyer du noir. | *sich über etwas zu Tode grämen*, s'affliger de qch. ; mourir de chagrin à cause de qch. ◇ v. tr. *das soll mich wenig grämen*, c'est le cadet de mes soucis.

Graminee [gramin'e:ə] f. (-, n). BOT. graminée f.

grämlich ['grɛ:mliç] adj. chagrin ; morose ; hargneux ; renfrogné ; grincheux.

Gramm [gram] n. (s, e) gramme m.

Grammatik [gra'mɑtik] f. (-, en) grammaire f. | *vergleichende Grammatik*, grammaire comparée.

grammatikalisch [-mati'kɑ:liʃ] adj. grammatical. | *grammatikalischer Fehler*, faute (f.) de grammaire ; solécisme m. ; incorrection f.

Grammatiker [-'mɑ:tikər] m. (s, -) grammairien m.

grammatisch [-'mɑ:tiʃ] adj. V. GRAMMATIKALISCH.

Grammophon [gramɔ'fo:n] n. (s, e) phonographe m.

Granat [gra'nɑ:t] m. (s, e) grenat m.

Granat|apfel [gra"nɑ:t'apfəl] m. (s, ¨). BOT. grenade f. ||°-**apfelsirup** m. (s) grenadine f. ||°-**baum** m. (s, ¨e). BOT. grenadier m.

Granate [gra'nɑ:tə] f. (-, n). MIL. obus m. | *die Granate schlägt ein*, l'obus éclate. | *Handgranate*, grenade f.

Granat|feuer [gra"nɑ:t'fɔyər] n. (s) tir (m.) d'artillerie ; tir (m.) à obus. ||°-**splitter** m. (s, -) éclat (m.) d'obus. ||°-**werfer** m. (s, -). MIL. lance-grenades m. | *schwerer Granatwerfer*, mortier m.

Grande ['grandə] m. (n, n). [Titel] grand m. (d'Espagne).

Granit [gra'ni:t] m. (s, e) granit(e) m.

granit|artig [gra"ni:t'ɑ:rtiç] adj. granitique. || -**haltig** adj. graniteux.

Granne ['granə] f. (-, n). BOT. barbe f. ; arête f. ZOOL. [Schwein] soie f. ; [Katze] moustache f.

grantig ['grantiç] adj. hérissé ; FAM. rébarbatif ; de mauvaise humeur ; POP. de mauvais poil.

granulieren [granu'li:rən] v. tr. TECHN. granuler. ◇ v. intr. MÉD. se couvrir de granulations.

Grape|fruit ['greipfru:t] f. pamplemousse m.

Graph [grɑ:f] m. (en, en). MATH. graphe m. | *Graphentheorie*, théorie (f.) des graphes.

Graphik ['grɑ:fik] f. (-, en) art (m.) graphique.

Graphik|terminal ["grɑ:fik'tørminal] m. ou n. (s, s). INF. terminal (m.) graphique.

Graphiker(in) [-fikər(in)] m. (s, -), f. (-, nen) dessinateur m., -trice f. ; graphiste s.

graphisch [-fiʃ] adj. graphique. | *graphische Künste*, arts (m. pl.) graphiques. | *graphische Sammlung*, cabinet (m.) d'estampes.

Graphit [gra'fi:t] m. (s, e). MINÉRAL. plombagine f. ; graphite m. ; mine (f.) de plomb.

Graphit|guß [gra"fi:t'gus] m. (es, -) fonte (f.) à graphite. ||°-**kohle** f. (-, n). MINÉRAL. charbon (m.) graphitique ; carbone m.

Graphologe [grafo'lo:gə] m. (n, n), **Graphologin** [-'lo:gin] f. (-, nen) graphologue s.

Graphologie [-lo'gi:] f. graphologie f.

graphologisch [-'lo:giʃ] adj. graphologique.

grapsen ['grapzən], **grapp(sch)en** [-(ʃ)ən] v. intr. FAM. agripper ; saisir avidement.

Gras [grɑ:s] n. (es, ¨er). BOT. herbe f. ; gazon m. | *Gras mähen*, couper, faucher l'herbe. | *mit Gras bewachsen*, couvert d'herbe. | *von Gras überwuchert*, envahi par les mauvaises herbes. || FIG., FAM. *ins Gras beißen*, mordre la poussière ; mourir ; passer l'arme à gauche. | *das Gras wachsen hören*, se croire le plus fin. | *Gras über etwas wachsen lassen*, passer l'éponge. ◇ n. pl. **Gräser**, graminées f. pl.

Gras|affe ["grɑ:s'afə] m. (n, n). PÉJOR. gnome m. ; babouin m. ; pécore f. ||-**ähnlich** adj. graminiforme. ||°-**art** f. (-, en) plante herbacée ; graminée f. ||°-**boden** m. (s, ¨) terrain herbeux ; gazon m. ||-**fressend** adj. herbivore. ||°-**frosch** m. (es, ¨e) grenouille (f.) des prés ; rainette f. ||-**grün** adj. vert comme l'herbe. ||°-**halm** m. (s, e) brin (m.) d'herbe ; tige (f.), fétu (m.) de graminée. ||°-**hecht** m. (s, e). ZOOL. brocheton m. ||°-**hüpfer** m. (s, -). ZOOL. 1° sauterelle ; 2° grenouille verte ; rainette f. || °-**mähmaschine** f. (-, n) faucheuse f. ||°-**mücke** f. (-, n). ZOOL. fauvette f. ||°-**pferd** n. (s, e). ZOOL. sauterelle f. ||°-**platz** m. (es, ¨e) gazon m. ; pelouse f. ||°-**steppe** f. (-, n) steppe f. ; savane f.

grasen ['grɑ:zən] v. intr. brouter l'herbe ; paître. || AGRIC. faucher l'herbe.

grasig [-ziç] adj. herbeux ; couvert d'herbe.

grassieren [gra'si:rən] v. intr. sévir ; régner ; faire fureur. | *eine Krankheit grassiert*, une maladie fait rage.

gräßlich ['grɛsliç] adj. affreux ; horrible ; atroce ; hideux ; monstrueux. | *gräßliches Verbrechen*, crime (m.) atroce. | *hier ist es gräßlich schmutzig*, ici règne une saleté épouvantable. | *eine gräßliche Kälte*, un froid terrible.

Gräßlichkeit [-kait] f. (-, en) horreur f. ; atrocité f. ; monstruosité f.

Grat [grɑ:t] m. (s, e) [scharfe Kante] arête f. ; crête f. || [Kammlinie] arête f. | *Gebirgsgrat*, arête (f.) de montagne. || [Fase] morfil m. ; barbe f. || TECHN. [Grätleiste] languette f.

Grat|gewölbe ["grɑ:tgə'vølbə] n. (s, -) voûte (f.) d'arêtes. ||°-**sparren** m. (s, -) maîtresse poutre. ||°-**tier** n. (s, e). ZOOL. chamois m. ; isard m.

Gräte ['grɛ:tə] f. (-, n). ANAT., ZOOL. arête f.

Gratias ['grɑ:tsias] n. *das Gratias sprechen*, dire les grâces.

Gratifikation [gratifika'tsio:n] f. (-, en) gratification f.

grätig ['grɛ:tiç] adj. qui a des arêtes. || FIG. grincheux. | *er wird leicht grätig*, c'est un vrai cactus ; on ne sait par quel bout le prendre.

gratis ['grɑ:tis] adv. gratis ; gratuitement. | *Gratisaktie*, FIN. action gratuite.

grätsch|beinig ["grɛtʃ'bainiç] adj. [Turnkunst] les jambes écartées.

Grätsche ['grɛ:tʃə] f. (-, n). SPORT. écart m.

grätschen [-ʃən] v. intr. sauter en écartant les jambes.

Grätsch|sprung ["grɛtʃ'ʃpruŋ] m. (s, ¨e) saut (m.) à jambes écartées.

Gratulation [gratula'tsio:n] f. (-, en) félicitations f. pl. ; compliment m.

gratulieren [-'li:rən] v. intr. féliciter. | *jm zum Namenstag gratulieren*, souhaiter une bonne fête à qn.

grau [grau] adj. gris. | *graues Haar*, cheveux (m. pl.) gris. | *der graue Star*, la cataracte. | *er wird grau*, il grisonne. | *im Dienste grau werden*, blanchir sous le harnais. | *ein Seemann, grau von Haaren* (G. KELLER), un vieux loup de mer. || FIG. pâle ; sans couleur ; nébuleux. | *graue Ferne*, lointain m. | *graue Vorzeit*, nuit des temps. | *grauer Alltag*, grisaille quotidienne ; monotonie f. | *graues Elend*, misère noire. | *grau in grau malen*, peindre en grisaille. | *graue Eminenz*, éminence grise. || ÉCON. *grauer Markt*, marché gris. || FAM. *deswegen läßt er sich keine grauen Haare wachsen*, il ne se fait pas de soucis à ce sujet ; POP. il ne s'en fait pas pour ça. || PROV. *bei Nacht sind alle Katzen grau*, la nuit, tous les chats sont gris.

grau|äugig ["grau'ɔygiç] adj. qui a les yeux gris. ||°-**bart** m. (s, ¨e) barbe grise ; grison m. ; PÉJOR. barbon m. ||°-**bünden** n. pr. n. GÉOGR. (canton [m.] des) Grisons m. pl. ||°-**bündner** m. (s, -) n. pr. m. Grison m. ; Rhétien m. ||°-**erz** n. (es) galène f. ||-**farbig** adj. grisâtre. ||-**grün** adj. glauque. ||°-**guß** m. (es) fonte grise. ||-**haarig** adj. aux cheveux gris. ||°-**kalk** m. (es) chaux (f.) maigre. ||°-**kehlchen** n. (s, -). ZOOL. grisette f. ; fauvette grise. ||°-**kopf** m. (s, e) tête grise, chenue ; grison m. ; PÉJOR. barbon m. ||°-**meise** f. (-, n). ZOOL. mésange grise. ||-**meliert** adj. grisonnant. ||°-**reiher** m. (s, -). ZOOL. héron cendré. ||-**scheckig** adj. gris pommelé, moucheté. ||°-**schimmel** m. (s, -) cheval pommelé. || IRON. grison m. ||°-**specht** m. (es, e). ZOOL. grimpereau m. ||°-**werk** n. [Pelz] petit-gris m. ||°-**wert** m. (es, e). [Radiologie] niveau (m.) de gris.

grauen [-ən] v. intr. [grau werden] grisonner. || FIG. commencer à poindre. | *es graut (schon)*, voici l'aube.

Grauen [-ən] n. (s) aube f. | *beim Grauen des Tages*, à la pointe du jour.

grauen ['grauən] v. impers. [Angst haben] frémir d'horreur. | *es graut ihm vor dem Tod*, la mort le remplit d'effroi. | *Heinrich, mir graut's vor dir* (GOETHE), Henri, tu me fais horreur.

Grauen ['grauən] n. (s) [frisson d'] horreur f. ; peur f. ; frémissement m.

grauen|erregend ["grauənɛr're:gənt] adj. affreux ; atroce.

grauenhaft ['grauənhaft] adj. affreux ; atroce. | *grauenhafter Anblick*, spectacle horrible.

grauen|voll ["grauən'fɔl] V. GRAUENHAFT.

graulen (sich) [ziç'graulən] v. pr. FAM. avoir la chair de poule.

graulich ['grauliç] adj. affreux ; horrible. | *grauliche Geschichten*, histoires effrayantes. || PAR EXT. qui a peur ; peureux.

gräulich ['grɔyliç] adj. grisâtre.

Graupe ['graupə] f. (-, n). CUIS. orge mondé, perlé. || MINES. grenaille f.

Graupel ['graupəl] f. (-, n) grêlon m. | *Graupeln* grésil m. ; giboulée f.

graupeln [-pəln] v. impers. grésiller. | *es graupelt*, il tombe une giboulée.

grausam ['grauzɑ:m] adj. cruel ; inhumain ; féroce ; barbare. | *ein grausamer Tyrann*, un tyran cruel, despotique. | *grausame Kälte*, froid horrible. | *grausamer Winter*, hiver rude, rigoureux.

Grausamkeit ['grauzɑ:mkait] f. (-, en) cruauté f. ; barbarie f. ; férocité f. ; atrocité f. | *Grausamkeiten verüben*, commettre des atrocités.

grausen ['grauzən] v. intr., v. imp., v. pr. avoir horreur, peur. | *es grauste ihm, ihn*, il avait peur.

Grausen [-zən] n. (s) effroi m. ; peur f. ; épouvante f. ; horreur f.

grausig [-ziç] adj. horrible ; lugubre ; sinistre. | *grausige Entdeckung*, découverte (f.) macabre.

Gravier|anstalt [gra"vi:r'anʃtalt] f. (-, en) atelier (m.) de gravure. ||°-**kunst** f. (art de la) gravure f. ||°-**maschine** f. (-, n) machine (f.) à graver. ||°-**nadel** f. (-, n) burin m. ; pointe (sèche).

gravieren [gra'vi:rən] v. tr. [belasten] charger. || [erschwerend]. JUR. *gravierende Umstände*, circonstances aggravantes. || TECHN. [eingraben] graver.

Gravierung [-ruŋ] f. (-, n) gravure f.

Gravi|meter [gravi'me:tər] n. (s, -). PHYS. gravimètre.

Gravis ['grɑ:vis] m. (-). GRAMM. accent (m.) grave (`).

Gravität [gravi'tɛ:t] f. PHYS. gravité f. ; pesanteur. || FIG. (air [m.] de) gravité f. ; dignité f.

Gravitation [-ta'tsio:n] f. gravitation f.

Gravitations|feld [gravita"tsio:ns'fɛlt] n. (s). PHYS. champ (m.) de gravitation. ||°**-gesetz** n. (es) loi (f.) de la gravitation. ||°**-kraft** f. (-) gravitation f. ||°**-welle** f. (-, n) onde gravitationnelle.

gravitätisch [gravi'tɛ:tiʃ] adj. et adv. pesant ; pesamment ; grave ; gravement. || FIG. avec gravité ; dignement.

gravitieren [-'ti:rən] v. intr. graviter.

Grazie ['grɑ:tsiə] f. (-, n). MYTH. Grâce f. | *die drei Grazien*, les (trois) Grâces f. pl. || FIG. grâce f. ; charme m. | *ein Mädchen voller Grazie*, une jeune fille pleine de grâce.

grazil [gra'tsi:l] adj. svelte ; mince ; gracile.

graziös [gratsi'ø:s] adj. gracieux ; charmant.

Gräzismus [grɛ'tsismus] m. (-, men). GRAMM. hellénisme m.

Gregor [gre'go:r] n. pr. m. Grégoire m.

gregorianisch [gregori'ɑ:niʃ] adj. grégorien.

Greif [graif] m. (s, e). MYTH. griffon m.

Greif|bagger ["graif'bagər] m. (s, -). TECHN. excavateur (m.) à grappin. ||°**-gut** n. (s, ¨er). JUR. matériaux saisissables, saisis. ||°**-hand** f. (-, ¨e) ZOOL. patte (f.) préhensile. ||°**-vögel** m. pl. ZOOL. rapaces (m. pl.) diurnes. ||°**-zange** f. (-, n). TECHN. pince f. ||°**-zirkel** m. (s, -). TECHN. compas (m.) d'épaisseur.

greifbar ['graifbɑ:r] adj. saisissable ; palpable. | *eine greifbare Gestalt*, une forme concrète, saisissable. | *greifbare Finsternis*, ténèbres épaisses. | *ein greifbarer Vorteil*, un avantage réel. || [erfaßbar] *eine leicht greifbare Schlußfolgerung*, une conclusion facile à saisir, évidente.

greifen ['graifən] (griff, gegriffen) v. intr. **1.** saisir ; étendre la main (en direction de). | *mit den Fingern greifen*, prendre, saisir avec les doigts. | *nach der Zeitung greifen*, prendre le journal. | *sie erwachte und griff suchend um sich*, elle se réveilla et chercha autour d'elle à tâtons. | *grüßend an den Hut greifen*, porter la main à son chapeau pour saluer. | *in die Tasche greifen*, mettre la main à la poche ; FAM., IRON. casquer.
2. FIG. *zur Feder greifen*, prendre la plume. | *zu den Waffen greifen*, prendre les armes. | *zur Flasche greifen*, boire un coup ; POP. picoler. | *zum Wörterbuch greifen*, consulter le dictionnaire. | *zum letzten Mittel greifen*, employer les grands moyens. | *zu einer Strafe greifen*, recourir à une sanction. | *nach seinem Hut greifen*, PR. et FIG. prendre son chapeau (pour partir). | *das greift, geht an den Beutel*, cela entraîne des dépenses. | *jm an die Ehre greifen*, toucher à l'honneur de qn. | *der Harfenspieler griff in die Saiten*, le harpiste toucha les cordes. || LOC. FIG. *ein Ertrinkender greift nach einem Strohhalm*, un homme qui se noie se cramponne à un fétu de paille. | *dem Pferd in die Zügel greifen*, ralentir un cheval en le bridant. | *in ein Wespennest greifen*, mettre la main dans un guêpier. | *jm unter die Arme greifen*, tirer qn d'affaire. | *das Feuer griff rasch um sich*, le feu se propagea rapidement.
3. saisir ; émouvoir. | *seine Worte griffen mir ans Herz, in die Seele*, ses paroles m'allèrent (tout) droit au cœur.
4. TECHN. *der Bagger greift gut*, la pelle mécanique prend bien. | *die Säge greift gut*, la scie mord bien. | *die Zahnräder greifen gut ineinander*, ces roues dentées s'engrènent bien.
◇ v. tr. *einen Dieb greifen*, arrêter un voleur. | *der Arzt greift den Puls*, le médecin tâte le pouls. | *jn beim Kragen greifen*, saisir qn au collet. | *etwas aus der Luft greifen*, inventer qch. de toutes pièces. | *die Wahrheit ist mit Händen zu greifen*, cette vérité est évidente. || [Jagd] *der Hund greift den Hasen*, le chien saisit le lièvre. || MUS. *einen Ton richtig greifen*, donner le ton juste.
◇ v. pr. **sich greifen.** *sich vor Verwunderung, vor Staunen an den Kopf greifen*, se frapper la tête d'étonnement. | *das Pferd greift sich*, ce cheval est cagneux. || [sich haschen] *sich gegenseitig greifen*, jouer à la sauvette.

Greifen [-fən] n. (s) prise f. | *der Gipfel scheint zum Greifen nahe*, cette cime semble à portée de la main.

Greifer [-fər] m. (s, -). TECHN. grappin m. ; griffe f. ; benne preneuse. | *zweischaliger Greifer*, grappin à deux coquilles.

greinen ['grainən] v. intr. 1° pleurnicher ; larmoyer ; 2° (Vx.) ricaner.

Greis [grais] m. (es, e) vieillard m.

greis [grais] adj. POÉT. vieux. | *im greisen Alter*, dans la vieillesse. || PAR EXT. gris.

Greisen|alter ["graizən'altər] n. (s) âge avancé ; vieillesse f.

greisenhaft ['graizənhaft] adj. sénile.

Greisin ['graizin] f. (-, nen) vieille femme.

grell [grɛl] adj. [Licht] éblouissant. || *grelle Töne*, sons perçants, aigus. | *grelle Farben*, couleurs criardes. | *grellfarbig*, de couleur crue. | *grelle Stimme*, voix aiguë, perçante, stridente.
◇ adv. *grell vom Hintergrunde abstechen*, contraster violemment avec le fond.

Grellheit ['grɛlhait] f. éclat excessif. || PAR EXT. vivacité f. || [Ton] ton cru ; crudité f. ; dureté f.

Gremium ['gre:mium] n. (s, ien) commission f. ; groupe m. ; collège m. ; assemblée f.

Grenadier [grena'di:r] m. (s, e). MIL. grenadier m.

Grenz|abkommen ["grɛnts'apkɔmən] n. (s, -). POLIT. accord frontalier. ||°**-aufseher** m. (s, -) garde-frontière m. ; douanier m. ||°**-bahnhof** m. (s, ¨e) gare (f.) frontière. ||°**-baum** m. (s, ¨e). [Schlagbaum] barrière f. ; barrage m. ||°**-berichtigung** f. (-, en). POLIT. rectification (f.) de frontière. ||°**-fall** m. (s, ¨e) cas (m.) limite, extrême. ||°**-gänger** m. (s, -) [travailleur] frontalier m. ||°**-gebiet** n. (s, e). POLIT. région (f.) frontière. ||°**-gott** m. (s). MYTH. dieu (m.) Terme. ||°**-jäger** m. (s, -) garde-frontière m. || FIN. douanier m. ||°**-karte** f. (-, n). [für Auto] triptyque m. ||°**-kosten** m. pl. ÉCON. coûts marginaux. ||°**-ladung** f. (-, en) charge (f.) limite. ||°**-land** n. (s, ¨er) pays (m.) limitrophe ; marche f. ||°**-lehre** f. (-, n). TECHN. calibre (m.) de tolérance ; calibre (m.) à limites. ||°**-linie** f. (-, n) ligne (f.) de démarcation. ||°**-mal** n. (s, e) borne f. ; marque (f.) de limite, de frontière. ||°**-mark** f. (-, en). POLIT. pays frontalier ; marche f. ||°**-masse** f. (-, n) cotes (f. pl.) limites. ||°**-mauer** f. (-, n) mur mitoyen. ||°**-pfahl** m. (s, ¨e) poteau (m), borne (f.) frontière. ||°**-posten** m. (s, -) poste (m.) frontière. ||°**-punkt** m. (s, e) extrême limite f. ; point (m.) extrême. ||°**-regulierung** f. (-, en). POLIT. rectification (f.) de frontière. ||°**-scheide** f. (-, n) frontière f. ||°**-schutz** m. (es). MIL. (unité de) garde-frontière m., couverture f. ||°**-sperre** f. (-, n) fermeture (f.) de la frontière. ||°**-stadt** f. (-, ¨e) ville (f.) frontière. ||°**-station** f. (-, en) gare (f.) frontière. ||°**-stein** m. (s, e) borne f. ||**-überschreitend** adj. transfrontalier. ||°**-übertritt** m. (s, e) passage (m.) de la frontière. ||°**-verkehr** m. (s) trafic frontalier. ||°**-wache** f. (-, n) garde-frontière m. ||°**-wächter** m. (s, -) douanier m. ; garde-frontière m. ||°**-wert** m. (s, e). MATH. valeur (f.) limite. ||°**-zeichen** n. (s, -) marque (f.) de frontière ; borne f. ||°**-ziehung** f. tracé (m.) des frontières. ||°**-zwischenfall** m. (s, ¨e). POLIT. incident (m.) de frontière.

Grenze ['grɛntsə] f. (-, n) frontière f. ; limite f. ; lisière f. ; confins m. pl. ; bornes f. pl. | *natürliche Grenze*, frontière naturelle. | *eine Grenze ziehen, stecken, verrücken*, fixer, marquer, déplacer une frontière. | *die Grenze überschreiten*, passer la frontière. | *der Hochstapler ist schon über die Grenze*, l'escroc a déjà gagné l'étranger. || ÉCON., FAM. barre f. | *die Zwei-Millionen-Grenze überschreiten*, passer la barre des deux millions. || MATH. limite f. || FIG. frontière f. ; limite f. ; extrémité f. ; bornes f. pl. | *das überschreitet die Grenze des Erlaubten*, cela dépasse les limites autorisées. | *alles hat eine Grenze*, il y a des limites à tout. | *sich in seinen Grenzen halten*, se modérer. | *Altersgrenze*, limite d'âge. | *Landesgrenze*, frontière nationale.

grenzen [-tsən] v. intr. confiner, toucher, tenir, être attenant à ; être voisin de. | *Deutschland grenzt an Frankreich*, l'Allemagne confine à la France. || FIG. friser ; tenir de ; être voisin de. | *das grenzt an Unverschämtheit*, cela frise l'insolence.

grenzen|los ["grɛntsən'lo:s] adj. sans bornes ; sans limites ; infini ; illimité ; excessif ; effréné. ||°**-losigkeit** f. infinité f. ; immensité f.

Grete ['gre:tə] n. pr. f. (dimin. **Gretchen**) Marguerite. || LOC. *Die Gretchenfrage stellen*, mettre qn au pied du mur ; ne pas tourner autour du pot.

Greuel ['grɔyəl] m. (s, -). [Abscheu] horreur f. ; abomination f. ; exécration f. || [Schrecklichkeit] atrocité f. ; horreur f. ; abomination f. | *Greuel begehen, verüben*, commettre des atrocités. || PAR EXT. [etwas Widerliches] *das ist mir ein Greuel*, j'ai cela en horreur. | *er ist mir ein Greuel*, il me fait horreur ; il me dégoûte.

Greuel|märchen ["grɔyəl'mɛrçən] n. (s, -), °**-nachricht** f. (-, en) atrocités inventées. ||°**-tat** f. (-, en) action (f.) abominable ; atrocité f.

greulich ['grɔyliç] adj. horrible ; atroce ; abomina-

ble ; exécrable. | *das greuliche Untier*, le monstre. | *greuliche Fratzen*, grimaces hideuses.
Grieben ['gri:bən] f. pl. CULIN. cretons m. pl. | *Grieben auslassen*, fondre des cretons.
Griebs [gri:ps] m. (es, e) trognon (m.) de pomme.
Grieche ['gri:çə] n. pr. m. (n, n) Grec m. ; Hellène m.
Griechen|land ["gri:çən'lant] n. (s) Grèce f.
Griechentum [-'tu:m] n. (s) hellénisme m.
Griechin ['gri:çin] n. pr. f. (-, nen) Grecque f.
griechisch [-çiʃ] adj. grec. | *das Griechische* ; *die griechische Sprache*, le grec ; la langue grecque. | *griechisch-katholische Kirche*, église grecque unie. | *griechisches Feuer*, feu grégeois. | *griechischrömisch*, gréco-romain.
Gries|gram ['gri:sgram] m. (s, e) grognard m. ||**-grämig** adj. grincheux ; grognon ; bougon.
Grieß [gri:s] m. (es, e) gravier m. ; gros sable ; houille menue. || CULIN. gruau m. ; semoule f. || MÉD. gravelle f.
Grieß|kohle ["gri:s'ko:lə] f. (-, n). MINÉR. charbon fin ; houille menue. ||°**-mehl** n. (s) (farine [f.] de) semoule f.
Griff [grif] m. (s, e) [Tür] poignée f. ; bouton m. || [Messer] manche m. || [Kurbel] manivelle f. || [Degen] poignée f. || [Tasse ; Korb] anse f. || [Handlung ; Zupacken] (action de) saisir, empoigner, prendre ; manière (f.) de prendre ; tour (m.) de main. | *einen Griff nach etwas tun*, saisir, empoigner qch. || FIG. *einen guten Griff tun*, avoir la main heureuse ; toucher juste ; bien tomber. | *etwas im Griff haben*, [geschickt sein] avoir le tour de main, l'habitude de qch. ; [kontrollieren] contrôler ; dominer. | *ein kühner Griff*, un coup hardi. || ZOOL. griffe f. ; serre f.
Griff|brett ['grifbrɛt] n. (s, er). MUS. touches f. pl. ; [Violine] manche m. ; [Klavier] clavier m. ||**-fest** adj. à cran d'arrêt. ||°**-sicherheit** f. sûreté (f.) de prise.
Griffel ['grifəl] m. (s, -) crayon (m.) d'ardoise. || PAR ANAL. style m. ; burin m. ; pointe sèche.
griffig ['grifiç] adj. [umspannbar ; handlich] maniable. || PAR EXT. [geschickt] habile.
Grill [gril] m. (s, s) gril m.
Grille ['grilə] f. (-, n). ZOOL. grillon m. ; cigale f. | *die Grillen zirpen*, les grillons chantent. || FIG., FAM. caprice m. ; lubie f. ; fantaisie f. ; marotte f. | *jm die Grillen vertreiben*, faire passer les lubies à qn. | *Grillen fangen*, se faire des idées noires ; broyer du noir ; FAM. avoir le cafard. | *Grillen im Kopf haben*, avoir des lubies, des idées bizarres.
grillen ['grilən] v. tr. griller.
Grillen|fänger ["grilən'fɛŋər] m. (s, -) esprit (m.) chimérique, fantasque ; songe-creux m.
grillenhaft ['grilənhaft] adj. chimérique ; fantasque ; plein de lubies ; capricieux ; lunatique.
Grimasse [gri'masə] f. (-, n) grimace f. | *Grimassen schneiden*, faire des grimaces.
Grimm [grim] m. (s). (Vx.) fureur f. ; rage f. ; furie f. ; courroux m. | *in Grimm geraten*, se mettre en colère. | *seinen Grimm an jm auslassen*, passer sa colère sur qn.
Grimm|darm ['grimdarm] m. (s, ¨e). ANAT. côlon m.
Grimmen ['grimən] n. (s). MÉD. colique f.
grimmen [-mən] v. impers. avoir des coliques. || FIG. *es grimmt mich*, j'enrage ; cela me met en rage, FAM. en rogne, en boule.
grimmig ['grimiç] adj. [Personen] furieux ; en fureur ; en courroux ; courroucé ; furibond ; FAM. furibard ; en rogne ; en boule. || [Dinge] terrible ; horrible. | *ein grimmiger Hunger*, une faim terrible ; une faim de loup. | *grimmiger Schmerz*, douleur poignante. | *ein grimmiger Frost*, un froid rigoureux ; FAM. un froid de canard. | *grimmiger Kampf*, combat acharné.
Grimmigkeit [-kait] f. rage f. ; fureur f. ; férocité f. ; acharnement m. || PAR ANAL. rigueur f.
Grind [grint] m. (s, e). MÉD. teigne f. ; croûte f. ; eschare f. ; escarre f.
grindig ['grindiç] adj. MÉD. teigneux ; couvert de croûtes ; galeux.
Grind|kraut ['grintkraut] n. (s). BOT. scabieuse f.
grinsen ['grinzən] v. intr. ricaner ; grimacer.
Grinsen [-zən] n. (s). FAM. ricanement m. ; rictus m.
Grippe ['gripə] f. (-, n) grippe f.
grippe|krank ["gripə'kraŋk] adj. malade de la grippe ; grippé.
Grips [grips] m. (es). FAM. jugeote f. | *er hat nicht viel Grips im Kopf*, il a une cervelle d'oiseau. | *er hat ihn beim Grips gepackt*, il l'a pris à la gorge.
gripsen ['gripsən] v. tr. FAM. voler ; chaparder.
grob [gro:p] adj. [massig ; unfein] gros ; qui n'est pas fin ; grossier. | *grobe Hände*, grosses mains. | *grobe Züge*, des traits (m. pl.) épais. | *grobes Sieb*, passoire (f.) à grands trous. | *grobe Feile*, grosse lime. || [dick] *grober Draht*, gros fil. || MIL. [schwer] *grobes Geschütz*, gros canon ; grosse artillerie. || TEXT. [rauh ; derb] *grobes Zeug, Tuch*, tissu (m.) de grosse laine. || MAR. *eine grobe See*, une mer houleuse ; une grosse mer. || [schwer ; kunstlos] grossier ; grossièrement fait. | *grobe Arbeit verrichten*, faire un gros ouvrage, du travail grossier. || *aus dem Groben arbeiten*, dégrossir. || FIG. *er ist aus dem gröbsten heraus*, il a passé le plus dur. || [groß ; schlimm] gros ; grossier ; impudent. | *grobe Lüge*, mensonge grossier. | *ein grober Fehler*, une faute grave. || PAR ANAL. [unhöflich ; unfein] grossier ; vulgaire ; rude. | *grober Mensch*, rustre m. ; lourdaud m. ; rustaud m. | *das ist ein grober Lümmel*, quel mufle ! ; quelle brute ! | *grobes Benehmen*, manières grossières. | *grobe Worte*, gros mots. || PROV. *auf einen groben Klotz gehört ein grober Keil*, à vilain, vilain et demi.
◇ adv. *grob mahlen*, moudre gros. | *grob schreiben*, écrire gros. | *jn grob anfahren*, tancer vertement qn.
Grob|bearbeitung ["gro:pbe'arbaituŋ] f. TECHN. dégrossissage m. ; usinage (m.) préalable. ||**-fädig** adj. TEXT. de texture grossière ; de, à gros fil. ||**-faserig** adj. à grosses fibres. ||°**-feile** f. (-, n). TECHN. grosse lime ; râpe f. ; lime (f.) à dégrossir. ||°**-gewicht** n. (s, e). COMM. poids brut. ||**-haarig** adj. qui a les cheveux, les poils rudes ; à gros poils. ||°**-kohle** f. (-, n) charbon (m.) à gros grains. ||°**-koks** m. (s) gros coke. ||**-körnig** adj. à gros grains. ||**-schlächtig** adj. rustre ; grossier. ||°**-schliff** m. (s, e) dégrossissage (m.) à la meule. ||°**-schmied** m. (s, e) forgeron m.
Grobheit ['gro:phait] f. (-, en) grossièreté f. ; brutalité f. ; rudesse f. ; vulgarité f. || PAR EXT. impertinence f. ; impudence f. ; malhonnêteté f. | *eine Grobheit sagen*, dire une grossièreté. | *Grobheiten begehen*, être, se montrer grossier.
Grobian ['gro:bia:n] m. (s, e) brutal m. ; rustre m. ; lourdaud m. ; goujat m. ; mufle m.
gröblich ['grø:pliç] adj. gros ; grossier. || FIG. *gröbliche Beleidigung*, insulte, offense grossière.
◇ adv. *(sich) gröblich irren*, se tromper grossièrement.
Grog [grɔk] m. (s, s). CULIN. grog m.
grölen ['grø:lən] v. intr. POP. brailler ; beugler.
Gröler [-lər] m. (s, -). POP. braillard m.
Groll [grɔl] m. (s) ressentiment m. ; rancœur f. ; aigreur f. ; amertume f. | *dumpfer Groll*, sourde animosité. | *einen Groll auf jn haben*, avoir, ressentir de l'animosité contre qn. | *ohne Groll*, sans rancune | *Groll gegen jn hegen*, FAM. avoir une dent contre qn.
grollen ['grɔlən] v. intr. gronder. | *der Donner grollt*, le tonnerre gronde, roule. || FIG. *sie grollt ihm*, elle lui en veut ; elle boude.
Grollen [-lən] n. (s) grondement m.
Grön|land ['grø:nlant] n. pr. n. GÉOGR. Groenland m. ||°**-länder(in)** m. (s, -), f. (-, nen). GÉOGR. Groenlandais(e) m. (f.). || °**-landfahrer** m. (s, -). MAR. [Fischer] pêcheur (m.) de baleines ; baleinier m. || [Schiff] baleinier m. || **-ländisch** adj. groenlandais.
Gros [gro:] n. MIL. gros m. | *das Gros der Armee*, le gros de l'armée.
Gros [grɔs] n. (ses, se). COMM. grosse f. ; douze douzaines f. pl. | *sechs Gros*, six grosses.
Groschen ['grɔʃən] m. (s, -) pièce (f.) de dix pfennigs ; gros sou. | *sich ein paar Groschen verdienen*, gagner quelques sous. | *er hat keinen Groschen*, il n'a pas le sou ; il n'a pas un liard.
groß [gro:s] adj. **1.** [ausgedehnt ; umfangreich] grand ; vaste ; haut ; long ; gros. | *großer Buchstabe*, lettre (f.) majuscule ; grande capitale. | *Dresden ist eine große Stadt*, Dresde est une grande ville. | *große Bäume*, de grands arbres. | *ein großes Wasser*, un large cours d'eau. | *ein großes Buch*, un livre de grand format. | *große Augen machen*, faire de grands yeux. | *groß und klein*, grands et petits. | *in großen Abständen gehen*, marcher séparés par de grands intervalles. | *es entstand eine große Pause*, il se fit un long silence. | *die große Pause*, le long entracte. | *das große Los*, le gros lot. | *Groß-Berlin*, le grand Berlin. | *Großbetrieb*, grande entreprise. || MAR. *eine große Fahrt*, un long voyage en mer. | *große Fahrt machen*, naviguer à toute allure. **2.** [zahlreich ; in Menge] grand. | *ein große Anzahl Zuschauer*, un grand nombre de spectateurs. | *die große Armee*, la grande armée. | *zu einem großen Teil*, en grande

partie. | *zum größten Teil*, en majeure partie. | *im großen und ganzen*, en gros ; grossièrement ; à grands traits ; en résumé.
3. [stark] *große Hitze*, grande chaleur. | *große Kälte*, grand froid. | *große Freude*, grande joie. | *große Traurigkeit*, grande tristesse. | *großen Hunger haben*, avoir grand faim. | *großen Durst haben*, avoir grand soif. | *die beiden Brüder haben eine große Ähnlichkeit*, ces deux frères offrent une grande ressemblance. | *große Stücke auf jn halten*, faire grand cas de qn. | *er führt das große Wort im Kreise*, il donne le ton. || FAM. *große Töne reden, spucken*, fanfaronner.
4. [bedeutend] *große Männer*, de grands hommes. | *große Gedanken*, de grandes pensées. | *große Namen*, de grands noms. | *Karl der Große*, Charlemagne. | *ein großer Gelehrter*, un grand savant. | *ein großer Jäger vor dem Herrn*, un grand chasseur devant l'Éternel. || PROV. *kleine Diebe hängt man, große läßt man laufen*, les petits payent pour les grands.
5. [vornehm ; edel] *ein großes Herz*, un cœur généreux. | *eine große Seele*, une grande âme. | *von großer Geburt*, de haute extraction. | *aus großem Geschlecht*, d'ascendance illustre. | *große Weine*, de grands vins. || LOC. *den großen Herrn spielen*, vivre sur un grand pied.
6. [erwachsen] *er ist jetzt groß*, il est adulte. | *groß werden*, grandir. | *mein großer Bruder*, mon grand frère. ◇ adv. *ein Wort groß schreiben*, mettre une majuscule à un mot. | *jn groß anschauen*, regarder qn avec de grands yeux. | *es liegt ihm nicht groß daran*, il y attache peu de prix ; il s'en soucie peu. | *auf Ermahnungen hält er nicht groß*, il ne fait pas grand cas des conseils. | *großtun*, plastronner. | *groß von jm denken*, avoir une haute opinion de qn.

Groß|admiral ["gro:sadmi'ra:l] m. (s, e). MAR. grand-amiral m. ||**-artig** adj. magnifique ; grandiose ; majestueux ; sublime. ||°**-artigkeit** f. magnificence f. ; majesté f. ; sublime m. ||**-bäuchig** adj. ventru ; ventripotent. ||°**-betrieb** m. (s, e). COMM. exploitation (f.) en grand ; grande entreprise. ||°**-britannien** n. pr. n. GÉOGR. Grande-Bretagne f. ||**-britannisch** adj. britannique. ||**-deutsch** adj. pangermaniste. ||°**-eltern** m. pl. grands-parents m. pl. ||°**-enkel** m. (s, -) arrière-petit-fils m. ||°**-enkelin** f. (-, nen) arrière-petite-fille f. ||°**-fürst** m. (en, en) grand-duc m. ||°**-fürstentum** n. (s, ¨er) grand-duché m. || °**-gewerbe** n. (s, -) grande industrie. ||°**-grundbesitz** m. (es) grande propriété. ||°**-grundbesitzer** m. (s, -) grand propriétaire ; propriétaire foncier, terrien. ||°**-handel** m. (s) commerce (m.) en, de gros. ||°**-handelsindex** m. (es, e ou dizes, e). COMM. indice (m.) des prix de gros. ||°**-handelspreis** m. (es, e). COMM. prix (m.) de gros. ||°**-händler** m. (s, -) marchand (m.) de gros ; grossiste m. ||°**-handlung** f. (-, en) magasin (m.) de gros. ||**-herzig** adj. magnanime ; généreux. ||°**-herzigkeit** f. magnanimité f. ; générosité f. ; noblesse (f.) de cœur. ||°**-herzog** m. (s, ¨e) grand-duc m. ||°**-herzogin** f. (-, nen) grande-duchesse f. ||°**-herzogtum** n. (s, ¨er) grand-duché m. ||°**-hirn** n. (s, e) cerveau m. ||°**-hundert** n. (s, e). COMM. dix douzaines f. pl. ||**-jährig** adj. majeur. ||°**-jahrigkeit** f. majorité f. ||**-kalibrig** adj. de gros calibre. ||°**-kämmerer** m. (s, -) grand chambellan. ||°**-kaufmann** m. (s, -leute) négociant (m.), commerçant (m.) en gros. ||°**-knecht** m. (s, e) maître valet m. ||**-köpfig** adj. MÉD. macrocéphale. ||°**-köpfige(r)** f. (m.). MÉD. macrocéphale s. ||°**-kreuz** n. (es, e) grand-croix f. ||°**-loge** f. Grand-Orient m. ||°**-macht** f. (-, ¨e). POLIT. grande puissance. ||°**-machtpolitik** f. impérialisme m. ||°**-mama** f. (-, s). FAM. grand-maman ; mémère f. ||°**-markt** m. (s, ¨e) hypermarché m. ||**-maschig** adj. à grandes mailles. ||°**-mast** m. (es, e[n]). MAR. grand mât. ||°**-maul** n. (s, ¨er). FAM. braillard m. ; vantard m. ||**-mäulig** adj. FIG., FAM. vantard ; braillard. ||°**-mut** f. magnanimité f. ; grandeur (f.) d'âme ; générosité f. ; noblesse (f.) de cœur. ||**-mütig** adj. magnanime ; généreux ; qui a des sentiments nobles, élevés. ||°**-mütigkeit** f. V. GROSSMUT. ||°**-mutter** f. (-, ¨) grand-mère f. ||°**-neffe** m. (n, n) petit-neveu m. ||°**-nichte** f. (-, n) petite-nièce f. °**-onkel** m. (s, -) grand-oncle m. ||°**-papa** m. (s, s). FAM. grand-papa m. ||°**-raumbüro** n. (s, s) bureau paysagé. ||°**-raumflugzeug** n. (s, e). AÉRON. gros-porteur m. ||°**-raumwagen** m. (s, -). [Eisenbahn] wagon (m.) avec couloir central. ||°**-reinemachen** n. (s). FAM. nettoyage général, à fond. ||°**-russe** n. pr. m. (n, n) Grand-Russien m. ||°**-rußland** n. pr. n. Grande-Russie f. ||°**-schnauze** f. (-, n). FAM. hâbleur m. ||**-schnäuzig** adj. vantard ; braillard. ||°**-segel** n. (s, -). MAR. grande-voile f. ; cape f. ||°**-sender** m. (s, -). RADIO. poste émetteur à grande puissance. ||°**-siegelbewahrer** m. (s, -). POLIT. garde (m.) des Sceaux. ||°**-speicher** m. (s, -). INF. mémoire (f.) de masse. ||°**-sprecher** m. (s, -) hâbleur m. ; fanfaron m. ||°**-sprecherei** f. (-, en) hâblerie f. ; fanfaronnade f. ||**-sprecherisch** adj. vantard ; fanfaron. ||**-spurig** adj. FIG. fanfaron ; vantard. ||°**-stadt** f. (-, ¨e) grande ville. ||°**-städter** m. (s, -) habitant (m.) d'une grande ville. ||°**-tante** f. (-, n) grand-tante f. ||°**-tat** f. (-, en) haut fait ; prouesse f. ; exploit m. ||°**-tuer** m. (s,-) vaniteux m. ; vantard m. ; fanfaron m. ||°**-tuerei** f. (-, en) vantardise f. ; fanfaronnade f. ; rodomontade f. ||**-tuerisch** adj. fanfaron ; vantard. ||**-tun** (tat, getan) v. intr. se donner de grands airs ; faire l'important. ||°**-vater** m. (s,¨) grand-père m. ||°**-wesir** m. (s, e) grand vizir. ||**-ziehen** (zog, gezogen) v. tr. élever. ||**-zügig** adj. FIG. à larges vues ; qui voit grand ; de grand style. | *großzügiger Mensch*, l'homme large, généreux, libéral. ||°**-zügigkeit** f. largeur (f.) de vue ; grand style.

Größe ['grø:sə] f. (-, n) grandeur f. ; taille f. ; stature f. ; volume m. ; ampleur f. ; célébrité f. | *Größe eines Landes*, étendue (f.) d'un pays. | *seelische Größe*, grandeur d'âme ; magnanimité f. ; générosité f. || COMM. [Höhe] *Größe des Betrages*, montant (m.) de la somme. | *Mäntel in allen Größen*, des manteaux (m. pl.) en toutes tailles. || MATH. *eine bekannte, unbekannte, gegebene Größe*, une grandeur connue, inconnue, donnée.

Größen|lehre ["grø:sən'le:rə] f. mathématiques f. pl. ||°**-ordnung** f. ordre (m.) de grandeur. || °**-verhältnis** n. (ses, se) proportion f. ||°**-wahnsinn** m. (s) folie (f.) des grandeurs ; mégalomanie f.

großen|teils ["gro:sən'tails] adv. en grande, en majeure partie ; pour la plupart.

Grossist [grɔ'sist] m. (en, en) commerçant (m.), marchand (m.) en gros ; grossiste m.

größten|teils ["grø:stən'tails] adv. en majeure partie ; pour la plupart.

Größt|maß ['grø:stma:s] n. (es, e) cote (f.) maximum. ||°**-wert** m. (s, e) valeur maximale, optimale.

grotesk [grɔ'tɛsk] adj. bizarre ; extravagant ; ridicule ; grotesque.
— SYN. : *verkehrt*, absurde ; *ausschweifend*, extravagant ; *fratzenhaft*, bouffon, grimaçant.

Groteske [-kə] f. (-, n). ARTS. grotesque m. ; arabesques f. pl. ; dessins bizarrement entrelacés.

Grotte ['grɔtə] f. (-, n) grotte f. ; caverne f.

Grubber ['grubər] m. (s, -). AGRIC. extirpateur m. ; déchaumeur m. ; scarificateur m.

Grübchen ['grypçən] n. (s, -). ANAT. fossette f.

Grube ['gru:bə] f. (-, n) fosse f. ; excavation f. ; trou m. || MINES. *in die Grube einfahren*, descendre dans la mine. || PROV. *wer andern eine Grube gräbt, fällt selbst hinein*, tel est pris qui croyait prendre.

Grübelei [gry:bə'lai] f. (-, en) profonde réflexion ; rêverie f. ; songerie f. ; cogitation f. ; rumination f. || PAR ANAL. méditation (f.) pénible ; pensées (f. pl.) moroses.

grübeln ['gry:bəln] v. intr. ruminer ; se creuser l'esprit, la tête, la cervelle ; FAM. gamberger.

Gruben|anlage ["gru:bən'anla:gə] f. (-, n). siège (m.) d'extraction ; exploitation minière. ||°**-anschluß** m. (es, ¨e), °**-anschlußbahn** f. (-, en) raccordement (m.) de mines. ||°**-arbeit** f. (-, en) travail (m.) dans les mines ; travail minier. ||°**-arbeiter** m. (s, -) mineur m. ; carrier m. ||°**-ausbau** m. (es, ten) cuvelage m. ||°**-bahn** f. (-, en) voie (f.) de mine. ||°**-bau** m. (s, ten) exploitation minière. ||°**-belegschaft** f. (-, en) effectif (m.), personnel (m.) d'une mine. ||°**-betrieb** m. (s, e) exploitation minière. ||°**-fahrt** f. (-, en) descente (f.) dans la mine. ||°**-feld** n. (s, er) district (m.), concession (f.) des mines ; champ (m.) d'exploitation. ||°**-förderwagen** m. (s, -) wagonnet (m.), berline (f.) de mine. ||°**-gas** n. (es, e) grisou m. ; gaz (m.) de mine ; [England] mo(u)fette f. ||°**-gasanzeiger** m. (s, -) grisoumètre m. ||°**-holz** n. (es, ¨er) bois (m.) de mine. ||°**-hund** m. (s, e) wagonnet (m.), berline (f.) de mine. ||°**-kipper** m. (s, -) culbuteur (m.) à fosse. ||°**-lampe** f. (-, en) lampe (f.) de mine, de mineur, de sûreté. ||°**-steiger** m. (s, -) porion m. ||°**-stempel** m. (s, -) support m. ; étançon m. ||°**-wasser** n. (s) eau (f.) d'infiltration. ||°**-wehr** f. (-, en) brigade (f.) de sauvetage. ||°**-wetter** n. air (m.) fixe, méphitique.

Grübler ['gry:plər] m. (s, -) rêveur m. ; songe-creux m.

grüblerisch [-riʃ] adj. songe-creux ; songeur ; rêveur.

Gruft [gruft] f. (-, ¨e). Poét. caveau m. ; tombe f. ; crypte f.

Grum(me)t ['grum(mə)t] n. (s, e). Agric. regain m. ; deuxième coupe.

grün [gry:n] adj. vert. **1.** *das grüne Laub*, le feuillage vert. | *die grüne Flur*, la verte campagne. || [Verkehr] *grüne Welle*, système coordonné de feux.
2. *grünes Gemüse*, des légumes verts ; des légumes frais. | *grüne Heringe*, harengs frais. | *grünes Obst*, fruits verts. | *ein grüner Junge*, un blanc-bec. | *hellgrün*, vert clair. | *dunkelgrün*, vert foncé.
3. Loc. *er kommt auf keinen grünen Zweig*, il n'avance pas ; il piétine. | *die grüne Seite (eines Menschen)*, le bon côté ; le côté du cœur. | *sie sind ihm am Hofe nicht grün* (Schiller, « Wallenstein »), les gens de cour ne lui sont pas favorables. | *es wird ihm grün und blau vor den Augen*, il est vert de peur. | *grün und gelb vor Neid werden*, pâlir d'envie. | *etwas über den grünen Klee loben*, louer qch. au-delà de toute mesure. || [Kartenspiel] *Grün ausspielen*, jouer pique.

Grün [gry:n] n. (s) vert m. | *das frische Grün der Wiesen und Felder*, le vert tendre des prairies et des champs. | *giftiges Grün*, vert criard. | *ins Grüne fahren*, aller se promener dans la campagne. || Loc. *bei Mutter Grün schlafen*, dormir à la belle étoile.
◇ pl. **die Grünen**, Polit. les verts m. pl.

Grün|anlage ["gry:n'anlagə] f. (-, n) espace vert. ||°-**donnerstag** m. (s, e). Relig. jeudi saint. ||°-**düngung** f. engrais vert. ||°-**fink** m. (en, en). Zool. verdier m. ||°-**fläche** f. (-, n) terrain gazonné ; espace vert. ||°-**futter** n. (s) fourrage vert. ||-**gelb** adj. jaune verdâtre. ||°-**kohl** m. (s, e). Bot. chou vert. ||°-**kram** m. (s) légumes verts. ||°-**schenkel** m. (s, -). Zool. chevalier aboyeur. ||°-**schnabel** m. (s, ¨). Fam. blanc-bec m. ||°-**span** m. (s) vert-de-gris m. ||°-**specht** m. (s, e). Zool. pivert m. ||°-**stein** m. (s, e) porphyre m.

Grund [grunt] m. (s, ¨e).

> **I.** [Erdboden] sol m. ; terre f. ; terrain m.
> **II.** [Bodenvertiefung] dépression f. ; vallon m.
> **III.** [Grundfläche] fond m.
> **IV.** [Unterbau] fondation f. ; fondement m.
> **V.** [Kunst] fond m.
> **VI.** Géol. [Satz] dépôt m. ; sédiment m.
> **VII.** [Ursache ; Anlaß] cause f. ; motif m.
> **VIII.** Loc.

I. [Erdboden ; Feld ; Acker] sol m. ; terre f. ; terrain m. | *dieses Haus steht auf felsigem Grund*, cette maison est bâtie sur un terrain rocheux. | *auf eigenem Grund (und Boden) leben*, vivre sur sa terre. | *Grund und Boden erwerben*, acquérir de la terre.
II. [Bodenvertiefung] dépression f. ; creux m. ; vallon m. | *ein kühler Grund*, un frais vallon. | *in des Waldes tiefsten Gründen* (Eichendorff), au plus profond des bois.
III. [Grundfläche] fond m. | [im Wasser] *den Grund unter den Füßen verlieren*, perdre pied (dans l'eau). | *er half ihr auf festen Grund*, il l'aida à reprendre pied. | *das Schiff läuft auf Grund*, le navire touche le fond. | *der Grund eines Fasses*, le fond d'un tonneau. | *ein Faß bis auf den Grund leeren*, vider complètement un tonneau. || Fig. *im Grunde seines Herzens*, au fond du cœur. || Mar. *ein Schiff in den Grund bohren*, envoyer un navire par le fond.
IV. [Unterbau] fondation f. ; fondement m. | *ein Gebäude vom Grund aus aufmauern*, élever un édifice depuis les fondations. || Fig. *den Grund zu einer Wissenschaft legen*, établir les fondements d'une science. | *seinen Ausführungen liegt viel Überlegung zugrunde*, ses développements s'appuient sur une longue réflexion.
V. [Kunst] fond m. | *rote Blumen auf grünem Grund*, des fleurs rouges sur fond vert. || Mus. *Grundton*, note fondamentale. || Fig. *der Grundton dieses Romans ist pessimistisch*, ce roman est foncièrement pessimiste. || Techn. *Grundfarbe*, couche (f.) d'impression.
VI. Géol. [Satz ; Niederschlag] dépôt m. ; sédiment m.
VII. [Ursache ; Anlaß] cause f. ; raison f. ; motif m. | *der Grund meines Handelns*, la raison de mon action. | *etwas mit guten Gründen unterbauen*, étayer qch. sur de bonnes raisons. | *er hat allen Grund zu glauben, daß*, il a toutes raisons de croire que. | *ohne Grund etwas tun*, faire qch. sans raisons, sans motif. | *er tut das aus dem einfachen Grunde, weil*, il fait cela simplement parce que. | *keinen Grund zum Klagen haben*, n'avoir aucune raison de se plaindre. | *triftige, stichhaltige, zwingende Gründe*, des arguments valables, solides, contraignants. | *aus Gründen der Hygiene*, pour des raisons d'hygiène.
VIII. Loc. *etwas in den Grund hinein, bis auf den Grund zerstören*, détruire qch. de fond en comble. | *einer Sache auf den Grund gehen*, examiner une chose à fond. | *im Grunde hast du recht*, au fond tu as raison. | *im Grunde genommen*, à la vérité. | *von Grund auf gut sein*, être foncièrement bon. | *sich von Grund auf bessern*, faire un complet retour sur soi. | *etwas von Grund aus ändern*, changer qch. de fond en comble, radicalement.

Grund|adel ["grunt'a:dəl] m. (s) noblesse terrienne. ||°-**akzent** m. (s, e). Gramm. accent principal. ||°-**anstrich** m. (s, e). Techn. première couche ; couche (f.) de fond. ||°-**ausbildung** f. (-, en) formation initiale. ||°-**ausführung** f. (-, en). Inf. configuration (f.) de base. ||°-**ausstattung** f. (-, en). Inf. équipement standard. ||°-**bau** m. (s, ten). Archit. fondement m. ; fondations f. pl. ; substruction f. ||°-**bedeutung** f. sens premier. ||°-**bedingung** f. (-, en) condition fondamentale. ||°-**begriff** m. (s, e) principe fondamental ; idée, notion fondamentale. ||°-**besitz** m. (es, e) propriété foncière ; bien-fonds m. | *unterirdischer Grundbesitz*, tréfonds m. ||°-**besitzer** m. (s, -) propriétaire terrien, foncier. ||°-**bestandteil** m. (s, e) élément m. ; partie intégrante. ||°-**blei** n. (s). Mar. sonde f. ||-**böse** adj. foncièrement méchant. ||°-**buch** n. (s, ¨er) livre foncier ; cadastre m. || Par ext. registre (m.) des hypothèques. ||-**ehrlich** adj. foncièrement honnête. ||°-**eigentum** n. (s, ¨er) propriété foncière. ||°-**eigentümer** m. (s, -) propriétaire foncier, terrien. ||°-**element** n. (s, e) élément m. ; base f. ; début m. || Math. *Grundelemente der Mathematik*, mathématiques (f. pl.) de base. ||-**falsch** adj. absolument, entièrement faux. ||°-**fehler** m. (s, -) défaut, vice principal, fondamental ; faute fondamentale, capitale. ||°-**feste** f. (-, n). Fig. fondement m. ; base (f.) solide. | *an den Grundfesten des Staates rütteln*, ébranler les fondements de l'État. ||°-**fläche** f. (-, n). Math. base f. ; plan inférieur. ||°-**form** f. (-, en) forme primitive, fondamentale ; type m. || Gramm. infinitif m. ||°-**gebühr** f. (-, en). Adm. taxe (f.) de base ; taxe (f.) fixe. ||°-**gedanke** m. (n, n) idée dominante, fondamentale. ||°-**gehalt** n. (s, ¨er). Adm. traitement (m.) de base. ||°-**gesetz** n. (es, e). Jur. loi fondamentale. || Polit. constitution f. ||°-**herr** m. (n, en) seigneur m. ; propriétaire foncier. ||°-**herrschaft** f. Hist. seigneurie f. ||°-**irrtum** m. (s, ¨er) erreur foncière, capitale, fondamentale. ||°-**kapital** n. (s, ien). Comm., Fin. fonds social ; capital (m.) d'apport ; [Aktiengesellschaft] capital social. ||°-**lage** f. (-, n) fondement m. ; base f. ; assises f. pl. || Fig. élément m. ; fondement m. ; base f. ; soutien m. ||°-**lagenforscher(in)** m. (s, -), f. (-, nen) fondamentaliste s. ||°-**lagenforschung** f. (-, en) recherche (f.) fondamentale. ||-**legend** adj. fondamental ; capital. ||°-**legung** f. (-, en) fondation f. || Fig. institution f. ||°-**linie** f. (-, en) base f. ; grandes lignes. || Math. base f. ||°-**lohn** m. (s, ¨e) salaire (m.) de base. ||-**los** adj. sans fond ; insondable. || Par anal. défoncé. | *grundlose Wege*, chemins défoncés. || Fig. mal fondé ; dénué de fondement. — adv. sans raison ; sans motif. | *er wurde grundlos entlassen*, il fut renvoyé sans motif. ||°-**losigkeit** f. profondeur f. ; fig. absence (f.) de fondement. ||°-**mauer** f. (-, n). Archit. soubassement m. ||°-**nahrungsmittel** n. (s, -) aliment (m.) de base. ||°-**norm** f. (-, en). Nucl. norme (f.) de base. ||°-**pfand** n. (s, ¨er). Jur. hypothèque f. ||°-**pfeiler** m. (s, -). Archit. pilier m. ; base f. || Fig. soutien m. ||°-**rechnungsarten** f. pl. Math. *die vier Grundrechnungsarten*, les quatre règles fondamentales de l'arithmétique ; fam. les quatre opérations f. pl. ||°-**recht** n. (s, e). Jur. droit fondamental. | *die Grundrechte*, les libertés publiques. || Agric. droit foncier. || Hist. droit seigneurial. ||°-**regel** f. (-, n) règle fondamentale. ||°-**rente** f. (-, n) rente foncière. ||°-**riß** m. (es, e) esquisse f. ; grandes lignes. || Archit. *Grundriß eines Gebäudes*, plan horizontal, tracé (m.) d'un bâtiment ; plan (m.) de construction. || Fig. abrégé m. ; précis m. ||°-**satz** m. (es, ¨e) principe m. ; maxime f. ; axiome m. ; sentence f. ; aphorisme m. ; règle (f.) de conduite. | *gute Grundsätze*, de bons principes. | *keine Grundsätze haben*, manquer de principes. | *von seinen Grundsätzen nicht abgehen, abweichen*, ne pas s'écarter de, ne pas déroger à ses principes. | *an seinen Grundsätzen festhalten*, rester fidèle à ses principes. || Jur. *Grundsatz* *der Verhältnismäßigkeit*, principe (m.) de la proportionnalité. ||**-sätzlich** adv. par principe ; délibérément. ||°**-satzurteil** n. (s, e). JUR. jugement (m.) au fond. ||**-schlecht** adj. foncièrement mauvais ; détestable. ||°**-schuld** f. (-, en). JUR. hypothèque f. ||°**-schule** f. (-, n) école (f.) primaire. ||°**-see** f. MAR. lame (f.) de fond. ||°**-silbe** f. (-, n). GRAMM. radical m. ||°**-stein** m. (s, e). ARCHIT. pierre (f.) angulaire ; pierre (f.) de base. | *den Grundstein legen*, poser la première pierre. ||°**-stellung** f. (-, en). MIL. position normale ; garde-à-vous m. ||°**-steuer** f. (-, n). FIN. impôt foncier ; contribution foncière. ||°**-stoff** m. (s, e). CHIM. corps (m.) simple ; élément m. ; matière première. ||°**-strich** m. (s, e). [Schrift] jambage m. ; plein m. ||°**-stück** n. (s, e). [Erde] fonds m. ; pièce (f.) de terre. || PAR EXT. [Bauplatz] terrain (m.) à bâtir. | [bebauter Platz] propriété bâtie ; immeuble m. ||°**-taxe** f. (-, n) taxe (f.) de base, fixe. ||°**-ton** m. (s, ¨e). MUS. note fondamentale ; son fondamental ; tonique f. ; dominante f. || FIG. note dominante. ||°**-tugend** f. (-, en) vertu cardinale. ||°**-übel** n. (s, -) vice originel, foncier ; mal foncier. ||°**-ursache** f. (-, n) cause première, fondamentale. ||°**-vermögen** n. (s) fonds m. pl. ; capital m. ; fortune immobilière. ||**-verschieden** adj. radicalement, complètement différent. ||°**-waage** f. (-, n). TECHN. niveau (m.) de maçon. ||°**-wahrheit** f. (-, en) vérité fondamentale. || °**-wasser** n. (s) eaux souterraines ; nappe (f.) phréatique, aquifère. ||°**-wort** n. (es, ¨er). GRAMM. racine f. ; radical m. ||°**-zahl** f. (-, en). MATH. nombre cardinal. ||°**-zug** m. (s, ¨e) trait principal, fondamental ; caractéristique f. | *Grundzüge der Wissenschaften*, éléments (m. pl.) des sciences. ||°**-zustand** m. (s, ¨e). PHYS. état fondamental.

Grundel ['grundəl] f. (-, n). ZOOL. goujon m.

gründen ['gryndən] v. tr. [den Grund legen] fonder ; jeter les fondements de ; instituer ; établir ; ériger ; créer. || ARCHIT. *einen Bau gründen*, fonder un édifice. || FIG. fonder ; bâtir ; créer ; établir. | *eine Stadt gründen*, fonder une ville. | *sein Urteil auf Tatsachen gründen*, fonder son jugement sur des faits.

◇ v. pr. **sich gründen,** se fonder ; se baser, s'appuyer, reposer sur. | *sich auf die Erfahrung gründen*, se fonder sur l'expérience.

◇ v. intr. trouver, avoir son fond. || PROV. *stille Wasser gründen tief*, il n'est pire eau que l'eau qui dort.

Gründer [-dər] m. (s, -) fondateur m. ; créateur m.

Gründer|aktie ["gryndər'aktsiə] f. (-, n), °**-anteil** [-'antail] m. (s, e). FIN. part (f.) de fondateur ; part bénéficiaire. ||°**-jahre** n. pl., °**-zeit** f. années (f. pl.) de fondation (de l'Empire).

grundieren [grun'di:rən] v. tr. 1° fonder ; préparer ; apprêter ; 2° donner la première couche (de peinture).

Grundier|farbe [grun"di:r'farbə] f. (-, n) première couche (de peinture). ||°**-mittel** n. (s, -) peinture (f.) d'apprêt.

gründlich ['gryntliç] adj. qui approfondit ; qui va au fond des choses ; profond. | *eine gründliche Arbeit leisten*, exécuter un travail, une besogne consciencieusement, à fond. | *gründliche Kenntnisse in etwas haben*, être versé, être expert dans qch.

◇ adv. soigneusement ; à fond. | *gründlich lernen*, étudier à fond. | *eine Frage gründlich behandeln*, traiter une question à fond, de manière exhaustive. | *gründlich vorgehen*, procéder méthodiquement. || FIG. radicalement. | *sich gründlich täuschen*, se tromper totalement. | *jm gründlich die Meinung sagen*, dire son fait à qn.

Gründlichkeit [-kait] f. profondeur f. ; solidité f.

Gründling ['gryntliŋ] m. (s, e). ZOOL. goujon m.

Gründung ['grynduŋ] f. (-, en) fondation f. ; (action de) fonder ; création f. | *Gründung einer Stadt*, fondation d'une ville. || COMM., FIN. constitution f. ; fondation f. | *Gründung durch Einlagen, in bar*, fondation par apports, en espèces.
— SYN. : *Errichtung*, fondation ; *Anlage*, établissement ; *Schöpfung*, création ; *Bildung*, constitution.

Gründungs|akt ["gryndunŋs'akt] m. (es, e) fondation f. ; acte constitutif. ||°**-aktie** f. (-, n). FIN. action (f.) de fondation, d'apport. ||°**-kapital** n. (s, ien). COMM. capital initial ; capital (m.) de fondation.

grünen ['gry:nən] v. intr. devenir vert ; se couvrir de verdure ; verdir ; verdoyer.

grünlich ['gry:nliç] adj. verdâtre.

Grünling [-liŋ] m. (s, -). ZOOL. verdier m. || FIG. blanc-bec m.

grunzen ['gruntsən] v. intr. grogner.

Grunzen [-tsən] n. (s) grognement m.

Gruppe ['grupə] f. (-, n) groupe m. ; rassemblement m. | *in Gruppen zusammenstehen*, former des groupes ; être disposés en groupes. | *eine Gruppe von Bäumen*, un bouquet d'arbres.

Gruppen|aufnahme ["grupən'aufna:mə] f. (-, n), °**-bild** n. (s, er) photographie (f.) de groupe. ||°**-dynamik** f. (-) dynamique (f.) de groupe. ||°**-feuer** n. (s). MIL. tir (m.) par rafales. ||°**-therapie** f. (-, n). MÉD. thérapie (f.) de groupe. ||**-weise** adv. en groupe, par groupes.

gruppieren [gru'pi:rən] v. tr. grouper ; masser.

Gruppierung [-ruŋ] f. (-, en) groupement m.

Grus [gru:s] m. (es) décombres m. pl. ; poussière (f.) de pierre. || poussier (m.) de charbon.

gruselig ['gru:zəliç] adj. FAM. qui donne le frisson, la chair de poule. | *eine gruselige Geschichte*, une histoire à faire dresser les cheveux (sur la tête).

gruseln [-zəln] v. intr. FAM. avoir le frisson ; frissonner. | *mich gruselt(s) ; es gruselt mir*, j'ai le frisson, la chair de poule.

Grusel|roman ["gru:zəlro'ma:n] m. (s, e) roman noir.

Gruß [gru:s] m. (es, ¨e) salut m. ; salutation(s) f. (pl.) ; civilités f. pl. ; compliments m. pl. ; respects m. pl. ; hommages m. pl. | *ein ehrerbietiger Gruß*, un salut empressé. | *mit freundlichem, herzlichem Gruß !*, avec toutes mes, nos amitiés. | *jm die Hand zum Gruß(e) reichen*, tendre la main à qn pour le saluer. | *Grüße sagen, bringen*, dire, transmettre des compliments.
— SYN. : *Begrüßung*, salut ; *Begrüßen*, salutation ; *Ehrenbezeigung*, hommages ; *Aufwartung*, respects, devoirs ; *Höflichkeitsbezeigungen*, civilités.

grüßen ['gry:sən] v. tr. saluer. | *jn grüßen*, saluer qn. | *grüß deine Mutter !*, mes hommages, mes respects à ta mère. | *Gott grüß(e) dich ! ; grüß Gott !*, salut à toi ! ; salut !

Gruß|formel ["gru:s'fɔrməl] f. (-, n) formule (f.) de politesse.

Grütze ['grytsə] f. (-, n). CULIN. gruau m. ; bouillie f. || FIG., FAM. cervelle f. ; intelligence f. | *wenig Grütze im Kopfe haben*, manquer de cervelle.

G-Saite ["ge:'zaitə] f. (-, n). MUS. grosse corde. ||°**-schlüssel** m. (s, -). MUS. clef (f.) de sol.

Guanako [gua'nako] n. (s, s). ZOOL. guanaco m.

Guasch|malerei ["gwaʃma:lə'rai] f. peinture (f.) à la gouache ; gouache f.

gucken ['gukən] v. intr. FAM. jeter un coup d'œil ; regarder ; lorgner. || POP. reluquer. | *aus dem Fenster gucken*, regarder par la fenêtre. | *das Hemd guckt aus der Hose*, la chemise sort de la culotte. | *der Schelm guckt ihm aus den Augen*, il a le regard, l'œil fripon. | *sich die Augen aus dem Kopf gucken*, écarquiller les yeux. || FIG. *zu tief ins Glas gucken*, boire un coup de trop. | *in den Mond gucken*, rentrer bredouille.

Gucker [-kər] m. (s, -). FAM. [Augen] œil m. || [neugieriger Betrachter] voyeur m. || [Fernglas] lorgnette f.

Guck|fenster ["guk'fɛnstər] n. (s, -) vasistas m. ; guichet m. ; regard m. ; judas m. ||°**-glas** n. (es, ¨er). FAM. lorgnon m. ; lorgnette f. ||°**-loch** n. (s, ¨er) œilleton m. ; judas (m.) optique.

Guerilla [ge'rilja] f. (-, s) guérilla f. ; guerre (f.) de partisans. || PAR EXT. troupe (f.) de partisans.

Guilloche [gi'jɔʃə] f. (-, n) guilloche f.

Guillotine [gijɔ'ti:nə] f. (-, n) guillotine f.

guillotinieren [-ti'ni:rən] v. tr. guillotiner.

Gulasch [gu'laʃ] n. (es). CULIN. goulache f. || MIL., ARG. *Gulaschkanone*, roulante f.

Gulden ['guldən] m. (s, -) florin m.

gülden ['gyldən] adj. POÉT. d'or ; en or ; doré.

Gülle ['gylə] f. (-, n). AGRIC. purin m.

Gully ['guli] m. ou n. (s, s) bouche (f.) d'égout.

gültig ['gyltiç] adj. valable. | *diese Fahrkarte ist noch gültig*, ce billet est encore valable. || JUR. valide. | *gültig werden*, devenir effectif.

Gültigkeit [-kait] f., validité f. ; admissibilité f. ; vigueur f.

Gummi ['gumi] n. (s). [Saft] gomme f. ; caoutchouc m.

Gummi ['gumi] m. (s, s) gomme (f.) à effacer.

Gummi|arabikum ["gumi'ara:bikum] n. (s) gomme (f.) arabique. ||**-artig** adj. gommeux. ||°**-ball** m. (s, ¨e). balle f. ; ballon m. ||°**-band** n. (s, ¨er) élastique m. ; caoutchouc m. ||°**-baum** m. (s, ¨e). BOT. caoutchouc m. ; caoutchoutier m. ; hévéa m. || °**-bereifung** f. (-, en). AUTOM. bandages (m. pl.) en caoutchouc ; pneus m. pl. ||°-**dichtung** f. (-, en). TECHN. joint (m.) de caoutchouc. ||°-**flicken** m. (s, -) rustine f. ||-**haltig** adj. gommeux. ||°-**kabel** n. (s, -). TECHN. câble isolé au caoutchouc. ||°-**knüppel** m. (s, -) matraque (f.) de caoutchouc. ||°-**lack** m. (s, e) gomme (f.) laque. ||°-**lösung** f. TECHN. dissolution f. ||°-**mantel** m. (s, ¨) imperméable m. ||°-**rad** n. (s, ¨er) roue caoutchoutée. ||°-**reifen** m. (s, -) pneu m. ||°-**schlauch** m. (s, ¨e). AUTOM. chambre (f.) à air. || TECHN. tuyau (m.) de caoutchouc. ||°-**schnur** f. (-, ¨e) élastique m. ||°-**schuhe** m. pl. caoutchoucs m. pl. ; snow-boots m. pl. ||°-**strumpf** m. (s, ¨e) bas (m.) élastique, à varices. ||°-**vorleger** m. (s, -) tapis (m.) en caoutchouc. ||°-**waren** f. pl. COMM. articles (m. pl.) en caoutchouc.

gummieren [gu'mi:rən] v. tr. TECHN. gommer ; caoutchouter.

Gummierung [-ruŋ] f. (-, en) gommage m.

Gundel|kraut ["gundəl'kraut] n. (s), °-**rebe** [-'re:bə] f. (-), **Gunder|mann** ["gundər'man] m. (s) lierre (m.) terrestre.

Günsel ['gynzəl] m. (s). BOT. bugle f.

Gunst [gunst] f. faveur f. ; grâce f. ; bonnes grâces ; protection f. ; bienveillance f. | *bei jm in Gunst stehen*, être en grande, en haute faveur auprès de qn ; être dans les bonnes grâces de qn. | *js Gunst erlangen*, obtenir, gagner la faveur de qn. | *sich um js Gunst bemühen, bewerben*, briguer, demander la faveur de qn. | *eine Gunst gewähren*, accorder une faveur. | *die Gunst des Glücks*, les faveurs de la fortune. | *zu js Gunsten*, en faveur, au profit de qn.

Gunst|bezeigung ["gunstbə'tsaiguŋ] f. (-, en) (marque de) faveur f.

günstig ['gynstiç] adj. propice ; favorable ; opportun ; heureux. | *günstiges Urteil*, jugement (m.) favorable. | *günstige Bedingungen*, conditions (f. pl.) favorables. || FIG. *sich in günstigem Licht zeigen*, se montrer sous un jour favorable.
◇ adv. favorablement. | *günstig beurteilen*, juger favorablement ; donner un avis favorable.
— SYN. : *gewogen, geneigt, gnädig, hold*, favorable ; *glücklich, gedeihlich*, prospère, heureux.

Günstling [-tliŋ] m. (s, e) favori m.

Günstlings|wirtschaft ["gynstliŋs'virtʃaft] f. favoritisme m. ; népotisme m. ; FAM. piston m.
— SYN. : *Vetternwirtschaft*, népotisme.

Gurgel ['gurgəl] f. (-, n). ANAT. gosier m. || PAR EXT. gorge f. ; cou m. | *jm an die Gurgel fahren*, prendre qn à la gorge. | *jm an die Gurgel springen*, sauter à la gorge de qn. | *jn an (bei) der Gurgel fassen, packen*, prendre qn à la gorge. | *jm die Gurgel abschneiden*, couper la gorge à qn. | *die Gurgel zuschnuren*, serrer la gorge. || FIG. *die Angst schnürt ihm die Gurgel zusammen*, l'angoisse l'étreint.

Gurgel|mittel ["gurgəl'mitəl] n. (s, -), °-**wasser** n. (s). MÉD. gargarisme m.

gurgeln ['gurgəln] v. intr. [gluckern] gargouiller ; faire entendre un gargouillement, un gargouillis. || [spülen] se gargariser.

Gurgeln [-gəln] n. (s). [Gluckern] gargouillement m. ; gargouillis m. || [Spülung] gargarisme m.

Gurke ['gurkə] f. (-, n). BOT. concombre m. | *saure, eingelegte Gurken*, cornichons (m. pl.) au vinaigre. | *ein Gesicht machen wie saure Gurken*, avoir l'air morose.

Gurkenkraut [-kraut] n. (s). BOT. bourrache f.

gurren ['gurən] v. intr. roucouler.

Gurt [gurt] m. (s, e) sangle f. ; courroie f. ; bretelle f. || PAR EXT. ceinture f. ; ceinturon m. ; écharpe f. || ARCHIT. [Fußleiste] plinthe f.

Gurt|bandförderer ["gurtbant'førdərər] m. (s, -). TECHN. convoyeur (m.) à bande. ||°-**bett** n. (s, en) lit (m.) de sangles. ||°-**förderer** m. (s, -). TECHN. transporteur (m.) à bande. ||°-**gehenk** n. (s, e). MIL. ceinturon m. ||°-**gesims** n. (es, e). ARCHIT. nervure f. ; cordon m.

Gürtel ['gyrtəl] m. (s, -) ceinture f. || [Koppel ; Leibriemen] ceinturon m. || [Schärpe] écharpe f. | *den Gürtel weiter, enger schnallen*, desserrer, serrer sa ceinture. | *den Gürtel umbinden*, mettre sa ceinture. || GÉOGR. zone f.

Gürtel|ausschlag ["gyrtəl'ausʃla:k] m. (s). MÉD. zona m. ||°-**reifen** m. (s, -) pneu (m.) à carcasse radiale. ||°-**tier** n. (s, e). ZOOL. tatou m. ||°-**weite** f. tour (m.) de taille.

gürten ['gyrtən] v. tr. ceindre. | *das Schwert um den Leib gürten*, ceindre son épée.
◇ v. pr. **sich gürten,** se ceindre ; se sangler. || MIL. s'armer ; s'équiper.

Guß [gu:s] m. (es, ¨e). [Flüssigkeitsmenge] jet m. ; douche f. | *aus einem Guß*, d'un seul jet ; d'un bloc. || [Gießen] fonte f. ; coulée f. | *fertiger Guß*, fonte moulée ; moulage m. ; pièce coulée. || FIG. *ein Werk aus einem Guß*, une œuvre d'un seul bloc. || [Regen] averse f.

Guß|beton ["gu:sbe'tõ] m. (s). ARCHIT. béton coulé. ||°-**block** m. (s, ¨e) lingot m. ||°-**bruch** m. (s, ¨e) fonte cassée. ||°-**eisen** n. (s) fonte f. ||-**eisern** adj. en fonte. ||°-**form** f. (-, en). TECHN. moule m. ; lingotière f. ||°-**material** n. (s, ien). TECHN. matériaux (m. pl.) en fonte. ||°-**mörtel** m. (s). ARCHIT. béton m. ||°-**regen** m. (s, -) averse f. ; ondée f. ||°-**stahl** m. (s) acier fondu. ||°-**stück** n. (s, e). TECHN. pièce coulée.

gut [gu:t] adj. bon ; bonne (compar. **besser ;** superl. **der beste**). **1.** [passend ; tauglich ; wirksam ; nützlich] *ein guter Schuster*, un bon cordonnier. | *gute Augen haben*, avoir de bons yeux. | *eine gute Lunge haben*, avoir du souffle. | *einen guten Magen haben*, avoir (un) bon estomac. | *gute Arbeit leisten*, faire du bon travail. | *gutes Wetter*, beau temps. | *gute Ratschläge*, de bons conseils. | *guter Dinge sein*, être de bonne humeur. | *des Guten zuviel*, trop de bien. | *wer weiß, wozu das gut ist ?*, qui sait à quoi cela servira ? | *ein gutes Mittel gegen Rheuma*, un remède efficace contre les rhumatismes. | *guter Wind*, vent propice. | *guter Vertrag*, contrat avantageux. || LOC. *auf gut Glück*, au petit bonheur. || FIG. *eine gute Nase haben*, avoir du flair. || PROV. *aller guten Dinge sind drei*, jamais deux sans trois. | *Ende gut, alles gut*, tout est bien qui finit bien.

2. [angenehm] *eine gute Nacht wünschen*, souhaiter bonne nuit. | *guten Morgen ! ; guten Tag !*, bonjour ! | *guten Abend !*, bonsoir ! | *gute Reise !*, bon voyage ! | *jm gute Besserung wünschen*, souhaiter un prompt rétablissement à qn. || LOC. *sie ist guter Hoffnung*, elle attend un enfant.

3. [sittlich ; wohlwollend] *ein guter Mensch*, un homme bon. | *gute Nachbarn*, de bons voisins. | *jm gut sein*, être bien disposé envers qn. | *jm Gutes erweisen*, faire du bien à qn. | *im guten Glauben sein*, être de bonne foi. | *sei so gut und gib mir das*, sois gentil de me le donner. | *gute Sitten*, de bonnes mœurs. | *die gute Sache*, la bonne cause. | *ein gutes Gewissen*, une bonne conscience. | *er hat guten Willen*, il a de la bonne volonté. | *im Guten (friedlich) miteinander verhandeln*, négocier à l'amiable. | *jm etwas im Guten sagen*, dire son fait à qn, de façon encore amicale. | *ein Mädchen aus gutem Hause*, une demoiselle de bonne famille. | *der gute Ton*, le bon ton. || IRON. *der gute Mann*, le cher homme. | *etwas wiedergutmachen*, réparer, compenser un dommage. | *alles wird schon wieder gut werden*, tout s'arrangera. || PROV. *Gott lenkt alles zum Guten*, Dieu pourvoit à tout. | *Gutes mit Bösem vergelten*, rendre le mal pour le bien. | *den lieben Gott einen guten Mann sein lassen*, vivre insouciant.

4. [nicht alltäglich] *der gute Anzug*, le costume du dimanche. | *die gute Stube*, la pièce de réception.

5. [beträchtlich ; reichlich] *ein gutes Teil*, une bonne partie (de qch.). | *eine gute Stunde*, une bonne heure ; une heure bien sonnée. | *das hat noch gute Weile*, rien ne presse. | *das kostet mich ein gutes Stück Geld*, cela me coûtera une belle somme. | *gutes Gewicht wiegen*, faire bon poids. | *zu guter Letzt*, à la fin du compte.
◇ adv. *im Frühling ist gut wandern*, il fait bon se promener au printemps. | *hier ist gut leben*, il fait bon vivre ici. | *die Saat steht gut*, le blé est beau. | *diese Farbe kleidet ihn gut*, cette couleur lui va bien. | *ihr habt gut reden !*, parlez toujours ! | *etwas gut heißen*, souscrire à qch. | *die Partie ist so gut wie gewonnen*, la partie est pratiquement gagnée. | *schon gut !* (abrév. de *so ist schon alles gut*), c'est bien ! | *schon gut, aber*, certes, mais. | *laß es gut sein !*, n'en parlons plus ! | *es bei jm gut haben*, avoir une vie, un poste agréable chez qn. | *er ist gut dran mit ihm*, avec lui il est bien tombé. | *die Suppe schmeckt gut*, voilà une bonne soupe. | *das ging noch gut aus*, cela s'est tout de même bien terminé. | *gut und gern*, bel et bien. | *kurz und gut*, en bref. | *diese Geige spielt sich gut*, il est agréable de jouer de ce violon. || LOC. *er tat sich etwas zugute*, il a bien festoyé. | *er tut sich darauf viel zugute*, il en tire vanité ; il s'en vante.

Gut [gu:t] n. (s, ¨er). **1.** [Besitz ; Wert] bien m. ; avoir m. ; fortune f. | *das höchste Gut*, le souverain bien. | *nicht um alle Güter der Welt*, pour rien au monde. | *Geld und Gut*, fortune f. ; richesses f. pl. | *Hab und Gut verlieren*, perdre tout son avoir. | *bewegliche, fahrende*

Güter, biens meubles. || ÉCON. *Güter und Dienstleistungen*, les biens et les services. || PROV. *unrecht Gut gedeihet nicht*, bien mal acquis ne profite jamais.
2. [Bodenbesitz ; landwirtschaftlicher Betrieb] bien m. ; bien-fonds m. ; terre f. ; propriété f. ; domaine m. | *unbewegliche, liegende Güter haben*, avoir des biens-fonds. | *Bauerngut*, ferme f. | *Rittergut*, domaine (m.) noble. | *ein Gut pachten*, affermer, louer une terre.
3. [versandfertige Ware] marchandise f. | *Güter aufgeben, abfertigen*, expédier des marchandises. | *Güter verladen*, charger des marchandises. | *Güterbahnhof*, gare (f.) des marchandises.
4. [Tongeschirr] *irdenes Gut*, poterie f. | *Steingut*, faïence f.

Gut|achten [ʺgu:tʼaxtən] n. (s, -) avis m. ; attestation f. ; rapport m. || JUR. expertise f. || MÉD. certificat m. ||°-**achter(in)** m. (s, -), f. (-, nen) expert m. ||-**artig** adj. d'un bon naturel. || MÉD. bénin. ||°-**dünken** n. (s) bon plaisir ; fantaisie f. ; volonté f. | *nach Gutdünken*, à volonté. | *nach Ihrem Gutdünken*, comme bon vous semblera ; à votre guise ; à votre gré. ||-**gelaunt** adj. de bonne humeur. ||-**gemeint** adj. dans une bonne intention. ||-**gläubig** adj. JUR. de bonne foi. ||-**haben** v. tr. COMM., FIN. avoir à son crédit, à son compte. ||°-**haben** n. (s). COMM. avoir m. ; crédit m. ; dépôt m. ; actif m. ; solde créditeur. ||-**heißen** (ie, ei) v. tr. approuver ; autoriser ; sanctionner. ||°-**heißen** n. (s) approbation f. ; acquiescement m. ; autorisation f. ||-**herzig** adj. doux ; débonnaire ; bénin ; bon. ||°-**herzigkeit** f. bonté (f.) de cœur ; bonté f. ||-**machen** v. tr. arranger ; réparer. | *den Fehler wieder gutmachen*, réparer sa faute. ||°-**machung** f. V. WIEDERGUTMACHUNG. ||-**mütig** adj. débonnaire ; bonhomme. ||°-**mütigkeit** f. bonhomie f. ||-**nachbarlich** adj. *gutnachbarliche Beziehungen*, rapports (m. pl.) de bon voisinage. ||°-**sagen** n. (s). JUR. garantie f. ; cautionnement m. ||°-**schein** m. (s, e) bon m. ||-**schreiben** (ie, ie) v. tr. porter, passer au crédit de ; créditer. | *einen Betrag gutschreiben*, reporter un montant au crédit ; créditer une somme. | *einem Konto gutschreiben*, porter au crédit d'un compte. ||°-**schreiben** n. (s), °-**schrift** f. (-, en). COMM. créance f. ; dette active ; crédit m. ||-**stehen** (stand, gestanden) v. intr. COMM. se porter garant pour. ||-**tun** (tat, getan) v. intr. faire du bien. ||-**willig** adj. plein de bonne volonté ; complaisant. — adv. de bon gré ; de bonne grâce. ||°-**willigkeit** f. bonne volonté ; serviabilité f. ; complaisance f.

Güte [ʼgy:tə] f. (-) bonté f. ; bonne qualité. | *die Güte Gottes*, la bonté divine. || [Verwunderung] *(ach, o) du meine Güte !*, mon Dieu ! | *wenn Sie die Güte haben wollen*, s'il vous plaît ; ayez la bonté. | *es ist ein Vorschlag zur Güte*, c'est une tentative de conciliation. | *in Güte*, à l'amiable. || COMM. *diese Ware ist von erster Güte*, cette marchandise est de première qualité.

Güte|marke [ʺgy:təʼmarkə] f. (-, n). COMM. label (m.) de qualité. ||°-**prüfschein** m. (s, e) certificat (m.) de conformité. ||°-**prüfung** f. (-, en) essai (m.) de qualité.

Güter|abfertigung [ʺgy:tərʼapfɛrtiguŋ] f. (-, en). [Eisenbahn] expédition (f.) de marchandises. || °-**ausgabestelle** f. (-, n) livraison (f.) de marchandises. ||°-**bahnhof** m. (s, ¨e) gare (f.) des marchandises. ||°-**fernverkehr** m. (s) transport international. ||°-**gemeinschaft** f. JUR. communauté (f.) de biens. ||°-**halle** f. (-, n), °-**schuppen** m. (s, -) entrepôt m. ||°-**stand** m. (s). JUR. régime (m.) de biens. | *ehelicher Güterstand*, régime matrimonial. ||°-**tarif** m. (s, e) tarif (m.) des marchandises. ||°-**trennung** f. JUR. séparation (f.) de biens. ||°-**verkehr** m. (s) trafic (m.) des marchandises. ||°-**wagen** m. (s, -) wagon (m.) de marchandises ; fourgon m. ||°-**zug** m. (s, ¨e) train (m.) de marchandises.

gütig [ʼgy:tiç] adj. bon ; bienveillant ; affable ; aimable ; complaisant ; clément ; bénin ; bénévole. | *gütiger Mensch*, brave homme. | *gütiger Vater*, bon père. | *sich gegen jn gütig erweisen*, se montrer bienveillant envers, pour qn.

gütlich [-tliç] adj. amiable. | *auf dem Wege gütlicher Verständigung*, par (la) voie de (la) conciliation ; à l'amiable.
◇ adv. amicalement ; à l'amiable. | *sich an etwas gütlich tun*, se régaler de qch.

Guts|besitzer [ʺgu:tsbəʼzitsər] m. (s, -) propriétaire foncier, terrien. ||°-**herr** m. (n, en) seigneur m. || PAR EXT. châtelain m. ; propriétaire (m.) d'un domaine. ||°-**hof** m. (s, ¨e) ferme f.

guttural [gutuʼrɑ:l] adj. guttural.

Gymkhana [gymʼkɑ:na] n. (s, s). SPORT. gymkhana m.

Gymnasial|direktor [gymnaziʺɑ:ldiʼrɛktor] m. (s, en) proviseur m. ||°-**lehrer** m. (s, -) professeur (m.) de lycée. ||°-**schüler** m. (s, -) élève (m.) de lycée ; lycéen m. ; FAM. potache m. ||°-**unterricht** m. (s) enseignement (m.) secondaire.

Gymnasiast [gymnaziʼast] m. (en, en). V. GYMNASIALSCHÜLER.

Gymnasium [-ʼnɑ:zium] n. (s, sien) collège m. ; lycée m.

Gymnastik [gymʼnastik] f. gymnastique f.

Gymnastik|anzug [gymʺnastikʼantsu:k] m. (s, ¨e) justaucorps m.

Gymnastiker [-kər] m. (s, -) gymnaste m.

Gynäkologe [gynɛkoʼlo:gə] m. (n, n), **Gynäkologin** [-ʼlo:gin] f. (-, nen) gynécologue s.

Gynäkologie [-loʼgi:] f. (-) gynécologie f.

gynäkologisch [-ʼlo:giʃ] adj. gynécologique.

Gyro|kompaß [ʺgy:roʼkɔmpas] m. (es, e). AÉRON. gyrocompas m. ||°-**skop** n. (s, e) gyroscope m.

H

H, h [hɑ:] n. H m. | *das gesprochene* h, l'*h* aspiré. | *das stumme* h, l'*h* muet. || Mus. *H*, si m.

ha! [ha:] interj. ah ! ; ha !

Haag [hɑ:k] n. pr. m. Géogr. La Haye.

Haar [hɑ:r] n. (s, e). [einzelnes Haar ; Kopfhaar] cheveu m. || [übrige Körperteile ; Tiere] poil m. || [Roßhaar] crin m. || [Borste] soie f. || Bot. poil m. ; barbe f. || Par ext. [Kopfhaare] cheveux m. pl. ; chevelure f. || [Fell] pelage m. || [Flaum] duvet m. | *sich die Haare schneiden lassen*, se faire couper les cheveux. | *die Haare fallen ihm aus*, il perd ses cheveux. || Fig. *ihm stehen die Haare zu Berge*, cela lui fait dresser les cheveux sur la tête. | *sich die Haare ausreißen, ausraufen*, s'arracher les cheveux. | *Haare lassen*, y laisser des plumes ; se faire étriller. | *Haare auf den Zähnen haben*, ne pas avoir froid aux yeux. | *mehr Schulden haben als Haare auf dem Kopf*, être criblé de dettes. | *Haare spalten*, couper les cheveux en quatre. | *kein gutes Haar an jm lassen*, dire pis que pendre de qn. | *ihm wurde kein Haar gekrümmt*, on ne toucha pas un cheveu de sa tête. | *an einem Haar hängen*, ne tenir qu'à un fil. | *aufs Haar*, exactement. | *einander aufs Haar gleichen*, se ressembler comme deux gouttes d'eau. | *an den Haaren herbeigezogen*, tiré par les cheveux. | *einander in die Haare geraten*, se prendre aux cheveux ; se crêper le chignon. | *einander in den Haaren liegen*, être aux prises ; se crêper le chignon. | *mit Haut und Haar*, totalement ; complètement ; corps et âme. | *um ein Haar wäre er abgestürzt*, il s'en est fallu d'un cheveu qu'il ne tombe. | *nicht um ein Haar von etwas abweichen*, s'en tenir strictement à qch.

Haar|aufsatz [″hɑ:r'aufzats] m. (es, ¨e) perruque f. ; postiche m. ||°**-ausfall** m. (s) chute (f.) des cheveux. ||°**-besen** m. (s, -) balai (m.) de crin. ||°**-beutel** m. (s, -) résille f. ; filet m. ||°**-bürste** f. (-, n) brosse (f.) à cheveux. ||°**-busch** m. (es, ¨e) crinière (f.) de casque. ||°**-büschel** n. (s, -) touffe (f.) de cheveux ; toupet m. ||°**-entferner** m. (s, -) dépilatoire m. ||°**-farbe** f. (-, n) couleur (f.) des cheveux. ||°**-färbemittel** n. (s, -) teinture (f.) pour les cheveux. ||°**-färben** n. (s) teinture (f.) capillaire. ||**-fein** adj. fin comme un cheveu ; capillaire ; fig. subtil. ||°**-filz** m. (es) feutre m. ||°**-flechte** f. (-, n) tresse f. || Méd. dartre (f.) du cuir chevelu. ||**-förmig** adj. capillaire. ||°**-gefäß** n. (es, e). Anat. vaisseau (m.) capillaire. ||°**-hemd** n. (s, en). Relig. haire f. ||°**-institut** n. (s, e) institut (m.) capillaire. ||°**-klammer** f. (-, n) barrette f. ||°**-klauber** m. (s, -) homme pointilleux, maniaque. ||°**-klauberei** f. Fig. byzantinisme m. ||**-klein** adj. fin comme un cheveu. — adv. *haarklein erzählen*, raconter par le menu, dans les moindres détails. ||°**-knoten** m. (s, -) chignon m. ||°**-locke** f. (-, n) boucle (f.) de cheveux. ||**-los** adj. sans cheveux ; chauve. || [bartlos] glabre ; imberbe. ||°**-losigkeit** f. absence (f.) de poils. || [Kahlköpfigkeit] calvitie f. ||°**-mantel** m. (s, ¨) peignoir m. ||°**-nadel** f. (-, n) épingle (f.) à cheveux. ||°**-nadelkurve** f. (-, n) virage (m.) en épingle à cheveux. ||°**-netz** n. (es, e). [Haarbeutel] résille f. ; filet m. ||°**-pinsel** m. (s, -) pinceau fin. ||°**-putz** m. (es) coiffure f. ||°**-röhre** f. (-, n). °**-röhrchen** n. (s, -). Phys. tube (m.) capillaire. ||°**-salbe** f. (-, n) pommade f. ||**-scharf** adj. rigoureux ; exact. — adv. [genau] rigoureusement ; exactement. ; [sehr nah] tout près. | *haarscharf an jm vorbeifahren*, éviter qn de justesse. ||°**-schneidemaschine** f. (-, n) tondeuse f. ||°**-schneiden** n. (s) coupe (f.), taille (f.) de cheveux. ||°**-schneider** m. (s, -) coiffeur m. ||°**-schnitt** m. (s) coupe (f.) de cheveux ; coiffure f. ||°**-schopf** m. (s, ¨e) touffe (f.) de cheveux ; toupet m. ||°**-schur** f. tonte f. || Relig. tonsure f. ||°**-seil** n. (s, e). Méd. séton m. ||°**-sieb** n. (s, e) tamis fin ; tamis (m.) de crin. ||**-spalten** v. tr. Fam. couper les cheveux en quatre. ||°**-spalterei** f. (-, en). Fig., fam. byzantinisme m. ; critique mesquine ; mesquinerie f. ||°**-spange** f. (-, n) épingle (f.) à cheveux. ||°**-stern** m. (s, e). Astron. comète f. || Bot. antédon m. ||**-sträubend** adj. horrible ; monstrueux ; à vous faire dresser les cheveux sur la tête. ||°**-strich** m. (s, e). [Schrift] délié m. ||°**-tracht** f. (-, en) coiffure f. ||°**-trockner** m. (s, -) sèche-cheveux m. ||°**-wasser** n. (s) lotion (f.) capillaire. ||°**-wickel** m. (s, -) bigoudi m. ||°**-wild** n. (es) gibier (m.) à poil. ||°**-wuchs** m. (es) pousse (f.) des cheveux, des poils. ||°**-wuchsmittel** n. (s, -) produit (m.) capillaire. ||°**-zopf** m. (s, ¨e) natte f. ; tresse f.

haaren ['hɑ:rən] v. tr. épiler.
◇ v. intr. perdre ses cheveux. || [Tiere] perdre son poil ; peler. || [Geflügel] muer.

Haares|breite [″hɑ:rəs'braitə] f. épaisseur (f.) d'un cheveu. || Fig. *nicht um Haaresbreite von den Richtlinien abweichen*, ne pas s'écarter d'un pouce des directives.

haarig ['hɑ:riç] adj. poilu ; velu. || Fig. intense ; violent ; roide. | *das war eine haarige Geschichte*, c'était une affaire désagréable, pénible.

Habe ['hɑ:bə] f. avoir m. ; bien m. | *liegende Habe* [Grundbesitz], bien-fonds m. ; immeubles m. pl. | *fahrende Habe* [beweglicher Besitz], biens mobiliers.

Habe|nichts [″hɑ:bə'niçts] m. (-, e) gueux m. ; pauvre diable m. ||°**-recht** m. (s) raisonneur m. ; fam. ergoteur m.

haben [hɑ:bən] (hast, hat, hatte, gehabt) avoir ; posséder.

> **I.** v. tr.
> **1.** avec un compl. dir.
> **2.** avec une prép.
> **3.** avec un adj. ou un adv.
> **4. haben... zu** (infin.).
> **II.** v. impers.
> **III.** v. pr. **sich haben.**
> **IV.** v. auxil. des temps composés du passé.

I. v. tr. **1.** (avec un compl. dir.) *die Stadt hat tausend Einwohner*, la ville a, compte mille habitants. | *Zeit haben*, avoir le temps. | *Eile haben*, être pressé. | *Durst haben*, avoir soif. | *Angst haben*, avoir peur. | *die Röteln haben*, avoir la rougeole. | *gutes Wetter haben*, avoir du beau temps. | *Regen haben*, avoir de la pluie. | *ein gutes Herz haben*, avoir bon cœur. | *Mitleid haben*, avoir pitié. | *Glück haben*, avoir de la chance. | *eine Chance haben*, avoir une chance. | *Erfolg haben*, avoir du succès. | *Frieden haben*, avoir la paix. | *hab' Dank*, merci. | *die Zeitschrift ist hier nicht zu haben*, cette revue est introuvable ici. | *bei Müller zu haben*, en vente chez Muller. | *den Film haben wir noch nicht gehabt*, ce film n'a pas encore passé ici. | *heute haben wir den 11. Januar*, nous sommes aujourd'hui le 11 janvier. | *Ferien haben*, être en vacances. || Fam. *wir haben es ja*, nous avons de quoi. | *er hat etwas*, il n'est pas dans son assiette. | *da haben wir es !* ; *da haben wir die Bescherung*, nous voilà dans de beaux draps ! || Prov. *wer da hat, dem wird gegeben*, on ne prête qu'aux riches. | *ein Hab'ich ist besser als zwei Hätt'ich*, un tiens vaut mieux que deux tu l'auras. | *je mehr man hat, je mehr man will*, l'appétit vient en mangeant.
2. (avec une prép.) *das hat nichts auf sich*, cela ne tire pas à conséquence. | *etwas bei der Hand, zur Hand haben*, avoir qch. sous la main. | *etwas gegen jn haben*, avoir qch. à reprocher à qn. | *etwas in der Hand haben*, avoir qch. à la main. | *es am Magen haben*, avoir des problèmes d'estomac. | *die haben es miteinander*, il y a qch. entre eux. | *jn über sich haben*, être sous les ordres de qn. | *jn unter sich haben*, avoir qn sous ses ordres. | *etwas vor sich haben*, avoir qch. en perspective, en vue. | *jn zum besten haben*, se jouer de, mystifier qn ; fam. mener qn en bateau. | *nichts zu eigen haben*, n'avoir rien à soi, en propre.
3. (avec un adj. ou un adv.) *auf jn acht haben*, faire

attention à qn ; veiller sur qn. | *es eilig haben*, être pressé. | *genug haben*, en avoir assez ; en avoir par-dessus la tête. | *es gut haben*, avoir la vie belle. | *jn, etwas gern haben*, (bien) aimer qn, qch. | *jn lieb haben*, avoir de l'affection pour qn. | *jn, etwas lieber haben*, préférer qn, qch. | *jn, etwas am liebsten haben*, aimer qn, qch. par-dessus tout. | *etwas los haben ; es weg haben*, savoir comment il faut faire qch. ; savoir s'y prendre pour faire qch. | *etwas nötig haben*, avoir besoin de qch. | *etwas satt haben*, en avoir assez de qch.
4. haben... zu (infin.) avoir à ; devoir. | *viel zu tun haben*, avoir beaucoup à faire. | *etwas zu essen haben*, avoir de quoi manger. | *ich habe Geld von ihm zu bekommen*, il me doit de l'argent.
II. v. impers. *es hat den Anschein, als ob*, il semble que. | *es hat Eile*, c'est urgent. | *es hat keine Not*, rien ne presse. | *es hat seine Richtigkeit*, il y a du vrai là-dedans.
III. v. pr. **sich haben.** | *hab dich nicht so !*, ne fais pas tant de manières ! | *sich mit jm haben*, se quereller avec qn.
IV. v. auxil. servant à former les temps composés du passé :
a) de certains verbes intr. : *ich habe im Restaurant gegessen*, j'ai mangé au restaurant. | *ich habe den ganzen Nachmittag geschwommen*, j'ai nagé tout l'après-midi.
b) des v. tr. : *ich habe den Film noch nicht gesehen*, je n'ai pas encore vu ce film.
c) des v. pr. : *ich habe mich verirrt*, je me suis égaré.

Haben ['hɑ:bən] n. (s). COMM. avoir m. ; crédit m. | *ins Haben buchen*, porter au crédit. | *Soll und Haben*, doit et avoir.

Haben|saldo ["hɑ:bən'zaldo] m. (s, s ou den). COMM. solde créditeur. ||°**-zinsen** m. pl. COMM. intérêts créditeurs.

Hab|gier ['hɑ:pgi:r] f. cupidité f. ; rapacité f. ; avidité f. ||**-gierig** adj. avide ; cupide ; intéressé. ||°**-seligkeit.** V. HABSCHAFT. ||°**-sucht** f. cupidité f. ; avidité f. ; convoitise f. ||**-süchtig** adj. cupide ; avide ; âpre au gain.

habhaft ['hɑ:phaft] adj. *einer Sache habhaft werden*, s'emparer de, mettre la main sur qch.

Habschaft [-ʃaft] f. (-, en), **Hab|seligkeiten** ["hɑ:p'ze:liçkaitən] f. pl. biens (m. pl.) de peu de valeur ; babioles f. pl.

Habicht ['hɑ:biçt] m. (es, e). ZOOL. autour m.

Habichts|nase ["hɑ:biçts'nɑ:zə] f. (-, n) nez aquilin.

Habilitation [habilita'tsio:n] f. (*etwa*) doctorat (m.) d'État. | *Habilitationsschrift*, thèse (f.) de doctorat.

habilitieren [-'ti:rən] v. pr. *sich habilitieren*, passer sa thèse de doctorat.

Habitus ['habitus] m. BIOL. habitus m.

Hachse ['haksə] f. (-, n). ZOOL. jarret m.

Hack|bank ['hakbaŋk] f. (-, ¨e) hachoir m. ; tranchoir m. ||°**-beil** n. (s, e) couperet m. ||°**-block** m. (s, ¨e) billot m. ||°**-brett** n. (s, er). TECHN. planche (f.) à hacher ; hachoir m. ; tranchoir m. || MUS. tympanon m. ||°**-fleisch** n. (es) viande hachée ; hachis m. ||°**-messer** n. (s, -) hachoir m. (à viande) ; couperet m.

Hacke ['hakə] f. (-, n). 1° [Picke] pioche f. ; pic m. || [Breithacke] houe f. || FIG. *der Hacke einen Stiel finden*, aviser ; trouver un moyen d'en sortir. || 2° [Ferse]. V. HACKEN.

Hacken ['hakən] m. (s, -) talon m. | *jm dicht auf den Hacken sitzen*, être sur les talons de qn. || MIL. *die Hacken zusammenschlagen*, claquer les talons.

hacken ['hakən] v. tr. [spalten] fendre. || [klein hacken] hacher (fin). | *Holz hacken*, fendre du bois. | *Eis hacken*, casser la glace. | *den Boden hacken*, piocher (le sol). || [mit dem Schnabel hacken] donner des coups de bec. || FIG., AÉRON. *Kleinholz hacken*, casser du bois.

Hackepeter ["hakə'pe:tər] m. (s) hachis (m.) de viande.

Häckerling ['hɛkərliŋ] m. (s, e). AGRIC. paille hachée. || FIG. objet (m.) sans valeur.

Häcksel ['hɛksəl] m. ou n. AGRIC. paille hachée.

Häcksel|maschine ["hɛksəlma'ʃi:nə] f. (-, n). TECHN. hache-paille m. ; coupe-paille m.

Hader ['hɑ:dər] m. (s). [Zwist ; Streit] discorde f. ; brouille f. ; zizanie f.

Hader|lump(en) ["hɑ:dər'lump(en)] m. (s, -). DIAL. vaurien m. ; gredin m. ||**-süchtig** adj. querelleur ; batailleur.

Haderer ['hɑ:dərər] m. (s, -). FAM. bagarreur m.

hadern [-dərn] v. intr. se quereller. | *mit Gott hadern*, s'en prendre à Dieu.

Haderpapier n. papier (m.) chiffon.

Hades ['hɑ:dəs] m. (-). MYTH. Hadès m. ; dieu (m.) des enfers. || PAR EXT. enfers m. pl.

Hadrian [hadri'ɑ:n] n. pr. m. HIST. Adrien m.

Hafen ['hɑ:fən] m. (s, ¨). **1.** MAR. port m. || AÉRON. aéroport m. | *einen Hafen anlaufen*, toucher un port. | *aus dem Hafen auslaufen*, sortir du port. | *in den Hafen einlaufen*, entrer dans le port. || FIG. *kurz vor dem Hafen scheitern*, échouer près du port.

Hafen|arbeiter ["hɑ:fən'arbaitər] m. (s, -) docker m. ||°**-blockade** f. (-, n) blocus (m.) portuaire. ||°**-buch** n. (s, ¨er) portulan m. ||°**-damm** m. (s, ¨e). MAR. jetée f. ; môle m. ||°**-einfahrt** f. (-, en). MAR. entrée (f.) du port ; chenal m. ; goulet m. || °**-gebühren** f. pl. MAR. droits (m. pl.) de port ; péage m. ||°**-platz** m. (es, ¨e). MAR. port m. ||°**-schiff** n. (s, e). MAR. stationnaire m. ||°**-sperre** f. (-, n) embargo m. ||°**-wächter** m. (s, -), °**-wärter** m. (s, -). MAR. garde-port m. ||°**-wehr** f. (-, en) jetée f. ||°**-zoll** m. (s, ¨e). MAR. droits (m. pl.) de port.

Hafer ['hɑ:fər] m. (s). BOT. avoine f. | *tauber Hafer*, folle avoine. || FIG., FAM. *ihn sticht der Hafer*, la fortune lui monte à la tête.

Hafer|brei ["hɑ:fər'brai] m. (s, e) bouillie (f.) d'avoine. ||°**-flocken** f. pl. flocons (m. pl.) d'avoine. ||°**-schleim** m. (s) crème (f.) d'avoine. ||°**-wurzel** f. (-, n). BOT. salsifis blanc.

Haff [haf] n. (s, e) lagune f. ; haff m.

Hafner ['hafnər] m. (s, -). DIAL. potier m.

Hafnium ['hɑ:fnium] n. (s). CHIM. hafnium m.

...haft [haft] suffixe marquant la possession d'une qualité, d'un défaut. EX. : *fehlerhaft*, incorrect ; défectueux.

Haft [haft] m. (s, e). [VX.] agrafe f. ; épingle f.

Haft [haft] f. JUR. emprisonnement m. ; incarcération f. || [Untersuchungshaft] détention f. ; prévention f. | *jn in Haft nehmen*, emprisonner, incarcérer, écrouer qn ; mettre qn en prison. | *jn aus der Haft entlassen*, relâcher, élargir qn ; remettre qn en liberté. | *aus der Haft entweichen, entspringen*, s'évader ; s'échapper. | *zu zehn Tagen Haft verurteilen*, condamner à dix jours de prison. || [Haftung] responsabilité f.

Haft|befehl ["haftbə'fe:l] m. (s, e). JUR. mandat (m.) d'arrêt. | *einen Haftbefehl erlassen*, lancer un mandat d'arrêt. ||°**-brief** m. (s, e). HIST. lettre (f.) de cachet. ||°**-entlassung** f. (-, en). JUR. levée (f.) d'écrou. ||°**-genosse** m. (n, n). JUR. codétenu m. ||°**-gut** n. (s, ¨er) séquestre m. ; bien (m.) sous séquestre. ||°**-pflicht** f. JUR. responsabilité f. || COMM. *Gesellschaft mit beschränkter Haftpflicht (G. m. b. H.)*, société (f.) à responsabilité limitée (S.A.R.L.). ||**-pflichtig** adj. JUR. responsable. ||°**-pflichtversicherung** f. (-, en). JUR. assurance (f.) de responsabilité civile.

haftbar ['haftbɑ:r] adj. JUR. responsable. || COMM. *haftbar als Gesamtschuldner*, solidairement responsable. | *jn haftbar machen für*, rendre qn responsable de. | *haftbar werden*, encourir une responsabilité.

Haftbarkeit [-kait] f. JUR. responsabilité f.

haften [haftən] v. intr. **1.** [nicht loskommen] bien tenir. || [kleben] adhérer ; coller. | *der Teig haftet an den Fingern*, la pâte colle aux doigts. || FIG. *an etwas haften*, s'arrêter à qch. ; ne pouvoir se détacher de qch. | *all sein Denken haftet am Geld*, il ne pense qu'à l'argent. | *nichts haftet bei ihm*, tout glisse sur lui.
2. JUR. [bürgen] *für jn, für etwas haften*, répondre de qn, de qch. ; se porter garant de qn, de qch. | *die Versicherung haftet für diesen Schaden*, l'assurance couvre ce dommage, ce risque.

haften|bleiben ["haftən'blaibən] v. intr. rester fixé, collé ; adhérer. || FIG. [im Gedächtnis] se fixer ; se graver (dans la mémoire).

Haften|bleiben [-bən] n. (s) adhérence f.

Häftling ['hɛftliŋ] m. (s, e). JUR. détenu m. ; prisonnier m.

Häftlings|meuterei ["hɛftliŋsmɔytə'rai] (-, en) mutinerie (f.) de détenus.

Haftung ['haftuŋ] f. adhésion f. ; adhérence f. || JUR. responsabilité f. | *zivilrechtliche Haftung*, responsabilité civile. | *die Haftung übernehmen*, assumer la responsabilité. || COMM. *Gesellschaft mit beschränkter Haftung (G. m. b. H.)*, société (f.) à responsabilité limitée (S.A.R.L.). || AUTOM. *Bodenhaftung*, adhérence au sol.

Hag [hɑ:k] m. (s, e) buisson m. ; haie f. ; bosquet

m. ; clôture f. || PAR EXT. clos m. ; enclos m. || BOT. *Hagapfel*, pomme (f.) sauvage.

Hage|buche ["hɑːgə'buxə] f. (-, n). BOT. charme m. ||**-büchen** adj. FIG. grossier comme du pain d'orge. ||°**-butte** f. (-, n). BOT. fruit (m.) de l'églantier ; FAM. gratte-cul m. ||°**-dorn** m. (s, ¨er). BOT. aubépine f. ||°**-rose** f. (-, n). BOT. églantine f. ||°**-stolz** m. (es, e et en, en) vieux garçon.

Hagel ['hɑːgəl] m. (s). [Eiskorn] grêlon m. || PAR EXT. [Niederschlag von Eiskörnern] grêle f. || FIG. grêle f. ; pluie f. | *Hagel von Geschossen*, grêle de projectiles. | *Hagel von Scheltworten*, bordée (f.) d'injures. | *Hagel von Vorwürfen*, torrent (m.) de reproches. | *wie Hagel*, en très grand nombre ; en masse. | *Pest und Hagel !*, que le diable l'emporte ! MIL., HIST. mitraille f. || [Jagd] plombs m. pl.

hagel|dicht ["hɑːgəl'diçt] adj. dru comme grêle. ||°**-korn** n. (s, ¨er) grêlon m. || MÉD. orgelet m. ||°**-schauer** m. (s, -) giboulée f. ||°**-schloße** f. (-, n) grêlon m. ||°**-schrot** m. (s, e) petit plomb. ||°**-wetter** n. (s) orage accompagné de grêle.

hageln ['hɑːgəln] v. impers. grêler. | *es hagelt*, il grêle ; il tombe des grêlons. || FIG. tomber dru comme grêle ; pleuvoir. | *es hagelt Schläge auf ihn*, les coups pleuvent sur lui.

hager ['hɑːgər] adj. maigre ; sec ; grêle.

Häher ['hɛːər] m. (s, -). ZOOL. geai m.

Hahn [hɑːn] m. (s, ¨e). [Männchen des Huhns] coq m. || FIG. *der gallische Hahn*, le coq gaulois. | *Hahn im Korb sein*, être la coqueluche des dames. | *es kräht kein Hahn danach*, nul ne s'en soucie. | *jm den roten Hahn aufs Dach setzen*, mettre le feu à la maison de qn. || PAR EXT. [Vogelmännchen] mâle m. || [Gewehrteil] chien m. | *den Hahn spannen*, armer son fusil. || [Absperrvorrichtung] robinet m. | *einen Hahn aufdrehen*, ouvrir un robinet.

Hähnchen ['hɛːnçən] n. (s, -). ZOOL. petit coq ; (Vx.) cochet m. || CULIN. poulet m.

Hahnen|fuß ["hɑːnən'fuːs] m. (es, ¨e). BOT. renoncule f. ||°**-kamm** m. (s, ¨e) crête (f.) de coq. ||°**-kampf** m. (s, ¨e) combat (m.) de coqs. ||°**-klee** m. (s). BOT. sainfoin m. ||°**-schrei** m. (s, e) chant (m.) du coq. ||°**-sporn** m. (s, oren) ergot m. ||°**-tritt** m. (s, e). [Ei] germe (m.) de l'œuf.

Hahnrei ['hɑːnrai] m. (s, e) mari trompé ; FAM. cocu m. ; cornard m.

Hai [hai] m. (s, e), **Hai|fisch** ['haifiʃ] m. (s, e). ZOOL. requin m. ; squale m.

Hain [hain] m. (s, e). POÉT. bosquet m. ; bois sacré.

Hain|buche ["hain'buːxə] f. (-, n) BOT. charme m.

Häkchen ['hɛkçən] n. (s, -) petit crochet ; agrafe f. || PROV. *was ein Häkchen werden will, krummt sich beizeiten*, les dispositions naturelles se montrent de bonne heure. || GRAMM. apostrophe f.

Häkel|arbeit ["hɛkəl'arbait] f. (-, en) ouvrage (m.) au crochet. ||°**-nadel** f. (-, n) crochet m. ||°**-stich** m. (s) point (m.) de crochet.

Häkelei [hɛkə'lai] f. V. HÄKELARBEIT. || FIG. railleries f. pl. ; piques f. pl.

häkelig ['hɛkəliç] adj. muni de crochets. || FIG. [heikel] épineux ; délicat. || [tadelsüchtig] chatouilleux ; susceptible.

häkeln [-kəln] v. intr. et v. tr. faire du crochet. | *Spitzen häkeln*, faire de la dentelle au crochet. || [haken] accrocher. || [sticheln] *jn häkeln*, critiquer qn ; envoyer des piques à qn.

Haken ['hɑːkən] m. (s, -). [zum Ziehen, Aufhängen] crochet m. || [Kleiderhaken] portemanteau m. ; patère f. || [Angelhaken] hameçon m. || PAR ANAL. [Wendung] crochet m. | *einen Haken schlagen*, faire un crochet. | *Haken schlagen*, zigzaguer. || [Boxhieb] crochet m. | *rechter Haken*, crochet du droit. | *linker Haken*, crochet du gauche. || [Auslassungszeichen] apostrophe f. || FIG. *das hat einen Haken*, il y a qch. qui cloche. || FAM. *einen Haken auf jn haben*, avoir une dent contre qn.

haken ['hɑːkən] v. tr. accrocher.
◇ v. pr. **sich haken,** s'accrocher. || FAM. *sich mit jm haken*, avoir un accrochage avec qn.

Haken|büchse ["hɑːkən'byksə] f. (-, n). HIST. arquebuse f. ||°**-eisen** n. (s) crémaillère f. ||**-förmig** adj. crochu. ||°**-kreuz** n. (es, e). POLIT. croix gammée. || RELIG. svastika m. ||°**-löser** m. (s, -). [Angelsport] dégorgeoir m. ||°**-nagel** m. (s, ¨) crampon m. ||°**-nase** f. (-, n) nez aquilin, crochu. ||°**-schütze** m. (n, n). HIST. arquebusier m. ||°**-spieß** m. (es, e). MAR. harpon m. ||°**-zahn** m. (s, ¨e). ZOOL. croc m.

hakig ['hɑːkiç] adj. crochu.

Häklerin ['hɛklərin] f. (-, nen) dentellière f.

Halali [ha'lali, hala'li] n. (s, s). [Jagd] hallali m. | *das Halali blasen*, sonner l'hallali.

halb [halp] adj. **1.** demi ; mi ; la moitié de. | *ein halbes Dutzend*, une demi-douzaine. | *eine halbe Stunde*, une demi-heure. | *auf halber Höhe*, à mi-pente. | *auf halbem Weg*, à mi-chemin. | *jm auf halbem Weg entgegenkommen*, faire la moitié du chemin. | *zum halben Preis*, à moitié prix. || COMM. *halbe Rechnung*, compte (m.) à demi. || POÉS. *halber Vers*, hémistiche m. || MAR. *halber Wind*, vent (m.) largue. || MUS. *halber Ton*, demi-ton. || POP. *eine Halbe*, une demi-bouteille.
2. FIG. *halbe Maßnahme*, demi-mesure f. | *die halbe Welt weiß es*, tout le monde le sait. | *es ist nichts Halbes und nichts Ganzes*, ce n'est ni fait ni à faire. | *nur noch ein halber Mensch sein*, n'être plus que l'ombre de soi-même. | *halbe Arbeit machen*, faire les choses à moitié. | *eine halbe Ewigkeit warten*, attendre cent sept ans. | *jn auf halbe Kost setzen*, mettre qn à la portion congrue. | *mit halber Stimme*, à mi-voix. | *mit halbem Ohr zuhören*, écouter d'une oreille distraite.
3. [Uhr] *halb zehn*, neuf heures et demie. | *fünf vor halb zehn*, neuf heures vingt-cinq. | *fünf nach halb zehn*, dix heures moins vingt-cinq. | *es schlägt halb*, la demie sonne. | *die Uhr schlägt voll und halb*, l'horloge sonne les heures et les demies.
◇ adv. à demi ; à moitié. | *halb gar*, à moitié cuit. | *halb angezogen*, à demi vêtu. | *alles nur halb tun*, ne faire les choses qu'à moitié. | *halb und halb*, pas tout à fait ; moitié moitié ; à moitié. | *nur halb bei der Sache sein*, manquer de cœur, n'avoir pas le cœur à l'ouvrage. | *halb kniend und halb sitzend*, assis sur ses talons. | *der Weg ist halb so breit wie die Straße*, la route est deux fois plus large que le chemin. || MIL. *halb rechts, Marsch !*, demi-tour, droite ! || PROV. *frisch gewagt ist halb gewonnen*, la fortune sourit aux audacieux.

Halb|affe ["halp'afə] m. (n, n). ZOOL. maki m. ||**-amtlich** adj. officieux. ||°**-ärmel** m. (s, -) manche courte. ||°**-bild** n. (s, er). ARTS. buste m. ||°**-bildung** f. (-) demi-savoir m. ||°**-blut** n. (s) demi-sang m. ||°**-bruder** m. (s, ¨) demi-frère m. ||**-bürtig** adj. *halbbürtiger Bruder*, demi-frère m. ||°**-deck** n. (s, e). MAR. gaillard (m.) d'arrière. ||°**-dunkel** n. (s) pénombre f. ; demi-obscurité f. ; clair-obscur m. ||**-durchlässig** adj. PHYS. *halbdurchlässiger Spiegel*, miroir semi-transparent. ||°**-dutzend** n. (s, e) demi-douzaine f. ||°**-edelstein** m. (s, e) améthyste f. ||°**-ehe** f. (-, n). JUR. mariage (m.) union (f.) morganatique. ||**-ergraut** adj. grisonnant ; FAM. poivre et sel. ||**-erhaben** adj. ARTS. en demi-relief. ||°**-esel** m. (s, -) hémione m. ||°**-fabrikat** n. (s, e). TECHN. produit demi-fini, semi-manufacturé. ||°**-farbe** f. (-, n) demi-teinte f. ||**-fertig** adj. TECHN. semi-fini. ||°**-fertigprodukt** n. (s, e) produit semi-fini. ||**-flach** adj. méplat. ||°**-franzband** m. (s, ¨e) [reliure f.] demi-chagrin m. ||**-gar** adj. CULIN. à moitié cuit. ||°**-gefrorenes** n. entremets glacé. ||**-geschlossen** adj. mi-clos ; entrouvert ; ouvert à demi. ||°**-geschoß** (es, e). ARCHIT. entresol m. ||°**-geschwister** pl., enfants (m. pl.) de deux lits. ||°**-gott** m. (s, ¨er). MYTH. demi-dieu m. ; héros m. ||°**-insel** f. (-, n) presqu'île f. ; péninsule f. ||°**-jahr** n. (s, e) semestre m. ||**-jährig** adj. âgé de six mois ; qui dure six mois. ||**-jährlich** adj. semestriel. — adv. tous les six mois ; deux fois par an ; semestriellement. ||°**-kreis** m. (es, e). MATH. demi-cercle m. || [halbkreisförmiger Raum] hémicycle m. ||**-kreisförmig** adj. semi-circulaire. ||°**-kugel** f. (-, n). MATH., GÉOGR. hémisphère m. || PHYS. *Magdeburger Halbkugeln*, hémisphères de Magdebourg. ||**-kugelförmig** adj. MATH., GÉOGR. hémisphérique. ||**-lang** adj. demi-long ; mi-long. ||°**-larve** f. (-, n). [Maske] loup m. ||**-laut** adj. et adv. à mi-voix. || MUS. mezza voce. ||°**-laut** m. (s, e). GRAMM. semi-voyelle f. || °**-lederband** m. (s, ¨e) volume relié demi-plein. ||°**-leinen** n. (s). TEXT. fil et coton ; toile métisse ; mi-fil m. ||°**-licht** n. (s) demi-jour m. ||°**-links** m. (-, -). SPORT. inter (m.) gauche. ||°**-liter** m. (s, -) demi-litre m. ||**-mast** adv. MAR. à mi-mât. | *die Flagge auf halbmast setzen*, mettre le pavillon en berne. ||°**-messer** m. (s, -). MATH. rayon m. ||**-monatlich** adj. bimensuel. ||°**-mond** m. (s, e) demi-lune f. ||**-offen** adj. entrouvert. ||°**-pacht** f. AGRIC. métayage m. || °**-pächter** m. (s, -). AGRIC. métayer m. ||**-part** adv. *mit jm halbpart machen*, partager moitié moitié avec qn. ||°**-porzellan** n. (s) faïence f. ||°**-produkt** n. (s, e) produit semi-fini. ||°**-rechts** m. SPORT. inter (m.) droit. ||**-reif** adj. à moitié, pas encore mûr. ||**-rund** adj. semi-circulaire. ||°**-säule** f. (-, n). ARCHIT. cippe m.

||°**-schatten** m. (s) pénombre f. ||**-schlächtig** adj. hybride ; métis. ||°**-schlaf** m. demi-sommeil m. ||°**-schuhe** m. pl. chaussures basses. ||**-schürig** adj. *halbschürige Wolle*, laine courte. || FIG. médiocre ; quelconque. ||°**-schwergewicht** n. (s, -). SPORT. poids (m.) mi-lourd. ||°**-schwester** f. (-, n) demi-sœur f. ||**-seitig** adj. d'une demi-page. ||°**-sold** m. (s) demi-solde f. ||**-sommer** adj. (en compos.) de demi-saison. ||**-staatlich** adj. POLIT. officieux ; semi-étatique. ||°**-starker** m. *ein Halbstarker*, un jeune voyou ; un blouson noir. ||**-starr** adj. semi-rigide. ||°**-stiefel** m. (s, -) bottine f. ||°**-strumpf** m. (s, ¨e) chaussette f. ||**-stündig** adj. d'une demi-heure. ||**-stündlich** adj. toutes les demi-heures. ||°**-tagesarbeiter** m. (s, -) ouvrier (m.) à mi-temps. ||**-tägig** adj. d'une demi-journée. ||°**-ton** m. (s, ¨e). MUS. demi-ton m. || PHOT. demi-teinte f. ||°**-trauer** f. demi-deuil m. ||°**-verdeck** n. (s, e). MAR. demi-pont m. || AUTOM. capote f. ||°**-vers** m. (es, e). POÉS. hémistiche m. ||°**-vokal** m. (s, e). GRAMM. semi-voyelle f. ||**-wach** adj. somnolent. ||°**-waise** f. (-, n) orphelin (m.) de père ou de mère. ||**-wegs** adv. passablement ; médiocrement ; FAM. couci-couça. | *jm halbwegs entgegenkommen*, faire la moitié du chemin. ||°**-welt** f. FAM. demi-monde m. ||°**-weltdame** f. (-, n) demi-mondaine f. ||°**-wertzeit** f. (-, en). NUCL. période f. | *radioaktive Halbwertzeit*, période radioactive. || PHYS. demi-vie f. ||°**-wissen** n. (s) demi-savoir m. ; savoir superficiel. ||**-wöchentlich** adj. bihebdomadaire. ||**-wüchsig** adj. adolescent. | *halbwüchsiger Junge*, adolescent m. ||°**-zeit** f. (-, en). SPORT. mi-temps m. ||°**-zeug** (s, e) demi-produits m.

halben ['halbən], **halber** ['halbər] suff. à cause de ; en considération de. | *vorsichtshalber*, par prudence. ◇ prép. (gén.) à cause de ; pour des raisons de. | *seiner Gesundheit halber*, pour raisons de santé.

Halbheit ['halphait] f. (-, en) imperfection f. | *Halbheit des Charakters*, faiblesse (f.) de caractère ; irrésolution f. ; demi-mesure f.

halbieren [hal'bi:rən] v. tr. partager en deux parties égales.

halbierend [-rənt] adj. MATH. bissecteur.

Halbierende [-rənde] f. (-, n) médiane f.

Halbierungs|linie [hal"bi:ruŋs'li:niə] f. (-, n). MATH. bissectrice f.

Halde ['haldə] f. (-, n). MINES. halde f. || POÉT. pente (f.), versant (m.) de la montagne.

Hälfte ['hɛlftə] f. (-, n) moitié f. | *die Hälfte des Weges*, la moitié du chemin. | *die größere Hälfte des Weges*, une bonne moitié du chemin. | *mehr als die Hälfte ; über die Hälfte*, plus de la moitié. | *um die Hälfte teurer*, cinquante pour cent plus cher. | *um die Hälfte mehr verdienen*, gagner moitié plus. | *zur Hälfte*, pour moitié. | *zur Hälfte beteiligt sein*, être de moitié dans l'affaire. || FIG., FAM. *meine bessere Hälfte*, ma moitié.

Halfter ['halftər] f. (-, n), m. ou n. (s, -). [Zaum] licou m. ; longe f. || [Satteltasche] fonte f.

Halfter|leine ["halftər'lainə] f. (-, n) longe f. ||°**-pistole** f. (-, n) pistolet (m.) d'arçon.

Hall [hal] m. (s, e) son m. ; résonance f.

Halle ['halə] f. (-, n) grande salle ; hall m. ; galerie f. || AÉRON. hangar m. || [Eisenbahn] hall m. || SPORT. gymnase m. ; [Tennis] court couvert.

Hallelujah [hale'lu:ja] n. RELIG. alléluia m.

hallen ['halən] v. intr. résonner ; retentir.

Hallen|bad ["halən'ba:t] n. (s, ¨er) piscine couverte. ||°**-kirche** f. (-, n) église (f.) gothique. ||°**-sportfest** n. (s, e) réunion (f.) athlétique en salle. — OBSERV. Dans la « Hallenkirche », toutes les nefs sont de même hauteur.

Hallig ['haliç] f. (-, en). GÉOGR. hallig m. — OBSERV. îlot inondable sur la côte de Frise.

Hallo [ha'lo] n. (s, s). FAM. tumulte m. ; cris m. pl.

hallo [ha'lo] interj. [Gruß] salut ! || [Zuruf] hé ! ; hep ! || ['halo] [Telefon] allô !

Hallore [ha'lo:rə] m. (n, n) saulnier m.

Halluzination [halutsina'tsio:n] f. (-, en) hallucination f.

Halm [halm] m. (s, e) tige f. | *das Feld steht im Halm*, les blés sont en herbe. | *die Ernte auf dem Halm verkaufen*, vendre la récolte sur pied. | *das Hälmchen ziehen*, tirer à la courte paille. | *Halmendach* (n.), toit (m.) de chaume.

Halm|früchte ["halm'fryçtə] f. pl. céréales f. pl.

Hälmchen ['hɛlmçən] n. (s, -) brin (m.) de paille, d'herbe.

Halo ['ha:lo] m. (s, s) halo m.

Halogen [halo'ge:n] n. (s, e). CHIM. halogène m. | *Halogenlampe*, lampe (f.) à halogène.

Haloperidolum [halope'ri:dolum] n. (s). MÉD. halopéridol m.

halophil [halo'fi:l] adj. BOT. halophile.

Halophyt [halo'fy:t] m. (en, en). BOT. halophyte f.

Hals [hals] m. (es, ¨e). ANAT. cou m. ; POÉT. col m. | [eines Tieres] encolure f. || [Rachen] gorge f. || FAM. gosier m. | *einen langen Hals machen*, tendre le cou. | *der Hals tut mir weh*, j'ai mal à la gorge. | *einen steifen Hals haben*, avoir le torticolis. | *einem Huhn den Hals umdrehen*, tordre le cou à un poulet. || FIG. *jm den Hals abschneiden*, couper la gorge à qn ; FAM. étrangler qn. | *es wird den Hals nicht gleich kosten*, il n'y a pas péril en la demeure. | *es geht um den Hals*, il y va de la vie. | *sich Feinde auf den Hals laden*, se mettre des gens à dos. | *viel auf dem Hals haben*, avoir du travail par-dessus la tête. | *jm die Polizei auf den Hals schicken*, mettre la police aux trousses de qn. | *aus vollem Hals schreien*, crier à tue-tête. | *aus vollem Hals lachen*, rire à gorge déployée. | *sich die Lungen aus dem Hals schreien*, s'époumonner. | *etwas im Halse haben*, avoir la voix voilée ; FAM. avoir un chat dans la gorge. | *Hals über Kopf fliehen*, prendre ses jambes à son cou. | *einander um den Hals fallen*, se jeter au cou l'un de l'autre. | *bleibe mir (damit) vom Halse*, laissez-moi tranquille (avec cela). | *sich etwas vom Halse schaffen*, se débarrasser de qch. | *es hängt mir zum Halse heraus*, j'en ai assez ; FAM. j'en ai plein le dos.

Hals|abschneider ["hals'apʃnaidər] m. (s, -). [Betrüger] écorcheur m. ; FAM. arnaqueur. ||°**-ader** f. (-, n). ANAT. veine (f.) jugulaire. ||°**-band** n. (s, ¨er) collier m. ||°**-berge** f. (-, n). HIST. haubert m. ; gorgerin m. ||°**-binde** f. (-, n) cravate f. ||**-brechend, -brecherisch** adj. [gefährlich] périlleux ; dangereux ; risqué. || [tollkühn] téméraire. ||°**-eisen** n. (s, -). HIST. carcan m. ||°**-entzündung** f. (-, en). MÉD. mal (m.) de gorge. ||°**-gehänge** n. (s, -) pendentif m. ||°**-gericht** n. (s, e). HIST. justice criminelle ; haute justice. ||°**-kette** f. (-, n) collier m. ||°**-kragen** m. (s, -) [faux] col m. ||°**-krause** f. (-, n) collerette f. ; fraise f. ||°**-mandeln** f. pl. ANAT. amygdales f. pl. ||°**-(puls)-ader** f. (-, n). ANAT. artère (f.) carotide ; carotide f. ||°**-schmerzen** m. pl. MÉD. mal (m.) de gorge. ||°**-schmuck** m. (s) collier m. ||**-starrig** adj. entêté ; obstiné ; têtu ; buté ; opiniâtre. ||°**-starrigkeit** f. entêtement m. ; obstination f. ; opiniâtreté f. || °**-stimme** f. (-, n). MUS. voix (f.) de fausset, de tête. ||°**-stück** n. (s, e) gorgerin m. ||°**-tuch** n. (s, ¨er) cache-col m. ; foulard m. ; écharpe f. ||°**-weh** n. (s). MÉD. mal (m.) de gorge. ||°**-weite** f. (-) encolure f. ; tour (m.) de cou. ||°**-wirbel** m. (s, -). ANAT. vertèbre cervicale. ||°**-zäpfchen** n. (s -). ANAT. luette f.

halsen ['halzən] v. tr. [umarmen] embrasser. ◇ v. intr. MAR. [wenden] virer vent arrière ; empanner.

Halsen n. (s). MAR. empannage m.

Hals-Nasen-Ohren|arzt [halsnazən"o:rən'artst], **HNO-Arzt** m. (es, ¨e). MÉD. oto-rhino-laryngologiste (O.R.L.) m. ||°**-ärztin** f. (-, nen). MÉD. oto-rhino-laryngologiste (O.R.L.) f. ||°**-heilkunde** f. MÉD. oto-rhino-laryngologie f.

Halt [halt] m. (s, e). [Stillstand ; Einhalt] arrêt m. ; pause f. ; temps (m.) d'arrêt. | *dem Fortschreiten einer Seuche Halt gebieten*, arrêter, enrayer, stopper une épidémie. || [Rückhalt ; Stütze] appui m. ; soutien m. || FIG. *an jm einen Halt haben*, pouvoir compter sur qn ; trouver un ferme appui en qn. || [Unerschütterlichkeit] caractère m. ; force (f.) d'âme ; moral m. | *keinen inneren Halt haben*, manquer de caractère. — SYN. : *Stillstand, Unterbrechung*, arrêt ; *Stütze, Rückhalt*, appui ; *Festigkeit*, fermeté, force d'âme.

halt [halt] adv. DIAL., FAM. [nun, eben] justement. | *das ist halt so und nicht anders*, ma foi, il en est ainsi ; c'est ainsi et pas autrement. ◇ interj. halte ! || MIL. *halt, wer da ?*, halte !, qui vive ?

halt|los ['haltlos] adj. [innerlich schwach] faible ; [unbegründet] inconsistant ; sans fondement. | *haltloses Gerücht*, bruit inconsistant. ||°**-losigkeit** f. [Schwachheit] fragilité f. ; inconsistance f. || FIG. [innerliche Schwachheit] faiblesse f. | *Haltlosigkeit des Charakters*, fragilité de caractère. ||**-machen** v. intr. faire halte ; s'arrêter. || AUTOM. stopper.

haltbar ['haltba:r] adj. [fest] résistant ; solide. || [beständig] durable ; qui se conserve ; non périssable. || FIG. [begründet] soutenable ; défendable. | *diese Meinung ist nicht haltbar*, cette opinion est insoutenable, indéfendable.

Haltbarkeit [-kait] f. [Festigkeit] solidité f. || [Beständigkeit] résistance f.

Halte|platz ["haltə'plats] m. (es, ¨e) halte f. ; [für Taxis] station f. ||°**-punkt** m. (s, e). [Stützpunkt] MIL. point (m.) d'appui. || [Zielpunkt] point (m.) de repère. ||°**-ring** m. (s, e) anneau (m.) d'attache. ||°**-seil** n. (s, e). MAR. hauban m. ||°**-signal** n. (s, e). [Eisenbahn] signal (m.) d'arrêt. ||°**-stelle** f. (-, n). [Eisen-, Straßenbahn] arrêt m. ; station f. ||°**-tau** n. (s, e). MAR. hauban m. ||°**-verbot** n. (s, e) interdiction (f.) de stationner.

halten ['haltən] (ä, ie, a).

I. v. tr.
1. [nicht loslassen] tenir.
2. [etwas unternehmen ; etwas abwickeln] tenir ; faire ; organiser.
3. [feste Richtung nehmen ; von etwas nicht abweichen] prendre une direction ; ne pas dévier ; observer ; respecter.
4. [wahren ; bewahren] maintenir ; respecter ; observer.
5. [hemmen ; anhalten ; zurückhalten] retenir ; arrêter.
6. [halten ; züchten] élever ; cultiver ; subvenir aux besoins de.
7. [meinen ; schätzen ; halten für] estimer ; considérer comme.
8. [fassen ; enthalten] contenir.
II. v. intr.
1. [halt machen] s'arrêter.
2. [fest sein ; aushalten] durer ; tenir.
3. LOC.
III. v. pr. **sich halten.**
1. se maintenir.
2. se tenir ; se comporter.
3. LOC.

I. v. tr. **1.** [nicht loslassen] tenir. | *etwas in der Hand halten*, tenir qch. à la main. | *einen Korb am Henkel halten*, tenir un panier par l'anse. | *jn bei, an der Hand halten*, tenir qn par la main. | *jn bei der Gurgel halten*, tenir qn à la gorge. | *etwas vorrätig halten*, garder, tenir qch. en réserve. || [Spiel] *die Bank halten*, tenir la banque. | *den Einsatz halten*, accepter l'enjeu. || FIG. *für die Prüfung halte ich dir den Daumen*, bonne chance (pour ton examen) ! ; je ferai une petite prière pour toi ! | *jm die Stange halten*, prendre le parti de qn.
2. [etwas unternehmen, veranstalten, abhalten] tenir ; faire, organiser. | *einen Schmaus halten*, faire un grand repas ; FAM. banqueter ; faire ribote. | *Tafel halten*, festoyer. | *Hochzeit halten*, célébrer les noces. | *Gericht halten*, rendre la justice ; JUR. tenir audience. | *ein Mittagsschläfchen halten*, faire la sieste. | *Rast halten*, se reposer. || *Sitzung halten*, tenir séance ; délibérer. | *einen Vortrag halten*, faire, donner une conférence. | *eine Ansprache, eine Rede halten*, prononcer une allocution, un discours. | *eine Predigt halten*, faire un sermon. | *eine Vorlesung halten*, faire un cours. | *Wache halten*, monter la garde. || RELIG. *das Hochamt halten*, célébrer la grand-messe. | *Andacht halten*, célébrer l'office.
3. [feste Richtung nehmen ; von etwas nicht abweichen] prendre une direction ; ne pas dévier ; observer ; respecter. | *Gottes Gebote halten*, observer les commandements de Dieu. | *das Gesetz halten*, respecter la loi. | *Umschau halten*, scruter l'horizon ; regarder autour de soi. | *nach jm Ausschau halten*, chercher qn des yeux. | *Einkehr halten*, faire retour sur soi. | *es mit jm halten*, avoir partie liée avec qn. | *es so halten*, procéder, agir ainsi, de la sorte. | *den Kurs nach Norden halten*, avoir cap au nord. | *mit jm Schritt halten*, régler son pas sur qn ; FIG. ne pas se laisser distancer par qn. || MUS. *den Takt halten*, jouer, chanter en mesure. | *den Ton halten*, garder le ton.
4. [wahren, bewahren] maintenir ; respecter ; observer. | *die Wärme halten*, garder, conserver la chaleur. | *die Eltern in Ehren halten*, respecter, honorer ses parents. | *er hält seine Rechnungsbücher in Ordnung*, il a de l'ordre dans sa comptabilité. | *er hält die Maschine instand*, il entretient sa machine ; il tient sa machine en état de marche. | *(strenge) Diät halten*, suivre un régime (sévère) ; être au régime. | *Frieden halten*, vivre en paix. | *mit jm Freundschaft halten*, être l'ami de qn. | *im Trinken Maß halten*, boire avec modération. | *Ordnung halten*, faire régner, maintenir l'ordre. | *etwas frisch halten*, tenir qch. au frais. | *ein Versprechen halten*, tenir une promesse. | *Wort halten*, tenir parole. | *mit der Meinung hinter dem Berge halten*, ne pas dévoiler ses opinions.
5. [hemmen ; anhalten ; zurückhalten] retenir ; arrêter ; maintenir. | *ich will Sie nicht länger halten*, je ne vous retiendrai pas plus longtemps. | *jn hinter Schloß und Riegel halten*, tenir qn sous les verrous. | *jn in Schach halten*, tenir qn en échec. | *jn, etwas in Schranken halten*, contenir qn, qch. | *ein Pferd im Zaum halten*, tenir un cheval en bride. | *er kann seine Zunge nicht halten*, il ne sait pas tenir sa langue ; il est trop bavard. | *den Mund, seinen Mund halten*, tenir sa langue ; garder bouche cousue.
6. [halten ; züchten] élever ; cultiver ; subvenir aux besoins de. | *Hühner halten*, faire l'élevage de poules ; faire de l'aviculture. | *jn in allem frei halten*, défrayer qn de tout. | *jn frei halten*, subvenir aux besoins de qn. | *jn knapp halten*, réduire qn à la portion congrue ; traiter qn chichement. | *jn gut halten*, bien traiter qn. | *jn schadlos halten*, dédommager qn.
7. [meinen ; schätzen ; halten für] estimer ; considérer comme. | *jn zum Narren halten*, se moquer de qn. | *jn zum besten halten*, se jouer de qn. | *jm etwas zugute halten*, porter qch. au crédit de qn. | *jn für einen Freund halten*, considérer qn comme un ami. | *jn für tot halten*, croire qn mort. | *ich halte das für sicher*, je considère cela comme assuré, comme certain. | *ich halte dafür, daß*, je suis d'avis que. | *er wird für einen Millionär gehalten*, il passe pour millionnaire. | *nichts von jm halten*, faire peu de cas de qn. | *viel von jm halten*, faire grand cas de qn. | *für wen halten Sie mich ?*, pour qui me prenez-vous ? | *was halten Sie davon ?*, qu'en pensez-vous ?
8. [fassen ; enthalten] contenir. | *dieses Faß (ent)hält hundertzehn Liter*, ce tonneau contient cent dix litres.
II. v. intr. **1.** [halt machen] s'arrêter ; faire halte. | *der Zug hält an jeder Station*, le train s'arrête à toutes les gares. || [nicht fahren] stationner. | *ein Wagen hält vor der Tür*, une voiture est arrêtée, stationne devant la porte. || MIL. faire halte.
2. [fest sein ; aushalten] tenir ; durer ; être résistant ; être solide. | *der Stoff hält nicht*, cette étoffe n'est pas solide. | *dieses Gebäude hat Jahrhunderte gehalten*, cette construction a duré des siècles. || FIG., FAM. *er schuftet, was das Zeug hält*, il travaille comme un nègre.
3. LOC. (caractérisées par une préposition). — **an :** *an sich halten*, se maîtriser ; se dominer ; se contenir. | *nicht an sich halten können*, ne pas se contenir ; exploser ; sortir de ses gonds. — **auf :** *auf etwas halten*, tenir à qch. ; être attaché à qch. | *auf seine Ehre halten*, être jaloux de son honneur. | *auf sich halten*, [gepflegt sein] prendre soin de sa personne ; [eingebildet sein] être imbu de soi-même ; FAM. ne pas se moucher du pied.
III. v. pr. **sich halten. 1.** [bestehen bleiben] se maintenir. | *das Wetter hält sich*, le temps se maintient (au beau). | *er wird sich nicht halten können*, il ne fera pas long feu. || FIN. *die Kurse halten sich*, les cours sont fermes
2. [eine bestimmte Haltung haben] se tenir. | *sich gut halten*, se tenir bien. | *sich schlecht halten*, se tenir mal. || [sich verhalten] se tenir ; se comporter. | *sich abseits, für sich halten*, se tenir à l'écart. | *sich still halten*, se tenir tranquille. | *er hielt sich nicht mehr vor Freude*, il ne se sentait plus de joie.
3. LOC. *einander die Waage halten*, s'équilibrer ; se contrebalancer. | *sich die Seiten halten*, se tenir les côtes (de rire). | *sich am Geländer halten*, se tenir à la rampe. | *sich an die Vorschrift halten*, s'en tenir au règlement. | *sich an jn halten*, s'en rapporter à qn. | *sich nach Westen halten*, aller vers l'ouest ; faire route vers l'ouest. | *sich zu jm halten*, être du parti de qn. | *sich im Gleichgewicht halten*, garder l'équilibre.

Halten ['haltən] n. (s) *zum Halten bringen*, arrêter. || [Verkehr] *Halten verboten !*, défense de s'arrêter. || [Zeitung] abonnement m. || PROV. *Versprechen und Halten sind zweierlei*, promettre et tenir sont deux.

Halter [-tər] m. (s, -) support m. ; soutien m. ; appui m.
◇ En compos. : porte-. | *Federhalter*, porte-plume m. inv.
— SYN. : *Stütze*, soutien ; *Träger*, *Ständer*, support.

Halterung ['haltəruŋ] f. (-, en). TECHN. peigne m.

haltig ['haltiç] suff. signifiant un contenu.

Haltung ['haltuŋ] f. (-, en). [Körperhaltung] attitude f. ; pose f. ; posture f. || MIL. *stramme Haltung !*, garde à vous ! || [Benehmen] attitude f. ; contenance f. ; maintien m. | *herausfordernde Haltung*, attitude provocante. | *feste Haltung*, attitude ferme. | *bescheidene Haltung*, humble contenance. | *zweideutige Haltung*, attitude équivoque. | *verdächtige Haltung*, attitude louche. || [Würde] contenance f. | *Haltung bewahren*,

ne pas perdre contenance. || FIN. *Haltung der Börse,* tendance (f.) de la Bourse.
— SYN. : *Auftreten,* attitude ; *Stellung,* posture.

Halunke [ha'luŋkə] m. (n, n) coquin m. ; vaurien m. ; fripouille f. ; chenapan m.

Halunken|streich [ha"luŋkən'ʃtraiç] m. (s, e) coquinerie f. ; gredinerie f.

Hämatit [hɛma'tit] m. (s, e). MINÉRAL. hématite f.

Hämatologe [hɛmato'lo:gə] m. (n, n), **Hämatologin** [-'lo:gin] f. (-, nen). MÉD. hématologue s.

Hämaturie [hɛmatu'ri:] f. (-, n) hématurie f.

Hamburg ['hamburk] n. pr. n. Hambourg.

Hamburger ['hamburgər] m. (s, -) n. pr. m. GÉOGR. Hambourgeois m.

Hamen ['hɑ:mən] m. (s, -). TECHN. 1° [Haken] hameçon m. ; 2° [Netz] filet m.

hämisch ['hɛ:miʃ] adj. [tückisch] sournois ; faux. || [schadenfroh] méchant ; mauvais. | *hämisches Grinsen,* rire (m.) sardonique.

Hämling ['hɛmliŋ] m. (s, e) eunuque m.

Hammel ['haməl] m. (s, -) mouton m. || FIG. [Einfaltspinsel] simple m. ; FAM. simplet m.

Hammel|fleisch ["haməl'flaiʃ] n. (s) viande (f.) de mouton ; mouton m. ||°**-herde** f. (-, n) troupeau (m.) de moutons. ||°**-keule** f. (-, n) gigot (m). de mouton. ||°**-rippchen** n. (s, -) côtelette (f.) de mouton. ||°**-sprung** m. (s, ¨e). [Spiel ; Reitkunst] saut (m.) de mouton.

Hammer ['hamər] m. (s, ¨) marteau m. | *mit dem Hammer schlagen, klopfen,* donner des coups de marteau. || FIG. *zwischen Hammer und Amboß sein,* être entre le marteau et l'enclume. || FAM. *etwas unter den Hammer bringen,* faire vendre qch. aux enchères. | *unter den Hammer kommen,* être mis à l'encan ; être vendu aux enchères. || ANAT. [Ohr] marteau m. || SPORT. marteau m.

hämmerbar ['hɛmərbɑ:r] adj. TECHN. malléable ; forgeable.

Hämmerling ['hɛmərliŋ] m. (s, e), **Hämmerlein** [-lain] n. (s, -) lutin m. | *Meister Hämmerling, Hämmerlein,* le bourreau.

hämmern ['hɛmərn] v. intr. battre à grands coups. | *das Blut hämmert in den Adern,* le sang bat à grands coups dans les veines.
◇ v. tr. marteler.

Hämmern ['hɛmərn] n. (s) martelage m. ; martèlement m.

Hamming Code ["hæmiŋ'ko:d] m. (s, s). INF. code (m.) de Hamming.

Hämo|globin [hɛmoglɔ'bi:n] n. (s). CHIM., BIOL. hémoglobine f. ||**-kompatibel** adj. MÉD. hémocompatible. ||°**-lyse** f. (-, n). MÉD. hémolyse f. ||°**-philie** f. MÉD. hémophilie f. ||°**-rrhagie** f. MÉD. hémorragie f. ||°**-rrhoiden** f. pl. hémorroïdes f. pl.

Hampel|mann ["hampəl'man] m. (s, ¨er) pantin m. || FIG. pantin m. ; guignol m.
— SYN. : *Hanswurst,* pantin, marionnette ; *Kasperl,* polichinelle ; guignol.

hampeln ['hampəln] v. intr. faire des gestes de pantin ; gigoter.

Hamster ['hamstər] m. (s, -). ZOOL. hamster m. ; ascomys m.

Hamsterer ['hamstərər] m. (s, -) accapareur m.

Hamster|kauf ["hamstər'kauf] m. (s, ¨e). ÉCON. achat (m.) de précaution.

hamstern [-tərn] v. tr. accaparer des denrées ; faire des réserves.

Hamstern [-tərn] n. (s). V. HAMSTERKAUF.

Hand [hant] f. (-, ¨e) main f. || [Handschrift] écriture f.

I. avec un adj.
II. avec **haben.**
III. avec d'autres verbes.
IV. locutions exclamatives.
V. avec une prép. et un adj.

I. avec un adj. : *die flache Hand,* la paume. | *die hohle Hand,* le creux de la main. | *linker Hand,* à (main) gauche. | *rechter Hand,* à (main) droite. || [Kindersprache] *die schöne Hand,* la belle main ; la main droite. || *eine schwielige Hand,* une main calleuse. | *mit verkehrter Hand,* d'un revers de main. || FIG. *js rechte Hand,* le bras droit de qn. | *die starke Hand,* la poigne ; la manière forte. || JUR. *die tote Hand,* la mainmorte.

II. avec **haben** : *Hand und Fuß haben,* se tenir. | *weder Hand noch Fuß haben,* n'avoir ni queue ni tête. | *da haben Sie meine Hand darauf,* tope là ! ; vous avez ma parole. | *seine Hand im Spiele haben,* [Ursache sein] y être pour quelque chose ; [sich ins Mittel legen können] avoir son mot à dire ; [Mittäter sein] tremper dans l'affaire. | *die Hand immer in der Tasche haben,* être généreux. | *freie Hand haben,* avoir les mains libres. | *eine glückliche Hand haben,* avoir la main heureuse. | *eine lockere Hand haben,* avoir la main leste. || FIG. *eine milde Hand haben ; eine offene Hand haben,* être généreux ; avoir le cœur sur la main. || PR. et FIG. *schmutzige Hände haben,* avoir les mains sales ; FIG. ne pas avoir les mains propres. | *alle Hände voll zu tun haben,* avoir du travail par-dessus la tête ; ne plus savoir où donner de la tête. | *eine ungeschickte Hand haben,* avoir la main malheureuse.

III. avec d'autres verbes : *Hand anlegen,* mettre la main à la pâte. | *die Hand ausstrecken,* tendre la main. | *die Hand ballen,* serrer le poing. | *jm die Hand bieten,* tendre la main à qn. | *jm die Hand drücken,* donner une poignée de main à qn. | *die Hände falten,* joindre les mains. | *jm die Hand geben,* donner la main à qn. || FIG. *ihm sind Hände und Füße gebunden,* il a les mains liées ; il n'est pas libre de ses mouvements. | *die Hand auf der Tasche halten,* refuser de payer. | *die Hand von etwas lassen,* ne pas toucher à qch. | *jm freie Hand lassen,* donner carte blanche à qn. | *letzte Hand an ein Werk legen,* mettre la dernière main à un ouvrage. | *Hand an sich legen,* attenter à ses jours. | *die Hand auf etwas legen,* mettre la main sur qch. ; s'emparer de qch. | *die Hände in den Schoß legen,* FIG. cesser le travail ; se croiser les bras. || *seine Hand für etwas, für jn ins Feuer legen,* se porter garant de qch., de qn. | *ich lege dafür meine Hand ins Feuer,* j'en mettrais ma main au feu. | *jm die Hand reichen,* tendre la main à qn. | *jm die Hand fürs Leben reichen,* FIG. épouser qn. | *die Hände ringen,* se tordre les mains. | *die Hände vors Gesicht schlagen,* se couvrir le visage de ses mains. | *jm die Hand schütteln,* donner une poignée de main à qn. | *man kann die Hand vor den Augen nicht sehen,* on n'y voit goutte. || LOC. *seine Hände in Unschuld waschen,* s'en laver les mains. || PROV. *eine Hand wäscht die andere,* les loups ne se mangent pas entre eux. || *gibt man ihm den kleinen Finger, so will er gleich die ganze Hand,* si on lui en donne long comme le doigt, il en prend long comme le bras. | *die Hände über dem Kopf zusammenschlagen,* lever les bras au ciel.

IV. locutions exclamatives : *Hände hoch !,* haut les mains ! || FAM. *Hände weg !,* bas les pattes ! | *Hände weg von... !,* touchez pas à... ! | *Hand aufs Herz !,* parole !

V. avec une prép. et un adj. — **an :** *an Hand dieser Urkunde,* en s'appuyant sur ce document. | *etwas an der Hand haben,* disposer de qch. | *an der Hand,* par la main. | *jm an die Hand gehen,* prêter main forte à qn ; donner un coup de main à qn. | *an Händen und Füßen gebunden,* pieds et poings liés. || COMM. *etwas an Hand geben,* vendre qch. à condition. — **auf :** *es liegt auf der Hand,* c'est clair comme le jour ; c'est l'évidence même. | *jn auf Händen tragen,* choyer qn. | *auf den Händen sitzen,* ne rien faire ; paresser. — **aus :** *aus erster Hand,* de première main ; directement. | *aus zweiter Hand,* de seconde main ; indirectement. | *aus vollen Händen,* à pleines mains. | *aus freier Hand zeichnen,* dessiner à main levée. | *aus freier Hand verkaufen,* vendre volontairement. | *etwas aus der Hand geben,* se dessaisir de qch. | *jm aus der Hand fressen,* manger dans la main de qn. | *von der Hand in den Mund leben,* vivre au jour le jour. — **bei :** *bei der Hand,* par la main. — **in :** *Hand in Hand,* la main dans la main. || JUR. *in festen Händen,* inaliénable. || *in guten Händen,* en bonnes mains. | *in die Hände klatschen,* applaudir. || PR. et FIG. *etwas in die Hand nehmen,* prendre qch. en main. || *dem Feind in die Hände fallen,* tomber aux mains de l'ennemi. | *die Beine in die Hand nehmen,* prendre ses jambes à son cou. | *in der Hand lesen,* lire dans les lignes de la main. | *jm in die Hand arbeiten,* faire le jeu de qn. || PROV. *ein Spatz in der Hand ist besser als eine Taube auf dem Dach,* un tiens vaut mieux que deux tu l'auras ; mieux vaut tenir que courir. — **mit :** *mit leeren Händen,* les mains vides. | *mit harter Hand,* avec dureté. | *mit kluger Hand,* avec adresse. | *mit Händen und Füßen,* de toutes ses forces ; avec bec et ongles. | *mit der Hand fassen,* empoigner. || FIG. *mit Händen greifen,* toucher du doigt. — **unter :** *unter der Hand [sagen],* (dire) en confidence. | *unter der Hand [handeln],* (agir) en sous-main. — **von :** *etwas von langer Hand vorbereiten,* préparer qch. de longue main. | *etwas von der Hand weisen,* repousser qch. | *die Arbeit geht ihm flott von der Hand,* il travaille facilement ; il abat de la besogne. — **zu :** *etwas zur Hand haben,* disposer de qch ; avoir qch. sous la main. | *jm zur Hand gehen*, prêter main forte à qn. | *zu (eigenen) Händen*, en main propre.

Hand|arbeit ["hant'arbait] f. (-, en) travail manuel ; travail fait à la main ; [Nadelarbeit] travail à l'aiguille. ||°**-arbeiter** m. (s, -) travailleur manuel. ||°**-aufheben** n. (s) vote (m.) à main levée. ||°**-ausgabe** f. (-, n). COMM. édition (f.) de poche. ||°**-ball** m. (s, ¨e). SPORT. hand-ball m. ||°**-beil** n. (s, e) hachette f. ||°**-betrieb** m. (s, e) manœuvre (f.) à bras. ||**-breit** adj. de la largeur de la main ; large comme la main. ||°**-bremse** f. (-, n). AUTOM. frein (m.) à main. ||°**-buch** n. (s, ¨er) manuel m. ||°**-druck** m. (s, e). TYPOGR. imprimé (m.) à la presse à bas. ||°**-eisen** n. (s, -) menottes f. pl. ||°**-feger** m. (s, -) balayette f. ||**-fertig** adj. adroit ; habile. ||°**-fertigkeit** f. dextérité f. ||°**-fesseln** f. pl. menottes f. pl. ||**-fest** adj. qui a la poigne solide ; solide. | *handfester Kerl*, solide gaillard m. || FIG. *handfeste Lüge*, grossier mensonge ; mensonge éhonté. ||°**-feuerwaffe** f. (-, n) arme portative, de poing. ||°**-fläche** f. (-, n). ANAT. paume (f.) de la main. ||**-förmig** adj. BOT. palmé. ||°**-gebrauch** m. (s) *zum Handgebrauch*, portatif. ||°**-geld** n. (s) [Anzahlung] arrhes f. pl. ; acompte m. || [Spende] prime f. ||°**-gelenk** n. (s, e). ANAT. poignet m. | *etwas aus dem Handgelenk schütteln*, improviser qch. || **-gemacht** adj. fait à la main. ||**-gemein** adj. *handgemein werden*, en venir aux mains ; se colleter. ||°**-gemenge** n. (s) mêlée f. ; corps-à-corps m. ||**-genäht** adj. cousu (à la) main. ||°**-gepäck** n. (s, e) bagages (m. pl.) à main. ||°**-granate** f. (-, n). MIL. grenade f. (à main). ||**-greiflich** adj. palpable. || FIG. évident ; manifeste. | *handgreiflich werden*, en venir aux mains, aux voies de fait. ||°**-griff** m. (s, e). [Fertigkeit] dextérité f. ; habileté f. || tour (m.), coup (m.) de main ; procédé m. ; FAM. truc m. ; astuce f. || [Messer] manche m. || [Degen ; Rad] poignée f. || [Topf] anse f. ; oreille f. || MIL. [Übung] maniement (m.) d'armes. || TECHN. [Kurbel] manivelle f. || [Hebel] manette f. || ARCHIT. [Geländer] main courante. ||°**-habe** f. prise f. | *Handhabe bieten*, donner prise. ||**-haben** (insépar.) v. tr. manœuvrer ; manipuler ; manier. | *eine Waffe handhaben*, manier une arme. || FIG. *das Recht handhaben*, rendre la justice. ||°**-habung** f. manœuvre f. ; manipulation f. ; maniement m. ||°**-hebel** m. (s, -) levier m. ||**-hoch** adj. haut comme la main. ||°**-karre** f. (-, n) charrette (f.) à bras ; poussette f. ||°**-koffer** m. (s, -) valise f. ; mallette f. ||°**-korb** m. (s, ¨e) panier (m.) à anse. ||°**-kuß** m. (es, ¨e) baise-main m. || FAM. *mit Handkuß*, volontiers. ||°**-lampe** f. (-, n). ÉLECTR. baladeuse f. ||°**-langer** m (s, -) manœuvre m. ; homme (m.) de peine. ||°**-lauf** m. (s, ¨e). ARCHIT. main courante. ||°**-lenkung** f. (-, en). AÉRON. pilotage manuel. ||°**-linie** f. (-, n) ligne (f.) de la main. ||°**-liniendeutung** f. chiromancie f. ||°**-pferd** n. (s, e) sous-verge m. ||°**-pflegerin** f. (-, nen) manucure f. ||°**-rücken** m. (s, -) dos (m.) de la main. ||°**-satz** m. (es, ¨e). TYPOGR. composition (f.) à la main. ||°**-schellen** f. pl. menottes f. pl. | *jm Handschellen anlegen*, passer les menottes à qn. ||°**-schlag** m. (s, ¨e) *mit Handschlag*, en topant. ||°**-schreiben** n. (s, -) lettre (f.) autographe. ||°**-schrift** f. (-, en) écriture f. || PAR EXT. manuscrit m. ||°**-schriftendeutung** f. graphologie f. ||°**-schriftenkunde** f. paléographie f. || **-schriftlich** adj. manuscrit ; écrit à la main. || JUR. chirographaire. — adv. par écrit. ||°**-schuh** m. (s, e) gant m. | *den Handschuh ausziehen*, se déganter. || FIG. *jm den Handschuh hinwerfen*, jeter le gant à qn. | *den Handschuh aufnehmen*, relever, ramasser le gant. ||°**-schuhfabrik** f. (-, en) ganterie f. ||°**-schuhmacher** m. (s, -) gantier m. ||°**-siegel** n. (s, -) sceau privé. ||°**-stand** m. SPORT. [Gymnastik] arbre tendu renversé ; arbre droit. ||°**-staubsauger** m. (s, -) aspirateur-balai m. ||°**-streich** m. (s, e). MIL. coup (m.) de main. ||°**-tasche** f. (-, n), °**-täschchen** n. (s, -). [Damenhandtasche] sac (m.) à main. || [Aktentasche] serviette f. ||°**-teller** m. (s, -). ANAT. paume (f.) de la main. ||°**-trommel** f. (-, n). MUS. tambourin m. ||°**-tuch** n. (s, ¨er) serviette (f.) de toilette ; essuie-mains m. || FIG. *das Handtuch werfen*, jeter l'éponge. ||°**-umdrehen** n. FAM. *im Handumdrehen*, en un tour de main. ||°**-voll** f. poignée f. ||°**-waffe** f. (-, n) arme portative ; arme individuelle. ||°**-wagen** m. (s, -) charrette (f.) à bras ; poussette f. ||°**-werk** n. (s, e). [gewerbliche Tätigkeit] métier manuel ; profession f. | *ein Handwerk erlernen*, apprendre un métier. | *ein Handwerk treiben*, exercer un métier. | *ein Handwerk verstehen*, connaître un métier. | *jm ins Handwerk pfuschen*, compliquer la tâche à qn. | *jm das Handwerk legen*, mettre un terme à l'activité de qn. | *einem Verbrecher das Handwerk legen*, mettre un malfaiteur hors d'état de nuire. || PROV. *Handwerk hat goldenen Boden*, il n'est si petit métier qui ne nourrisse son maître. || PAR ANAL. [Berufsstand im Gegensatz zu Fabrik] artisanat m. ||°**-werker** m. (s, -) artisan m. | *der Handwerkerstand*, l'artisanat m. ||**-werklich** adj. artisanal. ||°**-werksbursche** m., °**-werksgeselle** m. (n, n) compagnon m. ||°**-werkskammer** f. (-, n) chambre (f.) des métiers. ||°**-wurzel** f. (-, n). ANAT. poignet m. ; carpe m. ||°**-zeichen** n. (s, -) paraphe m. || [Hausmarke] griffe f. || POLIT. *Abstimmung durch Handzeichen*, vote (m.) à mains levées. ||°**-zeichnung** f. (-, en) dessin (m.) à main levée. ||°**-zug** m. (s, ¨e) paraphe m.

Händchen ['hɛntçən] n. (s, -) petite main ; menotte f. ; FAM. patte f.

Hände|druck ["hɛndə'druk] m. (s, e), **-drücken** [drykən] n. (s) poignée (f.) de main. ||°**-ringen** n. (s) [action de] se tordre les mains. ||°**-trockner** m. (s, -) sèche-mains m.

Handel ['handəl] m. (s). [Austausch] commerce m. ; négoce m. | *Handel treiben*, faire du commerce ; commercer. | *lebhafter Handel*, commerce actif. || [Geschäft ; Vertrag] marché m. ; affaire f. | *einen Handel abschließen*, conclure un marché. | *einen Handel mit jm eingehen*, passer un marché avec qn. | *guter Handel*, bonne affaire. || [Laden] (fonds [m.] de) commerce m. | *einen Handel betreiben*, exploiter un (fonds de) commerce. || [Geschäftsverkehr] *Handel und Wandel*, activité f. ; trafic m.

◇ m. pl. **Händel,** querelle f. ; dispute f. | *Händel mit jm suchen*, chercher querelle à qn.

handeln ['handəln] v. intr. **1.** [etwas tun] agir. | *nicht reden, handeln !*, des actes ! | *unter Druck handeln*, agir sous la contrainte.

2. [verfahren] procéder ; agir. | *an jm wie ein Freund handeln*, se comporter en ami envers qn ; agir en ami envers qn.

3. FIG. *von etwas handeln*, traiter de. | *der Roman handelt vom Landleben im 19. Jahrhundert*, le roman traite de la vie à la campagne au XIXe siècle.

4. COMM. *mit etwas handeln*, faire le commerce de qch. | *mit Obst handeln*, faire le commerce des fruits. | *mit jm handeln*, faire du commerce avec qn. | *um etwas handeln*, marchander qch. ; discuter le prix de qch. | *im großen handeln*, faire le gros. | *im kleinen handeln*, faire le détail.

◇ v. impers. et pr. **sich handeln,** s'agir. | *worum*, FAM. *um was handelt es sich ?*, de quoi s'agit-il ? | *es handelt sich darum*, voici de quoi il s'agit ; voici ce dont il s'agit. | *darum handelt es sich nicht*, ce n'est pas de cela qu'il s'agit.

Handeln [-dəln] n. (s) action f. ; actes m. pl ; agissements m. pl. || COMM. marchandage m. || PAR EXT. négociation f.

Handels|abkommen ["handəls'apkɔmən] n. (s, -) accord commercial. ||°**-betrieb** m (s, e) entreprise, exploitation commerciale. ||°**-bezeichnung** f. (-, en) dénomination commerciale. || °**-beziehungen** f. pl. relations commerciales, d'affaires. ||°**-bilanz** f. (-, en) balance commerciale. ||°**-bücher** n. pl. livres (m. pl.) de commerce ; écritures f. pl. ||**-einig** adj., **-eins** adv. d'accord. | *handelseinig werden*, tomber d'accord sur le prix ; convenir du prix, des conditions. ||°**-firma** f. (-, men). COMM. raison sociale ; maison f. ; firme f. ||°**-flagge** f. (-, n). MAR. pavillon m. ||°**-flotte** f. (-, n). COMM., MAR. flotte, marine marchande. ||°**-flugzeug** n. (s, e) avion commercial. ||°**-gärtner** m. (s, -). AGRIC. maraîcher m. ||°**-geist** m. (es) esprit (m.) mercantile. ||°**-gericht** n. (s, e). JUR. tribunal (m.) de commerce. ||**-gerichtlich** adj. consulaire. | *handelsgerichtlich eingetragen*, inscrit au registre du commerce. || °**-gesellschaft** f. (-, en) société commerciale. | *offene Handelsgesellschaft (OHG)*, société (f.) en nom collectif. ||°**-gesetzbuch** n. (s, ¨er), **HGB,** Code (m.) de commerce. ||°**-gesetzgebung** f. législation commerciale. ||°**-gewicht** n. (s). COMM. poids marchand. ||°**-hafen** m. (s, ¨). COMM., MAR. port (m.) de commerce ; port marchand. ||°**-haus** n. (es, ¨er) maison (f.) de commerce ; comptoir m. ||°**-hochschule** f. (-, n) école supérieure de commerce ; institut (m.) des hautes études commerciales. ||°**-kammer** f. (-, n) chambre (f.) de commerce. ||°**-luftfahrt** f. aviation civile. ||°**-mann** m. (s, -leute) marchand m. ; commerçant m. ; négociant m. ; PÉJOR. boutiquier m. ||°**-marine** f. (-, n) marine marchande. ||°**-marke** f. (-, n) marque déposée. ||°**-preis** m. (es, e). COMM. prix marchand. ||°**-recht** n. (s). JUR. droit commercial.

||°-**register** m. (s, -) [HR] registre (m.) du commerce. ||°-**reisender** m. commis voyageur ; représentant m. (de commerce). ||°-**richter** m. (s, -) juge (m.) consulaire ; juge (m.) au tribunal de commerce. ||°-**schiff** n. (s, e) navire de commerce, marchand. ||°-**spanne** f. (-, n) marge commerciale. ||°-**sperre** f. (-, n). POLIT. blocus commercial. ||°-**stadt** f. (-, ¨e) ville commerçante. ||°-**stand** m. (s) commerce m. ; commerçants m. pl. ||-**üblich** adj. conforme aux usages du commerce. ||°-**unternehmen** n. (s, -) entreprise commerciale. ||°-**unterricht** m. (s) enseignement commercial. ||°-**verkehr** m. (s) mouvement commercial ; échanges m. pl. ||°-**vertrag** m. (s, ¨e) traité (m.) de commerce. ||°-**ware** f. (-, n) article (m.) du commerce. ||°-**wechsel** m. (s, -) effet (m.) de commerce ; traite f. ||°-**weg** m. (s, e) voie commerciale, marchande. ||°-**wert** m. (s, e) valeur commerciale. ||°-**zeichen** n. (s, -). COMM. marque f. ||°-**zweig** m. (s, e) spécialité, branche commerciale.

Handelschaft ['handəlʃaft] f. V. HANDELSSTAND.

Handikap ['handikap] n. (s, s). SPORT. handicap m. || FIG. handicap m. ; désavantage m.

handikapen [-pən] v. tr. SPORT. handicaper. || FIG. désavantager.

Händler(in) ['hɛntlər(in)] m. (s, -), f. (-, nen) marchand(e) m. (f.) ; commerçant(e) m. (f.).

handlich ['hantliç] adj. [Dinge] maniable ; pratique ; commode.

Handlichkeit ['hantliçkait] f. maniabilité f.

Handlung ['hantluŋ] f. (-, en). [Tun ; Tat] acte m. ; action f. | *bewußte Handlung*, acte délibéré. | *unsittliche Handlung*, acte immoral. || LITTÉR. action f. ; intrigue f. ; (Vx.) [Aufzug] acte m. || COMM. [Geschäft] magasin m. ; boutique f.

Handlungs|bevollmächtigter ["hantluŋsbə-'fɔlmɛçtigtər] m. JUR., COMM. fondé (m.) de pouvoir. ||°-**fähigkeit** f. JUR. capacité (f.) juridique. ||°-**gehilfe** m. (n, n) commis m. ; employé m. ||°-**reisender** m. commis-voyageur m. ; voyageur (m.) de commerce ; représentant m. (de commerce). ||°-**spielraum** m. (s). FIG. marge (f.) de manœuvre. ||°-**weise** f. manière (f.) d'agir ; façon (f.) de procéder.

hanebüchen ["ha:nə'by:çən] adj. FAM. grossier. | *eine hanebüchene Lüge*, un grossier mensonge ; un mensonge impudent.

Hanf [hanf] m. (s). AGRIC. chanvre m. ; filasse f. | *Hanf säen*, semer du chanvre. | *Hanf brechen*, broyer du chanvre. | *Hanf rösten*, rouir du chanvre. | *Hanf hecheln*, carder du chanvre. || FIG., FAM. *im Hanf sitzen*, se donner du bon temps ; nager dans l'abondance.

Hanf|acker ["hanf'akər] m. (s, ¨). AGRIC. chènevière f. ||°-**bereiter** m. (s, -) chanvrier m. ||°-**breche** f. (-, n). TECHN. broie f. ; ma(c)que f. ; brisoir m. ||°-**darre** f. (-, n) séchage (m.) du chanvre. ||°-**feld** n. (s, er). AGRIC. chènevière f. ||°-**garn** n. (s). TEXT. fil (m.) de chanvre. ||°-**korn** n. (s, ¨er) graine (f.) de chanvre ; chènevis m. ||°-**kuchen** m. (s, -) tourteau (m.) de chènevis. ||°-**leinen** n. (s), °-**leinwand** f. (-, ¨e). TEXT. toile (f.) de chanvre. ||°-**meise** f. (-, n) mésange (f.) de marais. ||°-**öl** n. (s) huile (f.) de chènevis. ||°-**röste** f. rouissage (m.) du chanvre ; rouissoir m. ||°-**schnur** f. (-, ¨e), °-**seil** n. (s, e) corde (f.) de chanvre. ||°-**werg** n. (s). MAR. étoupe (f.) de chanvre.

hänfen ['hɛnfən] adj. de chanvre.

Hänfling ['hɛnfliŋ] m. (s, e). ZOOL. [Männchen] linot m. ; [Weibchen] linotte f.

Hang [haŋ] m. (s, ¨e) pente f. ; versant m. | *der Hang eines Berges*, la pente d'une montagne. || FIG. penchant m. ; propension f. ; inclination f. ; disposition f. ; tendance f. | *Hang zum Trinken*, penchant à la boisson. — SYN. : *Abhang*, penchant ; *Böschung*, pente ; *Neige*, *Senkung*, inclinaison ; *Neigung*, inclination.

Hänge|backe ["hɛŋə'bakə] f. (-, n) bajoue f. ||°-**boden** m. (s, ¨) soupente f. ||°-**brücke** f. (-, n) pont suspendu. ||°-**dach** n. (s, ¨er) toit (m.) en appentis. ||°-**lampe** f. (-, n) suspension f. ; lustre m. ||°-**lippe** f. (-, n) lèvre pendante ; lippe f. ; babine f. ||°-**matte** f. (-, n) hamac m. ||°-**maul** n. (s) lippe f. | *ein Hängemaul machen*, faire la moue, la lippe. ||°-**reck** n. (s, e). SPORT. trapèze m. ||°-**schloß** n. (es, ¨er) cadenas m. ||°-**weide** f. (-, n). BOT. saule pleureur.

hangeln ['haŋəln] v. intr. SPORT. progresser en suspension.

hängen ['hɛŋən] (i, a) v. intr. **1.** [an etwas befestigt sein] être suspendu, pendu ; être accroché ; pendre. | *der Hut hängt am Nagel*, le chapeau est suspendu au clou. | *am Galgen hängen*, être pendu au gibet. | *sie hängt ihm am Halse*, elle est pendue à son cou. || FIG. *an Mutters Rockschößen, an Mutters Schürzenzipfel hängen*, être toujours dans les jupes de sa mère. | *der Erfolg hing an einem Haar*, il s'en fallut d'un cheveu que l'affaire n'échouât. | *sein Leben hing an einem seidenen Faden*, sa vie ne tenait qu'à un fil. | *jm an den Lippen hängen*, être suspendu aux lèvres de qn. || [lieben] *an jm hängen*, tenir à qn ; être attaché, fidèle à qn. | *am Geld hängen*, aimer l'argent. || [abhängen von] *alles, was drum und dran hängt*, tout ce qui s'y rapporte, s'y rattache. | *woran hängt es denn ?*, à quoi cela tient-il donc ?

2. [nicht weiter kommen] *der Prozeß hängt*, le procès est pendant.

3. [schief stehen] *die Decke hängt nach einer Seite*, le plafond penche d'un côté.

4. [Schulden haben] *er hängt bei seinem Krämer*, il a des dettes, une ardoise chez son épicier.

5. [beladen sein] *die Bäume hängen voller Früchte*, les arbres sont chargés de fruits.

◇ part. prés. et adj. **hängend,** *eine hängende Felswand*, une paroi surplombante, en surplomb. | *hängende Gärten*, jardins suspendus. || MINES. *hängende Schicht*, couche supérieure ; toit (m.) de veine.

◇ v. tr. **hängen** (conjug. faible) suspendre ; pendre ; accrocher. | *etwas an den Nagel hängen*, pendre qch. au clou ; FIG. abandonner qch. ; renoncer à qch. || FIG. *den Mantel nach dem Winde hängen*, hurler avec les loups ; savoir retourner sa veste. | *sein Herz an etwas hängen*, s'attacher à qch. || FAM. *jm den Brotkorb höher hängen*, tenir la dragée haute, serrer la vis à qn. | *etwas an die große Glocke hängen*, crier qch. sur les toits. || PROV. *die kleinen Diebe hängt man, die großen läßt man laufen*, (*etwa*) les grands escrocs s'en tirent mieux que les petits.

Hängen ['hɛŋən] n. (s) [action de] (sus)pendre. | *mit Hängen und Würgen*, à grand-peine.

hängen|bleiben ["hɛŋən'blaibən] (ie, ie) v. intr. rester accroché, suspendu. | *an einem Ast hängenbleiben*, rester accroché à une branche. || [Schüler] redoubler. || [Mädchen] coiffer sainte Catherine. ||-**lassen** (ä, ie, a) v. tr. laisser suspendu. | *den Mantel hängenlassen*, oublier son manteau. || FIG. *den Kopf hängenlassen*, baisser la tête. | *die Ohren hängenlassen*, baisser les bras. | *jn hängenlassen*, laisser qn en plan.

Hang|gleiter ["haŋ'glaitər] m. (s, -) parapente m.

Hanna ['hana] n. pr. f. Jeanne f.

Hans [hans] n. pr. m. Jean m. || FIG. *ein dummer Hans*, un sot ; un nigaud. | *ich will Hans heißen, wenn das anders ist*, on ne m'en fera pas démordre. | *Hans Liederlich*, noceur m. | *Hansdampf in allen Gassen*, qui fourre son nez partout ; fanfaron ; écervelé. | *Hans im Glück*, niais m. ; qui est content de tout.

Hans|wurst ['hansvurst] m. (es) polichinelle m. ; pantin m. ; bouffon m. ; pitre m. ; paillasse m. ||°-**wurstiade** f. (-, n) pitrerie f. ; pantalonnade f.

Hanse ['hanzə] f. HIST. Hanse f.

Hanseat ['hanzea:t] m. (en, en) membre de la Hanse. | *hanseatisch*, qui a trait à la Hanse.

hänseln ['hɛnzəln] v. tr. taquiner ; berner.

Hanse|stadt ["hanze'ʃtat] f. (-, ¨e) ville (f.) hanséatique.

Hantel ['hantəl] f. (-, n). SPORT. haltère m.

hanteln [-təln] v. intr. faire des haltères.

hantieren [han'ti:rən] v. intr. s'occuper.

◇ v. tr. manier ; manipuler. | *das Gewehr hantieren*, faire du maniement d'arme.

hapern ['hapərn] v. impers. FAM. ne pas aller. | *im Deutschen hapert es bei ihm*, il n'est pas fort en allemand. | *woran hapert es ?*, où est la difficulté ?

haploid [haplo'i:t] adj. BIOL. haploïde.

Häppchen ['hɛpçən] n. (s, -). CULIN. (*etwa*) canapé m.

happen ['hapən] v. intr. happer.

Happen ['hapən] m. (s, -). FAM. bouchée f. | *guter, fetter Happen*, bon morceau. || FIG. *keinen Happen Brot von jm nehmen*, repousser les offres de qn ; ne rien accepter de qn.

happig [-piç] adj. FAM. rapace ; avide. | *sei nicht so happig*, ne dévore pas ainsi. || FIG. gros ; grossier. | *der Preis ist ein bißchen happig*, ce prix est un peu exagéré ; FAM. c'est salé.

Härchen ['hɛ:rçən] n. (s, -) petit cheveu ; poil follet. | *man hat ihm kein Härchen gekrümmt*, on ne lui a pas touché un cheveu.

Hardware ['ha:dwɛə] f. (-, s). INF. hardware m. ; matériel m.

Harem ['hɑ:rɛm] m. (s, s) harem m.

hären ['hɛ:rən] adj. de cheveux ; de crin. ‖ Relig. *härenes Hemd*, haire f. ; cilice m.

Häresie [hɛre'zi:] f. (-, n). Relig. hérésie f.

Häretiker [-'re:tikər] m. (s, -) hérétique m.

Harfe ['harfə] f. (-, n) harpe f.

Harfenist [harfə'nist] m. (en, en), **Harfen|spieler** ["harfən'ʃpi:lər] m. (s, -), **Harfner** ['harfnər] m. (s, -) joueur (m.) de harpe ; harpiste m.

Harke ['harkə] f. (-, n) râteau m. ‖ Fig. *jm zeigen, was eine Harke ist*, remettre qn à sa place.

harken [-kən] v. tr. ratisser.

Harlekin [harlə'ki:n] m. (s, e) arlequin m.
— Syn. : *Hanswurst ; Narr.*

Harm [harm] m. (s) [Vx.] affliction f. ; chagrin profond ; tourment m. ; offense f.

harm|los ['harmlo:s] adj. innocent ; inoffensif ; simple ; candide ; ingénu ; naïf.
— Syn. : *ungefährlich*, inoffensif ; *unverfänglich*, anodin ; *gutartig*, bénin.

Harm|losigkeit ["harm'lo:ziçkait] f. innocence f. ; caractère inoffensif.

härmen (sich) [ziç'hɛrmən] v. pr. s'affliger ; se chagriner ; se tourmenter.

Harmonie [harmo'ni:] f. (-, n). Mus. et fig. harmonie f.
— Syn. : *Zusammenklang, Wohlklang*, harmonie ; *(Sing)-weise*, mélodie.

harmonieren [-'ni:rən] v. intr. Mus. et fig. s'accorder ; s'harmoniser ; s'entendre. ‖ Arts. *die Farben harmonieren nicht*, ces couleurs ne s'accordent pas. | *die beiden Brüder harmonieren gut (miteinander)*, ces deux frères s'entendent bien.
— Syn. : *übereinstimmen*, concorder ; *zusammenpassen*, s'accorder ; *entsprechen*, correspondre ; *zu etwas passen, stimmen*, répondre à qch. ; *sich verstehen*, s'entendre ; *gleichgesinnt, -gestimmt sein*, sympathiser.

Harmonika [har'mo:nikɑ:] f. (-, s). Mus. harmonica m. ; accordéon m.

harmonisch [-niʃ] adj. Mus. harmonieux. ‖ Par anal. Mus. [leitereigen] harmonique. | *harmonische Tonleiter*, gamme (f.) harmonique.

Harmonium [-nium] n. (s, nien) harmonium m.

Harn [harn] m. (s) urine f. ; fam. pipi m. | *Harn lassen*, uriner.

Harn|beschwerden ["harnbə'ʃve:rdən] f. pl. Méd. dysurie f. ‖°**-blase** f. (-, n). Anat. vessie f. ‖°**-blutung** f. (-, en). Méd. hématurie f. ‖°**-grieß** m. (es) gravelle f. ; calculs m. pl. ‖°**-röhre** f. (-, n). Anat. urètre m. ‖°**-röhrenmündung** f. (-, en). Anat. méat (m.) urinaire. ‖°**-ruhr** f. Méd. diabète m. ‖°**-säure** f. Chim. acide (m.) urique. ‖°**-sonde** f. (-, n). Méd. sonde f. ‖°**-stein** m. (s, e). Méd. calcul (m.) urinaire. ‖°**-stoff** m. (s). Chim., Méd. urée f. ‖**-treibend** adj. Méd. diurétique. ‖°**-untersuchung** f. (-, en). Méd. analyse (f.) d'urine. ‖°**-vergiftung** f. Méd. urémie f. ‖°**-wege** m. pl. Anat. voies (f. pl.) urinaires.

harnen ['harnən] v. intr. uriner ; pop. pisser ; fam. faire pipi.

Harnen [-nən] n. (s). Méd. miction f.

Harnisch ['harniʃ] m. (es, e) harnais m. ; armure f. ; cuirasse f. | *den Harnisch anlegen, anschnallen*, mettre son armure. ‖ Fig., fam. *in Harnisch sein*, être en colère. | *jn in Harnisch bringen*, exaspérer qn ; échauffer les oreilles à qn. | *über etwas in Harnisch geraten, kommen*, s'emporter à propos de qch.

Harpune [har'pu:nə] f. (-, n). Techn. harpon m.

Harpunier [-'puniər] m. (s, e), **Harpunierer** [-pu'ni:rər] m. (s, -) harponneur m.

harpunieren [-pu'ni:rən] v. tr. harponner.

Harpy(i)e [har'py(i)ə] n. pr. f. (-, n). Myth. Harpie f. ‖ Fig. harpie f.

harren ['harən] v. intr. attendre (avec impatience, avec espoir, avec nostalgie). | *des Friedens, auf den Frieden harren*, attendre impatiemment la paix ; espérer la paix. ‖ Relig. (Vx.) *des Herrn harren*, mettre son espoir dans le Seigneur.

Harren [-rən] n. (s) attente f. ‖ Prov. *Hoffen und Harren macht manchen zum Narren*, l'espoir est souvent une chimère ; on désespère alors qu'on espère toujours.

harsch [harʃ] adj. [Schnee] dur ; gelé. ‖ Par ext. rude ; rugueux ; âpre.

Harsch|schnee ["harʃ'ʃne:] m. (s) neige gelée.

harschen ['harʃən] v. intr. se durcir ; se cicatriser.

hart ['hart] adj. **1.** dur ; ferme ; solide ; consistant. | *harter Stein*, roche dure. | *auf hartem Lager schlafen*, coucher sur la dure. | *harte Haut*, callosité ; [am Fuß] durillon m. | *hartes Brot*, pain rassis. | *hartes Wasser*, eau calcaire, dure. | *ein hartes Gehör haben*, être dur d'oreille. | *einen harten Kopf haben*, [schwer begreifen] avoir l'esprit lent ; [hartnäckig sein] avoir la tête dure. | *harter Leib*, constipation f. ‖ Par ext. *harte Tonart*, ton majeur. | *harte Verse*, vers raboteux. ‖ *hart werden*, s'endurcir ; s'aguerrir. | *hart im Nehmen sein*, bien encaisser (les coups).
2. Fig. [Dinge] pénible ; difficile ; sévère. ‖ [Personen] sévère ; cruel. | *es ist zu hart*, c'est trop dur (à supporter). | *hartes Urteil*, jugement (m.) sévère. | *harte Strafe*, lourde peine. | *harte Zeit*, temps (m. pl.) difficiles. | *harter Verlust*, perte (f.) sensible. | *harter Schlag*, coup (m.) sévère. | *jm eine harte Nuß zu knacken geben*, donner du fil à retordre à qn. | *es gibt einen harten Bissen zu kauen*, c'est un gros morceau ; c'est difficile à avaler. | *harte Prüfungen*, rudes épreuves. | *hartes Wort*, expression brutale. | *im härtesten Winter*, au plus fort de l'hiver. | *ein hartes Herz*, un cœur de pierre. | *hart gegen jn sein*, être dur envers qn. | *harte Worte*, des paroles dures, sévères.
◇ adv. *es friert hart*, il gèle à pierre fendre. ‖ Fig. *hart anlassen*, rabrouer. | *der Verlust hat ihn hart mitgenommen*, cette perte l'a cruellement éprouvé. | *hart bestrafen*, punir sévèrement. ‖ Fam. *hart am Unglück vorbeikommen*, friser l'accident. ‖ Mar. *hart Steuerbord !*, tribord toute !
— Syn. : *schwierig*, ardu ; *mühsam*, difficultueux ; *heikel*, épineux, délicat ; *peinlich*, pénible, laborieux.

Härt|blei ['hɛrtblai] n. (s) plomb durci, antimonié. ‖°**-brot** n. (s). Mar. biscuit (m.) de mer.

Hart|faser ["hart'fɑ:zər] f. (-, n) fibre dure. ‖**-gekocht** adj. cuit dur. ‖ Culin. *hartgekochtes Ei*, œuf dur. ‖°**-geld** n. (s) argent sonnant ; monnaie f. ; espèces sonnantes. ‖**-gesotten** adj. cuit dur. ‖ Fig. *hartgesottener Trinker*, buveur invétéré. ‖°**-glas** n. (es). Techn. verre trempé. ‖°**-gummi** n. et m. ébonite f. ; caoutchouc durci. ‖°**-guß** m. (es). Techn. fonte dure ; fonte coulée en coquille. ‖**-herzig** adj. Fig. qui a le cœur dur, sec. ‖°**-herzigkeit** f. Fig. dureté (f.), sécheresse (f.) de cœur. ‖°**-heu** n. (s). Bot. millepertuis m. ‖**-hörig** adj. dur d'oreille. ‖**-köpfig** adj. Fig. qui a la tête dure ; entêté ; têtu ; fam. cabochard. ‖°**-köpfigkeit** f. Fig. entêtement m. ‖**-leibig** adj. Fig. dur à la détente ; ladre. ‖**-löten** v. tr. Techn. braser. ‖**-mäulig** adj. [Pferd] dur de la bouche. ‖ Fig. difficile à diriger, à mener. ‖**-näckig** adj. opiniâtre ; tenace ; obstiné ; têtu ; entêté. | *hartnäckiger Widerstand*, résistance (f.) opiniâtre. ‖°**-näckigkeit** f. opiniâtreté f. ; acharnement m. ; obstination f. ; ténacité f. ; entêtement m. ‖°**-packung** f. (-, en) emballage (m.) rigide. ‖°**-riegel** m. (s, -). Bot. troène m. ‖**-schlächtig** adj. [Tier] poussif. ‖°**-sinn** m. (s) entêtement m. ‖°**-spiritus** m. (-) alcool solidifié. ‖°**-stahl** m. (s) acier dur.

Härte ['hɛrtə] f. (-, n) dureté f. ; trempe f. ; résistance f. | *Härte des Stahls*, dureté (f.), trempe (f.) de l'acier. ‖ Fig. dureté f. ; sévérité f. ; rigueur f. | *Härte des Herzens*, dureté (f.), sécheresse (f.) du cœur. | *im Härtefall*, en cas de nécessité impérieuse.

Härte|grad ["hɛrtə'grɑ:t] m. (s, e). Techn. degré (m.) de trempe ; dureté f.

härten ['hɛrtən] v. tr. Métall. tremper.

Härter ['hɛrtər] m. (s, -). Techn. durcisseur m.

Hartschier [hart'ʃi:r] m. (s, e). V. Hatschier.

Härtung [-tuŋ] f. (-, en). Techn. trempe f. ; durcissement m.

Hartung ['hartuŋ] m. (s, e). [Vx.] janvier m.

Harz [harts] n. pr. m. Géogr. Harz m.

Harz [harts] n. (es, e) résine f. | *flüssiges Harz*, térébenthine f.

harz(art)ig ["harts('ɑ:rt)iç] adj. 1° résineux ; 2° épais ; collant.

harzen ['hartsən] v. intr. dégoutter de résine ; se résinifier.
◇ v. tr. recueillir, extraire la résine. | *eine Pinie harzen*, résiner un pin.

Harzen [-tsən] n. (s) résinification f. ; épaississement m.

Harz|kohle ["harts'ko:lə] f. (-, n) charbon bitumineux. ‖°**-tanne** f. (-, n) sapin résineux.

Hasard [ha'zart] n. (s). [Spiel] hasard m.

hasardieren [-'di:rən] v. tr. hasarder ; risquer.

Hasch [haʃ] n. (s). Fam. hasch m.

Haschee [ha'ʃe:] n. (s). Culin. hachis m.

haschen ['haʃən] v. tr. happer ; attraper au vol. | *Fliegen haschen*, attraper des mouches.
◇ v. intr. chercher à ; faire la chasse à. | *nach Ruhm haschen*, rechercher la gloire.
◇ v. pr. **sich haschen,** jouer à chat.

Häschen ['hɛ:zçən] n. (s, -). ZOOL. levraut m.

Häscher ['hɛʃər] m. (s, -). POÉT., PÉJOR. sbire m.

Haschisch ['haʃiʃ] n. hachisch m. ; haschisch m.

Hase ['hɑ:zə] m. (n, n). ZOOL. lièvre m. | *einen Hasen hetzen*, lancer, forcer un lièvre. | *einen Hasen schießen*, tuer un lièvre. || FAM. *furchtsamer Hase*, poltron m. ; pleutre m. | *wissen, sehen, wie der Hase läuft*, savoir, voir quelle tournure va prendre une affaire, de quel côté le vent va tourner. | *da liegt der Hase im Pfeffer !*, c'est là que réside la difficulté ; voilà le hic. | *er ist auch kein heuriger Hase mehr*, il n'est pas tombé, né de la dernière pluie. | *mein Name ist Hase, ich weiß von nichts*, je ne sais rien de tout cela. || PROV. *viele Hunde sind des Hasen Tod*, à la fin on est accablé par le nombre.

Hasel ['hɑ:zəl] f. (-, n), **Hasel|busch** ["hɑ:zəl'buʃ] m. (es, ¨e). BOT. coudrier m. ; noisetier m.

Hasel|gerte ["hɑ:zəl'gɛrtə] f. (-, n) baguette (f.) de coudrier. ||°-**huhn** n. (s, ¨er). ZOOL. gélinotte f. ||°-**kätzchen** n. (s, -). BOT. chaton (m.) de noisetier. ||°-**maus** f. (-, ¨e). ZOOL. muscardin m. ||°-**nuß** f. (-, ¨e). BOT. noisette f. ||°-**nuß|strauch** m. (s, ¨er). BOT. coudrier m. ; noisetier m. ||°-**rute** f. (-, n). V. HASELGERTE.

Hasen|fuß ["hɑ:zən'fu:s] m. (es, ¨e) patte (f.) de lièvre. || FIG. poltron m. ; pleutre m. ; poule mouillée. ||°-**hund** m. (s, e) lévrier m. ||°-**klee** m. (s). BOT. oxalide f. ; surelle f. ; surette f. ||°-**klein** n. (s). CULIN. civet (m.) de lièvre. ||°-**maus** f. (-, ¨e). ZOOL. viscache f. ||°-**panier** n. FIG. *das Hasenpanier ergreifen*, prendre la poudre d'escampette. ||°-**scharte** f. (-, n). MÉD. bec-de-lièvre m.

Häsin ['hɛ:zin] f. (-, nen). ZOOL. femelle (f.) du lièvre ; hase f.

Haspe ['haspə] f. (-, n), **Haspen** ['haspən] n. (s, -). TECHN. gond m. ; crampon m. ; penture f.

Haspel ['haspəl] f. (-, n). TECHN. [Garnwinde] dévidoir m. || [Förderwelle] treuil m. ; cabestan m. ; tourniquet m.

haspeln [-pəln] v. tr. TECHN. dévider. || [hochwinden] guinder.

Haß [has] m. (es) haine f. | *Haß gegen jn schüren*, attiser les haines contre qn. | *sich js Haß zuziehen*, s'attirer la haine de qn. | *Haß auf jn werfen*, avoir, prendre qn en haine.

haß|erfüllt ["hasɛr'fylt] adj. plein de haine ; haineux.

hassen ['hasən] v. tr. haïr ; détester. | *jn bis auf den Tod hassen*, haïr qn à mort.

hassens|wert ["hasəns've:rt] adj. haïssable ; odieux.

Hasser ['hasər] m. (s, -) esprit haineux ; ennemi acharné.

häßlich ['hɛsliç] adj. laid ; vilain ; affreux ; hideux. | *ein häßliches Ungeheuer*, un monstre hideux. | *häßliches Wetter*, vilain temps. | *häßliche Ausdrücke*, vilaines paroles, expressions. | *eine häßliche Sache*, une vilaine affaire. || PAR EXT. détestable ; odieux.

Häßlichkeit [-kait] f. laideur f.

Hast [hast] f. hâte f. ; précipitation f. | *in größter, aller Hast*, en hâte ; en grande hâte ; en toute hâte ; à la hâte.

hasten ['hastən] v. intr. se presser ; se hâter ; se dépêcher ; se bousculer ; se précipiter.

hastig [-tiç] adj. précipité. | *hastige Bewegungen*, mouvements désordonnés, fébriles, saccadés.
◇ adv. précipitamment. | *hastig essen*, manger en toute hâte ; expédier son repas ; FAM. manger sur le pouce. | *hastig sprechen*, parler nerveusement, vite.

hätscheln ['hɛ:tʃəln] v. tr. [schmeicheln ; streicheln] caresser ; cajoler. || [verwöhnen] dorloter ; gâter ; choyer.

Hatschier [hat'ʃi:r] m. (s, e) hallebardier m.

Hatz [hats] f. (-, en) chasse (f.) à courre. || PAR EXT. meute f. || FIG., FAM. traque f.

Hau [hau] m. (es, e) coupe (f.), abattage (m.) en forêt.

Häubchen ['hɔypçən] n. (s, -) petit bonnet ; béguin m.

Haube ['haubə] f. (-, n) bonnet m. ; coiffe f. ; cape f. || FIG., FAM. *ein Mädchen unter die Haube bringen*, marier une jeune fille. | *unter die Haube kommen*, trouver un mari. || AÉRON. calotte f. || AUTOM. capot m. || ARCHIT. chaperon (m.) de mur ; sommet arrondi ; dôme m. ; lanterne f. || [Jagd] chaperon m. (du faucon). || [Vogel] huppe f. || [Wiederkäuer] bonnet m.

Hauben|lerche ["haubən'lərçə] f. (-, n). ZOOL. alouette huppée ; cochevis (huppé). ||°-**meise** f. (-, n). ZOOL. mésange huppée. ||°-**schachtel** f. (-, n) carton (m.) à chapeaux. (V. HUTSCHACHTEL.) ||°-**taucher** m. (s, -). ZOOL. grèbe huppé.

Haubitze [hau'bitsə] f. (-, n). MIL. obusier m.

Hauch [haux] m. (s, e) souffle m. | *der letzte Hauch*, le dernier soupir. || PAR ANAL. haleine f. ; trace légère ; parfum m. | *ein Hauch romantischen Geistes*, un parfum d'esprit romantique.
— SYN. : *Atem*, haleine ; *Wehen*, *Atemzug*, souffle. || FIG. *Anflug*, souffle ; teinte légère (de).

hauch|dünn ['hauxdyn] adj. léger, mince comme un souffle. | *hauchdünne Farben*, des teintes vaporeuses. ||°-**laut** m. (s, e) lettre, consonne aspirée.

hauchen ['hauxən] v. intr. souffler ; répandre son souffle. | *er haucht in die Finger*, il souffle dans ses doigts.
◇ v. tr. GRAMM. [mit dem Hauchlaut aussprechen] aspirer. || FIG. murmurer.

Hau|degen ["hau'de:gən] m. (s, -). [Fechtkunst] sabre m. || FIG. sabreur m. ; bretteur m. ; soudard m. ||°-**klotz** m. (es, ¨e) billot m. ||°-**stein** m. (s, e). ARCHIT. pierre (f.) de taille. ||°-**zahn** m. (s, ¨e). ZOOL. défense f.

Hauderer ['haudərər] m. VX. cocher m. (de louage).

Haue ['hauə] f. (-, n). AGRIC. [Hacke] hoyau m. || FAM. [Schläge] *tüchtige Haue kriegen*, recevoir une bonne fessée.

hauen ['hauən] (hieb, gehauen) v. tr. FAM. frapper de taille ; donner des coups ; taper ; cogner. | *Holz hauen*, abattre du bois, des arbres. | *Steine hauen*, tailler des pierres. | *eine Wiese hauen*, faucher un pré. | *jn krumm und lahm hauen*, rouer qn de coups. || FIG., VULG. *in die Pfanne hauen*, battre à plate couture. | *übers Ohr hauen*, voler ; estamper. || TECHN. *Feilen hauen*, tailler des limes. || MINES. *Erz hauen*, abattre, extraire du minerai. || CULIN. *Fleisch hauen*, dépecer, détailler de la viande.
◇ v. intr. FAM. *jm ins Gesicht hauen*, frapper qn au visage. || FIG. *über die Schnur, über den Strang hauen*, dépasser les bornes. | *hauen und stechen*, frapper d'estoc et de taille. | *das ist nicht gehauen und nicht gestochen*, cela ne veut rien dire, n'a pas de sens.
◇ v. pr. **sich hauen,** se battre.

Hauen [-ən] n. (s) abattage m. || [Steine ; Feilen] taille f. || MINES. abattage m. ; extraction f. || CULIN. dépeçage m.

Hauer ['hauər] m. (s, -). [Eckzahn des Ebers] défense f. || PAR EXT. [Eber] sanglier m.

Hauer ['hauər] m. (s, -) mineur m. ; haveur m.

Hauerei [hauə'rai] f. (-, en). FAM. pugilat m.

Häufchen ['hɔyfçən] n. (s, -) petit tas ; poignée f.

häufeln ['hɔyfəln] v. tr. mettre en tas. || AGRIC. butter. | *Kartoffeln häufeln*, butter des pommes de terre.

Haufen ['haufən] m. (s, -) tas m. ; monceau m. ; amas m. | *ein Haufen Kohle*, un tas de charbon. | *Heu auf Haufen setzen*, mettre du foin en tas. || FIG. *über den Haufen werfen, schießen, fahren*, détruire ; abattre. | *jn über den Haufen rennen*, culbuter qn. | *ein Haufen Geld kosten*, coûter beaucoup d'argent, les yeux de la tête. | *ein Haufen Menschen*, une foule, une masse de gens. | *in hellen Haufen*, en grand nombre. || [Landsknechte] détachement m.

Haufen|dorf ["haufən'dɔrf] n. (s, ¨er) village (m.) sans aucun alignement. ||°-**schichtwolke** f. (-, n) strato-cumulus m. ||-**weise** adv. en, par tas ; en grand nombre ; en masse ; par bandes ; en foule. ||°-**wolke** f. (-, n) cumulus m.

häufen ['hɔyfən] v. tr. entasser ; mettre en tas ; amonceler ; amasser ; accumuler.
◇ v. pr. **sich häufen,** s'accumuler ; s'amonceler. | *die Schulden häufen sich*, les dettes s'accumulent, augmentent, grossissent.
— SYN. : *an-, aufhäufen*, entasser ; *(an)sammeln*, amasser ; *aufschichten*, *aufstapeln*, amonceler ; *zusammenscharren*, accumuler ; *stauen*, empiler.

häufig ['hɔyfiç] adj. fréquent.
◇ adv. en quantité ; souvent ; fréquemment.

Häufigkeit [-kait] f. fréquence f.

Häufung ['hɔyfuŋ] f. amoncellement m. ; accumulation f. ; entassement m. || JUR. *Häufung der Strafen*, cumul (m.) des peines.

Haupt [haupt] n. (s, ¨er). **1.** [Kopf] tête f. ; chef m. | *das Haupt erheben*, lever la tête. | *erhobenen Hauptes vor jm stehen*, se tenir la tête haute devant qn. | *das Haupt hochhalten*, avoir un port de tête altier. | *das Haupt neigen*, incliner, pencher la tête. | *gesenkten Hauptes vor jm stehen*, se tenir tête basse devant qn. | *das Haupt schütteln*, hocher, secouer la tête. | *jm das Haupt abschlagen*, trancher la tête à qn ; décapiter qn. | *jm aufs Haupt schlagen*, porter un coup décisif à qn. | *sich Asche aufs Haupt streuen*, se couvrir la tête de cendres. | *zu Häupten seines Bettes*, à son chevet.
2. [Führer] tête f. ; chef m. | *ein gekröntes Haupt*, une tête couronnée. | *das Haupt der Familie*, le chef de famille. || RELIG. *das Haupt der Christenheit*, le chef de la chrétienté. | *Reform an Haupt und Gliedern*, réforme totale.
3. [Gipfel] cime f. ; crête f. | *das Haupt des Berges*, la cime de la montagne.

Haupt|ader ["haupt'a:dər] f. (-, n). MINES. veine principale. ||°**-aktionär** m. (s, e). FIN. actionnaire principal. ||°**-altar** m. (s, e). RELIG. maître-autel m. ||°**-anker** m. (s, -). MAR. maîtresse ancre. ||°**-ansicht** f. (-, en). ARCHIT. façade f. ||°**-anstalt** f. (-, en) établissement central. ||°**-ast** m. (es, ¨e) maîtresse branche. ||°**-bahn** f. (-, en). [Eisenbahn] ligne principale ; grande ligne. ||°**-bahnhof** m. (s, ¨e) gare centrale. ||°**-balken** m. (s, -). ARCHIT. maîtresse poutre ; architrave f. ||°**-begriff** m. (s, e) notion fondamentale. ||°**-buch** n. (s, ¨er). COMM. grand-livre m. ||°**-buchhalter** m. (s, -). COMM. chef (m.) comptable. ||°**-buchstabe** m. (n, n). GRAMM. lettre (f.) majuscule ; majuscule f. ; capitale f. || TYPOGR. grande capitale. ||°**-darsteller(in)** m. (s, -), f. (-, nen). THÉÂTRE. tête (f.) d'affiche ; vedette f. ; protagoniste s. ||°**-ende** n. (s, n). [Bett] chevet m. || [Tisch] haut bout. ||°**-erbe** m. (n, n). JUR. héritier principal. ||°**-fach** n. (s, ¨er). UNIV. discipline, matière principale. ||°**-farbe** f. (-, n) couleur dominante. || PAR EXT. couleur fondamentale, élémentaire, simple. ||°**-fehler** m. (s, -) principale faute ; défaut capital. ||°**-figur** f. (-, en) figure principale ; personnage principal. ||°**-film** m (s, e) grand film. ||°**-forderung** f. (-, en). JUR. créance principale. ||°**-gebäude** n. (s, -). ARCHIT. édifice principal ; corps (m.) de logis. ||°**-gebirge** n. (s, -). GÉOGR. chaîne principale. ||°**-geschäft** n. (s, e). COMM. maison mère. ||°**-gewinn** m. (s, e). [Lotterie] gros lot. ||°**-kommissar** m. (s, e) commissaire principal. ||°**-lehrer** m. (s, -). (Vx.) [Volksschule] directeur (m.) d'école primaire ; [höhere Schule] professeur principal. ||°**-leitung** f. (-, en). TECHN. conduite, tuyauterie principale ; grosse tuyauterie. || ÉLECTR. conducteur maître. ||**-los** adj. sans tête ; acéphale ; sans chef. ||°**-macht** f. (-, ¨e) principale puissance. || MIL. gros (m.) de l'armée ; forces principales. ||°**-mann** m. (s, leute) capitaine m. ||°**-markthalle** f. (-, n). COMM. halles centrales. ||°**-mast** m. (es, e[n]). MAR. grand mât. ||°**-messe** f. (-, n). RELIG. grand-messe f. ||°**-motiv** n. (s, e). MUS. thème dominant. ||°**-nenner** m. (s, -). MATH. dénominateur commun. ||°**-ort** m. (s, e) chef-lieu m. ; métropole f. ; capitale f. ||°**-person** f. (-, en) personnage principal. || PAR EXT. *die Hauptpersonen der Stadt*, les notabilités f. pl. ; FAM. les gros bonnets ; les grosses légumes. ||°**-pfeiler** m. (s, -). ARCHIT. maître pilier. ||°**-postamt** n. (s, ¨er) poste centrale ; grande poste. ||°**-probe** f. (-, n). THÉÂTRE. répétition générale ; FAM. générale f. || °**-punkt** m. (s, e) point capital, cardinal. ||°**-quartier** n. (s, e). MIL. grand quartier général. ||°**-register** n. (s, -) table générale des matières. || MUS. [Orgel] grand jeu. ||°**-rolle** f. (-, n). THÉÂTRE. grand rôle ; grand premier rôle. ||°**-sache** f. (-, n) chose capitale, importante ; principal m. ; essentiel m. | *zur Hauptsache kommen*, en venir au fait. ||**-sächlich** adj. capital ; principal. — adv. principalement. ||°**-satz** m. (es, ¨e). GRAMM., PHILOS. proposition principale. || MUS. motif m. ; thème m. || MATH. axiome m. ||°**-schiff** n. (s, e). ARCHIT. grande nef ; nef principale. || MAR. vaisseau amiral. ||°**-schlagader** f. (-, n). ANAT. aorte f. ||°**-schlüssel** m. (s, -). TECHN. passe-partout m. ||°**-schriftleiter** m. (s, -) rédacteur (m.) en chef. ||°**-schuldner** m. (s, -). JUR. débiteur principal. ||°**-segel** n. (s, -). MAR. grand-voile f. ||°**-seite** f. (-, n) côté principal. || ARCHIT. façade f. || [Münze] face f. ||°**-speicher** m. (s, -). INF mémoire centrale. ||°**-stadt** f. (-, ¨e) capitale f. ||°**-stärke** f. (-, n) force principale. || FIG. *das ist seine Hauptstärke*, c'est son fort. ||°**-straße** f. (-, n) grand-route ; grand-rue f. ||°**-strecke** f. (-, n). [Eisenbahn] grande ligne. ||°**-streich** m. (s, e) coup (m.) de maître. ||°**-summe** f. (-, n) total m. || FIN. capital et intérêts. ||°**-sünde** f. (-, n). RELIG. péché capital. ||°**-titel** m. (s, -) titre principal. || PAR EXT. [Zeitung ; Buch] grand, gros titre. ||°**-träger** m. (s, -). ARCHIT. poutre maîtresse ; poutrelle principale. || °**-treffer** m. (s, -). [Lotterie] gros lot. ||°**-trieb** m. (s, e). BOT. rameau terminal. ||°**-tugend** f. (-, en). RELIG. vertu cardinale. ||°**-unterschied** m. (s, e) différence essentielle, capitale ; principale différence. ||°**-verhandlung** f. (-, en). JUR. débat (m.), audience (f.) au fond ; débats (m. pl.) judiciaires. ||°**-verkehrsstraße** f. (-, en) artère principale. ||°**-verkehrszeiten** f. pl. heures (f. pl.) de pointe. || °**-versammlung** f. (-, en) assemblée générale. | *(außer)ordentliche Hauptversammlung*, assemblée générale (extra)ordinaire. ||°**-verwaltung** f. (-, en) siège social (d'une entreprise). ||°**-vorlesung** f. (-, en). UNIV. cours magistral. ||°**-wache** f. (-, n). MIL. corps (m.) de garde. ||°**-welle** f. (-, n). TECHN. arbre (m.) primaire. ||°**-werk** n. (s, e) ouvrage principal. ||°**-wohnsitz** m. (es, e) résidence principale. ||°**-wort** n. (es, ¨er). GRAMM. nom m. ||°**-zahl** f. (-, en) nombre cardinal. ||°**-zeitwort** n. (es, ¨er) infinitif substantivé. ||°**-zug** m. (s, ¨e). FIG. trait dominant ; caractère essentiel ; caractéristique f. ||°**-zweck** m. (s, e) principal but.

Hauptes|länge ["hauptəs'lɛŋə] f. (-, n). SPORT. longueur (f.) de tête. | *um Haupteslänge*, d'une longueur de tête ; d'une tête.

Häuptling ['hɔyptliŋ] m. (s, e) chef (m.) de tribu. || PAR EXT., PÉJOR. chef (m.) de bande.

häuptlings ['hɔyptliŋs] adv. la tête la première ; en piquant une tête.

Haus [haus] n. (es, ¨er). **1.** [Wohnbau] maison f. ; habitation f. | *ein gut gelegenes Haus*, une maison bien située. | *ein ungesundes Haus*, une maison insalubre. | *ein baufälliges Haus*, une maison délabrée. | *ein herrschaftliches Haus*, une maison de maître. | *ein abgelegenes Haus bewohnen*, habiter une maison à l'écart. | *ein Haus abbrechen*, démolir une maison. | *von Haus zu Haus gehen*, aller de porte en porte. | *auf ihn kann man Häuser bauen*, on peut faire fond sur lui.
2. [Wohnung ; Heim ; Inneres] demeure f. ; intérieur m. ; foyer m. ; chez-soi m. | *nicht zu Hause sein ; außer Hause sein*, ne pas être chez soi. | *außer Hause essen*, manger en ville. | *nach Hause gehen*, rentrer chez soi. | *nach Hause begleiten*, raccompagner. | *das Haus hüten*, garder la chambre. | *das Haus bewachen*, garder la maison. | *jn aus dem Hause jagen*, mettre qn à la porte. | *jm das Haus verbieten*, refuser de recevoir qn. | *tun Sie, als ob Sie zu Hause wären*, faites comme chez vous. | *für Besuch nicht zu Hause sein*, ne pas recevoir de visites ; n'y être pour personne. | *nicht mehr Herr im eigenen Hause sein*, n'être plus maître chez soi. | *ein gastfreies Haus haben*, tenir table ouverte. | *er hat ein offenes Haus*, chez lui, c'est la maison du bon Dieu. | *mit der Tür ins Haus fallen*, mettre les pieds dans le plat. || PAR EXT. [Heimat] *in der Pfalz zu Hause sein*, être du Palatinat. | *wo sind Sie zu Hause ?*, d'où êtes-vous ? | *nach Hause gehen*, rentrer dans son pays. | *das Haus des Herrn*, la maison du Père.
3. [Wirtschaft ; Haushalt] ménage m. ; train (m.) de maison. | *ein großes Haus führen*, mener grand train. | *jn um Haus und Hof bringen*, dépouiller qn de ses biens. | *sein Haus bestellen*, faire son testament ; mettre ses affaires en ordre.
4. [Familie ; Sippe ; Geschlecht] famille f. ; lignée f. ; dynastie f. | *das königliche Haus*, la famille royale. | *das Haus Habsburg*, les Habsbourg ; la maison d'Autriche. | *aus gutem Hause sein*, être de bonne famille. | *von Hause aus*, de naissance.
5. [Handelshaus] *ein solides Haus*, une maison sérieuse.
6. POLIT. [Versammlung ; Saal] *das Haus der Gemeinen*, la Chambre des communes. || THÉÂTRE. *vor ausverkauftem Haus spielen*, jouer à bureaux fermés ; faire salle comble.
7. [Verschiedenes] *öffentliches Haus*, maison (f.) de tolérance. | *die Häuser der Sonne*, les signes (m. pl.) du Zodiaque ; les maisons. || ZOOL. [Schnecke] coquille f.

Haus|abnahme ["hausap'na:mə] f. (-, n) état (m.) des lieux. ||°**-altar** m. (s, e) autel (m.) domestique. ||°**-angestellte(r)** f. (m.) employé(e) [m. (f.)] de maison. ||°**-apotheke** f. (-, n) pharmacie portative. ||°**-arbeit** f. (-, en) travaux (m. pl.) domestiques, d'intérieur, du ménage. || [Schule] devoir m. ||°**-arrest**

m. (es, e) arrêts m. pl. ||°-**arzt** m. (es, ¨e) médecin (m.) de (la) famille. ||-**backen** adj. prosaïque ; terre à terre ; pot-au-feu. ||°-**bedarf** m. (s) besoins (m. pl.) du ménage ; nécessaire m. ||°-**besetzer(in)** m. (s, -), f. (-, nen) squatter s. ||°-**bewohner** m. (s, -) habitant (m.) d'une maison ; locataire m. ||°-**brand** m. (s, ¨e) 1° incendie m. ; 2° charbon (m.), combustible (m.) pour usage domestique. ||°-**bursche** m. (n, n). [Untermieter] sous-locataire m. || PAR EXT. [Hausknecht] garçon m. ; groom m. ||°-**dame** f. (-, n) gouvernante f. ; intendante f. ; dame f., demoiselle (f.) de compagnie. ||°-**diele** f. (-, n). ARCHIT. vestibule m. ||°-**diener** m. (s, -) domestique m. ||°-**drache** m. (n, n) mégère f. ; furie f. ||°-**eigentümer** m. (s, -) propriétaire m. ||°-**einrichtung** f. (-, en) mobilier m. ; ameublement m. ||°-**erziehung** f. (-, en) éducation privée. ||°-**flur** m. (s, e). ARCHIT. vestibule m. ; antichambre f. ||°-**frau** f. (-, en) maîtresse (f.) de maison ; ménagère f. ; FAM. patronne f. || ADM. femme (f.) au foyer. ||°-**freund** m. (s, e) ami (m.) de la maison ; familier m. ||°-**friedensbruch** m. (s, ¨e). JUR. violation (f.) de domicile. ||°-**geist** m. (s, er) génie (m.) du foyer ; génie domestique, familier ; revenant m. ; kobold m. ||°-**gerät** n. (s, e) ustensiles (m. pl.) de ménage. || PAR EXT. mobilier m. ; meubles m. pl. ||°-**gesinde** n. (s) domesticité f. ; personnel m. ; gens (m. pl.), employés (m. pl.) de maison. ||°-**götter** m. pl. RELIG. dieux lares ; pénates m. pl. ||°-**halt** m. V. HAUSHALT. ||°-**herr** m. (n, en) maître (m.) de maison ; hôte m. ||°-**herrin** f. (-, nen) maîtresse (f.) de maison ; hôtesse f. ||-**hoch** adj. de la hauteur d'une maison. || FIG. énorme ; colossal. ||°-**kleid** n. (s, er) robe (f.) de chambre ; négligé m. ; déshabillé m. ; peignoir m. ||°-**knecht** m. (s, e) domestique m. ; laquais m. ; [Hotel] garçon m. ; frotteur m. ||°-**kreuz** n. (es, e). FIG. chagrins (m. pl.) domestiques. ||°-**lehrer** m. (s, -) précepteur m. ||°-**lehrerin** f. (-, nen) gouvernante f. ||°-**mädchen** n. (s, -) fille (f.) de service ; bonne f. ; femme (f.) de chambre. ||°-**mannskost** f. cuisine bourgeoise ; cuisine (f.) maison. ||°-**meier** m. (s, -) 1° HIST. maire (m.) du palais ; 2° majordome m. ||°-**meister** m. (s, -) concierge m. ; [Hotel] portier m. ||°-**miete** f. (-, n) loyer m. ; terme m. ||°-**mittel** n. (s, -) remède (m.) de bonne femme. ||°-**müll** m. (s) ordures ménagères. ||°-**mutter** f. (-, ¨) mère (f.) de famille ; directrice (f.) d'une pension. ||-**mütterlich** adj. maternel. — adv. en bonne mère de famille ; maternellement. ||°-**ordnung** f. (-, en) règlement (intérieur). ||°-**orgel** f. (-, n) orgue (m.) de salon. ||°-**pflege** f. (-, n). MÉD. hospitalisation (f.) à domicile. ||°-**rat** m. (s) mobilier (m.), ustensiles (m. pl.) de ménage. ||°-**recht** n. (s, e). JUR. droit (m.) du maître de maison, du chef, du père de famille. ||°-**rock** m. (s, ¨e) robe (f.) de chambre. ||°-**schuhe** m. pl. pantoufles f. pl. ||°-**schwamm** m. (s, ¨e). BOT. mérule f. ||°-**sprechanlage** f. (-, n) interphone m. ||°-**stand** m. (s) ménage m. ; train (m.) de maison. | *einen eigenen Hausstand gründen*, fonder une famille, un foyer. ||°-**steuer** f. (-, n). FIN. impôt foncier ; impôt (m.) sur la propriété bâtie. ||°-**suchung** f. (-, en). JUR. visite (f.) domiciliaire ; perquisition f. (à domicile). | *eine Haussuchung vornehmen*, perquisitionner. ||°-**tier** n. (s, e) animal (m.) domestique. ||°-**tochter** f. (-, ¨) aide ménagère. ||°-**tor** n. (s, e) porte cochère. ||°-**vater** m. (s, ¨) père (m.), chef (m.) de famille. ||°-**verstand** m. (s) gros bon sens. ||°-**verwalter** m. (s) gérant m. ; syndic m. ||°-**verwaltung** f. (-, en) syndic m. ||°-**wart** m. (s, e) concierge m. ; gardien m. ; portier m. ||°-**wesen** n. (s) intérieur m. ; ménage m. ; famille f. ; maison f. ||°-**wirt** m. (s, e) propriétaire (m.) d'un immeuble d'habitation. ||°-**wirtschaft** f. économie (f.) domestique. ||°-**wurz** f. BOT. joubarbe f. ||°-**zins** m. (es, e) loyer m.

Häuschen ['hɔysçən] n. (s, -) maisonnette f. ; pavillon m. | *ein schönes Häuschen*, un coquet pavillon. || FIG., FAM. *aus dem Häuschen geraten, sein*, perdre la tête, FAM. les pédales ; être dans tous ses états. | *er ist leicht aus dem Häuschen zu bringen*, il perd facilement la tête. || FAM. *aufs Häuschen gehen*, aller au petit endroit.

hausen ['hauzən] v. intr. [wohnen] demeurer ; habiter ; loger ; résider ; être installé. || PAR EXT. [wirtschaften] tenir son ménage ; mener ses affaires ; administrer. | *mit wenigem hausen*, (savoir) vivre de peu. || FIG. faire des ravages ; causer des dégâts. | *schlimm hausen*, faire de grands ravages.

Hausen ['hauzən] m. (s, -). ZOOL. esturgeon m.

Hausen|blase ["hauzən'blɑ:zə] f. (-, n) colle (f.) de poisson ; ichtyocolle f. ||°-**rogen** m. (s) œufs (m. pl.) d'esturgeon ; caviar m.

Häuser|anstreicher ["hɔyzər'anʃtraiçər] m. (s, -) peintre (m.) en bâtiment. ||°-**block** m. (s, ¨e) îlot (m.), pâté (m.) de maisons, d'immeubles.

Haus|halt ['haushalt] m. (s, e) ménage m. ; maison f. ; train (m.) de maison. | *seinen eigenen Haushalt haben, besitzen*, avoir son intérieur ; être, vivre dans ses meubles. | *den Haushalt führen*, tenir le ménage. || PAR ANAL., FIN. [Staat] budget m. ||-**halten** (ä, ie, a) v. intr. tenir le ménage. | *mit etwas haushalten*, être économe, ménager de qch. ||°-**hälter** m. (s, -) gérant (m.), administrateur (m.) d'une maison, d'(un) immeuble. || FIG. personne (f.) économe. ||°-**hälterin** f. (-, nen) gouvernante f. ; gérante f. || PAR ANAL. ménagère f. ||-**hälterisch** adj. ménager ; économe. — adv. de façon économique.

Haushalts|arbeiten ["haushalts'arbaitən] f. pl. tâches ménagères. ||°-**defizit** n. (s, e), °-**fehlbetrag** m. (s, ¨e), °-**loch** n. (s, ¨er), °-**lücke** f. (-, n). FIN. déficit (m.), impasse (f.) budgétaire. ||°-**einnahmen** f. pl. FIN. recettes (f. pl.) budgétaires. ||°-**führung** f. FIN. gestion (f.) budgétaire. ||°-**gerät** n. (s, e) appareil ménager. ||°-**gesetz** n. (es, e). FIN. loi (f.) de finances. ||°-**gleichgewicht** n. (s). FIN. équilibre (m.) budgétaire. ||°-**hilfe** f. (-, n) aide (f.) à domicile. ||°-**jahr** n. (s, e). FIN. exercice (m.), année (f.) budgétaire. ||°-**mittel** n. pl. FIN. crédits m. pl. ||°-**plan** m. (s, ¨e). FIN. budget m. | *über den Haushaltsplan hinausgehend*, extra-budgétaire. ||°-**voranschlag** m. (s, ¨e). FIN. prévisions (f. pl.) budgétaires. ||°-**waren** f. pl. articles ménagers. | *Haushaltswarenmesse*, salon (m.) des arts ménagers.

Haus|haltung ["haus'haltuŋ] f. (-, en). [action de] tenir le ménage ; économie (f.) domestique.

Haushaltungs|schule ["haushaltuŋs'ʃu:lə] f. (-, n) école ménagère. ||°-**vorstand** m. (s, ¨e) chef (m.) de famille.

hausieren [hau'zi:rən] v. intr. COMM. colporter. | *mit Waren hausieren gehen*, colporter des marchandises.

Hausieren n. (s) porte-à-porte m.

Hausierer [-rər] m. (s, -). COMM. colporteur m. ; marchand ambulant.

Häuslein ['hɔyslain] n. (s, -). ARCHIT. maisonnette f. ; pavillon m.

häuslich [-liç] adj. domestique ; de la famille ; du foyer. | *häusliche Angelegenheiten, Arbeiten*, affaires privées ; travaux (m. pl.) domestiques. | *häusliches Leben, Glück*, vie familiale ; bonheur conjugal. || FIG. économe ; ménager. | *sie ist ein häusliches Mädchen*, elle aime son foyer.
◇ adv. *sich bei jm häuslich niederlassen*, s'installer chez qn (pour y rester un certain temps).

Häuslichkeit [-liçkait] f. (-, en) intérieur m. || PAR EXT. vie (f.) de famille ; habitudes (f. pl.) d'économie.

Hausse [ho:s] f. (-, n). FIN. hausse f. | *Kauf auf Hausse*, achat (m.) à découvert, à la hausse.

Haut [haut] f. (-, ¨e). ANAT. peau f. | *eine braune Haut*, une peau brune, basanée. | *eine sonnenverbrannte Haut*, une peau bronzée, hâlée. | *eine feuchte Haut*, une peau moite. | *eine sammetweiche Haut*, une peau veloutée. | *naß bis auf die Haut sein*, être trempé, mouillé jusqu'aux os. | *er ist bloß noch Haut und Knochen*, il n'a plus que la peau sur les os. | *mit Haut und Haar*, tout entier. | *mit heiler Haut davonkommen*, s'en tirer ; sauver sa peau. | *sich seiner Haut wehren*, défendre sa peau. | *seine Haut zu Markte tragen*, tirer les marrons du feu ; risquer sa peau pour un autre. || FAM. *sich auf die faule Haut legen*, fainéanter ; faire le paresseux. || FIG. *aus der Haut fahren*, sortir de ses gonds. | *ihm ist nicht recht wohl in seiner Haut*, il est dans une vilaine situation ; il est dans ses petits souliers. || [Obst ; Milch] peau f. ; pelure f. ; robe f. || [Mensch] *eine alte ehrliche Haut*, une bonne pâte. || MAR. revêtement (m.) d'un navire. || TECHN. [Pelzfell] dépouille f.

Haut|arzt ['hautartst] m. (es, ¨e), °-**ärztin** [-ɛ:rtstin] f. (-, nen). MÉD. dermatologue s. ||°-**ausschlag** m. (s, ¨e). MÉD. éruption f. ; eczéma m. ; exanthème m. ||°-**creme** f. (-, n) crème (f.) pour la peau. ||°-**entzündung** f. (-, en). MÉD. inflammation (f.) de la peau ; dermatite f. ; dermite f. ||°-**farbe** f. (-, n) teint m. ; carnation f. ||°-**flügler** m. (s, -). ZOOL. hyménoptère m. ||°-**gewebe** n. (s). ANAT. tissu (m.) épidermique. ||°-**jucken** n. (s). MÉD. démangeaisons f. pl. ||°-**krankheit** f. (-, en). MÉD. maladie (f.) de la peau ; dermatose f. ; affection cutanée. ||°-**kunde** f. dermatologie f. ||°-**pflege** f. hygiène (f.) de la peau. ||°-**schuppe** f. (-, n). MÉD. pellicule f. ||°-**schwiele** f. (-, n) durillon m. ; callosité f. ||°-**transplantation**

f. (-, en). MÉD. transplantation (f.), greffe (f.) de la peau. ||°-**zellenentzündung** f. cellulite f.

Häutchen ['hɔytçən] n. (s) pellicule f. ; membrane f.

häuteln ['hɔytəln] v. tr. peler.

häuten ['hɔytən] v. tr. écorcher ; enlever la peau ; dépouiller.

◇ v. pr. **sich häuten,** changer de peau, peler. || ZOOL. muer ; se dépouiller.

— SYN. : *ausbalgen*, dépouiller ; *ab-*, *enthäuten*, écorcher ; FAM. *schinden*, dépiauter ; *schälen*, peler.

häutig ['hɔytiç] adj. qui a une peau ; membraneux.

Häutung ['hɔytuŋ] f. (-, en) mue f.

Havanna [ha'vana] n. pr. f. GÉOGR. La Havane f. || PAR EXT. [Zigarre] havane m.

Havarie [hava'ri:] f. (-, n). MAR. avarie f.

havariert [-'ri:rt] adj. MAR. avarié ; endommagé.

Haxe ['haksə] f. V. HACHSE.

he ! [he:] interj. FAM. hé ! ; ohé ! | *he ! komm her !*, holà ! par ici !

Hebamme ['he:bamə] f. (-, n) sage-femme f.

Hebe|arm ["he:bə'arm] m. (s, e). TECHN. bras (m.) de levier ; came f. ||°-**bühne** f. (-, n) plate-forme (f.) de levage. ||°-**eisen** n. (s, -). TECHN. pied (m.) de levage ; levier m. ||°-**kraft** f. (-) pouvoir ascensionnel. || TECHN. moment (m.) d'une force. ||°-**maschine** f. (-, n). TECHN. élévateur m. ||°-**muskel** m. (s, n). ANAT. muscle élévateur. ||°-**punkt** m. (s, e) point (m.) d'appui. ||°-**rolle** f. (-, n) 1° FIN. rôle (m.) des contributions ; 2° poulie f. ||°-**stange** f. (-, n). TECHN. levier (m.) de manœuvre.

Hebe|- und Druckwerk ["he:bəunt'drukvɛrk] n. (s, e). TECHN. pompe aspirante et foulante. ||°-**winde** f. (-, n). TECHN. cric m. ; treuil (m.) de relevage. ||°-**zeug** n. (s, e). TECHN. appareil (m.), engin (m.) de levage.

Hebel ['he:bəl] m. (s, -) levier m. || TECHN. biellette f. || FIG. *hier muß der Hebel angesetzt werden*, c'est ici le joint ; voilà le hic. | *alle Hebel in Bewegung setzen*, mettre tout en œuvre ; faire l'impossible ; remuer ciel et terre.

Hebel|arm ["he:bəl'arm] m. (s, e). TECHN. bras (m.) de levier. ||°-**bremse** f. (-, n). TECHN. frein (m.) à levier. ||°-**griff** m. (s, e). SPORT. [Judo] clé f. ||°-**schalter** m. (s, -). ÉLECTR. interrupteur (m.) à levier. ||°-**waage** f. (-, n). TECHN. pont (m.) à bascule. ||°-**wirkung** f. (-). ÉCON. effet (m.) de levier.

heben ['he:bən] (o, o) v. tr. **1.** [in die Höhe bringen, tragen] soulever ; lever ; porter. | *eine Last heben*, soulever, lever une charge. | *die Hand heben*, lever la main. | *den Finger heben*, lever le doigt. | *das Glas heben*, lever son verre. || FIG. *auf den Thron heben*, élever au trône. | *jn in den Himmel heben*, porter qn aux nues. | *jn aus dem Sattel heben*, désarçonner, vaincre qn. | *ein Kind aus der Taufe heben*, tenir un enfant sur les fonts baptismaux ; être parrain. | *etwas aus der Taufe heben*, fonder qch. | *einen Schatz heben*, déterrer un trésor. || FIN. *Steuern heben*, lever des impôts. || MAR. *den Anker heben*, lever l'ancre. | *ein Schiff, ein Wrack heben*, renflouer un bateau, une épave.

2. [fördern] développer ; augmenter ; relever. || COMM. *den Umsatz heben*, augmenter son chiffre d'affaires. || FIG. *js Mut heben*, relever le courage de qn.

3. [abstechen lassen] faire ressortir ; mettre en valeur. | *der helle Grund hebt die dunklen Farben*, le fond clair fait ressortir les couleurs foncées.

◇ v. pr. **sich heben, 1.** [sich aufraffen ; sich aufrichten] se relever.

2. [sich aufheben] s'annuler. | *+3 und −3 heben sich*, + 3 et − 3 s'annulent. || FAM. *hebe dich weg*, va-t'en ; ôte-toi de là.

3. [steigen] croître ; augmenter.

4. [ausbrechen ; beginnen] commencer ; se lever. | *ein Sturm (er)hebt sich*, une tempête se lève.

Hebräer [he'brɛ:ər] n. pr. m. pl. HIST. Hébreux m. pl. || PAR EXT. Israélites m. pl. ; Juifs m. pl.

hebräisch [-'brɛ:iʃ] adj. hébreu ; hébraïque

◇ **das Hebräische,** l'hébreu m. ; la langue hébraïque.

Hebung ['he:buŋ] f. (-, en). **1.** action de lever. | *Hebung eines Schatzes*, découverte (f.) d'un trésor.

2. amélioration f. ; amendement m.

3. GÉOL. élévation (f.) de terrain.

4. POÉS. temps fort (contraire : *Senkung*).

Hechel ['hɛçəl] f. (-, n). TECHN. carde f. ; peigne m. ; séran m. ; sérançoir m. | *durch die Hechel ziehen*, carder ; peigner. || FIG. passer au crible.

Hechelei [hɛçə'lai] f. (-, en). TECHN. cardage m. || FIG. persiflage m. ; satire malveillante.

hecheln ['hɛçəln] v. tr. TECHN. carder ; sérancer. || FIG. passer au crible ; retourner sur le gril ; critiquer ; médire de.

Hecht [hɛçt] m. (s, e). ZOOL. brochet m. | *kleiner Hecht*, brocheton m. || CULIN. *blauer Hecht*, brochet au bleu. || FIG. *er ist der Hecht im Karpfenteich*, c'est le trouble-fête, le loup dans la bergerie.

Hecht|barsch ['hɛçtbarʃ] m. (es, e). ZOOL. sandre m. ||-**grau** adj. gris-bleu. ||°-**sprung** m. (s, ¨e) plongeon m.

Heck [hɛk] n. (s, e). MAR. arrière (m.) de vaisseau ; poupe f.

Heck|flosse ["hɛk'flɔsə] f. (-, n). AUTOM. aileron m. ||°-**laterne** f. (-, n). MAR. feu (m.) de poupe. ||°-**motor** m. (s, en). AUTOM. moteur arrière. ||°-**scheibe** f. (-, n) lunette (f.), vitre (f.) arrière. ||°-**scheibenwischer** m. (s, -) essuie-glace (m.) arrière. ||°-**scheinwerfer** m. (s, -) phare (m.) arrière. ||°-**sporn** m. (s, ren). AÉRON. béquille (f.) arrière. ||°-**starter** m. (s, -). AÉRON. avion (m.) à décollage vertical. ||°-**tür** f. (en) hayon arrière m.

Hecke ['hɛkə] f. (-, n). [Zaun] haie f. ; buisson m. ; broussailles f. pl. || [Brutzeit] ponte f. || PAR EXT. couvée f. ; nichée f. | *aus der ersten Hecke*, de la première couvée.

hecken [-kən] v. intr. nicher ; pondre et couver ; mettre bas. | *Heckzeit*, ponte. || FIG. *Geld heckt*, l'argent attire l'argent. || FAM. couver ; imaginer.

Hecken|rose ["hɛkən'ro:zə] f. (-, n). BOT. églantine f. ||°-**schere** f. (-, n). TECHN. sécateur m. ; taille-haie m. ||°-**schütze** m. (n, n). MIL. partisan m. ; franc-tireur m. ||°-**zaun** m. (s, ¨e) haie vive.

heckig ['hɛkiç] adj. broussailleux.

heda ! ['he:da:] interj. holà ! ; allô !

Hede ['hedə] f. (-, n) étoupe f.

Hederich ['hederiç] m. (s, e). BOT. lierre (m.) terrestre ; ravenelle f. ; moutarde (f.) des champs.

Hedschra ['hedʃra] f. (-). HIST. hégire f.

Heer [he:r] n. (s, e). MIL. armée f. | *das stehende Heer*, l'armée permanente. || FIG. *ein Heer von Ameisen*, une armée de fourmis. | *ein Heer von Sorgen bedrückt ihn*, il est accablé de soucis.

Heer|bann ['he:rban] m. (s). HIST. ban (m.) et arrière-ban m. ||°-**führer** m. (s, -). MIL. chef (m.) d'(une) armée. || PAR EXT. capitaine m. ||°-**gerät** n. (s, e). MIL. matériel (m.) de guerre. ||°-**lager** n. (s, -). MIL. camp m. ; campement m. ||°-**schar** f. (-, en). MIL. armée f. ; troupe f. || RELIG. *die himmlischen Heerscharen*, les légions (f. pl.) célestes. ||°-**schau** f. MIL. revue f. ||°-**straße** f. (-, n). MIL. route (f.) stratégique. ||°-**verpflegungsamt** n. (s, ¨er). MIL. intendance (f.) militaire. ||°-**wesen** n. (s) affaires (f. pl.), questions (f. pl.) militaires.

Heeres|abteilung ["he:rəs'aptailuŋ] f. (-, en). MIL. détachement (m.) d'armée ; troupe f. ||°-**bedarf** m. (s). MIL. matériel (m.) de guerre. ||°-**bericht** m. (s, e). MIL. communiqué m. ||°-**folge** f. (-, n). HIST., MIL. ban m. | *Heer(es)folge leisten*, faire son service militaire. ||°-**gefolge** n. (s). MIL. gros bagages m. pl. ; train (m.) des équipages. ||°-**gruppe** f. (-, n). MIL. groupe (m.) d'armées. ||°-**leitung** f. (-, en). MIL. haut commandement. | *Chef der Heeresleitung*, chef (m.) d'état-major. ||-**pflichtig** adj. astreint au service militaire.

Hefe ['he:fə] f. (-, n). [Gärungsmittel] levain m. ; levure f. | *die Hefe treibt*, le levain fait monter, lever. || FIG. lie f. | *den Kelch bis auf die Hefe leeren*, vider, boire le calice, la coupe jusqu'à la lie. | *die Hefe des Volkes*, la lie du peuple.

Hefe|brot ["he:fə'bro:t] n. (s). CULIN. pain (m.) à la levure. ||°-**teig** m. (s, e). CULIN. pâte faite avec de la levure. || PAR EXT. levain m.

Heft [hɛft] n. (s, e) cahier m. ; fascicule m. ; brochure f. | *in das gute Heft einschreiben*, recopier sur le cahier au propre. | *in mehreren Heften erscheinen*, paraître en plusieurs fascicules, livraisons. | *ein Heft Gedichte*, un recueil de poésies, de poèmes. || PAR EXT. [Handgriff] manche m. ; poignée f. || FIG. *das Heft in der Hand haben*, tenir les commandes, le gouvernail, les rênes ; FAM. la queue de la poêle. | *das Heft der Regierung ergreifen*, s'emparer du pouvoir.

Heft|faden ["hɛft'fa:dən] m. (s, ¨) faufil m. ||°-**klammer** f. (-, n) agrafe f. ; attache (f.) de bureau.

||°-**mappe** f. (-, n) dossier m. ||°-**maschine** f. (-, n). TECHN. brocheuse f. ||°-**pflaster** n. (s, -). MÉD. emplâtre m. ; taffetas gommé ; sparadrap m. || °-**zwecke** f. (-, n). TECHN. punaise f.

heften [-tən] v. tr. fixer ; attacher. | *einen Saum heften*, faufiler un ourlet. | *jm einen Orden an die Brust heften*, attacher une décoration sur la poitrine de qn ; décorer qn. | *ein Buch heften*, brocher un livre. || FIG. fixer. | *den Blick, die Augen auf etwas heften*, regarder (fixement), attacher ses regards à qch. ; ABUSIV. fixer qch.
◇ v. pr. **sich heften**, s'attacher ; se fixer.

Hefter [-tər] m. (s, -). TECHN. classeur m.

heftig ['hɛftiç] adj. violent ; fort ; vif ; brusque ; impétueux ; véhément ; emporté. | *heftige Liebe*, amour ardent. | *heftige Leidenschaft*, passion impétueuse. | *heftige Schmerzen*, violentes douleurs. | *heftiger Sturm*, bourrasque f. ; violente tempête. | *heftiger Regen*, pluie drue ; forte pluie. | *leicht heftig werden*, s'emporter facilement ; être soupe au lait.
◇ adv. vivement ; violemment. | *heftig schmerzen*, faire violemment souffrir ; faire très mal. | *heftig weinen*, pleurer à chaudes larmes.

Heftigkeit [-kait] f. (-, en) violence f. ; vivacité f. ; intensité f. ; véhémence f. ; impétuosité f.

Hege ['he:gə] f. [Wald] conservation f. ; défends m. || FIG. *jn in Hege und Pflege nehmen*, prendre soin de qn.

Hege|meister ["he:gə'maistər] m. (s, -) garde forestier. ||°-**wald** m. (s, ¨er) canton (m.) de réserve. ||°-**zeit** f. chasse fermée ; fermeture (f.) de la chasse. || [Fischerei] fermeture (f.) de la pêche ; fraie f.

Hegelianer [he:gəli'ɑ:nər] m. (s, -). PHILOS. hégélien m.

Hegemonie [he:gəmo'ni:] f. (-, n). HIST. hégémonie f. || POLIT. hégémonie f. ; prépondérance (f.) politique.

hegen ['he:gən] v. tr. POÉT. [umfassen] clore ; enclore ; entourer. | *einen Garten hegen*, entourer un jardin d'une clôture ; clôturer un jardin. || PAR EXT. [bewahren ; schützen ; pflegen] conserver ; protéger ; soigner. || [Jagd] *das Wild hegen*, protéger le, prendre soin du gibier. | *jn hegen und pflegen*, choyer qn. || PAR EXT. [Gedanken, Plan haben] avoir ; nourrir. | *eine Hoffnung hegen*, nourrir un espoir.

Heger [-gər] m. (s, -) conservateur m. ; garde m. || PAR EXT. garde forestier.

Hehl [he:l] n. (s) dissimulation f. ; mystère m. ; secret m. | *kein Hehl aus etwas machen*, ne pas faire mystère de qch. | *ohne Hehl*, franchement.

hehlen ['he:lən] v. tr. cacher ; dissimuler ; celer. || JUR. receler.

Hehlen [-lən] n. (s) dissimulation f. || JUR. recel m.

Hehler [-lər] m. (s, -). JUR. receleur m.

Hehlerei [he:lə'rai] f. (-, en). JUR. recel m.

hehr [he:r] adj. POÉT. sublime ; auguste ; vénérable ; majestueux.

hei ! [hai], **heida !** ['haida] interj. gué !, ô gué ! ; allons ! ; eh ! ; oh !

Heide ['haidə] m. (n, n) païen m. ; incroyant m. ; mécréant m. | *stark wie ein Heide*, fort comme un Turc.

Heide ['haidə] f. (-, n) lande f. ; terres (f. pl.) incultes ; garenne f. ; bruyère f. || BOT. bruyère f.

Heide|blume ["haidə'blu:mə] f. (-, n). BOT. bruyère f. ||°-**feld** n. V. HEIDE f. ||°-**korn** n. (s). BOT. blé noir ; sarrasin m. ||°-**kraut** n. (s, ¨er). BOT. bruyère f. ||°-**krautgewächs** n. (es, e). BOT. éricacée f. ||°-**lerche** f. (-, n). ZOOL. rousserolle f. ||°-**schnucke** f. (-, n) [aussi **Heidschnucke**]. ZOOL. mouton (m.), brebis (f.) de la lande de Lüneburg.

Heidel|beere ["haidəl'be:rə] f. (-, n). BOT. myrtille f.

Heiden|angst ["haidən'aŋst] f. FAM. peur terrible, bleue. ||°-**bild** n. (s, er) idole f. ||°-**geld** n. (s). FIG., FAM. argent fou. ||°-**lärm** m. (s). FAM. vacarme infernal, épouvantable. ||°-**leben** n. (s, -) vie (f.) de bâton de chaise. ||°-**mäßig** adj. FIG., FAM. énorme ; épouvantable. — adv. énormément. ||°-**spektakel** m. (s, -) tintamarre m. ; vacarme (m.) du diable ; FAM. boucan m. ||°-**wetter** n. (s). FAM. temps affreux ; temps (m.) de chien.

Heiden|röschen ["haidən'rø:sçən] n. (s, -), °-**röslein** [-'rø :slain] n. (s, -). BOT. églantine f.

Heidentum ['haidəntu:m] n. (s) paganisme m.

heidi ! ['haidi] interj. *heidi !, heida !*, landerirette, landerira ; gué !, ô gué ! || FAM. *mein Geld ist alles heidi*, tout mon argent est fichu.

Heidin ['haidin] f. (-, nen) païenne f.

heidnisch ['haitniʃ] adj. païen ; impie.

Heiduck ["hai'duk] m. (en, en) valet (m.) de pied ; heiduque m.

heikel ['haikəl] adj. difficile ; épineux ; scabreux. | *eine heikle Angelegenheit*, une affaire épineuse. || [Personen] *heikel sein*, être difficile, délicat, exigeant.

heil [hail] adj. sain ; sauf ; sain et sauf ; intact ; indemne ; sans blessure ; sans accroc. | *heile Glieder haben*, être sans blessures. | *heil werden*, guérir. | *mit heiler Haut davonkommen*, s'en tirer sain et sauf, indemne. | *die Vase ist noch heil*, le vase est encore entier, intact.

Heil [hail] n. (s). [Rettung ; Hilfe ; Nutzen ; Besserung] salut m. ; bien m. | *das war zu seinem Heil*, c'était pour son bien ; c'est ce qui l'a sauvé. || RELIG. [Erlösung] *sein Heil von Gott erwarten*, attendre son salut de Dieu. || [Glück] prospérité f. ; chance f. ; bonheur m. | *für sein Heil sorgen*, travailler pour son bien-être ; se soucier de son bien-être. | *sein Heil versuchen*, tenter sa chance. | *im Jahre des Heils 1990*, en l'an(née) de grâce 1990. || PAR EXT. [Grüße] salut ! | *Heil dem Kaiser !*, vive l'empereur !

Heil|anstalt ["hail'anʃtalt] f. (-, en) maison (f.) de santé ; asile (m.) d'aliénés ; clinique (f.), hôpital (m.) psychiatrique. ||-**bringend** adj. salutaire. ||°-**butt** m. (s, e). ZOOL. flétan m. ||°-**gymnastik** f. kinésithérapie f. ||°-**kraft** f. (-, ¨e) vertu curative, médicinale. ||-**kräftig** adj. salutaire ; qui a des vertus curatives. ||°-**kraut** n. (s, ¨er). BOT. simples m. pl. ; herbe médicinale. ||°-**kunde** f. science médicale ; thérapeutique f. ; médecine f. ||°-**kunst** f. (art [m.] de la) médecine f. ||-**los** adj. sans remède ; désespéré. ||°-**mittel** n. (s, -). MÉD. remède m. ||°-**mittellehre** f. MÉD. thérapeutique f. ; pharmacologie f. || -**pädagogisch** adj. médico-éducatif. ||°-**pflanze** f. (-, n). BOT. simples m. pl. ; plante médicinale. ||°-**pflaster** n. (s, -) emplâtre m. ||°-**praktiker** m. (s, -) guérisseur m. ||°-**quelle** f. (-, n) source médicinale, minérale. ||°-**quellwasser** n. (s) eau minérale. ||°-**salbe** f. (-, n) baume m. ; onguent m. ||°-**serum** n. (s, ra et ren) sérum antitoxique, curatif. ||°-**stätte** f. (-, n) station (f.) thérapeutique. ||°-**trank** m. (s, ¨e) potion f. ; remède m. ||°-**verfahren** n. (s, -) cure f. ; traitement m. ; procédé (m.) thérapeutique.

Heils|armee ["hailsar'me:] f. (-) armée (f.) du Salut. ||°-**lehre** f. RELIG. doctrine (f.) de la grâce. ||°-**mittel** n. (s, -) moyen (m.) de salut.

Heiland ['hailant] m. (s, e) sauveur m. ; libérateur m. || RELIG. *der Heiland*, le Sauveur.

heilbar ['hailbɑ:r] adj. guérissable ; curable.

heilen ['hailən] v. tr. MÉD. guérir. | *eine Wunde heilen*, guérir une blessure. | *jn von seiner Angst heilen*, guérir qn de sa peur.
◇ v. intr. se guérir ; se cicatriser.
— SYN. : *kurieren*, guérir ; *wiederherstellen*, rétablir, remettre ; *genesen*, se guérir ; *aufkommen*, se remettre.

Heiler [-lər] m. (s, -). PÉJOR. guérisseur m. ; rebouteur m. ; rebouteux m.

heil|los ["hail'lo:s] adj. incurable ; inguérissable. || FIG. désespérant ; désastreux ; déplorable. | *heillose Unordnung*, désordre (m.) déplorable.

heilig ['hailiç] adj. **1.** [göttlich ; gottbegnadet ; geweiht] sacré ; saint ; consacré. | *der Heilige Geist*, le Saint-Esprit. | *die Heilige Jungfrau*, la sainte Vierge. | *die heilige Genoveva*, sainte Geneviève. | *die Heiligen Drei Könige*, les Rois mages. | *der Heilige Rock*, la sainte Tunique. | *das Heilige Abendmahl*, la sainte Cène ; la sainte communion. | *die Heilige Schrift*, l'Écriture sainte | *das Heilige Land*, la Terre sainte. | *das Heilige Grab*, le Saint-Sépulcre. | *der Heilige Abend*, la veille de Noël. | *der Heilige Stuhl*, le saint-siège. | *der Heilige Vater* [der Papst], le saint-père. || HIST. *das Heilige Römische Reich Deutscher Nation*, le Saint Empire romain germanique. || IRON. *heilige Einfalt*, sancta simplicitas !
2. [in tiefster Seele lieb ; kostbar ; ehrwürdig] sacré ; très cher ; vénérable. | *ich verspreche und schwöre bei meiner heiligen Ehre*, je promets et je jure sur mon honneur (sacré). | *etwas heilig halten*, vénérer qch. | *den Sonntag heilighalten*, sanctifier le dimanche. | *eine heilige Miene machen*, faire la sainte nitouche.
3. ANAT. *das heilige Bein*, le sacrum. || MAR. *der heilige Anker*, l'ancre principale.
◇ adv. pieusement ; saintement ; solennellement. | *etwas hoch und heilig versprechen*, promettre solennellement qch.

Heilig|abend ["hailiç'ɑ:bənt] m. (s) veille (f.) de Noël. ||-**halten** (ä, ie, a). RELIG. vénérer ; sanctifier.

||°-**haltung** f. RELIG. sanctification f. ; observation, observance religieuse. ||-**sprechen** (i, a, o) v. tr. RELIG. canoniser ; béatifier. ||°-**sprechung** f. (-, en). RELIG. canonisation f. ; béatification f.

heiligen ['hailigən] v. tr. RELIG. sanctifier ; consacrer. || LOC. *der Zweck heiligt die Mittel*, la fin justifie les moyens. || PAR ANAL. [heilig erklären] canoniser ; béatifier.

Heiligen|geschichte ["hailigəngə'ʃiçtə] f. (-, n) vie (f.) des saints ; légende dorée ; hagiographie f. ||°-**glanz** m. (es) auréole f. ; nimbe m. || [Malerei] gloire f. ||°-**schein** m. (s). V. HEILIGENGLANZ. ||°-**schrein** m. (s, e) reliquaire m. ; châsse f.

Heilige(r) ['hailigə(r)] f. (m.) saint(e) m. (f.). || PAR EXT. *wunderlicher Heiliger*, original m.

Heiliges [-gəs] n. chose sacrée, sainte.

Heiligkeit ['hailiçkait] f. sainteté f. | *Seine Heiligkeit*, Sa Sainteté ; le pape.

Heiligtum [-tu:m] n. (s, ¨er) chose sainte, sacrée ; sanctuaire m. ; lieu saint.

Heiligtums|schänder ["hailiçtu:m'ʃɛndər] m. (s, -). RELIG. sacrilège m. ||°-**schändung** f. (-, en) sacrilège m.

heilsam ['hailzɑ:m] adj. salubre ; salutaire. | *heilsame Luft*, air salubre. || FIG. salutaire. | *heilsame Lektüre*, lecture salutaire.

Heilung ['hailuŋ] f. guérison f. ; cicatrisation f. ; cure f. ; traitement m.

Heim [haim] n. (s, e) domicile m. ; foyer m. ; intérieur m. ; chez-soi m. ; home m. | *ein schönes Heim haben*, avoir un bel intérieur. | *ein trautes Heim haben*, avoir un intérieur intime. | *ein eigenes Heim haben*, avoir son propre intérieur. | *ein Heim gründen*, fonder un foyer ; se marier.

heim [haim] adv. chez soi ; à la maison ; dans son pays. | *ich gehe heim*, je rentre. || FIG., FAM. *ich schicke ihn heim*, je l'envoie promener.

Heim|arbeit ["haim'arbait] f. (-, en) travail (m.) à domicile. ||°-**arbeiter(in)** m. (s, -), f. (-, nen) travailleur (m.), travailleuse (f.) à domicile. ||-**begeben (sich)** (i, a, e) v. pr. rentrer ; se rendre chez soi. ||-**begleiten** v. tr. accompagner, reconduire, ramener (qn). ||-**bringen** (brachte, gebracht) v. tr. apporter, amener chez soi ; rapporter ; ramener. ||-**eilen** v. intr. se hâter de rentrer ; rentrer vite. ||-**fahren** (ä, u, a) v. intr. rentrer chez soi en train, en bateau, etc. ||°-**fahrt** f. (-, en) voyage (m.) de retour. ||°-**fall** m. (s). JUR. retour m. ; réversion f. ||-**fallen** (ä, ie, a) v. intr. JUR. faire retour ; retourner. ||-**fällig** adj. JUR. réversible. ||-**finden** (a, u) v. intr. trouver le chemin du retour. ||-**führen** v. tr. reconduire ; ramener (chez soi). || PAR EXT. épouser | *eine Braut heimführen*, prendre femme. ||°-**gang** m. (s) retour m. ; rentrée f. || FIG., EUPHÉM. trépas m. ; décès m. ||-**gehen** (ging, gegangen) v. intr. rentrer ; retourner ; aller chez soi ; s'en retourner. || FIG. *er ist heimgegangen*, il a trépassé ; il est décédé ; il est mort. ||-**holen** v. tr. aller chercher ; aller prendre. || °-**informatik** f. (-) privatique f. ||°-**kehr** f. (-) retour (m.), rentrée (f.) au pays. ||-**kehren, -kommen** (a, o) v. intr. retourner, rentrer chez soi. ||°-**kunft** f. retour (m.) chez soi. ||-**leuchten** v. intr. FIG., FAM. envoyer promener ; POP. envoyer paître. ||-**los** adj. sans feu ni lieu ; FAM. sur le pavé. ||°-**reise** f. (-, n) retour (m.) au pays. ||°-**ritt** m. (s) retour (m.) à cheval. ||-**schicken** v. tr. renvoyer chez soi. || FIG., FAM. *jn heimschicken*, envoyer promener qn ; donner son paquet à qn. ||-**sehnen (sich)** v. pr. avoir la nostalgie, le mal du pays. ||°-**spiel** n. (s, e) match (m.) à domicile. ||°-**stätte** f. (-, n) asile m. ; abri m. ; foyer m. ||-**suchen** v. tr. infester ; frapper ; affliger. | *die Stadt wurde von der Pest heimgesucht*, la ville fut frappée par la peste. || [besuchen] rendre visite inopinément. || RELIG. visiter. ||°-**suchung** f. (-, en) affliction f. || FIG. épreuve f. || RELIG. *Heimsuchung Mariä*, Visitation (f.) de la Vierge. ||°-**tücke** f. fausseté f. ; perfidie f. ; sournoiserie f. ||-**tückisch** adj. perfide ; faux ; sournois. ||-**wärts** adv. sur le chemin du retour ; en retournant ; vers chez soi. ||°-**weg** m. (s) chemin (m.) du retour. ||°-**weh** n. (s) nostalgie f. ; mal (m.) du pays. ||°-**werker** m. (s, -) bricoleur m. ||-**zahlen** v. tr. FIG., *das werde ich ihm aber (mit gleicher Münze) heimzahlen*, je lui rendrai la monnaie de sa pièce ; je lui rendrai la pareille ; je lui garde un chien de ma chienne.

Heimat ['haimɑ:t] f. (-, en) pays (natal) ; endroit (m.) d'où l'on est ; lieu (m.) de naissance. | *Heimat einer Pflanze*, habitat (m.) d'une plante. || MIL. *in die Heimat entlassen*, renvoyer dans ses foyers.

Heimat|armee ["haimɑ:tar'me:] f. (-, n). MIL. armée métropolitaine. ||°-**bahnhof** m. (s, ¨e) gare (f.) d'attache. ||°-**dorf** n. (s, ¨er) village natal. ||°-**hafen** m. (s, ¨). MAR. port (m.) d'attache. ||°-**kunst** f. (-, ¨e) art régional. ||°-**land** n. (s, ¨er). V. HEIMAT. ||-**los** adj. sans domicile ; sans foyer ; vagabond. || POLIT. sans nationalité ; apatride. ||°-**recht** n. (s), °-**berechtigung** f. JUR. droit (m.) de domicile ; indigénat m. ||°-**schein** m. (s, e). POLIT. certificat (m.) de nationalité. || COMM. certificat (m.) d'origine. || °-**station** f. (-, en). [Eisenbahn] dépôt m. ; gare (f.) d'attache. ||°-**urlaub** m. (s, e). MIL. permission (f.) de détente. ||-**vertrieben** adj. *die Heimat(s)vertriebenen*, les réfugiés.

heimatlich ['haimɑ:tliç] adj. du pays.

Heimchen ['haimçən] n. (s, -). ZOOL. grillon m.

heimelich ['haiməliç] adj. V. HEIMLICH.

heimelig ['haiməliç] adj. V. HEIMLICH.

heimisch [-miʃ] adj. du pays ; indigène ; natal. | *heimischer Markt*, marché national, intérieur. | *heimische Tiere, Pflanzen*, animaux (m. pl.), plantes (f. pl.) indigènes. || LOC. *sich heimisch fühlen*, se sentir chez soi. | *sich heimisch machen*, s'acclimater. | *heimisch werden*, s'acclimater ; se familiariser. | *in einer Wissenschaft heimisch sein*, être versé dans une science.

heimlich ['haimliç] adj. **1.** [versteckt] intime ; secret ; caché ; dérobé. | *heimliche Zusammenkünfte*, réunions secrètes. | *etwas heimlich halten*, tenir qch. secret. || JUR. *das heimliche Gericht*, la Sainte Vehme. **2.** POÉT. et VX. [syn. : *heimelich ; heimelig*] familier ; domestique ; intime.
◇ adv. secrètement, à la dérobée ; en tapinois ; en cachette. | *etwas heimlich sagen, tun*, dire, faire qch. en cachette, à la dérobée, FAM. en tapinois.

Heimlichkeit [-kait] f. (-, en) intimité f. | *Heimlichkeit eines Ortes*, intimité d'un endroit. || PAR EXT. secret m. ; clandestinité f. ; mystère m. ; cachotteries f. pl.

Heimlich|tuerei ["haimliçtuə'rai] f. cachotterie f.

Hein [hain] n. pr. m., **Heiner** ['hainər] n. pr. m. Henri m. || POÉT. *Freund Hein*, la mort ; la camarde.

Heinrich ['hainriç] n. pr. m. Henri m.

Heinzel|männchen ["haintsəl'mɛnçən] n. (s, -) lutin m. ; gnome m.

Heirat ['hairɑ:t] f. (-, en) mariage m. ; union matrimoniale ; alliance f. || POÉT. hymen m. ; hyménée f. | *eine passende Heirat*, un mariage réussi. | *eine Heirat schließen*, contracter mariage ; se marier. | *eine mißglückte Heirat*, un mariage malheureux. | *eine Heirat auflösen*, dissoudre un mariage.

heiraten [-tən] v. tr. épouser. | *jn aus Liebe heiraten*, faire un mariage d'amour.
◇ v. intr. prendre femme ; se marier. | *jung heiraten*, se marier jeune. | *in die Stadt heiraten*, devenir citadin par alliance. | *unter seinem Stande heiraten*, se mésallier.

Heirats|antrag ["hairɑ:ts'antrɑ:k] m. (s, ¨e) demande (f.) en mariage. ||°-**anzeige** f. (-, n) faire-part (m.) de mariage. ||-**fähig** adj. bon à marier ; mariable ; pubère ; nubile. ||°-**gesuch** n. (s, e) demande (f.) en mariage. ||°-**gut** n. (s, ¨er) dot f. ||°-**institut** n. (s, e) agence matrimoniale. ||-**lustig** adj. qui a envie de se marier. ||°-**stifter** m. (s, -) qui fait des mariages ; FAM. marieur m. ||°-**urkunde** f. (-, n). JUR. acte (m.) de mariage. ||°-**vermittlung** f. (-, en) agence matrimoniale. (SYN. : *Heiratsbüro*.) ||°-**vertrag** m. (s, ¨e). JUR. contrat (m.) de mariage.

heisa ! ['haiza] interj. ohé ! oh gué !

heischen ['haiʃən] v. tr. demander ; réclamer ; exiger.

heiser ['haizər] adj. enroué ; éraillé ; rauque. | *heisere Stimme*, voix (f.) rauque. | *heiser werden*, s'enrouer. | *sich heiser schreien*, s'égosiller. | *stockheiser*, très enroué ; aphone.

Heiserkeit [-kait] f. voix (f.) rauque ; enrouement m. ; extinction (f.) de voix.

heiß [hais] adj. très chaud ; brûlant ; ardent. | *heißes Fieber*, fièvre chaude. | *heiße Hände*, mains brûlantes. | *heiße Sonne*, soleil ardent. | *heiße Zone*, zone torride, tropicale. | *mir ist heiß*, j'ai chaud. || FIG. ardent ; passionné. | *heißen Dank*, mille fois merci. | *heißes Eisen*, sujet brûlant. | *heißes Gebet*, prière fervente. | *heißer Kampf*, lutte acharnée. | *sie vergießt heiße Tränen*, elle pleure à chaudes larmes. | *heißer Wunsch*, désir ardent. | *er macht ihm die Hölle, den Kopf heiß*, il lui en fait voir. | *es wird ihm der Boden, das Pflaster (unter den Füßen)* *zu heiß*, le sol lui brûle les pieds. || ÉCON. *heißes Geld*, capitaux flottants. || POLIT. *der heiße Draht*, le téléphone rouge. || PROV. *sie geht darum wie die Katze um den heißen Brei*, FAM. elle tourne autour du pot. | *man muß das Eisen schmieden, solange es heiß ist*, il faut battre le fer tant qu'il est chaud. | *was ich nicht weiß, macht mich nicht heiß*, peu me chaut ce que j'ignore.

heiß|blütig ["hais'bly:tiç] adj. ardent ; chaud ; fougueux ; emporté ; qui a du tempérament. || **-erfleht** adj. désiré ardemment. ||**-geliebt** adj. aimé passionnément. ||°**-hunger** m. (s) appétit dévorant ; fringale f. ; avidité f. || MÉD. boulimie f. || **-hungrig** qui a un appétit dévorant ; goulu ; vorace. ||**-laufen** (ä, ie, a) v. intr. et v. pr. chauffer. || AUTOM. *der Motor ist heißgelaufen, hat sich heißgelaufen*, ce moteur chauffe. ||°**-laufen** n. (s). AUTOM. échauffement m. ; grippage m. ||°**-luft** f. air chaud. ||°**-sporn** m. (s, e). FIG. tête chaude ; emballé m. ; risque-tout m. ; casse-tout m. ||°**-wasserspeicher** m. (s, -) chauffe-eau (m.) à accumulation.

heißa ['haisa] interj. gué !, ô gué ! ; tralala !

heißen ['haisən] (ie, ei) v. tr. **1.** [auffordern] ordonner ; commander ; enjoindre ; dire de (faire, etc.). | *wer hieß dich das tun ?*, qui t'a dit de faire cela ? | *wer hat Sie denn spielen heißen ?*, qu'aviez-vous besoin de jouer ?

2. [nennen] appeler ; nommer ; traiter de. | *jn einen Lügner heißen*, traiter qn de menteur. | *jn willkommen heißen*, souhaiter la bienvenue à qn. | *das heiße ich einen festen Schlaf haben*, voilà ce qui s'appelle dormir. | *etwas gutheißen*, approuver qch.

◇ v. intr. **1.** [einen Namen führen] s'appeler ; porter tel nom ; se nommer. | *wie heißt du ?*, comment t'appelles-tu ? ; quel est ton nom ? | *ich heiße Karl*, je m'appelle Charles ; mon nom est Charles. | *ich will ein Schuft heißen, wenn das nicht wahr ist*, je veux être pendu si ce n'est (pas) vrai.

2. [bedeuten] signifier ; vouloir dire ; se dire. | *das will schon etwas heißen*, voilà qui n'est pas peu dire ; cela signifie quelque chose ; FAM. ce n'est pas rien. | *das hieße den Plan aufgeben*, cela reviendrait à abandonner ce projet. | *da sieht man, was es heißt, einen guten Ruf zu besitzen*, voilà ce que c'est que d'avoir bonne réputation. || FAM. *was soll das heißen ?*, qu'est-ce que cela veut dire ? ; qu'est-ce à dire ? | *was heißt das ?*, qu'est-ce ? | *hier heißt es aufpassen*, (c'est ici qu')il s'agit de faire attention. || [erläuternd] *das heißt (d. h.)*, c'est-à-dire.

◇ v. impers. **es heißt,** on dit ; le bruit court que...

heißen ['haisən] v. tr. MAR. hisser.

heiter ['haitər] adj. clair ; découvert ; serein. | *heiteres Wetter*, temps clair. | *heiterer Tag*, belle journée. | *heiterer Himmel*, ciel dégagé. | *heiteres Spiel*, jeu amusant. || [Personen] gai ; enjoué ; serein ; riant. | *heiteres Gemüt*, âme sereine. | *heitere Laune*, bonne humeur. || FIG., IRON. *das wird ja heiter*, ça promet ! | *das kann ja heiter werden*, voilà un début qui promet.

Heiterkeit [-kait] f. clarté f. ; pureté f. | *Heiterkeit des Himmels*, pureté (f), sérénité (f.) du ciel. || FIG. sérénité f. ; enjouement m. ; gaieté f. | *Heiterkeit des Gemütes*, sérénité (de l'âme, intérieure). | *ungetrübte Heiterkeit*, excellent moral.

Heiz|anlage ["haits'anla:gə] f. (-, n) installation (f.) de chauffage. ||°**-apparat** m. (s, e) appareil (m.) de chauffage ; calorifère m. ; chaudière f. ||°**-faden** m. (s,¨). ÉLECTR. filament m. ||°**-fläche** f. (-, n) surface (f.) de chauffe. ||°**-flasche** f. (-, n) bouillotte f. ||°**-gas** n. (es, e) gaz m. (de chauffage). ||°**-kessel** m. (s, -) chaudière (f.) de chauffage. ||°**-kissen** n. (s, -) coussin électrique, chauffant. ||°**-körper** m. (s, -) radiateur m. ||°**-körperverkleidung** f. (-, en) cache-radiateur m. ||°**-kraft** f. PHYS. pouvoir (m.) calorifique. ||°**-luft** f. (-, ¨e). AÉRON. air (m.) de réchauffage. ||°**-material** n. (s) combustible(s) m. (pl.). ||°**-öl** n. (s) gas-oil m. ; gazole m. ||°**-raum** m. (s, ¨e) chambre (f.) de chauffe ; chaufferie f. ||°**-röhre** f. (-, n) tuyau (m.) de chauffage. ||°**-schlange** f. (-, n). TECHN. serpentin réchauffeur. ||°**-sonne** f. (-, n). TECHN. radiateur (m.) parabolique. ||°**-stoff** m. (s, e) combustible m. ||°**-wert** m. (s) pouvoir (m.) calorifique. ||°**-wertmesser** m. (s, -) calorimètre m.

heizbar ['haitsba:r] adj. qui peut être chauffé.

heizen [-tsən] v. intr. chauffer ; faire du feu. | *elektrisch heizen*, se chauffer à l'électricité.

◇ v. tr. *eine Wohnung heizen*, chauffer un appartement.

Heizen [-tsən] n. (s) chauffage m. | *er besorgt das Heizen*, il s'occupe du chauffage.

Heizer [-tsər] m. (s, -). TECHN. chauffeur m.

Heizung [-tsuŋ] f. (-, en) chauffage m. ; chauffe f.

Hekatombe [hɛka'tɔmbə] f. (-, n) hécatombe f.

Hektar [hɛk'ta:r] n. (s, e) hectare m.

hektisch ['hɛktiʃ] adj. MÉD. hectique ; phtisique ; étique. || FIG. fiévreux, fébrile.

Hekto|gramm ["hɛkto'gram] n. (s, e) hectogramme m. ; hecto m. ||°**-graph** m. (en, en) hectographe m. ||°**-liter** n. (s, -) hectolitre m. ||°**-meter** m. ou n. (s, -) hectomètre m. ||°**-watt** n. (s, -). ÉLECTR. hectowatt m.

Held [hɛlt] m. (en, en) héros m. ; preux m. || LITTÉR. héros. || THÉÂTRE. personnage m. | *jugendlicher Held*, jeune premier. || PAR EXT. *der Held des Tages*, le héros du jour. || FIG., FAM. *er ist kein Held im Turnen*, il n'est pas fort en gymnastique.

Helden|dichter ["hɛldən'diçtər] m. (s, -) poète (m.) épique. ||°**-dichtung** f. (-, en), °**-gedicht** n. (s, e) poésie (f.) épique ; épopée f. ||°**-geist** m. (es) esprit (m.) héroïque ; héroïsme m. ||°**-gesang** m. (s, ¨e) chanson (f.) de geste. ||°**-lied** n. (s, er) poème (m.) épique ; épopée f. ; chanson (f.) de geste. ||**-mäßig** adj. héroïque. ||°**-mut** m. (s) héroïsme m. ||**-mütig** adj. héroïque. ||°**-sage** f. (-, n) légende f. ; épopée f. ||°**-tat** f. (-, en) haut fait ; exploit m. ; prouesse f. ; action (f.) héroïque. ||°**-tod** m. (s) mort (f.) héroïque. | *er starb den Heldentod*, il mourut au champ d'honneur. ||°**-zeit** f. (-, en) temps (m.), époque (f.), âge(s) m. (pl.) héroïque(s).

heldenhaft ['hɛldənhaft] adj. héroïque.

Heldentum ['hɛldəntu:m] n. (s) héroïsme m.

Heldin ['hɛldin] f. (-, nen) héroïne f.

helfen ['hɛlfən] (i, a, o) v. intr. aider ; assister ; secourir ; seconder. | *jm helfen*, aider qn. | *jm auf die Beine helfen*, aider qn à se relever. | *jm aus dem Wagen helfen*, aider qn à descendre de voiture. | *jm aus der Verlegenheit helfen*, FAM. *jm aus der Patsche helfen*, tirer qn d'embarras. | *jm aus der Not helfen*, tirer qn de la misère. || FIG. *jm über den Berg helfen*, aider qn à surmonter un obstacle. | *helf er sich*, qu'il se tire d'affaire ; qu'il se débrouille. | *ich weiß mir nicht zu helfen*, je ne sais comment en sortir. | *was hilft mir das ?*, à quoi cela me sert-il ? | *da hilft kein Schreien*, rien ne sert de crier. | *diese neue Arznei hilft gegen Rheuma*, ce nouveau remède agit contre le rhumatisme. | *hier ist nicht mehr zu helfen*, il n'y a plus rien à faire ici. | *helfe mir Gott !*, que Dieu me soit en aide ! || PROV. *hilf dir selbst, so hilft dir Gott*, aide-toi, le ciel t'aidera. | *wem nicht zu raten ist, dem ist auch nicht zu helfen*, à parti pris, point de conseil.

Helfer [-fər] m. (s, -) aide m. ; assistant m. ; auxiliaire m. ; PÉJOR. complice m. ; compère m.

Helfers|helfer ["hɛlfərs'hɛlfər] m. (s, -) complice m. ; acolyte m.

Helianthus [heli'antus] m. (-, then). BOT. [Sonnenblume] hélianthe m. ; chryside f. ; soleil m.

Helikopter ['hɛlikɔptər] m. (s, -). AÉRON. [Hubschrauber] hélicoptère m.

Helio|graphie [hɛliogra'fi:] f. ASTRON. héliographie f. || TECHN. télégraphie (f.) optique. ||°**-gravüre** f. (-, n) héliogravure f. ||°**-sphäre** f. (-, n). ASTRON. héliosphère f. ||°**-stat** m. (s, e) héliostat m. || °**-therapie** f. héliothérapie f. ||**-thermisch** adj. *heliothermische Wärmeerzeugung*, héliothermie f. || °**-trop** n. (s, e). BOT. héliotrope m. ; tournesol m. || PHYS. héliotrope m. ||°**-tropismus** m. héliotropisme m.

Helios ['he:liɔs] n. pr. m. MYTH. Phébus m.

Helium ['hɛlium] n. (s). CHIM. hélium m.

Helix ['he:liks] f. (-). BIOL. hélice f.

hell [hɛl] adj. **1.** [Licht ; Farbe] clair ; vif ; lumineux ; éclatant ; brillant ; éclairé ; limpide. | *helle Sonne*, grand soleil. | *eine helle Straße*, une rue bien éclairée. | *am hellen Tag*, en plein jour ; au grand jour. | *es ist schon hell*, il fait déjà jour. | *es wird hell*, le jour se lève. | *der Mond scheint hell*, il fait un beau clair de lune. | *die Kerze brennt nicht hell*, la bougie n'éclaire pas bien. | *bis in den hellen Tag hineinschlafen*, faire la grasse matinée. | *helle Augen*, des yeux clairs, vifs. | *helles Rot*, rouge vif. | *helles Haar*, des cheveux blonds. | *helles Bier*, de la bière blonde. | *Herr Ober, ein Helles !*, garçon, une blonde !

2. [Klang] clair ; retentissant ; sonore ; perçant ; aigu. | *helles Gelächter*, éclats (m. pl.) de rire. | *bei hellem Trompetenklang*, au son clair des trompettes.

3. FIG. [deutlich ; klar] clair ; net ; lucide ; clairvoyant ; pénétrant. | *er ist ein heller Kopf*, il est intelligent ; il a l'esprit clair, lucide. | *das ist die helle Wahrheit*, c'est la vérité pure. | *er hat helle Augenblicke*, il a des moments de lucidité. | *Sie sehen nicht hell*, FAM. vous avez la berlue. | *Mensch, sei helle !*, FAM. ouvre l'œil, mon vieux ! | *seine helle Freude an etwas haben*, prendre plaisir à qch. | *mit heller Begeisterung*, avec grand enthousiasme. | *in hellen Haufen, Scharen*, en foule ; en masse. | *helle Tränen weinen*, pleurer à chaudes larmes.

hell|denkend ["hɛl'dɛŋkənt] adj. qui a l'esprit clair ; lucide ; clairvoyant ; pénétrant. ||°**-dunkel** n. (s) pénombre f. ; demi-jour m. ; clair-obscur m. ||**-dunkel** adj. faiblement éclairé. ||**-farbig** adj. de couleur claire ; de ton clair. ||**-gelb** adj. jaune clair ; (couleur) paille. | *hellgelbe Handschuhe*, gants (m. pl.) beurre frais. ||**-glänzend** adj. brillant d'un vif éclat. ||**-grau** adj. gris clair ; gris perle. ||**-grün** adj. vert clair. ||**-haarig** adj. blond. ||**-hörig** adj. 1° qui a l'ouïe fine ; 2° où l'on entend bien. | *eine hellhörige Wohnung*, un appartement sonore. | LOC. *jn hellhörig machen*, mettre la puce à l'oreille de qn. ||**-klingend** adj. sonore. ||**-licht (hellicht)** adj. *am hellichten Tag*, en plein jour. ||**-lodernd** adj. flamboyant ; qui jette un vif éclat. ||**-rot** adj. rouge clair ; blond roux ; vermeil. | *hellroter Wein*, vin rosé. ||**-sehen** v. intr. inf. seulement. FIG. être clairvoyant, lucide. || FAM. *du kannst wohl hellsehen ?*, saurais-tu deviner les pensées ? ||°**-sehen** n. (s) lucidité f. ; clairvoyance f. || PAR EXT. seconde vue ; double vue. ||°**-seher** m. (s, -) voyant m. ||°**-seherei** f. clairvoyance f. ; double vue f. ||**-seherisch, -sichtig** adj. clairvoyant ; lucide ; doué de seconde vue. ||°**-sichtigkeit** f. clairvoyance f. ; lucidité f. ||**-tönend** adj. sonore ; retentissant. ||**-wach** adj. bien réveillé.

Hellas ['hɛlas] n. pr. n. HIST. Hellade f.

Helle ['hɛlə] f. clarté f. ; jour m. ; lumière f. ; éclat m. ; luminosité f. ; transparence f. ; FIG. lucidité f.

Hellebarde [hɛlə'bardə] f. (-, n) hallebarde f.

hellen ['hɛlən] v. tr. éclairer ; éclaircir ; relever la couleur de...

Hellene [hɛ'le:nə] n. pr. m. (n, n). GÉOGR. Hellène m. ; Grec m.

Hellenentum [hɛ'le:nəntu:m] n. (s) hellénisme m. ; monde (m.) hellène, hellénique.

hellenisch [hɛ'le:niʃ] adj. hellène ; hellénique.

Hellenismus [hɛle'nismus] m. hellénisme m.

Hellenist [-'nist] m. (en, en) helléniste m.

hellenistisch [-'nistiʃ] adj. hellénistique.

Heller ['hɛlər] m. (s, -) denier m. ; liard m. ; sou m. | *keinen roten, lumpigen Heller haben*, n'avoir ni sou ni maille, pas un sou vaillant. | *alles bis auf den letzten Heller bezahlen ; auf (bei) Heller und Pfennig bezahlen*, payer rubis sur l'ongle, jusqu'au dernier centime. | *das ist keinen Heller wert*, cela ne vaut pas un sou.

hellicht ['hɛliçt] adj. *Am hellichten Tag*, au grand jour ; en plein jour.

Helligkeit ['hɛliçkait] f. clarté f. ; luminosité f.

Helling ['hɛliŋ] f. (-, en). MAR. installation (f.) de cale sèche ; cale (f.) de construction ; chantier naval.

Helm [hɛlm] m. (s, e). HIST. heaume m. || MIL. casque m. || ARCHIT. coupole f. ; dôme m. ; pinacle m. ; faîte m. || TECHN. manche m. (d'une cognée, d'un marteau). ||°**-busch** m. (es, ¨e) panache m. ; plumet m. ; crinière f. ||°**-dach** n. (s, ¨er), °**-gewölbe** n. (s, -). ARCHIT. coupole f. ; dôme m. ||°**-feder** f. (-, n) plumet m. ; casoar m. (des Saint-Cyriens). ||**-förmig** adj. en forme de casque. || BOT. galéiforme. ||°**-gitter** n. (s, -) visière f. ||°**-kraut** n. (s). BOT. scutellaire. || °**-schmuck** m. (s) cimier m. ; crinière f.

Helminthe [hɛl'mintə] f. (-, n). ZOOL. ver plat ; helminthe m.

Helot [he'lo:t] m. (en, en) HIST. ilote m.

Helvetien [hɛl've:tsiən] n. pr. n. Helvétie f.

Helvetier [-tsiər] n. pr. m. HIST. Helvète m.

helvetisch [-tiʃ] adj. HIST. helvète ; helvétique.

hem ! [həm] interj. hem !

Hemd [hɛmt] n. (s, en) chemise f. | *härenes Hemd*, cilice m. ; haire f. | *das Hemd wechseln*, changer de chemise. | *in bloßem Hemd dastehen*, être en pan de chemise. | *jn bis aufs Hemd ausziehen*, dépouiller qn complètement. || FAM. *alles bis aufs Hemd verlieren*, perdre jusqu'à sa dernière chemise. | *er wechselt seine Gesinnung wie das Hemd*, il change d'opinion comme de chemise. | *Chorhemd*, surplis m. | *Panzerhemd*, cotte (f.) de mailles. || TECHN. chemise f. ; enveloppe f.

Hemdchen ['hɛmtçən] n. (s, -) chemisette f.

Hemden|fabrikant ["hɛmdənfabri'kant] m. (en, en) chemisier m. ||°**-geschäft** n. (s, e) chemiserie f. ||°**-kragen** m. (s, -) col (m.) de chemise ; faux col. ||°**-matz** m. (es, ¨e). FAM. marmot m.

Hemds|ärmel ["hɛmts'ɛrməl] m. (s, -) manche (f.) de chemise. | *in Hemdärmeln*, en manches de chemise. ||°**-bluse** f. (-, n) chemisier m. ||°**-brust** f. plastron m. ||°**-hose** f. (-, n) combinaison f. ||°**-kragen** m. V. HEMDENKRAGEN. ||°**-krause** f. (-, n) jabot m.

Hemi|plegie [hemiple'gi:] f. MÉD. hémiplégie f. ||°**-sphäre** f. (-, n) hémisphère m. ||**-sphärisch** adj. hémisphérique.

hemmbar ['hɛmba:r] adj. qu'on peut entraver, arrêter.

hemmen ['hɛmən] v. tr. freiner ; enrayer ; entraver ; empêcher ; embarrasser ; paralyser ; gêner. | *seinen Schritt hemmen*, ralentir le pas. || FIG. réprimer ; contenir ; réfréner. || [Psychologie] inhiber. | *ein gehemmtes Kind*, un enfant complexé.

— SYN. : *mäßigen*, modérer ; *mildern*, tempérer ; *(ab)-schwächen*, amortir ; *bremsen, zügeln*, freiner.

Hemm|feder ["həm'fe:dər] f. (-, n) ressort (m.) d'arrêt. ||°**-gabel** f. (-, n) [Wagen] fourchette f. ||°**-keil** m. (s, e). TECHN. coin (m.), cale (f.) d'arrêt. ||°**-kette** f. (-, n). TECHN. chaîne (f.) d'enrayage. ||°**-klotz** m. (es, ¨e). TECHN. sabot (m.) d'arrêt ; cale (f.) de freinage. ||°**-schraube** f. (-, n) vis (f.) arrêtoir. ||°**-schuh** m. (s, e). TECHN. frein m. ; sabot (m.) d'arrêt, d'enrayage. ||°**-stoff** m. (es, e). CHIM. inhibiteur m.

Hemmnis ['hɛmnis] n. (ses, se) entrave f. ; obstacle m. ; embarras m.

Hemmung ['hɛmuŋ] f. (-, en). TECHN. enrayement m. ; enrayage m. ; arrêt m. | *die Hemmung (in der Uhr) ist abgebrochen*, l'échappement (de la montre) s'est cassé. || FIG. obstacle m. ; gêne f. ; empêchement m. || [Psychologie] inhibition f. ; refoulement m. ; blocage m. | *Hemmungen haben*, avoir des complexes.

— SYN. : *Schwierigkeit*, difficulté ; *Störung*, gêne. *Verhinderung*, empêchement ; *Fessel*, entrave.

hemmungs|los ["hɛmuŋs'lo:s] adj. FIG. sans frein ; emporté.

Hengst [hɛŋst] m. (es, e). ZOOL. étalon m.

Henkel ['hɛŋkəl] m. (s, -) anse f. ; oreille f. ||°**-korb** m. (s, ¨e) panier (m.) à anse. ||°**-krug** m. (s, ¨e) cruche (f.) à anse.

henken ['hɛŋkən] v. tr. pendre.

Henken [-kən] n. (s) pendaison f.

Henker ['hɛŋkər] m. (s, -) bourreau m. ; exécuteur (m.) des hautes œuvres. | *zum Henker !*, au diable ! ; fichtre ! ; bigre ! ; diantre ! | *ich schere mich den Henker drum*, FAM. je m'en fiche ; POP. je m'en fous. | *der Henker soll es holen*, que le diable l'emporte !

Henker|beil ["hɛŋkər'bail] n. (s, e) hache (f.) du bourreau ; guillotine f. ||°**-block** m. (s, ¨e) billot (m.) du bourreau.

Henkers|dienst ["hɛŋkərs'di:nst] m. (s, e) office (m.) du bourreau. ||°**-frist** f. (-, en) dernier délai ; grâce f. ||°**-knecht** m. (s, e) valet (m.) de bourreau. ||°**-mahlzeit** f. (-, en) dernier repas du condamné. || FIG. dîner (m.) d'adieu.

Henna ['hɛna] f. BOT. henné m.

Henne ['hɛnə] f. (-, n.) ZOOL. poule f. ; femelle (f.) d'oiseau. | *junge Henne*, poulette f.

Hennegau ['hɛnəgau] n. pr. m. Hainaut m.

Heparin [hepa'ri:n] n. (s). BIOL. héparine f.

hepatisch [he'pa:tiʃ] adj. MÉD. hépatique.

Hepatit [hepa'ti:t] m. (s). MINÉRAL. hépatite f.

Hepatitis [hepa'ti:tis] f. (-, itiden). MÉD. hépatite f.

Hephaistos [he'faistos] n. pr. m. MYTH. Vulcain m.

her [he:r] adv. ici ; de ce côté(-ci) [idée de rapprochement]. | *her zu mir !*, ici ! ; approchez ! | *Bier her !*, (que l'on apporte) de la bière ! | *her damit !*, donne-le-moi ; rends-le-moi ! | *nur her*, donne toujours. | *vom Himmel her*, venant du ciel. | *von hinten her*, par-derrière. | *wo ist sie her ?*, d'où vient-elle ; d'où est-elle ? | *wo hast du das her ?*, où as-tu pris cela ? | *neben jm her gehen*, marcher à côté de qn. | *hinter jm her gehen*, suivre qn. | *vor jm her gehen*, précéder qn. | *über etwas her sein*, être en train de faire qch. | *um etwas her*, autour de qch. | *um jn her sein*, témoigner de l'empressement à qn. | *hinter jm her sein*, être aux trousses de qn. | *mit seinem Wissen ist es nicht weit her*, ses connaissances ne vont pas loin, ne valent pas grand-chose. | *hin und her*, de ci, de là. | *das Hin und Her*, le va-et-vient. | *Freund hin, Freund her*, ami ou non, peu m'importe. | *von früher her*, d'autrefois. | *von jeher*, de tout temps. | *die ganze Zeit her*, tout ce temps(-là). | *das ist ja schon eine Ewigkeit her*, il y a une éternité.

her [he:r] partic. sépar. marquant le rapprochement. | *herkommen*, arriver ; approcher.

her|bekommen ["he:rbə'kɔmən] (a, o) v. tr. se procurer. | *wo soll ich die Ausweise herbekommen ?*, où voulez-vous que je me procure ces papiers ? || **-bemühen** v. tr. demander (à qn) de (vouloir bien) venir. — v. pr. **sich herbemühen,** prendre la peine de venir. ||**-bestellen** v. tr. mander ; faire venir. ||**-beten** v. tr. réciter (une prière) ; réciter machinalement. ||**-bewegen** v. tr. avancer. ||**-bitten** (bat, gebeten) v. tr. prier de venir ; mander. ||**-blicken** v. intr. tourner les yeux vers ; regarder de ce côté-ci. ||**-bringen** (brachte, gebracht) v. tr. apporter. || **-dringen** (a, u) v. intr. pénétrer (jusqu'à, jusque, vers). ||**-dürfen** (a, u, u) v. intr. avoir la permission de venir. ||**-eilen** v. intr. accourir (en toute hâte). ||**-erzählen** v. tr. raconter par le menu, dans toute son étendue ; débiter. ||**-fahren** (ä, u, a) v. intr. arriver en voiture, à bicyclette. || FIG. assaillir, accabler. | *sie fuhren über ihn her*, ils l'accablèrent de reproches. — v. tr. amener en voiture. | *Holz herfahren*, amener du bois. ||°**-fahrt** f. (-, en) *auf der Herfahrt*, en venant ici. | *Hin- und Herfahrt*, aller (m.) et retour ; navette f. ||**-fallen** (ä, ie, a) v. intr. tomber, être jeté sur. || fondre, se jeter, se ruer sur ; assaillir ; FIG. accabler. ||**-finden (sich)** [a, u] v. pr. trouver le chemin. ||**-fliegen** (o, o) v. intr. arriver à tire-d'aile, en volant. ||**-fließen** (o, o) v. intr. couler vers. | *vom Gebirge herfließen*, venir de la montagne. || FIG. *aus etwas herfließen*, dériver, découler de qch. ||**-forden** v. tr. citer ; mander. ||**-führen** v. tr. amener. ||°**-gang** m. (s) venue f. || PAR EXT. marche f. ; cours m. ; succession (f.) des événements. | *den ganzen Hergang des Unfalls erzählen*, raconter comment l'accident s'est produit. | *beim Hergang*, en venant ; chemin faisant. ||**-geben** (i, a, e) v. tr. donner ; céder ; remettre ; se dessaisir. | *das mußt du wieder hergeben*, tu dois rendre cela. — v. pr. **sich zu etwas hergeben,** se prêter à qch. ||**-gebracht** adj. coutumier ; traditionnel ; établi ; d'usage. | *hergebrachte Sitte*, coutume ancestrale. ||**-gebrachtermaßen** adv. selon la coutume, l'usage. ||**-gehen** (ging, gegangen) v. intr. venir ; approcher. | *geh her !*, viens ! ; approche ! || FAM. *es ging über ihn her*, on médisait de lui ; on cassait du sucre sur son dos. — v. impers. *es ging munter her*, on s'en donnait à cœur joie. | *so geht es in der Welt her*, ainsi va le monde. | *es geht knapp bei ihm her*, il vit dans la gêne. | *es geht scharf her*, la lutte est chaude. ||**-gehören** v. intr. être à sa place, à propos. ||**-gelaufen** adj. quelconque ; venu on ne sait d'où ; sans aveu. | *hergelaufener Bursche*, vagabond m. ; individu (m.) sans feu ni lieu. ||**-geraten** (ä, ie, a) v. intr. arriver par hasard. ||**-haben** (hatte, gehabt) v. tr. FAM. *wo hast du das her ?*, d'où tiens-tu cela ?, qui te l'a dit ? ||**-halten** (ä, ie, a) v. tr. tendre ; présenter. | *halte den Teller her !*, passe-moi ton assiette. — v. intr. FIG. faire les frais de ; être mis à contribution. ||**-holen** v. tr. aller chercher ; amener. || FIG. *weit hergeholt*, tiré par les cheveux. ||**-kommen** (a, o) v. intr. venir ; arriver ; approcher. | *komm einmal her !*, viens ici ! ; approche ! || PAR ANAL. résulter de ; dériver ; provenir. | *das kommt von etwas ganz anderem her*, cela vient d'ailleurs ; cela provient d'une tout autre cause. ||°**-kommen** n. (s) venue f. ; origine f. | *er ist nicht vom besten Herkommen*, il n'est pas de très bonne famille. || PAR EXT. coutume f. ; tradition f. ; usage m. | *nach altem Herkommen*, selon la vieille coutume. ||**-kömmlich** adj. traditionnel ; coutumier. — adv. de coutume ; en usage. ||**-können** v. intr. pouvoir venir. ||**-langen** v. tr. passer ; tendre. — v. intr. s'étendre jusqu'ici ; atteindre jusqu'ici. ||**-lassen** (ä, ie, a) v. tr. laisser venir. ||**-laufen** (ä, ie, a) v. intr. accourir. ||**-leiern** v. tr. psalmodier ; débiter. ||**-leiten** v. tr. amener ; (faire) dériver ; faire découler. || **-lesen** (ie, a, e) v. tr. lire d'une voix monocorde ; ânonner. ||**-locken** v. tr. attirer ; allécher. ||**-machen (sich)** v. pr. FAM. tomber sur ; se jeter sur. ||**-murmeln** v. intr. marmotter. ||**-müssen** (u, u, u) v. intr. FAM. être forcé de venir. | *das muß wieder her*, il faut que cela se retrouve. ||**-nehmen (nimmt, nahm, genommen)** v. tr. prendre ; tirer de. || FIG. *jn hernehmen*, maltraiter, (mal) arranger qn. ||**-nötigen** v. tr. forcer à venir ; presser (qn) de venir. ||**-plappern** v. tr. FAM. débiter machinalement. ||**-rechnen** v. tr. énumérer ; compter. ||**-reichen** v. tr. présenter, tendre ; faire passer. — v. intr. atteindre, s'étendre jusqu'ici. ||°**-reise** f. *auf der Herreise*, en venant ici. ||**-richten** v. tr. apprêter ; ajuster ; arranger ; monter ; réparer. ||**-rücken** v. tr. et v. intr. (s')approcher. ||**-rufen** (ie, u) v. tr. appeler près de soi ; faire venir. ||**-rühren** v. intr. provenir de ; dériver de. ||**-sagen** v. tr. réciter ; dire. | *am Schnürchen hersagen können*, savoir sur le bout des doigts. ||**-schaffen** (u, a) v. tr. amener ; faire venir. ||**-scheren (sich)** v. pr. FAM. venir tout de suite ; POP. s'amener de suite. ||**-schicken** v. tr. envoyer ; adresser. ||**-schreiben** (ie, ie) v. tr. adresser une lettre ; apposer (sa signature). — v. pr. *sich herschreiben*, provenir ; descendre de ; dater de. ||**-schreiten** (i, i) v. intr. approcher (à pas comptés). ||**-sehen** (ie, a, e) v. intr. regarder par ici. ||**-sehnen (sich)** v. pr. désirer ardemment venir ici. ||**-senden** (sandte, gesandt) v. tr. envoyer ; adresser. ||**-sollen** v. intr. devoir venir. ||**-stammen** v. intr. provenir ; dériver de. || **-stammend** adj. originaire. ||°**-stammung** f. (-, en) descendance f. ; origine f. ; provenance f. || GRAMM. dérivation f. ; étymologie f. ||**-stehlen (sich)** [a, o] v. pr. s'introduire, venir furtivement. ||**-stellbar** adj. qui peut être fait, produit. || PAR EXT. réparable. || MÉD. guérissable ; curable. ||**-stellen** v. tr. placer, poser ici. || FIG. fabriquer ; confectionner ; produire ; faire. || PAR EXT. réparer ; restaurer. ||°**-steller** m. (s, -) fabricant m. ; producteur m. ||°**-stellung** f. (-, en) fabrication f. ; confection f. ; production f. ; établissement m. || PAR EXT. restauration f. ; réparation f. ; rétablissement m. | *Herstellungskosten*, frais (m. pl.) de fabrication ; prix (m.) de revient. | *Herstellungspreis*, prix (m.) à la production. ||**-strömen** v. intr. affluer. ||**-stürzen** v. intr. approcher précipitamment ; se précipiter vers. ||**-tragen** (ä, u, a) v. tr. apporter. ||**-treiben** (ie, ie) v. tr. pousser vers. ||**-treten** (i, a, e) v. intr. (s')approcher ; (s')avancer. ||°**-weg** m. (s, e) *auf dem Herweg*, en venant.

herab [he'rap] adv. vers le bas ; en bas. | *von oben herab*, d'en haut ; de haut en bas. | *den Fluß herab*, en descendant la rivière. | *vom Dach herab*, du haut du toit. || FIG., FAM. *er sieht auf uns von oben herab*, il nous regarde de haut, du haut de sa grandeur.

herab|begeben (sich) [ziçhɛ"rapbə'ge:bən] (i, a, e) v. pr. descendre. ||**-bemühen** v. tr. prier (qn) de descendre. — v. pr. **sich herabbemühen,** se donner la peine de descendre. ||**-blicken** v. intr. regarder en bas ; plonger ses regards, jeter un regard sur. || FIG. regarder de haut. ||**-bringen** (brachte, gebracht) v. tr. descendre. || FIG. affaiblir ; rabaisser ; rabattre ; abattre. ||**-drücken** v. tr. faire descendre en pressant ; rabattre. || COMM. *die Preise herabdrücken*, diminuer, faire baisser les prix. ||**-fallen** (ä, ie, a) v. intr. tomber à terre ; FAM. dégringoler. ||**-fliegen** (o, o) v. intr. descendre en volant. ||**-fließen** (o, o) v. intr. descendre en coulant ; dégoutter ; ruisseler ; découler. ||**-führen** v. tr. conduire, mener de haut en bas. ||**-gehen** (ging, gegangen) v. intr. descendre. || COMM. baisser. | *die Preise gehen herab*, les prix baissent. ||°**-gehen** n. (s) descente f. | *beim Herabgehen rutschte sie aus*, à la descente, elle glissa. ||**-gesetzt** adj. abaissé ; FIG. diminué. || COMM. *Ausverkauf zu herabgesetzten Preisen*, vente (f.) à prix réduits, au rabais ; soldes m. pl. ; braderie f. ||**-gleiten** (i, i) v. intr. glisser en bas ; glisser le long de la pente. ||**-hängen** v. tr. accrocher, pendre plus bas. | *häng das Gemälde herab !*, accroche le tableau plus bas ! ||**-helfen** (i, a, o) v. tr. aider (qn) à descendre. ||**-holen** v. tr. descendre ; faire descendre ; aller chercher en haut. ||**-kollern** v. intr. FAM. dégringoler. ||**-kommen** (a, o) v. intr. descendre. ||**-lassen** (ä, ie, a) v. tr. laisser descendre, tomber, retomber ; abaisser ; rabattre. | *den Vorhang herablassen*, baisser le rideau. || COMM. *etwas vom Preis herablassen*, accorder un rabais, une réduction. — v. pr. **sich herablassen,** descendre ; se laisser glisser. || FIG. s'abaisser ; condescendre ; prendre un air protecteur. | *sich herablassen, etwas zu tun*, condescendre à faire qch. ||**-lassend** adj. condescendant ; protecteur ; dédaigneux. ||°**-lassung** f. COMM. diminution f. ; réduction f. || FIG. air protecteur ; condescendance f. ||**-laufen** (ä, ie, a) v. intr. descendre en courant ; couler. ||**-müssen** (u, u, u) v. intr. FAM. être obligé de descendre. || **-nehmen** (i, a, o) v. tr. descendre ; enlever de là-haut, du haut de. ||**-rieseln, -rinnen** (a, a) v. intr. ruisseler ; dégoutter ; découler. ||**-reißen** (i, i) v. tr. arracher, enlever de. ||**-rufen** v. tr. appeler d'en bas. | *jn herabrufen*, appeler qn pour le faire descendre. ||**-schaffen** v. tr. descendre ; transporter en bas ; amener. ||**-schätzend** adj. dédaigneux, méprisant. ||**-schießen** (o, o) v. tr. abattre ; tirer. || [Strahlen] darder. || [Jagd] *der Jäger schoß den Adler aus der Luft herab*, le chasseur tira, abattit l'aigle au vol. — v. intr. fondre sur ; se précipiter sur. ||**-schlagen** (ä, u, a) v. tr. abattre. ||**-schrauben** v. tr. baisser. || FIG. *seine Ansprüche herabschrauben*, en rabattre. ||

-schütteln v. tr. faire tomber en secouant. || **-schwimmen** (a, o) v. intr. descendre à la nage, en flottant. ||**-schwingen (sich)** [a, u] v. pr. descendre en volant ; sauter à bas (d'un cheval). ||**-sehen** (ie, a, e) v. intr. regarder d'en haut. | *auf das Tal herabsehen*, avoir une vue plongeante sur la vallée. || FIG. regarder de haut. ||**-senden** (sandte, gesandt) v. tr. envoyer en bas. || [Strahlen] darder. ||**-setzen** v. tr. mettre plus bas ; abaisser. | *die Preise herabsetzen*, abaisser les prix. || FIG. ravaler ; rabaisser ; dénigrer. ||°**-setzung** f. FIG. abaissement m. ; dépréciation f. ; discrédit m. || COMM. rabais m. ; réduction f. ; diminution f. || ADM. *Herabsetzung des Rentenalters*, abaissement (m.) de l'âge de la retraite. ||**-sinken** (a, u) v. intr. glisser de haut en bas ; descendre ; FIG. déchoir. ||**-steigen** (ie, ie) v. intr. descendre. ||**-stimmen** v. tr. baisser (un instrument) ; abaisser le ton de ; FIG. modérer ; tempérer ; réduire (ses prétentions). ||**-strömen** v. intr. tomber à verse, à flots. ||**-stürzen** v. intr. se précipiter du haut de ; tomber ; s'enfoncer. || [Preis] diminuer. ||**-tragen** (ä, u, a) v. tr. descendre (d'en haut). ||**-tröpfeln** v. intr. dégoutter ; tomber goutte à goutte ; FAM. dégouliner. ||**-wollen** v. intr. vouloir descendre. ||**-würdigen** v. tr. et v. pr. (s')abaisser ; (s')avilir ; (se) dégrader. ||°**-würdigung** f. abaissement m. ; dégradation f. ||**-ziehen** (zog, gezogen) v. tr. tirer en bas.

Herakles ['he:raklɛs] n. pr. m. Hercule m.

Heraldik [he'raldik] f. héraldique f. ; blason m.

Heraldiker [-kər] m. (s, -) héraldiste m.

heran [hɛ'ran] adv. à ; près de ; auprès de. || PAR EXT. par ici ; de ce côté(-ci).

heran [hɛ'ran] partic. sépar. marquant le rapprochement.

heran|bilden [hɛ"ran'bildən] v. tr. et v. pr. (se) former ; (s')élever. ||°**-bildung** f. formation f. ||**-blühen** v. intr. s'épanouir ; se développer ; prospérer. ||**-bringen** (brachte, gebracht) v. tr. approcher ; appliquer. ||**-drängen (sich)** v. pr. se presser autour de ; approcher de (en poussant). ||**-eilen** v. intr. accourir, arriver en toute hâte. ||**-fliegen** (o, o) v. intr. approcher en volant. ||**-gehen** (ging, gegangen) v. intr. s'approcher. | *vorsichtig an eine politische Frage herangehen*, aborder une question politique avec précaution. ||**-halten** (ä, ie, a) v. intr. mettre de l'empressement à. ||**-holen** v. tr. amener. || RADIO. capter. ||**-kommen** (a, o) v. intr. approcher ; avancer. ||**-machen (sich)** v. pr. FAM. s'approcher. | *sich an eine Sache heranmachen*, commencer, entreprendre qch. | *sich an jn heranmachen*, s'insinuer auprès de qn. ||**-nahen** v. intr. s'approcher ; être imminent. ||**-reifen** v. intr. approcher de la maturité ; FIG. se développer. ||**-reiten** (i, i) v. intr. arriver à cheval. ||**-rücken** v. tr. approcher (qch.) en la poussant. — v. intr. avancer ; approcher. ||**-schleichen** (i, i) v. intr. s'approcher tout doucement, à pas de loup. ||**-schreiten** (i, i) v. intr. s'avancer, s'approcher à pas comptés. ||**-sprengen** v. intr. arriver au galop, à bride abattue. ||**-treten** (i, a, e) v. intr. s'approcher ; avancer. ||**-wachsen** (ä, u, a) v. intr. grandir ; croître ; avancer en âge. ||**-wagen (sich)** v. pr. oser approcher. || PAR ANAL. oser entreprendre. ||**-ziehen** (zog, gezogen) v. tr. amener ; tirer à soi. || MIL. *zum Militärdienst heranziehen*, enrôler. || PAR ANAL. recourir à ; appeler en consultation. || [groß ziehen] élever ; éduquer.

herauf [hɛ'rauf] adv. vers le haut ; de bas en haut ; en montant. | *da herauf*, par là. | *nur herauf*, montez toujours. || MIL. *von unten herauf dienen*, sortir du rang.

herauf [hɛ'rauf] partic. sépar. marquant un mouvement de bas en haut vers la personne qui écrit ou parle.

herauf|arbeiten (sich) [ziçhɛ'rauf'arbaitən] v. pr. s'élever à la force du poignet ; se faire une situation. ||**-begeben (sich)** [i, a, e] v. pr. monter. ||**-beschwören** v. tr. [Erinnerung] évoquer ; [Krise] provoquer. | *ein Unheil heraufbeschwören*, provoquer, causer un malheur. ||**-bitten** v. tr. prier (qn) de monter. ||**-bringen** (brachte, gebracht) v. tr. monter ; transporter en haut. ||**-dürfen** v. intr. avoir la permission de monter. ||**-eilen** v. intr. monter quatre à quatre ; monter précipitamment. ||**-fahren** (ä, u, a) v. intr. monter une pente en voiture. | *den Fluß herauffahren*, remonter le fleuve. — v. tr. conduire, amener en haut. ||**-führen** v. tr. conduire jusqu'en haut. ||**-gehen** (ging, gegangen) v. intr. monter. ||**-helfen** (i, a, o) v. intr. (dat.) aider (qn) à monter ; faire monter. ||**-holen** v. tr. aller prendre et monter. ||**-klettern, -klimmen** (o, o) v. intr. grimper ; escalader. ||**-kommen** (a, o) v. intr. monter, arriver, parvenir en haut. ||**-können** (a, o, o) v. intr. FAM. pouvoir monter. ||**-laufen** (ä, ie, a) v. intr. monter en courant. ||**-rücken** v. intr. monter ; FIG. avancer ; avoir de l'avancement. — v. tr. mettre, pousser plus haut. ||**-schleppen** v. tr. traîner en haut. ||**-sehen** (ie, a, e) v. intr. regarder en haut ; lever les yeux. ||**-setzen** v. tr. COMM. augmenter. ||**-steigen** (ie, ie) v. intr. monter. ||**-tragen** (ä, u, a) v. tr. monter ; transporter jusqu'en haut. ||**-wagen (sich)** v. pr. oser monter ; risquer l'ascension. ||**-wärts** adv. vers le haut. ||**-ziehen** (zog, gezogen) v. tr. tirer vers le haut ; attirer. || MAR. haler. — v. intr. monter. | *ein Unwetter zieht herauf*, un orage se prépare.

her|aus [hɛ'raus] (FAM. **raus**) adv. hors ; hors de ; (en) dehors. | *zum Fenster heraus*, par la fenêtre. | *heraus !*, sortez ! ; dehors ! ; à la porte ! | *frei heraus*, franchement ; sans détours. | *offen heraus*, à parler franchement. | *von innen heraus*, de dedans ; de l'intérieur. | *es muß heraus*, il faut qu'on le sache. | *nun ist's heraus*, le mot est lâché ; maintenant c'est dit. || FAM. *'raus mit ihm !*, à la porte ! ; POP. qu'on le sorte ! | *heraus aus den Federn !*, lève-toi ! ; levez-vous ! | *heraus mit der Sprache !*, parlez ; expliquez-vous. | *das Gesetz ist heraus*, la loi est publiée. | *Brust heraus !*, bombez le torse !

heraus [hɛ'raus] partic. sépar. marquant la sortie vers la personne qui parle, par opposition à *hinaus*, qui marque l'éloignement.

heraus|arbeiten [hɛ"raus'arbaitən] v. tr. faire sortir ; dégager ; retirer. — v. pr. *sich herausarbeiten*, se tirer d'affaire ; se tirer d'embarras ; se dépêtrer de. ||**-bekommen** (a, o) v. tr. parvenir à faire sortir. || COMM. avoir à recevoir, à toucher. || FIG. obtenir ; découvrir ; arracher. | *ein Geheimnis herausbekommen*, arracher un secret. ||**-bemühen (sich)** v. pr. se donner la peine de sortir ; prendre la peine de sortir. ||**-bitten** (a, e) v. tr. prier de sortir. ||**-blicken** v. intr. regarder (au) dehors ; se montrer. ||**-brechen** (i, a, o) v. intr. sortir avec violence ; éclater ; extraire ; enlever ; détacher. — v. tr. faire éclater. ||**-bringen** (brachte, gebracht) v. tr. porter ; apporter ; faire sortir ; faire partir. | *seine Worte nur mit Mühe herausbringen*, avoir bien du mal à s'exprimer. | *aus dem Angeklagten war nichts herauszubringen*, on ne put rien tirer de cet accusé. | *einen neuen Film herausbringen*, sortir, produire un nouveau film. | *seine Kosten herausbringen*, rentrer dans ses frais. ||**-drängen** v. tr. faire sortir en poussant, en pressant. — v. pr. **sich herausdrängen**, se frayer un passage ; jouer des coudes. ||**-dringen** (a, u) v. intr. s'élancer dehors ; sortir impétueusement ; jaillir ; gicler. ||**-drücken** v. tr. exprimer. | *den Saft aus der Apfelsine herausdrücken*, exprimer le jus d'une orange. ||**-dürfen** (a, u, u) v. intr. FAM. avoir la permission de sortir. ||**-eilen** v. intr. sortir vite, à la hâte ; se hâter de sortir. ||**-fahren** (ä, u, a) v. intr. sortir en voiture. || FIG. échapper ; éclater. | *das Wort ist ihm herausgefahren*, ce mot lui a échappé. — v. tr. transporter dehors. | *er hat den Wagen herausgefahren*, il a sorti la voiture. || AÉRON. abaisser. | *die Klappen herausfahren*, abaisser les volets. ||**-fallen** (ä, ie, a) v. intr. tomber dehors. ||**-finden** (a, u) v. tr. trouver ; retrouver ; démêler ; reconnaître. | *die Lösung eines Rätsels herausfinden*, trouver la clef d'une énigme. | *die Wahrheit herausfinden*, arriver à déceler la vérité. — v. pr. **sich herausfinden,** se reconnaître ; s'y retrouver. | *ich werde mich schon herausfinden*, je me débrouillerai bien. ||**-fischen** v. tr. pêcher ; repêcher. ||**-fliegen** (o, o) v. intr. sortir en volant ; s'envoler. || FAM. *er flog aus der Klasse heraus*, il a été mis à la porte de la classe. ||**-fließen** (o, o) v. intr. s'écouler. ||**-fordern** v. tr. provoquer. | *jn zum Zweikampf herausfordern*, provoquer qn en duel. || réclamer, exiger, demander le surplus. ||**-fordernd** adj. provocant. ||°**-forderung** f. (-, en) provocation f. ; défi m. ||**-fühlen** v. tr. FIG. sentir ; deviner. ||**-führen** v. tr. faire sortir ; conduire dehors ; emmener. ||°**-gabe** f. remise f. ; restitution f. | *Herausgabe von Geld, eines Gefangenen*, remise d'argent ; libération (f.) d'un prisonnier. || PAR ANAL. publication f. ; édition f. ; parution f. ||**-geben** (i, a, e) v. tr. tendre ; faire passer par ; rendre ; restituer. | *er konnte beim Bezahlen nicht herausgeben*, il ne pouvait (pas) rendre la monnaie. | *ein Buch herausgeben*, éditer, publier un livre. ||°**-geber(in)** m. (s, -), f. (-, nen) éditeur m., éditrice f. (d'un livre) ; gérant(e) m. (f.) (d'un journal). ||**-gehen** (ging, gegangen) v. intr. sortir. | *aus diesem Stoff gehen die Flecke schlecht heraus*, les taches partent difficilement sur ce tissu. || FIG. *sie geht nicht aus sich heraus*, elle est réservée, renfermée ;

elle se replie sur elle-même. ||°**-gehen** n. (s) *beim Herausgehen*, en sortant ; à la sortie de. ||**-graben** (ä, u, a) v. tr. déterrer ; extraire. ||**-greifen** (i, i) v. tr. prendre, retirer de ; choisir au hasard. ||**-gucken** v. intr. FAM. regarder par (la fenêtre, le trou, etc.) ; mettre le nez à. | *die ersten Veilchen gucken (aus dem Gras) heraus*, les premières violettes percent. ||**-haben** (hast, hatte, gehabt) v. tr. FAM. être parvenu à faire sortir. | *die hat's heraus*, elle s'y entend ; elle sait s'y prendre. || FIG. avoir découvert. | *ich hab's heraus*, j'y suis. ||**-hängen** (i, a) v. intr. pendre dehors. | *dem Hunde hing die Zunge heraus*, le chien tirait la langue. || FIG. *das hängt mir zum Halse heraus*, j'en ai par-dessus la tête ; FAM. j'en ai plein le dos ; POP. j'en ai marre. ||**-hauen** (hieb, gehauen) v. tr. enlever, détacher en frappant. || MIL. dégager. ||**-heben** (o, o) v. tr. faire sortir en soulevant. || FIG. mettre en relief ; souligner ; monter en épingle ; faire ressortir. — v. pr. **sich herausheben,** se détacher ; ressortir. ||**-helfen** (i, a, o) v. tr. aider à sortir ; tirer d'embarras. ||**-holen** v. tr. sortir ; retirer. | *die Kastanien aus dem Feuer herausholen*, (re)tirer les marrons du feu. || FIG. *aus einem Motor das Letzte, das Äußerste herausholen*, faire rendre le maximum à un moteur. ||**-jagen** v. tr. chasser ; expulser ; mettre à la porte. — v. intr. sortir au galop. ||**-kehren** v. tr. balayer. || montrer, faire montre de. | *die rauhe Seite herauskehren*, FIG. montrer les dents ; user de rigueur. ||**-klappen** v. tr. relever ou rabattre (un strapontin). ||**-klauben** v. tr. PR. et FIG. éplucher ; découvrir à force de recherches subtiles. ||**-klopfen** v. tr. faire sortir en tapant, en frappant, en battant. ||**-kommen** (a, o) v. intr. sortir ; se tirer de. | *seine Worte kommen schwer heraus*, il a de la difficulté à parler. | *wenn es nur nicht herauskommt*, pourvu que la chose ne transpire pas. || FIG. *sie kam aus dem Staunen nicht heraus*, elle ne revenait pas de son étonnement. | *er kommt nicht mit der Sprache heraus*, il refuse de parler. | *dabei kommt nichts heraus*, il n'y a rien à en tirer. | *es kommt immer dasselbe heraus*, on obtient toujours le même résultat. | *das kommt alles auf eins heraus*, cela revient au même ; FAM. c'est bonnet blanc et blanc bonnet. | *ein neuer Wagentyp ist eben herausgekommen*, un nouveau modèle de voiture vient de sortir. ||**-können** (a, o, o) v. intr. FAM. pouvoir sortir. ||**-langen** v. tr. tendre, faire passer ; faire sortir (par une ouverture). ||**-lassen** (ä, ie, a) v. tr. faire sortir ; laisser sortir ; relâcher. | *Wein herauslassen*, tirer du vin. ||**-laufen** (ä, ie, a) v. intr. sortir en courant ; courir dehors ; s'échapper ; couler ; s'écouler. ||**-legen** v. tr. étaler ; exposer. ||**-lesen** (ie, a, e) v. tr. trier ; extraire ; choisir. || deviner (en lisant). ||**-locken** v. tr. attirer dehors. | *ein Geheimnis aus jm herauslocken*, arracher un secret à qn. ||**-lügen (sich)** [o, o] v. pr. s'en tirer par un mensonge. ||**-machen** v. tr. FAM. faire sortir ; faire disparaître ; ôter. ||**-nehmen** (i, a, o) v. tr. retirer ; enlever ; ôter ; extraire. || FIG., FAM. *sich viel herausnehmen*, se permettre qch., beaucoup. | *sich Freiheiten herausnehmen*, prendre des libertés ; s'arroger des droits. || SPORT., MIL. *die Brust herausnehmen*, bomber la poitrine. ||**-nötigen** v. tr. obliger à sortir. ||**-platzen** v. intr. FIG., FAM. laisser échapper. | *mit einem Fluch herausplatzen*, laisser échapper un juron. | *mit Lachen herausplatzen*, éclater de rire ; faire des gorges chaudes. ||**-pressen** v. tr. exprimer ; extorquer. **-pumpen** v. tr. *Wasser aus dem Keller herauspumpen*, pomper l'eau de la cave. ||**-putzen** v. tr. et v. pr. (se) parer ; (s')attifer ; (s')accoutrer ; se mettre sur son trente-et-un. ||**-quellen** v. intr. jaillir ; sourdre. ||**-ragen** v. intr. dominer ; être proéminent ; faire saillie ; surplomber. ||**-reden** v. intr. *frei herausreden*, parler ouvertement, franchement. — v. pr. **sich herausreden,** se tirer d'affaire par sa faconde ; se disculper. ||**-reißen** (i, i) v. tr. arracher ; enlever ; extirper ; extraire. || FAM. *er hat ihn noch einmal herausgerissen*, il l'a une fois de plus tiré d'affaire. ||**-reiten** (i, i) v. intr. sortir à cheval. ||**-rücken** v. tr. FAM. *Geld herausrücken*, donner de l'argent ; délier les cordons de sa bourse ; FAM. casquer. — v. intr. *mit der Sprache herausrücken*, s'expliquer ; se décider à parler. | *mit der Wahrheit herausrücken*, avouer. ||**-rufen** (ie, u) v. tr. appeler au dehors. || THÉÂTRE. rappeler. || MIL. appeler aux armes. — v. intr. crier par la fenêtre. ||**-sagen** v. tr. déclarer net. | *offen und frei heraussagen*, parler net, sans ambages. ||**-schaffen** v. tr. transporter dehors ; enlever ; faire sortir. || MINES. extraire. ||**-schallen** v. intr. retentir au loin, revenir en écho. || PROV. *wie man (es) in den Wald hineinschreit, so schallt es wieder heraus*, le moine répond comme l'abbé chante ; à sotte demande, sotte réponse. ||**-schauen** v. intr. regarder au dehors ; se pencher au dehors. || FIG., FAM. *es schaut nichts dabei heraus*, c'est peine perdue ; cela ne mène à rien. ||**-scheren (sich)** v. pr. déguerpir ; s'esquiver ; détaler. ||**-schicken** v. tr. faire sortir, envoyer dehors. ||**-schlagen** (ä, u, a) v. tr. faire sortir en frappant ; faire tomber. | *Funken aus dem Stein herausschlagen*, faire jaillir des étincelles d'une pierre. || MIL. chasser ; débusquer. || FIG. *Gewinn aus etwas herausschlagen*, tirer un bénéfice de qch. — v. intr. jaillir ; sortir. | *die Flammen schlugen zum Dach heraus*, les flammes jaillirent du toit. ||**-schleichen** (i, i) v. intr. se glisser dehors ; sortir furtivement. ||**-schleudern** v. tr. projeter ; éjecter. ||**-schmeißen** (i, i) v. tr. FAM. mettre à la porte ; flanquer dehors. ||**-schneiden** (i, i) v. tr. découper ; retrancher ; extirper. || MÉD. exciser ; opérer de. ||**-schöpfen** v. tr. puiser dans. ||**-sehen** (ie, a, e) v. intr. regarder (dehors). || FAM. *dein Taschentuch sieht aus der Tasche heraus*, ton mouchoir dépasse de ta poche. ||**-setzen** v. tr. mettre dehors. ||**-sollen** v. intr. FAM. devoir sortir. ||**-sprengen** v. tr. faire sauter. — v. intr. sortir au galop. ||**-springen** (a, u) v. intr. jaillir ; s'échapper. | *aus dem Fenster herausspringen*, sauter par la fenêtre. || FIG., FAM. *es springt nichts dabei heraus*, c'est peine perdue ; cela ne mène à rien. ||**-stehen** (stand, gestanden) v. intr. avancer ; sortir ; faire saillie ; être saillant. ||**-stehlen** (ie, a, o) v. tr. voler ; enlever furtivement. — v. pr. **sich herausstehlen,** s'en aller furtivement ; s'esquiver. ||**-steigen** (ie, ie) v. intr. descendre de. ||**-stellen** v. tr. placer, mettre dehors. || FIG. mettre en évidence. | *Ergebnisse klar herausstellen*, mettre des résultats en évidence ; souligner des des résultats. — v. pr. **sich herausstellen,** apparaître. || JUR. *bei der Untersuchung hat sich seine Unschuld herausgestellt*, l'enquête a établi son innocence. | *es stellt sich heraus, daß*, il apparaît que. ||**-strecken** v. tr. tendre ; faire passer par ; présenter. | *die Zunge herausstrecken*, tirer la langue. ||**-streichen** (i, i) v. tr. effacer ; faire disparaître. || FIG. faire valoir ; faire l'éloge de ; vanter ; souligner ; FAM. monter en épingle. ||**-strömen** v. intr. sortir, jaillir à flots ; se répandre au dehors. ||**-stürmen** v. intr. sortir avec impétuosité ; s'élancer (hors de). ||**-stürzen** v. intr. se précipiter dehors ; tomber dehors. — v. tr. jeter, précipiter dehors. ||**-suchen** v. tr. choisir ; trier. ||**-treiben** (ie, ie) v. tr. chasser ; expulser ; faire sortir. ||**-treten** (i, a, e) v. intr. sortir. || FIG. *aus der Reserve heraustreten*, sortir de sa réserve ; laisser de côté toute réserve. || [vorstehen] faire saillie ; être proéminent. ||**-tun** (tat, getan) v. tr. sortir ; retirer. ||**-wachsen** (ä, u, a) v. intr. sortir de terre ; pousser. | *er wächst aus seinen Kleidern heraus*, ses vêtements sont devenus trop petits. ||**-wagen (sich)** v. pr. oser sortir ; se risquer ; FIG. oser parler. ||**-waschen** (ä, u, a) v. tr. enlever en lavant. — v. pr. **sich herauswaschen,** convaincre de son innocence ; se blanchir d'une accusation. ||**-werfen** (i, a, o) v. tr. jeter dehors. ||**-wollen** (i, o, o) v. intr. FAM. vouloir sortir. | *mit der Sprache nicht herauswollen*, hésiter à s'expliquer ; tourner autour du pot. ||**-wühlen** v. tr. faire sortir en fouillant ; déterrer. ||**-würgen** v. tr. vomir ; rendre avec effort. ||**-ziehen** (zog, gezogen) v. tr. tirer ; retirer ; arracher ; extraire. || MIL. *Truppen aus der Stadt herausziehen*, retirer des troupes de la ville. — v. intr. sortir ; partir. — v. pr. **sich herausziehen,** se tirer de ; se dépêtrer de.

herb [hɛrp] adj. âcre ; âpre ; rêche ; revêche. | *herber Geschmack*, âpre au goût. || FIG. *herbe Worte*, propos (m. pl.) rudes ; paroles (f. pl.) désagréables, acerbes. | *herbes Schicksal*, sort amer.

Herbarium [hɛr'bɑ:rium] n. (s, rien). BOT. herbier m.

— SYN. : *Herbar.*

Herbe ['hɛrbə] f., **Herbheit** ['hɛrbhait] f. âcreté f. ; verdeur f. ; rudesse f.

herbei [hɛr'bai] adv. par ici ; vers ici ; de ce côté-ci. | *herbei, ihr Kinder !*, approchez, les enfants !

herbei [hɛr'bai] partic. sépar. marquant le rapprochement vers la personne qui parle.

herbei|bringen [hɛr"bai'briŋən] (brachte, gebracht) v. tr. apporter ; amener. ||**-drängen (sich)** v. pr. s'approcher en écartant la foule ; accourir vers. ||**-eilen** v. intr. accourir. ||**-fahren** (ä, u, a) v. tr. amener (en voiture, etc.). — v. intr. arriver en voiture. ||**-führen** v. tr. amener. || FIG. causer ; provoquer ; entraîner ; occasionner. | *ein Unglück herbeiführen*, causer un malheur. ||**-kommen** (a, o) v. intr. (s')approcher. ||**-lassen** (ä, ie, a) v. tr. laisser approcher. — v. pr. **sich herbeilassen,** consentir. | *sich zu etwas herbeilassen*, condescendre à qch.

||**-laufen** (ä, ie, a) v. intr. accourir. ||**-locken** v. tr. attirer ; allécher ; affriander. ||**-müssen** (u, u, u) v. intr. être obligé, être forcé de venir. | *der Schlüssel muß herbei*, il faut que la clef se retrouve. ||**-rufen** (ie, u) v. tr. appeler ; mander ; faire venir. ||**-schaffen** v. tr. procurer ; faire venir ; fournir. ||**-schleichen** (i, i) v. intr. s'avancer tout doucement, à pas de loup. ||**-schleppen** v. tr. amener en traînant. ||**-strömen** v. intr. affluer. || FIG. arriver en foule, en masse. | *die Leute strömten in Scharen herbei*, les gens arrivèrent en masse. ||**-stürzen** v. intr. accourir précipitamment ; se précipiter vers. ||**-tragen** (ä, u, a) v. tr. amener, apporter auprès de. ||**-treiben** (ie, ie) v. tr. faire venir ; amener. ||**-wälzen** v. tr. amener (en roulant). ||**-winken** v. tr. faire signe à qn d'approcher. ||**-wünschen** v. tr. désirer voir venir ; appeler de ses vœux. ||**-ziehen** (zog, gezogen) v. tr. attirer ; tirer à soi. || FIG., FAM. *dieser Vergleich ist an den Haaren herbeigezogen*, cette comparaison est tirée par les cheveux. — v. intr. approcher ; venir, avancer (en groupe).

Herberge ['hɛrbɛrgə] f. (-, n) abri m. ; gîte m. ; logis m. ; asile m. ; hôtellerie f.
— SYN. : *Obdach, Heimstätte*, asile ; *Zufluchtsort, Unterstand*, refuge ; *Schlupfwinkel*, retraite.

herbergen [-gən] v. tr. héberger ; donner l'hospitalité à. — v. intr. être hébergé, logé.

Herbergs|vater ["hɛrbɛrks'fa:tər] m. (s, ¨), °**-mutter** f. (-, ¨) gérant(e) [m. (f.)] d'une auberge de la jeunesse.

Herbheit ['hɛrphait] f. V. HERBE.

Herbst [hɛrpst] m. (es, e) automne m. ; arrière-saison f. | *der Spätherbst*, la fin de l'automne. || FIG. récolte f. ; vendange f.

Herbst|aster ["hɛrpst'astər] f. (-, n). BOT. aster m. ||°**-laub** (s) feuilles (f. pl.) d'automne ; fanes f. pl. ||°**-rose** f. (-, n). BOT. rose trémière. ||°**-saat** f. AGRIC. semailles (f. pl.) d'automne. ||°**-trompete** f. BOT. trompette-de-la-mort f. ||°**-zeit** f. automne m. ; arrière-saison f. ||°**-zeitlose** f. (-, n). BOT. colchique m.

herbsten ['hɛrpstən] v. tr. faire la récolte d'automne ; faire les vendanges, la vendange ; vendanger. ◇ v. impers. **es herbstet,** l'automne arrive. (SYN. : *es herbstelt*.)

Herbstling ['hɛrpstliŋ] m. (s, e). BOT. fruit (m.) d'automne ; [Pilz] oronge f. || ZOOL. bête née à l'arrière-saison.

Herd [he:rt] m. (s, e) âtre m. ; foyer m. | *am häuslichen Herd*, au coin du feu. | *elektrischer Herd*, cuisinière (f.) électrique. || FIG. *einen eigenen Herd gründen*, fonder un foyer | *der Herd der Krankheit*, le foyer de la maladie. || GÉOL. *Herd des Erdbebens*, épicentre (m.) du tremblement de terre. || PROV. *eigener Herd ist Goldes wert*, rien ne vaut son chez-soi.

Herd|buch ["he:rt'bu:x] n. (s, ¨er). AGRIC. herd-book m. ||°**-geld** n. (s) droit (m.) de fouage. ||°**-guß** m. (es, ¨e) fonte (f.) à découvert ; fonderie (f.) à découvert. ||°**-haken** m. (s, -). TECHN. crémaillère f. || [Schmiede] ratissette f. ||°**-platte** f. (-, n) plaque (f.) de cheminée ; âtre m. ||°**-schaufel** f. (-, n) pelle (f.) à feu. ||°**-stange** f. (-, n) tisonnier m. ; fourgon m.

Herde ['he:rdə] f. (-, n) troupeau m. || FIG. *der Herde folgen*, suivre la masse, la foule.

Herden|mensch ["he:rdən'mɛnʃ] m. (en, en) mouton (m.) de Panurge ; individu (m.) appartenant à la foule moutonnière ; personne (f.) aux instincts grégaires. ||°**-tier** n. (s, e). ZOOL. bête (f.) suivant en troupeau. ||°**-trieb** m. (s) instinct (m.) grégaire. ||**-weise** adv. par troupeaux ; par bandes ; par hordes ; en masse.

her|ein [hɛ'rain] adv. à l'intérieur ; (en) dedans. | *herein !*, entrez ! | *nur herein !*, entrez donc ! ; entrez toujours ! | *immer herein, meine Herrschaften !*, entrez, mesdames et messieurs ! | *zum Fenster herein*, par la fenêtre. || MIL. *den Bauch herein !*, rentrez le ventre !

herein [hɛ'rain] partic. sépar. marquant l'entrée et le rapprochement vers la personne qui parle.

herein|begeben (sich) [ziçhɛ"rainbə'ge:bən] (i, a, e) v. pr. entrer ; se rendre à l'intérieur. || **-bekommen** (a, o) v. tr. parvenir à faire (r)entrer. || AGRIC. *wir haben das Heu noch trocken hereinbekommen*, nous avons pu rentrer notre foin sec. || COMM. *Waren hereinbekommen*, recevoir des marchandises. ||**-bemühen (sich)** v. pr. se donner la peine d'entrer. ||**-bitten** (bat, gebeten) v. tr. prier d'entrer. || **-brechen** (i, a, o) v. intr. faire irruption ; entrer de vive force ; pénétrer par effraction. || FIG. *der Abend bricht herein*, le soir vient. | *die Nacht bricht herein*, la nuit tombe. ||°**-brechen** n. (s) irruption f. ; chute f. || FIG. *Hereinbrechen der Nacht*, tombée (f.), arrivée (f.) de la nuit. ||**-bringen** (brachte, gebracht) v. tr. apporter dans ; (r) entrer. ||**-drängen** v. tr. et v. pr. (se) frayer une entrée, un passage ; faire entrer de force ; s'introduire. ||**-dürfen** (a, u, u) v. intr. FAM. avoir la permission d'entrer ; pouvoir entrer. ||°**-fall** m. (s, ¨e) échec m. ; mauvaise affaire. | *das war für ihn ein großer Hereinfall*, FAM. il est tombé sur un bec, un os ; il s'est fait avoir. || THÉÂTRE. fiasco m. ; four m. ||**-fallen** (ä, ie, a) v. intr. entrer brusquement ; tomber (dans) ; FIG. donner dans le panneau ; être roulé, dupé. ||**-fliegen** (o, o) v. intr. entrer en volant. ||**-führen** v. tr. introduire ; faire entrer. ||**-gehen** (ging, gegangen) v. intr. entrer ; pénétrer. || FIG. *das geht noch herein*, cela trouve encore place ici ; il y a encore de la place pour cela. ||**-gucken** v. intr. regarder par, dans. ||**-holen** v. tr. faire entrer ; amener à l'intérieur. || COMM. *Aufträge hereinholen*, prendre des commandes. ||**-kommen** (a, o) v. intr. entrer ; pénétrer. ||**-können** (a, o, o) v. intr. FAM. pouvoir entrer. ||**-lassen** (ä, ie, a) v. tr. laisser entrer ; faire entrer. ||**-legen** v. tr. mettre dans. || FIG., FAM. *man hat ihn gründlich hereingelegt*, il a été bien roulé. ||**-locken** v. tr. allécher ; attirer. ||**-müssen** (u, u, u). FAM. devoir entrer ; être obligé d'entrer. ||**-nehmen** (i, a, o) v. tr. faire entrer ; rentrer. ||**-nötigen** v. tr. forcer à entrer ; inviter à entrer. ||**-reden** v. intr. PÉJOR. se mêler de. ||**-reichen** v. tr. passer dans ; faire passer ; passer la main, le bras par ; être assez long pour entrer ; aller jusque dans. ||**-reiten** (i, i) v. intr. entrer à cheval. ||**-rennen** (rannte, gerannt) v. intr. se précipiter (dans) ; entrer précipitamment. || **-rücken** v. intr. entrer dans un pays. ||**-rufen** (ie, u) v. tr. appeler à l'intérieur ; inviter à entrer. ||**-schaffen** v. tr. FAM. transporter à l'intérieur. ||**-schießen** (o, o) v. intr. tirer dans ; entrer en coup de vent. ||**-schleichen** (i, i) v. intr. et v. pr. entrer furtivement. ||**-schneien** v. intr. neiger dans. | *es schneit zum Fenster herein*, il neige par la fenêtre. || FIG. tomber du ciel ; arriver à l'improviste. ||**-stehlen (sich)** [ie, a, o] v. pr. entrer furtivement. ||**-steigen** (ie, ie) v. intr. entrer (en montant). ||**-stellen** v. tr. placer dedans. ||**-stoßen** (o, ie, o) v. tr. pousser dans ; faire entrer en poussant ; enfoncer. ||**-strömen** v. intr. entrer à flots, en masse. ||**-stürmen** v. intr. faire irruption ; entrer avec impétuosité. ||**-stürzen** v. intr. se précipiter, tomber dans. ||**-tragen** (ä, u, a) v. tr. porter à l'intérieur ; rentrer. ||**-treten** (i, a, e) v. intr. entrer ; pénétrer. ||**-winken** v. tr. faire signe d'entrer. ||**-wollen** (i, o, o) v. intr. FAM. vouloir entrer. ||**-ziehen** (zog, gezogen) v. tr. tirer dans. | *sie zog das Kind zur Tür herein*, elle fit entrer l'enfant. || FIG. impliquer ; mêler à. | *er wurde in die Affäre hereingezogen*, il fut impliqué dans cette affaire. — v. intr. entrer (en groupe) ; faire son entrée.

her|für [hɛr'fy:r] adv. V. HERVOR.

Hering ['he:riŋ] m. (s, e). ZOOL. hareng m. | *grüner Hering*, hareng frais. | *geräucherter Hering*, hareng saur. | *gesalzener Hering*, hareng salé. || FAM. *sie lagen wie die Heringe*, ils étaient serrés comme des sardines, comme harengs en caque. || FIG., FAM. *so ein Hering !*, il est maigre comme un hareng ! || SPORT. piquet (m.) de tente.

Herings|boot ["he:riŋs'bo:t] n. (s, e), °**-büse** [-by :zə] f. (-, n.). MAR. sabot m. ; trinquart m. ; harenguier m. ||°**-fang** m. (s, ¨e) pêche (f.) du hareng ; harengaison f. ||°**-fischerei** f. pêche (f.) du hareng. ||°**-lake** f. (-, n), °**-lauge** f. (-, n) saumure (f.) de hareng. ||°**-milch** f. laitance (f.) de hareng. ||°**-netz** n. (es, e) harenguière f. ||°**-räucherei** f. (-, en). [Handlung] saurissage m. ; [Ort] saurisserie f. ||°**-rogen** m. (s, -) œufs (m. pl.) de hareng. || °**-tonne** f. (-, n) caque f. (de harengs). ||**-weib** n. (s, er) harengère f. ||°**-zeit** f. harengaison f. ; saison (f.) de la pêche du hareng. ||°**-zug** m. (s, ¨e) banc (m.) de harengs.

Herkules ['hɛrkulɛs] n. pr. m. MYTH. Hercule m.

herkulisch [hɛr'ku:liʃ] adj. herculéen.

Her|kunft ['he:rkunft] f. venue f. ; arrivée f. || PAR ANAL. origine f. ; provenance f. ; naissance f. | *sie ist von niedriger Herkunft*, elle est de basse extraction.

Herkunfts|bezeichnung ["he:rkunftsbə'tsaiçnuŋ] f. (-, en). COMM. appellation (f.), indication (f.), certificat (m.), label (m.) d'origine. ||°-**land** n. (s, ¨er). COMM. pays (m.) d'origine.

Herling ['hɛrliŋ] m. (s, e). BOT. raisin vert.

Hermann ['hɛrman] n. pr. m. Armand m. || HIST. Arminius m.

Hermanns|schlacht ["hɛrmans'ʃlaxt] f. HIST. bataille (f.) du Teutoburger Wald, de Teutberg.

Hermaphrodit [hɛrmafro'di:t] m. (en, en). PHYSIOL. hermaphrodite m.

Herme ['hɛrmə] f. (-, n) hermès m. ; terme m. | *Hermensäule*, colonne (f.) d'Hermès.

Hermelin [hɛrmə'li:n] n. (s, e). ZOOL. hermine f.

Hermeneutik [hɛrmə'nɔytik] f. [Auslegungskunst] herméneutique f.

hermeneutisch [-'nɔytiʃ] adj. herméneutique.

Hermes ['hɛrməs] n. pr. m. MYTH. Hermès m.

hermetisch [hɛr'me:tiʃ] adj. hermétique.

Hermine [hɛr'mi:nə] n. pr. f. Armande f.

her|nach [hɛr'nɑ:x] adv. après ; ensuite ; puis ; après cela ; plus tard.

Hernie ['hɛrni:ə] f. (-, n). MÉD. hernie f.

her|nieder [hɛr'ni:dər] adv. POÉT. en bas ; vers le bas.

Herodes [he'ro:dɛs] n. pr. m. Hérode f.

Herodias [he'ro:dias] n. pr. f. Hérodiade f.

Herodot [herɔ'dɔt] n. pr. m. Hérodote m.

Heroe [he'roə] m. (n, n). MYTH. héros m. ; demi-dieu m.

Heroen|alter [he"ro:ən'altər] n. (s, -) l'âge héroïque. ||°-**kult** m. (s) culte (m.) des héros.

heroenhaft [he'ro:ənhaft] adj. héroïque.

Heroin [hero'i:n] n. (s). [Rauschgift] héroïne f.

Heroine [hero'i:nə] f. (-, n) héroïne f.

heroisch [-'ro:iʃ] adj. héroïque.

Herold ['he:rɔlt] m. (s, e) héraut m.

Herolds|kunst ["he:rɔlts'kunst] f. art (m.) héraldique ; blason m. ||°-**stab** m. (s) caducée m.

Heros ['he:ros] m. (-, oen) héros m.
— OBSERV. S'emploie surtout au pluriel.

Herpes ['hɛrpəs] m. (-, etes). MÉD. herpès m.

Herr [hɛr] m. (n, en). **1.** [männlicher Erwachsene] monsieur m. | *ein älterer Herr*, un monsieur d'un certain âge. | *ein alter Herr*, membre honoraire d'une corporation d'étudiants. | *ein besserer Herr*, un monsieur très bien. | *ein freundlicher Herr*, un galant homme. | *der junge Herr*, le fils de la maison. | *ein junger Herr*, un jeune homme. | *ein sauberer Herr*, IRON. un drôle de coco. | *Herr Schneider*, monsieur Schneider. | *Herr Doktor*, docteur. | *Herr Hauptmann*, mon capitaine. | *Ihr Herr Vater*, monsieur votre père. | *meine Damen und Herren*, mesdames, messieurs. | *ist Herr Schneider zu Hause ?*, Monsieur Schneider est-il là ? | *jeder Herr führt seine Dame zu Tisch*, chaque cavalier offre le bras à sa dame (pour la conduire à table). | *aus aller Herren Ländern*, de tous les coins du monde. || [Brief] *Sehr geehrte Herren*, Messieurs.
2. [Herrscher] seigneur m. ; souverain m. ; maître m. | *gnädigster Herr und König*, sire. | *Herr Ritter*, sire chevalier. | *er spielt den großen Herrn*, il fait le grand seigneur. | *er ist Herr über Leben und Tod*, il a droit de vie et de mort. || PROV. *mit großen Herren ist nicht gut Kirschen essen*, il est dangereux de se familiariser avec les grands.
3. [Meister] maître m. ; patron m. ; chef m. ; propriétaire m. | *der Herr des Hauses*, le maître de la maison. | *Herr auf Urnekloster*, maître, châtelain de Urnekloster. | *der geistliche Herr*, le curé. | *sein eigener Herr sein*, être son propre maître. | *über sich Herr sein*, être maître de soi ; se dominer. | *er ist Herr der Lage*, il domine la situation. | *einer Sache Herr werden*, se rendre maître de qch. ; maîtriser qch. | *seinen Herrn finden*, trouver plus fort que soi. || PROV. *jeder ist Herr in seinem Hause*, charbonnier est maître chez soi. | *man kann nicht zwei Herren dienen*, nul ne peut servir deux maîtres. || FAM. *wie der Herr, so's Gescherr*, tel maître, tel valet.
4. RELIG. Seigneur m. ; Maître m. ; Dieu m. ; (l')Éternel m. | *der Herr der Schöpfung*, le maître de la création. | *das Haus des Herrn*, la maison de Dieu ; l'église f. | *der Tag des Herrn*, le jour du Seigneur ; le dimanche. | *das Sakrament des Herrn*, l'Eucharistie f. | *selig im Herrn sterben*, s'endormir dans la paix du Seigneur. | *der Herr der Heerscharen*, le Dieu des armées (célestes). | *Herr Jesus*, Seigneur Jésus. | *Herr des Himmels*, mon Dieu ! ; Seigneur ! | *Herr, du meine Güte*, bonté divine !

Herr|gott ['hɛrgɔt] m. (s). RELIG. Dieu m. ; Seigneur m. || [Fluch] *Himmel Herrgott (noch einmal !)*, bon Dieu ! ; sacrebleu ! ; sacredieu ! | *den Herrgott einen guten Mann sein lassen*, ne s'inquiéter de rien. | *in aller Herrgottsfrühe*, aux aurores ; de grand matin.

herr|je [hɛr'je:], **-jemine** [-'je:minə], **-jeses** ['je:səs] interj. bonté divine ! ; doux Jésus ! ; mon Dieu !

Herrchen ['hɛrçən] n. (s, -) petit monsieur. || [Hundebesitzer] maître m.

Herren|abend ["hɛrən'ɑbənt] m. (s, e) dîner (m.) de messieurs, de garçons. ||°-**anzug** m. (s, ¨e) vêtement (m.) d'homme ; complet m. ||°-**apfel** m. (s, ¨) pomme (f.) d'api. ||°-**arbeit** f. (-, en). HIST. corvée f. || PAR EXT. travail (m.) d'homme. ||°-**artikel** m. (s, -). COMM. article (m.) pour hommes. ||°-**bad** n. (s, ¨er) bain (m.) pour hommes. ||°-**birne** f. (-, n) martin-sire m. (poire de novembre). ||°-**brot** n. (s, e) pain blanc ; pain gagné au service d'un maître ; pain (m.) d'autrui. ||°-**burg** f. (-, en) résidence (f.) du seigneur ; manoir m. ||°-**diener** m. (s, -) domestique m. ; laquais m. ; valet m. || PAR EXT. homme (m.) servile ; vil courtisan. ||°-**dienst** m. (s, e). HIST. corvée f. ||°-**doppel** n. (s, -). SPORT. [Tennis] double (m.) messieurs. ||°-**einzel** n. (s, -). SPORT. [Tennis] simple (m.) messieurs. ||°-**essen** n. (s, -) dîner (m.) de garçons, de messieurs. || PAR EXT. grand repas ; repas princier. ||°-**gesellschaft** f. (-, en) société masculine, de messieurs. ||°-**haus** n. (es, ¨er) maison (f.) de maître ; manoir m. ; maison seigneuriale ; gentilhommière f. ; hôtel particulier. || POLIT., HIST. [Preußen ; Österreich] chambre (f.) des seigneurs. ||°-**hof** m. (s, ¨e) domaine seigneurial ; manoir m. ||-**los** adj. sans maître. | *herrenloser Hund*, chien abandonné. | *herrenloses Gut*, épave f. ||°-**meister** m. (s, -) maître (m.) de l'ordre teutonique. ||°-**mode** f. (-, n) mode masculine. ||°-**moral** f. morale (f.) des maîtres. ||°-**rad** n. (s, ¨er) bicyclette (f.) d'homme. ||°-**recht** n. (s, e). JUR. droit (m.) du maître ; droit seigneurial. ||°-**reiter** m. (s, -). SPORT. gentleman-rider m. ||°-**schneider** m. (s, -) tailleur (m.) pour hommes. ||°-**sitz** m. (es, e). 1° V. HERRENHOF ; 2° *im Herrensitz*, à l'écuyère. ||°-**stand** m. (s) condition seigneuriale ; noblesse f. ; seigneurs m. pl. ; qualité (f.) de seigneur. ||°-**stube** f. (-, n) chambre (f.) du maître ; salle (f.) du conseil. ||°-**toilette** f. (-, n) toilettes (f. pl.) messieurs. ||°-**zimmer** n. (s, -) fumoir m.

Herrentum ['hɛrəntu:m] n. (s) condition (f.) de seigneur.

Herrin ['hɛrin] f. (-, nen) femme (f.) d'un seigneur ; souveraine f. ; noble dame f. || PAR ANAL. [Hausherrin] maîtresse (f.) de maison ; POP. patronne f.

herrisch ['hɛriʃ] adj. de maître ; FIG. impérieux ; tranchant ; altier ; arrogant.
◇ adv. *herrisch auftreten*, se conduire en maître, avec hauteur.

Herrlein ['hɛrlain] n. (s, -). (Vx.) petit monsieur ; petit-maître. || fils (m.) du seigneur ; petit seigneur.

herrlich ['hɛrliç] adj. magnifique ; splendide ; superbe. | *ein herrliches Gericht*, un mets excellent. | *herrliches Gewand*, vêtement somptueux, magnifique. | *eine herrliche Vase*, un vase superbe.

Herrlichkeit [-kait] f. (-, en) splendeur f. ; magnificence f. ; éclat m. ; somptuosité f. ; grandeur f. ; pompe f. ; majesté f. | *Eure Herrlichkeit*, Votre Grâce ; Votre Seigneurie.

Herrn|huter ["hɛrn'hu:tər] m. (s, -). RELIG. frère (m.) morave.

Herrschaft ['hɛrʃaft] f. (-, en). règne m. ; gouvernement m. ; empire m. ; pouvoir m. ; domination f. ; autorité f. ; souveraineté f. | *unter Neros Herrschaft*, sous le règne de Néron. | *die Herrschaft führen*, gouverner ; exercer le pouvoir. || FIG. *die Herrschaft über etwas verlieren*, perdre la maîtrise, le contrôle de qch. || PAR EXT. [Dienstherrschaft] maîtres m. pl. ; patrons m. pl. | *die Herrschaften sind ausgegangen*, Monsieur et Madame sont sortis. || [Ausruf] *Herrschaft (nochmal) !*, sapristi !

Herrschafts|bereich ["hɛrʃaftsbə'raiç] m. (s, e) domaine m. || POLIT. territoire m. ||°-**recht** n. (s, e). JUR. droit souverain, féodal. ||°-**verhältnis** n. (ses, se) rapport (m.) de domination, de pouvoir.

herrschaftlich [-liç] adj. de maître ; des maîtres.

Herrsch|sucht ["hɛrʃ'suxt] f. despotisme m. ; tyrannie f. ; besoin (m.) de domination ; ambition effrénée. ||-**süchtig** adj. despotique ; impérieux ; autoritaire.

— Syn. : *machthaberisch*, despotique ; *befehlshaberisch*, autoritaire, impérieux.

herrschen ['hɛrʃən] v. intr. régner ; commander ; dominer. | *herrschen über* (acc.), régner sur. || Fig. être maître de ; dominer. | *es herrscht Frieden*, la paix règne.

herrschend [-ʃənt] adj. régnant ; dominant.

Herrscher [-ʃər] m. (s, -). Polit. souverain m. ; maître m. ; dominateur m. ; gouvernant m.

Herrscher|befugnis ["hɛrʃərbə'fu:knis] f. (-, se) droit (m.) du souverain. ||°**-familie** f. (-, n). Polit. dynastie régnante. ||°**-gabe** f. (-, n) don (m.) du commandement. ||°**-geist** m. (es) esprit dominateur ; génie supérieur. ||°**-gewalt** f. autorité souveraine. ||°**-haus** n. (es, ¨er). Polit. maison, dynastie régnante. ||°**-macht** f. autorité souveraine. ||°**-sitz** m. (es, e) résidence (f.) de souverain. ||°**-stab** m. (s, ¨e) sceptre m. ||°**-stuhl** m. (s, ¨e) trône m. ||°**-willkür** f. despotisme m. ; tyrannie f.

Herrscherin ['hɛrʃərin] f. (-, nen) souveraine f. ; princesse régnante.

Hertzsche Wellen ["hɛrtʃə'vɛlən] f. pl. Électr. ondes hertziennes.

her|über [hɛ'ry:bər] adv. de ce côté-ci ; par ici. | *herüber und hinüber*, par-ci, par-là ; de-ci, de-là.

her|über [hɛ'ry:bər] partic. sépar. marquant le rapprochement vers celui qui parle.

herüber|bemühen (sich) [ziçhɛ"ry:bərbə'my:en] v. pr. se donner la peine de venir de ce côté-ci. ||**-bringen** (brachte, gebracht) v. tr. apporter de ce côté-ci ; faire passer sur cette rive-ci. ||**-geben** (i, a, e) v. tr. passer. ||**-helfen** (i, a, o) v. intr. aider à passer de ce côté. ||**-kommen** (a, o) v. intr. venir, passer de ce côté-ci. ||**-reichen** v. tr. passer, tendre de ce côté ; aller jusqu'à. ||**-sehen** (ie, a, e) v. intr. regarder de ce côté-ci. | *über den Gartenzaun herübersehen*, regarder par-dessus la palissade. ||**-ziehen** (zog, gezogen) v. tr. tirer à soi, de ce côté.

herum [hɛ'rum] adv. [rundum ; umher] autour ; tout autour ; à l'entour. | *es ist das erste Geschäft um die Ecke herum*, c'est le premier magasin après le coin. | *die Kinder sind immer um die Mutter herum*, les enfants sont toujours autour de leur mère. | *die Hotels liegen um den Bahnhof herum*, les hôtels sont autour de la gare. | *er ist weit herumgekommen*, il a vu du pays ; il a beaucoup voyagé. | *in der ganzen Welt herum*, par toute la terre ; de par le monde entier. | *hier und da herum*, çà et là ; un peu partout. | *rechts herum*, demi-tour à droite ; tournez à droite. || Fam. [ungefähr] autour de ; environ ; vers. | *so um hundert Kilometer herum*, environ cent kilomètres. | *um Ostern herum*, vers Pâques. || Ellipt., fam. révolu ; passé ; écoulé. | *die Frist ist (her)-um*, le délai est écoulé.

herum [hɛ'rum] partic. sépar. marquant l'idée de faire le tour, de se retourner, de mouvement.

herum|balgen (sich) [ziçhɛ"rum'balgən] v. pr. se chamailler ; se colleter. ||**-bekommen** (a, o) v. tr. parvenir à mettre autour ; fig. faire changer d'opinion. ||**-biegen** (o, o) v. intr. *um die Ecke herumbiegen*, tourner le coin de la rue. ||**-bieten** (o, o) v. tr. faire passer ; offrir à la ronde. ||**-blättern** v. intr. feuilleter. ||**-blicken** v. intr. promener ses regards de tous côtés, autour de soi. ||**-bringen** (brachte, gebracht) v. tr. faire tourner. || Fam. colporter ; répandre. | *ein Gerücht herumbringen*, répandre, colporter un bruit. || Fig., fam. retourner ; faire changer d'avis, d'idée. ||**-doktern** v. intr. Fam. essayer beaucoup de remèdes. ||**-drehen** v. tr. tourner ; retourner. | *den Hahn herumdrehen*, fermer le robinet. | *dreh den Schlüssel herum*, ferme à double tour. || Fig., fam. dénaturer (les paroles) ; fausser le sens de (propos). — v. pr. **sich herumdrehen,** se retourner ; faire demi-tour, volte-face ; tournoyer. ||**-drücken (sich)** v. pr. Fam. tirer au flanc ; fainéanter ; paresser. ||**-fahren** (ä, u, a) v. intr. circuler ; aller çà et là en voiture (ou autre véhicule). | *um die Ecke herumfahren*, tourner le coin en voiture. || Mar. *um ein Kap herumfahren*, doubler un cap. || se retourner rapidement, d'un geste brusque. || Fig., fam. *mit den Händen in der Luft herumfahren*, gesticuler. — v. tr. faire faire un tour (à qn) ; faire faire (à qn) le tour (de qch.) ; promener. ||**-fliegen** (o, o) v. intr. voler autour ; voler çà et là ; faire le tour de. | *seine Blicke flogen herum*, ses regards erraient de tous côtés. ||**-fragen** v. intr. interroger à la ronde. | *überall herumfragen*, s'informer de tous côtés, partout. || **-führen** v. tr. mener, conduire autour de. | *die Hausherrin führte den Gast im Haus herum*, la maîtresse de maison fit faire le tour du logis à son hôte. | *einen Graben um die Stadt herumführen*, entourer la ville d'un fossé. || Fig., fam. *jn an der Nase herumführen*, mener qn par le bout du nez. ||**-geben** (i, a, e) v. tr. donner à la ronde ; offrir ; faire circuler ; faire passer. ||**-gehen** (ging, gegangen) v. intr. circuler ; courir de-ci de-là ; rôder. | *die Bilder gingen herum*, les photos circulaient, passaient de main en main. || Fig., fam. *um den heißen Brei herumgehen*, tourner autour du pot. ||**-greifen** (i, i) v. intr. entourer de ses mains. ||**-hängen** (i, a) v. intr. | *die Kleider hängen im Zimmer herum*, les vêtements pendent un peu partout dans la pièce. | *die Haare hängen ihr herum*, ses cheveux tombent en désordre. ||**-irren** v. intr. errer çà et là ; vaguer. ||**-jagen** v. tr. pourchasser. ||**-kommen** (a, o) v. intr. tourner le coin. | *um diese Ausgaben werden wir nicht herumkommen*, nous ne pourrons pas éviter ces dépenses. | *sie kommt weit herum*, elle voyage beaucoup ; elle parcourt le monde ; fam. elle roule sa bosse. ||**-kramen** v. intr. Fam. fouiller ; fureter ; farfouiller. ||**-kreuzen** v. intr. Mar. croiser. ||**-kriegen** v. tr. Fam. [überzeugen] retourner (qn) ; faire changer qn d'avis ; [herumbringen] expédier. ||**-langen** v. tr. faire circuler, passer ; suffire pour faire le tour de. ||**-laufen** (ä, ie, a) v. intr. courir ; tourner autour. || Fig. *müßig herumlaufen*, flâner ; vagabonder. ||**-legen** v. tr. mettre autour de. — v. pr. **sich herumlegen,** se coucher autour de. ||**-liegen** (a, e) v. intr. être posé, couché, allongé autour de ; être aux environs. || Par ext., péjor. être épars, éparpillé. | *er läßt seine Bücher herumliegen*, il laisse traîner ses livres. ||**-patschen** v. intr. patauger dans. ||**-plagen (sich)** v. pr. se tourmenter ; se donner beaucoup de peine. ||**-prügeln (sich)** v. pr. se battre ; se chamailler. ||**-raten** (ä, ie, a) v. intr. deviner ; conjecturer. ||**-reichen** v. tr. faire circuler ; faire passer. ||**-reisen** v. intr. voyager partout, beaucoup ; courir le monde ; parcourir. ||**-reißen** (i, i) v. tr. tourner brusquement. || Autom. *das Steuer herumreißen*, donner un brusque coup de volant. ||**-reiten** (i, i) v. intr. parcourir à cheval ; se promener à cheval. || Fig., fam. *auf etwas herumreiten*, ressasser qch. ||**-scharwenzeln** v. intr. *um den Chef herumscharwenzeln*, faire des ronds de jambe au patron. ||**-schauen** v. intr. regarder de tous côtés ; regarder derrière soi. ||**-schicken** v. tr. envoyer (qn) faire le tour ; envoyer (qch.) à tout le monde. ||**-schiffen** v. intr. Mar. naviguer autour. | *um ein Kap herumschiffen*, doubler un cap. | *überall herumschiffen*, courir les mers. ||**-schlagen** (ä, u, a) v. tr. mettre autour ; entourer ; envelopper. — v. pr. **sich herumschlagen,** batailler ; fam. se chamailler. ||**-schleichen** (i, i) v. intr. rôder autour ; se traîner. ||**-schlendern,** flâner ; fam. se balader. ||**-schleppen** v. tr. traîner ; fam. trimbaler. ||**-schließen** (o, o) v. tr. donner un tour de clef. ||**-schlingen** (a, u) v. tr. passer autour de ; enlacer. — v. pr. **sich herumschlingen,** s'enrouler autour de. ||**-schnüffeln** v. intr. fureter ; mettre son nez partout. ||**-schweifen** v. intr. vagabonder ; errer ; rôder. ||**-schwenken** v. intr. tourner ; faire volte-face. || Mil. faire une conversion. ||**-schwirren** v. intr. voltiger de-ci de-là. ||**-setzen** v. tr. placer autour de. — v. pr. **sich herumsetzen,** s'asseoir, se placer autour de. ||**-sitzen** (saß, gesessen) v. intr. être assis ; faire le cercle autour de. || Fig., péjor. être désœuvré. ||**-spazieren** v. intr. se promener ; flâner. || **-springen** (a, u) v. intr. sauter autour de ; bondir de tous côtés. ||**-spritzen** v. tr. faire jaillir de tous côtés ; asperger ; arroser. — v. intr. jaillir de tous côtés. ||**-stehen** (stand, gestanden) v. intr. être placé autour de ; changer de direction. | *müßig herumstehen*, muser ; badauder ; bayer aux corneilles. ||**-stöbern** v. intr. fouiller ; fureter partout ; farfouiller. ||**-stochern** v. intr. farfouiller. | *in den Zähnen herumstochern*, se curer les dents. ||**-streichen** (i, i) v. intr. rôder ; vagabonder ; flâner. — v. tr. frotter ; enduire de. ||**-streifen** v. intr. V. herumstreichen intr. ||**-streiten (sich)** (i, i) v. pr. batailler ; se disputer ; fam. se chamailler. ||**-tanzen** v. intr. danser en rond ; faire un tour de danse. || Fig., fam. *jm auf der Nase herumtanzen*, faire tourner qn en bourrique. ||**-tappen** v. intr. tâtonner. ||**-tasten** v. intr. tâter partout ; palper. ||**-tragen** (ä, u, a) v. tr. porter autour de ; colporter. ||**-treiben (sich)** (ie, ie) v. pr. courir çà et là. — v. intr. flotter de tous côtés. — v. tr. faire flotter ; faire tourner ; [Rad] actionner. ||**-treten** (i, a, e) v. intr. se mettre autour de. | *auf etwas herumtreten*, piétiner qch. ||**-tummeln (sich)** v. pr. folâtrer ; prendre ses ébats ; caracoler. ||**-wälzen** v. tr. (faire) tourner, rouler autour de. — v. pr. **sich herumwälzen,** se tourner ; se rouler ; se vautrer. ||**-werfen** (i, a, o) v. tr. jeter autour de, çà et là. || Fig. *das Steuer herumwerfen*, changer de cap. ||**-wickeln**

v. tr. enrouler ; envelopper. || **-winden** (a, u) v. tr. entortiller (autour de). || **-wühlen** v. intr. fouiller. ||**-zerren** v. tr. tirailler ; chiffonner. ||**-ziehen** (zog, gezogen) v. tr. tirer autour de ; tracer autour de. — v. intr. déambuler ; flâner ; errer ; vagabonder. ||**-zigeunern** v. intr. FAM. rôder dans la région.

her|unter [hɛ'runtər] adv. en bas ; par terre ; vers le bas ; à terre ; du haut de ; de haut en bas. | *gerade herunter*, verticalement. | *von oben herunter*, de haut en bas. | *herunter vom Pferde !*, descends, descendez de cheval ! | *vom Turm herunter*, du haut de la tour. | *eine Ansicht von oben herunter*, une vue plongeante. | *herunter mit ihm !*, à bas (un tel) ! || FIG., FAM. *herunter sein*, être bien bas ; être mal en point.

herunter [hɛ'runtər] partic. sépar. marquant la descente vers celui qui parle.

herunter|bringen [hɛ"runtər'briŋən] (brachte, gebracht) v. tr. descendre ; apporter en bas. | *bring das Buch herunter !*, descends-moi ce livre ! || FIG. affaiblir ; abattre ; mettre bien bas. || COMM. *ein Geschäft herunterbringen*, ruiner, couler une entreprise. ||**-fallen** (ä, ie, a) v. intr. tomber. ||**-gehen** (ging, gegangen) v. intr. descendre ; aller plus bas. || FIG. baisser ; être en baisse. || FIN. *die Kurse gehen herunter*, les cours baissent, sont en baisse, faiblissent. ||**-gekommen** adj. FIG. tombé bien bas ; dégradé ; dévoyé ; déchu. ||**-gießen** (o, o) v. tr. verser de haut en bas ; FAM. boire d'un trait. ||**-handeln** v. tr. FAM., COMM. marchander. ||**-hauen** v. tr. FAM. *jm eine (Ohrfeige) herunterhauen*, gifler qn ; donner une gifle à qn. ||**-holen** v. tr. descendre. || AÉRON. descendre ; abattre. ||**-klappen** v. tr. rabattre. ||**-kommen** (a, o) v. intr. venir en bas ; descendre ; FIG. tomber bien bas ; déchoir. ||**-können** (a, o, o) v. intr. FAM. pouvoir descendre. ||**-langen** v. tr. (faire) descendre (qch.). ||**-lassen** (ä, ie, a) v. tr. (laisser) descendre ; baisser. | *ein Fenster herunterlassen*, baisser une glace. || MAR. *ein Boot herunterlassen*, mettre un canot à l'eau. || COMM. *etwas vom Preise herunterlassen*, rabattre qch. du prix. ||**-leiern** v. tr. FAM. débiter ; ânonner. ||**-machen** v. tr. (faire) descendre ; baisser ; ôter ; décrocher ; rabattre. || FIG. *jn heruntermachen*, gourmander, houspiller, vilipender, réprimander qn. | *jn, etwas heruntermachen*, déprécier, dénigrer, rabaisser qn, qch. ||**-müssen** (u, u, u) v. intr. FAM. être forcé de descendre. ||**-nehmen** (i, a, o) v. tr. enlever ; décrocher ; dépendre ; descendre. ||**-purzeln** v. intr. FAM. dégringoler. ||**-putzen** v. tr. FIG., FAM. houspiller. ||**-raspeln** v. tr. FAM. réciter machinalement. ||**-reißen** (i, i) v. tr. arracher ; démolir. | *eine Mauer herunterreißen*, raser un mur. || FIG. déchirer à belles dents ; éreinter. ||**-rieseln** v. intr. suinter ; dégouliner ; tomber doucement. ||**-rutschen** v. intr. glisser de haut en bas. || FAM. *der kann mir den Buckel herunterrutschen !*, qu'il aille se faire foutre ! ; zut ! ||**-schießen** (o, o) v. intr. AÉRON. piquer. — v. tr. abattre. ||**-schlagen** (ä, u, a) v. tr. faire tomber ; abattre. || AUTOM. *das Verdeck herunterschlagen*, baisser la capote. ||**-schlucken** v. tr. avaler. || FIG., FAM. *er mußte vieles herunterschlucken*, il a dû avaler des couleuvres. ||**-schrauben** v. tr. baisser. ||**-sein** (bist, war, gewesen) v. intr. FAM. être sans force, affaibli. | *sie ist mit ihren Nerven ganz herunter*, elle est à bout de nerfs. ||**-setzen** v. tr. (a)baisser. ||**-stürzen** v. tr. jeter bas. — v. intr. tomber ; FAM. dégringoler. ||**-tropfen** v. intr. dégoutter. ||**-werfen** v. tr. jeter (en) bas. ||**-wirtschaften** v. tr. ruiner. ||**-ziehen** (zog, gezogen) v. tr. tirer en bas ; (a)baisser ; FIG. dénigrer ; FAM. débiner.

her|vor [hɛr'fo:r] adv. au-dehors ; en avant. | *hervor mit ihm !*, qu'on le sorte ! ; qu'on le montre !

her|vor [hɛr'fo:r] partic. sépar. marquant le mouvement vers celui qui parle.

hervor|blicken [hɛr"fo:r'blikən] v. intr. (ap)paraître ; percer ; se montrer, sortir de. || FIG. se faire jour à travers ; se déceler ; se peindre ; se lire ; se trahir. ||**-brechen** (i, a, o) v. intr. sortir impétueusement ; s'élancer ; jaillir ; déboucher ; percer. | *aller Haß bricht aus ihm hervor*, il laisse éclater toute sa haine. ||**-bringen** (brachte, gebracht) v. tr. faire sortir ; faire voir ; produire ; proférer ; articuler. ||**-drängen** v. tr. pousser en avant ; faire sortir avec effort ; expulser. ◇ v. pr. **sich hervordrängen,** avancer en fendant la foule ; se faire jour ; FIG. se mettre en évidence ; se faire remarquer. ||**-dringen** (a, u) v. intr. jaillir ; sortir ; percer. ||**-gehen** (ging, gegangen) v. intr. sortir ; provenir ; surgir ; naître. | *aus etwas hervorgehen*, ressortir, résulter de qch. ; s'ensuivre. || JUR. *daraus geht hervor, daß*, il appert que. ||**-heben** (o, o) v. tr. faire sortir ; relever ; faire ressortir ; accentuer ; souligner. — v. pr. **sich hervorheben,** s'élever ; se détacher ; se dessiner. ||**-holen** v. tr. sortir (qch.) ; tirer (qch. de). ||**-kehren** v. tr. montrer ; faire paraître ; étaler. ||**-keimen** v. intr. poindre ; germer ; pousser. || **-kommen** (a, o) v. intr. sortir ; se montrer ; avancer ; apparaître ; poindre ; percer ; éclore. || AGRIC. *die Saat kommt hervor*, les semences lèvent. ||**-kriechen** (o, o) v. intr. sortir en rampant. ||**-leuchten** v. intr. briller (à travers) ; paraître avec éclat. | *es leuchtet hervor*, il résulte ; il appert. ||**-machen (sich)** v. pr. sortir de ; se montrer ; FIG. se mettre en avant ; se mettre en évidence. ||**-quellen** (i, o, o) v. intr. jaillir ; sourdre ; sortir (de terre) ; surgir. ||**-ragen** v. intr. s'élever au-dessus de ; être proéminent ; dépasser ; dominer ; FIG. exceller ; être supérieur ; surpasser ; dépasser. ||**-ragend** adj. saillant ; proéminent ; FIG. éminent ; excellent ; hors ligne ; remarquable ; supérieur. || **-rufen** (ie, u) v. tr. appeler au dehors ; dire de sortir. || THÉÂTRE. *der Schauspieler wurde oft hervorgerufen*, cet acteur a eu de nombreux rappels. || FIG. faire naître ; susciter ; exciter. | *Schwierigkeiten hervorrufen*, faire naître des difficultés. ||**-sprießen** (o, o) v. intr. germer ; pousser ; sortir de terre ; poindre. ||**-springen** (a, u) v. intr. sortir en sautant ; s'élancer de derrière ; jaillir. || PAR ANAL. faire saillie. ||**-sprudeln** v. intr. jaillir à flots. ||**-stechen** (i, a, o) v. intr. darder sa pointe ; dépasser ; être saillant ; FIG. se distinguer ; briller ; se faire remarquer ; se détacher. ||**-stechend** adj. saillant ; éminent ; FIG. brillant. ||**-stehen** (stand, gestanden) v. intr. s'avancer ; être saillant ; être en saillie ; faire saillie. ||**-stürzen** v. intr. s'élancer ; se précipiter dehors. ||**-suchen** v. tr. tirer de dessous ; chercher au milieu de ; déterrer ; exhumer. ||**-tauchen** v. intr. émerger ; sortir de l'eau. ||**-treten** (i, a, e) v. intr. (s')avancer ; sortir ; saillir ; être en saillie. || FIG. ressortir ; sortir du rang ; apparaître ; être marqué, accusé. | *dieser Arzt ist auch als Historiker hervorgetreten*, ce médecin s'est aussi distingué par son œuvre d'historien. | *hervortreten lassen*, mettre en évidence, en valeur ; marquer nettement. ||**-tun (sich)** [tat, getan] v. pr. se montrer ; se mettre en évidence ; se signaler ; se distinguer ; s'illustrer. ||**-wachsen** (ä, u, a) v. intr. sortir de terre ; croître ; pousser ; se former (excroissance). ||**-wagen (sich)** v. pr. oser sortir ; se risquer dehors. ||**-zaubern** v. tr. créer d'un rien ; faire apparaître comme par enchantement. ||**-ziehen** (zog, gezogen) v. tr. tirer dehors ; sortir.

Herz [hɛrts] n. (ens, en).

> **I.** ORGAN DES BLUTKREISLAUFS : cœur m.
> **II.** SITZ DER EMPFINDUNGEN :
> **1.** cœur m. ; sentiment m. ; sensibilité f.
> **2.** [Mitgefühl].
> **3.** [Mut].
> **4.** [Sorge].
> **5.** [Liebe].
> **III.** VON GEGENSTÄNDEN : cœur m. ; centre m.

I. ORGAN DES BLUTKREISLAUFS : cœur m. | *solange mir das Herz im Leibe schlägt*, tant que je vivrai. | *mitten ins Herz treffen*, frapper en plein cœur. | *ein Kind unter dem Herzen tragen*, porter un enfant dans son sein. | *Hand aufs Herz*, la main sur le cœur. | *ans Herz drücken*, serrer sur son cœur. | *Herz und Nieren prüfen*, sonder les reins et les cœurs. | *aus seinem Herzen keine Mördergrube machen*, parler à cœur ouvert.

II. SITZ DER EMPFINDUNGEN : **1.** cœur m. ; sentiment m. ; sensibilité f. ; âme f. | *ein gutes Herz haben*, avoir bon cœur. | *ein kaltes Herz*, un cœur insensible. | *ein stolzes Herz*, un cœur dédaigneux. | *ein verstocktes Herz*, un cœur endurci. | *ein warmes Herz*, un cœur compatissant. | *ein großes Herz*, un cœur généreux. | *leichten Herzens*, de gaieté de cœur ; de grand cœur. | *aus tiefstem Herzen*, de tout cœur ; du fond du cœur. | *nach meinem Herzen*, selon mon cœur. | *mit Hand und Herz*, de tout cœur. | *von ganzem Herzen*, de tout cœur. | *es wird mir leicht ums Herz*, je me sens soulagé. | *das Herz lacht mir im Leibe*, j'ai le cœur en liesse. | *das Herz geht mir auf*, je me sens ému. | *sich etwas zu Herzen nehmen*, prendre qch. à cœur. | *diese Nachricht gab ihm einen Stich ins Herz*, cette nouvelle lui porta un coup au cœur. | *mir ist so weh ums Herz*, j'ai le cœur gros. | *seinem Herzen Luft machen*, soulager son cœur. | *sein Herz ausschütten* ; *sein Herz ergießen*, épancher son cœur. | *sein Erscheinen ließ alle Herzen höher schlagen*, son apparition fit battre tous les cœurs (d'enthousiasme, d'émotion). || LOC. *was nicht von Herzen kommt*,

das geht nicht zu Herzen, ce qui ne part pas du cœur ne touche pas le cœur. | *wes das Herz voll ist, des geht der Mund über* (saint MATTHIEU), de l'abondance du cœur, la bouche parle.
2. [Mitgefühl] cœur m. ; sentiment m. ; compassion f. ; pitié f. | *ein verhärtetes Herz*, un cœur insensible. | *mit blutendem Herzen*, le cœur déchiré. | *er hat kein Herz*, il n'a pas de cœur. | *es wird mir eng ums Herz*, mon cœur se serre. | *das Herz dreht sich mir im Leibe*, la pitié me broie le cœur. | *die Not der Flüchtlinge schnitt mir ins Herz*, la misère des réfugiés me fendit le cœur. | *das Elend der Frau griff mir ans Herz*, la détresse de cette femme me serra le cœur.
3. [Mut] cœur m. ; courage m. | *das Herz auf dem rechten Fleck haben*, avoir le cœur bien placé. | *etwas nicht übers Herz bringen*, ne pas avoir le courage de ; ne pouvoir se résoudre à. | *sich ein Herz fassen*, prendre courage. | *gib deinem Herzen einen Stoß*, prends sur toi ; décide-toi ; fais-toi violence.
4. [Sorge] cœur m. ; conscience f. ; souci m. | *schweren Herzens*, le cœur lourd. | *jm das Herz schwer machen*, peiner, chagriner qn. | *machen sie mir das Herz nicht schwerer*, n'ajoutez pas à ma peine ; n'aggravez pas ma peine. | *mir fällt ein Stein vom Herzen*, je me sens soulagé d'un grand poids. | *etwas auf dem Herzen haben*, avoir qch. sur le cœur ; être préoccupé par qch. | *der Kummer nagte ihm am Herzen*, le chagrin lui rongeait le cœur, le minait.
5. [Liebe] *von Herzen gern*, du fond du cœur. | *doch hängt mein ganzes Herz an dir* (STORM), et pourtant je te suis attaché de tout cœur. | *das Kind gewinnt aller Herzen*, cet enfant se fait aimer par tous. | *jn ins Herz schließen*, porter qn dans son cœur. | *mein Heimatdorf ist mir ans Herz gewachsen*, je suis attaché de tout cœur à mon village natal. | *liebes Herz ; Herzchen*, mon cœur ; mon amour.
III. VON GEGENSTÄNDEN : cœur m. ; centre m. | *im Herzen des Landes*, au cœur du pays. | *im Herzen der Stadt*, en plein centre de la ville.

Herz|ader [ʺhɛrtsʹɑːdər] f. (-, n). ANAT. aorte f. ||**-allerliebst** adj. FAM. très cher ; bien-aimé ; chéri ; adorable. ||°**-anfall** m. (s, ¨e). MÉD. crise (f.) cardiaque. ||°**-beklemmung** f. (-, en). MÉD. serrement (m.) de cœur. ||°**-beschwerden** f. pl. MÉD. troubles (m. pl.) cardiaques. ||°**-beutel** m (s). ANAT. péricarde m. ||°**-beutelentzündung** f. MÉD. péricardite f. ||**-bewegend** adj. émouvant. ||°**-blatt** n. (s, ¨er). BOT. petite feuille centrale ; feuille séminale. || FIG. chéri ; FAM. chou. ||°**-blut** n. (s) sang (m.) du cœur. || POÉT. nature (f.) intime ; vie f. | *sein Herzblut (da)hin geben*, donner sa vie. ||**-brechend** adj. qui fend le cœur ; qui brise le cœur ; navrant ; à fendre le cœur. ||°**-bube** m. (n, n). [Kartenspiel] valet (m.) de cœur. ||°**-dame** f. (-, n). [Kartenspiel] dame (f.) de cœur. ||°**-drücken** n. (s). MÉD. oppression (f.), serrement (m.) de cœur. ||°**-entzündung** f. MÉD. inflammation (f.) du cœur ; cardite f. ||**-erfreuend** adj. qui réjouit le cœur ; divertissant. ||**-ergreifend** adj. touchant ; saisissant ; émouvant ; navrant. ||**-erhebend** adj. sublime. || **-erquickend** adj. délectable. ||**-erschütternd** adj. bouleversant. ||**-erwärmend** adj. qui réchauffe le cœur. ||**-erweichend** adj. pitoyable ; à fendre le cœur. ||°**-erweiterung** f. MÉD. hypertrophie (f.), dilatation (f.) du cœur ; anévrisme (m.) du cœur. ||°**-fehlbildung** f. (-, en). MÉD. malformation (f.) cardiaque. ||°**-fehler** m. (s, -). MÉD. affection (f.) cardiaque. ||°**-fell** n. (s). ANAT. péricarde m. ||°**-fieber** n. (s). MÉD. fièvre (f.) cardiaque. ||°**-flattern** n. (s). MÉD. tachycardie f. ; FAM. palpitations f. pl. ||**-förmig** adj. en forme de cœur ; en cœur. ||**-geliebt** adj. bien-aimé. ||°**-geräusch** n. (es, e). MÉD. souffle (m.) du cœur ; souffle (m.) cardiaque. ||**-gewinnend** adj. sympathique. ||°**-grube** f. creux (m.) de l'estomac ; creux (m.) épigastrique. ||°**-haut** f. ANAT. endocarde m. ||°**-infarkt** m. (s). MÉD. infarctus (m.) du myocarde. ||**-innig** adj. cordial ; intime ; ardent ; fervent. ||°**-kammer** f. (-, n) ventricule (m.) du cœur. ||°**-kirsche** f. (-, n). BOT. bigarreau m. ||°**-klappe** f. (-, n). ANAT. valvule (f.) du cœur. ||°**-klopfen** n. (s). MÉD. battements (m. pl.) du cœur ; palpitations f. pl. ||°**-kohl** m. (s, e) chou (m.) cabus. ||°**-könig** m. (s, e) roi (m.) de cœur. ||°**-krampf** m. (es, ¨e). MÉD. angine (f.) de poitrine. ||**-krank** adj. MÉD. cardiaque. ||**-kränkend** adj. FIG. mortifiant. ||°**-krankheit** f. (-, en). MÉD. maladie (f.) de cœur ; affection (f.) cardiaque. ||°**-kraut** n. (s) mélisse officinale. ||°**-lähmung** f. MÉD. syncope f. ; arrêt (m.) du cœur. ||°**-leiden** n. (s). MÉD. affection (f.) cardiaque. ||**-leidend** adj. MÉD. cardiaque. ||**-lieb** adj. bien-aimé ; adoré ; chéri ; mignon. ||°**-liebste(r)** f. (m.) bien-aimé(e) m. (f.) ; chéri(e) m. (f). ||**-los** adj. sans cœur ; sec ; insensible ; FIG. lâche. ||°**-losigkeit** f. sécheresse (f.) de cœur ; insensibilité f. ; manque (m.) de cœur. ||°**-massage** f. (-, n). MÉD. massage (m.) cardiaque. ||°**-messung** f. (-, en). MÉD. cardiogramme m. ; cardiographie f. ||°**-monitor** m. (s, en). MÉD. moniteur (m.) cardiaque. ||°**-muskel** m. (s, n) myocarde m. ||°**-muskelentzündung** f. MÉD. myocardite f. ||°**-schlag** m. (s, ¨e). PHYSIOL. battement (m.) du cœur ; palpitation f. || MÉD. *an Herzschlag sterben*, mourir d'une attaque, d'une crise cardiaque. ||°**-schrittmacher** m. (s., -). MÉD. stimulateur (m.) cardiaque. ||°**-schwäche** f. MÉD. insuffisance (f.) cardiaque. ||**-stärkend** adj. cordial ; FIG. réconfortant. ||°**-stärkungsmittel** n. (s, -) cordial m. ||°**-stoß** m. (es, ¨e) coup (m.) au cœur ; coup mortel ; coup (m.) de grâce. || MÉD. pulsation f. ||°**-stück** n. (s, e). [Eisenbahn] croisement m. ||°**-tätigkeit** f. ANAT. fonctionnement (m.) du cœur. ||°**-töne** m. pl. MÉD. bruits (m. pl.) d'auscultation. ||°**-verfettung** f. MÉD. dégénérescence (graisseuse) du cœur. ||°**-vergrößerung** f. MÉD. hypertrophie (f.) du cœur. ||°**-verpflanzung** f. (-, en). MÉD. transplantation (f.) cardiaque ; greffe (f.) du cœur. ||°**-vorhof** m. (s), °**-vorkammer** f. ANAT. oreillette (f.) du cœur. ||°**-weh** n. (s). MÉD. douleur précordiale. || FIG. peines (f. pl.) de cœur ; chagrin m. ||**-zerreißend** adj. navrant ; poignant.

Herzchen [ʹhɛrtsçən] n. (s, -). FAM. mignon m. ; mon ange m. ; mon petit cœur.

Herze|leid [ʺhɛrtsəʹlait] n. (s) crève-cœur m.

herzen [ʹhɛrtsən] v. tr. presser sur son cœur ; cajoler ; caresser ; embrasser.

Herzens|angelegenheit [ʺhɛrtsənsʹangəleːgenhait] f. (-, en). [Liebensdinge] affaire (f.) de cœur. || FIG. *das ist ihm eine Herzensangelegenheit*, c'est un sujet qui lui tient à cœur. ||°**-angst** f. (-, ¨e) angoisse f. ; détresse f. ||°**-bruder** m. (s, ¨) frère bien-aimé ; ami cher à mon cœur. ||°**-ergießung** f. (-, en) effusion f., épanchement m. (de cœur). ||°**-freude** f. (-, n) plaisir (m.) extrême ; grande joie. ||°**-freund** m. (s, e) ami (m.) de cœur ; ami (m.) intime ; véritable ami m. ||**-froh** adj. très content ; vraiment heureux. ||°**-grund** m. (s) *aus Herzensgrund*, du fond du cœur. ||**-gut** adj. qui a un cœur d'or. ||°**-güte** f. bonté (f.) de cœur. ||°**-königin** f. (-, nen) dame (f.) de ses pensées ; bien-aimée f. ||°**-kummer** m. (s, -) peine (f.) de cœur ; douleur secrète. ||°**-lust** f. grande joie ; plaisir (m.) extrême. | *nach Herzenslust*, à cœur joie ; FAM. tout son soûl. ||°**-not** f. (-, ¨e) détresse morale ; peine (f.) de cœur. ||°**-qual** f. (-, en) tourment m. ; torture morale. ||°**-trost** m. (es) consolation f. ; réconfort moral. ||°**-wunsch** m. (es, ¨e) désir profond ; désir ardent. | *nach Herzenswunsch*, à souhait.

herzhaft [ʹhɛrtshaft] adj. courageux ; brave ; hardi ; intrépide ; déterminé ; résolu. || savoureux. | *herzhafte Kost*, nourriture savoureuse.
◇ adv. courageusement. || FAM. *greifen Sie nur herzhaft zu*, servez-vous copieusement. | *er hat herzhaft zugepackt*, il a donné un bon coup de main.

Herzhaftigkeit [ʹhɛrtshaftiçkait] f. courage m. ; cœur m. ; hardiesse f. ; intrépidité f.

herzig [ʹhɛrtsiç] adj. charmant ; ravissant ; gentil.

herzlich [ʹhɛrtsliç] adj. cordial ; sincère ; vrai ; aimant ; affectueux. | *in herzlichen Worten*, en termes chaleureux. || [Briefe] *herzliche Grüße*, cordialement ; affectueusement.
◇ adv. cordialement ; de tout cœur ; amicalement. || FIG. (*herzlich*) *gern*, très volontiers ; de grand cœur. | *diese Schauspielerin spielt herzlich schlecht*, le jeu de cette actrice est bien mauvais.

Herzlichkeit [-kait] f. cordialité f. ; affection f.

Herzog [ʹhɛrtsoːk] m. (s, ¨e) duc m.

Herzogen|busch [ʺhɛrtsoːgənʹbuʃ] n. pr. GÉOGR. Bois-le-Duc m.

Herzogin [ʹhɛrtsoːgin] f. (-, nen) duchesse f.

herzoglich [-tsoːkliç] adj. ducal.

Herzogtum [-tsoktuːm] n. (s, ¨er) duché m.

her|zu [heːrtsuː] adv. par ici ; de ce côté-ci ; ici.

herzu [hɛrʹtsuː] partic. sépar. marquant le rapprochement.

herzynisch [hɛrʹtsyːniʃ] adj. GÉOL. hercynien.

Hesekiel [heʹzeːkiəl] n. pr. m. Ézéchiel m.

Hesiod [heziʹoːd] n. pr. m. Hésiode m.

Hesperiden [hɛspeʹriːdən] n. pr. f. pl. MYTH. Hespérides f. pl.

Hesse ['hɛsə] n. pr. m. GÉOGR. Hessois m.
Hessen [-sən] n. pr. n. GÉOGR. Hesse f.
Hessin ['hɛsin] n. pr. f. GÉOGR. Hessoise f.
Hetäre [he'tɛ:rə] f. (-, n) hétaïre f.
heterodox [hetero'dɔks] adj. RELIG. hétérodoxe. — SYN. : *abtrünnig*, apostat ; *abgefallen*, renégat ; *ketzerisch*, *irrgläubig*, hérétique ; *andersgläubig*, hétérodoxe ; *schismatisch*, schismatique.
heterogen [-'ge:n] adj. de nature différente ; hétérogène.
hetero|sexuell ["he:terozɛksu'ɛl] adj. hétérosexuel. ||°**-sexuelle(r)** f. (m.) hétérosexuel(le) m. (f.).
heterozygot ["he:terotsygo:t] adj. BIOL. hétérozygote.
hetz! [hɛts] interj. [Jagd] passe ! passe ! ; passe le cerf !
Hetz|artikel ["hɛtsar'ti:kəl] m. (s, -) article provocateur. ||°**-blatt** (s, ¨er) feuille (f.), journal (m.) incendiaire, à scandale. ||°**-hund** m. (s, e). [Jagd] chien courant. ||°**-jagd** f. (-, en) chasse (f.) à courre. | *Hetzjagd mit Polizeihunden*, battue avec des chiens policiers. || FIG., FAM. *war das eine Hetzjagd !*, quelle corrida ! ||°**-jäger** m. (s, -). [Jagd] veneur m. ||°**-presse** f. (-, n) presse (f.) à scandales. ||°**-rede** f. (-, n) discours incendiaire, provocateur ; excitations f. pl. ||°**-zeit** f. (-, en) saison (f.) de la chasse à courre.
Hetze ['hɛtsə] f. (-, n). [Verfolgung] poursuite acharnée ; menées f. pl. (contre qn) ; tracasseries f. pl. || [Jagd] chasse (f.) à courre. || PAR EXT. [Menge ; Schar ; Meute] meute f. || FIG. [heftiges Treiben ; Spaß] bousculade f. ; rigolade f.
hetzen [-tsən] v. tr. [Jagd] lâcher les chiens. | *den Hirsch hetzen*, courir le cerf. | *Hunde auf jn hetzen*, lâcher les chiens sur qn. || FIG. traquer ; talonner ; poursuivre ; persécuter ; mettre sur les dents, aux abois. | *Leute gegeneinander hetzen*, exciter des gens les uns contre les autres. | *mit allen Hunden gehetzt sein*, être roué, malicieux. | *wie gehetzt*, affolé.
◇ v. pr. **sich hetzen.** *sich tot hetzen*, s'éreinter.
Hetzer [-tsər] m. (s, -). [Jagd] piqueur m. ; traqueur m. || FIG. meneur m. ; provocateur m. ; instigateur m.
Hetzerei [hɛtsə'rai] f. (-, en) excitations f. pl. ; persécutions f. pl. ; tracasseries f. pl. || FIG. bousculade f.
hetzerisch ['hɛtsəriʃ] adj. provocateur.
Heu [hɔy] n. (s). AGRIC. foin m. | *Heu machen*, faire les foins ; faner. || LOC., FAM. *er hat Geld wie Heu*, il a du foin dans ses bottes ; il remue l'argent à la pelle ; il est cousu d'or. | *er hat sein Heu im Trockenen*, il a fait une bonne affaire ; FAM. il a fait sa pelote, son beurre.
Heu|boden ["hɔy'bo:dən] m. (s, ¨). AGRIC. grenier (m.) à foin ; fenil m. ||°**-bund** m. (s, e), °**-bündel** n. (s, -) botte (f.) de foin. ||°**-ernte** f. (-, n). AGRIC. fenaison f. ||°**-fieber** n. (s). MÉD. rhume (m.) des foins. ||°**-gabel** f. (-, n) fourche (f.) à faner. ||°**-haufen** m. (s, -). AGRIC. meule (f.) de foin. ||°**-machen** n. (s). AGRIC. fenaison f. ||°**-maschine** f. (-, n). AGRIC. faneuse f. ||°**-miete** f. (-, n) meule (f.) de foin. ||°**-monat** m. (s), °**-mond** m. (s) juillet m. ||°**-ochse** m. (n, n). FIG., FAM. butor m. ; rustre m. ||°**-pferd** n. (s, e). ZOOL. sauterelle f. ||°**-scheuer** f. (-, n), °**-scheune** f. (-, n) fenil m. ||°**-schnupfen** m. (s). MÉD. rhume (m.) des foins. ||°**-schober** m. (s, -). AGRIC. meule (f.) de foin. ||°**-schrecke** f. (-, n). ZOOL. sauterelle f. ||°**-schreckenschwarm** m. (s, ¨e) nuée (f.) de sauterelles. ||°**-schuppen** m. (s, -), °**-speicher** m. (s, -). AGRIC. grenier (m.) à foin ; fenil m. ||°**-wagen** m. (s, -). AGRIC. chariot (m.) à foin. ||°**-wender** m. (s, -), °**-wendemaschine** f. (-, n). AGRIC. faneuse f.
Heuchelei [hɔyçə'lai] f. (-, n) hypocrisie f. ; feinte f. ; fausseté f. ; dissimulation f.
heucheln ['hɔyçəln] v. intr. feindre ; (dis)simuler.
Heucheln [-çəln] n. (s.). V. HEUCHELEI.
Heuchler [-çlər] m. (s, -) hypocrite m. ; personne fausse. || RELIG. tartufe m. ; cafard m. ; faux dévot.
heuchlerisch [-çləriʃ] adj. hypocrite ; faux ; cafard. ◇ adv. en hypocrite ; hypocritement.
heuen ['hɔyən] v. intr. AGRIC. faner.
Heuer [-ər] m. (s, -). AGRIC. faneur m.
Heuer [-ər] f. (-, n). MAR. solde f.
heuer [-ər] adv. [oberdeutsch] cette année.
heuern ['hɔyərn] v. tr. MAR. engager (des matelots) ; affréter.
Heul|boje ["hɔyl'bo:jə] f. (-, n) bouée (f.) sonore. ||°**-sirene** f. (-, n) sirène (f.) d'alarme.
heulen ['hɔylən] v. intr. hurler ; crier ; pousser des hurlements ; mugir. | *eine Sirene heult*, une sirène mugit. | *der Wind heult im Kamin*, le vent gémit dans la cheminée. || PAR EXT. pleurer ; pleurnicher ; FAM. brailler. || PROV. *mit den Wölfen heulen*, hurler avec les loups.
Heulen [-lən] n. (s) hurlement(s) m. (pl.) ; mugissement(s) m. (pl.) ; pleurs m. pl. ; gémissements m. pl. | *Heulen und Zähneklappern*, des pleurs et des grincements de dents.
heurig ['hɔyriç] adj. de l'année ; nouveau. | *der Heurige*, le vin nouveau ; le vin de l'année.
Heuristik [hɔy'ristik] f. (-) heuristique f.
heuristisch [hɔy'ristiʃ] adj. heuristique.
heute ['hɔytə] adv. aujourd'hui. | *heute früh ; heute morgen*, ce matin. | *heute vor acht Tagen*, il y a huit jours. | *von heute an ; von heute ab*, à partir, à dater d'aujourd'hui. | *von heute auf morgen hat er seine Ansicht geändert*, il a changé d'opinion du jour au lendemain. | *heute in acht Tagen*, dans huit jours. | *die Frau von heute*, la femme moderne. || COMM. *ab heute*, à partir, à dater de ce jour. || PROV. *heute rot, morgen tot*, aujourd'hui en chair, demain en bière. | *was du heute kannst besorgen, das verschiebe nicht auf morgen*, ne remets pas au lendemain ce que tu peux faire le jour même.
◇ **das Heute,** le (temps) présent ; l'époque actuelle. — SYN. : *gegenwärtig*, actuellement ; *heutzutage*, aujourd'hui, de nos jours, de notre temps ; *im Moment*, à présent, présentement ; *jetzt*, maintenant.
heutig [-tiç] adj. d'aujourd'hui ; de ce jour. | *bis auf den heutigen Tag*, jusqu'à ce jour ; jusqu'aujourd'hui. | *die heutige Erziehung*, l'éducation (f.) moderne ; l'éducation actuelle.
heut|zutage ["hɔyttsu'tɑ:gə] adv. de nos jours ; aujourd'hui.
Hevea ['he:vea] f. (-, veen). BOT. hévéa m.
hexa|dezimal [hɛksadetsimɑ:l] adj. INF. hexadécimal.
Hexa|dezimalsystem [hɛksadetsi"mɑ:lzys'te:m] n. (s, e). INF. hexadécimal m.
Hexa|eder [hɛksa'e:dər] n. (s, -). MATH. hexaèdre m. ||°**-fluor** n. (s). CHIM. hexafluor m. ||°**-gon** n. (s, e). MATH. hexagone m. ||°**-meter** [-'--] m. (s, -). POÉS. hexamètre m.
Hexe ['hɛksə] f. (-, n) sorcière f. ; magicienne f. ; diablesse f. || FIG., FAM. mégère f. | *kleine Hexe*, friponne f. ; coquine f.
hexen [-ksən] v. intr. être sorcier ; user de sorcellerie, de sortilèges, de maléfices. || FIG., FAM. *ich kann nicht hexen*, je ne suis pas sorcier. | *wie gehext*, comme par enchantement.
Hexen|brut ["hɛksən'bru:t] f. engeance (f.) de sorcières. ||°**-buch** n. (s, ¨er) grimoire m. ; FIG. barbouillage m. ||°**-fahrt** f. (-, en) chevauchée (f.) des sorcières pour aller au sabbat. ||°**-fest** n. (es, e) sabbat m. ||°**-kessel** m. (s, -) chaudron (m.) de sorcières. || FIG. pétrin m. ; FAM. enfer m. ||°**-kunst** f. sorcellerie f. ; magie f. || PAR EXT. sortilège m. ; maléfice m. ||°**-mehl** n. poudre (f.) de lycopode. ||°**-meister** m. (s, -) sorcier m. ; magicien m. ; enchanteur m. ; thaumaturge m. ||°**-ring** m. (s, e) cercle formé par des champignons. ||°**-sabbat** m. (s, e) sabbat m. ||°**-schuß** m. (es, ¨e). MÉD. lumbago m. ||°**-tanz** m. (es) sabbat m.
Hexerei [hɛksə'rai] f. (-, en) sorcellerie f. ; magie f. || FIG. *das ist keine Hexerei*, FAM. ce n'est pas sorcier. | *das muß mit Hexerei zugehen*, il y a de la sorcellerie là-dessous, là-dedans.
Hexogen [hɛkso'ge:n] n. (s). CHIM. hexogène m.
Hiatus [hi'ɑ:tus] m. GRAMM. hiatus m.
hie ['hi:] adv. (Vx.). V. HIER. | *hie und da*, par-ci, par-là ; parfois ; quelquefois.
hie|nieden [hi:ni:dən] adv. ici-bas ; en ce bas monde.
Hieb [hi:p] m. (s, e) coup m. | *Hieb mit der Peitsche*, coup de fouet. | *jm einen Hieb versetzen*, porter un coup à qn. | *Hiebe bekommen*, recevoir des coups. | *einen Hieb abwehren, auffangen*, parer un coup. || FIG. *auf den ersten Hieb*, du premier coup ; d'un coup. || PAR EXT. [Einschnitt] entaille f. ; sillon m. || [Abholzung] coupe f. || FIG. [Stichelei] trait m. ; pique f. ; coup (m.) de patte ; botte f. | *der Hieb gilt mir*, c'est une pierre dans mon jardin. | *einen Hieb haben*, 1° être un peu ivre ; 2° n'avoir pas toute sa tête.
hieb|fest ['hi:pfɛst], **hieb- und stichfest** ["hi:punt'ʃtiçfɛst] adj. invulnérable.
Hieb|waffe ["hi:p'vafə] f. (-, n) sabre m. ; rapière

f. ||°-**wunde** f. (-, n). MÉD. blessure (f.) par instrument contondant ; entaille f. ; balafre f.

Hieber ['hi:bər] m. (s, -) rapière f. ; flamberge f.

hier [hi:r] adv. **1.** [an diesem Ort] ici ; à cet endroit ; en ce lieu. | *hier und dort*, çà et là. | *hier ruht*, ci-gît. | *hier bin ich und hier bleibe ich*, j'y suis, j'y reste. | *hier oben*, ci-dessus. | *hier unten*, ci-dessous. | *hier bei uns*, chez nous. || FIG., FAM. *es steht mir bis hier(her)*, j'en ai jusque-là ; j'en ai assez.
2. [zu diesem Zeitpunkt] alors ; à ce moment. | *hie(r) und da*, par ci par là ; de temps en temps ; parfois. | *von hier an*, dorénavant ; dès lors.
3. [hinweisend] ce... ci ; celui-ci ; celle-ci. | *der hier*, celui-ci. | *hier, nimm !*, prends ça.

hier [hi:r] en compos. avec une prép., équivaut à **da (dar)** : *hieran sehen wir, daß*, ceci nous montre que | *hieraus folgt, daß*, il en résulte que. | *hierdurch wurde eine höhere Leistung erzielt*, par ce moyen on obtient un rendement supérieur.

Hierarchie [hierar'çi:] f. (-, n). RELIG., ADM., MIL. hiérarchie f. ; ordre (m.) et subordination (f.) des rangs et pouvoirs.

hierarchisieren [hierarçi'zi:rən] v. tr. hiérarchiser.

Hierarchisierung [-'zi:ruŋ] f. (-, en) hiérarchisation f.

hier|her [hi:r'he:r] adv. par ici ; de ce côté-ci. | *bis hierher*, jusqu'ici ; jusqu'à présent. ||-**herum** adv. dans ces parages ; dans cette région.

hier|hin [-hin] adv. par ici. | *hierhin und dorthin*, de-ci de-là ; par-ci par-là.

hier|in(nen) ["hi:r'in(ən)] adv. dans cet endroit-ci ; ici ; y.

hier|mit [hi:rmit] adv. avec cela.

hier|orts ['hi:rɔrts] adv. en ce pays-ci ; par ici. ||-**sein** (bist, war, gewesen) v. intr. être présent, sur place. ||°-**sein** n. (s) présence f. ; séjour m. ||-**selbst** adv. ici même ; par ici ; chez nous. ||-**zu** adv. [Ort] à cela, à ceci ; en outre ; outre cela. || [Zweck] y ; à cet effet. ||-**zulande** adv. ici ; dans ce pays ; dans notre pays ; chez nous.

hieratisch [hie'ra:tiʃ] adj. hiératique.

Hieroglyphe [hiero'gly:fə] f. (-, n) hiéroglyphe m.

Hieronymus [hie'ronymus] n. pr. m. Jérôme m.

hiesig ['hi:ziç] adj. d'ici ; de cet endroit ; de cette ville ; de ce pays. | *der Hiesige*, l'autochtone m.

hieß prétérit de **heißen.**

Hifi|anlage [haifi'anla:gə] f. (-, n) chaîne (f.) hifi.

hilf|los ['hilflo:s] adj. abandonné ; délaissé ; en détresse ; incapable de se tirer d'affaire. | *hilfloser Kranker*, (malade) impotent m. ; infirme m. || PAR EXT. [ratlos ; ungeschickt] maladroit ; gauche.

Hilf|losigkeit ["hilf'lo:ziçkait] f. abandon m. ; détresse f. ; impotence f. ; infirmité f. || [Ungeschicktheit] maladresse f. ; gaucherie f.

hilf|reich ['hilfraiç] adj. secourable ; charitable ; serviable. | *jm eine hilfreiche Hand reichen*, tendre à qn une main secourable.

Hilfe ['hilfə] f. (-, n) aide f. || [Rettung] secours m. ; assistance f. || [Förderung] appui m. ; soutien m. | *gegenseitige Hilfe*, entraide f. || *Hilfe !*, au secours ! ; à moi ! | *um Hilfe bitten*, demander de l'aide, du secours. | *um Hilfe rufen*, appeler à l'aide, au secours. | *jn zu Hilfe rufen*, appeler qn à l'aide. | *etwas zu Hilfe nehmen*, s'aider de qch. | *jm Hilfe leisten ; jm zu Hilfe kommen*, venir en aide à qn. | *jm Hilfe gewähren*, accorder son appui à qn. | *Truppen zu Hilfe schicken*, envoyer des troupes en renfort. | *mit Hilfe von*, [Sache] à l'aide de ; [Mensch] avec l'aide de. | *ohne Hilfe*, tout seul. | *es war Hilfe in der Not*, il était grand temps. || MÉD. *erste Hilfe*, premiers soins. || [helfende Person] aide m. et f. | *jm eine gute Hilfe sein*, être d'un grand secours, d'une aide précieuse à qn.

Hilfe|leistung ["hilfə'laistuŋ] f. (-, en) assistance f. ; aide f. | *unterlassene Hilfeleistung*, non-assistance à personne en danger. || MÉD. soins m. pl. ||°-**ruf** m. (s, e) appel (m.) au secours ; cri (m.) de détresse.

Hilfs|aktion ["hilfsak'tsio:n] f. (-, en) action (f.) humanitaire. ||°-**arbeiter** m. (s, -) ouvrier spécialisé (O.S.). ||-**bedürftig** adj. indigent ; nécessiteux ; dans la gêne ; dans le besoin. ||°-**bedürftigkeit** f. indigence f. ; besoin m. ; gêne f. ; dénuement m. ||-**bereit** adj. serviable ; secourable. ||°-**bereitschaft** f. serviabilité f. ||°-**beruf** m. (s, e) *medizinischer Hilfsberuf*, profession paramédicale. ||°-**bischof** m. (s, ¨e) coadjuteur m. ||°-**dienst** m. (s, e) service (m.) d'assistance. | *sozialer Hilfsdienst*, assistance sociale. || MIL. service (m.) auxiliaire. ||°-**gerät** n. (s, e) accessoire m. ||°-**kasse** f. (-, n). [Unterstützung] caisse (f.) de secours. || [Nebenkasse] caisse (f.) auxiliaire. ||°-**kraft** f. (-, ¨e) aide m. ; manœuvre m. ; main-d'œuvre d'appoint, non qualifiée. ||°-**kreuzer** m. (s, -). MAR. croiseur (m.) auxiliaire. ||°-**laborant** m. (en, en) aide-chimiste m. ||°-**lehrer(in)** m. (s, -), f. (-, nen). [höhere Schule] maître (m.), maîtresse (f.) auxiliaire. || [Volksschule] instituteur suppléant. ||°-**macht** f. (-, ¨e). POLIT. puissance alliée. || MIL. forces (f. pl.) auxiliaires. ||°-**mannschaft** f. (-, en). MIL. renfort(s) m. (pl.). ||°-**mittel** n. (s, -) moyen m. ; ressource f. ; remède m. || MÉD. adjuvant m. ||°-**motor** m. (s, en) moteur (m.) auxiliaire. | *Fahrrad mit Hilfsmotor*, cyclomoteur m. ||°-**polizist** m. (en, en) contractuel(le) m. (f.). ||-**posten** m. (s, -) poste (m.) de secours. ||°-**quelle** f. (-, n) ressource f. ||°-**schule** f. (-, n) classe (f.) de perfectionnement. ||°-**steiger** m. (s, -). MINES. aide-porion m. ||°-**truppen** f. pl. MIL. troupes (f. pl.) auxiliaires ; secours m. pl. ; renfort(s) m. (pl.). ||°-**verb** n. (s, en). V. HILFSZEITWORT. ||°-**vertrag** m. (s, ¨e). POLIT. traité (m.) d'assistance. ||°-**werk** n. (s, e) œuvre (f.), service (m.) d'assistance, de secours. ||°-**wissenschaft** f. (-, en) science (f.) auxiliaire. ||°-**wort** n. (es, ¨er). GRAMM. mot explétif. || POÉT. cheville f. ||°-**zeitwort** n. (es, ¨er). GRAMM. (verbe) auxiliaire m.

Hilum ['hi:lum] n. (s). BOT. hile m.

Hilus ['hi:lus] m. (-, li). ANAT. hile m.

Himbeere ['himbe:rə] f. (-, n). BOT. framboise f.

Himbeer|saft ["himbe:r'zaft] m. jus (m.) de framboise. ||°-**strauch** m. (s, ¨er). BOT. framboisier m.

Himmel ['himəl] m. (s, -). **1.** [Himmelsgewölbe] ciel m. (pl. cieux) ; voûte (f.) céleste ; POÉT. firmament m. | *bedeckter Himmel*, ciel couvert. | *heiterer Himmel*, ciel serein ; ciel sans nuages. | *bleierner Himmel*, ciel lourd, bas. | *gestirnter Himmel*, ciel étoilé, constellé. | *am Himmel*, au ciel. | *unter freiem Himmel*, à la belle étoile. || FIG. *zwischen Himmel und Erde*, entre ciel et terre. | *ein Blitz aus heiterem Himmel*, un coup de tonnerre dans un ciel sans nuages. | *aus allen Himmeln fallen*, tomber des nues. | *vom Himmel fallen*, tomber du ciel. | *der Himmel hängt ihm voller Geigen*, il est aux anges ; il voit la vie en rose. | *in den Himmel erheben*, porter aux nues. | *die Sterne vom Himmel holen wollen*, vouloir décrocher la lune. | *Himmel und Hölle in Bewegung setzen*, remuer ciel et terre. | *im siebenten Himmel*, au septième ciel. | *Himmel und Hölle spielen*, jouer à la marelle.
2. [Himmelsstrich] climat m. ; cieux m. pl. | *unter einem rauhen Himmel leben*, vivre sous un climat rude. | *unter einem anderen Himmel geboren*, né sous d'autres cieux.
3. [Sitz des Glückes ; Aufenthalt der Gottheit] ciel m. ; paradis m. | *gen Himmel fahren*, monter aux cieux. | *in den Himmel kommen*, aller au ciel, au paradis. | *der Vater im Himmel*, notre Père des cieux. | *Himmel und Erde als Zeugen anrufen*, prendre le ciel à témoin. | *gütiger Himmel !*, juste ciel ! | *um Himmels willen*, au nom du ciel ! | *der Himmel behüte uns davor !*, à Dieu ne plaise ! | *dem Himmel sei Dank !*, Dieu merci.
4. ARTS. ciel m. (pl. ciels).
5. [Baldachin] baldaquin m. ; dais m. ; ciel (m.) de lit.

himmel|an ["himəl'an] adv. vers le ciel. ||-**angst** adj. *mir ist himmelangst*, j'ai terriblement peur. ||°-**bett** n. (s, en) lit (m.) à baldaquin. ||-**blau** adj. bleu ciel ; azur. ||°-**fahrt** f. RELIG. *Christi Himmelfahrt*, Ascension f. | *Mariä Himmelfahrt*, Assomption f. ||°-**fahrtsfest** n. (es). V. HIMMELFAHRT. ||-**hoch** adj. très haut ; très élevé. — adv. FIG. *himmelhoch jauchzend*, transporté d'allégresse. | *himmelhoch bitten*, supplier à genoux. ||°-**reich** n. (s) royaume (m.) des cieux. ||-**schreiend** adj. atroce ; révoltant ; inique. | *himmelschreiendes Unrecht*, injustice criante. ||-**weit** adj. très loin. || FIG. *ein himmelweiter Unterschied*, une différence énorme.

himmeln ['himəln] v. intr. FAM. s'extasier.

Himmels|äquator ["himəlsɛ'kva:tor] m. (s) équateur (m.) céleste. ||°-**bläue** f. azur m. ||°-**braut** f. (-, ¨e). RELIG., POÉT. religieuse f. ; nonne f. ||°-**brot** n. (s) manne f. ||°-**erscheinung** f. (-, en). PHYS. phénomène (m.) céleste. ||°-**feste** f. firmament m. ||°-**gabe** f. (-, n) don (m.) du ciel. ||°-**gegend** f. (-, en) climat m. | *die vier Himmelsgegenden*, les quatre points cardinaux. ||°-**gewölbe** n. (s) voûte (f.) céleste ; firmament m. ||°-**karte** f. (-, n) carte (f.) astronomique. ||°-**körper** m. (s, -). PHYS. corps (m.) céleste. ||°-**kreis** m. (es). PHYS. sphère (f.) céleste ; orbe m. ||°-**kugel** f. PHYS. globe (m.) céleste. ||°-**kunde** f.

astronomie f. ||°-**leiter** f. RELIG. échelle (f.) de Jacob. ||°-**raum** m. (s, ¨e) *die Himmelsräume*, les régions éthérées. ||°-**richtung** f. (-, en) point cardinal. ||°-**schlüssel** m. (s, -). BOT. primevère f. ||°-**speise** f. MYTH. ambroisie f. ||°-**strich** m. (s, e). ASTRON. zone f. ; région f. ; climat m. ||°-**stürmer** m. (s). MYTH. Titan m. ; FIG. révolté. ||°-**trank** m. (s). MYTH. nectar m. ||°-**wagen** m. (s, -). MYTH. char (m.) céleste. || ASTRON. Ourse f. ||°-**zeichen** n. (s, -). ASTRON. constellation f. ||°-**zelt** n. (s). POÉT. voûte (f.) céleste. ||°-**ziege** f. bécassine f.

himmlisch ['himliʃ] adj. [zum Jenseits gehörend] céleste. | *der himmlische Vater*, le Père céleste ; Dieu. | *die himmlischen Heerscharen*, les cohortes (f. pl.) célestes ; les anges m. pl. | *das Himmlische Reich*, le royaume des cieux. | *die Himmlischen*, les dieux. || FIG. [wunderbar] divin ; sublime ; admirable.

hin [hin] adv. et partic. sépar. **1.** SENS SPATIAL : **a)** [Gegensatz : her] indique un mouvement s'éloignant de la personne qui parle : *wo gehst du hin ?*, où vas-tu ? | *gehst du hin ?*, y vas-tu ? | *ich muß hin*, il faut que j'y aille. | *nach etwas hin*, vers qch. ; en direction de qch. | *er ging nach der Stadt hin*, il s'éloigna en direction de la ville. | *von oben weg nach unten hin*, de haut en bas. | *nach unten hin*, vers le bas. — **b)** [immer weiter] indique un mouvement prolongé : *an der Küste hin*, en suivant la côte, le rivage. | *durch den Raum hin*, à travers l'espace. | *über das ganze Land hin*, sur toute l'étendue du territoire.

2. SENS TEMPOREL : **a)** indique que l'instant considéré se place dans l'avenir : *das ist noch lange hin*, ce n'est pas pour demain ; il passera de l'eau sous le pont. — **b)** indique une durée prolongée : *vom Morgen bis zum Abend hin*, toute la journée.

3. auf etwas hin, en se fondant sur qch. | *auf diese Hoffnung hin*, en se fondant sur cette espérance. | *aufs Ungewisse hin*, à tout hasard. | *auf die Gefahr hin*, au risque de.

4. vor sich hin, à part soi ; pour soi-même. | *vor sich hin reden*, parler tout seul. | *vor sich hin singen*, chantonner.

5. [verdorben ; verloren] perdu. | *die Uhr ist hin*, cette montre n'est pas réparable, FAM. est fichue. | *er ist hin*, il est perdu ; c'en est fait de lui ; on ne peut rien pour lui. | *alles ist hin*, tout est perdu.

6. hin und... *hin und her*, de-ci, de-là. | *hin und her gehen*, aller et venir. | *hin und wieder*, de temps à autre. | *hin und zurück*, aller et retour. || [Eisenbahn] *einmal Mainz, hin und zurück !*, un aller et retour Mayence.

hin|arbeiten ["hin'arbaitən] v. intr. *auf etwas hinarbeiten*, travailler en vue de qch. ||°-**blick** m. (s, e) regard (m.), coup (m.) d'œil sur. | *im Hinblick auf*, en tenant compte de ; eu égard à. ||-**blicken** v. intr. *auf etwas hinblicken*, regarder qch. ; jeter un coup d'œil sur qch. ||-**bringen** (brachte, gebracht) v. tr. 1° *etwas zu jm hinbringen*, apporter qch. à qn. || 2° *die Zeit hinbringen*, passer le temps. | *sein Leben kümmerlich hinbringen*, vivre petitement ; vivoter. ||-**dehnen (sich)** v. pr. s'étendre au loin, à perte de vue. ||-**denken** (dachte, gedacht) v. intr. *wo denkst du hin ?*, où as-tu la tête ? ; tu n'y penses pas ! ||-**deuten** v. intr. *auf etwas hindeuten*, montrer qch. du doigt. || FIG. faire allusion à qch. | *darauf hindeuten, daß*, donner à penser que. ||-**drängen (sich)** v. pr. *die Menge drängt sich hin*, les gens s'y pressent, s'y bousculent. ||-**dürfen** v. intr. (a, u, u) *ich darf nicht hin*, je n'ai pas le droit d'y aller. ||-**fahren** (ä, u, a) v. intr. *er fährt zu ihr hin*, il se rend chez elle (en voiture, en train). | *an etwas hinfahren*, longer qch. | *mit der Hand über etwas hinfahren*, passer la main sur qch. — v. tr. *ich will Sie hinfahren*, je vais vous y conduire (en voiture). ||°-**fahrt** f. (-, en) aller m. | *auf der Hinfahrt*, à l'aller. || [Eisenbahn] *Hin- und Rückfahrt*, aller (m.) et retour (m.). ||°-**fall** m. (s, ¨e) effondrement m. ; ruine f. ||-**fallen** (ä, ie, a) v. intr. tomber ; faire une chute. | *der Länge nach, längelang hinfallen*, tomber de tout son long. ||-**fällig** adj. [Personen] débile ; faible. || [Dinge] délabré ; menaçant ruine. || [ungültig] nul ; caduc. | *hinfällig werden*, s'annuler. ||°-**fälligkeit** f. [Gebrechlichkeit] débilité f. ; faiblesse f. ; délabrement m. || [Ungültigkeit] nullité f. || JUR. caducité f. || °-**fälligkeitsklausel** f. (-, n). JUR. clause (f.) résolutoire. ||-**finden (sich)** [a, u] v. pr. trouver son chemin. ||-**fliegen** (o, o) v. intr. s'envoler. || [fallen] FAM. se casser la figure. ||-**fliehen** (o, o) v. intr. *die Stunden fliehen hin*, les heures s'enfuient, passent rapidement. ||-**fließen** (o, o) v. intr. couler ; s'écouler. ||-**fort** adv. à l'avenir ; désormais. ||-**führen** v. tr. FAM. *wo soll das hinführen ?*, où cela nous mènera-t-il ? ||-**für** adv. V. HINFORT. ||°-**gabe** f. (-, n). [Opfermut] abnégation f. ; dévouement m. || [Leidenschaft] attachement passionné. | *mit Hingabe*, avec passion ; sans réserve. ||°-**gang** m. (s, ¨e). [Hinfahrt] aller m. || [Tod] trépas m. ; décès m. ||-**geben** (i, a, e) v. tr. livrer ; abandonner. || FIG. *sein Herz hingeben*, donner son cœur. — v. pr. **sich hingeben,** [sich widmen] se donner, se consacrer, se vouer (à). || [sich ergeben] *sich der Verzweiflung hingeben*, se livrer, s'abandonner au désespoir ; céder au désespoir. || [geschlechtlich verkehren] se donner (à). ||°-**gebung** f. dévouement m. ; abnégation f. ||-**gegen** adv. au contraire ; en revanche ; par contre. ||-**gegossen** adj. *wie hingegossen liegen*, être allongé dans une pose pleine d'abandon. ||-**gehaucht** adj. *wie hingehaucht*, vaporeux ; léger ; flou. ||-**gehen** (ging, gegangen) v. intr. aller ; se rendre. | *zu jm hingehen*, se rendre chez qn ; aller trouver qn. || FIG. passer. | *die Zeit ging rasch hin*, le temps passa vite. | *etwas hingehen lassen*, tolérer qch. ; passer sur qch. ||-**gehören** v. intr. être à sa place. | *wo es hingehört*, à sa place. ||-**geraten** (ä, ie, a) v. intr. *wo ist er hingeraten ?*, qu'est-il devenu ? || -**gerichtet** adj. exécuté ; supplicié. ||-**gerissen** adj. FIG. ravi ; enchanté ; transporté ; enthousiasmé. || -**geschieden** adj. défunt ; décédé. ||-**gleiten** (i, i) v. intr. glisser. || FIG. *über etwas hingleiten*, glisser, ne pas insister sur qch. ||-**halten** (ä, ie, a) v. tr. [reichen] tendre ; présenter. || [aufhalten] arrêter ; retenir ; retarder. || MIL. *hinhaltender Widerstand*, combat (m.) de retardement. || FIG. [zaudern] lanterner. || [vertrösten] leurrer ; payer de promesses. ||°-**haltung** f. [Aufhalten] retardement m. || [Zaudern] atermoiement m. || [Vertrösten] manœuvre (f.) dilatoire. ||-**hauen** v. intr. FAM. [sich eilen] se hâter ; abattre de la besogne. || [stürzen] tomber ; FAM. s'étaler de tout son long. || FIG., FAM. *das haut hin*, ça colle. — v. tr. bâcler. | *eine Arbeit hinhauen*, bâcler un travail. ||-**horchen** v. intr. écouter ; dresser l'oreille. ||-**knien** v. intr. se mettre à genoux ; s'agenouiller. ||-**kommen** (a, o) v. intr. aller. || FIG. *wo ist das Buch hingekommen ?*, qu'est devenu, où est passé le livre ? ||-**können** (a, o, o) v. intr. *ich kann nicht hin*, je ne peux pas y aller. ||-**kränkeln** v. intr. être miné par la maladie ; languir. ||-**langen** v. tr. [reichen] tendre ; présenter. — v. intr. [ausreichen] suffire. | *das Geld langt nicht hin*, je n'ai, il n'y a pas assez d'argent. ||-**länglich** adj. suffisant. — adv. suffisamment ; assez. ||-**lassen** (ä, ie, a) v. tr. laisser aller à. ||-**laufen** (ä, ie, a) v. intr. *er läuft hin*, il y court. ||-**legen** v. tr. poser ; placer ; mettre. || FIG., FAM., THÉÂTRE. *eine Rolle hinlegen*, jouer un rôle à la perfection. — v. pr. **sich hinlegen,** s'étendre ; se coucher ; s'allonger. || MIL. *hinlegen !*, à terre ! ||-**lenken** v. tr. *das Gespräch auf etwas hinlenken*, mettre (dans la conversation) qch. sur le tapis. ||-**machen** v. intr. *der Hund macht überall hin*, le chien fait (ses besoins) partout. ||-**morden** v. tr. massacrer. ||-**nehmen** (i, a, o) v. tr. accepter ; tolérer ; supporter ; souffrir ; FAM. avaler. ||-**neigen** v. intr. FIG. *zu etwas hinneigen*, incliner vers, pencher à, incliner à qch. ||-**opfern** v. tr. et v. pr. (s')immoler ; (se) sacrifier. ||-**plappern** v. tr. FAM. *ein Gebet hinplappern*, réciter machinalement, rabâcher une prière. ||-**purzeln** v. intr. FAM. tomber par terre. ||-**raffen** v. tr. enlever ; emporter ; ravir. ||-**reichen** v. intr. être suffisant ; suffire. — v. tr. tendre ; offrir. ||-**reichend** adj. suffisant. || MATH. *hinreichende Bedingung*, condition suffisante. ||°-**reise** f. (-, n) aller m. | *auf der Hinreise*, à l'aller. ||-**reisen** v. intr. *wir reisen heute hin*, nous y allons aujourd'hui. ||-**reißen** (i, i) v. tr. [wegnehmen] emporter ; entraîner. || FIG. [zu etwas bringen] entraîner à. || [bezaubern] ravir ; transporter ; FAM. emballer. | *zur Begeisterung hinreißen*, transporter d'enthousiasme. ||-**reißend** adj. entraînant ; FIG. enthousiasmant ; exaltant ; persuasif. ||-**richten** v. tr. diriger sur. || JUR. [töten] exécuter ; livrer au supplice. | *mit dem Fallbeil hinrichten*, décapiter, guillotiner. ||°-**richtung** f. (-, en). JUR. exécution capitale ; supplice m. ||°-**richtungskommando** n. (s, s). MIL. peloton (m.) d'exécution. ||-**schaffen** v. tr. emporter ; transporter. ||-**schauen** v. intr. regarder. ||-**scheiden** (ie, ie) v. intr. passer de vie à trépas ; décéder. ||-**schicken** v. tr. envoyer. ||-**schlachten** v. tr. massacrer. ||-**schlagen** (ä, u, a) v. tr. frapper. — v. intr. frapper. | *lang hinschlagen*, tomber de tout son long. ||-**schlängeln (sich)** v. pr. serpenter. ||-**schleichen (sich)** [i, i] v. pr. se glisser lentement, prudemment. — v. intr. *die Zeit schleicht hin*, le temps ne passe pas vite. ||-**schreiben** (ie, ie) v. tr. *flüchtig* *etwas hinschreiben*, jeter qch. sur le papier. ||**-schwinden** (a, u) v. intr. disparaître ; s'évanouir. ||**-sehen** (ie, a, e) v. intr. regarder. | *ohne hinzusehen*, les yeux fermés. ||**-senden** (sandte, gesandt) v. tr. envoyer. ||**-setzen** v. tr. placer ; poser. || FAM. *etwas hinsetzen*, faire qch. ; arriver à qch. — v. pr. **sich hinsetzen,** s'installer ; s'asseoir ; prendre place. ||°**-sicht** f. point (m.) de vue ; égard m. | *in jeder Hinsicht*, à tout point de vue. | *in Hinsicht auf*, [was das betrifft] quant à ; au point de vue de ; en ce qui concerne ; pour ce qui est de ; [mit Rücksicht auf] compte tenu de ; eu égard à. | *in dieser Hinsicht*, à cet égard ; de ce point de vue. | *in gewisser Hinsicht*, d'un certain point de vue. ||**-sichtlich** adv. quant à ; au point de vue de ; en ce qui concerne ; eu égard à ; pour ce qui est de. ||**-siechen** v. intr. languir ; dépérir. ||**-sinken** (a, u) v. intr. s'affaisser. ||**-stellen** v. tr. mettre ; placer. || FIG. *als etwas hinstellen*, qualifier de. | *als Muster hinstellen*, donner, proposer en exemple ; donner en modèle. | *etwas hingestellt sein lassen*, laisser qch. de côté, en suspens. ||**-sterben** (i, a, o) v. intr. mourir de mort lente ; se mourir ; dépérir. ||**-streben** v. intr. *nach etwas hinstreben*, tendre à qch. ; viser à qch. ||**-strecken** v. tr. tendre. | *jm die Hand hinstrecken*, tendre la main à qn. || FIG. renverser ; étendre ; abattre. — v. pr. **sich hinstrecken,** s'étendre ; s'étaler. ||**-streichen** (i, i) v. intr. passer. ||**-strömen** v. intr. affluer. ||**-stürzen** v. intr. faire une chute ; s'effondrer. | *zu einem Ort hinstürzen*, se précipiter vers un endroit. ||**-tragen** (ä, u, a) v. tr. *etwas nach einem Ort hintragen*, porter qch. à un endroit. ||**-treten** (i, a, e) v. intr. s'avancer ; se présenter. ||°**-tritt** m. (s). POÉT. trépas m. ; décès m. ||**-tun** (tat, getan) v. tr. *wo soll ich das hintun ?*, où dois-je mettre cela ? ||**-wagen (sich)** v. pr. *er wagt sich nicht hin*, il n'ose pas y aller ; il ne s'y risque pas. ||°**-weg** m. (s) aller m. | *auf dem Hinweg*, à l'aller. ||°**-weis** m. (es, e) remarque f. | *Hinweis auf*, renvoi (m.), référence (f.) à. ||**-weisen** (ie, ie) v. intr. *auf etwas hinweisen*, montrer qch. ; attirer l'attention sur qch. ; faire remarquer qch. | *er wies darauf hin, daß*, il fit remarquer que. ||**-weisend** adj. démonstratif. || GRAMM. *hinweisendes Fürwort*, pronom démonstratif. ||**-werfen** (i, a, o) v. tr. jeter. | *dem Hund einen Knochen hinwerfen*, jeter un os au chien. | *den Fehdehandschuh hinwerfen*, jeter le gant. || FIG. [sagen] *eine Bemerkung hinwerfen*, lancer une remarque ; jeter un mot. | *seine Arbeit hinwerfen*, laisser tomber son travail. — v. pr. **sich hinwerfen,** se jeter. | *sich vor jm hinwerfen*, se jeter aux pieds de qn ; se prosterner devant qn. ||**-wieder** adv. par contre ; en revanche. ||**-ziehen** (zog, gezogen) v. tr. [verzögern] retarder ; faire traîner en longueur. — v. pr. **sich hinziehen,** traîner en longueur ; se prolonger. | *es zieht sich hin*, cela n'en finit pas. ||**-zielen** v. intr. *auf etwas hinzielen*, tendre à ; viser à.

hin|ab [hin'ap] adv. et partic. sépar. de haut en bas ; vers le bas ; en descendant. | *weiter hinab*, plus bas. | *den Fluß hinab*, vers l'aval ; dans le sens du courant. | *hinab mit euch !*, descendez de là !

hinab|blicken [hin"ap'blikən] v. intr. regarder vers le bas, en bas. ||**-bringen** (brachte, gebracht) v. tr. descendre (qch.). ||**-fahren** (ä, u, a) v. intr. descendre. ||**-fallen** (ä, ie, a) v. intr. tomber à la verticale, comme une pierre. ||**-fliegen** (o, o) v. intr. AÉRON. plonger ; piquer. ||**-gehen** (ging, gegangen) v. intr. descendre. ||**-helfen** (i, a, o) v. intr. *jm hinabhelfen*, aider qn à descendre. ||**-kommen** (a, o) v. intr. descendre. ||**-laufen** (ä, ie, a) v. intr. descendre en courant ; dévaler. ||**-springen** (a, u) v. intr. descendre d'un bond. ||**-steigen** (ie, ie) v. intr. descendre. ||**-stürzen** v. tr. faire tomber ; précipiter dans le vide. — v. intr. [hinabeilen] descendre précipitamment. || [hinabfallen] tomber comme une pierre. — v. pr. **sich hinabstürzen,** descendre précipitamment. ||**-tragen** (ä, u, a) v. tr. descendre (qch.). ||**-wärts** adv. en descendant ; vers le bas.

hin|an [hin'an] adv. et partic. sépar. vers le haut ; en montant. | *den Hügel hinan*, en gravissant la colline.

hinan|gehen [hin"an'ge:ən] (ging, gegangen) v. intr. monter ; gravir. ||**-steigen** (ie, ie) v. intr. gravir ; monter ; escalader.

hin|auf [hin'auf] adv. et partic. sépar. vers le haut ; en montant. | *den Strom hinauf*, en (re)montant le fleuve. | *weiter hinauf*, plus haut. | *von unten hinauf*, de bas en haut.

hinauf|arbeiten (sich) [ziçhin"auf'arbaitən] v. pr. monter avec peine. || FIG. parvenir ; réussir par le, à force de travail. ||**-bringen** (brachte, gebracht) v. tr. monter. ||**-fahren** (ä, u, a) v. tr. monter. | *den Strom hinauffahren*, (re)monter le fleuve ; naviguer à contre-courant. — v. tr. monter. ||**-gehen** (ging, gegangen) v. intr. monter. ||**-helfen** (i, a, o) v. intr. aider à monter. ||**-kämmen** v. tr. *die Haare hinaufkämmen*, relever ses cheveux. ||**-klettern** v. intr. grimper. ||**-kommen** (a, o) v. intr. arriver en haut. ||**-lassen** (ä, ie, a) v. tr. laisser, faire monter. ||**-schicken** v. tr. envoyer en, vers le haut. || **-schwingen (sich)** [a, u] v. pr. s'élancer ; s'élever. ||**-setzen** v. tr. faire monter, avancer. || COMM. *die Preise hinaufsetzen*, hausser, augmenter les prix. ||**-steigen** (ie, ie) v. intr. monter ; s'élever. || **-treiben** (ie, ie) v. tr. faire monter. || COMM. *die Preise hinauftreiben*, faire monter les prix. ||**-wärts** adv. vers le haut ; en montant.

hin|aus [hin'aus] adv. et partic. sépar. vers le dehors ; vers l'extérieur. | *hinaus mit euch !*, sortez ! ; à la porte ! | *nach vorn hinaus*, sur la façade ; sur la rue ; sur le devant. | *nach hinten hinaus*, sur la cour ; sur le derrière. | *auf Jahre hinaus*, pour des années. | *über etwas hinaus sein*, avoir dépassé qch. ; FIG. être au-dessus de qch. ; avoir pris son parti de qch. | *und darüber hinaus*, (et) en outre. | *auf etwas hinaus sein*, être en train de.

hinaus|begleiten [hin"ausbə'glaitən] v. tr. reconduire. ||**-beugen (sich)** v. pr. se pencher en dehors. ||**-bringen** (brachte, gebracht) v. tr. sortir ; transporter à l'extérieur. ||**-eilen** v. intr. se précipiter au-dehors. ||**-ekeln** v. tr. FAM. se débarrasser (de qn) en lui faisant grise mine ; écœurer. ||**-fahren** (ä, u, a) v. tr. sortir ; transporter à l'extérieur. — v. intr. sortir en voiture (ou autre véhicule). || MAR. quitter le port. ||**-gehen** (ging, gegangen) v. intr. aller dehors ; sortir. || FIG. *das Fenster geht auf die Straße hinaus*, la fenêtre donne sur la rue. | *über die Möglichkeiten hinausgehen*, dépasser les possibilités, les limites. | *meine Schuld geht auf viele Jahre hinaus*, j'ai des dettes pour plusieurs années. | *es geht darauf hinaus*, cela tend, vise à. ||**-jagen** v. tr. chasser ; mettre dehors ; FAM. flanquer à la porte. ||**-kommen** (a, o) v. intr. sortir. || FIG. *es kommt auf eins hinaus*, cela revient au même. ||**-laufen** (ä, ie, a) v. intr. sortir en courant. || FIG. revenir à ; aboutir à. | *es läuft aufs gleiche hinaus*, cela revient au même. ||**-legen** v. tr. mettre au-dehors. || COMM. mettre à l'étalage, en montre. ||**-lehnen (sich)** se pencher au-dehors. ||**-machen (sich)** v. pr. FAM. filer ; décamper. ||**-müssen** (u, u, u) v. intr. FAM. être obligé de sortir. ||**-packen (sich)** v. pr. FAM. filer ; décamper. ||**-ragen** v. intr. *über etwas hinausragen*, s'élever au-dessus de qch. ; dominer, dépasser qch. ||**-rücken** v. tr. pousser dehors ; FIG. remettre à plus tard ; repousser ; reporter. — v. intr. sortir. || MIL. faire une sortie. ||**-schieben** (o, o) v. tr. pousser dehors ; FIG. remettre à plus tard ; reporter ; ajourner. ||**-schießen** (o, o) v. intr. MIL. *über das Ziel hinausschießen*, tirer trop long. || FIG. aller trop loin, dépasser son objectif ; exagérer. || **-schmeißen** (i, i) v. tr. FAM. flanquer dehors, à la porte. ||**-sehen** (ie, a, e) v. intr. *nicht über seine Nase hinaussehen*, ne pas voir plus loin que le bout de son nez. ||**-setzen** v. tr. mettre, exposer au-dehors. | *jn hinaussetzen*, mettre qn à la porte. || [zeitlich] remettre à plus tard ; ajourner ; reporter. — v. pr. **sich hinaussetzen,** s'asseoir dehors. ||**-stürzen** v. intr. se précipiter dehors. ||**-treiben** (ie, ie) v. tr. chasser ; expulser. ||**-weisen** (ie, ie) v. tr. éconduire ; mettre à la porte. ||**-werfen** (i, a, o) v. tr. jeter dehors ; mettre à la porte. | *sein Geld zum Fenster hinauswerfen*, jeter son argent par les fenêtres. ||**-wollen** v. intr. FAM. vouloir sortir. || FIG. *worauf will er hinaus ?*, où veut-il en venir ? | *zu hoch hinauswollen*, viser trop haut. ||**-ziehen** (zog, gezogen) v. tr. traîner dehors. || PAR EXT. prolonger ; faire traîner en longueur ; se prolonger. — v. intr. sortir.

hinderlich ['hindərliç] adj. contraire ; gênant ; contrariant. | *einer Sache hinderlich sein*, être un obstacle à qch.

hindern ['hindərn] v. tr. [erschweren] gêner ; contrarier ; déranger. || [verhindern] empêcher ; arrêter ; retenir. | *bei etwas hindern*, gêner pour. | *an etwas hindern*, empêcher de.

Hindernis [-dərnis] n. (ses, se) obstacle m. ; entrave f. ; empêchement m. ; contretemps m. ; traverse f. | *jm ein Hindernis bereiten*, contrecarrer les projets de qn. | *ein Hindernis nehmen* ; *über ein Hindernis setzen*, franchir, passer un obstacle.

— SYN. : *Sperre*, obstacle ; *Verhau*, abattis ; *Verhinderung*, empêchement ; *Widerstand*, résistance ; *Schwierigkeit*, difficulté ; *Hemmnis*, embarras, gêne.

Hindernis|bahn ["hindərnis'ba:n] f. (-, en) piste (f.) d'obstacles ; piste (f.) de haies. || FIG. parcours (m.) du combattant. ||°**-graben** m. (s, ¨). [Pferderennen] fossé m. ||°**-lauf** m. (s), **-rennen** n. (s) course (f.) d'obstacles ; [Leichtathletik] steeple-chase m. || [Pferderennen] steeple-chase m.

Hinderung ['hindəruŋ] f. (-, en) empêchement m. ; obstacle m.

Hinderungs|grund ["hindəruŋs'grunt] m. (s, ¨e). JUR. empêchement dirimant. || *das ist kein Hinderungsgrund*, ce n'est pas rédhibitoire.

Hindu ['hindu] n. pr. m. (s, s). GÉOGR. Hindou m.

hin|durch [hin'durç] adv. et partic. sépar. [Ort] à travers ; au travers de ; en passant par. | *den Wald hindurch*, à travers la forêt. || [Zeit] pendant ; durant. | *das ganze Jahr hindurch*, pendant toute l'année. | *Jahre hindurch*, des années durant ; des années entières ; pendant des années.

hin|ein [hin'ain] adv. et partic. sépar. vers le dedans ; vers l'intérieur. | *bis in etwas hinein*, jusqu'au cœur de ; jusqu'au plus profond de. | *bis tief in die Nacht hinein*, jusqu'à une heure avancée de la nuit. | *sich bis in seine Seele hinein schämen*, être pénétré de honte.

hinein|arbeiten [hin"ain'arbaitən] v. tr. faire entrer (qch.). — v. pr. **sich hineinarbeiten,** *sich in eine Sache hineinarbeiten*, se mettre à, s'habituer à un travail. ||**-bringen** (brachte, gebracht) v. tr. introduire ; faire entrer. ||**-denken (sich)** [dachte, gedacht] v. pr. se mettre à la place de ; se mettre dans la peau de. ||**-drücken** v. tr. faire entrer en pressant, en poussant. ||**-fallen** (ä, ie, a) v. intr. tomber dans. || FIG., FAM. tomber dans le panneau. ||**-finden (sich)** [a, u] v. pr. se faire à ; s'habituer à ; s'accoutumer à. ||**-fressen** (i, a, e) v. tr. FIG., FAM. avaler. | *die Wut in sich hineinfressen*, ravaler sa colère. ||**-gehen** (ging, gegangen) v. intr. entrer dans ; pénétrer dans. ||**-geraten** (ä, ie, a) v. intr. se retrouver dans ; être mêlé à. ||**-leben** v. intr. *in den Tag hineinleben*, se laisser vivre. — v. pr. **sich hineinleben,** se faire à ; s'habituer à ; s'accoutumer à. ||**-legen** v. tr. FAM. tromper ; duper ; rouler ; mettre dedans. || [deuten] *einen Sinn hineinlegen*, donner une interprétation. ||**-mischen (sich)** v. pr. se mêler (de qch.). ||**-reden** v. intr. intervenir dans la conversation ; FAM. mettre son grain de sel. — v. pr. *sich in Wut hineinreden*, s'échauffer en parlant. ||**-reißen** v. tr. *jn in eine Sache hineinreißen*, entraîner qn. dans une affaire. ||**-reiten** v. intr. entrer à cheval. — v. tr. *jn ins Unglück hineinreiten*, couler qn. ||**-schlüpfen** v. intr. se glisser dans. | *in den Mantel hineinschlüpfen*, enfiler rapidement son manteau. ||**-schwatzen** v. intr. FAM. *ins Blaue hineinschwatzen*, dire des paroles en l'air. ||**-stecken** v. tr. enfoncer ; faire entrer dans ; engager. | *Geld hineinstecken*, engager des fonds. || FAM. *seine Nase in etwas hineinstecken*, fourrer son nez dans. ||**-treten** (i, a, e) v. intr. entrer dans. ||**-tun** (tat, getan) v. tr. mettre dans ; introduire dans. ||**-wagen (sich)** v. pr. se risquer à l'intérieur de. ||**-werfen** (i, a, o) v. tr. jeter dans. || FIG. *einen Blick hineinwerfen*, jeter un regard dans. ||**-ziehen** (zog, gezogen) v. tr. faire entrer ; traîner dans ; entraîner dans. || FIG. *in eine Sache hineingezogen werden*, être impliqué dans une affaire. ||**-zwängen** v. tr. faire entrer de force.

hinken ['hiŋkən] v. intr. boiter. | *auf, mit einem Fuß hinken*, traîner la jambe. || FIG. clocher ; être boiteux. | *der Vergleich hinkt*, cette comparaison cloche.

Hinken ['hiŋkən] n. (s) claudication f.

hinkend [-kənt] adj. boiteux ; claudicant ; éclopé. | *der hinkende Bote*, le messager boiteux. || POÉS. *hinkende Verse*, vers (m. pl.) boiteux.

Hinke|spiel ["hiŋkə'ʃpi:l] n. (s) marelle f.

hinnen ['hinən] adv. POÉT. *von hinnen gehen*, partir ; s'en aller ; FIG. trépasser.

hint|an [hint'an] adv. en arrière ; derrière. || FIG. de côté ; à l'écart.

hintan|lassen [hint"an'lasən] (ä, ie, a), **-setzen** ['zɛtsən] v. tr. laisser ; négliger ; faire passer après le reste, en dernier lieu. | *den eigenen Vorteil hintansetzen*, ne pas considérer son intérêt. ||°**-setzung** f. négligence f. ; mépris m. | *unter Hintansetzung seines Vorteils*, au mépris de ses intérêts. ||**-stehen** (stand, gestanden) v. intr. passer après le reste ; être négligé. ||**-stellen** v. tr. placer au dernier rang (de ses soucis) ; dédaigner.

hinten ['hintən] adv. derrière ; à l'arrière ; au fond ; à la fin ; à la queue. | *hinten aufsitzen*, monter en croupe. | *hinten aufs Pferd nehmen*, prendre en croupe. | *hinten antreten*, se mettre à la queue. | *hinten herum*, par une voie détournée. | *nach hinten*, vers l'arrière. | *sich hinten anstellen*, prendre la queue. | *von hinten*, de l'arrière. | *von hinten anfangen*, commencer par la fin. | *von hinten überfallen*, attaquer par derrière.

hinten|drein ["hintən'drain] adv. derrière ; après ; ensuite. ||**-(her)um** adv. indirectement. || PAR EXT. à l'inverse. ||**-nach** adv. après ; après coup ; ensuite ; ultérieurement. ||**-über** adv. à la renverse.

hinter ['hintər] prép. (mouvement vers : acc. ; sans mouvement vers : dat.) derrière ; après ; à la suite de. | *jn hinter sich lassen*, distancer qn. | *hinter jm herlaufen*, suivre qn ; être sur les talons de qn. | *hinter sich gehen*, aller à reculons. || FIG. *hinter js Rücken*, dans le dos de, à l'insu de qn. | *hinter den Kulissen*, en coulisse ; dans la coulisse. | *hinter verschlossenen Türen*, à l'abri des oreilles indiscrètes. | *mit etwas hinter dem Berge halten*, tenir qch. secret ; faire mystère de qch. | *jn hinters Licht führen*, tromper qn ; induire qn en erreur. | *hinter die Wahrheit kommen*, découvrir la vérité, le pot aux roses. | *hinter js Schliche kommen*, percer à jour les intrigues de qn. | *es faustdick hinter den Ohren haben*, être malin, un malin. | *noch feucht hinter den Ohren sein*, être encore un blanc-bec. || LOC., FAM. *sich etwas hinter die Ohren schreiben*, prendre bonne note de qch. ; se tenir qch. pour dit. | *jm eins hinter die Ohren geben*, donner une gifle à qn. | *hinter die Schule gehen*, faire l'école buissonnière.

◇ adj. de derrière ; arrière ; postérieur. | *die hinteren Bänke*, les derniers bancs ; les bancs (m. pl.) du fond.

hinter ['hintər] partic. marquant un mouvement vers l'arrière.

Hinter|achse ["hintər'aksə] f. (-, n) essieu (m.) arrière. ||°**-ansicht** f. (-, en) vue (f.) de dos, de derrière, de l'arrière. ||°**-backe** f. (-, n). ANAT. fesse f. ||°**-bein** n. (s, e). ANAT. patte (f.) de derrière. || FIG. *sich auf die Hinterbeine stellen*, regimber ; se cabrer ; se rebiffer. ||°**-bliebene(r)** f. (m.) conjoint survivant. | *die Hinterbliebenen*, ceux qui restent ; les survivants. ||°**-bliebenenrente** f. (-, n) pension (f.) de réversion. ||**-bringen** (brachte, gebracht) v. tr. partic. sépar. mettre derrière. || FIG. partic. insépar. *jm etwas hinterbringen*, rapporter qch. à qn ; informer qn secrètement de qch. ||°**-bringer** m. (s, -) informateur secret ; PÉJOR. dénonciateur m. ; délateur m. ; indicateur m. ||°**-deck** n. (s) arrière-pont m. ||**-drein** adv. ensuite ; après coup. ||**-einander** adv. [räumlich] l'un derrière l'autre. | *hintereinander gehen*, marcher en file indienne, à la queue leu leu. || [zeitlich] l'un après l'autre ; successivement. | *drei Tage hintereinander*, trois jours de suite, consécutifs, d'affilée. ||°**-einanderschaltung** f. (-, en). ÉLECTR. montage en série. ||°**-front** f. (-, en). MIL. arrière m. || ARCHIT. façade (f.) arrière. ||°**-fuß** m. (es, ¨e). ANAT. patte (f.) de derrière. ||°**-gebäude** n. (s, -). ARCHIT. bâtiment (m.) de derrière. ||°**-gedanke** m. (ns, n) arrière-pensée f. ; réticence f. | *ohne Hintergedanken*, sans arrière-pensée. ||**-gehen** (hintergangen) v. tr. partic. insépar. tromper, duper, abuser qn ; circonvenir. | *jn hintergehen*, abuser de la bonne foi de qn. ||°**-gehung** f. (-, en) tromperie f. ; duperie f. ||°**-gestell** n. (s, e) arrière-train m. ||°**-glied** n. (s, er). ANAT. membre postérieur. ||°**-grund** m. (s, ¨e) arrière-plan m. ; fond m. | *sich im Hintergrund halten* ; *im Hintergrund bleiben*, rester dans l'ombre. | *in den Hintergrund treten*, passer au second plan. | *in den Hintergrund drängen*, reléguer au second plan. || FIG. dessous m. | *die Hintergründe der Sache*, les dessous (m. pl.) de l'affaire. | *im Hintergrund*, en filigrane. ||°**-grundgeräusch** n. (es, e) bruit (m.) de fond. ||**-gründig** adj. compliqué ; complexe. ||°**-halt** m. (s, e) embuscade f. ; guet-apens m. ; traquenard m. | *jm einen Hinterhalt legen*, tendre, préparer une embuscade à qn. | *im Hinterhalt liegen*, se tenir en embuscade. || [Hintergedanke] arrière-pensée f. ; réticence f. ||**-hältig** adj. faux ; sournois ; dissimulé. ||°**-hand** f. (-, ¨e). [Handteil] métacarpe m. || [Pferd] arrière-main f. || [Spiel] *in der Hinterhand sein*, jouer le dernier. ||°**-haupt** n. (s, ¨er). ANAT. occiput m. ||°**-hauptsbein** n. (s, e) os occipital. ||°**-haus** n. (es, ¨er). ARCHIT. arrière-corps m. ||**-her** adv. après (les autres). || [räumlich] en suivant ; à la suite ; à la file ; à la queue. || [zeitlich] plus tard ; ensuite. || FIG. *du bist sehr dahinter her*, tu t'y intéresses beaucoup. ||**-herlaufen** (ä, ie, a) v. intr. poursuivre ; courir après. ||°**-hof** m. (s, e) arrière-cour f. ||°**-indien** n. pr. n. GÉOGR. Indochine f. ||**-indisch** adj. indochinois. ||°**-kappe** f. (-, n). [im Schuh] contrefort m. ||°**-kastell** n. (s, e). MAR. gaillard (m.) d'arrière. ||°**-keule** f. (-, n) gigot m. ; cuisseau m. || [Wild] cuissot m. ||°**-kopf** m. (s, ¨e). ANAT. occiput m.

||°**-laden** m. (s, ¨) arrière-boutique f. ||°**-lader** m. (s, -). MIL. arme (f.) à chargement par la culasse. ||°**-lage** f. (-, n). FIN., JUR. dépôt m. ||°**-land** n. (s, ¨er) arrière-pays m. ||**-lassen** (ä, ie, a) v. tr. partic. insépar. laisser (derrière soi). | *seine Karte hinterlassen*, laisser sa carte (de visite). || [vererben] léguer ; laisser. | *ein großes Vermögen hinterlassen*, laisser une fortune considérable. ||°**-lassenschaft** f. (-, en). JUR. succession f. ; héritage m. ||**-legen** v. tr. partic. sépar. poser derrière, au fond. — v. tr. partic. insépar. déposer ; mettre en dépôt. || COMM., FIN. *Wertpapiere hinterlegen*, déposer des titres ; donner, mettre des titres en dépôt. | *als Pfand hinterlegen*, laisser en gage. ||°**-leger** m. (s, -) déposant m. ||°**-legung** f. (-, en) dépôt m. ; consignation f. || JUR. nantissement m. ||°**-legungskasse** f. (-, n) caisse (f.) des dépôts et consignations. ||°**-legungskonto** n. (s, ten). FIN. compte (m.) de dépôts. ||°**-leib** m. (s). ANAT. partie postérieure du corps ; arrière-train m. ||°**-list** f. ruse f. ; fourberie f. ; perfidie f. || JUR. dol m. ||°**-listig** adj. rusé ; fourbe ; perfide. ||°**-mann** m. (s, ¨er) suivant m. || MIL. voisin (m.) de derrière. || COMM. endosseur m. || JUR. répondant m. ||°**-mast** m. (es, e). MAR. mât (m.) d'arrière, d'artimon. ||°**-pferd** n. (s, e) limonier m. ||°**-pforte** f. (-, n) porte (f.) de derrière. ||°**-pfote** f. (-, n). ZOOL. patte (f.) de derrière. ||°**-rad** n. (s, ¨er) roue (f.) arrière. ||**-rücks** adv. [hintenüber] en arrière ; à la renverse. || FIG. [heimlich] par derrière ; en traître. ||°**-schenkel** m. (s, -) gigot m. ; cuissot m. ||°**-schiff** n. (s, e). MAR. arrière m. ; poupe f. ||°**-seite** f. (-, n) face postérieure. || [Blatt] verso m. ||°**-sitz** m. (es, e) siège (m.) arrière ; fond (m.) de la voiture. ||°**-stube** f. (-, n). ARCHIT. pièce (f.), sur le derrière. ||°**-stück** n. (s, e) partie postérieure. ||°**-teil** m. (s, e) partie postérieure. || [Pferd] croupe f. || [Gesäß] postérieur m. ; fesses f. pl. || MAR. arrière m. ; poupe f. || ANAT. [Kopf] occiput m. ||°**-treffen** n. (s). MIL. arrières m. pl. || FIG. *ins Hintertreffen geraten, kommen*, être distancé. ||**-treiben** (ie, ie) v. tr. partic. sépar. pousser vers l'arrière. || FIG. partic. insépar. contrecarrer ; faire échouer. ||°**-treppe** f. (-, n). ARCHIT. escalier (m.) de service ; [versteckte Treppe] escalier dérobé. || °**-treppengeschichte** f. (-, n) potin m. ; ragot m. ; cancans m. pl. ||°**-treppenroman** m. (s, e) roman (m.) à quatre sous. ||°**-tür** f. (-, en) porte (f.) de derrière ; porte dérobée. || FIG., FAM. *noch eine Hintertür offenlassen*, ménager une porte de sortie. | *etwas durch eine Hintertür wieder einführen*, réintroduire qch. par un biais. ||°**-viertel** n. (s, -) quartier (m.) arrière ; cuisse f. || [Hammel] gigot m. || [Kalb] longe f. ||°**-wäldler** m. (s, -) rustaud m. ; rustre m. ||°**-wand** f. (-, ¨e). ARCHIT. mur (m.) de derrière. || THÉÂTRE. fond m. ||**-wärts** adv. en arrière ; vers l'arrière. ||**-ziehen** (zog, gezogen) v. tr. partic. sépar. tirer en arrière ; retirer. || PAR ANAL. partic. insépar. [unterschlagen] soustraire ; détourner. | *Steuern hinterziehen*, frauder le fisc. ||°**-ziehung** f. (-, en) détournement m. ; fraude f. ||°**-zimmer** n. (s, -). ARCHIT. chambre (f.) de derrière.

Hintern ['hintərn] m. (s, -). ANAT. derrière m. ; postérieur m.

hintern [-tərn] adv. pour **hinter den.**

hinters [-tərs] adv. pour **hinter das.** | *hinters Licht führen*, duper ; tromper.

hinterste [-tərstə] adj. superl. de *hinter*, dernier.

hin|über [hin'y:bər] adv. et partic. sépar. de l'autre côté ; par-dessus. | *hinüber sein*, être mort.

hinüber|blicken [hin"y:bər'blikən] v. intr. regarder. | *über etwas hinüberblicken*, regarder au-delà de qch. ||**-bringen** (brachte, gebracht) v. tr. porter, transporter de l'autre côté. ||**-fahren** (ä, u, a) v. intr. passer de l'autre côté ; traverser. — v. tr. transporter sur l'autre rive, de l'autre côté. ||**-gehen** (ging, gegangen) v. intr. aller, passer de l'autre côté ; traverser. || FIG., FAM. s'éteindre ; trépasser ; passer de vie à trépas. ||**-greifen** (i, i) v. intr. empiéter. | *in etwas hinübergreifen*, empiéter sur. ||**-helfen** (i, a, o) v. intr. aider (qn) à traverser, à passer. ||**-kommen** (a, o) v. intr. passer de l'autre côté ; traverser. ||**-lassen** (ä, ie, a) v. tr. laisser, faire passer (qn) de l'autre côté. ||**-ragen** v. intr. dépasser. ||**-reichen** v. intr. s'étendre au-delà. — v. tr. présenter ; passer ; tendre. ||**-schaffen** v. tr. emmener ; transporter de l'autre côté. ||**-schauen.** V. HINÜBERBLICKEN. ||**-schwimmen** (a, o) v. intr. nager vers l'autre rive. | *über den See hinüberschwimmen*, traverser le lac à la nage. ||**-setzen** v. intr. passer. | *ich setze über die Mauer hinüber*, je passe au-dessus du mur. — v. tr. faire passer de l'autre côté. | *ich setze meinen Freund über den Fluß hinüber*, je fais passer le fleuve à mon ami. ||**-spielen** v. intr. *diese Farbe spielt ins Violett hinüber*, cette teinte tire sur le violet. ||**-springen** (a, u) v. intr. sauter de l'autre côté, par-dessus. ||**-steigen** (ie, ie) v. intr. enjamber ; franchir ; passer de l'autre côté. ||**-tragen** (ä, u, a) v. tr. porter, transporter de l'autre côté. ||**-wechseln** v. intr. émigrer. || MIL. *ins Lager der Feinde hinüberwechseln*, passer à l'ennemi. ||**-werfen** (i, a, o) v. tr. jeter de l'autre côté. ||**-ziehen** (zog, gezogen) v. tr. tirer de l'autre côté. || GRAMM. faire la liaison. — v. intr. passer de l'autre côté. || MIL. *zum Feind hinüberziehen*, passer à l'ennemi.

Hin und Her ["hinunt'he:r] n. va-et-vient m.

Hin- und Her|bewegung ["hinunt'he:rbə've:guŋ] f. (-, en) va-et-vient m. ; mouvement (m.) de va-et-vient ; mouvement (m.) de pendule. ||°**-fahrt** f. (-, en) aller (m.) et retour m. ||°**-märsche** m. pl. MIL. marches (f. pl.) et contremarches f. pl.

Hinüber und Herüber [hin"y:bərunthe:r'ybər] n. va-et-vient m.

hin|unter [hin'untər] adv. et partic. sépar. vers le bas ; en descendant. | *hinunter mit euch !*, descendez de là !

hinunter|bringen [hin"untər'briŋən] (brachte, gebracht) v. tr. descendre ; porter en bas. || FIG. *etwas nicht hinunterbringen können*, ne pas pouvoir avaler qch. ||**-gehen** (ging, gegangen) v. intr. descendre. || **-gießen** (o, o) v. tr. avaler, boire vite. ||**-schlingen** (a, u) v. tr. avaler ; ingurgiter. ||**-schlucken** v. tr. avaler ; boire. || FIG. *seinen Ärger hinunterschlucken*, ravaler sa colère. ||**-stürzen** v. tr. jeter en bas. — v. intr. *die Treppe hinunterstürzen*, dégringoler l'escalier. ||**-werfen** (i, a, o) v. tr. jeter en bas.

hin|weg [hin'vɛk] adv. et partic. sépar. au loin. | *hinweg (mit euch) !*, allez-vous-en ! | *über seinen Kummer hinweg sein*, avoir surmonté son chagrin.

hinweg|eilen [hin"vɛk'ailən] v. intr. partir en vitesse ; s'éloigner en hâte. ||**-fegen** v. tr. *vom Erdboden hinwegfegen*, rayer de la carte. ||**-gehen** (ging, gegangen) v. intr. s'en aller. || FIG. *über einen Vorfall hinweggehen*, passer sur, ne pas s'arrêter à un incident. ||**-nehmen** (i, a, o) v. tr. enlever. ||**-raffen** v. tr. emporter ; enlever. ||**-schreiten** (i, i) v. intr. *über etwas hinwegschreiten*, passer par-dessus qch. ||**-sehen** (ie, a, e) v. tr. *etwas über etwas hinwegsehen*, voir qch. par-dessus qch. — v. intr. *über etwas hinwegsehen*, passer, fermer les yeux sur qch. ||**-setzen** v. tr. et v. pr. enlever ; ôter. | *sich über etwas hinwegsetzen*, se placer au-dessus de qch. ; passer outre à qch. ||**-täuschen** v. tr. faire perdre de vue ; faire oublier ; abuser.

Hinz [hints] n. pr. m. Henrion m. || FAM. *Hinz und Kunz*, Pierre et Paul.

hin|zu [hin'tsu:] adv. et partic. sépar. de plus ; en plus ; en outre ; en sus.

hinzu|bekommen [hin"tsu:bə'kɔmən] (a, o) v. tr. recevoir par-dessus le marché. ||**-drängen (sich)** v. tr. se bousculer ; s'agglutiner. ||**-fügen** v. tr. ajouter. | *ich habe nichts mehr hinzuzufügen*, je n'ai plus rien à ajouter. ||**-fügung** f. (-, en) addition f. ; adjonction f. ||**-gehören** v. intr. | *zu etwas hinzugehören*, faire partie de qch. ||**-gesellen (sich)** v. pr. se joindre ; s'associer. ||**-kommen** (a, o) v. intr. s'ajouter à ; venir en plus. | *hinzu kommt noch, daß*, à cela s'ajoute encore que. ||**-legen** v. tr. joindre ; ajouter. ||**-rechnen** v. tr. ajouter au compte ; compter aussi. ||**-schreiben** (ie, ie) v. tr. ajouter. ||**-setzen** v. tr. ajouter ; joindre. ||**-treten** (i, a, e) v. intr. s'approcher. || FIG. *dazu tritt noch hinzu, daß*, ajoutez à cela que. ||**-tun** (tat, getan) v. tr. ajouter ; joindre. | *ohne das mindeste von dem Meinen hinzuzutun*, sans rien y ajouter de mon cru. ||**-wählen** v. tr. coopter. ||**-werfen** (i, a, o) v. tr. ajouter. ||**-zählen** v. tr. ajouter au compte ; compter aussi. ||**-ziehen** (zog, gezogen) v. tr. faire appel à. ||°**-ziehung** f. (-, en) *mit Hinzuziehung aller Unkosten*, en ajoutant tous les faux frais. | *Hinzuziehung eines Fachmanns*, consultation (f.) d'un spécialiste.

Hiob ['hi:ɔp] n. pr. m. RELIG. Job m.

Hiobs|bote ["hi:ɔps'bo:tə] m. (n, n) messager (m.) de malheur. ||°**-botschaft** f. (-, en), °**-post** f. nouvelle fatale.

Hippe ['hipə] f. (-, n). AGRIC. [Sense] faux f. || [Messer] serpe f. ; serpette f.

Hippodrom [hipɔ'dro:m] m. et n. (s, e) hippodrome m.

hippokratisch [hipo'kra:tiʃ] adj. *hippokratischer Eid*, serment (m.) d'Hippocrate.

Hirn [hirn] n. (s, e). ANAT. cerveau m. ; cervelle f. | *sich das Hirn zermartern*, se torturer les méninges. |

sein Hirn anstrengen, se creuser la cervelle. || CULIN. *gebackenes Hirn*, cervelle au beurre noir.

Hirn|anhang ["hirn'anhaŋ] m. (s, ¨e) hypophyse f. ||°**-blättchen** n. (s, -). ANAT. fontanelle f. ||°**-blutung** f. (-, en). MÉD. hémorragie cérébrale. ||°**-bohrer** m. (s, -). ANAT. trépan m. ||°**-gespinst** n. (es, e). FIG. illusion f. ; chimère f. ; faribole f. ; fantasmagorie f. ||°**-haut** f. ANAT. méninge f. | *harte Hirnhaut*, dure-mère ; arachnoïde f. | *weiche Hirnhaut*, pie-mère. ||°**-hautentzündung** f. (-, en). MÉD. méningite f. ||°**-kasten** m. (s, ¨). V. HIRNSCHÄDEL. ||**-los** adj. FIG. sans cervelle ; écervelé ; étourdi. ||°**-masse** f. (-, n) matière (f.) cérébrale. ||°**-rinde** f. ANAT. matière grise ; cortex m. ||**-rissig** adj. *hirnrissig sein*, être insensé. ||°**-schädel** m. (s, -), **-schale** f. (-, n). ANAT. boîte crânienne. ||°**-schlag** m. (s, ¨e). MÉD. hémorragie cérébrale. ||°**-schwund** m. (s). MÉD. atrophie cérébrale. ||°**-tod** m. (s, e). MÉD. mort cérébrale. ||**-verbrannt** adj. tête brûlée. ||°**-windungen** f. pl. circonvolutions cérébrales.

Hirsch [hirʃ] m. (es, e). ZOOL. [Geweihträger] cervidé m. || [Edelhirsch] cerf m. | *einjähriger Hirsch*, brocard m. | *zweijähriger Hirsch*, daguet m. | *dreijähriger Hirsch*, cerf à sa première tête. | *der Hirsch schreit, röhrt, orgelt*, le cerf brame. | *der Hirsch fegt sich*, le cerf se décroûte. | *einen Hirsch aufjagen*, lancer un cerf. | *einen Hirsch aufspüren*, détourner un cerf. | *einen Hirsch zu Tode hetzen*, forcer un cerf.

Hirsch|bock ['hirʃbɔk] m. (s, ¨e). ZOOL. cerf mâle. ||°**-fährte** f. (-, n). [Jagd] voie (f.) du cerf. ||°**-fänger** m. (s, -) couteau (m.) de chasse. ||**-farben** adj. fauve ; de couleur fauve. ||°**-geschrei** n. (s) bramement m. ||°**-geweih** n. (s, e) bois (m.), ramure (f.) du cerf. ||°**-horn** n. (s, ¨er) bois (m.) de cerf. ||°**-hornsalz** n. (es, e) sel volatil ; sels m. pl. ||°**-jagd** f. (-, en) chasse (f.) au cerf. ||°**-käfer** m. (s, -). ZOOL. lucane m. ; cerf-volant. ||°**-kalb** n. (s, ¨er). ZOOL. faon m. ||°**-keule** f. (-, n). CULIN. cuissot (m.) de chevreuil. ||°**-kuh** f. (-, ¨e). ZOOL. biche f. ||°**-leder** n. (s) peau (f.) de chamois ; daim m. ||**-ledern** adj. en daim. ||°**-röhren** n. (s) bramement (m.) du cerf. ||°**-talg** m. (s) axonge (f.) de cerf. ||°**-zunge** f. (-, n). BOT. scolopendre f.

Hirse ['hirzə] f. (-, n). BOT. mil m. ; millet m.

Hirt [hirt] m. (en, en), **Hirte** [-tə] m. (n, n) berger m. ; pâtre m. || POÉT. pasteur m. || RELIG. *der Gute Hirte*, le Bon Pasteur.

Hirten|brief ["hirtən'bri:f] m. (s, e). RELIG. lettre pastorale. ||°**-flöte** f. (-, n). MUS. chalumeau m. ; pipeau m. ; galoubet m. ||°**-gedicht** n. (s, e). POÉS. pastorale f. ; bergère f. ||°**-gott** m. (s). MYTH. Pan m. ||°**-knabe** m. (n, n) petit pâtre ; pastoureau m. ||°**-leben** n. (s) vie pastorale. ||°**-pfeife** f. (-, n). MUS. chalumeau m. ; pipeau m. ; galoubet m. ||°**-spiel** n. (s, e). LITTÉR. pastorale f. ||°**-stab** n. (s, ¨e) houlette f. || RELIG. [Bischof] crosse f. ||°**-stück** n. (s, e). LITTÉR. pastorale f. ||°**-täschchen** (s, -), °**-täschelkraut** n. (s). BOT. bourse-à-pasteur f.

Hirtin ['hirtin] f. (-, nen) bergère f. || POÉT. pastourelle f.

His [his] n. MUS. si (m.) dièse.

Hispanien [his'pɑ:niən] n. pr. n. Espagne f.

hispanisch [-niʃ] adj. hispanique.

hiß ! [his] interj. ô hisse !

Hiß|tau ['histau] n. (s, e). MAR. drisse f.

Hisse ['hisə] f. (-, n) guindeau m. ; cabestan m.

hissen [-sən] v. tr. MAR. hisser ; lever. | *die Flagge hissen*, arborer le pavillon.

Histo|kompatibilität ['histokɔmpatibili"tɛ:t] f. (-, en). MÉD. histocompatibilité f.

Histo|logie [histolo'gi:] f. (-). MÉD. histologie f.

Historie [his'to:riə] f. (-, n) histoire f.

Historien|maler [his"to:riən'mɑ:lər] m. (s, -) peintre (m.) d'histoire. ||°**-malerei** f. (-, en) peinture (f.) historique.

Historiker(in) [his'to:rikər(in)] m. (s, -), f. (-, nen) historien m., historienne f.

historisch [-riʃ] adj. historique. | *historischer Roman*, roman (m.) historique.

Historismus [histo'rismus] m. historicisme m.

Hitler|anhänger ["hitlər'anhɛŋər] m. (s, -). POLIT. hitlérien m. ; nazi m. ||°**-bewegung** f. POLIT. hitlérisme m. ; nazisme m. ||°**-jugend** f. POLIT. jeunesse hitlérienne.

Hitz|ausschlag ["hits'ausʃlɑ:k] m. (s, ¨e). MÉD. bouton (m.) de chaleur. ||**-kopf** m. (s, ¨e). FIG. mauvaise tête. | *er ist ein Hitzkopf*, il monte comme une soupe au lait ; il a la tête près du bonnet. ||**-köpfig** adj. emporté. | *hitzköpfig sein*, avoir la tête près du bonnet ; être soupe au lait. ||°**-messung** f. pyrométrie f. ||°**-pocken** f. pl. MÉD. boutons (m. pl.) de chaleur. ||°**-schlag** m. (s, ¨e). MÉD. insolation f. ; coup (m.) de soleil.

Hitze ['hitsə] f. chaleur f. | *große, starke Hitze*, forte chaleur. | *erdrückende, lähmende Hitze*, chaleur accablante. || FIG. [Leidenschaft] fougue f. ; ardeur f. ; feu m. | *in der Hitze des Gefechts*, dans le feu de l'action. || [Zorn] emportement m. ; colère f. | *in Hitze geraten*, s'emporter ; se mettre en colère. | *jn in Hitze bringen*, mettre qn en colère ; faire enrager. || TECHN. passage (m.) au four. || [Bäckerei] fournée f. || ZOOL. [Laufzeit] chaleur f.

hitze|beständig ["hitsəbə'ʃtɛndiç] adj. réfractaire ; résistant à la chaleur. ||°**-blitz** m. (es, e) éclair (m.) de chaleur. ||°**-gradmesser** m. (s, -), °**-messer.** PHYS. pyromètre m. ||°**-messung** f. PHYS. pyrométrie f. ||°**-schild** m. (s, e). AÉRON. écran (m.) thermique. ||°**-welle** f. (-, n) vague (f.) de chaleur.

hitzen ['hitsən] v. tr. chauffer.

hitzig [-tsiç] adj. chaud. || [Getränke] enivrant ; grisant. || FIG. [übereilt ; leidenschaftlich] fougueux ; ardent ; prompt. || [jähzornig] emporté ; irascible. | *hitzige Worte*, mots vifs. || MÉD. aigu. || ZOOL. en chaleur ; en rut.

H-Milch ['hɑ:milç] f. lait (m.) longue conservation.

Hobel ['ho:bəl] m. (s, -). TECHN. rabot m.

Hobel|bank ["ho:bəl'baŋk] f. (-, ¨e). TECHN. établi m. ||°**-eisen** n. (s, -). TECHN. fer (m.) de rabot. ||°**-maschine** f. (-, n). TECHN. machine (f.) à raboter ; raboteuse f. ||°**-span** m. (s, ¨e) copeau m.

hobeln ['ho:bəln] v. tr. raboter ; FIG. polir.

Hobeln [-bəln] n. (s) rabotage m.

Hobler [-blər] m. (s, -) raboteur m.

Hoboe [ho'bo:ə] f. (-, n). MUS. (Vx.). V. OBOE.

hoch [ho:x] adj. (se réduit à **hoh** quand il prend une terminaison). **1.** [Raum] haut ; grand ; élevé. | *ein hoher Berg*, une haute montagne ; un sommet élevé. | *der Turm ist vierzig Meter hoch*, la tour a quarante mètres de haut. | *ein vierzig Meter hoher Turm*, une tour de quarante mètres (de haut, de hauteur). | *ein Mann von hoher Gestalt, von hohem Wuchs*, un homme de haute taille, de grande taille, de haute stature. || GÉOGR. *der hohe Norden*, le Grand Nord. || MAR. *die hohe See*, la haute mer. | *auf hoher See*, en mer. || FIG. *sich aufs hohe Roß setzen*, se donner de grands airs.

2. [Zeit] *ein hohes Alter erreichen ; zu hohen Jahren kommen*, parvenir à un âge avancé. | *im Hochsommer*, au cœur de l'été.

3. [Töne] haut ; élevé ; aigu. || MUS. *die hohen Töne*, les notes élevées ; les aigus. | *eine hohe Stimme haben*, avoir un registre élevé. | *das hohe C*, l'ut de poitrine.

4. [meßbare Größe] haut ; élevé. | *hohe Temperatur*, température élevée ; haute température. | *hohe Zahl*, nombre élevé. | *hoher Preis*, prix élevé. || JUR. *hohe Strafe*, peine élevée ; lourde peine. || MÉD. *hohes Fieber*, forte fièvre. | *hoher Blutdruck*, hypertension artérielle. || TECHN. *hohe Drehzahl*, haut régime ; régime élevé.

5. [Hierarchie] haut ; éminent. | *der hohe Adel*, la haute noblesse. | *von hoher Geburt*, de haute naissance. | *von hohem Rang*, de haut rang. | *hoch und niedrig*, tout le monde. | *die Hohen*, les grands (de ce monde). | *hoher Beamter*, haut fonctionnaire. | *hohes Verdienst*, mérite éminent. | *ein Mann von hohem Geist*, un esprit éminent. | *einen hohen Begriff von jm haben*, avoir une haute opinion de qn. | *einen zu hohen Begriff von etwas haben*, surestimer qch. || POLIT., HIST. *die Hohe Pforte*, la Sublime Porte. || RELIG. *das Hochamt*, la grand-messe. || SPORT. [Reitkunst] *die Hohe Schule*, la haute école.

◇ adv. **1.** [Raum] en haut ; en altitude ; en l'air. | *Hände hoch !*, haut les mains ! ; les mains en l'air ! | *die Stadt liegt hoch*, la ville est située en altitude. | *drei Treppen hoch wohnen*, habiter au troisième étage, au troisième. | *hoch oben*, tout en haut. | *hoch oben auf dem Berg*, tout en haut, au sommet de la montagne. | *hoch über dem Tal*, loin au-dessus de la vallée. | *hoch am Himmel*, haut dans ciel ; au zénith. || RELIG. *vom Himmel hoch*, du ciel, du haut des cieux. || FIG. *hoch hinaufwollen*, avoir de grandes ambitions ; viser haut. | *die Nase hoch tragen*, être prétentieux ; s'en croire.

2. [meßbare Größe] *hoch im Preise stehen*, se vendre cher ; valoir cher. | *die Zahl ist zu hoch gegriffen*, le chiffre est exagéré. || MATH. *zwei hoch zwei*, deux au carré. | *zwei hoch drei*, deux puissance trois.

3. [Wertschätzung] très ; hautement. | *hoch willkommen*, IRON. très bienvenu. | *hoch erfreut sein*, être enchanté. | *jm etwas hoch anrechnen*, savoir gré à qn de qch. | *hier*

geht es hoch her, il y a de l'animation, de l'entrain ici. | *zwei Sachen gleich hoch stellen*, mettre deux choses sur un même plan.
4. Loc. *hoch und heilig, hoch und teuer versprechen*, promettre solennellement.
◇ **höher** compar. de **hoch,** plus haut ; plus élevé, supérieur. | *höheres Wesen*, être supérieur. | *auf höherer Ebene*, à un niveau supérieur ; sur un plan plus élevé. | *höherer Offizier*, officier supérieur. | *höherer Beamter*, haut fonctionnaire. | *höhere Mathematik*, mathématiques supérieures. | *höhere Gewalt*, force majeure. || Comm. *höheres Gebot*, surenchère f. | *ein höheres Gebot tun*, surenchérir. || Gramm. *höherer Grad*, comparatif (m.) de supériorité. || Inf. *höhere Programmsprache*, langage évolué.
◇ adv. *höher hinaus wollen*, vouloir s'élever ; fam. vouloir arriver. | *höher geht es nicht !*, c'est le comble. || Comm. *die Preise höher treiben*, faire monter les prix. || Mus. *höher stimmen*, hausser.
◇ **höchst** superl. de **hoch.** [Raum] le plus haut ; le plus élevé ; culminant. | *der höchste Gipfel*, le point culminant. || [Zeit] dernier ; ultime. | *in höchster Not*, à la dernière extrémité. | *es ist höchste Zeit*, il n'est que temps. || [Töne] suraigu. || *das Höchste*, le maximum. || Fig. le plus élevé ; suprême. | *das höchste Wesen*, l'Être suprême. | *der Allerhöchste*, le Très-Haut. | *in höchstem Grade*, au plus haut point ; suprêmement. | *auf höchsten Touren*, à plein régime, fam. à pleins gaz. | *die höchsten Stufen erklimmen*, accéder aux honneurs suprêmes. || Gramm. *höchster Grad*, superlatif.
◇ adv. extrêmement ; suprêmement ; au plus haut point. | *höchst erstaunt*, extrêmement surpris ; au comble de la surprise. | *höchst wichtig*, d'importance capitale. | *aufs höchste steigen*, atteindre son paroxysme.
Hoch [ho:x] n. (s). [Hochruf] ovation f. ; vivat m. | *ein Hoch auf jn ausbringen*, pousser des vivats en l'honneur de qn. || [Wetterkunde] zone (f.) de haute pression ; anticyclone m.
hoch|achten ["ho:x'axtən] v. tr. faire grand cas de ; tenir en haute estime. ||°**-achtung** f. grande, haute estime ; haute considération. | *mit vorzüglicher Hochachtung*, veuillez agréer, Monsieur (Madame), l'expression de mes sentiments distingués. | *jm Hochachtung erweisen*, témoigner de l'estime à qn. ||**-achtungsvoll** adj. et adv. avec l'expression de ma haute considération. ||°**-adel** m. (s) haute noblesse. ||**-aktuell** adj. d'une actualité brûlante. ||°**-alpen** f. pl. Géogr. hautes Alpes. ||°**-altar** m. (s, ¨e). Relig. maître-autel m. ||°**-amt** n. (s, ¨er). Relig. grand-messe f. ||°**-auftriebsklappe** f. (-, n). Aéron. volet hypersustentateur. ||°**-bahn** f. (-, en) métro aérien. ||°**-bau** m. (s, ten). Archit. construction (f.) au-dessus du sol. ||**-begabt** adj. très doué. ||**-beglückt** adj. comblé de bonheur. ||**-beinig** adj. haut sur jambes. || [Tier] haut sur pattes. ||°**-betrieb** m. (s) activité (f.) intense. ||**-bringen** (brachte, gebracht) v. tr. exhausser ; rehausser ; (sur)élever. || Fig. remettre à flot ; renflouer. ||°**-burg** f. (-, en). Fig. fief m. ||°**-burgund** n. pr. n. Géogr. Franche-Comté f. ||**-busig** adj. à la poitrine opulente. ||°**-dampf** m. (s). Techn. vapeur (f.) à haute pression. ||**-deutsch** adj. haut allemand ; bon allemand. ||°**-deutsch** n. haut allemand. || °**-druck** m. (s). Typogr. impression (f.) en relief. || [Meteorologie] haute pression. || Fig. *mit Hochdruck arbeiten*, travailler d'arrache-pied ; déployer une activité fébrile. ||°**-druckdampfmaschine** f. (-, n) machine (f.) à vapeur à haute pression. ||°**-druckgebiet** n. (s, e). [Meteorologie] anticyclone m. ||°**-ebene** f. (-, n). Géogr. plateau m. ||°**-ehrwürden** pl. *Hochehrwürden !*, mon père ! ; mon révérend père. ||**-ehrwürdig** adj. vénérable ; révérend. ||**-empfindlich** adj. hypersensible. || Techn. à haute sensibilité. ||**-entzückt, -erfreut** adj. enchanté ; ravi. ||**-erhaben** adj. sublime. || Arts. en ronde bosse ; en haut relief. ||**-fahren** (ä, u, a) v. intr. sursauter. | *aus dem Schlafe hochfahren*, se réveiller en sursaut. || Fig. prendre la mouche. ||**-fahrend** adj. Fig. dédaigneux ; arrogant ; hautain ; altier. | *hochfahrendes Wesen*, arrogance f. ; morgue f. ||**-fein** adj. Fig. choisi ; distingué ; fam. extra ; sélect. ||**-fest** adj. *hochfester Stahl*, acier (m.) à haute résistance. ||**-fliegend** adj. qui vole haut ; fig. ambitieux. ||°**-flut** f. hautes eaux. || Fig. afflux m. ; invasion f. ||**-frequent** adj. Électr. à haute fréquence. ||°**-frequenz** f. Électr. haute fréquence. ||°**-gebirge** n. (s, -) haute montagne. ||**-geboren** adj. de bonne, de haute naissance. ||°**-gefühl** n. (s) enthousiasme m. ; transports m. pl. ||**-gehen** (ging, gegangen) v. intr. monter. | *die Preise gehen hoch*, les prix montent, sont en hausse. || Mar. *die See geht hoch*, la mer est agitée. || [wütend werden] s'emporter. ||**-gelehrt** adj. érudit ; docte. ||**-gemut** adj. plein de confiance ; sûr de soi. ||°**-genuß** m. (es) délice m. ; volupté f. ||**-gepriesen** adj. fameux ; renommé. ||°**-gericht** n. (s, e). Jur. justice criminelle ; [politische Gerichtsbarkeit] haute cour ; [Schwurgericht] cour (f.) d'assises ; assises f. pl. || [Richtplatz] gibet m. ; potence f. ; échafaud m. ||°**-gesang** m. (s, ¨e). Mus. hymne m. ; ode f. ||**-geschlossen** adj. [Kleid] montant. ||**-geschossen** adj. élancé. || Fam. *hochgeschossener Kerl*, asperge f. ; échalas m. || °**-geschwindigkeitszug** m. (s, ¨e) train (m.) à grande vitesse, T.G.V. ||**-gesinnt** adj. aux sentiments élevés ; noble ; généreux. || **-gestellt** adj. haut placé. ||**-gewachsen** adj. de haute taille. ||**-gradig** adj. fort ; intense. || Méd. *hochgradiges Fieber*, très forte fièvre. ||°**-gradigkeit** f. Fig. intensité f. ||**-halten** (ä, ie, a) v. tr. lever ; tenir levé ; fig. tenir en haute estime ; faire grand cas de. ||°**-haus** n. (es, ¨er). Archit. tour f. ; gratte-ciel m. ||**-heben** (o, o) v. tr. relever ; retrousser. ||**-heilig** adj. très saint ; sacré. ||**-herrschaftlich** adj. de maître ; de luxe. ||**-herzig** adj. généreux ; magnanime ; noble. ||°**-herzigkeit** f. générosité f. ; magnanimité f. ||**-kant** adj. et adv. de chant ; debout. ||°**-kirche** f. (-, n) église anglicane. ||**-klappen** v. tr. relever. ||**-klingend** adj. Fig. ronflant ; qui sonne bien. ||**-komisch** adj. du plus haut comique. ||**-kommen** (a, o) v. intr. monter ; arriver en haut. ||°**-kommissar** m. (s, e). Adm. haut-commissaire m. ||°**-land** n. (s). Géogr. hautes terres f. pl. ||**-leben** v. tr. *jn hochleben lassen.* [Trinkspruch] porter un toast à la santé de qn ; boire à la santé de qn ; [Hochruf] pousser des vivats en l'honneur de qn. | *er lebe hoch !*, vive ! ||°**-leistung** f. (-, en) grande capacité ; grand débit. ||°**-leitung** f. (-, en). Électr. ligne aérienne. ||**-löblich** adj. très honorable. ||°**-meister** m. (s, -) grand maître m. ||°**-messe** f. (-, n). Relig. grand-messe f. ||**-modern** adj. ultramoderne. ||°**-moor** n. (s). Géogr. fagne f. ||°**-mut** m. (s) hauteur f. ; superbe f. ; morgue f. ; suffisance f. ; arrogance f. | *jm den Hochmut austreiben*, rabattre le caquet à qn. || Prov. *Hochmut kommt vor dem Fall*, il n'y a pas loin du Capitole à la roche Tarpéienne. ||**-mütig** adj. hautain ; arrogant ; plein de morgue, de suffisance. ||**-näsig** adj. Fig., fam. prétentieux ; qui se donne de grands airs. || [Frau] *sie ist hochnäsig*, c'est une pimbêche, une précieuse. ||**-nehmen** (i, a, o) v. tr. relever ; soulever. | *die Schleppe hochnehmen*, relever sa traîne. || Fig., fam. [ausbeuten] exploiter ; plumer. || [tadeln] rudoyer ; morigéner. ||**-notpeinlich** adj. Jur., Hist. pénal ; criminel. | *hochnotpeinliches Gericht*, justice criminelle. ||°**-ofen** m. (s, ¨). Techn. haut fourneau. ||°**-parterre** n. (s, s). Archit. rez-de-chaussée surélevé. ||**-preisen** (ie, ie) v. tr. célébrer ; exalter ; chanter. || **-prozentig** adj. d'un pourcentage élevé. | *hochprozentiges Getränk*, boisson fortement alcoolisée. || **-radioaktiv** adj. fortement radioactif. | *hochradioaktiver Abfall*, déchets hautement radioactifs. ||°**-rechnung** f. (-, en). Stat. estimation f. ||°**-relief** n. (s, s) haut-relief m. ||°**-risiko...** (en compos.). Méd. *Hochrisikogruppe*, groupe (m.) à haut risque. || Polit. *Hochrisikogebiet*, région (f.) à haut risque. ||**-rot** adj. rouge vif ; cramoisi. | *hochrotes Gesicht*, visage rubicond. ||°**-rufe** m. pl. vivats m. pl. ; acclamations f. pl. ; ovation f. ||**-rund** adj. convexe. ||**-schätzen** v. tr. tenir en haute estime ; estimer beaucoup. ||°**-schulabsolvent(in)** m. (en, en), f. (-, nen). Univ. diplômé(e) m. (f.). ||°**-schule** f. (-, n) établissement (m.) d'enseignement supérieur ; institut m. ||°**-schüler** m. (s, -) étudiant m. ||°**-schülerin** f. (-, nen) étudiante f. ||°**-schullehrer(in)** m. (s, -), f. (-, nen) professeur (m.) de faculté, de l'enseignement supérieur. ||**-schwanger** adj. prête à accoucher. ||°**-see** f. haute mer ; large m. | *Hochseeregatta*, course-croisière f. ||**-selig** adj. feu ; défunt. ||°**-sicherheitstrakt** m. (s, e) quartier (m.) de haute sécurité (Q.H.S.). ||°**-sinn** m. (s) noblesse (f.) d'âme. ||°**-sommer** m. (s, -) plein été ; cœur (m.) de l'été. ||°**-spannung** f. (-, en). Électr. haute tension ; fig. grande tension. ||°**-spannungsgenerator** m. (s, en). Électr. générateur (m.) à haute tension. ||°**-spannungsleitung** f. (-, en). Électr. ligne (f.) à haute tension. ||°**-spannungsmast** m. (es, en). Techn. pylône (m.) à haute tension. ||°**-sprache** f. (-, n) langue académique ; langage cultivé. || °**-springer(in)** m. (s, -), f. (-, nen). Sport. sauteur (m.), sauteuse (f.) en hauteur. ||°**-sprung** m. (s, ¨e). Sport. saut (m.) en hauteur. ||°**-stapelei** f. (-, en) escroquerie f. ; filouterie f. ||**-stapeln** v. intr. vivre d'escroqueries. ||°**-stapler** m. (s, -) chevalier (m.) d'industrie ; escroc m. ; aigrefin m. ; imposteur m.

||**-stehend** adj. Fig. haut placé ; dans une situation élevée. | *hochstehende Person*, personne haut placée. ||°**-stimmung** f. (-, en) exaltation f. ; enthousiasme m. ||°**-ton** m. (s, ¨e) accent principal. ||**-tönend** adj. sonore ; fig. ronflant. ||°**-tour** f. (-, en) excursion (f.) en montagne. || Techn. *auf Hochtouren*, à plein régime. ||**-trabend** adj. [Pferde] qui a le trot dur. || Fig. vaniteux. || [Rede] emphatique ; pompeux. || **-tragend** adj. Zool. [Tier] prête à mettre bas. ||°**--und Tiefbau** m. (s) bâtiment (m.) et travaux publics. ||**-verdient** adj. de grand mérite. | *um das Vaterland hochverdient*, qui a bien mérité de la patrie. ||**-verehrt** adj. très honoré. ||°**-verrat** m. (s). Jur., Polit. (crime [m.] de) haute trahison. ||°**-verräter** m. (s, -). Jur., Polit. coupable (m.) de haute trahison. ||**-verräterisch** adj. de haute trahison. ||°**-wald** m. (s, ¨er) futaie f. ||°**-wasser** n. (s) crue f. ; inondation f. || Mar. hautes eaux. ||**-wertig** adj. de haute teneur, valeur. || Minéral. riche. ||**-wichtig** adj. très important. ||°**-wild** n. (s) gros gibier. ||**-winden** (a, u) v. tr. monter ; hisser. || Mar. guinder. ||**-wohlgeboren** adj. de haute naissance. ||°**-würden.** *Euer Hochwürden (Ew. Hochwürden)*, Monseigneur. || **-würdig** adj. révérend ; révérendissime. || Relig. *das Hochwürdigste*, le Saint Sacrement.

Hoch|zeit ['hɔxtsait] f. (-, en) noce(s) f. (pl.) ; mariage m. | *silberne, goldene, diamantene Hochzeit*, noces d'argent, d'or, de diamant. | *Hochzeit feiern, halten*, célébrer les noces. || Prov. *es ist nicht alle Tage Hochzeit*, ce n'est pas tous les jours fête. || Typogr. doublon m. ||°**-zeiter** m. (s, -). Pop. marié m. ||**-zeitlich** adj. nuptial.

Hochzeits|feier ["hɔ:xtsaits'faiər] f. (-, n) noce(s) f. (pl.), mariage m. ||°**-gedicht** n. (s, e) épithalame m. ||°**-gott** m. (s). Myth. Hymen m. ||°**-leute** pl. invités m. pl. ||°**-mahl** n. (s, e et ¨er) festin (m.), repas (m.) de noces. ||°**-marsch** m. (es, ¨e) marche nuptiale. ||°**-reise** f. (-, n) voyage (m.) de noce.

höchst ['hø:çst] superlatif de **hoch.**

Höchst|aufstieg ["hø:çst'aufʃti:k] m. (s, e). Aéron. plafond m. ||°**-belastung** f. (-, en) charge maximale. ||°**-betrag** m. (s, ¨e) montant maximal. | *bis zum Höchstbetrag von*, jusqu'à concurrence de. ||°**-bietender** m. le plus offrant m. || **-dero.** Hist. de Sa Majesté ; de Son Altesse. ||°**-derselbe.** Hist. Sa Majesté. ||**-eigenhändig** adv. de sa propre main. ||°**-fall** m. (s, ¨e). *im Höchstfalle*, à la limite. ||°**-form** f. (-, en). Sport. *in Höchstform*, en pleine forme. ||°**-gebot** n. (s, e) offre maximale. ||°**-geschwindigkeit** f. (-, en) vitesse maximale, de pointe. || [Begrenzung] vitesse limite. ||°**-grenze** f. (-, n) plafond m. ; limite supérieure. | *eine Höchstgrenze erreichen*, plafonner. ||°**-lastzeit** f. (-, en). Électr. période (f.) de pointe. ||°**-leistung** f. (-, en). Sport. record m. ; meilleure performance. || Électr. puissance maximale produite. ||**-möglich** adj. et adv. le plus possible. ||°**-preis** m. (es, e). Comm. prix maximal ; prix plafond. || **-prozentig** adj. de concentration maximale. ||°**-satz** m. (es, ¨e) taux maximal. ||°**-stand** m. (s, ¨e) niveau maximal. ||°**-strafe** f. (-, n) peine maximale. || **-wahrscheinlich** adj. très probable ; très vraisemblable. ||**-zulässig** adj. Nucl. *höchstzulässige Dosis, Konzentration*, dose, concentration maximale admissible.

höchstens [-təns] adv. au maximum ; tout au plus.

Hocke ['hɔkə] f. (-, n). Agric. tas (m.) de gerbes. || [Gymnastik] position accroupie. | *in die Hocke gehen*, s'accroupir.

hocken [-kən] v. tr. Agric. [aufhocken] mettre sur un, en tas. | *das Getreide hocken*, mettre les gerbes de blé en tas.

◇ v. intr. et v. pr. [Gymnastik] se tenir accroupi. || Fig., fam. rester longtemps assis. | *hocken bleiben*, redoubler une classe. | *immer zu Hause hocken*, être casanier. | *sich in einen Winkel hocken*, se blottir dans un coin.

Hocker [-kər] m. (s, -). [Schemel] escabeau m ; tabouret m.

Höcker ['høkər] m. (s, -). Géogr. [Hügel] saillie f. ; éminence f. || Anat. [Fettpolster] bosse f. ; gibbosité f. ; protubérance f.

höckerig [-riç] adj. bosselé ; raboteux. || Par anal. gibbeux.

Hockey ['hɔke] n. (s). Sport. hockey m.

Hockey|schläger ["hɔke'ʃlɛ:gər] m. (s, -). Sport. crosse f. ||°**-spiel** n. (s). Sport. hockey m.

Hock|stellung ["hɔk'ʃtɛluŋ] f. (-, en) [Gymnastik] position accroupie.

Hoden ['ho:dən] m. (s, -). Anat. testicule m. ; glande génitale mâle.

Hoden|bruch ["ho:dən'bru:x] m. (s, ¨e). Méd. hernie scrotale ; scrotocèle f. ||°**-entzündung** f. (-, en). Méd. orchite f. ||°**-sack** m. (s, ¨e). Anat. scrotum m. ; bourses f. pl.

Hof [ho:f] m. (s, ¨e) cour f. ; préau m. | *im Hof, auf dem Hof spielen*, jouer dans la cour. || Par ext. [Gut, Bauerngut] propriété f. ; ferme f. ; métairie f. | *von Haus und Hof gejagt, vertrieben werden*, être dépossédé de ses biens (par les créanciers). || [fürstlicher Haushalt] cour f. | *der königliche Hof*, la cour royale. | *zu Hofe gehen*, fréquenter la cour ; aller à la cour. || Fig. *einer Dame den Hof machen*, faire la cour à une dame. || [Lichtschein] halo m. | *der Mond hat einen Hof*, la lune a un halo, un cerne.

Hof|amt ['ho:famt] n. (s, ¨er) charge (f.) à la cour. ||°**-art** f. manières (f. pl.) de cour ; courtoisie f. ||°**-beamter** m. officier (m.) de la cour. ||°**-besitzer** m. (s, -) propriétaire (m.) d'une ferme, d'un domaine. ||°**-brauch** m. (s, ¨e) usage (m.) de la cour ; étiquette f. ||°**-burg** f. (-, en) château impérial, royal. ||°**-dame** f. (-, n) dame (f.) d'honneur. ||°**-diener** m. (s, -) laquais (m.) de la cour. ||°**-dienst** m. (s) service (m.) à la cour ; service (m.) d'honneur. ||**-fähig** adj. admis à la cour. ||°**-fähigkeit** f. droit (m.) de paraître à la cour. ||°**-fräulein** n. (s, -) fille (f.), demoiselle (f.) d'honneur. ||°**-gesinde** n. (s) domestiques (m. pl.) d'une ferme. || [Fürstenhof] laquais (m. pl.) de la cour. ||°**-günstling** m. (s, e) courtisan m. ; favori m. ||**-halten** (ä, ie, a) v. intr. tenir sa cour ; résider. ||°**-haltung** f. (-, en) maison (m.) d'un prince. ||°**-herr** m. (n, en) seigneur m. (d'une terre). ||°**-hund** m. (s, e). Zool. chien (m.) de garde ; mâtin m. ||°**-lager** n. (s, -) résidence (f.) d'un prince. ||°**-leben** n. (s) vie (f.) de cour, de courtisan. ||°**-leute** pl. gens (pl.) de la cour ; courtisans m. pl. ||°**-lieferant** m. (en, en). Comm. fournisseur (m.) de la cour. ||°**-mann** m. (s, leute) homme (m.) de cour ; courtisan m. ||**-männisch** adj. courtois ; galant ; de, en courtisan. ||°**-marschall** m. (s, ¨e) maréchal (m.) du palais. ||°**-meister** m. (s, -) intendant m. ; majordome m. ; précepteur m. ; gouverneur m. ||**-meistern** v. tr. et v. intr. régenter ; faire le pédagogue. ||°**-narr** m. (en, en) bouffon (m.) de la cour ; fou (m.) du roi. ||°**-rat** m. (s, ¨e). Polit. conseil (m.) aulique. || Par ext. conseiller (m.) aulique. ||°**-raum** m. (s, ¨e) cour f. ; enclos m. ||°**-schranze** m. (n, n) vil courtisan ; flatteur m. ||°**-seite** f. (-, n) derrière (m.) de la maison (donnant sur la cour). ||°**-staat** m. (s). Polit. cour f. | *königlicher Hofstaat*, maison (f.) du roi. ||°**-tor** n. (s, e) porte cochère. ||°**-tür** f. (-, en) porte (f.) sur la cour, de derrière. ||°**-wohnung** f. (-, en) appartement (m.) donnant sur la cour. ||°**-zwang** m. (s) étiquette (f.) de cour.

Hoffart ['hɔfart] f. (-) ostentation f. || Par ext. orgueil m. ; morgue f. ; superbe f. | *Hoffart kommt vor dem Fall*, la roche Tarpéienne n'est pas loin du Capitole.

hoffärtig ['hɔfɛrtiç] adj. fastueux ; orgueilleux ; altier.

hofieren [ho'fi:rən] v. intr. flatter ; faire sa cour ; courtiser. || (Vx.) mener joyeuse vie.

höfisch ['hø:fiʃ] adj. courtois. || Littér. *höfisches Epos*, épopée courtoise.

höflich ['hø:fliç] adj. poli ; courtois ; civil.

Höflichkeit [-kait] f. (-, en) politesse f. ; courtoisie f. ; civilité f. ; galanterie f. | *jm eine Höflichkeit erweisen, bezeigen*, être poli avec qn.

Höfling ['hø:fliŋ] m. (s, e) courtisan m.

hoffen ['hɔfən] v. intr. espérer ; attendre. | *wir hoffen auf seinen Besuch*, nous attendons sa visite. | *wir hoffen auf gute Besserung*, nous espérons un prompt rétablissement. | *zu Gott hoffen*, espérer en Dieu.

◇ v. tr. *das will ich nicht hoffen*, j'espère que non. | *etwas von jm hoffen*, attendre qch. de qn. | *wir hoffen das Beste von seiner Mitwirkung*, nous fondons le plus grand espoir sur sa collaboration. | *das Beste hoffen*, avoir bon espoir. || Prov. *Hoffen und Harren macht manchen zum Narren*, l'espoir et l'attente sont souvent un tourment.

— Syn. : *erhoffen, sich vertrösten*, espérer ; *erwarten, warten auf*, attendre ; *sich versprechen*, se promettre.

Hoffen ['hɔfən] n. (s). V. Hoffnung.

hoffentlich [-fəntliç] adv. il faut espérer ; espérons ; j'espère que.

Hoffnung ['hɔfnuŋ] f. (-, en) espoir m. ; espérance f. ; attente f. | *Hoffnung auf etwas*, espoir de, en qch. | *Hoffnung haben, schöpfen*, avoir, puiser, nourrir un espoir. | *eine Hoffnung vernichten, zerstören*, décevoir ; désillusionner. | *die Hoffnung aufgeben, sinken lassen*, perdre l'espoir, tout espoir. || FAM. *eine Hoffnung zu Grabe tragen*, ne plus conserver d'espoir. | *jm Hoffnung auf etwas machen*, faire espérer qch. à qn. | *sich Hoffnungen machen*, se nourrir, se bercer de l'espoir (que). | *jn mit leeren Hoffnungen abspeisen*, renvoyer qn avec de belles paroles. || GÉOGR. *das Kap der Guten Hoffnung*, le cap de Bonne-Espérance. || LOC. *guter Hoffnung sein*, être enceinte. || PROV. *Hoffnung läßt nicht zuschanden werden*, tout vient à point à qui sait attendre.

— SYN. : *Aussicht, Erwartung*, espérance f.

hoffnungs|los ["hɔfnuŋs'lo:s] adj. sans espoir ; désespéré. ||°**-losigkeit** f. désespoir m. ; désespérance f. ||°**-schimmer** m. (s, -) lueur (f.) d'espoir. ||**-selig** adj. bercé d'un doux espoir. ||**-voll** adj. plein d'espoir ; riche d'espoir ; qui promet.

hohe ['ho:ə] adj. V. HOCH.

Höhe ['hø:ə] (-, n). **1.** (Ausdehnung nach oben) hauteur f. ; altitude f. | *Höhe des Kirchturmes*, hauteur du clocher. | *Höhe des Berges*, altitude de la montagne. | *ein Berg von 4 000 Meter Höhe*, une montagne de 4 000 mètres d'altitude. | *in der Höhe schweben*, planer dans les airs. | *in die Höhe kommen, steigen*, s'élever ; monter. | *in die Höhe bringen*, élever. | *in die Höhe ziehen*, hisser. | *in die Höhe wachsen*, pousser en hauteur ; grandir. | *in die Höhe schießen*, grandir vite ; monter en graine. || FIG. *sich in die Höhe arbeiten*, faire son chemin. | *in die Höhe bringen*, remettre à flot. | *in die Höhe fahren*, sursauter. || COMM. *in die Höhe gehen*, être en hausse. **2.** (oberste Fläche) hauteur f. ; niveau m. | *auf gleicher Höhe*, au même niveau. | *auf der Höhe des Meeres*, au niveau de la mer. | *die lichte Höhe eines Tunnels*, la hauteur libre d'un tunnel. || PAR EXT. *auf der Höhe einer Insel*, à la latitude d'une île. | *auf der Höhe von Köln*, à la hauteur de Cologne. | acuité. || [Farben] intensité f. || [Töne] acuité f. || FIG. *mit jm auf gleicher Höhe stehen*, être au même niveau, au même rang que qn. || FAM. *auf der Höhe sein*, être à la hauteur. **3.** haut m. ; crête f. ; point culminant ; sommet m. ; hauteur f. ; éminence f. ; élévation f. ; butte f. ; mont m. || MIL. *Höhe 203*, cote (f.) 203. || THÉOL. *die Höhen*, les hauts lieux. || FIG. *auf der Höhe des Ruhms*, au faîte de la gloire. | *die Höhe der Krisis*, le point culminant de la crise. | *die Höhen und die Tiefen*, les hauts et les bas. **4.** [Ausmaß, Anzahl] somme f. ; élévation f. ; importance f. ; degré m. | *ein Beitrag in Höhe von 500 Mark*, une contribution de 500 marks. | *die Höhe des Zinsfußes*, le taux de l'intérêt.

Hoheit ['ho:hait] f. (-, en) élévation f. ; grandeur f. | *die erhabene Hoheit des Gesetzes*, la majesté de la loi. || POLIT. souveraineté f. || [Titel] Altesse f. | *Eure Hoheit*, Votre Altesse.

Hoheits|gewässer ["ho:haitsgə'vɛsər] n. pl. POLIT., MAR. eaux territoriales. ||°**-rechte** n. pl. POLIT. droits, pouvoirs souverains ; droits régaliens. ||**-voll** adj. plein de dignité ; PÉJOR. hautain. ||°**-zeichen** n. (s, -) emblème m. ; insigne (m.) de souveraineté.

Hohe|lied ["ho:ə'li:t] n. **(des Hohenlieds)** Cantique (m.) des Cantiques. ||°**-priester** m. (s, -) grand prêtre. ||°**-priesteramt** n. (s, ¨er) pontificat m. ||**-priesterlich** adj. pontifical. ||°**-priestertum** n. (s) pontificat m.

Höhen|einstellung ["hø:ən'ainʃtɛluŋ] f. (-, en) réglage vertical ; réglage (m.) en hauteur. ||°**-flug** m. (s, ¨e). AÉRON. vol (m.) à grande hauteur, à haute altitude. ||°**-krankheit** f. MÉD. mal (m.) des montagnes. ||°**-kreise** m. pl. ASTRON. parallèles (m. pl.) de hauteur. ||°**-kur** f. (-, en). MÉD. cure (f.) d'altitude. ||°**-kurort** m. (s, e). MÉD. station (f.) d'altitude. ||°**-linie** f. (-, n) courbe (f.) de niveau. ||°**-messer** m. (s, -) altimètre m. ; hypsomètre m. ; astrolabe m. ; théodolite m. || MAR. sextant m. ||°**-messung** f. altimétrie f. ; hypsométrie f. ; mesure (f.) des hauteurs. ||°**-schichtlinie** f. (-, n) courbe (f.) de niveau. ||°**-sonne** f. (-, n). MÉD. lampe (f.) à rayons ultraviolets. ||°**-steuer** n. (s, -), °**-ruder** n. (s, -). AÉRON. gouvernail (m.) de profondeur, d'altitude. ||°**-strahlung** f. rayons (m. pl.) cosmiques. ||°**-unterschied** m. (s, e) dénivellation f. ||**-verstellbar** adj. réglable en hauteur. ||°**-zahl** f. (-, en) cote (f.) d'altitude. ||°**-zeiger** m. (s, -) altimètre m. ||°**-zug** m. (s, ¨e) chaîne (f.) de collines.

Höhe|punkt ["hø:ə'puŋkt] m. (s, e) point culminant ; faîte m. || ASTRON. apogée m. ; zénith m. || FIG. apogée m. ; zénith m. ; comble m.

— SYN. : *Gipfel, Gipfelpunkt*, comble ; *Spitze*, sommet ; *höchster Grad*, summum.

höher ['hø:ər]. V. HOCH.

Höher|bewertung ["hø:ərbə'vɛrtuŋ] f. (-, en) revalorisation f. ||°**-bieten** n. (s). COMM. surenchère f. ||°**-gebot** n. (s, e) surenchère f.

hohl [ho:l] adj. [leer] creux ; creusé ; vide. | *hohle Zähne*, dents creuses. | *hohler Weg*, chemin creux. | *hohler Magen*, ventre creux. || FIG. *hohler Kopf*, tête creuse. | *hohles Gerede*, paroles creuses. || [konkav] cave ; concave ; creux ; évidé. | *hohle Augen*, des yeux enfoncés. | *hohle Wangen*, joues creuses. | *die hohle Hand*, le creux de la main. | *die hohle Hand hinhalten*, tendre la main (geste symbolique de la vénalité). | *die hohle See*, la mer houleuse. || [dumpfschallend] caverneux. | *hohle Stimme*, voix caverneuse. || MÉD. *hohler Husten*, toux creuse, caverneuse.

◇ adv. *die See geht hohl*, il y a de la houle. | *hohl ausarbeiten*, évider. | *hohl geschliffen*, concave. | *hohl klingen*, sonner le creux.

Hohl|ader ["ho:l'ɑ:dər] f. (-, n). ANAT. veine (f.) cave. ||°**-beitel** m. (s, -). TECHN. gouge f. ||°**-bohrer** m. (s, -). TECHN. tarière f. ||°**-eisen** n. (s, -). TECHN. gouge f. ||°**-fläche** f. (-, n) concavité f. ||**-gehend** adj. MAR. houleux. ||**-geschliffen** adj. concave. || °**-geschoß** n. (es, e). MIL. projectile creux. ||°**-gewinde** n. (s, -). TECHN. filet (m.) femelle. ||°**-glas** n. (es, ¨er). OPT. verre (m.) concave. ||°**-kehle** f. (-, n). TECHN. cannelure f. ; gorge f. ||°**-kopf** m. (s, ¨e). FIG. tête (f.) sans cervelle ; esprit creux. ||°**-kreuz** n. (es). MÉD. lordose f. ||°**-linse** f. (-, n) lentille (f.) concave. ||°**-maß** n. (es, e) mesure (f.) de capacité. ||°**-meißel** m. (s, -). TECHN. gouge f. ||**-prägen** v. tr. TECHN. estamper. ||°**-raum** m. (s, ¨e) cavité f. ||**-rund** adj. concave. ||°**-saum** m. (s, ¨e) ourlet (m.) à jour. ||°**-schiene** f. (-, n) rail creux ; rail (m.) en U. || MÉD. gouttière f. ||°**-spiegel** m. (s, -) miroir (m.) concave. ||°**-stein** m. (s, e) brique creuse. ||°**-tier** n. (s, e) cœlentéré m. ||°**-vene** f. (-, n) veine (f.) cave. ||**-wangig** adj. qui a les joues creuses. ||°**-weg** m. (s, e) chemin creux ; défilé m. ; ravin m. ||°**-welle** f. (-, n). TECHN. arbre creux. ||°**-ziegel** m. (s, -) tuile ronde ; brique creuse. ||°**-zirkel** m. (s, -). TECHN. compas (m.) sphérique.

Hohlheit ['ho:lhait] f. PHYS. cavité f. ; concavité f. || FIG. vide m. ; nullité f.

Höhle ['hø:lə] f. (-, n) cavité f. ; excavation f. || PAR ANAL. caverne f. ; grotte f. || PAR EXT. tanière f. ; terrier m. ; repaire m. ; antre m. | *sich in die Höhle des Löwen begeben*, se jeter dans la gueule du loup. || FIG. habitation (f.) misérable ; bouge m.

höhlen [-lən] v. tr. creuser ; caver.

Höhlen|bär ["hø:lən'bɛ:r] m. (en, en) ZOOL. ours (m.) des cavernes. ||°**-bewohner** m. (s, -) troglodyte m. ||°**-forscher(in)** m. (s, -), f. (-, nen) spéléologue s. ||°**-malerei** f. (-) peinture (f.) rupestre.

Höhlung ['hø:luŋ] f (-, en) concavité f. ; excavation f. || MÉD. caverne (f.) des poumons.

Hohn [ho:n] m. (s) raillerie f. ; dérision f. ; ironie f. ; persiflage m. ; moquerie f. | *beißender Hohn*, sarcasme m. | *jn mit Hohn überschütten*, couvrir qn de sarcasmes. | *zu Hohn und Spott*, au mépris ; par dérision. || FAM. *das ist der reine, reinste Hohn*, c'est une dérision.

Hohn|gelächter ["ho:ngə'lɛçtər] n. (s) rire moqueur ; ricanements m. pl. ; risée f. | *zum allgemeinen Hohngelächter werden*, être la risée de tout le monde. ||°**-geschrei** n. (s) risée(s) f. (pl.) ; huées f. pl. ||**-lächeln, -lachen** v. intr. sourire dédaigneusement ; avoir un sourire moqueur. ||°**-rede** f. (-, n) propos sarcastique, railleur ; persiflage m. ||**-sprechen** (i, a, o) v. intr. persifler ; railler. | *jm, etwas* (dat.) *hohnsprechen*, braver (narguer) qn ; se moquer de qch. | *jeder Vernunft hohnsprechen*, être une insulte à la raison, au bon sens.

höhnen ['hø:nən] v. tr. railler ; narguer ; persifler ; tourner en dérision ; berner ; bafouer.

höhnisch [-niʃ] adj. railleur ; persifleur ; sarcastique. | *höhnisch lachen*, ricaner.

Höker ['hø:kər] m. (s, -) marchand forain ; marchand (m.) des quatre-saisons.

Hokus|pokus ['ho:kus"po:kus] m. tour (m.) de passe-passe ; jonglerie f. | *Hokuspokus treiben*, faire le charlatan.

hold [hɔlt] adj. gracieux ; doux ; charmant ; aimable. | *eine holde Stimme*, une voix mélodieuse. || [günstig ; gewogen] favorable ; propice. | *das Glück ist ihm hold*, la fortune lui sourit. | *mein holdes Lieb*, mon amour.

hold|selig ["hɔlt'ze:liç] adj. plein de grâces, de charme, d'attrait ; ravissant. || PAR EXT. bienveillant ; affectueux ; amène. ||°**-seligkeit** f. grâce f. || PAR EXT. amabilité f.

Holder ['hɔldər] m. (s, -), **Holder|strauch** ["hɔldər'ʃtraux] m. (s, ¨er). BOT. sureau m.
— SYN. : *Holunder.*

Holding ['hɔldiŋ] f. (-, s), **Holdinggesellschaft** ["hɔldiŋgə'zɛlʃaft] f. (-, en). FIN., COMM. holding m. ; trust m. ; omnium m.

holen ['ho:lən] v. tr. chercher ; prendre ; venir prendre, aller chercher. | *Wein aus dem Keller holen*, aller chercher du vin à la cave. | *den Arzt holen lassen*, envoyer chercher le médecin. | *Atem holen*, reprendre haleine. | *sich bei jm, von jm Rat holen*, prendre conseil de qn ; aller consulter qn. | *hol dich der Teufel !*, que le diable t'emporte ! || MINES. *Kohle aus der Erde holen*, extraire du charbon. || [bekommen ; erwischen] FAM. *sich eine Krankheit holen*, choper une maladie. | *einen Rausch holen*, s'enivrer. | *bei ihm ist nicht viel zu holen*, il n'y a pas grand-chose à tirer de lui. || MAR. haler.

Holland ['hɔlant] n. pr. n. GÉOGR. Hollande f.

Holländer [-lɛndər] n. pr. m. (s, -). GÉOGR. Hollandais m. | *der fliegende Holländer*, le Vaisseau fantôme. || [Spielzeug] cyclorameur m. || TECHN. moulin (m.) à papier.

holländer [-lɛndər] adj. hollandais.

Holländerin [-lɛndərin] n. pr. f. (-, nen). GÉOGR. Hollandaise f.

holländisch [-lɛndiʃ] adj. hollandais ; néerlandais. | *holländisches Fernrohr*, lunette de Galilée.

Holle ['hɔlə] f. ZOOL. huppe f. ; aigrette f.

Holle ['hɔlə] f. MYTH. *Frau Holle*, la fée Holle. | *Frau Holle schüttelt ihr Bett*, la fée Holle secoue son édredon (c'est-à-dire : il neige).

Hölle ['hølə] f. (-, n) enfer m. || MYTH. enfers m. pl. || FIG. fournaise f. | *Qualen der Hölle*, supplices (m. pl.) de l'enfer. | *zur Hölle fahren*, descendre aux enfers. | *in die Hölle kommen*, aller en enfer. || FIG. *jm das Leben zur Hölle machen*, rendre la vie impossible à qn. || FAM. *hier ist die Hölle los*, c'est un chahut de tous les diables, ici ! | *jm die Hölle heiß machen*, faire prendre une suée à qn. || FIG. *Himmel und Hölle aufbieten*, remuer ciel et terre. || PROV. *der Weg zur Hölle ist mit guten Vorsätzen gepflastert*, l'enfer est pavé de bonnes intentions.

Höllen|angst ["hølən'aŋst] f. (-, ¨e) angoisse (f.) terrible ; transes f. pl. ; peur bleue. ||°**-brut** f. engeance infernale. ||°**-fahrt** f. descente (f.) aux enfers. ||°**-fluß** m. (es). MYTH. fleuve (m.) des enfers ; Styx m. ||°**-geist** m. (es, er) esprit infernal ; démon m. ; diable m. ||°**-hund** m. (s). MYTH. Cerbère m. ||°**-lärm** m. (s) vacarme, tapage infernal. ||°**-maschine** f. (-, n). TECHN. machine infernale. ||°**-pein** f., °**-qual** f. (-, en) supplice m. ; tourment m. ; martyre infernal. || °**-spektakel** m. (s). FAM. tapage infernal ; boucan m. ; ramdam m. ||°**-stein** m. (s). CHIM. nitrate (m.) d'argent.

höllisch ['høliʃ] adj. infernal, diabolique. | *eine höllische Angst vor jm haben*, avoir une peur bleue de qn. | *ein höllisches Geld verwenden*, dépenser un argent fou.
◇ adv. FAM. diablement. | *höllisch grob*, très grossier. | *höllisch schimpfen, fluchen, wettern*, jurer comme un charretier ; pester.

Holm [hɔlm] m. (s, e). TECHN. montant (m.) d'échelle ; longeron m. ; traverse f. || AÉRON. longeron m. || [Gymnastik] barre f. || MAR. chantier naval.

Hologramm ['hɔlɔgram] n. (s, e) hologramme m.

Holographie [hɔlɔgra'fi:] f. holographie f.

holp(e)rig ['hɔlp(ə)riç] adj. inégal ; raboteux. | *holperiger Weg*, chemin raboteux. || FIG. *eine holperige Rede*, un discours laborieux.
◇ adv. *holperig lesen*, lire avec difficulté.
— SYN. : *uneben*, rugueux ; *rauh, roh*, rude ; *höckerig*, raboteux.

holpern [-pərn] v. intr. cahoter ; clocher.

Holunder [hɔ'lundər] m. (s, -), °**-baum** m., °**-strauch** m. (s, ¨er). BOT. sureau m.

Holz [hɔlts] n. (es, ¨er) bois m. | *das Holz ist frisch (naß), weich*, ce bois est vert, tendre (blanc). | *lebendiges Holz*, bois vif. | *ungeschältes Holz*, bois en grume. | *Holz fällen, schlagen*, abattre du bois. | *Holz sägen*, scier du bois. | *Holz für Bretter, Balken*, bois d'industrie. | *der Baum schießt ins Holz*, cet arbre pousse à bois. || FIG. *aus gutem Holze sein*, être de bonne qualité. | *nicht aus demselben Holze sein*, être d'une autre trempe. || FAM. *wie ein Stück Holz*, comme une bûche. | *Holz auf sich hacken lassen*, se laisser faire. | *Holz sägen*, ronfler. | *von gleichem Holze sein*, être tout pareil. | *Holz in den Wald tragen*, porter de l'eau à la rivière. || PAR EXT. [Wäldchen ; Wald] bois m. ; taillis m. ; forêt f. | *zu Holze fahren*, aller au bois. || [Kegel] *Holz werfen, schieben*, renverser des quilles.

Holz|abfall ["hɔlts'apfal] m. (s, ¨e) déchet (m.) de bois ; bois (m.) de rebut ; bûchette f. ||°**-apfel** m. (s, ¨). BOT. pomme (f.) sauvage. ||°**-arbeiten** f. pl. COMM. articles (m. pl.) en bois ; bois sculpté, tourné. ||°**-arbeiter** m. (s, -) bûcheron m. ||°**-art** f. (-, en) espèce (f.), essence (f.) de bois. ||**-artig** adj. ligneux. ||°**-ausbau** m. (s) soutènement (m.) en bois ; boisage m. ||°**-axt** f. (-, ¨e). TECHN. cognée f. ; merlin m. ; hache f. ||°**-bau** m. (s, ten). ARCHIT. boisement m. || PAR EXT. construction (f.) en bois. ||°**-bekleidung** f. (-, en). ARCHIT. boisage m. ; boiserie f. ||°**-belag** m. (s, ¨e). ARCHIT. revêtement (m.) en bois ; platelage m. ||°**-bestand** m. (s, ¨e) terrain boisé ; plantation (f.) de bois. ||°**-biene** f. (-, n). ZOOL. abeille (f.) perce-bois ; abeille charpentière. ||°**-birne** f. (-, n). BOT. poire (f.) sauvage. ||°**-bock** m. (s, ¨e). TECHN. chevalet m. || ZOOL. tique f. ; capricorne m. ||°**-bohrer** m. (s, -) tarière f. ; foret m. || ZOOL. perce-bois m. ; xylophage m. ||°**-brandmalerei** f. pyrogravure f. ||°**-bündel** n. (s, -) fagot m. ||°**-drechsler** m. (s, -) tourneur (m.) sur bois. ||°**-druck** m. (s) gravure (f.) sur bois. ||°**-essig** m. (s) vinaigre (m.) de bois ; esprit (m.) acide de bois ; acide pyroligneux. ||°**-fäller** m. (s, -) bûcheron m. ||°**-faserstoff** m. (s, e). CHIM. cellulose f. ||°**-feuerung** f. chauffage (m.) au bois. ||°**-floß** n. (es, ¨e) radeau (m.), train (m.) de bois. ||°**-flößen** n. (s) flottage (m.) de bois. ||**-frei** adj. sans bois. | *holzfreies Papier*, (papier [m.]) pur chiffon. ||°**-frevel** m. (s, -) délit forestier. ||°**-fuhre** f. (-, n) charrette (f.), charretée (f.) de bois. ||°**-gaserzeuger** m. (s, -). TECHN. gazogène (m.) à bois. ||°**-geist** m. (es). CHIM. esprit (m.) acide du bois ; esprit (m.) de vinaigre. || °**-gerechtigkeit** f. JUR. (droit [m.] d') affouage m. ||°**-hacker** m. (s, -) bûcheron m. ||°**-häher** m. (s, -) ZOOL. geai m. ||°**-hauer** m. (s, -) bûcheron m. ||°**-haus** n. (es, ¨er). ARCHIT. chalet m. ; maison (f.) de bois ; blockhaus m. ||°**-käfer** m. (s, -). ZOOL. xylophage m. ; perce-bois m. ||°**-kirschbaum** m. (s, ¨e) merisier m. ||°**-kirsche** f. (-, n). BOT. merise f. ; cerise (f.) sauvage. ||°**-klotz** m. (es, ¨e) billot (m.) de bois ; grosse bûche ; FIG. lourdaud m. ||°**-kohle** f. (-, n) charbon (m.) de bois. ||°**-kohlenmeiler** m. (s, -). TECHN. meule (f.) à charbon de bois. ||°**-kopf** m. (s, ¨e). FIG., POP. *ist das ein Holzkopf !*, quel lourdaud ! ||°**-lack** m. (s, e). CHIM. laque (f.) de Venise ; vernis (m.) pour meubles. ||°**-laus** f. (-, ¨e). ZOOL. termite m. ||°**-masse** f. (-, n) pâte (f.) de bois. ||°**-mehl** n. (s) poudre (f.) de bois ; vermoulure f. ||°**-ofenbrot** n. (s, e) pain cuit au bois. ||°**-pantinen** f. pl. ; galoches f. pl. ; sabots (m. pl.) de bois. ||°**-puppe** f. (-, n) marionnette f. ||**-reich** adj. boisé. ||°**-säge** f. (-, n) scie (f.) à bois. ||°**-säure** f. (-, n). CHIM. acide ligneux, pyroligneux. ||°**-scheit** n. (s, e) bûche f. ||°**-schlag** m. (s, ¨e) coupe (f.) de bois. ||°**-schlegel** m. (s, -). TECHN. maillet m. || °**-schneider** m. (s, -) graveur (m.) sur bois. ||°**-schnitt** m. (s, e) gravure (f.) sur bois. ||°**-schnitzerei** f. (-, en) sculpture (f.) sur bois. ||°**-schraube** f. (-, n). TECHN. vis (f.) à, en bois. ||°**-schuh** m. (s, e) sabot m. ||°**-schuppen** m. (s, -) bûcher m. ||°**-schwamm** (s, ¨e). BOT. mérule f. ||°**-splitter** m. (s, -) éclat (m.) de bois ; écharde f. ||°**-stall** m. (s, ¨e) bûcher m. ||°**-stoff** m. (s, e). CHIM. cellulose f. ||°**-täfelung** f. (-, en). ARCHIT. boiserie f. ; lambris m. ||°**-taube** f. (-, n). ZOOL. ramier m. ||°**-weg** m. (s, e) chemin forestier pour le transport du bois. || FIG., FAM. chemin qui ne mène nulle part. | *auf dem Holzweg sein*, faire fausse route ; faire erreur. ||°**-werk** n. (s, e). ARCHIT. charpente f. ; boiserie f. ||°**-wespe** f. (-, n). ZOOL. sirex m. ; bouvillon m. ||°**-wolle** f. (-, n) fibre (f.) d'emballage. ||°**-wurm** m. (s, ¨er). ZOOL. ver (m.) du bois ; artison m. ; artoison m. ||°**-zucker** m. (s). CHIM. xylose m.

Hölzchen ['høltsçən] n. (s, -) petit morceau, petit bout de bois ; bûchette f. || PAR EXT. [Streichholz] allumette f. || [Wäldchen] petit bois ; bosquet m. ; bocage m. ; boqueteau m.

holzen ['hɔltsən] v. tr. garnir de bois ; boiser. || SPORT. [Fußball] jouer brutalement ; distribuer des coups. || MINES. cuveler. || [einheizen] charger le four d'un boulanger.
◇ v. intr. couper du bois ; abattre des arbres ; déboiser.

Holzerei [hɔltsəˈrai] f. FAM. pugilat m. ; rixe f. || SPORT. jeu dur ; jeu (m.) de massacre.

hölzern [ˈhøltsərn] adj. de, en bois. || FIG. raide ; sec ; en bois. | *ein hölzernes Gesicht*, un visage inexpressif.
◇ adv. MUS. *die Geige klingt hölzern*, ce violon ne donne pas des sons pleins. || FIG. [steif in der Bewegung] raide ; gauche.

holzig [ˈhɔltsiç] adj. [behölzt] boisé. || BOT. ligneux.

Holzungs|recht [ˈˈhɔltsuŋsˈrɛçt] n. (s). JUR. (droit [m.] d') affouage m. ; droit (m.) de coupe.

Home [houm] n. (s, s) maison f. ; foyer m.
— SYN. : *Heim.*

Homer [hoˈme:r] n. pr. m. LITTÉR. Homère m.

homerisch [-riʃ] adj. LITTÉR. homérique. || FIG. *ein homerisches Gelächter*, un rire homérique.

homogen [homoˈge:n] adj. homogène.

Homogen(e)ität [homogen(e)iˈtɛ:t] f. homogénéité f.

Homologie [homoloˈgi:] f. (-, n). BIOL., MATH. homologie f.

homologieren [homologi:rən] v. tr. AUTOM. homologuer.

Homologierung [-ˈgi:ruŋ] f. (-, en). AUTOM. homologation f.

Homomorphismus [homomɔrˈfismus] m. (-, men). MATH. homomorphisme m.

Homonym [homoˈny:m] n. (s, e) homonyme m.

homonymisch [-ˈny:miʃ] adj. homonyme.

Homöo|path [homøoˈpa:t] m. (en, en). MÉD. homéopathe m. ||°**-pathie** f. homéopathie f. || **-pathisch** adj. MÉD. homéopathique.

Homo|sexualität [homosɛksualiˈtɛ:t] f. homosexualité f. ||**-sexuell** adj. homosexuel ; inverti. ||°**-sexuelle(r)** f. (m.) homosexuel(le) m. (f.).

homozygot [homotsyˈgo:t] adj. BIOL. homozygote.

Homunkulus [hoˈmuŋkulus] m. [nach Goethes « Faust »] homme produit artificiellement.

honett [hoˈnɛt] adj. honnête ; décent ; convenable.

Honig [ˈho:niç] m. (s) miel m. | *die Bienen sammeln fleißig Honig*, les abeilles amassent le miel. | *den Honig ausnehmen*, châtrer les ruches. | *süß wie Honig reden*, prononcer des paroles mielleuses. || FIG. *er hat Galle im Herzen, Honig im Mund*, il a un cœur de fiel, une bouche de miel. || FAM. *jm Honig um den Mund schmieren*, flagorner qn.

honig|bereitend [ˈˈho:niçbəˈraitənt] adj. mellifique. ||°**-biene** f. (-, n) mouche (f.) à miel. ||°**-brot** n. (s, e) pain (m.) d'épice ; tartine (f.) de miel. ||°**-klee** m. (s). BOT. mélilot m. ||°**-kuchen** m. (s) pain (m.) d'épice. ||°**-monat** m. (s), °**-mond** m. (s) lune (f.) de miel. ||°**-saft** m. (s, ¨e) nectar m. ||°**-scheibe** f. (-, n) gâteau (m.), rayon (m.) de miel. ||°**-schleuder** f. (-, n). TECHN. extracteur m. ||°**-seim** m. (s). POÉT. miel (m.) vierge. ||**-süß** adj. doux comme le miel ; FIG., PÉJOR. mielleux. ||°**-tau** m. (s). BOT. miellée f. ||°**-wabe** f. (-, n) rayon (m.) de miel. ||°**-wabenspule** f. (-, n). RADIO. bobine (f.), self (f.) en nid d'abeilles. ||°**-wasser** n. (s) hydromel m. ||°**-zelle** f. (-, n) alvéole f.

Honorar [honoˈra:r] n. (s, e) honoraires m. pl. ; rétribution f.

Honorar|schwindel [honoˈˈra:rˈʃvindəl] m. (s, -) dépassement illégal d'honoraires.

Honoratioren [honoraˈtsio:rən] pl. notables m. pl. ; notabilités f. pl.

honorieren [-ˈri:rən] v. tr. verser des honoraires ; honorer ; rétribuer. || PAR EXT., COMM. faire honneur à ; honorer. | *eine Tratte bei Vorzeigung honorieren*, honorer une traite à présentation. | *nicht honorieren*, laisser en souffrance.

Honorierung [-ˈri:ruŋ] f. (-, en). COMM. acceptation f.

honorig [hoˈno:riç] adj. honnête ; comme il faut.

Hopfen [ˈhɔpfən] m. (s). BOT. houblon m. | *Hopfen zupfen*, cueillir du houblon. || FIG. *bei ihm ist Hopfen und Malz verloren*, on ne peut rien tirer de lui ; c'est un propre à rien.

Hopfen|feld [ˈˈhɔpfənˈfɛlt] n. (s, er) houblonnière f. ||°**-stange** f. (-, n) perche (f.) à houblon.

hopp ! [hɔp] interj. hop !

hoppla ! [ˈhɔpla] interj. hop là !

hops ! [hɔps] interj. hop là ! ; saute ! || PAR EXT. parti. || POP. *er ist hops*, 1° il est arrêté ; 2° il est clamsé.

Hops [hɔps] m. (es, e) saut m. ; gambade f.

hopsen [ˈhɔpsən] v. intr. gambader.

Hopser [-sər] m. (s, -) gambade f. || PAR EXT. valse (f.) rapide ; écossaise f. ; galop m.

Horaz [hoˈra:ts] n. pr. m. LITTÉR. Horace m.

Hör|apparat [ˈˈhø:rapaˈra:t] m. (s, e) appareil (m.) de correction auditive. || RADIO. écouteur m. || °**-bericht** m. (s, e) radioreportage m. ||°**-folge** f. (-, n) programme (m.) de radio. ||°**-geschädigte(r)** f. (m.) malentendant(e) m. (f.). ||°**-kopf** m. (es, ¨e) tête (f.) de lecture. ||°**-muschel** f. (-, n). TÉLÉPH. écouteur m. ||°**-nerv** m. (s, en) nerf auditif. ||°**-organ** n. (s) organe (m.) de l'ouïe. ||°**-quote** f. (-, n). RADIO. indice (m.) d'écoute. ||°**-rohr** n. (s, e). TECHN. cornet (m.) acoustique. ||°**-saal** m. (s, säle) amphithéâtre m. ||°**-spiel** n. (s, e) pièce (f.) radiophonique. ||°**-stärke** f. (-, n). RADIO. puissance (f.) d'audition. ||°**-weite** f. (-, n) portée (f.) de la voix.

hörbar [ˈhø:rba:r] adj. perceptible ; audible. || FIG. acceptable.

Hörbarkeit [-kait] f. perceptibilité f.

Horch|apparat [ˈˈhɔrçapaˈra:t] m. (s, e), °**-gerät** n. (s, e) appareil (m.) d'écoute, de repérage par le son. ||°**-posten** m. (s, -) poste (m.) d'écoute.

horchen [ˈhɔrçən] v. intr. écouter ; écouter avec attention ; chercher à entendre ; prêter l'oreille ; espionner. | *an der Tür horchen*, écouter à la porte. || FAM. *auf jn horchen*, suivre les avis de qn.

Horcher [-çər] m. (s, -) celui qui écoute aux portes ; espion m.

Horde [ˈhɔrdə] f. (-, n) horde f. ; troupe f. ; bande f. || TECHN. claie f.

horden|weise [ˈˈhɔrdənˈvai:zə] adv. en bandes.

hören [ˈhø:rən].

I. v. intr.
  1. [Gehör haben] entendre ; ouïr.
  2. [horchen ; beachten] écouter ; obéir.
II. v. tr.
  1. [vernehmen] entendre ; écouter.
  2. [erfahren] entendre dire ; apprendre.

I. v. intr. **1.** [Gehör haben] entendre ; ouïr. | *gut hören*, avoir l'oreille, l'ouïe bonne. | *schlecht hören*, mal entendre ; avoir l'oreille dure. | *nicht hören*, mal entendre ; être sourd. || FIG. *das läßt sich hören*, voilà qui s'appelle parler ! | *laß hören !*, allons, parle ! | *hört, hört !*, tiens, tiens !
2. [horchen ; beachten] écouter ; prêter attention à ; obéir. | *hören Sie mal !*, dites donc ! écoutez donc ! | *der Knabe hört aber auch gar nicht*, ce garçon n'obéit pas du tout. | *auf jn hören*, écouter qn ; obéir à qn. | *auf einen Rat hören*, suivre un conseil.
II. v. tr. **1.** [vernehmen] entendre ; écouter. *Lärm hören*, entendre du bruit. | *Radio hören*, écouter la radio. | *eine Schallplatte hören*, écouter un disque. | *eine Vorlesung hören*, suivre un cours. | *Gott hörte mein Flehen*, Dieu exauça ma prière. || FIG. *er hört das Gras wachsen*, il est trop subtil ; il est plus malin que les autres.
2. [erfahren] entendre dire ; apprendre. | *soviel ich höre*, d'après ce que j'entends dire. | *etwas von jm, durch jn hören*, apprendre une nouvelle de qn, de la bouche de qn. | *etwas über jn hören*, apprendre qch. au sujet de qn. | *ich habe nie davon gehört*, je n'en ai jamais entendu parler. | *von dir hört man schöne Dinge !*, on en raconte de belles sur ton compte. | *nichts mehr von sich hören lassen*, ne plus donner de ses nouvelles.

Hören [ˈhø:rən] n. (s) audition f. ; ouïe f. | *beim Hören der Musik*, à l'audition de, en écoutant la musique. | *mir vergeht Hören und Sehen*, je suis tout étourdi.

Hören|sagen [ˈˈhø:rənˈza:gən] n. (s) ouï-dire m. | *vom Hörensagen*, par ouï-dire.

Hörer [ˈhø:rər] m. (s, -) auditeur m. ; assistant m. || RADIO. [Rundfunk] auditeur m. ; [Apparat] écouteur m. ; récepteur m. | *den Hörer abnehmen, einhängen*, décrocher, raccrocher l'écouteur.

Hörerschaft [-ʃaft] f. auditoire m.

hörig [ˈhø:riç] adj. HIST. serf ; corvéable. || FIG. dépendant de ; esclave de.

Hörigkeit [-kait] f. servage m. ; condition (f.) de serf ; servitude f. || PAR EXT. dépendance f .

Horizont [hɔriˈtsɔnt] m. (s, e) horizon m. || AÉRON. *künstlicher Horizont*, horizon artificiel. || FIG., FAM. *einen beschränkten Horizont haben*, être étroit d'esprit, borné. || FAM. *das geht über meinen Horizont*, cela me dépasse.

horizontal [-tsɔnˈta:l] adj. horizontal.

Horizontale [-tsɔn'tɑ:lə] f. (-, n). MATH. horizontale f.

Horizontal|fläche [hɔritsɔn"tɑ:l'flɛçə] f. (-, n). MATH. plan horizontal. ||°**-linie** f. (-, n). MATH. ligne horizontale. || ligne (f.) d'horizon. ||°**-schnitt** m. (s, e). MATH. coupe horizontale.

Hormon [hɔr'mo:n] n. (s, e). BIOL. hormone f.

Hormon|drüse [hɔr"mo:n'dryzə] f. (-, n). BIOL. glande (f.) endocrine.

Horn [hɔrn] n. (s, ¨er) corne f. | *jm die Hörner zeigen*, montrer les cornes, les dents à qn. || FAM. *sich die Hörner abstoßen, ablaufen*, jeter sa gourme ; se calmer. | *den Stier bei den Hörnern packen*, prendre le taureau par les cornes. | *jm Hörner aufsetzen*, faire porter des cornes à qn ; faire qn cocu. || chausse-pied m. || PAR ANAL. cap m. | *das Goldene Horn*, la Corne d'or. || MUS. cor m. | *das Horn blasen ; in das Horn stoßen*, jouer, sonner, donner du cor. || FIG., FAM. *in dasselbe, das gleiche Horn blasen, stoßen*, être de connivence avec qn. || MIL. clairon m. | *Jagdhorn*, cor (m.) de chasse. || *Füllhorn*, corne d'abondance.

Horn|amboß ["hɔrn'ambo:s] m. (es, e). TECHN. bigorne f. | *auf dem Hornamboß schmieden*, bigorner. ||**-artig** adj. corné. ||°**-bläser** m. (s, -) joueur (m.), sonneur (m.) de cor, de trompe. ||°**-blende** f. (-, n). MINÉRAL. hornblende f. ; amphibole f. ; trémolite f. ||°**-brille** f. (-, n) lunettes (f. pl.) à monture d'écaille. ||°**-fassung** f. (-, en) châsse (f.), monture (f.) de corne. ||°**-fisch** m. (es, e), °**-hecht** m. (es, e). ZOOL. baliste m. ; orphie f. ||**-füßig** adj. à sabots. ||°**-haut** f. peau dure comme de la corne ; durillon m. ; callosité f. || ANAT. cornée f. ||°**-hautentzündung** f. (-, en). MÉD. kératite f. ; cornéite f. ||**-häutig** adj. calleux. || °**-masse** f. (-, n) matière cornée. ||°**-ochs(e)** m. (en, en). FIG., POP. imbécile m. ; idiot m. ||°**-schnecke** f. (-, n). ZOOL. cérithe m. ; buccin m. ||°**-signal** n. (s, e). MIL. sonnerie (f.) de clairons ; fanfare f. ||°**-silber** n. (s). CHIM. chlorure (m.) d'argent. ||°**-strauch** m. (s, ¨er). BOT. cornouiller m. ||°**-vieh** n. (s). ZOOL., FAM. bêtes (f. pl.) à cornes ; FIG. imbécile m.

Hornberg ['hɔrnbɛrk] (ville du pays de Bade). LOC. *Es geht aus wie das Hornberger Schießen*, tout cela n'a abouti à aucun résultat.

Hörnchen ['hørnçən] n. (s, -) petite corne. || MUS. cornet m. || CULIN. croissant m.

hörnen [-nən] adj. de corne ; en corne.

Hörner|klang ["hørnər'klaŋ] m. (s, ¨e), °**-schall** m. (s). MUS. son (m.) du cor. ||**-tragend** adj. portant des cornes ; cornu ; FAM. cornard.

Hornisse [hɔr'nisə] f. (-, n). ZOOL. frelon m.

Hornist [hɔr'nist] m. (en, en). MIL., MUS. [Hornbläser] clairon m. ; cor m. ; trompette m.

Hornung ['hɔrnuŋ] m. (s). POÉT. février m.

Horoskop [horo'sko:p] n. (s, e) horoscope m. | *jm das Horoskop stellen*, dresser l'horoscope de qn.

horrend [hɔ'rɛnt] adj. horrible ; horrifique. || FIG., FAM. énorme ; considérable ; formidable.

Horst [hɔrst] m. (es, e). [Nest] aire f. ; nid m. || [Gebüsch] buisson m. ; hallier m. ; bosquet m.

horsten [-tən] v. intr. faire son nid ; nicher ; FAM. percher.

Hort [hɔrt] m. (s, e). POÉT. trésor m. | *der Hort der Nibelungen*, le trésor des Nibelungen. || FIG. asile m. ; abri m. | *im sichern Hort geborgen sein*, être bien abrité, en lieu sûr. || [enfants] crèche f. ; garderie f.

horten ['hɔrtən] v. tr. thésauriser.

Hortensie [hɔr'tɛnziə] f. (-, n). BOT. hortensia m.

Hortikultur [hɔrtikul'tu:r] f. horticulture f.

Hortnerin ['hɔrtnərin] f. (-, nen) jardinière (f.) d'enfants.

Hortung ['hɔrtuŋ] f. thésaurisation f.

Hose ['ho:zə] f. (-, n) pantalon m. ; culotte f. ; braies f. pl. | *ein Paar Hosen*, une paire de culottes. | *lange Hosen*, pantalons. | *kurze Hosen*, culottes. | *enge Hosen*, pantalons collants. | *die Hosen anziehen*, mettre, enfiler son pantalon. | *die Hosen durchsitzen*, user ses fonds de culottes. || FIG. *sich auf die Hosen setzen*, travailler dur ; FAM. UNIV. bûcher. | *die Hosen anhaben*, porter la culotte. | *das ist Jacke wie Hose*, c'est bonnet blanc et blanc bonnet. || FAM. *jm die Hosen straff ziehen*, corriger, châtier qn. | *das Herz fiel ihm in die Hosen*, il fit dans sa culotte.

Hosen|anzug ["ho:zən'antsu:k] m. (s, ¨e) ensemble (m.) pantalon. ||°**-band** n. (s, ¨er) jarretière f. ||°**-bandorden** m. (s) ordre (m.) de la Jarretière. ||°**-bein** n. (s, e) jambe (f.) de culotte. ||°**-boden** m. (s) fond (m.) de culotte. ||°**-boje** f. (-, n) bouée f. (de sauvetage). ||°**-bund** m. (s) ceinture (f.) de pantalon. ||°**-latz** m. (es, e) pont (m.) de pantalon. ||°**-matz** m. (es, e) bambin m. ||°**-rock** m. (s, ¨e) jupe-culotte f. ||°**-schlitz** m. (es, e) braguette f. ||°**-steg** m. (s, e) sous-pied m. ||°**-träger** m. (s, -) bretelles f. pl.

hos(i)anna [hoz(i)'ana] interj. hosanna ! ◇ n. chant (m.) de triomphe.

Hospital [hɔspi'tɑ:l] n. (s, e) hôpital m. ; hôtel-Dieu m. ; hospice m.

Hospitant [hɔspi'tant] m. (en, en). UNIV. auditeur (m.) libre.

hospitieren [-'ti:rən] v. intr. UNIV. suivre des cours comme auditeur libre.

Hospiz [hos'pits] n. (es, e) hospice m. ; hôtel m.

Hostie ['hostiə] f. (-, n). RELIG. hostie f.

Hostien|gefäß ["hɔstiəngə'fɛs] n. (es, e). RELIG. ciboire m. ; ostensoir m. ||°**-häuslein** n. (s, -), °**-schrein** m. (s, e). RELIG. tabernacle m. ||°**-teller** m. (s, -) [Hostienschüssel] patène f.

Hotel [ho'tɛl] n. (s, s) hôtel m. | *Hotel garni*, hôtel m. ; hôtel garni, meublé.

Hotel|besitzer [hɔ"tɛlbə'zitsər] m. (s, -) hôtelier m. ; propriétaire (m.) d'hôtel. ||°**-betrieb** m. (s, e) hôtellerie f. ||°**-dieb** m. (s, e). FAM. rat (m.) d'hôtel. ||°**-diener** m. (s, -) garçon (m.) d'hôtel. ||°**-fachschule** f. (-, n) école hôtelière. ||°**-gewerbe** n. (s) industrie hôtelière. ||°**-kette** f. (-, n) chaîne (f.) d'hôtels. ||°**-nachweis** m. (es, e), °**-verzeichnis** n. (ses, se) liste (f.) des hôtels.

hott ! [hɔt] interj. hue !

hü ! [hy] interj. hue !

Hub [hu:p] m. (s, ¨e). [Heben] élévation f. || PAR EXT., TECHN. [Hin- und Hergang des Kolbens] course (f.) du piston ; course f.

Hub|insel ["hu:p'inzəl] f. (-, n). TECHN. plate-forme autoélévatrice. ||°**-magnet** m. (s, e) électro-aimant m. ||°**-pumpe** f. (-, n) pompe aspirante, foulante, élévatoire. ||°**-raum** m. (s, ¨e). AUTOM. cylindrée f. ||°**-schrauber** m. (s, -) hélicoptère m. | *Hubschrauberlandeplatz*, héliport m. ||°**-vermögen** n. (s). AÉRON. force portante ; capacité (f.) de levage. ||°**-wechsel** m. (s, -). TECHN. changement (m.) de course. ||°**-werk** n. (s, e) dispositif (m.), mécanisme (m.) de levage.

Hübel ['hy:bəl] m. (s, -). DIAL. butte f. ; éminence f.

hüben ['hy:bən] adv. en deçà ; de ce côté-ci. | *hüben wie drüben*, d'un côté comme de l'autre.

hübsch [hypʃ] adj. joli ; charmant ; gentil. | *ein recht hübsches Mädchen*, une bien jolie fille. | *das war hübsch von ihm*, c'était bien de sa part. | *eine hübsche Summe*, une somme coquette. || IRON. *das ist ja eine hübsche Geschichte !*, c'est du propre, du joli !
◇ adv. joliment ; gentiment ; bien. | *sitze hübsch ruhig, artig !*, sois bien sage. | *das wollen wir hübsch bleiben lassen !*, gardons-nous-en bien !

Hucke ['hukə] f. (-, n) hotte f.

huckeln [-kəln] v. tr. FAM. transporter sur le dos.

hucke|pack ["hukə'pak] adv. FAM. à califourchon.

Huckepack|verkehr ["hukəpakfɛr'ke:r] m. (s). TRANSP. ferroutage m.

Hudel ['hu:dəl] m. (s, -) chiffon m. ; torchon m.

Hudelei [hu:də'lai] f. (-, en) mauvais travail ; barbouillage m.

Hudeler ['hu:dələr] m. (s, -) bousilleur m. ; barbouilleur m.

hudeln ['hu:dəln] v. intr. et v. tr. FAM. bousiller ; barbouiller.

Huf [hu:f] m. (s, e) sabot m. ; ongle m. ; corne f.

Huf|beschlag ["hu:fbə'ʃlɑ:k] m. (s, ¨e). [Pferd] ferrure f. ||°**-(beschlag)schmied** m. (s, e). TECHN. maréchal-ferrant m. ||°**-eisen** n. (s, -). TECHN. fer (m.) à cheval. | *ein Hufeisen finden*, avoir de la chance. | *hufeisenförmig*, en forme de fer à cheval. ||°**-gänger** m. pl. ZOOL. ongulés m. pl. ||°**-lattich** m. (s). BOT. tussilage m. ||°**-nagel** m. (s, ¨) clou (m.) à ferrer. ||°**-schlag** m. (s, ¨e) coup (m.) de pied de cheval. || PAR EXT. pas (m.) de cheval. ||°**-schmied** m. (s, e). V. HUFBESCHLAGSCHMIED. ||°**-schmiede** f. (-, n) maréchalerie f. ||°**-tiere** n. pl. ZOOL. ongulés m. pl.

Hüfte ['hyftə] f. (-, n). ANAT. hanche f.

Hüft|bein ["hyft'bain] n. (s, e). ANAT. os (m.) iliaque. ||°**-gelenkentzündung** f. (-, en). MÉD. coxalgie f. ||°**-gürtel** m. (s, -) gaine f. ||°**-nerv** m. (s, en) nerf (m.) sciatique. ||°**-schmerz** m. (es). MÉD. sciatique f. ||°**-stütz** m. (es, e) [Gymnastik] position (f.) mains sur les hanches. ||°**-weh** n. (s). MÉD. sciatique f. ||°**-weite** f. (-) tour (m.) de hanches.

Hügel ['hy:gəl] m. (s, -) colline f. ; coteau m. ; côte f. ; mamelon m. ; butte f. ; tertre m. || *Hügelgrab*, tumulus m.

Hügel|kette ["hy:gəl'kɛtə] f. (-, n) chaîne (f.) de collines ; hauteurs f. pl. ; coteaux m. pl. ; hauts m. pl. ||°**-land** n. (s) pays montueux, accidenté ; pays (m.) de collines, de côtes. ||°**-zug** m. (s, ¨e) chaîne (f.), suite (f.) de collines.

hügelig ['hy:gəliç] adj. mamelonné ; montueux ; accidenté.

Hugenotte [hugə'nɔtə] m. (n, n). RELIG. huguenot m.

Huhn [hu:n] n. (s, ¨er). ZOOL. poule f. | *gehaubtes Huhn*, poule huppée. | *gemästetes Huhn*, poularde f. | *das Huhn gackert, gluckt*, la poule caquette, glousse. | *Hühner halten*, entretenir une basse-cour. | *ein gebratenes, gekochtes Huhn*, un poulet rôti ; une poule au pot. || FAM. *Es kräht kein Huhn danach*, tout le monde s'en fiche.

Hühnchen ['hy:nçən] n. (s, -). ZOOL. poulet m. ; poulette f. ; poussin m. || FIG., FAM. *ich habe noch ein Hühnchen mit ihm zu rupfen*, nous avons encore un compte à régler.

hühner|ähnlich ["hy:nər'ɛ:nliç], **-artig** [-ɑ:rtiç] adj. ZOOL. gallinacé. ||°**-auge** n. (s, n) œil (m.) de poule. || MÉD. cor m. ; œil-de-perdrix m. ||°**-braten** m. (s, -) poulet rôti. ||°**-farm** f. (-, en) ferme (f.) avicole. ||°**-haus** n. (es, ¨er) poulailler m. ||°**-hof** m. (s, ¨e) basse-cour f. ||°**-hund** m. (s, e). ZOOL. chien (m.) d'arrêt ; braque m. ||°**-jagd** f. (-, en) chasse (f.) à la perdrix. ||°**-stall** m. (s, ¨e) poulailler m. ||°**-stange** f. (-, n) perchoir m. ; juchoir m. ||°**-steige** f. (-, n) échelle (f.) de poulailler. ||°**-vögel** m. pl. ZOOL. gallinacés m. pl. ||°**-zucht** f. élevage (m.) de volailles ; aviculture f.

hui ! [huj] interj. FAM. crac ! ; ha ! ; ouf !

Hui [huj] n. *in einem Hui*, subitement ; tout d'un coup ; sans dire ouf ; en un clin d'œil.

Huld [hult] f. (-, en) bonne grâce ; grâces f. pl. ; faveur f. ; clémence f. | *die Huld des Landesherrn*, la faveur du prince. | *Gottes Huld*, clémence divine. || MYTHOL. *die Huldgöttinnen*, les Grâces f. pl.

huld|reich ['hultraiç] adj. [huldvoll] plein de grâce ; gracieux ; clément.

huldigen ['huldigən] v. intr. rendre hommage ; présenter ses hommages. | *dem König huldigen*, rendre hommage au roi. || FIG. *einer Dame huldigen*, présenter ses hommages à une dame. | *einer Leidenschaft huldigen*, s'adonner à une passion. | *einer Ansicht huldigen*, se déclarer en faveur d'une opinion.

Huldigung [-guŋ] f. (-, en) serment (m.) de fidélité. || FIG. hommage m. ; respects m. pl.

Hülfe ['hylfə] f. (Vx.) V. HILFE.

Hülle ['hylə] f. (-, n) voile m. ; masque m. ; draperie f. ; manteau m. || BOT. gaine f. ; involucre m. || ANAT. tégument m. ; coquille f. ; peau f. | *die sterbliche Hülle*, la dépouille mortelle. || FIG. *in Hülle und Fülle*, en abondance ; à foison.

— SYN. : *Umhüllung, Schleier*, voile ; *Mantel, Überwurf*, manteau ; *Deckmantel*, masque ; *Umschlag*, enveloppe.

hüllen [-lən] v. tr. et v. pr. (s')envelopper ; (se) draper. | *sich in eine Decke hüllen*, s'envelopper dans une couverture. || FIG. voiler. | *sich in Schweigen hüllen*, s'enfermer dans le silence.

Hülse ['hylzə] f. (-, n). [Obst] peau f. ; [Gemüse] cosse f. ; gousse f. ; [Getreide] balle f. || MIL. douille f. ; cartouche f.

hülsen|artig ["hylzən'ɑ:rtiç] adj. BOT. légumineux. ||°**-frucht** f. (-, ¨e). BOT. légume sec. ||°**-früchte** f. pl. légumineuses f. pl.

hülsig ['hylziç] adj. BOT. qui a des cosses, des gousses.

human [hu'mɑ:n] adj. humain ; plein d'humanité.

humanisieren [humani'zi:rən] v. tr. et v. pr. (s')humaniser.

Humanismus [-'nismus] m. humanisme m.

humanistisch [-'nistiʃ] adj. classique. | *humanistisches Gymnasium*, lycée (m.) classique.

humanitär [-ni'tɛ:r] adj. humanitaire ; humain ; philanthropique. | *humanitäre Hilfe*, aide (f.) humanitaire.

Humanität [-ni'tɛ:t] f. humanité f. ; humanisme m.

Humbug ['humbuk] m. (s). FAM. charlatanerie f. ; tape-à-l'œil m. ; blague f. ; fumisterie f.

Hummel ['huməl] f. (-, n). ZOOL. bourdon m. || FAM. *eine wilde Hummel*, une petite étourdie.

Hummer ['humər] m. (s, n). ZOOL. homard m.

Hummer|schere ["humər'ʃe:rə] f. (-, n) pince (f.) de homard.

Humor [hu'mo:r] m. (s) humeur f. ; gaieté f. ; humour m. | *Humor haben*, avoir (le sens) de l'humour. | *humorvoll*, plein d'humour ; humoristique.

Humoreske [humɔ'rɛskə] f. (-, n) farce f. ; pièce (f.) humoristique.

humoristisch [-'ristiʃ] adj. humoristique ; facétieux.

humpeln ['humpəln] v. intr. boiter ; clopiner ; aller clopin-clopant.

Humpen ['humpən] m. (s, -) hanap m. ; coupe f.

Humus ['hu:mus] m., **Humus|boden** ["hu:mus'bodən] m. (s) humus m. ; terre végétale.

Hund [hunt] m. ([e]s, e) chien m. | *wie Hund und Katze sein*, être comme chien et chat. | *Hunde pflegen*, toiletter des chiens. || FIG. *bekannt wie der bunte Hund*, connu comme le loup blanc. | *da liegt der Hund begraben*, c'est là que gît le lièvre ; c'est là le nœud de la difficulté. | *mit allen Hunden gehetzt sein*, avoir plus d'un tour dans son sac. | *damit lockt man keinen Hund hinter dem Ofen hervor*, FAM. on ne se bouscule pas au portillon. | *etwas vor die Hunde werfen*, jeter qch. aux chiens. | *es nimmt kein Hund einen Bissen Brot von ihm*, tout le monde le méprise. | *es ist ein Wetter, daß man keinen Hund hinausjagen möchte*, il fait un temps à ne pas mettre un chien dehors. || FIG., FAM. *auf dem Hund sein ; auf den Hund kommen*, être aux abois ; être à bout de forces ; POP. être dans la dèche. | *vor die Hunde gehen*, être un homme perdu, fini. || PROV. *kommt man über den Hund, kommt man auch über den Schwanz*, quand on a avalé le bœuf, il ne faut pas s'arrêter à la queue. | *den letzten beißen die Hunde*, au dernier les os ; malheur au dernier. || MINES. wagonnet m. ; chien m.

— SYN. : *Jagdhund*, chien de chasse ; *Vorstehhund, Hühnerhund*, chien d'arrêt ; *Wachtelhund, Spaniel*, épagneul ; *Spürhund, Leithund, Schweißhund*, limier ; *Laufhund*, chien courant ; *Hetzhund, Parforcehund*, chien de meute ; *Dachshund, Teckel*, basset ; *Hasenhund, Fuchshund*, chien courant ; *Windhund*, lévrier ; *Jagdhündin*, lice. || *Schäferhund*, chien de berger, plus précisément : chien-loup. || *Fleischerhund*, chien de boucher ; mâtin. || *Pudel*, barbet ; *Spitz*, roquet ; *Mops*, carlin.

Hunde|arbeit ["hundə'arbait] f. (-, en). FIG., FAM. travail (m.) de chien ; chien (m.) de métier. ||°**-art** f. (-, en). ZOOL. espèce, race canine. || PAR EXT. manière (f.) des chiens. | *nach Hundeart*, comme les chiens. ||**-artig** adj. ZOOL. canin. ||°**-blume** f. BOT. pissenlit m. ||°**-gebell** n. (s), °**-gekläff** n. (s) aboiements m. pl. ; clabaudage m. ||°**-geld** n. (s). FIG., FAM. somme (f.) dérisoire. ||°**-haus** n. (es, ¨er), °**-hütte** f. (-, n) niche (f.) à chiens ; chenil m. ||°**-kälte** f. froid (m.) de loup. ||°**-kerl** m. (s, e) canaille f. ; vaurien m. ||°**-kosmetik** f., °**-pflege** f. toilettage (m.) de chiens. ||°**-leben** n. (s). FIG., FAM. vie (f.) de chien. ||°**-leine** f. (-, n) laisse f. ||°**-loch** n. (s, ¨er) chenil m. PAR EXT. taudis m. ||**-müde** adj. FIG. harassé ; à bout de forces. ||°**-nase** f. (-, n) nez (m.) de chien. | *eine Hundenase haben*, avoir le nez fin. ||°**-rasse** f. (-, n) race canine ; race (f.) des chiens. ||°**-salon** m. (s, s) salon (m.) de toilettage. ||°**-stall** m. (s, ¨e) chenil m. ||°**-wache** f. (-, n). MAR. quart (m.) de minuit à quatre heures. ||°**-wetter** n. (s). FAM. temps (m.) de chien. ||°**-zwinger** m. (s, -) chenil m.

hundert ['hundərt] adj. num. card. cent. | *hundert Säcke*, cent sacs.

Hundert [-dərt] n. (s, e) cent m. | *ein paar Hundert Menschen*, quelques centaines de personnes. | *Hunderte von Menschen*, des centaines de personnes. | *vier vom Hundert*, quatre pour cent. || SPORT. *Hundertmeterlauf*, cent mètres.

hundert|armig ["hundərt'armiç] adj. aux cent bras. ||**-fach, -fältig** adj. et adv. centuple ; au centuple. ||**-gradig** adj. PHYS. centigrade. ||°**-jahrfeier** f. (-, n) fête (f.) du centenaire. ||**-jährig** adj. centenaire ; séculaire. ||**-jährlich** adj. qui revient tous les cent ans. ||**-mal** adv. cent fois. ||**-malig** adj. cent fois répété. ||**-prozentig** adj. cent pour cent. ||°**-satz** m. (es) pourcentage m. ||**-tausend** adj. num. card. cent mille. ||**-teilig** adj. centésimal. ||**-weise** adv. par centaines.

Hunderter ['hundərtər] m. (s, -). MATH. centaine f. ; chiffre (m.) cent.

hunderterlei [hundərtər'lai] adj. de cent espèces. || FIG. trente-six choses.

Hundertschaft ['hundərtʃaft] f. (-, en). HIST. centurie f. || groupe (m.) de cent.

hundertst [-dərtst] adj. num. ord. centième. || LOC. *vom Hundertsten ins Tausendste*, de fil en aiguille. | *vom Hundertsten ins Tausendste kommen*, sauter du coq à l'âne.

Hundertstel [-dərtstəl] n. (s, -) centième m. ; la centième partie.

Hündin ['hyndin] f. (-, nen). ZOOL. chienne f.

hündisch [-diʃ] adj. servile, rampant ; [schamlos] cynique ; éhonté.

Hunds|fott ["hunts'fɔt] m. (s, ¨er). FAM. canaille f. ; VULG. jean-foutre m. | *ein Hundsfott gibt mehr als er hat*, la plus belle fille du monde ne peut donner que ce qu'elle a. ||**-föttisch** adj. POP. misérable ; infâme. ||**-gemein** adj. FAM. ignoble ; infâme ; abject. ||°**-gemeinheit** f. (-, en). FAM. vilenie f. ||°**-gras** n. (es). BOT. chiendent m. ||°**-hunger** m. (s). FAM. faim (f.) de loup. ||°**-kopf** m. (es, ¨e). ANAT. tête (f.) de chien. || ZOOL. lamie f. || BOT. linaire f. ||**-köpfig** adj. cynocéphale. ||°**-laus** f. (-, ¨e). ZOOL. tique f. ||**-müde** adj. FAM. épuisé ; très las. ||°**-rose** f. (-, n). BOT. églantier m. ; cynorrhodon m. ||°**-stern** m. (s). ASTRON. Sirius m. ||°**-tage** m. pl. canicule f. ||°**-wut** f. MÉD. rage f. ; hydrophobie f. ||°**-zahn** m. (s, ¨e). BOT. chiendent m. ; cynodon m.

Hüne ['hy:nə] m. (n, n) géant m. ; colosse m.

Hünen|grab ["hy:nən'grɑ:p] n. (s, ¨er) tumulus m. ||°**-kraft** f. (-) vigueur exceptionnelle. ||°**-weib** n. (s, er) géante f.

hünenhaft ['hy:nənhaft] adj. gigantesque.

Hunger ['huŋər] m. (s) faim f. ; appétit m. ; fringale f. | *Hunger haben*, avoir faim. | *den Hunger stillen*, rassasier, apaiser sa faim. | *vor Hunger sterben*, mourir de faim. || PROV. *Hunger ist der beste Koch*, la faim assaisonne tout ; qui a faim mange tout pain. || PR. et FIG. *Hunger nach etwas*, faim, soif de qch.

Hunger|blockade ["huŋərblo'kɑ:də] f. (-, n). MIL. blocus (m.) économique. ||°**-gestalt** f. (-, en) figure (f.) famélique. ||°**-künstler** m. (s, -) professionnel (m.) du jeûne. ||°**-kur** f. (-, en) diète absolue. ||°**-leider** m. (s, -) meurt-de-faim m. ||°**-lohn** m. (s, ¨e) salaire (m.) dérisoire, de famine. ||°**-streik** m. (s, e et s) grève (f.) de la faim. ||°**-tod** m. (s) inanition f. ||°**-tuch** n. (s). FIG. *am Hungertuch nagen*, tirer le diable par la queue ; FAM. claquer du bec.

hungern ['huŋərn] v. intr. souffrir de la faim ; endurer la faim. || FIG. *ich hungere nach*, j'ai faim, soif de. || PAR ANAL. [fasten] jeûner.
◇ v. impers. **es hungert mich,** j'ai faim. || [Bibel] *Selig sind, die da hungert und dürstet nach der Gerechtigkeit*, bienheureux ceux qui ont faim et soif de justice.

Hungers|not ["huŋərs'no:t] f. famine f. ; disette f.

hungrig ['huŋriç] adj. affamé ; famélique. | *hungrig sein*, avoir faim. || FIG. *nach etwas hungrig sein*, être avide de qch. ; avoir faim, soif de qch.

Hunne ['hunə] n. pr. m. (n, n). GÉOGR. Hun m.

Hupe ['hu:pə] f. (-, n). AUTOM. avertisseur m. ; Klaxon m. (Wz.).

hupen [-pən] v. intr. AUTOM. avertir ; klaxonner.

hüpfen ['hypfən] v. intr. bondir ; tressaillir ; sautiller ; frétiller. | *hier heißts hüpfen oder springen*, de deux choses l'une. || FAM. *das ist gehupft wie gesprungen*, c'est bonnet blanc et blanc bonnet.

Hüpfen [-pfən] n. (s) sautillement m. | *Hüpfen spielen*, jouer à la marelle.

Hüpfer [-pfər] m. (s, -). ZOOL. sauterelle f.

Hürde ['hyrdə] f. (-, n). SPORT. [Hindernis] haie f. ; obstacle m. || [Viehzaun] parc m.

Hürden|lauf ["hyrdən'lauf] m. (s), °**-rennen** [-'rɛnən] n. (s). SPORT. course (f.) de haies, d'obstacles.

Hure ['hu:rə] f. (-, n) prostituée f. ; POP. putain f.

huren [-rən] v. intr. POP. forniquer. || [Frau] se prostituer.

Hurerei [hurə'rai] f. (-, en) prostitution f. ; fornication f.

Hurone [hu'ro:nə] n. pr. m. (n, n). Huron m.

hurra ! [hu'rɑ:] interj. hourra !

Hurra|patriot [hu"rɑ:patri'o:t] m. (en, en) chauvin m. ||°**-patriotismus** m. chauvinisme m.

Hurrikan ['hurikan] m. (s, e) ouragan m.

hurtig ['hurtiç] adj. preste ; alerte ; leste ; diligent.
◇ adv. en vitesse ; lestement.

Hurtigkeit [-kait] f. diligence f. ; prestesse f.

Husar [hu'zɑ:r] m. (en, en). MIL. hussard m.

Husaren|jacke [hu"zɑ:rən'jakə] f. (-, n). MIL. dolman m. ||°**-mütze** f. (-, n). MIL. colback m. ||°**-ritt** m. (s, e), °**-stück** n. (s, e). FIG. coup audacieux ; coup (m.) de main. ||°**-tasche** f. (-, n). MIL. sabretache f.

husch ! [huʃ] interj. hop ! ; vite ! ; en un rien de temps.

huschen ['huʃən] v. intr. glisser ; passer vite et sans bruit. || FIG., FAM. *über etwas huschen*, glisser rapidement sur un sujet.

Hussit [hu'si:t] m. (en, en). RELIG. hussite m.

hüsteln ['hy:stəln] v. intr. toussoter.

husten ['hu:stən] v. intr. [Handlung] tousser. || [Zustand] avoir un rhume ; être enrhumé.
◇ v. tr. *Blut husten*, cracher du sang.

Husten [-tən] m. (s). MÉD. toux m. ; rhume m.

Husten|anfall ["hu:stən'anfal] m. (s, ¨e). MÉD. quinte (f.) de toux. ||°**-mittel** n. (s, -) antitussif m. ||**-stillend** adj. pectoral.

Hut [hu:t] f. (-, en) garde f. ; surveillance f. | *vor jm auf der Hut sein*, se tenir sur ses gardes en face, à l'égard de qn. | *in, unter js Hut sein, stehen*, être à, sous la garde de qn.

Hut [hu:t] m. (s, ¨e) chapeau m. | *steifer Hut*, chapeau melon. | *den Hut lüften*, soulever son chapeau. | *den Hut ziehen*, ôter, tirer son chapeau (PR. et FIG.). | *den Hut abnehmen*, enlever son chapeau. | *den Hut aufsetzen*, mettre son chapeau. | *den Hut ins Gesicht, in die Augen ziehen*, enfoncer son chapeau. || FIG. *viele Menschen unter einen Hut bringen*, mettre tout le monde d'accord. || PAR ANAL. [Zuckerhut] pain (m.) de sucre. || BOT. chapeau m. (d'un champignon).

Hut|fabrik ["hu:tfa'brik] f. (-, en) chapellerie f. ||°**-form** f. (-, en) forme (f.) à chapeau ; conformateur m. ||°**-futteral** n. (s, e) carton (m.) à chapeau. ||°**-geschäft** n. (s, e) chapellerie f. ||°**-macher** m. (s, -) chapelier m. ||°**-schachtel** f. (-, n) carton (m.) à chapeau. ||°**-schnur** f. (-, ¨e). FAM. *das geht (einem) über die Hutschnur*, cela dépasse les bornes.

hüten ['hy:tən] v. tr. garder ; surveiller ; veiller sur. | *Schafe hüten*, garder des moutons. || MÉD. *das Bett hüten*, garder le lit.
◇ v. pr. **sich hüten,** être sur ses gardes ; se garder de. | *ich werde mich hüten, das zu tun !*, je me garderai bien de faire cela ! | *sich vor jm hüten*, se tenir sur ses gardes en face de qn. | *sich vor etwas hüten*, se garder de qch.

Hüter [-tər] m. (s, -) gardien m. ; garde m. ; surveillant m.
— SYN. : *Wächter, Wärter, Bewacher*, gardien.

Hütte ['hytə] f. (-, n) hutte f. ; chaumière f. ; baraque f. ; abri m. (de montagne). || MAR. dunette f. || PAR EXT. forge f. ; usine f. ; fonderie f.

Hütten|arbeiter ["hytən'arbaitər] m. (s, -). [ouvrier m.] métallurgiste m. ; FAM. métallo m. || °**-betrieb** m. (s, e) usine (f.) métallurgique ; forge f. ||°**-hammer** m. (s, ¨). TECHN. martinet m. ||°**-herr** m. (n, en) maître (m.) de forges. ||°**-koks** m. (es, e) coke (m.) métallurgique. ||°**-kunde** f. métallurgie f. ||°**-kundiger** m. (s, -) métallurgiste m. ||°**-werk** n. (s, e) usine (f.) métallurgique. ||°**-wesen** n. (s) métallurgie f.

Hutung ['hu:tuŋ] f. (-, en) pâturage (m.) médiocre.

Hutzel ['hutsəl] f. (-, n). FAM. pomme ratatinée. || [Hutzelweibchen] petite vieille. | *Hutzelmännchen*, lutin m.

hutz(e)lig ['huts(ə)liç] adj. racorni ; ratatiné.

Hyäne [hy'ɛ:nə] f. (-, n). ZOOL. hyène f.

Hyazinthe [hya'tsintə] f. (-, n). BOT. jacinthe f.

Hybride [hy'bri:də] f. (-, n). BOT., ZOOL. hybride m.

Hybridisation [hybridisa'tsio:n] f. BIOL. hybridation f. | *molekulare Hybridisation*, hybridation moléculaire.

Hybridität [-bridi'tɛ:t] f. BOT., ZOOL. hybridité f.

Hybris ['hy:bris] f. démesure f.

Hyder ['hy:dər] f. (-, n), **Hydra** ['hy:dra] f. (-, dren). MYTH. hydre m. || ZOOL. hydre f.

Hydrant [hy'drant] m. (en, en) bouche (f.) à eau ; bouche (f.) d'incendie.

Hydrat [hy'drɑ:t] n. (s, e). CHIM. hydrate m.

Hydratation [hydrata'tsio:n] f. hydratation f.

Hydraulik [hy'draulik] f. hydraulique f.

hydraulisch [-liʃ] adj. hydraulique.

hydrieren [hy'dri:rən] v. tr. CHIM. hydrater.

Hydrierung [-ruŋ] f. CHIM. hydratation f.

Hydrogen [hydro'ge:n] n. (s) hydrogène m.
Hydro|chinon [hydroki'no:n] n. (s). Chim., Phot. hydroquinone f. ||°**-dynamik** f. Techn. hydrodynamique f. ||°**-kracken** n. (s). Techn. hydrocraquage m. ||°**-phobie** f. Méd. peur (f.) de l'eau ; rage f. ||°**-plan** m. (s, e). Mar. hydravion m. ||°**-therapie** f. Méd. hydrothérapie f. ||°**-zephale** m. (n, n) hydrocéphale m.
Hydroxyd [hydrɔ'ksy:d] n. (s, e) hydrate m.
Hydroxyl [hydrɔ'ksy:l] n. (s) oxhydryle m. ; hydroxyle m.
Hygiene [hygi'e:nə] f. hygiène f. | *aus Gründen der Hygiene*, par mesure d'hygiène.
— Syn. : *Gesundheitslehre*, hygiène.
Hygieniker [-nikər] m. (s, -). Méd. hygiéniste m.
hygienisch [-niʃ] adj. Méd. hygiénique.
Hygro|meter [hygro'me:tər] n. (s, -). Phys. hygromètre m. ||°**-skop** n. (s, e) hygroscope m.
Hymen ['hy:mən] m. (s). Myth. Hymen m. || Littér. hymen m. ; hyménée m.
Hymen ['hy:mən] n. (s). Anat. hymen m.
Hymne ['hymnə] m. (-, n), **Hymnus** ['hymnus] m. (-, nen) hymne m. ; cantique m.
Hyper|ästhesie [hypɛrɛste'zi:] f. Méd. hyperesthésie f.
Hyperbel [hy'pɛrbəl] f. (-, n). Math., Littér. hyperbole f.
hyperbelhaft [hy'pɛrbəlhaft], **hyperbolisch** [hypɛr'bo:liʃ] adj. hyperbolique.
Hyper|schall... ['hypɛrʃal] (en compos.). Aéron. hypersonique.
Hypnose [hyp'no:zə] f. (-, n) hypnose f.
Hypnotikum [-'no:tikum] n. (s, ka). Pharm. hypnotique m. ; narcotique m.
hypnotisch [-'no:tiʃ] adj. hypnotique. | *hypnotisches Mittel*, hypnotique m. ; narcotique m.
hypnotisieren [-nɔti'zi:rən] v. tr. hypnotiser.
Hypochonder [hypo'kɔndər] m. (s, -). Méd. hypocondre m. ; hypocondriaque m.
Hypochondrie [-kɔn'dri:] f. Méd. hypocondrie f.
hypochondrisch [-'kɔndriʃ] adj. Méd. hypocondre ; hypocondriaque.
Hypo|glykämie [hypoglykɛm'i:] f. (-, n). Méd. hypoglycémie f.
Hypo|nym [hypo'ny:m] n. (s, e) hyponyme m.
Hypo|sulfit [hyposul'fit] n. (s). Chim. hyposulfite m.
hypo|taktisch [hypo'taktiʃ] adj. Gramm. hypotaxique.
Hypo|taxe [hypo'taksə] f. (-, n). Gramm. hypotaxe f.
Hypotenuse [hypote'nu:zə] f. (-, n). Math. hypoténuse f.
Hypothalamus [hypo'tɑ:lamus] m. (-, mi). Anat. hypothalamus m.
Hypothek [hypo'te:k] f. (-, en). Jur. hypothèque f. | *mit einer Hypothek belasten*, grever d'une hypothèque ; hypothéquer. | *eine Hypothek aufnehmen, löschen*, prendre une hypothèque ; purger une hypothèque.
Hypothekar|anleihe [hypote"kɑ:r'anlaiə] f. (-, n). Fin. prêt (m.) hypothécaire. ||**-isch** adj. Fin. hypothécaire. | *hypothekarisch sicherstellen*, garantir par hypothèque. ||°**-kredit** m. (s, e). Fin. crédit (m.) hypothécaire.
Hypotheken|bank [hypo"te:kən'baŋk] f. (-, en). Fin. crédit foncier. ||°**-bewahrer** m. (s, -). conservateur (m.) des hypothèques. ||°**-brief** m. (s, e). [Akte] hypothèque f. ; [Anleihe] obligation (f.) hypothécaire. ||°**-buch** n. (s, ¨er) registre (m.) des hypothèques. ||°**-eintragung** f. (-, en) inscription (f.) hypothécaire. ||**-frei** adj. libre, franc d'hypothèques. ||°**-urkunde** f. (-, n) hypothèque f.
Hypothese [hypo'te:zə] f. (-, n) hypothèse f. ; supposition f.
— Syn. : *Vermutung*, supposition ; *Voraussetzung*, hypothèse ; *Mutmaßung*, conjecture, présomption.
hypothetisch [-'te:tiʃ] adj. hypothétique.
Hypozentrum [hypo'tsɛntrum] n. (s, tren) hypocentre m.
Hypsograph [hypso'grɑ:f] m. (en, en) hypsographe m.
Hysterektomie [hysterɛkto'mi:] f. (-, n). Méd. hystérectomie f.
Hysterese [hyste're:zə] f. (-, n), **Hysteresis** [hys'te:rezis] f. Phys. hystérésis f.
Hysterie [hyste'ri:] f. (-, n). Méd. hystérie f.
hysterisch [-'te:riʃ] adj. Méd. hystérique.

I

I, i [i:] n. I m. | *der I-Punkt*, le point sur l'*i*. || *das Tüpfelchen aufs i setzen*, peaufiner ; fignoler.
i ! [i:] interj. Fam. eh ! ; hé ! ; hein ! | *i wo !*, allons donc !
iahen ['jɑ:ən] v. intr. braire.
Iambe ['jambə] m. (n, n) ïambe m.
Iamben|dichtung ["jambən'diçtuŋ] f. (-, en) vers (m. pl.) ïambiques ; poème (m.) en ïambes.
iambisch ['jambiʃ] adj. ïambique.
Iambus [-bus] m. (-, ben). Poés. ïambe m.
iatrogen [iatro'ge:n] adj. Méd. iatrogène ; iatrogénique.
Iberer [i'be:rər] n. pr. m. (s, -). Géogr. Ibère m.
Iberien [i'be:riən] n. pr. n. Géogr. Ibérie f.
iberisch [-riʃ] adj. [Sprache] ibérique ; ibère.
Ibis ['ibis] m. (ses, se). Zool. ibis m.
ich [iç] pron. pers. je ; moi. | *ich bin's*, c'est moi. | *sind Sie nicht müde ? Doch ich bin es*, n'êtes-vous pas fatigué ? Si, je le suis. | *hier bin ich*, me voici. | *ich nicht*, pas moi. | *das habe ich getan*, c'est moi qui l'ai fait. | *ich unterzeichneter*, je, soussigné. | *ich armer Tor !* (Goethe), insensé que je suis ! || *ich sollte dich verraten*, moi, te trahir ! | *ich, der ich Sie warnte*, moi qui vous avais averti.
— Observ. Déclinaison de *ich* : nomin., *ich* ; gén., *meiner* ; dat., *mir* ; acc., mich.
Ich [iç] n. (s) le moi. | *das andere Ich*, cet autre moi-même. | *sein liebes Ich*, sa petite personne. | *ein Teil meines Ichs*, une partie de mon être.
Ich|bezogenheit ["içbə'tso:gənhait] f. égocentrisme m. || Fam. *(übertriebene) Ichbezogenheit*, nombrilisme m. ||°**-form** f. (-, en) *dieser Roman ist in der Ichform geschrieben*, ce roman est écrit à la première personne. ||°**-sucht** f. égoïsme m. ||**-süchtig** adj. égoïste.
Ichheit ["iç'hait] f. Philos. le moi ; individualité f
Ichneumon [iç'nɔymon] m. et n. (s, s). Zool. mangouste f. ; ichneumon m.
Ichthyologe [içtyo'lo:gə] m. (n, n), **Ichthyologin** [-'lo:gin] f. (-, nen) ichtyologiste s.
Ichthyologie [içtyolo'gi:] f. ichtyologie f.
Ichthyosaurier [içtyo'zauriər] m. (s, -), **Ichthyosaurius** m. (-, rier) ichtyosaure m.
Ichthyose [iç'tyo:zə] f. (-, n). Méd. ichtyose f.
ideal [ide'ɑ:l] adj. idéal.
Ideal [ide'ɑ:l] n. (s, e) idéal m. ; modèle m. | *sie ist das Ideal einer Hausfrau*, c'est une maîtresse de maison parfaite. | *ein Ideal an Selbstlosigkeit*, un modèle d'abnégation. | *Ideal von Schönheit*, beauté idéale.

idealisieren [ideali'zi:rən] v. tr. idéaliser ; poétiser.
Idealisierung [idealizi:ruŋ] f. (-, en) idéalisation f.
Idealismus [-'lismus] m. idéalisme m.
Idealist [-'list] m. (en, en) idéaliste m.
Idealität [-li'tɛ:t] f. (-, en) idéalité f.
Idee [i'de:] f. (-, n). [Begriff] idée f. ; conception f. ; notion f. | *keine Idee*, pas la moindre idée. | *nach meiner Idee*, à mon sens ; à mon avis. | *fixe Idee*, idée fixe. || PAR EXT. [Einfall] *er verfiel auf die Idee, von nun an Vegetarier zu sein*, il se mit en tête d'être végétarien dorénavant. || FIG., FAM. *eine Idee*, un soupçon (quelques gouttes) ; un rien.
— SYN. : *Begriff*, concept ; *Gedanke*, idée.
ideell [ide'ɛl] adj. PHILOS. idéal ; virtuel.
Ideen|assoziation [i"de:ənasotsia'tsio:n] f. (-, en), °**-kette** f. (-, n). PHILOS. association (f.) d'idées. ||°**-kreis** m. (es, e). PHILOS. cercle (m.) d'idées ; ordre (m.) d'idées. ||°**-lehre** f. (-, n). PHILOS. idéologie f. ||**-los** adj. dépourvu d'idées. ||°**-losigkeit** f. manque (m.) d'idées ; sécheresse (f.) d'esprit. ||**-reich** adj. riche en idées. | *ein ideenreiches Buch*, un livre substantiel. ||°**-reich** n. (s, e) monde (m.) des idées. ||°**-welt** f. (-, en) monde (m.) des idées ; monde idéal.
Iden ['i:dən] f. pl. HIST. ides f. pl.
identifizieren [idɛntifi'tsi:rən] v. tr. identifier.
Identifizierung [-ruŋ] f. (-, en) identification f.
identisch [i'dentiʃ] adj. identique.
Identität [idɛnti'tɛ:t] f. identité f.
Ideo|gramm [ideo'gram] n. (s, e) idéogramme m. ||°**-graphie** f. (-, n) idéographie f. ||°**-loge** m. (n, n) idéologue m. ; rêveur m. ||°**-logie** f. (-, n) idéologie f.
Idiolekt [idio'lɛkt] m. (s, e) idiolecte m.
Idiom [idi'o:m] n. (s, e) idiome m.
idiomatisch [idio'mɑ:tiʃ] adj. idiomatique.
Idio|synkrasie [idiosynkra'zi:] f. PHYSIOL. idiosyncrasie f.
Idiot [idi'o:t] m. (en, en). MÉD. idiot m. || PAR EXT., FAM. sot m. ; imbécile m.
Idioten|anstalt [idi"o:tən'anʃtalt] f. (-, en). MÉD. maison (f.) de santé ; asile (m.) d'aliénés.
Idiotie [idio'ti:] f. MÉD. idiotie f.
idiotisch [-'o:tiʃ] adj. idiot.
Idiotismus [-o'tismus] m. (-, men). GRAMM. idiotisme m.
Idol [i'do:l] n. (s, e). RELIG. idole f.
Idolatrie [idola'tri:] f. (-, n). RELIG. idolâtrie f.
Idyll [i'dyl] n. (s, e), **Idylle** [-lə] f. (-, n) idylle f.
idyllisch [-liʃ] adj. idyllique.
Igel ['i:gəl] m. (s, -). ZOOL. hérisson m. || PAR ANAL., AGRIC. herse f. || [Spinnerei] peigneuse f.
Igname [i'gnɑ:mə] f. (-, n). BOT. igname f.
Igni|punktur [ignipuŋk'tu:r] f. MÉD. pointes (f. pl.) de feu.
ignorant [ignɔ'rant] adj. ignorant.
Ignorantiner [ignɔran'ti:nər] m. (s, -). RELIG. frère ignorantin.
Ignoranz [-'rants] f. ignorance f.
ignorieren [-'ri:rən] v. tr. ignorer. || PAR EXT. faire semblant de ne pas connaître.
ihm [i:m] pron. pers. dat sing. m. et n. (à) lui. | *sie gibt es ihm*, elle le lui donne. | *sie warf sich ihm zu Füßen*, elle se jeta à ses pieds.
ihn [i:n] pron. pers. acc. sing. m. le ; lui. | *er sieht ihn*, il le voit.
ihnen ['i:nən] pron. pers. dat. pl. à eux ; à elles ; leur. | *er schreibt ihnen*, il leur écrit.
◇ **Ihnen,** forme de politesse pron. pers. dat. pl. de **Sie,** (à) vous. | *ich schreibe Ihnen*, je vous écris.
ihr [i:r]. **1.** pron. pers. dat. sing. de **sie,** à elle ; lui. | *geben Sie ihr ein Buch*, donnez-lui un livre.
2. pron. pers. nom. pl. de **du.** vous. | *ihr kommt spät*, vous venez tard.
ihr [i:r], **ihre** ['i:rə], **ihr** [i:r] (plur. ihre) adj. poss. [mehrere Besitzer] leur. | *ihr Haus ; ihre Häuser*, leur maison f. ; leurs maisons f. pl. [eine einzige Besitzerin] son, sa, ses. | *ihre Freundin*, son amie f. | *ihr Heft*, son cahier m. | *das Bild ihrer Tante*, le portrait de sa, de leur tante.
◇ **Ihr, Ihre, Ihr,** forme de politesse adj. poss. pour **euer,** votre. | *Ihr Bruder kommt*, votre frère arrive.
◇ **ihrer, ihre, ihres** pron. poss. [einzelne Besitzerin] le sien ; la sienne ; les siens ; les siennes. | *unser Haus ist frei, ihres ist besetzt*, notre maison est libre, la sienne est occupée. || [mehrere Besitzer] le leur ; la leur ; les leurs. | *mein Buch ist zerrissen, ihre sind gebunden*, mon livre est déchiré, les leurs sont reliés.
ihre ['i:rə] pron. poss. (der, die, das) [einzelne Besitzerin] le sien ; la sienne. | *das ist mein Buch, das ihre ist versteckt*, c'est mon livre, le sien est caché.
◇ **Ihre,** forme de politesse pour **eure,** le, la vôtre. | *mein Haus ist klein, das Ihre ist größer*, ma maison est petite, la vôtre est plus grande.
ihrer ['i:rər] pron. pers. gén. sing. de **sie.** | *wir gedenken ihrer*, nous nous souvenons d'elle. || gén. de **sie.** pron. pers. 3ᵉ pers. pl. d'eux ; d'elles. | *es sind ihrer nur zuviel*, il n'y en a que trop. | *es waren ihrer zehn*, ils étaient dix, au nombre de dix.
◇ **Ihrer,** forme de politesse pour **eurer,** de vous.
ihrer|seits ["i:rər'zaits] adv. de sa part, de leur part, de votre part ; de son côté, de leur côté, de votre côté.
ihres|gleichen ["i:rəs'glaiçən] adv. son pareil, leur pareil, votre pareil.
ihret|halben [''i:rət'halbən], **-wegen** [-'ve:gən], **-willen** [-'vilən] à cause d'elle, de vous ; pour elle, pour eux, pour vous.
ihrig ['i:riç] pron. poss. V. IHRER.
Ikone [i'ko:nə] f. (-, n). RELIG. icône f.
Ikonographie [ikonogra'fi:] f. iconographie f.
Ikonoklast [-'klast] m. (en, en) iconoclaste m.
Ikonologie [ikonolo'gi:] f. iconologie f.
Ikterus ['iktərus] m. MÉD. ictère m. ; jaunisse f.
Iktus ['iktus] m. POÉT. accent m.
Ileum [i'le:um] n. (s). ANAT. iléon m. ; iléum m.
Iliade [ili'ɑ:də] f., **Ilias** ['i:lias] f. LITTÉR. Iliade f.
illegal [ille'gɑ:l] adj. illégal.
Illegalität [-gali'tɛ:t] f. (-, en) illégalité f.
illegitim [illegi'ti:m] adj. illégitime.
Illegitimität [-mi'tɛ:t] f. illégitimité f.
illiberal [ilibe'rɑ:l] adj. peu libéral.
Illiterat [ilitə'rɑ:t] m. (en, en) ignorant m.
illoyal [iloa'jɑ:l] adj. déloyal.
Illuminat [ilumi'nɑ:t] m. (en, en). RELIG. illuminé m.
Illumination [-na'tsio:n] f. (-, en) illumination f.
Illuminator [-'nɑ:tɔr] m. (s, en) enlumineur m.
illuminieren [-'ni:rən] v. tr. illuminer. || PAR EXT. [Malerei] colorier ; enluminer.
Illusion [ilu'zio:n] f. (-, en) illusion f. ; mirage m. ; erreur f.
illusorisch [-'zo:riʃ] adj. illusoire.
Illustration [ilustra'tsio:n] f. (-, en) illustration f. ; gravure f. | *zur Illustration*, pour démontrer.
illustrieren [-'tri:rən] v. tr. illustrer.
Illustrierte [-'tri:rtə] f. (-, n). [journal (m.)] illustré m.
Illyrien [i'ly:riən] n. pr. n. Illyrie f.
Ilm|athen ["ilma'te:n] n. pr. nom donné à Weimar.
Ilse ['ilze] n. pr. f. Élisabeth f.
Ilten|schnecke ["iltən'ʃnɛkə] f. (-, n). ZOOL. volute f.
Iltis ['iltis] m. (ses, se). ZOOL. putois m.
im [im] contraction de IN DEM.
I. M. [i:'ɛm]. *Ihre Majestät*, Sa Majesté.
Image ['imitz] n. (s, s) image (f.) de marque. | *sein Image aufbessern*, FAM. *aufpolieren*, redorer son blason.
imaginär [imagi'nɛ:r] adj. imaginaire ; chimérique ; utopique.
Imbezillität [imbetsili'tɛ:t] f. MÉD. imbécillité f.
Imbiß ['imbis] m. (es, e). CULIN. petit repas ; collation f. ; FAM. casse-croûte m.
imitieren [imi'ti:rən] v. tr. imiter.
Imker ['imkər] m. (s, -) apiculteur f.
Imkerei [imkə'rai] f. (-, en) apiculture f.
immanent [ima'nɛnt] adj. immanent.
Immanenz [-'nɛnts] f. immanence f.
Immanuel [i'ma:nuɛl] n. pr. m. Emmanuel m.
immateriell [imateri'ɛl] adj. immatériel.
Immatrikulation [imatrikula'tsio:n] f. (-, en) immatriculation f. ; inscription (f.) à l'université.
immatrikulieren [-'li:rən] v. tr. immatriculer ; inscrire à l'Université. | *sich immatrikulieren (lassen)*, se faire inscrire ; prendre ses inscriptions.
Imme ['imə] f. (-, n). ZOOL., POÉT. abeille f.
immens [i'mɛns] adj. colossal ; énorme ; immense. | *ein immenses Vermögen*, une fortune colossale.

immer ['imər] adv. **1.** [für alle Zeit ; dauernd], toujours ; sans cesse ; à tout jamais ; continuellement ; constamment. | *es hat immer geregnet*, il n'a pas cessé de pleuvoir. | *er will immer nur lachen*, il ne demande qu'à rire. | *sie kommt immer noch nicht*, elle ne vient toujours pas. | *er ist nicht immer guter Laune*, il n'est pas toujours de bonne humeur. | *er ist immer noch nicht guter Laune*, il n'a pas encore retrouvé sa bonne humeur.
2. [Steigerung] de plus en plus. | *er wird immer reicher*, sa fortune augmente de jour en jour. | *immer besser*, de mieux en mieux.
3. [einräumend] *was immer geschehen mag*, quoi qu'il arrive. | *wo ich auch immer bin*, où que je sois. | *aus welchen Gründen auch immer*, quelles que soient les raisons.

immer|dar ['imər"dɑ:r] adv. toujours ; à jamais. ||**-fort** adv. sans cesse ; sans arrêt ; toujours ; constamment ; continuellement. ||**-grün** adj. BOT. à feuilles persistantes. ||°**-grün** n. (s). BOT. pervenche f. ||**-hin** adv. toujours est-il ; soit ; quoi qu'il en soit ; toutefois. | *immerhin !*, tout de même ! ||**-während** adj. et adv. perpétuel ; continuel. ||**-zu** adv. sans arrêter. || PAR EXT. allez-y ! ; allez toujours !

Immersion [imər'zio:n] f. (-, en) immersion f.

Immigrant [imi'grant] m. (en, en) immigrant m.

immigrieren [-'gri:rən] v. intr. immigrer.

imminent [imi'nɛnt] adj. imminent.

Immission [imi'sio:n] f. (-, en). [Umwelt] immission f. ; nuisance f.

Immissions|grenzwert [imi"sio:ns'grɛntsvɛ:rt] m. (s, e). [Umwelt] limite (f.) de nuisance. ||°**-schutz** m. (es). [Umwelt] protection (f.) contre les nuisances. ||°**-wert** m. (s, e) niveau (m.) de pollution. | *natürlicher Immissionswert*, niveau de pollution naturelle.

Immobiliar|vermögen [imobi"lia:rfɛr'mø:gən] n. (s) fortune immobilière.

Immobilien [imo'bi:liən] pl. immeubles m. pl. ; biens immobiliers.

immoralisch [imo'rɑ:liʃ] adj. PHILOS. immoral. ◇ adv. d'une manière immorale.

Immoralist [-ra'list] m. (en, en). PHILOS. immoraliste m.

Immoralität [-rali'tɛ:t] f. immoralité f.

Immortelle [imɔr'tɛlə] f. (-, n). BOT. immortelle f.

immun [i'mu:n] adj. MÉD. immunisé. || POLIT. qui jouit de l'immunité parlementaire.

Immun|abwehr [i"mu:n'apve:r] f. (-, en). MÉD. défense (f.) immunitaire ; immunodéfense f. ||°**-defekt** m. (s, e). ||°**-defizienz** f. (-, en). MÉD. déficience (f.) immunitaire. ||°**-reaktion** f. (-, en). MÉD. réaction (f.) immunitaire, immune. ||°**-schwäche** f. (-, n). MÉD. immunodépression f. || **-suppressiv** adj. MÉD. immunosuppresseur. ||°**-suppressivum** n. (s, va). MÉD. immunosuppresseur m.

immunisieren [imuni'zi:rən] v. tr. immuniser.

Immunisierung [-'zi:ruŋ] f. (-, en). MÉD. immunisation f.

Immunität [imuni'tɛ:t] f. (-, en). MÉD., POLIT. immunité f.

Immuno|depression ['imunodeprɛ"sio:n] f. MÉD. immunodépression f. ||°**-globulin** n. (s, e). BIOL. immunoglobuline f. ||°**-logie** f. MÉD. immunologie f.

Impedanz [impe'dants] f. (-, en). TECHN. impédance f.

Imperativ [imperɑ:'ti:f] m. (s, e). GRAMM. impératif m. || PHILOS. impératif m.

Imperator [-'rɑ:tor] m. (s, en) imperator m. ; empereur m. || ANTIQ. général m.

Imperfekt [impɛr'fɛkt et 'impɛrfɛkt] n. (s, e). GRAMM. imparfait m. ; prétérit m.

imperial [imperi'ɑ:l] adj. impérial.

Imperial|papier [imperi"ɑ:lpa'pi:r] n. (s) papier (m.) grand-aigle ou grand-jésus. ||°**-schrift** f. TYPOGR. canon m.

Imperialismus [imperia'lismus] m. POLIT. impérialisme m.

imperialistisch [-'listiʃ] adj. impérialiste.

Imperium [im'pe:rium] m. (s, rien) empire m.

impertinent [impɛrti'nɛnt] adj. impertinent.

Impertinenz [-'nɛnts] f. (-, en) impertinence f.

Impetrant [impe'trant] m. (en, en) impétrant m. || JUR. demandeur m. ; plaignant m.

Impetrat [-'trɑ:t] m. (en, en). JUR. défendeur m.

Impetus ['impetus] m. (-) élan m.
— SYN. : *Anstoß*, impulsion ; *Trieb*, tendance ; *Schwung*.

Impf|arzt ["impf'artst] m. (es, ¨e). MÉD. vaccinateur m. ||°**-gesetz** n. (es, e) loi (f.) sur la vaccination. ||°**-reis** n. (es, er). AGRIC. greffe f. ; greffon m. ||°**-stoff** m. (s, e). MÉD. vaccin m.

impfen [impfən] v. tr. PR. et FIG. vacciner ; inoculer.

Impfen [-pfən] n. (s) inoculation f. ; vaccination f.

Impfer [-pfər] m. (s, -) vaccinateur m.

Impfling [-pfliŋ] m. (s, e). 1° MÉD. sujet (m.) à vacciner ; 2° AGRIC. [Propfreis] greffon m.

Impfung [-fuŋ] f. (-, en). MÉD. vaccination f. ; inoculation f.

Impietät [impiə'tɛ:t] f. impiété f.

Implantat [implan'tɑ:t] m. (s, e). MÉD. implant m.

implizieren [impli'tsi:rən] v. tr. impliquer.

implizite [-'tsi:tə] adv. implicitement.

implodieren [implo'di:rən] v. intr. imploser.

Implorant [implɔ'rant] m. (en, en). JUR. demandeur m. ; plaignant m.

Implorat [-'rɑt] m. (en, en). JUR. défendeur m.

Implosion [implo'zio:n] f. (-, en) implosion f.

Imponderabilien [impɔndəra'bi:liən] n. pl. PHYS. impondérables m. pl.

imponieren [impɔ'ni:rən] v. intr. FIG. *jm imponieren*, en imposer à qn.

imponierend [-rənt] adj. imposant.

Import [im'pɔrt] m. (s, e). COMM. importation f.

Import|handel [im"pɔrt'handəl] m. (s). COMM. importation f. ||°**-quote** f. (-, n). COMM. quota (m.) d'importation. ||°**-überschuß** m. (es, ¨e). COMM. excédent (m.) des importations.

Importe [im'pɔrtə] f. (-, n). COMM. marchandise importée. || PAR EXT. cigare (m.) de la Havane.

Importeur [-pɔr'tø:r] m. (s, e). COMM. importateur m.

importieren [-pɔr'ti:rən] v. tr. importer.

imposant [impo'zant] adj. imposant.

impotent [impo'tɛnt] adj. MÉD. impuissant, ante.

Impotenz [-'tɛnts] f. MÉD. impuissance f.

imprägnieren [imprɛg'ni:rən] v. tr. imprégner.

impraktikabel [imprakti'kɑ:bəl] adj. impraticable ; infaisable.

Impresario [imprɛ'zɑ:rio] m. (s, s) imprésario m.

Impressionismus [imprɛsjo'nismus] m. impressionnisme m.

Impressionist(in) [-'nist(in)] m. (en, en), f. (-, nen). ARTS. impressionniste s.

impressionistisch adj. ARTS. impressionniste.

Impressum [im'prɛsum] n. (s, en). TYPOGR. Achevé (m.) d'imprimer.

Imprimatur [impri'mɑ:tur] n. (s). RELIG. bon (m.) à tirer ; permis (m.) d'imprimer.

Impromptu [ɛ̃prɔ̃pty] n. (s, s). THÉÂTRE. impromptu m.

improvisieren [improvi'zi:rən] v. tr. improviser.

Impuls [im'puls] m. (es, e) impulsion f. ; branle m.

impuls|gesteuert [im"pulsgə'stɔyərt] adj. TECHN. *impulsgesteuerte Auslösung*, topage m.

impulsiv [-pul'zi:f] adj. impulsif.

Impulsivität [-zivi'tɛ:t] f. impulsivité f. ; spontanéité f.

imstande [im'ʃtandə] adj. en état de. | *er ist imstande das zu tun*, il est à même de faire cela.

Im- und Export ["imunt'ɛkspɔrt] m. (s) import-export m.

in prép. gouvernant le dat. quand il n'y a pas déplacement ; l'acc. quand il y a passage d'un endroit à un autre.
1. [Ort] à ; dans ; en. | *in Deutschland*, en Allemagne. | *in der Ferne*, au loin. | *im Norden*, au nord. | *in der Mitte*, au milieu. | *in der Schule*, à l'école. | *in der Stadt wohnen*, habiter la ville ; habiter en ville. | *in den ersten Stock umziehen*, déménager au premier étage. | *das Buch, in dem ich lese*, le livre que je lis. | *der Reichste in der Gegend*, l'homme le plus riche de la contrée.
2. [Zeit] *in dieser Zeit*, en ce temps-là. | *in kurzer Zeit*, sous peu. | *in diesen Tagen*, ces jours-ci. | *in zwei Monaten*, dans deux mois. | *in der ersten Jahreszeit*, au cours de la première saison. | *im Frühling*, au printemps. | *im März*, au mois de mars. | *im Jahre...*, en l'an... ; en l'année... | *in der Nacht*, la nuit.
3. [Art] *in Sorge sein*, être inquiet. | *in Zorn geraten*, se

mettre en colère. | *im Gange sein*, être en train. | *im Schweiß seines Angesichts*, à la sueur de son front. | *in Gleichnissen reden*, parler par paraboles. | *im Ernst*, sérieusement. | *in Wirklichkeit*, en réalité. | *in eigener Person*, en personne. | *in dieser Farbe*, dans cette teinte. | *in Hemdsärmeln sein*, être en manches de chemise. | *in bar zahlen*, payant comptant. | *in Freud und Leid*, en toutes circonstances.

4. [Änderung] *sich in einen Frosch verwandeln*, se métamorphoser en grenouille.

5. Loc. *in Bausch und Bogen ; im großen und ganzen*, dans l'ensemble ; en bloc. | *er ist gut in Mathematik*, il est bon en math. | *in Holz schneiden*, tailler dans le bois. | *das hat es in sich*, c'est difficile.

in|aktiv [inak'ti:f] adj. inactif ; PÉJOR. paresseux. || MIL. de réserve.

In|aktivierung [inakti'vi:ruŋ] f. (-). BIOL. inactivation f.

Inangriff|nahme [in"angrif'nɑ:mə] f. mise (f.) en œuvre.

Inanspruch|nahme [in"anʃpru:x'nɑ:mə] f. mise (f.) à contribution ; occupation f. || MIL. réquisition f.

in|artikuliert [inartiku'li:rt] adj. inarticulé.

inaugurieren [inaugu'ri:rən] v. tr. [beginnen] commencer. || PAR ANAL. [einweihen] inaugurer. || PAR EXT. installer.

Inbegriff ["inbə'grif] m. (s). [Wesenskern] substance f. ; [Verkörperung] incarnation f. ; symbole m. | *er ist der Inbegriff des Gelehrten*, c'est la science incarnée.

inbegriffen [-fən] adv. y compris ; y inclus.

Inbetracht|nahme [inbə"traxt'nɑ:mə] f., **Inbetracht|ziehung** [-'tsi:uŋ] f. prise (f.) en considération.

Inbetrieb|nahme [inbə"tri:p'nɑ:mə] f., **Inbetrieb|setzung** [-'zɛtzuŋ] f. mise (f.) en marche ; mise (f.) en exploitation.

Inbrunst ['inbrunst] f. ardeur f. ; ferveur f.

inbrünstig ["in'brynstiç] adj. ardent ; fervent. ◇ adv. ardemment ; avec ferveur.

indanthren [indan'tre:n] adj. [farbecht] grand teint.

indem [in'de:m] adv. pendant ce temps ; cependant ; entre-temps.
◇ conj. [während] tandis ; pendant que. | *indem er dies sagte, lachte er*, en disant cela, il riait. || [weil] comme ; attendu que.

Indemnität [indɛmni'tɛ:t] f. (-, en) indemnité f.

Inder(in) ['indər(in)] m. (s, -), f. (-, nen) Hindou(e) m. (f.).

indes [in'de:s], **indessen** [in'dɛsən] adv. [unterdessen] cependant ; pendant ce temps ; sur ces entrefaites. || [aber ; dennoch] pourtant ; néanmoins ; toutefois ; cependant.

Indetermination [indetɛrmina'tsio:n] f. PHILOS. indétermination f.

Index ['indɛks] m. (es, e ou Indizes). RELIG. index m. | *auf dem Index stehen*, être à l'index. || MATH. indice m. || ADM., FIN. indice m. | *gewichteter Index*, indice pondéré.

indexieren [indɛ'ksi:rən] v. tr. ÉCON. indexer.

Indexierung [indɛ'ksi:ruŋ] f. (-, en). ÉCON. indexation f.

Index|klausel ["indɛks'klausəl] f. (-, n). ÉCON. clause (f.) d'indexation.

in|dezent [ində'tsɛnt] adj. indécent ; inconvenant.

In|dezenz [-'tsɛnts] f. indécence f.

Indianer [indi'ɑ:nər] n. pr. m. (s, -). GÉOGR. Indien m.

indianisch [-niʃ] adj. GÉOGR. indien.

Indien ['indiən] n. pr. n. GÉOGR. les Indes f. pl.

Indienst|stellung [in"di:nst'ʃtɛluŋ] f. mise (f.) en service. || MAR. armement m.

Indier ['indiər] n. pr. m. (s, -) Hindou m.

in|different [indife'rɛnt] adj. PHYS. indifférent. || FIG. indifférent ; insensible.

In|differenz [-'rɛnts] f. (-, en). PHYS., CHIM. indifférence f. || FIG. indifférence f.

Indigo ['indigo] m. (s) indigotier m.

Indigo|blau ["indigo'blau] n. (s), **Indigo** ['indigo] m. (s). [Farbe] indigo m. ; bleu (m.) indigo. ||°**-papier** n. (s, e) papier (m.) carbone.

Indikation [indika'tsio:n] f. (-, en) signe m. ; indication f.

Indikativ [indika'ti:f] m. (s). GRAMM. indicatif m.

Indikator [-'kɑ:tɔr] m. (s, en). [Melder] indicateur m. || CHIM. indicateur m.

in|direkt ['indirɛkt] adj. indirect.

indisch ['indiʃ] adj. GÉOGR. hindou ; des Indes. | *der Indische Ozean*, l'océan Indien.

in|diskret ['indiskre:t] adj. indiscret.

In|diskretion [indiskre'tsio:n] f. (-, en) indiscrétion f.

in|diskutabel [indisku'tɑ:bəl] adj. [keiner Besprechung wert] inadmissible ; hors de question.

In|disposition [indispozi'tsio:n] f. (-, en) indisposition f.

in|disputabel [indispu'tɑ:bəl] adj. indiscutable.

individualisieren [individuali'zi:rən] v. tr. individualiser.

individualistisch [-dua'listiʃ] adj. PHILOS. individualiste.

Individualität [-duali'tɛ:t] f. (-, en) individualité f.

individuell [-du'ɛl] adj. individuel.

Individuum [indi'vi:duum] n. (s, duen) individu m.

Indiz [in'di:ts] n. (es, ien). JUR. indice m.

Indizien|beweis [in"di:tsiənbə'vais] m. (es, e). JUR. présomption f. ; preuve (f.) par indices.

indiziert [indi'tsi:rt] adj. indiqué.

Indizierung [indi'zi:ruŋ] f. (-, en). INF. indexation f.

indo|europäisch ['indoɔyro"pɛ:iʃ] adj. HIST. indo-européen. ||°**-germane** m. (n, n) Indo-Européen m.

indolent [indo'lɛnt] adj. indolent.

Indolenz [-'lɛnts] f. indolence f.

indossabel [indɔ'sɑ:bəl] adj. FIN. endossable.

Indossament [-sa'mɛnt] n. (s, e) endos m. ; endossement m. ; ordre m.

Indossant [-'sant] m. (en, en) endosseur m.

Indossat [-'sɑ:t] m. (en, en) endossé m.

indossierbar [indɔ'si:rbar] adj. FIN. endossable.

indossieren [-'si:rən] v. tr. FIN. endosser. | *blanko indossieren*, endosser en blanc.

Induktion [induk'tsio:n] f. (-, en) induction f.

Induktions|heizung [induk"tsio:ns'haitsung] f. (-, en) chauffage (m.) par induction. ||°**-spule** f. (-, n). ÉLECTR. bobine (f.) d'induction. ||°**-strom** m. (s). ÉLECTR. courant induit, inducteur, d'induction.

induktiv [induk'ti:f] adj. PHYS. inductif.

Induktivität [-tivi'tɛ:t] f. (-, en). ÉLECTR. coefficient (m.) de self-induction.

Induktor [in'duktor] m. (s, en). ÉLECTR. inducteur m. ; magnéto (f.) d'appel.

Indulgenz [indul'gɛnts] f. rémission (f.), remise (f.) d'une peine ; amnistie f. ; grâce f.

industrialisieren [industriali'zi:rən] v. tr. industrialiser.

Industrie [-'tri:] f. (-, n) industrie f.

Industrie|abwässer [indus"tri:'apvɛsər] n. pl. effluents industriels. ||°**-anlagen** f. pl. installations industrielles. ||°**-arbeiter** m. (s, -) travailleur (m.) du secteur industriel. ||°**-ausrüstung** f. (-, en) équipement industriel. ||°**-betrieb** m. (s, e) entreprise, exploitation industrielle. ||°**-erzeugnis** n. (ses, se) produit manufacturé ; produit industriel. ||°**-gesellschaft** f. (-, en) société industrielle. || °**-konzern** m. (s, e) trust m. ||°**-ritter** m. (s, -) chevalier (m.) d'industrie ; aigrefin m.

industriell [industri'ɛl] adj. industriel. | *industrielles Gefüge*, tissu industriel.

Industrieller [-lər] m. industriel m.

induzieren [indu'tsi:rən] v. tr. ÉLECTR. induire ; aimanter par induction. || PHILOS. induire.

in|einander ['inain"andər] adv. l'un dans l'autre.

ineinander|bringen [inain"andər'briŋən] (brachte, gebracht) v. tr. insérer l'un dans l'autre ; faire engrener. ||**-fassen** v. intr. (s')engrener. ||**-flechten** (i, o, o) v. tr. enlacer. ||**-fließen** (o, o) v. intr. confluer ; se confondre ; se réunir. ||**-fügen** v. tr. emboîter ; assembler. ||**-gehen** (ging, gegangen) v. intr. (s')engrener ; s'emboîter. || ARTS. *die Farben gehen ineinander*, ces couleurs se mélangent. ||**-greifen** (i, i) v. intr. engrener ; FIG. s'engrener ; s'enchaîner. ||**-mengen** v. tr. mêler ; confondre. ||**-passen** v. intr. s'adapter ; s'emboîter. ||**-schieben** (o, o) v. tr. emboîter. ||**-schlingen** (a, u) v. tr. enlacer. || **-stecken** v. tr. emboîter.

Inempfang|nahme [inɛmp"faŋ'nɑ:mə] f. réception f.

inert [i'nɛrt] adj. inerte.
Inert|gas [i"nɛrt'gɑ:s] n. (es, e). CHIM. gaz (m.) inerte.
Inertisierung [inɛrti'zi:ruŋ] f. (-, en). PHYS., NUCL. inertage m.
in|fallibel [infa'li:bəl] adj. infaillible.
In|fallibilität [-libili'tɛ:t] f. infaillibilité f.
infam [in'fɑ:m] adj. infâme ; horrible.
Infamie [-fa'mi:] f. (-, n) infamie f. ; déshonneur m.
Infant [in'fant] m. (en, en) infant m.
Infanterie [infantə'ri:] f. (-, n). MIL. infanterie f.
Infanterie|geschütz [infantə"ri:ge'ʃyts] n. (es, e). MIL. mortier m.
Infanterist [infantə'rist] m. (en, en). MIL. fantassin m.
infantil [infan'ti:l] adj. infantile.
Infantilismus [-ti'lismus] m. infantilisme m.
Infarkt [in'farkt] m. (es). MÉD. infarctus (m.) du myocarde.
Infektion [infɛk'tsio:n] f. (-, en). MÉD. infection f. | *opportunistische Infektion*, infection opportuniste.
Infektions|krankheit [infɛk"tsio:ns'kraŋkhait] f. (-, n). MÉD. maladie infectieuse, contagieuse.
infektiös [infɛk'tsiø:s] adj. MÉD. infectieux ; contagieux.
Infel ['infəl] f. (-, n). HIST. infule f. || RELIG. mitre f.
Inferiorität [inferiori'tɛ:t] f. infériorité f.
infernal(isch) [infɛr'nɑ:l(iʃ)] adj. infernal.
Infibulation [infibula'tsio:n] f. [Völkerkunde] infibulation f.
Infinitesimal|rechnung [infinitəzi"mɑ:l'rɛçnuŋ] f. MATH. calcul infinitésimal.
Infinitiv [infini'ti:f] m. (s, e). GRAMM. infinitif m.
Infinitiv|satz [infini"ti:f'zats] m. (es, ¨e). GRAMM. proposition infinitive.
infizierbar [infi'tsi:rbɑ:r] adj. qui peut être infecté, contaminé.
infizieren [-'tsi:rən] v. tr. infecter ; contaminer.
Infizierung [-'tsi:ruŋ] f. (-, en). MÉD. infection f.
Inflation [infla'tsio:n] f. (-, en). FIN. inflation f. | *die Inflation eindämmen*, juguler l'inflation. | *galoppierende Inflation*, inflation galopante. | *kostenbedingte, nachfragebedingte Inflation*, inflation par les coûts, par la demande. | *schleichende Inflation*, inflation latente, larvée.
Inflations|rate [infla"tsio:ns'rɑ:tə] f. (-, n) taux (m.) d'inflation. | *differentielle Inflationsrate*, différentiel (m.) d'inflation.
Influenza [influ'ɛntsa] f. MÉD. influenza m. ; grippe (f.) épidémique.
in|folge [in'fɔlgə] prép. (gén.) à la suite de ; par suite de.
infolge|dessen [in"fɔlgə'dɛsən] adv. à la suite de cela ; par suite ; par conséquent ; en conséquence.
Informant [infɔr'mant] m. (en, en) informateur m.
Informatiker [infɔr'mɑ:tikər] m. (s, -) informaticien m.
Information [infɔrma'tsio:n] f. (-, en) information f. ; renseignement m. | *zwecks Information*, à titre d'information.
informations|reich [infɔrma"tsi:ons'raiç] adj. informatif.
informieren [-'mi:rən] v. tr. informer ; renseigner.
infra|rot ["infra'ro:t] adj. infrarouge.
Infrarot|fernglas [infra"ro:t'fɛrnglɑ:s] n. (es, ¨er) jumelles (f. pl.) à infrarouges. ||°**-heizung** f. (-, en) chauffage (m.) infrarouge. ||°**-sensor** m. (s, en) capteur (m.) infrarouge.
Infra|struktur ["infraʃtruk'tu:r] f. (-, en) infrastructure f.
Inful ['inful] f. (-, n). RELIG. mitre f.
Infusions|tierchen [infu"zio:ns'ti:rçən] pl. **Infusorien** [infu'zo:riən] pl. infusoires m. pl.
Ingang|setzung [in"gaŋ'zɛtsuŋ] f. (-, en). TECHN. démarrage m. ; mise (f.) en marche.
Ingenieur ['inʒeni'ø:r] m. (s, e) ingénieur m. | *beratender Ingenieur*, ingénieur-conseil.
Ingenieur|korps [inʒeni"ø:r'ko:r] n. MIL. corps (m.) du génie.
Ingerenz [inge'rɛnts] f. (-, en) ingérence f. ; influence f.
In|gesinde ['ingəzində] n. (s) domestiques m. pl. ; personnel m.
Ingrediens [in'gre:diɛns] n. (-, dienzien), **Ingredienz** [-gredi'ɛnts] f. (-, en) ingrédient m.
inguinal [ingui'nɑ:l] adj. ANAT. inguinal.
Inguinal|bruch [ingui"nɑ:l'bru:x] m. (s, ¨e). MÉD. hernie inguinale.
Ingwer ['iŋvər] m. (s). BOT. gingembre m.
Inhaber ["in'hɑbər] m. (s, -) propriétaire m. ; possesseur m. ; détenteur m. ; titulaire m. | *Inhaber eines Ordens*, titulaire d'un ordre. || COMM. *Inhaber eines Geschäfts*, chef m. ; patron m. ; propriétaire (m.) d'une affaire, d'un magasin. || FIN. porteur m. |*auf den Inhaber lautend*, au porteur. || ADM., JUR. *Inhaber einer Vollmacht*, détenteur d'une procuration.
Inhaber... (en compos.). FIN. au porteur. | *Inhaberpapier*, titre (m.) au porteur.
inhaftieren [inhaf'ti:rən] v. tr. emprisonner.
Inhaft|nahme [in"haft'nɑ:m'] f. JUR. arrestation f. ; emprisonnement m. ; écrou m.
Inhalation [inhala'tsio:n] f. (-, en) inhalation f.
Inhalations|gerät [inhala"tsio:nsgə'rɛ:t] n. (s, e). MÉD. inhalateur m.
inhalieren [inha'li:rən] v. intr. MÉD. faire des inhalations.
◇ v. tr. [einatmen] inhaler ; respirer par le nez.
Inhalt ['inhalt] m. (s, e) contenu m. ; teneur f. ; fond m. ; substance f. ; matière f. ; sujet m. | *Inhalt eines Fasses*, contenu d'un tonneau. | *wörtlicher Inhalt*, teneur littérale. | *kurz gefaßter Inhalt*, résumé m. ; abrégé m. ; précis m. | *wertvoller Inhalt*, contenu précieux. || MATH. [einer Fläche] aire f. ; [eines Körpers] capacité f. ; volume m.
inhalt|leer ["inhalt'le:r], **-los** [-'lo:s] adj. creux ; vide ; sans fond ; sans valeur ; superficiel.
inhaltlich ['inhaltliç] adj. qui concerne le fond, le contenu.
Inhalts|angabe ["inhalts'angɑ:bə] f. (-, n) sommaire m. ; table (f.) des matières ; résumé m. ||**-reich, -schwer** adj. substantiel ; profond. ||°**-übersicht** f. (-, en), °**-verzeichnis** (ses, se) table (f.) des matières ; sommaire m. ; index m.
inhärent [inhe'rɛnt] adj. inhérent.
Inhärenz [-'rɛnts] f. inhérence f.
inhibieren [inhi'bi:rən] v. tr. interdire ; réprimer ; inhiber.
Inhibition [-bi'tsio:n] f. (-, en) inhibition f. ; défense f.
In|holz ['inhɔlts] n. (es). MAR. membrure f.
in|homogen [inhomo'ge:n] adj. inhomogène.
in|human ["inhu'mɑ:n] adj. inhumain.
Initiale [initsi'ɑ:lə] f. (-, n) (lettre [f.]) initiale f.
Initialisierung [initsiali'zi:ruŋ] f. (-). INF. initialisation f.
Initiation [initsia'tsio:n] f. (-, en) initiation f.
Initiations|ritus [initsia"tsio:ns'ri:tus] m. (-, ten) rite (m.) initiatique.
Initiative [initsia'ti:və] f. (-, n) initiative f. | *die Initiative ergreifen*, prendre l'initiative.
Injektion [injɛk'tsio:n] f. (-, en). MÉD. injection f.
Injektions|spritze [injɛk"tsio:ns'ʃpritsə] f. (-, n). MÉD. seringue (f.) à injections. || TECHN. injecteur m.
Injektor [in'jɛktor] m. (s, en). TECHN. injecteur m.
injizieren [-ji'tsi:rən] v. tr. injecter.
Injurie [in'juriə] f. (-, n) injure f. ; offense f. ; diffamation f.
Inkarnat [inkar'nɑ:t] n. (s) incarnat m. ; carnation f.
Inkarnation [-na'tsio:n] f. (-, en). RELIG. [Menschwerdung] incarnation f.
Inkasso [in'kaso] n. (s, s) encaissement m. ; recouvrement m.
Inklination [inklina'tsio:n] f. (-, en). PHYS. inclinaison f. || FIG. inclination f.
Inklinations|nadel [inklina"tsio:ns'nɑ:dəl] f. (-, n) aiguille (f.), boussole (f.) d'inclinaison.
inklinieren [inkli'ni:rən] v. intr. [zu etwas] incliner à ; être enclin à.
inklusive [inklu'zi:və] adv. inclusivement ; y compris.
inkognito [in'kɔgnito] adv. incognito.
Inkognito [-to] n. (s) incognito m. | *das Inkognito wahren*, garder l'incognito. | *das Inkognito lüften*, lever l'incognito.
Inkohärenz [inkohe'rɛnts] f. incohérence f.
in|kommensurabel [inkɔmɛnzu'rɑ:bəl] adj. MATH. incommensurable.

inkommodieren [inkɔmo'di:rən] v. tr. incommoder ; déranger ; indisposer.
in|kompatibel [inkɔmpa'ti:bəl] adj. INF. incompatible.
in|kompetent ['inkɔmpətɛnt] adj. incompétent.
In|kompetenz [inkɔmpə'tɛnts] f. (-, en) incompétence f.
Inkongruenz [inkɔŋgru'ɛnts] f. disparité f.
in|konsequent ['inkɔnzəkvɛnt] adj. inconséquent ; illogique.
In|konsequenz [inkɔnsə'kvɛnts] f. (-, en) inconséquence f.
In|kontinenz [inkɔnti'nɛnts] f. MÉD. incontinence f.
Inkonvenienz [inkɔnve'njɛnts] f. (-, en). 1° [Unschicklichkeit] inconvenance f. ; 2° [Ungelegenheit] inconvénient m.
In|koordination [inkoɔrdina'tsio:n] f. (-, en). MÉD. ataraxie f.
in|korrekt ['inkɔrɛkt] adj. incorrect.
In|korrektheit [inkɔ'rɛkthait] f. (-, en) incorrection f.
Inkraft|setzung [in"kraft'zɛtsuŋ] f. JUR. mise (f.) en vigueur. ||°**-treten** n. (s) entrée (f.) en vigueur.
Inkreis ['inkrais] m. (es, e). MATH. cercle inscrit.
Inkrement [inkre'mɛnt] n. (s, s). INF. incrément m.
inkrementieren [inkremɛn'ti:rən] v. tr. INF. incrémenter.
inkriminieren [inkrimi'ni:rən] v. tr. JUR. incriminer ; accuser.
inkrustieren [inkrus'ti:rən] v. tr. TECHN. incruster.
Inkubation [inkuba'tsio:n] f. MÉD. incubation f.
Inkubus ['inkubus] m. (-, ben) incube m.
Inkunabel [inku'na:bəl] f. (-, n). TYPOGR. incunable m.
Inland ['inlant] n. (s) territoire national. || intérieur (m.) du pays. || ÉCON. marché intérieur.
Inland|eis ["inlant'ais] n. (es). GÉOGR. inlandsis m. ||°**-flug** m. (s, ¨e) vol intérieur. ||°**-markt** m. (s, e). COMM. marché intérieur.
Inländer(in) ["in'lɛndər(in)] m. (s, -), f. (-, nen) habitant (m.), habitante (f.) du pays ; indigène s.
inländisch [-diʃ] adj. du pays ; indigène ; national.
Inlaut ['inlaut] m. (s, e). GRAMM. lettre médiane ; médiane f. | *im Inlaute*, à l'intervocalique.
Inlett ['inlɛt] n. (s, e). TEXT. futaine f. || PAR EXT. (taie [f.] d') oreiller m. ; housse (f.) d'édredon.
in|liegend ["in'li:gənt] adj. ci-inclus ; ci-joint.
in|mitten ['in"mitən] prép. (gén.) au milieu de.
inne ['ine] adv. au milieu ; juste au milieu. | *mitten inne*, au beau milieu.
inne|haben ["inə'ha:bən] v. tr. posséder ; détenir ; occuper. | *eine Stellung innehaben*, détenir, occuper un poste. | *einen Rekord innehaben*, détenir un record. ||**-halten** (ä, ie, a) v. tr. observer ; respecter. | *die Gesetze innehalten*, respecter les lois. — v. intr. s'arrêter ; s'interrompre. ||**-werden** (i, u, o) v. intr. s'apercevoir ; apprendre. | *einer Sache innewerden*, s'apercevoir d'une chose. ||**-wohnen** v. intr. (dat.) être inhérent à. | *auch alten Sitten kann Gutes innewohnen*, les coutumes anciennes peuvent avoir du bon. ||**-wohnend** adj. inhérent. || PHILOS. immanent.
innen ['inən] adv. dedans ; au dedans. | *der Becher ist innen vergoldet*, ce gobelet est doré à l'intérieur. | *ich kenne ihn (von) innen und außen*, je le connais à fond. | *nach innen aufgehen*, s'ouvrir vers l'intérieur.
Innen|architekt ["inənarki'tɛkt] m. (en, en) décorateur m. ; ensemblier m. ||°**-architektur** f. (-, en) décoration (f.) d'intérieur. ||°**-aufnahme** f. (-, n). PHOT. (prise [f.] d') intérieur m. ||°**-fläche** f. (-, n) surface intérieure. ||°**-haut** f. (-). ANAT. membrane (f.) interne ; derme m. || BOT. endocarpe m. ||°**-hof** m. (s, ¨e) cour intérieure. ||°**-leben** n. (s) vie intérieure. ||°**-lenker** m. (s, -). AUTOM. conduite intérieure. ||°**-minister** m. (s, -). POLIT. ministre (m.) de l'Intérieur. ||°**-politik** f. POLIT. politique intérieure. ||°**-raum** m. (s, ¨e) intérieur m. ||°**-reim** m. (s, e). POÉT. rime intérieure. ||°**-revision** f. (-, en) audit (m.) interne. ||°**-revisor** m. (s, en) auditeur (m.) interne. ||°**-weite** f. (-, n) diamètre intérieur. ||°**-welt** f. monde intérieur ; for intérieur. ||°**-winkel** m. (s, -). MATH. angle (m.) interne.
inner ['inər] adj. intérieur ; interne. | *das innere Tor*, la porte intérieure. | *die innere Stadt*, le centre (m.) de la ville. | *ein inneres Leiden*, une maladie interne. | *der innere Mensch*, le fond, le for intérieur de l'homme. | *innerer Wert*, valeur intrinsèque. | *meiner innersten Überzeugung nach*, selon ma conviction intime. || RELIG. *innere Mission*, mission (f.) urbaine.
◇ n. **Innere,** intérieur m. ; dedans m. | *im Inneren des Landes*, à l'intérieur du pays. | *im Inneren der Erde*, dans les entrailles de la terre. || POLIT. *Minister des Inneren*, ministère (m.) de l'Intérieur. || FIG. *unser Inneres*, notre for intérieur.
inner|deutsch ['inərdɔytʃ] adj. interallemand.
Innerei [inə'rai] f. (-, en) tripe f.
◇ f. pl. **Innereien,** entrailles f. pl. ; tripes f. pl.
inner|halb ['inərhalp] prép. (gén.) dans l'espace, à l'intérieur, au-dedans de ; en. | *innerhalb zwei Stunden kommt er*, il viendra dans deux heures.
◇ adv. au-dedans ; à l'intérieur.
innerlich [-liç] adj. intérieur ; intime ; mental.
◇ adv. dans son for intérieur.
Innerlichkeit [-liçkait] f. qualité (f.) de ce qui est intérieur, profond.
innig ['iniç] adj. intime ; fervent ; ardent. | *innige Freundschaft*, amitié sincère. | *meine innigsten Glückwünsche*, mes plus sincères félicitations.
Innigkeit [-kait] f. profondeur (f.) du sentiment ; sentiment vif, profond ; ardeur f. ; ferveur f.
inniglich [-liç] adj. V. INNIG.
Innovation [inova'tsio:n] f. (-, en) innovation f.
Innovations|kosten [inova"tsio:ns'kɔstən] f. pl. ÉCON. coûts (m. pl.) d'innovation.
Innung ['inuŋ] f. (-, en) corps (m.) de métier ; corporation f. ; jurande f.
in|offiziell [inɔfitsi'ɛl] adj. non officiel.
inokulieren [inoku'li:rən] v. tr. MÉD. inoculer ; vacciner.
inquirieren [inkvi'ri:rən] v. tr. interroger.
Inquisition [inkvizi'tsio:n] f. (-, en). RELIG., HIST. Inquisition f.
Inquisitions|gericht [inkvizi"tsio:nsgə'riçt] n. (s). RELIG., HIST. Inquisition f. ; Saint-Office m.
Inquisitor [inkvi'zi:tor] m. (s, en). RELIG., HIST. inquisiteur m.
inquisitorisch [-zi'to:riʃ] adj. RELIG., HIST. inquisitorial.
ins [ins] contraction de IN DAS.
Insasse ['inzasə] m. (n, n) habitant m. ; occupant m. | *Insasse eines Flugzeugs*, passager (m.) d'un avion.
ins|besondere [insbə'zɔndərə] adv. en particulier ; spécialement ; surtout.
In|schrift ['inʃrift] f. (-, en) inscription f. ; épigraphe f. ; exergue m.
Inschriften|kunde ["inʃriftən'kundə] f. épigraphie f.
Insekt [in'zɛkt] n. (s, en). ZOOL. insecte m.
Insekten|beschreibung [in'zɛktənbə'ʃraibuŋ] f. entomologie f. ||°**-brut** f. (-, en). ZOOL. couvain m. ||**-fressend** adj. insectivore. ||°**-kenner** m. (s, -) entomologiste m. ||°**-kunde** f. (-), **-lehre** f. (-) entomologie f. ||°**-pulver** n. (s) (poudre [f.]) insecticide m. ||°**-vertilgungsmittel** n. (s, -) insecticide m.
Insel ['inzəl] f. (-, n) île f. ; îlot m. | *auf einer Insel*, dans une île. || FIG. [Verkehrs-, Schutzinsel] îlot m. ; refuge m.
Insel|bewohner ["inzəlbə'vo:nər] m. (s, -). GÉOGR. insulaire m. ||°**-gruppe** f. (-, n) groupe (m.) d'îles. ||°**-meer** n. ([e]s, e) archipel m. ||°**-volk** n. (s, ¨er) peuple (m.) insulaire. ||°**-welt** f. (-, en) archipel m. || PAR EXT. Polynésie f.
Inselchen ['inzəlçən] n. (s, -) petite île ; îlot m.
Inserat [inze'ra:t] n. (s, e) annonce f.
Inseraten|teil [inze"ra:tən'tail] n. (s, e) rubrique (f.) des (petites) annonces.
inserieren [-'ri:rən] v. tr. mettre une annonce.
Inserierung [-'ri:ruŋ] f. (-, en), **Insertion** [inzer'tsio:n] f. (-, en) insertion f.
ins|geheim [insgə'haim] adv. en secret ; secrètement ; en cachette.
ins|gesamt [-gə'zamt] adv. en corps ; en bloc ; tous, toutes ensemble.
Insich|gehen [in"ziç'ge:ən] n. (s). FIG. retour (m.) sur soi.
Insignien [in'ziknien] f. pl. insignes m. pl.
Insinuation [inzinua'tsio:n] f. (-, en) insinuation f. || JUR. notification légale.
insinuieren [-nu'i:rən] v. tr. insinuer ; donner à entendre. || JUR. notifier ; signifier.

inskribieren [inskri'bi:rən] v. tr. inscrire.
Inskription [inskrip'tsio:n] f. (-, en) inscription f.
in|sofern [in'zofɛrn, inzo'fɛrn] adv. jusqu'à ce point ; dans cette mesure.
◇ conj. en tant que ; pour autant que.
in|solvent [inzɔl'vɛnt] adj. insolvable.
In|solvenz [-'vɛnts] f. insolvabilité f. ; faillite f. ; FAM. déconfiture.
in|sonderheit [in'zɔndərhait] adv. notamment.
in|soweit [inzo'vait] adv. V. INSOFERN.
Inspektion [inspɛk'tsio:n] f. (-, en). MIL. inspection f.
Inspektor [ins'pɛktor] m. (s, en) inspecteur m. ; contrôleur m. ; surveillant m.
In|spiration [inspira'tsio:n] f. (-, en). PHYSIOL. inspiration f. ; FIG. inspiration f.
inspirieren [-'ri:rən] v. tr. PHYSIOL. inspirer ; FIG. inspirer.
— SYN. : *eingeben*, inspirer.
Inspizient [inspitsi'ɛnt] m. (en, en) inspecteur m. || THÉÂTRE. chef (m.) du plateau.
inspizieren [-'tsi:rən] v. tr. inspecter.
Installateur [instala'tø:r] m. (s, e). TECHN. installateur m. ; [Klempner] plombier m.
Installation [-'tsio:n] f. (-, en) installation f.
Installations|geschäft [instala'tsio:nsgə'ʃɛft] n. (s, e) plomberie f.
installieren [-'li:rən] v. tr. établir ; installer.
in|stand [in'ʃtant] adv. en état. | *instand halten, setzen*, tenir en état, entretenir ; mettre en état.
Instand|haltung [in"ʃtant'haltuŋ] f. (-, en) entretien m. ||**-setzen** v. tr. [Städtebau] réhabiliter. ||°**-setzung** f. (-, en). [Städtebau] réhabilitation f.
inständig ["in'ʃtɛndiç] adj. instant.
◇ adv. instamment. | *jn inständig beten*, prier qn instamment ; adjurer qn.
Instanz [in'stants] f. (-, en). JUR. instance f. | *Gericht erster Instanz*, tribunal (m.) de première instance. | *in letzter Instanz*, en dernier ressort. | *die zuständige Instanz*, l'instance compétente ; le service qualifié.
Instanzen|gang [in"stantsən'gaŋ] m. (s) instances f. pl. ; filière f. ||**-mäßig** adv. suivant le règlement. ||°**-weg** m. (s) voie hiérarchique. | *auf dem Instanzenweg*, par voie hiérarchique.
in|stehend ["in'ʃte:ənt] adj. inclus.
Instigation [instiga'tsio:n] f. (-, en) instigation f.
instillieren [insti'li:rən] v. tr. MÉD. instiller.
Instinkt [in'stiŋkt] m. (s, e) instinct m. | voix (f.) de la nature. | *aus Instinkt*, instinctivement.
instinkt|artig [in"stiŋkt'a:rtiç], **-mäßig** [-'mɛ:siç] adj. instinctif.
instinktiv [instiŋk'ti:f] adj. instinctif.
Institut [insti'tu:t] n. (s, e) institution f. ; établissement m. ; institut m. ; pensionnat m.
Institution [-tu'tsio:n] f. (-, en) institution f.
institutionell [institutsio'nɛl] adj. FIN. institutionnel. | *institutionelle Anleger*, investisseurs institutionnels ; FAM. zinzins m. pl.
instruieren [instru'i:rən] v. tr. instruire ; donner des instructions, des directives à.
Instruktion [instruk'tsio:n] f. (-, en) instruction f. ; directive f. || INF. instruction f. || MIL. règlement m. ; consigne f.
Instruktions|buch [instruk'tsio:ns'bu:x] n. (s, ¨er). MIL. théorie f. ||°**-richter** m. (s, -). JUR. juge (m.) d'instruction.
instruktiv [-struk'ti:f] adj. instructif.
Instrument [instru'mɛnt] n. (s, e) instrument m. ; outil m. || MUS. instrument m. || PHYS. appareil m.
instrumental [-mɛn'ta:l] adj. MUS. instrumental. | *Instrumentalmusik*, musique instrumentale.
Instrumentalist [-mɛnta'list] m. (en, en). MUS. instrumentiste m.
Instrumentation [instrumɛnta'tsio:n] f. (-, en). MUS. orchestration f.
Instrumenten|bauer [instru"mɛntən'bauər] m. (s, -), °**-macher** [-'maxər] m. (s, -). TECHN. luthier m. ||°**-brett** n. (s, er). AUTOM. tableau (m.) de bord. ||°**-landung** f. (-, en). AÉRON. atterrissage (m.) aux instruments.
instrumentieren [instrumɛn'ti:rən] v. tr. MUS. orchestrer.
Instrumentierung [-mɛn'ti:ruŋ] f. (-, en). MUS. orchestration f.
Insubordination [inzupɔrdina'tsio:n] f. (-, en) insubordination f.
Insulaner(in) [inzu'la:nər(in)] m. (s, -), f. (-, nen) insulaire s.
insular [inzu'la:r] adj. insulaire.
Insulin [inzu'li:n] n. (s). CHIM. insuline f.
Insulinde [inzu'lində] n. pr. f. GÉOGR. Insulinde f. ; archipel Indien.
insultieren [inzul'ti:rən] v. tr. insulter.
Insurrektion [inzurɛk'tsio:n] f. (-, en). POLIT. insurrection f. ; révolte f.
Inswerk|setzen [ins"vɛrk'zɛtsən] n. (s) mise (f.) en œuvre.
in|szenieren [instse'ni:rən] v. tr. mettre en scène ; monter (pièce de théâtre).
In|szenierung [-ruŋ] f. (-, en) mise (f.) en scène.
intakt [in'takt] adj. intact. || FIG. intègre.
Intarsia [in'tarzia] f. (-, sien) marqueterie f.
Integral [inte'gra:l] n. (s, e). MATH. intégrale f.
Integral|größe [inte"gra:l'grø:sə] f. (-, n). MATH. intégrale f. ||°**-rechnung** f. MATH. calcul intégral. ||°**-zähler** m. (s, -) totalisateur m.
Integration [integra'tsio:n] f. (-, en). MATH. intégration f.
integrieren [-'gri:rən] v. tr. MATH. intégrer. || INF. *integriertes Programm*, programme intégré.
Integrität [-gri'tɛ:t] f. [Vollständigkeit] intégrité f. | *Integrität eines Staatsgebietes*, intégrité territoriale. || FIG. [Unbescholtenheit] intégrité f.
Intellekt [intɛ'lɛkt] m. (s) intellect m.
Intellektualismus [-lɛktua'lismus] m. PHILOS. intellectualisme m.
intellektuell [-lɛktu'ɛl] adj. intellectuel.
intelligent [-li'gɛnt] adj. intelligent.
Intelligenz [-li'gɛnts] f. (-, en) intelligence f. | *künstliche Intelligenz (KI)*, intelligence artificielle. || classe intellectuelle ; les intellectuels m. pl.
Intelligenz|blatt [intəli"gɛnts'blat] n. (s, ¨er) petites affiches. ||°**-defekt** m. (s, e). MÉD. idiotie f. ||°**-prüfung** f. (-, en) test m. ||°**-quotient** m. (en, en), **IQ** m. (s, s) quotient intellectuel (Q.I.).
Intendant [intɛn'dant] m. (en, en) intendant m. || THÉÂTRE. directeur m.
Intendantur [-dan'tu:r] f. (Vx.) intendance f.
Intendanz [-'dants] f. (-, en) intendance f.
Intensität [intɛnzi'tɛ:t] f. (-, en) intensité f.
intensiv [-'zi:f] adj. intensif ; intense.
intensivieren [-zi'vi:rən] v. tr. intensifier.
Intensivierung [-zi'vi:ruŋ] f. (-, en) intensification f. || [Verstärkung] renforcement m.
Intensiv|pflege [intɛn"zi:f'pfle:gə] f. (-, n). MÉD. soins intensifs. ||°**-station** f. (-, en). MÉD. salle (f.), service (m.) de réanimation.
Inter|aktion [interak'tsio:n] f. (-, en). INF. interaction f. ||**-aktiv** adj. INF. interactif ; transactionnel.
interessant [interɛ'sant] adj. intéressant.
Interesse [-'rɛsə] n. (s, n) **1.** [Teilnahme] intérêt pris à qch. | *Interesse an, für etwas haben*, s'intéresser à qch. | *ein Buch mit großem Interesse lesen*, lire un livre avec un grand intérêt. || PAR EXT. ce qui fait naître l'intérêt ; ce qui est intéressant.
2. [Nutzen] intérêt m. ; avantage m. ; profit m. | *im Interesse der Allgemeinheit*, dans l'intérêt général. | *Wahrung der Interessen*, sauvegarde (f.) des intérêts. || PAR EXT. [Eigennutz] intérêt m. ; égoïsme m. | *nur aus Interesse handeln*, n'agir que par intérêt.
— SYN. : *Aufmerksamkeit*, attention ; *Neugierde*, curiosité ; *Teilnahme*, participation ; *Vorteil*, avantage.
Interessen|abwägung [inte"rɛsən'apvɛ:guŋ] f. (-, en) appréciation f. ||°**-gemeinschaft** f. (-, en) communauté (f.) des intérêts ; groupement (m.) d'intérêt économique (G. I. E.). | *Interessengemeinschaft der Farbenindustrie (I. G. Farbenindustrie)*, union d'intérêts de l'industrie des colorants. ||°**-gruppe** f. (-, n) groupe (m.) de pression ; lobby m. ||°**-losigkeit** f. manque (m.) d'intérêt. ||°**-sphäre** f. (-, n). POLIT. sphère (f.) d'influence.
Interessent [interɛ'sɛnt] m. (en, en) amateur m. ; intéressé m. || FIN. ayant droit m.
interessieren [-'si:rən] v. tr. et v. pr. intéresser ; engager. | *das Buch interessiert mich*, ce livre m'intéresse. | *jn für etwas interessieren*, intéresser qn à qch. | *er interessiert sich für nichts*, rien ne l'intéresse.
interessiert [-'si:rt] adj. [geistig aufgeschlossen]

qui montre de l'intérêt ; qui s'intéresse vivement à qch. || [eigennützig] intéressé ; égoïste.

Inter|ferenz [intərfe'rɛnts] f. (-, en). OPT., RADIO. interférence f. ||**-ferieren** v. intr. OPT., RADIO. interférer.

Interferon [intərfe'ro:n] n. (s, e). BIOL. interféron m.

interimistisch [intəri'mistiʃ] adj. provisoire ; intérimaire ; temporaire.

Interims... (en compos.) provisoire ; par intérim.

Interims|regierung ["intərimsre'gi:ruŋ] f. (-, en) gouvernement (m.) par intérim ; régence f. ||°**-uniform** f. (-, en). MIL. petite tenue.

Interjektion [intərjɛk'tsio:n] f. (-, en). GRAMM. interjection f.

interkontinental [intərkɔntinɛn'tɑ:l] adj. intercontinental.

Interkontinental|rakete [intərkɔntinɛn"tɑ:lra'ke:-tə] f. (-, n) fusée (f.), missile (m.) intercontinental(e).

inter|kostal [intərkɔstɑ:l] adj. MÉD. intercostal.

Interleukin [intərlɔy'ki:n] n. (-, e). BIOL. interleukine f.

Intermezzo [intər'mɛtso] n. (s, s) intermède m.

intermittierend [intərmi'ti:rənt] adj. intermittent. — SYN. : *unterbrochen*, discontinu ; *aussetzend*, intermittent.

intern [in'tɛrn] adj. interne.

Internat [-tɛr'nɑ:t] n. (s, e). UNIV. internat m.

Internats|schüler(in) [intɛr"nɑ:ts'ʃy:lər(in)] m. (s, -), f. (-, nen) interne s.

international [intərnatsiɔ'nɑ:l] adj. international. || JUR. *ständiger internationaler Gerichtshof*, cour permanente internationale de justice. || FIN. *Bank für internationalen Zahlungsausgleich (B. I. Z.)*, Banque (f.) des règlements internationaux (B. R. I.). — SYN. : *zwischenstaatlich*, international.

Inter|nationale ['nɑ:lə] f. POLIT., MUS. Internationale f.

internieren [-'ni:rən] v. tr. MÉD. interner. || POLIT. reléguer.

Internierung [-ni:ruŋ] f. (-, en). POLIT., MÉD. internement m.

Interpellant [intərpɛ'lant] m. (en, en) interpellateur m.

interpellieren [-'li:rən] v. tr. interpeller.

Interpolation [intərpɔla'tsio:n] f. (-, en). MATH. interpolation f.

interpolieren [intərpɔ'li:rən] v. tr. interpoler ; intercaler.

Interpret [intər'pre:t] m. (en, en) exégète m. ; commentateur m. ; interprète m.

Interpretation [-preta'tsio:n] f. (-, en) interprétation f. ; exégèse f.

interpretations|bedürftig [-preta"tsio:nsbe'dyrftiç] adj. qui demande à être expliqué.

interpretieren [-pre'ti:rən] v. tr. expliquer ; interpréter.

interpungieren [intɛrpuŋ'gi:rən], **interpunktieren** [-puŋk'ti:rən] v. tr. GRAMM. ponctuer.

Interpunktions|zeichen [intərpuŋk"tsio:ns'tsaiçən] n. (s, -). GRAMM. signe (m.) de ponctuation.

Interrogativum [intərɔga'ti:vum] n. (s, iva), **Interrogativ|pronomen** [intərɔga"ti:fprɔ'no:-mən] n. (s, mina). GRAMM. pronom interrogatif.

inter|stellar [intərʃtɛ'lɑ:r] adj. interstellaire.

Intervall [intər'val] n. (s, e) intervalle m.

intervenieren [ɪntərve'ni:rən] v. intr. intervenir.

Intervention [intərvɛn'tsio:n] f. (-, en) intervention f. | *Intervention der Zentralbank*, intervention de la banque centrale.

Interview [intər'vju:] n. (s, s) interview f.

interviewen [intər'vjuvən] v. tr. interviewer.

Intestat|erbe [intɛs"tɑ:t'ɛrbə] m. (n, n). JUR. héritier (m.) ab intestat.

intim [in'ti:m] adj. intime. | *mit jm intim sein*, être ami intime avec, de qn.

Intim|bereich [in"ti:mbə'raiç] m. (s, e) intimité f. ; sphère privée.

Intimität [intimi'tɛ:t] f. (-, en) intimité f. ; familiarité f.

in|tolerant [intole'rant] adj. intolérant. — SYN. : *fanatisch*, fanatique ; *unduldsam*, intolérant.

In|toleranz [-'rants] f. intolérance f.

Intonation [intona'tsio:n] f. (-, en) intonation f.

intonieren [into'ni:rən] v. tr. MUS. entonner.

Intrade [in'trɑ:də] f. (-, n) entrée f. || MUS. prélude m.
◇ pl. **Intraden.** FIN. revents m. pl.

intra|muskulär [intramusku'lɛ:r] adj. intramusculaire. ||**-venös** adj. MÉD. intraveineux.

in|transitiv [intranzi'ti:f] adj. GRAMM. intransitif.

In|transitivum [-'ti:vum] n. (s, iva). GRAMM. verbe intransitif.

Intrigant [intri'gant] m. (en, en) intrigant m. ; aventurier m.

Intrige [-'tri:gə] f. (-, n) intrigue f.

intrigieren [-tri'gi:rən] v. intr. intriguer.

Introduktion [intrɔduk'tsio:n] f. (-, en) introduction f.

Intron [in'tro:n] m. (s, s). BIOL. intron m.

introvertiert [intrɔvɛr'ti:rt] adj. introverti.

Intubation [intuba'tsio:n] f. (-, en). MÉD. intubation f.

intubieren [intu'bi:rən] v. tr. MÉD. intuber.

Intuition [intui'tsio:n] f. (-, en). PHILOS. intuition f.

intuitiv [-'ti:f] adj. PHILOS. intuitif.

Inumlauf|setzen [in"umlauf'zɛtsən] n. (s). FIN. émission f. ; mise (f.) en circulation.

in|valid(e) [inva'li:d(ə)] adj. invalide ; mutilé.

Invaliden|rente [inva"li:dən'rɛntə] f. (-, n) pension (f.) d'invalidité.

Invalidität [invalidi'tɛ:t] f. MÉD. invalidité f. ; incapacité (f.) physique.

in|variabel [invari'ɑ:bəl] adj. invariable ; constant.

Invasion [inva'zio:n] f. (-, en) invasion f.

Invektive [invɛk'ti:və] f. (-, en) invective f.

Inventar [invɛn'tɑ:r] n. (s, e). FIN. inventaire m. | *lebendes und totes Inventar (Landwirtschaft)*, cheptel vif et mort d'une exploitation agricole. | *das Inventar aufnehmen*, dresser l'inventaire.

Inventar|benefiz [invɛn"tɑ:rbene'fits] n. (es) bénéfice (m.) d'inventaire. ||°**-stück** n. (s, e) pièce inventoriée ; article (m.) d'inventaire. ||°**-verzeichnis** n. (ses, se) relevé (m.) d'inventaire. — SYN. : *Bestandsverzeichnis*, inventaire ; *Bestandsaufnahme*, recensement.

inventarisieren [invɛntari'zi:rən] v. tr. faire l'inventaire ; inventorier.

Inventur [-'tu:r] f. (-, en) inventaire m. | *Jahresinventur*, inventaire annuel.

Inventur|ausverkauf [invɛn"tu:r'ausfɛrkauf] m. (s) soldes (m. pl.) pour cause d'inventaire.

Inversion [invɛr'zio:n] f. (-, en). GRAMM. inversion f. ; construction (f.) inverse. || [Umwelt] *meteorologische Inversion*, inversion (f.) météorologique.

invertieren [-vɛr'ti:rən] v. tr. invertir ; intervertir.

investieren [invɛs'ti:rən] v. tr. FIN. investir ; engager ; placer. || ADM. investir ; installer. | *jn in ein Amt investieren*, investir qn d'un emploi.

Investierung [-'ti:ruŋ] f. (-, en), **Investition** [invɛsti'tsio:n] f. (-, en). FIN. placement m. ; investissement m.

Investitions|güter [invɛsti"tsio:ns'gy:tər] n. pl. ÉCON. biens (m. pl.) d'équipement. ||°**-lust** f., °**-neigung** f. (-, en). ÉCON. propension (f.) à investir.

Investitur [-ti'tu:r] f. (-, en). ADM., HIST. investiture f.

Investment [in'vɛstmənt] n. (s, s). FIN. investissement m.

Investment|fonds [in"vɛstmənt'fɔ̃] m. (-). FIN. fonds commun de placement. ||°**-gesellschaft** f. (-, en). FIN. société (f.) d'investissement. ||°**-zertifikat** n. (s, e). FIN. certificat (m.) d'investissement.

Investor [-'tɔr] m. (s, en) investisseur m.

involvieren [invɔl'vi:rən] v. tr. impliquer ; comprendre ; renfermer implicitement.

in|wendig ["in'vɛndiç] adj. intérieur.
◇ adv. intérieurement ; à l'intérieur ; au dedans ; en dedans. | *etwas in- und auswendig kennen*, connaître qch. à fond.

in|wiefern [invi:'fɛrn], **in|wieweit** [invi:'vait] adv. dans quelle mesure ; jusqu'à quel point.

Inwohner ["in'vo:nər] m. (s, -). [Vx.] habitant m.

Inzest [in'tsɛst] m. (es, e) inceste m.

Inzucht ['intsuxt] f. croisement (m.) d'animaux apparentés ; union consanguine.

in|zwischen [in'tsviʃən] adv. entre-temps ; dans l'intervalle ; depuis.

Ion [jo:n] n. (s, en). PHYS., ÉLECTR. ion m.

Ionen|dosis ["jo:nən'do:zis] f. (-, sen). NUCL.

exposition f. ||°-**triebwerk** n. (s, e). NUCL. moteur (m.) ionique.

Ionien ['jo:niən] n. pr. n. GÉOGR. Ionie f.

Ionisation [joniza'tsio:n] f. PHYS. ionisation f.

ionisch ['jo:niʃ] adj. GÉOGR. ionien. || ARCHIT. *ionische Säulenordnung*, ordre (m.) ionique. || NUCL. ionique.

ionisieren [joni'zi:rən] v. tr. PHYS., ÉLECTR. ioniser. | *ionisierende Partikel, ionisierendes Teilchen*, particule ionisante.

Ionisierung [joni'zi:ruŋ] f. (-, en). NUCL. ionisation f.

Iota [j'o:ta] n. (s, s) iota m.

IQ [i'ku:] m. (s, s) Q.I. m.

Iraner(in) [i'rɑ:nər(in)] n. pr. m. (s, -), f. (-, nen). GÉOGR. Iranien m., Iranienne f.

iranisch [-niʃ] adj. GÉOGR. iranien.

irden ['irdən] adj. de, en terre. | *irdenes Geschirr*, poterie f.

irdisch [-diʃ] adj. terrestre ; de ce, du monde ; d'ici-bas ; temporel ; séculier. | *das irdische Dasein*, l'existence, la vie terrestre. | *die irdische Hülle des Verstorbenen*, la dépouille mortelle du défunt. | *das Irdische*, les choses (f. pl.) terrestres. | *den Weg alles Irdischen gehen*, payer son tribut à la nature ; mourir.

Ire ['i:rə] n. pr. m. GÉOGR. Irlandais m.

irgend ['irgənt] adv. **1.** EMPLOYÉ EN PREMIÈRE POSITION. Ajoute un sens indéfini au mot qu'il précède ; sens de : quelque ... que ; un quelconque ; n'importe qui ; n'importe quoi ; d'une manière quelconque. — **a)** [séparément] *irgend etwas*, n'importe quoi ; quoi que ce soit. | *gibt es irgend etwas Schöneres ?*, y a-t-il rien de plus beau ? | *irgend jemand*, n'importe qui. | *wenn mir irgend jemand sagen könnte*, si quelqu'un pouvait me dire. — **b)** [réuni à un autre mot] *irgendein*, un quelconque ; quelque ... que ce soit. | *unter irgendeinem Vorwand*, sous un prétexte quelconque. | *irgendein anderer*, quelque autre. || plur. *irgendwelche*. | *irgendwelche Leute*, des gens quelconques ; on ne sait qui ; n'importe qui. | *ohne irgendwelche Kosten*, sans aucuns frais. | *irgendeiner, irgendwer*, quelqu'un ; quelque personne ; n'importe qui ; qui que ce soit ; une personne quelconque. | *irgendwas*, quoi que ce soit ; quelque chose que ce soit ; n'importe quoi. | *irgendwelcher, e, es*, plur. *e*, n'importe lequel, laquelle. | *irgendwann*, n'importe quand ; en quelque temps que ce soit. | *irgendwie*, n'importe comment ; d'une manière quelconque ; de quelque manière que ce soit. | *irgendwo*, n'importe où ; en quelque lieu que ce soit. || LOC. *wenn irgendeinmal*, si jamais.

2. EMPLOYÉ EN SECONDE POSITION. *wer irgend...*, qui que ce soit qui. | *wo irgend*, où que ce soit. | *wenn es irgend möglich ist*, s'il existe quelque possibilité. | *wenn er irgend verständig ist*, pour peu qu'il soit compréhensif.

Iridektomie [iridɛktɔ'mi:] f. (-, n). MÉD. iridectomie f.

Iridium [i'ri:dium] n. (s). CHIM. iridium m.

Irin ['i:rin] n. pr. f. (-, nen). GÉOGR. Irlandaise f.

Iris ['i:ris] f. MYTH. Iris f. || BOT. iris m. || ANAT. iris m.

Iris|blende ["i:ris'blɛndə] f. (-, n). PHOT. iris m. ; diaphragme m. ||°-**bogen** m. (s, -) arc-en-ciel m. ||°-**farbe** f. (-, n) couleur irisée ; irisation f.

irisch ['i:riʃ] adj. GÉOGR. irlandais.

irisieren [iri'zi:rən] v. tr. iriser.

◇ v. intr. iriser ; chatoyer.

Irland ['irlant] n. pr. n. GÉOGR. Irlande f.

Irländer ["ir'lɛndər] n. pr. m. (s, -) Irlandais.

Ironie [iro'ni:] f. (-, n) ironie f. | *beißende Ironie*, ironie mordante. | *bittere Ironie*, sarcasme m.

ironisch [i'ro:niʃ] adj. ironique. | *ironisch sprechen*, ironiser.

ironisieren [ironi'zi:rən] v. tr. ironiser.

irrational [iratsio'nɑ:l] adj. PHILOS. irrationnel, contraire à la raison. || MATH. irrationnel.

Irr|block ['irblɔk] m. (s, ¨e). GÉOL. bloc erratique. ||°-**fahrt** f. (-, en) course vagabonde ; aventure f. ; équipée f. ; odyssée f. ||°-**gang** m. (s, ¨e), °-**garten** m. (s, ¨) dédale m. ; labyrinthe m. ||°-**geist** m. (s) esprit égaré. ||°-**glaube** m. (ns), °-**gläubigkeit** f. RELIG. croyance erronée ; hétérodoxie f. ; hérésie f. ||-**gläubig** adj. RELIG. hétédodoxe ; hérétique. || °-**läufer** m. (s, -) envoi (m.) en souffrance. ||°-**lehre** f. (-, en). RELIG. doctrine erronée ; hérésie f. ||°-**licht** n. (s, er) feu follet ; farfadet m. || MAR. feu (m.) Saint-Elme, Saint-Nicolas. ||-**lichtellieren** v. intr. se mouvoir comme un feu follet. ||°-**rede** f. (-, n) propos (m. pl.) sans suite ; divagations f.pl. ||°-**sinn** m. (s) égarement m. ; aliénation mentale ; démence f. ; folie f. ||-**sinnig** adj. à l'esprit égaré ; aliéné ; dément. ||°-**stern** m. (s, e) astre errant ; comète f. ||°-**wahn** m. (s) erreur grossière ; préjugé m. ; superstition f. ||°-**weg** m. (s, e). FIG. *einen Irrweg einschlagen*, se tromper ; faire fausse route. ||°-**wisch** m. (es, e) feu follet ; farfadet m.

irre ['irə] adj. aliéné ; fou ; dément. | *im Kopfe irre sein*, déraisonner ; divaguer. | *er hat einen irren Blick*, il a un regard de fou. || [seltsam] étonnant ; déconcertant. || FAM. [sehr groß] affolant ; énorme. | *eine irre Summe*, une somme astronomique.

Irre ['irə] f. égarement m. ; erreur f. | *in die Irre gehen*, s'égarer ; se tromper ; faire erreur ; se fourvoyer. | *jn in die Irre führen*, égarer, fourvoyer qn.

irre|fahren ["irə'fɑ:rən] (ä, u, a) v. intr. faire fausse route ; s'égarer ; se fourvoyer ; donner le change ; désorienter. ||-**führen** v. tr. égarer ; induire en erreur. | *sich durch etwas irreführen lassen*, se laisser prendre à qch. | *irreführende Werbung*, publicité mensongère. ||-**gehen** (ging, gegangen) v. intr. faire fausse route ; s'égarer ; se fourvoyer. ||-**leiten** v. tr. égarer ; induire en erreur ; tromper. ||-**machen** v. tr. troubler ; dérouter ; désorienter ; déconcerter. || -**reden** v. intr. tenir des propos incohérents ; délirer ; divaguer.

irreal [ire'ɑ:l] adj. irréel.

Irredentist [iredɛn'tist] m. (en, en) irrédentiste m.

irregulär [iregu'lɛ:r] adj. irrégulier ; anormal.

Irregularität [-lari'tɛ:t] f. (-, en) irrégularité f.

irrelevant ["irələ'vant] adj. sans importance.

irreligiös [ireligi'ø:s] adj. irréligieux ; impie ; incrédule.

irren ['irən] v. intr. errer ; vaguer ; vagabonder ; s'égarer. | *von einem Ort zum andern irren*, errer d'un endroit à l'autre. || PAR EXT. se tromper ; être dans l'erreur ; s'abuser. | *du irrst*, tu fais erreur. || PROV. *Irren ist menschlich*, l'erreur est humaine ; chacun peut se tromper.

◇ v. pr. **sich irren,** faire erreur ; se tromper. | *sich in etwas, an jm irren*, avoir une fausse opinion de qch., de qn. | *wenn ich mich nicht irre*, si je ne me trompe. — SYN. : *sich verirren*, s'égarer.

Irren|anstalt ["irən'anʃtalt] f. (-, en), °-**haus** n. (es, ¨er) asile (m.) d'aliénés. ||°-**arzt** m. (es, ¨e) médecin (m.) aliéniste ; psychiatre m. ||°-**häusler** m. (s, -) aliéné m. ||°-**heilkunde** f. psychiatrie f.

irrig ['iriç] adj. erroné ; inexact ; faux ; controuvé. | *er ist irriger Auffassung*, il fait erreur ; il se trompe. || JUR. *irriges Urteil*, erreur (f.) judiciaire.

Irrigator [iri'gɑ:tɔr] m. (s, en). TECHN. irrigateur m. ; injecteur m.

irriger|weise ["irigər'vaizə] adv. par erreur ; par méprise.

Irritation [irita'tsio:n] f. (-, en) irritation f.

irritieren [-'ti:rən] v. tr. irriter.

Irrsal ['irzɑ:l] n. (s, e). [VX.] erreur f. ; errements m. pl.

Irrtum ['irtu:m] m. (s, ¨er) erreur f. ; méprise f. ; faute f. ; quiproquo m. ; bévue f. | *Irrtümer richtigstellen*, corriger, redresser, dissiper des erreurs. | *jm seinen Irrtum benehmen*, détromper qn. | *zum Irrtum verleiten*, induire en erreur. || COMM. *Irrtum vorbehalten*, sauf erreur.

irrtümlich ["irty:mliç] adj. par erreur ; erroné.

irrtümlicher|weise ["irty:mliçər'vaizə] adv. par erreur.

Irrung ['iruŋ] f. (-, en) erreur f. ; méprise f. ; errement m.

Isabelle [iza'bɛlə] f. (-, n). [Pferd] cheval (m.) isabelle.

Isabell|farbe [iza"bɛl'farbə] f. (-, n) [couleur f.] isabelle.

Ischias ['iʃias] f. MÉD. sciatique f.

Isegrim ['i:zəgrim] n. pr. m. Isengrin m. || FIG. grognon m.

Islam ['islɑ:m et -'-] m. (s). RELIG. Islam m.

Islamit [isla'mi:t] m. (en, en). RELIG. islamite m.

islamitisch [-tiʃ] adj. RELIG. islamique. || [Personen] islamite.

Island ['islant] n. pr. n. GÉOGR. Islande f.

Isländer(in) ['islɛndər(in)] n. pr. m. (s, -), f. (-, nen). GÉOGR. Islandais m., Islandaise f.

isländisch [-lɛndiʃ] adj. GÉOGR. islandais.
Iso|bare [izo'bɑ:rə] f. (-, n). PHYS. isobare f. ||**-chromatisch** adj. PHYS. isochromatique. ||°**-dosis** f. (-, sen). MÉD. isodose f. ||°**-glosse** f. (-, n). GRAMM. isoglosse f. ||°**-helie** f. (-, n). ASTRON. isohélie f. ||°**-mer** n. (s, e). CHIM. isomère m. ||°**-merisation** f. (-). TECHN. isomérisation f. ||**-morph** adj. isomorphe. ||°**-pren** n. (s). CHIM. isoprène m. ||°**-top** n. (s, en). CHIM. isotope m.
Isolat [izɔ'lɑ:t] n. (s, e). BIOL. isolat m.
Isolation [izɔla'tsio:n] f. ÉLECTR. isolation f.
Isolator [-'lɑ:tɔr] m. (s, en). ÉLECTR., TECHN. isolateur m. ; isolant m. ; isoloir m.
Isolier|band [izo"li:r'bant] n. (s, ¨er). ÉLECTR. ruban isolant ; chatterton m. ||°**-haft** f. emprisonnement (m.) cellulaire. ||°**-hülle** f. (-, n). ÉLECTR. gaine isolante. ||°**-rolle** f. (-, n) poulie (f.) en porcelaine. ||°**-schemel** m. (s, -) tabouret isolant. ||°**-stoff** m. (s, e) isolant m. ||°**-zelle** f. (-, n) cellule f. ; prison (f.) cellulaire.
isolierbar [-'li:rbɑ:r] adj. isolable ; séparable.
isolieren [-'li:rən] v. tr. isoler. || ÉLECTR. isoler.
Isoliertheit [-'li:rthait] f. isolement m.
Isolierung [-'li:ruŋ] f. (-, en) isolement m. || ÉLECTR. isolation f.
Isolierungs|mittel [izɔ"li:ruŋs'mitəl] n. (s, -). ÉLECTR. isolant m. ||°**-politik** f. isolationnisme m.
Isotop [izɔ'to:p] n. (s, e). NUCL. isotope m.
Isotopen|trennanlage [izɔ"to:pən'trɛnanlɑ:ge] f. (-, n). NUCL. usine (f.) de séparation isotopique. ||°**-trennung** f. (-, en). NUCL. séparation (f.) isotopique.
Israel ['israe:l] n. pr. n. Israël m. || GÉOGR. État (m.) d'Israël.
Israeli [isra'e:li] s. (s, s) Israélien m., Israélienne f.
Israelit [israe:'li:t] n. pr. m. (en, en). HIST. Israélite m. || RELIG. israélite m. ; juif m.
israelisch [-ra'e:liʃ] adj. israélien.
israelitisch [-rae'li:tiʃ] adj. israélite.
Ist|bestand ["istbə'ʃtant] m. (s) effectif m. ; quantité réelle. ||°**-einnahme** f. (-, n). COMM. recette effective, réelle. ||°**-stärke** f. (-, n). MIL. effectif réel.
Isthmus ['istmus] m. (-, men). GÉOGR. isthme m.
Istrien ['istriən] n. pr. n. Istrie f.
Italien [i'ta:liən] n. pr. n. Italie f.
Italiener(in) [itali'e:nər(in)] n. pr. m. (s, -), f. (-, nen). GÉOGR. Italien m., Italienne f.
italienisch [-niʃ] adj. italien.
italisch [i'tɑ:liʃ] adj. HIST. italique.
Iteration [itera'tsio:n] f. (-, en). INF. itération f.
Iterations|schleife [itera"tsio:n'sʃlaifə] f. (-, n). INF. boucle (f.) d'itération.
Iterativ(um) [itera'ti:f, -'ti:vum] n. (s, va). GRAMM. (verbe m.) itératif m.
Ithaka ['itaka] n. pr. n. GÉOGR. Ithaque f.
I-Tüpfelchen ["i:'typfəlçən] n. (s, -) point (m.) sur l'*i*.

J

J, j [jɔt] n. j m. | *d(ieses) J(ahres)*, cette année. | *v(origen) J(ahres)*, (de) l'an dernier.
ja [ja:] adv. **1.** [Zustimmung] *ach, o, ei ja !*, oh oui ! | *ja gewiß, natürlich, freilich*, oui, sans doute ; bien sûr. | *zu allem ja und amen sagen*, consentir à tout ; dire amen à tout. | *mit Ja antworten*, dire que, répondre que oui.
2. [verstärkend] bien ; surtout ; au moins ; même ; voire. | *sage es ja niemand !*, surtout ne dis cela à personne, je te prie ! | *kommen Sie ja wieder*, ne manquez pas de revenir ! | *da soll er nur ja ruhigbleiben*, qu'il garde son calme, en tout cas. | *er hörte ihn, ja, er sah ihn*, il l'entendit, il le vit même. | *das Volkslied ist musikalisch ; ja, es lebt nur im Gesang*, la chanson populaire est de nature musicale ; bien plus, elle ne vit que par le chant.
3. [doch] mais ; à propos. | *du siehst es ja*, mais tu le vois bien. | *da kommt er ja*, mais tiens !, le voilà qui vient. | *ja so, das ist was anderes*, alors, dans ce cas, c'est différent.
4. [einleitend] eh bien ! | *ja, nun wollen wir anfangen*, eh bien, nous allons commencer.
Ja|bruder ["jɑ:'brudər] m. (s, ¨), °**-sager** m. (s, -). FAM. homme (m.) sans opinion, sans caractère ; béni-oui-oui m. ||**-wohl** adv. oui ; certes ; entendu. ||°**-wort** n. (s, e) consentement m. ; acquiescement m. | *das Jawort erhalten*, obtenir le consentement.
Jabot [ʒa'bo:] n. (s, s) jabot m.
Jacht [jaxt] f. (-, en). MAR. yacht m.
Jacht|hafen ["jaxt'hɑ:fən] m. (s, ¨). MAR. port (m.) de plaisance.
Jack|baum ['jɑkbɑum] m. (s, ¨e). BOT. ja(c)quier m.
Jäckchen ['jɛkçən] n. (s, -) veste courte ; veston m.
Jacke ['jakə] f. (-, n) jaquette f. ; casaque f. ; veste f. || FAM. *jm die Jacke vollhauen*, rosser qn. | *es ist Jacke wie Hose*, c'est bonnet blanc et blanc bonnet.
Jackett [ja'kɛt] n. (s, e et s) veste f. || MIL. vareuse f.
Jade ['jɑ:də] f. jade m.
Jagd [jakt] f. (-, en) chasse f. | *hohe Jagd*, chasse du gros gibier ; grande chasse. | *niedere Jagd*, chasse du menu gibier. | *Jagd auf Wildschweine*, chasse au sanglier. | *auf die Jagd gehen*, aller à la chasse. | *die Jagd geht auf*, c'est l'ouverture de la chasse. | *die wilde Jagd*, la chasse infernale. || FIG. *die Jagd auf den Dieb*, la poursuite du voleur. | *die Jagd nach Glück*, la poursuite du bonheur.
Jagd|aufseher ["jakt'aufse:ər] m. (s, -) garde-chasse m. ||**-berechtigt** adj. JUR. qui a le droit de chasse(r). ||°**-berechtigung** f. (-, en) droit (m.) de chasse. ||°**-bezirk** m. (s, e) terrain (m.) de chasse. ||°**-bomber** m. (s, -). MIL., AÉRON. chasseur-bombardier m. ||°**-eröffnung** f. (-, en) ouverture (f.) de la chasse. ||°**-flieger** m. (s, -). MIL., AÉRON. [Flieger] pilote m., aviateur (m.) de chasse. || [Flugzeug] avion (m.) de chasse ; chasseur m. ||°**-flinte** f. (-, n) fusil (m.) de chasse. ||°**-flug** m. (s, ¨e). MIL., AÉRON. croisière (f.) de chasse ; sortie f. ||°**-flugzeug** n. (s, e). MIL., AÉRON. avion (m.) de chasse ; chasseur m. ||°**-frevel** m. (s, -) délit (m.) de chasse ; braconnage m. ||°**-frevler** m. (s, -) braconnier m. ||°**-gehege** n. (s, -) réserve (f.) de chasse. ||°**-gerät** n. (es, e) attirail (m.), engins (m. pl.) de chasse. ||°**-geschwader** n. (s, -). AÉRON. escadre (f.) de chasse. ||°**-gewehr** n. (s, e). V. JAGDFLINTE. ||°**-haus** n. (es, ¨er), °**-häuschen** n. (s, -) pavillon (m.), rendez-vous (m.) de chasse. ||°**-horn** n. (s, ¨er) cor (m.) de chasse ; trompe f. ||°**-hund** m. (s, e) chien (m.) de chasse. ||°**-karte** f. (-, n) permis (m.) de chasse. ||°**-pacht** f. (-, en) location (f.) d'une chasse. ||°**-recht** n. (s, e) droit (m.) de chasse. || PAR EXT. réglementation (f.) de la chasse. ||°**-reiter** m. (s, -) piqueur m. ||**-rennen** n. (s, -). SPORT. course (f.) d'obstacles. ||°**-revier** n. (s, e) chasse gardée. ||°**-schein** m. (s, e) permis (m.) de chasse. ||°**-schloß** n. (es, ¨e) pavillon (m.), rendez-vous (m.) de chasse. ||°**-spieß** m. (es, e) épieu m. ||°**-springen** n. (s). SPORT. jumping m. ||°**-staffel** f. (-, n). MIL., AÉRON. escadrille (f.) de chasse. ||°**-tasche** f. (-, n) gibecière f. ; carnassière f. ; carnier m. ||°**-wesen** n. (s) vénerie f. ||°**-zeit** f. (-, en) saison (f.) de la chasse. ||°**-zeug** n. (s) équipement (m.) de chasse. ||°**-zug** m. (s, ¨e) équipage m.

jagen ['jɑ:gən] v. tr. [verfolgen] chasser ; poursuivre ; pourchasser. | *Hasen jagen*, chasser le lièvre. | *jn jagen*, poursuivre qn. || [abhetzen ; ermüden] crever. | *ein Pferd zu Tode jagen*, crever un cheval. | *sich müde jagen*, s'éreinter. || [verjagen ; vertreiben] chasser. | *der Wind jagt die Wolken*, le vent chasse les nuages. | *jn aus einem Ort jagen*, chasser qn d'un endroit. | *in die Flucht jagen*, mettre en fuite. || FIG., FAM. *damit kannst du mich jagen*, ne me parle plus de cette horreur. | *sich eine Kugel durch den Kopf jagen*, se brûler la cervelle. || FAM. *jn durch die Gasse jagen*, malmener qn. | *jn ins Bockshorn jagen*, intimider, impressionner qn.
◇ v. intr. chasser ; être à la chasse ; faire, donner la chasse à. | *nach einem Wild, auf ein Wild jagen*, chasser, poursuivre un gibier. || FIG. courir après. | *nach dem Glück jagen*, courir après le bonheur. || [eilen] courir ; galoper ; aller à toute vitesse, à fond de train. | *die Wolken jagen am Himmel*, les nuages courent dans le ciel.

Jagen ['jɑ:gən] n. (s) galop m. ; poursuite f. ; bousculade f. ; chasse f.

Jäger ['jɛ:gər] m. (s, -) chasseur m. | *ein gewaltiger Jäger vor dem Herrn*, un grand chasseur devant l'Éternel. || PAR EXT., MIL. chasseur (m.) à pied. | *reitender Jäger*, chasseur à cheval. || AÉRON. avion (m.) de chasse ; chasseur m.

Jägerei [jɛgə'rai] f. chasse f. ; vénerie f.

Jäger|garn ["jɛ:gər'garn] n. (s, e) panneau m. ; filet m. ; rets m. ||°**-haus** n. (es, ¨er) maison (f.) du garde-chasse ; rendez-vous (m.) de chasse. ||°**-horn** n. (s, ¨er) cor (m.) de chasse ; trompe f. ||°**-kunst** f. vénerie f. ||°**-latein** n. (s) argot (m.) des chasseurs. || PAR EXT. histoire (f.) de chasseurs. ||°**-meister** m. (s, -) veneur m. ; lieutenant (m.) de louveterie. ||°**-recht** n. (s, e) droit (m.), part (f.) du chasseur. | *Jägerrecht der Meute*, curée f.

Jägers|mann ["jɛgərs'man] m. (s, -leute) chasseur m.

Jaguar ['jɑ:guɑ:r] m. (s, e). ZOOL. jaguar m.

jäh [jɛ:] adj. [plötzlich] soudain ; subit. | *ein jäher Tod*, une mort subite. || [senkrecht] abrupt ; raide ; escarpé ; à pic ; rapide. | *jäher Felsen*, rocher abrupt, escarpé, à pic. || [schnell] prompt ; vif ; rapide ; brusque ; irréfléchi. | *jähe Handlung*, action précipitée.
◇ adv. [plötzlich] subitement ; soudain. || [schnell] vite ; rapidement ; brusquement.
— SYN. : *plötzlich, rasch*, soudain ; *unvermittelt*, subit ; *unvorhergesehen, ungeahnt*, imprévu.

jählings ['jɛ:liŋs] adv. soudain ; soudainement.

Jahr [jɑ:r] n. (s, e). **1.** an m. ; année f. | *ein glückliches Jahr*, une année heureuse. | *ein ergiebiges Jahr*, une année abondante. | *jm ein gutes, frohes, segensreiches Jahr wünschen*, souhaiter à qn une bonne et heureuse année. | *das bürgerliche Jahr*, l'année civile. || [Bibel] *die fetten, mageren Jahre*, les années d'abondance, de disette. || *die siebziger Jahre*, les années soixante-dix. | *sieben Jahre Pech*, sept ans de malheur. | *ein ganzes, volles Jahr*, une année entière. | *ein halbes Jahr*, un semestre. | *das neue Jahr*, la nouvelle année. | *dieses Jahr ; das jetzige, das laufende Jahr*, cette année ; l'année en cours. | *das alte, vergangene, vorige Jahr*, l'année passée. | *das kommende, nächste Jahr*, l'année prochaine. | *die früheren Jahre*, le temps passé ; le temps jadis.
2. (complém. de temps, sans prép.) *alle Jahre*, tous les ans. | *alle zwei Jahre*, tous les deux ans. | *jedes Jahr*, chaque année ; tous les ans. | *jedes zweite Jahr*, tous les deux ans. | *Jahr für Jahr*, par an ; tous les ans ; annuellement. | *Jahr um Jahr*, une année après l'autre. | *viele Jahre lang*, bien des années durant. | *zehn Jahre vorher*, dix ans auparavant ; dix ans plus tôt. | *zehn Jahre später*, dix ans après ; dix ans plus tard. | *hundert Jahre zu früh*, cent ans trop tôt.
3. (avec prép.) *im Jahre 1992 (nach Christi Geburt)*, l'an 1992 (après Jésus-Christ). | *in zwei Jahren*, dans deux ans. | *nach Jahren*, après des années. | *nach Jahr und Tag*, après bien des années. | *seit Jahren*, depuis des années. | *seit Jahr und Tag*, depuis fort longtemps. | *über Jahr und Tag*, plus tard ; un jour. | *(heute) über ein Jahr, übers Jahr*, d'ici un an. | *von Jahr zu Jahr*, d'une année à l'autre. | *(heute) vor einem Jahr, vorm Jahr*, il y a un an aujourd'hui. | *vor Jahr und Tag*, autrefois ; jadis. | *vor Jahren*, il y a bien des années.
4. [im Sinne von Alter] *er ist zehn Jahre (alt)*, il a dix ans (révolus). | *er steht in seinem elften Jahr*, il est dans sa onzième année. | *er hat fünfzig Jahre auf dem Rücken*, il a bien cinquante ans. | *seine Jahre fühlen, spüren*, ressentir son âge. | *jünger als seine Jahre sein*, ne pas paraître son âge. | *schon bei Jahren sein*, ne plus être très jeune ; avoir un certain âge. | *in den besten Jahren sein*, être dans la force de l'âge. | *in der Blüte der Jahre sein*, être dans la fleur de l'âge. | *vor seinen Jahren sterben*, mourir avant l'âge. | *in die Jahre kommen*, prendre de l'âge.

jahr|aus [jɑ:r'aus], **jahr|ein** [jɑ:r'ain] adv. bon an, mal an ; d'un bout de l'année à l'autre ; tous les ans ; toujours.

Jahr|buch ["jɑ:r'bu:x] n. (s, ¨er) annuaire m. || PAR EXT. chronique f. | *Jahrbücher*, annales f. pl. ||°**-fünft** n. (es, e) lustre m. || HIST. quinquennium m. ||°**-gang** m. (s, ¨e) [z. B. einer Zeitschrift] année f. || [Demographie] classe (f.) d'âge. | *geburtenschwacher Jahrgang*, classe creuse. || AGRIC. *der Jahrgang 1984*, l'année 1984. || [Wein] *ein guter Jahrgang*, un bon millésime ; une bonne année. || MIL. classe f. ; contingent m. | *einen Jahrgang einziehen*, appeler une classe. | *ein schwacher Jahrgang*, une classe creuse. ||°**-hundert** n. (s, e) siècle m. | *das Jahrhundert der Aufklärung*, le siècle des Lumières. | *das zwanzigste Jahrhundert*, le vingtième siècle. | *Jahrhundert auf Jahrhundert*, un siècle après l'autre ; siècle après siècle. ||**-hundertelang** adv. pendant, durant des siècles. — adj. séculaire. ||°**-markt** m. (es, ¨e) foire f. ; fête foraine. | *an Kirchweih wird Jahrmarkt abgehalten*, la foire a lieu à l'occasion de la fête patronale. ||°**-siebent** n. (es, e) septennat m. ||°**-tausend** n. (s, e) période (f.) de mille ans ; millénaire m. ||**-weise** adv. par années ; annuellement. ||°**-zehnt** n. (es, e) période (f.) de dix ans ; décennie f.
— OBSERV. Faisant exception à la règle normale d'accentuation des mots composés, *Jahrfünft, Jahrhundert, Jahrsiebent, Jahrtausend* sont accentués sur le nom de nombre.

jahre|lang ["jɑ:rə'laŋ] adj. et adv. durant, pendant des années ; des années durant.

jähren (sich) [ziç'jɛ:rən] v. pr. impers. *es jährt sich heute*, il y a un an aujourd'hui.

Jahres|abrechnung ["jɑ:rəs'aprɛçnuŋ] f. (-, en) comptes m. pl., liquidation (f.) de fin d'année. ||°**-abschluß** m. (es, ¨e) règlement (m.) de comptes ; bilan annuel ; clôture (f.) de l'exercice ; bilan (m.) de clôture. ||°**-ausgleich** m. (s, e) péréquation annuelle. ||°**-beitrag** m. (s, ¨e) cotisation annuelle ; annuité f. ||°**-bericht** m. (s, e) compte rendu annuel. ||°**-bilanz** f. (-, en) bilan annuel ; bilan (m.) de l'exercice. ||°**-durchschnitt** m. (s, e) moyenne annuelle. ||°**-einkommen** n. (s) revenu annuel. ||°**-ertrag** m. (s, ¨e) rendement annuel. ||°**-feier** f. (-, n), °**-fest** n. (es, e) anniversaire m. ||°**-folge** f. (-, n) ordre (m.) chronologique ; suite (f.) des années. ||°**-frist** f. (-, en) espace (m.), délai (m.) d'un an. ||°**-gehalt** n. (es, ¨er) traitement annuel. ||°**-klasse** f. (-, n). MIL. classe f. ||°**-plan** m. (s, ¨e). POLIT., FIN. budget, plan annuel. ||°**-rate** f. (-, n) annuité f. ||°**-rente** f. (-, n) rente annuelle, annuité f. ||°**-ring** m. (s, e). BOT. couche annuelle ; cerne m. ||°**-satz** m. (es, ¨e) taux annuel. ||°**-schluß** m. (es, ¨e) fin (f.) de l'année, d'année. ||°**-tag** m. (s, e) anniversaire m. ||°**-wechsel** m. (s) nouvel an ||°**-zahl** f. (-, en) année f. ; date f. ; millésime m. ||°**-zahlung** f. (-, en) annuité f. ||°**-zeit** f. (-, en) saison f.

jährig ['jɛ:riç] adj. d'un an. | *das Kind ist jährig*, cet enfant a un an. || PAR EXT., JUR. majeur.

...jährig (en compos.) de tant d'années. | *zehnjährig*, âgé de dix ans.

jährlich ['jɛ:rliç] adj. annuel.
◇ adv. annuellement ; par an ; tous les ans.

Jährling [-liŋ] m. (s, e) animal (m.) d'un an. || [Jagd] daguet m. ; broquart m.

Jahve, Jahwe ['jɑ:ve] n. pr. m. Jéhovah m.

Jäh|zorn ['jɛ:tsɔrn] m. (s) colère subite ; accès (m.) de colère. || PAR EXT. irascibilité f. ; emportement m. ||**-zornig** adj. irascible ; emporté ; vif ; colère ; rageur.

Jak [jak] m. (s, s). ZOOL. ya(c)k m.

Jakob ['jɑ:kɔp] n. pr. m. RELIG. Jacob m. ; Jacques m.

Jakobiner [jakɔ'bi:nər] m. (s, -). RELIG., HIST. jacobin m.

Jakobiner|mütze [jakɔ"bi:nər'mystsə] f. (-, n) bonnet rouge, phrygien.

Jakobs|muschel ["jɑ:kɔps'muʃəl] f. (-, en) coquille (f.) Saint-Jacques. ||°**-stab** m. (s, ¨e). MAR. astrolabe m. ||°**-straße** f. ASTRON. voie lactée. ||°**-tag** m. (s). [la] Saint-Jacques.

Jalousie [ʒalu'zi:] f. (-, n). ARCHIT. jalousie f. ; persienne f.

Jamaika [ja'maika] n. pr. n. GÉOGR. Jamaïque f.

Jamaika|pfeffer [ja"maika'pfɛfər] m. (s) piment m.

jambisch ['jambiʃ] adj. POÉS. ïambique.

Jambus ['jambus] m. (-, ben). POÉS. ïambe m.

Jammer ['jamər] m. (s) détresse f. ; calamité f. ; misère f. | *in Jammer und Not*, dans une misère noire. | *es ist ein Jammer um das zerstörte Schloß*, c'est une pitié de voir ce château détruit ; quel dommage d'avoir détruit ce château. || PAR EXT. [Klagen] lamentations f. pl. ; gémissements m. pl. ; plaintes f. pl.

Jammer|bild ["jamər'bilt] n. (s, er) tableau, spectacle navrant, de désolation. ||**-erregend** adj. navrant ; pitoyable. ||°**-geschrei** n. (s) lamentations f. pl. ||°**-gestalt** f. (-, en) figure (f.) pitoyable. ||°**-lappen** m. (s, -). FAM. pleurnicheur m. ; pleurard m. ||°**-leben** n. (s) vie (f.), existence (f.) misérable. ||**-schade** adj. *es ist jammerschade*, c'est dommage ; c'est regrettable. ||°**-tal** n. (s) vallée (f.) de larmes, de misère. ||**-voll** adj. lamentable ; affligeant ; piteux ; navrant ; misérable.

jämmerlich ['jɛmərliç] adj. lamentable ; piteux ; pitoyable ; misérable. | *jämmerliches Geschrei*, des cris (m. pl.) de lamentation. | *eine jämmerliche Stimme*, une voix pitoyable. | *in jämmerlichem Zustand*, dans un piteux état. | *eine jämmerliche Bezahlung*, un salaire de famine.

Jämmerlichkeit [-kait] f. (-, en) caractère misérable, piteux ; misère f.

jammern ['jamərn] v. intr. gémir ; se lamenter. | *um das verlorene Glück jammern*, se lamenter sur son bonheur perdu.

◇ v. tr. impers. exciter la pitié, la compassion. | *mich jammert, es jammert mich das Kind*, cet enfant me fait pitié.

Jamswurzel ['jamsvurtsəl] f. (-, n). BOT. igname f. ou m.

Jan|hagel ["ja:n'ha:gəl] m. (s) lie (f.) du peuple ; canaille f. ; racaille f.

Janitschar [janit'ʃa:r] m. (en, en) janissaire m.

Jänner ['jɛnər] m. (s). [österreichisch] janvier m.

Jansenismus [janze'nismus] m. jansénisme m.

Jansenist [-'nist] m. (en, en). RELIG. janséniste m.

Januar ['janua:r] m. (s) janvier m.

Japan ['ja:pan] n. pr. n. GÉOGR. Japon m.

Japaner(in) [ja'pa:nər(in)] m. (s, -), f. (-, nen) Japonais m., Japonaise f.

japanisch [-niʃ] adj. GÉOGR. japonais ; nippon.

jappen ['japən], **japsen** ['japzən] v. intr. FAM. être à bout de souffle ; pâmer. | *nach Luft japsen*, haleter.

Jargon [ʒar'gɔ̃] m. (s, s) jargon m. ; argot m.

Jasmin [jas'mi:n] m. (s, e). BOT. jasmin m. | *wilder Jasmin*, seringa(t) odorant.

Jaspis ['jaspis] m. (ses, se). MINES. jaspe m.

jaspis|farbig ["jaspis'farbiç] adj. jaspé.

Jatagan [jata'ga:n] m. (s, e) yatagan m.

jäten ['jɛ:tən] v. tr. et v. intr. AGRIC. sarcler ; extirper ; arracher les mauvaises herbes.

Jät|hacke ["jɛ:t'akə] f. (-, n). AGRIC. sarcloir m.

Jauche ['jauxə] f. (-, n). AGRIC. eau croupissante, croupie ; purin m. || MÉD. sanie f.

Jauche|grube ["jauxə'gru:bə] f. (-, n). AGRIC. fosse (f.) à purin.

jauchig ['jauçiç] adj. putride. || MÉD. sanieux.

jauchzen ['jauxtsən] v. intr. exulter ; jubiler. | *er jauchzte vor Freude*, il poussait des cris de joie.
— SYN. : *jubeln*, jubiler ; *frohlocken*, exulter.

Jauchzen [-tsən] n. (s) cris (m. pl.) de joie, d'allégresse.

Jauchzer [-tsər] m. (s, -) cri (m.) d'allégresse.

jaulen ['jaulən] v. intr. glapir.

Jause ['jauzə] f. (-, n) [österreichisch] goûter m.

Java ['ja:va] n. pr. n. Java f.

javanisch [ja'va:niʃ] adj. javanais.

Jazz [jats] m. (-, e). MUS. jazz m. | *Jazz spielen*, faire de la musique de jazz.

je [je:] adv. [jedesmal] toujours ; (de) tout temps. | *von je*, de tout temps ; de toute éternité. | *seit eh und je*, depuis toujours. || [jemals einmal] jamais ; une fois. | *wer hätte das je geglaubt ?*, qui l'eût (jamais) cru ? | *je der zehnte*, un sur dix. | *je im dritten Jahr*, tous les trois ans. | *je zur Hälfte*, moitié moitié. | *je größer er wird, je stärker wird er*, plus il grandit, plus il devient fort. | *je höher der Berg, desto reiner die Luft*, plus la montagne est haute, plus l'air est pur. | *je mehr, je besser*, plus il y en a, mieux cela vaut. | *je eher, je (desto) lieber*, le plus tôt sera le mieux. | *je nachdem*, selon ; dans la mesure de, où. | *je nach seinem Vermögen*, selon ses possibilités. | *je nach Laune*, selon son humeur. | *je nach Lage*, selon sa situation. | *je nach den Umständen, den Verhältnissen*, selon les circonstances. | *das ist je nachdem*, c'est selon.

◇ interj. *oh je !, ach je !*, mon Dieu !

je|her [je'he:r] adv. *von jeher*, de tout temps ; depuis toujours. ||°**-längerjelieber** n. (s). BOT. [Geißblatt] chèvrefeuille m. ||**-weilig** adj. respectif (qui se rapporte à chacune des choses dont il est question). ||**-weils** adv. selon le cas. || PAR EXT. de temps en temps ; par intervalles.

Jeans [dʒi:nz] m. pl. jeans m. (pl.).

jeden|falls ["je:dən'fals] adv. en tout cas ; dans tous les cas ; quoi qu'il en soit ; certainement. ||**-orts** adv. partout ; en tout lieu.

jeder ['je:dər], **jede** ['je:də], **jedes** ['je:dəs] adj. indéf. chaque ; tout ; toute ; tous ; toutes. | *zu jeder Stunde*, à chaque heure. | *auf jeden Fall*, en tout cas. | *jeden Tag*, chaque jour ; tous les jours. | *jedes zweite Jahr*, tous les deux ans. | *am ersten Mai jedes Jahres*, chaque année, au premier mai. | *jeden Ersten*, tous les premiers du mois. | *jedes dritte Fenster*, toutes les trois fenêtres. | *man konnte jedes leiseste Geräusch vernehmen*, on pouvait saisir le moindre bruit. | *die Uhr schlägt jede Viertelstunde*, l'horloge sonne tous les quarts d'heure. | *jedes Mittel war ihm gut*, tous les moyens lui étaient bons. | *jeder einzelne*, chacun pris à part ; chaque individu. | *auf jede Art und Weise*, de toutes les façons. | *in jeder Hinsicht*, à tous égards.

◇ pron. indéf. chacun ; chacune ; quiconque. | *jeder beliebige*, quiconque ; n'importe qui. | *jeder von uns*, chacun de nous ; nous tous. | *ein jeder*, chacun ; tous. | *alles und jedes*, tout sans exception. || PROV. *jedem das Seine*, à chacun son dû. | *jedem nach seinem Geschmack*, chacun prend son plaisir où il le trouve. | *jeder ist sich selbst der Nächste*, charité bien ordonnée commence par soi-même. | *jeder ist Herr in seinem Hause*, charbonnier est maître chez lui.

jeder|lei ["je:dər'lai] adj. de toute sorte.

jeder|mann [-'man] pron. indéf. chacun, chacune ; quiconque ; tout le monde. | *es ist nicht jedermanns Sache*, ce n'est pas l'affaire de tous. | *Herr Jedermann*, monsieur Tout le Monde.

jeder|zeit [-'tsait] adv. en tout temps ; à toute heure. | *auf Verlangen jederzeit vorzuzeigen*, à présenter à toute requête.

jedes|mal ["je:dəs'ma:l] adv. chaque fois ; toutes les fois ; FAM. à tous les coups. ||**-malig** adj. coutumier.

jedoch [je:'dɔx] adv. pourtant ; cependant ; mais.

jed|weder ['je:t"ve:dər] pron. indéf. (Vx.). V. JEDER.

jeglich ['je:gliç] adj. et pron. indéf. V. JEDER.

Jehovah [ie'ho:va] n. pr. m. RELIG. Jéhovah m.

jemals ['je:ma:ls] adv. jamais ; à un moment quelconque. | *hat man jemals so etwas gesehen ?*, a-t-on jamais vu pareille chose ?

jemand ['je:mant] pron. indéf. (es). [irgend] quelqu'un. | *jemand hat mich gerufen*, quelqu'un m'a appelé. | *hast du jemanden gesehen ?*, as-tu vu quelqu'un ? | *jemand anders*, quelqu'un d'autre. | *jemand Unbekanntes*, un inconnu. | *ein gewisser Jemand*, un certain ; une certaine personne. | *jemandem eine Freude bereiten*, faire plaisir à qn. | *ohne jemanden zu sehen*, sans voir personne.

jener ['je:nər], **jene** ['je:nə], **jenes** ['je:nəs] adj. démonstr. ce, cet...-là ; cette...-là ; ces...-là. | *zu jener Zeit*, en ce temps-là.

◇ pron. démonstr. celui-là ; celle-là ; cela ; ceux-là ; celles-là. | *dieses und jenes*, ceci et cela.

jen|seitig ["je:n'zaitiç] adj. qui est au-delà, de l'autre côté, du côté opposé, adverse. | *das jenseitige Ufer*, la rive adverse, opposée.

jen|seits ['je:nzaits] prép. (gén.) de l'autre côté ; au-delà de. | *jenseits des Ärmelkanals, des Atlantiks, des Rheins*, outre-Manche, outre-Atlantique, outre-Rhin. | *jenseits des Mittelmeers*, au-delà de la Méditerranée ; outre-Méditerranée. | *jenseits der Alpen gelegen*, transalpin. | *jenseits von Raum und Zeit*, au-delà du temps et de l'espace ; dans l'éternité. || FAM. *jenseits des großen Teiches*, outre-Atlantique.

Jenseits [-zaits] n. l'au-delà m. | *ins Jenseits abberufen werden*, décéder. | *ins Jenseits befördern*, expédier dans l'autre monde.

Jeremias [jere'mi:as] n. pr. m. (ä). RELIG. Jérémie m. | *die Klagelieder Jeremiä*, les lamentations (f. pl.) de Jérémie.

Jerusalem [je'ru:zalɛm] n. pr. n. Géogr. Jérusalem f. ; Sion f.

Jesaias [je'zaias] n. pr. m. Relig. Isaïe m.

Jesuit [jezu'i:t] m. (en, en). Relig. jésuite m.

Jesuiten|orden [jezu"i:tən'ordən] m. (s). Relig. ordre (m.) des Jésuites ; Compagnie (f.) de Jésus.

Jesuitentum [-təntu:m] n. (s). Relig. jésuitisme m. || Fam., péjor. hypocrisie f. ; astuce f.

jesuitisch [jezu'i:tiʃ] adj. Relig. jésuitique. || Fam., péjor. astucieux ; hypocrite.

Jesus ['je:zus] n. pr. m. Relig. Jésus m. | *Jesus Christus*, Jésus-Christ m.

Jesus|kind ["je:zus'kint] n. (s), °**-kindlein** n. (s). Relig. enfant (m.) Jésus.

Jett [dʒɛt] m. ou n. (s). Minéral. jais m.

jetzig ['jɛtsiç] adj. actuel ; présent ; d'à présent ; d'aujourd'hui ; de nos jours. | *jetzige Lage*, situation actuelle, présente. | *im jetzigen Augenblick*, pour le moment. || Fam. *in der jetzigen Zeit*, par le temps qui court.

jetzt [jɛtst] adv. maintenant ; à présent ; présentement ; de notre temps ; de nos jours. | *jetzt ist es Zeit*, il est temps (maintenant). | *und jetzt sagt er*, et voilà qu'il dit. | *jetzt gleich*, tout de suite. | *jetzt oder nie*, maintenant ou jamais. | *bis jetzt*, jusqu'à présent ; jusqu'ici. | *für jetzt*, pour le moment.

Jetzt|zeit ['jɛtsttsait] f. (-) temps (m.) présent.

Jiddisch ['jidiʃ] n. judéo-allemand m. ; yiddish m. ; yidich m.

Job [dʒɔp] m. (s, s). Fam. petit boulot.

jobben [dʒɔbn] v. intr. Fam. faire des petits boulots.

Jobber ['dʒɔbər] m. (s, -). [Börse] agioteur m. ; spéculateur m. || Fam., péjor. habitué (m.) des petits boulots.

Jobberei [jɔbə'rai] f. agiotage m. ; boursicotage m.

jobbern ['jɔbərn] v. intr. agioter ; boursicoter.

Joch [jɔx] n. (s, e) joug m. || Pr. et fig. *das Joch tragen*, porter le joug. || Fig. *das Joch abwerfen, abschütteln*, secouer le joug. | *das Joch auferlegen*, imposer le joug, une servitude, une corvée. | *jn unter das Joch beugen*, plier qn sous le joug. | *sich unter das Joch beugen*, ployer sous le joug. | *jn unter das Joch bringen*, soumettre qn ; amener qn sous le joug. | *durchs Joch gehen*, s'humilier ; passer sous le joug. | *das Kaudinische Joch*, les fourches caudines. || [der Wasserträger] palanche f. || Archit. [Querholz an Brücken, Bogen] travée f. ; arche f. (d'un pont). || [Feldmaß] arpent m. || [Bergrücken] col m.

Joch|bein ['jɔxbain] n. (s, e). Anat. os (m.) de la pommette ; os (m.) malaire ; arcade (f.) zygomatique. ||°**-bogen** m. (s, ¨). Anat. arcade (f.) zygomatique. ||°**-brücke** f. (-, n) pont (m.) sur pilotis. ||°**-feld** n. (s, er) travée (f.) de pont. ||°**-fortsatz** m. (es, ¨e). Anat. apophyse (f.) zygomatique. ||°**-muskel** m. (-, n). Anat. muscle (m.) zygomatique. ||°**-ochs** m. (en, en) bœuf (m.) de labour. ||°**-spannung** f. (-, en) travée (f.) de pont. ||°**-träger** m. (s, -) quille f. ||°**-weite** f. (-, n) portée (f.) de travée.

Jockei ['djɔke] m. (s, s) jockey m.

Jod [jod] n. (s) iode m.

Jod|dämpfe ["jod'dɛmpfə] m. pl. vapeurs (f. pl.) iodiques. ||**-haltig** adj. iodé ; iodique. ||°**-silber** n. (s) iodure (m.) d'argent. ||°**-tinktur** f. teinture (f.) d'iode.

jodeln ['jɔdəln] v. intr. iouler ; iodler ; yodler.

Jodler [-dlər] m. (s, -). [Person] iouleur m. ; iodleur m. ; yodleur m. || [Gesang] tyrolienne f. ; chant tyrolien.

Jodoform [jodo'fɔrm] n. (s). Chim. iodoforme m.

Joghurt ['jogu:rt] n. (s). Culin. yoghourt m. ; yaourt m.

Johann(es) ['jo:han, jɔ'hanəs] n. pr. m. Jean m. || Relig. *Johannes der Täufer*, Jean-Baptiste m. | *die Johannesbriefe*, les épîtres (f. pl.) de saint Jean.

Johanna [jɔ'hana] n. pr. f. Jeanne f.

Johannis [jɔ'hanis] la Saint-Jean f.

Johannis|beere [jɔ"hanis'be:rə] f. (-, n). Bot. groseille f. | *schwarze Johannisbeere*, cassis m. || °**-beerstrauch** m. (s, ¨er). Bot. groseillier m. ||°**-blume** f. (-, n). Bot. pâquerette f. ||°**-blut** n. (s). Zool. cochenille f. (de Pologne). ||°**-brot** n. (s). Bot. caroube f. ||°**-brotbaum** m. (s, ¨e). Bot. caroubier m. ||°**-fest** n. (es, e). [fête (f.) de] la Saint-Jean. ||°**-feuer** n. (s, -) feu (m.) de la Saint-Jean. ||°**-käfer** m. (s, -). Zool. 1° ver luisant ; 2° hanneton (m.) de juin. ||°**-kraut** n. (s). Bot. herbe (f.) de la Saint-Jean ; millepertuis m. ; armoise f. ||°**-tag** m. (s, e). [fête (f.) de] la Saint-Jean. ||°**-trieb** m. (s, e). Bot. rejet tardif. || Fig. regain (m.) de jeunesse ; amour tardif. ||°**-würmchen** n. (s, -). Zool. ver luisant.

Johanniter|kreuz [jɔha"ni:tər'krɔyts] n. (es) croix (f.) de Malte. ||°**-orden** m. (s) ordre (m.) des chevaliers de Saint-Jean.

johlen ['jo:lən] v. intr. Fam. pousser des cris de jubilation ; crier à tue-tête.

John [jon] n. pr. m. Jean m.

Joker ['jo:kər] m. (s, -) joker m.

Jokus ['jo:kus] m. (ses, se). Fam. plaisanterie f. ; blague f. ; facétie f.

Jolle ['jɔlə] f. (-, n). Mar. yole f.

Jongleur [ʒɔ̃'glø:r] m. (s, e) jongleur m.

Joppe ['jɔpə] f. (-, n) veste f. ; vareuse f. ; veston m.

Jordan ['jɔrdan] n. pr. m. Géogr. Jourdain m.

Josef ['jo:zɛf] n. pr. m. Joseph m.

Josefa [jo'ze:fa], **Josefine** [joze'fi:nə] n. pr. f. Joséphine f.

Jot [jɔt] n. (-, s). [nom de la lettre] J.

Jota ['jo:ta] n. (s, s) iota m. || Fig., fam. la moindre des choses. | *er will (um) kein Jota nachgeben*, il ne démordra pas d'un iota ; il ne veut pas céder d'un pouce.

Joule [dʒu:l] n. (s, s). Électr. joule m.

Joulesch [dʒu:lʃ] adj. *Joulesches Gesetz*, loi (f.) de Joule.

Journal [ʒur'nɑ:l] n. (s, e). [Tagebuch] journal m. (intime). || Par ext. [Zeitung] revue f. journal m. || Inf. journal (m.) de bord.

Journalismus [-na'lismus] m. journalisme m.

Journalist [-na'list] m. (en, en) journaliste m.

Journalistik [-na'listik] f. journalisme m.

journalistisch [-na'listiʃ] adj. journalistique.

jovial [jɔvi'ɑ:l] adj. jovial.

Jovialität [-viali'tɛ:t] f. jovialité f.

Jubel ['ju:bəl] m. (s) allégresse f. ; exultation f. ; jubilation f.

Jubel|feier ["ju:bəl'faiər] f. (-, n), °**-fest** n. (es, e) jubilé m. ||°**-freude** f. jubilation f. ||°**-geschrei** n. (s) cris (m. pl.), clameurs (f. pl.) d'allégresse. ||°**-jahr** n. (s, e) jubilé m. ; année (f.) du jubilé. || Fam *alle Jubeljahre*, très rarement.

jubeln ['ju:bəln] v. intr. exulter ; jubiler ; pousser des cris d'allégresse ; être en liesse. | *hell, laut jubeln*, pousser des cris d'allégresse. | *das Volk jubelt über den Sieg*, la victoire met le peuple en liesse. | *jm Beifall jubeln*, acclamer qn.

Jubilar(in) [jubi'lɑ:r(in)] m. (s, e) f. (nen) celui (celle) dont on fête un jubilé.

Jubiläum [-'lɛ:um] n. (s, läen) jubilé m.

jubilieren [-'li:rən]. V. jubeln.

juch(z)en ['juxən, 'juxtsən] v. intr. exulter ; pousser des cris de joie.

juch|he ! ['juxhe:] interj. ô gué !
— Syn. : *juchhei ; juchheißa ; juchheirassassa.*

Juchten ['juxtən] n. (s, -) cuir (m.) de Russie.

juchten ['juxtən] adj. en cuir de Russie.

jucken ['jukən] v. tr., v. pr., v. impers. (se) gratter. | *sich die Haut jucken ; sich blutig jucken*, se gratter jusqu'au sang. | *es juckt mich in den Fingern*, les doigts me démangent. || Fig., fam. *es juckt mich in den Beinen*, les jambes me démangent. | *die Zunge juckt ihn*, la langue le démange. || Prov. *wen's juckt, der kratze sich*, qui se sent galeux se gratte ; qui se sent morveux se mouche.

◇ v. intr., v. impers. causer des démangeaisons ; démanger. | *es juckt mir*, ça me démange. || Fig., fam. *es juckt mir in den Fingern*, la main me démange ; je voudrais le gifler.

Jucken ['jukən] n. (s) picotements m. pl. ; démangeaisons f. pl. ; fourmillements m. pl.

Juck|reiz ["juk'raits] m. (es, e). Méd. démangeaison f. ; prurit m.

Juda ['ju:da] n. pr. m. (s) Juda m. || Polit. (le royaume de) Juda m.

Judäa [ju'dɛ:a] n. pr. n. Géogr. Judée f.

Judaismus [juda'ismus] m. judaïsme m.

Judas ['ju:das] n. pr. m. Judas m. || Fig. traître m.

Judas|baum ["ju:das'baum] m. (s, ¨e). Bot. arbre (m.) de Judée. ||°**-kuß** m. (es, ¨e) baiser (m.) de Judas. || Fig. trahison f.

Jude ['ju:də] m. (n, n) juif m. ; israélite m. | *ewiger Jude m.*, Juif errant m. ; Ahasvérus m.

Juden|apfel [″ju:dən'apfəl] m. (s, ¨). BOT. pomme (f.) de paradis. ||°**-deutsch** n. (en, en). V. JIDDISCH. ||**-feindlich** adj. antisémite. ||°**-hetze** f. antisémitisme m. ||°**-kirsche** f. (-, n). BOT. cornouille f. ||°**-viertel** n. (s, -) quartier juif ; ghetto m.

Judentum [-tu:m] n. (s) judaïsme m. ; israélites m. pl. ; juifs m. pl.

Jüdin ['jy:din] f. (-, nen) juive f. ; israélite f.

jüdisch [-diʃ] adj. juif ; israélite ; judaïque. | *jüdischer Tempel*, synagogue f.

judizieren [judi'tsi:rən] v. tr. (Vx.) juger.

Judoka [ju'do:ka] m. (s, s). SPORT. judoka s.

Jugend ['ju:gənt] f. jeunesse f. | *die Jugend ist ausgelassen*, la jeunesse est turbulente. | *von Jugend auf*, depuis son jeune âge ; depuis son enfance. | *schon über die erste Jugend hinaus sein*, ne plus être de la première jeunesse. || PROV. *Jugend hat keine Tugend, Jugend muß sich austoben*, il faut bien que jeunesse se passe. | *die Jugend weiß nicht, das Alter kann nicht*, si jeunesse savait, si vieillesse pouvait.

— SYN. : *Jugendalter, -zeit, -jahre*, jeunesse ; *Knaben-, Jünglingsalter*, adolescence ; *Jugendlichkeit*, juvénilité.

Jugend|alter [″ju:gənt'altər] n. (s) jeunesse f. ; jeune âge m. ; âge (m.) tendre. ||°**-bewegung** f. (-, en) mouvement (m.) de jeunesse. ||°**-blüte** f. fleur (f.) de l'âge. ||°**-buch** n. (s, ¨er) livre (m.) pour la jeunesse. ||°**-film** m. (s, e) film (m.) pour la jeunesse. ||°**-freund** m. (s, e) ami (m.) d'enfance, de jeunesse. ||°**-fürsorge** f. aide (f.) à la jeunesse. ||°**-gefährte** m. (n, n) compagnon (m.), ami (m.) de jeunesse. ||°**-gericht** n. (s, e) tribunal (m.) pour enfants (mineurs). ||°**-göttin** f. MYTH. Hébé f. ||°**-herberge** f. (-, n) auberge (f.) de jeunesse. ||°**-klasse** f. (-, n). SPORT. minimes m. pl. ||°**-pflege** f. assistance (f.) à la jeunesse. ||°**-schutz** m. (es) protection (f.) de la jeunesse. ||°**-staffel** f. (-, n). SPORT. équipe (f.) de juniors. ||°**-stil** m. (s) style 1900. ||°**-streich** m. (s, e) folie (f.) de jeunesse ; fredaine f. ||°**-sünde** f. (-, n) péché (m.) de jeunesse. ||°**-verbrechertum** n. (s.), °**-kriminalität** f. JUR. délinquance (f.) juvénile. ||°**-werk** n. (es, e) *Deutsch-französisches Jugendwerk (DFJW)*, Office franco-allemand pour la jeunesse (O.F.A.J.). ||°**-wohnheim** n. (s, e) foyer (m.) de jeunes.

jugendlich ['ju:gəntliç] adj. jeune ; juvénile. | *jugendliche Erscheinung*, jeune personne. | *jugendlicher Greis*, vieillard encore vert. | *sich zu jugendlich kleiden*, s'habiller trop jeune. || THÉÂTRE. *jugendlicher Liebhaber*, jeune premier.

◇ m. pl. **Jugendliche,** mineurs m. pl. | *Jugendliche haben keinen Eintritt*, interdit aux moins de seize ans.

Jugendlichkeit [-kait] f. juvénilité f. ; jeunesse f.

Jugo|slawe [jugo'slɑ:və] n. pr. m. GÉOGR. Yougoslave m. ||°**-slawien** n. pr. n. Yougoslavie f.

Jujube [ju'ju:bə] f. (-, n). BOT. jujubier m.

Julchen ['julçən] n. pr. n. FAM. Juliette f.

Jul|fest ['ju:lfɛst] n. (es, e) fête (f.) nordique du solstice d'hiver. ||°**-klapp** f. (-) cadeau (m.) de Noël. ||°**-mond** m. décembre m.

Juli ['ju:li] m. (s) juillet m.

Julia ['ju:lia] n. pr. f. Julie f. ; Juliette f.

Julian ['ju:liɑn, juli'ɑ:n] n. pr. m. Julien m.

julianisch [juli'ɑ:niʃ] adj. julien.

Julienne|suppe [ʒy″liɛ:n'zupə] f. (-, n). CULIN. julienne f.

Julius ['ju:lius] n. pr. m. Jules m.

Jumbo Jet ['jumbodʒɛt] m. (s, s). [Flugzeug] gros-porteur m.

jung [juŋ] adj. (comp. **jünger ;** superl. **jüngst**). **1.** jeune. | *junges Mädchen*, jeune fille f. | *junger Mann*, jeune homme m. | *junge Leute*, jeunes gens m. pl. ; jeunes m. pl. ; jeunesse f. | *junges Ehepaar* ; *junge Eheleute*, nouveaux, jeunes mariés. | *von jung auf*, depuis la plus tendre enfance. | *er hat noch junge Beine*, il a encore de bonnes jambes. | *wieder jung werden*, rajeunir. **2.** frais ; nouveau ; récent. | *junges Licht, junger Tag*, jour naissant. | *junges Laub*, feuilles vertes. | *junge Erbsen*, petits pois. | *junges Gemüse*, primeurs f. pl. ; légumes (m. pl.) frais. | *junges Bier* ; *junger Wein*, bière nouvelle ; vin nouveau, jeune, vert. | *Holbein der Jüngere*, Holbein le Jeune. | *der Jüngste Tag* ; *das Jüngste Gericht*, le Jugement dernier. | *mein Jüngster*, mon cadet ; mon plus jeune ; mon dernier-né. || LITTÉR. *das Junge Deutschland*, la Jeune Allemagne. || FIG. *sein jüngstes Werk*, sa dernière œuvre. | *die jüngste Vergangenheit*, les événements récents.

Jung|brunnen [″juŋ'brunən] m. (s, -) fontaine (f.) de Jouvence. ||°**-frau** f. (-, en). [Jungfer] demoiselle f. ; vierge f. | *keusche Jungfrau*, vierge chaste. | *die Heilige Jungfrau*, la Sainte Vierge. | *die Jungfrau von Orleans*, la Pucelle d'Orléans. ||**-fräulich** adj. de vierge ; virginal ; chaste ; vierge. ||°**-fräulichkeit** f. virginité f. ; chasteté f. ||°**-geselle** m. (n, n), °**-gesellin** f. (-, nen) célibataire s. ||°**-gesellenstand** m. (s) célibat m. ||°**-gesellenwohnung** f. (-, en) garçonnière f. ||°**-holz** n. (es) taillis m. ||°**-lehrer(in)** m. (s, -), f. (-, nen) instituteur, institutrice débutant(e). ||°**-vieh** n. (s). ZOOL. génisses f. pl. ; taurillons m. pl. ; bouvillons m. pl.

Junge ['juŋə] m. (n, n) garçon m. ; garçonnet m. ; adolescent m. | *ein hübscher Junge*, un beau garçon. | *ein dummer Junge*, un nigaud. | *grüner Junge*, blanc-bec m. | *viele Jungen*, FAM. *Jung(en)s*, beaucoup de garçons, de jeunes. || FAM. *ein schwerer Junge*, un mauvais garçon ; un gars du milieu. | *schwieriger Junge*, enfant (s.) difficile ; garçon compliqué. | *Junge !, Junge !*, mon garçon ! ; mon ami ! || MAR. *Schiffsjunge*, mousse m. | *die blauen Jungs*, les matelots m. pl. ; les cols-bleus m. pl.

Jüngelchen ['jyŋəlçən] n. (s, -). FAM. petit m. ; petit garçon ; gamin m. ; bambin m. ; moutard m.

jungen ['juŋən] v. intr. faire des petits ; mettre bas.

jungenhaft ['juŋənhaft] adj. puéril.

Jungen|jahre [″juŋən'ja:rə] n. pl. apprentissage m. ||°**-streich** m. (s, e) tour (m.) de gamin ; gaminerie f. ; polissonnerie f.

Jünger ['jyŋər] m. (s, -) disciple m. ; adepte m. ; partisan m. ; sectateur m. | *ein Jünger Nietzsches*, un adepte, un disciple de Nietzsche. || RELIG. disciple m. | *die zwölf Jünger*, les douze apôtres m. pl. ; les disciples m. pl.

Junges [-ŋəs] n. petit (m.) des animaux. | *unsere Katze hat Junge geworfen*, notre chatte a mis bas, a eu des petits.

Jungfer ['juŋfər] f. (-, n). [jeune, vieille] fille ; pucelle f. ; vierge f. | *eine alte Jungfer*, une vieille fille. || PAR EXT. [Zofe] femme (f.) de chambre. || ZOOL. libellule f. || BOT. [Herbstzeitlose] *nackte Jungfer*, colchique m. (d'automne). || TECHN. [Handramme] dame f. ; demoiselle f.

Junfer|kraut [″juŋfər'kraut] n. (s). BOT. sensitive f. ; lycopode m.

jüngferlich ['jyŋfərliç] adj. de fille ; prude ; virginal. || FIG. *jüngferlich tun*, minauder ; faire l'ingénue.

Jungfern|glas [″juŋfərn'glɑ:s] n. (es). MINÉRAL. mica m. ||°**-haut** f. (-, ¨e), °**-häutchen** n. (s, -). ANAT. hymen m. ||°**-kranz** m. (es, ¨e) couronne virginale. ||°**-pergament** n. (s, e) vélin m. ||°**-raub** m. (s, ¨e) rapt m. ; enlèvement m. ||°**-rede** f. (-, n) premier discours ; première allocution, conférence. ||°**-reise** f. (-, n). MAR. première traversée d'un bateau.

Jungfernschaft ['juŋfərnʃaft] f. virginité f.

Jüngling ['jyŋliŋ] m. (s, e) jeune homme m. ; adolescent m.

— SYN. : *Jungendlicher*, adolescent ; POÉT. éphèbe ; IRON. *junger Bursche*, jouvenceau.

Jünglings|alter [″jyŋliŋs'altər] n. (s) adolescence f.

jüngst [jyŋst] adv. [jüngstens] dernièrement ; récemment ; il y a peu de temps.

Juni ['ju:ni] m. (s) juin m.

Junior ['ju:nior] adj. jeune ; cadet ; junior. | *Dupont jun.*, Dupont fils.

Junioren|rennen [juni″o:rən'rɛnən] n. (s, -). SPORT. course (f.) de juniors.

Junker ['juŋkər] m. (s, -). AGRIC. hobereau m. ; gentilhomme campagnard. || PÉJOR. nobliau m. || POLIT. junker m.

junkerhaft ['juŋkərhaft] adj. de, en hobereau.

Junkerschaft [-ʃaft] f., **Junkertum** [-tu:m] n. (s). AGRIC. noblesse campagnarde ; aristocratie terrienne ; hobereaux m. pl.

Junktim [″juŋk'ti:m] n. invar. POLIT. groupement (m.) de projets de loi, ou de décrets ; FAM. corbeille f.

Juno ['ju:no] n. pr. f. MYTH. Junon f. || FIG. *eine wahre Juno*, une femme opulente ; une beauté junonienne.

junonisch [ju'no:niʃ] adj. MYTH. junonien. | *junonische Formen*, formes opulentes.

Jupiter ['ju:pitər] n. pr. m. MYTH. Jupiter m.

Jupiter|bart [″jupitər'bɑ:rt] m. (s). BOT. [Hauswurz] joubarbe f.

Jura ['ju:ra] n. pl. JUR. droit m. | *Jura studieren*, faire son droit, des études de droit.

Jura ['ju:ra] n. pr. m. Géogr. Jura m. | *französischer Jura*, Jura français. | *fränkischer Jura*, Jura franconien.

Jura|bewohner ["ju:rabə'vo:nər] m. (s, -). Géogr. Jurassien m. ||°-**bildung** f. (-, en). Géol. formation (f.) de terrains jurassiques. ||°-**gebirge** n. (s). Géogr. Jura m. ||°-**schicht** f. (-, en). Géol. couche (f.) jurassique.

jurassisch [ju'rasiʃ] adj. Géogr., Géol. jurassique.

Jürgen ['jyrgən] n. pr. m. Georges m.

juridisch [ju'ri:diʃ] adj. juridique.

Juris|diktion [ju:risdik'tsio:n] f. (-, en). Jur. [Rechtsprechung] juridiction f. ||°-**mappe** f. (-, n) chemise (f.) à rabats. ||°-**prudenz** f. [Rechtswissenschaft] jurisprudence f.

Jurist(in) [ju'rist(in)] m. (en, en), f. (-, nen) juriste s. ; homme (m.) de loi ; jurisconsulte m. ; légiste m.

Juristerei [juristə'rai] f. Fam. étude (f.) du droit.

juristisch [-'ristiʃ] adj. juridique. | *juristische Fakultät*, faculté (f.) de droit. | *juristische Befähigung*, qualité (f.), formation (f.) juridique. | *juristischer Besitz*, possession (f.) de droit. | *juristische Person*, personne morale.

Jury ['jury] f. (-, s ou ries) jury m.

just [just] adv. Fam. justement ; précisément.

justieren [jus'ti:rən] v. tr. Techn. ajuster ; régler.

Justierer [jus'ti:rər] m. (s, -) ajusteur m.

Justierung [jus'ti:ruŋ] f. (-, en). Techn. cadrage m.

justifizieren [justifi'tsi:rən] v. tr. justifier. || Comm. apurer.

Justifizierung [-ruŋ] f. (-, en) justification f. || Comm. apurement m.

Justiz [jus'ti:ts] f. justice f.

Justiz|beamter [jus"ti:tsbə'amtər] m. magistrat m. (judiciaire). ||°-**behörde** f. (-, n) autorité (f.) judiciaire. ||°-**gewalt** f. (-, en) droit (m.), pouvoir (m.) de juger ; juridiction f. ||°-**irrtum** m. (s, ¨er) erreur (f.) judiciaire. ||°-**minister** m. (s, -) ministre (m.) de la Justice ; garde (m.) des Sceaux. ||°-**mord** m. (s, e) assassinat (m.) juridique. ||°-**palast** m. (es, ¨e) palais (m.) de justice. ||°-**pflege** f. justice f. ||°-**sache** f. (-, n) affaire (f.) juridique. | *in Justizsachen*, en matière de justice.

Jute ['ju:tə] f. (-, n). Bot. jute m.

Jüte ['jy:tə] n. pr. m. Géogr. Jute m. ; habitant du Jutland.

Jüt|land ['jy:tlant] n. pr. n. Géogr. Jylland m. ; Jutland m.

juvenil [juvə'ni:l] adj. juvénile.

Juwel [ju've:l] n. (s, en) joyau m. ; bijou m.

Juwelen|handel [ju"ve:lən'handəl] m. (s) joaillerie f. ; bijouterie f. ; commerce (m.) de pierres précieuses. ||°-**händler** m. (s, -) bijoutier m. ; joaillier m. ||°-**kästchen** n. (s, -) écrin m. ; coffret (m.) à bijoux.

Juwelier [juvə'li:r] m. (s, e). [Geschmeidehändler] joaillier m. ; bijoutier m.

Juwelier|kunst [juvə"li:r'kunst] f. joaillerie f. ||°-**waren** f. pl. joaillerie f. ; bijouterie f.

Jux [juks] m. (es, e). Fam. plaisanterie f. ; blague f. ; farce f.

juxen ['juksən] v. intr. [spaßen] plaisanter ; faire des farces.

juxig [-ksiç] adj. facétieux ; plaisant ; cocasse.

K

K, k [ka] n. K m. || Chim. *K.* [Kalium] n. potassium m.

Kabale [ka'bɑ:lə] f. (-, n) cabale f. ; intrigue f.

Kabarett [kaba'rɛt] n. (s, e). [Kleinkunstbühne] cabaret (m.) artistique.

kabbalistisch [kaba'listiʃ] adj. cabalistique.

Kabbelei [kabə'lai] f. (-, en). Fam. querelle f.

kabbeln ['kabəln] v. intr. Mar. moutonner.

Kabel ['kɑ:bəl] n. (s, -). Électr., Mar. câble m. | *ein Kabel in Rohr verlegen*, mettre un câble sous tube.

Kabel|ader ["kɑ:bəl'ɑ:dər] f. (-, n). Techn. conducteur (m.) de câble. ||°-**auftrag** m. (s, ¨e) ordre (m.) télégraphique. ||°-**bericht** m. (s, e) câblogramme m. ; câble m. ||°-**fernsehen** n. (s, -) télévision (f.) par câbles ; télédistribution f. ||°-**hülle** f. (-, n). Techn. armature (f.) de câble. ||°-**länge** f. (-, n). Mar. encablure f. ||°-**legung** f. (-, en). Techn. pose (f.), immersion (f.) d'un câble. ||°-**leitung** f. (-, en) canalisation (f.) électrique souterraine. ||°-**meldung** f. (-, en) câblogramme m. ; câble m. ||°-**netz** n. (es, e).Télécomm. réseau câblé. ||°-**tau** n. (s, e) câble m. ||°-**verlegung** f. (-, en) pose (f.) d'un câble.

Kabeljau ['kɑ:bəljau] m. (s, s). Zool. morue fraîche ; cabillaud m.

kabeln ['kɑ:bəln] v. tr. câbler. | *eine Meldung kabeln*, câbler une nouvelle.

Kabine [ka'bi:nə] f. (-, n). Mar. cabine f. || Aéron. carlingue f.

Kabinett [kabi'nɛt] n. (s, e). Archit. [kleines Nebenzimmer] cabinet m. || Par ext. [Kunstsammlung] cabinet m. | *Kupferstichkabinett*, cabinet (m.) des estampes. || [Sammlungsschrank] bahut m. ; cabinet m. || Polit. conseil (m.) des ministres ; cabinet m. | *das Kabinett bilden, stürzen*, former, renverser le gouvernement.

Kabinetts|krise [kabi"nɛts'kri:zə] f. (-, n) crise ministérielle. ||°-**order** f. (-, n) ordonnance f. ; ordre ministériel. ||°-**schreiben** n. (s, -) lettre close. ||°-**sitzung** f. (-, en) [séance (f.) du] Conseil (m.) des ministres. ||°-**stück** n. (s, e) pièce (f.) de choix.

Kabriolett [kabriɔ'lɛt] n. (s, e). Autom. cabriolet m.

Kabuff [ka'buf] (s, s) cagibi m.

Kabuki [ka'buki] n. (s). Théâtre. kabuki m.

Kabuse [ka'bu:zə] f. (-, n). Mar. cambuse f. || Archit. alcôve f. ; débarras m.

Kabyle [ka'by:lə] n. pr. m. Géogr. Kabyle m.

Kachel ['kaxəl] f. (-, n) carreau (m.) de faïence.

kacheln ['kaxəln] v. tr. carreler.

Kachel|ofen ["kaçəl'o:fən] m. (s, ¨) poêle (m.) de faïence.

kacken ['kakən] v. intr. [Kindersprache] faire caca.

Kadaver [ka'dɑ:vər] m. (s, -). [Tiere] cadavre m. ; charogne f.

Kadaver|gehorsam [ka"dɑ:vərgə'ho:rzam] m. (s) obéissance passive, aveugle.

Kadenz [ka'dɛnts] f. (-, en). Mus. cadence f. ; rythme m.
— Syn. : *Rhythmus*, *Tempo*, *Ebenmaß*, rythme ; *Silben-*, *Tonmaß*, mesure ; *Schluß-*, *Tonfall*, cadence.

Kader ['kɑ:dər] m. (s, -). Adm., Polit., Mil. cadre m.

Kadett [ka'dɛt] m. (en, en) élève (m.) d'une école de cadets ; cadet m.

Kadetten|anstalt [ka"dɛtən'anʃtalt] f. (-, en). Mil. école f. (militaire) des cadets ; prytanée m. || °-**schulschiff** n. (s, e). Mar. navire-école m.

Kadi ['kadi] m. (s, s) cadi m. ; juge m.

kaduzieren [kadu'tsi:rən] v. tr. Fin. prescrire, déclarer hors cours.

Käfer ['kɛ:fər] m. (s, -). Zool. coléoptère m.

Kaff [kaf] n. (s, e). FAM. patelin m. ; trou m. ; bled m.

Kaffee [ka'fe:,'kafe:] m. (s, s) café m. | *Kaffee rösten*, griller, torréfier du café. | *Kaffee mahlen*, moudre du café. | *Kaffee kochen*, faire du café. | *Milchkaffee*, café au lait ; café crème.

Kaffee [ka'fe:] n. (s, s). [Kaffeehaus] café m.

Kaffee|baum [ka"fe'baum] m. (s, ¨e). BOT. caféier m. ||°**-bohne** f. (-, n) grain (m.) de café. ||**-braun** adj. couleur café. ||°**-brennerei** f. torréfaction (f.) du café. ||°**-eis** n. (es) glace (f.) au café. ||°**-haus** n. (es, ¨er) café m. ||°**-kanne** f. (-, n) cafetière f. ||°**-klatsch** m. (es) bavardage m. (autour d'une tasse de café) ; commérage m. ||°**-löffel** m. (s, -) cuiller (f.) à café. ||°**-maschine** f. (-, n) cafetière (f.) électrique ; machine (f.) à café. ||°**-mühle** f. (-, n) moulin (m.) à café. ||°**-pause** f. (-, n) pause-café f. ||°**-pflanzung** f. (-, en) plantation (f.) de café. ||°**-röster** m. (s, -) torréfacteur m. ; brûleur (m.) à café. ||°**-satz** m. (es) marc (m.) de café. ||°**-schwester** f. (-, n). FAM., IRON. commère f. ||°**-service** n. (s, -) service (m.) à café. ||°**-stube** f. (-, n) petit café.

Kaffein [kafe'i:n] n. (s). CHIM. caféine f.

Kaffer ['kafər] m. (n, n). GÉOGR. Cafre m.

Käfig ['kɛ:fiç] m. (s, e) cage f. || FIG. *im goldenen Käfig sitzen*, vivre dans une cage dorée.

Kaftan ['kaftan] m. (s, e) caf(e)tan m.

kahl [kɑ:l] adj. nu ; dénudé ; dégarni ; chauve ; dépouillé ; glabre. | *kahl werden, sein*, devenir chauve ; se dégarnir. | *kahler Baum*, arbre dénudé. | *die Raupen fressen die Bäume kahl*, les chenilles dévorent tout le feuillage des arbres. | *ein kahler Berggipfel*, un sommet dénudé. || FIG. nu ; aride ; désolé ; misérable. | *kahle Wände*, murs nus. | *kahle Gegend*, paysage désolé.

kahl|geschoren ["kɑ:lgə'ʃo:rən] adj. tondu ras. ||°**-kopf** m. (s, ¨e) tête (f.) chauve. ||**-köpfig** adj. chauve ; pelé. ||°**-köpfigkeit** f. calvitie f. ||°**-schlag** m. (s, ¨e) déboisement m. ; coupe (f.) à blanc. ||°**-wild** n. (s) gibier (m.) sans bois (femelles et petits du chevreuil).

Kahlheit ['kɑ:lhait] f. calvitie f. ; nudité f. || FIG. aridité f. ; pauvreté f.

Kahm [kɑ:m] m. (s) fleurs (f. pl.) de vin ; voile (m.) mycodermique.

kahmen [-mən] v. intr. et v. impers. se couvrir de fleurs ; moisir ; chancir.

Kahn [kɑ:n] m. (s, ¨e). MAR. bateau m. ; barque f. ; canot m. ; nacelle f. ; esquif m. | *Kahn fahren*, aller en canot ; canoter.

Kahn|fahrt ['kɑ:nfɑ:rt] f. (-, en) promenade (f.) en bateau ; canotage m.

Kai [kai] m. (s, s) quai m.

Kai|schuppen ["kai'ʃupən] m. (s, -). MAR. dock m.

Kaiman ['kaiman] m. (s, e). ZOOL. caïman m.

Kain [kain] n. pr. m. Caïn m.

Kairo ['kairo] n. pr. n. GÉOGR. le Caire m.

Kaiser ['kaizər] m. (s, -). POLIT. empereur m. | *der deutsche Kaiser*, l'empereur d'Allemagne. || FIG., FAM. *sich um des Kaiser Bart streiten*, disputer de la chape de l'évêque. | *gebt dem Kaiser, was des Kaisers ist*, rendez à César ce qui est à César. | *auf den alten Kaiser los wirtschaften*, mener ses affaires sans souci du lendemain. || PROV. *wo nichts ist, hat (selbst) der Kaiser sein Recht verloren*, où il n'y a rien, le roi perd ses droits.

Kaiser|adler ["kaizər'ɑ:dlər] m. (s, -) aigle impérial. ||°**-gruft** f. (-, ¨e) caveau impérial. ||°**-krone** f. (-, n) couronne impériale. ||°**-reich** n. (s, e) empire m. ||°**-schnitt** m. (s, er). MÉD. césarienne f. ||°**-schwamm** m. (s, ¨e). BOT. vraie oronge.

Kaiserin ['kaizərin] f. (-, nen) impératrice f.

kaiserlich [-liç] adj. impérial. || HIST. *die Kaiserlichen*, les Impériaux m. pl. | *die K. und K.-Armee (Kaiserlich-Königliche Armee)*, l'armée austro-hongroise.

Kaisertum ['kaizərtum] n. (s, ¨er). [Reich] empire m. || [Würde] dignité impériale.

Kajak ['kajak] m. et n. (s, s). MAR. kayak m.

Kajüte [ka'jy:tə] f. (-, n). MAR. cabine f.

Kakadu ['kakadu] m. (s, s). ZOOL. cacatois m. ; kakatoès m.

Kakao [ka'kɑ:o] m. (s). BOT. cacao m. || FIG., FAM. *jn durch den Kakao ziehen*, casser du sucre sur la tête, sur le dos de qn ; dénigrer qn.

Kakao|baum [ka"kɑ:o'baum] m. (s, ¨e). BOT. cacaotier m. ; cacaoyer m. ||°**-bohne** f. (-, n). BOT. fève (f.) de cacao. ||°**-butter** f. BOT. beurre (m.) de cacao.

kakeln ['kakəln] v. intr. caqueter.

Kakerlak ['kakərlak] m. (s, s ou en, en). ZOOL. cancrelat m. ; blatte f. ; cafard m. || PAR EXT. albinos (m.) d'Asie.

Kaktus ['kaktus] m. (-, teen). BOT. cactus m.

Kalander [ka'landər] m. (s, -). TECHN. calandre f.

Kalauer [ka'lauər] m. (s, -) calembour m.

kalauern [-ərn] v. intr. faire des calembours.

Kalb [kalp] n. (s, ¨er) veau m. | *das Goldene Kalb anbeten*, adorer le veau d'or. || [Hirschkalb] faon m.

Kalb|fell ['kalpfɛl] n. (s, e). FIG. tambour m. ||°**-fleisch** n. (es). CULIN. veau m.

Kalbe ['kalbə] f. (-, n). ZOOL. génisse f.

kalben [-bən] v. intr. vêler. | *die Kuh kalbt*, la vache vêle. || PAR ANAL., GÉOL. *der Gletscher kalbt*, le glacier vêle.

Kälber|lab ["kɛlbər'lap] n. (s) présure f. || °**-magen** m. (s, -). ZOOL. caillette (f.) de veau.

kalbern ['kalbərn] v. intr. FAM. folâtrer.

Kalbs|auge ["kalps'augə] n. (s, n). FIG. œil saillant, à fleur de tête. ||°**-braten** m. (s) rôti (m.) de veau. ||°**-keule** f. (-, n) cuisseau (m.) de veau ; rouelle (f.) de veau. ||°**-kopf** m. (s, ¨e) tête (f.) de veau. ||°**-leber** f. (-, n) foie (m.) de veau. ||°**-lunge** f. (-, n) mou (m.) de veau. ||°**-milch** f. ris (m.) de veau. ||°**-nuß** f. noix (f.) de veau. ||°**-pergament** n. (es) vélin m. ||°**-schlegel** m. (s) rouelle (f.) de veau ; cuisseau m. ||°**-schnitzel** n. (s, -) escalope (f.) de veau.

Kaldaunen [kal'daunən] f. pl. boyaux m. pl. || CULIN. tripes f. pl.

Kaledonien [kale'do:niən] n. pr. n. GÉOGR. Calédonie f.

Kaleidoskop [kaleidɔ'sko:p] n. (s, e) kaléidoscope m.

Kalenden [ka'lɛndən] f. pl. HIST. calendes f. pl.

Kalender [-dər] m. (s, -) calendrier m. | *gregorianischer Kalender*, calendrier grégorien. | *diesen Tag muß man im Kalender (rot) anstreichen*, il faut marquer cette journée d'une pierre blanche.

— SYN. : *Almanach*, almanach ; *Gedenkbuch*, agenda ; *Abreißkalender*, éphéméride.

Kalender|berechnung [ka"lɛndərbə'rɛçnuŋ] f. (-, en) comput m. ||°**-jahr** n. (s, e) année civile.

Kalesche [ka'lɛʃə] f. (-, n) calèche f.

Kalfaktor [kal'faktor] m. (s, en), **Kalfakter** [-tər] m. (s, -) garçon (m.) à tout faire. || [in Gefängnissen] homme (m.) de corvée.

kalfatern [kal'fɑ:tərn] v. tr. MAR. calfater.

Kali ['kɑ:li] n. (s). CHIM. potasse f.

Kali|bergwerk ["kɑ:li'bɛrkvɛrk] n. (s, e) mines (f. pl.) de potasse. ||°**-dünger** m. (s) chaux azotée. ||**-haltig** adj. CHIM. potassique. ||°**-lauge** f. (-, en). CHIM. solution (f.) de potasse caustique. ||°**-salpeter** m. (s). CHIM. nitrate (m.) de potasse. ||°**-salz** n. (es, e). CHIM. sel (m.) de potasse.

Kaliber [ka'li:bər] n. (s, -) calibre m. || FIG., FAM. *von gleichem Kaliber sein*, être du même acabit.

kalibrieren [-li'bri:rən] v. tr. calibrer.

kalibrig [-'li:briç] adj. de calibre.

Kalif [ka'li:f] m. (en, en). POLIT. calife m.

Kalifat [-li'fɑ:t] n. (s), **Kalifen|amt** [ka"li:fən'amt] n. (s) califat m.

Kalifornien [kali'fɔrniən] n. Californie.

Kaliko ['kɑ:liko] m. (s). TEXT. calicot m.

Kalium ['kɑ:lium] n. (s). CHIM. potassium m.

Kalium|permanganat ["kɑ:liumpɛrmanga'nɑ:t] n. (s). CHIM. permanganate (m.) de potassium.

Kalk [kalk] m. (s, e). CHIM. chaux f. | *Kalk brennen*, cuire de la chaux. | *ungelöschter Kalk*, chaux vive. | *gelöschter Kalk*, chaux éteinte. | *kohlensaurer Kalk*, chaux hydratée. | *fetter Kalk*, chaux grasse, cuite. | *die Wände mit Kalk bewerfen*, crépir les murs. || MÉD. *Kalk entziehen*, décalcifier.

Kalk|anstrich ["kalk'anʃtriç] m. (s) enduit (m.) de chaux. ||**-artig** adj. CHIM. calcaire m. ||°**-brenner** m. (s, -) chaufournier m. ||°**-brennerei** f. (-, en) four (m.) à chaux ; chaufournerie f. ||°**-bruch** m. (s, ¨e) carrière (f.) de pierre à chaux. ||°**-dünger** m. (s). CHIM. chaux azotée. ||°**-erde** f. (-, n) terre (f.) calcaire. ||°**-gebirge** n. (s). GÉOL. roches (f. pl.) calcaires. ||°**-grube** f. (-, n) fosse (f.) à chaux. ||°**-hütte** f. (-, n) four (m.) à chaux ; chaufour m. ||°**-mangel** m. (s). MÉD. décalcification f. ||°**-mergel** m. (s) marne (f.) calcaire. ||°**-milch** f. lait (m.) de chaux. ||°**-ofen** m. (s, ¨) four (m.) à chaux ;

chaufour m. ||°-**putz** m. (es). ARCHIT. enduit (m.) à la chaux ; crépi m. ||°-**salpeter** m. (s). CHIM. nitrate (m.) de calcium, de potassium. ||°-**sandstein** m. (s, e) grès (m.) calcaire. ||°-**sinter** m. (s) stalactite f. ||°-**stein** m. (s, e) pierre (f.) à chaux ; castine f. ||°-**wasser** n. (s) eau (f.) de chaux, calcaire. ||°-**zuschlag** m. (s) castine f.

kalken ['kalkən] v. tr. enduire de chaux ; blanchir à la chaux. || AGRIC. chauler.

kalkig [-kiç] adj. calcaire.

Kalkül [kal'ky:l] m. (s, e) calcul m.

Kalkulator [-ku'la:tɔr] m. (s, en) calculateur m. ; comptable m.

kalkulierbar [kalku'li:rbar] adj. calculable, chiffrable.

kalkulieren [-ku'li:rən] v. tr. calculer.

Kalligraph [kali'gra:f] m. (en, en) calligraphe m.

Kalme ['kalmə] f. (-, n). MAR. calme m.

Kalmück(e) [kal'myk(ə)] m. (s, en), m. (n, n) Kalmouk m.

Kalmus ['kalmus] m. (-, se). BOT. acore m. ; roseau (m.) aromatique.

Kalorie [kalo'ri:] f. (-, n). PHYS. calorie f.

kalorien|arm [kalɔ'ri:ənarm] adj. hypocalorique.

kalorisch [-'lo:riʃ] adj. PHYS. calorique.

Kalpak ['kalpak] m. (s, s). MIL. colback m.

kalt [kalt] adj. (compar. **kälter**) froid. | *kalte Füße haben*, avoir froid aux pieds. | *die Suppe wird kalt*, le potage (se) refroidit. | *es ist bitter kalt*, il fait froid ; il fait un froid de canard. | *mir ist kalt*, j'ai froid. || PAR EXT., FIG. *ein kalter Mensch*, un homme froid. | *dein Zorn läßt mich kalt*, ta colère me laisse froid, ne me fait ni chaud ni froid. || [gleichgültig] *er ist kalt gegen sie*, il est froid envers elle. | *ein kaltes Gebaren*, un air glacial. || CULIN. *Getränke kalt stellen*, mettre les boissons au frais. | *kaltes Büfett*, buffet froid. | *kalte Küche*, repas froid. | *kalte Platte*, assiette anglaise. || FIG. *kalte Farben*, couleurs froides. | *kaltes Blut bewahren*, garder son sang-froid. | *kalter Schweiß*, sueur froide. | *kalter Schauer*, frisson m.
◇ adv. à froid. | *es überlief ihn kalt*, il en avait des frissons. | *es läuft mir kalt über den Rücken*, cela me donne froid dans le dos.

Kalt|bearbeitung ["kaltbə'arbaituŋ] f. (-, en). TECHN. travail (m.), traitement (m.), usinage (m.) à froid. ||-**biegen** (o, o) v. tr. TECHN. plier, cintrer, courber à froid. ||°-**blüter** m. (s, -). ZOOL. animal (m.) à sang froid. ||-**blütig** adj. qui a du sang-froid. | *kaltblütige Tiere*, animaux (m. pl.) à sang froid. — adv. froidement ; de sang froid. ||°-**blütigkeit** f. sang-froid m. ; flegme m. ||°-**haus** n. (es, ¨er). AGRIC. serre froide. ||-**herzig** adj. FIG. froid ; insensible. ||°-**herzigkeit** f. froideur f. ; insensibilité f. ; dureté f. ||°-**meißel** m. (s, -). TECHN. ciseau (m.) à froid. ||-**nieten** v. tr. TECHN. river à froid. ||-**prägen** v. tr. TECHN. estamper à froid. ||°-**schale** f. (-, n). CULIN. soupe froide aux fruits, à la bière. ||°-**schmied** m. (s, e). TECHN. chaudronnier m. ||-**schmieden** v. tr. TECHN. écrouir. ||-**stellen** v. tr. POLIT. *der Minister wurde kaltgestellt*, ce ministre a été mis à pied, limogé. ||-**verfestigen** v. tr. TECHN. écrouir. ||°-**wasserbehandlung** f. MÉD. hydrothérapie f. ||°-**zeit** f. (-, en) période (f.) glaciaire. ||-**ziehen** v. tr. (zog, gezogen). TECHN. étirer à froid.

Kälte ['kɛltə] f. froid m. ; froidure f. | *grimmige, schneidende Kälte*, froid glacial, cuisant. | *wir haben 15 Grad Kälte*, il fait moins 15.

kälte|beständig ["kɛltəbə'ʃtɛndiç] adj. résistant au froid ; incongelable. ||°-**gemisch** n. (es) mélange réfrigérant. ||°-**grad** m. (s, e) degré (m.) de froid. ||°-**welle** f. (-, n) vague (f.) de froid.

Kalvarien|berg [kal"va:riən'bɛrk] m. (s). RELIG. Calvaire m.

kalvinisch [kal'vi:niʃ], **kalvinistisch** [-vi'nistiʃ] adj. de Calvin ; calviniste.

Kalvinist [-vi'nist] m. (en, en) calviniste m.

Kalzium ['kaltsium] n. (s). CHIM. calcium m.

kalzium|haltig ["kaltsium'haltiç] adj. CHIM. calcique. ||°-**hydroxyd** n. (s) chaux hydratée. ||°-**karbid** n. (s). CHIM. carbure (m.) de calcium. ||°-**oxyd** n. (s) chaux (f.) anhydre. ||°-**verlust** m. (es, e). MÉD. décalcification f.

Kambüse [kam'by:zə] f. (-, n). MAR. cambuse f.

Kamel [ka'me:l] n. (s, e). ZOOL. chameau m. | *einhöckeriges Kamel*, dromadaire m. || FIG., FAM. *so ein Kamel !*, quel abruti !

Kamel|führer [ka"me:l'fy:rər] m. (s, -), °-**treiber** [-'traibər] m. (s, -) chamelier m. ||°-**ziege** f. (-, n). ZOOL. (chèvre f.) angora m. ; lama m. ; vigogne f.

Kamelie [ka'me:liə] f. (-, n). BOT. camélia m.

Kamelin [ka'me:lin] f. (-, nen). ZOOL. chamelle f.

Kamera ['ka:məra] f. (-, s). PHOT. appareil (m.) photographique. || PHYS. caméra f. (électronique).

Kamera|fahrt ["kaməra'fa:rt] f. (-, en). FILM. travelling m. ||°-**mann** m. (s, ¨er). FILM. opérateur m. ; cameraman m. ; cadreur m.

Kamerad [kamə'ra:t] m. (en, en) camarade m. ; compagnon m.
— SYN. : *Gefährte, Genosse*, compagnon ; *Mitschüler, Schulkamerad*, condisciple.

Kameradin [-'ra:din] f. (-, nen) camarade f. ; compagne f.

Kameradschaft [-'ra:tʃaft] f. (-, en). [Eigenschaft] camaraderie f. || PAR EXT. [Kameraden] camarades m. pl. || [Gruppe] section f.

kameradschaftlich [-'ra:tʃaftliç] adj. en camarade. | *kameradschaftlich miteinander verkehren*, avoir des relations de camaraderie.

Kamerun [kame'ru:n] n. pr. n. Cameroun m.

Kamille [ka'milə] f. (-, n). BOT. camomille f. | *Kamillentee*, infusion (f.) de camomille.

Kamin [ka'mi:n] m. (s, e). ARCHIT. cheminée f. ; foyer m. | *den Kamin kehren*, ramoner la cheminée. | *um den Kamin sitzen*, être assis au coin du feu.

Kamin|aufsatz [ka"mi:n'aufzats] m. (es, ¨e) chapiteau (m.) de cheminée. ||°-**ecke** f. (-, n) coin (m.) du feu. ||°-**feger** m. (s, -), °-**kehrer** m. (s, -) ramoneur m. ||°-**feuer** n. (s, -) flambée f. ; feu (m.) dans la cheminée. ||°-**gesims** n. (es) manteau (m.) de cheminée ; chambranle m. ||°-**gitter** n. (s, -) garde-feu m. ||°-**platte** f. (-, n) plaque (f.) de cheminée.

Kamisol [kami'zo:l] n. (s, e). HIST. camisole f.

Kamm [kam] m. (s, ¨e) peigne m. | *enger Kamm*, peigne fin. | *weiter Kamm*, démêloir m. || TECHN. *der Kamm am Webstuhl*, le peigne du métier. || PAR EXT. *Hahnenkamm*, crête (f.) de coq. | *Kamm eines Pferdes*, haut (m.) de l'encolure d'un cheval. | *der Kamm eines Gebirges*, la crête d'une montagne. | *der Kamm einer Welle*, la crête d'une vague. || FIG. *ihm schwillt der Kamm*, il se dresse sur ses ergots ; il dresse la crête. | *er sträubt den Kamm*, il se hausse du col. | *alles über einen Kamm scheren*, traiter tout le monde de la même manière ; mettre tout dans le même sac. || TECHN. [Schlüssel] panneton m. || [Zahnrad] dentelure f. ; came f.

Kamm|bürste ["kam'byrstə] f. (-, n) brosse (f.) à peigne. ||°-**eidechse** f. (-, n). ZOOL. iguane m. ||°-**garn** n. (s). TEXT. laine peignée ; peigné m. ||°-**garnstoff** m. (s, e). TEXT. tissu (m.) en peigné. ||°-**halterung** f. (-, en). TECHN. peigne (m.) de fixation. ||°-**rad** n. (s, ¨er). TECHN. roue dentée. ||°-**wolle** f. (-, n). TEXT. peigné m. ; laine peignée.

kämmen ['kɛmən] v. tr. peigner.
◇ v. pr. **sich kämmen**, se peigner. || PAR ANAL., TEXT. peigner ; carder.

Käm(m)|maschine ["kɛmma'ʃi:nə] f. (-, n). TECHN. peigneuse f. ||°-**muschel** f. (-, n). ZOOL. peigne m. ; pecten m.

Kammer ['kamər] f. (-, n) chambre f. (d'une habitation). || PAR EXT., JUR. chambre f. (d'un tribunal). || POLIT. chambre f. (d'un parlement). || ANAT. *Herzkammer*, ventricule m. || MIL. [Gewehr] culasse f. || [Kanone] chambre f.

Kammer|diener ["kamər'di:nər] m. (s, -) valet (m.) de chambre. ||°-**flimmern** n. (s). MÉD. fibrillation (f.) ventriculaire. ||°-**frau** f. (-, en) femme (f.) de chambre ; camériste f. ||°-**gericht** n. (s, e). JUR. cour (f.) d'appel. ||°-**gut** n. (s, ¨er) bien domanial. ||°-**herr** m. (n, en) chambellan m. ||°-**jungfer** f. (-, n) femme (f.) de chambre ; camériste f. || THÉÂTRE. soubrette f. ||°-**musik** f. musique (f.) de chambre. ||°-**sänger** m. (s, -) chanteur (m.) de la Chambre, d'opéra (royal, impérial). ||°-**zofe** f. (-, n) femme (f.) de chambre ; soubrette f.

Kämmerei [kɛmə'rai] f. (-, en). TEXT. peignage m. ; cardage m. || FIN. recette municipale.

Kämmerer ['kɛmərər] m. (s, -). FIN. receveur municipal ; camérier m.

Kämmerling ['kɛmərliŋ] m. (s, e) camerlingue m. ; camérier m.

Kampanien [kam'pa:niən] n. pr. n. GÉOGR. Campanie f.

Kampanile [kampa'ni:lə] m. (s, s) campanile m.

Kämpe ['kɛmpə] m. (n, n). POÉS. combattant m. ; chevalier ardent ; champion m.

Kampf [kampf] m. (s, ¨e) combat m. ; lutte f. ; bataille f. ; mêlée f. | *zum Kampfe (heraus)fordern*, provoquer au combat. | *im Kampf siegen*, vaincre dans le combat. | *einen Kampf bestehen, ausfechten*, soutenir un combat ; livrer un combat. | *den Kampf verlorengeben*, désespérer de la victoire. | *Kampf auf Leben und Tod*, combat à outrance, sans merci. | *Kampf bis aufs Messer*, guerre au couteau. || PR. et FIG. *jm Kampf ansagen*, ouvrir les hostilités contre qn. | *es kam zum Kampf*, un combat s'engagea. | *der Kampf ums Dasein*, la lutte pour l'existence.
— SYN. : *Gefecht, Streit, Ringen*, combat ; *Schlacht*, bataille ; *(Hand)gemenge, Getümmel*, mêlée.

Kampf|art ['kampfɑ:rt] f. (-, en) genre (m.) de combat. ||°**-aufstellung** f. (-, en). MIL. dispositif (m.) de combat. ||°**-bahn** f. (-, en). SPORT. stade m. ; piste f. ||**-begierig** adj. belliqueux ; combatif. ||°**-bereitschaft** f. état (m.) d'alerte. ||°**-einheit** f. (-, en). MIL. unité (f.) tactique. ||**-erprobt** adj. aguerri. ||**-fertig** adj. prêt au combat ; prêt à se battre. ||°**-flieger** m. (s, -). AÉRON. pilote (m.), aviateur (m.) de combat. || PAR EXT. avion (m.) de combat. ||°**-flugzeug** n. (s, e) avion (m.) de combat. ||°**-front** f. (-, en). MIL. ligne (f.) de combat. ||°**-gas** n. (es, e). CHIM., MIL. gaz (m.) de combat. ||°**-gebiet** n. (s, e). MIL. zone (f.) de combat. ||°**-gefährte** m. (n, n) compagnon (m.) d'armes. ||°**-geist** m. (es) esprit combatif. ||°**-gewühl** n. (s) mêlée f. ||°**-hahn** m. (s, ¨e) coq (m.) de combat ; FIG. querelleur m. ; bretteur m. ||°**-handlung** f. (-, en). MIL. opération f. ||°**-hubschrauber** m. (s, -) hélicoptère (m.) d'assaut. ||°**-linie** f. (-, n). MIL. front (m.) d'attaque. ||°**-lust** f. ardeur belliqueuse ; combativité f. ||**-lustig** adj. ardent au combat ; combatif. ||**-müde** adj. démoralisé. ||°**-platz** m. (es, ¨e) lieu (m.) de combat ; champ (m.) de bataille ; champ clos ; lice f. ; arène f. | *den Kampfplatz betreten*, entrer en lice. ||°**-richter** m. (s, -) arbitre m. ||°**-roß** n. (es, e) cheval (m.) de bataille ; destrier m. ||°**-sport** m. (s) sport (m.) de combat. ||°**-stoff** m. (s, e) gaz (m.) de combat ; gaz toxique. ||°**-truppe** f. (-, n) unité combattante. ||**-unfähig** adj. hors de combat ; impropre à se battre. | *jn kampfunfähig machen*, mettre qn hors de combat. ||°**-wagen** m. (s, -) char (m.) de combat, d'assaut ; tank m.

kämpfen ['kɛmpfən] v. intr. lutter ; se battre ; combattre ; batailler. | *um etwas kämpfen*, combattre pour une cause. | *auf Leben und Tod kämpfen*, se battre à la vie et à la mort. | *mit dem Tode kämpfen*, être à l'agonie.
— SYN. : *ringen, streiten*, lutter ; *wetteifern, -streiten*, rivaliser.

Kampfer ['kampfər] m. (s). CHIM. camphre m.

Kampfer|öl ["kampfər'ø:l] n. (s). CHIM. huile (f.) de camphre. || PHARM. huile camphrée. ||°**-spiritus** m. alcool camphré.

Kämpfer ['kɛmpfər] m. (s, -) combattant m. ; lutteur m. ; jouteur m. ; champion m. || ARCHIT. imposte f. ; coussinet m.

kämpferisch [-riʃ] adj. combatif ; batailleur.

kampieren [kam'pi:rən] v. intr. camper.

Kanada ['kanada] n. pr. n. GÉOGR. Canada m.

Kanadier(in) [ka'nɑ:diər(in)] n. pr. m. (s, -), f. (-, nen) Canadien m., Canadienne f.

kanadisch [-diʃ] adj. canadien.

Kanal [ka'nɑ:l] m. (s, ¨e) canal m. | *der Ärmelkanal*, la Manche.

Kanal|abwässer [ka"nɑ:l'apvɛsər] n. pl. eaux (f. pl.) d'égout.

Kanalisation [kanaliza'tsio:n] f. (-, en) canalisation f. ; tout-à-l'égout m.

kanalisieren [-'zi:rən] v. tr. canaliser.

Kanalisierung [-'zi:ruŋ] f. (-, en) canalisation f.

Kanapee [kana'pe:] n. (s, s) canapé m.

Kanarien|vogel [ka"nɑ:riən'fo:gəl] m. (s, ¨). ZOOL. canari m. ; serin m.

kanarisch [ka'nɑ:riʃ] adj. GÉOGR. canarien. | *Kanarische Inseln*, îles (f. pl.) Canaries.

Kandare [kan'da:rə] f. (-, n) mors (m.) de bride. | *er ritt auf Kandare*, il poussait son cheval. || FIG. *sich an die Kandare nehmen*, se maîtriser.

Kandelaber [kandə'lɑ:bər] m. (s, -) candélabre m.

Kandidat [kandi'dɑ:t] m. (en, en) candidat m.

Kandidatur [-da'tu:r] f. (-, en) candidature f.

kandidieren [-'di:rən] v. intr. faire acte de candidature ; poser sa candidature.

kandieren [kan'di:rən] v. tr. CULIN. confire. | *kandierte Früchte*, fruits confits. | *kandierte Kastanie*, marron glacé.

Kandis|zucker ["kandis'tsukər] m. (s) sucre candi.
— SYN. : *Kandelzucker*.

Kaneel [ka'ne:l] m. (s) cannelle f.
— SYN. : *Zimt*.

Känguruh ['kɛnguru:] n. (s, s) kangourou m.

Kanin [ka'ni:n] n. (s, e) peau (f.) de lapin.

Kaninchen [-'ni:nçən] n. (s, -). ZOOL. lapin m. | *junges Kaninchen*, lapereau m. | *zahmes Kaninchen*, lapin domestique, de clapier. | *wildes Kaninchen*, lapin de garenne.

Kaninchen|gehege [ka"ni:nçəngə'hegə] n. (s, -) garenne f. ||°**-stall** m. (s, ¨e) clapier m.

Kanister [ka'nistər] m. (s, -) bidon m. ; estagnon m. || [Benzin] jerrican m. ; nourrice f.

Kanker ['kaŋkər] m. (s, -). ZOOL. faucheux m. ; faucheur m.

kann [kan] prés. de l'indic. de **können.**

Kann-Bestimmung ["kanbə'stimuŋ] f. (-, en). JUR. disposition facultative.

Kännchen ['kɛnçən] n. (s, -) canette f. ; burette f.

Kanne ['kanə] f. (-, n) canette f. ; pot m. ; bidon m. ; broc m. ; pinte f. || PHARM. canon m. || FAM. *es gießt wie mit Kannen*, il pleut à seaux, à verse.

Kanne|gießer ["kanə'gi:sər] m. (s, -) politicien (m.) en chambre ; politicien (m.) de café du commerce.

kannelieren [kanə'li:rən] v. tr. TECHN. évider ; canneler.

Kannen|kraut ["kanən'kraut] n. (s), °**-strauch** [-'ʃtraux] m. (s). BOT. prêle (f.) des prés.

Kannibale [kani'bɑ:lə] m. (n, n) cannibale m. ; anthropophage m.

kannibalisch [-'bɑ:liʃ] adj. de cannibale.
◇ adv. de cannibale ; prodigieusement. | *ihm ist kannibalisch wohl*, il se sent diablement à l'aise.

Kannibalismus [-ba'lismus] m. cannibalisme m. ; anthropophagie f.

Kanon ['kɑ:non] m. (s, s) règle f. ; modèle m. || RELIG. canon m. ; catalogue officiel des saints. || MUS. canon m. || JUR. canon (m.) emphytéotique.

Kanonade [kano'nɑ:də] f. (-, n) canonnade f.

Kanone [-'nonə] f. (-, n) canon m. ; pièce f. ; bouche (f.) à feu. | *Kanonen auffahren*, braquer des canons. || FIG., FAM. *er ist eine große Kanone*, c'est un as, un crack.
◇ f. pl. **Kanonen.** [Stiefel] bottes (f. pl.) à l'écuyère.

Kanonen|boot [ka"no:nən'bo:t] n. (s, e). MAR. canonnière f. ||°**-donner** m. (s) bruit (m.), grondement (m.) du canon ; canonnade f. ||°**-fahrgestell** n. (s, e) affût (m.) de canon. ||°**-futter** n. (s) chair (f.) à canon. ||°**-kugel** f. (-, n) boulet (m.) de canon. ||°**-lauf** m. (s, ¨e) canon m. ||°**-ofen** m. (s, ¨) poêle (m.) cylindrique. ||°**-rohr** n. (s, e) canon m. ; bouche (f.) à feu. ||°**-wischer** m. (s, -). TECHN. écouvillon m.

Kanonier [kano'ni:r] m. (s, e). MIL. artilleur m. ; canonnier m.

Kanoniker [ka'nonikər] m. (s, -) chanoine m.

kanonisch [-niʃ] adj. RELIG. canonique ; canonial. | *kanonisches Recht*, droit (m.) canonique.

kanonisieren [kanoni'zi:rən] v. tr. canoniser.

Kanonisierung [-ni'zi:ruŋ] f. (-, en) canonisation f.
— SYN. : *Seligsprechung*, béatification ; *Heiligsprechung*, canonisation.

Kanonissin [-'nisin] f. (-, nen) chanoinesse f.

Kantabrien [kan'tɑ:briən] n. pr. n. GÉOGR. Cantabrie f.

Kantate [kan'tɑ:tə] f. (-, n). MUS. cantate f.

Kante ['kantə] f. (-, n) arête f. ; angle m. ; bord m. | *scharfe Kante*, arête aiguë. | *stumpfe Kante*, arête obtuse. || TECHN. *Kanten brechen*, chanfreiner ; biseauter. || FIG. *etwas auf die hohe Kante legen*, mettre qch. de côté ; économiser, épargner un peu. || SPORT. *Stahlkanten der Schier*, carres (f. pl.) des skis.

Kantel ['kantəl] n. (s, -) règle (f.) quadrangulaire.

kanten ['kantən] v. tr. TECHN. [Holz] équarrir ; [Stein] tailler. || [umkanten] tourner ; culbuter.

Kanter ['kantər] m. (s, -). [Pferdesport] canter m.

Kanter|sieg ["kantər'zi:k] m. (es, e) *einen Kantersieg davontragen*, gagner dans un fauteuil.

Kant|haken ["kant'hɑ:kən] m. (s, -). TECHN. grappin m. ||°**-holz** n. (es, ¨er) bois (m.) d'équarrissage.

Kantharide [kanta'ri:də] f. (-, n). ZOOL. cantharide f.
kantig ['kantiç] adj. à arête ; équarri ; anguleux.
Kantilene [kanti'le:nə] f. (-, n) cantilène f.
Kantine [kan'ti:nə] f. (-, n). [Raum] cantine f. | *Kantinenwirt*, cantinier m.
Kanton [kan'to:n] m. (s, e) canton m.
Kantonist [kantɔ'nist] m. (en, en). FAM. *ein unsicherer Kantonist*, un gaillard peu sûr.
Kantonnement [kantɔn'mɑ̃] n. (s, s). MIL. cantonnement m.
Kantor ['kantɔr] m. (s, en). RELIG. chantre m.
Kanu [ka'nu:] n. (s, s) canoë m. ; pirogue f.
Kanüle [ka'ny:lə] f. (-, n). MÉD. canule f. ; seringue f.
Kanzel ['kantsəl] f. (-, n) chaire f. | *die Kanzel besteigen*, monter en chaire. | *von der Kanzel herab*, du haut de la chaire.
Kanzel|deckel ["kantsəl'dɛkəl] m. (s, -) abat-voix m. ||°-**rede** f. (-, n) sermon m. ||°-**redner** m. (s, -) prédicateur m.
Kanzlei [kants'lai] f. (-, en). [Verwaltung] bureau m. ; secrétariat m. || [Gericht] greffe m. || [Anwalt ; Notar] étude f. || [Ministerium] chancellerie f.
Kanzlei|papier [kants"laipa'pi:r] n. (s) papier (m.) ministre. ||°-**schreiber** m. (s, -) greffier m. ; secrétaire m. ; rédacteur m. ||°-**stil** m. (s) style (m.) de chancellerie. ||°-**vorsteher** m. (s, -) chef (m.) de bureau.
Kanzler ['kantslər] m. (s, -). POLIT. chancelier m. | *der Bundeskanzler*, le chancelier fédéral.
Kanzler|amt ["kantslər'amt] n. (s) fonctions (f. pl.) de chancelier. || PAR EXT. chancellerie f. ||°-**kandidat** m. (en, en) candidat (m.) à la chancellerie.
Kaolin [kao'li:n] n. (s). MINÉRAL. kaolin m.
Kap [kap] n. (s, s). GÉOGR. cap m. ; promontoire m. | *Kap der Guten Hoffnung*, cap de Bonne-Espérance. — SYN. : *Landspitze*, cap ; *Vorgebirge*, promontoire ; *Landzunge*, *Spitze*, pointe, bec.
Kapaun [ka'paun] m. (s, e). ZOOL. chapon m.
Kapazität [kapatsi'tɛ:t] f. (-, en). [Eigenschaft] capacité f. || PAR EXT. [Person] capacité f.
Kapee [kɑ'pe:] n. FAM. *schwer von Kapee sein*, avoir la comprenette lente, l'esprit d'escalier.
Kapelle [ka'pɛlə] f. (-, n) chapelle f. || PAR EXT., MUS. orchestre m. || TECHN. coupelle f.
Kapell|meister [ka"pɛl'maistər] m. (s, -). MUS. chef (m.) d'orchestre. || RELIG. maître (m.) de chapelle.
Kaper ['kɑ:pər] m. (s, -). MAR., HIST. corsaire m. ; flibustier m.
Kaper ['kɑ:pər] f. (-, n). BOT. câpre f.
Kaperei [kapə'rai] f. (-, en). MAR., HIST. course f. | *zur Kaperei ausrüsten*, armer en course.
kapern ['kɑ:pərn] v. tr. MAR. arraisonner.
Kapetinger ['kapətiŋər] n. pr. m. pl. HIST. Capétiens m. pl.
kapieren [ka'pi:rən] v. tr. saisir ; comprendre. || FAM. piger.
kapillar [kapi'lɑ:r] adj. capillaire.
Kapillare [-rə] f. (-, n). ANAT. vaisseau (m.) capillaire.
Kapillarität [kapilari'tɛ:t] f. capillarité f.
Kapital [kapi'tɑ:l] n. (s, ien ou e) capital m. ; fonds m. pl. ; principal m. | *totes Kapital*, capital improductif. | *sein Kapital anlegen*, placer son capital. | *vom Kapital zehren*, vivre de son capital. | *die Zinsen zum Kapital schlagen*, joindre les intérêts au capital. | *eingefrorenes Kapital*, crédits gelés. | *Betriebskapital*, capital social. || FIG. *er schlägt aus allem Kapital*, il fait feu de tout bois.
kapital [kapi'tɑ:l] adj. capital ; essentiel ; fondamental.
Kapital|abfindung [kapi"tɑ:l'apfinduŋ] f. (-, en) indemnité f. ; forfait m. ||°-**abgabe** f. (-, n) impôt (m.) sur le capital. ||°-**abwanderung** f. (-, en) fuite (f.) des capitaux. ||°-**anlage** f. (-, n) placement (m.), investissement (m.) de fonds. ||°-**anlage|gesellschaft** f. (-, en) société (f.) d'investissement. || °-**aufnahme** f. (-, n) emprunt m. ||°-**aufstockung** f. (-, en), °-**erhöhung** f. (-, en) augmentation (f.) de capital. ||°-**buchstabe** m. (n, n). TYPOGR. (lettre [f.]) capitale f. ||°-**einlage** f. (-, n) mise (f.) de fonds. ||°-**flucht** f. FIN. évasion (f.), fuite (f.) des capitaux. ||°-**geber** m. (s, -) bailleur (m.) de fonds. || °-**gesellschaft** f. (-, en) société (f.) de capitaux. ||°-**markt** m. (es, ¨e) marché financier. ||°-**steuer** f. (-, n) impôt (m.) sur le capital. ||°-**überfluß** m. (es, ¨e) abondance (f.), pléthore (f.) de capitaux. ||°-**verbrechen** n. (s, -) crime capital ; cas (m.) pendable. ||°-**verknappung** f. raréfaction (f.) des capitaux. ||°-**verlust** m. (es, e) perte (f.) en capital. ||°-**wert** m. (s, e) valeur (f.) en capital. ||°-**zufluß** m. (es, ¨e) afflux (m.) de capitaux. ||°-**zusammenlegung** f. (-, en) fusion (f.) de capital.
Kapitäl [kapi'tɛ:l] n. (s, e). V. KAPITELL.
Kapitalisation [kapitaliza'tsio:n] f. (-) capitalisation f.
Kapitalisations|vertrag [kapitaliza"tsio:nsfər-'trɑ:k] m. (s, ¨e). [Versicherung] contrat (m.) de capitalisation.
kapitalisieren [kapitali'zi:rən] v. tr. capitaliser.
Kapitalismus [-'lismus] m. capitalisme m.
Kapitalist [-'list] m. (en, en) capitaliste m.
Kapitän [kapi'tɛ:n] m. (s, e). MAR. capitaine m. ; patron m. | *erster Kapitän*, commandant m. | *zweiter Kapitän*, second m. || MIL. *Kapitän zur See*, capitaine de vaisseau.
Kapitän|leutnant [kapi"tɛ:n'lɔytnant] m. (s, e) lieutenant (m.) de vaisseau.
Kapitel [ka'pitəl] n. (s, -) chapitre m. | *ein Kapitel auslassen*, faire une impasse sur un chapitre. || FIG., FAM. *das ist ein Kapitel für sich*, on pourrait en dire long. || PAR EXT., RELIG. chapitre m. | *Domkapitel*, chapitre de la cathédrale.
Kapitell [kapi'tɛl] n. (s, e). ARCHIT. chapiteau m.
Kapitol [kapi'to:l] n. (s). HIST. Capitole m.
Kapitular [kapitu'lɑ:r] m. (s, e). RELIG. chanoine (m.) capitulaire.
Kapitulation [kapitula'tsio:n] f. (-, en) capitulation f. ; reddition f. || PAR EXT. rengagement m.
kapitulieren [-'li:rən] v. intr. MIL. capituler ; se rendre. || PAR EXT. se rengager.
Kaplan [kap'lɑ:n] m. (s, ¨e). RELIG. chapelain m. ; vicaire m.
Kap|land ["kap'lant] n. pr. n. GÉOGR. province (f.) du Cap.
Kapok ['kapɔk] m. (s) kapok m.
Kapok|baum ["kapɔk'baum] m. (s, ¨e). BOT. kapokier m. ; fromager m.
Kaposi|sarkom [ka"pɔzizar'ko:m] n. (s, e). MÉD. sarcome (m.) de Kaposi.
Kappe ['kapə] f. (-, n) capuchon m. ; coiffe f. ; bonnet m. ; calotte f. ; casquette f. || FIG., FAM. *etwas auf seine (eigene) Kappe nehmen*, prendre qch. sous son bonnet ; répondre de qch. || PAR ANAL. *die Kappe am Schuh*, le bout d'une chaussure. || PROV. *jedem Narren gefällt seine Kappe*, à chaque fou sa marotte. || ARCHIT. *Gewölbekappe*, calotte d'une voûte. || TECHN. bonnette f.
Kappen|mantel ["kapən'mantəl] m. (s, ¨) manteau (m.) à capuchon ; pèlerine f.
kappen ['kapən] v. tr. MAR. couper. | *den Anker, das Tau, den Mast kappen*, couper l'ancre, le câble, le mât. || AGRIC. *den Baum, den Wipfel, die Krone kappen*, étêter l'arbre. || ZOOL. 1° châtrer. | *Hähne kappen*, châtrer, chaponner des coqs ; 2° cocher. | *der Hahn kappt die Henne*, le coq coche la poule.
Käppi ['kɛpi] n. (s, s). MIL. képi m.
Kapriole [kapri'o:lə] f. (-, n) cabriole f.
Kapsel ['kapsəl] f. (-, n) capsule f. ; boîte f. ; étui m. || MÉD. gélule f.
Kapselung [-luŋ] f. (-, en). TECHN. protection f. ; blindage m. ; enveloppe f. || ÉLECTR. encapsulage m.
kaputt [ka'put] adj. FAM. cassé ; abîmé ; fichu. | *kaputt gehen*, se casser ; s'abîmer.
Kapuze [ka'putsə] f. (-, n) capuchon m. ; capeline f.
Kapuzen|mantel [ka"putsən'mantəl] m. (s, ¨) manteau (m.) à capuchon ; pèlerine f.
Kapuziner [-pu'tsi:nər] m. (s, -), °-**mönch** m. (s, e). RELIG. capucin m.
Kapuziner|predigt [-pu"tsi:nər'prediçt] f. (-, en) capucinade f.
Karabiner [kara'bi:nər] m. (s, -). MIL. carabine f. ; mousqueton (m.) de cavalerie.
Karaffe [ka'rafə] f. (-, n) carafe f.
karambolieren [karambo'li:rən] v. intr. [Billard] caramboler ; faire un carambolage.
Karamel [kara'mɛl] m. (s) caramel m.
Karat [ka'rɑ:t] n. (s, e) carat m.
Karate [ka'rɑ:tə] n. (s). SPORT. karaté m.
Karawane [kara'vɑ:nə] f. (-, n) caravane f.
Karawanserei [karavɑnze'rai] f. (-, en) caravansérail m.
Karbatsche [kar'batʃə] f. (-, n) cravache f.

Karbid [kar'bi:t] n. (s, e). CHIM. carbure m.
Karbid|lampe [kar"bi:t'lampə] f. (-, n) lampe (f.) à acétylène.
Karbol [kar'bo:l] n. (s). CHIM. phénol m.
Karbol|säure [kar"bo:l'zɔyrə] f. (-, n). CHIM. acide (m.) phénique, carbolique. ||°**-wasser** n. (s). CHIM. eau (f.) phéniquée.
Karbon [kar'bo:n] n. (s). GÉOL. ère (f.) primaire ; période (f.), ère (f.) carbonifère.
Karbon|papier [kar"bo:npa'pi:r] n. (s) papier (m.) carbone.
Karbonade [karbɔ'nɑ:də] f. (-, n). CULIN. côtelette f.
Karbonat [karbɔ'nɑ:t] n. (s, e) carbonate m.
Karbunkel [kar'buŋkəl] m. (s, -). MÉD. clou m. ; furoncle m. ; anthrax m.
Kardan|gelenk [kar"dɑ:ngə'lɛŋk] n. (s, e). TECHN. joint (m.) de cardan ; articulation (f.) à cardan. ||°**-übertragung** f. (-, en). TECHN. transmission (f.) à cardan. ||°**-welle** f. (-, n). TECHN. arbre (m.) à cardan.
Kardätsche [kar'dɛ:tʃə] f. (-, n). TECHN. brosse (f.) à panser les chevaux. || TEXT. carde f.
kardätschen [-ʃən] v. tr. brosser (un cheval). || TEXT. carder.
Karde ['kardə] f. (-, n), **Karden|distel** ["kardən'distəl] f. (-, n). BOT. cardère f. ; chardon m.
Kardeel [kar'de:l] n. MAR. grelin m.
Kardinal [kardi'nɑ:l] m. (s, ¨e). ZOOL. cardinal m. || RELIG. cardinal m.
Kardinal|punkt [kardi"nɑ:l'puŋkt] m. (s, e) point cardinal, principal. ||°**-zahl** f. (-, en). MATH. nombre cardinal.
Kardinals|hut [kardi"nɑ:ls'hu:t] m. (s, ¨e) chapeau (m.), barrette (f.) de cardinal. ||°**-würde** f. dignité (f.) de cardinal ; cardinalat m.
Kardio|gramm [kardio'gram] n. (s, e). MÉD. cardiogramme m.
Kardone [kar'do:nə] f. (-, n). BOT. cardon m.
Karelien [ka're:liən] n. pr. n. GÉOGR. Carélie f.
Kar|freitag [kɑ:r"fraita:k] m. (s, e). RELIG. Vendredi saint.
Karfunkel [kar'fuŋkəl] m. (s, -). MINÉRAL. escarboucle f. ; grenat m.
karg [kark] adj. [Personen] avare ; chiche ; parcimonieux ; ladre. || [Dinge] maigre ; chiche ; mesquin. | *karge Kost*, maigre chère. | *wortkarg*, avare de paroles.
kargen ['kargən] v. intr. être chiche, parcimonieux ; lésiner.
Kargheit ['karkhait] f. lésinerie f. ; ladrerie f. ; parcimonie f. ; mesquinerie f.
kärglich ['kɛrkliç] adj. chiche ; mesquin ; maigre. | *kärgliches Mahl*, maigre repas m. | *in kärglichen Verhältnissen leben*, vivre dans la gêne.
Kargo ['kargo] m. (s, s). MAR. cargaison f. ; charge f.
kariert [ka'ri:rt] adj. à carreaux ; quadrillé. || FIG., FAM. *kleinkariert*, mesquin.
Karies ['kariəs] f. MÉD. carie f.
Karikatur [karika'tu:r] f. (-, en) caricature f. ; charge f.
Karikaturen|maler [karika"tu:rən'mɑ:lər] m. (s, -), °**-zeichner** m. (s, -) caricaturiste m.
karikieren [kari'ki:rən] v. tr. caricaturer.
kariös [kari'ø:s] adj. MÉD. carié.
karitativ [karita'ti:f] adj. à but humanitaire ; caritatif.
Karl [karl] n. pr. m. Charles m. | *Karl der Große*, Charlemagne. | *Karl der Fünfte*, Charles Quint.
Karmel ['karməl] n. pr. m. GÉOGR. Carmel m.
Karmeliter [karmə'li:tər] m. (s, -). RELIG. carme m.
Karmeliterin [-rin] f. (-, nen). RELIG. carmélite f.
Karmesin [karmə'zi:n] n. (s) cramoisi m.
Karmesin|rot [karmə"zi:n'ro:t] n. (s) cramoisi m.
Karmin [kar'mi:n] n. (s) carmin m.
karmin|rot [kar"mi:n'ro:t] adj. carmin.
Karneol [karne'o:l] m. (s, e) cornaline f.
Karneval ['karnəval] m. (s, e) carnaval m.
Karnickel [kar'nikəl] n. (s, -). FAM. lapin m.
Karnies [kar'ni:s] n. (es, e). ARCHIT. doucine f. | *Karniesbogen*, arc (m.) en doucine.
Kärnten ['kɛrntən] n. pr. n. GÉOGR. Carinthie f.
Karo ['kɑ:ro] n. (s, s). [Kartenspiel] carreau m.
Karolinger [kɑ:rɔ'liŋər] m. HIST. Carolingien m.
Karosse [ka'rɔsə] f. (-, n) carrosse m.
Karosserie [karɔsə'ri:] f. (-, n) carrosserie f.
Karotide [karɔ'ti:də] f. (-, n), **Karotis** [ka'ro:tis] f. ANAT. carotide f.
Karotte [ka'rɔtə] f. (-, n). BOT. carotte f.
Karpat(h)en [kar'pɑ:tən] n. pr. pl. GÉOGR. Carpates f. pl.
Karpfen ['karpfən] m. (s, -). ZOOL. carpe f. || FIG. *der Hecht im Karpfenteich*, le loup dans la bergerie.
Karre ['karə] f. (-, n) charrette f. ; brouette f. ; voiture (f.) à bras ; FAM. bagnole f.
Karree [ka're:] n. (s, s) pâté (m.) de maisons.
Karren ['karən] m. (s, -) brouette f. ; carriole f., charrette f. ; tombereau m. ; voiture (f.) à bras. | *Kippkarren*, tombereau (m.) à bascule.
karren [-rən] v. tr. pousser la brouette ; brouetter ; charrier.
Karren|gabel ["karən'gɑ:bəl] f. (-, n) brancards m. pl. ; limons m. pl. ||°**-gaul** m. (s, ¨e). ZOOL. haridelle f. ; rosse f. ||°**-ladung** f. (-, en) charretée f. ||°**-schieber** m. (s, -) brouetteur m.
Karriere [kari'ɛ:rə] f. (-, n) carrière f. || FIG. *Karriere machen*, faire carrière. | *Karrieremacher*, carriériste s.
karriert [ka'ri:rt] V. KARIERT.
Karriol [kari'o:l] n. (s, s), **Karriole** [-lə] f. (-, n) carriole f.
Karst [karst] m. (es, e). AGRIC. houe f. ; hoyau m. ; pioche f. || GÉOL. Karst m.
Kartätsche [kar'tɛ:tʃe] f. (-, n). MIL. cartouche f. ; boîte (f.) à mitraille.
Kartätschen|feuer [kar"tɛtʃən'fɔyər] n. (s) feu (m.) de mitraille. ||°**-granate** f. (-, n) obus (m.) à balles ; shrapnell m.
Kartause [kar'tauzə] f. (-, n) chartreuse f.
Kartäuser(in) [-'tɔy:zər(in)] m. (s, -), f. (-, nen) chartreux m., chartreuse f.
Karte ['kartə] f. (-, n) **1.** [Spielkarte] carte f. | *ein Spiel Karten*, un jeu de cartes. | *Karten spielen*, jouer aux cartes. | *die Karten mischen*, battre les cartes. | *eine Karte ausspielen*, jouer une carte. | *Karten abwerfen*, se défausser. | *sich nicht in die Karten sehen lassen*, ne pas montrer, ne pas laisser voir son jeu. | *alles auf eine Karte setzen*, jouer son va-tout ; risquer le tout pour le tout. | *mit offenen Karten spielen*, jouer cartes sur table. | *die Karten (auf)schlagen, legen*, tirer les cartes.
2. [Postkarte] carte postale. | *eine Ansichtskarte*, une carte postale illustrée.
3. [Besuchskarte] carte (f.) de visite.
4. [Anzeige] faire-part m.
5. [Berechtigungskarte] carte f. (d'entrée). | *eine (Fahr)karte lösen*, prendre un billet. | *eine (Fahr)karte vorzeigen*, présenter un billet.
6. [Speisekarte] menu m. | *wir essen nach der Karte*, nous déjeunons, nous dînons à la carte.
7. [Landkarte] *eine Karte der Umgebung von Paris*, une carte des environs de Paris.
8. SPORT. *gelbe, rote Karte*, carton (m.) jaune, rouge.
9. TEXT. carton m. (d'une tapisserie).
Kartei [kar'tai] f. (-, en) fichier m. ; classeur m.
Kartei|blatt [kar"tai'blat] n. (s, ¨er), °**-karte** f. (-, n) fiche f. | *Karteikarte mit Reiter*, fiche à onglet. ||°**-führer(in)** m. (s, -), f. (-, nen) fichiste s. ||°**-kasten** m. (s, ¨) fichier m. ; casier m. ||°**-leiche** f. (-, n) fiche (f.) périmée ou sans objet (dans un fichier). || FIG. adhérent passif.
Kartell [kar'tɛl] n. (s, e). POLIT., FIN. cartel m. ; syndicat m. ; pool m.
Kartell|amt [kar'tɛlamt] n. (es, ¨er) Office (m.) des cartels.
Karten|automat ["kartənauto'mɑ:t] m. (en, en) distributeur (m.) automatique de tickets, de billets. ||°**-brief** m. (s, e). POSTES. carte-lettre f. ||°**-haus** n. (es, ¨er) château (m.) de cartes. | *seine Pläne stürzten ein wie ein Kartenhaus*, ses projets s'effondrèrent, s'écroulèrent comme un château de cartes. ||°**-könig** m. (s, e). [Spielkarten] roi m. ||°**-königin** f. (-, nen) dame f. ||°**-kunde** f. cartographie f. ||°**-legerin** f. (-, nen) tireuse (f.) de cartes ; cartomancienne f. ||°**-papier** n. (s) carton fin ; bristol m. ||°**-spiel** n. (s, e). [Spielkarten] jeu (m.) de cartes. ||°**-spieler** m. (s, -) joueur (m.) de cartes. ||°**-zeichnen** n. (s). cartographie f.
Kartesianer [karte:'ziɑ:nər] m. (s, -). PHILOS. cartésien m.
Karthager [kar'tɑ:gər] m. (s, -). HIST. Carthaginois m.
karthagisch [-giʃ] adj. HIST. carthaginois ; punique.

Karthago [-go] n. pr. n. HIST. Carthage f.
Karting ['kartiŋ] n. (s). SPORT. karting m.
Kartoffel [kar'tɔfəl] f. (-, n) pomme (f.) de terre ; POP. patate f. | *gebratene Kartoffeln*, pommes de terre sautées. | *Pellkartoffeln*, pommes de terre en robe de chambre. || PROV. *die dümmsten Bauern haben die dicksten Kartoffeln*, aux innocents les mains pleines.
Kartoffel|brei [kar"tɔfəl'brai] m. (s, e), °**-püree** n. (s, s) purée (f.) de pommes de terre. ||°**-ernte** f. (-, n) arrachage (m.) des pommes de terre. ||°**-käfer** m. (s, -). ZOOL. doryphore m. ||°**-kraut** n. fanes (f. pl.) de pommes de terre. ||°**-mehl** n. (s) fécule (f.) de pommes de terre. ||°**-nase** f. (-, n). FIG. FAM. nez (m.) en patate. ||°**-puffer** m. (s, -) galette (f.) de pommes de terre.
Kartograph(in) [karto'grɑ:f(in)] m. (en, en), f. (-, nen) cartographe s.
Kartographie [-gra'fi:] f. cartographie f.
Karton [kartɔ̃] m. (s, e ou s) carton m. || carton d'emballage. || carton (pour une tapisserie).
Kartonage [kartɔ'nɑ:ʒə] f. (-, n) cartonnage m.
kartonieren [kartɔ'ni:rən] v. tr. cartonner.
Kartothek [kartɔ'te:k] f. (-, en) fichier f. ; classeur m.
Kartusche [kar'tuʃə] f. (-, n). MIL. cartouche f. || ARCHIT., ARTS. cartouche m.
Karussell [karu'sɛl] n. (s, s) carrousel m. || PAR EXT. manège (m.) de chevaux de bois.
Kar|woche ["kɑ:r'vɔxə] f. (-, n) Semaine sainte.
Karyatide [karya'ti:də] f. (-, n) cariatide f.
Karzer ['kartsər] m. (s, -) cachot m.
Karzinom [kartsi'no:m] n. (s, e). MÉD. carcinome m. ; cancer m.
Kaschemme [ka'ʃɛmə] f. (-, n) boui-boui m.
Kaschmir ['kaʃmi:r] n. pr. n. GÉOGR. Cachemire m. || PAR EXT., TEXT. cachemire m.
Käse ['kɛ:zə] m. (s, -) fromage m. | *Schweizer Käse*, fromage de Gruyère ; gruyère m. | *der Käse ist durch*, ce fromage est fait. || FAM. *er ist ein Dreikäsehoch*, il est haut comme une botte.
Käse|bereitung ["kɛ:zəbə'raituŋ] f. CHIM. caséation f. ; caséification f. ||°**-blatt** n. (s, er). FAM. [Zeitung] feuille (f.) de chou. ||°**-brot** n. (s, e) tartine (f.) au fromage. ||°**-fabrik** f. (-, en) fromagerie f. ||°**-fabrikant** m. (en, en) fromager m. ||°**-fondue** n. (-) fondue savoyarde. ||°**-glocke** f. (-, n) cloche (f.) à fromage. ||**-haltig** adj. CHIM. caséeux. ||°**-kuchen** m. (s, -) gâteau (m.) au fromage (blanc). ||°**-made** f. (-, n), °**-milbe** f. (-, n). ZOOL. ver (m.) de fromage. ||°**-stoff** m. (s) caséine f.
Kasein [kaze:'in] n. (s). CHIM. caséine f.
Kasel ['kɑ:zəl] f. (-, n). RELIG. chasuble f.
Kasematte [kazə'matə] f. (-, n) casemate f.
käsen ['kɛ:zən] v. tr. faire du fromage.
Käserei [kɛzə'rai] f. (-, en) fromagerie f.
Kaserne [ka'zɛrnə] f. (-,). MIL. caserne f. ; quartier m. | *Kasernenarrest*, consigne f.
kasernieren [-zɛr'ni:rən] v. tr. caserner.
käsig ['kɛ:ziç] adj. caséeux. | *die Milch wird käsig*, ce lait (se) caille, se coagule. || FIG. *eine käsige Gesichtsfarbe*, un teint cireux.
Kasino [ka'zi:no] n. (s, s) casino m. ; cercle m.
Kaskade [kas'kɑ:də] f. (-, n) cascade f.
Kasko|versicherung ["kaskɔfɛr'ziçəruŋ] f. (-, en) assurance (f.) multirisques.
Kaspar ['kaspar] n. pr. m. Gaspard m.
Kasper ['kaspər], **Kasperle** [-pərlə] m. polichinelle m. ; pantin m. ; guignol m. ; marionnette f.
Kasperl|theater ["kaspərlte'ɑ:tər] n. (s, -) théâtre (m.) de marionnettes ; guignol m.
kaspisch ['kaspiʃ] adj. GÉOGR. caspien. | *Kaspisches Meer*, mer Caspienne.
Kassa|geschäft ["kasagə'ʃɛft] n. (es, e). FIN. opération (f.) au comptant. ||°**-markt** m. (es, ¨e). FIN. marché (m.) au comptant.
Kassandra [ka'sandra] n. pr. f. Cassandre f.
Kassation [kasa'tsio:n] f. (-, en). ADM. destitution f. || JUR. cassation (f.) d'un jugement.
Kassations|gericht [kasa"tio:nsgə'riçt] n. (s, e). JUR. cour (f.) de cassation. ||°**-gesuch** n. (s, e). JUR. pourvoi (m.), recours (m.) en cassation.
Kasse ['kasə] f. (-, n). [Geldkasse] caisse f. | *die Kasse führen*, tenir la caisse. | *Kasse machen*, faire sa caisse. | *getrennte Kasse führen*, payer chacun sa part. || FAM. *gut bei Kasse sein*, être en fonds. || COMM. *gegen Kasse*, comptant. || PAR EXT. [Krankenkasse] caisse (f.) de maladie. || [Sparkasse] caisse (f.) d'épargne.
Kassen|abschluß ["kasən'apʃlus] m. (es, ¨e) bilan (m.) de caisse ; balance (f.) de la caisse. || °**-anweisung** f. (-, en) bon (m.) de caisse. ||°**-arzt** m. (es, ¨e) médecin conventionné. ||°**-beamter** m. caissier m. ||°**-beleg** m. (s, e) pièce (f.) de caisse. ||°**-bericht** m. (s, e) compte rendu (journalier) de la caisse. ||°**-bestand** m. (s, ¨e) encaisse f. ; caisse (f.) disponible. ||°**-bon** m. (s, s). FIN. bon (m.) de caisse. ||°**-bote** m. (n, n) encaisseur m. ||°**-eingang** m. (s, ¨e), °**-einnahme** f. (-, n) recette f. ||°**-schlager** m. (s, -). FIG., THÉÂTRE. pièce (f.) à succès. ||°**-schrank** m. (s, ¨e) coffre-fort m. || °**-stunden** f. pl. heures (f. pl.) d'ouverture de la caisse. ||°**-sturz** m. (es, ¨e) contrôle (m.), vérification (f.) de la caisse. ||°**-zettel** m. (s, -). COMM. bon m. ; avoir m.
Kasserolle [kasə'rɔlə] f. (-, n) casserole f.
Kassette [ka'sɛtə] f. (-, n) cassette f. | *Kassettenrecorder*, lecteur (m.) de cassettes. || PHOT. châssis m.
Kassetten|ständer [ka"sɛtən'ʃtɛndər] m. (s, -) range-cassettes m.
Kassiber [kas'i:bər] m. (s, -). ARG. message clandestin (d'un prisonnier).
Kassie ['kasiə] f. (-, n). BOT. casse f.
Kassier [ka'si:r] m. (s, e). V. KASSIERER.
kassieren [-rən] v. tr. encaisser. | *Gelder (ein)kassieren*, encaisser les sommes d'argent, l'argent. || JUR. casser ; invalider ; annuler.
Kassierer [-rər] m. (s, -) caissier m.
Kastagnette [kasta'ɲɛtə] f. (-, n) castagnette f.
Kastanie [kas'tɑ:niə] f. (-, n). BOT. châtaigne f. | *wilde Kastanien*, marrons (m. pl.) d'Inde. | *edle Kastanien*, marrons m. pl. (comestibles). | *kandierte Kastanie*, marron glacé. || FIG. *für jn die Kastanien aus dem Feuer holen*, tirer les marrons du feu pour qn.
Kastanien|baum [kas"tɑ:niən'baum] m. (s, ¨e). BOT. châtaignier m. ; marronnier m. ||**-braun** adj. (couleur) marron ; châtain. ||°**-wald** m. (s, ¨er). BOT. châtaigneraie f.
Kästchen ['kɛstçən] n. (s, -) petite boîte, caisse ; caissette f. ; cassette f. ; coffret m.
Kaste ['kastə] f. (-, n) caste f. | *Kastengeist*, esprit (m.) de caste. | *Kastenordnung*, *Kastenwesen*, système (m.) des castes.
kasteien [kas'taiən] v. tr. et v. pr. (se) mortifier ; (se) flageller.
Kasteiung [kas'tai:uŋ] f. (-, en). RELIG. mortification f. ; flagellation f.
Kastell [kas'tɛl] n. (s, e) castel m. ; château fort. || MAR. château m.
Kastellan [-tɛ'lɑ:n] m. (s, e) châtelain m. || PAR EXT. conservateur m.
Kasten ['kastən] m. (s, ¨) caisse f. ; coffre m. ; caisson m. ; boîte f. || [Österreich] armoire f. | *den Brief in den (Brief)kasten stecken, werfen*, mettre, jeter sa lettre dans la boîte aux lettres. || MAR. *dieses Schiff ist ein alter Kasten*, ce bateau est un vieux rafiot. || MIL., FAM. prison f.
Kastilien [kas'ti:liən] n. pr. n. GÉOGR. Castille f.
Kastilier(in) [kas'ti:liər(in)] n. pr. m. (s, -), f. (-, nen) Castillan m., Castillane f.
kastilisch [-liʃ] adj. castillan.
Kastor ['kastɔr] m. (s, e). [Pelz] castor m.
Kastor|öl ["kastor'ø:l] n. (s) huile (f.) de ricin.
Kastrat [kas'trɑ:t] m. (en, en) castrat m.
Kastration [-tra'tsio:n] f. (-, en) castration f. ; émasculation f.
kastrieren [-'tri:rən] v. tr. châtrer ; émasculer.
Kastrierung [-'tri:ruŋ] f. (-, en) castration f. ; émasculation f.
Kasualien [kazu'ɑ:liən] pl. casuel m.
Kasuar [kazu'ɑ:r] m. (s, e). ZOOL. casoar m.
Kasuist [kazui'ist] m. (en, en). PHILOS. casuiste m.
Kasuistik [-tik] f. PHILOS. casuistique f.
Kasus ['kɑ:zus] m. (-, -). GRAMM. cas m.
Katafalk [kata'falk] m. (s, e) catafalque m.
Katakombe [kata'kɔmbə] f. (-, n) catacombe f.
katalanisch [kata'lɑ:niʃ] adj. catalan.
katalaunisch [kata'launiʃ] adj. *katalaunische Felder*, champs (m. pl.) Catalauniques.
Katalog [kata'lo:k] m. (s, e) catalogue m.
— SYN. : *Verzeichnis* ; *Sachregister*, répertoire.
Katalonien [kata'lo:niən] n. pr. n. Catalogne f.
katalonisch [-niʃ] adj. catalan.

Katalpe [ka'talpə] f. (-, n). Bot. catalpa m.
Katalysator [kataly'za:tɔr] m. (s, en). Chim. catalyseur m. || Autom. pot (m.) catalytique.
Katapult [kata'pult] m. (s, e) catapulte f.
Katarakt [kata'rakt] m. (s, e). [Wasserfall] cataracte f. || Méd. cataracte f.
Katarrh [ka'tar] m. (s, e) rhume m. ; catarrhe m.
katarrhalisch [-tara:liʃ] adj. Méd. catarrhal.
Kataster [ka'tastər] m. ou n. (s, -) cadastre m. | *in den Kataster eintragen*, cadastrer.
Kataster|amt [ka"tastər'amt] n. (s, ¨er) bureau (m.) du cadastre. ||°**-auszug** m. (s, ¨e) extrait (m.) du cadastre.
katastrophal [katastrɔ'fa:l] adj. catastrophique.
Katastrophe [-'stro:fə] f. (-, n) catastrophe f. ; désastre m. ; calamité f.
— Syn. : *Unglück, Unglücksfall*, catastrophe ; *Unheil*, calamité ; *Mißgeschick*, infortune ; *Umwälzung, Umsturz*, cataclysme.
Kate ['ka:tə] f. (-, n) chaumière f.
Katechese [kate'çe:zə] f. (-, n). Relig. catéchisme m.
Katechet [-'çe:t] m. (en, en) professeur (m.) de religion catholique ; catéchiste m.
katechisieren [-çi'zi:rən] v. tr. catéchiser.
Katechismus [-'çismus] m. (-, men) catéchisme m.
Katechu [kate'çu:] n. (s, s) cachou m.
Katechumene [kateçu'me:nə] m. (n, n) catéchumène m.
kategorial [kategɔ'ria:l] adj. catégoriel.
Kategorie [kategɔ'ri:] f. (-, n) catégorie f.
kategorisch [-'go:riʃ] adj. catégorique ; clair ; précis. | *ein kategorisches Nein*, un refus catégorique. || Philos. *der kategorische Imperativ*, l'impératif (m.) catégorique.
Kater ['ka:tər] m. (s, -). Zool. chat (m.) mâle ; matou m. | *der gestiefelte Kater*, le Chat botté. || Fig., fam. *einen Kater haben*, avoir mal aux cheveux, la gueule de bois.
Katharina [kata'ri:na] n. pr. f. Catherine f.
Katheder [ka'te:dər] n. et m. (s, -) chaire f.
Kathedrale [kate'dra:lə] f. (-, n). Relig. cathédrale f.
Kathedral|glas [kate"dra:l'gla:s] n. (es). Techn. verre fondu ; verre cathédrale.
Kathete [ka'te:tə] f. (-, n). Archit. cathète f.
Katheter [ka'te:tər] m. (s, -). Méd. cathéter m. ; sonde f. ; bougie f.
Kathode [ka'to:də] f. (-, n). Électr. cathode f.
Kathoden|feld [ka"to:dən'fɛlt] n. (s, er) champ (m.) cathodique. ||°**-röhre** f. (-, n) lampe-valve f. ||°**-schirm** m. (s, e) écran (m.) cathodique. ||°**-strahl** m. (s, en) rayon (m.) cathodique. ||°**-strahl|-oszillograph** m. (en, en) oscillographe (m.) cathodique.
Katholik [katɔ'lik] m. (en, en) catholique m.
Katholikin [-li:kin] f. (-, nen) catholique f.
katholisch [ka'to:liʃ] adj. catholique.
Katholizismus [-toli'tsismus] m. catholicisme m.
katilinarisch [katili'na:riʃ] adj. Littér. *die katilinarischen Reden*, les Catilinaires f. pl.
Kato ['ka:to] n. pr. m. Hist. Caton m.
Kattun [ka'tu:n] m. (s, e). Text. toile (f.) de coton ; calicot m. ; cotonnade f. | *gedruckter Kattun*, toile imprimée ; indienne f.
Katz|balgerei ["katsbalgə'rai] f. (-, en). Fam. échange (m.) de horions. ||**-buckeln** v. intr. Fam. flatter ; faire des courbettes.
Kätzchen ['kɛtsçən] n. (s, -). Zool. petit chat ; chaton m. || Bot. chaton m.
Katze ['katsə] f. (-, n). Zool. chat m. ; fam. minet m. | *weibliche Katze*, chatte f. | *die Katze schnurrt*, le chat ronronne, fait ronron. | *die Katze faucht*, le chat souffle. | *die Katze miaut*, le chat miaule. | *die Katze macht einen Buckel*, le chat fait le gros dos. | *falsch wie eine Katze*, faux comme un jeton. | *wie die Katze mit der Maus spielen*, jouer comme le chat avec la souris. | *sich wie Hund und Katze vertragen*, s'accorder comme chien et chat. || Fig. *das ist für die Katz*, c'est en pure perte ; c'est (travailler) pour le roi de Prusse. || Fam. *die Katze im Sack kaufen*, acheter chat en poche ; acheter le chat pour le lièvre. | *die Katze aus dem Sack lassen*, vendre la mèche. | *er geht d(a)rum herum wie die Katze um den heißen Brei*, il tourne autour du pot. || Prov. *die Katze läßt das Mausen nicht*, chassez le naturel, il revient au galop ; qui naît poule aime à gratter. | *bei Nacht sind alle Katzen grau*, la nuit, tous les chats sont gris. | *wenn die Katze fort ist, tanzen die Mäuse*, le chat parti, les souris dansent.
— Syn. : *Mieze*, mistigri ; *Kater*, matou.
Katzen|art ["katsən'a:rt] f. (-, en). Zool. espèce féline. ||**-artig** adj. Pr. et Fig. félin. || Fig. traître ; perfide. ||°**-auge** n. (s, n). Minéral. œil-de-chat m. || [Fahrrad] feu (m.) arrière ; réflecteur (m.) rouge ; cataphote m. ||°**-buckel** m. (s). *einen Katzenbuckel machen*, faire le dos rond, le gros dos ; fig. courber l'échine ; faire des courbettes. ||**-freundlich** adj. mielleux. ||°**-geschrei** n. (s) miaulements m. pl. ||°**-glimmer** m. (s). Minéral. mica m. ||°**-gold** n. (s). Minéral. mica (m.) jaune. ||°**-jammer** m. (s). Fam. mal (m.) aux cheveux. || Par ext., pop. cafard m. ||°**-musik** f. charivari m. ||°**-pfote** f. (-, n), °**-pfötchen** n. (s, -) patte (f.) de chat. || Fig. *Katzenpfötchen machen*, faire patte de velours. || °**-schwanz** m. (es, ¨e). Bot. prèle (f.) des champs. ||°**-silber** n. (s). Minéral. mica blanc. ||°**-sprung** m. (s, ¨e). Fam. *bis dorthin ist es nur ein Katzensprung*, c'est à deux pas. ||°**-wäsche** f. Fig. *Katzenwäsche machen*, se laver le bout du nez.
kaudern ['kaudərn] v. intr. pousser des cris de pintade. || Par ext. baragouiner.
Kauder|welsch ["kaudər'vɛlʃ] n. (es) jargon m. ; baragouin m. ; charabia m. ; sabir m.
kaudinisch [kau'di:niʃ] adj. Hist. *das Kaudinische Joch*, les Fourches (f. pl.) Caudines.
kauen ['kauən] v. tr. mâcher ; remâcher ; mastiquer ; ronger. | *an den Nägeln kauen*, ronger ses ongles. | *Tabak kauen*, chiquer.
Kau|gummi ["kau'gumi] m. (s) chewing-gum m. ||°**-muskel** m. (s) muscle masticateur ; masséter m. ||°**-tabak** m. (s, e) tabac (m.) à chiquer.
kauern (sich) [ziç'kauərn] v. intr. et pr. s'accroupir ; se tapir ; se blottir.
— Syn. : *sich hocken*, se blottir ; *sich ducken*, se tapir ; *zusammenkauern*, s'accroupir.
Kauf [kauf] m. (s, ¨e) achat m. ; acquisition f. ; emplette f. ; marché m. | *Kauf auf Probe*, achat à l'essai. || Fin. *Kauf auf feste Lieferung*, marché ferme. | *Kauf auf Raten*, achat à tempérament, à crédit. || Fig. *das muß man (mit) in Kauf nehmen*, il faut s'en accommoder.
Kauf|abschluß ["kauf'apʃlus] m. (es, ¨e). Comm. conclusion (f.) d'un marché. ||°**-angebot** n. (s, e) offre (f.) d'achat. ||°**-anschlag** m. (s, ¨e) mise (f.) à prix ; estimation f. ||°**-brief** m. (s, e) contrat (m.) de vente ; titre (m.) de propriété. ||°**-fahrer** m. (s, -). Mar., Comm. navire marchand. ||°**-gut** n. (s, ¨er). Comm. marchandise f. ; article (m.) de vente. ||°**-halle** f. (-, n). Comm. bazar m. ; galeries f. pl. ||°**-haus** n. (es, ¨er) grand magasin. ||°**-kraft** f. pouvoir (m.) d'achat. ||**-kräftig** adj. qui a de l'argent pour acheter ; solvable. ||°**-kraft|schwund** m. (es), °**-kraft|-verlust** m. (s, e) baisse (f.), diminution (f.) du pouvoir d'achat. ||°**-laden** m. (s, ¨) boutique f. ||°**-mann** m. (s, leute) commerçant m. ; marchand m. ; négociant m. || **-männisch** adj. Comm. marchand ; commercial. | *kaufmännischer Angestellter*, employé (m.) de commerce. ||°**-preis** m. (es, e), °**-summe** f. (-, n). Comm. prix (m.) d'achat. ||°**-vertrag** m. (s, ¨e). Jur. contrat (m.) de vente. ||°**-wert** m. (s, e). Comm. valeur d'achat, vénale, marchande. ||°**-zwang** m. (s) *kein (ohne) Kaufzwang*, entrée (f.) libre.
kaufbar ['kaufba:r] adj. achetable ; à vendre.
kaufen ['kaufən] v. tr. acheter ; acquérir. | *bar kaufen*, acheter contre paiement comptant. | *auf Borg kaufen* ; fam. *auf Pump kaufen*, acheter à crédit. | *etwas aus erster Hand kaufen*, acheter qch. de première main. | *etwas aus zweiter Hand kaufen*, acheter qch. d'occasion. | *sich eine Stelle kaufen*, acquérir une charge. | *jn kaufen* [durch Bestechung], acheter, suborner qn. || Fam. *dafür kann man sich nichts kaufen*, cela ne paie pas. || [Kartenspiel] *Karten kaufen*, prendre des cartes (du talon). || *jn loskaufen*, libérer qn contre rançon, contre une caution. | *sich in einem Dorf ankaufen*, acquérir des terrains dans un village.
Käufer ['kɔyfər] m. (s, -). Comm. acheteur m. ; acquéreur m. ; client m. | *diese Ware findet schnell ihren Käufer*, cette marchandise trouve vite amateur. | *diese Ware bleibt ohne Käufer*, cet article n'est pas demandé.
— Syn. : *Ab-, Einkäufer*, acheteur ; *Erwerber, Abnehmer*, acquéreur ; *Kunde*, client.
Käufer|fang ["kɔyfər'faŋ] m. (s) clientélisme m. (électoral).
käuflich ['kɔyfliç] adj. Comm. achetable ; à ven-

dre ; PÉJOR. vénal. | *käufliches Amt*, charge vénale. | *etwas käuflich erwerben*, acquérir qch. par achat. | *etwas käuflich überlassen*, vendre. || FIG. *der käufliche Beamte wurde entlassen*, le fonctionnaire corruptible fut destitué.

Käuflichkeit [-kait] f. vénalité f.

Kaukasien [kau'kɑːziən] n. pr. n. Caucase m.

Kaukasier [-ziər] m. Caucasien m.

kaukasisch [-ziʃ] adj. caucasien.

Kaul|barsch ['kaulbarʃ] m. (es, e). ZOOL. perche f. ||°**-quappe** f. (-, n). ZOOL. têtard m.

kaum [kaum] adv. [beinahe nicht] à peine. | *das ist kaum glaublich*, c'est à peine croyable ; on a peine à le croire. | *ich kann mich kaum an ihn erinnern*, je me souviens à peine de lui. || [eben erst] *er war kaum fort, da fing es an zu regnen*, il était à peine sorti que la pluie se mit à tomber. || [schwerlich] *er wird kaum mehr kommen*, il ne viendra sûrement plus. || [nur mit Mühe] *die Ferien kaum erwarten können*, attendre les vacances avec impatience.

kausal [kau'zɑːl] adj. causal. | *kausaler Zusammenhang*, rapport causal ; relation (f.) de cause à effet. || GRAMM. causal ; causatif. | *kausaler Nebensatz*, subordonnée causale.

Kausalität [-zali'tɛːt] f. causalité f.

kaustisch ['kaustiʃ] adj. caustique.

Kautel [kau'təl] f. (-, en) précaution f. ; réserve f.

kauterisieren [kauteri'ziːrən] v. tr. cautériser.

Kauterisierung [-ruŋ] f. (-, en) cautérisation f.

Kauterium [kau'teːrium] n. (s, rien) cautère m.

Kaution [kau'tsioːn] f. (-, en). JUR. caution f. ; cautionnement m. | *Kaution hinterlegen, stellen*, déposer, fournir (une) caution, une garantie.

Kautions|effekten [kau"tsioːnse'fɛktən] m. pl. JUR. titres déposés en garantie. ||**-fähig** adj. capable de fournir caution. ||°**-summe** f. (-, n). JUR. cautionnement m.

Kautschuk ['kautʃuk] m. (s) caoutchouc m. ; gomme (f.) élastique. | *künstlicher, synthetischer Kautschuk*, caoutchouc synthétique.

Kautschuk|milch ["kautʃuk'milç] f. latex m.

Kauz [kauts] m. (es, ¨e). ZOOL. hibou m. ; chouette f. ; effraie f. ; chat-huant m. || FIG., FAM. *ein komischer, ein wunderlicher Kauz*, un drôle de pistolet.

Kavalier [kava'liːr] m. (s, e) cavalier m. || FIG. *er ist ein Kavalier*, c'est un galant homme.

Kavalkade [kaval'kɑːdə] f. (-, n) cavalcade f.

Kavallerie [kavalə'riː] f. (-, n). MIL. cavalerie f.

Kavallerist [-'rist] m. (en, en) cavalier m.

Kavatine [kava'tiːnə] f. (-, n). MUS. cavatine f.

Kaviar ['kɑːviar] m. (s) caviar m.

Kavitation [kavita'tsioːn] f. (-). TECHN. cavitation f.

keck [kɛk] adj. [kühn] audacieux ; hardi ; courageux, osé. | *ein keckes Wort*, une impertinence. || [unverschämt] désinvolte ; effronté ; impertinent ; impudent. | *mit kecker Stirn*, effrontément.

Keckheit ['kɛkhait] f. (-, en) hardiesse f. ; désinvolture f. ; audace f. ; témérité f. ; impudence f.

Kegel ['keːgəl] m. (s, -) quille f. | *Kegel schieben, spielen*, jouer aux quilles. || MATH. cône m. | *gerader Kegel*, cône droit. | *schiefer Kegel*, cône oblique. | *stumpfer Kegel*, cône tronqué. || GÉOL. montagne (f.) conique ; pic m. || TYPOGR. corps (m.) de la lettre. || FIG., FAM. *mit Kind und Kegel*, avec armes et bagages ; avec toute la smala.

Kegel|achse ["keːgəl'aksə] f. (-, n) axe (m.) du cône. ||°**-bahn** f. (-, en) jeu (m.) de quilles. ||°**-fläche** f. (-, n) surface (f.) conique. ||**-förmig** adj. conique. | *kegelförmige Fläche*, surface (f.) conoïde. ||°**-mantel** m. (s, ¨) surface (f.) du cône ; conoïde m. ||°**-rad** n. (s, ¨er) pignon (m.) conique. ||°**-schnitt** m. (s, e) section (f.) conique. ||°**-stumpf** m. (s, e) cône tronqué.

kegeln ['keːgəln] v. intr. jouer aux quilles.

Kehl|ader ["keːl'ɑːdər] f. ANAT. veine (f.) jugulaire. ||°**-deckel** m. (s). ANAT. épiglotte f. ||°**-hobel** m. (s, -) rabot (m.) à moulures. ||°**-kopf** m. (s) larynx m. ; pomme (f.) d'Adam. | *Kehlkopfentzündung*, laryngite f. | *Kehlkopfmikrofon*, laryngophone m. | *Kehlkopfspiegel*, laryngoscope m. ||°**-laut** m. (s, e). GRAMM. son guttural ; gutturale f. ||°**-leiste** f. (-, n). ARCHIT. talon m. ; doucine f. ||°**-stimme** f. (-, n). MUS. voix (f.) de gorge, de tête.

Kehle ['keːlə] f. (-, n). ANAT. gorge f. ; gosier m. ; larynx m. | *aus voller Kehle*, à gorge déployée ; à plein gosier. | *die Kehle abschneiden*, trancher la gorge. | *die Angst schnürt ihm die Kehle zu*, la peur le prend à la gorge. || FIG., FAM. *jm das Messer an die Kehle setzen*, mettre le couteau sur la gorge de qn ; menacer qn. | *mir ist etwas in die falsche Kehle geraten*, j'ai avalé de travers. | *das Wort blieb mir in der Kehle stecken*, je demeurai court. || PAR ANAL., ARCHIT. cannelure f. ; gorge f.

kehlen ['keːlən] v. tr. TECHN. canneler ; rainer. || CULIN. *Fische aus kehlen*, vider des poissons.

Kehr|aus ['keːraus] m. dernier tour de danse ; branle m. ||°**-besen** m. (s, -) balai m. ||°**-blech** n. (s, e) pelle f. ||°**-bürste** f. (-, n) balai-brosse m. ||°**-frau** f. (-, en) balayeuse f. ||°**-maschine** f. (-, n). TECHN. balayeuse (f.) mécanique. ||°**-reim** m. (s, e). POÉS. refrain m. ||°**-seite** f. (-, n) envers m. ; revers m. || [Geld] pile f. || FIG. mauvais côté ; envers m. ; revers (m.) de la médaille.

Kehre ['keːrə] f. (-, n) virage m. ; tournant m. | *Wegkehren im Gebirge*, lacets (m. pl.) d'une route de montagne. | *die Kehre nehmen*, prendre un virage. || [Turnen] équerre forcée.

kehren [-rən] v. tr. et v. pr. **1.** [wenden] (se) tourner ; (se) retourner. | *jm den Rücken kehren*, tourner le dos à qn. | *den Blick zum Himmel kehren*, tourner le regard vers le ciel. | *ein Kleid kehren*, retourner un habit. || FIG. *sich nicht ans Gerede der Leute kehren*, ne pas se soucier des racontars. | *seine rauhe Seite nach außen kehren*, montrer les dents. | *alles zum besten kehren*, prendre les choses du bon côté. | *in sich kehren*, faire retour sur soi. | *umkehren*, rebrousser chemin. | *heimkehren*, rentrer.

2. [fegen] balayer ; ramoner. || PROV. *neue Besen kehren gut*, tout nouveau, tout beau. || LOC. *ein jeder kehre vor seiner eigenen Tür*, que chacun s'occupe de ses affaires.

Kehrer [-rər] m. (s, -). [Person] balayeur m. || TECHN. [Besen] balai m.

Kehricht [-riçt] m. (s) ordures f. pl. ; balayures f. pl. ; immondices f. pl.

Kehricht|eimer ["keːriçt'aimər] m. (s, -) poubelle f. ; boîte (f.) à ordures.

kehrt|machen ["keːrt'maxən] v. intr. faire demi-tour ; retourner ; revenir sur ses pas.

keifen ['kaifən] v. intr. criailler ; brailler ; glapir ; clabauder. | *auf jn keifen*, déblatérer contre qn.

Keifer [-fər] m. (s, -) braillard m.

Keil [kail] m. (s, e). TECHN. coin m. ; clavette f. ; goupille f. | *einen Keil in das Holz treiben*, enfoncer un coin dans le bois. || FIG. *auf einen groben Klotz gehört ein grober Keil*, à vilain vilain et demi. || FAM. *Keile bekommen*, recevoir une bonne raclée.

Keil|absatz ["kail'apzats] m. (es, ¨e) semelle compensée. ||°**-bein** n. (s, e). ANAT. sphénoïde m. ||**-förmig** adj. en forme de coin, de clavette. || GRAMM., ANAT. cunéiforme. || BOT. (Vx.) cunéaire. ||°**-hose** f. (-, n). SPORT. pantalon-fuseau m. ; fuseau m. ||°**-kissen** n. (s, -) traversin m. (en plan incliné). ||°**-schrift** f. (-, en). HIST. caractères (m. pl.) cunéiformes. ||°**-stein** m. (s, e). ARCHIT. coin m.

keilen ['kailən] v. tr. TECHN. enfoncer un coin dans ; coincer ; caler ; claveter. || FIG., POP. racoler. ◇ v. pr. **sich keilen.** FAM. se colleter ; se chamailler.

Keiler [-lər] m. (s, -). ZOOL. sanglier (m.) mâle.

Keilerei [kailə'rai] f. (-, en) rixe f. ; échange (m.) de horions ; grabuge m. ; pugilat m.

Keim [kaim] m. (s, e) germe m. | *die Tulpenzwiebel treibt Keime*, l'oignon de la tulipe germe. | *schädliche Keime durch Kochen abtöten*, tuer des microbes par ébullition. | *den Keim einer Krankheit in sich tragen*, couver une maladie. | *das Übel im Keime ersticken*, étouffer le mal dans l'œuf. | *Lebenskeim*, germe de la vie.

— SYN. : *Same(n)*, germe ; *Saatkorn*, semence ; *Korn*, grain, graine.

Keim|(ab)tötung ["kaim'(ap)tøːtuŋ] f. stérilisation f. ; pasteurisation f. ||°**-blase** f. (-, n). BOT. blastule f. ||°**-blatt** n. (s, ¨er), °**-blättchen** n. (s, -). BOT. cotylédon m. ||°**-boden** m. (s, -). BOT. réceptacle m. ||°**-drüse** f. (-, n) glande génitale ; gonade f. ||**-fähig** adj. [Pflanzen] germinatif. ||**-frei** adj. stérilisé ; aseptique. ||°**-hülle** f. (-, n). BOT. périsperme m. ||°**-korn** n. (s, ¨er), °**-körnchen** n. (s, -). BOT. spore f. ||°**-ling** m. (s, e). BOT. plantule f. ; bouture f. ||°**-plasma** n. (s). BIOL. plasma germinatif. ||**-tötend** adj. stérilisant ; pasteurisant. ||°**-träger** m. (s, -) porteur (m.) de bacilles. ||°**-zeit** f. (-, en) époque (f.) de la germination. ||°**-zelle** f. (-, n). BOT. spore f. ; cellule reproductrice.

keimen ['kaimən] v. intr. germer ; pousser. || FIG. pousser ; naître. | *Hoffnung keimt in seinem Herzen*, l'espoir naît dans son cœur.

keimend [-mənt] adj. naissant ; en germe.

kein, keine, kein [kain, 'kainə, kain] adj. indéf. ; **keiner, keine, kein(e)s** ['kainər, 'kainə, 'kain(ə)s] pron. indéf. aucun, aucune ; pas de ; pas un, pas une ; nul, nulle. | *er hat keinen Groschen mehr*, il n'a plus un sou. | *auf keinen Fall*, en aucun cas ; à aucun prix. | *unter keiner Bedingung*, à aucun prix. | *um keine Güter der Welt*, pour rien au monde. | *kein Mensch*, personne ne... ; nul. | *kein andrer als du*, nul autre que toi. || FAM. *das ist keine kleine Summe Geld*, ce n'est pas rien ; c'est une belle somme. | *es ist noch keine fünf Uhr*, il n'est pas encore cinq heures.

keinerlei ["kainər'lai] adj. d'aucune espèce ; d'aucune sorte.

keiner|seits ["kainər'zaits] adv. de nulle part ; d'aucun côté ; de personne.

keines|falls ["kainəs'fals] adv. en aucun cas ; à aucun prix ; nullement ; pas du tout. ||**-wegs** adv. aucunement ; nullement ; pas, point du tout ; en aucune façon.

kein|mal ['kainma:l] adv. pas une seule fois. | *einmal ist keinmal*, une fois n'est pas coutume.

Keks [ke:ks] m. ou n. biscuit m. ; gâteaux secs.

Kelch [kɛlç] m. (s, e) calice m. ; coupe f. | *Blumenkelch*, calice m. ; corolle f. || RELIG. *Kirchenkelch*, calice consacré. || FIG. *den (bitteren) Kelch bis zur Neige leeren*, boire le calice jusqu'à la lie.

Kelch|blatt ['kɛlçblat] n. (s, ¨er). BOT. sépale m. ; foliole (f.) du calice. ||°**-blume** f. (-, n) fleur (f.) à pétales. ||°**-blüter** m. pl. plantes (f. pl.) caliciflores. ||°**-glas** n. (es, ¨er) coupe f.

Kelle ['kɛlə] f. (-, n) cuiller (f.) à pot ; louche f. || TECHN. truelle f.

Keller ['kɛlər] m. (s, -) cave f. ; caveau m. ; cellier m. | *Weinkeller*, cellier. | *Vorratskeller*, cave à provisions. | *Ratskeller*, brasserie (f.), café (m.), caveau de l'hôtel de ville.

Keller|assel ["kɛlər'asəl] f. (-, n). ZOOL. cloporte m. ||°**-fenster** n. (s, -). ARCHIT. soupirail m. ||°**-geschoß** n. (es, e) sous-sol m. ||°**-gewölbe** n. (s, -). ARCHIT. voûte (f.) de cave. || PAR EXT. cave voûtée. ||°**-meister** m. (s, -) sommelier m. || °**-wechsel** m. (s, -). COMM. effet fictif ; traite (f.) de cavalerie. ||°**-wirtschaft** f. (-, en) taverne f. || °**-wohnung** f. (-, en) [habitation (f.) au] sous-sol m.

Kellerei [kɛlə'rai] f. (-, en) caves f. pl. || PAR EXT. sommellerie f.

Kellner ['kɛlnər] m. (s, -) garçon (m.) de café ; serveur m.

Kellnerin [-rin] f. (-, nen) serveuse f.

Kelte ['kɛltə] n. pr. m. HIST. Celte m.

Kelter ['kɛltər] f. (-, n). [Weinbau] pressoir m.

keltern ['kɛltərn] v. tr. presser ; pressurer.

Keltern n. (s). [Weinzubereitung] pressurage m.

keltisch ['kɛltiʃ] adj. HIST. celtique.

Kemenate [keme'na:tə] f. (-, n). [Vx.] salle chauffée d'un château fort. || appartement (m.) des femmes.

Kendo ['kɛndo] n. (s). SPORT. kendo m.

Kenn|karte ["kɛn'kartə] f. (-, n) carte (f.) d'identité. ||°**-marke** f. (-, n) plaque (f.) d'identité. ||°**-nummer** f. (-, n) numéro (m.) d'identification. ||°**-strich** m. (s, e) repère m. ||°**-wort** n. (s, e) mot (m.) de passe. ||°**-zeichen** n. (s, -) marque f. ; signe distinctif ; indice m. ; caractéristique f. | *amtliches Kennzeichen*, plaque (f.) minéralogique, d'immatriculation. ||**-zeichnen** v. tr. et v. pr. (se) distinguer ; (se) caractériser. || COMM. *jeden Warenartikel genau kennzeichnen*, marquer exactement chaque article. || FIG. *diese Tat kennzeichnet ihn*, cette action le caractérise. | *die Lage als kritisch kennzeichnen*, qualifier la situation de critique. ||**-zeichnend** adj. caractéristique. | *eine kennzeichnende Gebärde*, un geste significatif. ||°**-ziffer** f. (-, n) numéro (m.) d'identification. || COMM. code m. ; référence f. || MATH. caractéristique f.

kennbar ['kɛnba:r] adj. connaissable ; distinct.

kennen ['kɛnən] (kannte, gekannt) v. tr. connaître ; savoir ; entendre. | *jn gründlich kennen*, bien connaître qn. | *etwas vom Hörensagen kennen*, savoir qch. par ouï-dire. | *jn dem Sehen nach kennen*, connaître qn de vue. | *keine Rücksicht kennen*, n'avoir aucun égard. || savoir (faire). | *sein Handwerk (gut) kennen*, posséder son métier. || LOC. *ich kenne meine Pappenheimer*, je sais à qui j'ai affaire.

kennen|lernen ["kɛnən'lɛrnən] v. tr. faire la connaissance de. || PAR EXT. apprendre à connaître. || FAM. *du wirst mich noch kennenlernen*, tu ne me connais pas (encore).

kennens|wert ["kɛnəns've:rt] adj. digne d'être connu.

Kenner ['kɛnər] m. (s, -) connaisseur m. ; expert m. | *Kennermiene*, air entendu. | *mit Kennerblick* en connaisseur ; avec l'œil du connaisseur.

kenntlich ['kɛntliç] adj. facile à reconnaître ; (re)-connaissable. | *kenntlich machen*, désigner.

Kenntlich|machung ["kɛntliç'maxuŋ] f. désignation f. ; signalisation f. ; caractérisation f.

Kenntnis ['kɛntnis] f. (-, se) connaissance f. ; savoir m. ; conscience f. | *gute Kenntnisse in Kunstgeschichte haben*, avoir de solides connaissances en histoire de l'art. | *jm etwas zur Kenntnis bringen*, informer qn de qch. | *Kenntnis von etwas nehmen*, prendre connaissance, prendre note de qch. | *Geschäftskenntnisse*, expérience commerciale. | *Sachkenntnisse*, connaissances techniques. | *Kenntnisnahme*, fait de prendre connaissance (de qch.).

kenntnis|reich ["kɛntnis'raiç] adj. fort instruit.

Kennung ['kɛnuŋ] f. (-, en) signe distinctif. || marque f.

Kenotaph [keno'ta:f] n. (s, e) cénotaphe m.

Kentaur [kɛn'taur] m. (en, en) centaure m.

kentern ['kɛntərn] v. intr. MAR. chavirer ; FAM. dessaler. || FIG. sombrer.

Keramik [ke'ra:mik] f. (-, en) céramique f.

Keratin [kera'tin] n. (s). ANAT. cornée f. ; kératine f.

Keratotomie ["keratoto'mi:] f. (-, n). MÉD. kératotomie f.

Kerbe ['kɛrbə] f. (-, n) coche f. ; encoche f. ; cran m. ; entaille f. | *eine Kerbe ins Holz schneiden*, tailler, faire une coche dans le bois. || FAM. *er schlägt (haut) immer in die gleiche Kerbe*, il ramène toujours la même histoire.

Kerbel ['kɛrbəl] m. (s). BOT. cerfeuil m.

kerben ['kɛrbən] v. tr. faire une coche, une entaille, un cran. || TECHN. denteler ; créneler.

Kerb|holz ["kɛrp'hɔlts] n. (es). FIG., FAM. *er hat viel auf dem Kerbholz*, il en a gros sur la conscience.

Kerb|tier ["kɛrp'ti:r] n. (s, e). ZOOL. insecte m.

Kerker ['kɛrkər] m. (s, -). HIST. cachot m. ; geôle f. | *jn in den Kerker werfen*, mettre qn en prison ; emprisonner qn.

Kerker|meister ["kɛrkər'maistər] m. (s, -). HIST. geôlier m. ||°**-haft** f. HIST. emprisonnement m. ; réclusion f. ||°**-strafe** (-, n). HIST. (peine [f.] de) réclusion f., prison f.

Kerl [kɛrl] m. (s, e). FAM. gaillard m. ; bonhomme m. ; individu m. ; drôle m. ; lascar m. ; coquin m. | *er ist kein schlechter Kerl*, ce n'est pas un mauvais bougre. | *ein elender Kerl*, un misérable ; un coquin ; un sale individu. | *ein langer Kerl*, un grand gaillard ; un grand diable. | *das ist ein Kerl !*, c'est un homme ! | *ein dummer Kerl*, un sot ; un nigaud.

Kerlchen ['kɛrlçən] n. (s, -). FAM. petit bonhomme ; bout (m.) d'homme ; nabot m.

Kermes ['kɛrməs] m. ZOOL. kermès m. ; cochenille f. || [Farbstoff] kermès m.

Kern [kɛrn] m. (s, e) **1.** BOT. noyau m. ; pépin m. ; graine f. ; amande f. | *der Kirschkern*, le noyau de la cerise.

2. cœur m. [salade, artichaut]. | *der Kern der Nuß*, les quartiers de la noix. || CHIM. *Kern eines Atoms*, noyau atomique.

3. FIG. substance f. ; moelle f. ; cœur m. | *der Kern einer Frage*, le fin fond d'une chose. | *das war des Pudels Kern !*, c'était donc cela ! | *in dem Jungen steckt ein guter Kern*, ce garçon a un bon fond. || PROV. *je bitterer die Schale, desto süßer der Kern*, il faut casser le noyau pour manger l'amande.

kern... (en compos.) foncièrement ; vrai(ment). || PHYS. nucléaire.

Kern|beißer ["kɛrn'baisər] m. (s, -). ZOOL. gros-bec m. ||°**-bestandteil** m. (s, e). PHYS. constituant (m.) nucléaire. ||°**-bohrung** f. (-, en). TECHN., MINES. sondage (m.) à carotte ; carottage m. ||°**-chemie** f. chimie (f.) nucléaire. ||°**-energie** f. énergie (f.) nucléaire ; nucléaire m. | *auf die Kernenergie setzen*, miser sur le nucléaire. ||°**-energieanlage** f. (-, n) installation (f.) nucléaire. ||°**-früchte** f. pl. BOT. fruits (m. pl.) à pépins. ||°**-fusion** f. (-, en) fusion (f.) nucléaire. ||°**-fusionsenergie** f. énergie (f.) de fusion. || °**-gehäuse** n. (s, -). BOT. cœur (m.) d'un fruit ; [Apfel] trognon m. ||**-gesund** adj. tout à fait sain ; plein de santé. ||°-**holz** n. (es, ¨er) cœur (m.) du bois ; bois de première qualité. ||°-**kraftwerk** n. (s, e) centrale (f.) atomique. ||°-**ladung** f. (-, en) charge (f.) atomique ; charge (f.) du noyau. ||°-**leder** n. (s, -) cuir (m.) de choix, de première qualité. ||**-los** adj. sans noyaux ; sans pépins ; apyrène. ||°-**mehl** n. (s) fleur (f.) de farine. ||°-**physik** f. physique (f.) nucléaire. ||°-**punkt** m. (s, e) point principal, essentiel. ||°-**reaktor** m. (s, en) réacteur (m.) nucléaire ; pile (f.) atomique. ||°-**schatten** m. (s, -) ombre absolue. ||°-**seife** f. (-, n) savon (m.) de Marseille. ||°-**spaltung** f. (-, en). PHYS. fission (f.) nucléaire, de l'atome ; désagrégation (f.) du noyau. ||°-**spintomographie** f. (-, n). MÉD. imagerie (f.) par résonance magnétique (I.R.M.). ||°-**spruch** m. (s, ¨e) sentence f. ||°-**stück** m. (s, e) pièce essentielle. ||°-**teilung** f. (-, en) mitose f. (du noyau) ; caryokinèse f. ||°-**truppen** f. pl. MIL. troupes (f. pl.) d'élite. ||°-**waffen** f. pl. MIL. armes (f. pl.) atomiques ; armement (m.) nucléaire. || °-**waffenversuch** m. (s, e). MIL. essai (m.) nucléaire. ||°-**waffenversuchs-stopp** m. (s) arrêt (m.) des essais nucléaires. ||°-**zertrümmerung** f. PHYS. désintégration (f.) atomique.

kernen ['kɛrnən] v. tr. TECHN. carotter.

Kernen ['kɛrnən] n. (s). TECHN. carottage m.

kernhaft ['kɛrnhaft] adj. substantiel ; FIG. robuste ; résistant.

kernig ['kɛrniç] adj. BOT. qui renferme des pépins. || FIG. robuste ; solide ; vigoureux. | *kerniger Witz*, plaisanterie corsée. | *kernige Rede*, quelques paroles bien senties. || PAR EXT. *kernige Nahrung*, nourriture substantielle.

Kerosin [kero'zi:n] n. (s) kérosène m.

Kerze ['kɛrtsə] f. (-, n) cierge m. ; bougie f. ; chandelle f. | *die Kerze flackert*, la bougie vacille, danse. | *Osterkerze*, cierge pascal. || AUTOM. [Zündkerze] bougie f. || FIG., SPORT. [Steilschuß] chandelle f.

kerzen|gerade ["kɛrtsəngə'rɑ:də] adj. droit comme un I, comme un cierge. ||°-**gießer** m. (s, -) fondeur (m.) de cierges. ||°-**leuchter** m. (s, -) chandelier m. ||°-**stummel** m. (s, -), °-**stumpf** m. (s, ¨e) bout (m.) de chandelle. ||°-**weihe** f. (-, n). RELIG. bénédiction (f.) des cierges ; Chandeleur f. || °-**zündung** f. (-, en). AUTOM. allumage (m.) par bougies.

Kescher ['kɛʃər] m. (s, -) truble f. ; épuisette f.

keschern [-ʃərn] v. tr. attraper ; prendre au filet.

keß [kɛs] adj. FAM. [schneidig ; flott] aguichant ; déluré. || ARG. [durchtrieben] roué ; futé.

Kessel ['kɛsəl] m. (s, -) marmite f. , chaudron m. ; bouilloire f. ; bassine f. | *Kochkessel*, chaudron m. | *Teekessel*, bouilloire f. | *Waschkessel*, lessiveuse f. | *Brennkessel*, alambic m. | *den Kessel einhängen*, pendre la crémaillère. | *der Kessel der Lokomotive*, la chaudière de la locomotive. || [Jagd] *Kesseltreiben ; Kesseljagd*, chasse (f.) où l'on encercle le gibier ; battue f. || GÉOL. vallée encaissée, en entonnoir ; cirque m. | *Gebirgs-kessel*, cirque de montagne. | *Kessel eines Vulkans*, cratère (m.) d'un volcan. || ZOOL. bauge (f.) du sanglier.

Kessel|anlage ["kɛsəl'anlɑ:gə] f. (-, n). TECHN. installation (f.) de chaudière(s). ||°-**feuerung** f. (-, en) foyer (m.) de chaudière. ||°-**flicker** m. (s, -) chaudronnier m. ; rétameur m. ||°-**haken** m. (s, -) crémaillère f. ||°-**haus** n. (es, ¨er) chaufferie f. ||°-**pauke** f. (-, n). MUS. timbale f. ; grosse caisse. ||°-**schlacht** f. (-, en). MIL. bataille (f.) d'encerclement. ||°-**schmied** m. (s, e) chaudronnier m. ||°-**schmiede** f. (-, n) chaudronnerie f. ||°-**stein** m. (s). TECHN. (dépôt [m.] de) tartre m. ; entartrage m. ; incrustations f. pl. ||°-**stein|entfernung** f. TECHN. détartrage m. ||°-**treiben** n. (s) battue f. ||°-**wagen** m. (s, -) wagon-citerne m.

Ketsch [kɛtʃ] f. (es, e). MAR. ketch m.

Kettchen ['kɛtçən] n. (s, -) chaînette f.

Kette ['kɛtə] f. (-, n). **1.** chaîne f. | *einen Hund an die Kette legen*, attacher un chien. | *einen Gefangenen in Ketten legen, schlagen*, mettre un prisonnier aux fers. || FIG. *ein Volk in Ketten halten*, maintenir un peuple dans les chaînes. || TECHN. *Raupenkette*, chenille f. **2.** FIG. fil m. ; enchaînement m. | *Kette von Ursachen und Wirkungen*, enchaînement des causes et des effets. | *die Kette der Geschlechter*, la suite, la succession des générations.
3. TEXT. chaîne f. | *die Kette und der Schuß eines Gewebes*, la chaîne et la trame d'un tissu.
4. [Jagd] troupe f. ; compagnie f.

Kettel [-təl] m. ou n. (s, -) chaînette f.

ketten [-tən] v. tr. et v. pr. (s')attacher ; (s')enchaîner ; (se) lier.

Ketten|anker ["kɛtən'aŋkər] m. (s, -). MAR. ancre (f.) fixe ; corps mort. ||°-**antrieb** m. (s, e). TECHN. commande (f.), transmission (f.) par chaîne. ||°-**blitz** m. (es, e). PHYS. éclair (m.) en chapelet. ||°-**bruch** m. (s, ¨e). MATH. fraction continue. ||°-**brücke** f. (-, n) pont suspendu. ||°-**flug** m. (s, ¨e). AÉRON. vol (m.) en ligne ; vol (m.) de patrouille. ||°-**förderer** m. (s, -). TECHN. convoyeur (m.) à chaîne. ||**-förmig** adj. en forme de chaîne. || TEXT., TECHN. chaîné. ||°-**gehänge** n. (s, -) breloque f. ||°-**gehäuse** n. (s, -). [Fahrrad] carter m. ||°-**gelenk** n. (s, e), °-**glied** n. (s, er). TECHN. maille (f.) de chaîne ; maillon m. ; chaînon m. ||°-**handel** m. (s) commerce (m.) par intermédiaire(s). ||°-**hund** m. (s, e). ZOOL. chien (m.) d'attache, de garde. ||°-**läden** m. pl. chaîne (f.) de magasins. ||°-**panzer** m. (s, -). HIST. cotte (f.) de mailles. ||°-**reaktion** f. (-, en) réaction (f.) en chaîne. ||°-**satz** m. (es, ¨e). MATH. conjointe f. ||°-**schlepper** m. (s, -) tracteur (m.) à chenilles. ||°-**spanner** m. (s, -) tendeur (m.) de chaîne. ||°-**stich** m. (s, e) point (m.) de chaînette.

Ketzer ['kɛtsər] m. (s, -). RELIG. hérétique m. ; hétérodoxe m. ; renégat m.

Ketzer|gericht ["kɛtsərgə'riçt] n. (s, e) Saint-Office m. ; Inquisition f. ||°-**haupt** n. (s, ¨er) hérésiarque m. ||°-**richter** m. (s, -) inquisiteur m. ||°-**verbrennung** f. (-, en) autodafé m.

Ketzerei [kɛtsə'rai] f. (-, en). RELIG. hérésie f. ; hétérodoxie f. ; apostasie f.

— SYN. : *Glaubensabfall*, apostasie ; *Häresie*, *Irrglaube*, *-lehre*, hérésie ; *Heterodoxie*, hétérodoxie.

ketzerisch ['kɛtsəriʃ] adj. hérétique. | *ketzerische Reden führen*, tenir des propos hérétiques.

keuchen ['kɔyçən] v. intr. haleter ; être hors d'haleine ; respirer bruyamment ; ahaner.

keuchend [-çənt] adj. essoufflé ; haletant. | *keuchender Atem*, respiration sifflante.

Keuch|husten ["kɔyç'hu:stən] m. (s). MÉD. coqueluche f.

Keule ['kɔylə] f. (-, n) massue f. ; masse f. || TECHN. pilon m. || CULIN. [Hammel] gigot m. , [Ochs] culotte f. ; [Reh ; Wildschwein] cuissot m.

Keuper ['kɔypər] m. (s). GÉOL. trias supérieur ; étage (m.) des marnes irisées ; keuper m.

keusch [kɔyʃ] adj. pudique ; chaste ; pur ; continent.

Keuschheit ['kɔyʃhait] f. chasteté f. ; continence f. ; pureté f. ; pudicité f.

Keuschheits|gelübde ["kɔyʃhaitsgə'lybdə] n. (s) vœu (m.) de chasteté. ||°-**gürtel** m. (s, -). HIST. ceinture (f.) de chasteté.

Kfz-Steuermarke [kaɛf"tsɛt'stɔyərmɑ:rkə] f. (-, n) vignette (f.) auto.

khaki ['kɑ:ki] adj. [Farbe] kaki.

Khan [kɑ:n] m. (s, e). POLIT. khan m.

Kicher ['kiçər] f. (-, n), **-erbse** [-ɛrpsə] f. (-, n). BOT. pois (m.) chiche.

kichern ['kiçərn] v. intr. [unterdrückt lachen] rire sous cape ; glousser de rire.

Kiebitz ['ki:bits] m. (es, e). ZOOL. vanneau m.

kiebitzen [-sən] v. intr. FIG., FAM. faire galerie (au jeu de cartes).

Kiefer ['ki:fər] m. (s, -). ANAT. mâchoire f. ; os (m.) maxillaire. | *Oberkiefer*, mâchoire supérieure. | *Unterkiefer*, mâchoire inférieure.

Kiefer ['ki:fər] f. (-, n). BOT. pin m.

Kiefer|knochen ["ki:fər'knɔxən] m. (s, -) os (m.) maxillaire. ||°-**muskel** m. (s, n) muscle (m.) maxillaire. ||°-**orthopäde** m. (n, n), °-**orthopädin** f. (-, nen). MÉD. orthodontiste s. ||°-**orthopädie** f. MÉD. orthodontie f.

Kiefern|gehölz ["ki:fərngə'hølts] n. (es, e) pinède f. ; plantation (f.) de pins. ||°-**harz** n. (es, e) résine (f.) de pin. ||°-**wald** m. (s, ¨er) pinède f. ; forêt (f.) de pins. ||°-**zapfen** m. (s, -). BOT. pomme (f.) de pin.

kieken ['ki:kən] v. intr. DIAL. lorgner ; reluquer.

Kiel [ki:l] m. (s, e). **1.** MAR. quille f. ; carène f. | *den Kiel eines Schiffes legen*, mettre un bateau en chantier. || PAR EXT., POÉT. bateau m. ; navire m. **2.** tuyau (m.) de plume ; PAR EXT. *(Feder)kiel*, plume (f.) d'oie.

Kiel|flosse ["ki:l'flɔsə] f. (-, n). AÉRON. dérive f. ;

plan (m.) de dérive. ||°-**gang** m. (s, ¨e). MAR. gabords m. pl. ||-**holen** v. tr. caréner. ||°-**legung** f. (-, en). MAR. mise (f.) en chantier, sur cale. ||°-**linie** f. (-, n) ligne (f.) de file. | *in Kiellinie fahren*, naviguer en ligne de file. ||-**oben** adv. la quille en l'air. | *das Schiff treibt kieloben*, ce bateau va à la dérive, quille en l'air. ||°-**platz** m. (es, ¨e) carénage m. ||°-**raum** m. (s, ¨e) fond (m.) de cale. ||°-**schwein** n. (s, e). MAR. carlingue f. ; contrequille f. ||°-**wasser** n. (s). MAR. sillage m. ; eaux f. pl. || FIG. *in js Kielwasser schwimmen*, être, naviguer dans le sillage de qn ; être dans la mouvance de qn.

kielen ['ki:lən] v. intr. s'emplumer.
◇ v. tr. MAR. caréner.

Kieme ['ki:mə] f. (-, n) branchies f. pl. ; ouïes f. pl. | *Kiemenatmung*, respiration branchiale.

Kien [ki:n] m. (s, e). BOT. [Holz] bois (m.) de pin ; bois résineux.

Kien|apfel ["ki:n'apfəl] m. (s, ¨) pomme (f.) de pin. ||°-**fackel** f. (-, n) torche (f.) de pin, de sapin. ||°-**holz** n. (es) bois résineux. ||°-**span** m. (s, ¨e) copeau résineux.

kienig ['ki:niç] adj. résineux.

Kiepe ['ki:pə] f. (-, n) hotte f.

Kies [ki:s] m. (es, e) gravier m. ; galet m. || MINÉRAL. pyrite f. || POP. fric m.

Kies|erde ["ki:s'e:rdə] f. (-) grès m. ||°-**grube** f. (-, n) sablière f. ; gravière f. ||°-**sand** m. (s) sable (m.) de rivière ; gravillon m. ; gravier m.

Kiesel ['ki:zəl] m. (s, -) caillou m. ; galet m. ; gravier m. || MINÉRAL. silex m. ; quartz m.

Kiesel|erde ["ki:zəl'e:rdə] f. (-, n), °-**gur** f. MINES. terre (f.) siliceuse ; terre d'infusoires. || CHIM. silice f. ||°-**säure** f. (-, n). CHIM. acide (m.) silicique. ||°-**schiefer** m. (s, -). MINÉRAL. pierre (f.) de touche. ||°-**stein** m. (s, e) caillou m. ; gravier m.

kieselig ['ki:zəliç] adj. siliceux.

kiesen ['ki:zən], **küren** ['ky:rən] (kor, gekoren) v. tr. POÉT. élire ; choisir.

kikeriki ! [kikəri'ki:] interj. cocorico !

Kilo ['ki:lo] n. (s, s), **Kilo|gramm** [kilo'gram] n. (s, e). MATH. kilogramme m. ; kilo m.

Kilogram(m)|meter [kilo"gram'me:tər] m. et n. (s, -) kilogrammètre m.

Kilo|liter [kilo'li:tər] m. et n. (s, -) kilolitre m. ||°-**meter** m. et n. (s, -) kilomètre m. ||°-**metermesser** m. (s, -) compteur (m.) kilométrique. ||°-**meterstein** m. (s, e) borne (f.) kilométrique. ||°-**watt** n. (s, e). ÉLECTR. kilowatt m. ||°-**wattstunde** f. (-, n). ÉLECTR. kilowatt-heure m.

Kimberlit [kimbɛr'li:t] m. (s). GÉOL. kimberlite f.

Kimm [kim] f. (-, e). MAR. horizon m.

Kimme ['kimə] f. (-, n) entaille f. ; creux m. ; saillie f. || MIL. cran (m.) de mire.

Kinästhesie [kinɛste'zi:] f. MÉD. kinesthésie f.

Kind [kint] n. (s, er) enfant m. et f. | *ein munteres Kind*, un enfant gai. | *ein neugeborenes Kind*, un nouveau-né. | *ein Kind gebären, bekommen*, donner naissance à un enfant. | *Kinder erziehen, aufziehen*, élever, éduquer des enfants. | *jn an Kindes Statt annehmen*, adopter qn. | *von Kind auf*, depuis l'enfance. | *er ist noch ein richtiges Kind*, c'est encore un grand enfant. | *er ist ein Kind seiner Zeit*, il est de son époque. || FAM. *ein schönes Kind*, un bel enfant ; une belle fille. || LOC. *das Kind mit dem Bade ausschütten*, jeter le bébé avec l'eau du bain. | *man sieht sehr wohl, wes Geistes Kind er ist*, on voit bien de quel bois il est fait. | *das Kind bei seinem Namen nennen* ; *das Kind beim rechten Namen nennen*, appeler un chat un chat. || PROV. *Kinder und Narren sagen die Wahrheit*, la vérité sort de la bouche des enfants. | *ein gebranntes Kind scheut das Feuer*, chat échaudé craint l'eau froide.

Kind|bett ['kintbɛt] n. (s) couches f. pl. || °-**bettfieber** n. (s). MÉD. fièvre puerpérale.

Kindchen [-çən] n. (s, -) petit enfant ; bébé m. ; baby m. ; FAM. marmot m.

Kinderei [kində'rai] f. (-, en) enfantillage m.
— SYN. : *Kinderstreich*, enfantillage ; gaminerie.

Kinder|arzt ["kinder'ɑ:rtst] m. [es, ¨e], °-**ärztin** [-'ɛ:rtstin] f. (-, nen) pédiatre s. ||°-**aufbewahrung** f. (-, en). [im Warenhaus] halte-garderie f. ||°-**frau** f. (-, en) nourrice f. ; bonne (f.) d'enfants. ||°-**fräulein** n. (s, -) gouvernante f. ; nurse f. ||°-**fresser** m. (s, -) ogre m. ; croque-mitaine m. ||°-**garten** m. (s, ¨) école maternelle ; jardin (m.) d'enfants. ||°-**gärtnerin** f. (-, nen) jardinière (f.) d'enfants ; puéricultrice f. ||°-**geld** n. (s, er) allocations familiales. ||°-**geschichten** f. pl. contes pour enfants. ||°-**heilkunde** f. MÉD. pédiatrie f. ||°-**heim** n. (s, e), °-**hort** m. (s, e) garderie f. ; crèche f. ; pouponnière f. ||°-**jahre** n. pl. (années [f. pl.] d')enfance f. ||°-**krankheiten** f. pl. maladies (f. pl.) infantiles. ||°-**lähmung** f. (-, en). MÉD. paralysie (f.) infantile. | *spinale Kinderlähmung*, poliomyélite f. ||-**leicht** adj. FAM. enfantin ; simple comme bonjour. ||-**lieb** adj. *sie ist sehr kinderlieb*, elle adore les enfants. ||°-**liebe** f. 1° amour filial ; piété filiale ; 2° amour (m.) pour les enfants. ||°-**lieder** n. pl. chansons enfantines. ||-**los** adj. sans enfants. ||°-**mädchen** n. (s, -) bonne (f.) d'enfants. ||°-**mord** m. (s, e), °-**mörder** m. (s, -) infanticide m. ||°-**mörderin** f. (-, nen) infanticide f. ||°-**narr** m. (en, en) ami passionné des enfants. ||°-**pflege** f. puériculture f. ||°-**pflegerin** f. (-, nen) bonne (f.) d'enfants ; nurse f. ||-**reich** adj. qui a beaucoup d'enfants. | *kinderreiche Familie*, famille nombreuse. ||°-**schreck** m. (en) croque-mitaine m. ||°-**schuh** m. (s, e) soulier (m.) d'enfant. | *die Sache steckt noch in den Kinderschuhen*, ce n'est que le tout début. | *er ist den Kinderschuhen entwachsen*, il a jeté sa gourme. ||°-**schule** f. (-, n) école maternelle. ||°-**schutz** m. (es) protection (f.) de l'enfance. ||°-**spiel** n. (s, e) jeu (m.) d'enfant. || FIG., FAM. *das ist für dich doch nur ein Kinderspiel*, c'est un jeu d'enfant pour toi. ||°-**sterblichkeit** f. mortalité (f.) infantile. ||°-**streich** m. (s, e) enfantillage m. ; gaminerie f. ||°-**stube** f. (-, n) chambre (f.) des enfants. || PAR EXT. éducation f. | *er hat eine gute Kinderstube gehabt*, il a été bien élevé. ||°-**waage** f. (-, n) pèse-bébé m. ||°-**wagen** m. (s, -) voiture (f.) d'enfant ; poussette f. ||°-**wäsche** f. (-, n) layette f. ||°-**welt** f. petit monde ; enfants m. pl. ||°-**zeit** f. enfance f. ||°-**zimmer** n. (s, -) chambre (f.) des enfants. ||°-**zulage** f. (-, n) allocation familiale ; allocation (f.) pour enfants.

Kindes|alter ["kindəs'altər] n. (s) premier âge ; bas âge ; enfance f. ||°-**annahme** f. (-, n). JUR. adoption f. ||°-**beine** n. pl. *jn von Kindesbeinen an kennen*, connaître qn depuis sa tendre enfance. ||°-**entführung** f. (-, en) enlèvement (m.), rapt (m.) d'enfant. ||°-**kind** n. (s, er) petit-fils m. ; petite-fille f. | *Kindeskinder*, arrière-neveux m. pl. ||°-**liebe** f. piété filiale ; amour filial. ||°-**pflicht** f. (-, en) devoir filial. ||°-**raub** m. (s, e). JUR. enlèvement m. ; rapt (m.) d'enfant. ||°-**unterschiebung** f. (-, en). JUR. substitution (f.) d'enfant.

kindhaft ['kinthaft] adj. enfantin ; naïf ; ingénu.

Kindheit [-hait] f. enfance f. ; bas, premier, jeune âge.

kindisch ['kindiʃ] adj. PÉJOR. enfantin ; puéril. | *kindisch werden*, retomber en enfance.

kindlich ['kintliç] adj. d'enfant ; d'un enfant ; filial. | *kindliche Liebe*, amour filial. | *kindlicher Gehorsam*, obéissance (f.) de l'enfant, des enfants. || PAR EXT. naïf ; ingénu ; innocent. | *kindliches Gemüt*, naïveté f. ; ingénuité f.

Kindlichkeit [-kait] f. sentiment filial. || PAR EXT. ingénuité f. ; candeur f. ; innocence f.

Kindschaft ['kintʃaft] f. filiation f.

Kinds|kopf ['kintskɔpf] m. (s, ¨e). FIG., FAM. grand enfant ; être puéril.

Kinematik [ki:ne'mɑ:tik] f. cinématique f.

kinematographisch [-mato'grɑ:fiʃ] adj. cinématographique.

kinetisch [ki'ne:tiʃ] adj. PHYS. cinétique.

Kinkerlitzchen ["kiŋkər'litsçən] pl. FAM. bêtises f. pl. ; niaiseries f. pl. ; futilités f. pl.

Kinn [kin] n. (s, e). ANAT. menton m. ; mâchoire inférieure. | *ein Grübchen im Kinn haben*, avoir une fossette au menton. | *ein bartloses Kinn*, un menton imberbe, glabre. | *ein vorstehendes Kinn*, un menton proéminent. | *aufwärts gekrümmtes Kinn*, FAM. menton en galoche.

Kinn|backe ["kin'bakə] f. (-, n), °-**backen** [-'bakən] m. (s, -) mâchoire f. ; mandibule f. | *Kinnbakkenkrampf*, trismus m. ||°-**backenknochen** m. (s, -). ANAT. (os m.) maxillaire m. ||°-**band** n. (s, ¨er) jugulaire f. ; mentonnière f. ||°-**bart** m. (s) barbe f. ; barbiche f. ; FAM. bouc m. ||°-**haken** m. (s, -). [Boxen] crochet m. (à la mâchoire) ; uppercut m. ||°-**kette** f. (-, n). [Pferd] gourmette f. ||°-**lade** f. (-, n) *untere Kinnlade des Pferdes*, ganache f. ||°-**riemen** m. (s, -) jugulaire f. ||°-**schlag** m. (s, ¨e). [Boxen] coup (m.) à la mâchoire ; crochet m.

Kino ['ki:no] n. (s, s) cinéma m.

Kino|fachmann ["ki:no'faxman] m. (s, leute)

cinéaste m. ||°-**gänger(in)** m. (s, -), f. (-, nen) cinéphile s. | *begeisterter Kinogänger*, passionné (m.) de cinéma. ||°-**star** m. (s, s) vedette (f.) de cinéma ; star f. ||°-**vorstellung** f. (-, en) représentation (f.) cinématographique.

Kiosk [kiɔsk] m. (s, e). ARCHIT. kiosque m.

kippbar ['kipbaːr] adj. à bascule ; à renversement ; basculant.

Kippe ['kipə] f. (-, n) verse f. ; décharge f. || FAM. *der Teller steht auf der Kippe*, cette assiette est près de basculer, de tomber. || FIG., FAM. *auf der Kippe stehen*, ne tenir qu'à un fil ; être sur le point de faire faillite. || [Turnen] *eine Kippe am Reck*, un rétablissement à la barre fixe. || POP. mégot m.

kippen [-pən] v. intr. basculer ; faire la bascule ; trébucher ; se renverser. | *das Boot kippt (um)*, la barque chavire.
◇ v. tr. faire basculer. | *eine Kiste kippen*, faire basculer une caisse.

Kipper [-pər] m. (s, -). TECHN. camion-benne m.

Kipp|fenster ["kip'fɛnstər] n. (s, -). ARCHIT. fenêtre basculante. ||°-**karren** m. (s, -) wagonnet, tombereau basculant. ||°-**lastwagen** m. (s, -) camion basculant. ||°-**schalter** m. (s, -) interrupteur (m.) à bascule. ||°-**ständer** m. (s, -) béquille (f.) de motocyclette.

Kirche ['kirçə] f. (-, n) **1.** [Gebäude] église f. | *katholische Kirche*, église catholique. | *evangelische Kirche*, temple m. | *Pfarrkirche*, église paroissiale. | *eine Kirche einweihen*, consacrer une église. | *die Kirche besuchen*, aller à l'église. || FIG., FAM. *die Kirche ums Dorf tragen*, faire des détours inutiles. | *die Kirche im Dorf lassen*, garder tout son bon sens.
2. PAR EXT. [Gottesdienst] office religieux ; service divin. | *zur Kirche läuten*, sonner l'office, la messe. | *Kirche halten*, célébrer l'office divin.
3. [Glaubensgemeinschaft] Église f. | *katholische Kirche*, Église catholique. | *evangelische Kirche*, Église protestante. | *orthodoxe Kirche*, église orthodoxe. | *Trennung von Kirche und Staat*, séparation de l'Église et de l'État.

Kirch|hof ["kirç'hoːf] m. (s, ¨e) cimetière m. ||°-**spiel** n. (s, e), °-**sprengel** m. (s, -). [katholisch] cure f. ; diocèse m. ; paroisse f. || [protestantisch] inspection (f.) ecclésiastique ; paroisse f. ||°-**turm** m. (s, ¨e). ARCHIT. clocher m. ; campanile m. || °-**turmpolitik** f. FIG. esprit (m.) de clocher ; esprit borné, étroit. ||°-**turmspitze** f. (-, n) flèche (f.) de clocher. ||°-**weih** f. (-, en). RELIG. consécration (f.) d'une église. || PAR EXT. kermesse f. ||°-**zeit** f. heures (f. pl.) de l'office.

Kirchen|ablaß ["kirçən'aplaːs] m. (es, ¨e). RELIG. indulgence f. ||°-**amt** n. (s, ¨er) fonction (f.) ecclésiastique. ||°-**bann** m. (s) excommunication f. ; interdit m. | *über jn den Kirchenbann verhängen*, excommunier qn. ||°-**behörde** f. (-, n) autorité (f.) ecclésiastique. ||°-**buch** n. (s, ¨er) registre (m.) de la paroisse. ||°-**buße** f. (-, n) pénitence f. ||°-**chor** m. (s, ¨e) chorale f. ; maîtrise f. ||°-**diener** m. (s, -) sacristain m. ; bedeau m. ||°-**dienst** m. (s, e) office religieux. ||°-**fahne** f. (-, n) bannière f. ; gonfalon m. ||-**feindlich** adj. anticlérical. ||°-**fenster** n. (s, -) vitrail m. ||°-**fest** n. (es, e) fête religieuse. ||°-**fürst** m. (en, en) prince (m.) de l'Église. ||°-**gänger** m. (s, -) pratiquant m. ||°-**gemeinde** f. (-, n) paroisse f. ; communauté religieuse. ||°-**gesang** m. (s, ¨e) chant (m.) d'église ; cantique m. ; hymne m. ||°-**gesetz** n. (es, e) loi (f.) de l'Église ; canon m. ||°-**gut** n. (s, ¨er) biens (m. pl.) de l'Église. ||°-**kasse** f. (-, n) fabrique f. ||°-**licht** n. (s, er) cierge (m.) d'Église. || FIG., FAM. *er ist kein Kirchenlicht*, ce n'est pas une lumière. ||°-**lied** n. (s, er) cantique m. ||°-**maus** f. (-, ¨e). FAM. *arm wie eine Kirchenmaus*, pauvre comme un rat (d'église). ||°-**musik** f. musique religieuse ; concert spirituel. ||°-**ordnung** f. règlements (m. pl.) de l'Église ; liturgie f. ; rituel m. ||°-**rat** m. (s, ¨e). [katholisch] conseil (m.) de fabrique ; consistoire m. || [protestantisch] consistoire m. || PAR EXT. [katholisch] conseiller (m.) de fabrique ; fabricien m. ; [protestantisch] membre (m.) du consistoire. ||°-**recht** n. (s) droit canon. || -**rechtlich** adj. canonique. ||°-**sänger** m. (s, -) chantre m. ||°-**satzungen** f. pl. décrets m. pl. ; canons m. pl. ||°-**schändung** f. (-, n) profanation f. ; sacrilège m. ||°-**schiff** n. (s, e). ARCHIT. nef f. ||°-**spaltung** f. (-, en) schisme m. ||°-**staat** m. (s). POLIT. États (m. pl.) de l'Église. ||°-**steuer** (-, n) impôt (m.) ecclésiastique ; denier (m.) du culte. ||°-**vater** m. (s, ¨) Père (m.) de l'Église. ||°-**versammlung** f. (-, en) synode m. ; concile m. ||°-**verwaltung** f. (-, en) fabrique f.

Kirchlein ['kirçlain] n. (s, -) petite église ; chapelle f.

kirchlich [-liç] adj. ecclésiastique ; religieux ; spirituel.

Kirke ['kirkə] n. pr. f. MYTH. Circé f.

Kirmes ['kirmɛs] f. (-) fête foraine, de village.

kirre ['kirə] adj. FAM. apprivoisé ; soumis. | *kirre werden*, s'apprivoiser.

kirren [-rən] v. tr. FAM. apprivoiser ; amadouer. || [Jagd] appâter ; allécher.

Kirsch|baum ['kirʃbaum] m. (s, ¨e). BOT. cerisier m. | *wilder Kirschbaum*, merisier m. ; cerisier des oiseaux. ||°-**kuchen** m. (s, -). CULIN. tarte (f.) aux cerises. ||°-**lorbeer** m. (s, en). BOT. laurier-cerise m. ||°-**wasser** n. (s) eau-de-vie (f.) de cerises ; kirsch m.

Kirsche ['kirʃə] f. (-, n). BOT. cerise f. | *saure Kirschen*, cerises aigres. | *Vogelkirsche*, merise f. || LOC. FIG. *mit ihm ist nicht gut Kirschen essen*, il est mauvais coucheur.

Kissen ['kisən] n. (s, -) coussin m. ; oreiller m.

Kissen|bezug ["kisənbə'tsuːk] m. (s, ¨e), °-**überzug** m. (s, ¨e) taie (f.) d'oreiller.

Kiste ['kistə] f. (-, n) caisse f. ; boîte f. | *in Kisten verpacken*, mettre dans des caisses. | *Wein in Kisten*, du vin en caisses. || AÉRON., FIG., FAM. clou m. ; coucou m. ; zinc m. || AUTOM. bagnole f. | *eine alte Kiste*, une vieille bagnole.

Kisten|brecher ["kistən'brɛçər] m. (s, -), °-**öffner** m. (s, -). TECHN. ouvre-caisses m. ||°-**zange** f. (-, n). TECHN. tire-clous m. ; arrache-clous m.

Kitsch [kitʃ] m. (es) toc m. ; camelote f. ; chiqué m. ; croûte f. ; navet m. | *dieser Film ist Kitsch*, c'est un film de mauvais goût. || [Stilrichtung] kitsch m.

Kitsch|roman ["kitʃro'maːn] m. (s, e) roman (m.) de quatre sous, à l'eau de rose.

kitschig ['kitʃiç] adj. de mauvais goût. | *kitschiges Bild*, croûte f. | *kitschiger Film*, navet m. || kitsch.

Kitt [kit] m. (s, e) mastic m. ; lut m. ; ciment m. | *Fensterkitt*, mastic m.

Kittchen ['kitçən] n. (s). FAM. prison f. ; POP. taule f. ; violon m.

Kittel ['kitəl] m. (s, -) sarrau m. ; blouse f. ; tablier m.

kitten ['kitən] v. tr. TECHN. mastiquer ; cimenter ; luter. || FIG. *eine Ehe kitten*, replâtrer un mariage.

Kitz [kits] n. (es, e), **Kitze** ['kitsə] f. (-, n). ZOOL. chevreau m. ; faon m. ; chevrette f.

Kitzel ['kitsəl] m. (s) chatouillement m. ; démangeaison f. || FIG. envie f.

kitz(e)lig ['kits(ə)liç] adj. chatouilleux. | *kitz(e)lig sein*, être chatouilleux ; FIG. être sensible, susceptible. || FIG., FAM. scabreux ; graveleux. | *ein kitzliger Fall*, une affaire scabreuse.

kitzeln [-səln] v. tr. chatouiller ; exciter. | *jn kitzeln*, chatouiller qn. | *die Fußsohle kitzeln*, chatouiller la plante du pied. | *die Nase kitzelt mich*, le nez me chatouille. || FIG. flatter. | *diese Worte kitzeln seine Eitelkeit*, ces paroles flattent sa vanité. | *den Gaumen kitzeln*, flatter le palais.

Kitzler [-slər] m. (s, -). ANAT. clitoris m.

Kiwi ['kiːvi] m. (s, s). ZOOL. kiwi m.

Kiwi ['kiːvi] f. (-, s). BOT. kiwi m.

Klabautermann [kla'bautərman] m. (s) lutin marin (qui porte malheur).

klack! [klak], **klacks!** [klaks] interj. vlan !

Kladde ['kladə] f. (-, n) brouillon m. ; minute f.

Kladderadatsch [kladəra'daːtʃ] m. (es). FAM. pétard m. ; charivari m. ; chambard m.

klaffen ['klafən] v. intr. bâiller ; s'entrouvrir. | *ein Spalt klafft in der Erde*, une crevasse s'ouvre béante dans la terre. | *eine klaffende Wunde*, une blessure ouverte.

kläffen ['klɛfən] v. intr. [Hund] glapir ; japper. || FIG., FAM. jaser ; clabauder ; déblatérer ; criailler.

Kläffen [-fən] n. (s) jappements m. pl. ; glapissements m. pl. ; FIG. criailleries f. pl.

Kläffer [-fər] m. (s, -). PR. et FIG. roquet m.

Klafter ['klaftər] f. (-, n) toise f. ; brasse f. | *nach Klaftern messen*, mesurer à la toise ; toiser. || (Vx.) *eine Klafter Holz*, une corde, une voie de bois. | *Klaftermaß*, toise f.

klaftern ['klaftərn] v. tr. toiser ; corder. | *das Holz wurde geklaftert*, le bois fut cordé.

klagbar ['klaːkbaːr] adj. qui donne lieu à une plainte. | *klagbar werden*, porter plainte.

Klage ['klaːgə] f. (-, n) plainte f. ; gémissement m. ;

lamentation f. ; complainte f. ; doléance f. | *bittere Klagen*, plaintes amères. | *in Klagen ausbrechen*, se plaindre ; pousser des plaintes. || PAR EXT. [Beschwerde] mécontentement m. ; doléance f. ; grief m. ; réclamation f. | *eine unbegründete Klage*, une plainte mal fondée. | *jm Grund zur Klage geben*, donner à qn sujet de plainte. || JUR. plainte f. | *eine Klage gegen jn erheben*, porter plainte contre qn. | *die Klage zurücknehmen*, retirer sa plainte ; se désister de sa plainte. | *eine Klage anhängig machen*, intenter une action (en justice) contre qn.

Klage|erhebung ["kla:gəɛr'he:buŋ] f. (-, en). JUR. acte introductif d'instance. ||°**-frist** f. (-, en). JUR. délai (m.) de la demande. ||°**-gedicht** n. (s, e). LITTÉR. élégie f. ||°**-geschrei** n. (s) lamentations f. pl. ||°**-lied** n. (s, er) plainte f. ; complainte f. ; lamentation f. ||°**-mauer** f. (-, n) Mur (m.) des lamentations. ||°**-punkt** m. (s, e). JUR. chef (m.) d'accusation. ||°**-ruf** m. (s, e) cri plaintif ; plainte f. ||°**-sache** f. (-, n). JUR. procès m. ; cause f. ||°**-schrift** f. (-, en) plainte f. ||°**-ton** m. (s, ¨e) ton plaintif. ||°**-weib** n. (s, er) pleureuse f.

klagen ['kla:gən] v. intr. se plaindre ; se lamenter ; gémir. | *über Schmerzen klagen*, se plaindre d'avoir mal, d'avoir des douleurs. || PAR EXT., JUR. porter plainte en justice. | *auf Schadenersatz klagen*, actionner en dommages et intérêts.

◇ v. tr. *jm sein Leid klagen*, confier sa peine à qn.

Kläger ['klɛ:gər] m. (s, -). JUR. demandeur m. ; assignant m. ; plaignant m. | *Kläger sein ; als Kläger auftreten*, se constituer demandeur.

Klägerin [-rin] f. (-, nen). JUR. demanderesse f. ; plaignante f.

kläglich ['klɛ:kliç] adj. [jammernd] plaintif ; dolent. | *ein klägliches Geschrei*, des lamentations f. pl. | *kläglich weinen*, pleurer à fendre l'âme. || PAR EXT. [erbärmlich ; gering] déplorable ; lamentable ; misérable ; pitoyable ; piteux. | *der Sportplatz befand sich in einem kläglichen Zustand*, le terrain de sport était en piteux état, IRON. dans un bel état. | *ein klägliches Ergebnis*, un maigre résultat. | *eine klägliche Rolle*, un rôle déplorable.

Kläglichkeit [-kait] f. état (m.), caractère (m.) lamentable, pitoyable ; misère f.

klamm [klam] adj. [steif] engourdi ; gourd. | *ich habe klamme Finger*, j'ai les doigts engourdis. || FIG. être gêné, à court d'argent.

Klamm [klam] f. (-, en) gorge f. ; défilé m. ; ravin m.

Klammer ['klamər] f. (-, n) crampon m. ; pince f. | *mit Klammern befestigen*, fixer à l'aide de crochets. | *eiserne Klammer*, bride (f.), patte (f.) de fer. | *Wäscheklammer*, pince à linge. | *Büroklammer*, trombone m. ; agrafe f. || PAR ANAL. parenthèse f. | *runde Klammer*, parenthèse. | *eckige Klammer*, crochet m. | *eine Bemerkung in Klammern setzen*, mettre une remarque entre parenthèses.

klammern [-mərn] v. tr. et v. pr. (se) fixer ; (se) cramponner. || MÉD. *der Arzt hat die Wunde geklammert*, le médecin a agrafé la plaie. | *sich an einen Balken klammern*, se cramponner à une poutre. || FIG. *sich an eine Hoffnung klammern*, se cramponner à un espoir.

— SYN. : *anklammern*, accrocher ; *an-*, *ein-*, *zuhaken*, agrafer ; *ein-*, *ver-*, *fest-*, *zuklammern*, cramponner.

Klamotten [kla'mɔtən] pl. FAM., POP. nippes f. pl. ; frusques f. pl. ; hardes f. pl. | *pack deine Klamotten !*, ramasse tes affaires.

Klang [klaŋ] m. (s, ¨e) son m. ; bruit m. | *Klang der Stimme*, son de la voix. | *der Klang der Flöte*, le timbre de la flûte. | *Gläserklang*, tintement (m.) des verres. | *Schwerterklang*, cliquetis (m.) des épées. | *Glockenklang*, son des cloches. | *dieses Wort hat einen guten Klang*, ce mot sonne bien. | *das Glas gibt einen vollen Klang*, ce verre a une belle résonance. | *heller Klang*, son clair, argentin. | *tiefer Klang*, son grave, bas. || FIG. *sein Name hat einen guten Klang*, il jouit d'une bonne renommée ; il est réputé.

Klang|farbe ["klaŋ'farbə] f. (-, n) son m. ; ton m. ; timbre m. ; sonorité f. ; tonalité f. ||°**-farben|-regelung** f. (-) réglage (m.) de tonalité. ||°**-film** m. (s, e) film sonore, parlant. ||°**-fülle** f. sonorité f. ; puissance (f.) du son. ||°**-lehre** f. acoustique. ||**-los** adj. sourd ; insonore ; aphone. | *klanglose Stimme*, voix blanche. — adv. FAM. *er ist sang- und klanglos verschwunden*, il a disparu sans bruit. ||°**-malerei** f. (-, en) onomatopée f. ; harmonie imitative. ||°**-nachahmung** f. (-, n) onomatopée f. ||**-reich** adj. sonore. ||**-rein** adj. net ; pur. || RADIO. *klangreiner Empfang*, réception pure, nette. ||°**-reinheit** f. RADIO. netteté (f.), pureté (f.) de la réception. ||°**-stufe** f. (-, n). MUS. intervalle m. ||°**-tiefe** f. relief (m.) sonore. ||**-voll** adj. sonore. ||°**-welle** f. (-, n). PHYS. onde (f.) sonore. ||°**-wirkung** f. (-, en) effet musical.

klanglich ['klaŋliç] adj. qui concerne le son.

klapp ! [klap] interj. clac !

Klapp|bett ["klap'bɛt] n. (s, en) lit pliant ; lit (m.) escamotable ; lit (m.) de camp. ||°**-brücke** f. (-, n) pont-levis m. ||°**-deckel** m. (s, -) boîtier m. ; couvercle à charnière. ||°**-fahrrad** n. (s, ¨er) vélo pliant. ||°**-fenster** n. (s, -) vasistas m. ||°**-horn** n. (s, ¨er). MUS. cornet (m.) à piston ; piston m. ; ||°**-hut** m. (s, ¨e). [chapeau m.] claque m. ||°**-kamera** f. (-, s) appareil (photographique) pliant. ||°**-kragen** m. (s, -) col rabattu. ||°**-leiter** f. (-, n) échelle pliante. ||°**-messer** n. (s, -) couteau de poche, pliant. ||°**-sessel** m. (s, -) pliant m. ||°**-sitz** m. (es, e) strapontin m. ||°**-sofa** n. (s, s) canapé (m.) convertible. ||°**-stuhl** m. (s, ¨e) pliant m. ; strapontin m. ||°**-tisch** m. (es, e) table pliante. ||°**-tür** f. (-, en) trappe f. ||°**-ventil** n. (s, e). TECHN. clapet m. ||°**-verdeck** n. (s, e) capote (f.) de voiture.

Klappe ['klapə] f. (-, n). TECHN. clapet m. ; trappe f. ; abattant m. | *Ofenklappe*, clapet m. | *(Fliegen)klappe*, tapette f. ; attrape-mouches m. || FIG., FAM. *zwei Fliegen mit einer Klappe schlagen*, faire d'une pierre deux coups.

klappen [-pən] v. intr. claquer ; taper ; battre, frapper contre ; se fermer avec bruit. | *der Fensterladen klappt*, ce volet claque. || FIG., FAM. réussir ; aller bien. | *es klappt alles tadellos*, tout va très bien. | *es hat geklappt*, FAM. ça a marché !

◇ v. tr. rabattre.

Klappen|text ["klapən'tɛkst] m. (es, e) résumé (m.) figurant sur la jaquette d'un livre ; prière (m. ou f.) d'insérer.

Klapper ['klapər] f. (-, n) claquette f. ; cliquette f. ; castagnette f. ; hochet m. ; crécelle f.

klapper|dürr ["klapər'dyr] adj. maigre comme un clou ; qui n'a que les os et la peau. ||°**-kasten** m. (s, ¨). FAM. vieux piano ; FAM. casserole f. ||°**-maul** n. (s, ¨er). FIG., FAM. moulin (m.) à paroles. ||°**-mühle** f. (-, n). FAM. guimbarde f. ||°**-rose** f. (-, n). BOT. coquelicot m. ||°**-schlange** f. (-, n). ZOOL. serpent (m.) à sonnettes ; crotale m. ||°**-storch** m. (es, ¨e). FAM. (mère) cigogne f.

klapp(e)rig [-p(ə)riç] adj. branlant ; brinquebalant ; fragile ; vieux. | *klapperiges Auto*, vieux clou. || FIG., FAM. vieux ; rabougri.

klappern ['klapərn] v. intr. claquer ; cliqueter. | *die Hufe klappern auf dem Pflaster*, les sabots (du cheval) claquent sur le pavé. | *die Störche klappern*, les cigognes craquettent (avec leur bec). | *mit den Zähnen klappern*, claquer des dents.

Klappern [-pərn] n. (s) cliquetis m. ; bruit m. | *Klappern der Schreibmaschine*, cliquetis de la machine à écrire.

— SYN. : *Gerassel*, cliquetis ; *Geklapper*, claquement ; *Geplapper*, babillage.

Klaps [klaps] m. (es, e) tape f. ; claque f. ; taloche f. || FIG., FAM. *er hat einen Klaps*, il est un peu fêlé.

klapsen ['klapsən] v. tr. taper ; claquer.

klar [kla:r] adj. **1.** [hell ; ungetrübt] clair ; limpide ; pur ; transparent ; serein. | *klare Luft*, air pur, limpide. | *klares Wasser*, eau pure. | *bei klarem Wetter*, par temps clair. | *mit klarer Stimme*, d'une voix claire.

2. [scharf umrissen ; deutlich] clair ; net ; précis ; distinct ; intelligible ; évident ; lucide. | *einen klaren Begriff von etwas haben*, avoir une idée précise de qch. | *über etwas im klaren sein*, y voir clair dans une affaire. | *einen klaren Verstand besitzen*, avoir une intelligence lucide. | *er ist nicht bei klarem Verstand*, il n'a pas la tête nette ; il n'est pas de sang-froid (car il a bu). | *er ist ein klarer Kopf ; er hat einen klaren Kopf*, il a l'esprit clair. || FAM. *das ist doch klar !*, c'est évident. | *jm klaren Wein einschenken*, parler net à qn.

3. PAR EXT. [bereit] dégagé ; paré. || MAR. *klar Schiff !*, paré ! ; branle-bas de combat !

◇ adv. [deutlich] clairement ; nettement. | *etwas klar heraussagen*, parler sans ambages. | *klar und deutlich*, avec toute la précision souhaitable. | *klipp und klar*, sans ambages. || FAM. *klar !*, mais oui !

klar|blickend ["kla:r'blikənt] adj. perspicace. ||**-legen** v. tr. FIG. éclaircir ; tirer au clair. ||**-machen** v. tr. éclaircir, tirer au clair ; expliquer. | *jm etwas klarmachen*, expliquer qch. à qn. || MAR. appareiller. ||°**-schiff !** MAR. branle-bas (m.) de combat ! ||°**-schriftleser** m. (s, -) lecteur (m.) optique. ||

°**-sichttuch** n. (s, ¨er) chiffon (m.) antibuée. || °**-stellung** f. (-, en) éclaircissement m. ; explication f. ; mise (f.) au point. ||°**-text** m. (es, e) code déchiffré. || FIG., FAM. *Klartext sprechen*, ne pas mâcher ses mots. || INF. texte (m.) en (langage) clair.

Klara ['kla:ra] n. pr. f. Claire f.

klären ['klɛ:rən] v. tr. et v. pr. (s')éclaircir ; (se) clarifier ; décanter. | *das Gewitter klärt die Luft*, l'orage purifie l'air. | *der Himmel klärt sich*, le ciel s'éclaircit. || FIG. *eine Sache klären*, tirer une affaire au clair. — SYN. : *(sich) aufhellen*, (s')éclaircir ; *entwirren* ; *enträtseln*, démêler, débrouiller ; *läutern*, clarifier.

Klär|anlage ["klɛ:r'anla:gə] f. (-, n). TECHN. station (f.) d'épuration ; bassin (m.) de décantation. ||°**-becken** n. (s, -). CHIM. bassin (m.) de décantation. ||°**-filter** m. (s, -) filtre (m.) à clarifier. ||°**-grube** f. (-, n) fosse (f.) septique. ||°**-schlamm** m. (es) boues (f. pl.) de curage, d'épuration.

Klarheit ['kla:rhait] f. (-, en) clarté f. ; limpidité f. ; pureté f. ; transparence f. || PAR EXT. lucidité f. ; évidence f. ; précision f. ; netteté f. | *Klarheit schaffen über*, faire la lumière sur.

Klarinette [klari'nɛtə] f. (-, n). MUS. clarinette f.

Klärung ['klɛ:ruŋ] f. (-, en). TECHN. clarification f. ; décantation f. ; collage m. | *Klärung einer Flüssigkeit*, décantation d'un liquide. || FIG. [Begriffe] clarification ; mise (f.) au point.

klasse ['klasə] adj. FAM. super.

Klasse ['klasə] f. (-, n). **1.** [Schule] classe f. | *höhere Klassen*, classes supérieures. | *der Lehrer betritt die Klasse*, le maître entre en classe.
2. [Gesellschaftsklasse] catégorie f. ; division f. ; classe f. | *die besitzenden Klassen*, les possédants m. pl. | *die arbeitenden, die werktätigen Klassen*, les classes laborieuses.
3. [Abteilung] classe f. | *eine Fahrkarte erster Klasse*, un billet de première (classe).
4. ZOOL. classe f. ; famille f. | *Pflanzen-, Tierklassen*, catégories (f. pl.) de plantes, d'animaux.

Klassen|arbeit ["klasən'arbait] f. (-, en). [Schule] composition (écrite). ||°**-einteilung** f. (-, en) classement m. ; classification f. ||°**-geist** m. (es) esprit (m.) de classe, de caste. ||°**-kampf** m (s, ¨e) lutte (f.) des classes. ||°**-konferenz** f. (-, en). UNIV. conseil (m.) de classe. ||°**-lehrer** m. (s, -) professeur principal. ||°**-lotterie** f. (-, n) loterie (f.) en plusieurs tirages. ||°**-sortierung** f. (-, en). AGRIC. calibrage m. || °**-steuer** f. (-, n). FIN. impôt (m.) cédulaire. ||°**-zimmer** n. (s, -). [Schule] (salle de) classe f. ||°**-wahlsystem** m. (s) suffrage (m.) censitaire.

Klassifikation [klasifika'tsio:n] f. (-, en) [Klassifizierung] classification f.

klassifizieren [-fi'tsi:rən] v. tr. classifier.

Klassik ['klasik] f. classicisme m. | *französische Klassik*, époque (f.) classique en France. | *die deutsche Klassik*, le classicisme allemand.

Klassiker [-sikər] m. (s, -) classique m. | *französischer Klassiker*, classique français.

klassisch [-siʃ] adj. classique. | *das klassische Altertum*, l'Antiquité f. (classique). | *klassische Sprachen*, langues (f. pl.) classiques. || PAR EXT. klassischer Stil, style (m.) classique. | *klassisches Zeitalter*, époque (f.) classique ; classicisme m. | *ein klassisches Beispiel*, un exemple classique.

Klassizismus [-si'tsismus] m. classicisme m.

klassizistisch [-si'tsistiʃ] adj. néoclassique.

Klassizität [-sitsi'tɛ:t] f. pureté (f.) classique ; pureté (f.) de style.

klatsch ! [klatʃ] interj. flac !

Klatsch [klatʃ] m. (es, e) claquement m. ; POP. claque f. || PAR EXT., FAM. commérages m. pl. ; racontars m. pl. ; potins m. pl. ; cancans m. pl. ; ragots m. pl. | *Klatsch verbreiten*, colporter, répandre des potins. | *das ist Klatsch*, ce ne sont que des commérages, des potins.

Klatsch|base ["klatʃ'ba:zə] f. (-, n). FAM. commère f. ; cancanière f. ; pipelette f. | *sie ist eine alte Klatschbase*, c'est une vraie pipelette. ||°**-blatt** n. (s, ¨er) journal (m.) d'échos. ||°**-blätter** n. pl. [Zeitschrift] presse (f.) du cœur. ||°**-maul** n. (s, ¨er) bavard m. ; rapporteur m. ; cancanier m. ; potinier m. ||°**-mohn** m. (s, e). BOT. coquelicot m. ||**-naß** adj. FAM. trempé jusqu'aux os. ||°**-nelke** f. (-, n). BOT. silène m. ||°**-nest** n. (es, er). FAM. potinière f. ||°**-sucht** f. manie (f.) de faire des commérages. ||°**-weib** n. (s, er). V. KLATSCHBASE.

Klatsche ['klatʃə] f. (-, n) tapette f. ; claquette f. || PAR EXT. traduction non autorisée.

klatschen [-ʃən] v. intr. claquer ; fouetter. | *der Regen klatscht herab*, il tombe une pluie battante. | *in die Hände klatschen*, battre des mains. || FIG., FAM. *über jn klatschen*, jaser sur, médire de qn.
◇ v. tr. *Beifall klatschen*, applaudir.

Klatschen [-ʃən] n. (s) claquement m. ; POP. claque f. || FIG., FAM. bavardage m. ; commérage m.

Klatscherei [klatʃə'rai] f. (-, en). FAM. commérage m. ; bavardage m. ; potins m. pl.

klauben ['klaubən] v. tr. trier ; éplucher. | *Bohnen klauben*, trier des haricots. | *Steine klauben*, épierrer. | *zusammenklauben*, ramasser, réunir (avec peine). || FIG. ergoter. | *Worte klauben*, ergoter sur les mots.

Klauberei [klaubə'rai] f. (-, en) action (f.) d'épluncher ; tri m. ; triage m. || FIG., PÉJOR. ergotage m. ; subtilités f. pl.

Klaue ['klauə] f. (-, n). [Huf] sabot fendu ; pied fourchu. || [Kralle] griffe f. ; serre f. ; ongle m. | *Klaue des Löwen*, griffe du lion. | *Klaue des Adlers*, serre de l'aigle. | *mit gespaltenen Klauen*, à pieds fourchés ; fourchu. || FIG. *in js Klauen geraten*, tomber sous les griffes de qn.

klauen ['klauən] v. tr. voler ; FAM. chiper ; faucher.

Klauen|seuche ["klauən'zɔyçə] f. [Rind] *Maul- und Klauenseuche*, fièvre aphteuse. || [Schaf ; Ziege] piétin m.

klauig ['klauiç] adj. muni de griffes.

Klaus [klaus] n. pr. m. Nicolas m.

Klause ['klauzə] f. (-, n). [Zelle] cellule f. | *die Klause des Mönches*, la cellule du moine. || FIG. *er sitzt gern in seiner Klause*, il a l'esprit casanier. || PAR EXT. [Talenge] défilé m. ; cluse f.

Klausel ['klauzəl] f. (-, n) clause f. ; stipulation f. ; réserve f.

Klausner ['klausnər] m. (s, -) ermite m. ; solitaire m.

Klausur [klau'zu:r] f. (-, en). [Klosterräume] clôture f. || [Schulen] composition faite sous surveillance. | *in der Klausur*, en loge.

Klaviatur [klavia'tu:r] f. (-, en). MUS. clavier m.

Klavier [kla'vi:r] n. (s, e). MUS. piano m. ; clavecin m. | *Klavier spielen*, jouer du piano.

Klavier|auszug [kla"vi:r'austsu:k] m. (s, ¨e). MUS. partition (f.) pour piano. ||°**-begleitung** f. (-, en). MUS. accompagnement (m.) de piano. ||°**-konzert** n. (s, e) concert (m.), récital (m.) de piano. || °**-lehrer(in)** m. (s, -), f. (-, nen) professeur (m.) de piano. ||°**-schlüssel** m. (s, -) clef (f.) d'ut. ||°**-spiel** n (s, e) jeu (m.) du piano. ||°**-spieler(in)** m. (s, -), f. (-, nen) pianiste m. et f. ||°**-stimmer** m. (s, -) accordeur (m.) de piano.

Klebe|band ["kle:bə'bant] n. (s, ¨er) bande adhésive ; ruban adhésif. ||°**-folie** f. (-, n) papier adhésif. ||°**-kraft** f. (-) pouvoir adhésif. ||°**-mittel** n. (s, -) colle f. ; liant m. ||°**-streifen** m. (s, -) ruban adhésif.

kleben ['kle:bən] v. intr. (se) coller ; attacher ; être collant ; adhérer ; s'attacher ; tenir. | *das klebt wie Pech*, cela tient comme teigne. | *die Zunge klebt mir am Gaumen*, j'ai la gorge sèche. || FIG. *es klebt Blut an seinen Fingern*, il y a du sang sur ses mains. | *am Irdischen kleben*, être attaché aux choses de ce monde. | *zu sehr am Äußerlichen kleben*, accorder trop d'importance à la façade. || FAM. *er klebt an mir*, il est collant.
◇ v. tr. coller. | *eine Briefmarke auf den Brief(umschlag) kleben*, coller un timbre sur la lettre ; affranchir une lettre. | *die Adresse auf den Koffer kleben*, coller l'adresse sur la malle.

Kleber ['kle:bər] m. (s, -). [Mann] colleur m. || CHIM. colle végétale ; gluten m.

kleb(e)rig [-b(ə)riç] adj. collant ; gluant ; poisseux ; visqueux.

Klebrigkeit [-briçkait] f. viscosité f.

Kleb|stoff ['kle:pʃtɔf] m. (s, e) colle f. ||°**-streifen** m. (s, -) papier collant ; ruban adhésif. ||°**-zettel** m. (s, -) étiquette gommée.

kleckern ['klɛkərn] v. intr. FAM. faire des taches ; souiller ; barbouiller ; mâchurer.

Klecks [klɛks] m. (es, e) tache f.

klecksen ['klɛksən] v. tr. et v. intr. faire des taches ; (se) salir. | *die Feder kleckst*, la plume crache. || [Malerei] barbouiller.

Kleckser [-sər] m. (s, -). FAM. barbouilleur m.

Kleckserei [klɛksə'rai] f. (-, en). FAM. barbouillage m. ; croûte f.

kleckig ['klɛksiç] adj. taché ; plein de taches.

Klee [kle:] m. (s). BOT. trèfle m. | *Klee säen*, semer du trèfle. | *Klee füttern*, donner à manger du trèfle. || FIG., FAM. *jn über den grünen Klee loben*, louer qn outre mesure, de façon excessive à l'excès.

Klee|blatt ['kle:blat] n. (s, ¨er). BOT. feuille (f.) de trèfle. || FIG., FAM. *diese drei bilden ein treues Kleeblatt*, ces trois-là sont inséparables. | *das ist ja ein sauberes Kleeblatt*, c'est un joli trio. ||°**-salz** n. (es). CHIM. sel (m.) d'oseille. ||°**-säure** f. CHIM. acide (m.) oxalique.

Klei [klai] m. (s) argile f.

Kleiber ['klaibər] m. (s, -). (Vx.) maçon m. || ZOOL. grimpereau m. ; sittelle f.

Kleid [klait] n. (s, er). [Männer] vêtement m. ; costume m. ; habit m. || [Frauen] robe f. ; toilette f. | *ein Kleid anhaben, tragen*, porter une robe. | *ein Kleid anziehen, anlegen*, mettre une robe. | *ein Kleid ausziehen, ablegen*, enlever une robe. | *sich ein Kleid machen lassen*, se faire faire un vêtement, un complet. | *ein ausgeschnittenes Abendkleid*, une robe du soir décolletée. | *das bürgerliche Kleid*, la tenue civile. | *abgetragene Kleider*, habits usés. | *Soldatenkleid*, uniforme m. (militaire). || FAM. *ich bin drei Tage nicht aus den Kleidern gekommen*, je ne me suis pas déshabillé depuis trois jours. || PROV. *Kleider machen Leute*, l'habit fait le moine. | *lange Kleider, kurzer Sinn*, beaux habits, petit esprit.

Kleider|ablage ["klaidər'aplɑ:gə] f. (-, n) vestiaire m. ||°**-bügel** m. (s, -) cintre m. ; porte-habits m. ||°**-bürste** f. (-, n) brosse (f.) à habits. ||°**-haken** m. (s, -) patère f. ||°**-kammer** f. (-, n) garde-robe f. ||°**-laus** f. (-, ¨e). ZOOL. pou (m.) de corps. ||°**-puppe** f. (-, n). TECHN. mannequin m. ||°**-schnitt** m. (s, e) [Näherei] patron m. ||°**-schrank** m. (s, ¨e) armoire (f.) à vêtements ; garde-robe f. ||°**-ständer** m. (s, -) portemanteau m. ; perroquet m. ||°**-trödler** m. (s, -). COMM. fripier m.

kleiden ['klaidən] v. tr. et v. pr. (s')habiller ; (se) vêtir. | *weißgekleidet*, habillé de blanc. | *schwarzgekleidet*, habillé de noir. | *sich nach der neuesten Mode kleiden*, s'habiller à la dernière mode ; être à la mode. || FIG. *sich in Strenge kleiden*, afficher de la sévérité ; prendre un air sévère. | *einen Gedanken in Worte kleiden*, mettre en forme, exprimer une pensée.

— SYN. : *bekleiden, anziehen*, vêtir ; *anlegen, antun*, revêtir ; *ankleiden*, habiller ; *kostümieren*, costumer.

kleidsam ['klaitza:m] adj. seyant ; qui habille bien.

Kleidung ['klaiduŋ] f. (-, en). [Handlung] habillement m. || PAR EXT. [Kleider] habits m. pl. ; vêtements m. pl. ; toilette f. ; costume m. ; habillement m.

Kleidungs|stück ["klaiduŋs'ʃtyk] n. (s, e). [pièce (f.), partie (f.) du] vêtement m.

Kleie ['klaiə] f. son m.

kleiig ['klaiiç] adj. 1° argileux ; 2° plein de son.

klein [klain] adj. **1.** petit. | *ein kleines Kind*, un petit enfant. | *ein kleines Haus*, une maisonnette. | *der kleine Finger*, le petit doigt ; l'auriculaire m. | *klein von Gestalt*, de petite taille. | *kleine Weile*, petit moment ; court instant. | *er ist um einen Kopf kleiner als sein Vater*, il a la tête de moins que son père. | *über ein kleines*, bientôt. | *bis ins kleinste*, jusqu'au moindre détail. | *im kleinen treu sein*, être précis (dans le détail). | *das kleinere Übel*, le moindre mal. || COMM. *im kleinen verkaufen*, vendre au détail ; détailler. | *kleines Geld ; Kleingeld*, (petite, menue) monnaie. | *sich klein machen*, se faire tout petit.

2. [gering] faible ; insignifiant ; médiocre. | *kleiner Geist, kleine Seele*, esprit mesquin, étroit. | *der kleine Mann*, l'homme du peuple. || PROV. *mit Kleinem fängt man an, mit Großem hört man auf*, qui vole un œuf vole un bœuf. | *kleine Ursache, große Wirkungen*, petites causes, grands effets.

3. [jung] jeune. | *groß und klein*, grands et petits ; tout le monde. | *die Kleinen*, les petits m. pl. ; les enfants m. pl. | *die Kleine*, la petite fille ; la fillette. | *der Kleine*, le garçon ; le garçonnet. | *das Kleine*, le bébé. || FAM. *die Frau bekommt bald ein Kleines*, cette femme accouchera bientôt.

◇ adv. *ein Wort klein schreiben*, écrire un mot avec une minuscule. | *ein klein wenig*, un tout petit peu ; un rien. || FIG., FAM. *klein anfangen*, partir de rien. || FAM. *von jm klein denken*, n'avoir pas une très haute idée de qn. | *alles kurz und klein schlagen*, mettre tout en pièces. | *von klein auf*, depuis la plus tendre enfance.

Klein [klain] n. (s, e). CULIN. abat(t)is m. || MINES. amas (m.) de pierres ; pierraille f.

Klein|aktionär ["klainaktsio'nɛ:r] m. (s, e), °**-anleger** [-'anle:gər] m. (s, -). FIN. petit porteur. ||°**-anzeige** f. (-, n) petite annonce. ||°**-asien** n. pr. n. Asie Mineure. ||°**-auto** n. (s, s) voiturette f. ||°**-bahn** f. (-, en) chemin (m.) de fer à voie étroite. ||°**-betrieb** m. (s, e) petite exploitation. ||°**-bildkamera** f. (-, s) appareil (m.) pour photos de format réduit. ||°**-bürger** m. (s, -) petit bourgeois. || **-bürgerlich** adj. de la petite bourgeoisie. ||°**-bus** m. (ses, se) minibus m. ||°**-format** n. (s, e) petit format. ||**-formatig** adj. tabloïd. ||°**-formatzeitung** f. tabloïd m. ||°**-garten** m. (s, ¨) jardin ouvrier. ||°**-geist** m. (es) esprit mesquin, étroit. ||°**-geld** n. (s) [petite, menue] monnaie. ||°**-gewerbe** n. (s, -) entreprise artisanale ; petite entreprise. ||**-gläubig** adj. de peu de foi. ||°**-gläubigkeit** f. manque (m.) de foi. ||°**-handel** m. (s) petit commerce ; commerce (m.) de détail. ||°**-händler** m. (s, -) détaillant m. ; débitant m. ||**-herzig** adj. FIG. pusillanime ; timoré. ||°**-hirn** n. (s, e). ANAT. cervelet m. ||°**-holz** n. (es) petit, menu bois. || FIG., AÉRON., ARG. *Kleinholz machen*, casser du bois. ||**-kalibrig** adj. de petit calibre. ||°**-kinderbewahranstalt** f. (-, en) crèche f. ; garderie f. ||°**-kinderschule** f. (-, n) école maternelle. ||°**-kohle** f. (-, n) charbon fin. ||**-köpfig** adj. microcéphale. ||°**-köpfige(r)** f. (m.) microcéphale s. ||**-körnig** adj. à petits grains. ||°**-kram** m. (s). [Ware] PÉJOR. pacotille f. || FIG. *der tägliche Kleinkram*, le train-train quotidien. ||°**-krämer** m. (s, -) boutiquier m. ; détaillant m. ; débitant m. ||°**-krieg** m. (s, e). MIL. guerre (f.) de partisans ; guérilla f. || FIG. chamailleries f. pl. ; FAM. guéguerre f. || °**-kunstbühne** f. (-, n) cabaret m. ||**-laut** adj. FIG. décontenancé ; interloqué ; penaud ; interdit. | *kleinlaut machen*, décontenancer ; FAM. rabattre le caquet à ; remettre à sa place. | *kleinlaut werden*, perdre son aplomb ; baisser le ton. ||°**-maler** m. (s, -) miniaturiste m. ||°**-malerei** f. (art de la) miniature f. ||°**-mut** m. (s) pusillanimité f. ; manque (m.) de cœur, de courage. ||**-mütig** adj. pusillanime ; découragé ; timoré. || °**-schlag** m. (s) pierraille f. ; pierres concassées. ||°**-staat** m. (s, en) petit État. ||°**-staaterei** f. PÉJOR. particularisme m. ||°**-städter** m. (s, -) provincial m. ||**-städterei** f. mœurs provinciales ; esprit (m.) de province. ||**-städtisch** adj. PÉJOR. de petite ville ; provincial. ||°**-verkauf** m. (s, ¨e) vente (f.) au détail. ||°**-vieh** n. (s) menu, petit bétail. ||°**-wagen** m. (s, -) voiturette f.

Kleinheit ['klainhait] f. petitesse f. ; exiguïté f. ; médiocrité f.

Kleinigkeit [-niçkait] f. (-, en) chose insignifiante ; bagatelle f. | *das ist eine Kleinigkeit für ihn*, c'est une petite affaire pour lui. | *Kleinigkeitskrämer*, esprit mesquin, vétilleux, tatillon.

kleinlich ['klainliç] adj. FIG. petit ; étroit ; borné ; mesquin ; minutieux ; tatillon ; vétilleux.

Kleinlichkeit [-kait] f. (-, en) petitesse (f.) de cœur, d'esprit ; minutie f.

Kleinod ['klaino:t] n. (s, Kleinodien) bijou m. ; joyau m.

Kleinst|film ['klainstfilm] m. (s, e). PHOT. microfilm m. ||°**-wert** m. (s, e) valeur minimale.

Kleister ['klaistər] m. (s) colle (f.) d'amidon, de pâte.

kleist(e)rig [-t(ə)riç] adj. enduit de colle ; collant ; gluant ; pâteux.

kleistern [-tərn] v. tr. enduire de colle ; coller.

Klematis [kle'mɑ:tis] f. BOT. clématite f.

Klemm... [klɛm] (en compos.) de serrage.

Klemme ['klɛmə] f. (-, n). [Werkzeug] pince f. ; borne f. ; serre-fils m. | *mit der Klemme arbeiten*, se servir du serre-fils. || ÉLECTR. borne f. || TECHN. barrette (f.) de raccordement. || PAR EXT. [Lage] passage resserré. || FIG., FAM. embarras m. ; gêne f. | *in der Klemme sitzen*, être dans l'embarras ; FAM. être dans le pétrin.

klemmen [-mən] v. tr. et v. pr. (se) presser ; (se) pincer ; (se) serrer. | *er hat sich den Daumen in der Türe geklemmt*, il s'est pincé le pouce dans la porte. || FIG., FAM. *sich hinter seine Arbeit klemmen*, s'acharner au travail.

◇ v. intr. se coincer. | *die Tür klemmt*, cette porte se coince.

Klemmen|deckel ["klɛmən'dɛkəl] m. (s, -). ÉLECTR. cache-borne m.

Klemmer [-mər] m. (s, -) pince-nez m.

Klemmung [-muŋ] f. (-, en) coincement m. ; blocage m.

Klempner ["klɛmpnər] m. (s, -) plombier m. ; ferblantier m.

Klempner|arbeit ["klɛmpnər'arbait] f. (-, en) ferblanterie f. ||°**-ware** f. (-, n) ferblanterie f.

Klempnerei [klɛmpnə'rai] f. (-, en) ferblanterie f.

Klepper ['klɛpər] m. (s, -). Péjor. rosse f. ; haridelle f. ; pop. canasson m.

klerikal [kleri'kɑ:l] adj. clérical.

Klerikalismus [-ka'lismus] m. cléricalisme m.

Kleriker ['kle:rikər] m. (s, -). Relig. clerc m. ; ecclésiastique m.

Klerus ['kle:rus] m. clergé m.

Klette ['klɛtə] f. (-, n). Bot. bardane f. ; glouteron m. ; gaillet m. ; grateron m.

Kletter|eisen ["klɛtər'aizən] n. (s, -) crampon m. ||°**-gerüst** n. (s, e). [Turnen] portique m. ||°**-gürtel** m. (s, -). Sport. baudrier m. ||°**-mast** m. (es, e) mât (m.) de cocagne. ||°**-pflanze** f. (-, n) plante grimpante ; pariétale f. ||°**-rose** f. (-, n). Bot. rosier grimpant. ||°**-stange** f. (-, n). [Turnen] mât m. ||°**-tau** n. (s, e). [Turnen] corde (f.) lisse. ||°**-vögel** m. pl. Zool. grimpeurs m. pl.

Kletterei [klɛtə'rai] f. action (f.) de grimper.

Kletterer ['klɛtərər] m. (s, -) grimpeur m. || Sport. varappeur m.

klettern [-tərn] v. intr. grimper.

Klettern [-tərn] n. (s). Sport. varappe f.

Klient [kli'ɛnt] m. (en, en) client m.

Klientel [kliɛn'te:l] f. (-, n) clientèle f.

Kliff [klif] n. (s, e). Mar. falaise f.

Klima ['kli:ma] n. (s, te) climat m. | *mildes Klima*, climat tempéré. || Par ext. ambiance f. | *gutes Betriebsklima*, bonne ambiance de travail.

Klima|anlage ["kli:ma'anlɑ:gə] f. (-, n) installation (f.) de climatisation. ||°**-technik** f. (-, en) technique (f.) de la climatisation.

Klimakterium [klimak'te:rium] n. (s). Méd. ménopause f.

klimatisch [kli'mɑ:tiʃ] adj. climatique. | *klimatischer Zeitabschnitt*, époque (f.) climatique.

Klimax ['kli:maks] f. (-, n). Gramm. gradation f.

Klimbim [klim'bim] m. (s). Fam. tralala m.

klimmen ['klimən] (o, o) v. intr. gravir ; grimper. | *auf den Gipfel klimmen*, escalader le sommet.

Klimm|zug ['klimtsu:k] m. (s, ¨e). [Turnen] montée (f.) par traction des bras.

Klimperei [klimpe'rai] f. (-, en) pianotage m.

Klimper|kasten ["klimpər'kastən] m. (s, -). Fam. mauvais piano ; casserole f.

klimpern ['klimpərn] v. intr. Fam. faire tinter, sonner. || Par anal. jouer distraitement d'un instrument. | *auf dem Klavier klimpern*, pianoter.

kling! [kliŋ] interj. drelin ! drelin !

Klinge ['kliŋə] f. (-, n) lame f. | *die Klinge des Messers*, la lame du couteau. || Par ext. épée f. | *eine gute Klinge schlagen*, être une fine lame. | *die Klingen kreuzen*, croiser le fer. || Mil. *jn über die Klinge springen lassen*, passer qn par les armes ; tuer ; fig. évincer.

Klingel ['kliŋəl] f. (-, n) sonnette f. ; clochette f.

klingeln [-ŋəln] v. intr. sonner ; tirer la sonnette. | *dem Diener klingeln*, sonner son domestique.

Klingeln [-ŋəln] n. (s) tintement m. ; sonnerie f.

Klingel|zug ["kliŋəl'tsu:k] m. (s, ¨e). Techn. fils (m. pl.), cordon (m.) d'une sonnerie.

klingen ['kliŋən] (a, u) v. intr. sonner ; résonner ; rendre un son ; retentir. | *die Glocken klingen*, les cloches sonnent. | *hell klingen*, sonner clair. | *hohl klingen*, sonner creux. || Fig. *dieser Vers klingt schlecht*, ce vers sonne mal. | *das klang zauberhaft*, cela paraissait merveilleux. | *die Ohren klingen mir*, les oreilles me tintent. | *das klingt unwahrscheinlich*, cela paraît invraisemblable.

klingend [-ŋənt] adj. retentissant ; sonore. | *mit klingendem Spiel*, en musique ; musique (f.) en tête. | *mit klingender Münze zahlen*, payer en espèces sonnantes et trébuchantes. | *klingender Reim (weiblicher Reim)*, rime féminine.

Kling|klang ['kliŋklaŋ] m. (s) tintement m. ; cliquetis m. ; flonflon m. || Péjor. verbiage m.

Klinik ['kli:nik] f. (-, en) clinique médicale. | *geburtshilfliche Klinik*, maternité f.

Kliniker(in) [-nikər(in)] m. (s, -), f. (-, nen) clinicien m., clinicienne f.

klinisch [-niʃ] adj. clinique.

Klinke ['kliŋkə] f. (-, n) loquet m. ; clenche f. ; poignée f. || Fig., fam. *die Klinken putzen*, tirer les sonnettes ; faire du porte-à-porte.

klinken [-kən] v. intr. presser le loquet.

Klinker ['kliŋkər] m. (s, -) brique vernissée.

klipp [klip] adv. Fam. *die Sache ist klipp und klar*, cette affaire est parfaitement claire.

Klipp [klip] m. et n. (s, s) attache f. ; agrafe f. ; broche f. ; clip m.

Klippe ['klipə] f. (-, n) écueil m. | *blinde Klippe*, brisant(s) m. (pl.). | *das Schiff zerschellte an der Klippe*, le bateau se brisa sur un écueil.

klippen|reich ["klipən'raiç] adj. plein, semé d'écueils.

Klipper ['klipər] m. (s, -). Mar. voilier (m.) rapide ; clipper m. || Aéron. clipper m.

Klipp|fisch ['klipfiʃ] m. (s, e). Zool. morue salée.

klirren ['klirən] v. intr. vibrer ; résonner ; cliqueter ; claquer. | *Ketten klirren*, des chaînes grincent. | *Waffen klirren*, des armes s'entrechoquent. | *die Fenster klirrten vom Donnerschlag*, le tonnerre faisait trembler les fenêtres.

Klirren [-rən] n. (s) résonance f. ; bruit m. | *das Klirren der Waffen, der Gläser, der Ketten*, le cliquetis des armes ; le choc des verres ; le bruit des chaînes.

Klischee [kli'ʃe:] n. (s, s). Typogr. cliché m. || Fig. cliché. | *das ist bloß Klischee*, cela manque d'originalité.

klischieren [-'ʃirən] v. tr. clicher.

Klistier [klis'ti:r] n. (s, e). Méd. lavement m. ; clystère m.

Klistier|spritze [klis"ti:r'ʃpritsə] f. (-, n). Méd. seringue (f.) à lavements ; clysopompe m.

klistieren [klis'ti:rən] v. tr. administrer un lavement.

Klitoris ['kli:toris] f. (-, -). Anat. clitoris m.

Klitsch [klitʃ] m. (es, e) bouillie f. || Par ext., fam. gâteau mal cuit.

klitschig ['klitʃiç] adj. comme de la bouillie ; gras ; glissant.

Klo [klo] n. (s, s). Fam. cabinets m. pl. ; waters m. pl.

Kloake [klo'ɑ:kə] f. (-, n) cloaque m. ; égout m. || Zool. cloaque m.

— Syn. : *Kot-, Schlammgrube*, cloaque, sentine.

Kloben ['klo:bən] m. (s, -) bûche f. ; billot (m.) de bois ; bille f. ; billon m. || [Zapfen] pivot m. ; coin m.

klobig [-biç] adj. massif ; grossier. | *klobiger Tisch*, table (f.) informe. | *klobige Quader*, pierres non taillées. || Fig., fam. pataud ; lourdaud. | *klobige Gestalt*, forme massive.

Klo|frau ['klo:frau] f. (-, en). Fam. dame (f.) pipi.

Klon [klo:n] m. (s, e) clone m.

klonieren [klo'ni:rən] v. tr. cloner.

Klonierung [klo'ni:ruŋ] f. (-, en) clonage m.

Klöpfel ['kløpfəl] m. (s, -) marteau (m.) de bois ; maillet m. || Hist. massette f.

klöpfeln ['kløpfəln] v. intr. Fam. frapper doucement ; tapoter.

klopfen ['klɔpfən] v. intr. frapper ; battre. | *es klopft*, on frappe. | *der Specht klopft im Wald*, le pivert frappe du bec dans la forêt. | *auf die Schulter klopfen*, donner une tape sur l'épaule. | *auf den Tisch klopfen*, frapper sur la table ; fig. se montrer énergique. | *jm auf die Finger klopfen*, donner sur les doigts à qn. || Fam. *bei jm auf den Busch klopfen*, sonder (le terrain auprès de, chez) qn. || Par anal. battre ; palpiter. | *das Herz klopft mir*, mon cœur bat. | *der Motor klopft*, ce moteur cogne. ◇ v. tr. battre ; taper ; frapper. | *den Staub von den Schuhen klopfen*, faire tomber la poussière des chaussures. | *Teppiche klopfen*, battre les tapis. || Fam. [Karten] *Skat klopfen*, fam. *kloppen*, faire une partie de skat.

Klopfen [-pfən] n. (s). [Herz] battement m. ; [Motor] cognement m.

Klopf|fechterei ["klɔpffɛçtə'rai] f. (-, en) combat (m.) de spadassin ; fig. rodomontade f. ||°**-geist** m. (es, er) esprit frappeur. ||°**-hammer** m. (s, ¨), °**-eisen** n. (s, -) heurtoir m. ; marteau m. ||°**-holz** n. (es, ¨er). Typogr. taquoir m. ||°**-peitsche** f. (-, n) martinet m.

Klopfer [-pfər] m. (s, -). [Tür] heurtoir m. ; marteau m. || *Teppichklopfer*, tapette f. || [Steine] casseur (m.) de pierres.

Klöppel ['kløpəl] m. (s, -) baguette f. ; batte f. ; maillet m. | *Klöppel der Glocke*, battant (m.) de cloche. || Techn. [Spitzen] fuseau (m.) à dentelle.

Klöppel|arbeit ["kløpəl'arbait] f. (-, en), °**-spitze** f. (-, n) dentelle (f.) au fuseau.

klöppeln ['kløpəln] v. tr. faire de la dentelle.

Klops [klɔps] m. (es, e). CULIN. boulette f.

Klosett [klo'zɛt] n. (s, e) cabinets m. pl. ; water-closet m. (W.-C.), lieux (m. pl.) d'aisance.

Klosett|papier [klo"zɛtpa'pi:r] n. (s, e) papier (m.) hygiénique. ||°**-sitz** m. (es, e) lunette (f.) de W.-C. ||°**-spülung** f. (-, en) chasse (f.) d'eau.

Kloß [klo:s] m. (es, ¨e) motte f. ; glèbe f. ; boule f. | *Erdkloß*, motte de terre. || CULIN. croquette f. ; quenelle f. | *Fleischklöße*, croquettes de viande.

Kloster ['klo:stər] n. (s, ¨). RELIG. couvent m. ; cloître m. ; monastère m. | *ins Kloster gehen*, entrer au couvent, dans les ordres, en religion ; [Männer] prendre le froc ; [Frauen] prendre le voile. | *Frauenkloster*, couvent de religieuses.

Kloster|bruder ["klo:stər'bru:dər] m. (s, ¨) religieux m., frère m. ; moine m. ||°**-frau** f. (-, en) religieuse f. ; sœur f. ; nonne f. ||°**-gang** m. (s, ¨e). ARCHIT. cloître m. ||°**-gewölbe** n. (s, -) cloître m. ||°**-leben** n. (s) vie monastique, monacale. || °**-ordnung** f. (-, en) règle monacale. ||°**-pförtner** (s, -), °**-pförtnerin** f. (-, nen) frère tourier, sœur tourière. ||°**-schule** f. (-, n) école conventuelle, monastique, claustrale. ||°**-zelle** f. (-, n) cellule (f.) de moine. ||°**-zucht** f. discipline monacale.

klösterlich ['klø:stərliç] adj. monastique ; monacal ; claustral ; cénobitique. | *klösterliche Gelübde*, vœux (m. pl.) monastiques.

Klotz [klɔts] m. (es, ¨e) bloc m. ; billot m. ; bille (f.) de bois. | *einen Holzklotz spalten*, fendre une bûche. || FIG. brute f. ; butor m. ; rustre m. | *ein grober Klotz*, un rustre ; une brute. || PROV. *auf einen groben Klotz gehört ein grober Keil*, aux grands maux les grands remèdes.

Klotz|bremse ["klɔts'brɛmzə] f. (-, n). TECHN. frein (m.) à sabot, à patin. ||°**-schuh** m. (s, e) sabot m. ; galoche f.

klotzig ['klɔtsiç] adj. massif ; FIG., FAM. grossier ; balourd.

Klub [klup] m. (s, s) club m. ; cercle m.

Kluft [kluft] f. (s, ¨e) crevasse f. ; fente f. ; faille f. || FIG. abîme m. ; gouffre m.

Kluft [kluft] f. (-, en). POP. frusques f. pl.

klüftig ['klyftiç] adj. crevassé ; fendu.

klug [klu:k] adj. intelligent ; sensé ; avisé ; qui a du discernement ; sagace ; judicieux ; prudent ; habile ; FAM. malin. | *kluger Mensch*, homme intelligent ; homme d'esprit, de tête. || [Bibel] *die fünf klugen (und die fünf törichten) Jungfrauen*, les cinq vierges sages (et les cinq vierges folles). || FAM. *aus dieser Sache werde ich nicht klug*, je ne comprends rien à cette affaire ; j'y perds mon latin. | *aus ihm wird man nicht klug*, cet homme est indéchiffrable, est une énigme. || PROV. *durch Schaden wird man klug*, on devient sage à ses dépens.

— SYN. : *umsichtig, bedächtig, gescheit*, prudent ; *vernünftig, verständig*, raisonnable ; *weise*, sage ; *bedacht*, avisé ; *behutsam*, circonspect ; *besonnen*, réfléchi.

Klügelei [klygə'lai] f. (-, en) subtilité f. ; arguties f. pl. ; raffinements m. pl.

klügeln ['kly:gəln] v. intr. ergoter ; raffiner ; se perdre en subtilités ; chicaner ; FAM. chercher la petite bête.

Klugheit ['klu:khait] f. (-, en) intelligence f. ; esprit m. ; sagesse f. ; prudence f. ; bon sens ; sagacité f. ; perspicacité f. || PAR EXT. ingéniosité f. ; finesse f. ; habileté f.

— SYN. : *Vorsicht, Bedachtsamkeit*, prudence ; *Weisheit*, sagesse ; *Behutsamkeit*, circonspection ; *Vorsorge*, prévoyance ; *Besonnenheit*, réflexion ; *Scharfsinn*, sagacité ; *Mutterwitz*, bon sens.

Klügler ['kly:glər] m. (s, -) raisonneur m. ; ergoteur m.

klüglich [-liç] adv. sagement ; prudemment.

Klumpen ['klumpən] m. (s, -) masse compacte ; grumeau m. ; caillot m. ; motte f. | *ein Klumpen Blei*, un bloc de plomb. | *ein Klumpen Erde*, une motte de terre. || PAR EXT. [Haufen] tas m.

klumpen [-pən] v. tr. et v. pr. (s')agglomérer.

Klumpen|gold ["klumpən'gɔlt] n. (s) or (m.) en lingot. ||**-weise** adv. en bloc ; en masse ; par tas.

klümp(e)rig ['klymp(ə)riç] adj. grumeleux ; en grumeaux.

Klump|fuß ["klump'fu:s] m. (es, ¨e). ANAT. pied bot.

Klüngel ['klyŋəl] m. (s, -) coterie f. ; clique f. ; clan m.

Klunker ['kluŋkər] m. (s, -), f. (-, n) houpette f. ; gland m. ; breloque f. || FIG., FAM. crotte f.

Kluppe ['klupə] f. (-, n). TECHN. pince f. ; mâchoire f. ; mordache f.

knabbern ['knabərn] v. intr. croquer ; grignoter. | *das Eichhörnchen knabbert an der Nuß*, l'écureuil grignote une noix.

Knabe ['kna:bə] m. (n, n) garçon m. ; garçonnet m. ; enfant m. ; gamin m. ; enfant m. ; gamin m. ; adolescent m. || POÉT. page m. || FIG., POP. *alter Knabe !*, mon vieux !

Knaben|alter ["kna:bən'altər] n. (s) jeune âge m. ; âge enfantin ; enfance f. ; adolescence f. ||°**-kraut** n. (s). BOT. orchis m. ||°**-schule** f. (-, n) école (f.) de garçons. ||°**-streich** m. (s, e) gaminerie f. ; polissonnerie f.

knabenhaft ['kna:bənhaft] adj. enfantin ; puéril.

Knäblein ['knɛ:plain] n. (s, -) petit garçon ; gamin m. ; gosse m. ; POP. môme m.

Knäcke|brot ["knɛkə'bro:t] n. (s) pain (m.) de gruau ; galette suédoise.

knacken ['knakən] v. tr. et v. intr. craquer. | *das Brett knackt*, la planche craque. | *mit den Fingern knacken*, faire craquer ses doigts. || LOC. *wir haben da eine harte Nuß zu knacken*, nous avons là une affaire difficile.

Knacken [-kən] n. (s) craquement m. || RADIO. crépitement m.

Knacker [-kər] m. (s, -). FAM. vieux m. | *ein alter Knacker*, un vieux barbon ; POP. un vieux schnock.

Knack|mandel ["knak'mandəl] f. (-, n) amande (f.) en coque. ||°**-wurst** f. (-, ¨e) saucisse fumée.

Knacks [knaks] m. (es, e) craquement m. ; fêlure f. || FIG. *er hat einen Knacks bekommen*, c'est une tête fêlée.

◇ interj. **knacks,** crac !

Knagge ['knagə] f. (-, en) nœud (m.) du bois. || PAR EXT., TECHN. came f. ; toc m.

Knäk|ente ["knɛk'ɛntə] f. (-, n). ZOOL. sarcelle f.

Knall [knal] m. (s, e et ¨e) bruit (m.) de pétard, d'éclatement ; éclat m. ; fracas m. ; détonation f. ; explosion f. | *Knall des Schusses*, explosion f. ; détonation f. || FIG., FAM. *Knall und Fall entlassen werden*, être renvoyé sans autre forme de procès.

Knall|blättchen ["knal'blɛtçən] n. (s, -) amorce fulminante. ||°**-bonbon** n. (s, s) bonbon fulminant. ||°**-effekt** m. (s, e) coup (m.) de théâtre. || FAM. *einen Knalleffekt erzielen*, faire un tabac. ||°**-erbse** f. (-, n), °**-frosch** m. (s, ¨e) pétard m. ||°**-gas** n. (es) gaz détonant ; gaz oxhydrique. ||°**-kapsel** f. (-, n) pétard m. ||°**-pulver** n. (s) poudre fulminante. ||°**-rot** adj. [Farbe] rouge vif ; écarlate. | *knallrot werden*, POP. piquer un fard. ||°**-säure** f. (-). CHIM. acide (m.) fulminique. ||°**-signal** n. (s, e). [Eisenbahn] pétard m.

knallen ['knalən] v. intr. faire explosion ; détoner ; éclater. | *Flinten knallen*, des coups de fusil retentissent. | *Peitschen knallen*, des fouets claquent. || FIG. *ein knallendes Rot*, un rouge criard.

knapp [knap] adj. [eng] étroit ; serré ; juste. | *knappes Mieder*, corset étroit, serré. | *die Schuhe sind mir zu knapp geworden*, mes chaussures sont devenues trop justes. || [gering] modique ; mesuré ; maigre ; chiche. | *eine knappe Mehrheit*, une faible majorité. | *knappes Einkommen*, maigre(s) revenu(s) m. (pl.). | *meine Zeit ist knapp*, j'ai à peine le temps ; j'ai peu de temps ; le temps m'est mesuré. | *mit knapper Not*, à grand-peine. | *knappe drei Wochen unterwegs sein*, être en voyage un peu moins de trois semaines. || FIG. *knapper Stil*, style concis.

◇ adv. à peine ; (tout) juste. | *einem Unfall knapp entgehen*, l'échapper belle ; échapper de justesse à un accident.

Knappe ['knapə] m. (n, n) valet m. (d'armes) ; écuyer m. ; varlet ; page m. || MINES. mineur m.

knappen ['knapən] v. intr. rogner sur la dépense ; lésiner.

Knappheit ['knaphait] f. [Enge] étroitesse f. || PAR ANAL. [Mangel] rareté f. ; pénurie f. || [Mäßigkeit] modicité f. || FIG. parcimonie f. ; mesquinerie f.

Knappschaft ['knapʃaft] f. (-, en). MINES. corps (m.) des mineurs.

knaps ! [knaps] interj. crac !

knapsen ['knapsən] v. intr. [knappen] lésiner.

Knarre ['knarə] f. (-, n) crécelle f. || FIG. fusil m. ; ARG. MIL. flingot m.

knarren [-rən] v. intr. grincer ; craquer. | *die Tür knarrt*, la porte grince.

Knast [knast] m. (es, e) nœud (m.) du bois.

Knast [knast] m. (es). FAM. taule f.

Knast|bruder ["knast'brudər] m. (s, ¨). FAM. taulard m. ; tôlard m.

Knaster ['knastər] m. (s, -). [Tabak] tabac (m.) ordinaire. || FAM. [brummiger Alter] grognon m.

knastern ['knastərn] v. intr. pétiller ; crépiter. || sentir le tabac de pipe.

Knastologe [knasto'lo:gə] m. (n, n), **Knastologin** [knasto'lo:gin] f. (-, nen). FAM. taulard(e) m. (f.) ; tôlard(e) m. (f.).

Knatsch [knɑ:tʃ] m. (es) dispute f. ; explication f. || FIG. sottise f. ; bavardage m.

knattern ['knatərn] v. intr. pétiller ; crépiter ; claquer ; craquer ; péter. | *das Gewehrfeuer knattert*, la fusillade crépite. | *die Fahne knattert im Winde*, le drapeau claque dans le vent.

Knattern [-tərn] n. (s) pétillement m. | *Knattern der Maschinengewehre*, claquement (m.) des mitrailleuses. | *Knattern der Motorräder*, pétarade (f.) des motocyclettes. | *Knattern des Radios*, friture (f.) du poste de radio.

Knäuel ['knɔyəl] m. ou n. (s, -) pelote f. ; peloton m. | *Knäuel Seide*, pelote de soie. | *Knäuel Wolle*, pelote de laine. | *ein(en) Knäuel wickeln*, mettre en pelote, en peloton. | *ein(en) Knäuel aufwickeln*, démêler une pelote. || FIG. [Durcheinander] mêlée f.

Knauf [knauf] m. (s, ¨e) boule f. ; bouton m. | *Knauf des Degens*, pommeau (m.) de l'épée. | *Knauf der Tür*, bouton de la porte. || ARCHIT. chapiteau m.

Knauser ['knauzər] m. (s, -) avare m. ; grippe-sou m.

Knauserei [knauzə'rai] f. (-, en) avarice f. ; ladrerie f. ; pingrerie f. ; lésinerie f. ; économies (f. pl.) de bouts de chandelles.

knauserig ['knauzəriç] adj. avare ; ladre ; pingre ; chiche.

knausern [-zərn] v. intr. lésiner.

knautschig ['knautʃiç] adj. froissé ; chiffonné.

Knebel ['kne:bəl] m. (s, -). [Stoffballen] bâillon m. || PAR ANAL., TECHN. [Spanner] garrot m. || [Bernstein] bloc (m.) d'ambre.

Knebel|bart ["kne:bəl'ba:rt] m. (s, ¨e) moustaches f. pl. ; barbiche f.

knebeln ['kne:bəln] v. tr. bâillonner. || PAR ANAL. garrotter.

Knecht [knɛçt] m. (s, e) valet m. ; domestique m. ; serviteur m. | *die Knechte des Gutes*, les valets du domaine. || PAR EXT. *der Knecht Ruprecht*, croque-mitaine m. || PROV. *wie der Herr, so der Knecht*, tel maître, tel valet.

Knecht|geist ['knɛçtgaist] m. (es), °**-sinn** [-zin] m. (s) servilité f.

knechten ['knɛçtən] v. tr. réduire en servitude ; asservir ; subjuguer.

knechtisch [-tiʃ] adj. servile ; rampant.

Knechtschaft [-tʃaft] f. servitude f. ; esclavage m. | *in die Knechtschaft stürzen, führen*, traîner, réduire en esclavage. | *aus der Knechtschaft befreien*, tirer de l'esclavage.

Knechtung [-tuŋ] f. asservissement m. ; tyrannie f. ; esclavage m.

Kneif [knaif] m. (s, e) couteau-poignard m.

Kneif|zange ["knaif'tsaŋə] f. (-, n). TECHN. pince coupante ; tenaille(s) f. (pl.).

kneifen ['knaifən] (i, i) v. tr. pincer. | *jn in den Arm kneifen*, pincer le bras de, à qn.
◇ v. intr. pincer. || FIG. se dérober ; FAM. flancher ; s'éclipser.

Kneifer [-fər] m. (s, -) pince-nez m. ; lorgnon m. ; binocle m.

Kneipe ['knaipə] f. (-, n) estaminet m. ; guinguette f. ; taverne f. (d'étudiants) ; FAM. bistrot m. ; troquet m.

Kneip|lied ['knaipli:t] n. (s, er) chanson (f.) à boire. ||°**-wirt** m. (s, e) cabaretier m.

kneipen ['knaipən] v. intr. boire ; POP. chopiner.

Kneiperei [knaipə'rai] f. (-, en) beuverie f.

knetbar ['kne:tba:r] adj. pétrissable.

kneten [-tən] v. tr. pétrir ; malaxer. || MÉD. masser.

Kneten [-tən] n. (s) pétrissage m. ; malaxage m. || MÉD. massage m.

Knet|maschine ["kne:tma'ʃi:nə] f. (-, n). TECHN. malaxeur m. ; pétrin (m.) mécanique. ||°**-trog** m. (s, ¨e) pétrin m.

Knick [knik] m. (s, e). [Biegung] courbure f. ; coude m. || [Kniff] froissure f. ; pliure f. || [Riß] cassure f. ; fêlure f. || PAR EXT. [Einfriedigung] haie vive.

knicken ['knikən] v. intr. éclater ; craquer ; se fêler.
◇ v. tr. briser ; casser. | *einen Papierbogen zweimal knicken*, plier une feuille de papier en quatre. | *die Zweige wurden vom Winde geknickt*, le vent a cassé les branches. | *einen Floh knicken*, écraser une puce.

Knicker [-kər] m. (s, -). [Geizhals] ladre m. ; avare m. || [Klappmesser] couteau pliant.

Knickerei [knikə'rai] f. lésinerie f. ; ladrerie f. ; pingrerie f.

knick(e)rig ['knik(ə)riç] adj. avare ; ladre.

Knicker|bocker ["nikər'bɔkər] f. pl. culottes (f. pl.) de golf ; knickerbockers m. pl.

knickern ['knikərn] v. intr. lésiner.

Knicks [kniks] m. (es, e) révérence f. | *einen Knicks machen*, faire une révérence.

knicksen ['kniksən] v. intr. faire une révérence ; fléchir les genoux.

Knie [kni:] n. (s, -) genou m. | *die Knie beugen*, fléchir les genoux. | *die Knie schlottern ihm*, ses jambes flageolent ; il vacille. | *in, auf die Knie sinken*, tomber sur les genoux. | *sie fielen (vor ihm) auf die Knie*, ils se jetèrent à ses genoux. | *auf den Knien liegen (und beten)*, être agenouillé (pour la prière). || FIG. *jn auf die (in die) Knie zwingen*, l'emporter sur, triompher de qn. || FAM. *etwas übers Knie brechen*, précipiter, brusquer qch. || [Biegung] coude m. (d'une rivière ; d'un tuyau).

Knie|beuge ["kni:'bɔygə] f. (-, n). [Turnen] flexion (f.) des genoux. ||°**-biegung** f. (-, en), °**-beugung** f. (-, en) génuflexion f. ||°**-fall** m. (s) agenouillement m. ; génuflexion f. | *einen Kniefall tun*, s'agenouiller. ||**-fällig** adj. à genoux. | *jn kniefällig (um Verzeihung) bitten*, embrasser les genoux de qn ; supplier qn. ||**-frei** adj. [Rock] qui découvre, laisse voir les genoux. ||°**-geige** f. (-, n). MUS. [Cello] violoncelle m. ||°**-gelenk** n. (s, e). ANAT. articulation (f.) du genou. ||°**-hebel** m. (s, -). TECHN. levier coudé ; genouillère f. ||**-hoch** adj. jusqu'aux genoux ; de la hauteur du genou. ||°**-holz** n. (es) bois rabougri, tordu. ||°**-hose** f. (-, n) culotte f. ||°**-kehle** f. (-, n) creux (m.) du jarret. ||°**-leder** n. (s, -) genouillère f. ||°**-riemen** m. (s, -) tire-pied m. ||°**-rohr** n. (s, e) tube coudé. ||°**-scheibe** f. (-, n). ANAT. rotule f. ||°**-schützer** m. (s, -) protège-genou m. ||°**-strumpf** m. (s, ¨e) mi-bas m. ||°**-stück** n. (s, e). [Malerei] portrait (m.) en demi-grandeur. ||°**-wärmer** m. (s, -) genouillère f.

knien ['kni:ən] v. intr. et v. pr. s'agenouiller ; se mettre, être à genoux.
— SYN. : *hin-, niederknien*, s'agenouiller ; *sich hin-, sich niederwerfen*, se prosterner.

Kniff [knif] m. (s, e). [Falte] pli m. ; corne f. | *Kniff an einer Besuchskarte*, corne d'une carte de visite. || FIG., FAM. ruse f. ; artifice m. ; ficelle f. ; truc m. | *hinter js Kniffe kommen*, découvrir les ruses, les artifices de qn. | *Kniffe und Pfiffe*, trucs (m. pl.) et ficelles f. pl.

kniff(e)lig ['knif(ə)liç] adj. épineux ; difficultueux. || PAR EXT. finaud ; finassier.

kniffen ['knifən] v. tr. plisser ; plier ; faire un pli, une fronce, une corne.

kniffig [-fiç] adj. FAM. finaud ; finassier.

knipsen ['knipsən] v. tr. FAM. **1.** poinçonner. **2.** photographier ; prendre en instantané. **3.** [wegschnellen] lancer d'une chiquenaude.
◇ v. intr. tourner le bouton, l'interrupteur ; allumer. | *das Licht anknipsen*, allumer l'électricité.

Knirps [knirps] m. (es, e). FAM. nabot m. ; bout (m.) d'homme ; marmouset m. || PAR ANAL. [zusammenlegbarer Damenschirm] tom-pouce m.

knirpsig [-pziç] adj. tout petit ; nabot.

knirschen ['knirʃən] v. intr. craquer ; crier ; crisser. | *der Schnee knirscht*, la neige crisse, craque. | *mit den Zähnen knirschen*, grincer des dents.

Knirschen [-ʃən] n. (s) craquement m. ; grincement m. ; crissement m.

knistern ['knistərn] v. intr. craqueter ; crépiter ; pétiller. | *das Feuer knistert im Kamin*, le feu pétille dans la cheminée.
◇ v. impers. *es knistert im Gebälk*, la charpente craque.
— SYN. : *prasseln, knattern*, pétiller.

Knistern [-tərn] n. (s) pétillement m. ; crépitation f. ; crépitement m.

Knittel ['knitəl] m. (s, -). V. KNÜTTEL.

Knittel|verse ["knitəl'vɛrzə] m. pl. POÉS. vers (m.

pl.) raboteux, boiteux ; improvisation (f.) en vers ; vers (m. pl.) de Hans Sachs.

Knitter ['knitər] m. (s, -) faux pli ; froissure f.

Knitter|gold ["knitər'gɔlt] n. (s) clinquant m. ||**-frei** adj. TEXT. infroissable. | *knitterfreie Stoffe*, tissus (m. pl.) infroissables.

knitterig ['knitəriç] adj. froissé ; irritable ; agacé.

knittern [-tərn] v. intr. crépiter ; pétiller. || se froisser ; faire des plis, de faux plis ; chiffonner.

Knobel ['kno:bəl] m. (s, -) dé m. ; osselet m.

knobeln [-bəln] v. intr. jouer aux dés. || FIG. [überlegen] cogiter.

Knob|lauch ['kno:plaux] m. (s). BOT. ail m. | *eine Knoblauchzehe*, une gousse d'ail.

Knöchel ['knøçəl] m. (s, -). ANAT. [Finger] nœud m. ; [Fuß] cheville f. ; [Ellenbogen] épine f. ; malléole f.

Knöchelchen [-çən] n. (s, -). ANAT. petit os ; osselet m.

Knöchel|gelenk ["knøçəlgə'lɛŋk] n. (s, e). ANAT. cou-de-pied m.

Knochen ['knɔxən] m. (s, -). ANAT. os m. | *starke Knochen*, des os durs. | *zarte Knochen*, des os fragiles. | *der Hund nagt an einem Knochen*, le chien ronge un os. || PAR EXT., FAM. *ihm tun alle Knochen weh*, il est brisé de fatigue. || FIG., FAM. *naß bis auf die Knochen*, trempé, mouillé jusqu'aux os. | *die Nachricht steckt ihm in den Knochen*, cette nouvelle lui a coupé bras et jambes. | *er ist nur (noch) Haut und Knochen*, il n'a plus que la peau et les os.

knochen|artig ["knɔxən'ɑ:rtiç] adj. osseux ; ossiforme. ||°**-bau** m. (s). ANAT. ossature f. ; charpente osseuse. ||°**-bildung** f. (-, en) ossification f. ; [Embryo] ostéogenèse f. ; ostéogénie f. ||°**-brand** m. (s). MÉD. gangrène (f.) des os. ||°**-bruch** m. (s, ¨e). MÉD. fracture f. | *einfacher Knochenbruch*, fracture simple. | *komplizierter Knochenbruch*, fracture multiple. ||**-dürr** adj. décharné ; très maigre. ||°**-entzündung** f. (-, en). MÉD. inflammation (f.) des os ; ostéite f. ||°**-erweichung** f. (-, en) ramollissement (m.) des os ; ostéomalacie f. ||°**-gelenk** n. (s, e). ANAT. articulation (f.) des os ; joint m. ||°**-gerippe** n. (s, -), °**-gerüst** n. (s, e) squelette m. ; ossature f. ; charpente osseuse. ||**-hart** adj. sec comme un os. ||°**-haus** n. (es, ¨er) ossuaire m. ||°**-haut** f. (-, ¨e) périoste m. ||°**-hautentzündung** f. (-, en). MÉD. périostite f. ||°**-kohle** f. TECHN. noir animal. ||°**-lehre** f. MÉD. ostéologie f. ||**-los** adj. sans os ; désossé. ||°**-mann** m. (s). POÉT. la Mort. ||°**-mark** n. (s). ANAT. moelle f. ||°**-markentzündung** f. (-, en). MÉD. ostéomyélite f. ||°**-marktransplantation** f. (-, en). MÉD. greffe (f.) de moelle osseuse. ||°**-mehl** n. (s) poudre (f.) d'os. ||°**-öl** n. (s) huile (f.) de pied de bœuf. ||°**-schinken** m. (s, -). CULIN. jambon (m.) à l'os. ||°**-splitter** m. (s, -) éclat (m.) d'os ; esquille f.

knöchern ['knøçərn] adj. osseux ; d'os ; en os. || FIG. sec.

knochig ['knɔxiç] adj. plein d'os ; osseux.

Knockout [nɔk'aut] m. (s, s), **(K.o.)**. SPORT. mise (f.) hors de combat ; knock-out m. (K.-O.).

Knödel ['knø:dəl] m. (s, -). CULIN. quenelle f. ; boulette f.

Knolle ['knɔlə] f. (-, n), **Knollen** [-lən] m. (s, -). BOT. tubérosité f. ; tubercule m. ; bulbe m. ; bosse f.

Knollen|blätterpilz ["knɔlən'blɛtərpilts] (es, e). BOT. amanite (f.) phalloïde. ||**-förmig** adj. bulbeux. ||°**-gewächs** n. (es, e) plante bulbeuse, à tubercule. ||°**-sellerie** f. céleri-rave m.

knollig ['knɔliç] adj. bulbeux ; tubéreux. || FIG., FAM. lourdaud ; pataud.

Knopf [knɔpf] m. (s, ¨e) bouton m. | *beinerner Knopf*, bouton en os. | *Knöpfe aus Metall*, boutons de métal. | *Knöpfe aus Perlmutter*, boutons de nacre. | *übersponnener Knopf*, bouton drapé. | *einen Knopf annähen*, coudre un bouton. || FAM. *ein Knopf ist abgesprungen*, un bouton s'est détaché, a sauté. || [Stock ; Degen ; Sattel] pommeau m.

Knopf|fabrikant ["knɔpffabri'kant] m. (en, en) boutonnier m. ||**-förmig** adj. en forme de bouton. ||°**-gamasche** f. (-, n) guêtre f. ||°**-loch** n. (s, ¨er) boutonnière f. ||°**-nadel** f. (-, n) épingle (f.) à tête. ||°**-reihe** f. (-, n) rangée (f.) de boutons.

knöpfen ['knøpfən] v. tr. boutonner.

knorke ['knɔrkə] adj. FAM. excellent ; épatant. | *das ist knorke*, c'est épatant ; POP. c'est bath.

Knorpel ['knɔrpəl] m. (s, -). ANAT. cartilage m. || CULIN. tendron m.

knorpel|artig ["knɔrpəl'ɑ:rtiç], **knorpelhaft** [-haft], **knorpelig** [-liç] adj. cartilagineux.

Knorpel|kirsche ["knɔrpəl'kirʃə] f. (-, n). BOT. bigarreau m.

Knorr [knɔr] m. (s), **Knorren** ['knɔrən] m. (s, -), **Knorz** [knɔrts] m. (es, e). [Baum] billot m. ; loupe f. ; souche f. || [Finger] nœud m.

knorrig ['knɔriç] adj. grossier ; brut.

Knospe ['knɔspə] f. (-, n). BOT. bourgeon m. ; bouton m. | *Knospen sprießen (hervor)*, des bourgeons poussent. | *der Baum setzt Knospen an, treibt Knospen*, l'arbre bourgeonne, boutonne.

knospen [-pən] v. intr. BOT. se couvrir de, faire des bourgeons. || PAR EXT. être en fleur.

Knospen [-pən] n. (s) bourgeonnement m.

knospig [-piç] adj. qui a des boutons.

Knötchen ['knø:tçən] n. (s, -). BOT. petit nœud ; nodosité f. || MÉD. nodule m. ; nodosité f.

Knoten ['kno:tən] m. (s, -). **1.** [Schlinge] nœud m. | *fester Knoten*, nœud serré. | *loser, lockerer Knoten*, nœud lâche. | *einen Knoten schlingen*, faire un nœud. | *einen Knoten lösen*, défaire un nœud. | *einen Knoten ins Taschentuch knüpfen*, faire un nœud à son mouchoir. || FIG. *den (gordischen) Knoten durchhauen*, trancher le nœud (gordien). || THÉÂTRE. *der Knoten der Handlung*, le nœud de l'action. | *den Knoten schürzen*, nouer l'action, l'intrigue. | *den Knoten lösen*, dénouer l'intrigue. || FAM. *die Sache hat einen Knoten*, il y a une difficulté, FAM. un hic dans cette affaire.
2. [Verdickung] bosse f. || BOT. *Knoten am Baum*, loupe f. (de l'arbre). || ANAT. ganglion m. || MÉD. *Gichtknoten*, nodosités provoquées par la goutte.
3. MAR. [Maß für die Schiffahrt] nœud m.

knoten [-tən] v. tr. nouer ; faire un nœud.

Knoten|holz ["kno:tən'hɔlts] n. (es, ¨er) bois noueux. ||°**-leiter** f. (-, n) corde à nœuds, nouée. ||°**-punkt** m. (s, e). [Eisenbahn] (em)branchement m. ; point (m.) de jonction ; nœud (m.) ferroviaire. ||°**-schnur** f. (-, ¨e) cordelière f. ||°**-stock** m. (s, ¨e) gourdin m. ; bâton noueux. ||°**-tau** n. (s, e). [Turnen] corde (f.) à nœuds.

knotenhaft [-haft] adj. plein de nœuds ; noueux. || MÉD. noueux ; noué.

knotig ['kno:tiç] adj. noueux ; plein de nœuds. || BOT. *knotige Äste*, branches noueuses. || MÉD. *knotige (Gicht)finger*, doigts noueux, noués (de goutte). || FIG., FAM. grossier ; balourd.

Know-how [nou'hau] n. (s) savoir-faire m.

Knubbe ['knubə] f. (-, n), **Knubben** [-bən] m. (s, -) nœud m. (de branche).

knuffen ['knufən] v. tr. donner des coups de poing, des bourrades.

Knüller ['knylər] m. (s, -). FAM. nouvelle, nouveauté sensationnelle.

Knüpf|arbeit ["knypf'arbait] f. (-, en). [Handarbeit] macramé m.

knüpfen ['knypfən] v. tr. nouer ; lier ; attacher. | *Netze, Teppiche knüpfen*, faire, nouer des filets, des tapis. || FIG. nouer ; former. | *Freundschaftsbande enger knüpfen*, resserrer les liens de l'amitié.

Knüppel ['knypəl] m. (s, -) gros bâton ; gourdin m. ; rondin m ; [Polizei] matraque f. | *mit einem Knüppel bewaffnet*, armé d'un gourdin. || FIG., FAM. *jm einen Knüppel zwischen die Beine werfen*, mettre à qn des bâtons dans les roues.

Knüppel|damm ["knypəl'dam] m. (s, ¨e) barrage m. ; chemin (m.) de rondins. ||**-dick** adj. FAM. *ich hab's knüppeldick*, j'en ai assez ; POP. j'en ai marre.

knurren ['knurən] v. intr. ronronner ; grogner. | *Hunde knurren*, des chiens grondent, grognent. | *ihm knurrt der Magen (vor Hunger)*, il entend grouiller son estomac (de faim). || FIG. grogner ; gronder. || POP. ronchonner.

Knurren [-rən] n. (s) gargouillement m. ; grouillement m. ; borborygme m. || FIG. grognement m. ; grondement m.

knurrig [-riç] adj. grondeur ; grognon.

knuspern ['knuspərn] v. tr. et v. intr. grignoter.

knusprig [-priç] adj. croquant ; croustillant. || FIG. croustillant.

Knust [knust] m. (es, e) croûton (m.) de pain.

Knute ['knu:tə] f. (-, n) knout m.

knuten [-tən] v. tr. donner le knout.

knutschen ['knu:tʃən] v. tr. froisser ; chiffonner.

Knutschfleck [ˈknu:tʃˈflɛk] m. (s, e). FAM. suçon m.
Knüttel [ˈknytəl] m. (s, -) gourdin m. ; rondin m.
Koadjutor [koadˈju:tor] m. (s, en). RELIG. coadjuteur m.
Koala [koˈɑ:la] m. (s, s). ZOOL. koala m.
koalieren [koaˈli:rən], **koalisieren** [koaliˈzi:rən] v. intr. se coaliser ; se réunir.
Koalition [koaliˈtsio:n] f. (-, en) coalition f.
Koalitions|freiheit [koaliˈˈtsio:nsˈfraihait] f., °**-recht** [-ˈrɛçt] n. (s, e) droit (m.) de coalition. ||°**-wechsel** m. (s, -) changement (m.) de coalition.
koaxial [koakˈsiɑ:l] adj. coaxial. | *koaxiale Verbindung*, liaison coaxiale.
Koaxial|stecker [koakˈˈsiɑ:lˈʃtɛkər] m. (s, -). ÉLECTR. prise coaxiale.
Kobalt [ˈko:balt] n. (s, e). CHIM. cobalt m. | *mit Kobalt überziehen*, cobaltiser.
kobalt|haltig [ˈˈko:baltˈhaltiç] adj. cobaltifère.
Koben [ˈko:bən] m. (s, -). DIAL. 1° étable (f.) à porcs ; porcherie f. ; 2° baraque f.
Kober [-bər] m. (s, -). DIAL. hotte f. ; cabas m.
Kobold [ˈko:bɔlt] m. (s, e). MYTH. kobold m. ; lutin m. ; gnome m.
Kobolz [koˈbɔlts] m. FAM. *Kobolz schießen*, faire la culbute ; culbuter.
Koch [kɔx] m. (s, ¨e) cuisinier m. ; chef m. (de cuisine) ; maître queux m. || PROV. *Hunger ist der beste Koch*, il n'est sauce que d'appétit.
Koch|apparat [ˈˈkɔxapaˈrɑ:t] m. (s, e) réchaud m. ||°**-buch** n. (s, ¨er) livre (m.) de cuisine. ||°**-butter** f. beurre (m.) de cuisine. ||°**-geschirr** n. (s, e) batterie (f.) de cuisine. || MIL. gamelle f. ||°**-herd** m. (s, e) cuisinière f. ; fourneau (m.) de cuisine. ||°**-kelle** f. (-, n) cuiller (f.) à pot ; louche f. ||°**-kessel** m. (s, -) chaudron m. ; marmite f. ||°**-kiste** f. (-, n) autocuiseur m. ; marmite norvégienne. ||°**-kunst** f. art (m.) culinaire ; cuisine f. ; gastronomie f. ||°**-löffel** m. (s, -) cuiller (f.) à pot. ||°**-mütze** f. (-, n) toque (f.) de cuisinier. ||°**-nische** f. (-, n) kitchenette f ; coin (m.) cuisine. ||°**-ofen** m. (s, ¨) fourneau (m.) de cuisine ; cuisinière f. ||° **platte** f (-, n) plaque f. ; [Kochgerät] plaque chauffante. ||°**-punkt** m. (s). PHYS. point (m.) d'ébullition. ||°**-salz** n. (es). CHIM. sel (m.) de cuisine ; gros sel. ||°**-schule** f. (-, n) cours (m.) de cuisine ; école ménagère. ||°**-topf** m. (s, ¨e) pot m. ; marmite f. ; casserole. ||°**-zeit** f. (-, en) temps (m.) de cuisson. ||°**-zucker** m. (s). CULIN. cassonade f.
kochen [ˈkɔxən] v. intr. cuire, bouillir. | *das Wasser kocht*, l'eau bout. || faire la cuisine ; cuisiner. | *kochen können*, savoir faire la cuisine. | *kochen lernen*, apprendre à faire la cuisine. || FIG. *das Blut kocht mir in den Adern*, le sang me bout ; mon sang bout.
◇ v. tr. *Fleisch kochen*, cuire de la viande. | *Kaffee kochen*, faire le café. | *gar kochen*, cuire à point. || *kochfest*, [Gewebe] irrétrécissable.
Kochen [-xən] n. (s). cuisson f. ; ébullition f. | *zum Kochen bringen*, porter à ébullition. || PAR EXT. cuisine f.
Kocher [-xər] m. (s, -) réchaud m.
Köcher [ˈkøçər] m. (s, -) carquois m.
Köchin [ˈkøçin] f. (-, nen) cuisinière f.
Kockpit [ˈkɔkpit] n. (s, s). AÉRON. cockpit m.
Kode [ko:d] m. (s, s) code m.
Kodein [kodeˈi:n] n. (s) codéine f.
Köder [ˈkø:dər] m. (s, -) appât m. ; amorce f. ; leurre m. | *Köder auslegen, auswerfen*, appâter. | *mit einem Köder versehen*, amorcer. || PR. et FIG. *an den Köder beißen*, mordre à l'hameçon.
ködern [-dərn] v. tr. appâter ; leurrer. || FIG. attirer (dans ses filets) ; allécher.
Kodex [ˈko:dɛks] m. (es, e et dizes) 1° vieux manuscrit ; 2° code m.
kodieren [kɔˈdi:rən] v. tr. INF. (en)coder.
Kodierer [kɔˈdi:rər] m. (s, -). INF. (en)codeur m.
Kodifikation [kɔdifikaˈtsio:n] f. (-, en). JUR. codification f.
kodifizieren [-fiˈtsi:rən] v. tr. JUR. codifier.
Kodizill [-ˈtsil] n. (s, e). JUR. codicille m.
Koedukation [koedukatˈsio:n] f. [Schule] mixité f.
Koeffizient [koɛfitsiˈɛnt] m. (en, en). MATH. coefficient m.
Koffein [kɔfeˈi:n] n. (s). CHIM. caféine f.
koffein|frei [kɔfeˈˈi:nˈfrai] adj. décaféiné.
Koffer [ˈkɔfər] m. (s, -) valise f. ; malle f.
Koffer|radio [ˈˈkɔfərˈrɑ:dio] n. (s, s). RADIO. poste de radio portatif ; radio portative. ||°**-raum** m. (s, ¨e). AUTOM. coffre m.
Kognak [ˈkɔɲak] m. (s, s) cognac m.
kohärent [koheˈrɛnt] adj. PHYS. cohérent. | *kohärentes Licht*, lumière cohérente.
Kohärenz [koheˈrɛnts] f. PHYS. cohérence f.
Kohäsion [-hɛˈzio:n] f. (-, en). PHYS. cohésion f.
Kohl [ko:l] m. (s, e). BOT. chou m. || FIG., FAM. *Kohl reden*, dire des sottises. | *das ist ja alles Kohl*, c'est du verbiage. || POP. *Kohldampf schieben*, avoir la dent.
Kohl|kopf [ˈko:lkɔpf] m. (s, ¨e). BOT. tête (f.) de chou. ||°**-pflanze** f. (-, n). BOT. plant (m.) de chou. ||°**-rabi** m. (s, s). BOT. chou-rave m. ||°**-raupe** f. (-, n). ZOOL. chenille (f.) du chou. ||°**-rübe** f. (-, n). BOT. chou-navet m. ||°**-saat** f. (-, en). BOT. colza m. ||°**-strunk** m. (s, ¨e). BOT. trognon (m.) de chou. ||°**-weißling** m. (s, e). ZOOL. papillon (m.) du chou ; brassicaire m.
Kohle [ˈko:lə] f. (-, n) charbon m. ; houille f. | *Kohle fördern*, extraire du charbon. | *mit Kohlen heizen*, chauffer au charbon. | *glühende Kohlen*, charbons ardents. | *zerstoßene Kohle*, charbon pulvérisé, pilé. | *tierische Kohle*, noir animal ; charbon animal. | *Steinkohle*, houille f. | *Braunkohle*, lignite m. | *weiße Kohle*, houille blanche. || MAR. *Kohlen trimmen*, faire du charbon. || FIG. *wie auf glühenden Kohlen sitzen, stehen*, être sur des charbons ardents.
Kohl|meise [ˈˈko:lˈmaizə] f. (-, n). ZOOL. mésange charbonnière. ||**-rabenschwarz** adj. noir comme (du) jais, comme de la suie, comme de l'encre.
Kohle|papier [ˈˈko:ləpaˈpi:r] n. (s, e) papier (m.) carbone. ||°**-verflüssigung** f. distillation de la houille. ||°**-zeichnung** f. (-, n) dessin (m.) au fusain.
kohlen [ˈko:lən] v. tr. carboniser. | *Holz kohlen*, carboniser du bois.
◇ v. intr. charbonner. | *der Docht kohlt, schwelt*, la mèche charbonne. || MAR. faire du charbon.
Kohlen|abbau [ˈˈko:lənˈapbau] m. (s) exploitation (f.) de la houille. ||°**-becken** n. (s, -) 1° réchaud m. ; brasero m. ; chaufferette f. ; 2° bassin houiller. ||°**-bergbau** m. (s) exploitation (f.) de houillères. ||°**-bergwerk** n. (s, e) houillère f. ; mine (f.) de houille, de charbon. ||°**-blende** f. anthracite m. ||°**-bogenlampe** f. (-, n). ÉLECTR. lampe (f.) à arc. ||°**-bohrmaschine** f. (-, n) perceuse (f.) pour charbon. ||°**-brecher** m. (s, -) concasseur (m.) de charbon. ||°**-brenner** m. (s, -) charbonnier m. ||°**-bunker** m. (s, -). MAR. soute (f.) à charbon. ||°**-bürste** f. (-, n). ÉLECTR. (balai [m.] de) charbon m. ||°**-dioxyd** n. (s). CHIM. gaz (m.) carbonique. ||°**-dioxyd|laser** m. (s, -). TECHN. laser (m.) à gaz carbonique. ||°**-dunst** m. (es). CHIM. oxyde (m.) de carbone. ||°**-faser** f. (-, n). TECHN. fibre (f.) de carbone. ||°**-feld** n. (s, er). MINES. terrain (m.) carbonifère. ||°**-feuerung** f. chauffage (m.) au charbon ; foyer (m.) à charbon. ||°**-flöz** n. (es, e). MINES., GÉOL. couche (f.), veine (f.) de charbon. ||°**-formation** f. GÉOL. carbonifère m. ||**-führend** adj. carbonifère. ||°**-gebiet** n. (s, e) bassin houiller. ||°**-glut** f. brasier m. ||°**-grube** f. (-, n) mine (f.) de charbon ; houillère f. ; charbonnage m. ||°**-grus** m. (es, e) fines (f. pl.) de charbon ; charbon fin ; menu charbon. ||°**-halde** f. (-, n). MINES. stock (m.) de charbon ; charbonnerie f. ||**-haltig** adj. GÉOL. carbonifère ; houiller. || °**-händler** m. (s, -). COMM. charbonnier m. ||°**-hauer** m. (s, -). MINES. piqueur (m.) de charbon ; abatteur (m.) de charbon. ||°**-hydrat** n. (s). CHIM. hydrate (m.) de carbone. || BIOL. glucide m. ||°**-industrie** f. (-, n) industrie houillère, charbonnière. ||°**-klein** n. (s) menu m. (de charbon). ||°**-knappheit** f. pénurie (f.) de charbon. ||°**-lager** n. (s, -). COMM. dépôt (m.), stock (m.) de charbon. || MINES. gisement houiller. ||°**-meiler** m. (s, -). TECHN. meule (f.) de charbonnier, de carbonisation ; charbonnière f. ||°**-oxyd** n. (s). CHIM. oxyde (m.) de carbone. ||°**-revier** n. (s, e). GÉOL. bassin houiller. ||**-sauer** adj. CHIM. carbonique ; carbonaté. | *kohlensaurer Kalk*, carbonate (m.) de chaux, de calcium. ||°**-säure** f. CHIM. acide (m.) carbonique ; gaz (m.) carbonique. ||°**-säureschnee** m. (s). CHIM. neige (f.) carbonique. ||°**-schacht** m. (s, ¨e). MINES. fosse (f.) de charbonnage. ||°**-schaufel** f. (-, n) pelle (f.) à charbon. ||°**-schicht** f. (-, en). GÉOL. couche (f.) de houille. ||°**-schiff** n. (s, e). MAR. charbonnier m. ||°**-schlacke** f. (-, n) scorie (f.) de charbon ; mâchefer m. ||°**-staub** m. (s) poussier m. ||°**-stift** m. (es, e). ÉLECTR. crayon (m.) de lampe à arc. || ARTS. fusain m. ||°**-stoff** m. (s, e). CHIM. carbone m. ||°**-stoß** m. (es, ¨e). MINES. front (m.) de taille,

d'attaque. ||°-**syndikat** n. (s, e) cartel (m.) du charbon. ||°-**teer** m. (s). CHIM. goudron (m.) de houille ; coaltar m. ||°-**topf** m. (s, ¨e) chaufferette f. ||°-**trichter** m. (s, -). TECHN. trémie (f.), tour (f.) à charbon. ||°-**trimmer** m. (s, -). MAR. charbonnier m. ; soutier m. ||°-**wagen** m. (s, -). MINES. berline f. ; wagonnet (m.) à houille ; banne f. ; benne f. || [Eisenbahn] tender m. ||°-**wäsche** f. (-, n). TECHN. laverie (f.) de houille ; lavoir (m.) à charbon. ||°-**wasserstoff** m. (s). CHIM. hydrogène carburé. ||°-**zeche** f. (-, n) houillère f. ; mine (f.) de houille.

Köhler ['kø:lər] m. (s, -). TECHN. charbonnier m. || ZOOL. colin m.

Köhler|glaube ["kø:lər'glaubə] m. (ns) foi (f.) de charbonnier ; foi (f.) aveugle.

Kohlung ['ko:luŋ] f. (-, en). TECHN. carbonisation f. ; carburation f.

Kohorte [ko'hɔrtə] f. (-, n). HIST. cohorte f.

Koitus ['ko:itus] m. coït m.

Koje ['ko:je] f. (-, n). MAR. cabine f. ; couchette f.

Koka ['kɔka] f. BOT. coca f.

Kokain [kɔka'i:n] n. (s). CHIM. cocaïne f.

Kokarde [kɔ'kardə] f. (-, n) cocarde f.

Kokarden|blume [kɔ"kardən'blu:mə] f. (-, n). BOT. gaillarde f.

Kokerei [kɔkə'rai] f. (-, en) cokerie f.

kokett [kɔ'kɛt] adj. coquet. | *kokettes Benehmen*, coquetterie f.
◇ adv. coquettement ; avec coquetterie.

Kokette [-tə] f. (-, n) coquette f.

Koketterie [kɔkɛtə'ri:] f. (-, n) coquetterie f.

kokettieren [-'ti:rən] v. intr. faire la coquette.

Kokon ['ko:kɔ̃] m. (s, s). ZOOL. cocon m.

Kokos|baum ["ko:kɔs'baum] m. (s, ¨e). BOT. cocotier m. ||°-**butter** f. CULIN. beurre (m.) de coco ; cocose f. ||°-**matte** f. (-, n). CULIN. natte (f.) en fibres de coco. ||°-**nuß** f. (-, ¨e). BOT. noix (f.) de coco. ||°-**palme** f. (-, n). BOT. V. KOKOSBAUM.

Kokotte [kɔ'kɔtə] f. (-, n) femme galante ; cocotte f. ; POP. poule f.

Koks [kɔks] m. (es, e) coke m. | *fester Koks*, coke solide. | *stückiger Koks*, coke en morceaux. | *Koks ausdrücken, ausstoßen*, défourner le cocke. | *Koks (ver)-feuern*, chauffer au, brûler du coke.

Koks [kɔks] m. (es). FAM. came f.

Kokser ['kɔksər] m. (s, -). FAM. camé m.

Koks|feuerung ["kɔks'fɔyəruŋ] f. (-, en). TECHN. chauffage (m.) au coke. ||°-**gas** n. (es). CHIM. gaz (m.) de distillation, de four à coke. ||°-**grus** m. (es, e) poussier (m.) de coke. ||°-**klein** n. (s). MINES. menu coke ; coke fin ; fines (f. pl.) de coke. ||°-**kohle** f. (-, n) charbon (m.) à coke. ||°-**ofen** m. (s, ¨). TECHN. four (m.) à coke. ||°-**zerkleinerung** f. concassage (m.) de coke.

Kola ['ko:la] f. BOT. [Baum] cola m. ; kola m. || [Nuß] cola f. ; kola f.

Kolben ['kɔlbən] m. (s, -), **Kolbe** ['kɔlbə] f. (-, n).
1. [dickes Ende am Stiel] gros bout. || BOT. *Maiskolben*, épi (m.) de maïs. | *Kolben des Schilfrohrs*, panicule (m.) du roseau. || TECHN. *die Kolben der Pumpe*, les pistons (m. pl.) de la pompe. || *(Gewehr)kolben*, crosse f. (d'un fusil).
2. [Gefäß] alambic m. ; ballon m. ; cornue f.

kolben ['kɔlbən] v. intr. BOT. monter en épi.

Kolben|dampfmaschine ["kɔlbəndampfma'ʃi:nə] f. (-, n). TECHN. machine (f.) à vapeur, à piston. ||°-**hub** m. (s) course (f.) du piston. ||°-**lager** n. (s, -) coussinet (m.) de piston. ||°-**pumpe** f. (-, n) pompe (f.) à piston. ||°-**ring** m. (s, e). AUTOM. segment (m.) de piston. ||°-**stange** f. (-, n). AUTOM. bielle (f.) de piston. ||°-**stoß** m. MIL. (es, ¨e) coup (m.) de crosse.

kolbig ['kɔlbiç] adj. BOT. paniculé.

Kolchis ['kɔlçis] n. pr. n. GÉOGR. Colchide f.

Kolchos [kɔl'ço:s] n. (-, en), **Kolchose** [kɔl'ço:zə] f. (-, n). [UdSSR] kolkhoz m.

Kolibri ['kɔlibri] m. (s, s). ZOOL. colibri m. ; oiseau-mouche m.

Kolik ['ko:lik, kɔ'li:k] f. (-, en). MÉD. colique f.

Kolk [kɔlk] m. (s, e) trou m. ; fosse f. || MAR. tournant m.

Kollaps [kɔ'laps] m. (es, e). MÉD. effondrement nerveux ; collapsus m. ; prostration f.

kollateral [kɔlate'rɑ:l] adj. collatéral.

Kollation [kɔla'tsio:n] f. (-, en). CULIN. collation f. || JUR. collation f.

kollationieren [-tsiɔ'ni:rən] v. tr. [vergleichen] collationner ; comparer.

Kolleg [kɔ'le:k] n. (s, s ou ien). [Schule] cours m. | *ein Kolleg lesen, abhalten*, faire un cours. | *ein Kolleg hören*, suivre un cours. | *Kolleghefi*, cahier de cours. | *Kollegiengelder*, droits d'inscription. || RELIG. *Jesuitenkolleg*, institution (f.) jésuite.

Kollege [-'le:gə] m. (n, n) collègue m. || [Arzt ; Advokat] confrère m. ; pair m.

kollegial [kɔlegi'ɑ:l] adj. de, en collègue ; en confrère ; confraternel.

Kollegialität [-ali'tɛ:t] f. confraternité f.

Kollegial|kirche [kɔlegi"ɑ:l'kirçə] f. (-, n). RELIG. église collégiale.

Kollegin [kɔ'le:gin] f. (-, nen) collègue f.

Kollegium [-'le:gium] n. (s, gien) assemblée f. ; conseil m. || RELIG. collège m.

Kollekte [kɔ'lɛktə] f. (-, n) collecte f.

kollektiv [kɔlɛk'ti:f] adj. collectif. | *kollektives Bewußtsein*, conscience collective. | *kollektive Vorstellungswelt*, imaginaire collectif.

Kollektiv [-'ti:f] n. (s, e) groupe m. ; corporation f. ; collectif m.

Kollektiv|bewußtsein [kɔlɛk"ti:fbə'vustzain] n. (s). PHILOS. conscience collective. ||°-**gesellschaft** f. (-, en). COMM. société (f.) en nom collectif. || °-**haftung** f. JUR. responsabilité collective. || °-**versicherung** f. (-, en) assurance collective. || °-**vertrag** m. (s, ¨e). JUR. contrat, accord collectif. ||°-**wirtschaft** f. économie collectiviste.

Kollektivismus [kɔlɛkti'vismus] m. collectivisme m.

Koller ['kɔlər] n. (s, -). HIST. collier m.

Koller ['kɔlər] m. (s). MÉD. [Tiere] vertigo m. || FIG., FAM. rage f. | *seinen Koller bekommen*, voir rouge.

kollerig [-riç] adj. fou furieux ; enragé.

kollern ['kɔlərn] v. intr. [herunterrollen] rouler du haut d'une montagne. || [wüten] avoir le vertigo ; être fou de rage. || [balzen] glousser ; roucouler.
◇ v. impers. *es kollert (im Bauch)*, avoir des borborygmes.

kollidieren [kɔli'di:rən] v. intr. entrer en collision. || JUR. entrer en conflit. || PAR EXT. [temporel] coïncider, tomber en même temps que.

Kollision [kɔli'zio:n] f. (-, en) collision f. || FIG. conflit m.

Kollisions|schutzradar [kɔli"zio:nsʃutsra'dɑ:r] m. ou n. (s, e). AÉRON. radar (m.) anticollision.

Kollo ['kɔlo] n. (s, s ou Kolli). COMM. colis m.

Kollodium [kɔ'lo:dium] n. (s). CHIM., PHOT. collodion m.

Kolloid [-lo'i:t] n. (s, e). CHIM. colloïde m.

kolloidal [-loidɑ:l] adj. colloïde ; colloïdal.

Kolloquium [kɔ'lo:kvium] n. (s, ien) colloque m.

kolludieren [kɔlu'di:rən] v. intr. être en collusion avec.

Kollusion [-lu'zio:n] f. (-, en). JUR. collusion f.

Köln [køln] n. pr. n. Cologne f.

Kölner(in) ['kølnər(in)] m. (s, -), f. (-, nen) habitant(e) m. (f.) de Cologne.

kölnisch [-niʃ] adj. de Cologne. | *Kölnischwasser*, eau (f.) de Cologne.

Kolon ['ko:lɔ̃] n. (s, s). GRAMM. deux points m. pl. || ANAT. côlon m.

kolonial [kɔlɔni'ɑ:l] adj. colonial.

Kolonial|frage [kɔlɔni"ɑ:l'frɑ:gə] f. (-, n) problème colonial. ||°-**gebiet** n. (s, e) territoire colonial. ||°-**politik** f. politique coloniale. ||°-**waren** f. pl. denrées coloniales ; épices f. pl. ||°-**warenhandlung** (-, en) épicerie f.

Kolonie [kɔlɔ'ni:] f. (-, n) colonie f. ; possession coloniale ; comptoir m. ; établissement m.

kolonisieren [-ni'zi:rən] v. tr. coloniser.

Kolonisierung [-ni'zi:ruŋ] f. (-, en) colonisation f.

Kolonist [-nist] m. (en, en) colon m. ; planteur m.

Kolonnade [kɔlɔ'nɑ:də] f. (-, n) [Säulengang] colonnade f.

Kolonne [kɔ'lɔnə] f. (-, n) colonne f. || MIL. *in geschlossener Kolonne marschieren*, marcher, s'avancer en colonne(s) serrée(s).

Kolophonium [kɔlɔ'fo:nium] n. (s) colophane f.

Kolorado|käfer [kɔlɔ"rɑ:dɔ'kɛ:fər] m. (s, -). ZOOL. doryphore m.

Koloratur [kɔlɔra'tu:r] f. (-, en). MUS. fioritures f. pl. | *Koloraturen*, roulades f. pl.

Koloratur|sopran [kɔlɔra"tu:rsɔ'prɑ:n] m. (s, e). MUS. soprano (m.) à vocalises.

kolorieren [kɔlɔ'ri:rən] v. tr. colorer ; colorier. || MUS. orner de fioritures ; fioriturer.

Kolorit [-'rit] n. (s) coloris m. ; couleur f. ; teinte f.

Koloß [kɔ'lɔs] m. (es, e) colosse m. | *ein Koloß auf tönernen Füßen*, un colosse aux pieds d'argile.

kolossal [-lɔ'sɑ:l] adj. FAM. colossal ; formidable. ◇ adv. *er hatte kolossal viel zu tun*, il avait beaucoup à faire. | *er war kolossal liebenswürdig*, il était très aimable.

Kolossal|ordnung [kɔlɔ'sɑ:l'ɔrdnuŋ] f. (-, en). ARCHIT. ordre colossal.

Kolosseum [kɔlɔ'se:um] n. pr. n. Colisée m.

Kolportage [kɔlpɔr'tɑ:ʒə] f. (-, n) colportage m. ; commerce ambulant des livres. || LITTÉR. roman-feuilleton m.

kolportieren ['ti:rən] v. tr. colporter. || PAR EXT. répandre.

Kolumbarium [kɔlum'bɑ:rium] n. (s, rien). [Taubennest] colombier m. ; [Urnenhalle] columbarium m.

Kolumbien [kɔ'lumbiən] n. pr. n. Colombie f.

Kolumbus [kɔ'lumbus] n. pr. m. HIST. Colomb m. | *das Ei des Kolumbus*, l'œuf de Colomb.

Kolumne [kɔ'lumnə] f. (-, n). ARCHIT. colonne f. || FIG., TYPOGR. colonne f. ; page f.

Kolumnist [kɔlum'nist] m. (en, en) échotier m.

Koma ['ko:ma] n. (s). MÉD. coma m.

Kombinat [kɔmbi'nɑ:t] n. (s, e) combinat m.

Kombination [-na'tsio:n] f. (-, en). [Gedankenfügung] combinaison f. | *verfehlte Kombination*, affaire manquée. | *alles dies beruht nur auf Kombinationen*, tout cela ne repose que sur des suppositions. || [Kleidungsstück] combinaison f. (de dame et de travail). || SPORT. *alpine, nordische Kombination*, combiné alpin, nordique.

kombinieren [-'ni:rən] v. intr. combiner. | *richtig kombinieren*, combiner juste. | *kombiniertes Gewehr*, carabine (f.) à canons superposés.

Kombüse [kɔm'by:zə] f. (-, n). MAR. cambuse f.

Komet [kɔ'mɛ:t] m. (en, en). ASTRON. comète f. ; astre chevelu. | *der Kometenschweif*, la queue de la comète.

Komfort [kɔm'fɔ:r] m. (s) confort m.

komfortabel [-fɔr'tɑ:bəl] adj. confortable.

Komik ['ko:mik] f. (côté) comique m.

Komiker [-mikər] m. (s, -) LITTÉR. auteur comique. || FAM. plaisantin m.

komisch [-miʃ] adj. comique ; bouffon ; drôle. | *komische Rolle*, rôle (m.) de comique. | *er machte eine komische Figur*, il était grotesque. || FIG., FAM. bizarre. | *er ist ein komischer Kerl*, il est bizarre. | *das kommt mir komisch vor*, je trouve cela bizarre, drôle.

Komitee [kɔmi'te:] n. (s, s) comité m.

Komitien [kɔ'mi:tsiən] pl. HIST. comices m. pl.

Komma ['kɔma] n. (s, s et ta) virgule f. || MUS. comma m.

Kommandant [kɔman'dant] m. (en, en). MIL. commandant (m.) de place. || MAR. commandant (m.) de vaisseau.

Kommandantur [-dan'tu:r] f. (-, en). MIL. état-major (m.) de la place.

Kommandeur [-'dø:r] m. (s, e). MIL. commandant m. ; chef (m.) d'unité. || [Orden] commandeur m.

kommandieren [-'di:rən] v. tr. commander ; donner l'ordre de.
◇ v. intr. avoir, exercer le commandement.

kommandierend [-'di:rənt] adj. MIL. *kommandierender General*, général (m.) en chef.

Kommanditär [-di'tɛ:r] m. (s, e), **Kommanditist** [-di'tist] m. (en, en). COMM. commanditaire m.

Kommandit|gesellschaft [kɔman"ditgə'zɛlʃaft] f. (-, en). COMM. société (f.) en commandite simple. ||°**-ist** m. (en, en) commanditaire m.

Kommando [kɔ'mando] n. (s, s). MIL. [Befehl] commandement m. | *auf Kommando*, au commandement. | *das Kommando führen*, commander. || PAR EXT. quartier général. || [Abteilung] détachement m. ; équipe f. ; corvée f.

Kommando|brücke [kɔ"mando'brykə] f. (-, n). MAR. passerelle f. (de commandement). ||°**-flagge** f. (-, n). MAR. pavillon (m.) de commandement.

kommen ['kɔmən] (kam, gekommen) v. intr.

I. [ankommen] venir ; arriver ; aller.
II. 1. [an einen Ort gelangen] arriver.
2. [in eine Lage, einen Zustand geraten] se trouver, être mis (dans une situation).
III. [sich nähern] approcher.
IV. 1. [zu etwas kommen] obtenir ; arriver à.
2. [um etwas kommen] perdre.
V. 1. [aus etwas kerauskommen] sortir ; s'éloigner de.
2. [von etwas herstammen, herrühren] provenir de.
VI. 1. [zum Vorschein kommen] se montrer ; apparaître.
2. [auf etwas stoßen] trouver.
VII. [sich ereignen ; geschehen] survenir.
VIII. [Wert] revenir à.
IX. LOC.

I. [ankommen ; an ein Ziel gelangen] venir ; arriver ; aller. | *er kommt zum Kongreß nach Paris*, il va à Paris au congrès. | *sie kommen zu uns*, ils viennent nous voir. | *er kommt gerade recht, zu rechter Zeit*, il arrive au bon moment ; FAM. il tombe à pic. | *er kommt gelegen*, il vient à point. | *er kommt wie gerufen*, FAM. il tombe pile. | *den Arzt kommen lassen*, faire venir le médecin. | *die Straße entlang kommen*, remonter la rue. | *gelaufen kommen*, arriver en courant. | *geritten kommen*, arriver à cheval. | *mit der Eisenbahn kommen*, arriver par le train. | *dieses Buch kam mir gestern zu Gesicht*, ce livre m'est tombé hier sous les yeux. | *ein Gerücht kam mir zu Ohren*, il me revint un bruit. | *kein Wort kam über seine Lippen*, il ne put (pas) articuler un (seul) mot. | *ein schweres Unglück kam über diese Familie*, un grand malheur s'est abattu sur cette famille. | *zu Hilfe kommen*, venir en aide. | *jetzt komme ich an die Reihe*, mon tour est venu. | *heute kommt er dran*, aujourd'hui c'est son tour. || (indiquant un ordre de succession) *wenn Sie diese Straße entlang gehen, kommt zuerst die Kirche, dann das Rathaus*, si vous suivez cette rue, vous trouverez d'abord l'église, puis l'hôtel de ville. || LOC. *an den rechten Mann kommen*, frapper à la bonne porte. | *an den Bettelstab kommen*, être réduit à la mendicité. | *nichts auf jn, auf etwas kommen lassen*, ne pas tolérer qu'on touche à qn, à qch. || PROV. *kommt Zeit, kommt Rat*, la nuit porte conseil. | *wer zuerst kommt, mahlt zuerst*, les premiers venus sont les mieux servis.

II. — 1. [an einen Ort gelangen] arriver. | *ans Ziel kommen*, toucher au but. | *auf die Welt kommen*, venir au monde. | *auf, in die Schule kommen*, entrer à l'école. | *zum Militär kommen*, être appelé au service militaire. | *nach Hause kommen*, rentrer chez soi. | *ins Krankenhaus kommen*, entrer à l'hôpital. | *ins Gefängnis kommen*, être mis en prison. | *vor den Richter kommen*, comparaître devant le tribunal. | *in den Himmel kommen*, aller au ciel. | *komm mir ja nicht vor die Augen !*, ne reparais plus devant mes yeux. | *unter die Leute kommen*, sortir ; aller dans le monde ; FIG. s'ébruiter. | *unter die Räder kommen*, tomber sous les roues ; être écrasé ; FIG. faire faillite. || (avec une nuance d'obligation) *der Punkt kommt auf das* i, il faut un point sur le *i*. | *die Gläser kommen in den Schrank*, les verres se rangent dans le placard. || LOC. *aus dem Regen in die Traufe kommen*, tomber de Charybde en Scylla.

2. [in eine Lage, einen Zustand geraten] se trouver ; être mis (dans une situation). | *er kam in eine schwierige Lage*, il se trouva dans une situation difficile. | *in Gefahr kommen*, être exposé à un danger. | *in Verlegenheit kommen*, être embarrassé. | *in Wut kommen*, se mettre en colère ; s'emporter. | *in Gang, in Schwung kommen*, se mettre en train. | *alles kam wieder in Ordnung*, tout rentra dans l'ordre. | *wieder in Gunst kommen*, rentrer en grâce. | *wieder ins Gleichgewicht kommen*, retrouver son équilibre. | *mit jm ins Reine kommen*, régler ses affaires avec qn. | *er kam mit ihm hierüber ins Klare*, tout malentendu a été dissipé entre eux à ce sujet. | *bei einer Teilung zu kurz kommen*, ne pas recevoir la part qui vous revient. | *ins Gerede kommen*, faire parler de soi. | *unter den Hammer kommen*, être vendu aux enchères. | *mit seinen Studien kommt er auf keinen grünen Zweig*, il traîne dans ses études. | *mit seiner Arbeit nicht weit kommen*, ne pas réussir dans son travail. | *auf seine Kosten kommen*, rentrer dans ses frais ; FAM. en avoir pour son argent. | *jm in den Weg, in die Quere kommen*, se mettre en travers (du chemin) de qn.

III. [sich nähern] approcher. | *der Tag kommt*, le jour point. | *die Nacht kommt*, la nuit tombe. | *ein Gewitter kommt*, un orage se prépare. | *der Schlaf kam nicht*, j'avais de la peine à m'endormir. | *die Stunde des Abschieds ist gekommen*, l'heure du départ est arrivée. | *kommt es zum Krieg ?*, est-ce qu'il y aura la guerre ?

IV. — **1.** [zu etwas kommen] obtenir ; arriver à. | *zu Besitz kommen*, arriver à l'aisance. | *mit Trägheit kommt man zu nichts*, le paresseux n'arrive à rien. | *zur Sache kommen*, en venir à son sujet. | *zum Schluß kommen*, arriver à conclusion. | *zum Ende kommen*, finir. | *wieder zur Besinnung, wieder zu sich kommen*, reprendre connaissance. | *wieder zu Atem kommen*, reprendre haleine. | *zu Worte kommen*, avoir la parole. | *zu der Überzeugung, zu der Ansicht kommen, daß*, se convaincre, être d'avis que. | *zu Fall kommen*, tomber ; s'écrouler. | *zur Ruhe kommen*, goûter le repos. | *zu Schaden kommen*, subir un dommage. | *es nicht (bis) zum Äußersten kommen lassen*, éviter le pire. | *wie komme ich zu dieser Ehre ?*, qu'est-ce qui me vaut l'honneur ? | *zu dem Verdacht kommen*, concevoir des soupçons ; en venir à soupçonner. | *es kam dazu, daß*, on en vint au point que. | *wie kommt es, daß... ?* comment se fait-il que... ? | *dazu kommt, daß*, ajoutez à cela que.
2. [um etwas kommen] perdre. | *er kam um sein Vermögen*, il perdit sa fortune. | *er ist ums Leben gekommen*, il a perdu la vie. | *er kommt um seinen Schlaf*, il perd le sommeil.
V. — **1.** [aus etwas herauskommen ; von etwas wegkommen] sortir, s'éloigner de. | *er kommt selten aus dem Haus*, il sort peu. | *drei Tage lang kamen sie nicht aus den Kleidern*, trois jours durant ils ne se sont pas déshabillés. | *das kommt mir nicht aus dem Sinn* (HEINE), je ne peux pas m'empêcher d'y songer. | *der Vorfall kam mir ganz aus den Gedanken*, j'ai complètement oublié cet incident. | *er ist mir aus den Augen gekommen*, je l'ai perdu de vue. | *dieses Buch kam nicht aus meinen Händen*, ce livre ne m'a pas quitté (je l'ai lu d'un trait). | *aus der Fassung kommen*, perdre contenance. | *von Sinnen, vom Verstand kommen*, perdre la raison. | *aus der Mode kommen*, passer de mode. | *er kam ganz von Kräften*, il perdit toutes ses forces. | *außer Atem kommen*, perdre haleine. || PR. et FIG. *nicht von der Stelle kommen*, piétiner. | *die Arbeit kam nicht vom Fleck*, le travail n'avançait pas. | *mit knapper Not davonkommen*, s'en tirer à grand-peine.
2. [von etwas herstammen, herrühren] provenir de. | *woher kommt das viele Geld ?*, d'où vient tout cet argent ? | *woher kommen eure Zweifel ?*, d'où viennent vos doutes ? | *wie kommt es, daß ?*, comment se fait-il que ? | *das kommt davon (daher), daß...*, cela vient de ce que ; la cause en est que. | *sein Genie kam nicht auf den Sohn*, son génie ne s'est pas transmis à son fils.
VI. — **1.** [zum Vorschein kommen ; auftauchen] se montrer ; apparaître ; se faire jour. | *am Apfelbaum kommen die ersten Blüten*, le pommier commence à fleurir. | *ihm kamen Bedenken*, il eut des hésitations. | *der Gedanke kam mir*, il me vint l'idée. | *wieder zum Vorschein kommen*, réapparaître. | *an den Tag, ans Licht kommen*, venir au jour ; percer.
2. [auf etwas stoßen ; etwas finden] trouver. | *einem Verbrecher auf die Spur kommen*, être sur la piste d'un criminel. | *auf einen Gedanken kommen*, avoir une idée. | *auf diesen Gedanken wäre er nie gekommen*, cette idée ne lui serait jamais venue. | *ich konnte nicht auf den Namen kommen*, je n'arrivais pas à retrouver son nom. | *auf ein Thema zu sprechen kommen*, en venir à parler d'un sujet. | *die Rede kam darauf*, on en a parlé. | *wie kamst du darauf ?*, comment as-tu pu trouver cela ? | *hinter js Schliche kommen*, éventer les ruses de qn.
VII. [sich ereignen ; geschehen] survenir ; se produire. | *das sehe ich schon lange kommen*, je vois venir cela depuis longtemps. | *so mußte es kommen*, cela devait arriver. | *es konnte nicht anders kommen*, il ne pouvait (pas) en être autrement. | *es mag kommen, was da will*, advienne que pourra. | *es mag kommen, wie es will*, quoi qu'il advienne. | *wie es grade kommt*, au gré des circonstances. || LOC. *es kommt meist anders, als man denkt*, l'homme propose, Dieu dispose.
VIII. [Wert] revenir (à). | *das ist mir (mich) teuer zu stehen gekommen*, cela m'a coûté, m'est revenu cher.
IX. LOC. FAM. *das kommt nicht in Frage*, il n'en est pas question. | *kommen Sie mir nicht damit*, laissez-moi tranquille avec cela. | *mir soll noch einer kommen und sagen !*, que l'on ne vienne pas me dire. | *er kam mir frech*, il a été insolent avec moi. | *so lasse ich mir nicht kommen*, on ne me parle pas sur ce ton-là.

Kommen [-mən] n. (s) venue f. | *das Kommen und Gehen*, les allées et venues ; le va-et-vient.

kommend [-mənt] adj. futur ; prochain. | *kommenden Dienstag*, mardi prochain. | *die kommenden Geschlechter*, les générations futures ; les siècles futurs. | *die kommenden Zeiten*, l'avenir m. || FIG. *er ist der kommende Mann*, c'est l'homme qui monte.

Kommende [kɔ'mɛndə] f. (-, n). RELIG. commanderie f.

Komment [kɔ'mɑ̃:] m. (s, s) coutumes (f. pl.) des étudiants.

Kommentar [kɔmɛn'tɑ:r] m. (s, e) commentaire m.

kommentieren [-'ti:rən] v. tr. commenter.

Kommers [kɔ'mɛrs] m. (es, e) réunion (f.), beuverie (f.) d'étudiants.

Kommers|buch [kɔ"mɛrs'bu:x] n. (s, ¨er) recueil (m.) de chansons d'étudiants.

kommerziell [kɔmɛrtsi'ɛl] adj. commercial.

Kommerzien|rat [kɔ"mɛrtsiən'rɑ:t] m. (s, ¨e). HIST. conseiller (m.) de commerce.

Kommilitone [kɔmili'to:nə] m. (n, n) camarade (m.) d'études ; condisciple m.

komminatorisch [kɔmina'to:riʃ] adj. JUR. comminatoire.

Kommis [kɔ'mi:] m. (-, -). COMM. commis m. ; employé (m.) de commerce.

Kommiß [kɔ'mis] m. (es). FAM. service (m.) militaire.

Kommiß|brot [kɔ"mis'bro:t] n. (s, e). MIL. pain (m.) de munition ; boule f. ||°**-stiefel** m. pl. MIL. brodequins (m. pl.) réglementaires.

Kommissar [kɔmi'sɑ:r] m. (s, e) commissaire m. || [UNO] *hoher Kommissar*, haut-commissaire m.

Kommissariat [-sari'ɑ:t] n. (s, e) commissariat m.

kommissarisch [-'sɑ:riʃ] adj. provisoire. || *kommissarischer Verwalter*, administrateur (m.) séquestre. || ADM. stagiaire.
◇ adv. provisoirement.

Kommission [kɔmi'sio:n] f. (-, en). COMM. commission f. | *eine Ware in Kommission nehmen*, prendre une marchandise en commission, en dépôt. || ADM., POLIT. commission f. ; comité m. | *eine Kommission einsetzen*, instituer une commission.

Kommissions|gebühr [kɔmi"sio:nsgə'by:r] f. (-, en). COMM. provision f. ; commission f. || °**-geschäft** n. (s, e), °**-handel** m. (s) commerce (m.) à la commission.

Kommissionär [-siɔ'nɛ:r] m. (s, e). COMM. commissionnaire m. ; courtier m. ; mandataire m.

Kommittent [kɔmi'tɛnt] m. (en, en). COMM., JUR. commettant m.

Kommode [kɔ'mo:də] f. (-, n) commode f.

Kommodität [kɔmɔdi'tɛ:t] f. (-, en) commodité f.

Kommodore [kɔmo'do:rə] m. (s, n). AÉRON. chef (m.) d'escadrille. || MAR. commodore m.

kommun [kɔ'mu:n] adj. commun. || PAR EXT. vulgaire ; ordinaire.

kommunal [kɔmu'nɑ:l] adj. communal.

Kommunal|steuern [kɔmu"nɑ:l'ʃtɔyərn] f. pl. impôts municipaux, communaux.

Kommunion [kɔmu'nio:n] f. (-, en). RELIG. communion f.

Kommunismus [kɔmu'nismus] m. POLIT. communisme m.

Kommunist [-'nist] m. (en, en) communiste m.

kommunistisch [-'nistiʃ] adj. communiste. | *kommunistische Partei*, parti (m.) communiste.

kommunizieren [kɔmuni'tsi:rən] v. intr. RELIG. communier. || PHYS. communiquer. | *kommunizierende Röhren*, vases communicants.

Kommutator [kɔmu'tɑ:tor] m. (s, en). ÉLECTR. commutateur m. ; commutatrice f.

Komödiant [kɔmødi'ant] m. (en, en) comédien m. || PÉJOR. cabotin m. ; histrion m.

Komödiantentum [-'antəntu:m] n. (s). PÉJOR. comédie f. ; cabotinage m.

Komödie [kɔ'mø:diə] f. (-, n) comédie f. || FIG. *Komödie spielen*, jouer la comédie ; simuler. || IRON. *das war die reinste Komödie*, c'était pure comédie.

Kompagnon [kɔ̃paŋɔ̃] m. (s, s). COMM. associé m.

kompakt [kɔm'pakt] adj. compact.

Kompanie [kɔmpa'ni:] f. (-, n). MIL. compagnie f. || COMM. compagnie f. | *die Firma Meyer und Kompanie*, la maison Meyer et Compagnie (Cie).

Kompanie|chef [kɔmpa"ni:'ʃɛf] m. (s, s). MIL. commandant (m.) de compagnie ; capitaine m.

Komparativ [kɔmpara'ti:f] m. (s, e). GRAMM. comparatif m.

Komparse [kɔm'parzə] m. (n, n). THÉÂTRE. figurant m.

Kompaß ['kɔmpas] m. (es, e). TECHN. boussole f. || MAR., AÉRON. compas m.

Kompaß|rose ["kɔmpas'ro:zə] f. (-, n). TECHN. rose (f.) des vents ; cadran (m.) de boussole.

kompatibel [kɔmpa'ti:bəl] adj. INF. compatible.

Kompatibilität [kɔmpatibili'tɛ:t] f. INF. compatibilité f.

kompendiarisch [kɔmpɛndi'ɑ:riʃ] adj. succinct ; résumé.

Kompendium [-'pɛndium] n. (s, dien) compendium m. ; abrégé m.

Kompensation [kɔmpɛnza'tsio:n] f. (-, en) compensation f. || PHYS. *Kompensationspendel*, pendule compensateur.

kompensieren [kɔmpɛn'zi:rən] v. tr. et v. pr. (se) compenser.

Kompensierung [-'zi:ruŋ] f. (-, en) compensation f.

kompetent [kɔmpe'tɛnt] adj. compétent.

Kompetenz [-'tɛnts] f. (-, en). JUR. compétence f. ; juridiction f. | *strittige Kompetenz*, compétence discutable.

Kompilierer [kɔmpi'li:rər] m. (s, -). INF. compilateur m.

Komplement [kɔmple'mɛnt] n. (s, e). GRAMM., MATH. complément m. ; régime m. | *Komplementwinkel*, angle (m.) complémentaire.

Komplementär|farben [kɔmplemɛn"tɛ:r'farbən] f. pl. PHYS. couleurs (f. pl.) complémentaires.

Komplet [kɔ̃'plɛ:] n. (s, s). [Kleidung] ensemble m.

komplett [kɔm'plɛt] adj. complet.

komplettieren [-plɛ'ti:rən] v. tr. compléter.

Komplex [kɔm'plɛks] m. (es, e). MÉD., PHILOS. complexe m. || ARCHIT. ensemble m. | *Häuserkomplex*, pâté (m.) de maisons.

komplex [-'plɛks] adj. complexe ; compliqué.

Komplikation [kɔmplika'tsio:n] f. (-, en) complication f.

Kompliment [kɔmpli'mɛnt] n. (s, e) compliment m. | *Komplimente machen*, faire des compliments. || FAM. *mein Kompliment !*, mes compliments !

komplimentieren [-mɛn'ti:rən] v. tr. faire des civilités, des compliments ; complimenter.

Komplize [kɔm'pli:tsə] m. (n, n). JUR. complice m. ; FAM. compère m. ; acolyte m.

komplizieren [kɔmpli'tsi:rən] v. tr. compliquer. | *eine komplizierte Angelegenheit*, une affaire compliquée. || MÉD. *ein komplizierter Armbruch*, une fracture multiple du bras.

Komplott [kɔm'plɔt] n. (s, e). POLIT. complot m.

komplottieren [-plɔ'ti:rən] v. intr. comploter.

Komponente [kɔmpo'nɛntə] f. (-, n) composante f.

komponieren [kɔmpo'ni:rən] v. tr. MUS. composer.

Komponist [-'nist] m. (en, en). MUS. compositeur m.

Kompositen [kɔmpo'zi:tən] f. pl. BOT. (fleurs) composées.

Komposition [kɔmpozi'tsio:n] f. (-, en). MUS. composition f. || TECHN. composition f. ; alliage m. ; mélange m.

Kompositum [-'po:zitum] n. (s, ta). GRAMM. (mot) composé m.

Kompost [kɔm'pɔst] m. (es, e). AGRIC. compost m.

Kompott [kɔm'pɔt] n. (s, e). CULIN. compote f.

Kompott|schale [kɔm"pɔt'ʃɑ:lə] f. (-, n), **°-schüssel** [-'ʃysəl] f. (-, n) compotier m.

Kompresse [kɔm'prɛsə] f. (-, n) compresse f.

komprimieren [-pri'mi:rən] v. tr. comprimer.

Kompromiß [kɔmpro'mis] n. ou m. (es, e) compromis m. | *ein(en) Kompromiß eingehen*, accepter un compromis.

kompromittieren [-mi'ti:rən] v. tr. et v. pr. (se) compromettre.

Komtesse [kɔm'tɛsə] f. (-, n) comtesse f.

Komtur [kɔm'tu:r] m. (s, e) commandeur (m.) d'un ordre.

Komturei [-tu'rai] f. (-, en) commanderie f.

Konchylien [kɔn'çy:liən] f. pl. ZOOL. coquillages m. pl.

Kondensat [kɔndɛn'zɑ:t] n. (es, e). CHIM. produit (m.) de condensation ; condensé m.

Kondensation [-za'tsio:n] f. PHYS. condensation f.

Kondensator [-'zɑ:tor] m. (s, en). PHYS. condenseur m. || ÉLECTR. condensateur m.

kondensierbar [-'zi:rbɑ:r] adj. PHYS. condensable.

kondensieren [-'zi:rən] v. tr. PHYS. condenser.

Kondens|milch [kɔn"dɛns'milç] f. CULIN. lait concentré (sucré).

Kondition [kɔndi'tsio:n] f. (-, en) condition f.

konditional [-tsiɔ'nɑ:l], **konditionell** [-tsiɔ'nɛl] adj. conditionnel.

Konditionalis [-tsiɔ'nɑ:lis] m. GRAMM. conditionnel m.

Konditor [kɔn'di:tɔr] m. (s, en) confiseur m. || PAR EXT. pâtissier m.

Konditorei [-ditɔ'rai] f. (-, en) confiserie f. || PAR EXT. pâtisserie f.

Kondolenz [kɔndɔ'lɛnts] f. (-, en) condoléances f. pl.

kondolieren [-'li:rən] v. intr. adresser, présenter ses condoléances.

Kondom [kɔn'do:m] n. (s, s) condom m.

Kondor ['kɔndɔr] m. (s, e). ZOOL. condor m.

Konduktor [kɔn'duktɔr] m. (s, en). PHYS. conducteur m.

Konfekt [kɔn'fɛkt] n. (s, e) sucreries f. pl. ; confiserie f. ; bonbons m. pl. ; dragées f. pl.

Konfektion [kɔnfɛk'tsio:n] f. (-, en). [Kleidung] confection f. ; prêt-à-porter m.

Konfektions|kleidung [kɔnfɛk"tsio:ns'klaiduŋ] f. (-, en) prêt-à-porter m.

Konferenz [kɔnfe'rɛnts] f. (-, en) conférence f.

konferieren [-'ri:rən] v. intr. tenir conférence ; conférer.

Konfession [kɔnfɛ'sio:n] f. (-, en). RELIG. confession f. ; culte m. | *lutherische Konfession*, confession luthérienne.

konfessionell [-siɔ'nɛl] adj. confessionnel.

konfessions|los [-"sio:ns'lo:s] adj. RELIG. sans confession.

Konfetti [kɔn'fɛti] pl. confetti m. invar.

Konfirmand [kɔnfir'mant] m. (en, en), **Konfirmandin** [-'mandin] f. (-, nen). RELIG. confirmand m. ; confirmande f.

Konfirmanden|unterricht [kɔnfir"mandən'untərriçt] m. (s). RELIG. catéchisme m. ; instruction religieuse.

Konfirmation [kɔnfirma'tsio:n] f. (-, en). [Bestätigung] confirmation f. || RELIG. confirmation f.

konfirmieren [-'mi:rən] v. tr. [bestätigen] confirmer. || RELIG. confirmer.

Konfiskation [kɔnfiska'tsio:n] f. (-, nen). JUR. confiscation f. ; saisie f.

konfiszieren [-fis'tsi:rən] v. tr. JUR. confisquer ; saisir.

Konflikt [kɔn'flikt] m. (s, e) conflit m. ; antagonisme m. | *in Konflikt geraten*, entrer en conflit.

Konflikt|situation [kɔn"fliktzitua'tsio:n] f. (-, en) situation conflictuelle.

Konföderation [kɔnfødera'tsio:n] f. (-, en). POLIT. confédération f.

konföderieren [-'ri:rən] v. tr. et v. pr. (se) confédérer ; (s')allier.

konform [kɔn'fɔrm] adj. conforme à.

Konformismus [-fɔr'mismus] m. conformisme m.

Konformität [-fɔrmi'tɛ:t] f. conformité f.

konfrontieren [kɔnfrɔn'ti:rən] v. tr. confronter.

konfus [kɔn'fu:s] adj. confus ; troublé.

Konfusion [-fu'zio:n] f. confusion f.

Konglomerat [kɔnglome'rɑ:t] n. (s, e). GÉOL. conglomérat m.

Kongo ['kɔŋgo] n. pr. n. GÉOGR. Congo m.

Kongregation [kɔngrega'tsio:n] f. (-, en) congrégation f.

Kongreß [kɔn'grɛs] m. (es, e) congrès m. || HIST. *Wiener Kongreß*, congrès de Vienne.

kongruent [kɔngru'ɛnt] adj. MATH. congruent.

Kongruenz [kɔngru'ɛnts] f. (-, en). MATH. congruence f. || GRAMM. concordance f.

kongruieren [-'i:rən] v. intr. coïncider.

Konifere [koni'fe:rə] f. (-, n). BOT. conifère m.

König ['kø:niç] m. (s, e) roi m. | *der Löwe ist der König aller Tiere*, le lion est le roi des animaux. || (Vx.) *des Königs Rock anziehen*, endosser l'uniforme. || PROV. *unter den Blinden ist der Einäugige König*, au royaume des aveugles, les borgnes sont rois. || PAR ANAL.

[Karten] *mit einem König stechen*, couper avec un roi. || [Schach] *Schach dem König!*, échec au roi.

König|reich ["kø:nik'raiç] n. (s, e) royaume m.

Königs|adler ["kø:niks'ɑ:dlər] m. (s, -). ZOOL. aigle royal. ||°**-apfel** m. (s, ¨). BOT. reinette f. ||**-blau** adj. bleu roi. ||°**-blume** f. (-, n). BOT. pivoine f. ||°**-fischer** m. (s, -). ZOOL. alcyon m. ; martin-pêcheur m. ; pétrel m. ; goéland m. ||°**-krone** f. (-, n) couronne royale. ||°**-mord** m. (s, e) régicide m. ||°**-mörder** m. (s, -) régicide m. ||°**-schlange** f. (-, n) boa constricteur. ||°**-tiger** m. ZOOL. tigre royal. ||°**-wasser** n. (s). CHIM. eau régale. ||°**-weihe** f. (-, n). ZOOL. milan royal.

Königin ['kø:nigin] f. (-, nen) reine f. | *Königin von England*, reine d'Angleterre. || ZOOL. *die Königin im Bienenstock*, la reine des abeilles. || PAR ANAL. [Damespiel] dame f. || [Karten] *er spielt die Herzkönigin aus*, il joue la dame de cœur. || [Schach] reine f.

Königin|mutter ["kø:nigin'mutər] f. (-, ¨) reine (f.) mère. ||°**-witwe** f. (-, n) reine douairière.

königlich ['kø:nikliç] adj. royal. | *königliches Schloß*, palais royal. || FIG. *ein königliches Geschenk*, un cadeau royal, somptueux.

Königtum ['kø:niçtu:m] n. (s, ¨er). [Stand] dignité royale ; royauté f. || [Land] royaume m.

konisch ['ko:niʃ] adj. MATH. conique.

Konjektur [kɔnjɛk'tu:r] f. (-, en) conjecture f. ; hypothèse f. ; supposition f. ; présomption f.

konjizieren [-ji'tsi:rən] v. tr. conjecturer.

Konjugation [kɔnjuga'tsio:n] f. (-, en). GRAMM. conjugaison f.

konjugierbar ['gi:rbɑ:r] adj. conjugable.

konjugieren [-'gi:rən] v. tr. conjuguer.

Konjunktion [kɔnjuŋk'tsio:n] f. (-, en). GRAMM. ASTRON. conjonction f.

Konjunktiv [-juŋk'ti:f] m. (s, e). GRAMM. subjonctif m.

Konjunktur [-juŋk'tu:r] f. (-, en) conjoncture f. || COMM. *günstige Konjunktur*, conjoncture favorable. || POLIT. *politische Konjunktur*, situation politique.

konkav [kɔn'kɑ:f] adj. OPT. concave.

Konkav|spiegel [kɔn"kɑ:f'ʃpi:gəl] m. (s, -). PHYS. miroir (m.) concave ; réflecteur m.

konkludent [kɔnklu'dɛnt], **konklusiv** [kɔnklu'zi:f] adj. concluant.

Konkordanz [kɔnkɔr'dants] f. (-, en) concordance f.

konkret [kɔn'kre:t] adj. concret. | *im konkreten Falle*, le cas échéant.

Konkubinat [kɔnkubi'nɑ:t] n. (s, e) concubinat m.

Konkubine [-'bi:nə] f. (-, n) concubine f.

Konkurrent [kɔnku'rɛnt] m. (en, en) compétiteur m. ; concurrent m.

Konkurrenz [-'rɛnts] f. (-, en) compétition f. ; concurrence f. ; rivalité f. | *einander Konkurrenz machen*, se faire concurrence. || COMM. concurrence f. | *er kauft bei der Konkurrenz*, il achète, fait ses achats chez le concurrent.

konkurrenz|fähig [kɔnku"rɛnts'fɛ:iç] adj. COMM. compétitif. | *konkurrenzfähiger Preis*, prix compétitif. ||°**-geschäft** n. (s, e). COMM. maison concurrente. ||**-los** adj. COMM. sans concurrence ; défiant toute concurrence. ||°**-mechanismus** m. (-, en) jeu (m.) de la concurrence. ||°**-unternehmen** n. (s, -) entreprise concurrente, rivale.

konkurrieren [kɔnku'ri:rən] v. tr. concourir ; rivaliser. || COMM. faire concurrence ; concurrencer.

Konkurs [kɔn'kurs] m. (es, e). COMM. faillite f. ; banqueroute f. | *in Konkurs geraten, gehen* ; *Konkurs machen*, faire faillite. | *Konkurs anmelden, beantragen*, se déclarer en faillite.

Konkurs|anmeldung [kɔn"kurs'anmɛlduŋ] f. dépôt (m.) de bilan. ||°**-erklärung** f. (-, en) déclaration (f.) de faillite. ||°**-eröffnung** f. (-, en) ouverture (f.) de la faillite. ||°**-forderung** f. (-, en) créance (f.) contre le failli. ||°**-gläubiger** m. (s, -) créancier (m.) du failli. ||°**-masse** f. (-, n) masse (f.) de la faillite ; actif m. ||°**-verfahren** n. (s, -) faillite f. ; procédure (f.) de faillite.

können ['kønən] (kann, konnte, gekonnt) v. intr. et v. tr. **1.** [vermögen ; imstande sein] *dieses Kind kann schon gehen*, cet enfant marche déjà. | *ohne Sauerstoff kann das Feuer nicht brennen*, sans oxygène le feu ne peut pas brûler. | *niemand kann zwei Herren dienen*, nul ne peut servir deux maîtres à la fois. | *hier stehe ich, ich kann nicht anders* (LUTHER), me voici, je ne puis dire autrement. | *ich habe nicht kommen können*, je n'ai pas pu venir. | *können Sie mir helfen?*, pouvez-vous m'aider ? | *er kann nichts dafür*, il n'y peut rien. | *er kann nicht hinein*, il ne peut pas entrer. | *er kann nicht fort (gehen, reisen)*, il ne peut partir. | *nicht umhin können, etwas zu tun*, ne (pas) pouvoir s'empêcher de faire qch. || PROV. *wer will, der kann*, vouloir, c'est pouvoir. **2.** [etwas wissen] savoir (faire). | *er kann seine Lektion*, il sait sa leçon. | *er kann gut Englisch*, il sait bien l'anglais. | *er kann schwimmen*, il sait nager. | *er kann gut schießen*, il est bon tireur. | *ein Gedicht auswendig können*, savoir un poème par cœur. || FAM. *das ist gekonnt*, voilà qui est bien fait.
3. [dürfen] pouvoir ; avoir la permission. | *das kannst du (meinetwegen) tun!*, libre à toi de le faire. | *diese Beleidigung kann nicht geduldet werden*, cet affront ne peut (pas) être toléré. | *es kann nicht sein*, cela ne se peut pas.
4. [möglich sein] être possible. | *es kann sein, daß er heute noch kommt* ; FAM. *kann sein, er kommt noch heute*, il se peut qu'il vienne encore aujourd'hui. | *er kann jeden Augenblick da sein*, il peut arriver d'un instant à l'autre. | *der Brief könnte verlorengehen*, la lettre pourrait se perdre.

Können ['kønən] n. (s) pouvoir m. ; capacité f. || [Wissen] savoir m. || [Möglichkeit] possibilité f.

Könner [-nər] m. (s, -) homme (m.) capable.

Konnex [kɔ'nɛks] m. (es, e) connexion f. ; liaison f.

Konnexion [-nɛk'sio:n] f. (-, en) connexion f. ; relation f.

Konnivenz [kɔni'vɛnts] f. (-, en) connivence f.

Konnossement [kɔnɔsə'mɛnt] n. (s, e). MAR. connaissement m. ; police (f.) de chargement.

Konrektor ['kɔnrɛktor] m. (s, en) principal (m.) de collège.

Konsekration [kɔnzekra'tsio:n] f. (-, en). RELIG. consécration f.

konsekrieren [-'kri:rən] v. tr. RELIG. consacrer.

konsekutiv ['kɔnzekuti:f] adj. consécutif. || GRAMM. *Konsekutivsatz*, proposition consécutive.

Konsens [kɔn'zɛns] m. (es, e). JUR. consentement m. || PAR EXT. consensus m. ; accord m.

konsequent [kɔnze'kvɛnt] adj. conséquent.

Konsequenz [-'kvɛnts] f. (-, en) conséquence f. | *die Konsequenz(en) ziehen*, tirer les conséquences. || PAR EXT. esprit (m.) de suite.

konservativ [kɔnzɛrva'ti:f] adj. conservateur.

Konservatorium [-'to:rium] n. (s, rien). MUS. conservatoire m.

Konserve [kɔn'zɛrvə] f. (-, n) conserve f.

konservieren [-zɛr'vi:rən] v. tr. et v. pr. (se) conserver. || CULIN. mettre en conserve.

Konservierung [-zer'vi:ruŋ] f. (-, en) conservation f. ; traitement m.

konsignieren [kɔnzi'gni:rən] v. tr. [beglaubigen] consigner ; certifier. || COMM. consigner. || MIL. consigner.

Konsilium [kɔn'zi:lium] n. (s, lien). MÉD. contre-visite f. ; consultation f.

konsistent [kɔnzis'tɛnt] adj. consistant.

Konsistenz [-'tɛnts] f. consistance f.

Konsistorium [-'to:rium] n. (s, rien) consistoire m.

Konskription [kɔnskrip'tsio:n] f. (-, en). MIL. conscription f.

Konsole [kɔn'zo:lə] f. (-, n). ARCHIT. console f. ; support m.

konsolidieren [-zoli'di:ruŋ] v. tr. et v. pr. (se) consolider ; (se) raffermir. || FIN. *konsolidierte Bilanz*, bilan consolidé. | *konsolidierte Staatsschuld*, dette, rente consolidée.

Konsolidierung [-zoli'di:ruŋ] f. (-, en). FIN. consolidation f.

Konsonant [kɔnzɔ'nant] m. (en, en). GRAMM. consonne f.

Konsonanz [kɔnzɔ'nants] f. (-, en) consonance f.

Konsorten [kɔn'zɔrtən] m. pl. JUR., COMM. consorts m. pl.

Konsortium [kɔn'zɔrtsium] n. (s, tien) consortium m. ; syndicat m. ; société f.

konspirieren [kɔnspi'ri:rən] v. intr. conspirer.

konstant [kɔns'tant] adj. constant ; fixe ; invariable. || MATH. *konstante Größe*, constante f.

Konstanz [-'stants] f. constance f. ; continuité f. ; uniformité f.

Konstanz [-'stants] n. pr. n. GÉOGR. Constance f.

konstatieren [kɔnsta'ti:rən] v. tr. constater ; établir.

konstituieren [kɔnstitu'i:rən] v. tr. et v. pr. (se) constituer.

Konstitution [-tu'tsio:n] f. (-, en). PHYSIOL. constitution f. | *er hat eine schwache Konstitution*, il est d'une complexion débile. || POLIT. constitution f.

konstitutionell [-tutsiɔ'nɛl] adj. POLIT. constitutionnel. | *konstitutionelle Monarchie*, monarchie constitutionnelle.

konstruieren [kɔnstru'i:rən] v. tr. construire. || GRAMM. *einen Satz richtig konstruieren*, construire correctement une proposition. || MATH. *ein Dreieck konstruieren*, tracer, faire un triangle. || TECHN. *ein Flugzeug, ein Auto konstruieren*, dessiner, concevoir un avion, une auto.

Konstruktion [-struk'tsio:n] f. (-, en). GRAMM. construction f. ; analyse f. || MATH. *die Konstruktion eines Dreiecks*, la construction d'un triangle. || TECHN. étude f. ; projet m.

Konstruktions|büro [kɔnstruk"tsio:nsby'ro:] n. (s, s) bureau (m.) d'études. ||°-**fehler** m. (s, -) vice (m.) de construction. ||°-**ingenieur** m. (s, e) ingénieur (m.) en chef.

Konsul ['kɔnzul] m. (s, n) consul m.

konsular(isch) [kɔnzu'la:r(iʃ)] adj. consulaire. || JUR. *konsularische Gesetzgebung, Gerichtsbarkeit*, législation (f.), juridiction (f.) consulaire. || POLIT. *konsularische Beziehungen*, relations (f. pl.) consulaires. | *konsularischer Vertreter*, représentant (m.) consulaire.

Konsulat [-zu'la:t] n. (s, e). HIST. consulat m. || POLIT. [Sitz ; Amt] consulat m.

Konsulent [kɔnzu'lɛnt] m. (en, en). JUR. avocat-conseil m.

konsultieren [-zul'ti:rən] v. tr. consulter.

Konsum [kɔn'zu:m] m. (s) consommation f. || PAR EXT., FAM. [Konsumverein] coopérative f. (d'achats).

Konsum|gesellschaft [kɔn"zu:mgə'zɛlʃaft] f. (-, en) société (f.) de consommation. ||°-**güter** n. pl. biens (m. pl.) de consommation. ||°-**verein** m. (s, e) coopérative f. (d'achats). ||°-**ware** f. (-, n) marchandise (f.) de consommation courante.

Konsument [-zu'mɛnt] m. (en, en) consommateur m.

konsumieren [-zu'mi:rən] v. tr. consommer.

Kontakt [kɔn'takt] m. (es, e) contact m. | *mit jm Kontakt haben, in Kontakt stehen*, être en contact avec qn. | *Kontakt aufnehmen*, contacter. || COMM. relation personnelle. || ÉLECTR. contact m.

Kontakt|knopf [kɔn"takt'knɔpf] m. (s, ¨e). ÉLECTR. (bouton [m.] de) contact m. ||°-**kopieren** n. (s). PHOT. tirage (m.) contact. ||°-**linse** f. (-, n) lentille (f.), verre (m.) de contact. ||°-**pflege** f. COMM. (entretien [m.] des) relations publiques. ||°-**stöpsel** m. (s, -) fiche (f.) de contact.

Konten|sperrung ["kɔntən'ʃpɛruŋ] f. (-, en). COMM., FIN. blocage (m.) des comptes.

Konter|admiral ["kɔntəradmi'ra:l] m. (s, e). MAR. contre-amiral m. ||°-**bande** f. contrebande f. ||°-**fei** n. (s, e). [Vx.] portrait m. ||-**feien** v. tr. (Vx.) faire le portrait.

Kontext ['kɔntɛkst] m. (es, e) contexte m.

Kontinent [kɔnti'nɛnt] m. (s, e) continent m. ; terre (f.) ferme.

kontinental [-nɛn'ta:l] adj. continental.

Kontinental|drift [kɔntinɛn"ta:l'drift] f. (-, en), °-**verschiebung** [-fɛr'ʃi:buŋ] f. (-, en) dérive (f.) des continents. ||°-**rakete** f. (-, n) fusée intercontinentale. ||°-**sperre** f. HIST. Blocus continental.

Kontingent [kɔntiŋ'gɛnt] n. (s, e) contingent m.

kontingentieren [kɔntiŋgɛn'ti:rən] v. tr. contingenter ; fixer le contingent de.

Kontingenz [kɔntiŋ'gɛnts] f. (-, en) contingence f.

Kontingenz|tafel [kɔntiŋ"gɛnts'ta:fəl] f. (-, n). STAT. table (f.) de contingence.

kontinuierlich [kɔntinu'i:rliç] adj. continu ; continuel ; suivi.

Konto ['kɔnto] n. (s, ten). COMM. compte m. || FIN. *Bankkonto*, compte en banque. | *ein Konto eröffnen*, ouvrir un compte. | *einen Betrag auf ein Konto überweisen*, virer une somme à un compte. | *einem Konto gutschreiben*, porter au crédit d'un compte ; créditer un compte. | *auf Konto von*, au compte de. | *ein Konto überziehen*, dépasser son crédit. | *ein Konto berichtigen*, rectifier un compte. | *ein Konto abschließen*, solder. || FIG. *dieser Fehler kommt auf dein Konto*, cette faute, c'est à toi qu'il faut l'imputer, qu'elle revient.

Konto|auszug ["kɔnto'austsu:k] m. (s, ¨e) relevé (m.), bordereau (m.), extrait (m.) de compte. ||°-**buch** n. (s, ¨er) livre (m.) de compte(s), de comptabilité. ||°-**führer** m. (s, -) comptable m. ||°-**inhaber** m. (s, -) titulaire (m.), détenteur (m.) d'un compte. || °-**überziehung** f. (-, en). FIN. découvert m.

Kontor [kɔn'to:r] n. (s, e). COMM. bureau m.

kontra ['kɔntra] adv. contre. || [Spiel] *jm kontra sagen*, contrer qn.

Kontra|alt ["kɔntra'alt] m. (s, e). MUS. contralto m. ||°-**baß** m. (es, ¨e). MUS. contrebasse f. ||°-**fuge** f. (-, n). MUS. contre-fugue f. ||°-**post** m. (es) eurythmie f. ; équilibre (m.) des formes. ||°-**punkt** m. (s). MUS. contrepoint m. ||-**punktisch** adj. contrapuntique. ||°-**tempo** n. (s). MUS. contretemps m.

kontradiktorisch [kɔntradik'to:riʃ] adj. contradictoire.

Kontrahent [kɔntra'hɛnt] m. (en, en) contractant m. ; partie contractante.

kontrahieren [-'hi:rən] v. intr. faire un contrat. ◇ v. tr. contracter.

Kontrakt [kɔn'trakt] m. (s, e). JUR. contrat m. ; convention f. ; pacte m.

Kontrakt|bruch [kɔn"trakt'bru:x] m. (s, ¨e) rupture (f.), violation (f.) de contrat, d'engagement. ||-**mäßig** adj. et adv. par, d'après le contrat ; conforme, conformément au contrat.

kontrakt [kɔn'trakt] adj. MÉD. perclus.

kontraktlich [-'traktliç] adj. JUR. contractuel. | *sich kontraktlich festlegen, verpflichten*, s'engager par contrat.

konträr [kɔn'trɛ:r] adj. contraire.

Kontrast [kɔn'trast] m. (es, e) contraste m.

kontrastieren [-tras'ti:rən] v. intr. être en opposition frappante, en contraste ; contraster.

Kontrast|mittel [kɔn"trast'mitəl] n. (s, -). MÉD. produit (m.) de contraste.

Kontrazeption [kɔntratsɛp'tsio:n] f. MÉD. contraception f.

Kontrazeptivum [kɔntratsɛp'ti:vum] n. (s, va). MÉD. contraceptif m.

Kontribution [kɔntribu'tsio:n] f. (-, en). MIL. contribution f. (de guerre).

Kontroll|beamter [kɔn"trɔlbə'amtər], **Kontrolleur** [kɔntrɔ'lø:r] m. (s, e) contrôleur m.

Kontrolle [kɔn'trɔlə] f. (-, n) contrôle m. ; surveillance f. ; vérification f. | *unter Kontrolle stehen*, être soumis à contrôle. | *die Kontrolle über den Wagen verlieren*, perdre le contrôle de sa voiture. | *scharfe Kontrolle*, contrôle serré.

Kontrol(l)|lampe [kɔn"trɔl'lampə] f. (-, n), °-**licht** [-'liçt] n. (s, er) lampe (f.) témoin ; voyant m. ||°-**uhr** f. (-, en). TECHN. horloge (f.) de pointage.

kontrollierbar [kɔntrɔ'li:rba:r] adj. contrôlable.

kontrollieren [-trɔ'li:rən] v. tr. contrôler ; observer ; vérifier. || [Polizei] *den Zugang kontrollieren*, filtrer l'accès. || PAR EXT. *diese Bank kontrolliert die gesamte Erzeugung von*, cette banque contrôle toute la production de.

Kontroverse [kɔntro'vɛrsə] f. (-, n) controverse f.

Kontumaz [kɔntu'ma:ts] f. JUR. contumace f.

Kontumaz|urteil [kɔntu"ma:ts'u:rtail] n. (s, e). JUR. jugement (m.) par contumace, par défaut.

Kontur [kɔn'tu:r] f. (-, en) contour m.

Kontur|echo [kɔn"tu:r'ɛço] n. (s, s). MÉD. écho (m.) de contour. ||°-**zeichnung** f. (-, en). ARTS. dessin (m.) au trait.

Konturen|schärfe [kɔn"tu:rən'ʃɛ:rfə] f. PHOT. acutance f.

Konus ['ko:nus] m. (-, ni ou se). MATH. cône m.

Konvektor [kɔn'vɛktɔr] m. (s, en) convecteur m.

Konvenienz [kɔnveni'ɛnts] f. (-, en) convenance f. ; bienséance f.

konvenieren [-'ni:rən] v. intr. convenir. | *ich konveniere mit ihm*, je fixe un rendez-vous avec lui. | *es konveniert*, cela convient.

Konvent [kɔn'vɛnt] m. (s, e) assemblée f. ; convent m. || HIST. Convention (nationale). | *Konventsmitglied*, conventionnel m.

Konvention [kɔnvɛn'tsio:n] f. (-, en). JUR. convention f. ; accord m. ; traité m. | *eine Konvention* *abschließen*, conclure une convention. || POLIT. *die Genfer Konvention*, la convention de Genève.

Konventional|strafe [kɔnvɛntsiɔ"nɑ:l'ʃtrɑ:fə] f. (-, n). JUR. dédit m. ; peine contractuelle.

konventionell [kɔnvɛntsio'nɛl] adj. conforme à la convention ; habituel ; conventionnel. | *ein konventioneller Autor*, un écrivain qui suit les sentiers battus. || MIL. *konventionelle Waffe*, arme classique, conventionnelle.

konvergent [kɔnvɛr'gɛnt] adj. MATH. convergent ; qui converge.

Konvergenz [-'gɛnts] f. (-, en) convergence f.

konvergieren [-'gi:rən] v. intr. converger.

Konversation [kɔnvɛrza'tsio:n] f. (-, en) conversation f. ; entretien m. ; colloque m. | *eine Konversation führen*, tenir une conversation.

Konversations|lexikon [kɔnvɛrza"tsio:ns'lɛksikɔn] n. (s, ken) encyclopédie f. | *ins Konversationslexikon kommen*, figurer, être dans l'encyclopédie. ||°**-sprache** f. (-, n) langage usuel parlé ; langue parlée. ||°**-stück** n. (s, e). THÉÂTRE. comédie (f.) de salon.

konversieren [kɔnvɛr'zi:rən] v. intr. s'entretenir avec.

Konversion [kɔnvɛr'zio:n] f. (-, en). RELIG. conversion f.

Konversions|verhältnis [kɔnvɛr"zio:nsfɛr'hɛltnis] n. (ses, se). NUCL. rapport (m.) de conversion.

konvertierbar [kɔnvɛr'ti:rbɑ:r] adj. FIN. convertible. | *konvertierbare Währung*, monnaie (f.) convertible.

konvertieren [-'ti:rən] v. tr. FIN., RELIG. convertir.

Konvertit [-'ti:t] m. (en, en). RELIG. converti m.

konvex [kɔn'vɛks] adj. OPT. convexe ; bombé.

Konvikt [kɔn'vikt] n. (s, e). RELIG. foyer (m.) de séminaristes (catholiques). || UNIV. réfectoire (m.) de boursiers.

Konvoi [kɔ̃'vɔy] m. (s, s). TRANSP. convoi m. || MIL., MAR. convoi m. ; escorte f.

Konvulsion [kɔnvul'zio:n] f. (-, en). MÉD. convulsion f. ; spasme m.

konvulsivisch [-'zi:viʃ] adj. convulsif.

konzedieren [kɔntse'di:rən] v. tr. concéder ; accorder ; octroyer.

Konzentration [kɔntsɛntra'tsio:n] f. (-, en) concentration f.

Konzentrations|lager [kɔntsɛntra"tsio:ns'lɑ:gər] n. (s, -) camp (m.) de concentration.

konzentrieren [kɔntsɛn'tri:rən] v. tr. et v. pr. (se) concentrer ; (se) réunir.

konzentriert [-'tri:rt] adj. concentré. || CHIM. *konzentrierte Lösung*, solution concentrée.

Konzentrierung [-'tri:ruŋ] f. (-, en) concentration f. || TECHN. compactage m.

konzentrisch [kɔn'tsɛntriʃ] adj. MATH. concentrique. || MIL. *konzentrischer Angriff*, attaque enveloppante.

Konzept [kɔn'tsɛpt] n. (es, e) minute f. ; brouillon m. || FIG., FAM. *der Redner kam aus dem Konzept*, l'orateur perdit le fil de son discours, perdit contenance. | *jn aus dem Konzept bringen*, faire perdre le fil à, troubler qn.

Konzept|papier [kɔn"tsɛptpa'pi:r] n. (s, e) papier (m.) brouillon.

Konzeption [-tsɛp'tsio:n] f. (-, en). PHILOS. conception f. ; idée f. ; notion f. || PHYSIOL. [Empfängnis] conception f.

Konzern [kɔn'tsɛrn] m. (s, e). COMM. consortium m. ; cartel (m.) d'industrie ; trust m. ; groupement m.

Konzert [kɔn'tsɛrt] n. (es, e). [Musikaufführung] séance musicale ; concert m. | *ins Konzert gehen*, aller au concert. || [Musikstück] concerto m. | *ein Konzert für Geige*, un concerto pour violon et orchestre. | *Konzerthaus*, salle (f.) de concert. | *Konzertmeister*, chef (m.) d'orchestre. || PAR EXT. *Konzert der Mächte*, concert (m.) des nations.

konzertieren [kɔntsɛr'ti:rən] v. intr. MUS. donner un concert.

Konzession [kɔntsɛ'sio:n] f. (-, en). COMM. [Gewerbeberechtigung] licence f. ; patente f. || PAR EXT. [zugeteiltes Gebiet] concession f. || FIG. [Zugeständnis] concession f. | *Konzessionen machen*, faire des concessions.

konzessionieren [-sio'ni:rən] v. tr. donner l'autorisation à. || PAR EXT. donner une concession à.

Konzil [kɔn'tsi:l] n. (s, ien). RELIG. concile m.

konzipieren [kɔntsi'pi:rən] v. intr. faire un brouillon. || PHYSIOL. [Frau] concevoir.

konzis [kɔn'tsi:s] adj. concis.

Koordinate [koɔrdi'nɑ:tə] f. (-, n) coordonnée f.

Koordination [-na'tsio:n] f. coordination f.

Koordinator [-'nɑ:tor] m. (s, en) coordinateur m.

koordinieren [-'ni:rən] v. tr. coordonner.

Kopenhagen [kɔpən'hɑ:gən] n. pr. n. GÉOGR. Copenhague f.

Köpenickiade [køpəniki'ɑ:də] f. (-, n) filouterie, escroquerie adroite ; canular m.

Köper ['kø:pər] m. (s, -). TECHN. grain m. || COMM., TEXT. croisé m. ; sergé m.

köpern [-pərn] v. tr. TECHN. croiser.

Kopf [kɔpf] m. (s, ¨e).

I. [Körperteil des Menschen] tête f.
II. FIG.
III. [Intelligenz ; Gescheitheit] tête f. ; esprit m.
IV. [Person] personne f. ; individu m.
V. [Tiere ; Pflanzen ; Gegenstände] tête f.

I. [Körperteil des Menschen] tête f. | *einen dumpfen, schweren, benommenen Kopf haben*, avoir la tête lourde. | *mit bloßem Kopf*, nu-tête ; tête nue. | *den Kopf drehen*, tourner la tête. | *den Kopf heben*, lever la tête. | *den Kopf senken*, baisser la tête. | *den Kopf (verneinend) schütteln*, faire non de la tête. | *den Kopf (vor Verwunderung) schütteln*, hocher la tête. | *ihm brummte der Kopf von dem Lärm*, le bruit lui emplissait la tête. | *mein Bruder ist (um) einen Kopf größer als ich*, mon frère a une tête de plus que moi. | *von Kopf bis Fuß*, des pieds à la tête. | *sich die Augen aus dem Kopf sehen*, écarquiller les yeux (devant qch.). | *sich eine Kugel durch den Kopf jagen*, se tirer une balle dans la tête. || LOC. *die Feinde holten sich blutige Köpfe*, les ennemis en furent pour leurs frais. | *er steckt bis über den Kopf in Schulden*, il est endetté jusqu'au cou. | *er geht mit dem Kopf durch die Wand*, il s'obstine malgré tout. | *Hals über Kopf*, précipitamment.

II. FIG. *sich den Kopf zerbrechen*, se creuser la tête. | *er wußte nicht, wo ihm der Kopf stand*, il ne savait (pas) où donner de la tête. | *er hat den Kopf voll*, il en a la tête rompue. | *die Hände über dem Kopf zusammenschlagen*, lever les bras au ciel. | *den Kopf verlieren*, perdre la tête ; s'affoler. | *ich bin wie vor den Kopf geschlagen*, les bras m'en tombent. | *er stand da wie vor den Kopf geschlagen*, il était hébété. | *den Kopf hängen lassen*, perdre courage. | *den Kopf oben behalten*, ne pas perdre courage. | *Kopf hoch !*, du courage ! | *er hat dem Mädchen den Kopf verdreht*, il a tourné la tête à la jeune fille. | *jm den Kopf waschen*, FAM. laver la tête à qn. | *jm mit seinen Reden den Kopf warm machen*, échauffer la tête de qn par ses discours. | *jn vor den Kopf stoßen*, brusquer, heurter qn. | *jm Beleidigungen an den Kopf werfen*, jeter des injures au visage de qn. | *er sagte ihm auf den Kopf zu, daß er der Verräter sei*, il lui dit sans détours qu'on savait qu'il était le traître. | *sich etwas in den Kopf setzen*, se mettre qch. en tête. | *er setzt seinen Kopf, sein Köpfchen auf*, il boude. | *er setzt seinen Kopf durch*, il n'en fait qu'à sa tête. | *er ist seinen Eltern über den Kopf gewachsen*, ses parents ne viennent plus à bout de lui. | *die Schwierigkeiten wachsen der Regierung über den Kopf*, le gouvernement est noyé dans les difficultés. | *die Köpfe zusammenstecken*, chuchoter ; médire. | *den Kopf zur rechten Zeit aus der Schlinge ziehen*, se tirer d'affaire au bon moment. | *seinen Kopf aufs Spiel setzen*, risquer sa tête, sa vie. | *es geht um den Kopf*, il y va de la vie. | *das hat ihm den Kopf gekostet*, il l'a payé de sa vie.

III. [Intelligenz ; Gescheitheit] tête f. ; esprit m. | *ein heller Kopf*, un esprit éveillé. | *einen klaren Kopf haben*, avoir l'esprit clair. | *ein beschränkter Kopf*, une intelligence bornée. | *er ist ein guter Kopf*, il est intelligent. | *er ist nicht auf den Kopf gefallen*, il n'est pas bête. | *die besten Köpfe des Landes*, les meilleurs esprits de la nation. | *er hat viel Grütze im Kopfe*, POP. il a de la cervelle. | *ein Gedicht aus dem Kopf (her)sagen*, réciter un poème de mémoire. | *Kopfrechnen*, calcul mental. | *er konnte den Namen nicht im Kopf behalten*, il ne pouvait pas retenir le nom. | *Grillen im Kopf haben*, être capricieux, lunatique. | *die Melodie geht ihm ohne Unterlaß im Kopfe herum*, cet air le hante. | *was mag ihm in den Kopf gefahren sein ?*, quelle mouche l'a piqué ? | *das will ihm nicht in den Kopf hinein*, on ne peut pas le lui faire entrer dans la tête. | *der Ruhm ist ihm zu Kopf gestiegen*, la célébrité lui est montée à la tête. | *schlagen Sie sich das aus dem Kopf !*, ne

comptez pas là-dessus ! | *der Gedanke will mir nicht aus dem Kopf*, cette idée ne me sort pas de la tête. | *das stammt nicht aus seinem Kopf*, cela n'est pas de son cru. | *der Gedanke schießt mir durch den Kopf*, l'idée me traverse l'esprit. || PROV. *was man nicht im Kopf hat, muß man in den Beinen haben*, qui n'a pas bonne tête doit avoir bonnes jambes.
IV. [Person] personne f. ; individu m. | *die Menge war dreitausend Köpfe stark*, la foule comptait trois mille personnes. | *Kopf an Kopf gedrängt*, serrés les uns contre les autres. | *auf die Bevölkerung entfallen pro Kopf zwei Pfund Butter*, on compte deux livres de beurre par personne. || PROV. *viele Köpfe gehen schwer unter einen Hut*, autant de têtes, autant d'avis. | *auf den Kopf des Verbrechers waren tausend Mark gesetzt*, la tête du criminel était mise à prix mille marks.
V. [Tiere ; Pflanzen ; Gegenstände] tête f. | *Kopf des Wildschweins*, hure f. | *Mohnkopf*, tête de pavot. | *ein Kopf Salat*, une salade. | *ein Kopf Kraut*, une tête de chou. | *Nadelkopf*, tête d'épingle. | *Nagelkopf*, tête de clou. || ARCHIT. *Balkenkopf*, modillon m. | *Zeitungskopf*, manchette (f.) d'un journal. | *Briefkopf*, en-tête (m.) d'une lettre. | *Kopf oder Zahl*, pile ou face. || FIG. *die Gäste stellten das ganze Haus auf den Kopf*, les invités mirent toute la maison sens dessus dessous. | *eine Tatsache auf den Kopf stellen*, dénaturer un fait. || LOC. *den Kopf in den Sand stecken*, adopter la politique de l'autruche. | *den Nagel auf den Kopf treffen*, toucher juste.

Kopf|arbeiter ["kɔpf'arbaitər] m. (s, -) travailleur intellectuel. ||°**-bahnhof** m. (s, ¨e). [Eisenbahn] tête (f.) de ligne. ||°**-bedeckung** f. (-, en) coiffure f. ; couvre-chef m. ||°**-binde** f. (-, n) bandeau m. ; serre-tête m. ||°**-bürste** f. (-, n) brosse (f.) à cheveux. ||°**-ende** n. (s) chevet m. (du lit). ||°**-geld** n. (s, er). HIST. capitation f. ||°**-haube** f. (-, n) coiffe f. || ZOOL. huppe f. ||°**-hörer** m. (s, -). RADIO. casque m. ||°**-jäger** m. (s, -). FIG., FAM. chasseur (m.) de têtes. ||°**-kissen** n. (s, -) oreiller m. ||°**-kissenüberzug** m. (s, ¨e) taie f. (d'oreiller). ||°**-kohl** m. (s). BOT. chou pommé ; chou cabus. ||°**-länge** f. (-, n). SPORT. tête f. | *das Pferd gewann um eine Kopflänge*, ce cheval gagna d'une tête. ||°**-laus** f. (-, ¨e) pou (m.) de tête. ||°**-leiste** f. (-, n). TYPOGR. en-tête m. ||**-los** adj. sans tête ; acéphale ; FIG. sans cervelle ; écervelé. — adv. *die Leute flohen kopflos*, les gens furent pris de panique. | *kopflos handeln*, agir sans réflexion. ||°**-losigkeit** f. FIG. étourderie f. ||°**-putz** m. (es) coiffure f. ||°**-rechnen** n. (s) calcul mental. ||°**-rolle** f. (-, n) traversin m. ||°**-salat** m. (s) laitue pommée. ||**-scheu** adj. ombrageux. | *kopfscheu machen*, effaroucher. ||°**-schlagader** f. (-, n). ANAT. carotide f. ||°**-schmerzen** m. pl. maux (m. pl.) de tête ; migraine f. || FIG., FAM. *mach dir darüber keine Kopfschmerzen !*, ne te casse pas la tête ; ne te fais pas de bile ; ne te frappe pas. ||°**-schmuck** m. (s) parure f. ||°**-schuß** m. (es, ¨e) blessure f. (par balle) à la tête. ||°**-schütteln** n (s) hochement (m.) de tête. | *seine Haltung erregte allgemeines Kopfschütteln*, tout le monde s'étonnait de son attitude. ||°**-schützer** m. (s, -) passe-montagne m. ||°**-seite** f. (-, n). [Münze] côté (m.) face ; côté (m.) tête. ||°**-sprung** m. (s, ¨). SPORT. plongeon m. | *einen Kopfsprung machen*, faire un plongeon ; piquer une tête. ||**-stehen** (stand, gestanden). [Turnen] faire l'arbre fourchu. || PAR EXT. être à l'envers. ||°**-steuer** f. (-, n). HIST. capitation f. ; cote personnelle. ||°**-stimme** f. (-, n) voix (f.) de tête ; fausset m. | *mit Kopfstimme singen*, chanter en fausset. ||°**-stück** n. (s, e). MUS. embouchure f. || TECHN. tête f. ||°**-stütze** f. (-, n) repose-tête m. ||°**-tuch** n. (s, ¨er) fichu m. ; mouchoir m. ||**-über** adv. la tête la première. | *kopfüber ins Wasser fallen*, piquer une tête. || FIG. *sich kopfüber in ein Abenteuer stürzen*, se lancer à corps perdu dans une aventure. ||°**-waschen** n. (s) lavage (m.) de tête ; shampooing m. ; FIG. savon m. ; semonce f. ||°**-weh** n. (s) mal (m.) de tête ; migraine f. ||°**-zerbrechen** n. (s). FIG. casse-tête m.

köpfen ['kœpfən] v. tr. trancher la tête ; guillotiner ; décapiter. || AGRIC. étêter. || SPORT. [Fußball] *den Ball köpfen*, frapper la balle de la tête ; FAM. faire une tête. ◇ v. intr. *der Salat köpft*, la salade pomme.

köpflings ['kœpfliŋs] adv. la tête la première.

Kopie [ko'pi:] f. (-, n) copie f. | *eine Kopie anfertigen*, faire une copie.

Kopier|apparat [ko"pi:rapa'ra:t] m. (s, e). PHOT. tireuse f. ||°**-tinte** f. (-, n) encre (f.) à copier.

kopieren [-rən] v. tr. copier ; transcrire.
— SYN. : *abschreiben*, copier ; *von neuem schreiben*, récrire ; *ausschreiben, übertragen*, transcrire ; *ausfertigen*, grossoyer.

Kopierer [ko'pi:rər] m. (s, -) photocopieur m. ; photocopieuse f.

Kopist [kɔ'pist] m. (en, en) copiste m.

Koppe ['kɔpə] f. (-, n). GÉOGR. ballon m. ; sommet (m.) de montagne.

Koppel ['kɔpəl] f. (-, n). AGRIC. [eingezäuntes Weideland] pâturage m. ; commun m. ; enclos m. || [Tierpaar] *eine Koppel Jagdhunde*, un couple de chiens de chasse.

Koppel ['kɔpəl] n. (s, -) ceinture f. || MIL. ceinture f. ; ceinturon m. | *das Koppel umschnallen*, boucler son ceinturon.

Koppel|hund ["kɔpəl'hunt] m. (s, e). [Jagd] chien couplé. ||°**-riemen** m. (s, -) laisse f.

koppeln ['kɔpəln] v. tr. coupler. | *die Hunde werden gekoppelt*, on couple les chiens. || FIG., ÉLECTR. coupler ; accoupler. | *elektrische Schwingungskreise koppeln*, connecter, coupler des circuits oscillants.

Kopplung ['kɔpluŋ] f. (-, en). ÉLECTR. couplage m. ; accouplement m. ; couplement m.

Kopra ['ko:pra] f. BOT. copra(h) m.

Koproduktion ['koproduktsio:n] f. (-, en). FILM. coproduction f.

Kopte ['kɔptə] n. pr. m. Copte m.

Kopula ['ko:pula] f. (-, s) copule f. ; conjonction f.

kopulieren [kɔpu'li:rən] v. intr. s'accoupler. || BOT. greffer. | *Kopulierreis*, greffon m.

Koralle [ko'ralə] f. (-, n). ZOOL. corail m.

Korallen|insel [kɔ"ralən'inzəl] f. (-, n). GÉOGR. atoll m. ; île corallienne. ||°**-kette** f. (-, n) collier (m.) de corail. ||°**-pilz** m. (es, e). BOT. clavaire f. ||°**-tiere** n. pl. ZOOL. lithozoaires m. pl. ; polypes (m. pl.) coralligènes.

Koran [ko'ra:n] n. pr. m. RELIG. Coran m.

Korb [kɔrp] m. (s, ¨e) corbeille f. ; panier m. ; cabas m. ; bourriche f. | *ein Korb Äpfel*, un panier de pommes. | *ein Korb Feigen*, un couffin de figues. | *ein Korb voll Früchte*, une corbeille (pleine) de fruits. || FIG. *jm einen Korb geben*, éconduire qn. | *sich einen Korb holen*, essuyer un refus. | *er ist der Hahn im Korbe*, c'est le coq du village. || [Basketball] panier m.
— SYN. : *Arm-, Handkorb*, panier ; *Hebekorb*, corbeille ; *Stroh-, Binsenkorb*, cabas ; *Gemüsekorb*, couffe, couffin.

Korb|arbeit ["kɔrp'arbait] f. (-, en) vannerie f. ||°**-ball** m. (s). SPORT. basket-ball m. ||°**-blütler** m. (s, -). BOT. composée f. ||°**-bogen** m. (s, ¨). ARCHIT. arc (m.) en anse de panier. ||°**-flasche** f. (-, n) bouteille clissée. | *große Korbflasche*, bonbonne f. ||°**-flechter** m. (s, -) vannier m. ||°**-geflecht** n. (s, e) vannerie f. ||°**-macher** m. (s, -) vannier m. || °**-macherei** f. (-, en) vannerie f. ||°**-möbel** n. (s, -) meuble (m.) en rotin. ||°**-weide** f. (-, n). BOT. osier m.

Körbchen ['kœrpçən] n. (s, -) petit panier ; petite corbeille ; corbillon m.

Kord [kɔrt] m. (s, s). TEXT. velours (m.) à côtes.

Kordel ['kɔrdəl] f. cordon m. , ficelle f.

Kordon [kɔr'dɔ̃] m. (s, s). ADM. [Posten-, Sperrkette] cordon m. || [Ordensband] cordon m. || PAR ANAL. [Obstbaumform] cordon m.

Korduan|leder [kɔrdu"a:n'le:dər] n. (s) cuir (m.) de Cordoue ; maroquin m.

Korea [ko're:a] n. pr. n. GÉOGR. Corée f.

Koreaner(in) [kore'a:nər(in)] n. pr. m. (s, -), f. (-, nen). GÉOGR. Coréen m., Coréenne f.

Kör|hengst ['kø:r'hɛŋst] m. (es, e) étalon approuvé, autorisé.

Koriander [kori'andər] m. (s). BOT. coriandre f.

Korinth [ko'rint] n. pr. n. GÉOGR. Corinthe f.

Korinthe [-tə] f. (-, n). BOT. raisin (m.) de Corinthe.

Korinther [-tər] n. pr. m. Corinthien m.

korinthisch [-tiʃ] adj. GÉOGR. corinthien. || ARCHIT. *korinthische Säule*, colonne corinthienne.

Kork [kɔrk] m. (s, e). BOT. liège m. || PAR EXT. [Pfropfen ; Stöpsel] bouchon m.

Kork|baum ['kɔrkbaum] m. (s, ¨e), °**-eiche** f. (-, n). BOT. chêne-liège m. ||°**-pfropfen** m. (s, -), °**-stopfen** m. (s, -), °**-stöpsel** m. (s, -) bouchon (m.) de liège.

Korken ['kɔrkən] m. (s, -) bouchon m.

korken ['kɔrkən], **korkig** [-kiç] adj. de, en liège.

korken [-kən] v. tr. boucher ; tamponner. | *Flaschen korken*, boucher des bouteilles.

Korken|zieher ["kɔrkən'tsi:ər] m. (s, -) tire-bouchon m.

Kormoran [kɔrmo'rɑ:n] m. (s, e). Zool. cormoran m.

Korn [kɔrn] n. (s, ¨er). **1.** [Samenkorn] grain m. | *Reiskorn*, grain de riz. | *Mohnkörner*, graine (f.) de pavot. | *die Hühner picken die Körner auf*, les poules picorent les grains. | *ein Hafer-, Gersten-, Mais-, Weizenkorn*, un grain d'avoine, d'orge, de maïs, de blé. | *die Körner fallen aus den Ähren*, les grains tombent des épis. **2.** (Kornarten) [Getreide] céréale f. ; blé m. | *Korn wächst auf meinem Acker* (Immermann), il pousse du blé dans mon champ. | *Korn anbauen*, cultiver du blé. | *Korn säen*, semer du blé. | *Korn mahlen*, moudre du blé. | *Korn verbacken*, panifier du blé. | *Hartkorn* [Korn mit harter Schale] (désigne le blé, le seigle, l'orge). | *Weichkorn*, avoine f. | *türkisches Korn*, maïs m. | *Heidekorn*, sarrasin m. ; blé noir. || Fig. *die Flinte ins Korn werfen*, jeter le manche après la cognée. **3.** Par anal. *Sandkorn*, grain de sable. | *Staubkorn*, grain de poussière. | *Hagelkorn*, grêlon m. | *Marmor von feinem Korn*, du marbre à grain fin. || [Leder] grain (m.) du cuir. || Méd. orgelet m. **4.** [Schußwaffen] guidon m. (du fusil) ; point (m.) de mire. | *feines Korn nehmen*, viser à la pointe du guidon. | *gestrichenes Korn nehmen*, raser le guidon. | *Vollkorn nehmen*, viser à guidon plein. | *ein Wildschwein aufs Korn nehmen*, viser un sanglier. || Fig. *jn aufs Korn nehmen*, viser qn ; jeter son dévolu sur qn. || Loc. *Männer von altem Schrot und Korn* (Lessing), des hommes de bon aloi. || Techn. [Uhr] trou (m.) de pivot.
◇ m. (s) **Korn,** alcool (m.) de grain.

Korn|acker ["kɔrn'akər] m. (s, ¨). Agric. champ (m.) de blé ; terrain emblavé. ||°**-ähre** f. (-, n). Bot. épi m. ||°**-blume** f. (-, n). Bot. bl(e)uet m. ; barbeau m. ||°**-brand** m. (s) bruine f. ||°**-ernte** f. (-, n) moisson f. ||°**-feld** n. (s, er) champ (m.) de blé. ||°**-früchte** f. pl. grains m. pl. ; céréales f. pl. || °**-größen|-verteilung** f. (-, en). Phys. granulométrie f. ||°**-halm** m. (s, e) tige f. ; tuyau (m.) de blé. ||°**-handel** m. (s) graineterie f. ; commerce (m.) de grains. ||°**-haus** n. (es, ¨er) halle (f.) aux blés. || Agric. silo m. ||°**-kammer** f. (-, n) magasin (m.) à blé ; grenier m. ||°**-markt** m. (es, ¨e) marché (m.) aux grains ; halle (f.) au blé. ||°**-nelke** f. (-, n), °**-rade** f. (-, n). Bot. nielle f. ||°**-speicher** m. (s, -) grenier (m.) à blé ; silo m. ||°**-tank** m. (s, s ou e). Agric. trémie f. ||°**-wicke** f. (-, n). Bot. vesce (f.) sauvage. ||°**-wurm** m. (s, ¨er). Zool. charançon m.

Kornak ['kɔrnak] m. (s, s) cornac m.

Körnchen ['kørnçən] n. (s, -) petit grain ; granule m. || Fig. *kein Körnchen Wahrheit war daran*, il n'y avait pas le plus petit grain de vrai là-dedans. | *er hat auch nicht ein Körnchen Verstand*, il n'a pas un brin d'esprit.

Kornel|baum [kɔr"ne:l'baum] m. (s, ¨e). Bot. cornouiller m. ||°**-kirsche** f. (-, n), **Kornelle** f. (-, n). Bot. cornouille f.

körnen ['kørnən] v. tr. Techn. [zerkleinern] *Blei, Zinn körnen*, granuler du plomb, de l'étain. || [körnig formen] *Pulver körnen*, grener de la poudre.

Körnen [-nən] n. (s). Techn. [Zerkleinern] granulation f. || [Kornformung] grenage m. ; grainage m.

körner|fressend ["kørnər'frɛsənt] adj. Zool. granivore. ||°**-marke** f. (-, n). Techn. poinçon m. ||**-tragend** adj. Bot. granifère.

Kornett [kɔr'nɛt] m. (s, e). Mil., Hist. cornette m.

Kornett [kɔr'nɛt] n. (s, e). Mus. cornet m.

körnig ['kørniç] adj. Bot. rempli de grains. || Géol., Techn. granuleux ; granulé.

Koronar|thrombose [koro"nɑ:rtrɔm'bo:zə] f. (-, n). Méd. thrombose coronarienne.

Körper ['kørpər] m. (s, -). Anat. corps m. ; tronc m. | *ein gesunder, kräftiger Körper*, un corps sain, vigoureux. | *der menschliche, tierische Körper*, le corps de l'homme, de l'animal. || Par anal., Phys. corps m. | *fester Körper*, corps solide. | *flüssiger Körper*, corps liquide. | *Himmelskörper*, corps céleste ; planète f. || Polit., Jur. corps m. ; corporation f. | *der gesetzgebende Körper*, le corps législatif.

Körper|anlage ["kørpər'anlɑ:gə] f. (-, n) constitution f. ; complexion f. ; tempérament m. ||°**-bau** m. (s). Anat. conformation f. (du corps) ; stature f. ||°**-behinderte(r)** f. (m.). Méd. handicapé(e) [m. (f.)] moteur. ||°**-beschaffenheit** f. (-, en), °**-bildung** f. (-, en) physique m. ; complexion f. ; tempérament m. ||°**-fülle** f. embonpoint m. ; corpulence f. ||°**-größe** f. (-, n) taille f. ; stature f. ||°**-haltung** f. (-, en) maintien m. ; port m. ; tenue f. ; démarche f. ||°**-lehre** f. Math. stéréométrie f. ||**-los** adj. sans corps ; incorporel ; éthéré. ||°**-strafe** f. (-, n) peine corporelle ; châtiment corporel. ||°**-verletzung** f. (-, en). Jur. coups (m. pl.) et blessures (f. pl.). | *fahrlässige, schwere Körperverletzung*, coups et blessures involontaires ; coups et blessures corporels aggravés. ||°**-wuchs** m. (es) taille f. ; stature f.

Körperchen ['kørpərçən] n. (s, -) corpuscule m.

körperlich [-pərliç] adj. corporel ; physique ; matériel. | *körperliche Schönheit*, beauté physique. | *körperliche Gebrechen*, défauts (m. pl.), infirmités (f. pl.) physiques. | *körperliche Ertüchtigung*, entraînement m. (physique). || Jur. *körperlicher Eid*, serment prêté en personne.

Körperschaft ['kørpərʃaft] f. (-, en) corps m. ; corporation f. || Fin. *Körperschaftssteuer*, impôt sur les sociétés.

körperschaftlich [-liç] adj. corporatif.

Korporal [kɔrpo'rɑ:l] m. (s, e). Mil. caporal m. || [Kavallerie ; Artillerie] brigadier m.

Korporalschaft [-ʃaft] f. (-, en). Mil. escouade f. ; chambrée f.

Korporatismus [kɔrpora'tismus] m. (-, men) corporatisme m.

korporativ [kɔrpora'ti:f] adj. corporatif.

Korps [ko:r] n. (-, -). Mil. corps m. || Univ. corporation (f.) d'étudiants.

Korps|geist ['ko:rgaist] m. (es) esprit (m.) de corps. ||°**-student** m. (en, en). [Deutschland] étudiant (m.) membre d'une corporation.

korpulent [kɔrpu'lɛnt] adj. corpulent ; qui a de l'embonpoint.

Korpulenz [-'lɛnts] f. corpulence f. ; embonpoint m.

Korpus|schrift ["kɔrpus'ʃrift] f. (-, en). Typogr. corps (m.) de dix points ; (corps) dix m.

korrekt [kɔ'rɛkt] adj. correct ; convenable.

Korrektheit [kɔ'rɛkthait] f. correction f. ; savoir-vivre m.

Korrektor [kɔ'rɛktɔr] m. (s, en) correcteur m. (d'imprimerie).

Korrektur [kɔrɛk'tu:r] f. (-, en) corrigé m. || Typogr. épreuve f. (de correction).

Korrektur|abzug [kɔrɛk"tu:r'aptsu:k] m. (s, ¨e), °**-bogen** m. (s, -). Typogr. épreuve f. ||°**-fahne** f. (-, n). Typogr. placard m. ||°**-taste** f. (-, n). Électr. touche (f.) de correction.

Korrelation [korela'tsio:n] f. (-, en) corrélation.

Korrelations|tabelle [korela"tsio:nsta'bɛlə] f. (-, n). Stat. table (f.) de corrélation.

korrelativ [korela'ti:f] adj. corrélatif.

Korrespondent [kɔrɛspɔn'dɛnt] m. (en, en). Comm. employé (m.) de bureau ; correspondancier m. || [Geschäftsfreund] correspondant m. || [Berichterstatter] correspondant m. ; reporter m.

Korrespondenz [-'dɛnts] f. (-, en) rapport m. ; relation f. || Par ext. [Briefwechsel] correspondance f. ; courrier m. || Transp. [Anschluß] correspondance f.

korrespondieren [-'di:rən] v. intr. [entsprechen] correspondre. || Par ext. être en correspondance ; correspondre avec.

Korridor [kɔri'do:r] m. (s, e) couloir m. ; corridor m.

korrigieren [kɔri'gi:rən] v. tr. Pr. et Typogr. corriger.

korrodieren [kɔro'di:rən] v. tr. corroder.

Korrosion [kɔro'zio:n] f. (-, en) corrosion f.

Korrosions|beständigkeit [kɔro"zio:nsbə'ʃtɛndiç-kait] f. résistance (f.) à la corrosion. ||**-hemmend, -schützend** adj. anticorrosion. ||°**-mittel** n. (s, -) corrosif m. ; corrodant m.

korrumpiert [kɔrum'pi:rt], **korrupt** [kɔ'rupt] adj. corrompu ; gâté. || Fig. corrompu ; corruptible ; vénal.

Korruption [-rup'tsio:n] f. (-, en). Pr. et fig. corruption f.

Korsar [kɔr'zɑ:r] m. (en, en). Mar. [Person] corsaire m. || [Schiff] corsaire m.

Korse ['kɔrzə] n. pr. m. Corse m.

Korsett [kɔr'zɛt] n. (s, e) corset m.

Korsika ['kɔrzika] n. pr. n. Géogr. Corse f.

korsisch [-ziʃ] adj. corse.

Korso ['kɔrzo] m. et n. (s, s). [Straße] avenue f. ; cours m. || Par ext. [Festzug] corso m.

Kortex ['kɔrtɛks] m. (-, e). Anat. cortex m.

Kortison [kɔrti'zo:n] n. (s, e). Biol. cortisone f.

Korvetten|kapitän [kɔr"vɛtənkapi'tɛ:n] m. (s, e). MAR. capitaine (m.) de corvette.
Koryphäe [kɔry'fɛ:ə] m. (n, n). HIST. coryphée m. ◇ f. (-, n). FIG. sommité f. ; grand patron.
Kosak [kɔ'zak] m. (en, en) n. pr. m. Cosaque m.
koscher ['kɔʃər] adj. [hebräisch] kasher ; casher. || FIG., FAM. *das ist nicht ganz koscher*, ça n'est pas très catholique.
Ko|sekante ["ko:ze'kantə] f. (-, n). MATH. cosécante f.
kosen ['ko:zən] v. tr. caresser ; câliner.
Kose|name ["ko:zə'na:mə] m. (ns, n) petit nom (de tendresse, d'amour).
Ko|sinus ['ko:zinus] m. (-, -). MATH. cosinus m.
Kosmetik [kɔs'me:tik] f. (-, en). [Schönheitspflege] soins (m. pl.) de beauté. || [Schönheitsmittel] cosmétique m.
kosmetisch [-tiʃ] adj. cosmétique. | *kosmetisches Mittel*, cosmétique m. | *kosmetische Operation*, opération (f.) de chirurgie esthétique.
kosmisch ['kɔsmiʃ] adj. cosmique.
kosmographisch [kɔsmo'gra:fiʃ] adj. cosmographique.
Kosmopolit [kɔsmopoli:t] m. (en, en) cosmopolite m.
Kosmos ['kɔsmɔs] m. univers m.
Kost [kɔst] f. nourriture f. ; (bonne) chère ; table f. ; manger m. | *diese Kost ist einfach*, cette nourriture est simple, frugale. | *fleischlose Kost*, nourriture végétarienne. | *Kost und Logis*, pension complète. | *eine magere Kost*, une maigre pitance. | *jn in Kost nehmen*, prendre qn en pension. | *jn in Kost geben*, mettre qn en pension. | *bei jm in Kost sein*, être en pension chez qn. | *freie Kost haben*, être nourri (en plus de son salaire). | *man hat ihn auf schmale Kost gesetzt*, on l'a mis à la diète.
kost|frei ['kɔstfrai] adj. nourri. ||°**-gänger** m. (s, -) pensionnaire m. ||°**-geld** n. (s, er). [prix (m.) de la] pension f. ||°**-geschäft** n. (s, e) opération (f.) de report. ||°**-probe** f. (-, n). [Tätigkeit] dégustation f. || [Warenmuster] échantillon m.
kostbar ['kɔstba:r] adj. précieux, cher ; de prix. | *kostbarer Schmuck*, bijoux (m. pl.) d'un grand prix. || FIG. délicieux ; exquis. | *ein kostbares Schauspiel*, un spectacle, une scène impayable.
Kostbarkeit [-kait] f. (-, en) grand prix, grande valeur (d'une chose). || (pl. *Kostbarkeiten*) objet précieux ; bijou m.
kosten ['kɔstən] v. intr. et v. tr. coûter. | *was kostet dieser Ring ?*, que coûte, combien coûte cette bague ? || FIG. *das kostet mir, mich viel Zeit*, cela me prend beaucoup de temps. | *die Arbeit hat viel Mühe, viel Schweiß gekostet*, ce travail a coûté beaucoup de peine, a été très pénible. | *es kostet mich viel Überwindung*, il m'en coûte beaucoup. | *es wird ihm den Hals (den Kopf) kosten*, il lui en coûtera la vie. || FAM. *den Kopf wirds nicht kosten*, ce n'est pas la mort d'un homme. | *koste es, was es wolle*, coûte que coûte.
◇ v. tr. déguster ; goûter ; essayer. | *die Gerichte vor dem Auftragen kosten*, tâter aux sauces. || FIG. jouir de.
Kosten [-tən] pl. coût m. ; frais m. pl. ; dépenses f. pl. ; dépens m. pl. ; débours m. pl. | *die Kosten waren erheblich*, les frais étaient considérables. | *die Kosten des Krieges*, le coût de la guerre. | *die Kosten der Reise*, les frais de voyage. | *auf gemeinschaftliche Kosten leben*, faire bourse commune. | *jm Kosten machen*, occasionner des frais à qn. | *er ist auf seine Kosten gekommen*, il est rentré dans ses frais ; FAM. il s'y est retrouvé. | *keine Kosten scheuen*, ne pas regarder à la dépense. | *für die Kosten aufkommen*, subvenir aux dépens ; dédommager des frais. | *diese Flasche geht auf meine Kosten*, cette bouteille, c'est moi qui l'offre. | *auf andrer Leute Kosten leben*, vivre aux dépens d'autrui. | *er wurde auf Staatskosten beerdigt*, on lui fit des obsèques nationales. | *sich auf js Kosten lustig machen*, se divertir aux dépens de qn.
Kosten|anschlag ["kɔstənanʃla:k] m. (s, ¨e) devis m. ; évaluation (f.) des frais. ||°**-aufgliederung** f. (-, en), °**aufschlüsselung** f. (-, en) ventilation (f.) des coûts. ||°**-aufwand** m. (s) dépenses f. pl. ; frais m. pl. ||**-bedingt** adj. *kostenbedingte Inflation*, inflation (f.) par les coûts. ||°**-ersatz** m. (es), °**-erstattung** f. (-, en) indemnité f. ; dédommagement m. ||**-frei** adj. sans frais ; gratuit. | *jn kostenfrei halten*, défrayer qn. ||°**-funktion** f. (-, en) fonction (f.) de coûts. ||**-los** adj. sans frais ; gratuit. ||**-pflichtig** adj. JUR. condamné aux dépens. ||°**-preis** m. (es, e). COMM. prix coûtant ; prix (m.) de revient. | *zum Kostenpreis verkaufen*, vendre au prix coûtant. ||°**-übernahme** f. (-, n). [Krankenkasse] prise (f.) en charge. ||°**-voranschlag** m. (s, ¨e) devis m.
köstlich ['køstliç] adj. précieux. || PAR EXT. délicieux ; savoureux ; délicat ; exquis. | *köstliche Erzählung*, histoire savoureuse. | *köstlicher Einfall*, idée charmante. || CULIN. *ein köstlicher Bissen*, un bon morceau.
Köstlichkeit [-kait] f. (-, en) excellence f. ; goût exquis ; délicatesse f. (d'un plat).
kost|spielig ["kɔst'ʃpi:liç] adj. coûteux ; onéreux ; dispendieux.
Kostüm [kɔs'ty:m] n. (s, e) costume m. ; toilette f. ; habillement m.
Kostüm|ball [kɔs"ty:m'bal] m. (s, ¨e), °**-fest** n. (es, e) bal costumé, travesti.
kostümieren [kosty'mi:rən] v. tr. et v. pr. (se) costumer ; (se) travestir.
Kot [ko:t] m. (s) excréments m. pl. ; [Tiere] crotte f. ; [Straßenschmutz] boue f.
Ko|tangente ["ko:taŋ'gɛntə] f. (-, n). MATH. cotangente f.
Kotau [ko'tau] m. (s, e). [Bückling] révérence f. ; FIG. salamalecs m. pl.
Kote ['ko:tə] f. (-, n). GÉOGR. cote f.
Köte ['kø:tə] f. (-, n). ZOOL. boulet m.
Kötel ['kø:təl] m. ZOOL. crotte f.
Kotelett [kɔt(ə)'lɛt] n. (s, en) côtelette f.
◇ n. pl. **Koteletten,** favoris m. pl.
Köter ['kø:tər] m. (s, -). FAM. mâtin m. ; roquet m. ; POP. clebs m. ; cabot m.
Kot|flügel ["ko:t'fly:gəl] m. (s, -). AUTOM. aile f.
Kothurn [kɔ'turn] m. (s, e). HIST. cothurne m.
kotieren [kɔ'ti:rən] v. tr. FIN. coter.
Kotierung [-ruŋ] f. (-, en). FIN. cotation f.
kotig ['ko:tiç] adj. [Personen] crotté ; sale. || [Dinge] boueux ; bourbeux ; fangeux.
Kotze ['kɔtsə] f. (-, n), **Kotzen** ['kɔtsən] m. (s, -). DIAL. 1° couverture (f.) de laine grossière ; 2° manteau (m.) de pluie.
Kotze ['kɔtsə] f. POP. vomi m.
kotzen ['kɔtsən] v. intr. POP. vomir ; dégobiller.
Ko|valenz [kovalɛnts] f. (-, en). CHIM. covalence f. | *Kovalenzbindung*, liaison covalente.
Krabbe ['krabə] f. (-, n). ZOOL. crabe m. ; crevette f. | *Krabbenfang*, pêche (f.) aux crabes.
krabbeln [-bəln] v. intr. grimper. || PAR EXT. ramper. | *die Ameisen krabbeln*, les fourmis grouillent.
◇ v. impers. FIG., FAM. chatouiller.
Krach [krax] m. (s, e). FAM. bruit m. ; vacarme m. ; craquement m. ; fracas m. | *das Haus stürzte mit großem Krach ein*, la maison s'écroulait avec fracas. | *Krach machen*, faire du chahut, du potin. || FIG. *er bestand die Prüfung mit Ach und Krach*, il passa son examen de justesse. || FIN. krach m. ; débâcle financière. || PAR EXT. [Zank ; Streit] rupture f. ; brouille f ; dispute f. ; grabuge m. | *Krach schlagen*, se fâcher. | *es kam zum Krach*, il y a eu un esclandre.
◇ interj. **krach !,** crac ! ; boum !
krachen [-xən] v. intr. craquer ; claquer ; crépiter ; éclater. | *der Kanonenschuß kracht*, le coup de canon éclate, tonne. | *Gewehrschüsse krachen*, la fusillade crépite.
Krachen [-xən] n. (s) craquement m. ; fracas m.
Kracher [-xər] m. (s, -). FAM. vieille baderne.
krächzen ['krɛçtsən] v. intr. criailler ; croasser. | *die Raben krächzen*, les corbeaux croassent.
Kracke f. (-, n). POP. [lahmer Gaul] rosse f. ; haridelle f. ; canasson m.
Kracken ['krakən] n. (s). TECHN. craquage m. | *katalytisches Kracken*, craquage catalytique.
Krad [kra:t] n. abrév. de **Kraftrad.**
Kraft [kraft] f. (-, ¨e) force f. ; vigueur f. ; énergie f. ; puissance f. **1.** [von Lebewesen] *ein Athlet von großer Kraft*, un athlète d'une grande force. | *wieder zu Kräften kommen*, recouvrer ses forces. | *bei Kräften sein*, être vigoureux. | *seine Kräfte noch beisammen haben*, être encore en possession de ses moyens. | *Geisteskraft*, vigueur intellectuelle. | *Seelenkraft*, force morale. | *Willenskraft*, force de volonté. | *das geht über seine Kräfte*, cela surpasse ses forces. | *alle Kräfte anspannen, sammeln*, rassembler toutes ses forces. | *seine Kräfte überschätzen*, présumer de ses forces. | *aus eigener Kraft*, à la force du poignet. | *nach Kräften*, de son mieux.
2. [von Gegenständen] *die Kraft des Wassers treibt die Mühle*, la force de l'eau actionne le moulin. | *die Kraft*

der Elemente, la puissance des éléments. | *die Kraft einer Arznei*, l'efficacité (f.) d'un remède. | *Kraft der Rede*, puissance (f.) oratoire. | *die Kraft der Hoffnung*, la force de l'espérance. || PHYS. *Kraft der Trägheit*, force (f.) d'inertie. | *Kraft der Anziehung*, pesanteur f. | *treibende Kraft*, force motrice. | *das Parallelogramm der Kräfte*, le parallélogramme des forces. | *resultierende Kraft*, résultante f.

3. [von Verträgen] *die Kraft eines Vertrags*, la validité d'un contrat. | *diese Bestimmung erlangt (gewinnt) Kraft*, cette disposition entre en vigueur. | *diese Verordnung tritt in Kraft*, cette ordonnance entre en vigueur. | *ein Gesetz außer Kraft setzen*, abroger une loi.

4. PAR EXT. aide s. ; employé(e) m. (f.). | *nebenamtliche Kraft*, vacataire s. | *Schreibkraft*, dactylographe s. | *eine Hilfskraft einstellen*, engager un aide. | *Lehrkräfte*, enseignants m. pl.

kraft [kraft] prép. (gén.) en vertu de. | *kraft dessen*, en vertu de quoi. || JUR. *kraft des Gesetzes*, en vertu de la loi.

Kraft|anspannung ["kraft'anʃpanuŋ] f. (-, en), °**-anstrengung** f. (-, en) effort m. ; tension (f.) des forces. ||°**-aufwand** m. (s) déploiement (m.) d'énergie, des forces ; renfort m. ||°**-ausdruck** m. (s, ¨e) gros mot. ||°**-boot** n. (s, e) canot (m.) automobile. ||°**-brühe** f. (-, n). CULIN. consommé m. ||°**-einheit** f. (-, en). PHYS. unité (f.) dynamique ; dynamie f. ; dyne f. ||°**-fahrer(in)** m. (s, -), f. (-, nen) chauffeur m. ; automobiliste s. ||°**-fahrzeug** n. (s, e) automobile f. ; camion m. ||°**-lehre** f. MATH., PHYS. dynamique f. ||°**-leistung** f. (-, en) tour (m.) de force ; performance f. ||**-los** adj. sans force ; faible ; affaibli ; débile ; inerte. | *kraftlose Kugel*, balle morte. || sans effet ; invalide. || JUR. *für kraftlos erklären*, déclarer nul ; invalider. | *Kraftloserklärung*, invalidation f. || PHOT. *kraftloses Negativ*, cliché faible, flou, sans contraste. ||°**-losigkeit** f. (-) faiblesse f. ; manque (m.) de vigueur, de force. || JUR. invalidité f. ; nullité f. || MÉD. langueur f. ; débilité f. ; asthénie f. ||°**-meier** m. (s, -). FAM. fanfaron m. ; bravache m. ; vantard m. ; rodomont m. ||°**-messer (Kräftemesser)** m. (s, -) dynamomètre m. ||°**-mittel** n. (s, -) remède (m.) énergique, efficace, FAM. de cheval. ||°**-probe** f. (-, n) épreuve (f.) de force ; bras (m.) de fer. ||°**-punkt** m. (s, e). PHYS. point (m.) d'application. ||°**-quelle** f. (-, n) source (f.) d'énergie. ||°**-rad** n. (s, ¨er) motocyclette f. ; FAM. moto f. ||°**-radfahrer** m. (s, -) motocycliste m. ||°**-sammler** m. (s, -). ÉLECTR. accumulateur m. ; FAM. accu m. ||°**-sport** m. (s) culturisme m. ||°**-stoff** m. (s). AUTOM. essence f. ; carburant m. || °**-stoffmangel** m. (s) panne sèche. ||**-voll** adj. vigoureux ; plein de force ; énergique. ||°**-wagen** m. (s, -) automobile f. ; FAM. auto f. ||°**-wagenfahrer** m. (s, -), °**-wagenführer** m. (s, -) conducteur (m.) d'auto ; chauffeur m. ||°**-werk** n. (s, e). ÉLECTR. centrale f. ||°**-wort** n. (es, e) parole (f.), expression (f.) énergique.

kräftig ['krɛftiç] adj. robuste ; vigoureux ; fort ; solide ; puissant. | *kräftiger Junge*, garçon vigoureux. | *kräftiger Schlag*, coup (m.) rude. | *kräftige Sprache*, langage énergique, vigoureux. || CULIN. *kräftige Nahrung*, aliments fortifiants. | *kräftiger Trank*, boisson (f.) qui revigore.
◇ adv. vigoureusement ; puissamment.

kräftigen [-tigən] v. tr. et v. pr. (se) fortifier ; (se) donner des forces ; (se) restaurer ; (s')affermir. | *kräftigende Arznei*, (médicament) fortifiant m.
— SYN. : *stärken*, raffermir, fortifier ; *stählen*, *härten*, tremper.

Kräftigung [-tiguŋ] f. (-, en) renforcement m. ; affermissement m.

Kräftigungs|mittel ["krɛftiguŋs'mitəl] n. (s, -). PHARM., MÉD. fortifiant m. ; cordial m.

Krägelchen ['krɛ:gəlçən] n. (s, -) petit col ; collerette f.

Kragen ['krɑ:gən] m. (s, -) col m. ; collerette f. ; [Hemd] faux col. || PAR EXT. [Hals] cou m. | *er packte ihn am Kragen*, il le saisit au collet. | *es geht ihm an den Kragen*, c'en est fait de lui. | *jn beim Kragen nehmen*, demander raison à qn.

Kragen|nummer ["krɑ:gən'numər] f. (-, n). COMM. (numéro [m.] d')encolure f. ||°**-schoner** m. (s, -) cache-col m. ||°**-weite** f. (-, n). COMM. (numéro [m.] d')encolure f. ; tour (m.) de cou.

Krag|stein ["krɑ:k'ʃtain] m. (s, e). ARCHIT. console f. ; corbeau m.

Krähe ['krɛ:ə] f. (-, n). ZOOL. corneille f. | *die Krähe krächzt*, la corneille craille.

krähen [-ən] v. intr. chanter ; piailler. | *der Hahn kräht in aller Frühe*, le coq chante de bon matin. || FIG., FAM. *danach kräht kein Hahn*, nul, personne ne s'en soucie.

Krähen|auge ["krɛ:ən'augə] n. (s, n). BOT. noix (f.) vomique. || MÉD. œil-de-perdrix m. ; cor m. ||°**-fuß** m. (es, ¨e). ZOOL. patte (f.) de corneille. ||°**-füße** m. pl. [Runzeln] pattes d'oie (f.). || [schlechte Schrift] pattes (f. pl.) de mouche.

krähend ['krɛ:ənt] adj. piaillant. | *eine krähende Stimme*, une voix éraillée, criarde.

Kräh|winkel ["krɛ:'viŋkəl] n. (s). FAM. bled m.

Krain [krain] n. pr. n. GÉOGR. Carniole f.

Krakau ['krɑ:kau] n. pr. n. GÉOGR. Cracovie f.

Krake ['krɑ:kə] m. (n, n), **Kraken** [-kən] m. (s, -). ZOOL. pieuvre f. ; polype m. || PAR EXT., POÉT. monstre marin.

Krakeel [kra'ke:l] m. (s, e). FAM. querelle f. ; grabuge m.

krakeelen [-lən] v. intr. FAM. faire du grabuge, du tapage ; chercher noise ; se chamailler.

Krakeeler [-lər] m. (s, -). FAM. querelleur m. ; tapageur m. ; mauvais coucheur.

Krakel|fuß ["krɑ:kəl'fu:s] m. (es, ¨e) griffonnage m. ; pattes (f. pl.) de mouche.

krakeln ['krɑ:kəln] v. tr. griffonner.

Kralle ['kralə] f. (-, n) griffe f. ; serre f. ; ongle m. | *die Katze zeigt ihre Krallen*, le chat sort ses griffes.

krallen [-lən] v. tr. montrer les griffes ; griffer ; saisir avec les griffes ; égratigner.

krallig ['kraliç] adj. pourvu de griffes ; griffu.

Kram [krɑ:m] m. (s, ¨e). VX. [Ware] marchandise f. | *seinen Kram ausbreiten*, étaler sa marchandise. || FIG. *es paßt mir nicht in den Kram*, cela ne me convient pas ; cela m'embarrasse.

Krambambuli [kram'bambuli] m. (s). FAM. eau-de-vie (f.) de genièvre, de Dantzig.

kramen ['krɑ:mən] v. intr. fouiller ; farfouiller.

Krämer ['krɛ:mər] m. (s, -) boutiquier m. ; épicier m. ; mercier m.

Krämer|geist ["krɛ:mər'gaist] m. (es). PÉJOR. mentalité (f.), âme (f.) de boutiquier ; mesquinerie f. ||°**-seele** f. (-, n) âme mesquine ; esprit (m.) mercantile.

Krämerei [krɛ:mə'rai] f. (-, en) petite boutique ; épicerie f. ; mercerie f.

krämerhaft ['krɛ:mərhaft] adj. PÉJOR. mercantile ; borné ; étroit.

Kram|laden ["krɑ:m'lɑ:dən] m. (s, ¨) bazar m.

Krammets|vogel ["kraməts'fo:gəl] m. (s, ¨). ZOOL. grive f. ; litorne f.

Krampe ['krampə] f. (-, n), **Krampen** m. (s, -). ARCHIT. crampon m. ; crochet m. ; happe f.

Krampf [krampf] m. (s, ¨e). MÉD. crampe f. ; spasme m. ; convulsion f. | *den Krampf bekommen*, être saisi de crampes. | *von Krämpfen befallen werden*, être saisi de convulsions. || FIG., POP. *so ein Krampf !*, c'est crispant !

Krampf|ader ["krampf'ɑ:dər] f. (-, n). MÉD. varice f. ||**-aderig** adj. variqueux. ||**-artig** adj. MÉD. spasmodique ; convulsif. ||°**-husten** n. (s) toux convulsive.

krampfhaft ['krampfhaft] adj. MÉD. convulsif ; spasmodique. | *krampfhafte Zuckungen*, convulsions f. pl. ; spasmes m. pl. | *krampfhaftes Lachen*, rire convulsif. || FIG. violent. | *krampfhafte Bemühungen*, des efforts désespérés.

krampfig ['krampfiç] adj. V. KRAMPFHAFT.

Kran [krɑ:n] m. (s, ¨e ou e). TECHN. grue f. | *fahrbarer Kran*, grue mobile.

Kran|arm [-arm] m. (s, e) flèche (f.) de grue. ||°**-führer** m. (s, -) grutier m. ; conducteur (m.) de grue. ||°**-wagen** m. (s, -) wagon-grue m. ; camion-grue m.

krängen ['krɛŋən] v. intr. MAR. se pencher d'un côté ; donner de la bande.

Kranich ['krɑ:niç] m. (s, e). ZOOL. grue f.

krank [kraŋk] adj. malade. | *er ist schwerkrank*, il est très malade. | *krank werden*, tomber malade. | *auf den Tod krank sein*, être à la mort. | *sterbenskrank sein*, être à l'article de la mort. | *krank vor Neid*, malade de jalousie. | *sich krank melden*, se faire porter malade. | *er stellt sich krank*, il fait le malade. | *krank zu Bett liegen*, être alité. | *sich krank lachen*, se pâmer de rire.
— SYN. : *unwohl*, *siech*, malade ; *leidend*, souffrant ; *unpäßlich*, indisposé.

kränkeln ['krɛŋkəln] v. intr. être de santé délicate ; être toujours souffrant ; être maladif.

kranken ['kraŋkən] v. intr. souffrir ; être malade. | *sie krankt an Blutarmut*, elle souffre d'anémie ; elle est anémique. || Fig. pécher par. | *dieser Betrieb krankt an fehlerhafter Organisation*, cette entreprise pèche par manque d'organisation.

kränken ['krɛŋkən] v. tr. blesser ; froisser ; vexer ; mortifier ; chagriner. | *jn tief kränken*, offenser gravement qn.
◇ v. pr. **sich kränken,** se froisser ; s'affecter. | *sie kränkt sich über sein Gebaren*, son comportement la chagrine.
— Syn. : *betrüben*, attrister ; *Kummer machen*, peiner ; *härmen*, chagriner ; *kümmern*, affliger ; *Verdruß machen*, dépiter.

Kranken|anstalt ["kraŋkən'anʃtalt] f. (-, en) maison (f.) de santé. ||°**-auto** n. (s, s) ambulance (f.) automobile. ||°**-besuch** m. (s, e) visite (f.) à un malade. ||°**-bett** n. (s, en) lit (m.) de malade. | *auf dem Krankenbett liegen*, être alité ; garder le lit. ||°**-geld** n. (s, er) allocation (f.) de maladie. ||°**-haus** n. (es, ¨er) hôpital m. ; clinique f. ||°**-haus|pauschale** f. (-, n) forfait hospitalier. ||°**-kasse** f. (-, n) caisse (f.) de maladie. ||°**-kost** f. régime m. ; diète f. ||°**-lager** n. (s, -). V. Krankenbett. ||°**-pflege** f. soins m. pl. ||°**-pflege|helfer(in)** m. (s, -), f. (-, nen) aide soignant(e) m. (f.). ||°**-pfleger(in)** m. (s, -), f. (-, nen) infirmier m. ; infirmière f. ; garde-malade s. ; garde f. ||°**-saal** m. (s, säle) salle (f.) des malades ; infirmerie f. ||°**-schein** m. (s, e) feuille (f.) de maladie. ||°**-schwester** f. (-, n) garde-malade f. ; infirmière f. ||°**-träger** m. (s, -) brancardier m. ||°**-vorgeschichte** f. antécédents médicaux. ||°**-wagen** m. (s, -) voiture (f.) sanitaire ; ambulance f. ||°**-wärter(in)** m. (s, -), f. (-, nen) garde-malade s. ||°**-zug** m. (s, ¨e). Mil. train (m.) sanitaire.

krankhaft ['kraŋkhaft] adj. maladif ; malsain ; morbide ; pathologique. | *krankhafter Ehrgeiz*, ambition maladive. | *krankhafte Eifersucht*, jalousie (f.) morbide.

Krankheit [-hait] f. (-, en) maladie f. ; mal m. ; affection f. | *eine schwere Krankheit*, une maladie grave, sérieuse. | *an einer Krankheit leiden*, souffrir d'une maladie. | *an einer Krankheit daniederliegen*, être alité (à cause d'une maladie). | *an einer Krankheit sterben*, mourir d'une maladie. | *eine Krankheit greift um sich*, une maladie se propage. | *von einer Krankheit genesen*, relever, sortir de maladie. | *sexuell übertragbare Krankheit*, maladie sexuellement transmissible. | *Herzkrankheit*, affection cardiaque.

Krankheits|anfall ["kraŋkhaits'anfal] m. (s, ¨e) accès (m.) d'un mal. ||°**-bericht** m. (s, e) bulletin (m.) de santé. ||°**-erreger** m. (s, -). Méd. agent (m.) pathogène, morbifique. ||°**-erscheinung** f. (, en). Méd. symptôme m. ||**-halber** adv. pour raisons de santé ; pour cause de maladie. ||°**-keim** m. (s, e) germe (m.) pathogène ; bactérie f. | *Untersuchung auf Krankheitskeime*, examen (m.) bactériologique. || °**-lehre** f. pathologie f. ||°**-stoff** m. (s, e) virus m. ; miasme m. ; microbe m. ||°**-zeichen** n. (s, -) symptôme m.

kränklich ['krɛŋkliç] adj. maladif ; chétif ; malingre ; souffreteux.
— Syn. : *siech*, maladif ; *gebrechlich*, infirme ; *kränkelnd*, valétudinaire ; *leidend*, *schwächlich*, souffreteux.

Kränklichkeit [-kait] f. santé délicate ; infirmité f. ; état maladif.

Krank|schreibung ["krank'ʃraibuŋ] f. (-, en) arrêt (m.) de travail ; arrêt (de) maladie.

Kränkung ['krɛŋkuŋ] f. (-, en) offense f. ; blessure f. ; humiliation f. ; mortification f.

Kranz [krants] m. (es, ¨e) couronne f. ; guirlande f. | *einen Kranz (am Grabe) niederlegen*, déposer une couronne (sur une tombe). | *jm den Kranz aufsetzen*, mettre une couronne sur la tête de qn ; couronner qn. || Fig. *Kranz blühender Gärten (um eine Stadt)*, ceinture (f.) de jardins fleuris (autour d'une ville).

Kränzchen ['krɛntsçən] n. (s, -) petite couronne. || Fig. cercle (de conversation).

kränzen [-tsən] v. tr. Poét. couronner.

Krapfen ['krapfən] m. (s, -). Culin. beignet m. ; crêpe f.

Krapp [krap] m. (s). Bot. garance f.

kraß [kras] adj. crasse ; grossier. | *das steht in krassem Gegensatz zu*, cela contraste vivement avec. | *krasse Unwissenheit*, ignorance (f.) crasse, inexcusable.

Krater ['krɑ:tər] m. (s, -). Géol. cratère m. || Hist. [Mischkrug] cratère m.

Kratz|bürste ["krats'byrstə] f. (-, n) brosse dure. ||**-bürstig** adj. Fig. hérissé ; rébarbatif. ||°**-eisen** n. (s, -) grattoir m. ; racloir m. ; raclette f. ; décrottoir m. ; curette f. ||°**-fuß** m. (es, ¨e). Fig., fam. révérence f. ||°**-wolle** f. bourre (f.) de laine.

Krätze ['krɛtsə] f. Méd. gale f.

kratzen ['kratsən] v. tr., v. intr. et v. pr. (se) gratter ; griffer ; racler. | *Katzen kratzen*, les chats griffent. | *sich wund kratzen*, se gratter jusqu'au sang. | *sich hinter dem Ohr kratzen*, se gratter l'oreille. | *der Hund kratzt an der Tür*, le chien gratte à la porte. || Par ext. [ritzen] érafler ; égratigner ; racler. | *etwas auf ein Papier kratzen*, griffonner qch. sur le papier. | *auf der Geige kratzen*, racler du violon. | *die Feder kratzt*, cette plume crache, crisse.

Kratzer [-tsər] m. (s, -). [Kratzspur ; Schramme] égratignure f. ; écorchure f. ; éraflure f. || Techn. raclette f. ; racloir m. ; grattoir m.

Krätzer ['krɛtsər] m. (s, -) vin (m.) âpre ; verjus m. ; piquette f. || grattoir m.

krätzig ['krɛtsiç] adj. Méd. galeux.

krauen ['krauən] v. tr. gratter doucement ; caresser.

Kraul [kro:l] n. (s). Sport. crawl m.

kraulen [-lən] v. intr. Sport. nager le crawl.

kraus [kraus] adj. crépu ; crépelé ; crépé. | *krause Haare*, cheveux bouclés, crépelés. | *krause Falten*, plis froncés. | *er zog die Stirne kraus*, il fronça le(s) sourcil(s) ; il plissa le front. || Fig. *krause Gedanken*, pensées confuses.

Krause ['krauzə] f. (-, n) fraise f. ; jabot m.

Kräusel|eisen ["krɔyzəl'aizən] n. (s, -) fer (m.) à friser.

kräuseln ['krɔyzəln] v. tr. et v. pr. (se) friser ; (s')onduler ; (se) plisser. | *sich das Haar kräuseln lassen*, se faire faire une ondulation. | *auf dem See kräuseln sich die Wellen*, les vagues du lac moutonnent. | *der Wind kräuselt die Wasseroberfläche*, le vent ride la surface de l'eau.
◇ v. intr. se plisser ; onduler.

Kräuseln [-zəln] n. (s). [Haar] ondulation f. || [Meer] moutonnement m. ; rides f. pl.

krausen ['krauzən] v. tr. et intr. froncer ; plisser. | *die Stirn krausen*, plisser le front.

kraus|haarig ["kraus'hɑ:riç] adj. aux cheveux crépus, frisés. ||°**-kohl** m. (s). Bot. chou frisé. ||°**-kopf** m. (s, ¨e) tête bouclée, frisée, crépue. || Techn. [Fräse] fraise f.

Kraut [kraut] n. (s, ¨er). **1.** Bot. plante herbacée ; tige feuillue. | *die Rüben wachsen (schießen) ins Kraut*, les navets poussent tout en feuilles. | *Unkraut*, mauvaises herbes. || Loc., fam. *er wirft alles wie Kraut und Rüben durcheinander*, il mélange tout, il fait du fouillis. | *ins Kraut schießen*, monter en graine.
2. chou m. | *Kraut einlegen, einschneiden*, conserver de la choucroute. | *Sauerkraut*, choucroute f. || Fam. *das macht das Kraut nicht fett*, ça ne met pas de beurre dans les épinards.
◇ n. pl. **Kräuter** [Heilkräuter] plantes médicinales. || Loc. *Dagegen ist kein Kraut gewachsen*, là-contre, il n'y a pas de remède.
3. Fam. tabac. | *ein feines Kraut*, un bon tabac.

kraut|artig ["kraut'ɑ:rtiç] adj. Bot. herbacé. || °**-junker** m. (s, -). Fam. hobereau m. ; gentilhomme campagnard. ||°**-kopf** m. (s, ¨e) tête (f.) de chou. ||°**-strunk** m. (s, ¨e) tige (f.), trognon (m.) de chou.

Kräuter|buch ["krɔytər'bu:x] n. (s, ¨er) traité (m.) de botanique. || Par ext. herbier m. ||**-fressend** adj. Zool. herbivore. ||°**-garten** m. (s, ¨). [jardin] potager m. ||°**-handlung** f. (-, en) herboristerie f. ||°**-kunde** f. botanique f. ||°**-sammlung** f. (-, en) herbier m. ||°**-suppe** f. (-, n) potage (m.) aux herbes. ||°**-tee** m. (s), °**-trank** m. (s) tisane f. ; infusion f.

Krawall [kra'val] m. (s, e). Fam. tapage m. ; chahut m. ; tumulte m. ; boucan m. | *Krawall machen, schlagen*, faire du chambard. || Par ext. [Auflauf] bagarre f. ; échauffourée f.

Krawatte [kra'vatə] f. (-, n) cravate f.

kraxeln ['kraksəln] v. intr. Dial. grimper.

Kraxler [-kslər] m. (s, -). Dial. grimpeur (m.) de montagnes ; alpiniste m.

Kreativität [kreativi'tɛ:t] f. créativité f.

Kreatur [krea'tu:r] f. (-, en) créature f. ; être m. || Péjor. personne déchue.

Krebs [kre:ps] m. (es, e). Zool. écrevisse f. | *Krebse putzen, zurechtmachen*, éplucher des écrevisses. || Méd. cancer m. ; ulcère cancéreux ; tumeur maligne. ||

ASTRON. Cancer m. || FIG. *Krebse* [unverkaufte Bücher, Zeitungen] invendus m. pl. ; rossignols m. pl. ; bouillons m. pl.

krebs|artig [″kre:ps'ɑ:rtiç] adj. MÉD. cancéreux. ||**-erregend**, **-erzeugend** adj. MÉD. cancérigène. ||°**-fang** m. (s) pêche (f.) à l'écrevisse. ||°**-forscher(in)** m. (s, -), f. (-, nen) cancérologue s. ||°**-forschung** f. cancérologie f. ||°**-gang** m. (s) marche (f.) en écrevisse, à reculons. || FIG. *den Krebsgang gehen*, aller à reculons. ||°**-geschwulst** f. (-, ¨e). MÉD. tumeur cancéreuse. ||**-krank** adj. MÉD. cancéreux. ||**-rot** adj. rouge comme une écrevisse. ||°**-schere** f. (-, n) pince (f.) d'écrevisse. ||°**-teller** m. (s, -) balance (f.) à écrevisses. ||°**-vorsorge|-untersuchung** f. (-, en). MÉD. dépistage (m.) du cancer.

krebsen ['kre:psən] v. intr. pêcher l'écrevisse. || FIG. *das Geschäft hat zu krebsen*, le commerce périclite.

Kredenz [kre'dɛnts] f. (-, en) crédence f. ; buffet m. ; dressoir m.

kredenzen [-tsən] v. tr. verser, offrir à boire.

Kredit ['kre:dit ou kre'di:t] m. (s, e). COMM. crédit m. | *kurzfristiger Kredit*, crédit à court terme. | *langfristiger Kredit*, crédit à longue échéance. | *eingefrorener Kredit*, crédit gelé. | *auf Kredit*, à crédit. | *einen Kredit gewähren*, consentir un crédit ; accréditer. || PAR EXT. [Vertrauenswürdigkeit]. *Kredit haben, genießen*, jouir d'un (grand) crédit. || FIG. [Ruf ; Ansehen] crédit m. ; influence f. | *das hat ihn seinen Kredit gekostet*, cela a ruiné son crédit.

Kredit n. (s). [Guthaben] avoir m. ; crédit m.

Kredit|brief [kre″di:t'bri:f] m. (s, e) lettre (f.) de crédit ; accréditif m. ||°**-eröffnung** f. (-, en), °**-gewährung** f. (-, en) ouverture (f.) de crédit. ||**-fähig** adj. solide ; solvable. ||°**-karte** f. (n) carte (f.) de crédit. ||°**-kontingentierung** f. (-, en) encadrement (m.) du crédit. ||°**-linie** f. (-, n) ligne (f.) de crédit. ||°**-nehmer** m. (s, -) emprunteur m. ||°**-überziehung** f. (-, en) dépassement (m.) de crédit. ||°**-unterlage** f. (-, n) garantie réelle. ||°**-verknappung** f. (-, en) resserrement (m.) du crédit. ||**-würdig** adj. à qui l'on peut faire crédit ; solvable.

kreditieren [kredi'ti:rən] v. intr. créditer ; porter au crédit de.

Kreditor ['kre:ditɔr] m. (s, en). COMM., JUR. créditeur m. ; créancier m.

Kredo ['kre:do] n. (s, s). RELIG. credo m. ; profession (f.) de foi.

Kreide ['kraidə] f. (-, n). GÉOL. craie f. | *bunte Kreide*, de la craie de couleur. | *mit Kreide schreiben*, écrire à la craie. || FIG., FAM. *mit doppelter Kreide schreiben*, faire un compte de cuisinière, d'apothicaire. | *bei jm in der Kreide stehen, in die Kreide geraten*, être, devenir débiteur de qn ; FAM. avoir une ardoise chez qn.

kreide|artig [″kraidə'ɑ:rtiç] adj. GÉOL. crayeux ; crétacé. ||**-blaß** adj. blanc comme un linge. ||°**-fels** m. (en, en) roche crétacée. ||**-haltig** adj. GÉOL. crayeux. ||°**-zeichnung** f. (-, en) dessin (m.) au crayon, à la craie.

kreidig ['kraidiç] adj. crayeux ; crétacé.

kreieren [kre:'i:rən] v. tr. créer ; mettre en vogue, à la mode. || THÉÂTRE. *eine Rolle kreieren*, créer un rôle.

Kreis [krais] m. (es, e). **1.** MATH. cercle m. ; rond m. ; circonférence f. | *einen Kreis schlagen, ziehen*, tracer un cercle. | *im Kreise*, en rond ; en cercle. | *Quadratur des Kreises*, quadrature (f.) du cercle.

2. FIG. cercle m. ; sphère f. ; étendue f. ; limites f. pl. | *sein Schaffenskreis war groß*, il avait une sphère d'activité étendue.

3. PAR EXT. réunion f. ; association f. ; cercle m. | *der Kreis der Jünger*, le cercle des disciples. | *ein großer Freundeskreis*, des amis nombreux. | *im Kreise der Seinen*, parmi les siens. | *im Kreise der Familie*, au sein de la famille. | *diplomatische Kreise*, milieux (m. pl.) diplomatiques. | *in gut unterrichteten Kreisen*, dans les milieux bien informés. | *bessere Gesellschaftskreise*, milieux (m. pl.) aristocratiques. | *ein in weiten Kreisen bekannter Dichter*, un poète connu dans tous les milieux.

4. ADM. (*etwa*) canton m. ; arrondissement m.

5. ASTRON. orbite f. | *Kreis der Planeten um die Sonne*, révolution (f.) des planètes autour du Soleil.

Kreis|abschnitt [″krais'apʃnit] m. (s, e). MATH. segment m. (de cercle). ||°**-amt** n. (s, ¨er) administration (f.) d'un arrondissement ; sous-préfecture f. || HIST. bailliage m. ||°**-amtmann** m. (s, ¨er) administrateur (m.) d'un arrondissement ; sous-préfet m. || HIST. bailli m. ||°**-ausschnitt** m. (s, e). MATH. secteur m. ||°**-bahn** f. circuit m. || ASTRON. orbite f. ||°**-bewegung** f. (-, en) mouvement (m.) circulaire ; tour m. ; révolution f. ||°**-blatt** n. (s, ¨er) feuille locale. ||°**-bogen** m. (s, ¨). MATH. arc (m.) de cercle. ||°**-drehung** f. (-, en) rotation f. ||°**-fläche** f. (-, n). MATH. cercle m. ||°**-form** f. (-, en). MATH. forme (f.) circulaire. ||**-förmig** adj. circulaire ; en cercle. || °**-gericht** n. (s, e). JUR. tribunal (m.) de première instance. ||°**-gestalt** f. (-, en) forme (f.) circulaire, en cercle. ||°**-lauf** m. (s) mouvement (m.) circulaire ; tour m. ; circuit m. || PHYSIOL. *Blutkreislauf*, circulation (f.) du sang. || ASTRON. *Kreislauf der Planeten*, révolution (f.) des planètes. || TECHN. *geschlossener, offener Kreislauf*, combustion (f.) externe, interne. ||°**-linie** f. (-, n). MATH. ligne (f.) circulaire ; circonférence f. ||°**-richter** m. (s, -). JUR. juge (m.) au tribunal de première instance. ||°**-ring** m. (s, e). MATH. couronne f. ; tore m. ||**-rund** adj. rond ; circulaire. ||°**-säge** f. (-, n) scie (f.) circulaire. ||°**-stadt** f. (-, ¨e) chef-lieu (m.) d'arrondissement. ||°**-strom** m. (s, ¨e). ÉLECTR. courant (m.) circulaire. ||°**-umfang** m. (s). MATH. circonférence (f.) du cercle. ||°**-verkehr** m. (s). AUTOM. sens (m.) giratoire.

kreischen ['kraiʃən] v. intr. pousser des cris perçants ; brailler. | *das zänkische Weib kreischt*, la mégère criaille. | *der Papagei kreischt*, le perroquet crie. || FIG. *die Tür kreischt in den Angeln*, la porte crie (en tournant) sur ses gonds.

Kreischen [-ʃən] n. (s) cris perçants, stridents ; braillement m. ; piaillement m. ; piaillerie f. || FIG. *das Kreischen einer rostigen Säge*, le grincement d'une scie rouillée.

kreischend [-ʃənt] adj. criard ; qui écorche les oreilles.

Kreisel ['kraizəl] m. (s, -) toupie f. | *kleiner Kreisel*, sabot m. | *der Kreisel geht aus*, la toupie tombe. || FIG. *er drehte sich wie ein Kreisel*, il tournait comme une toupie. || TECHN. gyroscope m.

Kreisel|horizont [″kraizəl'horitsɔnt] m. (s, e). AÉRON. horizon artificiel. ||°**-kompaß** m. (es, e). AÉRON., MAR. compas (m.) gyroscopique. ||°**-pumpe** f. (-, n). TECHN. pompe rotative. ||°**-streik** m. (es, e) grève tournante. ||°**-visier** n. (s, e). AÉRON. viseur (m.) gyroscopique.

kreiseln ['kraizəln] v. intr. jouer à la toupie.

kreisen ['kraizən] v. intr. tournoyer ; tourner en rond ; se mouvoir circulairement. | *der Wolf kreist um die Herde*, le loup tourne autour du troupeau. | *das Flugzeug kreiste über der Stadt*, l'avion tournoyait au-dessus de la ville. | *die Planeten kreisen um die Sonne*, les planètes tournent autour du Soleil. | *der Becher kreiste in der Runde*, la coupe circulait à la ronde. | *das Blut kreist in den Adern*, le sang circule dans les veines.

Kreisen [-zən] n. (s) mouvement rotatif, circulaire ; rotation f. || ASTRON. révolution f. || PHYSIOL. circulation f.

kreißen ['kraisən] v. intr. (Vx.) être en mal d'enfant, en gésine.

Kreiß|saal [″krais'zɑ:l] m. (s, -säle). MÉD. salle (f.) de travail.

Krem [kre:m] f. (-, s), m. (s, e) [Süßspeise] crème f. || PHARM. crème f. | *Hautkrem*, crème pour la peau. || *Schuhkrem*, cirage m.

Krematorium [krema'to:rium] n. (s, rien) [four (m.)] crématoire m. ; crématorium m.

Krempe ['krɛmpə] f. (-, n) bord (m.) d'un chapeau ; rebord m.

Krempel ['krɛmpəl] m. (s, -). FAM. fatras m. ; bric-à-brac m. || TECHN. machine (f.) à carder.

krempeln [-pəln] v. tr. TECHN. carder.

Kreole [kre'o:lə] m. (n, n), **Kreolin** [-lin] f. (-, nen) créole s.

Kreosot [kreo'zo:t] n. (s) créosote f.

krepieren [kre'pi:rən] v. intr. crever. | *es sind ihm zwei Kühe krepiert*, deux de ses vaches ont crevé. || MIL. faire explosion ; éclater.

Krepp [krɛp] m. (s, s ou e). TEXT. crêpe m. | *Kreppsohle*, semelle (f.) de crêpe.

kreppen ['krɛpən] v. tr. TECHN. crêper ; friser.

Krescendo [kre'ʃɛndo] n. (s, s). MUS. crescendo m.

Kresse ['krɛsə] f. (-, n). BOT. cresson m.

Kreta ['kre:ta] n. pr. n. GÉOGR. Crète f.

Kreter [-tər] n. pr. m. Crétois m.

Krethi und Plethi [″kre:tiunt'ple:ti]. FAM. toutes sortes de gens. | *mit Krethi und Plethi zusammensitzen*, se commettre avec des gens douteux.

Kretin [kre'tɛ̃] m. (s, s), **Kretine** [kre'ti:nə]

m. (n, n). MÉD. crétin m. || FIG., PÉJOR. crétin m. ; idiot m.

Kretinismus [kreti'nismus] m. MÉD. crétinisme m.

kretisch ['kre:tiʃ] adj. GÉOGR. crétois.

kreucht [krɔyçt]. (Vx.) prés. de **kriechen.**

Kreuz [krɔyts] n. (es, e). **1.** croix m. | *das Kreuz Christi*, la croix du Christ. | *im Zeichen des Kreuzes*, sous le signe de la croix. | *Christus wurde ans Kreuz geschlagen*, le Christ a été mis en croix. | *das Kreuz machen*, faire le signe de la croix. | *das Kreuz vor dem Bösen schlagen*, faire le signe de la croix devant le Malin. | *sie nahmen das Kreuz gegen die Türken*, ils se croisèrent contre les Turcs. | *das Kreuz predigen*, prêcher la croisade. | *griechisches Kreuz*, croix grecque. | *Gabelkreuz*, croix anglée. | *geschobenes, schräges Kreuz*, croix de Saint-André. | *das Rote Kreuz*, la Croix-Rouge. | *das Blaue Kreuz*, la Croix bleue. || [Orden] *das Eiserne Kreuz (E. K.)*, la croix de fer. || *Hakenkreuz*, croix gammée. **2.** FIG. souffrance f. ; chagrin m. ; tourment m. | *er trägt geduldig sein Kreuz*, il porte patiemment sa croix. | *es ist ein Kreuz mit ihm*, c'est la croix et la bannière avec lui. | *zu Kreuze kriechen*, courber l'échine ; passer sous le joug.

3. croisement m. | *Fensterkreuz*, croisée f. | *Kreuzweg*, bifurcation f. ; carrefour m. | *Namenskreuz*, croix servant de signature. | *ein Kreuz darüber machen*, mettre un point final, le point final ; FAM. en faire son deuil. | *übers Kreuz stellen*, mettre en croix ; croiser. | *in die Kreuz und Quere (kreuz und quer) rennen*, courir en tous sens.

4. ANAT. sacrum m. | *ihn schmerzt das Kreuz*, il a mal aux reins. || ASTRON. *das Kreuz des Südens*, la Croix du Sud. || [Kartenspiel] trèfle m. || MUS. dièse m. | *mit einem Kreuz bezeichnen*, diéser.

Kreuz|abnahme ["krɔyts'apna:mə] f., °**-abnehmung** f. descente (f.) de croix. ||°**-band** n. (s, ¨er). POSTES. bande f. ||°**-bein** n. (s, e). ANAT. sacrum m. ||°**-berg** m. (s). RELIG. calvaire m. ||°**-bild** n. (s, er) crucifix m. ||°**-blume** f. (-, n). BOT. polygala m. ||°**-blütler** m. (s, -). BOT. crucifère f. ||**-brav** adj. FAM. bien brave, gentil. ||°**-fahrer** m. (s, -). HIST. croisé m. ||°**-fahrt** f. (-, en). HIST. croisade f. || MAR. croisière f. ||°**-fahrt|teilnehmer(in)** m. (s, -), f. (-, nen) croisiériste s. ||°**-feuer** n. (s, -). MIL. feu croisé. ||**-fidel** adj. FAM. gai comme un pinson. ||**-förmig** adj. en (forme de) croix ; croisé. || BOT., MATH. crucial ; cruciforme. ||°**-gang** m. (s, ¨e). ARCHIT. cloître m. ||°**-heer** n. (s, e). HIST. (armée [f.] des) croisés m. pl. ||°**-kopf** m. (s, ¨e). TECHN. tête (f.) de bielle. ||**-lahm** adj. MÉD. malade, paralysé des reins ; éreinté. | *jn kreuzlahm schlagen*, éreinter qn ; casser les reins à qn. ||°**-leitwerk** n. (s, e). AÉRON. empennage (m.) cruciforme. ||°**-maß** n. (es, e). TECHN. équerre (f.) d'arpenteur. ||°**-mast** m. (es, e). MAR. mât (m.) d'artimon. ||°**-meißel** m. (s, -). TECHN. bédane m. ; bec-d'âne m. ||°**-otter** f. (-, n). ZOOL. vipère commune. ||°**-punkt** m. (s, e) croisement m. || MATH. point (m.) d'intersection. ||°**-ritter** m. (s, -). HIST. croisé m. ; chevalier (m.) teutonique. ||°**-schlitz|schraubenzieher** m. (s, -) tournevis (m.) cruciforme. || **-schwerenot !** interj. sapristi ! ||°**-spinne** f. (-, n). ZOOL. épeire f. ||°**-sprung** m. (s, ¨e) entrechat m. ||°**-stich** m. (s, e) point (m.) de croix. ||**-unglücklich** adj. FAM. malheureux comme les pierres. ||°**-verhör** n. (s, e). JUR. interrogatoire (m.) contradictoire ; confrontation f. ||°**-weg** m. (s, e) carrefour m. || RELIG. chemin (m.) de croix. ||**-weise** adv. en (forme de) croix ; en se croisant ; en s'entrecroisant. | *kreuzweise setzen, stellen, legen*, croiser. ||°**-woche** f. (-, n). RELIG. semaine (f.) des Rogations. ||°**-worträtsel** n. (s, -) mots croisés. ||°**-worträtsel|freund** m. (s, e) cruciverbiste s. ||°**-zeichen** n. (s, -) signe (m.) de (la) croix. ||°**-zug** m. (s, ¨e). HIST. croisade f. ; guerre sainte. || FIG. campagne f. (contre).

kreuzen ['krɔytsən] v. tr. et v. pr. (se) croiser. | *die Arme kreuzen*, croiser les bras. | *die Beine kreuzen*, croiser les jambes. | *die Klingen kreuzen*, croiser le fer. | *unsere Briefe haben sich gekreuzt*, nos lettres se sont croisées. | *einen Scheck kreuzen*, barrer un chèque. | *sich kreuzen*, se signer ; faire le signe de la croix. | *js Weg kreuzen*, croiser le chemin de qn. || BIOL. *Rassen kreuzen*, croiser diverses espèces.

◇ v. intr. MAR. croiser ; louvoyer ; courir la mer. | *die Flotte kreuzt im Mittelmeer*, la flotte croise en Méditerranée.

Kreuzer [-tsər] m. (s, -). HIST. [Geld] kreutzer m. || FIG. *keinen Kreuzer in der Tasche*, pas un sou en poche. || MAR. croiseur m.

kreuzigen [-tsigən] v. tr. crucifier ; mettre en croix ; attacher sur la croix.

◇ v. pr. **sich kreuzigen,** faire un signe de croix. — SYN. : *sich bekreuzen ; sich bekreuzigen.*

Kreuzigung [-tsiguŋ] f. (-, en) crucifiement m. ; crucifixion f. ; mise (f.) en croix.

Kreuzung [-tsuŋ] f. (-, en). [Kreuzpunkt] croisement m. || BIOL. croisement m.

kribbelig ['kribəliç] adj. chatouilleux ; irritable.

Kribbel|kopf ["kribəl'kɔpf] m. (s, ¨e). FAM. tête chaude ; soupe (f.) au lait.

kribbeln ['kribəln] v. intr. et v. impers. fourmiller ; FAM. grouiller. | *es kribbelt und krabbelt im Ameisenhaufen*, la fourmilière grouille. || PAR ANAL., FAM. *mich kribbelt es in den Fingern*, j'ai des fourmillements, des fourmis dans les doigts ; FIG. la main me démange.

Kribs|krabs ['kripskraps] m. ou n. fatras m. ; broutilles f. pl. ; bric-à-brac m.

krickeln ['krikəln] v. tr. FAM. griffonner.

Krick|ente ["krik'ɛntə] f. (-, n). ZOOL. sarcelle (f.) d'hiver.

Kricket ['krikət] n. (s). SPORT. cricket m.

kriechen ['kri:çən] (o, o) v. intr. ramper ; se traîner ; se glisser ; se mettre à plat ventre. | *die Schlange kriecht*, le serpent rampe. | *die Maus kriecht in ihr Loch*, la souris rentre dans son trou. | *der Vogel ist aus dem Ei gekrochen*, l'oiseau est sorti de l'œuf, vient d'éclore. | *auf allen Vieren kriechen*, aller, marcher à quatre pattes. | *er kriecht vor seinen Vorgesetzten*, il rampe, il est à plat ventre devant ses chefs, ses supérieurs ; il lèche les bottes à ses chefs. | *kriechendes Lob*, louanges serviles. | *kriechende Unterwürfigkeit*, basse obséquiosité. | *zu Kreuze kriechen*, baisser pavillon ; faire amende honorable. | *jm auf den Leim kriechen (gehen)*, donner dans le panneau. | *was da fleucht und kreucht* (SCHILLER), tout ce qui vole et tout ce qui rampe.

Kriecher [-çər] m. (s, -). ZOOL. être rampant. || FIG. personne servile ; flagorneur m.

Kriecherei [kri:çə'rai] f. (-, en). FIG. servilité f. ; manières rampantes ; bassesse f. ; flagornerie f.

kriecherisch ['kri:çəriʃ] adj. FIG. rampant ; servile.

Kriech|spur ["kri:ç'ʃpu:r] f. (-, en). AUTOM. voie (f.) de décélération. ||°**-tier** n. (s, e). ZOOL. reptile m.

Krieg [kri:k] m. (s, e) guerre f. ; hostilités f. pl. | *der Krieg bricht aus*, la guerre éclate. | *zum (für den) Krieg rüsten*, préparer la guerre. | *den Krieg erklären*, déclarer la guerre. | *in den Krieg ziehen*, aller en, à la guerre ; partir pour la guerre. | *Krieg führen mit*, faire la guerre à. | *ein Land mit Krieg überziehen*, envahir un pays. | *der Siebenjährige Krieg*, la guerre de Sept Ans. | *der Dreißigjährige Krieg*, la guerre de Trente Ans. | *der Weltkrieg*, la Guerre mondiale. | *der Heilige Krieg*, la guerre sainte. | *Krieg bis aufs Messer*, guerre à outrance, à mort ; guerre d'extermination. | *Krieg zu Lande*, guerre sur terre. | *Krieg zur See*, guerre sur mer, maritime. | *Krieg der Sterne*, guerre des étoiles. | *in Krieg und Frieden*, à la guerre et en temps de paix. | *Krieg ist Krieg*, c'est la guerre. || *Wortkrieg*, dispute f. | *Federkrieg*, polémique f. | *Freiheitskrieg*, guerre d'indépendance.

krieg|fertig ["kri:k'fɛrtiç] adj. belliqueux ; plein d'ardeur guerrière. ||**-führend** adj. belligérant. | *kriegführende Mächte*, belligérants m. pl. ||°**-führung** f. (-, en). [Art] conduite (f.) de la guerre ; manière (f.) de faire la guerre ; tactique f. || [Leitung] direction (f.) de la guerre.

Kriegs|akademie ["kri:ksakade'mi:] f. (-, n). MIL. école supérieure de guerre. ||°**-ausbruch** m. (s) entrée (f.) en guerre. | *bei Kriegsausbruch*, au début des hostilités. ||°**-ausrüstung** f. (-, en) armement m. ||°**-beil** n. (s). FAM. *das Kriegsbeil begraben*, enterrer la hache de la guerre. ||**-bereit** adj. sur le pied de guerre ; armé ; mobilisable. ||°**-bericht|erstatter** m. (s, -) correspondant (m.) de guerre. ||°**-beschädigter** m. mutilé (m.), invalide (m.) de guerre. ||°**-brauch** m. (s, ¨e) loi (f.), usages (m. pl.) de la guerre. ||°**-dienst** m. (s, e) service (m.) militaire. ||°**-dienst|verweigerer** m. (s, -) objecteur (m.) de conscience. ||°**-erklärung** f. déclaration (f.) de guerre. ||°**-eröffnung** f. ouverture (f.) des hostilités. || °**-flotte** f. (-, n) marine (f.) de guerre ; forces navales. ||**-froh** adj. belliqueux. ||°**-fuß** m. (es). *eine Armee auf den Kriegsfuß setzen*, mettre une armée sur le pied de guerre. || FIG. *mit jm auf Kriegsfuß stehen*, être en guerre, être brouillé avec qn. ||°**-gefahr** f. (-, en) danger (m.) de guerre. ||°**-gefallener** m. mort (m.) à la guerre. ||°**-gefangener** m. prisonnier (m.) de guerre. ||°**-gericht** n. (s, e) conseil (m.) de guerre ; cour martiale. | *vor ein Kriegsgericht stellen*, traduire en conseil de guerre. ||°**-geschrei** n. (s, e) cri (m.) de guerre ; mot (m.) de ralliement. ||°**-gesetz** n. (es, e) loi militaire, martiale. ||°**-gewinnler** m. (s, -) profiteur (m.) de guerre. ||°**-glück** n. (s) fortune (f.) des armes. ||°**-gott** m. (s) dieu (m.) des combats. || MYTH. Mars m. ||°**-göttin** f. déesse (f.) de la guerre. || MYTH. Bellone f. ||°**-hafen** m. (s, ¨) port (m.) de guerre, militaire. ||°**-handwerk** n. (s) métier (m.) des armes. ||°**-heer** n. (s, e) armée (f.) sur le pied de guerre. ||°**-herr** m. (n, en). *oberster Kriegsherr*, chef (m.) suprême ; généralissime m. ||°**-hetzer** m. (s, -) belliciste m. ||°**-kamerad** m. (en, en) compagnon (m.) d'armes. ||°**-kunst** f. art (m.) de la guerre. ||°**-lasten** f. pl. contributions (f. pl.) de guerre ; réquisitions f. pl. ||°**-lazarett** n. (s, e) hôpital (m.) auxiliaire, de campagne. ||°**-list** f. (-, en) ruse (f.) de guerre ; stratagème m. ||**-lustig** adj. belliqueux ; guerrier. ||°**-macht** f. (-, ¨e) force (f.) militaire ; puissance belligérante. ||°**-marine** f. (-, n) marine (f.) de guerre. ||°**-minister** m. (s, -) ministre (m.) des Forces armées. ||°**-not** f. calamités (f. pl.), misères (f. pl.) de la guerre. ||**-pflichtig** adj. astreint au service militaire. ||°**-rat** m. (s, ¨e) conseil (m.) de guerre. ||°**-recht** n. (s) droit (m.), loi (f.) de la guerre. || PAR EXT. lois martiales ; justice (f.) militaire. ||°**-ruf** m. (s). HIST. cri (m.) de guerre. ||°**-schaden** m. (s, ¨) dommage (m.) de guerre. ||°**-schauplatz** m. (es, ¨e) théâtre (m.) des opérations, de la guerre. ||°**-schiff** n. (s, e) bâtiment (m.), navire (m.) de guerre. ||°**-spiel** n. (s, e). MIL. jeu (m.) de la guerre. ||°**-stärke** f. (-, n) effectif (m.) de guerre. ||°**-straße** f. (-, n) voie (f.), route (f.) stratégique. ||°**-tat** f. (-, en) exploit (m.) militaire ; fait (m.) d'armes. ||°**-tauglichkeit** f. MIL. aptitude (f.) au service armé. ||**-tüchtig** adj. apte à la guerre, à faire campagne ; aguerri. ||°**-versehrter** m. invalide (m.) de guerre. ||°**-volk** n. (s) troupe f. ; soldats m. pl. ||°**-zucht** f. discipline (f.) militaire. ||°**-zug** m. (s, ¨) expédition f. ||°**-zustand** m. (s) état (m.) de guerre.

kriegen ['kri:gən] v. intr. faire la guerre ; guerroyer. | *miteinander kriegen, sich bekriegen*, se faire la guerre ; se quereller.

◇ v. tr. FAM. [erhalten ; bekommen] recevoir ; obtenir ; prendre ; attraper. | *Hunger kriegen*, avoir faim. | *die Katze hat Junge gekriegt*, le chat a eu des petits. | *Prügel kriegen*, recevoir une correction, une fessée. | *etwas geschenkt kriegen*, recevoir qch. en cadeau. || FIG., FAM. *jn in seine Gewalt kriegen*, avoir qn sous sa coupe. | *jn zu Gesicht kriegen*, voir qn (après une longue absence). | *etwas satt kriegen*, se lasser de qch. | *es mit der Angst zu tun kriegen*, se laisser gagner par la peur. | *er kriegt es mit mir zu tun*, il aura affaire à moi. | *er kann das nicht klar kriegen*, il ne réussit pas à débrouiller cette affaire. | *jn klein kriegen*, mater qn. | *er ist nicht tot zu kriegen*, il est infatigable, FAM. increvable. | *wir kriegen ihn schon !*, nous l'aurons bien ; nous le retrouverons bien. || [heiraten] épouser. | *sie haben sich gekriegt*, les voilà (enfin) mariés.

Krieger [-gər] m. (s, -) guerrier m. ; combattant m. | *alter Krieger*, vétéran m.

Krieger|denkmal ["kri:gər'dɛŋkma:l] n. (s, ¨er) monument (m.) aux morts (de la guerre).

kriegerisch ['kri:gəriʃ] adj. guerrier ; belliqueux ; combatif ; martial.

Krieke ['kri:kə] f. (-, n). ZOOL. sarcelle f.

Krill [kril] m. (s). ZOOL. krill m.

Krim (die) [krim] n. pr. GÉOGR. la Crimée.

kriminal [krimi'na:l] adj. JUR. criminel.

Kriminal|beamter [krimi"na:lbə'amtər] m. JUR. officier (m.) de police judiciaire. ||°**-polizei** f. police (f.) judiciaire. ||°**-recht** n. (s) droit pénal. ||°**-richter** m. (s, -) juge (m.) aux assises. ||°**-roman** m. (s, e) roman policier. ||°**-sache** f. (-, n) affaire criminelle.

Kriminalität [-i'tɛ:t] f. délinquance f.

krimpen ['krimpən] v. intr. (se) rétrécir.

krimp|frei ['krimpfrai] adj. TEXT. irrétrécissable.

Krims|krams ['krimskrams] m. FIG. fatras m. ; broutilles f. pl.

Kringel ['kriŋəl] m. (s, -). CULIN. craquelin m.

Krinoline [krinɔ'li:nə] f. (-, n) crinoline f.

Krippe ['kripə] f. (-, n) crèche f. ; mangeoire f. | *das Pferd frißt seinen Hafer aus der Krippe*, le cheval mange son avoine dans la mangeoire. | *die Weihnachtskrippe*, la crèche de Noël. || PAR EXT., FIG. [Anstalt] crèche f. (pour enfants). || FAM. *an der Krippe sitzen*, tenir l'assiette au beurre.

Krippen|figur ["kripənfi'gu:r] f. (-, en) santon m.

Krise ['kri:zə] f. (-, n), **Krisis** ['kri:zis] f. (-, sen) crise f. | *diplomatische Krise*, crise diplomatique. | *Finanzkrise*, crise financière. | *Regierungskrise*, crise gouvernementale. | *eine Krise überwinden*, surmonter une crise ; venir à bout d'une crise. || MÉD. crise f.

Krisen|management ["kri:zən'mænidʒmənt] n. (s) gestion (f.) d'une crise. ||°**-stab** m. (s, ¨e) cellule (f.), état-major (m.) de crise.

Kristall [kris'tal] m. (s, e). CHIM. cristal m.

Kristall [kris'tal] n. (s, e). [Glas] cristal m.

Kristall|bildung [kris"tal'bilduŋ] f. (-, en). MINÉRAL. cristallisation f. ||°**-empfänger** m. (s, -). RADIO. poste (m.) à galène. ||°**-fabrik** f. (-, en) cristallerie f. ||°**-flasche** f. (-, n) carafe (f.) de cristal. ||°**-form** (-, en) forme cristalline. ||°**-glas** n. (es, ¨er) [verre (m.) de] cristal m. ||**-hell** adj. cristallin ; d'une transparence de cristal. ||**-klar** adj. clair, transparent comme le, comme du cristal. ||°**-kunde** f. cristallographie f. ||°**-linse** f. (-, n). ANAT. cristallin m. ||°**-waren** f. pl. COMM. cristaux m. pl.

kristallen [kris'talən] adj. cristallin ; de cristal.

kristallig [-'taliç] adj. comme du cristal.

kristallin(isch) [-ta'li:n(iʃ)] adj. cristallin.

kristallisierbar [-tali'zi:rba:r] adj. cristallisable.

kristallisieren [-tali'zi:rən] v. tr., v. intr. et v. pr. (se) cristalliser.

Kristallisierung [-tali'zi:ruŋ] f. (-, en) cristallisation f.

Kristallo|graphie [kristalogra'fi:] f. (-, n) cristallographie f.

Kriterium [kri'te:rium] n. (s, rien). PHILOS. critérium m. ; critère m.

Kritik [kri'ti:k] f. (-, en) critique f. ; examen m. ; censure f. | *Kritik (an etwas) üben*, critiquer (qch.). | *sachliche Kritik*, critique impartiale, objective. | *abfällige Kritik*, dénigrement m. | *dieses Konzert ist unter aller Kritik*, ce concert est au-dessous de tout.

— SYN. : *Besprechung*, critique ; *Prüfung*, examen ; *Rezension*, compte rendu.

Kritikalität [kritikali'tɛ:t] f. NUCL. criticité f.

Kritikaster [-ti'kastər] m. (s, -). FAM., PÉJOR. criticailleur m. ; plumitif m.

Kritiker ['kri:tikər] m. (s, -) critique m. ; censeur m.

Kritik|losigkeit [kri"ti:k'lo:ziçkait] f. absence (f.) d'esprit critique.

kritisch ['kri:tiʃ] adj. critique. | *kritischer Kopf*, esprit (m.) critique. | *kritisches Alter*, âge (m.) critique. || FIG. critique. | *kritische Lage*, situation (f.) critique. || LITTÉR. *kritische Bemerkungen*, notes (f. pl.) critiques. | *kritische Ausgabe der Werke Lessings*, édition (f.) critique des œuvres de Lessing. || PHYS. *kritische Masse*, masse (f.) critique. | *kritischer Punkt*, point (m.), état (m.) critique. ◇ adv. *ein Buch kritisch besprechen*, faire la critique, le compte rendu d'un livre.

kritisieren [kriti'zi:rən] v. tr. critiquer.

— SYN. : *tadeln, rügen*, censurer ; *bekritteln, nörgeln*, trouver à redire.

Kritizismus [-ti'tsismus] m. criticisme m.

Krittelei [kritə'lai] f. (-, en). FAM. critique malveillante, vétilleuse ; chicanes f. pl. ; ergotage m.

kritteln ['kritəln] v. intr. FAM. critiquer ; chicaner ; ergoter.

Krittler [-tlər] m. (s, -). FAM. critique pédant ; chicanier m. ; ergoteur m.

Kritzelei [kritsə'lai] f. (-, en). FAM. griffonnage m. ; pattes (f. pl.) de mouche.

kritzeln ['kritsəln] v. intr. griffonner ; faire des pattes de mouche. || PAR EXT. gribouiller.

Kroate [kro'a:tə] n. pr. m. (n, n). GÉOGR. Croate m.

Kroatien [kro'a:tsiən] n. pr. n. Croatie f.

Kroatin [kro'a:tin] n. pr. f. (-, nen). GÉOGR. Croate f.

Krocket ['krɔkət] n. (s). SPORT. croquet m.

krokieren [krɔ'ki:rən] v. tr. ARTS. croquer. | *eine Landschaft krokieren*, croquer un paysage.

Krokodil [krɔkɔ'di:l] n. (s, e). ZOOL. crocodile m. ; alligator m. ; caïman m.

Krokodils|tränen [krɔkɔ"di:ls'trɛ:nən] f. pl. FIG., FAM. larmes (f. pl.) de crocodile.

Krokus ['kro:kus] m. (-, se). BOT. crocus m. ; safran m.

krollen ['krɔlən] v. tr. plier en rond ; pelotonner ; enrouler ; friser.

Kron|anwärter ["kro:n'anvɛrtər] m. (s, -), °**-bewerber** [-bə'vɛrbər] m. (s, -) prétendant (m.) au trône. ||°**-blatt** n. (s, ¨er). BOT. pétale m. ||°**-blume**

f. (-, n). Bot. fritillaire f. ||°**-erbe** m. (n, n) héritier (m.) de la couronne. ||°**-glas** n. (es). Opt. crown m. ||°**-gut** n. (s, ¨er) bien (m.) de la couronne. ||°**-juwelen** n. pl. joyaux (m. pl.) de la couronne. ||°**-lehen** n. (s, -). Hist. fief (m.) de la couronne. ||°**-leuchter** m. (s, -) lustre m. ||°**-prinz** m. (en, en) prince héritier, royal. || Hist. dauphin m. ||°**-räuber** m. (s,). Polit. usurpateur m. ||°**-schatz** m. (es, ¨e) trésor (m.) de la couronne. ||°**-wicke** f. (-, n). Bot. coronille f. ||°**-zeuge** m. (n, n). Jur. témoin principal.

Krone ['kro:nə] f. (-, n) couronne f. ; diadème m. | *jm die Krone aufsetzen*, couronner qn. | *sich die Krone aufsetzen*, prendre la couronne ; se couronner. | *päpstliche Krone*, tiare f. (du pape). || Fam. *das setzt allem die Krone auf !*, c'est le comble ! | *es wird dir keine Perle (Zacke) aus der Krone fallen*, tu ne perdras rien de ta dignité. || Par anal. [oberster Teil ; Spitze] couronne f. ; couronnement m. | *Baumkrone*, couronne des arbres. | *Zahnkrone*, couronne dentaire. || [Jagd] empaumure f. (d'un bois de cerf). || Archit. couronne f. ; couronnement m. || [Münze] couronne f.

krönen ['krø:nən] v. tr. couronner. | *zum Kaiser, König krönen*, sacrer empereur, roi. || Par anal. *von Erfolg gekrönt*, couronné de succès.

Krönung ['krø:nuŋ] f. (-, en) couronnement m. ; sacre m. | *die Krönung des Königs*, le couronnement, le sacre du roi. || Fig. couronnement m. ; point culminant.

Kropf [krɔpf] m. (es, ¨e). Méd. goitre m. || Zool. jabot m. ; gésier m. || Bot. excroissance f.

Kropf|kranke(r) ["krɔpf'kraŋkə(r)] f. (m.). Méd. goitreux m., goitreuse f.

kröpfen ['krøpfən] v. intr. se repaître.
◇ v. tr. Techn. couder.

kröpfig [-pfiç] adj. Méd. goitreux.

Krösus ['krø:zus] n. pr. m. Hist. Crésus m.

Kröte ['krø:tə] f. (-, n). Zool. crapaud m. || Fig., fam. [Weib] *eine giftige Kröte*, une chipie ; une vipère. || Par ext., fam. [Goldstück] *ein Paar Kröten springen lassen*, lâcher des sous.

krötig [-tiç] adj. qui ressemble au crapaud. || Fig., fam. méchant ; fielleux. || Par ext. têtu.

Krücke ['krykə] f. (-, n) béquille f. | *an, auf Krücken gehen*, marcher avec des béquilles ; se servir de béquilles. || Fig. *jm die Krücke reichen*, aider qn efficacement. || Techn. [Rührhaken] ringard m. ; [Sensengriff] main f. ; [Geige] cheville f. ; [elektrische Lampe] griffe f.

Krück|stock ["kryk'ʃtɔk] m. (s, ¨e) canne (f.) à bec.

Krug [kru:k] m. (s, ¨e) cruche f. ; pot m. ; broc m. ; jarre f. | *ein Krug Wasser, Bier*, une cruche d'eau, de bière. || Prov. *der Krug geht so lange zum Brunnen (zum Wasser), bis er bricht*, tant va la cruche à l'eau qu'à la fin elle se casse. || Par ext. [Wirtshaus] auberge f.

Krug|wirt ["kru:k'virt] m. (s, e) aubergiste m. ||°**-wirtschaft** f. (-, en) auberge f.

Krügelchen ['kry:gəlçən] n. (s, -) petite cruche ; cruchon m.

Kruke ['kru:kə] f. (-, n) cruchon m.

Krümchen ['kry:mçən] n. (s, -) miette f. ; fig. brin m. ; petit grain.

Krume ['kru:mə] f. (-, n) mie f. ; miette f. || Par ext. mie f. | *Brotkrume*, mie de pain. || Agric. terre (f.) arable.

Krümel ['kry:məl] m. (s, -) miette f. | *Brotkrümel auflesen*, ramasser les miettes.

Krümel|schippe ["kry:məl'ʃipə] f. (-, n) ramasse-miettes m.

krüm(e)lig ['kry:m(e)liç] adj. qui s'émiette ; friable. || Par ext. grumeleux.

krümeln [-məln] v. intr. s'émietter.

krumm [krum] adj. courbé ; courbe ; tordu ; crochu ; tors. | *eine krumme Linie*, une ligne courbe. | *krumme Nase*, nez crochu, aquilin. || Fig. *jn krumm ansehen*, regarder qn de travers. | *krumme Finger haben*, avoir les doigts crochus. | *jn auf krummen Wegen ertappen*, prendre qn en faute. | *ein krummer Betrag*, somme (f.) avec décimales.
◇ adv. *krumm schreiben*, ne pas écrire droit. | *krumm gewachsener Baum*, arbre (m.) qui a poussé de travers. | *krumm biegen*, tordre ; courber.

krumm|beinig ["krum'bainiç] adj. cagneux ; bancal ; tordu ; aux jambes torses. ||°**-darm** m. (s, ¨e). Anat. iléon m. ; ilium m. ||°**-holz** n. (es) bois tortu. ||°**-horn** n. (s, ¨er). Mus. cromorne m. ||°**-linie** f. (-, n). Math. courbe f. ||**-linig** adj. Math. curviligne. ||**-nehmen** (i, a, o) v. tr. Fig., fam. en vouloir à. | *etwas krumm nehmen*, prendre qch. en mauvaise part. ||°**-stab** m. (s, ¨e). Relig. crosse f. (d'évêque).

Krümme ['krymə] f. (-, n) courbure f. ; cambrure f. || Par ext. sinuosité f. ; repli m. ; détour m.

krümmen [-mən] v. tr. et v. pr. (se) courber ; (se) recourber ; (se) plier ; (se) replier ; (se) tordre. | *sich vor Schmerzen krümmen*, se tordre de douleur. | *sich vor Lachen krümmen*, rire à se tordre (les côtes). | *kein Härchen wurde ihm gekrümmt*, on n'a pas touché un cheveu de sa tête. | *er krümmt keinen Finger für ihn*, il ne remue pas le petit doigt pour lui. || Prov., fam. *früh krümmt sich, was ein Häkchen werden will*, les dispositions naturelles se montrent de bonne heure.

Krümmung [-muŋ] f. (-, en) courbe f. ; courbure f. ; boucle f. ; coude m. || [Straße] virage m. ; tournant m. || Méd. *Krümmung des Rückgrates*, déviation (f.) de la colonne vertébrale ; scoliose f.

Krupp [krup] m. (s). Méd. croup m. ; laryngite (f.) diphtérique.

Kruppe ['krupə] f. (s, n). Anat. croupe f.

Krüppel ['krypəl] m. (s, -) estropié m. ; éclopé m. ; infirme m. ; invalide m. ; avorton m.

krüppelhaft ['krypəlhaft] adj. estropié ; infirme. || Méd. rachitique.

Krüppelhaftigkeit [-tiçkait] f. invalidité f. ; infirmité f. || Méd. rachitisme m.

Krustazee [krusta'tse:ə] f. (-, n). Zool. crustacé m.

Kruste ['krustə] f. (-, n) croûte f. | *Brotkruste*, croûte de pain. | *Käsekruste*, croûte de fromage. || Par anal., Méd. croûte f. ; escarre f.

Krusten|tier ["krustən'ti:r] n. (s, e). V. Krustazee.

krustig ['krustiç] adj. qui a beaucoup de croûte ; croustillant. | *krustiges Brot*, pain croustillant. || Méd. couvert de croûte(s) ; croûteux.

Kruzifix [krutsi'fiks] n. (es, e) crucifix m.

Krypta ['krypta] f. (-, ten) crypte f.

Krypto|game ["kryptɔ'gɑ:mə] f. (-, n). Bot. cryptogame(s) f. (pl.). ||°**-gramm** n. (s, e) cryptogramme m.

Krypton ['kryptɔn] n. (s). Chim. krypton m.

Kubaner(in) [ku'bɑ:nər(in)] n. pr. m. (s, -), f. (-, nen). Géogr. Cubain m., Cubaine f.

Kübel ['ky:bəl] m. (s, -) baquet m. ; cuveau m. ; benne f. ; tinette f. | *ein Kübel Wasser*, un baquet, un seau d'eau. | *Milchkübel*, grand récipient à lait. | *Wasserkübel*, cuve (f.) à eau. || Fam. *es gießt wie mit Kübeln*, il pleut à verse, à seaux.

kubieren [ku'bi:rən] v. tr. [berechnen] cuber. || Math. [in die dritte Potenz erheben] cuber ; élever à la puissance trois.

Kubik|maße [ku"bi:k'mɑ:sə] n. pl. mesures (f. pl.) de volume. ||°**-meter** n. ou m. (s, -) mètre (m.) cube. ||°**-wurzel** f. (-, n) Math. racine (f.) cubique. ||°**-zahl** f. (-, en). Math. cube m.

kubisch ['ku:biʃ] adj. Math. cubique.

Kubismus [ku'bismus] m. cubisme m.

Kubus ['ku:bus] m. (-, ben). [Würfel] cube m. || Math. [dritte Potenz] puissance (f.) trois ; cube (m.) d'un nombre.

Küche ['ky:çə] f. (-, n) cuisine f. || Par ext. bonne, mauvaise chère. | *bürgerliche Küche*, cuisine bourgeoise. | *französische Küche*, cuisine française. | *kalte Küche*, repas froid.

Küchen|gerät ["ky:çəngə'rɛ:t] n. (s, e), °**-geschirr** [-gə'ʃir] n. (s) batterie (f.), ustensiles (m. pl.) de cuisine. ||°**-herd** m. (s, e) foyer m. ; fourneau (m.) de cuisine ; cuisinière f. ||°**-junge** m. (n, n) marmiton m. ||°**-latein** n. (s) latin (m.) de cuisine. ||°**-mädchen** n. (s, -), °**-magd** f. (-, ¨e) fille (f.) de cuisine. ||°**-meister** m. (s, -) maître queux m. ; chef m. (de cuisine). | *bei ihm ist Schmalhans Küchenmeister*, on fait maigre chère chez lui. ||°**-messer** n. (s, -) couteau (m.) de cuisine. ||°**-schelle** f. (-, n). Bot. pulsatille f. ||°**-schrank** m. (s, ¨e) buffet (m.) de cuisine ; garde-manger m. ||°**-zettel** m. (s, -) menu m.

Kuchen ['ku:xən] m. (s, -) gâteau m. ; pâtisserie f. | *Kuchen backen*, faire des gâteaux ; pâtisser. || Fig., fam. des clous ! ; [ablehnend] compte là-dessus !

Kuchen|bäcker ["ku:xən'bɛkər] m. (s, -) pâtissier m. ||°**-bäckerei** f. (-, en) pâtisserie f. ||°**-blech** n. (es, e), °**-form** f. (-, en) moule m.

Küchlein ['ky:çlain] n. (s, -) petit gâteau. || Zool. petit (m.) d'oiseau ; poussin m.

Kü(c)ken ['ky:kən] n. (s, -). ZOOL. poussin m. | *Kükenauslauf*, éleveuse f.

Kuckuck ['kukuk] m. (s, e). ZOOL. coucou m. | *der Kuckuck ruft aus dem Wald*, le coucou appelle, chante dans le bois. || LOC. FAM. [Teufel] *scher dich zum Kuckuck!*, *hol dich der Kuckuck!*, que le diable t'emporte! | *das weiß der Kuckuck!*, qui diable peut le savoir! | *zum Kuckuck (nochmal)*, morbleu!; peste! || FIG., FAM. *die ganze Mühe ist zum Kuckuck*, toute cette peine, c'était pour le roi de Prusse.

Kuckucks|blume ["kukuks'blu:mə] f. (-, n) [fleur (f.) de] coucou m. ||°**-ei** n. (s, er) œuf (m.) de coucou. || FIG. cadeau douteux. ||°**-ruf** m. (s, e) chant (m.) du coucou. ||°**-uhr** f. (-, en) coucou m.

Kufe ['ku:fə] f. (-, n) cuve f.; cuveau m. || [Schlittschuh] lame f. || AÉRON. patin (m.) d'atterrissage.

Kufen|schutz ["ku:fən'ʃuts] m. (es, e) [Schlittschuh] protège-lame m.

Küfer ['ky:fər] m. (s, -) tonnelier m.

Küferei [ky:fə'rai] f. (-, en) tonnellerie f.

Kugel ['ku:gəl] f. (-, n) boule f.; sphère f.; globe m. | *eine eiserne Kugel*, une boule de fer. | *die Erde ist eine Kugel*, la terre est une sphère, un globe. | *Glaskugel*, boule de verre. || FIG. *die Kugel kommt ins Rollen*, les événements se précipitent. || PAR EXT. [Geschoß] balle f.; projectile m.; boulet m. | *sich eine Kugel durch den Kopf jagen*, *schießen*, se loger une balle dans la tête; se brûler la cervelle.

Kugel|abschnitt ["ku:gəl'apʃnit] m. (s, e). MATH. segment (m.) de sphère. ||°**-bahn** f. (-, en). PHYS. trajectoire f. ||°**-becher** m. (s, -) bilboquet m. ||°**-blitz** m. (es, e) éclair (m.) en (forme de) boule. ||°**-dicke** f., °**-durchmesser** m. (s, -) calibre m. ||°**-fang** m. (s, ¨e) butte f. (de tir); pare-balles m. ||**-fest** adj. à l'épreuve des balles. ||°**-fläche** f. (-, n). MATH. surface (f.) sphérique. ||**-förmig** adj. sphérique; globulaire. ||°**-gelenk** n. (s, e). ANAT. énarthrose f. || TECHN. joint articulé; articulation (f.), joint (m.) à rotule. ||°**-kopf** m. (s, ¨e). [Schreibmaschine] boule f.; tête (f.) d'impression. ||°**-lager** n. (s, -). TECHN. palier (m.), roulement (m.) à billes. ||°**-regen** m. (s, -). FIG. grêle (f.) de balles. ||**-rund** adj. sphérique; rond comme une boule. ||°**-schnitt** m. (s, e), °**-segment** n. (s, e). MATH. segment (m.) de sphère; fuseau m. || °**-schreiber** m. (s, -) stylo (m.) à bille. ||**-sicher** adj. à l'épreuve des balles. ||°**-stoßen** n. (s). SPORT. lancement (m.) du poids. ||°**-strahlen** n. (s). TECHN. grenaillage m.

Kügelchen ['ky:gəlçən] n. (s, -) boulette f.; globule m. || MÉD. granule m.; granulé m.; pilule f.

kugelig ['ku:gəliç] adj. sphérique; en boule; rond; globuleux.

kugeln [-gəln] v. intr. et v. pr. jouer aux boules, au jeu de boules. || (se) rouler comme une boule. | *die Kinder kugelten (sich) den Abhang hinunter*, les enfants dévalaient la pente en se roulant. || FIG., FAM. *sich vor Lachen kugeln*, se tordre de rire.

Kugeln ['ku:geln] n. (s). HIST. vote (m.) avec des boules.

Kuh [ku:] f. (-, ¨e). ZOOL. vache f. | *eine Kuh melken*, traire une vache. || FIG. *wie die Kuh vorm neuen Tor dastehen*, rester sans réaction (devant qch.). || [Kinderspiel] *blinde Kuh*, *Blindekuh spielen*, jouer à colin-maillard.

Kuh|blume ["ku:'blu:mə] f. (-, n). BOT. pissenlit m. ||°**-euter** n. (s, -) pis (m.) de vache; tétine f. ||°**-fladen** m. (s, -) bouse (f.) de vache. ||°**-handel** m. (s). FIG., FAM. maquignonnage m. ||°**-haut** f. (-, ¨e) peau (f.) de vache. || FIG., FAM. *das geht auf keine Kuhhaut*, c'est incroyable, inouï. ||°**-hirt** m. (en, en) vacher m. ||°**-leder** n. (s) [cuir (m.) de] vache f. ||°**-magd** f. (-, ¨e) vachère f. ||°**-milch** f. lait (m.) de vache. ||°**-pocken** f. pl. ZOOL. vaccine f. ||°**-reigen** m. (s, -), °**-reihen** m. (s, -) ranz (m.) des vaches. ||°**-stall** m. (s, ¨e) étable f. ||°**-weizen** m. (s). BOT. mélampyre m.

kühl [ky:l] adj. frais. | *kühler Abend*, soirée fraîche. | *kühler Wind*, vent frais; brise f. || FIG. frais; froid. | *kühle Begrüßung*; *kühler Empfang*, accueil froid, glacial. | *kühler Rechner*, calculateur m.
◇ adv. fraîchement; froidement. | *jn kühl aufnehmen*, battre froid à qn. | *jn kühl empfangen*, recevoir qn sans chaleur.

Kühl|anlage ["ky:l'anla:gə] f. (-, n). TECHN. installation (f.) frigorifique, de réfrigération. ||°**-eimer** m. (s, -) seau (m.) à rafraîchir. ||°**-haus** n. (es, ¨er) entrepôt (m.) frigorifique. ||°**-kreis** m. (es, e). NUCL. circuit (m.) de refroidissement. ||°**-luft** f. (-, ¨e). AÉRON. air (m.) de refroidissement. ||°**-mittel** n. (s, -). MÉD. réfrigérant m. ||°**-raum** m. (s, ¨e) chambre froide; réfrigérateur m.; frigorifique m. ||°**-rohr** n. (s, ¨e), °**-schlange** f. (-, n). TECHN. serpentin m. ||°**-schrank** m. (s, ¨e) glacière f.; réfrigérateur m. | *Tiefkühlschrank*, congélateur m. ||°**-tasche** f. (-, n) glacière portative. ||°**-turm** m. (s, ¨e). NUCL. tour (f.) de réfrigération. ||°**-wagen** m. (s, -). [Eisenbahn] wagon (m.) frigorifique, isothermique. ||°**-wasser** n. (s) eau (f.) de refroidissement. ||°**-werk** n. (s, e) usine (f.) frigorifique.

Kühle ['ky:lə] f. fraîcheur f.; frais m. | *Abendkühle*, fraîcheur du soir. || FIG. fraîcheur f.; froideur f.

kühlen [-lən] v. tr. rafraîchir. | *Bier kühlen*, mettre la bière à la glace. | *Sekt kühlen*, frapper du champagne. || FIG. *den Durst kühlen*, se désaltérer. | *seinen Mut an jm kühlen*, faire passer sa colère sur qn. | *seine Rache kühlen*, assouvir sa vengeance.

kühlend [-lənt] adj. rafraîchissant; réfrigérant. || MÉD. *kühlende Umschläge*, compresses glacées.

Kühler [-lər] m. (s, -). TECHN. réfrigérateur m. || AUTOM. radiateur m.

Kühler|grill ["ky:lər'gril] m. (s, s). AUTOM. calandre f.

Kühlung [-luŋ] f. (-, en) rafraîchissement m.; réfrigération f.; refroidissement m.

kühn [ky:n] adj. hardi; audacieux; téméraire; intrépide; déterminé. | *eine kühne Tat*, un acte courageux. | *kühner Geist*, esprit (m.) d'envergure. | *kühne Behauptung*, affirmation osée. | *kühnes Unterfangen*, entreprise (f.) téméraire. || HIST. *Karl der Kühne*, Charles le Téméraire.

Kühnheit ['ky:nhait] f. (-, en) hardiesse f.; audace f.; témérité f.; intrépidité f.; résolution f.

Kujon [ku'jo:n] m. (s, e). POP. canaille f.; crapule f.; coquin m.; fripouille f.

kujonieren [kujo'ni:rən] v. tr. POP. malmener; rudoyer; embêter; tracasser; vexer.

Küken ['ky:kən] n. (s, -). ZOOL. poussin m.

kulant [ku'lant] adj. arrangeant. || COMM. *kulante Bedingungen*, facilités (f. pl.) de paiement.

Kulanz [-'lants] f. souplesse (f.) en affaires.

Kuli ['ku:li] m. (s, s) coolie m.

kulinarisch [kuli'nɑ:riʃ] adj. culinaire.

Kulisse [ku'lisə] f. (-, n). THÉÂTRE. coulisse f.; décor m. | *hinter den Kulissen*, PR. ET FIG. dans la coulisse. || FIG., FAM. arrière-plans m. pl. | *einen Blick hinter die Kulissen werfen*, jeter un coup d'œil en coulisse. || FIN. [Börse] coulisse f.

Kulminations|punkt [kulmina"tsio:ns'puŋkt] m. (s). ASTRON. point culminant; apogée m. || FIG. point culminant.

kulminieren [kulmi'ni:rən] v. intr. ASTRON. et FIG. culminer.

Kult [kult] m. (s, e), **Kultus** ['kultus] m. (-, te) culte m. || POLIT. *Personenkult*, culte de la personnalité.

kultisch ['kultiʃ] adj. RELIG. du culte; cultuel.

Kultivator [kulti'vɑ:tor] m. (s, en). AGRIC. motoculteur m.

kultivierbar [-'vi:rbɑ:r] adj. AGRIC. cultivable.

kultivieren [-'vi:rən] v. tr. AGRIC. cultiver. | *Land kultivieren*, cultiver un terrain. || FIG. *eine Sprache kultivieren*, cultiver une langue. | *ein kultivierter Mensch*, un homme cultivé.

Kultur [kul'tu:r] f. (-, en). AGRIC. culture f. | *Kultur von Reben*, culture de la vigne. | *Kultur von Bazillen*, bouillon (m.) de culture de microbes, de bacilles. || FIG. [eines Volkes] culture f.; civilisation f. | *abendländische Kultur*, civilisation occidentale. | *ein Mensch ohne Kultur*, un homme inculte.

Kultur|arbeit [kul"tu:r'arbait] f. (-, en) œuvre (f.) d'éducation; œuvre civilisatrice. ||°**-besitz** m. (es), °**-gut** n. (s, ¨er) patrimoine culturel. | *französischer Kulturbesitz*, patrimoine culturel de la France. ||°**-bild** n. (s, er) tableau (m.) de la civilisation. ||°**-film** m. (s, e) [film (m.)] documentaire m. ||°**-geschichte** f. (-, n) histoire (f.) de la civilisation. ||**-geschichtlich** adj. qui se rapporte à l'histoire de la civilisation. ||°**-kampf** m. (s). HIST. lutte (f.) contre l'ultramontanisme (sous Bismarck). ||°**-politik** f. politique (f.) de propagande intellectuelle. ||°**-träger** m. (s, -) facteur (m.), élément (m.) de civilisation. ||°**-volk** n. (s, ¨er) peuple civilisé.

kulturell [kultu'rɛl] adj. culturel; qui a trait à la civilisation, à l'éducation.

Kultus ['kultus] m. (-, te). [Kult] culte m. |

Kultusminister, ministre (m.) de l'Instruction publique et des Cultes.

Kümmel ['kyməl] m. (s). Bot. cumin m. || Par ext. [Branntwein] kummel m.

Kummer ['kumər] m. (s) peine f. ; souci m. ; chagrin m. ; affliction f. ; tourment m. | *Kummer haben*, avoir du chagrin. | *sich um etwas Kummer machen*, se faire du mauvais sang à propos de qch. | *jm Kummer bereiten*, faire, causer, donner du chagrin à qn. | *vor Kummer sterben*, mourir de chagrin. | *Liebeskummer*, chagrin d'amour.
— Syn. : *Kümmernis, Bekümmernis, Not*, chagrin ; *Pein, Leid*, peine ; *Herzeleid*, crève-cœur ; *Bitternis, Gram*, amertume.

kummer|voll ["kumər'fɔl] adj. chagrin ; soucieux.

kümmerlich ['kymərliç] adj. chétif ; rabougri. || Par ext. misérable ; pauvre ; indigent ; piteux ; chiche. | *kümmerlicher Lohn*, faible, misérable salaire m. | *kümmerliche Nahrung*, maigre nourriture f. ; pauvre chère f. ; pitance f.
◇ adv. péniblement ; misérablement ; chichement ; avec peine ; à l'étroit. | *kümmerlich leben*, mener une existence misérable ; fam. tirer le diable par la queue.

Kümmerlichkeit [-liçkait] f. (-, en) misère f. ; indigence f. ; mesquinerie f.

Kümmerling [-liŋ] m. (s, e) être chétif ; avorton m.

kümmern ['kymərn] v. tr. et v. pr. (s')affliger ; (se) chagriner ; (se) mettre en peine. | *das kümmert mich nicht*, je ne m'en soucie guère ; je n'en ai cure. | *er kümmert sich um gar nichts*, il ne se soucie, ne s'occupe de rien.

Kümmernis [-nis] f. (-, se) chagrin m. ; affliction f. ; contrariété f. ; souci m.

Kum(me)t ['kum(ə)t] n. (s, e) collier (m.) de cheval.

Kumpan [kum'pɑ:n] m. (s, e) compagnon m. ; compère m. ; fam. copain m.

Kumpel ['kumpəl] m. (s, -) camarade (m.) de travail. || Mines. mineur m.

Kümpel|presse ["kympəl'prɛsə] f. (-, n). Techn. emboutisseuse f.

kumulieren [kumu'li:rən] v. tr. cumuler ; réunir ; amasser.

Kumulierung [-ruŋ] f. (-, en) cumul m.

Kumulus ['ku:mulus] m. (-, li) cumulus m.

kund [kunt] adj. connu ; notoire ; public.

kund|geben ["kunt'ge:bən] (i, a, e), **-machen** [-'maxən] v. tr. faire savoir ; publier ; manifester ; annoncer ; révéler. | *seine Meinung kundgeben*, faire connaître son opinion. ||°**-gebung** f. (-, en) manifestation f. ; démonstration f. ||**-tun** (tat, getan) v. tr. annoncer ; publier ; faire savoir.

kündbar ['kyntbɑ:r] adj. résiliable. || Fin. *kündbare Anleihe*, emprunt (m.) remboursable.

Kunde ['kundə] m. (n, n). Comm. client m. ; pratique f. | *ein treuer Kunde*, un client fidèle. | *ein alter Kunde*, un client de longue date ; un vieux client. || Fig., fam. [Bruder ; Kerl] compère m.

Kunde ['kundə] f. (-, n) nouvelle f. ; connaissance f. | *sichere Kunde von etwas haben*, être bien informé, renseigné sur qch. | *schlimme Kunde bekommen*, recevoir de mauvaises nouvelles. || *Naturkunde*, sciences naturelles. | *Erdkunde*, géographie f. | *Sternkunde*, astronomie f.

Kunden|dienst ["kundən'di:nst] m. (s, e) service (m.) après-vente. ||°**-information** f. (-, en). [Kaufhaus] stand (m.) d'information.

kundig ['kundiç] adj. (gén.) informé, instruit de ; entendu à ; expérimenté, versé dans. | *einer Sprache kundig*, qui sait une langue. | *von kundiger Seite*, de source sûre, bien informée.

kündigen ['kyndigən] v. tr. Fin., Jur. dénoncer. || Polit. *einen Vertrag kündigen*, dénoncer un pacte. || Fig. *jm die Freundschaft kündigen*, retirer son amitié à qn.
◇ v. intr. *einem Angestellten kündigen*, donner congé à un employé.
— Syn. : *verabschieden*, congédier ; *entlassen*, donner congé ; *fortschicken*, renvoyer, remercier, licencier.

Kündigung [-guŋ] f. (-, en). Jur. dénonciation f. ; résiliation f. ; congé m. | *eine Kündigung aussprechen*, donner (son) congé à ; dénoncer ; résilier. | *Kündigung aus wirtschaftlichen Gründen*, licenciement (m.) économique.

Kündigungs|frist ["kyndiguŋs'frist] f. (-, en), °**-termin** [-tɛr'mi:n] m. (s, e). Jur. délai (m.) de préavis ; délai (m.) de résiliation.

Kundin ['kundin] f. (-, nen). Comm. cliente f.

Kundschaft ['kuntʃaft] f. (-, en). [Erkundung] informations f. pl. ; renseignements m. pl. ; nouvelles f. pl. | *jn auf Kundschaft ausschicken*, envoyer qn aux nouvelles, aux informations, Mil. en reconnaissance. || Comm. clientèle f. ; pratique f. ; clients m. pl.

kundschaften ['kuntʃaftən] v. intr. aller en reconnaissance ; explorer. || Mil. patrouiller.

Kundschafter [-tər] m. (s, -) émissaire m. ; observateur m. ; espion m. ; agent (m.) d'information. || Mil. éclaireur m. ; patrouilleur m.

künftig ['kynftiç] adj. à venir ; futur ; prochain. | *künftige Geschlechter*, générations futures. || Fam. *meine Künftige*, ma future.
◇ adv. désormais ; dorénavant ; à l'avenir.

Kunkel ['kuŋkəl] f. (-, n) quenouille f. || Hist. *Kunkellehn*, fief (m.) tombé en quenouille.

Kunst [kunst] f. (-, ¨e). **1.** [Wissen] savoir m. || [Wissenschaft] science f. ; art m. | *die sieben freien Künste*, les sept arts libéraux.

2. [Können ; Fertigkeit] art m. ; habileté f. ; adresse f. | *Kunst des Spinnens*, art de la filature. | *Webkunst*, art du tissage. | *Kochkunst*, art culinaire. | *nach allen Regeln der Kunst*, selon toutes les règles de l'art. | *das ist keine Kunst*, ce n'est pas sorcier. || Fam. *jetzt bin ich mit meiner Kunst zu Ende*, maintenant je suis au bout de mon latin.

3. [künstlerische Schöpfung] art. m. ; beaux-arts m. pl. | *ein Förderer von Kunst und Wissenschaft*, un protecteur, un mécène des arts et des sciences. | *die bildenden Künste*, les beaux-arts. | *darstellende Kunst*, art plastique. | *Kunstgewerbe*, art décoratif. | *Baukunst*, architecture f.

Kunst|akademie ["kunstakade'mi:] f. (-, n) école (f.) des beaux-arts. ||°**-ausdruck** m. (s, ¨e) terme (m.) technique, de métier. ||°**-ausstellung** f. (-, en) exposition (f.) artistique. ||°**-butter** f. Culin. margarine f. ||°**-denkmal** n. (s, ¨er) monument (classé). ||°**-dünger** m. (s, -). Agric. engrais (m.) chimique. ||°**-eislauf** m. (s, ¨e). Sport. patinage (m.) artistique. ||°**-erzeugnis** n. (ses, se) produit de l'art. || Phys. produit synthétique. ||°**-faser** f. (-, n) fibre (f.) synthétique. ||°**-fehler** m. (s, -) faute professionnelle. ||**-fertig** adj. habile ; ingénieux ; industrieux. ||°**-fertigkeit** f. habileté f. ; adresse f. ; savoir-faire m. ; ingéniosité f. ||°**-fleiß** m. (es) industrie f. ; activité f. ||°**-flug** m. (s, ¨e). Aéron. acrobatie aérienne. ||°**-freund** m. (s, e) ami (m.), protecteur (m.) des arts ; mécène m. ||°**-gegenstand** m. (s, ¨e) objet (m.) d'art. ||°**-geschichte** f. histoire (f.) de l'art. ||°**-gewerbe** n. (s) art décoratif, appliqué, industriel. ||°**-gönner** m. (s, -) protecteur (m.), ami (m.) des beaux-arts ; mécène m. ||°**-griff** m. (s, e) tour (m.) de main ; procédé m. ; truc m. || Fam. ficelle f. ; astuce f. ; stratagème m. ||°**-handel** m. (s) commerce (m.) d'objets d'art ; galerie (f.) d'art. ||°**-handwerk** n. (s) artisanat m. ||°**-harz** n. (es, e) résine (f.) synthétique. ||°**-herz** n. (ens, en) cœur artificiel. ||°**-honig** m. (s) miel artificiel. ||°**-kenner** m. (s, -) connaisseur (m.) en matière d'art. ||°**-kniff** m. (s, e). V. Kunstgriff. ||°**-kritik** f. critique (f.) d'art. ||°**-kritiker** m. (s, -) critique (m.) d'art. ||°**-leder** n. (s) simili-cuir m. ||°**-lehre** f. esthétique f. ||°**-liebhaber** m. (s, -) amateur (m.) d'art. ||°**-maler** m. (s, -) artiste (m.) peintre. ||°**-mittel** n. (s, -) moyen, remède artificiel. ||°**-pause** f. (-, n). Fam. pause intentionnelle. | *Kunstpausen in seiner Rede machen*, s'arrêter, s'interrompre souvent dans son discours. ||°**-reich** adj. plein d'art ; artistement fait ; ingénieux. ||°**-reiter** m. (s, -) écuyer m. ||°**-richter** m. (s, -) critique (m.) d'art. ||°**-sammlung** f. (-, en) collection (f.) d'(objets [m. pl.] d')art. ||°**-schmied** m. (s, e) forgeron (m.), serrurier (m.) d'art. ||°**-schule** f. (-, n) école (f.) des beaux-arts. ||°**-seide** f. (-, n) soie artificielle ; rayonne f. ||°**-sinn** m. (s) goût (m.), sentiment (m.) artistique. ||**-sinnig** adj. qui a du goût ; qui s'entend en matière d'art, à l'art. ||°**-stoff** m. (s, e) matière (f.) plastique ; produit (m.) synthétique. ||°**-stück** n. (s, e) tour m. (d'adresse, de force). | *das ist kein Kunststück*, c'est simple comme bonjour. ||°**-tischler** m. (s, -) ébéniste m. ||°**-tischlerei** f. (-, en) ébénisterie f. ||**-voll** adj. ingénieux ; plein d'art ; fait avec beaucoup d'art. ||°**-werk** n. (s, e) œuvre (f.) d'art ; chef-d'œuvre m. ; monument m. (artistique). ||°**-wert** m. (s, e) valeur (f.) artistique. ||°**-wolle** f. (-, n) laine artificielle ; laine synthétique. ||°**-wort** n. (s, ¨er) terme (m.) technique.

Künstelei [kynstə'lai] f. (-, en) affectation f. ; maniérisme m.

künsteln ['kynstəln] v. intr. raffiner ; subtiliser (sur qch.).

Künstler ['kynstlər] m. (s, -) artiste m.

künstlerisch [-lərɪʃ] adj. [Dinge] artistique. || [Person] artiste. | *die Italiener sind ein künstlerisches Volk*, les Italiens sont un peuple artiste. ◇ adv. artistement ; en artiste.

Künstlerschaft [-lərʃaft] f. société (f.) d'artistes ; artistes m. pl.

künstlich [-lɪç] adj. artificiel ; faux ; postiche. | *künstlicher Nebel*, brouillard artificiel. | *künstliche Haare*, cheveux (m. pl.) postiches ; postiche (m.) en cheveux. | *künstliche Zähne*, fausses dents. | *künstliche Glieder*, appareils (m. pl.) de prothèse. | *künstliche Atmung*, respiration artificielle. | *künstliche Intelligenz*, intelligence artificielle. || FIG. *künstliches Lachen*, rire forcé. || AÉRON. *künstlicher Horizont*, horizon artificiel.

kunter|bunt [″kuntər'bunt] adv. FAM. pêle-mêle.

Kunz [kunts] n. pr. m. (dimin. de **Konrad**) Conrad m. || FAM. *Hinz und Kunz*, Pierre et Paul.

Küpe ['ky:pə] f. (-, n) cuve f. (de teinturier).

Kupee [ku'pe:] n. (s, s). TRANSP. compartiment m. (de chemin de fer).

Kupfer ['kupfər] n. (s) cuivre m. | *Kessel aus Kupfer*, chaudron (m.) de cuivre. | *in Kupfer stechen*, graver sur cuivre.

Kupfer|draht [″kupfər'drɑ:t] m. (s, ¨e). TECHN. fil (m.) de cuivre. ||°**-druck** (s, e) gravure (f.), impression (f.) en taille-douce. ||°**-druck|ätzung** f. (-, en) photogravure f. ||°**-druckerei** f. (-, en) atelier (m.) de gravure. ||**-farben, -farbig** adj. cuivré. ||°**-geld** n. (s) [monnaie (f.) de] cuivre m., (de) bronze m. ; billon m. ||°**-gerät** n. (s, e), °**-geschirr** n. (s, e) batterie (f.) de cuisine en cuivre ; cuivres m. pl. ||°**-glanz** m. (es). MINÉRAL. chalcosine f. ; chalcosite f. ||°**-grün** n. (s). MINÉRAL. chrysocol(l)e f. || CHIM. acétate (m.) de cuivre ; vert-de-gris m. ||**-haltig** adj. MINES. cuprifère. ||°**-legierung** f. (-, en) alliage (m.) de cuivre. ||°**-münze** f. (-, n) [monnaie (f.) de] billon m. (de) bronze. ||°**-platte** f. (-, n) plaque (f.) de cuivre. | [Gravierkunst] cuivre m. ; planche (gravée). ||**-rot** adj. (rouge) cuivre. ||°**-sammlung** f. (-, en) collection (f.) d'estampes. ||°**-schmied** m. (s, e). TECHN. chaudronnier m. ; dinandier m. ||°**-stecher** m. (s, -). [Gravierkunst] graveur (m.) en taille-douce, au burin. ||°**-stecherei** f. (-, en) gravure (f.) sur cuivre ; chalcographie f. ||°**-stich** m. (s, e) gravure f. ; estampe f. ; taille-douce f. ||°**-stich|kabinett** n. (s, e) cabinet (m.) d'estampes. ||°**-vitriol** m. et n. (s, e). CHIM. sulfate (m.) de cuivre ; vitriol bleu.

kupfern ['kupfərn] adj. de, en cuivre ; cuivreux.

Kupido [ku'pi:do] n. pr. m. MYTH. Cupidon m.

kupieren [ku'pi:rən] v. tr. couper. || ZOOL. *ein kupierter Hund*, un chien à queue coupée. || CULIN. [verschneiden] *Wein kupieren*, couper du vin (avec de l'eau, avec un autre vin).

kupiert [-'pi:rt] adj. accidenté. | *kupiertes Gelände*, terrain accidenté.

Kupon [ku'pɔ̃] m. (s, s). FIN. coupon m.

Kuppe ['kupə] f. (-, n). [rundliches Ende] *Kuppe des Fingers*, bout (m.) du doigt. | *Bergkuppe*, dôme (m.) de montagne.

Kuppel ['kupəl] f. (-, n). ARCHIT. coupole f. ; dôme m.

Kuppel|dach [″kupəl'dax] n. (s, ¨er). ARCHIT. dôme m. ||°**-gewölbe** n. (s, -). ARCHIT. voûte (f.) en forme de dôme ; dôme m.

Kuppelei [kupə'lai] f. (-, en). PÉJOR. (action [f.] de) faire l'entremetteuse ; proxénétisme m.

Kuppel|dienst [″kupəl'di:nst] m. (es, e). PÉJOR. soins (m. pl.) d'entremetteuse. ||°**-pelz** m. (es, e). FAM. *sich einen Kuppelpelz verdienen*, arranger un mariage.

kuppeln ['kupəln] v. tr. coupler ; accoupler ; atteler. || [Eisenbahn] *zwei Wagen kuppeln*, accoupler deux voitures ; réunir un wagon à un autre. || AUTOM. embrayer. || PÉJOR. accoupler ; faire l'entremetteur, l'entremetteuse.

kuppen ['kupən] v. tr. DIAL. étêter ; écimer. | *Bäume kuppen*, étêter des arbres.

Kuppler ['kuplər] m. (s, -). ÉLECTR. coupleur m.

Kuppler(in) ['kuplər(in)] m. (s, -), f. (-, nen). PÉJOR. entremetteur m. ; entremetteuse f. ; proxénète s. || POP. maquereau m. ; maquerelle f.

Kupplung ['kuplʊŋ] f. (-, en). TECHN. couplage m. ; embrayage m. ; attelage m. | *die Kupplung einrücken*, embrayer. | *die Kupplung lösen*, débrayer.

Kupplungs|dose [″kuplʊŋs'do:zə] f. (-, n). ÉLECTR. fiche femelle. ||°**-magnet** m. (s. et en, e) ÉLECTR. aimant (m.) d'accouplement.

Kur [ku:r] f. (-, en). MÉD. cure f. ; traitement m. | *eine Kur machen*, faire une cure ; suivre un traitement. | *ich gehe zur Kur nach Vichy*, je vais faire une cure, je vais prendre les eaux à Vichy. || FIG., FAM. *wir werden ihn in die Kur nehmen*, nous allons le soigner aux petits oignons.

Kur|anstalt [″ku:r'anʃtalt] f. (-, en). MÉD. établissement thermal ; sanatorium m. ; maison (f.) de santé. ||°**-gast** m. (es, ¨e). MÉD. curiste m. || [Badeort] baigneur m. ||°**-ort** m. (s, e) station thermale ; ville (f.) d'eaux. ||°**-packung** f. (-, en). [Haar] baume (m.) embellisseur ; crème (f.) de soins. ||°**-pfuscher** m. (s, -) charlatan m. ; guérisseur m. ; médicastre m. ||°**-pfuscherei** f. charlatanerie f. ||°**-saal** m. (s, säle) casino m. ; kursaal m. ||°**-taxe** f. (-, n) taxe (f.) de séjour. ||°**-zeit** f. (-, en). [Badeort] saison f.

Kür [ky:r] f. POÉT. choix m. ; élection f. || SPORT. exercices (m. pl.), figures (f. pl.) libres ; programme (m.) libre.

küren ['ky:rən] (o, o). [Vx.] v. tr. élire ; choisir.

Kur|fürst [″kur'fyrst] m. (en, en) prince-électeur m. | *der Große Kurfürst*, le Grand Électeur. || °**-fürstentum** n. (s, ¨er) électorat m. ||°**-haus** n. (es, ¨er) casino m. ; kursaal m. ||°**-land** n. pr. n. Courlande f. ||°**-pfalz** n. pr. f. Palatinat m. ||°**-prinz** m. (en, en). HIST. prince électeur.

kurant [ku'rant] adj. COMM. courant ; en cours.

Kurant [-'rant] n. (s, e). COMM. (Vx.) argent (m.) en cours ; monnaie courante.

Küraß ['ky:ras] m. (es, e). MIL. cuirasse f.

Kürassier [kyra'si:r] m. (s, e). MIL. cuirassier m.

Kuratel [kura'te:l] f. (-, en). JUR. curatelle f. ; tutelle f. | *unter Kuratel stellen*, donner un conseil judiciaire à. | *unter Kuratel stehen*, être en tutelle.

Kurator [ku'rɑ:tor] m. (s, en). JUR. curateur m. || COMM. syndic (m.) de faillite.

Kurbel ['kurbəl] f. (-, n) manivelle f.

Kurbel|gehäuse [″kurbəlgə'hɔyzə] n. (s, -). AUTOM. boîtier (m.) de moteur ; carter m. ||°**-rad** n. (s, ¨er) volant m. ||°**-stange** f. (-, n) bielle f. ||°**-trieb** m. (s, e) embiellage m. ||°**-welle** f. (-, n) vilebrequin m. ; arbre (m.) du moteur ; arbre coudé.

kurbeln ['kurbəln] v. tr. tourner la manivelle.

Kürbis ['kyrbis] m. (ses, se). BOT. courge f. ; citrouille f. ; potiron m.

Kürbis|baum [″kyrbis'baum] m. (s, ¨e). BOT. calebassier m. ||°**-flasche** f. (-, n) calebasse f. ; gourde f. ||°**-gewächse** n. pl. BOT. cucurbitacées f. pl.

Kurde ['kurdə] n. pr. m. Kurde m.

kurdisch [-dɪʃ] adj. kurde.

Kurdistan [kurdis'tɑ:n] n. pr. m. GÉOGR. Kurdistan m.

kurial [kuri'ɑ:l] adj. de chancellerie.

Kurie ['ku:riə] f. (-, n). HIST. curie f. | *römische Kurie*, curie romaine. || PAR EXT. Sénat m.

Kurier [ku'ri:r] m. (s, e) courrier m. ; messager m.

kurieren [-rən] v. tr. traiter ; soigner ; guérir. | *einen Kranken kurieren*, guérir un malade. || FIG. *jn von seinen Vorurteilen kurieren*, guérir, débarrasser qn de ses préjugés.

kurios [kuri'o:s] adj. FAM. curieux ; bizarre.

Kuriosität [-riozi'tɛ:t] f. (-, en) chose curieuse ; curiosité f. ; bizarrerie f.

kurisch ['kurɪʃ] adj. GÉOGR. de Courlande ; courlandais. | *das Kurische Haff*, lagune (f.) de Courlande.

Kurrende [ku'rɛndə] f. (-, n). chorale protestante.

Kurrent|schrift [ku″rɛnt'ʃrift] f. (-, en) écriture courante.

Kurs [kurs] m. (es, e). **1.** MAR. route f. | *Kurs nach Süden nehmen*, faire route vers le sud ; mettre le cap sur le sud. | *vom Kurs abweichen*, dévier. | *Kurs geradeaus !*, en avant, tout droit !

2. FIN. [Marktpreise der Wertpapiere] cours m. | *die Kurse steigen und fallen an der Börse*, les cours, les valeurs montent et baissent à la Bourse.

3. [Umlauf einer Münzsorte] cours m. ; crédit m. ; valeur f. ; vogue f. | *außer Kurs setzen*, retirer de la circulation ; démonétiser. || FIG., FAM. *bei jm in hohem Kurs stehen*, avoir du crédit auprès de qn.

4. [Lehrgang] cours m. | *Anfängerkurs*, cours pour débutants.

Kurs|abschlag [″kurs'apʃlɑ:k] m. (s, ¨e). FIN. baisse f. ||°**-abweichung** f. (-, en). AÉRON. déviation (f.), écart (m.) de cap. ||°**-änderung** f. déroutement m. ||°**-anstieg** m. (s) *der starke Kursanstieg des Dollars*, la flambée du dollar. ||°-**bericht** m. (s, e), °-**blatt** n. (s, ¨er). FIN. cote officielle. ||°-**buch** n. (s, ¨er). [Eisenbahn] indicateur m. ||°-**kreisel** m. (s, -). AÉRON. gyroscope m. ||°-**makler** m. (s, -). FIN. agent (m.) de change ; courtier m. ||°-**schwankung** f. (-, en). FIN. fluctuation (f.) des cours. ||°-**stand** m. (s, ¨e) cours m. ||°-**steigerung** f. (-, en) hausse f. ||°-**sturz** m. (es, ¨e) baisse f. ||°-**treiber** m. (s, -). FIN. haussier m. ||°-**zuschlag** m. (s, ¨e) report m. ||°-**wagen** m. (s, -) [Eisenbahn] voiture directe. ||°-**wechsel** m. (s, -) changement (m.) de cap.

Kürschner ['kyrʃnər] m. (s, -). TECHN. fourreur m. ; pelletier m. || *Kürschnerwaren*, pelleterie f. ; fourrures f. pl.

Kürschnerei [kyrʃnə'rai] f. (-, en) pelleterie f. ; commerce (m.) de fourrures.

kursieren [kur'zi:rən] v. intr. COMM. circuler. || FIG. *falsche Gerüchte kursieren im Land*, de faux bruits circulent dans le pays.

Kursive [kur'zi:və] f. (-, n), **Kursiv|schrift** [kur"zi:f'ʃrift] f. (-, en) cursive f. || TYPOGR. italique f. ; caractères (m. pl.) italiques.

kursorisch [kur'zo:riʃ] adj. [ununterbrochen] continu ; ininterrompu. || [oberflächlich ; rasch] cursif ; rapide.

Kursus ['kurzus] m. (-, se). [Lehrgang] cours m.

kurulisch [ku'ru:liʃ] adj. HIST. curule. | *kurulischer Stuhl*, chaise (f.) curule.

Kurve ['kurvə] f. (-, n). MATH. courbe f. ; ligne (f.) courbe. || [Straße] virage. | *scharfe Kurve*, virage brusque. | *Haarnadelkurve*, virage en épingle à cheveux. | *eine Kurve innen nehmen*, prendre un virage à la corde. | *überhöhte Kurve*, virage relevé. || FIG., FAM. *die Kurve kratzen*, prendre la tangente.

Kurven|lineal ["kurvənline'ɑ:l] n. (s, e), °-**schiene** [-'ʃi:nə] f. (-, n). [Zeichnung] pistolet m. ||-**reich** adj. qui a des courbes. | *kurvenreiche Straße*, route sinueuse. ||°-**schreiber** m. (s, -) traçeur (m.) de courbes. ||°-**schreiber|tisch** m. (es, e) table traçante. ||°-**verlauf** m. (s). MATH. allure (f.) de la courbe. ||°-**zeichengerät** n. (es, e), °-**zeichner** m. (s, -) variplotter m.

kurz [kurts] adj. **1.** [räumlich] court ; petit. | *kurzer Ärmel*, manche courte. | *kurzer Weg*, court chemin. | *kurzer Brief*, lettre courte, brève. | *alles kurz und klein schlagen*, faire tout voler en éclats ; briser tout en mille morceaux. || FIG. *jn kurz halten*, tenir qn en bride ; ne pas donner beaucoup d'argent à qn. | *den kürzeren ziehen*, avoir le dessous. | *mit kurzen Worten*, en peu de mots. || FAM. *mit jm kurzen Prozeß machen*, expédier qn, exécuter qn sans autre forme de procès. | *jn einen Kopf kürzer machen*, couper la tête à qn.

2. [zeitlich] court ; bref ; de peu de durée ; qui passe vite. | *kurze Zeit*, peu de temps. | *kurze Frist*, bref délai. | *eine kurze Weile*, un petit moment. | *die Freude war kurz*, la joie fut de courte durée. | *ein kurzes Gedächtnis haben*, avoir la mémoire courte. | *binnen kurzem*, sous peu. | *vor kurzem*, il n'y a pas longtemps. | *über kurz oder lang*, un jour ou l'autre ; tôt ou tard. || POÉS. *kurze und lange Silben*, des brèves et des longues. || COMM. *Wechsel auf kurze Sicht*, effet (m.) à court terme, à courte échéance.

◇ adv. **1.** [räumlich] court. | *sein Haar ist kurz geschnitten*, ses cheveux sont coupés court, ras. || MIL. *zu kurz schießen*, tirer trop court.

2. [zeitlich] brièvement ; promptement ; vivement. | *kurz vorher*, peu (de temps) avant. | *kurz nachher (darauf)*, peu de temps après. | *kurz absagen*, décliner une offre brusquement. | *mach es kurz*, fais vite ! ; sois bref ! | *jn kurz abfertigen*, expédier qn. | *kurz und klar ; kurz und bündig*, clairement ; avec concision. | *um es kurz zu sagen*, en un mot ; bref. | *kurz und gut*, en un mot ; bref. | *sich kurz fassen*, être bref.

3. FIG. *kurz angebunden sein*, être peu aimable, être avare de paroles. | *zu kurz kommen*, être désavantagé ; ne pas trouver son compte à.

Kurz|arbeit ["kurts'arbait] f. (-, en) chômage (m.) technique. ||°-**arbeiter** m. (s, -) chômeur partiel. ||-**atmig** adj. MÉD. qui a le souffle court ; asthmatique. ||°-**atmigkeit** f. MÉD. manque (m.) de souffle ; asthme m. ||-**beinig** adj. ANAT. qui a les jambes courtes. ||°-**fassung** f. (-, en) version abrégée. ||-**fristig** adj. COMM. à court terme. ||-**gefaßt** adj. bref ; concis ; succinct ; sommaire. ||-**geschoren** adj. tondu ras, court. ||-**geschürzt** adj. court vêtu. ||-**lebig** adj. de courte durée ; qui vit peu de temps ; éphémère. ||°-**nachrichten** f. pl. flash (m.) d'information. ||°-**schluß** m. (es, ¨e). ÉLECTR. court-circuit m. ||°-**schrift** f. sténographie f. ||°-**schrift|-maschine** f. (-, n) sténotype f. ||-**sichtig** adj. myope ; qui a la vue basse, courte ; FIG. borné ; imprévoyant ; à courte vue. ||°-**sichtigkeit** f. (-, en) myopie f. ; vue courte, basse ; FIG. étroitesse (f.) de vues. ||-**silbig** adj. à syllabe(s) brève(s). ||°-**strecken|flugzeug** n. (s, e) court-courrier m. ||°-**strecken|lauf** m. (s, ¨e) course (f.) de vitesse ; sprint m. ||-**um** adv. bref ; en un mot. ||°-**urlaub** m. (s, e) petites vacances. ||°-**ware** f. (-, n) mercerie f. ||°-**waren|händler(in)** m. (s, -), f. (-, nen) mercier m., mercière f. ||°-**waren|handlung** f. (-, en) mercerie f. ||-**weg** adv. tout court ; sans détour ; de but en blanc. ||°-**weil** f. passe-temps m. ; amusement m. ; divertissement m. ||-**weilig** adj. divertissant ; amusant. ||°-**welle** f. (-, n). RADIO. onde courte. ||°-**wellen|sender** m. (s, -) émetteur (m.) à ondes courtes.

Kürze ['kyrtsə] f. (-, n) brièveté f. | *Kürze der Zeit*, brièveté du temps. | *er kommt in Kürze*, il arrive sous peu. || concision f. | *in aller Kürze*, en peu de mots, succinctement. || LOC. *in der Kürze liegt die Würze*, les plaisanteries les plus courtes sont les meilleures.

Kürzel ['kyrtsəl] n. (s, -) signe abréviatif.

kürzen [-tsən] v. tr. raccourcir ; rogner. | *die Hosen kürzen*, raccourcir le(s) pantalon(s). | *eine Rede kürzen*, abréger un discours. | *eine Frist kürzen*, réduire un délai. | *jm die Zeit kürzen*, faire passer le temps à qn. || MATH. *einen Bruch kürzen*, réduire, simplifier une fraction.

kurzer|hand ["kurtsər'hant] adv. sans autre forme de procès ; droit au fait ; sans hésiter.

kürzlich ['kyrtsliç] adv. récemment ; dernièrement ; depuis peu.

Kürzung ['kyrtsuŋ] f. (-, en) réduction f. ; diminution f. | *Lohnkürzung*, réduction (f.) de salaire. || MATH. simplification f. || THÉÂTRE. coupure f.

kusch ! [kuʃ] interj. [Hunde] coucher ! ; couche-toi ! || POP. tais-toi !

kuscheln (sich) [ziç'kuʃəln] v. pr. se blottir (contre qn).

kuschel|ig ['kuʃəliç] adj. douillet ; moelleux.

kuschen ['kuʃən] v. intr. et v. pr. (se) coucher. || POP. se tenir coi ; ne pas souffler mot.

Kusine [ku'zi:nə] f. (-, n) cousine f.

Kuß [kus] m. (es, ¨e) baiser m. | *die Mutter drückt dem Kind einen Kuß auf die Stirn*, la mère baise son enfant sur le front.

Küßchen ['kysçən] n. (s, -) petit baiser.

küssen [-sən] v. tr. baiser ; embrasser. | *er küßte ihr die Hand*, il lui baisa la main.

Kuß|hand ["kus'hant] f. (-, ¨e) baise-main m.

Küste ['kystə] f. (-, n) côte f. ; littoral m. ; rivage m.

Küsten|bewohner ["kystənbə'vo:nər] m. (s, -) riverain m. ; habitant (m.) du littoral. ||°-**fahrzeug** n. (s, e), °-**schiff** n. (s, e). MAR. caboteur m. ||°-**land** n. (s, ¨er) région côtière ; côte f. ; littoral m. ||°-**schiffahrt** f. cabotage m. ||°-**schutz** m. (es) défense côtière. ||°-**strich** m. (s, e) côte f. ; littoral m. ||°-**telegraph** m. (en, en). MAR. sémaphore m. ||°-**wächter** m. (s, -). MAR. garde-côte m.

Küster ['kystər] m. (s, -). RELIG. sacristain m. ; bedeau m. ; marguillier m.

Kustos ['kustos] m. (-, oden) conservateur (m.) d'archives, de bibliothèque, de musée. || RELIG. prieur franciscain. || (Vx.) TYPOGR. réclame f.

Kutsche ['kutʃə] f. (-, n) calèche f. ; carrosse m. ; diligence f. | *Kutsche und Pferd*, équipage m. | *Kutschenschlag*, portière f.

Kutscher ['kutʃər] m. (s, -) cocher m.

Kutsch(er)|bock ["kutʃ(ər)'bɔk] m. (s, ¨e), °-**sitz** [-'zits] m. (es, e) siège (m.) du cocher.

kutschieren v. intr. conduire un équipage.

Kutte ['kutə] f. (-, n) cotte f. ; sarrau m. ; froc m. | *jn in die Kutte stecken*, mettre, envoyer qn au couvent. | *die Kutte anlegen*, se faire moine ; entrer dans les ordres.

Kutter ['kutər] m. (s, -). MAR. cutter m. ; cotre m.

Kuvert [ku'vɛrt] n. (s, e). [Gedeck] couvert m. || [Briefumschlag] enveloppe f.

Kybele [ky'be:le] n. pr. MYTH. Cybèle f.

Kybernetik [kybər'nɛtik] f. cybernétique f.

Kybernetiker(in) [kybər'ne:tikər(in)] m. (s, -), f. (-, nen) cybernéticien m., cybernéticienne f.

kybernetisch [-iʃ] adj. cybernétique.

kyrillisch [ky'riliʃ] adj. cyrillique.

KZ. Abréviation de **Konzentrationslager.**

L

L, l [ɛl] n. L m. | *großes* L, *L* majuscule.
L-Eisen ["ɛl-'aizən] n. (s, -). TECHN. cornière f.
Lab [lɑ:p] n. (s, e) présure f. || BOT. *Labkraut*, caille-lait m. ; gaillet m. || ANAT. *Labmagen*, caillette f.
Laban ['lɑ:ban] n. pr. m. [Bibel] Laban m. || FAM. *ein langer Laban*, un grand flandrin.
labberig ['labəriç] adj. mou ; flasque ; comme de la bouillie. || PAR EXT. sans énergie ; mollasse.
labbern ['labərn], **läbbern** ['lɛbərn] v. tr. et v. intr. [schlürfen] siroter. || [schwatzen] papoter. || MAR. [schlaff hängen] faseyer ; faseiller.
Labe ['lɑ:bə] f. (-, n), **Labsal** ['lɑ:pzɑ:l] n. (s, e), **Labung** ['lɑ:buŋ] f. (-, en) rafraîchissement m. ; réconfort m. || FIG. délectation f. ; réconfort m. ; baume m.
laben [-bən] v. tr. et v. pr. (se) délecter ; (se) rafraîchir ; (se) réconforter. | *ein labender Trunk*, un breuvage délectable. || FIG. *die Augen labten sich an dem herrlichen Anblick*, les yeux se repaissaient de ce magnifique spectacle.
Laberdan [labər'dɑ:n] m. (s, e) morue salée.
labern ['lɑ:bərn] v. intr. bavasser.
Labe|trank ["lɑ:bə'traŋk] m. (s), °**-trunk** [-'truŋk] m. (s) breuvage délectable, réconfortant.
Labial|laut [labi"ɑ:l'laut] m. (s, e). GRAMM. consonne labiale.
labil [la'bi:l] adj. PHYS., FIN. instable. | *labiles Gleichgewicht*, équilibre instable. | *labile Währung*, monnaie (f.) instable. || FIG. instable. | *labiler Mensch*, personne (f.) instable. | *seine Geschäftslage ist sehr labil*, l'état de ses affaires est bien précaire.
Labilität [-bili'tɛ:t] f. PHYS. et FIG. instabilité f. ; précarité f.
Labor [la'bo:r] n. (s, e) laboratoire m.
Laborant [labo'rant] m. (en, en), **Laborantin** [-'rantin] f. (-, nen). CHIM. préparateur m., préparatrice f. ; laborantin(e) m. (f.).
Laboratorium [-ra'to:rium] n. (s, rien) laboratoire m.
laborieren [-'ri:rən] v. intr. [leiden] souffrir ; peiner. | *er laboriert noch an seiner alten Wunde*, il est encore travaillé par sa vieille blessure. || FIG. [sich abmühen] opérer ; faire des efforts.
Labsal (s, e), **Labung** (-, en). V. LABE.
Labyrinth [laby'rint] n. (s, e) labyrinthe m. ; dédale m. || ANAT. labyrinthe m.
labyrinthisch [-tiʃ] adj. FIG. enchevêtré ; indéchiffrable.
Lache ['lɑ:xə] f. (-, n). [Pfütze] flaque f. ; mare f. | *wir mußten durch die Lachen waten*, nous avons dû patauger dans les flaques. | *er lag in einer (Blut)lache*, il baignait dans une mare de sang.
Lache ['laxə] f. (-, n). FAM. [Gelächter] rire m. | *eine gellende Lache*, un rire strident.
lächeln ['lɛçəln] v. intr. avoir un sourire ; sourire.
Lächeln [-çəln] n. (s) sourire m. | *rätselhaftes Lächeln*, sourire énigmatique.
lachen ['laxən] v. intr. rire ; sourire. | *laut lachen*, rire aux éclats. | *gezwungen lachen*, avoir un rire forcé ; rire jaune. | *spöttisch lachen*, avoir un rire moqueur ; ricaner. | *versteckt lachen*, rire en cachette, sous cape. | *übers ganze Gesicht lachen*, rayonner de plaisir. | *in sich hinein lachen*, rire dans sa barbe. | *aus vollem Halse lachen*, rire à gorge déployée, aux éclats. | *sich krank lachen*, être malade de rire ; se pâmer de rire. | *sich tot lachen*, mourir de rire. | *sich krumm lachen*, se tordre de rire. | *er lachte ihm ins Gesicht*, il lui rit au nez. | *das wäre ja gelacht, wenn er nicht gehorchte*, il ferait beau voir qu'il n'obéisse pas ! | *daß ich nicht lache*, tu me fais rire ; vous me faites rire. || FIG. *das Herz lachte ihm im Leibe*, il se sentait le cœur en fête. | *die Sonne, der Himmel lacht*, le soleil, le ciel est radieux. | *sich ins Fäustchen lachen*, rire sous cape. || PROV. *wer zuletzt lacht, lacht am besten*, rira bien qui rira le dernier.
◇ v. tr. *wir haben Tränen gelacht*, nous avons ri aux larmes. || FAM. *da ist nichts zu lachen*, il n'y a pas là de quoi rire !
— SYN. : *lächeln*, sourire ; *laut auflachen*, s'esclaffer ; *kichern*, glousser ; *feixen*, *grinsen*, ricaner.
Lachen [-xən] n. (s) rire m. ; ris m. pl. ; hilarité f. | *schallendes Lachen*, rire bruyant ; rire homérique. | *höhnisches, hämisches Lachen*, rire sardonique. | *krampfhaftes Lachen*, rire convulsif. | *das ist zum Lachen*, c'est risible. | *wir kamen aus dem Lachen nicht heraus*, nous avons ri sans arrêt. | *das Weinen steht ihm näher als das Lachen*, il est plus près des larmes que du rire. | *sich vor Lachen nicht halten können*, être pris d'un fou rire. | *sich den Bauch vor Lachen halten*, se tenir les côtes de rire. || FAM. *sich vor Lachen kringeln*, se tordre de rire.
Lach|anfall ["lax'anfal] m. (s, ¨e) accès (m.) de rire. ||°**-gas** n. (es). CHIM. gaz hilarant. ||°**-krampf** m. (s, ¨e) rire convulsif, nerveux. ||°**-lust** f. (-, ¨e) envie (f.) de rire. ||**-lustig** adj. rieur ; qui aime à rire. ||°**-muskel** m. (s, n). ANAT. diaphragme m. ||°**-salve** f. (-, n) éclat (m.) de rire. ||°**-taube** f. (-, n) tourterelle (f.) de Barbarie.
Lacher [laxər] m. (s, -) rieur m. | *er hat die Lacher auf seiner Seite*, il a les rieurs de son côté.
lächerlich [-çərliç] adj. ridicule ; risible. | *das ist ja lächerlich !*, mais c'est ridicule ! | *ich finde das einfach lächerlich*, je trouve cela proprement ridicule. | *lächerliche Kleinigkeit*, bagatelle f. | *sich lächerlich machen*, se couvrir de, se rendre ridicule ; prêter à rire. | *ins Lächerliche ziehen*, tourner en ridicule ; ridiculiser.
— SYN. : *lachhaft*, risible ; *töricht*, insensé.
Lächerlichkeit [-çərliçkait] f. (-, en) caractère (m.) ridicule ; bouffonnerie f. | *jn der Lächerlichkeit preisgeben*, rendre qn ridicule ; tourner qn en ridicule.
lachhaft ['laxhaft] adj. FAM. risible.
Lachs [laks] m. (es, e). ZOOL. saumon m.
lachs|artig ["laks'ɑ:rtiç] adj. ZOOL. saumoné. || °**-fang** m. (s) pêche (f.) au saumon. ||**-farben** adj. (couleur) saumon. ||°**-forelle** f. (-, n). ZOOL. truite saumonée.
Lack [lak] m. (s, e) laque f. ; vernis m. | *Lack streichen*, passer, étendre de la laque. | *Nagellack*, vernis à ongles. || TECHN. *Lack (auf)spritzen*, peindre au pistolet. || [Siegellack] cire (f.) à cacheter. || BOT. [Goldlack] giroflée (f.) jaune.
Lack|affe ["lak'afə] m. (n, n). FAM. gommeux m. ||°**-farbe** f. (-, n) laque f. ||°**-firnis** m. (ses, se) laque f. ; vernis m. ||°**-leder** n. (s) cuir verni. ||°**-schuhe** m. pl., °**-stiefel** m. pl., chaussures, bottines vernies.
lacken ['lakən] v. tr. laquer. V. LACKIEREN.
lackieren [la'ki:rən] v. tr. TECHN. laquer ; vernir ; vernisser. || FIG., FAM. *jn lackieren*, rouler qn.
Lackieren [-rən] n. (s). TECHN. vernissage m.
Lackierer [-rər] m. (s, -). TECHN. vernisseur m.
Lackmus ['lakmus] n. (es). CHIM. tournesol m.
Lackmus|papier ["lakmuspa'pi:r] n. (s, e). CHIM. papier (m.) de tournesol. ||°**-pflanze** f. (-, n). BOT. tournesol m.
Lade ['lɑ:də] f. (-, n). [Truhe] caisse f. ; coffre m. ; bahut m. || PAR EXT. [Sarg] bière f. ; cercueil m. || ZOOL. barres (f. pl.) du cheval. || MUS. [Orgel] soupape f.
Lade|baum ["lɑ:də'baum] m. (s, ¨e). TECHN. chèvre ; mât (m.) de charge ; potence (f.) de levage. ||°**-bordwand** f. (-, ¨e) hayon élévateur. ||°**-bühne** f. (-, n) quai (m.) de chargement. ||°**-fähigkeit** f.

(-, en), °-**kapazität** f. (-, en) capacité (f.) de chargement. ||°-**hemmung** f. (-, en) enrayage m. ||°-**maß** n. (es, e), °-**profil** n. (s, e) gabarit (m.) de chargement. ||°-**platz** m. (es, ¨e). MAR. embarcadère m. ||°-**rampe** f. (-, n) rampe (f.) de chargement ; quai m. ||°-**raum** m. (s, ¨e) cale (f.) d'un navire. ||°-**stock** m. (s, ¨e). HIST. baguette (f.) de fusil ; refouloir m. ||°-**streifen** m. (s, -). MIL. bande (f.) de mitrailleuse. ||°-**strom** m. (s, ¨e). ÉLECTR. courant (m.) de charge. ||°-**widerstand** m. (s, ¨e). ÉLECTR. rhéostat m. ||°-**winde** f. (-, n) treuil m.

laden ['la:dən] (ä, u, a) v. tr. **1.** charger. | *das Schiff hat Salz geladen*, le bateau a chargé du sel. | *ein Gewehr laden*, charger un fusil. || ÉLECTR. *eine Batterie laden*, charger une batterie.
2. FIG. *eine Schuld auf sich laden*, se rendre coupable d'une faute. | *eine Verantwortung auf sich laden*, assumer une responsabilité. | *die Atmosphäre war mit Feindseligkeit geladen*, l'atmosphère était chargée d'hostilité. || FAM. *er hat schwer geladen*, il est ivre.
3. [einladen] prier ; convier ; inviter. | *jn zu Tisch laden*, inviter qn à déjeuner, à dîner.
4. JUR. *vor Gericht laden*, citer en justice.

Laden [-dən] m. (s, ¨). ARCHIT. volet m. ; contrevent m. || COMM. magasin m. ; boutique f. | *einen Laden eröffnen*, ouvrir un magasin. | *den Laden öffnen, aufmachen*, ouvrir son magasin. | *Laden an der Ecke*, commerce (m.) de proximité.

Laden|fenster ["la:dən'fɛnstər] n. (s, -). COMM. devanture f. ; étalage m. ||°-**gehilfe** m. (n, n). COMM. commis m. ||°-**hüter** m. (s, -). FIG., POP. rossignol m. | *das ist ein (alter) Ladenhüter*, c'est un (vieux) rossignol. ||°-**kasse** f. (-, n) tiroir-caisse m. ||°-**preis** m. (es, e). COMM. prix (m.) de vente ; [Bücher] prix fort ; prix (m.) de librairie. ||°-**schluß** m. (es, ¨e). COMM. fermeture (f.) des magasins. ||°-**schluß|zeit** f. (-, en) heure (f.) de fermeture des magasins. ||°-**schwengel** m. (s, -). PÉJOR. calicot m. ||°-**tisch** m. (es, e). COMM. comptoir m.

Lader ['la:dər] m. (s, -). MIL. chargeur m.

lädieren [lɛ'di:rən] v. tr. blesser ; léser ; endommager ; abîmer.

Ladung ['la:duŋ] f. (-, en). [Handlung] action (f.) de charger ; chargement m. || PAR EXT. [Last] charge f. ; chargement m. ; cargaison f. || MAR. *die Ladung des Schiffes löschen, bergen*, débarquer, décharger la cargaison. | *Ladung einnehmen*, faire son chargement. || [Wagen ; Fuhre] charretée f. || ÉLECTR. charge f. || [Pulver] charge (f.) de poudre. || JUR. *eine gerichtliche Ladung erhalten*, être cité en justice.

Ladungs|fähigkeit ["la:duŋs'fɛ:içkait] f. charge (f.) utile. || MAR. tonnage m. ; jauge f. ||°-**schein** m. (s, e). MAR. connaissement m.

Lafette [la'fɛtə] f. (-, n). TECHN. affût m.

Laffe ['lafə] m. (n, n). [Vx.] freluquet m. ; gommeux m.

Lage ['la:gə] f. (-, n). **1.** situation f. ; position f. ; site m. ; posture f. | *etwas aus seiner Lage bringen*, changer qch. de position ; déplacer qch. | *waagerechte, schiefe Lage*, position horizontale, oblique. | *die Stadt hat eine schöne Lage*, cette ville est bien située. || FIG. *du bringst mich in eine mißliche Lage*, tu me mets en mauvaise posture.
2. circonstances f. pl. ; conditions f. pl. ; conjonctures f. pl. ; état (m.) de choses. | *die Lage der Frauen*, la condition féminine. | *die politische Lage*, la situation politique. | *ich bin in der Lage*, je suis en mesure de. | *du kannst dich nicht in meine Lage versetzen*, tu ne peux pas te mettre à ma place.
3. [Schicht] couche f. ; lit m. || TECHN. *über eine Lage Koks, eine Lage Erz*, une couche de coke, une couche de minerai. || [Reifen] nappe f. || *Lage Papier*, cahier (m.) de papier.
4. MUS. [Tonhöhe] position f. | *die erste, zweite Lage auf Saiteninstrumenten*, la première, la deuxième position des doigts sur les instruments à cordes.
5. FAM. [Runde] tournée f. | *eine Lage Bier bezahlen*, payer une tournée de bière.
6. MAR. [Breitseite] bordée f. | *eine volle Lage geben*, tirer une bordée.
7. ÉLECTR. *Lageenergie*, énergie potentielle.

lagen|weise ["la:gən'vaizə] adv. par couches ; en stratification.

Lager ['la:gər] n. (s, -). **1.** couche f. ; lit m. ; gîte m. | *an das Lager gefesselt*, cloué au lit.
2. MIL. camp m. ; campement m. | *das Lager aufschlagen*, établir son camp. | *das Lager abbrechen*, lever le camp. || FIG. *ins feindliche Lager übergehen*, passer à l'ennemi ; déserter. || POLIT. camp m. | *die Partei spaltete sich in zwei Lager*, le parti se divisa en deux camps.
3. COMM. dépôt m. ; entrepôt m. ; magasin m. | *Waren auf Lager haben*, avoir de la marchandise en magasin.
4. MINES. gisement m. ; banc m. ; couche f.
5. TECHN. [Kugellager] coussinet m. ; palier m.

Lager|apfel ["la:gər'apfəl] m. (s, ¨). BOT. pomme (f.) de garde. ||°-**aufnahme** f. (-, n). COMM. inventaire m. ||°-**bestand** m. (s, ¨e). COMM. marchandises (f. pl.) en magasin ; stock m. | *den Lagerbestand aufnehmen*, inventorier (les marchandises). || °-**bier** n. (s, e) bière (f.) de fermentation basse. ||°-**büchse** f. (-, n). TECHN. coussinet m. ; palier m. ||°-**faß** n. (es, ¨er) foudre m. ||°-**gebühr** f. (-, en), °-**geld** n. (s, er) frais (m. pl.) de magasinage. ||°-**geschäft** n. (s, e) entrepôt m. ||°-**haus** n. (es, ¨er) magasin m. ; entrepôt m. ; silo m. ||°-**hütte** f. (-, n) baraquement m. ; baraque f. ||°-**obst** n. (es). BOT. fruits (m. pl.) de garde. ||°-**ort** m. (s, e), °-**platz** m. (es, ¨e) gîte m. ; emplacement m. ; (lieu [m.] de) campement m. ; couche f. ||°-**pflanze** f. (-, n). BOT. thallophyte m. ||°-**raum** m. (s, ¨e) entrepôt m. ||°-**schein** m. (s, e). COMM. bulletin (m.) de dépôt ; warrant m. ||°-**statt** f. gîte m. ; couche f. || MIL. campement m. ||°-**stätte** f. (-, n) gîte m. ; couche f. || MINES. couche f. ; gisement m. || °-**umschlag** m. (s, ¨e). COMM. rotation (f.) des stocks. ||°-**verwalter** m. (s, -). COMM. magasinier m. ; entrepositaire m. ||°-**verzeichnis** n. (ses, se) inventaire m. ||°-**wart** m. (s, e) garde-magasin m. ||°-**zins** m. (es, en) frais (m. pl.) de magasinage.

Lagerist [lagə'rist] m. (en, en). COMM. magasinier m. ; manutentionnaire m.

lagern ['la:gərn] v. tr. et v. pr. (s')étendre ; (s')allonger ; (s')installer par terre. | *die Truppen lagern sich am Waldrand*, les troupes installent leur camp à la lisière de la forêt. || COMM. emmagasiner ; stocker. || AGRIC. *das Getreide hat sich gelagert*, le blé a versé.
◇ v. intr. camper ; reposer. || MIL. *Wallensteins Heer lagerte in Böhmen*, l'armée de Wallenstein campait en Bohême. || FIG. *schweres Gewölk lagert am Horizont*, de lourds nuages sont amoncelés à l'horizon. || AGRIC. reposer. | *der Wein lagert*, le vin repose. || COMM. être en stock.

Lagerung ['la:gəruŋ] f. (-, en) stockage m. ; magasinage m. | *Lagerung radioaktiven Abfalls*, stockage des déchets radioactifs. || GÉOL. stratification f. || MINES. gisement m.

Lagune [la'gu:nə] f. (-, n). GÉOGR. lagune f.

lahm [la:m] adj. paralysé ; perclus. | *lahmer Arm*, bras paralysé. || PAR EXT. estropié ; boiteux. | *lahmer Flügel*, aile brisée. || FIG., FAM. boiteux. | *lahme Ausrede, Entschuldigung*, prétexte insuffisant ; excuse cousue de fil blanc. || COMM. *lahmer Geschäftsgang*, affaires languissantes.

lahm|legen ["la:m'le:gən] v. tr. FIG. paralyser ; arrêter. || MIL. neutraliser. ||°-**legung** f. FIG. paralysie f. ; arrêt m. ||-**schlagen** (ä, u, a) v. tr. rouer de coups.

lahmen ['la:mən] v. intr. boiter ; être boiteux ; traîner la jambe ; clopiner. | *an einem Bein lahmen*, boiter d'une jambe. || FIG. languir.

lähmen ['lɛ:mən] v. tr. paralyser ; estropier. || FIG. *soziale Unruhen lähmten die Entwicklung der Wirtschaft*, des troubles sociaux paralysèrent le développement de l'économie.
◇ adj. **gelähmt,** paralysé ; figé. | *vor Entsetzen gelähmt*, figé d'épouvante.

Lahmheit ['la:mhait] f. (état de ce qui est) paralysé, perclus, usé, boiteux. || FIG. manque (m.) de force, d'énergie.

Lähmung ['lɛ:muŋ] f. (-, en). MÉD. paralysie f. ; perclusion f. ; engourdissement m. | *Lähmung der unteren Körperhälfte*, paraplégie f. | *halbseitige Lähmung*, hémiplégie f. || FIG. paralysie f. ; affaiblissement m.
— SYN. : *Seitenlähmung*, hémiplégie ; *Erstarren*, engourdissement ; *Starrsucht*, catalepsie.

Lahn [la:n] m. (s, e). TEXT. lamé (m.) or.

Laib [laip] m. (s, e). [Brotlaib] miche f. ; pain m. || *Laib Käse*, meule (f.) de fromage.

Laich [laiç] m. (s). ZOOL. frai m.

Laiche ['laiçə] f., **Laichzeit** ["laiç'tsait] f. (-, en) saison (f.) du frai.

laichen ['laiçən] v. intr. ZOOL. frayer.

Laie ['laiə] m. (n, n) laïque m. || RELIG. (frère) lai m. ; novice m. || FIG. profane m. ; novice m. | *ein blutiger Laie*, un parfait profane. | *er ist ein Laie auf diesem Gebiet*, il n'est pas expert en la matière.

Laien|bruder ["laiən'bru:dər] m. (s, ¨). RELIG. frère convers. ||°**-priester** m. (s, -). RELIG. prêtre séculier. ||°**-schwester** f. (-, n) sœur converse. ||°**-spiel|gruppe** f. (-, n) troupe d'amateurs.

laienhaft ['laiənhaft] adj. et adv. de, en profane ; de, en novice.

Lakai [la'kai] m. (en, en) laquais m. ; valet (m.) de pied.

Lake ['lɑ:kə] f. (-, n) saumure f.

lakedämonisch [lakədɛ'mo:niʃ] adj. HIST. lacédémonien ; spartiate.

Laken ['lɑ:kən] n. (s, -) drap (m.) de lit. || PAR EXT. toile f.

lakonisch [la'ko:niʃ] adj. laconique ; concis. | *lakonische Kürze*, concision f. | *lakonische Ausdrucksweise*, laconisme m.

Lakonismus [-ko'nismus] m. laconisme m.

Lakritze [la'kritsə] f. (-, n). BOT. réglisse f. | *Lakritzenstange*, bâton (m.) de réglisse.

Laktation [lakta'tsio:n] f. (-). MÉD. lactation f.

lala [la'la] adv. FAM. *es ging ihm so lala*, il allait couci-couça, passablement bien.

lallen ['lalən] v. intr. balbutier ; bégayer ; bredouiller.

◇ v. tr. balbutier ; bredouiller. | *er lallte eine Entschuldigung*, il bredouilla une excuse.

Lallen [-lən] n. (s) bégaiements m. pl. ; balbutiements m. pl.

Lama ['lɑ:ma] n. (s, s). ZOOL. lama m.

Lamberts|nuß ["lambɛrts'nus] f. (-, ¨e). BOT. noisette f. ; aveline f.

Lamelle [la'mɛlə] f. (-, n) lamelle f. || ÉLECTR. plomb m. ; coupe-circuit m.

Lametta [la'mɛta] f. [Weihnachtsbaumschmuck] lamelles argentées ; lamelles dorées ; [Orden] IRON. quincaillerie f.

lamentieren [lamɛn'ti:rən] v. intr. se lamenter.

Lamento [-'mɛnto] n. (s, s). FAM. lamentation f.

Lamm [lam] n. (s, ¨er). ZOOL. agneau m. ; agnelle f. | *fromm, geduldig wie ein Lamm*, doux comme un agneau.

Lamm|fell ['lamfɛl] n. (s, e) toison (f.) d'agneau.

Lämmchen ['lɛmçən] n. (s, -). ZOOL. petit agneau ; agnelet m.

lammen ['lamən] v. intr. agneler.

Lämmer|geier ["lɛmər'gaiər] m. (s, -). ZOOL. gypaète m. ||°**-hirt** m. (en, en) berger m. ||°**-wolke** f. (-, n) cirrus m.

Lämpchen ['lɛmpçən] n. (s, -) petite lampe ; lampion m.

Lampe ['lampə] f. (-, n) lampe f. ; phare m. | *bei der Lampe*, à la lumière de la lampe. || THÉÂTRE. *die Lampen*, la rampe. | *ein Stück vor die Lampen bringen*, porter une pièce à la scène. || FAM. *er gießt gern einen auf die Lampe*, il aime boire un coup.

Lampe m. (s). LITTÉR. [in der Fabel] *Meister Lampe*, le lièvre.

Lampen|anzünder ["lampən'antsyndər] m. (s, -) allumeur (m.) de réverbères ; lampiste m. ||°**-fassung** f. (-, en) douille f. ||°**-fieber** n. (s). THÉÂTRE. trac. m. ||°**-glas** n. (es, ¨er) verre (m.) de lampe. ||°**-glocke** f. (-, n) globe (m.) de lampe. ||°**-putzer** m. (s, -), °**-wärter** m. (s, -) lampiste m. ||°**-raum** m. (s, ¨e) lampisterie f. ||°**-reihe** f. (-, n). THÉÂTRE. rampe f. ||°**-schirm** m. (s, e) abat-jour m. ||°**-träger** m. (s, -) lampadaire m.

Lamprete [lam'pre:tə] f. (-, n). ZOOL. lamproie f.

lancieren [lɑ̃'si:rən] v. tr. lancer. | *eine Falschmeldung lancieren*, lancer une fausse nouvelle. || FIG. *jn lancieren*, lancer qn.

Lancier|rohr [lɑ̃"si:r'ro:r] n. (s, e). MIL., MAR. tube (m.) lance-torpilles.

Land [lant] n. (s, ¨er, poét. Lande). **1.** [festes Land, im Gegensatz zum Wasser] terre (f.) ferme. | *eine Reise zu Land machen*, faire un voyage par voie de terre. | *an Land gehen*, aller à terre ; débarquer. | *zu Wasser und zu Lande*, par terre et par eau. | *flaches Land*, pays plat.

2. [im Gegensatz zur Stadt] campagne f. | *auf dem Land wohnen*, habiter la campagne. | *über Land gehen, reisen*, aller, voyager par la campagne. | *aufs Land ziehen*, aller s'établir à la campagne. | *in Stadt und Land*, à la ville et à la campagne. | *das Leben auf dem Land*, la vie aux champs. || IRON. *eine Unschuld vom Lande*, une fille naïve venue de la campagne ; bécassine f.

3. terre f. ; champs m. pl. | *er besitzt Land*, il a du bien ; il possède de la terre. | *das Land bebauen, bestellen*, cultiver la terre.

4. POLIT. pays m. ; province f. | *die europäischen Länder*, les pays d'Europe. | *die Bundesrepublik zerfällt in Länder*, la République fédérale se subdivise en pays (Länder). | *Land und Leute kennenlernen*, apprendre à connaître le pays et ses habitants. | *die Familie ging außer Landes*, la famille quitta le pays, s'expatria. | *jn des Landes verweisen*, expulser, bannir, exiler qn. | *ins Land einfallen*, envahir le pays. | *aus aller Herren Ländern*, de tous les pays du monde. || POÉT. *aus allen Landen*, de tous les pays. || RELIG. *das Heilige Land*, la Terre sainte. | *das gelobte Land*, la Terre promise.

5. LOC. *seither sind Jahre ins Land gegangen*, beaucoup d'eau a coulé sous les ponts depuis.

land|ab, land|auf [lant'aplant'auf] adv. en parcourant le pays, en long et en large. | *einen solchen Herrn gibt es landauf, landab nicht*, dans tout le pays il n'y a pas un maître pareil. ||°**-adel** m. (s) aristocratie terrienne ; noblesse campagnarde. ||°**-arbeit** f. (-, en) travail (m.) des champs ; agriculture f. ||°**-arbeiter** m. (s, -) ouvrier (m.) agricole. ||°**-arzt** m. (es, ¨e) médecin (m.) de campagne. ||**-aus, -ein** adv. dans tous les sens. | *er wanderte landaus, landein*, il parcourut le pays dans tous les sens. ||°**-bau** m. (s) agriculture f. ||°**-besitzer** m. (s, -) propriétaire terrien. || °**-bewohner** m. (s, -) campagnard m. ||°**-brot** n. (s) pain (m.) de campagne. ||°**-edelmann** m. (s, -leute) gentilhomme campagnard. ||°**-einsiedlerkrebs** m. (es, e). ZOOL. pagure m. ||**-einwärts** adv. vers l'intérieur du pays. ||°**-enge** f. (-, n). GÉOGR. isthme m. ||°**-flucht** f. exode rural ; désertion (f.) des campagnes. ||**-flüchtig** adj. POLIT. fugitif ; réfugié. | *landflüchtig werden*, fuir son pays ; s'expatrier ; s'exiler. || JUR. s'évader (de prison). ||°**-frau** f. (-, en) campagnarde f. ; villageoise f. ; paysanne f. ||**-fremd** adj. étranger au pays. ||°**-friede** m. (ns) paix f. ; sûreté publique. || FIG., FAM. *ich traue dem Landfrieden nicht*, cette paix-là, ce calme-là ne me dit rien qui vaille. ||°**-friedensstörer** m. (s, -) perturbateur (m.) de la paix publique. ||°**-frosch** m. (s, ¨e). ZOOL. grenouille (f.) terrestre. ||°**-gang** m. (s, ¨e). MAR. permission (f.) de descendre à terre. ||°**-geistliche (der)** [n, n] curé (m.), pasteur (m.) de campagne. ||°**-gemeinde** f. (-, n) commune rurale. ||°**-gericht** n. (s, e) tribunal (m.) de première instance. ||°**-graf** m. (en, en). HIST. landgrave m. ||°**-gut** n. (s, ¨er) propriété f. ; domaine m. ||°**-haus** n. (es, ¨er) maison (f.) de campagne ; pavillon m. ||°**-häuschen** n. (s, -) chalet m. ; bungalow m. ; cottage m. ||°**-heer** n. (s, e) armée (f.) de terre. ||°**-jäger** m. (s, -) gendarme (m.) à pied. ||°**-junker** m. (s, -) gentilhomme campagnard ; hobereau m. ||°**-karte** f. (-, n) carte (f.) géographique. ||°**-kreis** m. (es, e). POLIT. arrondissement m. ||°**-krieg** m. (s, e) guerre continentale. ||**-kundig** adj. connu de tout le pays ; de notoriété publique. ||**-läufig** adj. d'usage dans le pays ; communément admis. | *landläufige Ansicht*, opinion commune, répandue. | *landläufiger Ausdruck*, terme courant ; expression consacrée. ||°**-leben** n. (s) vie (f.) à la campagne, au grand air ; vie (f.) champêtre, rustique. ||°**-leute** pl. gens (m. pl.) de la campagne ; campagnards m. pl. ||°**-macht** f. (-, ¨e). POLIT. puissance continentale. || MIL. armée (f.) de terre. ||°**-mann** m. (s, leute) paysan m. ; campagnard m. ||°**-marke** f. (-, n). MAR. indice m. ||°**-messer** m. (s, -) arpenteur m. ; géomètre m. ||°**-partie** f. (-, en) partie (f.) de campagne ; excursion f. ||°**-pfarrer** m. (s, -) curé (m.), pasteur (m.) de campagne. ||°**-plage** f. (-, n) calamité (publique). ||°**-rat** m. (s, ¨e). POLIT. sous-préfet m. ||°**-ratte** f. (-, n). ZOOL. rat (m.) domestique. || FIG., MAR. terrien m. ||**-rechtlich** adj. qui relève du Code civil. ||°**-regen** m. (s, -) pluie continue. ||°**-reise** f. (-, n) voyage (m.) par terre ; voyage (m.) à la campagne. ||°**-richter** m. (s, -) juge (m.) de paix. ||°**-rücken** m. (s, -). GÉOGR. hauteurs f. pl. ; hauts m. pl. ||°**-scheide** f. (-, n). POLIT. limite (f.) de territoire. ||°**-schule** f. (-, n) école (f.) de village. ||°**-sitz** m. (es, e) domaine m. ; terre f. || PAR EXT. maison (f.) de campagne. ||°**-spitze** f. (-, n). GÉOGR. pointe (f.) de terre ; cap m. ||°**-stände** m. pl. HIST., POLIT. états provinciaux. ||°**-straße** f. (-, n) grande route ; grand chemin. || voie (f.) de terre. ||°**-streicher** m. (s, -) vagabond m. ; chemineau m. ||°**-strich** m. (s, e) étendue (f.) de pays ; région f. ; contrée f. ||°**-sturm** m. (s, ¨e). MIL. réserve (f.) de l'armée territoriale. || °**-tag** m. (s, e). POLIT. diète f. ; landtag m. ||°**-tags|wahl** f. (-, en) élection régionale. || °**-truppen** f. pl. MIL. troupes (f. pl.) de terre. ||°**-verkehr** m. (s) transports (m. pl.) terrestres.

||°**-vogel** m. (s,¨). Zool. oiseau (m.) terrestre. ||°**-vogt** m. (s, ¨e). Hist. bailli m. ||°**-volk** n. (s) gens (pl.) de village ; campagnards m. pl. ||**-wärts** adv. vers la terre. ||°**-weg** m. (s, e) voie (f.) de terre. || chemin de terre, vicinal. ||°**-wehr** f. Mil. armée territoriale ; landwehr f. ||°**-wein** m. (s, e) vin (m.) de pays ; vin (m.) du cru. ||°**-wind** m. (s, e) vent (m.) de terre. ||°**-wirt** m. (s, e) agriculteur m. ; paysan m. ||°**-wirtschaft** f. agriculture f. ; agronomie f. ; économie rurale. ||**-wirtschaftlich** adj. agricole ; agronomique. ||°**-wirtschafts|kunde** f. agronomie f. ||°**-zunge** f. (-, n). Géogr. langue (f.) de terre.

Landauer ['landauər] m. (s, -) landau m.

Ländchen ['lɛntçən] n. (s, -) petit pays.

Lande|anflug ["lande'anflu:k] m. (s, ¨e). Aéron. approche f. ||°**-brücke** f. (-, n). Mar. débarcadère m. ||°**-feld** n. ([e]s, er). Aéron. aire (f.) d'atterrissage. ||°**-klappe** f. (-, n). Aéron. volet (m.) d'atterrissage. ||°**-platz** m. (es, ¨e) aérodrome m.

landen ['landən] v. intr. Mar. prendre terre ; toucher terre. || Mar. accoster ; aborder. || Aéron. atterrir. || Fig., fam. *bei ihr kannst du nicht landen*, elle ne veut pas de toi.

◇ v. tr. débarquer. | *Truppen landen*, débarquer des troupes. || Fig. [Faustkampf] *einen großen Schlag landen*, toucher d'un grand coup de poing.

— Syn. : *ans Land kommen, setzen*, atterrir ; *anlanden*, aborder, accoster ; *ausbooten, ausschiffen*, débarquer.

Landen [-dən] n. (s). Mar. descente (f.) à terre ; débarquement m. || Aéron. atterrissage m.

Länderei [lɛndə'rai] f. (-, en). Agric. propriété rurale ; domaine m.

Länder|kunde ["lɛndər'kundə] f. géographie f. ||°**-spiel** n. (s, e). Sport. rencontre internationale.

Landes|adel ["landəs'ɑ:dəl] m. (s). Polit. aristocratie (f.), noblesse (f.) du pays. ||°**-art** f. (-, en) nature (f.) du sol, du terrain. || Par ext. coutume (f.), usage (m.), mœurs (f. pl.) du pays. ||°**-aufnahme** f. (-, n). Agric. levé (m.), lever (m.) du terrain ; géodésie f. ; topographie f. ||°**-beschreibung** f. topographie f. ||°**-brauch** m. (s, ¨e) usage (m.), coutume (f.), mœurs (f. pl.) du pays. ||°**-farben** f. pl. Polit. couleurs nationales. ||**-flüchtig** adj Polit. réfugié ; émigré. ||°**-fürst** m. (en, en). Polit. souverain m. ; prince régnant. ||°**-hauptmann** m. (s, ¨er). Polit. chef administratif d'une province. ||°**-hauptstadt** f. (-,¨ e) capitale (f.) d'un land. ||°**-herrlichkeit** f. souveraineté f. ||°**-herrschaft** f. (-, en). Polit. [Verwaltung] domination f. || Par ext. [Personen] famille régnante ; souverain(s) m. (pl.). ||°**-hoheit** f. souveraineté f. ||°**-kirche** f. (-, n). Relig. Église nationale. ||**-kundig** adj. qui connaît bien le pays ||°**-sitte** f. (-, n) coutume (f.), mœurs (f. pl.) du pays. ||°**-sprache** f. (-, n) langue (f.) du pays ; langue nationale. ||°**-tracht** f. (-, en) costume national, local. ||°**-trauer** f. deuil national. ||**-üblich** adj. qui est d'usage dans le pays ; usuel. ||°**-vater** m. (s) souverain m. ||°**-vermessung** f. topographie f. ||°**-verrat** m. (s). Jur. atteinte (f.) à la sûreté de l'État. ||°**-verräter** m. (s, -) traître (m.) à son pays ; coupable de haute trahison. ||°**-verteidigung** f. défense nationale. ||°**-verwaltung** f. (-, en). Polit. administration (publique). ||°**-verweisung** f. (-, en) bannissement m. ; proscription f. ||**-verwiesen** adj. proscrit ; banni.

Ländler ['lɛntlər] m. (s, -). [Tanz] (danse) tyrolienne f. ; valse lente.

ländlich [-liç] adj. rustique ; agreste ; rural ; campagnard ; paysan ; villageois.

Landschaft ['lantʃaft] f. (-, en) paysage m. ; site m. || Par ext. contrée f. ; région f. ; province f.

Landschafter ['lantʃaftər] m. (s, -) peintre (m.) de paysages ; paysagiste m.

landschaftlich [-tliç] adj. qui a trait au paysage. || Polit. provincial.

Landschafts|architekt ["lantʃaftsarçi'tɛkt] m. (en, en) architecte (m.) paysagiste. ||°**-bild** n. (s, er) panorama m. ||°**-gärtner** m. (s, -) jardinier (m.) paysagiste. ||°**-maler** m. (s, -) peintre (m.) de paysages ; paysagiste m. ||°**-pflege** f. (-, n), °**-schutz** m. (es). [Umwelt] protection (f.) des sites.

Landser ['lantzər] m. (s, -). Fam., Mil. territorial ; soldat m. ; camarade m.

Lands|knecht ["lants'knɛçt] m. (es, e). Hist. lansquenet m. | *er fluchte wie ein Landsknecht*, il jura comme un païen, un charretier. ||°**-mann** m. (s, leute) compatriote m. ; fam. pays m. ||°**-männin** f. (-, nen) compatriote f. ; fam. payse f. ||**-männisch** adj. de, en compatriote. ||°**-mannschaft** f. (-, en) qualité (f.) de compatriote. || Par ext. association (f.) de compatriotes, de réfugiés.

Landung ['landuŋ] f. (-, en). Mar. action (f.) de débarquer ; débarquement m. || Aéron. atterrissage m. ; amerrissage m. | *glatte Landung*, atterrissage sans encombre, parfait.

Landungs|brücke ["landuŋs'brykə] f. (-, n). Mar. appontement m. ; débarcadère m. ||°**-gestell** n. (s, e). Aéron. train (m.) d'atterrissage. ||°**-platz** m. (es, ¨e), °**-stelle** f. (-, n). Mar. débarcadère m. ; ponton m. || Aéron. terrain (m.) d'atterrissage ; héliport (m.) ||°**-seil** n. (s, e). Aéron. guiderope m.

lang [laŋ] adj. **1.** [räumlich] long ; grand ; d'une longueur de. | *langer Weg*, long chemin. | *lange Beine*, de longues jambes, pattes. | *das Haus ist zwölf Meter lang*, la maison a douze mètres de long, de longueur. || Radio. *lange Welle*, grandes ondes. || Fig. *etwas auf die lange Bank schieben*, faire traîner une chose en longueur. | *von langer Hand*, de longue main. | *er hat einen langen Arm*, il a beaucoup d'influence ; fam. il a le bras long. | *lange Finger haben*, avoir les doigts crochus. | *er zog ein langes Gesicht*, il fut tout penaud ; sa mine s'allongea. || Fam. *sie ist lang wie eine Bohnenstange*, c'est une grande perche. | *ein langer Laban*, un grand flandrin. | *jm eine lange Nase machen*, faire un pied de nez à qn. || Pop. *einen langen Hals machen*, regarder qch. avec curiosité, avec envie.

2. [zeitlich] long ; prolongé. | *lange Zeit*, un long temps. | *langes Leben*, longue vie. | *längere Zeit*, un assez long temps. | *vor langen Zeiten*, il y a bien longtemps. | *vor nicht zu langer Zeit*, il n'y a guère longtemps. | *die Zeit wurde ihm zu lang*, le temps lui dura trop ; il perdit patience. | *nach langen Jahren*, après de longues années. || *seit langem*, depuis longtemps. | *länger werden*, augmenter ; allonger. || Culin. *lange Brühe*, sauce allongée, délayée. || Comm. *auf lange Sicht*, à longue échéance ; à long terme. || Fam. *er ist die längste Zeit in mein Haus gekommen*, il est venu chez moi plus longtemps qu'il n'y viendra. || Fig. *lange Reden führen*, faire de longs discours.

◇ adv. **lang, lange,** longtemps, longuement ; pendant longtemps ; depuis longtemps. — **1.** *lange vorher*, longtemps auparavant. | *lange nachher*, longtemps après. | *wie lange brauchen Sie dazu ?*, combien de temps vous faut-il pour cela ? | *das dauert aber lange !*, que cela dure longtemps ! ; mais tu n'en finis pas ! | *lang anhaltender Beifall*, applaudissements prolongés. | *es dauerte nicht lange, so trat er herein*, il entra peu après. | *noch lange nicht*, pas de sitôt. | *schon lange*, depuis longtemps. | *über kurz oder lang*, tôt ou tard. | *eine Frage lang und breit auseinandersetzen*, donner force explications sur une question ; fam. expliquer en long et en large. | *je langer, je lieber*, le plus longtemps sera le mieux. || Fam. *er wird nicht mehr lange machen*, il ne vivra plus longtemps. | *er hat lange nicht sein Teil erhalten*, il s'en faut de beaucoup qu'il ait reçu sa part.

2. *die Zeit ist längst vorbei*, ce temps est passé depuis bien longtemps. | *er ist längst fort*, il y a beau temps qu'il est parti ; fam. il y a belle lurette qu'il est parti. | *das hatte ich längst vorausgesehen*, j'avais prévu cela depuis fort longtemps. | *in längstens drei Tagen*, dans trois jours au plus tard. | *das ist längst nicht erwiesen*, ce n'est pas prouvé, il s'en faut. | *das ist lange, längst genug für ihn*, c'est amplement suffisant pour lui. || Prov. *ehrlich währt am längsten*, probité est gage de durée. | *was lange währt, wird endlich gut*, tout vient à point à qui sait attendre.

3. [der Länge nach] de son long ; de tout son long. | *er fiel lang hin*, il tomba de tout son long.

lang|armig ["laŋ'armiç] adj. qui a de longs bras. ||**-atmig** adj. *langatmige Reden führen*, faire de longs discours ; être prolixe. ||**-beinig** adj. qui a les jambes longues. ||°**-finger** m. (s, -). Fam. personne qui a les mains crochues ; voleur m. ; chapardeur m. ||**-fristig** adj. Comm. à longue échéance ; à long terme. ||**-gespitzt** adj. à longue pointe ; effilé. ||**-gestielt** adj. Bot. à longue tige ; longicaule. ||**-gestreckt** adj. allongé ; étendu de tout son long. ||**-haarig** adj. chevelu ; à poil long. ||**-halsig** adj. au long cou. ||°**-haus** n. (es, ¨er), °**-schiff** n. (s, e). Archit. longue nef. ||°**-holz** n. (es, ¨er) bois (m.) en grumes. ||**-jährig** adj. qui dure, a duré des années ; de longue durée. | *langjährige Erfahrung haben*, avoir une longue expérience. | *langjähriger Freund*, ami de longue date. ||**-köpfig** adj. dolichocéphale. ||°**-lauf** m. (s, ¨e) course (f.) de fond. ||**-lebig** adj. Physiol. qui vit longtemps. || Nucl. *langlebiger Abfall*, déchets (m. pl.) à longue durée de vie. ||°**-lebigkeit** f. longévité f. ||°**-leine** f. (-, n) palangre f. ||°**-mut** f. (-) longanimité

f. ; indulgence f. ||**-mütig** adj. indulgent. ||**-nasig** adj. qui a un long nez. ||°**-ohr** n. (s, en). IRON. à longues oreilles ; bourrique f. | *Meister, Freund, Langohr*, maître Aliboron. || PROV. *ein Esel schilt den andern Langohr*, la pelle se moque du fourgon ; c'est l'hôpital qui se moque de la charité. ||°**-rohrgeschütz** n. (es, e). MIL. canon long. ||°**-schläfer** m. (s, -) grand dormeur. ||°**-schnäbler** m. (s, -). ZOOL. longirostre m. ||**-sichtig** adj. PHYSIOL. presbyte. || COMM. à long terme. ||°**-sichtigkeit** f. PHYSIOL. presbytie. ||**-silbig** adj. GRAMM. à syllabe longue. ||°**-spielplatte** f. (-, n). MUS. disque (m.) microsillon. ||**-stielig** adj. BOT. à longue tige ; longicaule. || FIG., FAM. ennuyeux. ||°**-streckenbomber** m. (s, -). MIL. bombardier (m.) à long rayon d'action. ||°**-streckenflug** m. (s, ¨e). AÉRON. vol (m.) long-courrier. ||°**-streckenflugzeug** n. (s, e). AÉRON. long-courrier m. ||°**-streckenlauf** m. (s, ¨e). SPORT. course (f.) de fond. ||°**-strecken-rekord** m. (s, e). SPORT. record (m.) de distance. ||°**-weile** f. ennui m. ||**-weilen** v. tr. et v. pr. (s')ennuyer. ||**-weilig** adj. ennuyeux ; fastidieux. | *ein langweiliger Geselle*, un fâcheux, FAM. un raseur. ||**-wierig** adj. de longue durée ; de longue haleine ; [Krankheit] chronique.

lange ['laŋə] adv. V. LANG.

Länge ['lɛŋə] f. (-, n). [Raum] longueur f. | *ein Schiff von sechzig Metern Länge*, un navire de soixante mètres de long, de longueur. | *der Länge nach*, dans le sens de la longueur. | *er fiel der Länge nach hin*, il tomba de tout son long, tout de son long. | *eine Angelegenheit in die Länge ziehen*, faire traîner une affaire. | *die Sitzung zog sich in die Länge*, la séance traînait en longueur, n'en finissait plus. | *das wird auf die Länge unerträglich*, cela devient insupportable à la longue. || SPORT. *Oxford siegte mit zwei Längen*, Oxford gagna, l'emporta par deux longueurs. || LITTÉR. *eine Länge*, une longue. | *der Roman hat zu viele Längen*, ce roman comporte trop de longueurs. || GÉOGR. longitude f. | *unter sechs Grad östlicher Länge*, à six degrés de longitude est.

länge|lang ["lɛŋə'laŋ] adv. FAM. *längelang hinschlagen, hinfallen*, tomber tout de son long, de tout son long.

langen ['laŋən] v. intr. **1.** FAM. [genügen] suffire. | *dieser Betrag langt nicht weit*, on ne va pas loin avec cette somme. || POP. *jetzt langt's aber !*, cela suffit maintenant ! ; assez !

2. [mit der Hand erreichen, ergreifen] atteindre ; saisir. | *ich lange nicht hin*, je ne puis atteindre, saisir cela. | *in die Tasche langen*, mettre la main à la poche. || PAR EXT. *die Leiter langt nicht bis zum ersten Ast*, l'échelle n'atteint pas, ne monte pas jusqu'à la première branche.

◇ v. tr. tendre ; passer. | *lang mir mal meinen Hammer !*, passe-moi mon marteau. || POP. *er langte ihm eine (Ohrfeige)*, il lui donna, lui allongea une gifle.

längen ['lɛŋən] v. tr. allonger ; délayer.

Längen|büro ["lɛŋənby'ro:] n. (s) bureau (m.) des longitudes. ||°**-durchschnitt** m. (s, e) coupe, section longitudinale. ||°**-feuer** n. (s). MIL. feu (m.) d'enfilade. ||°**-grad** m. (s, e). GÉOGR. degré (m.) de longitude. ||°**-kreis** m. (es, e). GÉOGR., ASTRON. méridien m. ||°**-maß** n. (es, e). MATH. mesure (f.) de longueur. ||°**-messung** f. MATH. mesure (f.) des longueurs ; longimétrie f.

länglich ['lɛŋliç] adj. de forme allongée ; long ; oblong.

länglich|rund ["lɛŋliç'runt] adj. ovale.

Langobarde [laŋgo'bardə] n. pr. m. (n, n). HIST. Lombard m.

längs [lɛŋs] prép. (gén.). [entlang] le long de. | *längs des Flusses*, le long du fleuve.

◇ adv. [der Länge nach] dans le sens de la longueur ; longitudinalement. | *längs durchschneiden*, couper longitudinalement, en longueur.

Längs|feuer ["lɛŋs'fɔyər] n. (s). MIL. tir (m.) d'enfilade. ||**-gestreift** adj. rayé. ||°**-holm** m. (s, e). AÉRON. longeron (m.) de fuselage. ||°**-richtung** f. (-, en) sens (m.) de la longueur. ||°**-schnitt** m. (s, e) coupe longitudinale. ||**-seits** adv. MAR. le long du bord.

langsam ['laŋza:m] adj. lent ; traînant ; tardif. | *er ist langsam in der Arbeit*, il travaille lentement. | *er ist langsam von Begriff*, c'est un esprit lent.

◇ adv. lentement ; doucement ; posément. | *das läßt sich nur langsam machen*, cela ne peut se faire que petit à petit. | *langsam gehen*, aller lentement. | *langsamer fahren*, ralentir. | *immer langsam voran !*, tout doux ! || PROV. *langsam, aber sicher*, lentement, mais sûrement. | *langsam kommt auch ans Ziel*, qui veut voyager loin ménage sa monture.

— SYN. : *saumselig, träge*, lent ; *lang*, long ; *spät*, tardif ; FAM. *trödelnd*, lambin ; FAM. *Trödelfritz*, traînard.

Langsamkeit [-kait] f. lenteur f.

längst [lɛŋst], **längstens** ['lɛŋstəns] adv. V. LANG(E).

Längst|lebender ["lɛŋst'le:bəndər] m. JUR. (dernier) survivant.

Languste [laŋ'gu:stə] f. (-, n). ZOOL. langouste f.

Langzeit|arbeitslose(r) ["laŋtsait'arbaitslo:zə(r)] f. (m.) chômeur (m.), chômeuse (f.) de longue durée. ||°**-stickstoffdünger** m. (s, -). AGRIC. engrais (m.) retard.

Lanze ['lantsə] f. (-, n) lance f. || FIG. *für jn eine Lanze einlegen, brechen*, rompre une lance pour qn.

Lanzen|brechen ["lantsən'brɛçən] n. (s). SPORT. joute f. ||°**-brecher** m. (s, -) jouteur m. ||**-förmig** adj. en forme de lance. || BOT. lancéolé. ||°**-otter** m. (s, -). ZOOL. fer-de-lance m. ||°**-stechen** n. (s). SPORT. tournoi m. ; joute f. ||°**-stich** m. (s, e) coup (m.) de lance.

Lanzette [lan'tsɛtə] f. (-, n). MÉD. lancette f.

Lanzett|fischchen [lan"tsɛt'fiʃçən] n. (s, -). ZOOL. lançon m.

lanzieren [lan'tsi:rən] v. tr. V. LANCIEREN.

Lanzier|rohr [lan"tsi:r'ro:r] (s, e). V. LANCIERROHR.

Laparo|tomie ['laparotɔ"mi:] f. (-, n). MÉD. laparotomie f.

lapidar [lapi'dɑ:r] adj. PR. et FIG. lapidaire.

Lappalie [la'pɑ:liə] f. (-, n). FAM. bagatelle f. ; vétille f. ; futilité f. ; niaiserie f. | *komme mir nicht mit solchen Lappalien !*, ne viens pas m'ennuyer avec ces vétilles.

Läppchen ['lɛpçən] n. (s, -) chiffon m. ; petit lambeau. || ANAT., BOT. lobule m.

Lappe ['lapə] m. (n, n). GÉOGR. Lapon m.

Lappen ['lapən] m. (s, -) lambeau m. ; morceau m. || PAR EXT. chiffon m. ; torchon m. || ANAT., BOT. lobe m. ; appendice m. || FIG. *er geht ihm durch die Lappen*, il lui brûle la politesse ; il lui file entre les doigts.

lappen [-pən] v. tr. [Jagd] munir, équiper d'épouvantails. || FAM. rapiécer ; raccommoder.

Lappen|taucher ["lapən'tauxər] m. (s, -). ZOOL. podicipédidé m.

Lapperei [lapə'rai] f. (-, en) bagatelle f. ; vétille f. ; rien m.

läppern ['lɛpərn] v. tr. FAM. siroter ; laper.

◇ v. impers. et v. pr. **sich läppern.** FAM. s'amasser. | *es läppert sich (so zusammen)*, les petits ruisseaux font les grandes rivières.

lappig ['lapiç] adj. [Kleidung] flottant ; [Haut] flasque. || BOT., ZOOL. lobé. || FIG. sans valeur ; insignifiant.

Lappin ['lapin] n. pr. f. (-, nen). GÉOGR. Lapone f.

läppisch ['lɛpiʃ] adj. FAM. inepte ; niais ; sot ; futile ; fade ; puéril. | *läppisches Zeug*, fadaises f. pl. ; niaiseries f. pl.

Lapp|land ['laplant] n. pr. n. GÉOGR. Laponie f. ||°**-länder** n. pr. m. [Lappe] GÉOGR. Lapon m. ||**-ländisch** adj. GÉOGR. lapon.

Lapsus ['lapsus] m. (-, si) bévue f. ; inadvertance f. ; lapsus m. ; erreur f.

Lar [lɑ:r] m. (en, en). HIST., RELIG. lare m.

Lärche ['lɛrcə] f. (-, n), **Lärchen|baum** ["lɛrçən'baum] m. (s, ¨e). BOT. mélèze m. ; larix m.

Larifari [lari'fɑ:ri] n. (s). FAM. niaiserie f.

Lärm [lɛrm] m. (s) bruit m. ; vacarme m. ; fracas m. ; tapage m. ; tumulte m. ; tintamarre m. | *ohrenbetäubender Lärm*, vacarme assourdissant. | *Lärm machen*, faire du tapage. | *Lärm schlagen*, donner, sonner l'alerte. | *viel Lärm um nichts*, beaucoup de bruit pour rien.

Lärm|bekämpfung ["lɛrmbə'kɛmpfuŋ] f. (-) lutte (f.) antibruit. ||°**-belästigung** f. (-, en), °**-immission** f. (-, en) nuisances (f. pl.) sonores ; pollution (f.) acoustique. ||°**-glocke** f. (-, n) tocsin m. ||°**-macher** m. (s, -) personnage bruyant, tapageur. ||°**-schuß** m. (es, ¨e). MIL. tir (m.) d'alarme. ||°**-schutz** m. (es) écran (m.) acoustique, antibruit. ||°**-schutzwall** m. (s, ¨e) remblai (m.) antibruit.

lärmen ['lɛrmən] v. intr. faire du bruit, du tapage.

◇ part. prés. **lärmend,** bruyant ; turbulent.

◇ adv. **lärmend,** à grand bruit.

Lärmer ['lɛrmər] m. (s, -) personnage tapageur, bruyant, turbulent.

Larve ['larvə] f. (-, n). Zool. larve f. || Par ext. [Gesichtsmaske] masque m.

Laryngitis [laryŋ'gi:tis] f. Méd. laryngite f.

Laryngologie [-golo'gi:] f. Méd. laryngologie f.

lasch [laʃ] adj. mou ; flasque ; lâche ; relâché.

Lasche ['laʃə] f. (-, n) languette f. || [Kleid] patte f. || [Schuh] tirant m. || Techn. éclisse f.

laschen [-ʃən] v. tr. Techn. entailler ; éclisser ; fixer par couvre-joint.

Laschheit ['laʃhait] f. (-, en) défaut (m.) de rigidité ; mollesse f. || Fig. caractère flasque.

Lase ['lɑ:zə] f. (-, n) broc m.

Laser ['leizər] m. (s, -). Phys. laser m.

Laser|drucker [''leizər'drukər] m. (s, -) imprimante (f.) à laser. ||°**-kopierer** m. (s, -) photocopieur (m.), photocopieuse (f.) à laser. ||°**-meßtechnik** f. (-, en) métrologie (f.) à laser. ||°**-pumpe** f. (-, n) pompe (f.) à laser. ||°**-schreiber** m. (s, -) pinceau (m.) de laser. ||°**-sonde** f. (-, n) sonde (f.) à laser. ||°**-spektrometer** m. (s, -) spectromètre (m.) à laser. ||°**-strahl** m. (s, en) rayon (m.) laser.

lasieren [la'zi:rən] v. tr. Techn. glacer.

Lasier|farbe [la''zi:r'farbə] f. (-, n). [Malerei] glacis m.

Läsion [lɛ'zio:n] f. (-, en). Méd. lésion f.

laß [las] adj. mou ; las ; relâché.

lassen ['lasən] (ä, ie, a).

> **I.** v. tr. ou pr.
> **1.** [sich trennen ; gewollt oder ungewollt verzichten] laisser.
> **2.** [zulassen ; belassen] laisser.
> **3.** [nicht tun ; unterlassen] ne pas faire.
> **II.** v. intr.
> [entsagen ; verzichten] renoncer à.
> **III.** v. semi-auxiliaire (avec un infin.)
> **1.** [geschehen lassen] laisser faire ; permettre.
> **2.** [eine Handlung bewirken] faire.
> **3.** auxiliaire de l'impér.

I. v. tr. ou v. pr. **1.** [sich trennen ; gewollt oder ungewollt verzichten] se séparer ; renoncer avec ou sans intention. | *lassen Sie mich*, laissez-moi. | *laß ihn doch in Ruhe*, laisse-le donc tranquille ; laisse-le donc en paix. | *er hat Haare dabei gelassen*, il y a laissé des plumes. | *im Stich lassen*, abandonner ; fam. laisser tomber. | *sein Leben lassen*, laisser la vie. | *laß die Finger davon*, n'y touche pas ; ne t'en mêle pas. | *Wasser lassen*, uriner. | *Blut lassen*, faire une saignée. | *jn zur Ader lassen*, saigner qn. | *den Wein vom Faß lassen*, tirer le vin. | *jm den Vorrang lassen*, céder le pas à qn ; laisser la première place à qn.
2. [zulassen ; belassen] laisser. | *laß alles an seinem Platz*, laisse tout à sa place. | *eine Zeile leer lassen*, laisser une ligne en blanc. | *er läßt ihn bei seiner Meinung*, il le laisse dans son opinion. | *er läßt ihn im Wahn*, il l'entretient dans l'illusion. | *er ließ kein gutes Haar an mir*, il a dit de moi pis que pendre. | *ich lasse das Kind nicht aus den Augen*, je ne quitte pas cet enfant des yeux. | *wir wollen es dabei lassen*, nous nous en tiendrons là. | *wir wollen die Dinge beim alten lassen*, laissons les choses telles qu'elles sont. | *er ist ehrlich, das muß man ihm lassen*, il est honnête, il faut lui rendre cette justice. | *lassen Sie mich aus dem Spiel*, laissez-moi hors de cause ; ne me mêlez pas à cette affaire. | *jm freie Hand lassen*, laisser à qn les mains libres. | *jm die Wahl lassen* ; *jm freie Wahl lassen*, laisser le choix à qn. | *er weiß sich vor Freude nicht zu lassen*, il ne se tient pas de joie. || Fam. *das läßt mich kalt*, cela me laisse froid.
3. [nicht tun ; unterlassen] ne pas faire qch. ; s'abstenir. | *laß das !*, laisse cela ; n'en fais rien ; ne fais pas cela. | *lassen wir das !*, changeons de sujet ; passons ; n'en parlons plus. | *er kann das Kritisieren nicht lassen*, il ne peut s'abstenir de critiquer. || Fam. *ich kann es nicht lassen*, c'est plus fort que moi. || Prov. *die Katze läßt das Mausen nicht*, chassez le naturel, il revient au galop.
II. v. intr. [entsagen ; verzichten] renoncer à. | *er kann von seiner Gewohnheit nicht lassen*, il ne peut pas renoncer à son habitude. | *er läßt von seiner Meinung nicht*, il ne veut pas démordre de son opinion. | *ich kann nicht von ihr lassen*, je ne puis la quitter ; je ne puis me séparer d'elle. || Prov. *Art läßt nicht von Art*, bon sang ne peut mentir ; bon chien chasse de race ; tel père, tel fils.
III. verbe semi-auxiliaire (avec un infin.). **1.** [geschehen lassen] laisser faire ; permettre. | *ich lasse dich nicht (gehen)*, je ne te laisserai pas partir. | *laß das liegen*, ne prends pas cela ; n'y touche pas. | *er ließ alles stehen und liegen*, il abandonna tout ; il laissa tout en plan. | *laß das sein*, laisse cela ; ne fais pas cela ; n'en fais rien. | *wir wollen es gut sein lassen*, n'en parlons plus ; oublions le passé. | *jn ins Haus treten lassen*, laisser entrer qn chez soi. | *er läßt keinen Menschen zu sich*, il ne veut recevoir personne ; il a consigné sa porte. | *das läßt sich hören*, voilà un langage que j'aime entendre ; voilà qui est bien parlé. | *er läßt mit sich handeln*, on peut discuter avec lui. | *dieser Wein läßt sich trinken*, voilà du vin qui se laisse boire. | *es läßt sich nicht leugnen*, on ne peut pas le nier ; on est forcé d'en convenir. | *darüber ließe sich viel sagen*, il y aurait beaucoup à dire là-dessus. | *ich hätte mir das von Ihnen nie träumen lassen*, je n'aurais jamais pensé cela de vous. | *ein solches Glück hätte ich mir nicht träumen lassen*, un tel bonheur passe mes espérances. | *hier läßt sich gut leben*, on est bien ici ; on vit bien ici. | *das lasse ich mir nicht gefallen*, je ne le permettrai pas, ne l'admettrai pas, ne le tolérerai pas. | *wir wollen die Sache auf sich beruhen lassen*, ne poussons pas plus loin cette affaire. | *wir müssen es dabei bewenden lassen*, nous devons accepter les choses telles qu'elles sont ; nous devons nous en tenir là. || Loc., fam. *er hat sie sitzen lassen*, il l'a abandonnée ; il a rompu avec elle ; pop. il l'a plaquée. | *fünf gerade sein lassen*, ne pas y regarder de trop près ; ne pas chercher midi à quatorze heures.
2. [eine Handlung bewirken] faire. | *lassen Sie sich doch diesen Bart abnehmen*, faites-vous donc couper la barbe. | *jn eine Arbeit verrichten lassen*, faire faire un travail à qn. | *jn grüßen lassen*, faire transmettre ses salutations à qn. | *die Regierung läßt verlauten, daß*, le gouvernement donne à entendre que. | *das läßt vermuten, daß*, cela fait supposer que. | *etwas aus dem Gedächtnis (schwinden) lassen*, effacer qch. de sa mémoire. | *laß mal sehen*, fais voir ; montre-moi cela ; voyons. | *lassen Sie sich das gesagt sein*, tenez-vous le pour dit ; à bon entendeur salut. | *die Taler springen lassen*, faire valser les écus. | *er ließ sich das Essen wohl schmecken*, il fit honneur aux plats.
3. (auxiliaire de l'impér., dans le style noble) *lasset uns beten, meine Brüder*, prions, mes frères.

Lassen ['lasən] n. (s) [action de] laisser ; omission f. | *sein Tun und Lassen*, ses faits et gestes.

lässig ['lɛsiç] adj. nonchalant ; négligent ; indolent ; mou ; indifférent.
◇ adv. nonchalamment ; négligemment ; mollement. | *lässig im Lehnstuhl sitzend*, renversé dans son fauteuil.

Lässigkeit [-kait] f. (-, en) indolence f. ; nonchalance f. ; laisser-aller m. ; négligence f. ; manque (m.) de soin.

läßlich ['lɛsliç] adj. qui mérite l'indulgence, l'absolution.

Lasso ['laso] m. et n. (s, s) lasso m.

Last [last] f. (-, en) charge f. ; fardeau m. ; faix m. | *schwere Last*, lourde charge ; charge pesante. | *(er)drückende Last*, charge écrasante. | *eine Last heben*, soulever une charge. | *eine Last abwerfen*, se débarrasser d'un fardeau ; rejeter un fardeau. || Fig. poids m. ; fardeau m. ; faix m. | *Sie haben mir eine unerträgliche Last auferlegt*, vous m'avez imposé une charge insupportable. | *ich möchte Ihnen nicht zur Last fallen*, je ne voudrais pas être une charge pour vous. | *eine Last abwälzen*, se débarrasser d'un fardeau. || Jur. *jm ein Vergehen zur Last legen*, accuser, charger qn d'un délit. || Comm., Fin. *zu Lasten des Empfängers*, à la charge du destinataire. | *zu Lasten Ihres Kontos*, au débit de votre compte.
— Syn. : *Ladung, Belastung, Auflage, Verpflichtung*, charge ; *Bürde*, fardeau ; *Tracht*, faix.

Last|auto [''last'auto] n. (s, s) camion m. ; poids lourd. ||°**-dampfer** m. (s, -). Mar. cargo m. ||°**-fracht** f. (-, en). Mar. fret m. ||°**-gehänge** n. (s, -). Techn. balancelle f. ||°**-kahn** m. (s, ¨e). Mar. chaland m. ; péniche f. ||°**-kraftfahrzeug** n. (s, e), °**-kraftwagen** m. (s, -), (**LKW**) camion m. ; poids lourd. || °**-laufwerk** n. (s, e). Techn. chariot (m.) porteur. ||°**-schiff** n. (s, e). Mar. cargo m. ; chaland m. ; péniche f. ||°**-schrift** f. (-, n). Comm. note (f.) de débit. || Inf. débit m. ||°**-tier** n. (s, e) bête (f.) de somme. ||°**-träger** m. (s, -) portefaix m. ||°**-verteiler** m. (s, -). Techn. répartiteur (m.) de charge. ||°**-wagen** m. (s, -) camion m. ; poids lourd ; fardier m. ||°**-zug** m. (s, ¨e) train (m.) de marchandises. || Autom. camion (m.) avec remorque ; train routier.

lasten ['lastən] v. intr. peser. | *auf dem Grundstück lastet eine Hypothek*, cet immeuble est grevé d'une hypothèque. || Fig. *auf seinen Schultern lastet alle*

Verantwortung, toute la responsabilité repose sur ses épaules. | *eine lastende Stille*, un silence pesant.
◇ v. tr. charger. | *ein Schiff lasten*, charger un navire.
Lasten|aufzug ["lastən'auftsu:k] m. (s, ¨e). TECHN. élévateur m. ; monte-charge m. ||°**-ausgleich** m. (s, e). 1° répartition (f.), compensation (f.), péréquation (f.) des charges ; 2° indemnité (f.) pour dommages de guerre. ||°**-dreirad** n. (s, ¨er) triporteur m. ||**-frei** adj. JUR. exempt de charges. ||°**-heft** n. (s, e). ÉCON. cahier (m.) des charges. ||°**-segler** m. (s, -). AÉRON. cargo (m.) planeur.
Laster ['lastər] m. (s, -). FAM. camion m.
Laster ['lastər] n. (s, -) vice m. ; défaut m. | *einem Laster verfallen sein*, être adonné à un vice. | *dem Laster frönen*, être l'esclave du vice. || PROV. *Müßiggang ist aller Laster Anfang*, l'oisiveté est mère de tous les vices.
— SYN. : *Fehler, Gebrechen*, défaut ; *Verkehrtheit*, travers ; *Untugend, Sittenlosigkeit*, vice.
Lästerer ['lɛstərər] m. (s, -). RELIG. blasphémateur m. || PAR EXT. calomniateur m.
laster|frei ["lastər'frai] adj. sans défauts ; exempt de vices. ||°**-leben** n. (s) vie dissolue, dépravée. ||**-voll** adj. perdu de vices ; pervers.
lasterhaft ['lastərhaft] adj. vicieux ; immoral ; de mœurs dissolues ; dépravé ; débauché ; libertin.
Lasterhaftigkeit [-haftiçkait] f. immoralité f. ; dérèglement m. ; mœurs dissolues ; corruption (f.) des mœurs ; dépravation f.
lästerlich ['lɛstərliç] adj. impie ; blasphématoire.
◇ adv. *lästerlich fluchen*, jurer comme un païen.
Läster|maul ["lɛstər'maul] n. (s). FAM. méchante langue. ||°**-rede** f. (-, n). RELIG. blasphème m. || PAR EXT. propos outrageants, diffamatoires. ||°**-sucht** f. médisance f. ||**-süchtig** adj. médisant ; calomniateur. ||°**-zunge** f. (-, n) méchante langue ; langue (f.) de vipère.
lästern ['lɛstərn] v. tr. RELIG. blasphémer. | *Gott lästern*, blasphémer (le nom de) Dieu.
◇ v. intr. faire injure à ; être injurieux pour. | *auf, über, wider, gegen jn lästern*, calomnier, diffamer qn ; médire de qn.
Lästerung [-ruŋ] f. (-, en). RELIG. blasphème m. || PAR EXT. calomnie f. ; médisance f. ; diffamation f.
lästig ['lɛstiç] adj. gênant ; agaçant ; incommodant ; importun ; fâcheux ; indésirable ; encombrant ; ennuyeux. | *lästiger Mensch*, fâcheux m. ; importun m. | *lästiges Übel*, mal agaçant. | *jm lästig fallen, werden, sein*, importuner qn.
— SYN. : *beschwerlich, aufdringlich*, importun ; *störend, ungelegen, mißlich*, fâcheux ; *unzeitig*, intempestif ; *ungebeten, ungerufen*, intrus ; *hinderlich*, gênant.
Lästigkeit [-kait] f. importunité f. ; incommodité f. ; gêne f.
Lasur [la'zu:r] f. (-, en). MINÉRAL. [Kupferlasur] azur m. || ARTS. [Lasurlack] glacis m.
Lasur|farbe [la"zu:rfarbə] f. (-, n). ARTS. glacis m. ||°**-stein** m. (s, e) lazulite f. ; lapis-lazuli m.
lasziv [las'tsi:f] adj. lascif ; voluptueux.
Laszivität [-tsivi'tɛ:t] f. (-, en) lascivité f. ; volupté f.
Latein [la'tain] n. (s) latin m. ; langue latine. | *Latein können*, savoir le latin. || FIG., FAM. *ich bin mit meinem Latein am Ende*, j'y perds mon latin.
Lateiner [-nər] n. pr. m. HIST. Latin m. || PAR EXT. latiniste m.
lateinisch [-niʃ] adj. latin. | *lateinische Sprache*, latin m. ; langue latine. || TYPOGR. *lateinische Schrift*, caractère romain ; romain m.
latent [la'tɛnt] adj. latent ; caché.
Latenz [la'tɛnts] f. (-, en). MÉD. latence f.
Latenz|periode [la"tɛntsperi'o:də] f. (-, n). MÉD. temps (m.) de latence. ||°**-phase** f. (-, n). MÉD. état latent.
lateral [late'ra:l] adj. latéral.
Lateralität [-i'tɛ:t] f. (-). [Psychologie] latéralité f.
Laterit [late'ri:t] m. (s, e). GÉOL. latérite f.
Laterne [la'tɛrnə] f. (-, n) lanterne f. | *Laterne auf der Straße*, réverbère m. || [Gas] bec (m.) de gaz. || [Schiff] fanal m. || FIG., FAM. *etwas am Tage mit der Laterne suchen*, chercher midi à quatorze heures.
Laternen|anzünder [la"tɛrnən'antsyndər] m. (s, -) allumeur (m.) de réverbères. ||°**-pfahl** m. (s, ¨e) réverbère m. ||°**-putzer** m. (s, -) lampiste m.
Latex ['la:tɛks] m. (-) latex m.
latinisieren [latini'zi:rən] v. tr. latiniser.
Latinismus [-'nismus] m. (-, men). GRAMM. latinisme m.
Latinität [-ni'tɛ:t] f. latinité f.
latitudinal [latitudi'na:l] adj. de latitude.
Latitudinarier [latitudi'na:riər] m. (s, -). RELIG., HIST. latitudinaire m. ; latitudinarien m.
Latrine [la'tri:nə] f. (-, n) latrines f. pl.
Latsch [la:tʃ] m. (es, en), **Latschen** [la:tʃən] m. (s, -) savate f. || FIG. homme mou, sans énergie. || DIAL., CULIN. café léger.
Latsche ['la:tʃə] f. (-, n). BOT. pin nain ; pin (m.) de montagne.
latschen ['la:tʃən] v. intr. FAM. traîner la jambe, la patte.
latschig [-ʃiç] adj. qui traîne ; qui traîne la savate ; mou ; négligent.
Latte ['latə] f. (-, n). TECHN. latte f. || SPORT. barre f. (de saut). || FIG., FAM. *lange Latte*, perche f. ; grand flandrin. | *dumm wie eine Latte*, bête comme ses pieds.
latten [-tən] v. tr. TECHN. latter.
Latten|kiste ["latən'kistə] f. (-, n) caisse (f.) à claire-voie ; cageot m. ||°**-rost** m. (es, e). TECHN. caillebotis m. ||°**-strafe** f. (-, n). MIL. arrêts (m. pl.) de rigueur. ||°**-verschlag** m. (s, ¨e), °**-werk** n. (s, e). TECHN. lattis m. ||°**-zaun** m. (s, ¨e) treillage m. ; palissade f.
Lattich ['latiç] m. (s, e). BOT. laitue f.
Latwerge [lat'vɛrgə] f. (-, n) électuaire m. ; opiat m.
Latz [lats] m. (es, ¨e). [Schürze] bavette f. || [Hose] pont m. || [Tasche] patte f. || [Mütze] rabat m.
Latz|hose ["lats'ho:zə] f. (-, n) salopette f.
Lätzchen ['lɛtsçən] n. (s, -) bavette f.
lau [lau] adj. PR. et FIG. tiède ; attiédi.
lau|warm ['lauvarm] adj. tiède.
Laub [laup] n. (s, e). BOT. feuillage m. ; feuilles f. pl. | *dürres Laub*, feuilles mortes. | *laubabwerfender Baum*, arbre à feuilles caduques. || PAR EXT. [Blätterwerk] frondaison f. ; ombrages m. pl. || [Kartenspiel] pique m. || ARCHIT. rinceau m.
Laub|baum ["laup'baum] m. (s, ¨e), °**-holz** n. (es, ¨er). BOT. arbre (m.) à feuilles caduques ; essence feuillue. ||°**-dach** n. (s, ¨er) dôme (m.) de verdure ; ramée f. ||°**-erde** f. (-, n) terreau m. (de feuilles) ; terre (f.) de bruyère. ||°**-frosch** m. (s, ¨e). ZOOL. grenouille verte ; rainette f. ||°**-gewinde** n. (s) guirlande (f.) de verdure ; feston m. ||°**-hütte** f. ramée f. ; cabane f. | *Laubhüttenfest*, fête (f.) des Tabernacles (Israël). ||**-los** adj. sans feuilles. ||°**-säge** f. (-, n). TECHN. scie (f.) à découper, à chantourner. ||°**-sänger** m. (s, -). ZOOL. pouillot m. ||**-tragend** adj. BOT. frondifère ; feuillu. ||°**-wald** m. (s, ¨er). BOT. bois (m.) d'arbres à feuilles caduques. ||°**-werk** n. (s, e) feuillage m. || ARCHIT. rinceau m.
Laube ['laubə] f. (-, n) tonnelle f. ; berceau m. || ARCHIT. arcade f. ; portique m. ; porche m.
Lauben ['laubən] m. (s, -). ZOOL. vandoise f.
Lauben|gang ["laubən'gaŋ] m. (s, ¨e) charmille f. ; allée couverte. ||°**-kolonie** f. (-, n) jardins ouvriers.
laubig ['laubiç] adj. BOT. feuillu ; touffu ; foliacé ; frondescent.
Lauch [laux] m. (s, e). BOT. plante alliacée. || CULIN. poireau m.
Lauer ['lauər] f. (action de) guetter ; guet m. | *auf der Lauer liegen, sein*, être aux aguets ; épier.
Lauer ['lauər] m. (s). [Tresterwein] piquette f.
Lau(e)rer ['lau(ə)rər] m. (s, -) guetteur m.
lauern ['lauərn] v. intr. guetter ; épier ; être à l'écoute, aux aguets. | *auf eine Gelegenheit lauern*, attendre, guetter une occasion.
Lauf [lauf] m. (s, ¨e). **1.** course f. ; marche f. || SPORT. course f. | *im Laufe*, en courant.
2. [Geschwindigkeit ; Gang ; Fahrt] courant m. ; fil m. | *der Lauf des Wassers*, le courant, le fil de l'eau. || [Blut] circulation f. || [Gestirn] cours m. ; course f. || MUS. trait m. ; roulade f.
3. FIG. cours m. ; marche f. | *das ist der Lauf der Dinge*, ainsi vont les choses. | *im Laufe der Zeit*, petit à petit ; avec le temps. | *im Laufe des Gesprächs*, au cours de la conversation. | *seinem Ehrgeiz freien Lauf lassen*, donner libre cours à son ambition.
4. [Bahn ; Weg ; Strecke] parcours m. | *der Lauf des Rheins*, le (par)cours du Rhin. || [Rohr von Schußwaffen] tube (m.) de canon. || MINES. [Sohlstrecke] galerie f.
5. ZOOL. [Fuß] pied m. ; patte f. ; jambe f. || [Brunst] rut m. ; chaleur f.
Lauf|achse ["lauf'aksə] f. (-, n). TECHN. essieu (m.) de support (d'une locomotive). ||°**-bahn** f. (-, en)

[Kampfplatz] arène f. || FIG. [Beruf] carrière f. ||°**-brett** n. (s, er) marchepied m. ; passerelle f. ||°**-brief** m. (s, e) circulaire f. ||°**-brücke** f. (-, n) passerelle f. ||°**-bursche** m. (n, n) garçon (m.) de courses. ||°**-feuer** n. (s) traînée (f.) de poudre. || MIL. feu roulant. ||°**-fläche** f. (-, n). [Schi] semelle f. ||°**-gewichtswaage** f. (-, n) balance romaine. ||°**-gitter** n. (s, -). [Baby] parc m. ||°**-graben** m. (s, ¨). MIL. tranchée f. ; boyau (m.) de communication. ||°**-jagen** n. (s) chasse (f.) à courre. ||°**-junge** m. (n, n) garçon (m.) de courses. ||°**-käfer** m. (s, -). ZOOL. carabe m. ; carabus m. ||°**-karren** m. (s, -) brouette f. ||°**-katze** f. (-, n). TECHN. treuil, chariot roulant. ||°**-knoten** m. (s, -) nœud coulant. ||°**-kran** m. (s, ¨e). TECHN. grue roulante. ||°**-masche** f. (-, n). TEXT. maille filée (à un bas). ||**-maschensicher** adj. indémaillable. ||°**-paß** m. (es, ¨e). FIG., FAM. *jm den Laufpaß geben*, renvoyer, éconduire qn. ||°**-riemen** m. (s, -). TECHN. courroie (f.) sans fin. ||°**-rost** m. (es, ¨e) caillebotis m. ||°**-schiene** f. (-, n). TECHN. glissière f. ; rail (m.) de roulement ; monorail m. ||°**-schritt** m. (s, e) pas (m.) de course. || MIL. pas (de) gymnastique. ||°**-ställchen** n. (s, -) parc (m.) pour bébés. ||°**-steg** m. (s, e) passerelle f. ; [Modeschau] estrade f. ||°**-stuhl** m. (s, ¨e) fauteuil (m.), chaise (f.) à roulettes. ||°**-teppich** m. (s, e) carpette f. ; chemin (m.) de velours. ||°**-vögel** m. pl. ZOOL. coureurs m. pl. ||°**-werk** n. (s, e) [informatique] lecteur (m.) de disquettes. ||°**-zeit** f. (-, en). COMM. [Umlaufzeit] délai m. (de remboursement) ; [Anleihe] durée f. || TECHN. *Laufzeit einer Uhr*, durée (f.) de marche d'une montre. || SPORT. temps réalisé sur un parcours ; FAM. chronomètre m. || [Film] période (f.) d'exploitation. ||°**-zettel** m. (s, -) circulaire f. ; feuille (f.) d'émargement.

laufen ['laufən] (ä, ie, a) v. intr. **1.** [sich schnell bewegen] courir. | *lauf schnell !*, cours vite ! | *gelaufen kommen*, arriver en courant. | *spornstreichs laufen*, courir à toutes jambes, à bride abattue. | *laufen, daß einem die Sohlen brennen*, brûler le pavé. | *Hals über Kopf laufen*, prendre ses jambes à son cou. | *mit jm um die Wette laufen*, faire une course avec qn. | *mit dem Kopf gegen die Wand laufen*, se cogner la tête au mur. | *auf dem Eis laufen*, patiner. | *lief ich darum aus Schul' und Lehre ?* (SCHILLER), est-ce pour cela que j'ai quitté l'école et l'apprentissage ? || FIG., TECHN. *der Motor läuft*, le moteur tourne. || COMM. *die Geschäfte laufen gut*, les affaires vont bien. || MAR. *das Schiff läuft aus dem Hafen*, le bateau quitte le port, prend la mer. | *auf Grund laufen*, s'échouer. || MIL. *aus dem Dienste laufen*, déserter. || FIG. *er läßt die Feder übers Papier laufen*, il laisse courir sa plume. || FAM. *wir wollen sehen, wie der Hase läuft*, attendons pour voir comment l'affaire tournera.
2. marcher ; aller. | *wir laufen lieber zu Fuß*, nous préférons marcher. | *er ließ ihn ungeschoren laufen*, il le laissa partir sans lui faire de mal, sans le punir. | *die Dinge laufen lassen*, laisser aller les choses. | *das läuft am Ende aufs gleiche hinaus*, en fin de compte cela revient au même.
3. [rinnen ; fließen] couler. | *das Blut läuft durch die Adern*, le sang coule dans les veines. | *Tränen liefen ihr über die Wangen*, les larmes roulaient sur ses joues. | *mir lief ein Schauer übern Leib*, un frisson me parcourut. || PAR EXT. fuir ; avoir une fuite. | *das Faß läuft*, le tonneau fuit.
4. [in Umlauf sein] courir ; être en cours. | *der Mietsvertrag läuft noch drei Jahre*, le bail court encore trois ans. | *der Prozeß läuft*, le procès suit son cours, continue. | *es läuft das Gerücht, daß...*, le bruit court que... || COMM. *der Wechsel läuft noch zwei Monate*, la traite n'arrive à échéance que dans deux mois. || THÉÂTRE. tenir l'affiche.
◇ v. tr. et v. pr. *Schi, Schlittschuh laufen*, skier, patiner. | *Gefahr laufen zu*, courir le risque de. | *Spießruten laufen*, passer par les verges ; FIG. passer entre deux haies de curieux. | *einen Weg laufen*, parcourir un chemin. | *sich die Füße wund laufen*, s'écorcher les pieds en marchant. || MAR. *das Schiff läuft zwanzig Knoten*, ce navire file vingt nœuds. || SPORT. *er läuft die hundert Meter*, il court le cent mètres.
◇ v. impers. *hier läuft es sich schlecht*, la route est mauvaise ici. || FIG. *das läuft ins Geld*, cela entraîne de gros frais. | *es lief mir kalt über den Rücken*, j'avais des frissons.

laufend [-fənt] adj. courant. | *das laufende Jahr*, l'année (f.) en cours. | *auf dem Laufenden sein*, être au courant ; être à jour. | *jn auf dem Laufenden halten*, tenir qn au courant. || COMM. *laufende Rechnung*, compte courant. | *laufende Nummer*, numéro (m.) d'ordre. | *laufende Schrift*, écriture cursive. || FIG. *am laufenden Band*, sans cesse ; sans interruption.

Läufer ['lɔyfər] m. (s, -) coureur m. || MIL. estafette f. ; courrier m. || [Schachspiel] fou m. || SPORT. [Rugby] trois-quarts m. || [Fußball] demi m. || BOT. coulant m. || MUS. roulade f. || TECHN. curseur m. || TEXT. chemin (m.) de table ; tapis (m.) d'escalier. || ÉLECTR. rotor m. ; induit m.

Lauferei [laufə'rai] f. (-, en) courses f. pl. | *er hatte viel Lauferei(en) damit*, cela l'obligeait à bien des démarches.

läufig ['lɔyfiç] adj. ZOOL. chaude ; en chaleur.

Lauge ['laugə] f. (-, n) lessive. || CHIM. solution alcaline ; base f. | *Salzlauge*, saumure f.

laugen [-gən] v. tr. lessiver ; mettre à la lessive ; laver.

Laugen [-gən] n. (s) lessivage m. ; lavage m.

laugen|artig ["laugən'a:rtiç] adj. CHIM. alcalin. ||°**-bad** n. (s, ¨er). MÉD. bain alcalin. ||°**-faß** n. (es, ¨er) cuvier m. ||°**-salz** n. (es). CHIM. sel alcalin ; alcali m. ||°**-wasser** n. (s, -) eau (f.) de lessive.

Lauheit ['lauhait] f. (-, en) tiédeur f. || FIG. indifférence f. ; tiédeur f.

Laune ['launə] f. (-, n) humeur f. ; tempérament m. ; caprice m. ; toquade f. | *er ist guter, schlechter Laune*, il est de bonne, mauvaise humeur. | *bei, in Laune sein*, être en verve. || FAM. *sie hat Launen*, elle a des caprices ; elle est lunatique. | *sich in js Laune fügen*, se plier aux caprices (de qn). || FIG. *die Launen des Schicksals*, les caprices (m. pl.) du sort.

launenhaft ['launənhaft] adj. capricieux ; fantasque ; changeant ; inconstant ; lunatique ; versatile.

Launenhaftigkeit [-haftiçkait] f. (-, en) caractère capricieux, fantasque, bizarre, changeant.

launig ['launiç] adj. enjoué ; plein de gaieté ; divertissant ; amusant ; comique ; drôle. | *launiger Einfall*, saillie f. ; pointe f. ; boutade f.
◇ adv. *er schreibt launig*, il écrit d'une façon amusante.

Launigkeit [-niçkait] f. enjouement m. ; gaieté (f.) de caractère.

launisch [-niʃ] adj. d'humeur changeante, instable ; inconstant ; fantasque. || PAR EXT. de mauvaise humeur ; mal luné.

Laura ['laura] n. pr. f. Laure f.

Laus [laus] f. (-, ¨e). ZOOL. pou m. || FIG., FAM. *jm Läuse in den Pelz setzen*, donner du fil à retordre à qn. | *ihm ist eine Laus über die Leber gelaufen, gekrochen*, il est de mauvaise humeur.

Laus|bub ["laus'bu:b] m. (n, n) vaurien m. ; gamin m. ||°**-buben|streich** m. (s, e) tour (m.) pendable. ||°**-pack** m. (s). FAM. crapule f.

lauschen ['lauʃən] v. intr. tendre, prêter l'oreille ; écouter attentivement ; épier. | *er lauscht an den Türen*, il écoute aux portes.

Lauscher [-ʃər] m. (s, -) qui est aux écoutes, aux aguets ; espion m. ; mouchard m. || ZOOL. [Ohr] oreille f. | *die Lauscher eines Hasen*, les oreilles d'un lièvre.

lauschig ['lauʃiç] adj. retiré ; discret ; intime. | *lauschige Ecke*, coin (m.) intime.

Lause|junge ["lauzə'juŋə] m. (n, n), °**-kerl** m. (s, e) pouilleux m. ; gueux m. ; vaurien. ||°**-krankheit** f. (-, en). MÉD. maladie (f.) pédiculaire ; phtiriase f. ||°**-kraut** n. (s) herbe (f.) aux poux.

lausen ['lauzən] v. tr. chercher les poux ; épouiller. || FIG., FAM. *jm den Beutel lausen*, plumer qn.

Lauserei [lauzə'rai] f. (-, en). FAM. rien m. ; misère f. ; bagatelle f. || PAR EXT. affaire délicate.

lausig ['lauziç] adj. FAM. pouilleux ; misérable. | *die paar lausigen Pfennige, die du verloren hast*, les quelques misérables pfennigs que tu as perdus.
◇ adv. POP. *es ist lausig kalt hier*, il fait un froid de canard ici. | *er hat lausig viel Geld*, il est plein aux as.

Lausitz ['lauzits] n. pr. f. GÉOGR. Lusace f.

laut [laut] adj. [hörbar] haut ; sonore ; fort ; distinct ; bruyant ; perceptible. | *lauten Lärm machen*, mener grand tapage. | *lauter Mensch*, homme bruyant. | *ein lautes Geschrei erheben*, jeter les hauts cris. || PAR EXT. [bekannt] connu. | *der Vorfall wurde laut*, l'incident s'ébruita. | *Wünsche laut werden lassen*, manifester des désirs.
◇ adv. à voix haute ; à haute voix ; bruyamment ; hautement. | *laut singen*, chanter haut, fort. || PAR EXT. [öffentlich] *das darf nicht laut gesagt werden*, il ne faut pas en parler publiquement.

laut [laut] prép. (gén., parfois dat.) d'après ; suivant ; selon ; en vertu de ; aux termes de. | *laut Befehl*, conformément à l'ordre. | *laut ärztlichen*

Gutachtens, sur avis médical. | *laut Quittung*, suivant quittance. | *laut Gesetz*, conformément à, en vertu, aux termes de la loi. | *laut Vollmacht*, en vertu des pleins pouvoirs.

Laut [laut] m. (es, e) son m. ; bruit m. | *kein Laut kam ihm über die Lippen*, il ne souffla mot. || GRAMM. son articulé ; phonème m. || [Jagd] voix f. | *der Hund gibt Laut*, le chien donne de la voix.

Laut|angleichung ["laut'anglaiçuŋ] f. (-, en) assimilation (f.) des sons. ||°**-bildung** f. formation (f.) des sons. ||°**-bildungslehre** f. phonétique f. || °**-gesetz** n. (es, e) loi (f.) phonétique. ||**-hals** adv. à pleine gorge ; à tue-tête. ||°**-kluft** f. (-, ¨e) hiatus m. ||°**-kunde** f. phonétique f. ||°**-lehre** f. phonétique f. ||**-los** adj. sans bruit ; silencieux. | *lautlose Stille*, calme, silence profond. || PAR EXT. [stumm] sans voix ; muet ; aphone ; interdit. ||°**-losigkeit** f. silence profond. ||°**-malerei** f. (-, en) harmonie imitative. ||°**-nachbildung** f. (-, en) onomatopée f. ||°**-schrift** f. (-, en) écriture (f.) phonétique. ||°**-sprecher** m. (s, -). RADIO. haut-parleur m. ||°**-sprecherbox** f. (-, en) enceinte (f.) acoustique ; FAM. baffle m. ||°**-stärke** f. (-, n). RADIO. volume (m.), puissance (f.) du son. ||°**-system** n. (s, e) système (m.) phonétique. ||°**-verschiebung** f. (-, en). GRAMM. mutation (f.) consonantique. ||°**-verstärker** m. (s, -). RADIO. amplificateur m. ||°**-wandel** m. (s) mutation (f.) phonétique. || °**-wechsel** m. (s, -) intervention (f.) dans un mot ; métathèse f. ||°**-wort** n. (s, ¨er) onomatopée f. ||°**-zeichen** n. (s, -) signe (m.) phonétique.

lautbar ['lautbɑ:r] adj. connu ; public. | *lautbar werden*, s'ébruiter.

Lautbarkeit [-kait] f. publicité f. ; notoriété f.

Laute ['lautə] f. (-, n). MUS. luth m. ; guitare f. | *die Laute schlagen*, jouer du luth.

Lautenist [lautə'nist] m. (en, en) luthiste m. ; joueur (m.) de luth.

Lauten|macher ["lautən'maxər] m. (s, -) luthier m. ||°**-schläger** m. (s, -) joueur (m.) de luth.

lauten ['lautən] v. intr. FIG. avoir telle teneur ; dire que. | *wie lautet das Gesetz ?*, que dit la loi ? | *das lautet schon angenehmer*, voilà qui est déjà plus agréable à entendre, à lire. | *der Wetterbericht lautet ungünstig*, le bulletin météorologique est défavorable. | *so lautet der Titel dieser Novelle*, tel est le titre de cette nouvelle. || JUR. *das Urteil lautete auf Freispruch*, ce fut une sentence d'acquittement ; le prévenu fut acquitté. || FIN. *auf den Namen des Inhabers lautend*, au porteur ; nominatif.

läuten ['lɔytən] v. intr. et impers. sonner. | *die Glocke läutet*, la cloche sonne. | *es läutet Mittag*, midi sonne. | *es läutet zur Kirche*, on sonne l'office. | *jm (zu Grabe) läuten*, sonner le glas pour qn. | *mit allen Glocken läuten*, carillonner. | *es läutet*, on sonne. || [klingeln] sonner (qn) ; faire venir au moyen d'une sonnette. | *dem Dienstmädchen läuten*, sonner la domestique.

Läuten [-tən] n. (s) sonnerie f. | *Läuten des Totenglöckchens*, glas (m.) des morts.

lauter ['lautər] adj. clair ; net ; limpide ; pur ; sans mélange. | *aus lauterem Gold*, en or pur, massif. | *er sprach die lautere Wahrheit*, il dit la pure vérité. | *lautere Absichten*, intentions pures, honnêtes. | *die Meldung stammt aus lauterer Quelle*, l'information provient de bonne source.
◇ adv. seulement ; exclusivement ; ne... que ; rien que. | *das ist lauter Gold*, c'est de l'or pur, massif. | *das sind ja lauter Lügen*, pur mensonge. || PROV. *er sieht den Wald vor lauter Bäumen nicht*, les arbres lui cachent la forêt.

Läuter ['lɔytər] m. (s, -) sonneur m. || TECHN. trembleur m.

Läuterer ['lɔytərər] m. (s, -). TECHN. raffineur m. || FIG. purificateur m.

Lauterkeit ['lautərkait] f. pureté f. ; netteté f. ; clarté f. ; limpidité f. || FIG. pureté f. ; sincérité f.

läutern ['lɔytərn] v. tr. épurer ; corriger ; réformer ; transfigurer. | *aus diesen Prüfungen ging sein Wesen geläutert hervor*, son caractère sortit régénéré de ces épreuves ; ces épreuves l'ont rendu meilleur.

Läuterung [-ruŋ] f. (-, en) réforme f. ; purification f. ; transfiguration f. ; épuration f. || RELIG. *der Berg der Läuterung*, le mont de la Transfiguration.

Läuterungs|prozeß ["lɔytəruŋspro'tsɛs] m. (es, e) purification f.

lautieren [lau'ti:rən] v. tr. GRAMM. syllaber.

lautlich ['lautliç] adj. phonétique.

Lava ['lɑ:va] f. (-, ven). GÉOL. lave f. || GÉOGR. éboulis (m.) d'un torrent.

Lavendel [la'vɛndəl] m. (s). BOT. lavande f.

Lavendel|öl [la"vɛndəl'ø:l] n. (s, e) essence (f.) de lavande.

lavieren [la'vi:rən] v. intr. MAR. louvoyer ; courir des bordées. || FIG., FAM. louvoyer ; biaiser ; ruser. || [Malerei] faire du lavis.
— SYN. : *schief laufen*, biaiser ; *zögern*, tergiverser ; *kreuzen*, louvoyer.

Lawine [la'vi:nə] f. (-, n) avalanche f. || FIG. *eine Lawine von Aufträgen*, une avalanche de commandes.

lawinen|artig [la"vi:nən'ɑ:rtiç] adj. et adv. comme une avalanche. ||°**-brecher** m. (s, -), °**-schutz** m. (es) pare-avalanches m. ||°**-kegel** m. (s, -) cône (m.) d'avalanche.

lax [laks] adj. lâche ; tiède. || FIG. lâche ; relâché. | *laxe Moral*, morale relâchée, facile. | *ein laxer Mensch*, un homme veule.

Laxativ [-a'tif] n. (s, e) [Abführmittel] laxatif m.

Laxheit [-hait] f. (-, en) laxité f. || FIG. relâchement m.

laxieren [la'ksi:rən] v. intr. MÉD. prendre un purgatif ; se purger.

Layout [le:'aut] n. (s, s). TYPOGR. mise (f.) en pages ; maquette (f.).

Lazarett [latsa'rɛt] n. (s, e) hôpital m. ; hôpital (m.) militaire.

Lazarett|schiff [latsa"rɛt'ʃif] n. (s, e) navire-hôpital m. ||°**-zug** m. (s, ¨e) train (m.) sanitaire.

Lazarus ['lɑ:tsarus] n. pr. m. [Bibel] Lazare m. || FIG. *ein armer Lazarus*, un pauvre diable.

Lazedämon [latse'dɛ:mɔn] n. pr. n. ANTIQ. Lacédémone f. ; Sparte f.

Lazedämonier [-dɛ'mo:niər] n. pr. m. (s, -) Lacédémonien m. ; Spartiate m.

lazedämonisch [-dɛ'mo:niʃ] adj. lacédémonien ; spartiate.

Lazerte [la'tsɛrtə] f. (-, n). ZOOL. lézard m.

Lazulith [latsu'lit] m. (s, e ou en, en). V. LASURSTEIN.

Leasen ['li:zən], **Leasing** ['li:ziŋ] n. (s, s). FIN. location-vente f. ; crédit-bail m.

Lebe|dame ["le:bə'dɑ:mə] f. (-, n) femme (f.) de mœurs faciles. ||°**-hoch** n. (s, s) vivat m. | *auf jn ein Lebehoch ausbringen*, porter un toast à qn. ||**-lang** adv. *mein lebelang*, de ma vie. ||°**-mann** m. (s, ¨er) viveur m. ||°**-wesen** n. (s, -) être vivant ; organisme m. ||°**-wohl** n. (s) adieu m.

leben ['le:bən] v. intr. [am Leben sein] vivre ; être en vie ; être vivant ; exister. | *Goethe hat dreiundachtzig Jahre gelebt*, Goethe a vécu quatre-vingt-trois ans. | *gut leben*, bien vivre. | *flott leben*, mener grande, joyeuse vie. | *in Saus und Braus leben*, mener une vie dissolue ; FAM. faire la fête. | *sie lebt von der Hand in den Mund, in den Tag hinein*, elle vit au jour le jour. | *auf großem Fuß leben*, vivre sur un grand pied ; mener grand train. | *hier ist gut leben ; hier lebt sichs gut*, il fait bon vivre ici. | *er weiß zu leben*, il sait prendre la vie du bon côté ; il a du savoir-vivre. | *mit jm in Frieden leben*, vivre en paix avec qn. | *mit jm auf gespanntem Fuß leben*, vivre en mauvaise intelligence avec qn. | *wie Hund und Katze leben*, s'entendre comme chien et chat. | *er lebt noch*, il est encore en vie. | *so leben heißt nicht leben*, ce n'est pas une vie. | *er lebt nur für seine Kunst*, il ne vit que pour son art. || FAM. *wie Gott in Frankreich leben*, vivre comme un coq en pâte. || FIG. *das ist sein Onkel, wie er leibt und lebt*, c'est le vivant portrait de son oncle ; FAM. c'est son oncle tout craché. | *es lebe die Freiheit !*, vive la liberté ! | *leben Sie wohl !*, adieu ! | *er lebt in seinem Werk weiter*, il continue de vivre dans son œuvre.

Leben [-bən] n. (s). **1.** [Lebendigsein] vie f. ; existence f. | *Goethes Leben*, vie, biographie de Goethe. | *er suchte den Ursprung des Lebens zu erforschen*, il cherchait à découvrir l'origine de la vie. | *er ist noch am Leben*, il est encore en vie. | *sein Leben lang ; sein ganzes Leben hindurch ; zeit seines Lebens*, pendant toute sa vie, sa vie durant, tout le long de sa vie. | *aus dem Leben scheiden*, quitter la vie. | *jn am Leben erhalten*, maintenir qn en vie. | *jm das Leben schenken*, faire grâce de la vie à qn. | *sie schenkte fünf Söhnen das Leben*, elle mit au monde cinq fils, donna le jour à cinq fils. | *sein Leben verlieren ; ums Leben kommen*, perdre la vie ; mourir ; périr. | *mit dem Leben davonkommen*, s'en tirer vivant ; FAM. en réchapper. | *jm das Leben retten*, sauver la vie à qn. | *die Passagiere konnten nur ihr nacktes Leben retten*, les voyageurs ne purent sauver que leur vie.

| *sich das Leben nehmen*, se suicider. | *Hand an sein Leben legen*, attenter à sa vie. | *sein Leben einsetzen, aufs Spiel setzen, in die Schanze schlagen*, risquer, exposer sa vie. | *wir sind auf Leben und Sterben dein*, nous sommes à toi à la vie et à la mort. | *auf Leben oder Tod kämpfen*, lutter à la vie et à la mort. | *jm nach dem Leben trachten*, en vouloir à la vie de qn. | *das Leben genießen ; sich des Lebens freuen*, jouir de l'existence. | *am Leben hängen*, tenir à la vie. | *nach dem Leben gemalt*, peint d'après nature. | *ein lustiges Leben führen*, mener joyeuse vie. | *sein Leben fristen*, gagner sa vie péniblement ; FAM. vivoter. | *er macht sich das Leben nicht schwer*, il ne se fait pas beaucoup de soucis.
2. [Regsamkeit ; geschäftiges oder lustiges Treiben] vie f. ; animation f. ; entrain m. | *dies Kind hat viel Leben*, cet enfant a beaucoup de vie, est très vivant. | *das gesellschaftliche Leben*, la vie mondaine. | *das soziale Leben*, la vie sociale. | *auf dem Jahrmarkt herrscht fröhliches Leben und Treiben*, une joyeuse animation règne à la foire. || FAM. *der weiß Leben in die Bude zu bringen*, c'est un boute-en-train. || FIG. *in dieser Schilderung ist viel Leben*, ce récit est très vivant.

lebend [-bənt] adj. vivant. | *lebendes Wesen*, être vivant, animé. || AGRIC. *lebendes Inventar*, cheptel vif. || BOT. *lebende Blumen*, fleurs naturelles. || FIG. *lebende Sprache*, langue vivante.

lebend|gebährend [ˈleːbəntgəˈbɛːrənt] adj. vivipare. ||°**-gewicht** n. (es). COMM. poids vif.

lebendig [leˈbɛndiç] adj. vivant ; vif ; en vie. | *lebendiges Wesen*, être vivant ; être animé. | *mehr tot als lebendig*, plus mort que vif. | *die Gefangenen verbrannten bei lebendigem Leibe*, les prisonniers furent brûlés vifs. | *wieder lebendig werden*, ressusciter. || FIG. vif ; animé. | *lebendiger Geist*, vivacité d'esprit. | *eine lebendige Klasse*, une classe active, pleine de vie. || BOT. *lebendige Hecke*, haie vive. || PHYS. *lebendige Kraft*, énergie (f.) cinétique. || MAR. *das lebendige Werk (eines Schiffes)*, les œuvres vives.
◇ adv. *lebendig begraben*, enterré vif.

Lebendigkeit [leˈbɛndiçkait] f. vie f. ; vivacité f.

Lebens|abend [ˈleːbənsˈɑːbənt] m. (s, e). POÉT. soir (m.) de la vie. ||°**-abriß** m. (es, e) biographie (f.) sommaire. ||°**-alter** n. (s, -) âge m. ||°**-anschauung** f. (-, en). PHILOS. conception (f.) de la vie, de l'existence. ||°**-art** f. (-, en) manière (f.) de vivre ; savoir-vivre m. | *er hat keine Lebensart*, il n'a pas de savoir-vivre. ||°**-auffassung** f. (-, en) conception (f.) de la vie, manière (f.) d'envisager l'existence. ||°**-aufgabe** f. (-, n) but (m.) suprême. ||°**-bahn** f. (-, en) carrière f. ||°**-baum** m. (s, ¨e). BOT. thuya m. || POÉT. arbre (m.) de vie. ||°**-bedürfnis** n. (ses, se) besoin vital. ||°**-beschreibung** f. (-, en) biographie f. ||°**-bild** n. (s, er) portrait (m.) biographique. ||°**-dauer** f. durée f. (de la vie). | *lange Lebensdauer*, longévité f. | *auf Lebensdauer*, la vie durant ; à vie. || NUCL. durée (f.) de vie. ||°**-erwartung** f. (-, en) espérance (f.) de vie. ||°**-faden** m. (s) fil (m.), trame (f.) des jours. | *mein Lebensfaden*, le fil de mes jours. ||**-fähig** adj. BIOL. viable. ||°**-fähigkeit** f. (-, en). BIOL. vitalité f. ; viabilité f. ||°**-frage** f. question vitale ; question de vie ou de mort. ||**-fremd** adj. qui ne connaît rien de la vie. || PAR EXT. qui a du mal à s'adapter ; inadapté. ||°**-freude** f. (-, n), °**-freudigkeit** f. joie (f.) de vivre. ||**-froh** adj. heureux de vivre. ||°**-führung** f. (-, en) manière (f.) de vivre ; conduite f. ; vie f. ||°**-fülle** f. grande vitalité ; vigueur f. ; pleine force. ||°**-gang** m. (s) marche (f.) d'une existence ; vie f. ; carrière f. ||°**-gefahr** f. (-, en) danger (m.) de mort. ||**-gefährlich** adj. qui met la vie en péril. ||°**-gefährte** m. (n, n), °**-gefährtin** f. (-, nen) compagnon m. ; compagne f. ; époux m. ; épouse f. ||°**-geist** m. (es, er). PHYSIOL. principe vital. | *so ein Trank weckt die Lebensgeister*, un tel breuvage (vous) redonne la vie, vous revigore. ||°**-geschichte** f. (-, n) biographie. ||°**-göttin** f. (-, nen). MYTH. Parque f. ||**-groß** adj. grandeur nature. ||°**-haltung** f. (-, en) 1° coût (m.) de la vie ; 2° standard (m.) de vie. | *Lebenshaltungsindex*, indice (m.) du coût de la vie. ||°**-jahr** n. (s, e) année (f.) de la vie. | *er starb im dreißigsten Lebensjahr*, il mourut dans sa trentième année. ||°**-klugheit** f. (-) expérience (f.) du monde, de la vie ; sagesse mondaine. ||°**-kraft** f. (-, ¨e) force vitale ; vigueur f. ||**-kräftig** adj. vivace ; vigoureux. ||°**-lage** f. (-, n) situation f. ; conditions (f. pl.) d'existence. ||**-länglich** adj. viager ; perpétuel. || JUR. *er wurde zu lebenslänglichem Zuchthaus verurteilt*, il fut condamné aux travaux forcés à perpétuité. — adv. *er ist lebenslänglich angestellt*, il est engagé à vie. ||°**-lauf** m. (s, ¨e) curriculum vitæ m. ; biographie f. ||°**-licht** n. (es). POÉT. flambeau (m.) de la vie. || FIG., FAM. *jm das Lebenslicht ausblasen*, tuer qn. ||°**-linie** f. (-, n) ligne (f.) de vie. ||°**-lust** f. joie (f.) de vivre ; gaieté f. ||**-lustig** adj. heureux de vivre ; attaché à la vie. ||°**-mittel** n. pl. aliments m. pl. ; vivres m. pl. ; comestibles m. pl. ; nourriture f. ; denrée f. || MIL. subsistances f. pl. ||°**-mittel|preise** pl. prix (m. pl.) des denrées alimentaires. ||°**-mittel|-zusätze** pl. additifs (m. pl.) alimentaires. ||**-müde** adj. las de vivre. ||°**-ordnung** f. (-, en) règle (f.) de vie ; régime m. ||°**-prozeß** m. (es, e). PHYSIOL. fonctions vitales ; processus vital. ||°**-qualität** f. (-) qualité (f.) de la vie. ||°**-raum** m. (s) espace vital. ||°**-rente** f. (-, n) rente viagère. ||°**-saft** m. (s, ¨e). BOT. latex m. || FIG. sang m. ||°**-standard** m. (s) niveau (m.) de vie. ||°**-stellung** f. (-, en) poste (m.), emploi (m.) à vie. ||°**-strafe** f. (-, n). JUR. peine capitale. | *bei Lebensstrafe*, sous peine de mort. ||°**-überdruß** m. (es) dégoût (m.) de la vie. ||**-überdrüssig** adj. dégoûté de la vie. ||°**-unterhalt** m. (s) subsistance f. ; entretien m. | *sie hatte nicht das Nötigste für ihren Lebensunterhalt*, elle manquait du strict nécessaire. ||°**-verrichtungen** f. pl. PHYSIOL. fonctions vitales, organiques. ||°**-versicherung** f. (-, en) assurance-vie f. ||°**-verteuerung** f. (-, en) cherté (f.) de la vie ; FAM. vie chère. ||**-wahr** adj. pris sur le vif. ||°**-wandel** m. (s) conduite f. ; vie f. ; mœurs f. pl. ||°**-wärme** f. chaleur vitale. ||°**-weg** m. (s) chemin (m.) de la vie ; carrière f. ||°**-weise** f. (-, n). MÉD. régime m. || PAR EXT. genre (m.), train (m.) de vie ; habitudes f. pl. ; mœurs f. pl. ||°**-weisheit** f. philosophie f. ||**-wichtig** adj. d'intérêt vital. ||°**-zeichen** n. (s) signe (m.) de vie. | *kein Lebenszeichen von sich geben*, ne pas donner signe de vie. ||°**-zeit** f. durée (f.) de la vie. | *eine Rente auf Lebenszeit beziehen*, toucher une rente viagère. ||°**-ziel** n. (s). [Zweck] but (m.) de la vie. || [Ende] terme (m.) de la vie, de l'existence. ||°**-zweck** m. (s, e) but (m.), sens (m.) de la vie.

Leber [ˈleːbər] f. (-, n). ANAT. foie m. || FIG., FAM. *frei von der Leber weg reden*, parler à cœur ouvert ; ne pas mâcher ses mots.

Leber|blume [ˈleːbərˈbluːmə] f. (-, n). BOT. hépatique f. ||°**-entzündung** f. (-, en). MÉD. hépatite f. ||°**-fleck** m. (s, e) grain (m.) de beauté ; nævus m. ||°**-kies** m. (es, e). MINÉRAL. hépatite f. ; barytine f. ||**-krank** adj. MÉD. malade du foie, hépatique. ||°**-krankheit** f. (-, en). MÉD. maladie (f.) de foie ; hépastisme m. ||°**-lappen** m. (s, -). ANAT. lobe (m.) du foie. ||°**-leiden** n. (s). V. LEBERKRANKHEIT. ||°**-moos** n. (es, e). BOT. hépatique f. ||°**-reim** m. (s, e). POÉT. impromptu m. ||°**-schrumpfung** f. (, en), °**-zirrhose** f. (-, en). MÉD. cirrhose (f.) du foie. ||°**-stärke** f. BIOL. glycogène m. ||°**-stein** m. (s, e). MINÉRAL. hépatite f. || MÉD. calcul (m.) hépatique. ||°**-tran** m. (s) huile (f.) de foie de morue. ||°**-verhärtung** f. (-, en). MÉD. cirrhose (f.) du foie. ||°**-wurst** f. (-, ¨e) saucisson (m.) de pâté de foie.

lebhaft [ˈleːphaft] adj. vif ; vivant ; plein de vie, de vivacité ; animé ; actif ; éveillé. | *lebhaftes Kind*, enfant éveillé. | *lebhafter Geist*, esprit vif, éveillé. | *lebhafte Tätigkeit*, activité (f.) fébrile. | *lebhafte Straße*, rue fréquentée, animée. | *es ist noch in lebhafter Erinnerung*, on s'en souvient encore très bien.
◇ adv. vivement ; de façon vivante ; avec vivacité ; avec feu. | *er schilderte uns alles sehr lebhaft*, il nous fit de tout un récit très animé. | *ich bedauere lebhaft, daß*, je regrette vivement que.

Lebhaftigkeit [-haftiçkait] f. vivacité f. ; activité f. ; animation f. ; feu m. ; chaleur f.

Leb|kuchen [ˈleːpˈkuːxən] m. (s, -) pain (m.) d'épices. ||**-los** adj. [unbeseelt] sans vie ; inanimé ; mort. || PAR EXT. [gefühllos] insensible. || FIG., FIN. *die Börse war leblos*, la Bourse était déprimée, inactive. ||°**-losigkeit** f. [Unbeseeltheit] absence (f.) de vie ; mort f. ; léthargie f. || PAR EXT. [Gefühllosigkeit] froideur f. ||°**-tag** m. FAM. *ich habe ihn mein Lebtag nicht gesehen*, je ne l'ai jamais vu de ma vie. ||°**-zeiten** f. pl. *zu meines Vaters Lebzeiten*, du vivant de mon père.

lechzen [ˈlɛçtsən] v. intr. être altéré ; mourir de soif ; languir. | *die Erde lechzt nach Regen*, la terre est assoiffée de pluie. || FIG. *nach etwas lechzen*, convoiter ardemment qch. | *er lechzt nach Rache*, il a soif de vengeance.
— SYN. : *dürsten nach*, être altéré, assoiffé de ; *schmachten, sich sehnen*, languir.

Lecithin [letsiˈtiːn]. V. LEZITHIN.

Leck [lɛk] n. (s, e). MAR. trou m. ; voie (f.) d'eau. | *ein Leck bekommen*, faire eau.

leck [lɛk] adj. qui fuit ; qui a une fuite ; troué ; percé. || MAR. *das Schiff ist leck*, le navire fait eau.

Leckage [le'kɑ:ʒə] f. (-, n) coulage m. ; fuite f.

lecken ['lɛkən] v. intr. [undicht sein] fuir ; goutter. || MAR. faire eau.

lecken ['lɛkən] v. tr. lécher. || FIG. *wie geleckt*, tiré à quatre épingles. || FAM. *(sich) die Lippen nach etwas lecken*, s'en lécher les babines.

Lecker ['lɛkər] m. (s, -) friand m. ; gourmet m. ; FAM. fin bec. || [Jagd] langue f. (du cerf).

lecker adj. friand ; délicat ; délicieux. | *ein leckerer Bissen*, une friandise ; un morceau de choix. || PAR EXT. [verwöhnt ; wählerisch] gourmand ; difficile.

Lecker|bissen ["lɛkər'bisən] m. (s, -). PR. et FIG. friandise f. ; gourmandise f. ; bon morceau. ||°**-maul** n. (s). FAM. gourmand m.

Leckerei [lɛkə'rai] f. (-, en) friandise f. ; gâterie f.

Leder ['le:dər] n. (s, -) cuir m. ; peau f. | *das Buch ist in Leder gebunden*, ce livre est relié en cuir. | *vom Leder ziehen*, dégainer ; engager le combat. || FIG., FAM. *jm das Leder gerben*, tanner le cuir à qn ; rosser qn. | *dreinschlagen, was das Leder hält*, frapper de toutes ses forces. | *jm aufs Leder rücken*, tanner qn. || SPORT. [Fußball] *immer am Leder bleiben*, ne pas lâcher le ballon.

Leder|band ["le:dər'bant] m. (s,¨e), °**-einband** m. (s,¨e) reliure (f.) en peau, en cuir. ||°**-bereiter** m. (s, -). TECHN. corroyeur m. ; peaussier m. ||°**-besatz** m. (es) basane f. ||°**-handel** m. (s). COMM. peausserie f. ||°**-händler** m. (s, -). COMM. peaussier m. ||°**-handschuh** m. (s, e) gant (m.) de peau. ||**-hart** adj. coriace. ||°**-haut** f. (-,¨e). ANAT. chorion m. ; derme m. ||°**-hose** f. (-, n) culotte (f.) de cuir, de peau. ||°**-jacke** f. (-, n) blouson (m.) de cuir. ||°**-mantel** m. (s,¨) manteau (m.) de cuir. ||°**-nacken** m. (s, -). [U.S. Armee] soldat (m.) d'élite. ||°**-riemen** m. (s, -) courroie f. ; ceinturon m. ||°**-rücken** m. (s, -). [Buchbinderei] dos (m.) en basane ; basane f. ||°**-stulpe** f. (-, n). TECHN. cuir embouti. ||°**-waren** f. pl. COMM. cuirs m. pl. ; peausserie f. ||°**-waren|geschäft** n. (s, e) maroquinerie f. ||°**-zeug** n. (s) objets (m. pl.) en cuir ; buffleterie f. || MIL. équipement m.

ledern ['le:dərn] adj. de cuir ; de peau ; en cuir ; en peau. | *lederne Schuhe*, chaussures (f. pl.) de cuir. || PAR EXT., FAM. coriace. || FIG. sec ; ennuyeux ; fastidieux.

ledern [-dərn] v. tr. TECHN. garnir de cuir. || FIG., FAM. [verprügeln] rosser.

ledig ['le:diç] adj. **1.** [unverheiratet] célibataire ; non marié. | *ledig bleiben*, rester vieux garçon, vieille fille. | *der ledige Stand*, le célibat.
2. [unbesetzt] libre ; vacant ; inoccupé. | *ledige Stelle*, poste vacant.

lediglich [-liç] adv. uniquement ; purement ; exclusivement. | *ich berichte lediglich Tatsachen*, je ne rapporte que des faits.

Lee [le:] f. MAR. côté (m.) sous le vent. | *Leesegel*, bonnette f.

leer [le:r] adj. vide ; dégarni ; creux ; inoccupé ; vacant. | *mein Glas ist leer*, mon verre est vide. | *leere Wohnung*, appartement vide, inoccupé. | *ein leeres Blatt abgeben*, remettre une copie blanche. | *die Straße war leer*, la rue était déserte. | *die Landschaft ist öde und leer*, le paysage est désert, désolé. | *mit leeren Händen heimkommen*, rentrer les mains vides. || FIG. *ein leerer Kopf*, une tête vide, creuse. | *das ist leeres Geschwätz*, ce sont des bavardages vides de sens. | *leerer Vorwand*, prétexte fallacieux. | *das sind leere Ausreden*, ce sont là des excuses sans valeur. | *leere Worte*, paroles (f. pl.) en l'air ; vaines paroles ; paroles creuses. | *leeres Stroh dreschen*, parler inutilement.
◇ adv. à vide. || TECHN. *leer laufen*, marcher, tourner à vide.

Leer|aufmachung ["le:r'aufmaxuŋ] f. (-, en). COMM. présentation (f.) factice. ||°**-bild** n. (s, er). INF. masque m. ||°**-gewicht** n. (s) tare f. ; poids mort. ||°**-gut** n. (s,¨er). COMM. emballage (m.) vide ; [Pfandglas] verre consigné. ||°**-lauf** m. (s). TECHN. marche (f.) à vide. || AUTOM. point mort. ||**-stehend** adj. vide ; libre. | *leerstehende Wohnung*, appartement libre, inoccupé. ||°**-takt** m. (s, e). AUTOM. raté m. ||°**-taste** f. (-, n). [Schreibmaschine] barre (f.) d'espacement. ||°**-verkauf** m. (s,¨e). FIN. vente (f.) à découvert. ||**-verkaufen** v. intr. FIN. vendre à découvert.

Leere ['le:rə] f. (-, n) vide m. | *die Leere der Gedanken*, le manque d'idées. || FIG. vanité f. ; vide m. ; inanité f.

leeren ['le:rən] v. tr. et v. pr. évacuer ; vider ; désemplir ; vidanger. | *sein Glas auf das Gedeihen eines Unternehmens leeren*, vider son verre à la prospérité d'une entreprise. | *der Saal leert sich langsam*, la salle se vide lentement. | *den Kelch bis auf den Grund, bis zur Neige leeren*, boire le calice jusqu'à la lie. | *jm die Taschen leeren*, vider les poches de qn ; dépouiller qn. || POSTES. *den Briefkasten leeren*, faire la levée.
— SYN. : *leermachen, räumen*, vider ; *ausleeren, räumen*, évacuer ; *entleeren*, vidanger.

Leerheit ['le:rhait] f. FIG. vide m. ; inanité f. ; insignifiance f.

Leerung [-ruŋ] f. (-, en). [action de] vider, évacuer ; vidage m. || [Ausräumung] évacuation f. || [Grube] vidange f. || POSTES. levée f.

Lee|segel ["le:'ze:gəl] n. (s, -). MAR. bonnette f. ||°**-seite** f. (-, n). MAR. V. LEE. ||**-wärts** adv. sous le vent.

Lefze ['lɛftsə] f. (-, n) babine f. ; grosse lèvre.

legal [le'gɑ:l] adj. JUR. légal.

legalisieren [legali'zi:rən] v. tr. JUR. légaliser. | *die Unterschrift legalisieren*, légaliser la signature.

Legalisierung [-'zi:ruŋ] f. (-, en). JUR. légalisation f.

Legalität [-'tɛ:t] f. JUR. légalité f.

Legat [le'gɑ:t] m. (en, en). HIST., POLIT. légat m. | *päpstlicher Legat*, légat du pape.

Legat [le'gɑt] n. (s, e). JUR. legs m.

Legatar [-ga'tɑ:r] m. (s, e). JUR. légataire m. ; héritier m.

Legation [lega'tsio:n] f. (-, en). POLIT. légation f.

Lege|batterie ["le:gəbatə'ri:] f. (-, n). [Geflügelzucht] batterie f. ||°**-henne** f. (-, n), °**-huhn** n. (s,¨er). ZOOL. (poule) pondeuse f. ||°**-stachel** m. (s, n). ZOOL. ovipositeur m. ; tarière f. ||°**-zeit** f. (-, en) saison (f.) de la ponte.

legen ['le:gən] v. tr. **1.** [hinlegen] coucher ; étendre ; mettre ; poser ; placer. | *ein Kind ins Bett legen*, coucher un enfant ; mettre un enfant au lit. | *den Grundstein legen*, poser la première pierre. | *zu etwas den Grund legen*, poser les fondations de qch.
2. FIG. *eine Schlinge legen*, tendre un collet ; FIG. tendre un piège (à qn). | *jm die Karten legen*, tirer les cartes à qn.
3. LOC. FIG. *die Hand aufs Herz legen*, mettre la main sur le cœur ; affirmer en conscience. | *letzte Hand an eine Arbeit legen*, mettre la dernière main à un travail. | *Hand an jn legen*, porter la main sur qn ; s'attaquer à qn. | *Hand an sich legen*, attenter à ses jours ; se suicider. | *seine Worte auf die Waagschale legen*, peser ses mots. | *großen Wert auf etwas legen*, attacher une grande importance, attacher du prix à qch. | *jm den Kopf vor die Füße legen*, trancher la tête à qn ; décapiter qn. | *jn in Fesseln, in Ketten legen*, mettre qn sous les verrous, aux fers ; emprisonner qn. | *jm das Handwerk legen*, mettre fin aux agissements de qn. | *jm Hindernisse in den Weg legen*, créer des difficultés à qn. | *jm etwas in den Mund legen*, prêter des paroles à qn. | *ich habe ihm ein energisches Vorgehen nahe gelegt*, je lui ai suggéré une action énergique. | *unter Siegel legen*, mettre sous scellés ; cacheter. | *in Falten legen*, mettre en plis ; plisser. | *die Hände in den Schoß legen*, se tenir les bras croisés ; rester inactif. | *in Schutt und Asche legen*, réduire en cendres. | *ich lege mein Schicksal in Ihre Hand*, je remets mon sort entre vos mains. | *man legte ihm mehrere Vergehen zur Last*, on lui imputa plusieurs délits. | *er legte keinen besonderen Eifer an den Tag*, il ne se signala point par un zèle particulier.
4. AGRIC. *Kartoffeln legen*, planter des pommes de terre. | *Eier legen*, pondre des œufs. || HIST. *Bauern legen*, racheter des fermes (pour les incorporer à un domaine).
5. JUR. *zu den Akten legen*, joindre au dossier.
6. MAR. *ein Schiff vor Anker legen*, mettre un navire à l'ancre ; mouiller. | *Minen legen*, mouiller des mines.
7. MIL. *Einquartierung in die Häuser legen*, cantonner des troupes chez l'habitant. | *Minen legen*, poser des mines. || PR. et FIG. *Bresche legen*, battre en brèche.
◇ v. intr. pondre des œufs. | *das Huhn legt*, la poule pond (pour couver).
◇ v. pr. **sich legen,** s'allonger ; se coucher. | *sich schlafen legen*, se coucher ; aller dormir. | *sich ins Bett legen*, se mettre au lit. | *sich auf die Bärenhaut legen*, fainéanter ; ne pas travailler ; paresser. | *sich aufs Bitten legen*, se mettre à supplier. | *sich auf die Politik legen*, s'adonner à la politique. | *sich aufs Trinken legen*, se mettre à boire ; s'adonner à la boisson. | *die Polizei legte sich ins Mittel*, la police intervint. | *sich auf die Lauer legen* ; *sich in den Hinterhalt legen*, se mettre à

l'affût, en embuscade. | *der Sturm legte sich*, la tempête s'apaisa. | *das legte sich mir schwer aufs Herz*, ce fut pour moi un gros crève-cœur ; j'en fus navré. || FIG., FAM. *sich ins Zeug legen*, s'atteler vigoureusement à la besogne ; se mettre en quatre.

Legen n. (s) action (f.) de coucher. | *Legen von Kacheln, von Röhren*, pose (f.) d'un carrelage, de tuyaux. || ZOOL. ponte f.

legendär [legɛn'dɛ:r] adj. légendaire.

Legende [le'gɛndə] f. (-, n) légende f. ; mythe m. ; fable f.

— OBSERV. *Legende* désigne de préférence un récit à caractère religieux.

legendenhaft [le'gɛndənhaft] adj. légendaire.

Leger ['le:gər] m. (s, -). TECHN. celui qui pose ; poseur m. ; parqueteur m.

legierbar [le'gi:rbɑ:r] adj. TECHN. alliable.

legieren [le'gi:rən] v. tr. [zusammenschmelzen] allier ; fondre. || JUR. léguer.

Legierung [-ruŋ] f. (-, en). TECHN. alliage m.

Legion [legi'o:n] f. (-, en) légion f. || FIG. *die Zahl der Besucher ist Legion*, les visiteurs sont légion ; l'affluence est énorme.

Legionär [-ɔ'nɛ:r] m. (s, e). MIL. légionnaire m.

legislativ [legisla'ti:f], **legislatorisch** [-'to:riʃ] adj. législatif. | *legislative Gewalt*, pouvoir législatif.

Legislatur [-'tu:r] f. (-, en), **Legislatur|periode** [legisla"tu:rperi'o:də] f. (-, n) législature f.

legitim [legi'ti:m] adj. légitime. || JUR. *auf legitimem Wege*, par la voie légale. | *legitime Nachkommen*, descendants (m. pl.) légitimes.

Legitimation [legitima'tsio:n] f. (-, n). JUR. légitimation f. ; identité f.

Legitimations|karte [legitima"tsio:ns'kartə] f. (-, n), °**-papier** [-pa'pi :r] n. (s, e). JUR. carte (f.), pièce (f.) d'identité.

legitimieren [legiti'mi:rən] v. tr. légitimer. ◇ v. pr. **sich legitimieren,** prouver son identité ; produire des pièces d'identité.

Legitimität [-mi'tɛ:t] f. légitimité f.

Leguan [lɛgu'ɑ:n] m. (s, e). ZOOL. iguane m.

Leguminose [legumi'no:zə] f. (-, n). BOT. plante légumineuse. ◇ f. pl. **Leguminosen,** légumineuses f. pl.

Lehm [le:m] m. (s, e).GÉOL. limon m. ; glaise f. ; terre (f.) glaise ; argile f.

Lehm|boden ["le:m'bo:dən] m. (s) sol argileux. | *gestampfter Lehmboden*, terre battue. ||°**-wand** f. (-, ¨e). ARCHIT. torchis m.

Leh(e)n [le:n, 'le:ən] n. (s, -). HIST. fief m. | *als Lehen besitzen*, tenir en fief. | *zu Lehen geben*, inféoder.

lehnbar ['le:nbɑ:r] adj. HIST. *jm lehnbar sein*, relever de qn ; être le vassal de qn.

Lehnbarkeit [-kait] f. HIST. vasselage m. ; vassalité f.

Lehns|bauer ["le:ns'bauər] m. (s, n) tenancier m. ||°**-dienst** m. (s, e). HIST. service (m.) de vassal, d'homme lige. ||°**-eid** m. (s) hommage m. ||°**-folge** f. (-, n). HIST. 1° succession féodale ; 2° devoir (m.) de vassal. ||**-frei** adj. JUR. allodial. ||°**-gut** n. (s, ¨er). HIST. fief m. ||°**-herr** m. (n, en). HIST. suzerain m. ||°**-mann** m. (s, ¨er et leute). HIST. vassal m. ; homme lige m. ; feudataire m. ||°**-pflicht** f. vasselage m. ; vassalité f. ; hommage m. ||°**-träger** m. (s, -) vassal m. ; feudataire m. ||°**-wesen** n. (s) régime féodal ; féodalité f. ||°**-zins** m. (es, e) redevance f. ; cens m.

Lehne ['le:nə] f. (-, n) appui m. ; dos m. ; dossier m. || [Treppe] rampe f. ; garde-fou m. || PAR EXT. pente f. ; versant m. ; talus m.

lehnen [-nən] v. intr. s'appuyer. | *das Brett lehnt an der Wand*, cette planche s'appuie contre le mur, est posée contre le mur. ◇ v. tr. appuyer ; adosser. | *er hat die Leiter an die Mauer gelehnt*, il a appuyé l'échelle contre le mur. ◇ v. pr. **sich lehnen,** s'appuyer ; s'adosser. | *sich aus dem Fenster lehnen*, se pencher à la fenêtre.

Lehn|sessel ["le:n'zɛsəl] m. (s, -), °**-stuhl** [-'ʃtu:l] m. (s, ¨e) siège (m.) à dossier ; fauteuil m. ||°**-wort** n. (s, ¨er). GRAMM. mot (m.) d'emprunt.

Lehr [le:r] n. (s, e). TECHN. calibre m. ; vérificateur m. ; mesure f. ; modèle m.

Lehr|amt ['le:ramt] n. (es, ¨er) professorat m. ; fonctions (f. pl.) de professeur ou d'instituteur. | *sein Lehramt aufgeben*, quitter l'enseignement. ||°**-anstalt** f. (-, en) établissement (m.) d'enseignement. || °**-beauftragte(r)** f. (m.). UNIV. chargé(e) [m. (f.)] de cours, d'enseignement. ||°**-begriff** m. (s, e). PHILOS. doctrine f. ; système m. ||°**-brief** m. (s, e) certificat (m.) d'apprentissage. ||°**-buch** n. (s, ¨er) manuel m. ; traité m. ||°**-bursche** m. (n, n) apprenti m. ||°**-fabel** f. (-, n). PHILOS. apologue m. ; fable f. ||°**-fach** n. (s, ¨er) discipline f. ; branche (f.) d'enseignement. ||°**-film** m. (s, e) film documentaire, éducatif. ||°**-form** f. (-, en) forme (f.) didactique. ||°**-gabe** f. (-, n) don (m.) pédagogique. ||°**-gang** m. (s, ¨e) cours m. ||°**-gebäude** n. (s, -). PHILOS. système m. ||°**-gedicht** n. (s, e) poème (m.) didactique. ||°**-gegenstand** m. (s, e) matière (f.) d'enseignement. ||°**-geld** n. (es, er) frais (m. pl.) d'apprentissage. || FIG. *Lehrgeld geben, (be)zahlen*, apprendre à ses dépens. ||°**-jahr** n. (s, e) année (f.) d'apprentissage. ||°**-junge** m. (n, n) apprenti m. ||°**-körper** m. (s, -) corps enseignant. ||°**-kraft** f. (-, ¨e) enseignant m. ; membre (m.) de l'enseignement. ||°**-krankenhaus** n. (es, ¨er) centre (m.) hospitalo-universitaire (C.H.U.). ||°**-kunst** f. (-) art (m.) d'enseigner ; pédagogie f. ||°**-mädchen** n. (s, -) apprentie f. ||°**-meinung** f. (-, en). RELIG. dogme m. ||°**-meister** m. (s, -) patron m. ; maître m. ||°**-plan** m. (s, ¨e) programme m. (des études) ; plan (m.) d'études. ||°**-predigt** f. (-, en). RELIG. homélie f. ||**-reich** adj. instructif. ||°**-saal** m. (s, säle) salle (f.) de cours ; classe f. ||°**-satz** m. (es, ¨e) thèse f. || RELIG. dogme m. || MATH. théorème m. ||°**-spruch** m. (s, ¨e) sentence f. ; précepte m. ||°**-stil** m. (s) style (m.) didactique. ||°**-stoff** m. (s, e) matière (f.) d'enseignement. ||°**-stuhl** m. (s, ¨e) chaire f. (d'université). ||°**-stunde** f. (-, n). [heure (f.) de] classe f. ; leçon f. ; cours m. ||°**-verhältnis** n. (ses) apprentissage m. ||**-widrig** adj. hétérodoxe. ||°**-zeit** f. apprentissage m.

lehrbar ['le:rbɑ:r] adj. qui peut être appris ; qui peut être enseigné.

Lehre ['le:rə] f. (-, n). **1.** leçon f. ; enseignement m. ; instruction f. ; précepte m. | *eine heilsame Lehre*, une leçon salutaire.

2. doctrine f. | *die christliche Lehre*, la doctrine chrétienne. || RELIG. dogme m. | *die Lehre von der Dreieinigkeit*, le dogme de la Sainte Trinité.

3. système m. ; science f. ; théorie f. || PHYS. *die Lehre von der Schwerkraft*, la théorie de la pesanteur. || GRAMM. *Lehre von der Satzbildung*, syntaxe f.

4. PAR EXT. avertissement m. ; remontrance f. ; leçon f. ; morale f. | *das soll dir eine Lehre sein*, cela te servira de leçon. | *aus etwas eine Lehre ziehen*, tirer une leçon de qch.

5. [Berufsausbildung] apprentissage m. | *in der Lehre sein, stehen*, être en apprentissage. | *in die Lehre gegeben werden*, être mis en apprentissage. || FIG., FAM. *jn in die Lehre nehmen*, instruire qn.

6. TECHN. calibre m. ; mesure f.

— SYN. : *Unterricht, Unterweisung*, enseignement ; *Doktrin, Lehrbegriff*, doctrine ; *Lehrgebäude, Verfahren*, système ; *Ausbildung*, instruction.

lehren [-rən] v. tr. enseigner ; apprendre (qch. à qn) ; instruire (qn dans qch.). | *jn die Mathematik lehren*, enseigner les mathématiques à qn. | *die Erfahrung lehrt uns, daß*, l'expérience nous enseigne que. | *jn gehorchen lehren*, apprendre à qn l'obéissance. | *er lehrt in den Oberklassen*, il est professeur de grandes classes. | *das muß die Zukunft lehren*, l'avenir le dira. || FAM. *jn Mores lehren*, apprendre à vivre à qn.

Lehrer(in) ['le:rər(in)] m. (s, -), f. (-, nen). [Volksschule] maître m. ; maîtresse f. ; instituteur m. ; institutrice f. || [höhere Schule] professeur m.

— SYN. : *Schulmeister*, maître d'école ; *Oberlehrer, Studienrat*, professeur ; *Hauslehrer*, précepteur m. ; *Erzieher*, pédagogue, éducateur.

Lehrer|austausch ["le:rər'austauʃ] m. (es, e) échange (m.) d'enseignants. ||°**-konferenz** f. (-, en) conseil (m.) de classe. ||°**-prüfung** f. (-, en) brevet (m.) d'enseignement. ||°**-seminar** n. (s, e) école normale. ||°**-stand** m. (s). [Personen] corps enseignant. || [Amt] fonction (f.) d'enseignant ; professorat. ||°**-ton** m. (s) ton doctoral.

lehrerhaft ['le:rərhaft] adj. PÉJOR. pédant ; pédantesque.

Lehrerschaft ['le:rərʃaft] f. [Personen] corps enseignant ; professeurs m. pl. ; instituteurs m. pl.

lehrhaft ['le:rhaft] adj. instructif. || PAR EXT. sentencieux ; pédant.

Lehrling [-liŋ] m. (s, e) apprenti m. ; élève m. ; novice m.

Leib [laip] m. (s, er). **1.** [Körper] corps m. | *er zitterte am ganzen Leib*, il tremblait de tous ses membres. | *bleiben Sie mir vom Leib*, ne me touchez pas ; ne m'approchez pas. | *sich jn vom Leibe halten*, tenir qn à distance. || FIG. *er hat den Teufel im Leibe*, il a le diable au corps. | *das erfuhr ich am eigenen Leib*, je l'ai appris à mes dépens ; je suis payé pour le savoir. | *diese Tätigkeit ist ihm auf den Leib zugeschnitten*, ce genre d'activité est fait pour lui. | *den Leib kasteien*, se mortifier. | *bei lebendigem Leibe verbrennen*, être brûlé vif. | *das Übel steckt ihm schon lange im Leibe*, il couve ce mal depuis longtemps. | *er ist mit Leib und Seele bei der Sache*, il s'y donne corps et âme. | *sie ist gesegneten Leibes*, elle est enceinte. | *einer Sache zu Leibe rücken*, être à pied d'œuvre. || FAM. *er hat kein Hemd auf dem Leib*, il n'a rien à se mettre. || RELIG. *der Leib des Herrn*, le corps du Christ ; l'hostie.

2. LOC. *Leib und Leben einsetzen, opfern*, risquer, sacrifier sa vie.

3. [Bauch] ventre m. ; FAM. panse f. | *nichts Ordentliches im Leibe haben*, avoir le ventre vide. | *sich den Leib vollschlagen*, se remplir la panse. || FIG. *er hat kein Herz im Leib*, il n'a pas de cœur au ventre. | *sich die Lunge aus dem Leib schreien*, s'époumoner. || PROV. *der Leib ist einem näher als das Hemd*, charité bien ordonnée commence par soi-même.

Leib|arzt ["laip'artst] m. (es, ¨e) médecin attitré, personnel. ||°**-binde** f. (-, n). MÉD. ceinture f. ; sous-ventrière f. ; bandage m. ||°**-bürge** m. (n, n) otage m. ||°**-eigener** m. HIST. serf m. ||°**-eigenschaft** f. HIST. servage m. ||°**-farbe** f. (-, n) couleur favorite, préférée. ||°**-garde** f. (-, n). MIL. garde (f.) du corps. ||°**-gardist** m. (en, en). MIL. garde (m.) du corps. ||°**-gedinge** n. (s, -). JUR. apanage m. ; rente viagère. ||°**-gericht** n. (s, e) plat favori. ||°**-gürtel** m. (s, -), °**-gurt** m. (s, e) ceinture f. ; sangle f. ||°**-pacht** f. (-, en). JUR. bail (m.) à vie. ||°**-regiment** n. (s, er). MIL., HIST. régiment (m.) du roi. ||°**-rente** f. (-, n). JUR. pension, rente viagère. ||°**-riemen** m. (s, -) ceinturon m. ||°**-rock** m. (s, ¨e) habit (m.) de cérémonie ; frac m. ||°**-schmerzen** m. pl., °**-schneiden** n. (s), °**-weh** n. (s) mal (m.) au ventre ; coliques f. pl. ||°**-und-Magenspeise** f. (-, n) plat, mets favori. ||°**-wache** f. (-, n). MIL. garde (f.) du corps. ||°**-wäsche** f. (-, n) linge (m.) de corps.

Leibchen ['laipçən] n. (s, -). DIAL. corsage m. ; corset m.

leiben ['laibən] loc. verbale. *wie er leibt und lebt*, juste comme il est ; tel qu'il est en réalité.

Leibes|beschaffenheit ["laibəsbə'ʃafənhait] f. PHYSIOL. constitution f. ; complexion f. ; tempérament m. ||°**-dicke** f. corpulence f. ||°**-erbe** m. (n, n). JUR. héritier direct, naturel. ||°**-fehler** m. (s, -), °**-gebrechen** n. (s, -) défaut (m.), tare (f.) physique ; infirmité f. ||°**-frucht** f. (-, ¨e) fruit m. (des entrailles) ; fœtus m. ||°**-gestalt** f. (-, en) conformation (f.) du corps ; stature f. ||°**-größe** f. (-, n) stature f. ; taille f. ||°**-kraft** f. (-, ¨e) force (f.) physique ; vigueur f. || FAM. *er schrie aus Leibeskräften*, il cria de toutes ses forces, à tue-tête. ||°**-strafe** f. (-, n) châtiment corporel. ||°**-übung** f. (-, en) exercice (m.) physique. || °**-umfang** m. (s, ¨e) corpulence f. ||°**-visitation** f. (-, en). fouille (f.) à corps.

leibhaft(ig) ['laiphaft(iç)] adj. corporel ; en chair et en os ; en personne ; personnifié ; incarné. | *ich sehe ihn leibhaftig vor mir*, je le vois en chair et en os. | *er ist ein leibhaftiger Teufel*, c'est le diable incarné, en personne. || FIG., FAM. *er läuft, als ob der Leibhaftige hinter ihm wäre*, il court comme si le diable était à ses trousses.

leiblich ['laipliç] adj. corporel ; physique ; naturel ; matériel. | *leibliche Schönheit*, beauté (f.) physique. | *leibliche Bedürfnisse*, besoins matériels. | *sein leiblicher Bruder*, son propre frère.

Leich [laiç] m. (s, e). (Vx.) LITTÉR. lai m.

Leiche ['laiçə] f. (-, n) cadavre m. ; corps (m.) d'un mort ; mort m. || FAM. *er gleicht einer wandelnden Leiche*, il a l'air d'un cadavre ambulant. || FIG., FAM. *er geht über Leichen*, il est sans scrupule. || PAR EXT., FAM. [Leichenfeier] enterrement m.

Leichen|acker ["laiçən'akər] m. (s,¨) cimetière m. ||**-artig** adj. cadavéreux. ||°**-ausgrabung** f. (-, en) exhumation f. ||°**-begängnis** n. (ses, se) enterrement m. ; convoi m. ; obsèques f. pl. ; funérailles f. pl. ||°**-(be)schauer** m. (s, -) médecin (m.) légiste. ||°**-besichtigung** f. (-, en), °**-öffnung** f. (-, en), °**-schau** f. MÉD. autopsie f. ||°**-bestatter** m. (s, -) entrepreneur (m.) des pompes funèbres. ||°**-bestattung** f. inhumation f. ||°**-bittergesicht** n. (es, er), °**-bittermiene** f. (-, n). FAM. mine (f.), figure (f.) d'enterrement. ||**-blaß** adj. pâle comme un mort ; blanc comme un linceul ; blême ; livide. ||°**-eule** f. (-, n). ZOOL. effraie f. ||**-fahl** adj. blême ; livide ; cadavéreux. ||°**-feier** f. (-, n) funérailles f. pl. ; obsèques f. pl. ||°**-fledderer** m. (s, -) détrousseur de cadavres. ||°**-gefolge** n. (s), °**-geleit** n. (s), °**-zug** m. (s, ¨e) cortège (m.) funèbre ; convoi (m.) mortuaire. ||°**-gepränge** n. (s) pompes (f. pl.) funèbres. ||°**-gerüst** n. (es, e) catafalque m. ||°**-gewölbe** n. (s, -) caveau m. ||°**-gift** n. (es). MÉD. virus (m.) cadavérique. ||°**-halle** f. (-, n) chapelle ardente. ||°**-haus** n. (es, ¨er). [Sterbehaus] maison (f.) mortuaire ; [Spital] morgue f. ||°**-hemd** n. (es, en) suaire m. ; linceul m. ||°**-kosten** f. pl. frais (m. pl.) d'enterrement. ||°**-predigt** f. (-, en), °**-rede** f. (-, n) oraison (f.) funèbre. ||°**-räuber** m. (s, -) détrousseur (m.) de cadavres. ||°**-schau** f. (-) constatation (f.) de décès. ||°**-schauhaus** n. (es, ¨er) morgue f. ||°**-schändung** f. (-, en) violation (f.) de sépulture. ||°**-schmaus** m. (es) repas (m.) d'enterrement. ||°**-starre** f. rigidité (f.), raideur (f.) cadavérique. ||°**-stein** m. (s, e) pierre (f.) funéraire. ||°**-träger** m. (s, -) employé (m.) des pompes funèbres ; POP. croque-mort m. ||°**-tuch** n. (s, ¨er) suaire m. ; linceul m. || PAR EXT. drap (m.) mortuaire ; poêle m. ||°**-untersuchung** f. (-, en). MÉD. autopsie f. ||°**-verbrennung** f. (-, en) incinération f. ; crémation f. ||°**-wagen** m. (s, -) corbillard m.

leichenhaft ['laiçənhaft] adj. cadavéreux.

Leichnam ['laiçna:m] m. (s, e) corps m. (d'un mort) ; cadavre m. ; POP. macchabée m.

leicht [laiçt] adj. **1.** [von geringem Gewicht] de peu de poids ; léger. | *leichte Last*, léger fardeau. | *ein leichtes Kleid*, un vêtement léger. | *eine leichte Waffe*, une arme légère.

2. [flink ; behend ; beweglich] *sie kam leichten Fußes daher*, elle arrivait d'un pas agile. | *leichte Artillerie*, artillerie légère.

3. [bekömmlich] *ein leichtes Essen*, un repas léger. | *leichter Wein*, du vin léger.

4. facile ; aisé. | *das ist eine leichte Sache*, c'est chose facile. | *das ist kein Leichtes*, ce n'est pas chose facile. | *leichtes Spiel haben*, avoir beau jeu. | *alles wird ihm leicht*, il réussit tout sans effort. | *einem etwas leicht machen*, rendre une chose facile à qn. | *das hast du dir aber leicht gemacht*, tu ne t'es pas trop fatigué ; FAM. tu as fait ton travail par-dessus la jambe.

5. FIG. *eine leichte Erkältung*, un léger rhume ; un petit rhume. | *ein leichter Tod*, une mort sans souffrance ; une belle mort. | *ein leichtes Wesen*, un caractère frivole. | *etwas auf die leichte Schulter, auf die leichte Achsel nehmen*, prendre qch. à la légère. | *es wurde mir leicht ums Herz*, je me sentis le cœur soulagé. | *leichter Fehler ; leichte Sünde*, petite faute ; faute légère ; péché véniel ; peccadille f. | *leichter Sinn*, caractère optimiste, enjoué, facile. | *leichter Schlaf*, sommeil léger. | *leichte Musik*, musique légère. | *leichten Herzens*, d'un cœur léger. ◇ adv. légèrement ; facilement ; aisément ; à la légère. | *leicht gekleidet*, vêtu légèrement. | *er arbeitet leicht*, il travaille sans effort. | *das Werk ging leicht vonstatten*, l'ouvrage avançait sans peine, facilement. | *etwas leicht behandeln*, traiter qch. à la légère. | *es könnte ihm leicht einfallen*, l'idée pourrait lui venir facilement. | *das kann ich mir leicht vorstellen*, j'imagine ! | *leicht möglich*, très possible. | *das ist leicht gesagt*, c'est facile à dire ; c'est vite dit. | *das kommt so leicht nicht wieder vor*, il n'y a guère de chances que cela se reproduise.

Leicht|athletik ["laiçtat'le:tik] f. SPORT. athlétisme m. ||**-blütig** adj. FIG. d'humeur enjouée. ||**-faßlich** adj. facile, aisé à comprendre. ||**-fertig** [leichtsinnig] léger ; étourdi ; frivole ; écervelé. | *leichtfertiger Mensch*, esprit léger, étourdi ; FAM. tête (f.) de linotte. || PAR ANAL. irréfléchi ; inconsidéré. | *leichtfertiges Wesen*, frivolité f. ; légèreté f. ◇ adv. étourdiment ; à la légère. ||°**-fertigkeit** f. légèreté f. ; étourderie f. ; frivolité f. ||**-flüchtig** adj. CHIM. très volatil. ||**-flüssig** adj. CHIM. fusible ; liquéfiable. ||°**-fuß** m. (es). FIG. libertin m. ||**-füßig** adj. aux pieds légers ; agile ; léger à la course. ||**-geschürzt** adj. court-vêtu. ||°**-gewicht** n. (es). SPORT. poids léger. ||**-gläubig** adj. crédule ; naïf. ||**-hin** adv. à la légère. ||**-lebig** adj. 1° qui prend la vie du bon côté ; insouciant ; philosophe ; 2° facile à vivre ; accommodant. ||°**-lebigkeit** f. 1° insouciance f. ; 2° bon caractère. ||°**-matrose** m. (n, n). MAR. matelot (m.) novice. ||°**-mut** m. (s) légèreté f. ; bonne humeur. ||°**-sinn** m. (s) caractère léger ; légèreté f. ; insouciance f. ; étourderie f. ; frivolité f. ||**-sinnig** adj. léger ; étourdi ; frivole ; futile ; écervelé ; volage. ||**-sinnigerweise** adv. à la légère. ||**-verdaulich** adj. digeste ; léger. ||°**-verletzte(r)** f. (m.) blessé léger. ||°**-wasser** n. (s, -). NUCL. eau légère. ||°**-wasser|-reaktor** m. (s, en). NUCL. réacteur (m.) à eau légère.

Leichter ['laiçtər] m. (s, -). MAR. allège f.
leichtern ['laiçtərn] v. tr. MAR. alléger.
Leichtheit ['laiçthait] f. V. LEICHTIGKEIT.
Leichtigkeit [-tiçkait] f. légèreté f. || PAR EXT. agilité f. ; souplesse f. ; aisance f. || FIG. légèreté f. ; étourderie f.
leichtlich [-tliç] adv. facilement ; sans peine.
leid [lait] adv. *es tut mir leid*, je le regrette ; j'en suis désolé, navré, fâché. | *er tut mir leid*, il me fait pitié, de la peine ; je le plains. | *es tut mir leid um ihn*, je le plains.
Leid [lait] n. (s) mal m. ; peine f. ; chagrin m. ; misère f. ; souffrance f. ; douleur f. ; tribulations f. pl. ; tort m. | *er hielt zu uns in Freud und Leid*, il nous a été fidèle dans la joie et dans la peine. | *Erlkönig hat mir ein Leids getan* (GOETHE), le roi des aulnes m'a fait du mal. | *sich ein Leid(s) antun*, attenter à ses jours. | *jm sein Leid klagen*, conter ses peines à qn. | *um einen Toten Leid tragen*, porter le deuil, être en deuil de qn.
Leide|form ["laidə'fɔrm] f. (-, en). GRAMM. forme passive ; passif m.
leiden ['laidən] (litt, gelitten) v. tr. [aushalten ; ertragen] subir ; essuyer ; endurer ; éprouver. | *Hunger leiden*, endurer la faim ; souffrir de la faim. | *die Reben haben Schaden gelitten*, les vignes ont souffert. | *an etwas Mangel leiden*, manquer de qch. || PAR EXT. [dulden ; erlauben ; gestatten ; zulassen] tolérer ; supporter ; permettre. | *ich leide nicht, daß er mir so antwortet*, je ne permettrai pas qu'il me réponde ainsi. | *er kann, mag sie nicht leiden*, il ne la supporte pas ; FAM. il ne peut pas la voir.
◇ v. intr. souffrir ; avoir mal ; être souffrant. | *an einer Krankheit leiden*, souffrir, être atteint d'une maladie. | *unter js Bosheit leiden*, endurer les méchancetés de qn. | *unter der Kälte leiden*, souffrir du froid. || FIG., THÉÂTRE. *das Stück leidet an Längen*, la pièce pèche par ses longueurs.
Leiden [-dən] n. (s, -) souffrance f. ; douleur f. ; peine(s) f. (pl.) ; épreuves f. pl. | *das Leiden Christi*, la Passion de Jésus-Christ. || PAR EXT. maladie f. | *Leiden ausstehen*, souffrir d'une maladie ; être souffrant. | *chronisches Leiden*, mal (m.) chronique. | *er starb nach langem Leiden*, il mourut après une longue maladie.
Leiden [-dən] n. pr. n. GÉOGR. Leyde f. || PHYS. *Leidener Flasche*, bouteille (f.) de Leyde.
leidend [-dənt] adj. souffrant ; souffreteux ; passif.
Leidens|gefährte ["laidənsgə'fɛːrtə] m. (n, n), °**-genosse** m. (n, n) compagnon (m.) d'infortune. ||°**-kelch** m. (es). FIG. calice (m.) d'amertume. ||°**-station** f. (-, en). RELIG. station (f.) du chemin de croix. ||°**-stätte** f. RELIG. Golgotha m. ||°**-weg** m. (s). RELIG. chemin (m.) de croix. ||°**-woche** f. RELIG. semaine (f.) de la Passion.
Leidenschaft ['laidənʃaft] f. (-, en) passion f. ; emportement m. ; FAM. emballement m. ; feu m. ; fureur f. ; rage f. ; soif f. ; frénésie f. | *seinen Leidenschaften frönen*, se livrer, s'abandonner à ses passions. || PAR ANAL. [Liebe] passion f. ; amour m.
leidenschaftlich [-ʃaftliç] adj. passionné ; ardent ; fougueux ; emporté ; brûlant ; FAM. emballé. | *leidenschaftlicher Haß*, haine passionnée. | *leidenschaftliche Liebe*, amour passionné, violent, ardent, impétueux. | *werden Sie nicht leidenschaftlich*, ne vous emportez pas.
◇ adv. *Schokolade ißt sie leidenschaftlich gern*, elle adore le chocolat.
Leidenschaftlichkeit [-ʃaftliçkait] f. passion f. fougue f. ; violence f. ; emportement m. ; acharnement m.
leidenschafts|los [-ʃafts'loːs] adj. sans passion ; indolent ; flegmatique. ||°**-losigkeit** f. apathie f. ; indolence f. ; flegme m. ; placidité f. ; impassibilité f.
leider ! ['laidər] interj. hélas ! ; malheureusement. || FAM. *leider Gottes !*, à mon grand regret.
leidig [-diç] adj. triste ; désagréable ; déplaisant ; fâcheux ; malheureux ; vilain ; désolant ; détestable ; funeste. | *ein leidiger Zwischenfall*, un incident fâcheux.
leidlich ['laitliç] adj. tolérable ; supportable ; passable. | *er hat ein leidliches Einkommen*, il a des revenus passables, convenables.
◇ adv. passablement ; pas trop mal. | *mir geht es leidlich*, je ne vais pas trop mal.
Leid|tragende(r) ["lait'traːgəndə(r)] f. (m.) personne (f.) qui porte le deuil ; FIG. dindon (m.) de la farce. ||**-voll** adj. douloureux. ||°**-wesen** n. (s) ennui m. ; contrariété f. ; regret m. ; affliction f. | *zu meinem großen Leidwesen*, à mon grand regret.

Leier ['laiər] f. (-, n). MUS. lyre f. || PR. et FIG. *die Leier schlagen*, jouer de la lyre. || PAR EXT. vielle f. || FIG., FAM. *es ist (immer) die alte Leier*, c'est toujours le même refrain, la même rengaine.
Leier|kasten ["laiər'kastən] m. (s, ¨) orgue (m.) de Barbarie. | *ein Leierkastenmann*, un joueur d'orgue de Barbarie.
leiern ['laiərn] v. tr. guinder ; hisser. | *den Eimer aus dem Brunnen leiern*, tirer le seau hors du puits.
◇ v. intr. FAM. rabâcher ; réciter d'un ton monocorde.
Leih|amt ["lai'amt] n. (s, ¨er), °**-anstalt** f. (-, en), °**-haus** n. (es, ¨er) mont-de-piété m. ; [in Frankreich] Crédit municipal. ||°**-bibliothek** f. (-, en), °**-bücherei** f. (-, en) bibliothèque (f.) de prêt. ||°**-mutter** f. (-, ¨) mère porteuse. ||°**-satz** m. (es, ëe). FIN. taux (m.) d'intérêt d'un prêt. ||°**-wagen** m. (s, -) voiture (f.) de location. ||**-weise** adv. à titre de prêt ; en location.
leihen ['laiən] (ie, ie) v. tr. **1.** [überlassen] prêter ; louer. | *er lieh sein Geld auf Zinsen*, il prêtait son argent à intérêts. || FIG. *Beistand leihen*, prêter assistance. | *einer Bitte ein geneigtes Ohr leihen*, écouter une demande avec bienveillance.
2. [erbitten ; erhalten] emprunter. | *das ist nicht mein eigener Wagen, sondern ein geliehener*, ce n'est pas ma voiture, mais une que j'ai empruntée.
— SYN. : *borgen, anvertrauen, überlassen, ausleihen*, prêter ; *borgen, entleihen, entlehnen*, emprunter.
Leihen ['laiən] n. (s). [Überlassung]. (action de) prêter ; prêt m. ; location f. || [Anleihe] (action d') emprunter ; emprunt m.
Leim [laim] m. (s, e) colle forte ; glu f. || *aus dem Leim gehen*, se décoller ; se disjoindre ; FIG., FAM. se rompre. | *er ging auf den Leim*, il tomba dans le piège, dans le panneau. | *jn auf den Leim führen*, tromper, berner qn ; POP. rouler qn.
Leim|farbe ["laim'farbə] f. (-, n). TECHN. détrempe f. ||°**-kessel** m. (s, -), °**-tiegel** m. (s, -), °**-topf** m. (s, ¨e) pot (m.) de colle. ||°**-knecht** m. (s, e). TECHN. serre-joint m. ||°**-kraut** n. (s). BOT. silène m. ||°**-rute** f. (-, n), °**-stange** f. (-, n). [Jagd] gluau m. ; pipeau m. ||°**-stoff** m. (s). CHIM. gluten m.
leimen ['laimən] v. tr. TECHN. coller ; recoller. || FIG., POP. duper ; berner ; rouler.
Leimen [-mən] n. (s). TECHN. collage m.
leimig [-miç] adj. gluant ; collant.
Lein [lain] m. (s, e). BOT. [Pflanze ; Samen ; Faser] lin m. || TEXT. lin m. ; toile (f.) de lin.
Lein|acker ["lain'akər] m. (s, ¨), °**-feld** n. (s, er). AGRIC. linière f. ||°**-bau** m. (s). AGRIC. culture (f.) du lin ; culture linière. ||°**-fink** m. (en, en). ZOOL. chardonneret m. ||**-grau** adj. bis. ||°**-kraut** n. (s). BOT. linaire f. ||°**-kuchen** m. (s, -). AGRIC. tourteau m. ||°**-öl** n. (s) huile (f.) de lin. ||°**-pfad** m. (s, e), °**-straße** f. (-, n) chemin (m.) de halage. ||°**-tuch** n. (s, ¨er). TEXT. toile f. || PAR EXT., DIAL. drap (m.) de lit. ||°**-wand** f. (-, ¨e). TEXT. toile f. ; linge m. | *echte Leinwand*, (toile f.) pur fil. || PAR EXT., FILM. écran m. | *auf die Leinwand bringen*, porter à l'écran. || °**-wandgeschäft** n. (es, e). COMM. magasin (m.), maison (f.) de blanc ; lingerie f. ||°**-weber** m. (s, -) tisserand m. ; toilier m. ||°**-weberei** f. (-, en) tissage m. ; industrie toilière.
Leine ['lainə] f. (-, n) corde f. ; cordeau m. ; laisse f. | *Leinen ziehen*, tirer des cordes. | *einen Hund an der Leine, führen*, tenir un chien en laisse. || FIG., FAM. *jn an der Leine haben*, mener qn en laisse ; mener qn par la lisière. || PAR EXT. longe f. ; guide f.
— SYN. : *Strick, Seil*, corde ; *Schnur*, ficelle.
Leinen [-nən] n. (s) toile f. ; toile (f.) de lin. | *rein Leinen*, pur fil. || [Bücher] *Leinen (Ln)*, relié toile. | *Halbleinen (Hln)*, relié demi-toile.
leinen [-nən] adj. de lin ; de fil ; de toile.
Leinen|band ["lainən'bant] m. (s, ¨e) reliure f. (en) toile. ||°**-bast** m. (es, e) filasse (f.) de lin. ||°**-damast** m. (es, e) linge damassé. ||°**-garn** n. (s, e) fil (m.) de lin. ||°**-gewebe** n. (s) linge m. ||°**-industrie** f. (-, n) industrie linière. ||°**-umwicklung** f. (-, en). TECHN. marouflage m.
leise ['laizə] adj. **1.** [kaum hörbar] bas ; léger. | *leise Stimme*, voix basse, faible. | *leises Murmeln*, léger murmure. || FIG. *auf leisen Sohlen*, à pas feutrés, étouffés.
2. [wenig ; gering ; leicht ; schwach] faible ; doux ; délicat. | *leiser Verdacht*, léger soupçon. | *leiser Regen*, pluie fine ; bruine f. | *sie hat einen leisen Schlaf*, elle

a le sommeil léger. | *ohne den leisesten Grund*, sans la moindre raison.
◇ adv. sans bruit ; tout bas ; à voix basse ; doucement ; sourdement ; discrètement. | *er flüsterte leise*, il chuchotait tout bas ; il baissait la voix. || FIG., FAM. *man muß leise damit umgehen*, il faut manier cela prudemment.

Leise|treter ["laizə'tre:tər] m. (s, -). FAM. personne dissimulée, sournoise. ||°**-treterei** f. (-). FAM. sournoiserie f.

Leiste ['laistə] f. (-, n). TECHN. liteau m. ; tringle f. ; bande f. ; côte f. || ANAT. aine f.

leisten ['laistən] v. tr. **1.** [fertigbringen ; schaffen] faire ; accomplir ; produire ; rendre. | *er leistet viel ; er leistet Tüchtiges*, il fait du bon travail.
2. [tun ; ausführen] exécuter ; prêter. | *Gehorsam leisten*, obéir. | *Buße leisten*, faire pénitence, amende honorable. | *Widerstand leisten*, résister. | *Hilfe leisten*, aider ; apporter son aide. | *einen Eid leisten*, prêter serment.
3. [erlauben ; gönnen] permettre ; offrir. | *das kann ich mir leisten*, je peux me le permettre, me l'offrir, me le payer.

Leisten [-tən] m. (s, -). TECHN. forme f. | *Schuhe über den Leisten schlagen*, mettre des souliers sur la forme. || FIG., FAM. *alles über einen Leisten schlagen*, mesurer les autres à son aune. || PROV. *Schuster, bleib bei deinem Leisten*, chacun son métier, les vaches seront bien gardées.

Leisten|bruch ["laistən'bru:x] m. (es, ¨e) MÉD. hernie inguinale. ||°**-gegend** f. (-, en). ANAT. région inguinale ; aine f. ||°**-werk** n. (s) moulures f. pl.

Leistung ['laistuŋ] f. (-, en) travail accompli ; résultat m. ; rendement m. ; performance f. ; tour (m.) de force. | *erstaunliche Leistungen*, beaux résultats ; grands exploits ; prouesses f. pl. || PHYS. travail m. ; puissance f. ; rendement m. || JUR. exécution f. ; prestation f. (en nature) ; paiement m.

Leistungs|berechtigter ["laistuŋsbə'rɛçtiktər], °**-empfänger** [-ɛm'pfɛŋər] m. (s, -) bénéficiaire (m.) de prestations. ||°**-bilanz** f. (-, en). FIN. balance (f.) des paiements courants. ||°**-blatt** n. (s, ¨er) fiche (f.) technique. ||**-fähig** adj. capable ; efficace ; de haut rendement. ||°**-fähigkeit** f. (-, en) capacité (f.) de rendement. ||°**-ganglinie** f. (-, n). PHYS. courbe (f.) de charge. ||°**-gesellschaft** f. (-, en) méritocratie f. ||°**-hebel** m. (s, -) manette (f.) de débit. ||°**-träger** m. (s, -). ÉCON. prestataire m. ||°**-verzeichnis** n. (ses, se). ÉCON. cahier (m.) des charges. ||°**-zulage** f. (-, n). ÉCON. prime (f.) de rendement.

Leit|achse ["lait'aksə] f. (-, n). TECHN. essieu (m.) avant. ||°**-artikel** m. (s, -), °**-aufsatz** m. (es, ¨e) [Zeitung] article (m.) de fond ; éditorial m. ; leader m. ||°**-faden** m. (s, ¨) fil conducteur ; fil (m.) d'ariane. || [Schulbuch] guide m. ; manuel m. ||°**-feuer** n. (s, -). MINES. étoupille f. ; mèche f. ; cordeau (m.) Bickford. ||°**-gedanke** m. (n, n) idée générale, directrice ; idée-force f. ||°**-hammel** m. (s, ¨). ZOOL. bélier m. || FIG. meneur m. ; chef (m.) de bande. ||°**-hund** m. (s, e). [Jagd] limier m. || [Blinder] chien (m.) d'aveugle. ||°**-linie** f. (-, n). MATH. directrice f. ||°**-motiv** n. (s, e). MUS. motif conducteur, caractéristique ; thème dominant ; leitmotiv m. ||°**-planke** f. (-, n) glissière (f.), rail (m.) de sécurité. ||°**-satz** m. (es, ¨e) principe directeur ; directive f. ||°**-schiene** f. (-, n) contrerail m. ||°**-seil** n. (s, e) laisse f. || [Reitkunst] longe f. ; guide f. || AÉRON. guiderope m. ||°**-stange** f. (-, n). TECHN. [Tram ; Trolley] perche f. ||°**-stern** m. (s). ASTRON. étoile (f.) polaire. || FIG. guide m. || °**-währung** f. (-, en). FIN. monnaie (f.) étalon ; monnaie (f.) de référence. ||°**-welle** f. (-, n). TECHN. arbre (m.) de transmission. ||°**-werk** n. (s, e). AÉRON. gouvernail m. ; empennage m. ||°**-zinssatz** m. (es, ¨e). FIN. taux (m.) directeur, de base bancaire.

leiten ['laitən] v. tr. conduire ; guider ; mener ; diriger. | *der Verkehr wurde durch Seitenstraßen geleitet*, la circulation fut détournée par des voies latérales. | *einen Antrag (auf dem Dienstweg) an die Regierung leiten*, transmettre une demande au gouvernement (par la voie hiérarchique). | *ein Unternehmen leiten*, diriger une entreprise. | *der leitende Grundsatz*, le principe directeur. | *von persönlichen Rücksichten läßt er sich nicht leiten*, il n'est pas guidé par des considérations personnelles. || PHYS. *den elektrischen Strom gut leiten*, être bon conducteur de l'électricité.

Leiter [-tər] m. (s, -) guide m. ; conducteur m. ; directeur m. ; administrateur m. ; gérant m. ; PÉJOR. meneur m. | *Leiter einer Fabrik*, directeur d'une usine. || PHYS. conducteur m.

Leiter [-tər] f. (-, n) échelle f. || FIG. gradation f. ; échelle f.

Leiter|baum ["laitər'baum] m. (s, ¨e) montant (m.) d'échelle. ||°**-sprosse** f. (-, n) échelon m. ||°**-wagen** m. (s, -) chariot (m.) à ridelles.

Leitung ['laituŋ] f. (-, en). [Führung ; Verwaltung] conduite f. ; gestion f. ; administration f. ; direction f. ; gouvernement m. | *die Leitung eines Geschäfts übernehmen*, prendre la direction d'une affaire. || TECHN. conduite f. ; canalisation f. || ÉLECTR. *eine Leitung legen*, poser une ligne électrique. | *js Leitung anzapfen*, mettre qn sur table d'écoute. || [Gas ; Wasser] canalisation (f.), conduite (f.) de gaz, d'eau. || FIG., FAM. *er hat eine lange Leitung*, il a l'esprit lent.
— SYN. : *Leitungsvorrichtung, Röhrenwerk*, conduite ; *Rohrnetz, Rohrleitung*, tuyauterie, canalisation.

Leitungs|draht ["laituŋs'dra:t] m. (s, ¨e). ÉLECTR. conducteur (m.), fil (m.) de ligne. ||**-fähig** adj. PHYS. conductible. ||°**-fähigkeit** f., °**-kraft** f., °**-vermögen** n. (s). PHYS. conductibilité f. ||°**-kanal** m. (s, ¨e). ÉLECTR. conduite f. ||°**-mast** m. (es, e). ÉLECTR. pylône m. ||°**-netz** n. (es, e). ÉLECTR. réseau (m.) électrique ; secteur m. || INF. réseau m. || TECHN. [Rohre] canalisation f. ; tuyautage m. ; tuyauterie f. ||°**-rohr** n. (s, e). TECHN. conducteur m. ; tuyau (m.) de conduite. ||°**-röhre** f. (-, n). TECHN. conduit m. ||°**-vermerk** m. (s, e). POSTES. acheminement m. ||°**-wasser** n. (s) eau (f.) provenant d'une conduite ; eau potable. ||°**-widerstand** m. (s). ÉLECTR. résistance f.

Lektion [lɛk'tsio:n] f. (-, en) leçon f. || FIG. *das soll eine Lektion für dich sein*, que cela te serve de leçon.

Lektor ['lɛkto:r] m. (s, en). UNIV. lecteur m.

Lektüre [lɛk'ty:rə] f. (-, n) lecture f.

Lemming ['lemiŋ] m. (s, e). ZOOL. lemming m.

Lemure [le'mu:rə] m. (n, n). HIST. lémure m. || ZOOL. maki m. ; lémurien m.

Lende ['lɛndə] f. (-, n). ANAT. région (f.) des reins ; lombes m. pl. || PAR EXT. hanche f. ; cuisse f.

Lenden|braten ["lɛndən'bra:tən] m. (s, -). CULIN. filet m. || [Ochs] aloyau m. || [Kalb] longe f. ||°**-gegend** f. (-, en). ANAT. (région des) reins m. pl. ; région (f.) lombaire. ||°**-gicht** f. MÉD. sciatique f. ||°**-knochen** m. (s, -). ANAT. os (m.) iliaque. ||**-lahm** adj. éreinté ; épuisé. | *jn lendenlahm schlagen*, rosser qn d'importance. || FIG., FAM. qui manque d'énergie, de nerf. | *lendenlahme Beweisführung*, argumentation faible, boiteuse. ||°**-muskel** m. (s, n). ANAT. muscle (m.) lombaire. ||°**-schmerz** m. (es, en), °**-weh** n. (s). MÉD. mal (m.) de reins ; douleur (f.) lombaire ; lumbago m. ||**-stark** adj. qui a les reins solides ; râblé. ||°**-stück** n. (es, e) CULIN. faux filet.

Lenk|achse ["lɛŋk'aksə] f. (-, n). TECHN. essieu (m.) mobile ; essieu (m.) avant. ||°**-anschlag** m. (s, ¨e). AUTOM. butée (f.) de direction. ||°**-flugzeug** n. (s, e) avion (m.) de guidage. ||°**-luftschiff** n. (s, e). AÉRON. dirigeable m. ||°**-rad** n. (s, ¨er). AUTOM. volant m. ||°**-riemen** m. (s, -) laisse f. ; rênes f. pl. ||°**-rolle** f. (-, n). TECHN. galet m. ||°**-säule** f. (-, n). AUTOM. colonne (f.) de direction. ||°**-schlitten** m. (s, -). SPORT. bobsleigh m. ||°**-schloß** m. (es, ¨er). AUTOM. antivol (m.) de direction. ||°**-seil** n. (s, e) laisse f. ; longe f. ; rênes f. pl. ||°**-stange** f. (-, n). AUTOM. bielle (f.) de direction. || [Rad] guidon m.

lenkbar ['lɛŋkba:r] adj. dirigeable ; gouvernable ; traitable ; docile. | *leicht lenkbarer Wagen*, voiture facile à conduire. | *lenkbares Kind*, enfant docile.

Lenkbarkeit [-kait] f. qualité (f.) de ce qui est gouvernable, traitable. || AÉRON. dirigeabilité f. || AUTOM. maniabilité f. || FIG. docilité f.

lenken ['lɛŋkən] v. tr. conduire ; guider ; mener ; diriger ; gouverner ; régir. | *die Pferde lenken*, diriger ses chevaux. || FIG. *die Blicke auf sich lenken*, attirer les regards. | *den Verdacht auf jn lenken*, faire porter le soupçon sur qn. | *js Aufmerksamkeit von etwas weg lenken*, détourner l'attention de qn. | *er ist schwer zu lenken*, il est peu traitable. || MAR. *das Schiff lenken*, gouverner le vaisseau. || AUTOM. *seinen Wagen lenken*, conduire sa voiture. || AÉRON. *ein Flugzeug lenken*, piloter un avion. || MIL. *eine Schlacht lenken*, diriger (les opérations d')une bataille.

Lenken [-kən] n. (s), **Lenkung** [-kuŋ] f. (-, en) [action de] conduire ; conduite f. ; direction f. ; maniement m. ; gouvernement m.

Lenker ['lɛŋkər] m. (s, -) conducteur m. || AUTOM. chauffeur m.

lenksam ['lɛŋkza:m] adj. facile à conduire, à mener ; maniable ; souple ; docile ; faible ; traitable.

Lenksamkeit [-kait] f. souplesse f. ; docilité f.
lentikular ["lɛntiku'lɑ:r] adj. Opt. lenticulaire.
Lenti|virus ["lɛnti'vi:rus] n. (-, ren). Méd. virus lent.
Lenz [lɛnts] m. (es, e). Poét. printemps m. ; renouveau m. || Fig. *der Lenz des Lebens*, le printemps de la vie.
lenzen ['lɛntsən] v. impers. Poét. *es lenzt*, le printemps arrive. || Mar. pomper l'eau entrée par une fissure.
Lenzing ['lɛntsiŋ] m. (s, e). [Vx.] **Lenz|monat** ["lɛnts'mo:nat] m. (s, e) mars m.
leoninisch [leo'ni:niʃ] adj. Jur. léonin.
Le(o)nore [le(o)'no:rə] n. pr. f. Éléonore f.
Leopard [leo'part] m. (en, en). Zool. léopard m.
Lepra ['le:pra], **Leprose** [le'pro:zə] f. Méd. lèpre f.
Lepra|kranke(r) ["le:pra'kraŋkə(r)] f. (m.) lépreux m. ; lépreuse f.
Lerche ['lɛrçə] f. (-, n). Zool. alouette f. | *fette Lerche*, mauviette. | *die Lerche trillert*, l'alouette grisolle, lance ses trilles.
Lerchen|falk ["lɛrçən'falk] m. (en, en). Zool. émerillon m. ||°**-fang** m. (s) chasse (f.) aux alouettes.
lernbar ['lɛrnbɑ:r] adj. qui s'apprend ; que l'on peut apprendre.
Lern|begier ["lɛrnbə'gi:r] f., °**-begierde** f. (-, n) envie (f.), désir (m.) d'apprendre. ||**-begierig** adj. studieux. ||°**-gegenstand** m. (s, ¨e), °**-stoff** m. (s, e) matière (f.) d'enseignement. ||°**-prozeß** m. (es, e) processus (m.) d'apprentissage. ||°**-zeit** f. (-, en) temps (m.) d'apprentissage.
lernen ['lɛrnən] v. tr. apprendre ; étudier. | *Deutsch lernen*, apprendre l'allemand. | *rechnen lernen*, apprendre à compter. | *er hat aus dem Buch des Lebens gelernt*, il a étudié le livre de la vie. || Fam. *er lernt noch*, il n'a pas encore terminé ses études, son apprentissage. ◇ part. prés. et adj. **lernend,** qui apprend. | *Lernende(r)*, apprenant(e) m. (f.).
Lernen n. (s). [action d'] apprendre ; étude f. ; apprentissage m.
lernsam ['lɛrnzɑ:m] adj. studieux.
Les|art ['le:zɑ:rt] f. (-, en) leçon f. ; version f., variante f.
lesbar ['le:sbɑ:r] adj. lisible ; déchiffrable.
Lesbarkeit ['le:sbarkait] f. (-) lisibilité f.
Lesbier(in) ['lɛsbiər(in)] m. (s, -), f. (-, nen). Hist. Lesbien(ne) m. (f.).
◇ f. **Lesbierin**, lesbienne f.
lesbisch [biʃ] adj. lesbien.
Lese ['le:zə] f. (-, n). Agric. cueillette f. ; récolte f. || [Weinlese] vendange f. || [Kartenspiel] levée f.
Lese|abend ["le:zə'a:bənt] m. (s, e) soirée (f.) littéraire. ||°**-buch** n. (s, ¨er) abécédaire m. ; livre (m.) de lecture. || Par ext. recueil (m.) de morceaux choisis ; anthologie f. ; chrestomathie f. ||**-früchte** f. pl. anthologie f. ||°**-gesellschaft** f. (-, n), °**-zirkel** m. (s, -) cercle (m.) de lecture ; cercle (m.) littéraire. ||°**-glas** n. (es, ¨er). Opt. loupe f. ||°**-holz** n. (es) bois mort. ||°**-kopf** m. (s, ¨e). Inf. tête (f.) de lecture. ||°**-kränzchen** n. (s, -) cercle (m.) de lecture. ||°**-leuchte** f. (-, n). veilleuse f. ||°**-obst** n. (es) fruits ramassés. ||°**-probe** f. (-, n). Théâtre. lecture f. ||°**-pult** n. (es, e) pupitre m. || [Kirche] lutrin m. ||°**-ratte** f. (-, n). Fam. rat (m.) de bibliothèque. ||°**-rost** m. (es, e) grille (f.) de lecture. ||°**-saal** m. (s, säle) salle (f.), salon (m.) de lecture. ||°**-stoff** m. (s, e) lecture f. ||°**-stück** n. (s, e) lecture f. ; morceau (m.) de lecture. | *ausgewählte Lesestücke*, morceaux choisis. ||°**-zeichen** n. (s, -) signet m. ||°**-zeit** f. (-, en). [Sammeln] saison (f.) de la récolte, des vendanges ; époque (f.) de la cueillette. || Par ext. temps consacré à la lecture.
lesen ['le:zən] (ie, a, e) v. tr. et v. pr. **1.** [sammeln ; aufheben] ramasser ; cueillir ; recueillir ; récolter ; glaner. | *Ähren lesen*, glaner. | *Kartoffeln lesen*, ramasser des pommes de terre.
2. [aussuchen] trier. | *Linsen lesen*, trier des lentilles. | *Salat lesen*, éplucher de la salade.
3. [Hand- oder Druckschrift deuten] lire ; déchiffrer. | *einen Roman lesen*, lire un roman. | *flüchtig lesen*, parcourir. | *die Messe lesen*, dire la messe. || Typogr. *Korrekturen lesen*, corriger des épreuves. || Fig. *man konnte ihm den Haß aus den Augen lesen*, la haine se lisait dans ses yeux. || Fam. *sich dumm lesen*, s'abrutir sur les livres.
◇ v. intr. | *laut lesen*, lire tout haut, à haute voix. | *der Professor liest über das klassische Schauspiel*, le professeur fait un cours sur le théâtre classique.
— Syn. : *durch-*, *ablesen*, lire ; *verschlingen*, dévorer ; *durchsehen*, *durchfliegen*, parcourir.
Lesen [-zən] n. (s). **1.** [Sammeln] (action [f.] de) cueillir ; ramassage m. ; cueillette f. ; récolte f. ; vendange f. ; glanage m.
2. [Aussuchen] (action [f.] de) trier ; triage m. ; épluchage m.
3. lecture f. ; déchiffrement m. | *beim Lesen des Briefes*, en lisant la lettre, à la lecture de la lettre.
4. Relig. célébration f.
lesens|wert ["le:zəns've:rt] adj. qui mérite d'être lu ; digne d'être lu.
Leser(in) ['le:zər(in)] m. (s, -), f. (-, nen) lecteur m. ; lectrice f. ; liseur m. ; liseuse f.
Leser|briefecke ["le:zər'bri:fɛkə] f. (-, n), °**-briefkasten** [-'bri:fkastən] m. (s, ¨). [Presse] courrier (m) du cœur. ||°**-kreis** m. (es, e) cercle (m.), nombre (m.) de lecteurs ; public m. ||**-lich** adj. lisible. ||°**-schaft** f. lecteurs m. pl. ; public m.
Leserei [le:zə'rai] f. manie (f.) de la lecture ; rage (f.) de lire.
Lesung ['le:zuŋ] f. (-, en) lecture f. || Polit. *die erste, zweite Lesung*, la première, la seconde lecture.
letal [le'tɑ:l] adj. mortel ; délétère.
lethargisch [le'targiʃ] adj. léthargique.
Lethe ['le:tə] n. pr. f. Myth. Léthé m. | *laßt uns Lethe trinken !*, oublions tout !
Lette ['lɛtə] n. pr. m. (n, n), **Lettin** ['lɛtin] n. pr. f. (-, nen). Géogr. Letton m. ; Lettonne f.
Letten ['lɛtən] m. (s) [terre] glaise f. ; argile f.
Letter ['lɛtər] f. (-, n). Typogr. lettre (f.), caractère (m.) d'imprimerie ; type m.
Letter|druck [-ndruk] m. (s, e) typographie f. ||°**-schiene** f. (-, n) composteur m.
lettig ['lɛtiç] adj. argileux.
lettisch ['lɛtiʃ] adj. Géogr. letton ; lette.
Lett|land ['lɛtlant] n. pr. n. Géogr. Lettonie f.
Lettner ['lɛtnər] m. (s, -). Archit. jubé m.
letzt [lɛtst] (er, e, es) adj. **1.** dernier ; ultime. | *der letzte Tag im Monat*, le dernier jour du mois. | *das letzte Wort haben*, avoir le dernier mot. | *die letzte Hand an eine Arbeit legen*, mettre la dernière main à un travail. | *ein letzter Versuch*, une ultime tentative. | *bis zum letzten Mann kämpfen*, combattre jusqu'au dernier. | *letzte Anstrengung*, suprême effort m. | *zum letzten Mittel greifen*, recourir aux moyens extrêmes.
2. suprême ; ultime. | *ein letztes Lebewohl*, un dernier adieu. | *sein letzter Wille*, ses dernières volontés. | *in den letzten Zügen liegen*, être à l'agonie. | *die letzte Ehre erweisen*, rendre les derniers honneurs. | Fam *auf/aus dem letzten Loch pfeifen*, être près de la fin ; battre de l'aile. || Relig. *die letzte Ölung*, l'extrême onction. | *die letzten Dinge*, les fins dernières.
3. dernier ; suprême ; meilleur. | *die letzten Gründe alles Seins*, les fondements de l'être. | *letzte Menschenwerte*, les valeurs (f. pl.) suprêmes de l'humanité. | *er gab sein Letztes*, il fit tout ce qui était en son pouvoir.
4. le dernier (passé) ; le plus récent. | *letzten Sonntag*, dimanche dernier. | *wissen Sie die letzte Neuigkeit ?*, savez-vous la dernière nouvelle ?
5. Letzte (der, die, das), le dernier ; le moins bon. | *der Letzte in der Klasse*, le dernier de la classe. | *er ist der Letzte, der so sprechen darf*, il est le dernier qui ait le droit de parler ainsi.
6. Letzt *zu guter Letzt*, en fin de compte, pour terminer.
— Syn. : *allerletzt*, *endlich*, *schließlich*, final ; *höchst*, ultime ; *äußerst*, *alleräußerst*, extrême ; *oberst*, suprême.
— Observ. La locution *zu guter Letzt* (en fin de compte) est une altération d'une forme disparue : *zu guter Letze*. *Letze* (cf. letzen) désignait le dernier verre bu avant le départ, le coup de l'étrier *(Abschiedstrunk)*.
Letzt|bietender ["lɛtst'bi:təndər] m. Jur. dernier enchérisseur. ||**-erwähnt, -genannt** adj. qui vient d'être cité ; mentionné en dernier (lieu). ||**-händig** adj. Jur. olographe. ||**-hin** adv. finalement ; en fin de compte. ||**-jährig** adj. de l'année dernière, passée. ||°**-lebende (der)** [n, n]. Jur. (dernier) survivant. ||**-willig** adj. Jur. *letztwillige Verfügung*, dernières volontés. — adv. *letztwillig über etwas verfügen*, prendre des dispositions testamentaires au sujet de qch. ; tester.
letzten|mal ["lɛtstən'mɑ:l] adv. *zum letztenmal*, pour la dernière fois.
letztens ['lɛtstəns] adv. en dernier lieu ; enfin ; au bout du compte.

letzterer [tərər] (e, s) [compar. de **letzt**] adj. ce dernier, cette dernière ; le dernier, la dernière.

letztlich [-tliç] adv. dernièrement ; récemment ; en fin de compte ; finalement.

Leu [lɔy] m. (en, en). POÉT. (Vx.) lion m. | *bayrischer Leu*, Lion bavarois.

leucht... [lɔyçt] (en compos.) lumineux.

Leucht|apparat ["lɔyçtapa'rɑ:t] m. (s, e) appareil (m.) d'éclairage. ||°**-artikel** m. (s, -) luminaire m. ||°**-bild** n. (s, er) transparent m. ||°**-birne** f. (-, n). ÉLECTR. ampoule (f.) électrique. ||°**-dichte** f. (-). ÉLECTR. luminance f. ||°**-dichte|modulation** f. (-, en). PHYS. modulation (f.) de brillance. ||°**-dioden|anzeige** f. (-, n). ÉLECTR. affichage (m.) à diodes. ||°**-feuer** n. (s, -). MAR. phare m. ; fanal m. ||°**-gas** n. (es) gaz (m.) d'éclairage. ||°**-käfer** m. (s, -). ZOOL. ver luisant ; luciole f. ; lampyre m. ||°**-kraft** f. (-, ¨e) intensité lumineuse. ||°**-patrone** f. (-, n). MIL. fusée f. ||°**-petroleum** n. (s), °**-öl** n. (s). CHIM. pétrole lampant. ||°**-pilz** m. (es, e). BOT. champignon bioluminescent. ||°**-rakete** f. (-, n). MIL. fusée éclairante. ||°**-rohr** n. (s, e), °**-röhre** f. (-, n). ÉLECTR. tube fluorescent ; tube (m.) néon. ||°**-schild** n. (s, er) enseigne lumineuse. ||°**-schirm** m. (s, e). ÉLECTR. écran fluorescent. ||°**-spurkugel** f. (-, n). MIL. balle traçante. ||°**-stoffröhre** f. (-, n). PHYS. tube fluorescent. ||°**-tafel** f. (-, n). PHOT. table lumineuse. ||°**-turm** m. (s, ¨e). MAR. phare m. ||°**-uhr** f. (-, en) montre (f.) à cadran lumineux. ||°**-wurm** m. (s, ¨er). ZOOL. ver luisant. ||°**-zifferblatt** n. (s, ¨er) cadran lumineux.

Leuchte ['lɔyçtə] f. (-, n) lumière f. ; lanterne f. ; luminaire m. | *eine Leuchte auf den Tisch stellen*, placer une lumière sur la table. | *Stehleuchte*, lampadaire m. | *Hängeleuchte*, suspension f. | *Wandleuchte*, applique murale. || MAR. fanal m. || FIG., FAM. *er ist keine Leuchte*, ce n'est pas une lumière, un aigle.

leuchten [-tən] v. intr. luire ; donner de la lumière ; être lumineux ; briller ; resplendir. | *die Lampen leuchten*, les lampes, les lumières éclairent, brûlent. | *die Sterne leuchten*, les étoiles brillent. | *die Blitze leuchten*, les éclairs jaillissent. | *seine Augen leuchten vor Freude, Freude leuchtet aus seinen Augen*, il est rayonnant. | *jm leuchten*, éclairer qn. || FIG., IRON. *er konnte seine Weisheit nicht leuchten lassen*, il n'a pas pu faire étalage de son savoir.

Leuchten [-tən] n. (s) [action (f.) de] luire, briller ; éclat m. ; rayonnement m.

leuchtend [-tənt] adj. lumineux ; éclatant. || FIG. *leuchtendes Beispiel*, exemple éclatant, frappant.

Leuchter [-tər] m. (s, -) chandelier m. ; bougeoir m. ; candélabre m.

leugnen ['lɔygnən] v. tr. nier ; dénier ; démentir ; contester. | *eine Schuld leugnen*, nier une faute ; nier une dette. | *Gott leugnen*, nier (l'existence de) Dieu. — SYN. : *ab-, ver-, wegleugnen, verneinen, in Abrede stellen, bestreiten, anfechten, beanstanden*, contester.

Leugner [-nər] m. (s, -) celui qui nie, qui conteste.

Leugnung [-nuŋ] f. (-, en) [action (f.) de] nier ; désaveu m. ; dénégations f. pl.

Leukämie [lɔykɛ'mi:] f. MÉD. leucémie f.

Leukozyt [lɔykɔ'tsy:t] m. (en, en). PHYSIOL. leucocyte m. ; globule blanc.

Leumund ['lɔymunt] m. (s, e). [Ruf] renom m. ; réputation f. ; renommée f.
— SYN. : *Ruf*, réputation ; *Ansehen, Achtung*, considération, notoriété ; *Name*, nom, renom.

Leumunds|zeuge ["lɔymunts'tsɔygə] m. (n, n) témoin (m.) de moralité. ||°**-zeugnis** n. (ses, se) certificat (m.) de bonne vie et mœurs.

Leutchen ['lɔytçən] pl. FAM. bonnes, braves gens.

Leute ['lɔytə] pl. **1.** [Menschen ; Personen ; Einwohner] gens pl. ; personnes f. pl. ; monde m. ; habitants m. pl. | *rechtschaffene Leute*, de braves gens. | *kleine Leute*, de petites gens. | *er ist armer Leute Kind*, il est de famille pauvre. | *Land und Leute kennenlernen*, apprendre à connaître le pays et ses habitants. | *wir sind fortan geschiedene Leute*, tout est fini entre nous désormais. | *mit den Leuten umzugehen wissen*, savoir parler aux gens ; avoir de l'entregent. | *unsere Leute*, nos gens.
2. [Angestellte] employés m. pl.
3. MIL. hommes m. pl. ; troupes f. pl.
4. PROV. *Kleider machen Leute*, la belle plume fait le bel oiseau. | *hinter dem Berg wohnen auch Leute*, nous ne sommes pas les seuls sur cette terre.

leute|scheu ["lɔytə'ʃɔy] adj. sauvage ; peu sociable. ||°**-schinder** m. (s, -). FAM. exploiteur m. ; requin m.

Leutnant ['lɔytnant] m. (s, e). MIL. (sous-)lieutenant m. || MAR. *Leutnant zur See*, enseigne (m.) de 2ᵉ classe.

leut|selig ["lɔyt'ze:liç] adj. affable ; bienveillant. ||°**-seligkeit** f. caractère bienveillant ; affabilité f. ; gentillesse f.

Levante [le'vantə] n. pr. f. GÉOGR. Levant m. || COMM. les Échelles (f. pl.) du Levant.

levantinisch [levan'ti:niʃ] adj. GÉOGR. levantin.

Levit [le'vi:t] m. (en, en). [Bibel] lévite m. || PAR EXT., RELIG. ecclésiastique m. ; lévite m. || FIG., FAM. *jm die Leviten lesen*, chapitrer qn.

Levkoie [lɛf'kɔjə] f. (-, n), **Levkoje** f. (-, n). BOT. giroflée f. ; violier m.

Lexem [lɛ'kse:m] n. (s, e). GRAMM. lexème m.

lexikalisch [lɛksi'kɑ:liʃ] adj. lexicographique.

Lexikograph(in) [lɛksiko'grɑ:f(in)] m. (en, en), f. (-, nen) lexicographe s.

Lexikographie [lɛksikogra'fi:] f. (-) lexicographie f.

Lexikon ['lɛksikɔn] n. (s, ka ou ken). [Sprachwörterbuch] lexique m. ; dictionnaire m. || [Sachwörterbuch] encyclopédie f.

Lezithin [letsi'ti:n] n. (s, e). CHIM. lécithine f.

Liane [li'ɑ:nə] f. (-, n). BOT. liane f.

Libanese [libane:zə] m. (n, n), **Libanesin** [-ne:zin] f. (-, nen) Libanais, e m. (f.).

libanesisch [-ne:ziʃ] adj. libanais.

Libanon ['li:banɔn] n. pr. m. GÉOGR. Liban m.

Libell [li'bɛl] n. (s, e) libelle m.

Libelle [li'bɛlə] f. (-, n). ZOOL. libellule f. ; demoiselle f. || TECHN. [Wasserwaage] niveau (m.) d'eau à bulle d'air.

liberal [libe'rɑ:l] adj. [freisinnig] libéral. || PAR EXT. [freigebig] libéral ; large ; généreux.

Liberalismus [-ra'lismus] m. libéralisme m.

Liberalität [-rali'tɛ:t] f. (-, en). [Freisinn] libéralité f. ; générosité f. ; largeur (f.) d'esprit. || [Freigebigkeit] munificence f. ; largesse f. ; libéralité f.

Librettist [libre'tist] m. (en, en). THÉÂTRE. auteur (m.) d'un livret ; librettiste m.

Libretto [-'brɛto] n. (s, i). THÉÂTRE. livret m.

Libyen ['li:byən] n. pr. n. GÉOGR. Libye f.

Libyer [-byər] n. pr. m. GÉOGR. Libyen m.

libysch [-byʃ] adj. libyen. || HIST. libyque.

Licht [liçt] n. (s, er). **1.** lumière f. ; clarté f. ; lueur f. ; éclat m. | *helles Licht*, vive lumière. | *Licht machen* ; *das Licht andrehen*, faire de la lumière. | *das Licht löschen, ausdrehen, ausmachen*, éteindre la lumière. | *etwas ans Licht halten*, approcher qch. de la lumière ; examiner qch. à la lumière. | *ans Licht treten*, se mettre en pleine lumière ; se révéler. || FIG. *ans Licht bringen*, révéler ; dévoiler. | *etwas ins rechte Licht stellen, im rechten Licht zeigen*, faire voir qch. sous son vrai jour. | *etwas in ein vorteilhaftes Licht rücken*, faire voir, présenter qch. sous un jour favorable. | *das Licht der Welt erblicken*, voir le jour ; naître. || FIG., FAM. *jn hinters Licht führen*, duper, tromper qn. | *er steht sich selbst im Lichte*, il se fait du tort à lui-même. | *geht dir endlich ein Licht auf ?*, vois-tu clair enfin ? | *ich muß ihm ein Licht aufstecken*, il faut que j'éclaire sa lanterne.
2. [Kerze ; Lampe] bougie f. ; cierge m. ; chandelle f. ; lampe f. || RELIG. *das Ewige Licht*, la lampe perpétuelle.
3. [Malerei] tache claire ; lumière f.
4. ZOOL. œil m. (du cerf, du chevreuil).
5. PROV. *wo viel Licht ist, fällt viel Schatten*, toute médaille a son revers.
— SYN. : *Helle, Schimmer*, lumière ; *Helligkeit, Schein*, clarté ; *Lichtschein, -schimmer*, lueur ; *Glanz*, splendeur.

licht [liçt] adj. **1.** lumineux ; bien éclairé ; clair ; éclatant. | *der lichte Tag*, la clarté du jour ; le grand jour. | *am hellichten Tage*, au grand, en plein jour. || FIG. *lichte Augenblicke haben*, avoir des moments de lucidité.
2. PAR EXT. clair ; clairsemé ; éclairci. || TECHN. *ein Rohr von 30 cm lichter Weite*, un tuyau de 30 cm de section. | *die lichte Höhe der Brücke*, la hauteur libre du pont. | *lichte Maschen eines Netzes*, mailles (f. pl.) lâches d'un filet. | *lichte Haare*, cheveux clairsemés, rares.

Licht|anlage ["liçt'anlɑ:gə] f. (-, en). ÉLECTR. (installation d')éclairage m. ||°**-bad** n. (s, ¨er). MÉD. bain (m.) de lumière, de soleil. | *Behandlung durch Lichtbäder*, héliothérapie f. ||°**-bild** n. (s, er) photographie f. || PAR EXT. projection lumineuse. | *Lichtbildabzug*, copie (f.) photographique ; photogravure f. | *Lichtbildvermessung*, photogrammétrie f. ||**-bildlich** adj. photographique. ||°**-blick** m. (s, e) trait (m.) de lumière ; lueur (f.) rapide. || FIG. lueur (f.), rayon (m.) d'espoir. ||°**-bogen** m. (s, ¨) arc (m.) électrique. ||°**-bogenlampe** f. (-, n) lampe (f.) à arc.

||**-brechend** adj. PHYS. dioptrique ; réfringent. || °**-brechung** f. PHYS. réfraction (f.) des rayons lumineux. ||°**-brechungs|lehre** f. PHYS. dioptrique f. ||°**-bündel** n. (s, -). PHYS. faisceau lumineux. ||°**-büschel** n. (s, -). PHYS. aigrette f. ||°**-druck** m. (s, e), °**-druck|bild** n. (s, er) héliogravure f. ||**-durchlässig** adj. diaphane ; translucide. ||**-echt** adj. PHYS. à l'épreuve de la lumière. | *diese Farben sind lichtecht*, ces couleurs ne passent pas. ||**-elektrisch** adj. photoélectrique. | *lichtelektrische Zelle*, cellule (f.) photoélectrique. ||**-empfindlich** adj. sensible à la lumière ; photosensible. ||°**-erscheinung** (-, en) phénomène lumineux ; météore m. ; effet (m.) de lumière. ||°**-farbendruck** m. (s) héliogravure f. ||°**-filter** m. (s, -). PHOT. filtre m. ; écran coloré. ||°**-fuchs** m. (es, ¨e). ZOOL. [cheval] alezan clair. ||°**-geschwindigkeit** f. (-). PHYS. vitesse (f.) de la lumière. ||°**-gestalt** f. (-, en). PHYS. image lumineuse. || PAR EXT. apparition lumineuse. ||**-grau** adj. gris clair. ||°**-heilverfahren** n. (s). MÉD. héliothérapie f. ||**-hell** adj. lumineux ; brillant ; éclatant. ||°**-hof** m. (s, ¨e). ARCHIT. cour vitrée. || PHOT. halo m. ||°**-jahr** n. (s, e). ASTRON. année (f.) de lumière ; année-lumière f. ||°**-kegel** m. (s, -) cône lumineux. ||°**-lehre** f. PHYS. optique f. ||°**-leitfaser** f. (-, n) fibre (f.) optique. ||°**-leitung** f. (-, en) ligne (f.) électrique. ||°**-loch** n. (s, ¨er). ARCHIT. jour m. ; lumière f. ; regard m. ; lunette f. ||**-los** adj. sans lumière ; sombre. ||°**-marke** f. (-, n), °**-punkt** m. (s, e). ÉLECTR. spot m. ||°**-maschine** f. (-, n). AUTOM. dynamo f. ||°**-maß** n. (es, e). TECHN. calibre m. ||°**-meß** f., °**-messe** f., °**-weihe** f. Chandeleur f. ||°**-messer** m. (s, -). PHYS. photomètre m. ||°**-messung** f. PHYS. photométrie f. ||°**-motte** f. (-, n). ZOOL. phalène f. ||°**-pause** f. (-, n) calque m. ; copie (f.) héliographique. ||°**-pauspapier** n. (s, e) papier (m.) photocalque. ||°**-quant** n. (s, en). PHYS. photon lumineux. ||°**-quelle** f. (-, n) source lumineuse. ||°**-raumprofil** n. (s, e) gabarit m. ||°**-reklame** f. (-, n) réclame lumineuse. ||°**-satz** m. (es, ¨e). TYPOGR. photocomposition f. ||°**-schacht** m. (s, ¨e). ARCHIT. cour intérieure. || MINES. puits (m.) à jour, d'éclairage. ||°**-schalter** m. (s, -). ÉLECTR. commutateur m. ; interrupteur m. ||°**-schein** m. (s) reflet (m.) de lumière ; lueur f. ||**-scheu** adj. qui fuit la lumière, le jour. || FIG. ténébreux. | *lichtscheues Gesindel*, canaille (f.) interlope. ||°**-schirm** m. (s, e) abat-jour m. ; écran m. ||°**-schutzfaktor** m. (s, en) coefficient (m.) de protection. ||°**-seite** f. (-, n) côté éclairé ; FIG. beau côté. ||**-spendend** adj. luminescent. ||°**-spiel** n. (s, e), °**-spielhaus** n. (es, ¨er), °**-spieltheater** n. (s, -) cinéma m. ||°**-stärke** f. OPT. intensité lumineuse ; luminosité f. ||°**-stift** m. (s, e). ÉLECTR. photostyle m. ||°**-strahl** m. (s, en) rayon lumineux. ||°**-strom** m. (s, ¨e) flux lumineux. ||°**-stumpf** m. (s, ¨e) bout (m.) de chandelle ; lumignon m. ||°**-telegraphie** f. télégraphie (f.) optique. ||°**-therapie** f. MÉD. photothérapie f. ||°**-träger** m. (s, -) corps phosphorescent ; photophore m. ||**-undurchlässig** adj. opaque. ||°**-undurchlässigkeit** f. opacité f. ||**-voll** adj. plein de lumière ; lumineux. ||°**-weite** f. (-, n). TECHN. ouverture f. ; diamètre intérieur ; calibre m. ; alésage m. ||°**-wellen|leiter** m. (s, -) fibre (f.) optique. ||°**-werbung** f. réclame (f.) lumineuse.

lichten ['liçtən] v. tr. et v. pr. éclaircir ; élaguer. | *sein Haar hat sich gelichtet*, ses cheveux commencent à se faire rares, s'éclaircissent. || MAR. *den Anker lichten*, lever l'ancre.

lichter|loh ["liçtər'lo:] adv. *lichterloh brennen*, être tout en flammes ; flamber.

Lichtung ['liçtuŋ] f. (-, en). [Wald] clairière f. ; éclaircie f. || MAR. [Anker] levée (f.) de l'ancre.

Lid [li:t] n. (s, er). ANAT. paupière f. || [Deckel] couvercle m.

Lid|schatten ["li:t'ʃatən] m. (s, -) ombre (f.) à paupières.

lieb [li:p] adj. **1.** cher ; chéri ; aimé ; bien-aimé. | *lieber Freund*, cher ami. | *eine liebe Erinnerung*, un cher souvenir. | *mein liebster Aufenthalt*, mon séjour préféré. | *ich hatte mit dem Kind wohl meine liebe Not* (GOETHE), j'avais bien des soucis avec cet enfant. || RELIG. *unsere Liebe Frau*, Notre-Dame. | *der liebe Gott*, le bon Dieu. | *du lieber Gott !, du lieber Himmel ! du liebe Zeit !*, mon Dieu ! bonté divine ! bonté du ciel ! || FAM. *den lieben langen Tag*, toute la sainte journée.
2. *mein Liebster*, mon amoureux. | *seine Liebste*, sa petite amie. | *er hat sie lieb*, il l'aime. | *wenn dir das Leben lieb ist*, si tu tiens à la vie.
3. agréable. | *es wäre mir lieb, wenn*, j'aimerais que.
4. gentil ; obéissant. | *seid lieb, Kinder !*, soyez gentils, mes enfants. | *bei jm lieb Kind sein wollen*, rechercher les bonnes grâces de qn.
5. amical. | *seien Sie so lieb, mir zu helfen ! ; seien Sie so lieb und helfen mir*, ayez la bonté de m'aider.
◇ adv. **lieber, am liebsten,** compar. et superl. de gern. | *laß das lieber sein*, n'en fais rien. | *laß lieber die Finger davon*, il vaut mieux que tu ne t'en mêles pas. | *wir wollen am liebsten, lieber nicht hingehen*, le mieux sera de ne pas y aller. | *lieber haben*, préférer. | *lieber den Tod als eine solche Schande !*, plutôt la mort que la honte !

Lieb [li:p] n. (s). POÉT. chérie f. ; bien-aimée f.

Lieb|äugelei ["li:pɔygə'lai] f. œillades f. pl. || **-äugeln** v. intr. lancer des œillades ; faire les yeux doux à. || FIG. caresser le désir de ; désirer. ||**-behalten** (ä, ie, a) v. tr. garder de l'amitié pour ; conserver son affection à. ||°**-frauenkirche** f. (-, n) église (f.) Notre-Dame. ||**-gewinnen** (a, o) v. tr. prendre en affection. ||**-haben** v. tr. aimer ; avoir en affection. ||°**-haber** m. (s, -) amoureux m. ; soupirant m. || THÉÂTRE. *der jugendliche Liebhaber*, le jeune premier. || PAR EXT. amateur m. | *Liebhaberbühne*, théâtre (m.) d'amateurs. ||°**-haberei** f. (-, en) prédilection f. ; passion f. (pour qch.). ||**-kosen** v. tr. caresser ; cajoler ; câliner ; FAM. faire des mamours à. ||°**-kosung** f. (-, en) caresse f. ; cajoleries f. pl. ||**-los** adj. sans amour ; sec ; froid ; dur ; peu charitable. | *ein liebloser Charakter*, un caractère égoïste. — adv. *das ist lieblos gehandelt*, c'est agir méchamment. || °**-losigkeit** f. dureté (f.), sécheresse (f.) de cœur ; insensibilité f. ||**-reich** adj. aimant ; affectueux ; doux ; affable ; caressant. ||°**-reiz** m. (es, e) charme m. ; agrément m. ; attraits m. pl. ||**-reizend** adj. charmant ; attrayant.

Liebe ['li:bə] f. amour m. ; inclination f. ; affection f. ; tendresse f. ; amitié f. | *leidenschaftliche Liebe zum Vaterland*, amour passionné de la patrie. | *vor Liebe vergehen*, se consumer d'amour. | *ihm zu Liebe, zuliebe*, pour l'amour de lui. | *tu mir die Liebe und versöhn dich mit ihm*, fais-moi l'amitié de te réconcilier avec lui. | *etwas mit dem Mantel der Liebe zudecken*, taire qch. par charité. || RELIG. *Glaube, Hoffnung und Liebe*, la foi, l'espérance et la charité. || PROV. *alte Liebe rostet nicht*, on revient toujours à ses premières amours.
— OBSERV. *Liebe* n'est pas usité au pluriel ; on dira alors : *die Liebschaften*.
— SYN. : *Zuneigung*, affection ; *Zärtlichkeit*, tendresse ; *Anhänglichkeit*, attachement.

Liebe|dienerei ["li:bədi:nə'rai] f. flatterie f. ; obséquiosité f. ; flagornerie f. ; empressement (m.) servile. ||**-leer** adj. sans amour ; sec. ||**-voll** adj. aimant ; affectueux.

Liebelei [li:bə'lai] f. (-, en) intrigue amoureuse, aventure galante ; amourette f. ; flirt m.

lieben [-bən] v. tr. aimer ; chérir ; affectionner. | *ein Jüngling liebt ein Mädchen* (HEINE), un jeune homme aime une jeune fille. | *sich lieben ; einander lieben*, s'aimer. | *Kinder lieben Zuckerwerk*, les enfants aiment les sucreries. || RELIG. *du sollst deinen Nächsten lieben wie dich selbst*, tu aimeras ton prochain comme toi-même.
◇ part. prés. substantivé. **die Liebenden,** les amants m. pl.
◇ part. pass. substantivé. **die Geliebte,** la bien-aimée. | *der Geliebte*, le bien-aimé.
— SYN. : *liebhaben, gern haben*, aimer, chérir ; *jm zugetan sein, jm gewogen sein*, affectionner.

liebens|wert ["li:bəns've:rt] adj. digne d'être aimé ; aimable. ||**-würdig** adj. aimable ; gentil ; agréable. | *würden Sie so liebenswürdig sein, zu ?*, voudriez-vous avoir la gentillesse de ? ||°**-würdigkeit** f. (-, en) amabilité f. ; gentillesse f.

Liebes|abenteuer ["li:bəs'a:bəntɔyər] n. (s, -) aventure galante. ||°**-angelegenheit** f. (-, en) affaire (f.) de cœur. ||°**-apfel** m. (s, ¨). BOT. tomate f. ||°**-blick** m. (s, e) regard amoureux ; œillade f. ||°**-blume** f. (-, n) agapanthe m. ||°**-briefchen** n. (s, -) billet doux. ||°**-dichtung** f. (-, en) poésie amoureuse, érotique. ||°**-dienst** m. (s, e) bons offices ; complaisance f. ; obligeance f. ||°**-gaben** f. pl. dons (m. pl.) charitables. ||°**-gedicht** n. (s, e) poème (m.) d'amour. ||°**-geständnis** n. (ses, se) aveu (m.), déclaration (f.) d'amour. ||°**-glut** f. ardeur amoureuse ; feux (m. pl.) de l'amour. ||°**-gott** m. (s). MYTH. Cupidon m. ; Amour m. ||°**-göttin** f. MYTH. Vénus f. ||°**-handel** m. (s, ¨) amourette f. ; flirt m. ; affaire galante. ||°**-kummer** m. (s, -) chagrin (m.) d'amour. ||°**-mahl** n. (s, e et ¨er). RELIG. agape f. ||°**-paar** n. (s, e) couple (m.) d'amoureux. ||°-**pein** f. chagrin (m.) d'amour. ||°-**trank** m. (s, ¨e) philtre (m.) d'amour. || °-**verhältnis** n. (ses, se) liaison f. ||°-**werk** n. (s, e) œuvre (f.) de charité. ||°-**wut** f. MÉD. érotomanie f.

lieblich ['li:pliç] adj. agréable ; amène ; charmant ; aimable ; délicieux ; riant.

Lieblichkeit [-liçkait] f. agrément m. ; charme m. ; grâce f. ; aménité f. ; douceur f.

Liebling [-liŋ] m. (s, e) préféré m. ; favori m. ; enfant gâté. || FIG., FAM. *Liebling der Damen*, coqueluche (f.) des dames.

Lieblings... ['li:pliŋs] (en compos.) favori ; préféré. | *Lieblingsgericht*, plat préféré. | *Lieblingssünde*, péché mignon.

liebsam [-za:m] adj. agréable ; charmant. || PAR EXT. aimant ; affectueux ; caressant.

Liebschaft [-ʃaft] f. (-, en) amourette f. ; liaison f. ; flirt m. | *flüchtige Liebschaft*, passade f.

Lied [li:t] n. (s, er) chanson f. ; chant m. ; romance f. ; hymne m. | *das Lied von der Glocke* (SCHILLER), le Chant de la cloche. || RELIG. cantique m. ; psaume m. || LOC. *das Lied ist aus* (HEINE), c'est la fin ; finie la chanson ! | *du kommst mir immer mit dem alten Lied*, c'est toujours la même antienne. | *ich weiß auch ein Lied davon zu singen*, je suis payé pour le savoir. | *das ist das Ende vom Lied*, cela devait arriver ; cela devait finir ainsi ; FAM. c'est la fin des haricots. || PROV. *wes Brot ich esse, des Lied ich singe*, je prends le parti de celui qui me nourrit.

Liedchen ['li:tçən] n. (s, -) chansonnette f. ; couplet m.

Lieder|abend ["li:dər'ɑ:bənt] m. (s, e). MUS. récital (m.) de chant. ||°-**buch** n. (s, ¨er). MUS. recueil (m.) de chansons. ||°-**dichter** m. (s, -) poète (m.) lyrique. || PAR EXT. chansonnier m. ||°-**kranz** m. (es, ¨e). [Buch] recueil (m.) de chansons. || PAR EXT. [Gesellschaft] société (f.) de chant ; chorale f. ||°-**strophe** f. (-, n) couplet m. ||°-**zyklus** m. cycle (m.) de romances.

liederlich ['li:dərliç] adj. débauché ; déréglé ; licencieux ; libertin ; dévergondé ; dissolu : || FAM. *ein liederliches Leben führen*, mener une vie dissolue, FAM. une vie de bâton de chaise. || PAR EXT. *eine liederliche Arbeit*, un travail négligé, bâclé.
◇ adv. *liederlich leben*, mener une vie de débauche. | *er hat das Solo liederlich gespielt*, il a joué le solo d'une façon détestable ; il a massacré le solo.

Liederlichkeit [-kait] f. (-, en) légèreté (f.) de mœurs ; inconduite f. ; débauche f. ; dévergondage m. ; libertinage m. || PAR EXT. désordre m. ; manque (m.) de soin ; laisser-aller m.

liedhaft ['li:thaft] adj. à la manière d'une chanson ; qui peut être chanté.

Lieferant(in) [li:fə'rant(in)] m. (en, en), f. (-, nen) fournisseur m. ; fournisseuse f.

lieferbar ['li:fərba:r] adj. livrable ; disponible.

liefer|bereit ["li:fərbə'rait] adj. prêt à être livré. ||°-**wagen** m. (s, -) voiture (f.) de livraison. ||°-**zeit** f. (-, en), °-**frist** f. (-, en) délai (m.) de livraison.

Lieferer ['li:fərər] m. (s, -) fournisseur m.

liefern [-fərn] v. tr. et v. pr. fournir ; livrer. | *ins Haus liefern*, livrer à domicile. | *können Sie für Ihre Behauptungen den Beweis liefern ?*, pouvez-vous prouver ce que vous avancez ? | *jn an den Strang liefern*, livrer qn au gibet ; dénoncer, trahir qn. || MIL. *dem Feind eine Festung in die Hände liefern*, livrer une place forte à l'ennemi. | *eine Schlacht liefern*, livrer (une) bataille. — SYN. : *verschaffen*, procurer ; *besorgen*, *herbeischaffen*, fournir.

Lieferung [-fəruŋ] f. (-, en). COMM. livraison f. ; fourniture f. ; prestation f. ; remise f. || FIN. *auf Lieferung verkaufen*, vendre à terme. || PAR ANAL. [Buchhandlung] livraison f. ; fascicule m.

Lieferungs|bedingung ["li:fəruŋsbə'diŋuŋ] f. (-, en). COMM. condition (f.) de livraison. || ADM. *Lieferungsbedingungen*, cahier (m.) des charges. || °-**werk** n. (s, e) ouvrage publié par fascicules, par livraisons.

Liege|geld ["li:gə'gɛlt] n. (s, er). COMM. droit (m.) de magasinage, de stationnement. || MAR. surestaries f. pl. ||°-**hafen** m. (s, ¨). MAR. port (m.) de relâche. ||°-**kur** f. (-, en). MÉD. cure (f.) de repos. ||°-**platz** m. (es, ¨e). MAR. mouillage m. ||°-**stellung** f. (-, en). [Turnen] position couchée. ||°-**stuhl** m. (s, ¨e) chaise longue ; fauteuil (m.) transatlantique. ||°-**stütz** m. (es, e). SPORT. appui tendu ; FAM. pompe f. | *Liegestütze machen*, faire des pompes. ||°-**wagen** m. (s, -) voiture-couchettes f. ||°-**zeit** f., °-**tage** m. pl. MAR. quarantaine f. ; starie f. ; estarie f.

liegen ['li:gən] (a, e) v. intr.

> **I.** SENS LOCAL STRICT : être couché ; être étendu.
> **II.** SENS GÉNÉRAL : être ; être placé ; être situé ; se trouver.
> **1.** [räumlich] ;
> **2.** [zeitlich] ;
> **3.** FIG.
> **III.** SENS CAUSAL :
> **1.** provenir de ; tenir à.
> **2.** importer ; être important.
> **IV.** [zusagen ; passen] convenir.

I. SENS LOCAL STRICT : être couché ; être étendu. *am Boden liegen*, être par terre. | *er liegt im Bett*, il est au lit. | *lang hingestreckt liegen*, être étendu de tout son long. | *schlecht liegen*, être mal couché. | *der Schnee lag hoch*, la neige était haute, épaisse. | *in den letzten Zügen, im Sterben liegen*, être à l'agonie ; agoniser. | *wir haben noch Kartoffeln liegen*, nous avons encore des pommes de terre en réserve. | *liegende Güter*, biens (m. pl.) immeubles.

II. SENS GÉNÉRAL : être ; être placé ; être situé ; se trouver. **1.** [räumlich] *Köln liegt am Rhein*, Cologne est situé sur le Rhin. | *mein Zimmer liegt dem Garten zu, nach dem Garten*, ma chambre donne sur le jardin. | *der Sack liegt mir im Wege*, ce sac m'embarrasse, me gêne. | *brach liegen*, être en friche. | *im Gefängnis liegen*, être en prison. | *das Regiment liegt in Hannover*, le régiment est stationné à Hanovre. | *im Felde liegen*, être en campagne.
2. [zeitlich] *das liegt weit zurück*, cela s'est passé il y a longtemps ; cela remonte loin. | *das liegt noch in weitem Feld, in weiter Ferne*, ce n'est pas encore pour demain.
3. FIG. *der Gedanke liegt nahe, daß...*, on est tenté de supposer que. | *die Erklärung liegt darin, daß*, l'explication réside dans le fait que. | *es lag mir fern, Ihnen nahetreten zu wollen*, j'étais loin de vouloir vous blesser. | *das liegt ihm schwer auf dem Herzen*, cela lui pèse ; il en a gros sur le cœur. | *alle Verantwortung liegt auf mir*, toute la responsabilité repose sur moi. | *es lag ihm bleischwer in den Gliedern*, ses membres étaient de plomb. | *was liegst du mir damit in den Ohren ?*, pourquoi me rebattre les oreilles avec cette affaire ? | *sein Name liegt mir auf der Zunge*, j'ai son nom sur la langue. | *das liegt doch auf der Hand*, mais c'est évident ! | *es liegt am Tage*, c'est clair comme le jour. || FAM. *da liegt der Hase im Pfeffer !*, c'est là que gît le lièvre.

III. SENS CAUSAL. **1.** provenir de ; tenir à ; dépendre de. | *woran liegt es ?*, à quoi cela tient-il ? | *die Schuld liegt an mir*, c'est moi le fautif ; c'est ma faute. | *bei wem liegt die Schuld ?*, à qui la faute ? | *die Entscheidung liegt bei ihm, liegt in seiner Hand*, la décision dépend de lui, est entre ses mains. | *die Teuerung liegt am schlechten Wetter*, la montée des prix est due au mauvais temps.
2. importer ; être important. | *es liegt viel daran*, cela a une grande importance. | *daran ist viel gelegen*, c'est très important ; beaucoup de choses en dépendent. | *was liegt daran ?*, qu'importe ! | *daran soll es nicht liegen !*, qu'à cela ne tienne !

IV. [zusagen, passen] convenir. | *das Thema lag mir nicht*, le sujet ne me convenait pas. | *Schumann liegt ihm besser als Mozart*, il est plus à l'aise pour Schumann que pour Mozart. | *diese Stunde ist mir nicht gelegen*, cette heure ne me convient pas, ne m'arrange pas. | *Ihr Brief kam mir sehr gelegen*, votre lettre est arrivée à point.

liegen|bleiben ["li:gən'blaibən] (ie, ie) v. intr. rester couché par terre, au lit ; ne pas se relever ; garder le lit. || COMM. *die Ware bleibt liegen*, cette marchandise ne se vend pas. ||°-**lassen** (ä, ie, a) v. tr. laisser ; abandonner. | *laß deine Sachen nicht auf dem Tisch liegen*, ne laisse pas tes affaires traîner sur la table. || FIG., FAM. *jn links liegen lassen*, dédaigner, ignorer qn.

Liegende ['li:gəndə] n. (n). MINES. mur m.

Liegenschaft ['li:gənʃaft] f. (-, en) immeuble m. ; bien immobilier ; bien-fonds m.

Lieger ['li:gər] m. (s, -). [Person] gardien (m.) de navire. || [Schiff] navire (m.) hors service.

Liek [li:k] n. (s, e). MAR. ralingue f.

Liesch(gras) ['li:ʃ(grɑ:s)] n. (es). BOT. laîche f.

Lift [lift] m. (es, e) ascenseur m.

Lift|boy ["lift'bɔy] m. (s, s), °**-junge** [-'juŋə] m. (n, n) garçon (m.) d'ascenseur.
Liga ['li:ga] f. (-, gen) ligue f. | *Liga für Menschenrechte*, ligue des Droits de l'homme. || SPORT. [Fußball] division f.
Liga|spiel ["li:ga'ʃpi:l] n. (s, e). [Fußball] match (m.) de championnat.
Ligatur [liga'tu:r] f. (-, en). TYPOGR. ligature f. || MUS. liaison f.
Ligist [li'gist] m. (en, en) membre (m.) d'une ligue.
Lignit [li'gni:t] m. (s, e). MINÉRAL. [Braunkohle] lignite m.
Ligurien [li'gu:riən] n. pr. n. GÉOGR. Ligurie f.
Liguster [li'gustər] m. (s, -). BOT. troène m.
liieren (sich) [ziçli'i:rən] v. pr. se lier ; s'associer.
Likör [li'kø:r] m. (s, e) liqueur f.
Likör|gestell [li"kø:rgə'ʃtɛl] n. (s, e) cave (f.) à liqueurs. ||°**-glas** n. (es, ¨er) verre (m.) à liqueur.
Liktor ['liktɔr] m. (s, en). HIST. licteur m.
lila ['lila] adj. lilas ; mauve.
Lilie ['li:liə] f. (-, en). BOT. lis m. | *weiße Lilie*, lis (blanc). || FIG., HIST. *bourbonische Lilien*, fleurs (f. pl.) de lis des Bourbons.
lilien|ähnlich ["li:liən'ɛ:nliç], **-artig** [-'artiç] adj. BOT. liliacé. ||°**-gras** n. (es). BOT. jonc m. ||°**-wappen** n. (s). HÉRALD. fleurs (f. pl.) de lis. ||**-weiß** adj. blanc comme le lis.
Liliput ['liliput] n. pr. m. LITTÉR. Lilliput m.
Liliputaner [lilipu'tɑ:nər] m. (s, -). LITTÉR. Lilliputien m. || PAR EXT. [Zwerg] lilliputien m. ; nain m.
Limbus ['limbus] m. (-, ben). MATH. limbe m. ◇ m. pl. **Limben.** RELIG. limbes m. pl.
Limette [li'mɛtə] f. (-, n) V. LIMONE.
Limit [li'mi:t] n. (s, s). COMM. limite f.
limitieren [-mi'ti:rən] v. tr. limiter.
Limonade [limɔ'nɑ:də] f. (-, n) limonade f.
Limone [li'mo:nə] f. (-, n). BOT. lime f. ; limette f. ; citron m.
Limonit [limo'ni:t] m. (s, e). GÉOL. limonite f.
Limousine [li'muzi:nə] f. [auto] limousine f.
lind [lint] adj. doux ; mou. | *linde Lüfte*, brise f. ; zéphyr m.
Linde ['lində] f. (-, n), **Linden|baum** ["lindən'baum] m. (s, ¨e). BOT. tilleul m.
Lindenblüten|tee ["lindən'bly:tən'te:] m. (s) [infusion (f.) de] tilleul m.
lindern ['lindərn] v. tr. adoucir ; alléger ; soulager ; apaiser ; calmer. || MÉD. lénifier.
lindernd [-dərnt] adj. calmant ; soulageant ; lénifiant. || MÉD. *lindernde Arznei*, sédatif m. ; calmant m.
Linderung [-dəruŋ] f. (-, en) adoucissement m. ; apaisement m. ; soulagement m. ; allègement m. || MÉD. *jm Linderung verschaffen*, soulager qn. | *Linderungsmittel*, sédatif m.
Lind|wurm ["lint'vurm] m. (s, ¨er), °**-drache** ["lint'dra :ə] m. (n, n). MYTH. dragon m.
Lineal [line'ɑ:l] n. (s, e) règle f.
linear [line'ɑ:r] adj. linéaire.
Linear|polarisator [line"ɑ:rpɔlari'zɑ:tɔr] (s, en). ÉLECTR. polarisateur (m.) linéaire.
lingual [liŋgu'ɑ:l] adj. ANAT. lingual. || GRAMM. *linguale Lautbildung*, articulation linguale.
Lingual [liŋgu'ɑ:l] m. (s, e), °**-laut** [-laut] m. (s, e). GRAMM. linguale f.
Linguist(in) [-gu'ist(in)] m. (en, en), f. (-, nen) linguiste s.
Linguistik [-gu'istik] f. linguistique f.
linguistisch [-gu'istiʃ] adj. linguistique. || INF. *linguistische Datenverarbeitung*, traitement (m.) automatique du langage.
Linie ['li:niə] f. (-, n).**1.** [Strich] ligne f. | *in gerader Linie*, en ligne droite. | *in erster Linie*, en première ligne ; en premier lieu. || FAM. *ein Erfolg auf der ganzen Linie*, un succès sur toute la ligne. | *schlanke Linie*, ligne (f.) svelte.
2. MIL. *in der Linie dienen*, servir dans un régiment de ligne. | *Linie halten*, rester dans l'alignement.
3. [Geschlechterkunde] ligne f. ; branche. | *er entsproß der jüngeren Linie*, il était issu de la branche cadette.
4. MAR., AÉRON., TRANSP. ligne f.
5. MAR. équateur m.
6. NUCL. filière f.
— SYN. : *Strich, Zug*, trait ; *Reihe, Zeile, Strecke*, ligne.
Linien|blatt ["li:niən'blat] n. (s, ¨er), °**-papier** n. (s, e) papier réglé. ||°**-flug** m. (s, ¨e) vol régulier. ||°**-flugzeug** n. (s, e) avion (m.) de ligne. ||**-förmig** adj. linéaire. ||°**-führung** f. (-, en) ARTS. tracé m. | *Dürers Linienführung*, le graphisme de Dürer. ||°**-richter** m. (s, -). SPORT. juge (m.) de ligne. ||°**-schiff** n. (s, e). MAR. bâtiment (m.), vaisseau (m.) de ligne ; cuirassé m. ||°**-spektrum** n. (s, tren). PHYS. spectre (m.) de raies. ||°**-system** n. (s). MUS. (lignes de) portée f. ||**-treu** adj. POLIT. fidèle à la ligne politique d'un parti. ||°**-zieher** m. (s, -). TECHN. tire-ligne m.
linieren [li'ni:rən], **liniieren** [lin'ji:rən] v. tr. régler (du papier).
Linieren n. (s), **Liniieren** n. (s), **Lini(i)erung** [-ruŋ] f. (-, en) réglage m. ; réglure f.
Liniment [lini'mɛnt] n. (s, e) liniment m.
link [liŋk] adj. gauche. | *linke Hand*, main (f.) gauche. | *(zu) linker Hand ; zur linken Hand ; zur Linken*, à gauche. | *eine Trauung zur linken Hand*, un mariage de la main gauche. || [Stoffe] *linke Seite*, envers m. || POLIT. *linker Politiker*, homme (m.) de gauche. | *die Linke*, la gauche. || MAR. *die linke Seite*, bâbord m.
Linke(r) [liŋkə(r)] f. (m.) femme (f.) de gauche. ; homme (m.) de gauche.
linker|hand ["liŋkər'hant] adv. à gauche.
linkisch ['liŋkiʃ] adj. gauche ; maladroit ; emprunté. | *linkisches Betragen, Benehmen, Wesen*, gaucherie f. ; maladresse f.
Linkischkeit [-kait] f. (-, en) gaucherie f. ; maladresse f.
links [liŋks] adv. à gauche ; du côté gauche ; du mauvais côté ; à l'envers. | *nach links gehen*, aller à gauche. | *er ist links*, il est gaucher. | *wir lassen die Stadt links liegen*, nous laissons la ville à notre gauche. | *den Hut links aufsetzen*, mettre son chapeau à l'envers. || FIG., FAM. *jn links liegen lassen*, laisser tomber qn. || POLIT. *er ist links eingestellt*, il est orienté à gauche. || MIL., POLIT. *nach links schwenken*, faire un changement de direction d'orientation à gauche.
Links|außen(stürmer) ["liŋks'ausən(ʃtyrmər)] m. (s, -). SPORT. ailier (m.) gauche. ||**-bündig** adv. TYPOGR. *linksbündig ausrichten*, justifier à gauche. ||**-herum, -hin** adv. à gauche. || [Kleidung] à l'envers. ||°**-innen(stürmer)** m. (s, -) gaucher m. ||**-händig** adj. gaucher. ||°**-kurve** f. (-, n) virage (m.) à gauche. ||°**-lenker** m. (s, -) véhicule (m.) avec conduite à gauche. ||**-rheinisch** adj. GÉOGR. situé sur la rive gauche du Rhin. ||°**-steuerung** f. (-, en). AUTOM. conduite (f.) à gauche.
Linkser ['liŋksər] m. (s, -) gaucher m.
Linnen ['linən] n. (s). POÉT., DIAL. toile (f.) de lin ; linon m.
linnen adj. POÉT. de lin ; de fil.
Linoleum [li'no:leum] n. (s, s) linoléum m.
Lino|type [linɔ'ty:pə] f. (-, n). TYPOGR. Linotype f. ||°**-typist(in)** m. (en, en), f. (-, nen), °**-typesetzer(in)** m. (s, -), f. (-, nen) linotypiste s.
Linse ['linzə] f. (-, n). BOT. lentille f. || FIG. *Linse im Gesicht*, grain (m.) de beauté au visage. || ANAT. [Kristallinse] cristallin m. || OPT. lentille f. ; loupe f. | *konkave, konvexe Linse*, lentille concave, convexe.
linsen|ähnlich ["linzən'ɛ:nliç], **-artig** [-ɑ:rtiç], **-förmig** [-førmiç] adj. lenticulaire. ||°**-fehler** m. (s, -). OPT. aberration f. ||°**-gericht** n. (s, e) plat (m.) de lentilles. || FIG. *etwas für ein Linsengericht verkaufen*, faire un marché de dupe. ||°**-glas** n. (es, ¨er). OPT. verre (m.) lenticulaire ; lentille f. ; loupe f. ||°**-kapsel** f. (-, n), °**-körper** m. (s). ANAT. cristallin m. ||°**-satz** m. (es, ¨e). OPT. objectif m.
Lippe ['lipə] f. (-, n). ANAT. lèvre f. || [Tiere] babine f. || BOT. pétale labié. | *sie kneift die Lippen zusammen*, elle pince les lèvres ; elle prend un air pincé. | *kein Wort kam ihm über die Lippen*, il ne put dire une parole ; il resta coi. | *die Lippe hängen lassen*, faire la moue ; faire la lippe. | *sich die Lippen färben*, se mettre du rouge aux lèvres. | *die Zuhörer hingen ihm an den Lippen*, l'auditoire était suspendu à ses lèvres. | *die Worte fließen ihm nur so von den Lippen*, il parle d'abondance. || *ein Lippenbekenntnis* n., un aveu (m.) du bout des lèvres.
Lippen|blütler ["lipən'bly:tlər] m. (s, -). BOT. labiée f. ; labiacée f. ||°**-buchstabe** m. (n, n), °**-laut** m. (s, e). GRAMM. labiale f. ||°**-spalte** f. (-, n). ANAT. bec-de-lièvre m. ||°**-stift** m. (s, e) bâton (m.) de rouge à lèvres.
lippig ['lipiç] adj. BOT. labié.
liquid [li'kvi:t] adj. COMM. liquide. | *liquide Gelder*, capitaux (m. pl.) liquides ; liquidités f. pl.

Liquida [-da] f. (-, ae). GRAMM. liquide f.
Liquidation [likvida'tsio:n] f. (-, en) note (f.) de frais. || PAR EXT. [Abwicklung] liquidation f. || JUR. [Auflösung] liquidation f.
Liquidator [-'dɑ:tɔr] n. (s, en). JUR. liquidateur m. ; syndic m.
liquidieren [-'di:rən] v. tr. [berechnen] compter. || PAR EXT. [auflösen] liquider. || COMM. *das Geschäft liquidieren*, liquider son commerce.
◇ v. intr. COMM. liquider.
Liquidierung [-'di:ruŋ] f. (-, en) liquidation f.
Liquidität [-di'tɛ:t] f. liquidité f. ; aisance (f.) de la trésorerie.
Liquiditäts|koeffizient [likvidi"tɛ:tskɔɛfi'tsiɛnt] m. (en, en). FIN. coefficient (m.) de trésorerie. ||°**-schöpfung** f. (-, en). FIN. création (f.) monétaire.
Liquid|laut [li"kvi:t'laut] m. (s, e). GRAMM. liquide f.
Liquor ['li:kvɔr] m. (s, en) liqueur f. ; solution f.
Lira ['li:ra] f. (-, re) lire f.
Lisene [li'ze:nə] f. (-, n). ARCHIT. bande lombarde ; lisène f.
Lispel|laut ["lispəl'laut] m. (s, e) chuchotement m. ; susurrement m.
lispeln ['lispəln] v. intr. zézayer. || PAR EXT. chuchoter ; murmurer ; susurrer ; bruire ; frémir.
Lispeln [-pəln] n. (s), **Lispel|ton** ["lispəl'to:n] m. (s, ¨e) zézaiement m. || PAR EXT. chuchotement m. ; susurrement m. ; murmure m. ; bruissement m.
Lissabon ['lisabɔn] n. pr. n. GÉOGR. Lisbonne f.
List [list] f. (-, en) ruse f. ; astuce f. ; finesse(s) f. (pl.) ; subtilité f. ; artifice m. ; stratagème m. | *zur List greifen*, recourir à la ruse.
Liste ['listə] f. (-, n) liste f. ; relevé m. ; rôle m. || COMM. catalogue m.
— SYN. : *Verzeichnis*, liste, état ; *Namenliste*, *-verzeichnis*, nomenclature ; *Übersicht*, *Zusammenstellung*, tableau ; *Sachregister*, répertoire.
Listen|preis ["listən'prais] m. (es, e). COMM. prix affiché. ||°**-wahl** f. (-, en). POLIT. scrutin (m.) de liste.
listig ['listiç] adj. rusé ; astucieux ; finaud. || FAM. *ein listiger Fuchs*, un fin renard ; un rusé compère ; un madré. | *listige Äuglein*, des yeux malins, pétillants de malice, pleins de ruse.
◇ adv. *listig lächeln*, avoir un sourire rusé.
— SYN. : *listenreich*, rusé ; *ränkevoll*, intrigant ; *schlau*, futé ; *gerissen*, retors ; *verschlagen*, roué.
Listing [lis'tiŋ] n. (s, s) listing m.
Litanei [lita'nai] f. (-, en). RELIG. litanies f. pl. || FIG., FAM. antienne f. ; kyrielle f. ; litanie f.
Litauen ['li:tauən] n. pr. n. GÉOGR. Lituanie f.
Litauer(in) ['li:tauər(in)] m. (s, -), f. (-, nen). GÉOGR. Lituanien(ne) m. (f.).
Liter ['li:tər] m. ou n. (s, -) litre m. | *eine Literflasche*, un litre. | *literweise*, au litre ; par litre.
Literar|historiker [lite"rɑ:rhis'to:rikər] m. (s, -) historien (m.) de la littérature.
literarisch [lite'rɑ:riʃ] adj. littéraire. | *literarischer Diebstahl*, plagiat m.
◇ adv. *er ist literarisch gebildet*, il a des lettres.
Literat [-'rɑ:t] m. (en, en) littérateur m. ; homme (m.) de lettres ; PÉJOR., FAM. écrivassier m.
Literatentum [-'rɑ:təntu:m] n. (s) qualité (f.) d'homme de lettres, de littérateur. || PAR EXT. gens (m. pl.) de lettres ; PÉJOR. écrivassiers m. pl.
Literatur [-ra'tu:r] f. (-, en) littérature f. ; lettres f. pl. ; belles-lettres f. pl. || PAR ANAL. [Büchernachweis] bibliographie f. ; littérature f. | *Literatur über ein Thema*, publications relatives à un sujet.
Litfaß|säule ["litfas'zɔylə] f. (-, n) colonne (f.) d'affiches ; colonne (f.) Morris.
Lithium ['li:tium] n. (s). CHIM. lithium m.
Lithograph [lito'grɑ:f] m. (en, en) lithographe m.
Lithographie [-gra'fi:] f. (-, n) lithographie f.
lithographieren [-gra'fi:rən] v. tr. lithographier.
lithographisch [-'grɑ:fiʃ] adj. lithographique. | *lithographische Anstalt*, atelier lithographique.
Lithosphäre [li:to'sfɛ:rə] f. (-, n). GÉOL. lithosphère f.
Lithotripter [li:to'triptər] m. (s, -). MÉD. lithotripteur m.
litoral [lito'rɑ:l] adj. littoral.
Litotes [li'to:təs] f. GRAMM. litote f.
Liturgie [litur'gi:] f. (-, n). RELIG. liturgie f.
Liturgiker [-'turgikər] m. (s, -). RELIG. liturgiste m.
liturgisch [-'turgiʃ] adj. RELIG. liturgique.
Litze ['litsə] f. (-, n) cordon m. ; galon m. ; passement m. ; tresse f. ; passepoil m. ; soutache f. | *mit Litzen besetzen*, soutacher.
Live|sendung ["laif'zɛnduŋ] f. (-, en). RADIO., TÉLÉV. émission (f.) en direct.
Livius ['li:vius] n. pr. m. LITTÉR. Tite-Live m.
Livland ['li:flant] n. pr. n. GÉOGR. Livonie f.
Livländer(in) ['li:flɛndər(in)] m. (s, -), f. (-, nen). GÉOGR. Livonien(ne) m. (f.)
Livree [li'vre:] f. (-, n) livrée f.
Livree|diener [li"vre:'di:nər] m. (s, -) laquais m.
Lizenziat [litsɛntsi'ɑ:t] m. (en, en) licencié m. || *Lizenziat der Rechte*, licencié en droit.
Lizenz [-'tsɛnts] f. (-, en). COMM. licence f. ; concession f. || *poetische Lizenz*, licence poétique.
Lizenz|inhaber [li"tsɛnts'inhɑ:bər] m. (s, -). COMM. titulaire (m.) d'une licence ; concessionnaire m.
Lizitation [litsita'tsio:n] f. (-, en). JUR. licitation f. ; vente (f.) aux enchères publiques.
LKW ['ɛlkɑ:vɛ:] n. (s, s) poids (m.) lourd ; camion m. | *LKW mit Anhänger*, camion à remorque.
Lob [lo:p] n. (s, e) louange f. ; éloge m. ; flatterie f. ; compliment m. | *einstimmiges Lob ernten*, recueillir des suffrages unanimes. | *jm Lob spenden*, louer qn. | *js Lob singen*, chanter les louanges de qn. | *Gott (sei) Lob und Dank !*, louanges et grâces au Seigneur ! | *gottlob !*, Dieu merci ! | *über jedes Lob erhaben sein*, être au-dessus de tout éloge. || *Lobeserhebung*, louanges ; grands éloges ; concert (m.) d'éloges.
Lobby ['lɔbi] f. (-, s) groupe (m.) de pression ; lobby m.
Lobelie [lo'beliə] f. (-, n). BOT. lobélie f.
Lob|gedicht ["lo:pgə'diçt] n. (s, e) dithyrambe m. ||°**-hudelei** f. (-, en). FAM. flagornerie f. ; adulation f. ||**-hudeln** v. intr. FAM. flatter ; aduler ; flagorner ; encenser. ||°**-hudler** m. (s, -). FAM. flatteur m. ; flagorneur m. ||°**-lied** n. (s, er) hymne m. ; FIG. louange f. ||**-preisen** (ie, ie) v. tr. chanter les louanges de ; célébrer ; glorifier. ||°**-preisung** f. (-, en) glorification f. ||°**-rede** f. (-, n) éloge m. ; panégyrique m. ||°**-redner** m. (s, -) panégyriste m. ||**-singen** (a, u) v. intr. RELIG. chanter les louanges de ; célébrer ; glorifier. ||°**-spruch** m. (s, ¨e) éloge m. ; louange f.
loben ['lo:bən] v. tr. louer ; faire l'éloge de ; approuver ; glorifier ; célébrer ; exalter. | *eine solche Antwort kann ich nur loben*, je ne puis que louer une telle réponse. | *das lob' ich mir !*, à la bonne heure ! || PROV. *gute Ware lobt sich selbst*, à bon vin point d'enseigne. | *das Werk lobt den Meister*, à l'œuvre on reconnaît l'artisan. | *man soll den Tag nicht vor dem Abend loben*, attendons la fin !
— SYN. : *rühmen*, *preisen*, vanter ; *hochpreisen*, *verherrlichen*, célébrer ; *herausstreichen*, porter au pinacle, prôner ; *anpreisen*, vanter à l'excès.
lobens|wert ["lo:bəns've:rt] adj. **-würdig** adj. louable ; méritoire ; digne d'éloges.
lobesam ['lo:bəzɑ:m] adj. POÉT. digne d'éloges ; honorable ; vénérable ; respectable.
löblich ['lø:pliç] adj. louable.
Lobo|tomie [loboto'mi:] f. (-, n). MÉD. lobotomie f.
Loch [lɔx] n. (s, ¨er) trou m. || [Öffnung] ouverture f. || [Käse] œil m. | *sich ein Loch in den Mantel reißen*, faire un trou, un accroc à son manteau. || PR. et FIG. *ein Loch (zu) stopfen*, boucher un trou. || FIG. *ein Loch mit dem andern zustopfen*, faire un trou pour en boucher un autre ; vivre d'expédients. | *der Streik hat ein Loch in meinen Beutel gerissen*, la grève a fait un trou dans mon budget. | *auf dem letzten Loch pfeifen*, être à bout de ressources ; être à la veille de la ruine, de sa perte. || FAM. *jm ein Loch in den Bauch reden*, soûler qn de paroles. | *wie ein Loch saufen*, boire comme un trou. | *diese Wohnung ist nur ein Loch*, cet appartement n'est qu'un trou. | *Ihre Beweisführung hat ein Loch*, votre argumentation est boiteuse. || POP. *er steckt im Loch*, il est en tôle. || ZOOL. gîte m. ; terrier m. || ASTRON. *schwarzes Loch*, trou noir.
Loch|beitel ["lɔx'baitəl] m. (s, -). TECHN. bédane m. ; bec (m.) d'âne. ||°**-bohrer** m. (s, -) taraud m. ; perçoir m. ||°**-diopter** n. (s, -) œilleton (m.) de visée. ||°**-eisen** n. (s, -) emporte-pièce m. ; mandrin m. ; poinçon m. ||°**-karte** f. (-, n) carte perforée. ||°**-kartenmaschine** f. (-, n) machine (f.) à cartes perforées. ||°**-maschine** f. (-, n) machine (f.) à percer ; perforatrice f. ; foreuse f. ; poinçonneuse f. ||°**-säge** f. (-, n) scie (f.) à guichet. ||°**-stempel** m. (s, -) poinçon

m. ||°-**streifen** m. (s, -) bande (f.), ruban (m.) perforé(e). ||°-**weite** f. (-, n) diamètre (m.) d'un trou. ||°-**zange** f. (-, n) poinçonneuse f.

lochen ['lɔxən] v. tr. trouer ; perforer ; percer ; poinçonner.

Locher [-xər] m. (s, -). TECHN. perforateur m. ; perforatrice f. ; foreuse f.

löch(e)rig ['lœç(ə)riç] adj. troué ; plein de trous ; percé ; poreux.

Löcher|pilz ["lœçər'pilts] m. (es, e). BOT. bolet m.

Lochung ['lɔxuŋ] f. (-, en) perforation f. ; poinçonnage m.

Lock|flöte ["lɔk'flø:tə] f. (-, n), °-**pfeife** [-'pfaifə] f. (-, n) [Jagd] appeau m. ; pipeau m. ||°-**mittel** n. (s, -), °-**speise** f. (-, n) appât m. ; amorce f. ||°-**spitzel** m. (s, -) agent provocateur ; mouchard m. ||°-**stimme** f. (-, n) voix séduisante ; voix (f.) de sirène. ||°-**vogel** m. (s, ¨). [Jagd] appeau m. ; appelant m. ||°-**vogel|preis** m. (es, e) prix (m.) d'appel.

Locke ['lɔkə] f. (-, n) boucle f. ; mèche f. || FIG. *sich in die Locken fahren*, se crêper le chignon.

locken [-kən] v. tr. **1.** [kräuseln] boucler ; friser. | *sie lockt sich die Haare*, elle se frise les cheveux.
2. [reizen ; anziehen] allécher ; attirer ; appâter ; leurrer ; amorcer. | *die Henne lockt ihre Küken*, la poule appelle ses poussins. | *in eine Falle locken*, entraîner dans un piège. || FIG., FAM. *damit lockst du keinen Hund vom Ofen*, ça ne prend pas ; ça ne prend plus.
— SYN. : *versuchen, verlocken, reizen*, tenter ; *verführen, verleiten, betören*, séduire ; *anlocken, -ziehen, -ködern, her-, herbeilocken*, attirer ; *kirren*, allécher, *ködern*, leurrer.

Locken|haar ["lɔkən'ha:r] n. (s, e) cheveux bouclés. ||°-**kopf** m. (s, ¨e) tête frisée, bouclée. ||°-**pracht** f. (-) belle chevelure ; masse abondante de cheveux. ||°-**wickel** m. (s, -), °-**wickler** m. (s, -) bigoudi m.

locker ['lɔkər] adj. **1.** peu serré ; lâche ; léger ; poreux ; spongieux. | *lockerer Zahn*, dent branlante. || AGRIC. *lockerer Boden*, terre (f.), terrain (m.) meuble. || TEXT. *lockeres Gewebe*, tissu (m.) lâche. || CULIN. *der Kuchen ist nicht locker genug*, ce gâteau n'a pas assez monté. || FIG., FAM. *er läßt nicht locker*, il s'obstine, s'entête.
2. FIG. léger ; dissolu ; relâché ; licencieux ; déréglé. | *ein lockeres Leben führen*, mener une vie dissolue. || FAM. *lockerer Vogel, Zeisig*, homme peu sérieux.
◇ adv. *locker stricken*, tricoter peu serré.

Lockerheit ['lɔkərhait] f. manque (m.) de cohérence, de cohésion ; légèreté f. || FIG. relâchement m. ; dérèglement m. ; libertinage m.

lockern ['lɔkərn] v. tr. AGRIC. ameublir. || PAR EXT desserrer. || PR. et FIG. relâcher ; défendre.

Lockerung [-ruŋ] f. (-, en). AGRIC. (action [f.] d') ameublir. || PAR EXT. (action [f.] de) desserrer, relâcher ; relâchement m. || FIG. relâchement m. ; dérèglement m.

lockig ['lɔkiç] adj. bouclé ; ondulé.

Lockung ['lɔkuŋ] f. (-, en) séduction f. ; leurre m., attrait m. ; appât m. || [Jagd] appât m. ; amorce f.

lodderig ['lɔdəriç] adj. FAM. désordonné ; peu soigné. (V. LOTTERIG.)

Loden ['lo:dən] m. (s, -). TEXT. drap (m.) de laine brute, non peignée ; loden m.

lodern ['lo:dərn] v. intr. flamber ; flamboyer.

lodernd [-dərnt] adj. FIG. ardent ; exalté. | *lodernde Begeisterung*, enthousiasme délirant.

Löffel ['lœfəl] m. (s, -) cuiller f. || [Eßlöffel] cuiller de table. || [Schöpflöffel] cuiller à potage ; louche f. | *ein Löffel voll*, une cuillerée. || FIG., FAM. *jn über den Löffel barbieren, balbieren*, duper qn. | *du hast die Weisheit auch nicht mit dem Löffel gefressen*, tu n'es pas plus malin que les autres. | *mit dem silbernen Löffel geboren*, né coiffé. || ZOOL. [Ohren] oreilles f. pl. (du lièvre). || MÉD. curette f.

Löffel|bagger ["lœfəl'bagər] m. (s, -). TECHN. pelle (f.) mécanique ; drague (f.) à godets. ||°-**bohrer** m. (s, -) mèche (f.) à cuiller ; tarière (f.) à cuiller. ||°-**ente** f. (-, n). ZOOL. souchet m. ||°-**erbsen** f. pl. purée (f.) de pois. ||°-**kraut** n. (s, ¨er), °-**kresse** f. (-, n) herbe (f.) à cuillers ; cochléaria m. ||°-**reiher** m. (s, -). ZOOL. bec-à-cuiller m. ; spatule f. ||-**weise** adv. par cuillerées.

löffeln ['lœfəln] v. tr. manger, puiser à la cuiller. || FIG., FAM. *wir müssen die Suppe eben auslöffeln*, le vin est tiré, il faut le boire.

log [lo:k] prét. de **lügen.**

Log [lɔk] n. (s, e). MAR. loch m.

Log|brett ['lɔkbret] n. (s, er). MAR. table (f.) de loch. ||°-**buch** n. (s, ¨er). MAR. livre (m.) de loch ; livre (m.) de bord.

Logarithmen|tafel [loga"ritmən'ta:fəl] f. (-, n). MATH. table (f.) de logarithmes.

logarithmisch [-'ritmiʃ] adj. MATH. logarithmique.

Logarithmus [-'ritmus] m. (-, men). MATH. logarithme m. | *natürlicher Logarithmus*, logarithme népérien.

Loge ['lo:ʒə] f. (-, n). THÉÂTRE., FILM. loge f. ; baignoire f. || [Freimaurerei] loge f.

Logen|bruder ["lo:ʒən'bru:dər] m. (s, ¨). [Freimaurerei] frère m. ||°-**meister** m. (s, -). [Freimaurerei] vénérable m. ||°-**schließerin** f. (-, nen). THÉÂTRE. ouvreuse f.

Logge ['lɔgə] f. (-, n). MAR. loch m.

loggen [-gən] v. intr. MAR. jeter le loch.

logieren [lo'ʒi:rən] v. intr. loger ; habiter ; demeurer.

Logier|besuch [lo"ʒi:rbə'zu:x] m. (s, e), °-**gast** [-'gast] (s, ¨e) invité qui loge.

Logik ['lo:gik] f. PHILOS., ÉLECTR. logique f.

Logiker [-gikər] m. (s, -). PHILOS. logicien m.

logisch [-giʃ] adj. logique.

Logistik [lo'gistik] f. PHILOS., MIL. logistique f.

Logo|päde [logo'pɛ:də] m. (n, n), **Logo|pädin** [logo'pɛ:din] f. (-, nen) orthophoniste s.

Logo|pädie [logopɛ'di:] f. orthophonie f.

loh(e) ['lo:(ə)] adj. (Vx.) flambant ; flamboyant ; ardent.

Lohe ['lo:ə] f. (-, n). [Flamme] *hellichte Lohe*, des jets de flammes. | *Lohfeuer*, feu flambant.

Lohe ['lo :e] f. (-) [gemahlene Rinde ; zum Gerben] tan m.

Loh|eiche ["lo:'aiçə] f. (-, n). BOT. chêne (m.) rouvre. ||°-**farbe** f. (-, n) couleur (f.) de tan. ||-**gar** adj. TECHN. tanné. ||°-**gerber** m. (s, -). TECHN. tanneur m. ||°-**gerberei** f. (-, en). TECHN. tannerie f.

lohen ['lo:ən] v. impers. [flammen] flamber ; flamboyer. | *es loht*, le feu flambe.
◇ v. tr. TECHN. [gerben] tanner.

Lohn [lo:n] m. (s, ¨e) salaire m. ; paye f. ; solde f. ; gages m. pl. || PAR EXT. rétribution f. ; récompense f. | *ich tat es nicht um Lohn*, je n'ai pas agi en vue d'une récompense. | *um Lohn und Brot kommen*, perdre son gagne-pain. | *er wird schon seinen Lohn bekommen*, il ne perdra rien pour attendre. || PROV. *Undank ist der Welt Lohn*, l'ingratitude est le propre des hommes.

Lohn|abbau ["lo:n'apbau] m. (s, e) réduction (f.), diminution (f.) des salaires. ||°-**abzug** m. (s, ¨e) retenue (f.) sur les salaires. ||°-**angleichung** f. rajustement (m.) des salaires. ||°-**arbeit** f. (-, en) travail (m.) à façon. ||°-**arbeiter** m. (s, -) salarié m. ; journalier m. ||°-**aufkommen** n. (s) masse salariale. ||°-**ausfall** m. (s, ¨e) perte (f.) de salaire. || °-**auszahlung** f. (-, en) paye f. ||°-**diener** m. (s, -) extra m. ||°-**empfänger(in)** m. (s, -), f. (-, nen) salarié(e) m. (f.). ||°-**forderung** f. (-, en) revendication (f.) de salaire. ||°-**gruppe** f. (-, n) tranche (f.) de salaires. ||°-**herr** m. (n, en) patron m. ; employeur m. ||°-**kutsche** f. (-, n). [Vx.] voiture (f.) de louage ; fiacre m. ||°-**kutscher** m. (s, -). [Vx.] cocher (m.) de fiacre. ||°-**satz** m. (es, ¨e) taux (m.) de salaire. ||°-**skala** f. (-, s ou len) échelle (f.), grille (f.) des salaires. ||°-**stand** m. (s) niveau (m.) des salaires. ||°-**steuer** f. (-, n) impôt (m.) sur les salaires. ||°-**steuerjahres|ausgleich** m. (s, e) (*etwa*) ajustement (m.) du montant imposable. ||°-**stopp** m. (s) blocage (m.) des salaires. | *Lohn- und Preisstopp*, blocage des salaires et des prix. ||°-**streifen** m. (s, -) feuille (f.) de paie. ||°-**stufe** f. (-, n) échelle (f.) de salaires. ||°-**tabelle** f. (-, n) barème (m.) des salaires. ||°-**tag** m. (s, e), °-**termin** m. (s, e) [jour (m.) de] paye f. ||°-**zettel** m. (s, -) feuille (f.) de paye ; fiche (f.) de salaire.

lohnen ['lo:nən] v. tr. payer ; récompenser. | *jm etwas lohnen*, récompenser les services de qn ; dédommager qn de qch.
◇ v. impers. payer. | *es lohnt die Mühe, die Arbeit*, cela vaut la peine.
◇ v. pr. **sich lohnen,** rapporter ; rendre (beaucoup) ; être profitable. | *die Arbeit lohnt sich*, ce travail vaut la peine qu'on le fasse.

löhnen ['lø:nən] v. tr. payer ; faire la paye. || MIL. distribuer la solde.

lohnend ['lo:nənt] adj. lucratif ; avantageux ; profitable. | *lohnender Ertrag*, rendement rémunérateur.

Löhnung ['lø:nuŋ] f. (-, en) paye f. ; salaire m. ; gages m. pl. || MIL. solde f. ; prêt m.

Loipe ['lɔypə] f. (-, n). [Skisport] trace f.

lokal [lo'ka:l] adj. local. | *Lokales*, chronique locale ; faits divers m. pl.

Lokal [lo'ka:l] n. (s, e) local m. ; établissement m. | *öffentliches Lokal*, salle publique ; FAM. café m. ; cabaret m.

Lokal|bahn [lo"ka:l'ba:n] f. (-, en) chemin de fer départemental, d'intérêt local. ||°**-behörde** f. (-, n) autorités locales. ||°**-betäubung** f. (-, en). MÉD. anesthésie locale. ||°**-blatt** n. (s, ¨er) journal local. ||°**-farbe** f. LITTÉR. couleur locale. ||°**-kenntnis** f. (-, se) connaissance (f.) des lieux. ||°**-patriotismus** m. esprit (m.) de clocher ; particularisme m. ||°**-sender** m. (s, -) radio locale. ||°**-termin** m. (s, e). JUR. descente (f.) sur les lieux ; descente (f.) de justice. || NUCL. enquête locale. ||°**-verhältnisse** n. pl. circonstances, conditions locales.

lokalisieren [lokali'zi:rən] v. tr. localiser.

Lokalisierung ['-zi:ruŋ] f. (-, en) localisation f.

Lokalität [-'tɛ:t] f. (-, en) localité f. | *die Lokalitäten eines Hauses*, les êtres m. pl.

Lokativ [loka'ti:f] m. (s). GRAMM. locatif m.

Lokomotion [lokomo'tsio:n] f. locomotion f.

Lokomotive [-mo'ti:və] f. (-, n) locomotive f.

Lokomotiv|führer [lokomo"ti:f'fy:rər] (en abr. **Lokführer**) m. (s, -) mécanicien m. (d'une locomotive). ||°**-schuppen** m. (s, -) dépôt (m.) de locomotives ; rotonde f.

lokomotorisch [-'ro:riʃ] adj. locomoteur.

Loko|preis ["lo:ko'prais] m. (es, e). COMM. prix (m.) sur place. ||°**-ware** f. (-, n). COMM. marchandise (f.) disponible.

Lolch [lɔlç] m. (es, e). BOT. ivraie f.

Lolita [lo'lita] f. (-, s) nymphette f.

Lombard ['lɔmbart] m. (s, e). [Beleihung] avance (f.) sur gages, sur titres ; avance (f.) contre garantie. || (Vx.) banque (f.) de prêt ; mont-de-piété m.

Lombard|darlehen [lɔm"bart'da:rle:ən] n. (s, -). FIN. prêt (m.) sur nantissement.

Lombarde [lɔm'bardə] n. pr. m. GÉOGR. Lombard m.

Lombardei [-bar'dai] n. pr. f. GÉOGR. Lombardie f.

lombardieren [lɔmbar'di:rən] v. tr. gager ; engager. || prêter, avancer sur gages.

lombardisch [lɔm'bardiʃ] adj. GÉOGR. lombard.

Lomber ['lɔmbər] m. (s). [Kartenspiel] hombre m.

London ['lɔndɔn] n. pr. n. GÉOGR. Londres f.

Londoner(in) ['lɔndɔnər(in)] m. (s, -), f. (-, nen). GÉOGR. Londonien(ne) m. (f.).

Longe ['lɔŋə] f. (-, n). [Reitkunst] longe f.

Lorbeer ['lɔrbe:r] m. (s, en). BOT. laurier m. || FIG. laurier m. ; gloire f. | *der Siegeslorbeer*, les lauriers de la victoire. | *auf seinen Lorbeeren ausruhen*, s'endormir sur ses lauriers.

Lorbeer|baum ["lɔrbe:r'baum] m. (s, ¨e). BOT. laurier m. ||°**-kirsche** f. (-, n). BOT. laurier-cerise m. ||°**-kranz** m. (es, ¨e) couronne (f.) de laurier.

Lore ['lo:rə] f. (-, n) wagon (m.) à plate-forme ; truc(k) ; lorry m. ; lori m.

Lorenz ['lo:rɛnts] n. pr. m. Laurent m.

Lorgnette [lɔrn'jɛtə] f. (-, n). OPT. binocle m. ; face-à-main m. ; lorgnette f.

Lorgnon [-jɔ̃] n. (s, s) lorgnon m.

Lork [lɔrk] m. (es, e). DIAL. [Lorch] crapaud m.

Los [lo:s] n. (es, e). **1.** sort m. ; destin m. ; destinée f. | *ein trauriges Los*, un triste sort.

2. sort m. ; fortune f. | *das Los der Waffen entschied*, la fortune des armes en a décidé. | *das Los ist gefallen*, le sort en est jeté. | *das Los ziehen*, tirer au sort.

3. — a) billet (m.) de loterie. | *das Los kostet zehn Mark*, le billet de loterie coûte dix marks. | *jedes dritte Los gewinnt*, un billet sur trois sort, gagne. | *mein Los war eine Niete*, mon billet n'a rien gagné. — **b)** lot m. (à la loterie). | *das große Los ziehen*, gagner le gros lot.

4. lot m. ; groupe m. | *ein Los Kleidungsstücke*, un lot de vêtements. | *in Losen verkaufen*, vendre par lots, [Erdboden] par parcelles.

Los|anleihe ["lo:s'anlaiə] f. (-, n). FIN. obligation (f.), emprunt (m.) à lots. ||°**-buch** n. (s, ¨er) grimoire m. ; recueil (m.) de prophéties. ||°**-tag** m. (s, e) jour (m.) critique, qui décide du temps (p. ex. les saints de glace). ||°**-topf** (s, ¨e) urne f. (pour tirer au sort).

los [lo:s] adj. **1.** détaché ; dénoué ; délié ; dégagé. | *der Hund ist von der Kette los*, le chien est détaché. | *ein Knopf ist los*, un bouton est parti. | *lose Ware*, marchandise (f.) en vrac.

2. [aussi **lose**] qui a pris du jeu. | *eine lose Schraube wieder anziehen*, resserrer une vis. | *los(e) werden*, prendre du jeu.

3. débarrassé de ; délivré de. | *nun bin ich ihn los !*, me voilà débarrassé de lui. | *unsere Sorgen sind wir endlich los !*, nous sommes enfin délivrés de nos soucis.

4. LOC. VERB. *was ist hier los ?*, qu'est-ce qui se passe ici ? | *was ist denn los ?* qu'y a-t-il donc ? | *dort ist gar nichts los*, la vie est monotone là-bas. | *da ist der Teufel los*, tout est sens dessus dessous. | *mit ihm ist nicht viel los*, on ne peut pas attendre grand-chose de lui.

5. suffixe (marquant la privation) *heimat|los*, sans patrie. | *sorg|los*, sans souci.

◇ adv. et interj. (indique le commencement d'une action) *er geht los*, il prend le départ ; il s'y met ; il attaque. | *sie schießen los*, ils se mettent à tirer. | *los !*, en avant. | *los ! los !*, allez ! partez !

los [lo:s] préfixe et partic. verb. sépar. indiquant : **1.** la séparation ; la délivrance : *los|binden*, détacher. **2.** le déchaînement ; l'emportement dans l'action : *los|schlagen*, cogner.

3. le départ ; le commencement brusque d'une action : *los|fahren*, démarrer.

los|arbeiten (sich) [ziç"lo:s'arbaitən] v. pr. se libérer par le travail ; se détacher avec effort. ||**-bekommen** (a, o) v. tr. FAM. parvenir à détacher, à dégager ; lâcher. ||**-binden** (a, u) v. tr. détacher ; délier ; dénouer ; défaire. ||**-brechen** (i, a, o) v. tr. détacher en rompant ; faire sauter ; rompre. — v. intr. se déchaîner ; éclater ; partir. ||**-brennen** v. intr. commencer à brûler. ||**-bringen** (brachte, gebracht) v. tr. parvenir à détacher ; délivrer. ||**-brüllen** v. intr. se mettre à hurler. ||**-donnern** v. intr. FIG. éclater ; tonner contre qn. ||**-drehen** v. tr. détacher en tordant, en tournant. ||**-drücken** v. tr. faire partir en appuyant ; décocher ; presser sur la détente. ||**-fahren** (ä, u, a) v. intr. partir ; démarrer ; FIG. éclater. ||**-feuern** v. tr. décharger. — v. intr. faire feu. ||**-gehen** (ging, gegangen) v. intr. FAM. se détacher ; se défaire ; se dénouer. || PAR EXT. commencer ; partir ; se déclencher. | *das Spiel geht los*, le jeu, le spectacle commence. || MIL. *das Gewehr geht los*, le fusil, le coup part. || [sich stürzen] avancer sur ; aller droit, se jeter, foncer, fondre sur. | *aufeinander losgehen*, se battre ; en venir aux mains. ||**-haben** v. tr. FAM. *er hat etwas los*, il n'est pas bête ; c'est un as ! ||**-haken** v. tr. dégrafer ; décrocher. ||**-hauen** (hieb, gehauen) v. tr. couper ; détacher en coupant. — v. intr. FAM. cogner, tomber à bras raccourcis sur. ||°**-kauf** m. (s, ¨e) rachat m. ; paiement (m.) d'une rançon. ||**-kaufen** v. tr. racheter. ||**-ketten** v. tr. ôter les chaînes à ; détacher. ||**-knüpfen** v. tr. dénouer ; défaire le nœud ; délier. ||**-kommen** (a, o) v. intr. parvenir à se dégager, à se débarrasser, à se libérer. || FIG. *von einem Gedanken loskommen*, se défaire d'une idée. ||**-koppeln** v. tr. découpler ; détacher. ||**-kriegen** v. tr. FAM. parvenir à détacher, à débarrasser. ||**-lassen** (ä, ie, a) v. tr. lâcher ; libérer. || FIG., FAM. *eine Rede loslassen*, se lancer dans un discours. — v. intr. lâcher prise ; ne pas tenir. ||**-leben** v. intr. FAM. *drauf losleben*, vivre au jour le jour. ||**-legen** v. intr. FAM. *nun, legen Sie mal los !*, allez, commencez à parler ! ||**-lösen** v. tr. et v. pr. (se) détacher ; (se) séparer ; (se) désintégrer. ||°**-lösung** f. séparation f. ; détachement m. || MIL. décrochage m. ||**-machen** v. tr. détacher ; dégager ; défaire ; desserrer ; délivrer. || FIG. affranchir ; dégager. || MAR. larguer. ||**-marschieren** v. intr. se mettre en marche, en route. ||**-platzen** v. intr. éclater. ||**-reißen** (i, i) v. tr. et v. pr. (s')arracher ; se rompre ; (se) détacher. ||**-rennen** (rannte, gerannt) v. intr. partir à vive allure. | *auf etwas losrennen*, se précipiter sur qch. ||**-sagen (sich)** v. pr. se dégager ; se désister ; répudier ; renier. ||**-schlagen** (ä, u, a) v. intr. frapper ; tomber, se jeter, taper, cogner sur. — v. tr. FAM. vendre (à vil prix). ||**-schnallen** v. tr. déboucler ; détacher. ||**-schneiden** (i, i) v. tr. couper ; détacher ; défaire. ||**-schrauben** v. tr. dévisser. ||**-sprechen** (i, a, o) v. tr. JUR. acquitter. || RELIG. absoudre ; délier ; relever. | *jn von seinen Sünden lossprechen*, absoudre qn de ses péchés. ||°**-sprechung** f. (-, en). JUR. acquittement m. ; affranchissement m. ; libération f. ; émancipation f. || RELIG. absolution f. ||**-stürzen** v. intr. se précipiter sur. ||**-trennen** v. tr. détacher ; séparer ; découdre. ||**-werden** (i, u, o) v. tr. se débarrasser de ; se défaire de. ||**-wickeln** v. tr. et v. pr. (se) dévider. ||**-winden** (a, u) v. tr. détordre ; détortiller. || **-ziehen** (zog, gezogen) v. intr. *auf jn losziehen*, marcher sur qn ; FIG., FAM. partir en guerre contre qn ; se déchaîner contre qn.

lösbar ['lø:sba:r] adj. CHIM. soluble. || JUR. résiliable. || MATH. résoluble.

Lösch|apparat ["lœʃapa'ra:t] m. (s, e), °**-gerät** n. (s, e). TECHN. extincteur m. ||°**-arbeit** f. extinction (f.) du feu. ||°**-blatt** n. (s, ¨er). [papier] buvard m. ||°**-brand** m. (s, ¨e) tison éteint. ||°**-eimer** m. (s, -) seau (m.) à incendie. ||°**-einrichtung** f. (-, en) installation (f.) d'extinction. ||°**-hafen** m. (s, ¨). MAR. port (m.) de débarquement. ||°**-kalk** m. (s) chaux éteinte. ||°**-kohle** f. (-, n) braise (f.) de boulanger. ||°**-kopf** m. (s, ¨e). INF. tête (f.) d'effacement. ||°**-papier** n. (s, e) (papier) buvard m. ||°**-pfanne** f. (-, n) braisier m. ; braisière f. ||°**-platz** m. (es, ¨e). MAR. lieu (m.) de débarquement ; débarcadère m. ||°**-taste** f. (-, n). ÉLECTR. touche (f.) d'annulation. ||°**-trupp** m. (s, s), °**-zug** m. (s, ¨e) piquet (m.) d'incendie.

löschen ['lœʃən] v. tr. **1.** éteindre ; étouffer. | *ein Feuer, ein Licht löschen*, éteindre un feu, une lumière. | *Kalk löschen*, éteindre de la chaux.
2. FIG. étancher ; apaiser. | *den Durst löschen*, étancher sa soif ; se désaltérer.
3. COMM. *eine Firma löschen*, (faire) rayer une firme du registre du commerce. | *eine Schuld löschen*, payer une dette. | *eine Hypothek löschen*, radier une hypothèque.
4. INF. effacer ; supprimer.
5. MAR. *eine Schiffsladung löschen*, décharger une cargaison.
◇ v. intr. (i, o, o) s'éteindre.

Löscher [-ʃər] m. (s, -). [Licht] éteignoir m. || [Gerät] extincteur m. || MAR. [Person] débardeur m. || [Tinte] papier (m.) buvard ; buvard m.

Löschung [-ʃuŋ] f. (-, en) [action (f.) d']éteindre ; extinction f. ; étanchement m. || COMM. *Löschung einer Schuld*, règlement (m.) d'une dette. || MAR. déchargement m. || JUR. [Hypothek] radiation f. ; mainlevée f. || [Strafregister] radiation f.

lose ['lo:zə] adj. détaché ; dénoué ; desserré ; lâche. | *loses Haar*, cheveux flottants. || FIG., FAM. libre ; licencieux ; frivole. | *loser Vogel*, homme peu sérieux. | *loser Spötter*, railleur (m.) frivole. | *laß die losen Zungen reden*, laisse dire les mauvaises langues. | *lose Hand*, main (f.) leste.

Löse|geld ["lø:zə'gɛlt] n. (s, er) rançon f. || °**-mittel** n. (s, -). CHIM. solvant m.

losen ['lo:zən] v. intr. tirer au sort.

lösen ['lø:zən] v. tr. et v. pr. **1.** [entfernen] séparer ; délivrer ; détacher ; rompre. | *ein Dachziegel hat sich gelöst*, une tuile s'est détachée, est tombée.
2. [los-, aufmachen] | *einen Riemen lösen*, desserrer une sangle. || FIG. *die Verlobung lösen*, rompre les fiançailles. | *seine Zunge ward gelöst*, sa langue se délia ; il trouva l'usage de la parole.
3. [die richtige Antwort finden] résoudre. | *eine Rechenaufgabe lösen*, résoudre un problème de mathématiques. | *eine Frage lösen*, résoudre une question, un problème.
4. CHIM. dissoudre. | *Salz in Wasser lösen*, (faire) dissoudre du sel dans l'eau.
5. [kaufen] *eine Karte lösen*, prendre un billet.
6. COMM. *er hat für die Ware viel Geld gelöst*, il a encaissé beaucoup d'argent pour cette marchandise.

löslich ['lø:sliç] adj. soluble. | *löslicher Kaffee*, café (m.) soluble. | *leicht, schwer löslich*, lyophile ; lyophobe.

Löslichkeit [-kait] f. solubilité f.

Löß [lø:s] m. (es). GÉOL. lœss m.

Losung ['lo:zuŋ] f. (-, en). **1.** tirage (m.) au sort.
2. MIL. [Erkennungswort] mot (m.) de passe. | *die Losung ausgeben*, donner le mot d'ordre, le mot de passe.
3. COMM. [Einnahme] recette (f.) du jour.
4. [Jagd] fiente f. ; fumées f. pl.

Losungs|wort ["lo:zuŋs'vɔrt] n. (s, e). MIL. mot (m.) d'ordre, de ralliement ; mot (m.) de passe.

Lösung ['lø:zuŋ] f. (-, en). **1.** (action [f.] de) délier ; séparation f. | *Lösung eines Vertrags*, annulation (f.), résiliation (f.) d'un contrat, d'un traité.
2. solution f. ; éclaircissement m. | *des Rätsels Lösung finden*, trouver la clef de l'énigme. || MATH. solution f. | *Lösung einer Gleichung*, résolution (f.) d'une équation.
3. CHIM. dissolution f. ; solution f.

Lösungs|mittel ["lø:zuŋs'mitəl] n. (s, -). CHIM. solvant m.

Lot [lo:t] n. (s, e). **1.** [Senkblei] fil (m.) à plomb. | *die Mauer steht nicht im Lot*, ce mur n'est pas d'aplomb. || FIG., FAM. *etwas ins Lot bringen*, mettre qch. en ordre.
2. MATH. verticale f. ; perpendiculaire f. | *ein Lot fällen*, abaisser une perpendiculaire.
3. MAR. sonde f.
4. TECHN. [Lötmittel] soudure f.
5. (Vx.) demi-once f. | *ein Lot Salz*, une (demi-)once, une pincée, un peu de sel.

Lot|blei ['lo:tblai] n. (s) fil (m.) à plomb. ||°**-leine** f. (-, n) ligne (f.) de sonde. ||°**-punkt** m. (s, e). MATH. pied (m.) de la perpendiculaire. ||**-recht** adj. d'aplomb ; vertical. ||°**-waage** f. (-, n) niveau (m.) de maçon.

Löt|brenner ["lø:t'brɛnər] m. (s, -), °**-rohr** n. (s, e) chalumeau (m.) à souder, à braser. ||°**-draht** m. (s, ¨e) âme (f.) de soudure. ||°**-eisen** n. (s, -), °**-hammer** m. (s, ¨), °**-kolben** m. (s, -) fer (m.) à souder. ||°**-fett** n. (s) composition (f.) à souder. ||°**-lampe** f. (-, n) lampe (f.) à souder. ||°**-mittel** n. (s, -) soudure f. ||°**-nippel** m. (s, -) raccord (m.) à souder. ||°**-salz** n. (es, e) sel ammoniac. ||°**-stelle** f. (-, n) soudure f. ; brasure f. ; point (m.) de soudure. ||°**-stift** m. (s, e) crayon (m.) à souder. ||°**-zange** f. (-, n) pince (f.) à souder. ||°**-zinn** n. (s) étain (m.) à souder.

loten ['lo:tən] v. tr. passer au fil à plomb ; prendre l'aplomb. || MAR. sonder.

löten ['lø:tən] v. tr. TECHN. [weich] souder ; [hart] braser.

Löten [-tən] n. (s). TECHN. soudure f. ; brasure f.

Löter [-tər] m. (s, -). TECHN. soudeur m.

lötbar [-ba:r] adj. TECHN. soudable.

Lothar [lo'ta:r] n. pr. m. Lothaire m.

Lothringen ['lɔtriŋən] n. pr. n. Lorraine f.

Lothringer(in) ['lɔtriŋər(in)] m. (s, -), f. (-, nen). Lorrain(e) m. (f.).

lothringisch ['lɔtriŋiʃ] adj. lorrain. | *lothringischer Speckkuchen*, quiche lorraine.

Lotos ['lo:tos] m. (-, -), °**-blume** ["lo:tos'blu:mə] f. (-, n). BOT. lotus m.

Lotse ['lo:tsə] m. (n, n). MAR. pilote m. (à l'entrée d'un port).

lotsen [-sən] v. tr. MAR. piloter.

Lotsen|boot ["lo:tsən'bo:t] n. (s, e). MAR. bateau-pilote m. ||°**-fisch** m. (s, e). ZOOL. (poisson m.) pilote m.

Lotte ['lɔtə] n. pl. f. FAM. Charlotte f.

Lotte ['lɔtə] f. (-, n). BOT. sarment m. || MINES. conduit m.

Lotter ['lɔtər] m. (s, -), °**-bube** ["lɔtər'bu'bə] m. (n, n). FAM. vaurien m. ; voyou m. ; crapule f.

Lotter|leben ["lɔtər'le:bən] n. (s). FAM. vie (f.) de bohème ; vie crapuleuse. ||°**-wirtschaft** f. FAM. pagaille f. ; pétaudière f.

Lotterei [lɔtə'rai] f. (-, en) fainéantise f. ; laisser-aller m.

Lotterie [lɔtə'ri:] f. (-, en) loterie f.

Lotterie|spiel [lɔtə"ri:'ʃpi:l] n. (s, e) loterie f.

lotterig ['lɔtəriç] adj. FAM. relâché ; négligent ; dissolu ; bohème.

lottern ['lɔtərn] v. intr. mener une vie désordonnée. || PAR EXT. fainéanter.

Lotto ['lɔto] n. (s, s) (jeu [m.] de) loto m.

Lotung ['lo:tuŋ] f. (-, en) sondage m. ; coup (m.) de sonde.

Lötung ['lø:tuŋ] f. (-, en). TECHN. [weiche] soudure f. || [harte] brasure f. ; brasement m. | *autogene Lötung*, soudure autogène.

Lotus|blume ["lo:tus'blu:mə] f. (-, n). BOT. lotus m. ; nénuphar m.

Louis ['lu:i] n. pr. m. Louis m. || FIG., ARG. souteneur m. ; jules m.

Louis|dor [lui'do:r] m. (s, s) louis (m.) d'or.

Löwe ['lø:və] m. (n, n). ZOOL. lion m. | *junger Löwe*, lionceau m.

Löwen|anteil ["lø:vən'antail] m. (s, e) part (f.) du lion. ||**-artig** adj. léonin. ||°**-grube** f. (-, n) fosse (f.) aux lions. ||°**-haut** f. (-, ¨e) peau (f.) de lion. ||°**-herz** n. (ens, en) cœur (m.) de lion. | *Richard Löwenherz*, HIST. Richard Cœur de Lion m. ||°**-maul** n. (s, ¨er). ZOOL. mufle (m.) de lion. || BOT. muflier m. ||°**-zahn** m. (s). BOT. dent-de-lion f. ; pissenlit m.

Löwin ['lø:vin] f. (-, nen). ZOOL. lionne f.

loyal [loa'ja:l] adj. loyal ; droit ; vrai.

Loyalität [-jali'tɛ:t] f. POLIT. loyalisme m. || PAR EXT. loyauté f.
lübisch ['ly:biʃ] adj. de Lubeck ; lubeckois. || JUR. *lübisches Recht*, droit (m.) de la Hanse.
Luchs [luks] m. (es, e). ZOOL. lynx m. ; loup-cervier m.
luchsen ['luksən] v. intr. **1.** FAM. être très attentif. || PAR ANAL. guetter ; épier.
2. FAM. chaparder ; filouter.
Lücke ['lykə] f. (-, n) lacune f. ; trou m. ; vide m. ; brèche f. ; trouée f. ; FIG. omission f. ; manque m. || COMM. déficit m.
Lücken|büßer [″lykən'by:sər] m. (s, -). FAM. bouche-trou m. || LITTÉR. remplissage m. ; cheville f. || THÉÂTRE. doublure f. ||**-los** adj. sans lacune ; complet.
lückenhaft ['lykənhaft] adj. incomplet ; défectueux ; lacuneux ; qui a des vides, des lacunes.
Lückenhaftigkeit [-haftiçkait] f. défectuosité f. ; lacunes f. pl. ; caractère incomplet.
lud [lu:t] prét. de **laden.**
Lude ['lu:də] m. (n, n). ARG. maquereau m.
Luder ['lu:dər] n. (s, -). [Jagd] charogne f. ; appât m. || FIG., VULG. [bösartiges Weib] chameau m. ; garce f. || [bedauernswertes Wesen] *armes Luder !*, pauvre bougre !
Luder|leben [″lu:dər'le:bən] n. (s). POP. vie crapuleuse.
ludern ['lu:dərn] v. intr. mener une vie déréglée, dévergondée, crapuleuse. || [Jagd] manger de la charogne.
◇ v. tr. [Jagd] leurrer ; appâter.
Ludwig ['lu:tviç] n. pr. m. Louis m.
Lues ['lu:ɛs] f. MÉD. syphilis f.
luetisch [lu'e:tiʃ] adj. MÉD. syphilitique.
Luft [luft] f. (-, ¨e) air m. | *frische Luft schöpfen ; an die Luft gehen*, prendre l'air. | *in freier Luft arbeiten*, travailler en plein air. | *in der Luft fliegen*, voler. | *in die Luft fliegen*, sauter (par explosion). | *von Luft allein kann keiner leben*, on ne peut vivre de l'air du temps. | *jn an die Luft setzen*, mettre qn à la porte. || LOC., FIG. *seinem Unmut Luft machen*, épancher sa bile ; donner libre cours à sa mauvaise humeur. | *hier ist dicke Luft*, il y a du grabuge dans l'air ; FAM. ça va barder. | *die Luft ist wieder rein*, il n'y a plus de danger. | *das alles ist Luft*, tout cela n'est que du vent. | *für mich ist er fortan Luft*, je le traiterai désormais comme s'il n'existait pas. | *aus der Luft gegriffen*, inventé de toutes pièces ; pure invention. | *von Luft und Liebe leben*, vivre de l'air du temps. | *der Gedanke liegt in der Luft*, l'idée, le projet est dans l'air.
Luft|abschluß [″luft'apʃlus] m. (es). *unter Luftabschluß*, à l'abri de l'air. ||°**-abwehr** f. MIL. défense aérienne. ||°**-abzug** m. (s, ¨e). TECHN. évent m. ||°**-angriff** m. (s, e) attaque aérienne ; bombardement aérien. ||°**-aufnahme** f. (-, n) prise de vues aérienne ; photo aérienne. ||°**-austauscher** m. (s, -). TECHN. échangeur (m.) d'air. ||°**-ballon** m. (s, s). [für Kinder] ballon m. || AÉRON. aérostat m. ; ballon m. | *lenkbarer Luftballon*, dirigeable m. ||°**-befeuchter** m. (s, -) humidificateur m. ; saturateur m. ||**-befördert** adj. aéroporté. ||°**-belastung** f. (-, en) pollution (f.) atmosphérique. | *Überwachung der Luftbelastung*, contrôle (m.) de la pollution atmosphérique. || °**-bereifung** f. (-, en) bandage (m.) pneumatique. ||°**-betankung** f. (-, en) ravitaillement (m.) en vol. ||°**-bild** n. (s, er) fantôme m. ; mirage m. ; chimère f. || MIL. photo aérienne. ||°**-bläschen** n. (s, -). °**-blase** f. (-, n) bulle (f.) d'air. || [Gußblase] soufflure f. || ZOOL. vessie (f.) natatoire. ||°**-bremse** f. (-, n). TECHN. aérofrein m. ||°**-brems|klappe** f. (-, n). TECHN. volet (m.) d'aérofrein. ||°**-brücke** f. (-, n) pont aérien. ||**-dicht** adj. hermétique ; étanche à l'air. ||°**-dienst** m. (s, e). MIL. (service de l')aéronautique f. ; aérostation f. ||°**-draht** m. (s, ¨e). RADIO. antenne f. ||°**-druck** m. (s). PHYS. pression (f.) atmosphérique. ||°**-druck|bremse** f. (-, n). TECHN. frein (m.) à air comprimé. ||°**-druck|messer** m. (s, -). PHYS. baromètre m. ||°**-druck|zeiger** m. (s, -). PHYS. manomètre m. ||°**-düse** f. (-, n). AUTOM. buse (f.) d'air. ||°**-dynamik** f. PHYS. aérodynamique f. ||°**-einlaß** m. (es) admission (f.) d'air. ||°**-eintritt** m. (s, e). AÉRON. entrée (f.) d'air. ||°**-elektrizität** f. électricité (f.) atmosphérique. ||°**-erscheinung** f. (-, en). PHYS. météore m. ; phénomène atmosphérique, aérien. || PAR EXT. apparition f. ; mirage m. ||°**-fahrer** m. (s, -) aéronaute m. ||°**-fahrt** f. (-, en) voyage aérien. ||°**-fahrt|industrie** f. (-, n) industrie (f.) aéronautique. ||°**-fahrt|schau** f. (-, en) salon (m.) aéronautique. ||°**-fahrt|wesen** n. (s) aéronautique f. ; aviation f. ||°**-fahrzeug** n. (s, e) aéronef m. ; aéroplane m. ; avion m. ||°**-feuchtigkeit** f. humidité (f.) atmosphérique. ||°**-feuchtigkeits|grad** m. (s, e) degré (m.) hygrométrique de l'air. ||°**-feuchtigkeits|messer** m. (s, -) hygromètre m. ||°**-flotte** f. (-, n) flotte aérienne. ||°**-fracht** f. (-, en) fret aérien. | *per Luftfracht befördern*, acheminer par air. ||**-frei** adj. purgé, vide d'air. ||°**-gebilde** n. (s, -) forme aérienne ; fantôme m. ; mirage m. ||°**-gefäß** n. (es, e). ZOOL. trachée f. ||°**-geist** m. (es, er) esprit aérien ; sylphe m. ; sylphide f. ||°**-gewehr** n. (s, e) fusil (m.) à air comprimé. ||°**-hafen** m. (s, ¨) aéroport m. ||°**-hauch** m. (s, e) souffle m. ||°**-heizung** f. (-, en). TECHN. chauffage (m.) à air chaud. ||°**-hoheit** f. POLIT. souveraineté aérienne. ||**-hydraulisch** adj. PHYS. hydropneumatique. || °**-kissen** n. (s, -) coussin (m.) pneumatique. || °**-kissen|boot** n. (s, e) hydroglisseur m. ||°**-klappe** f. (-, n). TECHN. soupape (f.), volet (m.) d'aération ; régulateur (m.) d'air. ||°**-korridor** m. (s, e) couloir aérien. ||°**-krankheit** f. MÉD. mal (m.) de l'air. ||°**-krieg** m. (s, e) guerre aérienne. ||°**-kühlung** f. refroidissement (m.) par air. ||°**-kurort** m. (s, e) station (f.) climatique. ||°**-landetruppe** f. (-, n) troupe aéroportée. ||**-leer** adj. vide (d'air). | *luftleeres Gefäß*, vase clos. ||°**-linie** f. (-, n) ligne droite. | *in der Luftlinie*, en ligne droite ; à vol d'oiseau. ||°**-loch** n. (s, ¨er). ARCHIT. soupirail m. || AÉRON. trou (m.) d'air. || TECHN. évent m. ||°**-messer** m. (s, -). PHYS. aéromètre m. ||°**-piraterie** f. (-, n) piraterie aérienne. ||°**-post** f., °**-post|dienst** m. (s) poste aérienne ; service aéropostal. | *mit Luftpost*, par avion. ||°**-pumpe** f. (-, n). TECHN. machine (f.) pneumatique ; pompe (f.) à air. ||°**-raum** m. (s). AÉRON. espace aérien. ||°**-reifen** m. (s, -) pneumatique m. ; FAM. pneu m. ||°**-reinigung** f. MINES. renouvellement (m.) de l'air ; ventilation f. ||°**-reise** f. (-, n) voyage (m.) par air. ||°**-reklame** f. (-, n) publicité aérienne. ||°**-rohr** n. (s, e) tube (m.) à air. ||°**-röhre** f. (-, n). ANAT. trachée f. ; trachée-artère f. || °**-röhren|ast** m. (es, ¨e). ANAT. bronche f. || °**-röhren|entzündung** f. (-, en). MÉD. trachéite f. ||°**-röhren|kopf** m. ANAT. larynx m. || °**-röhren|spalt** m. (s). ANAT. glotte f. ||°**-sauger** m. (s, -). TECHN. aspirateur m. ||°**-schacht** m. (s, ¨e). MINES. puits (m.) d'aération. ||°**-schiff** n. (s, e) ballon m. ; aérostat m. ; aéronef m. | *lenkbares Luftschiff*, dirigeable m. ||°**-schiffahrt** f. navigation aérienne ; aviation f. ||°**-schiffer** m. (s, -) aéronaute m. ||°**-schlauch** m. (s, ¨). AUTOM. chambre (f.) à air. || [Fahrrad] boyau m. ||°**-schloß** n. (es, ¨er) château (m.) en Espagne. | *Luftschlösser bauen*, bâtir des châteaux en Espagne. ||°**-schlucken** n. (s). MÉD. aérophagie f. ||°**-schraube** f. (-, n) hélice f. ; propulseur aérien. | *vierteilige Luftschraube*, hélice à quatre pales. || °**-schrauben|blatt** n. (s, ¨er) pale (f.) d'hélice. ||°**-schutz** m. (es). MIL. défense (anti)aérienne, passive. ||°**-schutz|bunker** m. (s, -), °**-schutz|-keller** m. (s, -). MIL. abri m. ||°**-segler** m. (s, -) avion (m.) sans moteur ; planeur m. ||°**-spalt** m. (s, e). ÉLECTR. entrefer m. ||°**-spiegelung** f. (-, en). PHYS. mirage m. ||°**-sprung** m. (s, ¨e) saut (m.) en l'air ; bond m. ; cabriole f. ; [Ballett] entrechat m. | *Luftsprünge machen*, faire des entrechats. ||°**-störung** f. (-, en). RADIO. parasites (m. pl.) atmosphériques. ||°**-stoß** m. (es, ¨e) coup (m.) de vent. ||°**-streitkräfte** f. pl. MIL. forces aériennes. ||°**-strömung** f. (-, en) écoulement (m.) aérodynamique. ||°**-stützpunkt** m. (s, e) base aérienne. ||**-technisch** adj. aérotechnique. ||°**-tüchtigkeit** f. aptitude (f.) au vol. ||°**-ventil** n. (s, e). TECHN. soupape (f.) à air. || AUTOM. valve f. ||°**-verdichter** m. (s, -). TECHN. compresseur (m.) d'air. ||°**-verdrängung** f. PHYS. déplacement (m.) d'air. ||°**-verdünnung** f. raréfaction (f.) de l'air. ||°**-verflüssigung** f. TECHN. liquéfaction (f.) de l'air. ||°**-verkehr** m. (s) trafic, service aérien ; circulation aérienne. ||°**-verkehrs|linie** f. (-, n) ligne aérienne. ||**-verunreinigend** adj. *luftverunreinigende Stoffe*, polluants (m. pl.) atmosphériques. ||°**-waage** f. (-, n). PHYS. aéromètre m. ||°**-waffe** f. armée (f.) de l'air. ||°**-wärme** f. température f. ||°**-weg** m. (s, e) *auf dem Luftweg*, par la voie des airs ; par avion. || MÉD. *Luftwege*, organes (m. pl.) respiratoires. ||°**-wurzel** f. (-, n). BOT. racine aérienne. ||°**-ziegel** m. (s, -) brique crue. ||°**-zufuhr** f. ventilation f. ||°**-zug** m. (s, ¨e) courant (m.) d'air ; appel (m.) d'air ; tirage m. | *schwacher Luftzug*, filet (m.) d'air. || [Fische] évent m.
Lüftchen ['lyftçən] n. (s, -) léger souffle ; brise f.
lüften [-tən] v. tr. aérer ; donner de l'air ; renou-

veler l'air ; mettre à l'air ; éventer. | *ein Zimmer lüften*, aérer une chambre. || PAR EXT. *den Hut lüften*, soulever son chapeau. || FIG. *den Schleier lüften*, lever le voile. | *die Maske lüften*, lever le masque. || AGRIC. sarcler.

Lüfter [-tər] m. (s, -), **Luft|erneuerer** ["luft-ɛr'nɔyərər] m. (s, -) trou (m.) d'aération. || TECHN. ventilateur m.

luftig ['luftiç] adj. **1.** [in freier Luft] exposé à l'air ; aéré.
2. PAR EXT. [leicht] aérien ; vaporeux ; léger ; transparent. | *luftige Gewänder*, vêtements légers, vaporeux. || ARCHIT. *luftiger Bau*, construction légère.
3. FIG. évaporé ; léger ; volage ; étourdi ; écervelé.

Luftikus ['luftikus] m. FAM. écervelé ; étourdi.

Lüftung ['lyftuŋ] f. (-, en) aération f. ; ventilation f.

Lüftungs|anlage ["lyftuŋs'anla:gə] f. (-, n) installation (f.) d'aérage. ||°**-apparat** m. (s, e) appareil (m.) de ventilation ; ventilateur m.

Lug [lu:k] m. (s). *Lug und Trug*, tromperie f. ; mensonge m. ; imposture f.

Lüge ['ly:gə] f. (-, n) mensonge m. | *fromme Lüge*, pieux mensonge. | *jn der Lüge bezichtigen, beschuldigen*, accuser qn de mensonge. | *jn Lügen strafen*, infliger un démenti à qn ; convaincre qn de mensonge. | *sich keine Lüge aufbinden lassen*, ne pas être dupe. | *um eine Lüge nicht verlegen sein*, ne pas être à court de mensonges.

lügen [-gən] (o, o) v. intr. mentir ; controuver ; inventer. | *er lügt wie gedruckt*, il ment comme un arracheur de dents. | *ich müßte lügen, wenn ich anders sagte*, ce serait mentir que de soutenir le contraire. | *wenn nicht, so will ich gelogen haben*, si cela n'est pas, j'en aurai menti. || PROV. *wer einmal lügt, dem glaubt man nicht, und wenn er auch die Wahrheit spricht*, a beau dire vrai qui a menti.
◇ v. tr. mentir ; inventer. || FAM. *er lügt das Blaue vom Himmel (herunter)*, il ment effrontément, impudemment.

Lügen|geist ["ly:gən'gaist] m. (es) l'esprit (m.) du mensonge ; le démon. ||°**-meldung** f. (-, en) nouvelle mensongère ; fausse nouvelle. || FAM. canard m. ; bobard m. ||°**-netz** n. (es, e) tissu (m.) de mensonges.

lügenhaft ['ly:gənhaft] adj. [Personen] faux ; menteur. || [Dinge] faux ; mensonger ; controuvé.

Lügenhaftigkeit [-haftiçkait] f. goût (m.) du mensonge ; caractère mensonger.

Lug|insland ["lu:kins'lant] m. (es). ARCHIT. échauguette f. ; belvédère m.

Lügner ['ly:gnər] m. (s, -) menteur m.

lügnerisch [-riʃ] adj. V. LÜGENHAFT.

Luise [lu'i:zə] n. pr. f. Louise f.

Luk [lu:k] n. (s, e). V. LUKE.

Lukas ['lu:kas] n. pr. m. Luc m. ; Lucas m.

Luke ['lu:kə] f. (-, n). ARCHIT. lucarne f. || MAR. hublot m. ; écoutille f.

lukrativ [lukra'ti:f] adj. lucratif.

lukullisch [lu'kuliʃ] adj. *lukullisches Mahl*, repas plantureux ; festin (m.) pantagruélique.

Lulatsch ['lu:latʃ] m. FAM. grand flandrin ; grand échalas.

lullen ['lulən] v. tr. FAM. *ein Kind in den Schlaf lullen*, fredonner une berceuse à un enfant.

Lumbago [lum'bɑ:go] f. (-, s). MÉD. lumbago m.

Lumineszenz [luminɛs'tsɛnts] f. luminescence f.

Lumme ['lumə] f. (-, n). ZOOL. guillemot m.

Lümmel ['lyməl] m. (s, -). FAM. butor m. ; lourdaud m. ; rustre m. ; goujat m. ; mufle m.

Lümmelei [lymə'lai] f. (-, en) grossièreté f. ; goujaterie f. ; muflerie f.

lümmelhaft ['lyməlhaft] adj. grossier ; malpoli.

lümmeln (sich) [ziç'lyməln] v. pr. se vautrer ; avoir une tenue incorrecte.

Lump [lump] m. (en, en). FAM. gueux m. ; gredin m. ; va-nu-pieds m. ; maraud m. || FIG., IRON. *du kleiner Lump, du !*, petit fripon ! || ZOOL. (Syn. : *Lumpfisch*, lièvre [m.] de mer.)

Lumpen ['lumpən] m. (s, -) chiffon m. ; haillon m. ; guenille f. ; loque f.

lumpen [-pən] v. intr. fainéanter ; vagabonder. || FAM. *sich nicht lumpen lassen*, n'être pas chiche ; bien faire les choses.

Lumpen|frau ["lumpən'frau] f. (-, en) chiffonnière f. ||°**-geld** n. (s). FIG., FAM. somme (f.) misérable ; vil prix. ||°**-gesindel** n. (s) gueux m. pl. ; racaille f. ; canaille f. ||°**-leben** n. (s). FAM. vie misérable, déréglée. ||°**-mann** m. (s, ¨er) chiffonnier m. ||°**-pack** n. (s). FAM. gueux m. pl. ; va-nu-pieds m. pl. ; racaille f. ; crapule f. ||°**-papier** n. (s) papier (m.) de chiffons. ||°**-proletariat** n. (s). POLIT. sous-prolétariat m. ||°**-sammler** m. (s, -) chiffonnier m. ||°**-ware** f. (-, en), °**-zeug** n. (s). COMM., FAM. pacotille f. ; camelote f.

Lumperei [lumpə'rai] f. (-, en). FAM. [Gesinnung] gueuserie f. || PAR EXT. [Kleinigkeit] vétille f. ; affaire (f.) de rien ; misère f.

lumpig ['lumpiç]. (Vx.) **lumpicht** ['lumpiçt] adj. FAM. déguenillé ; en guenilles ; en haillons. || FIG. [dürftig ; ehrlos] misérable ; vil ; sordide.

Lumpigkeit [-kait] f. gueuserie f. mesquinerie f. ; chose (f.) misérable.

Lunch|paket ["lantʃpa'ke:t] n. (s, e) panier-repas m.

Lunge ['luŋə] f. (-, n). ANAT. poumon m. || MÉD. *eiserne Lunge*, poumon d'acier. | *er hat es auf den Lungen*, il est poitrinaire. || FAM. *sich die Lunge aus dem Leibe reden*, s'époumoner.

Lungen|ader ["luŋən'ɑ:dər] f. (-, n). ANAT. veine (f.) pulmonaire. ||°**-beutel** m. (s, -) plèvre f. ||°**-bläschen** n. (s, -) alvéole (m.) pulmonaire. ||°**-blutung** f. (-, en). MÉD. hémorragie (f.) pulmonaire. ||°**-braten** m. (s, -). [Rind] filet m. ; aloyau m. || [Kalb] longe f. ||°**-entzündung** f. (-, en). MÉD. pneumonie f. ||°**-fell** n. (s, e) plèvre f. ||**-krank** adj. MÉD. tuberculeux ; poitrinaire. ||°**-krankheit** f. (-, en). MÉD. affection (f.) pulmonaire ; tuberculose f. ||°**-kraut** n. (s). BOT. pulmonaire f. ||°**-lappen** m. (s, -). ANAT. lobe (m.) du poumon. ||°**-schwindsucht** f. MÉD. tuberculose f. (pulmonaire) ; phtisie f. ||°**-spitze** f. (-, n). ANAT. sommet (m.) du poumon. ||°**-tuberkulose** f. MÉD. tuberculose f. (pulmonaire) ; phtisie f. ||°**-verhärtung** f. MÉD. sclérose (f.) pulmonaire.

Lungerer ['luŋərər] m. (s, -) fainéant m. ; paresseux m.

Lunger|leben ["luŋər'le:bən] n. (s) paresse f. ; fainéantise f. | *ein Lungerleben führen*, fainéanter ; paresser.

lungern ['luŋərn] v. intr. paresser. | *herumlungern*, traîner ; fainéanter.

Lunte ['luntə] f. (-, n). MINES, MIL. mèche f. || FIG., FAM. *Lunte riechen*, éventer la mèche.

Lunten|flinte ["luntən'flintə] f. (-, n), °**-gewehr** [-'gəve :r] n. (s, e) fusil (m.) à mèche.

Lupe ['lu:pə] f. (-, n). OPT. loupe f.

lüpfen ['lypfən] v. tr. DIAL. soulever.

Lupine [lu'pi:nə] f. (-, n). BOT. lupin m.

Luppe ['lupə] f. (-, n). TECHN [Eisenklumpen] loupe f. ; massé m.

Lurch [lurç] m. (es, e) ZOOL. batracien m. ; amphibien m.

Lure ['lurə] f. trompette (f.) des Vikings.

Lust [lust] f. (-, ¨e). **1.** [Freude] plaisir m. ; joie f. ; agrément m. ; jouissance f. ; réjouissance f. | *das Bergsteigen ist seine Lust*, l'alpinisme est son plaisir. | *seine Lust an etwas haben*, aimer (faire) qch. | *das Kind war meine ganze Lust*, cet enfant était tout mon bonheur. | *sie spielt Klavier, daß es eine Lust ist*, l'entendre au piano est un régal, un ravissement.
2. [Wunsch ; Begierde] désir m. ; envie f. ; goût m. | *er bekam Lust, durch die Welt zu ziehen*, l'envie le saisit d'errer à travers le monde. | *ich hatte große Lust, ihn stehen zu lassen*, j'eus grande envie de le planter là. | *wenn Sie Lust dazu haben*, si le cœur vous en dit. | *er hat zu nichts mehr Lust*, rien ne l'intéresse plus. | *nach unsres Herzens Lust*, à notre gré ; à notre guise. | *seine Lust, sein Lüstchen büßen*, passer son envie. | *jm die Lust an etwas nehmen*, passer à qn l'envie de qch. | *mit Lust und Liebe*, avec grand plaisir. || [Lüsternheit] *die Lüste des Fleisches*, les convoitises de la chair. | *seine bösen Lüste bekämpfen*, combattre ses mauvais penchants, instincts.

Lust|garten ["lust'gartən] m. (s, ¨) jardin (m.) d'agrément. ||°**-gas** n. (es). CHIM. gaz hilarant. ||°**-hain** m. (s, -) bosquet m. ; bocage m. ||°**-haus** n. (es, ¨er) maison (f.) de plaisance. ||°**-häuschen** n. (s, -) gloriette f. ||**-los** adj. languissant ; sans entrain. ||°**-mord** m. (s, e) crime (m.) sadique. ||°**-schloß** n. (es, ¨er) château (m.) de plaisance. ||°**-seuche** f. (-, n). [Vx.] syphilis f. ||°**-spiel** n. (s, e). THÉÂTRE. comédie f. ||°**-spieldichter** m. (s, -) auteur (m.) de comédies ; comique m. ||°**-wäldchen** n. (s, -) bosquet m. ; bocage m. ||**-wandeln** v. intr. se promener.

Lustbarkeit ['lustbɑ:rkait] f. (-, en). [Vx.] réjouissance(s) f. (pl.) ; fête(s) f. (pl.).

lüsten ['lystən] v. impers. (Vx.) avoir envie de. | *mich lüstet nach Bier*, j'ai envie de bière.

Lüster ['lystər] m. (s, -). [Glanz] éclat m. || PAR EXT. [Kronleuchter] lustre m.

lüstern ['lystərn] v. impers. V. LÜSTEN.
◇ v. intr. avoir envie de ; désirer.

lüstern [-tərn] adj. lascif ; concupiscent ; lubrique. *lüsterne Blicke*, des regards concupiscents. | *nach etwas lüstern sein*, convoiter qch.
— SYN. : *geil, wollüstig*, luxurieux ; *unzüchtig*, lascif ; *sinnlich*, sensuel, voluptueux ; *schlüpfrig*, lubrique, libidineux ; *erotisch*, érotique.

Lüsternheit [-hait] f. (-, en) convoitise f. ; concupiscence f. ; lascivité f. ; lubricité f.

lustig ['lustiç] adj. [fröhlich ; vergnügt] joyeux ; gai ; de bonne, de joyeuse humeur ; enjoué ; jovial. || [spaßmachend] gai ; plaisant ; amusant ; drôle. | *lustige Anekdote*, anecdote amusante. | *lustige Person*, personnage (m.) comique ; bouffon m. | *Bruder Lustig*, joyeux compère ; loustic m. | *sich über jn lustig machen*, se moquer de qn ; se divertir aux dépens de qn.
◇ adv. gaiement ; joyeusement. | *da geht es lustig zu*, on s'y amuse bien.

Lustigkeit [-kait] f. gaieté f. ; joie f. ; enjouement m. ; jovialité f.

Lüstling ['lystliŋ] m. (s, e). PÉJOR. débauché m. ; sadique m. ; FIG. satyre m.

lustrieren [lus'tri:rən] v. tr. lustrer.

Lustrum ['lustrum] n. (s, ra). HIST. lustre m.

Lutheraner(in) [lutə'rɑ:nər(in)] m. (s, -), f. (-, nen). RELIG. luthérien m. ; luthérienne f.

lutherisch [lu'te:riʃ] adj. HIST. concernant la personne de Luther. || PAR EXT., RELIG. luthérien.

Luthertum ['lutərtu:m] n. (s). RELIG. luthéranisme m. ; protestantisme m. ; doctrine luthérienne.

lutschen ['lutʃən] v. tr. et v. intr. sucer ; suçoter.

Lutscher [-ʃər] m. (s, -) sucette f. ; tétine f.

Lüttich ['lytiç] n. pr. n. GÉOGR. Liège f.

Luv [lu:f] f. MAR. côté (m.) du vent ; lof m.

Luv|seite ["lu:f'zaitə] f. MAR. côté (m.) du vent ; lof m.

luven ['lu:vən] v. intr. MAR. lofer ; aller au lof.

Lux [luks] n. (-, -). PHYS. lux m.

Luxemburg ['luksɛmburk] n. pr. n. GÉOGR. Luxembourg m.

Luxemburger [-burgər] m. (s, -). GÉOGR. Luxembourgeois m.

luxemburgisch [-burgiʃ] adj. luxembourgeois.

luxurieren [luksu'ri:rən] v. intr. être luxuriant.

luxuriös [luksuri'ø:s] adj. luxueux ; somptueux ; fastueux.

Luxus ['luksus] m. luxe m. ; somptuosité f.
— SYN. : *Aufwand, Prunk*, luxe, apparat ; *Pomp, Gepränge*, faste, pompe ; *Pracht*, splendeur.

Luxus|gesetz ["luksusgə'zɛts] n. (es, e). HIST. loi (f.) somptuaire. ||°**-steuer** f. (-, n). FIN. taxe (f.) de luxe.

Luzern [lu'tsɛrn] n. pr. n. GÉOGR. Lucerne f.

Luzerne [lu'tsɛrnə] f. (-, n). BOT. luzerne f.

Luzifer ['lu:tsifɛr] n. pr. m. [Bibel]. Lucifer m. ; diable m. ; Satan m. || ASTRON. étoile (f.) du matin.

Lydien ['ly:diən] n. pr. n. GÉOGR. Lydie f.

lymphatisch [lym'fɑ:tiʃ] adj. MÉD. lymphatique.

Lymph|drüse ["lymf'dry:zə] f. (-, n). ANAT. ganglion (m.) lymphatique. ||°**-gefäße** n. pl. ANAT. vaisseaux (m. pl.) lymphatiques. ||**-gefäßentzündung** f. (-, en). MÉD. lymphangite f. ||°**-knoten** m. (s, -) ganglion (m.) lymphatique.

Lymphe ['lymfə] f. (-, n). PHYSIOL. lymphe f. ; [Rind] vaccin m. || MÉD. sérosité f. ; sérum m.

Lympho|zyt [lymfo'tsy:t] m. (en, en). PHYSIOL. lymphocyte m.

lynchen ['lynçən] v. tr. lyncher.

Lynch|justiz ["lynçjus'ti:ts] f. lynchage m. ; justice (f.) sommaire.

Lynkeus [lyn'ke:us] n. pr. m. MYTH. Lyncée m.

Lyoner [ly'o:nər] m. (s, -). GÉOGR. Lyonnais m.

lyophil [lyo'fi:l] adj. CHIM. lyophile.

lyophob [lyo'fo:p] adj. CHIM. lyophobe.

Lyra ['ly:ra] f. (-, ren). MUS. lyre f.

Lyrik ['ly:rik] f. poésie (f.) lyrique ; lyrisme m.

Lyriker [-rikər] m. (s, -) poète (m.) lyrique.

lyrisch [-riʃ] adj. LITTÉR. lyrique.

Lyzeum [ly'tse:um] n. (s, zeen) lycée m. (de jeunes filles).

M

M, m [ɛm] n. M m. | *großes* M, *M* majuscule. | *kleines* m, *m* minuscule. || *M* abrév. de *Meter*, mètre m. ; abrév. de *Mark*, mark m. | *m*, abrév. de *männlich* ; ou de *mit* ; de *Minute*. || COMM., HIST. [römisches Zahlzeichen] mille.

Mäander [mɛ'andər] n. pr. m. GÉOGR. Méandre m. || PAR EXT. méandre m.

mäandrisch [-driʃ] adj. tordu ; sinueux ; méandrique.

Maar [mɑ:r] n. (s, e). GÉOL. cratère éteint.

Maas [mɑ:s] n. pr. f. GÉOGR. Meuse f.

Maat [mɑ:t] m. (s, e). MAR. camarade m. ; premier, second maître ; maître m.

Mach [max] n. (s). PHYS. mach. | *Mach 2 fliegen*, voler à mach 2.

Mach|meter ["max'me:tər] n. (s, -). AÉRON. machmètre m. ||°**-zahl** f. (-, en) nombre (m.) de Mach.

Mach|werk ['maxvɛrk] n. (s, e) œuvre factice ; chose fabriquée de toutes pièces.

Mache ['maxə] f. apparence f. ; illusion f. ; FAM. frime f. | *das ist nur Mache*, ce n'est que de la frime. || PAR EXT., FAM. façon f. ; confection f. || TECHN. facture f.

machen ['maxən] v. tr., intr. et pr. faire.

I. [herstellen ; schaffen] faire ; produire ; fabriquer ; façonner ; construire ; créer.
II. [bereiten] préparer.
III. [veranstalten] préparer ; organiser.
IV. [bewirken] :
  1. causer ; faire ; être cause de ;
  2. donner ; rendre.
V. [erdenken, schaffen, mit Ziel oder Bestimmung] imaginer ; former ; faire ; effectuer ; accomplir.
VI. [ergeben ; betragen] faire ; se monter à.
VII. [erlangen] obtenir ; gagner.
VIII. [vollbringen] achever.
IX. [menschliches Tun im Allgemeinen] faire ; agir ; opérer.
X. [sich gebärden] agir ; s'y prendre ; opérer.
XI. [eine Rolle haben] tenir, jouer un rôle.
XII. LOC.
XIII. v. pr. **sich machen.**

I. [herstellen ; schaffen] produire ; faire ; fabriquer ; façonner ; construire ; créer ; engendrer. | *Brot machen*, faire du pain. | *einen Schrank machen*, fabriquer une armoire. | *Feuer machen*, faire du feu. | *Licht machen*, faire, donner de la lumière. | *Verse machen*, écrire, composer des vers. | *Schulden machen*, faire, contracter des dettes. | *Heu machen*, faire la fenaison. | *diese Edelsteine sind gemacht*, ces diamants sont artificiels. || FIG. *Wind machen*, se vanter.

II. [bereiten] préparer. | *das Bett machen*, faire le lit. | *Kaffee machen*, faire du café. | *Kleinholz machen*, faire du petit bois.

III. [veranstalten] préparer ; organiser. | *ein Fest machen*, organiser une fête. | *Hochzeit machen*, célébrer un mariage.

IV. [bewirken] **1.** causer ; faire ; être cause de. | *mit einer Sache Ernst machen*, prendre une affaire au sérieux. | *Spaß machen*, plaisanter. | *jm ein Geschenk machen*, faire un cadeau à qn. | *jm Mut machen*, donner courage à qn. | *Eindruck machen*, faire impression. | *jm Sorgen machen*, créer, donner du souci à qn. | *jm Ehre machen*, faire honneur à qn. | *jm Schande machen*, faire honte à qn. | *jm Lust machen*, donner envie à qn. | *aus der Not eine Tugend machen*, faire de nécessité vertu. | *es macht mir viel Mühe*, cela me donne beaucoup de mal. | *kein Geheimnis daraus machen*, ne pas faire mystère d'une chose. | *Kleider machen Leute*, l'habit fait le moine. || FAM. *jm Beine machen*, presser qn ; faire courir qn. **2.** donner ; rendre. | *etwas rückgängig machen*, annuler qch. ; revenir sur qch. | *jn verantwortlich machen für*, rendre qn responsable de. | *jn unschädlich machen*, mettre qn hors d'état de nuire. | *etwas zunichte machen*, anéantir, ruiner qch. | *jn gesund machen*, guérir qn. | *jn wieder jung machen*, rendre jeunesse à qn. | *jn verrückt machen*, faire perdre la tête à qn ; rendre qn fou. || FIG. *jn schlecht machen*, noircir qn. | *niemand kann es ihm recht machen*, il n'est jamais content ; personne ne trouve grâce devant lui. | *geltend machen*, faire valoir. | *jm den Kopf warm machen*, exiter qn ; monter la tête à qn.

V. [erdenken, schaffen, mit Ziel oder Bestimmung] imaginer ; former ; faire ; effectuer, accomplir. | *man macht aus ihm einen bösen Menschen*, on le fait passer pour un méchant homme. | *Gott hat den Menschen nach seinem Bilde gemacht*, Dieu a créé l'homme à son image. | *dieser Beruf ist wie für ihn gemacht*, cette profession était faite pour lui. | *er ist für, zu etwas gemacht*, il est fait pour, apte à. | *Gelegenheit macht Diebe*, l'occasion fait le larron. | *ein Examem machen*, passer un examen. | *das macht nichts*, cela ne fait rien. | *etwas nur halb machen*, ne faire une chose qu'à moitié. | *er wird es nicht mehr lange machen*, il n'ira pas loin. | *jm Angst und Bange machen*, inspirer de la terreur à qn. | *jm etwas begreiflich machen*, faire comprendre qch. à qn. | *jm klar machen, daß*, faire comprendre à qn que. | *jn zu seinem Freund machen*, faire de qn son ami. | *zum Sklaven machen*, rendre esclave. | *zum Gefangenen machen*, rendre esclave. | *zum Gefangenen machen*, faire prisonnier. | *etwas zu Geld machen*, faire argent de qch. ; réaliser qch. | *jn zum Spott, zum Gelächter machen*, exposer qn à la risée de tous. | *etwas zur Bedingung machen*, fixer qch. comme condition.

VI. [ergeben ; betragen] faire, se monter à. | *das macht zwanzig Mark*, cela fait vingt marks. | *dreimal drei macht neun*, trois fois trois neuf. | *die Rechnung macht so und soviel*, la facture se monte à. | *viele Ringe machen eine Kette*, beaucoup de maillons forment une chaîne.

VII. [erlangen] obtenir ; gagner. | *Beute machen*, faire du butin. | *Geld machen*, faire de l'argent.

VIII. [vollbringen ; vollenden] achever. | *ein gemachter Mann*, un homme arrivé. | *wieder gut machen*, réparer. | *mit etwas Schluß machen*, en finir avec qch. | *reinen Tisch machen*, faire table rase. | *ein Ende machen*, mettre fin à. | *kurzen Prozeß machen*, ne pas y aller par quatre chemins. | *seinem Leben ein Ende machen*, mettre fin à ses jours.

IX. [menschliches Tun im Allgemeinen] faire ; agir ; opérer. | *eine Reise machen*, faire un voyage. | *einen Gang machen*, faire une course, une démarche. | *Geschäfte machen*, faire des affaires. | *Konkurrenz machen*, faire concurrence. | *einen Anschlag auf jn machen*, attenter à la vie de qn. | *Krieg machen*, faire la guerre. | *Frieden machen*, faire la paix. | *mit jm Bekanntschaft machen*, faire la connaissance de qn. | *einen Bericht machen*, faire un rapport. | *eine Erfahrung machen*, faire une expérience ; faire l'expérience. | *die Rechnung machen*, faire l'addition, la note, la facture. | *Pause machen*, faire une pause. | *er macht Anstalten, fortzugehen*, il se prépare à partir. | *viel Aufsehen(s) von etwas machen*, faire grand cas de qch. | *einem Mädchen den Hof machen*, faire la cour à une jeune fille. | *jm den Garaus machen*, achever qn. | *Witze machen*, plaisanter. || FAM. *mach doch keine Geschichten !*, ne fais pas d'histoires ! | *nicht viel Federlesens machen*, ne pas prendre de gants.

X. [sich gebärden] agir ; s'y prendre ; opérer. | *große Augen machen*, faire de grands yeux ; écarquiller les yeux d'étonnement. | *eine lange Nase machen*, être déçu ; être marri. | *gute Miene zum bösen Spiel machen*, faire contre mauvaise fortune bon cœur. | *schnell machen*, se hâter ; se presser. | *Miene machen, etwas zu tun*, faire semblant de faire qch.

XI. [eine Rolle haben] tenir ; jouer un rôle. | *den Sankt Niklaus machen*, tenir le rôle de saint Nicolas. | *den Weihnachtsmann machen*, tenir le rôle du Père Noël. | *den Hanswurst, den Narren machen*, faire le fou, le guignol. | *den großen Herrn machen*, faire le grand seigneur. | *sie macht die Tugendhafte*, elle joue les vertueuses. | *den Dummen machen*, faire l'idiot, l'imbécile.

XII. LOC. *mach schnell !*, hâte-toi ; presse-toi. | *er macht sehr lange*, il tarde. | *machen Sie, daß Sie fortkommen !*, filez ! ; tâchez de déguerpir ! | *das macht, daß*, cela fait que. | *in Patriotismus machen*, afficher un patriotisme gratuit ; faire le patriote. | *in Lederwaren machen*, tenir un magasin de maroquinerie. | *das macht mir Spaß*, cela me fait plaisir. | *von sich reden machen*, faire parler de soi.

XIII. v. pr. **sich machen.** *diese Sache macht sich*, cette affaire s'arrange. | *diese Person macht sich*, cette personne s'adapte, progresse. | *der Junge macht sich gut in der Schule*, ce garçon progresse à l'école. | *sich unkenntlich machen*, se rendre méconnaissable. | *sich groß machen*, se vanter ; fanfaronner. | *sich nützlich machen*, se rendre utile. | *sich beliebt machen*, se faire aimer ; se rendre populaire. | *sich fertig machen*, se préparer. | *sich einen Namen machen*, devenir célèbre. | *sich einen guten Tag machen*, paresser. | *sich Gedanken machen*, s'inquiéter de ; se faire des soucis au sujet de. | *sich davonmachen*, s'en aller ; décamper. | *sich auf die Beine machen, sich auf den Weg machen*, se mettre en route ; partir. | *sich aus dem Staube machen*, décamper ; déguerpir. | *sich an eine Arbeit machen*, entreprendre, attaquer un travail. | *sich daran machen*, s'y mettre. | *sich etwas zum Gebot machen*, avoir pour principe. | *sich keinen Begriff davon machen*, ne pas se faire une idée de. | *sich das Leben leicht machen*, prendre la vie du bon côté. | *mach' dich fort !*, va-t'en au diable ! | *sich eine Ehre aus etwas machen*, mettre son point d'honneur à qch. | *sich ein Vergnügen aus etwas machen*, se faire un plaisir, une joie de. | *ich mache mir nicht viel daraus !*, peu m'en chaut ! ; je m'en moque !

Machenschaft ['maxənʃaft] f. (-, en) machination f. ; intrigue f. ; cabale f. | *politische Machenschaften*, magouilles politiciennes.

Macher ['maxər] m. (s, -) faiseur f. ; fabricant m. | *etwas auf Macherlohn anfertigen lassen*, faire faire qch. à façon | *Hutmacher*, chapelier m. || PÉJOR. faiseur m. ; meneur m.

Machismo [ma'tʃlsmo] m. (s) machisme m

Macht [maxt] f. (-, ¨e). [Können ; Kraft ; Einfluß] puissance f. ; pouvoir m. ; force f. ; ascendant m. ; autorité f. | *Gottes Macht*, puissance de Dieu. | *die Macht der Vorurteile*, la force des préjugés. | *die Macht der Gewohnheit*, la force de l'habitude. | *weltliche Macht*, pouvoir, bras séculier. | *geistliche Macht*, pouvoir spirituel. | *es steht nicht in meiner Macht, zu*, il n'est pas en mon pouvoir de. | *aus eigener Macht*, de son propre chef. | *die Macht des Stärkeren*, la loi du plus fort. | *Macht ausüben*, exercer un pouvoir. || PAR ANAL., POLIT. [Herrschaft ; Gewalt ; Staat] pouvoir m. ; puissance f. | *an die Macht gelangen*, arriver, parvenir au pouvoir. | *die Macht ergreifen*, s'emparer du pouvoir. | *mit unserer Macht ist nichts getan* (LUTHER), toute notre force est vaine. || PROV. *Macht geht vor Recht*, la force prime le droit. || PAR EXT. [Kräfte] *die himmlischen Mächte*, les puissances célestes. | *die höllischen Mächte*, les puissances infernales. | *hier sind dunkle Mächte am Werk*, ici agissent les puissances occultes. || *Vollmacht*, pleins pouvoirs. | *Streitmacht*, forces armées. | *Übermacht*, hégémonie f. ; supériorité (f.) numérique.

— SYN. : *Gewalt*, puissance ; *Herrschaft*, empire ; *Fähigkeit*, *Vermögen*, faculté ; *Kraft*, force ; *Überlegenheit*, supériorité.

Macht|befugnis ["maxtbə'fu:knis] f. (-, se) plein pouvoir ; autorité f. ||°**-bereich** m. (s, e) pouvoir m. ; ressort m. ; compétence f. ||°**-ergreifung** f. prise (f.) du pouvoir. ||°**-haber** m. (s, -). POLIT. maître m. ; souverain m. ; monarque m. ; potentat m. ; despote m. ; tyran m. ||**-haberisch** adj. autoritaire ; despotique ; tyrannique. ||°**-kampf** m. (s, ¨e) lutte (f.) pour le pouvoir. ||**-los** adj. faible ; impuissant ; sans force. ||°**-losigkeit** f. faiblesse f. ; impuissance f. ||°**-spruch** m. (s, ¨e) décision autoritaire, absolue, souveraine, sans appel ; sentence (f.) sans appel. ||°**-stellung** f. puissance f. ; position (f.) de force. ||°**-übernahme** f. POLIT. prise (f.) du pouvoir. ||**-voll** adj. puissant.

||°-**vollkommenheit** f. autorité f. || JUR. *richterliche Machtvollkommenheit*, autorité de justice ; autorité, pouvoir (m.) discrétionnaire. | *aus eigener Machtvollkommenheit*, de son propre chef. ||°-**wort** n. (s, e) parole (f.) énergique. | *ein Machtwort sprechen ; etwas durch ein Machtwort entscheiden*, faire acte d'autorité ; trancher péremptoirement.

mächtig ['mɛçtiç] adj. POLIT. puissant ; fort ; imposant. || PAR ANAL. [fähig] capable ; maître. | *einer Sprache mächtig sein*, posséder une langue. | *seiner selbst nicht mehr mächtig sein*, ne plus être maître de soi ; ne plus se posséder ; être hors de soi. || PAR EXT. [bedeutend] considérable ; intense ; vaste ; grand ; gros. | *ein mächtiges Faß*, un tonneau gigantesque. | *von mächtigem Wuchs*, de stature impressionnante.
◇ adv. puissamment ; énormément. || FAM. *mächtig viel*, énormément.

Mächtigkeit [-kait] f. MINES. puissance (f.), richesse (f.) d'un gisement.

machulle [ma'xulə] adj. POP. flambé ; fichu.

Macker ['makər] m. (s, -). POP. mec m.

Mackertum ['makərtum] n. (s). FAM. machisme m.

Madame [ma'dam] f. (FAM. **Madam**) madame f.

Mädchen ['mɛ:tçən] n. (s, -) jeune fille ; petite fille ; demoiselle f. ; fillette f. || FAM. *sein Mädchen*, sa bien-aimée f. || PAR EXT. [Dienstmädchen] bonne f. ; servante f. | *Mädchen für alles*, bonne à tout faire.

Mädchen|handel ["mɛ:tçən'handəl] m. (s) traite (f.) des Blanches. ||°-**heim** n. (s, e) foyer (m.) de jeunes filles. ||°-**name** m. (ns, n) nom (m.) de jeune fille. ||°-**pensionat** n. (s, e) pensionnat (m.) de jeunes filles. ||°-**raub** m. (s, e). JUR. rapt (m.) de jeune fille. ||°-**schule** f. (-, n) école (f.) de filles.

mädchenhaft ['mɛ:tçənhaft] adj. virginal. || PAR EXT. naïf ; ingénu.

Made ['ma:də] f. (-, n). ZOOL. larve f. ; asticot m. ; ver m. || LOC. *Wie die Made im Speck leben*, vivre comme un rat dans un fromage.

Mädel ['mɛ:dəl] n. (s, -), **Mädelchen** ['mɛ:dəlçən] n. (s, -). FAM. petite fille ; jeune fille f. | *ein fesches Mädel*, un beau brin de fille.

Madera [ma'de:ra] n. pr. n. GÉOGR. Madère f. || PAR EXT. vin (m.) de Madère ; madère m.

madig ['ma:diç] adj. plein de vers ; véreux.

Madjare [ma'dja:rə] n. pr. m. (n, n). HIST. Magyar m. || GÉOGR. Hongrois m.

Madonna [ma'dɔna] f. (-, nnen) madone f.

Madonnen|bild [ma"dɔnən'bilt] n. (s, er). [image (f.) de la] madone f.

Madras [ma'dras] m., **Madras|gewebe** ["madrasgə've:bə] m. (s). TEXT. madras m.

Mäeutik [mɛ'ɔytik] f. PHILOS. maïeutique f.

mag [ma:k] prés. de l'indic. de **mögen.**

Magazin [maga'tsi:n] n. (s, e). [Lagerhaus] magasin m. ; dépôt m. || PAR ANAL. [Laden] magasin m. ; boutique f. || [Patronenkammer] magasin m. || PAR EXT. [Zeitschrift] magazine m.

Magazin|arbeiter [maga"tsin'arbaitər] m. (s, -) magasinier m. ; garde-magasin m. ; manutentionnaire m. ||°-**gewehr** n. (s, e) fusil (m.) à répétition. ||°-**verwalter** m. (s, -) chef (m.) de dépôt.

Magd [ma:kt] f. (-, ¨e) servante f. ; bonne f. || POÉT. vierge f. | *die reine Magd ; die Magd Gottes*, la Vierge.

Magdalene [magda'le:nə] n. pr. f. Madeleine f.

Magen ['ma:gən] m. (s, -). ANAT. estomac m. | *voller Magen*, estomac plein. | *leerer Magen*, estomac vide. | *sich den Magen verderben*, attraper une indigestion. | *einen verdorbenen Magen haben*, avoir l'estomac dérangé. | *der Magen knurrt*, l'estomac crie famine. | *der Magen drückt mich*, j'ai l'estomac lourd. | *den Magen ausspülen, auspumpen*, laver, siphonner l'estomac. | *mit knurrendem, leerem Magen zu Bett gehen*, se coucher l'estomac vide. | *das liegt mir wie Blei auf dem Magen*, cela me pèse sur l'estomac. || FIG., FAM. *das dreht mir den Magen um*, cela me retourne. | *der liegt mir im Magen*, je ne l'encaisse pas. || PROV. *einem hungrigen Magen ist nicht gut predigen*, ventre affamé n'a point d'oreilles.

Magen|beschwerden ["ma:gənbə'ʃve:rdən] f. (-, n) embarras (m.) gastrique ; crise (f.) de foie. ||°-**bitter** m. (s). CULIN. amer m. ; digestif m. ; bitter m. ||°-**blutung** f. (-, en). MÉD. hémorragie (f.) de l'estomac ; gastrorragie f. ||°-**brennen** n. (s) brûlures (f. pl.) d'estomac. ||°-**Darm-Beschwerden** f. pl. troubles gastro-intestinaux. ||°-**Darm-Entzündung** f. (-, en) gastro-entérite f. ||°-**drücken** n. (s). MÉD. pesanteur (f.) d'estomac. ||°-**eingang** m. (s). ANAT. cardia m. ||°-**entzündung** f. (-, en). MÉD. gastrite f. ||°-**erweiterung** f. (-, en). MÉD. dilatation (f.) gastrique. ||°-**gegend** f. ANAT. creux (m.) de l'estomac. ||°-**geschwür** n. (s, e). MÉD. ulcère (m.) de l'estomac. ||°-**krampf** m. (s, ¨e) crampe (f.) d'estomac ; gastralgie f. ||°-**krebs** m. (es) cancer (m.) de l'estomac. ||°-**leiden** n. (s). MÉD. maux (m. pl.) d'estomac ; gastrite f. ||°-**saft** m. (s, ¨e). PHYSIOL. suc (m.) gastrique. ||°-**säure** f. MÉD. aigreurs f. pl. ||°-**schlag** m. (s, ¨e). [Boxkampf] coup bas. ||°-**schmerzen** m. pl. MÉD. douleurs (f. pl.), maux (m. pl.) d'estomac. ||°-**schrumpfung** f. rétrécissement (m.) d'estomac. ||°-**spülung** f. (-, en). MÉD. lavage (m.) d'estomac, gastrique. ||°-**tropfen** m. pl. digestif m. ; élixir (m.) stomachique. ||°-**verstimmung** f. (-, en). MÉD. embarras (m.) gastrique.

mager ['ma:gər] adj. maigre ; décharné ; fluet. || FIG. *magerer Boden*, sol (m.) maigre, aride. | *magere Kost, Küche*, pauvre, maigre pitance f. | *die sieben fetten und die sieben mageren Jahre*, les sept vaches grasses et les sept vaches maigres.

Mager|kohle ["ma:gər'ko:lə] f. (-, n) charbon (m.) maigre. ||°-**milch** f. CULIN. lait écrémé.

Magerkeit ['ma:gərkait] f. maigreur f. ; FIG. aridité f.

magern [-gərn] v. intr. maigrir ; amaigrir ; devenir maigre.

Magie [ma'gi:] f. magie f. ; sortilège m.

Magier ['ma:giər] m. (s, -) magicien m. || HIST. mage m. || RELIG. mage m.

magisch [-giʃ] adj. magique.

Magistrat [magis'tra:t] m. (s, e) autorités f. pl. ; municipalité f. ; conseil m.

Magistratur [-stra'tu:r] f. (-, en), °-**würde** [-'vyrdə] f. magistrature f.

Magma ['magma] n. (s, s). GÉOL. magma m.

Magma|kammer ["magma'kamər] f. (-, n). GÉOL. chambre (f.) à magma.

Magnat [mag'na:t] m. (en, en) magnat m.

Magnesia [mag'ne:zia] f. CHIM. magnésie f. ; oxyde (m.) de magnésium.

Magnesium [-zium] n. (s). CHIM. magnésium m.

Magnesium|(blitz)licht [mag"ne:zium'(blits)'liçt] n. (s, er). PHOT. éclair (m.) de magnésium.

Magnet [mag'ne:t] m. (s et en, e) aimant m.

Magnet|anker [mag"ne:t'aŋkər] m. (s, -) armature (f.) d'aimant. ||°-**apparat** m. (s, e) magnéto f. ||°-**band** n. (s, ¨er). TECHN. bande (f.), ruban (m.) magnétique. ||°-**band|abwickler** m. (s, -) dérouleur (m.) de bande magnétique. ||-**elektrisch** adj. PHYS. magnétoélectrique. ||°-**feld** n. (s, er). PHYS. champ (m.) magnétique. || TECHN. *tragendes Magnetfeld*, coussin (m.) magnétique. ||°-**feld|sonde** f. (-, n). ÉLECTR. vanne (f.) de flux. ||°-**futter** n. (s) mandrin (m.), plateau (m.) magnétique. ||°-**kern** m. (s, e). PHYS. noyau (m.) d'électroaimant. || INF. tore (m.) magnétique. ||°-**kompaß** m. (es, e) compas (m.) magnétique. ||°-**nadel** f. (-, n). PHYS. aiguille aimantée. ||°-**platte** f. (-, n). INF. disque (m.) magnétique. ||°-**pol** m. (s) pôle (m.) d'aimant. | *Magnetpol der Erde*, pôle magnétique. ||°-**speicher** m. (s, -). INF. mémoire (f.) magnétique. ||°-**ton|band** n. (s, ¨er) bande (f.) magnétique. ||°-**ton|gerät** n. (s, e) magnétophone m. ||°-**trommel** f. (-, n). INF. tambour (m.) magnétique. ||°-**ventil** n. (s, e). TECHN. électrovalve f. ||°-**zünder** m. (s, -) magnéto f. (d'allumage). ||°-**zündung** f. (-, en) allumage (m.) par magnéto.

magnetisch [mag'ne:tiʃ] adj. PHYS. magnétique ; aimanté ; aimantin. | *magnetisch machen, werden*, aimanter ; s'aimanter. | *magnetischer Fluß*, flux (m.) magnétique. | *magnetischer Spiegel*, miroir (m.) magnétique. | *magnetische Störung*, interférence (f.) magnétique. | *magnetischer Sturm*, orage (m.) magnétique.

Magnetiseur [magneti'zø:r] m. (s, e), **Magnetopath** [magneto'pa:t] m. (en, en) magnétiseur m. ; hypnotiseur m. ; charmeur m.

magnetisieren [-ti'zi:rən] v. tr. PHYS. magnétiser ; aimanter.

Magnetismus [-'tismus] m. PHYS. magnétisme m.

Magneto|meter ['magneto"me:tər] m. (s, -). PHYS. magnétomètre m. ||°-**phon** n. (s, e) magnétophone m. ||°-**sphäre** f. (-, n). ASTRON. magnétosphère f.

Magnetron ['magnetrɔn] n. (s, s). PHYS. magnétron m.

Magnolie [mag'no:liə] f. (-, n). BOT. magnolia m. || [Baum] magnolier m.

Magyar [magy'ɑ:r] n. pr. m. HIST. [Madjare] Magyar m. || GÉOGR. Hongrois m.

mäh! [mɛ:] interj. bê ! | *mäh machen*, bêler.

Mahagoni [maha'go:ni] n. (s). BOT. (bois [m.] d') acajou m.

Mahd [mɑ:t] f. (-, en). AGRIC. fauchage m. ; fauchaison f.

Mäh|drescher ["mɛ:'drɛʃər] m. (s, -). AGRIC. moissonneuse-batteuse f. ||°**-maschine** f. (-, n). AGRIC. faucheuse f. ; moissonneuse f. ||°**-zeit** f. AGRIC. fenaison f. ; moisson f.

mähen ['mɛ:ən] v. tr. AGRIC. faucher.

Mähen ['mɛ:ən] n. (s). AGRIC. fauchage m. ; fauchaison f. || [Zitterstimme] chevrotement m.

Mäher [-ər] m. (s, -). AGRIC. [Person] faucheur m. ; moissonneur m. || [Maschine] faucheuse f.

Mahl [mɑ:l] n. (s, e et ¨er) repas m. ; [Fest] banquet m. ; festin m. | *ein Mahl (zu)bereiten*, préparer, apprêter un repas. | *ein üppiges Mahl*, un repas copieux. | *ein königliches Mahl*, un festin royal. | *das heilige Abendmahl*, la Sainte Cène.

Mahl|statt ["mɑ:l'ʃtat] f. HIST. lieu (m.) de rassemblement du peuple. ||°**-zeit** f. (-, en) repas m. | *eine Mahlzeit halten, einnehmen*, déjeuner ; dîner. | *eine gesegnete Mahlzeit wünschen*, souhaiter bon appétit. || FAM. [Gruß] *Mahlzeit !*, bon appétit ! ; bonjour ! (à l'heure de midi). || FAM., IRON. *prost Mahlzeit !*, ça y est ! ; nous voilà dans de jolis draps !

Mahl|gut ["mɑ:l'gu:t] n. (s) matière (f.) à broyer ; matière broyée. ||°**-sand** m. (s). MAR. sable mouvant. ||°**-stein** m. (s, e) meule f. ||°**-strom** m. (s). MAR. Ma(e)lstrom m. ; courant (m.) des marées. || °**-trichter** m. (s, -). TECHN. trémie f. ||°**-trommel** f. (-, n) tambour (m.) de broyage. ||°**-zahn** m. (s, ¨e). ANAT. molaire f.

mahlen ['mɑ:lən] v. tr. moudre ; écraser ; broyer ; concasser. | *Korn mahlen*, moudre du blé. | *grob, fein mahlen*, moudre gros, fin ; triturer ; pulvériser. || PROV. *wer zuerst kommt, mahlt zuerst*, les premiers venus sont les premiers servis.

◇ v. intr. AUTOM. *die (Auto)räder mahlen im Sande*, les roues (de l'auto) patinent dans le sable.

— OBSERV. Le part. passé est *gemahlen*.

— SYN. : *zerstampfen, zermalmen*, piler ; FAM. écrabouiller ; *zerstäuben, (zer)pulvern, schroten*, moudre ; *reiben*, broyer ; *zerkleinern, zerstoßen*, concasser ; *zerdrücken, quetschen*, écraser ; *stampfen*, égruger.

Mahlen [-lən] n. (s) action (f.) de broyer ; broyage m. ; concassage m. ; mouture f.

mählich ['mɛ:liç] adj. et adv. (Vx.) peu à peu ; lentement.

Mahlung ['mɑ:luŋ] f. (-, en). TECHN. action (f.) de broyer ; mouture f. ; broyage m. ; trituration f.

Mahn|brief ["mɑ:n'bri:f] m. (s, e). COMM., FIN. avertissement m. ; sommation f. ; réclamation f. ||°**-ruf** m. (s, e), °**-wort** n. (s, e) exhortation f. ; avertissement m. ||°**-schreiben** n. (s, -). ADM. avertissement m. ; sommation f. ||°**-verfahren** n. (s, -). JUR. mise (f.) en demeure ; procédure (f.) d'avertissement. ||°**-zettel** m. (s, -) sommation f. ; avertissement m.

mahnbar ['mɑ:nbɑ:r] adj. JUR. exigible.

Mahnbarkeit [-kait] f. JUR. exigibilité f.

Mähne ['mɛ:nə] f. (-, n). PR. et FIG. crinière f.

mahnen ['mɑ:nən] v. tr. exhorter ; avertir ; rappeler. | *einen Schuldner mahnen*, mettre un débiteur en demeure (de payer). | *jn zum Fleiß mahnen*, exhorter qn à l'application.

Mahnung [-nuŋ] f. (-, en) avertissement m. || sommation f. ; mise (f.) en demeure. || ADM. *gütliche Mahnung*, sommation sans frais.

Mahr [mɑ:r] m. (s, e) cauchemar m.

Mähre ['mɛ:rə] f. (-, n). ZOOL. haridelle f. ; rosse f. ; vieille jument. || PAR EXT., FAM. bidet m.

Mähren ['mɛ:rən] n. pr. n. GÉOGR. Moravie f.

mährisch [-riʃ] adj. GÉOGR. morave.

Mai [mai] m. (s, e, POÉT. en, en) mai m. | *der erste Mai (1. Mai)*, le premier mai. || PROV. *Mai kühl und naß, füllt dem Bauer Scheuer und Faß*, mai frais et venteux fait l'an plantureux. || FIG., POÉT. *des Lebens Mai*, le printemps de la vie.

Mai|andacht ["mai'andaxt] f. RELIG. office (m.) du mois de Marie. ||°**-baum** m. (s, ¨e) mai m. ||°**-blume** f. (-, n), °**-blümchen** n. (s, -). BOT. muguet m. ||°**-bowle** f. (-, n). CULIN. vin aromatisé avec l'aspérule odorante. ||°**-feier** f. (-, n) fête (f.) du 1er mai. ||°**-fisch** m. (s, e). ZOOL. alose f. ||°**-glöckchen** n. (s, -). BOT. muguet m. ||°**-käfer** m. (s, -). ZOOL. hanneton m. ||**-käfern** v. intr. FAM. mijoter une allocution, un toast. ||°**-kätzchen** n. (s, -). BOT. chaton m. ||°**-kraut** n. (s). DIAL., BOT. aspérule odorante ; petit muguet. ||°**-mond** m. (s, e). POÉT. (mois [m.] de) mai m. ||°**-schwamm** m. (s). BOT. mousseron m. ||°**-trank** m. (s), °**-wein** m. (s). V. MAIBOWLE. ||°**-wuchs** m. (es). BOT. pousse f.

Maid [mait] f. (-, e). POÉT. jouvencelle.

Maiden|schule ["maidən'ʃu:lə] f. (-, n) école ménagère.

Maie ['maiə] f. (-, n), **Maien** [-ən] m. (s, -). [Vx.] mai m. ; jeune rameau m || fête (f.) du printemps.

Mailand ['mailant] n. pr. n. GÉOGR. Milan m.

Mailänder(in) ['mailɛndər(in)] m. (s, -), f. (-, nen) Milanais m. ; Milanaise f.

mailändisch [-diʃ] adj. GÉOGR. milanais.

Main [main] n. pr. m. GÉOGR. Main m. ; Mein m. | *Frankfurt am Main*, Francfort-sur-le-Main.

Mainz [maints] n. pr. n. GÉOGR. Mayence f.

Mais [mais] m. (es). BOT. maïs m.

Mais|kolben ["mais'kɔlbən] m. (s, -). BOT. épi (m.) de maïs.

Maisch [maiʃ] m. (es, e), **Maische** [-ʃə] f. (-, n). [Wein] moût ; [Bier] moût m. ; trempe f.

maischen ['maiʃən] v. tr. mettre en trempe.

Maisonette(n)|wohnung [mɛzo"nɛtə(n)'vo:nuŋ] f. (-, en) duplex m.

Maja ['mɑ:ja] n. pr. f. MYTH. Maïa f.

Majestät [majɛs'tɛ:t] f. (-, en). POLIT. majesté f. | *Seine Majestät der König*, Sa Majesté le roi. || [Anrede] *Majestät !*, Sire ! || PAR EXT. majesté f. ; dignité f. ; gravité f.

Majestäts|beleidigung [majɛs"tɛtsbə'laidiguŋ] f. (-, en), °**-verbrechen** [-fɛr'brɛçən] n. (s, -) crime (m.) de lèse-majesté.

majestätisch [majɛs'tɛ:tiʃ] adj. majestueux.

Majolika [ma'jo:lika] f. (-, ken) majolique f. ; faïence f. || BOT. majolique f.

Major [ma'jo:r] m. (s, e). MIL. commandant m. ; chef (m.) de bataillon, d'escadron.

Majoran [majo'rɑ:n] m. (s). BOT. marjolaine f.

Majorat [majo'rɑ:t] n. (s, e), **Majorats|gut** [majo"rɑ:ts'gu:t] n. (s, ¨er) JUR. majorat m. ; droit (m.) d'aînesse.

Majordomus [major'do:mus] m. HIST. maire (m.) du palais. || PAR EXT. majordome m.

majorenn [majo'rɛn] adj. JUR. majeur.

Majorennität [-rɛni'tɛ:t] f. JUR. majorité f.

Majorität [majori'tɛ:t] f. (-, en) majorité f. (des voix).

Majuskel [ma'juskəl] f. (-, n). [Buchstabe] majuscule f. ; capitale f.

Makadam [maka'dam] m. (s) macadam m.

makadamisieren [-dami'zi:rən] v. tr. macadamiser.

Makak ['mɑ:kak] m. (s, en). ZOOL. macaque m.

Makel ['mɑ:kəl] m. (s, -) tache f. ; tare f. ; souillure f. ; macule f. | *mit einem Makel behaftet*, taré ; vicié ; corrompu.

makel|frei ["mɑ:kəl'frai], **-los** [-'lo:s] adj. immaculé ; pur ; sans tache ; sans tare. ||°**-losigkeit** f. pureté absolue ; perfection f.

makelhaft [-haft] adj. [makelig] taché.

Mäkelei [mɛkə'lai] f. (-, en) manie (f.) de critiquer, de dénigrer ; critique mesquine ; dénigrement m.

mäk(e)lig ['mɛ:k(ə)liç] adj. difficile ; peu accommodant ; qui aime dénigrer.

makeln ['mɑ:kəln] v. intr. COMM. faire le courtage ; être courtier.

mäkeln ['mɛ:kəln] v. tr. et v. intr. trouver à redire, à dénigrer, à critiquer.

Make-up [me:k'ap] n. (s, s) fond (m.) de teint.

Maki ['mɑ:ki] m. (s, s). ZOOL. maki m.

Makkabäer [maka'bɛ:ər] n. pr. m. HIST. Mac(c)habée m.

Makkaroni [maka'ro:ni] m. pl. CULIN. macaroni m. invar.

makkaronisch [-niʃ] adj. POÉS. macaronique.

Makler ['mɑ:klər] m. (s, -). COMM., FIN. courtier m. ; coulissier m.

Makler|gebühr ["mɑ:klərgə'by:r] f. (-, en). FIN.

droit (m.) de courtage. ||°-**geschäft** n. (s, e), °-**lohn** m. (s, ¨e). FIN. courtage m.

Mäkler ['mɛ:klər] m. (s, -) dénigreur m. || FAM. rouspéteur m.

Maklerei [maklə'rai] f. (-, en). FIN. courtage m.

Makramee [makra'me:] n. (s, s) macramé m.

Makrele [ma'kre:lə] f. (-, n). ZOOL. maquereau m.

Makro|biotik [makrobi'o:tik] f. (-) macrobiotique f. ||-**biotisch** adj. macrobiotique. ||°-**kosmos** m. macrocosme m. ; univers m. ||°-**molekül** n. (s, e). BIOL. macromolécule f. ||°-**ökonomie** f. macroéconomie f. ||°-**phage** m. (n, n). MÉD. macrophage m. ||°-**photographie** f. (-, n) macrophotographie f. ||°-**struktur** f. (-, en). BIOL. macrostructure f. ||-**zephal** adj. MÉD. macrocéphale. ||°-**zephalie** f. (-, n). MÉD. macrocéphalie f. ||°-**zyt** m. (en, en). MÉD. macrocyte m.

Makrone [ma'kro:ne] f. (-, n) macaron m.

Makulatur [makula'tu:r] f. (-, en). TYPOGR. maculature f. ; papier (m.) de rebut.

Mal [ma:l] n. (s, e et ¨er). [Fleck] tache f. ; marque f. ; signe m. || PAR EXT. borne f. ; lisière f. || MÉD. *blaues Mal*, ecchymose f. ; FAM. bleu m. | *ein Mal am Oberarm*, un signe particulier sur le bras. | *Brandmal*, cicatrice (f.), marque de brûlure. | *Muttermal*, nævus m. ; envie f.

Mal|stein ['ma:lʃtain] m. (s, e) borne f. || PAR EXT. monument m. ||°-**zeichen** n. (s, -) marque f. ; borne f. ; signe (m.) de démarcation. || MATH. signe (m.) de multiplication (×).

Mal [ma:l] n. (s, e). [Zeitpunkt] fois f. | *das erste Mal*, la première fois. | *beim zweiten Mal schon*, dès la seconde fois. | *das nächste Mal*, la prochaine fois. | *das vorige Mal*, la dernière fois. | *ein anderes Mal*, une autre fois. | *zum letzten Mal*, pour la dernière fois. | *mit einem Male*, tout d'un coup. | *mehrere Male*, plusieurs fois. | *alle Male*, toutes les fois. | *einmal*, une fois ; un jour. | *manchmal*, parfois ; maintes fois. | *auf einmal*, soudain ; tout à coup. | *ein paarmal*, plusieurs fois. | *zu wiederholten Malen*, à plusieurs reprises. | *diesmal*, cette fois-ci. || PROV. *einmal ist keinmal*, une fois n'est pas coutume ; une hirondelle ne fait pas le printemps. || MATH. [Zeichen der Multiplikation ; in Zusammensetzungen : *mal*] *zweimal zwei ist vier*, deux fois deux font quatre.

mal [ma:l] adv. FAM. une fois ; un jour. | *es war mal eine Fee*, il était une fois une fée. || PAR EXT. (explétif) *es ist nun mal so*, il en est ainsi. | *komm mal her !*, viens ici ! ; approche !

Malachit [mala'xit ou -'xi:t] m. (s, e). MINÉRAL. malachite f.

Malaga ['malaga] n. pr. n. GÉOGR. Malaga m. ◇ m. [Wein] malaga m.

Malaie [ma'laiə] n. pr. m. GÉOGR. Malais m.

malaiisch [-'laiiʃ] adj. GÉOGR. malais.

Malako|logie [malakolo'gi:] f. malacologie f.

Malaria [ma'la:ria] f. MÉD. malaria f. ; paludisme m. ; fièvre paludéenne.

malen ['ma:lən] v. tr. [färben ; anstreichen] peindre. | *die Eingangstür malen*, peindre, donner une couche de peinture à la porte d'entrée. || ARTS. peindre. | *oberflächlich, rasch malen*, brosser. | *ein Stilleben malen*, peindre, faire une nature morte. | *wie gemalt*, beau comme une image. || FIG. dépeindre ; représenter. | *den Teufel an die Wand malen*, évoquer le diable, le danger.
◇ v. intr. peindre. | *in Öl malen*, peindre à l'huile. | *in Wasserfarben malen*, peindre à l'aquarelle. | *in Pastell malen*, peindre au pastel. | *auf Glas malen*, faire de la peinture sur verre. | *nach einem Vorbild (Modell), nach der Natur, nach dem Gedächtnis malen*, peindre d'après un modèle, d'après nature, de mémoire.
◇ v. pr. **sich malen,** se peindre.

Maler [-lər] m. (s, -) peintre m. | *(Kunst)maler*, artiste (m.) peintre.

Malerei [ma:lə'rai] f. (-, en). [Kunst] peinture f. ; art (m.) de peindre, du peintre. || PAR EXT. [Werk] peinture f. ; toile f. ; tableau m. | *gegenstandlose Malerei*, peinture non figurative.

Mal(er)|gerät ["ma:l(ər)gə'rɛ:t] n. (s, e ou -gerätschaften), °-**kasten** m. (s, -) attirail (m.) de peintre. ||°-**gold** n. (s) or moulu, en coquilles. ||°-**kreide** f. blanc (m.) de peintre. ||°-**kunst** f. (art [m.] de la) peinture f. ||°-**lehrling** m. (s, e) apprenti (m.) peintre. ||°-**leim** m. (s) maroufle f. ||°-**leinwand** f. toile (f.) à peindre. ||°-**scheibe** f. (-, n) palette f. ||°-**stock** m. (s, ¨e) appui-main m.

Malerin ['ma:lərin] f. (-, nen) femme (f.) peintre.

malerisch [-riʃ] adj. pittoresque.

Malheur [ma'lø:r] n. (s, e). FAM. accident m. | *es ist bloß ein Malheur und kein Unglück*, ce n'est pas un grand malheur.

malig ['ma:liç] suff. exprimant le nombre de fois. | *dreimalig*, triple. | *viermalig*, quadruple.

maliziös [malitsi'ø:s] adj. malicieux ; méchant ; hargneux.

malmen ['malmən] v. tr. moudre ; broyer.

Malta ['malta] n. pr. n. GÉOGR. Malte f.

Maltase [mal'ta:zə] f. BIOL. maltase f.

Malter ['maltər] m. ou n. (s, -). TECHN. muid m.

Malteser(in) [mal'te:zər(in)] m. (s, -), f. (-, nen). GÉOGR. Maltais m. ; Maltaise f. | *Malteser Ritterorden*, ordre (m.) de Malte. | *Malteser Kreuz*, croix (f.) de Malte.

maltesisch [-ziʃ] adj. GÉOGR. maltais.

Malthusianismus [maltuzia'nismus] m. malthusianisme m.

malthusisch [-'tu:ziʃ] adj. malthusien.

Malvasier [malva'zi:r] m. (s) vin (m.) de Malvoisie ; malvoisie m.

Malve ['malvə] f. (-, n). BOT. mauve f.

malven|farbig ["malvən'farbiç] adj. mauve.

Malz [malts] n. (es) malt m. | *Malz rösten*, torréfier du malt. || FIG., FAM. *an dem ist Hopfen und Malz verloren*, on ne fera rien de bon de lui.

Malz|bereitung ["maltsbə'raituŋ] f. TECHN. maltage m. ||°-**bier** n. (s) bière (f.) de malt. ||°-**darre** f. (-, n). TECHN. touraille f. ||°-**kaffee** m. (s) café (m.) de malt. ||°-**schrot** m. (s) malt égrugé. ||°-**treber** m. (s) drêche f.

mälzen ['mɛltsən] v. tr. et v. intr. malter.

Mälzer [-tsər] m. (s, -) malteur m.

Mälzerei f. (-, en) maltage m. ; malterie f.

Mama [ma'ma:] f. (-, s) maman f.

Mameluck [mamə'luk] m. (en, en) mamelouk m.

Mammo|graphie [mamogra'fi:] f. (-, n). MÉD. mammographie f.

Mammon ['mamon] n. pr. m. (s). RELIG. Mammon m. | *Mammonsdiener*, adorateur (m.) du veau d'or.

Mammut ['mamut] n. (s, e) mammouth m.

Mammut... (en compos.) énorme ; gigantesque. | *Mammutbaum*, séquoia m.

Mamsell [mam'zel] f. (-, en). FAM. mademoiselle f. || ménagère f.

man [man] pron. indéf. on. | *wenn man will*, si (l') on veut. | *man könnte glauben*, on croirait.

1. *man* est seulement nomin. ; acc. *einen*, dat. *einem*. | *man weiß nicht, was einem bevorsteht*, on ne sait pas ce qui vous attend. | *er sieht einen offen an*, il vous regarde d'un air franc.

2. *man* représente aussi une collectivité définie. | *man hatte sich so oft in Karlsbad gesehen* (GOETHE), nous nous étions vus si souvent à Carlsbad.

3. Tournures impératives : *man schweige !*, qu'on fasse silence ! || POP. *man nur zu*, allons-y !

Mänade [mɛ'na:də] f. (-, n). MYTH. ménade f.

Management [mɛ'nɛdʒmɛnt] n. (s) management m.

managen [mɛ'nɛdʒən] v. tr. entreprendre ; diriger.

Manager [-ʒər] m. (s, -) manager m.

manch [manç] **(mancher, manche, manches ;** aussi **manch, manch einer)** adj. et pron. indéf. maint ; plus d'un. | *mancher ist boshaft*, il y a des gens méchants. | *manche gibt eine gute Hausfrau*, certaines filles font de bonnes ménagères. | *manche sind geizig*, il y a des gens avares. | *gar manches kommt unerwartet*, bien des choses inattendues arrivent. | *mancher gute Mann ; manch guter Mann ; manch ein guter Mann*, plus d'un. | *so verging manches Jahr*, plus d'une année se passa ainsi. | *er hat manch Bitteres, manches Bittere erleiden müssen*, il a enduré plus d'une amertume. | *so manche wollen nicht auf guten Rat hören*, il y a bien des gens qui n'acceptent pas un conseil. | *manche Kluge, manche Klugen ließen sich übertölpeln*, bien des gens habiles se sont laissés duper. | *manch ein Leben geht rasch dahin*, la vie de plus d'un homme est vite finie. || LOC. et exercice de prononciation (sans traduction) *wenn mancher Mann wüßte, wer mancher Mann wär', gäb' mancher Mann manchem Mann manchmal mehr Ehr' !*

mancherlei ['mançər"lai] adj. divers ; différent ; différentes sortes de. | *er führte mancherlei Argumente ins Feld*, il se servit de toutes sortes d'arguments.

manchen|orts ["mançən'ɔrts], **mancher|orts** ["mançər'ɔrts] adv. çà et là ; en maints endroits.

manch|mal ['mançma:l], **manches Mal** adv. maintes fois ; parfois. | *er kommt manchmal zu uns*, il vient nous voir de temps à autre.

Manchestertum [man'çɛstɛrtu:m] n. (s) libre-échangisme m. ; libre-échange m.

Mandant [man'dant] m. (en, en). COMM. commettant m. ; mandant m.

Mandarin [manda'ri:n] m. (s, e) mandarin m.

Mandarine [manda'ri:nə] f. (-, n) mandarine f.

Mandarinen|baum [manda"ri:nən'baum] m. (s, ¨e) mandarinier m.

Mandat [man'da:t] n. (s, e) mandat m. ; pleins pouvoirs m. pl. || COMM. ordre m.

Mandats|gebiet [man"da:tsgə'bi:t] n. (s, e) territoire (m.) sous mandat. ||°**-zeit** f. (-, en) mandature f.

Mandatar [manda'ta:r] m. (s, e) mandataire m.

Mandel ['mandəl] f. (-, n). BOT. amande f. || LOC. (Vx.) *eine Mandel Eier*, une quinzaine d'œufs. ◇ f. pl. **Mandeln,** amygdales f. pl.

Mandel|baum ["mandəl'baum] m. (s, ¨e) amandier m. ||°**-entzündung** f. amygdalite f. ||**-förmig** adj. amygdalaire. ||°**-kern** m. (s, e) amande f. (d'un fruit). ||**-weise** adv. par quinzaines.

Mandibel [man'di:bəl] f. (-, n) mandibule f.

Mandoline [mandɔ'li:nə] f. (-, n) mandoline f.

Mandschu ['mandʃu] m. (s, -) Mandchou m.

Mandschukuo [mand'ʃu:kuo] n. pr. n. GÉOGR. Mandchoukouo m.

Mandschurei [mantʃu'rai] n. pr. f. GÉOGR. Mandchourie f.

mandschurisch [-'ʃu:riʃ] adj. mandchou.

Manege [ma'nɛ:ʒə] f. (-, n) manège m.

Manen ['ma:nən] pl. mânes m. pl.

Manfred ['manfred] n. pr. m. Manfred m.

Mangan [man'ga:n] n. (s) manganèse m.

Mangan|erz [man"ga:n'ɛrts] n. (es, e) minerai (m.) de manganèse. ||**-haltig** adj. manganésifère.

Mangel ['maŋəl] m. (s, ¨). **1.** absence f. ; insuffisance f. ; pénurie f. ; faute f. ; manque m. | *aus Mangel an etwas* (dat.), faute de qch. | *Mangel an etwas* (dat.) *haben*, manquer de qch. | *Mangel an Geld*, manque d'argent.
2. défaut m. ; imperfection f. | *die Mängel seiner Bildung*, les lacunes (f. pl.) de son instruction. | *der Motor hat einen Mangel*, ce moteur a un défaut. | *verborgener Mangel*, vice caché. | *Mängelrüge*, réclamation (f.) pour défaut, vice de fabrication.
— SYN. : *Dürftigkeit*, indigence ; *Elend*, misère ; *Schwäche*, *Defekt*, défaut.

Mangel|artikel ["maŋəlar'tikəl] m. (s, -) article (m.) rare. ||°**-ernährung** f. malnutrition f. || °**-krankheit** f. (-, en) maladie (f.) de carence. ||°**-ware** f. (-, n) marchandise (f.) rare.

mangelhaft ['maŋəlhaft] adj. insuffisant ; défectueux ; incomplet ; déficient.

Mangelhaftigkeit [-haftiçkait] f. (-, en) insuffisance f. ; défectuosité f. ; imperfection f.

Mangel ['maŋəl] f. (-, n) calandre f.

Mangel|holz ["maŋəl'hɔlts] n. (es, ¨er) rouleau (m.) de calandre ; rouleau (m.) de cuisine.

mangeln ['maŋəln] v. intr. [der Mangel] manquer ; faire défaut. | *es mangelt an Kohlen*, le charbon manque ; on manque de charbon. | *es mangelt mir an etwas* (dat.) ; *mir mangelt an etwas* (dat.), je manque de qch. ; il me manque qch. | *der Mut mangelt ihm*, il manque de courage. | *mangelnde Einsicht*, manque de jugement.

mangeln [maŋəln] v. tr. calandrer (repasser) le linge.

mangels [-ŋəls] prép. (gén.) à défaut de ; faute de. | *mangels Zahlung*, faute de paiement.

Mango ['maŋgo] m. (s, s). BOT. mangue f.

Mangold ['maŋgɔlt] m. (s, e). BOT. bette f. || [männlicher Vorname] Mangold m.

Mangrove [maŋ'gro:və] f. (-, n). GÉOGR. mangrove f.

Mangroven|baum [maŋ"gro:fən'baum] m. (s, ¨e) palétuvier m.

Manguste [man'gustə] f. (-, n). ZOOL. mangouste f.

Manichäer [mani'çɛ:ər] m. (s, -). HIST. manichéen m. || FIG. créancier exigeant.

Manie [ma'ni:] f. (-, n) folie f. || MÉD. psychose (f.) maniaque ; manie f.

Manier [ma'ni:r] f. (-, en) manière f. | *gute, artige Manieren*, bonnes manières. | *schlechte Manieren*, mauvaises manières. | *grobe, plumpe Manieren*, manières grossières. | *mit guter Manier*, de bonne grâce. | *mit guter Manier davonkommen*, s'en tirer avec élégance. || FAM. *nur keine Manieren !*, ne faites pas de manières ! | *Manier eines Künstlers*, manière, genre (m.) d'un artiste.
— SYN. : *Verhalten*, *Betragen*, comportement ; *Gebaren*, *Gehaben*, *Benehmen*, conduite.

manieriert [mani'ri:rt] adj. affecté ; maniéré.

Manieriertheit [-hait] f. (-, en) affectation f. ; maniérisme m.

manierlich [ma'ni:rliç] adj. poli ; civil ; bien élevé ; qui a de bonnes manières.

Manierlichkeit [-kait] f. manières polies ; bonnes manières ; politesse f.

manifest [mani'fɛst] adj. manifeste. | *manifestes AIDS*, SIDA avéré.

Manifest [mani'fɛst] n. (es, e) manifeste m. | *das kommunistische Manifest*, le manifeste communiste.

Manifestant [manifes'tant] m. (en, en) manifestant m.

Manifestation [-ta'tsio:n] f. (-, en) manifestation f.

manifestieren [-'ti:rən] v. tr. manifester ; déclarer.

Maniküre [mani'ky:rə] f. (-, n) manucure f.

maniküren [-rən] v. tr. manucurer ; faire les mains à.

Manila [ma'ni:la] n. pr. f. Manille f.

Manille [ma'nilje] f., °**-spiel** [-ʃpi :l] n. (s) [Kartenspiel] manille f.

Maniok [mani'ɔk] m. (s, s). BOT. manioc m.

Manipel [ma'ni:pəl] m. (s, -). HIST. manipule m. ◇ f. (-, n). RELIG. manipule m.

Manipulation [manipula'tsio:n] f. (-, en) manipulation f. || machination f.

manisch ['ma:niʃ] adj. MÉD. maniaque.

Manko ['maŋko] n. (s, s) manque m. ; déficit m.

Mann [man] (s, ¨er) **1.** homme m. | *ein rüstiger, kräftiger Mann*, un homme robuste, vigoureux. | *ein Mann in den besten Jahren*, un homme dans la force de l'âge. | *ein bejahrter Mann*, un homme âgé. | *ein Mann von Format*, un homme d'envergure. | *ein Mann von Geschmack*, un homme de goût. | *ein Mann der Tat*, un homme d'action. | *ein Mann aus dem Volk*, un homme du peuple.
2. PAR EXT. mari m. ; époux m. | *sie nimmt ihn zum Mann*, elle le prend pour mari. | *sie hat einen Mann gefunden*, elle a trouvé un mari. | *wie Mann und Frau leben*, vivre maritalement. || FIG., FAM. *etwas an den Mann bringen*, refiler qch. à qn.
3. MIL. (pl. Mann ou Leute dans une expression non chiffrée) homme m. | *ein Offizier mit seinen Leuten*, un officier et ses hommes. | *Mann gegen Mann kämpfen*, combattre corps à corps. | *bis zum letzten Mann kämpfen*, combattre jusqu'au dernier (homme). | *die Kompanie ist 150 Mann stark*, la compagnie compte cent cinquante hommes. || MAR. *Mann über Bord*, un homme à la mer ! | *alle Mann an Deck !*, tout le monde sur le pont ! | *mit Mann und Maus untergegangen*, sombré corps et biens.
4. LOC. *Mann für Mann*, un par un. | *der böse, der schwarze Mann*, croque-mitaine m. | *ein Mann, ein Wort*, un homme d'honneur n'a qu'une parole. | *der Mann auf der Straße*, l'homme de la rue. | *der Mann des Tages*, l'homme du jour. | *etwas an den Mann bringen*, vendre, placer qch. | *wenn Not am Manne ist*, en cas d'urgence. | *er hat seinen Mann gefunden ; er ist an den rechten Mann gekommen*, il a trouvé son maître ; il a trouvé à qui parler. | *er ist Manns genug, um*, il est capable de ; il est assez fort pour. | *sie sind Manns genug, um Sie zu besiegen*, ils sont de taille à vous vaincre. | *den starken Mann markieren*, jouer à l'homme fort. | *du bist nicht der Mann dazu*, tu n'es pas homme à cela. | *wir haben unsern Mann !*, voilà notre homme ! | *er ist ein Mann des Todes*, c'est un homme mort. | *seinen Mann stehen, stellen*, être à la hauteur. | *das Volk erhob sich wie ein Mann*, le peuple se souleva comme un seul homme. | *den lieben Gott einen guten Mann sein lassen*, vivre dans l'insouciance.

Mann|weib ['manvaip] n. (s, er) hermaphrodite m. ; androgyne m. || FIG. virago f.

Manna ['mana] n. (s) manne f.

mannbar ['manba:r] adj. nubile ; pubère.

Mannbarkeit [-kait] f. nubilité f. || puberté f.

Männchen ['mɛnçən] n. (s, -) petit homme ; bonhomme m. | *der Hase macht Männchen*, le lapin fait le beau. || ZOOL. mâle m.

mannen [manən] v. tr. FAM. marier. || maîtriser.

Männer|altstimme ["mɛnər'altʃtimə] f. (-, n). MUS. haute-contre f.

Mannes|alter ["manəs'altər] n. (s) âge (m.) d'homme ; âge (m.) adulte. | *im besten Mannesalter stehen*, être dans la force de l'âge. ||°**-stamm** m. (s) descendance masculine. ||°**-wort** n. (s, e) parole (f.) d'honnête homme. ||°**-zucht** f. discipline (f.) militaire.

Manns|höhe ["mans'hø:ə] f. hauteur (f.) d'homme. | *in Mannshöhe*, à hauteur d'homme. ||**-toll** adj. nymphomane ; andromane. ||°**-tollheit** f. nymphomanie f. ; andromanie f.

Männer|treu ["mɛnər'trɔy] f. BOT. véronique f.

mannhaft ['manhaft] adj. viril ; mâle ; courageux.

Mannhaftigkeit [-tiçkait] f. virilité f. ; courage m. ; qualités viriles.

mannig|fach ["maniç'fax], **-faltig** [-'faltiç] adj. et adv. multiple ; varié ; divers ; différent. || °**-faltigkeit** f. (-, en) diversité f. ; variété f.

männiglich ['mɛnikliç] adj. (Vx.) courageux. ◇ pron. indéf. tous ; chacun.

Männin ['mɛnin] f. (-, nen) femme virile.

Männlein ['mɛnlain] n. (s, -) petit homme ; bonhomme m.

männlich [-liç] adj. masculin ; mâle ; viril. || FIG. courageux.

Männlichkeit [-liçkait] f. virilité f. ; masculinité f. || FIG. courage m.

Mannschaft ['manʃaft] f. (-, en). MIL. hommes (m. pl.) de troupe ; troupe f. || MAR. équipage m. || SPORT. équipe f. || PAR EXT. personnel m.

Mannschafts|geist ["manʃafts'gaist] m. (es) esprit (m.) de corps, d'équipe. ||°**-kost** f. ordinaire m. ||°**-rennen** n. (s) course (f.) par équipes, par pelotons. ||°**-stube** f. (-, n) chambrée f.

Manometer [mano'me:tər] n. (s, -) manomètre m.

Manöver [ma'nø:vər] n. (s, -) manœuvre(s) f. (pl.).

manövrieren [manø'vri:rən] v. intr. manœuvrer.

Mansarde [man'zardə] f. (-, n) mansarde f. — SYN. : *Mansardenstübchen* n.

Mansch [manʃ] m. (es) bouillie f. ; gâchis m.

manschen ['manʃən] v. tr. et v. intr. écrabouiller. || patauger. || manger salement.

Manschette [man'ʃɛtə] f. (-, n) manchette (f.) de chemise. || POP. *Manschetten haben*, avoir la frousse (POP.).

Mantel ['mantəl] m. (s, ¨). **1.** manteau m. | *Wintermantel*, pardessus m. | *einen Mantel umwerfen*, jeter un manteau sur ses épaules. || FIG. *unter dem Mantel*, sous le manteau. | *den Mantel nach dem Winde hängen*, voir d'où vient le vent ; changer son fusil d'épaule.
2. AUTOM. pneu m. ; enveloppe f. || TECHN. [Kamin] manteau m. ; [Maschine] chemise f. ; gaine f. || MIL. capote f. ; manchon m. (d'arme à répétition) ; chemise f. (de projectile).

Mantel|blech ["mantəl'blɛç] n. (s, e) tôle (f.) d'enveloppe. ||°**-geschoß** n. (es, e) projectile chemisé. ||°**-gesetz** n. (es, e) loi-cadre f. ||°**-gurt** m. (s, e) martingale f. ||°**-linie** f. (-, n). MATH. génératrice f. ||°**-sack** m. (s, ¨e) valise f. ||°**-vertrag** m. (s, ¨e) contrat-type m.

Mäntelchen ['mɛntəlçən] n. (s, -) mantelet m. ; petit manteau. || FIG. *etwas* (dat.) *ein Mäntelchen umhängen*, arranger, enjoliver qqch. || LOC. *er hängt sein Mäntelchen nach dem Wind*, c'est une (vraie) girouette.

Mantille [man'tiljə] f. (-, n) mantille f.

Mantisse [man'tisə] f. (-, n). MATH. mantisse f.

Mantua ['mantua] n. pr. n. GÉOGR. Mantoue f.

Manual [manu'ɑ:l] n. (s, e) manuel m. || MUS. [Orgel] clavier m.

Manufaktur [manufak'tu:r] f. (-, en) manufacture f. | *Manufakturwaren*, articles manufacturés.

Manufakturist [-tu'rist] m. (en, en) fabricant m. ; marchand (m.) de nouveautés.

Manuskript [manu'skript] n. (s, e) manuscrit m.

Mappe ['mapə] f. (-, n) cartable m. ; serviette f. | *Aktenmappe*, porte-documents m. ; *Schreibmappe*, sous-main m.

Mär [mɛ:r] f. (-, en). [Vx.] nouvelle f.

Marabu ['ma:rabu] m. (s, s). ZOOL. marabout m.

Marabut [mara'bu:t] m. (s, s) marabout m.

Marathon ['maratɔn] (s, s). SPORT. marathon m.

Marathon|läufer(in) ["maratɔn'lɔyfər(in)] m. (s, -), f. (-, nen). SPORT. marathonien m. ; marathonienne f.

Märchen ['mɛ:rçən] n. (s, -). PR. et FIG.conte m. ; histoire f.

Märchen|drama ["mɛ:rçən'drɑ:ma] n. (s, men). THÉÂTRE. féerie f. ||°**-film** m. (s, e) film (m.) féerique. ||°**-prinz** m. (en, en) le Prince Charmant. ||°**-welt** f. (-, en) monde fabuleux ; monde des fées.

märchenhaft ['mɛ:rçənhaft] adj. fabuleux ; féerique ; merveilleux. | *märchenhaft schön*, merveilleusement beau.

Marder ['mardər] m. (s, -). ZOOL. martre f.

Marder|fell ["mardər'fɛl] n. (s, e). [Pelz] martre f. ; marte f.

Märe ['mɛ:rə] f. (-, n). V. MÄR.

Margarete [marga're:tə] n. pr. f. Marguerite f.

Margarine [marga'ri:nə] f. (-, n) margarine f.

Margerite [margə'ri:tə] f. (-, n). BOT. pâquerette f. ; marguerite f.

Marginalien [margi'nɑ:liən] f. pl. notes marginales, en marge.

Maria [ma'ri:a] (gén. Mariä), **Marie** [-'ri:] (gén. Mariens) n. pr. f. Marie f. || RELIG. *die Jungfrau Maria*, la Vierge Marie ; la (Sainte) Vierge. | *Maria Himmelfahrt*, Assomption f.

Marien|bild [ma"ri:ən'bilt] n. (s, er) image (m.) de la Vierge. ||°**-blume** f. (-, n) pâquerette f. ||°**-fäden** m. pl. fils (m. pl.) de la Vierge. ||°**-glas** n. (es) mica m. ||°**-käfer** m. (s, -) coccinelle f. ||°**-kirche** f. (-, n) église (f.) Notre-Dame. ||°**-röschen** n. (s, -) pivoine f.

Marinade [mari'nɑ:də] f. (-, n) marinade f.

Marine [ma'ri:nə] f. (-). [Seewesen ; Malerei] marine f.

Marine|artillerie [ma"ri:nəartilə'ri:] f. artillerie navale, de marine. ||°**-attaché** m. (s, s) attaché naval. ||°**-bild** n. (s, er). [Malerei] marine f. ||°**-blau** n. bleu (m.) marine. ||°**-infanterist** m. (en, en) fusilier marin. ||°**-luftstreitkräfte** f. pl. forces aéronavales. || °**-mantel** m. (s, ¨) caban m.

marinieren [mari'ni:rən] v. tr. CULIN. mariner.

Marionette [mariɔ'nɛtə] f. (-, n) marionnette f.

Marionetten|theater [mariɔ"nɛtənte'ɑ:tər] n. (s, -) théâtre (m.) de marionnettes.

Mark [mark] f. (-, -). [Münze] mark m. | *ein Zweimarkstück*, une pièce de deux marks.

Mark|stück ["mark'ʃtyk] n. (s, e) pièce (f.) d'un mark. | *zwei Markstücke*, deux pièces d'un mark. | *ein Zweimarkstück*, une pièce de deux marks.

Mark [mark] f. (-, en). [Grenze] limite f. || [Grenzgebiet] marche f. || HIST. *die Mark Brandenburg*, la marche de Brandebourg. || SPORT. [Rugby] touche f.

Mark|graf ["mark'grɑ:f] m. (en, en) marquis m. ; (Vx.) margrave m. ||°**-grafschaft** f. (-, en) marquisat m. ; margraviat m. ||°**-scheide** f. (-, n) borne f. || MINES. limite (f.) de concession. ||°**-stein** m. (s, e) borne f. || FIG. *ein Markstein in der Geschichte*, un événement qui a fait date.

Märker [mɛrkər] m. (s, -). Brandebourgeois m.

märkisch ['mɛrkiʃ] adj. brandebourgeois ; de la Marche.

Mark [mark] n. (s). ANAT. moelle f. ; pulpe f. | *der Schrei ging mir durch Mark und Bein*, ce cri m'a transpercé jusqu'aux moelles. | *ins Mark getroffen*, touché au vif ; blessé à mort. | *er hat kein Mark in den Knochen*, il n'a pas de sang dans les veines. || BOT. moelle.

mark|erschütternd ["markɛr'ʃytərnt] adj. qui va jusqu'aux moelles ; déchirant. ||°**-höhle** f. (-, n) canal (m.) médullaire. ||°**-knochen** m. (s, -) os (m.) à moelle.

markant [mar'kant] adj. marquant. || [Gesichtszüge] accusé.

Marke ['markə] f. (-, n) marque f. ; repère m. ; marque (f.) de fabrique. | *eingetragene Marke*, marque déposée. | *eine Marke nachmachen*, contrefaire une marque. || contremarque f. ; jeton m. || timbre m. ; ticket m. | *Briefmarke*, timbre-poste m. || COMM. *er raucht eine feine Marke (Zigarren)*, il fume des cigares de bonne marque. | *die beste Marke Wein*, le vin de la meilleure qualité.

Marken|artikel ["markənar'tikəl] m. (s, -) article (m.), produit (m.) de marque. ||°**-ware** f. (-, n) marchandise (f.) de marque. ||°**-zeichen** n. (s, -) label m. || AUTOM. écusson m.

Marketender(in) [markə'tɛndər(in)] m. (s, -), f. (-, nen) cantinier m. ; cantinière f. ; vivandier m. ; vivandière f.

Marketenderei [-tɛndə'rai] f. (-, en) cantine f.

markieren [mar'ki:rən] v. tr. marquer ; repérer. || PAR EXT. accentuer. || FIG. simuler.

markig ['markiç] adj. vigoureux ; fort ; énergique.

Markise [mar'ki:zə] f. (-, n). [Sonnenschutz] store m. ; marquise f. || [Adelstitel]. V. MARQUISE.

Markt [markt] m. (es, ¨e). [Geschäft] marché m. || [Marktplatz] marché m. | *Waren zum Markt bringen*, porter des denrées au marché. | *Blumenmarkt*, marché aux fleurs. | *Viehmarkt*, marché aux bestiaux. | *Wochenmarkt*, marché hebdomadaire. | *Jahrmarkt*, foire f. || FIG. *seine Haut zu Markte tragen*, risquer sa vie ; jouer gros. || FIN. *grauer Markt*, marché gris. || POLIT. *gemeinsamer Markt*, marché commun.

Markt|analyse ["marktana'ly:sə] f. (-, n), °**-forschung** [-'fɔrʃuŋ] f. (-, en) analyse (f.) du marché. ||°**-bericht** m. (s, e) mercuriale f. ; cote f. ||°**-flecken** m. (s, -) bourg m. ; bourgade f. ||°**-frau** f. (-, en) vendeuse (f.) au marché ; PÉJOR. poissarde f. ||**-gängig** adj. négociable. ||°**-gesetz** n. (es, e) loi (f.) du marché. ||°**-halle** f. (-, n) halle f. ; marché couvert. ||°**-helfer** m. (s, -) homme (m.) de peine ; fort (m.) des Halles. ||°**-platz** m. (es, ¨e) place (m.) du marché. ||°**-preis** m. (es, e) prix (m.), cours (m.) du marché. ||°**-schreier** m. (s, -) charlatan m. ; camelot m. ||**-schreierisch** adj. charlatanesque. ||°**-signal** n. (s, e) clignotant m. (économique). ||°**-studie** f. (-, n) étude (f.) de marché. ||°**-wirtschaft** f. économie (f.) de marché. ||°**-zettel** m. (s, -) mercuriale f. ||°**-zins** n. (es) droit (m.) de place.

markten ['marktən] v. intr. marchander.

Markung ['markuŋ] f. (-, en) district m. ; territoire m. ; limite f.

Markus ['markus] n. pr. Marc. || *Markusplatz*, place (f.) Saint-Marc.

Marlene [mar'le:nə] n. pr. f. Marie-Hélène f.

Marmel ['marməl] m. (s, -) bille f. || (Vx.) dans **Marmelstein**, marbre m.

Marmelade [marmə'lɑ:də] f. (-, n) marmelade f., confiture f.

Marmor ['marmɔr] m. (s, e) marbre m.

Marmor|arbeiter ["marmɔr'arbaitər] m. (s, -) marbrier m. ||**-artig** adj. marmoréen. ||°**-bild** n. (s, er) statue (f.) de marbre. ||°**-bruch** m. (s, ¨e) marbrière f. ||°**-schleifer** m. (s, -) marbrier m.

marmorieren [marmɔ'ri:rən] v. tr. marbrer.

Marmorierung [-ruŋ] f. (-, en) marbrure f.

marmorn ['marmɔrn] adj. de, en marbre.

marode [ma'ro:də] adj. éclopé ; épuisé.

Marodeur [marɔ'dø:r] m. (s, e) maraudeur m. ; traînard m.

marodieren [-'di:rən] v. intr. marauder ; piller.

Marokkaner(in) [marɔ'kɑ:nər(in)] m. (s, -), f. (-, nen) Marocain(e) m. (f.).

marokkanisch [-niʃ] adj. marocain.

Marokko [ma'rɔko] n. pr. n. GÉOGR. Maroc m.

Marone [ma'ro:nə] f. (-, n) marron m.

Maronen|baum [ma"ro:nən'baum] (s, ¨e), °**-kastanie** [-kas'tɑ:niə] f. (-, n) marronnier m.

Maronit [marɔ'nit] m. (en, en) maronite m.

Marotte [ma'rɔtə] f. (-, n) caprice m. ; marotte f.

Marquis [mar'ki:] m. marquis m.

Marquise [-'ki:zə] f. (-, n) marquise f.

Mars [mars] n. pr. m. ASTRON., MYTH. Mars m. || *Marsbewohner*, Martien m.

Mars [mars] m. (es, e). MAR. hune f.

Marsch [marʃ] f. (-, en) région côtière basse (sur la mer du Nord) ; prés salés. || *Marschfieber*, fièvre paludéenne.

Marsch [marʃ] m. (es, ¨e). [Gangart] marche f. | *ein langer, beschwerlicher Marsch*, une marche longue et pénible. | *Tagemarsch*, étape f. || MUS. marche f. | *Trauermarsch*, marche funèbre. || MIL. *vorwärts Marsch !*, en avant, marche ! | *im Gleichschritt, Marsch !*, pas cadencé, marche ! | *(sich) in Marsch setzen*, (se) mettre en marche, en route. || FIG. *jm den Marsch blasen*, FAM. sonner les cloches à qn.

Marsch|anzug ["marʃ'antsu:k] m. (s, ¨e) tenue (f.) de route. ||°**-befehl** m. (s, e) ordre (m.) de marche ; feuille (f.) de route. ||**-bereit** adj. prêt à partir, à entrer en campagne. ||**-fähig** adj. apte à la marche ; en état de marche. ||**-fertig** adj. prêt à partir, à se mettre en marche. ||°**-flugkörper** m. (s, -) missile (m.) de croisière. ||°**-gepäck** n. (s, e) équipement (m.) de campagne. ||°**-kolonne** f. (-, n) colonne (f.) en marche ; [Wagen ; Schiffe] convoi m. ||**-mäßig** adj. en ordre, en tenue de route. ||°**-ordnung** f. (-, en) formation (f.) en colonne par trois. ||°**-pause** f. (-, n) halte f. ||°**-route** f. (-, n) itinéraire prescrit, imposé. ||°**-strecke** f. (-, n) itinéraire m. ; étape f. ||°**-tempo** n. (s) rythme (m.) de marche ; cadence f. || °**-verpflegung** f. vivres (m. pl.) de route. ||°**-weg** m. (s, e) itinéraire m.

marschieren [mar'ʃi:rən] v. intr. marcher. | *die Truppen marschieren durch die Stadt*, les troupes traversent la ville au pas cadencé. | *gegen den Feind marschieren*, marcher à l'ennemi.

Marschall ['marʃal] m. (s, ¨e). MIL. (Vx.) [hoher Hofbeamter] maréchal m.

Marstall ['marʃtal] m. (s, ¨e) écurie royale.

Marter ['martər] f. (-, n) martyre m. ; torture f.

Marter|pfahl ["martər'pfɑ:l] m. (s, ¨e) poteau (m.) de torture. ||°**-tod** m. (s) martyre m.

Marterer ['martərər] m. (s, -) bourreau m.

martern [-tərn] v. tr. martyriser ; mettre au supplice, à la torture ; torturer.

Martha ['marta] n. pr. f. Marthe f.

martialisch [martsi'ɑ:liʃ] adj. martial.

Martin ['martin] n. pr. m. Martin m.

Martins|tag ["martins'tag] m. la Saint-Martin. — SYN. : *Martini* [-'--].

Märtyrer(in) ['mɛrtyrər(in)] m. (s, -), f. (-, nen) martyr(e) m. (f.).

Märtyrer|tod ["mɛrtyrər'to:t] m. (s) martyre m.

Martyrium [mar'ty:rium] n. (s) martyre m.

Marxismus [mar'ksismus] m. marxisme m.

Marxist(in) [-'ksist(in)] m. (en, en), f. (-, nen) marxiste s.

marxistisch [-'ksistiʃ] adj. marxiste.

März [mɛrts] m. (es, e) mars m.

März(en)|bier ["mɛrts(ən)'bi:r] n. (s, e) bière forte de mars. ||°**-feld** n. (s, er). HIST. assemblée (f.) des guerriers mérovingiens.

Marzipan [martsi'pɑ:n] m. (s, e) massepain m. ; pâte (f.) d'amandes.

Masche ['maʃə] f. (-, n) maille f. | *Netzmasche*, maille de filet. | *eine Masche fallen lassen*, laisser filer une maille. | *gefallene Masche*, maille filée. || FIG., POP. *das ist eine Masche*, c'est un filon. | *die Masche raushaben*, avoir trouvé le bon truc.

maschen|fest ["maʃən'fɛst] adj. indémaillable. || °**-weite** f. (-, n). TECHN. maillage m.

maschig ['maʃiç] adj. à mailles. || PAR EXT. [Stoff] lâche.

Maschine [ma'ʃi:nə] f. (-, n) machine f.

Maschinen|anlage [ma"ʃi:nən'anlɑ:gə] f. (-, n) installation (f.) mécanique. ||°**-arbeit** f. (-, en) travail (m.) mécanique. ||°**-bau** m. (s) construction (f.) de machines ; construction (f.) mécanique. ||°**-buchhalter** m. (s, -) mécanographe m. ||°**-fabrik** f. (-, en) fabrique (f.) de machines ; atelier (m.) de constructions mécaniques. ||**-gestützt** adj. *maschinengestützte Übersetzung*, traduction assistée par ordinateur (T.A.O.). ||°**-gewehr** n. (s, e) mitrailleuse f. | *leichtes Maschinengewehr*, fusil-mitrailleur m. ||°**-halle** f. (-, n) salle (f.) des machines. ||°**-ingenieur** m. (s, e) ingénieur mécanicien. ||°**-kunde** f. mécanique f. ||°**-meister** m. (s, -) [contremaître] mécanicien m. || THÉÂTRE. machiniste m. ||°**-pistole** f. (-, n) mitraillette f. ; pistolet mitrailleur. ||°**-säge** f. (-, n) scie (f.) mécanique. ||°**-schlosser** m. (s, -) ajusteur mécanicien. ||°**-schreiben** n. (s) dactylographie f. || °**-schreiber(in)** m. (s, -), f. (-, nen) dactylo s. ||°**-schrift** f. (-, en) texte dactylographié ; dactylographie f. ||°**-sprache** f. (-, n). INF. langage (m.) machine. ||°**-werkmeister** m. (s, -) chef mécanicien. ||°**-werkstatt** f. (-, ¨e) atelier (m.) de constructions mécaniques. ||°**-wesen** n. (s) machinerie f. ; machinisme m.

maschinell [maʃi'nɛl] adj. et adv. machinal ; machinalement ; à la machine. | *maschinelle Übersetzung*, traduction (f.) automatique.

Maschinerie [-nə'ri:] f. (-, n) machinerie f.

Maschinist [-'nist] m. (en, en) mécanicien m. ; machiniste m.

Maser ['meizər] m. (s, -). ÉLECTR. maser m.

Maser ['ma:zər] f. (-, n) marbrure f. ; loupe f.
Maser|holz ["ma:zər'hɔlts] n. (es, ¨er) bois veiné.
maserig ['ma:zəriç] adj. veiné ; madré.
masern [-zərn] v. tr. veiner ; madrer.
Masern [-zərn] pl. MÉD. rougeole f.
Maserung [-zəruŋ] f. (-, en) veinure f.
Maske ['maskə] f. (-, n) masque m. ; loup m. | *die Maske aufsetzen*, se masquer. | *die Maske abnehmen, lüften*, se démasquer. | *Totenmaske*, masque mortuaire. || FIG. *die Maske von sich werfen*, jeter le masque ; se démasquer. | *jm die Maske herunterreißen*, arracher le masque à qn. || INF. masque m.
Masken|anzug ["maskən'antsu:k] m. (s, ¨e) travesti m. ||°-**ball** m. (s,¨e) bal masqué. ||°-**zug** m. (s,¨e) mascarade f.
Maskerade [maskə'ra:də] f. (-, n) mascarade f.
maskieren [-'ki:rən] v. tr. masquer ; déguiser.
Maskotte [mas'kɔtə] f. (-, n), **Maskottchen** [-'kɔtçən] n. (s, -) mascotte f. ; talisman m.
Maskulinum [masku'linum] n. (s). GRAMM. masculin m.
Masochismus [mazɔ'xismus] m. masochisme m.
masochistisch [-'xistiʃ] adj. masochiste.
Maß [ma:s] n. (es, e). **1.** mesure f. ; unité f. | *gutes Maß geben*, faire bonne mesure. | *ein gerütteltes Maß*, une mesure bien tassée (de grains, farine, etc.) ; FIG. une bonne dose (de). | *in verkleinertem Maße*, en réduction. | *ein Anzug nach Maß*, un complet sur mesure. | *Maß nehmen*, prendre les mesures.
2. degré m. | *in dem Maße wie, als*, à mesure que. | *in hohem Maße*, à un haut degré. | *in reichem, vollem Maße*, abondamment ; à profusion. | *in einem gewissen Maße*, dans une certaine mesure.
3. FIG. mesure f. ; modération f. | *ohne Maß*, sans mesure. | *Maß halten*, garder la mesure. | *das Maß überschreiten*, passer la mesure. | *über die Maßen ; über alle Maßen*, outre mesure ; à l'excès. | *das Maß ist voll*, la mesure est pleine.
Maß|anzug ["ma:s'antsu:k] m. (s, ¨e) complet (m.) sur mesure. ||°-**arbeit** f. (-, en) travail (m.) sur mesure. ||°-**einheit** f. (-, en) unité (f.) de mesure. ||°-**gabe** f. (-, n) mesure f. ; proportion f. | *nach Maßgabe von...*, selon ; si on s'en tient à... ||-**gebend** adj. compétent. | *maßgebend sein*, faire autorité ; faire foi ; prévaloir. ||-**geblich** adj. qui fait autorité. ||-**halten** (ä, ie, a) v. intr. garder la mesure ; être modéré ; se modérer. ||°-**lieb** n. (s), °-**liebchen** n. (s, -). BOT. pâquerette f. ||-**los** adj. sans mesure ; démesuré ; immodéré ; excessif. ||°-**losigkeit** f. démesure f. ; excès m. ; immensité f. ||°-**nahme** f. (-, en) mesure f. ; action f. ; opération f. | *alle notwendigen Maßnahmen treffen*, prendre toutes les mesures nécessaires. | *geeignete Maßnahmen*, mesures appropriées. | *diskriminierende Maßnahmen*, mesures discriminatoires. | *soziale Maßnahmen*, action sociale. || FIN. *flankierende Maßnahmen*, mesures de soutien, d'accompagnement. | *vertrauensbildende Maßnahmen*, mesures de confiance. ||°-**regel** f. (-, n) mesure f. | *Maßregeln treffen, ergreifen*, prendre des mesures. ||-**regeln** v. tr. punir ; prendre des mesures disciplinaires contre. ||°-**regelung** f. (-, en) mesure (f.) disciplinaire ; sanction f. ||°-**stab** m. (s, ¨e) 1° échelle, règle graduée ; 2° rapport m. ; proportion f. | *in großem Maßstab*, sur une grande échelle. ||-**voll** adj. modéré ; plein de mesure. ||°-**werk** n. (s). ARCHIT. meneaux (m. pl.) gothiques. ||°-**zahl** f. (-, en) cote f.
Maß [ma:s] f. ancienne mesure de capacité. | *eine Maß Bier*, une cruche de bière.
Massage [ma'sa:ʒə] f. (-, n) massage m.
Masse ['masə] f. (-, n). **1.** masse f. | *eine zähflüssige Masse*, une masse visqueuse. || FAM. *eine Masse Geld verdienen*, gagner beaucoup d'argent.
2. foule f. ; masse f. | *die Masse der Bevölkerung*, la masse de la population. | *die breite Masse*, la foule. | *die Masse der Truppen*, le gros des troupes.
3. PHYS. masse f. | *kritische Masse*, masse critique.
Massen|absatz ["masən'apzats] m. (es, ¨e) vente (f.) en grandes quantités, en série. ||°-**angriff** m. (s, e) attaque (f.) en force, en masse. ||°-**arbeitslosigkeit** f. chômage massif. ||°-**artikel** m. (s, -) article (m.) de série. ||°-**aufgebot** n. (s, e) levée (f.) en masse. ||°-**bewegung** f. (-, en). POLIT. mouvement (m.) de masses. ||°-**erzeugung** f. (-, en), °-**fabrikation** f. (-, en) fabrication (f.) en série. ||°-**flucht** f. (-, en) exode m. ||°-**grab** (s, ¨er) charnier m. ; fosse commune. ||°-**instinkt** m. (s, e) instinct (m.) grégaire. ||°-**medien** n. pl. « mass media ». ||°-**mord** m. (s, e) massacre m. ||°-**schwund** m. (s, e) perte (f.) de masse. ||°-**speicher** m. (s, -). INF. mémoire (f.) de masse. ||°-**spektroskopie** f. (-, n). PHYS. spectroscopie (f.) de masse. ||-**weise** adv. en masse(s). ||°-**wurfsendung** f. (-, en) envoi (m.) en masse.
massenhaft adj. de masse ; en masse.
Masse|stecker ["masə'ʃtɛkər] m. (s, -). ÉLECTR. prise (f.) de terre.
Masseur [ma'sø:r] m. (s, e) masseur m.
Masseuse [ma'sø:zə] f. (-, n) masseuse f.
massieren [ma'si:rən] v. tr. MÉD. masser. || MIL. concentrer.
Massieren [-rən] n. (s). MÉD. massage m.
Massierung [-ruŋ] f. (-, en) concentration f.
massig ['masiç] adj. massif.
mäßig ['mɛ:siç] adj. modéré ; tempéré ; frugal. | *ein mäßiger Schüler*, un élève moyen. | *mäßige Preise*, prix modérés.
mäßigen [-sigən] v. tr. modérer ; tempérer ; adoucir. | *sich mäßigen*, se modérer.
Mäßigkeit [-siçkait] f. modération f. ; tempérance f. ; sobriété f. ; frugalité f.
Mäßigung [-siguŋ] f. mesure f. ; modération f. ; réserve f. ; retenue f.
massiv [ma'si:f] adj. massif.
Massiv|bau [ma"si:f'bau] m. (s, e) construction (f.) en dur. ||°-**reifen** m. (s, -) bandage plein.
Mast [mast] f. engraissement m.
Mast|darm ["mast'darm] m. (s). ANAT. rectum m. ||°-**hühnchen** n. (s, -) poularde f. ||°-**kalb** n. (s, ¨er) veau gras. ||°-**kur** f. suralimentation f. ||°-**vieh** n. (s) bétail (m.) à l'engrais.
Mast [mast] m. (es, en) mât m.
Mast|baum ["mast'baum] m. (s, ¨e). MAR. mât m. ||°-**korb** m. (s, ¨e) hune f. ; vigie f. ||°-**wächter** m. (s, -) gabier m. ||°-**werk** n. (s) mâture f.
mästen ['mɛstən] v. tr. engraisser.
mastig ['mastiç] adj. (de **Mast** f.) gras ; gros ; corpulent. || (de **Mast** m.) mâté.
◇ suff. **...mastig,** à... mâts.
Mastix ['mastiks] m. (es). [Balsamharz] mastic m. | *der Mastixbaum*, le lentisque.
Mastodon ['mastodon] n. (s, onten). ZOOL. mastodonte m.
Masturbation [masturba'tsio:n] f. masturbation f.
Masuren [ma'zu:rən] n. pr. n. GÉOGR. Mazurie f.
masurisch [ma'zu:riʃ] adj. de Mazurie ; mazovien.
Mater ['ma:tər] f. (-, n). TYPOGR. matrice f. ; flan m. || *matern*, matricer.
Material [-ri'a:l] n. (s, ien) matériel m. ; matière f. ; matériaux m. pl. | *rollendes Material*, matériel roulant. | *statistisches Material*, données statistiques. | *Materialienankauf*, achat (m.) de matériaux.
Material|abnahme [materi"a:l'apna:mə] f. (-, n) réception (f.) du matériel. ||°-**ausgeber** m. (s, -) magasinier m. ||°-**buchführung** f. (-, en), °-**haltung** f. (-, en) comptabilité (f.) matières. ||°-**fehler** m. (s, -) défaut (m.), vice (m.) de matériel. ||°-**prüfung** f. (-, en) essai (m.), épreuve (f.) des matériaux. ||°-**schäden** m. pl. dégâts matériels. ||°-**verwalter** m. (s, -) chef (m.) magasinier. ||°-**verzeichnis** n. (ses, se) inventaire (m.), nomenclature (f.) du matériel. ||°-**warenhandlung** f. (-, en) quincaillerie f. ; droguerie f. || °-**wiederverwertung** f. [Unwelt] recyclage m.
Materie [ma'te:riə] f. (-, n) matière f. ; substance f.
materiell [materi'ɛl] adj. matériel. | *materieller Wert*, valeur (f.) intrinsèque.
Mathematik [matema'ti:k] f. mathématiques f. pl.
Mathematiker(in) [-'ma:tikər(in)] m. (s, -), f. (-, nen) mathématicien m. ; mathématicienne f.
mathematisch [-'ma:tiʃ] adj. mathématique.
Matinee [mati'ne:] f. (-, n). 1° THÉÂTRE. matinée f. ; 2° robe (f.) de chambre.
Matjes|hering ["matjəs'he:riŋ] m. (s, e) hareng (m.) vierge.
Matratze [ma'tratse] f. (-, n) matelas m.
Mätresse [mɛ'trɛsə] f. (-, n) maîtresse f.
Matriarchat [matriar'çat] n. (s) matriarcat m.
Matrikel [ma'trikəl] f. (-, n) matricule f. | *in die Matrikel eintragen*, immatriculer.
Matrix ['ma:triks] f. (-, trizen). ANAT., MATH. matrice f.
Matrix|drucker ["ma:triks'drukər] m. (s, -) imprimante (f.) à matrice.

Matrize [ma'tri:tsə] f. (-, n). TECHN. matrice f.

Matrone [ma'tro:nə] f. (-, n) matrone f.

Matrose [ma'tro:zə] m. (n, n) matelot m. ; marin m. | *Jungmatrose*, mousse m.

Matrosen|anzug [ma"tro:zən'antsu:k] m. (s, ¨e) costume marin. ||°**-kittel** m. (s, -) vareuse f.

Matsch [matʃ] m. (es) gâchis m. ; bouillie f.

matschig ['matʃiç] adj. boueux ; en bouillie. | *matschige Früchte*, fruits blets.

matt [mat] adj. las ; fatigué ; épuisé. | *matte Glieder*, membres rompus de fatigue. || PAR EXT. sans force ; faible. | *mit matter Stimme*, d'une voix mourante. | *matte Farben*, couleurs (f. pl.) ternes. | *mattes Licht*, lumière (f.) faible. | *mattes Glas*, verre dépoli. || [Spiel] *Schach matt*, échec et mat. | *jn matt setzen*, mettre mat.
— SYN. : *müde*, fatigué ; *schlapp*, las ; *zerschlagen*, rompu ; *überarbeitet*, surmené.

Matt|glas ["mat'gla:s] n. (es) verre dépoli. || °**-gold** n. (s) or mat. ||°**-scheibe** f. (-, n) vitre dépolie ; verre dépoli.

Mattheit ['mathait] f. faiblesse f. ; langueur f. || ton mat.

Mattigkeit ['matiçkait] f. lassitude f. ; épuisement m.

Matte ['matə] f. (-, n). [Gebirgswiese] pâturage m. ; alpage m. || [Flechtwerk] natte f. | *Strohmatte*, paillasson m.

Matterhorn ["matər'hɔrn] n. pr. n. (s). GÉOGR. mont (m.) Cervin.

Matthäus [ma'tɛ:us] n. pr. m. Matthieu [saint] ; Mathieu m. || LOC. FAM. *es ist Matthaei am letzten*, c'est la fin de tout.

Maturität [maturi'tɛ:t] f., **Maturitäts|examen** [maturi"tɛ:tsɛ'ksa:mən] n. (s) baccalauréat m. || FAM. *die Matura bestehen*, passer le bac.

Matz [mats] m. (es, ¨e). [Piepmatz ; Starmatz] petit oiseau. || FIG. niais m. ; nigaud m.

Mätzchen ['mɛtsçən] n. (s, -) nigaud m. | *Mätzchen machen*, faire des minauderies ; minauder.

Matze ['matsə] f. (-, n), **Matzen** ['matsən] m. (s, -) pain (m.) azyme.

Mauer ['mauər] f. (-, n) mur m. ; muraille f.

Mauer|anker ["mauer'aŋkər] m. (s, -). [Bauwesen] ancre f. ||°**-arbeit** f. (-, en) maçonnerie f. ||°**-blümchen** n. (s, -) personne (f.) qui fait tapisserie. ||°**-brecher** m. (s, -). MIL. bélier m. ||°**-fuge** f. (-, n) joint (m.) de mur. ||°**-läufer** m. (s, -). ZOOL. grimpereau (m.) des murailles. ||°**-putz** m. (es, e) crépi m. ||°**-schwalbe** f. (-, n), °**-segler** m. (s, -). ZOOL. martinet m. ||°**-strecke** f. (-, n) pan (m.) de mur. ||°**-werk** n. (s, e) maçonnerie f. ; murs m. pl. ||°**-ziegel** m. (s, -) brique f.

mauern ['mauərn] v. tr. maçonner.

Maul [maul] (s, ¨er) n. [Tiere ; PÉJOR. Menschen] gueule f. | *einem Pferde ins Maul sehen*, examiner la bouche d'un cheval. || LOC. *vor Staunen das Maul aufsperren, aufreißen*, être bouche bée d'étonnement. | *ein schiefes Maul ziehen*, faire la grimace. | *er hat ein großes Maul*, il est fort en gueule ; c'est une grande gueule. | *nicht aufs Maul gefallen sein*, avoir la langue bien pendue. | *das Maul nicht auftun*, ne pas ouvrir le bec. | *das Maul halten*, ne pas vendre la mèche. | *jm das Maul stopfen*, clouer le bec à qn. | *das Maul vollnehmen*, fanfaronner. | *ein loses Maul haben*, avoir la langue trop longue. | *ein übles Maul haben*, avoir une méchante langue. || PROV. *einem geschenkten Gaul sieht man nicht ins Maul*, à cheval donné on ne regarde pas les dents. | *Großmaul*, fanfaron m. | *Leckermaul*, fin bec.

Maul|affe ["maul'afə] m. (n, n). FAM. badaud m. | *Maulaffen feilhalten*, regarder bouche bée ; badauder. ||°**-beerbaum** m. (s, ¨e). BOT. mûrier m. ||°**-beere** f. (-, n) mûre f. ||°**-esel** m. (s, -) mulet m. ||°**-esel|treiber** m. (s, -) muletier m. ||**-faul** adj. qui ne dit mot ; taciturne. ||°**-fäule** f. aphtes m. pl. ||°**-hängerei** f. POP. bouderie f. ||°**-held** m. (en, en) braillard m. ; fanfaron m. ||°**-heldentum** n. (s) jactance f. ; fanfaronnades f. pl. ||°**-korb** m. (s, ¨e) muselière f. ||°**-schelle** f. (-, n) soufflet m. ||°**-tier** n. (s, e) mulet m. ||°**-voll** n. (s) bouchée f. ||°**-werk** n. (s). FAM. grande gueule. | *er hat ein großes Maulwerk*, il fanfaronne. ||°**-wurf** m. (s, ¨e). ZOOL. taupe f. || FIG. espion m. ; FAM. taupe f. ||°**-wurfsgrille** f. (-, n). ZOOL. courtilière f. ||°**-wurfs|haufen** m. (s, -) taupinière f.

Maul- und Klauenseuche ["maulunt'klauənzɔyçe] f. fièvre aphteuse.

maulen ['maulən] v. intr. faire la moue ; bouder.

maunzen ['mauntsən] v. intr. se lamenter.

Maure ['maurə] m. (n, n), **Maurin** ['maurin] f. (-, nen) Maure m. ; Mauresque f.

Maurer ['maurər] m. (s, -) maçon m.

Maurer|kelle ["maurər'kɛlə] f. (-, n) truelle (f.) de maçon. ||°**-meister** m. (s, -), °**-polier** m. (s, e) maître (m.) maçon.

maurerisch ['maurəriʃ] adj. maçonnique.

Mauretanien [maure'ta:niən] n. pr. n. GÉOGR. Mauritanie f.

maurisch ['mauriʃ] adj. maure ; mauresque.

Mauritius [mau'ri:tsius] n. pr. m. Maurice m.

Maus [maus] f. (-, ¨e) souris f. || LOC. *mit Mann und Maus untergehen*, sombrer corps et biens. | *Katze und Maus spielen*, jouer au chat et à la souris. | *mit Speck fängt man Mäuse*, on n'attrape pas les mouches avec du vinaigre. | *arm wie eine Kirchenmaus*, pauvre comme un rat d'église. | *mausgrau*, gris souris. || INF. souris f.

mauscheln ['mauʃəln] v. intr. marmonner.

Mäuschen ['mɔysçən] n. (s, -) souriceau m. || FIG., FAM. chérie f.

mäuschen|still ["mɔysçən'ʃtil] adj. parfaitement tranquille ; coi (coite). | *es ist mäuschenstill*, on entendrait voler une mouche.

Mause ['mauzə] f. (-) mue f.

Mause|falle ["mauzə'falə] f. (-, n) souricière f. ||°**-loch** n. (s, ¨er) trou (m.) de souris. ||**-tot** adj. IRON. raide mort.

Mäuse|gift ["mɔyzə'gift] n. (s) mort-aux-rats f.

mausen ['mauzən] v. intr. attraper des souris. || LOC. *die Katze läßt das Mausen nicht*, chassez le naturel, il revient au galop.
◇ v. tr. FAM. chiper ; chaparder.

Mauser ['mauzər] m. (s, -) chapardeur m.

Mauser [-zər] f. mue f.

Mauserei [mauzə'rai] f. (-, en) chapardage m.

mausern ['mauzərn] v. intr. et v. pr. muer.

Mausoleum [mauzo'le:um] n. (s, leen) mausolée m.

Maut [maut] f. (-, en). HIST. douane f. ; péage m.

Maut|stelle ["maut'ʃtɛlə] f. (-, n) poste (m.) de péage.

mauzen ['mautsən] v. intr. miauler ; gémir.

maximal [maksi'ma:l] adj. maximal.
◇ adv. au maximum.

Maximal|preis [maksi"ma:l'prais] m. (es, e) prix maximal. ||°**-thermometer** n. (s, -) thermomètre (m.) à maxima.

Maxime [ma'ksi:mə] f. (-, n) maxime f.

maximieren [maksi'mi:rən] v. tr. ÉCON. maximiser.

Maximilian [maksi'mi:lia:n] n. pr. m. Maximilien m.

Maximum ['maksimum] n. (s, ma) maximum m. | *Maximumthermometer*, thermomètre à maxima.

Mazedonien [matse'do:niən] n. pr. n. GÉOGR. Macédoine f.

Mazedonier(in) [-niər(in)] m. (s, -), f. (-, nen) Macédonien m., Macédonienne f.

mazedonisch [-niʃ] adj. macédonien.

Mäzen [mɛ'tse:n] m. (s, e) mécène m.

Mäzenatentum [mɛtse'na:təntu:m] n. (s) mécénat m.

mazerieren [matse'ri:rən] v. tr. macérer.

Mechanik [me'ça:nik] f. (-, en) mécanique f.

Mechaniker [-nikər] m. (s, -) mécanicien m.

mechanisch [-niʃ] adj. PR. et FIG. mécanique ; machinal.

mechanisieren [-ni'zi:rən] v. tr. mécaniser.

Mechanisierung [-ni'zi:ruŋ] f. mécanisation f.

Mechanismus [-'nismus] m. (-, men) mécanisme m.

Mecheln ['mɛçəln] n. pr. n. GÉOGR. Malines f.

Meckerer ['mɛkərər] m. (s, -) ronchonneur m. || FAM. rouspéteur m.

meckern [-kərn] v. intr. [Ziege] bêler. || PAR EXT. chevroter. || FIG., POP. rouspéter ; râler.

Medaille [me'dalje] f. (-, n) médaille f.

median [medi'a:n] adj. médian ; au milieu.
◇ n. **Median,** [Papier] grand raisin.

Mediane [medi'a:nə] f. (-, n) médiane f.

Mediceer [medi'se:ər] m. (s, -). HIST. membre (m.) de la famille des Médicis.

Medien ['me:diən] n. pl. *Die Medien*, les médias.
Medien|konzern ["mediən'kɔntsɛrn] m. (s, e) géant (m.) médiatique. ||°**-landschaft** f. (-, en) paysage audiovisuel, médiatique.
Medikament [medika'mɛnt] n. (s, e) médicament m.
Medikaster [medi'kastər] m. (s, -). [Vx.] charlatan m.
Mediothek ['medio"te:k] f. (-, en) médiathèque f.
Meditation [-ta'tsio:n] f. (-, en) méditation f.
meditieren [-'ti:rən] v. intr. méditer.
Medium ['me:dium] n. (s, dien). [Spiritismus] médium m. || [Wissenschaft] milieu m. || Chim., Phys. milieu m. | *aktives Medium*, milieu actif.
Medizin [medi'tsi:n] f. (-, en). [Heilkunst] médecine f. | *Medizin studieren*, faire des études de médecine. | *ambulante Medizin*, médecine de ville. || [Arznei] remède m.
Mediziner(in) [-nər(in)] m. (s, -), f. (-, nen) personne (f.) qui a fait des études de médecine.
medizinisch [-niʃ] adj. médical ; médicinal. | *medizinische Bilderfassung*, imagerie médicale.
Medusa [me'du:za] n. pr. f. Myth. Méduse f.
Meduse [me'du:zə] f. (-, n). Zool. méduse f.
Meer [me:r] n. (s, e) mer f. ; océan m.
Meer|busen ["me:r'bu:zən] m. (s, -) golfe m. ||°**-enge** f. (-, n) détroit m. ||°**-frau** f. (-, en) sirène f. ; néréide f. ||°**-gras** n. (es, ¨er) algue f. ; varech m. ||**-grün** adj. glauque. ||°**-katze** f. (-, n) guenon f. ; macaque m. | *grüne Meerkatze*, singe vert. ||°**-leuchten** n. (s) phosphorescence f. ||°**-rettich** m. (s, e). Bot. raifort m. ||°**-salz** n. (es, e) sel marin. ||°**-schaum** m. (s, ¨e) écume (f.) de mer. ||°**-schwein** n. (s, e) marsouin m. ||°**-schweinchen** n. (s, -) cobaye m. ||°**-spinne** f. (-, n) pou (m.) de mer. ||°**-wasser** n. (s, -) eau (f.) de mer. ||°**-weib** n. (s, er) sirène f. ; néréide f. ||°**-wunder** n. (s, -) monstre marin.
Meeres|energie ["me:rəsenɛr'gi:] f. énergie (f.) des océans. ||°**-flut|kraftwerk** n. (s, e) usine (f.), centrale (f.) marémotrice. ||°**-grund** m. (s) fond (m.) de la mer. ||°**-kunde** f. océanographie f. ||°**-spiegel** m. (s) surface (f.) de la mer. ||°**-strömung** f. (-, en) courant marin. ||°**-verschmutzung** f. (-, en) pollution (f.) maritime. ||°**-wärme|energie** f. (-, n) énergie (f.) thermique des océans.
mega ['me:ga] préf. méga.
Megalith [mega'li:t] m. (s, e) mégalithe m.
megalitisch [-tiʃ] adj. mégalithique.
Megaphon [mega'fo:n] n. (s, e) mégaphone m. ; porte-voix m. || Mar. gueulard m.
Megäre [me'gɛ:rə] f. (-, n) mégère f.
Mehl [me:l] n. (s) farine f. | *helles Mehl*, farine blanche ; fleur (f.) de farine.
mehl|artig ["me:l'ɑ:rtiç] adj. pulvérulent ; en poudre. ||°**-fabrik** f. (-, en) minoterie f. ||**-haltig** adj. farineux. ||°**-handel** m. (s) minoterie f. ||°**-händler** m. (s, -) minotier m. ||°**-sieb** n. (s, e) blutoir m. ||°**-speise** f. (-, n) entremets m. ||°**-tau** m. (s, e) blanc m. ; maladie (f.) du blanc. | *echter Mehltau*, oïdium m.
mehlig ['me:liç] adj. farineux.
mehr [me:r] adv. **1.** [eine größere Menge] plus ; davantage. | *er hat mehr als ich*, il est plus riche que moi. | *mehr als zwanzig*, plus de vingt. | *mehr als nötig*, plus qu'il ne faut. | *was wollen Sie noch mehr ?*, que voulez-vous de plus ? | *mehr als genug*, plus qu'assez. | *mehr sein, mehr gelten als*, être plus considéré que. | *er hält sich für mehr als sein Nachbar*, il se croit quelque chose de plus que son voisin. | *um die Hälfte mehr*, la moitié en plus.
2. loc. adv. et conj. *je mehr Geld, desto mehr Sorge*, plus on a d'argent, plus on a de soucis. | *mehr oder weniger*, plus ou moins. | *mehr und mehr ; immer mehr*, de plus en plus. | *umso mehr als*, d'autant plus que. | *nicht mehr und nicht weniger*, ni plus ni moins. | *er ist mehr groß als klein*, il est plutôt grand (que petit).
3. [negativ] *niemand mehr ; keiner mehr*, plus personne. | *nie mehr*, jamais plus. | *er konnte kaum mehr sehen*, il ne voyait presque plus. | *er ist nicht mehr*, il n'est plus. | *nichts mehr*, plus rien. | *mehr nicht*, rien de plus.
Mehr [me:r] n. (sur)plus m. ; excédent m. ; gain m.
Mehr|bedarf ["me:rbə'darf] m. (s) besoins (m. pl.) supplémentaires. ||°**-belastung** f. (-, en) surcharge f. ||°**-benutzer|zeit** f. (-, en). Inf. partage (m.) de temps ; temps partagé. ||°**-bestand** m. (s, ¨e) surplus m. ||°**-betrag** m. (s, ¨e) excédent m. ||°**-bieter** m. (s, -) plus offrant. ||**-deutig** adj. polysémique. ||°**-deutigkeit** f. (-, en) polysémie f. ||°**-fach|stecker** m. (s, -) prise (f.) multifiche, multiple. ||°**-fach|-versicherung** f. (-, en) assurance (f.) multirisque. ||°**-farben|druck** m. (s, e) impression (f.) en polychromie. ||°**-gebot** n. (s, e) surenchère f. ||°**-gepäck** n. (s) excédent de bagage. ||°**-gewicht** n. (s, e) excédent (m.) de poids. ||°**-gewinn** m. (s, e) superbénéfice m. ||**-glied(e)rig** adj. à plusieurs rangs, rangées. ||°**-kosten** pl. surcoût m. ||°**-leistung** f. (-, en) rendement (m.), puissance (f.) supplémentaire. ||**-malig** adj. répété ; réitéré. ||°**-phasen|strom** m. (s, e) courant polyphasé. ||°**-porto** n. (s, s et ti) surtaxe f. ||°**-programm|betrieb** m. (s, e). Inf. multiprogrammation f. ||**-sitzig** adj. à plusieurs places. ||**-sprachig** adj. polyglotte. ||**-stellig** adj. *mehrstellige Zahl*, nombre (m.) à plusieurs chiffres. ||°**-verbrauch** m. (s, ¨e) dépassement (m.) de consommation. ||°**-wert** m. (s, e) plus-value f. ||°**-wert|steuer** f. (-, n) taxe (f.) à la valeur ajoutée (T.V.A.). ||°**-zahl** f. (-, en) majorité f. ; majeure partie. || Gramm. pluriel m. ||°**-zweck|halle** f. (-, n) salle polyvalente.
mehren ['me:rən] v. tr. augmenter ; accroître ; agrandir ; multiplier.
mehrere [-rəre] adj. et pron. indéf. plusieurs ; divers. | *mehreres*, diverses choses. | *bald ein mehreres*, vous aurez bientôt d'autres nouvelles.
mehrerlei ['me:rər"lai] adv. de plusieurs, de diverses sortes.
mehrfach ['me:rfax] adj. multiple ; répété.
◇ adv. plusieurs fois.
Mehrheit ['me:rhait] f. (-, en) majorité f. ; pluralité f. | *schweigende Mehrheit*, majorité silencieuse. | *zur Mehrheit gehörend*, majoritaire.
mehrheitlich ['me:rhaitliç] adv. en majorité.
Mehrheits... ['me:rhaits] (en compos.) majoritaire.
Mehrjahres... ["me:r'jɑ:rəs] (en compos.) pluriannuel.
mehr|mals ['me:rmɑ:ls] adv. plusieurs fois ; à plusieurs reprises ; fréquemment.
Mehrung ['me:ruŋ] f. (-, en) augmentation f. ; accroissement m.
meiden ['maidən] (ie, ie) v. tr. éviter ; fuir ; s'abstenir de.
Meier ['maiər] m. (s, -) métayer m. ; régisseur m.
Meierei [maiə'rai] f. (-, en) métairie f. ; laiterie f.
Meier|hof ["maiər'ho:f] m. (s, ¨e) métairie f.
Meile ['mailə] f. (-, n) mille m. ; lieue f.
Meilen|stein ["mailən'ʃtain] m. (s, e) pierre (f.), colonne (f.) milliaire. ||**-weit** adj. à cent lieues de.
Meiler ['mailər] m. (s, -) meule f. (à charbon de bois.) | *Meilerkohle*, charbon (m.) de bois.
mein [main] **(meine, mein)** adj. poss. mon, ma, mes. | *meine Mutter*, ma mère. | *dieser mein Vorschlag*, cette proposition de moi. | *dies Haus ist mein*, cette maison est à moi, est mienne. | *der meine, die meine, das meine*, le mien, la mienne. || Loc. *mein Gott !*, mon Dieu !
◇ pron. poss. **meiner, meine, mein(e)s**, le mien ; la mienne ; les miens ; les miennes. | *dein Haus ist weiß, meines ist gelb*, ta maison est blanche, la mienne est jaune.
◇ n. **Mein,** *die Meinen*, les miens ; ma famille. | *das Meine*, mon bien. || Loc., Iron. *Mein und Dein nicht unterscheiden können, (etwa)* être un peu kleptomane.
Mein|eid ['mainait] m. (s, e) faux serment ; parjure m. | *einen Meineid schwören, leisten*, se parjurer.
mein|eidig ["main'aidiç] adj. parjure. | *meineidig werden*, se parjurer ; faire un parjure.
Mein|eidige(r) [-gə(r)] f. (m.) parjure s.
meinen ['mainən] v. tr. avoir dans l'esprit ; entendre ; penser. | *wen meinen Sie ?*, de qui parlez-vous ? | *damit sind Sie gemeint*, voilà qui s'adresse à vous. | *wie meinen Sie das ?*, comment l'entendez-vous ? | *was meint er dazu ?*, quel est son avis ? | *das will ich meinen*, je pense bien ! | *er meint es gut mit ihm*, il lui veut du bien. | *das war nicht schlecht gemeint*, cela ne doit pas être pris en mauvaise part. | *er meinte es nicht böse*, il n'avait pas de mauvaises intentions. | *er meint es redlich, ehrlich*, ses intentions sont pures. | *er meint Wunder, was er getan habe*, il pense avoir découvert la lune. | *ein gut gemeinter Rat*, un conseil d'ami ; un bon conseil. | *man sollte meinen*, on dirait.
meiner ['mainər] pron. pers. (gén. de **ich**) de moi.
meiner|seits ["mainər'zaits] adv. de mon côté.
meines|gleichen [-nəs'glaiçən] pron. invar. mon égal ; mes égaux ; mes semblables ; mes pareils.

meinet|wegen [ʺmainət'veːgən], **-halben** adv. quant à moi. | *er tat es meinetwegen*, il l'a fait pour moi. || soit ; d'accord ; je veux bien ; bon. | *meinetwegen kann er das tun*, qu'il le fasse, cela m'est égal. ||**-willen** adv. pour moi.

meinige [mainigə] pron. poss. *der, die, das meinige*, le mien ; la mienne. | *ich werde das Meinige dazu tun*, je ferai mon possible.

Meinung ['mainuŋ] f. (-, en) opinion f. ; avis m. | *eine Meinung vertreten*, défendre une opinion. | *seine Meinung gründen auf*, fonder son opinion sur. | *sich eine Meinung bilden*, se faire une opinion. | *eine gute, vorteilhafte Meinung von jm haben, hegen*, avoir une bonne opinion de qn. | *öffentliche Meinung*, opinion publique. | *vorgefaßte Meinung*, opinion préconçue ; préjugé m. | *meiner Meinung nach*, à mon avis. | *er ist der Meinung, daß*, il est d'avis que. | *anderer Meinung sein*, être d'un autre avis. | *sie waren einer Meinung*, ils étaient du même avis. | *jm seine Meinung sagen*, dire à qn ce qu'on a sur le cœur. | *in js Meinung hoch stehen*, jouir de l'estime de qn. | *in js Meinung sinken*, perdre son crédit auprès de qn. | *in der Meinung gesiegt zu haben, legte er sich zur Rast*, croyant avoir vaincu, il prit un répit.
— SYN. : *Auffassung*, conception ; *Ansicht*, idée ; *Urteil*, jugement ; *Vorstellung*, représentation ; *Vermutung*, supposition ; *Gesinnung*, opinion.

Meinungs|austausch [ʺmainuŋs'austauʃ] m. (es, e) échange (m.) d'opinions. ||°**-forschung** f. (-, n) étude de l'opinion publique. | *französisches Institut für Meinungsforschung*, Institut français d'opinion publique (I.F.O.P.). ||°**-streit** m. (s, e) controverse f. || °**-umfrage** f. (-, n) sondage d'opinion. ||°**-verschiedenheit** f. (-, en) différend m. ; divergence (f.) d'opinions.

Meiose [mai'oːzə] f. (-, n). BIOL. méiose f.

Meiran ['mairan] m. (s, e). BOT. marjolaine f.

Meise ['maizə] f. (-, n). ZOOL. mésange f.

Meißel ['maisəl] m. (s, -) burin m. ; ciseau m.

meißeln [-səln] v. tr. ciseler ; buriner.

Meißen(er) ['meisən(ər)] adj. (de *Meißen*). *Meißener Porzellan*, porcelaine (f.) de Saxe.

meist [maist] adj. (superl. de **mehr**). | *die meisten Schüler*, la plupart des élèves. | *das meiste Geld*, la plus grosse part de l'argent. | *die Meisten*, le plus grand nombre ; la plupart. | *das Meiste*, la plus grande partie. | *das Meiste bieten*, faire la plus forte enchère.
◇ adv. *am meisten*, le plus. | *meist*, généralement. | *er sitzt meist hier*, d'habitude il est assis là. | *die meistgelesene Zeitung*, le journal le plus lu.

Meist|begünstigungsklausel [ʺmaistbəgynsti-guŋs'klausəl] (-, n). ÉCON. clause (f.) de la nation la plus favorisée. ||**-bietend** adj. le plus offrant. | *meistbietend verkaufen*, mettre à l'enchère ; vendre au plus offrant. ||°**-gebot** n. (s, e) dernière enchère.

meistens ['maistəns], **meisten|teils** [ʺmaistən-'tails] adv. le plus souvent ; la plupart du temps ; pour la plupart.

Meister ['maistər] m. (s, -) maître m. ; patron m. | *der Meister und sein Lehrling*, le maître et son apprenti. | *Schulmeister*, maître d'école. | *Schneidermeister*, maître tailleur. | *ein Meister der Tonkunst*, un grand musicien ; un maître de la musique. || LOC. *seiner nicht mehr Meister sein*, n'être plus maître de soi. | *Meister über etwas werden*, se rendre maître de qch. | *seinen Meister finden*, trouver son maître. || PROV. *Übung macht den Meister*, c'est en forgeant qu'on devient forgeron. | *das Werk lobt den Meister*, à l'œuvre on connaît l'artisan. || SPORT. champion m. | *Europameister*, champion d'Europe.

Meister|arbeit [ʺmaistər'arbait] f. (-, en) chef-d'œuvre m. ||°**-fahrer** m. (s, -) as (m.) du volant. ||°**-grad** m. (s, e) grade (m.) de maître ; maîtrise f. ||°**-sänger** m. pl., °**-singer** m. pl. (Vx.) MUS. maîtres chanteurs. ||°**-stück** n. (s, e), °**-werk** n. (s, e) chef-d'œuvre m.

meisterhaft ['maistərhaft], **meisterlich** ['maistərliç] adj. de, en maître ; magistral ; parfait.
◇ adv. de main de maître.

Meisterin ['maistərin] f. (-, nen) maîtresse f. ; patronne f.

meistern [-tərn] v. tr. maîtriser ; dominer. || (Vx.) jouer au maître.

Meisterschaft ['maistərʃaft] f. (-, en) maîtrise f. || SPORT. championnat m. | *Landesmeisterschaften*, championnats nationaux.

Mekka ['mɛka] n. pr. n. GÉOGR. La Mecque.

Melancholie [melaŋkɔ'liː] f. (-, n) mélancolie f.

Melancholiker(in) [-'koːlikər(in)] m. (s, -), f. (-, nen) mélancolique s.

melancholisch [-'koːliʃ] adj. mélancolique.

Melanom [mela'noːm] n. (s, e). MÉD. mélanome m.

Melasse [me'lasə] f. (-, n) mélasse f.

Melde|amt [ʺmɛldə'amt] n. (es, ¨er). MIL. bureau (m.) de recrutement. || [Polizei] bureau (m.) des déclarations. || TÉLÉPH. service (m.) des annotatrices. ||°**-dienst** m. (s, e) service (m.) de liaison. ||°**-gänger** m. (s, -), °**-fahrer** m. (s, -) estafette f. ; agent (m.) de liaison. ||°**-pflicht** f. déclaration (f.) obligatoire. ||°**-posten** m. (s, -). [Straßenverkehr] postes régulateurs routiers. ||°**-schein** m. (s, e) déclaration (f.) de résidence. ||°**-signal** n. (s, e). *elektrisches Meldesignal*, (rail) crocodile m. ||°**-stelle** f. (-, n) bureau (m.) de réception. || [Radar] centre (m.) de détection lointaine.

melden ['mɛldən] v. tr. annoncer ; informer de ; avertir de ; faire savoir ; rapporter ; informer ; signaler ; rendre compte. | *Nachrichten melden*, transmettre des informations. | *mit Respekt zu melden*, sauf le respect que je vous dois.
◇ v. pr. **sich melden,** se présenter ; se faire inscrire ; se proposer. | *sich melden lassen*, se faire annoncer. | *sich zu einem Examen melden*, se faire inscrire pour un examen. | *sich krank melden*, se faire porter malade. | *sich zu einer Stelle melden*, solliciter un emploi. | *sich bei der Polizei melden*, faire sa déclaration de séjour.

Melder [-dər] m. (s, -). MIL. estafette f. ; agent (m.) de liaison. || TECHN. avertisseur m.

Meldung [-duŋ] f. (-, en) annonce f. ; avis m. ; notification f. ; rapport m. ; compte rendu. | *Meldung erstatten über* (acc.), faire rapport sur.

melieren [me'liːrən] v. tr. mêler.

Melinit [meli'niːt] m. (s) mélinite f.

meliorieren [mɛliɔ'riːrən] v. tr. AGRIC. amender.

Melisse [me'lisə] f. (-, n). BOT. mélisse f.

Melk|eimer [ʺmɛlk'aimər] m. (s, -), °**-kübel** ['kyːbəl m. (s, -) seau (m.) à traire. ||°**-maschine** f. (-, n) trayeuse f.

melken ['mɛlkən] (o, o, ou faible) v. tr. traire.

Melken [-kən] n. (s) traite f.

Melker [-kər] m. (s, -) trayeur m.

Melodie [melo'diː] f. (-, n) mélodie f.

melodiös [-lodi'øːs] adj. mélodieux.

melodisch [-'loːdiʃ] adj. mélodique.

Melodrama [melo'drɑːma] n. (s, men) mélodrame m.

Melone [me'loːnə] f. (-, n). PR. et FIG. melon m.

Meltau ['meːltau] m. (s). BOT. blanc m. ; nielle f.

Membran(e) [mɛm'brɑːn(ə)] f. (-, [e]n) membrane f. ; diaphragme m.

Memel ['meːməl] n. pr. m. ou f. GÉOGR. [Fluß] Niémen m.
◇ n. pr. n. [Stadt] Memel m. ; [litauisch] Klaïpeda m.

Memme ['mɛmə] f. (-, n) poltron m. ; couard m.

memmenhaft ['mɛmənhaft] adj. couard ; comme un poltron.

Memoiren [memo'aːrən] n. pl. LITTÉR. Mémoires m. pl.

Memorandum [-'randum] n. (s, den) mémorandum m. ; mémoire m.

Memorial [-ri'ɑːl] n. (s, e ou rien) journal m. (intime) ; mémorial m. ; placet m.

Memorie [me'moːriə] f. (-, n). ARCHIT. mémoire m.

memorieren [-'riːrən] v. tr. apprendre par cœur ; mémoriser.

Memorieren [-'riːrən] n. (s) mémorisation f.

Menage [me'nɑːʒə] f. (-, n) huilier m. || MIL. popote f. ; ordinaire m.

Menagerie [menaʒə'riː] f. (-, en) ménagerie f.

Menelaus [mene'laus] n. pr. m. MYTH. Ménélas m.

Menetekel [mene'teːkəl] n. (s, -). FIG. avertissement m. ; mauvais présage.

Menge ['mɛŋə] f. (-, n) grand nombre ; quantité f. ; multitude f. ; foule f. ; masse f. | *eine große Menge Vieh*, une grande quantité de bestiaux. | *es waren eine Menge Menschen da*, il y avait beaucoup de monde. | *eine Menge Geld*, un tas d'argent. | *Vorräte in Mengen*, des masses de provisions. || FAM. *er hat Häuser die Menge*, il a un tas de maisons. || MÉD. [Arznei] *vorgeschriebene Menge*, dose prescrite. || MATH. ensemble m.

mengen ['mɛŋən] v. tr. mêler ; mélanger.

◇ v. pr. **sich mengen,** *sich in etwas* (acc.) *mengen*, se mêler de, s'immiscer dans qch.

Mengen|einheit [ʺmɛŋən'ainhait] f. (-, en) unité (f.) de quantité. ||°**-lehre** f. (-, n), °**-theorie** f. (-, n). MATH. théorie (f.) des ensembles. ||**-mäßig** adj. quantitatif.

Mengsel ['mɛŋzəl] n. (s, -) mixture f.

Meningitis [meniŋ'gi:tis] f. MÉD. méningite f.

Meniskus [me'niskus] m. (-, ken). ANAT. ménisque m.

Mennig ['mɛniç] m. (s), **Mennige** ['mɛnigə] f. minium m.

Mennonit [mɛnɔ'ni:t] m. (en, en). RELIG. mennonite m.

Mensa ['mɛnza] f. (-, sen) restaurant (m.) universitaire.

Mensch [mɛnʃ] m. (en, en) homme m. ; être humain. | *ein guter Mensch*, un homme de bien. | *ein kluger Mensch*, une personne avisée. | *jeder Mensch*, tout le monde ; (tout un) chacun. | *kein Mensch*, personne ; pas une âme. | *unter Menschen kommen*, voir du monde. | *einen neuen Menschen anziehen*, dépouiller le vieil homme. || PROV. *der Mensch denkt, Gott lenkt*, l'homme propose et Dieu dispose.
◇ n. (es, er). PÉJOR. garce f. ; catin f.
◇ interj. bigre ! ; diantre !

Mensch|werdung [ʺmɛnʃ've:rduŋ] f. hominisation f. || RELIG. incarnation f.

Menschen|affe [ʺmɛnʃən'afə] m. (en, en) anthropoïde m. ||**-ähnlich** adj. anthropomorphe. ||°**-alter** n. (s, -) âge (m.) d'homme ; génération f. ||°**-art** f. (-, en) espèce (f.) d'hommes. ||°**-auflauf** (s, ¨e) foule f. ; rassemblement m. || °**-feind** m. (s, e) misanthrope m. ||**-feindlich** adj. misanthrope. ||°**-feindlichkeit** f. (-) misanthropie f. ||°**-fleisch** n. (es) chair humaine. ||°**-fresser** m. (s, -) anthropophage m. ||°**-fresserei** f. (-) anthropophagie f. ||°**-freund** m. (s, e) philanthrope s. ||**-freundlich** adj. philanthropique ; bienveillant. ||°**-freundlichkeit** f. (-) philanthropie f. ; humanité f. ||°**-gedenken** n. (s) *seit Menschengedenken*, de temps immémorial. ||°**-gedränge** n. (s, -), °**-gewühl** n. (s) cohue f. ; presse f. ||°**-kenner** m. (s, -) qui connaît les hommes ; psychologue m. ||°**-kenntnis** f. connaissance (f.) des hommes. ||°**-kind** n. (s, er). POÉT. homme m. ||°**-leben** n. (s) vie humaine ; vie d'homme, de l'homme. ||**-leer** adj. dépeuplé ; désert. ||°**-liebe** f. amour (m.) des hommes, de l'humanité ; philanthropie f. ; charité f. ||°**-menge** f. (-, n) foule f. ; multitude f. ||**-möglich** adj. humainement possible. | *das Menschenmögliche versuchen, tun*, faire tout son possible. ||°**-opfer** n. (s, -). RELIG. sacrifice humain. || PAR EXT. *vier Menschenopfer waren zu beklagen*, on déplorait quatre morts, quatre victimes. ||°**-pflicht** f. (-, en) devoir m. ||°**-rechte** n. pl. droits (m. pl.) de l'homme. ||**-scheu** adj. timide ; sauvage. ||°**-scheu** f. timidité f. ; sauvagerie f. ||°**-schinder** m. (s, -) exploiteur m. ||°**-schlag** m. (s, ¨e) race f. (d'hommes). ||°**-seele** f. (-, n) âme humaine. | *es war keine Menschenseele da*, il n'y avait âme qui vive. ||°**-sohn** m. (s). RELIG. le Fils de l'homme. ||°**-verstand** m. (s) *der gesunde Menschenverstand*, le sens commun ; le bon sens. ||°**-würde** f. (-) dignité humaine.

Menschens|kind ! [ʺmɛnʃəns'kint] interj. mais dis donc ! ; ça alors !

Menschentum ['mɛnʃəntu:m] n. (s) humanité f. | *das ideale Menschentum der deutschen Klassik*, l'idéal humanitaire des classiques allemands.

Menschheit ['mɛnʃhait] f. genre humain ; humanité f. | *die ganze Menschheit strebt nach Frieden*, l'humanité entière aspire à la paix.

menschlich ['mɛnʃliç] adj. humain. | *die menschliche Gesellschaft*, la société des hommes. | *die menschliche Natur*, la nature humaine. | *Menschliches, Allzumenschliches* (NIETZSCHE), humain, trop humain.

Menschlichkeit [-kait] f. humanité f. ; dignité humaine ; sentiment humain. | *Menschlichkeit an jm üben*, faire bénéficier qn des bienfaits de l'humanité.

Menstruation [mɛnstrua'tsio:n] f. (-, en). MÉD. menstruation f. ; règles f. pl.

menstruieren [-stru'i:rən] v. intr. avoir ses règles.

Mensur [mɛn'zu:r] f. (-, en) duel m. (d'étudiants).

mental [mɛn'tɑ:l] adj. mental.

Mentalität [-tali'tɛ:t] f. (-, en) mentalité f.

Menthol [mɛn'to:l] n. (s) menthol m.

Mentor ['mentɔr] m. (s, en) mentor m. ; conseiller m.

Menü [me'ny:] n. (s, s). [Restaurant] menu m. | INF. menu m.

Menuett [menu'ɛt] n. (s, e) menuet m.

Mephisto [me'fisto] n. pr. m. Méphisto.
— SYN. : *Mephistopheles* [--'---].

Mergel ['mɛrgəl] m. (s, -). GÉOL. marne f.

mergelig [-gəliç] adj. marneux.

mergeln [-gəln] v. tr. marner.

Meridian [meridi'ɑ:n] m. (s, e) méridien m.

Meringe [me'riŋə] f. (-, n). CULIN. meringue f.

Merino [me'ri:no] m. (s, s) mérinos m.

merkantil [mɛrkan'ti:l] adj. mercantile.

Merkantilismus [-ti'lismus] m. mercantilisme m.

merkbar ['mɛrkbɑ:r] adj. sensible ; perceptible.

Merk|buch ['mɛrkbu:x] n. (s, ¨er) agenda m. ; carnet m. ||°**-mal** n. (s, e) marque distinctive ; signe (m.) caractéristique. || BIOL. *genetisches Merkmal*, marqueur (m.) génétique. ||°**-wort** n. (s, e). THÉÂTRE. réplique f. ||**-würdig** adj. étrange ; curieux ; remarquable. ||**-würdigerweise** adv. curieusement ; chose curieuse. ||°**-würdigkeit** f. (-, en) curiosité f. ; chose curieuse, étrange, remarquable. ||°**-zeichen** n. (s, -), °**-zettel** m. (s, -) repère m. ; FAM. pense-bête m.

merken ['mɛrkən] v. tr. **1.** marquer ; prendre note de. | *ich habe mir seine Adresse gemerkt*, je n'ai pas oublié son adresse. | *merk dir das !*, retiens bien cela !
2. remarquer ; s'apercevoir de. | *er merkt, daß man über ihn spottet*, il s'aperçoit qu'on se moque de lui. | *er ließ mich seinen Verdruß nicht merken*, il ne m'a pas laissé voir son dépit. | *er hat nichts gemerkt*, il ne s'est aperçu de rien.

merklich [-kliç] adj. sensible ; visible.

Merkur [mɛr'ku:r] n. pr. m. (s) Mercure m.
◇ n. (s). [Metall] mercure m.

Merowinger [merɔ'viŋər] m. (s, -). HIST. Mérovingien m.

merowingisch [-ŋiʃ] adj. mérovingien.

meschugge [mɛ'ʃugə] adj. FAM. fou ; cinglé ; zinzin.

Meskalin [meska'li:n] n. (s). CHIM. mescaline f.

Mesner ['mɛsnər] m. (s, -) sacristain m.

Mesolithikum [mezo'li:tikum] n. (s) mésolithique m.

Mesopotamien [mezopo'tɑ:miən] n. pr. n. GÉOGR. Mésopotamie f.

Mesosphäre [mezo'sfɛ:rə] f. (-). ASTRON. mésosphère f.

Mesozoikum [mezo'tso:ikum] n. (s). GÉOL. ère (f.) secondaire.

Meß|apparat [ʺmɛsapa'rɑ:t] m. (s, e) appareil (m.) de mesure. ||°**-band** n. (s, e) mètre (m.) à ruban. ||°**-bereich** m. (s, e) domaine (m.) de mesure. ||°**-gerät** n. (s, e) n., °**-instrument** n. (s, e) appareil (m.), instrument (m.) de mesure. ||°**-glas** n. (es, ¨er) éprouvette graduée. ||°**-kette** f. (-, n) chaîne (f.) d'arpenteur. ||°**-stab** m. (s, ¨e) jauge f. ||°**-technik** f. métrologie f. ; technique (f.) de mesure. ||°**-tisch** m. (s, e) planchette (f.) topographique. ||°**-tisch|blatt** n. (s, ¨er) plan directeur ; carte levée à la planchette ; feuille (f.) topographique. ||°**-uhr** f. (-, en) indicateur (m.) à cadran ; comparateur m. ||°**-- und Regeltechnik** f. (-, en) technique (f.) de mesure et de réglage. ||°**-winkel** m. (s, -) équerre f.

meßbar ['mɛsbɑ:r] adj. mesurable.

Messe ['mɛsə] f. (-, n). RELIG., MUS. messe f. | *die Messe lesen*, dire la messe. | *Messe nach Meinung*, messe à une intention particulière.

Meß|buch ['mɛsbu:x] n. (s, ¨er) livre (m.) de messe ; missel m. ||°**-diener** m. (s, -) servant m. (de messe). ||°**-gewand** n. (s, ¨er) chasuble f. ||°**-hemd** n. (s, en) aube f. ||°**-opfer** n. (s, -) sacrifice (m.) de la messe.

Messe ['mɛsə] f. (-, n) foire f.

Messe|besucher [ʺmɛsəbə'zu:xər] m. (s, -) exposant m. (à une foire) ; visiteur m. ||°**-gelände** n. (s, -) parc (m.) des expositions. ||°**-halle** f. (-, n) palais (m.), hall (m.) de la foire ; hall (m.) d'exposition. ||°**-stand** m. (s, ¨e) stand (m.) d'exposition.

Messe ['mɛsə] f. (-, n). MAR. mess m.

messen ['mɛsən] (i, a, e) v. tr. mesurer ; arpenter. | *Getreide mit dem Scheffel messen*, mesurer du grain au boisseau. | *Zeit, Kraft, Wärme messen*, mesurer le temps, l'énergie, la chaleur. | *einen Rekruten messen*, toiser un conscrit. || FIG. *an ihm gemessen bin ich wenig*, comparé

à lui je suis peu de chose. | *jn vom Scheitel bis zur Sohle messen*, toiser qn de la tête aux pieds.
◇ v. intr. mesurer. || [Inhalt] contenir. | *er mißt 1,85 m*, il mesure 1,85 m.
◇ v. pr. **sich messen,** *sich mit jm messen*, se mesurer avec qn.
◇ part. pass. et adj. **gemessen,** FIG. mesuré ; compté. | *gemessenen Schrittes*, à pas comptés.
Messen [-sən] n. (s) mesure f. ; mensuration f. ; arpentage m. || MIL. repérage m.
Messer [-sər] m. (s, -). [Mann] métreur m. ; arpenteur m. || [Werkzeug] compteur m.
Messer ['mɛsər] n. (s, -) couteau m. | *das Messer sitzt ihm an der Kehle*, il a le couteau sur, sous la gorge. | *Krieg bis aufs Messer*, guerre (f.) à outrance. || *Taschenmesser*, canif m. || FIG., FAM. *unters Messer kommen*, passer sur le billard. | *unterm Messer liegen*, être sur le billard.
Messer|bänkchen ["mɛsər'bɛŋkçən] n. (s, -) porte-couteau m. ||°**-fabrik** f. (-, en) coutellerie f. ||°**-griff** m. (s, e) manche (m.) de couteau. ||°**-handlung** f. (-, en) coutellerie f. ||°**-held** m. (en, en) bandit m. ; qui joue du couteau. ||°**-klinge** f. (-, en) lame (f.) de couteau. ||°**-schmied** m. (s, e) coutelier m. || °**-schneide** f. (-, n) tranchant m. ||°**-stich** m. (s, e) coup (m.) de couteau.
Messerchen ['mɛsərçən] n. (s, -) canif m.
messianisch [mɛsi'ɑ:niʃ] adj. messianique.
Messianismus [-sia'nismus] m. messianisme m.
Messias [-'si:as] n. pr. m. RELIG. Messie m.
Messing ['mɛsiŋ] n. (s) laiton m. ; cuivre (m.) jaune.
Mestize [mɛs'ti:tsə] m. (n, n) métis m.
Met [me:t] m. (s, e) hydromel m.
Metall [me'tal] n. (s, e) métal m.
Metall|arbeiter [me"tal'arbaitər] m. (s, -) métallurgiste m. ; FAM. métallo m. ||°**-barometer** n. (s, -) baromètre (m.) anéroïde. ||°**-faden** m. (s, ¨) filament (m.) métallique. ||°**-gehalt** m. (s, e) teneur (f.) en métal. ||°**-gießerei** f. (-, en) fonderie (f.) de métaux. ||°**-hüttenwerk** n. (s, e) usine (f.) métallurgique. ||°**-industrie** f. métallurgie f. ||°**-kunde** f. métallographie f. ||°**-legierung** f. (-, en) alliage (m.) de métaux ; alliage métallique. ||°**-packung** f. (-, en) emballage (m.) métallique. ||°**-säge** f. (-, n) scie (f.) à métaux. ||°**-überzug** m. (s, ¨e) galvanoplastie f. ; revêtement (m.) métallique.
metallisch [me'taliʃ] adj. métallique ; de métal.
metallisieren [-li'zi:rən] v. tr. métalliser.
Metallisierung [-li'zi:ruŋ] f. métallisation f.
Metalloid [metalo'i:t] n. (s, e) métalloïde m.
Metallurge [-'lurgə] m. (n, n) métallurgiste m.
Metallurgie [-lur'gi:] f. métallurgie f.
metallurgisch [-'lurgiʃ] adj. métallurgique.
Metamorphose [metamɔr'fo:zə] f. (-, n) métamorphose f.
Metapher [me'tɑ:fər] f. (-, n) métaphore f.
metaphorisch [meta'fo:riʃ] adj. métaphorique.
Metaphysik [metafy'zi:k] f. métaphysique f.
Metaphysiker(in) [-'fy:zikər(in)] m. (s, -), f. (-, nen) métaphysicien m., métaphysicienne f.
metaphysisch [-fy:ziʃ] adj. métaphysique.
Metasprache ["meta'ʃprɑ:xə] f. (-, n) métalangue f.
metasprachlich ["meta'ʃprɑ:xliç] adj. métalinguistique.
metastabil [metaʃta'bi:l] adj. PHYS. métastable. | *metastabiler Zustand*, état métastable.
Metastase [meta'stɑ:zə] f. (-, n). GRAMM., MÉD. métastase f.
Metazoon [meta'tso:ɔn] n. (s, zoen). ZOOL. métazoaire m.
Meteor [mete'o:r] m. ou n. (s, e) météore m. | *Meteorstein*, météore m. ; aérolithe m.
Meteorit [meteo'ri:t] m. (s, e) météorite m.
Meteorologe [-ro'lo:gə] m. (n, n), **Meteorologin** [-ro'lo:gin] météorologiste s. ; météorologue s.
meteorologisch [-ro'lo:giʃ] adj. météorologique. | *meteorologische Inversion*, inversion (f.) météorologique.
Meter ['me:tər] m. et n. (s, -) mètre m.
Meter|kilogramm ["me:tər'kilɔgram] n. (s, e) kilogrammètre m. ||°**-maß** n. (es, e) mesure (f.) métrique. ||°**-maßstab** m. (s, ¨e) échelle (f.) métrique. ||°**-system** n. (s) système métrique.
Methan [me'tɑ:n] n. (s) méthane m. ; gaz (m.) des marais.
Methan|tanker [me"tɑ:n'taŋkər] m. (s, -) méthanier m.
Methanol [meta'no:l] n. (s). CHIM. méthanol m.
Methanol|alkohol [meta"no:l'alkoho:l] m. (s). CHIM. alcool (m.) méthylique.
Methode [me'to:də] f. (-, n) méthode f.
Methodik [-dik] f. méthodologie f.
methodisch [-diʃ] adj. méthodique.
Methodismus [meto'dismus] m. RELIG. méthodisme m.
Methodist [-'dist] m. (en, en) méthodiste m.
Methusalem [me'tu:zalɛm] n. pr. m. [Bibel] Mathusalem m.
Methyl [me'ty:l] n. (s). CHIM. méthyle m.
Methylen|blau [mety"le:n'blau] n. bleu (m.) de méthylène.
Metrik ['me:trik] f. (-, en). POÉS. métrique f.
metrisch [-triʃ] adj. métrique. | *metrisches System*, système (m.) métrique.
Metronom [metrɔ'no:m] n. (s, e) métronome m.
Metropole [-'po:lə] f. (-, n) métropole f.
Metropolit [metrɔpo'li:t] m. (en, en). RELIG. métropolite m.
Metropolitan|kirche [metrɔpoli"tɑ:n'kirçə] f. (-, n) église métropolitaine.
Metrum ['me:trum] n. (s, tren ou tra). POÉS. mètre m.
Mette ['mɛtə] f. (-, n). RELIG. matines f. pl.
Metteur [mɛ'tør] m. (s, e). TYPOGR. metteur (m.) en pages.
Mett|wurst ['mɛtvurst] f. (-, ¨e) andouille ; saucisse f. (à tartiner).
Metzelei [mɛtsə'lai] f. (-, en) massacre m. ; tuerie f. ; carnage m.
metzeln ['mɛtsəln] v. tr. massacrer ; égorger.
Metzge ['mɛtsgə] f. (-, n). DIAL. banc (m.) de boucher.
Metzger [-gər] m. (s, -) boucher m.
Metzgerei [mɛtsgə'rai] f. (-, en) boucherie f.
Meuchel|mord ["mɔyçəl'mort] m. (s, e) meurtre m. ; assassinat m. ||°**-mörder** m. (s, -) meurtrier m. ; assassin m.
meucheln ['mɔyçəln] v. tr. assassiner.
Meuchler ['mɔyçlər] m. (s, -) meurtrier m.
meuchlerisch [-ləriʃ] adj. meurtrier ; assassin.
meuchlings [-liŋs] adv. en assassin ; perfidement.
Meute ['mɔytə] f. (-, n). [Jagd] meute f.
Meuterei [mɔytə'rai] f. (-, en) mutinerie f. ; émeute f.
Meuterer ['mɔytərər] m. (s, -) mutin m.
meuterisch [-təriʃ] adj. mutin ; séditieux.
meutern [-tərn] v. intr. se révolter ; se mutiner.
Mexikaner(in) [mɛksi'kɑ:nər(in)] m. (s, -). f. (-, nen) Mexicain m., Mexicaine f.
mexikanisch [-niʃ] adj. mexicain.
Mexiko ['mɛksiko] n. pr. n. GÉOGR. [Land] Mexique m. || [Stadt] Mexico m.
Mezzanin [mɛtsa'nin] n. (s, e). ARCHIT., THÉÂTRE. mezzanine f.
Miasma [mi'asma] n. (s, men). MÉD. miasme m.
miauen [mi'auən] v. intr. miauler.
mich [miç] pron. pers. (acc. de **ich**) me ; moi.
Michael ['miçaɛl] n. pr. m. Michel m.
Michaeli(s) [miça'e:li(s)], °**-tag** [miça"e:lis'tɑ :k] m. (s) la Saint-Michel.
Michel ['miçəl] n. pr. m. Michel m.
Michelangelo ['mikəl"andʒelo] m. Michel-Ange m.
Mieder ['mi:dər] n. (s, -) corsage m. ; corset m. ; corselet m.
Miene ['mi:nə] f. (-, n). [Gesichtsausdruck] mine f. ; air m. | *gute Miene zum bösen Spiel machen*, faire contre mauvaise fortune bon cœur. | *keine Miene verziehen*, sans sourciller. | *Miene machen zu*, faire mine de.
Mienen|spiel ["mi:nən'ʃpi:l] n. (s, e) jeu (m.) de physionomie ; mimique f.
Miere ['mi:rə] f. (-, n). BOT. mouron m.
mies [mi:s] adj. POP. moche ; mauvais.
mies|machen ["mi:s'maxən] v. tr. *jn miesmachen*, dénigrer qn. ||°**-macher** m. (s, -), **Miese|peter**

['mi:zə'pe:tər] m. Pop. rabat-joie s.; pessimiste s.; défaitiste s.

Mies [mi:s] n. (es, e) mousse f.; marécage m.

miesepetrig ['mi:zə'pe:triç] adj. [kränklich] souffreteux; [übelgelaunt] bougon; renfrogné.

Mies|muschel ['mi:s'muʃəl] f. (-, n). Zool. moule f.

Miete ['mi:tə] f. (-, n). **1.** louage m.; location f.; bail m.; loyer m. | *zur Miete wohnen*, être locataire. | *seine Miete bezahlen*, payer son terme, son loyer. **2.** Agric. silo m.; meule f. (de foin). **3.** Zool. [Milbe] ciron m.; pou m.

Miet|auto ['mi:t'auto] n. (s, s) voiture (f.) de location; voiture (f.) de place. ||°**-preis** m. (es, e) prix (m.) de location; loyer m.; terme m. ||°**-steuer** f. (-, n) impôt (m.) sur les loyers; contribution mobilière. ||°**-vertrag** m. (s, ¨e) bail m.; contrat (m.) de location, de louage. ||**-weise** adv. à titre de bail. ||°**-wert** m. (s, e) valeur locative. ||°**-wohnung** f. (-, en) appartement loué, en location. ||°**-zeit** f. (-, en) durée (f.) du bail. ||°**-zins** m. (es, e) location f.; loyer m.; terme m.

mieten ['mi:tən] v. tr. louer; prendre à bail, en location.

Mieter(in) ['mi:tər(in)] m. (s, -), f. (-, nen) locataire s.

Mietling ['mi:tliŋ] m. (s, e) mercenaire m.

Miets|haus ['mi:tshaus] n. (es, ¨er) maison (f.) de rapport. ||°**-kaserne** f. (-, n) grand immeuble de rapport (dans un quartier pauvre).

Mieze ['mi:tsə] f. (-, n). Fam. [Katze] minet m.; minette f.

Migräne [mi'grɛ:nə] f. (-, n). Méd. migraine f.

Mikado [mi'kɑ:do] jeu (m.) de jonchets; mikado m.

Mikado|stäbchen [mi"kɑ:do'ʃtɛbçən] n. pl. jonchets m. pl.

Mikro|assistent ["mikroasis'tɛnt] m. (en, en) perchiste m. ||°**-chirurgie** f. (-) microchirurgie f. ||°**-elektronik** f. (-) microélectronique f. ||°**-fiche** m. ou n. (s, s) microfiche f. ||°**-informatik** f. (-) informatique (f.) grand public. ||°**-klima** n. (s, s) microclimat m. ||°**-kosmos** m. microcosme m. ||°**-meter** n. (s, -) micromètre m.; palmer m. ||°**-ökonomie** f. (-) microéconomie f. ||°**-organismus** m. (-, en) micro-organisme m. ||°**-phon** n. (s, e) microphone m. ||°**-physik** f. microphysique f. ||°**-programm** n. (s, e) microprogramme m. ||°**-prozessor** m. (s, en). Inf. microprocesseur m. ||°**-rille** f. (-, n) microsillon m. ||°**-skop** n. (s, e) microscope m. ||**-skopisch** adj. microscopique. ||°**-spore** f. (-, n) microspore f. ||°**-welle** f. (-, n) hyperfréquence f. ||°**-wellen|heizung** f. (-, en) chauffage (m.) par hyperfréquences. ||°**-wellen|herd** m. (s, e) four (m.) à micro-ondes.

Mikrobe [mi'kro:bə] f. (-, n) microbe m.

Miktion [mik'tsio:n] f. (-). Méd. miction f.

Milan [mi'lɑ:n] m. (s, e). Zool. milan m. | *roter Milan*, milan royal.

Milbe ['milbə] f. (-, n). Zool. ciron m.; gale f.

milbig [-biç] adj. infesté de cirons; galeux.

Milch [milç] f. lait m. | *dicke, saure, geronnene Milch*, lait caillé. | *die Milch (auf)kochen*, faire bouillir le lait. | *die Milch läuft über*, le lait se sauve. | *er hat das mit der Muttermilch eingesogen*, il connaît cela depuis le berceau. | *Land darinnen Milch und Honig fließt* (Bible), le pays où le lait et le miel coulent à flots (la Terre promise).

milch|artig ["milç'ɑ:rtiç] adj. laiteux. ||°**-bart** m. (s, ¨e) poil follet; fig. blanc-bec m. ||°**-brötchen** n. (s, -) petit pain au lait. ||°**-bruder** m. (s, ¨) frère (m.) de lait. ||°**-drüse** f. (-, n) glande (f.) mammaire. ||°**-entrahmer** m. (s, -) écrémeuse f. ||°**-flasche** f. (-, n) bouteille (f.) à lait. || [Säugling] biberon m. ||°**-frau** f. (-, en) laitière f. ||°**-gärung** f. fermentation (f.) lactique. ||°**-gebiß** n. (es, e) dents (f. pl.) de lait. ||°**-geschäft** n. (s, e) laiterie f.; crémerie f. ||°**-gesicht** n. (s, er) teint (m.) pâle. ||°**-glas** n. (es, ¨er) verre dépoli, opalin. ||°**-handel** m. (s) laiterie f.; crémerie f. ||°**-händler** m. (s, -) laitier m.; crémier m. ||°**-kaffee** m. (s) café (m.) au lait; fam. café (m.) crème. ||°**-kanne** f. (-, n) boîte (f.), bidon (m.) à lait. ||°**-kost** f. laitage m.; régime lacté. ||°**-kuh** f. (-, ¨e) vache (f.) à lait; vache laitière. ||°**-mädchen** n. (s, -) laitière f. ||°**-magd** f. (-, ¨e) vachère f. ||°**-mann** m. (s, ¨er) laitier m. ||°**-pulver** n. (s, -) lait (m.) en poudre. ||°**-quote** f. (-, n) quota laitier. ||°**-saft** m. (s, ¨e). Bot. suc laiteux. || Méd. chyle m. ||°**-säure** f. (-, n). Chim. acide (m.) lactique. ||°**-schleuder** f. (-, n) écrémeuse (f.) centrifuge. ||°**-schüssel** f. (-, n) jatte (f.) à lait. ||°**-speise** f. (-, n) laitage m. ||°**-straße** f. Astron. Voie lactée. || °**-straßensystem** n. (s). Astron. galaxie f. ||°**-suppe** f. (-, n) soupe (f.) au lait. ||°**-topf** m. (s, ¨e) pot (m.) à lait. ||°**-werk** n. (s, e) laiterie industrielle. ||°**-wirtschaft** f. production (f.) de lait; laiterie f. ||°**-zahn** m. (s, ¨e) dent (f.) de lait. ||°**-zucker** m. (s) lactose m.

milchen ['milçən] v. intr. donner, avoir du lait.

milchig [-çiç] adj. laiteux.

Milchling ['milçliŋ] m. (s, e). Bot. lactaire délicieux.

mild [milt] adj. clément; doux; indulgent. | *milde Gabe*, aumône f. | *mildes Wetter*, temps doux. | *milde Sitten*, des mœurs (f. pl.) paisibles. | *eine milde Strafe*, une peine légère; un verdict indulgent.

mild|herzig ["milt'hɛrtsiç] adj. charitable; bénin. ||°**-herzigkeit** f. bonté f.; charité f. ||**-tätig** adj. charitable; secourable. ||°**-tätigkeit** f. charité f.; bienfaisance f.

Milde ['mildə] f. clémence f.; douceur f.

mildern [-dərn] v. tr. adoucir; modérer; calmer; atténuer. | *Schmerzen mildern*, atténuer des douleurs. | *eine Strafe mildern*, commuer une peine. | *mildernde Umstände geltend machen*, plaider les circonstances atténuantes. | *mildernde Umstände zubilligen*, accorder le bénéfice des circonstances atténuantes.

Milderung [-dəruŋ] f. (-, en) adoucissement m. | *Milderung einer Strafe*, atténuation (f.) d'une peine. | *Milderungsmittel*, calmant m.

Milieu [mi'liø:] n. (s, s) milieu m.

— Syn.: *Umwelt; Lebenskreis.*

militant [mili'tant] adj. Polit. militant; activiste.

Militär [mili'tɛ:r] m. (s, s) militaire m.; soldat m.

◇ n. (s) état (m.) militaire; militaires m. pl.; troupes f. pl.

militär|ähnlich [mili"tɛ:r'ɛ:nliç] adj. paramilitaire. ||°**-attaché** m. (s, s) attaché (m.) militaire. ||°**-befehlshaber** m. (s, -) commandant (m.) en chef. ||**-feindlich** adj. antimilitariste. ||°**-geistlicher** m. aumônier (m.) militaire. ||°**-gericht** n. (s, e) tribunal (m.) militaire. ||°**-gerichtsbarkeit** f. juridiction (f.), justice (f.) militaire. ||°**-haushalt** m. (s, e) budget (m.) militaire. ||°**-pflicht** f. (-, en) obligation (f.) militaire. ||°**-polizei** f. (-, en) police (f.) militaire; prévôté f. ||°**-verwaltung** f. (-, en) intendance (f.) militaire. ||°**-zeit** f. service (m.) militaire.

Militaria [mili'tɑ:ria] pl. affaires (f. pl.) militaires.

militärisch [-'tɛ:riʃ] adj. militaire.

Militarismus [-ta'rismus] m. militarisme m.

Militarist [-ta'rist] m. (en, en) militariste m.

militaristisch [milita'ristiʃ] adj. militariste.

Miliz [mi'li:ts] f. (-, en) milice f.

Miliz|soldat [mi"li:tszɔl'dɑ:t] m. (en, en) milicien m.

Milliardär [miliar'dɛ:r] m. (s, e) milliardaire m.

Milliarde [-'ardə] f. (-, n) milliard m.

Milli|gramm ['miligram] n. (s, e) milligramme m. ||°**-meter** n. (s, -) millimètre m. | *Millimeterpapier*, papier millimétré.

Million [mili'o:n] f. (-, en) million m.

Millionär [-o'nɛ:r] m. (s, e) millionnaire m.

Millionstel [-'o:nstəl] n. (s, -) millionième m.

Milz [milts] f. (-, en). Anat. rate f.

Milz|brand ['miltsbrant] m. (s, ¨e) charbon m.

Mime ['mi:mə] m. (n, n) mime m.; acteur m.

mimen [-mən] v. tr. mimer; imiter.

Mimik [-mik] f. mimique f.

Mimiker [-mikər] m. (s, -) mime m.

Mimikry [-mikry] f. mimétisme m.

mimisch [-miʃ] adj. mimique.

Mimose [mi'mo:zə] f. (-, n). Bot. mimosa m.

mimosenhaft [-'mo:zənhaft] adj. (très) sensible. || Iron. *mimosenhafte Empfindlichkeit*, hypersensibilité f.

Minarett [mina'rɛt] n. (s, e) minaret m.

minder ['mindər] adj. moindre; inférieur. | *eine mindere Anzahl*, un nombre moindre.

◇ adv. moins. | *diese Tour ist nicht minder gefährlich*, cette promenade n'est pas moins dangereuse. | *mehr oder minder*, plus ou moins. || Prov. *je mehr Wort, je minder Werk*, plus on parle, moins on travaille.

— Observ. *minder* est une forme comparative dont le positif n'existe plus. Il équivaut à *kleiner* ou *weniger*, compar. de *klein* et *wenig*. La forme superlative est *mindest*.

Minder|betrag ["mindərbə'trɑ:k] m. (s, ¨e)

moins-value f. ; déficit m. ||**-jährig** adj. mineur. ||°**-jährigkeit** f. minorité f. ||°**-wert** m. (s, e) moins-value f. ||**-wertig** adj. de valeur inférieure ; déprécié ; médiocre. ||°**-wertigkeit** f. (-) médiocrité f. ||°**-wertigkeitsgefühl** n. (s, e), °**-wertigkeitskomplex** m. (es, e) complexe (m) d'infériorité. ||°**-zahl** f. (-, en) minorité f.

Minderheit ['mindərhait] f. (-, en) minorité f.

mindern ['mindərn] v. tr. diminuer ; amoindrir ; réduire ; rétrécir ; atténuer.

Minderung [-dəruŋ] f. (-, en) réduction f.

mindest [-dəst] adj. et adv. (superl. de **minder**) le moins. | *es ist das mindeste,* c'est le moins. | *nicht im mindesten,* pas le moins du monde. | *zu mindest, zum mindesten,* au moins ; pour le moins.

Mindest|besteuerung ["mindəstbə'ʃtɔyəruŋ] f. (-, en) imposition (f.) minimum. ||°**-betrag** m. (s, ¨e) minimum m. ; somme (f.) minimum. ||°**-ertrag** m. (s, ¨e) rendement minimum. ||°**-gebot** n. (s, e) plus faible enchère f. ||°**-lohn** m. (s, ¨e) salaire minimum. ||°**-preis** m. (es, e) prix (m.) plancher. ||°**-reserve** f. (-, n). FIN. réserves (f. pl.) obligatoires. || °**-sicherheits|flughöhe** f. (-, n). AÉRON. altitude (f.) de sécurité. ||°**-zahl** f. (-, en) minimum m.

mindestens ['mindəstəns] adv. au moins ; pour le moins. | *mindestens war er so ehrlich, es zuzugestehen,* au moins a-t-il eu la loyauté de le reconnaître.

Mine ['mi:nə] f. (-, n). [Sprengladung] mine f. | *auf eine Mine laufen,* toucher une mine ; MAR. couler sur une mine. | *Minen legen,* poser, MAR. mouiller des mines. | *Minen räumen,* déminer ; enlever des mines ; MAR. draguer des mines. || FIG. *alle Minen springen lassen,* employer les grands moyens ; mettre tout en œuvre.

Minen|feld ["mi:nən'fɛlt] n. (s, er) champ (m.) de mines. ||°**-krieg** m. (s, e) guerre (f.) de sape, souterraine. ||°**-leger** m. (s, -). MAR. mouilleur (m.) de mines ; MIL. poseur m. ||°**-räum|boot** n. (s, e) dragueur (m.) de mines. ||°**-räumer** m. (s, -) démineur m. ||°**-such|boot** n. (s, e). MAR. dragueur (m.) de mines. ||°**-such|gerät** n. (s, e) détecteur (m.) de mines. ||**-verseucht** adj. infesté de mines. ||°**-werfer** m. (s, -) mortier m. ; crapouillot m.

Mine ['mi:nə] f. (-, n). [Bergwerk] mine f. || [Bleistift] mine (f.) de crayon ; [Kugelschreiber] cartouche f.

Minen|gang ["mi:nən'gaŋ] m. (s, ¨e) galerie (f.) de mine.

Mineral [mine'ra:l] n. (s, e et ien) minéral m.

Mineral|bad [mine"ra:l'ba:t] n. (s, ¨er) bain d'eaux salines. ||°**-öl|produkte** n. pl. produits pétroliers. ||°**-quelle** f. (-, n) source minérale. ||°**-wasser** n. (s, -) eau minérale.

Mineralien|sammlung [mine"ra:liən'zamluŋ] f. (-, en) collection (f.) de minéraux.

mineralisch [mine'ra:liʃ] adj. minéral.

Mineralog(e) [-ra'lo:g(ə)] m. (en, en) minéralogiste m.

Mineralogie [-ralo'gi:] f. minéralogie f.

mineralogisch [-ra'lo:giʃ] adj. minéralogique.

Minerva [mi'nɛrva] n. pr. f. MYTH. Minerve f.

Miniatur [minia'tu:r] f. (-, en) miniature f.

Miniatur|bild [minia"tu:r'bilt] n. (s, er) miniature f. ||°**-maler** m. (s, -) miniaturiste m.

miniaturisieren [miniaturi'zi:rən] v. tr. miniaturiser.

Miniaturisierung [miniaturi'zi:ruŋ] f. (-, en) miniaturisation f.

Mini|computer ["minikɔm'pju:tər] m. (s, -) mini-ordinateur m. ||°**-rock** m. (s, ¨e) minijupe f.

minieren [mi'ni:rən] v. tr. miner.

Minigolf ['minigɔlf] n. (s,). SPORT. minigolf m.

minimal [mini'ma:l] adj. minime. | *Minimalbetrag,* montant minimal.

Minimum ['mi:nimum] n. (s, ma) minimum m. | *Minimumthermometer,* thermomètre (m.) à minima.

Minister [mi'nistər] m. (s, -) ministre m. | *Minister ohne Geschäftsbereich,* ministre sans portefeuille. | *Staatsminister,* ministre d'État. | *Minister des Auswärtigen ; Außenminister,* ministre des Relations extérieures. | *Innenminister,* ministre de l'Intérieur. | *zuständiger Minister,* ministre de tutelle.

Minister|amt [mi"nistər'amt] n. (s, ¨er) ministère m. ||°**-krise** f. (-, n) crise ministérielle. ||°**-präsident** m. (en, en) Premier ministre ; président (m.) du Conseil. ||°**-rat** m. (s, ¨e) conseil (m.) des ministres.

Ministerial|beamter [ministeri"a:lbə'amter] m. fonctionnaire (m.) du ministère. ||°**-befehl** m. (s, e) arrêté ministériel. ||°**-erlaß** m. (es, e) décret ministériel. ||°**-rat** m. (s, ¨e) administrateur civil.

ministeriell [ministeri'ɛl] adj. ministériel.

Ministerium [-'te:rium] n. (s, rien) ministère m. || [Schweiz] département m.

Ministrant [-'trant] m. (en, en). RELIG. servant m. ; enfant (m.) de chœur.

ministrieren [-'tri:rən] v. intr. servir la messe.

Minna ['mina] n. pr. f. (diminutif de **Wilhelmine,** Guillemette) Minette f. || POP. *die grüne Minna,* le panier à salade.

Minne ['minə] f. POÉS. amour courtois.

Minne|dichter ["minə'diçtər] m. (s, -) troubadour m. ||°**-dienst** m. (s) cour (f.) d'amour ; amour courtois. ||°**-lied** n. (s, er) chanson (f.) d'amour. ||°**-sang** m. poésie (f.) des troubadours. ||°**-sänger** m. (s, -) troubadour m. ||°**-trank** m. (s, ¨e) philtre (m.) d'amour.

minorenn [mino'rɛn] adj. JUR. mineur.

Minorennität [-rɛni'tɛ:t] f. JUR. minorité f.

Minorität [-ri'tɛ:t] f. (-, en) minorité f.

Minstrel ['minstrɛl] m. (s, s). [Vx.] ménestrel m.

Minus ['mi:nus] n. déficit m.

◇ adv. **minus** [weniger] moins. | *6 minus 2 ist 4,* 6 moins 2 égale 4.

Minuskel [mi'nuskəl] f. (-, n) minuscule f.

Minus|pol ["mi:nus'po:l] m. (s, e) pôle négatif. ||°**-zeichen** n. (s, -) signe (m.) moins.

Minute [mi'nu:tə] f. (-, n) minute f.

Minuten|schalter [mi"nu:tən'ʃaltər] m. (s, -). ÉLECTR. minuterie f. ||°**-zeiger** m. (s, -) aiguille (f.) des minutes.

minutiös, minuziös [minutsi'ø:s] adj. minutieux.

Minze ['mintsə] f. (-, n). BOT. menthe f.

mir [mir] pron. pers. (dat. de **ich**) me ; à moi ; moi. | *mir ist froh zumute,* je suis gai. || LOC. *wie du mir, so ich dir,* œil pour œil, dent pour dent. | *heute mir, morgen dir,* chacun son tour. | *mir nichts, dir nichts,* sans plus de façons ; soudain.

Mirabelle [mira'bɛlə] f. (-, n). BOT. mirabelle f.

Mirakel [mi'ra:kəl] n. (s,) miracle m.

Misanthrop [mizan'tro:p] m. (en, en) misanthrope m.

misanthropisch [-piʃ] adj. misanthropique.

mischbar ['miʃba:r] adj. miscible.

Misch|ehe ["miʃ'e:ə] f. (-, n) mariage (m.) mixte. ||°**-element** n. (s, e). PHYS. mélange (m.) d'isotopes. ||**-erbig** adj. BIOL. hybride. ||°**-krug** m. (s, ¨e). HIST. cratère m. ||°**-masch** m. (es, e). POP. micmac m. ; pêle-mêle m. ||°**-maschine** f. (-, n) mélangeuse f. ; malaxeur m. ||°**-poche** f. (-, n), °**-poke** f. (-, n). FAM. smala(h) f. ||**-rassig** adj. BIOL. hybride. ||°**-sendung** f. (-, en). TRANSP. envoi groupé. ||°**-trank** m. (s, ¨e) mixture f. ||°**-trommel** f. (-, n) tambour mélangeur.

mischen ['miʃə:n] v. tr. mêler ; mélanger. | *den Wein mit Wasser mischen,* couper le vin avec de l'eau. | *Gift mischen,* préparer un poison. | *Karten mischen,* battre les cartes. || PÉJOR. *eine gemischte Gesellschaft,* une compagnie peu choisie.

◇ v. pr. **sich mischen,** *sich in einen Streit mischen,* s'immiscer dans une querelle. | *sich unter das Volk mischen,* se mêler au peuple.

Mischen ['miʃən] n. (s). PHYS. mélangeage m. | *optisches Mischen,* mélangeage optique.

Mischling ['miʃliŋ] m. (s, e) métis m. ; hybride m.

Mischung [-ʃuŋ] f. (-, en) mélange m. ; alliage m. ; mixture f.

miserabel [mize'ra:bəl] adj. misérable.

Misere [-'ze:rə] f. (-, n) misère f.

Miserere [-zə're:re] n. RELIG. miséréré m. || MÉD. colique f.

Mispel ['mispəl] f. (-, n). BOT. nèfle f.

miß... [mis], **misse...** ['misə] préf. et partic. insépar. exprimant une falsification, une altération, un vice, une transformation de caractère négatif.

miß|achten ["mis'axtən - mis'axtən] v. tr. mépriser ; mésestimer ; dédaigner. ||°**-achtung** f. mépris m. ; mésestime f. ||**-arten** v. intr. dégénérer. || °**-artung** f. dégénérescence. ||°**-behagen** n. (s) malaise m. ; gêne f. | *ein lebhaftes Mißbehagen empfinden,* ressentir un réel malaise. ||°**-belieben** n. (s) mécontentement m. ||**-bilden** v. tr. déformer ; défigurer. | *mißgebildet,* dégénéré ; monstrueux ; difforme. ||

°-bildung f. (-, en) difformité f. ; anomalie f. ||**-billigen** v. tr. désapprouver. ||**°-billigung** f. (-, en) désapprobation f. ||**°-brauch** m. (s, ¨e) abus m. | *mit etwas Mißbrauch treiben*, abuser de qch. || JUR. *Mißbrauch der Amtsgewalt*, abus (m.) de pouvoir. ||**-brauchen** v. tr. abuser de ; mal user de. || RELIG. profaner. ||**-bräuchlich** adj. abusif. ||**-deuten** v. tr. mal interpréter ; se méprendre sur. ||**°-deutung** f. (-, en) interprétation fausse ; méprise f. ||**°-erfolg** m. (s, e) échec m. ; insuccès m. ||**°-ernte** f. (-, n) mauvaise récolte. ||**-fallen** (ä, ie, a) v. intr. déplaire ; mécontenter ; choquer. | *seine Haltung mißfiel ihr sehr*, son attitude lui a beaucoup déplu. ||**°-fallen** n. (s) mécontentement m. ; déplaisir m. ||**-fällig** adj. déplaisant ; défavorable. ||**-geartet** adj. dégénéré. ||**°-geburt** f. (-, en) avorton m. ; monstre m. ||**-gelaunt** adj. mal disposé ; de mauvaise humeur. ||**°-geschick** n. (s, e) infortune f. ; malchance f. ||**°-gestalt** f. (-, en) monstre m. ; être (m.) difforme ; difformité f. ||**-gestaltet** adj. difforme. ||**-gestimmt** adj. mal disposé ; de mauvaise humeur. ||**-glücken** v. intr. mal tourner ; ne pas réussir ; échouer. ||**-gönnen** v. tr. être jaloux de (qch.) ; envier. ||**°-griff** m. (s, e) erreur f. ; faute f. ; faux pas ; erreur f. ; FAM. gaffe f. ||**°-gunst** f. malveillance f. ; envie f. ; jalousie f. ||**-handeln** v. tr. maltraiter ; brutaliser. ||**°-handlung** f. (-, en) mauvais traitements m. pl. ; brutalités f. pl. ||**°-heirat** f. (-, en) mésalliance f. ||**-hellig** adj. en désaccord ; brouillé. ||**°-helligkeit** f. (-, en) désaccord m. ; brouille f. ; mésintelligence f. ; discorde f. ||**°-klang** m. (s, ¨e). PR. et FIG. dissonance f. ; fausse note. ||**°-kredit** m. (s) discrédit m. | *jn in Mißkredit bringen*, discréditer, déconsidérer qn. ||**-launig** adj. de mauvaise humeur. ||**°-laut** m. (s, e). FIG. fausse note ; dissonance f. ||**-leiten** v. tr. séduire ; corrompre. ||**-liebig** adj. mal vu. | *sich bei jm mißliebig machen*, perdre les bonnes grâces de qn. ||**-lingen** (a, u) v. intr. échouer. ||**°-lingen** n. (s) échec m. ||**°-mut** m. (s) mauvaise humeur ; humeur chagrine. ||**-mutig** adj. morose ; de mauvaise humeur. ||**-raten** (ie, a) v. intr. ne pas réussir ; mal tourner. | *ein mißratener Sohn*, un fils dénaturé. ||**°-stand** m. (s, ¨e) abus m. ; défaut m. ; inconvénient m. | *Mißstände abstellen*, remédier à des abus. ||**°-stimmung** f. (-, en) mauvaise humeur ; discorde f. ||**°-ton** m. (s, ¨e). MUS. fausse note ; couac m. ; PR. et FIG. dissonance f. ||**-tönend** adj. discordant. ||**-trauen** v. intr. se méfier de ; se défier de. ||**°-trauen** n. (s) méfiance f. ||**-trauisch** adj. méfiant ; défiant. ||**°-vergnügen** n. (s) déplaisir m. ; mécontentement m. ||**-vergnügt** adj. mécontent. ||**°-verhältnis** n. (ses, se) disproportion f. ; désaccord m. ||**-verständlich** adj. confus ; ambigu ; qui prête à confusion. ||**°-verständnis** n. (ses, se) malentendu m. ; méprise f. ; mésentente f. ; désaccord m. ||**-verstehen** (mißverstand, mißverstanden) v. tr. mal comprendre ; se méprendre sur. ||**°-wachs** m. (es) mauvaise récolte. ||**-wachsen** adj. déformé ; mal venu. ||**°-weisung** f. (-, en) déclinaison f. (magnétique). ||**°-wirtschaft** f. mauvaise administration ; gabegie f. ||**°-wuchs** m. (es, ¨e) malformation f.

mißlich ['misliç] adj. scabreux ; fâcheux ; hasardeux ; douteux. | *eine mißliche Frage*, une question scabreuse. | *mit der Bezahlung der Angestellten stand es oft mißlich*, le paiement des employés provoquait souvent des difficultés.

missen ['misən] v. tr. être privé de qch. | *meinen Mikrowellenherd möchte ich nicht mehr missen*, je ne pourrais plus me passer de mon four à micro-ondes. | *etwas missen müssen*, devoir se priver de qch.

Misse|tat ["misə'ta:t] f. (-, en) méfait m. ||**°-täter** m. (s, -) malfaiteur m.

Mission [mi'sio:n] f. (-, en). RELIG. mission f.

Missionär [-sio'nɛ:r], **Missionar** [-'na:r] m. (s, e). RELIG. missionnaire m.

Mist [mist] m. (es, e). AGRIC. fumier m. | *Mist auf das Feld fahren*, mener du fumier au champ. || FIG., FAM. ramassis m. ; fatras m. || POP. *er hat Geld wie Mist*, il a de l'argent à la pelle. | *Mist reden, schwatzen*, dire des sottises ; raconter des balivernes. | *das ist nicht auf seinem Mist gewachsen*, cela n'est pas de son cru. || PROV. *Bauer, bleib auf deinem Mist*, occupe-toi de tes (propres) affaires.

Mist|beet ['mistbe:t] n. (s, e). AGRIC. couche f. ||**°-fink** m. (en, en) individu répugnant ; POP. salaud m. ||**°-haufen** m. (s, -) tas (m.) de fumier ; fumier m. ||**°-käfer** m. (s, -) bousier m. ||**°-vieh** n. (s, -viecher). VULG. salaud m.

Mistel ['mistəl] f. (-, n). BOT. gui m.

misten ['mistən] v. tr. nettoyer ; enlever le fumier.

Miszellaneen [mistsela'ne:ən], **Miszellen** [mis-'tsɛlən] pl. LITTÉR. mélanges m. pl.

mit [mit] prép. (avec dat.) **1.** [Begleitung ; Gemeinschaft] *er kommt mit uns*, il vient avec nous. | *er verbrachte die Ferien mit uns*, il a passé les vacances avec nous. **2.** [instrumental] *mit dem Finger zeigen*, montrer du doigt. | *mit der Feder schreiben*, écrire à la plume. | *er fährt mit der Eisenbahn*, il voyage par le train. | *er kommt mit dem Flugzeug an*, il arrivera par avion. | *ein Paket mit der Post schicken*, envoyer un paquet par la poste. | *Schweine mit Kartoffeln füttern*, nourrir des porcs avec des pommes de terre ; donner des pommes de terre aux cochons.

3. [Besitz] *mit Talent begabt*, doué de talent. | *ein Schubkarren mit einem Gummireifen*, une brouette à pneu. | *der Ritter mit der eisernen Hand*, le chevalier à la main de fer. | *ein Mädchen mit blondem Haar*, une jeune fille aux cheveux blonds.

4. [Art und Weise] *mit gutem Appetit*, de bon appétit. | *mit lauter Stimme*, à haute voix ; d'une voix forte. | *mit stolzer Miene*, l'air fier. | *mit Heiterkeit*, d'une façon enjouée. | *mit Gewalt*, de force. | *mit offenen Armen*, à bras ouverts. | *mit offenem Mund*, bouche bée. | *mit einem Schlag*, d'un seul coup. | *mit dem Hut auf dem Kopf*, le chapeau sur la tête. | *mit der Flinte im Arm*, le fusil sous le bras. | *mit vielen Worten*, avec un flot de paroles. | *mit einem Wort*, en un mot. | *mit anderen Worten*, autrement dit ; en d'autres termes. | *mit Absicht*, à dessein. | *mit Recht*, à juste titre. | *mit Unrecht*, à tort. | *mit gutem Gewissen*, en toute bonne conscience.

5. [zeitlich ; gleichzeitig] *mit der Sonne aufstehen*, se lever avec le soleil. | *mit den Hühnern schlafen gehen*, aller se coucher avec les poules. | *mit dem Abend*, sur le soir. | *mit dem Schlag acht*, à huit heures précises ; à huit heures pile. | *mit diesen Worten*, à ces mots. | *mit achtzehn Jahren*, à dix-huit ans. | *dieser Wein (im Keller) wird mit jedem Jahr besser*, ce vin se bonifie d'année en année. | *der Wein wird mit diesem Jahr besser*, cette année le vin sera meilleur. | *mit den Jahren wird man klug*, avec le temps on s'assagit. | *mit allem seinem Reichtum bleibt er bescheiden*, malgré sa fortune il est resté modeste.

6. [Umgang mit jm, mit etwas] *hast du oft mit ihm zu tun ?*, as-tu souvent affaire à lui ? | *wie steht es mit dieser Angelegenheit ?*, qu'en est-il de cette affaire ? | *es ist ein Jammer mit ihm*, il n'y a rien à faire de lui. **7.** LOC. *Gutes mit Bösem vergelten*, rendre le mal pour le bien. | *er geizt mit den Worten*, il est avare de paroles. | *mit Worten spielen*, jouer sur les mots. | *es mit etwas eilig haben*, être pressé de faire qch. | *mit jm zufrieden sein*, être content de qn. | *mit jm Freund sein*, être l'ami de qn. | *mit jm Krieg führen*, faire la guerre à qn. | *mit Stillschweigen übergehen*, passer sous silence. || *es ist aus mit ihm*, c'en est fait de lui. | *nieder mit dem Tyrannen !*, à bas le tyran !

◇ adv. aussi. | *er sitzt mit im Stadtrat*, il est du conseil municipal. | *mit dabei sein*, en être. | *er konnte es nicht mit ansehen*, il n'a pas pu soutenir ce spectacle. | *er ist mit (daran) schuld*, il a sa part de faute. | *er war mit der beste Schüler in der Klasse*, lui aussi était à la tête de la classe. | *er weiß mit Bescheid in dieser Sache*, il est aussi au courant de l'affaire. | *ich komme mit vorbei bei Ihnen*, en faisant mes courses je passerai chez vous.

◇ partic. verb. sépar., toujours accentuée (marque la communauté, l'association, la participation et la simultanéité). Si elle est composée avec une autre particule, elle ne porte pas l'accent.

Mit|angeklagte(r) ["mit'angeklɑ:ktə(r)] f. (m.) coaccusé(e) m. (f.). ||**°-arbeit** f. collaboration f. ||**-arbeiten** v. intr. collaborer (durablement). ||**°-arbeiter(in)** m. (s, -), f. (-, nen) collaborateur m., collaboratrice f. || ADM. *freier Mitarbeiter, freie Mitarbeiterin*, vacataire s. ||**-bekommen, -kriegen** v. tr. FAM. comprendre ; saisir. ||**°-benutzung** f. usage commun ; emploi (m.) en commun. ||**°-besitz** m. (es) possession commune. ||**-besitzen** v. pr. posséder en commun. ||**°-besitzer** m. (s, -) copropriétaire m. ||**°-bestimmung** f. (-) cogestion f. ||**°-bestimmungs|recht** n. (s) droit (m.) de cogestion (dans les entreprises). ||**-bewerben (sich)** v. pr. *sich um etwas mitbewerben*, concourir pour qch. ||**°-bewerber** m. (s, -) concurrent m. ; compétiteur m. ||**°-bewerbung** f. (-, en) concours m. ||**-bezahlen** v. tr. payer sa part. ||**-bringen** (brachte, gebracht) v. tr. (r)apporter ; (r)amener. ||**°-bürger(in)** m. (s, -), f. (-, nen) concitoyen m., concitoyenne f. ||**°-eigentum** n. (s) copropriété f. ||**°-eigentümer(in)** m. (s, -), f. (-, nen) copropriétaire s.

||**-einander** adv. ensemble ; l'un avec l'autre. ||°**-erbe** m. (n, n) cohéritier m. ||°**-erbin** f. (-, nen) cohéritière f. ||**-erleben** v. tr. assister à un événement ; partager (une expérience vécue). | *er hat die Unabhängigkeit seines Landes noch miterlebt*, avant de mourir il a vu son pays devenir indépendant. ||°**-esser** m. (s, -) compagnon (m.) de table. || MÉD. comédon m. ||**-fahren** (ä, u, a) v. intr. accompagner, aller avec qn (en véhicule). ||**-fühlen** v. tr. partager les sentiments ; sympathiser. ||**-geben** (i, a, e) v. tr. donner (à emporter) ; FIG. donner en dot. ||°**-gefühl** n. (s) pitié f. ; compassion f. ||**-gehen** (ging, gegangen) v. intr. accompagner. || IRON. *etwas mitgehen heißen*, détourner, subtiliser qch. ||°**-gift** f. (-, en). JUR. dot f. ||°**-glied** n. (s, er) membre m. ; associé m. ; affilié m. ||°**-gliedschaft** f. qualité (f.) de membre. ||°**-glieds|staat** m. (s, en) État (m.) membre. ||**-halten** (ä, ie, a) v. tr. tenir avec qn ; être de la partie. ||**-helfen** (i, a, o) v. intr. prêter son concours ; coopérer à. ||°**-helfer(in)** m. (s, -), f. (-, nen) aide s. ; PÉJOR. complice s. ||°**-hilfe** f. assistance f. ; coopération f. ||**-hin** adv. donc ; par conséquent ||**-hören** v. tr. TÉLÉPH. être à l'écoute ; capter ; intercepter. ||°**-inhaber** m. (s, -) copropriétaire m. ; codétenteur m. ||°**-kämpfer** m. (s, -) compagnon (m.) de lutte ; camarade (m.) de combat ; combattant m. ||**-kommen** (a, o) v. intr. accompagner ; suivre (une conversation, un cours). | *da kommt er nicht mehr mit*, il ne suit plus. ||**-können** (a, o, o) v. intr. pouvoir accompagner ; pouvoir suivre. ||°**-läufer** m. (s, -) suiveur m. ||°**-laut** m. (s, e) consonne f. ||°**-leid** n. (s) pitié f. ; compassion f. | *Mitleid mit jm haben*, avoir pitié de qn. ||**-leiden** (litt, gelitten) v. intr. compatir ; souffrir avec les autres. ||°**-leidenschaft** f. communauté f. (involontaire) de souffrance. | *in Mitleidenschaft gezogen werden*, subir les conséquences de. ||**-leidig** adj. compatissant. ||°**-leids|bezeigung** f. condoléances f. pl. ||**-leidslos** adj. sans pitié ; brutal. ||**-machen** v. tr. prendre part ; en être ; aider. ||°**-mensch** m. (en, en) prochain m. ||°**-mieter** m. (s, -) colocataire m. ||**-nehmen** ['ne:mən] (i, a, o) v. tr. **1.** emmener ; emporter. | *jn im Wagen mitnehmen*, emmener qn en voiture. — **2.** fatiguer ; malmener. | *er sah sehr mitgenommen aus*, il avait l'air très fatigué. | *die Krankheit hat ihn mitgenommen*, la maladie l'a affaibli. — **3.** TECHN. [mitziehen] entraîner. ||**-nichten** adv. nullement ; pas du tout ; en aucune façon. ||**-rechnen** v. tr. calculer avec ; comprendre dans le compte, dans le prix. | *mitgerechnet*, y compris. ||**-reden** v. intr. prendre part à la conversation ; dire son mot ; avoir voix au chapitre. ||**-reisen** v. intr. faire un voyage avec ; accompagner. ||°**-reisende(r)** f. (m.) compagne (f.), compagnon (m.) de voyage. ||**-reißen** (i, i) v. tr. entraîner ; FIG. enthousiasmer. ||**-samt** prep. (dat.) avec. || °**-schuld** f. complicité f. ||**-schuldig** adj. complice. ||°**-schuldner** m. (s, -). COMM. codébiteur m. ; coobligé m. ||°**-schüler(in)** m. (s, -) f. (-, nen) condisciple s. ; camarade (s.), compagne (f.) d'étude, de classe. ||**-spielen** v. intr. prendre part au jeu. || FIG. contribuer. || *jm übel, arg mitspielen*, jouer un mauvais tour à qn. ||°**-spieler** m. (s, -) partenaire m. ; compagnon (m.) de jeu. ||**-sprechen** (a, o) v. intr. dire son mot ; intervenir. ||°**-täter** m. (s, -). JUR. coauteur m. ; complice m. ||°**-täterschaft** f. complicité f. ||**-teilbar** adj. communicable ; contagieux. ||**-teilen** v. tr. [Personen] *jm etwas mitteilen*, faire part de qch. à qn ; aviser qn de qch. ; communiquer qch. à qn ; informer qn de qch. ; porter qch. à la connaissance de qn. || [Nachrichten] communiquer ; propager. — v. pr. **sich mitteilen.** *sich jm mitteilen*, se confier, s'ouvrir à qn. ||**-teilsam** adj. communicatif. ||°**-teilung** f. (-, en) communication f. ; information f. | *amtliche Mitteilung*, communiqué officiel. ||°**-teilungsblatt** n. (s, ¨er) journal (m.) d'annonces légales. ||**-tun** (tat, getan) v. intr. participer. | *tust du bei dem Ausflug mit ?*, seras-tu de l'excursion ? ||**-unter** adv. de temps à autre. || °**-unterzeichner** m. (s, -) cosignataire m. || °**-urheber** m. (s, r) coauteur m. ||**-verantwortlich** adj. coresponsable. ||°**-verantwortlichkeit** f. coresponsabilité. ||°**-verbrecher** m. (s, -) complice m. ||°**-vormund** m. (s, er) cotuteur m. ||°**-welt** f. contemporains m. pl. ; entourage m. ; milieu m. ||**-wirken** v. intr. coopérer ; collaborer. | *an einem Werke mitwirken*, apporter son concours à un travail. ||°**-wirkung** f. coopération f. ; participation f. ||°**-wissen** n. (s) connaissance f. | *ohne mein Mitwissen*, à mon insu. ||°**-wisser** m. (s, -) confident m. ; complice m. ||°**-wisserschaft** f. complicité f. || **-zählen** v. tr. comprendre dans le compte ; être dans le compte ; entrer en ligne de compte ; compter. | *das zählt nicht mit*, cela ne compte pas. ||**-ziehen** (zog, gezogen) v. tr. entraîner avec soi. — v. intr. partir avec les autres.

Mithridates [mitri'da:təs] n. pr. m. ANTIQ. Mithridate m.

Mitochondrium [mito'xɔndrium] n. (s, ien). BIOL. mitochondrie f.

Mitose [mi'to:zə] f. (-). BIOL. mitose f.

Mitra ['mi:tra] f. (-, tren). RELIG. mitre f.

Mitral... [mi'tra:l] (en compos.) mitral.

Mitral|klappe [mi"tra:l'klapə] f. (-, n). ANAT. valve mitrale.

Mittag [mita:k] m. (s, e) midi m. | *gegen Mittag*, vers midi. | *heute Mittag*, ce midi. | *zu Mittag essen*, déjeuner ; prendre le repas de midi. | *jn zu Mittag einladen*, inviter qn à déjeuner.

Mittag|essen ["mita:k'ɛsən] n. (s, -) déjeuner m. ; repas (m.) de midi.

mittäglich ['mitɛ:kliç] adj. tous les midis ; à midi.

mittags ['mita:ks] adv. à midi.

Mittags|brot ["mita:ks'bro:t] n. (s, e), °**-mahl** n. (s, e), °**-tisch** m. (s) déjeuner m. ; repas (m.) de midi. ||°**-kreis** m. (es, e) méridien m. ||°**-linie** f. (-, n) ligne méridienne. ||°**-pause** f. (-, n) pause (f.) de midi. ||°**-schlaf** m. (s, e), °**-schläfchen** n. (s, -) sieste f. ||°**-zeit** f. midi m. ; heure (f.) de midi.

Mitte ['mitə] f. (-). **1.** milieu m. ; centre m. | *die Mitte eines Kreises*, le centre d'un cercle. | *der Tisch steht in der Mitte des Zimmers*, la table est au centre de la pièce. | *die Stadtmitte*, le centre-ville. | *die Mitte des Lebens*, le milieu de la vie. | *Mitte Juli*, à la mi-juillet. | *die goldene Mitte*, le juste milieu. | *die Wahrheit liegt in der Mitte*, la vérité est entre les deux. | *die Mitte halten*, garder la mesure ; FIG. rester neutre. | *jn in die Mitte nehmen*, encadrer qn. | *in unserer Mitte*, parmi nous.

2. FIG. milieu m. | *einer aus unserer Mitte*, un des nôtres ; quelqu'un de notre monde.

3. POLIT. centre m.

mittel ['mitəl] adj. (surtout employé au compar.). V. MITTLER.

Mittel ['mitəl] n. (s, -). **1.** moyen m. ; procédé m. | *ein Mittel zum Zweck*, un moyen pour parvenir à ses fins. | *der Zweck heiligt die Mittel*, la fin justifie les moyens. | *kein Mittel unversucht lassen* ; *alle Mittel in Bewegung setzen*, tout essayer ; remuer ciel et terre. | *Mittel und Wege finden, etwas zu erreichen*, trouver les voies et moyens d'atteindre à qch.

2. MATH. moyenne f. | *geometrisches Mittel*, moyenne géométrique. | *im Mittel*, en moyenne.

3. MÉD. moyen m. ; remède m. | *stärkendes Mittel*, fortifiant m. | *Mittel gegen, für das Fieber*, remède contre la fièvre.

◇ n. pl. **Mittel,** moyens m. pl. ; fonds m. pl. | *keine Mittel mehr haben*, ne plus avoir d'argent, de ressources. | *ohne Mittel sein*, être sans ressources.

Mittel|alter ["mitəl'altər] n. (s). HIST. Moyen Âge. ||**-alterlich** adj. moyenâgeux ; médiéval. || °**-amerika** n. pr. n. (s). GÉOGR. Amérique centrale. ||°**-arrest** m. (s, e). MIL. salle (f.) de police. ||°**-deutschland** n. pr. n. (s). GÉOGR. Allemagne moyenne. ||°**-ding** n. (s, e) [chose] intermédiaire f. ; moyen terme. ||°**-europa** n. pr. n. (s). GÉOGR. Europe centrale. ||**-europäisch** adj. de l'Europe centrale. | *mitteleuropäische Zeit*, heure (f.) de l'Europe centrale. ||°**-farbe** f. (-, n) demi-teinte f. ||°**-feld** n. (s, er) centre (m.) d'un terrain de sport. ||°**-finger** m. (s, -) majeur m. ||**-fristig** adj. COMM. à moyen terme. ||°**-fuß** m. (es, ¨e). ANAT. métatarse m. ||°**-gebirge** n. (s, -) montagnes (f. pl.) de hauteur moyenne. ||°**-gewicht** n. (s, e). SPORT. poids moyen. ||°**-glied** n. (s, er). [Finger] phalange moyenne. ||**-groß** adj. de taille moyenne. ||**-gut** adj. de qualité moyenne. ||°**-hand** f. (-, ¨e). ANAT. métacarpe m. ||**-hoch|deutsch** adj. moyen haut allemand. ||**-ländisch** adj. méditerranéen. | *das Mittelländische Meer*, la Méditerranée. ||°**-läufer** m. (s, -). SPORT. demi-centre m. ||°**-linie** f. (-, n) ligne médiane ; médiane f. ; axe m. ||**-los** adj. sans ressources ; sans moyens ; pauvre. ||°**-losigkeit** f. dénuement m. ; pauvreté f. ||°**-mächte** f. pl. HIST. puissances (f. pl.) de l'Europe centrale ; Empires centraux. ||°**-maß** n. (es) taille moyenne ; PAR EXT. modération f. ||**-mäßig** adj. médiocre ; moyen. ||°**-mäßigkeit** f. médiocrité f. ||°**-mauer** f. (-, n) mur mitoyen. ||°**-meer** n. (s) la Méditerranée. ||°**-ohr** n. (s, en) oreille moyenne. ||°**-punkt** m. (s, e). PR. et FIG. centre m. ||°**-schule** f. (-, n) école secondaire ;

collège (m.) d'enseignement général. ||°-**spieler** m. (s, -). SPORT. demi m. ||°-**stand** m. (s) classe(s) moyenne(s). ||°-**stimme** f. (-, n) contralto m. | *hohe Mittelstimme*, alto m. | *tiefe Mittelstimme*, baryton m. ||°-**strecken|flugzeug** n. (s, e) avion (m.) moyen-courrier ; moyen-courrier m. ||°-**strecken|system** n. (s, e) *nukleare Mittelstreckensysteme*, forces (f. pl.) nucléaires à portée intermédiaire. ||°-**strecken|-waffe** f. (-, n) *atomare Mittelstreckenwaffe*, arme (f.) nucléaire à portée intermédiaire. ||°-**streifen** m. (s, -). [Autobahn] terre-plein central. ||°-**stufe** f. (-, n) degré (m.) intermédiaire ; cours moyen. ||°-**stürmer** m. (s, -). SPORT. (avant-)centre m. ||°-**weg** m. (s) juste milieu m. ; moyen terme. ||°-**welle** f. (-, n) onde moyenne. ||°-**wort** n. (s, ¨er). GRAMM. participe m.

mittelbar ['mitəlbɑ:r] adj. indirect.

mittels ['mitəls] prép. (gén.) au moyen de ; par (l'intermédiaire de).

Mittels|mann ["mitəls'man] m. (s, leute), °-**person** f. (-, en) intermédiaire m. ; tiers m. ; tierce personne.

mitten ['mitən] adv. au milieu. | *die Linde steht mitten im Garten*, le tilleul est au milieu du jardin. | *Tell schoß den Apfel mitten durch*, Tell toucha la pomme en plein milieu. | *mitten in der Rede hielt er inne*, au milieu de son discours il s'arrêta. | *es geschah mitten am Tage*, cela s'est passé en plein jour. | *mitten ins Herz*, en plein cœur. | *mitten durch den Wald*, à travers la forêt. | *mitten im Sommer*, en plein été. | *er platzte mitten (in die Gesellschaft) hinein*, il fit irruption au milieu de la compagnie.

mitten|drein ["mitən'drain], **-drin** [-'drin] adv. en plein milieu ; au beau milieu ; POP. dans le tas. ||-**drunter** adv. au beau milieu (de la foule). ||-**(hin)-durch** adv. à travers ; en plein milieu (de).

Mitter|nacht ["mitər'naxt] f. minuit m. | *es schlägt Mitternacht*, minuit sonne. ||-**nächtlich** adj. de, à minuit. ||-**nachts** adv. à minuit.

Mitt|fasten ["mit'fastən] pl. mi-carême f. || -**schiffs** adv. MAR. au milieu du bateau. ||°-**sommer** m. (s) [la] Saint-Jean (d'été). ||-**wegs** adv. à mi-chemin.

Mittler [mitlər] m. (s, -) intermédiaire m. ; tiers m. ; médiateur m. || RELIG. médiateur m. (Christus).

mittler ['mitlər] adj. (superl. **mittelst**) situé au milieu ; moyen. | *die mittlere Säule*, la colonne du milieu. | *der mittlere Teil*, la partie moyenne. | *mittlere Sonne*, soleil moyen. | *mittlere Ortszeit (MOZ)*, heure moyenne.

mittler|weile ["mitlər'vailə] adv. dans l'intervalle ; cependant ; pendant ce temps.

Mitt|woch ["mit'vɔx] m. (s, e) mercredi m. | *Aschermittwoch*, mercredi des cendres. | *mittwochs*, chaque mercredi.

Mixtur [miks'tu:r] f. (-, en) mixture f. ; potion f. ; mélange m.

Mizell [mi'tsɛl] n. (s, e), **Mizelle** [mi'tsɛlə] f. (-, n). BIOL. micelle f.

Mnemonik [mne'mo:nik], **Mnemotechnik** [mnemo:'tɛknik] f. mnémotechnique f.

mnemonisch [mne'mo:niʃ], **mnemotechnisch** [mne"mo:'tɛkniʃ] adj. mnémotechnique.

Mob [mɔp] m. (s) populace f. ; canaille f.

Möbel ['mø:bəl] n. (s, -) meuble m. | *Anbaumöbel*, meubles par éléments.

Möbel|stück ["mø:bəl'ʃtyk] n. (s, e) meuble m. ||°-**tischler** m. (s, -) ébéniste m. ||°-**tischlerei** f. (-, en) ébénisterie f. ||°-**wagen** m. (s, -) voiture (f.) de déménagement.

mobil [mo'bi:l] adj. mobile ; vif ; dispos. | *mobil machen*, mobiliser. | *mobiles Telefon*, téléphone (m.) sans fil.

Mobil|machung [mo"bi:l'maxuŋ] f. mobilisation f.

Mobiliar [mobili'ɑ:r] n. (s, e) mobilier m. ; ameublement m.

Mobiliar|kredit [mobili"ɑ:rkre'dit] m. (s, e) crédit mobilier. ||°-**pfändung** f. (-, en) saisie mobilière. ||°-**steuer** f. (-, n) contribution mobilière. || °-**vermögen** n. (s, -) fortune mobilière ; effets mobiliers ; biens mobiliers.

Mobilien [mo'bi:liən] pl. biens meubles m. pl. ; effets mobiliers.

mobilisierbar [mobili'zi:rbɑ:r] adj. mobilisable.

mobilisieren [-'zi:rən] v. tr. mobiliser.

Mobilisierung [-'zi:ruŋ] f. mobilisation f.

Mobilität [mobili'tɛ:t] f. (-) mobilité f. | *berufliche Mobilität*, mobilité professionnelle.

möblieren [mø'bli:rən] v. tr. meubler. | *möbliertes Zimmer*, chambre meublée ; meublé m.

Möblierung [-ruŋ] f. (-, en) ameublement m.

mochte ['mɔxtə] prét. de **mögen.**

Möchte|gern ["møçtə'gɛrn] m. (s, e). FAM. la grenouille de la fable ; hâbleur m.

modal [mo'dɑ:l] adj. modal.

Modalität [modali'tɛ:t] f. (-, en) modalité f.

Modder ['mɔdər] m. (s) boue f. ; vase f.

Mode ['mo:də] f. (-, n) mode f. ; vogue f. | *die neueste Mode*, le dernier cri. | *aus der Mode kommen*, passer de mode. | *in Mode kommen*, devenir à la mode. | *etwas in Mode bringen*, mettre qch. à la mode. | *in Mode sein*, être en vogue ; être à la mode. | *die Mode mitmachen*, suivre la mode. | *sich nach der Mode kleiden*, s'habiller suivant la mode. | *es ist jetzt Mode, zu...*, il est aujourd'hui de mode de...

Mode|artikel ["mo:dəar'tikəl] m. (s, -) article (m.) de mode. ||°-**dichter** m. (s, -) auteur (m.) en vogue. ||°-**farbe** f. (-, n) couleur (f.) à la mode. ||°-**geck** m. (en, en) dandy m. ||°-**geschäft** n. (s, e) boutique (f.) de prêt-à-porter. ||°-**gestalter** m. (s, -) créateur m. ; styliste m. ||°-**haus** n. (es, ¨er) maison (f.) de haute couture. ||°-**narr** m. (en, en) esclave (m.) de la mode. ||°-**puppe** f. (-, n) mannequin m. ||°-**schau** f. présentation (f.) de mode. ||°-**schmuck** m. (s, e) bijou (m.) fantaisie. ||°-**waren** f. pl. nouveautés f. pl. ||°-**zeitung** f. (-, en) journal (m.) de mode.

Model ['mo:dəl] m. (s, -). [Modul] module m.

Modell [mo'dɛl] n. (s, e) modèle m. ; maquette f. || PAR EXT. moule m. || ARTS. modèle m. | *Modell stehen*, poser.

Modell|bauer [mo"dɛl'bauər] m. (s, -) modéliste m. ||°-**flug** m. (s, ¨e) aéromodélisme m. ||°-**flugzeug** n. (s, e). AÉRON. prototype m. (d'avion). ||°-**versuch** m. (s, e). TECHN. simulation f.

modellieren [modɛ'li:rən] v. tr. modeler.

Modellierer [-rər] m. (s, -) modeleur m.

Modellier|holz [modɛ"li:r'hɔlts] n. (es) ébauchoir m.

Modellierung [modɛ'li:ruŋ] f. modelage m.

modeln ['mo:dəln] v. tr. former ; façonner ; mouler.

Modelung [-luŋ] f. modelage m. ; façonnage m. ; moulage m. ; façon f.

Modem ['mo:dɛm] n. (s, s). TÉLÉCOMM. modem m.

Moder ['mo:dər] m. (s) pourriture f. ; pourri m.

Moderation [mɔdera'tsio:n] (-). NUCL. modération f.

Moderator(in) [mode'rɑ:tər, modera'to:rin] m. (s, en), f. (-, nen). [Fernsehen] animateur m., animatrice f.

◇ m. **Moderator.** NUCL. modérateur m.

moderig [-dəriç] adj. pourri ; moisi.

modern [-dərn] v. intr. pourrir ; croupir.

modern [mo'dɛrn] adj. moderne ; à la mode.

Moderne [-'dɛrnə] f., **Modernität** [-dɛrni'tɛt] f. art (m.) moderne ; style (m.) moderne.

modernisieren [-dɛrni'zi:rən] v. tr. moderniser.

Modifikation [modifika'tsio:n] f. (-, en) changement m. ; modification f.

modifizieren [-fi'tsi:rən] v. tr. modifier ; changer.

modisch ['mo:diʃ] adj. à la mode.

Modist(in) [mo'dist(in)] m. (en, en), f. (-, nen), marchand (m.), marchande (f.) de modes ; modiste f.

Modul ['mo:dul] m. (s, n). MATH. module m.

modulieren [modu'li:rən] v. tr. MUS. moduler.

Modus ['mo:dus] m. (-, di) mode m. ; manière f. || GRAMM. mode m.

Mofa ['mo:fa] n. (s, s) cyclomoteur m. ; FAM. mob f.

Mogelei [mo:gə'lai] f. (-, en) tricherie f.

mogeln ['mo:gəln] v. intr. tricher ; frauder.

Mogel|packung ["mo:gəl'pakuŋ] f. (-, en) emballage trompeur.

mögen ['mø:gən] (ich mag, mochte, gemocht) v. tr. et auxiliaire de mode. **1.** désirer ; aimer bien (souvent : la nourriture). | *ich möchte*, je voudrais ; je désirerais ; j'aimerais bien. | *sie mag ihn nicht*, elle ne l'aime pas. | *er mag Schokolade nicht*, il n'aime pas le chocolat. | *jn gern mögen*, aimer bien qn. | *ich hätte nicht an seiner Stelle sein mögen*, je n'aurais pas voulu être

à sa place. | *das hätte ich sehen mögen!*, j'aurais aimé voir cela!
2. [Wahrscheinlichkeit; Vermutung]. | *mag schon sein*, possible! | *er mag fünfzig Jahre alt sein*, il peut avoir cinquante ans. | *es mag jetzt zwölf sein*, il peut être midi. | *das mag der Henker wissen!*, qu'en sais-je? | *Hans, Fritz, Grete und wie sie alle heißen mochten!*, Jean, Frédéric, Marguerite et tous leurs pareils! | *wo mag er wohl sein?*, où peut-il bien être?
3. [Einräumung] *man mag wollen oder nicht*, qu'on le veuille ou non; bon gré mal gré. | *wie dem auch sein mag*, quoi qu'il en soit. | *was auch kommen mag*, quoi qu'il arrive. | *er mag sagen, was er will*, il a beau dire.
4. [Befehls-, Höflichkeitsformen; indirekte Rede]. *er möge kommen*, qu'il veuille bien venir. | *sage ihm, er möge, möchte kommen*, prie-le de venir. | *er fürchtete, er möchte nicht rechtzeitig ankommen*, il craignait de ne pas arriver à temps. | *er mag sich in acht nehmen!*, qu'il prenne garde! || [Höflichkeitsformel] *möchten Sie die Güte haben*, auriez-vous l'obligeance (de).
5. [Möglichkeit] *bei diesem Lärm möchte man verrückt werden*, un bruit à vous rendre fou.

Mogler ['mo:glər] m. (s, -). POP. tricheur m.

möglich ['mø:kliç] adj. possible. | *das ist nicht möglich*, ce n'est pas possible. | *so bald wie möglich*, dès que possible. | *ist das möglich?, sollte das möglich sein?*, est-ce possible? | *etwas möglich machen*, rendre qch. possible. | *etwas für möglich halten*, tenir qch. pour possible. | *er tat alles nur mögliche, das Menschenmögliche, um...*, il a fait l'impossible pour... | *alles mögliche findet man hier*, on trouve ici toutes sortes d'objets. | *bestmöglich*, meilleur possible.

möglichen|falls ["mø:kliçən'fals] adv. si possible.

möglicher|weise ["mø:kliçər'vaizə] adv. peut-être.

Möglichkeit ['mø:kliçkait] f. (-, en) possibilité f. | *es gibt zwei Möglichkeiten*, il y a deux possibilités. | *nach Möglichkeit*, autant que possible.

Möglichkeits|form ["mø:kliçkaits'fɔrm] f. (-, en). GRAMM. subjonctif m.

möglichst ['mø:kliçst] adj. et adv. le plus possible. | *möglichst viel*, le plus possible. | *möglichst bald*, le plus tôt possible. | *er tut sein möglichstes*, il fait tout son possible.

Mohammed ['mo:hamɛt] n. pr. m. Mahomet m.

Mohammedaner(in) [mohame'dɑ:nər(in)] m. (s, -), f. (-, nen) musulman(e) m. (f.).

mohammedanisch [-'dɑ:niʃ] adj. mahométan.

Mohammedanismus [-da'nismus] m. islamisme m.

Mohär ou **Mohair** [mo'hɛ:r] m. (s, e) mohair m.

Mohikaner [mohi'kɑ:nər] m. (s, -) Mohican m. || LOC. *der letzte der Mohikaner*, le dernier des Mohicans.

Mohn [mo:n] m. (s, e) pavot m.; coquelicot m. | *die Mohngewächse*, les papavéracées.

Mohr [mo:r] m. (en, en) Maure m.; More m. || LOC. *der Mohr hat seine Schuldigkeit getan, der Mohr kann gehen*, l'orange pressée, on jette l'écorce.

mohren|braun ["mo:rən'braun] adj. moiré. || °**-kopf** m. (s, ¨e). CULIN. nègre (m.) en chemise. ||°**-land** n. pr. n. Éthiopie f.

Möhre ['mø:rə] f. (-, n), **Mohr|rübe** ["mo:r'ry:bə] f. (-, n) carotte f.

Moiré [moa're] m. ou n. (s, s) moire f.

mokant [mɔ'kant] adj. moqueur.

Mokett [mɔ'kɛt] m. (s). TEXT. moquette f.

Mokka ['mɔka] m. (s, s) moka m.

Molch [mɔlç] m. (s, e). ZOOL. salamandre f. || TECHN. racleur m.

Moldau ['mɔldau] n. pr. f. GÉOGR. [Land] Moldavie f. || [Fluß] Moldava f.

Mole ['mo:lə] f. (-, n) môle m.; jetée f.

Molekül [mɔle'ky:l] n. (s, e) molécule f.

molekular [mɔleku'lɑ:r] adj. moléculaire. | *molekulare Hybridisation*, hybridation (f.) moléculaire.

Molekular|gewicht [moleku'lɑ:rgəviçt] n. (s, e) poids (m.) moléculaire.

Molkerei [mɔlkə'rai] f. (-, en) laiterie f.

Moll [mɔl] n. invar. MUS. mode mineur. | *Moll-akkord*, accord mineur.

mollig ['mɔlig] adj. moelleux; doux.

Molluske [mɔ'luskə] f. (-, n) mollusque m.

Moment [mo'mɛnt] n. (s, e) facteur m.; circonstance décisive. || PHYS. moment m. (d'une force).

Moment [mo'mɛnt] m. (s, e) instant m.; moment m. | *der rechte Moment*, le moment opportun. || PHOT. *Momentaufnahme*, instantané m.

momentan [-'tɑ:n] adj. momentané.

Monade [mo'nɑ:də] f. (-, n). PHILOS. monade f. | *Monadenlehre*, monadologie f.

Monarch [mo'narç] m. (en, en) monarque m.

Monarchie [-nar'çi:] f. (-, n) monarchie f.

monarchisch [-'narçiʃ] adj. monarchique.

Monarchismus [-nar'çismus] m. monarchisme m.

Monarchist [-nar'çist] m. (en, en) monarchiste m.

Monat ['mo:nat] m. (s, e) mois m.

monate|lang ["mo:natə'laŋ] adj. et adv. durant des mois.

monatig ['mo:natiç] adj. pendant un mois; qui dure un mois. | *eine dreimonatige Reise*, un voyage de trois mois.

monatlich [-tliç] adj. qui se répète chaque mois; mensuel. | *monatliche Zahlung*, mensualité f.

Monats|geld ["mo:nats'gɛlt] n. (s, er), °**-rate** [-'rɑ:tə] f. (-, n) mensualité f. ||°**-karte** f. (-, n) (*etwa*) carte (f.) orange. ||°**-schrift** f. (-, en) revue mensuelle.

Mönch [mønç] m. (s, e) moine m.; religieux m.

Mönchs|kloster ["mønçs'klo:stər] n. (s, ¨) monastère m. ||°**-kutte** f. (-, n) froc m. ||°**-latein** n. (s) mauvais latin; latin médiéval. ||°**-leben** n. (s, -) vie monacale.

Mönch(s)tum ['mønç(s)tu:m] n. (s) monachisme m.; qualité monacale.

Mond [mo:nt] m. (s, e) lune f. | *der Mond scheint*, il fait clair de lune. || FIG. *er lebt auf dem Monde*, il est dans la lune. | *er greift immer nach dem Mond*, il veut décrocher la lune. | *Schlösser, die im Monde liegen*, châteaux (m. pl.) en Espagne. || ASTRON. satellite m. | *die Monde des Jupiter*, les satellites de Jupiter. || POÉT. mois m.

Mond|fähre ["mo:nt'fɛ:rə] f. (-, n) module (m.) lunaire. ||°**-finsternis** f. (-, se) éclipse (f.) de lune. ||°**-hof** m. (s) halo m. ||°**-kalb** n. (s, ¨er) faux germe; FIG. imbécile m. ||°**-landung** f. (-, en) alunissage m. ||°**-schein** m. (s) clair (m.) de lune. | *beim Mond(en)-schein*, au clair de la lune. ||°**-sichel** f. (-, n) croissant m. ||°**-sucht** f. somnambulisme m. ||**-süchtig** adj. somnambule. ||°**-viertel** n. (s, -) quartier (m.) de lune. ||°**-wechsel** m. (s, -) changement (m.) de lune; lunaison f.

Monegasse [monə'gasə] m. (n, n), **Monegassin** [-sin] f. (-, nen) Monégasque s.

monetär [mone'tɛ:r] adj. monétaire.

Moneten [mo'ne:tən] pl. POP. sous m. pl.; galette f.

Mongole [mɔn'go:lə] m. (n, n) Mongol m.

Mongolei [-go'lai] n. pr. f. Mongolie f.

Mongolin [-'go:lin] f. (-, nen) Mongole f.

mongolisch [-'go:liʃ] adj. mongol.

Mongolismus [mɔngo'lismus] m. (-). MÉD. mongolisme m.

Monier|eisen [mo"ni:r'aizən] n. fer (m.) pour béton armé.

monieren [mo'ni:rən] v. tr. admonester; avertir.

Monika ['mo:nika] n. pr. f. Monique f.

Monismus [mo'nismus] m. PHILOS. monisme m.

Monitor ['mo:nitor] m. (s, en) moniteur m. || MAR. monitor m. || ÉLECTR., INF. écran (m.) de contrôle; moniteur m.

Monitum ['mo:nitum] n. (s, ta) avertissement m.

monochromatisch ['monokro"mɑ:tiʃ] adj. monochromatique.

Monogamie [monoga'mi:] f. monogamie f.

monogamisch [-'gɑ:miʃ] adj. monogame.

Monogramm [-'gram] n. (s, e) monogramme m.

Monographie [-gra'fi:] f. (-, n) monographie f.

Monokel [mo'nɔkəl] n. (s, -) monocle m.

Monolith [mono'li:t] m. (s, e) monolithe m.

Monolog [mono'lo:k] m. (s, e) monologue m.

Monom [mo'no:m] n. (s, e). MATH. monôme m.

Monomode... ['mono"mo:də] (en compos.) monomode.

Monopol [mono'po:l] n. (s, e) monopole m.

monopolisieren [-poli'zi:rən] v. tr. monopoliser.

Monopolisierung [-poli'zi:ruŋ] f. (-, en) monopolisation f.

Monotheismus [-te'ismus] m. monothéisme m.

Monotheist [-te'ist] m. (en, en) monothéiste m.

monoton [-'to:n] adj. monotone. | *monotone Arbeit*, tâche répétitive.
Monotonie [-to'ni:] f. monotonie f.
Monstranz [mɔn'strants] f. (-, en) ostensoir m.
monströs [mɔn'strø:s] adj. monstrueux.
Monstrosität [-strozi'tɛ:t] f. monstruosité f.
Monstrum ['mɔnstrum] n. (s, ra et ren) monstre m.
Monsun [mɔn'su:n] m. (s, e) mousson f.
Montag ['mo:nta:k] m. (s, e) lundi m. | *am nächsten Montag*, lundi prochain. | *blauen Montag machen*, fêter la Saint-Lundi.
montags [-ta:ks] adv. le lundi.
Montage [mɔ̃'ta:ʒə] f. (-, n) montage m. ; assemblage m. ||°**-anzug** m. (s, ¨e) bleu (m.) de travail, salopette f. ||°**-band** n. (s, ¨er) chaîne (f.) d'assemblage. ||°**-bock** m. (s, ¨e) chevalet (m.) de travail. ||**-fertig** adj. *montagefertige Elemente*, éléments prémontés. ||°**-halle** f. (-, n) atelier (m.) d'assemblage, de montage. ||°**-turm** m. (s, ¨e). Aéron. tour (f.) de montage.
montan [mɔn'ta:n] adj. minier.
Montan|aktie [mɔn"ta:n'aktsiə] f. (-, n) action minière. ||°**-industrie** f. industrie minière et sidérurgique. ||°**-union** f. pool (m.) charbon-acier.
Monteur [mɔn'tø:r] m. (s, e) monteur m. ; ajusteur m.
montieren [mɔn'ti:rən] v. tr. monter ; ajuster ; assembler. || Autom. *Montiereisen*, démonte-pneu m.
Montierung [-'ti:ruŋ] f. montage m. ; équipement m. || Mil. effets (m. pl.) d'habillement.
Montur [mɔn'tu:r] f. (-, en). Mil. uniforme m. ; équipement m.
Monument [mɔnu'mɛnt] n. (s, e) monument m.
monumental [-mɛn'ta:l] adj. monumental.
Moor [mo:r] n. (s, e) marais m. ; marécage m.
Moor|bad ['mo:rba:t] n. (s, ¨er) bain (m.) de boue. ||°**-boden** m. (s, - ou ¨) sol marécageux. ||°**-hirse** f. (-, n). Bot. sorgho m.
moorig ['mo:riç] adj. marécageux.
Moos [mo:s] n. (es, e). Bot. mousse f. || Fam. galette f. ; fric m.
moos|artig ["mo:s'artiç] adj. mousseux.
moosig ['mo:ziç] adj. moussu.
Mop [mɔp] m. (s, s) balai (m.) à frange.
Moped ['mo:pet] n. (s, s) cyclomoteur m.
Mops [mɔps] m. (es, ¨e) roquet m. ; carlin m.
mopsen ['mɔpsən] v. tr. Fam. chiper.
mopsig ['mɔpsiç] adj. Fam. embêtant, barbant.
Moral [mɔ'ra:l] f. morale f. ; moralité f.
moralisch [-liʃ] adj. et adv. moral ; moralement.
moralisieren [mɔrali'zi:rən] v. intr. prêcher la morale ; faire (de) la morale.
Moralist [-ra'list] m. (en, en) moraliste m.
Moralität [-li'tɛ:t] f. moralité f. ; caractère moral.
Moral|philosophie [mɔ"ra:lfilozo'fi:] f. éthique f. ||°**-prediger** m. (s, -). Péjor. sermonneur m.
Moräne [mɔ'rɛ:nə] f. (-, n) moraine f.
Morast [mɔ'rast] m. (es, e) marais m. ; bourbe f. | *im Morast steckenbleiben*, s'embourber.
morastig [-'rastiç] adj. marécageux ; bourbeux.
Moratorium [mɔra'to:rium] n. (s, rien) moratoire m.
morbid [mɔr'bi:t] adj. morbide.
Morbidität [-bidi'tɛ:t] f. morbidité f.
Mör|braten ["mø:r'bra:tən] m. (s, -). Culin. filet m.
Morchel ['mɔrçəl] f. (-, n). Bot. morille f.
Mord [mɔrt] m. (s, e) meurtre m. ; assassinat m.
Mord|anschlag ["mɔrt'anʃla:k] m. (s, ¨e) attentat m. ||°**-tat** f. (-, en) meurtre m. ; assassinat m. ||°**-versuch** m. (s, e) tentative (f.) d'assassinat. ||°**-waffe** f. (-, n) arme (f.) du crime.
morden ['mɔrdən] v. tr. assassiner ; commettre un meurtre.
Mörder(in) ['mørdər(in)] m. (s, -), f. (-, nen) meurtrier m. ; meurtrière f. ; assassin m. | *von Mörderhand erschlagen*, abattu par une main meurtrière.
Mörder|grube ["mørdər'gru:bə] f. *er macht aus seinem Herzen keine Mördergrube*, il dit tout ce qu'il sait, tout ce qu'il pense.
mörderisch ['mørdəriʃ] adj. meurtrier. | *ein mörderischer Kampf*, un combat meurtrier, sanglant.
mordio ! ['mɔrdio] interj. au meurtre ! | *Zeter und Mordio schreien*, crier au meurtre ; pousser les hauts cris.
mords... [mɔrts] en compos. (forme fam. de compar.) extrême ; énorme ; fantastique.
Mords|durst ["mɔrts'durst] m. (es, -) grande soif ; Fam. pépie f. ||°**-geschichte** f. (-, en) histoire (f.) incroyable. ||°**-hunger** m. (s) faim (m.) de loup. ||°**-kerl** m. (s, e) rude gaillard m. ; chic type m. ||°**-krach** m. (s), °**-lärm** m. (s) vacarme infernal. ||**-mäßig** adj. effroyable ; énorme. ||**-wenig** adj. très peu ; diablement peu.
Morelle [mɔ'rɛlə] f. (-, n). Bot. cerise (f.) aigre ; griotte f.
Mores ['mo:rəs] pl. savoir-vivre m. | *jn Mores lehren*, apprendre la politesse à qn.
morganatisch [mɔrga'na:tiʃ] adj. morganatique. | *morganatische Ehe*, mariage (m.) morganatique.
Morgen ['mɔrgən] m. (s, -) matin m. ; matinée f. | *am Morgen*, le matin. | *frühmorgens ; des Morgens früh*, de grand matin. | *heute morgen ; am heutigen Morgen*, ce matin. | *am anderen, folgenden Morgen*, le lendemain matin. | *guten Morgen !*, bonjour (le matin). | *gegen Morgen*, vers le matin. | *im Laufe des Morgens*, dans la matinée. | *bis in den Morgen*, jusqu'à l'aube. || Par ext. (Vx.) levant m. ; est m. || [altes Feldmaß] arpent m. | *ein Morgen Land*, un arpent de terre.
Morgen [-gən] n. (s) lendemain m. || Par ext. avenir m. || *Morgengabe* f., cadeau traditionnel, après les noces, de l'époux à l'épousée.
morgen [-gən] adv. demain. | *morgen früh*, demain matin. || Prov. *morgen ist auch ein Tag*, demain il fera jour ; à chaque jour suffit sa peine. | *morgen, morgen nur nicht heute, sagen alle faulen Leute*, les paresseux remettent toujours au lendemain.
Morgen|andacht ["mɔrgən'andaxt] f. prière (f.), office (m.) du matin. ||°**-blatt** n. (s, ¨er) journal (m.) du matin. ||°**-dämmerung** f. (-, en) aube f. ||°**-grauen** n. (s) aube f. ||°**-land** n. (s) Orient m. ; Levant m. ||**-ländisch** adj. oriental. ||°**-luft** f. Fig. *Morgenluft wittern*, flairer une bonne occasion. ||°**-rock** m. (s, ¨e) peignoir m. ; négligé m. ||°**-rot** n. (s), °**-röte** f. aurore f. ||°**-sonne** f. soleil levant. ||°**-ständchen** n. (s, -). Mus. aubade f. ||°**-stern** m. (s). Astron. Vénus f. || Hist. masse (f.) d'armes. ||°**-stunde** f. (-, n) heure matinale. | *Morgenstunde hat Gold im Munde*, le monde appartient à ceux qui se lèvent tôt. ||°**-tau** m. (s) rosée matinale. ||°**-zeit** f. matinée f.
morgendlich ['mɔrgəntliç] adj. matinal.
morgens ['mɔrgəns] adv. le matin. | *früh morgens*, de grand matin.
morgig [-giç] adj. de demain.
Moritat [mori'ta:t] f. (-, en) complainte f.
Moritz ['mo:rits] n. pr. m. Maurice m.
Mormone [mɔr'mo:nə] m. (n, n). Relig. mormon m. | *Mormonentum*, doctrine des mormons.
moros [mɔ'ro:s] adj. morose.
Morosität [-rozi'tɛ:t] f. morosité f.
Morphem [mɔr'fe:m] n. (s, e). Gramm. morphème m.
Morpheus ['mɔrfe:us] n. pr. m. Myth. Morphée m. || Iron. *in Morpheus' Armen liegen, ruhen*, être dans les bras de Morphée.
Morphin [mɔr'fi:n] n. (s) morphine f.
Morphinismus [-fi'nismus] m. morphinomanie f.
Morphinist(in) [-fi'nist(in)] m. (en, en), f. (-, nen) morphinomane s.
Morphium ['mɔrfium] n. (s) morphine f.
Morphologie [mɔrfɔlɔ'gi:] f. (-, n) morphologie f.
morsch [mɔrʃ] adj. Pr. et fig. pourri ; vermoulu.
Morse|alphabet ["mɔrzəalfa'be:t] n. (s, e) alphabet (m.) morse.
morsen ['mɔrzən] v. intr. envoyer un message en morse.
Mörser ['mørzər] m. (s, -). Techn., Mil. mortier m.
Mörser|keule ["mørzər'kɔylə] f. (-, n), °**-stößel** [-'ʃtø:səl] m. (s, -) pilon m.
mörsern ['mørzərn] v. tr. piler.
Mortalität [mɔrtali'tɛ:t] f. mortalité f.
Mörtel ['mørtəl] m. (s, -). Techn. mortier m. | *Mörtel mischen*, gâcher du mortier. | *mit Mörtel bewerfen, verstreichen*, crépir.
mörteln [-təln] v. tr. lier avec du mortier.
Mosaik [moza'i:k] n. (s, e). Pr. et fig. mosaïque f.
Mosaik|gen [moza"i:k'gen] n. (s, e). Biol. gène (m.) en mosaïque.

mosaisch [mo'zɑ:iʃ] adj. RELIG. de Moïse ; mosaïque.
Moschee [mo'ʃe:] f. (-, n) mosquée f.
Moschus ['mɔʃus] m. musc m.
Moschus|tier ["mɔʃus'ti:r] n. (s, e). ZOOL. chèvre musquée.
Mosel ['mo:zəl] f. GÉOGR. Moselle f.
Moses ['mo:zəs] n. pr. m. Moïse m. | *die fünf Bücher Mosis*, le Pentateuque.
Moskau ['mɔskau] n. pr. m. Moscou m.
Moskauer(in) [-ər(in)] m. (s, -), f. (-, nen) habitant (m.), habitante (f.) de Moscou ; Moscovite s.
moskauisch [-iʃ] adj. de Moscou ; moscovite.
Moskito [mɔs'ki:to] m. (s, s) moustique m.
Moskito|netz [mɔs"ki:to'nɛts] n. (es, e) moustiquaire m.
Moslem ['mɔslɛm] m. (s, in) musulman m.
Moslime [mɔs'li:mə] f. (-, n) musulmane f.
Most [mɔst] m. (s, e) moût (m.) de raisin ; vin doux. || [Apfelmost] cidre m.
Mostert ['mɔstərt], **Mostrich** ['mɔstriç] m. (s, e) moutarde f.
Mostrich|töpfchen ["mɔstriç'tøpfçən] n. (s, -) moutardier m.
Motette [mɔ'tɛtə] f. (-, n). MUS. motet m.
Motion [mo'tsio:n] f. (-, en) mouvement m. | *sich Motion machen*, se donner de l'exercice. || POLIT. motion f. (parlementaire).
Motiv [mo'ti:f] n. (s, e) motif m. ; mobile m. || ARTS. thème m. || MUS. motif m.
Motivation [motiva'tsio:n] f. (-, en) motivation f.
motivieren [mɔti'vi:rən] v. tr. motiver ; fonder.
Motivierung [-ruŋ] f. motivation f. ; argumentation f.
Motor ['mo:tɔr] m. (s, en) moteur m.
motor|betrieben ["mo:tɔrbə'tri:bən] adj. à moteur. ||°**-boot** n. (s, e) canot (m.) automobile. ||°**-gehäuse** n. (s, -) carter m. ||°**-haube** f. (-, n) capot (m.) de moteur. ||°**-pflug** m. (s, ¨e) charrue (f.) à moteur ; motoculteur m. ||°**-pumpe** f. (-, n) motopompe f. ||°**-rad** n. (s, ¨er) moto f. | *verkleidetes Motorrad*, moto à carénage intégral. ||°**-rad|-fahrer(in)** m. (s, -), f. (-, nen) motocycliste s. ||°**-rad|kommando** n. (s, s) motards (m. pl.) voltigeurs. ||°**-roller** m. (s, -) scooter m. ||°**-säge** f. (-, n) tronçonneuse f. ||°**-schiff** n. (s, e) bateau (m.) à moteur. ||°**-segler** m. (s, -) motoplaneur m. ||°**-spritze** f. (-, n) motopompe f. ||°**-störung** f. (-, en) panne (f.) de moteur. | *eine Motorstörung beheben*, dépanner. ||°**-trieb|wagen** m. (s, -) autorail m. ||°**- und Segel|schiffahrt** f. (-) navigation (f.) de plaisance. ||°**-wagen** m. (s, -) automobile f. ; automotrice f. ||°**-welle** f. (-, n) arbre moteur.
motorisch [mɔ'to:riʃ] adj. moteur. | *motorische Nerven*, nerfs moteurs.
motorisieren [-tori'zi:rən] v. tr. motoriser.
Motorisierung [-tori'zi:ruŋ] f. motorisation f.
Motte ['mɔtə] f. (-, n) teigne f. ; mite f. | *Kleidermotte*, mite f.
motten|fest ["mɔtən'fɛst] adj. protégé contre les mites. ||°**-pulver** m. (s, -) antimite m.
mottig ['mɔtiç] adj. rongé des mites ; mité.
Motto ['mɔto] n. (s, s) épigraphe f. ; devise f.
moussieren [mu'si:rən] v. intr. mousser.
◇ part. prés. et adj. **moussierend,** mousseux.
Möwe ['mø:və] f. (-, n), mouette f.
Muck [muk] m. (s, e), **Mucks** [muks] m. (es, e). *mit keinem Muck*, sans souffler mot.
Mucke ['mukə] f. (-, n). **1.** fantaisie f. ; caprice m. | *das Ding hat seine Mucken*, cela ne tourne pas rond. | *seine (ihre) Mucken und Launen*, ses caprices. | *er hat so seine Mucken*, il a ses lubies.
2. V. MÜCKE.
Mücke ['mykə] f. (-, n) mouche f. ; moucheron m. | *von Mücken geplagt*, importuné par les moustiques. || LOC., FAM. *aus einer Mücke einen Elefanten machen*, exagérer ; en faire une montagne. | *eine Mücke machen*, prendre la poudre d'escampette.
mucken ['mukən] v. intr. faire un léger mouvement. || parler à voix basse. || FAM. rouspéter ; râler.
Mucker [-kər] m. (s, -) grognon m. ; râleur m. || tartufe m. ; bigot m. ; hypocrite m.
Muckerei [mukə'rai] f., **Muckertum** ['mukərtu:m] n. (s) hypocrisie f. ; sournoiserie f. || tartuferie f.
Mucks [muks] m. V. MUCK.
mucksen ['mukzən] v. intr. V. MUCKEN.
müde ['my:də] adj. fatigué ; las. | *ich bin müde*, je suis fatigué. | *ich bin es müde*, j'en suis las. | *von schwerer Tagesarbeit müde*, las d'une grande journée de travail. | *sich müde rennen*, se fatiguer à courir. | *seid ihr mich schon müde ?*, en avez-vous déjà assez de moi ?
Müdigkeit [-diçkait] f. fatigue f.
Muff [muf] m. (s, e) odeur (f.) de moisi, de renfermé. || [Kleidungsstück] manchon m.
Muffe ['mufə] f. (-, n). TECHN. manchon m. ; raccord m. || POP. *Muffen haben*, avoir les jetons.
Muffel ['mufəl] m. (s, -). ZOOL. mufle m. || FIG. grognon m. ; grincheux m.
Muffel|schaf ["mufəl'ʃɑ:f] n. (s, e), °**-wild** [-'vilt] n. (s). ZOOL. mouflon m.
muff(e)lig ['muf(ə)liç] adj. grognon ; grincheux.
muffeln [-fəln] v. tr. mâchonner. || ronchonner.
Muffel ['mufəl] f. (-, n). PHYS., CHIM. moufle m. ; coupelle f. ; creuset m.
muffen ['mufən] v. intr. [dumpf riechen] sentir le moisi. || [brummig sein] grogner ; ronchonner.
muffig [-fiç] adj. qui sent le moisi.
Mühe ['my:ə] f. (-, n) peine f. | *Sorge und Mühe haben*, avoir des soucis et une vie dure. | *sich Mühe geben*, se donner de la peine. | *sich die Mühe geben*, consentir (à faire). | *keine Mühe scheuen*, ne reculer devant aucun effort. | *es lohnt die Mühe nicht*, cela ne vaut pas la peine. | *das ist wohl der Mühe wert*, cela vaut bien la peine. | *sparen Sie sich die Mühe*, ne vous donnez pas la peine. | *mit großer Mühe*, à grand-peine. | *nur mit Mühe*, non sans peine. | *ohne jede Mühe*, sans aucune difficulté. | *er kann sich die Mühe sparen*, il est inutile qu'il insiste.
mühe|los ["my:ə'lo:s] adj. sans peine. ||°**-losigkeit** f. facilité f. ||**-selig** adj. pénible ; laborieux ; difficile. ||°**-seligkeit** f. (-, en) difficulté f. ||**-voll** adj. pénible ; laborieux. ||°**-waltung** f. soin m. (qu'on prend d'une tâche).
Mühsal ['my:zɑ:l] f. (-, e) peines f. pl. ; fatigue f. ; rude labeur m.
mühsam [-zɑ:m] adj. pénible ; difficile.
Mühsamkeit [-zamkait] f. difficultés f. pl.
muhen ['mu:ən] v. intr. [Kuh] beugler ; mugir.
mühen (sich) [ziç'my:ən] v. pr. se donner de la peine.
Mühle ['my:lə] f. (-, n) moulin m. | *das Wasser treibt die Mühle*, l'eau fait marcher le moulin. | *Windmühle*, moulin à vent. | *Kaffeemühle*, moulin à café. || FIG. *das ist Wasser auf seine Mühle*, c'est apporter de l'eau à son moulin ; cela fait son affaire.
Mühl|graben ["my:l'grɑ:bən] m. (s, ¨) bief m. ||°**-rad** n. (aussi : **Mühlenrad**) [o, ¨er] roue (f.) de moulin. ||°**-stein** m. (s, e) meule f. ||°**-wehr** n. (s, e) bâtardeau m. ||°**-werk** n. (s, e) rouages (m. pl.) de moulin.
Mulatte [mu'latə] m. (n, n) mulâtre m.
Mulattin [-tin] f. (-, nen) mulâtresse f.
Mulde ['muldə] f. (-, n). [Gefäß] auge f. ; cuvette f. ; jatte f. || CULIN. fontaine f. || GÉOL. bassin synclinal.
mulden|förmig ["muldən'førmiç] adj. en auge ; en forme d'auge.
Mülhausen ["my:l'hauzən] n. pr. n. GÉOGR. Mulhouse m.
Mull [mul] m. (es) mousseline f.
Mull|binde ["mul'bində] f. (-, n) gaze f. ||°**-kleid** n. (s, er) robe (f.) de mousseline.
Müll [myl] m. (s) ordures f. pl. ; gravats m. pl.
Müll|abfuhr ["myl'apfu:r] f. enlèvement (m.), ramassage (m.) des ordures. || PAR EXT. éboueurs m. pl. | *die Müllabfuhr war schon da*, les éboueurs sont passés. ||°**-eimer** m. (s, -) poubelle f. ||°**-kasten** m. (s, -) boîte (f.) à ordures. ||°**-kippe** f. (-, n). *wilde Müllkippe*, décharge (f.) sauvage. ||°**-kutscher** m. (s, -), °**-mann** m. (s) éboueur m. ||°**-sack** m. (s, ¨e) sac (m.) poubelle. ||°**-schlucker** m. (s, -) vide-ordures m. ||°**-verbrennungs|anlage** f. (-, n) usine (f.) d'incinération des déchets. ||°**-wagen** m. (s, -) camion (m.) d'enlèvement des ordures. ||°**-zerkleinerer** m. (s, -) broyeur (m.) à ordures.
Müller(in) ['mylər(in)] m. (s, -), f. (-, nen) meunier m. ; meunière f.
Müllerei [mylə'rai] f. meunerie f.
Mulm [mulm] m. (-) vermoulure f.
mulmig ['mulmiç] adj. vermoulu. || FIG., FAM. véreux ; douteux.
Multi ['multi] m. (s, s) multinationale f.

Multi|mode ["multi'mo:də] (en compos.) multimode. ||**-national** adj. multinational. | *multinationaler Konzern*, multinationale f. ||°**-plex|betrieb** m. (s, e). TÉLÉCOMM. multiplexage m. ||°**-plex|schaltung** f. (-, en). TÉLÉCOMM. multiplex m. ||°**-programm-verarbeitung** f. INF. multiprogrammation f.

multipel [mul'ti:pəl] adj. multiple.

Multiplikand [multipli'kant] m. (en, en) multiplicande m.

Multiplikation [-ka'tsio:n] f. (-, en) multiplication f.

Multiplikator [-'kɑ:tɔr] m. (s, en) multiplicateur m.

multiplizieren [-'tsi:rən] v. tr. multiplier.

Multiplizierung [-'tsi:ruŋ] f. multiplication f.

Mumie ['mu:miə] f. (-, n) momie f.

mumifizieren [mumifi'tsi:rən] v. tr. momifier.

Mumm [mum] m. (s). FAM., POP. courage m. ; énergie f. | *Mumm haben*, avoir du cran.

Mumme ['mumə] f. (-, n). [Maske ; maskierte Person] masque m.

Mummen|schanz ["mumən'ʃants] m. (es) mascarade f.

Mummel ['muməl] f. (-, n). BOT. nénuphar m.

Mummel|greis ["muməl'grais] m. (es, e) vieux bonhomme.

mummeln ['muməln] v. intr. mâchonner ; marmotter.

◇ v. tr. [einmummeln] envelopper.

Mumpitz ['mumpits] m. (es) farce f. ; blagues f. pl.

Mumps [mumps] m. (es). MÉD. oreillons m. pl.

München ['mynçən] n. pr. n. GÉOGR. Munich m.

Münchner(in) ['mynçnər(in)] m. (s, -), f. (-, nen) Minichois m. ; Munichoise f. | *Münch(e)ner Bier*, bière (f.) de Munich.

Mund [munt] m. (s, ¨er ou ¨e) **1.** bouche f. | *etwas zum Munde führen*, porter qch. à la bouche. | *mit vollem Munde sprechen*, parler la bouche pleine. | *den Mund vor Staunen aufreißen*, béer d'étonnement. | *den Mund verziehen*, faire la grimace.

2. FIG. *den Mund auftun*, ouvrir la bouche (pour parler). | *mit offenem Munde dastehen*, rester bouche bée. | *jm den Mund stopfen*, fermer la bouche à qn ; faire taire qn. | *jm über den Mund fahren*, couper la parole à qn. | *er ist nicht auf den Mund gefallen*, il n'a pas sa langue dans sa poche. | *kein Blatt vor den Mund nehmen*, ne pas mâcher ses mots. | *sich den Mund verbrennen*, avoir un mot malheureux. | *er hat den Mund auf dem rechten Fleck*, il a de la repartie. | *den Mund vollnehmen*, fanfaronner. | *halt den Mund !*, tais-toi ! | *seinen Mund halten*, garder un secret. | *von der Hand in den Mund leben*, vivre au jour le jour. | *jm den Mund wässerig machen*, faire venir l'eau à la bouche de qn. | *du nimmst mir das Wort aus dem Munde*, j'allais (te) le dire. | *jm nach dem Munde reden*, flatter qn. | *das ist in aller Munde*, tout le monde en parle.

3. PAR EXT., TECHN. [Lüftung ; Brunnen] bouche f. || [Ofen ; Geschütz] gueule f.

Mund|art ["munt'ɑ:rt] f. (-, en) dialecte m. ; patois m. ||**-artlich** adj. dialectal. ||°**-atmung** f. (-). MÉD. respiration (f.) par la bouche. ||°**-dusche** f. (-, n) hydropulseur m. ||**-faul** adj. qui parle peu ; avare de ses paroles. ||°**-fäule** f. MÉD. aphte m. ||**-gerecht** adj. agréable au goût. || FIG. *jm etwas mundgerecht machen*, bien préparer qch. pour qn ; faciliter qch. à qn. ||°**-harmonika** f. (-, s). MUS. harmonica m. ||°**-höhle** f. (-, n). ANAT. cavité buccale. ||°**-raub** m. (s). JUR. larcin m. ||°**-schenk** m. (en, en). HIST. échanson m. ||°**-spülung** f. (-, en) bain (m.) de bouche. ||°**-stück** n. (s, e). [Zigarette] bout m. ; [Pfeife] embout m. || MUS. embouchure f. ||**-tot** adj. *jn mundtot machen*, interdire la parole à qn. || JUR. interdit. | *mundtot erklären*, interdire. ||°**-tuch** n. (s, ¨er) serviette f. (de table). ||°**-voll** m. (s) bouchée f. ; gorgée f. ||°**-vorrat** m. (s, ¨e) provisions f. pl. (de bouche) ; vivres m. pl. ||°**-wasser** n. (s, -) gargarisme m. ; eau (f.) dentifrice. ||°**-werk** n. (s) *er hat ein gutes Mundwerk*, il a la langue bien pendue ; il parle beaucoup. ||°**-winkel** m. (s, -) coin (m.) de la bouche ; commissure (f.) des lèvres.

munden ['mundən] v. intr. plaire au goût.

münden ['myndən] v. intr. (in, acc.) se jeter dans ; déboucher. | *die Weser mündet in die Nordsee*, la Weser se jette dans la mer du Nord.

mundieren [mun'di:rən] v. tr. mettre au net (qch. d'écrit).

mündlich ['myntliç] adj. oral ; verbal. | *mündliche Prüfung*, examen oral.

◇ adv. oralement ; de vive voix.

Mündung ['myndυŋ] f. (-, en). [Fluß ; Kanalisation ; Schußwaffe] bouche f. ; embouchure f.

Mund [munt] f. JUR. tutelle f.

Mündel ['myndəl] m. et n. (s, -), f. (-, n) pupille s.

Mündel|geld ["myndəl'gelt] n. (s, er) deniers (m. pl.) pupillaires.

mündel|sicher [-'ziçər] adj. de tout repos. | *mündelsichere Anlage*, placement (m.) de père de famille.

mündig ['myndiç] adj. JUR. majeur. | *mündig werden*, arriver à sa majorité. | *als (für) mündig erklären*, émanciper ; déclarer majeur. | *mündig sprechen*, émanciper.

Mündigkeit [-kait] f. majorité f.

Mündigkeits|alter ["myndiçkaits'altər] n. (s) âge (m.) de majorité. ||°**-erklärung** f., °**-sprechung** f. émancipation f.

Munition [muni'tsio:n] f. (-, en) munition f.

Munitions|bunker [muni"tsio:ns'buŋkər] m. (s, -) soute (f.) à munitions. ||°**-träger** m. (s, -) pourvoyeur m. ||°**-wagen** m. (s, -) caisson m.

Munkelei [muŋkə'lai] f. (-, en) papotage m. ; chuchotement(s) m. (pl.).

munkeln ['muŋkəln] v. intr. murmurer ; chuchoter. | *man munkelt davon in der Stadt*, on en parle dans la ville.

Münster ['mynstər] n. (s, -) cathédrale f. | *das Freiburger Münster*, la cathédrale de Fribourg.

munter ['muntər] adj. éveillé. | *munter werden*, s'éveiller. || PAR EXT. vif ; gai ; allègre ; alerte. | *es ist ein munterer Kopf*, il a de la vivacité. | *frisch und munter*, plein d'entrain. || LOC. *munter wie ein Zeisig*, gai comme un pinson.

Munterkeit [-kait] f. entrain m. ; vivacité f. ; gaieté f. ; enjouement m. ; bonne humeur.

Münz|amt ["mynts'amt] n. (s, ¨er). [Hôtel (m.) de la] Monnaie f. ||°**-einheit** f. (-, en) unité (f.) monétaire. ||°**-en|sammler** m. (s, -) numismate m. ||°**-fälscher** m. (s, -) faux-monnayeur m. || °**-fälschung** f. fabrication (f.) de fausse monnaie. ||°**-fernsprecher** m. (s, -) taxiphone m. ||°**-freiheit** f. droit (m.) de battre monnaie. ||°**-fuß** m. (es), °**-gehalt** m. (s) titre m. (de la monnaie). ||°**-geld** n. (s) numéraire m. ||°**-kabinett** n. (s, e) cabinet (m.) des médailles. ||°**-kenner** m. (s, -) numismate m. ||°**-kunde** f. numismatique f. ||°**-prägung** f. frappe (f.) de la monnaie. ||°**-recht** n. (s) droit (m.) de battre monnaie. ||°**-sammlung, °-(en)sammlung** f. (-, en) collection (f.) de monnaies, de médailles ; numismatique f. ||°**-stempel** m. (s, -) coin m. ||°**-system** n. (s, e) système (m.) monétaire. || °**-umlauf** m. (s) circulation (f.) monétaire. ||°**-wesen** n. (s) 1° système (m.) monétaire ; 2° administration (f.) des monnaies.

Münze ['myntsə] f. (-, n) monnaie f. ; espèces monnayées. | *Münzen prägen*, battre monnaie. | *gangbare Münze*, monnaie ayant cours. | *in klingender Münze bezahlen*, payer comptant, en espèces sonnantes. || FIG. *für bare Münze nehmen*, prendre pour argent comptant. | *jn mit gleicher Münze (heim)zahlen*, rendre à qn la pareille, la monnaie de sa pièce. || médaille f.

münzen [-tsən] v. tr. battre, frapper monnaie. || FIG. *das ist auf mich gemünzt*, c'est à moi que cela s'adresse ; c'est pour moi.

Münzer [-tsər] m. (s, -) monnayeur m.

Muräne [mu'rɛ:nə] f. (-, n). ZOOL. murène f.

mürbe ['myrbə] adj. **1.** tendre ; friable ; fondant. | *mürbes Obst*, fruits blets. | *mürbes Fleisch*, viande faisandée. | *mürbes Holz*, bois (m.) friable.

2. brisé ; maté. | *den Gegner mürbe machen*, briser, mater son adversaire.

Mürbe ['myrbə] f., **Mürbheit** ['myrphait] f. friabilité f. ; état de ce qui est mou.

Mürbe|braten ["myrbə'brɑ:tən] m. (s, -). CULIN. filet m. ||°**-keks** m. ou n. sablé m. ||°**-teig** m. (s, e) pâte sablée.

Murkel ['murkəl] m. (s). POP. bébé m. ; gosse m.

Murks [murks] m. (es). POP. objet raté.

murksen ['murksən] v. intr. mal travailler.

Murmel ['murməl] f. (-, n). [Marbel] bille f. | *Murmelspiel*, jeu de billes.

murmeln ['murməln] v. tr. murmurer ; chuchoter.

| *etwas in seinen Bart murmeln*, marmotter qch. entre ses dents.

Murmeln [-məln] n. (s) murmure m. | *Murmeln der Quelle*, murmure de la source.

Murmel|tier ["murməl'ti:r] n. (s, e). ZOOL. marmotte f.

murren ['murən] v. intr. [Lärm] gronder. ◇ v. tr. grommeler ; grogner ; bougonner.

Murren ['murən] n. (s) grondement m. ; murmures m. pl. ; grognement m. ; mécontentement m.

mürrisch ['myriʃ] adj. grognon ; grincheux.

Murr|kopf ["mur'kɔpf] m. (s, ¨e) grognon m. ; grincheux m.

Mus [mu:s] n. (es, e) marmelade f. ; bouillie f. | *Apfelmus*, compote (f.) de pommes. | *Pflaumenmus*, confiture (f.) de prunes.

Muschel ['muʃəl] f. (-, n). ZOOL. coquillage m. ; coquille f. || ANAT. [Ohr] pavillon m. || ARCHIT. coquille f. || TÉLÉPH. micro m. ; écouteur m.

Muschel|horn ["muʃəl'hɔrn] n. (s, ¨er). MYTH. conque f. ||°**-schale** f. (-, n) coquille f. ; valve f.

Muschik ['muʃik] m. (s, s) moujik m.

Muschkote [muʃ'ko:tə] m. (n, n). MIL., FAM. biffin m. ; troufion m.

Muse ['mu:zə] f. (-, n). MYTH. Muse f.

Muselman ['mu:zəlman] m. (en, en), **Muselmann** m. (s, ¨er) musulman m.

Muselmanin [-"mɑ:nin] f. (-, nen) musulmane f.

muselmanisch [-"mɑ:niʃ], **muselmännisch** adj. musulman.

Museum [mu'ze:um] n. (s, Museen) musée m.

Musik [mu'zi:k] f. [Tonkunst] musique f. | *klassische, geistliche Musik*, musique classique, d'église. | *in Musik setzen*, mettre en musique.

Musik|aufführung [mu"zi:k'auffy:ruŋ] f. (-, en) séance musicale. ||°**-dose** f. (-, n) boîte (f.) à musique. ||°**-drama** n. (s, men) drame musical. ||°**-fest** n. (es, e) festival (m.) de musique. ||°**-instrument** n. (s, e) instrument (m.) de musique. ||°**-kapelle** f. (-, n) orchestre m. ||°**-korps** n. orchestre (m.) militaire. ||°**-liebhaber(in)** m. (s, -), f. (-, nen) amateur (m.) de musique ; mélomane s. ||°**-note** f. (-, n) note (f.) de musique. ||°**-schule** f. (-, n) conservatoire m. ||°**-verein** m. (s, e) philharmonique f. ; société (f.) de musique. ||°**-wissenschaft** f. musicologie f.

Musikalien [muzi'kɑ:liən] f. pl. partitions f. pl.

musikalisch [-zi'kɑ:liʃ] adj. musical ; musicien ; doué pour la musique.

Musikalität [muzikali'tɛ:t] f. musicalité f.

Musikant [-zi'kant] m. (en, en) musicien ambulant.

Musikanten|knochen [muzi"kantən'knɔxən] m. (s, -). ANAT., FAM. petit juif.

Musiker(in) ['mu:zikər(in)] m. (s, -), f. (-, nen) musicien m., musicienne f.

Musikus [-kus] m. (-, sizi). [Vx.] musicien m.

musisch ['mu:ziʃ] adj. artistique ; littéraire.

musizieren [muzi'tsi:rən] v. intr. faire de la musique.

Musiv|arbeit [mu"zi:f'arbait] f. mosaïque f.

Musiv|gold [-'gɔlt] n. (s) or mussif.

Muskat [mus'kɑ:t] m. (s, e). BOT. muscade f.

Muskateller [muska'tɛlər] m. (s, -) raisin, vin muscat.

Muskat|nuß [mus"kɑ:t'nus] f. (-, ¨e) noix (f.) muscade ; muscade f. ||°**-wein** m. (s, e). V. MUSKATELLER.

Muskel ['muskəl] m. (s, n) muscle m.

Muskel|faser ["muskəl'fɑ:zər] f. (-, n) fibre (f.) musculaire. ||°**-kater** m. (s). FAM. courbature f. ||°**-kraft** f. force (f.) musculaire. ||°**-protz** m. (es, e). FIG., FAM. armoire (f.) à glace. ||°**-riß** m. (es, e) déchirement (m.) musculaire. ||°**-zerrung** f. (-, en) claquage m.

muskelig ['muskəliç] adj. musclé.

Muskete [mus'ke:tə] f. (-, n). HIST. mousquet m.

Musketier [-kə'ti:r] m. (s, e) mousquetaire m.

muskulär [musku'lɛ:r] adj. musculaire.

Muskulatur [muskula'tu:r] f. (-, en) musculature f.

muskulös [-'lø:s] adj. musclé ; musculeux ; vigoureux.

Muß [mus] n. nécessité f. ; devoir m.

Muße ['mu:sə] f. loisir m. ; détente f. | *mit Muße*, à loisir.

Muße|stunde ["musə'ʃtundə] f. (-, n) moment (m.) de liberté. ||°**-zeit** f. (-, en) loisir m.

Musselin [musə'li:n] m. (s, e) mousseline f.

müssen ['mysən] (u, u) auxil. de mode. **1.** [gezwungen sein] *ich muß abreisen*, il faut que je parte ; il me faut partir ; je dois partir ; je suis obligé de partir. | *er müßte hier sein*, il devrait être là. | *ich muß in die Stadt*, il faut que j'aille en ville. | *man muß bemerken*, il est à noter. | *da muß ich lachen !*, laissez-moi rire ! | *man mußte die Klarheit seiner Analyse bewundern*, on ne pouvait pas ne pas admirer la clarté de son analyse. | *es hat so sein müssen*, c'était fatal. | *kein Mensch muß müssen* (LESSING), nul n'est tenu de plier l'échine.
2. [Wahrscheinlichkeit] *er muß hier sein*, il est sûrement ici. | *er muß gleich kommen*, il va venir tout de suite. | *es müßte mit dem Teufel zugehen, wenn*, il faudrait que le diable s'en mêle pour que. | *ich müßte denn verrückt werden*, à moins que je ne devienne fou.

müßig ['my:siç] adj. **1.** oisif ; inoccupé. | *ein müßiges Leben führen*, vivre dans l'oisiveté.
2. oiseux ; inutile. | *müßige Frage*, question oiseuse, superflue.

Müßig|gang ["my:siç'gaŋ] m. (s) oisiveté f. ; inaction f. | *Müßiggang ist aller Laster Anfang*, l'oisiveté est la mère de tous les vices.

Müßig|gänger [-'gɛŋər] m. (s, -) oisif m.

Muster ['mustər] n. (s, -). **1.** modèle m. ; exemplaire m. ; échantillon m. | *Muster ohne Wert*, échantillon sans valeur. | *nach Muster bestellen*, commander sur échantillon.
2. exemple m. | *sich ein Muster an jm nehmen*, prendre modèle sur qn. | *das ist ein Muster von einem Lehrer*, c'est le modèle du bon maître.
3. [Stoff, Tapete] dessin m. ; motif m. (de tissu).

Muster|betrieb ["mustərbə'tri:p] m. (s, e) exploitation (f.) modèle. ||°**-bild** n. (s, er) exemple m. ||**-gültig** adj. exemplaire. ||°**-karte** f. (-, n) carte (f.) d'échantillons. ||°**-knabe** m. (n, n) enfant (s.) modèle. ||°**-kollektion** f. (-, n) collection f. (de couture). ||°**-messe** f. (-, en) foire (f.) aux échantillons. ||°**-schutz** m. (es) protection (f.) des modèles. ||°**-wirtschaft** f. (-, en) ferme (f.) modèle. ||°**-zeichner** m. (s, -) modéliste m.

musterhaft ['mustərhaft] adj. qui peut servir de modèle ; exemplaire.

Musterhaftigkeit [-haftiçkait] f. perfection f. ; valeur (f.) de modèle.

mustern ['mustərn] v. tr. passer en revue ; inspecter ; examiner. | *jn mit den Augen mustern*, toiser qn du regard. || MIL. 1° faire passer devant le conseil de révision ; 2° passer en revue. || TEXT. *gemusterter Stoff*, étoffe (f.) à motifs, à dessins.

Musterung [-təruŋ] f. examen m. ; inspection f. ; révision f. | *eine Musterung abhalten, vornehmen*, passer en revue.

Musterungs|ausschuß ["mustəruŋs'ausʃus] m. (es, ¨e). MIL. conseil (m.) de révision. ||°**-kommission** f. (-, en) commission (f.) de recensement.

Mut [mu:t] m. (s). **1.** état (m.) d'âme ; humeur f. ; cœur m. | *frohen Mutes sein*, avoir le cœur joyeux. | *bei gutem Mute sein*, être plein d'entrain ; se sentir dispos. | *wie ist dir zumute ?*, comment te sens-tu ? | *mir ist nicht wohl (übel) zumute*, je me sens mal ; je ne me sens pas bien. | *Großmut*, générosité f. | *Schwermut*, mélancolie f. | *Sanftmut*, douceur f. | *Gleichmut*, impassibilité f.
2. courage m. ; vaillance f. ; bravoure f. | *Mut fassen*, prendre courage. | *jm Mut einflößen, machen*, encourager qn ; donner du courage à qn. | *den Mut sinken lassen*, perdre courage ; se décourager.

mut|los ['mu:tlo:s] adj. sans courage ; découragé.

Mut|losigkeit ["mut'lo:ziçkait] f. découragement m.

mut|maßen ["mu:t'mɑ:sən] (mutmaßte, gemutmaßt) v. tr. supposer ; présumer. ||**-maßlich** adj. et adv. probable ; probablement. ||°**-maßung** f. (-, en) supposition f. ; conjecture f. ||**-voll** adj. plein de courage ; courageux. ||°**-wille** m. (ns) espièglerie f. ; enjouement m. ; caprice m. | *aus Mutwillen*, par caprice. ||**-willig** adj. de propos délibéré.

Muta|gen [muta'ge:n] n. (s, e). BIOL. mutagène m. ||°**-genese** f. (-, n). BIOL. mutagenèse f. ||°**-tion** f. (-, en) mutation f.

Mutant(e) [mu'tant(ə)] m. (en, en), f. (-, n). BIOL. mutant(e) m. (f.).

Mütchen ['my:tçən] n. (s) rancune f. | *sein Mütchen an jm kühlen*, passer sa colère sur qn.

muten ['mu:tən] v. tr. faire une demande. || MINES. demander la concession d'une mine.

mutieren [mu'ti:rən] v. intr. [Stimme] muer.

mutig ['mu:tiç] adj. brave ; courageux.

Mutter ['mutər] f. (-, ¨) mère f. | *die gute Mutter*, la bonne mère. | *sie ist ihm eine Mutter gewesen*, elle a été une mère pour lui. | *unverheiratete Mutter*, mère célibataire. || FIG. mère f. | *Mutter Natur*, notre mère la nature. | *Vorsicht ist die Mutter der Weisheit ;* POP. *Vorsicht ist die Mutter der Porzellankiste*, prudence est mère de sûreté.
◇ f. (pl. **Muttern**). TECHN. [Schraubenmutter] écrou m.

Mutter|ast ["mutər'ast] m. (es, ¨e) maîtresse branche. ||°**-biene** f. (-, n) reine (f.) des abeilles. ||°**-boden** m. (s, ¨), °**-erde** f. terre végétale. ||°**-faß** n. (es,¨er) mère (f.) de vinaigre. ||°**-fieber** n. (s). MÉD. fièvre puerpérale. ||°**-gottes** f. Mère de Dieu. ||°**-gottes|bild** n. (s, er) [image de la] madone f. ||°**-haus** n. (es,¨er) maison (f.) mère. ||°**-kind** n. (s, er) enfant gâté. ||°**-kirche** f. (-, n) église mère f. ||°**-korn** n. (s, ¨er). BOT. ergot (m.) du seigle. ||°**-korn|pilz** m. (es, e). BOT. ergot (m.) de seigle. ||°**-kuchen** m. (s, -). MÉD. placenta m. ||°**-land** n. (s, ¨er) mère (f.) patrie. | *das französische Mutterland*, la France métropolitaine. ||°**-lauge** f. (-, n). CHIM. eau (f.) mère. ||**-los** adj. orphelin de mère. ||°**-mal** n. (s, e) envie f. ; tache (f.) de naissance. ||°**-mord** m. (s, e) matricide m. °**-mörder(in)** m. (s, -), f. (-, nen) matricide s. ||°**-pause** f. (-, n) contre-calque m. ||°**-recht** n. (s) matriarcat m. ||°**-schaf** n. (s, e) brebis f. ||°**-schaft** f. maternité f. || °**-schafts|urlaub** m. (s, e) congé (m.) de maternité. ||°**-schiff** n. (s, e). MAR. navire, bâtiment ravitailleur. ||°**-schoß** m. (es) sein maternel. ||**-seelenallein** adj. tout seul. ||°**-söhnchen** n. (s, -) enfant gâté. ||°**-sprache** f. (-, n) langue maternelle. ||°**-stadt** f. (-, ¨e) ville natale. ||°**-stelle** f. *bei jm Mutterstelle vertreten*, tenir lieu de mère à qn. ||°**-tag** m. (s) fête (f.) des mères. ||°**-witz** m. (es) bon sens (héréditaire).

Muttern|schlüssel ["mutərn'ʃlysəl] m. (s, -). TECHN. clef (f.) à écrous.

Mütterchen ['mytərçən], **Mütterlein** [-lain] n. (s, -) maman f. ; petite mère ; bonne vieille.

mütterlich [-tərliç] adj. maternel. | *Vettern mütterlicherseits*, cousins du côté maternel.

Mütterlichkeit [-tərliçkait] f. maternité f. ; sentiment maternel.

Mutterschaft ['mutərʃaft] f. maternité f. | *Mutterschaftsurlaub*, congé (m.) de maternité.

mutual [mutu'ɑ:l], **mutuell** [-tu'ɛl] adj. mutuel.

Mutung ['mu:tuŋ] f. (-, en). MINES. demande (f.) de concession.

Mütze ['mytsə] f. (-, n) casquette f. | *schirmlose Mütze*, bonnet m.

Mützen|schirm ["mytsən'ʃirm] m. (s, e) visière (f.) de casquette.

Myelopathie [myelopa'ti:] f. (-, n). MÉD. myélopathie f.

Mykose [my'ko:zə] f. (-, n). MÉD. mycose f.

Myopathie [myopa'ti:] f. MÉD. myopathie f.

Myriade [myri'ɑ:də] f. (-, n) myriade f.

Myrrhe ['myrə] f. (-, n) myrrhe f.

Myrte ['myrtə] f. (-, n). BOT. myrte m.

Myrten|kranz ["myrtən'krants] m. (es, ¨e) couronne nuptiale, de fleurs d'oranger.

Mysterien|spiel [mys"te:riən'ʃpi:l] n. (s, e). LITTÉR., RELIG. mystère, drame religieux.

mysteriös [mysteri'ø:s] adj. mystérieux.

Mysterium [-'te:rium] n. (s, rien) mystère m.

Mystifikation [mystifika'tsio:n] f. (-, en) mystification f.

mystifizieren [-tifi'tsi:rən] v. tr. mystifier.

Mystik ['mystik] f. mystique f.

Mystiker [-tikər] m. (s, -) mystique m.

mystisch [-tiʃ] adj. mystique.

Mystizismus [-ti'tsismus] m. mysticisme m.

Mythe ['my:tə] f. (-, n) mythe m.

mythisch [-tiʃ] adj. mythique.

Mythologie [mytolo'gi:] f. mythologie f.

mythologisch [-'lo:giʃ] adj. mythologique.

Mythomane [myto'mɑ:nə] m. (n, n), **Mythomanin** [myto'mɑ:nin] f. (-, nen) mythomane s.

Mythomanie [mytoma'ni:] f. mythomanie f.

mythomanisch [myto'mɑ:niʃ] adj. mythomane.

Mythos ['my:tos], **Mythus** [-tus] m. (-, then) mythe m.

Myxomatose [myksoma'to:zə] f. myxomatose f.

Myzel [my'tse:l] n. (s, e). BOT. mycélium m.

N

N, n [ɛn] n. **n** m. | *das große* N, le *N* majuscule. | *das kleine* n, le *n* minuscule.

na [na] interj. eh bien ! ; alors ; allons ! | *na endlich !*, enfin ! | *na und ?*, et puis après ? | *na, und ob !*, et comment ! ; je pense bien !

Nabe ['nɑ:bə] f. (-, n) moyeu m.

Nabel ['nɑ:bəl] m. (s, -). ANAT. nombril m. | *Nabelschnur*, cordon ombilical. | *Nabelbruch*, hernie ombilicale.

Nabob ['nɑ:bɔb] m. (s, s) nabab m.

nach [nɑ:x] prép. (dat.). **1.** [räumlich] vers ; en direction de ; sur. | *nach Hause gehen*, rentrer à la maison. | *nach oben*, vers le haut. | *nach jeder Richtung*, dans, pour toutes les directions. | *nach der linken Seite*, du côté gauche ; vers la gauche. | *nach rechts fahren*, tourner à droite. | *nach links fahren*, tourner à gauche. | *der Weg nach dem Rathaus*, le chemin de l'hôtel de ville. | *nach Paris fahren*, aller, se rendre à Paris. | *nach Deutschland fahren*, aller en Allemagne. | *das Fenster liegt nach dem Garten*, la fenêtre donne sur le jardin. | *nach etwas schießen*, tirer sur qch. || FIG. *jn nach dem Weg fragen*, demander son chemin à qn. | *nach dem Arzt schicken*, envoyer chercher le médecin. *sich nach etwas sehnen*, aspirer à qch. ; désirer (ardemment) qch.

2. [zeitlich] après ; à la suite de ; au bout de. *nach getaner Arbeit*, (une fois) le travail fini. | *nach zehn Minuten*, au bout de dix minutes. | *nach Abzug von*, après déduction de. | *nach Christi Geburt (n. Chr.)*, après Jésus-Christ (apr. J.-C.). | *einer nach dem anderen*, l'un après l'autre.

3. FIG. [begrifflich] selon ; suivant ; d'après. | *allem Anschein nach*, selon toute apparence. | *nach seiner Aussage*, selon ses dires. | *nach Belieben*, à volonté ; à discrétion. | *nach deutschem Geld*, en monnaie allemande. | *jeder nach seinem Geschmack*, chacun selon son goût. | *je nach Größe*, selon la taille. | *nach Maß (gearbeitet)*, [fait] sur mesure. | *nach meiner Meinung ; meiner Meinung nach*, à mon avis ; selon moi. | *nach Vermögen*, suivant ses moyens. | *nach Möglichkeit ; nach Kräften*, selon ses possibilités. | *nach Seife duften*, sentir (bon) le savon. | *jn nur dem Namen nach kennen*, ne connaître qn que de nom. | *nach einer Diät leben*, suivre

un régime. | *nach der Natur malen*, peindre d'après nature. | *das ist nach meinem Herzen*, cela me plaît.
◇ adv. *nach wie vor*, tout comme (aupar)avant. | *nach und nach*, peu à peu ; progressivement.
◇ particule verb. sépar., exprime les idées de : **a)** suivre : *nachlaufen* ; **b)** imiter : *nachmachen* ; **c)** action complémentaire : *nachfüllen* ; **d)** action prolongée : *nachdenken*.

nach|äffen ["nɑ:x'ɛfən] v. tr. singer ; imiter servilement.

nach|ahmen ["nɑ:x'ɑ:mən] v. tr. imiter. | *jn nachahmen*, imiter, copier qn. ||°**-ahmer** m. (s, -) imitateur m. ||°**-ahmung** f. (-, en) imitation f. ; copie f. ; contrefaçon f.

Nach|appell ["nɑ:xa'pɛl] m. (s, e). MIL. contre-appel m.

Nach|arbeit ["nax'arbait] f. (-, en) travail (m.) complémentaire ; retouche f.

Nachbar(in) ['naxbɑ:r(in)] m. (s, ou n, n), f. (-, nen) voisin(e) m. (f.). | *gute nachbarliche Beziehungen*, rapports (m. pl.) de bon voisinage.

nachbarlich [-bɑ:rliç] adj. voisin. | *gute nachbarliche Beziehungen*, rapports (m. pl.) de bon voisinage.

Nachbarschaft [-barʃaft] f. voisinage m.

Nachbars|leute [-bars'lɔytə] pl. voisins m. pl.

nach|bedenken ["nɑ:xbə'dənkən] v. tr. (-bedachte, -bedacht) réfléchir après coup (trop tard).

nach|bestellen ["nɑ:xbə'ʃtɛlən] v. tr. COMM. faire une commande complémentaire ; [Restaurant] demander un supplément.

Nach|beter ["nɑ:x'be:tər] m. (s, -). FIG. perroquet m. ; FAM. béni-oui-oui m.

Nach|bild ["nɑ:x'bild] n. (s, er) imitation f. || PHYSIOL. persistance (f.) de l'image. ||**-bilden** v. tr. copier ; imiter. ||°**-bildung** f. (-, en) reproduction f. ; copie f. ; fac-similé m.

nach|bleiben ["nɑ:x'blaibən] (ie, ie) v. intr. rester en arrière ; survivre.

nach|blicken ["nɑ:x'blikən] v. intr. *jm nachblicken*, suivre qn des yeux.

Nach|blüte ["nɑ:x'bly:tə] f. (-, n) seconde floraison.

nach|datieren ["nɑ:xda'ti:rən] v. tr. postdater.

nach|dem [nɑ:x'de:m] conj. [zeitlich] après que. || PAR EXT. selon que.
◇ adv. [abusivement] ensuite. | *je nachdem*, selon les circonstances ; cela dépend.

nach|denken ["nɑ:x'dɛŋkən] (dachte, gedacht) v. intr. *über etwas* (acc.) *nachdenken*, réfléchir à qch. méditer sur qch. ; FAM. gamberger. ||**-denklich** adj. pensif ; songeur ; qui porte à réfléchir. | *das stimmt nachdenklich*, cela donne à réfléchir. ||°**-denklichkeit** f. état d'esprit songeur ; méditation f.

Nach|dichtung ["nɑ:x'diçtuŋ] f. (-, en) adaptation (f.) libre.

Nach|druck ["nɑ:x'druk] m. (s, ¨e) insistance f. ; fermeté f. | *mit allem Nachdruck*, avec la plus grande insistance. || TYPOGR. m. (s, e) reproduction f. ; contrefaçon f. ||**-drucken** v. tr. reproduire. || **-drücklich, -drucksvoll** adj. énergique ; insistant.
◇ adv. avec fermeté ; expressément.

Nach|eiferer ["nɑ:x'aifərər] m. (s, -) émule m. ||**-eifern** v. intr. *jm nacheifern*, être l'émule de qn.

nach|eilen ["nɑ:x'ailən] v. intr. *jm nacheilen*, courir à la suite de qn.

nach|einander ["nɑ:xain'andər] adv. l'un après l'autre ; à la file. | *vierzehn Tage nacheinander*, quinze jours de suite.

nach|empfinden ["nɑ:xɛmp'findən] (a, u) v. tr. *jm eine Freude nachempfinden*, partager la joie de qn.

Nachen ['naxən] m. (s, -) nacelle f. ; barque f.

nach|erzählen ["nɑ:xɛr'tsɛ:lən] v. tr. répéter un récit ; répéter ce qu'on a dit.

Nach|fahr ["nɑ:x'fɑ:r] m. (s et en, en) descendant m.

Nach|folge ["nɑ:x'fɔlgə] f. (-, n) succession f. ; suite f. || RELIG. *Nachfolge Christi*, Imitation (f.) de Jésus-Christ. ||**-folgen** v. intr. *jm nachfolgen*, succéder à qn ; suivre qn. | *im Nachfolgenden*, dans ce qui suit. ||°**-folger** m. (s, -) successeur m.

nach|fordern ["nɑ:x'fɔrdərn] v. tr. réclamer en supplément ; demander en plus.

nach|forschen ["nɑ:x'fɔrʃən] v. intr. s'informer de. ||°**-forschung** f. (-, en) enquête f. ; recherche f. ; investigation f. | *Nachforschungen anstellen*, faire des recherches.

Nach|frage ["nɑ:x'frɑ:gə] f. (-, n) demande f. ; recherche (f.) d'informations. || ÉCON. demande f. | *die Nachfrage übersteigt das Angebot*, la demande excède l'offre. ||**-frage|bedingt** adj. ÉCON. *nachfragebedingte Inflation*, inflation (f.) par la demande. ||**-fragen** v. intr. demander des nouvelles, des renseignements.

Nach|frist ["nɑ:x'frist] f. (-, en) délai (m.) supplémentaire ; sursis m.

nach|fühlen ["nɑ:x'fy:lən] v. tr. *jm etwas nachfühlen*, partager les sentiments de qn.

nach|füllen ["nɑ:x'fylən] v. tr. ajouter du liquide ; remplir. || AUTOM. faire le plein. ||°**-füllung** f. (-, en) recharge f.

nach|geben ["nɑ:x'ge:bən] (i, a, e) v. intr. céder ; fléchir. | *der Boden gibt nach*, le sol se dérobe (sous les pieds). || FIG. céder ; capituler. | *an Hartnäckigkeit gibst du ihm nichts nach*, pour l'entêtement tu n'as rien à lui envier. | *der Klügere gibt nach*, il est plus habile de se montrer accommodant. | *js Bitten nachgeben*, céder aux prières de qn.

nach|geboren ["nɑ:xgə'bo:rən] adj. cadet. || (enfant) posthume.

Nach|gebühr ["nɑ:xgə'by:r] f. surtaxe f.

Nach|geburt ["nɑ:xgə'burt] f. MÉD. placenta m.

Nach|gefühl ["nɑ:xgə'fy:l] n. (s) sentiment persistant ; impression laissée par qch.

nach|gehen ["nɑ:x'ge:ən] (ging, gegangen) v. intr. *jm nachgehen*, suivre qn. | *einer Sache nachgehen*, éclaircir une affaire. | *seiner Arbeit nachgehen*, vaquer à ses occupations. | *die Uhr geht nach*, la montre retarde.

nach|gelassen ["nɑ:xgə'lasən] adj. posthume.

nach|gemacht [-'maxt] adj. imité ; copié ; factice.

nach|geordnet ["nɑ:xgə'ɔrdnət] adj. subordonné ; inférieur.

nach|gerade ["nɑ:xgə'rɑ:də] adv. enfin. || LOC. *das müßtest du nachgerade wissen*, cela, tu devais tout de même le savoir.

Nach|geschmack ["nɑ:xgə'ʃmak] m. (s) arrière-goût.

nach|giebig ["nɑ:x'gi:biç] adj. souple ; accommodant ; conciliant ; qui cède ; flexible. ||°**-giebigkeit** f. souplesse f. ; facilité f.

nach|grübeln ["nɑ:x'grybəln] v. intr. (dat.) se creuser la tête, la cervelle (à propos de).

Nach|hall ["nɑ:x'hal] m. (s). PR. et FIG. écho m. ; retentissement m. || PHYS. résonance f. ||**-hallen** v. intr. résonner ; retentir ; se répercuter ; FIG. avoir du retentissement, des répercussions.

nach|haltig [-haltiç] adj. persistant ; durable.

nach|hängen ["nɑ:x'hɛŋən] v. intr. *seinen Gedanken nachhängen*, suivre le cours de ses pensées ; s'abandonner à ses pensées. || rester attaché (à qn). | *diese Geschichte hängt ihm nach*, cette histoire le poursuit.

nach|helfen ["nɑ:x'hɛlfən] (i, a, o) v. intr. (dat.) aider à avancer ; donner des leçons. | *bei ihm muß man ab und zu nachhelfen*, il faut lui donner un coup de main de temps en temps. ||°**-hilfe** f. aide f. ||°**-hilfestunde** f. (-, n) leçon (f.) de rattrapage.

nach|her ['nɑ:x"he:r, "nɑ:x'he:r] adv. après ; ensuite.

nach|hinein ['nɑ:xhin"ain] adv. *im nachhinein*, à posteriori, après coup.

nach|holen ["nɑ:x'ho:lən] v. tr. rattraper (un retard).

Nach|hut ["nɑ:x'hut] f. (-, en) arrière-garde f.

nach|jagen ["nɑ:x'jɑ:gən] v. intr. poursuivre à toute vitesse. | *dem Ruhm nachjagen*, courir après la gloire.

Nach|klang ["nɑ:x'klaŋ] m. (s, ¨e) écho m. || réminiscence f. ; souvenir m.

Nach|komme ["nɑ:x'kɔmə] m. (n, n) descendant m. | *die Nachkommen*, la postérité. ||**-kommen** (a, o) v. intr. suivre (venir derrière) qn. || suivre ; rejoindre (dans peu de temps). || suivre (loi) ; exécuter ; se conformer à. | *seinen Verpflichtungen nachkommen*, faire honneur à ses obligations. | *einer Vorschrift nachkommen*, se conformer à une prescription. | *js Wünschen nachkommen*, exaucer les désirs de qn. ||°**-kommenschaft** f. descendance f. ; postérité f. ||°**-kömmling** m. (s, e) descendant m. || retardataire.

Nachkriegs|zeit ["nɑ:xkri:ks'tsait] f. (-, en) [époque de l']après-guerre f.

Nach|kur ["nɑ:x'ku:r] f. MÉD. postcure f.

Nach|laß [ʺnɑ:x'las] m. (es, ¨e). **1.** Jur. succession f. ; héritage m. ‖ œuvres (f. pl.) posthumes. **2.** Comm. rabais m. ; remise f. ; réduction f. ‖ Jur. *Nachlaß einer Strafe*, remise (f.) de peine.

nach|lassen [ʺnɑ:x'lasən] (ä, ie, a) v. tr. laisser (derrière soi) ; léguer. ‖ Comm. [Preise] réduire ; rabattre ; baisser. | *Gebühren nachlassen*, détaxer. ‖ Techn. *die Schraube nachlassen*, desserrer la vis. | *das Seil nachlassen*, laisser filer la corde. | *die Zügel nachlassen*, laisser aller les guides.
◇ v. intr. Pr. et fig. s'affaiblir ; se relâcher. | *der Sturm läßt nach*, la tempête s'apaise. | *der Schmerz läßt nach*, la douleur se calme. | *der Widerstand läßt nach*, la résistance faiblit. | *die Spannung hat nachgelassen*, la tension a diminué. ‖°**-lassenschaft** f. succession f. ‖**-lässig** adj. négligent ; nonchalant ; indolent ; mou. ‖°**-lässigkeit** f. (-, en) négligence f. ; nonchalance f. ; indolence f.

nach|laufen [ʺnɑ:x'laufən] (ä, ie, a) v. intr. (dat.) courir après, derrière. ‖ Pr. et fig. poursuivre.

nach|leben [ʺnɑ:x'le:bən] v. intr. *jm nachleben*, imiter la vie de qn.

nach|legen [ʺnɑ:x'le:gən] v. tr. *Holz ins Feuer nachlegen*, remettre du bois dans le feu.

Nach|lese [ʺnɑ:x'le:zə] f. glanage m. ‖ Fig. recueil (m.) complémentaire. ‖**-lesen** (ie, a, e) v. tr. relire ; lire (après coup). ‖ Fig. glaner ; recueillir.

Nach|leuchtdauer [ʺnɑ:xlɔyçt'dauər] f. Phys. rémanence (f.) de la sensation lumineuse.

nach|liefern [ʺnɑ:x'li:fərn] v. tr. fournir, livrer en surplus, plus tard. ‖°**-lieferung** f. (-, en) livraison (f.) supplémentaire, complémentaire.

nach|lösen [ʺnɑ:x'lø:zən] v. tr. Transp. payer (un supplément) ; payer après le voyage.

nach|machen [ʺnɑ:x'maxən] v. tr. imiter ; copier ; contrefaire. ‖ *er macht ihm alles nach*, il l'imite en toute chose, en tous points.

nach|malen v. tr. [Gemälde] copier.

nach|malig [ʺnɑ:x'mɑ:liç] adj. ultérieur ; postérieur. ‖**-mals** adv. plus tard ; par la suite.

nach|messen [ʺnɑ:x'mɛsən] (i, a, e) v. tr. mesurer de nouveau ; vérifier les dimensions.

Nach|mittag [ʺnɑ:x'mitɑ:k] m. (s, e) après-midi m. ‖**-mittags** adv. l'après-midi.

Nach|nahme [ʺnɑ:x'nɑ:mə] f. (-, n) remboursement m. | *gegen Nachnahme*, contre remboursement. ‖°**-nahme|sendung** f. (-, en) envoi (m.) contre remboursement. ‖**-nehmen** v. tr. encaisser (à la livraison).

Nach|name [ʺnɑ:x'nɑ:mə] m. (ns, n) nom (m.) de famille.

nach|prüfen [ʺnɑ:x'pry:fən] v. tr. vérifier ; contrôler. ‖°**-prüfung** f. (-, en) contrôle m. ; vérification f. ; révision f.

nach|rechnen [ʺnɑ:x'rɛçnən] v. tr. recalculer. | *eine Rechnung nachrechnen*, vérifier un compte. ‖ °**-rechner** m. (s, -) vérificateur-comptable m. ‖ °**-rechnung** f. (-, en) vérification d'un compte.

Nach|rede [ʺnɑ:x're:də] f. (-, n) épilogue m. médisance f. | *üble Nachrede über jn verbreiten*, médire de qn. ‖**-reden** v. tr. *sie redet es ihm nach*, elle répète ce qu'il (a) dit. ‖ *jm (etwas) Übles nachreden*, médire de qn. ‖°**-redner** m. (s, -) (l')orateur suivant.

nach|reisen [ʺnɑ:x'raizən] v. intr. *ich werde dir bald nachreisen*, je te rejoindrai bientôt.

nach|reiten [ʺnɑ:x'raitən] (i, i) v. intr. *er ist ihm nachgeritten*, il l'a poursuivi à cheval.

Nachricht ['nɑ:xriçt] f. (-, en) nouvelle f. ; information f. ; avis m. ; renseignement m. | *Nachrichten einholen*, recueillir des renseignements.

Nachrichten|agentur [ʺnɑ:xriçtənagen'tu:r] f. (-, en) agence (f.) de presse. ‖°**-dienst** m. (s, e) service (m.) de renseignements. ‖ Radio. bulletin (m.) d'informations. ‖°**-offizier** m. (s, e) officier (m.) de renseignements. ‖°**-satellit** m. (en, en) satellite (m.) de télécommunications. ‖°**-sperre** f. (-, n) embargo (m.) sur l'information.

nachrichtlich ['nɑ:xriçtliç] adj. et adv. pour information ; à titre d'information.

nach|rücken [ʺnɑ:x'rykən] v. intr. avancer, venir à la suite de. ‖ Mil. poursuivre.

Nach|ruf [ʺnɑ:x'ru:f] m. (s, e) article (m.) nécrologique ; discours (m.) d'adieu à un mort. ‖**-rufen** (ie, u) v. tr. *jm etwas nachrufen*, crier qch. à l'adresse de qn (qui s'en va).

Nach|ruhm [ʺnɑ:x'ru:m] m. (s) renommée f. (posthume). ‖**-rühmen** v. tr. *jm ein Verdienst nachrühmen*, mettre un mérite à l'actif de qn.

Nach|rüstung [ʺnɑ:x'rystuŋ] f. rééquilibrage (m.) des armements.

nach|sagen [ʺnɑ:x'zɑ:gən] v. tr. répéter (après qn). | *jm Gutes nachsagen*, dire du bien de qn. | *jm Übles nachsagen*, dire du mal de qn.

Nach|satz [ʺnɑ:x'zats] m. (es, ¨e) supplément m.

nach|schauen [-ʃauən] v. intr. vérifier.

nach|schicken [ʺnɑ:x'ʃikən] v. tr. faire suivre (le courrier). ‖ réexpédier.

nach|schießen [ʺnɑ:x'ʃi:sən] (o, o) v. intr. tirer sur qn qui fuit. ‖ se lancer à la poursuite de qn ; se précipiter derrière qn.
◇ v. tr. Fin. compléter une somme.

Nach|schlag [ʺnɑ:x'ʃlɑ:k] m. (s, ¨e) second coup. ‖ Mus. note (f.) de complément ; trille m.

nach|schlagen [ʺnɑ:x'ʃla:gən] (ä, u, a) v. tr. consulter (un ouvrage). | *ein Wort im Wörterbuch nachschlagen*, chercher un mot dans le dictionnaire.
◇ v. intr. (dat.) tenir (d'un ascendant).

Nachschlage|werk [ʺnɑ:xʃlɑ:gə'vɛrk] n. (s, e) encyclopédie f. ; ouvrage (m.) de référence.

nach|schleichen [ʺnɑ:x'ʃlaiçən] (i, i) v. intr. (dat.) suivre en se cachant ; filer ; se faufiler derrière.

nach|schleppen [ʺnɑ:x'ʃlɛpən] v. tr. remorquer ; traîner après soi.

Nach|schlüssel [ʺnɑ:x'ʃlysəl] m. (s, -) seconde clef ; double clef f.

nach|schreiben [ʺnɑ:x'ʃraibən] (ie, ie) v. tr. copier ; recopier. ‖ écrire sous la dictée. ‖ ajouter (en post-scriptum). ‖ écrire après coup.

Nach|schrift [ʺnɑ:x'ʃrift] f. (-, en) copie f. | notes prises. ‖ post-scriptum m.

Nach|schub [ʺnɑ:x'ʃu:p] m. (s, ¨e). Mil. renforts m. pl. ; ravitaillement m.

Nach|schuß [ʺnɑ:x'ʃus] m. (es, ¨e). Comm. nouveau versement. ‖ Bot. rejet m.

nach|sehen [ʺnɑ:x'ze:ən] (ie, a, e) v. intr. (dat.) suivre des yeux.
◇ v. tr. vérifier ; regarder. | *die Maschine nachsehen*, vérifier la machine. | *die Schulaufgaben nachsehen*, contrôler les devoirs. | *in einem Buch nachsehen*, chercher (un passage) dans un livre. | *die Wäsche nachsehen*, vérifier le linge. ‖ passer ; fermer l'œil sur. | *jm einen Fehler nachsehen*, passer une faute à qn. ‖°**-sehen** n. vérification f. ‖ *das Nachsehen haben*, arriver trop tard. | *ich hatte nur das Nachsehen*, j'en ai été pour mes frais, je n'ai plus eu qu'à dire amen, qu'à dire oui.

nach|senden [ʺnɑ:x'zɛndən] (sandte, gesandt) v. tr. faire suivre ; réexpédier. | *bitte nachsenden !*, prière de faire suivre. ‖°**-sendung** f. (-, en) réexpédition f. ; envoi (m.) supplémentaire.

nach|setzen [ʺnɑ:x'zɛtsən] v. tr. placer après ; ajouter.
◇ v. intr. (dat.) s'élancer à la poursuite de qn.

Nach|sicht [ʺnɑ:x'ziçt] f. indulgence f. | *gegen jn Nachsicht üben*, user d'indulgence envers qn.

nach|sichtig [-'ziçtiç] adj. indulgent.

Nach|sichtigkeit [-ziçtiçkait] f. V. nachsicht.

nachsichts|los [ʺnɑ:xziçts'lo:s] adj. et adv. sans indulgence. ‖**-voll** adj. plein d'indulgence. — adv. avec beaucoup d'indulgence.

Nach|silbe [ʺnɑ:x'zilbə] f. (-, n) suffixe m.

nach|sinnen [ʺnɑ:x'zinən] (a, o) v. intr. *über einen Zwischenfall nachsinnen*, réfléchir sur un incident.

nach|sitzen [ʺnɑ:x'zitsən] (saß, gesessen) v. intr. [Schüler] être en retenue. | *nachsitzen lassen*, mettre en retenue.

Nach|sommer [ʺnɑ:x'zɔmər] m. (s, -) fin (f.) de l'été. ‖ Fig. été (m.) de la Saint-Martin.

Nach|spann [ʺnɑ:x'ʃpan] m. (s, e) générique (m.) de fin.

Nach|spiel [ʺnɑ:x'ʃpi:l] n. (s, e). Théâtre, Mus. épilogue m. ‖ Fig. suite f. | *die Angelegenheit wird ein gerichtliches Nachspiel haben*, cette affaire aura des suites judiciaires.

nächst [nɛ:kst] adj. (superl. de **nah**) proche ; prochain ; suivant. | *nächstes Jahr*, l'année prochaine. | *die nächste Straße rechts*, la première rue à droite. | *die nächsten Verwandten*, les parents les plus proches. | *der nächste bitte !*, au suivant, s'il vous plaît. | *der nächste beste*, le premier venu.
◇ adv. *mit nächstem*, (très) bientôt. | *das liegt mir am*

nächsten, c'est ce qui m'importe le plus. | *er steht mir am nächsten*, c'est de lui que je me sens le plus proche. ◇ prép. (dat.) juste après. | *nächst meinem Vater danke ich es ihr*, après mon père, c'est à elle que je le dois. ◇ m. **der Nächste** (n, n) le prochain ; autrui m. ◇ n. **das Nächste,** la première chose ; le plus urgent.

nächst|best ["nɛ:kst'bɛst] adj. *das Nächstbeste*, la première chose venue.

nächst|dem ["nɛ:kst'de:m] adv. après cela ; en outre. ||**-folgend** adj. suivant. ||**-liegend** adj. situé le plus près ; évident. | *das Nächtsliegende*, la première idée qui vous vient.

Nächsten|liebe ["nɛ:kstən'li:bə] f. amour (m.) du prochain ; altruisme m. ; charité f.

nächstens ['nɛ:kstəns] adv. prochainement.

nach|stehen ["nɑ:x'ʃte:ən] (stand, gestanden) v. intr. être placé après. || être inférieur. | *er steht ihm nicht nach*, il ne lui est pas inférieur. | *er steht in allem nach*, il est en retard pour tout.

nach|stehend [-ənt] adj. et adv. ci-après ; ci-dessous. | *die nachstehenden Worte*, les paroles suivantes.

nach|steigen ["nɑ:x'ʃtaigən] (ie, ie) v. intr. (dat.) monter (après qn.).

nach|stellbar ["nɑ:x'ʃtɛlbɑ:r] adj. réglable. || **-stellen** v. tr. placer après. || TECHN. régler. | *die Uhr nachstellen*, retarder la montre. — v. intr. *einem Dieb nachstellen*, poursuivre, traquer, prendre en chasse un voleur. ||°**-stellung** f. (-, en) [surtout au pl. **Nachstellungen**] poursuite f. ; assiduités f. pl.

Nach|steuer ["nɑ:x'ʃtɔyər] f. (-, n) surtaxe f.

nach|streben ["nɑ:x'ʃtre:bən] v. intr. (dat.) s'efforcer d'atteindre. || FIG. *jm nachstreben*, marcher sur les traces de qn.

nach|stürzen ["nɑ:x'ʃtyrtsən] v. intr. (dat.) se précipiter derrière (qn).

nach|suchen ["nɑ:x'zu:xən] v. intr. faire des recherches. — v. tr. et intr. *etwas, um etwas nachsuchen*, solliciter qch. ||°**-suchung** f. (-, en) recherche f. ; demande f.

Nach|synchronisation ["nɑ:xzynkroniza'tsio:n] f., °**-synchronisierung** [-zynkroni'zi:ruŋ] f. (-, en) postsynchronisation f. ||**-synchronisieren** v. tr. postsynchroniser.

Nacht et les mots composés sur cette racine se trouvent après Nachzündung.

nach|tanken ["nɑ:x'taŋkən] v. tr. AUTOM. (re)-faire le plein.

Nach|teil ["nɑ:x'tail] m. (s, e). **1.** inconvénient m. ; désavantage m. | *die Vor- und Nachteile*, les avantages et les inconvénients. | *Nachteil(e) bringen*, porter préjudice. | *ich habe den Nachteil von der Sache*, c'est moi qui en subis les inconvénients. | *jm zum Nachteil ausschlagen*, tourner au détriment de qn.

nach|teilig ["nɑ:x'tailiç] adj. désavantageux, préjudiciable ; défavorable.

Nach|tisch ["nɑ:x'tiʃ] m. (es, e) dessert m. | *beim Nachtisch*, au dessert.

nach|tönen ["nɑ:x'tø:nən] v. intr. continuer de retentir.

Nach|trab ["nɑ:x'trɑ:p] m. (es, e). MIL. arrière-garde f. ; queue (f.) d'une colonne.

Nach|trag ["nɑ:x'trɑ:k] m. (s, ¨e) appendice m. ; post-scriptum m. ; supplément m. ; annexe f. | *Nachtrag zu einem Testament*, codicille m. | *Nachtrag zu einem Versicherungsvertrag*, avenant m.

nach|tragen ["nɑ:x'trɑ:gən] (ä, u, a) v. tr. porter après ; ajouter. | *jm etwas nachtragen*, porter qch. derrière qn ; FIG. garder rancune à qn de qch. | *eine Summe nachtragen*, ajouter une somme.
◇ part. prés. et adj. **nachtragend,** rancunier.

nach|trägerisch [-'trɛ:gəriʃ] V. NACHTRAGEND.

nach|träglich [-'trɛ:kliç] adj. ultérieur ; subséquent ; supplémentaire ; subsidiaire ; additionnel. ◇ adv. plus tard ; ultérieurement ; a posteriori.

Nachtrags|haushalt ["nɑ:xtra:ks'haushalt] m. (s, e) collectif (m.) budgétaire. ||°**-liste** f. (-, n) liste additionnelle. ||°**-zahlung** f. (-, en) versement additionnel.

nach|trauern ["nɑ:x'trauərn] v. intr. (dat.) regretter qch./qn qu'on a perdu.

nach|treten ["nɑ:x'tre:tən] (i, a, e) v. intr. (dat.) marcher après (qn). || FIG. imiter (qn) servilement.

Nach|trieb ["nɑ:x'tri:p] m. (s, e). BOT. rejet m. ; rejeton m. ; nouvelle pousse.

nach|tun ["nɑ:x'tu:n] (tat, getan) v. tr. *jm etwas nachtun*, imiter qn en qch.

nach|üben ["nɑ:x'y:bən] v. tr. et v. intr. *ich habe es mehrmals nachgeübt*, je m'y suis exercé plusieurs fois.

Nach|untersuchung ["nɑ:xuntər'zu:xuŋ] f. (-, en) contre-visite médicale. || TECHN. examen (m.) de contrôle, de vérification.

Nach|urlaub ["nɑ:x'u:rlaup] m. (s, e) permission (f.) supplémentaire.

Nach|verbrennung ["nɑ:xfɛr'brɛnuŋ] f. (-, en) postcombustion f.

nach|verlangen ["nɑ:xfɛr'laŋən] v. tr. demander en plus.

nach|versichern ["nɑ:xfɛr'ziçərn] v. tr. compléter l'assurance ; augmenter la valeur assurée.

Nach|versicherung [-ruŋ] f. (-, en) assurance (f.) supplémentaire.

Nach|verzollung ["nɑ:xfɛr'tsɔluŋ] f. (-, en) nouvelle tarification.

Nach|wahl ["nɑ:x'vɑ:l] f. (-, en) élection partielle.

Nach|wärme ["nɑ:x'vɛrmə] f. NUCL. chaleur, puissance résiduelle.

Nach|wehen ["nɑ:x've:ən] f. pl. MÉD. conséquences f. pl. ; séquelles f. pl. ; douleurs (f. pl.) après l'accouchement. || FIG. *üble Nachwehen*, suites fâcheuses.

nach|weinen ["nɑ:x'vainən] v. intr. *jm nachweinen*, déplorer la mort, le départ de qn ; pleurer qn. | *jm keine Träne nachweinen*, ne pas déplorer le départ de qn.

Nach|weis ["nɑ:x'vais] m. (es, e) preuve f. ; justification f. ; index m. | *den Nachweis erbringen, liefern*, fournir, apporter, administrer la preuve. | *zum Nachweis von*, à l'appui de. | *als Nachweis gelten*, avoir valeur de preuve ; faire foi. ||**-weisbar, -weislich** [-çliç] adj. démontrable ; justifiable ; vérifiable ; contrôlable. — adv. comme on peut en faire la preuve. ||**-weisen** (ie, ie) v. tr. prouver ; démontrer ; mettre en évidence. | *jm einen Fehler nachweisen*, montrer à qn une faute qu'il a commise. | *eine Wirkung nachweisen*, faire apparaître une influence, une action. ||°**-weisung** f. (-, en) indication f. ; preuve f. ; constatation.

Nach|welt ["nɑ:x'vɛlt] f. postérité. | *auf die Nachwelt kommen*, passer à la postérité.

Nach|winter ["nɑ:x'vintər] m. (s, -). 1° fin (f.) de l'hiver ; derniers froids ; 2° retour (m.) du froid.

nach|wirken ["nɑ:x'virkən] v. intr. agir plus tard ; avoir des répercussions. ||°**-wirkung** f. (-, en) effet ultérieur ; suites f. pl. ; répercussions f. pl. ; retentissement m.

Nach|wort ["nɑ:x'vɔrt] n. (s, e) épilogue m. ; postface f.

Nach|wuchs ["na:x'vuks] m. (es). BOT. rejet m. ; recrû m. || FIG. nouvelle génération ; génération montante. | *wissenschaftlicher Nachwuchs*, relève (f.) scientifique.

nach|zahlen ["nɑ:x'tsɑ:lən] v. tr. payer le restant ; payer un supplément. | *eine Summe nachzahlen*, verser un supplément.

nach|zählen [-'tsɛ:lən] v. tr. recompter.

Nach|zahlung [-'tsɑ:luŋ] f. (-, en) paiement (m.) supplémentaire ; rappel m.

Nach|zählung [-'tsɛ:luŋ] f. (-, en) vérification f.

nach|zeichnen ["nɑ:x'tsaiçnən] v. tr. dessiner d'après un modèle ; copier ; calquer ; retoucher.

Nach|zeichnung [-nuŋ] f. (-, en) copie f.

nach|ziehen ["nɑ:x'tsi:ən] (zog, gezogen) v. tr. **1.** traîner après soi. || FIG. *nach sich ziehen*, avoir pour conséquence.
2. TECHN. *eine Schraube nachziehen*, resserrer une vis. | *eine Zeichnung nachziehen*, retracer un dessin.
◇ v. intr. suivre. | *der Haupttrupp zieht nach*, le gros de l'armée suit.

Nach|zug ["nɑ:x'tsu:k] m. (s, ¨e) suite f. ; queue f. (d'un convoi). || TRANSP. train (m.) bis ; train (m.) supplémentaire. || MIL. arrière-garde f.

Nach|zügler ["nɑ:x'tsyklər] m. (s, -) traînard m. ; retardataire m. ; attardé m.

Nach|zündung ["nɑ:x'tsynduŋ] f. AUTOM. retard (m.) à l'allumage.

Nacht [naxt] f. (-, ¨e). **1.** nuit f. | *gute Nacht !*, bonne nuit ! | *heute nacht ; diese Nacht*, cette nuit. | *es ist Nacht*, il fait nuit. | *es wird Nacht*, la nuit vient, tombe. | *nachts ; bei Nacht ; in der Nacht ; des Nachts*, la nuit (compl. de temps). | *bei Nacht sind alle Katzen grau*, la nuit tous les chats sont gris. | *bei Nacht und Nebel*, à la faveur de la nuit ; clandestinement. | *über Nacht fortbleiben*, passer la nuit ailleurs. | *guter Rat kommt über Nacht*, la nuit porte conseil. | *über Nacht reich werden*, devenir riche subitement, du jour au lendemain. | *sie sind wie Tag und Nacht*, ils sont comme le jour et la nuit ; ils sont très différents. | *zu Nacht essen*, souper. | *« Tausendundeine Nacht »*, « les Mille et Une Nuits ». **2.** FIG. *geistige Nacht*, folie f. | *die Nacht des Irrsinns*, la nuit de l'esprit. | *die Nacht des Kerkers*, l'obscurité (f.) des cachots.

Nacht|anzug ["naxt'antsu:k] m. (s, ¨e) pyjama m. ||°**-arbeit** f. (-, en) travail (m.) de nuit. || °**-beleuchtung** f. (-, en) éclairage (m.) de veille. ||**-blind** adj. MÉD. héméralope. ||°**-blindheit** f. (-). MÉD. héméralopie f. ||°**-creme** f. (-, s) crème (f.) de nuit. ||°**-dienst** m. (s, e) garde (f.), service (m.) de nuit. ||°**-essen** n. (s, -) souper m. ||°**-falter** m. (s, -) papillon (m.) de nuit. ||°**-flug** m. (s, ¨e) vol (m.) de nuit. ||°**-frost** m. (es, ¨e) gelée (f.) nocturne. ||°**-gebilde** n. (s, -) °**-gesicht** n. (s, er), °**-gespenst** n. (s, er) vision (f.) nocturne ; fantôme (m.) nocturne. ||°**-geschirr** n. (s, e) vase (m.) de nuit. ||°**-gleiche** f. équinoxe f. ||°**-hemd** n. (s, en) chemise (f.) de nuit. ||°**-lager** n. (s, -) couche f. ; gîte m. ||°**-licht** n. (s, er) veilleuse f. ||°**-lokal** n. (s, e) boîte (f.) de nuit. ||°**-marsch** m. (es, ¨e). MIL. marche (f.) de nuit. ||°**-musik** f. sérénade f. ||°**-mütze** f. (-, n) bonnet (m.) de nuit. ||°**-portier** m. (s, s) veilleur (m.) de nuit. ||°**-quartier** n. (s, e) gîte (m.), abri (m.) pour la nuit. ||°**-runde** f. (-, n) ronde (f.) de nuit. ||°**-schattengewächs** n. (es, e). BOT. solanacée f. ||°**-schicht** f. (-, en) équipe (f.) de nuit. ||°**-schmetterling** m. (s, e) papillon (m.) de nuit ; phalène f. ||°**-schwalbe** f. (-, n). ZOOL. engoulevent m. ||°**-schwärmer** m. (s, -) noctambule m. || ZOOL. phalène f. ||°**-sichtigkeit** f. MÉD. nyctalopie f. ||°**-ständchen** n. (s, -) sérénade f. ||°**-stuhl** m. (s, ¨e) chaise percée. ||°**-tisch** m. (es, e) table (f.) de nuit. ||°**-tischlampe** f. (-, n) lampe (f.) de chevet. ||°**-topf** m. (s, ¨e) vase (m.) de nuit. ||°**-urlaub** m. (s, e) permission (f.) de nuit. ||°**-viole** f. (-, n). BOT. julienne f. ; giroflée musquée. ||°**-vogel** m. (s, ¨). PR. et FIG. oiseau (m.) de nuit. ||°**-wache** f. (-, n) veillée f. ; guet (m.) de nuit ; garde (m.), gardien (m.) de nuit. ||°**-wächter** m. (s, -) gardien (m.), veilleur (m.) de nuit. ||**-wandeln** v. intr. être somnambule. ||°**-wandler** m. (s, -) somnambule m. ||**-wandlerisch** adj. de somnambule. ||°**-zeug** n. (s, e) chemise (f.) de nuit ; pyjama m. ||°**-zug** m. (s, ¨e) train (m.) de nuit.

nächte|lang ["nɛçtə'laŋ] adv. des nuits entières.

nächtig [-tiç] adj. et adv. nocturne ; de nuit.

Nachtigall ['naxtigal] f. (-, en) rossignol m. | *der Nachtigallenschlag*, le chant du rossignol.

nächtigen ['nɛçtigən] v. intr. passer la nuit.

nächtlich [-tliç] adj. nocturne.
◇ adv. de nuit ; la nuit.

nachts [naxts] adv. de nuit ; la nuit ; pendant la nuit ; nuitamment.

nachts|über ["naxts'y:bər] adv. pendant la nuit.

Nackedei ['na:kedai] m. (s, e). FAM. enfant nu.

Nacken ['nakən] m. (s, -) nuque f. || PR. et FIG. *den Nacken beugen*, plier, courber la nuque. || FIG. *jm den Nacken steifen*, encourager qn à faire front. | *jm den Fuß auf den Nacken stellen*, plier, soumettre qn. | *jn im Nacken haben*, être poursuivi ; avoir qn à ses trousses. | *jm im Nacken liegen, sitzen*, être à charge à qn ; importuner qn. | *ihm sitzt der Schelm im Nacken*, il est plein de malice ; c'est un espiègle né.

Nacken|band ["nakən'bant] n. (s, ¨er) serre-nuque m. ||°**-kissen** n. (s, -) traversin m. ; oreiller m. ||°**-knoten** m. (s, -), °**-zopf** m. (s, ¨e) chignon m. ||°**-schlag** m. (s, ¨e) coup (m.) sur la nuque ; FIG. humiliation f. ; revers m. ||°**-schutz** m. (es, e) couvre-nuque m. ; protège-nuque m. ||°**-wirbel** m. (s, -) vertèbre cervicale.

nackt [nakt], **nackend** ['nakənt] adj. nu ; dénudé. | *mit dem nackten Leben davonkommen*, ne sauver que sa peau ; n'avoir que la vie sauve. | *die nackte Wahrheit*, la vérité toute nue, toute crue. | *auf der nackten Erde schlafen*, dormir à même le sol. | *mit nacktem Auge*, à l'œil nu. | *mit nackten Worten*, sans ambages ; sans prendre de gants.

Nackt|badestrand ["nakt'badəʃtrant] m. (s, ¨e) plage (f.) de nudistes. ||**-beinig** adj. jambes nues. ||°**-foto** n. (s, s) nu (m.) photographique. ||**-füßig** adj. pieds nus ; nu-pieds. ||°**-kultur** f. nudisme m. ; naturisme m. ||°**-samer** m. (s, -). BOT. gymnosperme f. ||°**-schnecke** f. (-, n) limace f.

Nacktheit ['nakthait] f. (-, en) nudité f.

Nadel ['nɑ:dəl] f. (-, n) aiguille f. ; épingle f. || FIG. *mit einer heißen Nadel genäht*, cousu à la va-vite.

Nadel|arbeit ["nɑ:dəl'arbait] f. (-, en) ouvrage (m.) à l'aiguille. ||°**-baum** m. (s, ¨e) conifère m. ||°**-boden** m. (s, -) fond (m.) à tuyères, à trous. ||°**-büchse** f. (-, n) étui (m.) à aiguilles ; épinglier m. ||°**-draht** m. (s, ¨e) fil (m.) pour aiguilles. ||°**-drucker** m. (s, -) imprimante (f.) à aiguilles. ||°**-feile** f. (-, n) lime (f.) à aiguilles. ||**-fertig** adj. prêt à être cousu ; irrétrécissable. ||**-förmig** adj. en forme d'aiguille ; aciculaire. ||°**-geld** n. (s, er) argent (m.) de poche ; pourboire m. ||°**-holz** n. (es, ¨er) conifères m. pl. ; bois (m.) de sapin ; bois résineux. ||°**-kissen** n. (s, -) pelote (f.) à épingles. ||°**-klammern** f. pl. attaches (f. pl.), épingles (f. pl.) pour étoffes. ||°**-knopf** m., °**-kopf** m. (s, ¨e) tête (f.) d'épingle. ||°**-loch** n. (s, ¨er), °**-öhr** n. (s, e) trou (m.) d'aiguille ; chas m. ||°**-spitze** f. (-, n) pointe (f.) d'aiguille ; dentelle (f.) au point d'aiguille. ||°**-stich** m. (s, e) point (m.) d'aiguille ; point m. (de couture) ; PR. et FIG. coup (m.) d'épingle. ||°**-ventil** n. (s, e) soupape (f.) à pointeau. ||°**-wald** m. (s, ¨er) forêt (f.) de conifères.

Nadir [na'di:r] m. (s). ASTRON. nadir m.

Nagel ['nɑ:gəl] m. (s, ¨) clou m. ; pointe f. || FIG. *etwas an den Nagel hängen*, abandonner qch. ; renoncer à qch. ; mettre la clef sous le paillasson. | *den Nagel auf den Kopf treffen*, toucher, deviner juste ; mettre le doigt dessus. | *er ist der Nagel zu meinem Sarg*, il me fera mourir.

Nagel|bohrer ["nɑ:gəl'bo:rər] m. (s, -) vrille f. ||°**-defekt** m. (s, e) crevaison (f.) de pneu. ||°**-eisen** n. (s, -) fer (m.) en barres pour clous ; cloutière f. ; tire-clous (m.) de couvreur. ||**-fest** adj. cloué solidement. ||°**-handel** m. (s), °**-handlung** f. (-, en) clouterie f. ||°**-händler** m. (s, -) cloutier m. ||°**-kasten** m. (s, -) cloutière f. ||°**-klaue** f. (-, n) arrache-clou m. ||°**-kopf** m. (s, ¨e) tête (f.) de clou. ||**-los** adj. décloué. ||**-neu** adj. tout neuf ; flambant neuf. ||°**-schaden** m. (s, ¨) crevaison (f.) par clou. ||°**-schmied** m. (s, e) cloutier m. ||°**-schmiede** f. (-, n) clouterie f. ||°**-schuh** m. (s, e) soulier (m.) à clous ; brodequin m.

nageln ['nɑ:gəln] v. tr. clouer ; clouter.

Nagel ['nɑ:gəl] m. (s, ¨). ANAT. ongle m. | *an den Nägeln kauen*, se ronger les ongles ; FIG. réprimer son impatience. | *es brennt mir auf den Nägeln*, il n'y a pas un instant à perdre.

Nagel|bürste ["nɑ:gəl'byrstə] f. (-, n) brosse (f.) à ongles. ||°**-feile** f. (-, n) lime (f.) à ongles. ||°**-geschwür** n. (s, e). MÉD. panaris m. ||°**-knipser** m. (s, -) coupe-ongles m. ||°**-lack** m. (s, e) vernis (m.) à ongles. ||°**-lack|entferner** m. (s, -) dissolvant m. ||°**-mal** n. (s, e) tache (f.) sur l'ongle. ||°**-pfleger(in)** m. (s, -), f. (-, nen) manucure s. ||°**-polierer** m. (s, -) polissoir m. (à ongles). ||°**-probe** f. (-, n) *eine Nagelprobe machen*, faire rubis sur l'ongle ; boire son verre jusqu'au fond. ||°**-schere** f. (-, n) ciseaux (m. pl.) à ongles. ||°**-tritt** m. (s, e). [Tiere] blessure (f.) du sabot.

nagen ['nɑ:gən] v. tr. et v. intr. ronger ; corroder. | *der Hund nagt an einem Knochen*, le chien ronge un os. | *die Brandung nagt an der Uferklippe*, la mer ronge la falaise. || FAM. *nichts zu beißen und zu nagen haben*, n'avoir rien à se mettre sous la dent. || FIG. miner ; consumer. | *der Gram nagt an ihm, an seinem Herzen*, le chagrin le mine, lui ronge le cœur. | *am Hungertuche nagen*, manger de la vache enragée.

nagend [-gənt] adj. rongeur ; corrosif. | *nagender Wurm*, ver rongeur. || FIG. *ein nagender Kummer*, un chagrin déchirant.

Nage|tier ["nɑ:gə'ti:r] n. (s, e) animal rongeur ; rongeur m. ||°**-wurm** m. (s, ¨er) ver rongeur.

nah(e) ['nɑ:(ə)] adj. et adv. (compar. **näher ;** superl. **nächst**). **1.** [räumlich] près ; auprès ; proche ; voisin ; attenant ; approchant ; contigu. | *ganz nahe*, tout près. | *nahe beieinander*, l'un près de l'autre. | *von, aus nah und fern*, de près et de loin. | *nahe bei der Kirche*, tout près de l'église. | *im Nahen Osten*, au Proche-Orient. | *das Ziel ist nah*, le but est en vue. **2.** [zeitlich] *eine nahe Gefahr*, un danger imminent. | *nahe bevorstehen*, être imminent. | *er ist nah an fünfzig*, il approche de la cinquantaine ; il a près de cinquante ans. | *der Sommer ist nah*, l'été approche. | *er ist dem Tod nah*, sa fin approche. | *die Zeit ist nah, da*, le temps est proche où. | *er war nahe daran, alles zu verkaufen*, il était sur le point de tout vendre. | *es war nahe daran, daß*, il s'en est fallu de peu que. **3.** FIG. *ein naher Freund*, un ami intime. | *ein naher*

Verwandter, un proche parent. | *jm nahe sein, stehen*, être intimement lié avec qn. | *er steht mir am nächsten*, c'est de lui que je me sens le plus proche. | *diese Sache geht mir nahe*, cette affaire me touche de près, me touche vivement. | *jm etwas nahe ans Herz legen*, recommander instamment qch. à qn. | *jm zu nahe treten, kommen*, froisser, offusquer qn ; manquer de respect, d'égards à qn.
— SYN. : *nachbarlich*, voisin ; *bevorstehend*, imminent ; *verwandt*, parent ; *vertraut*, intime, familier.

Nah|aufnahme ["na:'aufna:mə] f. (-, n). PHOT., FILM. photo(graphie) prise de près ; gros plan. ||°**-einstellung** f. (-, en). PHOT. mise (f.) au point sur des sujets rapprochés. ||°**-feld** n. (s, er). PHYS. champ (m.) proche. ||°**-kampf** m. (s, ¨e) corps à corps m. || MAR. abordage m. ||°**-peilung** f. (-, en) guidage (m.) à courte distance. ||°**-sender** m. (s, -). RADIO. émetteur régional. ||°**-verkehr** m. (s). TRANSP. trafic local, régional ; service suburbain. || TÉLÉPH. service (m.) téléphonique à courte distance.

Nähe ['nɛ:ə] f. (-, n) proximité f. ; voisinage m. ; environs m. pl. | *er wohnt hier in der Nähe*, il habite tout près d'ici. | *in unmittelbarer Nähe*, à proximité immédiate. | *sich etwas aus nächster Nähe ansehen*, regarder qch. de très près. | *in der Nähe, aus der Nähe besehen*, à y regarder de près. | *aus (aller) nächster Nähe auf jn schießen*, tirer, faire feu sur qn à bout portant.

nahe|bei ["na:ə'bai] adv. tout près ; à peu près. || [nahezu] presque. ||**-bringen** (brachte, gebracht), **-legen** v. tr. *jm etwas nahebringen, nahelegen*, donner à entendre qch. à qn ; faire comprendre qch. à qn ; faire toucher du doigt qch. à qn. ||**-gehen** (ging, gegangen) v. intr. *diese Sache geht mir nahe*, cette affaire me touche de près. ||**-hin** adv. V. NAHEZU. ||**-legen** v. tr. V. NAHEBRINGEN. ||**-liegen** (a, e) v. intr. *es liegt nahe*, cela se conçoit aisément. | *die Vermutung lag nahe, daß*, on était tenté de croire que. ||**-liegend** adj. *aus naheliegenden Gründen*, pour des raisons qu'il est facile d'imaginer. ||**-stehen** (stand, gestanden) v. intr. être proche de. || FIG. être lié, être intime (avec qn). ||**-stellen** v. tr. approcher. ||**-zu** adv. à peu près ; presque.

nahen ['na:ən] v. intr. (dat.) approcher ; s'approcher. | *der Abend nahte*, le soir approchait.

nähen ['nɛ:ən] v. tr. coudre. | *weiß nähen*, coudre du linge. || MÉD. faire une suture, des points de suture ; suturer. || FIG. *doppelt genäht hält besser*, deux précautions valent mieux qu'une.

Näh|arbeit ["nɛ:'arbait] f. (-, en) ouvrage (m.) de couture. ||°**-faden** m. (s, ¨), °**-garn** n. (s, e) fil (m.) à coudre. ||°**-kasten** m. (s, -) travailleuse f. ||°**-kissen** n. (s, -) pelote (f.) à épingles. ||°**-korb** m. (s, ¨e), °**-körbchen** n. (s, -) corbeille (f.) à ouvrage. ||°**-lehrmädchen** n. (s, -) petite main. ||°**-mädchen** n. (s, -) couturière f. ||°**-maschine** f. (-, n) machine (f.) à coudre. ||°**-ring** m. (s, e) dé (m.) à coudre. ||°**-stunde** f. (-, n) leçon (f.) de couture. ||°**-tisch** m. (s, e) table (f.) à ouvrage. ||°**-zeug** n. (s, e) trousse (f.) de couture ; nécessaire m. (à coudre).

näher ['nɛ:ər] (compar. de **nah**) plus proche ; plus près. | *dieser Weg ist näher*, ce chemin est plus court. | *treten Sie nur näher*, approchez donc ; entrez donc. | *jn näher kennenlernen ; mit jm näher bekannt werden*, faire plus ample connaissance avec qn. | *einer Frage näher treten*, serrer une question de plus près. | *nähere Umstände sind mir nicht bekannt*, je ne possède pas de plus amples détails ; je n'en sais pas plus long. | *bei näherer Betrachtung ; bei näherer Prüfung*, en y regardant de plus près. | *er will nicht näher darauf eingehen*, il ne veut pas entrer dans les détails. | *Näheres erfahren Sie bei ihm*, pour de plus amples renseignements, adressez-vous à lui.

näher|bringen ["nɛ:ər'briŋən] (brachte, gebracht) v. tr. rapprocher. || PAR EXT. *jm etwas näherbringen*, éveiller l'intérêt de qn pour qch. ||**-kommen** (a, o) v. intr. s'approcher de. | *sie kamen sich näher*, ils se rapprochèrent l'un de l'autre.

Näherei [nɛ:ə'rai] f. (-, en) couture f.

Näherin ['nɛ:ərin] f. (-, nen) couturière f.

nähern (sich) [ziç'nɛ:ərn] v. pr. s'approcher. | *er näherte sich mir*, il s'approcha de moi. | *der Krieg näherte sich seinem Ende*, la guerre touchait à sa fin.

Näherung [-ruŋ] f. (-, en) approche f. || MATH. approximation f.

nähren ['nɛ:rən] v. tr. nourrir ; alimenter ; sustenter ; entretenir ; allaiter. || FIG. *er nährt eine Schlange am Busen*, il nourrit un serpent dans son sein. | *er nährt diese Hoffnung*, il nourrit cet espoir.
◇ v. intr. *Milch nährt*, le lait est nourrissant.
◇ v. pr. **sich nähren,** se nourrir ; s'alimenter ; vivre de. | *dieses Tier nährt sich nur von, mit Pflanzen*, cet animal se nourrit uniquement de plantes. | *er nährt sich mit seiner Hände Arbeit*, il vit du travail de ses bras, de son travail. | *sich redlich nähren*, gagner sa vie honnêtement.

Nähr|boden ["nɛ:r'bo:dən] m. (s) sol nourricier. ||°**-mittel** n. (s, -) produit (m.) alimentaire. ||°**-mutter** f. (-, ¨). PR. et FIG. mère nourricière ; nourrice f. ||°**-salz** n. (es, e) sel (m.) alimentaire ; sel (m.) de cuisine. ||°**-stand** m. (s) producteurs m. pl. ; classe productrice. ||°**-stoff** m. (s, e). BIOL. substance nutritive. ||°**-stoffmenge** f. (-, n) ration (f.) alimentaire. ||°**-wert** m. (s, e) valeur alimentaire, nutritionnelle, nutritive.

nahrhaft ['na:rhaft] adj. nourrissant ; nutritif ; substantiel. || FIG. lucratif ; productif.

Nahrhaftigkeit [-tiçkait] f. qualité nutritive.

Nahrung ['na:ruŋ] f. (-, en) nourriture f. ; aliments m. pl. ; vivres m. pl. ; moyens (m. pl.) de vivre ; gagne-pain m. | *etwas Nahrung zu sich nehmen*, prendre un peu de nourriture. | *jm Nahrung und Kleidung geben*, nourrir et habiller qn. || FIG. *eine geistige Nahrung*, une nourriture spirituelle.
— SYN. : *Lebensmittel*, aliment ; *Lebensunterhalt*, subsistance ; *Ernährung*, nourriture, alimentation ; *Broterwerb*, gagne-pain ; *Essen*, manger ; *Brot*, pain.

Nahrungs|kette ["na:ruŋs'kɛtə] f. (-, n) chaîne (f.) alimentaire. ||**-los** adj. dépourvu de valeur nutritive ; stérile. ||°**-losigkeit** f. manque (m.) de ressources. ||°**-mangel** m. (s, ¨) disette f. ||°**-mittel** n. (s, -) denrée (f.), produit (m.) alimentaire ; aliment m. ||°**-mittelchemie** f. chimie (f.) alimentaire. ||°**-mittelhaus** n. (es, ¨er) maison (f.) d'alimentation. ||°**-mittelversorgung** f. (-, en) alimentation f. ; ravitaillement m. ||°**-saft** m. (s, ¨e) suc nourricier ; sève f. ; chyle m. ||°**-sorgen** f. pl. soucis (m. pl.) alimentaires. ||°**-stoff** m. (s, e) substance (f.) alimentaire. ||°**-trieb** m. (s, e) besoin (m.) de manger.

Naht [na:t] f. (-, ¨e) couture f. || MÉD. suture f. || TECHN. soudure f. | *eine Naht auftrennen*, découdre ; défaire une couture. | *die Naht geht auf*, la couture se défait. || FIG. *jm auf die Naht gehen, rücken*, opprimer qn ; serrer qn de près. | *aus den Nähten gehen, platzen*, prendre de l'embonpoint ; [Gebäude] craquer aux entournures. || FAM. *er hat eine Naht Kinder*, il a une ribambelle d'enfants.

naht|los ["na:t'lo:s] adj. sans couture ; sans soudure. || FIG. harmonieux ; sans problèmes. ||°**-schweißung** f. (-, en) soudure (f.) par couture, en filet. ||°**-stelle** f. (-, n) couture f. ; ligne (f.) de soudure.

naiv [na'i:f] adj. naïf ; ingénu.

Naivität [naivi'tɛ:t] f. naïveté f. ; ingénuité f.

Najade [na'ja:də] f. MYTH. naïade f.

Name(n) ['na:mə(n)] m. (ns, n). **1.** nom m. ; appellation f. ; dénomination f. | *sein Name ist*, son nom est ; il s'appelle. | *mein Hund hört auf den Namen*, mon chien répond au nom de, s'appelle. | *der Lehrer hat die Namen verlesen*, le maître a fait l'appel (nominal). | *unter falschem, fremdem Namen in einem Hotel absteigen*, descendre sous un nom d'emprunt, incognito dans un hôtel. | *einen falschen Namen annehmen*, prendre un faux nom. | *er ist mir nur dem Namen nach bekannt*, je ne le connais que de nom. || FIG. *das Kind muß einen Namen haben*, il faut trouver un nom pour cette affaire ; il faut expliquer cette affaire d'une façon ou d'une autre. | *das Kind, die Dinge beim Namen nennen*, appeler les choses par leur nom ; appeler un chat un chat. | *Gottes Namen anrufen*, invoquer le nom de Dieu. || FIG. *auf den Namen lautendes Papier*, titre nominatif. | *seinen Namen für etwas hergeben*, servir de prête-nom.
2. PAR EXT. renommée f. ; réputation f. ; renom m. | *sich einen Namen machen*, se faire un nom ; devenir célèbre. | *jn um seinen guten Namen bringen*, perdre qn de réputation.
3. LOC. *im Namen Gottes*, au nom de Dieu. | *in Teufels Namen*, par le diable ! ; que diable ! | *im Namen des Gesetzes*, au nom de la loi. | *in meinem Namen*, de ma part. | *unter dem Namen der Freundschaft*, sous le voile, le couvert de l'amitié.
— SYN. : *Benennung*, dénomination ; *Ruf*, réputation ; *Ruhm*, gloire ; *Leumund*, renommée.

Namen|buch ["na:mən'bu:x] n. (s, ¨er) état nominatif ; nomenclature f. ||°**-forschung** f. (-, en) onomastique f. ; science (f.) des noms. ||**-gebend** adj. éponyme. ||°**-gebung** f. (-, en) dénomination f. ||°**-liste** f. (-, n) liste (f.) de présence. ||**-los** adj. sans nom ; anonyme. || PAR EXT. inconnu ; obscur ; FIG. inexprimable ; indicible ; inqualifiable. | *ein namenloses*

Elend, une misère noire, indicible. ||°**-losigkeit** f. anonymat m. ||°**-verzeichnis** n. (ses, se) liste (f.) des noms ; nomenclature f. ; rôle m. ; état nominatif. | *am Ende des Buches steht ein Namenverzeichnis*, à la fin du livre figure un index. ||°**-wechsel** m. (s, -) changement (m.) de nom.

namens ['na:məns] adv. du nom de ; nommé. | *ein Mann namens*, un nommé ; un homme du nom de.

Namens|aktie ["na:məns'aktsiə] f. (-, n) action nominative. ||°**-aufruf** m. (s, e) appel nominal. ||°**-bruder** m. (s, ¨), °**-vetter** m. (s, n) homonyme m. ||°**-fest** n. (es, e), °**-tag** m. (s, e) fête f. (d'une personne). ||°**-papier** n. (s, e). FIN. papier, titre nominatif. ||°**-register** n. (s, -) état nominatif ; rôle m. ||°**-stempel** m. (s, -) griffe f. ||°**-zug** m. (s, ¨e) chiffre m. ; monogramme m. ; griffe f. ; parafe m.

namentlich ['na:məntliç] adj. nominal ; nominatif. | *namentliche Abstimmung*, scrutin nominal. | *namentlicher Aufruf*, appel nominal.
◇ adv. nommément ; notamment ; spécialement. | *namentlich aufführen*, mentionner nommément. | *alles..., namentlich die Bauern*, tout le monde..., notamment les paysans.

namhaft ['na:mhaft] adj. nommé ; dénommé. | *jn namhaft machen*, nommer qn ; dire le nom de qn. || PAR EXT. important ; considérable ; notable ; de taille ; connu ; renommé. | *eine namhafte Summe*, une somme considérable. | *ein namhafter Arzt*, un médecin renommé.
— SYN. : *nennenswert*, notable ; *bedeutend*, considérable ; *ansehnlich*, considérable, respectable.

nämlich ['nɛ:mliç] adj. *der nämliche*, le même. | *sie trägt immer das nämliche Kleid*, elle porte toujours la même robe. || *das Nämliche*, la même chose.
◇ adv. en effet. | *er war nicht da, er ist nämlich krank*, il n'était pas là, en effet il était malade. (Dans ce sens explicatif, *nämlich* se place après le verbe.) || à savoir. | *er hat vier Kinder, nämlich drei Söhne und eine Tochter*, il a quatre enfants, à savoir trois garçons et une fille. (Dans ce sens énumératif, *nämlich* se place en tête de la liste énumérative.)

Nanking ['nankiŋ] n. (s, s). TEXT. nankin m.

Nano|sekunde ["nanoze'kundə] f. (-, n) nanoseconde f.

nanu ! [na'nu:] interj. eh bien ! ; pas possible ! ; quoi donc ! ; par exemple !

Napf [napf] m. (s, ¨e) jatte f. ; écuelle f. ; gamelle f. ; bol m.

Näpfchen ['nɛpfçən] n. (s, -) godet m. ; petite jatte.

Napf|kuchen ["napf'ku:xən] m. (s, -) baba m. ; brioche f.

Naphta ['nafta] n. (s, s) et f. (-, s) naphte m.

Naphthalin [nafta'li:n] n. (s) naphtaline f.

napoleonisch [napole'o:niʃ] adj. de Napoléon ; napoléonien.

Narbe ['narbə] f. (-, n) cicatrice f. ; balafre f. ; couture f. | *eine Narbe bekommen, bilden*, se cicatriser. || AGRIC. couche végétale. || BOT. stigmate m. || [Leder] grain m.

narben [-bən] v. tr. [Leder] greneler ; chagriner.

Narben|bildung ["narbən'bilduŋ] f. (-, en) cicatrisation f. ||°**-seite** f. fleur (f.) du cuir.

narbig ['narbiç] adj. cicatrisé ; grêlé ; balafré. | *narbiges Leder*, cuir à grain, grenu.

Narde ['nardə] f. (-, n). BOT., CHIM. nard m.

Nargileh [nar'gi:le:] n. (s, s) narguilé m.

Narkose [nar'ko:zə] f. (-, n) narcose f. || MÉD. anesthésie générale.

Narkotikum [-'ko:tikum] n. (s, ka) narcotique m.

narkotisch [-'ko:tiʃ] adj. narcotique.

narkotisieren [-koti'zi:rən] v. tr. narcotiser ; anesthésier.

Narr [nar] m. (en, en) fou m. ; sot m. ; bouffon m. ; extravagant m. | *den Narren spielen*, faire le pitre, le bouffon. | *ich bin doch kein Narr*, je ne suis pas assez fou (pour faire cela). || FIG. *er hat einen Narren daran gefressen*, c'est sa marotte. | *einen Narren an jm gefressen haben*, aimer qn à la folie ; raffoler de qn. | *jn zum Narren haben, halten*, se moquer de qn ; FAM. faire tourner qn en bourrique. | *die Narren werden nicht alle*, il y aura toujours des fous. | *nicht alle Narren haben Kappen*, tous les fous ne sont pas à l'asile. | *der Narr am Seil sein*, se laisser mener par le bout du nez. | *jedem Narren gefällt seine Kappe*, chacun a sa marotte.
— SYN. : *Wahnsinniger*, aliéné ; *Tor*, fou ; *Spaßmacher*, bouffon ; *Harlekin*, *Hanswurst*, arlequin, pitre.

narren ['narən] v. tr. se moquer de ; berner ; mystifier. | *der genarrte Narr*, l'arroseur arrosé.

Narren|fest ["narən'fɛst] n. (es, e) carnaval m. ||°**-freiheit** f. liberté (f.) d'agir et de parler (d'un fou à la cour) ; liberté (f.) de mœurs du carnaval. ||°**-haus** n. (es, ¨er) maison (f.) de fous ; asile (m.) d'aliénés. ||°**-kappe** f. (-, n) bonnet (m.) de fou ; marotte f. ||°**-kleid** n. (s, er) habit (m.) d'arlequin. ||°**-liebe** f. fol amour. ||°**-possen** f. pl. bouffonneries f. pl. ; pitreries f. pl. ||°**-schiff** n. (s, e) nef (f.) des fous. ||**-sicher** adj. FAM. simple comme bonjour. || °**-streich** m. (s, e) sottise f. ; folie f. ; facétie f.

Narrheit ['narhait] f. (-, nen) folie f. ; niaiserie f. ; extravagance f.

Närrin ['nɛrin] f. (-, nen) folle f. ; sotte f.

närrisch [-riʃ] adj. fou ; extravagant ; drôle ; comique ; niais ; nigaud ; loufoque. | *ich bin ganz närrisch darauf*, j'en suis toqué.
— SYN. : *wahnsinnig*, dément ; *irrsinnig*, aliéné.

Narwal ['narval] m. (s, e). ZOOL. narval m.

Narziß [nar'tsis], **Narcissus** [-sus] n. pr. m. MYTH. Narcisse m.

Narzißmus [nar'tsismus] m. narcissisme m.

Narzisse [nar'tsisə] f. (-, n). BOT. narcisse m. | *gelbe Narzisse*, jonquille f. | *weiße Narzisse*, jeannette blanche.

narzißtisch [nar'tsistiʃ] adj. narcissique.

nasal [na'za:l] adj. nasal.

nasalieren [-za'li:rən] v. tr. parler du nez.

Nasal|laut [na"za:l'laut] m. (s, e) son nasal ; nasale f.

naschen ['naʃən] v. tr. et v. intr. grignoter ; manger par gourmandise. | *er nascht gern*, il aime les friandises. | *sie naschte an dem Kuchen*, elle grignota un bout de gâteau.

Nascher(in) ['naʃər(in)] m. (s, -), f. (-, nen) gourmand(e) m. (f.).

Nascherei [naʃə'rai] f. (-, en) friandise f. ; gourmandise f.

naschhaft ['naʃhaft] adj. gourmand ; friand.

Naschhaftigkeit [-tiçkait] f. (-, en) gourmandise f. ; aspect friand.

Nasch|katze ["naʃ'katsə] f. (-, n) (petite) gourmande. ||°**-werk** n. (s) friandises f. pl. ; sucreries f. pl.

Nase ['na:zə] f. (-, n). **1.** nez m. | *er spricht, redet durch die Nase*, il parle du nez. || FIG. *der Nase nach gehen*, aller tout droit. | *die Nase rümpfen, runzeln*, faire la moue, le dégoûté ; rechigner. | *die Nase hoch tragen*, être fier, orgueilleux, hautain. | *seine Nase in alles stecken*, fourrer son nez partout. | *jn an, bei der Nase herumführen*, mener qn par le bout du nez. | *jm die Würmer aus der Nase ziehen*, tirer à qn les vers du nez. | *jm eine Nase machen*, faire un pied de nez à qn. | *die Nase hängen lassen* ; *mit langer Nase abziehen*, s'en aller tout penaud ; partir en allongeant le nez. | *die Nase voll haben*, en avoir assez ; FAM. en avoir plein le dos. | *sich nicht auf der Nase herumtanzen lassen*, ne pas se laisser faire ; ne pas se laisser marcher sur les pieds. | *du brauchst es ihm ja nicht auf die Nase zu binden*, tu n'es pas obligé de tout lui raconter. | *jm etwas unter die Nase reiben*, dire son fait à qn. | *fasse dich, zupfe gefälligst an deine(r) eigene(n) Nase*, occupe-toi de tes affaires ; mêle-toi de ce qui te regarde. | *jm etwas vor der Nase wegnehmen*, enlever qch. au nez, à la barbe de qn. | *das liegt vor Ihrer Nase !*, mais cela vous crève les yeux ! | *das habe ich ihm an der Nase angesehen*, je l'ai deviné à son air. | *er sieht nicht weiter, als seine Nase (reicht)*, il ne voit pas plus loin que (le bout de) son nez. | *eins auf die Nase bekommen*, recevoir un coup, une humiliation. | *er hat sich den Wind um die Nase wehen lassen*, il a roulé sa bosse ; il a beaucoup voyagé. | *jm eine Nase verpassen, geben*, passer un savon à qn ; laver la tête à qn. | *sich die Nase begießen*, FAM. se piquer le nez.
2. flair m. ; odorat m. | *er hat eine gute, feine Nase*, il a le nez fin ; il a du flair. | *dieser Hund hat eine gute Nase*, ce chien a du flair. || FAM. *er hat mal wieder die richtige Nase gehabt*, il a eu le nez creux ; il a eu du flair.
3. PAR ANAL. bec m. ; pointe f. ; AÉRON. bec m. | *die Nase eines Schiffes*, l'avant, la proue d'un navire. | *die Nase eines Krugs*, le bec d'une cruche.
4. LOC. *Mund und Nase aufsperren*, rester bouche bée. | *alle Nasen lang*, à tout instant ; à tout bout de champ. || FAM. *pro Nase*, par tête de pipe.

näseln ['nɛ:zəln] v. tr. nasiller ; parler du nez.

Näseln [-zəln] n. (s) nasillement m.

Nasen|affe ["na:zən'afə] m. (n, n). Zool. nasique m. ||°**-bär** m. (en, en). Zool. coati roux. ||°**-bein** n. (s, e). Anat. os nasal. ||°**-bluten** n. (s) saignement (m.) de nez. ||°**-flügel** m. (s, -). Anat. aile (f.) du nez. ||°**-gewächs** n. (es, e) polype (m.) au nez. ||°**-höhle** f. (-, n). Anat. cavité, fosse nasale. ||°**-keit** m. (s, e). Techn. clavette (f.) à talon. ||°**-klemmer** m. (s, -), °**-kneifer** m. (s, -) pince-nez m. ||°**-knorpel** m. (s, -). Anat. cartilage (m.) du nez. ||°**-länge** f. (-, n). Sport. longueur f. (d'une tête). | *das Pferd gewann das Rennen mit einer Nasenlänge*, le cheval gagna la course d'une tête. ||°**-laut** m. (s, e) son nasal. ||°**-loch** n. (s, ¨er), °**-öffnung** f. (-, en) narine f. ; naseau m. ||°**-rippe** f. (-, n). Aéron. nervure (f.) de bord d'attaque. ||°**-rotz** m. (es) roupie f. ; morve f. ||°**-rümpfen** n. (s) moue f. ; rechignement m. ||°**-scheidewand** f. (-, ¨e). Anat. cloison nasale. ||°**-schleim** m. (s, e) mucus nasal ; pop. morve f. ||°**-spitze** f. (-, n) bout (m.) du nez. | *jm etwas an der Nasenspitze ansehen*, voir au nez de qn ce qu'il pense. ||°**-stüber** m. (s, -) nasarde f. ; chiquenaude f. ; fig. réprimande f. ||°**-ton** m. (s, ¨e) ton nasillard ; son nasal. ||°**-tropfen** m. (s, -) goutte (f.) au nez ; roupie f. ||°**-tuch** n. (s, ¨er) mouchoir m. ||°**-wärmer** m. (s, -) cache-nez m. ; fam. [Pfeife] brûle-gueule m. ||°**-wucherungen** f. pl. Méd. végétations (f. pl.) adénoïdes. ||°**-zwicker** m. (s, -) pince-nez m.

nase|weis ["na:zə'vais] adj. suffisant ; impertinent ; fat ; indiscret. ||°**-weisheit** f. suffisance f. ; curiosité impertinente.

nas|führen ["na:s'fy:rən] v. tr. mener par le bout du nez. ||°**-horn** n. (s, ¨er). Zool. rhinocéros m.

naß [nas] adj. humide ; mouillé ; trempé. | *bis auf die Haut naß ; durch und durch naß*, trempé jusqu'aux os. | *er fand einen nassen Tod*, il se noya. || Fam. *ein nasser Bruder*, un poivrot, un ivrogne.

Naß [nas] n. (e) humidité f. ; liquide m.

Naß|abschneider ["nas'apʃnaidər] m. (s, -). Techn. séparateur (m.) humide. ||°**-aufbereitung** f. (-, en). Techn. préparation (f.), traitement (m.) humide. ||°**-dampf** m. (s, ¨e) vapeur humide, saturée. ||**-drehen** v. tr. Techn. tourner à l'eau, à arrosage. ||**-fest** adj. résistant à l'humidité. ||°**-filter** m. (s, -) filtre (m.) d'air humide. ||**-kalt** adj. froid et humide ; brumeux. ||°**-löscher** m. (s, -) extincteur (m.) d'incendie à anhydride carbonique. ||°**-pochwerk** n. (s, e) bocard (m.) à eau. ||°**-reiniger** m. (s, -) épurateur (m.) humide ; scrubber m. ||**-schleifen** (i, i) v. tr. Techn. rectifier à l'eau ; affûter à arrosage. ||°**-wäsche** f. (-, n) linge lavé et non séché.

Nassauer ['nasauər] m. (s, -) habitant (m.) de la Hesse-Nassau. || Pop. parasite m. ; tapeur m. ; pique-assiette m. || Fam. averse f. ; saucée f.

nassauern [-ərn] v. intr. vivre en parasite ; écornifler ; resquiller.

Nässe ['nɛsə] f. humidité f. ; moiteur f. | *vor Nässe schützen !*, craint l'humidité.

nässen [-sən] v. tr. humecter ; mouiller ; tremper. || Par ext. uriner.

Nation [na'tsio:n] f. (-, en) nation f.

national [-tsio'na:l] adj. national. | *nationaler Notstand*, état (m.) d'urgence.

National|armee [natsio"na:lar'me:] f. (-, n) armée nationale. ||°**-charakter** m. (s, e) caractère national ; empreinte nationale. ||°**-elf** f. Sport. équipe nationale de football ; onze national. ||°**-farben** f. pl. couleurs nationales. ||°**-fest** n. (s, e) fête nationale. ||°**-flagge** f. (-, n) drapeau national. || Mar. pavillon m. ||°**-garde** f. (-, n) garde nationale. ||°**-gardist** m. (en, en) garde national. ||°**-gefühl** n. (s, e) sentiment national. ||°**-hymne** f. (-, n) hymne national. ||°**-konvent** m. (s) la Convention. ||**-liberal** adj. [Partei] national-libéral. ||°**-mannschaft** f. (-, en). Sport. équipe nationale. ||°**-ökonom** m. (en, en) économiste m. ||°**-ökonomie** f. (-, n). [Volkswirtschaftslehre] économie (f.) politique. ||°**-sozialismus** m. national-socialisme m. (abrév. *Nazismus*). ||°**-sozialist** m. (en, en) national-socialiste m. ||°**-tracht** f. (-, en) costume national. ||°**-versammlung** f. Assemblée nationale.

nationalisieren [-nali'zi:rən] v. tr. [verstaatlichen] nationaliser.

Nationalisierung [-nali'zi:ruŋ] f. (-, en). [Verstaatlichung] nationalisation f.

Nationalismus [-na'lismus] m. nationalisme m.

nationalistisch [-na'listiʃ] adj. nationaliste.

Nationalität [-nali'tɛ:t] f. (-, en) [Staatsangehörigkeit] nationalité f.

Nativität [nativi'tɛ:t] f. (-, en) natalité f. || Astrol. *jm die Nativität stellen*, tirer l'horoscope de qn.

Natrium ['na:trium] n. (s). Chim. sodium m. ; natrium m.

Natrium|chlorid ["na:triumklo'rit] n. (s) chlorure (m.) de sodium ; sel marin. ||°**-hydrogenkarbonat** n. (s, e) carbonate (m.) acide de sodium ; bicarbonate (m.) de soude. ||°**-hydroxyd** n. (s, e). [Ätznatron] hydroxyde (m.) de sodium ; soude (f.) caustique. ||°**-karbonat** n. (s, e) carbonate (m.) neutre de sodium.

Natron ['na:trɔn] n. (s). Chim. soude f. ; carbonate (m.) de sodium. | *doppelkohlensaures Natron*, bicarbonate (m.) de soude.

Natron|kalk ["na:trɔn'kalk] m. (s, e) chaux sodée. ||°**-lauge** f. (-, n) lessive (f.) de soude ; solution (f.) d'hydrate de sodium. ||°**-salpeter** m. (s, -) nitrate (m.) de soude ; nitrate (m.) du Chili.

Natter ['natər] f. (-, n). Zool. couleuvre f. ; vipère f. || Fig. *eine Natter am Busen nähren*, réchauffer une vipère dans son sein.

Natter|brut ["natər'bru:t] f. Fig. mauvaise engeance. ||°**-kraut** n. (s). Bot. vipérine f.

Nattern|brut ["natərn'bru:t] f. V. Natterbrut. ||°**-kopf** m. (s, ¨e). V. Natterkraut.

Natur [na'tu:r] f. (-, en). **1.** [natürliche Schöpferkraft] nature f. | *Mutter Natur*, la nature, notre mère. | *die Kräfte der Natur*, les forces de la nature.

2. [Selbstgewachsenes ; Unverfälschtes] *nach der Natur zeichnen*, dessiner d'après nature. | *nach der Natur leben*, vivre de façon naturelle. | *in Natur begleichen, bezahlen*, payer en nature.

3. [das freie Land] nature f. ; campagne f. | *in die freie Natur fliehen*, fuir en pleine nature ; se réfugier à la campagne. | *in Gottes freie Natur gehen*, aller en pleine nature. | *zurück zur Natur !*, revenons à la nature !

4. [Wesen ; Beschaffenheit] nature f. ; naturel m. | *eine glückliche Natur haben*, avoir bon caractère ; avoir une heureuse nature. | *er ist von Natur schüchtern*, il est d'un naturel timide. | *seiner Natur nach*, de son naturel. | *Gewohnheit wird zur zweiten Natur*, l'habitude est une seconde nature. | *das Lügen ist ihm eine zweite Natur*, il ment comme il respire. || Prov. *die Natur verlangt ihr Recht*, chassez le naturel, il revient au galop. || tempérament m. | *er ist hitziger Natur*, il est d'un tempérament sanguin. | *er ist sanfter Natur*, il est naturellement doux. || constitution f. ; complexion f. | *er hat eine kräftige, schwache Natur*, il a une constitution robuste, délicate.

Natur|begabung [na"tu:rbə'ga:buŋ] f. (-, en) don naturel. ||°**-begebenheit** f. (-, en) phénomène naturel. ||°**-bursche** m. (n, n) rude garc m. ; paysan (m.) du Danube. ||°**-denkmal** n. (s, ¨er) curiosité naturelle. ||°**-ereignis** n. (ses, se), °**-erscheinung** f. (-, en) phénomène naturel. || °**-erzeugnis** n. (ses, se) produit naturel. ||°**-farbe** f. (-, n) couleur naturelle. ||°**-forschung** f. (-, en) sciences naturelles ; étude (f.), science (f.) de la nature. ||°**-freund** m. (s, e) ami (m.) de la nature. ||°**-gabe** f. (-, n) talent, don naturel. ||**-gemäß** adj. suivant les lois naturelles ; conforme à la nature. ||**-gegeben** adj. naturel ; prescrit par la nature. ||°**-geschichte** f. histoire naturelle. ||**-getreu** adj. d'après nature. ||°**-haushalt** m. (s) équilibre naturel. ||°**-heilkunde** f. thérapeutique naturelle. ||°**-heilkundige(r)** f. (m.) homéopathe s. ||°**-heilpflege** f. physiothérapie f. ||°**-heilverfahren** n. (s, -) thérapeutique naturelle. ||°**-horn** n. (s, ¨er) corne (f.) de chasse. ||°**-katastrophe** f. (-, n) catastrophe naturelle ; sinistre m. ||°**-kenner** m. (s, -) naturaliste m. ||°**-kind** n. (s, er) qui a beaucoup de naturel ; ingénu. ||°**-kost** f. (-) produits (m. pl.) biologiques ; produits naturels. ||°**-kraft** f. (-, ¨e) force (f.) de la nature. ||°**-kunde** f. sciences naturelles. ||°**-landschaft** f. (-, en) région non cultivée ; paysage vierge. ||°**-lehre** f. sciences naturelles ; physique f. ||°**-mensch** m. (en, en) homme (m.) à l'état de nature ; enfant (m.) de la nature ; primitif m. ||°**-philosophie** f. philosophie (f.) de la nature. ||°**-produkt** n. (s, e) produit naturel. ||°**-recht** n. (s, e) droit naturel. ||°**-reich** n. (s, e) [toute] la nature ; règne (m.) de la nature. ||°**-religion** f. (-, en) religion naturelle. ||°**-reservat** m. (s, e) réserve naturelle. ||°**-schätze** m. pl. richesses naturelles. ||°**-schutz** m. (es) protection (f.) de la nature, des sites. | *unter Naturschutz stehen*, être classé site naturel protégé. ||°**-schutzpark** m. (s, e) parc (m.) de protection des sites naturels ; parc national. ||°**-schwärmer(in)** m. (s, -), f. (-, nen) amoureux (m.) de la nature.

||°-**seltenheit** f. (-, en) curiosité naturelle. ||°-**theater** n. (s, -) théâtre (m.) de verdure ; théâtre (m.) en plein air. ||°-**trieb** m. (s, e) instinct naturel. ||°-**uran** n. (s). Nucl. uranium naturel. ||°-**volk** n. (s, ¨er) peuple primitif. ||°-**wein** m. (s, e) vin (m.) d'origine. ||-**widrig** adj. contre nature. ||°-**wissenschaft** f. (-, en) sciences physiques et naturelles. ||°-**wissenschaftler(in)** m. (s, -), f. (-, nen) scientifique s. ||-**wüchsig** adj. plein de naturel ; cru ; original. || [Stil] savoureux. ||°-**wüchsigkeit** f. naturel m. ; absence (f.) d'apprêt ; crudité f. ; originalité f. ||°-**zustand** m. (s, ¨e) état naturel.

Natural|bezüge [natu″rɑ:lbə'tsy:gə] m. pl. rémunérations (f. pl.) en nature. ||°-**lasten** f. pl. redevances (f. pl.) en nature. ||°-**leistung,** °-**verpflegung** f. (-, en) prestation (f.) en nature. ||°-**lohn** m. (s, ¨e) salaire (m.) en nature. ||°-**wirtschaft** f. (-, en) économie (f.) des transactions d'échange en produits naturels.

Naturalien [natu'rɑ:liən] pl. denrées f. pl. ; produits (m. pl.) du sol ; paiement (m.) en nature ; objets (m. pl.) d'histoire naturelle.

Naturalien|sammlung [natu″rɑ:liən'zamluŋ] f. (-, en) cabinet (m.) d'histoire naturelle.

Naturalisation [naturaliza'tsio:n] f. (-, en) naturalisation f.

naturalisieren [-li'zi:rən] v. tr. naturaliser.

Naturalisierung [-li'zi:ruŋ] f. (-, en) naturalisation f.

Naturalismus [-'lismus] m. naturalisme m.

Naturalist [-'list] m. (en, en) naturaliste m.

naturalistisch [-'listiʃ] adj. naturaliste.

naturell [natu'rɛl] adj. naturel ; non travaillé.

Naturell [-'rɛl] n. (s, e) naturel m. ; caractère m.

natürlich [na'ty:rliç] adj. naturel ; authentique ; simple ; normal. | *er ist eines natürlichen Todes gestorben*, il est mort de mort naturelle. | *die natürliche Haarfarbe*, la couleur naturelle des cheveux. | *es geht nicht mit natürlichen Dingen zu*, cela tient de la sorcellerie ; ce n'est pas normal. || Math. *natürlicher Logarithmus*, logarithme népérien. || Jur. *natürliche Person*, personne (f.) physique.
◇ adv. bien sûr ; naturellement ; évidemment.

Natürlichkeit [-kait] f. naturel m. ; ingénuité f. ; simplicité f.

Nautik ['nautik] f. art (m.) nautique ; navigation f.

Nautiker [-tikər] m. (s, -) navigateur m.

nautisch [-tiʃ] adj. nautique.

Navarra [na'vara] n. pr. n. Géogr. Navarre f.

Navigation [naviga'tsio:n] f. (-, en) art (m.) nautique ; navigation f.

Navigations|gerät [naviga″tsio:nsgə'rɛ:t] n. (s, e) instruments (m. pl.) de navigation. ||°-**offizier** m. (s, e) officier (m.) de route.

Navigator [navi'gɑ:tɔr] m. (s, en). Aéron. navigateur m.

Nazarener [natsa're:nər] m. (s, -). Relig. Nazaréen m. ; Jésus-Christ m. || nazaréens (nom de plusieurs sectes et d'un groupe de peintres allemands du début du XIXe s.).

Nazi ['nɑ:tsi] m. (s, s) nazi m. ; national-socialiste m. | *Nazizeit*, époque nationale-socialiste.

Nazismus [na'tsismus] m. nazisme m.

Neandertaler [ne″andər'tɑ:lər] m. (s, -). Hist. homme (m.) de Neandertal.

Neapel [ne'ɑ:pəl] n. pr. n. Géogr. Naples f.

neapolitanisch [neapoli'tɑ:niʃ] adj. napolitain.

Nebel ['ne:bəl] m. (s, -) brume f. ; brouillard m. ; voile m. ; fumée f. | *sich bei Nacht und Nebel davonmachen*, partir à la dérobée ; s'échapper à la faveur de la nuit.

Nebel|ausstoß [″ne:bəl'ausʃto:s] m. (es, ¨e) émission (f.) fumigène. ||°-**bank** f. (-, ¨e), °-**decke** f. (-, n) couche (f.), banc (m.) de brume ; nappe (f.) de brouillard. ||°-**bild** n. (s, er) fantasmagorie f. || °-**bombe** f. (-, n) bombe (f.) fumigène. ||°-**entwicklung** f. (-, en) formation (f.) de brouillard. ||°-**filter** m. (s, -) filtre (m.) antibrouillard. ||°-**geschoß** n. (es, e) projectile (m.) fumigène. ||°-**horn** n. (s, ¨er) sirène (f.) de brouillard. ||°-**kammer** f. (-, n). Phys. chambre (f.) de Wilson. ||°-**kappe** f. (-, n). [Tarnkappe] capuchon (m.) qui rend les nains invisibles. ||°-**krähe** f. (-, n). Zool. corneille emmantelée. ||°-**regen** m. (s, -) bruine f. ||°-**scheinwerfer** m. (s, -) phare (m.), projecteur (m.) antibrouillard. ||°-**schirm** m. (s, e) écran (m.) de fumée. ||°-**schleier** m. (s, -) rideau (m.) de brouillard ; rideau (m.) de fumée. ||°-**stern** m. (s, e). Astron. nébuleuse f. ||°-**streif** m. (s, e) traînée (f.) de brume. ||°-**wand** f. (-, ¨e) écran (m.) de fumée. ||°-**wetter** n. (s, -) temps brumeux, nébuleux ; nébulosité f.

nebelhaft ['ne:bəlhaft] adj. Pr. et fig. nébuleux ; fig. vague.
— Syn. : *dunstig*, vaporeux ; *unklar*, peu clair ; *vage*, vague ; *verschwommen*, confus, estompé.

Nebelhaftigkeit [-tiçkait] f. (-, en) nébulosité f.

nebelig ['ne:bəliç] adj. brumeux ; nébuleux.

nebeln [-bəln] v. intr. et impers. *es nebelt*, il fait de la brume, du brouillard ; il bruine.

neben ['ne:bən] prép. (dat. et acc.). [dicht bei] à côté de ; près de ; auprès de. | *er saß neben mir*, il était assis à côté de moi. | *er legte sein Messer neben seinen Teller*, il posa son couteau près de son assiette. || Fig. en plus de ; en outre. | *neben der Kirche ist auch das Rathaus sehenswert*, outre l'église, l'hôtel de ville aussi est intéressant.

neben... (en compos.) accessoire ; secondaire ; latéral.

Neben|absicht [″ne:bən'apziçt] f. (-, en) but (m.) secondaire ; arrière-pensée f. ||°-**allee** f. (-, n) contre-allée f. ||°-**altar** m. (s, e et ¨e) autel latéral. ||°-**amt** n. (s, ¨er) fonction (f.) secondaire ; emploi (m.) secondaire. ||-**an** adv. tout à côté ; tout près d'ici. ||°-**anlage** f. (-, n) annexe f. ; dépendance f. ||°-**anschluß** m. (es, ¨e) dérivation f. ; ligne (f.) supplémentaire ; branchement m. ||°-**antrag** m. (s, ¨e). Jur. demande incidente. ||°-**ausgaben** f. pl. dépenses (f. pl.) accessoires ; faux frais m. pl. ||°-**ausgang** m. (s, ¨e) sortie (f.) de secours ; sortie latérale. ||°-**bahn** f. (-, en). Transp. ligne (f.) secondaire. ||-**bei** adv. accessoirement ; à côté ; en passant ; en outre. | *nebenbei gesagt*, soit dit en passant. | *so ganz nebenbei*, sans avoir l'air d'y toucher. ||°-**beweis** m. (es, e) preuve (f.) accessoire. ||°-**blatt** n. (s, ¨er). Bot. bractée f. ||°-**buhler** m. (s, -) rival m. ; émule m. ; concurrent m. ||°-**buhlerschaft** f. (-, en) rivalité f. ; concurrence f. ||°-**effekt** m. (s, e) effet (m.) secondaire. ||-**einander** adv. l'un à côté de l'autre ; ensemble ; de front. | *sie gingen nebeneinander*, ils marchaient l'un à côté de l'autre. | *man kann nicht zwei Tätigkeiten nebeneinander treiben*, on ne peut mener deux activités de front. || en compos. avec **setzen, stehen, stellen** et les substantifs dérivés : être à côté ; mettre à côté ; confronter ; comparer. || °-**einander** n. (s, -) voisinage m. ; simultanéité f. ||°-**eingang** m. (s, ¨e) entrée latérale, secondaire. ||°-**einkommen** n. (s) revenu (m.) secondaire ; recettes (f. pl.) accessoires. ||°-**einnahmen** f. pl., °-**einkünfte** f. pl. émoluments m. pl. ; casuel m. ||°-**erzeugnis** n. (ses, se) sous-produit m. ||°-**fach** n. (s, ¨er). Univ. matière (f.) secondaire. ||°-**fährte** f. (-, n) piste (f.) secondaire. ||°-**figuren** f. pl. Théâtre. personnages (m. pl.) secondaires ; comparses m. pl. ||°-**fluß** m. (es, ¨e) affluent m. ||°-**forderung** f. (-, en) créance (f.) accessoire. ||°-**gang** m. (s, ¨e). Mines. petit filon (d'une mine). ||°-**gasse** f. (-, n) rue adjacente, voisine. ||°-**gebäude** n. (s, -) bâtiment (m.) secondaire ; annexe f. ; dépendance f. ||°-**gebühr** f. (-, en) surtaxe f. ; frais (m. pl.) supplémentaires. ||°-**gedanke** m. (ns, n) arrière-pensée f. ||°-**geräusch** n. (es, e) bruit étranger. || Radio. parasite m. || Inf. bruit (m.) de fond. || Téléph. friture f. ; crépitements m. pl. ||°-**gericht** n. (s, e) hors-d'œuvre m. ||°-**geschmack** m. (s) arrière-goût m. ||°-**gewinn** m. (s, e) profits (m. pl.) accessoires ; petits profits ; revenant-bon m. ||°-**gleis** n. (es, e) voie f. secondaire. ||-**her** adv. en outre ; à côté ; en même temps ; (soit dit) en passant. ||-**hin** adv. en passant ; à côté. ||°-**klage** f. (-, n). Jur. demande (f.) accessoire. ||°-**kläger** m. (s, -). Jur. codemandeur m. ; partie civile. | *als Nebenkläger auftreten*, se constituer partie civile. ||°-**kosten** pl. frais (m. pl.), dépenses (f. pl.) accessoires ; faux frais m. pl. || [Miete] charges locatives. ||°-**kriegsschauplatz** (es, ¨e). Mil. théâtre (m.) d'opérations secondaire. ||°-**leistung** f. (-, en) prestation (f.) accessoire. ||°-**linie** f. (-, n). Transp. ligne (f.) secondaire. || Jur. branche cadette ; ligne collatérale. ||°-**mann** m. (s, ¨er). Mil. *rechter, linker Nebenmann*, voisin (m.) de droite, de gauche. ||°-**mensch** m. (en, en). [Mitmensch] prochain m. ||°-**mond** m. (s, e). Astron. parasélène f. ; satellite m. ||°-**niere** f. (-, n). Anat. capsule surrénale. ||-**ordnen** v. tr. coordonner. ||°-**person** f. (-, en). Théâtre. personnage (m.) secondaire ; figurant m. ; comparse m. ||°-**post** f.

(-, en), °-**postamt** n. (s, ¨er) bureau (m.) de poste auxiliaire. ||°-**produkt** n. (s, e) sous-produit m. ||°-**rolle** f. (-, n). THÉÂTRE. rôle (m.) secondaire ; rôle (m.) de figurant ; figuration f. ||°-**sache** f. (-, n) chose (f.) secondaire, accessoire ; détail m. ; à-côté m. ; bagatelle f. | *das ist völlig Nebensache*, c'est sans aucune importance ; c'est absolument secondaire. ||-**säch-lich** adj. accessoire ; secondaire. ||°-**satz** m. (es, ¨e). GRAMM. proposition subordonnée. ||-**schalten** v. tr. ÉLECTR. monter, coupler en parallèle, en quantité. ||°-**schaltung** f. (-, en) montage m. ; couplage (m.) en dérivation. ||°-**schluß** m. (es, ¨e). ÉLECTR. dérivation f. ; circuit dérivé ; shunt m. ||°-**schlüssel** m. (s, -) clef (f.) en double ; seconde clef. ||°-**setzen, -stellen** v. tr. juxtaposer ; placer côte à côte ; comparer ; mettre en parallèle. ||°-**setzung, °-stellung** f. juxtaposition f. ||°-**sinn** m. (s, e) sens (m.) secondaire ; deuxième sens m. ||°-**sonne** f. (-, n). ASTRON. par(h)élie f. ||-**stehend** adj. ci-contre. ||°-**stelle** f. (-, n) annexe f. ; poste additionnel, supplémentaire. ||°-**straße** f. (-, n) route, rue secondaire, voisine, latérale, adjacente ; voie affluente. ||°-**strecke** f. (-, n) voie (f.) secondaire. ||°-**strom** m. (s, ¨e). ÉLECTR. courant dérivé, induit. ||°-**stück** n. (s, e) pendant m. ; accessoire m. ||°-**titel** m. (s, -) sous-titre m. ||°-**ton** m. (s, ¨e). PHYS. harmonique m. || MUS. seconde f. ||°-**treppe** f. (-, n) escalier (m.) de service ; escalier dérobé. ||°-**umstand** m. (s, ¨e) circonstance (f.) accessoire ; détail m. ||°-**verdienst** m. (es, e) gain (m.) supplémentaire ; avantage (m.) accessoire ; petits profits. ||°-**vormund** m. (s, ¨er). JUR. subrogé tuteur. ||°-**weg** m. (s, e) chemin latéral. || FIG. détour m. ; biais m. ; voie détournée. | *auf den Nebenweg geraten*, s'écarter du droit chemin. || °-**winkel** m. (s, -). MATH. angle supplémentaire. ||°-**wirkung** f. (-, en). MÉD. effet (m.) secondaire. ||°-**wohnsitz** m. (es, e) résidence (f.) secondaire. ||°-**zweck** m. (s, e) but (m.) secondaire. ||°-**zweig** m. (s, e) branche collatérale.

neblig ['ne:bliç] adj. V. NEBELIG.

nebst [ne:pst] prép. (dat.) avec ; outre.

Nebukadnezar [nebukad'ne:tsar] n. pr. m. HIST. Nabuchodonosor m.

Necessaire [nɛsɛ'sɛ:r] n. (s, s) trousse f.

necken ['nɛkən] v. tr. taquiner ; agacer ; brocarder. || *Neckname* m., surnom m. ; sobriquet m.

Neckerei [nɛkə'rai] f. (-, en) taquinerie f. ; moquerie f.

neckisch ['nɛkiʃ] adj. taquin ; malicieux.

Neffe ['nɛfə] m. (n, n) neveu m.

Negation [nega'tsio:n] f. (-, en) négation f.

negativ [nega'ti:f] adj. et adv. négatif ; négativement. || ÉLECTR. *negativer Pol*, pôle négatif.
◇ n. (s, e). **Negativ.** PHOT. [Negativbild] négatif m.

Negativismus [-ti'vismus] m. négativisme m.

Negatron [nega'tro:n] n. (s, en). PHYS. négaton m.

Neger(in) ['ne:gər(in)] m. (s, -), f. (-, nen) nègre m. ; négresse f.

Neger|handel ["ne:gər'handəl] m. (s) traite (f.) des nègres. ||°-**händler** m. (s, -) négrier m. ||°-**kind** n. (s, er) négrillon m. ||-**mäßig** adj. négroïde. ||°-**schiff** n. (s, e) [vaisseau] négrier m.

Negerlein ['ne:gərlain] n. (s, -) négrillon m.

negieren [ne'gi:rən] v. tr. nier.

Negierung [-ruŋ] f. (-, en) négation f. ; dénégation f.

negroid [negro'i:t] adj. négroïde.

nehmen ['ne:mən] (nimmst, nahm, genommen) v. tr. **1.** prendre ; saisir ; emporter. | *nehmen Sie mein Buch !*, prenez mon livre. | *nehmen Sie Platz !*, prenez place. | *jn beim Kragen nehmen*, prendre qn au collet. | *etwas in Besitz nehmen*, prendre possession de qch. || FIG. *die Sache in die Hand nehmen*, prendre la chose en main. || RELIG. *den Schleier nehmen*, prendre le voile.
2. ôter ; refuser. | *das hat ihm den Mut genommen*, cela lui a ôté son courage. | *er hat sich das Leben genommen*, il a mis fin à ses jours. | *das kann man ihm nicht nehmen*, on ne peut lui refuser, lui contester cela.
3. absorber. | *er hat noch nichts zu sich genommen*, il n'a encore rien mangé. || FAM. *wir wollen einen nehmen*, allons boire un coup.
4. accepter ; assumer. | *jn in seinen Dienst nehmen*, prendre qn à son service. | *zur Frau nehmen*, prendre pour femme ; épouser. | *ich habe diese Last auf mich genommen*, j'ai accepté cette charge. | *ich nehme es auf mich*, je le prends sur moi ; je le prends sous mon bonnet.
5. considérer. | *nehmen Sie es nicht so ernst !*, ne prenez pas cela trop au sérieux. | *ist das interessant ? — wie man's nimmt !*, est-ce intéressant — c'est selon. | *etwas aufs Korn nehmen*, regarder de près à qch. ; critiquer qch. | *etwas auf die leichte Schulter nehmen*, prendre qch. à la légère.
6. LOC. *Abschied nehmen von*, prendre congé de ; faire ses adieux à. | *ein Ende nehmen*, prendre fin. | *jn auf den Arm nehmen*, tourner qn en ridicule ; se moquer de qn. | *etwas mit in Kauf nehmen*, accepter qch. par-dessus le marché ; s'accommoder de qch. | *den Mund recht voll nehmen*, se vanter ; avoir le verbe haut. | *er versteht (es), ihn zu nehmen*, il sait le prendre.
◇ v. pr. **sich nehmen. 1.** (réfl. au dat.) *nehmen Sie sich einen Stuhl !*, prenez donc une chaise ! | *ich habe mir die Zeit dazu genommen*, j'ai pris le temps pour cela. | *das dürfen Sie sich nicht so zu Herzen nehmen*, ne prenez pas cela trop à cœur. | *du solltest dir ein Beispiel an ihm nehmen*, tu ferais bien de prendre exemple sur lui.
2. (réfl. à l'acc.) *er nimmt sich sehr ernst*, il se prend très au sérieux. | *nehmen Sie sich in acht !*, prenez garde (à vous).
◇ part. pass. **genommen.** *alles in allem genommen ; im ganzen genommen*, à tout prendre ; tout compte fait. | *streng genommen*, au sens strict du mot ; à y regarder de près.

Nehmer [-mər] m. (s, -). COMM. preneur m.

Nehrung ['ne:ruŋ] f. (-, n). GÉOGR. langue (f.) de terre ; cordon littoral.

Neid [nait] m. (s) envie f. ; jalousie f. ; dépit m. | *aus Neid*, par jalousie. | *er vergeht, er platzt vor Neid*, il crève de jalousie. | *Neid erwecken ; Neid erregen*, exciter l'envie ; faire envie. | *das muß ihm der Neid lassen*, on est obligé de le lui reconnaître.

neiden ['naidən] v. tr. et v. intr. envier. | *jm etwas neiden*, envier qch. à qn.

Neider [-dər] m. (s, -), **Neid|hammel** ["nait-'hamel] (s, ¨). FAM. envieux m. ; jaloux m.

neid|los ["nait'lo:s] adj. sans envie. ||°-**nagel** m. (s, ¨). ANAT. envie f.

neidisch ['naidiʃ] adj. envieux ; jaloux ; avec envie. | *auf jn neidisch sein*, être jaloux de qn.

neigbar ['naikba:r] adj. TECHN. inclinable.

Neige ['naigə] f. (-, n) déclin m., fin f. | *der Tag geht zur Neige, auf die Neige*, le jour baisse, touche à sa fin. || PAR EXT. reste m. ; fond (m.) de la bouteille. | *eine Flasche bis zur Neige austrinken*, vider entièrement une bouteille. | *eine Neige im Glas stehen lassen*, laisser un reste de vin dans le verre. || FIG. *etwas bis zur Neige trinken*, boire qch. jusqu'à la lie. || PHYS. inclinaison f.

neigen [-gən] v. tr. pencher ; incliner ; baisser. | *das Haupt zum Gruß neigen*, incliner la tête pour saluer.
◇ v. intr. incliner (à) ; avoir un penchant (pour). | *er neigt zum Trinken*, il a tendance à boire ; il a un penchant pour la boisson. | *ich neige zu dieser Meinung*, j'incline à croire cela.
◇ v. pr. **sich neigen,** s'incliner ; se pencher ; décliner. | *das Haus neigt sich*, la maison penche. | *die Sonne neigt sich*, le soleil descend vers l'horizon. | *sich vor jm neigen*, s'incliner devant qn. | *das Schiff neigt sich zur Seite*, le navire donne de la bande.
◇ part. pass. et adj. **geneigt,** incliné ; penché ; favorable. | *zur Kritik geneigt sein*, avoir tendance à la critique, à critiquer. | *jm geneigt sein*, être favorable à qn. | *der geneigte Leser*, le lecteur indulgent, bienveillant. || RADIO. *geneigte Zuhörer*, chers auditeurs.

Neigung [-guŋ] f. (-, en) déclivité f. ; pente f. ; inclinaison f. | *die Neigung eines Hügels*, la déclivité d'une colline. | *das Schiff hat Neigung*, le bateau donne de la bande. || FIG. inclination f. ; penchant m. ; tendance f. ; goût m. ; sympathie f. | *Neigung zu jm haben*, avoir de la sympathie pour qn. | *aus Neigung zu ihm*, par sympathie pour lui. | *Neigung zu etwas haben*, avoir tendance à qch. | *er hat eine starke Neigung zum Spiel*, il a un fort penchant pour le jeu.
— SYN. : *Abhang, Senkung*, pente ; *Gefälle*, inclinaison ; *Hinneigung, Zuneigung, Hang*, tendance, goût, penchant.

Neigungs|winkel ["naiguŋs'viŋkəl] m. (s, -). MATH. angle (m.) d'inclinaison. || PHYS. angle d'incidence.

nein [nain] adv. non ; pardon. | *nein und abermals nein !*, non et non !, mille fois non ! | *ach nein !*, mais non ! | *er sagt nein*, il dit que non. | *etwas mit Nein beantworten*, répondre par la négative à qch.

Nein [nain] n. le non ; la réponse négative.

Nein|sagen ["nain'za:gən] n. (s) refus m.

Nekrolog [nɛkro'lo:k] m. (s, e) nécrologe m.

Nekrologie [-lo'gi:] f. (-, n) nécrologie f.

Nektar ['nɛktar] m. (s, e). Myth. nectar m., breuvage (m.) des dieux (grecs). || Bot. nectar m. || Fig. boisson délicieuse.

Nelke ['nɛlkə] f. (-, n). Bot. œillet m. || Comm. clou (m.) de girofle.

Nematode [nema'to:də] f. (-, n). Zool. nématode m.

nennbar ['nɛnbɑ:r] adj. exprimable.

Nenn|belastung [″nɛnbə'lastuŋ] f. (-, en) charge nominale. ||°**-betrag** m. (s, ¨e) montant nominal. ||°**-fall** m. (s, ¨e). Gramm. nominatif m. ||°**-form** f. (-, en). Gramm. infinitif m. ||°**-frequenz** f. (-, en). Électr. fréquence nominale, assignée. ||°**-kapital** n. (s, ien). Comm. capital nominal. ||°**-leistung** f. (-, en) débit nominal, homologué. ||°**-wert** m. (s, e). Comm. valeur nominale ; pair m. | *zum Nennwert ausgeben*, émettre au pair. | *über dem Nennwert stehen*, être au-dessus du pair. ||°**-wort** n. (s, ¨er) nom m.

nennen ['nɛnən] (nannte, genannt) v. tr. nommer ; donner un nom, le nom de ; mentionner ; citer ; appeler ; qualifier de ; s'appeler. | *wie werden wir dieses Kind nennen ?*, comment appellerons-nous cet enfant ? | *er wurde nach seinem Paten genannt*, on lui donna le nom de son parrain. | *das nenne ich großartig !*, je trouve cela grandiose. | *das Kind beim rechten Namen nennen*, appeler un chat un chat ; appeler les choses par leur nom.

◇ v. pr. **sich nennen.** | *er nennt sich Heinrich*, il s'appelle Henri. | *das will sich einen Freund nennen*, cela prétend s'appeler un ami.

◇ part. pass. et adj. **genannt** mentionné, nommé.

nennens|wert [″nɛnəns've:rt] adj. notable ; remarquable ; appréciable ; qui vaut la peine qu'on en parle.

Nenner ['nɛnər] m. (s, -). Math. dénominateur m. || Pr. et fig. *alles auf einen Nenner bringen*, réduire tout au même dénominateur.

Nennung [-nuŋ] f. (-, en) dénomination f. || Mil. *Nennung im Tagesbefehl*, citation (f.) à l'ordre du jour. || Sport. inscription (f.) pour une compétition.

Neo|lithikum [neo'li:tikum] n. (s) néolithique m. ||**-lithisch** adj. néolithique. ||°**-logismus** m. (-, men) néologisme m. ||°**-phyt** m. (en, en) néophyte m. ||°**-zoikum** n. (s). Mines. néozoïque m.

Neon ['neo:n] n. (s). Phys. néon m.

Neon|röhre [ne″o:n'rø:rə] f. (-, n) tube (m.) au néon.

Neopren [neo'pre:n] n. (s). Chim. néoprène m.

Nephritis [ne'fri:tis] f. Méd. néphrite f.

Nepotismus [nepo'tismus] m. népotisme m.

Nepp [nɛp] m. (s). Fam. attrape-nigaud m.

neppen ['nɛpən] v. tr. Fam. prendre des prix exagérés ; estamper.

Nepperei [nɛpə'rai] f. (-, en) duperie f.

Neptun [nɛp'tu:n] n. pr. m. Neptune m.

neptunisch [-niʃ] adj. neptunien.

Nereide [nere'i:də] f. (-, n). Myth. néréide f.

Nero ['ne:ro] n. pr. m. Antiq. Néron m.

Nerv [nɛrf] m. (s, en). **1.** Pr. et fig. nerf m. | *starke Nerven haben*, avoir les nerfs solides. | *keine Nerven haben*, ne pas être nerveux. | *jm auf die Nerven fallen, gehen*, taper sur les nerfs de qn. | *die Nerven verlieren*, s'affoler ; fam. perdre la boussole. || [Geld] *der Nerv aller Dinge*, le nerf de la guerre.

2. Bot. nervure f.

Nerven|anfall [″nɛrvən'anfal] (s, ¨e) crise (f.) de nerfs. ||°**-arzt** m. (es, ¨e) neurologue m. ||**-aufregend** adj. énervant. ||°**-bündel** n. (s, -). Anat. faisceau (m.) de nerfs. || Fig. paquet (m.) de nerfs ; caractère (m.) irritable. ||°**-entzündung** f. (-, en) névrite f. ||°**-faser** f. (-, n). Anat. axone m. ; fibre nerveuse. ||°**-fieber** n. (s, -) fièvre nerveuse, typhoïde. ||°**-geflecht** n. (s, e). Anat. plexus nerveux. ||°**-gewebe** n. (s, -) nervure f. ||°**-gift** n. (s, e) neurotoxine f. || °**-heilanstalt** f. (-, en) maison (f.) de santé. ||°**-knoten** m. (s, -) ganglion m. ||**-krank** adj. névropathe ; névrosé. ||°**-kranke(r)** f. (m.) névropathe s. ; névrosé(e) m. (f.). ||°**-krankheit** f. (-, en) névropathie f. ; névrose f. ||°**-krieg** m. (s, e). Polit. guerre (f.) des nerfs. ||°**-kunde** f., °**-lehre** f. neurologie f. ||**-leidend** adj. névropathe. || °**-schmerzen** m. pl. névralgie f. ||°**-schock** m. (s, e) choc nerveux ; secousse nerveuse. ||**-schwach** adj. neurasthénique ; nerveux. ||°**-schwäche** f. neurasthénie f. ||**-stärkend** adj. qui fortifie les nerfs. ||°**-substanz** f. substance nerveuse. || °**-system** m. (s) système nerveux. | *autonomes Nervensystem*, (grand) sympathique. ||°**-überreizung** f. hypernervosité f. ||°**-zelle** f. (-, n) cellule nerveuse. ||°**-zucken** n. (s), °**-zuckungen** f. pl. tressaillements, tics nerveux. ||°**-zusammenbruch** m. (s, ¨e) dépression nerveuse.

nervig ['nɛrviç] adj. nerveux. || Fig. *ein nerviger Stil*, un style vigoureux. || Bot. nervé.

nervös [nɛr'vø:s] adj. nerveux ; aux nerfs irritables. | *nervös machen*, agacer.

Nervosität [-vozi'tɛ:t] f. nervosité f.

Nervus ['nɛrvus] m. Méd. nerf m. || Fig. [Geld] *Nervus rerum*, le nerf de la guerre.

Nerz [nɛrts] m. (es, e). Zool. vison m.

Nessel ['nɛsəl] f. (-, n). Bot. ortie f. || Fig. *sich in die Nesseln setzen*, se mettre dans une situation pénible. || Méd. *die Nesseln haben*, avoir de l'urticaire.

Nessel|ausschlag [″nɛsəl'ausʃlɑ:k] m. (s) urticaire f. ||°**-brand** m. (s, ¨e) piqûre (f.) d'ortie. ||°**-fieber** n. (s) fièvre (f.) urticaire ; urticaire f. ||°**-tuch** n. (s, ¨er) mousseline f.

Nessus|gewand [″nɛsusgə'vant] n. (s), °**-kleid** [-'klait] n. (s). Myth. tunique (f.) de Nessus.

Nest [nɛst] n. (es, er) **1.** nid m. | *ein Nest ausnehmen*, dénicher des oiseaux. | *sein Nest bauen*, nidifier. || Fig. nid m. | *das eigene Nest beschmutzen*, dénigrer, décrier les siens, sa famille, son pays.

2. Fam. [Bett] plumard m.

3. [Dorf] trou m. | *ein elendes Nest*, un bled perdu.

4. [Schlupfwinkel] repaire (de brigands) ; taverne (f.) de voleurs ; tapis-franc m. | *man fand das Nest leer*, les voleurs s'étaient envolés.

Nest|bau [″nɛst'bau] m. (s, e) nidification f. ||°**-feder** f. (n) duvet m. ||°**-häkchen** n. (s, -), °**-küchlein** n. (s, -) dernier (m.) d'une nichée ; dernier-né m. ; favori m.

Nestling ['nɛstliŋ] m. (s, e) oiseau (m.) encore au nid ; dernier de la nichée. || [Kind] dernier-né m.

Nestel ['nɛstəl] f. (-, n) aiguillette f. ; lacet m.

nesteln ['nɛstəln] v. tr. nouer ; attacher.

Nestor ['nɛstɔr] n. pr. m. Myth. Nestor m.

nett [nɛt] adj. agréable ; joli ; gentil ; propret. | *es ist sehr nett hier*, c'est gentil ici. | *sehr nett von Ihnen !*, c'est très aimable à vous. | *er ist ein netter Mensch*, c'est un chic type. || Fam. *ein nettes Früchtchen*, un jeune vaurien ; une jolie fripouille.

Nettheit ['nɛthait] f. élégance f. ; gentillesse f.

Nettigkeit ['nɛtiçkait] f. (-, en) gentillesse f. | *jm ein paar Nettigkeiten sagen*, faire des compliments à qn.

netto ['nɛto] adv. Comm. net.

Netto|betrag [″nɛtobə'trɑ:k] m. (s, ¨e) somme nette ; montant net. ||°**-ertrag** m. (s, ¨e) revenu, produit net. ||°**-gewicht** n. (s, e) poids net. ||°**-preis** m. (es, e) prix net. ||°**-vermögen** n. (s). Fin. actif net.

Netz [nɛts] n. (es, e). **1.** Pr. et fig. filet m. ; rets m. pl. ; résille f. || Fig. piège m. | *Netze auswerfen*, jeter les filets. | *Netze spannen*, tendre les filets. | *jm ins Netz gehen*, tomber dans les rets de qn. | *jn in sein Netz locken*, attirer qn dans ses filets. || Sport. filet m.

2. Transp. réseau m. | *Eisenbahnnetz*, réseau de chemin de fer. | *Netzkarte*, carte (f.) de circulation. || Électr. secteur m.

Netz|anode [″nɛtsa'no:də] f. (-, n). Radio. anode alimentée par le secteur. ||**-angeschlossen** adj. alimenté par le secteur ; branché sur le secteur. ||°**-anschluß** m. (es, ¨e) branchement (m.) sur le secteur ; branchement (m.) au réseau. ||°**-arbeit** f. (-, en) travail (m.) de filet. ||°**-ätzung** f. (-, en). Typogr. autotypie f. ||°**-augen** n. pl. Zool. yeux (m. pl.) à facettes. ||°**-einteilung** f. quadrillage m. ||°**-filter** m. (s, -) filtre éliminateur de bruit. ||°**-flügler** m. pl. Zool. névroptères m. pl. ||**-förmig** adj. réticulaire. ||°**-gleichrichter** m. (s, -). Électr. redresseur (m.) de secteur. ||°**-haut** f. (-, ¨e). Anat. rétine f. ||°**-kupplung** f. (-, en). Électr. interconnexion f. ||°**-leger** m. (s, -). Mar. mouilleur (m.) de filets. ||°**-magen** m. (s). Zool. bonnet m. ||°**-prozessor** m. (s, en). Inf. processeur (m.) de réseau. ||°**-schere** f. (-, n). Mar. coupe-filets m. ||°**-strom** m. (s, ¨e) courant (m.) de secteur. ||°**-teil** m. (s, e). Électr. bloc (m.) d'alimentation. ||°**-werk** n. (s, e). Archit. entrelacs m. || Électr. réseau m. ||°**-werk|architektur** f. (-, en). Inf. architecture (f.) de réseau ; configuration (f.) en réseau.

netzen ['nɛtsən] v. tr. humecter ; mouiller ; arroser ; baigner ; irriguer.

neu [nɔy] adj. nouveau ; moderne ; neuf ; frais ; récent ; novice. **1.** (avec un nom ou un pron.) *neuer Ausdruck*, néologisme m. | *das Neue Testament*, le Nouveau Testament. | *das neue Jahr*, la nouvelle année. | *die neu(e)ste Mode*, la dernière mode ; le dernier cri. | *die neu(e)sten Nachrichten*, les dernières nouvelles. | *nichts Neues*, rien de nouveau, de neuf. | *die neueren Sprachen*, les langues (f. pl.) modernes. | *ich bin neu darin*, je suis nouveau en cette matière.
2. (avec un verbe) *neu auflegen*, rééditer. | *neu ausrüsten, ausstatten*, réapprovisionner ; rééquiper ; équiper à neuf. | *neu einkleiden*, habiller de neuf. | *das ist mir neu*, je ne le savais pas.
3. Loc. *aufs neue* ; *von neuem*, de, à nouveau. | *wieder von neuem anfangen*, tout recommencer. | *neue Besen kehren gut*, tout nouveau, tout beau. | *eine neue Haut bekommen*, faire peau neuve.
◇ **das Neue,** la nouveauté ; ce qu'il y a de neuf, de moderne.

neu|angekommen ["nɔy'angəkɔmən] adj. nouveau venu. ||**-artig** adj. nouveau ; inédit ; moderne. | *ein neuartiger Kredit*, une nouvelle formule de crédit. ||°**-artigkeit** f. nouveauté f. ; modernisme m. ; caractère inédit. ||°**-auflage** f. (-, n) réimpression f. ||°**-ausstattung** f. (-, en) rééquipement m. ||°**-bau** m. (s, ten) nouvelle construction ; bâtiment neuf. ||°**-baugebiet** n. (s, e) ville nouvelle. ||°**-bearbeitung** f. (-, en) modernisation f. ; refonte f. (d'une œuvre écrite). ||°**-belebung** f. (-, en) regain (m.) d'activité. ||°**-bildung** f. (-, en) formation nouvelle. || Gramm. néologisme m. ||°**-druck** m. (s, e) réimpression f. ||**-entdeckt** adj. récemment découvert. ||°**-erscheinung** f. (-, en) nouveauté f. [livre]. ||°**-füllung** f. (-, en) recharge f. ||°**-fundland** n. pr. n. Terre-Neuve f. ||°**-fundländer** n. pr. m. (s, -). 1° habitant de Terre-Neuve ; 2° chien (m.) de Terre-Neuve ; terre-neuve m. ||**-gebacken** adj. récemment cuit ; frais. || Fig. frais émoulu. ||**-geboren** adj. nouveau-né. || Fig. tout frais ; tout rajeuni. || °**-geborenen...** (en compos.) néonatal. ||°**-geburt** f. (-, en) renaissance f. ||°**-gestaltung** f. (-, en) remaniement m. ; réorganisation f. ; refonte f. || °**-gewichtung** f. (-), °**-orientierung** f. (-). Polit. recentrage m. ||°**-gier(de)** f. curiosité f. ; indiscrétion f. ||**-gierig** adj. curieux ; indiscret. ||**-gliedern** v. tr. réorganiser ; regrouper ; reformer. ||°**-gliederung** f. (-, en) réorganisation f. ||°**-griechisch** n. grec (m.) moderne. ||°**-guinea** n. pr. n. Géogr. Nouvelle-Guinée f. ||°**-hochdeutsch** n. haut allemand moderne. ||°**-jahr** n. (s, e) nouvel an ; jour (m.) de l'an. | *zu Neujahr gratulieren*, souhaiter la bonne année. | *die Neujahrsgeschenke*, les étrennes f. pl. ||°**-kaledonien** n. pr. n. Géogr. Nouvelle-Calédonie f. ||°**-kaledonier(in)** m. (s, -), f. (-, nen) Néo-Calédonien m., Néo-Calédonienne f. ||**-kaledonisch** adj. néo-calédonien. ||**-klassizistisch** adj. néoclassique. ||°**-land** n. (s, ¨er). 1° terre nouvelle, inconnue ; 2° terre nouvellement défrichée. || °**-mexiko** n. pr. n. Géogr. Nouveau-Mexique m. ||**-modisch** adj. à la nouvelle mode. ||°**-mond** m. (s, e) nouvelle lune. ||°**-philologe** m. (n, n), °**-philologin** f. (-, en) professeur (m.) de langues vivantes. ||°**-platonismus** m. néoplatonisme m. ||°**-regelung** f. (-, en) réorganisation f. ; nouveau règlement. ||°**-reiche (der)** [n, n] nouveau riche. ||°**-schnee** m. (s) neige fraîche. ||°**-seeland** n. pr. n. Géogr. Nouvelle-Zélande f. ||°**-seeländer(in)** m. (s, -), f. (-, nen) Néo-Zélandais m. ; Néo-Zélandaise f. ||°**-silber** n. (s) maillechort m. ||°**-sprachler** m. (s, -) qui étudie, sait des langues vivantes. ||°**-stadt** f. (-, ¨e) ville nouvelle (par opposition à *Altstadt*, vieille ville). ||**-vermählt** adj. nouveau marié ; nouvelle mariée. ||°**-vermählte (der)** [n, n] nouveau marié. ||°**-wert** m. (s, e) valeur nouvelle ; valeur (f.) d'un objet à l'état neuf. ||°**-zeit** f. temps modernes m. pl. ||**-zeitlich** adj. moderne. | *neuzeitlich herrichten*, moderniser.

neuer|dings ["nɔyər'diŋs] adv. 1° récemment ; 2° de nouveau.

neuer ['nɔyər] adj. (compar. de **neu**) *die neuere Zeit*, l'époque moderne.

Neuerer [-rər] m. (s, -) novateur m.

neuerlich [-liç] adj. et adv. [neuerdings ; vor kurzem] récent ; récemment.

neuern ['nɔyərn] v. tr. changer ; essayer de réformer ; innover.

Neuerung [-ruŋ] f. (-, en) innovation f.

neuestens ['nɔystəns] adv. tout récemment.

Neuheit ['nɔyhait] f. (-, en) nouveauté f. ; originalité f. || [Mode] nouveauté f.

Neuigkeit ['nɔyiçkait] f. (-, en) nouveauté f. ; nouvelle fraîche.

neulich ['nɔyliç] adj. récent ; dernier.
◇ adv. récemment ; dernièrement.

Neuling [-liŋ] m. (s, e) novice m. et f. ; débutant(e) m. (f.) ; apprenti(e) m. (f.).

neun [nɔyn] adj. num. card. neuf. | *alle neune werfen*, renverser les neuf quilles.
◇ **die Neun,** le neuf.

Neun|auge ["nɔyn'augə] n. (s, n). Zool. lamproie f. ||°**-eck** n. (s, e). Math. ennéagone m. ||**-fach, -fältig** adj. en neuf fois. ||**-hundert** adj. num. card. neuf cent(s). ||**-jährig** adj. âgé de neuf ans. ||**-jährlich** adj. qui revient tous les neuf ans. ||°**-malklug** m. (s). *Herr Neunmalklug*, Monsieur Je-sais-tout. ||°**-töter** m. (s, -). Zool. lanier m. ; gris-pendard m. ; pie-grièche f. ||**-zehn** adj. num. card. dix-neuf.

Neuner ['nɔynər] m. (s, -) neuf m.

neunerlei ["nɔynər'lai] adj. de neuf espèces.

Neuntel ['nɔyntəl] n. (s, -) neuvième m.

neuntens [-təns] adv. neuvièmement.

neunzig ['nɔyntsiç] adj. num. card. quatre-vingt-dix.

neunzig|jährig ["nɔyntsiç'jɛ:riç] adj. nonagénaire.

Neuralgie [nɔyral'gi:] f. (-, n) névralgie f.

neuralgisch [-'ralgiʃ] adj. névralgique. || Fig. sensible. | *neuralgischer Punkt*, point (m.) sensible.

Neurasthenie [-raste'ni:] f. neurasthénie f.

Neurastheniker(in) [-ras'te:nikər(in)] m. (s, -), f. (-, nen) neurasthénique m. et f.

neurasthenisch [-ras'te:niʃ] adj. neurasthénique.

Neurer ['nɔyrər] m. (s, -). V. Neuerer.

Neuritis [-'ri:tis] f. névrite f.

neuritisch [-'ri:tiʃ] adj. névritique.

Neurochirurg(in) [nɔyroçi'rurk(in)] m. (en, en), f. (-, nen) neurochirurgien m., neurochirurgienne f.

Neurochirurgie ['gi:] f. (-) neurochirurgie f.

Neuroleptikum ['nɔyro"lɛptikum] n. (s, a) neuroleptique m.

Neurologe [-ro'lo:gə] m. (n, n), **Neurologin** [-ro'lo:gin] f. (-, nen) neurologue s.

Neurologie [-rolo'gi:] f. neurologie f.

Neuron [nɔy'ro:n] n. (s, Neuronen ou Neuren). Anat. neurone m.

Neurose [nɔy'ro:zə] f. (-, n). Méd. névrose f.

neurotisch [-'ro:tiʃ] adj. névrotique.

Neurotransmitter ["nɔyrotrans'mitər] m. (s, -). Biol. neurotransmetteur m.

neutral [nɔy'tra:l] adj. [unparteiisch ; unbeteiligt] neutre.

Neutralen [-lən] m. pl. puissances neutres f. pl.

Neutralisation [nɔytraliza'tsio:n] f. (-, en) neutralisation f.

neutralisieren [-'zi:rən] v. tr. neutraliser.

Neutralität [-'tɛ:t] f. (-, en) neutralité f.

Neutrino [nɔy'tri:no] n. (s, s). Phys. neutrino m.

Neutron [nɔy'tro:n] n. (s, en). Phys. neutron m. | *schnelle Neutronen*, neutrons rapides. | *verzögerte Neutronen*, neutrons différés, retardés.

Neutronen|beschuß [nɔy"tro:nənbə'ʃus] m. (ses, e) bombardement (m.) neutronique. ||°**-bombe** f. (-, n) bombe (f.) à neutrons. ||°**-falle** f. (-, n). Nucl. piège (m.) à neutrons. ||°**-waffe** f. (-, n) arme (f.) neutronique.

Neutrum ['nɔytrum] n. (s, ra). Gramm. neutre m.

nicht [niçt] adv. ne... pas. ; ne... point. | *ich sah ihn nicht*, je ne l'ai pas vu. | *nicht ihn sah ich*, ce n'est pas lui que j'ai vu. | *(ich) auch nicht*, (moi) non plus. | *durchaus nicht* ; *ganz und gar nicht*, pas du tout ; nullement. | *sofern nicht*, sinon ; dans le cas contraire. | *warum nicht ?*, pourquoi pas ? | *nicht, daß*, ce n'est pas que... | *nicht doch !*, mais non ; non pas ! | *er sprach nicht mehr*, il ne parla plus. | *mehr sprach er nicht*, il n'en dit pas plus. | *nicht nur*, non seulement. | *nicht so*, pas ainsi ; mais non ! | *nicht (wahr) ?*, n'est-ce pas ? ; pas vrai ? || [im Gegensinn] *was weiß er nicht alles !*, que ne sait-il pas !

nicht|abzugsfähig ["niçt'aptsu:ksfɛ:iç] adj. non déductible. ||°**-achtung** f. (-, en) irrévérence f. ; manque (m.) d'égards. ||**-amtlich** adj. officieux ; non officiel. ||°**-anerkennung** f. (-, en) non-reconnaissance f. | *Nichtanerkennung der Vaterschaft*, désaveu (m.) de paternité. ||°**-angriffspakt** m. (s, e[n]) pacte (m.) de non-agression. ||°**-ausführung** f. (-, en) inexécution f. ; non-exécution f. ||°**-beachtung** f. (-, en) inobservation f. | *Nichtbeachtung der Vorfahrt*, refus (m.) de priorité. ||°**-befolgung** f. (-, en) inobservance f. || MIL. *Nichtbefolgung des Einberufungsbefehls*, insoumission f. ||°**-beitreibbarkeit** f. (-, en) inexigibilité f. | *im Falle der Nichtbeitreibbarkeit*, en cas d'insolvabilité. ||°**-bezahlung** f. (-, en) non-paiement m. ||°**-diskriminierung** f. (-, en) non-discrimination f. ||°**-duldung** f. (-, en) intolérance f. ||**-eingeweiht** adj. non-initié. ||°**-eingeweihte(r)** f. (m.) non-initié(e) m. (f.). ||°**-einhaltung** f. (-, en) [eines Termins] inobservance f. (d'un délai) ; inobservation f. ; non-accomplissement m. ||**-einlösbar** adj. inconvertible. ||°**-einlösbarkeit** f. (-, en) inconvertibilité f. ||°**-einlösung** f. (-, en) non-paiement m. ||°**-einmischung** f. (-, en) non-intervention f. || POLIT. non-ingérence f. | *Nichteinmischung in die inneren Angelegenheiten eines Staates*, non-ingérence dans les affaires intérieures d'un État. ||°**-eisenmetall** n. (s, e) métal non ferreux. ||°**-erfüllung** f. (-, en) inaccomplissement m. ; inexécution f. ; non-exécution f. | *Nichterfüllung einer Vertragsabrede*, inaccomplissement d'une clause de traité. | *Nichterfüllung einer Verpflichtung*, manquement (m.) à une obligation. ||°**-erneuerung** f. (-, en) non-renouvellement m. ||°**-erscheinen** n. (s, -) [vor Gericht] non-comparution f. ; absence f. ; défaut m. ; contumace f. ||°**-erwerbspersonen** f. pl. ÉCON. les inactifs (m. pl.) ||**-erwerbstätig** adj. ÉCON. inactif. ||°**-gelingen** n. (s) insuccès m. ||°**-heranziehung** f. (-, en) exemption f. ||°**-kämpfer** m. (s, -) non-combattant m. ||°**-kenner** m. (s, -) profane m. ||**-kriegführend** adj. non-belligérant. ||**-leitend** adj. ÉLECTR. non conducteur. ||°**-leiter** m. (s, -). ÉLECTR. non-conducteur m. ; isolant m. ||°**-metall** n. (s, e). CHIM. métalloïde m. ||°**-raucher** m. (s, -) non-fumeur m. ||°**-raucherabteil** n. (s, e). TRANSP. compartiment (m.) non-fumeurs. ||**-rechtsfähig** adj. sans capacité juridique. ||**-rostend** adj. inoxydable. ||°**-sein** n. (s) non-être m. ||°**-übereinstimmung** f. (-, en) non-conformité f. ||°**-umtauschbarkeit** f. (-, en) inconvertibilité f. ||°**-verbreitung** f. NUCL. non-prolifération f. ||°**-vollstreckung** f. (-, en) [eines Urteils] inexécution f. (d'une sentence) ; non-exécution f. ||°**-vorhandensein** n. (s) non-existence f. ; carence f. ||°**-zahlung** f. (-, en) non-paiement m. ; défaut (m.) de paiement. ||°**-zulassung** f. (-, en) non-admission f. ||°**-zuständigkeit** f. (-, en) incompétence f. ||**-zutreffend** adj. *Nichtzutreffendes streichen*, rayer les mentions inutiles.

Nichte ['niçtə] f. (-, n) nièce f.

nichtig ['niçtiç] adj. non avenu ; nul ; sans effet ; caduc. | *nichtiges Rechtsgeschäft*, acte nul. | *für (null und) nichtig erklären*, déclarer nul et non avenu ; annuler ; casser ; invalider. | *als nichtig anfechten*, arguer de nullité.

Nichtigkeit [-kait] f. (-, en). **1.** JUR. nullité f. ; caducité f. ; invalidité f. | *Nichtigkeit der Ehe*, nullité du mariage.

2. vanité f. ; futilité f. | *Nichtigkeit des Daseins*, vanité de l'existence.

Nichtigkeits|beschwerde ["niçtiçkaitsbə'ʃve:rde] f. (-, n). JUR. recours (m.), pourvoi (m.) en nullité. | *die Nichtigkeitsbeschwerde einreichen, erheben*, se pourvoir, recourir en cassation. ||°**-erklärung** f. (-, en) déclaration (f.) de nullité ; annulation f. ; cassation f. ||°**-klage** f. (-, n) demande (f.) en nullité ; recours m.

nichts [niçts] pron. indéf. rien. | *er wollte mir nichts geben*, il n'a rien voulu me donner. | *von unserem Hause bleibt nichts mehr*, il ne reste plus rien de notre maison. | *(ganz und) gar nichts ; überhaupt nichts*, rien du tout ; absolument rien. | *um nichts und wieder nichts*, pour rien du tout ; pour trois fois rien. | *weiter nichts*, rien de plus. | *so gut wie nichts*, autant dire rien. | *nichts anderes*, rien d'autre. | *nichts Neues*, rien de nouveau. | *nichts weniger als*, rien moins que. | *mir nichts dir nichts*, sans façon ; sans se gêner ; sans crier gare. | *viel Lärm um nichts*, beaucoup de bruit pour rien. | *da gibt's nichts zu lachen*, il n'y a pas de quoi rire. | *ich mache mir nichts daraus*, je m'en moque ; ça m'est égal. | *das taugt nichts*, cela ne vaut rien. | *das macht nichts ; es tut nichts*, cela ne fait rien. | *daraus wird nichts*, il n'en sortira rien.

◇ n. **Nichts. 1.** néant m. ; chaos m.

2. ruine f. ; perte f. | *vor dem Nichts stehen*, être dans une situation désespérée.

3. rien m. ; bagatelle f. ; babiole f.

nichts|bedeutend ["niçtsbə'dɔytənt] adj. insignifiant. ||**-destoweniger** adv. néanmoins. ||°**-könner** m. (s, -) bon à rien m. ||°**-nutz** m. (es, e) vaurien m. ||**-nutzig** adj. inutile. ||°**-nutzigkeit** f. (-, en) incapacité f. ; inutilité f. ||**-sagend** adj. insignifiant ; falot. ||°**-tuer** m. (s, -) fainéant m. ||°**-tuerei** f. fainéantise f. ||°**-tun** n. (s, -) inaction f. ; farniente m. ; oisiveté f. ||**-würdig** adj. vil ; bas ; indigne ; infâme. ||°**-würdige(r)** f. (m.) misérable s. ||°**-würdigkeit** f. infamie f. ; bassesse f.

Nickel ['nikəl] n. (s). MINÉRAL. nickel m.

◇ m. (s, -) pièce (f.) de monnaie (en nickel).

Nickel|legierung ["nikəlle'gi:ruŋ] f. (-, en) alliage (m.) de nickel. ||°**-mann** m. (s, ¨er) gnome m. ; lutin m. ||**-stahl** m. (s, e et ¨e) acier m. (au) nickel.

Nickel ['nikəl] n. pr. m. FAM. diminutif de **Nikolaus.**

Nickel|mann ["nikəl'man] m. (s, ¨er) gnome m. ; lutin m.

nicken ['nikən] v. intr. incliner la tête ; faire un signe de tête. | *er nickte (mit dem Kopf)*, il fit oui de la tête. | *er nickte zu mir ; er nickte mir zu*, il me fit un signe de tête. || [einschlummern] s'assoupir.

Nickerchen ['nikərçən] n. (s, -) petit somme.

Nidation [nida'tsio:n] f. nidation f.

nie [ni:] adv. [niemals] jamais ; ne... jamais. | *nie und nimmer*, au grand jamais ; en aucun cas. | *noch nie dagewesen*, sans précédent.

nieder ['ni:dər] adv. en bas ; à bas. | *auf und nieder gehen*, monter et descendre ; faire les cent pas. | *nieder mit dem Tyrannen !*, à bas le tyran !

◇ adj. bas ; inférieur ; peu élevé. | *der niedere Adel*, la petite noblesse. | *von niederer Herkunft*, de basse extraction. | *die niederen Klassen*, les classes inférieures. || FIG. vil ; bas.

◇ n. **Nieder.** *Hohe und Niedere*, grands et petits.

nieder|beugen ["ni:dər'bɔygən] v. tr. abattre ; accabler. ||**-biegen** (o, o) v. tr. [einen Ast usw.] rabattre. ||**-blicken** v. intr. baisser les yeux (sur). ||**-brechen** (i, a, o) v. tr. abattre ; démolir. — v. intr. s'écrouler. ||**-brennen** (brannte, gebrannt) v. tr. réduire en cendres. — v. intr. être réduit en cendres. ||°**-brenner** m. (s, -) brûleur (m.) à basse pression. ||**-bücken (sich)** v. pr. se baisser. ||**-deutsch** adj. bas-allemand. ||°**-deutsch** n. [Sprache] bas-allemand m. ||°**-deutsche(r)** f. (m.) Allemand(e) [m. (f.)] du Nord. ||°**-deutschland** n. (s) Basse-Allemagne f. ||°**-druck** m. (s) basse pression. | *Niederdruckdampf*, vapeur (f.) à basse pression. ||**-drücken** v. tr. déprimer ; accabler. ||**-fahren** v. intr. descendre. ||°**-fahrt** f. (-, en) descente f. ||**-fallen** (ä, ie, a) v. intr. tomber. | *auf die Knie niederfallen*, tomber à genoux. ||°**-frequenz** f. (-, en). ÉLECTR. basse fréquence. ||°**-gang** m. (s, ¨e) descente f. ; coucher m. ; occident m. ||**-gehen** (ging, gegangen) v. intr. descendre. | *das Flugzeug geht nieder*, l'avion atterrit. | *der Regen geht nieder*, la pluie tombe. ||**-geschlagen** adj. découragé ; abattu. ||°**-geschlagenheit** f. découragement m. ; abattement m. ||**-halten** (ä, ie, a) v. tr. tenir en bas ; réprimer. || MIL. neutraliser. ||**-hauen** (hieb, gehauen) v. tr. abattre ; sabrer. ||**-hocken** v. intr. être accroupi ; s'accroupir. ||**-holen** v. tr. *die Fahne niederholen*, amener le drapeau. ||°**-holz** n. (es, ¨er) taillis m. ||°**-jagd** f. (-, en) chasse (f.) au petit gibier. ||**-kämpfen** v. tr. maîtriser ; détruire ; écraser. ||**-kauern** v. intr. être accroupi. ||**-klappen** v. tr. [Deckel usw.] rabattre. ||**-knallen** v. tr. abattre (d'un coup de feu). ||**-knien** v. intr. s'agenouiller. || °**-knüppeln** n. (s) matraquage m. ||**-kommen** (a, o) v. intr. (Vx.) accoucher ; être délivrée. | *die Frau ist mit einem Knaben niedergekommen*, la femme a accouché d'un garçon. ||°**-kunft** f. (-, ¨e) accouchement m. ||°**-lage** f. (-, n) défaite f. ; échec m. || COMM. dépôt m. ; entrepôt m. ; filiale f. ||°**-lande** n. pr. pl. GÉOGR. Pays-Bas m. pl. ||°**-länder(in)** m. (s, -), f. (-, nen) Néerlandais m. ; Néerlandaise f. ||**-ländisch** adj. néerlandais ; des Pays-Bas ; hollandais. ||**-lassen** (ä, ie, a) v. tr. abaisser ; baisser. | *die Flagge niederlassen*, amener le pavillon. — v. pr. **sich niederlassen,** s'établir ; se fixer ; s'installer. || [Vögel] se poser. ||°**-lassung** f. (-, en) habitation f. ; colonie f. ; établissement m. || COMM. succursale f. ||°**-lausitz** n. pr. n. GÉOGR. Basse-Lusace f. ||**-legen** v. tr. 1° déposer ; poser ; renoncer à. | *sein Amt niederlegen*, résigner ses fonctions ; démissionner. | *die Arbeit niederlegen*, cesser le travail. | *die Waffen niederlegen*, déposer, mettre bas les armes. | *seine Bilanz gerichtlich niederlegen*, déposer son bilan ; 2° mettre par écrit ; consigner. — v. pr. **sich niederlegen,** se coucher. ||°**-legung** f. (-, en) démission f. ; abdication f. ||°**-leitung** f. (-, en) ligne (f.) à basse tension ; conducteur (m.) basse tension.

||**-machen, -mähen, -metzeln** v. tr. abattre ; faucher ; massacrer. || °**-metzelung** f. (-, en) massacre m. ; carnage m. ||**-ohmig** adj. Électr. à faible impédance. || °**-österreich** n. pr. n. Géogr. Basse-Autriche f. ||**-reißen** (i, i) v. tr. démolir ; renverser ; jeter bas ; raser. ||°**-reißung** f. (-, en) démolition f. || **-rennen** (rannte, gerannt) v. tr. renverser en courant. ||°**-rhein** n. pr. m. cours inférieur du Rhin ; Rhin inférieur. ||**-rheinisch** adj. du Rhin inférieur. || **-säbeln** v. tr. sabrer. ||°**-sachsen** n. pr. n. Géogr. Basse-Saxe f. ; Allemagne (f.) du Nord-Ouest. || °**-schachtofen** m. (s, ¨). Techn. bas fourneau m. ||**-schießen** (o, o) v. tr. fusiller ; abattre. ||°**-schlag** m. (s, ¨e) précipitations f. pl. ; pluie f. ; condensation f. | *saurer Niederschlag*, pluie (f.), précipitation (f.) acide. || Chim. précipité m. ; dépôt m. || Sport. knock-out m. ||**-schlagen** (ä, u, a) v. tr. renverser (d'un coup) ; assommer ; (r)abattre. || [Gegner] défaire. || Fig. accabler ; abattre. | *niederschlagende Nachricht*, nouvelle accablante. || Jur. *das Verfahren niederschlagen*, classer une affaire. || Chim. précipiter. ||°**-schlagung** f. (-, en) *Niederschlagung eines Aufstandes*, répression (f.) d'une sédition. || Jur. *Niederschlagung eines Prozesses*, ordonnance (f.) de non-lieu. || Chim. précipitation f. ||°**-schlesien** n. pr. n. Géogr. Basse-Silésie f. ||**-schmettern** v. tr. foudroyer ; terrasser ; écraser. ||**-schmetternd** adj. accablant ; catastrophique. ||**-schreiben** (ie, ie) v. tr. écrire ; mettre par écrit. ||°**-schrift** f. (-, en) mise par écrit ; procès-verbal m. ; rédaction f. ||**-senken** v. tr. enfoncer ; descendre. | *die Nacht senkt sich nieder*, la nuit tombe. || Mines. *einen Schacht niedersenken*, creuser un puits. ||**-setzen** v. tr. poser ; déposer. — v. pr. **sich niedersetzen,** s'asseoir. ||**-sinken** (a, u) v. intr. s'affaisser ; tomber ; aller au fond ; descendre. ||**-sitzen** (saß, gesessen) v. intr. prendre place ; s'asseoir. ||°**-spannung** f. (-, en). Électr. basse tension. ||°**-sprungmatte** f. (-, n). Sport. tapis (m.) de sol. ||**-stechen** (a, o) v. tr. poignarder ; tuer à coups de couteau. ||**-steigen** (ie, ie) v. intr. descendre. ||**-stimmen** v. tr. mettre en minorité. ||**-stoßen** (ö, ie, o) renverser ; tuer. ||**-strecken** v. tr. étendre par terre ; abattre. ||°**-strom** m. (s, ¨e) courant (m.) à basse tension. ||**-stürzen** v. intr. se renverser ; tomber ; s'écrouler ; s'abattre. — v. tr. renverser ; abattre. ||**-tourig** adj. Techn. à bas régime. ||°**-tracht** f. (-, en) bassesse f. ; abjection f. ||**-trächtig** adj. ignoble ; infâme ; vil. ||°**-trächtigkeit** f. (-, en) infamie f. ; vilenie f. ||**-treten** (i, a, e) v. tr. fouler aux pieds ; écraser. | *seine Absätze niedertreten*, éculer ses souliers. ||°**-wald** m. (s, ¨er) taillis m. — n. pr. m. (s) région sud-ouest du Taunus. ||**-wärts** adv. vers le bas. ||**-werfen** (i, a, o) v. tr. jeter à bas ; écraser ; défaire (un ennemi). | *einen Aufstand niederwerfen*, réprimer une sédition. — v. pr. **sich niederwerfen,** se jeter à terre ; se plaquer au sol. | *sich vor jm niederwerfen*, se prosterner devant qn. ||°**-werfung** f. *Niederwerfung des Feindes*, écrasement (m.) de l'ennemi. | *Niederwerfung des Aufstandes*, répression (f.) de la révolte, de l'émeute. ||°**-wild** n. (s) menu gibier. ||**-ziehen** (zog, gezogen) v. tr. abaisser ; tirer vers le bas.

Niederung ['ni:dəruŋ] f. (-, en) creux m. ; terrain bas ; bas-fond m. ; dépression f.

niedlich ['ni:tliç] adj. coquet ; gentil ; mignon.

Niedlichkeit [-kait] f. (-, en) gentillesse f. ; grâce f.

niedrig ['ni:driç] adj. bas ; peu élevé. | *niedriger Blutdruck*, hypotension f. | *niedriges Fenster*, fenêtre basse. | *niedriger Preis*, bas prix. || d'un rang inférieur. | *hoch und niedrig*, les grands et les petits ; tout le monde. | *von niedriger Herkunft*, de basse extraction ; d'humble origine. || Fig. vil ; bas ; vulgaire. | *niedriger Charakter*, bassesse (f.) de caractère.
◇ adv. Pr. et fig. bas. | *das Bild müssen Sie niedriger hängen*, il faut que vous accrochiez le tableau plus bas. | *Sie sollen nicht so niedrig von mir denken*, vous devriez avoir une meilleure opinion de moi.

niedrig|gesinnt [″ni:driçgə'zint] adj. vil ; bas (dans ses pensées). ||**-stehend** adj. inférieur ; peu développé. ||°**-wasser** n. (s, -) marée basse ; basse mer.

Niedrigkeit ['ni:driçkait] f. (-, en) manque d'élévation, de profondeur. || Fig. bassesse f.

niemals ['ni:ma:ls] adv. jamais ; ne... jamais.

niemand ['ni:mant] pron. indéf. (ne...) personne. | *ich habe niemanden gesehen*, je n'ai vu personne. | *niemand mehr*, plus personne. | *niemand anders* ; *niemand sonst*, nul autre ; personne d'autre. | *ich habe es niemandem außer dir gesagt*, je ne l'ai dit à personne d'autre qu'à toi.

Niemands|land ['ni:mants'lant] n. (s) zone (f.) neutre ; no man's land m.

Niere ['ni:rə] f. (-, n). Pr. et fig. rein m. | *auf Herz und Nieren prüfen*, sonder les reins et les cœurs. | *das geht mir an die Nieren*, cela me touche au vif. || Culin. rognon(s) m. (pl.). || Minéral. rognon m.

Nieren|becken [″ni:rən'bɛkən] n. (s, -). Anat. bassinet m. ||°**-beckenentzündung** f. Méd. pyélite f. ||°**-braten** m. (s, -) longe (f.) de veau. ||°**-entzündung** f. Méd. néphrite f. ||°**-grieß** m. (es, e). Méd. gravelle f. ||°**-kolik** f. (-, en). Méd. colique (f.) néphrétique. ||**-krank** adj. néphrétique. ||°**-leiden** n. (s, -) maladie (f.) des reins ; néphrite f. ||°**-sand** m. (s, e). Méd. gravelle f. ||°**-schmerzen** m. pl. douleurs (f. pl.), coliques (f. pl.) néphrétiques. ||°**-stein** m. (s, e). Méd. calcul rénal. ||°**-stück** n. (s, e) longe (f.) de veau.

nieseln ['ni:zəln] v. intr. bruiner.

niesen ['ni:zən] v. intr. éternuer. || Fam. *ich werde dir etwas niesen*, tu peux toujours courir. | *auf etwas* (acc.) *niesen*, dédaigner qch.

Nies|wurz [″ni:s'vurts] f. (-, ¨e). Bot. ellébore f.

Nieß|brauch [″ni:s'braux] m. (s). Jur. usufruit m. ||°**-braucher** m. (s, -), °**-nutzer** m. (s, -) usufruitier m. ||°**-brauchsrecht** n. (s, e) droit (m.) usufructuaire, d'usufruit.

Niet [ni:t] m. ou n. (s, e) rivet m.
◇ adj. *niet- und nagelfest*, solidement fixé.

Niet|eisen [″ni:t'aizən] n. (s, -). Techn. fer (m.) à river. ||°**-döpper** m. (s, -) bouterolle f. ; chasse-rivet m. ||°**-hammer** m. (s, ¨) marteau riveur. ||°**-horn** n. (s, ¨er) bigorne f. ||°**-kopf** m. (s, ¨e) tête (f.) de rivet. ||°**-kopfschläger** m. (s, -) bouterolle f. ||°**-maschine** f. (-, n) machine (f.) à river ; riveuse f. ||°**-nagel** m. (s, ¨) rivet (m.) pour chaussure d'alpiniste. ||°**-naht** f. (-, ¨e) ligne (f.), file (f.), rang (m.), trace (f.) de rivets ; couture (f.) de rivetage. ||°**-zange** f. (-, n) pince (f.) à rivets, à réchauffer.

Niete ['ni:tə] f. (-, n). Fam. [Lotterie] billet perdant. || Par ext. incapable s. ; zéro m. ; nullité f.

nieten ['ni:tən] v. tr. river.

Niet(en)|hose [″ni:t(ən)'ho:zə] f. (-, n) blue-jean m.

Nihilismus [nihi'lismus] m. nihilisme m.

Nihilist [-'list] m. (en, en) nihiliste m.

nihilistisch [-'listiʃ] adj. nihiliste.

Nikolaus ['nikolaus] n. pr. m. Nicolas m.

Nikotin [niko'ti:n] n. (s) nicotine f.

nikotin|frei [niko″ti:n'frai] adj. dénicotinisé. || °**-sucht** f. (-) tabagisme m. ||°**-vergiftung** f. nicotinisme m. ; tabagisme m.

Nil [ni:l] n. pr. m. Géogr. Nil m.

Nil|pferd [″ni:l'pfe:rt] n. (s, e) hippopotame m.

Nimbus ['nimbus] m. (-, se). Pr. et fig. nimbe m. ; auréole f. ; prestige m. | *sich mit einem Nimbus umgeben*, se parer d'une auréole.

nimmer ['nimər] adv. jamais. | *nie und nimmer*, au grand jamais.

Nimmer|leinstag [″nimərlains'ta:k] m. (s) la Saint-Glinglin. ||**-mehr** adv. jamais plus. || °**-mehrstag** m. (s) semaine (f.) des quatre jeudis. ||**-müde** adj. inlassable ; fam. increvable. ||**-satt** adj. insatiable ; glouton. ||°**-wiedersehen** n. (s) adieu (m.) à jamais. | *er hat seine Heimat auf Nimmerwiedersehen verlassen*, il a quitté son pays sans espoir de retour, pour toujours.

Nimrod ['nimrot] n. pr. m. Nemrod m.

Nippel ['nipəl] m. (s, -) raccord (m.) ; douille f.

nippen ['nipən] v. intr. boire à petits coups ; siroter. | *an einem Glase nippen*, tremper ses lèvres dans un verre.

Nipp|flut [″nip'flu:t] f. (-, en) marée basse, de morte-eau.

Nipp|sache [″nip'zaxə] f. (-, n) [surtout au pl. **Nippsachen**], **Nippes** [nipəs] f. pl. bibelot(s) m. (pl.) ; colifichet(s) m. (pl.).

nirgend(s) ['nirgənt(s)],
nirgendwo [″nirgənt'vo:] adv. nulle part ; en aucun lieu. | *sonst nirgends*, nulle part ailleurs.

Nische ['niʃə] f. (-, n). Archit. niche f.

Nisse ['nisə] f. (-, n) lente f.

nisten ['nistən] v. intr. nicher ; faire son nid.

Nitrat [ni'tra:t] n. (s, e). Chim. nitrate m.

Nitrid [ni'tri:t] n. (s, e). Chim. nitrure m.

Nitrier|anlage [ni"tri:r'anlɑ:gə] f. (-, n) installation (f.) de nitruration.
nitrieren [ni'tri:rən] v. tr. nitrer ; nitrurer.
Nitrierung [-ruŋ] f. (-, en) nitrification f. | *Stahlnitrierung*, nitruration f.
Nitrit [ni'tri:t] (s, e), **Nitrum** ['ni:trum] n. (s) nitrite m. ; nitre m.
Nitro|benzol [nitrobɛn'tso:l] n. (s, e) nitrobenzène m. ||°**-glyzerin** n. (s, e) nitroglycérine f. ||°**-lack** m. (s, e) peinture (f.) cellulosique. ||°**-samine** n. pl. MÉD. nitrosamine f. ||°**-zellulose** f. nitrocellulose f. ; cellulose nitrée.
Nitrogen [nitro'ge:n] n. (s) azote m.
Niveau [ni'vo:] n. (s, s) niveau m. | *das Niveau halten*, rester sur le même niveau.
Niveau|kanal [ni"vo:ka'nɑ:l] m. (s, ¨e) canal (m.) sans écluses. ||°**-linie** f. (-, n) courbe (f.) de niveau. ||**-voll** adj. FIG., FAM. de haut niveau.
nivellieren [nivɛ'li:rən] v. tr. niveler.
Nivellierung [-ruŋ] f. (-, en) nivellement m.
nix [niks] pron. indéf. POP. V. NICHTS.
Nix [niks] m. (es, e). MYTH. ondin m.
Nixe ['niksə] f. (-, n) ondine f. ; nixe f.
Nizza ['nitsa] n. pr. n. GÉOGR. Nice f.
Noah ['no:a] n. pr. m. RELIG. Noé m. | *die Arche Noah*, l'arche (f.) de Noé.
nobel ['no:bəl] adj. généreux ; fastueux.
Nobelpreis|träger(in) [nɔ"bɛlprais'trɛ:gər(in)] m. (s, -), f. (-, nen) titulaire (s.) du prix Nobel.
noch [nɔx] adv. **1.** [Zeit] encore ; jusqu'ici ; pas plus tard. | *das Schiff kann man noch sehen*, on peut encore voir le bateau. | *es ist noch Zeit*, il est encore temps. | *noch nicht*, pas encore. | *noch ehe*, avant même que. | *noch heute ; heute noch*, aujourd'hui même. | *immer noch*, encore. | *er ist immer noch da*, il est encore là. | *noch lange nicht*, pas avant longtemps. | *noch nie*, jamais encore.
2. PAR EXT. pour finir ; à la fin ; avant la fin. | *er kommt noch*, il finira par venir. || POP. *du wirst mir noch krank*, tu finiras par te rendre malade.
3. [verstärkend] encore ; en plus. | *noch einmal*, encore une fois. | *noch dazu*, en outre ; de plus. | *noch einmal so viel*, le double. | *wäre er auch noch so stark*, si fort qu'il soit. | *das fehlte gerade noch*, il ne manquait plus que cela. || POP. *er hat Geld noch und noch*, il est très riche.
◇ conj. **weder... noch...,** ni..., ni... | *er ist weder gut noch klug*, il n'est ni bon ni intelligent.
noch|malig ["nɔx'mɑ:liç] adj. répété ; réitéré. ||**-mals** adv. encore une fois.
Nocke ['nɔkə] f. (-, n), **Nockerl** ['nɔkərl] n. (s, -). DIAL., CULIN. quenelle f.
Nocken ['nɔkən] m. (s, -). TECHN. came f. ; ergot m.
Nocken|antrieb ["nɔkən'antri:p] m. (s, e) commande (f.) par cames. ||°**-welle** f. (-, n) arbre (m.) à cames.
nölen ['nø:lən] v. intr. POP. lambiner ; traîner.
Nomade [no'mɑ:də] m. (n, n) nomade m.
nomadenhaft [-'mɑ:dənhaft] adj. nomade.
nomadisieren [-madi'zi:rən] v. intr. mener une vie nomade, de bohémien.
Nomen ['no:mən] n. (s, mina). GRAMM. nom m.
nominal [nomi'nɑl:] adj. nominal.
Nominal|betrag [nomi"nɑ:lbə'trɑ:k] m. (s, ¨e) valeur nominale. ||°**-einkommen** n. (s, -), °**-ertrag** m. (s, ¨e) produit, revenu nominal. ||°**-lohn** m. (s, ¨e) salaire nominal. ||°**-wert** m. (s, e) valeur nominale.
Nominativ [nomina'ti:f] m. (s, e). GRAMM. nominatif m. ; cas (m.) sujet.
None ['no:nə] f. RELIG. none f. || MUS. neuvième f.
Nonius ['no:nius] m. TECHN. vernier m.
Nonne ['nɔnə] f. (-, n). RELIG. religieuse f. | *Nonne werden*, se faire religieuse ; prendre le voile ; entrer en religion.
Nonnen|kloster ["nɔnən'klo:stər] n. (s, ¨) couvent (m.) de femmes. ||°**-leben** n. (s) vie religieuse. ||°**-weihe** f. (-, n) prise (f.) de voile.
Nonstop|flug [nɔn"stɔp'flu:k] m. (s, ¨e). AÉRON. vol (m.) sans escale. ||°**-kino** n. (s, s) cinéma permanent. ||°**-zug** m. (s, ¨e) train direct.
Noppe ['nɔpe] f. (-, n). TEXT. noppe f. ; nœud (m.) du drap. || TECHN. nodule m.
Nord [nɔrt] m. (s) vent (m.) du nord.
Nord(en) [nɔrt, 'nɔrdən] m. (s) nord m. ; septentrion m. | *nach Norden*, vers le nord. | *aus Norden, von Norden*, du nord.
Nord|afrika ["nɔrt'ɑ:frika] n. Afrique (f.) du Nord. ||**-afrikanisch** adj. nord-africain. ||°**-amerika** n. pr. n. Amérique (f.) du Nord. || [U.S.A.] États-Unis m. pl. ||°**-atlantikpakt** m. (s) pacte (m.) de l'Atlantique (Nord). ||°**-bahnhof** m. (s, ¨e) gare (f.) du Nord. ||**-deutsch** adj. de l'Allemagne du Nord. ||°**-deutsche(r)** f. (m.) Allemand(e) [m. (f.)] du Nord. ||°**-deutschland** n. Allemagne (f.) du Nord. ||°**-europa** n. Europe (f.) du Nord ; Scandinavie f. ||°**-häuser** m. (s, -) eau-de-vie (f.) de Nordhausen. ||°**-kap** n. (s) cap (m.) Nord. ||°**-küste** f. (-, n) côte septentrionale. ||°**-länder** m. (s, -) habitant (m.) du Nord ; septentrional m. ; nordique m. ||°**-licht** n. (s, er) aurore boréale. ||°**-ost(en)** m. nord-est m. ||**-östlich** adj. au, du nord-est. ||°**-ostseekanal** m. (s) canal (m.) de Kiel. ||°**-pol** m. (s) pôle (m.) nord. ||°**-see** f. mer (f.) du Nord. ||°**-stern** m. (s) étoile (f.) polaire. ||**-wärts** adv. vers le nord. ||°**-weiser** m. (s, -) boussole f. ||°**-west(en)** m. nord-ouest m. || **-westlich** adj. au nord-ouest. ||°**-wind** m. (s, e) vent (m.) du nord. || POÉT. aquilon m. ; Borée m.
Norden ['nɔrdən] m. V. NORD.
nordisch [-diʃ] adj. nordique ; du nord ; septentrional ; boréal ; hyperboréen.
nördlich ['nørtliç] adj. du nord ; septentrional ; boréal ; au nord. | *nördliche Breite*, latitude nord. | *nördlich von Paris*, au nord de Paris. | *im nördlichen Teil des Landes*, dans la partie septentrionale du pays.
Nörgelei [nørgə'lai] f. (-, en) dénigrement m. ; critique f.
nörgeln ['nørgəln] v. intr. (an, dat.) critiquer ; dénigrer.
Nörgler ['nørglər] m. (s, -) dénigreur m. ; grincheux m.
nörglig [-kliç] adj. grincheux.
Norm [nɔrm] f. (-, en) norme f. ; règle f. ; standard m.
normal [nɔr'mɑ:l] adj. normal. || PHYS. *im Normalzustand*, aux conditions normales de température et de pression.
normal [nɔr'mɑ:l] adj. normal.
Normale [-lə] f. (-, n). MATH. *die Normale*, la normale ; la perpendiculaire.
Normal|arbeitstag [nɔr"mɑ:l'arbaitstɑ:k] m. (s, e) journée normale. ||°**-bedingungen** f. pl. conditions types f. pl. ||°**-format** n. (s, e) format (m.) standard. ||°**-größe** f. (-, n) taille normale. ||°**-maß** n. (es, e) étalon m. ||°**-satz** m. (es, ¨e) taux légal, ordinaire. ||°**-spur** f. (-, en). [Eisenbahn] voie normale. ||**-spurig** adj. à voie normale. ||°**-uhr** f. (-, en) horloge régulatrice. ||°**-zeit** f. (-, en) heure légale.
normalisieren [nɔrmali'zi:rən] v. tr. normaliser ; standardiser.
Normanne [nɔr'manə] m. (n, n), **Normannin** [-nin] f. (-, nen) Normand m. ; Normande f.
normannisch [-niʃ] adj. normand.
Normen|ausschuß ["nɔrmən'ausʃus] m. (es, ¨e) comité (m.) de normalisation. ||**-gemäß** adj. et adv. conformément aux normes, à la standardisation. ||°**-teil** m. (s, e) élément normalisé.
normieren [nɔr'mi:rən], **normen** ['nɔrmən] v. tr. standardiser ; régler ; normaliser.
Normung ['nɔrmuŋ] f. (-, en) normalisation f. ; standardisation f.
Normungs|vorschrift ["nɔrmuŋs'fo:rʃrift] f. (-, en) règle (f.) de standardisation.
Norne ['nɔrnə] f. (-, n). MYTH. Norne f.
Norwegen ['nɔrve:gən] n. pr. n. GÉOGR. Norvège f.
Norweger(in) [-gər(in)] m. (s, -), f. (-, nen) Norvégien m. ; Norvégienne f.
norwegisch [-giʃ] adj. norvégien.
Not [no:t] f. (-, ¨e). **1.** misère f. ; détresse f. ; difficulté f. ; puéril m. | *finanzielle Not*, difficultés financières. | *graue Not*, misère f. | *Zeit schwerer Not*, période (f.) de grande détresse. | *wirtschaftliche Not*, malaise (m.) économique. | *Schiff in (See)not*, navire (m.) en détresse. | *Wechsel in Not*, lettre de change qui ne peut être payée. | *jm aus der Not helfen*, tirer qn d'affaire. | *Not leiden*, manquer de qch. ; être dans le besoin.
2. [Mühe] peine f. ; mal m. | *mit knapper Not ; mit Müh' und Not*, à grand-peine. || FAM., DIAL. *ich habe Not, es zu tun*, j'ai de la peine, j'ai du mal à le faire, à y arriver.
3. [Notwendigkeit] nécessité f. ; urgence f. ; besoin m.

| *im Falle der Not*, au besoin. | *zur Not*, à la rigueur. | *es ist Not am Mann*, c'est très urgent. | *Not kennt kein Gebot*, nécessité fait loi. | *aus der Not eine Tugend machen*, faire de nécessité vertu. | *es tut not*, il le faut ; c'est nécessaire.
— SYN. : *Elend*, misère ; *Gefahr*, danger ; *Mühe*, peine ; *Bedürfnis*, besoin ; *Notwendigkeit*, nécessité.

Not|absprung [″no:t'apʃpruŋ] m. (s, ¨e). AÉRON. saut forcé ; descente forcée en parachute. ||°**-achse** f. (-, n) faux essieu. ||°**-adresse** f. (-, n). COMM. adresse secondaire. ||°**-anker** m. (s, -). MAR. ancre (f.) de miséricorde, de salut. ||°**-ausgang** (s, ¨e), °**ausstieg** m. (s, e), °**-tür** f. (-, en) sortie (f.), issue (f.) de secours. ||°**-bau** m. (s, e) construction (f.) provisoire. || °**-behelf** m. (s, e) expédient m. ; pis-aller m. ; dispositif (m.) de circonstance ; moyen (m.) de fortune. | *als Notbehelf*, à titre de secours. ||°**-beleuchtung** f. (-, en) éclairage (m.) de secours. ||°**-bremse** f. (-, n) frein (m.) de secours. ||°**-brücke** f. (-, n) pont (m.) provisoire. ||°**-dienstapotheke** f. (-, n) pharmacie (f.) de garde. ||°**-durft** f. nécessité f. ; besoin m. | *seine Notdurft verrichten*, faire ses besoins. ||**-dürftig** adj. et adv. à peine suffisant ; précaire ; à peine ; avec peine ; nécessiteux. ||°**-dürftigkeit** f. insuffisance f. ; caractère (m.) précaire. ||°**-erbe** m. (n, n) héritier (m.) légitimaire. ||°**-etat** m. (s, s) douzième (m.) provisoire. ||°**-fall** m. (s, ¨e) cas (m.) de besoin. | *im äußersten Notfall*, à la dernière extrémité ; au pis-aller. ||°**-flagge** f. (-, n) pavillon (m.) de détresse. ||°**-frist** f. (-, en) délai (m.) de rigueur, de grâce. ||**-gedrungen** adj. contraint et forcé. ||°**-gesetz** n. (es, e) loi (f.) d'urgence. ||°**-groschen** m. (s, -) petites économies ; POP. poire (f.) pour la soif. ||°**-helfer** m. (s, -) sauveur m. ||°**-hilfe** f. premiers secours. ||°**-jahr** n. (s, e) année (f.) de disette. ||°**-lage** f. (-, n) détresse f. ||**-landen** v. intr. AÉRON. faire un atterrissage forcé ; FAM. atterrir en catastrophe. ||**-leidend** adj. qui est dans le besoin ; indigent ; nécessiteux. | *notleidender Wechsel*, lettre de change non honorée, non payée. ||°**-leine** f. (-, n) cordon (m.), signal (m.) d'alarme. ||°**-lüge** f. (-, n) pieux mensonge. ||°**-maßnahme** f. (-, n) mesure (f.) provisoire. ||°**-mittel** n. (s, -) moyen (m.) de fortune. ||°**-nagel** m. (s, ¨). FIG. expédient m. ; pis-aller m. ||°**-opfer** n. (s, -) sacrifice m. ; obole f. ||°**-pfennig** m. (s, e) petites économies. ||°**-reparatur** f. (-, en) réparation (f.) d'urgence. ||°**-ruf** m. (s, e) appel (m.) de détresse ; appel (m.) au secours. ||°**-signal** n. (s, e) signal (m.) de détresse, d'alarme. ||°**-sitz** m. (es, e) strapontin m. ||°**-stand** m. (s, ¨e) cas (m.), état (m.) de nécessité ; détresse f ; état (m.) d'urgence. | *das Notstandsgesetz*, la loi sur l'état d'urgence. ||°**-taufe** f. RELIG. ondoiement m. ||°**-unterkunft** f. (-, ¨e) logement (m.) provisoire. ||°**-verband** m. (s, ¨e) bandage (m.), pansement (m.) provisoire. ||°**-verordnung** f. (-, en) décret-loi m. ||°**-vorrat** m. (s, ¨e) réserves individuelles. ||**-wassern** v. intr. faire un amerrissage forcé. ||°**-wasserung** f. (-, en) amerrissage (m.) forcé, de détresse. ||°**-wehr** f. légitime défense f. | *in berechtigter Notwehr handeln*, agir en état de légitime défense. ||**-wendig** adj. nécessaire ; indispensable. ||**-wendigerweise** adv. nécessairement ; obligatoirement. ||°**-wendigkeit** f. (-, en) nécessité f. ||°**-wohnung** f. (-, en) logement (m.) provisoire. ||°**-zeit** f. (-, en) temps (m.) de crise. ||°**-zucht** f. viol m.

Nota ['no:ta] f. (-, s) note f. || COMM. court mémoire ; note f.

Notabeln [no'tɑ:bəln] m. pl. notables m. pl.

Notar [no'tɑ:r] m. (s, e) notaire m.

Notariat [notari'ɑ:t] n. (s, e) notariat m.

notariell [notari'ɛl] adj. notarié. | *notarielle Akte*, acte notarié. | *notarielle Vollmacht*, pouvoir (m.) par-devant notaire.

notarisch [-'tɑ:riʃ] adj. notarié ; par-devant notaire.

Note ['no:tə] f. (-, n). **1.** MUS. note f. | *ganze Note*, ronde f. | *halbe Note*, blanche f. | *Viertelnote*, noire f. | *Achtelnote*, croche f. | *in Noten setzen*, noter. | *Noten schreiben*, copier de la musique. | *nach Noten singen*, déchiffrer en chantant. || FIG. *nach Noten*, comme il faut. | *es geht (wie) nach Noten*, cela marche comme sur des roulettes.
2. [Banknote] billet (m.) de banque.
3. [schriftliche Mitteilung] note f. || [Fußnote] annotation f. ; note f.
4. [Zensur] note f. (scolaire).
5. PAR EXT. note ; accent m. | *eine traurige Note*, un accent de tristesse.

Noten|blatt [″no:tən'blat] n. (s, ¨er). MUS. partition f. ||°**-heft** n. (s, e) cahier (m.) de musique. ||°**-linien** f. pl. portée f. ||°**-mappe** f. (-, n) porte-musique m. ||°**-papier** n. (s, e) papier (m.) à musique. ||°**-schlüssel** m. (s, -) clef f. ||°**-schreiber** m. (s, -) copiste (m.) de musique. ||°**-ständer** m. (s, -) pupitre (m.) à musique.

Noten|aufruf [″no:tən'aufru:f] m. (s, e) retrait (m.) de billets de banque. ||°**-ausgabe** f. (-, n) émission (f.) de billets. ||°**-austausch** m. (s, e) échange (m.) de billets. ||°**-bank** f. (-, en) banque (f.) d'émission. ||°**-deckung** f. (-, en) couverture (f.) métallique des billets. ||°**-einlösung** f. (-, en) remboursement (m.) de billets. ||°**-inhaber** m. (s, -) porteur m. ||°**-presse** f. (-, n) presse (f.) à billets. ||°**-privileg** n. (s, ien) privilège (m.) d'émission. ||°**-umlauf** m. (s) circulation (f.) fiduciaire.

notieren [no'ti:rən] v. tr. noter ; inscrire ; prendre note de. | *an der Börse notieren*, coter en bourse.

Notierung [-ruŋ] f. (-, en). FIN. notation f. ; cote f.

nötig ['nø:tiç] adj. nécessaire. | *ich habe es nötig*, j'en ai besoin. | *dazu ist es nötig, daß er selbst kommt*, pour cela il est nécessaire, il faut qu'il vienne lui-même. | *es ist nötig, ihn zu sehen*, il est nécessaire de le voir. | *das Nötige veranlassen*, donner les ordres nécessaires.

nötigen ['nø:tigən] v. tr. **1.** engager ; prier. | *jn zum Sitzen nötigen*, engager qn à s'asseoir. | *sich nicht nötigen lassen*, ne pas se faire prier.
2. [zwingen] obliger ; forcer ; contraindre. | *ich sah mich genötigt, zu*, je me vis obligé de.

nötigen|falls [″nø:tigən'fals] adv. éventuellement ; si besoin est.

Nötigkeit ['nø:tiçkait] f. urgence f. ; nécessité f.

Nötigung ['nø:tiguŋ] f. contrainte f. ; pression f. ; instances f. pl. || JUR. extorsion f. | *Nötigung zur Unterschrift*, extorsion (f.) de signature.

Notiz [nɔ'ti:ts] f. (-, en) notice f. ; note f. | *Notiz von etwas nehmen*, prendre connaissance de qch. | *er nahm keine Notiz davon*, il n'y a pas fait attention.

Notiz|block [nɔ″ti:ts'blɔk] m. (es, ¨e) bloc-notes m. ||°**-buch** n. (s, ¨er) calepin m. ; carnet m. ; agenda m.

notorisch [no'to:riʃ] adj. notoire.

Notturno [nɔ'turno] n. (s, s). MUS. nocturne m.

Novelle [nɔ'vɛlə] f. (-, n). LITTÉR. nouvelle f. || JUR. loi (f.) dérogatoire ; amendement m.

Novellist(in) [nɔvɛ'list(in)] m. (en, en), f. (-, nen) nouvelliste s. ; auteur (m.) de nouvelles.

novellistisch [-tiʃ] adj. qui tient de la nouvelle.

November [no'vɛmbər] m. (s, -) novembre m.

Novität [novi'tɛ:t] f. (-, en). [Theaterstücke ; Bücher] nouveauté f.

Novize [novi:tsə] m. (n, n) et f. (-, n). RELIG. novice m. et f.

Novum ['no:vum] n. (s, va) nouveauté f. ; facteur nouveau. || JUR. fait nouveau.

nu [nu :] interj. FAM. [pour *nun*] eh bien !
◇ m. **Nu.** *im Nu* ; *in einem Nu*, en un clin d'œil ; en moins de rien.

Nuance [nu'ɑ̃sə] f. (-, n) nuance f.

nuancieren [nuan'si:rən] v. tr. nuancer.

Nubien ['nu:biən] n. pr. n. GÉOGR. Nubie f.

nüchtern ['nyçtərn] adj. **1.** à jeun. | *nüchterner Magen*, estomac vide. | *er ist wieder nüchtern*, il est dégrisé. | *nüchtern machen*, dégriser.
2. PR. et FIG. sobre ; froid ; calme ; objectif. | *nüchterner Bericht*, rapport serein, objectif. | *ich bin völlig nüchtern*, je sais parfaitement ce que je dis. | *eine nüchterne Rede*, un discours sobre. | *ein nüchterner Geschmack*, un goût fade.

Nüchternheit [-hait] f. état d'une personne à jeun ou dégrisée. || lucidité f. ; sobriété f. ; sang-froid m. ; calme m. || fadeur f. ; caractère peu exaltant (de qch.).

Nücke ['nykə] f. (-, n). FAM. lubie f. ; humeur f. ; caprice m.

Nudel ['nu:dəl] f. (-, n). CULIN. nouilles f. pl., vermicelle m.

Nudel|suppe [″nu:dəl'zupə] f. (-, n) potage (m.) au vermicelle.

nudeln ['nu:dəln] v. tr. empâter ; bourrer. | *Gänse nudeln*, gaver des oies.

Nudität [nudi'tɛ:t] f. (-, en). 1° nudité f. ; 2° grivoiserie f.

Nugat [nu'gɑ:t] m. (s) praliné m.

nuklear [nukle'ɑ:r] adj. nucléaire. | *nuklearer Unfall*, accident (m.) nucléaire.

Nuklear|waffe [nukle"ɑ:r'vafe] f. (-, n) arme (f.) nucléaire.
Nuklease [nykle'ɑ:zə] f. (-, n). BIOL. nucléase f.
Nuklein [nukle'i:n] n. BIOL. nucléine f.
Nuklein|säure [nukle"i:n'zɔyrə] f. (-, n). BIOL., CHIM. acide (m.) nucléique.
Nukleolus [nukle'o:lus] m. (ses, se). BIOL. nucléole m.
Nukleon [nukle'o:n] n. (s, -). PHYS. nucléon m.
Nukleo|proteid ["nukleoprote'i:t] n. (s, e). BIOL., CHIM. nucléoprotéide f.
Nukleotid [nukleo'ti:t] n. (s, e). BIOL., CHIM. nucléotide m.
Nukleus [nu'kleus] m. BIOL. noyau m. (cellulaire).
null [nul] adj. num. zéro. | *null zu eins*, zéro à un. ◇ adj. nul. | *null und nichtig*, nul et non avenu. | *das ist gleich null*, c'est autant dire rien.
◇ **die Null,** le zéro. | *das Thermometer steht auf Null*, le thermomètre est à zéro. | *auf Null stellen*, amener au zéro. || FIG. *er ist eine Null*, c'est une nullité.
Null|einstellung ["nul'ainʃtɛluŋ] f. (-, en) mise (f.), réglage (m.) au zéro. ||°**-kegel** m. (s, -) cône (m.) de silence. ||°**-kuponanleihe** f. FIN. obligation (f.) à coupon zéro. ||°**-leiter** m. (s, -). ÉLECTR. conducteur (m.), fil (m.), ligne (f.) neutre. ||°**-linie** f. (-, n) ligne (f.) de zéro, de foi ; axe (m.) neutre. ||°**-lösung** f. (-, en). POLIT. option (f.) zéro. ||°**-nummer** f. (-, n) [Zeitschrift] numéro (m.) zéro. ||°**-meridian** m. (s, e) méridien (m.) zéro, de Greenwich. ||°**-punkt** m. (s, e) zéro m. ; origine (f.), point (m.) zéro, neutre. || PHYS. *absoluter Nullpunkt*, zéro absolu. ||°**-richtung** f. (-, en) direction-origine f. ||°**-serie** f. (-, n). TECHN. présérie f. ||°**-start** m. (s, e) décollage (m.) sur place. ||°**-stelle** f. (-, n) point (m.) d'extinction acoustique. ||°**-stellung** f. (-, en) position (f.) zéro, neutre, de repos. ||°**-wachstum** n. (s). ÉCON. croissance (f.) zéro.
Nullifikation [nulifika'tsio:n] f. (-, en) annulation f. ||**-fizieren** v. tr. annuler.
Nulpe ['nulpə] f. (-, n). POP. abruti(e) m. (f.) ; nullité f.
Numerale [nume'rɑ:lə] n. (s, lia ou lien) adjectif numéral.
numerieren [-'ri:rən] v. tr. numéroter.
Numerierung ['ri:ruŋ] f. numération f. ; numérotation f.
Numerier|stempel [nume"ri:r'ʃtɛmpəl] m. (s, -) numérateur m.
numerisch [nu'me:riʃ] adj. numérique. | *numerische Steuerung*, commande (f.) numérique. | *numerisch gesteuerte Werkzeugmaschine*, machine-outil (f.) à commande numérique (M.O.C.N.).
Numerus clausus ["numərus'klauzus] m. (-) numerus clausus m.
Numismatik [numis'mɑ:tik] f. numismatique f.
Nummer ['numər] f. (-, n). **1.** numéro m. ; pointure f. | *welche Nummer ?*, quel numéro ? ; quelle pointure ? | *er wohnt Bahnhofstraße Nr (Nummer) 6*, il habite au numéro six, au 6, rue de la Gare. || TÉLÉPH. *eine Nummer wählen*, composer, former un numéro.
2. FIG. numéro m. | *eine gute Nummer bei jm haben*, avoir la cote auprès de qn. | *er ist eine komische Nummer*, c'est un drôle de bonhomme. || FAM. *er ist in Nummer Sicher*, il est en prison ; il est à l'ombre.
3. THÉÂTRE. numéro m. | *eine Nummer einstudieren*, préparer un numéro.
nummern [-mərn] v. tr. numéroter.
Nummern|konto ["numərn'konto] n. (s, ten). FIN. compte (m.) à numéro. ||°**-scheibe** f. (-, n). TÉLÉPH. cadran (m.), disque (m.) d'appel. ||°**-schild** n. (s, e). AUTOM. plaque (f.) d'immatriculation ; numéro m. ||°**-schlüssel** m. (s, -). INF. code (m.) numérique.
nun [nu:n] adv. **1.** [jetzt] maintenant ; à présent ; à l'heure qu'il est. | *nun ist er da*, maintenant il est là. | *von nun an*, à partir de maintenant ; désormais ; dorénavant ; dès lors. | *was nun ?*, et maintenant ? ; et après ? | *nun und nimmermehr*, au grand jamais. || [da ; dann] alors. | *er sagte mir nun*, il me dit alors.
2. [also] donc ; ainsi ; or. | *das ist nun mal so*, c'est comme ça ; voilà donc ce qu'il en est. | *da er nun kam*, puisqu'il venait.
◇ conj. puisque ; maintenant que. | *nun er mächtig ist*, maintenant qu'il a du pouvoir.
◇ interj. eh bien ! ; voyons ! ; allons ! | *nun gut !*, eh bien, soit. | *nun ja !*, c'est bon ! | *nun ?*, quoi donc ? ; eh bien ?

nun|mehr [nu:n'me:r] adv. [von nun an] à présent ; désormais. ||**-mehrig** adj. actuel.
Nuntius, Nunzius ['nuntsius] m. (-, ien). RELIG. nonce m.
Nunziatur [nuntsia'tu:r] f. (-, en) nonciature f.
nur [nu:r] adv. **1.** [Einschränkung] ne... que ; seulement. | *nur ich*, moi seul. | *nur sie nicht*, sauf elle. | *ich habe nur zehn Mark*, je n'ai que dix marks. | *er trinkt nur immerzu*, il ne fait que boire. | *nicht nur..., sondern auch*, non seulement..., mais encore. | *nur noch* ; DIAL. *nurmehr*, ne plus... que ; ne... que plus. | *ich habe nur noch eine Mark*, je n'ai plus qu'un mark. | *das machte ihn nur noch wütender*, cela ne le rendit que plus furieux. | *nur daß*, sauf que, à ceci près que ; avec cette réserve que. | *ich käme gern, nur daß ich keinen Wagen habe, nur habe ich keinen Wagen*, j'aimerais bien venir, mais je n'ai pas de voiture, seulement je n'ai pas de voiture.
2. [Wunsch] pourvu ; si seulement. | *wenn es nur nicht regnet*, pourvu qu'il ne pleuve pas ! | *nur fort von hier !*, partons donc d'ici ! | *wäre ich nur dort*, que ne suis-je là-bas ! | *nur nicht stehenbleiben*, surtout ne pas s'arrêter !
3. [Aufforderung] *sprich nur !*, parle donc ! | *nur zu !*, allez-y ! | *warte nur !*, attends un peu !
Nürnberg ['nyrnbɛrk] n. pr. n. GÉOGR. Nuremberg.
Nürnberger(in) [-bɛrgər(in)] m. (s, -), f. (-, nen) Nurembergeois m. ; Nurembergeoise f.
◇ adj. FAM. *der Nürnberger Trichter*. V. TRICHTER.
nuscheln ['nuʃəln] v. intr. 1° parler indistinctement ; 2° lambiner ; lanterner.
Nuß [nus] f. (-, ¨e) noix f. ; noisette f. || FIG. *das ist eine harte Nuß zu knacken*, cela donne du fil à retordre. || [Kohle] noix f.
Nuß|baum ["nus'baum] m. (s, ¨e) noyer m. ||**-braun** adj. couleur (f.) de bois de noyer ; (couleur) noisette. ||°**-knacker** m. (s, -) casse-noix m. ; casse-noisettes m. || PÉJOR. *ein alter Nußknacker*, un barbon. ||°**-kohle** f. (-, n) noix f. ; menu m. ; criblé m. ||°**-likör** m. (s, e) brou (m.) de noix. ||°**-schale** f. (-, n) coquille (f.) de noix. | *grüne Nußschale*, brou de noix. || FIG. petit bateau. ||°**-strauch** m. (s, ¨e) coudrier m. ; noisetier m.
Nüster ['ny:stər] f. (-, n) ou n. (s, n) narine f. ; naseau m.
Nutation [nuta'tsio:n] f. (-, en). ASTRON. nutation f.
Nut(e) ['nu:t(ə)] f. (-, [e]n) rainure f. ; rayure f. ; mortaise f.
nuten [-tən] v. tr. rainer ; rainurer ; faire des rainures dans.
Nutriment [nutri'mɛnt] n. (s, e) nutriment m.
Nut|welle ["nu:t'vɛlə] f. (-, n). TECHN. arbre cannelé, rainé.
Nutsche ['nutʃə] f. (-, n) filtre (m.) en porcelaine.
Nutte ['nutə] f. (-, n). POP. putain f. ; poule f.
Nutz [nuts] V. NUTZEN. *zu Nutz und Frommen der Gemeinschaft*, pour le bien de la collectivité. | *sich etwas zunutze machen*, profiter de qch.
Nutz|anwendung ["nuts'anvɛnduŋ] f. (-, en) utilisation f. | *Nutzanwendung einer Fabel*, morale (f.), moralité (f.) d'une fable. ||**-bringend** adj. profitable. | *nutzbringende Verwendung*, utilisation (f.) efficace. ||°**-effekt** m. (s). TECHN. rendement m. ; travail (m.) utile ; efficience f. ||°**-fahrzeug** n. (s, e) véhicule (m.) utilitaire. ||°**-fläche** f. (-, n) surface (f.) utile. ||°**-garten** m. (s, ¨) jardin (m.) de rapport. ||°**-holz** n. (es, ¨er) bois (m.) de construction, de charpente. ||°**-kraft** f. (-, ¨e) force, puissance effective. ||°**-last** f. (-, en) charge utile, marchande. ||°**-leistung** f. (-, en) puissance utile, effective ; rendement m. ; travail (m.) utile. ||**-los** adj. [vergeblich] inutile ; infructueux ; vain. ||°**-losigkeit** f. inutilité f. ; stérilité f. ; vanité f. ||**-nießen** v. tr. jouir du profit de ; avoir l'usufruit de. ||°**-nießer(in)** m. (s, -), f. (-, nen) usufruitier m. ; usufruitière f. ||°**-nießung** f. jouissance f. ; usufruit m. | *die Nutznießung von etwas haben*, avoir la jouissance de qch. | *gemeinschaftliche Nutznießung*, cojouissance f. ||°**-nießungsrecht** n. (s) droit (m.) de jouissance. ||°**-pfand(recht)** n. (s, e) antichrèse f. ||°**-pferdestärke** f. (-, n) cheval-vapeur effectif. ||°**-pflanze** f. (-, n) plante (f.) économique, utile. ||°**-tier** m. (s, e) animal (m.) domestique.
nutzbar ['nutsbɑ:r] adj. utile ; productif ; lucratif.
Nutzbarkeit [-kait] f. utilité f.
Nutzbar|machung ["nutsbɑ:r'maxuŋ] f. utilisation f.
nütz(e) ['nyts(ə)], **nutz** [nuts] adj. utile. | *das ist*

zu etwas nütze, c'est utile à qch. | *das ist zu nichts nutz*, ça ne sert à rien.

Nutzen ['nutsən] m. (s) utilité f. ; profit m. ; intérêt m. ; fruit m. ; avantage m. ; bénéfice m. ; parti (tiré de). | *aus etwas Nutzen ziehen*, profiter de qch. ; tirer profit de qch. ; tirer parti, bénéficier de qch. | *jm Nutzen bringen*, profiter à qn ; être profitable à qn.

nutzen [-tsən], **nützen** ['nytsən] v. intr. être utile, profiter à. | *jm zu etwas nützen*, profiter, être utile à qn pour qch. | *das nützt nichts*, cela ne sert à rien. | *wozu nützt es, was nützt es, daß...*, à quoi sert de... ? ◇ v. tr. utiliser ; tirer parti de ; profiter de. | *den Augenblick nützen*, profiter du moment.

nützlich ['nytsliç] adj. utile ; profitable.

Nützlichkeit [-kait] f. utilité f.

Nützlichkeits|lehre ["nytsliçkaits'le:rə] f. (-, n). PHILOS. utilitarisme m.

Nutzung ['nutsuŋ] f. utilisation f. ; jouissance f. ; exploitation f.

nutzungs|berechtigt ["nutsuŋsbə'rɛçtiçt] adj. autorisé à se servir de qch., à utiliser un bien. ||°**-dauer** f. durée (f.) d'utilisation. ||°**-entschädigung** f. (-, en) indemnité (f.), dédommagement (m.) pour utilisation. ||°**-recht** n. (s, e). JUR. jouissance f. ; droit (m.) usufructuaire, de jouissance, d'usage. ||°**-vergütung** f. (-, en) indemnité (f.), redevance (f.) pour utilisation. ||°**-wert** m. (s, e) valeur (f.) de jouissance, de rapport. | *Nutzungswert einer Wohnung*, valeur locative d'un appartement.

Nylon ['nailɔn] n. (s) Nylon m.

Nymphe ['nymfə] f. (-, n) nymphe f.

O

O, o [o:] n. O m. | *grosses* O, *O* majuscule. | *das A und (das) O*, l'alpha et l'oméga. | *von A bis O*, de A jusqu'à Z. || GÉOGR. abrév. de **Oder.** | *Frankfurt/O*, Francfort-sur-l'Oder.
◇ interj. **o !,** ô ! ; oh ! | *o doch !*, mais si ! ; si fait ! | *o nein !*, que non ! ; eh non ! | *o weh !*, misère ! ; aïe !

O-Beine ["o:'bainə] n. pl. jambes arquées. || **-beinig** adj. qui a les jambes arquées.

Oase [o'ɑ:zə] f. (-, n) oasis f.

ob [ɔp] prép. [Vx.] (gén.) à cause de. || (dat.) sur ; au-dessus de. | *Rothenburg ob der Tauber*, Rothembourg sur la Tauber.
◇ adv. *(na) und ob !*, et comment ! ; tu peux le croire ! ; ma foi oui !
◇ conj. interr. si. | *er fragte mich, ob ich ihn besuchen wolle*, il m'a demandé si je voulais bien lui rendre visite. | *ich weiß nicht, ob du es kannst*, je ne sais pas si tu le peux. || *ob er auch kommt ?*, mais est-il sûr qu'il vienne ? — **ob... oder...,** que. | *ob es schneit oder regnet*, qu'il neige ou qu'il pleuve. | *ob er will oder nicht*, qu'il le veuille ou non ; bon gré mal gré. — **als ob,** comme si. | *es ist als ob*, on dirait que ; on a l'impression que. — **ob auch (immer),** quoique ; même si. | *ob er es auch immer sagt*, même s'il le dit.

Obacht ['o:baxt] f. attention f. ; soin m. | *Obacht !*, attention ! ; prends garde ! | *auf etwas* (acc.) *Obacht geben*, faire attention à qch.

Ob|dach ['ɔpdax] n. (s) abri m. ; asile m.

obdach|los ["ɔpdax'lo:s] adj. sans abri ; sans logis. ||°**-lose(r)** f. (m.) personne (f.) sans abri. | *die Obdachlosen*, les sans-abri. || °**-losigkeit** f. manque (m.) de logement ; détresse f.

Obduktion [ɔpduk'tsio:n] f. (-, en) autopsie f.

obduzieren [-du'tsi:rən] v. tr. faire l'autopsie de.

ob|gleich [ɔp'glaiç] conj. quoique ; bien que. (indic. en allemand, subj. en français).

Ob|hut ["ɔp'hu:t] f. garde f. ; protection f. ; soins m. pl. | *in Obhut nehmen*, prendre en charge, sous sa garde. ||**-liegen** (a, e) v. intr. être à la charge de ; incomber à. | *es obliegt mir, zu...*, il m'appartient de... | *diese Pflicht oblag mir lange*, ce devoir m'a longtemps incombé. || vaquer à ; s'adonner à. ||°**-liegenheit** f. (-, en) obligation f. ; charge f. ||°**-mann** m. (s, ¨er et -leute) chef m. ; arbitre m. ||**-schon** conj. V. OBGLEICH. ||**-siegen** v. intr. *jm obsiegen*, triompher de qn ; vaincre qn ; l'emporter sur qn. ||**-walten** v. intr. régner ; prédominer. | *unter den obwaltenden Umständen*, dans les circonstances présentes. ||**-wohl.** V. OBGLEICH.

Obelisk [ɔbe'lisk] m. (en, en) obélisque m.

oben ['o:bən] adv. PR. et FIG. en haut. | *oben auf dem Schrank*, en haut de l'armoire. | *weiter oben*, plus haut. | *da oben*, là-haut. | *nach oben*, vers le haut. | *von oben herab*, de haut en bas. || PAR EXT. orgueilleusement.

oben|an ["o:bən'an] adv. tout en haut ; au premier rang ; au haut bout (de la table). ||**-auf** adv. à la surface ; en-dessus de. || FIG. *er ist obenauf*, il est en pleine forme. | *er ist wieder obenauf*, il a repris le dessus. ||**-drauf** adv. *eins obendrauf geben*, chapitrer, blâmer. ||**-drein** adv. par-dessus le marché ; de plus ; en outre. ||**-erwähnt, -genannt, -stehend** adj. susmentionné ; ci-dessus (mentionné). ||**-hin** adv. en passant superficiellement.

ober ['o:bər] adj. supérieur. | *die oberen Klassen*, les grandes classes. | *die oberen Stockwerke*, les étages supérieurs. | *die oberen Zehntausend*, la haute société. || (au superl.) suprême. | *die oberste Gerichtsbarkeit*, la juridiction suprême.
◇ m. (s, -) **Ober** (abrév. de **Oberkellner**) garçon m. (de café). || [Kartenspiel] (équivalent de la) dame.
◇ **das Obere,** le haut ; le dessus.

Ober|appellationsgericht ["o:bərapɛla'tsio:nsgə'riçt] n. (s, e) cour (f.) de cassation. ||°**-arm** m. (s, e) [partie supérieure du] bras m. ||°**-armknochen** m. (s, -) humérus m. ||°**-arzt** m. (es, ¨e) médecin (m.) chef. ||°**-aufseher** m. (s, -) surveillant général ; surintendant m. ||°**-bau** m. (s, e). ARCHIT. superstructure f. || AUTOM. (s, ten) carrosserie f. || TRANSP. établissement (m.) de la voie ferrée. ||°**-bayern** n. pr. n. haute Bavière. ||°**-befehl** m. (s, e) commandement supérieur, en chef. ||°**-befehlshaber** m. (s, -) généralissime m. ||°**-begriff** m. (s, e), terme (m.) générique. ||°**-bergamt** n. (s, ¨er) administration supérieure des mines. ||°**-bett** n. (s, en) couvre-lit m. ; édredon m. ||°**-buchhalter** m. (s, -) chef (m.) comptable. ||°**-bürgermeister** m. (s, -) maire m. ; premier bourgmestre. | *Oberbürgermeister von London*, lord-maire (m.) de Londres. ||°**-deck** n. (s). MAR. pont m. ; tillac m. ||°**-deckomnibus** m. (-, se) autobus (m.) à impériale. ||**-deutsch** adj. allemand du Sud. ||°**-deutsch** n. haut allemand du Sud. ||**-faul** adj. POP. très paresseux ; FIG. douteux ; très problématique. ||°**-feldherr** m. (n, en) général (m.) en chef. ||°**-feldwebel** m. (s, -) adjudant-chef m. ||°**-fläche** f. (-, n) superficie f. ; surface f. | *auf der Oberfläche ; an der Oberfläche*, à la surface. ||**-flächenaktiv** adj. PHYS. tensioactif. ||°**-flächenhärtung** f. (-, en). TECHN. trempe (f.) de surface. ||°**-flächenspannung** f. (-, en). PHYS. tension superficielle. ||**-flächlich** adj. PR. et FIG. superficiel. ||°**-flächlichkeit** f. caractère superficiel ; légèreté f. ; manque (m.) de profondeur.

||°-**förster** m. (s, -) garde général des forêts. ||°-**forstrat** m. (s, ¨e) inspecteur général des eaux et forêts. ||°-**franken** n. pr. n. haute Franconie. ||°-**funker** m. (s, -) chef opérateur radio. || MIL. opérateur radio de première classe. ||°-**gefreiter** m. caporal-chef m. ; brigadier-chef m. ||°-**gericht** n. (s, e) cour (f.) d'appel. ||°-**geschoß** n. (es, e) premier étage ; étage supérieur. ||°-**gewalt** f. (-, en) pouvoir (m.) suprême ; suprématie f. ||°-**grenze** f. (-, n) limite supérieure ; plafond m. ||-**halb** prép. (gén.) au-dessus de ; en amont de. ||°-**hand** f. suprématie f. ; dessus m. | *die Oberhand gewinnen*, prendre le dessus. | *die Oberhand behalten*, rester le plus fort. ||°-**haupt** n. (s, ¨er) chef m. ||°-**haus** n. (es, ¨er). POLIT. Chambre Haute. ||°-**haut** f. (-, ¨e). ANAT. épiderme m. || TECHN. croûte f. ||°-**hoheit** f. (-, en) pouvoir (m.) suprême ; souveraineté f. ||°-**ingenieur** m. (s, e) ingénieur (m.) en chef. ||°-**inspektor** m. (s, en) inspecteur principal. ||°-**italien** n. pr. n. haute Italie. ||°-**jägermeister** m. (s, -) grand veneur. ||°-**kellner** m. (s, -) [abrév. **Ober**] maître (m.) d'hôtel. ||°-**kiefer** m. (s, -). ANAT. mâchoire supérieure. ||°-**kirchenrat** m. (s, ¨e) conseil (m.) suprême ; consistoire central de l'Église réformée et luthérienne. ||°-**klassen** f. pl. classes supérieures ; classes dirigeantes. ||°-**kommando** n. (s, s) haut commandement ; grand quartier général. ||°-**körper** m. (s, -) buste m. | *den Oberkörper aufrichten*, redresser le buste. ||°-**land** n. (s, ¨er) haut pays. | *Berner Oberland*, Oberland bernois. ||°-**länder** m. (s, -) habitant (m.) du haut pays. ||°-**landesgericht** n. (s, e) cour (f.) d'appel. ||°-**lauf** m. (s, ¨e) cours supérieur (d'un fleuve). ||°-**leder** n. (s, -) empeigne f. ||°-**lehrer** m. (s, -) professeur m. ||°-**leib** m. (s, er) buste m. ||°-**leitung** f. (-, en). ÉLECTR. caténaire f. ; ligne aérienne. ||°-**leitungs(omni)bus** m. (-, se) [abrév. **Obus**] trolley(bus) m. ||°-**leutnant** m. (s, e) lieutenant m. ||°-**licht** n. (s, er) jour (m.), lumière (f.) venant d'en haut. || ARCHIT. éclairage (m.) au plafond ; fenêtre (f.) sur imposte. ||°-**lichtfenster** n. (s, -) vasistas m. ||°-**lippe** f. (-, n) lèvre supérieure. ||°-**maat** m. (s, e). MAR. quartier-maître m. ||°-**meister** m. (s, -) grand-maître m. ; contremaître m. ||°-**österreich** n. Haute-Autriche f. ||°-**pfalz** f. Haut-Palatinat m. ||°-**priester** m. (s, -) grand prêtre ; pontife m. ||°-**prima** f. (-, men) dernière année du lycée ; classe terminale. ||°-**primaner(in)** m. (s, -), f. (-, nen) élève (m. et f.) de la classe terminale. ||°-**regierungsrat** m. (s, ¨e) conseiller supérieur du gouvernement. ||°-**rhein** m. cours supérieur du Rhin. ||°-**rinde** f. (-, n). BOT. épiderme m. ||°-**ring** m. (s, e). [Gewehr] embouchoir m. ||°-**satz** m. (es, ¨e). [Logik] prémisse f. ||°-**schenkel** m. (s, -) cuisse f. ||°-**schicht** f. (-, en) classe supérieure ; haute société. ||°-**schlesien** n. Haute-Silésie f. ||°-**schule** f. (-, n) établissement (m.) secondaire. ||°-**schulrat** m. (s, ¨e) inspecteur général. ||°-**schwester** f. (-, n) infirmière (f.) en chef. ||°-**seitenklappe** f. (-, n). AÉRON. volet (m.) d'extrados. ||°-**staatsanwalt** m. (s, ¨e) procureur général. ||°-**stadt** f. ville haute (par opposition à *Unterstadt*). ||°-**steiger** m. (s, -). MINES. premier maître porion. ||°-**stimme** f. soprano m. ||°-**stock** m. (s, ¨e) étage supérieur. ||°-**stübchen** n. (s, -). POP. tête f. ; cerveau m. | *er ist nicht richtig im Oberstübchen*, il a le cerveau fêlé. ||°-**stube** f. (-, n) mansarde f. ||°-**teil** m. (s, e) partie supérieure. ||°-**ton** m. (s, ¨e). MUS. (note) harmonique f. ||°-**wasser** n. (s, -) bief supérieur. || ÉLECTR. eau (f.) d'amont. || FIG. *Oberwasser haben*, avoir l'avantage ; se sentir plus fort que les autres. ||°-**weite** f. (-, n) (tour [m.] de) poitrine f. ||°-**welt** f. terre f. ; monde (m.) des vivants (par opposition à *Unterwelt*). ||°-**zahn** m. (s, ¨e) dent supérieure ; dent (f.) du haut.

Oberin ['o:bərin] f. (-, nen). RELIG. supérieure f.

oberst ['o:bərst] adj. superl. de **ober**.
◇ m. **Oberst** (en, en). MIL. colonel m.

Oberst|leutnant ["o:bərst'lɔytnant] m. (s, e) lieutenant-colonel m.

obig ['o:biç] adj. susdit ; ci-dessus (mentionné).

Obiges ['o:bigəs] n. ce qui a été dit plus haut.

Objekt [ɔp'jɛkt] n. (s, e) objet m. || GRAMM. complément (m.) d'objet.

objektiv [ɔpjɛk'ti:f] adj. objectif.

Objektiv [ɔpjɛk'ti:f] n. (s, e). OPT. objectif m.

objektivieren [ɔpjɛkti'vi:rən] v. tr. PHILOS. objectiver.

Objektivität [-vi'tɛ:t] f. objectivité f.

Oblate [ɔb'la:tə] f. (-, n). RELIG. hostie f. || [Backwerk] oublie f.
◇ m. (n, n). RELIG. oblat m.

obligat [obli'ga:t] adj. obligé ; inévitable.

Obligation [-ga'tsio:n] f. (-, en) obligation f. || FIN. obligation f. | *Obligation mit festem Ertrag*, obligation à revenu fixe.

obligatorisch [obliga'to:riʃ] adj. obligatoire.

Obligo ['obligo] n. (s, s). COMM. engagement m. ; obligation f. ; garantie f. ; responsabilité f. | *ohne Obligo*, sans engagement ; sans garantie.

Oboe [o'bo:ə] f. (-, n). MUS. hautbois m.

Oboist [obo'ist] m. (en, en) hautboïste m.

Obolus ['o:bolus] m. (-, Oboli) obole f.

Obrigkeit ['o:briçkait] f. (-, en) autorité f. ; pouvoir (public) ; autorités f. pl.

obrigkeitlich [-liç] adj. de l'autorité publique.

Obrist [o'brist] m. (en, en) colonel m.

Observanz [ɔpzɛr'vants] f. (-, en). RELIG. observance f. || PAR EXT. tradition f. ; droit coutumier.

Observation [-va'tsio:n] f. observation f. (astronomique).

Observatorium [-va'to:rium] n. (s, rien). ASTRON. observatoire m.

Obsidian [ɔpzidi'a:n] m. (s, e). MINÉRAL. obsidiane f. ; obsidienne f.

obskur [ɔps'ku:r] adj. [undeutlich] obscur.

obsolet [ɔpzɔ'le:t] adj. vieux ; vieilli ; désuet.

Obst [o:pst] n. (es) fruits m. pl.

Obst|bau ["o:pst'bau] m. (s) arboriculture f. ||°-**baum** m. (s, ¨e) arbre fruitier. ||°-**ernte** f. (-, n) cueillette f. ||°-**frau** f. (-, en) fruitière f. ||°-**garten** m. (s, ¨) verger m. ||°-**gärtner** m. (s, -) arboriculteur m. ||°-**händler** m. (s, -) fruitier m. ||°-**handlung** f. (-, en) fruiterie f. ||°-**jahr** n. (s, e) année (f.) riche en fruits. ||°-**kern** m. (s, e) pépin m. ||°-**konserven** f. pl. conserves (f. pl.) de fruits. ||°-**kunde** f., °-**lehre** f. arboriculture f. ||°-**laden** m. (s, ¨) fruiterie f. ; boutique (f.) de fruits. ||°-**lese** f. V. OBSTERNTE. ||-**reich** adj. abondant en fruits. ||°-**schale** f. (-, n) coupe (f.) à fruits ; compotier m. ||-**tragend** adj. fruitier ; à fruits. ||°-**wein** m. (s, e) jus de fruits fermenté. ||°-**zucht** f. arboriculture f. ||°-**züchter** m. (s, -) arboriculteur m.

obstinat [ɔpsti'na:t] adj. obstiné.

obstruieren [ɔpstru'i:rən] v. tr. obstruer.

Obstruktion [-struk'tsio:n] f. (-, en) obstruction f.

obszön [ɔps'tsø:n] adj. obscène.

Ochs(e) ['ɔks(ə)] m. ([e]n, [e]n) bœuf m. || FIG., PÉJOR. homme (m.) stupide ; âne m. ; butor m. | *er steht wie der Ochs am Berge*, il ne sait que faire.

ochsen ['ɔksən] v. intr. travailler comme un bœuf ; piocher ; bûcher.

Ochsen|auge ["ɔksən'augə] n. (s, n) œil (m.) de bœuf. || FIG. œil-de-bœuf m. ; hublot m. ||°-**hirt** m. (en, en), °-**treiber** m. (s, -) bouvier m. ||°-**kalb** n. (s, ¨er) bouvillon m. ||°-**schwanzsuppe** f. (-, n) potage (m.) à la queue de bœuf. ||°-**ziemer** m. (s, -) nerf (m.) de bœuf. ||°-**zunge** f. (-, n) langue (f.) de bœuf. || BOT. bourrache f. ; buglosse f.

ochsenhaft ['ɔksənhaft] adj. bovin. || FIG. stupide.

ochsig ['ɔksiç] adj. semblable à un bœuf ; bovin. || FIG. colossal ; énorme.

ocker ['ɔkər] adj. (couleur) ocre.

Ocker m. (s, -) ocre f.

ocker|artig ["ɔkər'a:rtiç], -**farbig** [-'fa:rbiç] adj. ocreux. ||°-**gelb** n. (s) ocre jaune.

Ode ['o:də] f. (-, n). POÉS. ode f.

öde ['ø:də] adj. inhabité ; désert ; inculte. || FIG. triste ; fade ; insipide ; monotone.

Öde ['ø:də] f. (-, n) désert m. solitude f. ; FIG. monotonie f.

Odem ['o:dəm] m. (s). POÉT. haleine f. ; souffle m. ; inspiration f.

Ödem [ø'dɛ:m] n. (s, e). MÉD. œdème m.

oder ['o:dər] conj. ou ; ou bien. | *Sie müssen mit Ja oder Nein antworten*, vous devez répondre par oui ou par non. | *entweder... oder*, ou... ou.

Oder ['o:dər] n. pr. f. GÉOGR. Oder m.

Oder|männchen ["o:dər'mɛnçən] n. (s, -), °-**mennig** [-'mɛniç] m. (s, e). BOT. aigremoine f.

Odin ['o:din] n. pr. m. MYTH. Odin m.

ödipal [ødi'pa:l] adj. œdipien. | *Ödipalphase*, phase œdipienne.

Ödipus ['ø:dipus] n. pr. m. MYTH. Œdipe m.

Odium ['o:dium] n. (s) honte f. ; ignominie f. | *diesem Verhalten hängt das Odium der Korruptionsabsicht an*, l'intention de corrompre entache cette attitude.

Odyssee [ody'se:] n. pr. f. MYTH. Odyssée f. || FIG. odyssée.

Odysseus [o'dysɔys] n. pr. m. MYTH. Ulysse m.

Ofen ['o:fən] m. (s, ¨) poêle m. ; fourneau m. ; four m. | *einen Ofen setzen*, poser un poêle. | *elektrischer (Heiz) ofen*, four électrique. || FIG. *dauernd hinterm Ofen sitzen*, être casanier. | *damit kann man keinen Hund vom Ofen locken*, c'est sans aucun intérêt ; cela ne prend pas.

Ofen|aufsatz ["o:fən'aufzats] m. (es, ¨e) dessus (m.) de poêle. ||°**-bank** f. (-, ¨e) banquette (f.) du poêle. ||°**-bau** m. (s) construction (f.) de fours. ||°**-ecke** f. (-, n) coin (m.) du feu. ||**-frisch** adj. sorti du four. ||°**-futter** n. (s, -) garnissage (m.) de four. ||°**-hocker** m. (s, -). IRON. casanier m. ; frileux m. ; père (m.) tranquille. ||°**-klappe** f. (-, n) clef (f.) du poêle. ||°**-loch** n. (s, ¨er) bouche (f.) du fourneau. ||°**-röhre** f. (-, n), °**-rohr** n. (s, e) tuyau (m.) de poêle. || MIL., FAM. bazooka m. ||°**-rost** m. (es, e) grille (f.) de four. ||°**-schirm** m. (s, e) garde-feu m. || °**-schwärze** f. (-, n) crayon (m.) en poudre. ||°**-setzer** m. (s, -) fumiste m. ||°**-vorsetzer** m. (s, -) garde-cendres m.

offen ['ɔfən] adj. **1.** ouvert. | *bei offenen Fenstern schlafen*, dormir les fenêtres ouvertes. | *die Tür steht (halb) offen*, la porte est (entr)ouverte. | *die Wunde ist noch offen*, la plaie n'est pas encore (re)fermée. || FIG. *mit offenem Munde dastehen*, rester bouche bée. | *offene Augen haben*, avoir de bons yeux ; être très attentif. | *mit offenen Armen*, à bras ouverts. | *offener Brief*, lettre ouverte. | *eine offene Hand haben*, être généreux. | *Tag der offenen Tür*, journée (f.) « portes ouvertes ». | *offener Wein*, vin en carafe, tiré au tonneau. | *offene Herzoperation*, opération à cœur ouvert.
2. découvert ; accessible. | MIL. *offene Feldschlacht*, bataille (f.) en rase campagne. | *offene Stadt*, ville ouverte. || *offenes Gelände*, terrain découvert, sans obstacles. | *offener Güterwagen*, wagon-tombereau m. | *auf offenem Meer*, *auf offener See*, au large ; en pleine mer. | *auf offener Straße*, en pleine rue. | *auf offener Szene*, en pleine scène. || PR. et FIG. *mit offenem Visier*, à visage découvert. || FIG. *es ist ein offenes Geheimnis*, c'est le secret de Polichinelle.
3. franc ; clair ; ouvert. | *offener Charakter*, caractère franc, ouvert. | *offenes Geständnis*, aveu sans réserve. | *ein offenes Spiel spielen, treiben*, jouer franc jeu ; être fair-play. | *offener Ungehorsam*, insubordination manifeste.
4. libre ; vacant ; réservé. | *eine Stelle bleibt noch offen*, il reste encore un emploi libre. | *eine Frage offen lassen*, laisser une question sans réponse, en suspens. || COMM. *offene Handelsgesellschaft*, société (f.) en nom collectif. | *offene Reserve*, réserve visible, inscrite, déclarée.
◇ adv. ouvertement ; franchement. | *offen gesagt*, à vrai dire. | *offen sprechen*, parler franchement, sans ambages.

offenbar ['ɔfən'ba:r] adj. évident ; manifeste ; notoire.

offenbaren [ɔfən'ba:rən] v. tr. manifester ; dévoiler ; révéler.
◇ v. pr. **sich offenbaren,** (dat.) s'ouvrir à ; ouvrir son cœur à ; se manifester à.

Offenbarung [-ruŋ] f. (-, en) manifestation f. ; révélation f. || JUR. *Offenbarungseid*, serment (m.) déclaratoire. || RELIG. *die Offenbarung*, la Révélation. | *Offenbarung Johannis*, Apocalypse f.

offen|bleiben ["ɔfən'blaibən] (ie, ie) v. intr. rester ouvert ; rester en suspens. ||**-halten** (ä, ie, a) v. tr. réserver. | *eine Frage offenhalten*, laisser une question en suspens ; réserver une question, une affaire. ||**-herzig** adj. franc ; sincère ; communicatif. || °**-herzigkeit** f. franchise f. ; sincérité f. ; candeur f. ||**-kundig** adj. notoire ; public ; patent. ||°**-kundigkeit** f. notoriété f. ||**-lassen** (ä, ie, a) ne pas trancher ; laisser en suspens. ||**-sichtlich** adj. évident ; manifeste. ||**-stehend** adj. (qui reste) ouvert. | *offenstehende Rechnung*, facture non payée, non réglée.

Offenheit ['ɔfənhait] f. franchise f. ; sincérité f. ; bonne foi.

offensiv [ɔfən'zi:f] adj. offensif.

Offensive [-'zi:və] f. (-, n) offensive f. | *die Offensive ergreifen*, prendre l'offensive ; passer à l'offensive.

Offensiv|kraft [ɔfən"zi:f'kraft] f. puissance offensive. ||°**-krieg** m. (s, e) guerre offensive. ||°**-stoß** m. (es, ¨e) retour offensif.

öffentlich ['øfəntliç] adj. **1.** public ; patent. | *öffentliches Ärgernis erregen*, provoquer un scandale. | *öffentliche Beleidigung*, affront public. | *öffentlicher Garten*, jardin public. | *öffentliches Geheimnis*, secret (m.) de Polichinelle. | *öffentliche Ruhe und Sicherheit*, paix, tranquillité publique. | *öffentlicher Verkehrsweg*, voie publique.
2. public ; officiel. | *öffentliches Amt*, fonction publique, officielle. | *öffentliche Ankündigung*, avis officiel. | *der öffentliche Dienst*, la fonction publique. | *öffentliche Betriebe*, *Dienste*, services publics. | *öffentliche Finanzen*, finances publiques. | *öffentliche Gelder*, *Mittel*, fonds, deniers publics. | *öffentliche Gewalt*, puissance, force publique. | *öffentliche Gesundheitspflege*, santé publique. | *die öffentliche Hand*, [Fiskus] fisc m. ; Trésor public ; [Gewalt] autorité publique ; [Sektor] le secteur public. || JUR. *öffentliches Recht*, droit public. | *öffentlich-rechtlich*, de droit public. | *öffentliche Person*, personne morale de droit public. | *öffentliche Verkehrsmittel*, transports (m. pl.) en commun.
◇ adv. publiquement ; en public. | *öffentlich bekanntmachen*, rendre public ; publier. | *jn öffentlich beleidigen*, faire un affront public à qn. | *öffentlich verkaufen*, vendre aux enchères.

Öffentlichkeit [-kait] f. public m. ; caractère public (de qch.). | *vor die Öffentlichkeit treten*, paraître en public. | *der Öffentlichkeit zugänglich*, accessible au public. || JUR. *den Ausschluß der Öffentlichkeit anordnen*, ordonner le huis clos.

Öffentlichkeits|arbeit ["øfəntliçkaits'arbait] f. (-, en). [Unternehmen] relations publiques.

offerieren [ɔfə'ri:rən] v. tr. offrir.

Offerte [ɔ'fɛrtə] f. (-, n). COMM. offre f.

Offizial [ɔfitsi'a:l] m. (es, e). RELIG., JUR. official m.

Offizial|klage [ɔfitsi"a:l'kla:gə] f. (-, n). JUR. action publique. ||°**-verteidiger** m. (s, -) défenseur commis d'office ; avocat (m.) d'office.

Offiziant [ɔfitsi'ant] m. (en, en). [Unterbeamter] employé (m.), fonctionnaire (m.) subalterne. || RELIG. officiant m.

offiziell [ɔfitsi'ɛl] adj. officiel.

Offizier [ɔfi'tsi:r] m. (s, e) officier m. | *zum Offizier ernannt werden*, être nommé officier ; passer officier. | *der diensttuende Offizier*, l'officier de jour (de semaine). | *Offizier vom Ortsdienst*, officier de garde. | *Offizier im Wartestand*, officier en disponibilité.

Offizier(s)|anwärter [ɔfi"tsi:rs'anvɛrtər] m. (s, -). [OBSERV. Le langage militaire emploie en général ces composés sans s.] aspirant m. ||°**-bursche** m. (n, n) ordonnance f. ||°**-heim** n. (s, e), °**-kasino** n. (s, s) mess (m.), cercle (m.) des officiers. ||°**-koffer** m. (s, -) cantine (f.) d'officier. ||°**-korps** n. corps (m.) des officiers. ||°**-lager** n. (s, -) camp (m.) d'officiers prisonniers ; oflag m. ||°**-messe** f. (-, n). MAR. carré (m.) des officiers. ||°**-patent** n. (s, e) brevet (m.) d'officier.

Offizin [ɔfi'tsi:n] f. (-, en). 1° [Apotheke] officine (f.) pharmaceutique ; 2° imprimerie f.

offizinell [ɔfitsi'nɛl] adj. MÉD. officinal.

offiziös [ɔfitsi'ø:s] adj. officieux.

öffnen ['øfnən] v. tr. ouvrir. | *einen Brief öffnen*, ouvrir, décacheter une lettre. | *eine Flasche öffnen*, déboucher, décapsuler une bouteille.
◇ v. pr. **sich öffnen,** s'ouvrir ; s'épanouir.

Öffner [-nər] m. (s, -) celui qui ouvre. || THÉÂTRE. *Öffnerin*, ouvreuse f. || TECHN. *Dosenöffner*, ouvre-boîtes m.

Öffnung [-nuŋ] f. (-, en) [Handlung] ouverture f. | *Öffnungszeit*, heures (f. pl.) d'ouverture. || [Ort] orifice m.

Offset|druck ["ɔfsɛt'druk] m. (s, e). TYPOGR. (procédé, impression) offset m. ||°**-drucker(in)** m. (s, -), f. (-, nen) offsettiste s.

Offshore-|Bohrung ["ɔfʃɔr'bo:ruŋ] f. (-, en). TECHN. forage marin. ||°**-Plattform** f. (-, en). plate-forme (f.) de forage.

oft [ɔft] adv. souvent ; fréquemment. || *wie oft ?*, combien de fois ? | *wie oft fahren die Züge ?*, à quel intervalle passent les trains ? | *wie oft hab' ich es dir* *schon gesagt !*, combien de fois, que de fois ne te l'ai-je pas dit ! | *schreiben Sie so oft wie möglich !*, écrivez-moi aussi souvent que possible.

öfter ['øftər] adv. 1° plus souvent ; 2° souvent ; maintes fois. | *je öfter, desto besser*, le plus souvent sera le mieux. | *er kam des öfteren zu mir*, il venait assez souvent chez moi. | *ich habe ihn in den letzten Tagen öfter(s) gesehen*, je l'ai vu souvent ces derniers jours.

öfters [-tərs] adv. souvent.

oft|malig ["ɔft'ma:liç] adj. et adv. fréquent ; réitéré ; à plusieurs reprises. ||**-mals** adv. souvent ; fréquemment.

oh ! [o:] interj. oh !

Oheim ['o:haim] m. (s, e). POÉT., **Ohm** [o:m] m. (s, e) oncle m.

Ohm [o:m] m. (s, e). ÉLECTR. ohm m.

Ohm|meter ["o:m'me:tər] n. (s, -) ohmmètre m.

ohne ['o:nə] prép. (acc.) sans. | *ohne jeden Zweifel*, sans aucun doute. | *ohne mein Wissen*, à mon insu. | *ohne weiteres*, tout de suite ; sans façon ; sans aucune difficulté. | *das ist nicht so ganz ohne*, il y a du vrai là-dedans ; ce n'est pas si mal ; FAM. il y a une idée. | *er ist nicht so ganz ohne*, il n'est pas sans esprit. ◇ **ohne... zu** (infin.). *ohne ein Wort zu sagen*, sans dire (un) mot ; sans souffler mot.
◇ conj. **ohne daß,** sans que. | *ohne daß er dich sieht*, sans qu'il te voie.

ohne|dem ['o:nə"de:m], **hin** [-"hin], **-dies** [-"di:s] adv. de toute façon ; sans cela ; en outre ; au surplus. ||**-gleichen** adj. sans pareil ; sans égal. ||°**-halt|flug** m. (s, ¨e) vol (m.) sans escale. ||**-maßen** adv. sans mesure.

ohn|gefähr ["o:ngə'fɛ:r] adv. (Vx.) [ungefähr] *von ohngefähr*, par hasard.

Ohn|macht ['o:nmaxt] f. (-, en) impuissance f. ; faiblesse f. ; syncope f. ; évanouissement m. | *in Ohnmacht fallen*, s'évanouir ; perdre connaissance ; se trouver mal. | *einen Ohnmachtsanfall erleiden*, avoir une syncope. ||**-mächtig** adj. 1° impuissant ; faible ; 2° évanoui ; sans connaissance. | *ohnmächtig werden*, s'évanouir.

oho ! [o'ho:] interj. oh ! oh ! ; halte-là ! holà !

Ohr [o:r] n. (s, en) **1.** [Ohrmuschel] oreille f. | *spitze Ohren*, oreilles pointues. | *die Ohren hängenlassen*, avoir l'oreille basse. | *jm eins hinter die Ohren geben*, frotter les oreilles à qn. | *jn übers Ohr hauen*, calotter, corriger qn ; FIG. se payer la tête de qn ; duper qn. | *er hat es (faustdick) hinter den Ohren*, c'est un malin sans en avoir l'air ; il a de l'astuce à revendre. | *jm das Fell über die Ohren ziehen*, dépouiller qn ; plumer qn. | *jm einen Floh ins Ohr setzen*, mettre la puce à l'oreille de qn. | *bis über die Ohren*, par-dessus les oreilles ; complètement. | *bis über die Ohren erröten*, rougir jusqu'aux oreilles. | *bis über die Ohren verliebt sein*, être éperdument amoureux. | *bis über die Ohren in Schulden stecken*, être dans les dettes jusqu'au cou. | *schreibe es dir hinter die Ohren !*, fais-y bien attention ; tiens-le toi pour dit. | *er ist noch nicht trocken hinter den Ohren*, ce n'est qu'un blanc-bec.
2. [Sitz des Gehörs] oreille f. | *ein feines Ohr haben*, avoir l'oreille fine. | *mach deine Ohren weit auf !*, ouvre grand tes oreilles. | *die Ohren spitzen*, dresser les oreilles. | *ganz Ohr sein*, être tout ouïe. | *nur mit halbem Ohr (hin) hören*, n'écouter que d'une oreille. | *auf dem Ohr liegen ; auf den Ohren liegen*, dormir sur ses deux oreilles ; ne rien entendre. | *tauben Ohren predigen*, prêcher dans le désert. | *taub auf einem Ohr sein*, être sourd d'une oreille. | *ein offenes Ohr bei jm finden*, avoir l'oreille de qn. | *jm die Ohren vollschreien*, casser les oreilles à qn. | *jm dauernd in den Ohren liegen*, rebattre les oreilles à qn. | *er liegt mir in den Ohren, ich soll..*, il ne cesse de me corner aux oreilles que je dois. | *jm sein Ohr leihen, schenken*, prêter l'oreille aux propos de qn. | *jm ein geneigtes Ohr schenken*, prêter une oreille favorable à qn ; écouter favorablement qn. | *die Ohren voll haben von*, avoir les oreilles pleines de ; en avoir par-dessus les oreilles de. | *jm sein Ohr verschließen ; die Ohren verstopfen*, faire la sourde oreille (à qn). | *mir klingen die Ohren*, les oreilles me tintent ; on parle de moi. | *es ist mir zu Ohren gekommen, daß*, il m'est revenu que. || PROV. *wer Ohren hat, der höre !*, à bon entendeur salut !
3. PAR EXT. [Henkel] anse f. || ARCHIT. rebord (m.) d'un pignon. || [Buchseite] corne f.

Öhr [ø:r] n. (s, e) trou (m.) de l'aiguille ; chas m. || MAR. œillet m. ; anse f. ; douille f. (pour un manche) f. || PAR EXT. oreille d'écrou.

Öhrchen ['ø:rçən] n. (s, -), **Öhrlein** ['ø:rlain] n. (s, -) petite oreille.

Ohr|drüse ["o:r'dry:zə] f. (-, n). ANAT. parotide f. ||°**-eule** f. (-, n). ZOOL. duc m. ||°**-feige** f. (-, n) soufflet m. ; gifle f. ; calotte f. ||**-feigen** v. tr. souffleter ; gifler. ||°**-feigengesicht** n. (s, er) tête (f.) à gifles. ||°**-finger** m. (s, -) petit doigt ; auriculaire m. ||°**-gehänge** n. (s, -) pendants m. pl., boucles (f. pl.) d'oreilles. ||°**-läppchen** n. (s, -) lobe (m.), bout (m.) de l'oreille. ||°**-löffel** m. (s, -) cure-oreilles m. ||°**-muschel** f. (-, n) pavillon m. (de l'oreille). ||°**-ringe** m. pl. boucles (f. pl.) d'oreilles. ||°**-speicheldrüsenentzündung** f. (-, en). MÉD. oreillons m. pl. ||°**-trompete** f. (-, n) trompe (f.) d'Eustache. ||°**-wurm** m. (s, ¨er). ZOOL. perce-oreille m. ||**-zerreißend** adj. à casser les oreilles ; qui brise le tympan ; fracassant ; assourdissant. ||°**-zipfel** m. (s, -) bout (m.) de l'oreille.

Ohren|arzt ["o:rən'artst] m. (es, ¨e). MÉD. spécialiste (m.) de l'oreille. ||°**-beichte** f. (-, n). RELIG. confession (f.) auriculaire. ||**-betäubend** adj. assourdissant. ||°**-bläser** m. (s, -) délateur m. ; mouchard m. ||°**-bläserei** f. (-, en) mouchardage m. ; délation f. ||°**-brausen** n. (s) bourdonnement (m.) d'oreilles. ||°**-entzündung** f. (-, en) otite f. ||°**-kitzel** m. (s) chatouillement (m.) d'oreilles. || FIG. musique (f.) agréable aux oreilles. ||°**-klappe** f. (-, n) couvre-oreilles m. ; oreillette f. ||°**-klingen** n. MÉD. tintement (m.) d'oreilles ; bourdonnements m. pl. (d'oreilles). ||°**-reißen** n. (s). MÉD. otalgie f. ; mal (m.), douleur (f.) d'oreille. ||°**-robbe** f. (-, n). ZOOL. otarie f. ||°**-sausen** n. (s) tintement (m.) d'oreilles. || °**-schmalz** n. (es) cérumen m. ||°**-schmerz** (es). V. OHRENREIßEN. ||°**-schützer** m. (s, -) protège-oreilles m. ; couvre-oreilles m. ||°**-stuhl** m. (s, ¨e) fauteuil (m.) à oreilles. ||°**-zeuge** m. (n, n) témoin (m.) auriculaire.

öhren ['ø:rən] v. tr. *Nadeln öhren*, percer le chas des aiguilles.

oje ! [o'je:] interj. hélas ! ; miséricorde !

Okapi [o'ka:pi] n. (s, s). ZOOL. okapi m.

Okarina [oka'ri:na] f. (-, s). MUS. ocarina m.

okkult [ɔ'kult] adj. occulte.

Okkultismus [ɔkul'tismus] m. occultisme m.

Okkultist [-'tist] m. (en, en) occultiste m.

Okkupation [ɔkupa'tsio:n] f. (-, en) occupation f. ; (action de) s'occuper. || MIL. occupation f.

Ökologie [økɔlɔ'gi:] f. (-). BIOL. écologie f.

ökologisch [økɔ'lo:giʃ] adj. écologique. | *ökologischer Einfluß*, impact (m.) écologique.

Ökonom(in) [økɔ'no:m(in)] m. (en, en), f. (-, nen) 1° économe s. ; 2° intendant m., intendante f. ; 3° économiste s.

Ökonometrie [økɔnome'tri:] f. ÉCON. économétrie f.

Ökonomie [-nɔ'mi:] f. (-, n). 1° [Wirtschaftslehre ; Sparsamkeit] économie f. ; 2° agronomie f.

ökonomisch [-'no:miʃ] adj. économique.

Ökosphäre ["ø:kɔ'sfɛ:rə] f. (-, n) écosphère f.

Ökosystem ["ø:kɔzys'te:m] n. (s, e) écosystème.

Oktaeder [ɔkta'e:dər] n. (s, -). MATH. octaèdre m.

Oktant [ɔk'tant] m. (en, en). MAR. octant m.

Oktan|zahl [ɔk"ta:n'tsa:l] f. (-, en). CHIM. indice (m.) d'octane.

Oktav [ɔk'ta:f] n. (s, e) in-octavo m.

Oktave [ɔk'ta:və] f. (-, n). MUS., RELIG. octave f.

Oktober [ɔk'to:bər] m. (s) octobre m.

Oktober|fest [ɔk"to:bər'fɛst] n. (es, e) foire (f.) de Munich.

Oktogon [ɔktɔ'go:n] n. (s, e). MATH. octogone m.

Oktopode [ɔkto'po:də] m. (n, n). ZOOL. octopode m.

oktroyieren [ɔktroa'ji:rən] v. tr. 1° octroyer ; 2° imposer.

Okular [oku'la:r] n. (s, e) oculaire m.

okular [-'la:r] adj. oculaire.

okulieren [-'li:rən] v. tr. AGRIC. greffer.

Okulierung [-'li:ruŋ] f. (-, en) greffe f. ; écussonnage m.

Okulist [oku'list] m. (en, en) oculiste m.

ökumenisch [-niʃ] adj. œcuménique. | *ökumenisches Konzil*, concile (m.) œcuménique.

Okzident [ɔktsi'dɛnt] m. (s) occident m.

okzidental [-dɛn'ta:l], **okzidentalisch** [-dɛn'ta:liʃ] adj. occidental.

Öl [ø:l] n. (s, e) huile f. | *ätherisches Öl*, huile essentielle. | *wie Öl*, souple ; insaisissable. | *Öl ins Feuer gießen*, jeter de l'huile sur le feu. | *Öl auf die Wogen gießen*, adoucir ; calmer ; apaiser. | *in Öl malen*, peindre à l'huile. | *in Öl backen*, faire la cuisine à l'huile. || RELIG. *geweihtes Öl*, saint chrème ; saintes huiles.

Öl|ablaß [″ø:l'aplɑ:s] m. (es, e). AUTOM. vidange (f.) d'huile. ||°**-abstreifer** m. (s, -) raclette (f.) à huile. ||°**-anlasser** m. (s, -) démarreur (m.) à huile. ||°**-anstrich** m. (s) enduit (m.) à l'huile. || °**-auffangschiff** n. (es, e) navire dépollueur. || °**-badkasten** m. (s, -) carter (m.) à bain d'huile. ||°**-barrel** n. (s, s) baril (m.) de pétrole. ||°**-baum** m. (s, ¨e). BOT. olivier m. ||°**-beere** f. (-, n) olive f. ; baie oléagineuse. ||°**-behälter** m. (s, -) réservoir (m.) à huile. ||°**-berg** m. (s) mont (m.) des Oliviers. ||°**-bild** n. (s, er) peinture (f.) à l'huile. ||**-bildend** adj. oléfiant. ||°**-brenner** m. (s, -) brûleur (m.) à huile. ||°**-druck** m. TECHN. pression (f.) d'huile. || TYPOGR. chromolithographie f. ||°**-fang** m. (s, e) rigole (f.) à huile. ||°**-fänger** m. (s, -) cuillère (f.) à huile. ||°**-fangkasten** m. (s, -) bac (m.) à huile. ||°**-fangschale** f. (-, n) bac collecteur d'huile. ||°**-farbe** f. (-, n) couleur (f.) à huile. ||°**-farbendruck** m. (s, e) chromolithographie f. || FAM., PÉJOR. chromo m. ||°**-feld** n. (s, er) champ (m.) pétrolifère. ||°**-feuerung** f. chauffage (m.) au mazout. ||°**-film** m. (s, e) pellicule (f.) d'huile. ||°**-filter** n. (s, -) filtre épurateur d'huile. ||°**-flasche** f. (-, n) huilier m. ||°**-fleck** m. (s, e) tache (f.) d'huile. ||°**-früchte** f. pl. fruits oléagineux. ||°**-gas** n. gaz (m.) d'huile. ||**-gekühlt** adj. refroidi par huile. ||°**-gemälde** n. (s, -) tableau (m.), peinture (f.) à l'huile. ||°**-gesellschaft** f. (-, en) compagnie pétrolière. ||°**-götze** m. (n, n). PÉJOR. homme ennuyeux ; benêt m. ||**-haltig** adj. huileux ; oléagineux. ||°**-kanister** m. (s, -) bidon (m.) d'huile. ||°**-kanne** f. (-, n), °**-kännchen** n. (s, -) burette (f.) à huile. ||°**-kohle** f. AUTOM., TECHN. calamine f. ||°**-kuchen** m. (s, -). 1° gâteau (m.) à l'huile ; 2° tourteau m. ||°**-kühler** m. (s, -). AUTOM. radiateur (m.) d'huile. ||°**-kühlung** f. réfrigération (f.) à huile. ||°**-lache** f. (-, n). [Rennbahn] nappe (f.) d'huile. ||°**-leitung** f. (-, en) oléoduc m. ||°**-magnat** m. (en, en) magnat (m.) du pétrole. ||°**-malerei** f. (-, en) peinture (f.) à l'huile. ||°**-manometer** m. et n. (s, -) manomètre (m.) à huile ; indicateur (m.) de pression d'huile. ||°**-motor** m. (s, en) moteur (m.) à huile ; moteur (m.) Diesel. ||°**-mühle** f. (-, n) huilerie f. ||°**-papier** n. (s, e) papier huilé. ||°**-pest** f. (-, en) marée noire. ||°**-pflanzen** f. pl. plantes oléagineuses. ||**-pneumatisch** adj. oléopneumatique. ||°**-presse** f. (-, n) pressoir (m.) à huile. ||°**-pumpe** f. (-, n) pompe (f.) à huile. ||°**-reinigung** f. épuration (f.) d'huile. ||°**-rückstand** m. (s, ¨e) résidu (m.) d'huile. ||°**-samen** m. pl. graines oléagineuses. ||°**-sardine** f. (-, n) sardine (f.) à l'huile. ||**-sauer** adj oléique. ||°**-säure** f. (-, n) acide (m.) oléique. ||°**-schicht** f. (-, en) nappe (f.) de pétrole ||°**-schiefer** m. (s) schiste bitumineux. ||°**-schmiere** f. (-, n) cambouis m. ||°**-schmierung** f. (-, en) graissage m. ; lubrification (f.) par huile. ||°**-stand** m. (s, ¨e) niveau (m.) d'huile. ||°**-standanzeiger** m. (s, -) indicateur (m.) de niveau d'huile. ||°**-stoff** m. (s, e). CHIM. oléine f. ||°**-süß** n. (es). CHIM. glycérine f. ||°**-tanker** m. (s, -). MAR. pétrolier m. ||°**-teppich** m. (s, e) nappe (f.) de pétrole. ||°**-terminal** m. (s, s) terminal pétrolier. ||°**-wanne** f. (-, n) réservoir (m.), carter (m.) d'huile. ||°**-wechsel** m. (s) vidange (f.), changement (m.), renouvellement (m.) d'huile. || °**-zeug** n. ciré (m.) de marin ; costume huilé imperméable. ||°**-zweig** m. (s, e) rameau (m.) d'olivier.

Oleander [ɔle'andər] m. (s, -). BOT. laurier-rose m.

Olein [ole'i:n] n. (s). [Vx.] oléine f.

Olein|säure [ɔle″in'zɔyrə] f. acide (m.) oléique.

ölen ['ø:lən] v. tr. huiler ; lubrifier.

Ölen ['ø:lən] n. (s) huilage m. ; lubrification f.

Öler ['ø:lər] m. (s, -) graisseur (m.) à huile.

Oleum ['o:leum] n. (s, -) acide (m.) sulfurique.

ölig ['ø:liç] adj. huileux ; gras ; onctueux. || FIG. *eine ölige Stimme*, une voix onctueuse.

Oligarchie [oligar'çi:] f. (-, n) oligarchie f.

Oligophrenie [ɔligofre'ni:] f. (-). MÉD. oligophrénie f.

Oligopol [ɔligo'po:l] n. (s, e). ÉCON. oligopole m.

Oligozän [oligo'tsɛ:n] n. (s). GÉOL. époque (f.) oligocène.

Olive [o'li:və] f. (-, n) olive f.

Oliven|baum [o″li:vən'baum] m. (s, ¨e) olivier m. ||**-braun** adj. olive ; olivâtre. ||**-grün** adj. vert olive. ||°**-öl** n. (s) huile (f.) d'olive.

Olivin [ɔli'vi:n] f. (-). GÉOL. olivine f.

Ölung ['ø:luŋ] f. (-, en). TECHN. huilage m. ; lubrification f. || RELIG. *letzte Ölung*, extrême-onction f.

Olymp [o'lymp] m. (s). MYTH. Olympe m. || THÉÂTRE., POP. paradis m. ; poulailler m.

Olympiade [olympi'ɑ:də] f. (-, n) olympiade f. ; jeux Olympiques.

Olympier [o'lympiər] m. (Jupiter) Olympien. || FIG. olympien m.

Olympionike [olympi'o:nikə] m. (n, n) champion (m.) olympique.

olympisch [o'lympiʃ] adj. olympique.

Oma ['o:ma] f. (-, s). FAM. grand-mère f. || IRON. vieille f.

Omelett [ɔmə'lɛt] n. (s, e) omelette f.

Omen ['o:mən] n. (s, mina) augure m. ; présage m.

ominös [omi'nø:s] adj. de mauvais augure.

Omnibus ['ɔmnibus] m. (- et ses, se) autobus m. ; autocar m. ; omnibus m. | *mit dem Omnibus fahren*, prendre l'autobus ; voyager en (auto)car.

Omnium ['ɔmnium] n. (s). SPORT. omnium m.

Onanie [ona'ni:] f. onanisme m. ; masturbation f.

onanieren [-'ni:rən] v. intr. se masturber.

Onanist [-'nist] m. (en, en) onaniste m.

ondulieren [ɔndu'li:rən] v. tr. onduler.

Ondulierung [-ruŋ] f. (-, en) ondulation f.

Onkel ['ɔŋkəl] m. (s, -) oncle m.

Onkel|ehe [″ɔŋkəl'e:ə] f. (-, n) concubinage m.

Onkologie [ɔŋkolo'gi:] f. (-) oncologie f.

Önologe [øno'lo:ge] m. (n, n), **Önologin** [-'lo:gin] f. (-, nen) œnologue s.

Önologie [ønolo'gi:] f. œnologie f.

Onomatopöie [onomato'pøi:] f. (-, n) onomatopée f.

Ontogenese [ɔntoge'ne:zə] f. (-, n). BIOL. ontogenèse f. ; ontogénie f.

Ontologie [ɔntolo'gi:] f. PHILOS. ontologie f.

Onyx ['o:nyks] m. (es, e) onyx m.

Opa ['o:pa] m. (s, s). FAM. grand-papa m. || IRON. vieux bonhomme.

Opal [o'pɑ:l] m. (s, e). MINÉRAL. opale f.

opal|artig [o″pɑ:l'ɑ:rtiç] adj. opalin ; opalescent.

opaleszieren [opalɛs'tsi:rən], **opalisieren** [opali'zi:rən] v. intr. être opalescent.

Oper ['o:pər] f. (-, n). [Bühnenstück] opéra m. || [Gebäude] Opéra m. | *die Berliner Oper*, l'Opéra de Berlin.

Operand [opə'rant] m. (en, en). INF. opérande m.

Opern|buch [″o:pərn'bu:x] n. (s, ¨er), °**-text** m. (es, e) livret (m.) d'opéra. ||°**-dichter** m. (s, -) librettiste m. ||°**-glas** n. (es, ¨er), °**-gucker** m. (s, -) jumelles (f. pl.) de théâtre. ||°**-haus** n. (es, ¨er) salle (f.) de l'Opéra. ||°**-sänger(in)** m. (s, -), f. (-, nen) chanteur (m.), cantatrice (f.) d'opéra ; artiste (m. et f.) lyrique.

opernhaft ['o:pərnhaft] adj. comme dans un opéra ; d'opéra.

Operateur [opera'tø:r] m. (s, e). MÉD. chirurgien m. || FILM. opérateur m.

Operation [-'tsio:n] f. (-, en). MATH., MÉD., MIL., TECHN. opération f. | *sich einer Operation unterziehen*, se faire opérer. | *Operation verbundener Waffen*, opération interarmes.

Operations|abteilung [opera″tsio:ns'aptailuŋ] f. (-, en). MIL. bureau (m.), section (f.) des opérations. ||°**-feld** n. (s, er), °**-gebiet** n. (s, e) théâtre (m.) d'opérations ; zone opérationnelle. || MAR. zone (f.) de croisière. ||°**-raum** m. (s, ¨e) bloc (m.) opératoire. ||°**-saal** m. (s, säle). MÉD. salle (f.) d'opération. ||°**-tisch** m. (es, e) table (f.) d'opération. ||°**-trakt** m. (s, e) bloc (m.) opératoire.

operativ [opera'ti:f] adj. MÉD. opératoire. | *operativer Eingriff*, intervention chirurgicale. || MIL. opérationnel ; stratégique.

Operator(in) [opə'rɑ:tɔr, opəra'to:rin] m. (s, en), f. (-, nen). INF. opérateur m. ; opératrice f. ; pupitreur m. ; pupitreuse f.

◇ m. **Operator,** INF. *logischer Operator*, opérateur (m.) logique.

Operette [ope'rɛtə] f. (-, n) opérette f.

operierbar [ope'ri:rba:r] adj. MÉD. opérable.

operieren ['ri:rən] v. tr. MÉD. opérer ; faire une opération. | *sich operieren lassen*, se faire opérer. || MIL. opérer ; manœuvrer.

Operierte(r) [opə'ri:rtə(r)] f. (m.) opéré(e) m. (f.).

Operment [opɛr'mɛnt] n. (s) orpiment m. ; arsenic m.

Opfer ['ɔpfər] n. (s, -). **1.** offrande f. ; sacrifice m. | *den Göttern ein Opfer (dar) bringen*, faire un sacrifice aux dieux. | *jm etwas zum Opfer bringen*, sacrifier qch., offrir qch. en sacrifice à qn. | *große Opfer (an Geld) bringen*, faire de grands sacrifices (d'argent). | *kein(e) Opfer scheuen*, ne reculer devant aucun sacrifice. **2.** victime. | *einer Sache zum Opfer fallen*, être victime de qch. | *das Eisenbahnunglück hat viele Opfer gefordert*, la catastrophe ferroviaire a fait beaucoup de victimes. | *Opfer einer Täuschung*, victime d'une illusion.

Opfer|bereitschaft [″ɔpfərbə'raitʃaft] f. disposition (f.) au sacrifice ; abnégation f. ||°**-binde** f. (-, n) bandeau sacré. ||°**-brot** n. (s) pain bénit. ||°**-fest** n. (es, e) sacrifice solennel. ||°**-freudigkeit** f., °**-geist** m. (s) esprit (m.) de sacrifice ; abnégation f. ||°**-geld** n. (s, er), °**-gabe** f. (-, n). RELIG. offrande f. ||°**-lamm** n. (s, ¨er) agneau offert en sacrifice. || PAR EXT. victime innocente. ||°**-mut** m. (s) courage (m.) à se sacrifier ; abnégation (f.) héroïque. ||°**-priester** m. (s, -) sacrificateur m. ||°**-sinn** m. V. OPFERGEIST. ||°**-stock** m. (s, ¨e) [Kirche] tronc (m.) des pauvres. ||°**-tier** n. (s, e) victime f. ||°**-tod** m. (s) sacrifice m. (de sa vie). | *den Opfertod erleiden*, s'immoler. ||**-willig** adj. prêt au sacrifice. ||°**-willigkeit** f. (esprit [m.] de) dévouement m., (de) sacrifice m.

Opferer ['ɔpfərər] m. (s, -) sacrificateur m.

opfern [-fərn] v. tr. et v. intr. offrir sur l'autel ; sacrifier ; immoler.
◇ v. pr. **sich opfern,** se sacrifier.

Opferung [-fəruŋ] f. (-, en) immolation f. ; sacrifice m. ; offrande f. || RELIG. *Mariä Opferung*, Présentation (f.) de la Vierge.

Ophthalmie [ɔftal'mi:] f. MÉD. ophtalmie f.

Ophthalmologe [-mo'lo:gə] m. (n, n). V. AUGENARZT.

Opiat [opi'a:t] n. (s, e) opiat m.

Opium ['o:pium] n. (s) opium m.

Opium|extrakt [″o:piumɛks'trakt] m. (s) laudanum m. ||**-haltig** adj. opiacé. ||°**-raucher** m. (s, -) fumeur (m.) d'opium. ||°**-sucht** f. opiomanie f. ||**-süchtig** adj. opiomane.

Opodeldok [opo'dɛldɔk] m. et n. (s) liniment savonneux ; opodeldoch m.

Opossum [o'pɔsum] n. (s, s). ZOOL. opossum m.

Opponent [ɔpo'nɛnt] m. (en, en). [Gegner] opposant m.

opponieren [-'ni:rən] v. intr. faire de l'opposition ; s'opposer à.

opportun [opɔr'tu:n] adj. favorable ; opportun.

Opportunismus [-tu'nismus] m. opportunisme m.

Opportunist [-tu'nist] m. (en, en) opportuniste m.

opportunistisch [-tu'nistiʃ] adj. opportuniste. || MÉD. *opportunistische Infektion*, infection (f.) opportuniste.

Opportunität [-tuni'tɛ:t] f. (-, en) opportunité f.

Opportunitäts|kosten [opɔrtuni″tɛ:ts'kɔstən] f. pl. ÉCON. coût (m.) d'opportunité.

Opposition [ɔpozi'tsio:n] f. (-, en). POLIT., MATH. opposition f.

oppositionell [-tsio'nɛl] adj. de l'opposition.

Oppositions|blatt [ɔpozi″tsio:ns'blat] n. (s, ¨er) journal (m.) de l'opposition, d'opposition. ||°**-partei** f. (-, en) parti (m.) d'opposition.

Optant [ɔp'tant] m. (en, en). POLIT. optant m. ; celui qui opte.

Optativ [ɔpta'ti:f] m. (s, e). GRAMM. optatif m.

optieren [ɔp'ti:rən] v. intr. opter.

Optik ['ɔptik] f. optique f.

Optiker(in) [-kər(in)] m. (s, -), f. (-, nen) opticien m. ; opticienne f.

optimal [ɔpti'ma:l] adj. le meilleur possible. | *unter den optimalen Bedingungen*, dans les conditions les plus favorables.

Optimat [ɔpti'ma:t] m. (en, en). ANTIQ. optimate m.

optimieren [ɔpti'mi:rən] v. tr. ÉCON. optimiser.

Optimierung [ɔpti'mi:ruŋ] f. (-). ÉCON. optimisation f. | *Optimierungsmodell*, modèle (m.) d'optimisation.

Optimismus [ɔpti'mismus] m. optimisme m.

Optimist(in) [-'mist(in)] m. (en, en), f. (-, nen) optimiste s.

optimistisch [-'mistiʃ] adj. optimiste.

Optimum ['ɔptimum] n. (s, ma) le cas le plus favorable ; optimum m.

Option [ɔp'tsio:n] f. (-, en). JUR. option f.

Options|markt [ɔp″tsio:ns'markt] m. ([e]s, ¨e). FIN. marché (m.) à options.

optisch ['ɔptiʃ] adj. optique. | *optisches Signal*, signal (m.) optique. | *optische Täuschung*, illusion (f.) d'optique.

Opto|elektronik ['ɔptoɛlɛk″tro:nik] f. (-) optoélectronique f. ||°**-elektronisch** adj. optoélectronique.

Opuntie [o'puntsiə] f. (-, n). BOT. opuntia f.

Opus ['o:pus] n. (-, Opera). MUS. œuvre f. ; opus m.

Orakel [ɔ'ra:kəl] n. (s, -) oracle m.

orakel|mäßig [ɔ″ra:kəl'mɛ:siç] adj. et adv. *orakelmäßig sprechen*, parler sur un ton d'oracle, en pontifiant.

orakeln [ɔ'ra:kəln] v. intr. rendre un oracle. || IRON. faire l'oracle ; jouer les pythies.

oral [ɔ'ra:l] adj. et adv. MÉD. *oral einzunehmen*, à prendre par la bouche.

Oral|phase [ɔ″ra:l'fa:zə] f. (-, n). MÉD. phase orale.

orange [o'rã:ʒə] adj., **Orange** n. orangé adj. et m.

Orange f. (-, n). BOT. orange.

Orangeade [ɔrã'ʒa:də] f. (-, n) jus (m.) d'orange ; orangeade f.

orange|farben [ɔ″rã:ʒə'farbən], **-farbig** [-'farbiç] adj. couleur (f.) d'orange ; orangé.

Orangen|baum [-ʒən'baum] m. (s, ¨e) oranger m. ||°**-blüte** f. (-, n) fleur (f.) d'oranger. ||°**-saft** m. (s) jus (m.) d'orange. ||°**-schale** f. (-, n) écorce (f.) d'orange.

Orangerie [ɔrãʒə'ri:] f. (-, n) orangerie f.

Orang-Utan [″o:raŋ'u:tan] m. (s, e). ZOOL. orang-outan(g) m.

Oranien [o'ra:niən] n. pr. n. HIST. *Prinz von Oranien*, prince (m.) d'Orange.

Oratorianer [oratori'a:nər] m. (s, -). RELIG. oratorien m.

oratorisch [-'to:riʃ] adj. oratoire.

Oratorium [-'to:rium] n. (s, rien). RELIG. oratoire m. || [Kapelle ; Orden] l'Oratoire. || MUS. oratorio m.

Orbital [ɔrbi'ta:l] n. (s). PHYS. orbitale f.

Orchester [ɔr'kɛstər] n. (s, -). [Kapelle] orchestre m. || [Orchesterraum] orchestre m. ; fosse (f.) d'orchestre.

Orchester|begleitung [ɔr″kɛstərbə'glaituŋ] f. (-, en) accompagnement (m.) d'orchestre ; orchestration f. ||°**-graben** m. (s, ¨) fosse (f.) d'orchestre. ||°**-loge** f. (-, n). THÉÂTRE. loge (f.) d'orchestre ; avant-scène f. ||°**-raum** m. (s, ¨e) [fosse (f.) de l'] orchestre m. ||°**-stimme** f. (-, n) partie (f.) d'orchestre.

orchestrieren [ɔrkɛs'tri:rən] v. tr. orchestrer.

Orchidee [ɔrçi'de:ə] f. (-, n). BOT. orchidée f.

Ordal ['ɔrdal] n. (s, ien). [Mittelalter] ordalie f.

Orden ['ɔrdən] m. (s, -). RELIG. ordre m. ; règle f. | *Deutscher (Ritter) orden*, ordre teutonique. || [Auszeichnungen] ordre m.

Ordens|bruder [″ɔrdəns'bru:dər] m. (s, ¨) religieux m. ; frère m. ||°**-brüderschaft** f. (-, en) communauté religieuse. ||°**-geistlicher** m. membre (m.) du clergé régulier ; moine m. || °**-geistlichkeit** f. (-, en) clergé régulier. ||°**-gelübde** n. (s, n) vœu (m.) monastique. ||°**-gesellschaft** f. (-, en) congrégation f. ||°**-gewand** n. (s, ¨er) habit religieux. ||°**-meister** m. (s, -) maître (m.) d'un ordre. ||°**-regel** f. (-, n) règle f. (d'un ordre). ||°**-schwester** f. (-, n) religieuse f. ; sœur f. ||°**-tracht** f. (-, en) habit (religieux). ||°**-wesen** n. (s). RELIG. les ordres m. pl.

Orden ['ɔrdən] m. (s, -). [Verdienstauszeichnung] ordre m. ; décoration f. | *jm einen Orden verleihen*, conférer une décoration à qn ; décorer qn. | *Orden und Ehrenzeichen*, ordres et décorations.

Ordens|band [″ɔrdəns'bant] n. (s, ¨er) ruban m. (d'un ordre). ||°**-kreuz** n. (es, e) croix f. (d'un ordre).

||°-**ritter** m. (s, -) chevalier (m.) de l'ordre. || °-**schleife** f. (-, n) rosette f. ||°-**spange** f. (-, n) barrette (f.) d'un ordre. ||°-**stern** m. (s, e) étoile f. : plaque f. ||°-**zeichen** n. pl. décorations f. pl.

ordentlich ['ɔrdəntliç] adj. **1.** JUR., UNIV., FIN., POLIT. conforme à l'ordre normal ; conforme aux institutions ; régulier ; ordinaire. | *ordentliche Gerichte*, tribunaux (m. pl.) de droit commun ; tribunaux (m. pl.) ordinaires. | *ordentlicher Professor*, professeur (m.) titulaire. | *ordentliches Mitglied*, membre (m.) ordinaire, de plein droit. | *ordentliche Sitzung*, session (f.) ordinaire.
2. [Personen] ordonné ; qui aime l'ordre ; rangé. | *ein ordentlicher Mensch*, une personne comme il faut, rangée.
3. [Dinge] ordonné ; en ordre ; (bien) rangé ; à sa place ; comme il faut ; convenable. | *ordentliche Arbeit*, travail bien fait. | *auf (eine) ordentliche Weise*, correctement ; comme il faut.
◇ adv. comme il faut ; sérieusement ; tout simplement ; bel et bien. | *er hat sich ganz ordentlich benommen*, il s'est très bien conduit. | *sein Vater hat ihn ordentlich geprügelt*, son père l'a corrigé de la belle manière.
— SYN. : *regelmäßig*, régulier ; *anständig*, comme il faut ; *solid*, sérieux ; *nett*, chic, agréable.

Ordentlichkeit [-kait] f. caractère ordonné ; régularité f.

Order ['ɔrdər] f. (-, n) commandement m. ; consigne f. ; ordre m. || FAM. *Order parieren*, obéir. || FIN. *zahlbar an die Order von*, payable à l'ordre de. | *Wechsel an Order*, billet (m.) à ordre.

Order|buch ["ɔrdər'bu:x] n. (s, ¨er) carnet (m.) de commandes. ||°-**scheck** m. (s, e) chèque (m.) à ordre.

Ordinal|zahl [ɔrdi"nɑ:l'tsɑ:l] f. (-, en) adjectif numéral ordinal.

ordinär [ɔrdi'nɛ:r] adj. vulgaire ; commun.

Ordinariat [ɔrdinari'ɑ:t] n. (s, e) chaire (f.), fonction (f.) de professeur titulaire. || RELIG. ordinaire m. (de l'évêque).

Ordinarius [-'nɑ:rius] m. (-, rien) professeur (m.) titulaire ; professeur principal. || RELIG. ordinaire m. || [Bischof] ordinaire m.

Ordinate [ɔrdi'nɑ:tə] f. (-, n). MATH. ordonnée f.

Ordinaten|achse [ɔrdi"nɑ:tən'aksə] f. (-, n). MATH. axe (m.) des coordonnées.

Ordination [ɔrdina'tsio:n] f. (-, en). RELIG. ordination f. || MÉD. consultation f. ; ordonnance f.

ordinieren [-'ni:rən] v. tr. RELIG. consacrer ; ordonner. || MÉD. ordonner.

Ordinierung [-'ni:ruŋ] f. (-, en) consécration f. ; ordination f.

ordnen ['ɔrdnən] v. tr. ordonner ; ranger ; régler ; mettre en ordre ; classer. | *seine Verhältnisse ordnen*, mettre ses affaires en ordre, en règle. | *nach der Größe ordnen*, mettre par rang de taille ; ranger selon la taille. | *sich in Reihen ordnen*, se mettre en rangs.

Ordner [-nər] m. (s, -) ordonnateur m. ; organisateur m. || [für Schriftstücke] classeur m.

Ordnung [-nuŋ] f. (-, en). **1.** (bon) état ; règlement m. ; statut m. ; disposition f. ; ordre m. | *bestehende Ordnung*, ordre établi. | *aus der Ordnung bringen*, déranger. | *etwas in Ordnung bringen*, mettre qch. en ordre. | *Ordnung in etwas bringen*, mettre de l'ordre dans qch. | *auf Ordnung halten*, tenir en ordre. | *Ordnung schaffen*, faire de l'ordre ; mettre de l'ordre. | *die Sache ist in Ordnung*, l'affaire est en règle. | *die öffentliche Ordnung stören*, troubler l'ordre public. | *jn zur Ordnung rufen*, rappeler qn à l'ordre. | *die Tagesordnung*, l'ordre du jour.
2. mise (f.) en ordre.
3. BOT., ZOOL. ordre m.
4. ARCHIT. ordre m.

Ordnungs|dienst ["ɔrdnuŋs'di:nst] m. (s, e) service (m.) d'ordre. ||-**gemäß** adj. en bonne (et due) forme. ||°-**kräfte** f. pl. [Polizei] forces (f. pl.) de l'ordre. ||°-**liebe** f. amour (m.), goût (m.) de l'ordre. ||-**los** adj. désordonné. ||-**mäßig** adj. régulier ; réglementaire ; fait en bonne et due forme. || °-**mäßigkeit** f. régularité f. ||°-**ruf** m. (s) rappel (m.) à l'ordre. ||°-**sinn** m. (s, e) esprit (m.) d'ordre. ||°-**strafe** f. (-, n). JUR. peine (f.), amende (f.) disciplinaire. ||-**widrig** adj. contraire à l'ordre ; irrégulier. ||°-**widrigkeit** f. (-, en) irrégularité f. ; illégalité f. ||°-**zahl** f. (-, en). MATH. nombre ordinal. || PHYS. numéro (m.), nombre (m.) atomique.

Ordonnanz [ɔrdɔ'nants] f. (-, en). MIL. ordonnance f. et m. ; planton m. || JUR., POLIT. ordonnance f. ; ordre m.

Ordonnanz|dienst [ɔrdɔ"nants'di:nst] m. (s, e) service (m.) de planton. ||°-**offizier** m. (s, e) officier (m.) d'ordonnance.

Ordre [ɔrdrə] f. V. ORDER.

Organ [ɔr'gɑ:n] n. (s, e) organe m. ; voix f. ; organe sensoriel ; instrument m. || [Stimme] *ein lautes Organ haben*, parler très haut ; avoir une voix perçante. || [Sinnesorgan] *für etwas kein Organ haben*, ne pas comprendre qch. | *Organe der Rechtsprechung*, juridictions f. pl.

Organ|bank [ɔr"gɑ:n'baŋk] f. (-, en) banque (f.) d'organes. ||°-**empfänger** m. (s, -) receveur (m.) d'organes. ||°-**spende** f. (-, n) don (m.) d'organes.

Organdin [ɔr'gandin] m. (s). TEXT. organdi m.

Organik [ɔrga'nik] f. chimie (f.) organique.

Organisation [ɔrganiza'tsio:n] f. (-, en) organisation f.

Organisations|berater [ɔrganiza'tsio:nsbə'rɑ:tər] m. (s, -). TECHN., COMM. conseil(ler) [m.] en organisation. ||°-**plan** m. (s, ¨e), -**schema** n. (s, ta) organigramme m.

Organisator [ɔrgani'zɑ:tɔr] m. (s, en) organisateur m.

organisatorisch [-za'to:riʃ] adj. organisateur ; organisationnel.

organisch [ɔr'gɑ:niʃ] adj. organique. | *organisch eingliedern*, intégrer organiquement. | *organischer Bestandteil*, élément (m.) organique. || BIOL. organique.

organisieren [ɔrgani'zi:rən] v. tr. organiser. || ARG., MIL. chiper.

Organismus [ɔrga'nismus] m. (-, men) organisme m.

Organist(in) [ɔrga'nist] m. (en, en), f. (-, nen) MUS. organiste s.

Orgasmus [ɔr'gasmus] m. orgasme m.

Orgel ['ɔrgəl] f. (-, n). MUS. orgue m. (f. au pl.).

Orgel|balg ["ɔrgəl'balk] m. (s, ¨e) soufflet (m.) d'orgue. ||°-**bauer** m. (s, -) facteur (m.) d'orgues. ||°-**empore** f. (-, n) tribune (f.) d'orgue. ||°-**gehäuse** n. (s, -), °-**kasten** m. (s, -) buffet (m.) d'orgue. ||°-**harmonium** n. (s) harmonium m. ||°-**mann** m. (s, ¨er) joueur (m.) d'orgue de Barbarie. ||°-**pfeife** f. (-, n) tuyau (m.) d'orgue. ||°-**punkt** m. (s, e) [note] pédale f. ||°-**register** n. (s, -) registre (m.) d'orgues. ||°-**spieler** m. (s, -) organiste m. ||°-**werk** n. (s, e) [instrument] orgues f. pl. | [musique] œuvre (f.) pour orgue.

orgeln ['ɔrgəln] v. intr. jouer de l'orgue. || [Hirsch] bramer.

Orgie ['ɔrgiə] f. (-, n) orgie f.

Orient [ori'ɛnt et 'o:riɛnt] m. (s). GÉOGR. orient m. || [Freimaurerei] Orient m.

Orientale [oriɛn'tɑ:lə] m. (n, n), **Orientalin** [-lin] f. (-, nen) Oriental m. ; Orientale f.

orientalisch [-'tɑ:liʃ] adj. oriental.

Orientalist(in) [-ta'list(in)] m. (en, en), f. (-, nen) orientaliste m. et f.

orientieren (sich) [ziçoriɛn'ti:rən] v. tr. et v. pr. (s')orienter. || PAR EXT. se mettre au courant. | *sich flüchtig orientieren*, effectuer un tour d'horizon sommaire.

Orientierung [oriɛn'ti:ruŋ] f. (-, en) orientation f. ; tour (m.) d'horizon.

Orientierungs|linie [oriɛn"ti:ruŋs'li:niə] f. (-, n) ligne (f.) d'orientation. ||°-**punkt** m. (s, e) repère m. ||°-**tafel** f. (-, n) table (f.) d'orientation.

Oriflamme ['oriflamə] f. (-, n) oriflamme f.

original [origi'nɑ:l] adj. original.

Original [origi'nɑ:l] n. (s, e). [Urbild ; Urfassung] original m. ; manuscrit m. | *im Original lesen*, lire dans le texte. || FIG. homme original ; original m.

Original|ausgabe [origi"nɑ:l'ausgɑ:bə] f. (-, n) édition originale. ||°-**fassung** f. (-, en) version (f.) originale. ||°-**gemälde** n. (s, -) tableau original. ||°-**handschrift** f. (-, en) manuscrit (m.) d'auteur. ||°-**sendung** f. (-, en). RADIO., TÉLÉV. émission (f.) en direct. ||°-**verpackung** f. (-, en) emballage (m.) d'origine.

Originalität [originali'tɛ:t] f. originalité f.

originell [-'nɛl] adj. original ; curieux ; drôle.

Orkan [ɔr'kɑ:n] m. (s, e) ouragan m.

Orkus ['ɔrkus] m. (s, e). MYTH. Orcus ; enfer m.

Orlon ['orlo:n] n. (s). TEXT. Orlon m.

Ornament [ɔrna'mɛnt] n. (s, e) ornement m.
ornamental [-mɛn'tɑ:l] adj. ornemental.
Ornat [ɔr'nɑ:t] m. (s, e) ornements m. pl. || UNIV., JUR. costume (m.), robe (f.) de cérémonie. | *in vollem Ornat*, en robe ; en grande tenue. || RELIG. habits sacerdotaux.
Ornithologe [ɔrnito'lo:gə] m. (n, n) ornithologue m.
Ornithologie [-lo'gi:] f. ornithologie f.
Ornithologin [-'lo:gin] f. (-, nen) ornithologue f.
Orogenese [oroge'ne:zə] f. (-). GÉOL. orogenèse f.
Orographie [orogra'fi:] f. orographie f.
Orpheus ['ɔrfɔys] n. pr. m. MYTH. Orphée m.
Ort [ɔrt] m. (s, e ou ¨er). **1.** [Stelle ; Platz] lieu m. ; endroit m. ; place f. | *geometrischer Ort*, lieu géométrique. | *höheren Ortes*, en haut lieu. | *am angegebenen Ort, am angeführten Ort*, à l'endroit cité, indiqué ; loc. cit. | *aller Orten*, partout. | *am anderen Ort*, ailleurs. | *am dritten Ort*, chez un tiers. | *am rechten Ort*, à sa place ; où il faut. | *am falschen Ort*, pas à sa place ; déplacé. | *am Ort des Verbrechens*, sur les lieux du crime. | *an Ort und Stelle*, sur place ; à pied d'œuvre. || FAM. *vor Ort*, sur le tas.
2. [Ortschaft] endroit m. ; localité f. ; lieu m. | *hier am Ort*, ici, dans notre commune.
3. MINES. fond (m.) d'une galerie. | *vor Ort arbeiten*, travailler au front de taille.
ort|fest ['ɔrtfɛst] adj. fixe ; inamovible.
Orthodrome [ɔrto'dro:mə] f. (-, n). AÉRON. orthodromie f.
Orthoptere [ɔrtɔp'te:rə] f. (-, n). ZOOL. orthoptère m.
Orthozentrum [ɔrto'tsɛntrum] n. (s, en). MATH. orthocentre m.
Orts|angabe ["ɔrts'angɑ:bə] f. (-, n) indication (f.) du lieu. ||**-ansässig** adj. résident ; établi dans la localité. ||°**-auflösung** f. (-, en). PHYS. pouvoir séparateur. ||°**-ausgang** m. (s, ¨e) issue (f.) de la localité. || MIL. débouché m. ||°**-befund** m. (s) état (m.) des lieux. ||°**-behörde** f. (-, n) autorité locale. ||°**-beschaffenheit** f. nature (f.) des lieux. || °**-beschreibung** f. topographie f. ; description (f.) des lieux. ||°**-bestimmung** f. (-, en) orientation f. ; localisation f. || MAR. relèvement m. || GRAMM. complément (m.) de lieu. ||°**-brauch** m. (s, ¨e) coutume locale. ||**-fest** adj. fixe ; stationnaire. || °**-gebrauch** m. (s, ¨e) usage (m.) des lieux. || °**-gedächtnis** n. (ses) mémoire locale ; mémoire géographique. ||°**-geistlicher** m. pasteur (m.), curé (m.) du lieu. ||°**-geschichte** f. (-, n) histoire locale. ||°**-gespräch** n. (s, e). TÉLÉPH. communication urbaine, locale. ||°**-gewöhnung** f. acclimatation f. ||°**-kenntnis** f. (-, se) connaissance (f.) des lieux. ||°**-kommandant** m. (en, en) commandant (m.) de la place. ||°**-kommandantur** f. (-, en) bureau (m.) de la place. ||**-kundig** adj. connaissant les lieux. ||°**-leihe** f. (-, n). [Bibliothek] prêt (m.) à domicile. ||°**-linie** f. (-, n). MATH. lieu (m.) géométrique. ||°**-netz** n. (es, e) réseau local. ||°**-porto** n. (s, s) taxe locale. ||°**-schild** n. (s, e) plaque indicatrice. || °**-sender** m. (s, -) poste émetteur local. ||°**-sinn** m. (s) sens (m.) de l'orientation. ||°**-tafel** f. (-, n) panneau m. (indiquant le nom de la localité). ||°**-teil** m. (s, e) quartier m. ; arrondissement m. ||**-üblich** adj. conforme à l'usage local. ||°**-üblichkeit** f. (-, en) usage local. ||°**-unterkunft** f. (-, ¨e). MIL. lieu (m.) de cantonnement. ||°**-veränderung** f. (-, en) déplacement m. ||°**-verkehr** m. (s) trafic local. || TRANSP. service urbain. ||°**-vermittlung** f. (-, en). TÉLÉPH. standard local, central ; bureau local. ||°**-vorsteher** m. (s, -) administrateur (m.) de la commune. ||°**-zeit** f. (-, en) heure locale. ||°**-zulage** f. (-, n), °**-zuschlag** m. (s, ¨e) indemnité (f.) de résidence.
Örtchen ['ørtçən] n. (s, -). FAM., EUPHÉM. [Abort] petit coin ; petit endroit.
orten ['ɔrtən] v. tr. AÉRON. repérer ; faire le point ; faire, prendre des relèvements.
Orter [-tər] m. (s, -). AÉRON. navigateur m.
orthodox [ɔrto'dɔks] adj. orthodoxe.
Orthodoxie [-dɔk'si:] f. orthodoxie f.
Orthographie [ɔrtogra'fi:] f. (-, n) orthographe f.
orthographisch [-'grɑ:fiʃ] adj. orthographique.
Orthopäde [ɔrto'pɛ:də] m. (n, n) orthopédiste m.
Orthopädie [-pɛ'di:] f. orthopédie f.
orthopädisch [-'pɛ:diʃ] adj. orthopédique.
örtlich ['ørtliç] adj. local. | *örtlicher Bedarf*, besoins locaux. | *örtliche Verhältnisse*, situation locale. || MÉD. topique.
Örtlichkeit [-kait] f. (-, en) localité f.
Ortschaft ['ɔrtʃaft] f. (-, en) localité f. ; endroit m. ; bourg m. | *geschlossene Ortschaft*, agglomération f.
Ortscheit ['ɔrtʃait] n. [Karren] palonnier m.
Ortung ['ɔrtuŋ] f. (-, en). AÉRON. orientation f. ; repérage m. ; détermination (f.) du point.
Ortungs|anlage ["ɔrtuŋs'anlɑ:gə] f. (-, n). TECHN. localisateur m.
Öse ['ø:zə] f. (-, n) œillet m. ; trou m. (à lacet) ; bride (f.) de bouton ; anneau (m.) de métal.
Osmane [ɔs'mɑ:nə] m. (n, n). HIST. Ottoman m.
osmanisch [-niʃ] adj. ottoman ; turc.
Osmium ['ɔsmium] n. (s). CHIM. osmium m.
Osmose [ɔs'mo:zə] f. (-, n) osmose f.
Ost [ɔst] m. (es). [Osten] est m. ; Est m. || [Wind] vent (m.) d'est.
Ost|afrika ["ɔst'ɑ:frika] n. pr. n. Afrique orientale. ||°**-asien** n. Asie orientale. ||°**-deutsche(r)** f. (m.) Allemand (m.), Allemande (f.) de l'Est. ||°**-deutschland** n. pr. n. GÉOGR. Allemagne orientale. || HIST. Allemagne (f.) de l'Est. ||°**-europa** n. pr. n. Europe orientale. ||°**-flüchtling** m. (s, e) réfugié (m.) de la zone soviétique. ||°**-gote** m. (n, n). HIST. Ostrogoth m. ||°**-grenze** f. frontière orientale. ||°**-indien** n. pr. n. Indes orientales. ||°**-indier** m. (s, -) Hindou m. ||°**-küste** f. (-, n) côte orientale. ||°**-mark** f. GÉOGR., HIST. marche (f.) de l'Est (Autriche). || [Münze] mark (m.) de l'Est. ||°**-preußen** n. pr. n. Prusse-Orientale. ||°**-see** f. mer (f.) Baltique. ||°**-sektor** m. (s, en) secteur (m.) est de Berlin. ||**-wärts** adv. vers l'est. ||°**-wind** m. (s, e) vent (m.) d'est. ||°**-zone** f. zone orientale, russe.
Ost [ɔst], **Osten** ['ɔstən] m. (s). GÉOGR., POLIT. Est m. | *der Nahe Osten*, le Proche-Orient. | *der Mittlere Osten*, le Moyen-Orient. | *der Ferne Osten*, l'Extrême-Orient.
ostentativ [ɔstɛnta'ti:f] adj. ostentatoire.
Osteoporose ['ɔsteopo"ro:zə] f. MÉD. ostéoporose f.
Oster|abend ["o:stər'ɑ:bənt] m. (s, e) veille (f.) de Pâques. ||°**-andacht** f. *seine Osterandacht halten*, faire ses pâques. ||°**-blume** f. (-, n), °**-blümchen** n. (s, -) pâquerette f. ||°**-ei** n. (s, er) œuf (m.) de Pâques. ||°**-ferien** f. pl. vacances (f. pl.) de Pâques. ||°**-fest** n. (s, e) fête (f.) de Pâques. ||°**-hase** m. (n, n) lièvre (m.) de Pâques. ||°**-lamm** n. (s, ¨er) agneau pascal. ||°**-luzei** f. (-, en). BOT. aristoloche f. ||°**-marsch** m. (s, ¨e) manifestation (f.) pacifiste (de Pâques). ||°**-messe** f. (-, n). RELIG. messe pascale. || COMM. foire (f.) de Pâques. ||°**-sonntag** m. (s, e) dimanche (m.) de Pâques. ||°**-woche** f. (-, n) semaine sainte. ||°**-zeit** f. (-, en) temps pascal.
österlich ['ø:stərliç] adj. pascal.
Ostern ['o:stərn] n. sing. ou f. pl. Pâques m. | *Ostern fällt diesmal spät*, Pâques tombe tard cette année. | *zu Ostern*, à Pâques. || PROV. *grüne Weihnachten, weiße Ostern*, Noël au balcon, Pâques aux tisons.
Österreich ["ø:stər'raiç] n. pr. n. Autriche f.
Österreicher(in) [-çər(in)] m. (s, -), f. (-, nen) Autrichien m. ; Autrichienne f.
österreichisch [-çiʃ] adj. autrichien.
östlich ['østliç] adj. d'est ; à, vers, de l'est ; oriental. | *östlich von*, à l'est de.
Ostrazismus [ɔstra'tsismus] m. ostracisme m.
Östrogen [østro'ge:n] n. (s, e). BIOL. œstrogène m.
Oszillator [ɔstsi'lɑ:tɔr] m. (s, en) oscillateur m.
oszillieren [-'li:rən] v. intr. osciller.
Oszillograph [-lo'grɑ:f] m. (en, en) oscillographe m.
Oszillogramm [-lo'gram] n. (s, e) oscillogramme m.
Otter ['ɔtər] m. (s, -) loutre f. | *Otterfell*, peau (f.) de loutre ; loutre f.
Otter ['ɔtər] f. (-, n) vipère f. ; aspic m.
Ottern|gezücht ["ɔtərngə'tsy:çt] n. (s, e) engeance (f.), nœud (m.) de vipères.
Ottilie [ɔ'tiliə] n. pr. f. Odile f.
Otto ['ɔto] n. pr. m. Othon m. ; Otto m. | *die Ottonen*, les empereurs (du nom d') Othon.
Ottomane [ɔto'mɑ:nə] m. (n, n) Ottoman m. ◇ f. (-, n) divan m. ; ottomane f.
ottomanisch [-niʃ] adj. ottoman ; turc.
Otto|motor ["ɔto'motor] m. (s, en) moteur (m.) Otto, à quatre temps.

Ouvertüre [uvɛr'ty:re] f. (-, n). MUS. ouverture f.
oval [o'va:l] adj. ovale.
Oval [o'va:l] n. (s, e) ovale m.
Ovar [o'va:r] n. (s, e), **Ovarium** [o'va:rium] m. (s, rien). ANAT. ovaire m.
Ovariotomie [ovarioto'mi:] f. MÉD. ovariotomie f.
Ovation [ova'tsio:n] f. (-, en) ovation f.
Overall ['ɔvər"al] m. (s, s) salopette f. ; surtout m.
ovipar [ovi'pa:r] adj. BIOL. ovipare.
Oxal|säure [ɔ"ksa:l'zɔyrə] f. (-, n) acide (m.) oxalique.
Oxyd [ɔ'ksy:t] n. (s, e). CHIM. oxyde m.
Oxydation [ɔksyda'tsio:n] f. (-, en) oxydation f.
oxydierbar [ɔksy'di:rba:r] adj. oxydable.
oxydieren [-'di:rən] v. tr. oxyder.
Oxygen(ium) [ɔksy'ge:n(ium)] n. (s) oxygène m.
Oxy|säure [ɔ'ksy"zɔyrə] f. (-, n). CHIM. oxyacide m.
Ozean ['otsea:n] m. (s, e) océan m. | *Atlantischer Ozean*, océan Atlantique ; Atlantique m. | *Stiller Ozean*, océan Pacifique ; Pacifique m.
Ozean|dampfer ["otsea:n'dampfer] m. (s, -) transatlantique m. ; paquebot m. ||°-**flug** m. (s, ¨e) raid (m.), vol (m.) transatlantique.
Ozeanien [otse'a:niən] n. pr. n. Océanie f.
ozeanisch [-'aniʃ] adj. océanique.
Ozeanographie [-anogra'fi:] f. océanographie f.
Ozelle [o'tsɛlə] f. (-, e). BOT. ocelle f.
Ozon [o'tso:n] n. (s, e). CHIM. ozone m .
ozonisieren [otsoni'zi:rən] v. tr. ozoniser.

P

P, p [pe:] n. P m. | *ein großes* P, un *P* majuscule. | *ein kleines* p, un *p* minuscule.
Paar [pa:r] n. (s, e) paire f. ; couple m. | *ein Paar*, un couple de ; deux. | *ein Paar Schuhe*, une paire de chaussures. | *ein Liebespaar*, un couple d'amoureux. | *in, zu Paaren*, par couple ; deux par deux.
◇ adj. num indéf. (indéclinable) **paar,** *ein paar*, quelques ; un petit nombre de. | *mit ein paar Worten*, en peu de mots. | *vor ein paar Tagen*, il y a quelques jours. | *die paar Groschen, die er verdient hat*, les quelques sous qu'il a gagnés.
◇ adj. et adv. pair. | *paar oder unpaar*, pair ou impair. | *unpaar*, dépareillé.
Paar|bildung ["pa:r'bilduŋ] f. (-, en) appariement m.
paaren ['pa:rən] v. tr. accoupler ; apparier ; joindre.
◇ v. pr. **sich paaren,** s'apparier ; s'accoupler ; s'unir.
paar|mal ['pa:rma:l] adv. à plusieurs reprises.
Paarung [-ruŋ] f. (-, en) accouplement m. ; appariement m.
paar|weise ["pa:r'vaizə] adv. par paires ; par couples ; deux à deux.
Pacht [paxt] f. (-, en) bail m. ; fermage m. ; affermage m. ; amodiation f. | *in Pacht geben*, donner à bail, à ferme ; affermer. | *in Pacht nehmen*, prendre à bail, à ferme.
Pacht|brief ["paxt'bri:f] m. (s, e), °-**vertrag** m. (s, ¨e) contrat (m.) de fermage ; bail (m.) à ferme. ||°-**geld** n. (s, er), °-**zins** m. (es, en) fermage m. ; loyer m. ||°-**gut** n. (s, ¨er), °-**hof** m. (s, ¨e) ferme f. ||°-**vieh** n. (s) cheptel m. ||°-**wert** m. (s, e) valeur locative.
pachten ['paxtən] v. tr. prendre à ferme, à bail.
Pächter(in) ['pɛçtər(in)] m. (s, -), f. (-, nen) preneur m. ; preneuse f. ; fermier m. ; fermière f.
Pachtung ['paxtuŋ] f. (-, en). 1° bail m. ; 2° ferme f. ; bien loué.
Pack [pak] n. (s) canaille f. | *Pack schlägt sich, Pack verträgt sich*, jeux de mains, jeux de vilains. | *das ist mir ein Pack !*, quelle racaille !
Pack [pak] n. (s, ¨e), **Packen** ['pakən] m. (s, -) paquet m. ; ballot m. | *ein Pack Papier*, une liasse de papier. | *mit Sack und Pack*, avec armes et bagages.
Päckchen ['pɛkçən] n. (s, -) petit paquet. | *ein Päckchen Tabak*, un paquet de tabac.
Pack|eis ['pak"ais] n. (es) banquise f. ||°-**esel** m. (s, -) âne (m.) de charge ; bête (f.) de somme. ||°-**hof** m. (s, ¨e). [Zollamt] entrepôt m. ||°-**leinen** n. (s, -) toile (f.) d'emballage. ||°-**papier** n. (s, e) papier (m.) d'emballage. ||°-**pappe** f. (-, n) carton (m.) d'emballage. ||°-**pferd** n. (s, e) cheval (m.) de bât. ||°-**sattel** m. (s, ¨) bât m. ||°-**tier** n. (s, e) bête (f.) de somme. ||°-**träger** m. (s, -) porteur m. ||°-**wagen** (s, -) fourgon m.
packen ['pakən] v. tr. **1.** emballer ; empaqueter. | *seinen Koffer packen*, faire sa malle. | *in Kisten packen*, mettre en caisse.
2. [fassen] saisir ; attraper. | *er packte ihn beim Kragen*, il l'empoigna au collet. || FIG. *bei der Ehre packen*, piquer d'honneur
3. FIG. saisir ; émouvoir. | *die Rede hat die Zuhörer gepackt*, les auditeurs ont été touchés par ce discours. | *Schrecken packt den Räuber*, la frayeur s'empare du brigand.
◇ v. pr. **sich packen,** décamper ; filer ; prendre le large. || FAM. *pack dich zum Teufel*, va-t-en au diable.
◇ part. prés. et adj. **packend.** | *eine packende Erzählung*, une histoire captivante.
Packen V. PACK.
Packer(in) [-kər(in)] m. (s, -), f. (-, nen) emballeur m. ; emballeuse f.
Packung ['pakuŋ] f. (-, en). **1.** emballage m. ; empaquetage m. || MÉD. enveloppement m. | *kalte Packung*, enveloppement humide (glacé). || TECHN. bourrage m. ; garniture f.
Pädagoge [pɛda'go:gə] m. (n, n) pédagogue m.
Pädagogik [-gik] f. pédagogie f.
Pädagogin [-gin] f. (-, nen) pédagogue f.
pädagogisch [-giʃ] adj. pédagogique.
Paddel ['padəl] n. (s, -), f. (-, n) pagaie f.
Paddel|boot ["padəl'bo:t] n. (s, e) pirogue f. ; canot m. ; kayak m.
paddeln ['padəln] v. intr. pagayer. || PAR EXT. nager maladroitement ; patauger.
Paddler ['padlər] m. (s, -) pagayeur m.
Päderast [pɛde'rast] m. (en, en) pédéraste m.
Päderastie [-ras'ti:] f. pédérastie f.
Pädologie [pɛdolo'gi:] f. (-). MÉD. pédologie f.
pädophil [pɛdo'fi:l] adj. pédophile.
Pädophiler [-'fi:lər] m. pédophile m.
Pädophilie [-fi'li:] f. (-) pédophilie f.
Padua ['pa:dua] n. pr. n. GÉOGR. Padoue f.
paff ! [paf] interj. paf ! || FAM. *ganz paff sein*, être tout ébahi, épaté.
paffen ['pafən] v. intr. [Schuß] claquer. || FAM. [Tabak] fumer à grosses bouffées.
Paganismus [paga'nismus] m. (-, men) paganisme m.
Page ['pa:ʒə] m. (n, n). HIST. page m. || chasseur (m.) d'hôtel.
Pagen|kopf ["pa:ʒən'kɔpf] m. (s, ¨e) cheveux (coupés) à la Jeanne d'Arc.

Pagina ['pagina] f. (-, s) [Schriftstück] page f.
paginieren [pagi'ni:rən] v. tr. paginer.
Pagode [pa'go:də] f. (-, n) pagode f.
pah! [pa:] interj. bah!
Pair [pɛ:r] m. (s, s) pair m. (noble).
Pak [pak] f. abrév. de **Panzerabwehrkanone** f., canon (m.) antichar.
Pak|geschütz [″pakgə'ʃyts] n. (es, e) canon m., pièce (f.) antichar.
Paket [pa'ke:t] n. (s, e) paquet m. ; colis m.
Paket|annahme [pa″ke:t'annɑmə] f. (-, n) réception (f.) des colis postaux. ||°**-ausgabe** f. (-, n) livraison (f.) des colis postaux. ||°**-boot** n. (s, e) paquebot m. ||°**-karte** f. (-, n), bulletin (m.) d'expédition ; lettre (f.) d'avis. ||°**-post** f. (service [m.] des) colis postaux. ||°**-sendung** f. (-, en) envoi (m.) par colis postal. ||°**-zusteller** m. (s, -) facteur (m.) qui apporte les paquets.
Pakistan [pakis'tɑ:n] n. pr. n. Pakistan m.
Pakt [pakt] m. (s, e) pacte m.
paktieren [-'ti:rən] v. intr. pactiser.
Paläobotanik [palɛobo'tɑnik] f. paléobotanique f.
Paläographie [gra'fi:] f. paléographie f.
Paläolithikum [-'li:tikum] n. paléolithique m.
paläolithisch [-'li:tiʃ] adj. poléolithique.
Paläontologie [palɛɔntolo'gi:] f. paléontologie f.
Palast [pa'last] m. (es, ¨e) palais m.
Palästina [palɛs'tina] n. pr. n. Palestine f.
Palatalisierung [palatali'si:ruŋ] f. (-, en). GRAMM. palatalisation f.
Palaver [pa'lɑ:vər] n. (s, s) palabre m. ou f.
Palette [pa'lɛtə] f. (-, n) palette f. || TECHN. palette. | *auf Paletten stapeln*, palettiser. || FIG. choix m.
Paletten|heber [pa″lɛtən'he:bər] m. (s, -), °**-hubwagen** [-'hu:pvɑ:gən] m. (s, -). TECHN. palettiseur m.
Palettierung [palɛ'ti:ruŋ] f. (-, en). TECHN. palettisation f.
Palisade [pali'zɑ:də] f. (-, n) palissade f.
Palisander [pali'zandər] m. (s, -). [Palisanderholz] palissandre m.
Pallasch ['palaʃ] m. (es, e) longue épée ; latte f.
Palm [palm] m. (s, e). 1° rameau bénit de palmier ; 2° empan m.
Palmarum ['palmarum] n. (s), **Palm|sonntag** m. (s, e) dimanche (m.) des Rameaux.
Palm|blatt [″palm'blat] n. (s, ¨er) feuille (f.) de palmier. ||°**-öl** n. (s, e) huile (f.) de palme. ||°**-woche** f. (-, n) semaine sainte. ||°**-zweig** m. (s, e) rameau (m.) de palmier ; palmette f.
Palme ['palmə] f. (-, n) palmier m. ; feuille (f.) de palmier. || FIG. palme f. | *jm die Palme reichen*, donner la palme à qn ; déclarer qn victorieux. || POP. *auf die Palme gehen*, se fâcher.
Palmitat [palmi'tɑ:t] n. (s, e). CHIM. palmitate m.
Pampa ['pampa] f. (-, s) pampa f.
Pampelmuse [″pampəl'mu:zə] f. (-, n) pamplemousse m.
Pamphlet [pam'fle:t] n. (s, e) pamphlet m.
Pamphletist [-fle'tist] m. (en, en) pamphlétaire m.
Pan [pɑ:n] n. pr. m. MYTH. Pan m.
Pan|flöte [″pɑ:n'flø:tə] f. (-, n) flûte (f.) de Pan.
Panama ['panama] n. pr. n. GÉOGR. Panama m.
Panama|hut [″panama'hu:t] m. (s, ¨e) panama m.
Panazee [pana'tse:] f. (-, n) panacée f.
Pandekten [pan'dɛktən] f. pl. JUR. pandectes f. pl.
Pandemie [pande'mi:] f. (-, n). MÉD. pandémie f.
Pandora [pan'dora] n. pr. f. MYTH. Pandore f.
Pandur [pan'du:r] m. (en, en) pandour m.
Paneel [pa'ne:l] n. (s, e) lambris m. ; panneau m.
paneelieren [-ne'li:rən] v. tr. lambrisser.
Panegyrikus [pane'gy:rikus] m. (-, ken) panégyrique m.
Pan|germanismus [″pangɛrma'nismus] m. HIST. pangermanisme m.
Panier [pa'ni:r] n. (s, e) bannière f.
panieren [pa'ni:rən] v. tr. CULIN. paner.
Panier|mehl [pa″ni:r'me:l] n. (s) chapelure f.
Panik ['pɑ:nik] f. (-, en) panique f. | *Panikstimmung*, affolement m. ; panique f.
panisch [-niʃ] adj. panique. | *panische Angst* ; *panischer Schrecken*, terreur (f.), peur (f.) panique.
Pankratius [pan'krɑ:tsius] n. pr. m. Pancrace m.
Pankreas ['pankreɑ:s] n. pancréas m.

Panne ['panə] f. (-, n). TECHN. panne f. | *eine Panne beheben*, dépanner.
Panoptikum [pan'optikum] n. (s, ken) musée (m.) de figures de cire.
Panorama [pano'rɑ:ma] n. (s, men) panorama m.
Panorama|breitwand [pano″rɑ:ma'braitvant] f. (-, ¨e) écran (m.) panoramique. ||°**-tafel** f. (-, n) table (f.) d'orientation.
pan(t)schen ['pan(t)ʃən] v. tr. et v. intr. patauger. | *Milch panschen*, mouiller, frelater le lait. | *Wein panschen*, couper le vin.
Panscher [-ʃər] m. (s, -) fraudeur m.
Pansen ['panzən] m. (s, -) panse f.
Pantheismus [pante'ismus] m. panthéisme m.
Pantheist [-'ist] m. (en, en) panthéiste m.
Pantheon ['panteɔn] n. (s, s) panthéon m.
Panther ['pantər] m. (s, -) panthère f.
Pantine [pan'ti:nə] f. (-, n) sabot m. ; galoche f.
Pantoffel [pan'tɔfəl] m. (s, n) pantoufle f. ; PÉJOR. savate f. | *Pantoffel des Papstes*, mule (f.) du pape. | *unter dem Pantoffel stehen*, être mené par sa femme.
Pantoffel|blume [pan″tɔfəl'blu:mə] f. (-, n). BOT. calcéolaire f. ||°**-held** m. (en, en). FAM. pantouflard m. ; mari mené par sa femme. ||°**-tierchen** n. (s, -). ZOOL. paramécie f.
Pantomime [pantɔ'mi:mə] f. (-, n) pantomime f.
pantomimisch [-'mimiʃ] adj. pantomimique.
Panzer ['pantsər] m. (s, -) cuirasse f. ; plastron m. ; armure f. || MIL. char (m.) de combat, d'assaut ; engin blindé.
Panzer|abwehr [″pantsər'apve:r] f. défense (f.) antichar. ||°**-abwehrgeschütz** n. (es, e), °**-kanone** f. (-, n) canon (m.) antichar. ||°**-abwehrwaffe** f. (-, n) arme (f.) antichar. ||°**-deck** n. (s, e) pont blindé. ||°**-division** f. (-, en) division blindée. ||°**-faust** f. (-, ¨e) lance-fusée (léger) antichar. ||°**-glas** n. (es) glace (f.), verre (m.) blindé(e). ||°**-graben** m. (s, ¨) fossé (m.), tranchée (f.) antichar. ||°**-grenadier** m. (s, e) fantassin porté. ||°**-hemd** n. (s, en) cotte (f.) de mailles. ||°**-kabel** n. (s, -) câble armé, blindé. ||°**-kette** f. (-, n) chenille f. ||°**-kreuzer** m. (s, -). MAR. croiseur cuirassé. ||°**-schrank** m. (s, ¨e) coffre-fort m. ||°**-schreck** m. (s, e) bazooka m. ||°**-weste** f. (-, n) gilet (m.) pare-balles. ||°**-zug** m. (s, ¨e) train blindé.
panzern ['pantsərn] v. tr. blinder ; cuirasser.
Panzerung [-ruŋ] f. (-, en) blindage m.
Päonie [pɛ'o:niə] f. (-, n). BOT. pivoine f.
Papa [pa'pa:] m. (s, s) papa m.
Papagei [papa'gai] m. (en, en) perroquet m.
Papageien|krankheit f. psittacose f.
Papier [pa'pi:r] n. (s, e) papier m. | *ein Blatt Papier*, une feuille de papier. || PAR EXT. [Zeitungen] article m. ; FAM. papier.
◇ n. pl. **Papiere.** [Ausweis] papiers m. pl. d'identité). | *seine Papiere sind in Ordnung*, ses papiers sont en règle. | *seine Papiere vorzeigen*, présenter ses papiers. || COMM. papier m. ; valeur f. ; titre m. | *an der Börse notierte Papiere*, valeurs cotées en Bourse.
Papier|beutel [pa″pi:r'bɔytəl] m. (s, -) sac (m.) en papier. ||°**-bogen** m. (s, ¨) feuille (f.) de papier. ||°**-drachen** m. (s, -) cerf-volant m. ||°**-fabrik** f. (-, en), °**-mühle** f. (-, n) fabrique (f.) de papier ; papeterie f. ||°**-geld** n. (s, er) papier-monnaie m. ||°**-korb** (s, ¨e) corbeille (f.) à papier. ||°**-kram** m. (s). POP. paperasse f. ||°**-krieg** m. (s, e) paperasserie f. ||°**-laterne** f. (-, n) lanterne vénitienne. ||°**-maché** n., °**-masse** f. (-, n) pâte (f.) à papier. ||°**-messer** n. (s, -) coupe-papier m. ||°**-schlange** f. (-, n) serpentin m. ||°**-staude** f. (-, n). BOT. papyrus m. ||°**-streifen** m. (s, -) bande (f.) de papier. ||°**-tüte** f. (-, n) sac (m.), cornet (m.) de papier. ||°**-währung** f. (-, en) papier-monnaie m. ; monnaie scripturale. ||°**-warenhandel** m., °**-laden** (s, -) papeterie f. ||°**-warenhändler** m. (s, -) papetier m. ||°**-wickel** m. (s, -) papillote f. ||°**-wisch** m. (es, e) chiffon (m.) de papier.
papieren [pa'pi:rən] adj. 1° de, en papier ; 2° n'existant que sur le papier ; fictif.
Papismus [pa'pismus] m. PÉJOR. papisme m.
papistisch [-'pistiʃ] adj. papiste.
Papp [pap] m. (s, e) colle (f.) de farine, de pâte ; bouillie f.
Papp|arbeit [″pap'arbəit] f. (-, en) cartonnage m. ; cartonnerie f. ||°**-arbeiter** m. (s, -) cartonnier m. ||°**-band** m. (s, ¨e) reliure (f.) en carton ; volume cartonné. ||°**-becher** m. (s, -) gobelet (m.) en carton. ||°**-deckel** m. (s, -) carton m. ||°**-einband** m. (s, ¨e)

reliure (f.) en carton. ||°**-schachtel** f. (-, n), °**-karton** m. (s, e) boîte (f.) en carton.
Pappe ['papə] f. (-, n) colle (f.) de pâte ; carton m. | *das ist nicht von Pappe*, c'est sérieux, assez important ; ce n'est pas trop mal.
Pappen|stiel ["papən'ʃti:l] m. (s, e) bagatelle f. | *für einen Pappenstiel kaufen*, acheter pour rien, pour une bouchée de pain.
Pappel ['papəl] f. (-, n) peuplier m.
päppeln ['pɛpəln] v. tr. donner de la bouillie ; élever (au biberon). || PAR EXT. dorloter.
pappen ['papən] v. tr. coller.
Pappenheimer ["papən'haimər] m. (s, -). *daran erkenn' ich meine Pappenheimer* (SCHILLER) ; *ich kenne meine Pappenheimer*, je connais mes gens ; je sais à qui j'ai affaire.
papperlapapp [papərla'pap] interj. et patati et patata.
pappig ['papiç] adj. pâteux.
Paprika ['paprika] m. (s). BOT. paprika m.
Papst [pɑ:pst] m. (es, ¨e) pape m. | *päpstlicher als der Papst sein*, être plus royaliste que le roi.
Papst|krone ["pɑ:pst'kro:nə] f. (-, n) tiare f. ||°**-würde** f. papauté f. ; pontificat m.
päpstlich ['pɛ:pstliç] adj. papal ; pontifical. | *der päpstliche Nuntius*, le nonce apostolique. | *päpstlicher Stuhl*, Saint-Siège.
Papsttum ['pɑ:psttu:m] n. (s) papauté f.
Papua [pa'pu:a] m. (s, s) Papou m.
papuanisch [papu'ɑ:niʃ] adj. papou.
Papyrus [pa'py:rus] m. (-, ri) papyrus m.
Parabel [pa'rɑ:bəl] f. (-, n). LITTÉR. parabole f. || MATH. parabole f.
Parabol|antenne [para"bo:l'antɛnə] f. (-, n) antenne (f.) parabolique. ||°**-spiegel** m. (s, -) miroir (m.) parabolique.
parabolisch [para'bo:liʃ] adj. parabolique.
Parade [pa'rɑ:də] f. (-, n). MIL. parade f. ; revue f. ; défilé m. ; prise (f.) d'armes. | *die Parade abnehmen*, passer les troupes en revue. || [Fechtkunst ; Reitkunst] parade f. | *Parade schlagen*, parer un coup.
Parade|anzug [pa"rɑ:də'antsu:k] m. (s, ¨e) grande tenue. ||°**-marsch** m. (es, ¨e) pas (m.) de parade ; pas (m.) de l'oie. ||°**-platz** m. (es, ¨e) place (f.) d'armes.
Paradentose [paradɛn'to:zə] f. (-, n). MÉD. paradontose f.
paradieren [para'di:rən] v. intr. parader.
Paradies [para'di:s] n. (es, e) paradis m.
Paradies|apfel [para"di:s'apfəl] m. (s, ¨) pomme (f.) de paradis. ||°**-vogel** m. (s, -) oiseau (m.) de paradis ; paradisier m.
paradiesisch [para'di:ziʃ] adj. paradisiaque.
paradigmatisch [paradi'gmɑ:tiʃ] adj. GRAMM. paradigmatique.
paradox [para'dɔks] adj. paradoxal.
Paradox [-'dɔks] n. (es, e) paradoxe m.
Paraffin [para'fi:n] n. (s, e) paraffine f.
paraffin|basisch [para"fi:n'bɑ:siʃ] adj. TECHN. paraffinique. | *paraffinbasisches Erdöl*, pétrole (m.) paraffinique.
Parafiskalität [parafiskali'tɛ:t] f. parafiscalité f.
Paragraph [para'grɑ:f] m. (en, en) article m. ; paragraphe m.
paragraphieren [paragra'fi:rən] v. tr. diviser en articles.
Parallaxe [para'laksə] f. (-, n) parallaxe f.
Parallaxen|ausgleich [para"laksən'ausglaiç] m. (s). PHOT. correction (f.) de parallaxe.
parallel [para'le:l] adj. (mit, zu) parallèle (à).
parallel|geschaltet [para"le:lgə'ʃaltət] adj. ÉLECTR. en shunt ; monté en parallèle. ||°**-kreis** m. (es, e). GÉOGR. parallèle m. ||**-laufend** adj. MATH. parallèle. ||°**-schaltung** f. (-, en). ÉLECTR. mise (f.) en parallèle.
Parallelismus [parale'lismus] m. (-, men), **Parallelität** [-li'tɛ:t] f. (-, en) parallélisme m.
Parallelogramm [-lo'gram] n. (s, e) parallélogramme m.
Paralyse [para'ly:zə] f. (-, n) paralysie f.
paralysieren [-ly'zi:rən] v. tr. paralyser.
Paralytiker(in) [-'ly:tikər(in)] m. (s, -), f. (-, nen) paralytique s.
paralytisch [-'ly:tiʃ] adj. paralytique.
Parameter [para'me:tər] m. et n. (s, -). MATH. paramètre m.
Paranoia [para'nɔja] f. MÉD. paranoïa f.
paranoisch [-'nɔjiʃ] adj. paranoïaque.
Paraphe [pa'rafə] f. (-, n) parafe m. ; paraphe m.
paraphieren [-ra'fi:rən] v. tr. parapher ; parafer.
Parapsychologie [parapsyçolo'gi:] f. parapsychologie f.
Parasit [para'zit] m. (en, en) parasite m.
parasiten|tötend [para"zi:tən'tø:tənt] adj. parasiticide. | *parasitentötendes Mittel*, parasiticide m.
Parasitologe [parazito'lo:gə] m. (n, n). MÉD. parasitologue m.
Parasitologie [-lo'gi:] f. MÉD. parasitologie f.
Parasitologin [-'lo:gin] f. (-, nen). MÉD. parasitologue f.
Parasympathikus [parasym'pɑ:tikus] m. (-). MÉD. parasympathique m.
parasympathisch [parasym'pɑ:tiʃ] adj. MÉD. parasympathique.
parat [pa'rɑ:t] adj. [bereit] prêt.
Parataxe [para'taksə] f. (-, n). GRAMM. parataxe f.
Pärchen ['pɛ:rçən] n. (s, -) couple m. (d'amoureux).
pardauz ! [par'dauts] interj. patatras ! ; plouf !
Pardon [par'dɔ̃] m. (s) pardon m. ; grâce f. | *um Pardon bitten*, demander pardon.
Parenthese [paran'te:zə] f. (-, n) parenthèse f.
Parforce|jagd [par"fɔrsə'jɑ:kt] f. (-, en) chasse (f.) à courre.
Parfüm [par'fy:m] n. (s, e) parfum m.
Parfümerie [-fymə'ri:] f. (-, n) parfumerie f.
parfümieren [-fy'mi:rən] v. tr. parfumer.
pari ['pɑ:ri] adj., **Pari** ['pɑ:ri] n. (s). FIN. pair m. | *al pari*, au pair. | *über pari*, au-dessus du pair.
parieren [pa'ri:rən] v. tr. *einen Schlag parieren*, parer un coup. || *ein Pferd parieren*, arrêter court un cheval. || [wetten] parier.
◇ v. intr. *jm parieren*, obéir à qn.
parietal [parie'tɑ:l] adj. ANAT. pariétal.
Pariser(in) [pa'ri:zər(in)] m. (s, -), f. (-, nen) Parisien m. ; Parisienne f.
Pariser [-zər], **pariserisch** [-zəriʃ] adj. parisien.
Parität [pari'tɛ:t] f. parité f.
paritätisch [pari'tɛ:tiʃ] adj. paritaire. | *paritätischer Ausschuß*, commission (f.) paritaire.
Park [park] m. (s, e et s). [Garten] parc m.
Parka ['parka] m. (s, s) parka f.
Park|anlage ["park'anlɑ:gə] f. (-, n) parc m. ; jardin m. ||°**-bahn** f. (-, en). AÉRON. orbite (f.) d'attente. ||°**-licht** n. (s, er) feu (m.) de stationnement. ||°**-platz** m. (es, ¨e) parc (m.) de stationnement ; parking m. ||°**-scheibe** f. (-, n), disque (m.) de stationnement. ||°**-uhr** f. (-, en) parcmètre m. ||°**-verbot** n. (s, e) défense (f.) de stationner.
parken ['parkən] v. tr. et intr. parquer ; stationner ; garer. | *Parken verboten !*, stationnement interdit.
Parkett [par'kɛt] n. (s, e) parquet m. | *das Parkett abziehen*, poncer le parquet. || THÉÂTRE. orchestre m.
Parkett|boden [par"kɛt'bo:dən] m. (s, ¨) parquet (m.) à lames. ||°**-loge** f. (-, n). THÉÂTRE. baignoire f. ||°**-platz** m. (es, ¨e), °**-sitz** m. (es, e) fauteuil (m.) d'orchestre.
parkettieren [-kɛ'ti:rən] v. tr. parqueter.
Parkinson-Krankheit ["parkinzɔn'krankhait] f. (-), **Parkinsonsche Krankheit** ["parkinzɔnʃə'--] f. MÉD. maladie (f.) de Parkinson.
Parlament [parla'mɛnt] n. (s, e) parlement m.
Parlaments|debatten [parla"mɛntsdə'batən] f. pl. débats (m. pl.) parlementaires. ||°**-mitglied** n. (s, er) membre (m.) du Parlement ; député m.
Parlamentär [parlamɛn'tɛ:r] m. (s, e). MIL. parlementaire m. | *Parlamentärflagge*, pavillon (m.) des parlementaires ; drapeau blanc.
Parlamentarier [-'tɑ:riər] m. (s, -) membre (m.) du Parlement ; député m. ; parlementaire m.
parlamentarisch [-'tɑ:riʃ] adj. parlementaire.
Parlamentarismus [-ta'rismus] m. parlementarisme m.
Parmesan(käse) [parmə"zɑ:n'(kɛ:zə)] m. (s) parmesan m. ; fromage râpé.
Parnaß [par'nas] m. (es). MYTH. Parnasse m.
parochial [parɔxi'ɑ:l] adj. paroissial.
Parochie [-'xi:] f. (-, n) paroisse f.
Parodie [paro'di:] f. (-, n) parodie f.
parodieren [-'di:rən] v. tr. parodier ; travestir.

Parole [pa'ro:lə] f. (-, n) mot (m.) de passe ; mot (m.) d'ordre, de ralliement.

Paroxysmus [parɔ'ksysmus] m. (-, men). MÉD. paroxysme m.

Part [part] m. (s, e) part f. ; portion f. | *halbpart machen*, faire part à deux. || MUS. partie f.

Partei [par'tai] f. (-, en). **1.** POLIT. parti m. | *für jn Partei ergreifen*, prendre parti pour qn ; prendre fait et cause pour qn. | *js Partei ergreifen*, prendre le parti de qn.

2. JUR. partie f. | *die streitenden Parteien*, les parties plaidantes. | *die vertragschließenden Parteien*, les parties contractantes.

3. [Mieter] locataire m. ; occupant m. (d'un appartement).

Partei|buch [par"tai'bu:x] n. (s, ¨er). POLIT. carte (f.) d'adhérent. ||°**-enlandschaft** f. (-, en) paysage (m.) politique. ||°**-führer** m. (s, -) chef (m.) de parti. ||°**-funktionär** m. (s, e). POLIT. responsable permanent (d'un parti). ||°**-gänger** m. (s, -), °**-genosse** m. (n, n) membre (m.) d'un parti. ||°**-geist** m. (es) esprit (m.) de parti ; esprit partisan. ||°**-jargon** m. (s, s) langue (f.) de bois. ||**-los** adj. neutre ; impartial. || POLIT. non-inscrit. ||°**-lose(r)** f. (m.). POLIT. non-inscrit(e) m. (f.). ||°**-losigkeit** f. impartialité f. || °**-nahme** f. (-, n) [fait (m.) de] prendre parti. ||°**-vorsitzende(r)** f. (m.). POLIT. président(e) [m. (f.)] d'un parti.

parteiisch [par'taiiʃ], **parteilich** [-'tailiç] adj. partial.

Parteilichkeit [-'tailiçkait] f. partialité f.

Parteiung [par'taiuŋ] f. (-, en) désunion f. ; division f. ; discordes f. pl.

Parterre [par'tɛr] n. (s, s) rez-de-chaussée f. || THÉÂTRE. parterre m.

Parterre|loge [par"tɛr'lo:ʒə] f. (-, n). THÉÂTRE. baignoire f. ||°**-wohnung** f. (-, en) logement (m.) au rez-de-chaussée ; rez-de-chaussée m.

Partie [par'ti:] f. (-, n). **1.** [Spiel] partie f. | *eine Billardpartie*, une partie de billard. | *Jagdpartie*, partie de chasse.

2. [Teil] partie f. ; portion f. | *die untere Partie seines Gesichtes*, la partie inférieure de son visage. | *Mietpartie*, locataire m.

3. [Ausflug] partie f. ; promenade f. | *mit von der Partie sein*, être de la partie. | *eine Landpartie machen*, se promener à la campagne.

4. MUS. partition f. ; partie. | *Flötenpartie*, partition pour flûte.

5. [Heirat] parti m. ; mariage m. | *er hat eine gute, reiche Partie gemacht*, il a fait un bon parti.

6. COMM. lot m.

partiell [partsi'ɛl] adj. partiel.

Partikel [-'ti:kəl] f. (-, n) petite partie ; parcelle f. || GRAMM. particule f.

Partikular|friede [partiku"la:r'fri:də] m. (ns, n). VX. paix séparée.

Partikularismus [partikula'rismus] m. particularisme m.

Partikularist [-'rist] m. (en, en) particulariste m.

partikularistisch [-'ristiʃ] adj. particulariste.

Partisan [parti'za:n] m. (s, e), **Partisane** [-nə] m. (n, n). POLIT., MIL. partisan m.

Partisane [parti'za:nə] f. (-, n). HIST. pertuisane f.

Partitur [parti'tu:r] f. (-, en). MUS. partition f.

Partizip [parti'tsi:p] n. (s, ien), **Partizipium** [-'tsi:pium] n. (s, pia). GRAMM. participe m. | *Partizip des Präsens*, participe présent. | *Partizip des Perfekts*, participe passé.

partizipieren [-tsi'pi:rən] v. intr. (an, dat.) participer (à) ; prendre part (à).

Partner ['partnər] m. (s, -) partenaire m. ; associé m.

Partnerschaft [-ʃaft] f. (-, en) participation f. ; association f. ; jumelage m. (de villes).

Partner|städte ["partnər'ʃtɛtə] pl. villes jumelées.

partout [par'tu:] adv. à toute force ; à tout prix.

Parvenü [parvə'ny:] m. (s, s) nouveau riche.

Parze ['partsə] f. (-, n). MYTH. Parque f.

Parzelle [par'tsɛlə] f. (-, n) parcelle f. ; lot m.

parzellieren [-tsɛ'li:rən] v. tr. lotir ; diviser en parcelles ; parcelliser.

Parzellierung [-tsɛ'li:ruŋ] f. (-, en) parcellement m. ; lotissement m.

Parzival ['partsifal] n. pr. m. MYTH., MUS. Parsifal m. ; Perceval m.

Pasch [paʃ] m. (es, e). [Würfelspiel] doublet m.

Pascha ['paʃa] m. (s, s) pacha m.

paschen ['paʃən] v. intr. [würfeln] jouer aux dés. ◇ v. tr. [schmuggeln] passer en fraude.

Paspel ['paspəl] m. (s, -) ou f. (-, n) passepoil m.

paspelieren [paspə'li:rən] v. tr. passepoiler.

Pasquill ['paskil] n. (s, e) libelle m. ; pasquinade f.

Paß [pas] m. (es, ¨e). [Ausweis] passeport m. | *einen Paß ausstellen*, délivrer un passeport. | *einen Paß einziehen*, retirer un passeport.

Paß|amt ["pas'amt] n. (s, ¨er), °**-stelle** f. (-, n) bureau (m.) des passeports. ||°**-freiheit** f. exemption (f.) de passeport. ||°**-wort** n. (s, e). MIL. mot (m.) de passe.

Paß [pas] m. (es, ¨e) [Durchgang] pas m. ; passage m. ; défilé m. | *Gebirgspaß*, col m.

Paß|höhe ["pas'hø:ə] f. (-, n) col m.

Paß [pas] m. (es). [Reitkunst] amble m.

Paß|gang ["pas'gaŋ] m. (s) amble m. ||°**-gänger** m. (s, -) haquenée f. ; cheval (m.) qui va l'amble.

Paß|arbeit ["pas'arbait] f. (-, en) travail (m.) d'ajustage.

passabel [pa'sa:bəl] adj. passable ; tolérable.

Passacaglia [pasa'kalja] (-, ien). MUS. passacaille f.

Passage [pa'sa:ʒə] f. (-, en) passage m. || MUS. roulade f.

Passagier [pasa'ʒi:r] m. (s, e) passager m. | *blinder Passagier*, passager clandestin.

Passagier|dampfer [pasa"ʒi:r'dampfər] m. (s, -) paquebot m.

Passah|fest [pa"sa:fest] n. (es, e). RELIG. pâque juive.

Passant [pa'sant] m. (en, en) passant m.

Passante [-'santə] f. (-, n). MATH. droite extérieure à un cercle.

Passat [pa'sa:t] m. (s, e), **Passat|wind** [pa"sa:t'vint] m. (s, e) vent alizé ; alizé m.

passen ['pasən] v. intr. **1.** être à la mesure ; convenir ; aller ; seoir. | *das paßt*, ça va ; ça y est ; c'est juste. | *der Anzug paßt mir*, ce costume me va bien, est à ma taille. | *die Schuhe passen mir*, ces chaussures sont à ma taille. | *die Vorhänge passen zu den Möbeln*, les rideaux vont bien avec les meubles. | *die beiden passen zusammen*, ces deux personnes vont bien ensemble. || FIG. *diese Beschreibung paßt auf ihn*, cette description cadre avec le personnage. | *das paßt wie die Faust aufs Auge*, cela vient comme un cheveu sur la soupe. | *das paßt mir nicht*, cela ne me convient pas. | *das paßt hier nicht*, c'est déplacé ; ce n'est pas la question ; la question n'est pas là. | *er paßt nicht zum Kaufmann*, il n'est pas fait pour être commerçant.

2. [auf ein Spiel verzichten] passer.

3. [Reitkunst] aller l'amble.

◇ v. tr. *etwas an* (acc.) *passen*, adapter qch. à. || *auf etwas* (acc.) *passen*, faire attention à qch. ; surveiller qch. || FAM. *er paßt ihm auf die Finger*, il l'a à l'œil.

◇ part. prés. et adj. **passend.** | *die passenden Worte finden*, trouver les mots appropriés, bien sentis ; dire ce qu'il fallait dire. || PAR EXT. *passend zahlen*, faire l'appoint.

◇ v. pr. **sich passen,** être convenable, séant. | *es paßt sich nicht*, cela ne se fait pas.

Passepartout [paspar'tu:] m. (s, s) passe-partout m. ; coupe-file m. ; carte permanente.

passierbar [pa'si:rba:r] adj. praticable.

Passier|schein [pa"si:r'ʃain] m. (s, e) laissez-passer m. ; passavant m. ; permis m. ; coupe-file m.

passieren [pa'sirən] v. tr. passer par. | *(durch) einen Ort passieren*, traverser une localité. || CULIN. passer. | *die Suppe passieren*, passer la soupe.

◇ v. intr. **1.** passer. | *er ist soeben passiert*, il vient de passer.

2. passer ; se produire. | *ein Unglück ist passiert*, un malheur est arrivé. | *was ist dir denn passiert ?*, que t'est-il donc arrivé ? ; qu'est-ce que tu as donc ? || arriver (événement fâcheux). | *das soll mir nicht wieder passieren*, cela ne m'arrivera plus.

3. [erträglich sein] être passable ; passer. | *das kann noch passieren*, passe encore pour cette fois.

Passion [pa'sio:n] f. (-, en) passion f. || RELIG. Passion f.

Passions|blume [pa"sio:ns'blu:mə] f. (-, n). BOT. grenadille f. ; passiflore f. ; fleur (f.) de la Passion.

||°-**frucht** f. (-, ¨e). Bot. fruit (m.) de la Passion. ||°-**spiel** n. (s, e) mystère (m.) de la Passion. ||°-**woche** f. (-, n) semaine (f.) de la Passion. ||°-**zeit** f. carême m.
passioniert [-sio'ni:rt] adj. passionné.
passiv [pa'si:f] adj. passif. | *er ist ein passiver Mensch*, c'est un homme peu actif. | *eine passive Bilanz*, un bilan négatif, passif.
Passiv [pa'si:f] n. (s, e). Gramm. passif m.
Passiv|bilanz [pa"si:fbi'lants] f. (-, en) bilan passif, déficitaire. ||°-**geschäft** n. (s, e) transaction (f.) déficitaire. ||°-**saldo** m. (s, den) solde passif, débiteur. ||°-**seite** f. (-, n) côté passif.
Passiva [pa'si:va] n. pl., **Passiven** [-'si:vən] n. pl. Comm. passif m.
passivieren [pasi'vi:rən] v. tr. Fin. inscrire au passif.
Passivität [pasivi'tɛ:t] f. passivité f.
paßlich ['pasliç] adj. convenable ; adapté ; approprié.
Passung ['pasuŋ] f. (-, en) ajustage m.
Passus ['pasus] m. (-, -) passage m. ; chapitre m.
Paste ['pastə] f. (-, n), **Pasta** ['pasta] f. (-, ten) pâte f. | *Zahnpasta*, pâte dentifrice ; dentifrice m.
Pastell|gemälde [pas"tɛlgə'mɛldə] n. (s, -), **Pastell** [pas'tɛl] n. (s, e) pastel m. ||°-**malerei** f. (-, en) peinture (f.) au pastel. ||°-**stift** m. (s, e) pastel m.
Pastete [pas'te:tə] f. (-, n) [aus Leber] pâté m. || [aus Blätterteig] feuilleté m.
Pasteurisation [pastøriza'tsio:n] f. (-, en) pasteurisation f.
pasteurisieren [-'zi:rən] v. tr. pasteuriser.
Pasteurisierung [-ruŋ] f. (-, en) pasteurisation f.
Pastor ['pastɔr] m. (s, en). Relig. pasteur m.
pastoral [pasto'ra:l] adj. pastoral ; onctueux.
Pastoral|brief [pasto"ra:l'bri:f] m. (s, e). Relig. lettre pastorale.
Pastorat [-'ra:t] n. (s, e) pastorat m. ; presbytère m.
Patagonien [pata'go:niən] n. pr. n. Patagonie f.
Patagonier [-niər] m. (s, -) Patagon m.
patagonisch [-niʃ] adj. patagon.
Pate ['pa:tə] m. (n, n) parrain m.
Patella [pa'tɛla] f. (-, len). Anat. rotule f.
Paten|geschenk ["pa:təngə'ʃɛŋk] n. (s, e) cadeau (m.) de baptême. ||°-**kind** n. (s, er) filleul m. ; filleule f. ||°-**onkel** m. (s, -) parrain m. ||°-**stelle** f. (-, n). *Patenstelle bei jm vertreten*, servir de parrain, de marraine. ||°-**tante** f. (-, n) marraine f.
Patenschaft [-tənʃaft] f. (-, en) parrainage m. ; jumelage m. (de villes, d'universités).
Patene [pa'te:nə] f. (-, n). Relig. patène f.
Patent [pa'tɛnt] n. (s, e). **1.** patente f. ; licence f. ; brevet m. | *Patent für eine Erfindung*, brevet d'invention. **2.** Mil. *das Offizierspatent erhalten*, recevoir le brevet d'officier.
patent [pa'tɛnt] adj. Fam. chic ; formidable ; épatant. | *er ist ein patenter Kerl*, c'est un chic type.
Patent|amt [pa"tɛnt'amt] n. (s, ¨er) office (m.) des brevets d'invention. ||°-**brief** m. (s, e) lettre(s) patente(s). ||-**fähig** adj. brevetable ; patentable. || °-**gesetz** n. (es, e) loi (f.) sur les brevets d'invention. ||°-**ingenieur** m. (s, e) ingénieur-conseil m. ||°-**inhaber** (s, -), °-**träger** m. (s, -) titulaire (m.), détenteur (m.) d'un brevet ; breveté m. ||°-**schutz** m. (es) protection (f.) des inventions, des brevets. ||°-**steuer** f. (-, n) [contribution de la] patente f. ||°-**verschluß** m. (es, ¨e) fermeture brevetée. ||°-**verwertung** f. (-, en) exploitation (f.) de brevet.
patentieren [patɛn'ti:rən] v. tr. breveter ; patenter.
Pater ['pa:tər] m. (s, Patres). Relig. père m.
Paternoster ["pa:tər'nɔstər] n. (s, -). Relig. [Vaterunser] (le) Notre-Père ; patenôtre f. || chapelet m. ◇ m. (s, -) noria f. ; dispositif (m.) sans fin.
Paternoster|werk ["pa:tərnɔstər'vɛrk] n. (s, e) élévateur (m.) à godets.
pathetisch [pa'te:tiʃ] adj. pathétique.
Pathologie [patolo'gi:] f. pathologie f.
pathologisch [-'lo:giʃ] adj. pathologique.
Pathos ['pa:tɔs] n. pathos m. ; emphase f. ; pathétique m.
Patience [pa'siɑ̃:s] f. (-, n). [Kartenspiel] patience f. ; réussite f.
Patient(in) [pa'tsiɛnt(in)] m. (en, en), f. (-, nen) malade s. ; patient(e) m. (f.).
Patin ['pa:tin] f. (-, nen) marraine f.
Patina ['pa:tina] f. patine f.
patinieren [pati'ni:rən] v. tr. patiner.
Patriarch [patri'arç] m. (en, en) patriarche m.
patriarchalisch [-ar'ça:liʃ] adj. patriarcal.
Patriarchat [-ar'ça:t] n. (s, e) patriarcat m.
patri|linear [patriline'a:r] adj. patrilinéaire.
Patrimonium [patri'mo:nium] n. (s, nien) patrimoine m.
Patriot(in) [patri'o:t(in)] m. (en, en), f. (-, nen) patriote s.
patriotisch [-'o:tiʃ] adj. patriotique.
Patriotismus [-o'tismus] m. patriotisme m.
Patrize [pa'tri:tsə] f. (-, n) [Prägestock] poinçon m. ; matrice f.
Patriziat [patritsi'a:t] n. (s, e) patriciat m.
Patrizier(in) [-'tri:tsiər(in)] m. (s, -), f. (-, nen) patricien(ne) m. (f.).
patrizisch [-'tri:tsiʃ] adj. patricien.
Patron [pa'tro:n] m. (s, e). Relig. patron m. | *Schutzpatron*, protecteur m. || Fam. gars m. ; type m. | *ein lustiger Patron*, un joyeux gaillard.
Patronat [-tro'na:t] n. (s, e) patronage m. ; patronat m.
Patrone [pa'tro:nə] f. (-, n) cartouche f. || Mil. gargousse f. || *Patronenfüller*, stylo (m.) à cartouche.
Patronen|gurt [pa"tro:nən'gurt] m. (s, e) bande (f.) souple à cartouches ; bande-chargeur f. ||°-**gürtel** m. (s, -) cartouchière f. ||°-**rahmen** m. (s, -) chargeur m. ||°-**streifen** m. (s, -) bande (f.) à cartouches. ||°-**tasche** f. (-, n) cartouchière f. ; giberne f. ||°-**trommel** f. (-, n) barillet m. ; chargeur (m.) à tambour.
Patronin [pa'tro:nin] f. (-, nen) patronne f. ; protectrice f.
Patronymikon [patrɔ'ny:mikɔn] n. (s, ka) patronyme m.
Patrouille [pa'trulje] f. (-, n). Mil. patrouille f.
Patrouillen|boot [pa"truljən'bo:t] n. (s, e) patrouilleur m.
patrouillieren [patrul'ji:rən] v. intr. patrouiller.
patsch ! [patʃ] interj. flac ! ; floc !
Patsch [patʃ] m. (es, e) tape f. ; claque f. ; gifle f. || Fam. main f. ; menotte f.
Patsch|händchen ["patʃ'hɛntçən] n. (s, -) menotte f. ||-**naß** adj. trempé jusqu'aux os.
Patsche ['patʃə] f. (-, n). Fam. [Hand] patte f. || Fig. *in der Patsche sitzen, stecken*, être dans le pétrin. | *jn aus der Patsche helfen*, tirer qn d'embarras.
patschen [-ʃən] v. intr. 1° donner des claques ; taper ; 2° patauger ; barboter.
Patschuli ['patʃu:li] n. (s) patchouli m.
patt [pat] adj. [Schach] pat.
Patt [pat] n. (s). [Schach] pat m.
Patte ['patə] f. (-, n). [Kleid] rebord m. ; patte f.
Patzer ['patsər] m. (s, -). Fam. bousilleur m. || [Fehler] bourde f. ; boulette f.
patzig ['patsiç] adj. insolent ; arrogant ; impertinent ; brusque.
Patzigkeit [-kait] f. (-, en) arrogance f. ; insolence f. ; dédain m.
Paukant [pau'kant] m. (en, en). Univ. duelliste m.
Pauke ['paukə] f. (-, n). Mus. timbale f. | *türkische Pauke*, grosse caisse. | *mit Pauken und Trompeten*, en grande pompe ; en grande cérémonie ; avec la croix et la bannière.
pauken [-kən] v. intr. Mus. battre les timbales, la grosse caisse ; tambouriner. || [Studentensprache] faire de l'escrime ; se battre en duel. || [Schülersprache] bûcher ; bachoter ; faire du bachotage.
Pauken n. (s). [Schülersprache] bachotage m.
Pauken|höhle ["paukən'hø:lə] f. (-, n). Anat. caisse (f.) du tympan. ||°-**schläger** m. (s, -). Mus. timbalier m.
Pauker ['paukər] m. (s, -). Mus. timbalier m. || [Einpauker] répétiteur m.
Paukerei [paukə'rai] f. (-, en) dur travail ; bachotage m. || duel (m.) d'étudiants.
Paul [paul] n. pr. m. Paul m.
Paulus ['paulus] n. pr. m. saint Paul.

Paus|back ['pausbak] m. (s, e) homme (m.), enfant (m.) aux joues rebondies.
Paus|backe ["paus'bakə] f. (-, n) joue rebondie.
paus|bäckig [-'bɛkiç] adj. joufflu.
pauschal [pau'ʃɑ:l] adv. au forfait. | *pauschal bezahlen*, globaliser.
Pausch... ['pauʃ], **Pauschal...** [pau'ʃɑ:l] (en compos.) forfaitaire. | *Pauschbetrag*, montant global. | *Pauschbesteuerung*, imposition forfaitaire. | *Pauschalpreis*, prix global, forfaitaire.
Pauschale [pau'ʃɑ:lə] n. (s, lien) somme (f.) forfaitaire.
pauschalieren [pauʃɑ'li:rən] v. tr. globaliser.
Pause ['pauzə] f. (-, n). **1.** interruption f. ; pause f. | *Pause machen*, faire une pause. || [Schule] pause f. ; récréation f. || Mus. pause f. ; silence m. ; temps m. | *halbe Pause*, demi-pause f. | *Viertelpause*, soupir m. | *Achtelpause*, demi-soupir m.
2. [Zeichnung] calque m.
pausen [-zən] v. tr. [Zeichnung] calquer.
Pausen|brot ["pausən'bro:t] n. (s, e). (*etwa*) en-cas m. ||**-los** adj. et adv. sans interruption ; sans arrêt.
pausieren [pau'zi:rən] v. intr. faire une pause ; se reposer.
Paus|papier ["pauspa'pi:r] n. (s, e) papier (m.) calque.
Pavian ['pɑ:vian] m. (s, e). Zool. babouin m.
Pazifik [pa'tsi:fik] n. pr. m. (s). Géogr. océan (m.) Pacifique ; Pacifique m.
Pazifismus [-tsi'fismus] m. pacifisme m.
Pazifist [-tsi'fist] m. (en, en) pacifiste m.
pazifizieren [-tsifi'tsi:rən] v. tr. pacifier.
P. CHR. abrév. de *post Christum natum*, après Jésus-Christ.
Pech [pɛç] n. (s, e) poix f. ; brai m. | *Erdpech*, bitume m. || Fig. malheur m. ; malchance f. ; fam. guigne f. ; guignon m. ; poisse f. | *Pech haben*, ne pas avoir de veine. | *an jm wie Pech kleben*, se cramponner à qn ; ne pas lâcher qn. | *wie Pech und Schwefel*, inséparables.
Pech|baum ['pɛçbaum] m. (s, ¨e). Bot. épicéa m. ||°**-blende** f. Géol., Chim. pechblende f. ||°**-draht** m. (s, ¨e) fil poissé ; ligneul m. ||°**-erde** f. terre bitumineuse. ||°**-fackel** f. (-, n) torche f. (de résine). ||**-finster** adj. tout noir. ||°**-kohle** f. jais m. ||°**-nase** f. (-, n). Archit. mâchicoulis m. ||°**-nelke** f. (-, n). Bot. attrape-mouches m. ; lychnide visqueuse. || **-(raben)schwarz** adj. noir comme du jais, comme dans un four. ||°**-strähne** f. (-, n) suite (f.) de malheurs ; série noire. ||°**-vogel** m. (s, ¨). [Unglücksmensch ; Pechmarie] qui n'a pas de chance ; qui est poursuivi par la guigne.
pechig ['pɛçiç] adj. poisseux ; bitumineux.
Pedal [pe'dɑ:l] n. (s, e) pédale f.
Pedant [pe'dant] m. (en, en) pédant m.
Pedanterie [-dantə'ri:] f. pédanterie f.
pedantisch [-'dantiʃ] adj. pédant.
Peddig|rohr ["pɛdiç'ro:r] n. (s, e) rotin m.
Pedell [pe'dɛl] m. (s, e) appariteur m. || [Schule ; Gericht] garçon (m.) de service.
Pediküre [pedi'ky:rə] m. (n, n) et f. (-, n) pédicure s.
Pegasus ['pe:gasus] m. Myth. Pégase m.
Pegel ['pe:gəl] m. (s, -) échelle fluviale ; marque (f.) d'eau ; étiage m.
Pegel|stand ["pe:gəl'ʃtand] m. (s, ¨e) niveau (m.) d'un cours d'eau ; hauteur (f.) des eaux.
pegeln ['pe:gəln] v. tr. jeter la sonde ; sonder.
Peil|anlage ["pail'anlɑ:gə] f. (-, n) installation (f.) radiogoniométrique. ||°**-empfänger** m. (s, -) récepteur (m.) gonio. ||°**-fehler** m. (s, -) erreur (f.) de relèvement. ||°**-funk** m. (s) radiogoniométrie f. ||°**-kompaß** m. (es, e) compas (m.) de relèvement ; radiocompas m. ||°**-netz** n. (es, e) réseau (m.) de triangulation. ||°**-ort** m. (s, e) station relevée fixe. ||°**-rahmen** m. (s, -) cadre m. (radio)goniométrique. ||°**-sender** m. (s, -) poste émetteur radiogoniométrique. ||°**-strahl** m. (s, en) axe balisé ; faisceau (m.) de repérage.
peilen ['pailən] v. tr. sonder ; prendre le relèvement ; relever ; recouper ; goniométrer. | *die Lage peilen*, sonder le terrain.
Peiler [-lər] m. (s, -) radiogoniomètre m.
Peilung [-luŋ] f. (-, en) relèvement m. ; sondage m.
Pein [pain] f. peine f. ; tourment m. ; souffrance f. ; douleur f. ; torture f. ; supplice m.
peinigen ['painigən] v. tr. tourmenter ; faire souffrir ; torturer ; martyriser.
Peiniger [-igər] m. (s, -) tortionnaire m.
Peinigung [-iguŋ] f. (-, en) torture f.
peinlich [-liç] adj. pénible. | *peinlich genau befragen*, torturer ; donner la question. | *peinliche Frage*, question embarrassante. || [kleinlich] scrupuleux ; tâtillon. | *peinliche Sauberkeit*, propreté méticuleuse.
Peinlichkeit [-liçkait] f. (-, en) caractère (m.) pénible ; gêne f. || [Kleinlichkeit] minutie f.
Peitsche ['paitʃə] f. (-, n) fouet m. | *mit der Peitsche knallen*, faire claquer son fouet. | *Reitpeitsche*, cravache f.
Peitschen|hieb ["paitʃən'hi:b] m. (s, e) coup (m.) de fouet. ||°**-knall** m. (s) claquement (m.) de fouet. ||°**-schnur** f. (-, en et ¨e) mèche (f.) de fouet.
peitschen ['paitʃən] v. tr. fouetter ; fouailler ; fustiger.
◇ v. intr. [Elemente] battre violemment.
Pekinese [peki'ne:zə] m. (n, n). Zool. pékinois m.
Peking ['pe:kiŋ] n. pr. n. Géogr. Pékin m.
Pektin [pɛk'ti:n] n. (s, e). Chim. pectine f.
Pelerine [pele'ri:nə] f. (-, n) pèlerine f.
Pelikan ['pe:likɑ:n] m. (s, e) pélican m.
Pelle ['pɛlə] f. (-, n) pelure f.
pellen [-lən] v. tr. peler.
Pell|kartoffeln ["pɛlkar'tɔfəln] f. pl. pommes (f. pl.) de terre en robe de chambre.
Peloponnes [pelopo'nɛ:s] n. pr. m. Péloponnèse m.
Pelz [pɛlts] m. (es, e) [Tiere] peau f. ; fourrure f. || [Kleid] manteau (m.) de fourrure. || Fam. [Mensch] peau f. || Fig. *jm den Pelz waschen*, fam. passer un savon à qn. | *jm auf den Pelz rücken*, tomber sur qn à bras raccourcis. | *jm Läuse in den Pelz setzen*, mettre à qn la puce à l'oreille. | *jm eins auf den Pelz brennen*, tirer sur qn.
Pelz|besatz ["pɛltsbə'zats] m. (es, ¨e) garniture (f.) de fourrure. ||°**-futter** n. (s) doublure (f.) de pelisse. ||**-gefüttert** adj. doublé de fourrure ; fourré. || °**-handel** m. (s) pelleterie f. ||°**-händler** m. (s, -) marchand pelletier ; fourreur m. ||°**-handschuh** m. (s, e) gant fourré. ||°**-jacke** f. (-, n) canadienne f. ||°**-mütze** f. (-, n) bonnet (m.) de fourrure. ||°**-robbe** f. (-, n). Zool. otarie (f.) à fourrure. ||°**-stiefel** m. (s, -) botte fourrée. ||°**-waren** f. pl., °**-werk** n. (s) fourrures f. pl. ; pelleterie f.
pelzen ['pɛltsən] v. tr. [Tier] dépouiller. || [Pflanze] greffer.
pelzig [-tsiç] adj. velu ; velouté.
Penaten [pe'nɑ:tən] pl. Myth. pénates m. pl.
Pendel ['pɛndəl] m. et n. (s, -) pendule m. ; balancier m. || Phys. *ballistisches Pendel*, pendule balistique. | *mathematisches Pendel*, pendule simple.
Pendel|ausschlag ["pɛndəl'ausʃlɑ:k] m. (s, ¨e) amplitude f. (de pendule). ||°**-bewegung** f. (-, en) mouvement (m.) pendulaire. ||°**-hammer** m. (s, ¨) marteau (m.), mouton (m.) pendulaire. ||°**-schalter** m. (s, -) commutateur (m.) à pendule. ||°**-schwingung** f. (-, en) oscillation (f.) de pendule ; oscillation (f.) pendulaire. ||°**-tür** f. (-, en) porte battante. ||°**-uhr** f. (-, en) pendule f. ||°**-verkehr** m. (s) navette f. ; circulation (f.) de va-et-vient.
pendeln ['pɛndəln] v. intr. osciller ; balancer ; avoir un mouvement de pendule ; faire la navette.
Pendelung [-dəluŋ] f. (-, en) mouvement (m.) pendulaire ; oscillation f.
Pendler(in) ['pɛndlər(in)] m. (s, -), f. (-, nen) personne (f.) qui fait la navette entre son domicile et son lieu de travail ; banlieusard(e) m. (f.). | *Pendlerverkehr*, trajets réguliers (entre le domicile et le lieu de travail) ; migrations journalières.
Pendüle [pɛn'dy:lə] f. (-, n) pendule f.
Pene|plain ['pi:niplein] f. (-, s) pénéplaine f.
penibel [pe'ni:bəl] adj. minutieux ; méticuleux ; pénible ; difficile.
Penizillin [penitsi'li:n] n. (s). Méd. pénicilline f.
Pennal [pɛ'nɑ:l] n. (s, e) plumier m. || Fam. [Schülersprache] boîte f. ; bahut m.
Pennäler [pɛ'nɛ:lər] m. (s, -). Fam. potache m.
Penn|bruder ["pɛn'bru:dər] m. (s, ¨) vagabond m. ; clochard m.
Penne ['pɛnə] f. (-, n). [Studentensprache] boîte f. ; bahut m.
pennen ['pɛnən] v. intr. Fam. dormir ; roupiller.

Pension [pɑ̃'sjɔ̃] f. (-, en). **1.** [Ruhegehalt] retraite f. ; pension f.
2. [Ruhestand] retraite f. ; disponibilité f. | *mit Pension verabschiedet*, retraité.
3. [Preis] (prix de) pension f.
4. [Anstalt] pension f.
Pensions|beitrag [pɑ̃"sio:ns'baitra:k] m. (s, ¨e) retenue (f.) pour la retraite. ||°**-berechtigung** f. (-, en) droit (m.) à la retraite.
Pensionär [-sio'nɛ:r] m. (s, e) retraité m. || [Schule] interne m. ; pensionnaire m. || [Kostgänger] pensionnaire m. (qui paye pension).
Pensionat [-sio'na:t] n. (s, e) pensionnat m.
pensionieren [-sio'ni:rən] v. tr. mettre à la retraite ; retraiter. | *sich pensionieren lassen*, prendre sa retraite. | *pensioniert werden*, être mis à la retraite.
Pensionierung [-sio'ni:ruŋ] f. (-, en) mise (f.) à la retraite.
Pensum ['pɛnzum] n. (s, sen ou sa) tâche f. ; pensum m. ; leçon f. ; thème m.
Pentagon [pɛnta'gon] n. (s, e) pentagone m.
Pentagramm [-'gram] n. (s, e) pentacle m.
Pentathlon ['pɛntatlɔn] n. (s). Sport. pentathlon m.
Peperin [pepe'ri:n] m. (s). Géogr. tuf m.
Pepsin [pɛp'si:n] n. (s, e) pepsine f. ; protéase f.
Peptid [pɛp'ti:t] n. (s, e). Chim. peptide m.
per [pɛr] prép. (acc.) *per Adresse von*, aux soins de. | *per Kassa*, au comptant. | *per sofort*, tout de suite ; immédiatement. | *per Stück*, la pièce. | *wir sind per du*, nous nous tutoyons.
— Observ. Ces locutions sont d'un emploi courant, mais de style familier.
perem(p)torisch [perɛm(p)'to:riʃ] adj. péremptoire.
perennierend [perɛ'ni:rənt] adj. Bot. vivace.
perfekt [pɛr'fɛkt] adj. parfait ; accompli ; achevé.
Perfekt [-'fekt] n. (s, e). Gramm. passé composé.
perfektibel [pɛrfɛk'ti:bəl] adj. perfectible.
perforieren [perfo'ri:rən] perforer. || *Perforiermaschine*, perforeuse f.
Pergament [pɛrga'mɛnt] n. (s, e) parchemin m. ; vélin m.
pergament|artig [pɛrga"mɛnt'a:rtiç] adj. parcheminé. ||°**-band** m. (s, ¨e) reliure (f.) en parchemin. ||°**-papier** n. (s, e) papier parcheminé.
Pergamon [pɛrga'mɔn] n. pr. n. Pergame f.
Pergola ['pɛrgɔla] f. (-, s) pergola f. ; tonnelle f.
Peridural... [peridu'ra:l] (en compos.). Méd. péridural. | *Periduralanästhesie*, péridurale f.
Perikard [peri'kart] n. (s, e). Anat. péricarde m.
Perikarp [peri'karp] n. (s, e). Anat. péricarpe m.
Periklas [peri'kla:s] n. (es, e). Géol. périclase f.
peri|natal [perina'ta:l] adj. Méd. périnatal. | *perinatale Medizin*, médecine périnatale.
Periode [peri'o:də] f. (-, n). [Zeit] période f. || Gramm., Chim. période f.
Perioden|system [peri"o:dənsys'te:m] n. (s, e). Chim. système (m.) périodique.
periodisch [-diʃ] adj. périodique. || Math. *periodische Funktion*, fonction (f.) périodique.
Periodizität [-ditsi'tɛ:t] f. périodicité f.
Periost [peri'ɔst] n. (es, e). Anat. périoste m.
Peripetie [peripe'ti:] f. (-, n) péripétie f.
Peripherie [perife'ri:] f. (-, n) circonférence f. ; périphérie f.
Peripherie|gerät [perife"ri:gə'rɛ:t] n. (s, e). Inf. périphérique m.
Periphrase [peri'fra:zə] f. (-, n) périphrase f.
Periskop [peri'sko:p] n. (s, e) périscope m.
Peristaltik [peri'staltik] f. Méd. mouvement (m.) péristaltique.
peristaltisch [-'staltiʃ] adj. Méd. péristaltique.
Peristyl [peri'sty:l] n. (s, e) péristyle m.
Perkal [pɛr'ka:l] m. (s). Text. percale f.
Perkussion [pɛrku'sio:n] f. (-, en) percussion f.
Perkussions|instrumente [pɛrku"sio:ns'instrumɛntə] n. pl. Mus. percussions f. pl.
perl|farben ["pɛrl'farbən], **-grau** [-'grau] adj. gris perle. ||°**-graupe** f. (-, n) orge perlé. ||°**-huhn** n. (s, ¨er) pintade f. ||°**-muschel** f. (-, n) huître perlière. ||°**-mutter** f. nacre f. ||°**-zwiebel** f. (-, n) poireau m.
Perle ['pɛrlə] f. (-, n). Pr. et fig. perle f. | *echte Perlen*, perles véritables. || Fig. *Tauperlen*, perles de la rosée. | *Perlen vor die Säue werfen*, jeter des perles aux pourceaux.
perlen [-lən] v. intr. perler ; pétiller. | *Schweiß perlt auf seiner Stirn*, la sueur lui perle au front. | *der Sekt perlt in den Gläsern*, le champagne pétille dans les coupes.
perlen [-lən] adj. en, de perle.
Perlon ['pɛrlon] n. (s). [Art Nylon] perlon m.
Perm [pɛrm] n. (s). Géol. permien m.
permanent [pɛrma'nɛnt] adj. permanent ; durable.
Permanenz [-'nɛnts] f. permanence f.
Permanganat [pɛrmaŋga'na:t] n. (s, e). Chim. permanganate m.
permisch ['pɛrmiʃ] adj. Géol. permien.
Peroxyd [pɛrɔ'ksy:t] n. (s, e) peroxyde m.
Perpendikel [pɛrpɛn'di:kəl] m. et n. (s, -). Math. perpendiculaire f. || [Uhr] pendule m. ; balancier m.
perplex [pɛr'plɛks] adj. perplexe ; troublé.
Perron [pɛrɔ̃] m. (s, s). Transp. quai m. ; plate-forme (f.) d'autobus.
Persenning [pɛr'zɛniŋ] f. (-, en). Mar. prélart m.
Perser ['pɛrzər] m. (s, -) Perse m. ; Persan m.
Perser|kriege ["pɛrzə'kri:gə] m. pl. guerres (f. pl.) médiques. ||°**-teppich** m. (s, e) tapis persan.
Perseus ['pɛrzɔys] n. pr. m. Myth. Persée m.
Persianer [pɛrzi'a:nər] m. (s, -) astrakan m.
Persien ['pɛrziən] n. pr. n. Géogr. Perse f.
persisch [-ziʃ] adj. persan. | *Persischer Meerbusen*, golfe (m.) Persique.
Person [pɛr'zo:n] f. (-, en) personne f. ; être m. | *juristische Person*, personne juridique, morale, civile. | *natürliche Person*, personne physique. | *ich für meine Person*, quant à moi ; pour moi. | *ohne Ansehen der Person*, sans considération de personne. | *in (höchst)-eigener Person*, en personne. | *er ist die Pünktlichkeit in Person*, c'est la ponctualité, l'exactitude faite homme, en personne. | *eine wichtige Person*, une personnalité ; un personnage (important). || Théâtre. *(handelnde) Personen*, personnages m. pl. || Gramm. *die erste Person der Einzahl*, la première personne du singulier.
Personen|dampfer [pɛr"zo:nən'dampfər] m. (s, -) paquebot m. ||°**-gesellschaft** f. (-, en). Fin. société (f.) de personnes. ||°**-kraftwagen (PKW)** m. (s, -) voiture (f.) de tourisme. ||°**-kult** m. (s) culte (m.) de la personnalité. ||°**-nachweis** m. (es, e) fichier (m.) de recensement. ||°**-name** m. (ns, n) nom (m.) propre. ||°**-schaden** m. (s, -) dommage causé à la personne. ||°**-schleuse** f. (-, n) sas (m.) à personnes. ||°**-stand** m (s, ¨e) état civil. ||°**-stands|urkunde** f. (-, n) fiche (f.) d'état civil. ||°**-verkehr** m. (s) trafic [m.] (des) voyageurs. ||°**-waage** f. (-, n) pèse-personne m. ||°**-wechsel** m. (s, -) changement (m.) de personne. ||°**-zug** (s, ¨e) train (m.) omnibus.
Personal [pɛrzo'na:l] n. (s, e) personnel m. | *fliegendes Personal*, personnel navigant. | *tatsächliches Personal*, effectif réel.
Personal|abbau [pɛrzo"na:l'apbau] m. (s, e) licenciement (m.), réduction (f.) du personnel. || °**-abteilung** f. (-, en) service (m.) du personnel. ||°**-akte** f. (-, n) dossier individuel. ||°**-angelegenheiten** f. pl. affaires personnelles. ||°**-arrest** m. (s, e) contrainte (f.) par corps. ||°**-ausbildung** f. (-, en), °**-weiterbildung** f. (-, en) formation (f.) du personnel. ||°**-ausweis** m. (es, e) pièce (f.), titre (m.), carte (f.) d'identité. ||°**-berater(in)** m. (s, -), f. (-, nen) psychotechnicien m., psychotechnicienne f. ; conseil (m.) en recrutement. || °**-beschreibung** f. (-, en) signalement m. ||°**-bestand** m. (s, ¨e) *zu hoher Personalbestand*, personnel (m.) en sureffectif. ||°**-chef** m. (s, s), °**-leiter** m. (s, -) chef (m.) du personnel. ||°**-computer (PC)** m. (s, -) ordinateur individuel ; micro-ordinateur m. ||°**-kosten** pl. frais (m. pl.) de personnel. ||°**-offizier** m. (s, e) officier chargé du personnel. ||°**-planung** f. (-, en) étude (f.) sur le personnel ; planning (m.) du personnel. ||°**-pronomen** n. (s, - et mina). Gramm. pronom personnel. ||°**-stand** m. (s, ¨e), °**-stärke** f. (-, n) effectifs m. pl. ||°**-veränderungen** f. pl. mouvements (m. pl.) du personnel. ||°**-vertreter(in)** m. (s, -), f. (-, nen) délégué(e) [m. (f.)] du personnel. ||°**-wesen** n. (s) questions (f. pl.) concernant le personnel.
Personalien [pɛrzo'na:liən] f. pl. notices individuelles ; curriculum vitae ; renseignements personnels ; signalement individuel.
Personalität [-nali'tɛ:t] f. (-, en) personnalité f.
personell [-'nɛl] adj. personnel.

Personifikation [-nifika'tsio:n] f. (-, en) personnification f. ; incarnation f.

personifizieren [-nifi'tsi:rən] v. tr. personnifier.

persönlich [pɛr'zø:nliç] adj. **1.** personnel. | *persönlich erscheinen*, comparaître, venir en personne. | *ich persönlich*, quant à moi, je. | *persönliche Freiheit*, liberté individuelle.

2. qui s'en prend aux personnes. | *persönlich werden*, faire des remarques personnelles.

3. GRAMM. *das persönliche Fürwort*, le pronom personnel.

Persönlichkeit [-kait] f. (-, en) personnalité f. | *eine prominente Persönlichkeit*, un personnage important. | *eine ausgeprägte Persönlichkeit besitzen*, avoir une personnalité marquée.

Persönlichkeits|forschung [pɛr"zø:nliçkaits-'fɔrʃuŋ] f. (-, en) caractérologie f. ||°**-wahl** f. (-, en) scrutin uninominal.

perspektiv [pɛrspɛk'ti:f] adj. MATH. *perspektives Bild*, plan perspectif.

Perspektiv [pɛrspɛk'ti:f] n. (s, e). [kleines Fernrohr] lunette (f.) d'approche ; longue-vue f.

Perspektive [-'ti:və] f. (-, n). PR. et FIG. perspective f.

perspektivisch [-'ti:viʃ] adj. (vu) en perspective.

Peru [pe'ru:] n. pr. n. GÉOGR. Pérou m. || BOT. *Perurinde*, quinquina m.

Peruaner(in) [peru'ɑ:nər(in)] m. (s, -), f. (-, nen) Péruvien m. ; Péruvienne f.

Perücke [pe'rykə] f. (-, n) perruque f.

Perücken|macher [pe"rykən'maxər] m. (s, -) perruquier m.

Perversität [pɛrvɛrzi'tɛ:t] f. (-, en) perversité f.

Pessimismus [pɛsi'mismus] m. pessimisme m.

Pessimist(in) [-'mist(in)] m. (en, en), f. (-, nen) pessimiste m. et f.

pessimistisch [-'mistiʃ] adj. pessimiste.

Pest [pɛst] f. (-, en) peste f.

Pest|beule ["pɛst'bɔylə] f. (-, n) bubon pestilentiel. ||°**-hauch** m. (s, e) souffle pestilentiel.

Pestilenz [pɛsti'lɛnts] f. (-, en) pestilence f. ; peste f.

Petarde [pe'tardə] f. (-, n) pétard m.

Peter ['pe:tər] n. pr. m. Pierre m. || POP. *langweiliger Peter*, raseur m. ; FAM. casse-pieds m. || [Spiel] *schwarzer Peter*, nain (m.) jaune. || LOC. *der schwarze Peter liegt bei ihm*, la balle est dans son camp.

Peters|kirche ["pe:tərs'kirçə] f. (-, n) église (f.) Saint-Pierre. ||°**-pfennig** m. (s, e) denier (m.) de Saint-Pierre.

Petersilie [petər'zi:liə] f. (-, n) persil m.

Petition [peti'tsio:n] f. (-, en) pétition f.

petrifizieren [petrifi'tsi:rən] v. tr. pétrifier.

Petro|chemie [pe'troçe"mi:] f. pétrochimie f. ||°**-dollar** m. (s, s) pétrodollar m. ||°**-glyphe** f. (-, n). GÉOL. pétroglyphe m.

Petroleum [pe'tro:leum] n. (s) pétrole m.

Petroleum|kocher [pe"tro:leum'kɔxər] m. (s, -) réchaud (m.) à pétrole. ||°**-schiff** n. (s, e) pétrolier m.

Petrus ['pe:trus] m. RELIG. saint Pierre.

Petschaft ['pɛtʃaft] n. (s, e) cachet m. ; sceau m.

Petunie [pe'tu:niə] f. (-, n). BOT. pétunia m.

Petz [pɛts] m. (es, e). *Meister Petz*, l'ours (m.) Martin.

petzen ['pɛtsən] v. tr. et v. intr. [verraten ; verklagen ; angeben] dénoncer ; moucharder.

Petzer [-tsər] m. (s, -) traître m. ; dénonciateur m. ; mouchard m.

Pf. abrév. de **Pfennig.**

Pfad [pfɑ:t] m. (s, e) sentier m.

Pfad|finder ["pfɑ:t'findər] m. (s, -) scout m. ; éclaireur m. ||°**-finderei** f., °**-finderschaft** f. scoutisme m. ||°**-finderin** f. (-, nen) guide f.

pfad|los ['pfɑ:tlo:s] adj. impraticable.

Pfaff(e) ['pfaf(ə)] m. ([e]n, [e]n) prêtre m. ; curé m. || PÉJOR. cureton m.

Pfaffen|baum ["pfafən'baum] m. (s,¨e) fusain m. ||°**-beere** f. (-, n) cassis m. ||°**-blume** f. (-, n), °**-distel** f. (-, n) pissenlit m. ||°**-hütchen** n. BOT. bonnet-d'évêque. ||°**-kraut** n. (s, ¨er). BOT. mélisse f.

Pfaffentum ['pfafəntu:m] n. (s), **Pfaffen|wesen** [-'ve:zən] n. (s). PÉJOR. prêtraille f. ; cléricalisme m.

Pfahl [pfɑ:l] m. (s,¨e) pieu m. ; poteau m. ; piquet m. ; jalon m. ; échalas m. ; pal m. ; pilotis m. | *einen Pfahl (in die Erde) einrammen, einpflöcken*, planter, enfoncer un pieu. || [Pranger] *an den Pfahl stellen*, mettre au pilori. | *Zaunpfahl*, palis m. | *Schandpfahl*, pilori m.

Pfahl|bau ['pfɑ:lbau] m. (s, e) pilotis m. || HIST. *Pfahlbauten*, cités (f. pl.) lacustres. ||°**-brücke** f. (-, n) pont (m.) sur pilotis. ||°**-bürger** m. (s, -). PÉJOR. petit bourgeois ; esprit borné, pot-au-feu m. ||°**-hecke** f. (-, n) palissade f. ||°**-werk** n. (s, e) pilotis m. ; palissade f. ||°**-wurzel** f. (-, n) racine pivotante. ||°**-zaun** m. (s, ¨e) palissade f.

pfählen ['pfɛlən] v. tr. empaler.

Pfählung [-luŋ] f. (-, en). HIST. empalement m. ; supplice (m.) du pal.

Pfalz [pfalts] f. (-, en) château impérial.
◇ n. pr. f. Palatinat m.

Pfalz|burg ['pfaltsburk] n. pr. n. Phalsbourg m. ||°**-graf** m. (en, en) comte palatin.

Pfälzer(in) ['pfɛltsər(in)] m. (s, -), f. (-, nen) habitant(e) m. (f.) du Palatinat.

pfälzisch [-tsiʃ] adj. palatin ; du Palatinat.

Pfand [pfant] n. (s,¨er) gage m. ; nantissement m. ; garantie f. | *Grundpfand ; unbewegliches Pfand*, hypothèque f. | *auf Pfand leihen*, prêter sur gages. | *ein Pfand einlösen*, libérer un gage. | *sein Wort zum Pfande geben*, donner sa parole ; promettre. | *Pfänder spielen*, jouer aux gages. | *Unterpfand*, gage m. ; hypothèque f. | *Liebespfand*, gage d'amour.

Pfand|bestellung ["pfantbə'ʃtɛluŋ] f. (-, en) constitution (f.) de gage. ||°**-brief** m. (s, e) lettre (f.) de gage ; cédule (f.) hypothécaire ; obligation foncière. ||°**-bürge** m. (n, n) otage m. ||°**-gläubiger** m. (s, -) créancier (m.) de gage ; créancier hypothécaire. ||°**-haus** n. (es,¨er) mont-de-piété m. ||°**-leihe** f. (-, n) prêt (m.) sur gages. ||°**-leiher** (s, -) prêteur (m.) sur gages. ||°**-recht** n. (s, e) droit (m.) de gage. ||°**-schein** m. (s, e) reconnaissance (f.) de mont-de-piété. ||°**-schuld** f. (-, en) dette (f.) hypothécaire. ||°**-stall** m. (s, ¨e) fourrière f. ||°**-verschreibung** (-, en) obligation (f.) hypothécaire.

pfändbar ['pfɛntbɑ:r] adj. JUR. saisissable.

pfänden ['pfɛndən] v. tr. JUR. saisir. | *jn pfänden*, saisir les effets de qn. | *durch Gerichtsvollzieher pfänden*, opérer une saisie. | *das Eigentum pfänden*, saisir les biens. | *verpfänden*, mettre en gage.

Pfänder [-dər] m. (s, -) huissier exploitant.

Pfänder|spiel ["pfɛndər'ʃpi:l] n. (s, e) jeu (m.) des gages.

Pfändung ['pfɛnduŋ] f. (-, en) saisie f. ; exploit (m.) de saisie.

Pfann|kuchen ["pfan'ku:xən] m. (s, -) omelette (f.) à l'allemande ; crêpe f. ; beignet m.

Pfanne ['pfanə] f. (-, n). **1.** [flaches Kochgeschirr] poêle f. | *Bratpfanne*, poêle à frire ; rôtissoire f. | *Schmorpfanne*, braisière f. ; daubière f. ; casserole (f.) à braiser. | *Bettpfanne*, bassinoire f. || FIG. *den Feind in die Pfanne hauen*, battre l'ennemi à plate couture.

2. [Kessel] bassine f. ; chaudière f.

3. [am Gewehr] *Zündpfanne*, bassinet m.

4. [Vertiefung] *Gelenk-, Knochenpfanne*, cavité (f.) articulaire. | *Dachpfanne*, tuile creuse.

Pfarr|amt ["pfar'amt] n. (s,¨er) cure f. ; charge (f.) de curé, de pasteur. ||°**-gemeinde** f. (-, n) paroisse f. ||°**-haus** n. (es,¨er) presbytère m. ; cure f. ||°**-helfer** m. (s, -) vicaire m. ||°**-kind** n. (s, er) ouaille f. ; paroissien m. ||°**-kirche** f. (-, n) église paroissiale. ||°**-verweser** m. (s, -) vicaire m. ; définiteur m.

Pfarre ['pfarə] f. (-, n), **Pfarrei** [pfa'rai] f. (-, en). 1° cure f. ; presbytère m. ; 2° paroisse f.

Pfarrer [-rər] m. (s, -) curé m. ; pasteur m.

Pfau [pfau] m. (es, en) paon m. || FIG. *sich wie ein Pfau brüsten*, se pavaner ; faire la roue.

Pfauen|auge ["pfauən'augə] n. (s, n). [Schmetterling] paon (m.) de jour (de nuit). ||°**-henne** f. (-, n) paonne f.

Pfeffer ['pfɛfər] m. (s) poivre m. | *roter, spanischer Pfeffer*, piment m. | *ganzer Pfeffer*, poivre en grains. | *Hasenpfeffer*, civet (m.) de lièvre. || FIG. *da liegt der Hase im Pfeffer*, c'est là la difficulté ; voilà le hic. | *geh hin, wo der Pfeffer wächst !*, va-t'en à tous les diables ! || TEXT. *ein Stoff Pfeffer und Salz*, une étoffe noire et blanche.

Pfeffer|baum ["pfɛfər'baum] m. (s, ¨e) poivrier m. ||°**-büchse** f. (-, n), °**-fäßchen** n. (s, -) poivrier m. ; poivrière f. ||°**-kuchen** m. (s, -) pain (m.) d'épice. ||°**-küste** f. côte (f.) de Malabar. ||°**-land** n. (s). *im Pfefferland*, très loin ; au diable. ||°**-minz** m. (es, e).

[Likör] menthe f. ||°-**minze** f. (-, n) menthe poivrée. ||°-**minzlikör** m. (s, e) menthe verte. ||°-**nuß** f. (-, ¨e) petit pain d'épice. ||°-**rohr** n. (s, e), °-**strauch** m. (s, ¨er) poivrier m. ||°-**soße** f. (-, n) sauce (f.) au poivre ; poivrade f.

pfeffern ['pfɛfərn] v. tr. poivrer. || FIG. *gepfefferte Preise*, prix salés. | *gepfefferter Witz*, gauloiserie f.

Pfeife ['pfaifə] f. (-, n). **1.** sifflet m. || MUS. flûte f. ; fifre m. | *Orgelpfeifen*, tuyaux (m. pl.) d'orgue. || FIG. *nach der Pfeife js tanzen*, se laisser mener par qn. **2.** [Tabakspfeife] pipe f. | *kurze Pfeife*, FAM. brûle-gueule m. | *Dampfpfeife*, sirène (f.) à vapeur. | *Signalpfeife*, sifflet à vapeur. | *Trillerpfeife*, sifflet à roulette. | *Glasbläserpfeife*, fêle f.

pfeifen [-fən] (i, i) v. intr. siffler. | *seinem Hund pfeifen*, siffler son chien. || FIG. *auf etwas* (acc.) *pfeifen*, se moquer de qch. ; faire fi de qch. | *(ich) pfeif' drauf*, VULG. je m'en fous. || FAM. *auf dem letzten Loch pfeifen*, être au bout du rouleau.

◇ v. tr. siffler ; jouer (d'un instrument à vent). | *ein Liedchen pfeifen*, siffler un air. || *jn auspfeifen*, siffler, huer qn.

Pfeifen|kopf ["pfaifən'kɔpf] m. (s, ¨e) tête (f.) de pipe. || PÉJOR. sot m. ; homme (m.) ridicule, stupide. ||°-**reiniger** m. (s, -) cure-pipe m. ||°-**rohr** n. (s, e) tuyau (m.) de pipe. ||°-**stopfer** m. (s, -) bourre-pipe m. ||°-**werk** n. (s) tuyaux (m. pl.) d'orgue.

Pfeifer ['pfaifər] m. (s, -) siffleur m. || MUS. flûtiste m. ; joueur (m.) de flûte. || MIL. fifre m.

Pfeil [pfail] m. (s, e) flèche f. ; trait m. | *einen Pfeil abschießen*, décocher une flèche. || FIG. *er schoß davon wie ein Pfeil*, il fila, partit comme une flèche.

pfeil|förmig ["pfail'fœrmiç] adj. en forme de flèche. || BOT. lancéolé ; sagitté. ||-**geschwind, -schnell** adj. rapide comme une flèche, comme un trait. ||°-**gift** n. (s, e) curare m. ||°-**kraut** n. (s, ¨er). BOT. sagittaire f. ||°-**markierung** f. (-, en) fléchage m. ||°-**rad** n. (s, ¨er) roue (f.) à chevrons. ||°-**schütze** m. (n, n) archer m.

Pfeiler ['pfailər] m. (s, -) pilier m. | *Wandpfeiler*, pilastre m. ; colonne f. | *Brückenpfeiler*, pile f. (de pont). | *Strebepfeiler*, contrefort m.

Pfeiler|spiegel ["pfailər'ʃpi:gəl] m. (s, -) trumeau m. ||°-**stein** m. (s, e). GÉOL. basalte m.

Pfennig ['pfɛniç] m. (s, e) pfennig m. | *keinen (roten) Pfennig haben*, n'avoir pas le sou ; n'avoir pas un radis ; n'avoir pas un (rouge) liard. | *(viel) Pfennige haben*, avoir de l'argent. | *das ist keinen Pfennig wert*, cela ne vaut rien. | *auf den Pfennig achten*, FAM. être près de ses sous.

Pfennig|absatz ["pfɛniç'apzats] m. (s, ¨e). [Damenschuhe] talon (m.) aiguille. ||°-**fuchser** m. (s, -) grippe-sou m. ||°-**kraut** n. (s, ¨er) BOT. salicaire f. ||-**weise** adv. sou par sou ; peu à peu.

Pferch [pfɛrç] m. (s, e) enclos m. ; parc m.

pferchen ['pfɛrçən] v. tr. parquer ; entasser.

Pferd [pfe:rt] n. (s, e). **1.** cheval m. | *zu Pferd(e)*, à cheval. | *aufs Pferd steigen*, monter à cheval. | *ein Pferd reiten*, monter un cheval ; aller à cheval. || FIG. *sich auf das hohe Pferd setzen*, monter sur ses grands chevaux. | *er arbeitet wie ein Pferd*, c'est un vrai cheval à la besogne ; c'est un grand travailleur. | *das Pferd beim Schwanze aufzäumen*, brider son cheval par la queue. | *das Pferd hinter den Wagen spannen*, mettre la charrue devant les bœufs. | *keine zehn Pferde bringen mich dazu*, pour rien au monde je ne veux en entendre parler ; je ne ferais pas cela pour un empire. | *Ackerpferd*, cheval de labour. | *Rennpferd*, cheval de course. | *Reitpferd*, cheval de selle. | *Zugpferd*, cheval de trait. | *Seepferd*, cheval marin. | *Nilpferd*, hippopotame m. | *Schaukelpferd*, cheval à bascule. || FAM. *Steckenpferd*, dada m. ; manie f. ; marotte f.
2. [Bock] cheval (m.) d'arçons.

Pferde|apfel ["pfe:rdə'apfəl] m. (s, ¨) crottin (m.) de cheval. ||°-**bohne** f. (-, n) grosse fève. ||°-**bremse** f. (-, n) taon m. ||°-**decke** f. (-, n) housse f. ; caparaçon m. ||°-**fleischerei** f. (-, en) boucherie chevaline. ||°-**fuß** m. (es, ¨e) pied bot. ||°-**haar** n. (s, e) crin m. ||°-**händler** m. (s, -) maquignon m. ||°-**huf** m. (s, e) sabot (m.) de cheval. ||°-**knecht** m. (s, e) palefrenier m. ||°-**kraft** f. V. PFERDESTÄRKE. ||°-**mähne** f. (-, n) crinière f. ||°-**rennbahn** f. (-, en) hippodrome m. ||°-**rennen** n. (s, -) course (f.) de chevaux ; concours (m.) hippique. ||°-**schwanz** m. (es, ¨e). [Frisur] queue (f.) de cheval. ||°-**stall** m. (s, ¨e) écurie f. ||°-**stärke** f. (-) [abrév. **P.S.**] cheval-vapeur m. (abrév. : ch). ||°-**wechsel** m. (s, -) relais (m.) [des chevaux.] ||°-**zucht** f. élevage (m.) des chevaux.

Pfiff [pfif] m. (s, e) coup (m.) de sifflet ; sifflement m. || petite mesure ; petite quantité. || FAM. ruse f. | *er hat den Pfiff heraus*, il connaît le truc, les ficelles, la musique.

Pfifferling ['pfifərliŋ] m. (s, e). BOT. chanterelle f. ; girolle f. | *falscher Pfifferling*, hygrophore orangé. || FIG., FAM. *das ist keinen Pfifferling wert*, cela ne vaut pas tripette.

pfiffig ['pfifiç] adj. rusé ; finaud ; malin ; futé.

Pfiffigkeit [-fiçkait] f. (-, en) ruse f. ; finesse f.

Pfiffikus [-fikus] m. (-, se) malin m. ; finaud m.

Pfingst|abend ["pfiŋst'ɑ:bənt] m. (s, e) veille (f.) de la Pentecôte. ||°-**blume** f. (-, n), °-**rose** f. (-, n) pivoine f. ||°-**fest** n. (es, e). [fête (f.) de la] Pentecôte f. ||°-**montag** m. (s) lundi (m.) de la Pentecôte.

Pfingsten ['pfiŋstən] n. (s). [avec article f. pl.] Pentecôte f.

Pfirsich ['pfirziç] m. (es, e) pêche f.

Pfirsich|baum ["pfirziç'baum] m. (s, ¨e) pêcher m.

Pflanz|holz ["pflants'hɔlts] n. (es, ¨er) plantoir m. ||°-**schule** f. (-, n) pépinière f. ||°-**stätte** f. (-, n) plantation f. ; pépinière f.

Pflanze ['pflantsə] f. (-, n) plante f. ; végétal m.

pflanzen [-tsən] v. tr. PR. et FIG. planter. | *etwas in js Herz pflanzen*, semer les germes de qch. dans le cœur de qn.

pflanzen|artig ["pflantsən'ɑ:rtiç] adj. végétal. || °-**buch** n. (s, ¨er) herbier m. ||°-**erde** f. (-, n) terre végétale ; terreau m. ||°-**faser** f. (-, n) fibre végétale. ||-**fressend** adj. herbivore ; frugivore. ||°-**garten** m. (s, ¨) jardin (m.) botanique ; jardin (m.) des plantes. ||°-**kost** f. régime végétarien. ||°-**kunde** f., °-**lehre** botanique f. ||°-**leben** n. (s, -) vie végétale, végétative. ||°-**öl** n. (s, e) huile végétale. ||°-**reich** n. (s, e) règne végétal. ||°-**saft** m. (s, ¨e) sève f. ; suc végétal. ||°-**sammlung** f. (-, en) herbier m. ||°-**schutz** m. (es). BOT. protection (f.) des plantes. || [Umwelt] *integrierter Pflanzenschutz*, lutte intégrée. ||°-**welt** f. univers végétal. ||°-**wuchs** m. (es) végétation f.

Pflanzer ['pflantsər] m. (s, -) planteur m. || [Ansiedler] colon m. ; planteur m. (propriétaire de plantations).

pflanzlich [pflantsliç] adj. végétal.

Pflänzling ['pflɛntsliŋ] m. (s, e) plant m.

Pflanzung ['pflantsuŋ] f. (-, en) plantation f. ; implantation f.

Pflaster ['pflastər] n. (s, -) pavé m. ; carreau m. | *das Pflaster treten*, flâner. | *diese Stadt ist ein teures Pflaster*, la vie est chère dans cette ville. || MÉD. emplâtre m. ; pansement m. ; sparadrap m. | *englisches Pflaster*, taffetas gommé.

Pflaster|stein ["pflastər'ʃtain] m. (s, e) pavé m. ||°-**weg** m. (s, e) route pavée.

Pflasterer ['pflastərər] m. (s, -) paveur m. ; carreleur m.

pflastern [-tərn] v. tr. paver ; carreler. | *der Weg zur Hölle ist mit guten Vorsätzen gepflastert*, l'enfer est pavé de bonnes intentions.

Pflasterung [-təruŋ] f. (-, en) pavage m.

Pflaume ['pflaumə] f. (-, n). BOT. prune f. | *gedörrte Pflaume*, pruneau m. || FIG. moquerie f.

Pflaumen|baum ["pflaumən'baum] m. (s, ¨e) prunier m. ||°-**mus** n. (es, e) compote (f.) de prunes.

Pflege ['pfle:gə] f. (-, n) soins m. pl. ; surveillance f. ; administration f. ; tutelle f. | *gute Pflege haben*, être bien soigné. | *ein Kind in (seine) Pflege nehmen*, se charger de l'éducation d'un enfant. | *Pflege und Wartung*, entretien préventif. | *der Pflegebefohlene*, le pupille. | *Denkmalpflege*, entretien (m.) des monuments.

Pflege|eltern ["pfle:gə'ɛltərn] pl. parents adoptifs. ||°-**kind** n. (s, er) enfant adoptif. ||-**leicht** adj. facile à laver ; facile d'entretien. ||°-**mutter** f. (-, ¨) seconde mère ; mère adoptive. ||°-**vater** m. (s, ¨) second père ; père adoptif.

pflegen ['pfle:gən] v. tr. **1.** soigner ; prendre soin de qch. | *einen Patienten pflegen*, soigner un malade. | *seinen Bart pflegen*, prendre soin de sa barbe.
2. (o, o) [gén.] avoir pour occupations, pour fonctions ; remplir ; accomplir. | *eines Amtes pflegen*, exercer une charge. | *der Ruhe pflegen*, s'adonner au repos. | *Umgang mit jm pflegen*, entretenir des relations avec qn. || (Vx.) *Rates pflegen*, tenir conseil.
◇ v. intr. avoir l'habitude de ; avoir coutume de. | *der Herbst pflegt regnerisch zu sein*, l'automne est presque toujours pluvieux. | *wie es zu geschehen pflegt*, comme à l'accoutumée.

◇ part. pass. et adj. **gepflegt,** soigné ; cultivé.

Pfleger(in) [-gər(in)] m. (s, -), f. (-, nen). MÉD. garde-malade s. ; infirmier m. ; infirmière f. || JUR. curateur m. ; curatrice f.

pfleglich ['pfle:gliç] adj. soigneux.
◇ adv. soigneusement ; avec précaution.

Pflegling [-liŋ] m. (s, e) nourrisson m. || JUR. pupille s.

Pflegschaft ['pfle:gʃaft] f. (-, en) curatelle f. ; tutelle f.

Pflicht [pfliçt] f. (-, en) devoir m. | *seine Pflicht erfüllen ; seine Pflicht (und Schuldigkeit) tun*, remplir, faire son devoir. | *seine Pflicht versäumen*, manquer à son devoir. | *auf Pflicht und Gewissen*, en mon âme et conscience. | *es sich zur Pflicht machen*, s'en faire un devoir. || [bestimmte Leistungen] *eheliche Pflicht*, devoir conjugal. | *Wehrdienstpflicht*, service (m.) militaire obligatoire. | *einem Verstorbenen die letzte Pflicht abstatten*, rendre les derniers devoirs à un mort.

Pflicht|ablieferung ["pfliçt'apli:fəruŋ] f. (-, en) livraison (f.) obligatoire. ||°**-beitrag** m. (s, ¨e) contingent m. ||**-bewußt** adj. conscient de son devoir. ||°**-eifer** m. (s, -) zèle m. ||**-eifrig** adj. zélé. ||°**-erfüllung** f. (-, en) accomplissement (m.) du devoir. ||°**-exemplar** n. (s, e) exemplaire (m.) à fournir gratuitement. ||°**-fach** n. (s, ¨er). [Schule] matière (f.) obligatoire. ||°**-gefühl** (s) sentiment (m.) du devoir. ||**-gemäß** adj. conforme au devoir. ||**-getreu** adj. fidèle à, suivant son devoir. || °**-landung** f. (-, en) atterrissage prescrit, obligatoire. ||°**-lauf** m. (s, ¨e). [Eiskunstlauf] figures imposées ; programme imposé. ||°**-leistung** f. (-, en) travail (m.) obligatoire. ||**-schuldig** adj. fidèle à son devoir. ||°**-teil** n. (s, e). JUR. part légale, obligatoire (d'un héritage). ||°**-übung** f. (-, en). MIL. période (f.) obligatoire. || SPORT. exercices imposés. ||**-vergessen** adj. oublieux de son devoir ; infidèle ; déloyal. ||°**-vergessenheit** f. oubli (m.) de son devoir ; déloyauté f. ||°**-versicherung** f. (-, en) assurance (f.) obligatoire. ||°**-verteidiger** m. (s, -). JUR. défenseur (désigné) d'office ; avocat (m.) d'office. ||**-widrig** adj. contraire au devoir ; déloyal.

...pflichtig ['pfliçtiç] adj. (en compos.) astreint à. | *wehrdienstpflichtig*, astreint au service militaire. | *beitragspflichtig*, assujetti à des cotisations.

Pflock [pflɔk] m. (s, ¨e) cheville f. ; piquet m. ; fiche f. ; goupille f. ; goujon m. ; taquet m. | *Zeltpflock*, piquet de tente.

pflöcken ['pfløkən] v. tr. cheviller ; fixer au moyen de piquets.

pflücken ['pflykən] v. tr. **1.** [brechen] cueillir. | *Blumen pflücken*, cueillir des fleurs. | *Obst pflücken*, cueillir des fruits.
2. [Salat ; Wolle] éplucher.
3. [Vogel] plumer. || FIG. *wir haben noch ein Hühnchen miteinander zu pflücken*, nous avons encore maille à partir ensemble.

Pflücker [-kər] m. (s, -). [Person] cueilleur m. || [Werkzeug] cueilloir m.

Pflug [pflu:k] m. (s, ¨e) charrue f. | *hinter dem Pflug(e) gehen*, conduire la charrue. | *die Ochsen hinter den Pflug spannen*, mettre la charrue devant les bœufs.

Pflug|balken ["pflu:k'balkən] m. (s, -), °**-baum** m. (s, ¨e) flèche (f.) de la charrue. ||°**-eisen** n. (s, -) fer (m.) de charrue ; soc m. ||°**-messer** n. (s, -) coutre (m.) de charrue. ||°**-schar** f. (-, en) soc (m.) de charrue. ||°**-scharbein** n. (s, e). ANAT. vomer m. ||°**-sterz** m. (es, e) mancheron (m.) de charrue.

pflügen ['pfly:gən] v. tr. labourer ; passer la charrue sur. | *die Saat in den Boden pflügen*, enfouir la semence par le labour. || FIG. *das Meer (durch)pflügen*, sillonner, fendre la mer.

Pflügen [-gən] n. (s) labourage m.

Pflüger [-gər] m. (s, -) laboureur m.

Pfort|ader ["pfɔrt'a:dər] f. (-, n). ANAT. veine (f.) porte.

Pforte ['pfɔrtə] f. (-, n) porte f. | *enge Pforte*, porte étroite. | *Burgundische Pforte*, trouée de Belfort. | *Hohe Pforte*, la Sublime Porte.

Pförtner(in) ['pførtnər(in)] m. (s, -), f. (-, nen) portier m. ; portière f. ; concierge m. et f. || ANAT. pylore m.

Pfosten ['pfɔstən] m. (s, -) poteau m. ; montant m.

Pfötchen ['pfø:tçən] n. (s, -) petite patte.

Pfote ['pfo:tə] f. (-, n). [Tier] patte f. || FAM. [Finger ; Hand ; Fuß] doigt m. ; patte f. || FIG., FAM. *sich die Pfoten verbrennen*, se trouver échaudé. || [schlechte Handschrift] mauvaise écriture ; pattes de mouche.

Pfropf(en) ['pfrɔpf(ən)] m. (s, -) bouchon m. ; tampon m. ; bonde f. || AGRIC. greffe f.

Pfropf|messer ["pfrɔpf'mɛsər] n. (s, -) entoir m. ; greffoir m. ||°**-reis** n. (es, er) greffe f. ; greffon m. ||°**-wachs** n. (-) mastic (m.) à greffer.

pfropfen ['pfrɔpfən] v. tr. bourrer ; remplir ; boucher. || FIG. *gepfropft voll*, bourré ; bondé ; comble. || AGRIC. greffer ; enter.

Pfründe ['pfryndə] f. (-, n). 1° prébende f. ; bénéfice m. ; 2° place (f.) dans un asile, un hôpital.

Pfründ|haus n. (es, ¨er) hospice m.

Pfuhl [pfu:l] m. (s, e) mare f. ; bourbier m. ; cloaque m. | *Höllenpfuhl*, enfer m.

Pfühl [pfy:l] m. et n. (s, e) coussin m. ; traversin m. || PAR EXT. couche f. ; lit m. ; siège m. || ARCHIT. [Wulst an Säulenfüßen] tore m.

pfui ! [pfui] interj. pouah ! ; fi !

Pfund [pfunt] n. (s, e) livre f. ; demi-kilo m. || FIN. livre sterling f. || FIG. *mit seinem Pfunde wuchern*, faire valoir ses talents. | *sein Pfund vergraben*, mettre la lumière sous le boisseau.

pfundig ['pfundiç] adj. POP. chic ; épatant.

Pfunds|kerl ['pfuntskɛrl] m. (s, e). FAM. gaillard m. ; chic type m.

pfuschen ['pfuʃən] v. intr. FAM. bousiller ; gâcher ; bâcler. | *jm ins Handwerk pfuschen*, gâcher le métier ; se mêler de ce que l'on ne connaît pas.

Pfuscher [-ʃər] m. (s, -) bousilleur m. ; gâcheur m. | *Kurpfuscher*, charlatan.

Pfuscherei [pfuʃə'rai] f. (-, en). [Pfuscharbeit] bousillage m. ; travail gâché.

Pfütze ['pfytsə] f. (-, n) flaque f. ; bourbier m. ; mare f.

Phäake [fɛ'a:kə] m. (n, n), **Phäakin** [-kin] f. (-, nen). MYTH. Phéacien m. ; Phéacienne f.

Phädra ['fɛ:dra] f. MYTH. Phèdre f.

Phaeton ['fa:etɔn] n. pr. m. MYTH. Phaéton m. || (s, s). [Wagen] phaéton m.

Phage ['fa:gə] m. (n, n). BIOL. phage m.

Phalanx ['fa:laŋks] f. (-, langen). HIST., ANAT. phalange f.

phallisch ['faliʃ] adj. phallique.

Phallus ['falus] m. (-, llen). ANAT. phallus m.

Phänomen [fɛno'me:n] n. (s, e). PR. et FIG. phénomène m.

phänomenal [fɛnɔme'na:l] adj. PHILOS. phénoménal. || FIG. étonnant ; magnifique.

Phänotyp [fɛnɔ'typ] m. (s, en). BIOL. phénotype m.

Phantasie [fanta'zi:] f. (-, n) imagination f. ; fantaisie f. || [Traumbild] vision(s) f. (pl.) : rêveries f. pl. ; hallucinations f. pl. || MUS. fantaisie f. ; caprice m.

Phantasie|gebilde [fanta"zi:gə'bildə] n. (s, -) fantasmagorie f. ||°**-stück** n. (s, e). MUS. caprice m.

phantasieren [fanta'zi:rən] v. intr. rêvasser ; s'abandonner à son imagination. || MÉD. délirer. || MUS. *auf dem Klavier phantasieren*, improviser (une fantaisie) au piano.

Phantasma [fan'tasma] n. (s, men) chimère f. ; illusion f.

Phantasmagorie [-tasmago'ri:] f. (-, n) fantasmagorie f.

Phantast [fan'tast] m. (en, en). [Träumer] rêveur m. ; esprit extravagant, romanesque, chimérique. || [Geisteskranke(r)] mythomane s.

Phantasterei [-tastə'rai] f. (-, en), **Phantastik** [-'tastik] f. chimères f. pl. ; idées (f. pl.) fantastiques ; produit (m.) d'une imagination échauffée.

phantastisch [-'tastiʃ] adj. fantastique ; romanesque. || (de manière) fantaisiste. || [grillenhaft] fantasque.

Phantom [fan'to:m] n. (s, e) fantôme m. || PAR EXT. image trompeuse ; chimère f. || MÉD. fantôme m.

Phantom|bild [fan"to:m'bilt] n. (s, er) portrait-robot m.

Pharao ['fa:rao] m. (s, s et -nen). Pharaon m.

Pharao [-rao], **Pharo** [-ro] n. (s). [Kartenspiel] pharaon m.

Pharisäer(in) [fari'zɛ:ər(in)] m. (s, -), f. (-, nen). HIST. pharisien m. ; pharisienne f.

Pharisäertum [-'zɛ:ərtu:m] n. (s) pharisaïsme m.

Pharma|industrie ["farmaindus'tri:] f. (-, n) industrie (f.) pharmaceutique. ||°**-kologe** m. (n, n),

°**-kologin** f. (-, nen) pharmacologue s. ||°**-kologie** f. pharmacologie. ||°**-referent(in)** m. (en, en), f. (-, nen) visiteur (m.), visiteuse (f.) médical(e).

Pharmazeut(in) [farma'tsɔyt(in)] m. (en, en), f. (-, nen) pharmacien m. ; pharmacienne f.

pharmazeutisch [-tiʃ] adj. pharmaceutique.

Pharyngitis [faryŋ'gi:tis] f. MÉD. [Rachenentzündung] pharyngite f.

Phase ['fɑ:zə] f. (-, n) phase f.

Phasen|differenz ["fɑ:zəndife'rɛnts] f. (-, en). MATH., ÉLECTR. différence (f.) de phase. ||°**-einstellung** f. (-, en) phasage m. ||°**-gleichheit** f. (-, en) coïncidence (f.) des phases. ||°**-messer** m. (s, -) phasomètre m. ||°**-modulation** f. (-, en). TÉLÉCOMM. modulation (f.) en phase. ||°**-schieber** m. (s, -) déphaseur m. ||°**-umkehr** f. inversion (f.) de phase. ||°**-verschiebung** f. (-, en) décalage (m.) de phase ; déphasage m. ||**-verschoben** adj. PHYS. déphasé. ||°**-winkel** m. (s, -). ÉLECTR. angle (m.) de phase.

Philanthrop(in) [filan'tro:p(in)] m. (en, en), f. (-, nen) philanthrope s.

philanthropisch [-'tro:piʃ] adj. philanthropique.

Philatelie [filatɛ'li:] f. philatélie f.

Philatelist(in) [-'list(in)] m. (en, en), f. (-, nen) philatéliste s.

Philipp ['fi:lip] n. pr. m. Philippe m.

Philippinen [fili'pi:nən] n. pr. f. pl. GÉOGR. Philippines f. pl.

Philister [fi'listər] m. (s, -). [Bibel] Philistin m. || LITTÉR. cuistre m., (petit-)bourgeois, ignorant m.

philister|haft [fi'listerhaft] adj. PÉJOR. bourgeois, béotien. ||°**-tum** n. (s) cuistrerie f.

philiströs [filis'trø:s] adj. V. PHILISTERHAFT.

Philologe [filo'lo:gə] m. (en, en) philologue m.

Philologie [-lo'gi:] f. philologie f.

Philologin [-'lo:gin] f. (-, nen) philologue f.

Philosoph(in) [-'zo:f(in)] m. (en, en), f. (-, nen) philosophe s.

Philosophie [-zo'fi:] f. (-, n) philosophie f.

philosophieren [-zo'fi:rən] v. intr. philosopher ; argumenter ; faire de la philosophie.

philosophisch [-'zofiʃ] adj. philosophique.

Phiole [fi'o:lə] f. (-, n) fiole f.

Phlebitis [fle'bi:tis] f. MÉD. phlébite f.

Phlegma ['flegma] n. (s) flegme m.

Phlegmatiker [fleg'mɑ:tikər] m. (s, -) flegmatique m.

phlegmatisch [-tiʃ] adj. flegmatique.

Phlegmone [fleg'mo:nə] f. (-, n). MÉD. [Zellgewebeentzündung] phlegmon m.

Phöbus ['fø:bus] n. pr. m. MYTH. Phébus m.

Phonation [fona'tsio:n] f. (-, en). MÉD. phonation f.

Phonetik [fo'ne:tik] f. phonétique f.

phonetisch [-tiʃ] adj. phonétique.

Phönix ['fø:niks] m. (es, e). MYTH. phénix m.

Phönizien [fø'ni:tsiən] n. pr. n. HIST. Phénicie f.

Phonologie [fonolo'gi:] f. GRAMM. phonologie f.

phonologisch [-'lo:giʃ] adj. GRAMM. phonologique.

Phonon [fo'no:n] n. (s, e). PHYS. phonon m.

Phonothek [fono'te:k] f. (-, en) phonothèque f.

Phosphat [fɔs'fɑ:t] n. (s, e) phosphate m.

Phosphatieren [fɔsfa'ti:rən] n. (s). TECHN. phosphatation f.

Phosphor ['fɔsfɔr] m. (s) phosphore m.

phosphor|arm ["fɔsfɔr'arm] adj. pauvre en phosphore. ||**-artig** adj. phosphorique. ||°**-bombe** f. (-, n) bombe (f.) au phosphore. ||°**-brandbombe** f. (-, n) bombe (f.) incendiaire au phosphore. ||°**-düngemittel** n. (s, -) engrais phosphaté ; phosphates m. pl. ||°**-entziehung** f. déphosphoration f. ||**-haltig** adj. riche en phosphore ; phosphoré. ||°**-säure** f. (-, n) acide (m.) phosphorique. ||°**-wasserstoff** m. (s, e) hydrogène phosphoré.

Phosphoreszenz [fɔsforɛs'tsɛnts] f. phosphorescence f.

phosphoreszierend [-rɛs'tsi:rənt] adj. phosphorescent.

Photo ['foto] n. (s, s) photo f. | *ein Photo aufnehmen, machen*, prendre une photo. | *Photoapparat*, appareil (m.) photographique.

photo|chemisch [foto'çe:miʃ] adj. photochimique. | *photochemische Reaktion*, réaction (f.) photochimique. ||°**-effekt** m. (s, e). PHYS. effet (m.) photoélectrique. ||°**-element** n. (s, e) photopile f. ||°**-kopie** f. (-, n) photocopie f. ||**-kopieren** v. tr. photocopier. ||°**-meter** n. (s, -) photomètre m. ||°**-montage** f. (-, n) photomontage m. ; truquage m. ||°**-neutron** n. (s, en). NUCL. photoneutron m. ||°**-papier** n. (s, e) papier (m.) photographique. ||°**-synthese** f. (-, n) photosynthèse f. ||°**-tropismus** m. (-, men) phototropisme m. ||°**-vermerk** m. (s, e) crédit (m.) photographique. ||**-voltaisch** adj. *photovoltaische Zelle*, cellule (f.) photovoltaïque. ||°**-zelle** f. (-, n) photopile f.

Photograph(in) [foto'grɑ:f(in)] m. (en, en), f. (-, nen) photographe s.

Photographie [-gra'fi:] f. (-, n) photographie f. — OBSERV. Les mots formés avec le préfixe *photo-* existent tous avec l'orthographe moderne *foto*.

photographieren [-gra'fi:rən] v. tr. photographier.

photographisch [-'grɑ:fiʃ] adj. photographique.

Photon [fo'to:n] n. (s, en). PHYS. photon m. ; grain (m.) de lumière.

Phrase ['frɑ:zə] f. (-, n) phrase f. | *Phrasen machen, dreschen*, radoter ; faire du verbiage.

phrasenhaft ['frɑ:zənhaft] adj. verbeux ; emphatique.

Phrasen|held ["frɑ:zən'hɛlt] m. (en, en), °**-macher** [-'maxər] m. (s, -), °**-drescher** [-'drɛʃər] m. (s, -) phraseur m.

phrastisch ['frastiʃ] adj. GRAMM. phrastique.

Phrenesie [frene:'zi:] f. (-, n). MÉD. frénésie f.

phrenetisch [fre'ne:tiʃ] adj. frénétique.

Phrenologie [frenolo'gi:] f. phrénologie f.

Phrygien ['fry:giən] n. pr. n. HIST. Phrygie f.

Phrygier [-giər] m. (s, -) Phrygien m.

phrygisch [-giʃ] adj. phrygien. | *phrygische Mütze*, bonnet phrygien.

Phtal|säure ['ftɑ:l'zɔyrə] f. (-, n). CHIM. acide (m.) phtalique.

Phylogenese [fyloge'ne:sə] f. (-, n). BIOL. phylogenèse f.

phylogenetisch [fyloge'ne:tiʃ] adj. BIOL. phylogénétique.

Physik [fy'zi:k] f. physique f.

physikalisch [fyzi'kɑ:liʃ] adj. physique.

Physiker(in) ['fy:zikər(in)] m. (s, -), f. (-, nen) physicien m., physicienne f.

Physikum [-kum] n. (s). UNIV. examen (m.) de physique, chimie et biologie.

Physikus [-kus] m. (-, izi). [Vx.] médecin m. (de district ou de quartier).

Physiognom [fyzio'gno:m] m. (en, en) physionomiste m.

Physiognomie [-gno'mi:] f. (-, n) physionomie f.

Physiognomik [-'gno:mik] f. physiognomonie f.

Physiologe [-'lo:gə] m. (n, n) physiologiste m.

Physiologie [-lo'gi:] f. (-, n) physiologie f.

Physiologin [-'lo:gin] f. (-, nen) physiologiste f.

physiologisch [-'lo:giʃ] adj. physiologique. || BIOL. *physiologische Kochsalzlösung*, sérum (m.) physiologique.

Physiotherapie [fyziotera'pi:] f. (-, n). MÉD. physiothérapie f.

physisch ['fy:ziʃ] adj. physique.

Phytologie [fytolo'gi:] f. MÉD. phytologie f.

Phytotherapie [fytotera'pi:] f. (-, n). MÉD. phytothérapie f.

Pianino [pia'ni:no] n. (s, s) piano droit.

Pianist(in) [-'nist(in)] m. (en, en), f. (-, nen) pianiste s.

pianistisch [pia'nistiʃ] adj. pianistique.

Piaster ['piastər] m. (s, -) piastre f.

Pichelei [piçə'lai] f. (-, en). POP. beuverie f.

picheln ['piçəln] v. intr. POP. chopiner.

pichen ['piçən] v. tr. poisser.

Pick [pik] m. (s, e) coup (m.) de bec ; piqûre f. || FIG., FAM. *einen Pick auf jn haben*, avoir une dent contre qn.

Picke ['pikə] f. (-, n) pioche f. ; pic m.

Pickel ['pikəl] m. (s, -) pioche f. ; pic m. || MÉD. petit bouton.

Pickel|flöte ["pikəl'flø:tə] f. (-, n) petite flûte. ||°**-haube** f. (-, n) casque (m.) à pointe. ||°**-hering** m. (s, e) hareng salé. || [Lustspiel] bouffon m. ; arlequin m. ; paillasse m.

pickelig ['pikəliç] adj. plein de pustules.
picken ['pikən] v. tr. donner des coups de bec ; becqueter ; picorer.
Picknick ['piknik] n. (s, s) pique-nique m.
Pieper ['pi:pər] m. (s, -). ZOOL. pipit m.
Piep|matz ["pi:p'mats], °**-vogel** [-'fo:gəl] m. (s, ¨). [Kindersprache] oiseau m. ‖ FAM. [Verrücktheit] grain m. ; folie f. ‖°**-ton** m. (s, ¨e) bip (m.) sonore.
Piep(s) [pi:p(s)] m. (s, e) pépiement m. | *nicht Piep sagen*, ne piper mot ; se tenir coi. ‖ FAM. *einen Pieps haben*, être un peu fou, timbré.
piep(s)en ['pi:p(s)ən] v. intr. piailler ; pépier. ‖ FIG., POP. *bei dir piepts wohl*, tu es fou ?
piepsig ['pi:psiç] adj. *piepsige Stimme*, petite voix grêle. ‖ *von piepsiger Gesundheit*, d'une santé chétive ; souffreteux.
Pier [pi:r] m. (s, e). MAR. jetée f. ; môle m. ; débarcadère m.
piesacken ['pi:zakən] v. tr. FAM. tourmenter ; tracasser ; embêter.
Pietät [pie'tɛ:t] f. piété f. ; respect m.
pietät|los [-lo:s] adj. sans respect ; impie.
Pietismus [pie'tismus] m. RELIG. piétisme m.
Pietist [-'tist] m. (en, en) piétiste m.
piezoelektrisch [pi'etsoe"lɛktriʃ] adj. ÉLECTR. piézoélectrique. | *piezoelektrischer Modulator*, modulateur (m.) piézoélectrique.
piff paff (puff) ['pifpaf(puf)] interj. clic clac ! ; pif paf !
Pigment [pig'mɛnt] n. (s, e) pigment m.
Pignole [pin'jo:lə] f. (-, n). BOT. pignon m.
Pik [pik] m. (s, s) pic m. ; sommet m.
Pik [pik] n. (s). [Kartenspiel] pique m. | *das Pik-As*, l'as (m.) de pique. ‖ FAM. *er steht da wie Pik-Sieben*, le voilà pantois, tout ahuri ; POP. il reste baba.
pikant [pi'kant] adj. PR. et CULIN. piquant. ‖ FIG. leste.
pikaresk [pika'rɛsk] adj. picaresque. | *pikaresker Roman*, roman (m.) picaresque.
Pike ['pi:kə] f. (-, n) pique f. | *von der Pike auf dienen*, sortir du rang. | *von der Pike auf lernen*, apprendre sur le tas. ‖ FIG., FAM. *eine Pike auf jn haben*, avoir une dent contre qn.
Pikee [pi'ke:] n. (s, s). TEXT. piqué m.
Pikett [pi'kɛt] n. (s, e). [Truppenabteilung ; Kartenspiel] piquet m.
Pikett|spiel [pi"kɛt'ʃpi:l] n. (s, e) jeu (m.) de piquet ; piquet m.
pikieren [pi'ki:rən] v. tr. [Pflanzen] piquer ; repiquer. ‖ FIG. *über etwas pikiert sein*, se piquer, s'offusquer de qch. ; être vexé.
Pikkolo ['pikɔlo] m. (s, s) groom m. ; petit serveur.
Pikkolo|flöte ["pikɔlo'flø:tə] f. (-, n) petite flûte ; piccolo m.
Pikrin|säure [pi"kri:n'zɔyrə] f. (-, n) acide (m.) picrique.
Piktogramm [pikto'gram] n. (s, e) pictogramme m.
Pilaster [pi'lastər] m. (s, -) pilastre m.
Pilatus [pi'lɑ:tus] n. pr. m. HIST., RELIG. Pilate m. | *jn von Pontius zu Pilatus schicken*, renvoyer qn de Ponce à Pilate. ‖ GÉOGR. [Schweiz] *der Pilatus*, le mont Pilate.
Pilger ['pilgər] m. (s, -) pèlerin m.
Pilger|fahrt ["pilgər'fɑ:rt] f. (-, en), **Pilgerschaft** [-ʃaft] f. (-, en) pèlerinage m. ‖°**-stab** m. (s, ¨e) bâton (m.) de pèlerin.
pilgern ['pilgərn] v. intr. aller en pèlerinage.
Pilgrim [-grim] m. (s, e). POÉT. pèlerin m.
Pille ['pilə] f. (-, n) pilule f. ‖ FIG. *eine bittere Pille schlucken*, FAM. encaisser ; avaler la pilule. | *jm die Pille versüßen*, dorer la pilule à qn.
Pillen|dreher ["pilən'dre:ər] m. (s, -). IRON. pharmacien m. ; POP. potard m. ‖**-förmig** adj. pilulaire.
Pilot [pi'lo:t] m. (en, en) pilote m. | *zweiter Pilot*, copilote m.
Pilot|ballon [pi"lo:tba'lɔ̃] m. (s, s) ballon-pilote m. ; ballon-sonde m. ‖°**-projekt** n. (s, e) projet (m.) pilote. ‖°**-raum** m. (s, ¨e) poste (m.) de pilotage ; cockpit m. ‖°**-sitz** (es, e) siège (m.) du pilote.
pilotieren [pilɔ'ti:rən] v. tr. MAR. piloter.
Pilotwal [pi"lo:t'vɑ:l] m. (s, e). ZOOL. globicéphale m.
Pilsener ['pilzənər] n. (s, -) bière (f.) de Pilsen.
Pilz [pilts] m. (es, e) champignon m. ‖ FIG. *in die Pilze gehen*, s'en aller à vau-l'eau ; disparaître ; se perdre.
Pilz|erkrankung ["piltsɛr'kraŋkuŋ] f. (-, en). MÉD. mycose f. ‖**-tötend** adj. fongicide. | *pilztötendes Mittel*, fongicide m.
Piment [pi'mɛnt] m. et n. (s, e) piment m.
Pimmel ['pim(ə)l] m. (s, -). FAM. zizi m.
Pimpelei [pimpə'lai] f. (-, en) geignements m. pl. ; lamentations f. pl.
pimpelig ['pimpəliç] adj. douillet ; dolent.
pimpeln [-pəln] v. intr. geindre ; être douillet.
Pimpernell [pimpər'nɛl] m. (s, e). BOT. pimprenelle f.
Pimper|nuß ["pimpər'nus] f. (-, ¨e). BOT. pistache (f.) sauvage. ‖°**-nuß|baum** m. (s, ¨e) pistachier (m.) sauvage.
Pimpf [pimpf] m. (s, e). FAM. môme m. ; petit garçon.
Pinakothek [pinakɔ'te:k] f. (-, en) galerie (f.) de tableaux ; pinacothèque f.
Pinasse [pi'nasə] f. (-, n). MAR. pinasse f.
pindarisch [pin'dɑ:riʃ] adj. pindarique.
Pingpong ['piŋpɔŋ] n. (s) ping-pong m.
Pinguin [piŋgu'i:n] m. (s, e) pingouin m.
Pinie ['pi:niə] f. (-, n). BOT. pin (m.) parasol ; pin (m.) pignon.
Pinke ['piŋkə] f. (-, n). FAM. argent m. ; POP. fric m. ; pèze m.
Pinkel ['piŋkəl] m. (s, -) fat m. ; freluquet m. | *feiner Pinkel*, qui fait l'élégant ; damoiseau m.
pinkeln ['piŋkəln] v. intr. FAM. pisser ; faire pipi.
pinken ['piŋkən] v. intr. [Hammer] tinter ; résonner.
Pinne ['pinə] f. (-, n) broquette f. ; cheville f. ; pointe f. ; penne f. ‖ MAR. barre f.
pinnen [-nən] v. tr. cheviller.
Pinscher ['pinʃər] m. (s, -). ZOOL. griffon m.
Pinsel ['pinzəl] m. (s, -) pinceau m. ; brosse (f.) à peindre. ‖ FIG. *einen groben Pinsel führen*, exagérer. | *einen kühnen Pinsel haben*, avoir la touche hardie. ‖ [Einfaltspinsel] niais m. ; serin m.
Pinsel|strich ["pinzəl'ʃtriç] m. (s, e), °**-führung** [-'fy:ruŋ] f. coup (m.) de pinceau ; touche f. ; manière f. (d'un peintre).
Pinselei [pinzə'lai] f. (-, en) peinturlurage m. ; barbouillage m. ‖ FIG. sottise f. ; niaiserie f.
pinseln ['pinzəln] v. tr. peindre ; badigeonner ; PÉJOR. barbouiller.
Pinsler ['pinslər] m. (s, -). PÉJOR. barbouilleur m.
Pinte ['pintə] f. (-, n) pinte f. ‖ POP. [Kneipe] troquet m.
Pinzette [pin'tsɛtə] f. (-, n) pince f. ; pincette f. ; TECHN. brucelles f. pl.
Pionier [pio'ni:r] m. (s, e) pionnier m. ‖ MIL. soldat (m.) du génie ; sapeur m.
Pionier|bataillon [pio"ni:rbata'lio:n] n. (s, e) bataillon (m.) du génie. ‖°**-waffe** f. génie m.
Pipe ['pi:pə] f. (-, n). [Faß] pipe f. ; petit tonneau.
Pip(p)in [pi'pi:n] n. pr. m. Pépin m. | *Pipin der Kurze*, Pépin le Bref.
Pip(p)s [pips] m. (es, e). ZOOL. pépie f. ‖ FIG., FAM. *einen Pips kriegen*, devenir fou.
Piranha [pi'ranja] m. (s, s). ZOOL. piranha ou piranya m.
Pirat [pi'rɑ:t] m. (en, en) pirate m.
Piraten|sender [pi"rɑ:tən'zɛndər] m. (s, -) radio (f.) pirate.
Piraterie [piratə'ri:] f. (-, n) guerre (f.) des pirates ; piraterie f.
Piräus [pi'rɛ:us] n. pr. m. GÉOGR. Le Pirée.
Piroge [pi'ro:gə] f. (-, n) pirogue f.
Pirol [pi'ro:l] m. (s, e) merle doré ; loriot m.
Pirsch [pirʃ] f. (-, en). V. BIRSCH. [Einzel-, Spürjagd] chasse f. | *auf die Pirsch gehen*, s'en aller à la chasse.
pirschen ['pirʃən] v. intr. chasser.
Pisa ['pi:za] n. pr. n. GÉOGR. Pise f.
Pisang ['pizaŋ] m. (s, e). BOT. banane f. ; [Baum] bananier m.
pissen ['pisən] v. intr. VULG. pisser.
Pissoir [pi'swa:r] n. (s, e), **Piß|ort** ['pisɔrt] m. (s, e) urinoir m.
Pistazie [pis'tɑ:tsiə] f. (-, n). BOT. pistache f.
Piste ['pistə] f. (-, n) piste f. ‖ [Wintersport] *gewalzte Piste*, piste damée.

Pistill [pis'til] n. (s, e). Bot. pistil m.
Pistole [pis'to:lə] f. (-, n). **1.** pistolet m. | *mit vorgehaltener Pistole*, le pistolet braqué. || Fig. *jm die Pistole auf die Brust setzen*, mettre le couteau sous la gorge à qn. | *wie aus der Pistole geschossen*, immédiatement ; sur-le-champ. | *sich auf Pistolen schießen*, se battre au pistolet.
2. [ältere Goldmünze] pistole f.
Pistolen|duell [pis"to:ləndu'ɛl] n. (s, e) duel (m.) au pistolet. ||°**-schießen** n. (s) tir (m.) au pistolet. ||°**-schuß** m. (es, ¨e) coup (m.) de pistolet. ||°**-tasche** f. (-, n) étui (m.), gaine (f.) pour pistolet.
Piston [pis'tɔ̃] n. (s, s) piston m.
Pitchpine ["pitʃ'pain] f. (-, s) pitchpin m.
Pithekanthropus [pite'kantropus] m. (-, pi) pithécanthrope m.
pitsch(e)naß ["pitʃ(ə)'nas] adj. trempé ; mouillé.
Pius ['pi:us] n. pr. m. Pie m.
Placebo [pla'tse:bo] n. (s, s). Méd. placebo m.
placken ['plakən] v. tr., **placken (sich)** [ziç-'plakən] v. pr. (se) tourmenter ; (se) tracasser.
Plackerei [plakə'rai] f. (-, en) tracasserie(s) f. (pl.) ; dur travail.
plädieren [plɛ'di:rən] v. tr. plaider. | *plädierender Anwalt*, avocat plaidant.
Plädoyer [plɛdwa'je:] n. (s, s) plaidoyer m.
plafonieren [plafo'ni:rən] v. tr. Écon. plafonner.
Plafonierung [-'ni:ruŋ] f. (-, en). Écon. plafonnement m.
Plage ['pla:ge] f. (-, n) tourment m. ; peine f. ; fléau m. || Relig. *Ägyptische Plagen*, les plaies (f. pl.) d'Égypte. | *Landplage*, calamité publique. | *Rattenplage*, invasion (f.) de rats.
— Syn. : *Heimsuchung*, *Kreuz*, fléau, épreuves, tribulations ; *Leid*, affliction ; *Übel*, *Böses*, mal ; *Unglück*, *Unheil*, malheur ; *Qual*, tourment ; *Verdruß*, dépit.
Plage|geist ["pla:gə'gaist] m. (s, er) fléau m. ; plaie f. ; esprit malfaisant, tracassier.
plagen ['pla:gən] v. tr. tourmenter ; tracasser ; vexer ; importuner. | *ihn plagt der Teufel*, il a le diable au corps.
◇ v. pr. **sich plagen,** se tourmenter ; travailler comme une bête.
Plagiat [plagi'a:t] n. (s, e) plagiat m. ; larcin m.
Plagiator [-tɔr] m. (s, en) plagiaire m.
plagiieren [plagi'i:rən] v. tr. plagier.
Plaid [plɛd] m. (s, s) plaid m. ; couverture (f.) de voyage.
Plakat [pla'ka:t] n. (s, e) affiche f. ; placard m.
Plakat|anschlag [pla"ka:t'anʃla:k] m. (s, ¨e) affichage m. ||°**-kleber** m. (s, -). Polit. colleur (m.) d'affiches. ||°**-maler** m. (s, -) affichiste m. ||°**-säule** f. (-, n) colonne (f.) d'affichage ; colonne (f.) Morris. ||°**-schrift** f. (-, en) caractères (m. pl.) d'affiche. ||°**-träger** m. (s, -) homme-sandwich m.
plakatieren [plaka'ti:rən] v. tr. afficher.
Plakette [pla'kɛtə] f. (-, n) médaille f. ; plaquette f.
plan [pla:n] adj. plan, uni. || Fig. net, clair.
Plan [pla:n] m. (s, ¨e). **1.** plaine f. ; arène f. | *Dorfplan*, place (f.) d'un village. | *Kampfplan*, arène f. | *auf den Plan treten*, faire son entrée en scène.
2. [Zeichnung] plan m. ; carte f. ; dessin m. ; tracé m. | *einen Plan entwerfen*, dresser, tracer un plan. | *Plan zu einem Haus*, plan d'une maison. | *Stadtplan*, plan de la ville.
3. [Vorsatz] programme m. | *Fünfjahresplan*, plan quinquennal. | *Reiseplan*, projet (m.) de voyage. | *Lehrplan*, programme scolaire. | *Stundenplan*, emploi (m.) du temps. || Transp. *Fahrplan*, horaire m. | *Sommer(fahr)plan*, horaire (m.) d'été. | *Winter(fahr)plan*, horaire (m.) d'hiver. || Théâtre. *Spielplan*, programme des spectacles ; répertoire m.
4. [Vorsatz] plan m. ; projet m. ; intention f. | *Pläne schmieden*, faire des projets ; projeter. | *den Plan zur Flucht fassen*, arrêter le plan pour l'évasion.
Plan|drehbank ["pla:n'dre:baŋk] f. (-, ¨e) tour (m.) à plateau. ||**-gemäß** adj. selon les plans ; conformément aux plans. ||**-los** adj. sans méthode ; au hasard. ||**-mäßig** adj. 1° méthodique ; systématique ; 2° prévu dans les plans. | *planmäßig beflogene Strecke*, ligne aérienne régulière. ||**-parallel** adj. Opt. biplan. ||°**-scheibe** f. (-, n) plateau (m.) du tour. ||°**-schießen** n. (s). Mil. tir (m.) d'après la carte. ||°**-stelle** f. (-, n) poste prévu dans le tableau des effectifs. ||**-voll** adj. médité ; systématique ; d'après un plan. ||°**-wirtschaft** f. (-, en) économie dirigée, planifiée. ||°**-wirtschaftler** m. (s, -) planificateur m.
Plane ['pla:nə] f. (-, n) bâche f.
Plan|wagen ["pla:n'va:gən] m. (s, -) wagon bâché ; voiture (f.) à bâche.
planen ['pla:nən] v. tr. faire des projets ; projeter. || planifier. || (Vx.) aplanir.
Pläne|schmied ["plɛ:nə'ʃmi:t] m. (s, e) homme (m.) à projets.
Planet [pla'ne:t] m. (en, en) planète f.
planetarisch [-ne'ta:riʃ] adj. planétaire.
Planetarium [-ne'ta:rium] n. (s, rien) planétarium m.
Planeten|bahn [pla"ne:tən'ba:n] f. (-, en) orbite (f.) planétaire. ||°**-getriebe** n. (s, -) engrenage (m.), train (m.) planétaire ; différentiel (m.) à engrenages planétaires. ||°**-rad** n. (s, ¨er) pignon (m.) satellite ; satellite m. ||°**-system** n. (s, e) système (m.) planétaire. ||°**-umlauf|rad** n. (s, ¨er) roue (f.) satellite.
Planier|bagger [pla"ni:r'bagər] m. (s, -) niveleuse f. ||°**-raupe** f. (-, n) tracteur niveleur ; bulldozer m.
planieren [pla'ni:rən] v. tr. aplanir ; égaliser ; niveler.
Plani|glob [pla:ni'glo:p] m. (en, en) planisphère m. ; mappemonde f. ||°**-meter** n. (s, -) planimètre m. ||°**-metrie** f. planimétrie f.
Planke ['plaŋkə] f. (-, n) planche f. ; madrier m. ; ais m. ; cloison f.
Plänkelei [plɛŋkə'lai] f. (-, en) escarmouche f.
plänkeln ['plɛŋkəln] v. intr. tirailler ; escarmoucher.
Plansch|becken ["planʃ'bɛkən] n. (s, -). [für Kinderspiel] bassin (m.) à barboter ; pataugeoir m.
planschen ['planʃən] v. intr. barboter ; faire trempette.
Plantage [plan'ta:ʒə] f. (-, n) plantation f. | *Plantagenbesitzer*, planteur m.
Planung ['pla:nuŋ] f. (-, en) établissement (m.), préparation (f.) des plans ; planification f.
Plapperei [plapə'rai] f. (-, en) babillage m. ; babil m. ; caquetage m. ; bavardage m.
plapperhaft ['plapərhaft] adj. babillard.
Plapper|hans ["plapər'hans] m., °**-liese** f. (-, n) bavard m. ; bavarde f. ||°**-maul** n. (s, ¨er) commère f. ; concierge f. ; pipelette f.
plappern ['plapərn] v. intr. babiller ; jacasser ; marmotter.
plärren ['plɛrən] v. intr. pleurnicher ; criailler. || Fam. beugler.
Pläsier [plɛ'zi:r] n. (s, e). [Vergnügen] plaisir m.
pläsierlich [plɛ'zi:rliç] adj. Fam. amusant.
Plasma ['plasma] n. (s, men) plasma m.
Plasma|heizung ["plasma'haitsuŋ] f. (-, en). Techn. chauffage (m.) par plasma. ||°**-physik** f. Phys. physique (f.) des plasmas.
Plasmid [plas'mi:d] n. (s, e). Biol. plasmide m.
Plastik ['plastik] f. (-, en) sculpture f. ; plastique f.
Plastik|bombe ["plastik'bɔmbə] f. (-, n) *ein Haus mit einer Plastikbombe in die Luft sprengen*, plastiquer une maison. ||°**-tüte** f. (-, n) sac (m.) en plastique.
Plastiker ['plastikər] m. (s, -) sculpteur m.
Plastilin [plasti'li:n] n. (s) pâte (f.) à modeler.
plastisch ['plastiʃ] adj. plastique. | *plastischer Film*, film (m.) en relief ; Cinémascope m.
Plastizität [plastitsi'tɛ:t] f. plasticité f. ; caractère (m.) plastique.
Platäa [pla'tɛa] n. pr. n. Hist. Platée f.
Platane [pla'ta:nə] f. (-, n) platane m.
Plateau [pla'to:] n. (s, s). [Hochebene] plateau m.
Platin ['pla:tin, pla'ti:n] n. (s) platine m.
platin|haltig [pla"ti:n'haltiç, "pla:tin'haltiç] adj. platinifère.
Plato ['pla:to] n. pr. m. Platon m.
Platoniker [pla'to:nikər] m. (s, -) platonicien m.
platonisch [pla'to:niʃ] adj. Pr. et fig. platonique.
platsch! [platʃ] interj. flac ! ; patatras !
platschen ['platʃən] v. intr. faire flac ; patauger.
plätschern ['plɛtʃərn] v. intr. clapoter ; gargouiller ; murmurer. | *im Wasser plätschern*, barboter dans l'eau.
Plätschern ['plɛtʃərn] n. (s). *Plätschern des Brunnens*, clapotis (m.), gargouillis (m.) de la fontaine.
platt [plat] adj. **1.** plat ; aplati. | *plattes Land*, pays, terrain plat ; rase campagne. | *platt auf dem Bauche, auf*

der platten Erde liegen, être couché à plat ventre. | *etwas platt drücken*, aplatir qch. || FAM. *einen platten Reifen, Platten haben*, avoir un pneu crevé, dégonflé.
2. FIG. plat ; quelconque ; banal. | *platter Ausdruck*, expression plate. | *plattes Zeug reden*, débiter des platitudes, des banalités.
3. FAM. ébahi ; épaté. || POP. *er ist ganz platt*, il en est tout ahuri, renversé.
4. *das platte Gegenteil*, tout le contraire ; juste le contraire.

Platt [plat] n. (s) [abrév. de **Plattdeutsch**]. [Mundart] bas allemand m.

platt|deutsch ['platdɔytʃ] adj. bas-allemand. || °**-fisch** m. (es, e). ZOOL. plie f. ; carrelet m. ||°**-form** f. (-, en) plate-forme f. ; tribune f. ||°**-fuß** m. (es, ¨e) pied plat. ||°**-nase** f. (-, n) nez camus. ||°**-wurm** m. (s, ¨er). ZOOL. ver plat.

Plätt|brett ['plɛtbrɛt] n. (s, er) planche (f.) à repasser. ||°**-eisen** n. (s, -) fer (m.) à repasser. ||°**-frau** f. (-, en) repasseuse f. ||°**-wäsche** f. (-, n) linge (m.) à repasser.

Platte ['platə] f. (-, n). **1.** plaque f. ; lame f. ; planche f. | *Tischplatte*, dessus (m.) d'une table.
2. CULIN. [Schüssel ; Gang] plat m. | *kalte Platte*, assiette anglaise.
3. ARCHIT. carreau m. ; dalle f. | *mit Platten belegen*, carreler.
4. [Schallplatte] disque m. | *eine Platte auflegen*, mettre un disque. || FIG. *immer die alte Platte*, toujours la même rengaine, la même chanson.
5. PHOT. plaque f.

Plätte ['plɛtə] f. (-, n) fer (m.) à repasser.

platteln ['platəln] v. tr. [den Plattler tanzen] danser le plattler.

plätten ['plɛtən] v. tr. [Wäsche] repasser. || [platt machen] aplanir.

platten ['platən] v. tr. aplanir ; aplatir.

Platten|abzug ["platən'aptsu:k] m. (s, ¨e) épreuve (f.) stéréotypique. ||°**-belag** m. (s, e) dallage m. ||°**-druck** m. (s, e) stéréotypie f. ||°**-see** m. lac (m.) Balaton. ||°**-spieler** m. (s, -) pick-up m. ; tourne-disque m. ; phonographe m. ||°**-tektonik** f. GÉOL. tectonique (f.) des plaques. ||°**-teller** m. (s, -) plateau (m.) de phonographe. ||°**-walzwerk** n. (s, e) laminoir (m.) à plaques. ||°**-wechsler** m. (s, -) changeur m. (automatique) de disques.

platter|dings ["platər'diŋs] adv. absolument ; directement ; simplement.

Plätterei [plɛtə'rai] f. (-, en) atelier (m.) de repassage.

Plätterin ['plɛtərin] f. (-, nen) repasseuse f.

Plattheit ['plathait] f. (-, en) relief plat. || FIG. platitude f. ; banalité f.

plattieren [pla'ti:rən] v. tr. [Metall] plaquer.

Plattierer [-rər] m. (s, -) plaqueur m.

Plattierung [-ruŋ] f. (-, en) placage m.

Plattler ['platlər] m. (s, -). [Schuhplattler] danse populaire bavaroise.

Platz [plats] m. (es, ¨e) place f. ; emplacement m. **1.** [freier Raum] place publique. | *Dorfplatz*, place du village. | *Marktplatz* place du marché. | *Vorplatz*, parvis m. | *Sportplatz*, terrain (m.) de sport. | *Spielplatz*, terrain (m.) de jeux. | *Tummelplatz*, carrière f. ; arène f. | *Exerzierplatz*, champ (m.) de manœuvres ; place d'armes. | *auf offenem Platz*, à ciel ouvert ; en place publique.
2. [Stelle] lieu m. ; endroit m. ; emplacement m. | *Bauplatz*, terrain (m.) à bâtir. || FIG. *Scherzen ist hier nicht am Platze*, ce n'est pas le moment de plaisanter ; ici, la plaisanterie n'est pas de mise.
3. [Ortschaft ; fester Platz] localité f. ; place fortifiée. | *die größte Buchhandlung am Platze*, la plus importante librairie de, sur la place. | *einen Platz belagern*, assiéger une place forte.
4. [verfügbarer Raum für eine Person ; Rang] place f. ; siège m. ; rang m. | *Platz einräumen ; Platz machen*, faire de la place ; dégager. | *dieser Platz ist frei*, cette place est libre. | *dieser Platz ist belegt, besetzt*, cette place est occupée. | *nehmen Sie bitte Platz*, asseyez-vous, je vous prie. | *Stehplatz*, place debout. | *Sitzplatz*, place assise. | *Fensterplatz*, place près de la fenêtre. | *Eckplatz*, place de coin. | *vom Platze aus sprechen*, parler de sa place. || FIG. *den ersten Platz einnehmen*, prendre la première place.
5. [Amt ; Posten ; Stelle] place f. ; emploi m. ; fonction f. | *einen Platz suchen*, chercher un emploi. | *er ist der rechte Mann am rechten Platz*, c'est l'homme qu'il faut (pour). | *jn um seinen Platz bringen*, faire perdre sa place à qn.
6. [Schlachtfeld] champ (m.) de bataille. | *Kriegs(schau)platz*, théâtre (m.) de la guerre. | *den Platz behaupten*, rester maître de la place ; vaincre. | *auf dem Platze bleiben*, rester sur le carreau.
7. LOC. *Platz da ! Platz gemacht !*, place ! ; dégagez ! || SPORT. *auf die Plätze !*, à vos marques !

Platz|agent ["platsa'gɛnt] m. (en, en) agent local. ||°**-angst** f. claustrophobie f. || MÉD. agoraphobie f. ||°**-anweiserin** f. (-, nen) ouvreuse f. ||°**-befeuerung** f. (-, en) balisage (m.) du champ d'aviation. ||°**-geschäft** n. (s, e), °**-handel** m. (s) commerce local. ||°**-karte** f. (-, n). [Eisenbahn] ticket (m.) de location. ||°**-kommandant** m. (en, en) commandant (m.) de place. ||°**-konzert** n. (s, e) concert (m.) en plein air. ||**-raubend** adj. encombrant. ||°**-vertreter** m. (s, -) représentant (m.) sur place. ||°**-wechsel** m. (s, -) changement (m.) de place. || COMM. effet (m.) sur place.

Platz|patrone ["platspa'tro:nə] f. (-, n) cartouche (f.) à blanc. ||°**-regen** m. (s, -) pluie battante ; ondée f. ; averse f.

Plätzchen ['plɛtsçən] n. (s, -) petite place. || CULIN. petit gâteau. || MÉD. comprimé m. ; pastille f.

Platze ['platzə] f. (-, n). POP. *die Platze kriegen*, crever de rage.

platzen [-tsən] v. intr. **1.** éclater ; crever. | *die Bombe platzt*, la bombe éclate. | *der Reifen ist geplatzt*, le pneu est crevé. || FAM. *ins Zimmer hereinplatzen*, faire irruption dans la chambre.
2. FIG. *vor Lachen platzen*, éclater de rire. | *vor Wut platzen*, éclater de rage, de fureur.
3. FAM. échouer ; se réduire à rien.
4. FAM. hurler ; brailler.

Platzen [-tsən] n. crevaison f. ; éclatement m.

Plauderei [plaudə'rai] f. (-, en) bavardage m. ; causerie f.

Plauderer ['plaudərər] m. (s, -) bavard m. ; causeur m.

plauderhaft ['plaudərhaft] adj. bavard ; causeur.

Plauderhaftigkeit [-tiçkait] f. caractère bavard.

plaudern ['plaudərn] v. intr. causer ; bavarder ; papoter. | *aus der Schule plaudern*, rapporter.

Plauder|stündchen ["plaudər'ʃtyntçən] n. (s, -) [brin de] causette f. ||°**-tasche** f. (-, n) bavard m. ; bavarde f. ; commère f. ; pipelette f.

Plausch [plauʃ] m. (es, e) bavardage m. ; papotage m. | *einen Plausch halten*, faire un brin de causette ; FAM. tailler une bavette.

plauschen ['plauʃən] v. intr. bavarder ; papoter.

plausibel [plau'zi:bəl] adj. compréhensible.

plauz ! [plauts] interj. patatras ! ; pouf !

plauzen ['plautsən] v. intr. tomber avec bruit ; s'étaler.

Plazenta [pla'tsɛnta] f. (-, en). ANAT. placenta m.

Plazet ['plɑ:tset] n. (s, s) approbation f.

plazieren [pla'tsi:rən] v. tr. placer.

Plebejer [ple'be:jər] m. (s, -). PR. et FIG. plébéien m.

Plebejertum [-tu:m] n. (s) plèbe f.

plebejisch [ple'be:jiʃ] adj. plébéien.

Plebiszit [plebis'tsit] n. (s, e) plébiscite m.

Plebs [plɛps] f. plèbe f.

pleite ['plaitə] adj. en faillite. | *pleite gehen*, faire faillite.

Pleite f. (-, n) banqueroute f. ; faillite f. | *Pleite machen*, faire faillite ; échouer.

Pleite|geier ["plaitə'gaiər] m. (s, -). ÉCON. spectre (m.) de la faillite.

Plempe ['plɛmpə] f. (-, n). POP. sabre m. ; coupe-choux m. || mauvaise boisson ; bibine f. || flic m.

plempern ['plɛmpərn] v. intr. FAM. patauger. || FIG., FAM. traîner ; lambiner.

Plenar|sitzung [ple"nɑ:r'zitsuŋ] f. (-, en) séance plénière. ||°**-versammlung** f. (-, en) assemblée plénière.

plentern ['plɛntərn] v. tr. [Wald] éclaircir ; faire des coupes.

Plenum ['ple:num] n. (s, na) séance plénière ; assemblée entière.

Pleuel ['plɔyəl] m. (s, -) bielle f.

Pleuel|kopf ["plɔyəl'kɔpf] m. (s, ¨e) tête (f.) de bielle. ||°**-lager** n. (s, -) palier (m.) de bielle. ||°**-stange** f. (-, n) bielle (f.) de piston, de moteur.

Pleuritis [plɔy'ri:tis] f. MÉD. pleurésie f.
Plier|augen ["pli:r'augən] n. pl. yeux congestionnés m. pl.
plieren ['pli:rən] v. intr. cligner des yeux ; avoir les yeux malades.
Plinius ['pli:nius] n. pr. m. ANTIQ. Pline m.
Plinse ['plinzə] f. (-, n), **Plinze** ['plintsə] f. (-, n) omelette roulée.
Plinthe ['plintə] f. (-, n). ARCHIT. plinthe f.
Pliozän [pliɔ'tsɛ:n] n. (s). GÉOL. pliocène m.
Plissee|rock [pli"se:'rɔk] m. (s, ¨e) jupe plissée.
plissieren [pli'si:rən] v. tr. [fälteln] plisser.
Plombe ['plɔmbə] f. (-, n). JUR. sceau (m.) de plomb. || [Zähne] plombage m.
plombieren [plɔm'bi:rən] v. tr. plomber.
Plombierung [-ruŋ] f. (-, en) plombage m.
Plötze ['pløtsə] f. (-, n). ZOOL. gardon m. ; rousse f.
plötzlich ['pløtsliç] adj. et adv. soudain ; subit ; brusque.
Plötzlichkeit [-kait] f. soudaineté f.
Pluder|hose ["plu:dər'ho:zə] f. (-, n) pantalon bouffant.
pluderig ['plu:dəriç] adj. bouffant.
Plumeau [ply'mo:] n. (s, s) édredon m.
plump [plump] adj. lourd ; épais ; grossier. | *plumper Mensch*, lourdaud m.
Plump [plump] m. (s, e), **Plumps** [plumps] m. (es, e), **Plumpser** ['plumpsər] m. (s, -) chute pesante, lourde ; coup sourd.
Plumpheit ['plumphait] f. (-, en) lourdeur f. ; grossièreté f. ; balourdise f.
plumps! [plumps] interj. pouf ! ; patatras !
plumpsen ['plumpsən] v. intr. tomber lourdement.
Plunder ['plundər] m. (s) guenilles f. pl. ; fatras m. ; bric-à-brac m.
Plunder|kammer ["plundər'kamər] f. (-, n) cabinet (m.) de débarras. ||°**-markt** m. (es, ¨e) marché (m.) aux puces.
Plünderei [plyndə'rai] f. (-, en) pillage m.
Plünderer ['plyndərər] m. (s, -) pillard m. ; maraudeur m.
plündern [-dərn] v. tr. et v. intr. piller ; marauder ; dévaliser ; détrousser.
Plünderung [-dəruŋ] f. (-, en) pillage m. ; maraude f.
Plural [plu'ra:l] m. (s, e). GRAMM. pluriel m.
plus [plus] adv. plus. | *plus drei*, plus trois.
Plus [plus] n. (-, -) plus m. , surplus m.
Plus|betrag ["plusbə'tra:k] m. (s, ¨e) surplus m. ||°**-pol** m. (s, e) pôle positif. ||°**-zeichen** n. (s, -) signe (m.) de l'addition ; signe plus.
Plüsch [plyʃ:] m. (es, e). TEXT. peluche f.
Plüsch|tier ["ply:ʃ'ti:r] n. (s, e) animal (m.) en peluche ; FAM. peluche f.
Plusquamperfekt ["pluskvampɛr'fɛkt] n. (s, e). GRAMM. plus-que-parfait m.
Pluster|backen ["plustər'bakən] f. pl. joues gonflées.
plusterig ['plustəriç] adj. [Gefieder] gonflé ; hérissé.
Plutarch [plu'tarç] n. pr. m. ANTIQ. Plutarque m.
Pluto ['plu:to] n. pr. m. MYTH. Pluton m.
Plutokratie [plutokra'ti:] f. ploutocratie f.
Pluton [plu'to:n] n. (s). GÉOL. pluton m.
Plutonium [plu'to:nium] n. (s). CHIM. plutonium m.
Plutonium|bombe [plu"to:nium'bɔmbə] f. (-, n) bombe (f.) au plutonium. ||°**-rückführung** f. (-, en). NUCL. recyclage (m.) du plutonium.
Pluviale [pluvi'a:lə] n. (s, e). RELIG. chape f.
Pluviometer [pluvio'me:tər] n. (s, -) pluviomètre m.
Pneu(matik) [pnɔy('ma:tik)] m. (s, s). [Luftreifen] pneu(matique) m.
Pneumatik [pnɔy'ma:tik] f. PHYS. pneumatique f.
pneumatisch [-tiʃ] adj. pneumatique.
Pneumatologie [-toloʒi:] f. pneumatologie f. ; Geisterlehre f.
Pneumokokkus [pnɔymo'kɔkus] m. MÉD. pneumocoque m.
Pneumonie [pnɔymo'ni:] f. (-, n). MÉD. [Lungenentzündung] pneumonie f.
Pöbel ['pø:bəl] m. (s, -) populace f. ; plèbe f.
pöbelhaft ['pø:bəlhaft] adj. populacier ; grossier ; vulgaire.
Pöbelhaftigkeit [-tiçkait] f. grossièreté f. ; vulgarité f.
pochen ['pɔxən] v. intr. frapper ; heurter ; cogner. | *das Herz pocht*, le cœur bat (fort). || FIG. *auf etwas* (acc.) *pochen*, se targuer de qch.
◇ v. tr. TECHN. bocarder.
Poch|hammer ["pɔx'hamər] m. (s, ¨), °**-mühle** [-'my:lə] f. (-, n), °**-werk** [-'vɛrk] n. (s, e) moulin (m.) à bocarder ; machine (f.) à concasser.
Pocken ['pɔkən] f. pl. MÉD. petite vérole ; variole f.
Pocken|narbe ["pɔkən'narbə] f. (-, n) marque (f.) de la petite vérole. ||**-narbig** adj. grêlé. ||°**-schutzimpfung** f. (-, en) vaccination (f.) antivariolique.
Podagra ['po:dagra] n. (s). MÉD. goutte f.
podagrisch [-'da:griʃ] adj. podagre ; goutteux.
Podest [pɔ'dɛst] m. et n. (es, e) podium m. ; palier m. (d'escalier).
Podex ['po:dɛks] m. (es, e). IRON. postérieur m.
Podium ['po:dium] n. (s, dien) estrade f. ; tribune f. ; podium m.
Poesie [poe'zi:] f. (-, n) poésie f.
Poet [po'e:t] m. (en, en) poète m.
Poetik [-tik] f. (-, en) art (m.) poétique.
poetisch [po'e:tiʃ] adj. poétique.
Pogrom [po'gro:m] m. (s, e) pogrom(e) m.
Pointe [pwɛ̃:t] f. (-, n). FIG. pointe f.
pointieren [pwɛ̃'ti:rən] v. tr. pointer. || FIG. souligner (un effet).
Pokal [pɔ'ka:l] m. (s, e) coupe f. ; grand verre à pied. || SPORT. *Pokalspiel*, match (m.) de coupe.
Pökel ['pø:kəl] m. (s) saumure f.
Pökel|faß ["pø:kəl'fas] n. (es, ¨er) saloir m. ||°**-fleisch** n. (es) viande salée ; salaison f. ||°**-hering** m. (s, e) hareng salé.
pökeln ['pø:kəln] v. tr. saler ; mettre dans la saumure.
Poker ['po:kər] m. (s). [Kartenspiel] poker m.
pokern [-kərn] v. intr. jouer au poker.
pokulieren [poku'li:rən] v. intr. boire copieusement ; FAM. pinter.
Pol [po:l] m. (s, e). MATH., GÉOGR., ASTRON., ÉLECTR. pôle m. | *negativer Pol*, pôle négatif. | *positiver Pol*, pôle positif. | *Polklemme*, borne (f.) polaire.
polar [po'la:r] adj. polaire.
Polar|bär [po"la:r'bɛ:r] m. (en, en) ours blanc. ||°**-expedition** f. (-, en) expédition (f.) polaire. ||°**-fuchs** m. (es, e) renard bleu. ||°**-gebiet** n. (s, e) régions polaires. ||°**-kreis** m. (es, e) cercle (m.) polaire. ||°**-licht** (s, er) aurore boréale. ||°**-nacht** f. (-, ¨e) nuit (f.) polaire. ||°**-stern** m. (s) étoile (f.) polaire.
Polare [po'la:rə] f. (-, n). MATH. polaire f.
Polarisation [polariza'tsio:n] f. (-, en). ÉLECTR., OPT. polarisation f. | *nichtlineare Polarisation*, polarisation non-linéaire.
Polarisations|mikroskop [polariza"tsio:nsmikros'ko:p] n. (s, e) microscope polarisant. ||°**-welle** f. (-, n). PHYS. onde (f.) de polarisation.
Polarisator [polari'za:tɔr] m. (s, en). ÉLECTR. polarisateur m.
polarisieren [polari'zi:rən] v. tr. et v. pr. polariser.
Polarität [-ri'tɛ:t] f. polarité f.
Polder ['pɔldər] m. (s, -) polder m.
Pole ['po:lə] m. (n, n) Polonais m.
Polemik [po'le:mik] f. (-, en) polémique f.
Polemiker [-mikər] m. (s, -) polémiste m.
polemisch [-miʃ] adj. polémique.
polemisieren [-lemi'zi:rən] v. intr. polémiquer.
Polen ['po:lən] n. pr. n. Pologne f.
Polente [po'lɛntə] f. ARG. police f.
Police [po'li:sə] f. (-, n) police (f.) d'assurances.
Polier [po'li:r] m. (s, e) contremaître m. (maçon ou charpentier).
Polier|automat [po"li:rauto'ma:t] m. (en, en) polisseuse (f.) automatique. ||°**-feile** f. (-, n) polissoir m. ||°**-maschine** f. (-, n) polisseuse f. ; lustreuse f. ||°**-scheibe** f. (-, n) meule (f.) de polissage ; disque (m.) à polir.
polieren [po'li:rən] v. tr. polir ; vernir.
Polierer [-rər] m. (s, -) polisseur m.

Poliklinik [pɔli'kli:nik] f. (-, en). MÉD. dispensaire m. ; policlinique f.

Polin ['po:lin] f. (-, nen) Polonaise f.

Politesse [poli'tɛsə] f. (-, n). [Polizei] contractuelle f. ; FAM. pervenche f.

Politik [poli'ti:k] f. politique f.

Politik|wissenschaft [pɔli"ti:k'visənʃaft] f. (-) politologie f.

Politiker [po'li:tikər] m. (s, -) politicien m. | *linker Politiker*, homme (m.) de gauche.

politisch [-tiʃ] adj. politique. | *politischer Flüchtling*, réfugié (m.) politique.

politisieren [-ti'zi:rən] v. intr. parler politique. ◇ v. tr. politiser.

Politologe [polito'lo:gə] m. (n, n), **Politologin** [-'lo:gin] f. (-, nen) politologue s.

Politologie [-lo'gi:] f. politologie f.

Politur [poli'tu:r] f. (-, en) poli m. ; vernis m. || PAR EXT. savoir-vivre m.

Polizei [poli'tsai] f. (-, en) police f.

Polizei|agent [poli"tsaia'gɛnt] m. (en, en) mouchard m. ; indicateur (m.) de police. ||°**-amt** n. (s, ¨er) commissariat (m.) de police. ||°**-aufsicht** f. surveillance policière. ||°**-beamter** m. agent (m.) de police. ||°**-behörde** f. (-, n) police f. || °**-bereitschafts|-dienst** m. (s) police secours. || °**-direktion** f. (-, en) service central de (la) police. ||°**-gebäude** n. (s, -) préfecture (f.) de police. ||°**-gefängnis** n. (ses, se) dépôt m. (de police) ; poste (m.) de police ; FAM. violon m. ||°**-gewahrsam** m. (s, e). JUR. garde (f.) à vue. ||°**-hund** m. (s, e) chien policier. ||°**-kommissar** m. (s, e) commissaire (m.) de police. ||°**-melder** m. (s, -) avertisseur (m.) de police. ||°**-präsident** m. (en, en) préfet (m.) de police. ||°**-präsidium** n. (s, dien) préfecture (f.) de police. ||°**-revier** n. (s, e) commissariat (m.), district (m.) de police. ||°**-spitzel** m. (s, -) mouchard m. ||°**-staat** m. (s, en) dictature policière. ||°**-streife** f. (-, n) patrouille (f.) de police. ||°**-stunde** f. (-, n) heure (f.) de fermeture. ||°**-vergehen** n. (s, -) contravention f. ||°**-verordnung** f. (-, en) règlement (m.), ordonnance (f.) de police. ||°**-wache** f. (-, n) poste (m.) de police ; FAM. poste m. ||°**-wagen** m. (s, -) voiture (f.) cellulaire. ||**-widrig** adj. contraire aux règlements de police.

polizeilich [poli'tsailiç] adj. de, par la police ; policier. || *polizeilich überwachen*, POP. fliquer. | *polizeiliche Überwachung*, POP. flicage m.

Polizist [-'tsist] m. (en, en) agent (m.) de police ; gardien (m.) de la paix ; policier m.

Polka ['pɔlka] f. (-, s) polka f.

Pollen ['pɔlən] m. (s, -). BOT. pollen m.

Poller ['pɔlər] m. (s, -). MAR. bitte (f.) d'amarrage.

polnisch ['pɔlniʃ] adj. polonais. | *polnische Wirtschaft*, gâchis m. ; pétaudière f.

Polo ['po:lo] n. (s). [Ballspiel] polo m.

Polo|hemd ["po:lo'hɛmt] n. (s, en) polo m.

Polster ['pɔlstər] n. (s, -) rembourrage m. ; coussin m.

Polster|sessel ["pɔlstər'zɛsəl] m. (s, -), °**-stuhl** [-'ʃtu:l] m. (s, ¨e) siège rembourré.

Polsterer ['pɔlstərər] m. (s, -) rembourreur m.

Polsterung [-ruŋ] f. (-, en) rembourrage m. ; capitonnage m.

Polter|abend ["pɔltər'a:bənt] m. (s, e) veille (f.) des noces ; charivari m. ||°**-geist** m. (es, er) esprit frappeur ; lutin m. ||°**-kammer** f. (-, n) [chambre, cabinet de] débarras m.

Polterer ['pɔltərər] m. (s, -) [esprit] grondeur m. | *der gutmütige Polterer*, le bourru bienfaisant.

poltern [-tərn] v. intr. faire du bruit, du vacarme ; chahuter. || FIG. gronder (sans rudesse) ; bougonner.

Polyamid [polia'mi:t] n. (s, e). CHIM. polyamide m.

Poly|arthritis [-ar'tri:tis] f. (-, itiden). MÉD. polyarthrite f.

Polyäthylen [-ɛty'le:n] n. (s, e). CHIM. polyéthylène m.

Polychromie [-kro'mi:] f. polychromie f.

Polyeder [-'e:dər] n. (s, -) polyèdre m.

Polyen... [pɔlye:n] (en compos.) polyinsaturé. | *Polyenfettsäure*, acide gras polyinsaturé.

Polyester [-'ɛstər] m. (s, -). CHIM. polyester m.

polygam [-'ga:m] adj. polygame.

Polygamie [-ga'mi:] f. polygamie f.

Polygon [-'go:n] n. (s, e) polygone m.

Polymer [-'me:r] m. (s, e). CHIM. polymère m.

Polymerase [-me'ra:zə] f. (-, n). BIOL. polymérase f.

Polymerisation [-meriza'tsio:n] f. (-, en). CHIM. polymérisation f.

Polymorphie [-mɔr'fi:] f., **Polymorphismus** [-mɔr'fismus] m. polymorphisme m.

Polynesien [poly'ne:ziən] n. pr. n. GÉOGR. Polynésie f.

Polynesier(in) [-ziər(in)] m. (s, -), f. (-, nen) Polynésien m., Polynésienne f.

polynesisch [-ziʃ] adj. polynésien.

Polynom [-'no:m] n. (s, e) polynôme m.

Polyp [po'ly:p] m. (en, en). [Kopffüßer] polype m. || POP., IRON. flic m.

Polyphonie [polifo'ni:] f. MUS. polyphonie f.

polysemantisch [polyse'mantiʃ] adj. GRAMM. polysémique.

Polysemie [-se'mi:] f. (-, n). GRAMM. polysémie f.

Polystyrol [-sty'ro:l] n. (s, e). CHIM. polystyrène m.

Polytechnikum [poly'tɛknikum] n. (s, ken) école technique supérieure ; école (f.) d'ingénieurs.

Polytheismus [-te'ismus] m. polythéisme m.

Polyurethan [-ure'ta:n] n. (s). CHIM. polyuréthanne m.

Polyvinyl [-vi'ny:l] n. (s, e). CHIM. polyvinyle m. | *Polyvinylazetat*, acétate (m.) de polyvinyle.

Pomade [po'ma:də] f. (-, n) pommade f. || FAM. *das ist mir Pomade*, ça m'est égal.

pomadig [-diç] adj. FAM. endormi ; lambin.

Pomeranze [pomə'rantsə] f. (-, n) orange f.

Pomeranzen|baum [pomə"rantsən'baum] m. (s, ¨e) oranger m.

Pommer ['pɔmər] m. (n, n) Poméranien m.

pommerisch [-riʃ] adj. poméranien.

Pommern ['pɔmərn] n. pr. n. Poméranie f.

Pomp [pɔmp] m. (s) pompe f. ; faste m.

Pompejus [pom'pɛjus] n. pr. m. HIST. Pompée m.

pomphaft ['pɔmphaft], **pompös** [pɔm'pø:s] adj. pompeux ; fastueux.

poncieren [pɔn'si:rən] v. tr. poncer.

Pontinische Sümpfe [pɔn"ti:niʃə'zympfə] m. pl. GÉOGR. marais Pontins.

Pontius Pilatus ["pɔntsius pi'la:tus] n. pr. m. HIST. Ponce Pilate m.

Ponton|brücke [pɔ̃tɔ̃'brykə] f. (-, n) pont (m.) de bateaux.

Pony ['pɔni] n. (s, s) poney m.

Pool [po:l] m. (s, s), **Pool-Gesellschaft** ["po:lgə'zɛlʃaft] f. (-, en) pool m.

Popanz ['po:pants] m. (es, e) épouvantail m.

Pope ['po:pə] m. (n, n). RELIG. pope m.

Popel ['po:pəl] m. (s) [Nasenschleim] mucosité nasale ; morve f. || FAM. petit sale.

popeln [-pəln] v. intr. se mettre les doigts dans le nez.

poplig ['po:pliç] adj. PÉJOR. pauvre ; modeste.

Popo [po'po:] m. (s). FAM. derrière m.

populär [popu'lɛ:r] adj. FIG. populaire.

Popularität [-lari'tɛ:t] f. popularité f.

Pore ['po:rə] f. (-, n) pore m.

porig [-riç], **porös** [po'rø:s] adj. poreux.

Porosität [porozi'tɛ:t] f. (-, en) porosité f.

Porphyr ['pɔrfy:r] m. (s, e) porphyre m.

Porree ['pɔre] m. (s). BOT. poireau m.

Portabilität [pɔrtabili'tɛ:t] f. INF. portabilité f.

Portal [pɔr'ta:l] n. (s, e) portail m.

Portal|kran [pɔr"ta:l'kra:n] m. (s, ¨e). TECHN. grue (f.) à portique ; portique roulant.

Portepee [pɔrte'pe:] n. (s, s). MIL. dragonne f.

Portier [pɔr'tje] m. (s, s) portier m. ; concierge m.

Portiers|frau [pɔr"tje:rs'frau] f. (-, en) concierge f. ; portière f.

Portikus ['pɔrtikus] m. ARCHIT. portique m.

Portion [pɔr'tsio:n] f. (-, en) portion f. ; ration f.

Porto ['pɔrto] n. (s, s) port m. (de lettre). | *zuzüglich Porto*, port en sus.

Porto|auslagen ["pɔrto'ausla:gən] f. pl. frais (m. pl.) de port. ||**-frei** adj. port payé ; franco (de port). | *portofreie Sendung*, envoi (m.) en franchise (de port). ||°**-freiheit** f. (-, en) franchise postale. ||°**-gebühr** f.

(-, en) port m. ||°-**kosten** pl. frais (m. pl.) de port. ||-**pflichtig** adj. soumis à la taxe ; port dû. ||°-**vergütung** f. (-, en) remboursement (m.) des frais de port. ||°-**zuschlag** m. (s, ¨e) supplément (m.) de port.

Porträt [pɔr'trɛ:] n. (s, e) portrait m.

porträtieren [-trɛ'ti:rən] v. tr. faire le portrait de ; portraiturer.

Porträtist [-trɛ'tist] m. (en, en), **Porträt|maler** [por"trɛ:t'mɑ:lər] m. (s, -) portraitiste m.

Porträt|malerei [pɔr"trɛ:tmalə'rai] f. (-, en) peinture (f.) de portrait.

Portugal ['pɔrtugal] n. pr. n. Portugal m.

Portugiese [pɔrtu'gi:zə] m. (n, n), **Portugiesin** ['gi:zin] f. (-, nen) Portugais m. ; Portugaise f.

Portulak ['pɔrtulak] m. (s, e). Bot. pourpier m.

Port|wein ['pɔrtvain] m. (s) porto m.

Porzellan [pɔrtsə'lɑ:n] n. (s, e) porcelaine f.

Porzellan|erde [pɔrtsə"lɑ:n'e:rdə] f. (-, n) kaolin m. ||°-**fassung** f. (-, en) douille (f.) en porcelaine. ||°-**geschirr** n. (s, e) vaisselle (f.) en porcelaine. ||°-**laden** m. (s, ¨) magasin (m.) de porcelaines. || Fig. *wie der Elefant im Porzellanladen*, très maladroit. ||°-**waren** f. pl. porcelaines f. pl.

porzellanen [pɔrtsə'lɑ:nən] adj. de, en porcelaine.

Posament [poza'mɛnt] n. (s, e) passement m.

Posamentier [-mɛn'ti:r] m. (s, e) passementier m. | *Posamentierarbeit*, passementerie f.

Posaune [po'zaunə] f. (-, n). Mus. trombone m. || Fig. *in die Posaune stoßen*, faire grand bruit ; faire de la propagande.

posaunen [-nən] v. tr. et v. intr. sonner de la trompe. || Fig. [ausposaunen] publier à son de trompe.

Pose ['po:zə] f. (-, n). [Federkiel] tuyau (m.) de plume. || Péjor. pose f. | *das ist nur Pose*, fam. c'est du chiqué.

posieren [po'zi:rən] v. intr. [Malerei] poser. || Fig. prendre une pose ; se donner grand air.

Position [pozi'tsio:n] f. (-, en) position f. || *Position im Haushalt*, chapitre (m.) du budget.

Positions|leuchten [pozi"tsio:ns'lɔyçtən] f. pl. Autom. feux (m. pl.) de position.

positiv [pozi'ti:f, 'positi:f] adj. positif.

Positiv [pozi'ti:f] n. (s, e). Phot. positif m.
◇ m. (s, e). Gramm. positif m.

Positivismus [poziti'vismus] m. Philos. positivisme m.

Positron [pozi'tro:n] n. (s, e). Phys. positon m. ; positron m.

Positur [pozi'tu:r] f. (-, en) posture f. ; pose f. | *sich in Positur setzen*, se mettre en garde.

Posse ['pɔsə] f. (-, n) farce f. ; bouffonnerie f. ; facétie f. ; baliverne f. | *Possen reißen*, faire des farces. | *Possen treiben*, faire le pitre. || Théâtre. farce f. ; pièce (f.) burlesque.

Possen ['pɔsən] m. (s, -). V. Posse.

possenhaft [-sənhaft] adj. bouffon ; grotesque.

Possen|reißer ["pɔsən'raisər] m. (s, -) bouffon m. ; farceur m. ||°-**spiel** n. (s, e). Théâtre. farce f.

possessiv [pɔsɛ'si:f] adj. possessif.

Possessiv|pronomen [pɔsɛ"si:fpro'no:mən] n. (s, mina) pronom possessif.

possierlich [pɔ'si:rliç] adj. burlesque ; bouffon.

Possierlichkeit [-kait] f. (-, en) drôlerie f. ; bouffonnerie f.

Post [pɔst] f. (-, en). **1.** poste f. ; bureau (m.) de poste. | *durch die Post* ; *per Post*, par voie postale ; par la poste. | *mit umgehender Post*, par retour du courrier. **2.** courrier m. | *seine Post aufgeben*, expédier son courrier. | *seine Post erledigen*, faire son courrier.

Post|abschnitt ["pɔst'apʃnit] m. (s, e) talon (m.) de mandat-poste. ||°-**amt** n. (s, ¨er) bureau (m.) de poste. ||°-**anweisung** f. (-, en), °-**auftrag** (s, ¨e) mandat-poste m. ; mandat postal. | *telegraphische Postanweisung*, mandat télégraphique. ||°-**austeilung** f. (-, en) distribution (f.) du courrier. ||°-**barscheck** m. (s, e ou s) chèque (m.) d'assignation. ||°-**beamter** m. employé (m.) des postes ; postier m. ||°-**beamtin** f. (-, nen) employée (f.) des postes ; postière f. ||°-**bestellung** f. (-, en) distribution postale. ||°-**bote** m. (n, n) facteur m. ||°-**einlieferungs|schein** m. (s, e) récépissé postal. ||°-**einzahlung** f. (-, en) mandat-poste m. ; mandat postal. ||°-**fach** n. (s, ¨er) boîte postale ; numéro (m.) de poste restante. ||-**frei** adj. en franchise postale ; port payé ; franco. ||°-**gebühr** f. (-, en) taxe postale. ||°-**geheimnis** n. (ses, se) secret postal. ||°-**gut** n. (s, ¨er) objets transportés par la poste. ||°-**halter** m. (s, -). 1° Hist. maître (m.) de poste ; 2° agent postal auxiliaire. ||°-**karte** f. (-, n) carte postale. ||°-**kasten** m. (s, -), °-**brief|kasten** m. (s, -) boîte (f.) aux lettres. ||°-**kutsche** f. (-, n). Hist. diligence f. ; courrier m. ||-**lagernd** adj. poste restante. ||°-**leit|stelle** f. (-, n) centre (m.) d'acheminement postal. ||°-**leitung** f. (-, en) ligne (f.) de télécommunication postale. ||°-**leit|zahl** f. (-, en) code postal. ||°-**marke** f. (-, n), °-**briefmarke** f. (-, n) timbre-poste m. ; timbre m. ||°-**meister** m. (s, -). Mil. vaguemestre m. || °-**nachnahme** f. (-, n) remboursement postal. || °-**paket** n. (s, e) colis postal. ||°-**rat** m. (s, ¨e) inspecteur (m.) des postes. ||°-**sack** m. (s, ¨e) sac postal ; sac (m.) à lettres. ||°-**schaffner** m. (s, -) employé (m.) des postes ; postier m. ||°-**scheck** m. (s, e ou s) chèque postal. ||°-**schließ|fach** n. (s, ¨er) boîte postale. ||°-**sendung** f. (-, en) envoi postal. ||°-**spar|kasse** f. (-, n) caisse d'épargne postale. ||°-**sparkassen|buch** n. (s, ¨er) livret (m.) de caisse d'épargne. ||°-**spesen** pl. frais postaux. ||°-**stempel** (s, -) timbre, cachet postal, de la poste. ||°-**überweisung** f. (-, en) virement postal. ||°-**verkehr** m. (s) trafic postal. ||°-**wagen** m. (s, -). [Lastwagen] fourgon postal. ||°-**waggon** m. (s, s). [Zug] fourgon postal. ||-**wendend** adj. par retour du courrier. ||°-**wert|zeichen** n. (s, -) timbre-poste m. ; figurine postale. ||°-**wurf|sendung** f. (-, en) envoi (m.) en nombre. ||°-**zug** m. (s, ¨e) train-poste m. ; train (m.) de messagerie.

Postament [pɔsta'mɛnt] n. (s, e) socle m. ; piédestal m.

Posten ['pɔstən] m. (s, -). **1.** Mil. poste m. ; sentinelle f. | *(auf) Posten stehen*, être de garde, de faction. | *auf Posten ziehen*, prendre la garde. | *den Posten ablösen*, relever la sentinelle. | *Vorposten*, avant-poste m.
2. [Stelle ; Amt] poste m. ; position f. ; charge f. ; place f. | *Ehrenposten*, poste d'honneur.
3. Comm. lot (m.) de marchandises. || [Buchführung] poste m. ; article m.
4. [Jagd] chevrotines f. pl.

Posten|ablösung ["pɔstən'aplø:zuŋ] f. (-, en). [de **Posten 1**] relève f. (de la sentinelle). ||°-**linie** f. (-, n) ligne (f.) des avant-postes.

Posten|jäger ["postən'jɛ:gər] m. (s, -). [de **Posten 2**] arriviste m. ; intrigant m.

posthum [pɔst'hu:m] adj. posthume.
◇ adv. après la mort.

postieren [pɔs'ti:rən] v. tr. poster (sentinelles) ; placer.

Postierung [-ruŋ] f. (-, en) mise (f.) en place des sentinelles.

Postille [pɔs'tilə] f. (-, n). Relig. recueil (m.) des sermons ; sermonnaire m.

Postillion [pɔsti'ljo:n] m. (s, e) postillon m.

Postmoderne [pɔstmo'dɛrnə] f. Archit. postmodernisme m.

postoperativ [-opera'ti:f] adj. Méd. postopératoire.

Postulat [pɔstu'lɑ:t] n. (s, e) postulat m.

Potemkinsche Dörfer [pɔ"tɛmkinʃə'dørfər] n. pl. illusions f. pl. ; tromperies f. pl.

Potentat [pɔtɛn'tɑ:t] m. (en, en) potentat m.

potential [pɔtɛntsi'ɑ:l] adj. potentiel ; en puissance.

Potential [-tsi'ɑ:l] n. (s, e) potentiel m.

potentiell [-tsi'ɛl] adj. potentiel.

Potentio|metrie [potɛntsiome'tri:] f. (-, n). Techn. potentiométrie f.

Potenz [po'tɛnts] f. (-, en). Phys., Physiol., Math. puissance f. || Philos. virtualité f.

potenzieren [-tɛn'tsi:rən] v. tr. Math. élever à une puissance. || Fig. rendre plus puissant.

Pott [pɔt] m. (s, ¨e). Fam. [Topf] pot m. || Mar. rafiot m.

Pott|asche ["pɔt'aʃə] f. (-, n) potasse carbonatée ; carbonate (m.) de potassium. ||°-**fisch** m. (es, e), °-**wal** m. (s, e) cachalot m.

Potz Blitz ! ['pɔtsblits], **potztausend !** ["pɔts'tauzənt] interj. morbleu ! ; peste ! ; tonnerre !

poussieren [pu'si:rən] V. pussieren.

Prä [prɛ:] n. (s). Pop. préséance f. ; pas m.

Präambel [prɛ'ambəl] f. (-, n) préambule m.

Präbende [prɛ'bɛndə] f. (-, n) prébende f.

Pracher ['praxər] m. (s, -). Fam. mendigot m.

Pracht [praxt] f. magnificence f. ; faste m. ; pompe f. ; somptuosité f.
Pracht|aufwand [″praxt'aufvant] m. (s) luxe m. ; somptuosité f. ||°-**ausgabe** f. (-, n) édition (f.) de luxe. ||°-**band** m. (s, ¨e) volume (m.) de luxe. ||°-**bett** n. (s, en) lit (m.) de parade. ||°-**einband** m. (s, ¨e) reliure (f.) de luxe. ||°-**exemplar** m. (s, e) belle pièce. || FIG., IRON. camarade (m.) très agréable. ||°-**kerl** m. (s, e) beau gars ; gaillard (m.) superbe. ||°-**mensch** m. (en, en) beau type d'homme ; bel homme.
prächtig ['prɛçtiç], **prachtvoll** ['praxtfɔl] adj. superbe ; magnifique ; splendide ; somptueux ; luxueux.
Prädestination [prɛdɛstina'tsio:n] f. (-, en). RELIG. [Vorherbestimmung] prédestination f.
prädestiniert [-ti'ni:rt] adj. prédestiné (à).
Prädikant [prɛdi'kant] m. (en, en). RELIG. prédicateur m. ; prédicant m.
Prädikat [prɛdi'ka:t] n. (s, e). GRAMM. et PHILOS. attribut m. || [Schule] note f. || [Titel] titre m.
prädizieren [prɛdi'tsi:rən] v. tr. affirmer.
Präexistenz [prɛɛksis'tɛnts] f. (-, en) préexistence f.
Präfekt [prɛ'fɛkt] m. (en, en) préfet m.
Präfektur [-fɛk'tu:r] f. (-, en) préfecture f.
Präfix [prɛ'fiks] n. (es, e). GRAMM. préfixe m.
Prag [pra:k] n. pr. n. GÉOGR. Prague m.
Präge|anstalt [″prɛ:gə'anʃtalt] f. (-, en) hôtel (m.) des monnaies. ||°-**stempel** m. (s, -) coin m. ||°-**stock** m. (s, ¨e) matrice f.
prägen ['prɛ:gən] v. tr. empreindre ; marquer d'une empreinte. | *Geld prägen*, battre monnaie. || PAR EXT. *einen Ausdruck prägen*, forger une expression. | *einen Charakter prägen*, former un caractère. | *sich etwas ins Gedächtnis (ein)prägen*, (se) graver qch. dans la mémoire. || FIG. graver ; imprimer.
Präger [-gər] m. (s, -) monnayeur m.
Pragmatik [prag'ma:tik] f. (-, en) expérience (f.) empirique, pragmatique.
pragmatisch [-'ma:tiʃ] adj. pragmatique. || HIST. *Pragmatische Sanktion*, Pragmatique Sanction f.
Pragmatismus [-ma'tismus] m. pragmatisme m.
prägnant [prɛg'nant] adj. expressif ; lourd de sens ; ramassé ; dense ; concentré.
Prägnanz [-'nants] f. densité f. ; richesse f. ; force (f.) d'expression.
Prägung ['prɛ:guŋ] f. (-, en) frappe f. ; monnayage m. || TECHN. estampage m.
Prähistorie [prɛhis'to:riə] f. préhistoire f.
prahlen ['pra:lən] v. intr. se vanter ; fanfaronner. | *mit etwas prahlen*, faire étalage de qch.
Prahler [-lər] m. (s, -), **Prahl|hans** [″pra:l'hans] m. (en) vantard m. ; fanfaron m. ; hâbleur m.
Prahlerei [pra:lə'rai] f. (-, en) ostentation f. ; jactance f. ; vantardise f. ; fanfaronnade f.
— SYN. : *Aufschneiderei*, gasconnade ; *Ruhmredigkeit*, gloriole ; *Maulheldentum*, forfanterie, rodomontade ; *Effekthascherei*, pose ; *Wichtigtuerei*, grands airs.
prahlerisch ['pra:ləriʃ] adj. vantard ; glorieux ; fanfaron.
Prahm [pra:m] m. (s, e). MAR. bac m.
Präjudiz [prɛju'di:ts] n. (es, e). JUR. préjugé m. ; préjudice m.
Präjudizial|klage [prɛjuditsi″a:l'kla:gə] f. (-, n) demande préjudicielle.
präjudiziell [prɛjuditsi'ɛl] adj. préjudiciel.
präjudizieren [-'tsi:rən] v. tr. préjuger.
präkludieren [prɛklu'di:rən] v. tr. forclore.
Präklusion [-klu'zio:n] f. forclusion f.
Präklusiv|frist [prɛklu″zi:f'frist] f. (-, en) délai (m.) de forclusion.
Praktik ['praktik] f. (-, en) pratique f. ; expérience f.
praktikabel [prakti'ka:bəl] adj. praticable ; faisable.
Praktikant(in) [-'kant(in)] m. (en, en), f. (-, nen) volontaire s. ; stagiaire s.
Praktiker(in) ['praktikər(in)] m. (s, -), f. (-, nen) praticien(ne) m. (f.) | *alter Praktiker*, vieux routier.
Praktikum [-tikum] n. (s, ka) stage m.
praktisch [-tiʃ] adj. pratique. || qui pratique ; consultant. | *praktischer Arzt*, *praktische Arztin*, médecin (m.) généraliste, de médecine générale ; généraliste s. ; [omni]praticien m. || commode ; facile. || concret ; courant. | *praktisches Leben*, vie courante, normale.
praktizieren [prakti'tsi:rən] v. tr. pratiquer ; exercer. || faire disparaître subitement.

Prälat [prɛ'la:t] m. (en, en). RELIG. prélat m.
Präliminarien [prɛlimi'na:riən] f. pl. préliminaires m. pl.
Praline [pra'li:nə] f. (-, n) chocolat fourré.
prall [pral] adj. dru ; ferme ; rebondi. | *pralle Arme*, bras fermes, potelés. | *in der prallen Sonne*, en plein soleil.
Prall [pral] m. (s, e) choc m. ; heurt m. ; rebondissement m. | *Abprall* ; *Rückprall*, rebondissement (m.), choc (m.) en retour. | *Aufprall*, choc m. ; collision f.
Prall|hang ['pralhaŋ] m. (s, ¨e). GÉOGR. rive (f.) concave d'un méandre. ||°-**kraft** f. élasticité f. ||°-**schuß** m. (es, ¨e) ricochet m. ||°-**stoß** m. (es, ¨e) contrecoup m. ; ricochet m.
prallen ['pralən] v. intr. (se) heurter ; subir un choc ; rebondir ; ricocher. | *aufprallen*, rebondir.
Prämie ['prɛ:miə] f. (-, n) prime f. ; prix m.
Prämien|anleihe [″prɛ:miən'anlaiə] f. (-, n) emprunt (m.) à lots. ||°-**erhöhung** f. (-, en) majoration (f.), augmentation (f.) de prime. ||°-**geschäft** n. (s, e) marché (m.) à prime. ||°-**zuschlag** m. (s, ¨e) surprime f.
prämiieren [prɛmi'i:rən] v. tr. primer ; accorder un prix à.
Prämisse [prɛ'misə] f. (-, n) prémisse f.
pränatal [prɛna'ta:l] adj. anténatal. | *pränatale Diagnostik*, diagnostic anténatal.
prangen ['praŋən] v. intr. briller ; s'étaler ; resplendir. || FIG. *mit etwas prangen*, faire parade de.
Pranger [-ŋər] m. (s, -) pilori m. ; carcan m. | *an den Pranger stellen*, mettre au pilori.
Pranke ['praŋkə] f. (-, n) griffe f. ; ARG. patte f. ; pince f.
pränumerando [prɛnume'rando] adv. (en payant) d'avance.
pränumerieren [-'ri:rən] v. tr. payer d'avance.
Präparand [prɛpa'rant] m. (en, en) [élève] candidat m. || PAR EXT. préparateur m.
Präparant [-'rant] m. (en, en) préparateur m. (en pharmacie, de laboratoire).
Präparat [-'ra:t] n. (s, e) produit (m.) chimique ; préparation f. || [Arznei] produit pharmaceutique ; médicament m.
Präparator [-'ra:tɔr] m. (s, en) taxidermiste m.
präparieren [-'ri:rən] v. tr. préparer.
Präposition [prɛpozi'tsio:n] f. (-, en). GRAMM. [Verhältniswort] préposition f.
Präsens ['prɛ:zɛns] n. (-, Präsentia). GRAMM. présent m.
Präsent [prɛ'zɛnt] n. (s, e) présent m. ; cadeau m.
präsentieren [-zɛn'ti:rən] v. tr. présenter. | *präsentiert das Gewehr !*, présentez, armes !
Präsentier|teller [prɛzɛn″ti:r'tɛlər] m. (s, -) plateau m.
Präsenz [prɛ'zɛnts] f. (-, en) présence f.
Präsenz|liste [prɛ″zɛnts'listə] f. (-, n) liste de présence. ||°-**stärke** f. effectif présent.
Präses ['prɛ:zəs] m. (-, siden) président m.
Präsident [prɛzi'dɛnt] m. (en, en) président m.
Präsidentschaft [-'dɛntʃaft] f. présidence f.
präsidieren [-'di:rən] v. intr. présider. | *einer Versammlung präsidieren*, présider une assemblée.
Präsidium [prɛ'zi:dium] n. (s, dien) présidence f. | *Polizeipräsidium*, préfecture (f.) de police.
prasseln ['prasəln] v. intr. pétiller ; crépiter.
Prasseln [-səln] n. (s) pétillement m. ; crépitement m.
prassen ['prasən] v. intr. faire bombance ; mener joyeuse vie ; FAM. faire la noce, la bombe.
Prasser [-sər] m. (s, -) débauché m. ; FAM. noceur m. ; bambocheur m.
Prasserei [prasə'rai] f. (-, en) débauche f. ; bombance f. ; FAM. noce f. ; bombe f.
präsumieren [prɛzu'mi:rən] v. tr. présumer.
Präsumtiverbe [prɛzum'ti:fɛrbə] m. (s) héritier présomptif.
Prätendent [prɛtɛn'dɛnt] m. (en, en) prétendant m.
Präteritum [prɛ'te:ritum] n. (s, ta). GRAMM. prétérit m.
Prätor ['prɛ:tɔr] m. (s, en). HIST. préteur m.
Prätorianer [prɛtori'a:nər] m. (s, -) prétorien m.

Präventiv|krieg [prɛvɛn″ti:f'kri:k] m. (s, e) guerre préventive.

Praxis ['praksis] f. pratique f. || [Arzt ; Anwalt] clientèle f.

Präzedenz|fall [prɛtse″dɛnts'fal] m. (s, ¨e) précédent m. | *einen Präzedenzfall schaffen*, établir, créer un précédent.

Präzession [prɛtsɛ'sio:n] f. ASTRON. *Präzession der Erdachse*, précession (f.) des équinoxes.

präzis [prɛ'tsi:s] adj. précis ; exact.

präzisieren [-tsi'zi:rən] v. tr. préciser.

Präzision [-'zio:n] f. précision f. || *Präzisionsarbeit*, travail (m.) de précision.

Predella [pre'dɛla] f. (-, len). ARCHIT. prédelle f.

predigen ['pre:digən] v. tr. et v. intr. prêcher ; PÉJOR. sermonner. | *tauben Ohren predigen*, prêcher dans le désert.

Prediger [-gər] m. (s, -) prédicateur m.

Prediger|mönch [″pre:digər'mønç] m. (s, e) frère prêcheur ; dominicain m.

Predigt ['pre:diçt] f. (-, en) sermon m. ; prédication f. ; prêche m.

preien ['praiən] v. tr. MAR. héler, appeler (un autre bateau).

Preis [prais] m. (es, e). **1.** prix m. | *abgemachter Preis*, prix convenu. | *erhöhter Preis*, prix majoré. | *die Preise steigen, fallen*, les prix montent, baissent. | *fester Preis*, prix fixe. | *herabgesetzter Preis*, prix réduit. | *laufender Preis*, prix courant. | *unerschwinglicher Preis*, prix inabordable. | *vorgeschriebener Preis*, prix imposé. | *Preis nach Vereinbarung*, prix à débattre. | *mit dem Preis heruntergehen*, rabattre le prix. | *den Preis hinauftreiben*, renchérir ; pousser, augmenter le prix. | *nicht auf den Preis sehen*, ne pas regarder au prix. || LOC. *um jeden Preis*, à tout prix. | *um keinen Preis*, à aucun prix. **2.** [Siegergewinn] prix m. ; récompense f. | *den Preis davontragen*, remporter le prix. | *einen Preis auf den Kopf des Verbrechers setzen*, mettre à prix la tête du criminel. **3.** [Lob ; Ruhm] louange f. ; gloire f. | *Preis sei Gott !*, gloire à Dieu !

Preis|abbau [″prais'apbau] m. (s) réduction (f.) des prix. ||°**-abschlag** m. (s, ¨e) remise f. ; rabais m. ||°**-angabe** f. (-, n) indication (f.) de prix. ||°**-angebot** n. (s, e) offre f. ||°**-angleichung** f. (-, en), °**-anpassung** f. (-, en) rajustement (m.) des prix. ||°**-ansatz** m. (es, ¨e) mise (f.) à prix. ||°**-anstieg** m. (s, e) montée (f.) des prix. | *starker Preisanstieg*, flambée (f.) des prix. ||°**-aufschlag** m. (s, ¨e) majoration f. ||°**-aufsichts|stelle** f. (-, n) office (m.) de surveillance des prix. ||°**-auftrieb** m. (s, e) hausse (f.) des prix. ||°**-aushang** m. (s, ¨e) affichage (m.) des prix. ||°**-ausschreiben** n. (s, -) mise (f.) au concours. ||°**-behörde** f. (-, n) service (m.) des prix. ||°**-beständigkeit** f. stabilité (f.) des prix. ||°**-bestimmung** f. (-, en) tarification f. ; cotation f. ||°**-bildung** f. formation (f.) des prix. ||°**-bindung** f. (-, en) prix imposé. ||°**-elastizität** f. *Preiselastizität (der Nachfrage)*, élasticité (f.) de la demande par rapport aux prix. ||°**-erhöhung** f. (-, en) hausse (f.), relèvement (m.) des prix. ||°**-ermäßigung** f. (-, en) réduction (f.) de prix ; rabais m. ; détaxe f. ||°**-freigabe** f. (-, n) déblocage (m.) des prix. ||°**-gabe** f. (-, n) abandon m. ||**-geben** (i, a, e) v. tr. abandonner. | *jm preisgegeben sein*, être à la merci de qn. ||**-gekrönt** adj. primé. ||°**-gericht** n. (s, e) jury m. ||°**-herabsetzung** f. (-, en) réduction (f.), diminution (f.) des prix ; démarque f. ||°**-index** m. (es, izes) indice (m.) des prix. ||°**-karussell** n. (s, s). FAM. valse (f.) des étiquettes. ||°**-lage** f. (-, n) niveau m. (dans les prix). | *in jeder Preislage*, à tous les prix. ||°**-liste** f. (-, n) prix courant ; tarif m. ; barème m. ||°**-nachlaß** m. (es, ¨e) remise f. (de prix) ; rabais m. ; démarque f. ||°**-notierung** f. (-, en) cotation (f.) des prix. ||°**-regelung** f. (-, en) réglementation (f.) des prix. ||°**-richter** m. (s, -) juge m. (qui décerne un prix). ||°**-rutsch** m. (es, e) dérapage (m.) des prix. ||°**-schere** f. (-, n) marge f. ; fourchette f. || °**-schießen** n. (s) concours (m.) de tir. ||°**-schleuderei** f. (-, en) vente (f.) à vil prix ; braderie f. ||°**-senkung** f. (-, en) baisse (f.) des prix. ||°**-spanne** f. (-, n) marge (f.) bénéficiaire. ||°**-stand** m. (s, ¨e) niveau (m.) du prix. ||°**-steigerung** f. (-, en) augmentation (f.) des prix ; hausse f. ||°**-stop** m. (s) blocage (m.) des prix. ||°**-sturz** m. (es, ¨e) chute f. (des cours) ; effondrement (m.) des prix. ||°**-treiber** m. (s, -) renchérisseur m. ; haussier m. ||°**-treiberei** f. (-, en) hausse (f.) illicite. ||°**-überwachung** f. (-, en) surveillance (f.), contrôle (m.) des prix. ||°**-ungleichheit** f. (-, en) disparité (f.) des prix. || °**-unterbietung** f. (-, en) vente (f.) au-dessous des prix ; baisse (f.) publicitaire. ||°**-vereinbarung** f. (-, en) accord (m.), convention (f.) sur les prix. || °**-verständigung** f. (-, en) entente (f.) sur les prix. ||°**-verteilung** f. (-, en) distribution (f.) des prix. ||°**-verzeichnis** (ses, se) prix-courant m. ; liste (f.) des prix. ||**-wert** adj. bon marché ; qui vaut son prix. ||**-würdig** digne d'éloges ; louable.

Preisel|beere [″praizəl'be:rə] f. (-, n), **Preißel|beere** [″praisəl'be:rə] f. (-, n). BOT. airelle f. ; brimbelle f.

preisen ['praizən] (ie, ie) v. tr. vanter ; célébrer ; glorifier ; prôner. | *Gott preisen*, louer Dieu. | *jn glücklich preisen*, estimer qn heureux. | *ich preise mich glücklich, daß*, je me félicite que.

prekär [pre'kɛ:r] adj. précaire.

Prell|bock ['prɛlbɔk] m. (s, ¨e). [Eisenbahn] heurtoir m. ; butoir m. ||°**-bolzen** m. (s, -) tige (f.) de butée. ||°**-schlag** m. (s, ¨e) à-coup m. ||°**-schuß** m. (es, ¨e) ricochet m. ||°**-stein** m. (s, e) chasse-roue m. ; bouteroue m.

prellen ['prɛlən] v. tr. faire rebondir ; berner. || FIG. berner ; filouter ; escroquer. | *jn um etwas prellen*, frustrer qn de qch. | *der Geprellte*, la dupe ; le dindon de la farce.

Preller [-lər] m. (s, -) coup violent. || FIG. berneur m. ; filou m. ; aigrefin m.

Prellerei [prɛlə'rai] f. (-, en) filouterie f. ; escroquerie f. ; duperie f.

Prellung ['prɛluŋ] f. (-, en). MÉD. contusion f.

Premier [prəm'ie:] m. (s, s), **Premier|minister** [prəm″ie:mi'nistər] m. (s, -). POLIT. Premier ministre.

Premiere [prəm'iɛ:rə] f. (-, n). THÉÂTRE. [Uraufführung] première f.

preschen ['prɛʃən] v. intr. se porter en avant. || SPORT. *Harbig prescht vor, nach vorn*, Harbig se porte en tête.

Preß|druck ['prɛsdruk] m. (s) compression f. ||°**-flüssigkeit** f. (-, en) liquide (m.) sous pression. ||°**-form** f. (-, en) moule (m.) à presse. ||**-gießen** (o, o) v. tr. mouler sous pression. ||°**-guß** m. (es) coulage (m.) sous pression. ||°**-klotz** m. (es, ¨e) plateau (m.) de serrage. ||°**-kohle** f. (-, n) briquette f. ||°**-kolben** m. (s, -) piston (m.) de compression. ||°**-luft** f. air comprimé. ||°**-luft(bohr)hammer** m. (s, -) marteau perforateur à air comprimé ; marteau-piqueur m. ||°**-luft|meißel** m. (s, -) burin (m.) pneumatique. ||°**-öl|antrieb** m. (s, e) commande (f.) à pression d'huile. ||°**-öl|pumpe** f. (-, n) pompe (f.) à huile sous pression. ||°**-pumpe** f. (-, n) pompe foulante. ||°**-stroh** m. (s) paille pressée. ||°**-stück** n. (s, e) pièce forgée à la presse ; pièce emboutie.

preßbar ['prɛsbɑ:r] adj. compressible.

Preßbarkeit [-kait] f. compressibilité f.

Preßburg ['prɛsburk] n. pr. n. GÉOGR. Presbourg m. (Bratislava).

Preßling ['prɛsliŋ] m. (s, e) pièce pressée.

Presse ['prɛsə] f. (-, n). **1.** [Maschine] presse f. ; pressoir m. | *unter der Presse*, sous presse. | *hydraulische Presse*, presse hydraulique. **2.** [Zeitungen] presse f. ; journaux m. pl. | *Tagespresse*, presse quotidienne ; quotidiens m. pl. | *das Buch ist unter der Presse*, ce livre est sous presse. || FIG. *er hat eine gute Presse*, il a bonne presse, bonne réputation. **3.** [Gedränge] presse f. ; précipitation f. **4.** FAM. boîte (f.) à bachot.

Presse|amt [″prɛsə'amt] n. (s, ¨er) bureau (m.) de presse. ||°**-ausweis** m. (es, e) carte (f.) de presse ; coupe-file m. ||°**-bericht|erstatter** m. (s, -) journaliste m. ; reporter m. ||°**-freiheit** f. liberté (f.) de la presse. ||°**-konferenz** f. (-, en) conférence (f.) de presse. ||°**-notiz** f. (-, en) entrefilet m. ||°**-referat** n. (s, e) compte rendu de presse. ||°**-referent(in)** m. (en, en), f. (-, nen) attaché(e) [m. (f.)] de presse. ||°**-reise** f. (-, n) voyage (m.) de presse. ||°**-spiegel** m. (s, -) revue (f.) de presse. ||°**-stelle** f. (-, n) bureau (m.) de la presse. ||°**-stimme** f. (-, n), °**-urteil** n. (s, e) commentaire (m.) de presse. ||°**-vergehen** n. (s, -) délit (m.) de presse. ||°**-wesen** n. (s) presse f. ||°**-zeichner** m. (s, -) dessinateur (m.) de presse.

pressen ['prɛsən] v. tr. et intr. **1.** [mit einer Presse] presser ; comprimer ; pressurer. | *den Saft aus einer Zitrone pressen*, presser un citron. | *Öl pressen*, extraire de l'huile. **2.** [stark drücken] serrer. | *jn ans Herz pressen*, serrer

qn contre son cœur, dans ses bras. | *ein gepreßt voller Raum*, une salle comble, pleine à craquer.
3. [gedrängt werden] *er wird von seinen Gläubigern gepreßt*, ses créanciers le pressent, le harcèlent.
4. Loc. *ein Land pressen*, opprimer un pays. || Text. *das Tuch pressen*, catir, parer, fouler l'étoffe. || Mar. *den Wind pressen*, serrer le vent.

pressieren [prɛ'si:rən] v. tr. et v. intr. presser ; être urgent. | *pressiert sein*, être pressé ; avoir hâte.

Pressung ['prɛsuŋ] f. (-, en) pression f. ; compression f. || Fig. oppression f.

Prestige [prɛs'ti:ʒə] n. (s) prestige m.

Pretiosen [pretsi'o:zən] f. pl. objets précieux.

Preuße ['prɔysə] m. (n, n) Prussien m.

Preußen ['prɔysən] n. pr. n. Géogr. Prusse f.

Preußentum [-tu:m] n. (s) prussianisme m. ; esprit prussien.

preußisch ['prɔysiʃ] adj. prussien.

Preußisch|blau [-'blau] n. (s) bleu (m.) de Prusse.

Priapus [pri'a:pus] m. Myth. Priape m.

Prickelei [prikə'lai] f. (-, en) picotements m. pl.

prickeln ['prikəln] v. intr. picoter ; piquer ; pétiller. | *der prickelnde Reiz des Neuen*, le charme piquant de la nouveauté.

priemen ['pri:mən] v. intr. chiquer.

Priem|tabak ['pri:mtabak] m. (s, e) tabac (m.) à chiquer.

Priester(in) ['pri:stər(in)] m. (s, -), f. (-, nen) prêtre(sse) m. (f.).

Priester|amt [″pri:stər'amt] n. (s, ¨er) sacerdoce m. ||°**-herrschaft** f. théocratie f. ; Péjor. cléricalisme m. ||°**-rock** m. (s, ¨e) soutane f. ||°**-stand** m. (s) clergé m. ; prêtrise f. ; sacerdoce m. ||°**-weihe** f. (-, n) ordination f.

priesterlich ['pri:stərliç] adj. sacerdotal.

Priesterschaft [-ʃaft] f. clergé m.

Priestertum [-tu:m] n. (s) fonction, dignité sacerdotale ; sacerdoce m. ; prêtrise f.

Prima ['pri:ma] f. (-, men). [Schule] première f.

prima ['pri:ma] adj. Fam. de première qualité ; fameux ; extra ; épatant. | *das ist ja prima*, c'est formidable. | *wir verstehen uns prima*, nous nous entendons à merveille.

Prima|ballerina [″pri:mabalə'ri:na] f. (-, inen) première danseuse ; danseuse étoile. ||°**-donna** f. (-, nen) première cantatrice.

Primaner(in) [pri'ma:nər(in)] m. (s, -), f. (-, nen) élève (s.) de première.

primär [pri'mɛ:r] adj. primaire ; au début.

Primär|affekt [pri″mɛ:rafɛkt] m. (s, e). Méd. début (m.) d'une maladie. ||°**-energie** f. (-, n). Nucl. énergie (f.) primaire. ||°**-kreis** m. (es, e). Nucl. circuit (m.) primaire. ||°**-kühl|kreislauf** m. (s, ¨e). Nucl. circuit (m.) primaire de refroidissement. ||°**-schaltung** f. (-, en), °**-spule** f. (-, n) self (f.), bobine (f.), enroulement (m.) primaire. ||°**-strom** m. (s, ¨e) courant (m.) primaire. ||°**-zeit** f. Géol. ère (f.) primaire.

Primas ['pri:mas] m. (-, se). Relig. primat m. || Mus. premier violon.

Primat [pri'ma:t] m. (s, e) primauté f. || Relig. primatie f.

Primaten [-tən] m. pl. Zool. primates m. pl.

Prime ['pri:mə] f. (-, n). Mus. [Grundton einer Oktave] tonique f. || [erste Stimme] première partie. || Math. nombre premier.

Prim|zahl ['pri:mtsa:l] f. (-, en) nombre premier.

Primel ['pri:məl] f. (-, n). Bot. primevère f.

primitiv [primi'ti:f] adj. primitif.

Primitivität [-tivi'tɛ:t] f. primitivité f.

Primiz [pri'mits] f. (-, en). Relig. première messe d'un nouveau prêtre.

Primizien [pri'mi:tsiən] f. pl. prémices f. pl.

Primo|infektion [″primoinfɛk'tsio:n] f. (-, en). Méd. primo-infection f.

Primus ['pri:mus] m. (-, mi ou se). [Schule] premier m. ; major m.

Printe ['printə] f. (-, n) pain (m.) d'épice.

Prinz [prints] m. (en, en) prince m.

Prinzessin [prin'tsɛsin] f. (-, nen) princesse f.

Prinz|gemahl [″printsgə'ma:l] m. (s, e) prince (m.) consort. ||°**-regent** m. (en, en) prince régent.

Prinzip [prin'tsi:p] n. (s, ien) principe m. | *aus Prinzip*, par principe. | *im Prinzip*, en principe.

Prinzipal [printsi'pa:l] m. (s, e) patron m. || [Orgelwerk] prestant m.

prinzipiell [-pi'ɛl] adj. par principe.

Prinzipien|frage [prin″tsi:piən'fra:gə] f. (-, n) question (f.) de principe. ||°**-reiter** m. (s, -). Péjor. doctrinaire m.

prinzlich ['printsliç] adj. princier.

Prior ['pri:or] m. (s, en). Relig. prieur m.

Priorat [prio'ra:t] n. (s, e) prieuré m.

Priorin [pri'o:rin] f. (-, nen) prieure f.

Priorität [priori'tɛ:t] f. (-, en) priorité f. ; préférence f.

Prise ['pri:zə] f. (-, n) prise (f.) de tabac ; pincée f. || Mar. vaisseau capturé ; prise f.

Prisma ['prisma] n. (s, men) prisme m.

prismatisch [pris'ma:tiʃ] adj. prismatique.

Prismen|fernrohr [″prismən'fɛrnro:r] n. (s, e) lunette (f.) à prismes. ||°**-glas** n. (es, ¨er) jumelles (f. pl.) à prismes.

Pritsche ['pritʃə] f. (-, n) châlit m. || batte f. ; battoir m. | *Narrenpritsche*, batte d'arlequin. | *Schießpritsche*, civière f.

Pritschen|anhänger [″pritʃən'anhɛŋər] m. (s, -) remorque (f.) à plate-forme.

privat [pri'va:t] adj. privé ; particulier. | *auf privatem Wege*, par voie privée.

Privat|abmachung [pri″va:t'apmaxuŋ] f. (-, en) *als Privatabmachung*, sous seing privé. ||°**-angelegenheit** f. (-, en) affaire privée. ||°**-dozent** m. (en, en) maître (m.) de conférences. ||°**-eigentum** n. (s, ¨er) propriété privée. ||°**-gelehrter** m. savant (m.) qui s'adonne à des recherches personnelles. ||°**-gesellschaft** f. (-, en) société privée. ||°**-kundschaft** f. (-, en) clientèle privée. ||°**-lehrer** m. (s, -) professeur particulier. ||°**-mann** m. (s, ¨er ou leute) particulier m. ||°**-recht** n. (s, e) droit privé. ||°**-sache** f. (-, n) affaire privée ; affaire personnelle. ||°**-schule** f. (-, n) école (f.) libre ; cours privé. ||°**-stunde** f. (-, n) cours particulier ; leçon particulière. | *Privatstunden geben*, donner des cours particuliers. ||°**-unternehmen** n. (s, -), °**-unternehmung** f. (-, en) entreprise privée. ||°**-urkunde** f. (-, n) acte (m.) sous seing privé. ||°**-weg** m. (s, e) chemin particulier ; chemin rural. ||°**-wirtschaft** f. (-, en) secteur privé. ||°**-zweck** m. (s, e). *zu Privatzwecken*, pour usage personnel.

Privatier [privati'e:] m. (s, -) rentier m.

privatim [pri'va:tim] adv. à titre privé ; confidentiellement.

privatisieren [privati'zi:rən] v. tr. privatiser.

Privatisierung [-'zi:ruŋ] f. (-, en) privatisation f.

Privatissimum [-'tisimum] n. (s, ma). Univ. conférence fermée ; cours particulier.

Privileg [privi'le:k] n. (s, ien) privilège m.

privilegieren [-le'gi:rən] v. tr. privilégier.

pro [pro:] prép. (acc.) pour ; par. | *pro Stück*, la pièce. | *pro Kopf*, par tête.
◇ n. **Pro.** *das Pro und Kontra*, le pour et le contre.

probat [pro'ba:t] adj. éprouvé ; au point.

Probe ['pro:bə] f. (-, n). **1.** épreuve f. ; essai m. | *auf die Probe stellen*, mettre à l'épreuve. | *auf, zur Probe nehmen*, prendre à l'essai. | *die Probe bestehen*, supporter, soutenir l'épreuve. | *Kraftprobe*, épreuve de force. | *Feuerprobe*, pr. et fig. épreuve, baptême (m.) du feu. | *er hat die Feuerprobe bestanden*, il a fait ses preuves.
2. preuve f. ; témoignage m. | *Proben von Mut geben*, faire preuve de courage. | *die Probe ablegen*, donner, fournir la preuve. | *auf eine Rechnung die Probe machen*, faire la preuve d'une opération.
3. Comm. échantillon m. ; spécimen m. || Métall. preuve f. ; essai m. || [Feinmetalle] estampille f. || *Leseprobe*, extrait (m.) de lecture [souvent fait par l'écrivain lui-même]. | *Stichprobe*, sondage m.
4. Théâtre. répétition f.

Probe|abdruck [″pro:bə'apdruk] m. (s, e), °**-abzug** (s, ¨e). Typogr. épreuve f. ||°**-abitur** n. (s) baccalauréat, fam. bac blanc. ||°**-arbeit** f. (-, en) travail (m.), ouvrage (m.) d'essai. ||°**-bilanz** f. (-, en) bilan (m.) de vérification, préparatoire. ||°**-bogen** m. (s, ¨) épreuve f. ; spécimen m. ||°**-dienst** m. (s) service (m.) d'essai ; stage m. ||°**-fahrt** f. (-, en) voyage (m.) d'essai. ||**-fest** adj. à l'épreuve ; éprouvé. ||°**-flug** m. (s, ¨e) vol (m.) d'essai. ||°**-galopp** m. (s, s). Fig. galop (m.) d'essai. ||°**-heft** n. (s, e). [Zeitschrift] numéro (m.) spécimen ; spécimen m. ||°**-jahr** n. (s, e) année (f.) d'épreuve. || Relig. noviciat m. ||°**-kandidat** m.

(en, en) stagiaire m. ||°-**lauf** m. (s, ¨e) essai (m.) au banc ; essai (m.) de fonctionnement. ||°-**lieferung** f. (-, en) envoi (m.) à titre d'essai. ||°-**nahme** f. (-, n) prélèvement m. ||°-**serie** f. (-, n) présérie f. ||°-**stück** n. (s, e) échantillon m. ; spécimen m. ; essai m. ||-**weise** adv. à l'essai ; à titre d'essai. ||°-**zeit** f. (-, en) période (f.) d'essai. || RELIG. noviciat m.

proben ['pro:bən] v. tr. mettre à l'épreuve. | *ein Theaterstück proben*, répéter une pièce.

probieren [pro'bi:rən] v. tr. essayer ; goûter ; éprouver. | *ein Gericht probieren*, déguster un plat. || PROV. *Probieren geht über Studieren*, expérience passe science.

Probier|glas [pro"bi:r'glɑ:s] n. (es, ¨er) éprouvette f. ; tube (m.) à essai. ||°-**stein** m. (s, e) pierre (f.) de touche. ||°-**tiegel** m. (s, -) creuset (m.) d'essai ; coupelle f.

Problem [pro'ble:m] n. (s, e) problème m.

problematisch [proble'mɑ:tiʃ] adj. problématique. || PSYCHOL. déchiré ; ambigu.

Problematik [-tik] f. aspect (m.) problématique ; ensemble (m.) de problèmes.

Produkt [pro'dukt] n. (s, e) produit m.

Produkten|börse [pro"duktən'bø:rsə] f. (-, n) Bourse (f.) des produits naturels.

Produktion [produk'tsio:n] f. (-, en) production f.

Produktions|apparat [produk"tsio:nsapa'rɑ:t] m. (s, e) appareil productif. ||°-**bedingungen** f. pl. conditions (f. pl.) de production. ||°-**genossenschaft** f. (-, en) société coopérative de production. ||°-**kraft** (-, ¨e) force productive. ||°-**land** n. (s, ¨er) pays producteur. ||°-**menge** f. (-, n) quantité (f.) de production. ||°-**rückgang** m. (s, ¨e) baisse (f.) de production. ||°-**stand** m. (s, ¨e) niveau (m.) de la production. ||°-**steuer** f. (-, n) taxe (f.) à la production. ||°-**überschuß** m. (es, ¨e) excédent (m.) de production. ||°-**verfahren** n. (s, -), °-**vorgang** m. (s, ¨e) procédé (m.) de production. ||°-**ziel** n. (s, e) objectif (m.) de production.

produktiv [produk'ti:f] adj. productif.

Produktiv|genossenschaft [produk"ti:fgə'nɔsənʃaft] f. (-, en) société coopérative de production. ||°-**wert** m. (s, e) valeur productive.

Produktivität [produktivi'tɛ:t] f. productivité f.

Produkt|manager [pro"dukt'mɛnidʒər] m. (s, -) chef (m.) de produit. ||°-**terminal** m. ou n. (s, s) terminal pétrolier.

Produzent [produ'tsɛnt] m. (en, en) producteur m.

produzieren [-'tsi:rən] v. tr. produire.

profan [pro'fɑ:n] adj. profane.

profanieren [-fa'ni:rən] v. tr. profaner.

Profanierung [-fa'ni:ruŋ] f. (-, en) profanation f.

Profeß [pro'fɛs] f. (-, e) vœux religieux.
◇ m. (en, en) profès m.

Profession [profɛ'sio:n] f. (-, en) profession f. ; métier m.

Professional [-sio'nɑ:l] m. (s, e). SPORT. professionnel m.

Professor [pro'fɛsor] m. (s, en) professeur m. | *ordentlicher Professor*, professeur titulaire d'une chaire. | *außerordentlicher Professor*, professeur associé.

Professorat [-fɛso'rɑ:t] n. (s), **Professur** [-fɛ'su:r] f. (-, en) chaire (f.) de professeur ; professorat m.

Profi ['profi] m. (s, s). SPORT. professionnel m.

Profil [pro'fi:l] n. (s, e) profil m.

Profil|eisen [prɔ"fi:l'aizən] n. (s, -) fer profilé ; profilés m. pl. ||°-**maß** n. (es, e) gabarit m. ||°-**riß** m. (es, e) plan pris de profil ; relief m. ||°-**stahl** m. (s) acier profilé. ||°-**straße** f. (-, n) train (m.) à profilés. ||°-**walzwerk** n. (s, e) laminoir (m.) à profilés.

profilieren [prɔfi'li:rən] v. tr. profiler.

Profilierung [-ruŋ] f. (-, en) profilage m.

Profit [pro'fi:t] m. (s, e). FAM. (souvent PÉJOR.) profit m. | *aus etwas Profit ziehen*, tirer profit de qch. | *(nur) auf seinen Profit bedacht sein*, ne voir que son intérêt.

profit|gierig [pro"fi:t'gi:riç] adj. avide (de profits). ||°-**jäger** m. (s, -) profiteur m.

profitieren [profi'ti:rən] v. intr. profiter.

profitierlich [-'ti:rliç] adj. profitable.

Proforma|rechnung [pro"fɔrma'rɛçnuŋ] f. (-, en) facture (f.) pro forma. ||°-**verkauf** m. (s, ¨e) vente fictive. ||°-**wechsel** m. (s, -) billet (m.) de complaisance.

Profos [pro'fo:s] m. (es, e). HIST. prévôt m. ; geôlier m.

Prognose [pro'gno:zə] f. (-, n) prévision f. || MÉD. pronostic m.

Prognose|modell [pro"gno:zəmo'dɛl] n. (s, e). ÉCON. modèle (m.) de prévision. ||°-**zeitraum** m. (s, ¨e). ÉCON. horizon (m.) de référence.

Programm [pro'gram] n. (s, e) programme m. | *nicht im Programm vorgesehen*, hors programme ; non prévu au programme. | *auf das Programm setzen*, mettre au programme.

Programm|ablaufplan [pro"gram'aplaufplan] m. (s, ¨e) organigramme m. ||°-**abruf** m. (s, e). INF. appel (m.) de programme. ||°-**aufstellung** f. (-, en) programmation f. ||°-**fehler** m. (s, -). INF. erreur (f.) de programmation, de programme. ||-**gemäß, mäßig** adj. suivant le programme ; comme (il était) prévu. ||°-**gestalter(in)** m. (s, -), f. (-, nen), °-**planer(in)** m. (s, -), f. (-, nen). RADIO., TÉLÉV. programmateur m. ; programmatrice f. ||°-**kino** n. (s, s) cinéma (m.) d'art et d'essai. ||°-**paket** n. (s, e). INF. paquet m. ||°-**schleife** f. (-, n). INF. boucle (f.) de programme. ||°-**steuerung** f. (-, en). INF. programmateur m.

programmierbar [progra'mi:rbɑ:r] adj. INF. programmable.

Programmierer(in) [progra'mi:rər(in)] m. (s, -), f. (-, nen). INF. programmeur m. ; programmeuse f.

Programmier|gerät [progra"mi:rgə'rɛ:t] n. (s, e). INF. programmateur m. ||°-**sprache** f. (-, n). INF. langage (m.) de programmation. | *höhere Programmiersprache*, langage évolué. | *problemorientierte Programmiersprache*, langage synthétique. | *prozedurorientierte, verfahrensorientierte Programmiersprache*, langage procédural.

Programmierung [progra'mi:ruŋ] f. (-, en) programmation f.

Progression [progrɛ'sio:n] f. (-, en) progression f.

Progressist [-'sist] m. (en, en) progressiste m.

progressiv [-'si:f] adj. progressif.

Progymnasium ["progym'nɑ:zium] n. (s, sien) école (f.) secondaire du premier cycle ; petit lycée.

prohibieren [prohi'bi:rən] v. tr. prohiber.

prohibitiv [-bi'ti:f] adj. prohibitif.

Projekt [pro'jɛkt] n. (s, e) projet m.

projektieren [-jɛk'ti:rən] v. tr. projeter ; étudier.

Projektion [-jɛk'tsio:n] f. (-, en). MATH., GÉOGR., FILM. projection f. | *kotierte, senkrechte Projektion*, projection cotée, orthogonale.

Projektions|apparat [projɛk"tsio:nsapa'rɑ:t] m. (s, e) lampe (f.), appareil (m.) de projection. ||°-**ebene** f. (-, n) plan (m.) de projection. ||°-**schirm** m. (s, e) écran m.

Projekt|leiter [pro"jɛkt'laitər] m. (s, -) chef (m.) de projet.

projizieren [proji'tsi:rən] v. tr. projeter.

Proklamation [proklama'tsio:n] f. (-, en) proclamation f. || [Aufgebot] *Proklamation der Brautleute*, proclamation des bans (de mariage).

proklamieren [-'mi:rən] v. tr. proclamer.

Pro-Kopf-Einkommen [pro"kɔpf'ainkɔmən] n. (s). ÉCON. revenu (m.) par habitant, per capita.

Prokrustes|bett [pro"krustəs'bɛt] n. (s). MYTH. et FIG. lit (m.) de Procuste.

Prokura [pro'ku:ra] f. COMM. procuration f. | *Prokura erteilen*, donner procuration. | *per Prokura zeichnen*, signer par procuration.

Prokurist [-ku'rist] m. (en, en) fondé (m.) de pouvoir ; mandataire m.

Prolet [pro'le:t] m. (en, en). PÉJOR. prolétaire m.

Proletariat [-letari'ɑ:t] n. (s) prolétariat m.

Proletarier [-le'tɑ:riər] m. (s, -) prolétaire m.

proletarisch [-letɑ:riʃ] adj. prolétarien.

Prolog [pro'lo:k] m. (s, e) prologue m.

Prolongation [prolɔŋga'tsio:n] f. (-, en) prolongation f. ; prorogation f. ; renouvellement m.

Prolongations|gebühr [prolɔŋga"tsio:nsge'by:r] f. (-, en) prix (m.) du report. ||°-**wechsel** m. (s, -) effet (m.) renouvelable ; effet renouvelé.

prolongieren [prolɔŋ'gi:rən] v. tr. prolonger ; proroger.

Promenade [prome'nɑ:də] f. (-, n). [Spaziergang] promenade f.

Promenaden|deck [prome"nɑ:dən'dɛk] n. (s, e) MAR. pont supérieur ; promenoir m.

promenieren [prome'ni:rən] v. intr. se promener.
Prometheus [pro'me:teus] n. pr. m. MYTH. Prométhée m.
Promethium [pro'me:tium] n. (s). CHIM. prométhéum m.
prominent [promi'nɛnt] adj. marquant ; éminent.
Prominenz [-'nɛnts] f. notabilités f. pl. ; personnalités (f. pl.) de premier plan.
Promiskuität [promiskui'tɛ:t] f. promiscuité f.
Promotion [promo'tsio:n] f. promotion f. ; réception f.
Promotor [pro'mo:tor] m. (s, en) promoteur m.
promovieren [promo'vi:rən] v. intr. UNIV. soutenir sa thèse ; être reçu docteur.
◇ v. tr. *jn promovieren*, décerner à qn le doctorat.
prompt [prɔmpt] adj. prompt ; immédiat ; diligent.
Promptheit [-hait] f. promptitude f.
promulgieren [promul'gi:rən] v. tr. promulguer.
Pronomen [pro'no:mən] n. (s, mina). GRAMM. [Fürwort] pronom m.
Propaganda [propa'ganda] f. (-, den) propagande f. ; publicité f.
Propagandist [-gan'dist] m. (en, en) propagandiste m.
propagieren [-'gi:rən] v. tr. propager.
Propan [pro'pa:n] n. (s) propane m.
Propeller [pro'pɛlər] m. (s, -) hélice f.
Propeller|blatt [pro"pɛlər'blat] n. (s, ¨er) pale f. ||°**-flügel** m. (s, -) pale (f.) d'hélice. ||°**-turbine** f. (-, n) turbopropulseur m.
Prophet(in) [pro'fe:t(in)] m. (en, en), f. (-, nen) prophète m. ; prophétesse f. || PROV. *der Prophet gilt nichts im eignen Lande*, nul n'est prophète en son pays.
prophetisch [-'fe:tiʃ] adj. prophétique.
prophezeien [-fe'tsaiən] v. tr. prédire ; prophétiser.
Prophezeiung [-fe'tsaiuŋ] f. (-, en) prophétie f. ; prédiction f.
prophylaktisch [profy'laktiʃ] adj. prophylactique ; préventif.
Prophylaxe [-'laksə] f., **Prophylaxis** [-'laksis] f. prophylaxie f.
Proportion [propɔr'tsio:n] f. (-, en) proportion f.
proportional [-tsio'na:l] adj. proportionnel. | *umgekehrt proportional*, inversement proportionnel ; en raison inverse.
Proportional|zirkel [propɔrtsio"na:l'tsirkəl] m. (s, -) compas (m.) de réduction.
Proportionale [propɔrtsio'na:lə] f. (-, n) proportionnelle f. || MATH. *mittlere Proportionale*, moyenne proportionnelle.
Proportionalität [-tsionali'tɛ:t] f. (-, en) proportionnalité f.
proportionieren [-tsio'ni:rən] v. tr. proportionner.
Proporz|wahl [pro"ports'va:l] f. (-, en). [Verhältniswahl] représentation proportionnelle.
Propst [pro:pst] m. (es, ¨e). RELIG. prieur m. ; premier pasteur.
Propstei [props'tai] f. (-, en) prieuré m.
Propyläen [propy'lɛ:ən] n. pr. pl. ANTIQ. Propylées m. pl.
Propylen [propy'le:n] n. (s). CHIM. propylène m.
Prorektor [pro:'rɛktor] m. (s, en) vice-recteur m.
Prosa ['pro:za] f. (-, Prosen) prose f. | *Prosa schreiben*, écrire en prose. || aspect prosaïque.
Prosaiker [pro'za:iker] m. (s, -), **Prosaist** [-za-'ist] m. (en, en) prosateur m. || FIG. homme (m.) prosaïque.
prosaisch ['za:iʃ] adj. en prose ; prosaïque. || FIG. plat ; monotone.
Proselyt [prozə'ly:t] m. (en, en) prosélyte m.
Proselyten|macherei [proze"ly:tənmaxə'rai] f. prosélytisme m.
prosit ! ['pro:zit] interj. à votre santé ! | *Prosit Neujahr !*, bonne année !
◇ abrév. pop. **prost !,** bonne santé ! || FAM. *Prost Mahlzeit !*, penses-tu ! ; des nèfles !
Prospekt [pros'pɛkt] m. (s, e) prospectus m. ; perspective f. || THÉÂTRE. toile (f.) de fond.
Prospektion [prospɛk'tsio:n] f. (-, en) prospection pétrolière. | *geophysikalische Prospektion*, prospection géophysique.
Prostaglandine [prostaglan'di:nə] n. BIOL. prostaglandine f.
Prostata ['prɔstata] f. (-, s). MÉD. prostate f.
prostituieren [prostitu'i:rən] v. tr. prostituer.
Prostituierte [-'i:rtə] f. (-, n) prostituée f.
Proszenium [pros'tse:nium] n. (s, nien) avant-scène f.
Protektion [protɛk'tsio:n] f. (-, en) protection f. ; FAM. piston m.
Protektionismus [-nismus] m. (-) protectionnisme m.
Protektorat [protɛkto'ra:t] n. (s, e) protectorat m.
Protest [pro'tɛst] m. (es, e) protestation f. | *Protest erheben, einlegen*, protester ; réclamer. || COMM. *Protest mangels Annahme, wegen Nichtannahme*, protêt faute d'acceptation.
Protest|frist [pro"tɛst'frist] f. (-, en). COMM. délai (m.) de protêt. ||°**-kundgebung** f. (-, en) manifestation (f.) de protestation. ||°**-song** m. (s, s) chanson (f.) contestataire. ||°**-spesen** pl. frais (m. pl.) de protêt. ||°**-urkunde** f. (-, n) acte (m.) de protêt.
protestierbar [protɛs'ti:rba:r] adj. COMM. protestable.
protestieren [-'ti:rən] v. intr. protester ; réclamer.
◇ v. tr. COMM. protester (un effet).
Protestler [pro'tɛstlər] m. (s, -) protestataire m.
Protestant(in) [-tɛs'tant(in)] m. (e, en), f. (-, nen) protestant(e) m. (f.).
Proteus ['pro:tɔys] n. pr. m. MYTH. Protée m.
Prothese [pro'te:zə] f. (-, n). MÉD. prothèse f.
Protokoll [protɔ'kɔl] n. (s, e). **1.** procès-verbal m. | *diplomatisches Protokoll*, protocole m. | *amtliches Protokoll*, procès-verbal de constat. | *das Protokoll führen*, tenir les registres. | *ein Protokoll aufnehmen, aufstellen*, dresser procès-verbal ; verbaliser. || FIG. *zu Protokoll nehmen*, prendre acte de qch. ; donner acte de qch. **2.** INF. journal (m.) de bord.
Protokoll|buch [protɔ'kɔlbu:x] n. (s, ¨er) registre m. | *ins Protokollbuch eintragen*, enregistrer au procès-verbal. ||°**-führer** m. (s, -) greffier m. ; secrétaire m.
protokollarisch [protɔkɔ'la:riʃ] adj. protocolaire.
protokollieren [-'li:rən] v. tr. consigner au procès-verbal ; enregistrer ; verbaliser.
Protokollierung [-'li:ruŋ] f. (-, en) enregistrement (m.) au procès-verbal.
Proton ['pro:tɔn] n. (s, en) proton m.
Protoplasma [proto'plasma] n. (s) protoplasme m.
Protozoon [proto'tso:ɔn] n. (s, zoen). ZOOL. protozoaire m.
Protz [prɔts] m. (en, en) nouveau riche ; richard m.
Protze ['prɔtsə] f. (-, n). MIL. avant-train m.
protzen [-tsən] v. intr. se donner des airs. | *mit etwas protzen*, faire étalage de qch.
protzenhaft [-tsənhaft], **protzig** ['prɔtsiç] adj. bouffi d'orgueil ; ostentatoire.
Provenienz [provɛni'ɛnts] f. (-, en) provenance f.
Proviant [provi'ant] m. (s, e) approvisionnement m. ; vivres m. pl. ; provisions f. pl. ; subsistances f. pl. ; ravitaillement m.
Proviant|amt [provi"ant'amt] n. (s, ¨er) bureau (m.) des subsistances ; intendance (f.) des vivres. ||°**-ausgabe** f. (-, n) distribution (f.) de vivres. ||°**-kammer** f. (-, n). MAR. cambuse f. ||°**-kolonne** f. (-, n) colonne (f.) de ravitaillement (en vivres). ||°**-schiff** n. (s, e) vaisseau ravitailleur.
Proviantierung [provian'ti:ruŋ] f. (-, en) ravitaillement m. ; approvisionnement m.
Provinz [pro'vints] f. (-, en) province f. ; département m. || RELIG. *(erz)bischöfliche Provinz*, province ecclésiastique.
Provinz|bewohner [pro"vintsbə'vo:nər] m. (s, -) provincial m. ||°**-bühne** f. (-, n) théâtre (m.) de province.
Provinzial|ausschuß [provintsi"a:l'ausʃus] m. (es, ¨e) commission provinciale. ||°**-schul|rat** m. (s, ¨e) inspecteur (m.) d'académie.
Provinzialismus [provintsia'lismus] m. (-, men). PÉJOR. provincialisme m.
provinziell [-tsi'ɛl] adj. provincial ; de province.
Provinzler [pro'vintslər] m. (s, -). PÉJOR. provincial m.
Provision [provi'zio:n] f. (-, en) provision f. ; commission f.
Provisions|berechnung [provi"zio:nsbə'rɛçnuŋ] f. (-, en) bordereau (m.) de commission. ||**-frei** adj.

franco de commission. ||°**-satz** m. (es, ¨e) taux (m.) de commission.
Provisor [pro'vi:zɔr] m. (s, en) gérant m. || [in Schwaben] aide (m.) d'un maître d'école.
provisorisch [provi'zo:riʃ] adj. provisoire.
Provisorium [-rium] n. (s, rien) solution (f.), installation (f.) provisoire.
Provokateur [provoka'tø:r] m. (s, e) provocateur m.
Provokation [-ka'tsio:n] f. (-, en) provocation f.
provokatorisch [-ka'to:riʃ] adj. provocateur.
provozieren [-'tsi:rən] v. tr. provoquer.
Prozent [pro'tsɛnt] n. (s, e) pourcentage m. ; tant pour cent ; intérêt m. | *zu fünf Prozent*, à, au taux de cinq pour cent. | *Prozente abwerfen, bringen*, rapporter des intérêts. | *zu hohen Prozenten*, à gros intérêts.
Prozent|rechnung [pro"tsɛnt'rɛçnuŋ] f. (-, en) calcul (m.) des intérêts. ||°**-satz** m. (es, ¨e) pourcentage m. ; taux m. (de l'intérêt).
prozentual [protsɛntu'ɑ:l] adj. proportionnel.
Prozeß [pro'tsɛs] m. (es, e). **1.** Jur. procès m. ; cause f. ; litige m. | *den Prozeß gewinnen*, gagner son procès ; obtenir gain de cause. | *einen Prozeß anstrengen, einleiten*, intenter, faire un procès. || Fig. *mit etwas kurzen Prozeß machen*, trancher la question ; en finir avec qch. sans autre forme de procès.
2. Techn. processus m. ; procédé m. | *chemischer Prozeß*, processus chimique. | *technischer Prozeß*, procédé technique.
Prozeß|akten [pro"tsɛs'aktən] f. pl. dossier (m.) judiciaire ; pièces (f. pl.) d'un procès. ||**-fähig** adj. capable d'ester en justice. ||**-führend** adj. plaidant. ||°**-führer** m. (s, -) plaideur m. ||°**-führung** (-, en) procédure f. ||°**-handlung** f. (-, en) acte (m.) de procédure f. ||°**-ordnung** f. (-, en) code (m.) de procédure. ||°**-partei** f. (-, en) partie plaidante. ||°**-schrift** f. (-, en) factum m. ; acte (m.) de procédure. | *Prozeßschriften*, écritures f. pl. ||**-süchtig** adj. procédurier ; chicanier ; plaideur. ||°**-verfahren** n. (s, -) procédure f. ||°**-verhandlung** f. (-, en) débats (m. pl.) judiciaires. ||°**-vollmacht** f. (-, en) autorisation (f.) de plaider.
prozessieren [protsɛ'si:rən] v. intr. aller en justice.
Prozession [protsɛ'sio:n] f. (-, en) procession f.
Prozessions|spinnerraupe [protsɛ"sio:nsʃpinər'raupə] f. (-, n). Zool. chenille (f.) processionnaire.
Prozessor [pro'tsɛsɔr] m. (s, en). Inf. processeur m.
prüde ['pry:də] adj. prude ; fam. bégueule.
Prüderie [prydə'ri:] f. (-, n) pruderie f.
prüfen ['pry:fən] v. tr. examiner ; éprouver ; mettre à l'épreuve ; essayer. | *einen Kandidaten prüfen*, examiner un candidat. | *in Sprachen prüfen*, faire passer un examen de langues. | *ein Konto prüfen*, vérifier un compte. | *einen Wein prüfen*, déguster un vin. | *js Treue prüfen*, sonder la fidélité de qn.
◇ part. pass. et adj. **geprüft,** particul. *ein geprüfter Techniker*, un technicien diplômé. || Fig. *ein schwer geprüfter Mensch*, un homme très éprouvé.
Prüfer [-fər] m. (s, -) examinateur m.
Prüf|feld ["pry:f'fɛlt] n. (s, er) banc (m.) d'essai. ||°**-gerät** n. (s, e) appareil (m.) de vérification, de contrôle. ||°**-lampe** f. (-, n) lampe-témoin f. ||°**-stand** m. (s, ¨e) station (f.), banc (m.) d'essai. ||°**-stein** m. (s, e) pierre (f.) de touche. ||°**-stempel** m. (s, -) cachet (m.) de contrôle. ||°**-stoff** m. (s, e). Chim. réactif m.
Prüfling ['pry:fliŋ] m. (s, e) candidat m. ; candidate f.
Prüfung [-fuŋ] f. (-, en) examen m. ; épreuve f. ; contrôle m. ; vérification f. | *die Prüfung bestehen*, réussir à l'examen ; être reçu. | *bei der Prüfung durchfallen*, échouer à l'examen.
Prüfungs|amt ["pry:fuŋs'amt] n. (s, ¨er) service (m.) d'examen, de vérification. ||°**-fach** n. (s, ¨er) matière (f.) d'examen. ||°**-frage** f. (-, n) question (f.) d'examen. ||°**-gebühren** f. pl. droits (m. pl.) d'examen. ||°**-kommission** f. (-, en) jury m. (d'examen). ||°**-schein** m. (s, e) certificat (m.) de contrôle. ||°**-termin** m. (s, e) date (f.) de l'examen. ||°**-vorgang** m. (s, ¨e) procédé (m.) d'essai. || °**-vorschrift** f. (-, en) ordre (m.) d'examen. || Techn. instructions (f. pl.) pour l'épreuve. ||°**-zeit** f. (-, en) temps (m.) d'épreuve ; stage m. ||°**-zeugnis** n. (ses, se) brevet (m.), certificat (m.) de capacité ; diplôme m.
Prügel ['pry:gəl] m. (s, -) gourdin m. ; bâton m.
◇ m. pl. **Prügel,** rossée f. ; coups (m. pl.) [de bâton]. | *eine Tracht Prügel bekommen*, recevoir une volée, une raclée.
Prügelei [pry:gə'lai] f. (-, en) rixe f. ; échange (m.) de coups.
Prügel|junge ["pry:gəl'juŋə] m. (n, n), °**-knabe** [-'knɑ:bə] m. (n, n) bouc (m.) émissaire ; souffre-douleur m. ||°**-strafe** f. (-, n) correction f. ; bastonnade f.
prügeln ['pry:gəln] v. tr. rosser ; donner une correction ; rouer de coups.
Prunk [pruŋk] m. (s) faste m. ; éclat m. ; magnificence f.
Prunk|bett ['pruŋkbɛt] n. (s, en) lit (m.) de parade. ||°**-gemach** n. (s, ¨er) chambre (f.) d'apparat. ||**-liebend** adj. somptueux ; aimant le luxe. ||**-los** adj. dépourvu de pompe ; simple. ||°**-saal** m. (s, -säle) salle (f.) d'apparat. ||°**-sucht** f. amour (m.) du faste. ||**-süchtig** adj. fastueux. ||**-voll** adj. fastueux ; pompeux.
prunken ['pruŋkən] v. intr. étaler un grand faste ; paraître ; briller. | *mit etwas prunken*, faire montre, faire étalage de qch. ; se targuer de qch.
Prunken [-kən] n. (s) parade f. ; étalage m.
pruschen ['pruʃən] v. intr. [prusten] *ein pruschender Lippenlaut*, une labiale sifflée.
prusten ['prustən] v. intr. souffler avec bruit ; haleter ; se moucher ; éternuer très fort ; éclater de rire. | *das Pferd prustet*, le cheval s'ébroue.
Psalm [psalm] m. (s, en). Relig. psaume m.
Psalmist [psal'mist] m. (en, en) psalmiste m.
Psalmodie [-mo'di:] f. (-, n) psalmodie f.
psalmodieren [-mo'di:rən] v. tr. psalmodier.
Psalter ['psaltər] m. (s, -) livre (m.) de psaumes ; psautier m. || Mus. (Vx.) psaltérion m.
Pseudonym [psɔydɔ'ny:m] n. (s, e) pseudonyme m.
pst! [pst] interj. psitt ! ; pst ! ; chut !
Psyche ['psy:çə] f. (-, n) âme f. ; psychisme m.
Psychiater [psyçi'ɑ:tər] m. (s, -) psychiatre s.
Psychiatrie [-çia'tri:] f. psychiatrie f.
psychisch ['psy:çiʃ] adj. psychique.
Psychoanalyse [psyçoana'ly:zə] f. psychanalyse f.
Psycho|analytiker(in) [psyçoana'ly:tikər(in)] m. (s, -), f. (-, nen) psychanalyste s.
Psychodrama [psyço'drɑ:ma] n. (s, men) psychodrame m.
Psychologe [psyço'lo:gə] m. (n, n), **Psychologin** [-'lo:gin] f. (-, nen) psychologue s.
Psychologie [-lo'gi:] f. (-, n) psychologie f.
psychologisch [-'lo:giʃ] adj. psychologique.
Psychopath(in) [psyço'pɑ:t(in)] m. (en, en), f (-, nen) psychopathe s.
Psychose [psy'ço:zə] f. (-, n) psychose f.
Psychotechnik [psyço'tɛçnik] f. psychotechnique f.
Ptolemäus [ptole'mɛ:us] n. pr. m. Ptolémée m.
Pubertät [pubɛr'tɛ:t] f. Méd. puberté f.
Public Relations ['pablik ri'leiʃəns] pl. relations publiques.
Publikum ['pu:blikum] n. (s) public m. | *das breite Publikum*, le grand public. || Univ. cours public.
publizieren [publi'tsi:rən] v. tr. publier ; faire paraître.
Publizist [-'tsist] m. (en, en). 1° journaliste m. ; 2° publiciste m.
Publizistik [-'tsistik] f. journalisme m.
Publizität [-tsi'tɛ:t] f. publicité f.
Puddel|eisen ["pudəl'aizən] n. (s) fer puddlé.
puddeln ['pudəln] v. tr. puddler.
Pudding ['pudiŋ] m. (s, e) pudding m. ; flan m.
Pudel ['pu:dəl] m. (s, -) caniche m. ; barbet m. || Loc. *das (also) ist des Pudels Kern*, c'était donc ça ! ; voilà l'explication !
Pudel|mütze ["pu:dəl'mytsə] f. (-, n) bonnet fourré. ||**-närrisch** adj. burlesque ; cocasse. ||**-naß** adj. mouillé, trempé comme un barbet.
pudeln ['pu:dəln] v. intr. nager (comme les chiens). || Fam. gaffer.
Puder ['pu:dər] m. (s). [Hautpflege] poudre f.
Puder|beutel ["pu:dər'bɔytəl] m. (s, -) poudrier m. ||°**-quaste** f. (-, n) houppe f. ; houppette f. ||°**-zucker** m. (s) sucre (m.) en poudre.
pudern ['pu·dərn] v. tr. poudrer ; mettre de la poudre.

puff ! [puf] interj. pan ! ; crac ! ; pouf !

Puff [puf] m. (s, ¨e) bruit sourd ; coup (m.) de feu. || [Hieb] coup m. ; bourrade f. || [Sitzgelegenheit] pouf m. || [Wäschekorb] panier (m.) à linge. || n. (s). Pop. bordel m.

Puff|ärmel ["puf'ɛrməl] m. (s, -) manche bouffante.

puffen ['pufən] v. tr. faire pouf. || [schießen] tirer des coups de fusil. || [schlagen] donner des bourrades à qn ; gourmer qn. || [Kleider] bouffer.

Puffer [-fər] m. (s, -). [Eisenbahn] tampon m. ; amortisseur m. || Culin. [Kartoffelpuffer] omelette (f.) de pommes de terre. || Inf. tampon m.

Puffer|speicher ["pufər'ʃpaiçər] m. (s, -). Inf. mémoire (f.) tampon. ||°**-staat** m. (s, en) État (m.) tampon. ||°**-stoff** m. (s, e). Biol. régulateur m.

Pufferung ['pufəruŋ] f. Biol. régulation f.

puffig ['pufiç] adj. bouffant.

puh ! [pu:] interj. bouh ! ; pouah !

Pulcinell [pulsi'nɛl] m. (s, e) polichinelle m.

Pulle ['pulə] f. (-, n). Pop. bouteille f.

Pullover ['pulovər] m. (s, -) pull-over m.

Pullunder [-undər] m. (s, -). Text. débardeur m.

Pulp [pulp] m. (s, en), **Pulpe** ['pulpə] f. (-, n). Bot. pulpe f. || (Vx.) Zool. poulpe m.

Pulpa ['pulpa] f. Anat. pulpe (f.) dentaire.

pulpös [pul'pø:s] adj. charnu.

Puls [puls] m. (es, e) pouls m. | *langsamer Puls*, pouls rare. | *schneller Puls*, pouls rapide. | *jm den Puls fühlen*, prendre le pouls de qn. || Fig. *jn auf den Puls fühlen*, mettre qn sur la sellette.

Puls|ader ["puls'ɑ:dər] f. (-, n) artère f. | *die große (Haupt)pulsader*, l'aorte f. ||°**-ader|geschwulst** f. (-, ¨e) anévrisme m. ||°**-laser** m. (s, -) laser impulsionnel. ||°**-laser|holographie** f. holographie (f.) à laser impulsionnel. ||°**-schlag** m. (s, ¨e) pouls m. ; pulsation f. ||°**-wärmer** m. (s, -) mitaine f.

Pulsar [pul'zɑ:r] m. (s, e). Astron. pulsar m.

Pulsator [pul'zɑ:tɔr] m. (s, en). Techn. pulsateur m.

pulsen ['pulzən], **pulsieren** [pul'zi:rən] v. intr. avoir des pulsations. || [Puls] battre. | *pulsierendes Leben*, vive animation.

Pult [pult] n. (s, e) pupitre m. ; lutrin m. || *Pultdach*, Archit. toit (m.) à une seule pente.

Pulver ['pulfər] n. (s, -) poudre f. | *Schießpulver*, poudre à canon. || Fig. *er hat das Pulver nicht erfunden*, il n'a pas inventé la poudre ; ce n'est pas un aigle. | *er hat sein Pulver verschossen*, il est à bout d'arguments. | *er hat noch kein Pulver gerochen*, il n'a pas encore été au feu. | *er ist keinen Schuß Pulver wert*, il ne vaut rien.

pulver|artig ["pulfər'ɑ:rtiç], **pulverig** ['pulfəriç] adj. pulvérulent. ||°**-dampf** m. (s) fumée (f.) de la poudre. ||°**-fabrik** f. (-, en) poudrerie f. ||°**-faß** n. (es, ¨er) tonneau (m.) de poudre. || Fig. *auf dem Pulverfaß sitzen*, être assis sur un baril de poudre. ||°**-kaffee** m. (s) café instantané. ||°**-korn** n. (s, ¨er) grain (m.) de poudre. ||°**-ladung** f. (-, en) charge (f.) de poudre. ||°**-magazin** n. (s, e), °**-mühle** f. (-, n) poudrière f. ; magasin (m.) à poudre. ||°**-schnee** m. (s) neige poudreuse ; fam. poudreuse f.

Puma ['pu:ma] m. (s, s). Zool. puma m.

Pump [pump] m. (s, e). Pop. crédit m. | *auf Pump kaufen*, acheter à crédit. || [Kleid] bouffant m.

Pump|hose ["pump'ho:zə] f. (-, n) culotte bouffante.

Pumpe ['pumpə] f. (-, n) pompe f.

Pump|anlage ["pump'anlɑ:gə] f. (-, n) installation (f.) de pompage ; pompes f. pl. ||°**-leistung** f. puissance (f.) de pompage. ||°**-speicher|werk** n. (s, e). Techn. centrale (f.) à accumulation. ||°**-station** f. (-, en) station (f.) de pompage.

pumpen ['pumpən] v. tr. pomper. || Pop. prêter ; emprunter ; soutirer ; taper.

Pumpen ['pumpən] n. (s). Électr., Phys. pompage m. | *magnetisches, optisches Pumpen*, pompage magnétique, optique.

Pumpen|gehäuse ["pumpəngə'hɔyzə] n. (s, -) corps (m.) de pompe. ||°**-hebel** m. (s, -) levier (m.), balancier (m.) de pompe. ||°**-kasten** m. (s, -) corps (m.) de pompe. ||°**-kolben** m. (s, -) piston (m.) de pompe.

Pumpernickel ['pumpərnikəl] m. (s) pain noir de Westphalie.

Punching|ball ["pantʃiŋ'bal] m. (s, ¨e). Sport. punching-ball m.

Punier(in) ['pu:niər(in)] m. (s, -), f. (-, nen). Antiq. Carthaginois(e) m. (f.).

punisch [-niʃ] adj. punique. | *Punische Kriege*, guerres (f. pl.) puniques.

Punkt [puŋkt] m. (s, e) point m. | *der höchste Punkt*, le sommet ; fig. l'apogée m. | *schöner Punkt*, endroit (m.), contrée (f.) pittoresque. | *der springende Punkt*, le point délicat ; le point essentiel. | *toter Punkt*, point mort. | *wunder Punkt*, point faible ; point sensible. | *in diesem Punkt verstehe ich keinen Scherz*, je suis fort délicat sur ce point. | *punkt elf Uhr*, à onze heures précises. | *auf den Punkt genau*, à point. | *Punkt für Punkt*, point par point ; dans le détail. || Fam. *nun mach mal einen Punkt !*, as-tu fini ? || Sport. *nach Punkten siegen*, être vainqueur aux points. | *Strafpunkt*, (point de) pénalisation f. || Gramm. *Strichpunkt*, point-virgule m. || *Gesichtspunkt*, point de vue. | *Hauptpunkt*, point principal. | *Schwerpunkt*, centre (m.) de gravité ; fig. point capital.

Punkt|feuer ["puŋkt'fɔyər] n. (s, -) tir concentré sur un point ; feu convergent. ||**-förmig** adj. ponctuel. ||°**-malerei** f. pointillisme m. ||°**-richter** m. (s, -). Sport. pointeur m. ; juge m. ||°**-roller** m. (s, -) rouleau (m.) de massage ; pétrisseur-masseur m. ||**-schweißen** v. tr. souder par points. ||°**-sieg** m. (s, e). Sport. victoire (f.) aux points. ||°**-sieger** m. (s, -) vainqueur (m.) aux points. ||°**-symmetrie** f. (-, n) symétrie (f.) par rapport à un point. ||**-weise** adv. et adj. par points. ||°**-wertung** f. (-, en) classification (f.) par points.

Punktal|glas [puŋk"tɑ:l'glɑ:s] n. (es, ¨er). Opt. ménisque m.

Punktation [puŋkta'tsio:n] f. (-, en) accord (m.) provisoire ; projet (m.) de traité.

Pünktchen ['pyŋktçən] n. (s, -) petit point.

punkt(ier)en [puŋk'ti:rən] v. tr. **1.** marquer de points ; pointer ; pointiller ; ponctuer. | *punktierte Linie*, trait m. (en) pointillé. || Mus. *punktierte Note*, note pointée.

2. Méd. *jn punktieren*, faire une ponction à qn.

Punktier|nadel [puŋk"ti:r'nɑ:dəl] f. (-, n) aiguille (f.) d'acupuncture. || [Gravierkunst] échoppe f.

Punktion [puŋk'tsio:n] f. (-, en), **Punktur** [puŋktur] f. (-, en). Méd. ponction f.

pünktlich ['pyŋktliç] adj. et adv. ponctuel ; exact ; précis. | *pünktlich um drei Uhr*, à trois heures précises. | *pünktlich zahlen*, payer rubis sur l'ongle. || [bisweilen tadelnd] minutieux ; méticuleux.

Pünktlichkeit [-kait] f. ponctualité f. ; exactitude f.

punktum ! ['puŋktum] interj. *und damit punktum !*, (un point), c'est tout !

Punktum [-tum] n. (s) point final.

Punsch [punʃ] m. (es, e) punch m.

Punze ['puntsə] f. (-, n), **Punzen** [-tsən] m. (s, -) poinçon m. ; ciseau m. ; burin m.

punzen [-tsən] v. tr. poinçonner ; ciseler.

Punzen|hammer ["puntsən'hamər] m. (s, ¨) emboutissoir m.

Pup [pup] m. (s, e). Pop. pet m.

Pupille [pu'pilə] f. (-, n). Anat. pupille f.

Püppchen ['pypçən] n. (s, -) petite poupée ; jolie fille ; pop. pépée.

Puppe ['pupə] f. (-, n). **1.** poupée f. || Pr. et fig. marionnette f. | *mit der Puppe spielen*, jouer à la poupée. || Par ext. fillette f. ; mignonne f. || Fam. nana f. || Péjor. poupée f. ; cocotte f.

2. Text. mannequin m.

3. Zool. chrysalide f. ; cocon m. ; pupe f.

4. Loc., fam. *das geht bis in die Puppen*, cela (dé)passe (toutes) les bornes.

puppen (sich) [ziç'pupən] v. pr. se transformer en chrysalide.

Puppen|bühne ["pupən'by:nə] f. (-, n), °**-theater** [-te'ɑ:tər] n. (s, -) théâtre (m.) de marionnettes. ||°**-küche** f. (-, n) cuisine (f.) minuscule. ||°**-spiel** n. (s, e) jeu (m.), théâtre (m.) de marionnettes. ||°**-wagen** m. (s, -) poussette (f.), voiture (f.) de poupée.

puppern ['pupərn] v. intr. Fam. palpiter. | *das Herz puppert ihm vor Freude*, il trépigne de joie.

pur [pu:r] adj. pur. | *die pure Wahrheit*, la pure vérité.

Püree [py're:] n. (s) et f. purée f.

purgieren [pur'gi:rən] v. tr. Méd. purger. | *Purgiermittel*, purgatif m.

Purismus [pu'rismus] m. purisme m.

Purist [-'rist] m. (en, en) puriste m.

Puritaner(in) [-ri'tɑ:nər(in)] m. (s, -), f. (-, nen). Relig. puritain(e) m. (f.).

Purpur ['purpur] m. (s) pourpre f.

Purpur|farbe ["purpur'farbə] f. (-, n) pourpre m. ||°**-hut** m. (s, ¨e) chapeau (m.) de cardinal. ||**-rot** adj. pourpre.

purpurn ['purpurn] adj. de pourpre ; purpurin.

Purzel ['purtsəl] m. (s, -). Iron. nabot m.

Purzel|baum ["purtsəl'baum] m. (s, ¨e) culbute f. | *einen Purzelbaum schlagen*, faire la culbute. ||°**-mann** m. (s, ¨er) bilboquet m.

purzeln ['purtsəln] v. intr. faire la culbute.

Puschel ['puʃəl] f. V. Büschel.

puscheln ['puʃəln]. Dial. V. muscheln.

pussieren [pu'si:rən] v. tr. faire la cour à qn.

Puste ['pustə] f. souffle m. ; haleine f. | *die Puste verlieren*, perdre haleine.

Pustel ['pustəl] f. (-, n). Méd. pustule f.

pusten ['pustən] v. intr. souffler ; haleter ; s'ébrouer.

Pute ['pu:tə] f. (-, n). Pr. et fig. dinde f.

Puter ['pu:tər] m. (s, -) dindon m.

puterrot [-ro:t] adj. cramoisi. | *puterrot vor Ärger*, cramoisi, rouge de colère.

Putsch [putʃ] m. (es, e) coup (m.) de force ; émeute f. ; putsch m.

putschen ['putʃən] v. intr. tenter un coup de force.

Putschist [put'ʃist] m. (en, en) émeutier m.

Pütt [pyt] m. [Bergarbeitersprache] puits m.

Putte ['putə] f. (-, n), **Putto** ['puto] m. (s, ti). [Kunst] amour m. ; angelot m.

Putz [puts] m. (es, e) toilette f. ; parure f. ; atours m. pl. ; colifichets m. pl. ; nippes f. pl. || Archit. crépi m. ; enduit m.

Putz|frau ['putsfrau] f. (-, en) femme (f.) de ménage. ||°**-gips** m. (es, e). Techn. plâtre (m.) d'enduit. ||°**-kelle** f. (-, n) truelle (f.) à enduire. ||°**-lappen** m. (s, -) torchon m. ||°**-macherin** (-, nen) modiste f. ||°**-mittel** n. (s, -) détachant m. ; produit (m.) à nettoyer ; produit (m.) d'entretien. ||°**-stein** m. (s, e) polissoir m. ||°**-sucht** f. coquetterie f. ||**-süchtig** adj. coquet. ||°**-tisch** m. (es, e) [table de] toilette f. || Techn. table (f.) d'ébarbage. ||°**-- und Reinigungsmittel** n. pl. produits (m. pl.) d'entretien. ||°**-zeug** n. (s, e) trousse (f.) de nettoyage.

putzen ['putsən] v. tr. et v. pr. **1.** nettoyer. || [Ohren] curer. | *sich die Zähne putzen*, se laver les dents. | *sich die Nase putzen*, se moucher. | *die Bäume putzen*, émonder les arbres. | *die Kerze putzen*, moucher la chandelle. | *die Schuhe putzen*, cirer ses chaussures. || Culin. éplucher.

2. faire reluire ; lustrer ; polir ; essuyer. | *Metall (blank) putzen*, décaper du métal. | *Knöpfe putzen*, astiquer des boutons.

3. (Vx.) parer ; orner. | *sich putzen*, se parer ; se faire beau ; se mettre sur son trente-et-un.

Putzerei [putsə'rai] f. (-, en) atelier (m.) de nettoyage, de polissage. || Techn. ébarbage m.

putzig ['putsiç] adj. drôle ; mignon ; plaisant.

Pygmäe [pyg'mɛ:ə] m. (n, n) pygmée m.

pygmäenhaft [-ənhaft] adj. comme un pygmée ; nain.

Pyjama [py'dʒɑ:ma] m. et n. (s, s) pyjama m.

Pylon [py'lo:n] m. (en, en) pylône m.

Pyramide [pyra'mi:də] f. (-, n) pyramide f. || *abgestumpfte Pyramide*, pyramide tronquée. || [Gewehre] faisceau m.

pyramiden|förmig ["-mi:dən'førmiç] adj. en forme de pyramide ; pyramidal.

Pyrenäen [pyre'nɛ:ən] n. pr. pl. Géogr. Pyrénées f. pl.

pyrenäisch [-'nɛ:iʃ] adj. pyrénéen.

Pyrit [py'ri:t] n. (s, e). Minéral. pyrite f.

Pyrolyse [pyro'ly:sə] f. (-, n). Techn. pyrolyse f.

Pyromane [pyro'mɑ:nə] m. (n, n), **Pyromanin** [-'mɑ:nin] f. (-, nen) pyromane s.

Pyromanie [pyroma'ni:] f. pyromanie f.

Pyro|meter [pyro'me:tər] n. (s, -) pyromètre m. ||°**-technik** f. pyrotechnie f.

Pyrrhus|sieg ["pyrhus'zi:k] m. (s, e) victoire (f.) à la Pyrrhus.

Pythagoras [py'tɑ:gɔras] n. pr. m. Pythagore m. || Math. *Satz des Pythagoras*, théorème (m.) de Pythagore.

pythagoreisch [-gɔ're:iʃ] adj. *pythagoreische Zahl*, nombre (m.) pythagorique.

Pythia ['py:tia] n. pr. f. Antiq. Pythie f.

pythisch [-tiʃ] adj. pythien ; pythique.

Python ['py:tɔn] m. (s, s). Zool. python m.

Q

Q, q [ku:] n. Q m. | *ein großes* Q, un *Q* majuscule. | *kleine* q, des *q* minuscules.

Quabbe ['kvabə] f. (-, n) bourrelet (m.) de graisse.

quabbelig [-bəliç] adj. gélatineux ; flasque ; tremblotant.

quabbeln [-bəln] v. intr. être mou, gélatineux ; trembloter.

Quackelei [kvakə'lai] f. (-, en) bavardage m. ; chipotage m. ; chicanerie f.

Quackel|liese [kvakəl'li:zə] f. commère f. ; chicaneuse f.

quackeln ['kvakəln] v. intr. bavarder ; barguigner ; chipoter.

Quack|salber ["kvak'zalbər] m. (s, -) charlatan m. ; médicastre m. ||°**-salberei** f. (-, en) charlatanerie f. ||**-salbern** v. intr. droguer ; faire le charlatan.

Quaddel ['kvadəl] f. (-, n). Méd. démangeaison f. ; brûlure (f.) d'ortie.
◇ f. pl. **Quaddeln,** [Quaddelsucht] urticaire f.

Quader ['kvɑ:dər] m. (s, -) pierre (f.) de taille ; moellon (m.) d'appareil. || Archit. *in rohem Quaderstein*, en appareil rustique. || Math. parallélépipède (m.) rectangle.

Quadragesima [kvadra'ge:zima] f. Relig. Quadragésime f.

Quadrant [kva'drant] m. (en, en) quart (m.) de cercle ; quadrant m.

Quadrat [-'drɑ:t] n. (s, e). Math. carré m. | *fünf Meter im Quadrat*, surface (f.) de cinq mètres de côté. | *ins Quadrat erheben*, élever au carré. || Mus. bécarre m.

Quadrat|dezimeter [kva"drɑ:tde:tsi'me:tər] m. ou n. (s, -) décimètre carré. ||°**-eisen** n. (s, -) fer carré. ||°**-fuß** m. (es, ¨e) pied carré. ||°**-meter** m. ou n. (s, -) mètre carré. ||°**-netz** n. (es, e) quadrillage (m.) de carte. ||°**-schädel** m. (s, -). Iron. tête (f.) de bois. ||°**-wurzel** f. (-, n) racine carrée. ||°**-zahl** f. (-, en) nombre carré. ||°**-zentimeter** m. ou n. (s, -) centimètre carré.

quadratisch [kva'drɑ:tiʃ] adj. carré ; quadratique. || Math. *quadratische Funktion*, fonction (f.) quadratique.

Quadratur [-dra'tu:r] f. (-, en) quadrature f.

quadrieren [-'dri:rən] v. tr. élever au carré ; élever à la seconde puissance. || quadriller.

Quadrierung [-'dri:ruŋ] f. (-, en) quadrillage m.

Quadriga [-'dri:ga] f. (-, gen). ANTIQ. quadrige m.

Quadrillierung [-dril'ji:ruŋ] f. (-, en) carroyage m. ; mise (f.) au carreau.

Quadrillion [-drili'o:n] f. (-, en) quatrillion m.

Quadrophonie [kvadrofɔ'ni:] f. quadriphonie f.

quadrophonisch [-'fo:niʃ] adj. quadriphonique.

Quai [kɛ] m. (s, s) quai m.

quaken ['kvɑ:kən] v. intr. [Frosch] coasser. || FAM. parler ; caqueter.

quäken ['kvɛ:kən] v. intr. piailler ; criailler.

Quäker ['kvɛ:kər] m. (s, -). RELIG. quaker m.

Qual [kvɑ:l] f. (-, en) supplice m. ; tourment m. ; torture f. || PROV. *wer die Wahl hat, hat die Qual*, on a l'embarras du choix.

qual|voll ['kvɑ:lfɔl] adj. atroce ; torturant.

quälen ['kvɛ:lən] v. tr. et v. pr. tracasser ; harceler ; importuner ; tourmenter ; torturer ; martyriser. | *von Gewissensbissen gequält*, rongé de remords.

Quäler [-lər] m. (s, -) bourreau m. ; tortionnaire m. ; FIG. fâcheux m.

Quälerei [kvɛ:lə'rai] f. (-, en) tracasserie f. ; tourment m. ; torture f. ; vexations f. pl. | *Tierquälerei*, cruauté (f.) envers les animaux.

quälerisch ['kvɛ:ləriʃ] adj. qui tourmente ; tracassier.

Quäl|geist ['kvɛ:lgaist] m. (s, er) personnage assommant ; taquin m.

Qualifikation [kvalifika'tsio:n] f. (-, en) qualification f.

qualifizierbar [-fi'tsi:rbɑ:r] adj. qualifiable.

qualifizieren [-fi'tsi:rən] v. tr. qualifier. || FIN. *qualifizierte Stimmenmehrheit*, majorité qualifiée.

Qualität [-'tɛ:t] f. (-, en) qualité f. | *von geringerer Qualität*, bas de gamme.

Qualitäts|arbeit [kvali"tɛ:ts'arbait] f. (-, en) travail soigné, de qualité. ||°**-erzeugnis** n. (ses, se) produit (m.) de (haute) qualité. ||°**-marke** f. (-, n) label (m.), marque (f.) de qualité. ||°**-ware** f. (-, n) marchandise (f.) de qualité ; haut de gamme. ||°**-zeichen** n. (s, -) label (m.) de qualité.

qualitativ [-ta'ti:f] adj. qualitatif. | *in qualitativer Hinsicht*, qualitativement.

Qualle ['kvalə] f. (-, n). ZOOL. méduse f.

Qualm [kvalm] m. (s, e) épaisse fumée ; vapeur f.

qualmen ['kvalmən] v. intr. et v. tr. émettre une épaisse fumée ; faire beaucoup de fumée. || [Raucher] fumer comme une cheminée.

qualmig [-miç] adj. rempli de fumée.

Qualster ['kvalstər] m. (s, -). POP. crachat m.

qualsterig [-təriç] adj. glaireux ; visqueux.

Quant [kvant] n. (s, en). PHYS. quantum m.

Quanten|messer ["kvantən'mɛsər] m. (s, -). TECHN. quantimètre m. ||°**-physik** f. physique (f.) quantique. ||°**-theorie** f. théorie (f.) des quanta.

Quantifikation [kvantifika'tsio:n] f. (-, en) quantification f.

quantifizierbar [-'tsi:rbar] adj. quantifiable.

quantifizieren [-'tsi:rən] v. tr. quantifier.

Quantität [kvanti'tɛ:t] f. (-, en) quantité f. || LITTÉR. *Lehre von der Silbenquantität*, prosodie f.

quantitativ [-ta'ti:f] adj. quantitatif. | *in quantitativer Hinsicht*, quantitativement.

Quantor ['kvantɔr] m. (s, en). MATH. quantificateur m.

Quantum ['kvantum] n. (s, ten) quantité f. ; quotité f. ; quantum m.

Quappe ['kvapə] f. (-, n). ZOOL. têtard m. || [Fisch] lotte f.

Quarantäne [karan'tɛ:nə] f. (-, n). MAR. quarantaine f. || PR. et FIG. *der Quarantäne unterworfen sein*, être mis en quarantaine. | *Quarantäne halten*, faire quarantaine.

Quark [kvark] m. (s, e) fromage blanc ; caillé m. || FIG., FAM. vétilles f. pl. ; bêtises f. pl. ; riens m. pl. | *Quark reden*, radoter. | *den alten Quark wieder aufrühren*, ressortir de vieilles histoires.

Quarre ['kvarə] f. (-, n). POP. femme (f.) revêche.

quarren ['kvarən] v. intr. brailler ; criailler.

quarrig [-riç] adj. braillard ; pleurnichard.

Quart [kvart] n. (s, e). [Quantität] quart m. ; pinte f. || [Buch] in-quarto m.

Quart|band ['kvartbant] m. (s, ¨e). [Buch] in-quarto m. ||°**-blatt** n. (s, ¨er) feuille (f.) in-quarto.

Quart(e) ['kvart(ə)] f. (-, n). [Fechtkunst] quarte f. || MUS. sous-dominante f. ; quarte f.

Quarta ['kvarta] f. (-, ten) classe (f.) de quatrième.

Quartal [kvar'tɑ:l] n. (s, e) trimestre m.

Quartal|säufer [kvar"tɑ:l'zɔyfər] m. (s, -) buveur intermittent. ||**-weise** adv. par trimestre. ||°**-zahlung** f. (-, en) paiement (m.) par trimestre.

Quartan|fieber [kvar"tɑ:n'fi:bər] n. (s, -). MÉD. fièvre quarte.

Quartaner(in) [kvar'tɑ:nər(in)] m. (s, -), f. (-, nen) élève (s.) de quatrième.

Quartär [kvar'tɛ:r] n. (s). GÉOL. quaternaire m.

Quarter|deck ["kvartər'dɛk] n. (s, e). MAR. demi-pont m.

Quartett [kvar'tɛt] n. (s, e). MUS. quatuor m. || [Spiel] *etwa* jeu (m.) des sept familles.

Quartier [kvar'ti:r] n. (s, e). **1.** quartier m. (de ville).
2. logement m. ; logis m. | *bei jm Quartier nehmen*, loger chez qn ; descendre chez qn. || MIL. cantonnement m. ; quartier m. | *Quartier beziehen*, cantonner ; s'installer au cantonnement. | *im Quartier liegen*, être cantonné.
3. LOC. *Quartier geben*, faire quartier (à l'ennemi).
4. MAR. quart m.

Quartier|amt [kvar"ti:r'amt] n. (s, ¨er) bureau (m.) de logement. ||°**-geber** m. (s, -) logeur m. ||°**-leute** pl. logeurs m. pl. ||°**-macher** m. (s, -) fourrier m. ; officier (m.) de cantonnement. || °**-meister** m. (s, -). MIL. maréchal (m.) des logis. ||°**-schein** m. (s, e), °**-zettel** m. (s, -) billet (m.), bon (m.) de logement.

Quarto ['kvarto] n. (s, s). [Buch] in-quarto m.

Quarz [kvɑ:rts] m. (es, e). MINÉRAL. quartz m.

quarz|haltig ["kvɑ:rts'haltiç] adj. quartzifère. || °**-kristall** m. (s, e) cristal (m.) de quartz. ||°**-lampe** f. (-, n) lampe (f.) à quartz. ||°**-oszillator** m. (s, en) oscillateur (m.) à quartz. ||°**-steuerung** f. (-, en). ÉLECTR. commande (f.) à quartz. ||°**-uhr** f. (-, en) montre (f.) à quartz.

quarzig ['kvɑ:rtsiç] adj. quartzeux.

Quarzit [kvar'tsi:t] n. (s, e). GÉOL. quartzite m.

Quasar [kva'zɑ:r] m. (s, e). ASTRON. quasar m.

quasi ['kvɑ:zi] adv. pour ainsi dire ; quasi.

Quasselei [kvasə'lai] f. (-, en). FAM. bavardage m. ; radotage m.

quasseln ['kvasəln] v. intr. FAM. radoter ; bavarder.

Quast [kvast] m. (es, e) brosse f.

Quaste ['kvastə] f. (-, n). [Schmuck] frange f. (de rideau) ; houppe f.

quastig ['kvastiç] adj. huppé.

Quästor ['kvɛ:stɔr] m. (s, en). ANTIQ. questeur m. || UNIV. caissier m. ; intendant m.

Quästur [kvɛs'tu:r] f. (-, en) questure f. || UNIV. caisse f.

Quatember [kva'tɛmbər] m. (s, -). RELIG. quatre-temps m. pl.

Quaternion [kvatɛr'ni:on] f. (-, en). MATH. quaternion m.

Quatsch [kvatʃ] m. (es). FAM. bêtises f. pl. ; bavardage m. ; radotage m.

quatschen [-ən] v. intr. *durch den Schnee quatschen*, patauger dans la neige. || FIG., FAM. radoter ; divaguer.

Quecke ['kvɛkə] f. (-, n). BOT. chiendent m.

Queck|silber ["kvɛk'zilbər] n. (s) vif-argent m. ; mercure m. || FIG. *er ist das reine Quecksilber*, il ne tient pas en place. | *Quecksilber im Leibe haben*, avoir du vif-argent dans les veines.

Quecksilber|barometer ["kvɛkzilbərbaro'me:tər] n. ou m. (s, -) baromètre (m.) à mercure. ||°**-dampf** m. (s, ¨e) vapeur (f.) de mercure. ||°**-dampf|-gleichrichter** m. (s, -) redresseur (m.) à vapeur de mercure. ||**-haltig** adj. mercuriel. || °**-lichtbogen** m. (s, -) arc (m.) au mercure. ||°**-salbe** f. (-, n) onguent mercuriel. ||°**-säule** f. (-, n) colonne (f.) de mercure.

queck|silbern ["kvɛk'zilbərn] adj. de, en mercure.

queck|silbrig [-briç] adj. vif ; remuant.

Quell [kvɛl] m. (s, e), **Quelle** ['kvɛlə] f. (-, n) source f. ; fontaine f. | *heiße Quelle*, source chaude, thermale. || FIG. provenance f. ; origine f. | *aus der Quelle schöpfen*, puiser à la source. | *an der Quelle sitzen*, être bien placé ; POP. tenir l'assiette au beurre. | *Nachrichten aus sicherer, zuverlässiger Quelle*, des nouvelles (f. pl.) de source sûre. | *aus amtlicher Quelle*, de source officielle. | *Lebensquelle*, source de vie. | *Lichtquelle*, source de lumière.

Quell|grund ['kvɛlgrunt] m. (s, ¨e) fond (m.) d'une source ; sol, terrain arrosé par de nombreuses sources. ||°**-nymphe** f. (-, n). MYTH. naïade f. ||°**-wasser** n. (s, -) eau (f.) de source ; eau vive.

quellen ['kvɛlən] (i, o, o) v. intr. **1.** jaillir ; sourdre ; sortir (de) ; émaner. | *das Blut quillt aus seiner Wunde*, le sang jaillit de sa blessure.
2. (se) gonfler ; s'humecter. | *die Erbsen quellen im Wasser*, les petits pois gonflent dans l'eau.
◇ v. tr. (conjug. faible) mettre (à) tremper ; faire gonfler.

Quellen|abzug ["kvɛlən'aptsu:k] m. (s, ¨e). FIN. retenue (f.) à la source. ||°**-angabe** f. (-, n) indication (f.) des sources ; bibliographie f. ||°**-finder** m. (s, -) sourcier m. ||°**-forschung** f. (-, en) étude (f.) des sources. ||°**-programm** n. (s, e). INF. programme (m.) source. ||°**-steuer** f. (-, n). FIN. impôt retenu à la source. ||°**-sucher** m. (s, -) sourcier m.

Quellung ['kvɛluŋ] f. gonflement m.

Quendel ['kvɛndəl] m. (s). BOT. thym m. ; serpolet m.

Quengelei [kvɛŋə'lai] f. (-, en) pleurnicherie f. ; geignements m. pl.

quengeln ['kvɛŋəln] v. intr. geindre ; pleurnicher ; ronchonner.

Quentchen ['kvɛntçən] n. (s, -). *ein Quentchen Butter*, un peu, un soupçon de beurre. | *mit einem Quentchen Glück*, avec un peu de chance.

quer [kve:r] adj. et adv. **1.** transversal ; de, en, à travers. | *quer durchs Land*, à travers champs. | *quer durch den Wald gehen*, traverser la forêt. | *kreuz und quer*, en tous sens ; en zigzag ; FIG. sans but. | *quer übereinanderlegen*, croiser ; mettre en croix.
2. à l'envers ; de travers. | *quer blicken*, regarder de travers, d'un œil jaloux.
3. de travers ; à l'envers ; dérangé. | *die Sache kommt mir quer*, cette chose me contrarie beaucoup. || FAM. *er ist quer im Kopf*, il a la tête à l'envers ; il est dérangé.

Quer|achse ["kve:r'aksə] f. (-, n) axe transversal ; axe (m.) de tangage. ||°**-axt** f. (-, ¨e) besaiguë f. ||°**-balken** m. (s, -), °**-baum** m. (s, ¨e) poutre transversale ; traverse f. ||°**-damm** m. (s, ¨e) barrage m. ; batardeau m. ||°**-durchschnitt** m. (s, e) coupe transversale. ||°**-eisen** n. (s, -) traverse (f.) de fer. ||**-feldein** adv. à travers champs. ||°**-feldein|lauf** m. (s, ¨e) cross-country m. ||°**-feldein|rennen** n. (s, -) cyclo-cross m. ||°**-flöte** f. (-, n) flûte traversière. ||°**-frage** f. (-, n) interruption f. ||**-gestreift** adj. ANAT. [Muskel] strié. ||°**-hieb** m. (s, e) coup (m.) en écharpe. ||°**-holz** n. (es, ¨er) croisillon m. ||°**-keil** m. (s, e) clavette transversale. ||°**-kissen** n. (s, -) traversin m. ||°**-kopf** m. (s, ¨e) tête carrée ; esprit tortueux. ||**-köpfig** adj. qui a l'esprit de travers. ||°**-lager** n. (s, -) palier transversal. ||°**-leiste** f. (-, n) traverse f. ||**-liegend** adj. transversal. || AUTOM. *querliegender Motor*, moteur transversal. ||°**-pfad** m. (s, e) sentier (m.) de traverse. ||°**-pfeife** f. (-, n) fifre m. ||°**-richtung** f. (-, en) sens transversal. ||°**-rinne** f. (-, n). [Straßenbuckel] cassis m. ; dos (m.) d'âne. ||°**-ruder** n. (s, -). AÉRON. aileron m. ||°**-sack** m. (s, ¨e) bissac m. ||°**-schiff** n. (s, e) transept m. ||°**-schläger** m. (s, -). MIL. ricochet m. ||°**-schnitt** m. (s, e) coupe transversale. ||°**-schnitts|abnahme** f. (-, n) réduction (f.) de section. ||**-schnitts|gelähmt** adj. MÉD. paraplégique. ||°**-schnitts|gelähmte(r)** f. (m.). MÉD. paraplégique s. ||°**-schnitts|lähmung** f. (-, en). MÉD. paraplégie f. ||°**-schwelle** f. (-, n) traverse f. ||°**-steuerung** f. (-, en) commande latérale ; gauchissement m. ||°**-straße** f. (-, n) rue (f.) perpendiculaire. ||°**-strich** m. (s, e) trait (m.) à travers ; barre (transversale). || FIG. traverse f. ; contretemps m. ||°**-summe** f. (-, n) somme (f.) des chiffres qui forment un nombre. ||°**-träger** m. (s, -) traverse f. ; support transversal. ||°**-treiber** m. (s, -) trublion m. ; gêneur m. ; empêcheur (m.) de danser en rond. ||°**-treibereien** f. pl. menées tortueuses ; intrigues f. pl. ||**-über** adv. en biais. ||°**-verbindung** f. (-, en) jonction, liaison transversale. ||°**-verschiebung** f. (-, en) translation f. ||°**-wand** f. (-, ¨e) cloison transversale. ||°**-weg** m. (s, e) chemin (m.) de traverse.

Quere ['kve:rə] f. travers m. | *der Quere nach*, de, en travers. | *es ist mir etwas in die Quere gekommen*, il m'est survenu un contretemps ; mes projets ont été contrecarrés.

queren [-rən] v. tr. traverser (une rue, une ville).

Querulant [kveru'lant] m. (en, en) plaideur (enragé) ; FAM. rouspéteur m.

querulieren [-'li:rən] v. intr. FAM. rouspéter sans cesse ; avoir la manie de plaider.

Quese ['kve:zə] f. (-, n) cloque f. ; ampoule f.

quesig ['kve:ziç] adj. qui dénigre tout ; chagrin.

Quetsche ['kvɛtʃə] f. (-, n). BOT. quetsche f. || TECHN. presse f. ; compresseur m.

quetschen [-ʃən] v. tr. presser ; serrer ; écraser. | *Saft aus Beeren quetschen*, exprimer le jus des baies. || MÉD. contusionner ; meurtrir. | *er hat sich den Daumen gequetscht*, il s'est écrasé le pouce.

Quetsch|kartoffeln ["kvɛtʃkar'tɔfəln] f. pl. purée (f.) de pommes de terre. ||°**-kommode** f. (-, n). IRON. accordéon m. ||°**-mühle** f. (-, n) concasseur m. ; broyeur m. ||°**-walze** f. (-, n) cylindre broyeur. ||°**-wunde** f. (-, n) contusion f.

Quetschung ['kvɛtʃuŋ] f. (-, en) contusion f. ; meurtrissure f. ; écrasement m.

Queue [kø:] n. (s, s) [Billardstock] queue f.
◇ f. (s) [Nachtrab] arrière-garde f.

quick [kvik] adj. alerte ; vif ; prompt.

Quick|born ['kvikbɔrn] m. (s, e) fontaine (f.) de Jouvence. ||°**-brei** n. (s) amalgame m. ||**-lebendig** adj. FAM. sémillant ; très actif.

Quidproquo [kvitpro'kvo] n. (s, s) quiproquo m. ; confusion f.

quiek(s)en ['kvi:k(s)ən] v. intr. [von Mäusen, Kaninchen] pousser des cris aigus ; glapir ; piailler.

Quietismus [kvie'tismus] m. RELIG. quiétisme m.

Quietist(in) [-'tist(in)] m. (en, en), f. (-, nen) quiétiste s.

quietistisch [-'tistiʃ] adj. quiétiste.

quietschen ['kvi:tʃən] v. intr. faire un bruit strident ; crier. || [Tür] grincer.

quietsch|vergnügt ["kvi:tʃfɛr'gny:kt] adj. très gai.

Quinta ['kvinta] f. (-, ten) classe (f.) de cinquième.

Quintaner(in) [kvin'tɑ:nər(in)] m. (s, -), f. (-, nen) élève (s.) de cinquième.

Quint(e) ['kvint(ə)] f. (-, n). [Fechtkunst] quinte f. || MUS. quinte f. || [Geige] chanterelle f.

Quintessenz [kvintɛ'sɛnts] f. (-, en) quintessence f.

Quintett [kvin'tɛt] n. (s, e). MUS. quintette m.

Quirl [kvirl] m. (s, e). CULIN. fouet m. ; moulinet m. || FIG. tourbillon m. ; personne agitée. || BOT. verticille f.

quirlen ['kvirlən] v. tr. CULIN. battre.
◇ v. intr. tourbillonner ; faire des remous.

quitsch|naß ['kvitʃnas] adj. trempé (jusqu'aux os).

quitt [kvit] adj. quitte. | *wir sind quitt*, nous sommes quittes.

Quitte ['kvitə] f. (-, n). BOT. coing m.

Quitten|baum ["kvitən'baum] m. (s, ¨e) cognassier m.

quittieren [kvi'ti:rən] v. tr. quitter. | *den Dienst quittieren*, quitter, abandonner le service. || COMM. acquitter ; donner quittance, acquit, reçu. | *eine Zahlung quittieren*, donner quittance d'un paiement. | *quittierte Rechnung*, note acquittée, payée.

Quittung ['kvituŋ] f. (-, en) quittance f. ; acquit m. ; reçu m.

Quiz [kvis] n. (-) jeu (m.) radiophonique ; jeu télévisé.

Quodlibet ['kvɔdlibɛt] n. (s, s) quolibet m. || MUS. pot-pourri m.

Quorum ['kvo:rum] n. (s) quorum m.

Quote ['kvo:tə] f. (-, n) quote-part f. ; cote f. ; contingent m.

quotieren [kvo'ti:rən] v. tr. coter ; taxer.

Quotient [kvotsi'ɛnt] m. (en, en) quotient m.

R

R, r [ɛr] n. R m. | *ein großes* R, *R* majuscule.

Raa [rɑ:] f. (-, en). MAR. [Rahe] vergue f.

Rabatt [ra'bat] m. (s, e). COMM. rabais m. ; remise f. ; réduction f. | *Rabattsatz*, taux (m.) de remise.

Rabatte [ra'batə] f. (-, n) revers (m.) d'un habit ; parement m. || [Beet] plate-bande ; bordure f.

rabattieren [raba'ti:rən] v. tr. *jm etwas rabattieren*, faire, accorder une remise à qn.

Rabau [ra'bau] m. (s, e). POP. butor m. ; mufle m.

Rabbi ['rabi] m. (s, s), **Rabbiner** [ra'bi:nər] m. (s, -) rabbin m. || [jüdischer Titel] maître m.

rabbinisch [ra'bi:niʃ] adj. rabbinique.

Rabe ['rɑ:bə] m. (n, n) corbeau m. | *die Raben krächzen*, les corbeaux croassent. || FIG. *weißer Rabe*, merle blanc ; rareté f. | *wie ein Rabe stehlen*, être voleur comme une pie.

Raben|aas ["rɑ:bən'ɑ:s] n. (es, e) charogne f. ||°**-eltern** pl. parents dénaturés. ||°**-krähe** f. (-, n) corneille. ||°**-mutter** f. (-, ¨) marâtre f. ||**-schwarz** adj. noir comme un corbeau ; noir comme jais. ||°**-stein** m. (s, e) gibet m. ; potence f. ||°**-vater** m. (s, ¨) père dénaturé. ||°**-vögel** m. pl. ZOOL. corvidés m. pl.

rabiat [rabi'ɑ:t] adj. furieux ; hors de soi ; brutal.

Rabulist [rabu'list] m. (en, en) chicaneur m. ; ergoteur m. ; avocassier m.

Rabulisterei [-listə'rai] f. (-, en), **Rabulistik** f. avocasseries f. pl. ; ergotage m. ; chicane f.

Rach|begierde ["rɑxbə'gi:rdə] f., °**-gier** [-'gi:r] f., °**-sucht** [-'zuxt] f. soif (f.), appétit (m.) de vengeance. ||**-gierig, -süchtig** adj. vindicatif ; assoiffé de vengeance.

Rache ['raxə] f. vengeance f. | *nach Rache schreien, verlangen*, crier vengeance. | *an jm Rache nehmen*, tirer vengeance, se venger de qn.

Rache|durst ["raxə'durst] m. (es) soif (f.), appétit (m.) de vengeance. ||°**-gefühl** n. (s, e) rancune f.

Rachen ['raxən] m. (s, -) arrière-bouche f. ; pharynx m. || [große Tiere] gueule f. || FAM. gueule f. ; gosier m. ; gouffre m. | *Rachen der Hölle*, gouffre de l'enfer.

Rachen|abstrich ["raxən'apʃtriç] m. (s, e). MÉD. frottis pharyngien. ||°**-entzündung** f. (-, en), °**-katarrh** m. (s, e) pharyngite f. ||°**-höhle** f. (-, n). ANAT. pharynx m. ||°**-mandeln** f. pl. MÉD. amygdales f. pl. ||°**-putzer** m. (s, -). POP. piquette f. ; tord-boyaux m. ||°**-spiegel** m. (s, -). MÉD. pharyngoscope m.

rächen ['rɛçən] v. tr. venger. | *eine Beleidigung rächen*, venger une offense.

◇ v. pr. **sich rächen,** se venger. | *sich an jm rächen*, se venger de qn. | *sich für etwas rächen*, se venger de qch. | *diese Tat mußte sich rächen*, cet acte appelait une vengeance.

Rächer [-çər] m. (s, -) vengeur m.

Rachitis [ra'xi:tis] f. MÉD. rachitisme m.

rachitisch [-tiʃ] adj. rachitique.

Racke ['rakə] f. (-, n). ZOOL. rollier m.

Racker ['rakər] m. (s, -). POP. pendard m. ; fripon m.

rackern (sich) [ziç'rakərn], **racksen (sich)** [ziç'raksən] v. pr. s'échiner.

Racket ['rɛkət] n. (s, s), **Rakett** n. (s, e ou s). SPORT. raquette f. || [Schinderei] extorsion f. ; racket m.

Rad [rat] n. (-, -). NUCL. rad m.

Rad [rɑ:t] n. (s, ¨er). **1.** PR. et FIG. roue f. | *das fünfte Rad am Wagen sein*, être la cinquième roue du carrosse. | *unter die Räder kommen*, succomber. | *ins Rad greifen*, freiner. | *sich in die Räder legen*, pousser à la roue. | *das Rad der Geschichte*, la roue de l'histoire. | *Rad schlagen*, faire la roue. | *aufs Rad flechten*, rouer ; infliger le supplice de la roue.
2. [Fahrrad] bicyclette f. | *Rad fahren*, aller à bicyclette.
3. [Spinnrad] rouet m.

Rad|abzieher ["rɑ:t'aptsi:ər] m. (s, -) démonte-roues m. ||°**-achse** f. (-, n) essieu m. ||°**-bremse** f. (-, n) frein (m.) sur roue. ||°**-dampfer** m. (s, -) bateau (m.) à aubes. ||**-fahren** (ä, u, a) v. intr. (sépar.) aller à bicyclette. ||°**-fahrer(in)** m. (s, -), f. (-, nen) cycliste s. ||°**-fahr|weg** m. (s, e) piste (f.) cyclable. ||°**-gabel** f. (-, n) fourche (f.) de roue. ||°**-gestell** n. (s, e) bogie m. ||°**-kappe** f. (-, n). AUTOM. chapeau (m.) de roue ; enjoliveur m. ||°**-linie** f. (-, n). MATH. cycloïde f. ||°**-mantel** m. (s, ¨) pèlerine f. ||°**-meisterschaft** f. (-, en). SPORT. championnat m. (de course) cycliste. ||°**-reifen** m. (s, -) m. pneu m. ; bandage m. ||°**-renn|bahn** f. (-, en) vélodrome m. ||°**-satz** m. (es, ¨e) train (m.) de roues. ||°**-schaufel** f. (-, n). [Schiff] aube f. ; palette f. ||°**-schutz** m. (es) garde-boue m. ||°**-speiche** f. (-, n) rai m. ; rayon (m.) de roue. ||°**-sport** m. (s) cyclisme m. ||°**-spur** f. (-, en) ornière f. ||°**-stand** m. (s, ¨e). FAM. empattement m. ||°**-steuerung** f. (-, en). AÉRON. commande (f.) par volant. ||°**-tour** f. (-, en) excursion (f.) à bicyclette. ||°**-weg** m. (s, e) piste (f.) cyclable.

Radar ['rɑ:dar] m. ou n. (s, e) radar m.

Radar|anfluggerät ["rɑ:dar'anfluggərɛ:t] n. (s, e). AÉRON. radar (m.) d'approche. ||°**-erfassung** f. détection (f.) par radar. ||°**-flug|leiter** m. (s, -) contrôleur (m.) radar. ||**-gelenkt, -gesteuert** adj. (télé)guidé par radar. ||°**-gerät** n. (s, e) appareil (m.) radar. ||°**-gürtel** m. (s, -) barrière (f.) radar. ||°**-lande|gerät** n. (s, e) radar (m.) d'atterrissage. ||°**-mann** m. (s, ¨er) opérateur (m.) radar ; radariste m. ||°**-ortungs|gerät** n. (s, e) appareil (m.) de repérage radar. ||°**-schirm** m. (s, e) écran (m.) radar. ||°**-such|gerät** n. (s, e) radar (m.) de recherche, de détection.

Radau [ra'dau] m. (s). FAM. chahut m. boucan m. ; tapage m. | *Radaumacher*, chahuteur m.

Rädchen ['rɛ:tçən] n. (s, -) roulette f. ; petite roue ; molette f.

Rade ['rɑ:də] f. (-, n). BOT. [Unkraut] nielle f.

rade|brechen ["rɑ:də'brɛçən] v. tr. (conjug. faible et insépar.) écorcher (une langue) ; estropier (un mot) ; baragouiner.

Rade|macher ["rɑ:də'maxər] m. (s, -) charron m.

radeln ['rɑ:dəln] v. intr. aller à bicyclette ; pédaler.

Rädels|führer ["rɛ:dəls'fy:rər] m. (s, -) meneur m. ; agitateur m.

Räder|antrieb ["rɛ:dər'antri:p] m. (s, e). TECHN. commande (f.) par engrenage. ||°**-getriebe** n. (s, -). [train d']engrenages m. pl. ||°**-werk** n. (s, e) rouages m. pl. ; train (m.) d'engrenages.

...räd(e)rig ['rɛ:d(ə)riç] (en compos.) à... roues. | *dreiräd(e)rig*, à trois roues.

rädern ['rɛ:dərn] v. tr. infliger le supplice de la roue ; rouer. || PAR EXT. *ich bin wie gerädert*, je suis rompu de fatigue ; je suis moulu.

Rädern [-dərn] n. (s) [supplice (m.) de la] roue f.

radial [radi'ɑ:l] adj. radial ; rayonnant.

Radial|geschwindigkeit [ra"diɑ:lgə'ʃvindiçkait] f. ASTRON. vitesse radiale.

Radiant [ra'diant] m. (en, en). PHYS. radian m.

radiär [radi'ɛ:r] adj. radié ; rayonné ; radial.

Radiator [radi'ɑ:tɔr] m. (s, en) radiateur m.

radieren [ra'di:rən] v. tr. [entfernen ; streichen]

effacer ; gommer. || [eine Platte reißen] graver (eau-forte).

Radierer [-rər] m. (s, -) graveur m. (à l'eau-forte) ; aquafortiste m.

Radier|gummi [ra"di:r'gumi] m. (s, s) gomme f. ||°**-messer** n. (s, -) grattoir m. ||°**-nadel** f. (-, n) pointe (f.) de graveur ; échoppe f.

Radierung [ra'di:ruŋ] f. (-, en) gravure (f.) à l'eau-forte ; eau-forte f.

Radieschen [ra'di:sçən] n. (s, -). BOT. radis m. || FAM. *die Radieschen von unten ansehen*, manger les pissenlits par la racine.

radikal [radi'kɑ:l] adj. radical ; extrême ; ultra. || POLIT. *ein Radikaler*, un extrémiste ; un ultra.

Radikal [radi'kɑ:l] n. (s, e). CHIM. radical m.

radikalisieren [-kali'zi:rən] v. tr. radicaliser.

Radikalisierung [-kali'zi:ruŋ] f. radicalisation f.

Radikalismus [-ka'lismus] m. radicalisme m.

Radio ['rɑ:dio] n. (s) radio f. ; T.S.F. f. | *Radio hören*, écouter la radio. | *das habe ich im Radio gehört*, j'ai entendu cela à la radio. | *das Radio anstellen, abstellen*, mettre, arrêter la radio.

radio|aktiv ["radioak'ti:f] adj. PHYS., CHIM. radioactif. | *radioaktiver Niederschlag*, retombée (f.) de poussières radioactives. | *radioaktive Strahlung*, radiation (f.) nucléaire. | *radioaktive Verunreinigungen*, impuretés radioactives. ||°**-aktivität** f. radioactivité f. | *haftende Radioaktivität*, radioactivité résiduelle. | *natürliche Radioaktivität*, radioactivité naturelle. || °**-anlage** f. (-, n) installation (f.) de radio. ||°**-apparat** m. (s, e), °**-gerät** n. (s, e) poste (m.) de radio. | *Radiogerät mit Plattenspieler*, combiné (m.) radiophono. ||**-elektrisch** adj. radioélectrique. ||°**-empfang** m. (s, ¨e) audition (f.) ; réception (f.) radiophonique. ||°**-frequenz** f. (-, en) radiofréquence f. ||°**-gramm** n. (s, e) radiogramme m. ||**-graphisch** adj. radiographique. ||°**-isotop** n. (s, e) radio-isotope m. ||°**-lehre** f., °**-logie** f. radiologie f. ||°**-loge** m. (n, n) radiologue m. ||**-logisch** adj. radiologique. ||**-metrisch** adj. radiométrique. ||°**-nuklid** n. (s, e). NUCL. radionucléide m. ||°**-peilung** f. radiogoniométrie f. ||°**-phonie** f. radiophonie f. ||°**-röhre** f. (-, n) lampe f. (de récepteur radio). ||°**-sender** m. (s, -) poste émetteur ; émetteur m. ||°**-sendung** f. (-, en) émission (f.) radiophonique. ||°**-spule** f. (-, n) bobine (f.) de self ; self f. ||°**-telefon** n. (s, e) radiotéléphone m. ||°**-telegraphie** f. radiotélégraphie f. ; télégraphie (f.) sans fil. ||**-telegraphisch** adj. radiotélégraphique. ||°**-therapie** f. radiothérapie f. ||°**-toxizität** f. NUCL. radiotoxicité f. ||°**-übertragung** f. (-, en) radiodiffusion f. ; diffusion (f.) radiophonique. ||°**-wecker** m. (s, -) radioréveil m. ||°**-wellen** f. pl. ondes hertziennes. ||°**-wesen** n. (s) [ce qui concerne la] radio.

Radiolarien [radio'lɑ:riən] pl. ZOOL. radiolaires m. pl.

Radium ['rɑ:dium] n. (s) radium m.

radium|haltig ["rɑ:dium'haltiç] adj. radifère.

Radius ['rɑ:dius] m. (-, dien). MATH. rayon m.

Radix ['rɑ:diks] f. (-, dizes). MATH. racine f.

radizieren [radi'tsi:rən] v. tr. MATH. *eine Zahl radizieren*, extraire la racine d'un nombre.

Radler(in) ['rɑ:dlər(in)] m. (s, -), f. (-, nen). FAM. cycliste s.

◇ n. **Radler,** [Getränk] panaché m.

Radom [ra'do:m] n. (s, s). PHYS. radôme m.

Radon ['rɑ:dɔn] n. (s). CHIM. radon m.

Radscha ['ratʃa] m. (s, s) rajah m.

raffen ['rafən] v. tr. emporter ; enlever. || FAM. *an sich raffen*, rafler. || *den Rock raffen*, retrousser sa jupe. || FIG. être cupide ; s'enrichir.

raff|gierig ["raf'gi:riç], **raffig** ['rafiç] adj. cupide ; âpre au gain. ||°**-holz** n. (es) bois mort ; petit bois. ||°**-zahn** m. (s, ¨e). ZOOL. canine f.

Raffinade [rafi'nɑ:də] f. (-, n) sucre raffiné.

Raffinage [-'nɑ:ʒə] f. affinement m.

Raffinement [rafin'mɑ̃] n. (s). V. RAFFINESSE.

Raffinerie [-nə'ri:] f. (-, n) raffinerie f.

Raffinesse [-'nɛsə] f. (-, n) raffinement m. ; subtilités f. pl.

raffinieren [-'ni:rən] v. tr. affiner ; raffiner.

Raffinier|stahl [rafi"ni:r'ʃtɑ:l] m. (s, e et ¨e) acier (m.) d'affinage.

raffiniert [-'ni:rt] adj. affiné ; raffiné ; retors.

Raffiniertheit [-hait] f. (-, en) raffinement m.

Raffke ['rafkə] m. POP. nouveau riche.

ragen ['rɑ:gən] v. intr. s'élever ; dominer ; se dresser. | *ein Gipfel ragt über dem Gebirge*, un sommet domine le massif.

— OBSERV. s'emploie surtout en composition avec *empor, hervor, über*.

Ragout [ra'gu:] n. (s, s) ragoût m.

Rahe ['rɑ:ə] f. (-, n). MAR. vergue f.

Rahel ['rɑ:ɛl] n. pr. f. Rachel f.

Rahe|segel ["rɑ:ə'ze:gəl] n. (s, -). MAR. voile carrée.

Rahm [rɑ:m] m. (s). [Sahne] crème f. | *den Rahm abschöpfen*, écrémer ; FAM. prendre le meilleur.

rahmen ['rɑ:mən] v. tr. écrémer.

Rahmen [-mən] m. (s, -) cadre m. ; châssis m. || FIG. cadre m. ; milieu m.

rahmen [-mən] v. tr. encadrer. || FIG. entourer.

Rahmen|abkommen ["rɑ:mən'apkɔmən] n. (s, -) accord (m.) de base ; convention-type f. ||°**-gesetz** n. (es, e) loi-cadre f. ; loi-programme f. ||°**-leiste** f. (-, n) moulure f. ||°**-sucher** m. (s, -). PHOT. viseur (m.) à cadres. ||°**-werk** n. (s, e). TECHN. bâti (m.) de porte.

rahmig ['rɑ:miç] adj. crémeux.

rahm|reich ["rɑ:m'raiç] adj. crémeux. || °**-schaum** m. (s, ¨e), °**-schnee** m. (s) crème fouettée.

Rain [rain] m. (s, e) lisière f. ; limite exhaussée (d'un champ) ; talus m. || BOT. *Rainfarn*, tanaisie f.

rainen ['rainən] v. intr. (an, acc.) être voisin (de). ◇ v. tr. *rainen und steinen*, délimiter un champ et poser les bornes.

Rainen|weide ["rainən'vaidə] f. BOT. troène m.

Rakete [ra'ke:tə] f. (-, n) fusée f.

Raketen|abschußgerät [ra"ke:tənapʃusgə'rɛ:t] n. (s, e), °**-vorrichtung** [-'fɔrriçtuŋ] f. (-, en) dispositif (m.) lance-fusées m. ||°**-abschuß|rampe** f. (-, n) rampe (f.) de lancement de fusées. ||°**-antrieb** m. (s) propulsion (f.) par fusées. ||°**-flugzeug** n. (s, e) avion-fusée m. ||°**-geschoß** n. (es, e) engin propulsé par fusée ; roquette f. ||°**-panzerbüchse** f. (-, n) lance-fusées m. ; lance-roquettes (m.) antichar ; bazooka m. ||°**-treibstoff** m. (s, e) propergol m. ||°**-triebwerk** n. (s, e) moteur-fusée m. ; propulseur (m.) à réaction. ||°**-waffe** f. (-, n) missile m. | *taktische Raketenwaffe*, missile tactique. ||°**-werfer** m. (s, -) lance-fusées m.

Ralle ['ralə] f. (-, n). ZOOL. râle (m.).

Ramm|bär ['rambɛ:r] m. (en, en), °**-bock** m. (s, ¨e). TECHN. mouton m. (de sonnette). ||**-dösig** adj. surexcité. ||°**-hammer** m. (s, ¨) marteau batteur ; sonnette f. ||°**-klotz** m. (es, ¨e). TECHN. mouton m. ; bélier m. ||°**-sporn** m. (s, -sporen) éperon (m.) de bateau.

Ramme ['ramə] f. (-, n). TECHN. mouton m. ; hie f. | *Handramme*, dame f. ; demoiselle f. || [Waffe] éperon m. (de navire) ; bélier m.

rammeln ['raməln] v. intr. [Tiere] s'accoupler. || FIG., FAM. s'agiter ; faire du tapage.

rammen ['ramən] v. tr. enfoncer avec la hie, le mouton. || [Schiff] éperonner.

Rammler ['ramlər] m. (s, -) lièvre, lapin mâle. || [Jagd] bouquin m.

Rampe ['rampə] f. (-, n) rampe f. | *bewegliche Rampe*, quai (m.) mobile. | *Laderampe*, rampe de chargement. || THÉÂTRE. rampe f. | *das Rampenlicht*, les feux (m. pl.) de la rampe. || TECHN. *Abschußrampe*, rampe de lancement.

ramponieren [rampɔ'ni:rən] v. tr. FAM. endommager ; amocher. || MAR. *ramponiert*, désemparé.

Ramsch [ramʃ] m. (es, e). **1.** camelote f. ; rebut m. | *im Ramsch kaufen*, acheter en vrac, à vil prix.

2. [Rauferei] rixe (f.) d'étudiants (amenant un duel).

3. [Kartenspiel] rams m.

Ramsch|markt ['ramʃmarkt] m. (s, ¨e) marché (m.) aux puces. ||°**-ware** f. (-, n) camelote f.

ramschen ['ramʃən] v. tr. acheter à vil prix, en bloc. || [Mensur] provoquer.

ran ! [ran] (abrév. de **heran**) interj. approche-toi !

Ranch [ranʃ] f. (-, en ou es) ranch m. ; ferme f.

Rand [rant] m. (s, ¨er). **1.** bord m. ; bordure f. ; lisière f. | *scharfer Rand*, arête f. || [Brief ; Buch] marge f. || FIG. *am Rande bemerkt*, soit dit en passant. | *das versteht sich am Rande*, cela va sans dire. | *blaue, dunkle Ränder um die Augen haben*, avoir les yeux cernés. | *außer Rand und Band sein*, être déchaîné ; être hors de ses gonds.

2. auréole f. ; tache f.

3. bout m. ; fin f. || FIG., FAM. *er ist am Rande*, il n'en peut plus ; il est au bout de son rouleau. | *er kommt damit nicht zu Rande*, il n'y arrivera pas ; il n'en verra pas le bout.

Rand|befeuerung ["rantbə'fɔyəruŋ] f. (-, en) balisage (m.) périphérique. ||°**-bemerkung** f. (-, en) note marginale ; glose f. ||°**-existenz** f. (-, en). [Person] marginal(e) m. (f.) ; [Zustand] marginalité f. ||°**-feuer** n. (s, -) feux (m. pl.) de délimitation. ||°**-leiste** f. (-, n) rebord m. ; languette f. ||°**-schnur** f. (-, ¨e) ganse f. ; liséré m. ||°**-siedlung** f. (-, en) cité (f.) de banlieue ; ville (f.) satellite. ||°**-staat** m. (s, en) État limitrophe, riverain. ||°**-stein** m. (s, e) pierre (f.) de bordure ; margelle f. ||°**-streifen** m. (s, -) accotement m. ||°**-versteifung** f. (-, en). AÉRON. ralingue f. ||°**-verzierung** f. (-, en) vignette f. || [Münze] cordon m. ||°**-zeichnung** f. (-, en) dessin (m.) en marge ; vignette f.

Randal [rand'dɑ:l] m. (s, e). FAM. chahut m.

randalieren [-da'li:rən] v. intr. FAM. faire du boucan.

Ranft [ranft] m. (s, ¨e) croûte (f.) de pain ; croûton m.

Rang [raŋ] m. (s, ¨e). **1.** rang m. ; classe f. ; condition f. ; grade m. ; ordre m. ; échelon m. | *Persönlichkeiten hohen Ranges, von hohem Rang*, personnes (f. pl.) de haut rang, d'un rang élevé). | *Hotel ersten Ranges*, hôtel (m.) de premier ordre, de première catégorie. | *zweiten Ranges*, de second ordre ; secondaire. | *einen hohen Rang bekleiden*, avoir un grade élevé. | *im Rang eines Obersten stehen*, avoir le grade de colonel. | *mit jm um den Rang streiten*, avoir une querelle de préséance avec qn.
2. THÉÂTRE. galerie f.

Rang|abzeichen ["raŋ'aptsaiçən] n. (s, -) marque distinctive du grade, du rang. ||°**-erhöhung** f. (-, en) avancement m. ; promotion f. ||°**-klasse** f. (-, n) degré m. ; classe f. ; échelon m. ||°**-liste** f. (-, n) tableau (m.) d'avancement. || SPORT. classement m. ||°**-ordnung** f. (-, en) ordre (m.) hiérarchique ; rang (m.) de préséance. ||°**-streit** m. (s, e), °**-streitigkeit** f. (-, en) querelle (f.) de préséance. ||°**-stufe** f. (-, n) degré m. ; grade m. ; échelon m. ||°**-stufen|ordnung** f. (-, en) échelle (f.) hiérarchique. ||°**-sucht** f. manie (f.) des distinctions. ||**-süchtig** adj. avide de distinctions. ||°**-verlust** m. (es, e) dégradation f.

Range ['raŋə] f. (-, n), m. (n, n) polisson m. ; polissonne f. ; garnement m. ; gamin m. ; gamine f.

Rangier|bahnhof [raŋ"ʒi:r'bɑ:nho:f] m. (s, ¨e) gare (f.) de triage. ||°**-geleise** n. (s, -) voie (f.) de garage. ||°**-maschine** f. (-, n) machine (f.) de manœuvre. ||°**-meister** m. (s, -) chef (m.) d'équipe aux chemins de fer.

rangieren [raŋ'ʒi:rən] v. tr. ranger. || [Eisenbahn] garer ; manœuvrer.
◇ v. intr. avoir rang ; occuper un rang. | *er rangiert unter den Bedeutendsten*, il se place parmi les plus importants.

rank [raŋk] adj. frêle ; grêle.

Ranke ['raŋkə] f. (-, n). [Rebe] vrille f. ; sarment m.

Ränke ['rɛŋkə] m. pl. détours m. pl. ; intrigues f. pl. ; manigances f. pl. ; cabales f. pl. | *Ränke schmieden*, fomenter des intrigues.

Ränke|schmied ["rɛŋkə'ʃmi:t] m. (s, e) intrigant m. ||°**-spiel** n. (s, e) cabale f. ||°**-sucht** f. (manie de la) cabale f., (de l')intrigue f. ||**-süchtig, -voll** adj. intrigant ; artificieux.

ranken ['raŋkən] v. intr. grimper. || [Ranke] pousser.
◇ v. pr. **sich ranken** (an, dat.) grimper le long de.

Ranken|gewächs ["raŋkəngə'vɛks] n. (es, e) plante grimpante. ||°**-werk** n. (s, e) ornements m. pl.

rankig ['raŋkiç] adj. sarmenteux ; grimpant ; vrillé.

rann prét. de **rinnen.**

rannte prét. de **rennen.**

Ranunkel [ra'nuŋkəl] f. (-, n). BOT. renoncule f.

Ranzen ['rantsən] m. (s, -). [Tornister] sac m. ; cartable m. ; sacoche f. || FIG., POP. ventre m. ; panse f. ; bedaine f.

ranzig ['rantsiç] adj. rance. | *ranzig werden*, rancir.

Ranzion [ran'tsio:n] f. (-, en). [Lösegeld] rançon f.

Ränzlein ['rɛntslain] n. (s, -) diminutif de **Ranzen,** petit sac. | *sein Ränzlein schnüren*, faire sa besace ; s'en aller.

Raphia ['rafia] f. (-, ien). BOT. raphia m. ; rafia m.

Rapier [ra'pi:r] n. (s, e) rapière f. ; brette f.

Rappe ['rapə] m. (n, n) cheval noir. || IRON. *auf Schusters Rappen*, à pied.

Rappel ['rapəl] m. (s, -) toquade f. ; lubie f. || FAM. *einen Rappel kriegen*, avoir un accès de colère.

rappelig [-liç] adj. toqué ; timbré.

rappeln ['rapəln] v. intr. [rasseln] claquer ; faire clac ; cliqueter.
◇ v. impers. *es rappelt bei ihm*, il est dérangé, timbré.

Rappen ['rapən] m. (s, -). [Schweiz] centime m.

Rapport [ra'pɔrt] m. (s, e) rapport m.

Raps [raps] m. (es, e). BOT. colza m. | *Rapskuchen*, tourteau (m.) de colza.

Raps [raps] m. (es) accès (m.) de colère.

Rapunze(l) [ra'puntsə(l)] f. (-, n). BOT. mâche f. — SYN. : *Rapünzchen*.

Rapus(ch)e [ra'puʃə, ra'pu:zə] f. (-, n) pillage m. ; enlèvement m. | *in die Rapuse gehen*, se perdre ; disparaître ; être escamoté.

rar [rɑ:r] adj. rare. || PAR EXT. précieux.

Rarität [rari'tɛ:t] f. (-, en) rareté f. ; curiosité f. ; pièce (f.) rare.

rasant [ra'zant] adj. très rapide. || MIL. rasant ; tendu.

Rasanz [-'zants] f. rasance f. ; tir tendu. | *Rasanz der Flugbahn*, tension (f.) de la trajectoire.

rasch [raʃ] adj. prompt ; rapide ; vif.
◇ adv. vite ; promptement ; rapidement.

rascheln ['raʃəln] v. intr. craquer ; crisser ; froufrouter.

Rascheln ['raʃəln] n. (s) froissement m. ; crissement m. ; frôlement m.

Raschheit ['raʃhait] f. promptitude f. ; rapidité f. ; célérité f.

Rasen ['rɑ:zən] m. (s, -) gazon m. ; pelouse f. || FAM. *er liegt schon lange unter dem grünen Rasen*, il y a longtemps qu'il est mort.

Rasen|bank ["rɑ:zən'baŋk] f. (-, ¨e) banc (m.) de gazon. ||°**-fläche** f. (-, n), °**-platz** m. (es, ¨e) pelouse f. ||°**-mäher** m. (s, -) tondeuse (f.) à gazon. ||°**-spiel** n., °**-sport** m. (s) jeu (m.) sur gazon. ||°**-sprenger** m. (s, -) arroseur m. ; tourniquet m.

rasen ['rɑ:zən] v. intr. [toben ; wüten] faire rage ; être transporté de fureur ; délirer. || [sehr schnell fahren] aller à une allure folle.

rasend [-zənt] adj. [wild ; toll] furieux ; frénétique ; enragé ; fou. | *man könnte rasend werden*, c'est à devenir fou. || [sehr schnell] à toute vitesse ; à toute allure. | *mit rasender Geschwindigkeit*, à une vitesse folle. || FAM. [sehr] énormément ; follement. | *rasend viel*, à la pelle.

Raser [-zər] m. (s, -). POP. chauffard m.

Raserei [rɑ:zə'rai] f. (-, en). [Tobsucht] fureur f. ; frénésie f. ; rage f. || [Schnellfahren] course (f.) à une vitesse folle.

Rasier|apparat [ra"zi:rapa'rɑ:t] m. (s, e) rasoir (m.) mécanique. ||°**-becken** n. (s, -) plat (m.) à barbe. ||°**-klinge** f. (-, n) lame (f.) de rasoir. ||°**-krem** f. (-, s) crème (f.) à raser. ||°**-messer** n. (s, -) rasoir m. (à grande lame). ||°**-pinsel** m. (s, -) blaireau m. ||°**-seife** f. (-, n) savon (m.) à barbe.

rasieren [ra'zi:rən] v. tr. raser. || MIL. raser.

Rasierer [ra'zi:rər] m. (s, -) appareil (m.) à raser. | *Elektrorasierer, Trockenrasierer*, rasoir (m.) électrique.

rasig ['rɑ:ziç] adj. gazonné.

Räson [rɛ'zɔ̃] f. raison f. ; bon sens. | *Räson annehmen*, entendre raison. | *jn zur Räson bringen*, amener qn à la raison.

räsonieren [rɛzɔ'ni:rən] v. intr. raisonner. || PÉJOR. ergoter.

Raspel ['raspəl] f. (-, n) râpe f.

raspeln [-pəln] v. tr. râper. || IRON. *Süßholz raspeln*, conter fleurette.

Raspel|späne ["raspəl'ʃpɛ:nə] m. pl. râpure f. || CULIN. chapelure f.

Rasse ['rasə] f. (-, n) race f. | *rasserein*, de race. || PAR EXT. *Rasse haben*, avoir de la race, de l'allure.

Rassel ['rasəl] f. (-, n) crécelle f.

Rassel|bande ["rasəl'bandə] f. (-, n). IRON. bande bruyante. ||°**-geräusch** n. (es, e). MÉD. râle m.

rasseln ['rasəln] v. intr. [klirren] résonner ; cliqueter. || *mit den Ketten rasseln*, faire un bruit de chaînes. || FAM. *er rasselte durchs Examen*, il a raté son examen.

Rassen|diskriminierung ["rasəndiskrimi'ni:ruŋ] f. (-, en), discrimination raciale. ||°**-kreuzung** f. (-, en) mélange (m.), croisement (m.) de races ; métissage m. ||°**-lehre** f. (-, n) doctrine raciale ; racisme m.

||°-**mischung** f. (-, en) mélange (m.) de races ; métissage m. ||°-**trennung** f. (-, en) ségrégation raciale. ||°-**verfolgung** f. (-, en) persécution raciale.

rassig ['rasiç] adj. racé ; qui a de la race.

rassisch ['rasiʃ] adj. racial.

Rast [rast] f. (-, en) repos m. ; pause f. ; halte f. ; étape f. | *eine Rast machen*, faire une halte ; se reposer. | *ohne Rast und Ruh*, sans trêve ni repos. || MIL. cran m. (d'arrêt). || MÉTALL. *Rast des Hochofens*, étalages (m. pl.) du haut fourneau.

Rast|haus ['rasthaus] n. (es, ¨er) auberge f. ||°-**hebel** m. (s, -) gâchette (f.) automatique. ||°-**hof** m. (s, ¨e). AUTOM. aire (f.) de service. ||-**los** adj. sans repos ; sans trêve ; sans cesse ; sans relâche. || °-**losigkeit** f. agitation incessante ; activité ininterrompue. ||°-**ort** m. (s, e) halte f. ; relais m. ||°-**platz** m. (es, ¨e). AUTOM. aire (f.) de repos. ||°-**stätte** f. (-, n) Restoroute m. ||°-**tag** m. (s, e) jour (m.) de repos. || THÉÂTRE. relâche m.

Raste ['rastə] f. (-, n) cran m. ; encoche f. ; arrêtoir m.

rasten ['rastən] v. intr. se reposer ; faire halte.

Raster ['rastər] m. (s, -). TÉLÉV. grille (f.) de base ; trame f. || TYPOGR. trame f. ; réseau m.

Raster|fahndung ["rastər'fa:nduŋ] f. (-, en) recherche (f.) par quadrillage. ||°-**mikroskop** n. (s, e) microscope (m.) à balayage.

rastrieren [ras'tri:rən] v. tr. régler (du papier à musique).

Rasur [ra'zu:r] f. (-, en). 1° passage rayé ; 2° rasage m.

Rat [ra:t] m. (s ; pl. **Ratschläge**). **1.** conseil m. (que l'on donne) ; avis m. | *auf seinen Rat*, sur son conseil. | *jn um Rat fragen*, demander conseil à qn. | *jn um Rat bitten*, consulter qn. | *guter Rat kommt über Nacht*, la nuit porte conseil. | *Rat schaffen*, aider. | *da ist guter Rat teuer*, le cas est difficile ; que faire ? | *ich weiß (mir) keinen Rat mehr*, je ne sais plus que faire. | *jn zu Rate ziehen*, consulter qn ; avoir recours à qn.
2. [Beratung] conseil m. (que l'on tient) ; délibération f. | *Rats pflegen, Rat halten*, délibérer. | *mit jm zu Rate gehen*, délibérer avec qn. | *mit sich selbst zu Rate gehen*, s'interroger ; balancer.
3. (pl. **Räte**). [beratende Körperschaft] conseil m. ; assemblée (délibérante). | *der hohe Rat*, le grand conseil ; le Sénat.
4. (pl. **Räte**) conseiller m. ; administrateur m.
5. (Vx.) *Gottes Rat*, décret divin.

Rat|geber ["ra:t'ge:bər] m. (s, -) conseiller m. ; homme (m.) qui donne toujours son avis. | *ein guter Ratgeber sein*, être de bon conseil. ||°-**haus** n. (es, ¨er) hôtel (m.) de ville ; mairie f. ||-**los** adj. déconcerté ; perplexe ; désemparé. ||°-**losigkeit** f. embarras m. ; perplexité f. ||°-**schlag** m. (s, ¨e) conseil m. ; avis (donné). ||-**schlagen** (ratschlagte, geratschlagt) v. intr. tenir conseil ; délibérer (sur qch.). ||°-**schluß** m. (es, ¨e) arrêt m. ; décret m.

Rats|herr ["ra:ts'hɛr] m. (n, en) conseiller municipal. ||°-**keller** m. (s, -) restaurant (m.), brasserie (f.) de l'hôtel de ville. ||°-**schreiber** m. (s, -) secrétaire (m.) de mairie.

Rate ['ra:tə] f. (-, n) acompte m. ; quote-part f. ; dividende m. ; terme m. | *in Raten zahlen*, payer par mensualités.

raten ['ra:tən] (ä, ie, a) v. tr. et v. intr. **1.** conseiller ; porter remède. | *das rate ich dir ; ich rate dir dazu*, c'est le conseil que je te donne. | *wem nicht zu raten ist, dem ist auch nicht zu helfen*, on ne peut aider celui qui ne veut rien entendre. | *dem ist nicht mehr zu raten*, on ne peut plus y remédier ; on ne peut plus rien y faire. | *ich halte es für geraten*, je trouve qu'il est indiqué, qu'il est opportun. || PROV. *Raten ist wohlfeil*, les conseilleurs ne sont pas les payeurs.
2. [erraten] deviner ; trouver (une énigme) ; conjecturer. | *du hast geraten !*, tu as trouvé ! | *hin und her raten*, se livrer à mille conjectures.

raten|weise [ra:tən'vaizə] adv. à tempérament ; à terme. ||°-**zahlung** f. (-, en) paiement échelonné, à tempérament.

Räte|regierung ["rɛ:tərə'gi:ruŋ] f. (-, en) gouvernement (m.) des soviets. ||°-**republik** f. (-, en) république (f.) soviétique.

Rätien ['rɛ:tiən] n. pr. n. GÉOGR. Rhétie f.

Ratifikation [ratifika'tsio:n] f. (-, en) ratification f. | *Ratifikationsurkunde*, instrument (m.) de ratification.

ratifizierbar [ratifi'tsi:rba:r] adj. ratifiable.

Ratifizierung [-'tsi:ruŋ] f. (-, en) ratification f.

Rätin ['rɛ:tin] f. (-, nen) conseil m. ; conseillère f.

Ration [ra'tsio:n] f. (-, en) ration f. ; portion f. | *eiserne Ration*, ration de réserve.

rational [ratsio'na:l] adj. raisonnable ; conforme à la raison.

rationalisieren [-nali'zi:rən] v. tr. rationaliser.

Rationalisierung [-li'zi:ruŋ] f. rationalisation f.

Rationalismus [-'lismus] m. rationalisme m.

Rationalist [-'list] m. (en, en) rationaliste m.

rationalistisch [-listiʃ] adj. rationaliste.

rationell [ratsiɔ'nɛl] adj. rationnel ; approprié ; rentable.

rationieren [ratsiɔ'ni:rən] v. tr. rationner.

Rationierung [-ruŋ] f. rationnement m.

rätlich ['rɛ:tliç] adj. prudent ; sage ; à propos.

rätoromanisch ["rɛ:toro'ma:niʃ] adj. rhétoroman.

ratsam ['ra:tza:m] adj. prudent ; conseillé ; opportun.

ratsch ! [ratʃ] interj. crac !

Rätsel ['rɛ:tsəl] n. (s, -) énigme f. ; mystère m. | *Lösung des Rätsels*, mot (m.) de l'énigme. | *vor einem Rätsel stehen*, ne pas pouvoir s'expliquer qch. || *Bilderrätsel*, rébus m.

Rätsel|aufgabe ["rɛ:tzəl'aufga:bə] f. (-, n), °-**raten** [-ra:tən] n. (s) devinette f. ||°-**reim** m. (s, e) charade f.

rätselhaft ['rɛ:tsəlhaft] adj. énigmatique.

Rätselhaftigkeit [-tiçkait] f. caractère (m.) énigmatique.

rätseln ['rɛ:tsəln] v. intr. FAM. parler par énigmes. || [sich den Kopf zerbrechen] se casser la tête.

Rattan ['ratan] n. (s, e) rotin m.

Rattan|möbel ["ratan'mø:bəl] pl. meubles (m. pl.) en rotin.

Ratte ['ratə] f. (-, n). ZOOL. rat m. || FAM. [beim Ballett] petit rat ; danseuse f.

Ratten|falle ["ratən'falə] f. (-, n) ratière f. || °-**fänger** m. (s, -). [Person] preneur (m.) de rats. || FIG. [Verführer] séducteur m. ||°-**gift** n. (s, e) mort-aux-rats f. ||-**kahl** adj. nu comme la main. ||°-**könig** m. (s) roi (m.) de rats. || LOC. *ein Rattenkönig von Prozessen*, une cascade de procès. ||°-**schwanz** m. (es, ¨e). FIG. suite (f.) de difficultés ; enchevêtrement m. || [magerer Zopf] tresse (f.), natte (f.) maigre. || [Feile] queue-de-rat f.

Rätter ['rɛtər] m. (s, -). [Siebgerät] crible m. ; cribleur m.

rattern ['ratərn] v. intr. faire un bruit de moteur ; crépiter ; pétarader.

Rattern [-tərn] n. (s) crépitement m. ; pétarade f.

Ratz [rats] m. (es, e). POP. rat m. ; loir m.

ratze|kahl ["ratsə'ka:l] adv. *ratzekahl aufessen*, tout liquider.

Raub [raup] m. (s) rapt m. ; rapine f. ; brigandage m. ; vol m. ; pillage m. | *vom Raub leben*, vivre de rapine. || [Beute] proie f. ; butin m. ; larcin m. | *ein Raub der Flammen*, la proie des flammes.

Raub|bau ["raup'bau] m. (s) gaspillage m. ; exploitation abusive, sauvage. | *mit seinen Kräften Raubbau treiben*, trop présumer de ses forces. ||°-**druck** m. (s, e) édition pirate f. ||°-**gier** f. rapacité f. ||-**gierig** adj. rapace. ||°-**insekt** n. (s, en). ZOOL. insecte prédateur. ||°-**mord** m. (s, e) vol (m.) et assassinat m. ; double crime (m.) d'assassinat et de vol. ||°-**mörder** m. (s, -) pillard (m.) et assassin m. ||°-**ritter** m. (s, -) chevalier pillard. | *Raubritternest*, repaire (m.) de brigands. ||°-**schiff** n. (s, e) bateau (m.) corsaire. ||°-**sucht** f. rapacité f. ; soif (f.) de pillage. ||-**süchtig** adj. rapace ; qui aime le pillage. ||°-**tier** n. (s, e) bête (f.) féroce, fauve ; fauve m. ||°-**tier|käfig** m. (s, e) cage (f.) aux fauves. || °-**überfall** m. (s, ¨e) agression (f.) à main armée. ||°-**vogel** m. (s, ¨) oiseau (m.) de proie ; rapace m. ||°-**zug** m. (s, ¨e) expédition (f.) de pillage ; razzia f.

rauben ['raubən] v. tr. voler ; dérober ; piller. | *das ist mir geraubt worden*, on me l'a pris ; on m'en a dépouillé. || FIG. *jm die Zeit rauben*, abuser du temps de qn. || [entführen] enlever ; commettre un rapt.

Räuber ['rɔybər] m. (s, -) brigand m. ; bandit m. | *Räuberhöhle*, repaire (m.) de brigands ; bouge m. ; coupe-gorge m.

Räuberei [rɔybə'rai] f. (-, en) brigandage m. ; piraterie f. ; pillage m. ; rapine f.

räuberisch ['rɔybəriʃ] adj. de brigand ; pillard.

räubern [-bərn] v. tr. et v. intr. piller ; dérober.

Rauch [raux] m. (s) fumée f. || FIG. *das ist alles Schall* *und Rauch*, tout cela n'est que fumée. | *in Rauch (und Flammen) aufgehen*, s'en aller en fumée.

Rauch|abzug ["raux'aptsu:k] m. (s, ¨e) conduit (m.) d'évacuation de la fumée. ||°**-bombe** f. (-, n) bombe (f.) fumigène. ||**-entwickelnd** adj. fumigène. ||°**-fahne** f. (-, n) panache (m.) de fumée. ||°**-fang** m. (s, ¨e) cheminée f. ||°**-faß** n. (es, ¨er) encensoir m. ||°**-fleisch** n. (es) viande fumée. ||°**-gase** n. pl. fumées (f. pl.) et gaz m. pl. ; gaz brûlés. ||°**-glas** n. (es, ¨er) verre fumé. ||°**-granate** f. (-, n) obus (m.), grenade (f.) fumigène. ||°**-schleier** m. (s, -) écran (m.) de fumée. ||°**-schwalbe** f. (-, n) martinet m. ||°**-streifen** m. (s, -) traînée (f.) de fumée. ||°**-stube** f. (-, n) fumoir m. ; tabagie f. ||°**-verbot** n. (s, e) défense (f.) de fumer. ||°**-vergiftung** f. (-, en) intoxication (f.) par la fumée ; intoxication (f.) du fumeur. ||°**-verzehrer** m. (s, -) fumivore m. || °**-vorhang** m. (s, ¨e) rideau (m.) de fumée. ||°**-vorlage** f. (-, n). MIL. couvre-gargousse m. ||°**-waren** f. pl., °**-werk** n. (s) pelleterie f. || °**-zimmer** n. (s, -) fumoir m.

rauchbar ['rauxbɑ:r] adj. fumable.

rauchen [-xən] v. tr. et v. intr. fumer. | *du rauchst zu viel*, tu fumes trop. | *der Schornstein raucht*, la cheminée fume. || FIG., FAM. *ihm raucht der Kopf vor lauter Lernen*, à force de bûcher la tête lui tourne.

Rauchen [-xən] n. (s) [action (f.) de] fumer. | *Rauchen verboten*, défense de fumer. | *das kommt vom vielen Rauchen*, c'est pour avoir trop fumé.

Raucher [-xər] m. (s, -) fumeur m.

Räucher|faß ["rɔyçər'fas] n. (es, ¨er), °**-gefäß** [-gə'fɛs] n. (es, e) encensoir m. ||°**-kammer** f. (-, n) fumoir m. (pour les marchandises). ||°**-kerze** f. (-, n) parfum (m.) à brûler. ||°**-lachs** m. (es, e). CULIN. saumon fumé. ||°**-pfanne** f. (-, n) cassolette f. ||°**-waren** f. pl. poissons fumés et viande fumée ; produits fumés. ||°**-werk** n. (s) parfums m. pl.

räuchern ['rɔyçərn] v. tr. [Fleisch, usw.] fumer. || [Rauch machen] enfumer.

◇ v. intr. faire brûler des parfums, des désinfectants.

räucherig [-çəriç] adj. V. RAUCHIG. | *räucherig schmecken*, avoir un goût de fumée.

Räucherung [-çəruŋ] f. (-, en) fumigation f. || [Fleisch] fumage m. || [Fische] saurissage m.

rauchig ['rauçiç] adj. enfumé ; plein de fumée.

Räude ['rɔydə] f. (-, n). MÉD., ZOOL. gale f. ; teigne f. ; rogne f.

Raudi [ra'u:di] m. V. ROWDY.

räudig [-diç] adj. galeux ; teigneux. || PR. et FIG. *räudiges Schaf*, brebis galeuse.

Rauf|bold ['raufbɔlt] m. (s, e) batailleur m. ; spadassin m. ||°**-degen** m. (s, -) 1° v. RAUFBOLD ; 2° rapière f. ||°**-lust** f. humeur batailleuse ; goût (m.) de la bataille. ||**-lustig** adj. batailleur ; querelleur.

Raufe ['raufə] f. (-, n) mangeoire f. ; râtelier m.

raufen [-fən] v. tr. arracher. | *Hanf raufen*, cueillir du lin.

◇ v. pr. **sich raufen,** *sich die Haare raufen*, s'arracher les cheveux. || FIG. se prendre aux cheveux ; se battre ; se chamailler ; se bagarrer.

Raufer ['raufər] m. (s, -). V. RAUFBOLD.

Rauferei [raufə'rai] f. (-, en) rixe f.

rauh [rau] adj. **1.** rêche ; raboteux ; rugueux ; brut. | *rauher Weg*, chemin cahoteux, raboteux. | *aus dem Rauhen arbeiten*, dégrossir.

2. rude ; âpre ; rigoureux ; dur. | *rauhes Klima*, climat rude, rigoureux. | FIG. *jn rauh anfahren*, rudoyer qn. | *eine rauhe Schale haben*, être revêche, rébarbatif. | *rauhe Sitten*, mœurs grossières.

3. [Stimme] enroué ; cassé ; rauque.

Rauh|bank ['raubaŋk] f. (-, ¨e) varlope f. ||°**-bein** n. (s, e) butor m. ; mufle m. ; rustre m. ||**-beinig** adj. grossier ; rustre ; revêche. ||**-haarig** adj. hirsute. ||°**-putz** m. (es) crépi m. ||°**-reif** m. (s) givre m. ; gelée blanche.

Rauhe ['rauə] f. (-, n), **Rauh|zeit** ['rautsait] f. (-, en) mue f.

Rauheit ['rauhait] f. (-, en), **Rauhigkeit** [-içkait] f. (-, en) aspérité f. ; rudesse f. ; âpreté f. ; dureté f. ; rigueur f. || [Stimme] enrouement m.

rauhen ['rauən] v. tr. rendre rude.

◇ V. intr. [mausern] muer.

Rauke ['raukə] f. (-, n). BOT. réséda (m.) jaune.

Raum [raum] m. (s, ¨e). **1.** espace m. ; étendue f. || MATH. volume m. || PHYS. *(luft)leerer Raum*, vide m.

2. PR. et FIG. place. | *Raum finden*, trouver de la place. | *jm Raum schaffen*, faire de la place à qn.

3. [Zimmer] pièce f. ; local m. | *gewerblicher Raum*, local professionnel.

4. MAR. *unten im Raum*, à fond de cale.

Raum|bedarf ["raumbə'darf] m. (s) espace (m.) nécessaire ; encombrement m. ||°**-bild** n. (s, er) image (f.) stéréoscopique, en relief. ||°**-einheit** f. (-, en). MATH. unité (f.) de surface, de volume. ||°**-ersparnis** f. (-, se) économie (f.) de place. | *zwecks Raumersparnis*, pour gagner de la place. ||°**-fahrt** f. (-, en) astronautique f. ; aérospatiale f. ||°**-fahrt|industrie** f. (-, n) industrie aérospatiale. ||°**-flugkörper** m. (s, -) satellite m. | *bemannter Raumflugkörper*, satellite habité. | *unbemannter Raumflugkörper*, satellite non habité. ||°**-gehalt** m. (s, e). MAR. jauge f. ; tonnage m. ||°**-gründe** pl. *aus Raumgründen*, pour des raisons de place ; par manque de place. ||°**-inhalt** m. (s, e). MATH. volume m. ; cubage m. ||°**-kapsel** f. (-, n). AÉRON. capsule spatiale. ||°**-kunst** f. décoration f. (d'un appartement). ||°**-lehre** f. géométrie f. ||°**-maß** n. (es, e) mesure (f.), unité (f.) de volume. ||°**-meßbild** n. (s, er) stéréogramme m. ||°**-meter** n. (s, -) stère m. ||°**-pflegerin** f. (-, nen) femme (f.) de ménage. ||°**-planung** f. (-, en). ADM. aménagement (m.) du territoire. ||°**-profil** n. (s, e) *lichtes Raumprofil*, gabarit (m.) d'encombrement. ||°**-schiff** n. (s, e) vaisseau spatial ; aéronef m. ||**-sparend** adj. peu encombrant. ||°**-ton** m. (s). RADIO. stéréophonie f. ||°**-verteilung** f. (-, en) aménagement m. ; disposition f. || PHOT. cadrage m. ||°**-wahrnehmung** f. (-, en). PSYCHOL. perception spatiale.

Räum|boot ['rɔymbo:t] n. (s, e). MAR. dragueur (m.) de mines. ||°**-gerät** n. (s, e). MAR. drague f. ||°**-pflug** m. (s, ¨e) bulldozer m.

räumen ['rɔymən] v. tr. **1.** ôter ; enlever. | *das Geschirr vom Tische räumen*, débarrasser la table. | *Schutt räumen*, déblayer (les décombres). | *jn aus dem Weg räumen*, écarter qn.

2. [leer machen] vider ; évacuer ; débarrasser ; faire de la place. | *eine Wohnung räumen*, quitter un appartement ; déloger. || MIL. *eine Stellung räumen*, quitter, évacuer une position. || COMM. *(die Lager) räumen*, liquider.

Räumer [-mər] m. (s, -) nettoyeur m.

räumlich ['rɔymliç] adj. spatial ; dans l'espace. | *räumlich sehen*, avoir une vue stéréoscopique.

Räumlichkeit [-kait] f. (-, en) espace m. ; place (occupée). | *die Räumlichkeiten des Bahnhofs*, les locaux (m. pl.) de la gare.

Räumte ['rɔymtə] f. (-, n). MAR. pleine mer ; haute mer. || [Laderaum] cale f.

Räumung ['rɔymuŋ] f. (-, en) évacuation f. ; enlèvement m. ; déblaiement m. | *die Räumung einer Stadt*, l'évacuation d'une ville. || COMM. *Räumungsverkauf*, soldes m. pl. ; liquidation f.

raunen ['raunən] v. tr. et v. intr. [flüstern] murmurer ; chuchoter.

raunzen ['rauntsən] v. intr. [nörgeln] dénigrer ; tout critiquer ; rouspéter.

Raupe ['raupə] f. (-, n) chenille f. || FAM. *Raupen im Kopf haben*, avoir une araignée au plafond. || TRANSP. chenille f.

raupen [-pən] v. tr. écheniller.

Raupen|ablesen ["raupən'aple:zən] n. (s) échenillage m. ||°**-band** n. (s, ¨er) [bande (f.) de] chenille f. ||°**-fahrzeug** n. (s, e) véhicule (m.) à chenilles. ||°**-fraß** m. (es) dégâts causés par les chenilles. ||°**-kette** f. (-, n). TECHN. chenille f.

raupig ['raupiç] adj. plein de chenilles.

'raus [raus] interj. dehors !

Rausch [rauʃ] m. (es, ¨e). PR. et FIG. griserie f. ; ivresse f. || FAM. *sich einen Rausch antrinken, zulegen*, boire un coup de trop ; s'enivrer. | *einen Rausch haben*, être gris. | *seinen Rausch ausschlafen*, cuver son vin. || FIG. enivrement m. | *Freudenrausch*, joie délirante.

Rausch|gift ['rauʃgift] n. (s, e), °**-mittel** [mitel] n. (s, -) stupéfiant m. ||°**-gift|handel** m. (s) trafic (m.) de stupéfiants. ||°**-gift|händler** m. (s, -) trafiquant (m.) de drogues.

Räuschchen ['rɔyʃçən] n. (s, -) pointe (f.) de vin. | *ein Räuschchen haben*, être un peu gris.

rauschen ['rauʃən] v. intr. frémir ; murmurer. | *der Bach rauscht in der Ferne*, le ruisseau murmure au loin. || [Wind] mugir ; gronder. || [Seide] froufrouter ; craquer.

Rauschen [-ʃən] n. (s) murmure m. ; grondement m. ; froufrou m.

Rausch|gold [ˈrauʃgɔlt] n. (s) clinquant m. || °**-silber** n. (s) clinquant (argent).

rauschhaft [ˈrauʃhaft] adj. enivré.

räuspern (sich) [ziçˈrɔyspərn] v. pr. se racler la gorge ; tousser ; toussoter.

Rausschmeißer [ʺrausˈʃmaisər] m. (s, -). FAM. videur m.

Raute [ˈrautə] f. (-, n). MATH. losange m. || [Juwel] facette f. || BOT. rue f.

rauten|förmig [ʺrautənˈføːrmiç] adj. losangé ; en forme de losange ; en rhombe ; rhomboïdal. || °**-gewächs** n. (es, e). BOT. rutacée f.

Ravioli [raviˈoːli] pl. CULIN. ravioli m. pl.

Razzia [ˈratsia] f. (-, ien) razzia f. ; rafle f.

Reagens [reaˈgɛns] n. (-, ien), **Reagenz** [-ˈgɛnts] n. (-, ien). CHIM. réactif m.

Reagenz|glas [reaʺgɛntsˈglɑːs] n. (es, ¨er) éprouvette f. ||°**-papier** n. (s, e) papier réactif.

reagieren [reaˈgiːrən] v. intr. (auf, acc.) réagir (à qch.) ; être sensible (à qch.).

Reaktion [ˈtsioːn] f. (-, en). PR. et FIG. réaction f. || POLIT. et CHIM. réaction f.

Reaktionär [-tsioˈnɛːr] m. (s, e) réactionnaire m. ◇ adj. **reaktionär,** réactionnaire.

reaktivieren [-tiˈviːrən] v. tr. réactiver. || MIL. rappeler à l'activité.

Reaktivierung [-tiˈviːruŋ] f. (-, en). MIL. rappel (m.) à l'activité.

Reaktivität [-tiviˈtɛːt] f. NUCL. réactivité f.

Reaktor [reˈaktɔr] m. (s, en). PHYS. réacteur m. ; pile (f.) atomique.

Reaktor|druckbehälter [reʺaktɔrˈdrukbəhɛltər] m. (s, -). NUCL. cuve (f.) du réacteur. ||°**-kern** m. (s, e). NUCL. cœur (m.) du réacteur. ||°**-kühlmittel** n. (s, -). NUCL. fluide (m.) de refroidissement. ||°**-periode** f. (-, n). NUCL. période (f.) d'un réacteur. ||°**-typ** m. (s, en). NUCL. filière f.

real [reˈɑːl] adj. réel ; effectif ; objectif ; concret.

Real|gymnasium [reʺɑːlgymˈnɑːzium] n. (s, sien) collège (m.), lycée (m.) moderne. ||°**-injurien** f. pl. JUR. voies (f. pl.) de fait. ||°**-kredit** m. (s, e) crédit foncier. ||°**-lexikon** n. (s, ka) encyclopédie (f.) pratique. ||°**-lohn** m. (s, ¨e). ÉCON. salaire réel. ||°**-politik** f. politique (f.) réaliste. || °**-schule** f. (-, n) école primaire supérieure ; école professionnelle. ||°**-steuer** f. (-, n) impôt foncier. ||°**-wörterbuch** n. (s, ¨er) encyclopédie f.

Realien [reˈɑːliən] pl. choses réelles, concrètes ; faits m. pl. || JUR. biens (m. pl.) au soleil. || UNIV. sciences pratiques et naturelles.

realisierbar [realiˈziːrbɑːr] adj. réalisable.

realisieren [realiˈziːrən] v. tr. [verwirklichen] réaliser. || FIG. [einsehen] FAM. réaliser ; comprendre.

Realismus [reaˈlismus] m. (-, men) réalisme m.

Realist(in) [-ˈlist(in)] m. (en, en), f. (-, nen) réaliste s.

realistisch [-ˈlistiʃ] adj. réaliste.

Realität [-liˈtɛːt] f. (-, en) réalité f.

realiter [reˈɑːlitɛːr] adv. en réalité.

Reb|acker [ʺrɛːpˈakər] m. (s) vignoble m. || °**-huhn** n. (s,¨er) perdrix f. | *junges Rebhuhn*, perdreau m. ||°**-laus** f. (-,¨e) phylloxéra m. ||°**-stecken** m. (s, -) échalas m. ||°**-stock** m. (s, ¨e). [Weinrebe] cep m. ; pied (m.) de vigne.

Rebe [ˈreːbə] f. (-, n) sarment m. ; vigne f. ; cep m.

Reben|berg [ʺreːbənˈbɛrk] m. (s, e) vignoble m. ||°**-blut** n. (s) jus (m.) de la treille. ||°**-geländer** n. (s, -) treille f. ||°**-holz** n. (es,¨er) sarment m. ||°**-hügel** m. (s, -) coteau (m.) de vignes. ||°**-laub** n. (s) pampres m. pl. ||°**-messer** n. (s, -) serpette f. ||°**-pfahl** m. (s,¨e) échalas m.

Rebell [reˈbɛl] m. (en, en). [Aufrührer] rebelle m.

rebellieren [rebɛˈliːrən] v. intr. se rebeller.

rebellierend [-ˈliːrənt] adj. contestataire. | *die rebellierenden Studenten*, les étudiants contestataires.

Rebellion [-ˈlioːn] f. (-, en) rébellion f.

rebellisch [reˈbɛliʃ] adj. rebelle.

Rebus [ˈreːbus] m. ou n. (-, se) rébus m.

Rechen [ˈrɛçən] m. (s, -). [Harke] râteau m.

rechen [-çən] v. tr. ratisser.

Rechen|aufgabe [ʺrɛçənˈaufgɑːbə] f. (-, n) problème (m.), devoir (m.) de calcul. ||°**-buch** n. (s,¨er) manuel (m.) d'arithmétique. ||°**-einheit** f. (-, en). INF. unité (f.) de calcul. ||°**-gerät** n. (s, e) calculateur m. ||°**-knecht** m. (s, e) barème m. ||°**-künstler** m. (s, -) calculateur (m.) prodige. ||°**-leistung** f. (-, en). INF. capacité (f.) de traitement. ||°**-maschine** f. (-, n) machine (f.) à calculer. | *elektronische Rechenmaschine*, calculateur (m.) électronique. ||°**-pfennig** m. (s, e) jeton m. ||°**-programm** n. (s, e). INF. programme (m.) de calcul. ||°**-schieber** m. (s, -) règle (f.) à calcul, à calculer. ||°**-speicher** m. (s, -) mémoire opératrice (électronique). ||°**-stift** m. (s, e) crayon (m.) d'ardoise. ||°**-tafel** f. (-, n) table (f.) à calculer ; abaque m. ; table (f.) de multiplication. ||°**-unterricht** m. (s) enseignement (m.) de l'arithmétique, du calcul. ||°**-werk** n. (s, e). INF. opérateur (m.) arithmétique. || °**-zentrum** n. (s, tren). INF. centre (m.) de calcul.

Rechenschaft [ˈrɛçənʃaft] f. raison f. ; compte (rendu). | *Rechenschaft (über etwas) ablegen*, rendre compte (de qch.). | *jn zur Rechenschaft ziehen*, demander à qn raison de qch. ; demander des comptes à qn.

Rechenschafts|bericht [ʺrɛçənʃaftsbəˈriçt] m. (s, e) compte rendu ; compte rendu de gestion. ||°**-legung** f. (-, en) reddition (f.) de compte ; compte rendu.

rechnen [ˈrɛçnən] v. tr. **1.** calculer ; compter. | *rechnen können*, savoir compter. | *im Kopf rechnen*, calculer de tête. | *alles in allem gerechnet*, tout compte fait. | *eins ins, fürs andere gerechnet*, l'un dans l'autre. | *nach Mark gerechnet*, (en comptant) en marks. | *hoch, gut gerechnet*, tout au plus. | *von heute an gerechnet*, à compter d'aujourd'hui.

2. ranger parmi ; compter au nombre de ; considérer comme. | *jn zu den Persönlichkeiten rechnen*, ranger qn parmi les personnalités. | *ich rechne ihn zu meinen Freunden*, je le compte au nombre de mes amis. | *ich rechne es mir zur Ehre*, je considère cela comme un honneur pour moi.

◇ v. intr. FIG. compter sur ; escompter. | *auf etwas* (acc.) *rechnen*, compter sur qch. | *du kannst auf mich rechnen*, tu peux compter sur moi. | *mit etwas rechnen*, compter avec qch. ; tenir compte de qch. | *mit dem Pfennig rechnen*, faire des économies ; FAM. être près de ses sous.

Rechnen [-nən] n. (s) calcul m.

Rechner [-nər] m. (s, -) calculateur m. || INF. ordinateur m.

Rechnerei [rɛçnəˈrai] f. manie (f.) de compter.

rechnerisch [ˈrɛçnəriʃ] adj. relatif aux calculs. ◇ adv. par des calculs.

rechner|unterstützt [ʺrɛçnəruntərˈʃtytst] adj. INF. assisté par ordinateur. | *rechnerunterstützte Konstruktion*, conception assistée par ordinateur (C.A.O.).

Rechnung [-nuŋ] f. (-, en). **1.** calcul m.

2. compte m. ; facture f. ; note f. ; addition f. | *laufende Rechnung*, compte courant. | *die Rechnung, bitte !*, l'addition, s'il vous plaît ! | *eine Rechnung abschließen*, arrêter un compte. | *eine Rechnung begleichen*, apurer un compte. | *eine Rechnung bezahlen*, payer une note, une addition. | *schreiben Sie es auf meine Rechnung*, portez cela à, sur mon compte. || LOC. *Rechnung ablegen über*, rendre compte de. | *er kommt dabei auf seine Rechnung*, il y trouve son compte. | *auf, für eigene Rechnung*, à, pour son compte. | *das paßt dir wohl nicht in die Rechnung ?*, tu ne t'y attendais pas. | *einer Sache Rechnung tragen*, tenir compte de qch. | *etwas in Rechnung ziehen*, penser à qch. ; tenir compte de qch. ; prendre qch. en considération. | *er hat die Rechnung ohne den Wirt gemacht*, il a fait un mauvais calcul ; il ne s'y attendait pas.

Rechnungs|ablegung [ʺrɛçnuŋsˈapleːguŋ] f. (-, en) reddition (f.) des comptes. ||°**-abschluß** m. (es, ¨e) clôture (f.), arrêté (m.), règlement (m.), apurement (m.) des comptes. ||°**-art** f. (-, en) méthode (f.) de calcul. || MATH. opération f. ||°**-auszug** m. (s, ¨e) extrait (m.), relevé (m.), bordereau (m.) de compte. ||°**-beleg** m. (s, e) pièce (f.) comptable. ||°**-buch** n. (s, ¨er) livre (m.) de comptes, de comptabilité. ||°**-dienst** m. (s, e) service (m.) des comptes ; comptabilité f. | *den Rechnungsdienst besorgen*, tenir les comptes. ||°**-einheit** f. (-, en). ÉCON. unité (f.) de compte. ||°**-ergebnis** n. (ses, se) résultat m. ||°**-fehler** m. (s, -) erreur (f.) de calcul. ||°**-führer** m. (s, -) comptable m. || MIL. sous-officier (m.) comptable. ||°**-führung** f. (-, en) comptabilité f. ||°**-jahr** n. (s, e) exercice (financier). ||°**-legung** f. (-, en) reddition (f.) des comptes. ||**-mäßig** adj. et adv. conforme au compte ; selon les comptes. ||**-pflichtig (für)** adj. comptable (de). ||°**-prüfer** m. (s, -) expert (m.) comptable ; commissaire (m.) aux comptes. ||

°-**prüfung** f. (-, en) vérification (f.) des comptes ; audit m. ||°-**wesen** n. (s) [services (m. pl.) de] comptabilité f.

recht [rɛçt] adj. et adv. **1.** MATH. droit. | *rechter Winkel*, angle droit.
2. [Gegensatz zu « link »] droit. | *die rechte Hand*, la main droite. | *zur rechten Hand*, à main droite ; à droite. | *die rechte Seite*, le côté droit ; l'endroit.
3. [schicklich] convenable ; exact ; opportun. | *das ist mir recht*, cela me convient ; je suis d'accord. | *(das ist) recht so*, c'est parfait ! | *recht ! ganz recht !*, exactement ! ; tout à fait juste ! | *der rechte Mann am rechten Platz*, l'homme qu'il faut à l'endroit qu'il faut. | *genau zur rechten Zeit kommen*, arriver juste à point. | *komme ich dir recht ?*, est-ce que je te dérange ? || *du bist mir der Rechte*, tu es l'homme qu'il me faut. | *an den Rechten kommen*, trouver l'homme qui convient. | *das Rechte treffen*, prendre les mesures appropriées. | *er soll nach dem Rechten sehen*, c'est lui qui doit veiller à ce que tout marche bien.
4. [richtig] vrai ; juste. | *er ist der rechte Vater*, c'est lui le vrai père. | *gehe ich hier recht ?*, est-ce que je suis sur le bon chemin ? | *wenn mir recht ist*, si je ne m'abuse. | *Sie sind nicht recht im Bilde*, vous n'y êtes pas tout à fait. | *er ist nicht recht bei Troste, bei Sinnen, bei Verstand*, il n'a pas toute sa raison. | *etwas Rechtes*, qch. de juste.
5. [gerecht] juste ; équitable ; selon le droit. | *recht haben*, avoir raison. | *recht behalten*, avoir le dernier mot. | *jm recht geben*, donner raison à qn. | *alles, was recht ist !*, la justice d'abord ! | *das ist nicht mehr als recht und billig*, ce n'est que justice. | *das geschieht dir ganz recht*, tu ne l'as pas volé. | *das geht nicht mit rechten Dingen zu*, ce n'est pas normal. || PROV. *tue recht und scheue niemand !*, fais ce que dois, advienne que pourra.
6. LOC. **erst recht ; erst recht nicht,** [diesmal aber richtig ; noch weniger als früher] *da verstand ich erst recht, was Krieg bedeutet*, c'est alors seulement que j'ai vraiment compris ce que c'est que la guerre. | *dann komme ich erst recht nicht*, dans ces conditions je viendrai encore moins. | *nun erst recht !*, maintenant plus que jamais !
◇ adv. beaucoup ; très ; bien. | *das ist recht nett von ihm*, c'est très gentil de sa part.

Recht [rɛçt] n. (s, e). **1.** droit m. ; raison f. ; titre m. | *mit Recht*, à bon droit ; à juste titre. | *mit Recht oder Unrecht*, à tort ou à raison. | *mit welchem Recht ?*, de quel droit ? ; à quel titre ? | *das Recht des Stärkeren*, la raison du plus fort. | *Recht der Selbsthilfe*, droit de légitime défense. | *Recht auf Arbeit*, droit au travail. | *Recht auf Einsichtnahme*, droit de regard. | *Recht auf Gegendarstellung*, droit de réponse. | *Recht über Leben und Tod*, droit de vie et de mort. | *Macht geht vor Recht*, la force prime le droit. | *das Recht haben, etwas zu tun*, avoir le droit de faire qch. | *du hast kein Recht dazu*, tu n'en as pas le droit ; tu n'as pas le droit de le faire. | *du hast kein Recht darauf*, tu n'y as aucun droit ; tu n'as aucun droit là-dessus. | *das Recht auf seiner Seite haben*, avoir le bon droit de son côté. | *jm zu seinem Recht verhelfen*, faire rendre justice à qn ; faire triompher les droits de qn. | *alle Rechte vorbehalten*, tous droits réservés. | *ein Recht genießen*, jouir d'un droit. | *sich auf ein Recht berufen*, invoquer un droit. | *Fensterrecht*, droit de vue.
2. droit m. ; justice f. | *bürgerliches Recht*, droit civil. | *gemeines Recht*, droit commun. | *Student der Rechte*, étudiant (m.) en droit. | *die Rechte studieren*, étudier le droit. | *von rechtswegen*, de droit ; de par la loi. | *im Wege Rechtens*, juridiquement ; par les voies légales. | *in aller Form Rechtens*, en bonne et due forme. | *Recht muß Recht bleiben*, (il faut que) force reste à la loi. | *Gnade für Recht ergehen lassen*, faire grâce à qn ; pardonner à qn. | *Recht sprechen*, rendre la justice. | *Recht verlangen*, demander justice. | *sich selbst Recht verschaffen*, se faire justice soi-même. | *jm Recht widerfahren lassen*, rendre justice à qn. | *kanonisches Recht*, droit canon. | *Völkerrecht*, droit des gens.

Rechte ['rɛçtə] f. main droite. | *zur Rechten*, à droite. || POLIT. droite f.

Recht|eck ["rɛçt'ɛk] n. (s, e) rectangle m. ||-**eckig** adj. rectangulaire. ||-**fertigen** v. tr. justifier ; légitimer ; disculper. | *das rechtfertigt sich*, cela se justifie ; FAM. cela se défend. ||°-**fertigung** f. (-, en) apologie f. ; justification f. ; défense f. ; décharge f. ||-**gläubig** adj. orthodoxe. ||°-**gläubigkeit** f. orthodoxie f. ||°-**haber** m. (s, -) raisonneur m. ; homme (m.) qui veut toujours avoir raison. ||°-**haberei** f. manie (f.) de toujours avoir raison. ||-**haberisch** adj. qui veut toujours avoir raison. ||-**los** adj. privé de ses droits ; mis hors la loi ; illégal ; illégitime. ||°-**losigkeit** f. absence (f.) de droits ; mise (f.) hors la loi ; proscription f. ; illégalité ; illégitimité f. ||-**mäßig** adj. légitime ; légal ; juste ; conforme au droit. ||°-**mäßigkeit** f. légalité f. ; légitimité f. ; équité f. ||-**schaffen** adj. probe ; loyal ; droit. || [Menge] grand ; convenable. ||°-**schaffenheit** f. droiture f. ; probité f. ; loyauté f. ||°-**schreibung** f. (-, en) orthographe f. ||°-**sprechung** f. [exercice (m.) de la] justice f. ; jurisprudence f. ||-**winklig** adj. rectangle ; en équerre. | *rechtwinkliges Koordinatensystem*, coordonnées cartésiennes. ||-**zeitig** adj. et adv. opportun ; à temps ; à propos. ||°-**zeitigkeit** f. opportunité f.

rechten ['rɛçtən] v. intr. demander son bon droit ; plaider. | *mit jm um etwas rechten*, être en contestation avec qn. au sujet de qch.

rechter|hand ["'rɛçtər'hant] adv. à (main) droite.

rechtlich ['rɛçtliç] adj. **1.** juridique ; légal ; de droit ; fondé en droit.
2. droit ; honnête ; probe.

Rechtlichkeit [-kait] f. droiture f. ; probité f. ; rectitude f.

rechts [rɛçts] adv. à droite. | *rechts fahren*, circuler, rouler à droite. | *sich rechts halten*, se tenir sur sa droite. | *rechts des Hauses, rechts vom Hause*, à droite de la maison.

Rechts|außen ["rɛçts'ausən] m. (s, -), °-**außen|stürmer** [-ʃtyrmər] m. (s, -). SPORT. ailier droit. || -**bündig** adj. TYPOGR. *rechtsbündig ausrichten*, justifier à droite. ||°-**drall** m. (s, e) pas (m.) à droite ; rayures (f. pl.) à droite. ||-**gängig** adj. dextrogyre ; tournant à droite. | *rechtsgängige Schraube*, vis filetée à droite. ||°-**händer** m. (s, -) droitier m. ||-**händig** adj. droitier. ||°-**kurve** f. (-, n) virage (m.) à droite. ||-**rheinisch** adj. de la rive droite du Rhin. ||-**um !** interj. MIL. à droite !

Rechts|abteilung ["rɛçts'aptailuŋ] f. (-, en) service (m.) juridique ; bureau (m.) du contentieux. ||°-**anspruch** m. (s, ¨e) droit m. ; titre m. (à qch.) ; prétention (f.) légitime. ||°-**anwalt** m. (s, ¨e) avocat m. ; avoué m. ||°-**anwaltschaft** f. barreau m. ||°-**ausdruck** m. (s, ¨e) terme (m.) juridique. ||°-**beistand** m. (s, ¨e) avocat-conseil m. ; assistance (f.) judiciaire. ||°-**berater** m. (s, -) avocat-conseil m. ; conseiller (m.) juridique. ||-**beständig** adj. légal ; valide. ||°-**beständigkeit** f. légalité f. ; validité f. ||°-**einwand** m. (s, ¨e) pourvoi m. ; objection (f.) juridique. ||-**fähig** adj. *rechtsfähig sein*, avoir la jouissance de ses droits. ||°-**fähigkeit** f. habilité f. ; capacité légale. ||°-**fähigkeits|erklärung** f. (-, en) habilitation f. ||°-**folge** f. (-, n) effet (m.) juridique. ||°-**form** f. (-, en) forme (f.) judiciaire ; forme légale. ||-**förmlich** adj. juridique ; légal. ||°-**frage** f. (-, n) question (f.) juridique, de droit. ||°-**gang** m. (s, ¨e) procédure f. ; procès m. ||°-**gefühl** n. (s, e) sentiment (m.) de la justice. ||°-**gelehrsamkeit** f. jurisprudence f. ; droit m. ||°-**gelehrter** m. juriste m. ; jurisconsulte m. ; légiste m. ||°-**geschäft** n. (s, ¨e) acte (m.) juridique. ||°-**grundlage** f. (-, n) fondement (m.) juridique. ||-**gültig** adj. valide ; authentique ; valable. | *rechtsgültige Abschrift*, copie légalisée. ||°-**gültigkeit** f. validité (f.) juridique ; authenticité f. ; légalité f. ||°-**handel** m. (s) affaire f. ; cause f. ; procès m. ||-**hängig** adj. pendant ; en litige. ||°-**hilfe** f. (-, n) aide (f.) judiciaire. ||°-**hilfe|ersuchen** n. (s, -) commission (f.) rogatoire. ||°-**inhaber** m. (s, -) ayant droit m. ||°-**irrtum** n. (s, ¨er) erreur (f.) judiciaire. ||°-**kniffe** m. pl. chicanes f. pl. ||°-**konsulent** m. (en, en) avocat-conseil m. ||°-**kraft** f. autorité (f.) de la chose jugée ; force (f.) de loi. | *Rechtskraft erlangen*, prendre force de loi. ||-**kräftig** adj. définitif ; valide ; exécutoire. | *in rechtskräftiger Form*, en bonne et due forme. ||°-**kundiger** m. jurisconsulte m. ||°-**lehre** f. science (f.) du droit. ||°-**mittel** n. (s, -) recours m. ; voie (f.) de recours, de droit. | *Rechtsmittel der Berufung*, voie (f.) d'appel. | *ein Rechtsmittel einlegen*, former, interjeter appel. ||°-**person** f. (-, en) personne juridique, morale. ||°-**pflege** f. justice f. ; administration (f.) de la justice. ||°-**sache** f. (-, n) cause (f.) judiciaire ; matière (f.) de droit. ||°-**spruch** m. (s, ¨e) jugement m. ; arrêt m. ; sentence f. ; décision (f.) judiciaire. | *Rechtsspruch der Geschworenen*, verdict m. (du jury). ||°-**staat** m. (s, en) État (m.) de droit. ||-**ständig** adj. justiciable. ||°-**stellung** f. (-, en) statut (m.) juridique ; situation (f.) juridique. ||°-**streit** m. (s, e) procès m. ; litige m. ; conflit (m.) juridique. ||°-**stufe** f. (-, n) instance (f.) judiciaire. ||°-**titel** m. (s, -) titre (m.), qualité (f.) en justice. ||°-**übertragung** f. (-, en) dévolution f. ; transfert m. ||°-**unfähigkeit** f. inhabilité f. ; incapacité légale. ||-**ungültig** adj.

invalide ; illégal. ||°**-ungültigkeit** f. invalidité f. ||**-verbindlich** adj. obligatoire. ||°**-verbindlichkeit** f. (-, en) obligation f. (juridique). ||°**-verdreher** m. (s, -) chicaneur m. ||°**-verdrehung** f. (-, en) chicane f. ; entorse (f.) à la loi. ||°**-verfahren** n. (s, -) procédure f. ||°**-verletzung** f. (-, en) infraction (f.) à la loi. ||°**-vermutung** f. (-, en) présomption (f.) de droit, du droit. ||°**-vertreter** m. (s, -) représentant légal. ||°**-verweigerung** f. (-, en) déni (m.) de justice ; refus (m.) du droit. ||°**-weg** m. (s, e) voie (f.) judiciaire. | *auf dem Rechtswege*, par voie de justice. ||**-widrig** adj. contraire au droit ; illégal ||°**-widrigkeit** f. (-, en) illégalité f. ||°**-wirksamkeit** f. validité f. ||°**-wissenschaft** f. (science du) droit m. ; jurisprudence f. ||°**-zug** m. (s, ¨e) instance f. ||°**-zustand** m. (s, ¨e) statut légal.

Reck [rɛk] n. (s, e), °**-stange** [″rɛk'ʃtaŋə] f. (-, n). [Turnen] barre (f.) fixe.

Recke ['rɛkə] m. (n, n) héros m. ; guerrier vaillant (et de grande taille).

recken ['rɛkən] v. tr. étendre ; étirer. | *den Hals recken*, dresser la tête.
◇ v. pr. **sich recken,** s'étirer.

reckenhaft ['rɛkənhaft] adj. gigantesque.

Reckung [-kuŋ] f. (-, en) extension f.

Redakteur [redak'tø:r] m. (s, e) rédacteur m.

Redaktion [-'tsio:n] f. (-, en). [Schriftleitung] rédaction f. (d'un journal).

Rede ['re:də] f. (-, n). **1.** paroles f. pl. ; langage m. ; propos m. pl. | *jm die Rede abschneiden ; jm in die Rede fallen*, couper la parole à qn ; interrompre qn. | *bei seiner Rede bleiben*, s'en tenir à ce que l'on a dit. | *es geht die Rede, daß*, on dit que ; le bruit court que. | *wovon ist die Rede ?*, de quoi est-il question ? ; de quoi s'agit-il ? | *das ist nicht der Rede wert*, inutile d'en parler. | *jm Rede und Antwort stehen*, se défendre ; se justifier devant qn. | *jn zur Rede stellen*, demander raison à qn.
2. [Vortrag] discours m. | *eine Rede halten*, faire un discours.
3. Gramm. discours m. ; style m. | *direkte, indirekte Rede*, discours direct, indirect. | *gebundene Rede*, poésie f. | *ungebundene Rede*, prose f.

Rede|duell [″re:dədu'ɛl] n. (s, e) duel (m.) oratoire. ||**-fertig, -gewandt** adj. disert ; beau parleur. ||°**-figur** f. (-, en), °**-floskel** f. (-, n) métaphore f. ; fleur (f.) de rhétorique. ||°**-fluß** m. (es, ¨e) flux (m.), flot (m.) de paroles. ||°**-freiheit** f. liberté (f.) de parole. ||°**-gabe** f. (-, n) talent (m.) d'orateur ; éloquence f. ||°**-gesang** m. m. (s, ¨e) récitatif m. ||°**-kunst** f. rhétorique f. ; art (m.) oratoire. ||°**-lust** f. loquacité f. ; propension (f.) à parler. ||°**-schwall** m. (s, e) déluge (m.) de paroles. ||°**-ton** m. (s) ton (m.) oratoire. ||°**-übung** f. (-, en) exercice (m.) oratoire. ||°**-weise** f. (-, n), °**-wendung** f. (-, en) tournure (f.) de style.

reden ['re:dən] v. intr parler ; dire. | *dazwischen reden*, interrompre. | *in den Wind reden*, parler en l'air. | *jm nach dem Munde reden*, abonder dans le sens de qn. | *er hat gut reden*, il en parle à son aise. | *von sich reden machen*, faire parler de soi. | *du läßt nicht mit dir reden*, on ne peut rien te dire.

Redens|art [″re:dəns'a:rt] f. (-, en) phrase f. ; locution f. ; expression f. | *stehende Redensart*, locution toute faite. | *deutsche Redensart*, germanisme m. | *das ist nur so eine Redensart*, c'est une façon de parler.

Rederei [re:də'rai] f. (-, en). Péjor. bavardage m.

redigieren [redi'gi:rən] v. tr. rédiger.

Redigieren [-rən] n. (s) rédaction f. ; (action de) rédiger. | *das Redigieren fällt mir schwer*, j'ai de la peine à rédiger (cela).

Rediskont [″redis'kɔnt] m. (s, e). Fin. réescompte m.

rediskontierbar [rediskɔn'ti:rba:r] adj. Fin. réescomptable.

redlich ['re:tliç] adj. loyal ; sincère ; honnête ; probe ; de bonne foi. | *ein redlicher Mensch*, un honnête homme.

Redlichkeit [-kait] f. honnêteté f. ; loyauté f. ; probité f.

Redner ['re:dnər] m. (s, -) orateur m.

Redner|bühne [″re:dnər'by:nə] f. (-, n) tribune f. ||°**-gabe** f. (-, n) talent (m.) oratoire. ||°**-pult** n. (s, e) chaire f.

rednerisch ['re:dnəriʃ] adj. oratoire.

Redoute [re'du:tə] f. (-, n) bal masqué ; redoute f. || Mil. [Schanze] redoute f.

red|selig [″re:t'ze:liç] adj. loquace ; bavard.

Red|seligkeit [-kait] f. loquacité f. ; faconde f.

Reduktion [reduk'tsio:n] f. (-, en) réduction f.

reduzierbar [redu'tsi:rba:r], **reduzibel** [-'tsi:bel] adj. (auf, acc.) réductible (à).

reduzieren [-'tsi:rən] v. tr. réduire.

Reduzierung [-'tsi:ruŋ] f. (-, en) réduction f.

Reede ['re:də] f. (-, n) rade f.

Reeder [-dər] m. (s, -) armateur m. ; affréteur m.

Reederei [re:də'rai] f. (-, en). Mar. société (f.) d'armement.

Reef [re:f] n. (s, e). V. Reff.

reefen ['re:fən] v. tr. V. reffen.

Reeling ['re:liŋ] f. V. Reling.

reell [re'ɛl] adj. réel ; positif. || Comm. honnête ; solide. | *reelle Preise*, prix corrects. | *reelle Firma*, maison (f.) de confiance.

Reep [re:p] n. (s, e). Mar. cordage m.

Referat [refe'ra:t] n. (s, e). [Bericht] compte rendu ; exposé m. ; rapport m. || [Amtsstelle] bureau m. ; service m.

Referendar [referɛn'da:r] m. (s, e) stagiaire m.

Referendum [-'rɛndum] n. (s, da ou den) référendum m. ; plébiscite m.

Referent [-'rɛnt] m. (en, en) rapporteur m. ; conseiller m. || [Tagung] intervenant m.

Referenz [-'rɛnts] f. (-, en) référence f. ; recommandation f. ; renseignement m.

referieren [-'ri:rən] v. intr. faire un rapport.

Reff [rɛf] n. (s, e). Mar. crochets m. pl. ; ris m.

reffen ['rɛfən] v. tr. prendre des ris ; arriser.

refinanzieren [refinan'tsi:ren] v. tr. Fin. refinancer.

Refinanzierung [-nan'tsi:ruŋ] f. (-). Fin. refinancement m.

Reflektant(in) [reflɛk'tant(in)] m. (en, en), f. (-, nen). Comm. intéressé(e) m. (f.) ; amateur m.

reflektieren [-'ti:rən] v. tr. refléter.
◇ v. intr. (über, acc.) réfléchir ; méditer. || (auf, acc.) s'intéresser à.

Reflektor [re'flɛktɔr] m. (s, en) réflecteur m.

Reflex [-'flɛks] m. (es, e) reflet m. || Physiol. réflexe m. | *Reflexbewegung*, mouvement (m.) réflexe ; réflexe m.

Reflexion [reflɛ'ksio:n] f. (-, en) réflexion f.

Reflexions|hologramm [reflɛ″ksio:nsholo'gram] n. (s, e). Techn. hologramme réflecteur. ||°**-koeffizient** m. (en, en). Phys. réflectance f. ||°**-vermögen** n. (s). Phys. pouvoir réfléchissant.

reflexiv [reflɛ'ksi:f] adj. Gramm. réfléchi. | *Reflexivpronomen*, pronom réfléchi.

Reform [re'fɔrm] f. (-, en) réforme f.

Reform|bestrebung [re″fɔrmbə'ʃtre:buŋ] f. (-, en) tendance, aspiration réformatrice. ||°**-haus** n. (es, ¨er) magasin (m.) de produits diététiques. ||°**-kleidung** f. (-, en) vêtement (m.) hygiénique. ||°**-kost** f. (-) produits naturels, diététiques.

Reformation [refɔrma'tsio:n] f. réforme f. || Hist., Relig. Réforme f.

Reformator [-'ma:tɔr] m. (s, en) réformateur m.

reformatorisch [-ma'to:riʃ] adj. de (la) réforme ; réformateur.

reformieren [-'mi:rən] v. tr. réformer. | *reformierte Kirche*, église réformée.

Reformismus [-'mismus] m. Polit. réformisme m.

Refraktion [refrak'tsio:n] f. (-, en). Phys. réfraction f.

Refraktor [re'fraktɔr] m. (s, en). Astron. réfracteur m. ; télescope (m.) dioptrique.

Regal [re'ga:l] n. (s, e) rayons (m. pl.) de bibliothèque ; étagères f. pl. ; rayonnage m.

Regal(e) [re'ga:l(ə)] n. (s, e et ien). Hist., Jur. droit régalien ; régale f.

regalieren [rega'li:rən] v. tr. régaler ; couvrir de cadeaux.
◇ v. pr. **sich regalieren,** se régaler.

Regatta [re'gata] f. (-, ten). Sport. régate f.

rege ['re:gə] adj. actif ; vif ; éveillé ; animé. | *rege werden*, s'éveiller (sentiment). | *rege machen*, mettre en mouvement. | *reger Verkehr*, trafic (m.), circulation (f.) intense.

Regel ['re:gəl] f. (-, n). **1.** règle f. ; règlement m. ; norme f. | *eine Ausnahme von der Regel machen*, faire exception à la règle. | *die Ausnahme bestätigt die Regel*, l'exception confirme la règle. | *in der Regel*, ordinairement ; en règle générale.
2. plur. Méd. règles f. pl. ; menstrues f. pl.

Regel|detri [re:gəlde'tri:] f. MATH. règle (f.) de trois. ||°**-jahr** n. (s, e). STAT. année moyenne. ||**-los** adj. sans règle ; déréglé. ||°**-losigkeit** f. état déréglé ; irrégularité f. ; dérèglement m. ||**-mäßig** adj. et adv. régulier ; normal ; réglé. ||°**-mäßigkeit** f. régularité f. ||**-recht** adj. et adv. suivant la règle ; dans les règles ; en règle. ||°**-stab** m. (s, ¨e). NUCL. barre (f.) de pilotage. ||°**-verstärker** m. (s, -). RADIO. amplificateur (m.) de régulation. ||**-widrig** adj. et adv. contraire à la règle, au règlement. ||°**-widrigkeit** f. (-, en) irrégularité f.

regeln ['re:gəln] v. tr. régler ; réglementer ; régulariser ; mettre en ordre ; fixer. | *den Verkehr regeln*, régler la circulation. | *durch gesetzliche Maßnahmen regeln*, régir.

Regelung ['regəluŋ] f. (-, en) règlement m. ; réglementation f. || TECHN. réglage m.

Regen ['re:gən] m. (s, -) pluie f. | *es sieht nach Regen aus*, le temps est à la pluie. | *regenschwangere Wolken*, nuages lourds de pluie. | *saurer Regen*, pluies acides. || LOC. *vom Regen in die Traufe kommen*, aller de mal en pis ; tomber de Charybde en Scylla.

regen|arm ["re:gən'arm] adj. sec ; où il pleut rarement. ||°**-bö** f. (-, en). MAR. grain m. ||°**-bogen** m. (s, -) arc-en-ciel m. ||**-bogenfarbig** adj. irisé. ||°**-bogenhaut** f. (-, ¨e). ANAT. iris m. ||°**-bogenpresse** f. presse (f.) du cœur. ||°**-dach** n. (s, ¨er) avant-toit m. ; auvent m. ||**-dicht** adj. imperméable. ||°**-fall** m. (s, ¨e) chute (f.) de pluie. ||°**-fang** m. (s, ¨e) citerne f. ||°**-gebiet** n. (s, e) zone pluvieuse. ||°**-guß** m. (es, ¨e) ondée f. ; averse f. ||°**-kappe** f. (-, n) capuchon m. ||°**-krone** f. (-, n) mitre (f.) de cheminée. ||°**-mantel** m. (s, ¨) imperméable m. ||°**-messer** m. (s, -). PHYS. pluviomètre m. ||°**-monat** m. (s, e). HIST. pluviôse m. ||°**-pfeifer** m. (s, -), °**-vogel** m. (s, ¨) pluvier m. ||**-reich** adj. riche en pluie ; humide. ||°**-rinne** f. (-, n) gouttière f. ||°**-schauer** m. (s, -) averse f. ; ondée f. ||°**-schirm** m. (s, e) parapluie m. ||°**-wald** m. (s, ¨er) forêt tropicale humide. ||°**-wetter** n. (s) temps pluvieux. ||°**-wurm** m. (s, ¨er) ver (m.) de terre.

regen ['re:gən] v. tr. bouger ; remuer ; mouvoir. | *er konnte kein Glied regen*, il ne pouvait pas remuer un membre. || agiter.
◇ v. pr. **sich regen,** se mouvoir ; se donner du mouvement ; être en mouvement. || FAM. *rege dich ein bißchen !*, remue-toi un peu ! | *es regte sich kein Lüftchen*, il n'y avait pas un souffle de vent.

Regeneration [regenera'tsio:n] f. BIOL. régénération f.

regenerieren [-'ri:rən] v. tr. régénérer.

Regensburg ["re:gəns'burk] n. pr. n. GÉOGR. Ratisbonne f.

Regent(in) [re'gɛnt(in)] m. (en, en), f. (-, nen) régent(e) m. (f.) ; princesse régente.

Regentschaft [-ʃaft] f. (-, en) régence f.

Regie [re'ʒi:] f. (-, n). [Verwaltung] régie f. || THÉÂTRE, FILM. régie f. ; mise (f.) en scène.

regieren [re'gi:rən] v. tr. gouverner ; diriger ; régner sur. || GRAMM. régir ; gouverner.

Regierung [-ruŋ] f. (-, en). [Handlung] gouvernement m. ; règne m. || [oberste Behörde] gouvernement m.

Regierungs|antritt [re"gi:ruŋs'antrit] m. (s, e) arrivée (f.) au pouvoir. ||°**-bank** f. (-, ¨e) banc (m.) du gouvernement, des ministres. ||°**-bezirk** m. (s, e). [Mittelbehörde] gouvernement m. ; circonscription f. ; département m. ||**-feindlich** adj. antigouvernemental. ||°**-form** f. (-, en) mode (m.) de gouvernement ; régime m. ||**-freundlich** adj. gouvernemental. || °**-gewalt** f. autorité f. ||°**-partei** f. (-, en) parti gouvernemental. ||°**-präsident** m. (en, en) gouverneur m. ; préfet m. ||°**-provinz** f. (-, en) département m. ||°**-rat** m. (s, ¨e) conseiller (m.) d'administration. ||°**-system** n. (s, e) régime m. ; gouvernement m. ||°**-verordnung** f. (-, en) décret m. ||°**-zeit** f. (-, en) règne m. ; temps (m.) de gouvernement.

Regime [re'ʒi:m] n. (s, s). POLIT. régime m.

Regime|kritiker(in) [re"ʒi:m'kritikər(in)] m. (s, -), f. (-, nen). POLIT. dissident(e) m. (f.).

Regiment [regi'mɛnt] n. (s, er). **1.** MIL. régiment m.
2. (s, e) direction f. ; gouvernement m. | *das Regiment führen*, diriger, mener les affaires ; être le maître.

Region [regi'o:n] f. (-, en) région f.

regional [regio'nɑ:l] adj. régional.

Regionalismus [-na'lismus] m. régionalisme m.

Regisseur [reʒi'sø:r] m. (s, e). THÉÂTRE, FILM. metteur (m.) en scène.

Register [re'gistər] n. (s, -). **1.** registre m. ; rôle m. ; liste f. | *in ein Register eintragen*, enregistrer. | *ins alte Register gehören*, être suranné.
2. [Verzeichnis] table f. (des matières) ; index m.
3. MUS. [Orgel] registre m. || FIG. *alle Register ziehen*, employer tous les moyens ; tout mettre en œuvre.

Register|auszug [re"gistər'austsu:k] m. (s, ¨e) extrait m. ; acte m. ||°**-mark** f. FIN. mark bloqué. ||°**-tonne** f. (-, n). MAR. tonneau (officiel). ||°**-zug** m. (s, ¨e). MUS. jeu (m.) d'orgues.

Registrator [regis'trɑ:tər] m. (s, en) greffier m.

Registratur [-tra'tu:r] f. (-, en) fichier m. ; enregistrement m. ; greffe m.

Registrier|ballon [regis"tri:rba'lɔ̃] m. (s, s) ballon enregistreur ; ballon-sonde m. ||°**-gerät** n. (s, e) appareil enregistreur. ||°**-kasse** f. (-, n) caisse enregistreuse.

registrieren [regis'tri:rən] v. tr. enregistrer. || [Polizei] *registriert sein*, être fiché.

Registrierung [-ruŋ] f. (-, en) enregistrement m. ; immatriculation f.

Reglement [regle'mɛnt] n. (s, s) règlement m. | *reglementmäßig*, réglementaire.

Regler ['re:glər] m. (s, -). TECHN. régulateur m. ; appareil (m.) de réglage.

reg|los ['re:glos] adj. sans mouvement.

regnen ['re:gnən] v. intr. pleuvoir. | *es regnet in Strömen*, il pleut à torrents.

Regner [-nər] m. (s, -) arroseur rotatif.

regnerisch [-nəriʃ] adj. pluvieux.

Regreß [re'grɛs] m. (es, e). JUR. recours m.

Regreß|anspruch [re"grɛs'anʃpru:x] m. (s, ¨e). JUR. (droit [m.] de) recours m. ||°**-pflicht** f. responsabilité civile.

Regression [regrɛ'sio:n] f. régression f.

Regressions|analyse [regrɛ"sio:nsana'ly:sə] f. (-, n). MATH. analyse (f.) de régression.

regressiv [-'si:f] adj. régressif.

regsam ['re:kzɑ:m] adj. vif ; actif ; éveillé ; alerte.

Regsamkeit [-kait] f. activité f. ; vivacité f. ; mobilité f.

regulär [regu'lɛ:r] adj. régulier.

Regular [-'lɑ:r] m. (s, e). RELIG. membre (m.) d'un ordre ; régulier m.

Regularität [-lari'tɛ:t] f. (-, en) régularité f.

Regulation [-la'tsio:n] f. (-, en) régulation f.

Regulator [-'lɑ:tər] m. (s, en) régulateur m. || [Uhr] pendule f.

regulierbar [-'li:rbɑ:r] adj. réglable.

regulieren [-'li:rən] v. tr. régler ; régulariser.

regulierend [-'li:rənt] adj. régulateur.

Regulier|feder [regu"li:r'fe:dər] f. (-, n) ressort (m.) de réglage. ||°**-schraube** f. (-, n) vis (f.) de réglage. ||°**-widerstand** m. (s, ¨e) rhéostat m.

Regulierung [regu'li:ruŋ] f. (-, en) régulation f. ; réglage m.

Regung ['re:guŋ] f. (-, en). [Bewegung] mouvement m. || [Gefühl] sentiment m. ; émotion f. ; élan m. ; accès m. | *die Regungen des Herzens*, les mouvements, les élans du cœur. | *eine zornige Regung*, un accès de colère.

regungs|los ['re:guŋslo:s] adj. sans mouvement ; immobile ; inerte. ||°**-losigkeit** f. immobilité f.

Reh [re:] n. (s, e) chevreuil m.

Reh|bock ['re:bɔk] m. (s, ¨e) chevreuil m. || **-braun, -farbig** adj. fauve. ||**-füßig** adj. rapide. ||°**-geiß** f. (-, en) chevrette f. ||°**-kalb** n. (s, ¨er), °**-kitz** n. (es, e) faon m. ||°**-keule** f. (-, n) cuissot (m.) de chevreuil. ||°**-posten** m. (s, -), °**-schrot** n. (s, e) chevrotines f. pl. ||°**-rücken** m. (s, -), °**-ziemer** m. (s, -). CULIN. selle (f.) de chevreuil.

Rehabilitation [rehabilita'tsio:n] f. (-, en) réhabilitation f. || MÉD. réadaptation f.

rehabilitieren [-'ti:rən] v. tr. réhabiliter. || MÉD. réadapter.

Reib|ahle ["raip'ɑ:lə] f. (-, n). TECHN. mandrin m. ; alésoir m. ||°**-eisen** n. (s, -) râpe f. || FIG. femme querelleuse. ||°**-fläche** f. (-, n) frottoir m. ||°**-holz** n. (es, ¨er). MAR. bourrelet (m.) de défense. ||°**-keule** f. (-, n) pilon m. ||°**-kupplung** f. (-, en) accouplement m. ; embrayage (m.) à friction.

Reibe ['raibə] f. (-, n) râpe f.

Reibe|laut ["raibə'laut] m. (s, e). Gramm. fricative f.

reiben ['raibən] v. tr. (ie, ie). **1.** frotter. | *die Wäsche reiben*, frotter le linge. | *sich die Hände reiben*, se frotter les mains.

2. râper ; broyer.

3. Fig. *jm etwas unter die Nase reiben*, reprocher qch. à qn ; jeter qch. à la figure de qn. || Fam. *sich an jm reiben*, se frotter à qn.

Reiberei [raibə'rai] f. (-, en) friction f. || Fig., fam. frictions f. pl. ; mésentente f.

Reibsel ['raipsəl] n. (s, -) limaille f.

Reibung ['raibuŋ] (-, en). **1.** frottement m. ; friction f.

2. Fig. [Zwistigkeit] frictions f. pl. ; conflit m.

Reibungs|antrieb ["raibuŋs'antri:p] m. (s, e) commande (f.) à friction. ||°**-elektrizität** f. triboélectricité f. ||°**-fläche** f. (-, n) surface (f.) de frottement. ||**-los** adj. et adv. sans frottement ; fig. sans à-coups ; sans accroc. ||°**-moment** n. (s, e) couple (m.) de friction. ||°**-wärme** f. chaleur (f.) de frottement.

reich [raiç] adj. **1.** riche ; opulent. | *arm und reich*, riches et pauvres. | *reich heiraten*, faire un riche mariage. || Fig. *reich an Gemüt*, qui a beaucoup de cœur.

2. abondant ; fécond ; fertile ; riche. | *reiche Ernte*, récolte abondante, riche. | *reiche Reime*, des rimes (f. pl.) riches. | *in reichem Maße*, abondamment.

reich|haltig ["raiç'haltiç] adj. riche ; abondant ; d'une haute teneur. ||°**-haltigkeit** f. abondance f. ; richesse f.

Reich [raiç] n. (s, e) empire m. ; royaume m. || Pr. et fig. domaine m. || Hist. *das Deutsche Reich*, l'empire allemand. | *das Heilige Römische Reich Deutscher Nation*, le Saint Empire romain germanique. | *das dritte Reich*, l'Allemagne hitlérienne ; le troisième Reich. || Fig. *das Reich der Schatten*, le royaume des ombres.

reichen ['raiçən] v. tr. tendre ; offrir ; passer ; présenter. | *jm die Hand reichen*, tendre, donner la main à qn ; offrir sa main (en mariage) à qn. | *reichen Sie mir bitte das Brot !*, passez-moi le pain, s'il vous plaît. || Fig. *er kann ihm das Wasser nicht reichen*, il ne lui arrive pas à la cheville.

◇ v. intr. **1.** atteindre ; arriver à ; s'étendre jusqu'à ; s'élever à. | *sein Sohn reicht ihm bis an die Schulter*, son fils lui arrive à l'épaule. | *das Feld reicht bis an den Wald*, le champ s'étend jusqu'à la forêt, touche à la forêt. | *so weit der Blick reicht*, à perte de vue. | *so weit die Stimme reicht*, à portée de la voix.

2. (nach, dat.) tendre la main pour atteindre.

3. [genügen] suffire ; être suffisant. | *das reicht nicht*, cela ne suffit pas ; ce n'est pas assez.

reichlich ['raiçliç] adj. et adv. copieux ; abondant ; à profusion ; copieusement ; abondamment.

Reichs|acht ['raiçsaxt] f. ban (m.) de l'Empire. ||°**-adler** m. (s, -) aigle impériale. ||°**-apfel** m. (s, ¨) globe m. (insigne impérial). ||°**-bahn** f. chemins (m. pl.) de fer du Reich, de la R.D.A. ||°**-flagge** f. (-, n) drapeau allemand. ||°**-gesetz** n. (es, e) loi impériale, du Reich. ||°**-kammergericht** n. (s, e). Hist. cour (f.), tribunal (m.) d'empire. ||°**-kanzler** m. (s, -) chancelier (m.) d'empire ; chancelier (m.) du Reich. ||°**-mark** f. (-) (reichs)mark m. ||°**-rat** n. (s, ¨e) conseil impérial ; conseiller impérial. ||°**-stadt** f. (-, ¨e) ville (libre) impériale. ||°**-stände** m. pl. Hist. Etats (m. pl.) de l'Empire. ||°**-tag** m. (s) Reichstag m. ; Diète (f.) de l'Empire. ||**-unmittelbar** adj. sous l'autorité immédiate de l'empire. ||°**-wehr** f. Hist. Reichswehr f.

Reichtum ['raiçtu:m] m. (s, ¨er) richesse f. ; fortune f. ; opulence f. || Par ext. fertilité f.

Reich|weite ["raiç'vaitə] f. (-, n) portée f. || Aéron. rayon (m.) d'action. || Sport. allonge f.

reif [raif] adj. Pr. et fig. mûr ; mûri. | *ein reifes Urteil*, un jugement bien pesé. | *von, in reiferen Jahren*, plus âgé ; d'âge mûr ; d'un certain âge. | *reif zu etwas*, mûr pour qch. ; prêt à qch.

Reif [raif] m. (s, e) gelée blanche ; frimas m. ; givre m. || Hist. *Reifmonat*, frimaire m.

Reif m. (es, e). V. Reifen.

Reif|rock ['raifrɔk] m. (s, ¨e) robe (f.) à crinoline.

Reife ['raifə] f. maturité f. | *zur Reife bringen*, faire mûrir. || [Prüfung] *die mittlere Reife*, *(etwa)* B. E. P. C. m.

Reife|prüfung ["raifə'pry:fuŋ] f. (-, en) baccalauréat m. ||°**-teilung** f. Biol. division réductrice. ||°**-zeugnis** n. diplôme (m.) de bachelier.

reifeln ['raifəln] v. tr. Archit. canneler.

reifen ['raifən] v. intr. mûrir. | *das Obst ist gereift*, les fruits ont mûri. || Fig. *zum Manne reifen*, devenir un homme.

◇ v. tr. rendre mûr ; faire mûrir.

reifen [-fən] v. impers. *es reift*, il y a de la gelée blanche.

Reifen ['raifən] m. (s, -) cercle m. ; anneau m. ; bracelet m. || [Spielzeug] cerceau m. || [Fahrzeug] pneu m. ; bandage m. | *ein Reifen ist geplatzt*, un pneu a crevé, est crevé.

— Observ. La forme ancienne *der Reif* subsiste, en particulier pour désigner un diadème.

Reifen|aufzieher ["raifən'auftsi:ər] m. (s, -) démonte-pneus m. ||°**-decke** f. (-, n) enveloppe (f.) du pneu. ||°**-defekt** m. (s, e), °**-panne** f. (-, n) crevaison f. ||°**-profil** n. (s, e) sculpture (f.) du pneu. ||°**-satz** m. (es, ¨e) train (m.) de pneus. ||°**-spiel** n. (s) jeu (m.) de cerceau. ||°**-wulst** m. (es, ¨e) jante (f.) de pneu.

reiflich ['raifliç] adj. mûr ; approfondi. | *nach reiflicher Überlegung*, après mûre réflexion.

Reigen ['raigən] m. (s, -) ronde f. ; danse f. || Fig. *den Reigen anführen*, ouvrir le bal.

Reihe ['raiə] f. (-, n). **1.** série f. ; rangée f. ; file f. | *eine Reihe von Zimmern*, une suite, une enfilade de chambres. | *eine Reihe von Stunden*, plusieurs heures. | *eine bunte Reihe machen*, faire alterner les dames et les messieurs. | *in Reihe stehen*, être aligné. | *in zweiter Reihe parken*, être garé en double file.

2. Mil. file f. ; colonne f. | *in Reih und Glied*, en rangs. | *in einer Reihe*, en colonne par un.

3. ordre m. ; tour m. | *nach der Reihe ; der Reihe nach*, l'un après l'autre ; à tour de rôle ; chacun à son tour. | *die Reihe ist an mir ; ich bin an der Reihe*, c'est mon tour ; c'est à moi. | *außer der Reihe*, avant son tour, par faveur. | *wieder in die Reihe kommen*, se rétablir ; reprendre sa place ; fig. [Gesundheit] se rétablir. | *aus der Reihe tanzen*, perdre le rythme ; fig. ne pas faire comme les autres.

4. Math., Techn. série f. ; suite f. | *arithmetische Reihe*, progression (f.) arithmétique. || Électr. *in Reihe schalten*, brancher, monter en série.

Reihen ['raiən] m. (s, -). Poét. V. Reigen.

reihen ['raiən] v. tr. ranger ; mettre en rangs. | *Perlen reihen*, enfiler des perles. || Text. faufiler.

◇ v. intr. [Vögel] s'accoupler.

Reihen|anordnung ["raiən'anordnuŋ] f. (-, en) disposition (f.) en ligne. ||°**-bild** n. (s, er) panorama m. ; vue animée. ||°**-dorf** n. (s, ¨er). Géogr. village-rue m. ||°**-fertigung** f. (-, en) fabrication (f.) en série, en masse. ||°**-folge** f. (-, n) suite (f.), ordre (m.) de priorité. | *in alphabetischer, zeitlicher Reihenfolge*, par ordre alphabétique, chronologique. ||°**-schaltung** f. (-, en). Électr. montage (m.) en série. ||**-weise** adv. par rangs ; par files ; par séries.

Reiher ['raiər] m. (s, -) héron m.

Reiher|busch ["raiər'buʃ] m. (es, ¨e) aigrette f. ||°**-schnabel** m. (s, ¨). Bot. bec-de-grue m.

reihum [rai'um] adv. en rangs ; en cercle.

Reim [raim] m. (s, e) rime f. ; vers m. | *Reime schmieden*, rimailler. | *ein Reim auf « en »*, une rime en « en ». || Loc. *darauf kann ich mir keinen Reim machen*, je n'y comprends rien.

reimen ['raimən] v. tr. mettre en vers ; rimer.

◇ v. intr. rimer. | *singen reimt auf klingen*, « *singen* » rime avec « *klingen* ». || Fig. *wie reimt sich das ?*, à quoi cela rime-t-il ? | *das reimt sich nicht*, cela ne rime à rien.

Reimer [-mər] m. (s, -) rimeur m. ; rimailleur m.

Reimerei [raimə'rai] f. 1° manie (f.) de rimailler ; 2° méchants vers.

Reim|fall ['raimfal] m. (s, ¨e) cadence f. ||**-frei, -los** adj. sans rimes. | *reimlose Verse*, vers blancs. ||°**-schmied** m. (s, e) rimailleur m. ||°**-silbe** f. (-, n), °**-wort** n. (s, ¨er) rime.

Re|import [reim'pɔrt] m. (s, e). Comm. réimportation f.

re|importieren [reimpɔr'ti:rən] v. tr. Comm. réimporter.

rein [rain] abrév. de **herein**. | *du bist 'reingefallen*, tu es tombé dans le panneau. || *Reinfall*, échec m. ; mauvaise affaire.

rein [rain] adj. **1.** pur ; sans mélange. | *aus reiner Seide*, (en) pure soie. | *in chemisch reiner Form*, chimiquement pur. | *reines Wasser*, eau pure. || Fig. *Diamant von reinstem Wasser*, diamant (m.) de la plus belle eau. | *ein Sozialist von reinstem Wasser*, un socialiste bon teint. | *jm reinen Wein einschenken*, dire la vérité à qn.

2. TECHN. *reine (und angewandte) Mathematik*, mathématiques pures (et mathématiques appliquées). || PHILOS. *reine Vernunft*, raison pure.

3. [lauter] pur ; vrai ; absolu. | *reines Glück*, pur hasard | *eine reine Komödie*, (de la) pure comédie. | *er ist die reine Güte*, il est la bonté même. | *ein reiner Tyrann*, un vrai tyran. | *das ist reiner Wahnsinn*, c'est de la folie pure. | *reiner Verlust*, perte sèche. | *es ist rein unmöglich*, c'est absolument impossible.

4. [sauber] pur ; sans tache ; propre ; net. | *rein machen*, nettoyer. | *reine Aussprache*, bonne prononciation ; prononciation (f.) sans accent. | *ins reine schreiben*, mettre au net. || FIG. *etwas ins reine bringen*, tirer qch. au clair. | *darüber will ich ins reine kommen*, je veux en avoir le cœur net. | *reinen Mund halten*, se taire ; ne dire mot. | *mit jm im reinen sein*, être d'accord avec qn. | *bist du dir im reinen darüber ?*, es-tu bien sûr de ton fait ? ; as-tu des idées bien arrêtées là-dessus ? | *reinen Tisch machen*, faire table rase.

5. [unschuldig] pur ; innocent ; sans faute. | *reines Gewissen*, conscience pure.

Rein|ausgaben [″rain'ausgɑ:bən] f. pl. dépenses nettes. ||°**-druck** m. (s). TYPOGR. bonnes feuilles. ||°**-einnahmen** f. pl. recettes nettes. ||°**-erlös** m. (es, e), °**-ertrag** m. (s, ¨e) produit net. ||°**-gewicht** n. (s, e) poids net. ||°**-gewinn** m. (s, e) bénéfice net. ||°**-kultur** f. (-, en) bouillon (m.) de culture. ||**-leinen** adj. de lin pur ; en pure toile. ||°**-machen** n. (s) nettoyage m. ||°**-schrift** f. (-, en) copie (f.) au net. ||**-waschen (sich)** [ä, u, a] v. pr. se disculper. ||**-weg** adv. tout à fait.

Reinheit ['rainhait] f. pureté f. ; limpidité f. ; authenticité f. ; innocence f.

reinigen [-nigən] v. tr. et v. pr. nettoyer ; purifier ; épurer ; purger ; décrasser.

Reinigung [-niguŋ] f. (-, en) nettoyage m. ; purification f. ; curage m. ; vidange f. || COMM. teinturerie f. | *ein Kleidungsstück in die Reinigung geben*, donner, porter un vêtement à la teinturerie.

Reinigungs|mittel [″rainiguŋs'mitəl] n. (s, -) produit (m.) de nettoyage ; détergent m. || MÉD. purgatif m.

reinlich ['rainliç] adj. net ; propre.

Reinlichkeit [-kait] f. propreté f. ; netteté f.

re|investieren [reinvɛs'ti:rən] v. tr. FIN. réinvestir.

Re|investierung [reinvɛs'ti:ruŋ] f. (-, en). FIN. réinvestissement m.

Reis [rais] m. (es, e) riz m.

Reis|acker [″rais'akər] m. (s, ¨) rizière f. ||°**-bau** m. (s, e) culture (f.) de riz. ||°**-brei** m. (s, e) riz (m.) au lait. ||°**-brühe** f. (-, n) bouillon (m.) au riz. ||°**-feld** n. (s, er) rizière f.

Reis [rais] n. (es, er) rameau m. ; (re)jet m. ; brindille f. ; pousse f. | *Reiserbesen*, balai (m.) de brindilles.

Reis|bündel [″rais'byndəl] n. (s, -) fagot m. ; bourrée f. ||°**-holz** n. (es) petit bois ; menu bois ; brindilles f. pl.

Reise ['raizə] f. (-, n) voyage m. ; excursion f. ; trajet m. | *eine Reise nach Deutschland*, un voyage en Allemagne. | *auf der Reise*, en voyage. | *Seereise*, voyage en mer. | *Gesellschaftsreise*, voyage collectif.

Reise|auslagen [″raizə'auslɑ:gən] f. pl. frais (m. pl.) de déplacement. ||°**-bedarf** m. (s) articles (m. pl.) de voyage. ||°**-bericht** m. (s, e) récit (m.), relation (f.) de voyage. ||°**-besteck** n. (s, e) nécessaire (m.) de voyage. ||°**-buch** n. (s, ¨er), °**-führer** m. (s, -) guide (m.) de voyage. ||°**-büro** n. (s, s) agence (f.) de tourisme, de voyages. ||**-fertig** adj. prêt à partir (en voyage). ||°**-flughöhe** f. (-, n). AÉRON. altitude (f.) de croisière. ||°**-flugzeug** n. (s, e) avion (m.) de tourisme. ||°**-gepäck** n. (s, e) bagages m. pl. ||°**-gesellschaft** f. (-, en) compagnons (m. pl.) de voyage ; groupe (organisé) de voyageurs. ||°**-koffer** m. (s, -) malle f. ; valise f. ||°**-korb** m. (s, ¨e) malle (f.) d'osier. ||°**-kosten** pl. frais (m. pl.) de voyage. ||°**-kreditbrief** m. (s, e) lettre (f.) de crédit ; traveller-chèque m. ||°**-mobil** n. (s, e) camping-car m. ||°**-paß** n. (es, ¨e) passeport m. ||°**-pfennig** m. (s, e). [Vx.] viatique m. ||°**-plan** m. (s, ¨e) itinéraire m. ; projet (m.) de voyage. ||°**-schreibmaschine** f. (-, n) machine à écrire portative. ||°**-spesen** pl. frais (m. pl.), indemnités (f. pl.) de déplacement. ||°**-tasche** f. (-, n) sac (m.) de voyage. ||°**-veranstalter** m. (s, -) voyagiste m. ||°**-verkehr** m. (s) trafic (m.) touristique. ||°**-weg** m. (s, e) itinéraire m.

reisen ['raizən] v. intr. voyager ; faire un voyage ; partir. | *nach Paris reisen*, aller à Paris ; partir pour Paris. | *durch Frankreich reisen*, faire un voyage en France ; parcourir la France. | *in die Ferien reisen*, partir en vacances. | *ein Reisender*, un voyageur.

reisig ['raiziç] adj. armé ; équipé. || [beritten] à cheval.

Reisig ['raiziç] n. (s) petit bois ; ramée f.

Reisig|bündel [″raiziç'byndəl] n. (s, -), °**-holz** [-'hɔlts] n. (es, ¨er) fagot m.

Reiß|aus [rais'aus] m. ou n. FAM. *Reißaus nehmen*, prendre la fuite, le large.

Reiß|blei ['raisblai] n. (s, e) mine (f.) de plomb ; graphite m. ; plombagine f. ||°**-brett** n. (s, er) planche (f.) à dessin. ||°**-feder** f. (-, n) tire-ligne m. ||**-fest** adj. résistant. ||°**-kohle** f. (-, n) fusain m. ||°**-kraft** f. force f. (d'arrachement). ||°**-last** f. (-, en) charge (f.) de rupture. ||°**-nadel** f. (-, n) pointe sèche. ||°**-nagel** m. (s, ¨) punaise f. ||°**-schiene** f. (-, n). TECHN. té m. ||°**-verschluß** m. (es, ¨) fermeture (f.) à glissière ; fermeture Éclair. ||°**-zahn** m. (s, ¨e) canine f. ||°**-zeug** n. (s, e) boîte (f.) de compas. ||°**-zwecke** f. (-, n) punaise f. | *mit Reißzwecken befestigen*, FAM. punaiser.

reißen ['raisən] (i, i) v. tr. **1.** déchirer. | *ein Loch reißen*, faire un trou, un accroc. | *sich Löcher in die Strümpfe reißen*, trouer ses bas. | *in etwas* (acc.) *eine Lücke reißen*, faire une brèche dans qch. | *in Stücke reißen*, déchirer ; mettre en pièces. | *die Haut (auf)-reißen*, égratigner.

2. [mit Gewalt ziehen] arracher ; entraîner ; lancer avec force. | *jm etwas aus den Händen reißen*, arracher qch. des mains de qn. | *jn zu Boden reißen*, jeter qn à terre. | *alles an sich reißen*, tout tirer à soi. | *die Macht an sich reißen*, se saisir du pouvoir.

3. [zeichnen] *dessiner*. | *ein Bild reißen*, croquer un portrait.

4. FIG. *Possen reißen*, faire des pitreries. | *Witze reißen*, plaisanter ; faire des plaisanteries.

◇ v. intr. **1.** tirer violemment sur. | *der Hund reißt an der Kette*, le chien tire sur sa chaîne.

2. [brechen] se rompre ; se casser ; se déchirer. | *der Faden reißt*, le fil casse. || FIG. *mir reißt die Geduld*, ma patience est à bout. | *das reißt ins Geld*, cela fait un trou dans le budget.

◇ v. impers. *es reißt mir, mich in allen Gliedern*, j'ai des rhumatismes.

◇ part. prés. et adj. **reißend,** violent ; impétueux. | *reißender Strom*, fleuve (m.) rapide. || [wild] féroce. | *reißendes Tier*, bête (f.) féroce. || MÉD. *reißende Schmerzen*, douleurs lancinantes. || COMM. *die Ware geht reißend ab*, on s'arrache cette marchandise.

◇ part. pass. et adj. **gerissen,** débrouillard ; malin ; retors.

◇ v. pr. **sich reißen,** s'arracher. | *sich aus js Armen reißen*, s'arracher des bras de qn. || [sich verwunden] s'écorcher. | *sich an einem Nagel reißen*, s'écorcher à un clou. || FIG. *sich um etwas reißen*, s'arracher, se disputer qch.

Reißen [-sən] n. (s) douleur lancinante ; élancements m. pl.

Reißer ['raisər] m. (s, -). [Verkaufsschlager] pièce (f.) à succès ; livre (m.) à succès ; best-seller m.

reißerisch [-səriʃ] adj. trompeur ; usuraire. | *reißerische Werbung*, réclame tapageuse.

Reit|anzug [″rait'antsu:k] m. (s, ¨e) costume (m.) de cheval. ||°**-bahn** f. (-, en) manège m. ; piste f. ; allée cavalière. ||°**-gerte** f. (-, n) badine f. ; cravache f. ||°**-gurt** m. (s, e) sangle f. ||°**-hose** f. (-, n) culotte (f.) de cheval. ||°**-knecht** m. (s, e) palefrenier m. ||°**-kunst** f. équitation f. ||°**-peitsche** f. (-, n) cravache f. ||°**-pferd** n. (s, e) cheval (m.) de selle. ||°**-rock** m. (s, ¨e) costume (m.) de cheval ; amazone f. ||°**-schule** f. (-, n) école (f.) d'équitation ; manège m. ||°**-sitz** m. (es) *im Reitsitz*, à califourchon. || SPORT. [Turnen] écart (m.) en suspension. ||°**-tier** n. (s, e) animal (m.) de selle ; monture f. ||°**-turnier** n. (s, e) concours (m.) hippique. ||°**-wechsel** m. (s, -). COMM., FIG. traite (f.) de complaisance ; traite (f.) de cavalerie. ||°**-weg** m. (s, e) allée, piste cavalière. ||°**-zeug** n. (s, e) [effets (m. pl.) de] harnachement m.

reitbar ['raitbɑ:r] adj. [Pferd] propre à être monté. || [Weg] où l'on peut passer à cheval.

Reitel ['raitəl] m. (s, -) baliveau m.

reiten ['raitən] (i, i) v. intr. aller, être à cheval ; chevaucher. | *(im) Schritt reiten*, aller au pas. | *(im) Galopp, (im) Trab reiten*, aller au galop, au trot. | *spazieren reiten*, faire une promenade à cheval. || FIG. *das Kind reitet auf meinen Schultern*, l'enfant est à califourchon sur mes épaules.

◇ v. tr. monter (à cheval). | *ein Pferd reiten*, monter

un cheval. | *ein Pferd zuschanden, zu Tode reiten,* tuer un cheval sous soi. || FIG. *ein Steckenpferd reiten,* enfourcher un dada. | *Prinzipien reiten,* être à cheval sur les principes. | *er reitet immer darauf herum,* c'est son cheval de bataille. | *er ist vom Teufel geritten,* il a le diable au corps.
◇ part. prés. et adj. **reitend,** monté ; à cheval. | *die reitende Artillerie,* l'artillerie montée.
— OBSERV. On dit toutefois *die berittene Polizei,* la police montée.

Reiten [-tən] n. (s) équitation f.

Reiter(in) [-tər(in)] m. (s, -), f. (-, nen) cavalier m. ; cavalière f. ; écuyer m. ; écuyère f. ; amazone f. || TECHN. cavalier m. ; curseur m. || MIL. *spanischer Reiter,* cheval (m.) de frise.

Reiter|aufzug ["raitər'auftsu:k] m. (s, ¨e) cavalcade f. ||°**-fähnrich** m. (s, e) cornette m. || °**-regiment** n. (s, er). MIL. régiment (m.) de cavalerie. ||°**-schwadron** f. (-, en) escadron m. ||°**-standbild** n. (s, er) statue (f.) équestre. ||°**-verein** m. (s, e) société (f.) hippique.

Reiterei [raitə'rai] f. (-, en). MIL. cavalerie f.

Reiters|mann ["raitərs'man] m. (s, ¨er) cavalier m.

reitlings ['raitliŋs] adv. V. RITTLINGS.

Reiz [raits] m. (es, e). **1.** PHYS., PHYSIOL. [Stimulus] excitation f. || MÉD. irritation f. | *Brechreiz,* nausée f. **2.** [angenehme Wirkung] charme m. ; attrait m. ; appas m. pl. | *weibliche Reize,* appas féminins. | *Reiz der Neuheit,* attrait de la nouveauté.

Reiz|gas ['raitsgɑ:s] n. (es, e) gaz (m.) lacrymogène. ||**-los** adj. sans charme ; sans attrait ; insipide. ||°**-mittel** n. (s, -). MÉD. excitant m. ; stimulant m. ||°**-pflaster** n. (s, -). MÉD. révulsif m. ||°**-schwelle** f. (-, n). PHYSIOL. seuil (m.) d'excitation. ||°**-stoff** m. (s, e) substance (f.) lacrymogène. ||**-voll** adj. plein de charme, d'attrait.

reizbar ['raitsbɑ:r] adj. sensible ; susceptible ; irritable ; PAR EXT. nerveux. || PHYSIOL. excitable.

Reizbarkeit [-kait] f. sensibilité f. ; susceptibilité f. || PHYSIOL. excitabilité f.

reizen ['raitsən] v. tr. [erregen] agacer ; irriter ; stimuler ; exciter ; provoquer. | *die Augen reizen,* irriter les yeux. | *den Zorn reizen,* provoquer la colère. | *er hat mich dazu gereizt,* il m'y a poussé (par ses provocations). | *auf jn gereizt sein,* être (en) colère contre qn. || [locken] attirer ; charmer. | *das reizt mich nicht,* cela ne m'attire pas ; ça ne me dit rien.

reizend [-tsənd] adj. excitant ; irritant ; stimulant. || [lockend] ravissant ; charmant. || IRON. *das ist ja reizend,* c'est charmant.

Reizker ['raitskər] m. (s, -). BOT. oronge f.

Rekapitulation [rekapitula'tsio:n] f. (-, en) récapitulation f.

rekapitulieren [-'li:rən] v. tr. récapituler.

Rekel ['re:kəl] m. (s, -) mufle m. ; butor m.

Rekelei [rekə'lai] f. (-, en) muflerie f.

rekeln (sich) [ziç're:kəln] v. pr. [sich recken] s'étirer ; [sich lümmeln] s'affaler.

Reklamation [reklama'tsio:n] f. (-, en) réclamation f.

Reklame [re'klɑ:mə] f. (-, n). [Werbung] réclame f. ; publicité f.

Reklame|anschlag [re"klɑ:mə'anʃlɑ:k] m. (s, ¨e) panneau-réclame m. ||°**-feldzug** m. (s, ¨e) campagne (f.) de publicité. ||°**-schrift** f. (-, en) prospectus m. ||°**-verkauf** m. (s, ¨e) vente-réclame f. ||°**-wesen** n. (s) réclame f. ; publicité f. (en général).

reklamieren [rekla'mi:rən] v. tr. réclamer.

rekognoszieren [rekɔgnɔs'tsi:rən] v. tr. MIL. faire une reconnaissance. || JUR. reconnaître.

Rekognoszierung [-ruŋ] f. (-, en). MIL., JUR. reconnaissance f.

Rekombination [rekɔmbina'tsio:n] f. (-, en). PHYS. recombinaison f.

rekonstruieren [rekɔnstru'i:rən] v. tr. reconstruire ; reconstituer.

Rekonvaleszent(in) [rekɔnvalɛs'tsɛnt(in)] m. (en, en), f. (-, nen). MÉD. convalescent(e) m. (f.).

Rekonvaleszenz [-'tsɛnts] f. (-, en) convalescence f.

Rekord [re'kɔrt] m. (s, e) record m. | *einen Rekord aufstellen,* réaliser, établir un record.

Rekord|flug [re"kɔrt'flu:k] m. (s, ¨e) vol (m.) record. ||°**-inhaber, Rekordler** m. (s, -) recordman m. ||°**-preis** m. (es, e) prix (m.) record. ||°**-versuch** m. (s, e) tentative (f.) de record.

Rekrut [re'kru:t] m. (en, en). MIL. recrue f. ; conscrit m. ; POP. bleu m.

Rekruten|ausbildung [re"krutən'ausbilduŋ] f. (-, en) instruction (f.) des recrues.

rekrutieren [rekru'ti:rən] v. tr. recruter.

Rekrutierung [-ruŋ] f. (-, en) recrutement m.

rektal [rɛk'tɑ:l] adj. rectal.

Rekt|aszension ["rɛktastsɛn'zio:n] f. (-, nen). ASTRON. ascension droite.

Rektifikation [rɛktifika'tsio:n] f. (-, en) rectification f. || CHIM., MATH. rectification f.

rektifizieren [-'tsi:rən] v. tr. rectifier.

Rektifizierung [-ruŋ] f. (-, en) rectification f.

Rektion [rɛk'tsio:n] f. (-, en). GRAMM. régime m.

Rektor ['rɛktɔr] m. (s, en) recteur m. (d'une université) ; directeur m. (d'une école).

Rektorat [rɛkto'rɑ:t] n. (s, e) rectorat m.

Rektoskop [rɛkto'sko:p] n. (s, e). MÉD. rectoscope m.

Rekurs [re'kurs] m. (es, e). JUR. recours m. ; pourvoi m.

Relais [rə'lɛ:] n. TRANSP., ÉLECTR. relais m.

Relation [rela'tsio:n] f. (-, en). [Verhältnis] rapport m. ; proportion f. || [Bericht] relation f. ; compte rendu m.

relativ [rela'ti:f] adj. [bezüglich ; verhältnismäßig] relatif.

Relativ|pronomen [rela"ti:fpro'no:mən] n. (s, mina) pronom relatif. ||°**-satz** m. (es, ¨e) proposition relative.

Relativismus [relati'vismus] m. relativisme m.

Relativität [-vi'tɛ:t] f. (-, en) relativité f. | *spezielle, allgemeine Relativitätstheorie,* théorie (f.) de la relativité restreinte, généralisée.

Relativum [-'ti:vum] n. (s, va). GRAMM. pronom relatif.

Relaxation [relaksa'tsio:n] f. (-). PHYS. relaxation f.

Relaxations|schwingung [relaksa"tsio:ns'ʃviŋuŋ] f. (-, en). PHYS. oscillation (f.) de relaxation.

relegieren [rele'gi:rən] v. tr. exclure ; renvoyer.

relevant [rele'vant] adj. [Gegensatz zu « irrelevant »] important ; essentiel.

Relevanz [-'vants] f. importance f. ; caractère essentiel.

Relief [reli'ɛf] n. (s, s). [Bildhauerkunst] relief m. || GÉOGR. relief m. ; carte (f.) en relief.

Relief|druck [re"ljɛf'druk] m. (s, e). TYPOGR. impression (f.) en relief. ||°**-umkehr** f. (-, en). GÉOL. inversion (f.) de relief.

Religion [religi'o:n] f. (-, en) religion f.

Religions|bekenntnis [relegi"o:nsbə'kɛntnis] n. (ses, se) confession f. ; religion f. ||°**-eifer** m. (s) zèle religieux ; prosélytisme m. | *blinder Religionseifer,* fanatisme m. ||°**-kriege** m. pl. HIST. guerres (f. pl.) de Religion. ||°**-lehre** f. instruction religieuse ; catéchisme m. ||**-los** adj. sans confession ; irreligieux. ||°**-losigkeit** f. irréligiosité f. ||°**-schwärmer** m. (s, -) fanatique m. ||°**-trennung** f. (-, en) schisme m. ||°**-unterricht** m. (s) instruction religieuse ; catéchisme m. ||°**-verwandte(r)** f. (m.) coreligionnaire s. ||**-wechsel** m. (s, -) conversion f. ||°**-zwang** m. (s) intolérance f.

religiös [religi'ø:s] adj. religieux ; pieux.

Religiosität [-giozi'tɛ:t] f. religiosité f. ; piété f.

Relikt [re'likt] n. (s, e) reste m. ; reliquat m.
◇ pl. **Relikten,** survivants m. pl. (de la famille).

Reling ['re:liŋ] f. (-, en), n. (s, e). MAR. bastingage m. ; garde-corps m.

Reliquie [re'li:kviə] f. (-, n) relique f.

Reliquiar [relikvi'ɑ:r] n. (s, e), **Reliquien|kästchen** [re"li:kviən'kɛstçən] n. (s, -) reliquaire m.

Rem [rɛm] n. (s, s). PHYS. rem m.

remanent [rema'nɛnt] adj. CHIM., ÉLECTR. résiduel.

Rembours [rɑ̃'bu:r] m. (-, -). COMM. restitution f. ; règlement m. | *Remboursgeschäft,* transaction (f.) documentaire.

remilitarisieren [remilitari'zi:rən] v. tr. remilitariser.

Remilitarisierung [-'zi:ruŋ] f. remilitarisation f.

Reminiszenz [reminis'tsɛnts] f. (-, en) réminiscence f.

remis [rəmi:] adj. et adv. [Schachspiel] remis ; reporté.

Remission [remi'sio:n] f. (-, en) rémission f. || [Buchhandlung] bouillonnage m.
Remittenden [remi'tɛndən] m. pl. retours m. pl. ; invendus m. pl.
Remittent [-'tɛnt] m. (en, en). COMM. remetteur m. ; remettant m.
remittieren [-'ti:rən] v. tr. [zurückschicken] renvoyer (des marchandises). || [übersenden] remettre ; livrer.
◇ v. intr. [Zeitungen] bouillonner.
Remonstration [remɔnstra'tsio:n] f. (-, en) remontrance f.
Remonte [re'mɔntə] f. (-, n). [Pferde] remonte f.
remontieren [remɔ̃'ti:rən] v. tr. MIL. pourvoir à la remonte de.
◇ v. intr. BOT. fleurir pour la deuxième fois.
Rempelei [rɛmpə'lai] f. (-, en) bousculade f.
rempeln ['rɛmpəln] v. tr. bousculer. | *jn (an)-rempeln*, donner une bourrade à qn.
Rem(p)ter ['rɛm(p)tər] m. (s, -). HIST. réfectoire m. ; salle f. (des châteaux forts et des cloîtres).
Remulade [remu'lɑ:də] f. (-, n) sauce (f.) rémoulade.
Renaissance [rənɛs'sɑ̃:s] f. HIST. Renaissance f.
Renate [re'nɑ:tə] f. HIST. Renaissance f.
Rendant [rɛn'dant] m. (en, en) trésorier m. ; caissier m.
Rendezvous [rɑ̃de'vu:] n. rendez-vous m.
Rendite [rɛn'di:tə] f. (-, n) rendement m. ; taux (m.) de rendement.
Renegat [rene'gɑ:t] m. (en, en) renégat m.
Reneklode [rɛnə'klo:də] f. (-, n). BOT. reine-claude f.
Renette [re'nɛtə] f. (-, n). BOT. (pomme [f.] de) reinette f.
renitent [reni'tɛnt] adj. récalcitrant.
Renn|bahn ['rɛnbɑ:n] f. (-, en). [Pferderennen] champ (m.) de course ; hippodrome m. || [Radsport] vélodrome m. || [Autorennen] circuit (m.) de vitesse. ||°**-boot** n. (s, e) bateau (m.) de course. ||°**-fahrer** m. (s, -) coureur m. (automobiliste, cycliste). ||°**-haken** m. (s, -) cale-pied m. ||°**-jagd** f. (-, en) chasse (f.) à courre. ||°**-pferd** n. (s, e) cheval (m.) de course. ||°**-platz** m. (es, ¨e) champ (m.) de course. ||°**-reiter** m. (s, -) jockey m. ||°**-sport** m. (s) course f. ; turf m. ||°**-wagen** m. (s, -) voiture (f.) de course. ||°**-wette** f. (-, n) pari mutuel.
rennen ['rɛnən] (rannte, gerannt) v. intr. courir à toute vitesse ; se précipiter. || FIG., FAM. *mit dem Kopf gegen die Wand rennen*, foncer à l'aveuglette. || SPORT. disputer une course. || MÉTALL. fondre.
◇ v. tr. *er rannte ihm das Messer durch den Leib*, il lui passa son couteau à travers le corps.
Rennen ['rɛnən] n. (s) course f. | *das Rennen machen*, gagner la course ; FIG., FAM. emporter le morceau.
Renner [-nər] m. (s, -) cheval (m.), voiture (f.) de course ; coureur m.
Reno|graphie [renogra'fi:] f. (-, n). MÉD. remnographie f. ; rénographie f.
Renommage [renɔ'mɑ:ʒə] f. (-, n) vantardise f. ; hâblerie f.
Renommee [-'me:] n. (s) renommée f.
renommieren [-'mi:rən] v. intr. [prahlen] crâner ; se vanter.
renommiert [-'mi:rt] adj. renommé.
Renommist [-'mist] m. (en, en) rodomont m. ; fanfaron m. ; vantard m.
renovieren [reno'vi:rən] v. tr. remettre à neuf.
Renovierung [-ruŋ] f. (-, en) remise (f.) à neuf.
rentabel [rɛn'tɑ:bəl] adj. [einträglich] rentable ; lucratif ; profitable.
Rentabilität [-tabili'tɛ:t] f. (-, en). [Einträglichkeit] rentabilité f. ; bon rendement ; rapport m.
Rentabilitäts|grenze [rɛntabili"tɛ:ts'grɛntsə] f. (-, n), °**-schwelle** [-'ʃvɛlə] f. (-, n) seuil (m.) de rentabilité.
Rent|amt ['rɛntamt] n. (s, ¨er) recette (f.) des finances. ||°**-meister** m. (s, -) trésorier m.
Rente ['rɛntə] f. (-, n) rente f. ; annuité f. ; pension f. | *Altersrente*, pension de vieillesse. | *ablösbare Rente*, rente amortissable, achetable. | *unkündbare Rente*, rente perpétuelle.
Renten|ablösung ["rɛntən'aplø:zuŋ] f. (-, en) amortissement (m.) d'une rente. ||°**-alter** n. (s) âge (m.) de la retraite. ||°**-bezieher** m. (s, -) bénéficiaire (m.) d'une rente. ||°**-brief** m. (s, e), °**-papiere** pl., °**-schein** m. (s, e) titre (m.) de rente. ||°**-empfänger** m. (s, -) rentier m. ; pensionnaire m., titulaire (m.) d'une rente. ||°**-mark** f. HIST. mark revalorisé (de 1923). ||°**-markt** m. (s, ¨e). FIN. marché (m.) obligataire, des obligations. ||°**-schuld** f. (-, en) rente foncière. ||°**-versicherung** f. assurance (f.) vieillesse.
Rentier ['rɛnti:r] n. (s, e). ZOOL. renne m.
rentieren [rɛn'ti:rən] v. intr. rendre ; rapporter.
◇ v. pr. **sich rentieren,** être rentable ; être d'un bon rapport. | *das rentiert sich nicht*, cela n'en vaut pas la peine.
Rentner(in) ['rɛntnər(in)] m. (s, -), f. (-, nen) rentier m. ; rentière f. ; retraité(e) m. (f.).
reorganisieren [reɔrgani'zi:rən] v. tr. réorganiser.
Reparationen [repara'tsio:nən] f. pl. réparations f. pl. (de guerre).
Reparatur [-'tu:r] f. (-, en) réparation f.
reparatur|fähig [repara"tu:r'fɛ:iç] adj. réparable.
reparieren [repa'ri:rən] v. tr. réparer.
repartieren [rəpar'ti:rən] v. tr. [Börse] répartir.
repatriieren [repatri'i:rən] v. tr. rapatrier.
Repatriierung [-ruŋ] f. (-, en) rapatriement m.
Repertoire [repɛr'twɑ:r] n. (s, s). THÉÂTRE. répertoire m.
Repertorium [-'to:rium] n. (s, rien) répertoire m. (scientifique).
Repetent [repe'tɛnt] m. (en, en) 1° redoublant m. ; 2° répétiteur m.
repetieren [-'ti:rən] v. tr. [Lektion] repasser ; réviser. || [Klasse] redoubler.
Repetier|gewehr [repe"ti:rgə've:r] n. (s, e) fusil (m.) à répétition.
repetitiv [repeti'ti:f] adj. *repetitive Arbeit*, tâche répétitive.
Repetitor [repe'ti:tɔr] m. (s, en) répétiteur m.
Repetitorium [repeti'to:rium] n. (s, ria) aide-mémoire m.
Replik [re'pli:k] f. (-, en) réplique f.
Replikation [replika'tsio:n] f. (-, nen). BIOL. réplication f.
replizieren [repli'tsi:rən] v. tr. répliquer.
Report [re'port] m. (s, e). FIN. report m.
Reportage [rəpɔr'tɑ:ʒə] f. (-, n) reportage m.
Reporter [re'portər] m. (s, -) reporter m.
Repositorium [repozi'to:rium] n. (s, rien) rayon m. (à livres). || [Aktenschrank] classeur m.
repräsentabel [reprɛzɛn'tɑ:bəl] adj. [wirkungsvoll] qui (re)présente bien ; qui a de l'allure.
Repräsentant [-'tant] m. (en, en). [Vertreter] représentant m. | *Repräsentantenhaus*, parlement m.
Repräsentation [-ta'tsio:n] f. (-, en) représentation f.
repräsentations|fähig [-'fɛ:iç] adj. présentable. ||°**-gelder** n. pl. frais (m. pl.) de représentation.
repräsentativ [-ta'ti:f] adj. représentatif.
Repräsentativ|erhebung [reprɛzenta"ti:fɛr'he:buŋ] f. (-, en) enquête (f.) par sondage ; sondage (m.) sur un échantillon représentatif.
repräsentieren [reprɛzɛn'ti:rən] v. tr. représenter (qn, qch.).
◇ v. intr. faire de l'effet.
Repressalien [reprɛ'sɑ:liən] f. pl. représailles f. pl.
repressiv [reprɛ'si:f] adj. répressif.
Repressor [re'prɛsɔr] m. (s, en). BIOL. représseur m.
re|privatisieren [reprivati'si:rən] v. tr. ÉCON. dénationaliser ; privatiser.
Re|privatisierung [-'si:ruŋ] f. (-, en). ÉCON. dénationalisation f. ; privatisation f.
Reproduktion [reproduk'tsio:n] f. (-, en). TYPOGR., PHOT. reproduction f.
reproduzieren [-du'tsi:rən] v. tr. reproduire.
Repro|graph [repro'grɑ:f] m. (en, en), °**-kamera** [-'kamera] f. (-, s). TECHN. reprographe m.
Repro|graphie [-gra'fi:] f. (-, n). TECHN. reprographie f.
Reps [rɛps] m. (es, e). TEXT. reps m. || BOT. colza m.
Reptil [rep'ti:l] n. (s, ien). [Kriechtier] reptile m. || FIG., POLIT. *Reptilienfonds*, fonds secrets ; FAM. caisse noire.
Republik [repu'bli:k] f. (-, en) république f.
Republikaner(in) [-bli'kɑ:nər(in)] m. (s, -), f. (-, nen) républicain(e) m. (f.).

republikanisch [-bli'kɑ:niʃ] adj. républicain.
Repuls [re'puls] m. (es, e) refus m. ; rejet m.
Repunze [re'puntsə] f. (-, n) poinçon m. (sur métaux précieux).
reputierlich [repu'ti:rliç] adj. qui a bonne réputation.
requirieren [rekvi'ri:rən] v. tr. réquisitionner ; requérir.
Requirierung [-ruŋ] f. (-, en) réquisition f.
Requisiten [rekvi'zi:tən] n. pl. THÉÂTRE. accessoires m. pl. ‖ PAR EXT. thèmes, motifs traditionnels.
Requisition [rekvizi'tsio:n] f. (-, en) réquisition f.
Resede [re'ze:də] f. (-, n). BOT. réséda m.
Resektion [resɛk'tsio:n] f. (-, en). MÉD. résection f.
Reserpin [rezɛr'pi:n] n. (s). BIOL. réserpine f.
Reservat [rezɛr'va:t] n. (s, e). [Sonderrecht] réserve f. (territoire et droit).
Reserve [re'zɛrvə] f. (-, n). COMM., MIL. réserve f. | *stille Reserven*, réserves occultes, cachées.
Reserve|bestände [re"zɛrvəbə'ʃtɛndə] m. pl. stocks (m. pl.) de réserve. ‖°**-dienst** m. (s) service (m.) dans la réserve. ‖°**-mann** m. (s, -leute). MIL. réserviste m. ‖°**-offizier** m. (s, e) officier (m.) de réserve. ‖°**-rad** n. (s, ¨er) roue (f.) de rechange.
reservieren [rezɛr'vi:rən] v. tr. réserver.
◇ part. pass. et adj. **reserviert.** PR. et FIG. réservé.
Reservist [-'vist] m. (en, en). MIL. réserviste m.
Resident [rezi'dɛnt] m. (en, en). ADM. résident m.
Residenz [-'dɛnts] f. (-, en) résidence f.
Residenz|pflicht [rezi"dɛnts'pfliçt] f. (-, en). JUR. obligation (f.) de résidence. ‖°**-stadt** f. (-, ¨e) résidence f. ; capitale princière.
residieren [rezi'di:rən] v. intr. résider.
Residuum [re'zi:duum] n. (s, uen) résidu m.
Resignation [rezigna'tsio:n] f. résignation f. ; renoncement m.
resignieren [-'gni:rən] v. intr. renoncer ; cesser la lutte.
◇ part. pass. et adj. **resigniert,** résigné ; découragé.
Resistenz [rezis'tɛnts] f. (-, en) [capacité (f.) de] résistance f. ; endurance f.
Reskript [re'skript] n. (s, e) rescrit m.
resolut [rezo'lu:t] adj. résolu ; décidé.
Resolution [-lu'tsio:n] f. (-, en) décision f.
resolvieren [rezɔl'vi:rən] v. tr. MATH. réduire ; simplifier.
◇ v. pr. **sich resolvieren,** se résoudre ; se dissoudre.
Resonanz [rezɔ'nants] f. (-, en) résonance f. ‖ FIG. retentissement m.
Resonanz|boden [rezɔ"nants'bo:dən] m. (s, ¨) table (f.) d'harmonie. ‖°**-frequenz** f. (-, en). PHYS. fréquence (f.) de résonance. ‖°**-kasten** m. (s, ¨). PHYS. caisse (f.) de résonance. ‖°**-linie** f. (-, n). PHYS. raie (f.) de résonance.
Resonator [rezɔ'nɑ:tɔr] m. (s, en). PHYS. résonateur m. | *optischer, stabiler Resonator*, résonateur optique, stable.
resorbieren [rezɔr'bi:rən] v. tr. résorber ; absorber.
Resorzin [rezɔr'tsi:n] n. (s). CHIM. résorcine f.
Respekt [rɛs'pɛkt] m. (s) respect (pour qn). | *sich Respekt verschaffen*, se faire respecter.
Respekt|blatt [rɛs"pɛkt'blat] n. (s, ¨er). [Buch] page (f.) de garde ; garde f. ‖**-los** adj. irrespectueux. ‖°**-losigkeit** f. manque (m.) de respect. ‖°**-tage** m. pl. COMM. jours (m. pl.) de grâce, de répit, de faveur. ‖**-voll** adj. respectueux ; plein de respect. ‖**-widrig** adj. irrévérencieux. ‖°**-widrigkeit** f. manque (m.) de respect.
Respekts|person [res"pɛktspɛr'zo:n] f. (-, en) personnage important.
respektabel [rɛspɛk'tɑ:bəl] adj. respectable.
respektieren [-'ti:rən] v. tr. respecter.
respektierlich [-'ti:rliç] adj. respectable.
respektive [rɛspɛk'ti:fə] adv. respectivement.
Responsorium [rɛspɔn'zo:rium] n. (s, rien). RELIG. répons m.
Ressort [rɛ'so:r] n. (s, s) ressort m. ; compétence f. ; département m. ; domaine m. ‖ TECHN. [Springfeder] ressort m.
ressortieren [rɛsɔr'ti:rən] v. intr. *zu etwas ressortieren*, ressortir à.
Rest [rɛst] m. (s, e et er) reste m. ; restant m. ; reliquat m. | *die irdischen Reste*, la dépouille mortelle (de qn) ; les restes. | *die Reste der Mahlzeit*, les reliefs (m. pl.) du repas. | *jm den Rest geben*, achever qn ; donner le coup de grâce à qn. | *für den Rest seiner Tage*, pour le restant de ses jours. ‖ COMM. reliquat m. ‖ MATH. reste m.
Rest|bestand ["rɛstbə'ʃtant] m. (s, ¨e). [Waren] solde m. ; reliquat m. ; reste m. ‖°**-betrag** m. (s, ¨e). [Geld] reliquat m. ‖**-los** adj. et adv. sans laisser de reste ; sans réserve ; complètement. ‖°**-luft** f. PHYSIOL. air résiduel. ‖°**-magnetismus** m. rémanence f. ‖°**-saldo** m. (s, den) reliquat m. ; solde restant. ‖°**-wärme** f. (-). NUCL. chaleur résiduelle.
Restant [rɛs'tant] m. (en, en) débiteur (m.) en retard.
Restaurant [rɛsto'rɑ̃] n. (s, s) restaurant m. ; brasserie f.
Restaurateur [-ra'tø:r] m. (s, e) restaurateur m.
Restauration [-ra'tsio:n] f. (-, en) restaurant m. ‖ [Handlung] restauration f. ; réfection f. ‖ POLIT. restauration f.
restaurieren [-'ri:rən] v. tr. restaurer. ‖ POLIT. restaurer ; rétablir.
Restaurierung [-'ri:ruŋ] f. (-, en). ARTS. restauration f.
restieren [rɛs'ti:rən] v. intr. rester ; être de reste.
restlich ['rɛstliç] adj. (qui est) de reste ; restant.
restituieren [rɛstitu'i:rən] v. tr. [wiedererstatten] restituer.
Restituierung [-'i:ruŋ] f. (-, en), **Restitution** [-tu'tsio:n] f. (-, en) restitution f.
Restriktions|enzyme [rɛstrik"tsio:nsɛn'tsy:mə] m. pl. MÉD. enzymes (f. ou m. pl.) de restriction.
Resultat [rezul'tɑ:t] n. (s, e) résultat m.
resultieren [-'ti:rən] v. intr. résulter. | *daraus resultiert*, il en résulte ; il en ressort.
Resultierende [-'ti:rəndə] f. (-, n), **Resultante** [-'tantə] f. (-, n). PHYS. résultante f.
Resümee [rezy'me:] n. (s, s) résumé m.
resümieren [-'mi:rən] v. tr. résumer.
Retabel [re'tɑ:bəl] n. (s, -) retable m.
retardieren [retar'di:rən] v. tr. retarder.
retikuliert [retiku'li:rt] adj. OPT. réticulé.
Retina ['re:tina] f. ANAT. rétine f.
Retorte [re'tɔrtə] f. (-, n). CHIM. cornue f.
Retorten|baby [re"tɔrtən'be:bi] n. (s, s) bébé-éprouvette m.
retournieren [rətur'ni:rən] v. tr. retourner ; renvoyer ; réexpédier.
◇ v. intr. retourner.
retro|datieren ["retroda'ti:rən] v. tr. antidater. ‖**-spektiv** adj. rétrospectif. ‖°**-virus** n. (-, en). MÉD. rétrovirus m.
retten ['rɛtən] v. tr. sauver ; délivrer. | *jm das Leben retten*, sauver la vie à qn. | *nicht mehr zu retten sein*, être perdu ; ne pouvoir être sauvé. | *rette sich, wer kann !*, sauve qui peut ! | *Hilfe rettet !*, au secours !
◇ part. prés. et adj. **rettend**, sauveur (f. : salvatrice).
Retter [-tər] m. (s, -) sauveur m. ; sauveteur m.
Rettich ['rɛtiç] m. (s, e). BOT. radis m. ‖ [Meerrettich] raifort m.
Rettung ['rɛtuŋ] f. (-, en) sauvetage m. ; délivrance f.
Rettungs|aktion ["rɛtuŋsak'tsio:n] f. (-, en) opération (f.) de sauvetage. ‖°**-anker** m. (s, -) ancre (f.) de salut. ‖°**-boot** n. (s, e) canot (m.) de sauvetage. ‖°**-dienst** m. (s, e) service (m.) de secours. ‖°**-floß** n. (es, ¨e) radeau (m.) de sauvetage. ‖°**-gerät** n. (s, e) appareil (m.), engins (m. pl.) de sauvetage. ‖°**-gürtel** m. (s, -) ceinture (f.) de sauvetage. ‖°**-los** adj. sans remède ; sans ressource. | *rettungslos verloren*, perdu sans remède. ‖°**-ring** m. (s, e) bouée (f.) de sauvetage. ‖°**-rutsche** f. (-, n). AÉRON. manche (f.) d'évacuation. ‖°**-station** f. (-, en), °**-stelle** f. (-, n), °**-wache** f. (-, n) poste de secours. ‖°**-wagen** m. (s, -) ambulance f. ‖°**-weste** f. (-, n) gilet (m.) de sauvetage.
Retusche [re'tuʃə] f. (-, n). PHOT. retouche f.
retuschieren [-tu'ʃi:rən] v. tr. PHOT. retoucher.
Reue ['rɔyə] f. repentir m. ; regret m.
Reu(e)geld ["rɔy(ə)'gɛlt] n. (s, er) prime (f.) de dédit. ‖°**-kauf** m. (s, ¨e) dédit m. ‖**-mütig, -voll** adj. pénétré de repentir. ‖°**-mütigkeit** f. repentir m. ; contrition f.
reuen ['rɔyən] v. tr. et v. impers. *es reut mich*, je

regrette ; je me repens de. | *seine Tat reut ihn*, il regrette son acte.

reuig [ˈrɔyiç] adj. repentant ; contrit ; pénitent.

Reuse [ˈrɔyzə] f. (-, n) nasse f.

reuten [ˈrɔytən] v. tr. Dial. essarter ; défricher.

Revalorisierung [revalɔriˈziːruŋ] f. (-, en) revalorisation f.

Revanche [rəˈvɑ̃ʃə] f. revanche f.

revanchieren (sich) [ziçrevanˈʃiːrən] v. pr. [für] prendre sa revanche de. || Fig. rendre la pareille ; fam. renvoyer l'ascenseur.

Reveille [reˈvɛj] f. (-, n) diane f. ; réveil m.

Reverenz [reveˈrɛnts] f. (-, en) révérence f.

Revers [reˈvɛrs] m. (es, e). [Kleid ; Münze] revers m. || Comm. lettre réversale ; contre-lettre f. | *einen Revers unterschreiben*, signer un engagement.

reversibel [-vɛrˈziːbəl] adj. réversible.

revidieren [reviˈdiːrən] v. tr. reviser ; vérifier. | *die Bücher revidieren*, faire la revision de la comptabilité.

Revier [reˈviːr] n. (s, e) secteur m. ; district m. || Mil. infirmerie (f.) de quartier. || [Polizeirevier] commissariat (m.) de police. || [Forstwesen] triage m. || Pr. et fig. chasse gardée.

Revier|förster [re"viːrˈføːrstər] m. (s, -) garde général. ||°-**stube** f. (-, n) [salle (f.) d'] infirmerie f.

Revirement [revirˈmɑ̃ː] n. (s, s). Polit. mouvement (m.) de personnel ; remaniement.

Revision [reviˈzioːn] f. (-, en). Comm. vérification f. || Typogr. révision f. (des épreuves). || Jur. révision f. (d'un procès). | *Revision einlegen*, se pourvoir.

Revisionismus [revizioˈnismus] m. (-, men). Polit. révisionnisme m.

Revisor [reˈviːzor] m. (s, en) réviseur m. ; contrôleur (m.) des comptes ; vérificateur m. || Typogr. réviseur m.

Revolte [reˈvɔltə] f. (-, n). [Aufruhr] révolte f.

revoltieren [revɔlˈtiːrən] v. tr., v. intr. et v. pr. (se) révolter.

Revolution [-luˈtsioːn] f. (-, en) révolution f.

revolutionär [-lutsioˈnɛːr] adj. révolutionnaire.

Revolutionär [-ˈnɛːr] m. (s, e) révolutionnaire m.

Revolver [reˈvɔlvər] m. (s, -) revolver m.

Revolver|blatt [re"vɔlvərˈblat] n. (s, ¨er) feuille (f.) à scandale. ||°-**drehbank** f. (-, ¨e) tour (m.) revolver ; semi-automatique m. ||°-**tasche** f. (-, n) poche (f.) revolver.

revozieren [revoˈtsiːrən] v. tr. [widerrufen] se dédire (de qch.) ; revenir sur.

Revue [rəˈvy] f. (-, n). Théâtre., Littér., Mil. revue f. | *Revue passieren lassen*, passer en revue.

Rezensent [retsɛnˈzɛnt] m. (en, en) critique m. (dans la page littéraire d'une publication).

rezensieren [-ˈziːrən] v. tr. faire un compte rendu.

Rezension [-ˈzioːn] f. (-, en) critique f. ; analyse f. ; compte rendu. || recension f. | *Rezensionsexemplar*, exemplaire (m.) de presse.

Rezept [reˈtsɛpt] n. (s, e). Culin. recette. | *Rezept zu einer Speise*, recette d'un plat. || Méd. ordonnance f.

Rezeß [reˈtsɛs] m. (es, e). Hist. recès m.

Rezession [retsɛˈsioːn] f. (-, en). Écon. récession f.

Rezidiv [retsiˈdiːf] n. (s, e). Méd. rechute f. || Jur. récidive f.

rezidiv [-diːf] adj. [rückfällig] à nouveau malade. || Jur. récidiviste.

Rezipient [retsiˈpiɛnt] m. (en, en) récipient m. || Techn. cloche (f.) à air.

rezipieren [retsiˈpiːrən] v. tr. recevoir.

reziprok [retsiˈproːk] adj. réciproque.

Reziprozität [-protsiˈtɛːt] f. réciprocité f.

Rezitativ [retsitaˈtiːf] n. (s, e). Mus. récitatif m.

Rezitator [-ˈtaːtɔr] m. (s, en) récitant m.

rezitieren [-ˈtiːrən] v. tr. réciter ; dire (des poèmes).

Rhabarber [raˈbarbər] m. (s). Bot. rhubarbe f.

Rhapsodie [rapzoˈdiː] f. (-, n). Mus. rhapsodie f.

rhapsodisch [rapˈsoːdiʃ] adj. rhapsodique ; fragmenté.

Rhein [rain] n. pr. m. Géogr. Rhin m.

Rhein|bund [ˈrainbunt] m. (s). Hist. Confédération (f.) du Rhin. ||°-**fahrt** f. (-, en) voyage (m.) sur le Rhin. ||°-**fall** m. (s, ¨e) chute (f.) du Rhin. ||°-**gau** n. pr. m. (s). Géogr. région (f.) au sud du Taunus. ||°-**land** n. pr. n. (s) Rhénanie f. ||°-**lande** n. pl. provinces rhénanes. ||°-**länder** m. (s, -) Rhénan m. ||-**ländisch** adj. rhénan ; du Rhin. ||°-**pfalz** n. pr. f. Palatinat rhénan.

rheinisch [ˈrainiʃ] adj. rhénan.

Rheologie [reoloˈgiː] f. Phys. rhéologie f.

Rheostat [reosˈtɑːt] m. (s, e) rhéostat m.

Rhesus|affe [″reːsusˈafə] m. (n, n). Zool. rhésus m. ||°-**faktor** m. (s). Biol. facteur (m.) Rhésus.

Rhetor [ˈreːtɔr] m. (s, en) rhéteur m.

Rhetorik [reˈtoːrik] f. rhétorique f.

Rhetoriker [-ˈtoːrikər] m. (s, -) rhétoricien m.

rhetorisch [-ˈtoːriʃ] adj. rhétorique.

Rheuma [ˈrɔyma] n. (s), **Rheumatismus** [-maˈtismus] m. (-, men) rhumatisme m.

rheumatisch [rɔyˈmɑːtiʃ] adj. rhumatismal.

Rheumatologe [rɔymatoˈloːgə] m. (n, n), **Rheumatologin** [-ˈloːgin] f. (-, nen) rhumatologue s.

Rhinitis [riˈniːtis] f. (-, itiden). Méd. rhinite f.

Rhinozeros [riˈnoːtseros] n. (-, se) rhinocéros m.

Rhizom [riˈzoːm] n. (s, e) rhizome m.

Rhizopode [ritsoˈpoːdə] m. (n, n). Zool. rhizopode m.

Rhododendron [rodoˈdɛndrɔn] n. (s, ren). Bot. rhododendron m.

rhombisch [ˈrɔmbiʃ] adj. rhomboïdal.

Rhomboeder [rɔmboˈeːdər] n. (s, -) rhomboèdre m.

Rhomboid [romboˈiːd] n. (s, e) rhomboïde m.

Rhombus [ˈrɔmbus] m. (ses, se) rhombe m. ; losange m.

Rhythmik [ˈrytmik] f. rythme m. ; rythmique f.

rhythmisch [-miʃ] adj. rythmique.

Rhythmus [-mus] m. (-, men) rythme m. ; cadence f.

Ribo|flavin [riboflaˈviːn] n. (s, e). Méd. riboflavine f. ||°-**nuklease** f. Biol. ribonucléase f. ||°-**nukleinsäure** f. (-, n). Biol. acide (m.) ribonucléique. ||°-**zom** n. (s, en). Biol. ribosome m.

Richt|antenne [″riçtanˈtɛnə] f. (-, n). Radio. antenne directrice. ||°-**apparat** m. (s, e) redresseur m. ||°-**aufsatz** m. (es, ¨e). Mil. hausse (m.) de pointage. ||°-**bahnhof** m. (s, ¨e) gare régulatrice. ||°-**baum** m. (s, ¨e) levier (m.) de manœuvre ; arbre (m.) de poulie ; mât (m.) de faîtage. || Mil. levier (m.) de pointage. ||°-**beil** n. (s, e) hache f. (du bourreau). ||°-**blei** n. (s, e) fil (m.) à plomb. ||°-**block** m. (s, ¨e) billot m. (de l'exécution). ||°-**bogen** m. (s, ¨) arc denté de pointage. ||°-**fehler** m. (s, -) erreur (f.) de pointage. ||°-**feuer** n. (s, -) feux (m. pl.) de direction. ||°-**funk** m. (s, e) câble, faisceau hertzien ; radio (f.) relais. ||°-**glas** n. (es, ¨er) collimateur m. ; viseur m. ||°-**hobel** m. (s, -) varlope f. ||°-**kanonier** m. (s, e) pointeur m. ||°-**korn** n. (s, ¨er) guidon m. ; mire f. ||°-**kreis** m. (es, e) cercle (m.) de pointage ; goniomètre m. ||°-**latte** f. (-, n) jalon (m.) de repérage ; réglette f. ||°-**linie** f. (-, n) directive f. ; instruction f. ||°-**platz** m. (es, ¨e), °-**stätte** f. (-, n) lieu (m.) du supplice. ||°-**preis** m. (es, e) prix conseillé, indicatif. ||°-**punkt** m. (s, e) point (m.) de direction, de repère. ||°-**scheit** n. (s, e) équerre f. ||°-**schnur** f. (-, en) cordeau m. || Fig. règle (f.) de conduite. ||°-**schütze** m. (n, n) tireur-pointeur m. ||°-**schwert** n. (s). Pr. et fig. glaive (m.) de la justice. ||°-**tag** m. (s, e) jour (m.) de l'exécution. ||°-**verbindung** f. (-, en) câble hertzien. ||°-**vorrichtung** f. (-, en) système (m.) de pointage. ||°-**waage** f. (-, n) niveau (m.) à plomb. ||°-**weg** m. (s, e) chemin (m.) de traverse. ||°-**wert** m. (s, e) valeur indicative ; élément (m.) d'appréciation. ||°-**zahl** f. (-, en). Math. indice m.

Richte [ˈriçtə] f. direction f. ; ligne droite. | *in die Richte bringen*, mettre d'aplomb. | *aus der Richte kommen*, se fourvoyer ; perdre le droit fil.

richten [-tən] v. tr. **1.** dresser ; régler ; aligner. | *gerade richten*, redresser. | *den Dachstuhl richten*, monter la charpente (du toit). | *den Mast in die Höhe richten*, redresser le mât. | *seine Uhr richten*, régler sa montre. **2.** Par ext. diriger (vers) ; tourner ; adresser. | *das Geschütz auf, gegen die Stadt richten*, pointer le canon vers, sur la ville. | *eine Waffe richten*, pointer une arme. | *ein Fernglas richten*, braquer une lunette. | *seine Aufmerksamkeit auf einen Gegenstand richten*, porter son attention sur qch. | *die Segel (nach dem Winde) richten*, orienter les voiles. | *eine Bitte an jn richten*, adresser une demande à qn. || Fig. *jn zugrunde richten*, perdre, anéantir qn.
3. [in Ordnung bringen] préparer ; mettre en œuvre. | *den Tisch richten*, dresser la table. | *alles für den Empfang*

richten, tout préparer pour la réception. | *etwas ins Werk richten*, mettre qch. en œuvre.
4. [urteilen] juger ; exécuter. | *jn richten*, juger qn ; exécuter qn.
◇ v. intr. juger. | *über jn richten*, juger qn ; se faire le juge de qn. | *ich habe nicht über ihn zu richten*, je n'ai pas à me faire son juge.
◇ v. pr. **sich richten. 1.** se dresser ; s'aligner ; se conformer (à). | *sich in die Höhe richten*, s'élever. | *Sie müssen sich danach richten*, vous devrez vous y conformer. | *ich habe mich nach ihm gerichtet*, j'ai suivi son exemple ; j'ai fait comme lui. || MIL. *sich richten*, s'aligner. | *richt't euch !*, alignement ! || GRAMM. *sich nach dem Hauptwort richten*, s'accorder avec le substantif.
2. se tourner vers ; s'adresser à. | *die Frage richtet sich an Sie*, la question s'adresse à vous.
Richten [-tən] n. (s) orientation f. ; pointage m.
Richter [-tər] m. (s, -). JUR. juge m. | *den Richter anrufen*, faire appel au juge. | *jn vor den Richter bringen*, traduire qn en justice. || [Bibel] Juge m. || SPORT. *Linienrichter*, juge de touche.
Richter|amt [″riçtər'amt] n. (s, ¨er) judicature f. ; magistrature f. ||°**-spruch** m. (s, ¨e) sentence f. ||°**-stand** m. (s) magistrature (assise). ||°**-stuhl** m. (s, ¨e) tribunal m.
richterlich ['riçtərliç] adj. judiciaire. | *ein richterliches Amt ausüben*, exercer une magistrature.
Richter|skala [″riçtər'skɑ:la] f. (-) échelle (f.) de Richter.
richtig ['riçtiç] adj. et adv. **1.** [recht] juste ; exact ; bon ; parfait. | *der richtige Weg*, le bon chemin. | *der Richtige*, l'homme qu'il faut, qui convient. | *die Uhr geht richtig*, la montre est à l'heure. | *richtig schreiben*, écrire correctement. | *so ist's richtig*, c'est bien ; c'est parfait. | *er ist nicht ganz richtig*, il a un grain de folie. | *das ist das Richtigste*, c'est ce qu'il y a de mieux à faire.
2. [recht ; echt ; tatsächlich] vrai ; effectif ; effectivement. | *ein richtiger Winter*, un véritable hiver. | *ein richtiger Münchner*, un vrai Munichois.
richtig|gehend [″riçtiç'ge:ənt] adj. [Uhr] exact. ||**-machen** v. tr. corriger ; rectifier. ||**-stellen** v. tr. rectifier. ||°**-stellung** f. (-, en) mise (f.) au point ; rectification f.
Richtigkeit ['riçtiçkait] f. exactitude f. ; justesse ; bien-fondé m. | *für die Richtigkeit der Abschrift*, pour copie conforme.
Richtung ['riçtuŋ] f. (-, en). **1.** direction f. ; sens m. | *in Richtung Berlin*, dans la direction de Berlin. | *die Richtung ändern*, changer de direction.
2. LITTÉR., POLIT. orientation f. ; tendance f. | *richtunggebend, richtungweisend*, déterminant.
3. MIL. pointage m. || alignement m.
Richtungs|bestimmung [″riçtuŋsbə'ʃtimuŋ] f. (-, en) détermination (f.) de la direction. | *drahtlose Richtungsbestimmung*, radiogoniométrie f. ||°**-hörer** m. (s, -) appareil (m.) de repérage par le son. ||°**-kreisel** m. (s, -) boussole (f.) gyroscopique. ||**-los** adj. sans but. ||°**-pfeil** m. (s, e) flèche (f.) d'orientation. ||°**-punkt** m. (s, e) point (m.) de direction, de repère. ||°**-zeiger** m. (s, -). AUTOM. indicateur (m.) de direction.
Ricke ['rikə] f. (-, n). ZOOL. chevrette f.
riechbar ['ri:çbɑ:r] adj. qui se sent ; qui a une odeur.
riechen ['ri:çən] (o, o) v. intr. [einen Geruch von sich geben] sentir ; avoir une odeur. | *es riecht gut*, cela sent bon. | *das Hemd riecht nach Lavendel*, la chemise sent la lavande.
◇ v. tr. [einen Geruch bemerken] sentir ; flairer. | *einen Geruch riechen*, sentir, percevoir une odeur. | *an einer Rose riechen*, respirer, humer le parfum d'une rose. FIG. *ich kann ihn nicht riechen*, je ne peux pas le sentir. | *den Braten riechen*, flairer qch. | *Lunte riechen*, éventer la mèche ; avoir vent de la chose.
Riecher [-çər] m. (s, -). FAM. nez m. ; flair m.
Riech|fläschchen [″ri:ç'flɛʃçən] n. (s, -) flacon (m.) de sels. ||°**-nerv** m. (s, en) nerf olfactif. ||°**-salz** n. (es, e) sels m. pl. ||°**-wasser** n. (s, ¨) eau (f.) de toilette.
Ried [ri:t] n. (s, e) marais m. ; terrain marécageux. || BOT. roseau m. ; jonc m. | *Riedgras*, carex m. ; laîche f.
Riefe ['ri:fə] f. (-, n) cannelure f. ; rainure f. || MIL. rayure f.
riefe(l)n [-fəln] v. tr. canneler ; rayer.
riefig [-fiç] adj. rayé ; cannelé.
Riege ['ri:gə] f. (-, n). SPORT. section f. ; équipe f.
Riegel ['ri:gəl] m. (s, -). **1.** petite poutre ; petite barre (en particulier dans un colombage).
2. verrou m. ; targette f. | *den Riegel vorschieben*, pousser, mettre le verrou. || FIG. *einer Sache einen Riegel vorschieben*, empêcher qch. ; faire échec à qch. | *jn hinter Schloß und Riegel bringen*, mettre qn sous les verrous ; emprisonner qn.
3. GÉOGR., MIL. verrou m. ; barrage m.
4. [Schokolade] barre f.
5. [Stoffspange] bride f.
riegel|fest [″ri:gəl'fɛst] adj. verrouillé. ||°**-holz** n. (es) bois (m.) d'entretoise. ||°**-stellung** f. (-, en) barrage m. ; verrou (m.) d'arrêt.
riegeln [ri:gəln] v. tr. PR. et FIG. verrouiller ; barrer.
Riemen ['ri:mən] m. (s, -). **1.** courroie m. ; lanière f. || [Schuh] cordon m. || laisse f. || FAM. ceinture f. || FIG. *sich den Riemen enger schnallen*, se serrer la ceinture.
2. MAR. rame f. | *sich in die Riemen legen*, ramer à tour de bras ; FIG. se mettre avec ardeur à qch.
Riemen|antrieb [″ri:mən'antri:p] m. (s, e). TECHN. commande (f.) à, par courroie. ||°**-blatt** n. (s, ¨er). TECHN. pale f. ||°**-einrückung** f. (-, en) embrayage (m.) de courroie. ||°**-scheibe** f. (-, n) poulie f. ; tambour m. ||°**-spanner** m. (s, -), °**-spannrolle** f. (-, n) tendeur (m.) de courroie. ||°**-übertragung** f. transmission (f.) par courroie. ||°**-zeug** n. (s, e) harnais m.
Riemer ['ri:mər] m. (s, -) sellier m. ; bourrelier m.
Ries [ri:s] n. (es, e) [double] rame (f.) de papier.
Riese ['ri:zə] m. (n, n) géant m. ; colosse m.
Riesel|feld [″ri:zəl'fɛlt] n. (s, er) champ (m.) d'épandage. ||°**-regen** m. (s, -) bruine f. ; pluie fine.
rieseln [ri:zəln] v. intr. [Fluß] s'écouler ; ruisseler. || PAR EXT. [Sand] s'écouler ; couler.
◇ v. impers. *es rieselt*, il bruine. || FIG. *es rieselt mir den Rücken herunter*, un frisson me passe dans le dos.
Riesen|arbeit [″ri:zən'arbait] f. travail (m.) gigantesque ; travail d'Hercule. ||**-artig** adj. gigantesque ; colossal ; énorme. ||°**-gebirge** n. pr. n. GÉOGR. le Riesengebirge ; Monts (m. pl.) des Géants. ||°**-gestalt** f. (-, en) colosse m. ||**-groß** adj. gigantesque. ||°**-größe** f. taille (f.) gigantesque. ||°**-kraft** f. (-, ¨e) force herculéenne. ||°**-schlange** f. (-, n). ZOOL. boa m. ||°**-schritt** m. (s, e) pas (m.) de géant. ||°**-welle** f. (-, n). SPORT. grand soleil. ||°**-wuchs** m. (es). MÉD. gigantisme m.
riesenhaft ['ri:zənhaft] adj. V. RIESENGROß.
riesig ['ri:ziç] adj. géant ; gigantesque ; herculéen. | *riesig groß*, très grand. || FAM. *das freut mich riesig*, cela me fait un plaisir immense.
Riesigkeit [-kait] f. [Riesenhaftigkeit] grandeur, taille gigantesque, colossale ; énormité f.
Riesin ['ri:zin] f. (-, nen) géante f.
Riester ['ri:stər] m. (s, -). [Schuhwerk] pièce (f.) renfort (m.) de cuir. || [Pflug] mancheron m.
Riff [rif] n. (s, e). MAR. récif m.
Riffel ['rifəl] f. (-, n). TEXT. drège f. || cannelure f.
Riffel|blech [″rifəl'blɛç] n. (s, e) tôle nervurée. ||°**-feile** f. (-, n) bouvet m. ||°**-walze** f. (-, n) cylindre cannelé.
riffeln ['rifəln] v. tr. canneler ; rayer. || TEXT. peigner ; carder.
Riff(e)lung ['rif(ə)luŋ] f. (-, en). TECHN. cannelage m. ; striage m.
rigoros [rigɔ'ro:s] adj. rigoureux, sévère ; strict.
Rigorosum [rigo'ro:zum] n. (s, sa). UNIV. soutenance (f.) de thèse.
Rike ['rikə] n. pr. f., **Rikchen** [rikçən] n. pr. n. (diminutif de) Frédérique f.
Rille ['rilə] f. (-, n). [Rolle] rainure f. ; rigole f. ; gorge f. || [Schallplatte] sillon m.
rillig [-liç] adj. rainé.
Rimesse [ri'mɛsə] f. (-, n) remise (f.) de fonds.
Rind [rint] n. (s, er) bœuf m. ; bovin m. || FIG., FAM. imbécile m. ; abruti m.
◇ n. pl. **Rinder,** bêtes (f. pl.) à cornes ; race bovine.
Rind|fleisch ['rintflaiʃ] n. (es) viande (f.) de bœuf ; bœuf m. ||°**-fleisch|suppe** f. (-, n). CULIN. consommé m. ||°**-vieh** n. (s) race bovine ; gros bétail. || FIG., FAM. butor m. ; abruti m. ; imbécile m.
Rinder|braten [″rindər'brɑ:tən] m. (s, -) rôti (m.) de bœuf. ||°**-herde** f. (-, n) troupeau (m.) de bœufs. ||°**-hirt** m. (en, en) bouvier m. ; vacher m. ||°**-talg** m. (s) suif (m.) de bœuf.
Rinde ['rində] f. (-, n) écorce f. || [Brot] croûte f.

Rinden|felder [″rindən'fɛldər] n. pl. PHYSIOL. localisations cérébrales. ||°-**schicht** f. ANAT. écorce (cérébrale) ; cortex m.

Ring [riŋ] m. (s, e) anneau m. ; bague f. || FIG. *die Ringe wechseln*, échanger les anneaux ; se marier. || cercle m. ; rond m. ; auréole f. | *Ringe um die Augen haben*, avoir des cernes sous les yeux. || [Ring von Personen] cercle m. ; PÉJOR. coterie f. || [Ringstraße] boulevard (m.) de ceinture ; boulevard périphérique. || ASTRON., OPT. anneau m. || TECHN. bague f. ; virole f. ; rondelle f. ; collier m. || [Industrie] cartel m. ; trust m. || SPORT. ring m.

ring|artig [″riŋ'ɑ:rtiç] adj. annulaire ; orbiculaire. ||°-**bahn** f. (-, en). TRANSP. ligne (f.) de ceinture. ||°-**finger** m. (s, -) annulaire m. ||-**förmig** adj. annulaire. ||°-**haken** m. (s, -), °-**schraube** f. (-, n) piton m. ||°-**kampf** m. (s, ¨e) lutte (f.) athlétique. ||°-**kämpfer** m. (s, -) lutteur m. ; athlète m. ||°-**mauer** f. (-, n) mur (m.) d'enceinte. ||°-**muskel** m. (s, n) sphincter m. ||°-**mutter** f. (-, n) écrou (m.) à bague. ||°-**platz** m. (es, ¨e) arène f. ; lice f. ; ring m. ||°-**richter** m. (s, -) juge (m.), arbitre (m.) du ring. ||°-**schlüssel** m. (s, -) clef (f.) tubulaire. ||°-**straße** f. (-, n) boulevard (m.) de ceinture. ||°-**wall** m. (s, ¨e) mur (m.) d'enceinte ; asile fortifié.

Ringel ['riŋəl] m. ou n. (s, -) petit anneau ; petite bague. || [Haare] boucle f. || [Rauch] rond m. ; volute f.

Ringel|blume [″riŋəl'blu:mə] f. (-, n). BOT. souci m. ||°-**haar** n. (s, e), °-**locke** f. (-, n) boucle f. (de cheveux) ; cheveux bouclés. ||°-**natter** f. (-, n) couleuvre f. ||°-**reigen** m. (s, -), °-**reihen** m. (s, -), °-**tanz** m. (es, ¨e) ronde f. ||°-**reim** m. (s, e). LITTÉR. rondeau m. ||°-**taube** f. (-, n) palombe f. ; ramier m. ; pigeon (m.) à collier. ||°-**wurm** m. (s, ¨er). ZOOL. ver annelé.

ringeln ['riŋəln] v. tr. et intr. boucler ; anneler. || [Bäume, Vögel] baguer.
◇ v. pr. **sich ringeln,** se boucler ; s'enrouler.

ringen ['riŋən] (a, u) v. tr. tordre. | *die Wäsche ringen*, tordre le linge. | *die Hände ringen*, se tordre les mains. || PAR EXT. *jm etwas aus der Hand ringen*, arracher qch. des mains de qn.
◇ v. intr. combattre ; lutter. | *mit jm um etwas ringen*, disputer qch. à qn. | *er ringt mit dem Tode*, il est à l'agonie ; il agonise. | *nach Atem ringen*, suffoquer.
◇ v. pr. **sich ringen,** se tordre ; se tortiller.

Ringen ['riŋən] n. (s) 1° torsion f. ; 2° lutte f.

Ringer ['riŋər] m. (s, -) lutteur m. ; athlète m.

rings(um) [riŋs'(um)], **ringsherum** [″riŋshɛ'rum], **ringsumher** [″riŋsum'he:r] adv. (tout) autour ; alentour ; (partout) à la ronde.

Rinne ['rinə] f. (-, n) gouttière f. ; chéneau m. ; rigole f. ; conduite f. || cannelure f. ; sillon m.

rinnen [-nən] (a, o) v. intr. **1.** couler ; ruisseler. | *die Tränen rinnen*, les larmes coulent. || FIG. *die Zeit rinnt*, le temps passe. | *das Geld rinnt dir durch die Finger*, l'argent te file entre les doigts.
2. [lecken] laisser couler ; fuir.
— OBSERV. : dans l'expression *geronnenes Blut*, sang coagulé, le participe *geronnen* est celui du verbe *gerinnen*, et non celui de *rinnen*.

Rinnen n. (s) écoulement m. ; ruissellement m.

Rinnsal ['rinzɑ:l] n. (s, e), **Rinnsel** ['rinzəl] n. (s, -) petit cours d'eau ; ruisseau m.

Rinn|stein ['rinʃtain] m. (s, e). [Gosse] caniveau m. ; rigole f. ; évier m.

Rippchen ['ripçən] n. (s, -) côtelette f.

Rippe ['ripə] f. (-, n). ANAT. côte f. | *falsche Rippe*, côte flottante. || FIG. *sich etwas aus den Rippen schneiden*, faire l'impossible. || AÉRON., BOT. nervure f. || ARCHIT. nervure f. ; cordon (m.) de voûte ; poutre f. ; solive f.

rippen [-pən] v. tr. canneler.
◇ part. pass. et adj. **gerippt.** BOT. muni de nervures. || TEXT. côtelé.

Rippen|braten [″ripən'brɑ:tən] m. (s, -). CULIN. entrecôte m. ||°-**fell** n. (s, e). ANAT. plèvre f. ||°-**fellentzündung** f. (-, en). MÉD. pleurésie f. ||-**förmig** adj. à nervures. ||°-**kühler** m. (s, -) radiateur (m.) à ailettes. ||°-**samt** m. (s) velours côtelé. ||°-**stoß** m. (es, ¨e) bourrade f. ; coup (m.) dans le flanc. ||°-**stück** n. (s, e) entrecôte f.

rippig ['ripiç] adj. à côtes ; à nervures ; côtelé.

Rips [rips] m. (es). TEXT. reps m.

Risalit [riza'lit] m. (s, e) ARCHIT. ressaut m.

Risiko ['ri:ziko] n. (s, s ou ken) risque m. | *auf eigenes Risiko*, à ses risques et périls. | *ein Risiko eingehen*, courir un risque.

Risiko|faktor [″ri:ziko'faktor] m. (s, en). MÉD. facteur (m.) de risque. ||°-**gruppe** f. (-, n). MÉD. groupe exposé, à risques. ||°-**indikatoren** m. pl. MÉD. indicateurs (m. pl.) de risque. ||°-**prämie** f. (-, n). [Versicherung] prime (f.) de risque.

riskant [ris'kant] adj. risqué.

riskieren [-'ki:rən] v. tr. [wagen] risquer.

Rispe ['rispə] f. (-, n). BOT. panicule m.

Rispen|gras [″rispən'grɑ:s] n. (es, ¨er). BOT. paturin m.

Riß [ris] m. (es, e) déchirure f. ; accroc m. ; fêlure f. ; crevasse f. ; rupture f. ; lézarde f. | *einen Riß bekommen*, se déchirer ; se fêler ; se crevasser. || FIG. scission f. || [Zeichnung ; Umriß] tracé m. ; épure f. ; croquis m. || [Jagd] proie f. (d'un animal sauvage).

Riß|unterlage [″ris'untərlagə] f. (-, n). [Gemälde] calicot m. ||°-**wunde** f. (-, n) plaie (f.) par déchirure.

rissig ['risiç] adj. fendillé ; fêlé ; crevassé ; lézardé.

Rist [rizt] m. (es, e) cou-de-pied m. || poignet m. || ZOOL. garrot m.

Ristorno [ris'tɔrno] n. (s, s), **Ristornierung** [ristɔr'ni:ruŋ] f. (-, en). COMM. ristourne f.

Ritornell [ritor'nɛl] n. (s, e). MUS. ritournelle f.

ritsch(ratsch)! ['ritʃ(ratʃ)] interj. cric crac !

Ritt [rit] m. (s, e) course (f.) à cheval ; chevauchée f. ; promenade (f.), tournée (f.) à cheval. | *in einem Ritt*, sans arrêt ; tout d'une traite.

Ritt|meister [″rit'maistər] m. (s, -). MIL. capitaine (m.) de cavalerie.

Ritter ['ritər] m. (s, -). **1.** [Adel ; Orden] chevalier m. | *zum Ritter schlagen*, armer chevalier. | *Ritter ohne Furcht und Tadel*, chevalier sans peur et sans reproche. | *Raubritter*, chevalier pillard.
2. champion m. ; chevalier servant.
3. CULIN. *armer Ritter*, pain perdu.

Ritter|burg [″ritər'burk] f. (-, en) château fort (d'un chevalier) ; manoir m. ||°-**dienst** m. (s, e) galanterie f. ; service courtois. ||°-**gut** n. (s, ¨er) propriété seigneuriale ; domaine seigneurial. || °-**gutsbesitzer** m. (s, -) propriétaire (m.) d'une terre seigneuriale ; FAM. hobereau m. ||°-**orden** m. (s, -) ordre (m.) de chevalerie. | *Deutscher Ritterorden*, ordre teutonique. ||°-**roman** m. (s, e) roman (m.) de chevalerie. ||°-**saal** m. (s, säle) salle (f.) d'armes. ||°-**schlag** m. (s, ¨e). HIST. accolade f. ; adoubement m. ||°-**spiel** n. (s, e) tournoi m. ||°-**sporn** m. (s, en). BOT. pied-d'alouette m. ||°-**stand** m. (s) chevalerie f. ||°-**stern** m. (s, e). BOT. amaryllis f.

ritterlich ['ritərliç] adj. chevaleresque ; galant.

Ritterlichkeit [-kait] f. courtoisie f. ; esprit (m.) chevaleresque ; chevalerie f. (qualité morale).

Ritterschaft [-ʃaft] f. chevalerie f. (qualité ou classe sociale).

Ritters|mann [″ritɛrs'man] m. (s, leute) chevalier m. ; noble m.

Rittertum [-tu:m] n. (s) chevalerie f. (l'institution dans son ensemble).

rittlings [ritliŋs] adv. à cheval ; à califourchon.

Ritual [ritu'ɑ:l] n. (s, e) rituel m.

rituell [-'ɛl] adj. rituel.

Ritus ['ri:tus] m. (-, ten) rite (religieux).

Ritz [rits] m. (es, e), **Ritze** ['ritsə] f. (-, n). [Spalt] fêlure f. ; fente f. ; fissure f. || MÉD. scarification f.

Ritzel ['ritsəl] n. (s, -) petit pignon.

ritzen ['ritsən] v. tr. fêler ; rayer légèrement. || MÉD. scarifier.

Ritzer [-tsər] m. (s, -) éraflure f.

Rival [ri'vɑ:l] m. (s, e), **Rivale** [ri'vɑ:lə] m. (n, n). [Nebenbuhler] rival m. ; concurrent m.

rivalisieren [rivali'zi:rən] v. intr. rivaliser.

Rivalität [-li'tɛ:t] f. (-, en) rivalité f.

Rizinus ['ri:tsinus] m. (-, - et se) ricin m.

Rizinus|öl [″ri:tsinus'ø:l] n. (s) huile (f.) de ricin.

Robbe ['rɔbə] f. (-, n) phoque m. ; veau marin.

robben ['rɔbən] v. intr. se traîner ; ramper.

Robe ['ro:bə] f. (-, n). [Amtstracht] robe f. (de juge, de pasteur, d'avocat). || [Frauengewand] robe (f.) du soir (longue).

Robinie [ro'bi:niə] f. (-, n). BOT. robinier m.

Robot ['rɔbɔt] f. (-, en). [Fronarbeit] corvée f.

Roboter ['rɔbɔtər] m. (s, -) robot m.

Roboter|technik [″rɔbɔtər'tɛçnik] f. (-, en), °-**wesen** [-'ve:zən] n. (s, -) robotique f.

Robotik [ro'bo"tik] f. robotique f.
robust [rɔ'bust] adj. robuste.
Roch [rɔx] m. (s, -). MYTH. [Fabelvogel] rock m. || [Schachspiel] tour f.
Rochade [ro'xɑ:də ou ro'ʃɑ:də] f. (-, n). [Schach] roque m.
Roche ['rɔxə] m. (ns, n), **Rochen** ['rɔxən] m. (s, -). ZOOL. raie f.
röcheln ['rœçəln] v. intr. râler ; être à l'agonie.
Röcheln [-çəln] n. (s) râlement m. ; râle m.
rochieren [rɔ'xi:rən ou rɔ'ʃi:rən] v. intr. [Schachspiel] roquer.
Rochus ['rɔxus] n. pr. m. Roch m.
Rock [rɔk] m. (s, ¨e). [Frauenkleid] jupe f. || [Männerkleid] redingote f. ; habit m. || MIL. [Waffenrock] tunique f. | *den bunten Rock anziehen*, se faire soldat.
Röckchen ['røkçən] n. (s, -) jupette f.
Rock|schoß ['rɔkʃo:s] m. (es, ¨e) pan m. ; basque f. | *jm an den Rockschößen kleben, hängen*, être pendu aux basques de qn.
Rocken ['rɔkən] m. (s, -). [Kunkel] quenouille f.
Rode|land ["ro:də'lant] n. (s) terre nouvellement défrichée ; essart m.
Rodel ['ro:dəl] f. (s, -) luge f.
Rodel|bahn ["ro:dəl'bɑ:n] f. (-, en) piste (f.) de luge. ||°**-schlitten** m. (s, -) luge f. ; toboggan m.
rodeln ['ro:dəln] v. intr. faire de la luge.
roden ['ro:dən] v. tr. [reuten] déboiser et dessoucher ; essarter ; défricher.
Rodeo [ro'de:o] m. ou n. (s, s). SPORT. rodéo m.
Rodler(in) ['ro:dlər(in)] m. (s, -), f. (-, nen) lugeur m. ; lugeuse f.
Rodung ['ro:duŋ] f. (-, en) défrichement m. ; essartage m.
Rogen ['ro:gən] m. (s, -) œufs (m. pl.) de poisson.
Rogener [-nər] m. (s, -) poisson rogué.
Roggen ['rɔgən] m. (s, -) seigle m. | *Roggenbrot*, pain (m.) de seigle.
roh [ro:] adj. **1.** rude ; sauvage ; brutal. || PR. et FIG. grossier ; inculte ; barbare.
2. brut ; cru ; pas cuit ; vert ; non affiné. | *roher Zucker*, sucre brut. | *rohes Leder*, cuir vert. | *roher Schinken*, jambon cru. | *roh bearbeiten*, dégrossir ; ébaucher.
Roh|arbeit ["ro:'arbait] f. (-, en) ébauche f. ||°**-bau** m. (s, e et ten) maçonnerie f. ; gros œuvre. ||°**-betrag** m. (s, ¨e) montant brut. ||°**-einnahme** f. (-, n) recette brute. ||°**-eisen** n. (s, -) fonte brute ; fonte (f.) d'affinage. ||°**-energie** f. énergie (f.) primaire. ||°**-erz** n. (es, e) tout-venant m. ; minerai brut. ||°**-fabrikat** n. (s, e) produit brut. ||°**-fassung** f. (-, en) brouillon m. ||°**-gewicht** n. (s, e) poids brut. ||°**-häute** f. pl. cuirs verts. ||°**-kost** f. MÉD. régime cru, végétarien. ||°**-köstler** m. (s, -) végétarien m. ||°**-material** f. (s, ien) matière brute, première. ||°**-öl** n. (s, e) pétrole brut. | *leichtes, mittelschweres, schweres Rohöl*, pétrole brut léger, moyen, lourd. ||°**-öleinheit** f. (-, en) tonne (f.) équivalent pétrole (tep). || °**-produkt** n. (s, e) produit brut, non manufacturé. ||°**-seide** f. soie (f.) grège. ||°**-stoffe** m. pl. matières premières.
Roheit ['ro:hait] f. cruauté f. ; brutalité f. ; barbarie f. ; grossièreté f.
Rohling ['ro:liŋ] m. (s, e) brute f. ; butor m. || TECHN. ébauche f.
Rohr [ro:r] n. (s, e). **1.** BOT. roseau m. ; jonc m. | *spanisches Rohr*, canne (f.) de jonc.
2. TECHN. tube m. ; tuyau m. | *Rohre legen*, poser des tuyaux. | *Wasserrohr*, tuyau d'eau.
3. MIL. canon m. (d'une arme à feu).
Rohr|ammer ["ro:r'amər] f. (-, n). [Vogel] bruant m. ||°**-ansatz** m. (es, ¨e) tubulure f. ; manchon m. ; douille f. ||°**-anschluß** m. (es, ¨e) raccord m. ||**-artig** adj. arundinacé. ||°**-dach** n. (s, ¨er) toit (m.) de roseaux. ||°**-dommel** f. [Vogel] butor m. || °**-durchmesser** m. (s, -), °**-weite** f. (-, n) calibre m. ||**-farben** adj. beige. ||°**-flöte** f. (-, n) chalumeau m. ||°**-geflecht** n. (s, e) cannage m. ; rotin m. ||°**-knie** n. (s, -), °**-krümmer** m. (s, -) coude m. (de conduit). ||°**-leitung** f. (-, en) tuyauterie f. ; canalisation f. ||°**-möbel** n. pl. meubles (m. pl.) en rotin. || °**-mündung** f. (-, en) bouche (f.) du canon. ||°**-netz** n. (es, e) réseau (m.) de conduites ; tuyauterie f. ||°**-öffnung** f. (-, en) tubulure f. ||°**-pfeife** f. (-, n) chalumeau m. ||°**-postbrief** m. (s, e) carte (f.) pneumatique. ||°**-schilf** n. (s, e) roseau m. || °**-schlüssel** m. (s, -) clef (f.) à tubes. ||°**-schnepfe** f. (-, n). [Vogel] bécassine f. ||°**-spatz** m. (en, en). [Vogel] bruant m. | *wie ein Rohrspatz schimpfen*, jurer comme un charretier. ||°**-stock** m. (s, ¨e) canne (f.) de jonc. ||°**-stuhl** m. (s, ¨e) chaise cannée ; siège (m.) de, en rotin. ||°**-zucker** m. (s, -) sucre (m.) de canne. ||°**-zunge** f. (-, n) anche f.
Röhrchen ['rø:rçən] n. (s, -) petit tuyau ; tubulure f. ; canule f.
Röhre ['rø:rə] f. (-, n) conduit m. ; tuyau m. ; tube m. || PHYS. *kommunizierende Röhren*, vases communicants. | *Braunsche Röhre*, oscillographe (m.) cathodique. || RADIO. lampe f. ; valve f. || ANAT. conduit m. ; canal m. ; trompe f.
röhren [-rən] v. intr. [Hirsch] bramer.
Röhren|anlage ["rø:rən'anlɑ:gə] f. (-, n) tuyauterie f. ||°**-empfänger** m. (s, -) poste récepteur à lampes. ||**-erhitzt** adj. *röhrenerhitzter Kessel*, chaudière (f.) tubulaire. ||**-förmig** adj. tubulaire. ||°**-kessel** m. (s, -) chaudière (f.) tubulaire. ||°**-leitung** f. (-, en) conduite f. ; canalisation f. ||°**-nudeln** f. pl. macaronis m. pl. ||°**-netz** n. (es, e) tuyauterie f. ||°**-pilz** m. (es, e). BOT. bolet m.
Röhricht ['rø:riçt] n. (s, e) lieu planté de roseaux ; roseaux m. pl. ; cannaie f.
röhrig ['rø:riç] adj. tubulé.
rojen ['ro:jən] v. intr. MAR. ramer.
Rokoko ['rɔkɔko] n. (s), **Rokoko|stil** [rɔkɔ"ko'ʃti:l] m. (s) [style] rococo m.
Roll|bahn ['rɔlbɑ:n] f. (-, en). AÉRON. piste (f.) de roulement. ||°**-bandmaß** n. (es, e) mètre-ruban m. ||°**-brücke** f. (-, n) pont roulant. ||°**-dach** n. (s, ¨er). AUTOM. toit ouvrant. ||°**-feld** n. (s, er). AÉRON. aire (f.) de trafic. ||°**-fuhrdienst** m. (es, e). TRANSP. factage m. ||°**-gabelschlüssel** m. (s, -). TECHN. clef (f.) à molette. ||°**-gang** m. (s, ¨e). TECHN. chemin (m.) à rouleaux. ||°**-gebühr** f. (-, en), °**-geld** n. (s, er) factage m. ; frais (m. pl.) de camionnage. ||°**-gut** n. (s, ¨er) marchandise (f.) de camionnage. ||°**-karre** f. (-, n) diable m. (de camionneur). ||°**-kragen** m. (s, -) col roulé. ||°**-kutscher** m. (s, -) roulier m. ; camionneur m. ||°**-laden (Rolladen)** m. (s, - et ä) store m. ||°**-mops** m. hareng roulé au vinaigre ; rollmops m. ||°**-schiene** f. (-, n) glissière f. ||°**-schuh** m. (s, e) patin (m.) à roulettes. ||°**-schrank** m. (s, ¨e) armoire (f.) à glissière, à rideau. ||°**-schwanzaffe** m. (n, n). ZOOL. sapajou m. ||°**-splitt** m. (s) gravillon m. ||°**-steg** m. (s, e) trottoir roulant. ||°**-streik** m. (s, s) grève tournante. ||°**-stuhl** m. (s, ¨e) fauteuil (m.) à roulettes ; fauteuil roulant. ||°**-treppe** f. (-, n) escalier (m.) mécanique. ||°**-tür** f. (-, en) porte (f.) à coulisse. ||°**-unternehmen** n. (s, -) entreprise (f.) de factage. ||°**-vorhang** m. (s, ¨e) store m. ||°**-walze** f. (-, n) calandre f. ; rouleau m.
Rolle ['rɔlə] f. (-, n) **1.** [Rad ; Walze] rouleau m. ; roulette f. ; galet m. ; poulie f. ; bobine f. || [Wäsche] calandre f. | *eine Rolle Papier*, un rouleau de papier. | *eine Rolle Zwirn*, une bobine de fil. | *Bett auf Rollen*, lit (m.) à roulettes. || TECHN. *lose Rolle*, poulie mobile.
2. [Verzeichnis] rôle m. ; liste f.
3. THÉÂTRE et FIG. rôle m. (qu'on joue). | *eine Rolle spielen*, jouer un rôle. | *das spielt keine Rolle*, cela n'a aucune importance. | *aus der Rolle fallen*, sortir de son rôle. | *er hat seine Rolle ausgespielt*, il est au bout de son rouleau.
4. SPORT. [Barren] roulé m.
rollen ['rɔlən] v. intr. **1.** rouler ; couler. || PROV. *am rollenden Stein wächst kein Moos*, pierre qui roule n'amasse pas mousse.
2. MAR. *das Schiff rollt*, le navire roule. | *das Meer rollt*, la mer est houleuse.
3. [Kanarienvogel] faire des roulades.
4. [Donner ; Lastwagen] gronder.
◇ v. tr. rouler ; enrouler. || [Wäsche] calandrer. | *die Augen rollen ; mit den Augen rollen*, rouler les yeux. | *ein Faß in den Keller rollen*, rouler un tonneau dans la cave.
◇ part. prés. et adj. **rollend.** *rollender Angriff*, attaque ininterrompue ; attaque (f.) par, en vagues successives. | *rollendes Material*, matériel roulant.
◇ v. pr. **sich rollen,** se rouler ; s'enrouler.
Rollen [-lən] n. (s). **1.** (action [f.] de) rouler ; roulage m. ; roulement m. | *ins Rollen bringen*, faire rouler ; mettre en branle.
2. MAR. *Rollen und Schlingern des Schiffes*, roulis (m.) et tangage (m.) du bateau.
3. [Donner ; Lastwagen] grondement m.
Rollen|besetzung ["rɔlənbə'zɛtsuŋ] f. (-, en).

THÉÂTRE. distribution f. (des rôles). ||**-förmig** adj. cylindrique. ||°**-konflikt** m. (s, e) conflit (m.) de compétences. ||°**-meißel** m. (s, -). TECHN. trépan (m.) à molettes. ||°**-spiel** n. (s, e) jeu (m.) de rôles.

Roller ['rɔlər] m. (s, -) canari chanteur (qui fait des roulades). || [Fuhrmann] roulier m. ; camionneur m. || [Kinderspiel] trottinette f. ; PAR EXT. [Motorroller] scooter m. || MAR. barre f. ; ressac m.

rollern [-lərn] v. intr. faire de la trottinette.

Rom [ro:m] n. pr. n. GÉOGR. Rome f. | *Romfahrt*, pèlerinage (m.) à Rome.

Roman [rɔ'ma:n] m. (s, e) roman m. | *Abenteuerroman*, roman picaresque. | *Kriminalroman*, roman policier.

Romancier [rɔman'sje] m. (s, s), **Roman|dichter(in)** [rɔ"ma:n'diçtər(in)] m. (s, -), f. (-, nen), °**-schreiber(in)** [-'ʃraibər] m. (s, -), f. (-, nen) romancier m. ; romancière f.

Romane [rɔ'ma:nə] m. (n, n) originaire (m.) d'un pays latin. | *die Romanen*, les peuples latins.

romanhaft [-'ma:nhaft] adj. romanesque.

Romanik [rɔ'ma:nik] f. style roman.

romanisch [-niʃ] adj. roman. | *romanischer Stil*, style roman. | *romanische Sprache*, langue romane.

Romanist(in) [rɔma'nist(in)] m. (en, en), f. (-, nen) romaniste s.

Romanistik [-'nistik] f. étude (f.) des langues et littératures romanes.

Romantik [rɔ'mantik] f. LITTÉR. romantisme m.

Romantiker(in) [-tikər(in)] m. (s, -), f. (-, nen) romantique s.

romantisch [-tiʃ] adj. romantique ; romanesque. || PAR EXT. pittoresque.

romantisieren [rɔmanti'zi:rən] v. tr. décrire, traiter d'une manière romantique, romanesque.

Romantismus [-'tismus] m. romantisme m.

Romanze [rɔ'mantsə] f. (-, n) romance f.

Römer(in) ['rø:mər(in)] n. pr. m. (s, -), n. pr. f. (-, nen) Romain(e) m. (f.).

Römer ['rø:mər] m. (s, -) verre (m.) à vin du Rhin. ◇ n. pr. m. hôtel (m.) de ville de Francfort-sur-le-Main.

römisch ['rø:miʃ] adj. romain. | *Römisch-katholische Kirche*, église catholique romaine.

Rondeau ['rɔndo] n. (s, s). V. RONDO.

Ronde ['rɔndə] f. (-, n), **Ronden|gang** ["rɔndən'gaŋ] m. (s, ¨e). MIL. ronde f.

Rondell [rɔn'dɛl] n. (s, e) rond-point m. ; rotonde f. ; massif rond.

Rondo ['rɔndo] n. (s, s). MUS. rondeau m.

röntgen ['røntgən] v. tr. MÉD. radiographier ; examiner aux rayons X. | *sich röntgen lassen*, passer une radio.

Röntgen|aufnahme ["røntgən'aufna:mə] f. (-, n) radiographie f. ||°**-behandlung** f. (-, en) radiothérapie f. ; traitement (m.) par les rayons X. ||°**-bild** n. (s, er) radiographie f. ||°**-bildverstärker** m. (s, -) amplificateur (m.) de luminance. ||°**-durchleuchtung** f. (-, en) radioscopie f. ||°**-strahlen** m. pl. rayons X m. pl.

Roof [ro:f] m. ou n. (s, e). MAR. rouf m.

rosa ['ro:za] adj. invar. rose. | *alles durch die rosa Brille sehen*, voir tout en rose.

Rosa ['ro:za] n. [Farbe] rose m.

rosa|farbig ["ro:za'farbiç], **rosa|rot** ["ro:za'ro:t] adj. rose. ||°**-nilin** n. (s). CHIM. rosaniline f.

Röschen ['rø:sçən] n. (s, -) petite rose. | *(Buschwind)röschen*, églantine f.

Rose ['ro:zə] f. (-, n). **1.** BOT. rose f. | *die wilde Rose*, l'églantine f. || FIG. *nicht auf Rosen gebettet sein*, se trouver dans une position pénible, modeste, pauvre. || PROV. *mit der Zeit pflückt man Rosen*, tout vient à point à qui sait attendre.
2. [Windrose] rose (f.) des vents.
3. ARCHIT. rosace f. ; rose f.
4. [Diamanten] (taille en forme de) rose f.
5. [Gießkanne ; Brause] pomme f. (d'arrosoir).
6. [Jagd] meule f. (de bois de cerf).
7. [Orden] rosette f.
8. MÉD. [Wundrose] érésypèle m.

rosen|artig ["ro:zən'a:rtiç] adj. rosacé ; de la nature des roses. ||°**-blüter** m. (s, -) rosacée f. ||°**-busch** m. (es, ¨e) rosier m. ||°**-dorn** m. (s, en) églantier m. ||°**-farbe** f. (-, n) rose m. ||**-farben,** **-farbig** adj. rose ; rosé. ||°**-garten** m. (s, ¨), °**-hain** (s, e) roseraie f. ||°**-gewächs** n. (es) rosacée f. ||°**-käfer** m. (s, -). cétoine dorée. ||°**-kohl** m. (s, e) chou (m.) de Bruxelles. ||°**-kranz** m. (es, ¨e) couronne (f.) de roses. || RELIG. rosaire m. ; chapelet m. | *den Rosenkranz abbeten*, dire son chapelet. ||°**-kreuzer** m. (s, -). HIST. Rose-Croix m. ||°**-lorbeer** m. (s, en) laurier-rose m. ||°**-mädchen** n. (s, -) rosière f. ||°**-monat** m. (s, e), °**-mond** m. (s, e) juin m. ||°**-montag** m. (s) lundi gras. ||°**-öl** n. (s, e) essence (f.) de roses. ||**-rot** adj. vermeil ; rose. ||°**-stock** m. (s, ¨e), °**-strauch** m. (s, ¨e et ¨er) rosier m. | *wilder Rosenstrauch*, églantier m. ||°**-zeit** f. (-, en) saison (f.) des roses ; FIG. jeunesse f. ||°**-zucht** f. culture (f.) des roses.

— OBSERV. *Rosenmontag*, lundi gras, vient, en réalité, de *rasender Montag*.

Roseole [roze'o:lə] f. MÉD. roséole f.

Rosette [ro'zɛtə] f. (-, n) rosette f. ; rosace f.

rosig ['ro:ziç] adj. rosé ; rose. | *alles in rosigem Lichte sehen*, voir tout en rose.

Rosinante [rozi'nantə] f. (-, n) rossinante f. ; rosse f.

Rosine [ro'zi:nə] f. (-, n) raisin sec. || FIG., FAM. *(große) Rosinen im Kopfe haben*, viser haut ; voir grand.

Röslein ['rø:slain] n. (s, -) petite rose.

Rosmarin [rosma'ri:n] m. (s). BOT. romarin m.

Roß [rɔs] n. (es, e) cheval m. ; coursier m. || FIG. *auf hohem Rosse sitzen*, le prendre de haut. || POP. imbécile m.

Roß|apfel ["rɔs'apfəl] m. (s, ¨). POP. crottin m. ||°**-haar** n. (s, e) crin m. (de cheval). ||°**-käfer** m. (s, -) scarabée m. ||°**-kamm** m. (s, ¨e) 1° étrille f. ; 2° crinière f. ; 3° maquignon m. ||°**-kastanie** f. (-, n) marron (m.) d'Inde. ||°**-kur** f. FAM. remède (m.), médecine (f.) de cheval. ||°**-schlächterei** f. (-, en) boucherie chevaline. ||°**-schweif** m. (s, e) queue (f.) de cheval. || [Helm] crinière f. ||°**-täuscher** m. (s, -) maquignon m.

Rößchen ['røsçən] n. (s, -), **Röss(e)l** [røs(ə)l] n. (s, -), **Rößlein** ['røslain] n. (s, -) petit cheval. || [Schachspiel ; Springer] cavalier m.

Rössel|sprung ["røsəl'ʃpruŋ] m. (s, ¨e). [Schachspiel] saut (m.) du cavalier. || [Rätsel] énigme f.

rossen ['rɔsən] v. intr. [Stute] être en chaleur.

rossig [-siç] adj. en chaleur.

Rost [rɔst] m. (es) rouille f. | *Rost ansetzen*, se rouiller. | *den Rost entfernen ; vom Rost befreien, reinigen*, dérouiller. || BOT. rouille f.

Rost|ansatz ["rɔst'anzats] m. (es, ¨e) dépôt (m.) de rouille. ||**-braun** adj. [Farbe] brun rouille. ||°**-farbe** f. (-, n) [couleur] rouille f. ||**-farbig** adj. (couleur) rouille. ||**-fleckig** adj. rouillé ; piqué. ||**-frei, -sicher** adj. inoxydable ; sans rouille. ||°**-schutzanstrich** m. (s, e) enduit (m.) antirouille.

Rost [rɔst] m. (es, e) gril m.

Rost|braten ["rɔst'bra:tən] m. (s, -). CULIN. grillade f. ||**-fleisch** n. (es) viande grillée.

Röste ['rø:stə] f. (-, n) brûloir m. ; grilloir m. ; torréfacteur m. || TEXT. [Hanf] rouissage m.

rosten ['rɔstən] v. intr. (se) rouiller ; s'oxyder. || FIG. *alte Liebe rostet nicht*, on revient toujours à ses premières amours.

Rosten [-tən] n. (s) oxydation f.

rösten ['rø:stən] v. tr. griller ; faire griller ; rôtir. || [Kaffee] torréfier. || TEXT. [Hanf] rouir.

Rösten [-tən] n. (s) rôtissage m. ; torréfaction f.

Röst|ofen ["rø:st'o:fən] m. (s, ¨) grilloir m. ||°**-pfanne** f. (-, n) poêle (f.) à frire. ||°**-schnitte** f. (-, n) grillade f.

rostig ['rɔstiç] adj. rouillé.

rot [ro:t] adj. rouge. | *rote Haare*, cheveux roux. | *rot werden*, rougir. | *rot vor Scham*, rouge de honte. || FIG. *roter Faden*, fil conducteur. || *Rotes Kreuz*, Croix-Rouge f. | *Rote Armee*, Armée (f.) Rouge. | *die Rote Erde*, la Westphalie. | *Rote Liste*, pharmacopée f. || LOC. *rot anstreichen*, marquer d'une pierre blanche ; souligner. | *er besitzt, er hat keinen roten Heller*, il n'a pas un sou vaillant. | *das ist für ihn ein rotes Tuch*, cela le rend furieux. || PROV. *heute rot, morgen tot*, aujourd'hui en chair, demain en bière.
◇ n. (s) **Rot,** rouge m. ; couleur (f.) rouge ; rougeur f. | *Rot auflegen*, mettre du rouge. || *bei Rot fahren*, FAM. griller un feu rouge.

Rot|auge ["ro:t'augə] n. (s, n). ZOOL. gardon m. ||°**-barsch** m. (es, e). ZOOL. petite perche. ||°**-bart** m. (s) Barberousse. || ZOOL. barbeau m. ||**-blind,** **-grünblind** adj. daltonien. ||°**-blindheit** f.,

°**-grünblindheit** f. daltonisme m. ||**-brüchig** adj. TECHN. cassant à chaud ; (fer) rouverin. ||°**-eiche** f. (-, n) chêne (m.) rouvre. ||°**-eisenstein** m. (s, e). GÉOL., TECHN. hématite (f.) rouge. ||°**-fink** m. (en, en). ZOOL. bouvreuil m. ||**-fleckig** adj. taché de rouge. || MINÉRAL. porphyré. ||°**-fuchs** m. (es, ¨e) renard m. ; (cheval) alezan m. ||°**-glühend** adj. chauffé au rouge ; incandescent. ||°**-glut** f. incandescence f. ||°**-güldigerz** n. (es, e). MINÉRAL. pyrargyrite f. ; proustite f. ||°**-guß** m. (es, ¨e) fonte (f.) rouge ; fonte (f.) de cuivre ; laiton (m.) rouge. ||**-haarig** adj. roux ; rouquin. ||°**-haut** f. (-, ¨e) Peau-Rouge m. || °**-käppchen** n. (s) le Petit Chaperon rouge. || °**-kehlchen** n. (s, -). ZOOL. rouge-gorge m. ||°**-kopf** m. (s,¨e), °**-schopf** m. (s,¨e). POP. rouquin m. ||°**-lauf** m. (s). MÉD. érysipèle m. || [Schweine] dysenterie f. ||°**-licht** n. (s, er) lumière (f.) rouge. || AUTOM. feu (m.) rouge. ||°**-liegendes** n. MINÉRAL. permien (m.) rouge ; grès (m.) rouge. ||°**-schwänzchen** n. (s, -). ZOOL. rouge-queue m. ||°**-spon** m. (s). FAM. [Wein] gros rouge. ||°**-stift** m. (s, e) crayon (m.) rouge. || FIG. *den Rotstift ansetzen*, faire des coupes sombres. ||°**-tanne** f. (-, n). BOT. épicéa m. ||°**-wein** m. (s, e) vin (m.) rouge. ||°**-welsch** n. (es) argot m. ; langue (f.) du milieu. ||°**-wild** n. (s) bêtes (f. pl.) fauves ; fauves m. pl. || [Jagd] cerfs et chevreuils m. pl.

Rotang ['rotaŋ] m. (s). BOT. rotin m. ; rotan(g) m.

Rotation [rota'tsio:n] f. (-, en) rotation f.

Rotations|achse [rota"tsio:ns'aksə] f. (-, n) axe (m.) de rotation. ||°**-ellipsoid** n. (s, e). MATH. ellipsoïde (f.) de révolution. ||°**-fläche** f. (-, n). MATH. [Drehfläche] surface (f.) de révolution. ||°**-kolbenmotor** m. (s, en). AUTOM. moteur (m.) à piston rotatif. ||°**-körper** m. (s, -). MATH. [Drehkörper] solide (m.) de révolution. ||°**-maschine** f. (-, n). TYPOGR. rotative f.

Röte ['rø:tə] f. rougeur f. ; rouge m. ; rousseur f.

Rötel ['rø:təl] m. (s, -), **Rötel|stift** ["rø:təl'ʃtift] m. (s, e) crayon (m.) rouge ; craie (f.) rouge. | *Rötelzeichnung*, dessin (m.) à la sanguine.

Röteln ['rø:təln] pl. MÉD. rubéole f.

röten ['rø:tən] v. tr. rougir. | *mit geröteten Augen*, les yeux rougis.

rotieren [ro'ti:rən] v. intr. tourner. | *rotierend*, rotatif.

rötlich ['rø:tliç] adj. rougeâtre ; roussâtre.

Rötling [-liŋ] m. (s, e). ZOOL. rouge-queue m.

Rotor ['ro:tɔr] m. (s, en). TECHN., ÉLECTR. rotor m.

Rotor|blatt ["ro:tor'blat] n. (s, ¨er) pale (f.) de rotor.

Rotte ['rɔtə] f. (-, n). MIL. troupe f. ; escouade f. ; équipe f. | *eine Rotte Wölfe*, une bande de loups. || PÉJOR. *eine Rotte Räuber*, une bande de brigands.

Rotten|arbeiter ["rɔtən'arbaitər] m. (s, -). [Eisenbahn] poseur (m.) de voie ; homme (m.) d'équipe. ||°**-feuer** n. (s, -). MIL. feu (m.) de peloton. ||°**-meister (Rottmeister)** m. (s, -) chef (m.) d'équipe.

rotten (sich) [ziç'rɔtən] v. pr. [sich zusammenrotten] s'attrouper ; former une bande.

Rotunde [rɔ'tundə] f. (-, n) rotonde f.

Rötung ['rø:tuŋ] f. (-, en) rougissement m.

Rotz [rɔts] m. (es) morve f. || [Tierkrankheit] morve f. || FAM. *Rotzbube, Rotznase*, petit morveux.

rotzig ['rɔtsiç] adj. morveux. || FIG. impertinent.

Rouleau [ru'lo:] n. (s, s). [Rollvorhang] store m.

Roulett(e) [ru'lɛt(ə)] n. (s, s). [Werkzeug ; Glücksspiel] roulette f.

Route ['ru:tə] f. (-, n) itinéraire m. ; chemin m.

Routine [ru'ti :nə] f. habitude f. ; PÉJOR. routine f. || PAR EXT. savoir-faire m.

routiniert [ruti'ni:rt] adj. expérimenté ; rompu aux affaires ; habile.

Rowdy ['raudi] m. (s, s et dies) voyou m. ; rôdeur m.

Royalismus [roaja'lismus] m. royalisme m.

Royalist(in) [-'list(in)] m. (en, en), f. (-, nen) royaliste s.

Royalsegel [roa"ja:l'ze:gəl] n. (s, -). MAR. cacatois m.

rubbeln ['rubəln] v. tr. FAM. frotter fort ; astiquer.

Rübe ['ry:bə] f. (-, n) rave f. | *weiße Rübe*, navet m. | *gelbe Rübe*, carotte f. | *rote Rübe*, betterave f. | *Zuckerrübe*, betterave (f.) à sucre. || FIG. *wie Kraut und Rüben*, pêle-mêle. || LOC. FAM. *jm Rübchen schaben*, faire la nique à qn.

Rüb|öl ["ry:p'ø:l] n. (s, e) huile (f.) de navette. ||°**-same** m. (ns, n) navette f. ; colza m.

Rüben|acker ["ry:bən'akər] m. (s, -) ravière f. ||°**-zucker** m. (s, -) sucre (m.) de betterave.

Rübezahl ["rybə'tsɑ:l] n. pr. m. MYTH. géant fabuleux du Riesengebirge.

Rubikon ['ru:bikɔn] n. pr. m. GÉOGR., HIST. Rubicon m.

Rubin [ru'bi:n] m. (s, e) rubis m. | *rubinfarben*, couleur rubis ; rubis.

Rubrik [ru'bri:k] f. (-, en) rubrique f. ; titre m. || classe f. ; série f. ; catégorie f.

rubrizieren [rubri'tsi:rən] v. tr. intituler. || diviser ; classer ; timbrer.

Rübsen ['ry:pzən] m. (s, -) navette f. ; colza m.

ruchbar ['ru:xbɑ:r] adj. notoire ; public. | *ruchbar werden*, s'ébruiter.

ruch|los ['ru:xlo:s] adj. impie ; scélérat ; infâme. ||°**-losigkeit** f. (-, en) scélératesse f. ; infamie f.

ruck ! [ruk] interj. *hau ruck !*, ho ! hisse !

Ruck [ruk] m. (s, e) poussée f. ; à-coup m. ; secousse f. ; saccade f. | *auf einen Ruck*, d'un (seul) coup. | *mit einem Ruck halten*, s'arrêter d'un coup. || FAM. *sich einen Ruck geben*, faire un effort sur soi ; serrer les dents.

ruck|artig ["ruk'ɑ:rtiç], **-weise** [-'vaizə] adj. et adv. par à-coups ; par saccades.

Rück|abtretung ["ryk'aptre:tuŋ] f. (-, en). JUR. rétrocession f. ||°**-ansicht** f. (-, en) vue (f.) arrière ; vue (f.) vers l'arrière. ||°**-anspruch** m. (s, ¨e). JUR. recours m. ||°**-antwort** f. (-, en), °**-äußerung** f. (-, en) réponse f. | *Rückantwort bezahlt*, réponse payée. | *wir erwarten Ihre Rückäußerung und...*, en attendant votre réponse... ||**-bezüglich** adj. GRAMM. réfléchi. || **-bildung** f. (-, en). BIOL. régression f. ||°**-bleibsel** n. (s, -) résidu m. ||°**-blick** m. (s, e) regard (m.) en arrière ; rétrospective f. ||°**-blickfenster** n. (s, -). AUTOM. lunette (f.) arrière. ||**-buchen** v. tr. ristourner. ||°**-buchung** f. (-, en) ristourne f. ||**-datieren** v. tr. antidater. ||°**-deckungsvertrag** m. (s, ¨e) contrat (m.) de réassurance. ||°**-diskont** m. (s, e) réescompte m. ||**-diskontieren** v. tr. réescompter. ||°**-erinnerung** f. (-, en) réminiscence f. ||**-erstatten** v. tr. rembourser ; restituer. ||°**-erstattung** f. (-, en) remboursement m. ||°**-fahrkarte** f. (-, n) billet (m.) aller et retour. ||°**-fahrt** f. (-, en) retour m. (en véhicule). ||°**-fall** m. (s, ¨e). MÉD. rechute f. || JUR. récidivisme m. | *Rückfall in ein Verbrechen*, récidive f. | *Rückfall an den Vorbesitzer*, réversion f. ||**-fällig** adj. JUR. récidiviste. | *rückfällig werden*, récidiver ; faire une récidive. || RELIG. relaps. ||°**-falltäter(in)** m. (s, -), f. (-, nen). JUR. récidiviste s. ||°**-fluß** m. (es, ¨e) reflux m. ||°**-forderung** f. (-, en) demande (f.) de restitution ; réclamation f. ||°**-frage** f. (-, n) demande (f.) en retour ; lettre (f.) pour se renseigner. | *nach, über etwas Rückfrage halten*, se renseigner sur qch. ; s'informer de qch. ||°**-führung** f. rapatriement m. ||°**-gabe** f. (-, n) restitution f. ; reddition f. ||°**-gang** m. (s, ¨e) recul m. ; diminution f. ; marche (f.) en arrière, à reculons. || FIG. [Verminderung] recul m. ; régression f. ; baisse f. || ÉCON. *Rückgang der Investition*, désinvestissement m. ||**-gängig** adj. rétrograde. | *einen Kauf rückgängig machen*, annuler un marché. || °**-gängigmachung** f. annulation f. ||**-gewinnen** (a, o) v. tr. TECHN. récupérer. ||°**-gewinnung** f. (-, en) récupération f. ||°**-grat** n. (s, e). ANAT. colonne vertébrale. || FIG. *jm das Rückgrat brechen*, casser les reins à qn. ||°**-grats(ver)krümmung** f. (-, en). MÉD. lordose f. ||°**-griff** m. (s, e). JUR. recours m. ||°**-halt** m. (s, e) arrière-pensée f. ; réserve f. || FIG. soutien m. ; appui m. ; secours m. | *an ihm habe ich immer einen Rückhalt gefunden*, j'ai toujours trouvé appui auprès de lui. ||°**-haltekammer** f. (-, n). NUCL. chambre (f.) de rétention. ||**-haltlos** adj. sans aucune réserve. ||°**-haltung** f. NUCL. rétention f. ||°**-hand** f. (-, ¨e), °**-handschlag** m. (s, ¨e). [Tennis] revers m. ||°**-holfeder** f. (-, n). TECHN. ressort (m.) de rappel. ||°**-kauf** m. (s, ¨e) rachat m. ; réméré m. || °**-kaufswert** m. (s) valeur (f.) de rachat. ||°**-kehr** f. retour m. ||°**-kehrhilfe** f. (-, n) aide (f.) au retour. ||**-koppeln** v. tr. RADIO. coupler par réaction. ||°**-ladung** f. (-, en) fret (m.) de retour. ||°**-lage** f. (-, n). FIN. réserve f. ; économie f. | *gesetzlich vorgeschriebene, stille, satzungsmäßige Rücklagen*, réserves légales, occultes, statutaires. | *Einstellung in Rücklagen*, incorporation (f.) aux réserves. | *Entnahme aus Rücklagen*, incorporation (f.) des réserves. ||°**-lauf** m. (s, ¨e). TECHN. recul m. (d'une arme). || AUTOM. marche (f.) arrière. ||°**-laufbremse** ["-/-'-] f. (-, n) frein (m.) de sûreté. ||**-läufig** adj. régressif ; rétrograde. || FIN. en baisse. ||°**-lauftaste** f. (-, n) touche (f.) de retour en arrière. ||°**-lehne** f. (-, n). [Sitzmöbel] dossier m. ||°**-leiter** m. (s, -), °**-leitung** f. (-, en). ÉLECTR. fil (m.) de retour. ||°**-licht** n. (s, er). TRANSP. feu m. (rouge) arrière. ||°**-lieferung** f. (-, en) retour m. ; renvoi m. ||°**-nahme** f. (-, n) reprise f. ||°**-prall** m. (s, e) rebondissement m. ||°**-ruf** m. (s, e) rappel m. ||°**-schau** f. (-, en) regard (m.) en arrière ; (vue) rétrospective f. | *über etwas Rückschau halten*, repasser en mémoire qch. ||°**-schein** m. (s, e) récépissé m. ; reçu m. ||°**-schlag** m. (s, ¨e) choc (m.) en retour ; réaction (fatale) ; contrecoup m. || BIOL. atavisme m. ||°**-schluß** m. (es, ¨e) déduction f. ||°**-schritt** m. (s, e) marche f. rétrograde. ||**-schrittlich** adj. POLIT. réactionnaire. ||°**-seite** f. (-, n) verso m. ; derrière m. ; revers m. ||°**-sicht** f. (-, en) égard m. ; considération f. | *Rücksicht auf etwas nehmen*, prendre qch. en considération. | *auf jn Rücksicht nehmen*, avoir des égards pour qn. | *ohne jede Rücksicht*, brutalement ; sans ménagements. | *mit Rücksicht auf* (acc.), eu égard à ; en tenant compte de. ||**-sichtlich** prép. (gén. ou auf, acc.) en considération de ; au point de vue de ; en tenant compte de. ||°**-sichtnahme** ["-/-'--] f. (-, n) *mit größter Rücksichtnahme auf* (acc.), très prudemment ; en tenant le plus grand compte de. ||**-sichtslos** adj. sans égards ; sans ménagements ; brutal. ||°**-sichtslosigkeit** f. brutalité f. ; manque (m.) d'égards. ||**-sichtsvoll** adj. plein de délicatesse ; poli. ||°**-spiegel** m. (s, -) rétroviseur m. ||°**-spiel** n. (s, e). SPORT. revanche f. ||°**-sprache** f. (-, n) conversation f. ; entretien m. ; pourparlers m. pl. ||°**-stand** m. (s, ¨e) résidu m. ; restant m. ; reste m. ; retard m. | *mit seinen Zahlungen im Rückstand sein*, être en retard dans ses paiements. | *radioaktive Rückstände*, résidus radioactifs. ||**-ständig** adj. en retard ; retardataire ; PR. et FIG. arriéré. ||°**-ständigkeit** f. (-, en) arriération mentale ; mentalité arriérée. ||°**-stau** m. (es, e). [Fluß] reflux m. || TRANSP. embouteillage m. ; bouchon m. ||°**-stellfeder** f. (-, n). TECHN. ressort (m.) de rappel. ||°**-stelltaste** f. (-, n) touche (f.) d'annulation. ||°**-stellung** f. (-, en). COMM. mise (f.) en réserve. || MIL. position de repli ; ligne de retrait. ||°**-stoß** m. (s, ¨e) contrecoup m. ; choc (m.) en retour. | [Schußwaffe] recul m. || PHYS. réaction f. || °**-stoßantrieb** ["-/-'--] m. (s, e). AÉRON. propulsion (f.) à réaction. ||°**-stoßdämpfer** m. (s, -) amortisseur (m.) de recul. ||°**-stoßfrei** adj. sans recul. ||°**-strahler** m. (s, -). AUTOM. catadioptre m. ; cataphote m. ||°**-streuung** f. PHYS. rétrodiffusion f. ||°**-taste** f. (-, n). [Schreibmaschine] touche (f.) pour marche arrière. ||°**-tritt** m. (s, e) retraite f. ; démission f. | *seinen Rücktritt erklären*, donner sa démission f. || recul m. || JUR. résiliation f. (d'un contrat). || POLIT. désistement m. ||°**-trittbremse** ["-/-'--] f. (-, n) frein (m.) à rétropédalage. ||°**-trittsklausel** f. (-, n). JUR. clause (f.) résolutoire. ||°**-übersetzung** ["-/--'--] f. (-, en) retraduction f. ||°**-übertragung** f. (-, en). JUR. rétrocession f. ||°**-umlaut** m. (s) alternance (f.) vocalique. ||**-vergüten** v. tr. ristourner ; rembourser. ||°**-vergütung** f. (-, en) ristourne f. ; remboursement m. ||**-versichern** v. tr. réassurer. ||°**-versicherung** f. réassurance f. ||°**-versicherungsmakler** m. (s, -) courtier (m.) de réassurance. ||°**-wanderer** m. (s, -) rapatrié m. ||**-wärtig** adj. qui se trouve à l'arrière, en arrière. ||**-wärts** adv. en arrière ; PR. et FIG. vers l'arrière. | *rückwärts gehen*, aller en arrière ; reculer ; marcher à reculons. ||°**-wärtssalto** m. (s, s ou ti). SPORT. salto (m.) arrière. ||°**-wechsel** m. (s, -). COMM. rechange m. ||°**-weg** m. (s, e) [chemin (m.) du] retour m. | *den Rückweg antreten*, prendre le chemin du retour. | *jm den Rückweg abschneiden*, couper la retraite à qn. ||**-wirkend** adj. rétroactif. | *rückwirkende Kraft haben*, avoir force rétroactive, effet rétroactif. ||°**-wirkung** f. (-, en) rétroaction f. ; effet rétroactif ; réaction f. ||**-zahlbar** ["-/'--] adj. remboursable. ||°**-zahlung** f. (-, en) remboursement m. ||°**-zieher** m. (s, -) pas (m.) en arrière ; excuse f. ; dédit m. ||°**-zug** m. (s, ¨e). MIL. retraite f. | *den Rückzug antreten*, battre en retraite.

Ruck|sack ['rukzak] m. (s, ¨e) sac tyrolien ; sac (m.) à dos.

rucken ['rukən] v. intr. [Taube] roucouler. || [anstoßen] donner une secousse.

rücken ['rykən] v. tr. bouger ; pousser ; déplacer. | *ein Möbel an die Wand rücken*, mettre un meuble contre le mur, le long du mur.
◇ v. intr. se déplacer. | *näher rücken*, s'approcher. | *an etwas* (dat.) *rücken*, remuer, déplacer qch. || MIL. *ins Feld rücken*, partir en guerre. | *nach vorn rücken*, avancer, progresser. | *jm auf den Leib rücken*, presser qn ; serrer qn de près.

Rücken [-kən] m. (s, -) dos m. | *Rücken an Rücken*, dos à dos. | *jm den Rücken kehren*, tourner le dos à qn. | *es läuft mir eiskalt über den Rücken*, cela me fait froid dans le dos. | *auf dem Rücken liegen*, être couché sur le dos ; FIG. fainéanter. | *einen krummen Rücken machen*, faire le gros dos. | *auf den Rücken fallen*, tomber à la renverse. | *sich den Rücken decken*, protéger ses arrières. | *er ist mir in den Rücken gefallen*, il m'a attaqué dans le dos, par derrière. | *einen breiten Rücken haben*, avoir le dos large ; avoir bon dos. | *jm etwas auf den Rücken binden*, mettre qch. sur le dos de qn. | *jm hinter dem Rücken übles nachreden*, calomnier qn. | *hinter js Rücken handeln*, faire qch. en cachette de qn ; trahir qn. | *im Rücken*, par-derrière. | *den Rücken steif halten*, résister. | *jm den Rücken stärken*, encourager qn. || [Hand] dos m. (de la main). || [Stuhl] dossier m. || [Berg] croupe f. ; dos d'âne m. || [Buch] dos m. || [Blatt] verso m.

Rücken|bein ["rykən'bain] n. (s, e). ANAT. épine dorsale. ||°**-deckung** f. (-, en). [Festung] parados m. || [Heer] couverture f. ||°**-fallschirm** m. (s, e). AÉRON. parachute dorsal. ||°**-flosse** f. (-, n) nageoire dorsale. || AÉRON. arête dorsale. ||°**-flug** m. (s, ¨e). AÉRON. vol (m.) sur le dos. ||°**-gurt** m. (s, e) martingale f. ||°**-lage** f. (-, n). [Schwimmen] planche f. ||°**-lehne** f. (-, n) dossier m. ||°**-mark** n. (s). ANAT. moelle épinière. ||°**-marksentzündung** f. (-, en) myélite f. || °**-marksschwindsucht** f. mal (m.) de Pott. || °**-markwasser** n. (s) liquide céphalorachidien. || °**-schild** m. (s, e) carapace f. ||°**-schwimmen** n. (s) nage (f.) sur le dos. ||°**-seite** f. (-, n) dos m. ; côté postérieur. ||**-ständig** adj. dorsal. ||°**-stärkung** f. encouragement m. ; appui m. | *jm Rückenstärkung geben*, encourager qn. ||°**-trage** f. (-, n) hotte f. ||°**-wind** m. (s, e) vent (m.) arrière ; en poupe.

rücklings ['rykliŋs] adv. 1° à la renverse ; en arrière ; 2° par-derrière ; 3° à reculons.

rucksen ['ruksən] v. intr. roucouler.

Rüde ['ry:də] m. (n, n) chien (m.) de chasse ; mâtin m. || [Hund ; Fuchs ; Wolf] mâle m.

rüde ['ry:də] adj. brutal ; cruel.

Rudel ['ru:dəl] n. (s, -) troupe f. ; bande f. ; harde f. || FIG. ribambelle f.

Ruder ['ru:dər] n. (s, -) rame f. ; aviron m. || AÉRON. gouverne f. || MAR., FIG. [Steuer] gouvernail m. ; barre f. | *das Ruder führen ; am Ruder sitzen*, être à la barre ; FIG. être au pouvoir. | *sich in die Ruder legen*, se mettre au travail d'arrache-pied.

Ruder|bank ["ru:dər'baŋk] f. (-, ¨e) banc (m.) des rameurs. ||°**-boot** n. (s, e) canot (m.) à rames. ||°**-fuß** m. (es, ¨e) pied palmé ; patte palmée. ||°**-füßer** m. (s, -) palmipède m. ||°**-gabel** f. (-, n) dame (f.) de nage. ||°**-klub** m. (s, s) club (m.) nautique ; société (f.) d'aviron. ||°**-pinne** f. (-, n) levier (m.), barre (f.) du gouvernail. ||°**-schlag** m. (s, ¨e) coup (m.) d'aviron. ||°**-sport** m. (s) aviron m.

Ruderer ['ru:dərər] m. (s, -) rameur m.

rudern [-dərn] v. intr. ramer. | *aus Leibeskräften rudern*, faire force de rames. || [Enten] nager. || *mit den Armen rudern*, balancer les bras.

Rüdiger ['ry:digər] n. pr. m. Roger m.

Rudolf ['ru:dɔlf] n. pr. m. Rodolphe m.

Ruf [ru:f] m. (s, e). **1.** [Schrei] cri m. ; appel m. || FIG. *Ruf des Herzens*, cri du cœur.
2. [Aufforderung] appel m. ; invitation f. | *Ruf zur Arbeit*, invitation au travail, à reprendre le travail. || UNIV. nomination f. | *er erhielt einen Ruf an die Universität Köln*, il fut nommé à l'université de Cologne.
3. [Leumund] réputation f. ; renom m. ; renommée f. | *in Rufe eines Trinkers stehen*, avoir une réputation de buveur. | *etwas in Ruf bringen*, accréditer qch. | *einen guten Ruf genießen*, avoir bon renom.
4. TÉLÉPH. [Rufnummer] numéro m.

Ruf|name ["ru:f'na:mə] m. (ns, n) prénom usuel. ||°**-nummer** f. (-, n) numéro (m.) de téléphone. ||°**-säule** f. (-, n) borne (f.) d'appel. ||°**-weite** f. (-, n) portée (f.) de voix. ||°**-zeichen** n. (s, -). RADIO. indicatif (m.) d'appel. || GRAMM. point (m.) d'exclamation.

rufen ['ru:fən] (ie, u) v. tr. et v. intr. **1.** crier ; proclamer. | *um Hilfe rufen*, crier au secours.
2. appeler. | *jn, jm rufen ; nach jm rufen*, appeler qn. | *jn mit, bei seinem Namen rufen*, appeler qn par son nom. | *den Arzt, nach dem Arzt rufen*, appeler, faire venir

le médecin. | *jn zu Hilfe rufen*, appeler qn au secours. | *sich etwas ins Gedächtnis rufen*, se rappeler qch. | *es kommt wie gerufen*, cela vient à point.
3. [Vögel] chanter.
Rufer [-fər] m. (s, -) crieur m.
Rüffel ['ryfəl] m. (s, -) semonce f. ; FAM. savon m.
rüffeln [-fəln] v. tr. attraper ; tancer ; réprimander.
rügbar ['ry:kbɑ:r] adj. blâmable.
Rüge ['ry:gə] f. (-, n) blâme m. ; reproche m. ; réprimande f.
rügen [-gən] v. tr. blâmer ; réprimander ; gronder. | *etwas an jm rügen*, blâmer qn de qch. ; reprocher qch. à qn ; faire à qn reproche de qch. | *jn rügen*, blâmer, gronder qn.
Rüger [-gər] m. (s, -) celui qui blâme ; censeur m.
Ruhe ['ru:ə] f. (-, n) **1.** PHYS. [Unbeweglichkeit] repos m. ; immobilité f. | *in Ruhe*, au repos.
2. [Rast] repos m. ; détente f. | *ohne Rast und Ruh*, sans trêve ni repos. | *laß mich in Ruhe !*, laisse-moi tranquille. | *man hat keine Ruhe vor ihm*, il ne vous laisse jamais de répit. | *der Ruhe bedürfen*, avoir besoin de repos. | *nach Ruhe verlangen*, aspirer au repos. | *sich keine Ruhe gönnen*, ne pas s'accorder un instant de repos.
3. [Schlaf ; Tod] repos m. ; sommeil m. | *angenehme Ruhe !*, reposez-vous bien ! ; bonne nuit ! | *sich zur Ruhe begeben*, aller se coucher. | *Ruhekissen*, oreiller m. || PAR EXT. *in die ewige Ruhe eingehen*, s'endormir de son dernier sommeil.
4. [Ruhestand] retraite f. | *sich zur Ruhe setzen*, prendre sa retraite.
5. [Stille ; Frieden] calme m. ; paix f. ; silence m. | *Ruhe !*, silence ! | *die öffentliche Ruhe stören*, troubler l'ordre public.
6. calme m. ; sang-froid m. | *seine Ruhe bewahren*, garder son calme, son sang-froid. | *jn aus der Ruhe bringen*, faire perdre son sang-froid à qn.
Ruhe|gehalt ["ru:əgə'halt] n. (s, e), °**-geld** [-'gɛlt] n. (s, er) pension f. (de retraite). ||°**-gehaltsempfänger** ["--/---'--] m. (s, -) pensionné m. ; retraité m. ||**-los** adj. sans repos ; toujours occupé ; agité. ||°**-losigkeit** f. absence (f.) de repos ; agitation continuelle. ||°**-pause** f. (-, n) pause f. ; répit m. ||°**-platz** m. (es, ¨e) lieu (m.) de repos ; asile m. ||°**-pol** m. (s). FIG. havre (m.) de paix. ||°**-stand** m. (s) retraite f. | *in den Ruhestand treten*, prendre sa retraite. | *Versetzung in den Ruhestand*, mise (f.) à la retraite. ||°**-statt** f. invar., °**-stätte** f. (-, n) lieu (m.) de repos. | *zur letzten Ruhestätte begleiten*, conduire à sa dernière demeure. ||°**-störung** f. (-, en) trouble m. ; perturbation f. | *öffentliche Ruhestörung*, tapage (m.) sur la voie publique. ||°**-tag** m. (s, e) jour (m.) de repos ; jour férié. ||**-voll** adj. (plein de) calme ; paisible.
ruhen ['ru:ən] v. intr. **1.** reposer ; être immobile ; se reposer. | *die Arbeit ruht*, le travail a cessé ; on ne travaille plus. | *die Arbeit ruhen lassen*, arrêter, cesser le travail. | *der Acker ruht*, le champ est en friche. | *ruhendes Kapital*, capital improductif. | *die See ruht*, la mer est calme, immobile. | *er wird nicht eher ruhen bis*, il n'aura de repos, de cesse que.
2. FIG. reposer sur. | *das Dach ruht auf Säulen*, le toit repose sur des colonnes. | *er läßt seine Blicke auf ihr ruhen*, il pose ses regards sur elle.
3. PAR EXT. reposer ; dormir. || FIG. *hier ruht N.*, ci-gît N.
ruhig ['ru:iç] adj. tranquille ; calme ; silencieux ; paisible. | *ruhiges Gewissen*, conscience (f.) tranquille. | *(nur) ruhig Blut*, du calme !
Ruhm [ru:m] m. (s) gloire f. ; renommée f. ; louange f. | *sich mit Ruhm bedecken*, se couvrir de gloire.
ruhm|bedeckt ["ru:mbə'dɛkt] adj. glorieux. || °**-begierde** f. ambition f. ||**-begierig** adj. ambitieux. ||**-los** adj. sans gloire ; peu glorieux ; obscur. ||**-redig** adj. vantard. ||°**-redigkeit** f. (-, en) vantardise f. ||**-reich, -voll** adj. glorieux. ||°**-sucht** f. désir (m.) de gloire ; gloriole f. ||**-süchtig** adj. épris de gloriole.
rühmen ['ry:mən] v. tr. louer ; glorifier ; vanter.
◇ v. pr. **sich rühmen,** se vanter ; se faire gloire. | *sich seiner Schönheit rühmen*, se vanter, tirer vanité de sa beauté.
Rühmen [-mən] n. (s) éloge m.
rühmens|wert ["ry:məns've:rt] adj. digne d'être glorifié.
Ruhmes|blatt ["ru:məs'blat] n. (s, ¨er) événement glorieux. || POP. *das ist kein Ruhmesblatt für ihn*, c'est assez gênant pour lui. ||°**-halle** f. (-, n) temple (m.) de la gloire ; Panthéon m.
rühmlich ['ry:mliç] adj. glorieux ; digne d'éloges. | *etwas zu einem rühmlichen Ende führen*, se tirer de qch. avec honneur, à son honneur. || COMM. *eine rühmlichst bekannte Firma*, une maison très (honorablement) connue, de grande notoriété. || IRON. *das war nicht sehr rühmlich*, il n'y a pas de quoi se vanter.
Ruhr [ru:r] f. [Fluß] Ruhr f. | *das Ruhrgebiet*, le bassin de la Ruhr.
Ruhr [ru:r] f. (-, en). MÉD. diarrhée f. ; dysenterie f. | *ruhrkrank*, dysentérique. | *Ruhrkraut*, herbe antidiarrhéique.
Rühr|ei(er) ["ry:r'ai(ər)] n. (pl.) œufs brouillés. ||°**-löffel** m. (s, -) cuiller (f.) à remuer ; cuiller (f.) à pot. ||°**-michnichtan** ["-/--'-] n. BOT. sensitive f. || PAR EXT. homme (m.) trop sensible. ||**-selig** adj. (trop) sentimental ; touchant ; larmoyant. ||°**-seligkeit** f. sentimentalité f. ||°**-stück** n. (s, e). THÉÂTRE. pièce sentimentale, larmoyante.
rühren ['ry:rən] v. tr. **1.** bouger ; remuer ; mouvoir. | *die Hände rühren*, remuer les mains.
2. PAR EXT. agiter ; délayer ; gâcher. | *in einer Flüssigkeit rühren*, délayer dans un liquide. | *Eier rühren*, brouiller des œufs. | *Gips (an)rühren*, gâcher du plâtre. | *Teig rühren*, pétrir la pâte.
3. [schlagen] frapper ; toucher. | *wie vom Donner gerührt*, comme frappé par la foudre. | *der Schlag hat ihn gerührt*, il a eu une attaque d'apoplexie. || MUS. jouer. | *die Harfe rühren*, jouer de la harpe. | *die Trommel rühren*, battre du tambour.
4. FIG. toucher ; émouvoir. | *sie war zu Tränen gerührt*, elle était touchée jusqu'aux larmes. | *rührend*, touchant ; émouvant.
◇ v. intr. **1.** toucher. | *an etwas* (acc.) *rühren*, toucher à qch. ; FIG. parler de qch.
2. [herkommen] provenir de ; résulter de. | *das rührt von*, cela (pro)vient de.
◇ v. pr. **sich rühren,** se mouvoir ; bouger. | *er kann sich vor Müdigkeit kaum rühren*, il est rompu de fatigue. | *es rührt sich nichts*, rien ne bouge. | *sein Gewissen rührt sich*, il a mauvaise conscience. || FAM. se remuer ; s'activer. | *rühr dich doch !*, fais quelque chose ! || MIL. *rührt euch !*, 1° repos ! ; 2° pas (m.) de route.
rührig ['ry:riç] adj. assidu ; appliqué ; actif ; plein d'activité ; FAM. débrouillard.
Rührigkeit [-riçkait] f. activité f.
rührsam ['ry:rzɑ:m] adj. remuant ; agité ; actif. || FIG. émouvant.
Rührung ['ry:ruŋ] f. émotion f. ; attendrissement m.
rührungs|los [-slo:s] adj. sans aucune émotion ; froid ; froidement.
Ruin [ru'i:n] m. (s) chute f. ; écroulement m. ; déclin m.
Ruine [-nə] f. (-, n) ruine f.
ruinenhaft [-nənhaft] adj. en ruine ; délabré.
ruinieren [rui'ni:rən] v. tr. ruiner ; détruire.
ruinös [-'nø:s] adj. FAM. ruineux.
Rülps [rylps] m. (es, e), **Rülpser** ['rylpsər] m. (s, -) rot m.
rülpsen [-sən] v. intr. FAM. roter.
rum [rum] abrév. de **herum.**
Rum [rum] m. (s, s) rhum m.
Rumäne [ru'mɛ:nə] m. (n, n), **Rumänin** [-nin] f. (-, nen) Roumain m. ; Roumaine f.
Rumänien [-niən] n. pr. n. GÉOGR. Roumanie f.
rumänisch [-niʃ] adj. roumain.
◇ n. **Rumänisch,** [Sprache] roumain m.
Rumba ['rumba] m. (s, s). [Tanz] rumba f.
Rumelien [ru'me:liən] n. pr. n. GÉOGR. Roumélie f. ; Turquie (f.) d'Europe.
Rummel ['ruməl] m. (s, -) vacarme m. || foire f. ; fête foraine. || bric-à-brac m. | *im Rummel kaufen*, acheter en vrac. || POP. *der ganze Rummel*, tout le fourbi.
Rummel|platz ["ruməl'plats] m. (es, ¨e) champ (m.) de foire ; foire f.
rummeln ['ruməln] v. intr. [Gewitter] gronder.
Rumor [ru'mo:r] m. (s, e) rumeur f. ; vacarme m. ; tapage m.
rumoren [-rən] v. intr. faire du bruit. | *nachts rumort er im Hause herum*, la nuit il va et vient sans cesse dans la maison.
Rumpel|kammer ["rumpəl'kamər] f. (-, n) débarras m. ||°**-kasten** m. (s, -) vieille voiture ; guimbarde f. ||°**-stilzchen** n. (s, -). MYTH. lutin m.
rumpelig ['rumpəliç] adj. cahotant.
rumpeln [-pəln] v. intr. faire du tapage. || cahoter.

◇ v. tr. jeter le désordre dans.

Rumpf [rumpf] m. (s, ¨e). ANAT. tronc m. ; [an Bildsäulen] torse m. || ZOOL. carcasse f. || MAR. coque f. || AÉRON. fuselage m. ; carlingue f.

Rumpf|beuge [″rumpf'bɔygə] f. (-, n) flexion f. (du tronc). ||°**-parlament** n. (s, e). HIST. parlement-croupion m.

rümpfen ['rympfən] v. tr. froncer. || FIG. *über etwas die Nase rümpfen*, rechigner à faire qch.

rund [runt] adj. rond ; circulaire. | *länglich rund*, ovale. || FIG. rond ; plein. | *runde Backe*, joue rebondie. || PAR EXT. rond ; arrondi. | *runde Zahl*, chiffre rond. ◇ adv. rond(ement) ; sans détours. | *rund (heraus) sprechen*, parler carrément. | *rund abschlagen*, refuser net. | *rund hundert*, environ cent ; une centaine. | *rund um die Uhr*, vingt-quatre heures sur vingt-quatre.

Rund [runt] n. (s, e) rond m. ; cercle m. ; arrondi m.

Rund|bau ['runtbau] m. (s, ten) rotonde f. ; construction (f.) circulaire. ||°**-bild** n. (s, er) photo (f.), vue (f.) panoramique. || ARCHIT. médaillon m. ||°**-blick** m. (s, e) panorama m. ||°**-bogen** m. (s, ¨) arc (m.) en plein cintre ; arc roman. ||°**-brief** m. (s, e) [lettre] circulaire f. ||°**-fahrt** f. (-, en) circuit m. (en véhicule). ||°**-feile** f. (-, n) lime (f.) queue(-)de(-)rat. ||°**-flug** m. (s, ¨e) circuit aérien ; vol (m.) en circuit fermé. ||°**-frage** f. (-, n) enquête f. ||°**-funk** et composés. V. RUNDFUNK. ||°**-gang** m. (s, ¨e) tour m. ; ronde f. || MIL. ronde f. ||°**-gebäude** n. (s, -) rotonde f. ||°**-gesang** m. (s, ¨e) [chanson reprise à la] ronde. ||**-heraus** adv. franchement ; tout net. ||**-herum** adv. tout autour. ||°**-holz** n. (es, ¨er) rondin m. ||°**-lauf** m. (s, ¨e) mouvement (m.) circulaire ; circulation f. || [Turngerät] pas-de-géant m. ||°**-reise** f. (-, n) voyage (m.) circulaire. ||°**-rücken** m. (s, -) dos voûté. ||°**-säge** f. (-, n) scie (f.) circulaire. ||°**-schau** f. (-, en) panorama m. || [Zeitschrift] revue f. ||°**-schnurring** m. (s, e) joint (m.) circulaire. ||°**-schreiben** n. (s, -) circulaire f. || RELIG. encyclique f. ||°**-schrift** f. (-, en). [Zierschrift] ronde f. ||°**-sicht** f. (-, en) panorama m. || FIG. tour (m.) d'horizon. ||°**-sichts|scheibe** f. (-, n) table (f.) d'orientation. ||°**-spruch** m. (s, ¨e). RADIO. émission f. ||°**-stab** m. (s, ¨e), **-stäbchen** n. (s, -). ARCHIT. astragale m. ||°**-strahlantenne** f. (-, n) antenne omnidirectionnelle. ||°**-tanz** m. (es, ¨e) ronde. ||°**-tischgespräch** n. (s, e). FIG. table ronde. ||**-um** adv. tout autour. ||°**-umversicherung** f. (-, en) assurance (f.) multirisque. ||°**-verkehr** m. (s). AUTOM. sens (m.) giratoire. ||°**-wache** f. (-, n). MIL. ronde f. ||**-weg** adv. nettement ; FAM. carrément.

Runde ['rundə] f. (-, n) rond m. ; cercle m. ; ronde f. | *fröhliche Runde*, cercle joyeux ; joyeuse compagnie. | *in der Runde sitzen*, être assis en rond. | *die Runde um die Welt machen*, faire le tour du monde. | *zehn Kilometer in der Runde*, à dix kilomètres à la ronde. || MIL. *die Runde machen*, faire la ronde. || [Lage Bier, Wein] tournée f. || POLIT. *die neue Runde*, la nouvelle donne. || SPORT. round m. ; reprise f.

Rundell [run'dɛl] n. (s, -). [Rondell] rond-point m. ; rotonde f.

runden ['rundən] v. tr. et v. pr. (s')arrondir. || FIG. *die Teile runden sich zum Ganzen*, les différentes parties s'agencent en un tout harmonieux. || SPORT. *jn überrunden*, prendre un tour à qn ; distancer qn d'un tour.

Rund|funk ['runtfuŋk] m. (s) radiodiffusion f. ; télégraphie (f.) sans fil. | *durch (den) Rundfunk verbreiten, übertragen*, radiodiffuser.

Rundfunk|apparat [″runtfuŋkapa'ra:t] m. (s, e) poste (m.), appareil (m.) de T.S.F. ||°**-berichterstatter** m. (s, -) [radio] reporter m. ||°**-empfänger** m. (s, -) poste (m.) de radio ; récepteur m. ||°**-hörer(in)** m. (s, -), f. (-, nen) auditeur m. ; auditrice f. ||°**-nachrichten** f. pl. informations radiodiffusées. ||°**-sender** m. (s, -), °**-station** f. (-, en) poste émetteur ; station (f.) de radiodiffusion. ||°**-sendung** f. (-, en) émission (f.) radiophonique. ||°**-sprecher(in)** m. (s, -), f. (-, nen) présentateur m. ; présentatrice f. ||°**-übertragung** f. (-, en) émission (f.), retransmission (f.) radiophonique. ||°**-welle** f. (-, n) onde hertzienne.

rundlich ['runtliç] adj. arrondi ; rondelet ; dodu ; potelé.

Rundung ['runduŋ] f. (-, en) rond m. ; rondeur f. ; arrondi m. || PAR EXT. perfection f. || ARCHIT. galbe m. ; voûte f.

Rune ['ru:nə] f. (-, n) rune f. || FIG. hiéroglyphe m.

Runen|alphabet [″ru:nənalfa'be:t] n. (s, e) alphabet (m.) runique.

Runen|schrift [″ru:nən'ʃrift] f. écriture runique.

Runkel|rübe [″ruŋkəl'ry:bə] f. (-, n) betterave f.

Runken ['ruŋkən] m. (s, -) quignon (m.) de pain.

Runkunkel [run'kuŋkəl] f. (-, n). POP. vieille femme.

Runzel ['runtsəl] f. (-, n) ride f.

runz(e)lig [-ts(ə)liç] adj. ridé.

runzeln [-tsəln] v. tr. et v. pr. rider. | *die Stirn(e) runzeln*, froncer le sourcil.

Rüpel ['ry:pəl] m. (s, -) butor m. ; mufle m.

Rüpelei [rypə'lai] f. (-, en) muflerie f. ; grossièreté f.

rüpelhaft ['ry:pəlhaft] adj. grossier ; brutal.

Rupfen ['rupfən] m. (s, -) étoffe grossière en jute.

rupfen ['rupfən] v. tr. tirer ; arracher ; plumer. | *eine Gans rupfen*, plumer une oie. | *jn an den Haaren rupfen*, tirer qn par les cheveux. || FIG. *mit jm ein Hühnchen zu rupfen haben*, avoir un compte à régler avec qn. || FAM. *jn rupfen*, plumer qn ; soutirer de l'argent à qn.

ruppig ['rupiç] adj. FAM. 1° grossier ; très impoli ; 2° gueux ; minable ; piteux ; loqueteux.

Ruppigkeit ['rupiçkait] f. FAM. 1° manières grossières ; 2° ladrerie f. ; 3° état (m.) médiocre (de qch.).

Ruprecht ['ru:prɛçt] n. pr. m. Robert m. || *Knecht Ruprecht*, le Père Fouettard ; le marchand de sable ; saint Nicolas.

Rüsche ['ryʃə] f. (-, n) ruche f. (d'une robe).

rusch(e)lig [-ʃ(ə)liç] adj. superficiel ; gâché ; bâclé. || [Person] débraillé ; sans vergogne.

Ruß [rus] m. (es, e) suie f. || BOT. rouille f.

ruß|artig [″rus'a:rtiç] adj. fuligineux. ||**-braun** adj. bistre. ||°**-kohle** f. (-, n) charbon gras. || °**-schwarz** n. (es) noir (m.) de fumée.

Russe ['rusə] m. (n, n) Russe m.

Rüssel ['rysəl] m. (s, -). [Elefant] trompe f. || [Schwein] groin m. || [Wildschwein] boutoir m.

Rüssel|käfer [″rysəl'kɛ:fər] m. (s, -). ZOOL. charançon m. ||°**-tiere** n. pl. ZOOL. proboscidiens m. pl.

rußen ['ru:sən] v. tr. enduire de suie.
◇ v. intr. [Rauch von sich geben] fumer ; faire de la suie.

rußig [-siç] adj. noir de suie ; couvert de suie.

Russin ['rusin] f. (-, nen) Russe f.

russisch ['rusiʃ] adj. russe.
◇ n. **Russisch,** [Sprache] russe m.

Rußland ['ruslant] n. (s). Russie f. | *Sowjetrußland*, Russie soviétique.

Rüst|anker [″ryst'aŋkər] m. (s, -). MAR. ancre (f.) de réserve. ||°**-baum** m. (s, ¨e), °**-bock** m. (s, e). ARCHIT. tréteau m. ||°**-brett** n. (s, er) planche (f.) d'échafaudage. ||°**-kammer** f. (-, n) salle (f.) d'armes ; arsenal m. ||°**-seil** n. (s, e). MAR. hauban m. ||°**-tage** m. pl., °**-zeit** f. (-, en). RELIG. récollection f. ||°**-zeug** n. (s) outillage m.

Rüste ['rystə] f. (-, n). MAR. porte-hauban m.

rüsten ['rystən] v. tr. et v. pr. préparer ; équiper. | *sich zu etwas rüsten*, se préparer à qch. | *(ein Haus) rüsten*, dresser des échafaudages.
◇ v. intr. s'armer. | *zum Kriege rüsten*, préparer la guerre.

Rüster ['ry:stər] f. (-, n). BOT. [Ulme] orme m.

rüstig ['rystiç] adj. vigoureux ; robuste ; vert.

rustikal [rusti'ka:l] adj. rustique.

Rüstung ['rystuŋ] f. (-, en) préparatifs m. pl. || MIL. armure f. ; équipement (m.) en armes ; armement m.

Rüstungs|betrieb [″rystuŋsbə'tri:p] m. (s, e) usine (f.) d'armement.

Rute ['ru:tə] f. (-, n) baguette f. ; canne (f.) à pêche ; verge f. ; férule f. || [altes Maß] perche f. || ANAT. membre viril ; verge f. || [Fuchs ; Hund ; Wolf] queue f.

Ruten|bündel [″ru:tən'byndəl] n. (s, -). HIST. faisceau m. (des licteurs). ||°**-gänger** m. (s, -) sourcier m. ; radiesthésiste m.

Ruthenien [ru'te:niən] n. pr. n. (s) Ruthénie f.

Ruthenium [ru'te:nium] n. (s). CHIM. ruthénium m.

Rutil [ru'ti:l] m. (s, e). CHIM. rutile m.

rutiniert [ruti'ni:rt] adj. V. ROUTINIERT.

Rutsch [rutʃ] m. (es, e) glissement m. ; éboulement m. || FAM. tour (m.) rapide ; voyage (m.) éclair. || POP. *ich komme auf einen Rutsch bei dir vorbei*, j'irai faire un saut chez toi.

Rutsch|bahn ['rutʃba:n] f. (-, en) glissoire f. ;

toboggan m. ||°-**fläche** f. (-, n) surface (f.) de glissement. ||°-**gefahr** f. AUTOM. [Verkehrszeichen] route glissante ; risque (m.) de dérapage. ||°-**partie** f. (-, n). [Gleitfahrt] chemin glissant ; [Spritzfahrt] petit voyage ; escapade f.

Rutsche ['rutʃə] f. (-, n) glissoire f. ; glissière f. | *Wendelrutsche*, toboggan m. || couloir transporteur ; plan incliné.

rutschen [-ʃən] v. intr. glisser ; s'ébouler. | *das Auto rutscht*, l'auto dérape, patine. | *nicht rutschend*, antidérapant. || FAM. *eben mal nach Paris rutschen*, faire un petit voyage à Paris. || FIG., FAM. passer ; descendre. | *das Essen will nicht rutschen*, le repas ne passe pas, ne veut pas descendre.

Rutschen [-ʃən] n. (s) glissement m. | *ins Rutschen kommen*, se mettre à glisser.

Rutscher [-ʃər] m. (s, -). [Tanz] galop m.

rütteln ['rytəln] v. tr. et v. intr. secouer ; agiter. | *der Wind rüttelt an dem Fenster*, le vent secoue la fenêtre. | *jn aus dem Schlaf rütteln*, éveiller qn en le secouant. || FIG. *daran gibt's nichts zu rütteln*, il n'y à rien à changer à cela. | *das rüttelt an der Grundlage unseres Staates*, cela met en danger la base même de notre État. | *das Maß ist gerüttelt voll*, la mesure est comble.

Rütteln [-təln] n. (s) secousse(s) f. (pl.). | *Rütteln des Wagens*, cahots (m. pl.) de la voiture.

Rütt|stroh ['rytʃtro:] n. (s). AGRIC. menue paille.

S

S, s [ɛs] n. S m. | *ein großes* S, un *S* majuscule. | *ein kleines* s, un *s* minuscule. || abrév. de **Süden,** Sud ; **Seite,** page. | *'s*, abrév. de **es.**

Saal [zɑ:l] m. (s, Säle) salle f. ; hall m. ; salon m.

Saal|platz ['zɑ:lplats] m. (es, ¨e) place (f.) de parterre. ||°-**umgang** m. (s, ¨e) galerie f.

Saar [zɑ:r] f. [Fluß] Sarre f.

Saar|brücken ["zɑ:r'brykən] n. pr. n. GÉOGR. Sarrebruck m. ||°-**gemünd** n. pr. n. Sarreguemines m. ||°-**gebiet** n. (s), °-**land** n. (s). [Gebiet] Sarre f. ||°-**länder(in)** m. (s, -), f. (-, nen) Sarrois(e) m. (f.). ||-**ländisch** adj. sarrois.

Saat [zɑ:t] f. (-, en) semence f. | *die Saat bestellen*, faire les semailles. | *die Saat geht auf*, le blé lève. | *junge Saat*, semis m. | *die Saat steht gut*, le blé est beau. || FIG. *die Saat grün mähen*, manger son blé en herbe. || *die (Aus)saat*, les semailles.

Saat|bestellung ["zɑ:tbə'ʃtɛluŋ] f. (-, en) semailles f. pl. ; emblavage m. ||°-**feld** n. (s, er) champ emblavé. ||°-**gut** n. (s) semences f. pl. ||°-**korn** n. (s, ¨er) grain (m.) de semence. ||°-**krähe** f. (-, n). ZOOL. freux m.

Sabbat ['zabat] m. (s, e) RELIG. sabbat m.

sabbeln ['zabəln], **sabbern** ['zabərn] v. intr. baver. || PAR EXT. papoter ; bavarder.

Sabber ['zabər] m. (s) bave f.

Sabber|lätzchen ["zabər'lɛtsçən] n. (s, -), °-**tuch** n. (s, ¨er) bavette f. ; bavoir m.

Säbel ['zɛ:bəl] m. (s, -) sabre m. | *langer Säbel*, latte f. | *krummer Säbel*, bancal m. | *Türkensäbel*, cimeterre m. || LOC. *mit dem Säbel rasseln*, traîner le sabre ; PAR EXT. agiter le spectre de la guerre. | *jn auf den Säbel fordern*, provoquer qn au sabre.

Säbel|beine ["zɛ:bəl'bainə] n. pl. jambes arquées. ||°-**fechter** m. (s, -) sabreur m. ||°-**gehenk** n. (s, e) ceinturon m. ; baudrier m. ||°-**koppel** f. (-, n) ceinturon m. ||°-**quaste** f. (-, n), °-**troddel** f. (-, n) dragonne f. ||°-**raßler** m. (s, -) traîneur (m.) de sabre. ||°-**scheide** f. (-, n) fourreau m. ||°-**tasche** f. (-, n) sabretache f.

säbeln ['zɛ:bəln] v. tr. sabrer ; couper grossièrement.

Sabotage [zabo'tɑ:ʒə] f. (-, n) sabotage m.

Saboteur [-'tø:r] m. (s, e) saboteur.

sabotieren [-'ti:rən] v. tr. saboter.

Saccharin [zaxa'ri:n] n. (s) saccharine f.

Sach|angabe ["zax'angɑ:bə] f. (-, en) table (f.) des matières. ||°-**bearbeiter** m. (s, -) employé spécialisé. ||°-**bezüge** m. pl. rémunération (f.) en nature. ||°-**beweis** m. (es, e). JUR. preuve matérielle. ||-**dienlich** adj. utile ; pratique. ||°-**einlage** f. (-, n). FIN. apport (m.) en nature. ||°-**führer** m. (s, -) avoué ; homme (m.) d'affaires. ||°-**gebiet** n. (s, e) domaine m. ; catégorie f. ||-**gemäß** adj. approprié. | *eine sachgemäße Behandlung*, un traitement approprié. ||°-**gut** n. (s, ¨er) bien réel. ||°-**katalog** m. (s, e) fichier (m.) par matières. ||°-**kenner** m. (s, -) connaisseur m. ; expert m. ||-**kundig** adj. compétent. ||°-**lage** f. (-, n) état (m.) des choses. ||°-**leistung** f. (-, en). FIN. prestation (f.) en nature. ||°-**register** n. (s, -) table (f.) des matières. ||°-**schaden** m. (s, ¨) dommage matériel. ||°-**verhalt** m. (s, e) état (m.) des choses ; matérialité (f.) des faits. ||-**verständig** adj. compétent ; expert. ||°-**verständige(r)** f. (m.) expert m. | *Sachverständigengutachten* n., expertise f. ||°-**verzeichnis** n (ses, se) table (f.) des matières. ||°-**walter** m. (s, -) avoué ; mandataire m. ||°-**wert** m. (s, e) valeur réelle. ||°-**wörterbuch** n. (s, ¨er) dictionnaire spécialisé ; encyclopédie f. ||°-**zwang** m. (s, ¨e) contrainte matérielle, objective.

Sache ['zaxə] f. (-, n). **1.** [Ding] chose f. | *Drucksache*, imprimé m.

2. [Angelegenheit] affaire f. | *zur Sache kommen*, en venir au fait. | *seiner Sache sicher sein*, être sûr de son fait. | *das ist eine Sache des Geschmacks*, c'est affaire de goût. | *das ist eine Sache für sich*, c'est une autre affaire. | *das ist meine Sache*, c'est mon affaire. | *das gehört nicht zur Sache*, cela n'a rien à voir avec cette affaire. | *er ist nicht bei der Sache*, il n'est pas à son affaire. | *er spricht in eigener Sache*, il parle pour lui. | *gemeinsame Sache machen*, faire cause commune. | *die Sachen stehen so, daß*, les choses en sont au point que. | *für die Sache des Vaterlandes*, au service du pays. || FAM. *das sind mir schöne Sachen !*, en voilà de belles ! || PROV. *Geben ist Sache des Reichen* (GOETHE), donner est l'affaire du riche. || JUR. *die Sache Müller*, l'affaire Müller. | *eine Sache vor Gericht vertreten*, plaider une affaire.

Sächelchen ['zɛçəlçən] n. (s, -) petite chose ; bibelot m.

sachlich ['zaxliç] adj. objectif ; neutre ; qui s'en tient aux faits. | *sachlich bleiben*, demeurer objectif ; s'en tenir aux faits.

Sachlichkeit [-kait] f. (-, en) objectivité f. ; réalisme m. || LITTÉR. *die neue Sachlichkeit*, le nouveau réalisme.

sächlich ['zɛçliç] adj. GRAMM. neutre. | *sächliches Geschlecht*, neutre m.

Sachse ['zaksə] n. pr. m. (n, n) Saxon m.

sächseln ['zɛksəln] v. intr. parler avec un accent saxon.

Sachsen ['zaksən] n. pr. n. (s) Saxe f.

Sachsen|gänger ["zaksən'gɛŋər] m. (s, -) ouvrier saisonnier (venant de Saxe). ||°-**spiegel** m. (s, -). JUR. code saxon.

Sächsin ['zɛksin] f. (-, nen) Saxonne f.

sächsisch [-siʃ] adj. saxon.

sacht(e) [zaxt(ə)] adj. et adv. doux ; doucement ;

sans bruit ; lentement. | *sachte! sachte!*, tout doux ! | *sacht tun*, faire le modeste.

Sack [zak] m. (s, ¨e). **1.** sac m. | *ein Sack Mehl*, un sac de farine. || LOC. FAM. *die Katze im Sack kaufen*, acheter chat en poche. | *die Katze aus dem Sack lassen*, dévoiler ses batteries. | *er steckt sie alle in den Sack*, il les met tous dans sa poche. | *mit Sack und Pack*, avec armes et bagages.

2. bourse f. ; poche f. | *Tränensack*, poche sous les yeux. || [Kleider] *einen Sack machen*, faire une poche. **3.** étoffe grossière (à sacs). || LOC. FIG. *in Sack und Asche pilgern*, aller demander pénitence.

sack|förmig ["zak'følmiç] adj. en forme de sac. ||°**-gasse** f. (-, n). PR. et FIG. impasse f. ; voie (f.) sans issue. | *in eine Sackgasse geraten*, s'engager dans une impasse. ||°**-hüpfen** n. (s), °**-laufen** n. (s) course (f.) en sac. ||°**-karre** f. (-, n) diable m. ; chariot (m.) à sacs. ||°**-leinen** n. (s, -) toile (f.) à sac. ||°**-pfeife** f. (-, n) cornemuse f. ||°**-träger** m. (s, -) porte-faix m. ||°**-tuch** n. (s, ¨er) toile (f.) à sac ; FAM. mouchoir m.

Säckchen ['zɛkçən] n. (s, -), **Säckel** ['zɛkəl] n. (s, -) petit sac ; sachet m. ; porte-monnaie m. | *ins Säckel greifen*, payer. | *Säckelmeister*, caissier m. ; trésorier m.

sackeln ['zakəln] v. tr. mettre en sac.

sacken ['zakən] v. tr. mettre en sac. | *Korn sacken*, mettre du blé en sac.

◇ v. intr. [sinken] se tasser ; s'enfoncer. | *der Boden sackt*, le sol s'enfonce. || PAR EXT. MAR. couler.

Sadismus [za'dismus] m. sadisme m.

Sadist [-'dist] m. (en, en) sadique m.

sadistisch [-'distiʃ] adj. sadique ; cruel.

Sä|mann ['zɛ:man] m. (s, ¨er) semeur m. || °**-maschine** f. (-, n) semoir m. ||°**-tuch** n. (s, ¨er) sac (m.) pour la semence.

säen [zɛ:ən] v. tr. PROP. et FIG. semer.

Säer(in) ['zɛ:ər(in)] m. (s, -), f. (-, nen) semeur m. ; semeuse f.

Safari [za'fɑ:ri] f. (-, s) safari m.

Safe [sɛ:f] n. (s, s) coffre-fort m.

Saffian ['zafiɑ:n] m. (s) maroquin m.

Saffian|fabrik ["zafiɑ:nfa'bri:k] f. (-, en) maroquinerie f. ||°**-leder** n. (s) maroquin m.

Safran ['zafrɑ:n] m. (s) safran m. | *safrangelb*, jaune safran.

Saft [zaft] m. (s, ¨e) sève f. ; suc m. ; jus m. || MÉD. sirop m. || FIG. *ohne Saft und Kraft*, complètement dépourvu de vigueur.

◇ m. pl. **Säfte.** PHYSIOL. humeurs f. pl.

saftig ['zaftiç] adj. juteux ; succulent. || FIG. *saftiger Witz*, plaisanterie grasse.

Saftigkeit [-kait] f. saveur f. ; succulence f. || FIG. obscénité f.

saftlos ['zaftlo:s] adj. sans sève ; sans suc ; fade.

Saga ['zɑ:ga] f. (-, s). LITTÉR. saga f. ; poème (m.) épique d'origine nordique.

sagbar ['zɑ:kbɑ:r] adj. exprimable ; dicible.

sägbar ['zɛ:kbɑ:r] adj. sciable.

Sage ['zɑ:gə] f. (-, n. **1.** légende f. | *die Sage vom Tannhäuser*, la légende de Tannhäuser. | *an den Kaiser Barbarossa knüpfen sich viele Sagen an*, bien des légendes ont trait à l'empereur Barberousse.

2. [Gerede] dire m. ; bruit m. | *es geht die Sage*, le bruit court.

sagenhaft ['zɑ:gənhaft] adj. légendaire ; mythique. || POP. merveilleux ; magnifique ; formidable. || FAM. incroyable ; fabuleux.

Sagen|kreis ["zɑ:gən'krais] m. (es, e) cycle (m.) de légendes. ||°**-kunde** f. mythologie f. ||**-umwoben** adj. fabuleux.

Säge ['zɛ:gə] f. (-, n) scie f. | *Bandsäge*, scie à ruban. | *Kreissäge*, scie circulaire.

Säge|angel ["zɛ:gə'aŋəl] f. (-, n) queue (f.), chaperon (m.) de scie. ||°**-band** n. (s, ¨er) ruban (m.) de scie. ||°**-blatt** (s, ¨er) lame (f.) de scie. ||°**-bogen** m. (s, -) porte-scie m. ||°**-fisch** m. (es, e). ZOOL. poisson-scie m. ||°**-kette** f. (-, n) chaîne (f.) à scier. ||°**-maschine** f. (-, n) scie (f.) mécanique. ||°**-mehl** n. (s) sciure f. ||°**-mühle** f. (-, n) scierie f. ||°**-schmied** m. (s, e) taillandier m. ||°**-späne** m. pl. sciure f. (de bois).

sagen ['zɑ:gən] v. tr. **1.** dire ; parler. | *die Wahrheit sagen*, dire la vérité. | *was sagen Sie dazu?*, qu'en dites-vous ? | *er sagte kein einziges Wort*, il ne soufflait mot. | *wenn man so sagen darf*, si l'on peut s'exprimer ainsi. | *jm Dank sagen*, remercier qn. | *ich habe mir sagen lassen*, je me suis laissé dire. | *das brauchen Sie mir nicht zu sagen*, à qui le dites-vous ! | *da kann man wohl sagen, daß*, c'est bien le cas de dire que. | *ich will nichts gesagt haben*, je n'ai rien dit. | *das will ich nicht gesagt haben*, ce n'est pas ainsi que je l'entends. | *er kann aber von Glück sagen!*, en voilà un qui a eu de la chance. | *offen gesagt*, à vrai dire. | *richtiger gesagt*, plus exactement. | *unter uns, im Vertrauen gesagt*, soit dit entre nous. | *beiläufig gesagt*, soit dit en passant. | *das ist viel gesagt*, c'est beaucoup dire. | *damit ist alles gesagt*, c'est tout dire. | *man sagt ihn tot*, on le dit mort. | *mit Verlaub zu sagen*, s'il est permis de dire (que). | *nun sage noch einer!*, qu'on vienne donc dire (que). | *sozusagen*, pour ainsi dire. || PROV. *wer A sagt, muß auch B sagen*, quand le vin est tiré, il faut le boire.

2. ordonner. | *er hat mir nichts zu sagen*, je n'ai pas d'ordre à recevoir de lui. | *sich nichts sagen lassen*, ne vouloir écouter personne. | *er läßt es sich nicht zweimal sagen*, il ne se le fera pas dire deux fois. | *laß es dir gesagt sein!*, tiens-le-toi pour dit !

3. importer. | *das hat nichts zu sagen*, c'est sans importance. | *das will schon etwas sagen*, c'est qch. que cela. | *nichtssagend*, insignifiant. | *sein Schweigen sagte viel*, son silence en disait long. | FAM. *das sagt mir nichts*, cela ne me dit rien, ne me plaît guère.

4. JUR. *für jn gutsagen*, répondre de qn.

5. LOC. ADV. *sage und schreibe*, très exactement.

sägen ['zɛ:gən] v. tr. scier.

◇ v. intr. FAM. [schnarchen] ronfler. || MUS., FAM. *auf der Geige sägen*, racler du violon.

Säger ['zɛ:gər] m. (s, -) scieur m.

sagittal [zagi'tɑ:l] adj. MÉD. sagittal.

Sagittal|ebene [zagi"tɑ:l'e:bənə] f. (-). MÉD. plan sagittal.

Sago ['zɑ:go] m. (s) sagou m. ; tapioca m.

Sago|palme ["zɑ:go'palmə] f. (-, n). BOT. sagoutier m.

Sahara [za'hɑ:ra] n. pr. f. GÉOGR. Sahara m. | *die Wüste Sahara*, le désert du Sahara.

Sahne ['zɑ:nə] f. (-, n) crème f.

Sahne|eis ["zɑ:nə'ais] n. (es, e) glace (f.) à la crème. ||°**-gießer** m. (s, -), °**-kännchen** n. (s, -) pot (m.) à crème. ||**-haltig** adj. crémeux. ||°**-käse** m. (s, -) fromage (m.) à la crème.

sahnen ['zɑ:nən] v. tr. écrémer. | *die Milch (ab)-sahnen*, écrémer le lait.

◇ v. intr. crémer ; donner de la crème.

sahnig ['zɑ:niç] adj. crémeux.

Saison [zɛ'zɔ̃] f. (-, s) saison f. || [Touristik] *die Saison ist eröffnet*, la saison est ouverte. | *tote, stille Saison*, morte-saison f. || THÉÂTRE. [Hauptspielzeit] saison f.

Saison... (en compos.) de saison ; saisonnier.

Saison|arbeiter(in) [zɛ"zɔ̃'arbaitər(in)] m. (s, -), f. (-, nen) travailleur saisonnier. ||°**-kellner** m. (s, -) extra m.

Saite ['zaitə] f. (-, n). MUS. corde f. ; boyau m. | *eine Saite berühren, anschlagen*, faire vibrer une corde. || FIG. *die empfindliche Saite berühren*, toucher la corde sensible. | *die Saiten zu hoch spannen*, émettre des prétentions exagérées. || FAM. *andere Saiten aufziehen*, prendre un autre ton.

Saiten|instrument ["zaitəninʃtru'mɛnt] n. (s, e) instrument (m.) à cordes. ||°**-klang** m. (s, ¨e) son m. ; accord m. ||°**-macher** m. (s, -) boyaudier m. ||°**-spiel** n. (s) jeu (m.) du luth, de la harpe, de la lyre.

...saitig ['zaitiç] adj. à... cordes. | *siebensaitige Leier*, lyre (f.) à sept cordes.

Sakko ['zako] m. (s, s) veston m.

sakral [za'krɑ:l] adj. sacré ; saint ; religieux.

sakralisieren [zakrali'zi:rən] v. tr. sacraliser.

Sakrament [zakra'mɛnt] n. (s, e) sacrement m. | *Sakramentshäuschen*, tabernacle m.

sakrileg [zakri'lɛ:k] adj. sacrilège.

Sakristan [zakris'tɑ:n] m. (s, e) sacristain m.

Sakristei [-'tai] f. (-, en) sacristie f.

Säkularisation [zɛkulariza'tsio:n] f. (-, en) sécularisation f.

säkularisieren [-'zi:rən] v. tr. séculariser.

Säkulum ['zɛ:kulum] n. (s, la) siècle m.

Salamander [zala'mandər] m. (s, -). ZOOL. salamandre f. || UNIV. *einen Salamander reiben*, battre un ban.

Salami [za'lɑ:mi] f. (-, s) saucisson m. ; salami m.

Salami|taktik [za"lɑ:mi'taktik] f. (-). POLIT., IRON. politique (f.) du saucissonnage.

Salat [za'lɑ:t] m. (s, e) salade f. | *Salatschüssel*,

saladier m. || FAM. *da haben wir den Salat,* c'est le bouquet.

Salbader [zal'bɑ:dər] m. (s, -) bavard m. ; rabâcheur m.

Salbaderei [-badə'rai] f. (-, en) rabâchage m. ; bavardage m.

salbadern [-'bɑ:dərn] v. intr. et v. tr. rabâcher.

Salbe ['zalbə] f. (-, n) onguent m. ; graisse f. ; huile f. ; pommade f.

Salbei [zal'bai] f. (-, en). BOT. sauge f.

salben ['zalbən] v. tr. oindre ; sacrer. | *zum König salben,* sacrer roi.

salbig [-biç] adj. onctueux.

Salb|öl ["zalp'ø:l] n. (s, e) les saintes huiles.

Salbung ['zalbuŋ] f. (-, en). PR. et FIG. onction f. | *salbungsvoll,* cérémonieux ; mielleux.

Sälchen ['zɛ:lçən] n. (s, -) petite salle.

saldieren [zal'di:rən] v. tr. [Konto] solder.

Saldieren [-rən] n. (s), **Saldierung** [-ruŋ] f. (-, en). FIN. liquidation (f.) d'un compte.

Saldo ['zaldo] m. (s, den). COMM. solde m. ; reliquat m. ; balance (f.) d'un compte. | *den Saldo ziehen,* arrêter le solde. | *Habensaldo,* solde créditeur. | *Sollsaldo,* solde débiteur.

Saldo|betrag ["zaldobə'trɑ:k] m. (s, ¨e) montant (m.) du solde. ||°**-übertrag** m. (s) report (m.) du solde. ||°**-vortrag** m. (s) solde (m.) à nouveau.

Salier ['zɑ:liər] m. (s, -). HIST. Salien m.

Saline [za'li:nə] f. (-, n) saline f. | *Salinenarbeiter,* (Vx.) saunier m.

salisch ['zɑ:liʃ] adj. salien. || HIST. *salische Franken,* Francs Saliens. | *salisches Gesetz,* loi (f.) salique.

Salizyl|säure [zali"tsy:l'zɔyrə] f. (-, n) acide (m.) salicylique.

Salm [zalm] m. (s, e). ZOOL. [Lachs] saumon m. || POP. [Gerede] bavardage m. ; litanie f.

Salmiak ['zalmiak] m. (s) chlorure (m.) d'ammonium m. ; sel (m.) d'ammoniac.

Salmiak|geist ["zalmiak'gaist] m. (es) esprit (m.) de sel ; alcali volatil. ||°**-salz** n. (es, e) sel (m.) ammoniac. ||°**-spiritus** m. alcali m.

Salmonelle [zalmo'nɛlə] f. (-, n). BIOL. salmonelle f.

Salmonellose [zalmonɛ'lo:zə] f. (-, n). MÉD. salmonellose f.

Salmoniden [zalmo'ni:dən] n. pl. ZOOL. salmonidés m. pl.

Salome [za'lo:mə] n. pr. f. RELIG. Salomé f.

Salomo ['zɑ:lomo] n. pr. m. Salomon m.

salomonisch [zalo'mo:niʃ] adj. *ein salomonisches Urteil,* un jugement de Salomon.

Salon [sa'lɔ̃] m. (s, s) salon m.

salon|fähig [sa"lɔ̃fɛ:iç] adj. présentable en société. ||°**-mensch** m. (en, en) mondain m. ; homme (m.) de salon. ||°**-tiroler** m. (s, -). IRON. montagnard (m.) de salon. ||°**-wagen** m. (s, -) voiture-salon f.

salopp [za'lɔp] adj. négligé ; sale ; malpropre. || [Stil] familier ; décontracté.

Salpeter [zal'pe:tər] m. (s) salpêtre m. ; nitrate (m.) de potasse. | *Salpetersäure,* acide (m.) nitrique, azotique.

salpetrig [-'pe:triç] adj. azoteux ; nitreux.

Salto ['zalto] m. (s, s) saut. || [Todessprung] *Salto mortale,* saut périlleux.

Salut [za'lu:t] m. (s, e). MAR. *Salut schießen,* tirer une salve d'honneur.

salutieren [zalu'ti:rən] v. intr. faire le salut militaire.

Salvator [zal'vɑ:tɔr] m. (s). RELIG. Sauveur m.

Salve ['zalvə] f. (-, n) salve f. ; volée f. || MAR. bordée f. || MIL. *Salvenfeuer,* tir (m.) par salves.

Salz [zalts] n. (es, e) sel m. | *Steinsalz,* sel gemme. | *Meersalz,* sel marin. | *etwas in Salz legen,* saler qch. || FIG. *attisches Salz,* sel attique. || LOC. *das hat weder Salz noch Schmalz,* cela manque de piquant. || RELIG. *das Salz der Erde,* le sel de la terre. || CHIM. sel m. ; chlorure m. | *ohne Salz,* déchloruré.

Salz|abgabe ["zalts'apgɑ:bə] f. (-, n) gabelle f. ||°**-bergwerk** n. (s, e) saline f. ||**-bildend** adj. halogène. ||°**-brühe** f. (-, n) saumure f. ||°**-büchse** f. (-, n), °**-fäßchen** n. (s, -) salière f. ||°**-fleisch** (es, e) salaison f. ||°**-garten** m. (s,¨) marais salant. ||°**-grube** f. (-, n) saline f. ||**-haltig** adj. salé ; salin. ||°**-hering** m. (s, e) hareng salé. ||°**-kammergut** n. pr. n. GÉOGR. pays (m.) de Salzbourg. ||°**-korn** n. (s, ¨er) grain (m.) de sel. ||°**-lache** f. (-, n) marais salant. ||°**-lake** f. (-, n) saumure f. ||°**-messer** n. (s, -) radeur m. ||°**-pflanze** f. (-, n). BOT. halophyte f. ||**-sauer** adj. chlorhydrique. ||°**-säule** f. (-, n) statue (f.) de sel. ||°**-säure** f. (-, n) acide (m.) chlorhydrique. ||°**-schmuggler** m. (s, -) faux saunier. ||°**-sieder** m. (s, -). TECHN. saunier m. ||°**-steuer** f. (-, n) impôt (m.) sur le sel ; gabelle f. ||°**-streuer** m. (s, -) salière f. ||°**-streuung** f. (-). [Straßendienst] salage m. || °**-verarmung** f. MÉD. déminéralisation f. ||°**-wesen** n. (s) administration (f.) des salines.

salzen ['zaltsən] v. tr. saler. | *gesalzene Butter,* beurre salé. || FIG. *ein gesalzener Witz,* une plaisanterie salée. | *eine gesalzene Rechnung,* une note salée. | *gesalzene Hiebe,* des coups violents.

— OBSERV. *du salzt,* ou *salzest* ; part. passé, *gesalzt* ou *gesalzen.*

Salzen [-tsən] n. (s) salaison f.

salzig [-tsiç] adj. salé.

Samariter [zama'ri:tər] m. (s, -). RELIG. Samaritain m. || *der barmherzige Samariter,* le bon Samaritain. || infirmier (m.) volontaire. | *Samariterdienst tun,* soigner les malades.

Samba ['zamba] m. (s, s) samba f.

Same(n) ['zɑ:mə(n)] m. ([n]s, [n]) semence f. ; germe m. ; graine f. | *in Samen schießen,* monter en graine. || FIG. postérité f. || ANAT. sperme m.

Samen|bank ["zɑ:mən'baŋk] f. (-, en) banque (f.) de sperme. ||°**-beet** n. (s, e). AGRIC. semis m. ||°**-bläschen** n. (s, -). ANAT. vésicule (f.) séminale. ||°**-drüse** f. (-, n). ANAT. testicule m. ||°**-fädchen** n. (s, -) spermatozoïde m. ||°**-händler** m. (s, -) grainetier m. ||°**-hülse** f. (-, n). BOT. gousse f. ||°**-korn** n. (s, ¨er). BOT. graine f.; akène m. ||°**-lappen** m. (s, -). BOT. cotylédon m. ||°**-milch** f. émulsion f. ||°**-schale** f. (-, n). BOT. péricarpe m. ||°**-spende** f. (-, n) don (m.) de sperme. ||°**-spender** m. (s, -) donneur (m.) de sperme. ||°**-staub** m. (s) pollen m. ||°**-tierchen** n. (s, -) spermatozoïde m. ||**-tötend** adj. spermicide. || **-tragend** adj. séminifère.

Sämerei [zɛ:mə'rai] f. (-, en) semences f. pl. ; graines f. pl.

sämig ['zɛ:miç] adj. CULIN. épais ; lié.

sämisch [-miʃ] adj. chamoisé. | *sämisch gerben,* chamoiser. | *Sämischleder,* peau (f.) de chamois.

Sämling ['zɛ:mliŋ] m. (s, e). BOT. plante (f.) provenant de semis ; élève m.

Sammel|apparat ["zaməlapa'rɑ:t] m. (s, e). ÉLECTR. collecteur m. ||°**-band** m. (s, e) anthologie f. ||°**-becken** n. (s, -) réservoir collecteur. || °**-bestellung** f. (-, en). COMM. commande groupée. ||°**-büchse** f. (-, n) escarcelle f. ||°**-fahrschein** m. (s, e) billet collectif. ||°**-gelder** n. pl. argent (m.) d'une collecte. ||°**-gut** n. (s, ¨er). TRANSP. groupage m. ||°**-kasten** m. (s, ¨) réservoir m. ; réceptacle m. ||°**-ladung** f. (-, en) groupage m. ||°**-linse** f. (-, n) lentille (f.) convexe. ||°**-liste** f. (-, n) liste (f.) de souscription. ||°**-mappe** f. (-, n) chemise f. ; dossier m. ||°**-name** m. (ns, n) nom collectif. ||°**-platz** m. (es, ¨e) lieu (m.) de rassemblement, de ralliement. ||°**-ruf** m. (s, e) numéro de téléphone collectif. ||°**-spiegel** m. (s, -) miroir (m.) concave. ||°**-station** f. (-, en) gare régulatrice. ||°**-stelle** f. (-, n) dépôt central. ||°**-surium** n. (s, rien) ramassis m. ; pêle-mêle m. ; bric-à-brac m. ||°**-warenbehälter** m. (s, -) container m. ||°**-werk** n. (s, e) ouvrage collectif ; PÉJOR. compilation f. ||°**-wort** n. (s, ¨er). GRAMM. nom collectif.

sammeln ['zaməln] v. tr. assembler ; rassembler ; réunir ; collecter ; collectionner. | *Pflanzen sammeln,* herboriser. | *Kenntnisse sammeln,* accumuler des connaissances. | *Tatsachen sammeln,* rassembler des faits. | *Geld sammeln,* collecter de l'argent. || MIL. *Truppen sammeln,* concentrer des troupes. | *Sammeln !,* rassemblement !

◇ v. pr. **sich sammeln,** s'assembler. | *die Menge sammelt sich,* la foule s'amasse. || FIG. se concentrer ; reprendre ses esprits.

Sammeln ['zaməln] n. (s) rassemblement m. ; ramassage m. ; récolte f. ; collecte f. || MIL. rassemblement m.

Sam(me)t ['zam(ə)t] m. (s) velours m.

Sammler ['zamlər] m. (s, -) collectionneur m. ; compilateur m. ; quêteur m.

Sammlung [-luŋ] f. (-, en) récolte f. ; collection f. ; quête f. | *Bildersammlung,* galerie (f.) de peinture. || recueil m. ; compilation f. | *eine Sammlung Lieder,* un recueil de chants. || FIG. recueillement m.

Samowar [zamo'vɑ:r] m. (s, e) samovar m.

Sampan ['zampan] m. (s, s) sampan m.

Samstag ['zamstɑ:k] m. (s, e) samedi m.

samt [zamt] adv. tous ensemble. | *samt und sonders*, tous sans exception.
◇ prép. (dat.) avec ; y compris ; accompagné de. | *samt seiner ganzen Familie*, avec toute sa famille.

Samt [zamt] m. (s, e). V. SAM(ME)T. | *in Samt und Seide gekleidet*, en grands atours.

Samt|band ['zamtbant] n. (s, ¨er) ruban (m.) de velours. ||°**-glanz** m. (es) velouté m. ||**-glänzend** adj. velouté. ||°**-handschuh** m. (s, e).PR. et FIG. gant (m.) de velours. | *mit Samthandschuhen anfassen*, traiter avec ménagement. ||°**-pfötchen** n. (s, -). PR. et FIG. patte (f.) de velours. | *mit Samtpfötchen behandeln*, aborder prudemment. ||**-weich** adj. velouté ; doux comme du velours.

samten ['zamtən], **samtig** ['zamtiç] adj. de velours. || [Wein] velouté.

sämtlich ['zɛmtliç] adj. et adv. tout entier ; complet ; tous ensemble. | *Goethes sämtliche Werke*, les œuvres complètes de Goethe. | *wir sind sämtlich da*, nous sommes là au complet. | *sein sämtliches Hab und Gut*, tout son avoir.

Samum [za'mu:m] m. (s) simoun m.

Samurai [zamu'rai] m. (s, s) samourai m.

Sanatorium [zana'to:rium] n. (s, rien). [Heilanstalt] maison (f.) de repos.

Sand [zant] m. (s, e) sable m. | *grober Sand*, gravier m. | *Flugsand*, sable mouvant. | *mit Sand bestreuen*, sabler. || MAR. *auf Sand auflaufen*, s'échouer. || FIG. *auf Sand gebaut*, bâti sur le sable. | *jm Sand in die Augen streuen*, jeter de la poudre aux yeux de qn. | *die Sache verläuft im Sande*, cette affaire finit en queue de poisson. || SPORT. *auf den Sand setzen*, envoyer au tapis.

Sand|aal ["zant'ɑ:l] m. (s, e) lançon m. ||°**-bank** f. (-, ¨e) banc (m.) de sable. ||°**-berg** m. (s, e) dune f. ||°**-bestrahlung** f. (-, en). MÉTALL. sablage m. ||°**-blätter** n. pl. [Tabak] feuilles (f. pl.) de terre. ||°**-boden** m. (s, ¨) terrain sablonneux. ||°**-büchse** f. (-, n) sablier m. ||°**-grube** f. (-, n) sablière f. ; carrière (f.) de sable. ||°**-hase** m. (n, n). MIL., (VX) fantassin m. ; pousse-cailloux m. || [Kegelspiel] coup manqué. ||°**-kasten** m. (s,¨) bac (m.) à sable. ||°**-korn** n. (s,¨er) grain (m.) de sable. ||°**-kuchen** m. (s, -) sablé m. ||°**-mann** m. (s, ¨er), °**-männchen** n. (s, -). FIG. [Kindersprache] marchand (m.) de sable. ||°**-mergel** m. (s, -) marne sableuse. ||°**-papier** n. (s, e) papier (m.) de verre ; toile (f.) émeri. ||°**-schüttung** f. (-, en) ensablement m. ||°**-stein** m. (s, e) grès m. || **-steinartig** adj. gréseux. ||°**-strahl** m. (s, en) jet (m.) de sable. ||°**-strahlverfahren** n. (s, -). TECHN. abrasion f. ||°**-torte** f. (-, n). CULIN. biscuit (m) sablé. ||°**-uhr** f. (-, en) sablier m.

Sandale [san'dɑ:lə] f. (-, n) sandale f.

Sandel|holz ["zandəl'hɔlts] n. bois de santal.

sanden ['zandən] v. tr. sabler. | *einen Gartenweg sanden*, sabler une allée.

Sander ['zandər] m. (s, -). ZOOL. sandre m.

sandig ['zandiç] adj. sablonneux.

Sandwichmann ["sɛntvitʃ'man] m. (s, ¨er) homme-sandwich m.

sanft [zanft] adj. et adv. doux ; tendre ; calme. | *sanfter Wind*, douce brise. | *sanfter Hügel*, colline (f.) en pente douce. | *sanfte Worte*, paroles amènes. | *sanfter Charakter*, caractère paisible. | *sanfte Bewegung*, mouvement sans heurts. | *ein sanftes Blau*, un bleu tendre.
— SYN. : *ruhig*, calme ; *gütig*, bénin ; *gutmütig*, débonnaire ; *mild(e)*, clément ; *nachsichtig*, indulgent.

Sänfte ['zɛnftə] f. (-, n) chaise (f.) à porteurs ; litière f. ; brancard m.

Sanftheit ['zanfthait] f. [Sanftmut] douceur f.

Sanft|mut ['zanftmu:t] f. (s) douceur f. ; caractère (m.) paisible, débonnaire. ||**-mütig** adj. de caractère doux, bénin. || PROV. *selig sind die Sanftmütigen*, bienheureux les pacifiques.

Sang [zaŋ] m. (s,¨e) chant m. | *mit Sang und Klang*, tambour battant. | *ohne Sang und Klang*, sans tambour ni trompette.

sangbar ['zaŋbɑ:r] adj. qui peut être chanté.

Sänger ['zɛŋər] m. (s, -) chanteur m. | *Opernsänger*, chanteur d'opéra. | *Chorsänger*, choriste. | *Kirchensänger*, chantre m. || HIST. *keltischer Sänger*, barde m. || LITTÉR. poète m. ; chantre m. ; aède m. ; troubadour m. ; trouvère m. | *der Sänger der Ilias*, le poète de l'Iliade.

Sänger|fest ["zɛŋər'fɛst] n. (es, e) fête chorale ; concours (m.) d'orphéons. ||°**-krieg** m. (s, e). (VX.) tournoi (m.) de poésie ; concours (m.) de ménestrels.

Sängerin ['zɛŋərin] f. (-, nen) chanteuse f. ; cantatrice f. ; artiste (f.) lyrique.

Sängerschaft ['zɛŋərʃaft] f. (-, en) union chorale ; chanteurs m. pl.

Sangria [zaŋ'gria] f. (-, s) sangria f.

Sanguiniker [zaŋ'gui:nikər] m. (s, -) homme (m.) de tempérament sanguin.

Sanieren [za'ni:rən] v. tr. assainir ; prendre des mesures sanitaires, d'assainissement. || FIG. *ein Geschäft sanieren*, remettre sur pied une affaire.

Sanierung [-ruŋ] f. (-, en) assainissement m. ; réorganisation f. || COMM. redressement (m.) économique. | *Sanierung des Markts*, assainissement du marché. | *Sanierung eines Betriebs*, réorganisation d'une entreprise.

sanitär [zani'tɛ:r] adj. sanitaire ; hygiénique.

Sanitär|anlagen [zani"tɛ:r'anlagən] f. pl. les sanitaires m. pl.

Sanität [-'tɛ:t] f. santé publique ; hygiène publique.

Sanitäts|auto [zani"tɛ:ts'auto] n. (s, s). MIL. ambulance f. ||°**-mannschaften** f. pl. MIL. infirmiers m. pl. ||°**-wesen** n. (s) MIL. service (m.) de santé, d'hygiène.

Sankt [zaŋkt] adj. (en abr. **St.**) saint ; sainte. | *Sankt Peter*, saint Pierre. || GÉOGR. *Sankt Gallen*, Saint-Gall m.

Sanktion [zaŋk'tsio:n] f. (-, en) sanction f. ; confirmation f. || HIST. *Pragmatische Sanktion*, Pragmatique Sanction.
◇ f. pl. **Sanktionen,** [Strafmaßnahmen] sanctions f. pl.

sanktionieren [-tsio'ni:rən] v. tr. sanctionner ; confirmer ; avaliser.
— SYN. : *gutheißen*, approuver.

Sanktissimum [zaŋk'tisimum] n. (s, men) tabernacle m.

Sankt-Nimmerleinstag [zaŋkt"nimərlains'tɑ:k] m. (s, e) jamais ; la semaine des quatre jeudis. | *etwas auf den Sankt-Nimmerleinstag verschieben*, renvoyer qch. aux calendes grecques, à la saint-glinglin.

Sanktuarium [zaŋktu'ɑ:rium] n. (s, rien) sanctuaire m.

Sanskrit ['zanskrit] n. (s) sanscrit m.

Saphir ['zɑ:fi:r] m. (s, e) saphir m.

Sappe ['zapə] f. (-, n). MIL. sape f.

sapperlot [zapər'lɔt] interj. sapristi ! ; sacrebleu !

Sappeur [za'pø:r] m. (s, e). MIL. sapeur m.

sapphisch ['zapfiʃ] adj. saphique.

Sapphismus [za'pfismus] m. (-) saphisme m.

sappieren [za'pi:rən] v. tr. saper.

Saprophyt [zapro'fy:t] m. (en, en). BOT. saprophyte m.

Sarabande [zara'bandə] f. (-, n) sarabande f.

Sarazene [zara'tse:nə] n. pr. m. Sarrasin m.

sarazenisch [-'tse:niʃ] adj. sarrasin.

Sardelle [zar'dɛlə] f. (-, n) sardine salée ; anchois m.

Sardine [zar'di:nə] f. (-, n) sardine f. || FIG. *wie Ölsardinen gedrängt*, serré comme des harengs.

Sardinien [zar'di:niən] n. pr. n. (s). GÉOGR. Sardaigne f.

Sardinier [-niər] m. (s, -) Sarde m.

sardinisch [-niʃ] adj. sarde.

sardonisch [zar'do:niʃ] adj. sardonique. | *ein sardonisches Lachen*, un rire sardonique.

Sarg [zark] m. (s, ¨e) cercueil m. ; bière f. || LOC., FAM. *er ist ein Nagel zu meinem Sarg*, il me fera mourir de chagrin.

Sarg|gestell ["zarkgə'ʃtɛl] n. (s, e) catafalque m. ||°**-nagel** m. (s, ¨). FAM. clope f. ||°**-stein** m. (s, e) sarcophage m. ||°**-tuch** n. (s,¨er) drap (m.) mortuaire ; linceul m.

Sari ['zɑ:ri] m. (s, s) sari m.

Sarkasmus [zar'kasmus] m. (-, men) sarcasme m.

sarkastisch [-'kastiʃ] adj. sarcastique.

Sarkom [zar'ko:m] n. (s, -ata). MÉD. sarcome m.

Sarong ['zɑ:rɔŋ] m. (s, s) sarong m.

Sarsaparille [zarzapa'rilə] f. (-, n). BOT. salsepareille f.

Sassafras ['zasafras] m. (-, -). BOT. sassafras m.

Satan ['zɑ:tan] m. (s) Satan m.

satanisch [za'tɑ:niʃ] adj. [teuflisch] diabolique.

Satellit [zatɛ'li:t] m. (en, en) satellite m. | *Satellitenstaat*, État (m.) satellite.

Satelliten|bild [zatɛ″li:tən'bilt] n. (s, er) image spatiale ; photo (f.) satellite. ||°**-bombe** f. (-, n) bombe orbitale. ||°**-fernsehen** n. (s.) mondiovision f. ; télévision (f.) par satellite. ||°**-stadt** f. (-, ¨e) cité-dortoir f.

Satin [sa'tɛ̃] m. (s). TEXT. satin m.

Satire [za'ti:rə] f. (-, n) satire f. | *eine Satire auf den Adel*, une satire contre la noblesse.

Satiriker [-'ti:rikər] m. (s, -) auteur (m.) satirique.

satirisch [-'ti:riʃ] adj. satirique.

Satisfaktion [zatisfak'tsio:n] f. (-, en) satisfaction f. ; réparation (f.) d'honneur. | *jm Satisfaktion geben*, accepter un duel.

satt [zat] adj. et adv. **1.** rassasié ; repu. | *ich bin satt*, je n'ai plus faim. | *sich satt essen*, manger à sa faim. | *sich nicht satt sehen können*, ne pas se lasser d'admirer.
2. assez. | *ich habe es satt*, j'en ai assez.
3. las ; dégoûté. | *des Lebens satt*, las de la vie.
4. CHIM. saturé. | *satte Lösung*, solution saturée.
5. [Farben] chargé ; foncé.
6. FIG., IRON. *satt sein*, être content de soi.

satt|blau ['zatblau] adj. bleu foncé. ||°**-dampf** m. (s, e) vapeur saturée.

Satte ['zatə] f. (-, n) jatte f. ; terrine f. | *eine Satte Milch*, une jatte de lait.

Sattel ['zatəl] m. (s, ¨). **1.** selle f. | *sich in den Sattel schwingen*, se mettre en selle. || PR. et FIG. *fest im Sattel sitzen*, être bien en selle ; avoir une position solide. || FIG. *sich im Sattel halten*, défendre avec succès sa position. | *jn in den Sattel heben*, mettre à qn le pied à l'étrier. | *jn aus dem Sattel heben*, désarçonner qn. | *in allen Sätteln gerecht sein*, être débrouillard ; savoir faire face à toute éventualité.
2. GÉOGR. croupe f. ; anticlinal m. | *Bergsattel*, sommet arrondi ; dépression entre deux croupes.
3. MUS. *Violinsattel*, chevalet (m.) de violon.

Sattel|anhänger [″zatəl'anhɛŋər] m. (s, -). AUTOM. semi-remorque f. ||°**-baum** (s, ¨e), °**-bogen** m. (s, ¨) arçon m. ||°**-dach** n. (s, ¨er) toit (m.) en dos d'âne ; toit (m.) en bâtière. ||°**-decke** f. (-, n) chabraque f. ; housse (f.) de selle. ||°**-druck** m. (s, ¨e). [Pferd] foulure f. ||**-fest** adj. bien en selle ; FIG. compétent ; FAM. calé. ||°**-gurt** m. (s, ¨e) sangle f. ||°**-knecht** m. (s, e) palefrenier m. ||°**-knopf** m. (s, ¨e) pommeau (m.) de la selle. ||°**-pferd** n. (s, e) cheval (m.) de selle. ||°**-pistole** f. (-, n) pistolet (m.) d'arçon. ||°**-platz** m. (es, ¨e) pesage m. ||°**-schlepper** m. (s, -) tracteur (m.) de semi-remorque. ||°**-tasche** f. (-, n) fonte f. ; sacoche f. ||°**-zeug** n. (s) sellerie f. ; harnais m.

satteln ['zatəln] v. tr. seller ; bâter. || PROV *früh gesattelt, spät geritten*, rien ne sert de courir, il faut partir à point. || FIG. *gesattelt*, fin prêt.

Sattheit ['zathait] f. rassasiement m. ; saturation f. ; satiété f.

sättigen ['zɛtigən] v. tr. et v. pr. **1.** rassasier. | *sich mit etwas sättigen*, se rassasier de qch.
2. FIG. assouvir. | *seinen Haß sättigen*, assouvir sa haine.
3. CHIM. saturer. | *gesättigte Lösung*, solution saturée. | *eine Farbe sättigen*, charger une couleur.

Sättigung [-guŋ] f. rassasiement m. ; satiété f. ; saturation f. | *die Sättigung des Markts*, saturation du marché.

Sättigungs|grad [″zɛtiguŋs'gra:t] m. (s, e) degré (m.) de saturation. ||°**-punkt** m. (s, e) point (m.) de saturation.

Sattler ['zatlər] m. (s, -) sellier m. ; bourrelier m.

Sattlerei [zatlə'rai] f. (-, en) sellerie f.

sattsam ['zatza:m] adj. et adv. suffisant ; suffisamment ; assez ; à satiété ; FAM. tout son soûl. || FIG. *das ist sattsam bekannt*, nul ne l'ignore.

Sattsamkeit [-kait] f. satiété f.

Saturei [zatu'rai] f. BOT. sarriette f.

Saturn [za'turn] n. pr. m. Saturne m.

Satyr ['za:tyr] m. (en, en). MYTH. satyre m.

Satz [zats] m. (es, ¨e). **1.** GRAMM. phrase f. | *Nebensatz*, proposition subordonnée. | *Hauptsatz*, proposition principale. | *Beisatz*, apposition f.
2. [Lehrsatz] principe m. ; thèse f. | *mathematischer Satz*, théorème m. | *Grundsatz*, principe fondamental. || PHILOS. *Satz vom zureichenden Grunde*, principe (m.) de la raison suffisante.
3. MUS. composition f. ; phrase f. ; mouvement m. | *der dritte Satz einer Sinfonie*, le troisième mouvement d'une symphonie.
4. TYPOGR. composition f. | *glatter Satz*, composition (f.) uniforme. | *gesperrter Satz*, composition espacée. | *etwas in den Satz geben*, donner qch. à l'imprimerie.
5. saut m. ; bond m. ; élan m. | *mit einem Satz*, d'un bond ; d'une enjambée. | *in Sätzen*, par bonds. | *mit einem Satz trinken*, boire d'un trait.
6. [Serie] série f. ; jeu m. ; service m. | *ein Satz Tassen*, un service de tasses. | *ein Satz Würfel*, un jeu de dés. | *ein Satz Werkzeuge*, un jeu d'outils. | *ein Satz Reifen*, un train de pneus. || COMM. assortiment m.
7. [Tennis] set m.
8. PHYS. pile f. | *galvanischer Satz*, pile de Volta.
9. ARCHIT. assise f.
10. ZOOL. portée f. ; alevin m. ; frai m. | *ein Satz Hasen*, une portée de lièvres.
11. [Maß] tarif m. ; taux m. ; prix m. | *der Prozentsatz*, le pourcentage. | *das geht über meinen Satz hinaus*, c'est au-dessus de mes moyens.
12. [Niederschlag] dépôt m. ; sédiment m. ; résidu m. ; marc m. ; lie f. | *Kaffeesatz*, marc de café. | *Weinsatz*, dépôt du vin.
13. [beim Spiel : Einsatz] mise f. ; enjeu m.

satz|artig [″zats'a:rtiç] adj. sédimentaire. ||°**-bau** m. (s). GRAMM. construction f. ||°**-lehre** f. syntaxe f. ||°**-mehl** n. (s, e) amidon m. ; fécule f. ||°**-spiegel** m. (s, -). TYPOGR. surface (f.) utile d'une page. ||°**-teich** m. (s, e) vivier m. ||**-weise** adv. par bonds ; phrase par phrase. ||°**-zeichen** n. (s, -) signe (m.) de ponctuation.

Satzung ['zatsuŋ] f. (-, en) statut m. ; règlement m. ; précepte m. || RELIG. dogme m. ; observance f.

satzungs|gemäß [″zatsuŋsgə'mɛ:s] adj. et adv. conforme, conformément aux statuts. ||°**-klausel** f. (-, n) clause (f.) statutaire. ||**-mäßig** adj. statutaire. ||**-widrig** adj. contraire aux statuts.

Sau [zau] f. (-, ¨e) truie f. || FIG., POP. cochon m. | *Drecksau*, souillon m. et f.

Sau|arbeit [″zau'arbait] f. (-, en). FAM., POP. travail (m.) pénible ; travail cochonné. ||°**-bohne** f. (-, n) fève (f.) de marais. ||°**-feder** f. (-, n), °**-spieß** m. (es, e) épieu m. ||°**-hetze** f. (-, n) chasse (f.) au sanglier. ||°**-hirt** m. (en, en) porcher m. ||°**-lache** f. (-, n) bauge (f.) de sanglier. ||°**-magen** m. (s, -) fromage (m.) de tête. ||°**-wetter** n. (s) temps (m). de chien. || °**-wirtschaft** f. POP. désordre m. ||**-wohl** adj. FAM. *sich sauwohl fühlen*, se sentir comme un poisson dans l'eau.

sauber ['zaubər] adj. propre ; net ; soigné. | *sauber machen*, nettoyer. || IRON. *eine saubere Arbeit*, du beau travail ; c'est du propre ! | *ein sauberer Vogel*, un joli monsieur ! || LOC. *sauber abschreiben*, mettre au propre, au net.

Sauberkeit [-kait] f. propreté f. ; netteté f.

säuberlich ['zɔybərliç] adj. et adv. proprement ; avec soin ; avec précaution. | *fein säuberlich*, avec beaucoup de soin.

säubern [-bərn] v. tr. PR. et FIG. nettoyer ; balayer.

Säuberung [-bəruŋ] f. (-, en) nettoyage m. || PAR EXT. épuration f.

Saudi-Arabien [″zaudia'ra:biən] n. pr. n. (s). GÉOGR. Arabie séoudite.

sauen ['zauən] v. intr. POP. faire des saletés ; dire des cochonneries.

sauer ['zauər] adj. **1.** aigre ; sur ; acide. | *saurer Wein*, vin aigre. | *saure Milch*, lait caillé. | *saure Gurken*, cornichons (m. pl.) au vinaigre. | *saure Kirsche*, cerise (f.) aigre ; griotte f. | *saure Wiesen*, prés salés. || LOC. *die Trauben sind ihm zu sauer*, il trouve les raisins trop verts. || COMM. *die Sauregurkenzeit*, la morte-saison ; le calme plat des vacances d'été. || [Umwelt] *saurer Regen*, pluies (f. pl.), précipitations (f. pl.) acides.
2. FIG. amer ; dur ; pénible. | *ein saures Stück Arbeit*, un travail pénible. | *jm das Leben sauer machen*, mener la vie dure à qn. | *er läßt es sich sauer werden*, il se donne beaucoup de mal. | *mit saurem Schweiß*, à la sueur de son front. || renfrogné ; morose ; revêche. | *ein saures Gesicht ziehen*, faire la moue. || POP. *er ist sauer*, il est de mauvaise humeur. | *in den sauren Apfel beißen*, avaler la pilule ; faire qch. bien malgré soi.

Sauer|ampfer [″zauər'ampfər] m. (s) oseille f. ||°**-braten** m. (s) viande marinée. ||°**-brunnen** m. (s, -) source (f.) d'eau minérale gazeuse carbonique. ||°**-dorn** m. (s, en) épine-vinette f. ||°**-kirsche** f. (-, n) griotte f. ||°**-klee** m. (s). BOT. oxalide f. ||°**-kohl** m. (s), °**-kraut** n. (s) choucroute f. ||°**-milch** f. lait caillé. ||°**-stoff** m. (s) oxygène m. ||**-süß** adj. aigre-doux. ||°**-teig** m. (s, e) levain m. ||**-töpfisch** adj. morose ;

revêche ; grognon. ||°-**werden** n. (s) acétification f.

Sauerei [zauə'rai] f. (-, en). POP. cochonnerie f.

Sauerstoff|behandlung ["zauərʃtɔfbə'handluŋ] f. oxygénothérapie f. ||°-**entziehung** f. désoxydation f. ||°-**gebläse** n. (s, -) chalumeau (m.) oxhydrique. ||°-**gerät** n. (s, e) inhalateur (m.) d'oxygène. ||-**haltig** adj. oxygéné. ||°-**zelt** n. (es, e). MÉD. tente (f.) à oxygène.

Sauf|aus [zauf'aus] m., °-**bold** m. (s, e), °-**bruder** m. (s, ¨) buveur m. ; ivrogne m. ||°-**gelage** n. (s, -) beuverie f.

saufen ['zaufən] (soff, gesoffen) v. intr. [Tiere] boire. || FAM. boire avec excès. | *wie ein Loch saufen*, boire comme un trou.

Säufer ['zɔyfər] m. (s, -) buveur m. ; ivrogne m.

Sauferei [zaufə'rai] f. [Gewohnheit] ivrognerie f. || [Gelage] beuverie f.

Säufer|wahnsinn ["zɔyfər'vɑ:nzin] m. (s) délire (m.) alcoolique ; delirium (m.) tremens.

Saug|apparat ["zaukapa'rɑ:t] m. (s, e) aspirateur m. ||°-**bagger** m. (s, -) drague aspirante. ||°-**düse** f. (-, n) tuyère (f.) d'aspiration. ||°-**ferkel** n. (s, -). [Spanferkel] cochon (m.) de lait. ||°-**flasche** f. (-, n) biberon m. ||°-**gas** n. (es, e) gaz (m.) pauvre. ||°-**glas** n. (es, ¨er) pipette f. ||°-**heber** m. (s, -) siphon m. ||°-**kalb** n. (s, ¨er) veau (m.) de lait. ||°-**korb** m. (s, ¨e) crépine f. ||°-**luft** f. air aspiré. ||°-**mal** n. (s, e) suçon m. ||°-**maschine** f. (-, n) aspirateur m. ||°-**napf** m. (s, ¨e) ventouse f. (des vers). ||°-**pumpe** f. (-, n) pompe aspirante. | *Druck- und Saugpumpe*, pompe aspirante et foulante. ||°-**rohr** n. (s, e) tuyau (m.) d'aspiration ; [Motor] tubulure (f.) d'admission. ||°-**rüssel** m. (s, -). ZOOL. suçoir m. ; trompe f. ||°-**warze** f. (-, n) mamelon m. ||°-**wurzeln** f. pl. BOT. chevelu m. ||°-**werk** n. (s, e) pompe aspirante.

saugen ['zaugən] (o, o) v. tr. sucer ; téter ; pomper. | *saugendes Kind*, enfant (m.) au sein. | *saugendes Kalb*, veau (m.) de lait. | *in sich saugen*, absorber. | *die Pflanze saugt die Feuchtigkeit aus dem Boden*, la plante absorbe l'humidité du sol. || FIG., FAM. *er hat es sich aus den Fingern gesogen*, il a trouvé ça tout seul.
— OBSERV. Ce verbe est généralement fort ; mais on rencontre parfois des formes faibles.

säugen ['zɔygən] v. tr. allaiter ; nourrir ; donner le sein.

Sauger ['zaugər] m. (s, -) suceur m. ; tétine f. || [Tier] animal qui tète encore. || FAM. [Staubsauger] aspirateur m. || TECHN. *Sauger einer Pumpe*, piston (m.) d'une pompe.

Säuger ['zɔygər] m. (s, -). ZOOL. mammifère m.

Säugerin ['zɔygərin] f. (-, nen) nourrice f.

Säuge|tier ["zɔygə'ti:r] n. (s, e). ZOOL. mammifère m. ||°-**zahn** m. (s, ¨e) dent (f.) de lait.

Säugling ['zɔygliŋ] m. (s, e) nourrisson m.

Säuglings|bewahranstalt ["zɔykliŋsbə'vɑ:r-anʃtalt] f. (-, en), °-**heim** [-'haim] n. (s, e), °-**krippe** [-'kripə] f. (-, n) crèche f. ; pouponnière f. ||°-**sterblichkeit** f. mortalité (f.) infantile ; néomortalité f. ||°-**waage** f. (-, n) pèse-bébé m.

säuisch ['zɔyiʃ] adj. et adv. sale ; malpropre ; comme un cochon.

Säule ['zɔylə] f. (-, n) colonne f. ; pilier m. | *Pfeilersäule*, pilier. | *Rauchsäule*, colonne de fumée. || FIG. soutien m. || TECHN. *galvanische Säule*, pile (f.) galvanique.

Säulen|abschluß ["zɔylən'apʃlus] m. (es, ¨e) chapiteau m. ||°-**bau** m. (s, e) bâtiment (m.) à colonnes ; colonnade f. ||°-**bohrmaschine** f. (-, n) aléseuse (f.) à colonne ; perforatrice verticale. ||°-**fuß** m. (es, ¨e) socle m. ; embase f. ||°-**gang** m. (s, ¨e) péristyle m. ||°-**halle** f. (-, n) portique m. ||°-**heiliger** m. stylite m. ||°-**knauf** m. (s, ¨e), °-**knopf** m. (s, ¨e) chapiteau m. ||°-**ordnung** f. (-, en) ordre m. ; style m. | *dorische Säulenordnung*, style dorique. ||°-**platte** f. (-, n) plinthe f. ||°-**reihe** f. (-, n) péristyle m. ||°-**schaft** m. (s, ¨e) fût (m.) de colonne. ||°-**stuhl** m. (s, ¨e) piédestal m. ; stylobate m. ||°-**tempel** m. (s, -) temple (m.) périptère ; périptère m. ||°-**weite** f. (-, n) entre-colonne m. ||°-**werk** n. (s) colonnade f.

säulig ['zɔyliç] adj. 1° en forme de colonne ; 2° garni de colonnes. | *sechssäulig*, à six colonnes.

Saum [zaum] m. (s, ¨e). **1.** charge (f.) d'une bête de somme.
2. muid m.
3. ourlet m. | *der Saum eines Kleides*, l'ourlet d'une robe. | *Hohlsaum*, ourlet à jours.
4. bord m. ; lisière f. | *am Waldessaum*, à l'orée (f.) du bois.
5. ANAT. marge f.

Saum|esel ["zaum'e:zəl] m. (s, -) âne (m.) de bât. ||°-**naht** f. (-, ¨e) ourlet m. ||°-**pfad** m. (s, e) sentier muletier. ||°-**pferd** n. (s, e) cheval (m.) de somme. ||°-**sattel** m. (s, -) bât m. ||°-**tau** n. (s, werke). MAR. ralingue m. ||°-**tier** n. (s, e) bête (f.) de somme.

säumen ['zɔymən] v. tr. ourler. | *Taschentücher säumen*, ourler des mouchoirs.
◇ v. intr. tarder ; hésiter ; ne pas savoir se décider ; tergiverser. | *mit etwas säumen*, différer qch. | *ohne zu säumen*, sans tarder.
◇ v. pr. **sich säumen,** s'attarder.

Säumer(in) [-mər(in)] m. (s, -), f. (-, nen) ourleur m. ; ourleuse f. || muletier m. || bête (f.) de somme. || retardataire m.

saum|selig ["zaum'ze:liç] adj. lent ; indolent ; traînard ; FAM. lambin. ||°-**seligkeit** f. indolence f. ; négligence f.

säumig ['zɔymiç] adj. négligent ; traînard ; retardataire. | *säumiger Aktionär*, actionnaire défaillant. | *säumiger Zahler*, mauvais payeur.

Säumigkeit [-kait] f. retard m. ; négligence f. ; lenteur f.

Säumnis ['zɔymnis] f. (-, se) ou n. (ses, se) retard m. ; lenteur f. || [Aufschub] délai m. || JUR. *im Falle der Säumnis*, en cas de défaut. | *Säumniszuschlag*, surtaxe (f.) pour paiement en retard.

Sauna ['zauna] f. (-, s) sauna m.

Säure ['zɔyrə] f. (-, n) aigreur f. ; acidité f. || CHIM. acide m. | *ätzende Säure*, acide corrosif. | *Kohlensäure*, acide carbonique. | *Schwefelsäure*, acide sulfurique. | *Essigsäure*, acide acétique.

Säure|ballon ["zɔyrəba'lɔ̃] m. (s, s) bonbonne f. ||-**beständig** adj. antiacide. ||-**bildend** adj. acidifiant. ||-**fest** adj. résistant aux acides. ||°-**grad** m. (s, e) degré (m.) d'acidité. ||°-**messer** m. (s, -), °-**prüfer** m. (s, -), °-**waage** f. (-, n) aréomètre m.

Sauregurkenzeit ['zaurə"gurkəntsait] f. (-) morte-saison f. ; saison creuse.

Saurier ['zauriər] m. (s, -). ZOOL. saurien m.

Saus [zaus] m. (es) tapage m. ; vacarme m. ; tumulte m. ; fracas m. | *mit Saus und Braus*, à grand fracas. | *er kam im Saus heran*, il arriva comme un ouragan. || LOC. *in Saus und Braus leben*, FAM. mener une vie de bâton de chaise.

Sause|laut ["zauzə'laut] m. (s, e). GRAMM. son sifflant.

säuseln ['zɔyzəln] v. intr. siffler ; produire un léger sifflement ; murmurer ; chuchoter ; bruire ; faire entendre un bruissement.

sausen ['zauzən] v. intr. siffler ; filer à grande vitesse. | *der Wind saust*, le vent siffle. | *er sauste zur Bahn*, il se précipita à la gare. | *der Zug saust*, le train file. | *der Zug saust durch X*, le train brûle la gare de X. | *es saust mir in den Ohren*, mes oreilles bourdonnent.

Sauser [-zər] m. (s, -) vin nouveau.

Sause|wind ["zauzə'vint] m. (s, e) vent impétueux. || FIG. étourdi m. ; tête (f.) de linotte.

Savanne [za'vanə] f. (-, n). GÉOGR. savane f.

Savoyen [za'vɔyən] n. pr. n. (s). GÉOGR. Savoie f.

Savoyer(in) [-'vɔyər(in)] n. pr. m. (s, -), f. (-, nen) Savoyard(e) m. (f.).

savoyerisch [-'vɔyəriʃ] adj. savoyard.

Saxhorn ['zakshɔrn] n. (s, ¨er) saxhorn m.

Saxifraga [za'ksi:fraga] f. (-, gen). BOT. saxifrage f.

Saxophon [zakso'fo:n] n. (s, e) saxophone m.

Scanner ['skanər] m. (s, -) scanner m.

sch ! [ʃ] interj. chut ! ; silence !

Schabbes ['ʃabəs] m. RELIG. sabbat m.

Schabe ['ʃɑ:bə] f. (-, n). ZOOL. teigne f. ; mite f. ; blatte f. ; vermine f. || TECHN. racloir m.

Schab(e)|eisen ["ʃɑ:b(ə)'aizən] n. (s, -) racloir m. ; grattoir m. | *Schabeisenkunst*, gravure (f.) à la manière noire ; mezzotinto m.

schaben ['ʃɑ:bən] v. tr. racler ; gratter ; râper. | LOC. *schaben und scharren*, être ladre ; lésiner. || TECHN. [Felle] drayer ; doler.

Schaber [-bər] m. (s, -). [Handwerker] racleur m. || [Werkzeug] grattoir m.

Schabernack ['ʃɑ:bərnak] m. (s, e) niche f. | *jm einen Schabernack spielen*, faire une niche à qn.

schäbig ['ʃɛ:biç] adj. miteux ; teigneux. || [abgenutzt] usé ; râpé. || FIG. avare ; ladre ; rapiat ; mesquin.

Schablone [ʃa'blo:nə] f. (-, n). **1.** modèle m. ; patron m. ; pochoir m.

2. FIG. routine f. ; conformisme m. | *nach der Schablone arbeiten*, exécuter toujours le même modèle ; agir par routine.

schablonenhaft [ʃa'blo:nənhaft], **schablonenmäßig** [sa"blo:nən'mɛsiç] adj. routinier ; habituel. || stéréotypé.

schablonieren [ʃablo'ni:rən] v. tr. copier un modèle ; faire d'après un patron. || ARTS. faire au pochoir.

Schabracke [ʃa'brakə] f. (-, n) chabraque f.

Schach [ʃax] n. (s) échecs m. pl. | *Schach spielen*, jouer aux échecs. | *in Schach halten*, tenir en échec. | *jm Schach bieten*, faire échec à qn. | *jn Schach und matt setzen*, mettre qn échec et mat. | *Schach dem König*, échec au roi !

Schach|brett ['ʃaxbrɛt] n. (s, er) échiquier m. ||°**-brettordnung** f. quinconce m. ||°**-figur** f. (-, en) pièce (f.) du jeu d'échecs. ||**-matt** adj. échec et mat. || FIG. *er ist schachmatt*, il n'en peut plus. ||°**-spiel** n. (s, e) jeu (m.) d'échecs. ||°**-zug** m. (s, ¨e) coup (m.) aux échecs. || FIG. coup (m.) habile.

Schacher ['ʃaxər] m. (s) trafic (m.) sordide ; marchandage m. ; brocante f.

Schächer ['ʃɛçər] m. (s, -) malfaiteur m. ; trafiquant m. || RELIG. *der gute Schächer*, le bon larron.

Schacherer ['ʃaxərər] m. (s, -) trafiquant m. ; commerçant (m.) malhonnête.

schachern ['ʃaxərn] v. intr. trafiquer ; brocanter. | *um etwas schachern*, marchander qch.

Schacht [ʃaxt] m. (s, ¨e). **1.** fosse f. ; puits m. | *Fahrstuhlschacht*, cage (f.) d'ascenseur. | *Lüftungsschacht*, cheminée (f.) d'aération.

2. TECHN. puits (m.) de mine ; fosse f. | *Förderschacht*, puits (m.) d'extraction. | *einen Schacht abteufen*, foncer, creuser un puits.

3. AÉRON. logement m.

Schacht|arbeiter ["ʃaxt'arbaitər] m. (s, -) puisatier m. ||°**-holz** n. (es) boisage m. ; bois (m.) de cuvelage. ||°**-sumpf** m. (s, ¨e) puisard m. ||°**-verkleidung,** °**-verzimmerung** f. (-, en) boisage m. ; cuvelage m. ; revêtement (m.) d'un puits.

Schachtel ['ʃaxtəl] f. (-, n) boîte f. | *Hutschachtel*, carton (m.) à chapeaux. | *er ist so nett wie aus der Schachtel*, on le dirait sorti d'une boîte ; il est tiré à quatre épingles. || POP., FAM *alte Schachtel*, vieille femme ; vieille fille.

Schachtel|halm ["ʃaxtəl'halm] m. (s, e). BOT prêle f. ||°**-satz** m. (es, ¨e) phrase (f.) complexe ; phrase (f.) à tiroirs.

schachteln ['ʃaxtəln] v. tr. [ineinanderfügen] emboîter ; mettre l'un dans l'autre ; imbriquer.

schachten ['ʃaxtən] v. tr. creuser un puits.

schächten ['ʃɛçtən] v. tr. égorger, tuer d'après le rite juif.

Schächter [-tər] m. (s, -) sacrificateur m.

schade ['ʃa:də] adj. *schade !*, dommage ! | *das ist schade*, c'est dommage. | *schade nur, daß*, il est regrettable que. | *es ist schade um dich*, tu es bien à plaindre ; c'est dommage pour toi. | *zu schade !* ; *schade dafür* ; *schade darum*, tant pis ! | *das ist zu schade für ihn*, c'est trop bon pour lui.

Schade ['ʃa:də] m. (ns, ¨n) *es soll dein Schade nicht sein*, tu n'auras pas à le regretter.

Schädel ['ʃɛ:dəl] m. (s, -) crâne m. ; tête f. || FIG. *einen harten Schädel haben*, avoir la tête dure. | *den Schädel spalten*, fendre le crâne. | *sich den Schädel einrennen*, se casser la tête contre les murs.

Schädel|bohrer ["ʃɛ:dəl'bo:rər] m. (s, -) trépan m. ||°**-bohrung** f. (-, en) trépanation f. ||°**-bruch** m. (s, ¨e) fracture (f.) du crâne. ||°**-dach** n. (s, ¨er), °**-decke** f. (-, n) boîte crânienne. ||°**-haut** f. (-, ¨e) cuir chevelu ; péricrâne m. ||°**-höhle** f. (-, en) boîte crânienne. ||°**-lehre** f. phrénologie f. ||°**-stätte** f. (-, n). RELIG. Calvaire m. ||°**-verletzung** f. (-, en) lésion crânienne.

Schaden ['ʃa:dən] m. (s, ¨). **1.** mal m. ; blessure f. | *sich einen Schaden tun*, se faire mal. | *bei diesem Unglück sind zwanzig Personen zu Schaden gekommen*, vingt personnes ont été blessées lors de cet accident. || FIG. *den Schaden ans Licht ziehen*, mettre le doigt sur la plaie.

2. dommage m. ; dégât m. ; perte f. | *Schaden anrichten*, causer des dégâts. | *Schäden ersetzen*, indemniser ; dédommager. | *gegen Schaden versichern*, assurer contre les dommages. | *der Schaden beträgt tausend Mark*, les dégâts s'élèvent à mille marks. | *einen Schaden wiedergutmachen*, réparer un dommage. || FIG. tort m. ; préjudice m. ; détriment m. | *Schaden bringen*, faire du tort ; nuire. | *jm Schaden tun, zufügen*, porter préjudice à qn. | *mit Schaden verkaufen*, vendre à perte. | *durch Schaden klug werden*, apprendre à ses dépens. | *zu seinem Schaden*, à ses dépens. | *es wird sein Schaden nicht sein*, il n'aura pas à le regretter. | *Kriegsschaden*, dommage de guerre.

schaden ['ʃa:dən] v. intr. nuire ; porter préjudice à ; desservir ; léser ; faire tort à ; être préjudiciable à. | *dieses Klima schadet seiner Gesundheit*, ce climat nuit à sa santé. | *den Interessen js schaden*, léser les intérêts de qn. | *was schadet es ?*, quel mal y a-t-il ? ; quelle importance cela a-t-il ? | *es schadet nichts*, cela ne fait rien. || FAM. *es kann nicht schaden*, cela ne peut pas faire de mal.

Schaden|anzeige ["ʃa:dən'antsaigə] f. (-, n) déclaration (f.) de dommages. ||°**-ersatz** m. (es, ¨e) indemnité f. ; dédommagement m. ; dommages-intérêts m. pl. | *Schadenersatz leisten*, payer des dommages-intérêts. | *auf Schadenersatz klagen*, réclamer des dommages-intérêts. ||°**-freude** f. malignité f. ; malice f. ; joie sournoise. ||**-froh** adj. qui se réjouit des malheurs des autres.

Schadens|ereignis ["ʃa:dənsɛr'aignis] n. (ses, e) [Versicherung] événement m. ; sinistre m.

schadhaft ['ʃa:thaft] adj. détérioré ; endommagé ; usé ; défectueux ; abîmé ; avarié ; gâté. | *schadhaft werden*, se détériorer. || MÉD. subir une atteinte, une lésion. | *schadhafte Stelle*, partie atteinte. || [Zähne] carié.
— SYN. : *mangelhaft*, défectueux ; *gebrochen*, brisé ; *morsch*, gâté, pourri.

schädigen ['ʃɛ:digən] v. tr. léser ; endommager ; porter atteinte. | *jn schädigen*, faire tort à qn.

schädlich ['ʃɛ:tliç] adj. nuisible ; préjudiciable ; nocif ; malfaisant ; dommageable ; dangereux. | *der Gesundheit schädlich*, nuisible à la santé ; mauvais pour la santé ; malsain. || CHIM. *schädliches Gas*, gaz (m.) délétère. || JUR. préjudiciable.

Schädlichkeit [-kait] f. nocivité f. ; caractère malsain, préjudiciable.

Schädling ['ʃɛ:tliŋ] m. (s, e) être (m.) nuisible, nocif. || [Pflanze ; Ungeziefer] insecte (m.) nuisible ; parasite m. | *Rebenschädling* m., phylloxéra m.
— SYN. : *Schadenbringer*, parasite.

Schädlings|bekämpfungs... ["ʃɛ:tliŋsbə'kɛmpfuŋs] (en compos.) pesticide. ||°**-bekämpfungsmittel** n. (s, -) pesticide m.

schad|los ['ʃa:tlo:s] adj. **1.** indemne.

2. [entschädigt] indemnisé ; dédommagé. | *sich für etwas an jm schadlos halten*, se dédommager, se rattraper de qch. aux dépens de qn.

Schadlos|haltung ["ʃa:tlo:s'haltuŋ] f. indemnisation f ; indemnité f. ; dédommagement m.

Schad|stoff ['ʃa:dʃtɔf] m. (s, e). [Umwelt] polluant m.

Schaf [ʃa:f] n. (s, e) mouton m. ; brebis f. || PAR EXT. *das schwarze Schaf*, la brebis galeuse. || FAM. *dumm wie ein Schaf*, bête à manger du foin.
◇ n. pl. **Schafe.** RELIG. ouailles f. pl. | *die verlorenen Schafe*, les brebis égarées. | *die Schafe von den Böcken scheiden*, séparer le bon grain de l'ivraie.

Schaf|blattern ["ʃa:f'blatərn] f. pl. clavelée f. ||°**-bock** m. (s, ¨e). ZOOL. bélier m. ||°**-garbe** f. (-, n). BOT. achillée f. ; millefeuille f. ||°**-haltung** f. (-, en) élevage (m.) de moutons. ||°**-hirt** m. (en, en) pâtre m. ||°**-hürde** f. (-, n) parc (m.) à moutons. ||°**-kamel** n. (s, e). ZOOL. lama m. ||°**-käse** m. (s, -) fromage (m.) de brebis. ||°**-lamm** n. (s, ¨er) agneau m. ; agnelle f. ||°**-laus** f. (-, ¨e) tique f. ||°**-leder** n. (s) basane f. ||**-mäßig** adj. grégaire ; moutonnier. ||°**-milch** f. lait (m.) de brebis. ||°**-pelz** n. (es, e) peau (f.) de mouton. | *der Wolf im Schafpelz, in Schafkleidern*, le loup habillé en berger. ||°**-pocken** f. pl. clavelée f. ||°**-schere** f. (-, n) forces f. pl. ||°**-schur** f. (-, en) tonte (f.) des moutons. ||°**-stall** m. (s, ¨e) bergerie f. ; bercail m. ||°**-vieh** n. (s) ovins m. pl. ||°**-wolle** f. laine (f.) de mouton. ||°**-zucht** f. élevage (m.) des moutons.

Schafs|gesicht ["ʃa:fsgə'ziçt] n. (s, er) air (m.) stupide. ||°**-kopf** m. (s, ¨e) niais m. ; sot m. ; imbécile m. ||**-mäßig** adj. moutonnier.

Schäfchen ['ʃɛ:fçən] n. (s, -). **1.** agneau m. ; petit mouton. || FAM. *mein Schäfchen*, mon petit agneau.

2. [Wolken] cirrus m. | *der Himmel ist voll Schäfchen*, le ciel est moutonné. || PAR EXT. *das Meer hat Schäfchen*, la mer moutonne.

3. PROV. *sein Schäfchen ins Trockne bringen,* faire sa pelote.
◇ n. pl. **Schäfchen,** [Staub] moutons m. pl.

Schäfchen|wolke [″ʃɛ:fçən'vɔlkə] f. (-, n). [Lämmerwolke] cirrus m.

Schäfer(in) ['ʃɛ:fər(in)] m. (s, -), f. (-, nen) berger m. ; bergère f. ; pâtre m. ; pasteur m.

Schäfer|dichtung [″ʃɛ:fər'diçtuŋ] f. (-, en) poésie pastorale. ||°**-gedicht** n. (s, e). [Idylle] pastorale f. ; idylle f. ; bergerie f. ; églogue f. ||°**-hund** m. (s, e) chien (m.) de berger. ||°**-roman** m. (s, e) roman pastoral. ||°**-spiel** n. (s, e). THÉÂTRE. pastorale f. ||°**-stab** m. (s, ¨e) houlette f. ||°**-stündchen** n. (s, -). FAM. cinq-à-sept m. ||°**-tasche** f. (-, n) panetière f. (de berger).

Schäferei [ʃɛ:fə'rai] f. (-, en) bergerie f.

Schaff [ʃaf] n. (s, e) jatte f. ; écuelle f.

schaffen ['ʃafən] (u, a) v. tr. créer ; produire ; engendrer ; donner le jour à ; mettre au monde ; appeler à la vie. | *ein Kunstwerk schaffen,* créer une œuvre d'art. | *Gott schuf die Welt,* Dieu créa le monde.
◇ part. prés. et adj. **schaffend.** *schaffende Kraft,* force créatrice. | *die Geistigschaffenden,* les intellectuels m. pl.
◇ part. pass. et adj. **geschaffen.** *sie sind wie füreinander geschaffen,* ils sont faits l'un pour l'autre.
— SYN. : *bilden,* créer, former ; *hervorbringen,* produire ; *ins Leben rufen,* créer, instituer.

schaffen [-fən] v. intr. et v. tr. **1.** faire ; agir ; travailler. | *ich habe viel zu schaffen,* j'ai beaucoup à faire. | *zu schaffen geben,* donner du mal. | *es macht mir viel zu schaffen,* cela me donne du mal, du souci ; FAM. cela me donne du fil à retordre. | *sich zu schaffen machen,* s'affairer. | *damit hab' ich nichts zu schaffen,* je n'ai rien à voir avec cela. | *er hat hier nichts zu schaffen,* il n'a rien à faire ici.
2. porter ; mettre ; transporter. | *an Ort und Stelle schaffen,* mener à destination, à bon port. | *etwas zur Post schaffen,* porter qch. à la poste. | *ein Hindernis aus dem Wege schaffen,* écarter un obstacle. | *Geld beiseite schaffen,* détourner de l'argent. || POP. *jn beiseite schaffen,* supprimer qn. | *sich jn vom Halse schaffen,* se débarrasser de qn. | *eine Angelegenheit aus der Welt schaffen,* faire table rase d'une affaire.
3. [verschaffen] procurer. | *ich muß mir Geld schaffen,* il faut que je me procure de l'argent. | *Hilfe schaffen,* porter remède. | *Rat schaffen,* trouver une solution. | *sich selbst Recht schaffen,* se faire justice soi-même. | *das schafft Linderung,* cela soulage. || POP. *ich schaffe es schon !,* j'y arriverai bien !

Schaffer ['ʃafər] m. (s, -) créateur m.

Schaffhausen [″ʃaf'hauzən] n. pr. n. GÉOGR. Schaffhouse f.

Schaffner ['ʃafnər] m. (s, -) [Eisen-, Straßenbahn] contrôleur m. ; receveur m.

Schaffung ['ʃafuŋ] f. (-, en) création f. ; activité créatrice. | *Schaffung von Arbeitsplätzen,* création (f.) d'emplois.

Schafott [ʃa'fɔt] n. (s, e). [Blutgerüst] échafaud m.

Schaft [ʃaft] m. (s, ¨e). **1.** [Waffe] fût m. ; bois m. | *Lanzenschaft,* fût d'une lance. | *Gewehrschaft,* bois d'un fusil.
2. [Fahne] hampe f.
3. [Säule] fût m. | *abgebrochener Schaft,* colonne tronquée. || [Bäume] fût m. || [Feder] tige f.
4. [Schuhe] tige f. | *Stiefelschaft,* tige de botte.

Schaft|halm [″ʃaft'halm] m. (s, e). BOT. prêle f. ||°**-rinne** f. (-, n) cannelure (f.) de colonne. ||°**-stiefel** m. (s, -) botte (f.) à tige.

schäften ['ʃɛftən] v. tr. monter ; munir d'un fût. || TECHN. *Stiefel schäften,* monter des bottes.

Schah [ʃɑ:] m. (s, s) chāh, shāh m. | *der Schah von Persien,* le chāh de Perse.

Schakal [ʃa'kɑ:l] m. (s, e) chacal m.

Schake ['ʃɑ:kə] f. (-, n). MAR. maillon m.

Schäker ['ʃɛ:kər] m. (s, -) flirteur m.

Schäkerei [ʃɛ:kə'rai] f. (-, en) flirt m. ; galanterie f. ; badinage m.

schäkern ['ʃɛ:kərn] v. intr. flirter ; badiner.

Schal [ʃɑ:l] m. (s, e ou s) châle m. ; cache-nez m. || [Umschlagtuch] écharpe f.

schal [ʃɑ:l] adj. fade ; éventé ; sans sel ; insipide. | *schales Bier,* bière éventée. | *schal werden,* s'éventer. || FIG. *ein schales Leben,* une vie dépourvue d'attrait. | *schale Worte,* propos (m. pl.) insipides.
— SYN. : *abgestanden,* éventé ; *geschmacklos,* insipide.

Schal|obst [″ʃɑ:l'o:pst] n. (es) fruits (m. pl.) à coques.

Schäl|eisen [″ʃɛ:l'aizən] n. (s, -). TECHN. fraise (f.) à décolleter. ||°**-maschine** f. (-, n) éplucheuse f. || TECHN. machine (f.) à décolleter.

Schale ['ʃɑ:lə] f. (-, n). **1.** pelure f. ; coquille f. ; écaille f. ; peau f. ; enveloppe f. | *Orangenschale,* pelure d'orange. | *Schale einer Kartoffel,* épluchure (f.) de pomme de terre. | *Kartoffeln in der Schale,* pommes (f. pl.) de terre en robe de chambre, en robe des champs. | *Nußschale,* coquille de noix. | *Eierschale,* coquille d'œuf. | *Austerschale,* écaille d'huître. | *Eier in der Schale,* œufs (m. pl.) à la coque. | *Schale einer Schildkröte,* carapace (f.) d'une tortue. || FIG. écorce f. ; aspect extérieur. | *je rauher die Schale, desto süßer der Kern,* sous une écorce rude, une âme tendre. || ANAT. *Hirnschale,* boîte crânienne.
2. [Becher] coupe f. ; tasse f. ; écuelle f. ; bol m. | *Obstschale,* coupe à fruits. | *Schale Obst,* coupe de fruits. | *Schale Milch,* bol de lait. | *kalte Schale,* coupe glacée. || [Beleuchtung] vasque f. || PHOT. bac m.
3. [Waagschale] plateau (m.) de balance.
4. ZOOL. pince (f.) du cerf.

schalen ['ʃɑ:lən] v. tr. planchéier.

schälen ['ʃɛ:lən] v. tr. peler ; éplucher. | *einen Baum schälen,* écorcer un arbre. | *aus seiner Umhüllung schälen,* dépouiller de son enveloppe. | *Nüsse schälen,* écaler des noix. | *Gerste schälen,* monder de l'orge. | *ein Ei schälen,* écaler un œuf.
◇ v. pr. **sich schälen,** se peler. || [Schlange] muer. | *die Haut schält sich,* la peau pèle.

Schalen|gehäuse [″ʃɑ:ləngə'hɔyzə] n. (s, -) coquille f. ||°**-tier** n. (s, e) crustacé m. ||°**-wild** n. (s) gros gibier.

Schalheit ['ʃɑ:lhait] f. fadeur f. ; insipidité f. ; platitude f.

Schälhengst [″ʃɛ:l'hɛŋst] m. (es, e). ZOOL. [Beschäler] étalon m.

Schalk [ʃalk] m. (s, e) rusé compère ; fripon m. ; filou m. ; coquin m. | *er hat den Schalk im Nacken,* c'est un fieffé coquin.

schalkhaft ['ʃalkhaft] adj. fripon ; espiègle ; fourbe ; coquin ; malicieux. | *schalkhaftes Lächeln,* sourire goguenard.

Schalkhaftigkeit [-haftiçkait] f. espièglerie f. ; ruse f. ; malice f. ; roublardise f.

Schalks|auge [″ʃalks'augə] n. (s, n) œil fripon. ||°**-knecht** m. (s, e) serviteur (m.) propre à rien. ||°**-narr** m. (en, en) bouffon m. ||°**-streich** m. (s, e) frasque f. ; espièglerie f.

Schall [ʃal] m. (s, e ou ¨e) **1.** son m. ; éclat m. ; bruit m. ; timbre m. ; vibration f. | *der Schall unserer Schritte,* le bruit de nos pas. | *dumpfer Schall,* bruit sourd. | *Fortpflanzung des Schalls,* propagation (f.) du son. | *ein Schall verklingt,* un bruit meurt. | *die Lehre vom Schall,* l'acoustique f.
2. FIG. *leerer Schall,* vain bruit. | *das ist nur Schall und Rauch,* ce n'est que bruit et fumée ; ce n'est que vanité. | *seines Lebens Schall* (SCHILLER), sa renommée.

Schall|aufnehmer [″ʃal'aufne:mər] m. (s, -). [Sprechmaschinen] diaphragme m. ||°**-ausstrahlung** f. rayonnement (m.) acoustique. ||°**-becken** n. (s, -). MUS. cymbale f. ||°**-boden** m. (s, ¨) caisse (f.) de résonance. ||°**-brechung** f. réfraction (f.) du son. ||°**-bremse** f. (-, n) dispositif (m.) anti-écho. ||°**-dämpfer** m. (s, -) amortisseur (m.) acoustique ; sourdine f. || AUTOM. silencieux m. ; pot (m.) d'échappement. ||°**-dämpfung** f. insonorisation f. | *mit Schalldämpfung,* insonorisé. ||°**-deckel** m. (s, -) abat-voix m. ||**-dicht** adj. insonore. | *schalldicht machen,* insonoriser. ||°**-dose** f. (-, n) diaphragme m. ||°**-druck** m. (s). PHYS. pression (f.) acoustique. ||°**-druckpegel** m. (s) niveau (m.) sonore. ||°**-erreger** m. (s, -) corps (m.) sonore. ||°**-fänger** m. (s, -) cornet (m.) acoustique. ||°**-fenster** n. (s, -) abat-son m. ||°**-fülle** f. (-, n) sonorité f. ||°**-geschwindigkeit** f. vitesse (f.) du son. | *die Schallgeschwindigkeit überschreitend,* supersonique. | *Überschallgeschwindigkeit,* vitesse (f.) supersonique. ||**-isoliert** adj. insonorisé. ||°**-isolierung** f. (-) isolation (f.) sonore. ||°**-kammer** f. (-, n) chambre (f.) d'écho. ||°**-kasten** m. (s, ¨) boîte (f.) de résonance. ||°**-knall** m. (s, e). AÉRON. bang (m.) sonique. ||°**-kopf** m. (s, ¨e). MÉD. [Echographie] sonde (rotative). ||°**-(l)ehre** f. [Schallkunde] acoustique f. ||°**-(l)eiter** m. (s, -) tuyau (m.) acoustique. ||°**-(l)och** n. (s, ¨er). MUS. ouïe f. (des instruments à cordes). ||°**-mauer** f. mur (m.) du son. | *die Schallmauer brechen, durchstoßen,* franchir le mur du son. ||°**-messer** m.

(s, -) phonomètre m. ||°-**messung** f. repérage (m.) au son. ||°-**nachahmung** f. (-, en) onomatopée f. ||°-**ortung** f. écholocation f. ||°-**platte** f. (-, n) disque m. | *auf Schallplatten aufnehmen*, enregistrer sur disques. ||°-**quantum** n. (s, a). PHYS. phonon m. ||°-**rohr** n. (s, e) porte-voix m. ||°-**schutz** m. (es) isolation (f.) phonique ; insonorisation f. ||-**sicher** adj. à l'abri du bruit ; insonorisé. | *schallsichere Zelle*, cabine insonorisée. ||°-**signal** n. (s, e) signal (m.) sonore. ||°-**stärke** f. intensité (f.) du son. ||°-**trichter** m. (s, -) pavillon m. ||°-**verstärker** m. (s, -) amplificateur m. ||°-**welle** f. (-, n) onde (f.) sonore. ||°-**wellenbündel** n. (s, -). PHYS. faisceau (m.) ultrasonore. ||°-**wellenwiderstand** m. (s). PHYS. impédance (f.) acoustique. ||°-**wirkung** f. [Schallverhältnisse] acoustique f. ||°-**wort** n. (s, ¨er) onomatopée f. ||°-**zeichen** n. (s, -) signal (m.) sonore.

Schallplatten|händler ["ʃalplatən'hɛntlər] m. (s, -) disquaire m. ||°-**konzert** n. (s, e) concert (m.) de musique enregistrée. ||°-**sammlung** f. (-, en) discothèque f. ||°-**ständer** m. (s, -) range-disques m. ||°-**verzeichnis** n. (ses, se) discographie f.

schallen ['ʃalən] v. intr. rendre un son ; sonner ; résonner. | *schallend*, sonore ; retentissant.

— SYN. : *klingen* (Glöckchen) ; *tönen* (Glocke ; Klang ; Musik ; Radio) ; *dröhnen* (große Glocke ; Flugzeugmotoren) ; *hallen* (Stimme in einem leeren Raum) ; *schallen* (Ruf im Gebirge ; Trompeten ; Fanfaren) ; *gellen* (Schrei des Entsetzens). — *rauschen* (Wind ; Laub ; Wellen) ; *brausen* (Sturm ; Wasserfall) ; *sausen* (Sturmwind) ; *tosen* (großer Wasserfall ; Brandung des Meeres) ; *pfeifen, heulen* (Wind) : *orgeln* (Orkan, Gewitter in den Lüften) ; *prasseln* (Regen auf das Dach) ; *rollen* (Meereswogen) ; *donnern* (Kanonen). — *krachen* (Schuß ; einschlagender Blitz) ; *knallen* (Schuß ; Champagnerpropfen) ; *klirren* (Gläser beim Anstoßen ; Geschirr) ; *knattern* (Motorrad) ; *rasseln* (Ketten ; Panzer) ; *rattern* (Eisenbahn) ; *rumpeln* (Fässer beim Rollen). — *plätschern* (Bächlein ; Brunnen) ; *murmeln* (Quellen) ; *rieseln* (Bächlein durch die Wiesen) ; *glucksen* (abfließendes Wasser) ; *wispern* (Gras im leichtem Wind) ; *lispeln* (Laub bei leichtem Wind) ; *säuseln* (Abendwind) ; *zischen* (Dampf) ; *rascheln* (Mäuse im Stroh) ; *knirschen* (Schritte auf gefrorenem Schnee) ; *knistern* (Feuer im Ofen) ; *knittern* (Papier) ; *brutzeln* (Schnitzel in der Bratpfanne) ; *brummen* (fernes Motorengeräusch).

Schalmei [ʃal'mai] f. (-, en). MUS. chalumeau m. ; pipeau m.

Schalotte [ʃa'lɔtə] f. (-, n). BOT. échalote f.

Schalt|algebra ["ʃalt'algebra:] f. (-) algèbre f. de Boole. ||°-**anlage** f. (-, n). ÉLECTR. installation (f.) de distribution électrique. ||°-**apparat** m. (s, e) commutateur m. ||°-**brett** n. (s, er), °-**tafel** f. (-, n) tableau (m.), panneau (m.) de distribution. || AUTOM. tableau (m.) de bord. ||°-**element** n. (s, e). ÉLECTR. puce (f.) électronique. ||°-**gehäuse** n. (s, -) boîte (f.) de vitesses. ||°-**hebel** m. (s, -) levier (m.) de changement de vitesse ; levier (m.) d'interrupteur ; manette (f.) de commande. ||°-**jahr** n. (s, e) année (f.) bissextile. ||°-**knopf** m. (s, ¨e). ÉLECTR. bouton m. ||°-**kreis** m. (es, e) circuit (m.) intégré. ||°-**pult** n. (s, e) pupitre (m.) de commande. ||°-**schema** n. (s, en). ÉLECTR. schéma (m.) de branchement. ||°-**schlüssel** m. (s, -). AUTOM. clef (f.) de contact. ||°-**stange** f. (-, n). AUTOM. commande (f.) d'embrayage. ||°-**uhr** f. (-, en) minuterie f. ||°-**wendekreisel** m. (s, -). AÉRON. gyromètre m.

schalten ['ʃaltən] v. intr. user de (qch.) ; disposer de (qch.) ; diriger, gouverner à son gré. | *willkürlich über etwas schalten*, disposer arbitrairement de qch. | *frei mit etwas schalten*, disposer librement de qch. | *nach Belieben schalten und walten*, agir selon son bon plaisir. ◇ v. tr. TECHN. *eine Maschine (ein)schalten*, mettre une machine en route. || ÉLECTR. brancher ; coupler. | *parallel schalten*, monter en parallèle ; coupler. | *hintereinanderschalten*, monter en série. || AUTOM. embrayer ; changer de vitesse. | *in einen anderen Gang schalten*, changer de vitesse ; passer une autre vitesse. | *den Leergang (ein)schalten*, passer au point mort.

Schalter [-tər] m. (s, -). **1.** guichet m. | *Fahrkartenschalter*, guichet des billets.
2. ÉLECTR. interrupteur m. ; commutateur m. ; contacteur m. || AUTOM. *Anlaßschalter*, contacteur ; démarreur m. || *Drehschalter*, interrupteur rotatif. | *Fernschalter*, interrupteur à distance. | *Hebelschalter*, interrupteur à levier. | *Schutzschalter*, disjoncteur m.

Schalter|automat ["ʃaltərauto'ma:t] m. (s, en) guichet (m.) automatique. ||°-**beamter** m. guichetier m. ||°-**brief** m. (s, e) lettre (f.) poste restante. ||°-**halle** f. (-, n) hall (m.) des guichets.

Schaltung ['ʃaltuŋ] f. (-, en). **1.** AUTOM. changement (m.) de vitesse ; embrayage m. ; débrayage m.
2. ÉLECTR. branchement m. ; mise (f.) en circuit.

Schalung ['ʃa:luŋ] f. (-, en) coffrage m. ; revêtement m.

Schälung ['ʃɛ:luŋ] f. (-, en) décortication f.

Schaluppe [ʃa'lupə] f. (-, n) chaloupe f.

Scham [ʃa:m] f. **1.** honte f. | *vor Scham erröten*, rougir de honte. | *aller Scham bar sein*, être sans vergogne ; avoir toute honte bue.
2. [Schamhaftigkeit] pudeur f. | *falsche Scham*, fausse pudeur.
3. [Geschlechtsteile] parties sexuelles, honteuses.

Schamade [ʃa'ma:də] f. (-, n) chamade f. | *Schamade schlagen*, battre la chamade.

Scham|bein ['ʃa:mbain] n. (s, e). ANAT. pubis m. ||-**erregend** adj. qui suscite la honte. ||°-**gefühl** n. (s, e) sentiment (m.) de honte, de pudeur. ||°-**hügel** m. (s, -). ANAT. mont (m.) de Vénus. ||-**los** adj. sans pudeur ; éhonté ; impudent ; cynique ; effronté. | *schamlose Lüge*, mensonge éhonté. ||°-**losigkeit** f. effronterie f. ; impudence f. ; impudeur f. ; dévergondage m. ||°-**pflanze** f. (-, n). BOT. sensitive f. ||-**rot** adj. rouge de honte. ||°-**röte** f. *das trieb ihm die Schamröte ins Gesicht*, cela le fit rougir de honte. ||°-**seite** f. (-, n). ANAT. région inguinale. ||°-**teile** m. pl. parties sexuelles, honteuses.

schämen (sich) [ziç'ʃɛ:mən] v. pr. avoir honte. | *sich einer Sache schämen*, avoir honte de qch. | *sich eines Fehlers schämen*, avoir honte d'une faute. | *sich zu Tode schämen*, mourir de honte. | *schäme dich !*, tu devrais avoir honte ! ; fi donc ! | *man braucht sich nicht zu schämen*, il n'y a pas de honte à cela.

schamhaft ['ʃa:mhaft] adj. honteux ; pudique ; chaste ; pudibond. | *schamhaftes Bekenntnis*, aveu honteux.

Schamhaftigkeit [-haftiçkait] f. honte f. ; pudeur f. ; pudicité f. ; chasteté f. | *gegen die Schamhaftigkeit verstoßen*, offenser la pudeur.

Schamotte [ʃa'mɔtə] f. (-, n) chamotte f. ; argile (f.) réfractaire.

schampunieren [ʃampu'ni:rən] v. tr. faire un schampooing.

Schampus ['ʃampus] m. FAM. vin (m.) de Champagne ; vin mousseux.

schandbar ['ʃantba:r] adj. infâme ; honteux ; ignominieux ; infamant ; déshonorant.

Schandbarkeit [-kait] f. honte f. ; infamie f.

Schand|blatt ['ʃantblat] n. (s, ¨er) journal (m.) à scandale. ||°-**brief** m. (s, e) lettre infamante. ||°-**bube** m. (n, n) vaurien m. ; fripon m. ||°-**fleck** m. (s, en), °-**mal** n. (s, e) souillure f. ; flétrissure f. ; tare f. ; stigmate m. ||°-**geld** n. (s, er) prix (m.) de la honte. || vil prix. ||°-**gesell** m. (en, en) scélérat m. ; canaille f. ||°-**maul** n. (s, ¨er) médisant m. ; méchante langue. ||°-**pfahl** m. (s, ¨e). [Pranger] pilori m. | *an den Schandpfahl binden*, clouer au pilori. ||°-**preis** m. (es, e) vil prix. ||°-**schrift** f. (-, en) écrit (m.) diffamatoire. ||°-**tat** f. (-, en) infamie f. ; vilenie f.

Schande ['ʃandə] f. (-, n). **1.** honte f. ; déshonneur m. ; ignominie f. ; opprobre m. | *er gestand zu seiner Schande*, il dut avouer à sa honte. | *jm Schande machen*, faire honte à qn. | *eine öffentliche Schande*, un scandale. | *in Schimpf und Schande geraten*, sombrer dans la honte et le déshonneur.
2. FIG. *zuschanden, zu Schanden machen*, faire échouer. | *zu Schanden werden*, échouer. | *ein Pferd zu Schanden reiten*, crever un cheval.
3. [Schmähung] outrage m. ; affront m. | *jm eine Schande antun*, faire un affront à qn.

— SYN. : *Schimpf*, opprobre ; *Niedertracht, Niederträchtigkeit*, infamie.

schänden ['ʃɛndən] v. tr. **1.** déshonorer ; souiller ; salir ; profaner. | *sein Ruf ist geschändet*, il est déshonoré. || PROV. *Armut schändet nicht*, pauvreté n'est pas vice.
2. violer ; violenter.
3. [verunstalten] abîmer ; détériorer ; mutiler.

— SYN. : *entheiligen*, profaner ; *besudeln*, souiller ; *vergewaltigen*, violenter.

schändlich ['ʃɛntliç] adj. honteux ; ignoble ; infâme ; abominable. | *schändliche Tat*, action (f.) infâme. | *schändliche Preise*, des prix scandaleux.

Schändung ['ʃɛnduŋ] f. (-, en) outrage m. ; profanation f. ; (action de) déshonorer. || viol m.

Schank [ʃaŋk] m. (s, ¨e) débit (m.) de boissons.

Schank|berechtigung ["ʃaŋkbə'rɛçtiguŋ] f. (-, en), °-**konzession** [-kɔntsɛ'sio :n] f. (-, en) licence (f.), droit (m.) de débiter de l'alcool. ||°-**stätte** f. (-, n) estaminet m. ; bistrot m. ||°-**steuer** f. (-, n) impôt payé par les débitants de boissons. ||°**-tisch** m. (s, e). [Theke] comptoir m. ; FAM. zinc m. ||°**-wirt** m. (s, e) débitant (m.) de boissons. ||°**-wirtschaft** f. (-, en) débit (m.) de boissons.

Schanker [ˈʃaŋkər] m. (s, -). MÉD. [fressendes Geschwür] chancre m.

Schanz|arbeit [ʺʃantsˈarbait] f. (-, en). MIL. travail (m.) de retranchement. ||°**-arbeiter** m. (s, -). MIL. pionnier m. ||°**-bekleidung** f. (-, en). MAR. bastingage m. ||°**-graben** m. (s, ¨). MIL. retranchement. ||°**-korb** m. (s, ¨e). MIL. gabion m. ||°**-pfahl** m. (s, ¨e) palissade f. ||°**-werk** n. (s, e) redoute f.

Schanze [ˈʃantsə] f. (-, n). **1.** MIL. retranchement m. ; redoute f. ; fortification f. | *kleine Schanze*, fortin m. | *geschlossene Schanze*, redoute f. || SPORT. tremplin m.

2. MAR. [Achterdeck] gaillard (m.) d'arrière.

schanzen [-tsən] v. intr. **1.** MIL. élever des fortifications, des remparts ; se retrancher.

2. FIG. travailler dur ; piocher ; trimer.

Schanzer [-tsər] m. (s, -). MIL. pionnier m.

Schar [ʃɑːr] f. (-, en). **1.** troupe f. ; bande f. ; légion f. | *eine Schar Vögel*, une bande d'oiseaux. | *Scharführer*, chef (m.) de bande. | *scharenweise*, par bandes ; en foule. | *in hellen Scharen*, en masse. || MATH. groupe m. || RELIG. *die himmlischen Scharen*, les légions (f. pl.) célestes.

2. AGRIC. [Pflug] soc m.

Schar|wache [ʺʃɑːrˈvaxə] f. (-, n) corps (m.) de garde. ||°**-wächter** m. (s, -) soldat (m.) du guet. ||°**-werk** n. (s, e). HIST. corvée f.

Scharade [ʃaˈrɑːdə] f. (-, n). [Silbenrätsel] charade f.

Scharbe [ˈʃarbə] f. (-, n). ZOOL. cormoran m.

scharben [ˈʃarbən] v. tr. hacher ; couper en petits morceaux.

Scharbock [ˈʃɑːrbɔk] m. (s). MÉD. scorbut m.

Scharbocks|kraut [ʺʃɑːrbɔksˈkraut] n. (s, ¨er). BOT. ficaire f.

Schäre [ˈʃɛːrə] f. (-, n). [Klippe] récif m. ; îlot rocheux.

scharen [ˈʃɑːrən] v. tr. réunir ; assembler.

◇ v. pr. **sich scharen,** s'assembler en troupe.

scharf [ʃarf] adj. et adv. **1.** tranchant ; coupant ; acéré ; effilé. | *scharfe Spitze*, pointe aiguë. | *scharfe Klinge*, lame aiguisée.

2. piquant ; âpre ; épicé ; fort. | *scharfer Geruch*, odeur pénétrante, âcre, piquante. | *scharf gepfeffert*, fortement poivré. | *scharfer Senf*, moutarde forte. | *scharfe Säure*, acide mordant. | *scharfer Wind*, vent cinglant, vif. || PAR EXT. *scharfer Hund*, chien méchant.

3. précis ; aigu ; accusé ; net ; vif ; prononcé. | *scharfe Kurve*, virage prononcé. | *scharfes Profil*, profil accusé. | *scharfe Umrisse*, des contours nets. | *scharfe Züge*, des traits marqués. | *eine scharfe Grenze ziehen*, délimiter strictement. | *scharfe Kante*, arête vive. || GRAMM. aigu. | *scharfer Akzent*, accent aigu. || MATH. *scharfer Winkel*, angle aigu.

4. [Töne] aigu ; strident. | *scharfer Ton*, son aigu. | *scharfe Stimme*, voix stridente.

5. [Sinne] *scharfes Auge*, œil perçant. | *scharfes Gesicht*, vue perçante. | *scharfes Gehör*, ouïe fine. | *scharfer Geruch*, odorat subtil.

6. FIG. cinglant ; vif ; méchant ; acharné ; sagace ; sévère ; strict. | *scharfe Zucht*, discipline (f.) sévère. | *scharfe Strafe*, punition (f.) sévère. | *scharfer Verweis*, verte réprimande. | *scharf verfolgen*, poursuivre de près. | *scharfer Kampf um den ersten Platz*, lutte acharnée pour la première place. | *in scharfem Ton*, d'un ton sévère. | *er hat ein scharfes Urteil*, il a beaucoup de sens critique. | *scharfe Kritik*, critique acerbe. | *eine scharfe Feder*, une plume acérée. | *scharf untersuchen*, rechercher avec soin. | *jn in der Presse scharf angreifen*, lancer contre qn de vives attaques de presse. | *scharfer Verstand*, intelligence vive. | *scharfes Gedächtnis*, mémoire sûre. | *über etwas scharf nachdenken*, réfléchir sérieusement à qch. | *jn scharf bewachen*, garder qn à vue ; surveiller qn de près. || FIG., POP. *er ist scharf auf Briefmarken*, il a la passion des timbres-poste.

7. PHOT. *scharfes Bild*, photo nette. || MIL. *scharfe Munition*, munitions chargées à balle. | *scharf schießen*, tirer à balles. || AUTOM., FAM. *scharf fahren*, conduire sec. || [Pferde] *scharf beschlagen*, ferrer à glace. || OPT. *scharfe Brille*, des lunettes fortes. | *ein Mikroskop scharf stellen*, mettre au point un microscope.

Scharf|abstimmung [ʺʃarfˈapʃtimuŋ] f. RADIO. réglage précis. ||°**-blick** m. (s) perspicacité f. ; intelligence f. ; acuité (f.) d'esprit. | *nichts kann seinem Scharfblick entgehen*, rien ne peut échapper à sa perspicacité. ||°**-einstellung** f. (-). PHOT. réglage (m.) de la distance. ||**-geladen** adj. chargé à balle. ||**-kantig** adj. à arêtes vives. ||°**-macher** m. (s, -) extrémiste m. ; sectaire m. ||°**-richter** m. (s, -) bourreau m. ||°**-schütze** m. (n, n) tireur (m.) habile, d'élite. ||°**-schützengewehr** n. (s, e) fusil (m.) à lunette. ||**-sichtig** adj. qui a la vue perçante ; FIG. perspicace ; sagace ; clairvoyant. | *scharfsichtige Augen*, des yeux perçants. ||°**-sinn** m. (s) finesse f. ; sagacité f. ; acuité (f.) d'esprit ; perspicacité f. ||**-sinnig** adj. sagace ; pénétrant. ||°**-stellung** f. PHOT. mise (f.) au point.

Schärfe [ˈʃɛrfə] f. (-, n). **1.** tranchant m. ; arête vive, coupante. | *Schärfe einer Klinge*, fil (m.) d'une lame. | *Schärfe eines Messers*, tranchant d'un couteau. | *Schärfe einer Kante*, arête d'un angle.

2. netteté f. ; précision f. ; acuité f. | *Schärfe einer Brille*, degré (m.) d'acuité, force (f.) d'une lunette. | *Schärfe eines Bildes*, netteté d'une photo. | *Gedankenschärfe*, précision des idées. | *Schärfe der Umrisse*, netteté des contours. | *Schärfe des Verstandes*, acuité intellectuelle. | *Schärfe des Gedächtnisses*, précision de la mémoire. | *Schärfe des Urteils*, sagacité f.

3. sévérité f. ; rigueur f. | *Schärfe der Gesetze*, rigueur des lois. | *mit Schärfe behandeln*, traiter sévèrement.

4. causticité f. ; âpreté f. ; caractère mordant. | *Schärfe einer Polemik*, âpreté d'une polémique.

5. relief m. ; goût prononcé.

schärfen [-fən] v. tr. **1.** aiguiser ; biseauter ; affûter ; refaire la pointe. || TECHN. *einen Mühlstein schärfen*, repiquer une meule. | *eine Säge schärfen*, limer une scie.

2. FIG. mettre en relief ; souligner ; accuser. | *einen Gegensatz schärfen*, accuser un contraste ; souligner une opposition.

3. rendre plus vif ; aviver ; augmenter ; rendre plus pénétrant ; affiner. | *die Sinne schärfen*, aviver les sens. | *den Verstand schärfen*, aiguiser l'intelligence. | *eine Strafe verschärfen*, aggraver une punition.

Schärfen [-fən] n. (s), **Schärfung** [-fuŋ] f. (-, en) aiguisage m. ; affûtage m. ; affilage m.

Scharlach [ˈʃarlax] m. (s, e) écarlate f. || MÉD. scarlatine f. || ZOOL. cochenille f.

Scharlach|baum [ʺʃarlaxˈbaum] m. (s, ¨e). BOT. chêne-kermès m. ||°**-farbe** f. (-, n) écarlate f. ||**-farben** adj. écarlate. ||°**-fieber** n. (s, -) fièvre (f.) scarlatine. ||°**-kraut** n. (s). BOT. hormin m. ||**-rot** adj. rouge écarlate.

Scharlatan [ˈʃarlatan] m. (s, e) charlatan m.

— SYN. : *Marktschreier, Bänker*, bateleur ; *Quacksalber*, guérisseur, charlatan.

Scharm [ʃarm] m. (s) charme m. | *voller Scharm*, charmant.

scharmant [ʃarˈmant] adj. charmant ; gentil.

— SYN. : *reizend*, charmant ; *anziehend*, attirant ; *verführerisch, verlockend*, séduisant.

scharmieren [-ˈmiːrən] v. tr. charmer ; enchanter. || PÉJOR. faire le joli cœur ; faire du charme.

Scharmützel [ʃarˈmytsəl] n. (s, -). MIL. escarmouche f. ; engagement m. ; échauffourée f.

scharmützeln [-ˈmytsəln] v. intr. engager des escarmouches.

— SYN. : *plänkeln*, tirailler.

scharmutzieren [ʃarmuˈtsiːrən] v. intr. faire du charme.

Scharnier [ʃarˈniːr] n. (s, e). [Gelenkband] charnière f.

Schärpe [ˈʃɛrpə] f. (-, n) écharpe f. | *die Schärpe umbinden*, ceindre l'écharpe.

Scharpie [ʃarˈpiː] f. (-, n) charpie f.

Scharre [ˈʃarə] f. (-, n) racloir m. ; ratissoire f.

scharren [-rən] v. tr. gratter ; racler. | *die Erde scharren*, gratter la terre. | *ein Loch in die Erde scharren*, creuser un trou dans la terre. || PAR EXT. enfouir ; ensevelir. | *etwas in die Erde scharren*, enfouir qch. dans la terre. || *Geld zusammenscharren*, s'enrichir par tous les moyens.

◇ v. intr. gratter. | *der Hund scharrt an der Tür*, le chien gratte à la porte. | *das Huhn scharrt nach Würmern*, la poule gratte la terre pour y trouver des vers. || PAR EXT. trépigner. | *mit den Hufen scharren*, piaffer. || UNIV., FAM. *mit den Füßen scharren*, trépigner (en signe de mécontentement).

Scharrer [-rər] m. (s, -). **1.** oiseau (m.) qui gratte, qui creuse le sol.

2. [Werkzeug] racloir m. ; ratissoire f.

3. [Geizhals] vieil avare ; grigou m.

Scharr|fuß ['ʃarfu:s] m. (es, ¨e). [Kratzfuß] révérence f.

Scharte ['ʃartə] f. (-, n) brèche f. ; dent f. || [an einem Messer, einer Klinge] *eine Scharte machen*, ébrécher. | *eine Scharte bekommen*, s'ébrécher. || FIG. *eine Scharte auswetzen*, prendre sa revanche. || MIL. créneau m. ; meurtrière f. | *Schießscharte*, meurtrière de tir. || MÉD. *Hasenscharte*, bec-de-lièvre m.

Scharteke [ʃar'te:kə] f. (-, n) vieillerie f. ; vieux papier ; grimoir m. ; vieux bouquin.

schartig ['ʃartiç] adj. ébréché. | *schartig machen*, ébrécher. | *schartig werden*, s'ébrécher. || MIL. *schartige Mauer*, mur crénelé.

Scharung ['ʃa:ruŋ] f. (-, en). GÉOGR. charriage m.

Scharwenzel [ʃar'vɛntsəl] m. (s, -). [Karten] valet m. || [Allerweltsdiener] factotum m. || [Augendiener] flagorneur m.

scharwenzeln [-tsəln] v. intr. FAM. flagorner.

Schatten ['ʃatən] m. (s, -). **1.** ombre f. | *im Schatten der Bäume*, à l'ombre des arbres. | *einen Schatten werfen*, projeter une ombre. | *es macht Schatten*, cela fait de l'ombre. | *die Bäume spenden Schatten*, les arbres donnent de l'ombre. | *Licht und Schatten in einem Gemälde*, les ombres et les lumières d'un tableau. | *Schatten unter den Augen haben*, avoir les yeux cernés. || PROV. *niemand kann über seinen Schatten springen*, chacun a ses limites.
2. FIG. ombre f. | *jm wie sein Schatten folgen*, suivre qn comme son ombre. | *jn in den Schatten stellen*, éclipser qn ; porter ombrage à qn. | *jm im Schatten stehen*, empêcher qn d'avancer. | *er ist nur noch ein Schatten seiner selbst*, il n'est plus que l'ombre de lui-même. | *einem Schatten nachjagen*, poursuivre une chimère.
3. [leichte Spur] soupçon m. ; trace légère. | *nicht den Schatten eines Beweises konnte er erbringen*, il n'a pas pu produire l'ombre d'une preuve.
4. MYTH. fantôme m. ; spectre m.

Schatten|bild ["ʃatən'bilt] n. (s, er) silhouette f. ; ombre f. ; fantôme m. ||°**-dach** n. (s, ¨er) marquise f. ||°**-decke** f. (-, n) claie f. ||°**-gang** m. (s, ¨e) allée ombragée. ||°**-kabinett** n. (s, e). POLIT. cabinet (m.) fantôme. ||°**-könig** m. (s, e) prince (m.) fantôme. ||°**-land** n. (s) l'au-delà m. ||°**-licht** n. (s, er) clair-obscur m. ||°**-morelle** f. (-, n) cerise (f.) aigre. ||°**-pflanze** f. (-, n) plante (f.) qui ne pousse qu'à l'ombre. ||°**-reich** n. (s, e) royaume (m.) des ombres. ||**-reich** adj. ombreux. ||°**-riß** m. (es, e) silhouette f. ; esquisse f. ||°**-seite** f. (-, n) côté (m.) de l'ombre. || FIG. revers (m.) de la médaille ; mauvais côté. | *dieses hat auch seine Schattenseite(n)*, il y a aussi une ombre au tableau. ||°**-spiel** n. (s, e) jeu (m.) d'ombres. | *Schattenspiele*, ombres chinoises. ||°**-theater** n. (s, -) théâtre (m.) d'ombres. ||°**-welt** f. MYTH. royaume (m.) des ombres ; Tartare m. ||°**-wirtschaft** f. économie (f.) parallèle. ||°**-zeiger** m. (s, -) aiguille (f.) de cadran solaire.

schattieren [ʃa'ti:rən] v. tr. ARTS. ombrer ; nuancer.
— SYN. : *Licht und Schatten abstufen*, nuancer, dégrader.

Schattieren [-rən] n. (s), **Schattierung** [-ruŋ] f. (-, en). ARTS. répartition (f.), distribution (f.) des ombres ; dégradé m. ; nuance f. ; gradation f. ; (action d')ombrer. | *um eine Schattierung zu hell*, trop clair d'un ton.

schattenhaft ['ʃatənhaft] adj. semblable à une ombre ; vague ; imprécis ; fantomatique. | *schattenhafte Vorstellung*, représentation confuse.

schattig ['ʃatiç] adj. ombragé ; ombreux. | *schattiges Laub*, ombrage m.
— SYN. : *beschattet*, ombragé, à l'ombre.

Schatulle [ʃa'tulə] f. (-, n) cassette f.

Schatullen|gelder [ʃa"tulən'gɛldər] n. pl. (Vx.) revenus (m. pl.) de la couronne. ||°**-güter** n. pl. (Vx.) biens (m. pl.) de la couronne.

Schatz [ʃats] m. (es, ¨e). **1.** trésor m. ; richesses f. pl. | *Schätze sammeln*, thésauriser. | *nach einem Schatz graben*, chercher un trésor.
2. FIG. somme (f.), fonds (m.) de connaissances. | *Schätze von Erinnerungen*, profusion (f.) de souvenirs. | *Bücherschatz*, collection (f.) de livres.
3. FAM. [Kosewort] trésor m. ; chéri ; chérie. | *sein Schatz*, sa bonne amie.

Schatz|amt ["ʃats'amt] n. (s, ¨er) trésorerie f. ; Trésor m. ||°**-anweisung** f. (-, en) bon (m.) du Trésor. ||°**-gräber** m. (s, -) chercheur (m.) de trésors. ||°**-kammer** f. (-, n) trésor public. ||°**-kanzler** m. (s, -) chancelier (m.) de l'échiquier. ||°**-kasten** m. (s, ¨) caissette f. ; coffre-fort m. ||°**-meister** m. (s, -) trésorier m. ||°**-schein** m. (s, e) bon (m.) du Trésor.

schätzbar ['ʃɛtsba:r] adj. estimable ; appréciable ; qui peut être évalué.

Schätzbarkeit [-kait] f. qualités (f. pl.) estimables, appréciables ; mérite m.

Schätzchen ['ʃɛtsçən] n. (s, -) petit trésor. || FIG., FAM. chéri m. ; chérie f.

schätzen ['ʃɛtsən] v. tr. **1.** apprécier ; estimer ; évaluer. | *etwas zu schätzen wissen*, estimer qch. à sa juste valeur. | *einen Schaden schätzen*, évaluer un dommage. | *wie hoch schätzen Sie es ?*, à combien l'estimez-vous ? | *wie alt schätzen Sie ihn ?*, quel âge lui donnez-vous ? | *jn hoch schätzen*, estimer qn hautement ; faire grand cas de qn. | *jn gering schätzen*, faire peu de cas de qn. | *sich glücklich schätzen*, s'estimer heureux. | *ich schätze, daß*, j'estime que.
2. FIN. coter ; taxer ; estimer. | *ein Grundstück schätzen*, estimer un domaine. | *die Preise schätzen*, taxer les prix. | *ein Haus abschätzen*, évaluer une maison.
◇ part. pass. et adj. **geschätzt,** estimé ; estimable ; honorable. | *ein geschätzter Gelehrter*, un savant estimé. || COMM. *Ihr geschätztes Schreiben*, votre honorée.

schatzen ['ʃatsən] v. tr. imposer ; taxer ; grever d'impôts.

schätzens|wert ["ʃɛtsəns've:rt], **-würdig** [-'vyrdiç] adj. estimable ; digne d'être apprécié.

Schätzer ['ʃɛtsər] m. (s, -) estimateur m.

Schätzung ['ʃɛtsuŋ] f. (-, en) estimation f. ; appréciation f. | *bei vorsichtiger Schätzung*, au bas mot. | *die Wertschätzung*, la taxation. || [Hochachtung] estime f. | *er erfreut sich allgemeiner Schätzung*, il jouit de l'estime générale.

schätzungs|weise ["ʃɛtsuŋs'vaizə] adv. approximativement ; FAM. à vue de nez. ||°**-wert** m. (s, e) montant (m.) de l'évaluation ; valeur estimative.

Schau [ʃau] f. (-, en). **1.** exposition f. ; parade f. ; étalage m. ; montre f. | *zur Schau stehen*, être exposé. | *zur Schau tragen*, montrer en public ; faire parade de ; étaler. | *sich zur Schau stellen*, se donner en spectacle.
2. revue f. ; inspection f. | *Heerschau*, revue militaire. | *Blumenschau*, floralies f. pl. | *eine Schau vornehmen*, procéder à une inspection.
3. MAR. *die Flagge in Schau wehen lassen*, mettre le pavillon en berne.

Schau|bild ["ʃau'bilt] n. (s, er) esquisse f. ; [Diagramm] diagramme m. ||°**-brot** n. (s, e). RELIG. pain (m.) de proposition. ||°**-bude** f. (-, n) baraque (f.) de foire. ||°**-bühne** f. (-, n) théâtre m. ; scène f. || FIG. *die politische Schaubühne*, la scène politique. ||°**-fechter** m. (s, -) gladiateur m. ||°**-fenster** n. (s, -) vitrine f. ; devanture f. ; étalage m. ||°**-fensterbummel** m. (s). FAM. lèche-vitrines m. | *einen Schaufensterbummel machen*, faire du lèche-vitrines. ||°**-gerüst** n. (es, e) tribune f. ; estrade f. ; tréteaux m. pl. ||°**-kasten** m. (s, - ou ¨) vitrine f. ||°**-linie** f. (-, n) diagramme m. ||°**-loch** n. (s, ¨er). TECHN. regard m. ||°**-lust** f. curiosité f. ||**-lustig** adj. curieux. ||°**-münze** f. (-, n) médaille commémorative. ||°**-pfennig** n. (s, e) médaille f. ||°**-platz** m. (es, ¨e) théâtre m. ; scène f. || FIG. *Kriegsschauplatz*, théâtre des opérations. | *Schauplatz der Handlung*, lieu (m.) de l'action. ||°**-seite** f. (-, n) façade f. ||°**-spiel** n. (s, e) spectacle m. ; pièce (f.) de théâtre. ||°**-spieler(in)** m. (s, -), f. (-, nen) acteur m. ; actrice f. ||°**-spielhaus** n. (es, ¨er) théâtre m. ||°**-spielkunst** f. art (m.) dramatique. ||°**-steller** m. (s, -) (marchand) forain m. ||°**-turm** m. (s, ¨e) belvédère m. ||°**-turnen** n. (s) démonstration (f.) de gymnastique.

Schaub [ʃaup] m. (s, e) botte (f.), bouchon (m.) de paille.

Schauder ['ʃaudər] m. (s, -) frisson m. ; tremblement m. | *ein Schauder ergreift, überläuft ihn*, un frisson le secoue. | *Schauder erregen*, faire frémir ; faire horreur ; faire frissonner.

schauder|erregend ["ʃaudərɛr're:gənt] adj. horrible. ||°**-geschichte** f. (-, n) histoire (f.) horrible. ||**-voll** adj. horrible ; atroce.

schauderhaft ['ʃaudərhaft] adj. épouvantable ; horrible ; à faire frémir ; affreux.
— SYN. : *schrecklich*, affreux ; *entsetzlich*, épouvantable.

Schauderhaftigkeit [-haftiçkait] f. horreur f. ; abomination f. ; atrocité f.

schaudern ['ʃaudərn] v. intr. frémir ; trembler ; frissonner. | *vor Kälte schaudern*, frissonner ; être transi de froid. | *mich schaudert bei dem Gedanken, daß*, je frémis à la pensée que.

Schaudern [ˈʃaudərn] n. (s) tremblement m. | *das Schaudern packt ihn*, il tremble de tout son être. | *er blickt mit Schaudern hinab*, il regarde avec effroi (dans le gouffre).

schauen [ˈʃauən] v. intr. regarder ; contempler. | *rückwärts schauen*, regarder en arrière. | *auf etwas schauen*, fixer ses regards sur qch. | *zum Fenster hinaus schauen*, regarder par la fenêtre. | *jm ins Auge schauen*, regarder qn dans les yeux. | *schauen Sie mal !*, regardez donc ! || FIG. *in die Zukunft schauen*, lire dans l'avenir. | *auf jn schauen*, se référer à qn ; prendre qn pour modèle. | *Gott schaut ins Herz*, Dieu lit dans les cœurs, scrute les cœurs. | *im Geiste schauen*, imaginer ; prophétiser. || LOC. *er schaut traurig drein*, il a l'air triste. | *dabei schaut nichts heraus*, tout cela ne rapporte rien. || FAM. *schau mal an !* ; *schau, schau !*, tiens, tiens !

Schauer [ˈʃauər] m. (s, -). **1.** frisson m. ; frémissement m. | *ein Schauer schüttelte ihn*, un frisson le secoua. | *Fieberschauer*, frisson de fièvre. | (Vx.) *heiliger Schauer*, horreur sacrée. || LITTÉR. *Schauerroman*, roman noir, d'épouvante.
2. averse f. ; ondée f. | *Hagelschauer*, averse de grêle. | *Märzschauer*, giboulées (f. pl.) de mars.
3. [Feuer] flambée f. | *einen kleinen Schauer machen*, faire une flambée.

schauerlich, schauer|voll [ˈʃauərliç, ″ʃauərˈfɔl] adj. effrayant ; horrible.

Schauermann [ˈʃauərman] m. (s, leute) docker m.

schauern [ˈʃauərn] v. intr. [gruseln]. **1.** frissonner. | *vor Frost schauern*, frissonner de froid. | *vor Entzücken schauern*, frémir de ravissement.
2. DIAL. pleuvoir à verse.

Schaufel [ˈʃaufəl] f. (-, n). **1.** pelle f. ; spatule f. | *eine Schaufel Kohlen*, une pelle de charbon. | *Kohlenschaufel*, pelle à charbon. | *Müllschaufel*, pelle à poussière. || FIG. *die Schaufel in die Hand nehmen*, se mettre au travail.
2. [Rad] palette f. ; aube f. ; ailette f. | *Schaufel eines Mühlrads*, aube d'une roue de moulin.
3. ZOOL. [Hirsch] bois m.

Schaufel|bagger [″ʃaufəlˈbagər] m. (s, -) drague (f.) à godets. ||**-förmig** adj. spatulé. ||°**-geweih** n. (s, e) empaumure f. ||°**-hirsch** m. (es, e). ZOOL. daim m. ||°**-hut** m. (s, ¨e) bicorne m. ||°**-lader** m. (s, -) pelle chargeuse. ||°**-rad** n. (s, ¨er) roue (f.) à aubes. ||°**-voll** f. pelletée f. ||°**-zahn** m. (s, ¨e) [Wiederkäuer] incisive f.

schauf(e)lig [ˈʃauf(ə)liç] adj. à spatule ; à palette ; à aube.

schaufeln [-fəln] v. tr. travailler à la pelle ; ramasser, déblayer, creuser à la pelle. | *Schnee (weg)-schaufeln*, enlever la neige avec une pelle. || PR. et FIG. *ein Grab schaufeln*, creuser une tombe.

Schaufler [-flər] m. (s, -). **1.** terrassier m.
2. ZOOL. [Schaufelhirsch] daim m. || [Löffelreiher] héron (m.) cuiller.

Schauke [ˈʃaukə] f. (-, n). MAR. ras (m.) de carène.

Schaukel [ˈʃaukəl] f. (-, n) balançoire f. ; escarpolette f.

Schaukel|brett [″ʃaukəlˈbrɛt] n. (s, er) balançoire f. ||°**-pferd** n. (s, e) cheval (m.) à bascule. ||°**-politik** f. (-, en) politique (f.) de bascule, d'équilibre. ||°**-reck** n. (s, e). SPORT. trapèze m. ||°**-stuhl** m. (s, ¨e) chaise (f.) à bascule ; rocking-chair m. ||°**-wippe** f. (-, n) bascule f.

schaukeln [ˈʃaukəln] v. intr. se balancer ; osciller ; tanguer ; vaciller. | *das Schiff schaukelt auf den Wellen*, le navire tangue, oscille sur les vagues. || FIG. pratiquer une politique d'équilibre.
◇ v. tr. balancer ; bercer. | *ein Kind schaukeln*, bercer un enfant. || FAM. *wir werden das Kind schon schaukeln*, nous nous débrouillerons bien.
◇ v. pr. **sich schaukeln,** se balancer.

Schaum [ʃaum] m. (s, ¨e). **1.** écume f. ; mousse f. | *Wellenschaum*, écume des vagues. | *Seifenschaum*, mousse de savon. | *der Schaum steht ihm vor dem Mund*, il écume de colère. || CULIN. *Eier zu Schaum schlagen*, battre des œufs en neige.
2. FIG. vent m. ; néant m. ; illusion f. | *zu Schaum werden*, s'en aller en fumée. | *Schaum schlagen*, fanfaronner. || PROV. *Träume sind Schäume*, songes sont mensonges.

schaum|artig [″ʃaumˈɑːrtiç] adj. écumeux ; mousseux. ||°**-bad** n. (es, ″er) bain (m.) de mousse. ||**-bedeckt** adj. couvert de mousse, d'écume. ||°**-bier** n. (s, e) bière (f.) qui mousse. ||°**-blase** f. (-, n) bulle (f.) de savon. ||°**-feuer|löscher** m. (s, -) extincteur (m.) à mousse. ||°**-gebäck** n. (s, e). CULIN. meringue f. ||°**-geborene** f. (n) Vénus Anadyomène. ||°**-gold** n. (s). [Flittergold] clinquant m. ||°**-gummi** n. (s) caoutchouc (m.) mousse. ||°**-kelle** f. (-, n), °**-löffel** m. (s, -) écumoire f. ||°**-kette** f. (-, n) gourmette f. ||°**-kraut** n. (s). BOT. cardamine f. ||°**-lösch|gerät** n. (s, e) extincteur (m.) à mousse carbonique. ||°**-schläger** m. (s, -) charlatan m. ||°**-schlägerei** f. (-, en) charlatanerie f. ||°**-seife** f. (-, n) savon (m.) à barbe. ||°**-wein** m. (s, e) vin mousseux.

schäumen [ˈʃɔymən] v. intr. écumer ; bouillonner ; faire de la mousse ; pétiller. | *das Bier schäumt*, la bière écume. | *der Sekt schäumt*, le champagne pétille. || MAR. moutonner. | *die Wellen schäumen*, les vagues moutonnent. || FIG. *er schäumt vor Wut*, il écume de colère.

schaurig [ʃauriç] adj. V. SCHAUERLICH.

Scheck [ʃɛk] m. (s, e) chèque m. ; effet m. | *gekreuzter, gesperrter Scheck*, chèque barré. | *offener Scheck*, chèque non barré. | *uneingelöster Scheck*, chèque non payé. | *ungedeckter Scheck*, chèque sans provision ; FAM. chèque en bois. | *Barscheck*, chèque payable au comptant. | *Inhaberscheck*, chèque au porteur. | *Postscheck*, chèque postal. | *einen Scheck ausstellen, ziehen*, tirer, émettre un chèque. | *einen Scheck einlösen*, toucher un chèque.

Scheck|abschnitt [″ʃɛkˈapʃnit] m. (s, e) talon (m.) de chèque. ||°**-buch** n. (s, ¨er), °**-heft** n. (s, e) carnet (m.) de chèques ; chéquier m. ||°**-formular** n. (s, e) formule (f.) de chèque. ||°**-inhaber** m. (s, -) porteur (m.) d'un chèque. ||°**-konto** n. (s, s) compte (m.) de chèques. | *Postscheckkonto*, compte (m.) de chèques postaux. ||°**-sperre** f. (-). [Bank] opposition f. ||°**-verkehr** m. (s) transactions (f. pl.) par chèques.

Schecke [ˈʃɛkə] f. (-, n), **Scheck** [ʃɛk] m. (en, en) animal tacheté ; cheval (m.) pie.

scheckig [-kiç] adj. tacheté. || [Pferd] pie. || [Fell] bigarré. | *scheckige Kuh*, vache tachetée. || POP. *sich scheckig lachen*, rire comme un fou.

scheel [ʃeːl] adj. [Blicke] oblique ; de travers ; qui louche ; envieux ; torve. | *jn scheel ansehen*, regarder qn de travers. | *mit scheelen Augen ansehen* ; *scheele Blicke werfen*, jeter des regards d'envie ; loucher vers.

Scheel|blick [″ʃeːlˈblik] m. (s, e) regard (m.) d'envie. ||°**-sucht** f. envie f. ; jalousie f.

Scheffel [ˈʃɛfəl] m. (s, -). **1.** boisseau m. || FIG. *sein Licht unter den Scheffel stellen*, mettre, cacher la lumière sous le boisseau ; être trop modeste. | *das Geld mit Scheffeln messen*, remuer l'argent à la pelle. | *es gießt wie mit Scheffeln*, il pleut à torrents. | *einen Scheffel Salz mit jm gegessen haben*, avoir vécu longtemps avec qn ; connaître qn à fond.
2. (Vx.) [Flächenmaß] boisselée f.

scheffeln [-fəln] v. tr. amasser. | *Geld scheffeln*, s'enrichir rapidement.

scheffel|weise [″ʃɛfəlˈvaizə] adv. par boisseaux. || PAR EXT. en grandes quantités ; en abondance.

Scheibe [ˈʃaibə] f. (-, n). **1.** disque m. ; palet m.
2. PAR EXT. cible f. ; but m. | *die Zielscheibe*, la cible de tir.
3. rondelle f. ; tranche f. ; quartier m. | *eine Scheibe Brot*, une tranche de pain. | *eine Scheibe Wurst*, une rondelle de saucisson. | *Zitronenscheibe*, rondelle de citron. | *Unterlegscheibe*, rondelle d'écrou.
4. vitre f. | *Fensterscheibe*, carreau m. | *Windschutzscheibe*, pare-brise m. | *die Scheiben einwerfen*, briser les vitres. | *die Scheiben blank putzen*, nettoyer, faire les carreaux.
5. cadran m. | *Ziffernscheibe*, cadran chiffré.
6. poulie f. | *Antriebscheibe*, poulie motrice.
7. *Töpferscheibe*, tour (m.) de potier.
8. rayon (m.), gâteau (m.) de miel.

scheiben|artig [″ʃaibənˈɑːrtiç] adj. en forme de disque. ||°**-blei** n. (s) plomb (m.) à vitres. ||°**-bremse** f. (-, n). AUTOM. frein (m.) à disques. ||°**-glas** n. (es) verre (m.) à vitres. ||°**-honig** m. (s) miel (m.) en rayons. ||°**-kuppelung** f. (-, en). AUTOM. embrayage (m.) à disques. ||°**-schießen** n. (s) tir (m.) à la cible. ||°**-schütze** m. (n, n) tireur m. ||°**-skimmer** m. (s, -). TECHN. récupérateur (m.) à disques. ||°**-stand** m. (s, ¨e) stand (m.) de tir. ||°**-wärmer** m. (s, -) dégivreur m. ||°**-wasch|anlage** f. (-, n). AUTOM. lave-glace m. ||**-weise** adv. par tranches ; par rayons. ||°**-wischer** m. (s, -) essuie-glace m. ||°**-werfer** m. (s, -) discobole m.

...scheibig ['ʃaibiç] adj. *zweischeibiger Block*, poulie (f.) à deux rouets.

Scheich [ʃaiç] m. cheik m.

scheidbar ['ʃaitbɑ:r] adj. séparable. || CHIM. décomposable.

Scheide ['ʃaidə] f. (-, n). **1.** fourreau m. ; gaine f. ; étui m. | *aus der Scheide ziehen*, dégainer. | *das Schwert wieder in die Scheide stecken*, rengainer ; FIG. abandonner la lutte.

2. [Grenzlinie] limite f. ; séparation f. ; frontière f. ; ligne (f.) de démarcation, de partage. | *die Wasserscheide*, la ligne de partage des eaux.

3. ANAT. vagin m.

Scheide|anlage ["ʃaidə'anlɑ:gə] f. (-, n) affinerie f. ||°**-erz** n. (es, e) minerai trié. ||°**-gruß** m. (es, ¨e) dernier adieu. ||°**-kunst** f. (Vx.) chimie f. ||°**-linie** f. (-, n) ligne (f.) de démarcation ; frontière f. ||°**-münze** f. (-, n) monnaie (f.) divisionnaire ; petite monnaie ; FAM. ferraille f. ||°**-punkt** m. (s, e) point (m.) de séparation. ||°**-wand** f. (-, ¨e) cloison f. ; mur (m.) de refend. || ANAT. diaphragme m. || FIG. *eine Scheidewand aufrichten*, élever, dresser une cloison. ||°**-wasser** n. (s). CHIM. eau-forte f. ; eau régale. ||°**-weg** m. (s, e) carrefour m. ; bifurcation f. | *am Scheideweg stehen*, se trouver à la croisée des chemins.

scheiden ['ʃaidən] (ie, ie) v. tr. séparer ; distinguer ; démêler ; trier. | *die Schafe von den Böcken scheiden*, séparer le bon grain de l'ivraie. || CHIM. décomposer. || JUR. prononcer le divorce. | *sich scheiden lassen*, divorcer. | *die Milch scheidet sich*, le lait tourne.

◇ v. intr. se séparer ; partir. | *von jm scheiden*, quitter qn. | *voneinander scheiden*, se quitter. | *aus einem Dienst scheiden*, quitter un emploi. | *der scheidende Tag*, le jour à son déclin. | *das scheidende Jahr*, l'année qui s'achève. | *aus dem Leben scheiden*, quitter ce monde ; mourir. || PROV. *Scheiden bringt Leiden*, partir, c'est mourir un peu.

◇ part. pass. **geschieden,** *eine geschiedene Frau*, une femme divorcée. | *wir sind geschiedene Leute*, tout est fini entre nous.

◇ v. pr. **sich scheiden,** se séparer ; bifurquer. | *hier scheiden sich unsere Wege*, c'est ici que nos chemins se séparent. | *darüber scheiden sich die Geister*, sur ce point les avis sont partagés.

Scheider [-dər] m. (s, -) affineur m. ; trieur m.

Scheiding ['ʃaidiŋ] m. (s) septembre m.

Scheidung ['ʃaiduŋ] f. (-, en). **1.** séparation f. || JUR. *Ehescheidung*, divorce m. | *Scheidung von Tisch und Bett*, séparation de corps et de biens. | *Scheidung auf Grund gegenseitigen Einverständnisses*, divorce par consentement mutuel. | *auf Scheidung klagen*, demander le divorce.

2. CHIM. décomposition f.

3. TECHN. triage m. ; affinage m. ; scheidage m.

Scheidungs|erkenntnis ["ʃaiduŋsɛr'kɛntnis] n. (ses, se) sentence (f.) de divorce. ||°**-gesuch** n. (s, e) instance (f.) en divorce. ||°**-grund** m. (s, ¨e) cause (f.) de divorce. ||°**-urteil** n. (s, e) jugement (m.) de divorce.

Scheik [ʃaik] m. (s, s) cheik m.

Schein [ʃain] m. (s, e). **1.** lueur f. ; lumière f. ; clarté f. ; éclat m. | *bei Mondschein*, au clair de lune. | *Lampenschein*, clarté de la lampe. || FIG. *ein Schein von Hoffnung*, une lueur d'espoir.

2. [Aussehen] apparence f. ; air m. ; faux-semblant m. ; illusion f. | *den Schein wahren*, sauver les apparences. | *zum Schein*, en apparence. | *dem Schein nach urteilen*, juger selon les apparences. | *falscher Schein*, faux-semblant. | *unter dem Schein*, sous couleur de. | *etwas zum Schein machen*, faire semblant de faire qch. | *einen Schein erwecken*, faire naître, créer l'illusion. | *sich den Schein geben, als ob*, se donner l'air de. || PROV. *der Schein trügt*, les apparences sont trompeuses.

3. [Bescheinigung] billet m. ; permis m. ; certificat m. ; attestation f. | *in kleinen Scheinen*, en petites coupures. | *Zehnmarkschein*, billet de dix marks. | *Geburtsschein*, acte (m.) de naissance. | *Führerschein*, permis de conduire. | *Jagdschein*, permis de chasse. | *Empfangsschein*, récépissé m. | *Gepäckschein*, bulletin (m.) de bagages.

Schein|abgang ["ʃain'apgaŋ] m. (s, ¨e). THÉÂTRE. fausse sortie. ||°**-angriff** m. (s, e) attaque simulée. ||°**-anlage** f. (-, n) installation (f.) postiche. ||°**-behelf** m. (s, e) subterfuge m. ; prétexte spécieux. ||°**-blüte** f. prospérité (f.) illusoire. ||°**-dividenden** f. pl. FIN. dividendes fictifs. ||°**-ehe** f. mariage blanc. ||°**-firma** f. (-, men). FIN. société-écran f. ||°**-friede** m. (ns, n) paix fourrée. ||**-fromm** adj. bigot ; hypocrite ; faux dévot. ||°**-füßchen** n. (s, -). ZOOL. pseudopode m. ||°**-glück** n. (s, e) bonheur (m.) illusoire. ||**-heilig** adj. hypocrite. | *ein Scheinheiliger*, un Tartufe. ||°**-heiligkeit** f. hypocrisie f. ||°**-kranke(r)** f. (m.) malade (s.) imaginaire. || °**-manöver** n. (s, -). MIL. démonstration f. ||°**-schwangerschaft** f. (-, en). MÉD. grossesse nerveuse. ||°**-tod** m. (s, e) mort apparente ; léthargie f. ||**-tot** adj. qui semble mort ; en léthargie. ||°**-verkauf** m. (s, ¨e) vente fictive. ||°**-wechsel** m. (s, -) billet (m.) de complaisance. ||°**-werfer** m. (s, -) phare m. ; projecteur m. | *die Scheinwerfer abblenden*, baisser les phares. ||°**-widerstand** m. (s, ¨e) résistance fictive, apparente. || ÉLECTR. impédance f.

scheinbar ['ʃainbɑ:r] adj. apparent. | *scheinbare Ruhe*, calme apparent. || PHYS. *scheinbares Bild*, image virtuelle.

◇ adv. en apparence. | *er hörte nur scheinbar zu*, il faisait semblant d'écouter.

scheinen ['ʃainən] (ie, ie) v. intr. **1.** luire ; briller ; éclairer. | *der Mond scheint*, il fait clair de lune. | *die Sonne scheint warm*, le soleil est chaud. | *die Sonne scheint ins Zimmer*, le soleil donne dans la chambre.

2. [den Anschein haben] sembler ; paraître ; avoir l'air ; apparaître comme. | *wie es scheint*, à ce qu'il semble. | *er scheint recht zu haben*, il semble avoir raison. | *es scheint, als ob er kommen möchte*, il semble vouloir venir. | *es scheint nur so*, ce n'est qu'apparence. | *er scheint nur so rauh*, il n'est rude qu'en apparence. | *wenn es Ihnen gut scheint*, si bon vous semble. || PROV. *ein anderes ist scheinen, ein anderes ist sein*, être et paraître sont deux.

— SYN. : *leuchten* (Feuer ; Lampe ; Kerze ; FIG. Augen vor Glück) ; *strahlen* (Sonne ; Augen ; Blick) ; *glänzen* (Gold ; Silber ; Schienen in der Sonne ; Augen vor Fieber ; FIG. Ruhm ; Reichtum) ; *funkeln* (Sterne ; Gold ; Edelsteine ; FIG. Blick, Augen vor Zorn, Bosheit) ; *glühen* (Kohlen im Feuer ; FIG. Wangen bei Fieber oder starker Kälte ; Augen vor Liebe, Haß, Verlangen) ; *glimmen* (Kohlen in der Asche) ; *glitzern* (Wellen im Sonnenschein ; Diamanten ; FIG. eitles Glück) ; *gleißen* (Schnee in der Sonne ; Stahl im Schmelzofen ; FIG. falsches Glück) ; *blitzen* (Diamanten) ; *schimmern* (Mondschein auf dem Wasser ; ferne Sterne) ; *schillern* (Regenbogenfarben ; Eidechse) ; *flackern* (Flammen im Kamin) ; *lodern* (Flammen eines Brandes) ; *flimmern* (Luft in der heißen Sonne, Fata Morgana).

Scheiße ['ʃaisə] f. VULG. merde f.

scheiß|egal ["ʃaise'gɑ:l] adj. VULG. *es ist mir scheißegal*, je m'en fous complètement.

scheißen [-sən] (i, i) v. intr. VULG. chier.

Scheit [ʃait] n. (s, e) bûche f.

Scheit|holz ["ʃait'hɔlts] n. (es) bûches f. pl. ; bois (m.) de quartier.

Scheitel ['ʃaitəl] m. (s, -). **1.** sommet (m.) de la tête ; raie f. | *von der Sohle bis zum Scheitel*, de la tête aux pieds. | *einen Scheitel ziehen*, tracer une raie.

2. [Gipfel] sommet m. | *der Scheitel einer Kurve*, le sommet d'une courbe. | *die Sonne steht im Scheitel ihrer Bahn*, le Soleil est au zénith.

3. ARCHIT. *Scheitel eines Gewölbes*, clef (f.) de voûte.

Scheitel|bein ["ʃaitəl'bain] n. (s, e). ANAT. os pariétal. ||°**-fläche** f. (-, n) plan vertical. ||°**-höhe** f. (-, n) hauteur (f.) de crête. | *Scheitelhöhe eines Gewölbes*, flèche (f.) d'une voûte. || MIL. flèche (f.) de trajectoire. ||°**-punkt** m. (s, e) apogée m. ; zénith m. | *Scheitelpunkt eines Winkels*, sommet (m.) d'un angle. ||**-recht** adj. vertical ; perpendiculaire. ||°**-steuer** n. (s, -) palonnier m. ||°**-wert** m. (es, e). PHYS. amplitude f. ||°**-winkel** m. pl. MATH. angles opposés par le sommet.

scheiteln ['ʃaitəln] v. tr. et v. pr. faire une raie. | *sich das Haar scheiteln*, se faire une raie.

Scheiter|haufen ["ʃaitər'haufən] m. (s, -) bûcher m.

scheitern ['ʃaitərn] v. intr. échouer. | *ein Schiff scheitert auf einer Sandbank*, un navire s'échoue sur un banc de sable. || FIG. échouer ; ne pas réussir. | *dieses Unternehmen ist gescheitert*, cette entreprise a échoué. | *gescheiterte Hoffnung*, espoir déçu. | *gescheiterter Plan*, projet avorté. | *gescheiterte Existenz*, existence ratée.

Scheitern [-tərn] n. (s) échec m. ; naufrage m. | *sich sein Scheitern eingestehen*, dresser un constat d'échec.

Schelch [ʃɛlç] m. (es, e) grande barque.

Schelde ['ʃɛldə] n. pr. f. GÉOGR. Escaut m.

Schellack ['ʃɛlak] m. (s, e). CHIM. gomme-laque f.

Schelle ['ʃɛlə] f. (-, n). **1.** grelot m. ; clochette f. ; sonnette f. || FIG. *der Katze die Schelle anhängen*, attacher le grelot.

2. [Maulschelle] taloche f. ; gifle f. | *jm ein Paar Schellen verabreichen*, donner une paire de gifles à qn.
3. crochet m. ; menottes f. pl. | *einem Dieb die Handschellen anlegen*, mettre les menottes à un voleur.
4. TECHN. bague f. ; collier. | *Rohrschelle*, bride f.
◇ f. pl. **Schellen,** [Kartenspiel] carreau m.

schellen [-lən] v. intr. tirer la sonnette ; sonner. | *es schellt*, on sonne. || [klingeln] *jm schellen*, sonner qn.

Schellen [-lən] n. (s) coups (m. pl.) de sonnette.

Schellen|baum [″ʃɛlən'baum] m. (s, ¨e). MUS. chapeau chinois. ||°-**bube** m. (n, n) valet (m.) de carreau. ||°-**kappe** f. (-, n) marotte f. ||°-**könig** m. (s, e) roi (m.) de carreau. ||°-**trommel** f. (-, n) tambour (m.) de basque. ||°-**zug** m. (s, ¨e) cordon (m.) de sonnette.

Schell|fisch ['ʃɛlfiʃ] m. (s, e). ZOOL. aiglefin m. | *geräucherter Schellfisch*, haddock m. ||°-**hengst** m. (es, e). V. SCHÄLHENGST. ||°-**kraut** n. (s). BOT. chélidoine f.

Schelm [ʃɛlm] m. (s, e) fripon m. ; coquin m. ; vaurien m. ; farceur m. ; drôle m. | *armer Schelm*, pauvre diable. | *ein Schelm, der Schlechtes dabei denkt*, honni soit qui mal y pense. || PROV. *salb den Schelm, so sticht er, stich ihn, so salbt er*, oignez vilain, il vous poindra ; poignez vilain, il vous oindra.

Schelmen|roman [″ʃɛlmənrɔ'mɑːn] m. (s, e). LITTÉR. roman (m.) picaresque. ||°-**streich** m. (s, e) tour (m.) de fripon ; espièglerie f.

schelmisch ['ʃɛlmiʃ] adj. fripon ; coquin ; espiègle. | *schelmische Tat*, fourberie f. | *schelmische Antwort*, réponse futée. | *schelmisches Gesicht*, visage futé.

Schelte ['ʃɛltə] f. (-, n) gronderie f. ; rebuffade f.

schelten [-tən] (i, a, o) v. tr. et v. intr. **1.** gronder ; réprimander. | *auf etwas, jn schelten*, pester contre qch., qn. | *mit jm schelten*, se disputer avec qn.
2. traiter qn de (avec deux acc.). | *jn einen Dieb schelten*, traiter qn de voleur.

Schelt|rede [″ʃɛlt'reːdə] f. (-, n) injure f. ; invective f. ||°-**wort** n. (s, e) injure f. ; parole injurieuse.

Schema ['ʃeːma] n. (s, s ou en ou ta) schéma m. | *ein Schema aufstellen*, tracer un schéma.

schematisch [ʃe'mɑːtiʃ] adj. et adv. schématique ; schématiquement. | *etwas schematisch beschreiben*, faire de qch. une description schématique. || PÉJOR. de façon mécanique, purement formelle.

schematisieren [ʃemati'ziːrən] v. tr. schématiser.

Schemel ['ʃeːməl] m. (s, -). [Hocker] escabeau m. ; tabouret m.

Schemen ['ʃeːmən] m. et n. (s, -) ombre f. ; fantôme m.

schemenhaft ['ʃeːmənhaft] adj. fantomatique ; semblable à une ombre ; vague.

Schenk [ʃɛŋk] m. (en, en). [Vx.] échanson m. ; cabaretier m.

schenkbar ['ʃɛŋkbɑːr] adj. qu'on peut donner. || [Getränke] qu'on peut débiter.

Schenke ['ʃɛŋkə] f. (-, n) cabaret m. ; bistrot m. ; estaminet m. ; buvette f. ; taverne f.

Schenkel ['ʃɛŋkəl] m. (s, -). **1.** cuisse f. || ANAT. *zum Schenkel gehörig*, fémoral. | *Unterschenkel*, la jambe (en dessous du genou). | *Oberschenkel*, cuisse.
2. côté. | *Winkelschenkel*, côté d'un angle. | *Zirkelschenkel*, branche (f.) d'un compas. | *Schenkel einer Schere*, branche (f.) de ciseaux.

Schenkel|ader [″ʃɛŋkəl'ɑːdər] f. (-, n) artère fémorale. ||°-**bein** n. (s, e) fémur m. ||°-**bruch** m. (s, ¨e) fracture (f.) du fémur. ||-**gleich** adj. MATH. isocèle. ||°-**hals** m. (es, ¨e). ANAT. col (m.) du fémur. ||°-**hals|bruch** m. (s, ¨e). MÉD. fracture (f.) du col du fémur. ||°-**schiene** f. (-, n) cuissard m. ||°-**strecker** m. (s, -). ANAT. *vierköpfiger Schenkelstrekker*, quadriceps m.

schenken ['ʃɛŋkən] v. tr. **1.** verser à boire ; débiter. | *Wein in ein Glas schenken*, verser du vin dans un verre. | *jm einschenken*, verser à boire à qn.
2. donner ; faire cadeau. | *jm etwas zum Geburtstag schenken*, faire cadeau de qch. à qn pour son anniversaire. | *einem Bettler ein Almosen schenken*, faire l'aumône à un mendiant.
3. FIG. accorder ; faire grâce de ; dispenser de. | *jm Vertrauen schenken*, se fier à qn. | *einer Sache keinen Glauben schenken*, n'accorder aucun crédit à une chose. | *jm die Freiheit schenken*, accorder la liberté à qn. | *jm das Leben schenken*, accorder à qn la vie sauve. | *wenn Gott mir das Leben schenkt*, si Dieu me prête vie. | *du kannst dir die Mühe schenken*, tu peux t'en dispenser ; ne te donne pas cette peine.

Schenk|kanne [″ʃɛŋk'kanə] f. (-, n) pinte f. ||°-**stube** f. (-, n) cabaret m. ||°-**tisch** m. (s, e) comptoir m. ; FAM. zinc m. ||°-**wirt** m. (s, e) cabaretier m. ||°-**wirtschaft** f. (-, en) débit (m.) de boisson.

Schenker(in) [-kər(in)] m. (s, -), f. (-, nen) donateur m. ; donatrice f.

Schenkung ['ʃɛŋkuŋ] f. (-, en) don m. ; donation f. || JUR. *Schenkung unter Lebenden*, donation entre vifs.

Schenkungs|akte [″ʃɛŋkuŋs'aktə] f. (-, n), °-**brief** [-'briːf] m. (s, e). JUR. acte (m.) de donation. ||°-**empfänger** m. (s, -) donataire m.

scheppern ['ʃɛpərn] v. intr. [klappern ; klirren] cliqueter ; faire un bruit de ferraille.

Scherbe ['ʃɛrbə] f. (-, n) tesson m. ; éclat (m.), morceau (m.) de verre. | *Glasscherbe*, tesson de verre. | *Tonscherbe*, tesson de poterie. | *in Scherben zerbrechen*, se briser en morceaux. | *das Glas liegt in Scherben*, le verre est en miettes. || PROV. *Scherben bringen Glück*, briser un verre porte bonheur.

Scherben|gericht [″ʃɛrbən'gəriçt] n. (s). HIST. ostracisme m.

Schere ['ʃeːrə] f. (-, n). **1.** ciseaux m. pl. | *eine Schere*, une paire de ciseaux. | *Blechschere*, cisailles f. pl. | *Papierschere*, ciseaux de bureau. | *Baumschere*, sécateur m. | *Heckenschere*, cisailles f. pl.
2. ZOOL. pince f. | *Schere des Krebses*, pince du crabe. || TECHN. fourche f. ; limonière f.

scheren [-rən] (o, o) v. tr. **1.** tondre ; couper. | *die Haare scheren*, couper les cheveux. | *die Schafe scheren*, tondre les moutons. | *den Rasen scheren*, tondre le gazon. | *kurz geschorenes Haar*, cheveux coupés court.
2. FIG. tondre. | *die Kunden scheren*, tondre les clients. | *sein Schäfchen scheren*, savoir trouver son avantage. | *alles über einen Kamm scheren*, procéder sans distinction ; tout mettre dans le même sac. | *das schert mich nicht*, cela ne m'importe pas.
◇ v. pr. **sich scheren,** se soucier. | *sich um etwas scheren*, se soucier de qch. || FAM. *scher dich zum Teufel !*, va-t'en au diable !

Scheren [-rən] n. (s) tonte f. ; coupe f.

Scheren|arm [″ʃeːrən'arm] m. (s, e) branche (f.) de cisailles. ||°-**fernrohr** n. (s, e) lunette (f.) binoculaire. ||°-**feuer** n. (s, -). MIL. feu croisé. ||-**förmig** adj. en forme de ciseaux, de pince. ||°-**schleifer** m. (s, -) rémouleur m. ; repasseur m. | *umherziehender Scherenschleifer*, repasseur ambulant. || PAR EXT. gagne-petit m. ||°-**strom|abnehmer** m. (s, -). TECHN. trolley m. ; pantographe m.

Scherer ['ʃeːrər] m. (s, -) tondeur m. ; barbier m.

Schererei [ʃeːrə'rai] f. (-, en) tracas m. ; vexation f. ; tracasserie f. | *viel Schererei machen*, causer bien du tracas.

Scher|festigkeit [″ʃeːr'fɛstigkait] f. TECHN. résistance (m.) au cisaillement.

Scherflein ['ʃɛrflain] n. (s, -) obole f. ; denier m. || PR. et FIG. *sein Scherflein (zu etwas) beitragen*, apporter sa contribution, son obole (à qch.).

Scherge ['ʃɛrgə] m. (n, n). [Häscher] sbire m.

Schergen|dienst [″ʃɛrgən'diːnst] m. (s, e) *einen Schergendienst tun*, effectuer une sale besogne.

Scherif ['ʃeːrif] m. (s, s) chérif m.

Scher|maschine [″ʃeːrma'ʃiːnə] f. (-, n) tondeuse f. ||°-**maus** f. (-, ¨e). ZOOL. campagnol m. ||°-**messer** n. (s, -) rasoir m. ||°-**wenzel** m. V. SCHARWENZEL. ||°-**wolle** f. tonte f. ; toison f.

Scherz [ʃɛrts] m. (es, e) plaisanterie f. ; badinage m. | *plumper Scherz*, plaisanterie grossière. | *etwas im Scherz tun, sagen*, faire, dire qch. par plaisanterie. | *das ist kein Scherz*, c'est sérieux. || FAM. *Scherz beiseite*, blague à part. | *mit jm einen Scherz treiben*, se jouer de qn.

Scherz|artikel [″ʃɛrtsar'tikəl] m. pl. attrapes f. pl. ||°-**frage** f. (-, n) devinette f. ||°-**gedicht** n. (s, e) poème gai. ||°-**gegenstand** m. (s, ¨e) attrape f. ||-**liebend** adj. enjoué ; farceur. ||°-**macher** m. (s, -) plaisantin m. ||°-**nachahmung** f. (-, en) parodie f. ||°-**name** m. (ns, n) sobriquet m. ||°-**rede** f. (-, n) plaisanterie f. ; facéties f. pl. ||-**weise** adv. par plaisanterie ; pour rire. ||°-**wort** n. (s, e) plaisanterie f. ; mot (m.) pour rire.

scherzen ['ʃɛrtsən] v. intr. plaisanter ; badiner. | *ich scherze nicht*, je parle sérieusement. | *Sie belieben wohl zu scherzen ?*, vous plaisantez ? | *über jn scherzen*, tourner qn en dérision.
— SYN. : *tändeln*, badiner ; *spaßen*, plaisanter.

scherzhaft ['ʃɛrtshaft] adj. plaisant ; badin ; facétieux ; railleur.

Scherzo ['skɛrtso] n. (s, s). Mus. scherzo m.

scheu [ʃɔy] adj. timide ; peureux ; effarouché ; craintif ; sauvage. | *scheu machen*, effaroucher. | *scheu werden*, s'effaroucher. | *das Pferd wird scheu*, le cheval s'emballe. | *scheuer Blick*, regard craintif, hagard. | *menschenscheu*, misanthrope.
— Syn. : *verzagt*, timoré ; *furchtsam*, craintif.

Scheu [ʃɔy] f. crainte f. ; appréhension f. ; timidité f. ; peur f. | *keine Scheu kennen*, ne pas avoir peur ; être sans crainte. | *ohne Scheu*, courageux ; sans ménagement. | *ohne Scham und Scheu*, sans vergogne.
— Syn. : *Furcht*, crainte ; *Angst*, angoisse ; *Abscheu*, aversion.

Scheu|klappe ["ʃɔy'klapə] f. (-, n), °**-leder** n. (s, -) œillère f. || Fig. *Scheuklappen haben, tragen*, porter des œillères ; être borné.

Scheuche ['ʃɔyçə] f. (-, n) épouvantail m. | *Vogelscheuche*, épouvantail à moineaux.

scheuchen [-çən] v. tr. épouvanter ; effaroucher ; faire fuir.

scheuen ['ʃɔyən] v. tr. redouter ; craindre. | *die Ausgaben scheuen*, reculer devant la dépense. | *keine Mühe scheuen*, ne pas épargner sa peine ; ne pas reculer devant l'effort. || Prov. *tue recht und scheue niemand*, fais ce que dois, advienne que pourra !
◇ v. intr. avoir peur ; prendre peur ; s'effaroucher. | *das Pferd scheut*, le cheval s'emballe.
◇ v. pr. **sich scheuen,** s'effaroucher ; avoir peur. | *sich vor etwas scheuen*, avoir peur de qch. ; fuir qch. | *sich nicht scheuen, etwas zu tun*, ne pas craindre de faire qch.

Scheuer ['ʃɔyər] f. (-, n) grange f. ; hangar m. | *in die Scheuer bringen*, engranger. || Mar. *Scheuer des Ankers*, coussin (m.) d'ancre.

Scheuer|besen ["ʃɔyər'be:zən] m. (s, -) balai-brosse m. ||°**-bürste** f. (-, n) brosse (f.) de chiendent. ||°**-frau** f. (-, en) femme (f.) de ménage. ||°**-lappen** m. (s, -) tampon (m.) à récurer. ||°**-leiste** f. (-, n) antébois m. ; lambris (m.) de socle. ||°**-mittel** n. (s, -) poudre (f.) à récurer. ||°**-papier** n. (s) papier (m.) de verre. ||°**-tuch** n. (s, ¨er) serpillière f. ; torchon m. ||°**-wisch** m. (es, e) torchon m. ||°**-wunde** f. (-, n). Méd. escarre f.

scheuern ['ʃɔyərn] v. tr. laver ; nettoyer ; frotter ; astiquer. | *den Fußboden scheuern*, frotter le parquet. | *das Geschirr scheuern*, faire la vaisselle. || Métall. décaper.
◇ v. pr. **sich scheuern,** se frotter. || Mar. raguer.

Scheuern [-ərn] n. (s) récurage m. ; nettoyage m.

Scheuheit ['ʃɔyhait] f. timidité f. ; caractère (m.) farouche, sauvage ; réserve f.

Scheune ['ʃɔynə] f. (-, n) grange f. ; hangar m.

Scheunen|drescher ["ʃɔynən'drɛʃər] m. (s, -) batteur (m.) en grange. || Pop. *er frißt wie ein Scheunendrescher*, il mange comme quatre. ||°**-viertel** n. (s, -) quartier (m.) des pauvres.

Scheusal ['ʃɔyza:l] n. (s, e) monstre m. ; objet (m.) d'horreur. || Fam. *er ist mir ein Scheusal*, je l'ai en horreur.

scheußlich ['ʃɔysliç] adj. abominable ; horrible ; affreux ; hideux.

Scheußlichkeit [-kait] f. (-, en) hideur f. ; horreur f. ; laideur f. ; atrocité f.

Schi [ʃi:] m. (s, er). V. Ski.

Schicht [ʃiçt] f. (-, en). **1.** [Boden] couche f. ; stratification f. | *Kohlenschicht*, couche de charbon. | *undurchlässige Schicht*, couche imperméable. | *in Schichten*, par couches. || Par ext. *Luftschichten*, couches atmosphériques. || Archit. assise f.
2. [Gesellschaft] couche sociale ; classe f. | *die mittleren Schichten*, les classes moyennes.
3. [Arbeit] journée (f.) de travail ; équipe f. ; poste m. | *Nachtschicht*, équipe de nuit. | *Schicht machen*, cesser le travail. | *in drei Schichten arbeiten*, faire les trois-huit.

Schicht|arbeit ["ʃiçt'arbait] f. (-, en) travail posté, par équipes. ||°**-holz** n. (es) bois empilé. ||°**-linie** f. (-, n) courbe (f.) de niveau. ||°**-lohn** m. (s, ¨e) salaire (m.) à la journée. ||°**-meister** m. (s, -) chef (m.) d'équipe. ||°**-wechsel** m. (s, -) relève (f.) des équipes. ||°**-wolke** f. (-, n) stratus m. ; cumulus m. | *gehäufte Schichtwolke*, cumulo-stratus m.

schichten ['ʃiçtən] v. tr. ranger par couches ; empiler ; stratifier. | *Holz schichten*, empiler du bois.

Schichten|bildung ["ʃiçtən'bilduŋ] f. (-, en). Géol. stratification f. ||**-förmig** adj. stratiforme. ||°**-gestein** n. (s, e) roche stratifiée. ||**-weise** adv. en couches. ||°**-zahn** m. (s, ¨e). [Milchzahn] dent (f.) de lait.

Schichter ['ʃiçtər] m. (s, -). Mar. arrimeur m.

...schichtig [-tiç] adj. disposé en couches. | *zweischichtig*, à deux couches.

Schichtung [-tuŋ] f. (-, en). **1.** stratification f. ; empilement m. ; disposition (f.) par couches.
2. [Ordnen] classement m. ; rangement m.
3. Méd. seconde dentition.

schick [ʃik] adj. chic.

Schick [ʃik] m. (s) chic m. ; élégance f. | *Schick haben*, avoir du chic.

schicken ['ʃikən] v. tr. et v. intr. **1.** envoyer ; faire parvenir ; expédier ; adresser. | *einen Brief schicken*, envoyer une lettre. | *ein Kind zur Schule schicken*, envoyer un enfant à l'école. | *nach dem Arzt schicken*, envoyer chercher le médecin. | *jn zum Teufel schicken*, envoyer qn au diable ; Fam. envoyer promener qn. || Comm. *ins Haus schicken*, livrer à domicile. || Loc. *jn in den April schicken*, faire un poisson d'avril à qn.
2. ordonner ; disposer ; arranger. | *Gott hat es so geschickt*, Dieu l'a voulu ainsi, en a disposé ainsi.
◇ v. pr. **sich schicken, 1.** *sich in eine Lage schicken*, s'adapter à une situation. | *sich in eine Notwendigkeit schicken*, prendre son parti d'une nécessité.
2. convenir ; être convenable. | *das schickt sich nicht*, cela est contraire aux usages ; cela ne se fait pas. || Prov. *eines schickt sich nicht für alle*, le bonheur des uns fait le malheur des autres.
3. se disposer. | *sich zur Reise (an)schicken*, se disposer à partir en voyage.

schicklich ['ʃikliç] adj. qui convient ; décent ; bienséant ; de bon ton ; convenable. | *die schicklichen Worte finden*, trouver les mots qui conviennent.
— Syn. : *gehörig*, convenable ; *ziemend, passend*, adapté à ; convenant à.

Schicklichkeit [-kait] f. bienséance f. ; bon ton ; convenance f. | *Schicklichkeitsgefühl*, tact m. ; sentiment (m.) des convenances.

Schicksal ['ʃikza:l] n. (s, e) destin m. ; sort m. ; fortune f. ; fatalité f. | *unerbittliches, blindes Schicksal*, destin inexorable, aveugle. | *Opfer des Schicksals*, victime (f.) de la fatalité.

Schicksals|deutung ["ʃikza:ls'dɔytuŋ] f. (-, en) pronostic m. ; horoscope m. ||°**-drama** n. (s, men) drame basé sur la fatalité. ||°**-gefährte** m. (n, n) compagnon (m.) d'infortune. || Fig., fam. mari m. ||°**-glaube** m. (ns) fatalisme m. ||°**-prüfung** f. (-, en) épreuve (f.) du sort. ||°**-schläge** m. pl. coups (m. pl.) du destin ; revers (m. pl.) de fortune. ||°**-wende** f. (-, n) vicissitudes f. pl.

schicksalhaft ['ʃikza:lhaft] adj. fatal.

schicksam ['ʃikza:m] adj. décent ; bienséant.

Schickse ['ʃiksə] f. (-, n). Pop. allumeuse f.

Schickung ['ʃikuŋ] f. (-, en) sort m. ; destin m. ; décret de la Providence f. | *Schickung Gottes*, arrêt (m.) de Dieu.

schiebbar ['ʃi:pba:r] adj. coulissant ; à coulisse.

Schiebe|bühne ["ʃi:bə'by:nə] f. (-, n) chariot transporteur. || Théâtre. [Drehbühne] plateau tournant. ||°**-dach** n. (s, ¨er). Autom. toit ouvrant. ||°**-fenster** n. (s, -) fenêtre coulissante. ||°**-gehäuse** n. (s, -) glissière f. ||°**-leiter** f. (-, n) échelle (f.) à coulisse. ||°**-riegel** m. (s, -) targette f. ||°**-ring** m. (s, e) coulant m. ; curseur m. ||°**-tür** f. (-, en), °**-tor** n. (s, e), porte coulissante. ||°**-wand** f. (-, ¨e). Théâtre. coulisse f.

schieben ['ʃi:bən] (o, o) v. tr. **1.** pousser ; faire glisser. | *einen Wagen schieben*, pousser une voiture. | *Kegel schieben*, jouer aux quilles.
2. Fig. rejeter. | *den Verdacht auf jn schieben*, rejeter le soupçon sur qn. | *von sich schieben*, repousser ; écarter. || Fam. *jm etwas in die Schuhe schieben*, rejeter, faire retomber une faute sur qn.
3. remettre ; ajourner. | *etwas auf die lange Bank schieben*, faire traîner qch. en longueur. || Pop. *Kohldampf schieben*, claquer du bec ; avoir la dent. | *Wache schieben*, être de garde.
4. trafiquer ; se livrer à des malversations, à des spéculations.
◇ v. pr. **sich schieben,** se presser ; avancer ; se frayer un chemin ; se pousser. || [Kleider] remonter.

Schieber [-bər] m. (s, -). **1.** trafiquant m. ; mercanti m. ; spéculateur m. ; profiteur (m.) de guerre. | *Schiebergeschäfte*, affaires (f. pl.) louches.
2. coulisse f. ; curseur m. ; targette f.
3. [Tisch] rallonge f.

4. [Maschinen] tiroir m.

Schieb|fach [ˈʃi:pfax] n. (s, ¨er) tiroir m. ||°**-karre** f. (-, n), °**-karren** m. (s, -) brouette f. ||°**-kasten** m. (s, -), °**-lade** f. (-, n) tiroir m. ||°**-lehre** f. (-, n). TECHN. pied (m.) à coulisse.

Schiebung [ˈʃi:buŋ] f. (-, en) trafic (m.) illicite ; FAM. combine f.

schiedlich [ˈʃi:tliç] adj. *schiedlich und friedlich*, à l'amiable.

Schieds|ausschuß [ˈʃi:tsˈausʃus] m. (es, ¨e). JUR. commission (f.) d'arbitrage. ||°**-gericht** n. (s, e). JUR. conseil (m.) de prud'hommes. | *Haager Schiedsgerichtshof*, Cour (f.) d'arbitrage de La Haye. || **-gerichtlich** adj. arbitral. ||°**-richter** m. (s, -) arbitre m. | *jn als Schiedsrichter einsetzen*, nommer qn arbitre. | *als Schiedsrichter entscheiden*, arbitrer. ||**-richterlich** adj. arbitral ; compromissoire. ||°**-spruch** m. (s, ¨e) arbitrage m. ; sentence, décision arbitrale. | *Schiedsspruchsverfahren*, procédure arbitrale. ||°**-vertrag** m. (s, ¨e) compromis (m.) d'arbitrage. | *einen Schiedsvertrag eingehen, schließen*, conclure un compromis.

schief [ʃi:f] adj. **1.** oblique ; incliné ; en biais ; de travers. | *schiefe Ebene*, plan incliné. | *der schiefe Turm zu Pisa*, la tour penchée de Pise. | *schief gewachsen*, difforme ; mal venu. | *das Bild hängt schief*, le tableau est accroché de travers. | *der Tisch steht schief*, la table penche. || FIG. *auf die schiefe Bahn kommen*, être sur la mauvaise pente. | *jn schief ansehen, jm einen schiefen Blick zuwerfen*, regarder qn de travers. | *ein schiefes Gesicht ziehen*, faire la moue.

2. FIG. de travers ; erroné ; faux. | *ein schiefes Urteil*, un jugement erroné. | *die Sache geht schief*, l'affaire prend une mauvaise tournure. || FAM. *schief gewickelt sein*, être mal luné ; être dans l'erreur. | *eine Sache schief nehmen*, prendre qch. en mauvaise part. | *eine schiefe Stellung*, une situation fausse.

Schief|blatt [ˈʃi:fblat] n. (s, ¨er). BOT. bégonia m. ||**-gehen** (ging, gegangen) v. intr. échouer. ||**-geladen** adj. POP. en ribote. ||**-kantig** adj. biseauté. ||°**-kreuz** n. (es, e) croix (f.) de Saint-André. ||**-liegen** (a, e) v. intr. être incliné ; FIG. se faire des idées fausses ; être dans l'erreur. ||°**-maß** n. (es, e) fausse équerre. ||**-mäulig** adj. qui a la bouche de travers ; PAR EXT. grimaçant. ||**-rund** adj. ovale. ||**-treten** (i, a, e) v. tr. *die Absätze schieftreten*, user ses talons. | *schiefgetretene Absätze*, talons éculés. || °**-werden** n. (s) gauchissement m. || MÉD. scoliose f. ||**-wink(e)lig** adj. à angles obliques.

Schiefe [ˈʃi:fə] f. biais m. ; inclinaison f. ; obliquité f. || FIG. erreur f. ; fausseté f. || MÉD. scoliose f.

Schiefer [ˈʃi:fər] m. (s, -). **1.** ardoise f. ; schiste m. | *Schieferdach*, toit (m.) d'ardoise. | *Glimmerschiefer*, micaschiste m.

2. éclat (m.) de bois ; écharde f. | *sich einen Schiefer in den Finger einziehen*, s'enfoncer une écharde dans le doigt.

Schiefer|arbeiter [ˈʃi:fərˈarbaitər] m. (s, -) ardoisier m. ||**-artig** adj. ardoisier ; schisteux. ||**-blau** adj. bleu ardoise. ||°**-brecher** m. (s, -) ardoisier m. ||°**-bruch** m. (s, ¨e) ardoisière f. ||°**-gebirge** n. (s, -) montagne schisteuse. || GÉOGR. *Rheinisches Schiefergebirge*, massif schisteux rhénan. ||°**-gestein** n. (s, e) roche schisteuse. ||**-haltig** adj. ardoisier ; schisteux. ||°**-latte** f. (-, n) volige f. ||°**-schicht** f. (-, en) banc (m.) d'ardoise. ||°**-stein** m. (s, e) ardoise f. ||**-stift** m. (s, e) crayon (m.) d'ardoise. ||°**-tafel** f. (-, n) ardoise f. ||°**-zahn** m. (s, ¨e) dent cariée.

schieferig [ˈʃi:fəriç] adj. schisteux.

schiefern [ˈʃi:fərn] v. intr. s'effriter ; s'écailler ; se détacher par feuilles.

Schiefheit [ˈʃi:fhait] f. (-, en) obliquité f. || FIG. erreur f. ; fausseté f.

schiel [ʃi:l] adj. V. SCHEEL.

schiel|äugig [ˈʃi:lˈɔygiç] adj. qui louche. || FIG. envieux.

schielen [ˈʃi:lən] v. intr. loucher ; être atteint de strabisme. | *schielend*, louche ; bigle. || FIG. *nach etwas schielen*, guigner qch. ; envier.

Schielen [-lən] n. (s). MÉD. strabisme m. ; (action de) loucher.

Schieler [-lər] m. (s, -) loucheur m.

Schien|bein [ˈʃi:nbain] n. (s, e). ANAT. tibia m. | *Schienbeinschützer*, jambières f. pl. | *Schienbeinbruch*, fracture (f.) du tibia.

Schiene [ˈʃi:nə] f. (-, n). **1.** éclisse f. | *Beinschiene*, éclisse f.

2. ARCHIT. bande f. ; barre f. (de métal).

3. [Eisenbahn] rail m. | *aus den Schienen kommen, springen*, dérailler.

schienen [-nən] v. tr. garnir de bandes ; éclisser. | *ein gebrochenes Bein schienen*, éclisser une fracture. | *ein Rad schienen*, bander une roue.

Schienen|bahn [ˈʃi:nənˈbɑ:n] f. (-, en) chemin (m.) de fer. ||°**-bus** m. (ses, se) autorail m. ; micheline f. ||°**-eisen** n. (s, -) fer méplat. ||°**-fahrzeug** n. (s, e) véhicule (m.) sur rails. ||°**-fuß** m. (es, ¨e) semelle (f.) de rail. ||°**-kontakt** m. (s, e). [Eisenbahn] crocodile m. ||°**-leger** m. (s, -) poseur (m.) de rails. ||°**-netz** n. (es, e) réseau ferré, ferroviaire. ||°**-räumer** m. (s, -) chasse-pierres m. ||°**-schraube** f. (-, n) tire-fond m. ||°**-schuh** m. (s, e) patin (m.) de rail. ||°**-stoß** m. (es, ¨e) joint (m.) de rails. ||°**-strang** m. (s, ¨e), °**-geleise** n. (s), °**-weg** m. (s, e) voie ferrée. ||°**-stuhl** m. (s, ¨e) coussinet m. ||°**-weite** f. écartement (m.) des voies.

schier [ʃi:r] adj. et adv. pur. | *schieres Fleisch*, viande sans os. | *schiere Wahrheit*, pure vérité. | *schier unmöglich*, absolument impossible.

◇ adv. [fast ; beinahe] à peu près ; presque.

Schier [ʃi:r] m. (s). [Schiertuch] toile (f.) canevas ; linon m.

Schierling [ˈʃi:rliŋ] m. (s, e). BOT. ciguë f. | *Sokrates leerte den Schierlingsbecher*, Socrate but la ciguë.

Schieß|anweisung [ˈʃi:sˈanvaizuŋ] f. (-, en) consigne (f.) de tir. ||°**-ausbildung** f. (-, en) entraînement (m.) au tir. ||°**-bahn** f. (-, en) butte f. ||°**-baumwolle** f. CHIM. [Sprengstoff] nitrocellulose f. ; coton-poudre m. ; fulmicoton m. ||°**-bude** f. (-, n) tir forain. ||°**-buden|figur** f. (-, en). POP. drôle de bobine. ||°**-gatt** n. (s). MAR. sabord m. ||°**-gestell** n. (s, e) chevalet (m.) de tir. ||°**-gewehr** n. (s, e) arme (f.) à feu. ||°**-grube** f. (-, n) caponnière f. ||°**-knopf** m. (s, ¨e) gâchette f. ||°**-lehre** f. balistique f. ||°**-platz** m. (es, ¨e) polygone (m.) de tir. ||°**-prügel** m. (s, -). IRON. flingot m. ||°**-pulver** n. (s) poudre (f.) à canon. ||°**-scharte** f. (-, n) créneau m. ; meurtrière f. ||°**-scheibe** f. (-, n) cible f. ||°**-stand** m. (s, ¨e) stand (m.) de tir. ||°**-stoff** m. (s) poudre f. ||°**-übung** f. (-, en) exercice (m.) de tir ; école (f.) à feu.

schießen [ˈʃi:sən] (o, o) v. intr. **1.** se précipiter ; fondre sur. | *auf eine Beute schießen*, fondre sur une proie. | *Blitze schießen durch die Luft*, des éclairs traversent les airs. | *durch das Wasser schießen*, fendre les flots. | *das Blut schießt ihm ins Gesicht*, le sang lui monte au visage. | *die Tränen schießen ihm in die Augen*, ses yeux se remplissent de larmes. || PAR EXT. passer en trombe.

2. [schnell wachsen] croître très vite. | *in Ähren schießen*, monter en épis. | *der Salat schießt ins Kraut*, la salade monte en graine.

3. LOC. *einem Pferde die Zügel schießen lassen*, lâcher la bride à un cheval. | *die Farbe schießt*, la couleur passe. | *eine Gelegenheit schießen lassen*, laisser échapper une occasion.

◇ v. tr. **1.** lancer ; tirer. | *den Speer schießen*, lancer le javelot. | *eine Kugel schießen*, tirer une balle. | *mit Kugeln scharf schießen*, tirer à balles réelles. | *blind schießen*, tirer à blanc.

2. [erlegen] abattre ; tuer. | *einen Hasen schießen*, tuer un lièvre. | *jn totschießen*, abattre qn. | *ein Schiff in den Grund schießen*, envoyer un navire par le fond. | *über den Haufen schießen*, abattre comme un chien. | *sich eine Kugel vor den Kopf schießen*, se tirer une balle dans la tête.

3. [sprengen] faire sauter ; défoncer. | *Felsen schießen*, faire sauter des rochers.

4. SPORT. shooter ; tirer au but. | *ein Tor schießen*, marquer un but.

5. TYPOGR. interfolier.

6. CULIN. *Brot in den Backofen schießen*, enfourner du pain.

7. LOC. *sich im Duell schießen*, se battre en duel (au pistolet). | *einen Purzelbaum schießen*, faire la culbute. | *einen Bock schießen*, commettre une gaffe. | *es ist zum Schießen*, c'est à mourir de rire, à se tordre. | *die Antwort kam wie aus der Pistole geschossen*, il répondit du tac au tac.

Schießen [-sən] n. (s). **1.** mouvement (m.) rapide. **2.** [Gewehrfeuer] tir m. ; (action de) tirer. | *Preisschießen*, concours (m.) de tir. | *Taubenschießen*, tir aux pigeons. | *Kanonenschießen*, canonnade f. ; fusillade f.

Schießerei [ʃi:səˈrai] f. (-, en) fusillade f. ; échange (m.) de coups de feu.

Schiff [ʃif] n. (s, e). **1.** navire m. ; bateau m. ; vaisseau m. ; bâtiment m. ; esquif m. | *zu Schiffe* ; *auf*

dem Schiffe, à bord. | *zu Schiff gehen*, s'embarquer. | *das Schiff liegt vor Anker*, le navire est à l'ancre. | *Kriegsschiff*, navire de guerre. | *Segelschiff*, bateau à voile. | *lenkbares Luftschiff*, ballon (m.) dirigeable. | *klar Schiff!*, prêt à la manœuvre ! | *das Schiff klarmachen*, parer à partir.
2. ARCHIT. [Kirchenschiff] nef f. ; vaisseau m. | *Seitenschiff*, bas-côté. | *Querschiff*, transept m.
3. TECHN. [in einem Feuerherd] bain-marie m. || [Weberei] navette f. || TYPOGR. galée f.

Schiff|bau [″ʃif'bau] m. (s) construction navale. ||°**-bau|platz** m. (es, ¨e) chantier naval. ||°**-bruch** m. (s, ¨e) naufrage m. | *Schiffbruch erleiden*, faire naufrage. ||**-brüchig** adj. naufragé. ||°**-brücke** f. (-, n) pont (m.) de bateaux. ||°**-(f)ahrer** m. (s, -) navigateur m. ||°**-(f)ahrt** f. navigation f. ||°**-(f)ahrts|gesellschaft** f. (-, en) compagnie (f.) de navigation. ||°**-(f)ahrts|-weg** m. (s, e) chenal m. ||°**-(f)ahrts|wege** m. pl. routes (f. pl.) de navigation. ||°**-leine** f. (-, n) amarre f. ||°**-paß** m. (es, ¨e) bief m. ||°**-schnabel** m. (s, ¨) éperon (m.) de navire. ||°**-spur** f. (-, en) sillage m.

Schiffchen ['ʃifçən] n. (s, -) petit bateau. || MIL. calot m. ; bonnet (m.) de police. || TEXT. navette f. || BOT. carène f.

schiffbar ['ʃifbɑ:r] adj. navigable. | *schiffbar machen*, rendre navigable.

Schiffbarkeit [-kait] f. navigabilité f.

schiffen ['ʃifən] v. intr. naviguer ; aller en bateau.

Schiffer ['ʃifər] m. (s, -) navigateur m. ; marin m. ; batelier m. ; matelot m. | *Binnenschiffer*, marinier m.

Schiffer|klavier [″ʃifərkla'vi:r] n. (s, e). FAM. accordéon m. ||°**-knoten** m. (s, -) nœud (m.) de marin ; régate f. ||°**-lohn** m. (s, ¨e) batelage m. ||°**-patent** m. (s, e) certificat (m.) de marin. ||°**-stechen** n. (s) joute (f.) nautique.

Schiffs|arrest [″ʃifsa'rɛst] m. (es, e) embargo m. ||°**-artillerie** f. artillerie (f.) de marine, navale. ||°**-arzt** m. (es, ¨e) médecin (m.) de bord. ||°**-auslader** m. (s, -) débardeur m. ||°**-bauch** m. (s, ¨e) coque (f.) d'un navire. ||°**-befrachter** m. (s, -) affréteur m. ||°**-befrachtung** f. (-, en) affrètement m. ||°**-besen** m. (s, -) goret m. ||°**-beute** f. (-, n) prise f. ||°**-boden** m. (s, ¨) fond (m.) de cale. ||°**-boot** n. (s, e) chaloupe f. ||°**-eigentümer** m. (s, -), °**-eigner** m. (s, -) armateur m. ||°**-fracht** f. (-, en) fret m. || °**-fracht|-brief** m. (s, e) connaissement m. ||°**-grund** m. (s, ¨e) cale f. ||°**-hinterteil** n. (s, e) poupe f. ||°**-journal** n. (s, e) livre (m.) de bord. ||°**-junge** m. (n, n) mousse m. ||°**-körper** m. (s, -) coque f. ||°**-ladung** f. (-, en) cargaison f. ||°**-laterne** f. (-, n) fanal m. ||°**-leute** pl. mariniers m. pl. ; bateliers m. pl. ||°**-löscher** m. (s, -) débardeur m. ||°**-luke** f. (-, n) écoutille f. ||°**-makler** m. (s, -) courtier (m.) maritime. ||°**-mannschaft** f. (-, en) équipage m. ||°**-maschinen|bau** m. (s) mécanique navale. ||°**-raum** m. (s, ¨e) cale f. ||°**-rumpf** m. (es, ¨e) coque f. ; carcasse f. ||°**-schraube** f. (-, n) hélice f. ||°**-verkehr** m. (s) trafic fluvial, maritime. ||°**-verkleidung** f. (-, en) bordage m. ||°**-vermieter** m. (s, -) fréteur m. ||°**-vorderteil** n. (s, e) proue f. ||°**-wache** f. (-, n) vigie f. ||°**-wanten** f. pl. haubans m. pl. ||°**-winde** f. (-, n) cabestan m. ||°**-zwieback** m. (s, e) biscuit (m.) de mer.

Schiite [ʃi'i:tə] m. (n, n), **Schiitin** [ʃi'i:tin] f. (-, nen). RELIG. chiite ou shiite s.

schiitisch [ʃi'i:tiʃ] adj. RELIG. chiite ou shiite.

Schikane [ʃi'kɑ:nə] f. (-, n) chicane f. || PAR EXT. raffinement m. ; perfectionnement m. || FAM. *mit allen Schikanen ausgestattet*, équipé de tous les perfectionnements.

schikanieren [-ka'ni:rən] v. tr. et v. intr. chicaner ; brimer ; FAM. embêter.

Schikanieren [-ka'ni:rən] n. (s) chicanes f. pl.

schikanös [-ka'nø:s] adj. chicanier.

Schild [ʃilt] m. (s, e) bouclier m. ; pavois m. | *Schutzschild*, pare-balles m. || HÉRALD. écu m. ; écusson m. || PR. et FIG. *jn auf den Schild erheben*, élever qn sur le pavois. || FIG. *etwas im Schilde führen*, préparer un mauvais coup.
◇ n. (s, er) panneau m. ; enseigne f. ; plaque f. ; panonceau m. | *Aufschriftschild*, écriteau m. || AUTOM. *Nummernschild*, plaque minéralogique.

Schild|abteilung [″ʃilt'aptailuŋ] f. (-, en). HÉRALD. quartier m. ||°**-bürger** m. (s, -). LITTÉR. nigaud m. ; sot m. ||°**-bürger|streich** m. (s, e) balourdise f. ||°**-drüse** f. (-, n) glande (f.) thyroïde. ||°**-erhebung** f. FIG. levée (f.) de boucliers. ||°**-kröte** f. (-, n) tortue f. ||°**-kröten|stein** m. (s, e). MINÉRAL. chélonite f. ||°**-laus** f. (-, ¨e) cochenille f. ||°**-mauer** f. (-, n) enceinte (f.) d'un château fort. ||°**-patt** n. (s, e) écaille f. ; carapace f. ||°**-wache** f. (-, n). MIL. sentinelle f. ; factionnaire m. | *Schildwache stehen*, monter la garde ; être de faction.

Schildchen ['ʃiltçən] n. (s, -) écusson m.

Schilderer ['ʃildərər] m. (s, -) narrateur m.

Schilder|haus [″ʃildər'haus] n. (es, ¨er) guérite f. ||°**-maler** m. (s, -) peintre (m.) d'enseignes.

schildern ['ʃildərn] v. tr. décrire ; peindre ; dépeindre ; tracer le tableau de. | *eine Landschaft schildern*, décrire un paysage.

Schilderung [-ruŋ] f. (-, en) description f. ; tableau m. ; peinture f.

Schilf [ʃilf] n. (s, e). BOT. roseau m. ; jonc m.

schilf|artig [″ʃilf'ɑ:rtiç] adj. arundinacé. ||°**-meer** n. (s). [Bibel] mer (f.) Rouge. ||°**-rohr** n. (s, e) roseau m. ||°**-sänger** m. (s, -). ZOOL. fauvette (f.) des roseaux.

schilfig ['ʃilfiç] adj. couvert de roseaux, de joncs.

Schill [ʃil] m. (s, e). ZOOL. sandre f.

Schiller ['ʃilər] m. (s, -) chatoiement m. ; éclat chatoyant, diapré, changeant. | *Schillertaft*, taffetas changeant.

Schiller|kragen [″ʃilər'krɑ:gən] m. (s, -) col (m.) Danton.

schillern ['ʃilərn] v. intr. chatoyer ; jeter des éclats changeants.
◇ part. prés. **schillernd,** chatoyant, diapré. || FIG. *schillerndes Wesen*, nature changeante, instable.

Schillern [-lərn] n. (s) chatoiement m.

Schilling ['ʃiliŋ] m. (s, e) schilling m.

Schimäre [ʃi'mɛ:rə] f. (-, n) chimère f.

schimärisch [-riʃ] adj. chimérique.

Schimmel ['ʃiməl] m. (s, -) cheval blanc. | *Apfelschimmel*, cheval gris pommelé. | *rotgrauer Schimmel*, cheval rouan. || [Pilzart] moisissure f. ; moisi m. | *Schimmel ansetzen*, moisir. || FIG. *der Amtsschimmel*, les lenteurs (f. pl.) bureaucratiques.

schimmelig ['ʃiməliç] adj. moisi. | *schimmelig werden*, moisir.

schimmeln [-məln] v. intr. moisir. || FIG. vieillir ; se dessécher.

Schimmer ['ʃimər] m. (s, -) éclat m. ; lueur f. ; faible lueur f. || FAM. *keinen Schimmer Vernunft haben*, ne pas avoir la moindre lueur de raison.

schimmern [-mərn] v. intr. jeter une faible lueur ; scintiller.
◇ part. prés. **schimmernd,** scintillant ; luisant ; chatoyant. | *schimmernde Seide*, soie (f.) aux reflets moirés.

Schimpanse [ʃim'panzə] m. (n, n). ZOOL. chimpanzé m.

Schimpf [ʃimpf] m (s, e) affront m. ; outrage m. | *jm einen Schimpf antun*, faire un affront à qn. | *jn mit Schimpf überschütten*, couvrir qn d'opprobre. | *mit Schimpf und Schande davongejagt werden*, être chassé honteusement. || [Schimpfwort] injure f. ; insulte f. ; gros mot.

Schimpf|lied [″ʃimpf'li:t] n. (s, er) chant (m.) satirique. ||°**-name** m. (ns, n) nom injurieux. ||°**-reden** f. pl. insultes f. pl. ; propos injurieux, offensants. ||°**-wort** n. (s, e) injure f. ; insulte f. ; gros mot ; terme injurieux.

schimpfen ['ʃimpfən] v. tr. injurier ; insulter ; invectiver. | *jn einen Dummkopf schimpfen*, traiter qn d'imbécile.
◇ v. intr. pester ; vitupérer. | *auf jn schimpfen*, pester, se répandre en injures contre qn.

Schimpfen [-pfən] n. (s), **Schimpferei** [ʃimpfə'rai] f. injures f. pl. ; invectives f. pl. ; insultes f. pl.

schimpflich [-pfliç] adj. infamant ; honteux ; déshonorant ; ignominieux.

Schind|aas [″ʃint'ɑ:s] n. (es, e) charogne f. ||°**-grube** f. PÉJOR. dépotoir m. ; pourrissoir m. ||°**-luder** n. (s, -) charogne f. || LOC. *mit jm Schindluder treiben*, traiter qn d'une manière honteuse. ||°**-mähre** f. (-, n) haridelle f. ; rosse f.

Schindel ['ʃindəl] f. (-, n) bardeau m. ; éclisse f. | *Schindeldach*, toit (m.) de bardeaux. || HÉRALD. billette f.

schindeln [-dəln] v. tr. couvrir de bardeaux.

schinden ['ʃindən] (u, u) v. tr. **1.** écorcher ; écorcer. | *sich die Hand schinden*, s'écorcher la main. | *Vieh schinden*, écorcher des bêtes mortes.
2. FIG. maltraiter ; tourmenter ; tyranniser ; infliger des vexations. | *seine Leute schinden*, tyranniser ses subordonnés. | *sich ehrlich schinden*, se donner beaucoup de mal ; s'éreinter ; s'échiner.
3. [neppen] pressurer ; FAM. écorcher ; estamper. ||

Univ., fam. resquiller. | *Kollegien schinden*, suivre des cours sans payer. || Comm. *einen Kunden schinden*, estamper un client. | *einen Preis herausschinden*, marchander exagérément. || Fig. *Eindruck schinden*, chercher à faire impression.

Schinder [-dər] m. (s, -). [Viehabdecker] équarrisseur m. || Fig. bourreau m. ; exploiteur m.

Schinderei [ʃində'rai] f. (-, en) équarrissage m. || Fig. mauvais traitements m. pl. ; exploitation f. ; vexations f. pl.

Schinder|hannes ["ʃindər'hanəs] m. chef (m.) de brigands. ||°**-knecht** m. (s, e) bourreau m.

Schinken ['ʃiŋkən] m. (s, -) jambon m. | *Westfälischer Schinken*, jambon de Westphalie. || Loc. *mit der Wurst nach dem Schinken werfen*, donner un œuf pour avoir un bœuf. || Fam. [Buch] pavé m. ; [Gemälde] croûte f.

Schinken|brötchen ["ʃiŋkən'brø:tçən] n. (s, -) sandwich (m.) au jambon. ||°**-schnitte** f. (-, n), °**-scheibe** f. (-, n) tranche (f.) de jambon.

Schinn [ʃin] m. (s, e), **Schinne** ['ʃinə] f. (-, n). [Kopfschuppe] pellicule f.

Schippe ['ʃipə] f. (-, n) pelle f. || Fig. *eine Schippe machen* ; *den Mund zu einer Schippe verziehen*, faire la moue. || Fam. *jn auf die Schippe nehmen*, mettre qn en boîte.

◇ f. pl. **Schippen,** [Kartenspiel] pique m.

schippen [-pən] v. tr. ramasser, déblayer à la pelle ; pelleter.

Schipper [-pər] m. (s, -) pelleteur m. ; terrassier m.

Schirm [ʃirm] m. (s, e) protection f. ; abri m. | *Schutz und Schirm*, protection et refuge. || [abschirmender Gegenstand] *Regenschirm*, parapluie m. | *Sonnenschirm*, ombrelle f. ; parasol m. | *Lampenschirm*, abat-jour m. | *Mützenschirm*, visière (f.) de casquette. | *Ofenschirm*, pare-feu m. | *Fallschirm*, parachute m.

Schirm|anker ["ʃirm'aŋkər] m. (s, -). Mar. crapaud (m.) d'amarrage. ||°**-antenne** f. (-, n). Radio. antenne (f.) en parapluie. ||°**-bild** n. (s, er) image-radar f. ||°**-dach** n. (s, ¨er) auvent m. ; hangar m. ||**-förmig** adj. en forme de parasol. ||°**-futteral** n. (s, e) fourreau (m.) de parapluie. ||°**-gestänge** n. (s, -) monture (f.) de parapluie. ||°**-gitter** n. (s, -). Radio. grille-écran f. ||°**-herr** m. (n, en) protecteur m. ||°**-herrschaft** f. protection f. | *unter der Schirmherrschaft von*, sous le patronage de. ||°**-kappe** f. (-, n) voilure (f.) de parachute. ||°**-macher** m. (s, -) fabricant (m.) de parapluies. ||°**-mütze** f. (-, n) casquette (f.) à visière. ||°**-palme** f. (-, n) palmier (m.) en éventail. ||°**-ständer** m. (s, -) porte-parapluies m. ||°**-wand** f. (-, ¨e) paravent m.

schirmen ['ʃirmən] v. tr. abriter ; protéger ; mettre à l'abri.

Schirokko [ʃi'rɔko] m. (s) sirocco m.

schirpen ['ʃirpən] v. intr. piailler.

schirren ['ʃirən] v. tr. harnacher ; atteler.

Schirr|meister ["ʃir'maistər] m. (s, -) conducteur (m.) des équipages. || [Eisenbahn] chef (m.) d'équipe.

Schisma ['ʃisma] n. (s, men). Relig. schisme m.

Schismatiker [ʃis'ma:tikər] m. (s, -) schismatique m.

schismatisch [-tiʃ] adj. schismatique.

Schiß [ʃis] m. (es). Vulg. *Schiß haben*, avoir la trouille.

schizoid [ʃitso'i:t] adj. Méd. schizoïde.

Schizoide(r) [ʃitso'i:də(r)] f. (m.). Méd. schizoïde s.

schizophren [ʃitso'fre:n] adj. Méd. schizophrène.

Schizophrene(r) [ʃitso'fre:ne(r)] f. (m.). Méd. schizophrène s.

Schizophrenie [ʃitsofre'ni:] f. Méd. schizophrénie f.

Schlabber ['ʃlabər] f. (-, n). Vulg. bouche f. ; gueule f.

schlabbern [-bərn] v. tr. et v. intr. boire avec bruit, malproprement ; laper. || Par ext. manger comme un cochon.

Schlacht [ʃlaxt] f. (-, en) bataille f. | *eine Schlacht liefern*, livrer bataille. | *eine Schlacht gewinnen, verlieren*, gagner, perdre une bataille. | *die Schlacht bei Jena*, la bataille d'Iéna.

Schlacht|feld ['ʃlaxtfɛlt] n. (s, er) champ (m.) de bataille. ||**-fertig** adj. prêt à livrer bataille. ||°**-gesang** m. (s, ¨e) chant (m.) de guerre. ||°**-getümmel** n. (s), °**-gewühl** n. (s, e) mêlée f. ||°**-kreuzer** m. (s, -). Mar. croiseur (m.) de bataille. ||°**-ordnung** f. ordre (m.) de bataille. | *in Schlachtordnung aufstellen*, ranger en ordre de bataille. ||°**-reihe** f. (-, n) ligne (f.) de bataille. ||°**-roß** n. (es, e) destrier m. ||°**-ruf** m. (s, e) cri (m.) de guerre. ||°**-schiff** n. (s, e) bâtiment (m.) de ligne.

schlachten ['ʃlaxtən] v. tr. abattre ; tuer. | *Vieh schlachten*, abattre du bétail. || Fig. massacrer ; assassiner ; sacrifier.

Schlacht|bank ['ʃlaxtbaŋk] f. (-, ¨e) étal (m.) de boucher. ||°**-beil** n. (s, e) hache (f.) du boucher. ||°**-block** m. (s, ¨e) billot m. ||°**-gewicht** n. (s) poids abattu. ||°**-haus** n. (es, ¨er), °**-hof** m. (s, ¨e) abattoir m. ||°**-ochs** m. (en, en) bœuf gras. ||°**-opfer** n. (s, -) victime f. ||°**-steuer** f. (-, n) taxe (f.) à l'abattage. ||°**-vieh** n. (s) bêtes (f. pl.) de boucherie.

Schlachten [-tən] n. (s). [Vieh] abattage m. || Fig. carnage m.

Schlachten|bummler ["ʃlaxtən'bumlər] m. (s, -) celui qui assiste à une bataille. || [Sport] supporter m. ||°**-glück** n. (s) fortune (f.) des batailles. ||°**-gott** m. (s), °**-lenker** m. (s) dieu (m.) des batailles ; Mars m. ||°**-maler** m. (s, -) peintre (m.) de batailles.

Schlachter ['ʃlaxtər], **Schlächter** ['ʃlɛçtər] m. (s, -) boucher m. ; employé (m.) des abattoirs. || Pop. bourreau m.

Schlächterei [ʃlɛçtə'rai] f. (-, en) boucherie f. ; massacre m. || Pop. [Fleischerladen] boucherie f.

Schlacke ['ʃlakə] f. (-, n). [Erz] scorie f. ; impureté f. ; crasse f. | *Hammerschlagschlacke*, mâchefer m.

schlacken [-kən] v. intr. donner des scories. || [Schmutzwetter] pleuvoir ou neiger sans arrêt.

Schlacken|bildung ["ʃlakən'bilduŋ] f. scorification f. ||°**-halde** f. (-, n) crassier m. ||°**-zement** m. (s, e) ciment (m.) de laitier.

schlackerig ['ʃlakəriç] adj. *schlackerige Hose*, pantalon qui tirebouchonne.

schlackern ['ʃlakərn] v. intr. [schlottern ; schlenkern]. Dial. *er schlackert mit den Gliedern*, il marche comme un pantin (désarticulé).

Schlacker|wetter ["ʃlakər'vɛtər] n. (s) temps (m.) d'averses, de giboulées.

schlackig ['ʃlakiç] adj. qui contient des scories.

Schlack|wurst ["ʃlak'vurst] f. (-, ¨e) cervelas m.

Schlaf [ʃla:f] m. (s) sommeil m. ; repos m. ; ensommeillement m. ; engourdissement m. | *tiefer Schlaf*, profond sommeil. | *einen leichten Schlaf haben*, avoir le sommeil léger. | *jn in den Schlaf singen*, bercer qn. | *in einen tiefen Schlaf sinken*, s'endormir profondément. | *jn aus dem Schlaf holen*, tirer qn du sommeil. | *vom Schlaf erwachen*, s'éveiller. | *aus dem Schlaf auffahren, hochfahren*, s'éveiller en sursaut. | *im Schlaf*, en dormant ; durant son sommeil. | *sich den Schlaf aus den Augen reiben, wischen*, se frotter les yeux (pour se réveiller). | *das fällt mir nicht im Schlafe ein*, cela ne me viendrait jamais à l'esprit. || Prov. *den Seinen gibt's der Herr im Schlafe*, la fortune vient en dormant. || Fig. *der letzte, der ewige Schlaf*, le sommeil éternel ; la mort. | *den Schlaf des Gerechten schlafen*, dormir du sommeil du juste. || Zool. *Winterschlaf*, engourdissement m. ; hibernation f.

Schlaf|abteil ["ʃla:f'aptail] n. (s, e) compartiment (m.) de wagon-lit. ||°**-anzug** m. (s, ¨e) pyjama m. ||°**-beere** f. (-, n). Bot. belladone f. ||**-bringend** adj. soporifique. | *schlafbringendes, schlafförderndes Mittel*, somnifère m. ; narcotique m. ||°**-couch** f. (-, en) canapé (m.) convertible. ||°**-gast** m. (s, ¨e) hôte (m.) pour la nuit. ||°**-gott** m. (s). Myth. Morphée m. ||°**-kammer** f. (-, n) chambre (f.) à coucher. ||°**-krankheit** f. (-, en) maladie (f.) du sommeil. ||°**-kur** f. (-, en). Méd. cure (f.) de sommeil. ||°**-lied** n. (s, er) berceuse f. ||**-los** adj. sans sommeil ; insomniaque. | *schlaflose Nacht*, nuit blanche. ||°**-lust** f. envie (f.) de dormir. ||°**-mittel** n. (s, -) somnifère m. ||°**-mütze** f. (-, n) bonnet (m.) de nuit. || Fig. endormi m. ||°**-rock** m. (s, ¨e) robe (f.) de chambre. ||°**-saal** m. (s, säle), °**-raum** m. (s, ¨e) dortoir m. ||°**-sack** m. (s, ¨e) sac (m.) de couchage. ||°**-sofa** n. (s, s) canapé-lit m. ||°**-statt** f. (-, ¨e) couchette f. ||°**-stätte** f. (-, n) couche f. ; gîte m. ||°**-sucht** f. somnolence f. ; léthargie f. ||°**-trunk** m. (s, ¨e) narcotique m. ; somnifère m. ||**-trunken** adj. tombant de sommeil. ||°**-trunkenheit** f. somnolence (f.) irrésistible. ||°**-wagen** m. (s, -) wagon-lit m. || °**-wandel** m. (s) somnambulisme m. ||**-wandeln** v. intr. être atteint de somnambulisme. ||°**-wandler** m. (s, -) somnambule m. ||°**-zimmer** n. (s, -) chambre (f.) à coucher.

Schläfchen ['ʃlɛ:fçən] n. (s, -) petit somme. | *Mittagsschläfchen*, sieste f.

Schläfe ['ʃlɛ:fə] f. (-, n) tempe f.
schlafen ['ʃla:fən] (ä, ie, a) v. intr. dormir ; reposer ; coucher ; se reposer ; être endormi, engourdi. | *fest, tief schlafen*, dormir profondément. | *schlafen gehen, sich schlafen legen*, aller se coucher. | *in den Tag hinein schlafen*, faire la grasse matinée. | *unter freiem Himmel schlafen*, dormir à la belle étoile. | *hier schläft es sich gut*, on dort bien ici. | *schlaf wohl !*, bonne nuit !
Schläfen|ader ["ʃlɛ:fən'a:dər] f. (-, n) veine temporale. ||°**-bein** n. (s, e) os temporal. ||°**-lappen** m. (s, -) lobe temporal.
Schläfer(in) ['ʃlɛ:fər(in)] m. (s, -), f. (-, nen) dormeur m. ; dormeuse f. | *Siebenschläfer*, celui qui dort comme un loir.
schläfern [-fərn] v. intr. somnoler ; avoir sommeil. || (Vx.) *mich schläfert*, je tombe de sommeil ; je m'endors.
schlaff [ʃlaf] adj. flasque ; mou ; lâche ; détendu ; distendu ; relâché. | *schlaffe Gesichtszüge*, des traits mous. | *schlaffer Händedruck*, poignée de main molle. | *bei Windstille hängen die Segel schlaff*, par temps calme les voiles pendent. | *schlaffer Riemen*, courroie détendue. || FAM. fainéant ; veule.
Schlaffheit ['ʃlafhait] f. mollesse f. ; relâchement m. ; atonie f. ; indolence f.
Schlafittchen [ʃla'fitçən] n. (s). FAM. *jn am Schlafittchen nehmen*, saisir qn au collet.
schläfrig ['ʃlɛ:friç] adj. **1.** [schlafbedürftig] qui a sommeil ; somnolent ; endormi. | *schläfrig machen*, endormir. | *schläfrig sein*, avoir sommeil.
2. [schlafbringend] qui endort ; FIG. soporifique. | *eine Sache schläfrig betreiben*, s'endormir sur une affaire.
Schläfrigkeit [-kait] f. somnolence f. ; envie (f.) de dormir. || FIG. indolence f.
Schlag [ʃla:k] m. (s, ¨e). **1.** coup m. ; tape f. ; choc m. ; heurt m. | *einen leichten Schlag geben*, donner une tape légère, un petit coup. | *Schläge austeilen*, distribuer des coups. | *tödlicher Schlag*, coup mortel. | *jm einen Schlag versetzen*, assener un coup à qn. | *eine Tracht Schläge*, une volée de coups. | *Handschlag*, poignée (f.) de main. | *Faustschlag*, coup de poing. || FIG. *harter Schlag*, rude coup. | *Schlagabtausch*, passe (f.) d'armes. | *Schicksalsschlag*, coup du destin. | *Hammerschlag*, coup de marteau. | *elektrischer Schlag*, décharge électrique. || *Blitzschlag*, foudre f. || [Münze] frappe f. || LOC. *Schlag für Schlag*, coup sur coup. | *Schlag um Schlag*, coup pour coup. | *mit einem Schlag ; auf einen Schlag*, tout d'un coup. | *auf den ersten Schlag*, d'emblée ; du premier coup. | *ein Schlag ins Wasser*, un coup d'épée dans l'eau.
2. MÉD. commotion f. ; apoplexie f. , attaque f. | *am Schlage sterben*, mourir d'apoplexie. | *vom Schlage getroffen werden*, avoir une attaque. | *Herzschlag*, crise (f.) cardiaque. | *Hitzschlag*, commotion par insolation. || FIG. *mich trifft der Schlag !*, je n'en reviens pas.
3. [Takt] battement m. ; rythme m. ; cadence f. | *Herzschläge*, battements de cœur. | *Schläge der Uhr*, battements de la pendule. | *Schlag zehn Uhr ; mit dem Schlag zehn*, à dix heures sonnantes, tapantes. | *Glockenschlag*, sonnerie (f.) d'une cloche. | *Schlaglot, -gewicht*, poids (m.) de sonnerie.
4. [Pferde] ruade f.
5. [Töne] chant m. ; roulade f. | *(Trommel)schlag*, roulement (m.) de tambour. | *Nachtigallenschlag*, chant du rossignol. | *Schlag der Wachtel*, courcaillet m.
6. [Geschlecht] espèce f. ; race f. | *ein schöner Schlag Menschen*, une belle race. | *ein Offizier alten Schlages*, un officier de vieille roche. | *ein Mann von seinem Schlage*, un homme de sa trempe. | *von gleichem Schlage*, du même acabit.
7. [Schranke] barrière f. ; trappe f. | *Wagenschlag*, portière (f.) de voiture. | *Taubenschlag*, volière f. ; pigeonnier m.
8. [im Forst] coupe f.
9. AGRIC. *in Schläge einteilen*, cultiver par assolements.
Schlag|ader ["ʃla:k'a:dər] f. (-, n) artère f. || °**-anfall** m. (s, ¨e) attaque (f.) d'apoplexie. ||**-artig** adj. brutal ; subit ; qui survient d'un seul coup. || MÉD. apoplectique. ||°**-ball** m. (s, ¨e) éteuf m. ; paume f. ||°**-ball|spiel** n. (s) jeu (m.) de base-ball. ||°**-baum** m. (s, ¨e). [Zoll] barrière (f.) mobile. ||°**-bohrer** m. (s, -). TECHN. fleuret m. ; burin m. ||°**-bohr|-maschine** f. (-, n) perceuse (f.) à percussion. ||°**-bolzen** m. (s, -). MIL. percuteur m. ||°**-brücke** f. (-, n) pont-levis m. ||°**-degen** m. (s, -) brette f. ||°**-eisen** n. (s, -) taquet m. ||°**-feder** f. (-, n) penne f. ||°**-fell** n. (s, e) peau (f.) du tambour. ||**-fertig** adj. prêt à livrer combat. || FIG. qui a la repartie prompte. | *schlagfertig antworten*, répondre du tac au tac. ||°**-fertigkeit** f. FIG. promptitude (f.) de repartie. ||°**-gold** n. (s) or laminé. ||°**-höhe** f. (-, n) hauteur (f.) de frappe. ||°**-holz** n. (es, ¨er) bois (m.) de coupe. ||°**-hüter** m. (s, -) baliveau m. ||°**-instrument** n. (s, e). MUS. instrument (m.) à percussion. ||**-kräftig** adj. [Boxer] qui a du punch ; [Beweis] concluant. ||°**-kraut** n. (s, ¨er). BOT. ivette f. ||°**-laut** m. (s, e) son fort. ||°**-leiste** f. (-, n). [Zimmerei] battement m. ||°**-licht** n. (s, er) trait (m.), effet (m.) de lumière. ||**-licht|artig** adv. FIG. subitement ; brutalement. ||°**-loch** n. (s, ¨er) [auf der Straße] nid (m.) de poule ; trou m. ||**-lustig** adj. batailleur. ||°**-obers** n. (es) crème fouettée. ||°**-reim** m. (s, e) rime suivie. ||°**-ring** m. (s, e) coup-de-poing américain. ||°**-sahne** f. (-, n) crème Chantilly, fouettée. || °**-schatten** m. (s, -) ombre portée. ||°**-seite** f. (-, n). MAR. bande f. ; inclinaison f. | *Schlagseite haben*, donner de la bande. ||°**-stück** n. (s, e) déclic m. ||°**-tür** f. (-, en) trappe f. ||°**-welle** f. (-, n). MAR. lame f. ||°**-werk** n. (s, e) sonnerie f. ||°**-wetter** n. (s) grisou m. ; coup (m.) de grisou. ||°**-wort** n. (s, e) mot (m.) d'ordre ; slogan m. ||°**-wunde** f. (-, n) contusion f. ||°**-zeile** f. (-, n). [Zeitungen] manchette f. ; gros titre. ||°**-zeug** n. (s, e). MUS. batterie f. ||°**-zeuger** m. (s, -). MUS. batteur m. ||°**-zünder** m. (s, -) fusée percutante.
schlagen ['ʃla:gən] (ä, u, a).

I. v. tr.
  1. battre ; frapper ; taper ; cogner.
  2. [besiegen] battre ; vaincre.
  3. enfoncer.
  4. [richten] diriger ; tourner.
  5. [Musik ; Töne] battre ; sonner.
  6. [legen] envelopper ; placer ; jeter.
  7. COMM., FIN.
  8. LOC.
II. v. intr.
  1. frapper ; battre ; heurter ; cogner.
  2. avoir un battement ; battre.
  3. sonner ; chanter.
  4. [gleichen] ressembler.
  5. LOC.
III. v. pr. **sich schlagen.**
  1. se frapper.
  2. combattre ; lutter ; se battre.
  3. se joindre à.
  4. se diriger vers ; prendre une direction.
  5. se frayer un chemin ; passer.
IV. part. prés. **schlagend.**
  part. pass. et adj. **geschlagen.**

I. v. tr. **1.** battre ; frapper ; taper ; cogner. | *jn mit einem Stock schlagen*, frapper qn avec un bâton. | *mit aller Kraft schlagen*, taper de toutes ses forces. | *jn totschlagen*, tuer qn | *etwas kurz und klein, in Stücke schlagen*, réduire qch. en morceaux. | *jm etwas aus der Hand schlagen*, faire tomber qch. des mains de qn. | *der Adler schlägt die Flügel, schlägt mit den Flügeln*, l'aigle bat des ailes. || PR. et FIG. *jm Wunden schlagen*, faire des blessures à qn ; blesser qn. || LOC. *zwei Fliegen mit einer Klappe schlagen*, faire d'une pierre deux coups. | *mit Blindheit schlagen*, frapper de cécité.
2. [besiegen] battre ; vaincre. | *eine Schlacht schlagen*, livrer une bataille. | *den Feind schlagen*, vaincre l'ennemi. | *jn zu Boden schlagen*, terrasser qn. | *aufs Haupt schlagen*, battre à plate couture. || SPORT. *nach Punkten schlagen*, battre aux points. || PR. et FIG. *einen Gegner aus dem Feld schlagen*, éliminer un adversaire, un rival.
3. enfoncer ; planter ; ficher ; fixer. | *einen Pfahl in die Erde schlagen*, enfoncer un pieu dans la terre. | *einen Nagel in die Wand schlagen*, planter un clou dans le mur. | *ans Kreuz schlagen*, clouer sur la croix ; crucifier. | *Feuer aus dem Stein schlagen*, faire jaillir du feu (en frappant la pierre). | *Wurzeln schlagen*, prendre racine ; s'enraciner. | *an die Wand schlagen*, placarder ; afficher. | *das Schiff schlägt Wellen*, le navire fait des vagues.
4. [richten] diriger ; orienter ; mener. || (Vx.) *die Augen gen Himmel schlagen*, lever les yeux au ciel. | *die Augen zu Boden schlagen*, baisser les yeux. | *die Hände über dem Kopf zusammenschlagen*, lever les bras au ciel.
5. [Musik ; Töne] : battre ; sonner. | *den Takt schlagen*, battre la mesure. | *die Trommel schlagen*, battre le, jouer du tambour. | *die Saiten schlagen*, jouer (d'un instrument à cordes). | *eine bekannte Stimme schlägt an mein Ohr*, j'entends une voix connue. | *Sturm schlagen*, sonner le tocsin. | *Alarm schlagen*, donner l'alerte. | *die Stunden schlagen*, sonner les heures. | *eine geschlagene*

Stunde, une bonne heure ; une heure d'horloge.
6. [legen] placer ; mettre ; envelopper ; jeter ; passer. | *Papier um etwas schlagen*, envelopper qch. dans du papier. | *einen Mantel über seine Schultern schlagen*, jeter un manteau sur ses épaules. | *ein Tuch über den Kopf schlagen*, mettre un fichu sur la tête. | *die Arme um jn schlagen*, passer ses bras autour de qn. | *eine Brücke schlagen*, jeter un pont. | *in Fesseln schlagen*, enchaîner. || FIG. *alles auf einen Leisten schlagen*, tout couler dans le même moule.
7. COMM., FIN. ajouter ; taxer. | *die Unkosten auf den Preis schlagen*, inclure les frais dans le prix de vente. | *die Zinsen zum Kapital schlagen*, capitaliser les intérêts.
8. LOC. *jn zum Ritter schlagen*, armer qn chevalier. | *Münzen schlagen*, battre monnaie. | *ein Kreuz schlagen*, faire un signe de croix. | *Falten schlagen*, faire des plis. | *der Pfau schlägt das Rad*, le paon fait la roue. || FAM. *etwas in den Wind schlagen*, faire fi de qch. | *Karten schlagen*, tirer les cartes. || CULIN. *Eier in die Pfanne schlagen*, faire une omelette. | *Eier zu Schaum schlagen*, battre des œufs en neige. || FIG. *Schaum schlagen*, parler pour ne rien dire.
II. v. intr. **1.** frapper ; battre ; heurter ; cogner. | *nach jm schlagen*, porter un coup à qn. | *mit der Faust auf den Tisch schlagen*, frapper du poing sur la table. | *mit der Peitsche schlagen*, fouetter. | *jm ins Gesicht schlagen*, frapper qn au visage ; FIG. offenser ; bafouer qn. | *der Blitz schlägt in die Eiche*, l'éclair frappe le chêne. | *der Regen schlägt an die Scheiben*, la pluie bat les vitres. | *die Wellen schlagen ans Ufer*, les vagues viennent battre le rivage. | *er schlug zu Boden*, il tomba par terre. | *kopfüber schlagen*, piquer une tête. | *mit dem Kopf auf einen Stein schlagen*, donner de la tête contre une pierre. || FIG. *der Wahrheit ins Gesicht schlagen*, offenser la vérité. | *jm ins Gesicht schlagen*, offenser, bafouer qn.
2. avoir un battement ; battre. | *mit den Flügeln schlagen*, battre des ailes. | *das Herz schlägt*, le cœur bat.
3. sonner ; chanter. | *die Turmuhr schlägt*, le clocher sonne. | *es schlägt drei*, trois heures sonnent. | *wem die Stunde schlägt*, pour qui sonne le glas. | *die Nachtigall schlägt*, le rossignol chante.
4. [gleichen] ressembler ; tirer sur. | *er schlägt dem Vater nach*, il ressemble à son père. | *aus der Art schlagen*, dégénérer.
5. LOC. *das Pferd schlägt nach hinten*, le cheval rue. || [durchsickern] *das Fett schlägt durch das Papier*, la graisse traverse, transperce le papier. | *in ein Fach schlagen*, ressortir à une spécialité ; être du ressort de. | *die Flamme schlägt in die Höhe*, la flamme s'élève. | *die Waage schlägt nach der Gewichtseite*, la balance penche vers le plateau le plus lourd. || COMM. *die Preise schlagen in die Höhe*, les prix montent en flèche. || FIG. *über den Strang schlagen*, ruer dans les brancards.
III. v. pr. **sich schlagen, 1.** se frapper. | *sich an die Brust schlagen*, se frapper la poitrine.
2. combattre ; se battre ; lutter. | *sich für eine Sache schlagen*, combattre pour une cause. | *sich auf Degen, auf Pistolen schlagen*, se battre à l'épée, au pistolet. || FIG. *sich mit Grillen schlagen*, se battre contre des moulins à vent.
3. se joindre à. | *sich zu einer Gesellschaft schlagen*, se joindre à un groupe. | *sich zum Feinde schlagen*, passer à l'ennemi.
4. se diriger vers ; prendre une direction. | *der Wanderer schlägt sich nach links*, le voyageur prend à gauche, tourne à gauche. | *sich seitwärts schlagen*, s'esquiver ; FAM. prendre la tangente.
5. se frayer un chemin ; passer. | *sich in die Büsche schlagen*, FAM. s'éclipser. | *sich durchs Leben schlagen*, faire son chemin dans la vie. || FIG. *sich etwas aus dem Sinn schlagen*, s'ôter qch. de l'esprit.
IV. part. prés. **schlagend,** FIG. *schlagender Beweis*, preuve (f.) péremptoire. | *schlagende Antwort*, réponse (f.) sans réplique. | *das schlagendste Beispiel*, l'exemple (m.) topique.
◇ part. pass. **geschlagen,** FIG. *ein geschlagener Mann*, un homme ruiné ; un homme fini. | *vom Schicksal geschlagen*, frappé par le destin.

Schlagen ['ʃla:gən] n. (s) action (f.) de frapper, donner des coups ; coups m. pl. ; battements m. pl. ; ruade f. || [Puls] *Schlagen des Pulses*, palpitations f. pl. || [Vögel] chant m. || [Forst] coupe f.

Schlager [-gər] m. (s, -) refrain (m.) à la mode ; succès m. ; scie f. ; FAM. tube m.

Schläger ['ʃlɛ:gər] m. (s, -) celui qui frappe. || [Raufbold] bretteur m. ; spadassin m. | *guter Schläger* fine lame. || [Pferde] rueur m. || [Singvögel] oiseau chanteur. || [Haudegen] rapière f. || SPORT. *Tennisschläger*, raquette (f.) de tennis. | *Golfschläger*, canne (f.) de golf.

Schlaks [ʃlaks] m. (es, e). FAM. grand dadais ; grande perche.

Schlamassel [ʃla'masəl] m. (s, -). FAM., POP. déveine f. ; purée f. || MIL. mêlée (f.) d'un combat.

Schlamm [ʃlam] m. (s) boue f. ; limon m. ; vase f. ; fange f. | *im Schlamm steckenbleiben*, s'embourber. | *aus dem Schlamm ziehen*, désembourber ; FIG., FAM. dépêtrer.

Schlamm|ablagerung ["ʃlam'aplɑ:gəruŋ] f. (-, en) dépôt (m.) de boue. ||°**-bad** n. (s, ¨er). MÉD. bain (m.) de boue. ||°**-boden** m. (s, ¨) terrain bourbeux, limoneux. ||°**-boot** n. (s, e). MAR. marie-salope f. ||°**-fisch** m. (s, e) poisson (m.) de vase, limicole. ||°**-grube** f. (-, n) cloaque m. ; bourbier m. ||**-haltig** adj. limoneux ; vaseux. ||°**-loch** n. (s, ¨er) fondrière f.

schlammen ['ʃlamən] v. intr. déposer du limon.

schlämmen ['ʃlɛmən] v. tr. débourber ; laver ; curer. | *einen Teich schlämmen*, curer un étang. | *Erz schlämmen*, laver du minerai.

schlammig ['ʃlamiç] adj. fangeux ; vaseux ; limoneux ; boueux. | *schlammiger Grund*, fond couvert de vase.

Schlämmung ['ʃlɛmuŋ] f. (-, en), **Schlämmen** ['ʃlɛmən] n. (s) curage m.

Schlamp [ʃlamp] m. (s, e) bombance f. ; joyeuse vie. || POP. ganache f. || [am Kleide] traîne f.

schlampampen [ʃlam'pampən] v. intr. mener joyeuse vie ; faire bombance ; FAM. faire la bombe.

Schlampe ['ʃlampə] f. (-, n). VULG. salope f.

schlampen [-pən] v. intr. être débraillé ; être souillon. || PAR EXT. manger, boire salement ; bâcler une besogne.

Schlamperei [ʃlampə'rai] f. (-, en) désordre m. ; négligence f. ; laisser-aller m.

schlampig ['ʃlampiç] adj. négligé ; débraillé ; souillon. | *schlampige Arbeit*, travail bâclé.

Schlange ['ʃlaŋə] f. (-, n). ZOOL. serpent m. | *giftige Schlange*, serpent venimeux. || FIG. *eine Schlange am Busen nähren*, réchauffer un serpent dans son sein. | *Schlange stehen*, faire la queue. || TECHN. [Schlauch] boyau m. ; tuyau (m.) de pompe à incendie. || MIL. (Vx.) couleuvrine f.

schlängelig ['ʃlɛŋəliç] adj. sinueux ; qui décrit des méandres ; tortueux.

schlängeln [-ŋəln] v. intr. et v. pr. serpenter ; décrire des lacets, des méandres. | *der Weg schlängelt sich*, le chemin serpente. | *sich um etwas schlängeln*, s'enrouler autour de qch.

Schlangen|aal ["ʃlaŋən'a:l] m. (s, e) anguille f. ||°**-adler** m. (s, -). ZOOL. (aigle m.) serpentaire m. ; circaète m. ||**-ähnlich, -artig** adj. comme un serpent ; ophidien. ||°**-beschwörer** m. (s, -) charmeur (m.) de serpents. ||°**-biß** m. (es, e) morsure (f.) de serpent. ||°**-bohrer** m. (s, -). TECHN. mèche f. ; tarière f. ||°**-brut** f. (-, en) couvée (f.) de serpents. ||°**-busen** m. (s, -). FIG. cœur (m.) de serpent ; cœur faux. ||**-förmig** adj. en forme de serpent ; FIG. sinueux. ||°**-geschlecht** n. (s). ZOOL. ophidiens m. pl. ||°**-gift** n. (s, e) venin (m.) de serpent. ||°**-haupt** n. (s, ¨er) tête (f.) de méduse. ||°**-horn** n. (s, ¨er). MUS. ophicléide m. ||°**-kraut** n. (s, ¨er). BOT. serpentaire f. ||°**-linie** f. (-, n) ligne sinueuse. ||°**-mensch** m. (en, en) acrobate m. ; contorsionniste m. ||°**-pfad** m. (s, e) chemin sinueux. ||°**-rohr** n. (s, e), °**-röhre** f. (-, n). CHIM. serpentin m. ||°**-säule** f. (-, n). ARCHIT. colonne (f.) torse. ||°**-stab** m. (s, ¨e) caducée m. ||°**-stein** m. (s, e) serpentine f. ||°**-windung** f. (-, en) méandre m. ; sinuosité f. ; virage (m.) en épingle à cheveux. ||°**-wurzel** f. (-, n). BOT. serpentaire f. ||°**-zunge** f. (-, n). FIG. langue (f.) de vipère.

schlangenhaft ['ʃlaŋənhaft] adj. et adv. comme un serpent ; sinueux ; FIG. de façon insidieuse.

schlank [ʃlaŋk] adj. élancé ; svelte ; mince. | *ein schlankes Mädchen*, une jeune fille svelte. | *einen schlanken Wuchs haben*, avoir la taille fine. | *schlank wie eine Tanne*, droit comme un if. || LOC. *schlank und rank*, bien fait. || FIG. *schlanker Hand*, tout bonnement.

Schlankheit ['ʃlaŋkhait] f. sveltesse f. ; allure élancée ; gracilité f. | *Schlankheitskur*, cure (f.) d'amaigrissement.

schlank|weg ['ʃlaŋkvɛ:k] adv. sans façon ; carrément ; de but en blanc. | *schlankweg verweigern*, refuser tout net.

schlapp [ʃlap] adj. mou ; amolli ; avachi ; relâché. | *schlapp hängen*, pendre mollement. | *schlappe Haltung*, attitude relâchée, avachie. || FIG. épuisé ; éreinté. || FAM. *schlapp machen*, abandonner la course ; renoncer.

— SYN. : *schlaff*, mou.

Schlappe ['ʃlapə] f. (-, n). FAM. échec m. ; défaite f. | *eine Schlappe erleiden*, essuyer un échec. || POP. *eine Schlappe einstecken*, ramasser une veste.

schlappen [-pən] v. intr. [schlürfend gehen] traîner ; pendre mollement. || [schlürfend trinken] laper.

Schlappen ['ʃlapən] m. (s, -). FAM. savate f.

Schlappheit ['ʃlaphait] f. mollesse f. ; allure (f.) flasque. || FIG. veulerie f.

Schlapp|hut ['ʃlaphu:t] m. (s, ¨e) chapeau mou. ||°**-ohr** n. (s, en) oreille pendante. ||°**-schuhe** m. pl. savates f. pl. ||°**-schwanz** m. (es, ¨e). POP. gourde f. ; moule f. ; chiffe f.

schlappig ['ʃlapiç] adj. mou ; avachi ; négligé.

Schlaraffe [ʃla'rafə] m. (n, n). PÉJOR. bon à rien ; fainéant m.

Schlaraffen|land [ʃla"rafən'lant] n. (s) pays (m.) de cocagne. ||°**-leben** n. (s) *ein Schlaraffenleben führen*, mener la belle vie.

schlau [ʃlau] adj. rusé ; fin ; madré ; retors. | *ein schlauer Fuchs*, un fin renard ; un fin matois. | *ein schlauer Kerl*, un type astucieux. | *schlaue Ränke*, intrigues habiles, subtiles. | *mit jm den Schlauen spielen*, jouer au plus fin avec qn.

Schlau|berger ["ʃlau'bɛrgər] m. (s, -) rusé compère. ||°**-kopf** m. (s, ¨e) finaud m. ||°**-meier** m. (s, -) fin matois.

Schlauch [ʃlaux] m. (s, ¨e) tuyau (m.) flexible ; boyau m. ; outre f. | *Feuerwehrschlauch*, tuyau d'incendie. | *Luftschlauch*, chambre (f.) à air. | *leerer Schlauch*, outre vide. || FIG. personne bedonnante, pansue. || BOT. [Wasserpflanzen] ampoule f. ; utricule m.

Schlauch|boot ['ʃlauxbo:t] n. (s, e) canot (m.) pneumatique. ||°**-hahn** m. (es, ¨e) robinet (m.) d'arrosage. ||°**-reifen** m. (s, -). [Fahrrad] boyau m. ||°**-wagen** m. (s, -). [Gartengerät] enrouleur (m.) mobile.

Schläue ['ʃlɔyə] f. malice f.

Schlaufe ['ʃlaufə] f. (-, n) nœud coulant ; boucle f. | *Gürtelschlaufe*, passant m.

Schlauheit ['ʃlauhait] f. malice f. ; ruse f. ; finasserie f.

Schlawiner [ʃla'vi:nər] m. (s, -) malin m. ; rusé m.

schlecht [ʃlɛçt] adj. **1.** (VX.) [schlicht] simple. | *schlecht und recht*, avec droiture ; tout simplement. | *mehr schlecht als recht*, tant bien que mal.

2. [minderwertig] mauvais ; qui ne vaut rien. | *schlechte Ware*, marchandise (f.) de mauvaise qualité. | *schlechtes Wetter*, mauvais temps. | *schlechter Charakter*, mauvais caractère. | *einen schlechten Ruf haben*, avoir une mauvaise réputation. | *jn schlecht machen*, calomnier qn. | *schlechtes Deutsch sprechen*, parler un mauvais allemand. | *schlechter Kerl*, mauvais garçon. | *schlechter Laune sein*, être de mauvaise humeur. | *die Butter wird schlecht*, le beurre se gâte. || SUBSTANTIV. *von jm Schlechtes sagen*, dire du mal de qn.

3. FIG. médiocre ; triste ; piètre. | *schlechter Trost*, piètre consolation f. | *schlechte Ergebnisse*, résultats (m. pl.) médiocres.

◇ compar. **schlechter,** pire. | *die Lage wird schlechter*, la situation empire.

◇ adv. mal. | *es geht ihm schlecht*, ses affaires ne marchent pas. | *schlecht sehen*, mal voir ; avoir mauvaise vue. | *schlecht an jm handeln*, se mal conduire avec qn. | *es steht schlecht mit ihm*, ses affaires vont mal. | *auf jn schlecht zu sprechen sein*, n'avoir pas une bonne opinion de qn.

schlechter|dings ["ʃlɛçtər'diŋs] adv. tout simplement ; absolument. | *es ist mir schlechterdings unmöglich*, il m'est absolument impossible.

schlecht|gelaunt ["ʃlɛçtgə'launt] adj. mal disposé ; mal luné ; de mauvaise humeur. ||**-gestimmt** adj. mal disposé. ||**-hin** adv. tout simplement ; tout uniment ; sans plus de façons ; absolument. || **-machen** v. tr. médire. ||°**-macherei** f. (-, en) médisance f. ||**-weg** adv. tout simplement. ||°**-wetter** n. (s) mauvais temps.

Schlechtheit ['ʃlɛçthait], **Schlechtigkeit** [-tiçkait] f. mauvaise qualité ; médiocrité f. || FIG. méchanceté f.

schlecken ['ʃlɛkən] v. tr. et intr. lécher ; se régaler ; être friand.

Schlecker [-kər] m. (s, -) gourmand m.

Schleckerei [ʃlɛkə'rai] f. (-, en) friandise f.

Schlecker|maul ["ʃlɛkər'maul] n. (s, ¨er) gourmand m. ; gourmet m.

Schleef [ʃle:f] m. (s, e). DIAL. rustre m. ; butor m.

Schlegel ['ʃle:gəl] m. (s, -) maillet m. ; battoir m. || [Keule eines Tieres] *Hirschschlegel*, cuissot (m.) de chevreuil. || [Trommel ; Pauke] baguette f.

Schleh|baum ['ʃle:baum] m. (s, ¨e), °**-busch** m. (es, ¨e), °**-dorn** m. (s) prunellier m.

Schlehe ['ʃle:ə] f. (-, n) prunelle f.

Schlei [ʃlai] m. (s, e), **Schleie** ['ʃlaiə] f. (-, n). ZOOL. tanche f.

Schleiche ['ʃlaiçə] f. (-, n). ZOOL. orvet m.

schleichen [-çən] (i, i). v. intr. **1.** s'approcher secrètement ; se glisser ; se faufiler vers ; aller furtivement vers. | *geschlichen kommen*, venir à pas de loup. || FIG. *Eifersucht schlich in sein Herz*, la jalousie s'infiltra dans son cœur. | *eine schleichende Krankheit*, un mal sournois. | *schleichende Inflation*, inflation larvée, rampante. | *schleichende Wege*, voies détournées ; détours m. pl.

2. couler, s'écouler lentement. | *der Bach schleicht durch die Wiese*, le ruisseau coule lentement à travers la prairie. | *die Zeit schleicht*, le temps s'écoule imperceptiblement.

◇ v. pr. **sich schleichen,** *sich aus dem Zimmer schleichen*, quitter la pièce à la dérobée. | *sich in js Vertrauen schleichen*, gagner la confiance de qn.

Schleich|fieber ["ʃlaiç'fi:bər] n. (s, -) fièvre lente. ||°**-handel** m. (s) commerce clandestin ; contrebande f. ; marché noir. ||°**-händler** m. (s, -) trafiquant m. ; contrebandier m. ||°**-ware** f. (-, n) marchandise (f.) de contrebande. ||°**-weg** m. (s, e) voie détournée ; détour m. ||°**-werbung** f. publicité clandestine.

Schleicher [-çər] m. (s, -) homme hypocrite, faux, dissimulé, sournois.

Schleicherei [ʃlaiçə'rai] f. (-, en) sournoiserie f. ; menée sourde ; dissimulation f.

Schleier ['ʃlaiər] m. (s, -) voile m. ; voilette f. | *Trauerschleier*, voile de deuil. | *Rauchschleier*, rideau (m.) de fumée. || FIG. *den Schleier nehmen*, prendre le voile. | *den Schleier lüften*, lever le voile. | *der Schleier der Vergessenheit*, le voile de l'oubli. || PHOT. voile m.

Schleierchen [-çən] n. (s, -) voilette f.

Schleier|eule ["ʃlaiər'ɔylə] f. (-, n). ZOOL. effraie f. ||°**-flor** m. (s) crêpe m. ||°**-leinwand** f. TEXT. linon m. ||°**-schwanz** m. (es, ¨e). ZOOL. dorade f. ||°**-stoff** m. (s, e), °**-tuch** n. (s, ¨er) voile m.

schleierhaft ['ʃlaiərhaft] adj. voilé ; obscur. | *das ist mir schleierhaft*, je ne comprends pas.

Schleif|apparat ["ʃlaifapa'ra:t] m. (s, e) rectifieuse f. ; meule f. ||°**-bahn** f. (-, en) glissoire f. ||°**-bock** m. (s, ¨e) touret (m.) d'affûtage. ||°**-kontakt** m. (s, e) contact (m.) mobile ; balai m. ||°**-lack** m. (s) vernis (m.) à polir. ||°**-leinen** n. (s) toile (f.) émeri. ||°**-maschine** f. (-, n) affûteuse f. ||°**-messer** n. (s, -) affiloir m. ||°**-mittel** n. (s, -) abrasif m. ||°**-rad** n. (s, ¨er) meule f. ||°**-ring** m. (s, e). TECHN. bague (f.) de contact. ||°**-schuh** m. (s, e) trolley m. ; patin collecteur. ||°**-stein** m. (s, e) meule (f.), pierre (f.) à aiguiser.

Schleife ['ʃlaifə] f. (-, n) nœud m. ; rosette f. , boucle f. | *Schleife im Haar*, nœud dans les cheveux. || [Jagd] collet m. || AÉRON. boucle f. || ÉLECTR. circuit fermé. || [Weg] lacet m. || TECHN. traîneau m. ; glissière f.

schleifen ['ʃlaifən] (i, i) v. tr. aiguiser ; tailler ; affiler. | *eine Schere schleifen*, aiguiser des ciseaux. | *Edelsteine schleifen*, tailler des diamants. | *geschliffenes Glas*, verre taillé. | *blank schleifen*, polir. | *fein schleifen*, rectifier. | *grob schleifen*, meuler. || FIG., FAM. *geschliffen*, poli ; stylé ; bien élevé ; dégrossi. | *ungeschliffen*, fruste. || LITTÉR. *geschliffener Stil*, style élégant, raffiné.

◇ v. tr. (conjug. faible). **1.** traîner. | *den Fuß schleifen*, traîner la jambe.

2. MIL. *eine Festung schleifen*, raser une forteresse. || FAM. *Rekruten schleifen*, dresser des recrues.

3. MUS. *Töne schleifen*, lier, couler des sons.

4. GRAMM. *einen Laut schleifen*, mouiller ; lier.

◇ v. intr. (conjug. faible). traîner ; glisser. | *auf dem Eis schleifen*, patiner.

Schleifen|blume ["ʃlaifən'blu:mə] f. (-, n). BOT. ibéris f. ||°**-flug** m. (s, ¨e). AÉRON. looping m. ||°**-kurve** f. (-, n) boucle f. ; lacet m.

Schleifer ['ʃlaifər] m. (s, -) repasseur m. ; rémouleur m. || [Tanz] pas coulé. || MUS. note coulée.

Schleiferei [ʃlaifə'rai] f. (-, n) aiguisage m. ; atelier (m.) d'aiguisage.

Schleifung ['ʃlaifuŋ] f. (-, en) aiguisage m. ; repassage m. ; meulage m. || [Edelsteine] taille f. || action (f.) de traîner. || MIL. action (f.) de raser, démanteler. || MUS. coulé m. || SPORT. patinage m.

Schleim [ʃlaim] m. (s, e) mucosité f. ; glaire f. ; viscosité f. | *Mundschleim*, bave f. || CULIN. décoction f. || MÉD. mucilage m.

Schleim|absonderung ["ʃlaim'apzɔndəruŋ] f. (-, en) sécrétion muqueuse. ||**-artig** adj. muqueux ; glaireux ; mucilagineux. ||°**-auswurf** m. (s, ¨e) expectoration f. ||°**-drüse** f. (-, n) glande (f.) à mucus. ||°**-fluß** m. (es, ¨e) catarrhe m. ||°**-haut** f. (-, ¨e) muqueuse f. ||°**-husten** m. (s, -) toux grasse. ||°**-stoff** m. (s, e) mucus m. ; mucosité f. ||°**-tiere** n. pl. mollusques m. pl.

Schleiße ['ʃlaisə] f. (-, n) éclisse f. ; éclat (m.) de bois ; écharde f. ; charpie f. || [Feder] barbe f.

schleißen [-sən] (i, i) v. tr. fendre en long. | *Federn schleißen*, ébarber des plumes.
◇ v. intr. et v. pr. se fendre ; s'user.

Schlemm [ʃlɛm] m. (s, e). [Kartenspiel] chelem m. | *Schlemm machen*, faire le grand chelem.

Schlemm|bottich ["ʃlɛm'bɔtiç] m. (s, e) cuve (f.) à laver.

schlemmen ['ʃlɛmən] v. tr. (de *Schlamm*) *einen Teich schlemmen*, débourber un étang. || [schlämmen] *das Erz schlemmen*, laver le minerai.
◇ v. intr. (de *Schlamp*) faire bombance ; vivre dans la débauche ; faire ripaille.

Schlemmer [-mər] m. (s, -) débauché m. ; noceur m. ; bon vivant.

Schlemmerei [ʃlɛmə'rai] f. (-, en) bombance f. ; débauche f. ; ripaille f.

Schlempe ['ʃlɛmpə] f. (-, n) marc m. ; résidu (m.) de distillation.

Schlender ['ʃlɛndər] m. (s, -) flânerie f. ; train-train m.

Schlenderer [-dərər] m. (s, -) flâneur m.

Schlender|gang ["ʃlɛndər'gaŋ] m. (s, ¨e) marche nonchalante. || FIG. routine f.

schlendern ['ʃlɛndərn] v. intr. aller son petit train. || POP. traîner. | *müßig schlendern*, flâner.

Schlendrian ['ʃlɛndriɑ:n] m. (s). 1° train-train m. ; routine f. | *beim alten Schlendrian bleiben*, s'en tenir à la routine ; 2° personne routinière.

schlenkerig ['ʃlɛŋkəriç] adj. branlant ; dégingandé.

schlenkern ['ʃlɛŋkərn] v. tr. et v. intr. projeter au loin ; lancer. | *mit den Armen schlenkern*, aller les bras ballants. | *schlenkernde Gebärde*, geste dégingandé. || MAR. rouler.

Schlenkern [-kərn] n. (s) allure dégingandée ; balancement m. || MAR. roulis m.

Schlepp [ʃlɛp] m. (s). MAR. *in Schlepp haben*, remorquer. | *in Schlepp nehmen*, prendre en remorque.

Schlepp|auto ["ʃlɛp'auto] n. (s, s) tracteur m. ||°**-dampfer** m. (s, -) remorqueur m. ||°**-dienst** m. (es) remorquage m. ||°**-flug** m. (s, ¨e) vol remorqué. ||°**-kabel** n. (s, -) treuil (m.) de remorquage. ||°**-kahn** m. (s, ¨e) chaland m. ||°**-kleid** n. (s, er) robe (f.) à traîne. ||°**-lift** m. (s, e) remonte-pente m. ; FAM. tire-fesses m. ||°**-netz** n. (es, e) chalut m. ; seine f. ||°**-seil** n. (s, e), °**-tau** n. (s, e) câble (m.) de remorquage. || AÉRON. guiderope m. || FIG. *in js Schlepptau geraten*, être à la remorque de qn. ||°**-zug** m. (s, ¨e) train (m.) de péniches.

Schleppe ['ʃlɛpə] f. (-, n) traîne f. ; queue f. | *Kleid mit Schleppe*, robe (f.) à queue.

schleppen [-pən] v. tr. traîner ; remorquer ; coltiner. | *viel Gepäck mit sich schleppen*, avoir beaucoup de bagages. | *jn vors Gericht schleppen*, traîner qn en justice. || MAR. touer.
◇ v. intr. *es schleppt*, cela traîne. || MAR. *der Anker schleppt*, l'ancre laboure.
◇ v. pr. **sich schleppen,** se traîner. | *der Prozeß schleppt sich seit Monaten*, ce procès traîne depuis des mois.

Schleppen [-pən] n. (s) remorquage m. ; halage m. ; touage m.

schleppend [-pənt] adj. traînant. | *ein schleppender Gang*, un pas traînant. | *schleppender Stil*, style languissant.

Schleppen|träger ["ʃlɛpən'trɛ:gər] m. (s, -) qui porte la traîne ; caudataire m.

Schlepper [-pər] m. (s, -) remorqueur m.

Schlesien ['ʃle:ziən] n. pr. n. GÉOGR. Silésie f.

Schlesier(in) [-ziər(in)] m. (s, -), f. (-, nen) Silésien(ne) m. (f.).

schlesisch [-ziʃ] adj. silésien.

Schleswig ['ʃle:svik] n. pr. n. GÉOGR. Slesvig m.

Schleuder ['ʃlɔydər] f. (-, n) fronde f. ; catapulte f. ; baliste f. || TECHN. turbine f. | *Milchschleuder*, centrifugeuse f.

Schleuder|arbeit ["ʃlɔydər'arbait] f. (-, en) travail bâclé ; bousillage m. ||°**-ausfuhr** f. (-, en), °**-export** m. (s) dumping m. ||°**-bahn** f. (-, n) piste (f.) de catapulte. ||°**-beton** m. (s, s) béton centrifugé. ||**-frei** adj. antidérapant. | *schleuderfreie Straße*, route (f.) à revêtement antidérapant. ||°**-honig** m. (s) miel coulé, d'extracteur. ||°**-kraft** f. (-, ¨e) force (f.) centrifuge. ||°**-maschine** f. (-, n) catapulte f. ; baliste f. || [Buttermaschine] machine (f.) centrifuge. ||°**-mühle** f. (-, n) broyeur (m.) centrifuge. ||°**-preis** m. (es, e) vil prix. | *zum Schleuderpreis verkaufen*, vendre à vil prix. ||°**-pumpe** f. (-, n) pompe (f.) centrifuge. || °**-schmierung** f. (-, en) graissage (m.) par projection ; pulvérisation f. ||°**-sitz** m. (es, e). AÉRON. siège (m.) éjectable. ||°**-start** m. (s). AÉRON. catapultage m. ||°**-trockner** m. (s, -). [Waschmaschine] essoreuse (f.) à centrifugation. ||°**-ware** f. (-, n) camelote f. ; marchandise vendue à vil prix. ||°**-wurf** m. (s, ¨e) coup (m.), jet (m.) de fronde.

schleudern ['ʃlɔydərn] v. tr. lancer (à la fronde) ; jeter ; FAM. flanquer. | *einen Stein schleudern*, lancer une pierre avec une fronde. || FIG. fulminer. | *den Bann schleudern*, lancer l'anathème. || TECHN. centrifuger.
◇ v. intr. avoir du jeu. || AUTOM. déraper. || COMM. vendre à vil prix ; FAM. fourguer.

schleunig ['ʃlɔyniç] adj. vite ; rapide ; précipité ; prompt ; sans délai. | *schleunige Antwort*, prompte réponse. | *schleunigst*, dans les plus brefs délais.

Schleuse ['ʃlɔyzə] f. (-, n) écluse f.

Schleusen|becken n. (s, -) sas m. (d'écluse). ||°**-bett** n. (s, en), °**-boden** m. (s, ¨) plancher (m.) d'écluse ; radier m. ||°**-deckel** m. (s, -) couvercle (m.) d'égout. ||°**-kammer** f. (-, n) sas m. ||°**-meister** m. (s, -) éclusier m. ||°**-ventil** n. (s, e), °**-wehr** n. (s, e) vanne (f.) d'écluse.

Schlich [ʃliç] m. (s, e) détour m. ; chemin détourné, secret. || FIG. intrigues f. pl. ; menées souterraines. | *hinter js Schliche kommen*, démasquer les menées, déjouer les manœuvres de qn.

schlicht [ʃliçt] adj. simple ; sans apprêt ; sans artifice. | *ein schlichtes Kleid tragen*, être mis simplement. | *schlichte Redeweise*, façon (f.) de parler simple. | *schlichter Charakter*, caractère simple et droit. || [glatt] *schlichtes Haar*, cheveux lisses.

Schlicht|bohrer ["ʃliçt'bo:rər] m. (s, -). TECHN. alésoir m. ||°**-eisen** n. (s, -) plane f. ||°**-feile** f. (-, n) lime douce. ||°**-hobel** m. (s, -) varlope f. || °**-maschine** f. (-, n) machine (f.) à planer. || °**-passung** f. (-, en) ajustement exact.

schlichtbar ['ʃliçtbɑ:r] adj. *schlichtbare Angelegenheit*, affaire qui peut s'arranger.

Schlichte ['ʃliçtə] f. (-, n) enduit m. ; colle f. || [Schlichtheit] simplicité f.

schlichten [-tən] v. tr. **1.** aplanir ; lisser. | *Haar schlichten*, lisser les cheveux.
2. TECHN. aplanir ; planer ; équarrir. | *Holz schlichten*, équarrir du bois.
3. TEXT. lisser ; encoller. | *einen Stoff schlichten*, lisser une étoffe. | *Garn schlichten*, démêler du fil.
4. FIG. aplanir ; arranger ; arbitrer. | *einen Streit schlichten*, aplanir un différend. | *durch einen Schiedsspruch schlichten*, arbitrer.

Schlichter [-tər] m. (s, -) arbitre m. ; conciliateur m. ; médiateur m.

Schlichtheit ['ʃliçthait] f. droiture f. ; simplicité f.

Schlichtung [-tuŋ] f. (-, en) lissage m. ; aplanissage m. || FIG. arrangement m. ; compromis m. ; arbitrage m.

Schlick [ʃlik] m. (s, e) vase f. ; boue f. ; limon m. || GÉOGR. schlick m.

Schlick|grund ['ʃlikgrunt] m. (s, ¨e) fond vaseux. ||°**-watt** n. (s, e) bas-fond couvert de limon.

schlicken [-kən] v. intr. se remplir de vase.

schlickerig [-kəriç] adj. boueux ; vaseux.

schliesig ['ʃli:ziç] adj. collant ; pâteux. | *schliesiges Brot*, pain pâteux ; FAM. colle (f.) de pâte.

schließbar ['ʃli:sbɑ:r] adj. qu'on peut fermer ; qui ferme à clef.

Schließ|bolzen ["ʃli:s'bɔltsən] m. (s, -) cheville f. ; boulon (m.) de blocage. ||°**-deckel** m. (s, -). PHOT. obturateur m. ||°**-fach** n. (s, ¨er) consigne (f.) automatique. | *Bankschließfach*, compartiment (m.) de coffre-fort. | *Postschließfach*, boîte postale. ||°**-feder** f. (-, n) ressort récupérateur ; [Uhr] coq m. ||°**-kappe** f. (-, n) gâche f. ||°**-keil** m. (s, e) clavette (f.) de serrage.

||°-**muskel** m. (s, n). ANAT. muscle constricteur ; sphincter m.

Schließe ['ʃli:sə] f. (-, n) fermeture f. ; clavette f. ; goupille f. ; vanne f.

schließen [-sən] (o, o) v. tr. **1.** fermer ; clore. | *die Tür schließen*, fermer la porte. | *einen Brief schließen*, cacheter une lettre.

2. serrer ; enfermer ; enclore. | *etwas in einen Schrank schließen*, enfermer qch. dans une armoire. | *in Ketten schließen*, enchaîner. | *jn ins Herz schließen*, prendre qn en affection. | *in sich schließen*, inclure ; impliquer. | *die Reihen schließen*, serrer les rangs.

3. terminer ; conclure. | *den Zug schließen*, fermer la marche. | *eine Rede schließen*, achever un discours. | *die Debatte schließen*, clore les débats. | *eine Sitzung schließen*, clore une séance. || COMM. *ein Konto schließen*, arrêter un compte.

4. [Vertrag] conclure ; signer. | *ein Bündnis schließen*, conclure une alliance. | *Freundschaft schließen*, se lier d'amitié. | *eine Wette schließen*, faire un pari. | *Ehe schließen*, contracter mariage. | *Frieden schließen*, faire la paix.

5. [Ideen] conclure ; déduire ; inférer. | *daraus kann man schließen*, on peut en conclure.

◇ v. intr. fermer ; s'achever ; terminer. | *diese Tür schließt gut*, cette porte ferme bien. | *das Stück schließt tragisch*, cette pièce s'achève d'une façon tragique. | *der Redner schloß mit diesen Worten*, l'orateur termina sur ces mots.

◇ part. pass. **geschlossen,** fermé ; achevé. | *geschlossene Gesellschaft*, société fermée. | *geschlossener Grundbesitz*, propriété (f.) d'un seul tenant. | *geschlossene Ortschaft*, agglomération f. | *bei geschlossenen Türen*, à huis clos. | *das Theater bleibt geschlossen*, le théâtre fait relâche.

◇ v. pr. **sich schließen,** *die Staaten schlossen sich zu einer Union zusammen*, les États formèrent une union. | *die Wunde schließt sich schnell*, la blessure se cicatrise vite.

Schließen [-sən] n. (s), **Schließung** [-suŋ] f. (-, en) fermeture f. ; clôture f. ; conclusion f.

Schließer [-sər] m. (s, -) celui qui est chargé de fermer ; concierge m. ; gardien m. | *(Gefängnis)-schließer*, geôlier m.

Schließerin [-sərin] f. (-, nen) concierge f.

schließlich ['ʃli:sliç] adv. finalement ; en fin de compte ; en définitive. | *er hat es schließlich verstanden*, il a fini par comprendre (cela).

Schliff [ʃlif] m. (s, e). **1.** polissage m. ; meulage m. ; affûtage m. ; rectification f. | *Dünnschliff*, lame mince polie. || FIG. *etwas den letzten Schliff geben*, donner le dernier coup de polissage à qch. ; achever qch. || [Schärfe] tranchant m.

2. FIG. [Lebensart] savoir-vivre m. | *er hat keinen Schliff*, il n'a pas de savoir-vivre. | *jm Schliff beibringen*, dégrossir qn. || MIL. *militärischer Schliff*, dressage m. (au service militaire).

schlimm [ʃlim] adj. et adv. mauvais ; mal ; grave ; funeste. | *schlimme Nachricht*, mauvaise nouvelle. | *in eine schlimme Lage geraten*, tomber dans un mauvais pas. | *aufs Schlimmste gefaßt sein*, s'attendre au pire.

Schlinge ['ʃliŋə] f. (-, n). **1.** nœud coulant. || [Jagd] collet m. | *Schlingen legen*, poser des collets ; mettre des pièges. | *in die Schlinge gehen*, tomber dans le piège.

2. FIG. piège m. | *in die Schlinge geraten*, donner dans le piège. | *den Kopf aus der Schlinge ziehen*, tirer son épingle du jeu.

3. MÉD. écharpe f. | *den Arm in der Schlinge tragen*, porter le bras en écharpe.

4. BOT. tige grimpante ; vrille f.

Schlingel ['ʃliŋəl] m. (s, -) drôle m. ; polisson m. | *fauler Schlingel*, fainéant m. ; garnement m. | *grober Schlingel*, rustre m.

schlingen ['ʃliŋən] (a, u) v. tr. **1.** [schlucken] avaler ; engloutir. | *das Essen (hinunter)schlingen*, engloutir la nourriture ; FAM. manger avec un lance-pierre.

2. [winden] enlacer ; entourer ; enrouler. | *einen Strick um etwas schlingen*, enrouler une corde autour de qch. | *den Arm um jn schlingen*, enlacer qn ; prendre qn dans ses bras. | *einen Knoten schlingen*, faire un nœud.

◇ v. pr. **sich schlingen,** s'enrouler. | *die Pflanze schlingt sich um den Baum*, la plante grimpe à l'arbre.

Schlingern ['ʃliŋərn] n. (s). MAR. roulis m.

schlingern [-ŋərn] v. intr. MAR. rouler ; ballotter ; tanguer.

Schling|pflanze [-pflantsə] f. (-, n) plante grimpante.

Schlips [ʃlips] m. (es, e) cravate f.

Schlips|nadel ["ʃlips'nɑ:dəl] f. (-, n) épingle (f.) de cravate.

Schlitten ['ʃlitən] m. (s, -) traîneau m. | *Schlitten fahren*, faire du traîneau. | *das Herunterfahren auf Schlitten*, le schlittage des troncs d'arbres. || FAM. *mit jm Schlitten fahren*, réprimander brutalement qn. || TECHN. chariot m. ; curseur (m.) à glissière.

Schlitten|bahn ["ʃlitən'bɑ:n] f. (-, en) piste (f.) de traîneau. || TECHN. glissière (f.) de chariot. ||°-**fahrt** f. (-, en) promenade (f.), course (f.) en traîneau. ||°-**führung** f. (-, en) guidage (m.) de chariot ; glissière f. ||°-**kontakt** m. (s, e) contact (m.) à curseur. ||°-**kufe** f. (-, n) patin (m.) de traîneau. ||°-**rad** n. (s, ¨er) rochet m. ||°-**säge** f. (-, n) scie (f.) à chariot.

Schlitter|bahn ["ʃlitər'bɑ:n] f. (-, en) glissoire f.

schlittern ['ʃlitərn] v. intr. glisser sur la glace.

Schlittern [-tərn] n. (s) glissade f.

Schlitt|schuh ["ʃlit'ʃu:] m. (s, e) patin (m.) à glace. | *Schlittschuhlaufen*, patinage m.

Schlitz [ʃlits] m. (es, e) fente f. ; entaille f. ; rainure f. | *Mauerschlitz*, meurtrière f. | *Hosenschlitz*, braguette f.

Schlitz|ärmel ["ʃlits'ɛrməl] m. (s, -) manche (f.) à crevés. ||°-**augen** n. pl. yeux bridés. ||-**blätterig** adj. BOT. lancifolié. ||°-**brenner** m. (s, -). [Gas] papillon m. ||°-**fenster** n. (s, -) fenêtre en lézarde, haute et étroite. ||°-**messer** n. (s, -) lancette f. ; bistouri m. ||°-**verschluß** m. (es, ¨e) obturateur focal.

schlitzen ['ʃlitsən] v. tr. fendre ; taillader ; faire une déchirure, une entaille, un accroc. | *ein Tuch schlitzen*, tailler un drap.

schloh|weiß ["ʃlo:'vais] adj. blanc comme neige. || LITTÉR. chenu.

Schloß [ʃlɔs] n. (es, ¨er). **1.** serrure f. | *hinter Schloß und Riegel*, sous les verrous. | *ein Schloß aufbrechen*, faire sauter une serrure. | *Schloß eines Buches*, fermoir (m.) d'un livre. || FIG. *ein Schloß vor dem Mund haben*, avoir bouche cousue. || MIL. culasse (f.) mobile. | *das Schloß spannen*, armer le percuteur. | *Gewehrschloß*, culasse mobile.

2. château m. ; palais m. | *das Schloß zu Fontainebleau*, le château de Fontainebleau. || FIG. *Luftschlösser bauen*, bâtir des châteaux en Espagne.

Schloß|aufseher ["ʃlɔs'aufze:ər] m. (s, -) intendant (m.) du château. ||°-**beschläge** m. pl. garniture (f.) de serrure. ||°-**blech** n. (s, e) platine f. ||°-**hauptmann** m. (s, ¨er) gouverneur (m.) de château. ||°-**herr** m. (n, en) châtelain m. ||°-**platz** m. (es, ¨e) esplanade f. ||°-**riegel** m. (s, -) pène m. ||°-**turm** m. (s, ¨e) donjon m. ||°-**vogt** m. (s, ¨e). [Vx.] gardien (m.) du château. ||°-**vogtei** f. (-, en). [Vx.] conciergerie f. ||°-**wache** f. (-, n) salle (f.) des gardes.

Schlößchen ['ʃløsçən] n. (s, -). 1° petite serrure, 2° petit château.

Schloße ['ʃlo:sə] f. (-, n) grêlon m.

schloßen [-sən] v. intr. grêler.

Schlosser ['ʃlɔsər] m. (s, -) serrurier m.

Schlosser|arbeit ["ʃlɔsər'arbait] f. serrurerie f. ||°-**geselle** m. (n, n) compagnon serrurier.

Schlot [ʃlo:t] m. (s, e) cheminée (f.) d'usine. | *er raucht wie ein Schlot*, il fume comme un pompier. || POP. malotru m.

Schlot|baron ["ʃlo:tba"ro:n] m. (s, e) magnat (m.) d'industrie. ||°-**feger** m. (s, -) ramoneur m.

schlottern ['ʃlɔtərn] v. intr. [zittern ; beben] trembler ; vaciller ; brimbaler. | *die Knie schlottern ihm vor Angst*, ses jambes flageolent de peur. | *er schlottert vor Kälte*, il tremble de froid. | *schlotterndes Kleid*, vêtement trop large, flottant. || marcher d'un pas mal assuré.

Schlucht [ʃluxt] f. (-, en) ravin m. ; gorge f. ; défilé m. ; crevasse f.

schluchzen ['ʃluxtsən] v. intr. sangloter ; pleurer. || [den Schluckauf haben] avoir le hoquet.

Schluchzer [-tsər] m. (s, -) sanglot m. ; hoquet m.

Schluck [ʃluk] m. (s, e) gorgée f. ; trait m. | *in kleinen Schlucken trinken*, boire par petites gorgées. | *mit einem, auf einem Schluck*, d'un trait. || FAM. *einen Schluck über den Durst trinken*, boire un coup de trop.

Schluck|auf [ʃluk'auf] m. (s) *den Schluckauf haben*, avoir le hoquet. ||°-**impfung** f. (-, en). MÉD. vaccination (f.) par voie buccale. ||-**weise** adv. par gorgées.

Schlückchen ['ʃlykçən] n. (s, -) petite gorgée ; petit coup ; FAM. goutte f.

schlucken ['ʃlukən] v. tr. et v. intr. avaler. || FAM. *beim Baden Wasser schlucken*, boire une tasse. || FIG.

eine Erbschaft schlucken, accaparer un héritage. | *seinen Zorn schlucken*, ravaler sa colère. || PHYSIOL. déglutir.

Schlucker [-kər] m. (s, -) hoquet m. || FIG. *armer Schlucker*, pauvre diable. || [Vogel] oiseau (m.) vorace.

schlucksen ['ʃlukzən] v. intr. avoir le hoquet.

Schluder|arbeit ["ʃlu:dər'arbait] f. (-, en) mauvais travail ; travail bâclé.

schlud(e)rig ["ʃlu:d(ə)riç] adj. bâclé ; POP. cochonné.

Schluft [ʃluft] f. (-, ¨e). V. SCHLUCHT.

Schlummer ['ʃlumər] m. (s) somme m. ; assoupissement m.

Schlummer|gott ["ʃlumər'gɔt] m. (s). MYTH. Morphée m. ||°-**kissen** n. (s, -) oreiller m. ||°-**lied** n. (s, er) berceuse f. ||°-**rolle** f. (-, n) traversin m.

schlummern ['ʃlumərn] v. intr. sommeiller ; somnoler. | *schlummernde Talente*, talents virtuels, qui sommeillent.

schlumpig ['ʃlumpiç] adj. sale ; malpropre.

Schlund [ʃlunt] m. (s, ¨e). ANAT. gorge f. ; gosier m. || [Abgrund] gouffre m. ; abîme m. || FIG. *Kanonenschlünde*, gueules (f. pl.) des canons.

Schlupf [ʃlupf] m. (s, ¨e) refuge m. ; trou m. ; cachette f.

Schlupf|elektrizität ["ʃlupfelɛktritsi'tɛ:t] f. électricité induite. ||°-**hafen** m. (s, ¨) port (m.) de relâche ; crique f. ; calanque f. ||°-**jacke** f. (-, n) chandail m. ; pull-over m. ||°-**loch** n. (s, ¨er) trou (m.) où se réfugier ; refuge m. ; repaire m. ||°-**pforte** f. (-, n) poterne f. ||°-**weg** m. (s, e) faux-fuyant m. ||°-**wespe** f. (-, n). ZOOL. ichneumon m. ||°-**winkel** m. (s, -) refuge m. ; retraite f. || FIG. *die Schlupfwinkel des Herzens*, les arcanes (m. pl.) du cœur.

schlüpfen ['ʃlypfən] v. intr. **1.** se glisser. | *in ein Versteck schlüpfen*, se glisser dans une cachette. | *in die Kleider schlüpfen*, s'habiller en vitesse. | *aus dem Ei schlüpfen*, éclore.

2. glisser. | *der Krug schlüpfte ihm aus den Händen*, la cruche lui a échappé des mains. | *das Geld schlüpft ihm durch die Finger*, l'argent lui file entre les doigts.

Schlüpfer [-fər] m. (s, -). [Unterhose] culotte f. ; [Mantel] raglan m.

schlüpfrig [-friç] adj. glissant ; gras. | *schlüpfriger Boden*, sol glissant. | *schlüpfrig machen*, lubrifier. || FIG. grivois ; lubrique ; scabreux. | *schlüpfriger Scherz*, plaisanterie grivoise.

— SYN. : *zweideutig*, équivoque ; *unzüchtig*, lascif, obscène.

Schlüpfrigkeit [-friçkait] f. (-, en) grivoiserie f. ; obscénité f. ; caractère (m.) équivoque.

◇ f. pl. **Schlüpfrigkeiten,** grivoiseries f. pl.

Schlurfe ['ʃlurfə] f. (-, n) savate ; vieille pantoufle.

schlurfen ['ʃlurfən], **schlurren** ['ʃlurən] v. intr. traîner la savate.

schlürfen ['ʃlyrfən] v. tr. boire, manger avec bruit, bruyamment. | *ein Getränk schlürfen*, siroter une boisson. | *ein Ei schlürfen*, gober un œuf. | *einen Duft schlürfen*, humer un parfum.

Schluß [ʃlus] m. (es, ¨e). **1.** fin f. ; clôture f. ; fermeture f. | *zum Schluß*, pour terminer. | *Schluß einer Sitzung*, clôture d'une séance. | *Schluß damit !*, finissons-en ! ; cela suffit. || [Zeitungen] *vor Schluß der Redaktion*, avant de mettre sous presse. || [Tür ; Schloß] fermeture f. || MUS. final m. ; finale m.

2. conclusion f. | *Schlüsse aus etwas ziehen*, tirer des conclusions de qch. | *logischer Schluß*, syllogisme m. | *zu dem Schluß kommen, daß*, arriver à la conclusion que. | *Friedensschluß*, conclusion de la paix.

Schluß|abrechnung ["ʃlus'aprɛçnuŋ] f. (-, en) bilan final ; décompte définitif. ||°-**akkord** m. (s, e). MUS. accord final. ||°-**akt** m. (es, e) dernier acte. ||°-**anträge** m. pl. JUR. conclusions f. pl. ||°-**bemerkung** f. (-, en) remarque finale ; épilogue m. ||°-**bilanz** f. (-, en) bilan général, final. ||°-**ergebnis** n. (ses, se) résultat final ; conclusion f. ||-**folgern** v. tr. conclure. ||°-**folgerung** f. (-, en) conclusion f. ||°-**formel** f. (-, n) formule finale ; formule (f.) de politesse. ||-**gerecht** adj. concluant ; logique. ||°-**licht** n. (s, er) feu (m.) arrière. ||°-**nagel** m. (s, ¨) cheville ouvrière. ||°-**note** f. (-, n). [Börse] avis (m.) d'opéré. ||°-**pfiff** m. (s, e). [Sport] coup de sifflet final. ||°-**probe** f. (-, n). THÉÂTRE. répétition générale ; générale f. ||°-**punkt** m. (s, e) point final. ||°-**ring** m. (s, e). BOT. collerette f. ||°-**sitzung** f. (-, en) séance (f.) de clôture. ||°-**stein** m. (s, e) clef (f.) de voûte. ||°-**stück** n. (s, e). MUS. final m. ; finale m. ||°-**verkauf** m. (s, ¨e). COMM. soldes m. pl. ||°-**vignette** f. (-, n), °-**zierat** m. (s, e). TYPOGR. cul-de-lampe m. ||-**widrig** adj. inconséquent ; illogique. ||°-**wort** n. (s) épilogue m. ; postface f. ||°-**zeile** f. (-, n) dernière ligne.

Schlüssel ['ʃlysəl] m. (s, -). **1.** clef (ou clé) f. | *den Schlüssel ins Schloß stecken*, mettre la clef dans la serrure. | *den Schlüssel steckenlassen*, laisser la clef sur la porte. | *der Schlüssel zu einem Hause*, la clef d'une maison. | *falscher Schlüssel*, fausse clef.

2. FIG. clef f. ; solution f. | *Schlüssel zu einem Roman*, clef d'un roman. | *das gibt den Schlüssel zu seinem Verhalten*, voici la clef de son comportement.

3. [Geheimziffer] clef f. ; chiffre m. ; code chiffré.

4. MUS. clef f. | *C-Schlüssel*, clef d'ut. | *einen anderen Schlüssel vorsetzen*, déclaver.

Schlüssel|balken ["ʃlysəl'balkən] m. (s, -) solive f. ||°-**bart** m. (s, ¨e) panneton (m.) de clef. ||°-**bein** n. (s, e). ANAT. clavicule f. ||°-**blume** f. (-, n). BOT. primevère f. ||°-**bund** m. (s, ¨e) trousseau (m.) de clefs. ||-**fertig** adj. clés en mains. | *schlüsselfertiger Vertrag*, contrat (m.) clés en mains. ||°-**geld** n. (s) pas-de-porte m. ||°-**industrie** f. (-, n) industrie-clef f. ||°-**loch** n. (s, ¨er) trou (m.) de la serrure. ||°-**roman** m. (s, e) roman (m.) à clef. ||°-**sektor** m. (s, en). ÉCON. secteur (m.) de pointe. ||°-**stellung** f. (-, en). MIL. position-clef f. ||°-**verfahren** n. (s, -) procédé (m.) de chiffrage. ||°-**wort** n. (s, ¨er). INF. mot-clef m. ||°-**zahl** f. (-, en) indice m.

schlüsseln ['ʃlysəln] v. tr. chiffrer.

schlüssig ['ʃlysiç] adj. résolu ; décidé. | *schlüssig werden, etwas zu tun*, se résoudre à faire qch. || [entscheidend] concluant ; décisif. | *schlüssige Folgerung*, argument décisif.

Schmach [ʃmɑ:x] f. honte f. ; opprobre m. ; outrage m. ; affront m. | *es ist eine wahre Schmach*, c'est une honte. | *jm Schmach antun*, outrager qn.

— SYN. : *Schande*, ignominie ; *Schimpf*, opprobre.

schmach|bedeckt ["ʃmɑ:xbə'dɛkt] adj. couvert de honte. ||-**beladen** adj. couvert de honte. ||-**voll** adj. honteux ; ignominieux.

schmachten ['ʃmaxtən] v. intr. languir ; se consumer ; être dévoré par. | *der Gefangene schmachtet nach Freiheit*, le prisonnier brûle de recouvrer la liberté. | *nach jm schmachten*, s'ennuyer de qn. | *schmachtende Blicke*, des regards langoureux. || FAM. *ein Schmachtlappen*, un amoureux transi. | *eine Schmachtlocke*, un accroche-cœur.

schmächtig ['ʃmɛçtiç] adj. grêle ; fluet ; chétif ; délicat de santé. | *ein schmächtiges Bäumchen*, un frêle arbrisseau.

Schmächtigkeit [-kait] f. fragilité f. ; sveltesse f. ; taille menue.

schmackhaft ['ʃmakhaft] adj. savoureux ; qui a du goût. || FIG. *etwas schmackhaft machen*, rendre qch. attrayant ; conférer de l'attrait à qch.

Schmackhaftigkeit [-haftiçkait] f. sapidité f. ; bon goût.

Schmäh|rede ["ʃmɛ:'re:də] f. (-, n) invective f. ; diatribe f. ; propos outrageant. ||°-**schrift** f. (-, en) écrit injurieux ; libelle m. ; pamphlet m. ||°-**sucht** f. médisance f. ; manie (f.) d'injurier, de calomnier. ||-**süchtig** adj. médisant ; calomniateur. ||°-**wort** n. (s, e) propos injurieux. | *Schmähworte gegen jn ausstoßen*, couvrir qn d'injures.

schmähen ['ʃmɛ:ən] v. tr. et v. intr. invectiver ; injurier ; vitupérer ; dénigrer ; outrager. | *auf, gegen jn schmähen*, se répandre en invectives contre qn ; diffamer qn.

schmählich ['ʃmɛ:liç] adj. insultant ; outrageant ; déshonorant. || PAR EXT. *eine schmähliche Kälte*, un froid terrible.

◇ adv. *jn schmählich im Stich lassen*, abandonner ignominieusement qn.

schmal [ʃmɑ:l] adj. **1.** étroit ; mince ; effilé ; grêle. | *schmale Brücke*, pont étroit. | *schmale Hüften*, hanches étroites. | *schmale Gasse*, ruelle f. | *schmäler werden*, rétrécir.

2. maigre ; pauvre ; mesquin ; chiche. | *schmales Einkommen*, revenu limité, restreint. | *es geht schmal bei ihm her*, il vit chichement.

schmal|bäckig ["ʃmɑ:l'bɛkiç] adj. aux joues creuses. ||-**brüstig** adj. étroit de poitrine. ||°-**film** m. (s, e) film (m.) de format réduit. ||°-**hans** m. (en, en) grigou m. || FAM. *hier ist Schmalhans Küchenmeister*, ici on tire le diable par la queue. ||-**leibig** adj. svelte ; élancé. ||°-**spur** f. [Eisenbahn] voie étroite. ||°-**spur|bahn** f. (-, en) chemin (m.) de fer à voie étroite. ||-**spurig** adj. à voie étroite.

schmälen ['ʃmɛ:lən] v. intr. crier ; gronder ; criailler ; tancer. | *auf jn schmälen*, tancer qn. | *das Reh schmält*, le chevreuil crie.

schmälern ['ʃmɛ:lərn] v. tr. diminuer ; rétrécir ; rogner ; réduire. | *die Rationen schmälern*, diminuer les rations. || FIG. *js Verdienste schmälern*, dénigrer les mérites de qn ; rabaisser qn. || JUR. *jm seine Rechte schmälern*, porter atteinte aux droits de qn.
◇ part. prés. et adj. **schmälernd,** JUR. dérogatoire.
— SYN. : *vermindern*, diminuer ; *herabsetzen*, abaisser ; *beschränken*, réduire.

Schmälern [-lərn] n. (s), **Schmälerung** [-ləruŋ] f. (-, en) rétrécissement m. ; diminution f. ; réduction f. ; dépréciation f. | *Schmälerung des Einkommens*, diminution du revenu. | *Schmälerung der Löhne*, abaissement (m.) des salaires. || JUR. atteinte f. ; dérogation f.

Schmalheit ['ʃmɑ:lhait] f. étroitesse f. ; minceur f. || FIG. pauvreté f.

Schmalt [ʃmalt] m. (s, e), **Schmalte** ['ʃmaltə] f. (-, n) smalt m. ; bleu (m.) d'émail.

schmalt|blau ["ʃmalt'blau] adj. bleu d'émail.

schmalten ['ʃmaltən] v. tr. couvrir de bleu d'émail.

Schmalz [ʃmalts] n. (es) graisse fondue ; saindoux m. | *Gänseschmalz*, graisse (f.) d'oie. || FIG. *ohne Salz und Schmalz*, plat ; insipide. || ANAT. *Ohrenschmalz*, cérumen m.

Schmalz|birne ["ʃmalts'birnə] f. (-, n) poire fondante. ||°**-butter** f. beurre fondu.

schmalzen ['ʃmaltsən] v. tr. CULIN. graisser ; mettre de la graisse dans. | *eine Speise schmalzen*, graisser un plat. || FIG. *weder gesalzen noch geschmalzen*, sans sel ; plat ; insipide. || TECHN. graisser.
— SYN. : *fetten*, graisser ; *ölen*, huiler.

schmalzig [-tsiç] adj. graisseux ; gras. || FIG. *schmalzige Stimme*, voix grasse. | *schmalziger Schlager*, rengaine sentimentale, FAM. à la guimauve.

schmarotzen [ʃma'rɔtsən] v. intr. vivre en parasite ; faire le pique-assiette. || ZOOL. *in einem Wirt schmarotzen*, parasiter un hôte.

Schmarotzer [-tsər] m. (s, -) parasite m. ; écornifleur m. ; pique-assiette m. || ZOOL. parasite m.

Schmarotzerei [ʃmarɔtsə'rai] f. vie (f.) de parasite ; parasitisme m.

schmarotzerhaft [ʃma'rɔtsərhaft] adj. de parasite ; en parasite.

Schmarotzer|leben [ʃma"rɔtsər'le:bən] n. (s) parasitisme m. ||°**-pflanze** f. (-, n) plante (f.) parasite. ||°**-tum** n. ([e]s) parasitisme m. ||°**-zweig** m. (s, e). BOT. branche gourmande ; gourmand m.

Schmarre ['ʃmarə] f. (-, n) balafre f.

schmarren [-rən] v. tr. balafrer.

Schmarren [-rən] m. (s, -) galette f. || THÉÂTRE. four m. || FAM. [Österreich] vétille f.

Schmatz [ʃmats] m. (es, ¨e). FAM. bécot m. ; baiser (m.) sonore.

schmatzen ['ʃmatsən] v. intr. manger bruyamment.

Schmauch [ʃmaux] m. (s) fumée épaisse.

schmauchen ['ʃmauxən] v. intr. fumer.
◇ v. tr. *seine Pfeife schmauchen*, fumer sa pipe. | *Bienen schmauchen*, enfumer des abeilles.

Schmaucher [-xər] m. (s, -) fumeur (m.) de pipe.

Schmaus [ʃmaus] m. (es, ¨e) festin m. ; régal m. ; banquet m. ; FAM. gueuleton m.

schmausen ['ʃmauzən] v. intr. faire ripaille ; banqueter ; festoyer.

Schmauser [-zər] m. (s, -) godailleur m. ; viveur m. ; qui aime la bonne chère.

schmeckbar ['ʃmɛkbɑ:r] adj. perceptible au goût.

schmecken [-kən] v. tr. goûter ; savourer. | *Wein schmecken*, goûter le vin.
◇ v. intr. avoir un goût. | *diese Speise schmeckt bitter*, ce plat a un goût amer ; ce plat est amer. | *der Wein schmeckt nach dem Faß*, ce vin sent le tonneau, a un goût de tonneau. | *es schmeckt nach Zwiebeln*, cela sent les oignons. | *das schmeckt mir ausgezeichnet*, je trouve cela excellent ; je me régale. | *laßt es euch (gut) schmecken*, prenez-en donc ! ; bon appétit ! | *es schmeckt nach mehr*, cela a un goût de revenez-y. || FAM. *es schmeckt*, c'est bon. | *wie schmeckt es Ihnen ?*, comment trouvez-vous cela ? || LOC. *man soll aufhören, wenn es am besten schmeckt*, il faut rester sur la bonne bouche.

Schmecker [-kər] m. (s, -) dégustateur m. ; gourmet m. || DIAL. *einen feinen Schmecker haben*, avoir le palais délicat.
— SYN. : *Leckermaul*, gourmand ; *Feinschmecker*, gourmet.

Schmeichel|blick ["ʃmaiçəl'blik] m. (s, e) regard câlin. ||°**-katze** f. (-, n), °**-kätzchen** n. (s, -). FIG. cajoleur m. ; flatteur m. ||°**-lob** n. (s, e) flagornerie f. ||°**-name** m. (ns, n) terme (m.) d'affection. ||°**-rede** f. (-, n) discours flatteur. ||°**-wort** n. (s, e) parole flatteuse.

Schmeichelei [ʃmaiçə'lai] f. (-, en) flatterie f. | *aus Schmeichelei*, par esprit de flatterie. | *kriechende Schmeichelei*, adulation f. ; flagornerie f.

schmeichelhaft ['ʃmaiçəlhaft] adj. flatteur. | *von jm schmeichelhaft sprechen*, parler de qn en termes flatteurs.

schmeicheln ['ʃmaiçəln] v. intr. (dat.) flatter ; aduler. | *sich geschmeichelt fühlen*, se sentir flatté. | *js Eitelkeit schmeicheln*, flatter la vanité de qn. | *der Menge schmeicheln*, flatter la foule. | *das schmeichelt unseren Ohren*, cela flatte l'oreille.
◇ part. prés. **schmeichelnd,** flatteur. | *schmeichelndes Bild*, portrait flatteur.
◇ v. pr. **sich schmeicheln,** se flatter. | *sich schmeicheln, etwas zu tun*, se flatter de savoir faire qch. | *sich mit Hoffnungen schmeicheln*, se bercer d'illusions. || *sich einschmeicheln*, s'insinuer.
— SYN. : *schöntun*, flagorner ; *liebkosen*, caresser, cajoler.

Schmeicheln [-çəln] n. (s) flatteries f. pl. ; adulation f.

Schmeichler [-çlər] m. (s, -) flatteur m. ; adulateur m. ; flagorneur m. || PROV. *wer dem Schmeichler zuhört, muß ihn füttern*, tout flatteur vit aux dépens de celui qui l'écoute.

schmeichlerisch [-çləriʃ] adj. flatteur ; câlin. | *schmeichlerisches Wesen*, câlineries f. pl. | *schmeichlerischer Betrüger*, enjôleur m.

schmeidig ['ʃmaidiç] adj. [geschmeidig] souple.

Schmeiß [ʃmais] m. (es, e) chiure (f.) de mouche.

Schmeiß|fliege ["ʃmais'fli:gə] f. (-, n) mouche (f.) à viande.

schmeißen ['ʃmaisən] (i, i) v. tr. FAM. lancer, jeter avec force. | *etwas wegschmeißen*, jeter qch. | *jn hinausschmeißen*, flanquer qn à la porte. || FIG. *das Geld zum Fenster hinausschmeißen*, jeter l'argent par les fenêtres. | *den Laden schmeißen*, s'en sortir. | *mit großen Reden um sich schmeißen*, fanfaronner. || *hinschmeißen*, rejeter, abandonner. | *den ganzen Kram hinschmeißen*, laisser tout aller. || [Vögel] fienter. || [Insekten] pondre.

Schmelz [ʃmɛlts] m. (es, e) émail m. | *mit Schmelz belegen, überziehen*, émailler. | *Zahnschmelz*, émail des dents. || FIG. *im Schmelz der Jugend*, dans (tout) l'éclat de la jeunesse. | *Schmelz der Stimme*, chaleur (f.) de la voix.

Schmelz|arbeit ["ʃmɛlts'arbait] f. (-, en) émaillure f. | *Schmelzarbeiten*, émaux m. pl. ||°**-arbeiter** m. (s, -) fondeur m. ; émailleur m. ; fabricant (m.) d'émaux. ||°**-blau** n. (s) bleu (m.) d'émail. ||°**-butter** f. beurre fondu. ||°**-erde** f. argile (f.) fusible. ||°**-farbe** f. (-, n) couleur vitrifiée. ||°**-fluß** m. (es, ¨e) fusion complète. ||°**-glas** n. (es, ¨er) émail m. ||°**-grad** m. (s, e), °**-hitze** f. (-, n), °**-punkt** m. (s, e) chaleur (f.), point (m.) de fusion. ||°**-hütte** f. (-, n), °**-kammer** f. (-, n) fonderie f. ||°**-kessel** m. (s, -), °**-ofen** m. (s, ¨) fondoir m. ||°**-kunst** f. fonderie f. ; art (m.) de l'émail. ||°**-laut** m. (s, e). GRAMM. liquide f. ||°**-malerei** f. (-, en) peinture (f.) sur émail. ||°**-rohr** n. (s, e) chalumeau m. ||°**-schweißung** f. (-, en) soudure (f.) par fusion. ||°**-sicherung** f. (-, en). ÉLECTR. fusible m. ; coupe-circuit m. ||°**-tiegel** m. (s, -) creuset m. ||°**-wärme** f. chaleur (latente) de fusion. ||°**-werk** n. (s, e) fonderie f.

schmelzbar ['ʃmɛltsbɑ:r] adj. fusible ; liquéfiable.

Schmelze [-tsə] f. (-, en). **1.** [Schmelzen] action (f.) de fondre ; fonte f. ; fusion f. | *Schneeschmelze*, fonte des neiges.
2. [geschmolzene Masse] fonte f. ; métal fondu ; charge f.

schmelzen [-tsən] (i, o, o) v. intr. fondre ; entrer en fusion ; se liquéfier ; se dissoudre. | *der Schnee schmilzt*, la neige fond. | *geschmolzenes Metall*, métal fondu. || FIG. fondre ; se fondre ; se réduire. | *das Herz schmilzt mir*, mon cœur se fond. | *sein Vermögen ist um die Hälfte geschmolzen*, sa fortune est réduite de moitié.
◇ v. tr. (conj. faible) faire fondre ; dissoudre. | *die Sonne schmelzt den Schnee*, le soleil fait fondre la neige. | *Gold schmelzen*, fondre de l'or. || FIG. *Mitleid schmelzt das Herz*, la pitié fait fondre le cœur.
◇ part. pass. **geschmelzt,** TECHN. émaillé.
◇ part. prés. **schmelzend,** fondant. | *schmelzende Früchte*, fruits fondants. || FIG. languissant ; langoureux ; doux. | *schmelzende Töne*, sons (m. pl.)

mélodieux. | *schmelzende Augen*, yeux (m. pl.) langoureux.

Schmelzen [-tsən] n. (s), **Schmelzung** [-tsuŋ] f. fonte f. ; fusion f. ; liquéfaction f. ; dissolution f. | *übermäßiges Schmelzen*, surfusion f.

Schmelzer [-tsər] m. (s, -) fondeur m.

Schmelzerei [ʃmɛltsə'rai] f. (-, en) fonderie f.

Schmer [ʃme:r] n. (s) graisse f. ; panne f.

Schmer|bauch ["ʃme:r'baux] m. (s, ¨e), °**-wanst** [-'vanst] m. (es, ¨e) bedaine f. ; panse f. ; gros ventre. || [Schmerbäuchiger] ventru m.

Schmerle ['ʃmɛrlə] f. (-, n). ZOOL. loche f.

Schmerz [ʃmɛrts] m. (es, en) douleur f. ; peine f. ; chagrin m. ; mal m. ; souffrance f. | *an heftigen Schmerzen leiden*, souffrir de douleurs atroces. | *bohrende, stechende Schmerzen*, douleurs poignantes. | *unter Schmerzen*, dans la douleur. | *Schmerz empfinden über*, éprouver une grande douleur de.

schmerz|beladen ["ʃmɛrtsbə'la:dən] adj. chargé de douleurs. ||**-betäubend** adj. analgésique. || **-erfüllt** adj. plein de douleur ; affligé. ||**-frei** adj. sans douleur. ||**-lindernd** adj. calmant ; qui calme, endort la douleur. ||**-los** adj. indolore. ||°**-losigkeit** f. MÉD. analgésie f. ||**-voll** adj. douloureux.

schmerzen ['ʃmɛrtsən] v. tr. et v. intr. faire du mal ; causer de la douleur. | *die Wunde schmerzt*, la blessure fait mal. || *mich, mir schmerzt das Bein*, la jambe me fait mal. || FIG. faire de la peine. | *das hat uns sehr geschmerzt*, cela nous a douloureusement affectés.
◇ part. prés. **schmerzend,** douloureux. | *schmerzende Wunde*, blessure douloureuse.

Schmerzens|geld ["ʃmɛrtsəns'gɛlt] n. (s, er) indemnité f. || JUR. pretium doloris m. ||°**-kind** n. (s, er) objet (m.) de soucis constants. ||°**-lager** n. (s, -) lit (m.) de douleur. ||°**-mutter** f. (-, ¨) mater dolorosa. ||**-reich** adj. accablé de douleur. ||°**-weg** m. (s, e) calvaire m.

schmerzhaft ['ʃmɛrtshaft] adj. douloureux ; qui fait mal ; endolori.

schmerzlich [-liç] adj. douloureux ; cruel ; cuisant ; affligeant. | *schmerzliches Schauspiel*, spectacle pénible. | *schmerzlicher Verlust*, perte douloureuse. | *es trifft, berührt mich schmerzlich*, cela me fait de la peine.

Schmetter|ball ["ʃmɛtər'bal] m. (s, ¨e), °**-schlag** [-'ʃla:k] m. (s, ¨e). [Tennis] smash m.

Schmetterling ['ʃmɛtərliŋ] m. (s, e). ZOOL. papillon m.
◇ m. pl. **Schmetterlinge,** lépidoptères m. pl.

schmetterlings|artig ["ʃmɛtərliŋs'a:rtiç] adj. papilionacé. ||°**-blumen** f. pl., °**-blütler** m. pl. BOT. papilionacées f. pl. ||°**-fang** m. (s) chasse (f.) aux papillons. ||°**-puppe** f. (-, n) chrysalide f. ||°**-stil** m. (s). SPORT. brasse (f.) papillon.

schmettern ['ʃmɛtərn] v. intr. résonner. || [Vögel] lancer des roulades. || [Trompeten] sonner. | *schmetternde Musik*, musique retentissante. | *schmetternde Stimme*, voix tonitruante.
◇ v. tr. jeter violemment. | *einen Ball schmettern*, lancer une balle. | *zu Boden schmettern*, terrasser.

Schmettern [-tərn] n. (s) son éclatant ; roulades f. pl. | *das Schmettern der Trompete*, la stridence de la trompette.

Schmied [ʃmi:t] m. (s, e) forgeron m. | *(Huf)-schmied*, maréchal-ferrant m. || PROV. *jeder ist seines Glücks Schmied*, chacun est l'artisan de son bonheur. || FIG. *Verseschmied*, rimailleur m.

schmiedbar ['ʃmi:tba:r] adj. forgeable ; malléable. | *schmiedbares Eisen*, fer malléable.

Schmiedbarkeit [-kait] f. malléabilité f. ; forgeabilité f.

Schmiede ['ʃmi:də] f. (-, n) forge f. || FIG. *vor die rechte Schmiede gehen*, frapper à la bonne porte.

Schmiede|amboß ["ʃmi:də'ambo:s] m. (es, e) enclume f. ||°**-balg** m. (s, e) soufflet (m.) de forge. ||°**-eisen** n. (s) fer forgé. ||**-eisern** adj. en fer forgé. ||°**-esse** f. (-, n) cheminée (f.) de forge. ||°**-hammer** m. (s, ¨) marteau (m.) de forge. | *Gesenkschmiedehammer*, marteau-pilon m. ||°**-stück** n. (s, e) pièce forgée. ||°**-ware** f. (-, n) taillanderie f.

schmieden ['ʃmi:dən] v. tr. **1.** forger ; travailler. | *das Eisen schmieden*, forger le fer. | *kalt schmieden*, forger, battre à froid. | *im Gesenk schmieden*, estampiller au pilon. | *auf dem Hornamboß schmieden*, bigorner. | *sich schmieden lassen*, être malléable.
2. FIG. forger ; façonner. | *ein neues Wort schmieden*, forger un mot nouveau. | *sein Glück schmieden*, être l'artisan de son bonheur. || PÉJOR. ourdir ; tramer. | *Pläne schmieden*, faire des projets. | *Ränke schmieden*, ourdir des intrigues.

Schmieden [-dən] n. (s) forgeage m.

Schmiege ['ʃmi:gə] f. (-, n). **1.** [Biegung] courbure f. || PAR EXT. biais m. ; pente f.
2. TECHN. fausse équerre. || mètre pliant.

schmiegen [-gən] v. tr. plier ; courber ; équerrer. | *die Arme um jn schmiegen*, serrer qn dans ses bras.
◇ v. pr. **sich schmiegen,** se blottir ; se serrer. | *sich an jn schmiegen*, se blottir contre qn. | *sich in eine Ecke schmiegen*, se serrer dans un coin ; FAM. se faire tout petit. || FIG. se plier ; faire preuve de souplesse, de docilité. | *sich schmiegen und biegen*, se plier, se prêter à tout.

schmiegsam ['ʃmi:kza:m] adj. souple ; pliant ; flexible. || FIG. souple ; docile ; accommodant.

Schmiegsamkeit [-kait] f. souplesse f. ; flexibilité f. ; docilité f.

Schmiele ['ʃmi:lə] f. (-, n). BOT. canche f.

Schmier|anlage ["ʃmi:r'anla:gə] f. (-, n). TECHN. dispositif (m.) de graissage. ||°**-apparat** m. (s, e) graisseur m. ||°**-buch** n. (s, ¨er). [Kladde] brouillon m. ||°**-büchse** f. (-, n) boîte (f.) à graisse. ||°**-fähigkeit** f. pouvoir lubrifiant. ||°**-fett** n. (s, e) graisse (f.) à enduire. ||°**-fink** m. (en, en). VULG. saligaud m. ||°**-geld** n. (s, er). [Bestechung] pot-de-vin m. ||°**-grube** f. (-, n). AUTOM. fosse (f.) de graissage. ||°**-kanne** f. (-, n) burette (f.) à graisse. ||°**-kur** f. (-, en). MÉD. embrocation f. ||°**-lager** n. (s, -) palier (m.) à graisse. ||°**-lappen** m. (s, -) chiffon gras. ||°**-loch** n. (s, ¨er) orifice (m.) de graissage. ||°**-mittel** n. (s, -) lubrifiant m. ||°**-öl** n. (s, e) huile (f.) de graissage. ||°**-salbe** f. (-, n) onguent m. ; liniment m. ||°**-seife** f. (-, n) savon noir. ||°**-stoff** m. (s, e) lubrifiant m. ||°**-wurst** f. (-, ¨e) saucisse (f.) à tartiner.

Schmiere ['ʃmi:rə] f. (-, n). **1.** graisse f. ; cambouis m. | *Wagenschmiere*, graisse pour voitures. | *Gelenkschmiere*, liniment m.
2. FIG. pot-de-vin m. ; corruption f. ; action (f.) de graisser la patte. || FAM. [Prügel] rossée f. || THÉÂTRE. troupe (f.) médiocre ; troupe (f.) de cabotins ; théâtre forain. || ARG. *Schmiere stehen*, faire le guet (lors d'un mauvais coup).

schmieren [-rən] v. tr. graisser ; lubrifier ; huiler ; enduire. | *Butter aufs Brot schmieren*, étendre du beurre sur du pain ; beurrer du pain. | *eine Maschine schmieren*, graisser une machine. | *mit Teer schmieren*, goudronner. || FAM. *das geht wie geschmiert*, ça va comme sur des roulettes ; POP. ça baigne. || FIG. *jm Honig ums Maul schmieren*, dorer la pilule à qn. || FIG., FAM. soudoyer ; corrompre. | *jm die Hände, die Pfoten schmieren*, graisser la patte à qn. || [verfälschen] frelater. | *Wein schmieren*, trafiquer du vin.
◇ v. intr. mal couler ; manquer de fluidité. || FIG. barbouiller ; écrivailler.

Schmieren [-rən] n. (s) graissage m. ; lubrification f. ; huilage m. || FAM. barbouillage m. || FIG. corruption f.

Schmieren|komödiant ["ʃmi:rənkɔmødi'ant] m. (en, en) cabotin m. ; mauvais acteur.

Schmierer ['ʃmi:rər] m. (s, -) graisseur m. || [Maler] barbouilleur m. ; rapin m. || LITTÉR. plumitif m. ; écrivassier m. || [Bestecher] corrupteur m.

Schmiererei [ʃmi:rə'rai] f. (-, en) barbouillage m.

schmierig [-riç] adj. graisseux ; huileux ; lubrifié ; PAR EXT. visqueux. | *schmierige Arbeit*, travail salissant. || FIG. crasseux ; sale ; sordide.

Schmierung ['ʃmi:ruŋ] f. (-, en) graissage m. ; lubrification f. | *Druckschmierung*, graissage sous pression.

Schmink|mittel ["ʃmiŋk'mitəl] n. (s, -) fard m. ; cosmétique m. ||°**-pflästerchen** n. (s, -) mouche f. ||°**-stift** m. (s, e) bâton (m.) de rouge.

Schminke ['ʃmiŋkə] f. (-, n) fard m. ; cosmétique m. | *Schminke auflegen*, se maquiller ; se farder. | *Schminke abwaschen*, se démaquiller.

schminken [-kən] v. tr. PR. et FIG. farder ; maquiller. | *geschminktes Gesicht*, visage fardé. | *die Wahrheit schminken*, déguiser, farder la vérité. | *er sagte es ihm ungeschminkt*, il le lui a dit sans fard.
◇ v. pr. **sich schminken,** se maquiller.

Schmirgel ['ʃmirgəl] m. (s, -). MINÉRAL. émeri m. || jus (m.) de tabac ; culot (m.) de pipe.

Schmirgel|feile ["ʃmirgəl'failə] f. (-, n) lime (f.) à émeri. ||°**-leinwand** f. (-) toile (f.) d'émeri. ||°**-papier** n. (s, e) papier (m.) d'émeri. ||°**-scheibe** f. (-, n) meule (f.) d'émeri.

schmirgeln ['ʃmirgəln] v. tr. polir à l'émeri.

Schmiß [ʃmis] m. (es, e). [Schmarre] balafre f. | *ein Gesicht voller Schmisse*, un visage balafré. || [Hieb] coup (m.) de bâton, de trique. | *Schmisse kriegen*, se faire rosser. || Fig. élégance f. ; chic m. | *die Sache hat Schmiß*, cela a du chic ; c'est enlevé. || Loc. *auf den ersten Schmiß*, du premier coup.

schmissig ['ʃmisiç] adj. chic ; enlevé ; plein d'entrain, de verve.
— Syn. : *schwungvoll*, alerte, plein d'élan.

Schmitz [ʃmits] m. (es, e) coup (m.) de fouet. || traînée f. ; tache f. ; souillure f. || Typogr. impression floue.

schmitzen ['ʃmitsən] v. tr. fouetter. || salir ; souiller.

Schmock [ʃmɔk] m. (s, s) folliculaire m. ; plumitif m.

Schmöker ['ʃmø:kər] m. (s, -) vieux bouquin sans valeur ; roman (m.) à quatre sous.

schmökern [-kərn] v. intr. bouquiner.

Schmoll|ecke ["ʃmɔl'ɛkə] f. (-, n), °**-winkel** [-'viŋkəl] m. (s) *in der Schmollecke sitzen*, bouder ; être de mauvaise humeur. ||°**-(l)ippe** f. moue f.

schmollen ['ʃmɔlən] v. intr. bouder ; faire la moue. | *mit jm schmollen*, bouder qn.

schmollieren [ʃmɔ'li:rən] v. intr. Univ., fam. fraterniser ; traiter en copain.

Schmollis ['ʃmɔlis] n. Univ., fam. *Schmollis !*, à la tienne !

Schmonzes ['ʃmɔntsəs] m. Péjor. bavardage m.

Schmor|braten ["ʃmo:r'brɑ:tən] m. (s). Culin. bœuf braisé. ||°**-früchte** f. pl., °**-obst** n. (es) compote (f.) de fruits. ||°**-hitze** f. chaleur accablante ; fournaise f. ||°**-topf** m. (s, ¨e) daubière f.

schmoren ['ʃmo:rən] v. tr. Culin. faire cuire à l'étuvée ; braiser ; dauber.
◇ v. intr. cuire à l'étuvée, à petit feu ; mijoter.

Schmu [ʃmu:] m. (s) petits bénéfices. | *Schmu machen*, faire de la gratte.

schmuck [ʃmuk] adj. propre ; coquet ; pimpant ; joli. | *sich schmuck machen*, soigner sa toilette.

Schmuck [ʃmuk] m. (s, e). [Schmuckstücke] ornement m. ; parure f. ; bijoux m. pl. | *unechter Schmuck*, toc m. | *silberner Schmuck*, parure d'argent. | *in vollem Schmuck*, en grande toilette.

Schmuck|arbeit ["ʃmuk'arbait] f. (-, en) ouvrage (m.) de joaillerie f. ||°**-handel** m. (s) bijouterie f. ; joaillerie f. ||°**-händler** m. (s, -) joaillier m. ; bijoutier m. ||°**-kästchen** n. (s, -) écrin m. ; coffret (m.) à bijoux. ||**-los** adj. sans ornement ; simple ; sobre ; modeste. ||°**-losigkeit** f. sobriété f. ; austérité f. ; absence (f.) d'ornement. ||°**-nadel** f. (-, n) broche f. ||°**-prothese** f. (-, n). Méd. appareillage (m.) esthétique. ||°**-sachen** f. pl. bijoux m. pl. || °**-schatulle** f. (-, n) baguier m. ; coffret (m.) à bijoux. ||°**-stück** n. (s, e) parure f.

schmücken ['ʃmykən] v. tr. décorer ; parer ; orner. | *festlich geschmückt*, pavoisé. || Loc. *sich mit fremden Federn schmücken*, se parer des plumes du paon.
— Syn. : *zieren*, *verzieren*, orner ; *putzen*, parer.

Schmücken [-kən] n. (s) ornement m. ; parure f. ; décoration f. ; embellissement m.

Schmuddel ['ʃmudəl] m. (s). Pop. saleté f.

Schmuddelei [ʃmudə'lai] f. (-, en) barbouillage m.

Schmuggel ['ʃmugəl] m. (s) contrebande f. ; fraude f.

Schmuggel|geschäft ["ʃmugəlgə'ʃɛft] n. (s, e) commerce (m.) interlope, de contrebande. ||°**-ware** f. (-, n) marchandise (f.) de contrebande.

Schmuggelei [ʃmugə'lai] f. (-, en) contrebande ; trafic illicite.

schmuggeln ['ʃmugəln] v. intr. faire de la contrebande. || *etwas einschmuggeln*, introduire qch. en contrebande, en fraude.

Schmuggler [-glər] m. (s, -) contrebandier m. ; fraudeur m.

schmunzeln ['ʃmuntsəln] v. intr. sourire d'aise, d'un air béat. | *über etwas schmunzeln*, sourire de qch.

Schmunzeln [-tsəln] n. (s). *wohlgefälliges Schmunzeln*, sourire satisfait.

Schmus [ʃmu:s] m. (es). Pop. papotage m. ; bavardage m.

schmusen ['ʃmu:zən] v. intr. bavarder ; parler sans arrêt. || Fig., pop. flatter.

Schmuser [-zər] m. (s, -) beau parleur.

Schmutz [ʃmuts] m. (es) saleté f. ; ordure f. ; boue f. ; immondices f. pl. | *mit Schmutz bedeckt*, couvert de boue. | *vom Schmutz reinigen*, décrasser ; décrotter. || Fig. *jn in den Schmutz ziehen*, traîner qn dans la boue.

Schmutz|ärmel ["ʃmuts'ɛrməl] m. (s, -) garde-manche m. ||°**-blech** n. (s, e) garde-boue m. ||°**-bürste** f. (-, n) brosse (f.) à décrotter. ||°**-farbe** f. (-, n) couleur (f.) sale. ||°**-fink** m. (en, en). Fam. souillon f. ; sagouin m. ||°**-fleck** m. (s, e) tache f. ; souillure f. ||°**-kittel** m. (s, -) sarrau m. ||°**-kruste** f. (-, n) couche (f.) de crasse. ||°**-lappen** m. (s, -) torchon m. ||°**-liese** f. (-, n). Pop. souillon f. ||°**-loch** n. (s, ¨er) taudis m. ; bouge m. ||°**-papier** n. (s). Typogr. maculature f. ||°**-titel** m. (s, -). Typogr. faux titre. ||°**-ventil** n. (s, e). Techn. robinet purgeur.

schmutzen ['ʃmutsən] v. tr. faire des taches ; salir ; souiller.
◇ v. intr. se salir. | *dieser Stoff schmutzt leicht*, cette étoffe se tache facilement, tache facilement.

Schmutzerei [ʃmutsə'rai] f. (-, en) saleté f. ; ordure f. ; travail (m.) sale. || Fig. obscénité f.

schmutzig ['ʃmutsiç] adj. sale ; malpropre ; boueux ; crasseux. | *sich schmutzig machen ; schmutzig werden*, se salir. || Fig. malpropre ; obscène. || [geizig] avare ; pingre.

Schmutzigkeit [-kait] f. malpropreté f. ; saleté f.

Schnabel ['ʃnɑ:bəl] m. (s, ¨). **1.** bec m. | *spitzer Schnabel*, bec pointu. | *den Schnabel aufsperren*, ouvrir le bec. | *einen Schnabel voll*, une becquée. | *mit dem Schnabel aufpicken*, picorer. || Fam. *halt den Schnabel !*, ne le répète pas ! ; tais-toi ! || Loc. *er spricht, wie ihm der Schnabel gewachsen ist*, il dit tout ce qui lui passe par la tête ; il dit les choses comme elles lui viennent. | *jm nach dem Schnabel reden*, suivre servilement l'opinion de qn. | *Grünschnabel*, blanc-bec m.
2. Par ext. [Feder] bec m. || [Musikinstrument] embouchure f. || [Kanne] bec m. || [Flasche] goulot m. || Mar. *(Schiffs)schnabel*, proue f. || Techn. [an den Werkzeugen] bec m. ; pointe f. || Bot. rostre m.

schnabel|förmig ["ʃnɑ:bəl'fø:rmiç] adj. en forme de bec. || Bot. rostré. ||°**-kerfe** f. (-, n). Zool. [Halbflügler] hémiptère m. ||°**-schiff** n. (s, e) vaisseau (m.) à bec. ||°**-schuh** m. (s, e) soulier (m.) à la poulaine. ||°**-tasse** f. (-, n) tasse (f.) à bec. ||°**-tier** n. (s, e). Zool. ornithorynque m.

schnäbeln (sich) [zɪç'ʃnɛ:bəln] v. pr. Pop. se becqueter ; se bécoter.

schnabulieren [ʃnabu'li:rən] v. intr. se régaler ; manger à belles dents.

Schnack [ʃnak] m. (s) bavardage m. ; sornettes f. pl. | *dummer Schnack*, mauvaise plaisanterie.
◇ m. pl. **Schnäcke,** facéties f. pl. | *Schnäcke treiben*, faire des blagues.

schnacken ['ʃnakən] v. intr. bavarder ; caqueter ; raconter des sornettes ; blaguer.

Schnader|hüpferl ["ʃnɑ:dər'hypfərl] n. (s, -) chanson paysanne de Bavière.

Schnake ['ʃnɑ:kə] f. (-, n). Zool. moucheron m. ; moustique m. || Fam. farce f. ; blague f.

schnakig [-kiç] adj. drôle ; plaisant.

Schnalle ['ʃnalə] f. (-, n) boucle f. || [Türklinke] loquet m.

schnallen [-lən] v. tr. boucler. | *kürzer schnallen*, raccourcir. | *länger schnallen*, allonger. | *festschnallen*, attacher ; serrer. | *losschnallen*, détacher ; déboucler. || Fig. *sich den Leibriemen enger schnallen*, se serrer la ceinture.
◇ v. intr. V. schnalzen.

Schnallen|blume ["ʃnalən'blu:mə] f. (-, n). Bot. pavot m. ||°**-bügel** m. (s, -) chape (f.) d'une boucle. ||°**-dorn** m. (s, en), °**-zunge** f. (-, n) ardillon (m.) d'une boucle. ||°**-schuh** m. (s, e) soulier (m.) à boucles. ||°**-strippe** f. (-, n) contre-sangle f.

schnalzen ['ʃnaltsən] v. intr. *mit den Fingern schnalzen*, faire claquer ses doigts. | *mit der Zunge schnalzen*, faire claquer sa langue.

Schnalzen [-tsən] n. (s) claquement (m.) de langue.

schnapp ! [ʃnap] interj. crac !
◇ adv. **schnapp,** vite.

Schnapp [ʃnap] m. (s, e) bouchée f. ; coup (m.) rapide. | *einen Schnapp nach etwas tun*, chercher à happer qch. | *mit einem Schnapp*, d'une bouchée, d'un seul coup.

Schnapp|angel ["ʃnap'aŋəl] f. (-, n) hameçon (m.) à happer. ||°**-feder** f. (-, n). Techn. ressort (m.) d'arrêt. ||°**-galgen** m. (s, -) estrapade f. ||°**-hahn** m. (s, ¨e) chenapan m. ||°**-hähnchen** n. (s, -). Zool. moucherolle f. ||°-**karren** m. (s, -) tombereau m. ||°-**messer** n. (s, -) couteau pliant. ||°-**sack** m. (s, ¨e) havresac m. ||°-**schloß** n. (es, ¨er) serrure (f.) à ressort. ||°-**schuß** m. (es, ¨e). MIL. coup de feu (tiré) au jugé. || PHOT. instantané m.

schnappen ['ʃnapən] v. intr. **1.** chercher à happer, à gober. | *mit der Hand nach etwas schnappen*, chercher à saisir qch. | *nach Luft schnappen*, respirer avec peine. || FAM. arrêter ; coffrer. | *man hat den Dieb geschnappt*, on a arrêté le voleur.

2. [Feder] faire ressort. | *in die Höhe schnappen*, bondir. | *das Schloß schnappt ein*, la serrure s'enclenche.

Schnäpper ['ʃnɛpər] m. (s, -). [Vogel] *Fliegenschnäpper*, gobe-mouches. || FAM. attrape-mouches m. || TECHN. loqueteau m. || MÉD. lancette f.

schnäppern ['ʃnɛpərn] v. intr. [Billard] mettre de l'effet.

Schnaps [ʃnaps] m. (es, ¨e) eau-de-vie f. || PAR EXT. petit verre ; FAM. goutte f. | *sich einen Schnaps genehmigen*, s'offrir un petit verre.

Schnaps|brenner ["ʃnaps'brɛnər] m. (s, -) distillateur m. ||°-**bruder** m. (s, ¨) ivrogne m. ; FAM. poivrot m. ||°-**bude** f. (-, n), °-**kneipe** f. (-, n). FAM. bistrot m. ||-**froh** adj. porté sur la bouteille. ||°-**idee** f. (-, n) idée saugrenue. ||°-**nase** f. (-, n). FAM. nez (m.) rouge.

Schnäpschen ['ʃnɛpsçən] n. (s, -) petit verre ; FAM. goutte f.

schnapsen ['ʃnapsən] v. intr. FAM. boire la goutte.

schnarchen ['ʃnarçən] v. intr. ronfler.

Schnarchen [-çən] n. (s) ronflement m.

Schnarcher [-çər] m. (s, -) ronfleur m.

Schnarr|baß ['ʃnarbas] m. (es, ¨e). MUS. bourdon (m.) de vielle, de cornemuse. ||°-**drossel** f. (-, n). ZOOL. grive (f.) de gui ; sittelle f. ||°-**pfeife** f. (-, n). MUS. tuyau (m.) d'orgue. ||°-**schrecke** f. (-, n). ZOOL. criquet m. ||°-**wecker** m. (s, -) sonnerie f.

Schnarre ['ʃnarə] f. (-, n) crécelle f. || ZOOL. grive f.

schnarren [-rən] v. intr. [Orgel] ronfler. || [Stimme] nasiller. || MUS. grincer ; produire un bruit strident. || TECHN. brouter.

Schnarren [-rən] n. (s) ronflement m. ; bourdonnement m. ; bruit (m.) de crécelle. || [Telefon] friture f.

Schnatterei [ʃnatə'rai] f. (-, en) bavardage m. ; caquetage m.

Schnatter|ente ["ʃnatər'ɛntə] f. (-, n), °-**gans** [-'gans] f. (-, ¨e) femme bavarde. ||°-**hans** m. (ens, en). FAM. bavard m. ||°-**liese** f. (-, n). FAM. péronnelle f.

schnattern ['ʃnatərn] v. intr. criailler ; caqueter. | *die Gänse schnattern*, les oies criaillent. | *die Enten schnattern*, les canards caquettent. || FIG. caqueter.

Schnattern [-tərn] n. (s) criaillerie f. ; caquetage m. ; bavardage m.

schnauben ['ʃnaubən] v. intr. haleter ; respirer bruyamment ; souffler. || [Pferde] s'ébrouer. || FIG. *vor Wut schnauben*, écumer de rage.

◇ v. tr. *Rache schnauben*, respirer la vengeance.

Schnauben [-bən] n. (s) souffle m. ; halètement m. ; ronflement m.

schnaufen ['ʃnaufən] v. intr. respirer difficilement ; renifler ; haleter.

Schnaufer [-fər] m. (s, -) 1° souffle bruyant ; 2° celui qui respire bruyamment.

Schnauz|bart ['ʃnautsbɑ:rt] m. (s, ¨e) moustache f. || FIG. vieux barbu ; barbon m. ||-**bärtig** adj. qui a des moustaches. || FIG. rogue.

Schnauze ['ʃnautsə] f. (-, n) gueule f. ; museau m. ; mufle m. ; groin m. || POP. *eine große Schnauze haben*, avoir une grande gueule. || [Gefäße] bec m. || [Gebäude] gargouille f. | *Schnauze einer Dachrinne*, gargouille, canon (m.) de gouttière.

schnauzen [-tsən] v. intr. crier. || VULG. gueuler. | *jn anschnauzen*, engueuler qn.

Schnauzer [-tsər] m. (s, -). ZOOL. griffon m. ; schnauzer m.

schnauzig [-tsiç] adj. grossier ; brusque. || [großmäulig] fanfaron.

schnäuzen ['ʃnɔytsən] v. tr. et v. pr. *eine Lampe schnäuzen*, moucher une lampe. | *sich (die Nase) schnäuzen*, se moucher.

Schnecke ['ʃnɛkə] f. (-, n). ZOOL. escargot m. ; limaçon m. | *nackte Schnecke*, limace f. || ANAT. [Ohr] limaçon m. || ARCHIT. volute f. | *ionische Schnecke*, volute ionique. || TECHN. vis (f.) sans fin. || MUS. [Geigenkopf] tête (f.) de violon.

Schnecken|achse ["ʃnɛkən'aksə] f. (-, n) axe (m.) de volute. ||°-**antrieb** m. (s, e) commande (f.) à vis sans fin. ||-**artig, -förmig** adj. en spirale. ||°-**feder** f. (-, n) ressort (m.) à boudin. ||°-**gang** m. (s). FIG. avance très lente (comme d'un escargot). ||°-**gewinde** n. (s, -). TECHN. filetage hélicoïdal. ||°-**haus** n. (es, ¨er) coquille (f.) d'escargot. ||°-**klee** m. (s). BOT. luzerne f. ||°-**linie** f. (-, n) spirale f. ||°-**post** f. FIG. *mit der Schneckenpost fahren*, aller à pas de tortue. || °-**windung** f. (-, en) tour (m.) de spire.

Schnee [ʃne:] m. (s) neige f. | *ewiger Schnee*, neiges éternelles. | *Pulverschnee*, neige poudreuse. || FIG. *weiß wie Schnee*, blanc comme neige. || CULIN. *Schnee schlagen*, battre en neige.

Schnee|ball ['ʃne:bal] m. (s, ¨e) boule (f.) de neige. ||°-**ballen** m. (s, -). BOT. viorne f. ||°-**bericht** m. (s, e) bulletin (m.) d'enneigement. ||°-**blume** f. (-, n) rose (f.) de Noël. ||°-**decke** f. (-, n) couche (f.) de neige. ||°-**eule** f. (-, n). ZOOL. chat-huant blanc. ||°-**fall** m. (s, ¨e) chute (f.) de neige. ||°-**fräse** f. (-, n) chasse-neige (m.) à fraise. ||°-**gans** f. (-, ¨e). ZOOL. oie (f.) sauvage. || FIG. oie blanche. ||°-**gestöber** n. (s) tourmente (f.) de neige. ||°-**glöckchen** n. (s, -) perce-neige m. ||°-**grenze** f. (-, n) limite (f.) des neiges éternelles. ||°-**huhn** n. (s, ¨er) lagopède m. ; perdrix blanche. ||°-**hütte** f. igloo m. ||°-**kanone** f. (-, n) canon (m.) à neige. ||°-**kette** f. (-, n). AUTOM. chaîne antidérapante. ||°-**könig** m. (s, e). ZOOL. roitelet m. ||°-**läufer** m. (s, -) skieur m. ||°-**mann** m. (s, ¨er) bonhomme (m.) de neige. ||°-**matsch** m. (es) neige fondue. ||°-**pflug** m. (s, ¨e) chasse-neige m. ||°-**reifen** m. (s, -) raquette f. ; pneu (m.) pour la neige. ||°-**rute** f. (-, n), °-**schläger** m. (s, -). CULIN. fouet (m.) à neige. ||°-**schmelze** f. fonte (f.) des neiges. ||°-**schuh** m. (s, e) snow-boot m. ||°-**sturm** m. (s, ¨e) tempête (f.) de neige ; blizzard m. ||°-**teller** m. (s, -). [Skistock] disque m. ; rondelle f. ||°-**treiben** n. (s, -) tourmente (f.), rafale (f.) de neige. ||°-**wächte** f. (-, n) corniche (f.) de neige. ||°-**wehe** f. (-, n) congère f. ||-**weiß** adj. blanc comme neige. ||°-**wittchen** n. (s). LITTÉR. Blanche-Neige f. ||°-**zaun** m. (s, ¨e) pare-neige m.

schneeig ['ʃne:iç] adj. couvert de neige. || PAR EXT. blanc comme neige.

Schneid [ʃnait] m. (s). FIG. ressort m. ; cran m. ; nerf m. ; énergie f. | *er hat Schneid*, il a du cran.

Schneide ['ʃnaidə] f. (-, n) tranchant m. | *Messerschneide*, tranchant d'un couteau. || FIG. *es steht, schwebt auf des Messers Schneide*, cela ne tient qu'à un fil. || TECHN. tranchée f. ; laie f. || [Waage] couteau m. || [Bohrer] mèche f. || [Berggrat] arête f. ; crête (f.) de montagne.

Schneide|bank ["ʃnaidə'baŋk] f. (-, ¨e) chevalet m. ||°-**bohrer** m. (s, -) taraud m. ||°-**brenner** m. (s, -) chalumeau (m.) à découper. ||°-**brett** n. (s, er) tailloir m. ||°-**eisen** n. (s, -). TECHN. filière f. ||°-**fläche** f. (-, n). [Scheren] plane (f.) des ciseaux. ||°-**holz** n. (es) bois (m.) de sciage. ||°-**kopf** m. (s, ¨e) tête (f.) de rasoir électrique. ||°-**maschine** f. (-, n) hache-paille m. ; hachoir m. ; massicot m. ||°-**messer** n. (s, -) couperet m. ||°-**mühle** f. (-, n) scierie f. ||°-**rad** n. (s, ¨er). TECHN. fraise f. ||°-**stahl** m. (s, ¨e) burin m. ||°-**tisch** m. (s, e). FILM. table (f.) de montage. ||°-**werkzeug** n. (s, e) outil, instrument tranchant. ||°-**zahn** m. (s, ¨e). ANAT. incisive f.

schneiden ['ʃnaidən] (schnitt, geschnitten) v. tr. **1.** couper ; tailler ; trancher. | *Brot schneiden*, couper du pain. | *Holz schneiden*, scier du bois. | *Korn schneiden*, couper, faucher du blé. | *in kleine Stücke schneiden*, hacher menu. | | *etwas entzwei schneiden*, couper qch. en deux. | *ein Kleid schneiden*, tailler un vêtement. | *zu eng geschnitten*, étriqué. | *in Holz schneiden*, graver sur bois. | *in Stein schneiden*, ciseler dans la pierre. || FIG. *ein fein geschnittenes Gesicht*, un visage aux traits purs. | *jm wie aus den Augen geschnitten sein*, avoir avec qn une ressemblance frappante.

2. FIG. *Grimassen, Gesichter, Mienen schneiden*, faire des grimaces. | *Geld schneiden*, extorquer de l'argent. | *jn schneiden*, faire semblant de ne pas voir qn.

3. MÉD. châtrer ; castrer.

4. [Wein] couper ; faire un coupage.

5. TECHN. tarauder.

6. [Karten] couper.

7. AUTOM. *jn schneiden*, faire une queue-de-poisson à qn.

◇ v. pr. **sich schneiden,** se couper. | *sich in den Finger schneiden*, se couper le doigt. || FIG. se tromper ; FAM. se mettre le doigt dans l'œil. || MATH. *zwei Linien schneiden sich*, deux lignes se coupent, ont leur intersection.

◇ v. intr. couper ; être coupant. | *dieses Messer*

schneidet gut, ce couteau coupe bien. | *durch die Luft schneiden*, fendre l'air. || FIG. *es schneidet mir ins Herz*, cela me fend le cœur. | *ins Geld schneiden*, faire un trou dans le budget.

◇ part. prés. **schneidend,** coupant ; tranchant. || FIG. *schneidende Farbe*, couleur (f.) qui tranche. | *schneidende Kälte*, froid vif. | *schneidender Widerspruch*, contradiction flagrante. | *schneidende Worte*, propos incisifs. | *schneidender Ton*, ton tranchant.

Schneider [-dər] m. (s, -). **1.** tailleur m. ; coupeur m. | *Herrenschneider*, tailleur pour hommes. || FAM. *eine Schneiderseele haben*, être capon.

2. couteau m. ; appareil (m.) à couper, à trancher.

3. ZOOL. [Weberknecht] faucheux m.

4. LOC. *wir sind noch nicht aus dem Schneider*, on n'est pas encore sorti de l'auberge.

Schneider|bursche ["ʃnaidər'burʃə] m. (n, n), °**-geselle** m. (n, n) ouvrier tailleur. ||°**-lohn** m. (s, ¨e) façon f. ||°**-meißel|bohrer** m. (s, -) trépan (m.) à lames. ||°**-muskel** m. (s, n). ANAT. muscle couturier. ||°**-puppe** f. (-, n) mannequin m. ||°**-rechnung** f. (-, en). FIG. compte (m.) d'apothicaire.

Schneiderei [ʃnaidə'rai] f. (-, en) métier (m.) de tailleur ; couture f. || FIG. [Prellerei] escroquerie f. ; filouterie f.

Schneiderin ['ʃnaidərin] f. (-, nen) couturière f. ; coupeuse f.

schneidern [-dərn] v. intr. faire de la couture ; exercer le métier de tailleur, de couturière.

schneidig [-diç] adj. FIG. énergique ; plein d'allant ; crâne.

Schneidigkeit [-diçkait] f. énergie f. ; crânerie f.

schneien ['ʃnaiən] v. impers. neiger. | *es schneit*, il neige.

◇ v. intr. FIG. arriver à l'improviste ; tomber du ciel.

Schneise ['ʃnaizə] f. (-, n). [Wald] laie f. || MIL. *Feuerschneise*, coupe-feu m. || [Vogelfang] collet m.

schneiteln ['ʃnaitəln] v. tr. AGRIC. émonder ; élaguer.

schnell [ʃnɛl] adj. rapide ; prompt. | *ein schneller Läufer*, un coureur rapide. | *schnelle Schritte*, des pas (m. pl.) rapides. | *in schnellem Tempo*, à toute vitesse. | *machen Sie schnell !*, dépêchez-vous ! | *so schnell wie möglich*, aussi vite que possible. | *schneller Puls*, pouls (m.) rapide. | *schneller Tod*, mort brutale. || NUCL. *schneller Brüter*, surgénérateur m. ; surrégénérateur m.

◇ adv. vite ; avec célérité ; sans perdre de temps.

— SYN. : *rasch*, prompt ; *flink*, agile ; *geschwind*, rapide ; *jäh*, brusque ; *ungestüm*, impétueux ; *lebhaft*, vif.

Schnell|abschaltung ["ʃnɛl'apʃaltuŋ] f. (-, en). NUCL. arrêt (m.) d'urgence. ||°**-binder** m. (s, -) ciment (m.) à prise rapide. ||°**-boot** n. (s, e) vedette (f.) rapide. ||°**-dreh|stahl** m. (s). MÉTALL. acier rapide. || °**-feuer|kanone** f. (-, n). MIL. canon (m.) à tir rapide. ||°**-fliege** f. (-, n). ZOOL. tachine f. ||**-füßig** adj. agile ; leste. ||°**-gang|getriebe** n. (s, -). AUTOM. surmultipliée f. ||°**-imbiß|gewerbe** n. (s) restauration (f.) rapide. ||°**-imbiß|halle** f. (-, n) snack-bar m. ||°**-käfer** m. (s, -). ZOOL. taupin m. ||°**-kocher** m. (s, -) autoclave m. ||°**-koch|topf** (es, ¨e) m. || CULIN. autocuiseur m. ; Cocotte-Minute f. ||°**-kurs** m. (es, e) formation accélérée. ||°**-lauf** m. (s, ¨e) course (f.) de vitesse. | *im Schnellauf*, au pas de course. ||°**-läufer** m. (s, -) coureur m. ; sprinter m. ||°**-löscher** m. (s, -) extincteur (m.) automatique. ||°**-neutronen|-reaktor** m. (s, en). NUCL. réacteur (m.) à neutrons rapides. ||°**-post** f. (-, en) malle-poste f. ||°**-presse** f. (-, n). TYPOGR. presse (f.) rapide, automatique. ||°**-schreiber(in)** m. (s, -) f. (-, nen) sténographe s. ||°**-schrift** f. sténographie f. ||°**-straße** f. (-, n) voie (f.) express. ||°**-tee** m. (s) infusion expresse. || °**-trieb|wagen** m. (s, -) train automoteur rapide. ||°**-verband** m. (s, ¨e) pansement (m.) d'urgence. ||°**-verfahren** n. (s). JUR. procédure (f.) des flagrants délits. ||°**-verkehr** m. (s) trafic (m.), service (m.) rapide. ||°**-waage** f. (-, n) balance romaine ; peson m. ||°**-zug** m. (s, ¨e). [Eisenbahn] express m.

Schnelle ['ʃnɛlə] f. vitesse f. || [Bergstrom] rapide m.

schnellen ['ʃnɛlən] v. intr. faire ressort ; bondir ; rebondir. | *in die Höhe schnellen*, faire un bond. | *eine Feder schnellt*, un ressort se débande. || PARTICUL. claquer des doigts. || FIG. *die Preise schnellen in die Höhe*, les prix montent en flèche, montent subitement.

◇ v. tr. lancer. | *Pfeile schnellen*, lancer, décocher des flèches. | *mit den Fingern schnellen*, envoyer d'une chiquenaude. || FIG. [prellen] tromper ; estamper.

◇ v. pr. **sich schnellen,** bondir ; sauter.

Schnell|feder ["ʃnɛl'fe:dər] f. (-, n) ressort m. ||°**-galgen** m. (s, -) estrapade f. ||°**-gaststätte** f. (-, n) snack-bar m. ||°**-kraft** f. élasticité f.

Schneller ['ʃnɛlər] m. (s, -) déclic m. ; détente f. || [Spiel] bille f. || ZOOL. élatéridé m. || MUS. trille pincé. || FIG. chiquenaude f. ; pichenette f.

Schnellheit ['ʃnɛlhait] f., **Schnelligkeit** ['ʃnɛliçkait] f. vitesse f. ; rapidité f. ; célérité f. ; vélocité f. ; promptitude f. ; diligence f.

Schnepfe ['ʃnɛpfə] f. (-, n) bécasse f. | *Schnepfenzug*, passage (m.) de bécasses. || VULG. [Dirne] grue f.

Schneuse ['ʃnɔyzə] f. (-, n). DIAL. V. SCHNEISE.

schneuzen (sich) [ziç'ʃnɔytsən] v. pr. se moucher.

schnicken ['ʃnikən] v. intr. remuer vivement.

Schnick|schnack ['ʃnikʃnak] m. (s) verbiage m. ; galimatias m. | *ohne Schnickschnack*, sans fioritures.

schniegeln (sich) [ziç'ʃni:gəln] v. pr. s'attifer ; se faire beau. | *geschniegelt und gebügelt*, tiré à quatre épingles.

Schnippchen ['ʃnipçən] n. (s, -) chiquenaude f. || FIG. *jm ein Schnippchen schlagen*, jouer un tour à qn.

— SYN. : *Schnipp*, *Schnipps* (fam.).

Schnippel ['ʃnipəl] m. (s, -) rognure f. ; petit morceau. || FAM. frac m.

schnippeln [-pəln] v. tr. découper en petits morceaux ; déchiqueter.

schnippisch ['ʃnipiʃ] adj. mutin. | *schnippische Miene*, air pincé, effronté.

Schnitt [ʃnit] m. (s, e). **1.** coupe f. ; coupure f. | *einen Schnitt ins Holz machen*, faire une entaille, une encoche dans le bois. | *Holzschnitt*, gravure (f.) sur bois. | *Schnitt eines Gesichts*, profil (m.), dessin (m.) d'un visage. | *Haarschnitt*, coupe des cheveux. | *Schnitt eines Edelsteins*, taille (f.) d'un diamant. || AGRIC. coupe f. ; récolte f. | *erster Schnitt*, première coupe. | *Schnitt der Bäume*, taille (f.) des arbres. || MÉD. coupure f. ; incision f. | *Kaiserschnitt*, césarienne f. || MATH. intersection f. | *Kegelschnitt*, section (f.) conique. || ARCHIT. coupe f. ; vue (f.) en coupe.

2. [Kleider] coupe f. ; façon f. | *nach dem neuesten Schnitt*, à la dernière mode. | *von feinem Schnitt*, de coupe élégante. || PAR EXT. patron m.

3. morceau m. ; tranche f. || [Buch] tranche f. | *mit Goldschnitt*, doré sur tranche.

Schnitt|bild ["ʃnit'bilt] n. (s, er) vue écorchée, en coupe. ||°**-blumen** f. pl. fleurs à couper ; fleurs coupées. ||°**-fläche** f. (-, n) section f. ; coupe f. ||°**-handel** m. (s) commerce (m.) de détail. ||°**-holz** n. (es) bois (m.) de sciage. ||°**-käse** m. (s) fromage (m.) en tranches. ||°**-lauch** m. (s) civette f. ; ciboulette f. ||°**-linie** f. (-, n). MATH. ligne (f.) d'intersection ; sécante f. ||°**-messer** n. (s, -) bistouri m. ||°**-muster** n. (s, -) patron (m.) de couture. ||°**-peilung** f. RADIO. goniométrie f. ||°**-punkt** m. (s, e) point (m.) d'intersection ; point (m.) de rencontre. ||**-reif** adj. mûr, bon à être coupé, à être fauché. ||°**-salat** m. (s, e) laitue f. ||°**-stelle** f. (-, n). INF. interface f. ||°**-stellen|anpassung** f. INF. adaptateur (m.) d'interface. ||**-weise** adv. par tranches ; en tranches. ||°**-wunde** f. (-, n) entaille f. ; coupure f.

Schnittchen ['ʃnitçən] n. (s, -) petite tranche. || CULIN. beignet m.

Schnitte [-tə] f. (-, n) tranche f. ; tartine f. | *eine Schnitte Brot, Schinken*, une tranche de pain, de jambon.

Schnitter [-tər] m. (s, -) faucheur m. ; moissonneur m.

schnittig [-tiç] adj. coupant. || [reif] mûr ; prêt à être coupé. || FIG., FAM. élégant ; de belle forme.

Schnittling [-tliŋ] m. (s, e). [Steckling] bouture f. || [Schnittlauch] ciboulette f.

Schnitz|arbeit ["ʃnits'arbait] f. (-, en) sculpture (f.) sur bois. ||°**-bild** n. (s, er). [Werk] sculpture (f.) sur bois. ||°**-kunst** f. sculpture (f.) sur bois. ||°**-messer** n. (s, -) couteau (m.) à sculpter. ||°**-werk** n. (s, e) ouvrage sculpté.

Schnitzel ['ʃnitsəl] n. (s, -) petite tranche ; rondelle f. || [Holz] copeau m. ; rognure f. || [Papier] découpures f. pl. || CULIN. escalope f. | *Kalbsschnitzel*, escalope de veau.

Schnitzel|jagd ["ʃnitsəl'jakt] f. (-, en) jeu (m.) de piste.

schnitzeln [-tsəln] v. tr. découper ; tailler.

schnitzen [-tsən] v. tr. tailler dans le bois ; sculpter sur bois.

Schnitzer [-tsər] m. (s, -). **1.** sculpteur sur bois.
2. TECHN. couteau m. ; pointe f. ; ciselet m.

3. FIG. faute f. ; bévue f. ; gaffe f. | *einen Schnitzer machen*, faire une gaffe.

Schnitzerei [ʃnitsə'rai] f. (-, en) sculpture (f.) sur bois ; ouvrage sculpté.

schnitzern ['ʃnitsərn] v. intr. faire des fautes, des gaffes.

schnob [ʃno:p] prét. de **schnauben.**

schnobern ['ʃno:bərn] v. tr. renifler.

schnodd(e)rig ['ʃnɔd(ə)riç] adj. insolent ; impertinent ; fanfaron. || [schlampig] négligé.

schnöde ['ʃnø:də] adj. **1.** méprisable ; vil ; indigne. | *schnöder Verrat*, vile trahison.

2. blessant ; insultant ; méprisant. | *jn schnöde behandeln*, vilipender qn.

Schnödigkeit ['ʃnø:diçkait] f., **Schnödheit** ['ʃnø:thait] f. bassesse f. ; vilenie f. || mépris m. ; dédain m.

Schnorchel ['ʃnɔrçəl] m. (s, -). [U-Boot] schnorchel m.

Schnörkel ['ʃnørkəl] m. (s, -). ARCHIT. volute f. ; spirale f. ; fioriture f. || [am Namenszug] parafe m. || [Rede] enjolivure f.

schnörkelhaft ['ʃnørkəlhaft] adj. surchargé ; contourné ; tarabiscoté.

schnorren ['ʃnɔrən] v. tr. FAM. taper.

Schnorrer [-rər] m. (s, -). FAM. mendiant m. ; parasite m. ; tapeur m.

Schnösel ['ʃnø:zəl] m. (s, -). FAM. malotru m.

Schnucke ['ʃnukə] f. (-, n). ZOOL. [Heidschnucke] petit mouton de la lande de Lunebourg.

Schnüffelei [ʃnyfə'lai] f. (-, en) espionnage m.

schnüffeln ['ʃnyfəln] v. intr. flairer ; renifler. || FIG. fouiner ; fureter ; espionner. | *überall herumschnüffeln*, fourrer son nez partout.

— SYN. : *schnuffeln*.

Schnüffler [-flər] m. (s, -) fouineur m. ; espion m.

schnullen ['ʃnulən] v. tr. sucer.

Schnuller [-lər] m. (s, -) sucette f.

Schnulze ['ʃnultsə] f. (-, n). FAM. rengaine.

schnupfen ['ʃnupfən] v. tr. [Tabak] priser.

Schnupfen [-pfən] m. (s, -). MÉD. rhume (m.) de cerveau ; coryza m. | *den Schnupfen haben*, être enrhumé. | *einen Schnupfen bekommen ; sich einen Schnupfen holen*, s'enrhumer.

schnupfen|artig adj. MÉD. catarrhal.

Schnupfer ['ʃnupfər] m. (s, -). [Tabak] priseur m.

Schnupf|tabak ["ʃnupf'tabak] m. (s) tabac (m.) à priser. ||°**-tuch** n. (s, ¨er) mouchoir m.

Schnuppe ['ʃnupə] f. (-, n). **1.** [Sternschnuppe] étoile filante ; astéroïde m.

2. [Docht] charbon (m.) de la mèche ; mouchure f. ◇ adj. **schnuppe,** FIG., FAM. *das ist mir schnuppe*, ça m'est égal ; je m'en fiche.

schnuppern ['ʃnupərn] v. intr. V. SCHNÜFFELN.

Schnupper|preis ["ʃnupər'prais] m. (es, e) (*etwa*) prix (m.) d'appel, de lancement.

Schnur [ʃnu:r] f. (-, ¨e). **1.** cordon m. ; cordelière f. ; lacet m. | *Perlenschnur*, collier (m.) de perles. | *Nabelschnur*, cordon ombilical. || ganse f. ; liséré m. ; cordonnet m. ; fil (m.) électrique souple. | *Schnur zum Messen*, cordeau m. | *Richtschnur*, ligne directrice. || LOC. FIG. *nach der Schnur*, exact ; précis. | *über die Schnur hauen*, passer la mesure.

2. [Bibel] belle-fille f.

Schnur|assel ["ʃnu:r'asəl] f. (-, n). ZOOL. iule m. ||°**-baum** m. (s, ¨e) arbre (m.) en espalier. ||**-gerade** adj. et adv. tout droit ; tiré, tracé au cordeau. ||**-los** adj. *schnurloses Telefon*, téléphone (m.) sans fil. ||**-stracks** adv. tout droit ; en droite ligne ; FIG. immédiatement ; sur-le-champ. | *schnurstracks entgegen*, diamétralement opposé.

Schnür|band ['ʃny:rbant] n. (s, ¨er) lacet (m.), cordon (m.) de soulier. ||°**-boden** m. (s, ¨). THÉÂTRE. cintre m. ; dessus (m.) de scène. ||°**-brust** f. (s, ¨e) corset m. ; gaine f. ||°**-leib** m. (s, er) corset m. ||°**-loch** n. (s, ¨er) œillet m. ||°**-nadel** f. (-, n) passe-lacet m. ||°**-riemen** m. (s, -), °**-senkel** m. (s, -) lacet m. ||°**-stiefel** m. (s, -) bottine (f.) à lacets.

Schnürchen ['ʃny:rçən] n. (s, -) ganse f. ; cordonnet m. || FAM. *es geht wie am Schnürchen*, ça va comme sur des roulettes. | *etwas wie am Schnürchen hersagen*, réciter qch. sans respirer.

schnüren [-rən] v. tr. ficeler ; serrer ; garrotter ; lier ; lacer. | *mit Bindfäden schnüren*, ficeler. | *Perlen schnüren*, enfiler des perles. || FIG. *sein Bündel schnüren*, faire son paquet ; partir ; filer.

◇ v. pr. **sich schnüren,** se serrer la taille ; se sangler ; porter un corset.

Schnurr|bart ['ʃnurbɑ:rt] m. (s, ¨e) moustache f. ||**-bärtig** adj. moustachu. ||°**-pfeiferei** f. (-, en) baliverne f.

Schnurre ['ʃnurə] f. (-, n) crécelle f. ; toupie ronflante. || [Posse] histoire (f.) drôle ; farce f.

schnurren [-rən] v. intr. ronronner ; ronfler. | *die Katze schnurrt*, le chat ronronne. | *das Schnurren des Spinnrades*, le ronflement du rouet. || FAM. mendier ; resquiller.

Schnurrer [-rər] m. (s, -) mendiant m. ; resquilleur m.

schnurrig [-riç] adj. comique ; drôle ; burlesque. | *schnurriger Kauz*, farfelu m. | *schnurrige Einfälle*, idées (f. pl.) baroques.

— SYN. : *drollig*, drôle ; *sonderbar*, étrange ; *possenhaft*, burlesque.

Schober ['ʃo:bər] m. (s, -) tas m. ; monceau m. | *Heuschober*, meule (f.) de foin.

schobern [-bərn] v. tr. mettre en tas.

Schock [ʃɔk] m. (s, s). [Stoß] choc m. ; heurt m. || FIG. choc m. ; ébranlement m. ; secousse f. | *einen Schock erleiden*, être traumatisé.

Schock|behandlung ["ʃɔkbə'handluŋ] f. (-, en). MÉD. thérapeutique (f.) de choc. ||**-weise** adv. par soixantaine ; par tas. ||°**-zustand** m. (s, ¨e). MÉD., FIG. état (m.) de choc.

Schock [ʃɔk] n. (s, e) [sechzig Stück] soixantaine f. || FIG. [Schocken] tas m. ; ribambelle f.

schockant [ʃɔ'kant] adj. [anstößig] choquant.

schocken ['ʃɔkən] v. tr. **1.** (de **Schock** n.) mettre en tas, en groupes de soixante gerbes. || FIG. *das Getreide schockt gut*, le blé rend bien.

2. (de **Schock** m.) *den Ball schocken*, lancer la balle. || MAR. *ein Schiff schockt*, un navire est mis à flot. || FIG. traumatiser.

schockieren [ʃɔ'ki:rən] v. tr. choquer ; offusquer ; heurter le bon goût.

schofel ['ʃo:fəl] adj. POP. méprisable ; vil. | *das war recht schofel von ihm*, ce n'était pas très joli de sa part.

Schöffe ['ʃøfə] m. (n, n) échevin m.

Schöffen|amt ["ʃøfən'amt] n. (s, ¨er) échevinage m. ||°**-gericht** n. (s, e) tribunal (m.) d'échevins.

Schofför [ʃo'fø:r] m. (s, e) chauffeur m. ; conducteur m.

Schokolade [ʃoko'lɑ:də] f. (-, n) chocolat m.

schokoladen [-dən] adj. en chocolat.

schokoladen|braun [ʃoko"lɑ:dən'braun] adj. (couleur) chocolat. ||°**-fabrik** f. (-, en) chocolaterie f. ||**-farben** adj. couleur chocolat. ||°**-kanne** f. (-, n) chocolatière f. ||°**-plätzchen** n. (s, -) pastille (f.) de chocolat. ||°**-tafel** f. (-, n) tablette (f.) de chocolat. ||°**-trüffel** f. (-, n) truffe (f.) au chocolat.

Scholar [ʃo'lɑ:r] m. (en, en), **Scholast** [-'last] m. (en, en). HIST. [Mittelalter : fahrender Schüler] écolier m. ; étudiant m.

Scholastik [-'lastik] f. PHILOS. scolastique f.

Scholastiker [-'lastikər] m. (s, -) scolastique m.

scholastisch [-'lastiʃ] adj. scolastique. || FIG. vétilleux ; pédant.

Scholiast [-li'ast] m. (en, en) scoliaste m.

Scholie ['ʃo:liə] f. (-, n) scolie f.

Scholle ['ʃɔlə] f. (-, n). **1.** glèbe f. ; sillon m. ; motte (f.) de terre. | *Eisscholle*, glaçon m.

2. FIG. terre f. | *an die Scholle gefesselt sein* ; *an der Scholle kleben*, être attaché à la glèbe.

3. ZOOL. plie f. ; sole f.

Schollen|brecher ["ʃɔlən'brεçər] m. (s, -) brise-mottes m. ||°**-egge** f. (-, n). AGRIC. herse f. ||°**-überschiebung** f. GÉOL. charriage m.

Schöll|kraut ["ʃøl'kraut] n. (s). BOT. chélidoine f.

schollern ['ʃɔlərn] v. intr. tomber avec un bruit sourd.

schollig ['ʃɔliç] adj. en mottes ; couvert de mottes.

schon [ʃo:n] adv. **1.** déjà. | *ich muß schon gehen*, il me faut déjà partir. | *ich habe schon davon gehört*, j'en ai déjà entendu parler. | *schon um acht Uhr sind wir abgefahren*, nous sommes partis dès huit heures. | *schon jetzt*, dès maintenant. || PAR EXT. *schon die Höflichkeit lehrt es*, la simple politesse l'exige.

2. depuis. | *schon lange*, depuis longtemps déjà. || PAR EXT. *schon der Gedanke, daß*, la seule idée que. | *schon deswegen*, rien que, ne serait-ce que pour cette raison. | *ich wohne schon fünf Jahre hier*, j'habite ici depuis cinq ans.

3. [verstärkend] *ich weiß schon,* je sais bien. | *das ist schon genug,* c'est bien assez comme cela. | *wir werden schon sehen,* nous allons bien voir. || Loc. *wenn schon, denn schon,* à tant faire ; il le faut bien ; s'il le faut ! **4.** [einräumend] *mag schon wahr sein,* sans doute est-ce vrai. | *wenn... schon ; ob... schon,* bien que. || FAM. *schon gut !,* ça va ! ; ça suffit. || Loc. *mir schon recht !,* soit ; d'accord. || POP. *mach' schon !,* dépêche-toi ! | *es wird schon gehen,* ça ira.

schön [ʃø:n] adj. beau ; agréable ; bien fait. | *ein schöner Baum,* un bel arbre. | *ein schöner Himmel,* un ciel clair. | *das Wetter wird schön,* le temps se met au beau. | *schönen Dank !,* merci bien ! | *das schöne Geschlecht,* le beau sexe. | *die schönen Künste,* les beaux-arts. | *schöner Geist,* bel esprit. | *etwas Schönes,* quelque chose de beau. | *das Schöne,* le beau. | *zum Malen schön,* faite à ravir. || FIG. *schön tun,* faire le beau. | *schöne Augen machen,* flirter. || PAR EXT. *eines schönen Tages,* un beau jour. | *schöne Worte,* rien que des phrases. | *ein schönes Geld,* une somme rondelette. || IRON. *eine schöne Bescherung !,* c'est du joli !
◇ adv. bien. | *schön schreiben,* bien écrire. | *schön singen,* bien chanter. | *das klingt schön,* cela sonne bien. | *schön !,* bien ! ; parfait ! | *das ist schön von ihm,* c'est bien de sa part. | *ich werde mich schön (davor) hüten,* je me garderai bien. | *danke schön,* merci bien. | *bitte schön,* s'il vous plaît ; je vous en prie. || Loc. *na schön !,* d'accord ; soit ! | *sie haben schön lachen,* il vous est facile d'en rire ; vous avez beau rire. | *er läßt schön grüßen,* bien des choses de sa part. | *wir sind schön dran,* nous sommes dans de beaux draps.

Schön|bartlaufen ["ʃø:nba:rt'laufən] n. (s). [Mittelalter] bal masqué. ||°**-druck** m. (s, ¨e). TYPOGR. impression (f.) de la première page. ||**-färben** v. tr. représenter de façon optimiste ; peindre en rose. ||°**-färberei** f. idéalisation f. ||°**-geist** m. (s, er) bel esprit. ||°**-geisterei** f. prétention (f.) au bel esprit. ||°**-redner** m. (s, -) beau parleur. ||°**-rednerei** f. rhétorique f. ; phrases f. pl. ||°**-schreibe|kunst** f., °**-schreiben** n. (s), °**-schrift** f. calligraphie f. ||°**-stein** m. (s, e). MINÉRAL. agate f. ||°**-tuer** m. (s, -) bellâtre m. ; galant m. ; joli cœur. ||**-tun** (tat, getan) v. intr. minauder ; faire le galant, l'aimable.

Schöne ['ʃø:nə] f. POÉT. beauté f.

schonen ['ʃo:nən] v. tr. épargner ; ménager. | *sich schonen,* se ménager ; prendre soin de sa santé. | *Kleider schonen,* soigner des vêtements.
◇ part. prés., adj. et adv. **schonend,** avec ménagements ; plein d'égards. | *schonend behandeln,* ménager.

schönen ['ʃø:nən] v. tr. clarifier le vin. || raviver, faire revenir une couleur, un brillant.

Schoner ['ʃo:nər] m. (s, -). [Deckchen] housse f. || MAR. goélette f. ; deux-mâts m.

Schon|frist ["ʃo:n'frist] f. (-, en). POLIT. état (m.) de grâce. ||°**-kost** f. régime m. ; diète f. ||°**-revier** n. (s, e) district (m.) où la chasse et la pêche sont prohibées. ||°**-zeit** f. (-, en). [Jagd ; Fischerei] temps prohibé. | *es ist Schonzeit,* la chasse, la pêche est fermée.

Schönheit ['ʃø:nhait] f. (-, en). [Schönsein] beauté f. || [schöne Frau] beauté f. ; belle f.
◇ f. pl. **Schönheiten,** compliments m. pl. | *Schönheiten sagen,* conter fleurette.

Schönheits|fehler ["ʃø:nhaits'fe:lər] m. (s, -) petit défaut. ||°**-gefühl** n. (s) sentiment (m.) du beau ; goût m. ||°**-königin** f. (-, nen) reine (f.) de beauté. ||°**-konkurrenz** f. (-, en) concours (m.) de beauté. ||°**-lehre** f. esthétique f. ||°**-mittel** n. (s, -) cosmétique m. ||°**-pflästerchen** n. (s, -) mouche f. ; grain (m.) de beauté. ||°**-pflege** f. cosmétologie f. | *Salon für Schönheitspflege,* institut (m.) de beauté. ||°**-pflegerin** f. (-, nen) esthéticienne f. ||°**-sinn** m. (s) sens (m.) du beau. ||°**-wettbewerb** m. (s, e) concours (m.) de beauté.

Schonung [-nuŋ] f. (-, en) ménagement m. ; égards m. pl. ; modération f. || [Fortswesen] bois (m.) en défens ; bois (m.) de réserve ; pépinière f.

schonungs|bedürftig ["ʃo:nuŋsbə'dyrftiç] adj. qui nécessite des ménagements ; délicat. ||**-los** adj. et adv. sans ménagements ; impitoyable. ||°**-losigkeit** f. cruauté f. ; dureté f. ||**-voll** adj. plein de ménagements. ||°**-zeit** f. (-, en). [Jagd ; Fischerei] temps prohibé ; époque (f.) de la fermeture.

Schopf [ʃɔpf] m. (s, ¨e) touffe (f.) de cheveux ; houppe f. ; toupet m. ; [Pferd] épi m. | *Vogelschopf,* huppe f. | *beim Schopfe fassen,* saisir par les cheveux. || PAR EXT. sommet (m.) d'un arbre. || FIG. *eine Gelegenheit beim Schopf ergreifen,* saisir l'occasion aux cheveux.

Schöpf|brunnen ["ʃøpf'brunən] m. (s, -) puits m. ||°**-eimer** m. (s, -) seau (m.) à puiser. ||°**-gurt|förderer** m. (s, -). TECHN. élévateur (m.) à courroie. ||°**-löffel** m. (s, -), °**-kelle** f. (-, n) louche f. ||°**-rad** n. (s, ¨er) roue (f.) à godets ; noria f. ||°**-werk** n. (s, e) machine (f.) hydraulique.

schöpfen ['ʃøpfən] v. tr. **1.** puiser ; tirer. | *Wasser schöpfen,* puiser de l'eau. | *aus einem Boot Wasser schöpfen,* écoper l'eau. | *voll schöpfen,* remplir.
2. FIG. puiser ; prendre. | *Atem schöpfen,* reprendre haleine. | *Mut schöpfen,* prendre courage. | *Verdacht schöpfen,* concevoir des soupçons.

Schöpfer [-pfər] m. (s, -). **1.** [Schöpfgefäß] instrument (m.) pour puiser ; écope f. ; broc m.
2. [Urheber] créateur m. ; auteur m.

Schöpfer|geist ["ʃøpfər'gaist] m. (s, er) esprit créateur ; génie créateur. ||°**-kraft** f. force, vertu créatrice.

schöpferisch ['ʃøpfəriʃ] adj. [schaffend] créateur. | *schöpferisches Genie,* génie créateur.

Schöpfung [-pfuŋ] f. (-, en) création f. ; monde m.

Schoppen ['ʃɔpən] m. (s, -) chope f. ; chopine f.

schoppen ['ʃɔpən] v. tr. [Geflügel] gaver.

Schöps [ʃøps] m. (es, e). [Hammel] mouton m. || FIG., FAM. benêt m. ; imbécile m.

Schorf [ʃɔrf] m. (s, e). MÉD. escarre f. ; croûte f.

schorfig ['ʃɔrfiç] adj. couvert de croûtes, d'escarres.

Schörl [ʃørl] m. (s). MINÉRAL. schorl m. ; tourmaline noire.

Schorlemorle [ʃɔrlə'mɔrlə] f. (-) mélange (m.) de vin et d'eau gazeuse.

Schornstein ["ʃɔrn'ʃtain] m. (s, e) cheminée f. | *den Schornstein fegen,* ramoner la cheminée. || FIG. *eine Schuld in den Schornstein schreiben,* renoncer à une créance.

Schornstein|aufsatz ["ʃɔrnʃtain'aufzats] m. (es, ¨e) mitre (f.) de cheminée. ||°**-brand** m. (es, ¨e) feu (m.) de cheminée. ||°**-feger** m. (s, -) ramoneur m. ||°**-haube** f. (-, n), °**-hut** m. (s, ¨e), °**-kappe** f. (-, n) mitre f. (de cheminée). ||°**-mantel** m. (s, ¨) manteau (m.) de cheminée.

Schorzenere [ʃɔrtsə'ne:rə] f. (-, n) salsifis m., scorsonère f.
— SYN. : *Schwarzwurzel.*

Schoß [ʃɔs] m. (es, e). BOT. pousse f. ; rejeton m. ; jet m. | *Schosse treiben,* pousser vigoureusement.

Schoß|buch ["ʃɔs'bu:x] n. (s, ¨er) cadastre m. ||°**-faß** n. (es, ¨e) [Brauerei] cuve (f.) de décharge. ||**-frei** adj. (Vx.) exempt d'impôts.

Schoß [ʃo:s] m. (es, ¨e). **1.** giron m. ; sein m. ; PAR EXT. genoux m. pl. | *ein Kind auf den Schoß nehmen,* prendre un enfant sur ses genoux. || FIG. *die Hände in den Schoß legen,* se croiser les bras ; chômer. | *im Schoß der Familie,* au sein de la famille. | *das Glück fällt ihm in den Schoß,* cela lui est tombé du ciel.
2. [Rockschoß] pan m. ; basque f.

Schoß|hund ["ʃo:s'hunt] m. (s, e) bichon m. ||°**-kind** n. (s, er) enfant gâté. ||°**-rock** m. (s, ¨e) habit (m.) à basques.

schossen ['ʃɔsən] v. tr. (Vx.) [Getreide] pousser.

Schößling ['ʃøsliŋ] m. (s, e) pousse f. ; jet m. ; rejeton m.

Schote ['ʃo:tə] f. (-, n) cosse f. || MAR. *Schote eines Segels,* écoute (f.) d'une voile.
◇ f. pl. **Schoten,** petits pois.

schoten|artig ["ʃo:tən'a:rtiç], **-förmig** [-'førmiç] adj. BOT. siliqueux.

Schott [ʃɔt] n. (s, e) cloison f. ; vanne f. || MAR. compartiment (m.) étanche.

Schotte ['ʃɔtə] m. (n, n) Écossais m.

Schotter ['ʃɔtər] m. (s, -) cailloutis m. ; pierrailles f. pl. ; ballast m.

Schotter|straße ["ʃɔtər'ʃtra:sə] f. (-, n) route empierrée. ||°**-werk** n. (s, e) chantier (m.) de concassage de pierres.

schottern [-tərn] v. tr. empierrer. | *einen Weg schottern,* empierrer un chemin.

Schotterung ['ʃɔtəruŋ] f. (-, en) empierrement m. ; soubassement m. ; ballast m.

Schottin ['ʃɔtin] f. (-, nen) Écossaise f.

schottisch [-tiʃ] adj. écossais. | *schottisches Zeug,* tissu écossais.

Schott|land ['ʃɔtlant] n. (s). GÉOGR. Écosse f.

||°-**länder** m. (s, -) Écossais m. ||-**ländisch** adj. écossais.

schraffieren [ʃra'fi:rən] v. tr. hacher ; hachurer.

Schraffur [-'fu:r] f. (-, en), **Schraffierung** [-'fi:ruŋ] f. (-, en) hachure f.

schräg [ʃrɛ:k] adj. oblique ; incliné. | *schräge Schrift*, écriture penchée. | *schräges Dach*, toit incliné.
◇ adv. *schräg schneiden*, couper en biais. | *schräg abschneiden*, tailler en biseau.

Schräg|ansicht ["ʃrɛ:k'anziçt] f. (-, en) vue (f.) oblique, de biais. ||°-**auflage** f. (-, n) support incliné. ||°-**band** n. (s, ¨er) diagonale f. ||°-**feuer** n. (s, -). MIL. tir (m.) d'écharpe. ||°-**fläche** f. (-, n) plan incliné ; biais m. ; biseau m. ||-**kantig** adj. biseauté. ||°-**kreuz** n. (es, e) croix (f.) de Saint-André. ||°-**lage** f. (-, n) inclinaison f. ; obliquité f. ; position inclinée. ||°-**linie** f. (-, n) diagonale f. ||°-**maß** n. (es, e) fausse équerre. ||°-**rippen|kammgarn** n. (s). TEXT. gabardine f. ||°-**schnitt** m. (s, e) coupe (f.) en biais. || MATH. section (f.) oblique. ||°-**schrift** f. TYPOGR. italique f. ||°-**stellung** f. (-, en) inclinaison f. ; obliquité f. ||°-**strich** m. (s, e) barre (f.) oblique. ||-**zeilig** adj. disposé en quinconce.

Schräge ['ʃrɛ:gə] f. (-, n) biais m. ; diagonale f. ; talus m.

Schragen ['ʃrɑ:gən] m. (s, -) tréteau m. ; chevalet m. || [Metzger] étal m.

schrägen ['ʃrɛ:gən] v. tr. donner du biais, de la pente ; tailler en biseau ; taluter.

Schrägung [-guŋ] f. (-, en) biseau m. ; chanfrein m.

Schram [ʃram] m. (s, ¨e). MINES. havée f. ; saignée f.

Schräm|lademaschine ["ʃrɛm'ladəmaʃi:nə] f. (-, n). TECHN. haveuse-chargeuse f. ||°-**maschine** f. (-, n). TECHN. haveuse f.

Schramme ['ʃramə] f. (-, n) éraflure f. ; égratignure f.

Schrammel|musik ["ʃraməlmu'zi:k] f. musique (f.) de bastringue.

schrammen ['ʃramən] v. tr. érafler ; égratigner ; écorcher légèrement.

schrammig [-miç] adj. égratigné ; éraflé ; rayé.

Schramm|schuß ["ʃram'ʃus] m. (es, ¨e) coup (m.) qui érafle. ||°-**stein** m. (s, e) bouteroue m.

Schrank [ʃraŋk] m. (s, ¨e). **1.** [Möbel] armoire f. ; buffet m. | *Bücherschrank*, bibliothèque f. | *Wandschrank*, placard m.
2. TECHN. [an einer Säge] voie f.
3. AGRIC. lien (m.) pour lier les gerbes.

Schrank|bett ["ʃraŋk'bɛt] n. (s, en) lit (m.) encastrable. ||°-**fach** n. (s, ¨er) rayon (m.) d'une armoire. ||°-**koffer** m. (s, -) malle-armoire f.

Schranke ['ʃraŋkə] f. (-, n). **1.** barrière f. ; barre f. ; clôture f. || [Eisenbahn] passage (m.) à niveau. || [Gericht] barre f.
2. champ clos ; lice f. | *jn in die Schranken fordern*, provoquer qn. | *in die Schranken treten*, entrer en lice ; descendre dans l'arène. | *für etwas in die Schranken treten*, se faire le champion de qch.
3. FIG. limite f. ; frontière f. ; borne f. | *Schranken setzen*, mettre des bornes ; mettre un frein. | *die Schranken überschreiten*, dépasser les bornes. | *jn in seine Schranken weisen*, admonester qn.

Schränk|eisen ["ʃrɛŋk'aizən] n. (s). TECHN. tourne-à-gauche m.

schränken ['ʃrɛŋkən] v. tr. croiser ; disposer en croix. || TECHN. *eine Säge schränken*, avoyer une scie.

schranken|los ["ʃraŋkən'lo:s] adj. illimité ; sans bornes ; effréné. | *schrankenlose Macht*, pouvoir absolu. ||°-**wärter** m. (s, -) garde-barrière m.

Schranne ['ʃranə] f. (-, n). [Oberdeutsch] banc m. ; étal m. ; marché (m.) aux grains.

Schranz [ʃrants] m. (es, e), **Schranze** ['ʃrantsə] m. (n, n). [Höfling] PR. et FIG. courtisan m.

schranzenhaft ['ʃrantsənhaft] adj. vil ; obséquieux ; rampant.

Schrapnell [ʃrap'nɛl] m. ou n. (s, e). MIL. shrapnel m. ; obus (m.) à balles. || FIG., FAM. chipie f.

Schrappe ['ʃrapə] f. (-, n), **Schrapp|eisen** ["ʃrap'aizən] n. (s, -) raclette f.

schrappen [-pən] v. tr. racler.

Schraub|anschluß ["ʃraup'anʃlus] m. (es, ¨se) raccord fileté. ||°-**bolzen** m. (s, -) boulon (m.) à vis. ||°-**buchse** f. (-, n) douille filetée. ||°-**deckel** m. (s, -) couvercle à vis, fileté. ||°-**knecht** m. (s, e) serre-joints m. ||°-**lehre** f. (-, n) palmer m. ||°-**ring** m. (s, e) curseur m. ||°-**stock** m. (s, ¨e) étau m. ||°-**stock|backe** f. (-, n) mâchoire (f.) d'étau. ||°-**verschluß** m. (es, ¨se) bouchon fileté.

Schraube ['ʃraubə] f. (-, n). **1.** vis f. || TECHN. *linksgängige, rechtsgängige Schraube*, vis filetée à gauche, à droite. | *zweigängige Schraube*, vis à double pas. | *versenkte Schraube*, vis noyée. | *Schrauben schneiden*, tarauder. | *Kopfschraube*, boulon m. | *Holzschraube*, vis à bois. | *Stellschraube*, vis de réglage. | *Schraube ohne Ende*, vis sans fin. | *eine Schraube anziehen*, serrer une vis. || FIG. *die Schraube anziehen*, serrer la vis.
2. MAR. [Schiffsschraube] hélice f.
3. FAM., POP. *alte Schraube*, vieille femme.
4. SPORT. [Tauchen] vrille f.

schrauben [-bən] v. tr. visser ; serrer. | *fest schrauben*, visser à fond. | *losschrauben*, dévisser. || FIG. *die Preise in die Höhe schrauben*, faire grimper les prix. | *geschraubter Stil*, style guindé, recherché, artificiel. | *seine Hoffnungen herunterschrauben*, rabattre ses prétentions ; en rabattre.

Schrauben|alge ["ʃraubən'algə] f. (-, n). BOT. spirogyre f. ||-**artig** adj. vrillé. ||°-**baum** m. (s, ¨e). BOT. pandane m. ||°-**blatt** n. (s, ¨er) pale (f.) d'hélice. ||°-**bleistift** m. (s, e) stylo-mine m. ||°-**bohrer** m. (s, -). TECHN. taraud m. ||°-**bolzen** m. (s, -) boulon fileté. || [Eisenbahn] tire-fond m. ||°-**bund** m. (s, ¨e). TECHN. embase f. ||°-**dampfer** m. (s, -). MAR. vapeur (m.) à hélice. ||°-**drehbank** f. (-, ¨e) tour (m.) à vis. ||°-**feder** f. (-, n) ressort hélicoïdal. ||°-**fläche** f. (-, n). MATH. hélicoïde f. ||°-**flügel** m. (s, -) ailette f. ; pale (f.) d'hélice. ||-**förmig** adj. hélicoïdal. ||°-**gang** m. (s, ¨e) pas (m.) de vis. ||°-**gewinde** n. (s, -) filetage m. ; filet (m.) de vis. | *Schraubengewinde schneiden*, fileter. ||°-**kopf** m. (s, ¨e) tête (f.) de vis. ||°-**lehre** f. (-, n) palmer m. ||°-**linie** f. (-, n). MATH. hélice f. ||°-**mutter** f. (-, n) écrou m. ||°-**nagel** m. (s, ¨) clou fileté. ||°-**pumpe** f. (-, n) pompe (f.) à hélice. ||°-**schlüssel** m. (s, -) clef (f.) à vis. | *englischer Schraubenschlüssel*, clef anglaise. | *verstellbarer Schraubenschlüssel*, clef de serrage à ouverture variable ; clef universelle. || °-**spindel** f. (-, n) arbre fileté ; broche (f.) à vis. ||°-**wasser** n. (s) sillage m. ||°-**welle** f. (-, n) arbre (m.) d'hélice. ||°-**winde** f. (-, n) vérin m. ; cric (m.) à vis. ||°-**zieher** m. (s, -) tournevis m. ||°-**zwinge** f. (-, n) serre-joints m.

Schrauberei [ʃraubə'rai] f. (-, en). TECHN. vissage m. || [Preise] hausse f. ; infiltration f. || FIG. raillerie f. ; persiflage m.

Schreber|garten ["ʃre:bər'gartən] m. (s, ¨) petit jardin ouvrier.

Schreck [ʃrɛk] m. (s, e). V. SCHRECKEN.

Schreck|bild ["ʃrɛk'bilt] n. (s, er) fantôme m. ; cauchemar m. ||°-**mittel** n. (s, -) épouvantail m. ||°-**schanze** f. (-, n). MIL. redoute f. ||°-**schraube** f. (-, n). FIG., FAM. épouvantail m. ; calamité f. ||°-**schuß** m. (es, ¨e) coup (m.) de semonce. ||°-**sekunde** f. (-, n) temps (m.) de réaction.

schreckbar ['ʃrɛkbɑ:r] adj. peureux ; craintif.

Schrecke ['ʃrɛkə] f. (-, n). [Heuschrecke] sauterelle f. || [Wachtelkönig] râle (m.) des genêts.

Schrecken [-kən] m. (s, -) frayeur f. ; effroi m. ; épouvante f. ; terreur f. | *jm einen Schrecken einjagen*, effrayer qn. | *Schrecken überfiel ihn*, la peur le saisit. | *alles in Schrecken setzen*, semer partout la terreur. | *mit dem bloßen Schrecken davonkommen*, en être quitte pour la peur. | *blasser Schrecken*, peur bleue. | *der Schrecken ist mir in alle Glieder gefahren*, la frayeur m'a coupé bras et jambes. | *vor Schrecken umfallen*, POP. avoir les sangs tournés. | *er war der Schrecken seiner Feinde*, il était la terreur de ses ennemis. | *die Schrecken des Todes*, les affres de la mort.
— SYN. : *Furcht*, peur ; *Angst*, angoisse ; *Entsetzen*, épouvante ; *Grauen*, frayeur ; *Schauder*, horreur.

schrecken [-kən] (schrak, geschrocken) v. intr. s'effrayer ; sursauter de peur.
◇ v. tr. (conjug. faible). **1.** effrayer ; apeurer ; faire peur ; terrifier. | *dich schreckt kein Sturm* (SCHILLER), aucune tempête ne te fait reculer. | *Gestein schrecken*, ébranler des pierres.
2. CULIN., MÉTALL. plonger dans l'eau froide. | *Eier (ab)schrecken*, refroidir des œufs à la coque. | *das Wasser schrecken*, dégourdir l'eau.

Schreckens|bote ["ʃrɛkəns'bo:tə] m. (n, n) messager (m.) de malheur. ||°-**botschaft** f. (-, en) nouvelle (f.) funeste, terrible. ||°-**herrschaft** f. (-, en). POLIT. régime (m.) de terreur ; terrorisme. ||°-**ruf** m. (s, e) cri (m.) de détresse. ||-**starr** adj. glacé d'épouvante.

schreckhaft ['ʃrɛkhaft] adj. [schreckbar] peureux ; craintif. || [erschreckend] qui fait peur ; effrayant.

Schreckhaftigkeit [-tiçkait] f. timidité f. ; caractère craintif.

schrecklich ['ʃrɛkliç] adj. terrible ; épouvantable ; effrayant. | *schrecklicher Tod*, mort (f.) horrible. | *schrecklich viel*, énormément.
— SYN. : *furchtbar*, terrible ; *grauenhaft*, horrible ; *entsetzlich*, effrayant.

Schrecknis ['ʃrɛknis] n. (ses, se) horreur f. ; terreur f. ; chose (f.) épouvantable.

Schrei [ʃrai] m. (s, e) cri m. | *einen Schrei ausstoßen*, pousser un cri. | *ein Schrei der Verzweiflung*, un cri de désespoir. | *lauter Schrei*, grand cri. || FIG. *der letzte Schrei*, le dernier cri ; la dernière mode.

Schrei|hals ['ʃraihals] m. (es, ¨e). [Schreibalg] criard m. ; braillard m. ||°**-stimme** f. (-, n) voix criarde. ||°**-vogel** m. (s, ¨) oiseau criard.

Schreib|ärmel ["ʃraip'ɛrməl] m. (s, -) manche (f.) de lustrine. ||°**-art** f. (-, en) manière (f.) d'écrire ; style m. ||°**-barometer** n. (s, -) baromètre enregistreur. ||°**-bedarf** m. (s) fournitures (f. pl.) de bureau. ||°**-block** m. (s, ¨e) bloc-notes m. ||**-faul** adj. paresseux pour écrire. ||°**-feder** f. (-, n) plume (f.) à écrire. ||°**-fehler** m. (s, -) faute (f.) d'orthographe. ||**-fertig** adj. prêt à écrire. ||°**-gebrauch** m. (s, ¨e) orthographe (f.) d'usage. ||°**-gebühr** f. (-, en), °**-geld** n. (s, er) frais (m. pl.) de copie ; droits (m. pl.) d'enregistrement. ||°**-gerät** n. (s, e) écritoire f. ; ce qui est nécessaire pour écrire. ||°**-kästchen** n. (s, -) plumier m. ||°**-kopf** m. (s, ¨e). [Schreibmaschine] tête (f.) d'impression. ||°**-krampf** m. (s, ¨e) crampe (f.) des écrivains. ||°**-kunst** f. calligraphie f. ||**-lustig** adj. qui aime écrire. ||°**-mappe** f. (-, n) sous-main m. ||°**-maschine** f. (-, n) machine (f.) à écrire. ||°**-maschinen|walze** f. (-, n) cylindre (m.) de machine à écrire. ||°**-papier** n. (s) papier (m.) écolier. ||°**-pult** n. (s, e) bureau-pupitre m. ||°**-schrift** f. caractères (m. pl.) d'écriture. ||°**-sekretär** m. (s, e). [Möbel] secrétaire m. ||**-selig** adj. qui aime écrire. ||°**-stift** m. (s, e) crayon m. ||°**-stube** f. (-, n) cabinet (m.) de travail ; secrétariat m. || JUR. greffe m. ; étude f. ||°**-tafel** f. (-, n) tablette f. ||°**-telegraph** m. (en, en) téléscripteur m. ||°**-tisch** m. (es, e) bureau m. ; secrétaire m. ||°**-unterlage** f. (-, n) sous-main m. ||°**-utensilien** n. pl. articles (m. pl.) de bureau ; papeterie f. ||°**-vorlage** f. (-, n) modèle (m.) d'écriture. ||°**-walze** f. (-, n) cylindre (m.) d'une machine à écrire. ||°**-waren** f. pl. articles (m. pl.) de papeterie. ||°**-waren|händler** m. (s, -) papetier m. ||°**-weise** f. (-, n) façon (f.) d'écrire. ||°**-zeug** n. (s, e) écritoire f. ||°**-zimmer** n (s, -) bureau m. ; secrétariat m.

schreiben ['ʃraibən] (ie, ie) v. tr. écrire ; noter. | *einen Brief schreiben*, écrire une lettre. | *eng schreiben*, écrire serré. | *richtig schreiben*, écrire sans faire de fautes. | *ins Reine schreiben*, recopier ; mettre au net. | *diese Feder schreibt nicht gut*, cette plume n'est pas bonne. | *geschriebenes Recht*, droit écrit. | *an einem Roman schreiben*, travailler à un roman. | *jm, an jn schreiben*, écrire à qn. | *sie will über Wieland schreiben*, elle a l'intention d'écrire sur Wieland. | *wie schreibt sich Ihr Name ?*, comment s'écrit votre nom ? | *es steht in der Zeitung geschrieben*, c'est dans le journal. || FIG. *es steht ihm an der Stirne geschrieben*, il le porte sur sa figure. || COMM. *jm etwas gutschreiben*, créditer qn de qch. | *jm etwas zur Last schreiben ; etwas auf js Rechnung schreiben*, débiter qn de qch. || LOC. FAM. *schreib es dir hinter die Ohren*, tiens-le-toi pour dit.

Schreiben [-bən] n. (s) action d'écrire. || écrit m. ; lettre f. | *unser Schreiben vom...*, notre lettre du...

Schreiber [-bər] m. (s, -) secrétaire m. ; scribe m. ; copiste m. | *Schreiber eines Briefes*, auteur (m.) d'une lettre. | *Gerichtsschreiber*, greffier m.

Schreiberei [ʃraibə'rai] f. (-, en) écritures f. pl. || PÉJOR. paperasses f. pl. ; griffonnages m. pl.

schreien ['ʃraiən] (ie, ie) v. intr. **1.** crier ; vociférer ; pousser des cris. | *um Hilfe schreien*, crier au secours. | *vor Schmerz schreien*, crier de douleur. | *sich heiser schreien*, s'égosiller. | *nach Brot schreien*, réclamer du pain. | *nach Rache schreien*, crier vengeance. | *das schreit zum Himmel*, c'est révoltant. || LOC. FAM. *einem die Ohren voll schreien*, casser les oreilles à qn. | *Zetermordio schreien*, crier haro (sur qn).
2. [Tiere] *der Hirsch schreit*, le cerf brame. | *der Esel schreit*, l'âne brait. | *der Hahn schreit*, le coq chante. ◇ part. prés. **schreiend,** criant. | *schreiende Farbe*, couleur criarde. | *schreiendes Unrecht*, injustice criante.

Schreien [-ən] n. (s) cris m. pl. ; éclats (m. pl.) de voix ; glapissements m. pl. ; clameurs f. pl. | *das ist zum Schreien*, c'est à hurler.

Schreier [-ər] m. (s, -) crieur m. ; braillard m. ; POP. gueulard m. || FIG. chicaneur m. ; rouspéteur m. | *Marktschreier*, charlatan m.

Schreierei [ʃraiə'rai] f. (-, en) criailleries f. pl. ; clameurs f. pl. ; braillements m. pl.

Schrein [ʃrain] m. (s, e) coffre m. ; armoire f. ; coffret m.

Schreiner ['ʃrainər] m. (s, -) menuisier m.

Schreinerei [ʃrainə'rai] f. (-, en) menuiserie f.

schreinern ['ʃrainərn] v. intr. menuiser ; travailler le bois ; fabriquer des meubles.

schreiten ['ʃraitən] (i, i) v. intr. marcher ; aller à pied ; faire des pas ; avancer. | *vorwärts schreiten*, avancer. | *zum Sturm schreiten*, marcher à l'assaut. || FIG. *zur Ausführung schreiten*, en venir à l'exécution (d'un plan). | *zur Wahl schreiten*, recourir à l'élection, au vote.

Schrift [ʃrift] f. (-, en). **1.** écriture f. | *gotische Schrift*, écriture gothique. | *schöne Schrift*, belle écriture. | *Kurzschrift*, sténographie f.
2. [Werk] écrit m. ; œuvre f. | *Heilige Schrift*, Écriture sainte. | *Goethes Schriften*, les œuvres de Goethe. | *sämtliche Schriften*, œuvres complètes. | *philosophische Schrift*, traité philosophique.
3. [*Inschrift*] inscription f. || [Münzen] *Kopf oder Schrift*, pile ou face.
4. TYPOGR. caractère m. | *lateinische Schrift*, caractères romains ; romain m.

Schrift|art ["ʃrift'ɑ:rt] f. (-, en). TYPOGR. caractère m. ||°**-auslegung** f. (-, en) exégèse f. ||°**-bild** n. (s, er). TYPOGR. œil m. ||°**-deuter** m. (s, -) graphologue m. ||°**-deutsch** n. allemand (m.) littéraire ; langue allemande écrite. ||°**-deutung** f. graphologie f. ||°**-forschung** f. étude (f.) de l'Écriture sainte. ||°**-führer** m. (s, -) secrétaire m. ||°**-gelehrter** m. RELIG. docteur (m.) de la loi. ||°**-gießer** m. (s, -). TYPOGR. fondeur (m.) de caractères. ||**-gläubig** adj. orthodoxe. ||°**-höhe** f. (-, n), °**-kegel** m. (s, -). TYPOGR. corps m. ||°**-kasten** m. (s, -). TYPOGR. casse f. ||°**-leiter** m. (s, -) rédacteur (m.) en chef. ||°**-leitung** f. (-, en) rédaction (f.) d'un journal. ||°**-mutter** f. (-, n). TYPOGR. matrice f. ||°**-platte** f. (-, n) stéréotype m. | *in Schriftplatten gießen*, stéréotyper. ||°**-probe** f. (-, n) épreuve (f.) d'écriture. ||°**-sachverständige(r)** f. (m.) expert (m.) en écriture ; graphologue s. ||°**-satz** m. (es, ¨e). TYPOGR. composition f. ||°**-seite** f. (-, n) page (f.) de manuscrit. || [Münze] côté (m.) pile. ||°**-setzer** m. (s, -) typographe m. ; compositeur m. ||°**-sprache** f. (-, n) langue (f.) littéraire. ||°**-steller** m. (s, -) écrivain m. ; homme (m.) de lettres. ||°**-stellerin** f. (-, nen) femme (f.) de lettres. ||**-stellern** v. intr. PÉJOR écrire ; être auteur. ||°**-steller|name** m. (ns, n) nom (m.) d'auteur ; pseudonyme m. ||°**-stempel** m. (s, -) poinçon m. ||°**-stück** n. (s, e) pièce f. ; document m. ; écrit m. ; papier m. ||°**-verfälschung** f. (-, en) falsification f. ; faux (m.) en écriture. ||°**-vergleichung** f. (-, en) collation f. ||°**-verkehr** m. (s) correspondance f. ||°**-zeichen** n. (s, -) caractère m. ; signe m. ||°**-zug** m. (s, ¨e) trait m. ; parafe m.

schriftlich ['ʃriftliç] adj. et adv. écrit ; par écrit. | *etwas schriftlich beantworten*, répondre par écrit. | *schriftliche Frageprüfung*, interrogation écrite. | *schriftliche Ermächtigung*, autorisation écrite.

Schrifttum ['ʃriftu:m] n. (s) littérature f.

schrill [ʃril] adj. strident ; aigu.
— SYN. : *durchdringend*, pénétrant ; *grell*, perçant.

schrillen ['ʃrilən] v. intr. rendre un son strident, discordant.

schrinden ['ʃrindən] (u ou a, u) v. intr. se gercer ; se crevasser ; se fendiller.

Schritt [ʃrit] m. (s, e). **1.** pas m. ; enjambée f. | *große Schritte machen*, faire de grandes enjambées. | *Schritt für Schritt*, pas à pas. | *im Schritt gehen*, aller au pas. | *in gleichem Schritt und Tritt*, du même pas. | *bei jedem Schritt*, à chaque pas. | *zehn Schritt davon*, à dix pas de là. | *jm auf Schritt und Tritt folgen*, emboîter le pas à qn. || FIG. *mit jm Schritt halten*, être aussi fort que qn.
2. FIG. pas m. ; démarche f. ; entreprise f. | *diplomatischer Schritt*, démarche diplomatique. | *den ersten Schritt tun*, prendre l'initiative ; faire le premier pas. | *die nötigen Schritte unternehmen*, faire les démarches nécessaires. || PROV. *der erste Schritt ist immer der schwerste*, il n'y a que le premier pas qui coûte.

Schritt|gänger ["ʃrit'gɛŋər] m. (s, -) cheval (m.)

qui va au pas. ||°**-länge** f. (-, n) longueur (f.) de pas. ||°**-macher** m. (s, -). [Radfahrer] entraîneur m. || Fig. précurseur m. || Méd. pacemaker m. ; stimulateur (m.) cardiaque. ||°**-messer** m. (s, -), °**-zähler** m. (s, -) podomètre m. ||°**-wechsel** m. (s, -). Mil. changement (m.) de pas. ||**-weise** adv. au pas.

schroff [ʃrɔf] adj. abrupt ; raide ; escarpé. | *schroffer Fels*, rocher escarpé, à pic. || Fig. bourru ; dur ; rogue. | *schroffer Charakter*, caractère cassant. | *schroffe Antwort*, réponse (f.) brusque. | *schroffer Ton*, ton (m.) raide.

Schroffheit ['ʃrɔfhait] f. (-, en) raideur f. || Fig. dureté f. ; rudesse f.

Schröpf|eisen ["ʃrøpf'aizən] n. (s, -). Méd. scarificateur m. ||°**-glas** n. (es, ¨er), °**-kopf** m. (s, ¨e) ventouse f. ||°**-schnäpper** m. (s, -), °**-schnepper** m. (s, -) scarificateur m. ; flammette f. ||°**-schnitt** m. (s, e) scarification f.

schröpfen ['ʃrøpfən] v. tr. appliquer des ventouses. || Fig. *jn schröpfen*, saigner qn à blanc ; prendre à qn tout son argent. || Bot. *einen Baum schröpfen*, inciser l'écorce d'un arbre. || Agric. *Getreide schröpfen*, effaner des céréales.

Schrot [ʃro:t] m. ou n. (s, e) grenaille f. ; menu plomb ; mitraille f. || Agric. gruau m. || [Abfälle] rognures f. pl. || [Münze] aloi m. || Fig. *von altem Schrot und Korn*, de bon aloi.

Schrot|baum ["ʃro:t'baum] m. (s, ¨e) mandrin m. ||°**-beutel** m. (s, -) sachet (m.) à plomb. ||°**-brot** n. (s, e) pain (m.) de gruau. ||°**-eisen** n. (s, -) rugine f. ; ébarboir m. ||°**-flinte** f. (-, n) carabine (f.) de chasse. ||°**-korn** n. (s, ¨er) 1° blé égrugé ; 2° grain (m.) de plomb. ||°**-lauf** m. (s, ¨e) canon (m.) lisse. ||°**-mehl** n. (s) gruau m. ||°**-meißel** m. (s, -) ébauchoir m. ||°**-mühle** f. (-, n) concasseur m. ||°**-patrone** f. (-, n) cartouche (f.) à plomb. ||°**-säge** f. (-, n) scie (f.) de charpentier. ||°**-seil** n. (s, e), °**-tau** n. (s, e) trévire f. ; gros câble. ||°**-waage** f. (-, n) niveau (m.) de maçon.

schroten ['ʃro:tən] v. tr. broyer ; concasser, égruger ; ébarber. || *ein Faß in den Keiler schroten*, descendre un tonneau à la cave. | *Waren schroten*, rouler des balles de marchandises.

Schröter ['ʃrø:tər] m. (s, -). Zool. cerf-volant m. ; lucane m. || encaveur m.

Schrott [ʃrɔt] m. (s). [Alteisen] ferraille f. | *Kleinschrott*, grenailles f. pl. | *Abfallschrott*, déchets m. pl. ; pièces manquées. | *Schrotthändler*, marchand (m.) de ferraille.

schrubben ['ʃrubən] v. tr. frotter ; astiquer. || Mar. fauberter. || Techn. dégrossir.

Schrubber [-bər] m. (s, -) brosse (f.) à parquet ; balai-brosse m. || Mar. faubert m. | *(Deck)schrubber*, goret m.

Schrubb|hobel ["ʃrup'ho:bəl] m. (s, -) riflard m. ||°**-maschine** f. (-, n) dégauchisseuse f. ||°**-tuch** n. (s, ¨er) torchon m. ; serpillière f.

Schrulle ['ʃrulə] f. (-, n) lubie f. ; caprice m.

schrullig [-liç], **schrullenhaft** ['ʃrulənhaft] adj. drôle ; bizarre ; saugrenu.

schrump(e)lig ['ʃrump(ə)liç] adj. ratatiné.

schrumpfen ['ʃrumpfən] v. intr. se rétrécir ; se ratatiner ; se rider.

schrumpfig [-pfiç] adj. ridé ; ratatiné.

Schrumpfung [-pfuŋ] f. (-, en) rétrécissement m. ; retrait m. || Fin. déflation f.

Schrund [ʃrunt] m. (s, ¨e), **Schrunde** ['ʃrundə] f. (-, n) crevasse f. ; fissure f. ; gerçure f.

schrundig ['ʃrundiç] adj. gercé ; crevassé.

Schrupp [ʃrup]. V. Schrubb-.

Schub [ʃu:p] m. (s, ¨e). **1.** action de pousser ; poussée f. | *jm einen Schub geben*, pousser qn. | *mit einem Schub*, d'un coup. | *Schub auf Schub*, coup sur coup. || [Kegelwurf] *den ersten Schub haben*, avoir la boule. || Phys. poussée f. | *Schubkraft*, force propulsive. **2.** [Ofenvoll] fournée f. | *Schub Brot*, fournée de pain. || Fam. *ein Schub Leute*, un groupe de personnes. **3.** [Pferd] pousse (f.) des dents.

Schub|begrenzer ["ʃu:pbə'grentsər] m. (s, -). Aéron. limiteur (m.) de poussée. ||°**-boot** n. (s, e). Mar. pousseur m. ||°**-düse** f. (-, n). Aéron. tuyère (f.) orientable. ||°**-fach** n. (s, ¨er) tiroir m. ||°**-fenster** n. (s, -) fenêtre (f.) à coulisse ; guillotine f. ||°**-festigkeit** f. résistance (f.) à la poussée. ||°**-karre** f. (-, n), °**-karren** m. (s, -) brouette f. ||°**-kasten** m. (s, -), °**-lade** f. (-, n) tiroir m. ||°**-laden|stück** n. (s, e). Théâtre. pièce (f.) à tiroirs. ||°**-lehre** f. (-, n). Techn. vernier m. ; pied (m.) à coulisse. ||°**-riegel** m. (s, -) verrou m. ; targette f. ||°**-sack** m. (s, ¨e) besace f. ; escarcelle f. ||°**-schiff** n. (s, e). Mar. pousseur m. ||°**-stange** f. (-, n) bielle f. ||°**-tisch** m. (es, e) table (f.) à tiroirs. ||°**-umkehr** f. Aéron. inversion (f.) de jet. ||°**-umkehrer** m. (s, -). Aéron. inverseur (m.) de poussée. ||**-weise** adv. par fournées. ||°**-widerstand** m. (s.) résistance (f.) à la poussée.

Schubbejack ["ʃubə'jak] m. (en, en) gueux m. ; gredin m. ; misérable m.

Schuber [ʃu:bər] m. (s, -) étui m.

Schubs [ʃups] m. (es, e). Fam. bourrade f. ; choc m.

schubsen ['ʃupsən] v. tr. Fam. bousculer.

schüchtern ['ʃyçtərn] adj. timide ; sauvage ; craintif ; peureux.

Schüchternheit [-hait] f. timidité f. ; sauvagerie f. ; caractère craintif, timoré.

Schuft [ʃuft] m. (s, e) misérable m. ; gredin m. ; coquin m. ; fripouille f. || Prov. *ein Schuft, der Böses dabei denkt*, honni soit qui mal y pense.

schuften ['ʃuftən] v. intr. travailler comme un forçat ; s'éreinter ; se tuer au travail.

Schufterei [ʃuftə'rai] f. (-, en) canaillerie f. ; fripouillerie f. || Pop. travail (m.) de forçat.

schuftig ['ʃuftiç] adj. coquin ; de coquin ; de crapule ; honteux.

Schuh [ʃu:] m. (s, e). **1.** soulier m. ; chaussure f. | *die Schuhe anziehen*, mettre ses chaussures. | *die Schuhe ausziehen*, retirer ses chaussures. | *leichter Schuh*, escarpin m. | *randgenähter Schuh*, chaussure cousue trépointe. | *Holzschuh*, sabot m. || [an der Bremse] patin m. || Loc., fig. *jm etwas in die Schuhe schieben*, faire retomber qch. sur le dos de qn. | *wissen, wo der Schuh drückt*, savoir où le bât blesse. **2.** [Maß] pied m. | *sechs Schuh hoch*, haut de six pieds. **3.** [Pferd] sabot m. ; fer m.

Schuh|absatz ["ʃu:'apzats] m. (es, ¨e) talon (m.) de chaussure. ||°**-abstreich|gitter** n. (s, -) décrottoir m. ||°**-band** n. (s, ¨er) cordon (m.) de soulier. ||°**-bürste** f. (-, n) brosse (f.) à chaussures. ||°**-fabrik** f. (-, en) fabrique (f.) de chaussures. ||°**-fleck** m. (s, e) pièce (f.) à une chaussure. ||°**-flicker** m. (s, -) savetier m. ||°**-kappe** f. (-, n) bout renforcé de la chaussure. ||°**-krem** m. (s, e) pâte (f.), crème (f.) à chaussures ; cirage m. ||°**-leisten** m. (s, -) forme (f.) pour chaussures. ||°**-löffel** m. (s, -) chausse-pied m. ; fam. corne f. ||°**-macher** m. (s, -) cordonnier m. | *Schuhmacherahle*, alêne f. ||°**-nagel** m. (s, ¨) caboche f. ; clou (m.) à chaussures. ||°**-plattler** m. (s, -) danse paysanne bavaroise. ||°**-putzer** m. (s, -) cireur (m.) de chaussures. ||°**-riemen** m. (s, -) lacet (m.) de soulier. ||°**-sohle** f. (-, n) semelle f. || Fam. *sich etwas an den Schuhsohlen abgelaufen haben*, savoir qch. de longue date. ||°**-spanner** m. (s, -) embauchoir m. ||°**-strecker** m. (s, -) tendeur (m.) pour chaussures. ||°**-werk** n. (s) chaussures f. pl. ||°**-wichse** f. (-, n) cirage m.

Schuhu ['ʃuhu:] m. (s, e). Zool. [Uhu] grand duc.

Schul|abgänger(in) ["ʃu:l'apgɛŋər(in)] m. (s, -), f. (-, nen) élève (s.) qui a terminé sa scolarité. ||°**-amt** n. (s) fonction (f.) d'enseignement ; professorat m. ||°**-anfang** m. (s, ¨e) rentrée (f.) scolaire. ||°**-anstalt** f. (-, en) établissement (m.) scolaire. ||°**-arbeit** f. (-, en) composition f. ; devoir m. ||°**-aufsicht** f. inspection (f.) des écoles. ||°**-ausgabe** f. (-, n) édition (f.) scolaire, classique. ||°**-bank** f. (-, ¨e) banc (m.) d'école. | *die Schulbank drücken*, aller en classe ; pop. user ses fonds de culotte sur les bancs de l'école. ||°**-bedarf** m. (s) fournitures (f. pl.) scolaires. ||°**-behörde** f. (-, n) autorité (f.) universitaire. ||°**-beispiel** n. (s, e) exemple (m.) typique. ||°**-berater(in)** m. (s, -), f. (-, nen) conseiller (m.), conseillère (f.) d'orientation. ||°**-besuch** m. (s) fréquentation (f.) scolaire. ||°**-bildung** f. formation (f.) scolaire. ||°**-bruder** m. (s, ¨) frère (m.) des écoles chrétiennes. ||°**-bube** m. (n, n) écolier m. ; gamin m. ||°**-buch** n. (s, ¨er) livre (m.) de classe. ||°**-bus** m. (ses, se) bus (m.) de ramassage scolaire. ||°**-ferien** f. pl. vacances (f. pl.) scolaires. ||°**-flug** m. (s, ¨e). Aéron. vol (m.) d'entraînement. ||**-frei** adj. *schulfreier Tag*, jour (m.) de congé. ||°**-freund** m. (s, e) camarade (m.) d'école ; condisciple m. ||°**-fuchs** m. (es, ¨e) pédant m. ; cuistre m. ||°**-fuchserei** f. pédanterie f. ||°**-funk** m. radio (f.) scolaire. ||°**-gebrauch** m. (s) *für den Schulgebrauch*, à l'usage des écoles. ||°**-geld** n. (s, er) frais (m. pl.) de scolarité. ||°**-gelehrsamkeit** f. érudition (f.) scolaire ; péjor. pédanterie f. ||**-gerecht** adj. conforme aux règlements de l'école. || Fig. en bonne forme ;

orthodoxe. ||°-**gesetz** n. (es, e) loi (f.) scolaire. ||°-**jahr** n. (s, e) année (f.) scolaire. ||°-**jugend** f. élèves m. pl. ||°-**lehrer** m. (s, -) maître (m.) d'école ; instituteur m. ||°-**leistung** f. (-, en) résultats (m. pl.) scolaires. ||°-**mann** m. (s, ¨er) pédagogue m. ||°-**mappe** f. (-, n) cartable m. ; serviette f. ||°-**meister** m. (s, -) maître (m.) d'école ; PÉJOR. pédant m. ||-**meisterlich** adj. pédant ; dogmatique. ||-**meistern** v. intr. PÉJOR. [nörgeln] faire le pédant, le cuistre ; morigéner. ||°-**ordnung** f. (-, en) règlement (m.) scolaire. ||°-**pferd** n. (s, e) cheval (m.) de manège. ||°-**pflicht** f. scolarité (f.) obligatoire. ||-**pflichtig** adj. *schulpflichtiges Alter*, âge (m.) de la scolarité. | *im schulpflichtigen Alter*, en âge d'aller à l'école ; d'âge scolaire. ||°-**plan** m. (s, ¨e) programme m. ||°-**ränzel** n. (s, -), °-**ranzen** m. (s, -) sac (m.) d'écolier. ||°-**rat** m. (s, ¨e) inspecteur m. ||°-**reform** f. (-, en) réforme (f.) de l'enseignement. ||°-**reiterei** f. (-, en) manège m. ||°-**schießen** n. (s). MIL. tir (m.) d'instruction. ||°-**schiff** n. (s, e). MAR. vaisseau-école m. ||°-**stunde** f. (-, n) heure (f.) de classe. ||°-**tafel** f. (-, n) tableau noir. ||°-**unterricht** m. (s) instruction publique. ||°-**versagen** n. (s) échec (m.) scolaire. ||°-**versäumnis** n. (ses, se) absence f. ; fréquentation scolaire irrégulière. ||°-**vorsteher** m. (s, -) principal m. ; proviseur m. ||°-**vorsteherin** f. (-, nen) directrice f. ||°-**weisheit** f. sagesse (f.) scolaire ; PÉJOR. pédanterie f. ||°-**wesen** n. (s) instruction publique ; système (m.) scolaire. ||°-**zeit** f. années passées en classe ; scolarité f. || °-**zeugnis** n. (ses, se) bulletin m. ; livret (m.) scolaire ; certificat (m.) d'études. ||°-**zimmer** n. (s, -) salle (f.) de classe. ||°-**zwang** m. (s) scolarité (f.) obligatoire.

Schuld [ʃult] f. (-, en). **1.** dette f. | *Schulden machen*, faire des dettes. | *bis über die Ohren, bis an den Hals in Schulden stecken*, être criblé de dettes. | *rückständige Schuld*, arriéré m. | *eine Schuld eingehen*, contracter une dette. | *seine Schulden bezahlen*, payer ses dettes. | *in Schulden geraten*, s'endetter. | *öffentliche Schuld*, dette publique. | *schwebende Schuld*, dette flottante. | *befristete Schuld*, dette à terme. | *hypothekarische Schuld*, dette hypothécaire. | *ausstehende Schuld*, créance f.
2. FIG. dette f. ; reconnaissance f. | *in js Schuld stehen*, avoir une dette envers qn ; être redevable envers qn.
3. [Vergehen] faute f., culpabilité f. ; responsabilité f. ; tort m. | *eine Schuld begehen*, commettre une faute. | *eine schwere Schuld auf sich laden*, se rendre coupable d'une faute très grave. | *eine Schuld büßen, vergeben*, expier, pardonner une faute. | *durch meine Schuld*, par ma faute. | *die Schuld auf jn schieben, (ab)wälzen*, rejeter la faute sur qn. | *frei von jeder Schuld*, exempt de toute faute. | *er ist sich keiner Schuld bewußt*, il ne se tient pas pour coupable. | *die Schuld an etwas tragen*, porter la responsabilité de qch. ; être cause de qch. | *an wem liegt die Schuld ?* ; *wessen Schuld ist es ?*, à qui la faute ? ; qui est responsable ? | *jm die Schuld geben*, attribuer la faute, la responsabilité à qn. | *sich etwas zuschulden kommen lassen*, se rendre coupable de qch. ; commettre qch. || [Bibel] *vergib uns unsere Schuld*, pardonnez-nous nos offenses.
◇ adj. **schuld,** *er ist schuld daran*, c'est sa faute ; la faute lui en revient.

Schuld|ablösung ["ʃult'aplø:zuŋ] f. (-, en) amortissement (m.) d'une dette. ||°-**anerkenntnis** n. (ses, se) reconnaissance (f.) de dette. ||-**befleckt, -beladen** adj. chargé, coupable de fautes. ||-**befreiend** adj. FIN. *schuldbefreiende Zahlung*, paiement (m.) libératoire. ||°-**beweis** m. (es, e). JUR. corps (m.) du délit. ||-**bewußt** adj. qui se sent coupable. ||°-**brief** m. (s, e) reconnaissance (f.) de dettes. ||°-**buch** n. (s, ¨er). COMM. livre (m.) de comptes. || FIN. *öffentliches Schuldbuch*, grand livre de la dette publique. || °-**erlassung** f. (-, en) rémission f. ||°-**fähigkeit** f. JUR. *verminderte Schuldfähigkeit*, irresponsabilité mentale. ||°-**forderung** f. (-, en) créance f. ||°-**gefängnis** n. (ses), °-**haft** f. prison (f.) pour dettes ; contrainte (f.) par corps. ||°-**klage** f. (-, n) action (f.) pour dettes. ||°-**konto** n. (s, s) débit m. ||-**los** adj. non coupable ; innocent. | *für schuldlos erklären*, déclarer non coupable ; absoudre. ||°-**losigkeit** f. innocence f. ||°-**rückstand** m. (s, ¨e) arriéré m. ||°-**saldo** m. (s, s) solde passif. ||°-**schein** m. (s, e), °-**verschreibung** f. (-, en). FIN. obligation f. ||°-**verhältnis** n. (ses, se) obligation f.

schulden ['ʃuldən] v. tr. [verdanken] devoir ; être redevable. | *jm hundert Mark schulden*, devoir cent marks à qn. | *ich schulde dir mein Leben*, je te dois la vie.

Schulden|bereinigung ["ʃuldənbə'rainiguŋ] f. (-) apuration (f.) des dettes. ||-**frei** adj. exempt de dettes. | *schuldenfreies Haus*, maison non hypothéquée. ||°-**macher** m. (s, -) faiseur (m.) de dettes. ||°-**tilgung** f. amortissement (m.) des dettes. ||°-**wesen** n. (s) dette publique.

schuldhaft ['ʃuldhaft] adj. coupable.

Schuldhaftigkeit [-igkait] f. culpabilité f.

schuldig ['ʃuldiç] adj. **1.** (acc.) redevable de. | *was bin ich Ihnen schuldig ?*, combien vous dois-je ? | *ich bin ihm Dank schuldig*, je suis son obligé. | *nichts mehr schuldig sein*, être quitte. | *jm die Antwort nicht schuldig bleiben*, ne pas demeurer en reste avec qn. || PAR EXT. qui est dû à qn. | *jm die schuldige Achtung schenken*, accorder à qn la considération qui lui est due. | *mit schuldigster Hochachtung*, avec tout le respect qui vous est dû. || FIN. exigible, dû. || SUBSTANTIV. *der Schuldige*, le débiteur ; FIG. l'obligé.
2. (gén.) coupable de ; responsable de ; cause de ; à l'origine de. | *eines Verbrechens schuldig*, coupable d'un crime. || JUR. *schuldiger Teil*, partie fautive. | *für schuldig erklären*, déclarer coupable. | *sich schuldig bekennen*, s'avouer coupable. | *für schuldig befunden*, reconnu coupable. | *nicht schuldig*, non coupable. || PAR EXT. *des Todes schuldig sein*, mériter la mort. | *einer Tat schuldig sein*, être responsable d'un acte. || SUBSTANTIV. *der Schuldige*, le coupable ; le responsable. || RELIG. *unsere Schuldigen*, ceux qui nous ont offensés.

Schuldig|erklärung ["ʃuldiçɛr'klɛ:ruŋ] f. (-, en). JUR. verdict (m.) de culpabilité. ||°-**sprechung** f. (-, en) verdict (m.) de culpabilité ; condamnation f.

Schuldigkeit ['ʃuldiçkait] f. obligation f. ; devoir m. ; ce qu'on doit faire ; ce qui vous incombe. | *seine Schuldigkeit tun*, faire son devoir. | *es war seine (verdammte) Pflicht und Schuldigkeit*, c'était à coup sûr son devoir.

Schuldner(in) ['ʃuldnər(in)] m. (s, -), f. (-, nen) débiteur m. ; débitrice f. | *einen Schuldner pfänden*, faire saisir les biens d'un débiteur. || FIG. obligé m.

Schule ['ʃu:lə] f. (-, n). **1.** école f. ; classe f. | *öffentliche Schule*, école publique. | *kaufmännische Schule*, école commerciale. | *Volksschule*, école primaire. | *die Schule besuchen ; in die Schule, zur Schule gehen*, aller à l'école. | *ein Kind in die Schule tun, schicken*, envoyer un enfant à l'école. | *die Schule versäumen*, manquer l'école. | *die Schule schwänzen*, faire l'école buissonnière. | *auf Schulen gewesen sein*, avoir fait des études. | *Schule halten*, enseigner.
2. ARTS., LITTÉR. école f. | *romantische Schule*, école romantique.
3. FIG. *durch eine harte Schule gehen ; in strenger Schule sein*, être à rude école. | *aus der Schule plaudern*, commettre une indiscrétion. | *Schule machen*, faire école.
4. [Methode] méthode f. | *Schule des Geigenspiels*, méthode de violon. || [Reitunterricht] *hohe Schule*, haute école.
5. PAR EXT. synagogue f.
6. [Fische] banc m. (de dauphins, de morues).

schulen [-lən] v. tr. former ; éduquer ; entraîner. | *Soldaten schulen*, entraîner des soldats. | *ein Pferd schulen*, dresser un cheval. | *ein an der Klassik geschulter Geschmack*, un goût formé par la lecture des classiques.

Schüler(in) ['ʃy:lər(in)] m. (s, -), f. (-, nen) élève s. ; écolier m. ; écolière f. | *guter Schüler*, bon élève. || PHILOS. [Jünger] disciple s. | *ein Schüler Fichtes*, un disciple de Fichte.

Schüler... (en compos.) scolaire ; d'écolier.

Schüler|arbeit ["ʃy:lər'arbait] f. (-, en) travail (m.) scolaire. ||°-**austausch** m. (s, e) échange (m.) scolaire. ||°-**lotse** m. (n, n) patrouilleur (m.) scolaire. || °-**sprache** f. argot (m.) scolaire. ||°-**streich** m. (s, e) gaminerie f. ||°-**weg** m. (s). FIG. chemin (m.) des écoliers.

schülerhaft ['ʃy:lərhaft] adj. d'écolier ; scolaire. || FIG. jeune ; pas encore mûr.
◇ adv. en écolier.

Schülerhaftigkeit [-haftiçkait] f. gaucherie (f.) qui révèle l'apprenti.

Schülerschaft [-ʃaft] f. élèves m. pl. ; lycéens m. pl. ; étudiants m. pl.

Schulter ['ʃultər] f. (-, n) épaule f. | *breite Schultern haben*, être large d'épaules. | *mit den Schultern zucken*, hausser les épaules. | *die Schultern zurücknehmen*, effacer les épaules. | *eng in den Schultern*, étroit d'épaules. | *Schulter an Schulter*, côte à côte. | *jn auf seine Schultern steigen lassen*, faire la courte échelle à qn. || FIG. *breite Schultern haben*, avoir bon dos. | *den Fehler auf seine Schultern nehmen*, endosser la faute. | *auf beiden Schultern tragen*, ménager la chèvre et le chou. | *eine Sache auf* *die leichte Schulter nehmen*, prendre une affaire à la légère. | *jm die kalte Schulter zeigen*, faire grise mine à qn ; battre froid à qn. | *jn über die Schulter ansehen*, regarder qn de haut.

Schulter|band [ʺʃultər'bant] n. (s, ¨er). ANAT. ligament huméral. ||°**-bein** n. (s, e). ANAT. humérus m. ||°**-binde** f. (-, n) écharpe f. ||°**-blatt** n. (s, ¨er). ANAT. omoplate f. ||°**-bogen** m. (s, ¨). ARCHIT. arc épaulé. ||°**-breite** f. (-, n) carrure f. ||°**-decker** m. (s, -). AÉRON. monoplan m. ||°**-gelenk** n. (s, e). ANAT. articulation (f.) de l'épaule. ||°**-höhe** f. hauteur (f.) des épaules. || ANAT. acromion m. ||°**-klappe** f. (-, n). MIL. patte (f.) d'épaule. ||°**-kragen** m. (s, -) collerette f. ||°**-muskel** m. (s). ANAT. deltoïde m. ||°**-riemen** m. (s, -) bandoulière f. ||°**-stück** n. (s, e). MIL. épaulette f. ; patte (f.) d'épaule. || [Rind] paleron m. ||°**-tuch** n. (s, ¨er). RELIG. amict m. ||°**-wehr** f. MIL. épaulement m.

schultern ['ʃultərn] v. tr. mettre sur l'épaule.

Schultheiß ['ʃulthais] m. (en, en). (Vx.) maire m.

Schulung ['ʃu:luŋ] f. (-, en) enseignement m. ; éducation f. ; instruction f. ; entraînement m. ; formation (f.) scolaire. | *Schulungskurs*, stage m.

Schulze ['ʃultsə] m. (n, n). (Vx.) maire (m.) de village.

schummeln ['ʃuməln] v. intr. FAM. tricher ; escamoter ; resquiller.

Schummer ['ʃumər] m. (s, -) crépuscule m.

Schund [ʃunt] m. (s) écharnures f. pl. || FIG. camelote f. ; marchandise (f.) de rebut.

Schund|literatur [ʺʃuntlitera'tu:r] f. littérature malsaine, ordurière. ||°**-preis** m. (es, e) vil prix. || COMM. *zu Schundpreisen verkaufen*, brader. ||°**-ware** f. (-, n) camelote f. ; pacotille f.

schunkeln (sich) [ziç'ʃuŋkəln] v. pr. se balancer ; se dandiner.

Schupo ['ʃupo:]. Abr. de **Schutzpolizist,** agent (m.) de police.

Schuppe ['ʃupə] f. (-, n) écaille f. | *mit Schuppen bedeckt*, squameux. || FIG. *die Schuppen sind ihm von den Augen gefallen*, ses yeux se sont dessillés ; il a vu clair. || [Kopfschuppe] pellicule f. || TECHN. [Eisen] paille f.

schuppen [-pən] v. tr. ôter les écailles ; écailler. ◇ part. pass. **geschuppt,** garni d'écailles. ◇ v. pr. **sich schuppen,** peler ; se desquamer.

Schuppen ['ʃupən] m. (s, -) hangar m. ; appentis m. ; garage m. ; remise f. ; entrepôt m.

schuppen|artig [ʺʃupən'a:rtiç] adj. écailleux. || °**-baum** m. (s, ¨e). BOT. lépidoderme m. ||°**-fisch** m. (s, e) poisson (m.) à écailles ; squamoderme m. ||°**-flechte** f., °**-grind** m. (s). MÉD. psoriasis m. ||°**-flügler** m. (s, -). ZOOL. lépidoptère m. ||**-förmig** adj. squamiforme. ||°**-kamm** m. (s, e) peigne fin. ||°**-kette** f. (-, n). MIL. jugulaire f. ||°**-tanne** f. (-, n). BOT. araucaria m. ||°**-tier** n. (s, e) animal (m.) à écailles.

schuppig ['ʃupiç] adj. écailleux ; couvert d'écailles ; squameux.

Schur [ʃu:r] f. (-, en) tonte f. ; tondaison f. | *Schurwolle*, laine grasse. || AGRIC. coupe f.

Schür|eisen [ʺʃy:r'aizən] n. (s, -), °**-haken** m. (s, -) tisonnier m. ; pique-feu m. ||°**-zange** f. (-, n) pincettes f. pl.

schüren ['ʃy:rən] v. tr. attiser ; tisonner. | *das Feuer schüren*, attiser le feu. || FIG. *den Haß schüren*, attiser, exciter la haine.

Schürer [-rər] m. (s, -) chauffeur m. || TECHN. tisonnier m.

Schurf [ʃurf] m. (es, e) fouilles f. pl. || PAR EXT. éraflure f.

schürfen ['ʃyrfən] v. tr. [Bergwerk] fouiller ; prospecter. || PAR EXT. érafler ; écorcher. || FIG. *tief schürfende Abhandlung*, étude approfondie.

Schürf|arbeit [ʺʃyrf'arbait] f. (-, en). MINES. fouilles f. pl. ||°**-erlaubnis** f. (-, sse). MINES. permis (m.) de recherche.

schurigeln ['ʃu:ri:gəln] v. tr. tracasser ; brimer.

Schurke ['ʃurkə] m. (n, n) coquin m. ; gredin m. ; fripon m. ; misérable m. ; crapule f. | *abgefeimter Schurke*, maître fripon. | *Schurkensinn*, scélératesse f.

Schurkerei [ʃurkə'rai] f. (-, en) coquinerie f. ; friponnerie f. ; canaillerie f.

schurkisch ['ʃurkiʃ], **schurkig** [-kiç] adj. fourbe ; fripon ; coquin.

Schurr|bahn [ʺʃur'ba:n] f. (-, en), **Schurre** ['ʃurə] f. (-, n) glissoire f.

schurren ['ʃurən] v. intr. [gleiten] glisser. || [scharren] gratter.

Schurz [ʃurts] m. (es, ¨e) pagne m. ; tablier m. | *Schurzfell*, tablier de cuir.

Schürze ['ʃyrtsə] f. (-, n) tablier m. | *eine Schürze umbinden*, mettre un tablier. || FIG. *hinter jeder Schürze herlaufen*, courir le jupon. | *Schürzenjäger*, coureur (m.) de jupons.

schürzen ['ʃyrtsən] v. tr. **1.** retrousser. | *den Rock schürzen*, relever sa robe.
2. [schlingen] nouer. | *einen Knoten schürzen*, faire un nœud.

Schuß [ʃus] m. (es, ¨e). **1.** [Gewehrschuß] coup (m.) de feu, de fusil. | *blinder Schuß*, coup à blanc. | *scharfer Schuß*, coup à balle. | *ein Schuß ins Blaue*, un coup pour rien. | *einen Schuß aus der Pistole abgeben*, tirer un coup de pistolet. | *einen Schuß tun*, tirer un coup. | *es fiel ein Schuß*, un coup partit. | *ein Schuß knallte*, un coup claqua ; on entendit une détonation. | *auf den ersten Schuß*, du premier coup. | *Schuß Pulver*, charge (f.) de poudre. || MINES. charge explosive. || FIG. *weit vom Schuß*, au diable vauvert. | *er ist keinen Schuß Pulver wert*, il ne vaut pas la corde pour le pendre. || FAM. *einen Schuß haben*, être timbré.
2. SPORT. *ein Schuß ins Tor*, un tir au but. || [Skisport] schuss m. | *Schuß fahren*, descendre schuss.
3. [Schwung] élan m. ; mouvement précipité, impétueux. | *Schuß eines Stroms*, impétuosité (f.) d'un fleuve. | *im Schuß sein*, être lancé ; FIG. être en train.
4. [Wachstum] croissance (f.) rapide. | *einen Schuß tun*, faire une poussée de croissance. | *in einem Schuß*, d'un seul jet ; d'une seule venue. | *im Schusse sein*, croître à vue d'œil.
5. [Getränke] doigt m. ; coup m. | *ein Schuß Rum*, un doigt de rhum.
6. TEXT. trame f.

Schuß|bahn [ʺʃus'ba:n] f. (-, en) trajectoire f. ||°**-bereich** m. (s), °**-weite** f. portée f. ||**-bereit** adj. prêt à tirer, à ouvrir le feu. ||°**-faden** m. (s, ¨), °**-garn** n. (s, e). TEXT. duite f. ; fil (m.) de trame. ||°**-fahrt** f. (-, en). [Ski] descente (f.) à pic. ||°**-fallschirm** m. (s, e) parachute ventral. ||**-fertig** adj. prêt à tirer. ||°**-linie** f. (-, n) ligne (f.) de tir. ||°**-spule** f. (-, n). TEXT. canette f. ||°**-störung** f. (-, en). MIL. incident (m.) de tir. ||°**-waffe** f. (-, n) arme (f.) à feu. ||°**-wechsel** m. (s, -) échange (m.) de coups de feu. ||°**-winkel** m. (s, -) angle (m.) de tir. ||°**-wunde** f. (-, n), °**-verletzung** f. (-, en) blessure (f.) par arme à feu.

Schüssel ['ʃysəl] f. (-, n) plat m. ; terrine f. ; écuelle f. ; jatte f. || PAR EXT. plat m. ; mets m. || GÉOL. bassin m. || FIG. *vor leeren Schüsseln sitzen*, danser devant le buffet.

schüssel|formig [ʺʃysəl'førmiç] adj. patelliforme. ||°**-tuch** n. (s, ¨er) torchon (m.) de cuisine. || °**-wärmer** m. (s, -) chauffe-plats m.

Schussel ['ʃusəl] m. (s, -). FAM. écervelé m.

schusseln [-səln] v. intr. FAM. agir sans réflexion, à la légère.

Schuster ['ʃu:stər] m. (s, -) cordonnier m. ; savetier m. || FIG. personne qui bâcle son travail ; bousilleur m. || LOC. *auf Schusters Rappen*, à pied. || PROV. *Schuster, bleib bei deinem Leisten*, il ne faut pas lâcher la proie pour l'ombre.

Schuster|ahle [ʺʃu:stər'a:lə] f. (-, n) alène (f.) de cordonnier. ||°**-blume** f. (-, n). BOT. pulsatille f. ||°**-draht** m. (s, ¨e) fil poissé. ||°**-karpfen** m. (s, -). ZOOL. tanche f. ||°**-kneif** m. (s, e), °**-messer** n. (s, -) tranchet m. ||°**-rechnung** f. (-, en). FIG., FAM. compte (m.) de cuisinière. ||°**-werkstatt** f. (-, ¨e) cordonnerie f. ; échoppe (f.) de cordonnier.

schustern ['ʃu:stərn] v. tr. et v. intr. faire, exercer le métier de cordonnier. || FIG. bâcler ; saboter.

Schute ['ʃu:tə] f. (-, n). MAR. gabare f. ; bateau plat. || [Schutenhut] bonnet m. ; coiffe f.

Schutt [ʃut] m. (s) ruines f. pl. ; décombres m. pl. ; gravats m. pl. ; déblais m. pl. | *den Schutt wegschaffen* ; *vom Schutt reinigen*, déblayer. || AGRIC. mesure (f.) de blé (salaire en nature payé à des ouvriers agricoles).

Schutt|abladeplatz [ʺʃut'apla:dəplats] m. (es, ¨e) décharge publique. ||°**-ablagerung** f. (-, en) éboulis m. ||°**-halde** f. (-, n) crassier m. ; éboulis m. ||°**-karren** m. (s, -) tombereau m. ||°**-kegel** m. (s, -). GÉOGR. cône (m.) de déjections.

Schütt|beton [ʺʃytbe'tɔ̃] m. (s) béton coulé.

||°**-boden** m. (s, ¨) grenier (m.) à céréales. ||°**-damm** m. (s, ¨e) remblai m. ||°**-gewicht** n. (s, e) densité apparente. ||°**-güter** n. pl. marchandises (f. pl.) en vrac. ||°**-stall** m. (s, ¨e) fourrière f. ||°**-stroh** n. (s) litière f.

Schütte ['ʃytə] f. (-, n) tas m. ; meule f. | *Schütte Stroh*, botte (f.) de paille.

Schüttel|eis ["ʃytəl'ais] n. (es) glace transparente. ||°**-frost** m. (s, ¨e) fièvre accompagnée de frissons. ||°**-lähmung** f. (-, en) maladie (f.) de Parkinson. ||°**-maschine** f. (-, n). Techn. agitateur m. ||°**-reim** m. (s, e) contrepèterie f.

schütteln ['ʃytəln] v. tr. secouer ; agiter ; branler ; remuer. | *einen Baum schütteln*, secouer un arbre. | *den Kopf schütteln*, hocher la tête. | *es schüttelt mich*, cela me donne le frisson. | *vor Gebrauch schütteln*, agiter avant de s'en servir. | *jm die Hand schütteln*, donner une poignée de main à qn ; serrer la main à qn. || Fig. *etwas aus dem Ärmel schütteln*, improviser qch. ◇ v. pr. **sich schütteln,** se secouer. | *sich vor Lachen schütteln*, se tordre de rire. || [Tiere] s'ébrouer.

Schütteln [-təln] n. (s) cahots m. pl. ; secousses f. pl. ; saccades f. pl.

schütten ['ʃytən] v. tr. verser ; répandre. | *voll schütten*, emplir. | *leer schütten*, vider. | *es schüttet*, il pleut à verse. | *einen Damm schütten*, élever une digue. || Fig. *Öl ins Feuer schütten*, verser de l'huile sur le feu. ◇ v. intr. Agric., Mines. bien rendre ; être productif.

schütter ['ʃytər] adj. clairsemé ; rare ; pauvre. | *schütteres Haar*, cheveux clairsemés.

schüttern ['ʃytərn] v. tr. brandir ; ébranler. ◇ v. intr. être secoué ; vibrer ; trembler. | *der Boden schüttert*, le sol vibre.

Schüttern [-tərn] n. (s), **Schütterung** [-təruŋ] f. (-, en) secousse f. ; cahots m. pl. ; tremblements m. pl. ; vibrations f. pl.

Schutz [ʃuts] m. (es) protection f. ; abri m. ; tutelle f. ; sauvegarde f. | *jn in Schutz nehmen*, prendre qn sous sa protection. | *jm Schutz gewähren*, protéger qn. | *unter js Schutz stehen*, être sous la protection de qn. | *öffentlichen Schutz genießen*, être protégé par la loi. | *sich in Gottes Schutz befehlen*, se mettre sous la sauvegarde de Dieu. | *im Schutz der Dunkelheit*, à la faveur de la nuit. || [Ort] abri m. , refuge m. | *vor dem Regen Schutz suchen*, chercher à s'abriter de la pluie. || Hist. *Schutz- und Trutzbündnis*, alliance défensive et offensive.

Schutz|anstrich ["ʃuts'anʃtriç] m. (s, e) couche (f.) de peinture protectrice. ||°**-ärmel** m. (s, -) manche (f.) de lustrine. ||°**-befohlene(r)** protégé(e) m. (f.) ; pupille f. ||°**-bekleidung** f. (-, en) vêtements protecteurs. ||°**-bereich** m. (s, e) zone (f.) de protection, d'accès limité. ||°**-blech** n. (s, e) écran protecteur ; tôle (f.) de protection. || Autom garde-boue m. ; aile f. ||°**-brett** n. (s, er) vanne (f.) d'écluse. ||°**-brief** m. (s, e) sauf-conduit m. ||°**-brille** f. (-, n) lunettes protectrices. ||°**-bündnis** n. (ses, se) alliance défensive. ||°**-dach** n. (s, ¨er) auvent m. ||°**-damm** m. (s, ¨e) ligne (f.) de protection. ||°**-decke** f. *Schutzdecke bilden*, faire matelas ; constituer une couche protectrice. ||°**-engel** m. (s, -) ange gardien. ||°**-farbe** f. couche (f.) de protection. ||°**-färbung** f. Zool. mimétisme m. ||°**-fenster** n. (s, -) pare-brise m. ||°**-gebiet** n. (s, e) protectorat m. ||**-geimpft** adj. vacciné. ||°**-geist** m. (s, er) génie (m.) tutélaire. ||°**-geländer** n. (s, -). [Dampfmaschine] garde-corps m. ||°**-geleit** n. (s, e). Mil. escorte f. ||°**-gitter** n. (s, -) garde-feu m. || [über Speisen] cloche grillagée. || [um die Bäume] grille f. || Radio. grille-écran f. ||°**-gott** m. (s, ¨er) dieu (m.), divinité (f.) tutélaire. ||°**-haft** f. détention préventive ; fam. préventive f. ||°**-haube** f. (-, n) capot protecteur. ||°**-häuschen** n. (s, -) guérite f. ||°**-heilige(r)** f. (m.). Relig. patron(ne) m. (f.). ||°**-helm** m. (s, e) casque (m.) de protection. ||°**-herr** m. (n, en) patron m. ; protecteur m. ; suzerain m. ||°**-herrschaft** f. (-, en) protection f. ; suzeraineté f. ||°**-hütte** f. (-, n) refuge m. ||°**-impfung** f. (-, en) vaccination préventive. ||°**-insel** f. (-, n). [Straße] refuge m. ||°**-kontakt** m. (s, e). Électr. contact (m.) de sûreté. ||°**-korb** m. (s, ¨e) gabion m. ||°**-körper** m. (s, -) anticorps m. ||°**-krieg** m. (s, e) guerre défensive. ||°**-leder** n. (s, -) garde-boue m. || [Fechten] plastron m. ||**-los** adj. sans protection ; exposé. ||°**-mann** (s, ¨er ou leute) policier m. ; sergent (m.) de ville ; agent (m.) de police. ||°**-mantel** m. (s, ¨). [Atomreaktoren] paroi (f.) de protection contre les radiations. ||°**-marke** f. (-, n) marque (f.) de fabrique. | *eingetragene Schutzmarke*, marque déposée. ||°**-maske** f. (-, n) masque (m.) de protection. ||°**-mauer** f. (-, n) rempart m. ; mur (m.) de défense. ||°**-mittel** n. (s, -) moyen (m.) de défense ; préservatif m. ||°**-patron** m. (s, e) patron m. ||°**-planke** f. (-, n) glissière (f.) de sécurité. ||°**-polizei** f. police f. ; sûreté f. ||°**-polizist** m. (en, en) agent (m.) de police. ||°**-raum** m. (s, ¨e) abri m. | *Luftschutzraum*, abri antiaérien. ||°**-scheibe** f. (-, n) pare-brise m. || °**-schicht** f. (-, en) couche protectrice. ||°**-schiene** f. (-, n) contre-rail m. ||°**-schrift** f. (-, en) récit (m.) apologétique ; défense f. ||°**-streifen** m. (s, -) passage protégé pour piétons. ||°**-überzug** m. (s, ¨e) housse (f.) de protection. ||°**-umhang** m. (s, ¨e) pèlerine f. ||°**-umschlag** m. (s, ¨e). [Bücher] jaquette f. ||°**verband** m. (s, ¨e) ligue défensive ; association protectrice. ||°**-waffe** f. (-, n) arme défensive. ||°**-wand** f. (-, ¨e) paravent m. ||°**-wehr** f. (-, en) rempart m. ||°**-zeit** f. Méd. quarantaine f. ||°**-zeuge** m. (n, n). Jur. témoin (m.) à décharge. ||°**-zoll** m. (s, ¨e). Comm. droit protecteur. ||°**-zoll|politik** f. Comm. protectionnisme m.

Schütze ['ʃytsə] m. (n, n) tireur m. || Mil. fusilier m. ; tirailleur m. || Astron. Sagittaire m.

Schütze ['ʃytsə] f. (-, n), **Schütz** [ʃyts] n. (f.) d'écluse. || [Weberschiffchen] navette f.

schützen ['ʃytsən] v. tr. protéger ; préserver ; garantir ; défendre. | *jn vor einer Gefahr schützen*, protéger qn contre un danger. | *gesetzlich geschützt*, protégé par la loi. | *sich gegen die Kälte schützen*, se protéger du froid.

— Syn. : *verteidigen*, défendre ; *bewahren, behüten*, protéger.

Schützen|bataillon ["ʃytsənbata'lio:n] n. (s, e) bataillon (m.) de chasseurs. ||°**-bruder** m. (s, ¨) arquebusier m. ||°**-fest** n. (es, e) concours (m.) de tir. || Fig., fam. [Fußball] festival (m.) de buts. ||°**-fisch** m. (es, e). Zool. poisson archer m. ||°**-gesellschaft** f. (-, en) société (f.) de tir. ||°**-graben** m. (s, ¨) tranchée (f.) de tir. ||°**-platz** m. (es, ¨e) champ (m.) de tir. ||°**-stand** m. (s, ¨e) stand (m.) de tir. ||°**-wehr** n. (s, e) barrage (m.) à vannes.

Schützling ['ʃytsliŋ] m. (s, e) protégé m.

Schwabbelei ['ʃvabə'lai] f. (-, en) radotage m.

schwabbelig ['ʃvabəliç] adj. gélatineux ; flasque.

schwabbeln ['ʃvabəln] v. intr. bavarder ; radoter.

Schwabber ['ʃvabər] m. (s, -). Mar. faubert m.

Schwabe ['ʃvɑ:bə] n. pr. m. Souabe m.

Schwabe ['ʃvɑ:bə] f. (-, n). Zool. blatte f. ; cafard m.

schwäbeln ['ʃvɛ:bəln] v. intr. parler le dialecte souabe ; parler avec l'accent souabe.

Schwaben ['ʃvɑ:bən] n. pr. n. Géogr. Souabe f.

Schwaben|alter ["ʃvɑ:bən'altər] n. (s) quarantaine f. (selon le proverbe ; âge [m.] de raison des Souabes). ||° **-korn** n. (s) Bot. [Spelz] épeautre m. ||°**-streich** m. (s, e) balourdise f. ; gaffe f.

schwäbisch ['ʃvɛ:biʃ] adj. souabe.

schwach [ʃvax] adj. faible ; débile ; frêle ; délicat ; manquant de force ; fragile ; peu robuste. | *schwaches Kind*, enfant (m.) débile. | *schwaches Licht*, lumière (f.) faible. | *schwächer, werden*, s'affaiblir. | *es wurde mir schwach*, je fus pris d'une faiblesse. | *ein schwaches Gedächtnis haben*, avoir peu de mémoire. | *schwach von Begriff*, faible d'esprit. || Fig. *auf schwachen Füßen stehen*, ne pas être bien solide. | *schwacher Punkt, schwache Seite*, point (m.) faible. | *schwaches Geschlecht*, sexe (m.) faible. | *schwach besucht*, peu fréquenté. | *schwacher Trost*, maigre consolation f. | *schwacher Kaffee*, café léger. || Méd. *schwache Augen haben*, avoir la vue faible. | *schwacher Puls*, pouls (m.) faible. | *schwacher Atem*, souffle court. || Gramm. faible.

schwach|gläubig ["ʃvax'glɔybiç] adj. qui a peu de foi ; peu convaincu ; tiède. ||**-herzig** adj. faible de caractère. ||°**-herzigkeit** f. faiblesse (f.) de caractère. ||°**-kopf** m. (s, ¨e) faible (m.) d'esprit. ||**-köpfig** adj. faible d'esprit. ||°**-matikus** m. (-, ker) homme (m.) faible ; fam. lavette f. ; nouille f. ||**-sichtig** adj. qui a la vue faible. ||°**-sinn** m. (s) débilité mentale ; idiotie f. ||**-sinnig** adj. imbécile. ||°**-strom** m. (s). Électr. courant (m.) à basse tension.

Schwäche ['ʃvɛçə] f. (-, n) faiblesse f. ; manque (m.) de force ; débilité f. ; infirmité f. | *menschliche Schwächen*, faiblesses humaines. | *eine Schwäche für etwas haben*, avoir un faible pour qch. | *Schwächezustand*, état (m.) de faiblesse ; asthénie f.

schwächen [-çən] v. tr. affaiblir ; atténuer ; débiliter ; diminuer les forces ; exténuer ; énerver. | *js Ansehen schwächen*, discréditer qn.

Schwächer|werden ["ʃvɛ:çər've:rdən] n. (s) affaiblissement m. ; ralentissement m. || Méd. rémission f.

Schwachheit ['ʃvaxhait] f. (-, en) faiblesse f. ; manque (m.) de résistance. | *sich keine Schwachheiten einbilden*, ne pas se faire d'illusions.

schwächlich ['ʃvɛçliç] adj. faible ; débile ; délicat ; fluet ; malingre. | *von schwächlicher Gesundheit*, de santé délicate ; souffreteux.

Schwächling [-liŋ] m. (s, e) homme (m.) de caractère faible ; faible m. ; être (m.) sans énergie ; lâche m.

Schwächung [-çuŋ] f. (-, en) affaiblissement m. ; débilitation f.

Schwad ['ʃva:t] m. (en, en), **Schwade** ['ʃva:də] f. (-, n). Agric. javelle f. ; andain m. | *in Schwaden liegen*, être en javelle. | *in Schwaden legen*, javeler. || Bot. manne f.

Schwaden ['ʃva:dən] m. (s, -) traînée (f.) de fumée ; nappe (f.) de gaz. || [Bergbau] moufette f.

Schwadron [ʃva'dro:n] f. (-, en). Mil. escadron m.

schwadronieren [ʃvadro'ni:rən] v. intr. se vanter ; fam. faire le malin.

schwafeln ['ʃva:fəln] v. intr. radoter.

Schwager ['ʃva:gər] m. (s, -) beau-frère m. || Par ext. ami m. ; vieux frère.

Schwägerin ['ʃvɛ:gərin] f. (-, nen) belle-sœur f.

schwägerlich [-gərliç] adj. de, en beau-frère.

Schwägerschaft [-gərʃaft] f. (-, en) [qualité de] beau-frère, de belle-sœur ; beaux-frères m. pl. ; belles-sœurs f. pl. || Par ext. parenté f.

Schwalbe ['ʃvalbə] f. (-, n) hirondelle f. | *eine Schwalbe macht noch keinen Sommer*, une hirondelle ne fait pas le printemps.

schwalben|artig ["ʃvalbən'a:rtiç] adj. en forme d'hirondelle. ||°-**gezwitscher** n. (s) trissement m. ||°-**kraut** n. (s, ¨er). Bot. chélidoine f. ||°-**nest** n. (es, er) nid (m.) d'hirondelle. ||°-**schwanz** m. (es, ¨e) queue (f.) d'hirondelle. || [Zapfen] queue-d'aronde. || Fam. [Frack] habit m. ||°-**stein** m. (s, e). Minéral. chélidoine f. ||°-**wurzel** f. (-, n). Bot. asclépiade f.

schwalchen ['ʃvalçən] v. intr. [blaken] fumer ; charbonner. || [Lampen] filer.

Schwall [ʃval] m. (s, e) torrent m. ; flot ininterrompu ; paquet (m.) de mer. || Fig. *Wortschwall*, flot de paroles.

Schwamm [ʃvam] m. (s, ¨e). **1.** éponge f. | *mit dem Schwamm abwischen*, éponger. || Fig. *Schwamm darüber !*, passons l'éponge !
2. Bot. champignon m. | *Feuerschwamm*, amadou m.
3. Méd. [Schwämmchen] aphtes f. pl. ; muguet m.

schwamm|artig ["ʃvam'a:rtiç] adj. spongieux ; fongueux. ||-**förmig** adj. spongiforme. ||°-**gewächs** n. (es, e) aphte f. ; fongus m. ||°-**holz** n. (es) bois spongieux. ||°-**koralle** f. (-, n). Zool. madrépore m. ||°-**spinner** m. (s, -). Zool. bombyx m.

schwammig ['ʃvamiç], **schwammicht** [-miçt] adj. spongieux ; poreux. | *schwammiges Gesicht*, figure gonflée.

Schwan [ʃva:n] m. (s, ¨e) cygne m.

schwanen ['ʃva:nən] v. impers. *mir schwant nichts Gutes*, je ne présage rien de bon.

Schwanen|gesang ["ʃva:nəngə'zaŋ] m. (s, ¨e) chant (m.) du cygne. ||°-**hals** m. (es, ¨e) col (m.) de cygne. ||°-**jungfrau** f. (-, en). Myth. Walkyrie f. ||°-**ritter** m. (s). Myth. chevalier (m.) au Cygne ; Lohengrin m.

Schwang [ʃvaŋ] m. (s). *im Schwange sein*, être d'usage.

Schwang|baum ["ʃvaŋ'baum] m. (s, ¨e). [Wagen] brancard m.

schwanger ['ʃvaŋər] adj. enceinte ; grosse. || Fig. *unheilschwanger*, gros de malheurs à venir. | *an Folgen schwanger*, gros de conséquences.

schwängern ['ʃvɛŋərn] v. tr. rendre enceinte. || Chim. imprégner ; saturer. | *von Salz geschwängerte Meeresluft*, air marin, saturé de sel.

Schwangerschaft ['ʃvaŋərʃaft] f (-, en) grossesse f.

Schwangerschafts|abbruch ["ʃvaŋərʃafts'apbrux] m. (s, ¨e) interruption (f.) volontaire de grossesse (I.V.G.). | *strafbarer Schwangerschaftsabbruch*, avortement (m.) illicite. ||°-**unterbrechung** f. (-, en) avortement m. ||°-**verhütung** f. (-, en) contraception f.

Schwängerung ['ʃvɛŋəruŋ] f. (-, en) fécondation f. || Chim. imprégnation f. ; saturation f.

schwank [ʃvaŋk] adj. [biegsam] lâche ; flottant ; chancelant ; flexible ; souple. | *schwanker Stengel*, baguette (f.) flexible. || Fig. indécis. | *jn schwank machen*, ébranler qn.

Schwank [ʃvaŋk] m. (s, ¨e) farce f. ; bouffonnerie f. ; facétie f. || Théâtre. farce f.

schwanken ['ʃvaŋkən] v. intr. chanceler ; vaciller ; osciller. | *das Schiff schwankt*, le bateau roule. | *unter einer Last schwanken*, chanceler sous le poids. || Fig. être indécis. | *er schwankt noch in seiner Wahl*, il ne peut encore se décider à choisir. || Comm. varier ; être fluctuant.
◇ part. prés. **schwankend,** chancelant ; vacillant ; oscillant. || Fig. indécis ; précaire ; irrésolu. | *schwankender Gebrauch eines Wortes*, emploi (m.) mal défini d'un mot. || Fin. fluctuant.

Schwankung [-kuŋ] f. (-, en) balancement m. ; oscillation f. ; variation f. ; fluctuation f. || Mar. roulis m. || Astron. nutation f.

Schwanz ['ʃvants] m. (es, ¨e). **1.** queue f. | *mit dem Schwanz wedeln*, remuer la queue. || Fam. *den Schwanz einziehen*, en rabattre. | *den Schwanz hängen lassen*, avoir la queue basse. || Prov. *das Pferd am Schwanz aufzäumen*, mettre la charrue devant les bœufs. || [Flugzeug ; Fahrzeug] queue f.
2. [Schlange] queue f.
3. Mus. croche f.

Schwanz|bein ["ʃvants'bain] n. (s, e). Anat. coccyx m. ||°-**feder** f. (-, n) penne f. ||°-**fläche** f. (-, n). Aéron. plan arrière stabilisateur. ||°-**flosse** f. (-, n) nageoire caudale. ||°-**haar** n. (s) crin (m.) de la queue. ||-**los** adj. sans queue ; anoure. ||°-**lurch** m. (es, e) urodèle m. ||°-**meise** f. (-, n). Zool. mésange (f.) à longue queue. ||°-**rahmen** m. (s, -). Aéron. queue (f.) d'empennage. ||°-**riemen** m. (s, -) croupière f. ||°-**rübe** f. (-, n). [Pferde] tronçon (m.) de la queue. ||°-**schraube** f. (-, n). Mil. culasse f. ||°-**sporn** m. (s, en). Aéron. béquille f. ||°-**stern** m. (s, e) comète f. ||°-**steuer** n. (s, -) gouvernail (m.) arrière.

schwänzeln ['ʃvɛntsəln] v. intr. remuer la queue. || Fig. flagorner. | *vor jm schwänzeln*, chercher à se faire bien voir de qn.

Schwänzelei [ʃvɛntsə'lai] f. (-, en). Fig. flatterie f. ; flagornerie f.

Schwänzel|geld ["ʃvɛntsəl'gɛlt] n. (s, er) petit profit ; pop. gratte f. ||°-**pfennig** m. (s, e). Loc. fam. *Schwänzelpfennige machen*, faire danser l'anse du panier.

schwänzen ['ʃvɛntsən] v. intr. se pavaner ; faire le beau ; flâner.
◇ v. tr. die *Schule schwänzen*, faire l'école buissonnière.

schwapp ! [ʃvap] interj. vlan !

schwappen ['ʃvapən] v. intr. [Wasser] clapoter ; déborder.

Schwäre ['ʃvɛ:rə] f. (-, n), **Schwär** [ʃvɛ:r] m. (s, e). Méd. abcès m. ; furoncle m.

schwären [-rən] v. intr. suppurer ; être purulent. — Observ. On rencontre encore des formes fortes : *schwiert, schwor, geschworen.*

Schwären [-rən] n. (s). Méd. formation (f.) d'un abcès ; suppuration f. ; purulence f. ; exulcération f.

schwärig [-riç] adj. couvert d'abcès ; furonculeux ; suppurant ; purulent.

Schwarm [ʃvarm] m. (s, ¨e). **1.** essaim m. ; groupe m. ; troupe f. ; bande f. ; vol m. ; volée f. | *Schwarm Bienen*, essaim d'abeilles. | *Schwarm Kinder*, ribambelle (f.) d'enfants ; marmaille f. | *Schwärme von...*, des légions de..., des hordes de...
2. Par ext. bourdonnement m. ; dissipation bruyante. | *im Schwarme leben*, mener une vie de dissipation.
3. Fig., fam. béguin m. | *sie ist sein Schwarm*, il a le béguin pour elle.
4. Mil. *im Schwarm*, en ordre dispersé ; en tirailleurs.

Schwärm|attacke ["ʃvɛrma'takə] f. (-, n). Mil. charge (f.), attaque (f.) en tirailleurs. ||°-**sporen** m. pl. Bot. spores (f. pl.) migratoires. ||-**weise** adv. par essaims. ||°-**zeit** f. (-, en) temps (m.) de l'essaimage. ||°-**zelle** f. (-, n). Bot. cellule volante.

schwärmen ['ʃvɛrmən] v. intr. **1.** bourdonner comme un essaim d'abeilles ; essaimer ; voltiger. | *Bienen schwärmen (aus)*, les abeilles essaiment. | *es schwärmt von Menschen auf dem Platz*, la place fourmille de monde. || Mil. se déployer en tirailleurs.
2. [schlemmen]. Fig. mener une vie dissipée.
3. [Jagdhunde] prendre le change.
4. [sich begeistern]. Fig. s'enthousiasmer ; s'exalter ; se passionner ; rêver. | *für etwas schwärmen*, s'enthousiasmer pour qch. ; raffoler de qch. | *für jn schwärmen*, s'enticher de qn.

Schwärmer [-mər] m. (s, -) esprit vagabond, imaginatif ; rêveur m. ; esprit (m.) romanesque, facilement enthousiaste. | *Nachtschwärmer*, noctambule m. ; viveur m. | *Schwärmereifer*, fanatisme m. | *politischer Schwärmer*, idéologue m. || Zool. [Schmetterling] sphinx m.

Schwärmerei [ʃvɛrmə'rai] f. (-, en) exaltation f. ; rêverie f. ; enthousiasme m.

schwärmerisch ['ʃvɛrmərif] adj. enthousiaste ; rêveur ; romanesque ; chimérique.

Schwarte ['ʃvartə] f. (-, n) peau (f.) coriace ; couenne f. || Par ext. (Vx.) peau f. (de l'homme) ; cuir chevelu ; fam. cuir m. || Fam. *jm die Schwarte klopfen*, secouer les puces à qn. | *jm die Schwarte gerben*, frotter les oreilles à qn. || Par ext. *eine dicke Schwarte*, [dickes Buch] un gros pavé ; [altes Buch] un vieux bouquin.

Schwarten|hals ["ʃvartən'hals] m. (es, ¨e) cou couenneux. || Fig., fam. dur (m.) à cuire. ||°**-magen** m. (s, -) fromage (m.) de porc.

schwarten ['ʃvartən] v. tr. rosser.
◇ v. intr. bouquiner.

schwartig ['ʃvartiç] adj. couenneux.

schwarz [ʃvarts] adj. **1.** noir ; sombre ; noirci ; obscur. | *schwarzer Bleistift*, crayon noir. | *schwarze Jacke*, veste noire. | *schwarze Wolke*, nuage noir, sombre. | *schwarze Rasse*, race noire. | *ein Schwarzer*, un Noir. | *schwarz auf weiß geschrieben*, écrit noir sur blanc. || Fig. *jn schwarz anschreiben*, dire du mal de qn. | *vor Ärger schwarz werden*, crever de dépit. | *alles schwarz sehen*, voir tout en noir. | *es wird ihm schwarz vor den Augen*, tout s'obscurcit devant ses yeux ; il s'évanouit. | *schwarzer Tod*, peste f. | *schwarze Kunst*, magie noire ; nécromancie f. | *schwarzer Mann*, croquemitaine m. || Pr. et fig. *schwarz machen*, noircir. || Univ. *das schwarze Brett*, le tableau d'affichage.
2. Fig. secret ; caché ; illicite. | *schwarze Kasse*, caisse noire. | *schwarze Listen*, listes (f. pl.) noires.
3. [düster] triste ; de malheur ; de deuil ; sombre. | *schwarzer Tag*, jour (m.) de malheur. || Par ext. sinistre ; infernal. | *schwarzer Plan*, plan infernal.
4. [Spiel] schwarz sein, être capot. | *Schwarzer Peter*, nain (m.) jaune. || Fig. *dem anderen den schwarzen Peter zuspielen*, renvoyer la balle à qn.
5. Mus. *schwarze Note*, noire f.

Schwarz [ʃvarts] n. (es) noir m. ; couleur noire. | *in Schwarz*, en noir. | *Schwarzes*, du noir. | *das Schwarze im Auge*, la pupille. || Fig. *sich von Schwarz auf Weiß ändern*, changer du tout au tout. | *ins Schwarze treffen*, taper dans le mille.

Schwarz|amsel ["ʃvarts'amzəl] f. (-, n), °**-drossel** [-'drɔsəl] f. (-, n) merle m. ||°**-arbeit** f. (-, en) travail (au) noir. ||**-arbeiten** v. intr. travailler au noir. ||**-äugig** adj. aux yeux noirs. ||°**-beere** f. (-, n). Bot. myrtille f. ||**-blau** adj. bleu tirant sur le noir ; bleu nuit. ||**-braun** adj. brun, basané. | *schwarzbraunes Pferd*, cheval bai. ||°**-brot** n. (s, e) pain bis ; pain noir. ||°**-dorn** m. (s, en) [Schlehe] prunellier m. ||°**-erde** f. lœss m. ; tchernoziom m. ||**-fahren** v. intr. [ohne Fahrschein] voyager sans billet ; [ohne Führerschein] rouler sans permis. ||°**-fahrer(in)** m. (s, -), f. (-, nen) resquilleur m., resquilleuse f. ||°**-färberei** f. Fig. pessimisme m. ||**-fleckig** adj. tacheté de noir. ||**-gallig, -gallicht** adj. atrabilaire. ||**-gerändert** adj. à bordure noire. ||**-haarig** adj. qui a les cheveux noirs. ||°**-handel** m. (s) marché noir. ||°**-holz** n. (es) bois résineux. ||°**-hörer** m. (s, -) auditeur clandestin. ||°**-kauf** m. (s, ¨e) achat clandestin. ||°**-kopf** m. (s, ¨e) noiraud m. || Zool. fauvette (f.) à tête noire. ||°**-kümmel** m. (s, -). Bot. nigelle f. ||°**-kunst** f. magie noire. ||°**-künstler** m. (s, -) magicien m. ; nécromancien m. ||°**-licht** n. (s, er). Techn. lumière noire. ||°**-lurch** m. (es, e). Zool. urodèle m. ||°**-macher** m. (s, -), **-maler** m. (s, -) pessimiste m. ||°**-markt** m. (es) marché noir. ||°**-sauer** n. (s). Culin. abattis (m. pl.) d'oie. ||°**-seher** m. (s, -) pessimiste m. ||°**-sender** m. (s, -) émetteur clandestin. ||°**-wald** n. pr. m. Géogr. Forêt-Noire f. | *Schwarzwälder Uhr*, coucou m. ||°**-weißkunst** f. arts graphiques. ||°**-weißzeichnung** f. (-, en) dessin (m.) en blanc et noir. ||°**-wild** n. (s) sangliers m. pl. ||°**-wurzel** f. (-, n) salsifis m. ; scorsonère f.

Schwärze ['ʃvɛrtsə] f. (-, n) noir m. ; noirceur f. | *Schwärze der Nacht*, obscurité (f.) de la nuit. || Typogr. *Druckerschwärze*, encre (f.) d'imprimerie.

schwärzen [-tsən] v. tr. rendre noir ; noircir ; obscurcir ; assombrir. | *geschwärzte Hautfarbe*, teint basané. || Typogr. encrer. || Fig. dénigrer.
◇ v. pr. **sich schwärzen,** s'assombrir, se rembrunir.

schwärzlich [-tsliç] adj. noirâtre ; basané ; négrescent. | *schwärzlich sein* ; *ins Schwärzliche fallen*, tirer sur le noir.

Schwatz [ʃvats] m. (es, ¨e) causette f. ; petite conversation ; fam. bavette f. | *einen kleinen Schwatz halten*, tailler une bavette.

Schwatz|base ["ʃvats'bɑ:zə] f. (-, n) femme bavarde ; commère f. ||°**-maul** n. (s, e) bavard m. ||**-süchtig** adj. bavard ; qui aime les racontars ; potinier.

schwatzen ['ʃvatsən], **schwätzen** ['ʃvɛtsən] v. tr. et interj. [plaudern] bavarder. | *in den Tag hinein schwatzen*, parler à tort et à travers. | *aus der Schule schwatzen*, commettre une indiscrétion.

Schwatzen [-tsən] n. (s), **Schwätzerei** [ʃvɛtsə'rai] f. (-, en) bavardage m. ; verbiage m.

Schwätzer ['ʃvɛtsər] m. (s, -) bavard m. ; parleur m. ; discoureur m. ; indiscret m.

schwatzhaft ['ʃvashaft] adj. bavard ; qui ne peut tenir sa langue ; loquace ; verbeux ; intarissable.

Schwatzhaftigkeit [-haftiçkait] f. loquacité f. ; goût (m.) du bavardage ; indiscrétion f.

Schwebe ['ʃve:bə] f. (-, n). *in der Schwebe sein*, être en suspens ; être pendant. | *in der Schwebe erhalten*, tenir en balance. || [Gleichgewicht] *die Schwebe verlieren*, perdre l'équilibre.

Schwebe|bahn ["ʃve:bə'bɑ:n] f. (-, en) téléphérique m. ||°**-balken** m. (s, -), °**-baum** m. (s, ¨e). Sport. poutre f. ||°**-bühne** f. (-, n) échafaudage volant. ||°**-fähre** f. (-, n) pont suspendu. ||°**-flieger** m. (s, -). Zool. syrphe m. ||°**-künstler** m. (s, -) équilibriste m. ||°**-pflanzen** f. pl., °**-tiere** n. pl. plancton m. ||°**-reck** n. (s, e). Sport. trapèze m. ||°**-stütz** m. (es). Sport. position (f.) à l'équerre.

schweben ['ʃve:bən] v. intr. **1.** planer ; flotter. | *über dem Leeren schweben*, planer au-dessus du vide. | *mit schwebenden Schritten*, d'un pas léger. || Fin. *schwebende Schuld*, dette flottante. || Aéron. *schwebender Gleitflug*, descente (f.) en vol plané. || Iron. *er schwebt in höheren Regionen*, il plane ; il rêve ; il est au-dessus de tout cela.
2. être suspendu. | *zwischen Leben und Tod schweben*, être entre la vie et la mort. || Fig. *das Wort schwebt mir auf der Zunge*, j'ai le mot sur le bout de la langue.
3. être pendant, en suspens. | *die Sache schwebt immer noch*, l'affaire est toujours en suspens.
◇ part. pass. et adj. **schwebend,** en suspens.

Schwebung [-buŋ] f. (-, en). Mus. [an einer Orgel] tremblant m.

Schwebungs|frequenz ["ʃve:buŋsfre'kvɛnts] f. (-, en) fréquence (f.) de battement. ||°**-oszillator** m. (s, en). Phys. oscillateur (m.) à battement de fréquence.

Schwede ['ʃve:də] n. pr. m. (n, n) Suédois m. || Fam. *alter Schwede*, mon vieux.

Schweden ['ʃve:dən] n. pr. n. (s). Géogr. Suède f. || Culin. *Schwedenplatte*, assiette froide à la suédoise.

Schwedin [-din] f. (-, en) Suédoise f.

schwedisch [-diʃ] adj. suédois. || Text. *schwedischer Stoff*, suède m. || Sport. *schwedisches Turnen*, gymnastique suédoise. || Mil. *schwedischer Reiter*, chevaux (m. pl.) de frise. || Fig. *hinter schwedischen Gardinen*, sous les verrous.
◇ n. **Schwedisch,** [langue] suédois m.

Schwefel ['ʃve:fəl] m. (s). Chim. soufre m. | *mit Schwefel verbunden*, sulfuré. | *Schwefel entziehen*, désulfuriser.

Schwefel|ammonium ["ʃve:fəla'mo:nium] n. (s) hydrosulfure (m.) d'ammoniaque. ||**-artig** adj. sulfurique. ||°**-äther** m. (s) éther (m.) sulfurique. ||°**-bad** n. (s, ¨er) bain sulfureux. ||°**-bande** f. (-, n) bande (f.) de vauriens. ||°**-bioxyd** n. (s) gaz sulfureux. ||°**-blumen** f. pl., °**-blüte** f. fleurs (f. pl.) de soufre ; soufre sublimé. ||°**-dioxyd** n. (s, e) anhydride sulfureux. ||°**-eisen** n. (s) sulfure (m.), pyrite (f.) de fer. ||°**-entziehung** f., °**-reinigung** f. désulfuration f. ||°**-faden** m. (s, ¨) mèche soufrée. ||°**-grube** f. (-, n). Mines. soufrière f. ; solfatare f. ||**-haltig** adj. sulfureux. ||°**-hölzchen** n. (s, -) [Streichhölzchen] allumette f. ||°**-kies** m. (es) pyrite sulfureuse. ||°**-kohlenstoff** m. (s) sulfure (m.) de carbone. ||°**-leber** f. (Vx.), °**-metall** n. (s) sulfure m. ||°**-quelle** f. (-, n) source sulfureuse. ||°**-salz** n. (es, e) sulfate m. ; sulfite m. ||**-sauer** adj. sulfaté. ||°**-säure** f. acide (m.) sulfurique. ||°**-wasserstoff** m. (s) hydrogène sulfuré.

schwefelig ['ʃve:fəliç] adj. sulfureux.

schwefeln [-fəln] v. tr. soufrer. | *die Fässer schwefeln*, mécher les tonneaux. | *den Wein schwefeln*, muter le vin. || AGRIC. sulfater. || CHIM. combiner avec du soufre.
◇ part. pass. et adj. **geschwefelt,** sulfuré.

Schweif [ʃvaif] m. (s, e) queue f. ; traîne f. | *Schweif des Kometen*, queue de la comète. | *Schweif eines Löwen*, queue d'un lion. | *Schweif eines Kleides*, traîne d'une robe.

schweifen ['ʃvaifən] v. intr. errer ; traîner ; vagabonder. | *seinen Blick schweifen lassen*, laisser errer ses regards. | *durch die Felder schweifen*, courir les champs. | *in die Ferne schweifen*, courir le monde. | *schweifende Phantasie*, divagations f. pl.
◇ v. tr. cambrer ; bomber ; arquer. | *ein Brett schweifen*, galber une planche.
◇ part. pass. et adj. **geschweift,** muni d'une queue. | *geschweifter Stern*, comète f. | *feuergeschweift*, à traîne de feu. || [gewölbt] cambré ; bombé. | *geschweifte Augenbrauen*, sourcils arqués.

Schweif|haar ["ʃvaif'hɑ:r] n. (s, e) crin (m.) de la queue. ||°**-riemen** m. (s, -) croupière f. ||°**-säge** f. (-, n) scie (f.) à chantourner. ||°**-stern** m. (s, e) comète f. ||**-wedeln** v. intr. FIG. être servile ; faire des courbettes ; flagorner.

Schweifung ['ʃvaifuŋ] f. (-, en). TECHN. échancrure f. ; cambrure f. ; galbe m. ; chantournage m. | *Schweifung einer Säule*, renflement (m.) d'une colonne.

Schweige|geld ["ʃvaigə'gɛlt] n. (s) prix (m.) du silence ; argent donné pour convaincre qn de se taire. ||°**-pflicht** f. secret professionnel. | *ärztliche Schweigepflicht*, secret médical. || ADM. obligation (f.) de réserve.

schweigen ['ʃvaigən] (ie, ie) v. intr. se taire ; faire silence ; ne dire mot ; être muet ; ne rien dire. | *die Musik schweigt*, la musique s'arrête. | *von etwas, über etwas schweigen*, ne pas parler de qch. ; garder le silence sur qch. | *eine Sache tot schweigen*, passer une affaire sous silence. | *jn schweigen heißen*, faire taire qn.
◇ part. prés. et adj. **schweigend,** silencieux ; muet ; discret. | *schweigende Mehrheit*, majorité silencieuse. | *(still) schweigende Einwilligung*, accord (m.) tacite. — adv. en silence.

Schweigen [-gən] n. (s) mutisme m. ; discrétion f. ; silence m. | *jn zum Schweigen bringen*, faire taire qn ; réduire qn au silence. | *Schweigen bewahren*, garder le silence. | *das Schweigen brechen*, rompre le silence. | *sich in Schweigen hüllen*, s'enfermer dans son silence. | *das Schweigen des Waldes*, le calme de la forêt. | *beredtes Schweigen*, silence éloquent. | *ganz zu schweigen von...*, pour ne rien dire de.

Schweiger [-gər] m. (s, -) homme silencieux, taciturne, discret, qui sait se taire.

schweigsam ['ʃvaikzɑ:m] adj. qui parle peu ; discret ; taciturne. || HIST. *Wilhelm der Schweigsame*, Guillaume le Taciturne.
— SYN. : *wortkarg*, qui parle peu ; *verschwiegen*, discret.

Schweigsamkeit [-kait] f. silence m. ; mutisme m. ; taciturnité f. || PAR EXT. discrétion f.

schweig|selig ["ʃvaik'ze:liç] adj. taciturne ; qui ne dit rien ; très discret.

Schwein [ʃvain] n. (s, e) porc m. ; cochon m. ; pourceau m. | *Wildschwein*, sanglier m. || FIG. homme (m.) sale ; cochon m. ; souillon m. || LOC. FAM. *das steht ihm wie einem Schwein die Krawatte*, cela lui va comme un tablier à une vache. || FIG., POP. *Schwein haben*, avoir de la veine. || FAM. [Tintenklecks] pâté m. ; tache (f.) d'encre.

Schwein|fisch ['ʃvainfiʃ] m. (es, e). ZOOL. verrat (m.) de mer. ||°**-hirsch** m. (es, e). ZOOL. babiroussa m. ||°**-igel** m. (s, -) hérisson m. || FIG. polisson m ; cochon m. ||**-igeln** v. intr. raconter des obscénités ; dire des cochonneries.

Schweine|arbeit ["ʃvainə'arbait] f. (-, en) travail dur et pénible. ||°**-box** f. (-, en) porcherie f. ||°**-braten** m. (s, -) rôti (m.) de porc. ||°**-fett** n. (s) saindoux m. ||°**-fleisch** n. (es) viande (f.) de porc ; charcuterie f. | *ungesalzenes Schweinefleisch*, porc frais. | *frisch gesalzenes Schweinefleisch*, petit salé. ||°**-fleischwaren** f. pl. charcuterie f. ; cochonnailles f. pl. ||°**-händler** m. (s, -) marchand (m.) de cochons. ||°**-hirt** m. (en, en) porcher m. ||°**-hund** m. (s, e). POP. cochon m. ; saligaud m. ||°**-koben** m. (s, -) étable (f.) à porcs. ||°**-metzger** m. (s, -) charcutier m. ||°**-rippchen** n. (s, -) côtelette (f.) de porc. ||°**-schlächter** m. (s, -) charcutier m. ||°**-schnauze** f. (-, n) groin m. ||°**-stall** m. (s, ¨e) porcherie f. ||°**-treiber** m. (s, -) porcher m.

Schweins|blase ["ʃvains'blɑ:zə] f. (-, n) vessie (f.) de porc. ||°**-borste** f. (-, n) soie (f.) de porc. ||°**-jagd** f. (-, en), °**-hatz** f. (-, en) chasse (f.) au sanglier. ||°**-keule** f. (-, n) jambon (m.) de porc frais. || [Wildschwein] cuissot m. ||°**-kopf** m. (s, ¨e) tête (f.) de porc. || [Wildschwein] hure f. ||°**-leder** n. (s) peau (f.), cuir (m.) de porc. ||**-ledern** adj. en peau de porc. ||°**-rüssel** m. (s, -) groin m.

Schweinchen ['ʃvainçən] n. (s, -) petit cochon ; pourceau m. ; porcelet m.

Schweinerei [ʃvainə'rai] f. (-, en). POP. cochonnerie f. ; saleté f. | *Schweinereien*, obscénités f. pl.

schweinisch ['ʃvainiʃ] adj. comme un cochon ; de cochon.

Schweiß [ʃvais] m. (es, e). **1.** sueur f. ; transpiration f. | *kalter Schweiß*, sueur froide. | *in Schweiß gebadet*, en sueur. | *gelinder Schweiß*, moiteur f. || PR. et FIG. *der Schweiß steht ihm auf der Stirn*, il sue à grosses gouttes. || FIG. *im Schweiße seines Angesichts erworben*, gagné à la sueur de son front. || PAR EXT. grand effort. **2.** PAR EXT. [Feuchtigkeit] humidité f. ; buée f. ; vapeur f. | *mit Schweiß beschlagenes Fenster*, vitre couverte de buée. || (Vx.) sang (m.) qui coule d'une blessure. || [Jagd] *Wildschweiß*, sang m.

Schweiß|bad ["ʃvais'bɑ:t] n. (s, ¨er) bain (m.) de vapeur ; étuve f. ||**-befördernd** adj. qui fait transpirer ; sudorifique. ||°**-blatt** n. (s, ¨er) dessous (m.) de bras. ||°**-drüse** f. (-, n). ANAT. glande (f.) sudoripare. ||°**-fuchs** m. (es, ¨e). [Reiterei] alezan brûlé. ||°**-fuß** m. (es, ¨e) *Schweißfüße haben*, transpirer des pieds. ||°**-grübchen** n. (s, -), °**-loch** (s, ¨er). ANAT. pore m. ||°**-hund** m. (s, e) braque m. ||**-treibend** adj. sudorifique. ||**-triefend** adj. ruisselant de sueur. ||°**-tuch** n. (s, ¨er). RELIG. suaire m.

schweißbar ['ʃvaisbɑ:r] adj. soudable.

schweißen ['ʃvaisən] v. intr. (Vx.) suer. || [Wild] saigner. || MÉTALL. faire fondre.
◇ v. tr. PR. et FIG. souder. || TECHN. *autogen schweißen*, souder à l'autogène. | *stumpf schweißen*, souder par contact.

Schweiß|anlage ["ʃvais'anlɑ:gə] f. (-, n) poste (m.) de soudage. ||°**-brenner** m. (s, -) chalumeau (m.) oxhydrique. ||°**-draht** m. (s, ¨e) baguette (f.) de soudure. ||°**-naht** f. (-, ¨e), °**-stelle** f. (-, n) soudure f.

Schweißen ['ʃvaisən] n. (s), **Schweißung** [-suŋ] f. (-, en) soudure f.

Schweißer [-sər] m. (s, -) soudeur m.

Schweiz [ʃvaits] n. pr. f. GÉOGR. Suisse f. *die französische Schweiz*, la Suisse romande.

Schweizer ['ʃvaitsər] n. pr. m. (s, -). GÉOGR. Suisse m. || RELIG. suisse m. || FIG. [Pförtner] portier m. ; concierge m. || AGRIC. vacher m.

Schweizer adj. suisse. | *Schweizer Käse*, (fromage de) gruyère m.

Schweizer|degen ["ʃvaitsər'de:gən] m. (s, -). TYPOGR. ouvrier (m.) à deux mains. ||°**-deutsch** n. suisse (m.) alémanique.

Schweizerin ['ʃvaitsərin] n. pr. f. (-, nen). GÉOGR. Suissesse f.

schweizerisch ['ʃvaitsəriʃ] adj. suisse ; helvétique. | *Schweizerische Eidgenossenschaft*, Confédération helvétique.

Schwelch|boden ["ʃvɛlç'bo:dən] m. (s, ¨) touraille f. ||°**-malz** n. (es) malt séché à l'air.

schwelen ['ʃve:lən] v. intr. couver ; brûler sans flamme ; se consumer lentement. || FIG. couver sous la cendre.
◇ v. tr. (faire) brûler lentement, par carbonisation.

schwelgen ['ʃvɛlgən] v. intr. faire bombance.

Schwelger [-gər] m. (s, -) noceur m. ; débauché m. ; goinfre m.

Schwelgerei [ʃvɛlgə'rai] f. (-, en) orgie f. ; débauche f.

schwelgerisch ['ʃvɛlgəriʃ] adj. débauché. | *schwelgerisches Leben* vie (f.) de débauche.

Schwelle ['ʃvɛlə] f. (-, n) seuil m. ; pas (m.) de porte. || POÉT., PAR EXT. maison f. || FIG. *an der Schwelle einer neuen Zeit*, au seuil d'une époque nouvelle. || PHYSIOL. *Schwelle des Bewußtseins*, seuil de conscience. || TECHN. [Eisenbahn] traverse f. | *Schwellenschraube*, tire-fonds m. || ARCHIT. poutre horizontale. || MAR. monticule (m.) de sable.

schwellen ['ʃvɛlən] (i, o, o) v. intr. (se) gonfler ; (s')enfler ; grossir ; se dilater ; se tuméfier. | *die Flut schwillt*, les flots gonflent. | *das Rauschen des Wassers schwillt (an)*, le bruit de l'eau grandit, s'enfle. || FIG. *der Kamm schwillt ihm*, il s'emballe ; il devient présomptueux.

◇ part. pass. **geschwollen,** enflé ; gonflé. | *geschwollene Hand*, main enflée, tuméfiée. || FIG. sûr de soi ; prétentieux.
◇ v. tr. (conjug. faible) faire gonfler ; enfler ; gonfler. | *der Bienenstich schwellt das Gesicht*, la piqûre d'abeille fait enfler le visage. | *der Wind schwellt die Segel*, le vent gonfle les voiles. | *Kartoffeln schwellen*, cuire des pommes de terre dans leur pelure.

Schwellen ['ʃvɛlən] n. (s) grossissement m. ; enflure f. || [Ströme] crue f.

Schweller ['ʃvɛlər] m. (s, -). MUS. pédale f.

Schwellung ['ʃvɛluŋ] f. (-, en) enflure f. ; gonflement m. ; boursouflure f. ; intumescence f. || MÉD. tuméfaction f. || MAR. petite houle.

Schwemme ['ʃvɛmə] f. (-, n) abreuvoir m. ; gué m. || PAR EXT. [Kneipe] buvette f.

schwemmen [-mən] v. tr. rincer ; laver à grande eau. || PAR EXT. charrier ; emporter au fil de l'eau. | *Holz schwemmen*, flotter du bois. | *Pferde schwemmen*, faire boire des chevaux.

Schwemm|gebilde ["ʃvɛmgə'bildə] n. (s) alluvions f. pl. ||°**-land** n. (s, ¨er) terrain (m.) d'alluvions. ||°**-sand** m. (s) sable (m.) de rivière. ||°**-teich** m. (s, e) étang (m.) pour guéer les chevaux.

Schwende ['ʃvɛndə] f. (-, n) défrichement m.

schwenden [-dən] v. tr. défricher.
— OBSERV. Factitif de *schwinden*.

Schwengel ['ʃvɛŋəl] m. (s, -). [Pumpe] balancier m. || [Glocke] battant m. || [Zugbrücke] abattant m. ; bascule f. || PAR EXT. *Ladenschwengel*, commis (m.) de boutique ; calicot m.
— OBSERV. On trouve aussi *Schwenkel* et *Schwingel*.

Schwenk|achse ["ʃvɛŋk'aksə] f. (-, n). TECHN. axe (m.) de rotation. ||°**-arm** m. (s, e) bras pivotant. ||**-bar** adj. à géometrie variable. | *schwenkbare Tragfläche*, aile (f.) à géométrie variable. ||°**-becken** n. (s, -) bac (m.) à rincer. ||°**-bug** m. (s, e). ARCHIT. contre-fiche f. ||°**-bühne** f. (-, n). THÉÂTRE. plancher tournant ; scène pivotante. ||°**-bürste** f. (-, n) goupillon m. || °**-kartoffeln** f. pl. pommes de terre sautées. ||°**-kran** m. (s, ¨e) grue pivotante. ||°**-lager** m. (s, -). TECHN. palier (m.) d'articulation. ||°**-punkt** m. (s, e). MIL. pivot m. ||°**-rotor** m. (s, en). AÉRON. rotor pivotant.

schwenken ['ʃvɛŋkən] v. tr. agiter ; brandir. | *das Taschentuch schwenken*, agiter son mouchoir. || TECHN. faire pivoter. || [Glas] rincer. || CULIN. [in der Pfanne] faire sauter. || FAM. mettre à la porte.
◇ v. intr. changer de direction ; obliquer. || MIL. *links schwenkt !*, à gauche ! || FIG. opérer une conversion ; changer son fusil d'épaule.

Schwenkung ['ʃvɛŋkuŋ] f. (-, en). [action de] brandir || PR. et FIG. changement (m.) de direction | *eine Schwenkung machen*, virer de bord. | *Schwenkungspunkt*, pivot m.

schwer [ʃve:r] adj. et adv. **1.** lourd ; pesant. | *schwere Last*, lourde charge. | *dieser Sack ist zehn Pfund schwer*, ce sac pèse dix livres. | *schweres Wasser*, eau lourde. || FIG. *eine schwere Hand haben*, avoir la main lourde. | *schwerer Boden*, terre grasse. | *schwerer Wein*, vin fort. | *schwere Speisen*, mets (m. pl.) indigestes. | *schwere Zunge*, langue pâteuse. | *schwerer Schlaf*, sommeil lourd. | *schweres Parfüm*, parfum capiteux. | *das kostet schweres Geld*, cela coûte un argent fou. | *schwer Geld haben*, avoir beaucoup d'argent ; être très riche. || [Übel] *der Kopf ist mir schwer*, j'ai la tête lourde. | *schweren Herzens sein*, avoir le cœur lourd.
2. difficile ; pénible ; rude ; ardu. | *schwere Arbeit*, travail pénible. | *schwerer Kampf*, rude combat. | *einen schweren Gang haben*, avoir la démarche lourde. | *eine schwere Verdauung haben*, avoir la digestion difficile. | *schwer hören*, être dur d'oreille. | *das Laufen wird mir schwer*, j'ai du mal à courir. | *er ist schwer von Begriff*, il n'a pas l'esprit vif. | *schwerer Seufzer*, profond soupir. | *ein schweres Leben haben*, mener une vie difficile. | *jm das Leben schwer machen*, mener la vie dure à qn. | *dieses Buch liest sich schwer*, ce livre est difficile à lire. | *schwere Geburt*, accouchement laborieux. | *schwere Zeiten*, temps (m. pl.) difficiles.
3. grave ; sévère. | *schwere Krankheit*, grave maladie f. | *schwer verwundet*, mutilé ; gravement blessé. | *jn schwer beleidigen*, outrager qn. | *schwere Not*, haut mal. | *schwerer Verlust*, grosse perte. | *er hat schwer darunter gelitten*, il en a gravement souffert. | *eine Sache schwer nehmen*, prendre une affaire (très) au sérieux. | *schwer bestrafen*, punir sévèrement. | *schwer betrunken*, ivre mort. | *schwere See*, grosse mer.
4. FAM. *schwerer Junge*, mauvais garçon.

Schwer|arbeiter ["ʃve:r'arbaitər] m. (s, -) travailleur (m.) de force ; homme (m.) de peine. ||°**-athletik** f. SPORT. haltérophilie f. ; lutte f. ||**-atmend, -atmig** adj. qui respire péniblement. ||°**-behinderte(r)** f. (m.) grand(e) handicapé(e) m. (f.) ; infirme s. ||**-beladen** adj. lourdement chargé ; FIG. accablé ; écrasé. || °**-beschädigter** m. grand mutilé. ||**-blütig** adj. sombre ; triste ; grave. ||°**-erde** f. MINÉRAL. baryte f. ||**-fallen** (ä, ie, a) v. intr. *es fällt mir schwer*, il m'est pénible. ||**-fällig** adj. embarrassé ; lourdaud ; maladroit ; d'esprit lourd. ||°**-fälligkeit** f. lourdeur f. ; pesanteur f. ; maladresse f. ||**-flüssig** adj. PR. et FIG. réfractaire. ||°**-gewicht** n. (s). PHYS. pesanteur f. || SPORT. poids lourd. ||°**-gewichtler** m. (s, -). SPORT. poids lourd. ||**-gläubig** adj. incrédule. ||**-hörig** adj. dur d'oreille. ||°**-hörige(r)** f. (m.) malentendant(e) m. (f.). ||°**-industrie** f. industrie lourde. ||°**-kraft** f. gravitation f. ; pesanteur f. ||°**-kraftmesser** m. (s, -). PHYS. gravimètre m. ||°**-kraftmessung** f. PHYS. gravimétrie f. ||**-krank** adj. gravement malade. ||°**-kriminalität** f. grande criminalité. ||°**-laster** m. (s, -), °**-lastkraftwagen** m. (s, -) gros camion ; poids lourd. ||°**-lot** n. (s) plomb (m.) de sonde. ||°**-mut** f., °**-mütigkeit** f. mélancolie f. ; humeur (f.) sombre ; tristesse f. ; hypocondrie f. ||**-mütig** adj. sombre ; mélancolique. ||**-nehmen** (i, a, o) v. tr. prendre au sérieux. ||°**-öl** n. (s, e) huile lourde. ||°**-punkt** m. (s, e) centre (m.) de gravité. || MIL. *einen Schwerpunkt auf etwas ansetzen*, concentrer, faire porter ses efforts sur qch. | *den Schwerpunkt nach... verlegen*, déplacer le centre de gravité vers. ||°**-punktstreik** m. ([e]s, s) grève partielle. ||°**-spat** m. (s). MINÉRAL. baryte sulfatée. ||°**-verbrecher** m. (s, -) grand criminel. ||°**-verletzte(r)** f. (m.) blessé(e) [m. (f.)] grave ; grand blessé. ||°**-wasser** n. (s, - ou ¨) eau lourde. ||°**-wasser|reaktor** m. (s, en) réacteur (m.) à eau lourde. ||**-wiegend** adj. qui pèse lourd ; FIG. de poids.

Schwere ['ʃve:rə] f. (-, n). PR. et FIG. poids m. || PHYS. pesanteur f. || MÉD. lourdeurs f. pl. ; pesanteurs f. pl. | *Schwere in den Beinen*, lourdeurs dans les jambes. || FIG. rigueur f. ; sévérité f. | *das Gesetz in seiner ganzen Schwere*, la loi dans toute sa rigueur. || PAR EXT. atrocité f. | *Schwere eines Verbrechens*, atrocité d'un crime.

Schwere|messer ["ʃve:rə'mɛsər] m. (s, -) baromètre m. ||°**-messung** f. barymétrie f. ||°**-not** f. MÉD. haut mal ; épilepsie f. — interj. *schwerenot !*, interj. sacrebleu ! ||°**-nöter** m. (s, -) fripon m. ; gaillard m. ; galant m.

schwerlich ['ʃve:rliç] adv. difficilement ; avec peine ; à peine. | *er wird schwerlich kommen*, il est peu probable qu'il vienne.

Schwert [ʃve:rt] n. (s, er) épée f. ; glaive m. | *zum Schwert greifen*, mettre la main à l'épée. | *mit Feuer und Schwert*, à feu et à sang. | *zum Schwerte verurteilt*, condamné à avoir la tête tranchée. | *das Schwert soll entscheiden*, les armes en décideront. | *mit Schwert und Pflug*, par la charrue et par l'épée. || MAR. dérive f.

Schwert|feger ["ʃve:rt'fe:gər] m. (s, -) armurier m. ||°**-fisch** m. (es, e) espadon m. ||**-förmig** adj. en forme de glaive ; ensiforme. ||°**-lilie** f. (-, n). BOT. iris m. ||°**-ritter** m. (s, -) chevalier (m.) porte-glaive. ||°**-streich** m. (s, e) coup (m.) d'épée. | *ohne Schwertstreich*, sans coup férir. ||°**-träger** m. (s, -) Porte-Glaive m. ||°**-wal** m. (s, e). ZOOL. épaulard m. ; orque m.

Schwertel ['ʃve:rtəl] m. (s, -). BOT. glaïeul m.

Schwester ['ʃvɛstər] f. (-, n) sœur f. || RELIG. religieuse f. ; sœur f. | *barmherzige Schwester*, sœur de charité. || PAR EXT. infirmière f.

Schwester|partei ["ʃvɛstərpar'tai] f. (-, en) parti (m.) frère. ||°**-schiff** n. (s, e) navire (m.) de même catégorie.

schwesterlich ['ʃvɛstərliç] adj. et adv. de, en sœur. || PAR EXT., FIG. fraternel.

Schwesternschaft ['ʃvɛstərnʃaft] f. qualité (f.) de sœur. || RELIG. communauté (f.) de sœurs.

Schwib|bogen ["ʃvi:p'bo:gən] m. (s, ¨). ARCHIT. arc-boutant m.

Schwieger|eltern ["ʃvi:gər'ɛltərn] pl. beaux-parents m. pl. ||°**-mutter** f. (-, ¨) belle-mère f. ||°**-sohn** m. (s, ¨e) gendre m. ; beau-fils m. ||°**-tochter** f. (-, ¨) bru f. ; belle-fille f. ||°**-vater** m. (s, ¨) beau-père m.

Schwiele ['ʃvi:lə] f. (-, n) cal m. ; callosité f. ; durillon m.

schwielig [-liç] adj. calleux ; dur.

schwierig ['ʃvi:riç] adj. difficile ; ardu ; épineux ; malaisé ; laborieux ; délicat. | *schwierige Arbeit*, travail délicat. | *schwierige Frage*, question épineuse. | *das Schwierigste liegt hinter uns*, le plus difficile est fait. ||

Par ext. *schwierig werden*, faire le difficile. | *schwierige Kundschaft*, clientèle difficile, exigeante.

Schwierigkeit [-kait] f. (-, en) difficulté f. | *Schwierigkeiten machen, bereiten*, faire des difficultés, des embarras. | *ohne Schwierigkeiten*, facile ; facilement.

Schwimm|anstalt ["ʃvim'anʃtalt] f. (-, en) établissement (m.) de bains ; piscine f. ||°**-aufbereitung** f. (-, en). Chim., Métall. flottation f. ||°**-bad** n. (s, ¨er) piscine f. ||°**-bahn** f. (-, en) bassin (m.) de natation. ||°**-becken** n. (s, -) piscine f. ||°**-blase** f. (-, n). Zool. vessie (f.) natatoire. ||°**-brücke** f. (-, n) pont flottant. ||°**-dock** n. (s, s) dock flottant. ||**-fähig** adj. capable de nager. ||°**-fähigkeit** f. Techn. flottabilité f. ||°**-flosse** f. (-, n) nageoire f. || Sport. palme f. ||°**-fuß** m. (es, ¨e) pied palmé. ||°**-füßer** m. (s, -). Zool. palmipède m. ||°**-gürtel** m. (s, -) ceinture (f.) de natation. ||°**-haut** f. (-, ¨e) palmure f. ||°**-häuter** m. (s, -). Zool. palmipède m. ||°**-hose** f. (-, n) caleçon (m.) de bain. ||°**-körper** m. (s, -) flotteur m. ||**-kundig** adj. qui sait nager. ||°**-kunst** f. natation f. ||°**-linie** f. (-, n) ligne (f.) de flottaison. ||°**-meister** m. (s, -) maître nageur. ||°**-panzer** m. (s, -) char (m.) amphibie. ||°**-sand** m. (s, e) sable mouvant. || °**-schnecke** f. (-, n). Zool. nérite f. ||°**-stoß** m. (es, ¨e) brasse f. ||°**-vogel** m. (s, ¨) oiseau nageur. | *Schwimmvögel*, palmipèdes m. pl. ||°**-weste** f. (-, n) gilet (m.) de sauvetage.

schwimmen ['ʃvimən] (a, o) v. intr. nager ; flotter ; voguer ; baigner. | *über, durch einen Fluß schwimmen*, traverser un fleuve à la nage. | *ans Land schwimmen*, gagner la terre à la nage. | *obenauf schwimmen*, surnager. | *auf dem Rücken schwimmen*, nager sur le dos. | *das Holz schwimmt auf dem Wasser*, le bois flotte sur l'eau. | *der Boden schwimmt*, le sol est détrempé. || Pr. et Fig. *mit dem Strom schwimmen*, nager dans le sens du courant. | *gegen den Strom schwimmen*, nager à contre-courant. || Par ext. baigner dans. | *er schwamm in seinem Blut*, il baignait dans son sang. || Fig. *im Geld schwimmen*, être très riche ; nager dans l'abondance. | *in Tränen schwimmen*, avoir le visage inondé de larmes. | *mir schwimmt es vor den Augen*, je vois trouble.

— Observ. Se conjugue avec l'auxiliaire *haben* de préférence pour exprimer l'action de nager. Ex. : *er hat die Strecke in fünf Minuten geschwommen*, il a effectué ce parcours à la nage en cinq minutes ; *ich habe eine Stunde geschwommen*, j'ai nagé durant une heure. Avec l'auxiliaire *sein*, l'accent est mis sur le changement de lieu résultant de l'action de nager. Ex. : *ich bin durch, über den Fluß geschwommen*, j'ai traversé le fleuve à la nage ; *ich bin ans Land geschwommen*, j'ai nagé jusqu'au rivage.

Schwimmen [-mən] n. (s) nage f. ; natation f. | *sich durch Schwimmen retten*, se sauver à la nage. | *Brustschwimmen*, brasse f.

Schwimmer [-mər] m. (s, -) nageur m. || Techn. flotteur m.

schwind ['ʃvind] Dial. pour Geschwind.

Schwindel ['ʃvindəl] m. (s, -). **1.** vertige m. ; étourdissement m. | *vom Schwindel befallen, ergriffen werden*, être pris de vertige.
2. Fig. duperie f. ; filouterie f. ; battage m. ; bluff m. ; boniments m. pl. ; mensonges m. pl. ; escroquerie f. | *Schwindel treiben*, faire des dupes. || Fam. *den Schwindel kennen*, connaître le truc.

Schwindel|anfall ["ʃvindəl'anfal] m. (s, ¨e) accès (m.) de vertige ; étourdissement m. ; éblouissement m. ||**-erregend** adj. vertigineux. ||°**-firma** f. (-, men). Comm. maison véreuse. ||**-frei** adj. qui n'est pas sujet au vertige.

Schwindelei [ʃvində'lai] f. (-, en) escroquerie f. ; charlatanerie f. ; tromperie f. ; duperie f.

schwindelhaft ['ʃvindəlhaft] adj. vertigineux. || Par ext. trompeur ; tape-à-l'œil ; frauduleux ; fam. véreux.

schwind(e)lig ['ʃvind(ə)liç] adj. **1.** [zum Schwindel geneigt] sujet au vertige. | *mir wird schwind(e)lig*, je suis pris de vertige. | *ich bin schwind(e)lig*, j'ai facilement le vertige. | *jn schwind(e)lig machen*, donner le vertige à qn. || Fig. *seine Erfolge haben ihn schwindlig gemacht*, les succès lui ont tourné la tête.
2. [Schwindel verursachend] qui donne le vertige. | *schwind(e)liger Pfad*, sentier vertigineux.
3. Par ext. [schwindelhaft] d'escroc ; de charlatan ; frauduleux.

schwindeln [-dəln] v. intr. **1.** avoir le vertige. | *es schwindelt mir* ; *mir schwindelt* (rare) ; *ich schwind(e)le*, j'ai le vertige. || *schwindelnde Höhe*, hauteur vertigineuse. | *ihm schwindelt davon*, la tête lui en tourne.
2. faire le charlatan ; mentir ; jeter de la poudre aux yeux ; bluffer.

schwinden ['ʃvindən] (a, u) v. intr. se réduire ; diminuer progressivement ; décroître ; s'atténuer ; cesser d'être ; disparaître ; s'éclipser ; passer. | *seine Kräfte schwinden*, ses forces s'amenuisent. | *er schwand aus unseren Augen*, il disparut à nos yeux. | *die Hoffnung schwinden lassen*, renoncer à tout espoir. | *die Farben schwinden*, les couleurs passent. | *die Sinne schwinden mir*, je perds connaissance. || Méd. s'atrophier.

Schwindler ['ʃvintlər] m. (s, -) escroc m. ; filou m.

Schwind|sucht ["ʃvint'zuxt] f. Méd. consomption f. ; phtisie f. ; par ext. dépérissement m. ; étiolement m. ||**-süchtig** adj. phtisique.

Schwing|achse ["ʃviŋ'aksə] f. (-, n) axe pivotant. ||°**-arm** m. (s, e) bras (m.) de fusée. ||°**-bewegung** f. (-, en) mouvement (m.) vibratoire ; oscillation f. ; vibration f. ||°**-hebel** m. (s, -) balancier m. || Autom. culbuteur m.

Schwinge ['ʃviŋə] f. (-, n) van m. ; trieur m. || Poét. aile f. || Fig. *die Schwingen des Geistes*, les ailes de l'esprit.

schwingen [-ŋən] (a, u) v. tr. brandir ; agiter. | *das Schwert schwingen*, brandir l'épée. | *den Hut, eine Fahne schwingen*, agiter son chapeau, un drapeau. | *die Flügel schwingen*, battre des ailes. | *Korn schwingen*, vanner du blé. | *Flachs schwingen*, échanvrer. || Fam. *das Tanzbein schwingen*, danser.
◇ v. intr. vibrer ; osciller ; se balancer. | *das Pendel schwingt*, le pendule oscille.
◇ part. prés. **schwingend.** *wild schwingende Nadel*, aiguille folle. | *ein schwingender Ton*, un son vibrant.
◇ part. pass. **geschwungen,** qui est bien arqué ; qui a une ligne hardie.
◇ v. pr. **sich schwingen,** s'élancer. | *sich in den Sattel schwingen*, sauter à cheval. || Fig. *sich auf den Thron schwingen*, se hisser sur le trône.

Schwingung [-ŋuŋ] f. (-, en) oscillation f. ; vibration f. ; cycle m. ; battement m. | *Schwingungen eines Pendels*, oscillations d'un pendule. | *in Schwingung kommen*, s'ébranler.

Schwingungs|bahn ["ʃviŋuŋs'bɑ:n] f. (-, en) champ (m.) d'oscillation. ||°**-dauer** f. (-, n) période f. ; durée (f.) d'une oscillation. ||°**-knoten** m. (s, -) nœud (m.) acoustique. ||°**-kreis** m. (es, e). Radio. circuit oscillant. ||°**-messer** m. (s, -) vibromètre m. ||°**-weite** f. (-, n) amplitude (f.) d'oscillation. ||°**-zahl** f. (-, en). Phys. fréquence f. ||°**-zeit** f. (-, en). Phys. période f.

Schwippe ['ʃvipə] f. (-, n) petite baguette ; mèche (f.) de fouet ; gaule f.

schwippen ['ʃvipən] v. intr. se balancer.
◇ v. tr. caresser du fouet ; donner un léger coup de bâton.

Schwipp|schwager ["ʃvip'ʃvɑ:gər] m. (s, -). Fam. parent (m.) par alliance.

Schwips [ʃvips] m. (es, e). *einen Schwips haben*, être éméché.

schwirren ['ʃvirən] v. intr. siffler ; bruire ; frémir ; bourdonner. | *der Pfeil schwirrt durch die Luft*, la flèche traverse l'air en sifflant. | *die Lerche schwirrt*, l'alouette grisolle. || Par ext. *mir schwirrt der Kopf*, j'ai la tête qui bourdonne ; la tête me tourne. || Fig. *Gerüchte schwirren*, des bruits courent.

Schwitzbad ["ʃvits'bɑ:t] n. (s, ¨er) bain (m.) de vapeur ; étuve f. ||°**-kasten** m. (s, -) étuve f. ||°**-kur** f. (-, en) traitement (m.) sudorifique. ||°**-mittel** n. (s, -) sudorifique m. ||°**-stube** f. (-, n) étuve f.

schwitzen ['ʃvitsən] v. intr. suer ; être en sueur ; transpirer. | *ich habe sehr geschwitzt*, j'ai beaucoup transpiré. | *am ganzen Körper schwitzen*, être en sueur, en nage. || Loc. fam. *Blut schwitzen*, suer sang et eau.
◇ v. tr. Techn. *Häute schwitzen*, mettre des peaux en échauffe. || Culin. faire revenir.

schwitzig [-tsiç] adj. en sueur ; qui transpire ; moite.

schwören ['ʃvø:rən] (o, o) v. tr. jurer ; prêter serment ; promettre. | *einen Eid schwören*, prêter serment. | *Rache schwören*, jurer de se venger. | *auf die Bibel schwören*, jurer sur la Bible. | *Treue schwören*, jurer fidélité. | *geschworener Feind*, ennemi juré.

Schwören [-rən] n. (s) [fait de] jurer ; prestation (f.) de serment.

schwul [ʃvu:l] adj. Fam. homosexuel.

schwül [ʃvy:l] adj. lourd. | *schwüles Wetter*, temps lourd. || Fig. oppressant ; écrasant ; angoissant. | *schwüle Stimmung*, climat étouffant.

Schwüle ['ʃvy:lə] f. lourdeur f. ; atmosphère étouffante.

Schwulst [ʃvulst] m. (es, ¨e) ou f. (-, ¨e) enflure f. || FIG. emphase f. ; pathos m. ; enflure (f.) du langage.

schwülstig [ˈʃvylstiç] adj. enflé ; emphatique ; boursouflé ; ampoulé. | *schwülstig schreiben*, avoir un style ampoulé.

Schwülstigkeit [-kait] f. style ampoulé, emphatique.

Schwund [ʃvunt] m. (s) rétrécissement m. ; atrophie f. ; dépérissement m. ; amaigrissement m. || RADIO. fading m. || COMM. perte f.

Schwung [ʃvuŋ] m. (s, ¨e) élan m. ; mouvement (m.) rapide ; branle m. | *in Schwung bringen*, mettre en branle. | *in Schwung kommen*, se mettre en branle ; FIG. s'enthousiasmer. | *der Schwung der Handlung*, l'élan de l'action. | *im Schwunge sein*, être lancé ; être à la mode.

Schwung|brett [ˈʃvuŋˈbrɛt] n. (s, er) tremplin m. ||°**-feder** f. (-, n) penne f. ||°**-kraft** f. force (f.) d'impulsion ; force motrice ; élan m. ; élasticité f. || PHYS. force (f.) centrifuge. ||**-los** adj. et adv. sans élan. ||°**-rad** n. (s, ¨er). TECHN. volant m. ||**-voll** adj. qui a de l'élan, de l'envolée ; enthousiaste.

Schwur [ʃvu:r] m. (s, ¨e) serment m. | *einen Schwur leisten*, prêter serment. | *einen Schwur brechen*, se parjurer.

schwur|brüchig [ˈʃvu:rˈbry:çiç] adj. parjure. || °**-gericht** n. (s, e) cour (f.) d'assises. | *vor dem Schwurgericht*, aux assises. ||**-vergessen** adj. parjure.

sechs [zɛks] adj. num. card. six.

◇ **die Sechs,** le chiffre six ; le six.

Sechs|achtel [ˈzɛksˈɑ:xtəl] m. (s, -). MUS. mesure (f.) à six-huit. ||°**-eck** n. (s, e). MATH. hexagone m. ||°**-ender** m. (s, -) cerf (m.) à sa seconde tête. ||**-fach** adj. sextuple. ||°**-flächner** m. (s, -). MATH. hexaèdre m. ||**-füßig** adj. à six pieds. | *sechsfüßiger Vers*, hexamètre m. ||**-jährig** adj. âgé de six ans. | *sechsjähriges Kind*, enfant de six ans. || sexennal ; qui dure six ans. ||°**-kant** m. (s, e). MATH. hexagone m. ||**-mal** adv. six fois. ||**-malig** adj. répété six fois. ||**-seitig** adj. hexagonal.

Sechser [ˈzɛksər] m. (s, -) pièce (f.) de cinq pfennigs. || PAR EXT. menue monnaie. || [Ziffer] chiffre (m.) six.

sechserlei [zɛksərˈlai] adv. de six espèces ; de six manières.

Sechstel [ˈzɛkstəl] n. (s, -) sixième m.

sechstens [-təns] adv. sixièmement ; en sixième lieu.

sechzehn [ˈzɛçtse:n] adj. num. card. seize.

Sechzehntel|format [ˈzɛçtse:ntəlfɔrˈmɑ:t] n. (s, e) in-seize m. ||°**-note** f. (-, n). MUS. double croche f. ||°**-pause** f. (-, n). MUS. quart (m.) de soupir.

sechzig [ˈzɛçtsiç] adj. num. card. soixante. | *etwa sechzig*, une soixantaine. | *sechzigjährig*, sexagénaire ; qui dure soixante ans.

Sechziger [-tsigər] m. (s, -) sexagénaire m.

sechziger [-tsigər] adj. invar. *die sechziger Jahre*, les années 60. | *in den sechziger Jahren sein*, avoir passé la soixantaine.

Sedez|band [zeˈdɛtsˈbant] m. (s, ¨e) volume (m.) in-seize.

Sediment [zediˈmɛnt] n. (s, e) sédiment m. || GÉOL. *Sedimentgestein*, roche (f.) sédimentaire.

See [ze:] f. (-, n). **1.** mer f. ; océan m. | *Ostsee*, mer Baltique. | *auf offener See*, en pleine mer. | *auf hoher See*, en haute mer. | *in See gehen, stechen*, prendre la mer. | *spiegelglatte See*, mer d'huile. | *bewegte See*, mer agitée. | *grobe See*, mer houleuse. | *Leutnant zur See*, lieutenant (m.) de vaisseau. | *Handel zur See*, commerce (m.) maritime. | *zur See gehörig*, marin ; maritime. | *See halten*, tenir la mer.

2. PAR EXT. houle f. ; vague f. ; lame f. ; paquet (m.) de mer. | *Seen übernehmen*, recevoir des paquets de mer.

See [ze:] m. (s, n) lac m. | *Genfer See*, lac de Genève. | *Bodensee*, lac de Constance.

See|aal [ˈze:ɑ:l] m. (s, e). ZOOL. anguille (f.) de mer. ||°**-adler** m. (s, -). ZOOL. pygargue m. ||°**-anemone** f. (-, n) corail m. ||°**-ausdruck** m. (s, ¨e) terme (m.) de marine. ||°**-bad** n. (s, ¨er) bain (m.) de mer. ; PAR EXT. plage f. ||°**-bär** m. (en, en) otarie f. ; FIG., FAM. loup (m.) de mer. ||°**-barsch** m. (es, e). ZOOL. loup (m.) de mer. ||°**-beben** n. (s, -) raz-de-marée m. ||°**-beute** f. (-, n). MAR. prise f. ||°**-brief** m. (s, e) connaissement m. ||°**-brücke** f. (-, n) débarcadère m. ||°**-dienst** m. (s, e) service (m.) de la marine ; service (m.) à bord. ||°**-einhorn** n. (s, ¨er). ZOOL. narval m. ||**-fähig** adj. apte à prendre la mer ; en état de naviguer, de flotter. ||**-fahrend** adj. qui navigue ; qui flotte. ||°**-fahrer** m. (s, -) marin m. ; navigateur m. ||°**-fahrt** f. (-, en) traversée f. ; navigation f. ||°**-fahrzeug** n. (s, e) bâtiment m. ||**-fest** adj. qui tient bien la mer ; qui a le pied marin. ||°**-fisch** m. (es, e) poisson (m.) de mer. | *Seefische*, marée f. ||°**-flotte** f. (-, n). MIL. flotte f. ||°**-flugzeug** n. (s, e) hydravion m. ||°**-forelle** f. (-, n) truite saumonée. ||°**-frachtbrief** m. (s, e). COMM. connaissement m. ||°**-gang** m. (s) houle f. | *hoher Seegang*, grosse mer. ||°**-gefecht** n. (s, e) combat naval. ||°**-gemälde** n. (s, -). ARTS. marine f. ||°**-gesetzbuch** n. (s) code (m.) maritime. ||°**-gewächs** n. (es) plantes marines. ||°**-gras** n. (es, ¨er) varech m. ; crin végétal. ||°**-handel** m. (s) commerce (m.) maritime. ||°**-hecht** m. (s, e). ZOOL. merluche f. ||°**-herrschaft** f. suprématie (f.) maritime. ||°**-hund** m. (s, e) phoque m. ; loup (m.) de mer. ||°**-igel** m. (s, -). ZOOL. oursin m. ||°**-jungfer** f. (-, n). MYTH. néréide f. || ZOOL. libellule f. ; demoiselle f. ||°**-kabel** n. (s, -) câble sous-marin. ||°**-kadettenschule** f. (-, n) école navale. ||°**-klima** n. (s) climat (m.) maritime, océanique. ||°**-kompaß** m. (es, e) boussole marine. ||**-krank** adj. qui a le mal de mer. ||°**-krankheit** f. mal (m.) de mer. ||°**-krebs** m. (es, e). ZOOL. homard m. ||°**-kröte** f. (-, n). ZOOL. rascasse f. ||°**-kuh** f. (-, ¨e). ZOOL. lamantin m. ||°**-kunde** f. hydrographie f. ||°**-land** n. pr. n. Zélande f. ||°**-laterne** f. (-, n), °**-leuchte** f. (-, n) fanal m. ||°**-leute** pl. marins m. pl. ; gens (m. pl.) de mer. ||°**-löwe** m. (n, n) lion marin ; otarie f. ||°**-macht** f. (-, ¨e) puissance (f.) maritime. ||°**-mann** m. (s, leute) marin m. ||**-männisch** adj. marin ; de marin. ||°**-mannschaft** f. (-, en) équipage m. ||°**-mannsjacke** f. (-, n) caban m. ||°**-mannskunst** f. navigation f. ||°**-meile** f. (-, n) mille marin. ||°**-möwe** f. (-, n) goéland m. ||°**-not** f. (-, ¨e) péril (m.) en mer. ||°**-nymphe** f. (-, n) néréide f. ||°**-otter** m. (s, -). ZOOL. loutre f. ||°**-pferd** n. (s, e). ZOOL. morse m. ||°**-pferdchen** n. (s, -) hippocampe m. ||°**-rabe** m. (n, n). ZOOL. cormoran m. ||°**-ratte** f. (-, n) loup (m.) de mer ; vieux marin. ||°**-räuber** m. (s, -) pirate m. ; flibustier m. ; corsaire m. ||°**-recht** n. (s) droit (m.) maritime. ||°**-reise** f. (-, n) voyage (m.) en mer. | *lange Seereise*, voyage au long cours. ||°**-rose** f. (-, n). BOT. nénuphar m. || ZOOL. anémone f. ; actinie f. ||°**-salz** n. (es, e) sel marin. ||°**-schaden** m. (s, ¨) avarie f. ; sinistre (m.) en mer. ||°**-schiffahrt** f. navigation (f.) maritime. ||°**-schlacht** f. (-, en) bataille navale. ||°**-schule** f. (-, n) école navale. ||°**-schwalbe** f. (-, n). MYTH. alcyon m. || ZOOL. sterne f. ||°**-sperre** f. (-, n) blocus (m.) maritime. ||°**-stadt** f. (-, ¨e) ville côtière. ||°**-stern** m. (s, e). ZOOL. étoile (f.) de mer ; astérie f. ||°**-streitkräfte** f. pl. MIL. forces navales. ||°**-strich** m. (s, e) parage m. ||°**-stück** n. (s, e). ARTS. marine f. ||°**-sturm** m. (s, ¨e) bourrasque f. ; grain m. ; tempête f. ||°**-tang** m. (s). BOT. varech m. ; fucus m. ||°**-tier** n. (s, e) animal marin. | *Seetiere*, faune marine. ||°**-tonne** f. (-, n) balise f. ||°**-transportgesellschaft** f. (-, en) compagnie (f.) de messageries maritimes. ||°**-triften** f. pl. épaves f. pl. ||**-tüchtig** adj. qui est en état de prendre la mer ; qui a le pied marin. ||°**-verschmutzung** f. (-, en) pollution (f.) en mer. ||°**-volk** n. (s, ¨er). 1° peuple (m.) maritime ; 2° équipage m. ||°**-warte** f. (-, n) observatoire (m.) maritime ; vigie f. ||**-wärts** adv. au large ; vers le large. ||°**-weg** m. (s, e) route (f.), voie (f.) maritime. | *auf dem Seewege*, par voie maritime. ||°**-wesen** n. (s) marine f. ||°**-zunge** f. (-, n). ZOOL. sole f.

Seele [ˈze:lə] f. (-, n). **1.** âme f. | *er ist von ganzer Seele Kinderarzt*, il est pédiatre dans l'âme. || PHILOS. *schöne Seele*, belle âme. || *seine Seele aushauchen*, rendre l'âme. | *einer Sache mit ganzer Seele ergeben sein*, être dévoué de toute son âme à une cause.

2. sentiment m. ; cœur m. | *es tut mir in der Seele weh*, cela m'affecte profondément ; cela me fend le cœur. | *sich in der Seele freuen*, se réjouir dans le fond de son cœur. | *er spricht mir aus der Seele*, son opinion rejoint exactement la mienne ; je ne saurais mieux dire. | *jm in die Seele sprechen*, en appeler à la conscience de qn. | *jm etwas auf die Seele binden*, s'en remettre de qch. à la conscience de qn. | *sich die Seele aus dem Leib reden*, vouloir convaincre à tout prix. | *sie sind ein Herz und eine Seele*, ils sont intimement liés.

3. caractère m. ; personnalité f. | *empfindliche Seele*, âme sensible. || FAM. *er ist eine Seele von Mensch*, c'est une bonne pâte d'homme.

4. être m. ; personne vivante. | *es ist nicht eine Seele, keine Sterbensseele da*, il n'y a pas âme qui vive. | *diese Stadt zählt hunderttausend Seelen*, cette ville compte cent mille âmes.

5. [Wesen] âme f. ; essentiel m. ; nerf m. | *Seele des Widerstandes*, âme de la résistance.
6. MAR., MIL., MUS. âme f.

Seelen|adel ["ze:lən'ɑ:dəl] m. (s) noblesse (f.) d'âme. ||°**-amt** n. (s,¨er) office (m.) des morts. ||°**-angst** f. angoisse mortelle ; transes f. pl. ||°**-braut** f. (-,¨e). RELIG. fiancée mystique. ||°**-durchmesser** m. (s, -). MIL. calibre m. ||°**-forscher** m. (s, -) psychologue m. ||°**-freund** m. (s, e) ami (m.) intime. ||°**-friede** m. (ns) paix (f.) de l'âme. ||**-froh** adj. radieux ; comblé d'aise ; ravi ; enchanté. ||°**-größe** f. grandeur (f.) d'âme ; magnanimité f. ||**-gut** adj. foncièrement bon. ||°**-heil** n. (s, e) salut spirituel. ||°**-hirt** m. (en, en) pasteur (m.) des âmes ; père spirituel. ||°**-kraft** f. (-,¨e). 1° faculté (f.) de l'âme ; 2° force, énergie spirituelle. ||°**-kunde** f. psychologie f. ||°**-leben** n. (s) vie spirituelle. ||°**-lehre** f. psychologie f. ||°**-leiden** n. pl. souffrance morale. ||°**-messe** f. (-, n). RELIG. messe (f.) des morts ; service (m.) funèbre ; messe (f.) de requiem. ||°**-not** f., °**-pein** f., °**-qual** f. angoisse mortelle ; transes f. pl. ||°**-ruhe** f. tranquillité (f.) d'âme. || IRON. *in aller Seelenruhe*, sans s'occuper de rien. ||°**-stärke** f. force (f.) d'âme, de caractère. ||°**-stille** f. quiétude f. ||°**-tag** m. (s, e) fête des morts. ||°**-tränker** m. (s, -). MAR. skiff m. ||**-vergnügt** adj. ravi ; radieux. ||**-verwandt** adj. en sympathie, en affinité avec. ||°**-verwandtschaft** f. (-, en) affinité spirituelle. ||**-voll** adj. plein de sentiment ; expressif ; chaleureux. ||°**-wanderung** f. PHILOS. métempsycose f. ||°**-wärmer** m. FAM., FIG. fichu m. ; chandail m. ||°**-zustand** m. (s,¨e) état (m.) d'âme.

seelisch ['ze:liʃ] adj. psychique ; moral.

Seel|sorge ["ze:l'zɔrgə] f. charge (f.) d'âmes ; soin (m.) du salut des âmes ; pastorat m. ||°**-sorger** m. (s, -) pasteur m. ; père spirituel.

Segel ['ze:gəl] n. (s, -). MAR. voile f. | *mit vollen Segeln*, à pleines voiles. | *Segel setzen*, mettre les voiles. | *die Segel streichen*, ramener les voiles. | *die Segel einziehen*, PR. et FIG. baisser pavillon ; FIG. en rabattre ; céder ; fléchir. || FIG. *alle Segel aufbieten*, tout mettre en œuvre. | *jm den Wind aus den Segeln nehmen*, couper l'herbe sous le pied à qn.

Segel|boot ["ze:gəl'bo:t] n. (s, e) ; dériveur m. ||°**-falter** m. (s, -). ZOOL. flambé m. ||**-fertig, -klar** adj. prêt à appareiller. ||**-fliegen** (o, o) v. intr. AÉRON. faire du vol à voile. ||°**-flieger** m. (s, -) vélivole m. ||°**-flug** m. (s,¨e) vol (m.) à voile. ||°**-flugzeug** n. (s, e) planeur m. ||°**-klub** m. (s, s) yachting-club m. ||°**-linie** f. (-, n) ligne (f.) de route. ||°**-ring** m. (s, e). MAR. ris m. ||°**-riß** m. (es) disposition (f.) des voiles. ||°**-schiff** n. (s, e) voilier m. ||°**-stange** f. (-, n) vergue f. ||°**-stellung** f. (-, en) voilure f. ||°**-tuch** n. (s). TEXT. toile (f.) à voile ; canevas m. ||°**-werk** n. (s) voiles f. pl. ; voilure f. ||°**-wind** m. (s, e) bon vent ; vent (m.) favorable.

segeln ['ze:gəln] v. intr. faire route, naviguer (à la voile) | *nach Westen segeln*, cingler à l'ouest. | *gegen den Wind segeln*, présenter au vent.

Segen ['ze:gən] m. (s, -) bénédiction f. ; faveur divine. | *den Segen über jn, etwas sprechen*, bénir qn, qch. | *den Segen vor Tisch sprechen*, dire le bénédicité. || PAR EXT. grâce divine ; faveur (f.) du ciel ; bénédictions f. pl. ; félicité f. ; bonheur providentiel. | *Segen bringen*, porter bonheur. || PROV. *an Gottes Segen ist alles gelegen*, tout dépend de la Providence divine. || FIG. *auf seiner Arbeit ruht kein Segen*, il est mal parti, FAM. mal barré.

Segen|erteilung ["ze:gənɛr'tailuŋ] f. (-, en) bénédiction f. ||°**-fülle** f. abondance (f.) de biens.

segens|reich ["ze:gəns'raiç] adj. béni ; fortuné ; prospère. ||°**-spruch** m. (s,¨e) formule (f.) de bénédiction. ||°**-wunsch** m. (es,¨e) bénédiction f.

Segge ['zɛgə] f. (-, n). BOT. laîche f.

Segler ['ze:glər] m. (s, -). MAR. voilier m. ; navigateur m. || ZOOL. martinet m.

Segment [zek'mɛnt] n. (s, e) segment m.

segnen ['ze:gnən] v. tr. bénir. | *gesegnete Mahlzeit !*, bon appétit ! | *mit Gütern gesegnet sein*, être comblé de biens. | *Gott segne Euch !*, que Dieu vous bénisse ! || FIG. *das Zeitliche segnen*, mourir. | *ein reich gesegnetes Land*, un pays prospère, béni des dieux. | *gesegneten Leibes ; in gesegneten Umständen*, enceinte.

Segnung [-nuŋ] f. (-, en) bénédiction f. ; bienfaits m. pl. (de la bénédiction). || PAR EXT. bonheur m.

Seh... (en compos.) visuel ; de la vue ; optique.

Seh|behinderte(r) ["ze:bə'hindərtə(r)] f. (m.) malvoyant(e) m. (f.). ||°**-fehler** m. (s, -) trouble visuel. ||°**-feld** n. (s, er) champ visuel. ||°**-kraft** f. (-,¨e) faculté visuelle ; vue f. ||°**-kreis** m. (es, e) horizon m. ||°**-linse** f. (-, n). ANAT. cristallin m. ||°**-loch** n. (s,¨er) judas m. || ANAT. pupille f. ||°**-nerv** m. (s, en). ANAT. nerf (m.) optique. ||°**-prüfung** f. (-, en) examen (m.) de la vue. ||°**-rohr** n. (s, e). [an den U-Booten] périscope m. ||°**-schärfe** f. acuité visuelle. || °**-schwäche** f. (-, n). MÉD. amblyopie f. ||°**-spalt** m. (s, e). MIL. créneau m. ||°**-störung** f. (-, en) trouble visuel. ||°**-täuschung** f. (-, en) illusion (f.) d'optique. ||°**-vermögen** n. (s, -) faculté visuelle. | *nächtliches Sehvermögen*, vision (f.) nocturne. ||°**-weite** f. (-, n) portée (f.) de la vue ; champ visuel. ||°**-winkel** m. (s, -) angle visuel. ||°**-zeichen** n. (s, -) signal (m.) optique.

sehbar ['ze:bɑ:r] adj. visible ; discernable ; en vue.

Sehbarkeit [-kait] f. visibilité f.

sehen ['ze:ən] (ie, a, e).

I. v. intr. et v. tr. voir ; remarquer.
II. regarder ; observer (avec prép.).
III. FAM. [aussehen] sembler.
IV. [erleben] vivre ; connaître.
V. [sich bemühen] pourvoir à ; veiller à.
VI. avec infinitif.
VII. part. prés. **sehend.**
VIII. part. pass. **gesehen.**
IX. v. pr. sich **sehen.**

I. voir ; remarquer. — **1.** v. intr. *gut sehen*, bien voir ; avoir une bonne vue. | *doppelt sehen*, voir double. | *flüchtig, im Vorübergehen sehen*, entrevoir. | *wie ich sehe*, à ce que je vois. | *siehe unten*, voir ci-dessous. || FIG. *wenn ich recht sehe*, si je ne me trompe. | *wir werden (ja) sehen*, on verra bien. || *sieh(e) da !*, tiens ! | *sehen Sie mal !*, voyez un peu ! ; par exemple ! | *ich will sehen, was sich machen läßt*, je verrai ce qu'on peut faire. **2.** v. tr. *nichts sehen können*, ne rien pouvoir voir. | *er hat Indien gesehen*, il a vu, il a visité l'Inde. | *wenn man ihn sieht*, à le voir. | *so etwas hat man (noch) nie gesehen*, on n'a jamais vu rien de pareil. | *das möchte ich doch einmal sehen*, je voudrais bien voir cela. | *ich würde es ungern sehen, wenn*, je n'aimerais pas (voir) que. | *ich habe nichts Besonderes gesehen*, je n'ai rien remarqué de particulier. | *ich sehe, daß er recht hat*, je vois qu'il a raison. | *es ist leicht zu sehen, daß*, il est facile de voir que ; il est évident que. || FIG. *alles schwarz sehen*, voir tout en noir. | *etwas nicht sehen wollen*, fermer les yeux sur qch. | *man konnte die Hand nicht vor den Augen sehen*, on n'y voyait goutte. || PROV. *er sieht den Wald vor lauter Bäumen nicht*, les arbres l'empêchent de voir la forêt.

II. regarder ; observer (avec prép.). — **1. an :** *man sieht es an seinen Kleidern, daß er Geschmack hat*, on voit à ses vêtements qu'il a du goût. — **2. auf :** *auf seine Uhr sehen*, regarder sa montre. | *auf jn sehen*, avoir les yeux fixés sur qn. || FIG. *nur auf seinen Vorteil sehen*, n'avoir en vue que son intérêt. | *nicht auf die Ausgaben sehen*, ne pas regarder à la dépense. | *jm auf die Finger sehen*, surveiller qn de près. — **3. aus :** *aus dem Fenster sehen*, regarder par la fenêtre. | *die Schlauheit sieht ihm aus den Augen*, on lit la malice dans son regard. | *vor Müdigkeit kann er nicht aus den Augen sehen*, il tombe de fatigue. — **4. durch :** *durch seine Brille sehen*, regarder avec ses lunettes. || FIG. *alles durch eine rosarote Brille sehen*, voir tout en rose ; être trop optimiste. — **5. in :** *in die Sonne sehen*, regarder le soleil. | *in den Spiegel sehen*, se regarder dans la glace. | *ins Buch sehen*, consulter un livre ; jeter un regard sur un livre. | *jm in die Augen, ins Gesicht sehen*, regarder qn en face. || FIG. *jm ins Herz sehen*, sonder le cœur de qn. | *jm ins Spiel sehen*, lire dans le jeu de qn. | *weit in die Zukunft sehen*, prévoir l'avenir. — **6. nach.** *nach oben sehen*, regarder en haut. | *nach der Uhr sehen*, regarder l'heure. | *nach jm sehen*, aller voir où est qn, ce que fait qn. || FIG. *nach dem Rechten sehen*, veiller à ce que tout marche bien.

III. [aussehen] sembler ; paraître | *freundlich sehen*, avoir l'air gai. | *mürrisch sehen*, avoir l'air maussade. | *jm ähnlich sehen*, ressembler à qn. || FAM. *das sieht ihm ähnlich*, ça lui ressemble bien ; c'est bien de lui.

IV. [erleben] vivre ; connaître. | *gute Tage sehen*, vivre des jours heureux.

V. [sich bemühen] voir à ; pourvoir à ; veiller à ; prendre soin de. | *ich will sehen, daß ich mit der Arbeit fertig werde*, je vais tâcher d'achever mon travail. | *sehen Sie (zu), daß*, tâchez de.

VI. (avec l'infin. ou double infin.) *ich sehe die Sonne aufgehen*, je vois le soleil se lever. | *ich habe den Zug ankommen sehen*, j'ai vu arriver le train.

VII. part. prés. **sehend,** qui voit. || FIG. lucide. | *mit sehenden Augen blind*, qui a des yeux et qui ne voit pas.

VIII. part. pass. **gesehen,** vu ; remarqué. | *ein gern* *gesehener Gast*, un hôte bienvenu. | *ungern gesehen*, mal vu ; regardé d'un mauvais œil.

IX. v. pr. **sich sehen,** se voir. | *er sah sich betrogen*, il vit qu'il était dupe. | *ich sehe mich genötigt, gezwungen, veranlaßt*, je me vois contraint, forcé (de) ; je suis incité (à). | *er sah sich schon als Minister*, il se voyait déjà ministre. | *er läßt sich nicht sehen*, il ne se montre pas. | *das läßt sich sehen*, cela a belle allure. | *sich einen Augenblick sehen lassen*, faire acte de présence. | *sich satt sehen*, se repaître la vue. | *sich nicht satt sehen können*, ne pas se lasser de regarder. | *sich die Augen aus dem Kopfe sehen*, écarquiller les yeux.

Sehen [-ən] n. (s) [fait de] voir ; vue f. ; vision f. | *ihm verging Hören und Sehen*, il en fut tout étourdi. | *ich kenne ihn nur vom Sehen*, je ne le connais que de vue.

sehens|wert ["ze:əns've:rt], **-würdig** [-'vyrdiç] adj. curieux ; digne d'être vu ; remarquable ; intéressant. ||°**-würdigkeit** f. (-, en) curiosité f.

Seher ['ze:ər] m. (s, -) voyant m. ; prophète m. ; visionnaire m. ; astrologue m.

Seher|blick ["ze:ər'blik] m. (s, e) regard (m.) prophétique. ||°**-gabe** f. seconde vue.

Sehne ['ze:nə] f. (-, n) corde f. || [Fleisch] tendon m. || MATH. corde (f.) d'un arc.

sehnen (sich) [ziç'ze:nən] v. pr. *sich sehnen nach*, soupirer après ; avoir la nostalgie de. | *sich nach der Heimat sehnen*, avoir la nostalgie de son pays (natal) ; regretter son pays (natal). | *sich nach Ruhe sehnen*, aspirer au repos. | *er sehnt sich*, il lui tarde de... | *er sehnt sich fort*, il est impatient de partir. | *sich zu Tode sehnen*, se consumer de nostalgie.
— SYN. : *verlangen*, désirer ; *schmachten*, languir.

Sehnen ['ze:nən] n. (s) nostalgie f. ; désir ardent ; élan m. ; ferveur f. ; impatience f. ; aspiration f.

Sehnen|band ["ze:nən'bant] n. (s, e). ANAT. ligament tendineux. ||°**-entzündung** f. (-, en). MÉD. tendinite f. ||°**-haut** f. (-, ¨e). ANAT. aponévrose f.

sehnig ['ze:niç] adj. filandreux ; nerveux. | *sehniger Arm*, bras nerveux. | *sehniges Fleisch*, viande filandreuse.

sehnlich ['ze:nliç] adj. ardent ; nostalgique ; passionné ; impatient. | *sehnliches Verlangen*, désir ardent. | *sehnlichst erwarten*, attendre impatiemment.

Sehn|sucht ["ze:n'zuxt] f. aspiration f. ; désir ardent ; nostalgie f. ; impatience f. ; langueur f. ; vœux ardents ; vague (m.) à l'âme. | *Sehnsucht der Heimat*, nostalgie du pays natal. | *Sehnsucht nach etwas, nach jm haben, empfinden*, aspirer à qch. ; avoir la nostalgie de qch., de qn. | *mit Sehnsucht erwarten*, attendre avec impatience.
— SYN. : *Verlangen*, désir ; *Heimweh*, mal du pays.

sehn|süchtig [-'zyçtiç] adj. nostalgique ; passionné ; d'un cœur ardent ; impatient. | *Sie werden schon sehnsüchtig erwartet*, vous êtes attendu comme le Messie.

sehr [ze:r] adv. très ; fort ; vivement ; bien ; beaucoup. — **1.** (devant un adj.) *sehr schön*, très beau. | *sehr gut*, très bon. | *sehr langweilig*, fort ennuyeux. | *sehr interessiert*, vivement intéressé.
2. (devant un adv.) *sehr viel*, beaucoup. | *sehr gut*, très bien. | *sehr oft*, très souvent.
3. (avec un verbe) *er liebt das Meer sehr*, il aime beaucoup la mer. | *es schmerzt mich sehr*, cela me fait très mal. | *ich freue mich sehr*, je me réjouis vivement. | *sehr im Rückstand sein*, être très en retard.
4. LOC. *danke sehr !*, merci beaucoup. | *bitte sehr !*, je vous en prie ; s'il vous plaît ; merci beaucoup. | *wie sehr ich das bedaure, können Sie sich nicht vorstellen*, à quel point je le regrette, vous ne pouvez pas l'imaginer. | *so sehr er auch Kenner ist, so...*, si grand connaisseur qu'il soit, pourtant... | *wie sehr du auch schiltst, hast du doch unrecht*, tu as beau crier, tu n'en as pas moins tort. || LOC. ADV. *so sehr*, tant ; tellement. | *so sehr... daß*, à tel point que. | *zu sehr, als daß*, trop pour que.

Seiche ['zaiçə] f. POP. urine f. ; pipi m. || FIG. radotages m. pl.

seicht [zaiçt] adj. peu profond ; bas ; guéable. || [an einem Fluß] *seichte Stelle*, gué m. || [im Meer] *seichte Orte*, bas-fonds m. pl. || FIG. *seichter Kopf*, tête (f.) vide ; esprit superficiel. | *seichtes Gerede*, platitudes f. pl.

Seichte ['zaiçtə] f., **Seichtheit** ['zaiçthait] f., **Seichtigkeit** [-tiçkait] f. PR. et FIG. absence (f.) de profondeur ; caractère superficiel.

Seide ['zaidə] f. (-, n) soie f. | *rohe, ungekochte, ungeschälte Seide*, soie écrue, grège. | *gezwirnte Seide*, soie torse. | *Kunstseide*, soie artificielle ; rayonne f. || FIG. *in Samt und Seide*, très riche.

Seidel ['zaidəl] n. (s, -). [Bier] pot m. ; cruche f. ; cruchon m. | *kleines Seidel*, bock m.

Seidelbast [-'bast] m. daphné m. ; bois-gentil m.

seiden ['zaidən] adj. de soie ; en soie. || PAR EXT. soyeux ; satiné.

Seiden|affe ["zaidən'afə] m. (n, n). ZOOL. ouistiti m. ||°**-arbeit** f. organsinage m. ||**-artig** adj. soyeux. ||°**-atlas** m. satin m. ||°**-bau** m. (s) sériciculture f. ||°**-fabrik** f. (-, en) soierie f. ||°**-flor** m. (s) coton mercerisé. ||°**-garn** n. soie filée. ||°**-gehäuse** n. (s, -) cocon (m.) de ver à soie. ||°**-geschäft** n. (s, e) magasin (m.) de soieries. ||°**-gespinst** n. (es, er) cocon (m.) de ver à soie. ||°**-hase** m. (n, n) lapin (m.) angora. ||°**-kultur** f. sériciculture f. ||°**-papier** n. (s) papier (m.) de soie. ||°**-puppenhaus** n. (es, ¨er) magnanerie f. ||°**-raupe** f. (-, n) ver (m.) à soie. ||°**-schwanz** m. (es, ¨e). ZOOL. jaseur m. ||°**-spinner** m. (s, -) fileur (m.) de soie. || ZOOL. ver (m.) à soie ; bombyx (m.) du mûrier. ||°**-stoff** m. (s, e) soierie f. ||°**-waren** f. pl. soieries f. pl. ||°**-weberei** f. tissage (m.) de la soie. ||**-weich** adj. soyeux ; satiné. ||°**-wurm** m. (s, ¨er) ver (m.) à soie. ||°**-zucht** f. sériciculture f. ||°**-züchter** m. (s, -) sériciculteur m.

seidenhaft ['zaidənhaft] adj. soyeux.

seidig [-diç] adj. soyeux ; satiné.

Seife ['zaifə] f. (-, n) savon m. | *Seife kochen, sieden*, faire du savon. || [Geröll] alluvions (f. pl.) métallifères.

seifen [-fən] v. tr. savonner.

seifen|artig ["zaifən'a:rtiç] adj. saponacé ; savonneux. ||°**-baum** m. (s, ¨e). BOT. savonnier m. ||°**-behälter** m. (s, -) porte-savon m. ||°**-bereitung** f., °**-bildung** f. saponification f. ||°**-blase** f. (-, n) bulle (f.) de savon. ||°**-flocken** f. pl. savon (m.) en paillettes. ||°**-kraut** n. (s, ¨er) saponaire f. ||°**-lauge** f. eau de lessive alcaline. ||°**-pulver** n. (s, -) savon (m.) en poudre. ||°**-schale** f. (-, n) porte-savonnette m. ; bol (m.) à raser. ||°**-schaum** m. (s, ¨e) mousse (f.) de savon. ||°**-stein** m. (s, e) saponite f. ||°**-stoff** m. (s). CHIM. saponine f. ||°**-wasser** n. (s) eau (f.) de savon.

seifig ['zaifiç] adj. savonneux ; enduit de savon.

Seif|lappen ["zaif'lapən] m. (s, -) gant (m.) de toilette. ||°**-napf** m. (s, ¨e) bol (m.) à barbe.

Seiger ['zaigər] m. (s, -) sablier m. ; passoire f.

seiger ['zaigər] adj. vertical ; perpendiculaire ; d'aplomb.

seiger|fallend ["zaigər'falənt] adj. qui tombe perpendiculairement. ||°**-gang** m. (s, ¨e). MINES. filon (m.) perpendiculaire. ||°**-hütte** f. (-, n). MÉTALL. affinerie f. ||**-recht** adj. perpendiculaire. ||°**-schacht** m. (s, ¨e) puits vertical.

seigern ['zaigərn] v. tr. creuser perpendiculairement. || MÉTALL. affiner ; ressuer.
◇ v. intr. suinter.

Seihe ['zaiə] f. (-, n) passoire f. ; filtre m.

seihen [-ən] v. tr. passer ; filtrer ; couler.
◇ v. intr. suinter.

Seiher [-ər] m. (s, -) passoire f. ; filtre m.

Seih|gefäß ["zaigə'fɛ:s] n. (es, e) filtre m. ; passoire f. ||°**-papier** n. (s) papier-filtre m. ||°**-sack** m. (s, ¨e), °**-tuch** n. (s, ¨er) filtre m. ; couloire f.

Seil [zail] n. (s, e) corde f. ; cordage m. ; câble m. | *(übers) Seil springen*, sauter à la corde. | *starkes, dickes Seil*, câble. || PAR EXT. laisse f. | *am Seile führen*, tenir en laisse. || FIG. *sich am Seile führen lassen*, se laisser conduire par le bout du nez. | *an demselben Seil ziehen*, être attelé à la même charrue.

Seil|bahn ["zail'ba:n] f. (-, en) téléphérique m. ; funiculaire m. ||°**-brücke** f. (-, n) pont suspendu. ||°**-fähre** f. (-, n) bac (m.) à traille. ||°**-klemme** f. (-, n). TECHN. pince-câble m. ||°**-macher** m. (s, -) cordier m. ||°**-mannschaft** f. (-, en). SPORT. cordée f. ||°**-rolle** f. (-, n), °**-scheibe** f. (-, n) poulie f. ||°**-schwebebahn** f. (-, en) téléphérique. ||°**-tänzer** m. (s, -) danseur (m.) de corde ; funambule m. ; saltimbanque m. ||°**-tänzerstange** f. (-, n) balancier (m.) de funambule. ||°**-trieb** m. (s) transmission (f.) par câble. ||°**-trommel** f. (-, n) tambour (m.) d'extraction, d'enroulement. ||°**-umlenkrolle** f. (-, n). TECHN. poulie (f.) de renvoi. ||°**-werk** n. (s) cordages m. pl. ||°**-winde** f. (-, n) treuil (m.) de halage. ||°**-zug** m. (s, ¨e) palan m.

Seiler ['zailər] m. (s, -) cordier m. || FIG. *des Seilers Tochter heiraten*, être pendu.

Seilerei [zailə'rai] f. (-, en) corderie f.

Seilschaft [zailʃaft] f. (-, en). SPORT. cordée f.

Seim [zaim] m. (s, e) mucilage m. ; miel m. ; sirop m. ; crème f.

seimig [-miç] adj. consistant ; mucilagineux ; filant. || CULIN. *seimige Soße*, sauce liée.

sein [zain] **(seine, sein)** adj. poss. de la 3e pers. du sing. son ; sa ; ses. | *seine Uhr*, sa montre. | *sein Vater*, son père. | *sein Buch*, son livre. | *seine Kinder*, ses enfants. | *alles zu seiner Zeit*, chaque chose en son temps. | *einer seiner Freunde*, un de ses amis. | *mein und sein Lehrer*, mon maître et le sien. | *sein Glück machen*, faire fortune. | *dieses Land hat hohe Gebirge ; sein Klima ist rauh*, ce pays possède de hautes montagnes ; le climat en est rude.
◇ pron. poss. **sein(er), seine, sein(e)s**, sien ; sienne. | *dieses Auto ist neu, seines ist alt*, cette voiture est neuve ; la sienne est vieille.
◇ n. **Sein.** *die Seinen*, les siens. | *jedem das Seine*, à chacun son dû.

sein [zain] v. intr. et v. auxil.

> **I.** être (avec un attribut, adj. ou nom).
> **II.** [leben ; existieren] exister.
> **III.** [sich befinden] se trouver ; avoir lieu.
> **IV.** [Befinden ; Lage] aller (bien, mal).
> **V.** [bedeuten] signifier.
> **VI.** [Wetter] **es ist,** il fait.
> **VII.** CONSTRUCTIONS PARTICULIÈRES :
> **1.** avec un cas (gén. ou dat.) ;
> **2.** avec zu et l'infin.
> **VIII.** SIGNIFICATIONS PARTICULIÈRES DU SUBJ. **sei.**
> **IX.** EMPLOYÉ COMME AUXILIAIRE.

I. (avec un attribut) être. | *mutig sein*, être courageux. | *er ist zehn Jahre (alt)*, il a dix ans. | *entschlossen sein*, être décidé. | *ein Mensch sein*, être un homme. | *seien Sie ein Mensch !*, soyez (un) homme ! | *ich bin es*, c'est moi. | *es ist Herbst*, c'est l'automne. | *ich bin es, der*, c'est moi qui. | *was ist das ?*, qu'est-ce que c'est ?
II. [leben ; existieren] exister. | *ich denke, also bin ich*, je pense, donc je suis. | *er ist nicht mehr*, il n'est plus ; il est mort. | *die Sache gut sein lassen*, laisser les choses telles qu'elles sont. || FIG. *er ließ es gut sein*, il ne protesta pas. || FAM. *das ist alles schon da gewesen*, tout cela s'est déjà vu. | *das kann sein*, cela se peut. | *das ist nichts für dich*, cela ne te vaut rien. || LOC. *es ist keine Hoffnung mehr*, il n'y a plus d'espoir. | *es ist eine lange Zeit her*, il y a longtemps de cela.
III. [sich befinden] se trouver ; avoir lieu. | *in Berlin sein*, être à Berlin. | *er ist schon zwei Jahre in Deutschland*, il y a déjà deux ans qu'il est en Allemagne. | *hier ist er*, le voilà. | *es kann sein, daß*, il se peut que.
IV. [Befinden ; Lage] *hier ist nicht gut bleiben*, il ne fait pas bon rester ici. | *wie ist Ihnen ?*, comment allez-vous ? | *es ist mir besser*, je vais mieux. | *es ist mir kalt*, j'ai froid. | *was ist mit ihm ?*, FAM. qu'est-ce qui le prend ? | *wie ist es ?*, où en sont les choses ? | *so ist es*, il en est ainsi. | *es ist mir, als ob*, j'ai le sentiment, l'impression que. | *es ist, als ob*, il semble que. | *wenn dem so ist*, s'il en est ainsi ; cela étant.
V. [bedeuten] signifier ; vouloir dire. | *das ist (d. i.)*, c'est-à-dire. || PAR EXT. *es ist die Rede von diesen Ereignissen*, il est question de ces événements. || MATH. *sechsmal drei ist achtzehn*, six fois trois font dix-huit.
VI. [Wetter] **es ist,** il fait. | *es ist kalt*, il fait froid. | *es ist nie so warm gewesen*, il n'a jamais fait aussi chaud. | *es ist Nacht*, il fait nuit.
VII. CONSTRUCTIONS PARTICULIÈRES : **1.** (avec le gén.) *der Meinung, der Ansicht sein, etwas zu tun*, être d'avis de faire qch. | *ich bin Ihrer Meinung*, je suis de votre avis. | *hoher Herkunft sein*, être de noble origine. | *Sie sind des Todes* (SCHILLER), vous êtes un homme mort. || PAR EXT. (Vx.) être du ressort de. | *es ist meines Amtes*, c'est de ma compétence. | *Euch ist ein Kindlein heut geboren* (chant de Noël), un petit enfant vous est né aujourd'hui.
2. (avec **zu** et l'infinitif : idée d'obligation, de nécessité) : *damit ist nicht zu spaßen*, il ne faut pas plaisanter avec cela. | *dieses Übel ist zu bekämpfen*, ce mal doit être combattu. || (idée de possibilité) : *von ihm ist nichts Gutes zu erwarten*, il n'y a rien à attendre de bon de lui. | *er ist nicht zu trösten*, il est inconsolable. | *dieses Haus ist zu verkaufen*, cette maison est à vendre. | *kein Baum war zu sehen*, aucun arbre n'était en vue. | *ist der Herr Minister zu sprechen ?*, peut-on voir M. le Ministre ? || PROV. *wem nicht zu raten ist, dem ist auch nicht zu helfen*, on ne peut aider qui reste sourd aux conseils.
VIII. SIGNIFICATIONS PARTICULIÈRES DU SUBJ. **sei :** *es sei !*, soit ! ; passe ! | *sei es auch noch so wenig*, tant soit peu. | *so sei es !*, qu'il en soit ainsi ! | *sei es..., sei es*, soit que..., soit que... | *es sei denn, daß*, à moins que. | *wie dem auch sei, hat er recht*, quoi qu'il en soit, il a raison. | *wer du auch seist*, qui que tu sois.
IX. EMPLOYÉ COMME AUXIL. : 1° des verbes **sein, werden, bleiben.** | *es ist kalt gewesen*, il a fait froid. | *er ist mutiger geworden*, il est devenu plus courageux ; 2° des verbes de locomotion et par extension de ceux qui expriment le passage d'un état à un autre, une transformation ou une évolution : *ich bin nach Paris gefahren*, je suis allé à Paris. | *die Blume ist aufgeblüht*, la fleur s'est épanouie. | *er ist erkrankt*, il est tombé malade. — Les verbes de locomotion peuvent également se conjuguer avec l'auxiliaire **haben** si l'on veut insister sur l'activité elle-même plutôt que sur le déplacement en direction d'un lieu : *er ist bis ans Ufer geschwommen*, il a gagné la rive à la nage. | *er hat stundenlang geschwommen*, il a nagé durant des heures. | *wir sind über den Strom gesetzt*, nous avons traversé le fleuve. | *wir hatten über die Maas gesetzt* (GOETHE), nous avions traversé la Meuse ; 3° FAM. avec élision possible du part. pass. : *er ist nach Deutschland*, il est parti pour l'Allemagne. | *sie ist hinunter*, elle est descendue. | *die Zeit ist vorbei*, le temps a passé.

Sein [zain] n. (s) être m. ; essence f. ; existence f. || PHILOS. *Lehre vom Sein*, ontologie f. | *Art des Seins*, modalité (f.) de l'être.

seiner ['zainər] pron. pers. (gén. de **er, es**) de lui ; sien.

seiner|seits ["zainər'zaits] adv. de son côté ; de sa part ; à son tour.

seiner|zeit [-'tsait] adv. jadis ; en son temps.

seines|gleichen ["zainəs'glaiçən] pron. invar. son, ses semblables. | *er hat nicht seinesgleichen*, il n'a pas son pareil. | *das sucht seinesgleichen*, cela est sans exemple. | *mit jm wie mit seinesgleichen umgehen*, traiter qn d'égal à égal.

seinet|halben ["zainət'halbən], **seinet|wegen** [-'ve:gən], **um seinet|willen** [um"zainət'vilən] loc. prép. pour lui ; à cause de lui ; pour l'amour de lui ; par égard pour lui.

seinige ['zainigə] pr. poss. *der, die, das seinige*, le sien. | *die Seinigen*, les siens. | *das seinige (dazu) tun*, faire son possible ; faire de son mieux.

seismisch ['zaismiʃ] adj. sismique.

Seismograph [zaismo'gra:f] m. (en, en). [Erdbebenanzeiger] sismographe m.

seit [zait] prép. (dat.) depuis ; dès. | *seit vier Stunden*, depuis quatre heures. | *seit vier Uhr*, depuis, dès 4 heures. | *seit langem*, depuis longtemps. | *seit kurzem*, depuis peu. | *seit heute*, à partir d'aujourd'hui. | *seit der Zeit, da*, depuis le temps que. | *seit dem Tage, da*, du jour où.
◇ conj. depuis que. V. SEITDEM.

seit|ab ['zaitap] adv. à côté ; latéralement. ||**-dem** conj. depuis que. | *seit(dem) ich ihn nicht gesehen habe*, depuis que je ne l'ai vu. — adv. dès lors ; depuis ce temps-là. | *seitdem hat er nicht mehr geschrieben*, dès lors il n'a plus écrit. ||**-her** adv. depuis ce temps-là. ||**-wärtig** adj. latéral ; de côté. ||**-wärts** adv. de côté. | *seitwärts blicken*, regarder de côté. ||**-wegs** adv. à l'écart.

Seite ['zaitə] f. (-, n). **1.** côté m. ; face f. ; flanc m. *die Seiten eines Vierecks*, les côtés d'un rectangle. | *die Seiten eines Würfels*, les faces d'un dé. | *nach allen Seiten*, en toutes directions ; en tous sens. | *von allen Seiten*, de toutes parts ; de partout. | *auf jeder Seite*, de chaque côté. | *linke Seite*, côté gauche ; TEXT. envers m. ; [Flüße] rive gauche. | *vordere Seite*, face f. ; façade f. | *hintere Seite*, arrière m. ; derrière m. | *Stich in der Seite*, point (m.) de côté. || MIL. *von der Seite*, de flanc. | *auf der Seite liegen*, être couché sur le côté. | *von der Seite*, de côté ; de profil. | *rechte Seite*, côté droit ; TEXT. endroit m. ; [Flüße], rive droite. | *auf die Seite treten, fahren*, se ranger ; se mettre à l'écart. || FIG. *etwas auf die Seite legen*, mettre qch. de côté ; économiser. || FIG. *jn bei seiner schwachen Seite nehmen*, prendre qn par son point faible. || [Aussehen] aspect m. ; apparence f. ; point (m.) de vue. | *eine Sache von der guten Seite nehmen*, prendre une chose du bon côté. || FAM. *das hat (s)eine gute Seite*, cela a du bon. || PROV. *jede Sache hat ihre zwei Seiten*, toute chose présente deux aspects ; toute médaille a son revers.
2. [Nähe] proximité f. ; côté m. ; voisinage m. | *an meiner Seite*, à mes côtés. | *jm nicht von der Seite gehen*, ne pas quitter qn d'un pas. | *jm zur Seite stehen*, assister qn.
3. [Buchseite] page f. ; folio m. | *vordere Seite*, recto

m. | *Rückseite*, verso m. | *die Seiten umschlagen*, tourner les pages.

4. Fig. côté m. ; parti m. ; camp m. | *von meiner Seite*, de mon côté. | *von väterlicher Seite her*, du côté paternel. | *von seiten js*, de la part de qn. || Polit. [Partei] *auf js Seite stehen*, être du parti de qn. | *auf derselben Seite*, du même bord. | *jn auf seine Seite bringen*, gagner qn à sa cause. | *sich auf die stärkere Seite schlagen*, se ranger du côté du plus fort.

5. Math. *die linke Seite (einer Gleichung)*, le premier membre (d'une équation). | *die rechte Seite*, le second membre.

Seiten... ['zaitən] (en compos.) de côté ; latéral ; secondaire.

Seiten|abnutzung ["zaitən'apnutsuŋ] f. (-, en) usure latérale. ||°**-abriß** m. (es, e) profil m. ||°**-allee** f. (-, n) contre-allée f. ||°**-änderung** f. (-, en). Mil. [Artillerie] correction (f.) de dérive. ||°**-ansicht** f. (-, en) vue (f.) de côté ; profil m. ||°**-bau** m. (s, e) aile f. ; dépendance f. ||°**-befestigung** f. épaulement (m.) d'une route. ||°**-blech** n. (s, e) panneau latéral. ||°**-blick** m. (s, e) regard (m.) de côté. ||°**-bühne** f. (-, n). Théâtre. avant-scène f. ||°**-deckung** f. (-, en). Mil. flanc-garde f. ||°**-druck** m. (s, ¨e) pression latérale. ||°**-erbe** m. (n, n). Jur. héritier collatéral. ||°**-fläche** f. (-, n) face latérale ; facette f. ||°**-flosse** f. (-, n). Aéron. dérive f. ||°**-gang** m. (s, ¨e) contre-allée f. ; galerie latérale. ||°**-gebäude** n. (s, -) aile f. ||°**-gespräch** n. (s, e) aparté m. ||°**-gewehr** n. (s, e) baïonnette f. ||°**-hieb** m. (s, e) coup (m.) de côté. || Fig. boutade f. ||°**-kraft** f. (-, ¨e). Phys. composante f. ||°**-lähmung** f. (-, en). Méd. hémiplégie f. ||**-lang** adj. long de plusieurs pages ; sur des pages ; très long ; très étendu. ||°**-lehne** f. (-, n) accoudoir m. ; bras (m.) de fauteuil. ||°**-licht** n. (s, er). Autom. feu (m.) de position. ||°**-linie** f. (-, n) ligne collatérale. || [Eisenbahn] ligne (f.) secondaire. || Sport. ligne (f.) de touche. ||°**-loge** f. (-, n). Théâtre. loge (f.) d'avant-scène. ||°**-ordner** m. (s, -). Typogr. metteur (m.) en pages. ||°**-rand** m. (s, ¨er) marge f. ||°**-riß** m. (es, e) profil m. ||°**-ruder** n. (s, -). Aéron. gouverne (f.) de direction. ||°**-ruder|hebel** m. (s, -). Aéron. palonnier (m.) de commandes de vol. ||°**-schiff** n. (s, e). Archit. bas-côté m. ||°**-schmerz** m. (es, en). Méd. point (m.) de côté. ||°**-schritt** m. (s, e) pas (m.) de côté. ||°**-sprung** m. (s, ¨e) écart (m.) de conduite. ||**-ständig** adj. latéral. ||°**-steuer** n. (s, -) gouvernail (m.) de direction. ||°**-stich** m. (s, e) point (m.) de côté. ||°**-stoß** m. (es, ¨e) bourrade f. ||°**-straße** f. (-, n) rue latérale. ||°**-streifen** m. (s, -) accotement m. ; bas-côté m. ||°**-stück** n. (s, e) pendant m. ||°**-summe** f. (-, n). Comm. somme (f.) à reporter. ||°**-tal** n. (s, ¨er) vallée transversale. ||°**-teil** n. (s, e) flanc m. ; côté m. ||°**-verschiebung** f. (-, en). [Artillerie] dérive f. ||°**-wagen** m. (s, -) [Krafträder] side-car m. ||°**-wand** f. (-, ¨e) paroi latérale. || Théâtre. coulisse f. ||°**-weg** m. (s, e) chemin latéral, transversal. ||°**-wendung** f. (-, en) écart m. ||°**-winkel** m. (s, -) angle (m.) de gisement. ||°**-zweig** m. (s, e) branche collatérale.

seitens ['zaitəns] prép. (gén.) du côté de ; de la part de.

seitlich [-tliç] adj. latéral ; collatéral ; dérivé.

seitlings [-tliŋs], **seitwärts** [-tvɛrts] adv. de côté. || Autom. *Seitwärtsgleiten*, dérapage m.

Sekante [ze'kantə] f. (-, n). Math. sécante f.

Sekret [ze'kre:t] n. (s, e). Anat. [Absonderung] sécrétion f. || [Geheimnis] secret m.

Sekretär(in) [zekre'tɛ:r(in)] m. (s, e) f. (-, nen) secrétaire s.
◇ m. [Möbelstück] secrétaire m.

Sekretariat [-tari'a:t] n. (s, e) secrétariat m.

Sekretion [zekre'tsio:n] f. (-, en) sécrétion f.

Sekt [zɛkt] m. (s, e) vin mousseux. | *Sektkübel*, seau (m.) à champagne. | *Sektkellerei*, caves (f. pl.) à champagne, à vin mousseux.

Sekte ['zɛktə] f. (-, n). Relig. secte f.

Sektierer [zɛk'ti:rər] m. (s, -) sectaire m. | *Sektierertum*, esprit (m.) de secte.

sektiererisch [-rəriʃ] adj. sectaire.

Sektion [zɛk'tsio:n] f. (-, en) section f. ; subdivision f. || Méd. dissection f.

Sektor ['zɛktɔr] m. (s, en). Math. secteur m. || Écon. *tertiärer Sektor*, secteur (m.) tertiaire.

Sekunda [ze'kunda] f. (-, den). Univ. classe (f.) de seconde ; seconde f.

Sekundaner(in) [zekun'da:nər(in)] m. (s, -), f. (-, nen) élève (s.) de seconde.

Sekundant [-'dant] m. (en, en). [Zweikampf] témoin m. ; second m.

sekundär [-'dɛ:r] adj. secondaire.

Sekundär|zeit [zekun"dɛ:r'tsait] f. ère (f.) secondaire ; mésolithique m.

Sekunde [ze'kundə] f. (-, n). [Zeit-, Bogenmaß] seconde f. || Mus. seconde f. | *Sekundenzeiger*, aiguille (f.) des secondes ; trotteuse f.

sekundieren [zekun'di:rən] v. tr. et v. intr. seconder. || [Fechten] servir de second, de témoin. || Mus. accompagner.

sekundlich [zekuntliç] adj. qui se répète de seconde en seconde.

selb [zɛlp] adj. même. | *zur selben Zeit ; um dieselbe Zeit*, au même moment. | *derselbe, dieselbe, dasselbe*, le même ; la même.

selb|dritt ["zɛlp'drit] adj. Relig. *Anna selbdritt*, Anne, Marie et Jésus. ||**-ständig** adj. autonome ; indépendant. || Comm. établi à son compte. ||°**-ständiger** m. travailleur indépendant. || °**-ständigkeit** f. autonomie f. ; indépendance f.

selber ['zɛlbər] adv. [selbst] même. | *ich selber*, moi-même.

selbig [-biç] adj. même. | *derselbige Mann*, le même homme. || [Bibel] *zur selbigen Zeit*, au même moment ; en même temps.

selbst [zɛlpst] adv. **1.** même (précédé d'un nom ou d'un pron. pers.) *ich selbst*, moi-même. | *wir selbst*, nous-mêmes. | *ich habe es selbst gehört*, je l'ai entendu moi-même, de mes propres oreilles. | *für sich selbst*, pour soi. | *zu sich selbst sprechen*, parler tout seul ; soliloquer. | *von selbst*, de soi-même ; tout seul ; aisément ; spontanément ; automatiquement. | *das versteht sich von selbst (selber)*, cela va de soi. || Prov. *selbst ist der Mann*, compte sur toi seul. | *selbst eingebrockt, selbst ausgelöffelt*, comme on fait son lit on se couche. | *wer andern eine Grube gräbt, fällt selbst hinein*, tel est pris qui croyait prendre.

2. en personne. | *er ist die Güte selbst*, il est la bonté même, incarnée, en personne, personnifiée. | *er kam selbst*, il est venu en personne.

3. [sogar] même ; lors même que. | *selbst er*, même lui. | *selbst unsere Freunde verraten uns*, il n'est pas jusqu'à nos amis qui ne nous trahissent. | *selbst unter diesen Umständen*, fût-ce dans ces circonstances. | *selbst wenn*, lors même que ; quand bien même ; même si. | *selbst wenn sie es wollten, würden sie es nicht wagen*, le voudraient-ils qu'ils ne l'oseraient pas.

Selbst [zɛlpst] n. *das eigene Selbst*, le moi.

selbst [zɛlpst] (en compos.) de soi-même ; en soi-même ; spontané ; volontaire ; automatique. || Techn. auto... ; self-...

Selbst|achtung ["zɛlpst'axtuŋ] f. amour-propre m. ; respect (m.) de soi. ||°**-anklage** f. (-, n) autoaccusation f. ||°**-aufopferung** f. dévouement, sacrifice spontané ; don (m.), oubli (m.) de soi. ||°**-auslöser** m. (s, -). Phot. photomètre (m.) automatique ; déclencheur (m.) automatique. || °**-auschalter** m. (s, -) coupe-circuit (m.) automatique ; disjoncteur m. ||°**-bedienungsladen** m. (s, ¨) magasin (m.) self-service ; supérette f. ||°**-beeinflussung** f. autosuggestion f. ||°**-befriedigung** f. masturbation f. ||°**-befruchtung** f. parthénogenèse f. ||°**-beherrschung** f. maîtrise (f.) de soi ; empire (m.) sur soi-même. ||°**-bekenntnis** n. (ses, se) aveu spontané ; confession f. ||°**-bespiegelung** f. narcissisme m. ||°**-bestimmung** f. libre disposition (f.) de soi-même. || Polit. autodétermination f. ||°**-bestimmungs|recht** n. (s). Polit. droit (m.) à l'autodétermination. ||°**-betrug** m. (s) [fait de] s'abuser, (de) se faire illusion. ||**-bewegend** adj. automoteur. ||°**-bewirtschaftung** f. gestion directe. ||°**-bewunderung** f. narcissisme m. ; haute estime de soi-même. || **-bewußt** adj. conscient de sa valeur ; suffisant ; prétentieux. ||°**-bewußtsein** n. (s) conscience (f.) de soi. ||°**-bildnis** n. (ses, se) autoportrait m. ||°**-binder** m. (s, -) régate f. || °**-biographie** f. (-, n) autobiographie f. ||**-eigen** adj. propre. ||°**-entleibung** f. suicide m. ||°**-entsagung** f. renonciation (f.) volontaire. ||°**-erhebung** f. Péjor. orgueil m. ; présomption f. ||°**-erkenntnis** f. connaissance (f.) de soi-même. ||°**-erniedrigung** f. humiliation volontaire. ||°**-erregung** f. (-, en). Électr. self-induction f. ||°**-erzeugung** f. génération spontanée. ||°**-finanzierung** f. autofinancement m. || °**-finanzierungs|marge** f. (-, n) marge brute d'autofinancement (M.A.B.). ||**-gebildet** adj. autodidacte. ||**-gefällig** adj. satisfait de soi-même ; suffisant ;

fat. ||°-**gefälligkeit** f. suffisance f. ||°-**gefühl** n. (s, e) amour-propre m. ; fierté f. ; sentiment (m.) de sa dignité. ||-**genügsam** adj. satisfait de soi-même ; suffisant ; présomptueux. ||-**gerecht** adj. pharisien. ||-**geschrieben** adj. JUR. olographe. ||°-**gespräch** n. (s, e) monologue m. ; soliloque m. ||-**herrlich** adj. souverain ; arbitraire ; despotique. ||°-**herrschaft** f. POLIT. autocratie f. ||°-**hilfe** f. 1° autodéfense f. ; 2° effort personnel. ||°-**hilfe|gruppe** f. (-, n) comité (m.) d'autodéfense. ||°-**induktionsspule** f. (-, n). ÉLECTR. self f. ||°-**kostenanteil** m. (s, e) [Krankenversicherung] ticket modérateur. ||°-**kostenpreis** m. (es, e). COMM. prix coûtant ; prix de revient. ||°-**kritik** f. (-, en) autocritique f. ||°-**lader** m. (s, -) pistolet (m.) automatique. ||°-**laut** m. (s, e) voyelle f. ||°-**liebe** f. amour-propre m. ; narcissisme m. ||-**los** adj. désintéressé ; dévoué ; généreux ; plein d'abnégation. ||°-**losigkeit** f. oubli (m.) de soi ; dévouement m. ||°-**lötung** f. (-, en). TECHN. soudure (f.) autogène. ||°-**mord** m. (s, e) suicide m. ||°-**mörder** m. (s, -) suicidé m. ||-**mörderisch** adj. *selbstmörderische Gedanken*, idées (f. pl.) de suicide. ||°-**prüfung** f. (-, en) examen (m.) de conscience ; autocritique f. ||-**redend** adj. évident ; qui va sans dire. ||°-**regierung** f. autonomie f. ||-**regulierend** adj. à réglage automatique. ||-**schuldnerisch** adj. JUR. *selbstschuldnerische Bürgschaft*, caution (f.) solidaire. ||-**schreibend** adj. enregistreur. ||-**sicher** adj. assuré ; sûr de soi. ||°-**steueranlage** f. (-, n) dispositif (m.) de commande automatique. ||°-**sucht** f. amour-propre m. ; égoïsme m. ||-**tätig** adj. spontané ; automatique. ||°-**täuschung** f. (-, en) illusion (f.) que l'on se fait sur soi-même. || °-**überhebung** f. présomption f. ||°-**unterricht** m. (s) autodidactisme m. ||°-**verblendung** f. aveuglement (m.) volontaire. || °-**vergessenheit** f. oubli (m.) de soi ; abnégation f. ; dévouement m. ||°-**vergötterung** f. adoration (f.), idolâtrie (f.) de soi-même ; narcissisme m. ||°-**verlag** m. (s) publication (f.) à compte d'auteur. || °-**verleugnung** f. abnégation f. || °-**verschluß** m. (es, ¨e) fermeture (f.) automatique. ||°-**versenkung** f. (-, en) sabordage m. ||°-**versorger** m. (s, -). JUR. réservataire m. ||-**verständlich** adj. et adv. qui va de soi ; naturel ; bien entendu ; qui va sans dire. ||°-**verständlichkeit** f. évidence f. ; caractère évident. ||°-**verstümmelung** f. (-, en) mutilation (f.) volontaire. ||°-**verteidigung** f. autodéfense f. ; défense personnelle. ||°-**vertrauen** n. (s) confiance (f.) en soi ; assurance f. ||°-**verwaltung** f. autonomie administrative. || ÉCON. autogestion f. ||°-**verwaltungs|körperschaft** f. (-, en) collectivité territoriale autonome. ||°-**verwirklichung** f. épanouissement personnel. ||°-**wählerfernverkehr** m. (s). TÉLÉPH. trafic automatique interurbain. ||-**willig** adj. qui fait suivant sa volonté ; têtu. ||-**wirkend** adj. automatique. ||-**zeichnend** adj. enregistreur. || °-**zucht** f. discipline (f.) sur soi-même. ||-**zufrieden** adj. content de soi ; suffisant. ||°-**zündung** f. allumage (m.) automatique. ||°-**zweck** m. (s, e) fin (f.) en soi ; but absolu.

Selbstheit ['zɛlpsthait] f. individualité f. ; personnalité f. ; moi m. || PÉJOR. égoïsme m. ; égocentrisme m. || PHILOS. identité f.

selbstisch ['zɛlpstiʃ] adj. PÉJOR. égoïste ; personnel.

selchen ['zɛlçən] v. tr. [Fleisch] fumer. | *Selchfleisch*, viande fumée.

Selcher [-çər] m. (s, -). DIAL. marchand (m.) de viande, de charcuterie fumée.

Selektion [zelɛk'tsio:n] f. (-, en) sélection f.

selektiv [-'ti:f] adj. sélectif.

Selen [ze'le:n] n. (s). CHIM. sélénium m.

selig ['ze:liç] adj. **1.** RELIG. bienheureux ; qui connaît la béatitude, la félicité. | *selig sprechen*, béatifier. | *selig preisen*, proclamer heureux. | *selig werden*, faire son salut. | *selig sterben*, mourir en chrétien, dans la paix du Seigneur. | *Gott hab ihn selig !*, Dieu ait son âme ! | *die Seligen*, les bienheureux. | *nur in der Kirche kann man selig werden*, hors de l'Église point de salut.

2. [verstorben] défunt ; mort ; feu. | *mein seliger Großvater*, feu mon grand-père. | *die Seligen*, les défunts. || (Vx.) *mein Vater selig*, feu mon père.

3. PAR EXT. heureux ; ravi ; béat ; joyeux ; comblé ; fortuné. | *ganz selig sein*, nager dans la joie ; être aux anges ; FAM. être un peu ivre.

...selig (en compos.) riche en ; plein de. | *vertrauensselig*, confiant. | *saumselig*, retardataire.

selig|gesprochen ["ze:liçgə'ʃprɔxən] adj. RELIG. béatifié. ||-**machend** adj. RELIG. sanctifiant ; qui apporte le salut. | *seligmachende Gnade*, grâce sanctifiante. ||°-**machung** f. (-, en) sanctification f. ||°-**preisung** f. (-, en) glorification f. ; béatitude f. ||-**sprechen** v. tr. béatifier.

Seligkeit [-kait] f. (-, en) félicité f. ; béatitude f. ; joie (f.) suprême. | *ewige Seligkeit*, salut éternel ; félicité éternelle. | *die ewige Seligkeit erlangen, gewinnen*, faire son salut.

Sellerie ['zɛləri] f. ou m. BOT. céleri m.

selten ['zɛltən] adj. rare ; peu fréquent ; singulier ; curieux. | *nicht selten*, assez souvent. | *nichts Seltenes daran*, rien d'extraordinaire à cela. | *seltener Fall*, cas rare. | *seltene Energie*, énergie comme on en voit peu. | *möglichst selten*, le moins possible.

Seltenheit [-hait] f. (-, en) rareté f. ; singularité f. ; curiosité f. ; chose (f.) rare.

Selter(s)|wasser ["zɛltər(s)'vasər] n. (s) eau (f.) de Seltz.

seltsam ['zɛltza:m] adj. étrange ; bizarre ; curieux ; surprenant.

— SYN. : *wunderlich*, *wundersam*, bizarre, étrange ; *eigenartig*, original ; *befremdend*, déconcertant.

Seltsamkeit [-kait] f. (-, en) singularité f. ; chose (f.) étrange.

Semantik [ze'mantik] f. sémantique f.

Semantiker(in) [ze'mantikər(in)] m. (s, -), f. (-, nen) sémanticien m., sémanticienne f.

semantisch [-tiʃ] adj. sémantique.

Semaphor [zema'fo:r] m. ou n. (s, e) sémaphore m.

Semester [ze'mɛstər] n. (s, -) semestre m.

Semi|kolon [zemi'ko:lɔn] n. (s, s) point-virgule m.

Seminar [zemi'na:r] n. (s, e) séminaire m. || UNIV. école normale ; séminaire m.

Seminarist [-na'rist] m. (en, en). RELIG. séminariste m. || UNIV. élève (m.) d'une école normale.

Semit [ze'mi:t] n. pr. m. (en, en) Sémite m.

Semmel ['zɛməl] f. (-, n) petit pain. || FIG. *das geht weg wie frische Semmeln*, cela se vend comme des petits pains.

semmel|blond ["zɛməl'blɔnt] adj. blond pâle. ||°-**brösel** n. pl. chapelure f. ||°-**klößchen** n. (s, -) boulette f. ||°-**mehl** n. (s) gruau m. ||°-**pilz** m. (es, e). BOT. polypore m. ; hydne m. ||°-**stoppelpilz** m. (es, e). BOT. pied-de-mouton m.

Senat [ze'na:t] m. (s, e) sénat m. | *auf Senatsbeschluß*, par décret du Sénat.

Senator [-tɔr] m. (s, en) sénateur m. ; conseiller m.

senatorisch [zena'to:riʃ] adj. sénatorial.

Send [zɛnt] m. (s, e). RELIG. synode m. | *Sendgericht*, synode m. | *Sendrecht*, droit synodal.

Send|bote ["zɛnt'bo:tə] m. (n, n) messager m. ; envoyé m. || PAR EXT. missionnaire m. ; apôtre m. ; propagandiste m. ||°-**brief** m. (s, e) missive f. ; épître f. ||°-**schein** m. (s, e) avis (m.) d'expédition. ||°-**schreiben** n. (s, -) épître f.

Sende|anlage ["zɛndə'anla:gə] f. (-, n). RADIO. poste émetteur. ||°-**plan** m. (s, ¨e) programme (m.) des émissions. ||°-**raum** m. (s, ¨e) studio (m.) d'émission. ||°-**saal** m. (s, -säle) auditorium m. ||°-**station** f. (-, en) station (f.) d'émission.

senden ['zɛndən] (sandte, gesandt) v. tr. expédier ; envoyer ; émettre. | *ein Paket als Eilgut senden*, envoyer un paquet par exprès, en grande vitesse. | *einen Gruß an jn senden*, adresser le bonjour à qn. | *nach dem Arzt senden*, envoyer chercher le médecin. || RADIO. [sendete, gesendet] émettre ; transmettre ; diffuser.

Sender [-dər] m. (s, -) expéditeur m. ; envoyeur m. || TECHN. transmetteur m. ; émetteur (m.) de radio. | *über die Sender bekanntgeben*, radiodiffuser.

Sendling ['zɛntliŋ] m. (s, e) émissaire m.

Sendung ['zɛnduŋ] f. (-, en) expédition f. ; envoi m. | *unzustellbare Sendung*, envoi tombé au rebut. | *Einschreibesendung*, envoi recommandé. | *Sendung mit Wertangabe*, envoi avec valeur déclarée. || PAR EXT. colis expédié. || FIG. mission f. || RADIO. émission f. | *Sendung nach Mittelosten*, émission destinée au Moyen-Orient.

Senf [zɛnf] m. (s, e) moutarde f. || FIG. *seinen Senf dazu geben*, mettre son grain de sel.

Senf|büchse ["zɛnf'byksə] f. (-, n) moutardier m. ||°-**gas** n. (es, e) ypérite f. ||°-**mehl** n. (s) farine (f.) de moutarde. ||°-**papier** n. (s, e), °-**pflaster** n. (s, -)

sinapisme m. ||°**-umschlag** m. (s, ¨e) cataplasme m. ; sinapisme m.

Senge ['zɛŋə] f. (-, n). Pop. rossée f. ; raclée f.

sengen ['zɛŋən] v. tr. griller ; flamber ; roussir ; brûler. | *die Sonne sengt die Blätter*, le soleil grille, roussit les feuilles. | *sengende Hitze*, chaleur (f.) torride. || Culin. griller ; flamber. | *die Haare sengen*, flamber, roussir les poils. || Loc. *sengen und brennen*, dévaster ; mettre à feu et à sang.
◇ v. intr. brûler ; roussir ; griller.

sengerig [-ŋəriç] adj. [brenzlig] roussi ; grillé.

senil [ze'ni:l] adj. sénile. || Péjor. gâteux.

Senior ['ze:niɔr] m. (s, en) doyen m. ; ancien m. ; aîné m. || Sport. senior m.

senior adj. aîné ; ancien.

Seniorenpaß m. (s, ¨e) carte (f.) vermeil.

Senk|blei ["zɛŋk'blai] n. (s) fil (m.) à plomb. || Mar. sonde f. ||°**-feuer** n. (s, -). Mil. tir plongeant. ||°**-fuß** m. (es, ¨e) pied plat. ||°**-garn** n. (s, e). [Fischerei] filet (m.) de fond. ||°**-grube** f. (-, n) puisard m. ; fosse (f.) d'aisances. ||°**-kasten** m. (s, -) caisson (m.) hydraulique ; bouche (f.) d'égout. ||°**-loch** n. (s, ¨er) puisard m. ||°**-nadel** f. (-, n) sonde f. ||°**-rebe** f. (-, n). Agric. provin m. ||**-recht** adj. vertical ; perpendiculaire. | *auf einer Geraden senkrecht stehen*, être perpendiculaire à une droite. | *eine senkrechte Linie fällen, ziehen*, abaisser, tracer une perpendiculaire. | *senkrechte Projektion*, projection orthogonale. ||°**-rechte** f. (-, n). Math. perpendiculaire f. || °**-rechtstart** m. (s, s). Aéron. décollage vertical. ||°**-rechtstarter** m. (s, -). Aéron. avion (m.) à décollage vertical. ||°**-reis** n. (es, er). Agric. marcotte f. ||°**-schnur** f. (-, ¨e) ligne (f.) de sonde. ||°**-schraube** f. (-, n). Techn. vis noyée. ||°**-waage** f. (-, n) aréomètre m.

Senke ['zɛŋkə] f. (-, n). Géol. dépression (f.) de terrain. || [Fischfang] filet (m.) de fond. || Agric. provin m. ; marcotte f.

Senkel ['zɛŋkəl] m. (s, -) lacet m. ; cordon m. || [Schnürband] *Schuhsenkel*, lacet de soulier. || Techn. [Senkblei] fil (m.) à plomb.

Senkel|nadel ["zɛŋkəl'nɑ:dəl] f. (-, n) aiguillette f. ||°**-stift** m. (s, e) ferret (m.) de lacet.

senken ['zɛŋkən] v. tr. faire tomber ; descendre ; s'enfoncer ; abaisser ; baisser ; plonger. | *gesenkten Hauptes*, la tête basse. | *die Stimme senken*, baisser la voix. | *den Blick senken*, baisser les yeux. | *jn in die Erde senken*, mettre qn en terre. | *die Preise senken*, baisser les prix. | *gesenkte Lage*, déclivité f. ; pente f. || Agric. provigner ; marcotter. || Techn. perforer ; creuser ; sonder.
◇ v. pr. **sich senken,** s'affaisser. | *die Mauer senkt sich*, le mur s'affaisse. | *die Fahnen senken sich*, les drapeaux s'inclinent. || [Boden] céder. || [Straße] descendre.

Senker [-kər] m. (s, -). Bot. [Ableger] provin m. ; marcotte f. || Techn. [Versenker] fraise f.

Senkung [-kuŋ] f. (-, en) Géogr. dépression f. || Comm. [Preissenkung] baisse (f.) des prix. || Poés. syllabe non-accentuée (contraire *Hebung*). || Méd. *Blutsenkung*, sédimentation du sang.

Senn [zɛn] m. (s, e), **Senne** ['zɛnə] m. (n, n), **Senner** [-nər] m. (s, -) vacher m. || Par ext. [in den Alpen] pâtre m.

Senn|hütte ["zɛn'hytə] f. (-, n) chalet (m.) de pâtre des Alpes.

Senne ['zɛnə] f. (-, n) lande f. ; bruyère f. ; alpage m.

Sennerei [zɛnə'rai] f. (-, en) vacherie f. ; chalet (m.) des pâtres des Alpes.

Sennes|blätter ["zɛnəs'blɛtər] n. pl. feuilles (f. pl.) de séné. ||°**-strauch** m. (s, ¨e). Bot. séné m.

Sensal [zɛn'zɑ:l] m. (s, e). [Vx.] courtier m.

Sensation [zɛnza'tsio:n] f. (-, en) sensation f. | *Sensation machen*, faire sensation.

sensationell [-tsio'nɛl] adj. sensationnel.

sensations|bedürftig [zɛnza"tsio:nsbə'dyrftiç] adj. avide de sensations, de sensationnel. ||°**-blatt** n. (s, ¨er) feuille (f.), journal (m.) à sensation. ||°**-lust** f. curiosité, joie malsaine. ||°**-nachrichten** f. pl. informations sensationnelles. ||°**-prozeß** m. (es, e). Jur. cause (f.) célèbre.

Sense ['zɛnzə] f. (-, n) faux f. | *mit der Sense mähen*, faucher. | *Sensenstein*, pierre (f.) à aiguiser. || Fig. [Sensenmann] faux (f.) de la Mort.

sensibel [zɛn'zi:bəl] adj. [empfindsam] sensible.

sensibilisieren [-zibili'zi:rən] v. tr. sensibiliser.

Sensibilität [-zibili'tɛ:t] f. sensibilité f.

sensitiv [-zi'ti:f] adj. hypersensible ; sensible à l'excès.

Sensitive [-zi'ti:və] f. (-, n). Bot. sensitive f.

Sensor ['zɛnzɔr] m. (s, en). Électr. senseur m. ; capteur m.

sensorisch [-'zo:riʃ] adj. sensoriel ; sensitif.

Sensualismus [-zua'lismus] m. sensualisme m.

Sensualität [-zuali'tɛ:t] f. sensualité f.

sensuell [-zu'ɛl] adj. sensuel.

Sentenz [zɛn'tɛnts] f. (-, en) sentence f.

sentenziös [-tɛntsi'ø:s] adj. sentencieux ; d'un ton sentencieux.
— Observ. Se dit parfois *sentenzenhaft*.

sentimental [zɛntimɛn'tɑ:l] adj. sentimental.

Sentimentalität [-tali'tɛ:t] f. (-, en) sentimentalité f. | *affektierte Sentimentalität*, sensiblerie f.

separat [zepa'rɑ:t] adj. séparé ; à part ; particulier ; détaché.

Separat|abdruck [zepa"rɑ:t'apdruk] m. (s, ¨e), °**-abzug** [-'aptsuk] m. (s, ¨e). Typogr. tirage (m.) à part. ||°**-frieden** m. (s, -) paix séparée.

Separation [zepara'tsio:n] f. (-, en) séparation f.

Separatismus [-ra'tismus] m. séparatisme m.

Separatist [-ra'tist] m. (en, en) séparatiste m.

Separator [-'rɑ:tɔr] m. (s, en) centrifugeuse f.

separieren ['ri:rən] v. tr. séparer.

Sepia ['zɛpia] f. (-, ien). Zool. seiche f. || [Farbe] sépia f.

sepia|braun ["zɛpia'braun] adj. [Farbe] sépia.

Sepp [zɛp] abrév. de **Josef.**

Sepsis ['zɛpsis] f. Méd. septicémie f.

September [zɛp'tɛmbər] m. (s) septembre m.

Septennat [zɛptɛ'nɑ:t] n. (s, e) septennat m.

Septett [-'tɛt] n. (s, e). Mus. septuor m.

Septima ['zɛptima] f. (-, men). Univ. classe (f.) de septième. | *Septimaner*, élève (m.) de septième.

Septime [zɛp'ti:mə] f. (-, n). Mus. septième f.

septisch ['zɛptiʃ] adj. septique.

Septuaginta [zɛptua'ginta] f. Relig. version (f.) des Septante.

sequentiell [zekvɛn'tiɛl] adj. Inf. séquentiel. | *sequentielle Speicherung*, traitement séquentiel.

Sequenz [ze'kvɛnts] f. (-, en). [Kartenspiel] séquence f.

Sequenz|analyse [ze"kvɛntsana'ly:zə] f. (-, n). Biol. séquençage.

Sequenzierung [zekvɛn'tsi:ruŋ] f. (-). V. sequenzanalyse.

Sequester [ze'kvɛstər] m. (s, -). Jur., Méd. séquestre m.

Sequestration [zekvɛstra'tsio:n] f. séquestration f.

Sequestrator [-'trɑ:tɔr] m. (s, en) séquestre m.

sequestrieren [-'tri:rən] v. tr. séquestrer.

Seraph ['ze:raf] m. (s, im). Relig. séraphin m.

seraphisch [ze'rɑ:fiʃ] adj. séraphique.

Serbe ['zɛrbə] m. (n, n), **Serbin** [-bin] f. (-, nen) Serbe s.

Serbien ['zɛrbiən] n. pr. n. (s). Géogr. Serbie f.

serbisch [-biʃ] adj. serbe.

Serenade [zere'nɑ:də] f. (-, n). Mus. sérénade f.

Serenissimus [zere'nisimus] m. (-, mi) Son Altesse sérénissime.

Serge [sɛrʒ] f. (-, n). Text. serge f.

Sergeant [zər'ʒant] m. (en, en). Mil. sergent m.

Sergius ['zɛrgius] n. pr. m. Serge m.

Serie ['ze:riə] f. (-, n). [Reihe] série f. || Comm. *begrenzte Serie*, série limitée.

seriell [ze'riɛl] adj. Mus. *serielle Musik*, musique sérielle. || Inf. *serieller Zugriff*, accès séquentiel.

Serien|erzeugung ["ze:riənɛr'tsɔyguŋ] f. (-, en), °**-herstellung** [-'hɛrʃtɛluŋ] fabrication (f.) en série. ||**-mäßig** adj. et adv. de série ; en série. ||°**-schaltung** f. (-, en). Électr. montage (m.) en série. ||°**-wagen** m. (s, -) voiture (f.) de série. ||°**-ziehung** f. (-, en) tirage (m.) de séries, de lots.

seriös [zeri'ø:s] adj. sérieux.

Sermon [zɛr'mo:n] m. (s, e) sermon m. ; semonce f.

seropositiv ["seropozi'ti:f] adj. Méd. séropositif.

Seropositive(r) ["seropozi'ti:fə(r)] f. (m.). Méd. séropositif m., séropositive f.

serös [zɛ'rø:s] adj. Méd. séreux.

Serpentin [zɛrpɛn'ti:n] n. (s, e). Minéral. serpentine f.

Serpentine [zɛrpɛn'ti:nə] (-, n) lacet m.
Serpentinen|weg [zɛrpɛn"ti:nən've:k] m. (s, e) route (f.), chemin (m.) en lacets.
Serum ['ze:rum] n. (s, ren) sérum m. || Méd. *Serumheilkunde*, sérothérapie f.
Service [zɛr'vi:s] n. (s, e) service (m.) de table ; vaisselle f. || Par ext. pourboire m.
servieren [-'vi:rən] v. tr. et v. intr. servir ; mettre le couvert. | *bei Tisch servieren*, servir à table.
Servier|fenster [zɛr"vi:r'fɛnstər] n. (s, -) passe-plats m. ||°**-fräulein** n. (s, -). Aéron. stewardesse f. ||°**-mädchen** n. (s, -) servante f. ||°**-tisch** m. (s, e) servante f. ; desserte f. ||°**-wagen** m. (s, -) desserte roulante.
Serviette [zɛrvi'ɛtə] f. (-, n). [Mundtuch] serviette f. | *Serviettenring*, rond (m.) de serviette.
servil [zɛr'vi:l] adj. servile.
Servilismus [-vi'lismus]m., **Servilität** [-vili'tɛ:t] f. servilité f.
Servitut [-vi'tu:t] f. (-, en) ou n. Jur. servitude f.
Servo|bedienung ["zɛrvobə'di:nuŋ] f. (-, en) servocommande f. ||°**-bremse** f. (-, n) servofrein m. ||°**-lenkung** f. (-, en) direction assistée. ||°**-motor** m. (s, en) servomoteur m. ||°**-pumpe** f. (-, n) pompe (f.) de servocommande.
Servus ['sɛrvus] interj. [Österreich] salut !
Sesam ['ze:zam] m. (s, s). Bot. sésame m.
Sesam ['ze:zam] (in Zauberformeln) *Sesam, Sesam öffne dich !*, Sésame, ouvre-toi !
Sessel ['zɛsəl] m. (s, -) siège rembourré ; fauteuil m. | *runder Sessel (ohne Lehne)* pouf m. | *niedriger Sessel*, tabouret m.
Sessel|lift ["zɛsəl'lift] m. (s, e) télésiège m. ||°**-träger** m. [Sänftenträger] porteur (m.) de chaise (à porteurs).
seßhaft ['zɛshaft] adj. sédentaire ; établi. | *seßhaft werden*, se stabiliser. | *seßhafte Bevölkerung*, population (f.) sédentaire. || [wohnhaft] *seßhaft in Berlin*, domicilié à Berlin ; résidant à Berlin.
Seßhaftigkeit [-tiçkait] f. vie sédentaire. || Par ext. persistance f. || [Arbeit] assiduité (f.) au travail.
Session [zɛ'sio:n] f. (-, en) séance f. ; session f.
Setz|bord ['zɛtsbɔrt] m. (s, e). Mar. fargue f. ||°**-brett** n. (s, er). Typogr. ais (m.) à imposer. ||°**-eier** n. pl. Culin. œufs (m. pl.) sur le plat. ||°**-fehler** m. (s, -) faute (f.) d'impression ; coquille f. ||°**-kasten** m. (s, -). Typogr. casse f. ||°**-kunst** f. Typogr. composition f. ; art (m.) typographique ; typographie f. || Mus. composition f. ||°**-maschine** f. (-, n). Typogr. Linotype f. ; machine (f.) à composer. ||°**-reis** n. (es, er). Agric. bouture f. ||°**-teich** m. (s, e) vivier m. ||°**-waage** f. (-, n) niveau (m.) de maçon.
setzen ['zɛtsən].

> **I.** v. tr.
> - **1.** [Personen] — **a)** asseoir ; poser ; placer. — **b)** mettre ; placer. — **c)** faire traverser.
> - **2.** [Sachen] — **a)** placer ; mettre. — **b)** poser ; fixer. — **c)** fixer ; déterminer ; assigner.
> - **3.** Loc.
> - **4.** Sens particuliers.
>
> **II.** v. intr. sauter.
> **III.** part. pass. V. gesetzt.
> **IV.** v. pr. **sich setzen.**
> - **1.** s'asseoir ; se mettre, se placer.
> - **2.** Sens particuliers.

I. v. tr. **1.** [Personen] — **a)** asseoir ; poser ; placer. | *wohin soll dieser Gast gesetzt werden ?*, où faut-il placer cet invité ? | *ein Kind auf seinen Schoß setzen*, prendre un enfant sur ses genoux. | *jn in eine Stelle setzen*, placer qn dans un poste. || Fig. *jn auf den Thron setzen*, placer qn sur le trône. — **b)** mettre ; placer ; situer ; jeter. | *Kinder in die Welt setzen*, mettre des enfants au monde. | *jn festsetzen*, arrêter qn. | *jn auf freien Fuß setzen*, libérer qn. | *jn auf Diät setzen*, mettre qn à la diète. | *jn auf schmale Kost setzen*, mettre qn à la portion congrue. | *den Feind außer Gefecht setzen*, mettre l'ennemi hors de combat. | *jn in Schrecken setzen*, effrayer qn. — **c)** faire traverser ; faire franchir ; déposer ; débarquer. | *jn über den Fluß setzen*, faire passer le fleuve à qn. | *jn an Land setzen*, déposer qn sur le rivage ; débarquer qn. | *jn vor die Tür setzen*, mettre qn à la porte. | *jn auf die Straße setzen*, mettre qn à la rue.
2. [Sachen] — **a)** placer ; mettre. | *den Fuß auf die Schwelle setzen*, poser le pied sur le seuil. | *die Suppenschüssel auf den Tisch setzen*, poser la soupière sur la table. | *Land unter Wasser setzen*, inonder une contrée. | *jm das Messer an die Kehle setzen*, mettre à qn le couteau sous la gorge. — **b)** poser ; fixer. | *den Grundstein setzen*, poser la première pierre. | *jm ein Denkmal setzen*, élever un monument à qn. | *Knöpfe an eine Jacke setzen*, mettre des boutons à une veste. | *Spitzen an ein Kleid setzen*, garnir une robe de dentelles. | *eine Scheibe in ein Fenster setzen*, poser une vitre à une fenêtre. | *ein Wort an die Stelle eines anderen setzen*, mettre un mot à la place d'un autre. — **c)** fixer ; déterminer ; assigner. | *eine Grenze setzen*, fixer une limite, une frontière. | *Grenzsteine setzen*, planter des bornes. | *eine Frist setzen*, fixer un délai. || [Preis] *einen hohen Preis auf etwas setzen*, attacher grand prix à qch. | *einen Preis auf den Kopf des Verbrechers setzen*, mettre la tête du criminel à prix.
3. Loc. *in Bewegung setzen*, mettre en mouvement. | *in Gang setzen*, mettre en marche. | *in Stand setzen*, mettre en état. | *in Umlauf setzen*, mettre en circulation. | *ein Gesetz außer Kraft setzen*, abroger une loi. | *ins Werk setzen*, mettre en œuvre. | *sein Leben aufs Spiel setzen*, risquer sa vie. | *alles an eine große Sache setzen*, mettre tout au service d'une grande cause. | *etwas auf die Probe setzen*, mettre qch. à l'épreuve. | *jm ein Ziel setzen*, fixer un but à qn. | *seinen Ehrgeiz daran setzen, daß*, mettre son point d'honneur à ce que. || *sich etwas in den Kopf setzen*, se mettre qch. en tête. || Théâtre. *in Szene setzen*, mettre en scène.
4. Sens particuliers : [Prinzip ; Grund] *setzen wir, daß*, posons en principe que. | *setzen wir den Fall*, supposons ; posons le cas. || Math. poser. | *eine Gleichung setzen*, poser une équation. || Mus. *Noten setzen*, écrire des notes. | *ein Gedicht in Musik setzen*, mettre un poème en musique. || Typogr. composer. | *einen Text setzen*, composer un texte. || [Spiel] *viel Geld auf eine Nummer setzen*, jouer gros sur un numéro. | *ein Pfand setzen*, donner un gage ; donner en gage ; parier. || Bot. planter. | *in einen Topf setzen*, mettre en pot.
II. v. intr. franchir d'un bond ; sauter. | *über einen Graben setzen*, sauter un fossé. | *über einen Fluß setzen*, traverser une rivière.
III. part. pass. V. gesetzt.
IV. v. pr. **sich setzen. 1.** s'asseoir ; se mettre ; se placer. | *sich auf einen Stuhl setzen*, s'asseoir sur une chaise. | *sich an den Tisch setzen*, s'asseoir à la table. | *sich zu Tisch setzen*, se mettre à table. | *setzen Sie sich !*, asseyez-vous. | *sich zu jm setzen*, s'asseoir auprès de qn. | *sich aufs Pferd setzen*, monter à cheval. | *sich in Trab setzen*, se mettre au trot. || Par ext. *sich zur Ruhe setzen*, cesser toute activité ; prendre sa retraite. | *sich zur Wehr setzen*, se défendre.
2. Sens particuliers : *der Teig setzt sich*, la pâte s'affaisse, tombe. | *die Beule setzt sich*, la bosse désenfle. | *der Wein setzt sich*, le vin dépose. || Chim. précipiter.
Setzer [-tsər] m. (s). Typogr. compositeur m. ; typographe m. || (en compos.) poseur m. ; metteur m. || Mus. *Tonsetzer*, compositeur.
Setzling [-tsliŋ] m. (s, e). Agric. plant m. || Zool. [Fische] alevin m.
Seuche ['zɔyçə] f. (-, n) épidémie f. ; maladie contagieuse. | *Tierseuche*, épizootie f.
seuchen|artig ["zɔyçən'ɑ:rtiç] adj. contagieux ; épidémique. ||°**-bekämpfung** f. prophylaxie f. ||°**-herd** m. (s, e) foyer (m.) de contagion. ||°**-sperre** f. (-, n) quarantaine f. ||°**-stoff** m. (s, e) virus m.
seufzen ['zɔyftsən] v. intr. soupirer ; gémir. | *über etwas seufzen*, gémir sur qch ; déplorer qch. | *nach etwas seufzen*, soupirer après qch. ; avoir la nostalgie de qch.
Seufzer [-tsər] m. (s, -) soupir m. ; gémissement m. | *seinen letzten Seufzer tun*, rendre le dernier soupir.
Sexta ['zɛksta] f. (-, ten). Univ. classe (f.) de sixième ; sixième f.
Sextaner(in) [zɛks'tɑ:nər(in)] m. (s, -), f. (-, nen) élève (s.) de sixième.
Sextant [-'tant] m. (en, en) sextant m.
Sexte ['zɛkste] f. (-, n). Mus. sixte f.
Sextett [zɛks'tɛt] n. (s, e). Mus. sextuor m.
sexual [zɛksu'ɑ:l], **sexuell** [-ksu'ɛl] adj. sexuel. ◇ adv. sexuellement. | *sexuell übertragbare Krankheit*, maladie (f.) sexuellement transmissible.
Sexual|pädagogik [zɛksu"ɑ:lpɛda'go:gik] f. éducation sexuelle. ||°**-wissenschaftler(in)** m. (s, -), f. (-, nen) sexologue s.
Sexualität [-ali'tɛ:t] f. sexualité f.
Sezession [zetsɛ'sio:n] f. (-, en). Polit. sécession f.
sezieren [ze'tsi:rən] v. tr. disséquer. || Méd. *Seziermesser*, scalpel m.

Sezierung [-ruŋ] f. (-, en) dissection f. | *Sezierung eines Toten*, autopsie f.
Siam ['zi:am] n. pr. n. (s). GÉOGR. Siam m.
Siamese [zia'me:zə] m. (en, en) Siamois m.
siamesisch [-ziʃ] adj. siamois. | *siamesische Zwillinge*, frères siamois.
Sibilant [zibi'lant] m. (en, en). GRAMM. sifflante f.
Sibirien [zi'bi:riən] n. pr. n. (s). GÉOGR. Sibérie f.
Sibirier [-riər] m. (s, -) Sibérien m.
sibirisch [-riʃ] adj. sibérien.
Sibylle [zi'bylə] f. (-, n) sibylle f.
sibyllinisch [-by'li:niʃ] adj. sibyllin.
sich [ziç] pron. réfl. de la 3e pers. du sing. et du pl. se ; soi ; lui ; lui-même ; elle ; elle-même ; eux ; elles ; eux-mêmes ; elles-mêmes. || [Höflichkeitsform] vous ; vous-même(s). | *sich waschen*, se laver. | *sich freuen*, se réjouir. | *freuen Sie sich*, réjouissez-vous. | *sie freut sich*, elle se réjouit. | *er läßt sich ein Haus bauen*, il se fait construire une maison. | *er hatte kein Geld bei sich*, il n'avait pas d'argent sur lui. || LOC. *die Sache an und für sich*, la chose en elle-même, prise pour elle-même. | *das hat nichts auf sich*, cela n'a aucune importance. | *er denkt nur an sich*, il ne pense qu'à lui. | *sie kommt wieder zu sich*, elle revient à elle. || PHILOS. *das Ding an sich*, la chose en soi.
— OBSERV. Se distingue du pron. réciproque *einander*. Ex. : *sie schaden sich*, ils se nuisent à eux-mêmes ; *sie schaden einander*, ils se nuisent l'un l'autre. — S'emploie en allemand, même après une prép. Ex. : *er hat Geld bei sich*, il a de l'argent sur lui.
Sich|abfinden [ziç"ap'findən] n. (s) pactisation f. ||°**-einprägen** n. (s) mémorisation f. ||°**-gehenlassen** n. (s) laisser-aller m.
Sichel ['ziçəl] f. (-, n) faux f. ; faucille f. | *Mondsichel*, croissant (m.) de la lune. || ANAT. faux (f.) du cervelet.
Sichel|feder ["ziçəl'fe:dər] f. (-, n). ZOOL. penne rectrice.
sicheln [-çəln] v. tr. faucher ; couper à la faucille.
sicher ['ziçər] adj. et adv. **1.** [gewiß] certain ; sûr ; qui ne doute pas ; sûrement ; à coup sûr ; certainement ; indubitablement. | *er ist seiner Sache sicher*, il est sûr de son fait. | *etwas aus sicherer Quelle wissen*, savoir qch. de source sûre. | *soviel ist sicher*, toujours est-il. | *etwas sicher wissen*, être sûr de qch. | *ich weiß es ganz sicher*, je le sais de source certaine. | *er kommt ganz sicher*, à coup sûr il viendra. | *willst du sicher gehen, so...*, si tu veux aboutir, alors...
2. [zuverlässig] sûr ; en qui l'on peut avoir confiance ; solide ; de confiance. | *sichere Stellung*, position sûre, solide. | *sichere Hand*, main sûre, qui ne tremble pas. | *sicheres Gleichgewicht*, équilibre (m.) stable. | *sicheres Gedächtnis*, mémoire (f.) fidèle. | *ich bin seiner sicher*, je suis sûr de lui. | *sicherer Schuldner*, débiteur (m.) de confiance. | *sicherer Blick*, regard assuré. | *ein sicherer Beweis*, une preuve certaine.
3. [vor Gefahr geschützt] sûr ; à l'abri du danger ; en sécurité ; protégé. | *sich sicher glauben*, se croire en sécurité. | *jn sicherstellen*, mettre qn en sûreté ; PAR EXT. emprisonner qn. | *sicher zu Werke gehen*, prendre ses précautions avant d'agir. | *sicher leben*, vivre en sécurité. | *seines Lebens nicht sicher sein*, craindre pour sa vie. | *sicher machen*, rassurer. | *sich sicher stellen*, pourvoir à sa sécurité. | *vor jm sicher sein*, n'avoir rien à craindre de qn. | *etwas an einen sicheren Ort bringen*, mettre qch. en lieu sûr. || PROV. *sicher ist sicher*, deux précautions valent mieux qu'une.
Sicherheit [-hait] f. (-, en) **1.** certitude f. ; assurance f. | *Sicherheit im Auftreten haben*, avoir la démarche assurée. | *mit Sicherheit sagen*, affirmer avec certitude.
2. confiance f. ; assurance (f.) que l'on a en qch., en qn. || FIN. garantie f. | *hypothekarische Sicherheit*, garantie hypothécaire. | *Sicherheit geben*, nantir. | *als Sicherheit dienen*, servir de garantie. | *Sicherheit leisten*, fournir caution.
3. sûreté f. ; sécurité f. | *in Sicherheit bringen*, mettre à l'abri, en sécurité. | *zur größeren Sicherheit*, pour plus de sûreté. | *sich in Sicherheit wiegen*, ne pas croire au danger.
4. sûreté f. ; solidité f. ; fidélité f. | *Sicherheit der Kenntnisse*, connaissances sûres, solides.
5. [Gewehr] cran (m.) d'arrêt, de sûreté.
— SYN. : *Gewißheit*, certitude.
Sicherheits|abkommen ["ziçərhaits'apkɔmən] n. (s, -). POLIT. pacte (m.) de sécurité. ||°**-abstand** m. (s, ¨e) [Verkehr] distance (f.) de sécurité. ||°**-behälter** m. (s, -), °**-hülle** f. (-, n). NUCL. enceinte (f.) de sécurité. ||°**-behörden** f. pl. sûreté f. ; police f. ||°**-bindung** f. (-, en) [Skisport] fixation (f.) de sécurité. ||°**-dienst** m. (s, e) service (m.) de sécurité. ||°**-einlage** f. (-, n). FIN. dépôt (m.) de garantie. ||°**-geleit** n. (s, e) sauf-conduit m. ||°**-glas** n. (es) verre (m.) de sécurité ; verre securit. ||°**-gurt** m. (s, e). AUTOM. ceinture (f.) de sécurité. | *seinen Sicherheitsgurt anschnallen*, boucler sa ceinture de sécurité. ||**-halber** adv. pour des raisons de sécurité ; pour plus de sûreté. ||°**-kräfte** f. pl. POLIT. forces (f. pl.) de sécurité. ||°**-kugel** f. (-, n). NUCL. enceinte (f.) de confinement. ||°**-leistung** f. (-, en) garantie f. ; cautionnement m. ||°**-maßregel** ["---/'-/--] f. (-, n) mesure (f.) de sécurité. ||°**-nadel** f. (-, n) épingle (f.) de sûreté ; épingle (f.) de nourrice. ||°**-pakt** m. (s, e) pacte (m.) de sécurité collective. ||°**-pfand** n. (s, ¨er). JUR. gage m. ||°**-polizei** f. police (f.) de sûreté. ||°**-rat** m. (s) conseil (m.) de sécurité. ||°**-schalter** m. (s, -). ÉLECTR. disjoncteur m. ; coupe-circuit m. ||°**-schloß** n. (es, ¨er) cadenas m. ; serrure (f.) de sûreté. || [Gewehr] platine (f.) de sûreté. ||°**-schneise** f. (-, n) [bei Waldbränden] coupe-feu m. ||°**-stift** m. (s, e) goupille (f.) de sécurité. ||°**-verschluß** m. (es, ¨e) antivol m. ||°**-vorrichtung** f. ["--/'--] (-, en) dispositif (m.) de sécurité. || °**-wachdienst** m. (s). AUTOM. police-secours f. || °**-zone** f. (-, n) zone (f.) de sécurité.
sicherlich ['ziçərliç] adv. à coup sûr ; certainement ; assurément ; immanquablement ; sans aucun doute ; sans le moindre doute ; pour sûr. | *du weißt es sicherlich*, tu n'es pas sans le savoir.
sichern [-çərn] v. tr. et v. pr. assurer ; garantir ; mettre en sûreté, en sécurité. | *sich vor einer Gefahr sichern*, se prémunir contre un danger. | *jm die Ruhe sichern*, assurer le repos à qn. | *sich die Übermacht sichern*, s'assurer la prépondérance, la suprématie. | *gesicherte Zukunft*, avenir assuré. || FIN. assurer ; garantir ; nantir. | *gesichert sein*, être à couvert. || MIL. *gesichertes Gewehr*, arme (f.) dont le dispositif de sécurité est bloqué. || MAR. *gesicherte Schiffe*, navires convoyés. || TECHN. goupiller ; bloquer. || ÉLECTR. mettre un fusible.
◇ v. intr. [wittern] *das Wild sichert*, le gibier prend le vent, flaire autour de lui.
sicher|stellen ["ziçər'ʃtɛlən] v. tr. garantir ; sauvegarder ; mettre à l'abri, en sécurité, en sûreté. ||°**-stellung** f. (-, en) mise (f.) en sécurité ; garantie f. || FIN. nantissement m. ; cautionnement m.
Sicherung ['ziçəruŋ] f. (-, en) [action d'] assurer, [de] garantir. || sauvegarde f. ; préservation f. | *soziale Sicherung*, Sécurité sociale. || TECHN. sûreté f. ; cran (m.) de sûreté. || ÉLECTR. fusible m. || MIL. couverture f. || MAR. escorte f.
Sicherungs|automat ["ziçəruŋsauto'ma:t] m. (en, en). ÉLECTR. disjoncteur m. ||°**-maßnahme** f. (-, n). JUR. mesure (f.) conservatoire. ||°**-mutter** f. (-, n). TECHN. écrou (m.) de blocage.
Sicht [ziçt] f. **1.** vue f. | *in Sicht haben*, avoir en vue. | *der Sicht entziehen*, dérober à la vue. || PR. et FIG. *in Sicht sein*, être en vue.
2. [Sichtweite] visibilité f. | *schlechte Sicht*, mauvaise visibilité. || PR. et FIG. *außer Sicht*, invisible, hors de vue.
3. FIG. vue f. ; échéance f. | *Politik auf weite Sicht*, politique (f.) à longue vue. | *Politik auf kurze Sicht*, politique (f.) à la petite semaine. | *auf lange Sicht*, de longue haleine.
4. FIN., COMM. *bei, auf, nach Sicht zahlbar*, payable à vue. | *auf kurze Sicht*, à court terme.
Sicht|anzeiger ["ziçt'antsaigər] m. (s, -) indicateur visuel. ||°**-bereich** m. (s, e) champ visuel. ||°**-flug** m. (s, ¨e) vol (m.) à vue. ||°**-geschäft** n. (s, e). FIN. opération (f.) à terme. ||°**-guthaben** n. (s). FIN. avoirs (m. pl.) à vue. ||°**-korn** n. (s, ¨er). [Geschütz] guidon m. ||°**-prüfung** f. (-, en) examen visuel. ||°**-tag** m. (s, e) jour (m.) de grâce. ||°**-tratte** f. (-, n). FIN. billet (m.) à ordre. ||°**-verhältnisse** n. pl. conditions (f. pl.) de visibilité. ||°**-vermerk** n. (s, e) visa m. ||°**-wechsel** m. (s, -) traite (f.), billet (m.) à vue. ||°**-weite** f. (-, n) champ visuel. ||°**-zeichen** n. (s, -) signal (m.) optique.
sichtbar ['ziçtba:r] adj. visible ; sensible ; discernable ; apparent ; évident ; ostensible ; manifeste.
◇ adv. à vue d'œil.
Sichtbarkeit [-ba:rkait] f. visibilité f. ; évidence f.
sichtbarlich [-ba:rliç] adv. visiblement ; manifestement ; ostensiblement ; à vue d'œil.
sichten ['ziçtən] v. tr. **1.** [erblicken] apercevoir ; examiner ; déceler. || PAR EXT. distinguer ; discerner ; repérer.
2. [ausscheiden] trier ; filtrer ; tamiser ; passer au crible. | *Papiere sichten*, trier des papiers.

sichtig [-tiç] adj. *sichtiges Wetter*, bonne visibilité ; temps clair.

— OBSERV. S'emploie en composition avec *kurz, weit* : *kurzsichtig*, myope ; *weitsichtig*, presbyte.

sichtlich [-tliç] adj. et adv. visible ; évident ; manifeste ; ostensible ; à vue d'œil. | *er war davon sichtlich berührt*, il a été visiblement touché.

— SYN. : *offenkundig*, manifeste ; *merklich*, remarquable, visible.

Sichtung [-tuŋ] f. criblage m. ; tamisage m. ; tri m. || PAR EXT. *genaue Sichtung*, examen minutieux, attentif.

Sicker|graben [″zikər'grɑ:bən] m. (s, ¨) drain m. ||°**-grube** f. (-, n), °**-schacht** m. (s, ¨e) puisard m. ; fosse (f.) septique. ||°**-wasser** n. (s) eau (f.) d'infiltration.

sickern ['zikərn] v. intr. (sein) s'écouler goutte à goutte ; suinter. || (haben) avoir une fuite ; fuir.

Sickern ['zikərn] n. (s) suintement m.

siderisch [zi'de:riʃ] adj. sidéral.

sie [zi:] nom. et acc. du pron. pers. de la 3e pers. du f. sing. et de la 3e pers. du pl. elle ; ils ; elles ; eux. | *ich sehe sie*, je la vois ; je les vois. | *sie, nicht er*, elle, pas lui. || [Höflichkeitsform] *jn Sie nennen*, dire vous à qn. | *ich höre Sie*, je vous entends.

Sieb [zi:p] n. (s, e) crible m. ; tamis m. ; sas m. | *durch ein Sieb treiben*, passer au tamis. || LOC., FIG. *Wasser mit einem Sieb schöpfen*, vouloir tenter l'impossible.

Sieb|analyse [″zi:pana'ly:zə] f. (-, n) analyse (f.) granulométrique. ||°**-arbeit** f. (-, en) criblage m. ||**-artig** adj. qui ressemble à un crible. | *siebartig durchlöchert*, percé comme une écumoire. ||°**-bein** n. (s, e) os (m.) ethmoïde. ||°**-maschine** f. (-, n) tamiseuse (f.) mécanique. ||°**-mehl** n. (s) farine blutée. ||°**-staub** m. (s) criblure f. ||°**-tuch** n. (s, ¨er) toile (f.) de tamis ; étamine f. ||°**-werk** n. (s, e) crible m. ; appareil (m.) de triage.

sieben ['zi:bən] v. tr. cribler ; tamiser ; filtrer. | *Sand sieben*, passer le sable au crible. || FIG. *Nachrichten sieben*, filtrer des nouvelles ; censurer des informations.

sieben ['zi:bən] adj. num. card. sept. || [Uhr] *halb sieben*, six heures et demie.

◇ **die Sieben,** le chiffre sept ; le sept. || FAM. *eine böse Sieben*, une mégère.

sieben|armig [″zi:bən'armiç] adj. à sept bras ; à sept branches. | *siebenarmiger Leuchter*, chandelier (m.) à sept branches. ||°**-bürgen** n. pr. n. GÉOGR. Transylvanie. ||**-bürger(in)** m. (s, -) (-, nen) Transylvanien(ne) m. (f.) ||**-bürgisch** adj. transylvanien. ||°**-eck** n. (s, e) heptagone m. ||**-fach, fältig** adj. septuple ; sept fois autant. ||°**-flächner** m. (s, -) heptaèdre m. ||°**-gestirn** n. (s). ASTRON. Pléiade f. ||**-hundert** adj. num. card. sept cents. ||**-jährig** adj. *siebenjähriges Kind*, enfant de sept ans. | *Siebenjähriger Krieg*, guerre (f.) de Sept ans. | *siebenjährige Amtszeit*, septennat m. ||**-malklug** adj. qui fait le malin. ||°**-meilenstiefel** m. pl. bottes (f. pl.) de sept lieues. ||°**-punkt** m. (s, e). ZOOL. coccinelle f. ; FAM. bête (f.) à bon Dieu. ||°**-sachen** f. pl. affaires f. pl. ; nippes f. pl. | *seine Siebensachen packen*, faire ses paquets. ||°**-schläfer** m. (s, -). ZOOL., FIG. et FAM. loir dormant.

Siebener ['zi:bənər] m. (s, -) nombre sept ; septemvir m. || [Wein] vin (m.) de l'année 1907.

siebenerlei [″zi:bənər'lai] adj. invar. de sept sortes.

sieb(en)te ['zi:b(ən)tə] adj. num. ord. septième. | *der siebente April*, le 7 avril. | *siebentes Kapitel*, chapitre (m.) sept. | *Karl der Siebente*, Charles VII.

sieb(en)tens ['zi:b(ən)təns] adv. septièmement.

siebenthalb [″zi:bənt'halp] adj. num. card. six et demi.

— SYN. : *sechseinhalb*.

Sieb(en)tel ['zi:p(ən)təl] n. (s, -) septième m.

Siebung ['zi:buŋ] f. (-, en) tamisage m. ; criblage m. || PAR EXT. choix m.

siebzehn ['ziptse:n] adj. num. card. dix-sept.

siebzig [-tsiç] adj. num. card. soixante-dix. | *die siebziger Jahre*, les années entre 1870 et 1880. | *ein Siebziger, Siebzigjähriger*, un septuagénaire.

siech [zi:ç] adj. malade ; maladif ; souffreteux ; valétudinaire ; infirme ; cacochyme. | *Siechbett*, lit (m.) de douleur, de misère.

Siechen|haus [″zi:çən'haus] n. (es, ¨er) hospice (m.) d'incurables.

Siechtum ['zi:çtu:m] n. (s) mal lent, durable, qui traîne, qui mine ; état maladif ; langueur f. ; infirmité f.

Siede|bereich [″zi:dəbə'raiç] m. (s, e). TECHN. intervalle (m.) de distillation. ||°**-grad** m. (s, e) degré (m.) d'ébullition. ||°**-hitze** f. (-, n) température (f.) d'ébullition. || PAR EXT. chaleur tropicale. ||°**-hütte** f. (-, n) salpêtrière f. ||°**-kessel** m. (s, -) chaudière f. ; bouilloire f. ||°**-meister** m. (s, -) raffineur m. ||°**-punkt** m. (s, e) point (m.) d'ébullition. ||°**-rohr** n. (s, e). TECHN. tubulure f. ||°**-salz** m. (es) sel raffiné. ||°**-wasserreaktor** m. (s, en). NUCL. réacteur (m.) à eau bouillante.

Siedelei [zi:də'lai] f. (-, en) colonie f.

siedeln ['zi:dəln] v. intr. établir une colonie, un lotissement. | *sich ansiedeln*, se fixer ; s'établir.

Siederei [zi:də'rai] f. (-, en) saunerie f. ; raffinerie f. ; fabrique (f.) de savon.

Siedler ['zi:dlər] m. (s, -) colon m. | *Siedlerstelle*, lot (m.) de terre.

Siedlung ['zi:dluŋ] f. (-, en) installation f. ; colonie f. ; lotissement m. | *Arbeitersiedlung*, cité ouvrière.

sieden ['zi:dən] (sott, gesotten) v. tr. faire bouillir ; faire cuire. || CULIN. *weich gesottene Eier*, œufs (m. pl.) à la coque. | *hart gesottene Eier*, œufs durs. | *Gemüse sieden*, faire cuire des légumes. | *blau gesottener Karpfen*, carpe (f.) au bleu. || TECHN. *Seife sieden*, fabriquer du savon. | *Zucker sieden*, raffiner du sucre. | *in Alaun sieden*, aluner. | *Silber weiß sieden*, blanchir de l'argent.

◇ v. intr. (conjug. faible) bouillir ; bouillonner. | *das Wasser siedete*, l'eau bouillait. | *siedend heiß*, bouillant ; brûlant.

◇ part. pass. et adj. **gesotten**. FIG. *ein hart gesottener Sünder*, un pécheur sans repentir.

Sieg [zi:k] m. (s, e) victoire f. | *den Sieg über jn erringen, davontragen*, triompher de qn. | *dem Recht zum Sieg verhelfen*, faire triompher le droit.

sieg|gewohnt [″zi:kgə'vo:nt] adj. accoutumé à vaincre. ||**-reich** adj. victorieux ; vainqueur. — adv. en vainqueur ; avec succès. ||°**-wurz** f. (-, en). BOT. glaïeul m.

Sieges|aufzug [″zi:gəs'auftsu:k] m. (s, ¨e) cortège triomphal ; triomphe m. ||°**-bogen** m. (s, ¨) arc (m.) de triomphe. ||°**-denkmal** n. (s, ¨er) monument commémoratif d'une victoire. || PAR EXT. trophée m. ||**-gewiß** adj. sûr, certain de la victoire. ||°**-kranz** m. (es, e) couronne (f.) du vainqueur. ||°**-lauf** m. (s) suite (f.) de victoires. ||**-trunken** adj. enivré par sa victoire, par son succès. ||°**-wagen** m. (s, -) char triomphal. ||°**-zeichen** n. (s, -) trophée m. ||°**-zug** m. (s, ¨e) marche triomphale ; triomphe m.

Siegel ['zi:gəl] n. (s, -) cachet m. ; sceau m. ; empreinte f. | *amtliches Siegel*, sceau m. | *privates Siegel*, cachet m. | *sein Siegel aufdrücken ; mit seinem Siegel versehen*, apposer son sceau ; mettre son cachet. | *ein Siegel aufbrechen*, décacheter ; desceller. | *ein Siegel aufbringen*, apposer, mettre les scellés. || FIG. *unter dem Siegel der Verschwiegenheit*, sous le sceau du secret. | *ein Buch mit sieben Siegeln*, une chose incompréhensible.

Siegel|bewahrer [″zi:gəlbə'vɑ:rər] m. (s, -). JUR. garde (m.) des Sceaux. ||°**-bruch** m. (s, ¨e) bris (m.) de scellés. ||°**-erde** f. terre sigillée ; bol m. ||°**-lack** m. (s) cire (f.) à cacheter. ||°**-ring** m. (s, e) chevalière f. ; bague (f.) à cacheter. ||°**-wachs** n. (es) cire (f.) à cacheter.

siegeln ['zi:gəln] v. tr. cacheter ; apposer un cachet, un sceau ; sceller. | *amtlich siegeln*, sceller.

siegen ['zi:gən] v. intr. vaincre ; l'emporter ; remporter une victoire, un succès ; triompher ; gagner. | *über jn siegen*, l'emporter sur qn.

◇ part. prés. **siegend,** vainqueur ; victorieux ; triomphant. | *siegende Tugend*, vertu triomphante.

Sieger(in) [-gər(in)] m. (s, -), f. (-, nen) vainqueur m. ; triomphateur m. ; triomphatrice f. || SPORT. champion m. ; championne f. | *aus einem Kampf als Sieger hervorgehen*, sortir vainqueur d'un combat.

siegerisch [-gəriʃ] adj. victorieux.

sieghaft ['zi:ghaft] adj. victorieux ; vainqueur.

Siel [zi:l] m. et n. (s, e) écluse f. ; canal m. || [in Ostfriesland] petite anse ; crique f.

Siele ['zi:lə] f. (-, n) harnais m. ; bricole f. | *in den Sielen ergrauen*, blanchir sous le harnois. | *in den Sielen sterben*, mourir à la tâche, à la peine. | *wieder in die Sielen gehen*, se remettre au travail.

Sielen|geschirr [″zi:ləngə'ʃir] n. (s, e), °**-werk** [-'vɛrk] n. (s, e), °**-zeug** [-'tsɔyk] n. (s, e) harnachement m.

Siemens-Martin-Ofen [″zi:məns'martin'o:fən] m. (s, ¨). MÉTALL. four (m.) Martin.

siena [zi'ɛna] adj. couleur terre de Sienne ; couleur brique.
Siesta [zi'ɛsta] f. (-, s ou ten) sieste f. | *Siesta halten*, faire la sieste.
siezen ['zi:tsən] v. tr. vouvoyer.
Sigel ['zi :gəl] n. (s, -), **Sigle** ['zi:klə] f. (-, n) sigle m.
Signal [zig'nɑ:l] n. (s, e) signal m. | *Lichtsignal*, signal lumineux. | *ein Signal beachten*, observer un signal. | *ein Signal überfahren*, brûler un signal. | *das Signal steht auf Halt*, le signal est en position « fermé ». | *das Signal zu etwas geben*, donner le signal de qch.
Signal|anlage [zig"nɑ:l'anla:gə] f. (-, n) dispositif (m.) de signalisation. ||°**-apparat** m. (s, e) avertisseur m. ||°**-arm** m. (s, e) bras (m.) de sémaphore. ||°**-brücke** f. (-, n). [Eisenbahn] portique (m.) de signaux lumineux. ||°**-buch** n. (s, ¨er) code (m.) de signaux. ||°**-gebung** f. signalisation f. ||°**-glocke** f. (-, n) timbre avertisseur. ||°**-horn** n. (s, ¨er) avertisseur m. ; clairon m. ; bugle m. ||°**-mann** (s, ¨er). MIL. signaleur m. ||°**-mast** m. (es, en). MAR. mât (m.) pilote. ||°**-mittel** n. (s, -) avertisseur m. ||°**-pfeife** f. (-, n) sifflet avertisseur. ||°**-rakete** f. (-, n) fusée (f.) de signalisation. ||°**-rauschverhältnis** n. (es, se). TÉLÉCOMM. rapport (m.) signal/bruit. ||°**-ruf** m. (s, e) cri (m.) de ralliement. ||°**-scheibe** f. (-, n). [Eisenbahn] disque (m.) à signaux. ||°**-stange** f. (-, n) sémaphore m. ||°**-verstärker** m. (s, -). TECHN. amplificateur (m.) de signal. ||°**-wesen** n. (s) signalisation f.
signalisieren [zignali'zi:rən] v. tr. signaler.
Signatar|macht [zigna"tɑ:r'maxt] f. (-, ¨e). POLIT. puissance (f.) signataire.
Signatur [zigna'tu:r] f. (-, en). [Namensunterschrift] signature f. || [Kennzeichen] signe (m.) caractéristique ; critère m. | *die Signatur einer Zeit*, ce qui caractérise une époque. || COMM. étiquette f. ; marque f. ; cote f. (Bibliothek).
Signet [zig'ne:t] n. (s, e). [Merkzeichen] signet m. | *Verlagssignet*, marque (f.) de l'éditeur. || PAR EXT. armoiries f. pl.
signieren [-'ni:rən] v. tr. signer.
signifikant [-nifi'kant] adj. caractéristique ; significatif.
Sigrist [zi'krist et 'zi:krist] m. (en, en). [Küster] sacristain m.
Sikkativ [zika'ti:f] n. (s, e) siccatif m.
Silbe ['zilbə] f. (-, n) syllabe f. | *lange, kurze Silbe*, syllabe longue, brève. | *betonte Silbe*, syllabe accentuée. || FIG. *ich verstehe keine Silbe davon*, je n'y entends goutte. | *Silben verschlucken*, avaler des syllabes.
Silben|akzent ["zilbənak'tsɛnt] m. (s, e) accent (m.) tonique. ||°**-buch** n. (s, ¨er) syllabaire m. ||°**-fall** m. (s, ¨e) rythme m. ||°**-messung** f. prosodie f. ||°**-rätsel** n. (s, -) charade f. ||**-weise** adv. par syllabes.
Silber ['zilbər] n. (s) **1.** [Metall] argent m. | *legiertes Silber*, alliage (m.) d'argent. | *geschlagenes Silber*, argent en feuilles. | *vergoldetes Silber*, vermeil m. | *mit Silber überziehen*, argenter. || [Quecksilber] *lebendiges Silber*, vif-argent m. || PROV. *Reden ist Silber, Schweigen ist Gold*, la parole est d'argent, mais le silence est d'or.
2. [Geschirr] *auf Silber speisen*, manger dans de la vaisselle d'argent. || [Silbergerät] argenterie f.
3. [Geld] *in Silber zahlen*, payer comptant.
Silber|ader ["zilbər'ɑ:dər] f. (-, n). MINES. veine (f.) d'argent, argentifère. ||**-ähnlich** adj. argentin. ||°**-anstrich** m. (s, e) argenture f. ||°**-appretur** f. (-, en). TEXT. *Stoff mit Silberappretur*, coton mercerisé. ||°**-arbeit** f. argenterie f. ||**-artig** adj. argentin. ||°**-beschläge** m. pl. garnitures (f. pl.) d'argent. ||**-blank** adj. argenté ; luisant. ||°**-blech** n. (s) argent (m.) en lames. ||°**-borte** f. (-, n). MIL. galon (m.) d'argent. ||**-farben, -farbig** adj. argenté ; couleur d'argent. ||°**-folie** f. (-, n) tain (m.) d'argent. ||°**-fuchs** m. (es, ¨e) renard argenté. ||°**-gehalt** m. (s, e) titre (m) d'argent. ||°**-geld** n. (s) monnaie (f.) d'argent. ||°**-gerät** n. (s, e), °**-geschirr** n. (s, e) argenterie f. ; vaisselle (f.) d'argent. ||°**-glanz** m. (es). CHIM. sulfure (m.) d'argent. ||°**-glätte** f. litharge (f.) d'argent. ||°**-glimmer** m. (s) mica argentin. ||**-haltig** adj. argentifère. ||**-hell** adj. qui a l'éclat ou le son de l'argent ; argentin. ||°**-klang** m. (s, ¨e) son, timbre argentin. ||°**-licht** n. (s, er) lumière argentée. ||°**-löwe** m. (n, n). ZOOL. puma m. ||°**-münze** f. (-, n) monnaie (f.) d'argent ; pièces blanches. ||°**-papier** n. (s, e) papier (m.) d'argent. ||°**-pappel** f. (-, n) peuplier blanc. ||°**-plattierung** f. (-, en) doublé (m.) d'argent. ||°**-putzmittel** n. (s) blanc (m.) d'Espagne. ||**-reich** adj. argentifère. ||°**-reiher** m. (s, -). ZOOL. aigrette f. ||**-rein** adj. argentin. ||°**-schmied** m. (s, e) orfèvre m. ||°**-schrank** m. (s, ¨e) buffet (m.) pour l'argenterie ; vaisselier m. ||°**-stoff** m. (s, e) brocart (m.) d'argent. ||°**-stück** n. (s, e) pièce (f.) d'argent. ||°**-ton** m. (s, ¨e) timbre, son argentin. ||°**-waren** f. pl., °**-werk** n. (s), °**-zeug** n. (s) argenterie f. ; vaisselle (f.) d'argent.
silb(e)rig ['zilb(e)riç] adj. qui contient de l'argent.
Silberling [-bərliŋ] m. (s, e) pièce (f.) d'argent ; denier m.
silbern [-bərn] adj. d'argent. | *silberne Hochzeit*, noces (f. pl.) d'argent. | *silberne Schläfen*, tempes argentées. | *silbernes Lachen*, rire argentin.
...silbig [-biç] (en compos.) adj. *fünfsilbiges Wort*, mot (m.) de cinq syllabes.
Silen [zi'le:n] n. pr. m. MYTH. Silène m.
Silentium [zi'lɛntsium] n. (s) silence m.
Silhouette [zilu'ɛtə] f. (-, n) silhouette f.
silhouettieren [-luɛ'ti:rən] v. tr. silhouetter ; dessiner la silhouette.
Silikagel ["zi:lika'ge:l] n. (s). CHIM. gel (m.) de silice.
Silikone [zili'ko:nə] n. pl. CHIM. silicones m. pl.
Silikat [zili'kɑ:t] n. (s, e). CHIM. silicate m.
Silizium [zi'li:tsium] n. (s). CHIM. silicium m.
Silizium|plättchen [zi"li:tsium'plɛtçən] n. (s, -). INF. pastille (f.) de silicium.
Silo ['zi:lo] m. (s, s) silo m. ; grenier m. | *im Silo einlagern*, ensiler.
Silur [zi'lu:r] n. (s). GÉOL. silurien m.
silurisch [-riʃ] adj. silurien.
Silvester [zil'vɛstər] n. pr. m. Sylvestre m.
Silvester|abend [zil"vɛstər'ɑ:bənt] m. (s, e), °**-nacht** [-'naxt] f. nuit (f.) de la Saint-Sylvestre.
Simili ['zi:mili] m. (s) simili m.
Simili|diamant ["zi:milidia'mant] m. (en, en) strass m. ; pierre fausse. ||°**-schmuck** m. (s). FIG. toc m.
Simonie [zimo'ni:] f. simonie f.
simonisch [-'mo:niʃ] adj. simoniaque.
simpel ['zimpəl] adj. [einfältig] simple ; niais ; nigaud ; benêt. | *ein Simpel*, un niais.
simpeln [-pəln] v. intr. faire le benêt ; parler bêtement.
Simplizität [zimplitsi'tɛ:t] f. simplicité f.
Sims [zims] m. (es, e). [Gesims] chambranle m. ; corniche f. ; moulure f. ; rebord m. | *Sims am Fenster*, rebord de fenêtre. | *Sims über der Tür*, chambranle. | *Sims an einer Mauer*, corniche ; moulure. | *gesimste Decke*, plafond (m.) à moulure.
Sims|behang ["zimsbə'haŋ] m. (s, ¨e) lambrequin m. ||°**-hobel** m. (s, -). TECHN. guillaume m. ||°**-stein** m. (s, e) pierre (f.) à moulure. ||°**-werk** n. (s) moulure f.
Simse ['zimzə] f. (-, n). BOT. [Binse] jonc m.
Simson ['zimzon] n. pr. m. [Bibel] Samson m.
Simulant [zimu'lant] m. (en, en) simulateur m.
Simulantin [-'lantin] f. (-, nen) simulatrice f.
Simulation [zimula'tsio:n] f. (-, en). ÉCON. simulation f.
Simulations|modell [zimula"tsio:nsmo'dɛl] n. (s, e). ÉCON. modèle (m.) de simulation.
Simulator [zimu'lɑ:tɔr] m. (s, en). TECHN. simulateur m.
simulieren [-'li:rən] v. tr. simuler ; feindre.
simultan [zimul'tɑ:n] adj. simultané. | *Simultanschule*, école laïque, non confessionnelle.
Sinanthropus [zi'nantropus] m. (-, pi ou pen) sinanthrope m.
Sinekure [zine'ku:rə] f. (-, n) sinécure f.
Sinfonie [zinfɔ'ni:] f. (-, n). V. SYMPHONIE.
Sing|akademie ["ziŋakade'mi:] f. (-, n) académie (f.) de musique ; conservatoire m. ||°**-chor** m. (s, e). MUS. chœur m. ||°**-gedicht** n. (s, e) cantate f. ; romance f. ||°**-lehrer** m. (s, -), °**-meister** (s, -) professeur de chant. ||°**-oper** f. (-, n) grand opéra à récitatifs. ||°**-pult** n. (s, e) lutrin m. ||°**-saite** f. (-, n) chanterelle f. ||°**-sang** m. (s, ¨e). FAM. chant (m.) monotone ; antienne f. ||°**-schlüssel** m. (s, -) clef f. ||°**-schule** f. (-, n) école (f.) de chant. ||°**-spiel** n. (s, e) opérette f. ; vaudeville m. (à couplets). ||°**-stimme** f. (-, n) voix f. ; partie (f.) de chant. ||°**-stück** n. (s, e) morceau (m.) de musique vocale. ||°**-stunde** f. (-, n) leçon (f.) de chant. ||°**-übung** f. (-, en) vocalise f. ||°**-verein** m. (s, e) chorale f. ||°**-vogel** m. (s, ¨) oiseau chanteur. ||°**-weise** f. (-, n) mélodie f. ; air m. ; manière (f.) de chanter.
singbar ['ziŋbɑ:r] adj. qui peut être chanté.

singen [-ŋən] (a, u) v. tr. et v. intr. chanter. | *schön singen*, bien chanter. | *falsch singen*, chanter faux. | *gut, rein singen*, chanter juste. || *den Baß singen*, chanter la basse. | *Baß singen*, avoir une voix de basse. | *mehrstimmig singen*, chanter à plusieurs voix. | *das Lied singt sich leicht*, cet air est facile à chanter. | *sich heiser singen*, s'érailler la voix en chantant. || Loc. *jn in den Schlaf singen*, chanter pour endormir qn. || Fig. *der Dichter singt von der Liebe*, le poète chante l'amour. | *singen und sagen*, conter sur le ton de la ballade. || Fig., pop. *ich kann ein Lied davon singen*, j'en sais qch. | *die Ohren singen mir*, les oreilles me tintent. | *das ward ihm nicht an der Wiege gesungen*, rien ne laissait présager son succès.

Singen [-ŋən] n. (s) chant m. ; chanson f. ; frémissement m. ; tintement.

Singer [-ŋər] m. (s, -). [Vx.] chanteur m.

Sin|grün [″zin'gry:n] n. (s, e). Bot. pervenche f.

Singular [zingu'la:r - 'zingular] m. (s, e). Gramm. [Einzahl] singulier m. | *im Singular stehend*, au singulier.

singulär [-'lɛ:r] adj. singulier ; bizarre ; étrange.

singularisch [-'la:riʃ] adj. Gramm. singulier ; au singulier.

sinken ['ziŋkən] (a, u) v. intr. **1.** s'enfoncer ; couler ; baisser ; sombrer ; tomber. | *das Schiff sinkt in die Fluten*, le navire sombre dans les flots. | *die Sonne sinkt am Horizont*, le soleil baisse à l'horizon. | *der Nebel sinkt*, le brouillard tombe. | *sinkende Nacht*, nuit tombante. | *zu Boden sinken*, s'affaisser ; s'effondrer. | *in die Knie sinken*, se prosterner ; tomber à genoux. **2.** Comm. *die Preise sinken*, les prix baissent rapidement. | *die Kurse sinken*, les cours s'effondrent. | *im Preise sinken*, baisser de prix ; être en baisse.
3. [Temperatur] *das Thermometer, das Barometer sinkt*, le thermomètre, le baromètre baisse.
4. Fig. *er ist in meiner Achtung gesunken*, il a baissé dans mon estime. | *seine Kräfte sinken*, ses forces déclinent. | *das Fieber sinkt*, la fièvre baisse, diminue. | *den Mut sinken lassen*, perdre courage. | *er ist tief gesunken*, il est tombé bien bas. | *die Stimme sinken lassen*, baisser la voix. | *ich könnte vor Scham in die Erde sinken*, c'est à mourir de honte.

Sinken [-kən] n. (s) chute f. ; déclin m. ; baisse f. ; descente f. || [Gestirne] coucher m. ; déclin m. || [Preise] baisse f. ; chute f. | *Sinken der Preise*, baisse des prix ; dépréciation f. || Fig. décadence f. ; déchéance f. ; déclin m. | *sein Stern ist im Sinken*, son étoile pâlit.

Sink|kasten [″ziŋk'kastən] m. (s, -) fosse (f.) d'écoulement. ||°-**stoffe** m. pl. détritus m. pl.

Sinn [zin] m. (s, e) **1.** [Geist ; Gemüt] sens m. ; esprit m. ; raison f. ; pensée f. ; état (m.) d'esprit ; caractère m. ; âme f. ; cœur m. | *hoher Sinn*, élévation (f.) de vues, de sentiments. | *edler Sinn*, noblesse (f.) d'esprit. | *gemeiner, niedriger Sinn*, bassesse (f.) d'idées, de sentiments. | *leichten Sinnes*, d'humeur légère ; à la légère. | *demütigen Sinnes*, de caractère humble. | *Böses im Sinne haben*, méditer quelque mauvais dessein. | *seinen Sinn auf etwas richten*, porter sa pensée sur qch. | *es liegt mir beständig im Sinne*, j'y pense continuellement. | *es kommt mir nicht aus dem Sinn*, cela ne me sort pas de l'esprit. | *es ging ihm durch den Sinn*, cela lui traversa l'esprit. | *sich etwas aus dem Sinn schlagen*, se départir d'une pensée. | *das will mir nicht in den Sinn*, je n'arrive pas à comprendre cela. | *aus den Augen, aus dem Sinn*, loin des yeux, loin du cœur. | *Wahnsinn*, folie f. | *Scharfsinn*, perspicacité f. | *Blödsinn*, sottise f.
2. [Meinung] pensée f. ; sens m. ; opinion f. ; avis m. | *anderen Sinnes werden*, changer d'opinions. | *mit jm eines Sinnes sein*, être du même avis que qn. | *es geht nach meinem Sinn*, cela va à mon gré, suivant mes désirs. | *in js Sinn sprechen*, parler dans le sens de qn. | *viele Köpfe, viele Sinne*, autant d'hommes, autant d'avis ; tot capita, tot census.
3. [Anlage ; Neigung] sens m. | *Sinn für Geschäfte*, sens des affaires. | *Sinn für Musik haben*, avoir le sens de la musique. | *Farbensinn*, sens des couleurs. | *der Sinn für das Schöne*, le sentiment du beau. | *nur Sinn für das Geld haben*, ne s'intéresser qu'à l'argent.
4. [Bedeutung] sens m. ; signification f. ; acception f. | *Sinn eines Satzes*, sens d'une phrase. | *Sinn einer Handlung*, signification d'une action. | *es hat keinen Sinn*, cela n'a aucun sens. | *im eigentlichen, im bildlichen Sinn*, au sens propre, figuré. | *im weitesten Sinn des Wortes*, au sens large du mot. | *im engeren Sinne*, au sens étroit ; au pied de la lettre. | *im rechtlichen Sinne*, au sens juridique. | *ohne Sinn und Verstand*, sans rime ni raison. | *in diesem Sinne habe ich ihm geschrieben*, je lui ai écrit dans ce sens.
5. [Organ der Wahrnehmung] sens m. ; faculté sensorielle. | *die fünf Sinne*, les cinq sens. | *scharfe Sinne haben*, avoir les sens aiguisés, subtils. | *Gesichtssinn*, (sens de la) vue f. || Par ext. [Bewußtsein] conscience f. | *seiner Sinne mächtig sein*, avoir tout son bon sens. | *er ist nicht recht bei Sinnen*, il a perdu la raison. | *ihm vergingen die Sinne*, il perdit connaissance. | *wieder zu Sinnen kommen*, revenir à soi.

sinn|betörend [″zinbə'tø:rənt] adj. ensorcelant. ||°-**bild** n. (s, er) symbole m. ; emblème m. ||-**bildlich** adj. et adv. symbolique. | *sinnbildlich darstellen*, symboliser. ||-**fällig** adj. évident ; qui tombe sous le sens. ||°-**gebung** f. (-, en) interprétation f. ||°-**gedicht** n. (s, e) épigramme f. ||-**gemäß** adj. conforme au sens ; analogique. | *sinngemäße Anwendung finden*, être applicable par analogie. ||-**getreu** adj. qui rend fidèlement le sens. ||-**los** adj. sans signification ; insensé ; absurde ; stupide ; vide de sens. | *sinnlos betrunken*, ivre mort. ||°-**losigkeit** f. 1° (Vx.) perte (f.) de connaissance ; 2° absurdité f. ; insanité f. ; folie f. ||°-**pflanze** f. (-, n). Bot. sensitive f. ||-**reich** adj. ingénieux ; spirituel ; plein de bon sens ; bien trouvé. ||°-**spruch** m. (s, ¨e) sentence f. ; apophtegme m. ||-**verwandt** adj. de sens voisin ; synonyme. ||-**verwirrend** adj. affolant. ||-**voll** adj. plein de sens ; significatif ; ingénieux ; profond. ||-**widrig** adj. absurde. ||°-**widrigkeit** f. (-, en) absurdité f.

sinnen ['zinən] (a, o) v. intr. et v. tr. méditer ; réfléchir ; penser ; songer. | *hin und hersinnen*, penser et repenser. | *über etwas (nach) sinnen*, réfléchir à qch. | *er sinnt, was er tun könnte*, il réfléchit à ce qu'il pourrait faire. | *auf Böses sinnen*, méditer un mauvais coup. ◇ part. prés. **sinnend,** méditatif ; rêveur ; pensif. ◇ part. pass. **1. gesonnen,** ayant l'intention de. | *ich bin gesonnen, das Möglichste zu tun*, je suis décidé à faire tout ce qui est possible. | *er ist mir übel gesonnen*, il ne m'aime pas.
2. V. Gesinnt.

Sinnen [-nən] n. (s) méditations f. pl. ; rêveries f. pl. ; pensées f. pl. ; réflexions f. pl. | *all sein Sinnen und Trachten*, toutes ses pensées.

Sinnen|genuß [″zinəngə'nus] m. (es, ¨e) plaisir (m.) des sens. ||°-**lust** f. (-, ¨e) plaisir (m.) des sens ; volupté f. ; sensualité f. ||°-**mensch** m. (en, en) homme sensuel. ||°-**rausch** m. (es, e) ivresse (f.) des sens. ||°-**reiz** m. (es) sensualité f. ||°-**welt** f. monde (m.) sensible.

Sinnes|änderung [″zinəs'ɛndəruŋ] f. (-, en) changement (m.) d'opinion ; résipiscence f. ||°-**art** f. (-, en) disposition (f.), tournure (f.), tendance (f.) d'esprit ; sentiments m. pl. ||°-**empfindung** f. [″--/-'--] (-, en) perception sensorielle. ||°-**organ** n. (s, e) organe (m.) des sens. ||°-**täuschung** f. (-, en), °-**trug** m. (s) illusion (f.) des sens ; hallucination f.

sinnieren [zi'ni:rən] v. intr. rêver ; méditer ; songer.

sinnig ['ziniç] adj. pensif ; rêveur. || [gescheit] judicieux ; profond ; ingénieux ; astucieux.

Sinnigkeit [-kait] f. caractère rêveur, méditatif. || ingéniosité f. ; finesse f.

sinnlich ['zinliç] adj. sensuel. | *sinnlicher Mensch*, homme sensuel. || [wahrnehmbar] sensible ; matériel ; physique. | *sinnliche Wahrnehmung*, perception (f.) des choses sensibles.

Sinnlichkeit [-kait] f. faculté sensitive. || nature (f.) physique ; matérialité f. || sensualité f.

Sinologe [zino'lo:gə] m. (n, n), **Sinologin** [-'lo:gin] f. (-, nen) sinologue s.

Sinter ['zintər] m. (s, -) stalactite f. ; concrétion f. || [Schlacke] crasses (f. pl.) de fer. || Géol. travertin m.

sintern ['zintərn] v. intr. suinter ; filtrer ; former des stalactites.

Sint|flut [″zint'flu:t] f. (-, en) déluge m.

sint|flutlich ['zintflu:tliç] adj. diluvien.

Sinus ['zi:nus] m. (-, se). Math., Anat. sinus m.

Sinusitis [zinu'zi:tis] f. Méd. sinusite f.

Siphon ['zi:fon] m. (s, s) siphon m. | *Siphonbier*, bière (f.) sous pression.

Sippe ['zipə] f. (-, n) parenté f. ; famille f. ; clan m. ; engeance f. || Pop., péjor. clique f. ; coterie f.

Sippen|forschung [″zipən'fɔrʃuŋ] f. recherches généalogiques. ||°-**herrschaft** f. oligarchie f.

Sippschaft ['zipʃaft] f. (-, en) parenté f. || PÉJOR. clique f. ; smala f.

Sirene [zi're:nə] f. (-, n). MYTH. sirène f. || [Signalgerät] sirène f. | *Luftschutzsirene*, sirène d'alerte aérienne.

sirenenhaft [zi're:nənhaft] adj. séduisant ; de sirène ; sirénien.

sirren ['zirən] v. intr. [Mücken] bourdonner.

Sirup ['zi:rup] m. (s, e) mélasse f. ; sirop m.

sistieren [zis'ti:rən] v. tr. arrêter ; suspendre ; interrompre. | *die Feindseligkeiten sistieren*, suspendre les hostilités. || JUR. [vorladen] *jn sistieren*, assigner qn à comparaître.

Sistierung [-ruŋ] f. (-, en) suspension f. || JUR. arrestation f. ; assignation f.

Sitte ['zitə] f. (-, n) coutume f. ; usage m. ; mœurs f. pl. | *feine Sitten*, mœurs raffinées. | *bei uns herrscht die Sitte*, chez nous prévaut la coutume, l'usage. | *gegen die guten Sitten verstoßen*, pécher contre les bonnes mœurs. | *es ist Sitte, daß*, il est de règle de. || FAM. [Polizei] brigade (f.) des mœurs.

Sitten|bild ["zitən'bilt] n. (s, er), °**-gemälde** [-gə'mɛ:ldə] n. (s, -) tableau (m.) de mœurs. | *komisches Sittengemälde*, comédie (f.) de mœurs. ||°**-gesetz** n. (es, e) loi morale. ||°**-lehre** f. éthique f. ; morale f. ; ||°**-lehrer** m. (s, -) moraliste m. ||**-los** adj. immoral ; dissolu. ||°**-losigkeit** f. immoralité f. ||°**-polizei** f. police (f.) des mœurs. ||°**-prediger** m. (s, -) moraliste m. ||°**-predigt** f. (-, en) sermon, discours moralisateur. ||°**-regel** f. (-, n) règle (f.) de morale, de bienséance. ||**-rein** adj. intègre ; de mœurs pures. ||°**-richter** m. (s, -) censeur m. ||°**-spruch** m. (s, ¨e) maxime, sentence morale. ||**-streng** adj. austère ; sévère ; puritain. ||**-verderbend** adj. démoralisant ; dépravant ; qui corrompt les mœurs. ||°**-verderbnis** f. (-) démoralisation f. ; dépravation f. ; corruption f. ; dissolution morale. ||°**-verfall** m. (s) dépravation f. ; décadence (f.) des mœurs. ||°**-verfeinerung** ["--/-'---] f. affinement (m.) des mœurs ; civilisation f. ||**-widrig** adj. contraire aux bonnes mœurs. ||°**-zeugnis** n. (ses, se) certificat (m.) de bonnes vie et mœurs. ||°**-zwang** m. (s) étiquette f.

Sitten ['zitən] n. (s). GÉOGR. Sion f.

Sittich ['zitiç] m. (s, e). ZOOL. perruche f.

sittlich ['zitliç] adj. 1° conforme aux usages. || LOC. *ländlich, sittlich*, chaque pays a ses coutumes ; 2° moral, conforme aux bonnes mœurs. | *sittlicher Wert*, valeur morale.

Sittlichkeit [-kait] f. moralité f. ; bonnes mœurs. || PHILOS. morale sociale.

Sittlichkeits|gefühl ["zitliçkaitsgə'fy:l] n. (s) sens moral. ||°**-verbrechen** n. (s, -), °**-vergehen** n. (s) attentat (m.) aux mœurs, à la pudeur.

sittsam ['zitza:m] adj. modeste ; réservé ; sage ; vertueux ; honnête. | *die Sittsame spielen*, faire la prude. | *übertrieben sittsam*, prude.

Sittsamkeit [-kait] f. décence f. ; honnêteté f. ; pudeur f. ; réserve f. ; modestie f. ; sagesse f.

Situation [zitua'tsio:n] f. (-, en) situation f. | *Situationsplan*, tracé général. || GÉOGR. configuration (f.) du terrain.

situiert [zitu'i:rt] adj. situé ; placé. || FIG. *gut situiert*, à son aise.

Sitz [zits] m. (es, e). **1.** siège m. ; fauteuil m. ; place assise ; banquette f. | *Sitz im Theater*, fauteuil de théâtre. | *Sitz in der Akademie*, fauteuil à l'Académie. | *gepolsterter Sitz*, fauteuil rembourré. | *stufenweise erhöhte Sitze*, sièges en gradins. | *ständiger Sitz*, fauteuil d'abonné. || PAR EXT. *Sitz und Stimme haben*, avoir voix au chapitre. | *ein Sitz in der Regierung*, un siège au gouvernement.

2. [Wohnort] lieu (m.) de séjour ; domicile m. ; résidence f. ; siège m. | *seinen Sitz aufschlagen*, élire domicile. | *Sitz der Regierung*, siège du gouvernement. || COMM. *mit Sitz in Hamburg*, ayant son siège à Hambourg. | *Sitz einer Handelsgesellschaft*, siège social. || MÉD. *Sitz einer Krankheit*, foyer (m.) d'une maladie.

3. [Anzüge] *dieses Kleid hat einen guten Sitz*, cette robe est seyante.

4. [Reitkunst] position f. | *fester Sitz*, assiette f.

5. [Gesäß] siège m. ; derrière m.

Sitz|anker ["zits'aŋkər] m. (s, -). MAR. ancre (f.) à demeure. ||°**-arbeit** f. travail (m.) sédentaire. ||°**-bad** n. (s, ¨er) bain (m.) de siège. ||°**-badewanne** f. (-, n) baignoire (f.) sabot. ||°**-bein** n. (s, e). ANAT. ischion m. ||°**-bezug** m. (s, ¨e). AUTOM. garniture (f.) de siège. ||°**-fleisch** n. (es). FAM. *kein Sitzfleisch haben*, ne pas pouvoir rester en place ; avoir la bougeotte. || °**-gelegenheit** f. (-, en) siège m. ||°**-platz** m. (es, ¨e) place assise. ||°**-raum** m. (s, ¨e) cabine f. ; carlingue. ||°**-reihe** f. (-, n) rang m. || THÉÂTRE. rangée f. ||°**-stange** f. (-, n) perchoir m. ; huchoir m. ||°**-streik** m. grève (f.) sur le tas. ||°**-terrasse** f. (-, n) terrasse (f.) de café. ||°**-vogel** m. (s, ¨) oiseau percheur. ||°**-wechsel** m. (s, -) changement (m.) de position.

sitzen ['zitsən] (saß, gesessen) v. intr.

> **I.** être assis ; siéger ; être perché.
> **II.** PAR EXT. être ; se trouver ; résider ; rester ; être fixé.
> **III.** [Kleider] aller.
> **IV.** atteindre son but ; porter.
> **V.** (avec un infin.) : **sitzenbleiben ; sitzenlassen.**
> **VI.** emploi pronominal avec un adj.

I. être assis ; siéger. | *auf einer Bank sitzen*, être assis sur un banc. | *am Tisch sitzen*, être assis à table. | *oben am Tisch sitzen*, occuper le haut bout de la table. | *hier sitzt man bequem*, on est bien assis ici ; ce siège est confortable. | *sitzende Arbeit*, travail (m.) sédentaire. | *zu js Füßen sitzen*, être aux pieds de qn. || *zu Pferde sitzen*, être à cheval. || PR. et FIG. *fest im Sattel sitzen*, être bien en selle. | *über jn zu Gericht sitzen*, juger qn. | *im Rate sitzen*, être membre du Conseil. | *zu Rate sitzen*, tenir conseil. || [König] trôner. | *auf dem Throne sitzen*, trôner. | *der König saß über den Fürsten*, le roi était au-dessus des princes. || [Vögel] être perché. | *ein Vogel sitzt auf dem Dach*, un oiseau juche, est perché sur le toit. | *auf Eiern sitzen*, couver des œufs. || MAR. *auf Grund sitzen*, être échoué.

II. PAR EXT. être ; se trouver ; être situé, placé ; résider ; demeurer ; être localisé ; rester ; ne pas bouger ; reposer. | *die Germanen saßen jenseits des Rheins*, les Germains étaient établis de l'autre côté du Rhin. | *der Papst sitzt in Rom*, le Pape siège à Rome. | *Karl der Große saß in Aachen*, Charlemagne avait sa capitale à Aix-la-Chapelle. | *immer zu Hause sitzen*, ne pas sortir de chez soi ; être sédentaire, casanier. | *über einer Arbeit sitzen*, être attelé à un travail. | *über seinen Büchern sitzen*, être penché, pâlir sur ses livres. | *im Gefängnis, hinter Schloß und Riegel sitzen*, être en prison, sous les verrous. | *bei Wasser und Brot sitzen*, être au pain sec et à l'eau. | *auf einem Pulverfaß sitzen*, être assis sur une poudrière. | *(wie) auf glühenden Kohlen sitzen*, être sur des charbons ardents. | *der Saal saß voller Zuschauer*, la salle était comble. | *hier sitzt das Übel*, c'est là que réside le mal. | *auf dem hohen Roß sitzen*, monter sur ses grands chevaux. || FAM. *jm auf dem Hals sitzen*, talonner qn ; être sans arrêt sur le dos de qn. | *in der Klemme, in der Patsche, in der Tinte sitzen*, être dans le pétrin. | *in der Wolle sitzen*, être prospère ; bien vivre. || POP. *der hat einen sitzen*, il a bu un coup de trop. | *das Latein sitzt bei ihm*, il retient bien le latin. | *das Messer sitzt ihm locker*, il a le couteau facile. || PROV. *wer im Glashaus sitzt, darf nicht mit Steinen werfen*, celui qui est en vue ne doit pas s'exposer (aux coups).

III. [Kleider] (bien) aller ; convenir , (Vx.) seoir ; être seyant. | *dieses Kleid sitzt ihr gut*, cette robe lui va bien. | *das sitzt ihm wie angegossen*, cela lui va comme un gant. | *ein eng sitzendes Kleid*, un vêtement ajusté.

IV. atteindre son but ; porter ; toucher. | *der Schuß saß*, le coup a porté.

V. (avec un infin.) **sitzenbleiben,** rester assis. | *bleiben Sie sitzen !*, restez assis. || rester en panne ; ne pas bouger ; demeurer en place. || [beim Tanz] faire tapisserie. || PAR EXT. demeurer vieille fille. || COMM. *sitzengebliebene Waren*, marchandises laissées pour compte. || [Schule] *in einer Klasse sitzenbleiben*, redoubler une classe. | *ein Sitzenbleiber*, un redoublant. — **sitzenlassen,** abandonner ; laisser ; FAM. laisser en plan ; planter là.

VI. (emploi pronominal avec un adj.) *sich krumm sitzen*, se voûter à force de rester assis. | *hier sitzt es sich gut*, ici on est bien assis.

Sitzen ['zitsən] n. (s) position, situation (assise) ; station assise. | *einen Stuhl zum Sitzen anbieten*, offrir une chaise. | *zum Sitzen kommen*, s'asseoir. || [bei einem Maler] pose f.

sitzig ['zitsiç] (en compos.) adj. *dreisitzig*, à trois places.

Sitzung [-tsuŋ] f. (-, en) séance f. ; session f. ; audience f. ; réunion f. | *Sitzung halten*, siéger. | *während der Sitzung*, séance tenante. | *die Sitzung eröffnen*, ouvrir la session. | *die Sitzung für eröffnet erklären*, déclarer la séance ouverte. | *die Sitzung schließen*, clore la session. | *die Sitzung ist aufgehoben*, la séance est levée. || FIG.

[bei Tisch] *eine lange Sitzung*, un repas prolongé ; une beuverie de plusieurs heures. || ARTS. séance f. ; pose (f.) pour un portrait.

Sitzungs|bericht ["zitsuŋsbə'riçt] m. (s, e) compte rendu (m.), rapport (m.) de séance. ||°**-geld** n. (s, er). FIN. jeton (m.) de présence. ||°**-periode** f. session f. ||°**-saal** m. (s, säle), °**-zimmer** n. (s, -) salle (f.) des séances.

Sixtus ['zikstus] n. pr. m. Sixte m. || RELIG. *Sixtus der Fünfte*, Sixte-Quint.

Sizilianer [zitsili'ɑ:nər] m. (s, -) Sicilien m.

sizilianisch [-niʃ] adj. sicilien ; de Sicile.

Sizilien [zi'tsi:liən] n. pr. n. (s). GÉOGR. Sicile f.

Six [ziks] interj. *meiner Six !* ; *mein Sixchen*, ma foi !

Skabies ['skɑ:biεs] f. MÉD. [Krätze] gale f.

skabiös [skabi'ø:s] adj. galeux.

Skabiose [-bi'o:zə] f. (-, n). BOT. scabieuse f. ; FAM. fleur (f.) des veuves.

skabrös [ska'brø:s] adj. scabreux.

Skala ['skɑ:la] f. (-, s ou len) échelle graduée. || MUS. *Tonskala*, gamme f. | *chromatischer Skalengang*, passage (m.) chromatique.

— SYN. : *Tonleiter*, gamme ; *Stufenleiter*, échelle graduée ; *Tabelle*, barème.

skalar [ska'lɑ:r] adj. MATH. scalaire.

Skalar|produkt [ska"lɑ:rpro'dukt] (s, e). MATH. produit (m.) scalaire.

Skalde ['skaldə] m. (n, n) scalde m.

Skalen|gang ["skɑ:lən'gaŋ] m. (s, ¨e). MUS. *chromatischer Skalengang*, passage (m.) chromatique. || °**-scheibe** f. (-, n) cadran gradué.

Skalp [skalp] m. (s, e) scalp m.

Skalpell [skal'pεl] n. (s, e). MÉD. scalpel m. ; bistouri m.

skalpieren [skal'pi:rən] v. tr. scalper.

Skandal [skan'dɑ:l] m. (s, e) scandale m. ; tapage m. ; esclandre m. | *aller Welt zum Skandal*, au grand scandale de tout le monde. | *es kam zu einem öffentlichen Skandal*, le scandale devint public. | *Heidenskandal*, tapage infernal. | *Skandalmacher*, homme tapageur.

skandalhaft [skan'dɑ:lhaft] adj. V. SKANDALÖS.

skandalieren [skanda'li:rən] v. intr. FAM. faire du tapage ; crier fort. | *auf jn skandalieren*, se répandre en invectives contre qn.

skandalisieren [-li'zi:rən] v. tr. scandaliser ; choquer ; heurter.

skandalös [-'lø:s], **skandalhaft** [skan'dɑ:lhaft] adj. scandaleux ; révoltant ; honteux.

— SYN. : *anstößig*, choquant ; *unerhört*, inouï.

skandieren [skan'di:rən] v. tr. scander.

Skandieren [-rən] n. (s) scansion f.

Skandinavien [skandi'nɑ:viən] n. pr. n. (s). GÉOGR. Scandinavie f.

Skandinavier(in) [-viər(in)] m. (s, -), f. (-, nen) Scandinave m. et f.

skandinavisch [-viʃ] adj. scandinave.

Skansion [skan'zio:n] f. (-). V. SKANDIEREN.

Skapulier [skapu'li:r] n. (s, e) scapulaire m.

Skarabäus [skara'bε:us] m. (-, äen). ZOOL. [Mistkäfer] scarabée m.

Skarifikation [skarifika'tsio:n] f. (-, en) scarification f.

skarifizieren [skarifi'tsi:rən] v. tr. scarifier.

Skat [skɑ:t] m. (s, e). [Kartenspiel] skat m. ; écarté m.

Skatologie [skatolo'gi:] f. scatologie f.

Skelett [ske'lεt] n. (s, e). PR. et FIG. [Gerippe] squelette m. ; ossature f.

skelett|artig [ske"lεt'ɑ:rtiç] adj. squelettique. | *skelettartige Magerkeit*, maigreur (f.) squelettique. ||°**-schrift** f. (-, en). TYPOGR. caractère étroit, filiforme.

Skepsis ['skεpsis] f. scepticisme m. ; doute m.

Skeptiker [-tikər] m. (s, -). PHILOS. sceptique m. ; pyrrhonien m.

skeptisch [-tiʃ] adj. sceptique.

— SYN. : *ungläubig*, incrédule ; *mißtrauisch*, méfiant.

Skeptizismus [skεpti'tsismus] m. PHILOS. scepticisme m.

Sket(s)ch [skεtʃ] m. ou n. (es, e). THÉÂTRE. sketch m.

Ski [ʃi] m. (s, er). [Schneeschuh] ski m. | *Ski fahren, laufen*, faire du ski ; skier. | *auf Skiern*, à skis.

Ski|ausrüstung ["ʃi'ausrystuŋ] f. (-, en) équipement (m.) de ski. ||°**-bindung** f. (-) fixation (f.) de ski. ||°**-bretter** n. pl. FAM. skis m. pl. ||°**-fahrer(in)** m. (s, -), f. (-, nen) skieur m., skieuse f. ||°**-gebiet** n. (s, e) domaine (m.) skiable. ||°**-kante** f. (-, n) carre f. ||°**-langlauf** m. (s, ¨e) ski (m.) de fond. ||°**-langlaüfer(in)** m. (s, -), f. (-, nen) fondeur m., fondeuse f. ||°**-läufer(in)** m. (s, -), f. (-, nen) skieur m., skieuse f. ||°**-lift** m. (s, e) remontée (f.) mécanique. ||°**-paß** m. (es, ¨e) forfait m. ||°**-schanze** f. (-, n) tremplin m. ||°**-sprung** m. (s, ¨e) saut (m.) à skis. ||°**-wachs** m. fart m.

Skimmer ['skimər] m. (s, -). TECHN. récupérateur m.

Skizze ['skitsə] f. (-, n) esquisse f. ; ébauche f. ; schéma m. ; croquis m. | *eine Skizze entwerfen*, esquisser. | *Skizzenbuch*, album (m.) de croquis.

skizzenhaft ['skitsənhaft] adj. esquissé ; ébauché. ◇ adv. en quelques traits.

skizzieren [ski'tsi:rən] v. tr. esquisser ; ébaucher ; faire un croquis, un schéma ; croquer ; décrire à grands traits. | *einen Plan skizzieren*, tracer les grandes lignes d'un projet.

Sklave ['sklɑ:və] m. (n, n) esclave m. | *jn zum Sklaven machen*, réduire qn en esclavage. || FIG. *Sklave der Mode*, esclave de la mode.

Sklaven|dienst ["sklɑ:vən'di:nst] m. (s) esclavage m. ||°**-handel** m. (s) trafic (m.), traite (f.) des esclaves. ||°**-händler** m. (s, -) négrier m. ||°**-schiff** n. (s, e) négrier m. ||°**-staat** m. (s, en) État (m.) esclavagiste.

Sklaverei [sklɑ:və'rai] f., **Sklaventum** ['sklɑ:vəntu:m] n. (s) esclavage m. | *in Sklaverei geraten*, tomber, être réduit en esclavage.

Sklavin ['sklɑ:vin] f. (-, nen) esclave f.

sklavisch [-viʃ] adj. servile ; d'esclave. | *sklavischer Gehorsam*, obéissance (f.) servile.

Sklerose [skle'ro:zə] f. (-, n). MÉD. sclérose f.

Skoliose [skɔli'o:zə] f. (-, n). MÉD. scoliose f.

skontieren [skɔn'ti:rən] v. tr. escompter ; faire un escompte.

Skonto ['skɔnto] n. (s, s). COMM. escompte m.

Skontro ['skɔntro] n. (s, s). COMM. relevé (m.) de compte. || *skontrieren*, faire un relevé.

Skorbut [skɔr'bu:t] m. (s). MÉD. scorbut m.

Skorpion [skɔrpi'o:n] m. (s, e). ZOOL. scorpion m. || ASTRON. [Sternbild] Scorpion m.

Skribent [skri'bεnt] m. (en, en), **Skribifax** ['skri:bifaks] m. (es, e), **Skribler** ['skri:plər] m. (s, -). PÉJOR. plumitif m. ; gratte-papier m.

Skriptgirl ["skript'gərl] n. (s, s) script-girl f. ; scripte f.

Skripturen [skrip'tu:rən] f. pl. écritures f. pl. ; papiers m. pl.

Skrofel ['skro:fəl] f. (-, n). MÉD. scrofule f.

skrofel|krank ["skro:fəl'kraŋk] adj. scrofuleux. ||°**-kraut** n. (s, ¨er). BOT. scrofulaire f.

skrofulös [skrofu'lø:s] adj. scrofuleux ; écrouelleux.

Skrupel ['skru:pəl] m. (s, -) scrupule m.

— SYN. : *Gewissensnöte*, scrupules ; *Bedenklichkeit*, scrupule.

skrupel|los ["skru:pəl'lo:s] adj. sans aucun scrupule. ||°**-losigkeit** f. absence (f.) de scrupule ; cynisme m.

skrupulös [skrupu'lø:s] adj. scrupuleux.

Skuller ['skulər] m. (s, -). MAR. skiff m.

skulptieren [skulp'ti:rən] v. tr. sculpter.

Skulptur [-'tu:r] f. (-, en) sculpture f.

— SYN. : *Bildhauerei*, sculpture (métier), *Bildwerk*, sculpture (œuvre).

Skunk [skunk] m. (s, e). ZOOL. sconse m.

skurril [sku'ril] adj. [possenhaft] bouffon ; grotesque.

Slalom ['slɑ:lɔm] m. (s, s). SPORT. Slalom m.

Slalom|tor ["slɑ:lɔm'to:r] n. (s, e). SPORT. porte (f.) de slalom.

Slawe ['slɑ:və] m. (n, n), **Slawin** [-vin] f. (-, nen) Slave s.

Slawentum ['slɑ:vəntu:m] n. (s) slavisme m. ; Slaves m. pl.

slawisch [-viʃ] adj. slave.

Slawist(in) [sla'vist(in)] m. (en, en), f. (-, nen) slavisant(e) m. (f.). ; spécialiste (s.) des questions ou des langues slaves.

Slawonier [-'vo:niər] m. (s, -). HIST. Esclavon m.

slippen ['slipən] v. intr. AÉRON. glisser sur l'aile.

Slowake [slo'vaːkə] m. (n, n). Slovaque m.
Slowakei [slova'kai] f. Géogr. Slovaquie f.
Slowakin [slo'vaːkin] f. (-, nen) Slovaque f.
slowakisch [-'vaːkiʃ] adj. slovaque.
Slowene [slo'veːnə] m. (n, n) Slovène m.
Slowenien [slo'veːniən] n. pr. n. (s). Géogr. Slovénie f.
Slowenin [slo'veːnin] f. (-, nen) Slovène f.
Smaragd [sma'rakt] m. (s, e) émeraude f.
smaragden [-'rakdən] adj. d'émeraude ; couleur d'émeraude.
Smash [smɛʃ] m. (-, s). Sport. smash m.
Smog [smɔk] m. (s, s) smog m.
Smoking ['smoːkiŋ] m. (s, s), **Smoking|anzug** ["smoːkiŋ'antsuːk] m. (s, ¨e) smoking m.
Smyrna ['smyrna] n. pr. n. Géogr. Smyrne f. | *Smyrnaer Teppich*, tapis (m.) de Smyrne.
so [zoː] adv.

I. ainsi ; de cette manière ; de la sorte.
II. [Zeit] alors ; à ce moment-là ; [Art] dans ces conditions ; dès lors.
III. (comparatif d'égalité) aussi ; autant.
IV. (intensité et quantité) si ; tant.
V. loc. conj. : **so..., daß.**
VI. Emplois archaïques.

I. ainsi ; comme ceci ; de la sorte ; de cette manière. | *so ist es recht*, c'est bien ainsi ; à la bonne heure ! | *so muß es sein*, il faut que cela soit ainsi. | *dem ist nun einmal so*, c'est ainsi. | *so sprach er*, telles furent ses paroles. | *ich habe so genug*, j'en ai assez comme cela. | *und so weiter*, et cætera. | *und so fort*, et ainsi de suite. | *es ist so seine Art*, c'est sa manière d'agir. | *bald so..., bald so*, tantôt d'une façon, tantôt d'une autre. | *so oder so*, d'une façon ou d'une autre ; dans tous les cas. | *so was habe ich nie gesehen*, je n'ai jamais vu chose pareille ; je n'ai jamais vu cela. | *so ein Mann*, un tel homme. | *wenn sie es so nehmen wollen*, à ce compte-là. || [sens atténué] *ich hatte es nur so gesagt*, j'avais dit cela sans intention, sans trop y réfléchir. | *es mochte so vier Uhr sein*, il pouvait être à peu près quatre heures. || Loc. *so !*, ainsi donc ! ; tiens ! | *ach so !*, c'est donc cela ! | *wie so ?*, comment cela ? | *so ?*, vraiment ? || Prov. *wie du mir, so ich dir*, je te rends la monnaie de ta pièce.
II. alors. — **1.** [Zeit] alors ; à ce moment. | *es dauerte nicht lange, so regnete es*, il ne tarda pas à pleuvoir. | *kaum war er da, so schwiegen alle*, à peine était-il là que tous se turent.
2. [Art] dans ces conditions ; dès lors. | *suchet, so werdet ihr finden*, cherchez et vous trouverez. | *wenn du kannst, so komm heute*, si tu le peux, viens aujourd'hui. | *hätte er gewußt, so wäre er nie gekommen*, s'il avait su, il ne serait jamais venu.
III. (comparatif d'égalité) aussi ; autant. | *er ist so alt wie ich*, il est aussi âgé que moi. | *du bist nicht so krank, wie du sagst*, tu n'es pas aussi malade que tu le dis. | *so wahr ich lebe ! aussi vrai que je suis en vie !* — **so..., so,** autant..., autant ; aussi..., aussi. | *so hochfliegende Pläne er einmal hatte, so verzweifelt war er nun*, autant il avait conçu de projets ambitieux, autant il était à présent désespéré. — **um so** et comparatif. | d'autant plus. | *er war um so trauriger*, il était d'autant plus triste. | *er war um so weniger dazu geneigt, es anzunehmen*, il était d'autant moins disposé à accepter cela.
IV. (intensité et quantité) si ; tant ; tellement ; à ce point ; à un tel degré. | *so viele Leute hatte ich noch nie gesehen*, je n'avais encore jamais vu tant de monde. | *ich wäre so froh, Sie zu sehen*, je serais si heureux de vous voir. | *ich bin so frei, Ihre Einladung anzunehmen*, je prends la liberté, je me permets d'accepter votre invitation. | *ich kann nicht arbeiten, so groß ist die Hitze*, je ne puis travailler tant il fait chaud. || (avec **noch** et **auch**) *jeder noch so mächtige Mann*, un homme si puissant soit-il. | *so reich er auch sein mag*, si riche qu'il puisse être ; quelque riche qu'il soit. | *er mag noch so bitten, ich gebe es ihm nicht*, il peut toujours, il aura beau le demander, je ne le lui donnerai pas. | *so gering er auch sei*, si petit soit-il.
V. loc. conj. **so..., daß,** si... que ; à tel point que ; de sorte que ; si bien que. | *er ist so verblendet, daß er die Gefahr nicht sieht*, il est aveuglé au point de ne pas voir le danger. | *es fror so, daß alle Teiche zugefroren waren*, il gelait si fort que tous les étangs étaient pris par les glaces. — **so viel..., daß :** *er aß so viel, daß er krank wurde*, il mangea tant qu'il en fut malade. — **so sehr..., daß :** *ich schätze ihn so sehr, daß ich an diese Verleumdung nicht glauben kann*, je l'estime tant que je ne puis croire à cette calomnie.
VI. Emplois archaïques : *(wenn) so Gott will*, si Dieu le veut. || pron. relat. *die, so Gott liebt*, ceux qui sont aimés de Dieu. | *der so es sagen konnte*, celui qui pourrait dire cela.
so|bald [zo'balt] conj. dès que. — adv. de sitôt. ||**-dann** adv. ensuite ; puis ; alors. ||**-eben** adv. à l'instant même. | *soeben erschienenes Buch*, livre (m.) qui vient de paraître. ||**-fern** conj. [in dem Maße als] dans la mesure où ; jusqu'au point où ; en tant que. ||**-fort** adv. aussitôt ; tout de suite ; immédiatement. ||**-fortig** adj. immédiat. | *sofortige Abfahrt*, départ (m.) dans les plus brefs délais. ||**-gar** adv. même. | *man sagt sogar*, on dit même ; on va jusqu'à dire. | *ja sogar*, et qui plus est. | *hunderte, ja sogar tausende*, des centaines, que dis-je, des milliers. ||**-genannt** adj. soi-disant ; ainsi nommé ; que l'on dit tel. || [angeblich] prétendu. ||**-gleich** adv. aussitôt ; sur-le-champ ; tout de suite. ||**-hin** adv. ainsi donc. ||**-lang(e)** conj. aussi longtemps que. ||**-mit** adv. ainsi ; de ce fait. ||**-nach** adv. d'après cela. ||**-oft** conj. aussi souvent que. ||**-sehr** adv. et conj. tant ; tellement ; quel, quelle... que. | *sosehr ich Ihnen helfen kann*, quelle que soit l'aide qu'il m'est possible de vous apporter. ||**-so** adv. tant bien que mal ; comme ci comme ça. | *soso lala*, comme si comme ça ; couci, couça. ||°**-undso** adv. *Herr Soundso*, monsieur Un tel. ||**-undsoviel** adv. tant. ||**-viel** adj. et conj. autant ; autant que. | *dreimal soviel*, trois fois autant. | *soviel ich sagen kann*, autant que je puisse dire. ||**-weit** conj. et adv. *soweit ich davon sprechen kann*, pour autant que je puisse en parler. | *soweit die Augen reichen*, autant que l'on puisse voir. | *soweit wie möglich*, autant que possible. | *er hat soweit recht*, il a raison jusqu'à un certain point. ||**-wenig** conj. et adv. tout aussi peu que ; pas plus que. ||**-wie** conj. dès que ; dès le moment que ; aussi bien que ; ainsi que. ||**-wieso** adv. de toute façon ; d'une façon comme de l'autre ; en tout cas. ||**-wohl** conj. aussi bien. | *sowohl... als auch*, non seulement..., mais encore. ||**-zusagen** adv. pour ainsi dire.
Socke ['zɔkə] f. (-, n) chaussette f. || Fig. *wie auf Socken gehen*, marcher à pas de loup. || Fam. *sich auf die Socken machen*, décamper ; filer. || Pop. *die Polizei war ihm auf den Socken*, il avait la police à ses trousses.
Sockel ['zɔkəl] m. (s, -) socle m. ; piédestal m. ; support m. | *Sockel einer Mauer*, pied (m.) de mur. || [an der Zimmerwand] plinthe f. || Techn. [an einer Lampe] douille f. ; culot m.
socken ['zɔkən] v. intr. Pop. courir ; filer.
Socken|blume ["zɔkən'bluːmə] f. (-, n). Bot. [Bischofshut] épimède (f.) des Alpes. ||°**-halter** m. (s, -) fixe-chaussettes m.
Sod [zoːt] m. (s, e). [Brauerei] cuite f. || [Brühe] sauce f. ; bouillon m. || Fig. *aus einem Sode*, de la même trempe.
Sod|brennen ["zoːt'brɛnən] n. (s) brûlures (f. pl.) d'estomac ; pyrosis m.
Soda ['zoːda] n. (s, s). Chim. soude f.
Soda|fabrik ["zoːdafa'briːk] f. (-, en) soudière f. ||**-haltig** adj. sodé. ||°**-salz** n. (es) sel (m.) de soude. ||°**-wasser** n. (s) eau (f.) de Seltz.
Sodale [zo'daːlə] m. (n, n) compagnon m.
Sodalität [zodali'tɛːt] f. compagnonnage m.
Sode ['zoːdə] f. (-, n) tranche (f.) de gazon.
Sodomie [zodo'miː] f. Hist. sodomie f.
Sofa ['zoːfa] n. (s, s) sofa m. ; canapé m. ; divan m.
Soff [zɔf] m. (s). Fam. ivrognerie f. ; soûlerie f.
Soffitte [zɔ'fitə] f. (-, n) soffite f. || Théâtre. frise f.
Sofortbildkamera [zo"fɔrtbilt'kamərа] f. (-, s). Phot. (Wz.) Polaroïd m.
Software [sɔft'wɛə] f. (-, s) logiciel m.
Sog [zoːk] m. (s, e) courant (m.) d'aspiration. || Mar. sillage (m.) d'un navire.
Sohl|bank ['zoːlbaŋk] f. (-, ¨e). Archit. tablette (f.) d'appui ; banquette f.
Sohle ['zoːlə] f. (-, n) **1.** [Fuß] plante f. || [Pferd] sole f.
2. [Schuh] semelle f. || Par ext. sandale f.
3. [Grund] fond m. (d'un fossé, d'une vallée, d'une galerie de mines).
4. Techn. plancher m. ; semelle f.
sohlen [-lən] v. tr. mettre une semelle. || Pop. blaguer ; raconter des histoires.
Sohlen|gänger ["zoːlən'gɛŋər] m. (s, -). Zool.

plantigrade m. ||°-**leder** n. (s) cuir (m.) à ressemeler. ||°-**linie** f. (-, n) ligne horizontale.

söhlig ['zø:liç] adj. MINES. horizontal.

Sohn [zo:n] m. (s, ¨e) fils m. || RELIG. *der verlorene Sohn*, l'enfant prodigue. || FIG. *die Söhne des Gebirges*, les fils, les habitants de la montagne. || PROV. *Irrtum ist Sohn der Übereilung*, la précipitation engendre l'erreur.

Söhnchen ['zø:nçən] n. (s, -) jeune fils. || FAM. fiston m.

Sohnes|liebe [″zo:nəs'li:bə] f. amour filial.

Sohnschaft ['zo:nʃaft] f. qualité (f.) de fils. || JUR. filiation f.

Soja|bohne [″zo:ja'bo:nə] f. (-, n). BOT. soja m.

Sokrates ['zo:krates] n. pr. m. Socrate m.

Sokratiker [zo'kra:tikər] m. (s, -). PHILOS. disciple (m.) de Socrate.

sokratisch [-tiʃ] adj. socratique ; de Socrate.

Sol [zo:l] n. (s). CHIM. solution colloïdale.

Solanazeen [zolana'tse:ən] f. pl. BOT. solanacées f. pl.

solar [zo'la:r] adj. solaire.

Solar|energie [zo″la:renɛr'gi:] f. (-) énergie (f.) solaire. ||°-**modul** n. (s, e). TECHN. module (m.) solaire. ||°-**pumpe** f. (-, n). TECHN. pompe (f.) solaire. ||°-**zelle** f. (-, n). TECHN. cellule (f.) photovoltaïque, solaire ; héliocapteur m. ||°-**zellengenerator** m. (s, en). TECHN. panneau (m.) solaire.

Sol|bad [″zo:l'ba:t] n. (s, ¨er) bain (m.) d'eau saline. ||°-**ei** m. (s, er). CULIN. œuf cuit à l'eau salée. ||°-**wasser** n. (s) eau salée.

solch [zɔlç] adj. tel ; pareil ; semblable ; de ce genre ; de cette espèce ; de cette qualité. | *ein solcher Mensch* ; *solch ein Mensch*, un tel homme. | *solche Möglichkeiten*, de telles possibilités. | *als solcher*, comme tel ; en tant que tel. | *als (ein) solches gelten*, passer pour tel. | *auf solche Art*, de cette manière. || si grand. | *ich hätte solche Lust, ihn zu sehen !*, j'aimerais tellement le voir ! || LOC. *solcherlei*, des choses de cette sorte. | *solchergestalt, daß*, de telle sorte que.
◇ pron. indéf. *ich habe solche*, j'en ai.

Sold [zɔlt] m. (s) solde f. ; paie f. ; salaire m. ; gages f. pl. | *jn in seinem Solde haben*, stipendier qn. | *in js Solde stehen*, être à la solde de qn.

Sold|buch [″zɔlt'bu:x] n. (s, ¨er). MIL. livret (m.) militaire.

Soldat [zɔl'da:t] m. (en, en) soldat m. ; militaire m. | *alter, ausgedienter Soldat*, vétéran m. | *Soldat auf Zeit*, soldat engagé sous contrat. | *gemeiner Soldat*, simple soldat.

Soldaten|art [zɔl″da:tən'a:rt] f. *nach Soldatenart*, militairement. ||°-**brot** n. (s, e) pain (m.) de munition. ||°-**geist** m. (es) esprit (m.) militaire ; esprit (m.) de corps. ||°-**gesindel** n. (s) soldatesque f. ||°-**kind** n. (s, er) enfant (m.) de troupe. ||°-**könig** m. (s). HIST. Roi-Sergent m. ||°-**kost** f. ordinaire m. ||°-**mantel** m. (s, ¨) capote f. ||°-**rock** m. (s, ¨e) uniforme m. | *den Soldatenrock anziehen*, endosser l'uniforme. || °-**schenke** f. (-, n) cantine f. ||°-**schüssel** f. (-, n) gamelle f. ||°-**stand** m. (s) état (m.) militaire. ||°-**wesen** n. (s) militaires m. pl. ; armée f.

soldatenhaft [zɔl'da:tənhaft] adj. de soldat ; militaire ; en soldat.

Soldatentum [-tu:m] n. (s) état (m.) militaire ; mœurs (f. pl.) militaires.

Soldateska [zɔlda'tɛska] f. soldatesque f.

soldatisch [-'da:tiʃ] adj. du, de soldat ; soldatesque ; militaire ; martial. | *soldatische Haltung*, tenue martiale. | *soldatisch aussehen*, avoir un air martial.

Söldling ['zøltliŋ] m. (s, e), **Söldner** ['zøltnər] m. (s, -) mercenaire m. | *Söldnerhauptmann*, condottiere m.

Sole [zo:lə] f. (-, n) eau salée ; saline f. ; saumure f. ; eau-mère f.
— OBSERV. Voir les composés à *Sol | bad*.

solenn [zo'lɛn] adj. [feierlich] solennel.

Solennität [-lɛni'tɛ:t] f. (-, en) solennité f.

Solenoid [zolənoˈi:t] n. (s, e). ÉLECTR. solénoïde m.

solfeggieren [zɔlfe'dʒi:rən] v. tr. solfier.

Solfeggio [-'fedʒio] n. (s, ien). MUS. solfège m.

solid(e) [zo'li:t, -'li:də] adj. solide. || PAR EXT. rangé ; sérieux. | *solid werden*, se ranger. || COMM. *solides Haus*, maison (f.) de confiance. || FIG. *solid gebaut*, bâti à chaux et à sable.

Solidar|bürge [zoli″da:r'byrgə] f. (-, n). JUR. caution (f.) solidaire. ||°-**schuldner** m. (s, -) débiteur (m.) solidaire.

solidarisch [zɔli'da:riʃ] adj. solidaire. | *sich mit jm solidarisch erklären*, se déclarer solidaire de qn. || COMM. *solidarisch verbürgter Schuldschein*, obligation (f.) solidaire.

Solidarität [-dari'tɛ:t] f. solidarité f.
— SYN. : *Zusammengehörigkeitsgefühl*, sentiment de solidarité.

Solidität [zolidi'tɛ:t] f. solidité f. || FIG. respectabilité f. ; sûreté f. || COMM. solvabilité f.

Solist [zo'list] m. (en, en), **Solistin** [-'listin] f. (-, nen). MUS. soliste s.

Solitär [-li'tɛ:r] m. (s, e). [Diamant] solitaire m.

solitär [-litɛ:r] adj. [einsam] solitaire.

Soll [zɔl] n. (s, s). [Moral] devoir m. || COMM. doit m. | *Soll und Haben*, doit et avoir. || MIL. situation (f.) théorique. | *Soll an Material*, dotations (f. pl.) théoriques en matériel. || ADM. norme f. (de travail, de livraison obligatoire). | *sein Soll erfüllen*, satisfaire à ses obligations.

Soll|ausgabe [″zɔl'ausga:bə] f. (-, n) dépense prévue, théorique. ||°-**bestand** m. (s, ¨e) dotation (f.), stock (m.) théorique. ||°-**saldo** m. (s, s) compte débiteur. ||°-**seite** f. (-, n) doit (m.) d'un compte.

sollen ['zɔlən] v. intr. et v. auxil. de mode.
1. (obligation morale) devoir ; avoir le devoir de, l'obligation morale de ; il faut que (subj.). | *du sollst gestehen*, tu dois avouer. | *er hätte es schon lange tun sollen*, il y a longtemps qu'il aurait dû le faire. | *du hättest nicht gesollt*, tu n'aurais pas dû. || [göttliches Gebot] devoir. | *du sollst nicht töten*, tu ne tueras point. | *du sollst deinen Vater und deine Mutter ehren*, tes père et mère honoreras.
2. (obligation résultant d'un ordre) *du sollst gehorchen !*, tu dois obéir ; je t'ordonne d'obéir ! | *er soll unmittelbar fort !*, qu'il parte immédiatement ! | *man soll um die Erlaubnis bitten*, il faut demander la permission. | *sie sollen herein !*, qu'ils entrent ! | *den soll der Teufel holen !*, que le diable l'emporte ! | *was soll ich tun ?*, que faire ? ; que dois-je faire ? | *Sie sollen wissen*, je veux que vous sachiez ; sachez ! | *was soll ich damit tun ?*, que voulez-vous que j'en fasse ?
3. (expression d'un futur plus ou moins certain, d'une affirmation énergique ; se traduit alors par le futur) *sie sollen ihn nicht haben*, ils ne l'auront pas. | *damit sollen Sie zufrieden sein*, vous en serez satisfait. | *man soll nicht sagen, daß*, il ne sera pas dit que. | *meine Töchter sollen dich warten schön* (GOETHE), mes filles prendront bien soin de toi.
4. (exprime une possibilité, une éventualité) *wenn es regnen sollte*, s'il venait à pleuvoir. | *sollte ich dabei sterben*, dussé-je en mourir. | *sollte er kommen*, pour le cas où il viendrait. | *sollte es möglich sein ?*, serait-ce possible ? || [Wahrscheinlichkeit] *man sollte meinen*, on dirait ; ne dirait-on pas ? | *man sollte darauf schwören, seinen Bruder zu sehen*, ne jurerait-on pas (voir) son frère ? || [Gerücht] *er soll reich sein*, on le dit riche. | *er soll schon abgereist sein*, on prétend qu'il est déjà parti en voyage. | *er soll gesagt haben*, il aurait dit ; il est censé avoir dit. | *es soll hundert Mark kosten*, cela coûte, paraît-il, cent marks.
5. (avec un infin. sous-entendu) *was soll das ?*, pourquoi cela ? | *was soll mir das ?*, que m'importe ? | *was soll diese Arbeit ?*, à quoi bon tout ce travail ?
6. LOC. **a)** [exprimant l'indignation] *ich sollte auf meines Kindes Haupt zielen*, il faudrait que je vise la tête de mon enfant. | *ich sollte dich verraten*, moi, je te trahirais ; moi, j'irais te trahir ? — **b)** [exprimant le regret, la déception ; ne se traduit généralement pas] *da soll einer noch freigebig sein*, allez donc être généreux ! | *da soll man noch drüber staunen*, étonnez-vous donc si. — **c)** [exprimant l'étonnement] *wie soll man bei solchen Behauptungen nicht lachen ?*, comment ne pas rire de telles affirmations ? | *was soll ich ?*, que dois-je faire ? | *sollte er krank sein ?*, serait-il, par hasard, malade ?

Söller ['zølər] m. (s, -). 1° galerie couverte ; 2° grenier.

solmisieren [zɔlmi'zi:rən] v. intr. MUS. chanter la gamme.

Solo ['zo:lo] n. (s, s). MUS. solo m.

Solo|sänger [″zo:lo'zɛŋər] m. (s, -), °-**spieler** [-'ʃpi:lər] m. (s, -) soliste m. ||°-**stimme** f. (-, n) voix seule. ||°-**stück** n. (s, e) solo m.

Solothurn [zolo'turn] n. pr. n. GÉOGR. Soleure f.

Solözismus [zolø'tsismus] m. (-, men). GRAMM. solécisme m.

Solstitium [zɔl'sti:tsium] m. (s, tien). ASTRON. [Sonnenwende] solstice m.

solvabel [zɔl'va:bəl], **solvent** [-'vɛnt] adj. solvable.

Solvenz [-'vɛnts] f. solvabilité f.

Soma ['zo:ma] n. (s, ata). BIOL. soma m.

Somalia [zo'ma:lia] n. pr. n. (s). GÉOGR. Somalie f.

somatisch [zo'ma:tiʃ] adj. MÉD. somatique.

Sommer ['zɔmər] m. (s, -) été m. | *im Sommer*, en été. | *Hochsommer*, plein été. || FIG. *im Sommer des Lebens*, dans la force de l'âge. || PAR EXT. [Sommerfäden; Marienfäden] *fliegender Sommer*, fils (m. pl.) de la Vierge.

Sommer|fäden [''zɔmər'fɛ:dən] m. pl. [Altweibersommer] fils (m. pl.) de la Vierge. ||°**-frische** f. villégiature f. | *in die Sommerfrische fahren*, aller en villégiature. ||°**-frischler** m. pl., °**-gäste** m. pl. estivants m. pl. ; touristes m. pl. ||°**-gerste** f. orge (f.) d'été ; baillage m. ||°**-getreide** n. (s, -) blé (m.) de mars. ||°**-saat** f. (-, en) semaille (f.) de printemps. ||°**-schlaf** m. (s) estivation f. ||°**-seite** f. (-, n) côté (m.) du midi ; versant (m.) au midi. ||°**-sonnenwende** f. solstice (m.) d'été. ||°**-sprossen** f. pl. taches (f. pl.) de rousseur. ||°**-vogel** m. (s, ¨) passereau m. ||°**-weg** m. (s, e) bas-côté (m.) de la route. ||°**-weizen** m. (s) blé (m.) de mars. ||°**-wurz** f. BOT. orobanche f. ||°**-zeit** f. heure (f.) d'été.

sommerlich [-liç] adj. estival.

somnambul [zɔmnam'bu:l] adj. [schlafwandelnd] somnambule.

Somnambulismus [-bu'lismus] m. (-) somnambulisme m.

Sonate [zo'na:tə] f. (-, n). MUS. sonate f.

Sonatine [-na'ti:nə] f. (-, en). MUS. sonatine f.

Sonde ['zɔndə] f. (-, n) sonde f.

sonder ['zɔndər] (Vx.) prép. (acc.) sans. | *sonder Tadel*, irréprochable.
◇ adj. et adv. séparé ; spécial ; séparément.

Sonder|abdruck [''zɔndər'apdruk] m. (s, ¨e). TYPOGR. tirage (m.) à part. ||°**-abkommen** n. (s, -). JUR. contrat particulier. ||°**-angebot** n. (s, e). COMM. offre spéciale ; promotion f. ||**-artig** adj. particulier ; spécial. ||°**-ausgabe** f. (-, n) édition (f.), numéro (m.) spécial(e). ||°**-ausgaben** f. pl. dépenses particulières. ||°**-ausschuß** m. (es, ¨e) commission spéciale ; jury (m.) d'exception. ||°**-beauftragte(r)** f. (m.) chargé(e) [m. (f.)] de mission. ||°**-beilage** f. (-, n). [Zeitungen] supplément spécial. ||°**-berichterstatter** m. (s, -). [Zeitungen] envoyé spécial. ||°**-bestimmung** f. (-, en) disposition spéciale. ||°**-bestrebung** f. (-, en) tendance (f.) particulariste, séparatiste. ||°**-bund** m. (s, ¨e) fédération (f.), ligue (f.) séparatiste. ||°**-bündler** m. (s, -) séparatiste m. ||°**-bündelei** f. séparatisme m. ; particularisme m. ||°**-druck** m. (s, e) tirage (m.) à part ; tiré (m.) à part. ||°**-fach** n. (s, ¨er) spécialité f. ||°**-friede** m. (ns, n) paix séparée. ||°**-gericht** n. (s, e) tribunal (m.) d'exception. ||°**-gesetz** n. (es, e) loi (f.) d'exception. ||**-gleichen** adj. sans pareil. || spécial ; à part ; exceptionnel. ||°**-gut** n. (s). JUR. biens paraphernaux. ||°**-nummer** f. (-, n). [Zeitungen] numéro spécial. ||°**-recht** n. (s, e) privilège m. ||°**-ziehungsrechte** n. pl. FIN. droits de tirage spéciaux (D.T.S.). ||°**-zimmer** n. (s, -) chambre (f.) avec entrée indépendante. ||°**-zug** m. (s, ¨e). [Eisenbahn] train spécial. ||°**-zuwendungen** f. pl. ADM. allocations spéciales.

sonderbar ['zɔndərba:r] adj. et adv. singulier ; particulier ; spécial ; original ; unique ; étrange ; bizarre. | *das Sonderbare an dieser Sache*, le plus singulier de cette affaire.

Sonderbarkeit [-kait] f. (-, en) étrangeté f. ; particularité f. ; singularité f. ; bizarrerie f. ; caractère singulier.

sonderlich ['zɔndərliç] adj. et adv. remarquable ; notable ; extraordinaire ; considérable. | *das war nicht sonderlich geschickt*, cela n'était guère adroit. | *ohne sonderliche Lust, zu*, sans grande envie de. | *es ist nichts Sonderliches daran*, il n'y a rien d'extraordinaire à cela.

Sonderling [-liŋ] m. (s, e) original m. ; homme (m.) à part, bizarre.

sondern ['zɔndərn] adv. mais ; mais au contraire. | *er ist nicht arm, sondern reich*, il n'est pas pauvre, mais au contraire riche. | *nicht nur, sondern auch*, non seulement, mais encore.

sondern ['zɔndərn] v. tr. séparer ; trier ; disjoindre ; mettre à part. || FIG. *die Spreu vom Weizen sondern*, séparer le bon grain de l'ivraie ; distinguer le vrai du faux.
◇ v. pr. **sich sondern,** se séparer ; se distinguer ; se mettre à part, à l'écart ; s'isoler.

sonders ['zɔndərs] adv. *samt und sonders*, tous sans exception ; en général et en particulier.

Sonderung ['zɔndəruŋ] f. (-, en) [action de] mettre à part, séparer, isoler. || triage m. ; disjonction f. ; séparation f.

sondieren [zɔn'di:rən] v. tr. sonder. || FIG. tâter le terrain ; examiner. | *jn sondieren*, pressentir qn.

Sondierung [-ruŋ] f. (-, en) sondage m.

Sonett [zɔ'nɛt] n. (s, e). POÉT. sonnet m.

Song [sɔŋ] m. (s, s) [englisch] chanson f.

Sonn|abend ['zɔna:bənt] m. (s, e) samedi m. | *sonnabends*, le samedi.

Sonne ['zɔnə] f. (-, n) **1.** soleil m. | *die Sonne geht auf, unter*, le soleil se lève, se couche. | *die Sonne scheint*, le soleil luit, brille. | *in der Sonne*, au soleil. | *von der Sonne gebräunt*, bronzé ; bruni ; hâlé. || LOC. *nichts Neues unter der Sonne*, rien de nouveau sous le soleil. **2.** FIG. lumière f. ; grand jour. | *an die Sonne kommen*, devenir public. | *ans Licht der Sonne bringen*, rendre public. | *Platz an der Sonne*, place (f.) au soleil ; position (f.) favorable. | *die Sonne bringt es an den Tag*, la vérité se fera jour. || PROV. *es ist nichts so fein gesponnen, es kommt doch endlich an die Sonnen*, il n'est rien de si caché qui ne finisse par apparaître au grand jour.

sonnen [-nən] v. tr. exposer au soleil ; insoler.
◇ v. pr. **sich sonnen,** se prélasser, s'exposer au soleil. || FIG. *sich in seinem Ruhm sonnen*, s'endormir sur ses lauriers.

Sonnen|aufgang [''zɔnən'aufgaŋ] m. (s, ¨e) lever (m.) du soleil ; orient m. ||°**-bad** n. (s, ¨er) bain (m.) de soleil ; solarium m. ||°**-bahn** f. orbite (f.) du soleil. | *scheinbare jährliche Sonnenbahn*, écliptique f. ||°**-ball** m. globe (m.) du soleil. ||**-beglänzt, -beschienen** adj. exposé au soleil. ||°**-bestrahlung** f. (-, en), °**-einstrahlung** f. (-, en) ensoleillement m. ||°**-bild** n. (s) spectre (m.) solaire. ||°**-blende** f. (-, n) visière f. ; parasoleil m. ; pare-soleil m. ||°**-blendscheibe** f. (-, n). AUTOM. pare-soleil m. ||°**-blick** m. (s, e) rayon (m.) de soleil. ||°**-blume** f. (-, n). BOT. tournesol m. ; hélianthe m. ||°**-brand** m. brunissement m. ; hâle m. ||°**-bräune** f. hâle m. ||°**-brille** f. (-, n) lunettes (f.) de soleil. ||°**-dach** n. (s, ¨er) marquise f. || AUTOM. toit ouvrant. ||°**-deck** n. (s, e). MAR. tendelet m. ||°**-energie** f. (-) énergie (f.) solaire. ||°**-ferne** f. ASTRON. aphélie f. ||°**-finsternis** f. (-, se) éclipse (f.) solaire, de soleil. ||°**-flecken** m. (s, -) tache (f.) solaire. ||**-gebräunt** adj. bruni. ||°**-geflecht** n. (s, e) plexus (m.) solaire. ||°**-glanz** m. (es) clarté (f.), splendeur (f.) du soleil. ||°**-glas** n. (es, ¨er) verre fumé. ||°**-glut** f. ardeur (f.) du soleil. ||°**-gott** m. (s). MYTH. Phébus m. ||**-hell** adj. éclairé par le soleil. || PAR EXT. clair comme le jour. ||°**-höhe** f. hauteur (f.) du soleil. ||°**-jahr** n. (s, e) année solaire, astronomique. ||°**-käfer** m. (s, -), °**-kalb** n. (s, ¨er). ZOOL. coccinelle f. ||**-klar** adj. clair comme le jour ; évident ; patent. ||°**-kollektor** m. (s, en). TECHN. capteur (m.) solaire. ||°**-körper** m. pl. ASTRON. corps solaires. || °**-kraftwerk** n. (s, e). TECHN. centrale (f.) solaire. ||°**-kugel** f. globe (m.) solaire. ||°**-lichtheilverfahren** n. (s, -) héliothérapie f. ||°**-messer** m. (s, -) héliomètre m. ||°**-nähe** f. périhélie f. ||°**-ofen** m. (s, ¨). TECHN. four (m.) solaire. ||°**-quadrant** m. (s, e) cadran (m.) solaire. ||**-reich** adj. bien exposé au soleil. ||°**-röschen** n. (s, -). BOT. hélianthème m. ||°**-scheibe** f. ASTRON. disque (m.) solaire. ||°**-schein** m. clarté (f.) du soleil. | *im Sonnenschein*, au soleil. || °**-scheindauer** f. (-) durée (f.) d'ensoleillement. ||°**-schirm** m. (s, e) ombrelle f. ||°**-schutzblende** f. (-, n) pare-soleil m. ||°**-segel** n. (s, -). MAR. banne f. ; vélum m. ||°**-seite** f. (-, n) côté exposé au soleil. ||°**-spektrum** n. (s) spectre (m.) solaire. ||°**-stand** m. (s) position (f.) du soleil. ||°**-stich** m. (s, e) coup de soleil. ||°**-stillstand** m. (s, ¨e) solstice m. ||°**-strahl** m. (s, en) rayon (m.) de soleil. ||°**-strahlung** f. (-, en) rayonnement (m.) solaire. ||°**-system** n. (s, e) système solaire, planétaire. ||°**-tag** m. (s, e). ASTRON. jour (m.) solaire ; FIG. beau jour. | *Sonnentage*, jours (m. pl.) d'ensoleillement. ||°**-uhr** f. (-, en) cadran (m.) solaire. | *Sonnenuhrzeiger*, gnomon. ||°**-untergang** m. (s, ¨e) coucher (m.) de, du soleil. ||**-verbrannt** adj. basané ; bruni ; hâlé. ||°**-welt** f. système (m.) solaire, planétaire. ||°**-wende** f. (-, n). ASTRON. solstice m. || BOT. héliotrope m.

sonnenhaft ['zɔnənhaft] adj. qui est comme le soleil ; qui a une parenté avec le soleil.

sonnig ['zɔniç] adj. ensoleillé. || FIG. heureux ; radieux.

Sonntag ['zɔnta:k] m. (s, e) dimanche m. | *an Sonn- und Festtagen*, les dimanches et les jours fériés. || RELIG. *Palmsonntag*, dimanche des Rameaux.

sonntägig [″zɔn'tɛ:giç] adj. du dimanche ; dominical.

sonntäglich [-'tɛ:gliç] adj. et adv. du dimanche ; dominical ; qui a lieu tous les dimanches. | *sonntäglich angezogen*, endimanché.

sonntags ['zɔnta:gs] adv. le dimanche.

Sonntags|andacht [″zɔnta:gs'andaxt] f. (-, en) office (m.) du dimanche. ||°**-fahrer** m. (s, -). IRON. conducteur (m.) du dimanche. ||°**-gesicht** n. (s, er) mine riante. ||°**-jäger** m. (s, -). IRON. chasseur (m.) du dimanche ; FAM. chasseur (m.) de casquettes. ||°**-kind** n. (s, er) favori (m.) de la fortune ; enfant, homme né coiffé. ||°**-kleid** n. (s, er) habits (m. pl.) du dimanche. ||°**-ruhe** f. repos dominical. ||°**-staat** m. (es) habits (m. pl.) du dimanche. | *im Sonntagsstaat*, dans ses plus beaux atours.

sonor [zɔ'no:r] adj. sonore.

sonst [zɔnst] adv. **1.** autrement ; sinon. | *beeilen Sie sich, sonst kommen Sie zu spät !*, dépêchez-vous, sinon vous serez en retard. | *sonst nichts ?*, rien d'autre ? | *sonst noch etwas ?*, et avec cela ? | *sonst niemand ?*, personne d'autre ? | *wenn es sonst nichts ist*, si ce n'est que cela. | *sonst nirgends*, nulle part ailleurs. | *wer denn sonst als er ?* qui donc, sinon lui ? | *was willst du sonst noch ?*, que veux-tu de plus ?

2. ailleurs ; d'ailleurs ; par ailleurs ; ordinairement ; normalement ; à l'ordinaire. | *er handelt sonst nicht auf diese Weise*, d'ordinaire il n'agit pas de cette façon. | *wie sonst*, comme d'habitude.

3. autrefois ; jadis. | *sonst ist heute*, autres temps, autres mœurs.

sonstig ['zɔnstiç] adj. autre. | *seine sonstigen Einkommen*, ses autres sources de revenus. | *sonstige Ausgaben*, autres dépenses ; dépenses (f. pl.) accessoires. || [ehemalig] d'autrefois ; jadis.

sonst|wie [zɔnst'vi:] adv. d'une autre manière. ||**-wo** adv. quelque part ailleurs.

Soor [zo:r] m. (s). MÉD. muguet m.

Sophismus [zɔ'fismus] m. (-, men). PHILOS. sophisme m.

— SYN. : *Sophisma* n. (pl. Sophismen ou Sophismata).

Sophist [-'fist] m. (en, en). PHILOS. sophiste m.

Sophisterei [-fistə'rai] f. (-, en) sophistique f. ; arguties f. pl.

— SYN. : *Sophistik* f. ; *Trugweisheit* f. ; *Spitzfindigkeit* f.

sophistisch [-'fistiʃ] adj. de sophiste ; sophistique.

Sophokles ['zo:fɔklɛs] n. pr. m. Sophocle m.

Sopran [zo'pra:n] m. (s, e). MUS. soprano m.

Sopranist(in) [-ist(in)] m. (en, en), f. (-, nen) soprano s.

Sorbe ['zɔrbə] f. (-, n). BOT. sorbe f.

Sorbett [zɔr'bɛt] n. (s, e). CULIN. sorbet m.

Sordine [zɔr'di:nə] f. (-, n). MUS. sourdine f.

Sorge ['zɔrgə] f. (-, n) **1.** inquiétude f. ; souci m. ; peine f. | *sich Sorgen machen*, se faire des soucis ; s'inquiéter. | *in Sorge(n) um etwas, wegen etwas sein*, se faire du souci pour qch. | *schwere Sorgen*, gros soucis. | *das ist die geringste meiner Sorgen*, c'est le moindre, c'est le cadet de mes soucis. | *eine Sorge los sein*, être libéré d'un souci.

2. soin m. ; sollicitude f. | *für etwas Sorge tragen*, prendre soin de qch. ; pourvoir à qch. | *die Sorge für etwas übernehmen*, se charger de qch. || FAM. *lassen Sie das meine Sorge sein*, j'en fais mon affaire ; laissez-moi faire.

sorgen [-gən] v. intr. **1.** être inquiet ; craindre pour ; se tourmenter ; avoir peur. | *(sich) um js Gesundheit sorgen*, être inquiet pour la santé de qn. | *sich zu Tode sorgen*, se ronger de soucis. || (Vx.) *ich sorge, daß*, je crains fort que.

2. prendre soin ; pourvoir ; veiller ; voir à ; mettre ordre ; aviser. | *dafür haben wir gesorgt*, nous y avons pourvu. | *für alles sorgen*, veiller à tout.

— OBSERV. Emploi possible, mais rare, comme verbe transitif. Ex. : *das sorgt mich*, cela m'inquiète, avec le sens de *Sorgen machen*.

Sorgen|brecher [″zɔrgən'brɛçər] m. (s). FIG., FAM. vin m. ||**-frei, -los** adj. exempt, libre de soucis. ||°**-kind** n. (s, er) enfant (s.) qui cause beaucoup de soucis. ||**-schwer, -voll** adj. soucieux ; accablé de soucis.

Sorge|recht [″zɔrgə'rɛçt] n. (s, e). JUR. droit (m.) de garde.

Sorg|falt ['zɔrkfalt] f. soin m. ; scrupule m. ; sollicitude f. | *mit Sorgfalt*, avec soin, diligence ; de façon méticuleuse. | *Sorgfalt auf etwas verwenden*, soigner qch. ; mettre du soin à qch.

sorg|fältig [″zɔrk'fɛltiç] adj. soigneux ; attentif ; plein de sollicitude ; scrupuleux ; méticuleux. | *sorgfältig gekleidet*, mis avec soin. ||**-los** adj. sans soucis ; insouciant ; PAR EXT. négligent. ||°**-losigkeit** f. insouciance f. ; incurie f. ; PAR EXT. négligence f. ; laisser-aller m. ; manque (m.) de soin.

sorglich ['zɔrkliç] adj. inquiet. || (Vx.) inquiétant. || soigneux.

Sorglichkeit [-kait] f. sollicitude f.

sorgsam ['zɔrkza:m] adj. soigneux ; attentionné.

Sorgsamkeit [-kait] f. (-, en) soins m. pl. ; caractère soigneux ; attentions f. pl.

Sorte ['zɔrtə] f. (-, n) sorte f. ; espèce f. ; qualité f. | *mittlere Sorte*, qualité moyenne.

Sortier|maschine [zɔr″ti:rma'ʃi:nə] f. (-, n) machine (f.) à trier ; trieuse f. ||°**-raum** m. (s, ¨e) salle (f.) de tri. ||°**-trommel** f. (-, n) classeur (m.) à tambour.

sortieren [zɔr'ti:rən] v. tr. assortir ; mettre en ordre ; classer. || [Briefe] trier. || TECHN. *sortierte Kohle*, charbon épuré.

Sortieren [-rən] n. (s), **Sortierung** [ruŋ] f. (-, en) classement m. ; triage m. || [Briefe] tri m. | *Sortierung nach Bestimmungsorten*, routage m.

Sortiment [zɔrti'mɛnt] n. (s, e). 1° assortiment m. ; 2° librairie f.

Sortimenter [-'mɛntər] m. (s, -) libraire (m.) commissionnaire ; libraire (m.) de détail.

Soße ['zo:sə] f. (-, n) sauce f.

sott [zɔt] prétérit de **sieden.**

Sott [zɔt] n. (es). [Ruß] suie f.

Souffleur [su'flø:r] m. (s, e). THÉÂTRE. souffleur m. | *Souffleurkasten*, trou (m.) du souffleur.

soufflieren [su'fli:rən] v. tr. THÉÂTRE. souffler.

Soutane [zu'ta:nə] f. (-, n) soutane f.

Souterrain ['sutɛrɛ̃] n. (s, s). ARCHIT. sous-sol m.

souverän [zuvə'rɛ:n] adj. souverain.

Souverän [-'rɛ:n] m. (s, e) souverain m.

Souveränität [-rɛni'tɛt] f. souveraineté f.

Sowjet [sɔ'vjɛt] m. (s, s) soviet m.

sowjetisch [-tiʃ] adj. soviétique.

Sowjet|republiken [so″vjɛtrepu'bli:kən] f. pl. républiques (f. pl.) soviétiques. ||°**-union** f. [UdSSR] Union (f.) des républiques socialistes soviétiques ; U.R.S.S.

sozial [zotsi'a:l] adj. social.

Sozial|abgaben [zotsi″a:lap'ga:bən] f. pl. ÉCON. charges sociales ; prélèvements sociaux. ||°**-amt** n. (s) bureau (m.) d'aide sociale. ||°**-arbeiterin** f. (-, nen) assistante sociale. ||°**-beiträge** m. pl. versements (m. pl.) au titre de la Sécurité sociale. ||°**-demokrat** m. (en, en) social-démocrate m. ||°**-demokratie** f. social-démocratie f. ||°**-einrichtungen** f. pl. avantages sociaux. ||°**-fürsorge** f., °**-hilfe** f. (-, n) aide sociale. ||°**-fürsorgerin** f. (-, nen) assistante sociale. || °**-leistungen** f. pl. prestations (f. pl.) de Sécurité sociale. ||°**-leistungsträger** m. (s, -) (*etwa*) organisme payeur de prestations sociales. ||°**-ökonomie** f. économie (f.) politique. ||°**-ordnung** f. ordre social. ||°**-reform** f. (-, en) réforme sociale. ||**-versichert** adj. *sozialversichert sein*, être affilié à la Sécurité sociale. ||°**-versicherung** f. (-, en) assurance sociale ; Sécurité sociale. ||°**-werk** n. (s, e) entraide f. ||°**-wissenschaften** f. pl. sciences, études sociales ; sociologie f.

sozialisieren [zotsiali'zi:rən] v. tr. socialiser ; nationaliser.

Sozialisierung [-li'zi:ruŋ] f. (-, en) socialisation f. ; nationalisation f. || [Soziologie] insertion sociale.

Sozialismus [-'lismus] m. socialisme m.

Sozialist [-'list] m. (en, en) socialiste m.

sozialistisch [-'listiʃ] adj. socialiste.

Soziologe [zotsio'lo:gə] m. (n, n), °**-login** [-'lo:gin] f. (-, nen) sociologue s.

Soziologie [-lo'gi:] f. sociologie f.

soziologisch [-'lo:giʃ] adj. sociologique.

Sozius ['zo:tsius] m. (-, se) associé m. ; compagnon m.

Sozius|fahrer [″zo:tsius'fa:rər] m. (s, -). [Krafträder] occupant (m.) du siège arrière. ||°**-sitz** m. (es, e) tan-sad m.

Spachtel ['ʃpaxtəl] m. (s, -) ou f. (-, n) spatule f. — OBSERV. Pour les composés, V. SPATEL.

spachteln [-təln] v. tr. spatuler ; reboucher avec le couteau. || ARG. faire bonne chère.

Spagat [ʃpa'gɑ:t] m. (es, e). DIAL. ficelle f. || FIG. *den Spagat machen*, faire le grand écart.

spähen ['ʃpɛ:ən] v. intr. être aux aguets ; épier ; espionner ; guetter ; scruter ; chercher à découvrir. | *nach etwas spähen*, chercher à découvrir qch. | *nach jm spähen*, observer qn d'un regard scrutateur.
— SYN. : *kundschaften*, épier ; *ausspionieren*, espionner.

Späher(in) ['ʃpɛ:ər(in)] m. (s, -), f. (-, nen) qui épie ; espion(ne) m. (f.) ; guetteur m. ; guetteuse f. | *Späherblick*, regard observateur, scrutateur.

Späherei [ʃpɛ:ə'rai] f. espionnage m.

Späh|trupp ["ʃpɛ:'trup] m. (s, s) patrouille f. ; détachement (m.) d'éclaireurs. ||°**-wagen** m. (s, -) voiture (f.) de reconnaissance.

Spalier [ʃpa'li:r] n. (s, e) espalier m. ; treille f. || FIG. *Spalier bilden*, faire la haie.

Spalier|baum [ʃpa"li:r'baum] m. (s,¨e) arbre (m.) en espalier. ||°**-form** f. (-, en). BOT. palmette f. ||°**-traube** f. (-, n) raisin (m.) de treille. ||°**-wand** f. (-, ¨e) palissage m.

Spalt [ʃpalt] m. (s, e), **Spalte** ['ʃpaltə] f. (-, n) fente f. ; ouverture f. ; déchirure f. ; crevasse f. || [Mauern] fissure f. ; lézarde f. || [Geschirr ; Glas] fêlure f. | *Spalten bekommen*, se fendiller ; se crevasser. || PAR EXT. éclat (m.) de bois. || FIG. abîme m. | *ein Spalt klafft zwischen diesen beiden Anschauungen*, il y a un fossé entre ces deux conceptions. || TYPOGR. [Zeitungen] colonne f.

Spalt|ader ["ʃpalt'ɑ:dər] f. (-, n) veine (f.) du bois. ||°**-beil** n. (s, e) hachette f. ||°**-bildung** f. (-, en) fissuration f. ||**-blätterig** adj. fissifolié. ||°**-bruch** m. (s, ¨e) crevasse f. ; fracture f. ||°**-fläche** f. (-, n) plan (m.) de clivage. ||°**-fuß** m. (es,¨e) pied fendu. ||**-füßig** adj. ZOOL. schizopode, fissipède. ||**-holz** n. (es) bois (m.) de refend. ||°**-keil** m. (s, e). TECHN. coin (m.) à fendre. ||°**-klinge** f. (-, n) merlin m. ||°**-leder** n. (s, -) cuir (m.) de mauvaise qualité. ||°**-messer** n. (s, -) greffoir m. ; entoir m. ||°**-mündung** f. (-, en). BOT. stomate m. ||°**-neutron** n. (s, en). NUCL. neutron (m.) de fission. ||°**-pilz** m. (es, e) bactérie f. ||°**-produkt** n. (s, e). NUCL. produit (m.) de fission. ||°**-rate** f. (-, n). NUCL. taux (m.) de fission. ||°**-stoff** m. (s, e). NUCL. matière (f.) fissile.

spaltbar ['ʃpaltbɑ:r] adj. qui peut se fendre ; fissile. || PHYS. *spaltbarer Stoff*, matière (f.) fissile.

Spaltbarkeit [-kait] f. fissilité f. ; qualité (f.) de ce qui peut être fendu. || TECHN. clivage m.

spalten ['ʃpaltən] v. intr. se fendre.
◇ v. tr. fendre ; scinder ; diviser. | *Holz der Länge nach spalten*, fendre, scier du bois en long. | *den Schädel spalten*, fendre le crâne. || PHYS. *den Lichtstrahl spalten*, décomposer le rayon lumineux. || TECHN. *einen Kristall spalten*, cliver un cristal. || FIG. *Haare spalten*, couper les cheveux en quatre. || TYPOGR. composer en colonnes.
◇ v. pr. **sich spalten,** se fendre ; se lézarder ; se crevasser ; bifurquer ; se scinder. | *die Welt spaltet sich in zwei Lager*, le monde se divise en deux camps. | *sich weiter spalten*, se subdiviser. || [Steine] se déliter.
— OBSERV. Le participe passé a une forme faible (*eine gespaltete Mauer*, un mur fissuré) et une forme forte (*gespaltene Hufe*, sabots fendus [des bovins]). Au sens figuré, on emploie la forme forte (*die Meinungen sind gespalten*, les avis sont partagés).

Spalten|breite ["ʃpaltən'braitə] f. (-, n). TYPOGR. justification f. ||**-reich** adj. crevassé.

Spalter ['ʃpaltər] m. (s, -) fendeur m. ; FIG. pourfendeur m.

spaltig ['ʃpaltiç] adj. fendu ; fendillé ; crevassé ; gercé. || PAR EXT. qui se fend aisément ; fissile. || TYPOGR. en colonnes. | *zweispaltig*, sur deux colonnes.

Spaltung [-tuŋ] f. (-, en). [Handlung] (action de) fendre ; fendage m. || [Ergebnis] fissure f. ; crevasse f. || PAR EXT. dédoublement m. ; clivage m. || FIG. scission f. ; division f. ; cassure f. ; schisme m. | *innere Spaltungen*, divisions internes ; déchirements m. pl. || PHYS., CHIM. dédoublement m. | *Spaltung des Atomkerns*, fission (f.) du noyau atomique.
— OBSERV. La forme *Spalterei* ne se rencontre qu'en composition, en particulier : *Haarspalterei* ; *Wortspalterei*, byzantinisme, excès de subtilité.

Spaltungs|energie ["ʃpaltuŋsenɛr'gi:] f. (-). NUCL. énergie (f.) de fission.

Span [ʃpɑ:n] m. (s,¨e). **1.** copeau m. ; chute (f.) de bois ; éclat (m.) de bois, de métal. | *Hobelspan*, éclat de bois. | *Metallspäne*, planure f. ; limaille f. || LOC. FAM. *dünn wie ein Span sein*, être maigre comme un clou. | *Späne haben*, avoir du foin dans ses bottes. || PROV. *wo gehobelt wird, fallen Späne*, on ne fait pas d'omelette sans casser des œufs.
2. FIG., DIAL. dispute f. ; querelle f. || IRON. *einen Span haben*, être un peu fou ; avoir un grain. || FAM. *machen Sie keine Späne !*, ne faites pas de façons !

Span|ferkel ["ʃpɑ:n'fɛrkəl] n. (s, -) cochon (m.) de lait.

Span|schachtel ["ʃpɑ:n'ʃaxtəl] f. (-, n) boîte (f.) faite de planches légères.

spänen ['ʃpɛ:nən] v. tr. (Vx.) sucer ; téter.

Spange ['ʃpaŋə] f. (-, n) agrafe f. ; boucle f. ; fermoir m. | *Haarspange*, barrette f.

Spaniel ['ʃpɑ:niəl] m. (s, -). ZOOL. épagneul m.

Spanien ['ʃpɑ:niən] n. pr. n. Espagne f.

Spanier(in) [-niər(in)] m. (s, -), f. (-, nen) Espagnol(e) m. (f.).

Spaniol [ʃpani'o:l] m. (s, e) tabac (m.) d'Espagne.

spanisch ['ʃpɑ:niʃ] adj. espagnol. | *spanische Spracheigentümlichkeit*, hispanisme m. | *spanisch-amerikanisch*, hispano-américain. || FIG. *spanischer Stiefel*, brodequin (m.) de torture. | *spanische Wand*, paravent m. || ZOOL. *spanische Fliege*, cantharide f. || MIL. *spanischer Reiter*, cheval (m.) de frise. || CULIN. *spanischer Pfeffer*, piment m.

spanisch|sprachig ["ʃpɑ:niʃ'ʃprɑ:xiç] adj. hispanophone. ||°**-weiß** n. (es) blanc (m.) d'Espagne.

Spann [ʃpan] m. (s, e). [Pferde ; Schuhe] cou-de-pied m. ; cambrure f.

Spann|abzug ["ʃpan'aptsu:k] m. (s, ¨e). MIL. détente f. ||°**-ader** f. (-, n). ANAT. tendon m. ||°**-backe** f. (-, n). TECHN. mordache (f.) d'un étau ; mors (m.) de serrage. ||°**-balken** m. (s, -) entrait m. ||°**-beton** m. (s) béton précontraint. ||°**-bettlaken** n. (s, -), °**-bettuch** n. (s, ¨er) drap housse m. ||°**-draht** m. (s,¨e) hauban m. ; tendeur m. ||°**-feder** f. (-, n) ressort m. ||°**-futter** n. (s, -). TECHN. mandrin m. ||°**-hebel** m. (s, -) tendeur m. ||°**-kraft** f. élasticité f. ; ressort m. || TECHN. [Dampfdruck] tension (f.) de la vapeur. || [Glas] expansibilité f. ||**-kräftig** adj. élastique. ||°**-lack** m. (e). TECHN. émaillite f. ||°**-muskel** m. (s, n) muscle extenseur. ||°**-nagel** m. (s, ¨) cheville ouvrière. ||°**-rahmen** m. (s, -) châssis-tendeur m. ||°**-riemen** m. (s, -) tire-pied m. ||°**-ring** m. (s, e) collier (m.) de serrage. ||°**-seil** n. (s, e) câble tendeur. ||°**-stück** n. (s, e) gâchette f. ||°**-tau** n. (s, e) amarre f. ||°**-vorrichtung** f. (-, en). TECHN. dispositif (m.) de serrage ; tendeur m. ||°**-weite** f. (-, n) ouverture (f.) d'un arc ; portée (f.) [d'un pont]. || AÉRON. envergure f. || TECHN. [Schraubstock] écartement m.

spannbar ['ʃpanbɑ:r] adj. que l'on peut tendre ; extensible.

Spanne ['ʃpanə] f. (-, n). [Längenmaß] empan m. | *Spannen messen*, mesurer par empans. || FIG. [räumlich und zeitlich] *kurze Spanne*, court espace. | *eine Spanne Zeit*, un laps de temps. || marge f. ; écart m. | *Handelsspanne*, marge bénéficiaire. || STAT. fourchette f.

spannen ['ʃpanən] v. tr. **1.** tendre ; étendre ; tirer ; étirer ; allonger. | *ein Seil spannen*, tendre une corde. | *seine Muskeln spannen*, tendre ses muscles. | *einen Bogen spannen*, bander un arc. | *eine Feder spannen*, tendre, bander un ressort. || [Feuerwaffen] *den Hahn einer Flinte spannen*, armer un fusil. || FIG. *alle Kräfte (an)spannen*, tendre toutes ses forces. | *seine Forderungen zu hoch spannen*, avoir des prétentions exagérées. || TECHN. *den Dampf spannen*, serrer dans l'étau. | *ein Rad spannen*, centrer une roue. || MUS. *Saiten spannen*, monter des cordes. | *die Saiten hoch spannen*, tendre les cordes.
2. atteler. | *Pferde an einen Wagen spannen*, atteler des chevaux à une voiture. | *Ochsen ins Joch spannen*, mettre des bœufs au joug. || PAR EXT. *jn auf die Folter spannen*, mettre qn à la torture, à la question. || FIG. *spannen Sie mich doch nicht auf die Folter !*, cessez de me tourmenter ! || PROV. *die Pferde hinter den Wagen spannen*, mettre la charrue avant les bœufs.
3. serrer ; resserrer ; attacher. | *etwas in den Schraubstock spannen*, serrer qch. dans l'étau. | *einen Wagen spannen*, serrer la charge d'une voiture. | *über die Form spannen*, enformer.
◇ v. intr. tendre ; tirer. | *dieses Kleid spannt über den Schultern*, ce vêtement tire sur les épaules. || FIG. intéresser ; captiver. || FAM. *auf einen Gewinn spannen*, escompter un gain. | *die Katze spannt auf die Maus*, le chat guette la souris. | *ich bin darauf gespannt*,

j'attends cela impatiemment. ‖ avoir une envergure, une portée de. | *dieses Flugzeug spannt fünfzig Meter*, cet avion a cinquante mètres d'envergure.
◇ part. pass. **spannend.** FIG. *spannende Erzählung*, récit captivant.
◇ part. pass. **gespannt.** *gespannte Aufmerksamkeit*, attention tendue. | *gespannte Beziehungen*, rapports tendus. | *gespannte Lage*, situation tendue. | *hochgespannte Hoffnungen*, espérances exagérées, trop haut placées. | *allzu gespannt*, hypertendu.
◇ v. pr. **sich spannen.** *die Brücke spannt sich über den Fluß*, le pont enjambe le fleuve. | *der Himmel spannt sich über uns*, le ciel déploie sa voûte au-dessus de nous.

Spanner [-nər] m. (s, -). [Bogenspanner] celui qui tend un arc. ‖ [Spannvorrichtung] tenseur m. | *Schuhspanner*, embauchoir m. ‖ [für Zeitungen] porte-journal m. ‖ [für Radspeichen] serre-rayon m. ‖ [für Schläger] presse-raquettes m. ‖ ZOOL. phalène f. ‖ ANAT. [Muskel] tenseur m. ‖ FIG., FAM. [Voyeur] voyeur m.

Spannung [-nuŋ] f. (-, en) **1.** (action de) tendre ; tension f. ; extension f. ; expansion f. ; ouverture f. | *Spannung eines Seiles*, tension d'un câble. | *zu große Spannung*, hypertension f. | *zu geringe Spannung*, hypotension f. | *Spannung der Willenskraft*, tension de la volonté. ‖ PAR EXT. envergure f. ; ouverture f. ; travée f. ; portée f. | *Spannung eines Gewölbes*, ouverture d'une voûte. | *Spannung einer Brücke*, portée d'un pont.
2. curiosité (f.) extrême ; impatience f. ; attention soutenue ; vif intérêt ; tension f. ; contention f. | *ein Buch mit Spannung lesen*, lire un livre avec un intérêt soutenu. | *in atemloser Spannung sein*, avoir le souffle coupé.
3. relations tendues ; tension f. | *politische Spannung*, tension politique.
4. ÉLECTR. tension f. ; voltage m. ; potentiel m. | *Spannung von 220 Volt*, tension de 220 volts. | *Hochspannung*, haute tension. | *eine Spannung einlegen*, appliquer une tension. ‖ [Dampfmaschinen] pression (f.) de la vapeur.

Spannungs|abfall ["ʃpanuŋs'apfal] m. (s, ¨e) baisse (f.), chute (f.) de tension. ‖°**-ausgleicher** m. (s, -) régulateur (m.) de tension. ‖°**-differenz** f. (-, en) différence (f.) de potentiel. ‖°**-messer** m. (s, -). 1° voltmètre m. ; 2° indicateur (m.) de pression. ‖°**-minderung** f. (-, en) dévoltage m. ‖°**-teiler** m. (s, -). RADIO. potentiomètre m.

Spar|brenner ["ʃpa:r'brɛnər] m. (s, -) veilleuse f. ‖°**-brett** n. (s, er). [Maurerei] oiseau m. ‖°**-buch** n. (s, ¨er) livret (m.) de caisse d'épargne. ‖°**-büchse** f. (-, n), °**-kästchen** n. (s, -) tirelire f. ‖°**-einlage** f. (-, n) dépôt (m.) à la caisse d'épargne. ‖°**-flämmchen** n. (s, -) veilleuse f. ‖°**-geld** n. (s) épargnes f. pl. ; économies f. pl. ‖°**-kalk** m. (s) plâtre cuit. ‖°**-kasse** f. (-, n) caisse (f.) d'épargne. ‖°**-kassenbuch** n. (s, ¨er) livret (m.) de caisse d'épargne. ‖°**-marke** f. (-, n) timbre-prime m. ‖°**-maßnahme** f. (-, n). ÉCON. mesure (f.) d'austérité. | *drastische Sparmaßnahmen treffen*, faire des coupes sombres. ‖°**-pfennig** m. (s, e) petites économies. ‖°**-politik** f. (-) politique (f.) d'austérité. ‖°**-programm** n. (s, e) plan (m.) d'austérité. ‖°**-quote** f. (-, n). FIN. taux (m.) d'épargne. ‖°**-strumpf** m. (es, ¨e). FAM. bas (m.) de laine. ‖°**-taler** m. (s). FAM. poire (f.) pour la soif. ‖°**-trieb** m. (s) goût (m.) de l'épargne.

sparen ['ʃpa:rən] v. tr. **1.** épargner ; économiser ; mettre de côté. | *für das Alter sparen*, épargner pour ses vieux jours. | *Geld sparen*, thésauriser. ‖ LOC. *am unrechten Ort sparen*, faire des économies de bouts de chandelle.
2. FIG. épargner ; ménager ; éviter ; PAR EXT. faire gagner. | *seine Mühe nicht sparen*, ne pas ménager ses efforts. | *mit dem Lob nicht sparen*, (VX.) *des Lobes nicht sparen*, ne pas être avare d'éloges.

Sparen [-rən] n. (s) épargne f. ; économie f.

Sparer [-rər] m. (s, -) épargnant m. ; personne (f.) économe. | *kleine Sparer*, petits épargnants. ‖ PROV. *dem Sparer gehört ein Zehrer*, à père avare, fils prodigue.

Spargel ['ʃpargəl] m. (s, -) asperge f.

spärlich ['ʃpɛ:rliç] adj. et adv. peu abondant ; insuffisant ; parcimonieux ; pauvre ; chiche. | *spärliche Mahlzeit*, repas frugal. | *spärliche Geldmittel*, moyens financiers réduits. | *spärliches Haar*, chevelure clairsemée. | *spärlich besuchtes Schauspiel*, spectacle peu fréquenté.

Spärlichkeit [-kait] f. parcimonie f. ; pauvreté f. ; insuffisance f. ; frugalité f. ; rareté f.

Sparren ['ʃparən] m. (s, -) chevron m. ; lame f. ‖ HÉRALD. chevron m. ‖ FAM. *einen Sparren zuviel haben*, avoir un grain.

Sparren|bau ["ʃparən'bau] m. (s) chevronnage m. ‖°**-holz** n. (es) chevrons m. pl.

sparsam ['ʃpa:rza:m] adj. et adv. **1.** [Personen] économe ; regardant ; PAR EXT. parcimonieux. | *sparsame Hausfrau*, ménagère (f.) économe. | *sparsam leben*, se restreindre ; économiser. | *sehr sparsam sein*, être regardant. ‖ PAR EXT. *mit etwas sparsam umgehen*, être avare de qch. ; ménager qch. | *von einer Erlaubnis sparsam Gebrauch machen*, user discrètement d'une autorisation.
2. [Dinge] peu abondant.

Sparsamkeit [-kait] f. économie f. | *aus Sparsamkeitsgründen*, pour des raisons d'économie. | *kleinliche, übertriebene Sparsamkeit*, parcimonie f.

Sparta ['ʃparta] n. pr. n. HIST. Sparte f.

Spartakist [ʃparta'kist] m. (en, en). POLIT. spartakiste m.

Spartaner [ʃpar'ta:nər] m. (s, -). Spartiate m.

spartanisch [-niʃ] adj. PR. et FIG. spartiate. | *spartanisch erziehen*, élever à la spartiate.

Sparte ['ʃpartə] f. (-, n) section f. ; classe f. ; catégorie f. ; division f. ; chapitre m. ; secteur m.

Spart|gras ['ʃpartgra:s] n. (es). BOT. alfa m. ; spart m.

Sparto|ware ["ʃparto'va:rə] f. (-, n). COMM. sparterie f.

spasmophil [spasmo'fi:l] adj. MÉD. spasmophile.

Spasmophile(r) [-'fi:lə(r)] f. (m.). MÉD. spasmophile s.

Spasmophilie [-fi'li:] f. (-). MÉD. spasmophilie f.

Spaß [ʃpa:s] m. (es, ¨e) amusement m. ; plaisanterie f. ; jeu m. ; facétie f. ; divertissement m. ; badinage m. | *schlechter Spaß*, mauvaise plaisanterie. | *roher Spaß*, plaisanterie grossière. | *es macht mir Spaß*, cela me divertit. | *Späße machen*, se livrer à des facéties. | *aus, zum Spaß*, pour plaisanter ; pour rire. | *das war nur Spaß*, ce n'était pas sérieux. | *jm den Spaß verderben*, gâter le plaisir de qn. | *mit jm seinen Spaß treiben*, se moquer de qn. | *darin versteht er keinen Spaß*, il ne plaisante pas sur ce chapitre. ‖ FAM. *Spaß beiseite !*, trêve de plaisanteries ! | *viel Spaß !*, amusez-vous bien !

Spaß|macher ["ʃpa:s'maxər] m. (s, -) farceur m. ; plaisant m. ; FAM. loustic m. ‖°**-vogel** m. (s, ¨) mauvais plaisant ; blagueur m. ‖**-weise** adv. pour plaisanter ; pour rire.

spaßen ['ʃpa:sən] v. intr. plaisanter ; se moquer ; badiner ; blaguer ; rire ; FAM. rigoler. | *Sie spaßen !*, vous voulez rire ! | *damit ist nicht zu spaßen*, il ne faut pas plaisanter, badiner avec ces choses-là. | *er läßt nicht mit sich spaßen*, il n'est pas commode.

Spaßerei [ʃpa:sə'rai] f. (-, en) badinage m. ; plaisanteries f. pl. ; facéties f. pl.

spaßhaft ['ʃpa:shaft] adj. plaisant ; facétieux ; divertissant ; amusant.

Spaßhaftigkeit [-tiçkait] f. drôlerie f. ; plaisanterie f.

spaßig ['ʃpa:siç] adj. amusant ; drôle ; cocasse.

Spat [ʃpa:t] m. (s, e). MINÉRAL. spath m. ‖ [Pferde] éparvin m.

spät [ʃpɛ:t] adv. tard. | *es ist zu spät*, il est trop tard. | *spät am Abend*, tard le soir. | *spät im Jahre*, tard dans la saison. | *wie spät ist es ?*, quelle heure est-il ? | *erst spät*, sur le tard. | *die Uhr geht um fünf Minuten zu spät*, la pendule retarde de cinq minutes. | *zu spät kommen*, être en retard. | *er ist um einen Tag zu spät angekommen*, il est arrivé avec un jour de retard. ‖ PROV. *besser spät als nie*, mieux vaut tard que jamais.
◇ compar. **später,** plus tard ; dans l'avenir ; ultérieurement. | *wir werden später sehen*, on verra plus tard. | *früher oder später*, tôt ou tard.
◇ adj. tardif ; avancé. | *späte Stunde*, heure tardive. | *zu später Stunde*, à une heure avancée. | *bis in die späte Nacht hinein*, jusqu'à une heure avancée de la nuit. | *späte Jahreszeit*, arrière-saison f. | *ein spätes Glück erleben*, être heureux sur ses vieux jours. ‖ HIST. *spätes Mittelalter*, fin (f.) du Moyen Âge.
◇ compar. **später,** ultérieur ; à venir. | *in späteren Zeiten*, plus tard ; dans les temps futurs.

Spät|apfel ["ʃpɛ:t'apfəl] m. (s, ¨) pomme tardive. ‖**-blühend** adj. qui fleurit tard ; tardiflore. ‖°**-folge** f. (-, n) séquelle f. ‖°**-frost** m. (es, e) gelée tardive. ‖°**-gotik** f. ARCHIT. gothique flamboyant. ‖°**-herbst** m. (es, e) arrière-saison f. ‖°**-latein** n. (s) bas-latin m. ‖**-reif** adj. tardif. ‖°**-sommer** m. (s, -) [Altweibersommer] été (m.) de la Saint-Martin. ||°-**zünder** m. (s, -). MIL. fusée (f.) à retardement. ||°-**zündung** f. (-, en). AUTOM. retard (m.) à l'allumage.

Spatel ['ʃpɑ:təl] m. (s, -) spatule f.

spatel|förmig ["ʃpɑ:təl'førmiç] adj. spatulé.

Spaten ['ʃpɑ:tən] m. (s, -) bêche f. | *mit dem Spaten umgraben*, bêcher.

Spaten|könig ["ʃpɑ:tən'kø:niç] m. (s, e). [Kartenspiel] roi (m.) de pique. ||°-**kultur** f. FIG. petite culture. ||°-**schaufel** f. (-, n) houe f. ||°-**stich** m. (s, e) coup (m.) de bêche.

späterhin ["ʃpɛ:tər'hin] adv. plus tard.

spätestens ['ʃpɛ:təstəns] adv. au plus tard.

spationieren [ʃpatsio'ni:rən] v. tr. espacer.

Spatium ['ʃpɑ:tsium] n. (s, tien). TYPOGR. espace f.

Spätling ['ʃpɛ:tliŋ] m. (s, e) fruit tardif ; animal tard venu. || [Lamm] tardillon m. || PAR EXT. retardataire m.

Spatz [ʃpats] m. (en, en) moineau m. ; pierrot m. || LOC. *das pfeifen die Spatzen von den Dächern*, c'est le secret de Polichinelle.

spatzenhaft ['ʃpatsənhaft] adj. hardi, insolent comme un pierrot.

Spatzen|hirn ["ʃpatsən'hirn] n. (s, e). FIG. cervelle (f.) d'oiseau.

spazieren [ʃpa'tsi:rən] v. intr. se promener. | *spazierengehen*, aller se promener à pied. | *spazierenfahren*, faire une promenade en voiture. | *spazierenreiten*, faire une promenade à cheval. | *jn spazierenführen*, promener qn.

Spazier|fahrt [ʃpa"tsi:r'fɑ:rt] f. (-, en) promenade (f.) en voiture, en bateau. ||°-**gang** m. (s, ¨e) promenade f. ||°-**gänger** m. (s, -) promeneur m. ||°-**platz** m. (es, ¨e) promenade f. ; promenoir m. ; cours m. ||°-**stock** m. (s, ¨e), °-**stöckchen** n. (s, -) badine f. ||°-**weg** m. (s, e) promenade f.

Specht [ʃpɛçt] m. (es, e). ZOOL. pic m. ; pivert m.

Speck [ʃpɛk] m. (s) lard m. | *frischer, grüner Speck*, lard frais. | *geräucherter Speck*, lard fumé. | *durchwachsener Speck*, lard entrelardé. || CULIN. *mit Speck umwickeln*, larder. | *Speck zum Spicken*, lardon m. || FIG., FAM. *Speck ansetzen*, faire du lard. | *im Speck sitzen*, vivre dans l'abondance. | *den Speck riechen*, se sentir attiré par qch. || PROV. *mit Speck fängt man Mäuse*, on n'attrape pas les mouches avec du vinaigre.

Speck|bauch ['ʃpɛkbaux] m. (s, ¨e) panse f. ||°-**geschwulst** f. (-, ¨e). MÉD. lipome m. ||°-**haut** f. couenne f. ||°-**schnitte** f. (-, n) lardon m. ||°-**seite** f. (-, n) bande (f.) de lard. | *die Wurst nach der Speckseite werfen*, donner un œuf pour avoir un bœuf. ||°-**stein** m. (s, e) stéatite f.

speckig ['ʃpɛkiç] adj. 1° gras ; 2° sale.

spedieren [ʃpe'di:rən] v. tr. expédier.

Spedierung [-'di:ruŋ] f. (-, en) expédition f.

Spediteur [-di'tø:r] m. (s, e) commissionnaire m. ; expéditeur m. || PAR EXT. entrepreneur (m.) de transports.

Spedition [-di'tsio:n] f. (-, en) expédition f.

Speer [ʃpe:r] m. (s, e) lance f. ; javelot m. ; épieu m. | *(den) Speer werfen*, lancer le javelot. || HIST. *Speerträger*, hastaire m. | *Speerwerfer*, lanceur (m.) de javelot. || *Speerspitze*, PR. et FIG. fer (m.) de lance.

Spei|becken ["ʃpai'bɛkən] n. (s, -), °-**napf** [-napf] m. (s, ¨e) crachoir m. ||°-**röhre** f. (-, n) gargouille f.

Speiche ['ʃpaiçe] f. (-, n) rais m. ; rayon m. || FIG. *in die Speichen greifen*, donner un coup de main, un coup d'épaule. || ANAT. radius m.

Speichel ['ʃpaiçəl] m. (s) salive f. ; bave f. ; crachat m.

Speichel|drüse ["ʃpaiçəl'dry:zə] f. (-, n) glande (f.) salivaire. ||°-**fluß** m. (es) salivation f. ; sialisme m. ||°-**latz** m. (es, ¨e) bavette f. ||°-**lecker** m. (s, -). FIG. lèche-bottes m. ; flagorneur m. ||°-**mangel** m. MÉD. asialie f.

speicheln ['ʃpaiçəln] v. intr. saliver ; baver.

speichen ['ʃpaiçən] v. tr. [Rad] enrayer.

Speichen|muskel ["ʃpaiçən'muskəl] m. (s, n). muscle radial. ||°-**rad** n. (s, ¨er) roue (f.) à rais.

Speicher ['ʃpaiçər] m. (s, -) grenier m. ; entrepôt m. ; magasin m. || ÉLECTR. accumulateur m. | [Wasserspeicher] réservoir (m.) d'eau. || INF. mémoire f. | *statischer, virtueller Speicher*, mémoire statique, virtuelle.

Speicher|ausdruck ["ʃpaiçər'ausdruk] m. (s, ¨e), °-**auszug** [-'austsu:k] m. (s, ¨e). INF. analyse-mémoire f. || °-**kapazität** f. (-, en). INF. capacité (f.) de mémoire. ||°-**raum** m. (s, ¨e). INF. taille (f.) mémoire. ||°-**stelle** f. (-, n). INF. emplacement (m.), position (f.) de mémoire.

speichern [-çərn] v. tr. entreposer des marchandises ; stocker. || INF. mettre en mémoire ; mémoriser.

Speicherung ['ʃpaiçəruŋ] f. (-, en). INF. mise (f.) en mémoire ; mémorisation f. | *sequentielle Speicherung*, traitement séquentiel.

speien ['ʃpaiən] (ie, ie) v. intr. cracher ; expectorer ; vomir. | *Gift und Galle speien*, cracher son venin. | *es ist zum Speien*, c'est à vomir ; c'est dégoûtant. | *Feuer und Flammen speien*, cracher feu et flamme. | *jm ins Gesicht speien*, cracher au visage de qn. | *der Vulkan speit*, le volcan entre en éruption.

Speik [ʃpaik] m. BOT. valériane f.

Speil [ʃpail] m. (s, e), **Speile** ['ʃpailə] f. (-, n) cheville (f.) de bois.

Speise ['ʃpaize] f. (-, n) nourriture f. ; aliment m. ; alimentation f. ; mets m. | *ungenießbare Speise*, nourriture immangeable. | *süße Speise*, entremets m. | *Speise und Trank*, le boire et le manger. | *Mehlspeise*, entremets m. || TECHN. mortier m.

Speise|anstalt ["ʃpaizə'anʃtalt] f. (-, en) cantine f. ; mess m. ||°-**brei** n. (s). PHYSIOL. chyme m. ||°-**eis** n. (es, e) glace f. (comestible) ; crème glacée. ||°-**kammer** f. (-, n) garde-manger m. ||°-**karte** f. (-, n). [Restaurant] carte f. ; menu m. ||°-**korb** (s, ¨e) panier (m.) à provisions ; bourriche f. ||°-**leitung** f. (-, en) câble m. ; conduite (f.) d'alimentation. ||°-**meister** m. (s, -) dépensier m. ||°-**öl** n. (s, e) huile (f.) de table ; huile comestible. ||°-**opfer** n. (s, -). [Bibel] oblation f. ||°-**pumpe** f. (-, n). TECHN. pompe (f.) d'alimentation. ||°-**raum** m. (s, ¨e), °-**saal** m. (s, säle), °-**zimmer** n. (s, -) salle (f.) à manger ; réfectoire m. ||°-**röhre** f. (-, n). ANAT. œsophage m. ||°-**saft** m. (s). ANAT. chyle m. ||°-**schrank** m. (s, ¨e) garde-manger m. ||°-**täubling** m. (s, e). BOT. lactaire délicieux. ||°-**wagen** m. (s, -) voiture-restaurant f. ||°-**wärmer** m. (s, -) chauffe-plats m.

speisen ['ʃpaizən] v. intr. manger ; s'alimenter. | *zu Mittag speisen*, prendre le repas de midi ; déjeuner. | *hier speist man gut*, on mange bien ici. | *wünsche, wohl zu speisen !*, bon appétit !
◇ v. tr. nourrir ; alimenter ; donner à manger à. | *jn mit Brot speisen*, nourrir qn de pain. || FIG. *jn mit leeren Worten (ab)speisen*, éconduire qn avec des phrases vides. | *eine Quelle speist einen Teich*, une source alimente un étang. || FIN. *eine Kasse speisen*, alimenter une caisse.

Speisen|aufzug ["ʃpaizən'auftsu:k] m. (s, ¨e) monte-plats m. ||°-**folge** f. (-, n) menu m. ; plats (m. pl.) d'un repas.

Speisung ['ʃpaizuŋ] f. (-, en) alimentation f. ; approvisionnement m. ; entretien m.

Spektakel [ʃpɛk'tɑ:kəl] n. (s, -) spectacle m.
◇ m. (s). [Lärm] tumulte m. ; tapage m. | *Spektakel machen*, faire grand bruit.

spektakeln v. intr. faire du bruit, du tapage.

spektral [ʃpɛk'trɑ:l] adj. PHYS. spectral. | *spektrale Ausstrahlung*, radiance spectrale.

Spektral|analyse [ʃpɛk"trɑ:lana'ly:zə] f. (-, n). PHYS. analyse spectrale. ||°-**linie** f. (-, n). PHYS. raie spectrale.

Spektroskop [spɛktrɔ'sko:p] n. (s, e). PHYS. spectroscope m.

Spektroskopie [ʃpɛktrɔsko'pi:] f. (-, n). PHYS. spectroscopie f.

Spektrum ['ʃpɛktrum] n. (s, tren). PHYS. spectre m.

Spekulant [ʃpeku'lant] m. (en, en) spéculateur m.

Spekulation [ʃpɛkula'tsio:n] f. (-, en). PR. et FIG. spéculation f.

spekulativ [-la'ti:f] adj. PR. et FIG. spéculatif.

spekulieren [-'li:rən] v. intr. **1.** spéculer ; jouer. | *an der Börse spekulieren*, jouer à la Bourse ; FAM. boursicoter. | *auf das Steigen spekulieren*, jouer à la hausse. || PAR EXT. tabler, miser sur ; compter avec ; escompter. | *auf eine Erbschaft spekulieren*, guigner un héritage.
2. [grübeln] spéculer ; être plongé dans ses pensées.

Speläologe [spelɛo'lo:gə] m. (n, n), **Speläologin** [-'lo:gin] f. (-, nen) spéléologue s.

Speläologie [spelɛolo'gi:] f. (-) spéléologie f.

Spelunke [ʃpɛ'luŋkə] f. (-, n) repaire m. ; bouge m. ; maison (f.) louche ; tripot m.
— SYN. : *verdächtige Kneipe*.

Spelz [ʃpɛlts] m. (es). BOT. épeautre m.

Spelze ['ʃpɛltsə] f. (-, n) balle f. ; glume f. ; barbe f.

spendabel [ʃpɛn'dɑ:bəl] adj. FAM. large ; généreux ; prodigue.
— SYN. : *freigebig.*

Spende ['ʃpɛndə] f. (-, n) don m. ; distribution f. ; aumône f. ; obole f. | *von Spenden leben*, vivre d'aumônes. | *reichliche Spenden*, libéralités f. pl. || ANTIQ. *Weinspenden an die Götter*, libations f. pl.

spenden [-dən] v. tr. donner ; distribuer ; octroyer ; prodiguer. | *Almosen spenden*, faire l'aumône. | *jm Lob spenden*, prodiguer des éloges à qn. | *Freude spenden*, dispenser la joie. | *Trost spenden*, dispenser la consolation.

Spender [-dər] m. (s, -) donateur m. ; dispensateur m. ; bienfaiteur m.

spendieren [ʃpɛn'di:rən] v. tr. FAM. offrir ; payer ; régaler. | *gern spendieren*, être large. | *jm etwas spendieren*, offrir qch. à qn ; régaler qn. | *sich etwas spendieren*, s'offrir qch.

Spendier|hosen [ʃpɛn"di:r'ho:zən] f. pl. *die Spendierhosen (an)haben*, être en veine de générosité.

Spengler ['ʃpɛŋlər] m. (s, -) tôlier m. ; ferblantier m. ; plombier m.

Sperber ['ʃpɛrber] m. (s, -). ZOOL. épervier m. || BOT. *Sperberbaum*, sorbier (m.) domestique.

Sperenzchen [ʃpɛ'rɛntsçən], **Sperenzien** [ʃpɛ'rɛntsiən] n. pl. FAM. *Sperenzchen, Sperenzien machen*, faire des façons.

Spergel ['ʃpɛrgəl] m. (s, -). BOT. spergule f.

Sperling ['ʃpɛrliŋ] m. (s, e) moineau m. || PROV. *ein Sperling in der Hand ist besser als eine Taube auf dem Dache*, un tiens vaut mieux que deux tu l'auras.

Sperma ['ʃpɛrma] n. (s, men). PHYSIOL. sperme m.

Sperma|bank ["ʃpɛrma'baŋk] f. (-, en) banque (f.) de sperme.

Spermatozoon [ʃpɛrmato'tso:n] n. (s, oen). PHYSIOL. spermatozoïde m.

spermizid [ʃpɛrmi'tsi:t] adj. MÉD. spermicide.

Spermizid n. (s, e). MÉD. spermicide m.

sperr|angelweit ["ʃpɛr'aŋəlvait] adv. FAM. grand ouvert ; béant. | *den Mund sperrangelweit aufreißen*, ouvrir la bouche toute grande. ||°**-baum** m. (s, ¨e) barrière f. ||°**-druck** m. (s). TYPOGR. caractères espacés. ||°**-feuer** n. (s, -). MIL. tir (m.) de barrage. ||°**-frist** f. (-, en) quarantaine f. ||°**-gebiet** n. (s, e) zone interdite. ||°**-geld** n. (s) avoir bloqué. ||°**-gesetz** n. (es, e) loi (f.) de prohibition. ||°**-gut** n. (s, ¨er) marchandise encombrante. ||°**-guthaben** n. (s, -). FIN. avoir bloqué. ||°**-haken** m. (s, -) déclic m. ||°**-hebel** m. (s, -) levier (m.) de retenue. ||°**-holz** n. (es) contreplaqué m. ||°**-konto** n. (s, s). FIN. compte bloqué. ||°**-kreis** m. (es, e) filtre m. ; sélecteur m. ||°**-minorität** f. (-, en). FIN. minorité (f.) de blocage. ||°**-müll** m. (s) déchets encombrants. ||°**-riegel** m. (s, -) verrou (m.) de sûreté. ||°**-satz** m. (es). TYPOGR. composition espacée. ||°**-schicht** f. (-, en) couche isolante. ||°**-sitz** m. (es, e). THÉÂTRE. stalle f. ; fauteuil (m.) d'orchestre. ||°**-stunde** f. (-, n) heure (f.) de fermeture. ||°**-taste** f. (-, n). ÉLECTR. touche (f.) de verrouillage. ||°**-vorrichtung** f. (-, en) mécanisme (m.) de blocage. ||°**-zeit** f. quarantaine f. ||°**-zoll** m. (s, ¨e) droit prohibitif.

Sperre ['ʃpɛrə] f. (-, n) **1.** fermeture f. ; barrage m. ; barrière f. | *Verkehrssperre*, encombrement m. ; embouteillage m. || PAR EXT. interdiction f. ; prohibition f. ; blocus m. | *die Sperre aufheben*, lever le blocus, l'interdiction. || FIN. *Schecksperre*, blocage (m.) d'un chèque.
2. [Sperrfrist] quarantaine f.
3. [Vorrichtung zum Sperren] barrière f. ; barricade f. ; barrage m. ; tourniquet m. ; contrôle m. || [Eisenbahn] *durch die Sperre gehen*, passer sur le quai ; franchir le contrôle.

sperren [-rən] v. tr. **1.** barrer ; fermer ; obstruer ; barricader. | *gesperrte Straße*, rue barrée. | *eine Grenze sperren*, fermer une frontière. | *einen Hafen sperren*, bloquer l'accès d'un port.
2. [einschließen] enfermer ; bloquer. | *jn ins Gefängnis sperren*, mettre qn en prison. | *in ein Zimmer sperren*, enfermer dans une chambre.
3. COMM., FIN. bloquer. | *ein Guthaben sperren*, bloquer l'avoir d'un compte. | *einen Scheck sperren lassen*, faire opposition à un chèque. || [Gehalt] suspendre. || bloquer ; supprimer. | *Gas und Licht wurden ihm gesperrt*, on lui a coupé le gaz et l'électricité.
4. TECHN. enrayer.
5. TYPOGR. espacer les caractères. | *gesperrt gedruckte Zeile*, ligne composée en caractères espacés.
◇ v. pr. **sich sperren,** se raidir ; se coincer. || FIG. [sich sträuben] s'opposer à.

sperrig [-riç] adj. encombrant.

Sperrung [-ruŋ] f. (-, en) barrage m. ; fermeture f. ; blocage m. ; blocus m. ; prohibition f. ; interdiction f. ; arrêt m. || écartement m. || TYPOGR. espacement m.

Spesen ['ʃpe:zən] f. pl. frais m. pl. ; dépenses f. pl. | *Frachtspesen*, frais de port. | *die Spesen teilen*, partager les frais. | *nach Abzug sämtlicher Spesen*, après déduction de tous les frais. | *spesenfrei*, sans frais.

Speyer ['ʃpa:jər] n. pr. n. GÉOGR. Spire f.

Spezerei [ʃpetsə'rai] f. (-, en) épice f.
◇ f. pl. **Spezereien,** [Gewürzwaren] épices f. pl.

spezial [ʃpetsi'ɑ:l] adj. spécial ; particulier.

Spezial|arzt [ʃpetsi"ɑ:l'artst] m. (es, ¨e) spécialiste m. ||°**-fach** n. (s, ¨er) spécialité f. ||°**-freund** m. (s, e). FAM. ami intime.

Spezialisation [ʃpetsializa'tsio:n] f. (-, en) spécialisation f.

spezialisieren [-li'zi:rən] v. tr. spécialiser.

Spezialisierung [-li'zi:ruŋ] f. (-, n) spécialisation f.

Spezialist [-'list] m. (en, en) spécialiste m.

Spezialität [-li'tɛ:t] f. (-, en) spécialité f.

speziell [ʃpetsi'ɛl] adj. spécial ; particulier. | *speziell angeben*, spécifier.

Spezies ['ʃpe:tsiəs] f. espèce f. | *einer Spezies eigen*, spécifique. || MATH. *die vier Spezies*, les quatre opérations.

Spezifikation [ʃpetsifika'tsio:n] f. (-, en) spécification f. ; détail m.

spezifisch [-'tsi:fiʃ] adj. spécifique. | *spezifisches Gewicht*, poids spécifique.

spezifizieren [-tsifi'zi:rən] v. tr. spécifier ; détailler.

Spezifizität [-tsifitsi'tɛ:t] f. (-) spécificité f.

Spezimen ['ʃpe:tsimən] n. (s, mina) spécimen m. ; échantillon m.

speziös [ʃpetsi'ø:s] adj. spécieux.

Sphäre ['sfɛ:rə] f. (-, n). MATH. [Kugel] sphère f. || FIG. [Bereich] sphère f. ; milieu m. ; cercle m. ; monde m. ; domaine m. | *die höheren Sphären der Gesellschaft*, les hautes sphères de la société. || POÉT. *Sphärenmusik*, harmonies (f. pl.) célestes.

sphärisch ['sfɛ:riʃ] adj. [kugelförmig] sphérique.

Sphinx [sfiŋks] f. (-, e). MYTH. sphinx m.

Spick|aal ["ʃpik'ɑ:l] m. (s, e) anguille fumée. ||°**-gans** f. (-, ¨e) oie fumée. ||°**-hering** m. (s, e) hareng saur. ||°**-nadel** f. (-, n) lardoire f.

spicken ['ʃpikən] v. tr. **1.** garnir de lard ; barder ; entrelarder. | *einen Braten spicken*, barder un rôti. || PAR EXT. *mit Nägeln gespickt*, hérissé de clous.
2. LOC., FIG. *eine gespickte Börse*, une bourse bien garnie. | *eine mit lateinischen Zitaten gespickte Rede*, un discours farci de citations latines.
3. FAM. [bestechen] corrompre ; soudoyer ; acheter.

Spiegel ['ʃpi:gəl] m. (s, -) miroir m. ; glace f. | *in den Spiegel sehen*, se regarder dans le miroir. | *geschliffener Spiegel*, glace biseautée. | *halbdurchlässiger Spiegel*, miroir semi-transparent. || ASTRON. *magnetischer Spiegel*, miroir magnétique. || PHYS. *ebener Spiegel*, miroir plan. || [zwischen zwei Fenstern] trumeau m. || TEXT. [Tuchbesatz] revers (m.) de soie. || MIL. patte (f.) de col. || ZOOL. [Reh] miroir m.

Spiegel... (en compos.) spéculaire.

Spiegel|belag ["ʃpi:gəlbə'lɑ:k] m. (s) tain m. ||°**-beleger** m. (s, -) étameur (m.) de glaces. ||°**-bild** n. (s, er) reflet m. || [Psychoanalyse] image (f.) spéculaire. || PAR EXT. mirage m. ||**-blank** adj. qui brille comme un miroir. ||°**-eier** n. pl. œufs (m. pl.) sur le plat. ||°**-fabrikant** m. (en, en) miroitier m. ||°**-fechter** m. (s, -) grimacier m. ; charlatan m. ||°**-fechterei** f. (-, en) grimaces f. pl. ; comédie f. ; simulacre m. ||°**-fenster** n. (s, -) glace (f.) sans tain. ||°**-folie** f. tain m. ||°**-frequenz** f. (-, en). RADIO. fréquence-image f. ||°**-gießerei** f. (-, en), °**-hütte** f. (-, n) glacerie f. ||°**-glas** n. (es, ¨er) glace f. ||**-glatt** adj. lisse comme un miroir. ||**-gleich** adj. symétrique. ||°**-händler** m. (s, -) miroitier m. ||°**-kreis** m. (es, e). MAR. sextant m. ||°**-lampe** f. (-, n) lampe (f.) à réflecteur. ||°**-lehre** f. catoptrique f. ||°**-macher** m. (s, -) miroitier m. ||°**-pfeiler** m. (s, -) trumeau m. ||°**-rand** m. (s, ¨er) biseau (m.) de glace. || °**-reflexkamera** f. (-, s). PHOT. appareil (m.) réflex.

||°-**schrank** m. (s, ¨e) armoire (f.) à glace. ||°-**stein** m. (s, e) mica. ||°-**strich** m. (s, e) tiret m. ||°-**tisch** m. (s, e) console f.

spiegelig ['ʃpi:gəliç] adj. brillant ; miroitant.

spiegeln [-gəln] v. tr. et v. pr. (se) refléter ; (se) réfléchir ; renvoyer. | *ein Bild spiegeln*, refléter une image. | *sich im Wasser spiegeln*, se refléter dans l'eau. || FIG. *Traurigkeit spiegelt sich in seinen Augen*, la tristesse se lit dans ses yeux.
◇ v. intr. avoir des reflets ; miroiter ; briller ; reluire.
◇ part. prés. **spiegelnd,** brillant.

Spiegelung [-gəluŋ] f. (-, en) miroitement m. ; réflexion f. ; reflet m. || PHYS. *vollständige Spiegelung*, réflexion totale. | *Spiegelungswinkel*, angle (m.) de réflexion.

Spiel [ʃpi:l] n. (s, e) **1.** jeu m. ; amusement m. ; jeux m. pl. | *Ballspiel*, jeu (m.) de balle. | *an einem Spiel teilnehmen*, prendre part à un jeu. | *ein Spiel gewinnen*, gagner une partie. | *gewonnenes Spiel haben*, avoir partie gagnée. | *leichtes Spiel haben*, avoir beau jeu. | *Hasardspiel*, jeu de hasard. | *verbotene Spiele*, jeux interdits. | *das ist für ihn ein Spiel*, c'est un jeu pour lui. | *etwas wie im Spiel machen*, faire qch. en se jouant. | *mit jm sein Spiel treiben*, se jouer de qn. | *es war nur Spiel*, ce n'était qu'un jeu. || MUS. *Spiel eines Instrumentes*, jeu d'un instrument. | *mit klingendem Spiel*, musique en tête. || THÉÂTRE. jeu m. ; manière (f.) de jouer. | *das Spiel eines Schauspielers*, le jeu d'un acteur.
2. PAR EXT. pièce f. || [Osterspiel] *geistliches Spiel*, mystère m. | *ritterliches Spiel*, tournoi m. | *Lustspiel*, comédie f. | *Trauerspiel*, tragédie f. || SPORT. jeu m. ; partie f. ; match m. | *Olympische Spiele*, jeux olympiques.
3. FIG. jeu m. ; partie f. ; cause f. | *ins Spiel kommen*, entrer en jeu. | *im Spiel sein*, être en jeu. | *alles aufs Spiel setzen*, mettre tout en jeu. | *das Leben steht auf dem Spiel*, il y va de la vie. | *etwas aus dem Spiel lassen*, éviter de mentionner qch. | *ein gewagtes Spiel treiben*, jouer gros jeu. | *jn mit ins Spiel ziehen*, mettre qn en cause ; compromettre qn. | *bei etwas die Hand im Spiel haben*, être pour qch. dans une affaire. | *jm freies Spiel lassen*, laisser le champ libre à qn. || LOC. *gute Miene zum bösen Spiel machen*, faire contre mauvaise fortune bon cœur.
4. mouvement m. ; jeu m. | *Spiel der Hände*, jeux des mains. | *Spiel der Wellen*, jeu des vagues. | *ein Spiel des Zufalls*, un caprice du hasard.
5. [Spielzeug] jeu m. ; jouet m. | *Kartenspiel*, jeu de cartes. | *Kegelspiel*, jeu de quilles. || FIG. *ein Spiel der Winde sein*, être le jouet des vents. | *Spiel der Umstände*, jouet des circonstances.
6. [Satz] série f. ; jeu m.
7. TECHN. *Spiel haben*, avoir du jeu.

Spiel... (en compos.) ludique.

spielen ['ʃpi:lən] v. tr. et v. intr. **1.** PR. et FIG. jouer ; s'amuser ; se jouer de ; ne pas prendre au sérieux ; badiner. | *mit einem Spielzeug spielen*, s'amuser avec un jouet. | *Karten spielen*, jouer aux cartes. | *mit offenen Karten spielen*, jouer cartes sur table. | *falsch spielen*, tricher. | *wer spielt ?*, à qui le tour (de jouer) ? | *mit den Worten spielen*, jouer sur les mots. | *mit jm spielen*, 1° jouer avec qn ; 2° se jouer de qn. | *jm einen Streich spielen*, jouer un tour à qn. | *jm in die Hand spielen*, donner un atout à qn. | *das Haar spielt im Winde*, le vent joue dans ses cheveux.
2. MUS. *ein Instrument spielen*, jouer d'un instrument. | *Geige spielen*, jouer du violon. || SPORT. jouer ; disputer (une partie, un match). | *Fußball spielen*, jouer au football. || THÉÂTRE. *gut spielen*, bien jouer. | *steif spielen*, avoir un jeu guindé. | *heute wird « Wallenstein » gespielt*, aujourd'hui on joue « Wallenstein ». | *heute wird nicht gespielt*, relâche aujourd'hui. || [mimen] jouer un personnage ; feindre ; simuler ; se donner, se faire passer pour. | *den großen Herrn spielen*, jouer au grand seigneur. | *den Kenner spielen*, jouer les connaisseurs.
3. se jouer ; se dérouler ; avoir lieu ; avoir pour scène, pour théâtre. | *das Stück spielt im Mittelalter*, la pièce se déroule au Moyen Age. | *Don Carlos spielt in Spanien*, dans *Don Carlos*, la scène est en Espagne.
4. [ins Spiel setzen] jouer (qch.) ; mettre en jeu ; risquer ; miser. | *um Geld spielen*, jouer de l'argent. | *hoch spielen*, jouer gros jeu. | *niedrig spielen*, jouer petit jeu. | *um die Ehre spielen*, jouer pour l'honneur. | *an der Börse spielen*, jouer à la Bourse. | *in der Lotterie spielen*, jouer à la loterie. | *sich arm spielen*, se ruiner au jeu.
5. [Farben] tirer sur. | *diese Farbe spielt ins Grünliche*, cette couleur tire sur le vert.
◇ part. prés. **spielend,** qui joue ; jouant.
◇ adv. **spielend,** comme en un jeu ; en se jouant ; sans peine. | *alles spielend erledigen*, se faire un jeu de tout.

Spiel|anzug ["ʃpi:l'antsu:k] m. (s, ¨e) barboteuse f. ||°-**art** f. (-, en) manière (f.) de jouer ; jeu m. ; nuance f. || BOT. variété f. ||°-**ausgleich** m. (s, e). TECHN. rattrapage (m.) de jeu. ||°-**ball** m. (s, ¨e) balle f. ; bille f. ; jouet m. ||°-**bank** f. (-, ¨e) banque f. ; tripot m. ||°-**brett** n. (s, er) damier m. ; échiquier m. ||°-**bude** f. (-, n) baraque foraine. ||°-**dose** f. (-, n) boîte (f.) à musique. ||°-**feld** n. (s, er) terrain (m.) de sport. ||°-**führer** m. (s, -) capitaine (m.) d'une équipe. ||°-**grenze** f. (-, n). SPORT. ligne (f.) de fond. ||°-**hölle** f. (-, n) tripot m. ||°-**karte** f. (-, n) carte (f.) à jouer. ||°-**leiter** m. (s, -). THÉÂTRE. régisseur m. ||°-**mann** m. (s, -leute) musicien m. ; ménétrier m. || (Vx.) ménestrel m. ||°-**marke** f. (-, n) jeton m. ||°-**othek** f. (-, en) ludothèque f. ||°-**platz** m. (es, ¨e) emplacement (m.) de jeux ; court m. ||°-**raum** m. (s, ¨e) place (f.) pour jouer. || FIG. marge (f.) de manœuvre ; latitude f. | *freien Spielraum haben*, avoir le champ libre. || TECHN. jeu m. ; marge f. ||°-**regel** f. (-, n) règle (f.) du jeu. ||°-**sachen** f. pl. jouets m. pl. ; joujoux m. pl. ||°-**teufel** m. (s) démon (m.) du jeu. ||°-**theorie** f. (-, n). MATH. théorie (f.) des jeux. ||°-**tisch** m. (s, e) table (f.) de jeu ; FIG. tapis vert. ||°-**uhr** f. (-, en) boîte (f.) à musique. ||°-**verderber** m. (s, -) rabat-joie m. ; trouble-fête m. ||°-**waren** f. pl. jouets m. pl. ; bimbeloterie f. ||°-**zeit** f. THÉÂTRE. saison f. ||°-**zeug** n. (s, e). PR. et FIG. jouet m.

Spieler(in) ['ʃpi:lər(in)] m. (s, -), f. (-, nen) joueur m. ; joueuse f. | *Falschspieler*, tricheur m. || THÉÂTRE. acteur m. ; actrice f.

Spielerei [ʃpilə'rai] f. (-, en) jeu m. ; bagatelle f. ; badinage m.

spielerisch ['ʃpi:lariʃ] adj. qui aime jouer ; joueur. | *mit spielerischer Leichtigkeit*, avec une facilité déconcertante ; comme en se jouant.

Spiere ['ʃpi:rə] f. (-, n). MAR. espar m.

Spierling ['ʃpi:rliŋ] m. (s, e). BOT. sorbier m.

Spieß [ʃpi:s] m. (es, e) pique f. ; javelot m. ; épieu m. || [Hirsch] dague f. || CULIN. broche f. | *an den Spieß stecken*, mettre à la broche. || FIG. *den Spieß umdrehen, umkehren*, retourner les arguments de qn ; PAR EXT. prendre sa revanche. | *wie am Spieße schreien*, crier comme un écorché. || ARG. MIL. adjudant m. ; juteux m.

Spieß|bock ['ʃpi:sbɔk] m. (s, ¨e) daguet m. ||°-**braten** m. (s, -) rôti (m.) à la broche. ||°-**bürger** m. (s, -) petit-bourgeois. ||-**bürgerlich** adj. d'esprit petit-bourgeois ; borné. ||°-**bürgertum** n. (s) esprit petit-bourgeois ; philistinisme m. ||°-**dreher** m. (s, -). CULIN. tournebroche m. ||-**förmig** adj. hasté. ||°-**geselle** m. (n, n) acolyte m. ; complice m. ||°-**glanz** m. (es). MÉTALL. antimoine m. ||°-**hirsch** m. (es, e). ZOOL. daguet m. ||°-**rute** f. (-, n) verge f. | *jn Spießruten laufen lassen*, battre qn de verges ; FIG. fustiger qn.

Spießer ['ʃpi:sər] m. (s, -) soldat armé d'une pique. || [Spießhirsch] daguet m. ; brocart m. || FIG. [Spießbürger] petit-bourgeois borné et plein de préjugés.

spießig [-siç] adj. 1° en forme de pique ; 2° d'un esprit borné, philistin.

Spikesreifen ["spaiks'raifən] m. (s, -) AUTOM. pneu clouté.

Spill [ʃpil] n. (s, e). MAR. cabestan m. | *Spillbaum*, barre (f.) du cabestan.

Spille ['ʃpilə] f. (-, n) fuseau m. ; broche f.

spinal [ʃpi'nɑ:l] adj. spinal. || MÉD. *Spinallähmung*, ataxie locomotrice.

Spinat [ʃpi'nɑ:t] m. (s, e) épinard m.

Spind [ʃpint] m. et n. (s, e), **Spinde** ['ʃpində] f. (-, n) armoire f.

Spindel ['ʃpindəl] f. (-, n) fuseau m. | *an der Spindel spinnen*, filer au fuseau. || MYTH. *Spindel der Parzen*, fuseau des Parques. || MATH. fuseau m. || ANAT. radius m. || TECHN. pivot m. ; arbre m. ; axe m. || ARCHIT. noyau (m.) d'escalier.

Spindel|baum ["ʃpindəl'baum] m. (s, ¨e). BOT. fusain m. ||°-**beine** n. pl. jambes sèches et maigres. ||-**dürr** adj. sec comme un hareng. ||-**förmig** adj. fuselé.

Spinett [ʃpi'nɛt] n. (s, e). MUS. épinette f. ; clavecin m.

spinnbar ['ʃpinba:r] adj. filable ; textile.

Spinne ['ʃpinə] f. (-, n). ZOOL. araignée f. || PROV. *Spinne am Morgen bringt Kummer und Sorgen ; Spinne am Abend, erquickend und labend*, araignée du matin, chagrin ; araignée du soir, espoir.

spinne|feind [″ʃpinə'faint] adj. *jm spinnefeind sein*, détester qn cordialement.

spinnen ['ʃpinən] (a, o) v. tr. **1.** filer. | *Flachs spinnen*, filer du lin. | *am Rad spinnen*, filer au rouet. | *die Spinne spinnt ihr Netz*, l'araignée file sa toile.
2. Fig. tramer ; ourdir. | *ein Lügengewebe spinnen*, fabriquer un tissu de mensonges. | *Ränke spinnen*, ourdir des intrigues. | *seine Gedanken weiter spinnen*, poursuivre le fil de ses pensées. | *das Gespräch spinnt sich in die Länge*, la conversation traîne en longueur. | *es ist zu grob gesponnen*, c'est cousu de fil blanc. | *Seide spinnen*, réussir ; bien vivre.
3. [Wein] filer ; former un dépôt filandreux. || [Tabak] corder. || [Katzen] ronronner. || Pop. avoir une araignée au plafond ; être un peu fou.

spinnen|artig [″ʃpinən'ɑ:rtiç] adj. arachnéen. || °**-gewebe** n. (s, -) toile (f.) d'araignée. ||°**-tiere** n. pl. Zool. arachnides m. pl.
— Syn. : *Spinnwebe* ; *Spinnweb* ; *Spinnetz*.

Spinner ['ʃpinər] m. (s, -) fileur m. || Zool. bombyx m.

Spinnerei [ʃpinə'rai] f. (-, en) [action de] filer. || [Werk] filature f.

Spinnerin ['ʃpinərin] f. (-, nen) fileuse f. ; filandière f.

Spinn|rad ['ʃpinrɑ:t] n. (s, ¨er) rouet m. || °**-rocken** m. (s, -) quenouille f. ||°**-stube** f. (-, n) chambre (f.) des fileuses. || Par ext. veillée f. ||°**-wolle** f. Text. filasse (f.) de laine.

spinös [ʃpi'nø:s] adj. épineux ; subtil.

spintisieren [ʃpinti'zi:rən] v. intr. ratiociner ; ruminer des pensées ; débiter des théories.

Spion [ʃpi'o:n] m. (s, e) espion m. ; fam. mouchard m. || Techn. [am Fenster] espion m. ; [an der Tür] judas m.

Spionage [ʃpio'nɑ:ʒə] f. (-, n) espionnage m.

Spionage|abwehr [ʃpio″nɑ:ʒə'apve:r] f. contre-espionnage m. ||°**-angst** f. espionnite f.

spionieren [ʃpio'ni:rən] v. tr. espionner ; épier ; faire l'espion ; fam. moucharder.
— Syn. : *spähen*, épier ; *kundschaften*, renseigner.

Spionin [ʃpi'o:nin] f. (-, nen) espionne f.

Spiral|bohrer [ʃpi″rɑ:l'bo:rər] m. (s, -) foret m. ; mèche hélicoïdale. ||°**-feder** f. (-, n) ressort (m.) à boudin. ||**-förmig** adj. en spirale ; spiral. ||°**-linie** f. (-, n) spirale f.

Spirale [ʃpi'rɑ:lə] f. (-, n) spirale f. || Archit. volute f. || [Uhrmacherei] spiral m. || Chim. serpentin m. || Méd. stérilet m.

spiralig [-liç] adj. en spirale ; spiral.

Spirant [ʃpi'rant] m. (en, en). Gramm. [Reibelaut] spirante f.

Spiritismus [ʃpiri'tismus] m. spiritisme m.

Spiritist [-'tist] m. (en, en) spirite m.

spiritistisch [-'tistiʃ] adj. spirite.

spiritual [-tu'ɑ:l] adj. [geistlich] spirituel. || [geistig] plein d'esprit ; spirituel.

Spiritualismus [-tua'lismus] m. Philos. spiritualisme m.

Spiritualist [-tua'list] m. (en, en) spiritualiste m.

Spirituosen [ʃpiritu'o:zən] pl. spiritueux m. pl.

Spiritus ['ʃpiritus] m. **1.** alcool m. ; alcool à brûler ; esprit (m.) de vin. | *denaturierter Spiritus*, alcool dénaturé.
2. Loc. *Spiritus familiaris*, familier m. | *Spiritus rector*, dirigeant m. ; inspirateur m.
3. Gramm. *Spiritus asper*, esprit rude. | *Spiritus lenis*, esprit doux.

spiritus|artig [″ʃpiritus'ɑ:rtiç] adj. alcoolique. || °**-kocher** m. (s, -), °**-lampe** f. (-, n) lampe (f.), réchaud (m.) à alcool. ||°**-waage** f. (-, n) alcoomètre m.

Spital [ʃpi'tɑ:l] n. (s,¨er). [Krankenhaus] hôpital m. || hospice m.

spitz [ʃpits] adj. **1.** pointu ; aigu ; piquant ; acéré. | *spitzes Messer*, couteau pointu. | *spitze Nadel*, aiguille (f.) à pointe fine. | *spitze Zähne*, dents acérées. | *spitzes Gesicht*, visage effilé. | *spitzer Winkel*, angle aigu. | *etwas mit spitzen Fingern anfassen*, saisir qch. du bout des doigts. || Par ext. ténu. | *spitzer Wein*, vin léger. | *spitz aussehen*, avoir l'air mal en point. | *spitz wiegen*, peser juste. | *etwas spitz nehmen*, prendre mal qch. | *etwas spitz kriegen*, avoir le fin mot de qch.
2. Fig. perçant ; pénétrant. | *spitze Blicke*, regards perçants. | *ein spitzer Ton*, un son aigu. | *etwas spitz kriegen, herausbekommen*, flairer, subodorer qch. || Par ext. méchant ; aigre ; acéré. | *spitze Worte*, paroles méchantes, aigres. | *spitze Zunge*, langue acérée. | *eine spitze Feder*, une plume mordante.

Spitz [ʃpits] m. (es, e). Zool. [Hund] roquet m. || Fam. *einen Spitz haben*, avoir bu un petit coup.

Spitz|ahorn [″ʃpits'ɑ:hɔrn] m. (s, e). Bot. érable (m.) ; plane. ||°**-amboß** m. (es, e). Techn. bigorne f. ||°**-bart** m. (s, ¨e) bouc m. ||°**-bergen** n. pr. n. (s). Géogr. Spitzberg m. ||°**-blattern** f. pl. Méd. varicelle f. ||°**-bogen** m. (s, ¨) ogive f. ||°**-bogenstil** m. (s, e) style ogival. ||°**-bohrer** m. (s, -) foret m. ; mèche f. ; alésoir m. ||°**-bube** m. (n, n) filou m. ; coquin m. ; garnement m. ; voyou m. ; larron m. ||°**-bubengesicht** n. (s, er) mine (f.) patibulaire. ||°**-bubenstreich** m. (s, e), °**-büberei** f. (-, en) filouterie f. ; tour (m.) de filou. ||°**-findelei** f. subtilité mesquine. ||**-findeln** v. intr. finasser. ||**-findig** adj. pointilleux ; vétilleux ; trop subtil ; qui coupe les cheveux en quatre. ||°**-findigkeit** f. (-, en) subtilité alambiquée ; argutie f. ; finasserie f. ||°**-gewölbe** n. (s, -) voûte ogivale. ||°**-glas** n. (es, ¨er) flûte f. ||°**-hacke** f. (-, n), °**-haue** f. (-, n) pioche f. ||°**-hammer** m. (s, ¨) picot m. ; marteau (m.) à boucharder. ||°**-hut** m. (s, ¨e) chapeau pointu. ||°**-kant** m. (s, e) pyramide f. ||°**-kehre** f. (-, n) virage (m.) en épingle à cheveux. ||°**-kopf** m. (s, ¨e) tête pointue. || Fig. personne maligne. || Hist. parpaillot m. ||°**-maus** f. (-,¨e). Zool. musaraigne f. ||°**-name** m. (ns, n) surnom m. ; sobriquet m. ||°**-nase** f. (-, n) nez pointu. || Fig. fouineur m. ||°**-säule** f. (-, n) obélisque m. ; pyramide f. ||**-wink(e)lig** adj. à angle aigu. ||°**-wort** n. (s, e) sarcasme m. ||°**-zahn** m. (s, ¨e) canine f.

Spitze ['ʃpitsə] f. (-, n) **1.** pointe f. ; extrémité acérée ; bout pointu. || [Lanze] fer m. | *Spitze eines Kegels*, pointe, sommet (m.) d'un cône. | *Spitze eines Berges*, sommet (m.), pic (m.) d'une montagne ; aiguille f. | *Spitze eines Kirchturms*, flèche (f.) d'un clocher. | *Spitze einer Ähre*, barbe (f.) d'un épi. | *Spitze einer Feder*, bec (m.) d'une plume. | *Nasenspitze*, bout du nez. | *einer Sache die Spitze abbrechen*, épointer qch. ; fig. faire perdre de son mordant à qch.
2. Par ext. tête f. ; pointe f. | *Spitze des Zuges*, tête du cortège. | *an der Spitze sein*, être en tête, en tête de liste. | *die Spitzen der Gesellschaft*, les sommités f. pl. | *an der Spitze eines Unternehmens stehen*, être à la tête d'une entreprise. | *einem Gegner die Spitze bieten*, tenir tête à un adversaire. | *eine Sache auf die Spitze treiben*, pousser qch. à l'extrême. | *die Spitze umkehren*, renvoyer la balle.
3. Text. dentelle f. | *Brüsseler Spitzen*, dentelle de Bruxelles ; point (m.) de Bruxelles. | *Spitzen häkeln*, faire de la dentelle au crochet.
4. Comm. rompu m. ; reste m. || [Hauptgeschäftszeiten] *Spitzen*, heures (f. pl.) de pointe.
5. Fig. [spitze Rede] pointe f. ; trait m. ; brocard m.

Spitzel ['ʃpitsəl] m. (s, -) espion m. ; mouchard m. ; agent provocateur.

spitzeln [-tsəln] v. intr. espionner ; moucharder.

spitzen ['ʃpitsən] v. tr. **1.** [spitz machen] tailler ; aiguiser ; affûter ; affiler ; rendre pointu, aigu, acéré ; tailler en pointe. | *einen Bleistift spitzen*, tailler un crayon. | *Pfeile spitzen*, acérer des flèches.
2. Fig. *die Ohren spitzen*, tendre l'oreille. | *die Lippen spitzen*, faire la bouche en cœur. | *das war auf mich gespitzt*, c'était dirigé contre moi ; c'était une pierre dans mon jardin. | *sich auf etwas spitzen*, s'attendre à qch. ; compter sur qch. | *die Lage spitzt sich zu*, la situation devient sérieuse.

Spitzen|arbeit [″ʃpitsən'arbait] f. (-, en) dentellerie f. ||°**-belastung** f. (-, en). Électr. charge (f.) de pointe. ||°**-besatz** m. (es, ¨e) garniture (f.) de dentelles. ||°**-einsatz** m. (es, ¨e) entre-deux (m.) de dentelle. ||°**-fabrikant** m. (en, en) dentellier m. ||°**-geschwindigkeit** f. (-, en) vitesse (f.) de pointe. ||°**-gruppe** f. (-, n). Sport. peloton (m.) de tête. ||°**-industrie** f. (-, n) industrie (f.) de pointe. ||°**-kandidat** m. (en, en). Polit. tête (f.) de liste. ||°**-klöppel** m. (s, -) fuseau (m.) à dentelle. ||°**-klöpplerin** f. (-, nen) dentellière f. ||°**-leistung** f. (-, en) performance f. ; rendement maximal. || Sport. record m. || Techn. puissance (f.) de crête. ||°**-lohn** m. (s, ¨e) salaire maximal. ||°**-produkt** n. (s, e) produit (m.) haut de gamme. ||°**-qualität** f. (-, en). Comm. qualité exceptionnelle ; premier choix. || °**-stich** m. (s, e) point (m.) de picot. ||°**-stickerei** f. (-, en) guipure f. ||°**-tanz** m. (es) pointes f. pl. ||°**-werk** n. (s) dentelle f.

Spitzer ['ʃpitsər] m. (s, -) *(Bleistift)spitzer*, taille-crayon m.

spitzig [-tsiç] adj. [spitz] pointu. | *spitzige Pfeile*, flèches acérées. | *spitzige Nase*, nez pointu.
Spitzigkeit [-tsiçkait] f. (-, en) forme pointue, acérée. || FIG. piquant m. ; aigreur f. ; causticité f.
Spleen [spli:n] m. (s) spleen m.
Spleiß [ʃplais] m. (es, e), **Spliß** [ʃpli:s] m. (es, e). MAR. épissure f.
Spleiße [ˈʃplaisə] f. (-, n) éclat (m.) de bois.
spleißen [-sən] (i, i) v. tr. **1.** fendre ; couper en long. | *Holz spleißen*, fendre du bois. | *Kupfer spleißen*, affiner du cuivre.
2. [Seilerei] faire une épissure.
◇ v. intr. se fendre.
spleißig [-siç] adj. qui se fend facilement.
splendid [splɛnˈdi:d] adj. splendide.
Splint [ʃplint] m. (s, e). BOT. aubier m. || TECHN. goupille f. | *Splinttreiber*, chasse-goupilles m.
splissen [ˈʃplisən] v. tr. MAR. épisser.
Splitt [ʃplit] m. (s) pierraille f.
Splitt|streuer [ˈʃplitˈʃtrɔyər] m. (s, -). TECHN. gravillonneuse f.
Splitter [ˈʃplitər] m. (s, -) éclat m. ; écharde f. ; esquille f. | *in tausend Splitter brechen*, voler en éclats. | *Glassplitter*, éclat de verre. | *Diamantsplitter*, paillette (f.) de diamant. | *Granatsplitter*, éclat d'obus. | *sich einen Splitter in den Finger jagen*, se mettre une écharde dans le doigt. || [im Eisen] paille f. || FIG. *den Splitter im Auge seines Bruders sehen*, voir la paille dans l'œil de son voisin. || MÉD. esquille f.
Splitter|bombe [ˈʃplitərˈbɔmbə] f. (-, n). MIL. bombe (f.) à fragmentation. ||°**-bruch** m. (s, ¨e). MÉD. fracture esquilleuse. ||°**-fang** m. (s, ¨e), °**-fänger** m. (s, -) pare-éclats m. ||**-frei** adj. *splitterfreies Glas*, verre (m.) de sécurité. ||**-nackt** adj. nu comme un ver. ||**-sicher** adj. à l'abri des éclats ; incassable. || °**-wirkung** f. (-, en). MIL. brisant m.
splitt(e)rig [ˈʃplit(ə)riç] adj. friable ; esquilleux ; réduit en éclats, en miettes ; fendillé.
splittern [-tərn] v. tr. faire voler en éclats.
◇ v. intr. voler en éclats.
Spoliant [ʃpoliˈant] m. (en, en) spoliateur m.
Spondeus [ʃpɔnˈde:us] m. (-, deen). POÉT. spondée m.
Sponsalien [ʃpɔnˈza:liən] pl. fiançailles f. pl.
spontan [ʃpɔnˈta:n] adj. spontané.
Spontaneität [-taneiˈtɛ:t] f. spontanéité f.
sporadisch [ʃpoˈra:diʃ] adj. sporadique.
Spore [ˈʃpo:rə] f. (-, n). BOT. spore f. | *Sporenzelle*, thèque f.
Sporn [ʃpɔrn] m. (s, ren). **1.** éperon m. | *einem Pferd die Sporen geben*, éperonner un cheval, donner de l'éperon à un cheval. | *beide Sporen geben*, piquer des deux. | *seine Sporen verdienen*, gagner ses galons.
2. FIG. aiguillon m. ; stimulant m. ; ce qui éperonne. | *der Sporn des Ehrgeizes*, l'aiguillon de l'ambition.
3. PAR EXT. [an den Schuhen] crampon m. || [an Flugzeugen] béquille f. || [an Schiffen] éperon m. || ZOOL. ergot (m.) de coq.
Sporn|rad [ˈʃpɔrnˈra:t] n. (s, ¨er) molette (f.) de l'éperon. ||**-streichs** adv. en toute hâte.
spornen [ˈʃpɔrnən] v. tr. éperonner. | *gestiefelt und gespornt*, botté et éperonné. || FIG. éperonner ; stimuler.
Sport [ʃpɔrt] m. (s, e) sport m. | *Sport treiben*, faire du sport.
Sport|abzeichen [ˈʃpɔrtˈaptsaiçən] n. (s, -) insigne sportif. ||°**-beilage** f. (-, n). [Zeitungen] supplément sportif. ||°**-blatt** n. (s, ¨er) journal sportif. ||°**-lehrer** m. (s, -) moniteur sportif ; entraîneur m. ||°**-leistung** f. (-, en) performance sportive. || **-liebend** adj. sportif. ||°**-palast** m. (es, ¨e) palais (m.) omnisports. ||°**-platz** m. (es, ¨e) stade m. ||°**-reporter** m. (s, -) journaliste sportif. ||°**-schriftleiter** m. (s, -) rédacteur sportif. ||°**-veranstaltung** f. (-, en) manifestation sportive. ||°**-verein** m. (s, e) club sportif.
Sporteln [ˈʃpɔrtəln] f. pl. casuel m. ; émoluments m. pl. ; rétribution f. | *Sporteln der Notare*, honoraires (m. pl.) des notaires. | *gerichtliche Sporteln*, frais (m. pl.) de justice.
Sportler(in) [ˈʃpɔrtlər(in)] m. (s, -), f. (-, nen) sportif m. ; sportive f.
sportlich [-liç] adj. sportif. | *ein sportliches Spiel*, un jeu correct.
Sports|mann [ˈʃpɔrtsman] m. (s, ¨er ou -leute) sportsman m. ; sportif m. ||°**-mannschaft** f. (-, en) équipe sportive.
Spott [ʃpɔt] m. (s) raillerie f. ; moquerie f. ; dérision f. | *beißender Spott*, sarcasme m. | *feiner Spott*, persiflage m. | *witziger Spott*, satire f. | *jn dem Spott preisgeben*, tourner qn en dérision. | *mit jm Spott treiben*, tourner qn en ridicule. | *mit etwas Spott treiben*, ridiculiser qch. | *der Spott der Gesellschaft sein*, être la risée de la société. | *etwas zum Spott sagen*, dire qch. par dérision.
Spott|bild [ˈʃpɔtbilt] n. (s, er) caricature f. ||**-billig** adj. et adv. à vil prix ; pour rien ; d'un prix dérisoire. ||°**-dichter** m. (s, -) poète (m.) satirique. ||°**-geburt** f. (-, en) avorton m. ; monstre m. ||°**-gedicht** n. (s, e) satire f. ||**-lustig** adj. railleur. ||°**-name** m. (ns, n) sobriquet m. ||°**-preis** m. (es, e) vil prix. | *er hat es zu einem Spottpreis erstanden*, il l'a acheté pour une bouchée de pain. ||°**-reden** f. pl. moqueries f. pl. ||**-schlecht** adj. exécrable. ||°**-schrift** f. (-, en) satire f. ||°**-sucht** f. humeur moqueuse. ||**-weise** adv. ironiquement.
Spöttelei [ʃpøtəˈlai] f. (-, en) moquerie f. ; persiflage m. ; ironie f.
spötteln [ˈʃpøtəln] v. intr. ironiser ; persifler ; se gausser.
spotten [ˈʃpɔtən] v. intr. se moquer ; railler ; se gausser ; persifler ; railler ; tourner en ridicule, en dérision. | *über jn spotten*, se moquer de qn. | *über etwas spotten*, se moquer de qch. | *der Gefahren spotten*, se rire des dangers. | *über die Religion spotten*, blasphémer. || PAR EXT. défier ; braver ; résister. | *es spottet jeder Beschreibung*, cela défie toute description.
Spötter [ˈʃpøtər] m. (s, -) railleur m.
Spötterei [ʃpøtəˈrai] f. (-, en) raillerie f.
spöttisch [ˈʃpøtiʃ] adj. railleur ; moqueur ; ironique ; satirique ; gouailleur ; sarcastique.
sprach [ʃpra:x] prét. de **sprechen.**
Sprach|atlas [ˈʃpra:xˈatlas] m. (ses, se) atlas (m.) linguistique. ||°**-bau** m. (s) construction (f.) d'une langue ; syntaxe f. ||°**-eigenheit** f. (-, en) idiotisme m. | *deutsche Spracheigenheit*, germanisme m. | *französische Spracheigenheit*, gallicisme m. ||°**-erkennung** f. (-, en). ÉLECTR. *(automatische) Spracherkennung*, reconnaissance (f.) de la parole. ||°**-fehler** m. (s, -) incorrection f. ; faute (f.) de langue ; solécisme m. ||**-fertig** adj. qui a la parole facile. ||°**-forscher** m. (s, -) linguiste m. ||°**-forschung** f. linguistique f. | *vergleichende Sprachforschung*, linguistique comparée. ||°**-gebiet** n. (s, e) domaine (m.), territoire (m.) où une langue est parlée ; aire (f.) linguistique. || °**-gebrauch** m. (s, ¨e) usage m. ||°**-gefühl** n. (s) sens (m.) de la langue. ||°**-gelehrte(r)** f. (m.) philologue s. ||**-gewandt** adj. beau parleur. ||°**-kenner** m. (s, -) linguiste m. ; philologue m. ||°**-kunde** f. philologie f. ||°**-labor** n. (s, e) laboratoire (m.) de langues. ||°**-lehre** f. grammaire f. ||**-los** adj. qui a perdu l'usage de la parole ; muet ; interdit. | *sprachlos dastehen*, rester coi. ||°**-neuerung** f. (-, en) néologisme m. ||°**-regel** f. (-, n) règle (f.) de grammaire. ||°**-reiniger** m. (s, -) puriste m. ||°**-reinigungseifer** m. (s) purisme m. ||°**-rohr** n. (s, e) porte-voix m. || FIG. porte-parole m. ; interprète m. ||°**-schatz** m. (es, ¨e) vocabulaire m. ||°**-schnitzer** m. (s, -) faute (f.) de langue ; FAM. cuir m. ||°**-störung** f. (-, en). MÉD. trouble (m.) du langage, de la parole. ||°**-übersetzer** m. (s, -). INF. traducteur m. ||°**-unterricht** m. (s, e) enseignement (m.) des langues. ||°**-verlust** m. (s, e). MÉD. aphasie f. ||°**-vermögen** n. (s) faculté (f.) de parler. ||**-widrig** adj. incorrect ; incongru. ||°**-wissenschaft** f. linguistique f.
Sprache [ˈʃpra:xə] f. (-, n) **1.** parole f. ; faculté (f.) de parler ; langage m. | *die Sprache verlieren*, perdre l'usage de la parole. | *er hat die Sprache nicht mehr in der Gewalt*, il n'est plus maître de ses mots. | *der Sprache beraubt*, aphasique. || manière de parler. | *er hat eine grobe Sprache*, il a le parler rude. | *er hat eine stotternde Sprache*, il parle en bégayant.
2. langue f. ; langage m. | *fremde Sprache*, langue étrangère. | *menschliche Sprache*, langue des hommes. | *eine Sprache sprechen*, parler une langue. | *Muttersprache*, langue maternelle. | *Landessprache*, langue nationale. | *Sprache des Volkes*, langue (f.) du peuple. | *Bühnensprache*, langue de la scène. | *Gaunersprache*, argot m. | *gehobene Sprache*, langue soutenue ; style soutenu. | *kaufmännische Sprache*, langue (f.) des affaires ; style commercial. | *Schriftsprache*, style écrit ; langue écrite. | *blumenreiche Sprache*, langage fleuri. || PAR EXT. propos m. pl. | *was für eine Sprache sprechen Sie da ?*, quels propos tenez-vous là ? | *er will nicht recht mit der Sprache heraus*, il ne veut pas dire ce qu'il sait. | *die Sache wird zur Sprache kommen*, on en parlera. | *etwas zur Sprache bringen*, mettre qch. sur le tapis.

Sprachen|lehrer [″ʃprɑ:xən′le:rər] m. (s, -) professeur (m.) de langues étrangères. ||°**-verwirrung** confusion (f.) des langues. || [Bibel] tour (f.) de Babel.

...sprachig ['ʃprɑ:xiç] (en compos.) *dreisprachig*, en trois langues. | *zweisprachig*, bilingue.

sprachlich [-xliç] adj. qui concerne les langues ; grammatical.

Spray [ʃpre: ou spre:] n. (s, s) aérosol m.

Sprech|anlage [″ʃprɛç′anlɑ:gə] f. (-, n) interphone m. ||°**-film** m. (s, e). [Tonfilm] film parlant. ||°**-funk** m. radiotéléphonie f. ; FAM. radio f. ||°**-gebühr** f. (-, en) taxe (f.) téléphonique. ||°**-membrane** f. (-, n) Hygiaphone m. (Wz.) ||°**-muschel** f. (-, n) cornet (m.) acoustique. ||°**-oper** f. (-, n) opérette f. ||°**-stunde** f. (-, n) heure (f.) d'audience, de consultation. ||°**-übung** f. (-, en) exercice (m.) de conversation. ||°**-weise** f. (-, n) manière (f.) de parler ; langage m. ||°**-zelle** f. (-, n) cabine (f.) téléphonique. ||°**-zimmer** n. (s, -) cabinet m. ; parloir m. || MÉD. cabinet (m.) de consultation.

sprechen ['ʃprɛçən] (i, a, o) v. tr. et v. intr. parler ; dire ; causer. | *deutsch sprechen*, parler allemand. | *jn, mit jm sprechen*, parler à qn. | *ich wünsche, Sie zu sprechen*, je désire vous parler. | *ich bin für niemand zu sprechen*, je n'y suis pour personne. | *laut sprechen*, parler fort. | *mit jm über, von etwas sprechen*, parler de qch. avec qn. | *durch den Rundfunk sprechen*, parler à la radio. | *ein Urteil sprechen*, rendre la justice. | *die Wahrheit sprechen*, dire la vérité. | *jn schuldig sprechen*, déclarer qn coupable. | *kein Wort sprechen*, ne dire mot. | *heute ist nicht gut mit ihm sprechen*, il est de mauvaise humeur aujourd'hui. | *frei sprechen*, parler librement ; parler sans notes. | *wir sprechen uns noch !*, nous nous retrouverons ! | *er ist schlecht auf mich zu sprechen*, il m'en veut. | *aus seinem Gesicht spricht die Güte*, son visage respire la bonté. | *das spricht mir zum Herzen*, cela me va droit au cœur. | *das spricht für ihn*, cela parle en sa faveur. || JUR. *jn freisprechen*, acquitter qn.
◇ part. prés. **sprechend,** parlant ; frappant. || FIG. *sprechender Blick*, regard éloquent.

Sprechen [-çən] n. (s) parler m. ; parole f. ; langage m. | *richtiges Sprechen*, langue correcte. || FIG. *zum Sprechen ähnlich*, d'une ressemblance frappante.

Sprecher [-çər] m. (s, -) celui qui parle ; orateur m. ; porte-parole m. || [im englischen Unterhause] speaker m.

Spree [ʃpre:] f. GÉOGR. Sprée f.

Sprehe ['ʃpre:ə] f. (-, n). ZOOL. étourneau m.

Spreißel ['ʃpraisəl] m. (s, -). V. SPLITTER.

spreiten ['ʃpraitən] v. tr. étendre. | *die Flügel spreiten*, étendre les ailes.

Spreize ['ʃpraitsə] f. (-, n) étrésillon m. || [Turnen] position écartée.

spreizen ['ʃpraitsən] v. tr. étendre ; écarter. | *die Beine spreizen*, écarter les jambes.
◇ v. pr. **sich spreizen,** résister. || se pavaner ; se rengorger. || FIG. *gespreizte Rede*, discours (m.) emphatique.

Spreiz|haken [″ʃpraits′hɑ:kən] m. (s, -). MÉD. écarteur m. ||°**-klappe** f. (-, n). AÉRON. volet (m.) d'intrados.

Spreizung [-tsuŋ] f. (-, en) écartement m.

Spreng|bombe [″ʃprɛŋ′bɔmbə] f. (-, n) bombe explosive. ||°**-büchse** f. (-, n) pétard m. ||°**-kopf** m. (s, ¨e) *nuklearer Sprengkopf*, ogive (f.) nucléaire. ||°**-körper** m. (s, -) engin explosif. ||°**-ladung** f. (-, en) charge explosive. ||°**-laut** m. (s, ¨e). GRAMM. occlusive f. ||°**-loch** n. (s, ¨er) trou (m.) de mine. ||°**-mittel** n. (s, -) explosif m. || PAR EXT. moyen (m.) de destruction. ||°**-öl** n. (s) nitroglycérine f. ||°**-stoff** m. (s, e) explosif m. ; plastic m. ||°**-stoff|anschlag** m. (s, ¨e) attentat (m.) à la bombe, à l'explosif. ||°**-stück** n. (s, e) éclat (m.) d'obus. ||°**-trichter** m. (s, -) entonnoir (m.) de mine. ||°**-werk** n. (s) matières explosives. ||°**-zünder** m. (s, -) détonateur m.

Sprengel ['ʃprɛŋəl] m. (s, -). **1.** RELIG. diocèse m. || PAR EXT. district m.
2. [Weihwasserwedel] goupillon m.

Spreng|kanne [″ʃprɛŋ′kanə] f. (-, n). [Gießkanne] arrosoir m. ||°**-kessel** m. (s, -) bénitier m. ||°**-wagen** m. (s, -) arroseuse f. ||°**-wedel** m. (s, -). RELIG. aspersoir m.

sprengen ['ʃprɛŋən] v. tr. faire sauter ; faire éclater. | *Felsen sprengen*, faire sauter des rochers. | *eine Tür sprengen*, faire sauter, enfoncer une porte. | *die Fesseln sprengen*, briser ses fers. || MIL. enfoncer ; rompre. | *eine Festung sprengen*, faire sauter une place forte. | *die Einkesselung sprengen*, rompre l'encerclement. || MÉD. *das Trommelfell sprengen*, briser le tympan. || FIG. *die Bank sprengen*, faire sauter la banque. | *eine Versammlung sprengen*, troubler une réunion ; disperser une assemblée.
◇ v. intr. bondir ; aller au galop. | *der Reiter sprengt durch Wiesen und Felder*, le cavalier galope à travers champs, à travers la campagne. | *er kommt herangesprengt*, il arrive au galop.

sprengen ['ʃprɛŋən] v. tr. répandre ; asperger ; arroser. | *ein Blumenbeet sprengen*, arroser un parterre de fleurs. | *Wäsche vor dem Bügeln sprengen*, asperger du linge avant de le repasser. | *es sprengt*, il tombe quelques gouttes de pluie ; il bruine. || PAR EXT. saupoudrer. | *Salz auf etwas sprengen*, saupoudrer qch. de sel. || [sprenkeln] moucheter.

Sprenkel ['ʃprɛŋkəl] m. (s, -). [Schlinge] lacs m. ; lacet m. ; collet m. || [Tüpfel] moucheture f.

sprenkelig [-kəliç] adj. moucheté ; tacheté ; jaspé.

sprenkeln [-kəln] v. tr. moucheter ; tacheter.

Sprenz [ʃprɛnts] m. (es, e). ZOOL. épervier m.

Spreu [ʃprɔy] f. balle f. ; vannure f. | *die Spreu vom Weizen sondern*, séparer le bon grain de l'ivraie. || FIG. choses (f. pl.) vides ; propos (m. pl.) sans valeur ; poussière f.

spreuig ['ʃprɔyiç] adj. [spreutragend] mêlé de balle.

Sprich|wort ['ʃpriçvɔrt] n. (s, ¨er) proverbe m. ; adage m. ; dicton m. | *eine zum Sprichwort gewordene Redensart*, une expression passée en proverbe. || LITTÉR. *dramatisches Sprichwort*, comédie-proverbe f. ||**-wörtlich** adj. proverbial ; légendaire.

Spriegel ['ʃpri:gəl] m. (s, -) éclisse f. ; planchette f.

Sprieße ['ʃpri:sə] f. (-, n) etançon m.

sprießen [-sən] (o, o) v. intr. germer ; éclore ; bourgeonner.
◇ v. tr. (conjug. faible) étançonner.

Spring|bock ['ʃpriŋbɔk] m. (s, ¨e). ZOOL. antilope f. ||°**-brett** n. (s, er) tremplin m. ||°**-brunnen** m. (s, -) jet (m.) d'eau. ||°**-feder** f. (-, n) ressort m. ||°**-flut** f., °**-welle** f. haute marée ; mascaret m. ||°**-frosch** m. (es, ¨e). ZOOL. sauterelle f. ||°**-glas** n. (es, ¨er) larme (f.) de verre. ||°**-hengst** m. (es, e) étalon m. ||°**-insfeld** m. (s, e). FIG. jeune étourdi. ||°**-kraft** f. élasticité f. ; ressort m. ; ||°**-kraut** n. (s, ¨er). BOT. balsamine f. ||°**-kunst** f. voltige f. ||°**-maus** f. (-, ¨e). ZOOL. gerboise f. ||°**-quelle** f. (-, n) source jaillissante ; source vive ; geyser m. ||°**-schnur** f. (-, ¨e), °**-seil** n. (s, e) corde (f.) à sauter. ||°**-spiel** n. (s) voltige f. ||°**-turnier** n. (s, e). SPORT. compétition (f.) de jumping. ||°**-wurz** f. BOT. mandragore f. ||°**-wurzel** f. (-, n) racine (f.) force-porte. ||°**-zeit** f. grandes marées.

springen ['ʃpriŋən] (sprang, gesprungen) v. intr.
1. sauter ; bondir ; faire un saut, un bond ; jaillir ; faire de la voltige ; courir ; rebondir. | *in die Höhe springen*, sauter en l'air. | *hin und her springen*, sautiller. | *er springt zwei Meter hoch und sieben Meter weit*, il saute deux mètres en hauteur et sept mètres en longueur. | *mit beiden Füßen springen*, sauter à pieds joints. | *der Wind springt (um)*, le vent tourne. | *der Funke springt aus dem Stein*, l'étincelle jaillit de la pierre. | *ein Knopf ist von meinem Rock gesprungen*, j'ai perdu un bouton de ma veste. | *die Taler springen lassen*, faire danser les écus. | *aus der Haut springen mögen*, bouillir d'impatience.
2. LOC., FIG. *das springt in die Augen*, cela saute aux yeux. | *die Preise springen in die Höhe*, les prix montent en flèche. | *jn über die Klinge springen lassen*, faire passer qn au fil de l'épée.
3. sauter ; éclater ; s'ouvrir violemment ; crever ; se fendre ; se fêler. | *das Glas springt*, le verre se fend, éclate. | *in Stücke, in Splitter springen*, voler en éclats. | *die Feder ist gesprungen*, le ressort a sauté, est cassé. | *gesprungener Topf*, pot fêlé. | *die Knospen springen*, les bourgeons éclatent.
4. [Quellen] jaillir ; gicler. | *die Brunnen springen*, les fontaines jaillissent.
5. [Stiere] saillir.
◇ part. prés. **springend.** *springender Punkt*, point saillant, essentiel.

Springen [-ŋən] n. (s) [action de] sauter ; saut m. ; bond m. ; ricochet m. ; jaillissement m. ; éclatement m. ; rupture f.

Springer [-ŋər] m. (s, -) sauteur m. ; saltimbanque m. ; bateleur m. || [Schachspiel] cavalier m.

Sprinkler ['ʃpriŋklər] m. (s, -) bouche (f.) d'incendie ; jet (m.) d'eau pour arroser les jardins.

Sprit [ʃprit] m. (s, e) alcool m.

Spritz|bad ["ʃprits'ba:t] n. (s, ¨er) douche f. ||°**-bewurf** m. (s) crépi m. ||°**-blech** n. (s, e). °**-brett** n. (s, er) garde-boue m. ||°**-düse** f. (-, n) gicleur m. ||°**-fahrt** f. (-, en) petite excursion. ||°**-flasche** f. (-, n) vaporisateur m. ||°**-fleck** m. (s, e) éclaboussure f. ||°**-kanne** f. (-, n) arrosoir m.; burette f. || °**-lackierung** f. (-, en) peinture (f.) au pistolet. ||°**-leder** n. (s, -). AUTOM. tablier m. ||°**-leute** m. pl. pompiers m. pl. ||°**-loch** n. (s, ¨er). ZOOL. [Walfisch] évent m. ||°**-malerei** f. peinture (f.) au pistolet. ||°**-pistole** f. (-, n) pistolet (m.) de peintre. ||°**-regen** m. (s) petite pluie fine. ||°**-rohr** n. (s, e) canule f. || ANAT. conduit éjaculateur. ||°**-vergaser** m. (s, -). AUTOM. carburateur (m.) à injection. ||°**-wagen** m. (s, -) arroseuse f.

Spritze ['ʃpritsə] f. (-, n) seringue f. | *jm eine Spritze geben*, faire une piqûre à qn. | *Feuerspritze*, pompe (f.) à incendie.

spritzen [-tsən] v. tr. projeter; injecter; faire jaillir; asperger; éclabousser; arroser. | *Blumen spritzen*, arroser des fleurs. | *eine Wand spritzen*, peindre un mur au pistolet. | *Gift spritzen*, jeter du venin. || FIG. médire.

◇ v. intr. jaillir. | *Blut spritzt*, du sang gicle.

Spritzen [-tsən] n. (s) jaillissement m.; jets m. pl.; éjaculation f. || MÉD. injection f.

Spritzen|haus ["ʃpritsən'haus] n. (es, ¨er) dépôt (m.) des pompes à incendie. ||°**-meister** m. (s, -) capitaine (m.) des pompiers. ||°**-schlauch** m. (s, ¨e) tuyau (m.) d'incendie.

Spritzer ['ʃpritsər] m. (s, -) éclaboussure f. || MAR. embrun m.; courte chute de pluie.

spritzig ['ʃpritsiç] adj. 1° pétillant; 2° pétulant.

spröde ['ʃprø:də] adj. cassant; sec; dur. | *sprödes Eisen*, fer cassant, pailleux. | *spröde Haut*, peau (f.) qui se gerce facilement. | *spröder Stoff*, étoffe (f.) qui ne se prête pas. || FIG. cassant; revêche; farouche; prude. | *spröde tun*, faire la prude, la sainte-nitouche.

Sprödheit ['ʃprø:thait] f., **Sprödigkeit** ['ʃprø:diç-kait] f. caractère cassant. || FIG. sécheresse f.; pruderie f.

Sproß [ʃprɔs] m. (es, e). BOT. surgeon m.; pousse f.; rejeton m.

Sprosse ['ʃprɔsə] f. (-, n). [an einer Leiter] barreau m.; échelon m. || [dunkler Fleck] tache f. | *Sommersprossen*, taches de rousseur.

sprossen [-sən] v. intr. bourgeonner; poindre. | *sprossende Blumen*, fleurs prolifères.

Sprossen|bildung ["ʃprɔsən'bilduŋ] f. prolifération f. ||°**-kohl** m. (s, e) chou (m.) de Bruxelles. ||°**-tau** n. (s, e) corde (f.) à nœuds. ||°**-wand** f. (-, ¨e) espalier m.

Sprosser ['ʃprɔsər] m. (s, -). ZOOL. (grand) rossignol.

Sprößling ['ʃprø:sliŋ] m. (s, e) jet m.; pousse f. || PR. et FIG. rejeton m.; descendant m.

Sprott ['ʃprɔt] m. (s, e), **Sprotte** ['ʃprɔtə] f. (-, n). ZOOL. sprat m.

Spruch [ʃprux] m. (s, ¨e) **1.** [Urteil] sentence f.; arrêt m. | *Spruch des Schicksals*, arrêt du destin.

2. [Lehrsatz] maxime f.; sentence f.; proverbe m.; aphorisme m.; dicton m. | *Bibelspruch*, verset (m.) de la Bible. | *Sprüche Salomonis*, Proverbes de Salomon. | *Kernspruch*, apophtegme m.

Spruch|band ['ʃpruxbant] n. (s, ¨er) calicot m. ||°**-dichter** m. (s, -) poète (m.) gnomique; auteur (m.) d'aphorismes. ||**-fähig** adj. en état d'être jugé. ||**-reich** adj. sentencieux. ||**-reif** adj. en état d'être jugé. ||°**-reim** m. (s, e) sentence rimée.

Sprudel ['ʃpru:dəl] m. (s, -) bouillonnement m.; jaillissement m. || PAR EXT. [sprudelndes Wasser] eau minérale.

Sprudel|kopf ["ʃpru:dəl'kɔpf] m. (s, ¨e) esprit bouillonnant. ||°**-quelle** f. (-, n) source jaillissante; source (f.) d'eau minérale. ||°**-wasser** n. (s, -) eau gazeuse.

sprudelig ['ʃpru:dəliç] adj. jaillissant. || FIG. volubile.

sprudeln [-dəln] v. intr. jaillir; bouillonner; pétiller; sourdre; tourbillonner. | *sprudelnder Quell*, source jaillissante. | *sprudelndes Getränk*, boisson pétillante. || FIG. *sprudelnder Witz*, verve (f.) intarissable.

◇ v. tr. faire jaillir.

Sprüh|dose ["ʃpry:'do:zə] f. (-, n) atomiseur m.; bombe f. ||°**-feuer** n. (s, -) feu pétillant. || °**-fläschchen** n. (s, -) vaporisateur m. ||°**-funken** m. pl. gerbe (f.) d'étincelles. ||°**-regen** m. (s) bruine f.; embrun m.

sprühen ['ʃpry:ən] v. intr. jaillir. | *Funken sprühen*, des étincelles jaillissent. | *es sprüht*, il bruine. || FIG. *von Witz sprühen*, étinceler d'esprit.

◇ v. tr. faire jaillir; projeter. || *Funken sprühen*, faire jaillir des étincelles.

Sprung [ʃpruŋ] m. (s, ¨e) **1.** saut m.; bond m.; élan m.; enjambée f.; cabriole f. | *kühner Sprung*, saut hardi. | *Sprünge machen*, faire des bonds; sauter. | *es ist nur ein (Katzen)sprung bis*, il n'y a qu'un pas jusqu'à. | *den Ball im Sprunge fangen*, saisir la balle au bond. | *auf einen Sprung vorbeikommen*, rendre visite en passant. || FIG. *Gedankensprung*, coq-à-l'âne m.

2. LOC. FIG. *keine großen Sprünge machen*, ne pas pouvoir aller bien loin; avoir des ressources modestes. | *jm auf die Sprünge kommen*, découvrir les projets de qn. | *jm auf die Sprünge helfen*, venir en aide à qn; donner un coup d'épaule à qn. | *auf dem Sprunge sein, etwas zu tun*, être sur le point de faire qch. | *auf dem Sprunge sein*, être prêt à partir.

3. [Riß] fente f.; cassure f.; fêlure f.; crevasse f. | *der Teller hat einen Sprung*, cette assiette est fêlée. || TECHN. *Sprung im Stahl*, crique f.; faute f. || MINES. faille f.

4. MAR. *Sprung des Decks*, relèvement (m.) du pont.

5. ZOOL. saillie f. || *Sprünge des Hasen*, pattes (f. pl.) arrière du lièvre.

Sprung|bein ["ʃpruŋ'bain] n. (s, e). ANAT. astragale m. || SPORT. jambe (f.) d'appui. ||**-bereit** adj. prêt à partir. ||°**-brett** n. (s, er) tremplin m. ||°**-feder** f. (-, n) ressort (m.) élastique. ||**-fertig** adj. prêt à sauter, à bondir. ||°**-gelenk** n. (s, e). ANAT. jarret m.; articulation (f.) du pied. ||°**-latte** f. (-, n). SPORT. barre f. ||°**-pferd** n. (s, e) cheval (m.) d'arçon. ||°**-riemen** m. (s, -) sous-pied m. ||°**-schanze** f. (-, n) tremplin (m.) de ski. ||°**-stab** m. (s, ¨e) perche (f.) à sauter. ||°**-turm** m. (s, ¨e) plongeoir m. ||**-weise** adv. par bonds; de façon discontinue, intermittente. ||°**-welle** f. MAR. mascaret m.

sprunghaft ['ʃpruŋhaft] adj. changeant; versatile; primesautier; inconstant.

Sprunghaftigkeit [-haftiçkait] f. caractère changeant; inconstance f.; versatilité f.

Spucke ['ʃpukə] f. [Speichel] salive f.; crachat m. || POP. *da bleibt mir die Spucke weg*, j'en suis muet d'étonnement; j'en suis baba.

spucken [-kən] v. tr. et v. intr. saliver; cracher; expectorer. | *Blut spucken*, cracher le sang. || FIG. *auf etwas spucken*, cracher sur qch.; mépriser qch. || FAM. *er spuckt große Bogen*, il est prétentieux.

Spuck|napf ["ʃpuk'napf] m. (s, e) crachoir m.

Spuk [ʃpu:k] m. (s, e) fantôme m.; spectre m.; apparition (f.) de fantômes. || PAR EXT. vacarme m.; remue-ménage m.

Spuk|geist ["ʃpu:k'gaist] m. (s, er) fantôme m. ||°**-geschichte** f. (-, n) histoire (f.) de revenants.

spuken ['ʃpu:kən] v. intr. hanter; errer; apparaître comme un revenant. | *es spukt*, il y a des fantômes.

Spukerei [ʃpu:kə'rai] f. (-, en) apparition (f.) de fantômes.

spukhaft ['ʃpu:khaft] adj. fantomatique; étrange.

Spül|automat ["ʃpy:lauto'ma:t] m. (en, en) lave-linge m. ||°**-becken** n. (s, -) évier m. ||°**-brett** n. (s, er) égouttoir m. ||°**-frau** f. (-, en) laveuse f.; plongeuse f. ||°**-junge** m. (n, n) plongeur m. ||°**-lappen** m. (s, -) torchon m. ||°**-stein** m. (s, e) évier m. ||°**-system** n. (s) tout-à-l'égout m. ||°**-wanne** f. (-, n) bac (m.) à vaisselle. ||°**-wasser** n. (s, -) eau (f.) de rinçage.

Spule ['ʃpu:lə] f. (-, n) bobine f. || [an Federn] tuyau m.

spulen [-lən] v. tr. bobiner.

spülen ['ʃpy:lən] v. tr. rincer; laver; écurer. | *sich den Mund spülen*, se rincer la bouche. | *die Gläser spülen*, rincer les verres.

Spul|maschine ["ʃpu:lma'ʃi:nə] f. (-, n) bobineuse f. ||°**-wurm** m. (s, ¨er). ZOOL. ascaride f.

Spuler ['ʃpu:lər] m. (s, -) bobineur m. || [Nähmaschine] porte-bobines m.

Spüler ['ʃpy:lər] m. (s, -) laveur m.; plongeur m.

Spülicht [-liçt] n. (s, e) eau (f.) de vaisselle.

Spund [ʃpunt] m. (s, ¨e) bonde f.; bondon m.; tampon m.

spünden ['ʃpyndən] v. tr. fermer avec une bonde; bondonner.

Spund|loch ['ʃpuntlɔx] n. (s, ¨er) trou (m.) de la

bonde. ||**-voll** adj. plein jusqu'à la bonde. ||°**-zapfen** m. (s, ¨) bondon m.

Spur [ʃpu:r] f. (-, en) **1.** trace f. ; marque f. ; sillage m. ; sillon m. ; piste f. ; empreinte f. ; ornière f. | *Fußspur*, trace de pas. | *auf js Spur sein*, être sur les traces de qn. | *jn auf eine falsche Spur bringen*, mettre qn sur une fausse piste ; donner le change à qn. | *jm auf die Spur kommen*, dépister qn. | *in js Spuren treten*, marcher sur les traces de qn. | *einer Spur folgen, nachgehen*, suivre une trace. | *jm auf die Spur helfen*, mettre qn sur la voie. || CHIM. *Spuren von Schwefel*, traces de soufre. || CULIN. pincée f. || FAM. *keine Spur !*, pas du tout !

2. FIG. trace f. ; marque f. ; vestige m. ; indice m. ; reste m. ; empreinte f. ; stigmate m. | *Spuren des Krieges*, traces de la guerre. | *Spuren einer Zivilisation*, vestiges d'une civilisation. | *es bleibt keine Spur davon*, il n'en subsiste aucun indice. | *er besitzt keine Spur von Großmut*, il n'y a pas trace de générosité chez lui.

3. TECHN. [Räder] *weite, schmale Spur*, voie large, étroite. || MAR. sillage m. || MÉTALL. rigole f.

Spur|breite [″ʃpu:r'braitə] f., °**-weite** [-'vaitə] f. écartement (m.) des voies. ||**-gerade** adv. tout droit. ||°**-geschoß** n. (es, e). MIL. balle traceuse. ||°**-kranz** m. (es, ¨e) rebord (m.) des roues des véhicules sur rail. ||°**-lager** n. (s, -). TECHN. crapaudine. ||°**-lehre** f. (-, n) gabarit m. ||**-los** adj. et adv. qui ne laisse pas de traces. | *spurlos verschwunden*, disparu sans laisser de traces.

spürbar ['ʃpy:rba:r] adj. sensible ; perceptible.

spuren ['ʃpu:rən] v. intr. [Ski] ouvrir (tracer) la piste. || [Eisenbahn] avoir un certain écartement.

spüren ['ʃpy:rən] v. tr. et v. intr. flairer ; dépister ; renifler ; dénicher. || [Wild] lever. | *der Hund spürt nach dem Wild*, le chien cherche le gibier. || FIG. remarquer ; sentir ; percevoir. | *Müdigkeit spüren*, ressentir de la fatigue. | *den Pfeil im Herzen spüren*, recevoir un coup en plein cœur.

Spuren|element [″ʃpu:rənele'mɛnt] n. (s, e). CHIM. oligo-élément m.

Spürer [-rər] m. (s, -) fureteur m.

Spür|hund [″ʃpy:r'hunt] m. (s, e) chien courant, chassant. | *guter Spürhund*, fin limier. ||°**-kraft** f. sagacité f. ; flair m. ||°**-nase** f. (-, n) nez fin. || FAM. qui a du nez, du flair. ||°**-sinn** m. (s) flair m.

Spurt [ʃpurt] m. (s, e). SPORT. sprint m. | *Endspurt*, sprint final.

sputen (sich) [ziç'ʃpu:tən] v. pr. FAM. se dépêcher.

Sputnik ['ʃputnik] m. (s, s). AÉRON. Spoutnik m.

Sputum n. (s, ta). MÉD. expectoration f.

Squash [skvɔʃ] n. SPORT. squash m.

SS. Abréviation de **Schutzstaffel.**

st ! [st] interj. chut !

Square [skvɛ:r] m. (s, s) square m.

Staat [ʃta:t] m. (s, en) **1.** État m. | *souveräner Staat*, État souverain. || PAR EXT. état (m.), liste (f.) des gens de la cour. || FIG. gent f. | *Staat der Ameisen*, gent des fourmis.

2. [Prunk] luxe m. ; grand train ; grande toilette. | *in vollem Staat*, en grande toilette. | *großen Staat machen*, mener grand train.

3. (Vx.) état m. ; situation f. | *Staat der Dinge*, état de choses.

◇ m. pl. **Staaten,** États m. pl. | *Generalstaaten*, États généraux. | *Vereinigte Staaten von Amerika*, États-Unis d'Amérique.

Staaten|bund [″ʃta:tən'bunt] m. (s, ¨e) confédération (f.) d'États. ||**-los** adj. apatride. ||°**-recht** n. (s) droit (m.) des gens.

staatlich ['ʃta:tliç] adj. politique ; public ; étatique ; national ; gouvernemental. | *staatliche Kontrolle*, contrôle gouvernemental.

Staats|abgaben [″sta:ts'apga:bən] f. pl. charges publiques. ||°**-aktion** f. (-, en). THÉÂTRE. *Haupt- und Staatsaktion*, grand sujet historique. ||°**-amt** n. (s, ¨er) charge, fonction publique. ||°**-angehörige(r)** f. (m.) ressortissant(e) m. (f.). ||°**-anwalt** m. (s, ¨e). JUR. procureur (m.) de la République. ||°**-anwaltschaft** f. JUR. ministère public. ||°**-anzeiger** m. (s) journal officiel. ||°**-beamter** m. fonctionnaire m. ||°**-begräbnis** n. (ses, se) funérailles nationales. ||°**-behörde** f. pouvoirs publics. ||°**-bürger** m. (s, -) citoyen m. ||°**-bürgerkunde** f. instruction (f.) civique. ||**-bürgerlich** adj. de citoyen ; civique. ||°**-bürgertum** n. (s) qualité (f.) de citoyen ; droit (m.) de cité. ||°**-dienst** m. (s, e) service public. ||**-eigen** adj. qui appartient à l'État. ||°**-einrichtung** f. (-, en) institution publique. ||°**-examen** n. (s) certificat (m.) d'aptitude au professorat. ||**-feindlich** adj. hostile à l'État. | *staatsfeindliche Umtriebe*, activités antinationales. ||°**-forst** m. (s, e) forêt domaniale. ||°**-gefährdung** f. (-, en) atteinte (f.) à la sûreté de l'État. ||°**-gelder** n. pl. fonds publics. ||°**-haushalt** m. (s) budget (m.) de l'État ; finances publiques. ||°**-hoheit** f. souveraineté f. ||°**-kapitalismus** m. (-) capitalisme (m.) d'État. ||°**-kirche** f. (-, n) Église nationale. ||°**-kleid** n. (s, er) habit (m.) de gala. ||°**-kosten** f. pl. *auf Staatskosten*, aux frais de l'État. ||°**-lehre** f. science (f.) politique. ||°**-mann** m. (s, ¨er) homme (m.) d'État. ||°**-oberhaupt** n. (s, ¨er) souverain m. ; chef (m.) de l'État. ||°**-pächter** m. (s, -). HIST. fermier général. ||°**-papier** n. (s, e) obligation (f.) d'État. ||°**-rat** m. (s, ¨e) conseil (m.), conseiller (m.) d'État. ||°**-recht** n. (s) droit public. ||°**-schatz** m. (es) Trésor public. ||°**-schuld** f. (-, en) dette publique. ||°**-schuldpapier** n. (s, e) titre (m.) d'emprunt public. ||°**-schuldschein** m. (s, e) bon (m.) du Trésor. ||°**-sekretär** m. (s, e) secrétaire d'État. | *Staatssekretär für*, secrétaire d'État à. ||°**-sicherheit** f. sûreté intérieure de l'État. ||°**-streich** m. (s, e) coup (m.) d'État. ||°**-verbrechen** n. (s, -) haute trahison. ||°**-wirtschaftslehre** f. économie (f.) politique. ||°**-wissenschaften** f. pl. sciences (f. pl.) politiques. ||°**-wohl** n. (s) bien public.

Stab [ʃta:p] m. (s, ¨e) **1.** bâton m. ; baguette f. ; barreau m. ; tige f. ; canne f. ; perche f. ; verge f. | *den Wanderstab nehmen*, prendre le bâton de pèlerin. | *Stab am Gitter*, barreau de grille. || RELIG. *bischöflicher Stab*, crosse épiscopale. || FIG. *den Stab über jn brechen*, faire le procès de qn.

2. AGRIC. échalas m. || ARCHIT. baguette f. ; astragale m. || [Gold] lingot m. || [Faß] douve f. || [Meter] bâton (m.) d'arpenteur. || [Regenschirm] baleine f. || MYTH. *Merkurs geflügelter Stab*, caducée m. || SPORT. perche f.

3. MIL. état-major m. | *Stabsoffizier*, officier (m.) d'état-major.

Stab|eisen [″ʃta:p'aizən] n. (s) fer (m.) en barres. ||°**-gold** n. (s) or (m.) en lingots. ||°**-halter** m. (s, -) huissier m. ||°**-hochspringer** m. (s, -). SPORT. perchiste m. ||°**-hochsprung** m. (s). SPORT. saut (m.) à la perche. ||°**-holz** n. (es, ¨er) douvain m. ||°**-lampe** f. (-, n), °**-leuchte** f. (-, n) lampe (f.) torche. ||°**-reim** m. (s, e). LITTÉR. allitération f. ||°**-werk** n. (s). ARCHIT. meneaux (m. pl.) gothiques.

Stäbchen ['ʃtɛ:pçən] n. (s, -) petit bâton. || CULIN. baguette f. || MÉD. bactérie f. || ANAT. [im Auge] bâtonnet m.

Stäbel|erbsen [″ʃtɛ:bəl'ɛrpsən] f. pl. pois ramés.

stäbeln ['ʃtɛ:bəln] v. tr. soutenir par une baguette. || [Erbsen] ramer.

stabil [ʃta'bi:l] adj. stable ; durable.

stabilisieren [-bili'zi:rən] v. tr. stabiliser.

Stabilisierung [-bili'zi:ruŋ] f. stabilisation f.

Stabilität [-bili'tɛ:t] f. stabilité f.

Stachel ['ʃtaxəl] m. (s, n) pointe f. ; aiguillon m. ; piquant m. || [an Schnallen] ardillon m. || [Insekten] dard m. || BOT. épine f. | *Stacheln*, barbe f. || FIG. aiguillon m. | *wider den Stachel löcken, lecken*, regimber. | *ein Stachel im Fleisch*, une épine dans le cœur. || LITTÉR. pointe f.

Stachel|beere [″ʃtaxəl'be:rə] f. (-, n) groseille (f.) à maquereau. ||°**-draht** m. (s, ¨e) fil (m.) de fer barbelé. ||°**-drahtverhau** m. (s, e) réseau (m.) de fils de fer barbelés ; barbelés m. pl. ||°**-frucht** f. (-, ¨e) fruit épineux. ||°**-häuter** m. pl. ZOOL. échinodermes. ||°**-schwein** n. (s, e) porc-épic m. ||°**-walze** f. (-, n) brise-mottes m. ||°**-wort** n. (s, e) parole piquante.

stachelig ['ʃtaxəliç] adj. armé de piquants ; hérissé. || FIG. piquant ; mordant.

stacheln [-xəln] v. tr. piquer ; aiguillonner ; éperonner ; exciter.

Stadel ['ʃta:dəl] m. (s, -) grange f. ; hangar m. ; grenier m.

— SYN. : *Scheune*, grange ; *Schuppen*, hangar.

Staden ['ʃta:dən] m. (s, -). (Vx.) quai m. ; rive f.

Stadion ['ʃta:diɔn] n. (s, dien). SPORT. stade m.

Stadium ['ʃta:dium] n. (s, dien) stade m. ; période f. ; phase f.

Stadt [ʃtat] f. (-, ¨e) ville f. ; cité f. | *er ist aus der Stadt*, il est de la ville. | *die Stadt München*, la ville de Munich.

Stadt... (en compos.) de la ville ; de ville ; urbain ; municipal.

Stadt|amt [″ʃtat'amt] n. (s, ¨er) municipalité f.

||°-**bahn** f. (-, en) chemin de fer métropolitain ; FAM. métro m. ||°-**bahnnetz** n. (es, e) réseau urbain. ||-**bekannt** adj. de notoriété publique ; qui court les rues. ||°-**bewohner** m. (s, -) citadin m. ||°-**bild** n. (s, er) physionomie (f.) de la ville ; agglomération f. ||°-**bürgerrecht** n. (s) droit (m.) de cité. ||°-**gebiet** n. (s, e) banlieue f. ; périmètre (m.) de la ville. ||°-**gefüge** n. (s) tissu urbain. ||°-**gemeinde** f. (-, n) municipalité f. ||°-**gespräch** n. (s, e). 1° rumeur publique ; fable (f.) de la ville ; 2° communication téléphonique urbaine. ||°-**haus** n. (es, ¨er) hôtel (m.) de ville. ||°-**inneres** n. cité f. ||°-**kämmerer** m. (s, -). [Vx.] receveur municipal. ||°-**kommandant** m. (en, en). MIL. commandant (m.) de place. ||°-**mauer** f. (-, n) enceinte f. ||°-**rat** m. (s, ¨e). 1° conseil municipal ; 2° conseiller municipal. ||°-**teil** m. (s, e) quartier m. ||°-**teilinitiative** f. (-, n) comité (m.) de quartier. ||°-**väter** m. pl. édiles m. pl. ||°-**verband** m. (s, ¨e) district urbain. ||°-**verwaltung** f. (-, en) administration municipale. ||°-**viertel** n. (s, -) quartier m. ||°-**waage** f. (-, n) balance publique. ||°-**zoll** m. (s, ¨e) octroi m.

Städte|bau [ʺʃtɛ:təˈbau] m. (s) urbanisme m. ||°-**bund** m. (s, ¨e). HIST. union (f.) des villes ; Hanse f. ||°-**planung** f. urbanisme m.

Städter(in) [ˈʃtɛ:tər(in)] m. (s, -), f. (-, nen) citadin(e) m. (f.).

städtisch [-tiʃ] adj. municipal ; de la ville.

Stafette [ʃtaˈfɛtə] f. (-, n). MIL. estafette f. || SPORT. *Stafettenlauf*, course (f.) de relais.

Staffage [ʃtaˈfɑ:ʒə] f. (-, n) ornements m. pl. ; décor m. ; accessoires m. pl. || FIG., PÉJOR. apparences f. pl.

Staffel [ˈʃtafəl] f. (-, n) degré m. ; marche f. ; échelon m. ; gradin m. || FIG. [Rangordnung] échelon m. || AÉRON. escadrille f. | *Jagdstaffel*, escadrille de chasse. || SPORT. relais m. ; équipe (f.) de relais.

Staffel|besteuerung [ʺʃtafəlbəˈʃtoyəruŋ] f. (-) impôt progressif. ||°-**entgelt** n. (s) prime (f.) d'assurance variable. ||-**förmig** adj. échelonné ; étagé. ||°-**lauf** m. (s, ¨e). SPORT. course (f.) de relais. ||°-**stellung** f. (-, en) échelonnement m. ||-**weise** adv. par échelons.

Staffelei [ʃtafəˈlai] f. (-, en). [Malerei] chevalet m.

staffeln [ˈʃtafəln] v. tr. disposer par échelons ; échelonner ; étager.

Staffelung [-fəluŋ] f. (-, en) échelonnement m. | *Tiefenstaffelung*, échelonnement en profondeur.

staffieren [ʃtaˈfi:rən] v. tr. orner ; décorer ; ornementer ; parer ; lustrer. || ARTS. faire les fonds d'un tableau.

Staffierung [-ruŋ] f. (-, en) garniture f. ; apprêt m. | *Ausstaffierung*, trousseau m. ; PÉJOR. accoutrement m.

Stag [ʃtɑ:k] n. (s, e). MAR. étai m. | *über Stag gehen*, virer.

Stag|fock [ʺʃtɑ:kˈfɔk] f. (-, en). MAR. trinquette f. ||°-**segel** n. (s, -). MAR. voile (f.) d'étai.

Stagnation [stagnaˈtsio:n] f. (-, en) stagnation f.

stagnieren [-ˈni:rən] v. intr. [Wasser] stagner ; croupir. || FIG. languir.

Stahl [ʃtɑ:l] m. (s) acier m. | *gehärteter Stahl*, acier trempé.

Stahl|bad [ʺʃtɑ:lˈbɑ:t] n. (s, ¨er) bain ferrugineux. ||-**bepanzert** adj. blindé. ||°-**beton** m. (s) béton armé. ||°-**betonplatte** f. (-, n) dalle armée. ||°-**erz** n. (es) fer (m.) spathique. ||°-**fabrik** f. (-, en) aciérie f. ||°-**fach** n. (s, ¨er) coffre fort m. ||-**grau** adj. gris acier. ||-**hart** adj. d'acier. ||°-**helm** m. (s, e) casque (m.) d'acier. ||°-**hütte** f. (-, n), °-**werk** n. (s, e) aciérie f. ||°-**kammer** f. (-, n) compartiment blindé. || °-**kerngeschoß** n. (es, e) balle perforante. || °-**matratze** f. (-, n) sommier (m.) métallique. || °-**rohrgerüst** n. (es, e) échafaudage (m.) tubulaire. ||°-**stich** m. (s, e) [gravure (f.) en] taille-douce f. ||°-**träger** m. (s, -) poutrelle (f.) d'acier. ||°-**waren** f. pl. coutellerie f. ; quincaillerie f.

stählen [ˈʃtɛ:lən] v. tr. tremper ; endurcir.

stählern [-lərn] adj. d'acier ; en acier. || FIG. *stählerner Wille*, volonté (f.) de fer.

Staken [ˈʃtɑ:kən] m. (s, -). AGRIC. rame f. || MAR. gaffe f. ; perche f.

Staket [ʃtaˈke:t] n. (s, e) palissade f. ; clôture (f.) à claire-voie ; estacade f.

Stalagmit [ʃtalagˈmi:t] m. (en, en) stalagmite f.

Stalaktit [ʃtalakˈti:t] m. (en, en) stalactite f.

Stalin... [ˈʃtɑ:lin] (en compos.) stalinien.

Stalinist(in) [ʃtaliˈnist(in)] m. (en, en), f. (-, nen) stalinien m., stalinienne f.

stalinistisch [ʃtaliˈnistiʃ] adj. stalinien.

Stall [ʃtal] m. (s, ¨e) étable f. || [Pferde] écurie f. || [Schweine] porcherie f. || [Kaninchen] clapier m. || [Hühner] poulailler m. || FIG., PÉJOR. écurie f. ; taudis m.

Stall|baum [ˈʃtalbaum] m. (s, ¨e) bat-flanc m. ||°-**fütterung** f. stabulation f. ||°-**junge** m. (n, n) garçon (m.) d'écurie. ||°-**knecht** m. (s, e) palefrenier m. ||°-**meister** m. (s, -) écuyer m.

stallen [ˈʃtalən] v. tr. mettre à l'étable.
◇ v. intr. être à l'étable. || [Pferde] pisser.

Stallung [-luŋ] f. (-, en) étables f. pl. ; écuries f. pl. || mise (f.) à l'étable.

Stamm [ʃtam] m. (s, ¨e) tronc m. ; fût m. ; tige f. ; souche. || FIG. race f. ; tribu f. ; famille f. ; lignée f. | *einen Stamm begründen*, faire souche. || FIG. *der Stamm unserer Kundschaft*, l'essentiel de notre clientèle. || GRAMM. racine f. ; radical m. || FIN. capital m. || ZOOL. embranchement m. || PROV. *der Apfel fällt nicht weit vom Stamm*, tel père, tel fils.

Stamm|aktie [ʺʃtamˈaktsiə] f. (-, n). FIN. part (f.) de fondateur. ||°-**baum** m. (s, ¨e) arbre (m.) généalogique. ||°-**datei** f. (-, en). INF. base (f.) de données ; fichier principal. ||°-**ende** n. (s, n). AGRIC. souche f. ||°-**erbe** m. (n, n) héritier (m.) d'une race, d'une maison. ||°-**folge** f. (-, n) filiation f. ; généalogie f. ||°-**form** f. (-, en). GRAMM. radical m. ; temps primitif. ||°-**gast** m. (s, ¨e) client habituel ; habitué m. (d'un café). ||°-**gut** n. (s, ¨er) patrimoine m. ||°-**halter** m. (s, -) fils aîné. ||°-**haus** n. (es, ¨er). COMM. maison (f.) mère. ||°-**holz** n. (es) arbres (m. pl.) de haute futaie. ||°-**kapital** n. (s) fonds m. pl. ; capital social, initial. ||°-**kundschaft** f. (-, en) clientèle (f.) d'habitués. | *eine Stammkundschaft erschließen*, s'attacher, fidéliser une clientèle, un public. ||°-**land** n. (s, ¨er) patrie f. ; pays (m.) d'origine. ||°-**linie** f. (-, n) lignée f. ; lignage m. ||°-**miete** f. (-, n). THÉÂTRE. abonnement m. || °-**register** n. (s, -) registre (m.) à souche. ||°-**reis** n. (es, e) surgeon m. ||°-**silbe** f. (-, n). GRAMM. syllabe radicale. ||°-**sitz** m. (es, e) patrie (f.) des ancêtres. || THÉÂTRE. place (f.) d'abonné. ||°-**sprache** f. (-, n) langue (f.) mère. ||°-**tafel** f. (-, n) table (f.) généalogique. ||°-**tisch** m. (s, e) table (f.) des habitués. ||°-**vater** m. (s, ¨) aïeul m. ||°-**vermögen** n. (s, -). FIN. capital m. ; fonds m. pl. ||-**verwandt** adj. parent ; de même lignée ; de même origine. ||°-**wort** n. (s, ¨er) radical m. ||°-**zellen** f. pl. ANAT. cellules (f. pl.) mères.

stammeln [ˈʃtaməln] v. intr. bégayer ; balbutier ; bredouiller .

stammen [ˈʃtamən] v. intr. provenir de ; tirer son origine de ; dériver de ; descendre de ; être issu, tiré de. | *aus dem Rheinland stammen*, être originaire de Rhénanie. | *von Schiller stammen viele Zitate*, beaucoup de citations viennent de Schiller. | *diese Kapelle stammt aus dem zwölften Jahrhundert*, cette chapelle date du XIIe siècle.

stämmig [ˈʃtɛmiç] adj. de haute futaie. || FIG. [stark und tüchtig] robuste ; solide. || [Körperwuchs] trapu ; ramassé. || *dickstämmig*, à forte tige.

Stämmigkeit [-kait] f. robustesse f. ; solidité f. ; vigueur f.

Stammler [ˈʃtamlər] m. (s, -) bègue m.

Stampf|bau [ʺʃtampfˈbau] m. (s, e) construction (f.) en pisé. ||°-**erde** f. terre battue ; pisé m. ||°-**hammer** m. (s, ¨) marteau-pilon m. ||°-**maschine** f. (-, n) concasseur m. ||°-**mühle** f. (-, n) bocard m.

Stampfe [ˈʃtampfə] f. (-, n) pilon m. ; dame f.

stampfen [ˈʃtampfən] v. intr. trépigner ; battre du pied. | *vor Ungeduld stampfen*, trépigner d'impatience. || [Pferde] piaffer. || MAR. tanguer.
◇ v. tr. presser avec le pied ; fouler ; pilonner. | *klein stampfen*, broyer ; concasser ; bocarder. || TECHN. emboutir. || AGRIC. [Trauben] fouler. || FIG. *etwas aus dem Boden stampfen*, faire surgir comme par miracle ; créer "ex nihilo".

Stand [ʃtand] m. (s, ¨e) **1.** position f. ; situation f. ; état m. ; niveau m. | *Stand der Sonne*, position du soleil. | *Wasserstand*, niveau d'eau. | *Stand der Dinge*, état de choses. | *er hat einen schweren Stand*, sa position est délicate. | *auf den neuesten Stand bringen*, mettre à jour. **2.** situation sociale ; classe f. ; caste f. ; catégorie sociale ; profession f. | *dritter Stand*, tiers état. | *Mittelstand*, classe moyenne. | *ein Mann von hohem Stande*, un homme de haut rang. | *bürgerlichen Standes*, de condition bourgeoise. | *lediger Stand*, célibat m. | *in den Stand der Ehe treten*, se marier. | *von niedrigem, geringem Stand*, de basse extraction. | *weltlicher Stand*, état séculier.

3. place f. ; poste m. | *an einem Ort seinen Stand haben*, être posté à un endroit. || PAR EXT. boutique f. ; échoppe f. ; stand m. ; étal m. ; étalage m. | *Stand des Fleischers*, étal du boucher. | *Schießstand*, stand de tir.
4. FIN. *Stand der Preise*, cours m. ; cote f.
5. MÉD. station (f.) debout.
— SYN. : *Lage*, situation ; *Zustand*, état ; *Stellung*, position.

Stand|anzeiger ["ʃtant'antsaigər] m. (s, -). TECHN. indicateur (m.) de niveau. ||°**-bild** n. (s, er) statue f. ||°**-fähigkeit** f. stabilité f. ||**-fest** adj. solide ; ferme. ||°**-geld** n. (s, er) droit (m.) d'étalage. || AUTOM. taxe (f.) de stationnement. ||°**-gericht** n. (s, e). JUR. conseil (m.) de guerre. ||**-halten** (ä, ie, a) v. intr. tenir ferme ; résister. | *der Damm hält den Fluten stand*, la digue résiste aux flots. ||°**-licht** n. (s, er). AUTOM. feu (m.) de position. ||°**-ort** m. (s, e) emplacement m. ; station f. ; poste m. | *nuklearer Standort*, site (m.) nucléaire. || MAR. *Standort eines Schiffes*, position (f.) d'un navire. | *den eigenen Standort ermitteln*, se repérer. || MIL. garnison f. ||°**-ortkriterien** n. pl. critères (m. pl.) d'implantation. ||°**-ortwahl** f. (-, en). NUCL. choix (m.) du site. ||°**-pauke** f. FAM. *jm eine Standpauke halten*, sermonner qn. ||°**-platz** m. (es, ¨e) stationnement m. ||°**-punkt** m. (s, e). PR. et FIG. point (m.) de vue. ||°**-quartier** n. (s, e). MIL. garnison f. ; cantonnement m. ||°**-recht** n. (s) loi martiale. | *das Standrecht verhängen*, décréter la loi martiale. || **-rechtlich** adv. en vertu de la loi martiale. ||°**-rede** f. (-, n) harangue f. ||**-sicher** adj. stable. ||°**-spur** f. (-, en). [Verkehr] bande (f.) d'arrêt d'urgence. ||°**-uhr** f. (-, en) pendule f. ||°**-wild** n. (s) bêtes (f. pl.) sédentaires. ||°**-wind** m. (s, e) vent constant.

Stände|haus ["ʃtɛndə'haus] n. (es, ¨er). POLIT. palais (m.) des états. ||°**-saal** m. (s, -säle) salle (f.) des états. ||°**-staat** m. (s, en) Etat corporatif. || °**-versammlung** f. (-, en) diète f.

Standes|adel ["ʃtandəs'ɑ:dəl] m. (s) haute noblesse. ||°**-amt** n. (s, ¨er) bureau (m.) de l'état civil. ||°**-ehe** f. (-, n) mariage (m.) de convenance. ||°**-ehre** f. honneur professionnel. ||°**-erhöhung** f. (-, en) anoblissement m. ||°**-geist** m. (s) esprit (m.) de corps. ||**-gemäß** adv. *standesgemäß leben*, tenir son rang. ||°**-genosse** m. (n, n) pair m. ||°**-herr** m. (m, en) grand seigneur. ||°**-herrschaft** f. (-, en) seigneurie f. ||**-mäßig** adj. et adv. conforme à son rang. ||°**-person** f. (-, en) personne (f.) de qualité. ||°**-register** n. (s, -) registre (m.) de l'état civil. ||°**-vorurteil** n. (s, e) préjugé (m.) de caste. ||**-widrig** adj. messéant ; qui déroge.

Standard ['ʃtandart] m. (s, s). [Richtmaß] étalon m. ; standard m. | *Standardwerk*, ouvrage (m.) de référence. | *Lebensstandard*, standard de vie.

Standard|abweichung ["ʃtandart'apvaiçuŋ] f. (-, en). STAT. écart type m. ||°**-vertrag** m. (s, ¨e) contrat type m. ||°**-werk** n. (s, e) ouvrage (m.) de référence.

standardisieren [ʃtandardi'zi:rən] v. tr. standardiser ; normaliser.

Standardisierung [-di'zi:ruŋ] f. (-, en) normalisation f. ; standardisation f.

Standarte [ʃtan'dartə] f. (-, n) étendard m.

Ständchen ['ʃtɛntçən] n. (s, -) aubade f. ; sérénade f.

Ständer ['ʃtɛndər] m. (s, -) support m. ; pied m. ; montant m. | *Kleiderständer*, portemanteau m. || ARCHIT. piédestal m. || MIL. râtelier (m.) d'armes.

standhaft ['ʃtanthaft] adj. constant ; ferme ; résistant ; solide ; stable ; persévérant ; inébranlable. | *ein Unglück standhaft ertragen*, supporter stoïquement un malheur.
— SYN. : *fest*, solide ; *beharrlich*, constant.

Standhaftigkeit [-haftiçkait] f. fermeté f. ; constance f. ; opiniâtreté f.

ständig ['ʃtɛndiç] adj. permanent ; fixe ; continuel. | *ständiges Einkommen*, revenu (m.) fixe. | *ständiger Wohnsitz*, domicile (m.) fixe.
— SYN. : *beständig*, continuel ; *ununterbrochen*, ininterrompu.

ständisch ['ʃtɛndiʃ] adj. qui a trait à une classe, à l'assemblée d'un état.

Stange ['ʃtaŋə] f. (-, n) perche f. ; poteau m. ; mât m. ; gaule f. ; grand piquet ; grand bâton ; fût m. ; hampe f. | *Bohnenstange*, rame (f.) de haricots. | *Telegrafenstange*, poteau télégraphique. | *Stange für Vorhänge*, tringle (f.) à rideaux. | *sich auf eine Stange setzen*, se percher ; jucher. | *Stange Siegellack*, bâton (m.) de cire à cacheter. | *eine Stange Gold*, un lingot d'or. || FIG. *jm die Stange halten*, avantager qn. | *bei der Stange bleiben*, tenir bon ; ne pas sortir de son sujet. || [am Ruder] manche m. || SPORT. perche f. (à grimper). || [Geweih] bois (m. pl.) du cerf. || FAM. grand verre droit. || LOC. *einen Anzug von der Stange kaufen*, acheter un costume tout fait. || FAM. *das kostet eine Stange Geld*, cela coûte très cher.

Stangen|besen ["ʃtaŋən'be:zən] m. (s, -) tête (f.) de loup. ||°**-bohnen** f. pl. BOT. haricots grimpants. ||°**-bohrer** m. (s, -). TECHN. tarière f. ||°**-brot** n. (s, e) baguette f. (de pain). ||°**-erbsen** f. pl. BOT. pois (m. pl.) en rames. ||**-förmig** adj. en barres. ||°**-gold** n. (s) or (m.) en barres. ||°**-holz** n. (es) rondins m. pl.

Stanislaus ['ʃtanislaus] n. pr. m. Stanislas m.

Stänker ['ʃtɛŋkər] m. (s, -) animal (m.), être (m.) puant. || FIG. tracassier m. ; mauvais coucheur.

Stänkerei [ʃtɛnkə'rai] f. (-, en) puanteur f. || FIG. mauvaise querelle ; dispute f. ; rixe f.

stänkern ['ʃtɛŋkərn] v. intr. puer ; sentir mauvais. || FIG. chercher querelle ; chercher noise.

Stanniol [ʃtani'o:l] n. (s). MÉTALL. étain battu, en feuilles ; papier (m.) d'argent.

stante pede ["ʃtantə'pe:də] adv. [stehenden Fußes] sur-le-champ.

Stanze ['ʃtantsə] f. (-, n). LITTÉR. stance f. || TECHN. matrice f. ; poinçonneuse f. ; estampe f.

stanzen [-tsən] v. tr. TECHN. estamper.

Stapel ['ʃtɑ:pəl] m. (s, -). [Gerüst] échafaudage m. || MAR. cale f. ; chantier m. | *ein Schiff auf den Stapel setzen*, mettre un navire en chantier. | *ein Schiff vom Stapel lassen*, lancer un navire. || [Warenniederlage] entrepôt m. ; comptoir m. ; dépôt m. || PAR EXT. étape f. || [Haufen] tas m. ; monceau m. ; pile f. || TEXT. longueur (f.) de fibre.

Stapel|lauf ["ʃtɑ:pəl'lauf] m. (s, ¨e). MAR. lancement (m.) d'un navire. ||°**-ort** m. (s, e), °**-platz** m. (es, ¨e) entrepôt m. || HIST. *Stapelplätze in der Levante*, Échelles (f. pl.) du Levant. ||°**-stadt** f. (-, ¨e) étape f. ||°**-verarbeitung** f. (-, en). INF. traitement (m.) par lots.

stapeln ['ʃtɑ:pəln] v. tr. entasser ; empiler ; stocker. || FAM. marcher à grandes enjambées.

Stapelung [-luŋ] f. (-, en) entassement m. ; mise (f.) en entrepôt.

Stapf [ʃtapf] m. (en, en), **Stapfen** ['ʃtapfən] m. (s, -), **Stapfe** [-pfə] f. (-, n) trace (f.) de pas ; pas m.

stapfen [-pfən] v. intr. marcher d'un pas lourd.

Star [ʃtɑ:r] m. (s, e). ZOOL. [Starmatz] étourneau m.

Star [ʃtɑ:r] m. (s, s). FILM. star f. ; vedette f.

Star [ʃtɑ:r] m. (s). MÉD. affection (f.) oculaire. | *grauer Star*, cataracte f. | *grüner Star*, glaucome m. | *schwarzer Star*, amaurose f. | *jm den Star stechen*, opérer qn de la cataracte. | *starblind*, atteint de cataracte.

stark [ʃtark] adj. et adv. fort ; puissant ; robuste ; solide ; résistant ; vigoureux. | *ein starker Kerl*, un gaillard vigoureux. | *starker Kaffee*, café fort. | *starkes Papier*, papier fort. | *eine starke Säule*, une colonne massive. | *starke Stimme*, voix forte. | *starker Geist*, esprit vigoureux. | *starker Spieler*, fort joueur. | *starker Raucher*, grand fumeur. | *starker Frost*, forte gelée. | *starker Wind*, gros vent. | *starker Rauch*, fumée épaisse. | *dieses Buch ist siebenhundert Seiten stark*, ce livre a sept cents pages. | *stark in einer Wissenschaft*, fort, FAM. calé dans une science. | *das ist etwas stark*, c'est un peu fort. | *das Recht des Stärkeren*, le droit du plus fort. | *starker Strick*, corde solide. | *die Familie ist sieben Personen stark*, la famille compte sept personnes. | *bis dahin ist es eine starke Stunde*, pour arriver là-bas il faut une bonne heure. | *stark bevölkert*, très peuplé. | *stark besucht*, très fréquenté. | *stark hoffen*, espérer très fort. | *stark arbeiten*, travailler dur. | *stark essen*, manger beaucoup. | *es regnet stark*, il pleut fort. | *stark verschuldet*, criblé, couvert de dettes. || ÉCON. *der starke Kursanstieg des Dollars*, la flambée du dollar. | *starker Preisanstieg*, flambée (f.) des prix. || GRAMM. *starkes Zeitwort*, verbe fort.

stark|beleibt ["ʃtarkbə'laipt], **-leibig** [-'laibiç] adj. corpulent. ||**-besetzt** adj. comble ; plein de monde. ||**-knochig** adj. osseux ; bien charpenté. ||°**-leibigkeit** f. (-, en) corpulence f. ||°**-strom** m. (s, ¨e) courant (m.) de haute tension.

Stärke ['ʃtɛrkə] f. (-, n) force f. ; vigueur f. ; solidité f. | *Stärke einer Mauer*, épaisseur (f.) d'un mur. | *das ist nicht meine Stärke*, ce n'est pas mon fort. | *an Stärke gewinnen*, gagner en intensité. || [Körper] corpulence f. ; embonpoint m. || MIL. effectif m. ; force (f.) numérique.

Stärke ['ʃtɛrkə] f. [Kraftmehl] amidon m. ; empois m. | *mit Stärke kleistern*, amidonner.

stärke|artig ["ʃtɛrkə'ɑ:rtiç] adj. amylacé. ||°**-fabrik** f. (-, n) amidonnerie f. ||°**-gummi** n. (s) dextrine f. ||**-haltig** adj. féculent ; amylacé. ||°**-kleister** m.

(s, -) colle (f.) d'amidon. ||°-**leim** m. (s, e) empois m. ||°-**mehl** n. (s) amidon m. ||°-**wäsche** f. linge empesé. ||°-**zucker** m. (s). CHIM. glucose m.

stärken ['ʃtɛrkən] v. tr. fortifier ; renforcer ; réconforter ; tonifier ; soutenir. | *sich stärken*, se sustenter. || MÉD. *stärkende Luft*, air (m.) tonique. | *stärkendes Mittel*, fortifiant m. || TEXT. *einen Kragen stärken*, empeser un col.

Stärken [-kən] n. (s) empesage m. ; amidonnage m.

Stärkung [-kuŋ] f. (-, en) renforcement m. ; consolidation f. ; raffermissement m. ; réconfort m. || MÉD. *Stärkungsmittel*, fortifiant m.

starr [ʃtar] adj. **1.** raide ; immobile ; engourdi. | *starre Finger*, doigts gourds. | *starres Bein*, jambe ankylosée. | *starre Seide*, soie (f.) raide. || PHYS. *starrer Körper*, solide m.
2. [Blick] fixe ; hagard.
3. FIG. raide ; pétrifié. | *starr vor Staunen*, stupéfait. | *starre Prinzipien*, principes (m. pl.) rigides. | *starrer Charakter*, caractère obstiné.
— SYN. : *steif*, raide ; *unbeweglich*, immobile.

starr|köpfig ["ʃtar'køpfiç] adj. entêté ; opiniâtre. ||°-**krampf** m. (s). MÉD. tétanos m. ||°-**leinen** n. (s) toile bougranée. ||°-**luftschiff** n. (s, e). AÉRON. dirigeable (m.) à armature rigide. ||°-**sinn** m. (s) entêtement m. ; ténacité f. ; opiniâtreté f. ||°-**sucht** f. MÉD. catalepsie f.

Starre ['ʃtarə] f. (Vx.) V. STARRHEIT.

starren [-rən] v. intr. **1.** (Vx.) être raide, rigide, engourdi.
2. [ragen] se dresser ; s'élever. | *eine Schlucht, wo nur totes Gestein starrt*, une gorge hérissée de rochers.
3. être plein, surchargé de. | *von Schmutz starren*, être couvert de crasse. | *von Gold starren*, être chamarré d'or. | *von Lanzen starren*, être hérissé de lances. | *ganz Europa starrt in Waffen*, l'Europe entière est hérissée de canons.
4. regarder fixement. | *ins Leere starren*, avoir les yeux perdus au loin. | *auf etwas starren*, regarder fixement qch.

Starrheit ['ʃtarhait] f. raideur f. ; rigidité f. ; immobilité f. || [Blick] fixité f. || [Charakter] opiniâtreté f.

Start [ʃtart] m. (s, e) départ m. ; envol m. ; démarrage m. ; décollage m. || AÉRON. *Senkrechtstart*, décollage vertical.

Start|bahn ['ʃtartbɑ:n] f. (-, en) piste (f.) de départ. || AÉRON. piste (f.) de décollage. ||°-**band** n. (s, ¨er) ligne (f.) de départ. ||-**bereit, -klar** adj. prêt à prendre le départ. ||°-**erlaubnis** f. (-, se) AÉRON. autorisation (f.) de décollage. ||°-**feld** n. (s, er) AÉRON. aire (f.) de décollage. ||°-**länge** f. (-, n). AÉRON. distance parcourue au sol (avant le décollage). ||°-**platz** m. (es, ¨e). AÉRON. terrain (m.) d'envol. ||°-**rampe** f. (-, n). AÉRON. aire (f.) de lancement. ||°-**schuß** m. (es, ¨e) signal (m.) du départ.

starten [-tən] v. intr. partir ; s'envoler ; démarrer. ◇ v. tr. donner le départ. || [Raketen] lancer.

Starter [-tər] m. (s, -). SPORT. starter m. || AUTOM. starter m.

Statik ['ʃtɑ:tik] f. statique f.

Station [ʃta'tsio:n] f. (-, en) station f. ; gare f. ; halte f. ; relais m. | *auf jeder Station halten*, s'arrêter à toutes les stations. || [Aufenthalt] séjour m. ; stage m. | *eine lange Station in einer Stadt*, un long séjour dans une ville. | *freie Station haben*, être logé et nourri gratuitement. || RELIG. *Stationen des Kreuzwegs*, les stations du chemin de croix. || RADIO. station f. || MÉD. division (f.) dans un hôpital. || MAR. circonscription (f.) maritime.

stationär [-tsio'nɛ:r] adj. [bleibend] stationnaire. || MÉD. *stationär behandeln*, hospitaliser. | *stationäre Behandlung*, hospitalisation f.

stationieren [-tsio'ni:rən] v. intr. stationner.

Stationen|weg [ʃta"tsio:nən've:k] m. (s, e). RELIG. chemin (m.) de croix ; calvaire m.

Stations|assistent [ʃta"tsio:nsasis'tɛnt] m. (en, en) sous-chef (m.) de gare. ||°-**schiff** n. (s, e). MAR. stationnaire m. ||°-**vorsteher** m. (s, -) chef (m.) de gare.

statisch ['ʃtɑ:tiʃ] adj. statique. || AUTOM. *statische Vorspur*, parallélisme (m.) des roues. || INF. *statischer Speicher*, mémoire (f.) statique.

stätisch ['ʃtɛ:tiʃ] adj. [Pferd] rétif ; récalcitrant.

Statist [ʃta'tist] m. (en, en). THÉÂTRE. figurant m.

Statistik [-'tistik] f. (-, en) statistique f.

Statistiker(in) [-'tistikər(in)] m. (s, -), f. (-, nen) statisticien m., statisticienne f.

Statistin ['tistin] f. (-, nen). THÉÂTRE. figurante f.

statistisch [-'tistiʃ] adj. statistique. | *statistisches Amt*, service (m.) de statistique.

Stativ [ʃta'ti:f] n. (s, e). [Gestell] support m. ; trépied m. ; pied m. || PHOT. trépied m.

Statt [ʃtat] f. place f. ; lieu m. ; endroit m. ; emplacement m. | *an seiner Statt*, à sa place. | *an Kindes Statt annehmen*, adopter un enfant. | *an Eides Statt*, en lieu et place de serment. || LOC. *es geht gut vonstatten*, cela avance. | *es kommt mir zustatten*, cela me réussit. | *einer Bitte stattgeben*, exaucer une prière. | *Lagerstatt*, couche f. || PROV. *ein gutes Wort findet eine gute Statt*, une bonne parole ne gâte rien.

statt [ʃtat] prép. (gén.) au lieu, en place, à la place de. | *statt meiner*, à ma place. | *statt aller Antworten*, en guise de réponse ; pour toute réponse.
◇ loc. prép. **statt zu**, au lieu de (suivi d'un infin.) | *statt zu weinen*, au lieu de pleurer.
◇ loc. conj. **statt daß**, au lieu que. | *statt daß du heute kommst*, au lieu que tu viennes aujourd'hui... (langage parlé).

statt|finden ["ʃtat'findən] (a, u) v. intr. avoir lieu. ||-**geben** (i, a, e) v. intr. accorder ; donner suite à. | *einem Gesuch stattgeben*, donner suite à une demande. ||-**haben** v. intr. avoir lieu. ||°-**halter** m. (s, -). POLIT. gouverneur m. ||°-**halterschaft** f. (-, en). HIST. lieutenance f.

Stätte ['ʃtɛtə] f. (-, n) lieu m. ; endroit m. ; place f. ; demeure f. | *keine bleibende Stätte finden*, mener une vie errante. | *heilige Stätte*, lieu saint.

statthaft ['ʃtathaft] adj. admissible ; valable ; plausible. || JUR. recevable.

stattlich ['ʃtatliç] adj. de belle apparence ; somptueux ; imposant ; qui a de l'allure, de la prestance ; important ; considérable. | *ein stattliches Gebäude*, un bâtiment de belle apparence. | *stattliches Aussehen*, prestance f. | *stattliche Geldsumme*, somme (f.) d'argent considérable. | *in stattlicher Anzahl*, en nombre imposant.

Stattlichkeit [-kait] f. prestance f. ; aspect prestigieux, somptueux ; élégance f. ; belle mine.

statuarisch [ʃtatu'ɑ:riʃ] adj. sculptural.

Statue ['ʃtɑ:tuə] f. (-, n) statue f.

Statuette [ʃtatu'ɛtə] f. (-, n) statuette f.

statuieren [-tu'i:rən] v. tr. statuer ; établir. | *ein Exempel statuieren*, faire un exemple.

Statur [ʃta'tu:r] f. (-, en) stature f.

Status ['ʃtɑ:tus] m. état m.

Statut [ʃta'tu:t] n. (s, en) statut m. ; règlement.

statutarisch [-tu'tɑriʃ] adj. statutaire.

statuten|gemäß [ʃta"tu:təngə'mɛ:s] adj. et adv. conforme aux statuts. ||-**widrig** adj. non conforme aux statuts.

Stau [ʃtau] m. (s, e) barrage m. | *das Wasser im Stau halten*, retenir les eaux. || [Verkehr] bouchon m. || INF. engorgement m.

Stau|anlage ["ʃtau'anlɑ:gə] f. (-, n) dispositif (m.) de barrage. ||°-**becken** n. (s, -) bassin (m.) de retenue. ||°-**damm** m. (s, ¨e) digue (f.) de retenue. ||°-**mauer** f. (-, n) digue f. ||°-**schleuse** f. (-, n) écluse (f.) de refoulement. ||°-**see** m. (s, n) bassin (m.) de retenue. ||°-**strahlflugzeug** n. (s, e) avion (m.) à statoréacteur. ||°-**stufe** f. (-, n) bief m. ||°-**werk** n. (s, e) barrage m.

Staub [ʃtaup] m. (s) poussière f. | *den Staub abwischen*, épousseter. | *zu Staub werden*, tomber en poussière. || FIG. *etwas in den Staub treten*, fouler qch. aux pieds. | *jn in den Staub ziehen*, traîner qn dans la boue. | *sich aus dem Staube machen*, filer ; décamper. | *viel Staub aufwirbeln*, faire beaucoup de bruit. | *jm Staub in die Augen streuen*, jeter de la poudre aux yeux à qn. | *kein Stäubchen Wahrheit*, pas une once de vérité.

Staub|abscheider ["ʃtaup'apʃaidər] m. (s, -). TECHN. dépoussiéreur m. ||°-**besen** m. (s, -) plumeau m. ||°-**beutel** m. (s, -). BOT. anthère f. ||°-**blüte** f. (-, n) fleur (f.) mâle. ||°-**deckel** m. (s, -). [Uhren] cuvette f. ||-**dicht** adj. étanche à la poussière. ||°-**faden** m. (s, ¨). BOT. étamine f. ||°-**flügler** m. (s, -). ZOOL. lépidoptère m. ||°-**gefäß** n. (es, e) étamine f. ||°-**kittel** m. (s, -) blouse f. ||°-**kohle** f. (-, n) poussier m. ||°-**mantel** m. (s, ¨) cache-poussière m. ||°-**regen** m. (s) bruine f. ||°-**sand** m. (s) sablon m. ||°-**sauger** m. (s, aspirateur m. ||°-**wedel** m. (s, -) plumeau m. ||°-**zucker** m. (s, -) sucre (m.) en poudre.

stauben ['ʃtaubən] v. intr. faire de la poussière ; voler en poussière.

stäuben ['ʃtɔybən] v. intr. faire de la poussière.

◇ v. tr. épousseter ; vanner. | *die Spreu von den Körnern stäuben*, séparer le grain de la balle. | *Pfeffer auf etwas stäuben*, saupoudrer qch. de poivre.

Stäuber [-bər] m. (s, -) plumeau m.

staubig ['ʃtaubiç] adj. poussiéreux.

Stauche ['ʃtauxə] f. (-, n). [Flachsbündel] botte f. ; gerbe f. || [Pulswärmer] miton m.

stauchen ['ʃtauxən] v. tr. **1.** [stoßen] battre ; cogner. | *sich den Arm (ver)stauchen*, se fouler le bras. || AGRIC. broyer.
2. [drücken] tasser ; refouler. | *einen Sack stauchen*, tasser un sac. | *ein Eisen stauchen*, refouler un fer.

Staude ['ʃtaudə] f. (-, n) arbuste m. ; arbrisseau m.

stauden [-dən] v. intr. venir en arbuste. || [Salat] pommer.

stauen ['ʃtauən] v. tr. [Wasser] arrêter. | *einen Bach stauen*, contenir un ruisseau. || PAR EXT., FIG. endiguer. | *die Menge stauen*, contenir la foule. || MAR. arrimer.
◇ v. pr. **sich stauen,** s'entasser ; s'amasser ; s'empiler. | *der Verkehr staut sich*, il se crée un embouteillage. | *das Blut staut sich*, se congestionner.

Stauer [-ər] m. (s, -). MAR. arrimeur m.

staunen ['ʃtaunən] v. intr. s'étonner ; être étonné, surpris. | *über etwas staunen*, être surpris de qch. | *über jn staunen*, être étonné par qn. | *staunend betrachten*, regarder avec étonnement ; être ébahi.

Staunen [-nən] n. (s) surprise f. ; étonnement m. ; stupéfaction f | *mit Staunen, zu seinem Staunen erfuhr er...*, il apprit à sa grande surprise...

staunens|wert ["ʃtaunəns've:rt], **-würdig** [-'vyrdiç] adj. surprenant ; étonnant ; extraordinaire.

Staupe ['ʃtaupə] f. (-, n). [öffentliche Auspeitschung] fustigation f. || (Vx.) *jn zur Staupe schlagen*, fustiger qn. || [Tierkrankheiten] morve f.

stäupen ['ʃtɔypən] v. tr. [geißeln] fustiger.

Stauung ['ʃtauuŋ] f. (-, en). [Gewässer] refoulement m. || *Verkehrsstauung*, embouteillage m. | *Stauung von Paketen*, accumulation (f.) de paquets. || INF. engorgement m. || MÉD. congestion f. || MAR. arrimage m. || FIG. [Stillstand] stagnation f.

Stearin [ʃtea'rin] n. (s). CHIM. stéarine f. | *Stearinkerze*, bougie f.

Stech|apfel ["ʃtɛç'apfəl] m. (s, ¨). BOT. datura m. ||°**-bahn** f. (-, en) lice f. ; champ clos. ||°**-baum** m. (s,¨e) houx m. ||°**-becken** n. (s, -) bassin (m.) pour malades. ||°**-beitel** m. (s, -) bédane m. ||°**-eiche** f. (-) houx m. ||°**-eisen** n. (s) poinçon m. ||°**-fliege** f. (-, n) mouche piqueuse ; taon m. ||°**-ginster** m. (s, -) ajonc m. ||°**-heber** m. (s, -) tâte-vin m. ; pipette f. ||°**-karre** f. (-, n) diable m. ||°**-maschine** f. (-, n). TECHN. poinçonneuse f. ||°**-mücke** f. (-, n) moustique m. ||°**-palme** f. houx m. ||°**-reis** n. (es, er) bouture f. ||°**-rüssel** m. (s, -) dard m. ||°**-uhr** f. (-, en) pointeuse f.

stechen ['ʃtɛçən] (i, a, o) v. tr. **1.** piquer ; picoter ; faire mal. | *Bienen und Wespen stechen*, les abeilles et les guêpes piquent. | *die Schneiderin sticht sich mit der Nadel*, la couturière se pique avec l'aiguille. | *die Sonne sticht*, le soleil darde ses rayons. | *Wein aus dem Faß stechen*, tirer du vin au tonneau. || MÉD. *jn den Star stechen*, opérer qn de la cataracte. || [Vieh] tuer ; abattre ; saigner ; égorger. || [Gemüse] *Spargel stechen*, couper des asperges. || *Torf stechen*, extraire de la tourbe. || (Vx.) [Turnier] jouter. | *vom Pferde stechen*, désarçonner. | *stechen und hauen*, frapper d'estoc et de taille.
2. graver. | *in Kupfer stechen*, graver sur cuivre. | *er schreibt wie gestochen*, il a une écriture très soignée.
3. [Karten] couper ; prendre.
4. LOC. *Silben in einem Text stechen*, éplucher un texte. | *in See stechen*, appareiller ; prendre le large. | *er sticht unter allen anderen hervor*, il se distingue de tous les autres. | *das sticht ins Grüne*, cela tire sur le vert.
◇ part. prés. **stechend,** piquant. | *stechender Geruch*, odeur pénétrante, âcre. | *ein stechender Blick*, un regard perçant. | *stechender Schmerz*, douleur cuisante, poignante.

Stechen [-çən] n. (s) [action de] piquer ; picotement m. | *Seitenstechen*, point (m.) de côté. || [Metall] gravure f.

Stecher [-çər] m. (s, -) graveur m. | *Kupferstecher*, graveur sur cuivre. || [Gartengerät] échardonnoir m. || [Gewehr] détente f. ; déclic m. || [Schnabel] bec m.

Steck|amboß ["ʃtɛk'ambɔs] m. (es, e) tasseau m. ||°**-brief** m. (s, e). HIST. lettre (f.) de cachet. | *einen Steckbrief erlassen*, décerner un mandat d'arrêt. ||**-brieflich** adv. par mandat d'arrêt. | *jn steckbrieflich verfolgen*, lancer un mandat d'arrêt contre qn. ||°**-dose** f. (-, n). ÉLECTR. prise (f.) de courant. ||°**-holz** n. (es, ¨er). AGRIC. plantoir m. ||°**-kissen** n. (s, -) coussinet m. ||°**-kontakt** m. (s, e). ÉLECTR. contact (m.) à fiches. ||°**-nadel** f. (-, n) épingle f. ||°**-reis** n. (es, er). BOT. bouture f. ; plant m. ||°**-rübe** f. (-, n) navet m. ||°**-schlüssel** m. (s, -) clef (f.) à tube.

stecken ['ʃtɛkən] v. intr. se trouver ; être ; être planté. | *der Schlüssel steckt in der Tür*, la clef est sur la porte. | *der Wagen steckt im Schlamm*, la voiture est embourbée. | *was steckt dir im Kopf ?*, qu'as-tu dans la tête ? *mit jm unter einer Decke stecken*, être de complicité avec qn. | *in Schulden stecken*, être endetté. | *ich möchte nicht in seiner Haut stecken*, je ne voudrais pas être dans sa peau. | *das steckt ihm im Blute*, il a cela dans le sang. | *was steckt dahinter ?*, qu'est-ce qu'il y a là-dessous ? | *wo steckst du ?*, où es-tu ? ; FAM. où es-tu passé ?
◇ v. tr. mettre ; placer ; enfoncer ; ficher ; planter ; introduire. | *die Hand in die Tasche stecken*, mettre la main dans sa poche. | *den Ring an den Finger stecken*, passer la bague au doigt. | *einen Brief in den Briefkasten stecken*, mettre une lettre à la boîte. || FIG. *sein Geld in eine Unternehmung stecken*, investir son argent dans une entreprise. | *noch stecken sie in den Kinderschuhen*, ils sont encore dans l'enfance. | *sich ein hohes Ziel stecken*, se fixer un but élevé. | *in Brand stecken*, mettre le feu à. || FAM. *in alles seine Nase stecken*, fourrer son nez partout. | *jn ins Gefängnis stecken*, mettre, jeter qn en prison. | *sich etwas hinter den Spiegel stecken*, se tenir qch. pour dit.
— OBSERV. D'une ancienne conjugaison subsiste le prétérit. Ex. : *der Kopf stak ihm voller Ideen*, il avait des idées plein la tête.

Stecken [-kən] m. (s, -) bâton m.

stecken|bleiben ["ʃtɛkən'blaibən] (ie, ie) v. intr. rester en panne ; rester court ; rester bloqué ; ne plus pouvoir avancer. | *in seiner Rede steckenbleiben*, ne plus trouver ses mots.

Stecken|knecht ["ʃtɛkən'knɛçt] m. (s, e) [Vx.] gardien (m.) de prison. ||°**-pferd** n. (s, e). FIG. cheval (m.) de bataille ; marotte f. ; FAM. dada m.

Stecker ['ʃtɛkər] m. (s, -). ÉLECTR. fiche (f.) mâle.

Steckling ['ʃtɛkliŋ] m. (s, e). BOT. bouture f.

Stefan ['ʃtefan] n. pr. m. Etienne m.

Stefanie [ʃte'fɑniə] n. pr. f. Stéphanie f.

Steg [ʃte:k] m. (s, e) sentier m. ; sente f. | FIG. *alle Wege und Stege kennen*, connaître tous les détours. || [kleine Brücke] passerelle f. ; planche f. || MUS. [Geige] chevalet m. || TYPOGR. garniture f. ; lingot m. || ARCHIT. contre-fiche f. || [Tisch] traverse f. || [Hosenriemen] sous-pied m. || [Verbindungsteile] *Steg der Brille*, arcade (f.) d'une lunette.

Steg|brücke ["ʃte:k'brykə] f. (-, n) passerelle f. ||°**-kette** f. (-, n) chaîne entretoisée. ||°**-reif** m. (s) *aus dem Stegreif sprechen*, improviser ; parler d'abondance. ||°**-reifdichter** m. (s, -) improvisateur m. || °**-reifgedicht** n. (s, e) impromptu m. ||°**-reifrede** f. (-, n) discours improvisé.

Steh|aufmännchen ["ʃte:auf'mɛnçən] n. (s, -) poussah m. ||°**-bierhalle** f. (-, n) bar m. ||°**-kragen** m. (s, -) col droit. ||°**-platz** m. (es,¨e) place (f.) debout. ||°**-pult** n. (s, e) lutrin m. ; pupitre (où l'on écrit debout). ||°**-satz** m. (es, ¨e). TYPOGR. marbre m. ||°**-spiegel** m. (s, -) psyché f. ||°**-welle** f. (-, n). PHYS. onde (f.) stationnaire.

stehen ['ʃte:ən] (stand, gestanden) v. intr.

I. se tenir debout ; se dresser ; s'élever ; se trouver.
II. attendre. PAR EXT. subsister ; durer ; exister.
III. LOC. FIG.
IV. avec un adj. ou un adv. : être.
V. avec une prép. : **auf ; für ; zu.**
VI. [passen ; sitzen] aller ; convenir ; seoir.
VII. [anhalten] s'arrêter ; s'immobiliser.
VIII. part. prés. **stehend.**
IX. v. pr. **sich stehen.**
1. [sich vertragen] s'entendre ;
2. sich gut stehen.
3. LOC.

I. se tenir debout ; se dresser ; s'élever ; se trouver. | *er steht am Fenster*, il est à la fenêtre. | *auf den Füßen stehen* ; se tenir sur ses pieds. | *ich kann nicht mehr stehen*, je ne tiens plus debout. | *der Turm steht auf einer Höhe*, la tour se dresse, s'élève sur une hauteur. | *Blumen stehen in der Vase*, il y a des fleurs dans le vase. | *die Lampe steht auf dem Schreibtisch*, la lampe est placée sur le bureau. || LOC. *Wache, Posten stehen*, monter la garde. | *Schlange stehen*, faire la queue. | *Modell stehen*,

poser comme modèle. | *die Sonne steht am Himmel*, il y a du soleil.
II. attendre. | *wir standen drei Stunden vor dem Schalter*, nous avons attendu trois heures devant le guichet. | *die Flut steht*, la mer est étale. || PAR EXT. subsister ; durer ; exister (encore). | *nur eine alte Mauer stand noch*, il ne restait plus qu'un vieux mur ; seul un vieux mur restait encore debout. | *so lange die Welt steht*, tant que le monde durera. | *das ganze Geschäft steht und fällt mit ihm*, toute l'affaire repose sur lui.
III. LOC. FIG. *das Haus steht in Flammen*, la maison est en flammes. | *die Wiesen stehen unter Wasser*, les prés sont inondés. | *im zwanzigsten Jahre stehen*, être dans sa vingtième année. | *Tränen standen ihm in den Augen*, ses yeux étaient emplis de larmes. | *das Thermometer steht zehn Grad unter Null*, le thermomètre indique dix degrés au-dessous de zéro. | *der Wind steht nach Süden*, le vent est orienté au sud. | *beim Heer, beim Militär stehen*, faire son service militaire ; être à l'armée. | *bei jm in Diensten stehen*, être au service de qn. | *jm im Wege stehen*, barrer la route à qn. ; contrecarrer les projets de qn. | *ich weiß nicht, wo mir der Kopf steht*, je ne sais plus où donner de la tête. | *es steht in Frage, ob*, la question est de savoir si. | *das steht im Widerspruch zu seinen früheren Behauptungen*, cela est en contradiction avec ses affirmations antérieures. | *es steht nicht in meiner Absicht*, il n'est pas, il n'entre pas dans mes intentions. | *vor großer Verantwortung stehen*, être placé devant une grave responsabilité. | *das steht in meiner Hand*, la chose est en mon pouvoir. | *ihm steht der Sinn nach Geld*, il recherche l'argent. | *bei jm in Gunst stehen*, être bien vu de qn ; être en faveur auprès de qn. | *über jm stehen*, être le supérieur de qn. | *unter einer Obrigkeit stehen*, être soumis à une autorité. | *er steht unter dem Pantoffel*, c'est elle qui porte la culotte. | *in Verbindung mit jm stehen*, être en relation avec qn. | *das steht in der Bibel geschrieben*, cela est dit dans la Bible. | *es stand in der Zeitung*, c'était dans le journal. | *es steht ganz bei Ihnen*, cela dépend entièrement de vous. | *es steht schlecht um ihn*, il va mal. | *jm Rede stehen*, tenir tête à qn. | *seinen Mann stehen*, tenir sa place (au combat). | *einem Gegner stehen*, faire face à un adversaire. | *Pate stehen*, être parrain.
IV. (avec un adj. ou un adv.) : être (en général). | *die Sonne steht schon hoch am Himmel*, le soleil est déjà haut dans le ciel. | *das Barometer steht hoch*, le baromètre est au beau. | *die Tür steht weit offen*, la porte est grande ouverte. | *diese Wohnung steht schon lange leer*, il y a longtemps que cet appartement est inoccupé. | *die Ernte steht gut*, la moisson sera, s'annonce bonne. | *es steht dir frei, zu*, tu es libre de. | *diese Ware steht hoch im Preise*, cette denrée est d'un prix élevé. | *eins wenigstens steht fest*, une chose, du moins, est certaine. | *so steht es*, c'est ainsi. | *so wie jetzt die Dinge stehen*, les choses étant ce qu'elles sont. | *dieser Irrtum kommt uns teuer zu stehen*, cette erreur nous coûte cher.
V. (avec une prép.). **1. auf :** *das Barometer steht auf Regen*, le baromètre est à la pluie. | *viel steht hier auf dem Spiel*, l'enjeu est grand dans cette affaire. | *die Todesstrafe steht darauf*, on y risque la peine de mort. | *auf eigenen Füßen stehen*, être indépendant ; ne dépendre de personne. — **für :** se porter garant de. | *für jn stehen*, se porter garant pour, répondre de qn. | *ich stehe für nichts*, je ne réponds de rien. | *alle standen für einen Mann*, ils étaient tous solidaires. | *er steht für sein Wort*, il honore sa parole. | *Bürge stehen*, se porter garant. — **zu : a)** [avec un nom] *dieses Gut steht zum Kauf*, ce domaine est à vendre. | *ich stehe zu Ihren Diensten*, je suis à votre service. | *zu jm stehen*, être aux côtés de qn, du parti de qn ; assister qn. | *zu einer Partei stehen*, suivre un parti. | *zu Gebote stehen*, être à la disposition de. || **b)** [avec un infin.] il est à ; il y a lieu de. | *es steht zu hoffen*, on a tout lieu d'espérer. | *es steht zu fürchten, daß*, il est à craindre que.
VI. [passen ; sitzen] aller ; convenir. || (Vx.) seoir. | *das steht ihm gut zu Gesicht*, cela lui va très bien. | *dieses Kleid steht ihr gut*, cette robe lui va bien. | *dieses Kleid steht ihr schlecht*, cette robe ne lui sied pas.
VII. [anhalten] s'arrêter ; s'immobiliser. | *der Wagen steht still*, la voiture s'arrête. | *meine Uhr steht*, ma montre s'est arrêtée. || FIG. *mir steht der Verstand still*, j'en reste interdit.
VIII. part. prés. **stehend.** LOC. *stehendes Heer*, armée permanente. | *bei stehendem Motor*, le moteur arrêté. | *stehendes Holz*, bois (m.) sur pied. | *stehendes Gewässer*, eaux dormantes, stagnantes. | *stehende Redensart, Redewendung*, locution consacrée. | *stehendes Theater*, théâtre permanent. | *stehenden Fußes*, immédiatement. | *stehender Preis*, prix (m.) stable.
IX. pr. **sich stehen. 1.** [sich vertragen] *sich mit jm schlecht stehen*, mal s'entendre avec qn.
2. sich gut stehen, bien gagner sa vie ; avoir de l'argent ; être à l'aise.
3. LOC. *sich müde stehen*, se fatiguer à rester debout. | *sich die Beine in den Leib stehen*, attendre longuement.
— OBSERV. D'une ancienne conjugaison subsistent encore les formes du prét. du subj. : *stünde* (pour *stände*).

Stehen [-ən] n. (s) position verticale ; station (f.) debout. | *das Stehen fällt ihm schwer*, il a du mal à rester debout. | *etwas im Stehen tun*, faire qch. très vite, facilement. || MIL. *einen Angriff zum Stehen bringen*, enrayer une attaque.

stehen|bleiben ["ʃte:ən'blaibən] (ie, ie) v. intr. rester arrêté ; stationner ; s'arrêter. | *der Zug blieb stehen*, le train s'immobilisa. | *wir sind bei dem dritten Kapitel stehengeblieben*, nous en sommes restés au chapitre III. | *die Uhr blieb stehen*, la montre s'est arrêtée.

stehen|lassen ["ʃte:ən'lasən] (ä, ie, a) v. tr. **1.** laisser là ; ne pas toucher à. | *ein Essen stehenlassen*, ne pas toucher à un plat.
2. [vergessen] oublier ; omettre. | *seinen Regenschirm stehenlassen*, oublier son parapluie. | *einen Fehler stehenlassen*, laisser passer une faute.
3. [im Stich lassen] négliger ; planter là ; FAM. laisser tomber.

Steher ['ʃte:ər] m. (s, -). [Radsport] stayer m.

stehlen ['ʃte:lən] (ie, a, o) v. tr. voler ; dérober ; enlever. | *jm Geld stehlen*, voler de l'argent à qn. | *gestohlenes Gut*, larcin m. || FIG. *jm die Zeit stehlen*, faire perdre son temps à qn. | *dem lieben Gott den Tag stehlen*, paresser. || FAM. *der kann mir gestohlen bleiben !*, qu'il aille se faire fiche !
◇ v. pr. **sich stehlen,** se glisser ; s'introduire à la dérobée, comme un voleur. | *sich aus dem Hause stehlen*, partir à la dérobée.

Stehlen [-lən] n. (s) vol m. ; larcin m.

Stehler [-lər] m. (s, -) voleur m. | *Hehler und Stehler*, voleurs et receleurs.

Stehl|sucht ["ʃte:l'zuxt] f. cleptomanie f.

Steiermark ['ʃtaiərmark] n. pr. f. GÉOGR. Styrie f.

Steiermärker [-mɛrkər] n. pr. m. GÉOGR. Styrien m.

steif [ʃtaif] adj. **1.** raide ; rigide ; engourdi. | *einen steifen Hals haben*, avoir le torticolis. | *steif gefrorene Finger haben*, avoir les doigts gourds. | *steif machen*, raidir. | *steif werden*, se raidir. | *die Ohren steif halten !*, tenez-vous bien ! || MÉD. ankylosé. || *steifer Hut*, chapeau melon.
2. [dickflüssig] consistant.
3. [stark] fort. | *steifer Grog*, grog fort.
4. FIG. *steifes Benehmen*, attitude guindée. || LOC. *steif und fest glauben*, croire dur comme fer.

Steife ['ʃaifə] f. (-, n) empois m. ; empesage m. || TECHN. étançon m.

steifen [-fən] v. tr. raidir ; rendre rigide ; renforcer ; consolider. || [Mauern] étager ; étançonner. || [Wäsche] empeser. | *gesteifter Kragen*, col empesé. || FIG. encourager ; renforcer ; affermir dans une résolution. | *jm den Nacken steifen*, donner du courage à qn. | *sich auf etwas (ver)steifen*, s'obstiner à qch.

Steifen [-fən] n. (s) empesage m. ; apprêt m.

Steifheit ['ʃtaifhait] f. (-, en) rigidité f. || PR. et FIG. raideur f. || MÉD. ankylose f.

Steig [ʃtaik] m. (s, e) sentier (m.) de montagne.

Steig|bügel ["ʃtaik'by:gəl] m. (s, -) étrier m. ||°**-eisen** n. (s, -) crampon m. ||°**-fähigkeit** f. (-, en). AÉRON. capacité (f.) de montée ; plafond m. ||°**-fell** n. (s, e). [Skisport] peau (f.) de phoque. || °**-geschwindigkeit** f. (-, en) vitesse ascensionnelle. ||°**-höhe** f. (-, n) pas (m.) de vis. ||°**-leiter** f. (-, n) échelle (f.) fixe. ||°**-leitung** f. (-, en). ÉLECTR. colonne montante. ||°**-riemen** m. (s, -) étrivière f. ||°**-wind** m. (s, e) courant ascendant.

Steige ['ʃtaigə] f. (-, n) escalier m. ; marches f. pl. || cage (f.) à poules ; cageot m. || *eine Steige Eier*, vingt œufs m. pl. || [Steigung] montée f. ; côté f. | *die Zaberner Steige*, le col de Saverne.
— SYN. : *Stiege*.

steigen [-gən] (ie, ie) v. intr. **1.** monter ; faire une ascension ; s'élever ; gravir. | *in die Höhe steigen*, prendre de la hauteur. | *die Preise steigen*, les prix montent. | *im Preise steigen*, enchérir. | *der Weg steigt allmählich*, le chemin monte lentement. | *die Temperatur steigt*, la température monte. || [sich bäumen] *das Pferd steigt*, le cheval se cabre.
2. (avec une prép.) **auf :** *aufs Pferd steigen*, monter à cheval. | *auf einen Berg steigen*, gravir, escalader une

montagne. | *auf einen Stuhl steigen*, grimper sur une chaise. | *auf den Thron steigen*, monter sur le trône. — **aus :** *aus dem Wagen steigen*, descendre de voiture. — **durch :** *durch das Fenster steigen*, entrer par la fenêtre. — **in :** *ins Bad steigen*, entrer dans l'eau. || FIG. *die Röte stieg ihm ins Gesicht*, le rouge lui monta aux joues. | *er ist in meiner Achtung gestiegen*, il a monté dans mon estime. — **von :** *von einem Pferd steigen*, descendre de cheval.
◇ part. prés. **steigend.** | *steigende Erbitterung*, amertume croissante.

Steigen [-gən] n. (s) montée f. ; ascension f. ; hausse f. ; crue f. | *Steigen des Wassers*, crue des eaux. | *Bergsteigen*, alpinisme m. | *beim Steigen*, en montant. || FIN. hausse f.

Steiger [-gər] m. (s, -) grimpeur m. | *Bergsteiger*, alpiniste m. || [Bergbau] porion m. | *Obersteiger*, maître porion.

Steigerer [ˈʃtaigərər] m. (s, -) enchérisseur m.

steigern [ˈʃtaigərn] v. tr. élever ; hausser ; faire monter ; augmenter ; accroître ; intensifier. | *den Luftdruck steigern*, augmenter la pression atmosphérique. | *js Furcht steigern*, accroître la peur de qn. | *seine Ansprüche steigern*, accroître ses prétentions. | *eine Miete steigern*, augmenter un loyer. || [bei einer Auktion] acheter aux enchères ; enchérir. || GRAMM. *ein Beiwort steigern*, mettre un adjectif au comparatif, au superlatif.

Steigerung [-gəruŋ] f. (-, en) augmentation f. ; hausse f. ; accroissement m. ; élévation f. | *Preissteigerung*, hausse des prix. || [bei einer Auktion] enchérissement m. || GRAMM. (action de) mettre au comparatif, au superlatif.

Steigerungs|grad [″ʃtaigəruŋsˈgrɑ:t] n. (s, e), °**-stufe** [-ˈʃtu:fə] f. (-, n) degré (m.) de comparaison.

Steigung [ˈʃtaiguŋ] f. (-, en) montée f. ; pente f. ; côte f. ; rampe f.

Steigungs|messer [″ʃtaiguŋsˈmɛsər] m. (s, -) clinomètre m. ||°**-relais** n. ÉLECTR. amplificateur m.

steil [ʃtail] adj. escarpé ; abrupt ; raide. | *steiler Hang*, forte côte. | *steile Felsen*, rochers abrupts.

Steile [ˈʃtailə] f. (-, n) escarpement m. ; raidillon m.

Steil|feuer [″ʃtailˈfɔyər] n. (s, -). MIL. tir plongeant, indirect, courbe. ||°**-küste** f. (-, n) falaise f. ||°**-schrift** f. (-, en) écriture droite. ||°**-trudeln** n. (s, -). AÉRON. vrille serrée. ||°**-weg** m. (s, e) grimpette f.

Steilheit [ˈʃtailhait] f. raideur (f.) d'une montée ; escarpement m.

Stein [ʃtain] m. (s, e). **1.** pierre f. ; roc m. ; rocher m. ; caillou m. | *behauener Stein*, pierre taillée. | *geschliffener, polierter Stein*, pierre polie. | *Schleifstein*, pierre à aiguiser. | *Bausteine*, pierres à bâtir. | *Steine schleudern, werfen*, lancer, jeter des pierres. | *in Stein verwandeln*, pétrifier. | *Stein der Weisen*, pierre philosophale.
2. PAR EXT. [Edelstein] pierre précieuse. | *Steinschneidekunst*, art de tailler les pierres.
3. LOC. FIG. *Stein des Anstoßes*, pierre d'achoppement ; objet (m.) de scandale. | *ein Stein fiel mir vom Herzen*, j'en ai été très soulagé. | *der Stein (des Geschickes) kommt ins Rollen*, le destin suit son cours. | *er weint zum Steinerweichen*, il pleure à fendre l'âme. | *jm Steine in den Weg legen*, semer d'embûches la route de qn. | *über Stock und Stein springen*, courir à travers champs. || PROV. *am rollenden Stein wächst kein Moos*, pierre qui roule n'amasse pas mousse. | *ein Tropfen Wasser auf einen heißen Stein*, un cautère sur une jambe de bois. | *ich habe bei ihm einen Stein im Brett*, je suis bien vu de lui. | *es friert Stein und Bein*, il gèle à pierre fendre.
4. MÉD. pierre f. ; calculs m. pl.
5. [Damenspiel] pion m.
6. [Obst] noyau m. | *Steinobst*, fruits (m. pl.) à noyau.
7. VX. [Gewicht] poids (m.) de dix kilos environ.

Stein|abdruck [″ʃtainˈapdruk] m. (s, ¨e) lithographie f. ||°**-acker** m. (s, ¨) champ pierreux. ||°**-ader** f. (-, n) veine (f.) de roche. ||°**-adler** m. (s, -). ZOOL. grand aigle. ||**-alt** adj. très vieux. ||°**-art** f. (-, en) minéral m. ||**-artig** adj. pierreux ; lithoïde. ||°**-bach** m. (s, ¨e) gave m. ||°**-beißer** m. (s, -). ZOOL. gros-bec m. ||°**-bild** n. (s, er) statue (f.) de pierre. ||°**-bildung** f. MÉD. lithiase f. ||°**-bock** m. (s, ¨e). ZOOL. bouquetin m. || ASTRON. Capricorne m. ||°**-bohrer** m. (s, -) trépan m. ||°**-brech** m. (s, e). BOT. saxifrage f. ||°**-brecher** m. (s, -) concasseur m. ; carrier m. ||°**-bruch** m. (s, ¨e) carrière f. ||°**-buche** f. (-, n). BOT. charme m. ||°**-butt** m. (s, e). ZOOL. turbot m. ||°**-druck** m. (s, ¨e) lithographie f. ||°**-drucker** m. (s, -) lithographe m. ||°**-eiche** f. (-, n). BOT. yeuse f. ; chêne (m.) rouvre. ||°**-falke** m. (n, n) émerillon m. ||°**-frucht** f. (-, ¨e) fruit (m.) à noyau. ||°**-fuchs** m. (es, ¨e) renard bleu. ||°**-grube** f. (-, n) carrière f. ||°**-gut** n. (s) faïence f. ; grès m. ||**-hart** adj. PR. et FIG. dur comme pierre. ||°**-hauer** m. (s, -) tailleur (m.) de pierre. ||°**-huhn** n. (s, ¨er). ZOOL. bartavelle f. ||°**-kauz** m. (es, ¨e). ZOOL. chouette f. ||°**-klee** m. BOT. mélilot m. ||°**-klopfer** m. (s, -) casseur (m.) de pierres. ||°**-kohle** f. houille f. ||°**-kohlengas** n. (es, e) gaz (m.) d'éclairage. ||°**-kohlenteer** m. (s, e) goudron (m.) de houille ; coaltar m. ||**-krank** adj. MÉD. atteint de la pierre. ||°**-krug** m. (s, ¨e) cruche (f.) de grès. ||°**-kunde** f. minéralogie f. ; lithologie f. ||°**-lager** n. (s, -) banc (m.) de pierre. ||°**-marder** m. (s, -). ZOOL. fouine f. ||°**-meißel** m. (s, -) repoussoir m. ||°**-mergel** m. (s) marne pierreuse. ||°**-metz** m. (en, en) tailleur (m.) de pierres. ||°**-mörtel** m. (s, -) béton m. ||°**-mühle** f. (-, n) marbrerie f. ||°**-nelke** f. (-, n). BOT. œillet (m.) sauvage. ||°**-öl** n. (s). [VX.] pétrole m. ||°**-pech** n. (s) bitume m. ||°**-pflaster** n. (s, -) pavé m. ; carrelage m. ||°**-pilz** m. (es, e). BOT. cèpe m. ||°**-platte** f. (-, n) dalle f. ||°**-ramme** f. (-, n) hie f. ||**-reich** adj. FIG. richissime ; (tout) cousu d'or. ||°**-rinne** f. (-, n) pierrée f. ||°**-salz** n. (es) sel (m.) gemme. ||°**-sand** m. (s) gravier m. ||°**-sarg** m. (s, ¨e) sarcophage m. ||°**-schaf** n. (s, e). ZOOL. mouflon m. ||°**-schicht** f. (-, en). GÉOL. banc (m.) de pierres. ||°**-schlag** m. (s, ¨e) chute (f.) de pierres. || °**-schloßgewehr** n. (s, e) fusil (m.) à silex. ||°**-schnitt** m. (s, e) taille (f.) de la pierre. || MÉD. lithotomie f. ||°**-schotter** m. (s, -) ballast m. ||°**-schrift** f. (-, en) inscription gravée sur la pierre ; lettres onciales. ||°**-schwalbe** f. (-, n) martinet m. ||°**-setzer** m. (s, -) paveur m. ; carreleur m. ||°**-topf** m. (s, ¨e) pot (m.) de grès. ||°**-wand** f. (-, ¨e) paroi rocheuse ; mur (m.) de pierre. ||°**-wurz** f. BOT. aigremoine f. ||°**-zeit** f. GÉOL. âge (m.) de pierre.

Steinchen [ˈʃtainçən] n. (s, -) pierrette f. ; petit noyau ; petite pierre.

steinern [-nərn] adj. de, en pierre. || FIG. insensible ; de marbre. | *steinernes Herz*, cœur (m.) de pierre.

steinig [-niç] adj. pierreux ; rocailleux ; caillouteux.

steinigen [-nigən] v. tr. lapider.

steirisch [ˈstairiʃ] adj. styrien.

Steiß [ʃtais] m. (es, e). ZOOL. croupion m. ; PAR EXT. postérieur m. ; derrière m.

Steiß|bein [″ʃtaisˈbain] n. (s, e). ANAT. coccyx m. ||°**-fuß** m. (es, ¨e), °**-füßer** m. (s, -). ZOOL. grèbe m.

Stele [ˈʃte:lə] f. (-, n) stèle f.

Stellage [ʃtɛˈlɑ:ʒə] f. (-, n). [Gestell] échafaudage m. ; tréteau m.

Stellage|geschäft [ʃtɛ″lɑ:ʒəgəˈʃɛft] n. (s, e). FIN. stellage m.

Stell|antrieb [″ʃtɛlˈantri:p] m. (s, e). TECHN. actionneur m. ||°**-bock** m. (s, ¨e) chevalet m. ||°**-bolzen** m. (s, -) boulon (m.) d'arrêt. ||°**-dichein** n. (s) rendez-vous m. ||°**-feder** f. (-, n) ressort (m.) d'arrêt. ||°**-haken** m. (s, -) déclic m. ||°**-hebel** m. (s, -) levier (m.) de réglage. ||°**-kurs** m. (es, e). FIN. stellage centré. ||°**-laden** m. (s, ¨) persienne f. ||°**-macher** m. (s, -) charron m. ||°**-mittel** n. (s, -). NUCL. élément (m.) de commande. ||°**-rad** n. (s, ¨er) tambour (m.) de réglage ; remontoir m. ||°**-rechen** m. (s, -) régulateur m. ||°**-schraube** f. (-, n) vis (f.) de réglage. ||°**-spiegel** m. (s, -) miroir (m.) mobile. ||**-vertretend** (abrév. **stellv.**) adj. adjoint. | *stellvertretender Direktor*, directeur adjoint. | *stellvertretender Vorsitzender*, vice-président m. ||°**-vertreter** m. (s, -) représentant m. ; vice-président m. ; intérimaire m. ; suppléant m. ; adjoint m. ||°**-vertretung** f. (-, en) remplacement m. ; intérim m. | *in Stellvertretung*, par intérim ; par procuration. ||°**-vorrichtung** f. (-, en) dispositif (m.) de réglage. ||°**-wagen** m. (s, -) diligence f. ||°**-werk** n. (s, e) poste (m.) d'aiguillage. ||°**-winkel** m. (s, -) fausse équerre.

stellbar [ˈʃtɛlbɑ:r] adj. réglable.

Stellbarkeit [-kait] f. mobilité f. ; réglabilité f.

Stelle [ˈʃtɛlə] f. (-, n). **1.** place f. ; lieu m. ; endroit m. ; emplacement m. | *an Ort und Stelle*, sur place. | *ich werde zur Stelle sein*, je serai présent. | *an erster Stelle*, en premier (lieu). | *etwas zur Stelle schaffen*, apporter qch. | *von der Stelle bringen*, enlever ; déplacer. | *auf der Stelle treten*, marquer le pas. | *auf der Stelle*, sur-le-champ. | *das geht nicht von der Stelle*, l'affaire piétine ; cela n'avance pas. | *an der rechten Stelle*, au bon endroit. | *an deiner Stelle*, à ta place. | *versetzen Sie sich an meine Stelle*, mettez-vous à ma place. | *das gehört nicht an diese Stelle*, cela n'est pas de mise ici.

2. [Buch] passage m. | *oft zitierte Stelle*, passage fréquemment cité.
3. [Posten ; Amt] situation f. ; poste m. ; fonction f. ; position f. ; place f. | *eine Stelle suchen*, chercher un emploi. | *offene Stellen*, offres (f. pl.) d'emploi.
4. [Behörde] *amtliche Stellen*, autorités f. pl. | *zuständige Stelle*, autorité compétente. | *Auskunftsstelle*, bureau (m.) de renseignements.
5. MATH. *diese Zahl hat drei Stellen*, c'est un nombre de trois chiffres.
6. JUR. *in erster Stelle*, en première hypothèque.
stellen [-lən] v. tr. et v. pr. **1.** poser ; placer (verticalement) ; mettre. | *eine Lampe auf den Tisch stellen*, poser une lampe sur la table. | *einen Wagen in eine Garage stellen*, mettre, remiser une voiture dans un garage. | *sich an das Fenster stellen*, se mettre à la fenêtre. | *sich auf die Zehen stellen*, se dresser sur la pointe des pieds. | *Posten stellen*, placer des sentinelles. || FIG., FAM. *sich auf die Hinterbeine stellen*, résister ; se cabrer. | *sich auf eigene Füße stellen*, devenir indépendant.
2. PR. et FIG. mettre. | *jm etwas vor die Augen stellen*, mettre qch. devant les yeux de qn. | *das Essen warm stellen*, tenir le repas au chaud. | *den Wein kalt stellen*, mettre le vin au frais. | *jm etwas zur Verfügung stellen*, mettre qch. à la disposition de qn. | *jn auf die Probe stellen*, mettre qn à l'épreuve. | *das ganze Haus auf den Kopf stellen*, mettre tout sens dessus dessous. | *jm einen guten Posten in Aussicht stellen*, faire espérer un bon poste à qn. | *etwas unter Beweis stellen*, administrer la preuve de qch. || MÉD. *die Diagnose stellen*, faire un diagnostic.
3. PR. et FIG. poser. | *Fallen, Schlingen, Netze stellen*, poser, tendre des pièges, des collets, des filets. | *jm ein Bein stellen*, faire un croc-en-jambe à qn. | *harte Bedingungen stellen*, poser de dures conditions. | *eine Frage stellen*, poser une question. | *wie stellen Sie sich dazu ?*, qu'en pensez-vous ? | *etwas in Frage stellen*, mettre qch. en question. || FIG. *lassen wir es dahingestellt !*, n'en parlons plus ! | *er ist ganz auf sich gestellt*, il ne peut compter que sur lui-même. | *er ist gut gestellt*, il a une bonne situation.
4. [einstellen] régler. | *eine Uhr auf sechs stellen*, mettre, régler une montre à, sur six heures. | *die Segel stellen*, régler les voiles. | *ein Fernglas nach seinem Auge stellen*, régler une jumelle suivant sa vue. || PAR EXT. fixer. | *einen Termin stellen*, fixer un terme.
5. COMM. porter ; imputer. | *in Ausgabe stellen*, porter en dépense. | *in Einnahme stellen*, porter en recette. | *in Rechnung stellen*, porter en compte.
6. LOC. *jn (zur Rede) stellen*, demander des explications à qn. | *in Abrede stellen*, nier ; désavouer. | *einen Antrag stellen*, faire une motion. || MIL. *sich stellen*, répondre à un appel. | *den Gegner stellen*, accrocher l'adversaire. | *den Feind zum Kampf stellen*, contraindre l'ennemi au combat. | *sich zum Kampf stellen*, accepter le combat. || [Jagd] *der Hund stellt die Rebhühner*, le chien arrête les perdrix. || JUR. *einen Zeugen stellen*, produire un témoin. | *sich dem Gericht stellen*, se livrer à la justice. | *jn vor das Kriegsgericht stellen*, traduire qn en conseil de guerre. || *sich stellen als*, faire semblant de ; faire le. | *er stellte sich, als sähe er mich nicht*, il faisait semblant de ne pas me voir. | *sich taub stellen*, faire le sourd. | *sich dumm stellen*, faire l'idiot.
Stellen|angebot ["ʃtɛlən'angəbo:t] n. (s, e) offre (f.) d'emploi. ||°**-beschreibung** f. (-, en) profil (m.) du poste. ||°**-besetzung** f. (-, en) nomination (f.) à un emploi ; (fait de) pourvoir à un emploi vacant. ||°**-gesuch** n. (s, e) demande (f.) d'emploi. ||°**-handel** m. (s) vénalité (f.) des charges. ||°**-jäger** m. (s, -) ambitieux m. ; arriviste m. ||**-los** adj. sans emploi ; chômeur. ||°**-plan** m. (s, ¨e) organigramme m. ||°**-vermittlung** f. (-, en) bureau (m.) de placement. ||**-weise** adv. par endroits ; par-ci par-là ; parfois. ||°**-wert** m. (s, e) importance f. | *einer Sache einen hohen Stellenwert einräumen*, attacher une grande importance à qch. || MATH. valeur positionnelle.
Steller ['ʃtɛlər] m. (s, -). TECHN. régulateur m.
Stellung [-luŋ] f. (-, en). **1.** position f. ; situation f. || [Körperhaltung] attitude f. ; pose f. | *in zusammengekauerter Stellung*, en position accroupie. || FIG. *zu einem Problem Stellung nehmen*, prendre position sur un problème.
2. [Rang] rang m. ; position f. ; situation f. ; place f. | *eine hohe Stellung einnehmen*, occuper une position élevée. | *leitende Stellung*, situation de premier plan.
3. [Reihenfolge] disposition f. ; répartition f.
4. MIL. position f. | *in Stellung gehen*, monter en ligne. | *ein Geschütz in Stellung bringen*, mettre un canon en batterie. | *Schlüsselstellung*, position clef. || TECHN. réglage m. ; pointage m.
5. GRAMM. *Stellung des Verbums im Satze*, place (f.) du verbe dans la phrase.
Stellungnahme f. (-, n) prise de position.
Stellungs|befehl ["ʃtɛluŋsbə'fe:l] m. (s, e). MIL. convocation (f.) sous les drapeaux. (V. GESTELLUNG.) ||°**-krieg** m. (s, e) guerre de position.
Stelz|bein ['ʃtɛltsbain] n. (s, e) jambe (f.) de bois ; échasse f. ||**-beinig** adj. maniéré ; guindé. ||°**-fuß** m. (es, ¨e) jambe (f.) de bois ; boiteux m. ||°**-vogel** m. (s, ¨). ZOOL. échassier m.
Stelze ['ʃtɛltsə] f. (-, n) échasse f. | *auf Stelzen gehen*, être monté sur des échasses.
Stelzen|läufer ["ʃtɛltsən'lɔyfər] m. (s, -). ZOOL. échasse f.
Stemm|axt ["ʃtɛm'akst] f. (-, ¨e) cognée f. || °**-bogen** m. (s, ¨). [Ski] stem m. ; virage (m.) frein. ||°**-eisen** n. (s, -) fermoir m. ||°**-meißel** m. (s, -) matoir m. ||°**-tor** n. (s, e) porte (f.) d'écluse ; vanne f.
stemmen ['ʃtɛmən] v. tr. appuyer. | *die Hände in die Hüften stemmen*, mettre les poings sur les hanches. | *sich gegen etwas stemmen*, se raidir, s'arc-bouter contre qch. ; tenir tête à qch. | *einen Fluß stemmen*, arrêter un cours d'eau. | *Löcher stemmen*, mortaiser.
◇ v. intr. [Skisport] faire le chasse-neige.
Stempel ['ʃtɛmpəl] m. (s, -) timbre m. ; cachet m. ; poinçon m. ; empreinte f. | *Trockenstempel*, timbre sec. | *der Brief trägt den Stempel von Paris*, cette lettre est timbrée de Paris. | *Fabrikstempel*, marque (f.) de fabrique. || FIG. empreinte f. ; sceau m. | *den Stempel der Wahrheit tragen*, être marqué au coin de la vérité. || BOT. pistil m. || TECHN. piston m. || MINES. étançon m.
Stempel|bogen ["ʃtɛmpəl'bo:gən] m. (s, ¨) feuille (f.) de papier timbré. ||°**-gebühr** f. (-, en) [droit de] timbre m. ||°**-kissen** n. (s, -) tampon (encreur). ||°**-marke** f. (-, n) timbre (m.) à quittances. ||**-pflichtig** adj. soumis au droit de timbre. ||°**-presse** f. (-, n). TECHN. presse (f.) à plongeur. ||°**-stelle** f. (-, n) bureau (m.) de pointage. ||°**-uhr** f. (-, en) horloge (f.) de pointage, de contrôle. ||°**-zeichen** n. (s, -) marque f.
stempeln ['ʃtɛmpəln] v. tr. timbrer ; poinçonner ; oblitérer ; apposer un timbre, un cachet, un sceau sur. || FIG., FAM. *stempeln gehen*, ne vivre que des allocations de chômage.
Stempeln [-pəln] n. (s) pointage m. ; marquage m. ; timbrage m.
Stempler [-plər] m. (s, -) timbreur m.
Stenge ['ʃtɛŋə] f. (-, n). MAR. mât (m.) de hune.
Stengel ['ʃtɛŋəl] m. (s, -). BOT. tige f. ; pied m.
Stengel|erbsen ["ʃtɛŋəl'ɛrpsən] f. pl. petits pois ramés. ||°**-glas** n. (es, ¨er) verre (m.) à pied. ||**-los** adj. sans tige ; acaule.
Steno|gramm [ʃteno'gram] n. (s, e) sténogramme m. ; compte rendu sténographique. ||°**-graph** m. (en, en) sténographe m. ||°**-graphie** f. (-, n) sténographie f. | *mit Maschine geschriebene Stenographie*, sténotypie f. ||**-graphieren** v. tr. sténographier. ||**-graphisch** adj. sténographique. ||°**-kontoristin** f. (-, nen) sténodactylo facturière. ||**-typieren** v. tr. sténotyper. ||°**-typist(in)** m. (en, en), f. (-, nen) sténotypiste s., sténodactylo s.
Stenose [ʃte'no:zə] f. (-, n). MÉD. sténose f.
Stephan ['ʃtefan] n. pr. m. Étienne m.
Stepp|bett ["ʃtɛp'bɛt] n. (s, en) matelas piqué. ||°**-decke** f. (-, n) couvre-pieds m. ||°**-nadel** f. (-, n) aiguille (f.) à piquer. ||°**-stich** m. (s, e) point piqué ; point (m.) arrière.
Steppe ['ʃtɛpə] f. (-, n) steppe f. ; lande f.
steppen ['ʃtɛpən] v. tr. piquer ; faire des piqûres. || [Tanzen] faire des claquettes.
Stepperin [-pərin] f. (-, nen) piqueuse f.
Ster [ʃtɛ:r] m. (s, e) stère m.
Sterbe|bett ["ʃtɛrbə'bɛt] n. (s, en) lit (m.) de mort. ||°**-buch** n. (s, ¨er) registre (m.) des décès. ||°**-glocke** f. (-, n) glas m. ||°**-haus** n. (es, ¨er) maison (f.) mortuaire. ||°**-hemd** n. (s, en) suaire m. ||°**-hilfe** f. (-). MÉD. euthanasie f. | *aktive, passive Sterbehilfe*, euthanasie active, passive. ||°**-jahr** n. (s, e) année (f.) de la mort. ||°**-lied** n. (s, er) chant (m.) funèbre. ||°**-sakrament** n. (s, e) extrême-onction f. ||°**-stunde** f. (-, n) derniers moments. ||°**-tafel** f. (-, n). STAT. table (f.) de mortalité. ||°**-urkunde** f. (-, n) acte (m.) de décès.

sterben ['ʃtɛrbən] (i, a, o) v. intr. mourir ; décéder ; expirer ; rendre l'âme. | *an einer Krankheit sterben*, mourir d'une maladie. | *vor Kälte sterben*, mourir de froid. | *vor Hunger sterben*, mourir de faim. | *an Gift sterben*, mourir empoisonné. | *eines natürlichen Todes sterben*, mourir de sa belle mort. | *eines gewaltsamen Todes sterben*, mourir de mort violente. | *einen schrecklichen Tod sterben*, mourir d'une mort effroyable. | *aus Gram sterben*, mourir de chagrin. | *für den Fall, daß er stürbe*, au cas où il mourrait. | *als guter Christ sterben*, mourir en bon chrétien. || FIG. *vor Langeweile sterben*, mourir d'ennui.
◇ part. prés. **sterbend,** mourant ; agonisant. | *mit sterbender Stimme*, d'une voix mourante.
— SYN. : *verscheiden*, trépasser ; *sein Leben aushauchen*, rendre le dernier soupir ; *untergehen*, périr.

Sterben [-bən] n. (s) [fait de] mourir ; mort f. ; trépas m. ; décès m. | *am Sterben sein ; im Sterben liegen*, être moribond ; être à l'agonie ; se mourir. || FIG. *zum Sterben langweilig*, ennuyeux à mourir. | *zum Sterben verliebt*, follement amoureux. | *es geht um Leben und Sterben*, c'est une question de vie ou de mort ; il y va de la vie.

Sterbens|angst ["ʃtɛrbəns'aŋst] f. affres (m. pl.) de la mort. ||**-krank** adj. moribond. ||°**-seele** f. *keine Sterbensseele*, pas âme qui vive. ||°**-wörtchen** n. *kein Sterbenswörtchen sagen*, ne pas souffler mot.

sterblich ['ʃtɛrpliç] adj. mortel ; périssable.

Sterblichkeit [-kait] f. mortalité f. ; (fait de) mourir, (d')être mortel. | *geringe Sterblichkeit*, faible mortalité. || PAR EXT. vie (f.) terrestre.

Stereo|anlage ["ʃtereo'anlɑ:gə] f. (-, n) chaîne (f.) stéréo. ||°**-aufnahme** f. (-, n) photo (f.) stéréoscopique. ||°**-skop** n. (s, e) stéréoscope m. ||**-typ** adj. stéréotypé. ||°**-typendruck** m. (s) stéréotypie f. ; clichage m. ||**-typieren** v. tr. stéréotyper.

steril [ʃte'ri:l] adj. stérile.

sterilisieren [ʃterili'zi:rən] v. tr. stériliser.

Sterilisierung [-'zi:ruŋ] f. (-, en) stérilisation f.

Sterilität [-'tɛ:t] f. stérilité f. ; infertilité f.

Sterke ['ʃtɛrkə] f. (-, n) vache f. ; génisse f.

Stern [ʃtɛrn] m. (s, e) étoile f. ; astre m. | *leuchtender, heller, strahlender Stern*, étoile brillante. | *ein mit Sternen übersäter Himmel*, un ciel constellé. | *zwischen den Sternen befindlich*, interstellaire. || FIG. *seinem Stern folgen*, suivre son étoile. | *nach den Sternen greifen*, viser très haut. || IRON. *das steht noch in den Sternen geschrieben*, ce n'est pas pour demain. || [am Auge] pupille f. || [am Nagel] tache f. || [Orden] plaque f. || TYPOGR. [Sternchen] astérisque m. || FILM. vedette f. ; star f.

stern|besät ["ʃtɛrnbe'zɛ:t] adj. constellé. ||°**-bild** n. (s, er) constellation f. ||°**-blume** f. (-, n). BOT. aster m. ||°**-deutung** f. astrologie f. ||°**-distel** f. (-, n). BOT. centaurée f. ||**-förmig** adj. en forme d'étoile, de rosace. ||°**-fünfeck** n. (s, e) pentagramme m. ||°**-gruppe** f. (-, n) astérisme m. ||°**-haufen** m. (s, -). ASTRON. nébuleuse f. ||°**-jahr** n. (s, e) année sidérale. ||°**-karte** f. (-, n) carte (f.) céleste. ||°**-koralle** f. (-, n). ZOOL. madrépore m. ||°**-kunde** f. astronomie f. ||°**-miere** f. (-, n). BOT. stellaire f. ||°**-punkt** m. (s, e). ÉLECTR. point (m.) neutre. ||°**-rad** n. (s, ¨er) roue (f.) à rayons. ||°**-regen** m. (s, -) pluie (f.) d'étoiles filantes. ||°**-schnuppe** f. (-, n) étoile filante ; astéroïde m. ||°**-uhr** f. (-, en) cadran sidéral. ||°**-warte** f. (-, n) observatoire m. ||°**-zeit** f. temps sidéral.

Sternen|bahn ["ʃtɛrnən'bɑ:n] f. (-, en) orbite f. ||°**-banner** n. (s, -) bannière étoilée (des U.S.A.). ||°**-himmel** m. (s). POÉS. voûte étoilée. ||°**-zelt** n. (s) firmament m.

Steroide [ʃtero'i:də] n. pl. BIOL. stéroïdes m. pl.

Sterz [ʃtɛrts] m. (es, e). [Pflug] manche m. ; mancheron m. || CULIN., FAM. pudding m.

stet [ʃte:t] adj. constant ; fixe ; ferme ; solide ; durable ; éternel. | *stete Treue*, fidélité (f.) à toute épreuve.

stetig ['ʃte:tiç] adj. constant. || PR. et MATH. continu.
— SYN. : *beständig*, durable ; *dauerhaft*, durable.
— OBSERV. Forme dialectale : *stätig*.

Stetig|förderer ["ʃte:tiç'førdərər] m. (s, -). TECHN. appareil (m.) de manutention continue.

Stetigkeit [-kait] f. constance f. || MATH. continuité f.

stets [ʃte:ts] adv. constamment ; toujours ; continuellement.

Steuer ['ʃtɔyər] n. (s, -) gouvernail m. ; barre f. ; volant m. ; direction f. || MAR. *am Steuer sitzen*, tenir la barre. || PR. et FIG. *das Steuer herumwerfen*, virer de bord. || AÉRON. commandes f. pl. || AUTOM. volant m.

Steuer|bord ["ʃtɔyər'bɔrt] n. (s). MAR. tribord m. ||°**-feder** f. (-, n). AÉRON. empennage m. ||°**-knüppel** m. (s, -). AÉRON. manche (m.) à balai. ||°**-kurs** m. (es, e). AÉRON. cap m. ||°**-kurs|anzeiger** m. (s, -). AÉRON. répétiteur (m.) de cap. ||°**-logik** f. ÉLECTR. logique (f.) de guidage. ||°**-maat** m. (s, e) quartier-maître (m.) de timonerie. ||°**-mann** m. (s, -leute) pilote m. ; timonier m. ||°**-pult** n. (s, e). INF. pupitre m. ||°**-rad** n. (s, ¨er) barre f. ; volant m. ||°**-stab** m. (s, ¨e). NUCL. barre (f.) de commande. ||°**-taste** f. (-, n). ÉLECTR. touche (f.) de commande. ||°**-triebwerk** n. (s, e). AÉRON. propulseur directionnel. ||°**-ventil** n. (s, e). TECHN. valve (f.) de commande. ||°**-werk** n. (s, e). INF. armoire (f.) de commande.

Steuer ['ʃtɔyər] f. (-, n) impôt m. ; taxe f. ; droit m. ; imposition f. ; contribution f. ; charge f. | *indirekte Steuern*, impôts indirects. | *städtische Steuer*, octroi m. | *Lohnsteuer*, impôt sur les salaires. | *Steuern erheben*, lever des impôts. | *Steuern auf etwas legen*, imposer qch. | *mit Steuern belasten*, grever d'impôts. | *Steuern einnehmen*, percevoir des impôts. | *Einziehung von Steuern*, recouvrement (m.) d'impôts. | *fällige Steuern*, impôts exigibles.

Steuer|abzug ["ʃtɔyər'aptsu:k] m. (s, ¨e) déduction (f.) de taxe. | *Steuerabzüge vom Lohn*, retenues (f. pl.) sur les salaires au titre des impôts. ||**-ähnlich** adj. *steuerähnliche Abgaben*, parafiscalité f. ||°**-amt** n. (s, ¨er) [Büro] perception f. ||°**-anlage** f. (-, n) assiette (f.) de l'impôt. ||°**-anreiz** m. (es, e) incitation fiscale. ||°**-anspruch** m. (s, ¨e) créance fiscale. ||°**-aufkommen** n. (s, -) produit total des impôts. ||°**-ausgleich** m. (s, e) péréquation (f.) des impôts. ||°**-befreiung** f. (-, en) exonération fiscale ; exemption (f.) d'impôts. ||**-begünstigt** adj. qui bénéficie d'un avantage fiscal. ||°**-beitreibung** f. (-, en) recouvrement (m.) d'impôts. ||°**-belastung** f. charges fiscales. ||°**-berater** m. (s, -) conseiller fiscal. ||°**-bescheid** m. (s, e) avis (m.) d'imposition. ||°**-buch** n. (s, ¨er) rôle (m.) des contributions. ||°**-einnehmer** m. (s, -) percepteur m. (des contributions). ||°**-erhebung** f. (-, en) perception (f.) d'impôts. ||°**-erlaß** m. (es, e) remise (f.) d'impôts ; détaxe f. ||°**-erleichterung** f. (-, en) allègement, dégrèvement fiscal. | *Steuererleichterung für Kinderreiche*, allègement fiscal pour charges de famille. ||**-fähig** adj. imposable. ||°**-fahndung** f. (-, en) enquête fiscale. ||°**-flucht** f. (-) évasion fiscale. ||°**-forderung** f. (-, en) créance fiscale. ||**-frei** adj. exempt, exonéré d'impôts. ||°**-freigrenze** f. limite (f.) du minimum imposable ; abattement m. ||°**-gesetz** n. (es, e) loi fiscale. ||°**-gesetzgebung** f. (-, en) législation fiscale ; régime fiscal. ||°**-guthaben** n. (s), °**-vergünstigung** f. (-, en) avoir fiscal. ||°**-hinterziehung** f. (-, en) fraude fiscale. ||°**-klasse** f. (-, n) catégorie (f.) d'impôts. ||°**-last** f. (-, en) pression (f.) fiscale. ||°**-nachforderung** f. (-, en) rappel (m.) d'impôt. ||°**-nachlaß** m. (es, ¨sse) abattement fiscal. ||°**-paradies** n. (es, e) paradis fiscal. ||°**-pflicht** f. (-, en) obligation fiscale. ||**-pflichtig** adj. imposable ; soumis à l'impôt. ||°**-prüfung** f. (-, en) contrôle fiscal. ||°**-recht** n. (s) droit fiscal. ||°**-reiz** m. (es, e) incitation fiscale. ||°**-satz** m. (es, ¨e) taux (m.) de l'impôt ; tarif (m.) d'un droit. ||°**-stufe** f. (-, n) tranche (f.) d'imposition. ||°**-wert** m. (s, e) valeur fiscale. | *Steuerwerte*, matière (f.) imposable. ||°**-wesen** n. (s) régime fiscal ; fiscalité f. ||°**-zahler** m. (s, -) contribuable m. ||°**-zettel** m. (s, -) feuille (f.) d'impôts. ||°**-zuschlag** m. (s, ¨e) surtaxe f.

steuerbar ['ʃtɔyərbɑ:r] adj. (de **Steuer** n.) maniable ; gouvernable. || (de **Steuer** f.) imposable ; assujetti à l'impôt.

Steuerbarkeit [-kait] f. maniabilité f.

steuerlich ['ʃtɔyərliç] adj. fiscal ; de l'impôt ; qui a trait à l'impôt.

steuern ['ʃtɔyərn] v. tr. (de **Steuer** n.) gouverner ; conduire ; piloter. | *ein Schiff steuern*, piloter un navire.
◇ v. intr. obvier. | *einer Sache steuern*, obvier à qch.

steuern ['ʃtɔyərn] v. intr. (de **Steuer** f.) payer des impôts ; contribuer à.

Steuerung [-ruŋ] f. (-, en) pilotage m. ; direction f. ; conduite f. || [Fahrrad] guidon m. || [Schiff] gouvernail m. || [Maschinen] régulateur m.

Steven ['ʃte:vən] m. (s, -) étrave f.

Steward, Stewardess ['stju:ərd(ɛs)] m. (s, s), f. (-, en) steward m. ; stewardess f. ; hôtesse (f.) de l'air.

stibitzen [ʃti'bitsən] v. tr. FAM. chiper ; chaparder ; faucher.
— SYN. : *klauen*, chiper ; *stehlen*, voler.

Stich [ʃtiç] m. (s, e). **1.** piqûre f. ; morsure f. ; coup donné avec un objet piquant ou tranchant. | *Stich einer Wespe*, piqûre de guêpe. | *ein Stich ins Herz*, un coup au cœur.
2. [beim Nähen] piqûre f. ; point m. | *weite Stiche machen*, coudre à grands points.
3. FIG. coup (m.) d'épingle ; allusion f. | *das ist ein Stich auf mich*, c'est une pierre dans mon jardin. | *jm einen Stich geben*, donner un coup de bec à qn.
4. MÉD. point m. ; élancement m. | *Stich in der Seite*, point de côté. | *Sonnenstich*, coup (m.) de soleil.
5. petite quantité. | *ein Stich Butter*, une noix de beurre. | *Stich Wein*, goutte (f.) de vin. || PAR EXT. *einen Stich haben*, [Wein] être piqué ; [Milch] être aigre, tourné ; [Fleisch] être faisandé ; [Menschen] avoir un grain de folie.
6. [Kartenspiel] levée f. ; pli m. | *einen Stich machen*, faire une levée. | *den letzten Stich nehmen*, faire le dernier pli, la dernière levée. | *alle Stiche machen*, mettre capot.
7. TECHN. taille f. ; gravure f. | *Kupferstich*, gravure sur cuivre.
8. LOC. *einen Stich ins Rote haben*, tirer sur le rouge. | *Stich halten*, être bien cousu ; FIG. être solide ; tenir solidement ; résister à l'examen ; FAM. tenir le coup. | *im Stich lassen*, abandonner ; lâcher ; planter là ; FAM. plaquer ; laisser tomber. | *das Gedächtnis läßt mich im Stich*, j'ai un trou de mémoire.

Stich|axt ["ʃtiç'akst] f. (-, ¨e) bisaiguë f. ||°**-blatt** n. (s, ¨er). [Degen] garde f. ; coquille f. || [Kartenspiel] carte (f.) qui en prend une autre. ||°**-bohrer** m. (s, -) tarière f. ||°**-entscheid** m. (s, e) voix prépondérante. ||**-fest** adj. *hieb- und stichfest*, à toute épreuve. ||°**-flamme** f. (-, en) jet (m.) de flammes. ||**-haltig** adj. [triftig] valable ; plausible ; qui supporte l'examen. ||°**-kampf** m. (s, ¨e). SPORT. barrage m. ||°**-maß** n. (es, e). [Schuhe] pointure f. ||°**-probe** f. (-, n) échantillon pris au hasard. | *Stichproben aus einem Lexikon machen*, faire des sondages dans un dictionnaire. ||°**-tag** m. (s, e) jour (m.) d'échéance. ||°**-waffe** f. (-, n) arme (f.) d'estoc. ||°**-wahl** f. (-, en) ballottage m. ||°**-wort** n. (s, e et ¨er) mot vedette m. ; mot (m.) clé. || THÉÂTRE. réplique f. || TYPOGR. mot (m.) souche ; mot (m.) vedette. || MIL. [Losung] mot (m.) de passe. || FIG. *in Stichworten schreiben*, écrire en abrégé, en style télégraphique. ||°**-wort|verzeichnis** n. (ses, se) catalogue (m.) analytique. ||°**-zahl** f. (-, en) indice m.

Stichel ['ʃtiçəl] m. (s, -) burin m. ; poinçon m.

Stichelei [ʃtiçə'lai] f. (-, en) piquage m. || FIG. allusion mordante ; pointe f. ; brocard m.

sticheln ['ʃtiçəln] v. tr. piquer ; coudre. || FIG. lancer des allusions perfides, des coups d'épingle.

Stichel|rede ["ʃtiçəl're:də] f. (-, n) pointe f. ||°**-wort** n. (s, e) propos piquant ; pointe f.

Stichelung ['ʃtiçəluŋ] f. acupuncture f.

Stichler ['ʃtiçlər] m. (s, -). PÉJOR. persifleur m.

Stick|arbeit ["ʃtik'arbait] f. (-, en) broderie f. ||°**-rahmen** m. (s, -) tambour m. (à broder).

sticken ['ʃtikən] v. tr. broder. | *goldgestickter Rock*, habit brodé d'or.

stickend [-kənt] adj. étouffant. | *stickend schwüle Luft*, atmosphère suffocante.

Stick|fluß ["ʃtik'flus] m. (es, ¨e) apoplexie (f.) pulmonaire. ||°**-gaze** f. (-, n) canevas m. ||°**-grund** m. (s, ¨e). MAR. fond (m.) de vase. ||°**-hitze** f. chaleur étouffante, suffocante. ||°**-husten** m. (s). MÉD. coqueluche f. ||°**-stoff** m. (s) azote m. ||°**-stoff|dünger** m. (s, -) engrais azoté. ||°**-stoff|kreislauf** m. (s). CHIM. cycle (m.) de l'azote. ||°**-stoff|peroxid** n. (s, e). CHIM. peroxyde (m.) d'azote.

Sticker(in) ['ʃtikər(in)] m. (s, -), f. (-, nen) brodeur m. ; brodeuse f.

Stickerei [ʃtikə'rai] f. (-, en) broderie f. ; tapisserie f.

stickig ['ʃtikiç] adj. étouffant.

stieben ['ʃti:bən] v. intr. (o, o et conjug. faible) jaillir en étincelles, en éclats ; voler ; se disperser. | *es stiebt*, il y a de la poussière. || FIG. *die Menge stob auseinander*, la foule se dispersa rapidement.

Stief|bruder ["ʃti:f'bru:dər] m. (s, ¨) demi-frère m. || FIG. parent (m.) pauvre. ||°**-eltern** pl. beaux-parents m. pl. ||°**-kind** n. (s, er) enfant (m.) d'un autre lit. || enfant mal(-)aimé ; PAR EXT. parent (m.) pauvre. || FIG. *die Stiefkinder der Gesellschaft*, les laissés(-)pour (-)compte (m. pl.) de la société. ||°**-mutter** f. (-, ¨) belle-mère f. ; PÉJOR. marâtre f. ||°**-mütterchen** n. (s, -). BOT. pensée f. ||**-mütterlich** adj. et adv. en belle-mère. || FIG. *jn stiefmütterlich behandeln*, traiter qn en parent pauvre. ||°**-sohn** m. (s, ¨e) beau-fils m. ||°**-tochter** f. (-, ¨) belle-fille f. ||°**-vater** m. (s, ¨) beau-père m.

Stiefel ['ʃti:fəl] m. (s, -) botte f. ; brodequin m. | *spanische Stiefel*, brodequins de torture. || FIG., FAM. *einen Stiefel trinken können*, boire sec.

Stiefel|anzieher ["ʃti:fəl'antsi:ər] m. (s, -) chausse-pieds m. ||°**-knecht** m. (s, e) tire-bottes m. ||°**-leisten** m. (s, -) embauchoir m. ||°**-macher** m. (s, -) bottier m. ||°**-ohr** n. (s, en), °**-strippe** f. (-, n) tirant (m.) de botte. ||°**-stulpe** f. (-, n) grenouillère f. ||°**-wichser** m. (s, -) cireur (m.) de bottes.

stiefeln ['ʃti:fəln] v. tr. botter. || LITTÉR. *der Gestiefelte Kater*, le Chat botté.
◇ v. intr. marcher à grandes enjambées.

Stieg [ʃti:k] m. (es, e) sentier escarpé ; raidillon m.

Stiege ['ʃti:gə] f. (-, n). [Steige] escalier m. || (Vx.) vingtaine f.

Stiegen|leiter ["ʃti:gən'laitər] f. (-, n) marchepied m.

Stieglitz ['ʃti:klits] m. (es, e). ZOOL. chardonneret m.

Stiel [ʃti:l] m. (s, e) manche m. ; queue f. ; tige f. || [Brille] branche f. || [Pinsel] hampe f. || LOC. *mit Stumpf und Stiel ausrotten*, exterminer totalement.

Stiel|blatt ['ʃti:lblat] n. (s, ¨er) feuille pétiolée. ||°**-brille** f. (-, n) face-à-main m.

stier [ʃti:r] adj. [Blick] fixe ; hagard.

Stier [ʃti:r] m. (s, e) taureau m. || FIG. *den Stier bei den Hörnern fassen*, prendre le taureau par les cornes. || ASTRON. Taureau m.

Stier|fechter ["ʃti:r'fɛçtər] m. (s, -) toréador m. ||°**-gefecht** n. (s, e) course (f.) de taureaux. ||°**-kalb** n. (s, ¨er) taurillon m. ||°**-kämpfer** m. (s, -) torero m. ; toréador m. ||**-köpfig** adj. entêté. ||°**-opfer** n. (s, -) taurobole m.

stieren ['ʃti:rən] v. intr. regarder fixement.

Stift [ʃtift] m. (s, e) cheville f. ; goupille f. ; pivot m. | *mit Stiften befestigen*, goupiller. || [Bleistift] pointe f. ; mine f. | *Grammophonstift*, aiguille (f.) de phono. | *Lippenstift*, (bâton [m.] de) rouge (m.) à lèvres. | *Stiftzahn*, dent artificielle. || FIG. petit bout d'homme ; jeune garçon.

Stift [ʃtift] n. (s, e) fondation f. ; école f. ; hospice m. ; couvent m. ; chapitre m. ; séminaire m.

Stifts|amt ["ʃtifts'amt] n. (s, ¨er). RELIG. canonicat m. ; bailliage (m.) d'un chapitre. ||°**-dame** f. (-, n), °**-frau** f. (-, en) chanoinesse f. ||°**-hauptmann** m. (s, ¨er) vidame m. ||°**-herr** m. (n, en) chanoine m. ||°**-kirche** f. (-, n) église collégiale. ||°**-pfründe** f. canonicat m.

stiften ['ʃtiftən] v. tr. **1.** faire ; produire ; créer ; établir | *Frieden stiften*, rétablir la paix. | *Gutes stiften*, faire du bien. | *Händel stiften*, susciter des querelles.
2. faire un don, une donation. || PAR EXT. fonder ; établir ; ériger.
3. FAM. *stiften gehen*, s'évader.

Stifter [-tər] m. (s, -) fondateur m. ; donateur m. ; auteur m. | *Unruhestifter*, fauteur (m.) de troubles. | *Friedensstifter*, artisan (m.) de la paix.

Stiftler ['ʃtiftlər] m. (s, -) séminariste m.

Stiftung ['ʃtiftuŋ] f. (-, en) fondation f. ; création f. ; établissement m.

Stigma ['ʃtigma] n. (s, men) stigmate m.

Stil [ʃti:l] m. (s, e) style m.
— OBSERV. La prononciation [sti:l] est recherchée.

Stil|art ["ʃti:l'ɑ:rt] f. (-, en) style m. ||°**-blüte** f. (-, n). FAM. perle f. ||°**-blüten|sammlung** f. (-, en) bêtisier m. ||°**-ebene** f. (-) niveau (m.) de langue. ||°**-gebung** f. stylisation f. ||**-gerecht** adj. conforme au style ; stylé ; qui a du style. ||°**-lehre** f. art (m.) du style ; rhétorique f. ||°**-übung** f. (-, en) exercice (m.) de style. ||**-voll** adj. qui a du style.

Stilett [ʃti'lɛt] n. (s, e) stylet m. ; poignard m.

stilisieren [ʃtili'zi:rən] v. tr. styliser.

Stilist [-'list] m. (en, en) styliste m.

Stilistik [-'listik] f. stylistique f.

stilistisch [-'listiʃ] adj. de style ; stylistique. | *stilistische Arbeit*, travail (m.) du style.

still [ʃtil] adj. **1.** immobile ; calme ; inactif ; sans mouvement. | *still sitzen*, être assis sans bouger. | *die Uhr steht still*, la montre est arrêtée. | *stille Jahreszeit*, morte-saison f. | *stilles Wetter*, temps (m.) calme. | *ein*

stilles Leben, une vie paisible. | *stilles Wasser*, eau stagnante ; eau qui dort. || GÉOGR. *Stiller Ozean*, océan (m.) Pacifique.
2. [lautlos] silencieux ; muet ; sans aucun bruit ; à voix basse. | *still sein, still schweigen*, se taire. | *still beten*, prier à voix basse. | *stiller Schmerz*, douleur muette. | *im stillen*, en silence ; sans rien dire ; FAM. en douce. | *stille Messe*, messe basse. | *stille Liebe*, amour secret. | *stille Übereinkunft*, accord tacite. || COMM. *stiller Teilhaber*, commanditaire m.
— SYN. : *unbeweglich*, immobile ; *lautlos*, silencieux.

still|beglückt ["ʃtilbə'glykt] adj. heureux en secret. ||**-gestanden !** interj. silence ! || MIL. garde à vous ! ||°**-halten** n. (s) halte f. ; arrêt m. ||°**-(l)eben** n. (s, -). [Malerei] nature morte. ||**-(l)egen** v. tr. arrêter ; interrompre ; faire chômer. | *man legte die Fabrik still*, on ferma l'usine. ||°**-(l)egung** f. (-, en). NUCL. mise (f.) hors service. | *Stillegung einer Kernkraftanlage*, mise hors service définitive d'une installation nucléaire. ||**-(l)iegen** (a, e) v. intr. *die Fabrik lag still*, la fabrique était fermée. ||**-schweigen** (ie, ie) v. intr. faire le silence ; se taire. ||°**-schweigen** n. (s) silence m. | *unter Stillschweigen übergehen*, passer sous silence. || **-schweigend** adj. et adv. implicite(ment) ; tacite(ment). | *stillschweigende Zustimmung*, consentement (m.) tacite. ||°**-stand** m. (s) arrêt m. ; cessation f. ; chômage m. ; stagnation f. ||**-stehen** (stand, gestanden) v. intr. s'arrêter ; être stationnaire. || MAR. *stillstehendes Meer*, mer (f.) étale.

Stille ['ʃtilə] f. (-) tranquillité f. ; repos m. || silence m. | *in aller Stille*, sans bruit. || *Meeresstille*, calme.

stillen ['ʃtilən] v. tr. calmer ; apaiser ; assouvir. | *den Durst stillen*, désaltérer. | *den Schmerz stillen*, apaiser la douleur. | *das Blut stillen*, arrêter l'hémorragie. | *einen Säugling stillen*, allaiter un nourrisson.

Stillung [-luŋ] f. (-, en) apaisement m. ; (action d')étancher, (d')assouvir. || [Kind] allaitement m.

Stillungs|mittel ["ʃtiluŋs'mitəl] n. (s, -). MÉD. calmant m.

Stimm|abgabe ["ʃtim'apgɑ:bə] f. (-, n) vote m. ||°**-auszählung** f. (-, en) décompte (m.) des voix. ||°**-bänder** n. pl. cordes vocales. ||**-berechtigt** adj. qui a droit de vote. ||°**-bruch** m. (s) mue f. ||°**-eingabe** f. (-, n). INF. entrée vocale. ||**-fähig** adj. ayant le droit de vote. ||°**-führer** m. (s, -) porte-parole m. ; coryphée m. ||°**-gabel** f. (-, n) diapason m. ||°**-hammer** m. (s, ¨) accordoir m. ||°**-lage** f. (-, n). MUS. registre m. ||**-los** adj. aphone. || ÉCON. *stimmlose Aktie*, action (f.) sans droit de vote. ||°**-recht** n. (s) droit (m.) de vote. | *allgemeines Stimmrecht*, suffrage universel. ||°**-rechtlerin** f. (-, nen) suffragette f. ||°**-ritze** f. (-, n). ANAT. glotte f. ||°**-wechsel** m. (s) mue f. ||°**-zettel** m. (s, -) bulletin (m.) de vote. | *die Stimmzettel zählen*, dépouiller le scrutin.

Stimme ['ʃtimə] f. (-, n). **1.** voix f. | *mit leiser Stimme*, à voix basse. | *helle Stimme*, voix claire. | *belegte Stimme*, voix couverte. | *eine heisere Stimme haben*, avoir la voix enrouée ; être enroué | *die Stimme erheben*, élever la voix.
2. MUS. voix f. | *einzelne Stimme*, solo m. || [Orgel] jeu m.
3. POLIT. voix f. ; suffrage m. ; vote m. | *jm seine Stimme geben*, voter pour qn. | *Sitz und Stimme haben*, avoir voix au chapitre. | *die Stimmen sammeln*, recueillir les voix. | *beratende Stimme*, voix consultative. | *mit allen Stimmen*, à l'unanimité.
4. FIG. voix f. ; instinct m. | *Stimme des Gewissens ; innere Stimme*, voix de la conscience. | *Volkes Stimme, Gottes Stimme*, vox populi, vox Dei.

stimmen ['ʃtimən] v. tr. MUS. accorder. | *Instrumente stimmen*, accorder des instruments. | *höher stimmen*, hausser. | *niedriger stimmen*, baisser. || PAR EXT. disposer ; mettre dans un certain état d'esprit. | *jn gegen etwas stimmen*, prévenir qn contre qch. | *wie ist er gestimmt ?*, de quelle humeur est-il ? ; comment est-il disposé ? | *froh gestimmt sein*, être de joyeuse humeur.
◇ v. intr. s'accorder ; être en accord ; être à l'unisson. | *nicht stimmen*, discorder. || concorder ; convenir ; bien aller. | *das stimmt !*, d'accord ! ; c'est bien cela. | *die Rechnung stimmt nicht*, 1° il y a une erreur de calcul ; 2° il y a une erreur dans l'addition. || FIG. [abstimmen] voter. | *für etwas stimmen*, voter, opiner pour qch.

Stimmen|anzahl ["ʃtimən'antsɑ:l] f. (-, en) nombre (m.) de voix. ||°**-begebung** f. (-, en) [Vx.] abstention f. ||°**-buch** n. (s, ¨er). MUS. partition f. ||°**-einheit** f., °**-einhelligkeit** f. unanimité (f.) des voix. | *mit Stimmeneinheit*, à l'unanimité des voix. ||°**-enthaltung** f. (-, en) abstention f. ||°**-fang** m. (s). POLIT., FAM. chasse (f.) aux voix. ||°**-gleichheit** f. parité (f.), partage (m.) des voix. ||°**-mehrheit** f. majorité (f.) des voix. | *einfache, qualifizierte Stimmenmehrheit*, majorité simple, qualifiée. ||°**-sammler** m. (s, -), °**-zähler** m. (s, -) scrutateur m. ||°**-zählung** f. (-, en) dépouillement (m.) du scrutin.

Stimmer ['ʃtimər] m. (s, -) accordeur m. || MUS. et TECHN. accordoir m. || PAR EXT. [Abstimmer] votant m.

stimmhaft ['ʃtimhaft] adj. sonore.

...stimmig [-miç] adj. (en compos.) qui a tant de voix. | *vierstimmig*, à quatre voix.

Stimmung ['ʃtimuŋ] f. (-, en). **1.** [das Stimmen] (action d')accorder ; accordage (m.) d'un instrument. || PAR EXT., RADIO. réglage m.
2. MUS. accord m. ; ton m. | *falsche Stimmung*, discordance f. | *die Stimmung verlieren, nicht halten*, se désaccorder. || gamme f. | *rein-harmonische Stimmung*, gamme complète. || ARTS. [Malerei] tonalité f. ; effet m.
3. FIG. [Gemüt] état (m.) d'âme ; disposition (f.) d'esprit ; humeur f. | *in guter Stimmung sein*, être de bonne humeur. | *in gehobener Stimmung*, très en train. | *nicht in Stimmung sein*, ne pas être en train. | *schlechte Stimmung*, mauvais moral ; cafard m. | *er ist nicht in der Stimmung zum Lesen*, il n'est pas d'humeur à lire. || [öffentliche Meinung] opinion publique. || FIN. tendance f. | *Börsenstimmung*, tendance de la bourse. || [Atmosphäre] ambiance f. ; climat m. ; tonalité f. | *es herrschte eine heitere, gedrückte Stimmung*, il régnait une ambiance joyeuse, déprimante.

Stimmungs|bild ["ʃtimuŋs'bilt] n. (s, er) impressions f. pl. ||°**-mache** f. (-, n) bourrage (m.) de crâne. ||**-voll** adj. inspiré ; évocateur ; qui fait impression.

stimulieren [ʃtimu'li:rən] v. tr. stimuler.

Stimulus ['ʃtimulus] m. (-, li). MÉD. stimulant m.

Stink|baum ["ʃtiŋk'baum] m. (s, ¨e) sterculier m. ||**-faul** adj. FAM. flemmard ; cossard. ||°**-marder** m. (s, -), °**-ratz** m. (es, e) putois m. ||°**-tier** n. (s, e) mouffette f.

stinken ['ʃtiŋkən] (a, u) v. intr. puer ; sentir mauvais ; empester. | *nach Schwefel stinken*, puer le soufre. || FIG. sentir mauvais ; être dégoûtant. || *vor Faulheit stinken*, être d'une paresse crasse. | *das stinkt zum Himmel*, c'est inouï, révoltant. || PROV. *Geld stinkt nicht*, l'argent n'a pas d'odeur. | *Eigenlob stinkt*, qui se loue s'emboue.
◇ part. prés. **stinkend,** puant ; infect ; fétide. | *stinkend werden*, s'empuantir. | *stinkende Lüge*, mensonge impudent.

stinkig [-kiç] adj. puant ; infect ; fétide.

Stint [ʃtint] m. (s, e). ZOOL. éperlan m.

Stipendiat [ʃtipɛndi'ɑ:t] m. (en, en). UNIV. boursier m.

Stipendium [-'pɛndium] n. (s, dien). UNIV. bourse f.

Stippe ['ʃtipə] f. (-, n) sauce f.

Stipp|visite ["ʃtipvi'zi:tə] f. (-, n) visite très courte ; visite (f.) éclair.

stippen ['ʃtipən] v. tr. saucer ; tremper dans la sauce.

stipulieren [ʃtipu'li:rən] v. tr. stipuler.

Stirn [ʃtirn] f. (-, en) front m. | *gewölbte Stirn*, front bombé. | *die Stirn falten, runzeln*, froncer le sourcil. || FIG. audace f. ; effronterie f. ; FAM. culot m. | *die Stirn haben, etwas zu sagen*, avoir le front de dire qch. | *mit offener Stirn*, à visage découvert. | *die Stirn bieten*, faire front ; faire face à. | *mit eiserner, eherner Stirn*, avec une rare impudence. | *man kann es an seiner Stirn lesen*, cela se lit sur son front. || ARCHIT. [Stirnseite] front m. ; façade f.

Stirn|ader ["ʃtirn'ɑ:dər] f. (-, n) veine frontale. ||°**-band** n. (s, ¨er) bandeau m. ; diadème m. ||°**-bein** n. (s, e). ANAT. os frontal. ||°**-binde** f. (-, n) bandeau m. ||°**-bogen** m. (s, ¨). ARCHIT. archivolte f. ||°**-höhe** f. *die Augen in Stirnhöhe*, les yeux à fleur de tête. ||°**-höhle** f. (-, n). ANAT. sinus frontal. ||°**-höhlen|-katarrh** m., °**-höhlen|vereiterung** f. MÉD. sinusite f. ||°**-locke** f. (-, n) guiche f. ||°**-moräne** f. (-, n). GÉOL. moraine frontale. ||°**-rad** n. (s, ¨er) roue dentée droite. ||°**-runzeln** n. (s) froncement (m.) de sourcils ; renfrognement m. ||°**-stück** n. (s, e), °**-wand** f. (-, ¨e) fronton m. ; frontispice m.

stöbern ['ʃtø:bərn] v. impers. *es stöbert*, il tombe une neige fine et serrée.
◇ v. intr. fureter ; fouiller. | *der Hund stöbert das Wild (auf)*, le chien fait lever le gibier. | *in Büchern stöbern*,

fouiller dans les livres. || PAR EXT., POP. *jn aufstöbern*, faire déguerpir qn.

Stocher ['ʃtɔxər] m. (s, -) pique-feu m. ; tisonnier m. || [Zahnstocher] cure-dents m.

stochern [-xərn] v. intr. *im Feuer stochern*, tisonner, attiser le feu. | *sich die Zähne stochern*, se curer les dents. || PAR EXT., FAM. farfouiller.

Stock [ʃtɔk] m. (s, ¨e). **1.** bâton m. ; canne f. ; baguette f. ; verge f. | *steif wie ein Stock*, raide comme un bâton. | *jn mit dem Stock schlagen*, donner des coups de bâton à qn. | *Taktstock*, baguette f. (du chef d'orchestre). || [Billard] queue f.
2. BOT. pied m. || [Weinreben] cep m. | *auf dem Stock*, sur pied. || [Stumpf] souche f. ; billot m. || LOC. *mit Stock und Stiel ausrotten*, exterminer totalement. | *über Stock und Stein laufen*, courir à toutes jambes.
3. [Gebirgsstock] massif montagneux. || [Heustock] meule f. || [Bienenstock] ruche f. || [Opferstock] tronc (m.) d'église.

Stock [ʃtɔk] m. et n. (s, -werke) étage m. | *das Haus ist drei Stock hoch*, cette maison a trois étages. | *im fünften Stock wohnen*, habiter au cinquième étage.

Stock [ʃtɔk] m. (s, s) stock m. ; réserve f.

Stöckchen ['ʃtøkçən] n. (s, -) badine f. ; baguette f.

stock|blind ["ʃtɔk'blint] adj. complètement aveugle. ||°**-degen** m. (s, -) canne (f.) à épée. ||**-dumm** adj. bête comme ses pieds. ||**-dunkel** adj. noir comme dans un four. ||°**-fisch** m. (es, e) morue séchée. || FIG. âne bâté. ||°**-fleck** m. (s, e) tache (f.), piqûre (f.) d'humidité. ||**-fremd** adj. complètement étranger. ||°**-glaube** m. (ns, n) croyance (f.) aveugle. ||°**-laterne** f. (-, n) falot m. ||°**-leuchter** m. (s, -) chandelier (m.) à pied. ||°**-makler** m. (s, -) courtier m. ||°**-preuße** m. (n, n) vrai Prussien. ||°**-prügel** m. (s, -) bastonnade f. ; coups (m. pl.) de bâton. ||°**-reis** n. (es, er) surgeon m. ||°**-rose** f. (-, n) rose trémière. ||°**-schnupfen** m. (s, -) rhume (m.) de cerveau. ||°**-schraube** f. (-, n) vis (f.) d'étau. ||°**-ständer** m. (s, -) porte-parapluies m. ||**-steif** adj. raide comme un piquet. ||°**-sünder** m. (s, -) pécheur endurci. ||**-taub** adj. sourd comme un pot. ||°**-werk** n. (s, e) étage m. ||°**-zahn** m. (s, ¨e) molaire f.

Stöckel|absatz ["ʃtøkəl'apzats] m. (es, ¨e) talon (m.) aiguille. ||°**-schuhe** m. pl. chaussures (f. pl.) à hauts talons.

stocken ['ʃtɔkən] v. tr. BOT. échalasser ; tuteurer ; munir d'un tuteur.
◇ v. intr. **1.** s'arrêter ; cesser d'avancer, de circuler ; s'immobiliser ; stopper ; ralentir. | *das Wasser stockt*, l'eau ne s'écoule plus. || FIG. rester court. | *stockend reden*, parler de manière hésitante. || [gerinnen] se cailler. | *gestockte Milch*, lait caillé. | *gestocktes Blut*, sang coagulé. | *Stockpunkt*, point (m.) de solidification.
2. [schimmeln] se piquer d'humidité ; moisir ; chancir.

Stocken ['ʃtɔkən] n. (s) ralentissement m. ; arrêt m. ; stagnation f. | *ins Stocken geraten*, s'arrêter ; tomber en panne. | *Stocken der Geschäfte*, stagnation des affaires.

stockig ['ʃtɔkiç] adj. **1.** [fleckig] gâté par l'humidité ; chanci ; humide ; ligneux.
2. [stocksteif] raide ; rigide ; guindé.

Stockung ['ʃtɔkuŋ] f. (-, en) arrêt m. ; engorgement m. ; panne f. ; embouteillage m. || MÉD. *Stockung des Blutes*, congestion f. || [Betrieb ; Verkehr] embouteillage m. ; interruption f.

Stoff [ʃtɔf] m. (s, e). **1.** TEXT. étoffe f. ; textile m. ; tissu m. | *gewirkter Stoff*, étoffe brochée.
2. [Materie] matière f. ; substance f. ; matériau m. | *Baustoffe*, matériaux (m. pl.) de construction. | *Rohstoffe*, matières premières. || PR. et FIG. *aus härterem Stoff gemacht*, résistant. || CHIM. *einfacher Stoff*, corps (m.) simple.
3. FIG. matière f. ; substance f. ; sujet m. | *Stoff zu etwas geben*, donner matière à. || LITTÉR. sujet m. ; fond m. | *Stoff zu einem Film*, sujet d'un film.

Stoff|behang ["ʃtɔfbə'haŋ] m. (s, ¨e) draperie f. ||°**-gewicht** n. (s, e) poids (m.) spécifique. ||**-haltig** adj. substantiel ; matériel. ||**-los** adj. immatériel. || FIG. vide ; pauvre. ||°**-mangel** m. (s). *Stoffmangel haben*, être creux. ||°**-name** m. (ns, n) nom (m.) de matière. ||**-reich** adj. substantiel. ||°**-wechsel** m. (s, -). BIOL. assimilation f. ; nutrition f. ; métabolisme m. ||°**-wechsel|krankheit** f. (-, en). MÉD. trouble (m.) du métabolisme basal. ||°**-wechsel|prozeß** m. (es, e). BIOL. processus (m.) métabolique.

Stoffel ['ʃtɔfəl] n. pr. m. FAM. Christophe m.
◇ m. (s, -). FIG. rustre m. ; lourdaud m. ; sot m.

stofflich ['ʃtɔfliç] adj. matériel ; qui concerne la matière.

stöhnen ['ʃtø:nən] v. intr. gémir ; geindre.

Stöhnen [-nən] n. (s) gémissements m. pl.

Stoiker ['sto:ikər] m. (s, -) stoïcien m.

stoisch [-iʃ] adj. stoïcien ; stoïque.

Stola ['ʃto:la] f. (-, len) étole f.

Stolle ['ʃtɔlə] f. (-, n), **Stollen** ['ʃtɔlən] m. (s, -) brioche m. (rectangulaire).

Stollen ['ʃtɔlən] m. (s, -). MINES. galerie f. | *Stollenarbeiter*, mineur (m.) de fond. || [Hufeisen] crampon m. || [Möbel] pied m. ; montant m. || POÉS. [Meistersänger] première partie d'une strophe ou d'une allitération.

stolperig ['ʃtɔlpəriç] adj. [holperig] raboteux.

stolpern [-pərn] v. intr. trébucher ; buter. | *über einen Stein stolpern*, trébucher sur une pierre. || [Pferde] broncher. || FIG. *über ein Wort stolpern*, buter sur un mot.

stolz [ʃtɔlts] adj. fier ; orgueilleux ; altier ; hautain ; superbe. | *stolz auf seine Freiheit sein*, être fier de sa liberté. | *eine stolze Seele*, un cœur fier. | *ein stolzes Gebaren*, une attitude hautaine.
— SYN. : *hochmütig*, hautain ; *anmaßend*, arrogant.

Stolz [ʃtɔlts] m. (es) fierté f. ; orgueil m. ; hauteur f. ; arrogance f. | *von Stolz aufgeblasen*, bouffi d'orgueil. | *er setzt seinen Stolz darin, zu*, il met sa fierté dans le fait de. || PAR EXT. [Gegenstand des Stolzes] orgueil m. ; gloire f.

stolzieren [ʃtɔl'tsi:rən] v. intr. faire le fier ; faire parade ; se pavaner.

Stopf|arznei ["ʃtɔpfarts'nai] f. (-, en), °**-mittel** ['mitəl] n. (s, -). MÉD. astringent m. ||°**-garn** n. (s) fil (m.) à repriser. ||°**-haar** n. (s) bourre f. ||°**-nadel** f. (-, n) aiguille (f.) à repriser. ||°**-naht** f. (-, ¨e) reprise f.

stopfen ['ʃtɔpfən] v. tr. emplir ; remplir ; bourrer ; fourrer. | *Löcher, Lücken stopfen*, boucher des trous, réparer des brèches. | *Strümpfe stopfen*, repriser, ravauder des chaussettes. | *Gänse stopfen*, gaver des oies. | *seine Pfeife stopfen*, bourrer sa pipe. || FAM. *sich die Taschen (voll)stopfen*, s'en mettre plein les poches. || FIG., FAM. *jm den Mund, das Maul stopfen*, clouer le bec à qn. || MAR. *ein Leck stopfen*, aveugler une voie d'eau. || MÉD. constiper.
◇ v. pr. **sich stopfen,** se presser ; s'entasser ; se gaver. || [Wasser] s'engorger.

Stopfen [-pfən] n. (s) ravaudage m. ; stoppage m. ; raccommodage m.

Stopfen [-pfən] m. (s, -) bouchon m.

Stopfer [-pfər] m. (s, -) ravaudeur m. ; stoppeur m. || bourre-pipe m.

Stoppel ['ʃtɔpəl] f. (-, n) chaume m. || PAR EXT. *Stoppelbart*, barbe non rasée.

Stoppel|dach ["ʃtɔpəl'dax] n. (s, ¨er) toit (m.) de chaume. ||°**-feld** n. (s, er) chaume m. ||°**-werk** n. (s) [mauvaise] compilation.

stoppen ['ʃtɔpən] v. intr. stopper ; s'arrêter.
◇ v. tr. [Kleider] stopper.

Stoppen ['ʃtɔpən] n. (s). [Fußball] amorti m.

Stopper ['ʃtɔpər] m. (s, -). MAR. bosse f.

Stopp|licht ['ʃtɔpliçt] n. (s, er) feu (m.) arrière, de stop. ||°**-mutter** f. (-, n) écrou (m.) de blocage. ||°**-schlag** m. (s, ¨e). [Tennis] amorti m. ||°**-uhr** f. (-, en) chronomètre m.

Stöpsel ['ʃtøpsəl] m. (s, -) bouchon m. ; tampon m. || ÉLECTR. fiche f. (contact). || FIG. petit homme trapu ; pot (m.) à tabac.

stöpseln [-səln] v. tr. boucher. | *aufstöpseln*, déboucher.

Stör [ʃtø:r] m. (s, e). ZOOL. esturgeon m.

Stör|eier ["ʃtø:r'aiər] n. pl., °**-rogen** [-'ro:gən] m. (s) œufs (m. pl.) d'esturgeon ; caviar m.

Storch [ʃtɔrç] m. (es, ¨e) cigogne f.

storch|artig ["ʃtɔrç'a:rtiç] adj. ciconien. ||°**-bein** n. (s, e) jambe fluette. ||°**-schnabel** m. (s, ¨) bec (m.) de cigogne. || BOT. géranium m. || TECHN. pantographe m.

stören ['ʃtø:rən] v. tr. déranger ; troubler. | *jn in seiner Arbeit stören*, déranger qn dans son travail. | *den Frieden stören*, troubler la paix || PAR EXT. gêner ; interrompre ; dérégler ; altérer ; gâter. || RADIO. brouiller. || FAM. *er ist gestört*, il a l'esprit dérangé.

störend ['stø:rənt] adj. importum.

Stören|fried ["ʃtø:rən'fri:t] m. (s, e) trouble-fête m. ; empêcheur (m.) de danser en rond.

Störer [ˈʃtøːrər] m. (s, -) perturbateur m. ; fâcheux m. ; importum m. ; gêneur m.

Stör|geräusch [ˈˈstøːrgəˈrɔyʃ] n. (es, e). Radio. parasite m. || Par ext. brouillage m. ||**-schutzsicher** adj. antiparasite. ||°**-sender** m. (s, -) Radio. émetteur (m.) de brouillage. ||°**-strom** m. (s, ¨e). Électr. courant (m.) parasite.

stornieren [ʃtɔrˈniːrən] v. tr. Comm. ristourner. || Jur. résilier.

Stornierung [-ruŋ] f. (-, en), **Storno** [ˈʃtɔrno] n. (s) contre-passement m. | *per Storno*, en ristourne.

Storr [ʃtɔr] m. (en, en). Dial. souche f.

störrig [ˈʃtøriç], **störrisch** [-riʃ] adj. opiniâtre ; entêté.

— Syn. : *widerspenstig*, rétif ; *trotzig*, qui regimbe.

Störrigkeit [-kait] f. opiniâtreté f. ; entêtement m. ; caractère obstiné, buté.

Störung [ˈʃtøːruŋ] f. (-, en) perturbation f. ; trouble m. ; dérangement m. ; désordre m. ; gêne f. | *Störung der öffentlichen Ordnung*, trouble de l'ordre public. || Phys. interférence f. | *magnetische Störung*, interférence magnétique. || Techn. panne f. ; avarie f. | *Störung in der Stromversorgung*, panne de secteur. || Radio. parasite m. || Mil. harcèlement m. || Méd. *geistige Störungen*, troubles mentaux. || Jur. *Besitzstörung*, trouble de jouissance.

Störungs|dienst [ˈˈʃtøːruŋsˈdiːnst] m. (s, e). Téléph. service (m.) des dérangements. ||**-frei** adj. Radio. *störungsfreier Empfang*, audition pure, exempte de parasites. ||°**-feuer** n. (s, -). Mil. tir (m.) de harcèlement.

Stoß [ʃtoːs] m. (es, ¨e) **1.** [Stoßen] coup m. ; heurt m. ; secousse f. ; choc m. ; saccade f. | *jm einen Stoß versetzen*, porter un coup à qn. | *Windstoß*, coup de vent. | *jm Stöße geben*, donner des bourrades à qn. | *den letzten Stoß geben*, donner le coup de grâce. || Fig. *seinem Herzen einen Stoß geben*, se faire violence ; faire qch. à contrecœur. | *das war für ihn ein harter Stoß*, ce fut pour lui une rude épreuve.

2. [auf der Straße] cahot m. || [Gewehre] recul m. ; culasse f. || [Kleider] ourlet m. ; bord m. || [Schreinerei] joint m. || Mines. front (m.) de taille. || Techn. *Stoßheber*, bélier (m.) hydraulique.

3. [aufgeschichtete Menge] tas m. ; pile f. | *ein Stoß Holz*, un tas de bois.

Stoß|dämpfer [ˈˈʃtoːsˈdɛmpfər] m. (s, -). Autom. amortisseur m. ||°**-degen** m. (s, -) épée f. ; estoc m. ||°**-erde** f. pisé m. ||°**-falke** m. (n, n). Zool. autour m. ||°**-fänger** m. (s, -) pare-chocs m. ||**-fest** adj. qui résiste aux chocs. ||°**-gebet** n. (s, e) oraison (f.) jaculatoire. | *ein Stoßgebet zum Himmel senden*, adresser au Ciel une instante prière. ||°**-kolben** m. (s, -) maillet m. ||°**-kraft** f. force (f.) de propulsion. ||°**-rapier** n. (s, e) fleuret m. ||°**-säge** f. (-, n) scie (f.) égoïne. ||°**-scheibe** f. (-, n). Techn. rondelle (f.) d'essieu. ||°**-stange** f. (-, n) pare-chocs m. || °**-therapie** f. Méd. électrochoc m. ||°**-trupp** m. (s, s). Mil. troupe (f.) de choc. ||°**-vogel** m. (s, ¨) oiseau (m.) de proie. ||°**-waffe** f. (-, n) arme (f.) de pointe, d'estoc. ||**-weise** adv. par chocs ; par saccades. ||°**-welle** f. (-, n) onde (f.) de choc. ||°**-wind** m. (s, e) rafale f. ||°**-zahn** m. (s, ¨e). [Tiere] défense f. ||°**-zeiten** f. pl. heures (f. pl.) de pointe, d'affluence.

Stößel [ˈʃtøːsəl] m. (s, -) pilon m. ; poussoir m.

stoßen [ˈʃtoːsən] (ö, ie, o) v. tr. pousser ; heurter ; cogner ; frapper ; bousculer ; enfoncer. | *jn mit dem Ellenbogen stoßen*, heurter, pousser qn du coude. | *jm den Dolch ins Herz stoßen*, plonger un poignard dans le cœur de qn. || pousser ; chasser. | *jn zur Erde stoßen*, faire tomber qn par terre. | *einen König vom Throne stoßen*, déposer, détrôner un roi. | *jn aus dem Hause stoßen*, expulser qn. | *jn aus einer Gesellschaft stoßen*, exclure qn d'une société. | *jn vor den Kopf stoßen*, offenser, insulter qn. | *in die Trompete stoßen*, sonner de la trompette. | *ins Horn stoßen*, sonner du cor. | *tiefe Seufzer (aus)stoßen*, pousser de profonds soupirs. || Par ext. piler ; pulvériser. | *gestoßener Zucker*, sucre (m.) en poudre.

◇ v. intr. **1.** heurter ; donner un coup ; tomber sur. | *mit dem Dolch nach jm stoßen*, se précipiter sur qn avec un poignard. | *mit den Hörnern stoßen*, donner des coups de corne. | *mit dem Fuß an, gegen einen Stein stoßen*, heurter une pierre du pied. | *das Schiff ist auf einen Felsen gestoßen*, le navire a heurté un rocher.

2. cahoter ; secouer. | *der Wagen stößt*, cette voiture est mal suspendue.

3. Fig. rencontrer ; se heurter subitement à. | *auf Schwierigkeiten stoßen*, se heurter à des difficultés. | *auf unerwarteten Widerstand stoßen*, rencontrer une résistance inattendue.

4. Mil. avoir du recul.

5. Mar. *vom Land stoßen*, quitter le rivage. | *ans Land stoßen*, accoster.

6. [angrenzen] *an etwas stoßen*, être contigu à. | *aneinanderstoßende Zimmer*, pièces contiguës. | *an die Wüste stoßend*, limitrophe du désert. || Mil. *zur Truppe stoßen*, rejoindre le gros de la troupe.

◇ v. pr. **sich stoßen,** se cogner ; se heurter ; s'enfoncer. | *mit dem Kopf an die Wand stoßen*, se heurter la tête au mur. | *sich am Fuße stoßen*, se cogner le pied. | *sich einen Splitter unter den Nagel stoßen*, s'enfoncer une écharde sous l'ongle. || Fig. se choquer ; s'offusquer ; se scandaliser. | *er stößt sich daran, daß du mitkommst*, ta venue le choque.

Stoßen [-sən] n. (s) choc m. ; heurt m. ; cahot m. ; percussion f. ; pilonnage m. || [Gewehre] recul m. || Sport. épaulé-jeté m.

Stößer [ˈʃtøːsər] m. (s, -) pilon m. ; poussoir m. || Zool. autour m.

Stoßerei [ʃtoːsəˈrai] f. (-, en) bousculade f.

stößig [ˈʃtøːsiç] adj. qui donne des coups.

Stotterei [ʃtɔtəˈrai] f. (-, en) bégaiement m.

Stotterer [ˈʃtɔtərər] m. (s, -) bègue m. ; bredouilleur m.

stotterig [-təriç] adj. bégayant.

Stotterin [-tərin] f. (-, nen) bègue f. ; bredouilleuse f.

stottern [-tərn] v. intr. bégayer ; bredouiller ; ânonner.

stowen [ˈʃtoːvən] v. tr. Culin. dauber ; étuver.

strack [ʃtrak] adj. droit ; qui se tient droit ; résolu. | *ein stracker Bursche*, un gaillard résolu.

stracks [ʃtraks] adv. tout droit ; sur-le-champ. | *er läuft stracks zum Richter*, il va sur-le-champ trouver le juge.

Straf|abteilung [ˈˈʃtrɑːfˈaptailuŋ] f. (-, en). Mil. compagnie (f.) de discipline. ||°**-änderung** f. (-, en) commutation (f.) de peine. ||**-androhend** adj. comminatoire. ||°**-anstalt** f. (-, en) pénitencier m. ||°**-antrag** m. (s, ¨e) réquisitoire m. ||°**-anzeige** f. (-, n) plainte f. ||°**-arbeit** f. (-, en) pensum m. ; punition f. (à l'école). ||°**-aufschub** m. (s, ¨e) sursis (m.) de peine. ||°**-bataillon** n. (s, e) bataillon (m.) disciplinaire. ||°**-bestimmung** f. (-, en) pénalité f. ||°**-erlaß** m. (es, e), °**-erlassung** f. (-, en) rémission f. ; amnistie f. ; grâce f. ||°**-expedition** f. (-, en) expédition punitive, répressive. ||°**-fall** m. (s, ¨e) cas (m.) punissable. ||**-fällig** adj. punissable ; passible d'une peine ; coupable. | *straffällig werden*, encourir une peine. | *von neuem straffällig*, récidiviste. ||**-frei** adj. et adv. non puni ; exempt de toute punition ; impunément. ||°**-freiheit** f. impunité f. ||°**-gebühr** f. (-, en), °**-geld** n. (s, er) amende f. ||°**-gericht** n. (s, e). Fig. jugement m. ||°**-gerichtsbarkeit** f. juridiction criminelle. ||°**-gesetz** n. (es, e) loi pénale ; code pénal. ||°**-gesetzbuch** n. (s, ¨er) code pénal. ||°**-häufung** f. (-, en) cumul (m.) des peines. ||°**-kammer** f. (-, n) chambre correctionnelle. || °**-mandat** n. (s, e) procès-verbal (m.) de contravention ; commandement m. ||°**-maß** n. (es, e) peine f. ; sanction f. | *höchstes Strafmaß*, maximum (m.) de la peine. | *niedrigstes Strafmaß*, minimum (m.) de la peine. ||°**-milderung** f. (-, en) adoucissement (m.), commutation (f.) de peine. ||°**-mittel** n. (s, -) punition f. ; moyen (m.) de répression. ||**-mündig** adj. qui a l'âge de la responsabilité pénale. ||°**-porto** n. (s, s) surtaxe f. ||°**-predigt** f. (-, en) sermon m. ; réprimande f. ||°**-prozeß** n. (es, e) procès criminel. ||°**-prozeßordnung** f. (-, en) code (m.) de procédure criminelle. ||°**-punkt** m. (s, e) pénalisation f. ||°**-raum** m. (s, e). [Fußball] surface (f.) de réparation. ||°**-recht** n. (s, e) droit (m.) de punir. || Jur. droit criminel. ||**-rechtlich** adj. criminel ; pénal. ||°**-rede** f. (-, n) réprimande f. ; semonce f. ||°**-register** n. (s, -) casier (m.) judiciaire. ||°**-stoß** m. (es, ¨e). Sport. coup (m.) franc. ||°**-tat** f. (-, en) délit m. ||°**-täter** m. (s, -) délinquant m. ||°**-urteil** n. (s, e) condamnation pénale. ||°**-verfahren** n. (s, -) procédure criminelle. ||°**-versetzung** f. (-, en) mutation (f.) pour raisons disciplinaires. ||°**-vollstreckung** f. (-, en), °**-vollziehung** f. (-, en) exécution (f.) d'une peine. ||°**-vollzug** m. (s) *offener Strafvollzug*, régime (m.) de semi-liberté.

strafbar [ˈʃtrɑːfbɑːr] adj. coupable ; punissable ; répréhensible ; passible d'une peine, d'une sanction.

| *sich strafbar machen*, se rendre coupable. | *strafbare Handlung*, acte délictueux, illégal ; action délictuelle.
Strafbarkeit [-kait] f. culpabilité f. ; pénalité f. ; criminalité f.
Strafe ['ʃtra:fə] f. (-, n) peine f. ; punition f. ; sanction f. ; châtiment m. | *Geldstrafe*, amende f. | *Gefängnisstrafe*, peine de prison. | *es ist bei Strafe verboten*, il est interdit sous peine d'amende. | *eine Strafe beantragen*, requérir une peine. | *eine Strafe mildern*, atténuer une peine. | *eine Strafe verhängen*, infliger une peine. | *eine Strafe verwirken*, encourir une peine. | *entehrende Strafe*, peine infamante. | *milde Strafe*, peine légère. | *jn in Strafe nehmen*, punir qn. | *jn mit einer Strafe belegen*, pénaliser qn ; frapper qn d'une peine. | *seine Strafe absitzen, abbüßen, verbüßen*, POP. *abbrummen*, purger sa peine. | *zur Strafe für*, en punition de.
strafen [-fən] v. tr. punir ; châtier ; sanctionner ; réprimer. | *jn schwer, empfindlich strafen*, condamner qn lourdement, sévèrement. | *am Leibe strafen*, infliger un châtiment corporel. | *am Leben strafen*, punir de mort. | *mit Gefängnis strafen*, punir de prison. | *strafende Gerechtigkeit*, justice vengeresse. | *jn um hundert Mark strafen*, infliger à qn une amende de cent marks. | *Gott straft ihn für seine Sünden*, Dieu le punit de ses péchés. || FIG. *jn Lügen strafen*, démentir qn. | *strafender Blick*, regard vengeur.
Strafen [-fən] n. (s) punition f. ; châtiment m.
straff [ʃtraf] adj. raide ; tendu ; rigide. | *straff angezogenes Seil*, corde très tendue. | *straff anliegende Kleider*, vêtements collants. || FIG. raide ; rigide ; strict. | *straffer Stil*, style sobre. | *straffe Zucht*, éducation rigoureuse.
straffen ['ʃtrafən] v. tr. tendre ; raidir. | *die Muskeln straffen*, tendre, bander ses muscles.
Straffheit ['ʃtrafhait] f. raideur f. ; rigidité f. ; rigueur f. ; rigorisme m.
sträflich ['ʃtrɛ:fliç] adj. punissable ; blâmable ; répréhensible ; passible de sanctions. | *sträflicher Leichtsinn*, légèreté (f.) coupable, impardonnable.
Sträfling [-liŋ] m. (s, e) détenu m. ; condamné m. ; prisonnier m.
Strahl [ʃtra:l] m. (s, en) rayon m. ; rai m. ; trait m. | *Sonnenstrahl*, rayon de soleil. | *gebrochener Strahl*, rayon réfracté. | *einfallender Strahl*, rayon incident. | *Strahlen werfen*, rayonner. | *Röntgenstrahlen*, rayons X. || FIG. *ein Strahl von Hoffnung*, une lueur d'espoir. || [Wasser] jet (m.) d'eau. || MATH. demi-droite f. || (Vx.) flèche f. || [Pferdefuß] fourchette f.
Strahl|bohrer ["ʃtra:l'bo:rər] m. (s, -) trépan (m.) à jet. ||°**-dichte** f. (-) luminance (f.) énergétique. ||°**-dusche** f. (-, n) douche (f.) en jet. ||°**-düse** f. (-, n) éjecteur m. ||°**-motor** m. (s, en) moteur (m.) à réaction. ||°**-regler** m. (s, -) brise-jet m. ||°**-rohr** n. (s, e) lance (f.) d'incendie. ||°**-triebwerk** n. (s, e) réacteur m. | *mit mehreren Strahltriebwerken*, multiréacteur.
strahlen ['ʃtra:lən] v. intr. rayonner ; irradier ; resplendir. | *strahlender Sonnenschein*, soleil resplendissant. || FIG. *sein Gesicht strahlt vor Freude*, son visage rayonne de joie. | *strahlendes Gesicht*, visage radieux.
Strahlen [-lən] n. (s) rayonnement m. ; radiation f.
strählen ['ʃtrɛ:lən] v. tr. peigner ; étriller.
strahlen|artig ["ʃtra:lən'a:rtiç] adj. BOT., ZOOL. radiant. ||°**-behandlung** f. MÉD. radiothérapie f. ||°**-belastung** f. (-, en). NUCL. irradiation f. | *äußere Strahlenbelastung*, irradiation externe. ||**-brechend** adj. PHYS. réfringent. ||°**-brechung** f. PHYS. réfraction f. ||°**-brechungs|lehre** f. dioptrique f. ||°**-bündel** n. (s, -) faisceau (m.) de rayons lumineux. ||°**-büschel** m. (s, -) faisceau lumineux. || ÉLECTR. aigrettes f. pl. | *Strahlenbüschel von Elektronen*, pinceau (m.) d'électrons. ||°**-dosis** f. (-, dosen). NUCL. dose (f.) de rayonnement. ||°**-erzeugungssystem** n. (s, e). TECHN. canon (m.) à électrons. ||°**-exposition** f. (-, en). NUCL. *unfallbedingte Strahlenexposition*, exposition accidentelle. ||°**-forscher** m. (s, -) radiesthésiste m. ||°**-gang** m. (s, ¨e) trajet (m.) du faisceau lumineux. ||°**-körper** m. (s, -) corps (m.) ciliaire. ||°**-krone** f. (-, n), °**-kranz** m. (es, ¨e) auréole f. ; nimbe m. ||°**-messer** m. (s, -) actinomètre m. ||°**-opfer** n. (s, -). NUCL. irradié(e) m. (f.). ||°**-schaden** m. (s, ¨). NUCL. *genetischer Strahlenschaden*, effets (f. pl.) génétiques. ||°**-schutz** m. (es). NUCL. protection (f.) contre les rayonnements ; radioprotection f. ||°**-schutz|verordnung** f. (-, en). NUCL. loi (f.) sur la radioprotection. ||°**-sender** m. (s, -) projecteur m. ||°**-spätschaden** m. (s, ¨). NUCL. effet (m.) aléatoire. ||°**-teiler** m. (s, -). TECHN. diviseur (m.) optique. ||°**-tierchen** n. (s, -). ZOOL. rayonné m. ||°**-verseuchung** f. (-, en) radiation (f.) nucléaire. ||°**-werfer** m. (s, -) projecteur m.
Strahler ['ʃtra:lər] m. (s, -). [Radar] élément radiateur. || NUCL. *nuklearer Strahler*, source scellée. | *offener Strahler*, source non scellée.
strahlig [-liç] adj. rayonné ; radié ; strié ; radiaire.
Strahlung [-luŋ] f. (-, en) radiation f. ; rayonnement m. || ASTRON. *kosmische Strahlung*, rayons (m. pl.) cosmiques. || NUCL. *ionisierende Strahlung*, rayonnement ionisant. || PHYS. *monokromatische Strahlung*, radiation (f.) monochromatique.
Strahlungs|detektor ["ʃtra:luŋsde'tɛktɔr] m. (s, en). NUCL. détecteur (m.) de radiation. ||°**-hitze** f. chaleur rayonnante. ||°**-leistung** f. (-, en) irradiance f. ||°**-messer** m. (s, -) compteur (m.) de radioactivité. ||°**-pyrometer** m. (s, -). TECHN. pyromètre (m.) à rayonnement. ||°**-therapie** f. radiothérapie f.
Strähnchen ['ʃtrɛ:nçən] n. (s, -). [Haar] mèche (f.) de cheveux. | *sich ein Strähnchen legen lassen*, se faire faire un balayage.
Strähne ['ʃtrɛ:nə] f. (-, n) mèche f. ; touffe f. ; brin m. | *Strähne Garn*, écheveau (m.) de fil. || FIG. *Glückssträhne*, série (f.) d'heureux hasards.
stramm [ʃtram] adj. raide ; tendu ; solide ; robuste. | *ein strammer Bursche*, un gaillard solide. | *stramm arbeiten*, travailler dur. | *stramm anziehen*, serrer à bloc. | *stramme Disziplin*, discipline (f.) sévère. | *stramm stehen*, être au garde à vous. | *strammes Kleid*, vêtement (m.) trop juste.
strampeln ['ʃtrampəln] v. intr. *mit den Beinen, den Armen strampeln*, remuer les jambes, les bras ; gigoter.
strampfen ['ʃtrampfən] v. intr. V. STAMPFEN.
Strand [ʃtrant] m. (s, e) plage f. ; rivage m. ; grève f. ; côte f. | *am Strande*, sur la plage. | *sandiger Strand*, plage de sable. | *ein Schiff auf den Strand setzen, laufen lassen*, échouer un navire.
Strand|amt ["ʃtrant'amt] n. (s, ¨er) service (m.) de surveillance de la côte. ||°**-bewohner** m. (s, -) habitant (m.) de la côte ; riverain m. ||°**-eis** n. (es) glace (f.) le long de la côte. ||°**-fischerei** f. pêche côtière. ||°**-gut** n. (s, ¨er) épaves f. pl. ||°**-kiefer** f. (-, n). BOT. pinastre m. ||°**-korb** m. (s, ¨e) guérite (f.) de plage. ||°**-lachs** m. (es, e) truite saumonée. ||°**-läufer** m. (s, -). ZOOL. bécasseau m. ||°**-mondschnecke** f. (-, n). ZOOL. bigorneau m. ||°**-räuber** m. (s, -) naufrageur m. ||°**-recht** n. (s) droit (m.) d'épaves. ||°**-stein** m. (s, e) galet m. ||°**-vogt** m. (s, ¨e) inspecteur (m.) des côtes. ||°**-wächter** m. (s, -). MAR. garde-côte m.
stranden ['ʃtrandən] v. intr. échouer ; faire naufrage. | *gestrandetes Schiff*, navire échoué. || FIG. [scheitern] échouer ; faire naufrage ; être à l'abandon.
Strandung [-duŋ] f. (-, en) échouement m. ; naufrage m.
Strang [ʃtraŋ] m. (s, ¨e) corde f. ; cordon m. | *Garnstrang*, écheveau m. | *Nervenstrang*, cordon nerveux. | *Schienenstrang*, voie ferrée. || LOC. FIG. *jn zum Tode durch den Strang verurteilen*, condamner qn à la pendaison. | *wenn alle Stränge reißen*, au pis aller. | *am gleichen Strang ziehen*, tirer sur la même corde ; être attelé à la même tâche. | *über die Stränge schlagen*, exagérer ; FAM. y aller trop fort.
strängen ['ʃtrɛŋən] v. tr. [anspannen] atteler.
strangulieren [ʃtraŋgu'li:rən] v. tr. [erdrosseln] étrangler.
Strangulieren [-rən] n. (s), **Strangulierung** [-ruŋ] f. strangulation f. ; étranglement m.
Strapaze [ʃtra'patsə] f. (-, n) dur effort ; dur labeur ; fatigue f. ; peine f. | *Strapazen einer Reise*, fatigues d'un voyage. | *an Strapazen gewöhnt*, rompu à la fatigue.
strapazieren [-pa'tsi:rən] v. tr. et v. pr. fatiguer ; éreinter ; user ; harasser. | *sich strapazieren*, s'éreinter. | *strapazierter Anzug*, costume fatigué, usé.
strapazier|fähig [ʃtrapa"tsi:r'fɛ:iç] adj. résistant à la fatigue ; robuste ; solide. ||°**-kleid** n. (s, er) vêtement (m.) pour l'usage, de travail.
strapaziös [ʃtrapatsi'ø:s] adj. fatigant ; pénible. — SYN. : *anstrengend*.
Straß [ʃtras] m. (es, e) strass m.
Straßburg ['ʃtrasburk] n. pr. n. GÉOGR. Strasbourg m.
Straße ['ʃtra:sə] f. (-, n). **1.** rue f. | *auf der Straße*, dans la rue. | *auf offener Straße*, en pleine rue ; JUR. sur la voie publique. | *in, an einer Straße wohnen*, habiter dans une rue. | *über die Straße gehen*, traverser la rue. | *in eine Straße einbiegen*, tourner dans une rue. | *Hauptstraße*, grand-rue f. ; rue principale. | *Nebenstraße*,

rue adjacente. | *straßauf, straßab laufen*, aller et venir dans une rue. | *gesperrte Straße*, rue barrée.

2. [Landstraße] route f. ; chaussée f. ; chemin m. | *Fernstraße*, [Deutschland] *Bundesstraße*, route nationale. | *Schnellstraße*, route de grande communication. | *Autostraße*, autoroute f. | *gewölbte Straße*, route bombée. | *kurvenreiche Straße*, route sinueuse, comportant de nombreux virages. | *ausgefahrene Straße*, route défoncée.

3. FIG. *die rechte Straße*, la bonne voie. | *seine Straße ziehen*, aller son chemin. | *auf der Straße sein*, être sur le pavé ; être à la rue. | *jn auf die Straße setzen, werfen*, jeter qn à la rue. | *von der Straße auflesen*, ramasser dans la rue. | *der Mann von der Straße*, l'homme de la rue. | *ein Mädchen von der Straße*, une fille des rues. | *das ist nicht auf der Straße gefunden*, cela ne se trouve pas sous les pas d'un cheval.

4. MAR. [Meeresstraße ; Meerenge] *die Straße von Gibraltar*, le détroit de Gibraltar. || ASTRON. *Milchstraße*, Voie lactée. || TECHN. *Walzenstraße*, train (m.) de laminoir.

Straßen|anlage ["ʃtrɑ:sən'anlɑ:gə] f. (-, n) tracé (m.) d'une route. ||°**-anzug** m. (s, ¨e) costume (m.) de ville. ||°**-arbeiter** m. (s, -) cantonnier m. ||°**-aufseher** m. (s, -) agent voyer. ||°**-aufsicht** f. voirie f. ||°**-bahn** f. (-, en) tramway m. ||°**-bahner** m. (s, -) traminot m. ||°**-bahnführer** m. (s, -) wattman m. ||°**-bau** m. (s) construction (f.) des routes. ||°**-baustelle** f. (-, n) chantier routier. ||°**-bauingenieur** m. (s, e) ingénieur (m.) des Ponts et Chaussées. ||°**-belag** m. (s, e) revêtement (m.) d'une route. ||°**-beleuchtung** f. (-, en) éclairage (m.) de la voie publique. ||°**-damm** m. (s, ¨e) chaussée f. ||°**-dirne** f. (-, n) fille publique. ||°**-fahrer** m. (s, -) routier m. ||°**-feger** m. (s, -) balayeur m. ; cantonnier m. ||°**-gabelung** f. (-, en) bifurcation f. ||°**-händler** m. (s, -) marchand (m.) à la sauvette ; camelot m. ||°**-hobel** m. (s, -). TECHN. niveleuse f. ||°**-junge** m. (n, n) gosse (m.) des rues ; polisson m. ; garnement m. ; voyou m. ||°**-kampf** m. (s, ¨e) combat (m.) de rues. ||°**-kampfwaffe** f. (-, n) fusil (m.) à pompe. ||°**-karte** f. (-, n) carte routière. ||°**-kehrer** m. (s, -) balayeur m. ||°**-kleid** n. (s, er) robe (f.) de ville. ||°**-knie** n. (s, -) coude (m.) d'une route. || °**-knotenpunkt** m. (s, e) nœud routier. ||°**-kreuzung** f. (-, en) carrefour m. ; croisement m. ||°**-krümmung** f. (-, en) virage m. ; tournant m. ||°**-lage** f. AUTOM. tenue (f.) de route. ||°**-laterne** f. (-, n) réverbère m. ||°**-leistung** f. (-, en) charge maximale admise par la route. ||°**-netz** n. (es, e) réseau routier. ||°**-pflaster** n. (s, -) pavé m. ||°**-pflasterer** m. (s, -) paveur m. ||°**-polizei** f. (-, en) police routière. ||°**-raub** m. (s) brigandage m. ||°**-räuber** m. (s, -) brigand m. ; voleur (m.) de grand chemin. ||°**-reinigungsmaschine** f. (-, n) balayeuse f. ||°**-rinne** f. (-, n) caniveau m. ||°**-schild** n. (s, er) plaque (f.) de rue. ||°**-seite** f. (-, n) façade f. ||°**-sperre** f. (-, n) barrage m. ||°**-steuer** f. (-, n) taxe (f.) de voirie. ||°**-streife** f. (-, n) patrouille (f.) de la police routière. ||°**-streifen** m. (s, -) passage (m.) pour piétons. ||°**-überführung** f. (-, en) passage supérieur. || °**-übergang** m. (s, ¨e) passage m. | *genagelter Straßenübergang*, passage clouté. ||°**-umleitung** f. (-, en) déviation f. ||°**-unterführung** f. (-, en) passage inférieur. ||°**-verengung** f. (-, en) rétrécissement m. ; étranglement m. ||°**-verkauf** m. (s, ¨e) vente (f.) sur la voie publique. ||°**-verkäufer** m. (s, -) vendeur ambulant. ||°**-verkehr** m. (s) circulation f. ; roulage m. ||°**-verkehrsordnung** f., °**-vorschriften** f. pl. code (m.) de la route. ||°**-wesen** n. (s) voirie f. ||°**-zoll** m. (s, ¨e) péage m. ; barrière f.

Stratege [ʃtra'te:gə] m. (n, n) stratège m.

Strategie [-te'gi:] f. stratégie f.

Strategiker [-'te:gikər] m. (s, -) stratégiste m.

strategisch [-'te:giʃ] adj. stratégique. | *strategische Verteidigungsinitiative*, initiative (f.) stratégique de défense.

Strato|kumulus ['ʃtrato"ku:mulus] m. (-, li) [Haufenwolke] strato-cumulus m.

Strato|sphäre [-'sfɛ:rə] f. stratosphère f.

Stratosphären|ballon [ʃtratos"fɛ:rənba'lo:n] m. (s, s) ballon-sonde m. ||°**-flug** m. (s, ¨e) vol (m.) stratosphérique.

Stratus ['ʃtrɑ:tus] m. (-, ti). [Schichtwolke] stratus m.

sträuben ['ʃtrɔybən] v. tr. hérisser ; dresser ; faire dresser. | *der Igel sträubt die Stacheln*, le hérisson dresse ses piquants.

◇ v. pr. **sich sträuben,** se hérisser ; se dresser. | *das Haar sträubt sich*, les cheveux se dressent. | *haarsträubende Geschichte*, histoire effrayante. || FIG. *sich gegen etwas sträuben*, se refuser à qch. ; regimber.

Sträuben [-bən] n. (s) hérissement m. ; résistance f. | *da hilft kein Sträuben*, toute résistance est inutile.

sträubig [-biç] adj. qui se hérisse ; récalcitrant ; rebelle.

Strauch [ʃtraux] m. (s, ¨er) arbuste m. ; arbrisseau m. ; buisson m. ; broussaille f.

strauch|artig ["ʃtraux'ɑ:rtiç] adj. frutescent ; arbustif. ||°**-bündel** n. (s, -). MIL. fascine f. ||°**-dieb** m. (s, e) chenapan m. ||°**-werk** n. (s) broussailles f.

straucheln ['ʃtrauxəln] v. intr. PR. et FIG. faire un faux pas ; trébucher ; faillir.

— SYN. : *stolpern*, trébucher ; *wanken*, chanceler.

Strauß [ʃtraus] m. (es, ¨e) bouquet m. | *Rosenstrauß*, bouquet de roses. || FIG. querelle f. ; lutte f. ; combat m. | *einen Strauß ausfechten*, avoir une querelle.

Strauß [ʃtraus] m. (es, e). ZOOL. autruche f. | *Straußfeder*, plume (f.) d'autruche.

Straußen|ei ["ʃtrausən'ai] n. (s, er) œuf (m.) d'autruche. ||°**-feder** f. (-, n) plume (f.) d'autruche. ||°**-magen** m. (s, -) estomac (m.) d'autruche.

Strebe ['ʃtre:bə] f. (-, n) étai m. ; étrésillon m. ; traverse f. | *mit Streben stützen*, étrésillonner.

Strebe|balken ["ʃtre:bə'balkən] m. (s, -) chevalet m. ||°**-bogen** m. (s, ¨) arc-boutant m. ||°**-mauer** f. (-, n) mur (m.) de soutien. ||°**-pfeiler** m. (s, -) contrefort m.

streben ['ʃtre:bən] v. intr. s'efforcer ; tendre à ; chercher à atteindre. | *nach einem Ziel streben*, chercher à atteindre un but. | *nach Ehren streben*, ambitionner les honneurs. | *nach Vollkommenheit streben*, aspirer à la perfection.

Streben [-bən] n. (s), **Strebung** [-buŋ] f. (-, en) effort m. ; aspiration f. ; tendance f. ; poursuite (f.) d'un but ; visées f. pl.

Streber [-bər] m. (s, -). PÉJOR. arriviste m.

streberhaft [-bərhaft] adj. PÉJOR. arriviste.

Strebertum [-tu:m] n. (s). PÉJOR. arrivisme m.

strebsam ['ʃtre:pzɑ:m] adj. assidu ; zélé ; ambitieux.

Strebsamkeit [-kait] f. émulation f. ; zèle m. ; ambition f.

— SYN. : *Eifer*, zèle ; *Ehrgeiz*, ambition ; *Fleiß*, application.

Streck|balken ["ʃtrɛk'balkən] m. (s, -) chevalet m. ||°**-bett** n. (s, en) lit (m.) orthopédique. || °**-bewegung** f. (-, en) mouvement (m.) d'extension. ||°**-hammer** m. (s, ¨) aplatisseur m. ||°**-lage** f. SPORT. position (f.) jambes étendues. ||°**-maschine** f. (-, n) machine à étirer ; machine (f.) orthopédique. || °**-metall** n. (s, e) métal déployé. ||°**-muskel** m. (s, n). ANAT. extenseur m. ||°**-walze** f. (-, n) laminoir m.

streckbar ['ʃtrɛkbɑ:r] adj. extensible. || PHYS. ductile.

Streckbarkeit [-kait] f. extensibilité f. ; ductilité f. ; malléabilité f.

Strecke ['ʃtrɛkə] f. (-, n) distance f. ; parcours m. ; voie f. ; trajet m. ; étendue f. | *eine gute Strecke Wegs*, un bon bout de chemin. | *von Strecke zu Strecke*, de loin en loin. || PAR EXT. espace (m.), laps (m.) de temps. || [Eisenbahn] voie f. ; portion (f.) de voie ; section f. || MINES. galerie f. || MATH. droite f. ; segment m. || FIG. *auf der Strecke bleiben*, rester sur le carreau. | *ein Wildschwein zur Strecke bringen*, tuer un sanglier. || PAR EXT. gibier tué durant une chasse ; tableau de chasse.

strecken [-kən] v. tr. et v. pr. **1.** allonger ; étendre ; étirer. | *die Hand nach etwas strecken*, tendre la main pour saisir qch. | *sich strecken*, s'étirer. | *den Kopf zum Fenster hinaus strecken*, passer la tête par la fenêtre. | *jn zu Boden strecken*, étendre qn sur le carreau. | *alle viere von sich strecken*, s'étendre les quatre fers en l'air. | *die Straße streckt sich nach Osten*, la route s'étire vers l'est. | *der Junge streckt sich*, ce garçon pousse vite. | *sich ins Gras strecken*, s'allonger sur l'herbe. || [Pferde] *sich im Laufe strecken*, aller ventre à terre. | *in gestrecktem Galopp*, à bride abattue.

2. LOC., FIG. *die Waffen strecken*, mettre bas les armes. | *sich nach der Decke strecken*, se restreindre. || CULIN. *eine Soße strecken*, allonger une sauce.

Strecken|arbeiter ["ʃtrɛkən'arbaitər] m. (s, -) ouvrier (m.) de la voie. ||°**-führung** f. (-, en) tracé (m.) de la voie. ||°**-wärter** m. (s, -) garde-voie m. ||**-weise** adv. par-ci par-là ; par places.

Strecker ['ʃtrɛkər] m. (s, -). ANAT. muscle extenseur. || MÉTALL. lamineur m. || [an der Angel] tendeur m. || SPORT. *Strecker für Körperkultur*, exerciseur m.

Strecken [-kən] n. (s), **Streckung** [-kuŋ] f. (-, en) [action d']étendre, s'étendre, allonger, s'allonger, étirer, s'étirer. || MÉTALL. étirage m.

Streich [ʃtraiç] m. (s, e). **1.** [Hieb] coup m. ; tape f. | *jm einen Streich versetzen*, porter un coup à qn. | *Backenstreich*, soufflet m. | *tödlicher Streich*, coup mortel. | *auf den ersten Streich*, du premier coup. || PROV. *von einem Streiche fällt keine Eiche*, Paris ne s'est pas fait en un jour.

2. [Posse] tour m. ; plaisanterie f. ; farce f. ; frasque f. ; mauvais coup. | *jm einen Streich spielen*, jouer un tour à qn. | *schlechter Streich*, mauvais tour. | *er leistet sich immer dieselben Streiche*, il n'en fait jamais d'autres. | *schöne Streiche machen*, en faire de belles. | *dummer Streich*, sottise f. | *toller Streich*, frasque f.

Streich|bogen ["ʃtraiç'bo:gən] m. (s, -). MUS. archet m. (de violon). ||°**-brett** n. (s, er) versoir m. ||°**-eisen** n. (s, -) fer (m.) à étendre. ||°**-feuer** n. (s, -). MIL. feu rasant. ||°**-fläche** f. (-, n) frottoir m. ||°**-garn** n. (s, e) laine cardée. || [Fischfang] tirasse f. ; traîneau m. ||°**-holz** n. (es, ¨er), °**-hölzchen** n. (s, -) allumette f. ||°**-instrument** n. (s, e). MUS. instrument (m.) à cordes. ||°**-käse** m. (s, -) fromage mou, à tartiner. ||°**-leder** n. (s, -) cuir (m.) à repasser. ||°**-maß** n. (es, e). TECHN. trusquin m. ||°**-messer** n. (s, -) spatule f. ||°**-quartett** n. (s, e). MUS. quatuor (m.) à cordes. ||°**-richtung** f. (-, en). MINES. direction horizontale. ||°**-riemen** m. (s, -) cuir (m.) à repasser. ||°**-stein** m. (s, e) pierre (f.) à aiguiser ; pierre (f.) de touche. ||°**-teich** m. (s, e) étang (m.) de frai.

streicheln ['ʃtraiçəln] v. tr. caresser ; effleurer de la main ; cajoler ; frôler.

streichen ['ʃtraiçən] (i, i) v. tr. **1.** passer ; frotter sur ; étendre ; enduire. | *Butter auf Brot streichen*, mettre du beurre sur le pain ; beurrer du pain. | *sich das Haar glatt streichen*, se lisser les cheveux. | *mit der Hand über die Stirn streichen*, se passer la main sur le front. | *sich den Bart streichen*, se caresser la barbe. | *seine Haare aus der Stirn streichen*, écarter les cheveux de son front. | *Geld in die Tasche streichen*, empocher de l'argent. | *ein Messer streichen*, passer un couteau sur le cuir. | *Wolle streichen*, carder de la laine. | *das Maß voll streichen*, araser la mesure. | *gestrichen voll*, plein à ras bord. || MIL. [Gewehr] *gestrichen Korn*, au ras du guidon. || PAR EXT. peindre. | *ein Haus streichen*, peindre une maison.

2. rayer ; effacer ; PAR EXT. annuler ; révoquer. | *einen Namen aus einer Liste streichen*, rayer un nom d'une liste. | *er hat diese Erinnerung aus seinem Gedächtnis gestrichen*, il a effacé ce souvenir de sa mémoire. | *eine Stelle streichen*, rayer, barrer un passage. | *Nichtzutreffendes bitte streichen*, biffer les mentions inutiles. | *einen Auftrag streichen*, annuler une commande. | *einen Flug streichen*, annuler un vol.

3. MAR. *die Segel streichen*, carguer les voiles. | *die Ruder streichen*, freiner à la rame. | *die Flagge streichen*, amener pavillon.

◇ v. intr. passer ; effleurer ; frôler. | *an der Erde streichen*, raser le sol. | *durch das Land streichen*, vagabonder. | *der Wind streicht über die Ebene*, le vent balaye la plaine. | *die Zugvögel streichen nach dem Süden*, les oiseaux migrateurs se dirigent vers le sud. | *durch die Wellen streichen*, fendre les flots.

Streichen [-çən] n. (s) frottement m. || peinture f. || suppression f. ; annulation f. || [Vögel] passage m. || TEXT. cardage m. || [Ziegel] moulage m. || MINES. direction (f.) d'un filon.

Streicher [-çər] m. (s, -) frotteur m. || peintre m. || MUS. qui joue d'un instrument à archet.

Streichung [-çuŋ] f. (-, en) rature f. ; passage supprimé, rayé, biffé ; suppression f. ; radiation f.

Streichungs|zeichen ["ʃtraiçuŋs'tsaiçən] n. (s, -). TYPOGR. deleatur m.

Streif [ʃtraif] m. (s, e). [Streifen] raie f.

Streif|band ['ʃtraifbant] n. (s, ¨er). POSTES. bande f. | *unter Streifband*, sous bande. ||°**-blick** m. (s, e) coup (m.) d'œil (en passant). ||°**-hieb** m. (s, e) coup (m.) qui ne fait qu'effleurer. ||°**-hobel** m. (s, -) plane f. ||°**-jagd** f. (-, en) battue f. ||°**-licht** n. (s, er) échappée (f.) de lumière. | *ein neues Streiflicht auf eine Frage werfen*, éclairer une question d'un jour nouveau. | *im Streiflicht*, sous un jour frisant. ||°**-partie** f. (-, n) excursion f. ||°**-regen** m. (s, -) ondée f. ; averse f. ||°**-ritt** m. (s, e) course (f.) à cheval. ||°**-schuß** m. (es, ¨e) éraflure f. (par balle). ||°**-wache** f. (-, n) patrouille f. ||°**-wunde** f. (-, n) éraflure f. ; écorchure f. ||°**-zug** m. (s, ¨e) course f. ; brève incursion ; raid m.

Streife ['ʃtraifə] f. (-, n). MIL. patrouille f. | *Polizeistreife*, patrouille de police. || [Streifjagd] battue f.

Streifen ['ʃtraifən] m. (s, -) bande f. ; raie f. ; rayon m. ; rayure f. | *Anzug mit grauen Streifen*, costume (m.) à rayures grises. | *Lichtstreifen*, traînée (f.) de lumière. | *Ärmelstreifen*, galon m. || FILM. bande f. | *Tonstreifen*, bande sonore. || MINÉRAL. strie f. || ANAT. *blutrünstige Streifen*, vergetures f. pl. || TYPOGR. [Fahne] placard m. || ARCHIT. [Säulen] cannelure f.

streifen [-fən] v. tr. **1.** [berühren] effleurer ; friser ; raser. | *den Boden streifen*, frôler le sol. | *streifendes Licht*, lumière rasante. || FIG. *ein Thema streifen*, effleurer un sujet.

2. [mit Streifen versehen] rayer ; marquer de raies, de rayures. | *grau gestreift*, à rayures grises. || MINÉRAL. strié.

3. [leise verwunden] érafler ; faire une blessure légère. | *die Kugel hat ihn gestreift*, la balle n'a fait que l'érafler.

4. [abziehen] *den Ring vom Finger streifen*, enlever sa bague (du doigt). | *die Ärmel in die Höhe streifen*, retrousser ses manches. | *das Laub von einem Zweig streifen*, effeuiller une branche. | *einen Hasen (ab)streifen*, dépouiller un lièvre. | *einen Aal streifen*, écorcher une anguille.

5. [bringen ; ziehen] *die Kapuze über den Kopf streifen*, rabattre une capuche sur la tête.

6. [Säulen] canneler.

◇ v. intr. rôder ; errer. | *er ist durch die ganze Gegend gestreift*, il a erré à travers toute la région, tout le pays. | *durch das Land streifen*, battre la campagne.

◇ v. pr. **sich streifen,** s'effleurer ; se rayer ; s'écorcher.

Streifen [-fən] n. (s). 1° frôlement m. ; 2° flânerie f.

Streifen|dienst ["ʃtraifən'di:nst] m. (s) rondes (f. pl.), patrouilles (f. pl.) de police. ||°**-gemüse** n. (s). CULIN. julienne f. ||°**-hyäne** f. (-, n). ZOOL. hyène rayée. ||°**-jagd** f. (-, en) battue f. ||°**-kode** m. (s, s). INF. code-barres m. ||°**-leser** m. (s, -). INF. lecteur (m.) de bandes. ||°**-locher** m. (s, -) perforatrice f. ||°**-schreiber** m. (s, -) téléimprimeur (m.) à bandes.

streifig ['ʃtraifiç] adj. rayé ; à rayures.

Streik [ʃtraik] m. ([e]s, s) grève f. | *in den Streik treten*, se mettre en grève. | *einen Streik brechen*, briser une grève. | *einen Streik ausrufen*, lancer l'ordre de grève. | *wilder Streik*, grève non organisée. | *Generalstreik*, grève générale. | *Bummelstreik*, grève perlée. | *Sitzstreik*, grève sur le tas.

— SYN. : *Arbeitseinstellung*, cessation du travail ; *Ausstand*, débrayage.

Streik|ankündigung ["ʃtraik'ankyndiguŋ] f. (-, en) préavis (m.) de grève. ||°**-bewegung** f. (-, en) mouvement (m.) de grève. ||°**-brecher** m. (s, -) briseur (m.) de grève ; POP. jaune m. ||°**-führer** m. (s, -) meneur m. ||°**-kasse** f. (-, n) fonds (m.) de grève. ||°**-posten** m. (s, -) piquet (m.) de grève. ||°**-recht** n. (s) droit (m.) de grève.

streiken ['ʃtraikən] v. intr. faire grève ; se mettre en grève. | *die Streikenden*, les grévistes ; les travailleurs en grève.

Streit [ʃtrait] m. (s, e) querelle f. ; dispute f. ; différend m. ; rixe f. ; débat m. ; altercation f. | *mit jm im Streit liegen*, être en conflit avec qn. | *Streit um Worte*, querelle de mots. | *Streit vor dem Gericht*, litige m. | *Glaubensstreit*, controverse religieuse. | *wissenschaftlicher Streit*, polémique (f.) scientifique. || LOC. *Streit um des Kaisers Bart*, querelle d'Allemand. | *mit jm einen Streit vom Zaune brechen*, chercher querelle à qn. || MIL. (VX.) [Kampf] *sich zum Streit rüsten*, se préparer au combat. | *die Trommel schlug zum Streite*, le tambour battait la charge.

Streit|axt ["ʃtrait'akst] f. (-, ¨e) hache (f.) de guerre ; francisque f. | *die Streitaxt begraben*, enterrer la hache de guerre. ||**-begierig** adj. belliqueux. ||°**-fall** m. (s, ¨e) différend m. ; litige m. ||°**-frage** f. (-, n) point litigieux. ||°**-hahn** m. (s, ¨e) coq (m.) de combat. || FIG. querelleur m. ; ergoteur m. ||°**-hammel** m. (s, ¨). FAM. disputeur m. ; querelleur m. ; mauvais coucheur. ||°**-handel** m. (s, ¨) litige m. ; querelle f. ; procès m. ||°**-kolben** m. (s, -) masse (f.) d'armes. ||°**-kräfte** f. pl. forces armées. ||°**-lust** f. humeur querelleuse. ||**-lustig** adj. querelleur. ||°**-punkt** m. (s, e) point litigieux ; point (m.) en litige. ||°**-rede** f. (-, n) discussion f. ; débat m. ||°**-roß** n. (es, e) coursier m. ; destrier m. ; cheval (m.) de bataille. ||°**-sache** f. (-, n) litige m. ; différend m. ; objet (m.) d'un litige ; point (m.) de contentieux. ||°**-schlichter** m. (s, -)

arbitre m. ; conciliateur m. ||°-**schrift** f. (-, en) écrit (m.) polémique. ||°-**sucht** f. humeur querelleuse. ||-**süchtig** adj. querelleur. || (Vx.) pugnace.

streitbar ['ʃtraitbɑ:r] adj. belliqueux ; brave ; vaillant. || PÉJOR. querelleur.
— SYN. : *kriegerisch*, belliqueux ; *tapfer*, vaillant ; *kampfesfreudig*, batailleur.

Streitbarkeit [-kait] f. (Vx.) vaillance f. ; bravoure f. ; combativité f.

streiten ['ʃtraitən] (i, i) v. intr. combattre ; lutter. | *miteinander streiten*, se quereller. | *gegen jn streiten*, lutter contre qn. | *für etwas streiten*, se battre pour qch. | *um etwas streiten*, se battre pour obtenir qch. ; se battre pour un enjeu. || FIG. disputer ; discuter ; controverser ; se quereller ; chicaner. | *darüber läßt sich streiten*, on peut en discuter. || JUR. *vor Gericht streiten*, plaider. | *streitende Parteien*, parties plaidantes ; parties adverses. | *das streitet gegen alle Billigkeit*, cela est contraire à toute équité.
◇ part. prés. **streitend.** MIL. *streitende Mächte*, forces belligérantes ; belligérants m. pl. || RELIG. *streitende Kirche*, Église militante. || JUR. *streitende Parteien*, parties (f. pl.) adverses ; plaideurs m. pl.
◇ v. pr. **sich streiten,** se battre. | *sich mit jm streiten*, se disputer avec qn. | *sich um des Kaisers Bart streiten*, se disputer pour rien. | *sich um einen Besitz streiten*, se disputer une propriété.

Streiten [-tən] n. (s) combats m. pl. ; disputes f. pl. ; démêlés m. pl.

Streiter [-tər] m. (s, -) combattant m. ; champion m. ; défenseur m. ; militant m. | *Streiter für die Freiheit*, champion de la liberté. || PÉJOR. querelleur m. ; batailleur m. ; disputeur m.

Streiterei [ʃtraitə'rai] f. (-, en) dispute f. ; querelle f. (pour rien).

streithaft ['ʃtraithaft] adj. (Vx.) V. STREITBAR.

streitig ['ʃtraitiç] adj. en litige ; contesté ; contestable ; discuté ; discutable. | *streitige Sache*, point litigieux ; différend m. ; affaire contentieuse. | *streitige Gerichtsbarkeit*, juridiction contentieuse. | *jm etwas streitig machen*, contester qch. à qn. | *jeden Fußbreit streitig machen*, discuter, lutter pied à pied. | *mit jm über einen Punkt streitig werden*, avoir un litige avec qn sur un point.

Streitigkeit [-kait] f. (-, en) caractère (m.) contestable. || [Streit] différend m. ; contestation f. | *religiöse Streitigkeiten*, controverses religieuses.

streng [ʃtrɛŋ] adj. et adv. **1.** [hart] sévère ; dur ; sans indulgence. | *strenger Richter*, juge (m.) sévère. | *strenge Sitten*, mœurs (f. pl.) austères. | *strenges Examen*, examen rigoureux. | *strenge Diät*, régime (m.) sévère. | *streng gegen jn sein*, user de sévérité envers qn. | *ein strenger Katholik*, un catholique strict. | *strenger Sinn*, sens strict. | *streng genommen*, à la rigueur. | *streng verboten !*, strictement interdit. | *streng aber gerecht*, sévère mais juste. | *sich streng an etwas halten*, s'astreindre à qch. | *streng geheim*, très secret. | *streng vertraulich*, strictement confidentiel. | *etwas streng befolgen*, suivre qch. à la lettre. || MIL. *strenger Arrest*, arrêts (m. pl.) de rigueur.
2. [Wetter] rude ; dur ; rigoureux. | *strenge Kälte*, grand froid. | *strenger Winter*, rude hiver m. | *im strengsten Winter*, au plus fort de l'hiver.
3. [herb] âcre. | *strenger Wein*, vin (m.) âcre.
4. [strengflüssig] MÉTALL. réfractaire.
— SYN. : *hart*, dur ; *unnachsichtig*, sans indulgence ; *unbeugsam*, rigide.

streng|flüssig ["ʃtrɛŋ'flysiç] adj. MÉTALL. réfractaire ; rebelle. ||-**genommen** adv. à la rigueur. ||-**gläubig** adj. RELIG. orthodoxe ; de stricte observance. ||°-**gläubigkeit** f. orthodoxie f.

Strenge ['ʃtrɛŋə] f. sévérité f. ; rigueur f. ; dureté f. ; inclémence f. ; austérité f. | *Strenge der Gesetze*, rigueur des lois.

Strenze ['ʃtrɛntsə] f. (-, n). BOT. astrance f.

Streptokokkus [ʃtrɛpto'kɔkus] m. (-, ken). MÉD. streptocoque m.

Streu [ʃtrɔy] f. (-, en) litière (f.) de paille. | *auf der Streu schlafen*, coucher sur la paille.

Streu|büchse ["ʃtrɔy'byksə] f. (-, n) sucrier (m.) à saupoudrer ; poivrier m. ; poudrier m. ||°-**dichte** f. densité (f.) de diffusion. ||°-**gabel** f. (-, n) fourche (f.) d'étable. ||°-**gold** n. (s) poudre (f.) d'or. ||°-**laub** n. (s) fanes f. pl. ||°-**pulver** n. (s, -) poudre (f.) vulnéraire. ||°-**zucker** m. (s) sucre (m.) en poudre.

streuen ['ʃtrɔyən] v. tr. répandre ; disperser ; éparpiller ; disséminer. | *Blumen auf den Weg streuen*, joncher le chemin de fleurs. | *den Vögeln Körner streuen*, jeter des graines aux oiseaux. | *Salz auf eine Speise streuen*, saupoudrer un mets de sel. || FIG. *jm Sand in die Augen streuen*, jeter de la poudre aux yeux de qn. || MIL. [Flinte] écarter.

Streuen [-ən] n. (s). MIL. dispersion (f.) du tir.

streunen ['ʃtrɔynən] v. intr. errer ; vaguer.

Streusel ['ʃtrɔyzəl] n. (s, -) rognure f.

Streuung [-uŋ] f. (-, en) dispersion f.

Strich [ʃtriç] m. (s, e). **1.** trait m. || [an Buchstaben] barre f. | *einen Strich ziehen*, tracer, tirer un trait. | *in groben Strichen zeichnen, entwerfen*, esquisser à grands traits. | *in einem Strich*, d'un trait. | *einen Strich unter etwas machen*, tirer un trait sur qch. | *Kreidestrich*, trait à la craie. | *Strich für Strich*, trait pour trait. || FIG. *(machen wir einen) Strich darüber*, tirons un trait là-dessus ; n'en parlons plus. | *jm einen Strich durch die Rechnung machen*, déranger les projets de qn. || [Zeitung] *unter dem Strich*, au bas de la page. || POP. *auf den Strich gehen*, faire le trottoir. | *einen auf dem Strich haben*, avoir une dent contre qn.
2. [Haare] *gegen den Strich*, à rebrousse-poil. | *Strich mit der Bürste*, coup (m.) de brosse. || FIG. *das geht mir gegen den Strich*, c'est bien malgré moi.
3. [Vögel] passage m. ; vol m. || [Schnepfen] passée f.
4. [Flug] direction f. ; orientation f. | *Strich der Wolken*, direction des nuages. | *Strich des Holzes*, fil (m.) du bois.
5. MUS. *(Bogen)strich*, coup (m.) d'archet.
6. *dem Stoff den letzten Strich geben*, tuiler l'étoffe. | *Pinselstrich*, coup (m.) de pinceau. || LOC. *er lügt nach Strich und Faden*, il ment comme un arracheur de dents.
7. [Landstrecke] étendue (f.) de terre ; région f. ; pays m. ; contrée f. | *Küstenstrich*, parage m. | *Himmelsstrich*, latitude f. ; région climatique.

Strich|einteilung ["ʃtriç'aintailuŋ] f. (-, en) graduation (f.) millimétrique, en millièmes. ||°-**feuer** n. (s, -). MIL. tir progressif. ||°-**kode** m. (s, s). COMM. code-barres m. ||°-**marke** f. (-, n) repère m. ||°-**platte** f. (-, n) plateau gradué, réticulé. ||°-**punkt** m. (s, e) point-virgule m. ||°-**punktsystem** n. (s) alphabet (m.) morse. ||°-**regen** m. (s, -) grain m. ; pluies locales. ||°-**reproduktion** f. (-, en) reproduction (f.) des dessins au trait ; guillochage m. ||°-**vogel** m. (s, ¨) oiseau (m.) de passage. ||-**weise** adv. par traits ; par bandes. || par contrées ; par endroits. ||°-**zeit** f. (-, en) passage (m.) des oiseaux. || [Fische] temps (m.) du frai.

stricheln ['ʃtriçəln] v. tr. pointiller ; hachurer.

Strick [ʃtrik] m. (s, e). **1.** corde f. ; câble m. | *dünner Strick*, ficelle f. ; cordelette f. | *mit Stricken schnüren, zusammenbinden*, ficeler. || FIG. *wenn alle Stricke reißen*, au pis aller. | *jm einen Strick drehen*, tendre un piège à qn.
2. [Galgenstrick] *er ist den Strick nicht wert*, il ne vaut pas la corde pour le pendre. || PAR EXT. vaurien m. ; galopin m. ; chenapan m.

Strick|arbeit ["ʃtrik'arbait] f. (-, en) tricot m. ||°-**beutel** m. (s, -) sac (m.) à ouvrage. ||°-**jacke** f. (-, n) pull-over m. ||°-**leiter** f. (-, n) échelle (f.) de corde. ||°-**masche** f. (-, n) maille f. ||°-**nadel** f. (-, n) aiguille (f.) à tricoter. ||°-**waren** f. pl. articles tricotés. ||°-**werk** n. (s) tricot m. ; cordage m. ||°-**zeug** n. (s) nécessaire (m.) à tricoter.

stricken ['ʃtrikən] v. tr. tricoter. | *Strümpfe stricken*, tricoter des bas.

Striegel ['ʃtri:gəl] m. (s, -) étrille f. ; brosse dure.

striegeln [-gəln] v. tr. étriller ; panser. || FIG. étriller ; houspiller. || LOC. *gestriegelt und gebügelt*, tiré à quatre épingles.

Strieme ['ʃtri:mə] f. (-, n) raie f. ; bande f. ; strie f. ; meurtrissure f. ; vergeture f.

striemig [-miç] adj. strié ; meurtri.

Striezel ['ʃtri:tsəl] m. (s, -). DIAL. brioche.

strikt [ʃtrikt] adj. strict ; rigoureux.

strikte ['ʃtrikte] adv. strictement.

stringent ['striŋɛnt] adj. serré ; dense.

Stringer ['ʃtriŋər] m. (s, -). TEXT. lisse f.

Strippe ['ʃtripə] f. (-, n) corde f. ; cordon m. ; tirant (m.) de botte. || FIG., POP. téléphone m. | *an der Strippe hängen*, être pendu au téléphone.

Striptease ['ʃtripti:s] m. ou n. (-) effeuillage m.

strittig ['ʃtritiç] adj. V. STREITIG.

Stroh [ʃtro:] n. (s) paille f. ; [Dächer] chaume m. | *in Stroh packen*, mettre dans la paille. | *Stühle mit Stroh überziehen*, rempailler des chaises. || FIG. *auf dem Stroh* *liegen*, être sur la paille. | *Stroh im Kopf haben*, être bête à manger du foin. | *leeres Stroh reden*, dire des bêtises.

Stroh|ballen ["ʃtro:'balən] m. (s, -) botte (f.) de paille. ||°**-bett** n. (s, en) paillasse f. ||°**-blume** f. (-, n). BOT. immortelle f. ||°**-bund** n. (s, e) botte (f.) de paille. ||°**-dach** n. (s, ¨er) toit (m.) de chaume. ||°**-decke** f. (-, n) paillasson m. ||°**-fackel** f. (-, n) brandon m. ||**-farben, -farbig** adj. couleur paille. ||°**-feuer** n. (s, -). PR. et FIG. feu (m.) de paille. ||°**-firma** f. (-, men). COMM. société (f.) écran. ||°**-flechter** m. (s, -) rempailleur m. ||°**-futter** n. (s) fourrage m. ||°**-halm** m. (s, e) brin (m.) de paille. | *Strohhälmchen ziehen*, tirer à la courte paille. | *nach einem Strohhalm greifen*, s'accrocher à la moindre planche de salut. || [Trinkhalm] paille f. ; chalumeau m. ||°**-hut** m. (s, ¨e) chapeau (m.) de paille. ||°**-hütte** f. (-, n) chaumière f. ||°**-kopf** m. (s, ¨e). FIG. tête (f.) de linotte. ||°**-mann** m. (s, ¨er). FIG. homme (m.) de paille. || [Vogelscheuche] épouvantail m. || [Karten] mort m. ||°**-matte** f. (-, n) paillasson m. ||°**-pantoffel** m. (-, n) espadrille f. ||°**-pfeife** f. (-, n) chalumeau m. ||°**-puppe** f. (-, n) mannequin m. ||°**-sack** m. (s, ¨e) paillasse f. ||°**-schlappe** f. (-, n) espadrille (f.) de paille pressée. ||°**-schober** m. (s, -) meule (f.) de paille. ||°**-schötte** f. (-, n) paillasse f. ||°**-wisch** m. (es, e) bouchon (m.) de paille. ||°**-witwe** f. (-, n) femme (f.) dont le mari est provisoirement absent. ||°**-witwer** m. (s, -) mari dont l'épouse est provisoirement absente ; célibataire occasionnel.

strohern ['ʃtro:ərn] adj. de paille ; en paille. || FIG. insipide.

strohig ['ʃtro:iç] adj. en paille ; jaune paille.

Strolch [ʃrɔlç] m. (s, e) voyou m. ; rôdeur m. ; gueux m.

strolchen ['ʃtrɔlçən] v. intr. vagabonder ; rôder ; traîner.

Strom [ʃtro:m] m. (s, ¨e). **1.** [großer Fluß] fleuve m. ; courant m. | *gegen den Strom schwimmen*, nager à contre-courant. | *breiter Strom*, fleuve large. | *Bergstrom*, torrent m.

2. PAR EXT. flot m. ; flux m. ; déluge m. | *es regnet in Strömen*, il pleut à verse. | *Strom von Schimpfworten*, torrent (m.) d'injures.

3. ÉLECTR. courant (m.) électrique. | *Wechselstrom*, courant alternatif. | *Gleichstrom*, courant continu.

Strom|abnehmer ["ʃtro:m'apne:mər] m. (s, -) balai m. ; trolley m. ||°**-abschaltung** f. (-, en), °**-sperre** f. (-, n). ÉLECTR. délestage m. ||**-abwärts** adv. en aval. ||°**-aggregat** n. (s, e) groupe (m.) électrogène. ||**-aufwärts** adv. en amont. ||°**-ausfall** m. (s, ¨e) panne (f.) de courant. ||°**-bahn** f. (-, en). GÉOL. thalweg m. ||°**-becken** n. (s, -) bassin (m.) d'un fleuve. ||°**-bett** n. (s, en) lit (m.) d'un fleuve. ||°**-einführer** m. (s, -) anode f. ||°**-erzeuger** m. (s, -). ÉLECTR. dynamo f. ; génératrice f. ||°**-geber** m. (s, -) inducteur m. ||°**-gebiet** n. (s, e) bassin (m.) d'un fleuve. ||°**-karte** f. (-, n) carte (f.) hydrographique. ||°**-kreis** m. (es, e). ÉLECTR. circuit m. ||°**-laufplan** m. (s, ¨e) schéma (m.) de circuit électrique. ||°**-linie** f. (-, n) ligne (f.) aérodynamique. ||**-linienförmig** adj. aérodynamique ; fuselé. ||°**-messer** m. (s, -) ampèremètre m. ||°**-netz** n. (es, e) réseau (m.) électrique. ||°**-richter** m. (s, -) redresseur (m.) de courant. ||°**-schalter** m. (s, -) conjoncteur-disjoncteur m. ||°**-schiene** f. (-, n) barre conductrice ; rail conducteur. ||°**-schnelle** f. (-, n). GÉOGR. rapide m. ||°**-speicher** m. (s, -) accumulateur m. ||°**-stärke** f. (-, n) intensité (f.) du courant. ||°**-steller** m. (s, -) rhéostat m. ||°**-unterbrecher** m. (s, -) coupe-circuit m. ||°**-verbrauch** m. (s) consommation (f.) de courant. ||**-weise** adv. à flots ; à torrents. ||°**-wender** m. (s, -) inverseur (m.) de courant. ||°**-zähler** m. (s, -) compteur (m.) de courant. ||°**-zuführer** m. (s, -) trolley m.

strömen ['ʃtrø:mən] v. intr. couler à grands flots ; se répandre. || [Regen] tomber à verse. || FIG. *die Menge strömt zum Stadion*, la foule afflue au stade.

Stromer ['ʃtro:mər] m. (s, -) vagabond m. ; rôdeur m. ; chemineau m.

stromern [-mərn] v. intr. trimarder ; rôder.

Strömung ['ʃtrø:muŋ] f. (-, en) courant m. | *reißende Strömung*, courant violent (d'un fleuve). | *Luftströmung*, filet (m.) d'air. || FIG. courant m. ; tendance f. | *moderne Strömungen der Literatur*, tendances de la littérature moderne. || PHYS. *Strömungslehre*, mécanique (f.) des fluides.

Strontium ['ʃtrɔntsium] n. (s) strontium m.

Strophe ['ʃtro:fə] f. (-, n) strophe f. ; couplet m. ; stance f.

...strophig [-fiç] adj. (en compos.) *mehrstrophiges Gedicht*, poème (m.) de plusieurs strophes.

strophisch [-fiʃ] adj. composé de strophes.

Stropp [ʃtrɔp] m. et n. (s, s). MAR. anneau (m.) de cordage.

Strosse ['ʃtrɔsə] f. (-, n). MINES. gradin droit.

strotzen ['ʃtrɔtsən] v. intr. regorger ; être rempli de, débordant de. | *von Gesundheit strotzen*, regorger de santé. | *von Dünkel strotzen*, être bouffi d'orgueil. ◇ part. prés. **strotzend,** débordant ; luxuriant. || FAM. *strotzend voll*, plein à craquer.

strubbelig ['ʃtrubəliç] adj. ébouriffé.

Strudel ['ʃtru:dəl] m. (s, -) rapide m. ; tourbillon m. ; remous m. pl. || FIG. *Strudel der Geschäfte*, tourbillon des affaires. || CULIN. beignet m. | *Apfelstrudel*, roulé (m.) aux pommes.

Strudel|kopf ["ʃtru:dəl'kɔpf] m. (s, ¨e) esprit brouillon ; esprit bouillonnant.

strudelig ['ʃtru:dəliç] adj. tourbillonnant. || FIG. [unbesonnen] étourdi.

strudeln [-dəln] v. intr. tourbillonner ; bouillonner.

Strudeln [-dəln] n. (s) bouillonnement m.

Struktur [ʃtruk'tu:r] f. (-, en) structure f. || PAR EXT. texture f. || CHIM. *Strukturformel*, formule développée.

strukturell [-tu'rɛl] adj. structural ; structurel.

Struktur|formel [ʃtruk"tu:r'fɔrməl] f. (-, n). CHIM. formule développée. ||°**-gen** n. (s, e). BIOL. gène (m.) de structure.

Strumpf [ʃtrumpf] m. (s, ¨e) bas m. ; chaussette f. || FIG. *sich auf die Strümpfe machen*, filer ; décamper. || TECHN. manchon m.

Strumpf|band ["ʃtrumpf'bant] n. (s, ¨er) jarretière f. ||°**-fabrikant** m. (en, en) bonnetier m. ||°**-flickerin** f. (-, nen) ravaudeuse f. ||°**-halter** m. (s, -) fixe-chaussettes m. ; jarretelle f. ||°**-hose** f. (-, n) pantalon (m.) à pieds (Vx.). || TEXT. collant m. ||°**-schoner** m. (s, -) protège-bas m. ||°**-waren** f. pl. bonneterie f. ||°**-warenhändler** m. (s, -), °**-wirker** m. (s, -) bonnetier m.

Strunk [ʃtruŋk] m. (s, ¨e) trognon m. ; souche f. ; stipe m. | *Kohlstrunk*, trognon de chou.

struppig ['ʃtrupiç] adj. hérissé ; ébouriffé. | *struppiges Haar*, cheveux (m. pl.) en broussaille.

Struw(w)el|kopf ["ʃtru:vəl'kɔpf] m. (s, ¨e), °**-peter** [-pe:tər] m. (s, -) ébouriffé m.

Strychnin [ʃtryç'ni:n] n. (s). CHIM. strychnine f.

Stubbe ['ʃtubə] f. (-, n), **Stubben** [-bən] m (s, -) souche (f.) d'arbre abattu.

Stube ['ʃtu:bə] f. (-, n) chambre f ; pièce f. | *Schlafstube*, chambre à coucher. | *Gaststube*, auberge f. | *eine Stube voll*, une chambrée. | *Stübchen*, chambrette f. | *Dachstübchen*, mansarde f. || POP. *er ist nicht richtig im Oberstübchen*, il a l'esprit dérangé. || (Vx.) étuve f.

Stuben|arrest ["ʃtu:bəna'rɛst] m. (s, e). *Stubenarrest haben*, être consigné à la chambre. ||°**-gelehrsamkeit** f. esprit (m.) livresque. || °**-gelehrter** m. homme (m.) de cabinet. ||°**-hocker** m. (s, -) homme casanier. ||°**-mädchen** n. (s, -) femme (f.) de chambre. ||°**-orgel** f. (-, n). MUS. orgue portatif. ||**-rein** adj. [Tiere] propre. ||°**-sitzer** m. (s, -) casanier m.

Stuck [ʃtuk] m. (s) enduit (m.) de plâtre ; stuc m.

Stuck|arbeit ["ʃtuk'arbait] f. (-, en) stuc m. ; ouvrage (m.) en stuc. ||°**-arbeiter** m. (s, -) stucateur m. ||°**-putz** m. (es, e) enduit (m.) en plâtre. ||°**-werk** n. (s). [Stukkatur] stucs m. pl.

Stück [ʃtyk] n. (s, e). **1.** morceau m. ; pièce f. ; partie f. ; bout m. | *ein Stück Fleisch*, un morceau de viande. | *Stück Land*, portion (f.) de champ ; lopin (m.) de terre. | *ein hübsches Stück Geld*, une jolie somme. | *jn ein Stück Weges begleiten*, accompagner qn un bout de chemin. | *aus einem Stück*, d'un seul tenant, tout d'une pièce. | *das schönste Stück einer Sammlung*, la plus belle pièce d'une collection. | *in Stücke gehen*, se briser. | *in Stücke zerbrechen*, briser en morceaux. | *in Stücke reißen*, déchirer.

2. pièce f. ; unité f. | *auf Stück arbeiten*, travailler aux pièces. | *das Stück kostet drei Mark*, cela coûte trois marks pièce. || pièce de monnaie.

3. FIG. *das ist ein starkes Stück*, c'est un peu fort. | *aus freien Stücken*, de plein gré. | *große Stücke auf jn halten*, faire grand cas de qn ; avoir grande confiance en qn. | *aus freien Stücken handeln*, agir de son propre chef.

| *in diesem Stücke denkt er anders*, sur ce point il pense autrement. | *in allen Stücken*, sur tous les points.
4. MIL. pièce f. ; canon m.
5. MUS. *Musikstück*, morceau (m.) de musique.
6. THÉÂTRE. pièce f.

Stück|arbeit [ˈʃtykˈarbait] f. (-, en) travail (m.) aux pièces. ||°**-arbeiter** m. (s, -) ouvrier (m.) aux pièces. ||°**-faß** n. (es, ¨er) barrique f. ; pièce f. ||°**-gut** n. (s, ¨er) colis m. ||°**-kohle** f. (-, n) gailletin m. ||°**-lohn** m. (s, ¨e) salaire (m.) aux pièces. ||°**-pforte** f. (-, n). MAR. sabord m. ||°**-verkauf** m. (s, ¨e) vente (f.) au détail. ||**-weise** adv. en détail ; par morceaux ; petit à petit ; pièce par pièce. ||°**-werk** n. (s, e) travail décousu ; œuvre décousue ; travail aux pièces. ||°**-wischer** m. (s, -) écouvillon m. ||°**-zahlung** f. (-, en) acompte m. ; paiement partiel.

Stückchen [ˈʃtykçən] n. (s, -) petit bout ; petit morceau ; miette f. ; brin m. | *ein Stückchen*, un petit peu. || FIG. saynète f. ; historiette f. || PAR EXT. *jm ein Stückchen spielen*, jouer un petit tour à qn.

stückeln [ˈʃtykəln] v. tr. morceler ; mettre en morceaux.

Student(in) [ʃtuˈdɛnt(in)] m. (en, en), f. (-, nen) étudiant(e) m. (f.). | *Student der Medizin*, étudiant en médecine.

Studenten|blume [ʃtuˈdɛntənˈbluːmə] f. (-, n). BOT. ketmie trifoliée. ||°**-futter** n. (s). CULIN. mendiant m. ||°**-jahre** n. pl. années (f. pl.) d'université. ||°**-verbindung** f. (-, en) association (f.) d'étudiants. ||°**-wohnheim** n. (s, e) foyer (m.) d'étudiants ; résidence (f.) universitaire.

Studentenschaft [ʃtuˈdɛntənʃaft] f. étudiants m. pl.

studentisch [-ˈdɛntiʃ] adj. d'étudiant ; d'étudiants.

Studie [ˈʃtuːdiə] f. (-, n) étude f.

Studien|assessor [ˈʃtuːdiənaˈsɛsɔr] m. (s, en) professeur (m.) stagiaire. ||°**-gang** m. (s, ¨e) cycle (m.), progression (f.) des études. ||°**-rat** m. (s, ¨e) professeur (m.) de lycée. ||°**-referendar** m. (s, e) professeur délégué. ||°**-zeichnung** f. (-, en). ARTS. étude f.

studieren [ʃtuˈdiːrən] v. tr. étudier ; faire des études. | *Jura studieren*, étudier le droit. || PAR EXT. *jn studieren*, étudier, observer qn.
◇ part. pass. **studiert,** savant ; lettré ; qui a fait des études. || [erkünstelt] étudié ; affecté ; maniéré.

Studier|lampe [ʃtuˈdiːrˈlampə] f. (-, n) lampe (f.) de bureau. ||°**-zimmer** n. (s, -) cabinet (m.) de travail.

Studio [ˈʃtuːdio] n. (s, s) studio m. ; atelier (m.) d'artiste. || FILM. studio (m.) de cinéma.

Studiosus [ʃtudiˈoːzus] m. (-, si) [Vx.] étudiant m.

Studium [ˈʃtuːdium] n. (s, dien) étude f.

Stufe [ˈʃtuːfə] f. (-, n). **1.** marche f. ; degré m. ; échelon m. ; gradin m. | *Achtung, Stufe !*, attention à la marche. || [Sprosse] barreau (m.) d'échelle.
2. FIG. échelon m. ; degré m. ; stage m. ; stade m. | *von Stufe zu Stufe*, graduellement ; d'une étape à l'autre. | *höchste Stufe*, comble m. ; faîte m. | *die letzte Stufe einer Krankheit*, le dernier degré d'une maladie. | *soziale Stufe*, rang, niveau social.
3. ARTS. ton m. ; nuance f.
4. MUS. intervalle m. || GRAMM. degré m.
5. MINES. échantillon m.

stufen [ˈʃtuːfən] v. tr. tailler, creuser des marches.
◇ part. pass. **gestuft,** dégradé ; échelonné.

stufen|artig [ˈʃtuːfənˈɑːrtiç] adj. en forme de marche, de degré ; par degrés. ||°**-bank** f. (-, ¨e) gradin m. ||°**-breite** f. (-, n). TECHN. giron m. ||°**-diagramm** n. (s, e). STAT. histogramme m. ||°**-erz** n. (es, e) minerai pur. ||°**-folge** f. (-, n) gamme f. ; gradation f. ; progression f. ||**-förmig** adj. en escalier ; en gradins ; étagé. ||°**-jahr** n. (s, e) année (f.) climatérique. ||°**-landschaft** f. (-, en) paysage (m.) en terrasses. ||°**-leiter** f. (-, n) échelle graduée. ||°**-rakete** f. (-, n) fusée (f.) à plusieurs étages. ||°**-tritt** m. (s, e) gradin m. ||**-weise** adv. par degrés ; progressivement.

Stuhl [ʃtuːl] m. (s, ¨e) chaise f. ; siège m. | *jm den Stuhl vor die Tür setzen*, mettre qn dehors. || UNIV. *Lehrstuhl*, chaire f. || RELIG. *Heiliger Stuhl*, Saint-Siège m. || MÉD. selle f. || [Freimaurerei] *Meister vom Stuhle*, vénérable m.

Stuhl|arm [ˈʃtuːlˈarm] m. (s, e) bras (m.) d'une chaise. ||°**-bein** n. (s, e) pied (m.) de chaise. ||°**-drang** m. (s, ¨e) besoin pressant. ||°**-flechter** m. (s, -) rempailleur (m.) de chaises. ||°**-gang** m. (s, ¨e) selle f. ; défécation f. | *keinen Stuhlgang haben*, être constipé. ||°**-gericht** n. (s, e) tribunal (m.) de la Sainte-Vehme. ||°**-herr** m. (n, en) juge m. ||°**-macher** m. (s, -) chaisier m. ||°**-zäpfchen** n. (s, -) suppositoire m. ||°**-zwang** m. (s) épreintes f. pl.

Stukkatur [ʃtukaˈtuːr] f. ouvrage (m.) en stuc.

Stulle [ˈʃtulə] f. (-, n) tartine f.

Stulpe [ˈʃtulpə] f. (-, n), **Stülpe** [ʃtylpə] revers m. ; retroussis m. | *Stulpenstiefel*, botte (f.) à revers. | *Handstulpe*, manchette f. | *Topfstulpe*, cache-pot m.

stülpen [ˈʃtylpən] v. tr. retrousser ; relever le bord. | *die Ärmel aufstülpen*, relever ses manches. | *den Deckel auf etwas stülpen*, mettre un couvercle sur qch. | *seinen Hut auf den Kopf stülpen*, enfoncer son chapeau sur sa tête.

Stulpen... [ʃtulpən] (en compos.) à revers ; retroussé.

Stulp|nase [ˈʃtulpˈnɑːzə] f. (- n) nez retroussé.

stumm [ʃtum] adj. muet ; silencieux ; qui ne dit mot ; qui se tait. | *stummes Kind*, enfant muet. | *stumme Rolle*, rôle (m.) de figurant. | *stummer Neid*, jalousie non avouée. | *stumm wie ein Fisch*, muet comme une carpe. || GRAMM. *stummes e*, e muet, amuï.
— SYN. : *schweigsam*, taciturne ; *sprachlos*, interdit ; *lautlos*, silencieux.

Stummel [ˈʃtuməl] m. (s, -) tronçon m. ; moignon m. ; chicot m. ; POP. mégot m.

Stummel|pfeife [ˈʃtuməlˈpfaifə] f. (-, n). POP. brûle-gueule m.

Stumm|film [ˈʃtumfilm] m. (s, e) film muet.

Stummheit [ˈʃtumhait] f. mutisme m. ; silence m.

Stümper [ˈʃtympər] m. (s, -) mauvais travailleur ; bousilleur m. ; gâcheur m.

Stümperei [ʃtympəˈrai] f. (-, en) bousillage m. ; ouvrage gâché.

stümperhaft [ˈʃtympərhaft] adj. gâché ; bousillé.

stümpern [-pərn] v. intr. et v. tr. bousiller, gâcher un travail.

stumpf [ʃtumpf] adj. **1.** sans pointe ; émoussé ; épointé ; qui ne coupe pas. | *ein stumpfes Messer*, un couteau qui ne coupe plus. | *stumpfe Zähne*, dents usées, agacées. | *stumpfe Nase*, nez camus, écrasé. | *stumpfe Seide*, soie (f.) terne. || MATH. *stumpfer Winkel*, angle obtus. | *stumpfer Kegel*, cône tronqué. || [Degen] moucheté.
2. FIG. émoussé ; affaibli ; atténué ; inerte. | *stumpfer Blick*, regard morne. | *stumpf werden*, s'aveulir. | *stumpfe Sinne*, sens émoussés. | *stumpfer Verstand*, esprit obtus. | *gegen alle Schönheit stumpf*, fermé à toute forme de beauté. | *alt und stumpf*, vieux et cassé.
3. POÉS. *stumpfe Reime*, rimes masculines.

Stumpf [ʃtumpf] m. (s, ¨e) tronçon m. ; moignon m. ; chicot m. | *Baumstumpf*, souche f. | *Armstumpf*, moignon (de bras). | *Zahnstumpf*, chicot m. || FIG. *mit Stumpf und Stiel vertilgen*, exterminer radicalement. || MATH. tronc m.

stumpf|eckig [ˈʃtumpfˈɛkiç] adj. à angles obtus. ||°**-ende** n. (s, n) bout émoussé. ||°**-fuß** m. (es, ¨e) pied-bot m. ||°**-nase** f. (-, n) nez camus. ||°**-sinn** m. (s) apathie f. ; hébétude f. ; stupidité f. ; abrutissement m.

Stumpfheit [ˈʃtumpfhait] f. FIG. abrutissement m. ; léthargie f.

Stunde [ˈʃtundə] f. (-, n) heure f. | *eine ganze, volle Stunde*, une heure pleine. | *halbe Stunde*, demi-heure f. | *anderthalb Stunden*, une heure et demie. | *in letzter Stunde*, au dernier moment. | *die Stunde schlägt*, l'heure sonne. | *von Stunde zu Stunde*, d'heure en heure. | *er hatte eine schwache Stunde*, il a eu un moment de faiblesse. | *schwere Stunde*, accouchement m. | *zur gelegenen Stunde kommen*, arriver à point, à propos. | *zu ungelegener Stunde*, à une heure indue. | *bis auf diese Stunde*, jusqu'au moment présent. | *eine Stunde lang*, une heure durant. | *Morgenstunde*, heure matinale. || PAR EXT. heure (f.) de chemin ; lieue f. | *diese Stadt liegt eine Stunde entfernt*, cette ville est à une heure, à une lieue. || UNIV. cours m. ; leçon f. ; heure (f.) de classe. | *deutsche Stunde*, cours d'allemand. | *Stunden halten*, faire la classe. | *Stunden geben, nehmen*, donner, prendre des leçons.

stunden [-dən] v. tr. COMM. accorder un délai de paiement. | *eine Schuld stunden*, ajourner une dette.

Stunden|buch [ˈʃtundənˈbuːx] n. (s, ¨er). RELIG. livre (m.) d'heures. ||°**-frau** f. (-, en) femme (f.) de ménage. ||°**-gebet** n. (s, e). RELIG. heure canoniale. | *erstes Stundengebet*, prime f. ||°**-geld** n. (s) honoraires (m. pl.) pour une leçon ; cachet m. ||°**-geschwindigkeit** f. (-, en) vitesse (f.) horaire. ||°**-glas** n. (es, ¨er) sablier m. ||°**-kilometer** n. (s, -) kilomètre (m.) à l'heure. | *mit achtzig Stundenkilometern*, à quatre-vingts kilomètres à l'heure. ||°-**kreis** m. (es, e). ASTRON. cercle (m.) horaire ; cercle (m.) de déclinaison. ||-**lang** adj. et adv. qui dure des heures ; des heures durant. ||°-**leistung** f. (-, en) rendement (m.) horaire. ||°-**lohn** m. (s, ¨e) salaire (m.) horaire. ||°-**plan** m. (s, ¨e) emploi (m.) du temps. ||°-**rufer** m. (s, -) veilleur (m.) de nuit. ||°-**satz** m. (es, ¨e) taux (m.) horaire. ||°-**schlag** m. (s, ¨e) son (m.) de la cloche. | *mit dem Stundenschlag*, à l'heure sonnante. ||-**weise** adv. par heure ; à l'heure ; heure par heure ; toutes les heures ; d'heure en heure. ||°-**zeiger** m. (s, -) aiguille (f.) des heures.

stündig ['ʃtyndiç] adj. d'une heure ; d'une lieue. || (en compos.) *vierstündige Fahrt*, parcours (m.) de quatre heures.

Stündlein ['ʃtyntlain] n. (s, -) petite heure. | *letztes Stündlein*, dernière heure ; dernier moment.

stündlich [-liç] adj. et adv. toutes les heures. | *dreimal stündlich*, trois fois par heure. | *halbstündlich*, toutes les demi-heures. | *dreistündlich*, toutes les trois heures. || [je Stunde] par heure. | *vier Mark stündlich*, quatre marks (de) l'heure. || d'une heure à l'autre. | *jn stündlich erwarten*, attendre qn d'une heure à l'autre.

Stundung ['ʃtunduŋ] f. (-, en). COMM. *Stundung bewilligen*, accorder un délai de paiement.

Stunk [ʃtuŋk] m. (s, e). VULG. querelle f.

stupend [ʃtu'pɛnt] adj. stupéfiant.

stupid [ʃtu'pi:t] adj. stupide.

Stupidität [-pidi'tɛ:t] f. stupidité f.

Stups [ʃtups] m. (es, e). FAM. bourrade f.

Stups|nase ["ʃtups'nɑ:zə] f. (-, n) nez retroussé.

stur [ʃtu:r] adj. entêté ; têtu ; abruti.

stürbe ['ʃtyrbə] forme de l'imparf. du subj. de **sterben.**

Sturm [ʃturm] m. (s, ¨e). **1.** tempête f. ; orage m. ; ouragan m. | *der Sturm bricht los, legt sich*, la tempête se déchaîne, se calme.

2. FIG. tempête f. ; tumulte m. ; déchaînement m. impétuosité f. ; fougue f. | *Sturm der Leidenschaften*, tumulte des passions. | *einen Sturm der Entrüstung erregen*, soulever une tempête d'indignation. || IRON. *Sturm im Wasserglas*, tempête dans un verre d'eau.

3. [Sturmglocke] alarme f. ; tocsin m. | *Sturm läuten*, sonner le tocsin.

4. MIL. assaut m. ; attaque f. | *im Sturm nehmen*, prendre d'assaut. | *Sturm laufen*, se lancer à l'assaut. || PAR EXT. détachement (m.) d'assaut. || SPORT. avants m. pl.

— SYN. : *Gewitter*, orage ; *Orkan*, ouragan ; *Bö*, bourrasque ; *Unwetter*, tourmente ; *Windstoß*, rafale.

Sturm|abteilung ["ʃturm'aptailuŋ] f. (-, en). (abr. SA) MIL. section (f.) d'assaut. ||°-**angriff** m. (s, e), °-**anlauf** m. (s, ¨e) assaut m. ||°-**balken** m. (s, -), °-**bock** m. (s, ¨e). HIST. bélier m. ||°-**band** n. (s, ¨er) mentonnière f. ||°-**dach** n. (s, ¨er) appentis m. ||°-**deck** n. (s, e). MAR. pont m. ; abri m. ||-**fest** adj. qui résiste à la tempête, à l'orage ; FIG. inébranlable. ||°-**flut** f. (-, en) raz (m.) de marée. ||°-**gewehr** n. (s, e). MIL. fusil (m.) d'assaut. ||°-**glocke** f. (-, n) tocsin m. ||°-**haube** f. (-, n). HIST. casque m. ; armet m. ||°-**laterne** f. (-, n) lampe-tempête f. ||°-**lauf** m. (s, ¨e) assaut m. ; escalade f. ||°-**läufer** m. (s, -) assaillant m. ||°-**möwe** f. (-, n). ZOOL. goéland m. ||°-**schritt** m. (s) pas (m.) de charge. | *im Sturmschritt*, tambour battant. ||°-**segel** n. (s, -). MAR. tourmentin m. ||°-**taucher** m. (s, -). ZOOL. puffin m. ||°-**trupp** m. (s, s) détachement (m.) d'assaut. ||°-**vogel** m. (s, ¨e). ZOOL. pétrel m. ||°-**wetter** n. (s) gros temps. ||°-**wind** m. (s, e) bourrasque f. ; ouragan m. ; rafale f.

stürmen ['ʃtyrmən] v. intr. **1.** souffler avec violence. **2.** s'élancer ; se précipiter. | *gegen etwas stürmen*, attaquer vivement qch. || FIG. *jn mit Bitten bestürmen*, assaillir qn de prières.

3. [toben] faire du tapage ; tempêter.

◇ v. tr. [in Sturmangriff nehmen] prendre d'assaut ; donner l'assaut à.

◇ v. impers. *es stürmt*, la tempête fait rage.

Stürmer ['ʃtyrmər] m. (s, -). SPORT. attaquant m.

stürmisch ['ʃtyrmiʃ] adj. [windig] orageux ; tempétueux. || FIG. impétueux ; fougueux. | [wild auffahrend] emporté ; désordonné. | [leidenschaftlich] passionné. | *stürmischer Beifall*, applaudissements à tout rompre.

Sturz [ʃturts] m. (es, ¨e). **1.** chute f. ; écroulement m. ; effondrement m. ; culbute f. | *Sturz vom Pferde*, chute de cheval.

2. FIG. chute (f.) libre ; baisse subite ; effondrement m. ; disgrâce f. ; ruine f. | *Sturz einer Regierung*, chute, renversement (m.) d'un gouvernement. | *tiefer Sturz*, (fait de) tomber de haut. || COMM. *Preissturz*, effondrement des prix.

3. [Felsensturz] éboulis m. pl. ; tronçon m. ; fragment m. || [Säule] torse m. | *der schöne Sturz eines antiken Jünglings* (GOETHE), le beau torse d'un adolescent des temps antiques.

4. [Türsturz] linteau m. | *Kaminsturz*, manteau (m.) de cheminée.

5. chute (f.) d'eau ; cascade f. | *Sturzregen*, torrent (m.) de pluie. | *mit einem Sturz trinken*, boire d'un trait.

6. AUTOM. déport m. | *negativer Sturz*, déport négatif.

7. [Österreich] *Sturz aus Glas*, globe (m.) de verre.

Sturz|acker ["ʃturts'akər] m. (s, ¨) champ fraîchement labouré. ||°-**bach** m. (s, ¨e) torrent m. ||°-**bad** n. (s, ¨er) douche f. ||°-**becken** n. (s, -) cuvette (f.) à bascule. ||°-**blech** n. (s) tôle forte. ||°-**bomber** m. (s, -) bombardier (m.) en piqué. ||°-**flug** m. (s, ¨e). AÉRON. vol (m.) en piqué. | *zum Sturzflug ansetzen*, amorcer la descente en piqué. | *im Sturzflug heruntergehen*, piquer. ||°-**furche** f. (-, n) premier labour. ||°-**gut** n. (s, ¨er). COMM. charge (f.) en vrac. ||°-**helm** m. (s, e) casque protecteur. ||°-**karren** m. (s, -) tombereau m. ||°-**regen** m. (s, -) averse f. ||°-**see** f. (-, n), °-**welle** f. (-, n) paquet (m.) de mer.

Stürze ['ʃtyrtsə] f. (-, n), **Stürzel** [-tsəl] m. (s, -) couvercle m. ; couvre-feu m. ; éteignoir m.

stürzen [-tsən] v. intr. tomber lourdement, violemment ; faire une chute ; s'abattre ; s'effondrer. | *vom Fahrrad stürzen*, tomber de vélo. | *zu Boden stürzen*, tomber par terre. | *aus dem Fenster stürzen*, tomber par la fenêtre. | *jm zu Füßen stürzen*, s'écrouler aux pieds de qn. | *auf jn stürzen*, tomber sur qn. | *Tränen stürzten aus seinen Augen*, les larmes ruisselaient de ses yeux. | *der Bergstrom stürzt herab*, le torrent dévale de la montagne. | *er stürzt mit der Tür ins Haus*, il fait irruption dans la maison.

◇ v. tr. faire tomber ; renverser. | *ins Verderben stürzen*, ruiner. || CULIN. démouler.

◇ v. pr. **sich stürzen,** se jeter ; se précipiter ; s'élancer. | *sich auf eine Beute stürzen*, se jeter sur une proie. | *sich ins Wasser stürzen*, se jeter à l'eau. | *sich in Unkosten stürzen*, engager des frais.

Stute ['ʃtu:tə] f. (-, n). ZOOL. jument f. ; cavale f. | *Stutenfüllen*, pouliche f.

Stuterei [ʃtu:tə'rai] [Gestüt] f. (-, en) haras m.

Stutz [ʃtuts] n. (es, e) chose tronquée, rognée, raccourcie ; verre (m.) sans pied. || FIG. *auf den Stutz*, tout à coup.

Stutz|ärmel ["ʃtuts'ɛrməl] m. (s, -) manchette f. (de protection). ||°-**bart** m. (s, ¨e) moustache retroussée. ||°-**büchse** f. (-, n) carabine f. ||°-**degen** m (s, -) épée courte. ||°-**flügel** m. (s, -). MUS. piano (m.) demi-queue. ||°-**glas** n. (es, ¨er) verre (m.) sans pied. ||°-**handschuh** m. (s, e) mitaine f. ||°-**kopf** m. (s, ¨e) cheveux coupés très court. ||°-**nase** f. (-, n) nez camus, retroussé. ||°-**ohr** n. (s, en) oreille écourtée. ||°-**schere** f. (-, n). TECHN. croissant m. ; sécateur m. ||°-**uhr** f. (-, en) pendule (f.) de cheminée.

Stütz [ʃtyts] m. (es, e). SPORT. appui (m.) des mains.

Stütz|balken ["ʃtyts'balkən] m. (s, -) lambourde f. ||°-**bogen** m. (s, ¨) arc (m.) de soutènement. ||°-**fuß** m. (es, ¨e) pied-support m. ||°-**holz** n. (es, ¨er) étançon m. ||°-**lager** n. (s, -). TECHN. crapaudine f. ||°-**mauer** f. (-, n) mur (m.) de soutènement. ||°-**pfeiler** m. (s, -) pilier (m.) de soutien. ||°-**punkt** m. (s, e) point (m.) d'appui. || MIL. base f.

Stütze ['ʃtytsə] f. (-, n) support m. ; appui m. ; soutien m. ; étai m. ; étançon m. || BOT. tuteur m. || FIG. gouvernante f. ; aide ménagère.

stutzen ['ʃtutsən] v. intr. être stupéfait, effaré ; avoir un mouvement de surprise. | *über etwas stutzen*, être surpris par qch.

◇ v. tr. écourter ; couper ; raccourcir ; tondre. | *Flügel stutzen*, rogner les ailes ; éjointer. | *das Haar stutzen*, rafraîchir les cheveux. | *Bäume stutzen*, élaguer des arbres.

Stutzen [-tsən] n. (s) vive surprise. || taille f. ; coupe f. ; tonte f.

Stutzen ['ʃtutsən] m. (s, -) carabine f. || manchette f. || mi-bas tyrolien. || verre (m.) sans pied. || TECHN. embout m. ; raccord (m.) de tuyauterie.

stützen ['ʃtytsən] v. tr. et v. pr. soutenir ; appuyer ; étayer ; étançonner. | *einen Baum stützen*, tuteurer un arbre. || COMM. *die Preise stützen*, soutenir les prix.

◇ v. pr. **sich stützen.** *sich auf seinen Stock stützen*, s'appuyer sur sa canne. || FIG. *sich auf sein Recht stützen*, être fort de son droit. | *sich auf einen Beweis stützen*, se fonder sur une preuve.

Stutzer ['ʃtutsər] m. (s, -). [Vx.] petit-maître m. ; dandy m. || Hist. muscadin m.

stutzig ['ʃtutsiç] adj. surpris ; étonné ; interdit. | *stutzig machen*, déconcerter.

Stützung ['ʃtytsuŋ] f. (-, en) appui m. ; soutien m.

stygisch ['ʃty:giʃ] adj. stygien.

Suada [zu'ɑ:da] f. faconde f. ; volubilité f. ; don (m.) de persuasion.

subaltern [zupal'tɛrn] adj. subalterne ; inférieur.

Subdiakon [zupdia'ko:n] m. (s, e). Relig. sous-diacre m.

subhastieren [zuphas'ti:rən] v. tr. vendre aux enchères par autorité de justice.

Subjekt [zup'jɛkt] n. (s, e) sujet m. | *liederliches Subjekt*, mauvais sujet. || Gramm. *Subjekt eines Satzes*, sujet d'une phrase.

subjektiv [-jɛk'ti:f] adj. subjectif.

Subjektivität [-jɛktivi'tɛ:t] f. Philos. subjectivité f.

Subkontinent [″zupkonti'nɛnt] m. (s, e). Géogr. sous-continent m.

subkutan [zupku'tɑ:n] adj. sous-cutané.

sublim [zu'bli:m] adj. [erhaben] sublime. || [fein] subtil ; sublimé.

Sublimat [zubli'mɑ:t] n. (s, e). Chim. [Quecksilberchlorid] sublimé m.

Sublimation [-ma'tsio:n] f. Phys. sublimation f.

sublimieren [-'mi:rən] v. tr. sublimer.

Sublimierung [-'mi:ruŋ] f. Fig. sublimation f.

submarin [zubma'ri:n] adj. sous-marin.

submiß [zup'mis] adj. [Vx.] servile ; soumis.

Submission [zubmi'sio:n] f. (-, en) soumission f. ; humilité f. ; obséquiosité f. || Jur. *im Wege der Submission*, par voie d'adjudication.

Submissions|bedingungen [zubmi″sio:nsbə-'diŋuŋən] f. pl. cahier (m.) des charges. ||°**-vertrag** m. (s, ¨e) marché (m.) des fournitures.

Submittent [zubmi'tɛnt] m. (en, en) soumissionnaire m.

Subordination [zubɔrdina'tsio:n] f. [Unterordnung] subordination f.

subordinieren [-'ni:rən] v. tr. subordonner.

subsidiär [zupzidi'ɛ:r] adj. subsidiaire.

Subsidien [-'zi:diən] n. pl. subsides m. pl.

Subsistenz [-zis'tɛnts] f. (-, en) subsistance f.

Subskribent [zupskri'bɛnt] m. (en, en) souscripteur m. ; abonné m.

subskribieren [-skri'bi:rən] v. intr. et v. tr. souscrire ; prendre une souscription. | *auf eine Anleihe subskribieren*, souscrire à un emprunt. | *ein Buch subskribieren*, souscrire à un livre.

Subskription [-skrip'tsio:n] f. (-, en) souscription f.

Substantiv [supstan'ti:f] n. (s, e). [Hauptwort] substantif m. ; nom m.

substantivisch [-'ti:viʃ] adj. substantif. || Gramm. *substantivisch gebrauchen*, substantiver.

Substanz [zup'stants] f. (-, en) substance f.

substituieren [zupstitu'i:rən] v. tr. substituer.

Substituierung [-ruŋ] f. (-, en) substitution f.

Substrat [zup'strɑ:t] n. (s, e) base f. ; substrat m.

subsumieren ['zupzumi:rən] v. tr. comprendre ; impliquer ; inclure.

subtil [zup'ti:l] adj. subtil.

Subtilität [-li'tɛ:t] f. subtilité f.

Subtrahend [zuptra'hɛnt] m. (en, en) nombre (m.) à soustraire.

subtrahieren [-tra'hi:rən] v. tr. soustraire.

Subtraktion [-trak'tsio:n] f. (-, en) soustraction f.

Substraktions|angiographie [zuptrak″tsio:ns-aŋgiogra'fi:] f. Méd. angiographie (f.) par résonance magnétique.

Subvention [zupvɛn'tsio:n] f. (-, en) subvention f.

subventionieren [-tsio'ni:rən] v. tr. subventionner.

subversiv [zupvɛr'zi:f] adj. [umstürzlerisch] subversif.

Such|anzeige [″zu:x'antsaigə] f. (-, n). [Polizei] avis (m.) de recherche. ||°**-dienst** m. (s, e) service (m.) de recherches, d'investigations. ||°**-eisen** n. (s, -) sonde f. ||°**-hund** m. (s, e) limier m. ||°**-kopf** m. (s, ¨e). Techn. tête chercheuse. ||°**-tau** n. (s, e). Mar. drague f.

Suche ['zu:xə] f. (-, n) recherche f. ; quête f. ; investigation f. | *auf der Suche nach etwas*, en quête de qch. | *auf die Suche gehen*, se mettre en quête. || [Jagd] recherche (f.) du gibier.

suchen [-xən] v. tr. chercher ; rechercher ; faire des recherches, des investigations ; sonder ; explorer. | *seine Schlüssel suchen*, chercher ses clefs. | *ein Unterkommen suchen*, chercher un toit. | *Bäcker sucht Lehrling*, boulanger demande apprenti. | *nach jm suchen*, rechercher qn. | *Rat suchen*, demander conseil. | *Händel mit jm suchen*, chercher querelle à qn. || Fam. *das Weite suchen*, prendre le large. | *hier haben Sie nichts zu suchen*, vous n'avez rien à faire ici. || [versuchen] *er sucht, sein Los zu verbessern*, il cherche à améliorer son sort. ◇ part. pass. **gesucht,** recherché. | *gesuchte Ware*, marchandise très demandée. | *gesuchter Stil*, style recherché.

Suchen [-xən] n. (s) recherche f. ; enquête f. ; investigations f. pl. | *erfolgreiches, vergebliches Suchen*, recherches fructueuses, vaines. || [Jagd] quête f.

Sucher [-xər] m. (s, -) celui qui cherche ; chercheur m. ; quêteur m. | *Pilzsucher*, chercheur de champignons. || Méd. sonde f. || Phot. viseur m. || Autom. phare (m.) mobile.

Sucht [zuxt] f. (-, ¨e). [Gier] manie f. ; passion (f.) tenace ; rage f. | *Rauschgiftsucht*, toxicomanie f. | *Putzsucht*, coquetterie f. || (Vx.) maladie chronique. | *Gelbsucht*, jaunisse f.

süchtig ['zyçtiç] adj. atteint d'un mal chronique, d'une manie ; [Rauschgift] dépendant ; fam. accro. || (en compos.) *schwindsüchtig*, phtisique. | *geldsüchtig*, cupide.

suckeln ['zukəln] Dial. v. tr. sucer.

Sud [zu:t] m. (s) ébullition f. | *Sud Bier*, brassin (m.) de bière.

Süd [zy:t] m. (s, e) vent (m.) du sud.

Süd... (en compos.) du sud ; méridional.

Süd|deutschland [″zy:t'dɔytʃlant] n. pr. n. Allemagne (f.) du Sud. ||°**-länder** m. (s, -) Méridional m. ||°**-licht** n. (s, er) aurore australe. ||°**-ost** m. (es) sud-est m. ||°**-pol** m. (s) pôle (m.) Sud. ||**-wärts** adv. vers le sud. ||°**-west** m. (s) sud-ouest m. ||°**-wester** m. (s, -) suroît m.

Sudan [zu'dɑ:n] n. pr. m. (s). Géogr. Soudan m.

Sudel ['zu:dəl] m. (s) gâchis m. ; saleté f. | *Sudelarbeit*, mauvais travail. | *Sudelkoch*, gâte-sauce m. | *Sudelküche*, mauvaise cuisine ; fam. ratatouille f. — Syn. : *Sudelei*.

sudeln [-dəln] v. tr. et v. intr. bousiller ; gâcher ; gribouiller ; pop. cochonner.

Sudeten [zu'de:tən] n. pr. m. pl. Sudètes m. pl.

Süden ['zy:dən] m. (s) sud m. ; Sud m. ; midi m. ; Midi m. | *im Süden*, dans le Midi.

südlich ['zy:tliç] adj. du sud ; situé au sud ; méridional ; austral. | *bei 40° südlicher Breite*, par 40 degrés de latitude sud. ◇ adv. *südlich von*, au sud de.

Sueven [zu'e:vən] n. pr. m. pl. Suèves m. pl.

suevisch [-viʃ] adj. suève.

Suff [zuf] m. (s). [Trunksucht] ivrognerie f.

süffeln [-fəln] v. intr. pop. boire ; se saouler.

süffig [-fiç] adj. *ein süffiger Wein*, un vin gouleyant.

Suffix [zu'fiks] n. (es, e). Gramm. suffixe m.

suggerieren [zuge'ri:rən] v. tr. suggérer. — Syn. : *eingeben*, inspirer.

suggestibel [-gɛs'ti:bəl] adj. influençable.

Suggestion [-gɛs'tsio:n] f. (-, en) suggestion f.

suggestiv [-gɛs'ti:f] adj. suggestif ; qui exerce une influence.

Suhle ['zu:lə] f. (-, n) bauge f.

sühnbar ['zy:nbɑ:r] adj. expiable.

Sühne ['zy:nə] f. (-, n) expiation f. ; réparation f. || Jur. conciliation f.

Sühne|altar [″zy:nəal'tɑ:r] n. (s, e) autel (m.) expiatoire. ||°**-geld** n. (s) prix (m.) du sang. ||°**-opfer** n. (s, -) sacrifice (m.), victime (f.) expiatoire. ||°**-termin** m. (s, e). Jur. audience (f.) de conciliation. ||°**-versuch** m. (s, e). Jur. tentative (f.) de conciliation.

sühnen ['zy:nən] v. tr. expier ; payer ; réparer. | *ein Verbrechen sühnen*, expier un crime.

Suite [sɥ'itə] f. (-, n). Mus. suite f. || Fam. fredaine f.

Suitier [sɥi'tje:] m. (s, s). [Schürzenjäger] coureur (m.) de jupons.

sukkulent [zuku'lənt] adj. succulent.

Sukzession [zuktsɛ'sio:n] f. (-, en) succession f.

sukzessiv [-'si:f] adj. successif.
◇ adv. (aussi **sukzessive**) successivement ; peu à peu ; progressivement.
Sulfat [zul'fa:t] n. (s, e). CHIM. sulfate m.
Sulfid [zul'fi:t] n. (s, e). CHIM. sulfure m.
Sulfit [-'fi:t] n. (s, e). CHIM. sulfite m.
Sultan [zul'ta:n - 'zultan] m. (s, e) sultan m.
Sultanine [-'ta:nin] f. (-, n). [Rosine] raisin sec.
Sulz [zults] m. (es), **Sulze** ['zultsə] f. (-, n), **Sülze** ['zyltsə] f. (-, n). CULIN. viande (f.) en gelée ; fromage (m.) de tête de porc.
Summa ['zuma] f. (-, men) somme f. || LOC. [alles in allem] *summa summarum*, tout bien pesé.
summarisch [zu'ma:riʃ] adj. sommaire ; succinct.
Summe ['zumə] f. (-, n). COMM., MATH. somme f. | *die Summe errechnen*, faire la somme. | *Summe aus drei Zahlen*, somme de trois chiffres. | *stattliche Summe*, somme respectable. | *eine Summe abrunden*, arrondir une somme. | *Summe von tausend Mark*, somme de mille marks. | *Höhe einer Summe*, montant (m.) d'une somme. | *Gesamtsumme*, total m. | *fehlende Summe*, déficit m. | *ein nettes Sümmchen*, une somme rondelette. || FIG. *die Summe aus etwas ziehen*, tirer la conclusion de qch.
summen [-mən] v. tr. V. SUMMIEREN.
summen ['zumən] v. intr. et v. tr. bourdonner ; ronfler. | *die Mücken, die Bienen summen*, les moustiques, les abeilles bourdonnent. | *es summt mir in den Ohren*, j'ai des bourdonnements d'oreilles. | *ein Liedchen summen*, fredonner une chanson.
Summer [-mər] m. (s, -). TECHN. vibrateur m. ; ronfleur m. ; trembleur m. ; vibreur m.
summieren [zu'mi:rən] v. tr. et v. pr. additionner ; totaliser ; faire la somme de. | *sich summieren*, s'additionner.
Summierung [-ruŋ] f. (-, en) addition f.
Sumpf [zumpf] m. (s, ¨e) marais m. ; marécage m. ; bourbier m. | *in Sümpfen lebend*, palustre. || TECHN. puisard m. || FIG. bourbier m. ; fange f.
Sumpf|boden ["zumpf'bo:dən] m. (s, -) sol marécageux. ||°**-dotterblume** f. (-, n). BOT. renoncule f. ||°**-erz** n. (es) fer limoneux. ||°**-fieber** n. (s, -) fièvre paludéenne. ||°**-gas** n. (es). CHIM. gaz (m.) des marais ; méthane m. ||°**-huhn** n. (s, ¨er) poule (f.) d'eau. ||°**-moor** n. (s, e) marécage m. ||°**-otter** m. (s, -). ZOOL. vison m. ||°**-schnepfe** f. (-, n). ZOOL. bécassine f. ||°**-wasser** n. (s) eau bourbeuse.
sumpfig ['zumpfiç] adj. marécageux ; bourbeux ; vaseux.
Sums [zums] m. (es). POP. *einen großen Sums von etwas machen*, faire beaucoup de chichi à propos de qch.
sumsen ['zumzən] v. intr. bourdonner ; fredonner.
Sund [zunt] m. (s, e). [Meerenge] détroit m.
Sünde ['zyndə] f. (-, n) péché m. | *kleine Sünde*, peccadille f. | *läßliche Sünde*, péché véniel. | *eine Sünde begehen*, commettre un péché. | *eine Sünde auf sich laden*, se rendre coupable d'un péché. | *seine Sünden bekennen*, avouer ses péchés. || FIG. honte f. ; ignominie f. | *ich hasse ihn wie die Sünde*, il est ma bête noire.
Sünden|bock ["zyndən'bɔk] m. (s, ¨e) bouc (m.) émissaire. ||°**-erlaß** m. (es). RELIG. rémission (f.) des péchés ; absolution f. ||°**-fall** m. (s, ¨e). RELIG. chute f. ||°**-geld** n. (s) argent mal acquis. || FIG. prix (m.) énorme. ||°**-leben** n. (s). *ein Sündenleben führen*, vivre dans le péché. ||°**-lohn** m. (s) prix (m.) du crime. ||°**-pfuhl** m. (s) fange f. ; bourbier (m.) du péché. ||°**-schuld** f. culpabilité f. ; coulpe f. ||°**-tilger** m. (s, -) rédempteur m. ||°**-tilgung** f., °**-vergebung** f. RELIG. absolution f. ; rémission f. ; rédemption f.
Sünder ['zyndər] m. (s, -) pécheur m. | *reuiger Sünder*, pécheur repenti. | *armer Sünder*, pauvre diable m. || PROV. *jedem Sünder wird verziehen*, à tout péché miséricorde.
Sünderin [-rin] f. (-, nen) pécheresse f.
Sünd|flut ["zynt'flu:t] f. V. SINTFLUT.
sündhaft ['zynthaft] adj. pécheur ; coupable ; fautif. | *sündhafte Handlung*, acte (m.) impie. || FIG., FAM. *sündhaft teuer*, diablement cher.
Sündhaftigkeit [-tiçkait] f. RELIG. peccabilité f. ; inclination (f.) au péché.
sündig ['zyndiç] adj. V. SÜNDHAFT.
sündigen [-digən] v. intr. pécher ; commettre une faute ; manquer à. | *gegen die Tradition sündigen*, pécher contre la tradition. | *an jm sündigen*, se rendre coupable envers qn.
Sündiger [-digər] m. (s, -) pécheur m.
sündlich ['zyntliç] adj. coupable ; impie. || FIG. exagéré.
Super|achtfilm ["zu:pər'axtfilm] m. (s, e). PHOT. film (m.) super-huit. ||°**-achtkamera** f. (-, s) caméra (f.) super-huit. ||°**-benzin** n. (s, e) supercarburant m. ||**-fein** adj. surfin. ||°**-intendent** m. (en, en). RELIG. surintendant m. ||°**-kargo** m. (s, s). MAR. subrécargue m. ||°**-numerar** m. (s, e) surnuméraire m.
Suppe ['zupə] f. (-, n) soupe f. ; potage m. | *Milchsuppe*, soupe au lait. | *schwarze Suppe*, brouet m. || FIG. *jm die Suppe versalzen, sauer machen*, gâter le plaisir de qn. | *die Suppe auslöffeln müssen*, payer les pots cassés. | *ein Haar in der Suppe finden*, chercher la petite bête. | *in der Suppe sitzen*, être dans le pétrin.
Suppen|fleisch ["zupən'flaiʃ] n. (es) bouilli m. ||°**-kelle** f. (-, n) louche f. ||°**-schüssel** f. (-, n), °**-terrine** f. (-, n) soupière f. ||°**-topf** m. (s, ¨e) pot-au-feu m. ||°**-würfel** m. (s, -) bouillon (m.) en cubes ; cube (m.) de bouillon.
Supplement [zuple'mɛnt] n. (s, e) supplément m. || MATH. *Supplementwinkel*, angle (m.) supplémentaire.
Supplikant [zupli'kant] m. (en, en) pétitionnaire m. ; requérant m.
supplizieren [-pli'tsi:rən] v. intr. présenter une requête.
supponieren [zupɔ'ni:rən] v. tr. supposer.
Supraleiter ["zupra'laitər] m. (s, -). PHYS. supraconducteur m.
Supremat [zupre'ma:t] n. (s, e). RELIG. suprématie f.
Suramin [zura'mi:n] n. (s, e). BIOL. suramine f.
Surrealismus ["syrrea'lismus] m. LITTÉR., ARTS. surréalisme m.
surren ['zurən] v. intr. ronfler ; vrombir. | *die Kugeln surren*, les balles sifflent.
Surrogat [zurɔ'ga:t] n. (s, e) succédané m.
Suschen ['zu:sçən] n. pr. f. Suzon f.
Suse ['zu:zə] n. pr. f. Suzette f.
suspendieren [zuspɛn'di:rən] v. tr. suspendre (de ses fonctions).
Suspension [-'zio:n] f. (-, en). [Suspendierung] suspension f. (de fonctions).
Suspensorium [-'zo:rium] n. (s, rien). MÉD. suspensoir m.
süß [zy:s] adj. **1.** [Geschmack] doux ; suave ; sucré. | *süßes Obst*, fruits sucrés. | *süßer Wein*, vin doux. **2.** FIG. doux ; suave ; agréable ; aimable ; séduisant ; flatteur. | *süße Musik*, musique douce. | *süßer Traum*, rêve (m.) agréable. | *süße Worte*, paroles doucereuses. | *widerlich süß*, doucereux ; fade. | *süße Stimme*, voix suave, PÉJOR. doucereuse.
3. [liebkosend] cher. || FAM. *mein süßes Kind*, ma chère enfant. | *süß tun*, minauder. || PR. et FIG. *süß machen*, édulcorer.
süß|bitter ["zy:s'bitər] adj. aigre-doux. ||°**-brot** n. (s) pain (m.) sans levain. ||°**-gas** n. (es, e). CHIM. gaz doux. ||°**-holz** n. (es). BOT. réglisse f. || FAM. *Süßholz raspeln*, flatter ; conter fleurette. ||°**-holzpulver** n. (s) coco m. ||°**-holzraspler** m. (s, -). FAM. flatteur m. ||°**-kartoffel** f. (-, n) patate douce. ||°**-kirsche** f. (-, n) guigne f. ||°**-klee** m. (s). BOT. sainfoin m. ||°**-maul** n. (s, ¨er) friand m. ||°**-speise** f. (-, n) entremets sucré. ||°**-stoff** m. (s) saccharine f. ; sucrette f. || [Nahrungsmittelindustrie] édulcorant m. ||°**-waren** f. pl. friandises f. pl. ||°**-wasser** n. (s) eau douce.
Süße ['zy:sə] f. douceur f. ; suavité f.
süßen [-sən] v. tr. adoucir ; sucrer ; édulcorer.
Süßigkeit [-siçkait] f. (-, en) douceur f. ; saveur douce ; sucrerie f. ; friandise f.
süßlich ['zy:sliç] adj. PÉJOR. douceâtre ; fade ; insipide ; édulcoré ; doucereux.
Süßling [-liŋ] m. (s, e) homme mielleux, doucereux.
Sutane [zu'ta:nə] f. (-, n). RELIG. soutane f.
Suzerän [zutse'rɛ:n] m. (s, e). HIST. suzerain m.
Suzeränität [-rɛni'tɛ:t] f. HIST. suzeraineté f.
Swapkredit ["svɔpkre'di:t] m. (s, e). ÉCON. crédit croisé.
Swastika ['svastika] f. (-, ken) croix gammée.
Sybarit [zyba'ri:t] m. (en, en) sybarite m.
Sykomore [zyko'mo:rə] f. (-, n). BOT. sycomore m.
Sykophant [zyko'fant] m. (en, en) sycophante m. ; délateur m.
Syllabarium [zyla'ba:rium] n. (s, rien) syllabaire m.

syllabieren [-'bi:rən] v. tr. et v. intr. syllaber.
Syllogismus [zylo'gismus] m. (-, men). PHILOS. syllogisme m.
Sylphe ['zylfə] m. (n, n), f. (-, n). MYTH. sylphe m. ; sylphide f.
Symbiose [zymbi'o:zə] f. BIOL. symbiose f.
Symbol [zym'bo:l] n. (s, e). [Sinnbild] symbole m.
Symbol|sprache [zym"bo:l'ʃprɑ:xə] f. (-, n). INF. langage (m.) symbolique.
Symbolik [-'bo:lik] f. RELIG. symbolique f.
symbolisch [-'bo:liʃ] adj. fg symboliqudj
symbolisieren [-boli'zi:rən] v. tr. symboliser.
Symbolismus [-bo'lismus] m. symbolisme m.
Symmetrie [zyme'tri:] f. (-, n) symétrie f. || MATH. *Symmetrieebene*, plan (m.) de symétrie.
symmetrisch [-'me:triʃ] adj. symétrique.
sympathetisch [zympa'te:tiʃ] adj. sympathique. | *sympathetische Tinte*, encre (f.) sympathique.
Sympathie [-pa'ti:] f. (-, n) sympathie f.
Sympathikus [-'pɑ:tikus] m. (-, thizi). ANAT. grand sympathique.
sympathisch [-'pɑ:tiʃ] adj. [angenehm] sympathique. || ANAT. sympathique.
sympathisieren [-pati'zi:rən] v. intr. sympathiser.
Symphonie [zymfo'ni:] f. (-, n). MUS. symphonie f.
symphonisch [-'fo:niʃ] adj. symphonique.
Symptom [zymp'to:m] n. (s, e) symptôme m.
symptom|frei [zymp"to:m'frai] adj. MÉD. asymptomatique. | *symptomfreier Virusträger*, porteur asymptomatique.
symptomatisch [zympto'mɑ:tiʃ] adj. symptomatique.
syn [zyn] préfixe. [mit] avec.
Synagoge [zyna'go:gə] f. (-, n). synagogue f.
Synästhesie [zynɛste'zi:] f. cinesthésie f.
synchron [zyn'kro:n] adj. synchrone.
Synchronisation [-kroniza'tsio:n] f. (-, en) synchronisation f.
synchronisieren [-kroni'zi:rən] v. tr. [gleichschalten] synchroniser.
synchronistisch [-kro'nistiʃ] adj. synchrone.
Syndikalismus [zyndika'lismus] m. syndicalisme m.
Syndikalist [-ka'list] m. (en, en) syndicaliste m.
Syndikat [-'kɑ:t] n. (s, e) syndicat m. (patronal) ; cartel m.
Syndikus ['zyndikus] m. (-, dizi) syndic m.
Syndrom [zyn'dro:m] n. (s, e). MÉD. syndrome m.
Synekdoche [zynɛkdo'xe] f. (-, n). LITTÉR. synecdoque f.
Synergie [zynɛr'gi:] f. synergie f.
Synklinale [zynkli'nɑ:lə] f. (-, n). GÉOL. synclinal m.
Synkope [zyn'ko:pə] f. (-, n) syncope f.
synkopieren [-ko'pi:rən] v. tr. MUS. syncoper.
Synode [zy'no:də] f. (-, n). RELIG. synode m.
Synonym [zyno'ny:m] n. (s, e) synonyme m.
synonym [-'ny:m] adj. [sinngleich] synonymique.
syntaktisch [zyn'taktiʃ] adj. syntaxique.
Syntax [-'taks] f. (-, en) syntaxe f.
Synthese [zyn'tɛ:zə] f. (-, n) synthèse f.
Synthesizer m. (s, -). MUS. synthétiseur m.
synthetisch [zyn'te:tiʃ] adj. synthétique.
Syphilis ['zy:filis] f. MÉD. syphilis f.
Syrien ['zy:riən] n. pr. n. GÉOGR. Syrie f.
Syrier [-riər] m. (s, -) [aussi **Syrer**] Syrien m.
Syringe [zy'riŋə] f. (-, n). BOT. lilas m. ; seringa m.
syrisch ['zy:riʃ] adj. syrien.
System [zys'te:m] n. (s, e) système m. | *hegelianisches System*, système hégélien. | *parlamentarisches System*, système parlementaire.
— SYN. : *Lehre*, doctrine ; *Schule*, école ; *Methode*, méthode ; *Regierung*, gouvernement.
System|analytiker(in) [zys"te:mana'lytikər(in)] m. (s, -), f. (-, nen). INF. analyste-programmeur m., -programmeuse f. ||°**-ingenieur** m. (s, e). INF. ingénieur (m.) système. ||°**-programm** n. (s, e). INF. programme-système m. ||°**-software** f. (-, s). INF. logiciel (m.) d'exploitation.
Systematiker [-te'mɑ:tikər] m. (s, -) homme, esprit systématique.
systematisch [-te'mɑ:tiʃ] adj. systématique ; méthodique.
systematisieren [-temati'zi:rən] v. tr. systématiser.
Systole [zys'to:lə] f. (-, n). PHYSIOL. systole f.
Szenarium [stse'nɑ:rium] n. (s, rien). FILM. [Szenar ; Szenario] scénario m.
Szene ['stse:nə] f. (-, n). **1.** [Bühne] scène f. | *in Szene setzen*, mettre en scène.
2. [Auftritt] scène f. | *dritte Szene des vierten Akts*, scène trois du quatrième acte. || FIG. *jm eine Szene machen*, faire une scène à qn.
Szenerie [stsenə'ri:] f. (-, n) décors m. pl. || PAR EXT. paysage m.
szenisch ['stse:niʃ] adj. scénique.
Szepter [stsɛptər] n. (s, -). V. ZEPTER.
Szintillations|zähler [stsintila"tsio:ns'tsɛ:lər] m. (s, -). TECHN. compteur (m.) à scintillation.
Szintillator [stsinti'lɑ:tər] m. (s, en). PHYS. scintillateur m.

T

T, t [te:] n. | *das große* T, le *T* majuscule. | *das kleine* t, le *t* minuscule. | *das T-Eisen*, le fer en té.
Tabak ['tɑ:bak] m. (s, e) tabac m. | *Tabak rauchen, schnupfen*, fumer, priser (du tabac). | *Rauchtabak*, tabac à fumer. | *Kautabak*, tabac à chiquer.
Tabak|bau ["tɑ:bak'bau] m. (s) culture (f.) du tabac. ||°**-laden** m. (s, ¨) bureau (m.) de tabac. ||°**-regie** f. (-, n) régie (f.) des tabacs. ||°**-steuer** f. (-, n) impôt (m.) sur le tabac. ||°**-vergiftung** f. tabagisme m. ; nicotinisme m. ||°**-waren** f. pl. tabacs m. pl.
Tabaks|beutel ["tɑ:baks'bɔytəl] m. (s, -) blague (f.) à tabac. ||°**-dose** f. (-, n) tabatière f.
tabellarisch [tabɛ'lɑ:riʃ] adj. et adv. sous forme de tableau synoptique.
Tabelle [-'bɛlə] f. (-, n) table f. ; tableau m. (synoptique). | *Preistabelle*, tarif m.
Tabellen|rechner [ta"bɛlən'rɛçnər] m. (s, -). INF. tableur (m.) graphique.
Tabellier|maschine [tabɛ"li:rma'ʃi:nə] f. (-, n) tabulatrice f.
Tabernakel [tabɛr'nɑ:kəl] n. (s, -). RELIG. tabernacle m.
Taberne [ta'bɛrnə], **Taverne** [ta'vɛrnə] f. (-, n) taverne f. ; cabaret m.
Tablett [ta'blɛt] n. (s, e) plateau m. | *das Teetablett*, le plateau à thé.
Tablette [-tə] f. (-, n). MÉD. comprimé m.
Tabu [ta'bu:] n. (s, s) tabou m.
tabu [ta'bu:] adj. tabou ; intouchable.

tabuieren [tabu'i:rən] v. tr. rendre tabou.
tabula rasa ["tabula'ra:za] Loc. *(mit etwas) tabula rasa machen*, faire table rase ; en finir (avec qch.).
Tabulator [tabu'la:tor] m. (s, en). [Spaltensteller] tabulateur m.
Tabulatur [-la'tu:r] f. (-, en). Mus. tablature f.
Tachismus [ta'ʃismus] m. Arts. tachisme m.
tachistisch [ta'çistiʃ] adj. [Malerei] tachiste.
Tacho|meter [taxo'me:tər] m. (s, -), **Tacho** ['taxo] m. (s, s) tachymètre m. ; compteur (m.) de vitesse.
tacken ['takən] v. intr. Mil. [Maschinengewehr] crépiter.
Tadel ['ta:dəl] m. (s, -). [Verweis ; Rüge] blâme m. ; reproche m. ; réprobation f. | *ihn trifft kein Tadel*, il n'est pas répréhensible ; on ne lui reproche rien. | *in der Schule einen Tadel erhalten*, recevoir un blâme à l'école. || [Schwäche] défaut m. | *ohne Tadel*, sans défaut. | *ohne Furcht und Tadel*, sans peur et sans reproche. | *es ist kein Tadel an ihm*, il n'a point de défaut.
tadel|los ["ta:dəl'lo:s] adj. irréprochable ; impeccable. | *sein Benehmen war tadellos*, il a été parfait. ||°**-losigkeit** f. caractère (m.) irréprochable ; absence (f.) de défauts. ||°**-sucht** f. esprit (m.) de dénigrement ; fiel m.
tadeln ['ta:dəln] v. tr. blâmer ; faire des reproches. | *jn wegen eines Fehlers tadeln*, reprocher une faute à qn. | *er findet an allem etwas zu tadeln*, il trouve à redire à tout. | *tadelnde Blicke*, regards désapprobateurs. | *tadelnde Bemerkung*, observation f. ; fam. réflexion f.
tadelns|wert ["ta:dəlns've:rt], **-würdig** [-'vyrdiç] adj. blâmable ; répréhensible ; critiquable.
Tafel ['ta:fəl] f. (-, n) planche f. ; plaque f. ; tableau m. | *in Tafelform*, en plaques. | *eine Tafel Schokolade*, une tablette de chocolat. || [Wand-, Schultafel] tableau (noir). | *eine Tafel aushängen*, mettre un écriteau. | *Anzeigentafel*, tableau d'affichage. || (grande) table. | *freie, offene Tafel halten*, tenir table ouverte. | *die Tafel aufheben*, se lever de table. || Typogr. planche f. ; tableau m. | *Logarithmentafel*, table de logarithmes.
Tafel|aufsatz ["ta:fəl'aufzats] m. (es, ¨e) surtout (m.) de table. ||°**-besteck** n. (s, e) couvert m. ; argenterie f. ||°**-bild** n. (s, er). [Malerei] retable m. ; [Schule] présentation (f.) au tableau. ||°**-butter** f. beurre (m.) de table. ||°**-freuden** f. pl. plaisirs (m. pl.) de la table. ||°**-geschirr** n. (s) service (m.) de table ; vaisselle f. ||°**-land** n. (s, ¨er). Géogr. plateau m. ||°**-obst** n. (es) fruits (m. pl.) de table. ||°**-runde** f. (-, n) tablée f. || Littér. Table ronde. ||°**-salz** n. (es) sel m. ||°**-silber** n. (s) argenterie f.
Täfelchen ['tɛ:fəlçən] n. (s, -) tablette f. ; petite plaque.
tafeln ['ta:fəln] v. intr. être à table ; festoyer.
täfeln ['tɛ:fəln] v. tr. lambrisser. | *getäfelte Wand*, mur lambrissé ; boiserie f. | *getäfelter Boden*, parquet m. || Mines. boiser.
Tafel|werk ["ta:fəl'vɛrk] n. (s, e), **Täfelung** ['tɛ:fəluŋ] f. (-, en) lambrissage m. ; boiserie f. ; parquetage m.
Taft [taft] m. (s) taffetas m.
Tag [ta:k] m. (s, e). **1.** [Zeitraum von 24 Stunden] jour m. ; journée f. | *das geschah am selben Tag*, cela s'est passé le même jour. | *den ganzen Tag über*, toute la journée. | *den lieben langen Tag*, toute la sainte journée. | *welchen Tag haben wir heute ?*, quel jour sommes-nous ? | *Tag für Tag*, jour après jour. | *alle Tage*, journellement. | *in vierzehn Tagen*, dans quinze jours. | *heute in acht Tagen*, aujourd'hui en huit. | *am nächsten, folgenden Tage*, le lendemain. | *am Vortage*, la veille. | *eines (schönen) Tages*, un beau jour. | *in den nächsten Tagen*, un de ces jours. | *Feiertag*, jour férié, chômé. | *Festtag*, jour de fête. | *Tag der Arbeit*, fête (f.) du travail. | *Tag der offenen Tür*, journée porte(s) ouverte(s). || Loc. *in den Tag hinein leben*, vivre au jour le jour. | *sich einen guten Tag machen*, se donner du bon temps. | *seinen guten Tag haben*, être dans ses bons jours. | *guten Tag !*, bonjour !
2. [helle Tageszeit] jour m. | *während des Tages*, pendant la journée. | *bei Tag ausgehen*, sortir le jour. | *ganz früh am Tage*, de (très) bonne heure. | *der Tag bricht an*, le jour se lève, point. | *es wird schon heller Tag*, il fait déjà grand jour. | *in den Tag hinein schlafen*, faire la grasse matinée. || Loc. fig. *das liegt klar zu Tage*, cela est clair comme le jour. | *an den Tag kommen*, se faire jour ; (finir par) se savoir, être connu ; éclater. || Prov. *die Sonne bringt es an den Tag*, la vérité finit par percer. | *jeder Tag hat seine Plage*, à chaque jour suffit sa peine. | *morgen ist auch noch ein Tag*, demain il fera jour. | *es ist noch nicht aller Tage Abend*, qui vivra verra ; l'affaire n'est pas encore dans le sac.
3. [Tagung] session f. ; assemblée f. | *Bundestag*, Parlement fédéral. | *Parteitag*, congrès (m.) d'un parti. || Relig. *der Jüngste Tag*, le (jour du) Jugement dernier.
4. Mines. *unter Tag(e) arbeiten*, travailler au fond. | *über Tag*, à ciel ouvert. | *zu Tage fördern*, extraire ; fig. mettre au jour ; dévoiler.
tag|aus, tag|ein [ta:k'austa:k'ain] adv. journellement ; jour après jour. ||**-blind** adj. nyctalope. ||°**-dienst** m. (s) service (m.) du jour. | *Tagdienst haben*, être de jour. ||°**-falter** m. (s, -). Zool. papillon (m.) diurne. ||°**-geld** n. (s, er) indemnité journalière. ||**-hell** adj. clair (comme en plein jour). | *es ist taghell*, il fait (grand) jour. ||**-täglich** adj. et adv. quotidien(nement) ; tous les jours. ||°**-undnachtgleiche** f. (-, n) équinoxe m.
Tage|bau ["ta:gə'bau] m. (s). Mines. exploitation (f.) à ciel ouvert. ||°**-blatt** n. (s, ¨er) [Zeitung] feuille quotidienne. ||°**-buch** n. (s, ¨er) journal m. (intime). || Comm. (livre-)journal m. ||°**-dieb** m. (s, e) fainéant m. ||**-lang** adj. et adv. (pendant) des journées entières ; à longueur de journée. ||°**-lohn** m. (s, ¨e) journée f. (de salaire). ||°**-löhner** m. (s, -) journalier m. ||°**-reise** f. (-, n) journée (f.) de voyage ; voyage (m.) d'une journée. ||**-weise** adv. à la journée. ||°**-werk** n. (s, e) tâche journalière ; journée f.
tagen ['ta:gən] v. intr. et v. impers. [licht werden] poindre. | *es tagt*, c'est le point du jour. | *der Morgen tagt*, le jour vient, commence à poindre. || [eine Tagung abhalten] siéger ; tenir ses assises ; être en réunion.
Tages|anbruch ["ta:gəs'anbru:x] m. (s) jour (naissant) ; lever (m.) du jour. | *bei Tagesanbruch*, à la pointe du jour. | *vor Tagesanbruch*, avant le jour. ||°**-arbeit** f. (-, en) travail (m.) de la journée. ||°**-befehl** m. (s, e). Mil. ordre (m.) du jour. ||°**-creme** f. (-, n). [Kosmetik] crème (f.) de jour. ||°**-einnahme** f. (-, n). Comm. recette journalière. ||°**-geld** n. (es, er). Écon. argent (m.) au jour le jour. ||°**-gespräch** n. (s, e) nouvelle (f.) du jour. | *es ist das Tagesgespräch*, tout le monde en parle. ||°**-grauen** n. (s) petit jour ; aube f. | *bei Tagesgrauen*, à l'aube. ||°**-klinik** f. (-, en) clinique (f.) de jour. ||°**-kurs** m. (es, e). Fin. cours (m.) du jour. ||°**-licht** n. (s) jour m. ; lumière (f.), clarté (f.) du jour. | *in vollem Tageslicht*, au grand jour. || Fig. *ans Tageslicht kommen*, éclater au (grand) jour. ||°**-licht|projektor** m. (s, en) rétroprojecteur m. ||°**-ordnung** f. (-, en). Polit. ordre (m.) du jour. | *auf die Tagesordnung setzen*, mettre à l'ordre du jour. | *zur Tagesordnung übergehen*, passer à l'ordre du jour. || Pr. et fig. *an der Tagesordnung sein*, être à l'ordre du jour, d'actualité. ||°**-presse** f. presse quotidienne. ||°**-schau** f. journal télévisé. ||°**-umsatz** m. (es, ¨e) vente journalière. ||°**-zeit** f. (-, en) heure (f.) du jour. | *zu jeder Tageszeit*, à toute heure du jour. ||°**-zeitung** f. (-, en) [journal] quotidien m.
...tägig ['tɛ:giç]. (en compos.) qui dure... jours. | *dreitägiger Ausflug*, randonnée (f.) de trois jours.
täglich ['tɛ:kliç] adj. journalier ; quotidien ; de chaque jour ; de tous les jours.
◇ adv. journellement ; par jour.
tags [ta:ks] adv. *tags zuvor*, la veille. | *tags darauf*, le lendemain.
tags|über ["ta:ks'y:bər] adv. pendant la journée ; (tout) le jour.
Tagung ['ta:guŋ] f. (-, en) assises pl. f. ; session f. ; congrès m.
Tagungs|teilnehmer(in) ["ta:guŋs'tailne:mər(in)] m. (s, -), f. (-, nen) congressiste s.
Taifun [tai'fu:n] m. (s, e) typhon m.
Taille [taljə] f. (-, n) taille f.
Takel ['ta:kəl] n. (s, -) treuil m. ; palan m. ; moufle m.
takeln ['ta:kəln] v. tr. Mar. gréer ; garnir.
Takel|werk ["ta:kəl'vɛrk] n. (s), **Takelung** ['ta:kəluŋ] f., **Takelage** [takə'la:gə] f. Mar. gréement m. ; agrès m. pl. ; cordages m. pl.
Takt [takt] m. (s, e). **1.** Mus. mesure f. ; cadence f. | *Dreivierteltakt*, mesure à trois temps. | *den Takt angeben, schlagen*, battre la mesure. | *im Takt*, en mesure ; en cadence. | *aus dem Takt kommen*, perdre la mesure ; fig. s'empêtrer ; se démonter. | *jn aus dem Takt bringen*, faire perdre la mesure à qn ; fig. embrouiller, déconcerter qn. || Par anal. *der Takt der Maschinen*, le bruit régulier des machines. | *der Viertaktmotor*, le moteur à quatre temps.

2. [Zartgefühl] tact m. ; savoir-vivre m. ; sens (m.) des convenances. | *es fehlt ihm an Takt*, il manque de tact. | *Mangel an Takt*, manque (m.) de tact.

takt|fest ["takt'fɛst] adj. MUS. qui a le sens de la mesure ; FIG., FAM. que rien ne déconcerte. ||°**-geber** m. (s, -). INF. horloge f. ||°**-gefühl** n. (s) tact m. ; discrétion f. ||**-los** adj. qui manque de tact ; indiscret ; FAM. gaffeur. ||°**-losigkeit** f. manque (m.) de tact ; indiscrétion f. ; FAM. gaffe f. ||**-mäßig** adj. cadencé ; rythmé. — adv. en mesure. ||°**-messer** m. (s, -) métronome m. ||°**-stock** m. (s, ¨e) baguette f. (de chef d'orchestre). ||°**-strich** m. (s, e). MUS. barre (f.) de mesure. ||°**-teil** m. (s, e). MUS. temps m. | *betonter, unbetonter Taktteil*, temps fort, faible. ||**-voll** adj. qui a du tact ; plein de tact ; discret.

taktieren [tak'ti:rən] v. intr. MUS. donner, battre la mesure. || MIL., FIG. appliquer une tactique.

Taktik ['taktik] f. (-, en). MIL., FIG. tactique f.

Taktiker [-tikər] m. (s, -). MIL. tacticien m.

taktisch [-tiʃ] adj. MIL. tactique.

Tal [tɑ:l] n. (s, ¨er) vallée f. | *kleines Tal*, vallon m. ; val m. | *Hochtal*, haute vallée. | *zu Tal fahren*, dévaler (d')une montagne ; descendre un cours d'eau. || FIG., MAR. *das Wellental*, le creux de la lame. || LOC. *über Berg und Tal*, par monts et par vaux.

tal|abwärts ["tɑ:l'apvɛrts] adv. [Gebirge] en descendant la vallée ; [Wasserlauf] en aval. ||**-aufwärts** adv. [Gebirge] en remontant la vallée ; [Wasserlauf] en amont. ||°**-brücke** f. (-, n), °**-überführung** f. (-, en) viaduc m. ||°**-enge** f. (-, n) étranglement (m.) de la vallée ; encaissement m. ||°**-fahrt** f. (-, en) descente (f.) d'une montagne, d'un fleuve. || ÉCON. régression f. ; récession f. ||°**-kessel** m. (s, -). GÉOGR. cuvette f. ; cirque m. ||°**-mulde** f. (-, n) fond de vallée (incurvé). ||°**-punkt** m. (s, e). MATH. minimum m. (d'une courbe). ||°**-sohle** f. (-, n) fond de vallée (plat). || ÉCON. creux (m.) de la vague ; marasme m. ||°**-sperre** f. (-, n) barrage m. ; retenue (f.) d'eau. ||**-wärts** adv. (en descendant) vers la vallée. ||°**-weg** m. (s, e) chemin (m.) qui suit la vallée.

Talar [ta'lɑ:r] m. (s, e) robe (f.), toge (f.) de magistrat, d'avocat, de professeur, de pasteur.

Tälchen ['tɛ:lçən] n. (s, -) petite vallée ; vallon m.

Talent [ta'lɛnt] n. (s, e) talent m. ; dons m. pl. | *er hat Talent zum Zeichnen, zum Zeichner*, il a un talent, des dons de dessinateur.

talent|los [ta"lɛnt'lo:s] adj. dépourvu de talent ; médiocre. ||°**-losigkeit** f. absence (f.) de talent ; médiocrité f. ||**-voll** adj. doué ; plein de talent.

talentiert [talɛn'ti:rt] adj. doué ; FAM. talentueux.

Taler ['tɑ:lər] m. (s, -). HIST. thaler m. ; FAM. pièce (f.) de trois (Reichs)mark.

Talg [talk] m. (s) suif m.

Talg|drüse ["talk'dry:zə] f. (-, n) glande sébacée. ||**-licht** n. (s, er), °**-kerze** f. (-, n) chandelle f.

Talisman ['tɑ:lisman] m. (s, e) talisman m.

Talje ['talje] f. (-, n). MAR. (petit) palan.

taljen [-jen] v. tr. MAR. palanquer.

Talk [talk] m. (s, e). MINÉRAL. talc m.

Talkum ['talkum] n. (s) [poudre] de talc.

Talmi ['talmi] n. (s, s) simili-or m. || PAR EXT. clinquant m. | *das ist Talmi*, c'est du toc.

Talmud ['talmu:t] m. (s). RELIG. Talmud m.

Talon [ta'lɔ̃] m. (s, s). COMM. talon m. ; souche f. || [Kartenspiel] talon m.

Tamarinde [tama'rində] f. (-, n). BOT. tamarinier m. ; tamarin m.

Tamariske [-'riskə] f. (-, n). BOT. tamaris m.

Tambour [tɑ̃'bu:r] m. (s, e). MIL. (joueur de) tambour m. || ARCHIT. tambour m. (d'une coupole). || tambour à broder.

Tamburin [-bu'ri:n] n. (s, e). MUS. tambourin m. ; tambour (m.) de basque. || [Stickrahmen] tambour m. (à broder).

Tampon [tam'po:n] m. (s, s) tampon (m.) périodique.

tamponieren [tampɔ'ni:rən] v. tr. tamponner.

Tamtam ['tamtam] n. (s, s) tam-tam m. || FIG. *etwas mit großem Tamtam in Szene setzen*, faire du tam-tam, faire grand bruit autour de qch.

Tand [tant] m. (s) brimborion m. ; colifichet m. || PAR EXT. babioles f. pl. ; futilités f. pl. || POÉT. *das ist eitler Tand*, ce ne sont que vanités.

Tändelei [tɛndə'lai] f. (-, en) bagatelle f. ; badinage m. ; propos frivoles, galants.

tändeln ['tɛndəln] v. intr. muser ; baguenauder. || PAR EXT. folâtrer, badiner ; flirter. || brocanter.

Tandem ['tandɛm] n. (s, s) tandem m.

Tändler ['tɛntlər] m. (s, -) flâneur m. || COMM. fripier m. ; brocanteur m.

Tang [taŋ] m. (s) varech m. ; fucus m.

Tangente [taŋ'gɛntə] f. (-, n) [abrév. **Tang**]. MATH. tangente f.

tangential [-gɛntsi'ɑ:l] adj. tangentiel.

Tangential|kraft [taŋgɛn"tsiɑ:l'kraft] f. (-, ¨e). PHYS. force tangentielle.

tangieren [-'gi:rən] v. tr. FIG. toucher ; concerner.

Tango ['taŋgo] m. (s, s) tango m.

Tank [taŋk] m. (s, s ou e) réservoir m. ; citerne f. | *Öltank*, cuve (f.) à mazout. || MIL. [Panzer] char (m.) d'assaut ; tank m.

Tank|schiff ["taŋk'ʃif] n. (s, e) bateau-citerne m. ; tanker m. ||°**-stelle** f. (-, n) poste (m.) d'essence ; station-service f. ||°**-wagen** m. (s, -) camion-citerne m. ||°**-wart** m. (s, e) pompiste m.

tanken ['taŋkən] v. intr. AUTOM. prendre du carburant. | *volltanken*, faire le plein.
◇ v. tr. *Benzin, Öl tanken*, prendre de l'essence, de l'huile.

Tanker ['taŋkər] m. (s). V. TANKSCHIFF.

Tann [tan] m. (s). POÉT. forêt f. (de conifères).

Tanne ['tanə] f. (-, n) sapin m. | *Tännchen, Tännlein*, petit sapin. | *schlank wie eine Tanne*, mince comme un fil.

Tannen|apfel ["tanən'apfəl] m. (s, ¨). BOT. pomme (f.) de pin. ||°**-baum** m. (s, ¨e) sapin m. ; épicéa m. ; PAR EXT. arbre (m.) de Noël. ||°**-nadel** f. (-, n) aiguille (f.) de sapin. ||°**-wald** m. (s,¨er) sapinière f. ; forêt (f.) de sapins. ||°**-zapfen** m. (s, -) pomme (f.) de pin.

tannieren [ta'ni:rən] v. tr. tanner.

tannig ['taniç] adj. couvert de sapins.

Tannin [ta'ni:n] n. (s) tannin m. ; acide (m.) tannique.

Tännling ['tɛnliŋ] m. (s, e) jeune sapin m. || [Pilz] oronge f.

Tantalus ['tantalus] n. pr. m. MYTH. Tantale m. | *Tantalusqualen ausstehen*, souffrir le supplice de Tantale.

Tante ['tantə] f. (-, n) tante f. || FAM. *Tante-Emma-Laden*, (*etwa*) petit commerce ; commerce (m.) de proximité.

Tantieme [tɑ̃'tie:mə] f. (-, n) tantième m.
◇ pl. **Tantiemen,** droits (m. pl.) d'auteur.

Tanz [tants] m. (es, ¨e) danse f. | *sie nahm den Tanz an*, elle accepta la danse. | *sich im Tanze wiegen*, s'abandonner au rythme de la danse. | *der Tanz um das goldene Kalb*, l'adoration (f.) du veau d'or. | *der Tanz der Wellen*, le moutonnement des vagues. | *Totentanz*, danse macabre. || PAR EXT. bal m. | *zum Tanz gehen*, aller au bal. | *Tanz im Freien*, bal champêtre.

Tanz|bar ['tantsbɑ:r] f. (-, s) dancing m. ||°**-bär** m. (en, en) ours savant. ||°**-bein** n. (s). IRON. *das Tanzbein schwingen*, danser. ||°**-boden** m. (s, -), °**-diele** f. (-, n) salle (f.) de danse. ||°**-fläche** f. (-, n) piste f. (de danse). ||°**-kunst** f. art (m.) de la danse. ||°**-lokal** n. (s, e) bal m. ; dancing m. ||**-lustig** adj. qui aime la danse. ||°**-musik** f. musique (f.) de danse. ||°**-saal** m. (s, säle) salle (f.) de bal. ||°**-schuh** m. (s, e) soulier (m.) de bal ; escarpin m. ||°**-stunde** f. (-, n) leçon (f.) de danse.

tänzeln ['tɛntsəln] v. intr. sautiller. || [Pferd] caracoler.

tanzen ['tantsən] v. intr. danser. | *wollen Sie mit mir tanzen ?*, voulez-vous danser avec moi ? | *aus der Reihe tanzen*, FAM. ne pas se ranger ; FIG. ne pas faire comme les autres. || PAR ANAL. *die Mücken tanzen in der Luft*, les moustiques voltigent dans l'air. | *das Boot tanzt auf den Wellen*, le canot est bercé par les vagues. || LOC. *nach js Pfeife tanzen*, obéir à qn au doigt et à l'œil.
◇ v. tr. danser (une danse). | *Walzer tanzen*, danser la valse ; valser.

Tänzer ['tɛntsər] m. (s, -) danseur m. [auf einem Ball] cavalier m.

tänzerisch [-tsəriʃ] adj. de danseur. || FIG. avec grâce.

Tänzerschaft [-tsərʃaft] f. l'ensemble (m.) des danseurs. || THÉÂTRE. corps (m.) de ballet.

Tapergreis ['tapərgraiz] m. (es, e). FAM. vieillard tremblotant.

Tapet [ta'pe:t] n. (s). *etwas aufs Tapet bringen*, mettre qch. sur le tapis.

Tapete [ta'pe:tə] f. (-, n) tenture f. ; papier peint. || tapisserie f.

Tapeten|papier [ta"pe:tənpa'pi:r] n. (s, e) papier peint. ||°**-tür** f. (-, en) porte dérobée (recouverte de la même tenture que les murs). ||°**-wechsel** m. (s, -). FIG., FAM. changement (m.) de décor.

tapezieren [tape'tsi:rən] v. tr. couvrir de papier peint ; tapisser.

Tapezierer [-'tsi:rər] m. (s, -) tapissier m. (décorateur).

tapfer ['tapfər] adj. courageux ; brave ; vaillant. | *tapfer im Kampf*, brave au combat. | *sich tapfer schlagen*, se battre avec bravoure, en brave.
◇ adv. vaillamment ; de la belle manière. | *tapfer trinken*, boire beaucoup.

Tapferkeit [-kait] f. courage m. ; bravoure f. ; vaillance f.

Tapioka [tapi'o:ka] f. tapioca m.

Tapir ['ta:pir] m. (s, e). ZOOL. tapir m.

Tapisserie [tapisə'ri:] f. (-, n) tapisserie f.

tapp, tapptapp [tap tap'tap] interj. toc ! ; toc-toc !

tappen ['tapən] v. intr. marcher d'un pas hésitant ; tâtonner. | *wir tappen im Dunkeln*, nous allons à tâtons ; nous sommes dans le brouillard.

täppisch ['tɛpiʃ] adj. lourdaud ; pataud.

Taps [taps] m. (es, e), **Tapp** [tap] m. (s, e) tape f. || [Tölpel] balourd m.

tapsen ['tapsən] v. intr. aller à tâtons ; marcher lourdement.

tapsig [-siç] adj. FAM. gauche ; empoté.

Tara ['ta:ra] f. (-, ren). COMM. tare f.

Tarama [ta'rama] n. CULIN. tarama m.

Tarantel [ta'rantəl] f. (-, n) tarentule f. | *wie von der Tarantel gestochen*, comme piqué de la tarentule.

tarieren [ta'ri:rən] v. tr. COMM. tarer.

Tarif [ta'ri:f] m. (s, e) tarif m. ; barème m. | *nach Tarif bezahlt*, payé selon le tarif.

Tarif... (en compos.) tarifaire.

Tarif|abkommen [ta"ri:f'apkɔmən] n. (s, -). ÉCON. convention collective. ||°**-lohn** m. (es, ¨e) salaire minimum garanti. ||°**-ordnung** f. tarification f. ||°**-runde** f. (-, n) négociation (f.) tarifaire. ||°**-satz** m. (es, ¨e) taux (m.) tarifaire. ||°**-tabelle** f. (-, n) barème m. ||°**-vereinbarung** f. (-, en), °**-vertrag** m. (s, ¨e) accord (m.) tarifaire ; convention collective.

tarifieren [tari'fi:rən] v. tr. tarifer.

Tarifierung [-ruŋ] f. (-, en) tarification f.

tariflich [ta'ri:fliç], **tarif|mäßig** [ta"ri:f'mɛ:siç] adj. et adv. tarifaire ; conforme aux accords, tarifs.

tarnen ['tarnən] v. tr. MIL. camoufler.

Tarn|firma ["tarn'firma] f. (-, men). COMM. société (f.) écran. ||°**-kappe** f. (-, n). MYTH. heaume (m.) qui rend invisible.

Tarnung ['tarnuŋ] f. (-, en). MIL. camouflage m.

Tarock ['ta:rɔk] n. (s). [Kartenspiel] tarot m.

Tartan ['tartan] m. (s). [Sportbahnenbelag] tartan m.

Tartarus ['tartarus] n. pr. m. MYTH. Tartare m.

Tartrazin [tartra'tsi:n] n. (s). CHIM. tartrazine f.

Tartsche ['tartʃə] f. (-, n). HIST. targe f.

Tasche ['taʃə] f. (-, n) poche f. | *das Täschchen*, le gousset ; la petite poche. | *etwas in die Tasche stecken*, mettre qch. dans sa poche ; empocher. | *Hosentasche*, poche (du pantalon). || LOC. *den stecke ich in die Tasche*, je le mets dans ma poche. | *etwas wie seine (Westen) tasche kennen*, connaître qch. comme sa poche. | *die Fäuste in der Tasche ballen*, serrer son poing dans la poche. || [Geldtasche] poche f. ; bourse f. | *aus eigener Tasche bezahlen*, payer, en être de sa poche. | *einem auf der Tasche liegen*, vivre aux crochets de qn. | *die Hände auf der Tasche halten*, être pingre, FAM. radin. | *Umhängetasche*, sacoche f. | *Aktentasche*, serviette f.

Taschen... ['taʃən]. (en compos.) de poche.

Taschen|buch ["taʃən'bu:x] n. (s, ¨er) livre (m.) de poche. || [Notizbuch] carnet m. || [Jahrbuch] almanach m. ||°**-dieb** m. (s, e) voleur (m.) à la tire ; pickpocket m. ||°**-diebstahl** m. (s, ¨e) vol (m.) à la tire. ||°**-geld** n. (s, er) argent (m.) de poche. ||°**-klappe** f. (-, n) patte f. ; rabat m. (d'une poche). ||°**-krebs** m. (es, e) crabe tourteau m. ||°**-rechner** m. (s, -) calculatrice (f.) de poche ; calculette f. ||°**-spieler** m. (s, -) faiseur (m.) de tours ; escamoteur m. ||°**-spielerei** f. (-, en) escamotage m. ; prestidigitation f. ||°**-spielerstreich** m. (s, e), °**-spielerstück** n. (s, e) tour (m.) de passe-passe. ||°**-tuch** n. (s, ¨er) mouchoir m. (de poche) ; pochette f. ||°**-uhr** f. (-, en) montre f. (de poche).

Täschner ['tɛʃnər], **Taschner** ['taʃnər] m. (s, -) maroquinier m.
— SYN. : *Lederwarenhändler ; Taschenmacher.*

Tasse ['tasə] f. (-, n) tasse f. | *Obertasse, Tassenkopf*, tasse. | *Untertasse*, soucoupe f. | *Täßchen*, petite tasse. | *eine Tasse Kaffee*, une tasse de café. | *die Kaffeetasse*, la tasse à café. | *aus der Tasse trinken*, boire à la tasse.

Tastatur [tasta'tu:r] f. (-, en) clavier m. ; touches f. pl.
— SYN. : *Tastenwerk ; Griffbrett.*

Taste ['tastə] f. (-, n) touche f. ; manette f. ; manipulateur m.

Tasten|brett ["tastən'brɛt] n. (s, er). MUS. clavier m. ||°**-feld** n. (s, er) [Schreibmaschine] clavier m.

Tast|empfindung ["tastɛmp'finduŋ] f. (-, en) sensation (f.) tactile. ||°**-sinn** m. (s) [sens du] toucher m. ; tact m. ; sensibilité (f.) tactile.

tasten ['tastən] v. tr. toucher (du doigt) ; tâter ; palper. || ÉLECTR. pulser. | *getastetes Licht*, lumière pulsée.
◇ v. intr. tâtonner. | *ich taste nach etwas*, je cherche qch. à tâtons, en tâtonnant.
◇ v. pr. **sich tasten.** *ich taste mich bis zur Tür*, je me dirige à tâtons vers la porte.

Tasten [-tən] n. (s) toucher m. ; attouchements m. pl. ; [Tappen] tâtonnement m. ; [Telegraf] manipulation f.

Tasten|telefon ["tastəntele'fo:n] n. (s, e) téléphone (m.) à touches.

Taster ['tastər] m. (s, -). ÉLECTR. bouton m. ; manette f. ; manipulateur m. (de morse). || TECHN. palpeur m. || ZOOL. palpe m.

Tat [ta:t] f. (-, en) acte m. ; action f. | *eine gute, böse Tat*, une bonne, une mauvaise action. | *zur Tat schreiten*, passer aux actes, à l'action. | *in die Tat umsetzen*, réaliser. | *sich zu einer Tat aufraffen*, se décider à agir (enfin). | *ein Mann der Tat*, un homme d'action ; un homme énergique. | *in der Tat*, en effet. || LOC. *jn auf frischer Tat ertappen*, FAM. *erwischen*, prendre qn en flagrant délit, sur le fait. | *jm mit Rat und Tat beistehen*, prendre fait et cause pour qn. | *den Willen für die Tat nehmen*, se contenter de la bonne intention. | *Heldentat*, exploit m. | *Wohltat*, bienfait m. | *Freveltat*, forfait m.

Tat|bestand ["ta:tbə'ʃtant] m. (s) état (m.) de choses ; faits m. pl. || JUR. faits délictueux. | *den Tatbestand aufnehmen*, dresser le procès-verbal (sur place) ; faire un constat. ||°**-form** f. GRAMM. voix, forme active. ||°**-kraft** f. énergie f. ; activité f. ; résolution f. ||**-kräftig** adj. énergique ; résolu ; puissant. | *ein tatkräftiger Mensch*, un réalisateur. ||**-kundig** adj. patent ; manifeste. ||°**-ort** m. (s, e). JUR. lieu (m.) du crime. ||°**-sache** f. (-, n) fait (positif) ; réalité (patente). | *das sind wesentliche Tatsachen*, ce sont là des faits essentiels. | *(es ist) Tatsache !*, c'est (pourtant) un fait ! | *es ist Tatsache, daß*, c'est un fait que. | *(zur) Tatsache werden*, devenir (une) réalité. | *vollendete Tatsache*, fait accompli. ||**-sächlich** adj. effectif ; réel. — adv. de, en fait. ||°**-umstände** f. pl. JUR. circonstances (f. pl.) du crime.

Taten|drang ["ta:tən'draŋ] m. (s), °**-durst** [-'durst] m. (es) initiative f. ; besoin (m.) d'agir. ||**-froh** adj. plein d'initiative ; actif. ||**-los** adj. inactif ; dans l'inaction. ||**-reich** adj. actif. | *ein tatenreiches Leben*, une vie bien remplie.

Tatar [ta'ta:r] n. pr. m. (en, en) Tatare m. ; Tartare m.

tatarisch [-riʃ] adj. tartare.

Täter ['tɛ:tər] m. (s, -) auteur m. (d'un acte). || JUR. coupable m. | *Mittäter*, complice m.

Täterschaft ['tɛ:tərʃaft] f. paternité f. (d'un acte). || JUR. culpabilité f.

tätig ['tɛ:tiç] adj. agissant ; actif ; efficace. | *tätiger Mensch*, homme actif. | *tätige Mitwirkung*, collaboration effective. || [beruflich] en activité ; qui exerce. | *in einem Geschäft tätig sein*, être occupé, travailler dans un établissement. | *tätig werden*, passer à l'action.

tätigen ['tɛ:tigən] v. tr. COMM. *ein Geschäft tätigen*, réaliser, conclure une affaire.

Tätigkeit [-kait] f. (-, en) activité f. ; fonctionnement m. | *in (voller) Tätigkeit sein*, [Menschen] être en (pleine) action, activité ; [Maschine] être en marche ; fonctionner (à plein). || [beruflich] activité f. ; occupation f. ; service actif. | *in Tätigkeit treten*, entrer en fonctions. | *außer Tätigkeit setzen*, suspendre ; mettre en non-activité.

Tätigkeits|bereich [″tɛ:tiçkaitsbəʼraiç] m. (s) domaine (m.), sphère (f.) d'activité ; rayon (m.) d'action. ||°**-bericht** m. (s, e) rapport (m.) de gestion ; compte rendu d'activité. ||°**-feld** n. (s, er) champ (m.) d'action. ||°**-nachweis** m. (es, e). ADM. références professionnelles. ||°**-wort** n. (s, ¨er). GRAMM. verbe.

tätlich [ʼtɛ:tliç] adj. JUR. *tätliche Beleidigungen*, voies (f. pl.) de fait. | *(gegen jn) tätlich werden*, se livrer à des voies de fait (sur qn).

Tätlichkeiten [-kaitən] f. pl. JUR. voies de fait.

taterata [tateraʼtɑ:] interj. taratata.

tätowieren [tɛtoʼvi:rən], **tatuieren** [tatauʼi:rən] v. tr. tatouer.

Tätowierung [-ruŋ] f. (-, en) tatouage m.

Tätsche(n) [ʼtɛtʃə(n)] f. (-, n). POP. baffe f. ; claque f.

tätscheln [-ʃəln] v. tr. FAM. tapoter ; cajoler.

Tatter|greis [″tatərʼgrais] m. (es, e). FAM. vieillard tremblotant. ||°**-ich** m. (s). FAM. *einen Tatterich haben*, avoir la tremblote.

tattern [-tərn] v. intr. trembloter.

Tattersall [″tatərʼzal] m. (s, e) manège m.

Tatze [ʼtatsə] f. (-, n) patte f. ; griffe f.

Tatzel|wurm [″tatsəlʼvurm] m. V. TAZZELWURM.

Tau [tau] n. (s, e). MAR. cordage m. ; câble m. ; amarre f.

Tau|länge [″tauʼlɛŋə] f. (-, n). MAR. encablure f. ||°**-werk** n. (s). MAR. cordages m. pl. ; manœuvres f. pl. ||°**-ziehen** n. (s). [Spiel] lutte (f.) à la corde. || FIG. bras (m.) de fer ; partie (f.) de bras de fer.

Tau [tau] m. (s) rosée f. | *vor Tau und Tag*, aux aurores. || LOC., IRON. *der hört den Tau fallen*, il a inventé la poudre.

tau|benetzt [″taubəʼnɛtst], **-feucht** [-ʼfɔyçt] adj. humide de rosée. ||**-frisch** adj. frais comme une rose. ||°**-messer** m. (s, -). PHYS. drosomètre m. ||°**-punkt** m. (s, e). PHYS. point (m.) de rosée, de condensation de la vapeur d'eau de l'air. ||°**-tropfen** m. (s, -) goutte (f.), perle (f.) de rosée. ||°**-wetter** n. (s) [temps (m.) de] dégel (m.). ||°**-wind** m. (s) vent (m.) de dégel.

taub [taup] adj. sourd. | *auf beiden Ohren taub*, sourd des deux oreilles. | *der Taube*, le sourd. | *stocktaub*, FAM. sourd comme un pot. || PAR EXT. insensible à ; fermé à. | *taub gegen Bitten sein*, être insensible aux prières ; être inexorable. | *sich taub stellen*, faire le sourd. || LOC. *tauben Ohren predigen*, prêcher dans le désert. || PAR ANAL. gourd ; engourdi. | *die Hand ist mir taub*, j'ai la main engourdie, ankylosée. || FIG. sans goût ; vide. | *taube Nuß*, noix creuse. | *dieser Pfeffer ist taub*, ce poivre n'a pas de goût. | *taube Blüte*, fleur (f.) stérile. | *taubes Gestein*, roche (f.) stérile.

Taub|hafer [″taupʼhɑ:fər] m. (s). BOT. folle avoine. ||°**-nessel** f. (-, n). BOT. lamier m. ; ortie blanche. ||**-stumm** adj. sourd-muet. ||°**-stummheit** f. surdi-mutité f.

Taube [ʼtaubə] f. (-, n) pigeon m. ; POÉT. colombe f. | *junge Taube*, pigeonneau m. | *wilde Taube*, ramier m. | *die Taube gurrt*, le pigeon roucoule. | *Turteltaube*, tourtereau m. | *Brieftaube*, pigeon voyageur. || LOC. *er wartet, daß ihm die gebratenen Tauben in den Mund fliegen*, il attend que les alouettes lui tombent toutes rôties dans le bec.

Tauben|falke [″taubənʼfalkə] m. (n, n). ZOOL. autour m. ||**-farbig, -grau** adj. (couleur) gorge-de-pigeon. ||°**-haus** n. (es, ¨er), °**-schlag** m. (s, ¨e) pigeonnier m. ; colombier m. | *hier gehts zu wie in einem Taubenschlag*, ici il y a un grand va-et-vient. ||°**-liebhaber** m. (s, -) colombophile m. ||°**-schießen** n. (s) tir (m.) aux pigeons.

Tauber [ʼtaubər] m. (s, -), **Täuber** [ʼtɔybər] m. (s, -), **Täuberich** [ʼtɔybəriç] m. (s, e) pigeon mâle.

Taubheit [ʼtauphait] f. surdité f. || PAR EXT. insensibilité f. ; caractère (m.) inexorable. || PAR ANAL. [Glied] engourdissement m. || FIG. stérilité f.

Täubin [ʼtɔybin] f. (-, nen) pigeon femelle ; pigeonne f.

Täubling [ʼtɔypliŋ] m. (s, e). BOT. bolet m.

Tauch|bad [″tauxʼbɑ:t] n. (s, ¨er). TECHN. barbotage m. ; immersion f. ||°**-boot** n. (s, e). MAR. submersible m. ||**-fähig** adj. submersible. ||°**-fahrt** f. (-, en). MAR. marche (f.) en plongée. ||°**-flosse** f. (-, n). SPORT. palme (f.) de plongée. ||°**-gerät** n. (s, e) scaphandre m. ||**-klar** adj. MAR. prêt à la plongée. ||°**-schmierung** f. (-, en). MÉCAN. graissage (m.) par barbotage. ||°**-sieder** m. (s, -). TECHN. chauffe-liquide m. ; thermo-plongeur m. ||°**-station** f. (-, en). MAR. poste (m.) de plongée. ||°**-tank** m. (s, s). MAR. caisse (f.) de plongée. ||°**-tiefe** f. (-, n). MAR. tirant (m.) d'eau admissible. ||°**-verfahren** n. (s). TECHN. procédé (m.) par trempage.

tauchen [ʼtauxən] v. intr. plonger ; rester sous l'eau.
◇ v. tr. plonger ; tremper ; immerger.

Tauchen [-xən] n. (s) plongeon m. ; plongée f. ; immersion f.

Taucher [-xər] m. (s, -). SPORT. plongeur m. || MAR. scaphandrier m. || ZOOL. plongeon m.

Taucher|anzug [″tauxərʼantsu:k] m. (s, ¨e) scaphandre m. ||°**-brille** f. (-, n) lunettes (f. pl.) de plongée. ||°**-glocke** f. (-, n) caisson m. (pneumatique).

tauen [ʼtauən] v. tr. MAR. touer.

tauen [-ən] v. impers. [Tau] *es taut, hat getaut*, il tombe, il est tombé de la rosée ; la rosée tombe, est tombée. || [Schnee] *es taut*, il dégèle.
◇ v. intr. *der Schnee taut, ist getaut*, la neige fond, a fondu.

Tauen [-ən] n. (s) [chute (f.) de la] rosée f. || [Schneeschmelze] dégel m. ; fonte (f.) des neiges.

Tauerei [tauəʼrai] f. MAR. touage m. ; remorquage m.

Tauf|becken [″taufʼbɛkən] n. (s, -), °**-stein** [-ʼʃtain] m. (s, e) fonts baptismaux. ||°**-buch** n. (s, ¨er), °**-register** n. (s, -) registre (m.) des baptêmes ; registre (m.) baptistaire. ||°**-kapelle** f. (-, n) baptistère m. ||°**-kind** n. (s, er) filleul(e) m. (f.). ||°**-kleid** n. (s, er) robe (f.) de baptême. ||°**-name** m. (ns, n) nom (m.) de baptême. ||°**-pate,** °**-zeuge** m. (n, n) parrain m. ||°**-patin,** °**-zeugin** f. (-, nen) marraine f. ||°**-schein** m. (s, e), °**-zeugnis** n. (ses, se) extrait (m.) de baptême. ||°**-wasser** n. (s) eau baptismale.

Taufe [ʼtaufə] f. (-, n) baptême m. | *jm die Taufe geben, erteilen*, baptiser qn. | *jn aus der Taufe heben, über die Taufe halten*, tenir qn sur les fonts baptismaux. | *die Taufe vornehmen*, administrer le baptême. || FIG. *etwas aus der Taufe heben*, fonder, créer qch. || MAR. *die Äquatortaufe*, le baptême de la ligne.

taufen [-fən] v. tr. baptiser. | *jn auf einen Namen taufen*, donner un nom à qn. | *sich taufen lassen*, se convertir ; se faire baptiser. || FIG., IRON. *Wein taufen*, baptiser du vin. | *Milch taufen*, mouiller le lait.

Täufer [ʼtɔyfər] m. (s, -) celui qui baptise. || RELIG. *Johannes der Täufer*, saint Jean-Baptiste.

Täufling [ʼtɔyfliŋ] m. (s, e) qui reçoit le baptême ; filleul m.

taugen [ʼtaugən] v. intr. [brauchbar, gut sein] valoir ; être utile ; pouvoir servir. | *wozu soll das taugen ?*, pour quoi faire ? ; à quoi cela sert-il ? | *taugt er was ?*, est-il bon à quelque chose ? | *das taugt nichts*, cela ne vaut rien. || [bekömmlich sein] *taugen für*, être bon à ; être fait pour. | *das taugt nichts für die Gesundheit*, cela ne vaut rien pour la santé. | *für mich taugt das nicht*, cela ne me convient pas. || [geeignet sein] *taugen zu*, être propre, apte à. | *zu dieser Arbeit taugen nur gesunde Leute*, seuls les hommes valides conviennent pour, sont aptes à ce travail.

Taugenichts [ʼtaugəniçts] m. (es, e) galapiat m. ; propre (m.) à rien ; vaurien m.

tauglich [ʼtaukliç] adj. dont on peut se servir ; convenable. | *zum Dienst tauglich (sein)*, [être] apte au, bon pour le service.

Tauglichkeit [-kait] f. aptitude f. ; capacité f.

tauig [ʼtauiç] adj. couvert de rosée.

Taumel [ʼtauməl] m. (s) étourdissement m. ; vertige m. ; enivrement m. | *(wie) im Taumel sein*, avoir la tête qui tourne ; être tout étourdi. || FIG. ivresse f. ; délire m. | *ein wahrer Begeisterungstaumel*, un enthousiasme délirant. | *im Taumel der Freude*, ivre de joie.

Taumel|lolch [″tauməlʼlɔlç] m. (s). BOT. ivraie f.

taum(e)lig [ʼtaum(ə)liç] adj. chancelant ; titubant. || PR. et FIG. pris de vertige. | *mir ist taumelig*, la tête me tourne ; j'ai le vertige. | *taumelig machen*, étourdir ; FIG. faire perdre la tête.

taumeln [-məln] v. intr. tituber ; chanceler ; marcher d'un pas mal assuré. || PR. et FIG. être pris de vertige. | *hin und her taumeln*, tituber. | *zu Boden taumeln*, s'effondrer ; s'écrouler par terre. | *er taumelte vor Freude*, il était éperdu de joie.

Tausch [tauʃ] m. (es, e) échange m. ; troc m. | *einen Tausch machen*, faire un échange. | *in Tausch geben, nehmen*, donner, prendre en échange. | *beim Tausch gewinnen, verlieren*, gagner, perdre au change. || ADM., MATH. permutation f.

Tausch|geschäft ["tauʃgə'ʃɛft] n. (s, e), °**-handel** [-'handəl] m. (s) [commerce (m.) de] troc m. | *Tauschhandel treiben*, troquer ; faire du troc. ||**-weise** adv. en échange.

tauschen ['tauʃən] v. intr. faire un échange. || ADM. permuter. || *ich möchte nicht mit ihm tauschen*, je ne voudrais pas être à sa place.
◇ v. tr. troquer ; échanger. | *Esau tauschte sein Erstlingsrecht gegen ein Linsengericht*, Esaü troqua son droit d'aînesse contre un plat de lentilles. | *die Rollen tauschen*, intervertir les rôles. | *willst du mit mir den Platz tauschen ?*, veux-tu changer avec moi ?

täuschen ['tɔyʃən] v. tr. tromper ; duper ; abuser. | *der Schein hat mich getäuscht*, l'apparence m'a induit en erreur. | *js Hoffnungen, Erwartungen täuschen*, décevoir, tromper les espérances, l'attente de qn. | *in seinen Hoffnungen getäuscht werden*, être déçu ; avoir une déception. | *jn um etwas täuschen*, frustrer qn de qch. | *js guten Glauben täuschen*, surprendre la bonne foi de qn. | *der erste Blick täuscht*, les apparences sont trompeuses.
◇ part. prés. et adj. **täuschend,** trompeur. | *täuschend nachahmen*, imiter à s'y méprendre. | *täuschende Ähnlichkeit*, ressemblance frappante.
◇ v. pr. **sich täuschen,** se tromper ; faire erreur ; s'illusionner. | *er läßt sich leicht täuschen*, il se laisse facilement abuser, induire en erreur. | *ich glaube, ich habe ihn gesehen, ich kann mich aber auch täuschen*, je pense l'avoir vu, mais je peux aussi faire erreur. | *da(rin) täuschst du dich gewaltig*, en cela tu te trompes grossièrement. | *ich habe mich in ihm sehr getäuscht*, il m'a bien déçu ; je me suis fait bien des illusions à son sujet. | *sich durch etwas täuschen lassen*, s'y laisser prendre.

tauschieren [tau'ʃi:rən] v. tr. damasquiner.

Tauschierung [-ruŋ] f., **Tauschier|arbeit** [tau-"ʃi:r'arbait] f. (-, en) damasquinage m.

Täuschung ['tɔyʃuŋ] f. (-, en). [Betrug] tromperie f. ; duperie f. | *plumpe Täuschung*, mystification grossière. || UNIV. tricherie f. || [Irrtum] erreur f. ; illusion f. | *man gebe sich darüber keiner Täuschung hin*, qu'on ne s'y trompe pas. | *optische Täuschung*, illusion d'optique. || JUR. *arglistige Täuschung*, acte dolosif.

tausend ['tauzənt] adj. num. card. mille ; [in Jahreszahlen auch] mil. | *tausend Dank*, mille mercis. | *tausend und aber tausend*, des milliers. | *ein paar tausend Menschen*, quelques milliers de personnes.

Tausend [-zənt] f. (-, en) le nombre mille ; le mille.
◇ n. (s, e) millier m. ; (ensemble de, environ) mille. | *Tausende von Menschen*, des milliers de personnes. | *zu Tausenden*, par milliers. | *fünf vom Tausend*, cinq pour mille. || LOC. *es geht in die Tausende*, cela se chiffre par milliers.
◇ m. (Vx.) le diable. | *(ei) der Tausend !*, diable ! ; diantre ! | *daß dich der Tausend !*, que le diable t'emporte ! | *potztausend !* ; *tausendschwerenot !*, mille diables !, mille tonnerres ! | *wo tausend ist er geblieben ?*, où diable peut-il être ? | *ein Tausendsassa*, un diable d'homme, de garçon.

tausend|fach ["tauzənt'fax] adj. et adv. de mille manières ; mille fois autant ; mille fois plus. || FIG., FAM. *das werde ich dir tausendfach heimzahlen*, je te le rendrai au centuple. ||°**-füß(l)er** m. (s, -). ZOOL. mille-pattes m. ; myriapode m. ||°**-güldenkraut** n. (s). BOT. centaurée f. ||**-jährig** adj. millénaire. || RELIG. *das Tausendjährige Reich*, le règne millénaire. ||°**-künstler** m. (s, -). [Gaukler] prestidigitateur m. || [Bastler] bricoleur consommé. || [Schlaukopf] débrouillard m. ||**-mal** adv. mille fois ; PAR EXT. des centaines de fois. ||°**-sassa** m. (-) touche-à-tout m. ||°**-schön(chen)** n. (s, -). BOT. [Gänseblümchen] pâquerette f. ; [Amarant] amarante f. ||**-weise** adv. par milliers.

Tausender ['tauzəndər] m. (s, -) [le nombre] mille. || FAM. billet de mille.

tausenderlei ["tauzendər'lai] adj. mille espèces de ; de mille sortes.

tausendst ['tauzɛntst] adj. num. ord. millième. | *der Tausendste*, le millième. || LOC. *das weiß der Tausendste nicht*, il n'y en a pas un sur mille qui le sache. | *vom Hundertsten ins Tausendste kommen*, bavarder à n'en pas finir.

Tausendstel [-stəl] n. (s, -) [fraction d'un] millième m.

Tautologie [tautolo'gi:] f. (-, n) tautologie f.

Taxameter [taksa'me:tər] m. (s, -) compteur m. ; taximètre m.

Taxator [ta'ksɑ:tɔr] m. (s, en) estimateur m. ; expert m.

Taxe ['taksə] f. (-, n) taxe f. ; taux m. ; tarif m. | *Kurtaxe*, taxe de séjour.

tax|frei ['taksfrai] adj. exempt de droits ; à titre gratuit. ||°**-ordnung** f. (-, en). [Gebührentafel] tarif m. ||°**-preis** m. (es, e) prix taxé. ||°**-wert** m. (s, e) valeur estimative ; mise (f.) à prix.

Taxi ['taksi] n. (s, s), FAM. **Taxe** [taksə] f. (-, n) taxi m.

Taxi|fahrer ["taksi'fɑ:rər] m. (s, -) chauffeur (m.) de taxi. ||°**-stand** m. (s, ¨e) station (f.) de taxi.

Taxidermie [taksidɛr'mi:] f. taxidermie f.

taxieren [ta'ksi:rən] v. tr. [Preise ansetzen] taxer ; fixer le prix. || [abschätzen] estimer ; évaluer.

Taxierung [-ruŋ] f. (-, en). [Festsetzung des Preises] taxation f. || [Einschätzung] estimation f. ; mise (f.) à prix.

Taxonomie [taksono'mi:] f. taxinomie f.

Taxus ['taksus] m. (-, -). BOT. if m.

Tazzelwurm ["tatsəl'vurm] m. (s, ¨er) dragon (m.) légendaire des Alpes.
— SYN. : *Tatzelwurm.*

Teak|holz ["ti:k'hɔlts] n. (es) bois (m.) de teck.

Team [ti:m] n. (s, s) équipe f.

Technik ['tɛçnik] f. (-, en) technique f. | *das Zeitalter der Technik*, l'âge (m.) de la technique. || [spezielle Technik] technique f. ; métier m. | *eine Technik von Grund aus beherrschen*, connaître un métier à fond. | *sein Spiel zeigt nur Technik*, dans son jeu il n'y a que du métier. | *die Technik des Klavierspiels*, la technique du piano.

Techniker [-nikər] m. (s, -) technicien m. ; ingénieur m. ; spécialiste m. (d'un métier) ; agent (m.) technique.

Technikum [-nikum] n. (s, ken) collège (m.) technique. || section (f.) d'expérimentation d'une entreprise.

technisch [-niʃ] adj. technique. | *technische Ausdrücke*, termes (m. pl.) de métier, techniques. | *technische Daten*, caractéristiques (f. pl.) techniques. | *technische Fachschule*, école (f.) technique, des arts et métiers. | *technische Hochschule*, école supérieure technique, école polytechnique. | *technischer Leiter*, ingénieur (m.) en chef. | *technische Störung*, incident (m.) technique. | *technisches Versagen*, panne f. ; défaillance (f.) mécanique. | *technischer Zeichner*, dessinateur industriel. | *aus technischen Gründen*, pour des raisons matérielles.
◇ adv. *ein technisch begabter Mensch*, un homme doué pour la technique. | *das ist technisch unmöglich*, c'est matériellement impossible.

Technokrat(in) [tɛçno'krɑ:t(in)] m. (en, en), f. (-, nen) technocrate s.

Technokratie [tɛçnokra'ti:] f. technocratie f.

Technologie [-nolo'gi:] f. technologie f.

Technologie|transfer [tɛçnolo"gi:'transfər] m. (s, s) transfert (m.) de technologie.

Technostruktur ["tɛçnostruk'tu:r] f. (-, en) technostructure f.

Techtelmechtel ["tɛçtəl'mɛçtəl] n. (s). FAM. manigance f. || [Liebelei] amourette f. ; passade f.

Teckel ['tɛkəl] m. (s, -). ZOOL. basset m.

Teddy ['tɛdi] m. (s, s), **Teddy|bär** ["tɛdi'bɛ:r] m. (en, en) ours (m.) en peluche ; FAM. nounours m.

Tedeum [te'de:um] n. (s, s). RELIG. Te Deum m.

Tee [te:] m. (s, s) thé m. | *Teetasse*, tasse (f.) à thé. | *eine Tasse Tee*, une tasse de thé. | *Tee trinken*, prendre le thé. | *Tee aufbrühen, kochen*, faire du thé. | *den Tee ziehen lassen*, laisser infuser (le thé). || PAR ANAL. [Heiltee] infusion f. ; [Kräuter-, Würztee] tisane f. | *Lindentee*, infusion de tilleul. || PAR EXT. [Teestunde] thé m. | *zum Tee einladen*, inviter à prendre le thé. || LOC., FAM. *abwarten und Tee trinken !*, attendons la fin de l'histoire !

Tee|beutel ["te:'bɔytəl] m. (s, -) sachet (m.) de thé. ||°**-brett** n. (s, er) plateau m. (à thé). ||°**-ei** n. (s, er) œuf (m.) à thé. ||°**-geschirr** n. (s, e) service (m.) à thé. ||°**-kanne** f. (-, n) théière f. ||°**-kessel** m. (s, -) bouilloire f. (à thé). ||°**-licht** n. (s, er) bougie (f.) pour chauffe-plat. ||°**-löffel** m. (s, -) petite cuiller. ||°**-rose** f. (-, n) rose (f.) thé. ||°**-stoff** m. (s) théine f. ||°**-strauch** m. (s, ¨e) arbre (m.) à thé ; théier f. ||°**-tasse** f. (-, n) tasse (f.) à thé. ||°**-wagen** m. (s, -) table roulante.

Teenager ['ti:neidʒər] m. (s, -). FAM. adolescent(e) m. (f.).

Teer [te:r] m. (s, e) goudron m. ; brai m.

teer|artig ["te:r'ɑ:rtiç] adj. goudronneux. || °**-brennerei** f. (-, en) goudronnerie f. ||°**-farben** f. pl. couleurs (f. pl.) d'aniline. ||°**-jacke** f. (-, n). FIG., FAM. loup (m.) de mer. ||°**-öl** n. (s, e) huile (f.) de goudron. ||°**-pappe** f. (-, n) carton goudronné. ||°**-pech** n. (s) brai m. ; bitume m. ||°**-spritzmaschine** f. (-, n). TECHN. goudronneuse f.

teeren ['te:rən] v. tr. goudronner ; bitumer.

Teeren [-rən] n. (s) goudronnage m.

teerig [-riç] adj. goudronné.

Tee-shirt ['ti:ʃərt] n. (s, s) tee-shirt m.

Tegel ['te:gəl] m. (s). GÉOL. marne f. || [Norddeutschland] brique f.

Teich [taiç] m. (s, e) étang m. ; pièce (f.) d'eau ; vivier m. | *den Teich ablassen*, vider l'étang. || FIG. *der große Teich*, la mare aux harengs.

Teich|rose ["taiç'ro:zə] f. (-, n) nénuphar m. ||°**-wirtschaft** f. pisciculture f. ; alevinage m.

Teig [taik] m. (s, e) pâte f. | *der Teig geht auf*, la pâte lève. | *den Teig schlagen, rühren*, tourner, faire la pâte. | *den Teig kneten*, pétrir la pâte. || FIG. *aus anderem Teig sein*, ne pas être fondu dans le même moule.

Teig|affe ["taik'afə] m. (n, n). FAM., IRON. mitron m. ||°**-mulde** f. (-, n) pétrin m. ||°**-waren** f. pl. pâtes f. pl. (alimentaires).

teig [taik] adj. [Gebäck] non cuit ; mal cuit. || [Obst] blet. | *Teigbirne*, poire blette.

teigig ['taigiç] adj. pâteux. || [Gesicht] blafard.

Teil [tail] m. (s, e). [Stück] partie f. ; part f. ; morceau m. | *der zehnte Teil von etwas*, la dixième partie, le dixième de qch. | *wir bekommen nur einen Teil (davon)*, nous n'aurons qu'une fraction (de). | *ein Bruchteil*, une (petite) partie ; une parcelle ; une fraction. || [Buch] *beide Teile in einem Band*, deux tomes en un volume. | *der zweite Teil des Faust*, la seconde partie du *Faust*. || LOC. *zu gleichen Teilen*, à part égales. | *zum Teil*, en partie. | *etwas wird mir zu Teil*, qch. est mon lot, m'échoit (en partage). | *ich habe das Buch zum größten Teil gelesen*, j'ai lu la plus grande partie du livre. | *der größte Teil der Menschen*, la plupart des hommes. | *ein (Bestand)teil von etwas sein*, faire partie, être une partie (intégrante), être une part (essentielle) de qch. || TECHN. *eine Maschine in ihre Teile zerlegen*, démonter une machine pièce par pièce. || JUR. [Partei] partie f. ◇ n. ou m. (s, e). [Anteil] part f. ; portion f. | *das ist mein Teil*, c'est ma part. | *ein gut Teil von*, une bonne partie de. | *das vordere Teil ; das Vorderteil*, la partie antérieure, de devant. | *das hintere Teil ; das Hinterteil*, la partie postérieure, de derrière ; ZOOL. l'arrière-train m. || PR. et FIG. *das bessere Teil wählen*, choisir la meilleure part. || FIG. *sein Teil beitragen zu*, apporter sa (petite) part à ; concourir à. | *ich habe kein Teil daran*, je n'y suis pour rien. | *ich für mein Teil*, pour ma part ; quant à moi. | *ich sage nichts, aber ich denke mir mein Teil*, je ne dis mot, mais je n'en pense pas moins.

Teil... (en compos.) partiel.

Teil|besitzer ["tailbə'zitsər] m. (s, -) copropriétaire m. ||°**-betrag** m. (s, ¨e) quote-part f. ||°**-finsternis** f. (-, se) éclipse partielle. ||°**-genehmigung** f. (-, en). ADM. autorisation partielle. ||**-haben** v. intr. *an etwas teilhaben*, participer à qch. ; faire partie de qch. || COMM. *an einem Geschäft teilhaben*, être associé à, avoir un intérêt dans une affaire. ||°**-haber** m. (s, -) associé m. ; participant m. | *stiller Teilhaber*, commanditaire m. | *als Teilhaber eintreten*, s'associer. ||°**-haberschaft** f. participation commerciale. ||°**-körper|bestrahlung** f. (-, en). NUCL. irradiation partielle. ||°**-nahme** f. participation f. ; FIG. sympathie f. | *in aufrichtiger Teilnahme*, avec l'expression de mes sincères condoléances. ||**-nahme|berechtigt** adj. qui a le droit de participer. ||**-nahmslos** adj. indifférent ; apathique. ||°**-nahmslosigkeit** f. indifférence f. ; apathie f. ; absence (f.) d'intérêt. || **-nehmen** (i, a, o) v. intr. participer (à). | *an einer Versammlung teilnehmen*, prendre part à une réunion. | *an einem Geschäft teilnehmen*, s'associer, collaborer à une affaire. || FIG. *an js Schmerz teilnehmen*, compatir à la douleur de qn. ||**-nehmend** adj. avec intérêt, sympathie ; sympathique. ||°**-nehmer(in)** m. (s, -), f. (-, nen) participant(e) m. (f.). || TÉLÉPH. abonné(e) m. (f.) ; correspondant(e) m. (f.). ||°**-nehmer|betrieb** m. (s, e). INF. partage (m.) de temps ; temps partagé. ||°**-nehmer|system** n. (s, e). INF. système (m.) d'exploitation en temps partagé. ||°**-punkt** m. (s, e). MATH. point (m.) de division. ||°**-strecke** f. (-, n). TRANSP. étape f. ; [Autobus] section (f.) de parcours. ||°**-strich** m. (s, e) trait (m.) de graduation. ||°**-stück** n. (s, e) section f. ||°**-ton** m. (s, ¨e). MUS. harmonique f. ||**-weise** adv. en partie ; par parties ; par portions ; de façon fragmentaire. ||°**-zahlung** f. (-, en) acompte m. ; versement m. ||°**-zeit|arbeit** f. (-, en) travail (m.) à temps partiel.

teilbar ['tailbɑ:r] adj. divisible.

Teilbarkeit [-kait] f. divisibilité f.

Teilchen ['tailçən] n. (s, -). PHYS. particule f. || DIAL. gâteau m.

Teilchen|beschleuniger ["tailçənbə'ʃlɔynigər] m. (s, -). PHYS. accélérateur (m.) de particules.

teilen ['tailən] v. tr. **1.** [zerlegen] diviser (en parties) ; morceler ; séparer. | *etwas in viele Teile, Stücke teilen*, fractionner, scinder qch. en de nombreux fragments. | *der Weg teilt sich*, le chemin bifurque. | *teilen und herrschen*, diviser pour régner. || PAR ANAL. *das Schiff teilt die Wogen*, le navire fend les flots. || FIG. *die Meinungen darüber sind geteilt*, il y a désaccord à ce sujet. | *in diesem Punkte sind wir geteilter Ansicht*, en cela nous ne sommes pas du même avis.

2. [aufteilen] partager ; faire les parts. | *etwas mit jm teilen*, partager qch. avec qn. | *sich mit jm etwas teilen*, partager qch. avec qn ; prendre chacun sa part. | *eine Erbschaft unter sich teilen*, se partager un héritage. || FIG. *js Meinung teilen*, être de l'avis de, d'accord avec qn ; partager l'opinion de qn. | *js Schicksal teilen*, partager le sort de qn. | *js Glück, Unglück teilen*, prendre part à la joie, à la douleur de qn.

Teiler [-lər] m. (s, -). MATH. diviseur m. ; sous-multiple m. | *(größter) gemeinschaftlicher Teiler*, (plus grand) commun diviseur.

teilhaftig ['tailhaftiç] adj. *einer Sache teilhaftig werden*, avoir part à une chose ; en recueillir les bienfaits.

...teilig ['tailiç]. (en compos.) en... parties. | *dreiteilig*, tripartite ; ternaire ; en trois parties.

teils [tails] adv. en partie. | *teils..., teils*, (en) partie..., (en) partie ; les uns..., les autres.

...teils (en compos.) *einesteils...*, *andernteils*, d'une part..., d'autre part. | *größtenteils*, pour la plus grande partie. | *ich meinesteils*, pour ma part. | *meistenteils*, la plupart du temps.

Teilung ['tailuŋ] f. (-, en) partage m. ; division f. (en parties) ; scission f. | *Teilung eines Grundstückes*, morcellement (m.) d'un terrain. | *Teilung eines Landes*, démembrement (m.) d'un pays. | *Wegteilung*, bifurcation f. || POLIT. *Teilung der Gewalten*, séparation (f.) des pouvoirs. || TECHN. graduation f.

Teilungs|artikel ["tailuŋsar'ti:kəl] m. (s, -). GRAMM. article partitif. ||°**-zeichen** n. (s, -). GRAMM. tiret m.

Teint [tɛ̃] m. (s, s) teint m. ; carnation f.

Tektonik [tɛk'to:nik] f. [Aufbau] structure f. ; architecture f. || GÉOL. tectonique f.

Tektur [tɛk'tu:r] f. (-, en) enveloppe f. ; couverture f.

Tele|detektion ["teledetɛk'tsio:n] f. TECHN. télédétection f. ||°**-dokumentation** f. télédocumentation f. ||°**-faxkopie** f. télécopie f.

Telefon, Telephon [tele'fo:n] n. (s, e) téléphone m. | *mobiles, schnurloses Telefon*, téléphone sans fil. | *öffentliches Telefon*, téléphone public.

Telefon... (en compos.) téléphonique ; du téléphone.

Telefon|anruf [tele"fo:n'anru:f] m. (s, e) appel (m.) téléphonique ; FAM. coup (m.) de téléphone, de fil. ||°**-anruf|beantworter** m. (s, -) répondeur (m.) téléphonique. ||°**-anschluß** m. (es, ¨e) [Verbindung] correspondance (f.) téléphonique ; [Fernsprechnetz] branchement (m.) téléphonique ; [Apparat] poste (m.) d'abonné. ||°**-buch** n. (s, ¨er) annuaire (m.) du téléphone. ||°**-fräulein** n. (s, -) téléphoniste f. ||°**-gespräch** n. (s, e) communication f. (téléphonique). ||°**-hörer** m. (s, -) récepteur m. ; combiné m. ||°**-kabine** f. (-, n), °**-zelle** f. (-, n) cabine (f.) téléphonique. ||°**-karte** f. (-, n) télécarte f. ||°**-konferenz** f. (-, en) téléconférence f. ||°**-laden** m. (s, ¨) téléboutique f. ||°**-leitung** f. (-, en) ligne (f.) téléphonique. ||°**-nummer** f. (-, n) numéro (m.) de téléphone. ||°**-seelsorge** f. (*etwa*) S.O.S. Amitié. ||°**-störung** f. (-, en) dérangement (m.) du téléphone. ||°**-überwachung** f. (-, en) écoutes (f. pl.) téléphoniques. ||°**-verbindung** f. (-, en) correspondance (f.), communication (f.) téléphonique. ||°**-zentrale** f. (-, n) central (m.) téléphonique.

telefonieren [telefo'ni:rən] v. tr. et v. intr. téléphoner.

telefonisch [-'fo:niʃ] adj. et adv. téléphonique. | *etwas telefonisch durchgeben*, transmettre qch. par téléphone. | *telefonische Zeitansage*, horloge parlante.

Telefonist(in) [-fo'nist(in)] m. (en, en), f. (-,nen) ; standardiste s.

telegen [tele'ge:n] adj. télégénique.

Telegraf, Telegraph [-'grɑ:f] m. (en, en) télégraphe m.

Telegrafen... [-'grɑ:fən]. (en compos.) télégraphique ; du télégraphe.

Telegrafie [telegra'fi:] f. (-) télégraphie f. | *drahtlose Telegrafie*, télégraphie sans fil (T.S.F.) ; radio(télégraphie) f.

telegrafieren [-gra'fi:rən] v. tr. télégraphier ; envoyer un télégramme, une dépêche.

telegrafisch [-'grɑ:fiʃ] adj. et adv. télégraphique ; par télégramme, dépêche.

Telegramm [-'gram] n. (s, e) télégramme m. ; dépêche f. (télégraphique). | *Telegramm mit bezahlter Rückantwort*, télégramme avec réponse payée. | *Glückwunschtelegramm*, télégramme de félicitations. | *Telegrammbote*, télégraphiste m. | *Telegrammgebühr*, taxe (f.) télégrafique.

Telegraph. V. TELEGRAF.

Telemark ['telemark] m. (s, s). [Telemarkschwung] SPORT. [Ski] télémark m.

Telematik [tele'mɑ:tik] f. télématique f.

Teleobjektiv ["teleopjɛk'ti:f] n. (s, e). OPT. téléobjectif m.

Teleologie [teleolo'gi:] f. PHILOS. téléologie f.

Telepathie [telepa'ti:] f. télépathie f.

Telephon. V. TELEFON.

Teleprocessing ["teleprɔ'sɛsiŋ] n. (s) télématique f.

Teleprompter ["tele'prɔmptər] m. (s, -) téléprompteur m.

Teleskop [tele'sko:p] n. (s, e) télescope m.

Teleskop|antenne [tele"sko:pan'tɛnə] f. (-, n) antenne (f.) télescopique.

Telex ['te:lɛks] n. (-, e). TECHN. télex m.

telexen ['te:lɛksən] v. tr. TECHN. télexer.

Teller ['tɛlər] m. (s, -) assiette f. ; plateau m. | *Suppenteller*, assiette creuse, à soupe. | *Eßteller*, assiette plate. | *seinen Teller leer essen*, vider son assiette. | *ein Teller voll*, une assiettée. | *mit dem Teller Geld einsammeln*, faire la quête avec une sébile. || ANAT. paume f. ; creux (m.) de la main. || ZOOL. oreille (f.) de sanglier.

Teller|bord ["tɛlər'bɔrt] n. (s, e), °**-brett** [-'brɛt] n. (s, er) étagère (f.) à vaisselle ; dressoir m. ||°**-lecker** m. (s, -) pique-assiette m. ||°**-mine** f. (-, n). MIL. mine plate. ||°**-rad** n. (s, ¨er) roue pleine. ||°**-schrank** m. (s, ¨e) vaisselier m. ; buffet m. ||°**-tablett** n. (s, s) plateau-repas m. ||°**-tuch** n. (s, ¨er) serviette (f.) de table. ||°**-ventil** n. (s, e). TECHN. soupape (f.) à disque. ||°**-voll** m. assiettée f. ||°**-wärmer** m. (s, -) chauffe-plats m. ||°**-wäscher(in)** m. (s, -), f. (-, nen) plongeur m., plongeuse f.

tellern ['tɛlərn] v. intr. SPORT. faire la planche.

tellurisch [tɛ'lu:riʃ] adj. tellurique.

Tempel ['tɛmpəl] m. (s, -) temple m. | *jüdischer Tempel*, synagogue f.

Tempel|herr ["tɛmpəl'hɛr] m. (n, en). HIST. templier m. ||°**-hof** m. (s, e) parvis m. ||°**-orden** m. (s) ordre (m.) des Templiers. ||°**-raub** m. (s). RELIG. sacrilège m. ||°**-ritter** m. (s, -). HIST. templier m. ||°**-schänder** m. (s, -). RELIG. profanateur m.

Tempera ['tɛmpera] f. [Farbe] détrempe f. | *Temperamalerei*, peinture (f.) à la détrempe.

Temperament [tɛmpera'mɛnt] n. (s, e) tempérament m. ; complexion f.

Temperatur [tɛmpera'tu:r] f. (-, en) température f. | *erhöhte Temperatur haben*, avoir un peu de fièvre. || MUS. tempérament (égal). || PHYS. *kritische Temperatur*, température critique.

temperatur|beständig [tɛmpera"tu:rbə'ʃtɛndiç] adj. résistant aux écarts thermiques. ||°**-regler** m. (s, -) thermostat m.

Temperenzler [tɛmpe'rɛntslər] m. (s, -) membre (m.) d'une société de tempérance.

Temper|guß ["tɛmpər'gu:s] m. (es). MÉTALL. fonte (f.) malléable. ||°**-ofen** m. (s, ¨) four (m.) à malléabiliser.

temperieren [tɛmpe'ri:rən] v. tr. tempérer ; modérer. || CULIN. chambrer. || MUS. tempérer.

tempern ['tɛmpərn]. MÉTALL. adoucir ; malléabiliser. | *das Tempern*, la malléabilisation.

Templer ['tɛmplər] m. (s, -). HIST. [Tempelherr] templier m.

Tempo ['tɛmpo] n. (s, s ou pi). MUS. tempo m. ; cadence f. | *im Tempo zulegen, nachlassen*, forcer, diminuer la cadence. || PAR EXT. cadence f. ; allure f. | *ein rasendes Tempo einschlagen*, foncer à toute allure. | *das Tempo vermindern*, ralentir l'allure. | *(nun aber) Tempo !*, FAM. en vitesse ! || SPORT. [einzelne Bewegung] temps m.

Tempo|limit ["tɛmpo'limit] n. (s, s) limite (f.) de vitesse. ||°**-macher** m. [s, -]. SPORT. [Läufer] lièvre m.

temporal [tɛmpo'rɑ:l] adj. RELIG. temporel. || ANAT. temporal.

Tempus ['tɛmpus] n. (-, pora). GRAMM. temps m.

Tenazität [tenatsi'tɛ:t] f. ténacité f.

Tendenz [tɛn'dɛnts] f. (-, en) tendance f. | *steigende, fallende Tendenz*, tendance à la hausse, à la baisse. || LITTÉR. tendance f. ; thèse f. | *Tendenzstück*, pièce (f.) à thèse.

Tendenz|barometer n. (s, -). [Börse] indicateur (m.) de tendance.

tendenziös [tɛndɛntsi'ø:s] adj. tendancieux ; de parti pris.

Tender ['tɛndər] m. (s, -). TRANSP. tender m. || MAR. allège f.

tendieren [tɛn'di:rən] v. intr. avoir une tendance vers. | *die Aktien tendieren fester, schwächer*, la tendance est orientée à la hausse, à la baisse.

Tenne ['tɛnə] f. (-, n). AGRIC. aire f. (de battage).

Tennis ['tɛnis] n. tennis m. | *Tennis spielen*, jouer au tennis. | *Tischtennis*, ping-pong m. ; tennis de table.

Tennis|halle ["tɛnis'halə] f. (-, n) court couvert. ||°**-platz** m. (es, ¨e). [terrain de] tennis m. ; court m. ||°**-schläger** m. (s, -) raquette f. (de tennis). ||°**-spiel** n. (s, e) match (m.) de tennis.

Tenor ['te:nɔr] m. (s). JUR. teneur f.

Tenor [-'no:r] m. (s, e). MUS. ténor m. || PAR EXT. voix principale.

Tenor|schlüssel [te"no:r'ʃlysəl] m. (s, -). MUS. clef (f.) de sol.

Tensor ['tɛnzɔr] m. (s, en). MATH. tenseur m.

Tensor|algebra ["tɛnzɔr'algebra] f. MATH. algèbre tensorielle.

Tentakel [tɛn'tɑ:kəl] n. (s, -) tentacule m.

Tentamen [tɛn'tɑ:mən] n. (s, mina). UNIV. examen (m.) probatoire.

Tenuis ['tɛnuis] f. (-, nues). GRAMM. occlusive sourde.

Tepp [tɛp] m. (en, en). POP., DIAL. imbécile m.

Teppich ['tɛpiç] m. (s, e) tapis m. | *Wandteppich*, tenture f. ; tapisserie f.

Teppich|arbeit ["tɛpiç'arbait] f. (-, en) tapisserie f. ||°**-beet** n. (s, e) massif (m.) de petites fleurs de toutes les couleurs. ||°**-boden** m. (s, ¨) moquette f. ||°**-kehrer** m. (s, -) balai (m.) mécanique. ||°**-klopfer** m. (s, -) tapette f. ||°**-macher** m. (s, -), °**-weber** m. (s, -), °**-wirker** m. (s, -) ourdisseur de tapis. ||°**-wischer** m. (s, -) brosse à tapis.

teratogen [terato'ge:n] adj. MÉD. tératogène.

Teratologie [teratolo'gi:] f. MÉD. tératologie f.

teratologisch [-'lo:giʃ] adj. MÉD. tératologique.

Terebinthe [tere'bintə] f. (-, n). BOT. térébinthe m.

Tergal [tɛr'gɑ:l] n. (s). TEXT. (Wz.) Tergal m.

Termin [tɛr'mi:n] m. (s, e) terme m. ; délai m. | *auf Termin kaufen, verkaufen*, acheter, vendre à terme. | *zahlbar am Termin*, payable à l'échéance. | *einen Termin (beim Arzt) haben*, avoir un rendez-vous (chez le médecin). || JUR. assignation f. ; audience f. | *ich habe heute Termin*, je suis assigné, convoqué aujourd'hui.

Termin|börse [tɛr"mi:n'bø:rzə] f. (-, n). FIN. marché (m.) à terme. ||°**-druck** m. (s) *unter Termindruck stehen*, être pressé par le temps. ||**-gerecht** adj. à la date fixée ; en temps voulu. ||°**-geschäft** n. (s, e) opération (f.), transaction (f.) à terme. ||°**-handel** m. (s). FIN. (marché à) terme m. ||°**-kalender** m. (s, -) agenda m. || COMM. échéancier m. ||°**-markt** m. (es, ¨e). FIN. marché (m.) à terme. ||°**-plan** m. (s, ¨e) calendrier m. ||°**-planung** f. (-, en) programmation f. ; planning m. ||°**-verlängerung** f. (-, en) prorogation f. ; prolongation (f.) du délai. ||°**-zahlung** f. (-, en). COMM. paiement (m.) à terme échu ; versement (m.) d'acomptes.

Terminal [tørmi'nɑ:l] m. ou n. (s, s) terminal m. | *graphisches Terminal*, terminal graphique.

Terminologe [tɛrmino'lo:gə] m. (n, n), **Terminologin** [-'lo:gin] f. (-, nen) terminologue s.

Terminologie [tɛrminolo'gi:] f. (-, n) terminologie f. ; nomenclature f.

Terminus ['tɛrminus] m. (-, ni) terme m. (technique). || Hist. *Terminus a quo*, première date possible. | *Terminus ad quem*, dernière date possible (d'un événement).

Termite [tɛr'mi:tə] f. (-, n) termite m. | *Termitenhügel*, termitière f.

Terpentin [tɛrpɛn'ti:n] n. (s) térébenthine f. | *Terpentinöl*, essence (f.) de térébenthine.

Terrain [tɛ'rɛ̃] n. (s, s) terrain m. ; topographie f. (d'un endroit).

Terrakotta [tɛra'kɔta] f. (-, tten). [Töpferarbeit] terre cuite.

Terrarium [tɛ'rɑ:rium] n. (s, rien) vivarium m.

Terrasse [-'rasə] f. (-, n) terrasse f. | *terrassenförmig*, en terrasse(s).

Terrazzo [-'ratzo] m. (s) revêtement (m.) en mosaïque ; terrazzolithe f.

terrestrisch [-'rɛstriʃ] adj. Astron. terrestre.

Terrier ['tɛriər] m. (s, s) fox-terrier m.

Terrine [tɛ'ri:nə] f. (-, n) terrine f. ; soupière f.

territorial [tɛritori'ɑ:l] adj. territorial.

Territorium [tɛri'to:rium] n. (s, rien) territoire m.

Terror ['tɛrɔr] m. (s). Polit. terreur f.

Terror|anschlag [''tɛrɔr'anʃlɑ:k] m. (s, ¨e) attentat (m.) terroriste. ||°**-herrschaft** f. dictature (f.) de la terreur.

terrorisieren [tɛrori'zi:rən] v. tr. terroriser.

Terrorismus [-'rismus] m. terrorisme m.

Terrorist(in) [-'rist(in)] m. (en, en), f. (-, nen) terroriste s.

Terroristen|bande [-'ristən'bandə] f. (-, n) bande (f.) de terroristes. ||°**-bekämpfung** f. lutte (f.) antiterroriste.

terroristisch [-'ristiʃ] adj. terroriste.

Tertia ['tɛrtsia] f. (-, tien). Univ. (classe de) troisième f. || Typogr. (corps) seize m.

Tertianer(in) [tɛrtsi'ɑ:nər(in)] m. (s, -), f. (-, nen) élève (s.) de troisième.

tertiär [-tsi'ɛ:r] adj. tertiaire. || Écon. *tertiärer Sektor*, secteur (m.) tertiaire.

Tertiär [-tsi'ɛ:r] n. (s). Géol. tertiaire m.

Tertium comparationis [''tɛrtsium kɔmpara-'tsio:nis] n. terme (m.) de comparaison.

Terz [tɛrts] f. (-, en). Mus., Sport. tierce f. | *große, kleine Terz*, tierce majeure, mineure.

Terzerol [tɛrtsə'ro:l] n. (s, e) pistolet m. (de poche).

Terzett [tɛr'tsɛt] n. (s, e) trio (vocal).

Terzine [-'tsi:nə] f. (-, n). Poés. rime tierce. || [Sonett] tercet m.

Tesa|film [''teza'film] m. (s) [Wz.] Scotch m. (nom déposé).

Tesching ['tɛʃiŋ] n. (s, s) carabine f.

Test [tɛst] m. (s, s) test m. ; épreuve (f.) psychotechnique.

Test|bild [''tɛst'bilt] n. (s, er). Télév. mire (f.) de réglage. ||°**-person** f. (-, en) personne testée ; fig. cobaye m. ||°**-pilot** m. (en, en) pilote (m.) d'essai.

Testament [tɛsta'mɛnt] n. (s, e) testament m. | *durch Testament hinterlassen, vermachen*, léguer. | *ohne Testament sterben*, décéder intestat. | *sein Testament machen*, faire son testament ; tester. | *in js Testament bedacht sein*, être couché sur le testament de qn. | *sein Testament umstoßen*, révoquer son testament. || Relig. *das Alte, Neue Testament*, l'Ancien, le Nouveau Testament.

Testaments... [tɛsta'mɛnts]. (en compos.) testamentaire. | *Testamentsanfechtung*, contestation (f.) du testament. | *Testamentsnachtrag*, codicille m. | *Testamentsvollzug*, exécution (f.) du testament.

testamentarisch [-mɛn'tɑ:riʃ] adj. testamentaire. | *testamentarisch vermachen*, léguer ; laisser par testament.

Testat [tɛs'tɑ:t] n. (s, e) certificat m. ; attestation f.

Testator [-'tɑ:tɔr] m. (s, en) testateur m.

testen ['tɛstən] v. tr. Psychol. tester.

testieren [tɛs'ti:rən] v. tr. attester ; certifier. ◇ v. intr. Jur. tester.

Testikel [tɛs'ti:kəl] m. (s, -). Anat. testicule m.

Testosteron [tɛstoste'ro:n] n. (s, e). Biol. testostérone m.

Tetanus ['te:tanus] m. Méd. tétanos m. | *Tetanusschutzimpfung*, vaccination (f.) antitétanique.

Tetraeder [tetra'e:dər] n. (s, -). Math. tétraèdre m.

Tetraplegie [tetraple'gi:] f. Méd. tétraplégie f.

tetraplegisch [-'ple:giʃ] adj. Méd. tétraplégique.

teuer ['tɔyər] adj. [kostspielig] cher ; coûteux ; onéreux. | *teure Ware*, marchandise (f.), article (m.) qui coûte cher. | *das ist mir zu teuer*, c'est trop cher pour moi. | *wie teuer ist das, soll das sein ?*, cela coûte combien ? | *teuer werden*, renchérir ; fam. monter. | *teuer kaufen, bezahlen*, payer cher, un bon prix. || Fam. *das ist ja furchtbar, gräßlich teuer !*, mais cela coûte les yeux de la tête ! || Par anal. *da ist ein teurer Spaß*, cette plaisanterie me revient cher. | *das wird ihm teuer zu stehen kommen*, cela lui coûtera cher. | *teure Zeiten*, disette f. ; pénurie f. || Loc. *sein Leben teuer verkaufen*, vendre chèrement sa vie, pop. sa peau. | *da ist guter Rat teuer*, on ne sait plus à quel saint se vouer. || Fig. [lieb und wert] cher ; chéri. | *unsere teure Heimat*, notre chère patrie. | *mein Teurer, Teuerster, teurer Freund*, iron. mon (très) cher ; mon cher ami.

Teuerung [-ruŋ] f. (-, en) disette f. ; renchérissement m. (des prix) ; cherté (f.) de la vie ; vie chère ; hausse (f.) des prix.

Teuerungs|welle [''tɔyəruŋs'vɛlə] f. (-, n) vague (f.) de hausse. ||°**-zulage** f. (-, n) indemnité (f.) de vie chère.

Teufe ['tɔyfə] f. (-, n). Mines. profondeur f. ; fond m.

Teufel ['tɔyfəl] m. (s, -). **1.** diable m. ; démon m. | *Bund mit dem Teufel* ; *Teufelsbund*, pacte (m.) avec le diable. | *mit dem Teufel im Bunde sein*, avoir vendu son âme au diable. | *vom Teufel besessen*, possédé du diable ; possédé du, par le démon. | *den Teufel beschwören, austreiben*, exorciser. || Fig. *das ist des Teufels*, c'est infernal. | *hol mich der Teufel, wenn*, que le diable m'emporte, si. | *hol dich der Teufel*, va-t'en au diable. | *darum kümmere ich mich den Teufel*, fam. je m'en moque éperdument. | *das weiß der Teufel*, je n'en ai pas la moindre idée. | *zum Teufel jagen*, envoyer au diable. | *der Teufel steckt in ihm*, il a le diable au corps. | *den plagt der Teufel*, il est infernal. || [Flüche] *(der) Teufel !*, diantre ! ; diable ! | *zum Teufel !*, au diable ! || Loc. *man soll den Teufel nicht an die Wand malen*, il ne faut pas tenter le diable. | *in Teufels Küche kommen*, se mettre en mauvaise posture. | *weder Tod noch Teufel fürchten*, ne craindre ni dieu, ni diable. | *den Teufel mit Beelzebub austreiben*, tomber de Charybde en Scylla.
2. [teuflischer Mensch] *ein wahrer Teufel*, un vrai démon. | *so ein Teufel von einem Weibe*, une femme diabolique, infernale ; une diablesse. | *ein armer Teufel*, un pauvre diable.

Teufelchen [-çən] n. (s, -) petit diable ; diablotin m.

Teufelei [tɔyfə'lai] f. (-, en) invention (f.), machination (f.) diabolique.

Teufelin ['tɔyfəlin] f. (-, nen) diablesse f. ; fig. mégère f.

Teufels... [-fəls]. (en compos.) **1.** Péjor. damné. | *(fuchs)teufelswild*, furibond ; pop. furibard.
2. [bewundernd] *so ein Teufelskerl !*, quel diable d'homme ! | *ein Teufelsmädel*, une fille qui n'a pas froid aux yeux.
3. [teuflisch] diabolique ; du diable ; infernal.

Teufels|austreibung [''tɔyfəlsaus'traibuŋ] f. (-, en) exorcisation f. ; exorcisme m. ||°**-brut** f. engeance (f.) diabolique. ||°**-kirsche** f. (-, n). Bot. belladone f. ||°**-klaue** f. Bot. lycopode m. ||°**-kreis** m. (es) cercle vicieux. ||°**-streich** m. (s, e) diablerie f. ||°**-weib** n. (s, er) diablesse f. ||°**-werk** n. (s) œuvre (f.) diabolique.

teuflisch ['tɔyfliʃ] adj. diabolique ; démoniaque ; infernal.

Teutone [tɔy'to:nə] m. (n, n). Teuton m. ; fig. Allemand m.

Text [tɛkst] m. (es, e). [Wortlaut] texte m. || Fig. *aus dem Text kommen*, perdre le fil. || [Worte zur Musik] livret m. (d'un opéra) ; paroles f. pl. (d'une chanson). || [Bibelstelle] passage (m.), verset m. (des Écritures). | *über einen Text predigen*, prêcher, faire un sermon sur un passage de la Bible. || Fig. *jm den Text lesen*, chapitrer qn.

Text|buch [''tɛkst'bu:x] n. (s, ¨er). Mus. livret m. ||**-gemäß** adj. et adv. textuel ; conforme au texte. ||°**-verarbeitung** f. traitement (m.) de texte. || °**-verarbeitungs|gerät** n. (s, e) machine (f.) à traitement de texte.

Textil... [tɛks'ti:l]. (en compos.) textile. | *Textil-*

industrie, industrie (f.) textile. | *Textilwaren*, produits (m. pl.) textiles ; textiles m. pl. | *Textilabfälle*, bourre f.

Textilien [-liən] n. pl. textiles m. pl.

Textur [tɛks'tu:r] f. (-, en) texture f.

Thalasso|therapie [talasotera'pi:] f. (-, n). MÉD. thalassothérapie f.

Thallophyt [talo'fy:t] m. (en, en). BOT. thallophyte f.

Theater [te'ɑ:tər] n. (s, -) théâtre m. | *ins Theater gehen*, aller au théâtre, au spectacle. | *zum Theater gehen*, se faire acteur ; faire du théâtre. || FIG., FAM. *Theater machen*, jouer la comédie.

Theater... (en compos.) de théâtre ; théâtral.

Theater|coup [te"ɑ:tər'ku:] m. (s), °**-streich** [-'ʃtraiç] m. (s, e) coup (m.) de théâtre. ||°**-dichter** m. (s, -) auteur (m.) dramatique. ||°**-ferien** pl. relâche f. ||°**-intendant** m. (en, en) directeur (m.) de théâtre. ||°**-kasse** f. (-, n) agence (f.) de location. ||°**-maler** m. (s, -) peintre (m.) de décors. ||°**-probe** f. (-, n) répétition f. ||°**-schneider** m. (s, -) costumier m. ||°**-stück** n. (es, e) pièce (f.) de théâtre. ||**-wesen** n. (s) ce qui concerne le théâtre. ||°**-zettel** m. (s, -) affiche f. ; programme m.

theatralisch [tea'trɑ:liʃ] adj. théâtral ; dramatique ; scénique. || FIG. théâtral ; affecté.

Theismus [te'i:smus] m. théisme m.

Theke ['te:kə] f. (-, n) comptoir m. ; bar m. ; FAM. zinc m.

Thema ['te:ma] n. (s, men ou ta). LITTÉR. sujet m. || MUS. thème m. || LOC. *ein Thema behandeln*, traiter un sujet. | *zum Thema Abrüstung*, à propos du désarmement.

Themse ['tɛmzə] n. pr. f. GÉOGR. Tamise f.

Theobald ['te:obalt] n. pr. m. Thibaut m.

Theologe [teo'lo:gə] m. (en, en) théologien m. || UNIV. étudiant (m.) en théologie.

Theologie [-lo':gi] f. théologie f.

Theorem [teo're:m] n. (s, e) théorème m.

Theoretiker [teo're:tikər] m. (s, -) théoricien m.

theoretisch [-tiʃ] adj. théorique.

Theorie [teo'ri:] f. (-, n) théorie f.

Therapeut(in) [tera'pɔyt(in)] m. (en, en), f. (, nen) thérapeute s.

Therapeutik [tera'pɔytik] f. thérapeutique f.

therapeutisch [-tiʃ] adj. thérapeutique ; curatif.

Therapie [tera'pi:] f. (-, n) thérapeutique f. ; thérapie f.

Theriak ['te:riak] m. (s) thériaque f. ; panacée f. || BOT. *Theriakkraut, Theriakwurzel*, grande valériane.

Therme ['tɛrmə] f. (-, n) source thermale. || HIST. *die Thermen*, les thermes m. pl.

Thermik ['tɛrmik] f. AÉRON. ascendance (f.) thermique.

thermisch [-miʃ] adj. thermique ; calorifique. || NUCL. *thermische Leistung*, puissance (f.) thermique.

Thermistor [tɛr'mistɔr] m. (s, en). ÉLECTR. thermistor m.

thermistoriert [tɛrmisto'ri:rt] adj. ÉLECTR. thermistorisé.

Thermit [tɛr'mi:t] n. (s). CHIM. thermite f.

Thermo... ['tɛrmo]. (en compos.) thermo.

Thermo|düse ["tɛrmo'dy:zə] f. (-, n) statoréacteur m. ||°**-element** n. (s, e) thermocouple m. ||°**-kopie** f. (-, n) thermocopie f. ||°**-lumineszenz** f. (-, en) thermoluminescence f. ||°**-meter** n. (s, -) thermomètre m. ||**-nuklear** adj. thermonucléaire. ||°**-säule** f. (-, n). ÉLECTR. pile thermoélectrique. ||**-stabil** adj. résistant aux écarts thermiques.

Thermos|flasche ["tɛrmos'flaʃə] f. (-, n) bouteille (f.) Thermos ; Thermos f. ||°**-kühlwagen** m. (s, -) wagon (m.) isotherme.

Thermostat [tɛrmo'stɑ:t] m. (s, e). [Temperaturregler] thermostat m.

Thesaurus [te'zaurus] m. (-, ren ou ri) thésaurus m.

These ['te:zə] f. (-, n) thèse f.

Thessalien [tɛ'sɑ:liən] n. pr. n. Thessalie f.

Thing [tiŋ] n. (s). HIST. assemblée f. (chez les Germains).

Thomas ['to:mas] n. pr. m. Thomas m. | *er ist ein ungläubiger Thomas*, il est comme saint Thomas.

Thomas|birne ["to:mas'birnə] f. (-, n). MÉTALL. convertisseur (m.) Thomas. ||°**-flußeisen** n. (s) fonte (f.) d'affinage Thomas. ||°**-mehl** n. (s), °**-schlacken** f. pl. scories (f. pl.) de déphosphoration.

Thorax... ['to:raks]. (en compos.) thoracique.

Thraker ['trɑ:kər], **Thrazier** [-tsiər] n. pr. m. (s, -). HIST. Thrace m.

Thrakien [-kiən], **Thrazien** [-tsiən] n. pr. n. HIST. Thrace f.

Thrombose [trɔm'bo:zə] f. (-, n). MÉD. thrombose f.

Thron [tro:n] m. (s, e) trône m. | *den Thron besteigen*, monter sur le trône. | *vom Thron stoßen*, renverser du trône ; détrôner.

Thron|besteigung ["tro:nbə'ʃtaiguŋ] f. avènement (m.) au trône. ||°**-bewerber** m. (s, -) prétendant (m.) au trône. ||°**-entsagung** f. abdication f. ||°**-erbe** m. (n, n) héritier (m.) du trône. ||°**-folge** f. succession (f.) au trône. ||°**-folger** m. (s, -) héritier (m.) du trône. ||°**-himmel** m. (s, -) dais m. ||°**-räuber** m. (s, -) usurpateur m. (de la couronne). ||°**-rede** f. (-, n) discours (m.) du trône. ||°**-wechsel** m. (s, -) changement (m.) de règne.

thronen ['tro:nən] v. intr. être sur le trône. || PR. et FIG. trôner.

Thyristor [ty'ristɔr] m. (s, en). PHYS. thyristor m.

Thule ['tu:lə] f. GÉOGR. Thulé f.

Thunfisch ['tu:nfiʃ] m. (s, e). ZOOL. thon m.

Thurgau ['tu:rgau] n. pr. m. Thurgovie f.

Thüringen ['ty:riŋən] n. pr. n. Thuringe f.

Thymian ['tymian] m. (s) thym m. ; serpolet m.

Thymus ['ty:mus] m., **Thymus|drüse** ["ty:mus'dry:zə] f. (-, n). ANAT. thymus m.

Thyrsus ['tyrzus] m. (-, si) thyrse m.

Tiara [ti'ɑ:ra] f. (-, ren). RELIG. tiare f.

Tiber ['ti:bər] m. GÉOGR. Tibre m.

Tibet ['ti:bɛt] n. GÉOGR. Tibet m.

Tibetaner [tibe'tɑ:nər] m. (s, -) Tibétain m.

Tick [tik] m. (s, e). [Gesichtszucken] tic m. || FIG. [Schrulle] manie f. ; grain m. || FAM. [Groll] *einen Tick auf jn haben*, avoir une dent contre qn.

ticken ['tikən] v. intr. faire tic tac.

Tide ['ti:də] f. (-, n). MAR. flot m. ; marée f. | *Tidenhafen*, port (m.) dépendant de la marée.

tief [ti:f] adj. **1.** profond. | *der Fluß ist hier zwei Meter tief*, ici la rivière est profonde de deux mètres. | *ein tiefer Brunnen*, un puits profond. | *tiefer Schnee*, neige haute, épaisse. || MAR. *das Schiff geht tief*, le navire a beaucoup de tirant. || PAR EXT. *tiefer Teller*, assiette creuse. | *tiefe Schüssel*, plat creux. | *die Pflanze ist tief eingewurzelt*, la plante a de profondes racines, est profondément enracinée. || PROV. *stille Wasser gründen tief*, il n'est pire eau que l'eau qui dort.
2. [weit unten ; Gegensatz : hoch] bas. | *tief unten*, (tout à fait) en bas. | *tief unten im Tal steht ein Haus*, au fond de la vallée il y a une maison. | *du stehst tiefer als ich*, tu es plus bas que moi, en contre-bas. | *wir fliegen sehr tief*, nous volons fort bas. | *das Thermometer steht tief*, le thermomètre est bas. | *tiefgekühlt*, surgelé. | *den Hut tief in die Stirn ziehen*, enfoncer son chapeau sur ses yeux. || FIG. *tief stehen*, être de bas niveau. | *tief gesunken sein*, être tombé bien bas.
3. [weit nach hinten, ins Innere] profond ; reculé. | *tiefe Bühne*, scène profonde. | *der Chor ist zwölf Meter tief*, le chœur a une profondeur, est profond de douze mètres. | *im tiefen Wald ; tief im Wald*, au fond des bois. | *tief ins Land vorstoßen*, s'enfoncer au cœur du, loin dans le pays. || PAR ANAL. *bis tief ins 19. Jahrhundert hinein*, fort avant, tard dans le XIXe siècle. | *bis tief in die Nacht hinein*, (jusque) tard dans la nuit. | *im tiefsten Winter*, au cœur de l'hiver. | *im tiefsten Frieden*, en pleine paix. || FIG. *Leid geht tief*, la souffrance émeut (profondément). | *tief im Herzen ; im tiefsten Herzen*, (tout) au fond du cœur. | *aus tiefstem Herzen*, du fond du cœur. | *tiefe Gedanken*, pensées profondes ; POÉT. pensers profonds. | *tiefe Trauer*, grand deuil. | *tiefes Schweigen*, silence (m.) de mort. | *ich beklage es aufs tiefste, zutiefst*, je le déplore sincèrement ; je suis aux regrets. | *tief beschämt*, profondément humilié.
4. MUS. grave. | *singen Sie einen Ton tiefer*, descendez d'un ton. | *tiefer stimmen*, baisser (un instrument).
5. [Farbe] profond ; foncé ; saturé.

Tief [ti:f] n. (s, e). MAR. chenal m. || PHYS. basse pression ; cyclone m. || FIG. crise f. ; dépression f.

tief... (en compos. devant un adj.) très profondément. | *tiefbetrübt*, profondément affligé. | *tiefbewegt*, très ému. | *tiefblau*, bleu foncé. | *tiefernst*, très grave, IRON., FAM. sérieux comme un pape.

Tief|bau ["ti:f'bau] m. (s) génie civil ; travaux publics (en sous-sol, souterrains). ||°**-blick** m. (s) clairvoyance f. ; perspicacité f. ; pénétration f.

||**-blickend** adj. clairvoyant ; perspicace ; pénétrant. ||°**-bohrung** f. (-, en) sondage profond ; forage m. ; fonçage m. ||°**-druck** m. (s). TYPOGR. impression (f.) en creux ; héliogravure f. || GÉOGR., PHYS. basse pression. ||°**-druck|setzer(in)** m. (s, -), f. (-, nen) héliograveur m., héliograveuse f. ||°**-ebene** f. (-, n) plaine basse. ||°**-flug** m. (s,¨e). AÉRON. vol (m.) à basse altitude, en rase-mottes. ||°**-gang** m. (s). MAR. tirant (m.) d'eau. ||°**-garage** f. (-, n) parking souterrain. ||**-gehend** adj. PR. et FIG. profond ; qui va loin ; radical. || MAR. de fort tirant d'eau. ||°**-kühlkost** f. CULIN. surgelés m. pl. ||°**-kühltruhe** f. (-, n) congélateur m. ||°**-land** n. (s) basses terres ; bas pays. ||**-liegend** adj. bas ; enfoncé. || [Straße] en déblai. ||°**-ofen** m. (s,¨). MÉTALL. four (m.) pit. || NUCL. four convertisseur. ||°**-paßfilter** m. (s, -). TECHN. filtre (m.) passe-bas. ||°**-punkt** m. (s, e) minimum m. ||°**-schlag** m. (s, ¨e). SPORT. coup bas. ||°**-schnee** m. (s) neige profonde ; FAM. profonde f. ||**-schürfend** adj. [Geist] qui va au fond des choses. ||°**-see** f. abysse (marin) ; grands fonds. ||°**-see|rücken** m. (s, -). GÉOGR. dorsale f. ||°**-see|taucher(in)** m. (s, -), f. (-, nen) océanaute s. ||°**-sinn** m. (s). [Forschergeist] vues profondes ; [Trübsinn] songerie f. (mélancolique). ||**-sinnig** adj. songeur ; pensif ; profond. ||°**-stand** m. (s) étiage m. (d'un cours d'eau). || FIG. bas niveau ; déchéance f. ; dépression f. ||°**-ziehpresse** f. (-, n). TECHN. presse (f.) à emboutir.

Tiefe ['ti:fə] f. (-, n) profondeur f. | *in der Tiefe des Wassers*, au fond de l'eau. | *Wassertiefe*, hauteur (f.) de l'eau, d'eau. || FIG. *die Tiefe meines Schmerzes*, la profondeur de ma peine. || [Gemälde] lointains m. pl. | *in der Tiefe sieht man einen Berg*, au fond, dans le lointain on voit une montagne. || MUS. timbre (m.) grave (d'une voix).

Tiefen|ausdehnung ["ti:fən'ausde:nuŋ] f. (-, en) extension (f.), dimension (f.) en profondeur. ||°**-gestein** n. (s, e). GÉOL. roche cristalline. ||°**-gliederung** f. (-, en) échelonnement (m.) en profondeur. ||°**-linie** f. (-, n). GÉOGR. isobathe f. ||°**-messer** m. (s, -) sonde f. ||°**-messung** f. (-, en) sondage m. ||°**-schärfe** f. OPT. profondeur (f.) de champ. ||°**-sehen** n. (s). OPT. vision (f.) en relief. ||°**-wirkung** f. action (f.), effet (m.) en profondeur.

Tiefst|temperatur... ["ti:fsttɛmpera'tu:r]. (en compos.). TECHN. cryogénique. | *Tiefsttemperaturtechnik*, cryogénie f.

Tiegel ['ti:gəl] m. (s, -). CULIN. casserole (f.) en terre ; poêlon m. || CHIM., MÉTALL. creuset m. | *der Tiegelstahl*, l'acier (m.) au creuset.

Tier [ti:r] n. (s, e). PR. et FIG. bête f. ; animal m. || [Reittier] monture f. | *Zugtier*, animal de trait. | *wildes Tier*, bête sauvage. | *Haustier*, animal domestique. | *Tierlein*, petite bête. | *Tierchen*, bestiole f. ; animalcule m. || LOC. *zum Tier herabsinken*, tomber dans la bestialité. | *das Tier im Menschen*, la bête humaine. || FAM. *ein großes, hohes Tier*, un grand manitou ; une grosse légume.

Tier... (en compos.) animal ; d'animaux.

Tier|art ["ti:r'ɑ:rt] f. (-, en) espèce animale. ||°**-arzt** m. (es,¨e) vétérinaire m. ||°**-bändiger** m. (s, -) dompteur m. ||°**-fell** n. (s, e) peau (f.) de bête. ||°**-garten** m. (s, ¨) jardin (m.) zoologique. ||°**-heilkunde** f. médecine (f.) vétérinaire. ||°**-heim** n. (s, e) refuge (m.) de la S.P.A. ||°**-kohle** f. MÉD. noir animal. ||°**-kreis** m. (es). ASTRON. zodiaque m. ||°**-kunde** f. zoologie f. ||**-lieb** adj. qui aime les animaux. ||°**-maler** m. (s, -) peintre animalier. ||°**-pfleger(in)** m. (s, -), f. (-, nen) gardien(ne) [m. (f.)] d'animaux. ||°**-quäler** m. (s, -) qui tourmente les animaux. ||°**-reich** n. (s) règne animal. ||°**-schutzverein** m. (s, e) Société protectrice des animaux. ||°**-seuche** f. (-, n) épizootie f. ||°**-welt** f. faune f. ; monde animal.

tierisch ['ti:riʃ] adj. animal ; FIG. bestial. | *tierischer Ernst*, un air d'abruti. | *tierisches Fett*, graisse animale.

Tiger ['ti:gər] m. (s, -) tigre m. | *tigerfarbig, tigerfleckig*, tigré.

Tigerin [-rin] f. (-, nen), **Tiger|weibchen** ["ti:gər'vaibçən] n. (s, -) tigresse f.

Tigris ['ti:gris] m. GÉOGR. Tigre m.

Tilde ['tildə] f. (-, n). GRAMM. tilde m.

tilgbar ['tilkbɑ:r] adj. rachetable ; amortissable.

tilgen ['tilgən] v. tr. effacer ; extirper ; annuler. | *nicht zu tilgen*, indélébile. || COMM. amortir ; racheter. | *eine Anleihe tilgen*, amortir un emprunt. | *eine Hypothek tilgen*, purger une hypothèque. | *eine Schuld tilgen*, acquitter, se libérer d'une dette ; s'acquitter. | *einen Posten tilgen*, rayer un article (d'un compte). | *eine Rente tilgen*, racheter, amortir une rente.

Tilgung [-guŋ] f. abolition f. ; acquittement m. | *Tilgung einer Anleihe*, amortissement (m.), rachat (m.) d'un emprunt. | *Tilgung einer Schuld*, extinction (f.), libération (f.) d'une dette.

Tilgungs|anleihe ["tilguŋs'anlaiə] f. (-, n). FIN. obligation (f.) amortissable par annuités.

Tilsiter ['tilzitər] m. (s) fromage (m.) de Tilsit.

Tingeltangel ["tiŋel'taŋəl] n. ou m. (s, -) music-hall m. || POP. bastringue m. ; beuglant m.

Tinktur [tiŋk'tu:r] f. (-, en). MÉD. teinture f. || HÉRALD. émail m. ; guépard m.

Tinnef ['tinɛf] m. (-). ARG. camelote f.

Tinte ['tintə] f. (-, n) encre f. | *mit Tinte schreiben*, écrire à l'encre. || LOC., FAM. *in der Tinte sitzen*, être dans le pétrin. | *er hat uns schön in die Tinte gebracht*, il nous a mis dans de beaux draps. || [Farbabschattung] teinte f. ; nuance f.

Tinten|faß ["tintən'fas] n. (es, ¨er) encrier m. ||°**-fisch** m. (s, e). ZOOL. seiche f. ||°**-fleck** m. (s, e), °**-klecks** m. (es, e) tache (f.) d'encre. ||°**-kleckser** m. (s, -). FAM., IRON. plumitif m. ||°**-kuli** m. (s, s) sorte de stylo. ||°**-strahldrucker** m. (s, -) imprimante (f.) à jet d'encre.

Tip [tip] m. (s, s). FAM. [Wink] tuyau m.

tippen ['tipən] v. intr. toucher légèrement. | *ich tippe an etwas*, je touche qch. du doigt, du bout des doigts. || FAM. 1° taper (à la machine). | *ich tippe etwas ab*, je tape une copie ; 2° tuyauter ; 3° jouer au loto. || *auf jn, auf etwas tippen*, miser sur qn, sur qch.

Tipp|fehler ["tip'fe:lər] m. (s, -). FAM. faute (f.) de frappe. ||°**-fräulein** n. (s, -). FAM. dactylo f. ||°**-schein** m. (s, e) bulletin (m.) de loto.

Tippel ['tipəl] m. (s, -) point m. ; pointe f.

Tippel|bruder ["tipəl'bru:dər] m. (s, ¨). FAM. vagabond m.

tippeln ['tipəln] v. intr. aller, voyager à pied. || FAM. trotter. || [trippeln] marcher à petits pas.

tipplig [-pliç] adj. tatillon ; pointilleux.

tipptopp [tip'top] adj. invar. [Haus ; Kleidung] impeccable.

Tirade [ti'rɑ:də] f. (-, n) tirade f. || MUS. passage m. ; trait m.

Tirili [tiri'li:] n. (s) gazouillis m. || FIG. cri (m.) d'allégresse.

tirilieren [-'li:rən] v. intr. [Lerche] grisoller. || PAR EXT. lancer des trilles ; gazouiller. || FIG. chanter d'allégresse.

Tirol [ti'ro:l] n. pr. n. GÉOGR. Tyrol m.

Tiroler [-lər] m. (s, -) Tyrolien m.

Tiroler... (en compos.) tyrolien. | *der Tirolerhut*, le chapeau tyrolien.

tirolerisch [-ləriʃ] adj. tyrolien.

Tisch [tiʃ] m. (es, e). [Möbelstück] table f. | *Tischchen*, petite table ; guéridon m. | *sich an den Tisch setzen*, s'asseoir à la table. | *am Tisch sitzen*, être assis à la table. | *Schreibtisch*, bureau m. ; secrétaire m. | *Werktisch*, établi m. || GÉOL. *Gletschertisch*, bloc (m.) erratique. || RELIG. *zum Tisch des Herrn gehen*, s'approcher de la sainte table. || PAR EXT. [Eßtisch] *bei Tisch sitzen*, être à table. | *sich zu Tisch setzen* ; *zu Tisch gehen*, aller, se mettre à table ; s'attabler. | *vom Tisch aufstehen*, se lever, sortir de table. | *den Tisch decken*, mettre la table, le couvert. | *den Tisch abdecken, abräumen*, desservir ; débarrasser la table. || FIG. [Mahlzeit] table f. ; repas m. | *bei, zu Tisch*, à table ; pendant le repas. | *vor, nach Tisch*, avant, après le repas. | *freien Tisch, einen Freitisch haben (bei jm)*, être nourri (gratuitement, chez qn). || LOC. *jn unter den Tisch trinken*, faire rouler qn sous la table. | *von Tisch und Bett getrennt*, séparé de corps et de biens. | *es fiel unter den Tisch*, l'affaire est passée inaperçue, a été oubliée. | *reinen Tisch machen*, faire table rase. || FIG. *am grünen Tisch*, autour du tapis vert.

Tisch... (en compos.) de table.

Tisch|aufsatz ["tiʃ'aufzats] m. (es,¨e) surtout m. (de table). ||°**-bein** n. (s, e) pied (m.) de table. ||°**-besen** m. (s, -) ramasse-miettes m. ||°**-decke** f. (-, n). [für Essen] nappe f. ; [zum Schmuck] tapis (m.) de table. ||°**-fußball** m. (s) baby-foot m. ||°**-gast** m. (es, ¨e) convive m. ||°**-gebet** n. (s, e) bénédicité m. ||°**-gedeck** n. (s) couverts m. pl. ||°**-genosse** m. (n, n) commensal m. ||°**-gesellschaft** f. (-, en) convives m. pl. ; table f. ; tablée f. ||°**-gestell** n. (s, e) piètement (m.) de table. ||°**-kasten** m. (s,¨). DIAL. tiroir m. (de table). ||°**-klopfen,** °**-rücken** n. (s) tables tournantes.

‖°-**läufer** m. (s, -) chemin (m.) de table. ‖ °-**manieren** (f. pl.) *gute Tischmanieren haben*, savoir se tenir à table. ‖°-**rede** f. (-, n) discours m. (de banquet) ; toast m. | *Luthers Tischreden*, les propos de table de Luther. ‖°-**runde** f. cercle m. (de personnes attablées). ‖°-**segen** m. (s, -) bénédicité m. ‖°-**tennis** n. ping-pong m. ‖°-**tennis|spieler(in)** m. (s, -), f. (-, nen) joueur (m.), joueuse (f.) de ping-pong ; pongiste s. ‖°-**tuch** n. (s, ¨er) nappe f. ‖ Loc. *das Tischtuch zwischen sich und jm zerschneiden*, rompre (l'un avec l'autre). ‖°-**wäsche** f. linge (m.) de table. ‖°-**wein** m. (s, e) vin (m.) de table.

Tischler ['tiʃlər] m. (s, -) menuisier m. ; ébéniste m.

Tischler|arbeit ["tiʃlər'arbait] f. (-, en) menuiserie f. ; ébénisterie f. ‖°-**handwerk** n. (s) menuiserie f. ‖°-**kunst** f. ébénisterie f. ‖°-**leim** m. (s) colle forte.

Tischlerei [tiʃlə'rai] f. (-, en). [Handwerk] menuiserie f. ‖ [Werkstatt] atelier (m.) du menuisier.

tischlern ['tiʃlərn] v. intr. menuiser ; faire de la menuiserie.

Titan [ti'tɑ:n] n. (s). Chim. titane m.

Titan(e) [-'tɑ:n(ə)] n. pr. m. (en, en). Myth. Titan m.

titanenhaft [-'tɑ:nənhaft], **titanisch** [-'tɑ:niʃ] adj. titanesque.

Titel ['ti:təl] m. (s, -). [Anredeform] titre m. (honorifique). | *einen Titel führen*, avoir un titre. | *Doktor-, Fürstentitel*, titre de docteur, de prince. ‖ [Überschrift] titre m. ; en-tête m. | *der Titel des Werkes lautet*, le titre, le nom de l'ouvrage est ; l'ouvrage s'intitule, est intitulé. ‖ [Anspruch] *unter dem Titel eines Verwandten*, au titre de parent. | *Rechtstitel*, titre juridique. ‖ [Abschnitt] rubrique m. ; titre m. (d'un contrat). ‖ Sport. *einen Titel erringen*, remporter un titre. ‖ Fin. titres m. pl. ; valeurs f. pl.

Titel|bild ["ti:təl'bilt] n. (s, er) frontispice m. ; planche (f.) de titre. ‖°-**bildchen** n. (s, -) vignette f. (du titre). ‖°-**blatt** n. (s, ¨er). Typogr. faux titre. ‖°-**kopf** m. (s, ¨e) en-tête m. ‖°-**rolle** f. (-, n). Film., Théâtre. rôle (m.) principal ; rôle-titre m.

titrieren [ti'tri:rən] v. intr. Chim. titrer.

Titular [titu'lɑ:r] m. (s, e) détenteur (m.) d'un titre (honorifique).

Titular... (en compos.) honoraire. | *Titularprofessor*, professeur (m.) sans chaire.

Titulatur [-tula'tu:r] f. (-, en) qualification f. (honorifique) ; titres m. pl.

titulieren [-tu'li:rən] v. tr. donner le titre de ; qualifier de, intituler.

tja ! [tjɑ:] interj. eh bien ! ; ma foi !

T-Leitwerk ["te:'laitvɛrk] n. (s, e). Aéron. empennage (m.) en T.

Toast [to:st] m. (es, e) toast m.

Toast|brot ["to:st'bro:t] n. (s, e). [zum Toasten vorgesehen] pain (m.) de mie. ‖ [getoastet] pain grillé.

toasten ['to:stən] v. tr. faire griller du pain.

Toaster ['to:stər] m. (s, -) grille-pain m.

Tobak ['to:bak] Fam. [Tabak] tabac m. ‖ Loc., fam. *das ist starker Tobak*, c'est un peu fort de café. | *Anno Tobak*, il y a belle lurette.

Tobel ['to:bəl] m. (s, -) ravin boisé ; gorge f.

toben ['to:bən] v. intr. être en rage ; fulminer ; tempêter. | *er tobte wie ein Berserker*, il était complètement déchaîné ; il a fait un tapage du tonnerre. ‖ Par anal. *der Sturm tobt*, la tempête gronde furieusement, se déchaîne. | *die Schlacht tobt*, la bataille fait rage.

Toben [-bən] n. (s) fureur f. ; folie furieuse ; rage folle ; Poét. courroux m. ; fam. tapage m. | *das Toben der Elemente*, les éléments déchaînés.

Tob|sucht ["to:p'zuxt] f. folie furieuse ; frénésie f. ‖-**süchtig** adj. fou furieux, à lier ; frénétique.

Tochter ['tɔxtər] f. (-, ¨) fille f. | *die echte Tochter ihres Vaters*, la fille de son père. | *mein Töchterchen, Töchterlein*, ma petite fille. ‖ Par ext. *Schule für höhere Töchter ; höhere Töchterschule*, pensionnat (m.) de demoiselles. ‖ Abusiv. [besonders Schweiz] *Haustochter*, bonne f. ; aide-ménagère f.

Tochter|betrieb ["tɔxtərbə'tri:p] m. (s, e), °-**gesellschaft** [-gə'zɛlʃaft] f. (-, en) filiale f. ; succursale f. ‖°-**geschwulst** f. (-, ¨e). Méd. métastase f. ‖°-**sprache** f. (-, n) langue dérivée.

Tod [to:t] m. (s, e) mort f. ‖ Adm. décès m. ‖ Poét. trépas m. | *eines natürlichen Todes sterben*, mourir de mort naturelle, de sa belle mort. | *eines gewaltsamen Todes sterben*, mourir de mort violente. | *den Tod erleiden*, subir le dernier supplice. | *du bist ein Kind des Todes*, tu n'échapperas pas à la mort. | *auf den Tod liegen*, être entre la vie et la mort (malade). | *auf den Tod krank sein*, avoir une maladie mortelle. | *mit dem Tod ringen, kämpfen*, être à l'agonie. | *zum Tode verurteilen*, condamner à mort. | *zu Tode, auf den Tod verwundet*, blessé à mort, mortellement. ‖ (Vx.) *der schwarze Tod*, la peste noire. | *der weiße Tod*, la mort (accidentelle) en montagne (l'hiver). ‖ Pr. et fig. *zu Tode*, à mort. ‖ (Vx.) ou iron. jusqu'à ce que mort s'ensuive. | *jn zu Tode quälen*, supplicier qn. | *ein Pferd zu Tode reiten, hetzen*, crever un cheval. | *sich zu Tode hungern*, se laisser mourir de faim. | *sich zu Tode arbeiten*, fam. se crever à la besogne. | *sich zu Tode lachen, schämen*, mourir de rire, de honte. | *sich zu Tode ärgern*, crever de dépit, de rage. | *zu Tode betrübt*, mortellement triste. | *bis zum Tode ; bis in den Tod*, jusqu'à la mort. ‖ Fig. *er kann sie auf den Tod nicht ausstehen*, il ne peut pas la voir en peinture. | *er ist mir (bis) in den Tod verhaßt, zuwider*, je le hais, je le fuis comme la peste ; je l'exècre ; je l'abomine. | *Kampf auf Leben und Tod*, une lutte à mort, à outrance. | *sie halten auf Tod und Leben zusammen*, ils sont liés à la vie, à la mort. | *du bist des Todes, wenn*, tu es (un homme) mort, si. | *ich will des Todes sein, wenn*, que je meure, si. | *Tod und Teufel !*, mordieu. ‖ Loc. *er sieht aus wie der lebendige, leibhaftige Tod*, c'est un vrai squelette, une vraie tête de mort. ‖ Adm. *der bürgerliche Tod*, la mort civile. ‖ Prov. *gegen den Tod ist kein Kraut gewachsen*, contre la mort il n'y a point de remède.

— Observ. Le pluriel de *Tod* est inusité ; on emploie plutôt *die Todesfälle*.

tod|blaß ['to:tblas], -**bleich** [-blaiç] adj. blafard ; d'une pâleur mortelle ; pâle comme la mort. ‖-**bringend** adj. qui amène la mort ; délétère. ‖-**ernst** adj. très sérieux. ‖°-**feind** m. (s, e) ennemi mortel, à mort. ‖-**feind** adj. *jm todfeind sein*, être à couteaux tirés avec qn. ‖°-**feindschaft** f. haine mortelle. ‖-**krank** adj. moribond. ‖-**langweilig** adj. mortellement ennuyeux. ‖-**matt, -müde** adj. éreinté ; mort de fatigue. ‖-**schick** adj. très chic. | *todschick sein*, être sur son trente-et-un. ‖-**sicher** adj. Fam. absolument sûr ; garanti. ‖°-**sünde** f. (-, n) péché mortel. ‖-**unglücklich** adj. Fam. malheureux comme les pierres. ‖-**wund** adj. blessé à mort.

Todes... ['to:dəs]. (en compos.) mortel ; de (la) mort.

Todes|angst ["to:dəs'aŋst] f. (-, ¨e) angoisse mortelle ; affres (f. pl.) de la mort. ‖°-**anzeige** f. (-, n). Adm. déclaration (f.) de décès ; [Brief] (lettre [f.] de) faire-part m. ; [Zeitungsnotiz] annonce (f.) nécrologique ; avis (m.) de décès. ‖°-**art** f. (-, en) [genre de] mort f. ‖°-**fall** m. (s, ¨e) décès m. | *im Todesfall*, en cas de décès. ‖°-**gedanke** m. (n, n) pensée (f.) funèbre. ‖°-**gefahr** f. danger (m.) de mort. ‖°-**kampf** m. (s) agonie f. ‖°-**mut** m. (s) mépris (m.) de la mort. ‖°-**qual** f. (-, en) tourments mortels. | *Todesqualen ausstehen*, souffrir mille morts. ‖°-**schlaf** m. (s) dernier sommeil ; fig. léthargie f. ‖°-**stoß** m. (es), °-**streich** m. (s) coup (m.) de grâce. ‖°-**strafe** f. (-, n) peine (f.) de mort ; peine capitale. | *bei Todesstrafe*, sous peine de mort. ‖°-**urteil** n. (s, e) arrêt (m.) de mort ; condamnation (f.) à mort ; sentence capitale. ‖°-**verachtung** f. mépris (m.) de la mort. ‖ Fig. *mit Todesverachtung*, à contrecœur. ‖°-**wunde** f. (-, n) blessure mortelle.

tödlich ['tø:tliç] adj. et adv. mortel ; meurtrier ; qui tue. | *tödlich verwundet*, mortellement blessé. ‖ Fig. *tödliches Schweigen*, silence (m.) de mort. | *sich tödlich langweilen*, s'ennuyer mortellement, à mourir. ‖ Poés. *unsere tödliche Seite*, notre côté vulnérable.

Toga ['to:ga] f. (-, gen ou s) toge f.

Tohuwabohu ["to:huva'bo:hu] n. (s) tohu-bohu m. ‖ Fam. pagaille f.

Toilette [toa'lɛtə] f. (-, n). [Gesellschaftskleid ; Putz] toilette f. ‖ [Frisiertisch] toilette f. ; coiffeuse f. ‖ [Abort] toilettes f. pl. ; lavabos m. pl.

Toiletten|papier [toa"lɛtənpa'pi:r] n. (s) papier (m.) hygiénique. ‖°-**spiegel** m. (s, -) psyché f.

Tokaier, Tokajer [to'kaiər] m. (s, -) [vin de] Tokay m. ; tokay m.

Tokopherol [tokofe'ro:l] n. (s). Biol. tocophérol m.

tolerant [tole'rant] adj. tolérant ; indulgent.

Toleranz [-'rants] f. [Duldsamkeit] tolérance f. ; indulgence f.

Toleranz|grenze [tole"rants'grɛntsə] f. (-, n). Techn. seuil (m.) de tolérance ; tolérance f.

tolerieren [-'ri:rən] v. tr. tolérer.

toll [tɔl] adj. enragé ; fou furieux ; fou à lier ; dément. | *dieser Hund ist toll*, ce chien est enragé, a la rage. | *(über etwas) toll werden*, enrager (de qch.). | *das ist zum Tollwerden*, c'est à (en) devenir enragé. | *jn toll machen*, faire enrager qn. || PAR EXT. fou ; extravagant ; saugrenu ; FAM. loufoque. | *toller Streich*, folie f. ; extravagance f. ; FAM. loufoquerie f. | *hier geht's toll zu*, ils font les fous ; quelle bande de fous ! | *bist du toll ?*, as-tu perdu la tête ? || FIG., FAM. [schlimm ; wüst] insensé ; délirant. | *eine tolle Wirtschaft*, une vraie maison de fous ; une pétaudière. | *es wird immer toller*, ça devient délirant. | *er macht, treibt es mir zu toll*, il y va trop fort. | *ein toller Lärm*, un vacarme insensé. | *tolles Zeug zusammen schwatzen*, débiter des insanités. || [famos] épatant ; super. | *eine tolle Idee*, une idée épatante. | *ein tolles Buch*, un livre sensationnel. | *und was das tollste ist*, ce qu'il y a de plus curieux.
— SYN. : *verrückt*, dérangé, détraqué ; *irrsinnig*, insensé ; *wahnsinnig*, dément, délirant ; *blödsinnig*, imbécile ; *närrisch*, fou ; *kopflos*, écervelé.

Toll|beere ["tɔl'be:rə] f. (-, n), °**-kirsche** f. (-, n). BOT. belladone f. ||°**-haus** n. (es, ¨er). [Vx.] maison (f.) de fous ; cabanon m. ||°**-häusler** m. (s, -). IRON. fou m. ; maniaque m. ; timbré m. ||°**-kopf** m. (s, ¨e) tête chaude, fêlée ; cerveau brûlé. ||**-kühn** adj. téméraire. ||°**-kühnheit** f. témérité f. ||°**-wut** f. MÉD. rage f. ; FIG. folie furieuse ; frénésie f. ||**-wütig** adj. atteint de la rage. ||°**-wutserum** n. (s) vaccin (m.) antirabique.

Tolle ['tɔlə] f. (-, n). FAM. toupet m. ; banane f.

tollen [-lən] v. intr. [wild herumjagen] faire le(s) fou(s) ; s'amuser follement.

Tollheit ['tɔlhait] f. (-, en). [Verrücktheit] folie furieuse ; démence f. ; insanité f. || [toller Streich] coup (m.) de folie ; absurdité f. ; frasque f.

Tolpatsch ['tɔlpatʃ] m. (es, e) butor m. ; empoté m. ; balourd m. ; lourdaud m.

Tölpel ['tølpəl] m. (s, -) rustre m. ; malotru m. ; lourdaud m. ; FAM. plouc m. || ZOOL. fou m. | *Basstölpel*, fou de Bassan.

Tölpelei [tølpə'lai] f. (-, en) balourdise f.

tölpelhaft ['tølpəlhaft], **tölpisch** ['tølpiʃ] adj. grossier ; balourd ; rustre.

tölpeln ['tølpəln] v. intr. (Vx.) commettre des balourdises.

Toluol [tolu'o:l] n. (s). CHIM. toluène m.

Tomate [to'ma:tə] f. (-, n) tomate f.

Tomaten|mark [to"ma:tən'mark] n. (s) concentré (m.) de tomates.

Tomographie [tɔmɔgra'fi:] f. (-, n). MÉD. tomographie f.

Ton [to:n] m. (s, e). MINÉRAL. argile f. ; glaise f. | *gebrannter Ton*, terre cuite. | *feuerfester Ton*, argile réfractaire.

ton|artig ["to:n'ɑ:rtiç] adj. argileux. ||°**-boden** m. (s, ¨) terrain argileux. ||°**-erde** f. terre argileuse ; glaise f. || CHIM. alumine f. ||°**-gefäß** n. (es, e) vase (m.) en terre ; poterie f. ||°**-taube** f. (-, n) pigeon (m.) d'argile. ||°**-waren** f. pl. articles (m. pl.) en terre ; poterie f.

Ton [to:n] m. (s, ¨e). **1.** [Luftschwingung ; Schall] son m. | *hoher, tiefer Ton*, son aigu, grave. || MUS. note f. | *aus dem Ton fallen*, détonner. || FIG. *keinen Ton mehr !*, plus un mot ! | *er brachte keinen Ton heraus*, sa voix s'étrangla.
2. [Klang(art)] son m. ; sonorité f. ; timbre m. | *diese Geige hat einen wundervollen Ton*, ce violon a un son, une sonorité remarquable. | *seine Stimme hat einen dumpfen Ton*, sa voix est sourde.
3. GRAMM. [Betonung] accent (m.) tonique. | *der Ton liegt auf der ersten Silbe*, l'accent est, tombe sur la première syllabe.
4. [Redeweise] ton m. | *in schroffem, scharfem Ton*, d'un ton sec. | *in spöttischem Ton*, d'un ton railleur. | *wenn Sie in diesem Ton reden*, si vous le prenez sur ce ton. | *einen andern Ton anschlagen*, changer de ton. || FIG. [Benehmen ; Lebensweise] ton m. ; genre m. | *hier herrscht ein freier Ton*, ici l'on ne se gêne pas. | *der gute Ton*, le bon ton. | *den Ton angeben*, donner le ton.
5. [Farbton] coloris m. ; ton m. (chromatique).

Ton|abnehmer ["to:n'apne:mər] m. (s, -) tête (f.) de lecture (du tourne-disque). ||**-angebend** adj. qui donne le ton. ||°**-arm** m. (s, e) bras m. (de pick-up). ||°**-art** f. (-, en) ton m. ; tonalité f. | *die C-dur Tonart*, la tonalité, le ton d'*ut* majeur. ||°**-aufnahme** f. (-, n) enregistrement (m.) sonore. ||°**-ausfall** m. (s, ¨e) coupure (f.) du son. ||°**-band** n. (s, ¨er) bande (f.) magnétique. ||°**-band|gerät** n. (s, e) magnétophone m. ||°**-bild|vortrag** m. (s, ¨e) diaporama m. ||°**-dichter** m. (s, -), °**-setzer** m. (s, -). (Vx.) MUS. compositeur m. ||°**-einlage** f. accompagnement musical. ||°**-fall** m. (s) intonation f. ; débit m. (de la voix). ||°**-farbe** f. (-, n). PHYS., MUS. timbre m. ||°**-film** m. (s, e) film parlant, sonore. ||°**-ingenieur** m. (s, e) ingénieur (m.) du son. ||°**-kopf** m. (s, ¨e) tête (f.) de lecture. ||°**-kunst** f. musique f. ||°**-künstler** m. (s, -) musicien m. ; virtuose m. ||°**-lage** f. (-, n). [Tessitur] registre m. (du son) ; tessiture f. ||°**-leiter** f. (-, n) gamme (musicale). ||**-los** adj. atone ; sourd. || GRAMM. amuï ; inaccentué. ||°**-maß** n. (es, e). POÉS. mètre m. ||°**-melder** m. (s, -). TECHN. avertisseur (m.) sonore. ||°**-messer** m. (s, -) phonomètre m. ; sonomètre m. ||°**-silbe** f. (-, n) syllabe accentuée ; tonique f. ||°**-stufe** f. (-, n) ton m. ||°**-zeichen** n. (s, -). GRAMM. signe (m.) diacritique ; accent m.

tönen ['tø:nən] v. intr. [erklingen] sonner ; résonner ; retentir. | *das Tönen*, les sons ; la résonance. | *dumpftönendes Geräusch*, bruit sourd.

tönen [-nən], **tonen** ['to:nən] v. tr. [Farbe abstimmen] teinter ; colorer ; teindre. || PHOT. virer. | *Tonfixierbad*, bain (m.) de fixage.

tönern ['tø:nərn] adj. d'argile ; de terre.

tonig ['to:niç] adj. argileux ; argilifère.

Tonika ['to:nika] f. (-, ken). MUS. tonique f.

Tonikum ['to:nikum] n. (s, ka). MÉD. tonique m. ; fortifiant m.

tonisch [-niʃ] adj. MÉD. tonique ; revigorant.

Tonne ['tɔnə] f. (-, n). [größeres Faß] tonneau m. ; baril m. ; fût m. || [Gewicht von 1000 kg] tonne f. (métrique). || MAR. tonneau m. || FIG., FAM. [dicker Mensch] barrique f.

Tonnen|gehalt ["tɔnəngə'halt] m. (s). MAR. tonnage m. ; jauge f. ||°**-gewölbe** n. (s, -). ARCHIT. voûte (f.) en berceau. ||°**-kilometer** m. (s, -). TRANSP. tonne-kilomètre f. ||°**-lager** n. (s, -). TECHN. roulement (m.) à rouleaux. ||°**-maß** n. (es, e). MAR. tonnage m. ||°**-reifen** m. (s, -) cercle m. (d'un tonneau).

Tonsille [ton'zilə] f. (-, n). ANAT. amygdale f.

Tonsur [ton'zu:r] f. (-, en). RELIG. tonsure f.

Tönung ['tønuŋ] f. (-, en) coloration f. || PHOT. virage m.

Top... [tɔp] (en compos.). [Person] d'élite ; exceptionnel ; [Sache] exceptionnel ; haut de gamme. ||°**-agent** m. (en, en) agent (m.) d'élite ||°**-form** f. *in Topform sein*, être au mieux de sa forme. ||°**-leistung** f. (-, en) performance exceptionnelle. ||°**-modell** n. (s, e) mannequin (m.) vedette. ||°**-star** m. (s, s). THÉÂTRE. tête (f.) d'affiche.

Topas [to'pɑ:s] m. (es, e) topaze f.

Topf [tɔpf] m. (s, ¨e) pot m. | *irdener Topf*, pot de terre. | *ein Topf voll*, une potée. | *Kochtopf*, casserole f. || FIG. *alles in einen Topf werfen*, mettre tout dans le même sac.

Topf|blume ["tɔpf'blu:mə] f. (-, n) fleur (f.) en pot. ||°**-deckel** m. (s, -) couvercle m. ||°**-fabrik** f. (-, en) poterie f. ||°**-gucker** m. (s, -), °**-kieker** m. (s, -) homme qui se mêle de la cuisine ; FIG. fouineur m. ||°**-kuchen** m. (s, -) kouglof m. ||°**-lappen** m. (s, -) torchon m. (de cuisine). ||°**-pflanze** f. (-, n), °**-gewächs** n. (es, e) plante (f.) en pot. ||°**-ständer** m. (s, -) jardinière f.

Töpfchen ['tøpfçən] n. (s, -) petit pot. || [Nachttopf] vase (m.) de nuit ; FAM. pot (m.) de chambre.

Topfen ['tɔpfən] m. (s). [Quark] fromage blanc.

Töpfer ['tøpfər] m. (s, -) potier m. ; céramiste m.

Töpfer|arbeit ["tøpfər'arbait] f. (-, en) poterie f. ; céramique f. ||°**-erde** f. terre (f.) à potier ; argile (f.) à modeler. ||°**-scheibe** f. (-, n) tour (m.) de potier. ||°**-ware** f. (-, n) article (m.) en poterie, en céramique.

Töpferei [tøpfə'rai] f. (-, en). [Handwerk] poterie f. || [Werkstatt] atelier (m.) de potier.

töpfern ['tøpfərn] v. intr. faire de la poterie.

töpfern [-fərn] adj. en poterie ; en céramique ; en terre.

Topinambur [tɔpinam'bu:r] f. (-, en). BOT. topinambour m.

Topograph(in) [tɔpo'grɑ:f(in)] m. (en, en), f. (-, nen) topographe s.

Topographie [tɔpogra'fi:] f. (-, n) topographie f.

Topologie [tɔpolo'gi:] f. MATH. topologie f.

topologisch [tɔpo'lo:giʃ] adj. MATH. topologique.

topp [tɔp] interj. soit ! || (Vx.) tope(-là) !

Topp [tɔp] m. (s, ¨e). MAR. tête (f.), pointe (f.) du mât. | *der Toppmast*, le mât de hune. | *das Toppsegel*, le hunier.

Tor [to:r] m. (en, en), **Törin** ['tø:rin] f. (-, nen). [Vx.] fou m. ; folle f. ; insensé(e) m. (f.) ; sot(te) m. (f.).

Tor [to:r] n. (s, e) [grande] porte ; portail m. | *Hoftor*, porte cochère. | *Kirchentor*, portail ; parvis m. ; porche m. || GÉOGR. *das Eiserne Tor*, les Portes de Fer. || SPORT. [Fußball] but m. | *ein Tor schießen*, marquer un but.

Tor|fahrt ['to:rfa:rt] f. (-, en) porte cochère. ||°**-flügel** m. (s, -) battant m. (de porte) ; vantail m. ||°**-geld** n. (s, er). [Vx.] octroi m. ; droit (m.) d'entrée. ||°**-glocke** f. (-, n) beffroi m. ||°**-halle** f. (-, n) porche m. ||°**-hüter** m. (s, -) portier m. || SPORT. gardien (m.) de but. ||°**-lauf** m. (s). SPORT. slalom m. ||°**-schluß** m. (es) fermeture f. (des portes). || FIG. *vor Torschluß*, à la dernière minute ; juste à temps. ||°**-schluß|-panik** f. FIG., FAM. angoisse (f.) du temps qui passe. ||°**-schütze** m. (n, n). SPORT. marqueur (m.) de but. ||°**-wart** m. (s, e). SPORT. gardien (m.) de but. ||°**-weg** m. (s, e) porte cochère ; entrée (f.) des voitures. ||°**-zoll** m. (s) octroi m. ; droits (m. pl.) d'entrée.

Torf [tɔrf] m. (s) tourbe f. | *Torf stechen*, extraire de la tourbe (en briquettes).

Torf|boden ["tɔrf'bo:dən] m. (s, ¨) terrain tourbeux. ||°**-grube** f. (-, n), °**-lager** n. (s, -) tourbière f. ||°**-moor** n. (s, e) marais tourbeux. ||°**-moos** n. (es). BOT. sphaigne f. ||°**-mull** m. (s) litière (f.), fibre (f.) de tourbe. ||°**-stich** m. (s, e). [Torfstechen] extraction (f.) de la tourbe. || [Torflager] tourbière f.

Torheit ['to:rhait] f. (-, en) sottise f. ; folie f. ; insanité f.

töricht ['tø:riçt] adj. sot ; déraisonnable ; niais. || RELIG. *die törichten Jungfrauen*, les vierges folles.

Torkel ['tɔrkəl] m. (s). DIAL. vertige m.

torkeln [-kəln] v. intr. tituber ; chanceler ; zigzaguer.

Tornado [tɔr'na:do] m. (s, s) tornade f.

Tornister [tor'nistər] m. (s, -). MIL. havresac m. || [Schulranzen] cartable m.

torpedieren [tɔrpe'di:rən] v. tr. torpiller.

Torpedo [-'pe:do] m. (s, s). MIL. torpille f.

Torpedo|boot [tɔr"pe:do'bo:t] n. (s, e). MAR. torpilleur m. ||°**-bootzerstörer** m. (s, -), °**-bootjäger** m. (s, -) contre-torpilleur m. ||°**-rohr** n. (s, e) tube (m.) lance-torpilles. ||°**-schuß** m. (es, ¨e) lancement (m.) d'une torpille.

Torso ['tɔrzo] m. (s, s) torse m. || FIG. fragment (d'une œuvre d'art).

Tort [tɔrt] m. (s). [Vx.] *jm einen Tort antun*, vexer qn.

Torte ['tɔrtə] f. (-, n) gâteau m. (à la crème) ; moka m. | *Schokoladentorte*, gâteau au chocolat. | *Fruchttorte*, tarte f. (aux fruits).

Torten|boden [tɔrtən'bo:dən] m. (s, ¨) fond (m.) de tarte. ||°**-heber** m. (s, -) pelle (f.) à tarte.

Tortur [tɔr'tu:r] f. (-, en). PR. et FIG. torture f.

Torus ['to:rus] m. (-, ri). MATH., ARCHIT. tore m.

tosen ['to:zən] v. intr. bruire ; gronder ; mugir. | *die Wasser tosen*, les eaux grondent. | *die Wogen tosen*, les lames déferlent. | *das Tosen der Brandung*, le bruissement du ressac. || FIG. *tosender Beifall*, applaudissements délirants.

tot [to:t] adj. **1.** [gestorben] mort ; défunt. || ADM. décédé. | *er war auf der Stelle tot*, il était mort sur le coup. | *tot umfallen*, tomber (raide) mort. | *er lag wie tot da*, il était inanimé, comme mort. | *mein toter Onkel*, feu mon oncle. || LOC. *jn totstechen, totschießen*, tuer qn (avec une arme blanche, avec une arme à feu). || FAM. *jn totfahren*, écraser qn (avec une voiture). | *sich totstellen*, faire le mort. || PROV. *ein toter Hund beißt nicht*, morte la bête, mort le venin.
2. FAM. [sehr müde] mort. | *sich totarbeiten*, se tuer, POP. se crever au travail. | *sich totärgern*, crever de dépit. | *sich totlachen*, mourir de rire.
3. FIG. [leblos ; ausgestorben ; öde] inanimé ; désert ; morne. | *tote Augen*, yeux (m. pl.) sans vie, mornes ; PAR EXT. aveugles. || PAR EXT. *ich war mehr tot als lebendig*, j'étais plus mort que vif. | *totes Holz*, bois mort. | *tote Sprachen*, langues mortes. | *der ist jetzt ein toter Mann*, maintenant c'est un homme fini. | *eine tote Gegend*, un pays mort. | *die toten Ziffern einer Statistik*, les chiffres secs d'une statistique. | *tote Farben*, couleurs mornes. | *eine tote Liebe*, amour mort, défunt. | *tot für die Freuden der Welt*, mort au monde. || FAM. *tot und begraben*, oublié depuis longtemps.
4. [unwirksam] inerte ; improductif. | *totes Kapital*, capital (m.) qui dort. | *toter Punkt*, point mort. | *toter Winkel*, angle mort. | *totes Geleise*, voie (f.) de garage. | *totes Rennen*, course indécise. | *tote Jahreszeit*, morte-saison f. | *totes Wasser*, eau morte, stagnante. | *der tote Arm eines Flusses*, le bras mort d'une rivière. | *die tote Hand*, JUR. la mainmorte ; ADM. le domaine. || GÉOGR. *das Tote Meer*, la mer Morte.
◇ s. **Tote(r)** f. (m.) mort(e) m. (f.) ; défunt(e) m. (f.)

tot|geboren ["to:tgə'bo:rən] adj. mort-né. || °**-geborenen|quote** f. (-, n) mortinatalité f. || °**-geburt** f. (-, n) [enfant] mort-né m. ; FIG. projet mort-né, avorté. ||°**-geburtenzahl** f. (-, en) mortinatalité f. ||**-geglaubt, -gesagt,** adj. présumé, réputé mort. ||°**-gewicht** n. (s, e) poids mort. ||**-lachen (sich)** v. pr. POP. se bidonner. ||°**-lachen** n. (s) *es ist zum Totlachen*, c'est à mourir de rire. ||°**-lage** f. (-, n), °**-punkt** m. (s, e), °**-stellung** f. (-, en) [position (f.) au] point mort. ||**-liegend** adj. inanimé. || FIN. (capital) qui dort, qui ne travaille pas. || GÉOL. *das Totliegende*, le permien rouge. ||**-reden** v. tr. FIG. assommer. ||°**-schlag** m. (s, ¨e). JUR. homicide (m.) volontaire ; meurtre m. ; mort (f.) d'homme. ||**-schlagen** (ä, u, a) v. tr. assommer ; mettre à mort. || FIG., FAM. *die Zeit totschlagen*, tuer le temps. ||°**-schläger** m. (s, -). [Mörder] meurtrier m. || [Waffe] casse-tête m. ||**-schweigen** (ie, ie) v. tr. passer sous silence ; faire le silence sur ; étouffer ; FAM. mettre l'éteignoir sur.

total [to'ta:l] adj. total ; global ; d'ensemble.

Total|ansicht [to"ta:l'anziçt] f. (-, en) vue générale, d'ensemble, panoramique. ||°**-ausverkauf** m. (s, ¨e). COMM. liquidation totale. ||°**-beseitigung** f. (-) démantèlement m. ||°**-betrag** m. (s, ¨e). [montant] total m. ||°**-fälschung** f. (-, n). JUR. contrefaçon f.

Totalisator [totali'za:tɔr] m. (s, en). [FAM. **Toto** m. (s, s).] SPORT. pari mutuel ; loto sportif.

totalitär [-li'tɛ:r] adj. totalitaire. | *totalitärer Staat*, État (m.) totalitaire.

Totalität [-li'tɛ:t] f. totalité f. ; ensemble m.

Totalitäts|zone [totali"tɛ:ts'tso:nə] f. (-, n). ASTRON. éclipse totale.

Totem ['to:tɛm] n. et m. (s) totem m. | *Totemglauben*, totémisme m.

töten ['tø:tən] v. tr. tuer ; faire mourir ; mettre à mort. || MÉD. *den Nerv töten*, dévitaliser la dent. || RELIG. *das Fleisch töten*, mortifier la chair.

Toten|acker ["to:tən'akər] m. (s, ¨). POÉT. champ (m.) du (dernier) repos. ||°**-amt** n. (s, ¨er). RELIG. office (m.) des morts. ||°**-bahre** f. (-, n) bière f. ; catafalque m. ||°**-beschwörer** m. (s, -) nécromancien m. ||°**-bett** n. (s, en) lit (m.) de mort. ||**-blaß, -bleich** adj. livide ; pâle comme un mort ; d'une pâleur mortelle. ||°**-blässe** f. teint cadavéreux ; pâleur mortelle ; lividité f. ||°**-buch** n. (s, ¨er) registre (m.) mortuaire, des décès. ||°**-ehrung** f., °**-feier** f. honneurs (m. pl.) funèbres ; derniers honneurs ; cérémonie commémorative. ||°**-fest** n. (es) [katholisch : Allerseelen] fête (f.) des trépassés. ||°**-glocke** f. (-, n), °**-geläut** n. (s) glas m. (funèbre). ||°**-geleit** n. (s) *jm das Totengeleit geben*, accompagner qn à sa dernière demeure. ||°**-gräber** m. (s, -) fossoyeur m. || ZOOL. nécrophore m. ||°**-gruft** f. (-, ¨e) caveau m. ; crypte f. ||°**-haus** n. (es, ¨er) maison (f.) mortuaire. ||°**-hemd** n. (s, en) linceul m. ||°**-kopf** m. (s, ¨e). PR. et ZOOL. tête (f.) de mort. ||°**-kranz** m. (es, ¨e) couronne (f.) funéraire. ||°**-maske** f. (-, n) masque (m.) mortuaire. ||°**-reich** n. (s). MYTH. les Enfers m. pl. ; empire (m.) des morts. ||°**-schau** f. constatation (f.) du décès. ||°**-schein** m. (s, e) permis (m.) d'inhumer. ||°**-sonntag** m. (s) [protestantisch] fête (f.) des morts. ||°**-stadt** f. (-, ¨e) nécropole f. ||°**-starre** f. rigidité (f.) cadavérique. ||°**-stille** f. silence de mort, sépulcral, lugubre. ||°**-tanz** m. (es) danse (f.) macabre. ||°**-uhr** f. (-, en). ZOOL. vrillette f. ; anobie f. ; POP. horloge (f.) de la mort. ||°**-verbrennung** f. (-, en) incinération f. ; crémation f. ||°**-vogel** m. (s, ¨). ZOOL. chevêche f. ||°**-wache** f. *die Totenwache halten*, veiller un mort.

Toto ['to:to:] n. (s, s) loto sportif.

Tötung [tø:tuŋ] f. (-, en) homicide m. ; mise (f.) à mort. || JUR. *fahrlässige Tötung*, homicide par imprudence. | *vorsätzliche Tötung*, meurtre (m.) avec préméditation. | *Tötung mit Vorbedacht*, assassinat m. || *Tötung durch elektrischen Strom*, électrocution f.

Toupet [tu'pe:] n. (s, s) postiche m.

Tour [tu:r] f. (-, en). **1.** [Fahrt] tour m. (de promenade) ; excursion f. | *auf Tour gehen*, partir en tournée. || FAM. *in einer Tour*, sans arrêt ; sans cesse. **2.** ADM. (Vx.) tour m. (d'avancement). | *nach der Tour*, à l'ancienneté. | *außer der Tour*, au choix.
3. TECHN. [Umdrehung] tour m. || *1 000 Touren in der Minute*, 1 000 tours à la minute. | *der Motor kommt auf (hohe) Touren, auf Hochtouren*, le moteur est lancé, prend de la vitesse, atteint son régime. | *auf vollen Touren*, à pleine vitesse.

Touren|karte [″tu:rən'kartə] f. (-, n) carte routière, d'excursions. ||°**-wagen** m. (s, -) voiture (f.) de tourisme. ||°**-zahl** f. (-, en). TECHN. nombre (m.) de tours ; régime m. ||°**-zähler** m. (s, -). AUTOM. compte-tours m.

Tourist [tu'rist] m. (en, en) touriste m. | *der Touristenverkehr*, le tourisme. | *die Touristenklasse*, la classe économique.

Touristik [tu'ristik] f. tourisme m.

Tournee [tur'ne] f. (-, n) tournée f. | *auf Tournee gehen*, faire une tournée.

Toxin [tɔ'ksi:n] n. (s, e) toxine f.

toxisch ['tɔksiʃ] adj. toxique ; vénéneux.

Toxoplasmose ['tɔksoplas″mo:zə] f. (-, n). MÉD. toxoplasmose f.

Trab [trɑ:p] m. (s) trot m. | *Trab reiten*, trotter ; aller au trot. | *in Trab setzen*, mettre au trot. | *Trabrennen*, (course [f.] de) trot attelé. || FIG., FAM. *man muß ihn erst auf den Trab bringen*, il faut le secouer un peu.

Trabant [tra'bant] m. (en, en). HIST. traban m. || FIG. et ASTRON. satellite m. || FIG., FAM. *die Trabanten*, les mômes.

Trabanten|stadt [tra″bantən'ʃtat] f. (-, ¨e) ville nouvelle.

traben ['trɑ:bən] v. intr. trotter ; aller au trot.

Traber [-bər] m. (s, -) trotteur m.

Tracheotomie [traxeoto'mi:] f. (-, n). MÉD. trachéotomie f.

Tracht [traxt] f. (-, en). **1.** [Kleidung] mise f. ; costume m. ; mode f. | *Amtstracht*, tenue (f.) de fonction. | *Volkstracht*, costume populaire. | *Haartrachten*, coiffures f. pl. | *Trachtenfest*, fête (f.) en costumes populaires. **2.** [Traglast] faix m. ; charge f. || ZOOL. portée f. || FIG. *eine Tracht Prügel*, une volée (de coups) ; une raclée.

trachten ['traxtən] v. intr. chercher à ; essayer de. | *er trachtete danach, ihm zu schaden*, il chercha à lui nuire. | *nach etwas trachten*, aspirer, viser, tendre à qch. | *er trachtete ihm nach dem Leben*, il en voulait à sa vie. | *er trachtet nach Ehre*, il aspire aux honneurs.

Trachten [-tən] n. (s) visées f. pl. ; aspirations f. pl. ; efforts m. pl. | *all sein (Sinnen und) Trachten geht nur aufs Geld hinaus, ist aufs Geld gerichtet*, il n'aspire qu'à, ne désire que l'argent.

trächtig ['trɛçtiç] adj. ZOOL. pleine ; gravide. | *trächtig sein*, porter. || FIG. rempli, chargé de.

Trächtigkeit [-kait] f. gestation f. ; gravidité f.

tradieren [tra'di:rən] v. tr. transmettre (par tradition orale).

Tradition [tradi'tsio:n] f. (-, en) tradition f. ; usages m. pl.

Trafik [tra'fi:k] m. (s, s) [in Österreich : f. (-, en)] négoce m. ; vente f. | *Tabaktrafik*, recette-buraliste f. ; bureau (m.) de tabac.

träg(e) ['trɛ:g(ə)] adj. paresseux ; fainéant ; indolent ; nonchalant ; inerte. || PAR EXT. mou ; amorphe.

Tragant [tra'gant] m. (s, e). BOT. astragale m.

Trag|bahre [″trɑ:k'bɑ:rə] f. (-, n) civière f. ; brancard m. ||°**-balken** m. (s, -). ARCHIT. sommier m. ; poutre maîtresse ; linteau m. ||°**-band** n. (s, ¨er) sangle f. ; bretelle f. || MÉD. écharpe f. ||°**-bett** n. (s, en) brancard m. ; litière f. ; palanquin m. ||°**-beutel** m. (s, -) suspensoir m. ||°**-fähigkeit** f. [Material] résistance f. ; [Brücke, Waggon] limite (f.) de charge ; [Schiff] capacité f. ; tonnage m. ||°**-feder** f. (-, n) ressort (m.) de suspension. ||°**-fläche** f. (-, n). AÉRON. voilure f. ; surface sustentatrice. ||°**-flächenbelastung** f. AÉRON. charge (f.) alaire. ||°**-flügelboot** n. (es, e) hydroptère m. ; hydrofoil m. ||°**-himmel** m. (s, -) baldaquin m. ; dais m. ||°**-kissen** n. (s, -) coussinet m. ||°**-korb** m. (s, ¨e) hotte f. ; banne f. ||°**-kraft** f. force portante. ||°**-lager** n. (s, -). TECHN. palier droit ; palier-support m. ||°**-platte** f. (-, n). ARCHIT. console f. ||°**-riemen** m. (s, -) sangle f. ; courroie f. ; bretelle f. ||°**-rolle** f. (-, n). TECHN. poulie-support f. ; rouleau porteur. ||°**-sattel** m. (s, ¨) bât m. ||°**-säule** f. (-, n). ARCHIT. cariatide f. ||°**-seil** n. (s, e). TECHN. câble porteur. ||°**-sessel** m. (s, -), °**-stuhl** m. (s, ¨e) chaise (f.) à porteurs. ||°**-stein** m. (s, e). ARCHIT. console f. ||°**-weite** f. PR. et FIG. portée f. ||°**-zapfen** m. (s, -). TECHN. tourillon m. ||°**-zeit** f. (-, en) durée (f.) de la gestation.

tragbar ['tra:kbɑ:r] adj. portatif ; [Kleidung] portable. || FIG. *nicht tragbar*, inadmissible ; insupportable.

Trage ['trɑ:gə] f. (-, n) civière f. ; crochet m.

tragen [-gən] (ä, u, a).

I. v. tr. porter ; tenir ; avoir.
1. [heben und fortschaffen] (em)porter ;
2. [stützend halten] (sup)porter ;
3. [an-, aufhaben] porter (sur soi) ;
4. PAR EXT. ;
5. [erdulden] subir ; supporter ;
6. [Frucht bringen] (rap)porter ;
7. [trächtig sein] porter.
II. v. intr.
1. [stützen] porter ;
2. [leiden] être accablé ;
3. [Ertrag bringen] rapporter ;
4. [weit reichen] porter (loin).
III. part. pass. **getragen.**
IV. v. pr. **sich tragen.**

I. v. tr. porter ; tenir ; avoir. **1.** [heben und fortschaffen] porter ; emporter. | *eine Last auf dem Rücken tragen*, porter une charge sur le dos. | *her(ein)tragen*, apporter. | *hinaus-, fort-, wegtragen*, emporter ; remporter. | *er trägt den Arm in der Binde*, il a le bras en écharpe. | *eine Uhr bei sich tragen*, porter une montre sur soi. || LOC., FIG. *jn auf den Händen tragen*, entourer qn de soins et de sollicitude. | *seine Haut zu Markte tragen*, risquer sa vie, sa peau.
2. [stützend, schwebend halten] porter ; supporter. | *etwas in der Hand tragen*, porter, tenir qch. à la main. | *die Pfeiler tragen das Gewölbe*, les piliers supportent la voûte. | *die Beine wollen mich nicht tragen*, je ne tiens plus sur mes jambes. | *Wasser trägt Holz*, le bois flotte sur l'eau. | *von der Orgel getragener Gesang*, chant soutenu par l'orgue. || FIG. *den Kopf*, FAM. *die Nase hochtragen*, aller la tête haute ; FAM. faire le faraud. | *zur Schau tragen*, afficher, étaler. | *die Unkosten tragen*, payer les frais.
3. [an-, aufhaben] porter (sur soi) ; mettre. | *ein Kleid, eine Kopfbedeckung tragen*, porter, mettre un habit, une coiffure. | *einen Bart tragen*, porter la barbe. | *sie trägt ihr Haar kurz, lang*, elle a les cheveux courts, longs. | *Schmuck tragen*, porter, mettre des bijoux. | *das kannst du gut tragen*, cela te va très bien. | *gertragene Kleider*, vieux habits ; vêtements usagés.
4. PAR EXT. *einen Namen tragen*, avoir, porter un nom. | *er trägt die Schuld daran*, c'est lui le responsable ; FAM. c'est à lui la faute. | *die Verantwortlichkeit für etwas tragen*, porter la responsabilité de qch. | *Sorge für etwas tragen*, avoir soin de faire qch. | *Bedenken tragen zu*, se faire scrupule, avoir des scrupules de. | *nach etwas Verlangen tragen*, aspirer à qch. | *den Verhältnissen Rechnung tragen*, tenir compte des circonstances, de la situation. | *die Keime des Verfalls in sich tragen*, porter en soi le germe de son déclin. | *sein Herz trägt heimliches Leid*, un chagrin secret habite son cœur.
5. [erdulden] subir ; supporter. | *sein Schicksal mit Fassung tragen*, subir son sort avec constance. | *Ketten tragen*, être dans les fers. | *Schaden tragen*, subir un dommage. | *nun mußt du auch noch die Schande tragen*, tu n'en rapportes que la honte.
6. [Frucht bringen] porter ; rapporter. | *der Baum trägt Früchte*, l'arbre porte des fruits, fructifie. | *der Acker trägt Weizen*, ce champ est en blé. || PAR EXT. *das Kapital trägt Zinsen*, le capital porte intérêt, rapporte des intérêts.
7. [trächtig sein] porter ; [Tiere] *die Kuh trägt ein Kalb, trägt, ist trächtig*, la vache porte (un veau), est pleine ; [Menschen] *ein Kind unter dem Herzen tragen*, porter un enfant dans son sein.
II. v. intr. **1.** [stützen] *das Eis trägt schon*, la glace porte. || MAR. *die Segel tragen*, les voiles portent. **2.** [leiden] être accablé. | *er trägt schwer an der Last*, il traîne péniblement sa charge. || FIG. *an etwas schwer zu tragen haben*, être accablé par qch.
3. [Ertrag bringen] rapporter. | *dieser Baum trägt heuer zum ersten Mal*, cet arbre fructifie, porte des fruits pour la première fois cette année. || PAR ANAL. *sein*

Unternehmen trägt gut, son entreprise lui rapporte. **4.** [weit reichen] porter (loin). | *ihre Stimme trägt weit*, sa voix porte loin. | *tragende Stimme*, voix (f.) qui porte. | *so weit der Blick trägt*, si loin que porte le regard ; à perte de vue. | *die Kanone, das Geschoß trägt weit*, le canon porte loin.

III. part. pass. **getragen.** [Kleider] usagé. || FIG. majestueux. | *getragenes Lied*, chant solennel. | *in getragener Stimmung sein*, avoir le cœur ouvert aux choses élevées ; être d'une exaltation solennelle. || MUS. *getragene Töne*, tons filés.

IV. v. pr. **sich tragen.** *der Koffer trägt sich leicht*, la valise est facile à porter. | *sich mit einer Bürde tragen*, avoir une charge à traîner. | *sie trägt sich nach der letzten Mode*, elle est mise à la dernière mode, suit la mode. || FIG. *das Unternehmen trägt sich nicht*, l'entreprise ne se suffit pas à elle-même, ne rapporte rien. | *sich mit dem Plan tragen, zu*, nourrir le projet de ; projeter de.

Tragen [-gən] n. (s) [action, fait de] porter ; portage m. (à dos d'homme) ; port m. | *das Tragen von Waffen* ; *das Waffentragen*, le port d'armes.

Träger ['trɛ:gər] m. (s, -). **1.** porteur m. ; commissionnaire m. | *Gepäckträger*, porteur m. (de bagages). | *Briefträger*, facteur m. || FIG. *der Träger dieser Idee*, le protagoniste, le champion de cette idée. | *der Träger dieses Namens*, l'homme qui porte ce nom. | *die Träger der Staatsgewalt*, les représentants (m. pl.) du pouvoir.
2. MÉD. agent m. ; excipient m.
3. TECHN. support m. ; montant m. | *eiserner Träger*, poutrelle f. (en acier).
4. MATH. vecteur m.

Träger|rakete ['trɛ:gəra"ke:tə] f. (-, n). AÉRON. lanceur (m.) d'engins spatiaux. || MIL. fusée porteuse. ||°**-rock** m. (s, ¨e) jupe (f.) à bretelles. ||°**-stein** m. (s, e). GÉOL. roche-magasin f.

Trägheit ['trɛ:khait] f. paresse f. ; fainéantise f. ; indolence f. (du caractère) ; lenteur f. (d'esprit). || PHYS. inertie f.

Trägheits|achse ["trɛ:khaits'aksə] f. (-, n). TECHN. axe (m.) d'inertie. ||°**-moment** n. (s, e). PHYS. moment (m.) d'inertie. ||°**-navigation** f. (-, en). AÉRON. navigation inertielle.

Tragik ['trɑ:gik] f. tragique m. | *die Tragik liegt darin, daß*, ce qui est véritablement tragique (dans l'affaire), c'est que.

Tragiker [-kər] m. (s, -) auteur (m.) tragique.

tragi|komisch ["trɑ:gi'ko:miʃ] adj. tragi-comique. ||°**-komödie** f. (-, n) tragi-comédie f.

tragisch ['trɑ:giʃ] adj. tragique. | *etwas nicht tragisch nehmen*, ne pas prendre qch. au tragique. | *das wird eine tragische Wendung nehmen*, cela va tourner au tragique.

Tragöde [tra'gø:də] m. (n, n) tragédien m.

Tragödin [-'gø:din] f. (-, nen) tragédienne f.

Tragödie [-gø'di:] f. (-, n) tragédie f.

Trainer ['trɛ:nər] m. (s, -). SPORT. entraîneur m.

trainieren [trɛ:'ni:rən] v. tr. et v. intr. (s')entraîner ; faire de l'entraînement.

Training ['trɛ:niŋ] n. (s, s) entraînement m.

Trainings|anzug ["trɛ:niŋs'antsu:k] m. (s, ¨e) survêtement m. ; jogging m. ||°**-lager** n. (s, -) camp (m.) d'entraînement.

Trajekt [tra'jɛkt] n. et m. (s, e). TRANSP. bac m.

Trajekt|dampfer [tra"jɛkt'dampfər] m. (s, -), °**-schiff** [-'ʃif] n. (s, e) ferry-boat m. ; bac m.

Trakt [trakt] m. (s, e) secteur m. || [Landstrich] région f. || [Gebirgszug] chaîne (f.) de montagne. || [Straßenzug] tronçon m. (de rue). || [Gebäudeteil] corps (m.) de logis ; aile f.

Traktament [trakta'mɛnt] n. (s, e). [Vx.] traitement m. || [Bewirtung] régal m. || MIL. solde f.

Traktat [trak'tɑ:t] m. ou n. (s, e). PHILOS. traité m. || RELIG. traité religieux. || POLIT. traité m. ; convention f. || PÉJOR. *ein Traktätchen*, brochure (f.) de propagande religieuse ; opuscule pieux.

traktieren [trak'ti:rən] v. tr. traiter. | (Vx.) *jn mit Wein traktieren*, régaler qn (d'une bouteille) de vin. || FAM. *jn mit dem Stock traktieren*, IRON. régaler qn de coups de bâton.

Traktor ['traktɔr] m. (s, ren). AGRIC. tracteur m.

Tralje ['tralje] f. (-, n) barreau m. (d'une grille).

trällern ['trɛlərn] v. tr. et intr. chantonner ; fredonner.

Tram [tram] f. (-, s), **Tram|bahn** ["tram'bɑ:n] f. (-, en) tram(way) m.

Tramp [tramp] m. (s, s) chemineau m. ; vagabond m.

Trampel ['trampəl] m. (s, -) pataud m. ; lourdaud m.

Trampel|tier ["trampəl'ti:r] n. (s, e). ZOOL. dromadaire m. || FIG. lourdaud m. ||°**-weg** m. (s, e), °**-pfad** m. (s, e) piste battue.

trampeln ['trampəln] v. intr. piétiner ; trépigner (d'impatience ou en signe d'approbation). || PR. et FIG. *auf etwas herumtrampeln*, piétiner qch.

trampen ['trɛmpən] v. intr. faire de l'auto-stop.

Trampolin [trampo'li:n] n. (s, e). SPORT. trampoline m.

Tran [trɑ:n] m. (s) huile (f.) de baleine. | *der Lebertran*, l'huile de foie de morue.

Trance ['transə] f. transe f. ; état second, médiumnique.

tranchieren [tran'ʃi:rən] v. tr. découper la viande. | *das Tranchiermesser*, le couteau à découper.

Träne ['trɛ:nə] f. (-, n) larme f. || POÉT. pleur m. | *Tränen der Wonne ; Freudentränen*, larmes de joie. | *in, unter Tränen*, en larmes. | *Tränen vergießen*, verser des larmes, des pleurs. | *heiße Tränen vergießen*, pleurer à chaudes larmes. | *in Tränen ausbrechen*, éclater en sanglots. | *in Tränen zerfließen*, fondre en larmes. | *die Tränen treten mir in die Augen*, les larmes me viennent aux yeux. | *die Tränen in die Augen treiben*, faire venir les larmes aux yeux. | *den Tränen nahe sein*, être au bord des larmes. | *zu Tränen gerührt*, touché jusqu'aux larmes. | *leicht zu Tränen gerührt*, qui a la larme facile. | *unter Tränen lächeln*, sourire dans les larmes. | *mit Tränen benetzen*, arroser de ses larmes. || FIG. *wir haben Tränen gelacht*, nous avons ri aux larmes. | *dem werde ich keine Träne nachweinen*, celui-là ne me fera pas verser une (seule) larme. || IRON. *mir kommen die Tränen*, tu vas me faire pleurer. || PAR ANAL. [Tropfen] larme f. ; goutte f. ; gouttelette f.

Tränen|bach ["trɛ:nən'bax] m. (s, ¨e) ruisseau (m.) de larmes. ||**-benetzt, -gebadet** adj. baigné, mouillé de pleurs. ||°**-drüse** f. (-, n) glande lacrymale. ||°**-fluß** m. (es, ¨e) flot (m.) de larmes. || MÉD. larmoiement m. ||°**-flut** f. (-, en) torrent (m.) de larmes. ||°**-gas** n. (es, e) gaz (m.) lacrymogène. ||°**-krüglein** n. (s, -). HIST. lacrymatoire m. ; vase lacrymal. ||**-leer, los** adj. sans larmes. | *tränenloses Auge*, œil sec. ||**-reizend** adj. lacrymogène. ||°**-sack** m. (s, ¨e). ANAT. sac lacrymal. || PAR ANAL., FAM. *Tränensäcke haben*, avoir des poches sous les yeux. ||°**-tal** n. (s). RELIG. vallée (f.) de larmes. ||**-voll** adj. noyé, baigné de larmes ; éploré ; larmoyant. || °**-winkel** m. (s, -). ANAT., ZOOL. larmier m.

tränen ['trɛ:nən] v. intr. pleurer ; avoir des larmes aux yeux ; larmoyer. | *tränender Blick*, regard éploré, larmoyant. | *tränendes Antlitz*, visage mouillé de pleurs. || MÉD. *die Augen tränen mir*, mes yeux larmoyent. | *das Tränen (der Augen)*, le larmoiement. || PAR EXT. suinter ; goutter.

tranig ['trɑ:niç] adj. rance ; qui sent la marée. || FIG., FAM. abruti ; endormi ; mou.

Trank [traŋk] m. (s, ¨e) boisson f. ; breuvage m. | *Speise und Trank*, le boire et le manger. || HIST. *das Trankopfer*, la libation.

Tränke ['trɛŋkə] f. (-, n) abreuvoir m.

tränken [-kən] v. tr. faire boire ; donner à boire. || [Vieh] abreuver. || FIG. et TECHN. imbiber ; imprégner. | *ein mit Öl getränkter Lappen ; ein ölgetränkter Lappen*, un chiffon imbibé d'huile.

Tranquilizer ["trɛnki'laizər] m. (s, -). MÉD. calmant m. ; tranquillisant m.

Trans|aktion [transak'tsio:n] f. (-, en). FIN. transaction f.

Trans|aminase [transami'nɑ:zə] f. (-, n). BIOL. Transaminase f.

Trans|fer [trans'fe:r] m. (s). FIN. transfert m. (de fonds, de devises).

Transfer|bahn [trans"fɛ:r'bɑ:n] f. (-, en). AÉRON. orbite (f.) de transfert. ||°**-zahlungen** f. pl. *staatliche Transferzahlungen*, transferts sociaux.

Trans|ferase [transfe'rɑ:zə] f. (-, n). BIOL. transférase f.

trans|ferierbar [transfe'ri:rbɑ:r] adj. FIN. transférable.
— SYN. : *transferabel*.

trans|ferieren [-fe'ri:rən] v. tr. FIN. transférer.

Transformations|grammatik [transfɔrma"tsio:nsgra'matik] f. (-, en) grammaire transformationnelle.

Trans|formator [-fɔr'mɑ:tor] m. (s, en). ÉLECTR. transformateur m. ; FAM. transfo m.
trans|formieren [-fɔr'mi:rən] v. tr. ÉLECTR. élever, diminuer la tension.
Trans|fusion [transfu'zio:n] f. (-, en). MÉD. transfusion (sanguine).
trans|fundieren [-fun'di:rən] v. tr. MÉD. transfuser.
Transistor [tran'zistɔr] m. (s, en). RADIO. transistor m. | *Transistorgerät*, poste (m.) à transistors. || INF. *getrennter Transistor*, transistor discret.
Transit [tran'zit] m. (s, e). transit m.
Transit|händler [tran"zit'hɛntlər] m. (s, -). COMM. transitaire m. ||°**-schein** m. (s, e) passavant m. ||°**-visum** n. (s, sa) visa (m.) de transit. ||°**-waren** f. pl. marchandises (f. pl.) en transit.
transitiv [tranzi'ti:f] adj. GRAMM. transitif.
transitorisch [tranzi'to:riʃ] adj. transitoire.
trans|kontinental [transkɔntinɛn'tɑ:l] adj. intercontinental. | *transkontinentale Rakete*, fusée intercontinentale.
transkribieren [transkri'bi:rən] v. tr. transcrire.
Transkription [transkrip'tsio:n] f. (-, en) transcription f.
Trans|leithanien [translai'tɑ:niən] n. (s). HIST., GÉOGR. les pays au-delà de la Leitha (les provinces hongroises).
Trans|mission [transmi'sio:n] f. (-, en). TECHN. transmission f. | *Transmissionswelle*, arbre (m.) de transmission.
trans|parent [transpa'rɛnt] adj. transparent.
Trans|parent [-'rɛnt] n. (s, e) banderole f. ; calicot m.
Transparenz|masse [transpa"rɛnts'masə] f. (-, n). [Zahnmedizin] porcelaine transparente.
transpirieren [transpi'ri:rən] v. intr. transpirer.
Transplantat [transplan'tɑ:t] n. (s, e). MÉD. transplant m. ; greffon m.
Transplantat|verwerfung [transplan"ta:tfɛr'vɛrfuŋ] f. (-, en). MÉD. rejet (m.) de greffon.
Transplantation [transplanta'tsio:n] f. (-, en). MÉD. greffe f.
transponieren [transpo'ni:rən] v. tr. MUS. transposer.
Transponierung [-'ni:ruŋ] f. MUS. transposition f.
Transport [trans'pɔrt] m. (s, e) transport m. ; convoi m. | *An-, Abtransport*, arrivée (f.), départ (m.) des marchandises.
Transport... (en compos.) de transport ; FIN. de report.
Transport|arbeiter [trans"pɔrt'arbaitər] m. (s, -) ouvrier (m.) des transports. ||°**-band** n. (s, ¨er). TECHN. convoyeur m. ; tapis roulant. ||**-fähig** adj. transportable. ||°**-geschäft** n. (s, e). FIN. opération (f.) de report. ||°**-gesellschaft** f. (-, en) entreprise (f.) de transports ; transporteur m. ||°**-gewerbe** n. (s) transports m. pl. ; profession (f.) de transporteur. ||°**-karre** f. (-, n) chariot transporteur. ||°**-kolonne** f. (-, n). MIL. convoi m. ||°**-kosten** pl. frais (m. pl.) de transport. ||°**-leistung** f. (-, en) capacité (f.) de transport. ||°**-mittel** n. (s, -) moyen (m.) de transport ; véhicule m. ||°**-schiff** n. (s, e) cargo m. ; chaland m. ||°**-schnecke** f. (-, n). TECHN. vis transporteuse. ||°**-wesen** n. (s) transports m. pl.
transportabel [transpɔr'tɑ:bəl] adj. transportable ; portatif.
Transporteur [-'tø:r] m. (s, e). MATH. [Winkelmesser] rapporteur m.
transportieren [-'ti:rən] v. tr. transporter. || COMM. reporter.
Transsexuelle(r) [transzɛksu'ɛlə(r)] f. (m.) transsexuel(le) m. (f.).
trans|sibirisch ['transzi"bi:riʃ] adj. *die transsibirische Bahn*, le Transsibérien.
Trans|silvanien ['transzil"vɑ:niən] n. (s). GÉOGR. Transylvanie [Siebenbürgen].
Trans|substantiation [transzupstantsia'tsio:n] f. RELIG. transsubstantiation f.
Trans|uran [transu'rɑ:n] n. (s). NUCL. transuranien m.
Trans|uran... (en compos.). NUCL. transuranien. | *Transuranelement*, transuranien m.
trans|uranisch [transu'rɑ:niʃ] adj. NUCL. transuranien.
trans|versal [transvɛr'zɑ:l] adj. tranversal.

Transvestit [transvɛs'ti:t] m. (en, en) travesti m.
trans|zendent, -zendental [transtsɛn'dɛnt, -dɛn'tɑ:l] adj. PHILOS. transcendantal. || MATH. transcendant.
Trapez [tra'pe:ts] n. (es, e). MATH., SPORT. trapèze m.
Trapezoid [trapetso'i:d] n. (s, e). MATH. trapézoïde m.
Trappe ['trapə] f. (-, n). [Fußspur] empreinte f. ; trace f. || ZOOL. [Trappgans] outarde f.
trappeln ['trapəln] v. intr. trottiner.
trappen ['trapən] v. intr. marcher lourdement. || [trampeln] saboter.
Trapper ['trapər] m. (s, -) coureur (m.) des bois ; trappeur m.
Trappist [tra'pist] m. (en, en) trappiste m.
trara [trɑ:'rɑ:] interj. taratata.
◇ n. (s, s). **Trara,** bruit (m.) de trompette. | *viel Trara um etwas machen*, faire grand bruit de qch. ; faire beaucoup de tapage autour de qch.
Traß [tras] m. (es). MINÉRAL. tuf m.
Trassant [tra'sant] m. (en, en). COMM. tireur m. (d'un effet).
Trassat [-'sɑ:t] m. (en, en). COMM. tiré m.
Trasse ['trasə] f. (-, n) tracé m. (d'une route).
trassieren [tra'si:rən] v. tr. [abstecken] tracer. || COMM. tirer, émettre (un effet) sur.
Tratsch [trɑ:tʃ] m. (es). FAM. [Klatsch] bavardage m. ; racontar m.
tratschen ['trɑ:tʃən] v. intr. FAM. bavarder ; potiner.
Tratscherei [trɑ:tʃə'rai] f. (-, en). FAM. potins m. pl. ; commérages m. pl.
Tratte ['tratə] f. (-, n). COMM. traite f. ; effet m.
Traube ['traubə] f. (-, n). BOT. grappe f. || PAR EXT. (grappe de) raisin m. || LOC. *diese Trauben hängen ihm zu hoch*, il ne saurait viser aussi haut. | *saure Trauben*, raisins trop verts.
Trauben|abfall ["traubən'apfal] m. (s) marc (m.) de raisin. ||°**-beere** f. (-, n) grain (m.) de raisin. ||°**-blut** n. (s) jus (m.) de la treille. ||°**-ernte**, °**-lese** f. (-, en) vendange. ||°**-kamm** m. (s) rafle f. (de la grappe). ||°**-most** m. (es) moût m. ||°**-nachlesen** n. (s) grappillage m. ||°**-saft** m. (s) jus (m.) de raisin. || FIG., POÉT. jus (m.) de la treille. ||°**-stock** m. (s, ¨e) cep (m.) de vigne. ||°**-zucker** m. (s) sucre (m.) de raisin. || CHIM. glucose m.
traubig ['traubiç] adj. chargé de grappes.
trauen ['trauən] v. intr. [Vertrauen schenken] avoir confiance (en qn, dans qch.). | *jm trauen*, faire confiance à qn ; se fier à qn. | *ich traue diesem Frieden nicht*, je me méfie de cette paix ; je n'ai pas confiance dans cette paix. | *kaum seinen Augen trauen*, n'en pas croire ses yeux. | *auf etwas trauen*, se fier à, avoir confiance dans qch. ; compter sur qch. || PROV. *trau, schau wem*, méfiance est mère de sûreté.
◇ v. tr. [Eheschließung beurkunden] marier ; unir (les époux). | *kirchlich trauen*, bénir les époux ; donner la bénédiction nuptiale. | *sich trauen lassen*, se marier.
◇ v. pr. **sich trauen.** FAM. oser ; être assez courageux pour. | *sich an jn, an etwas (heran)trauen*, oser s'attaquer à qn, à qch. | *er traut sich nicht hin*, il n'ose pas y aller.
Trau|altar ["traual'tɑ:r] m. (s) *zum Traualtar führen*, mener à l'autel. ||°**-handlung** f. cérémonie (f.) du mariage. ||°**-register** n. (s, -) registre (m.) des mariages. ||°**-ring** m. (s, e) alliance f. ; POÉT. anneau nuptial. ||°**-schein** m. (s, e) acte (m.) de mariage. ||°**-zeuge** m. (n, n) témoin m. (des mariés).
Trauer ['trauər] f. [tiefe Betrübnis] affliction f. ; désolation f. ; regret profond. | *Trauer über, um etwas empfinden*, s'affliger, se désoler de qch. | *dieser Unglücksfall hat ihn in tiefe Trauer versetzt*, ce malheur l'a profondément affligé, plongé dans une affliction profonde. || [Schmerz des Verlustes] deuil m. | *in Trauer sein* ; *um jn, etwas Trauer haben*, être en deuil de qn, de qch. | *Trauer tragen um*, porter le deuil de. | *in tiefe Trauer gekleidet*, en grand deuil. | *Trauer anlegen*, prendre, quitter le deuil.
Trauer|anzeige ["trauər'antsaigə] f. (-, n) faire-part (m.) de décès. ||°**-arbeit** f. [Psychologie] travail (m.) de deuil. ||°**-binde** f. (-, n) [brassard, ruban (m.) de] crêpe m. ||°**-brief** m. (s, e) lettre (f.) de faire-part, de condoléances. ||°**-fahne** f. (-, n) drapeau (m.) en berne, cravaté de deuil. ||°**-fall** m. (s, ¨e) décès m. ; deuil m. (dans une famille). ||°**-flor** m. (s, e) crêpe (m.), voile (m.) noir de deuil. | *Fahnentrauerflor*, cravate

(f.) de deuil (d'un drapeau). ||°-**gefolge** n. (s), °-**geleit** n. (s) cortège (m.) funèbre ; convoi m. ||°-**geläute** n. (s) glas m. ||°-**jahr** n. (s) [période (f.) de] deuil m. ; JUR. délai (m.) de viduité. ||°-**kapelle** f. (-, n) chapelle ardente. ||°-**kleidung** (-, en) [habits (m. pl.) de] deuil m. ||°-**kloß** m. (es). FAM., IRON. pauvre type m. ; pleurnicheur m. ||°-**mahl** n. (s, e) repas (m.), banquet (m.) de funérailles. ||°-**mantel** m. (s, ¨e). ZOOL. vulcain m. ||°-**marsch** m. (es, ¨e) marche (f.) funèbre. ||°-**rand** m. (s, ¨er) bordure (f.) de deuil. | *mit Trauerrand*, bordé, encadré de noir. || FIG., FAM. *Trauerränder haben*, avoir les ongles en deuil. ||°-**rede** f. (-, n) oraison (f.) funèbre. || LITTÉR. nécrologie f. ||°-**schleier** m. (s, -) voile (m.) de deuil ; (grand) crêpe. ||°-**spiel** n. (s, e) tragédie f. ||°-**stück** n. (s, e) drame larmoyant. ||°-**ton** m. (s) ton (m.) lugubre. ||-**voll** adj. déplorable ; lugubre ; funeste. ||°-**wagen** m. (s, -) corbillard m. ; char (m.) funèbre ; voiture (f.) des pompes funèbres. ||°-**weide** f. (-, n). BOT. saule pleureur. ||°-**zug** m. (s, ¨e) cortège (m.) funèbre ; convoi m. | *den Trauerzug führen*, conduire le deuil.

trauern ['trauərn] v. intr. [Trauer fühlen] être triste, affligé ; s'affliger ; se désoler. || POÉT. être plongé dans l'affliction, la tristesse. | *um jn trauern*, pleurer (la perte de) qn. | *über etwas, um etwas trauern*, déplorer la perte de qch. ; regretter qch. || [Trauer tragen] être en deuil ; porter le deuil. | *trauernd*, en deuil. || FIG. *tief trauern*, être en grand deuil, profondément endeuillé.

Traufe ['traufə] f. (-, n) gouttière f. || PROV. *vom Regen in die Traufe kommen*, échanger son cheval borgne contre un aveugle.

träufeln ['trɔyfəln], **träufen** ['trɔyfən], **traufen** ['traufən] v. intr. [tropfen] dégoutter ; couler, tomber goutte à goutte. | *es träufelt*, FAM. il pleuvasse ; il pleuvote ; il tombe des gouttes. | *das Wasser träufelt vom Dach*, l'eau dégoutte du toit. || [triefen] suinter ; ruisseler. | *die Wand träuft von Feuchtigkeit*, l'humidité suinte à travers le mur ; ce mur suinte.
◇ v. tr. [tropfenweise eingießen, rinnen lassen] verser, laisser tomber goutte à goutte. | *Medizin in ein Glas träufeln*, laisser tomber quelques gouttes d'un médicament dans un verre. || FIG. *jm Verleumdungen ins Ohr träufeln*, souffler des calomnies à l'oreille de qn.
— SYN. : *triefen ; tropfen.*

Trauf|dach ["trauf'dax] n. (s, ¨er). ARCHIT. larmier m. ||°-**rinne** f. (-, n) chéneau m. ; gouttière f. ||°-**röhre** f. (-, n) tuyau (m.) de descente ; gargouille f ||°-**stein** m. (s, e) culière f.

traulich ['trauliç] adj. familier ; intime ; gentil et confortable. | *traulich beisammensitzen*, être en tête à tête, dans l'intimité.

Traulichkeit [-kait] f. familiarité f. ; intimité f. ; (air d')abandon m.

Traum [traum] m. (s, ¨e) rêve m. **1.** [im Schlaf] *einen Traum haben*, avoir, faire un rêve. | *ich habe es im Traum gesehen*, je l'ai vu en songe, en rêve. | *ein böser Traum*, un cauchemar. || PROV. *Träume sind Schäume*, tout songe est mensonge.
2. [im Wachen] *Tag-, Wachtraum*, rêve éveillé ; rêverie f. ; songerie f. | *im Traum leben*, être chimérique ; vivre dans les illusions, dans la lune. | *in Träumen versunken*, plongé dans la rêverie. | *ich muß dir deinen Traum zerstören, dich aus dem Traum reißen*, je dois t'enlever tes illusions. | *der Traum ist aus*, ce n'était qu'une illusion. | *es fällt mir im Traume nicht ein*, je n'y songe même pas en rêve. | *nicht im Traum !*, pas le moins du monde.
3. [Wunschtraum] *es war immer mein Traum, zu*, j'ai toujours rêvé de. | *mein Traum ist in Erfüllung gegangen*, mon rêve s'est réalisé. | *aus der Traum !*, le rêve est fini.

Traum|bild ["traum'bilt] n. (s, er) rêve m. ; songe m. ; vision f. ||°-**buch** n. (s, ¨er) clef (f.) des songes. ||°-**deuter(in)** m. (s, -), f. (-, nen) oniromancien m., oniromancienne f. ||°-**deutung** f. interprétation (f.) des songes, des rêves ; oniromancie f. ||°-**fabrik** f. (-, en). FIG. usine (f.) à rêves. ||°-**gebilde** n. (s, -) phantasme m. ; vision (f.) imaginaire ; illusion f. ||°-**gesicht** n. (s, e) apparition f. (en rêve) ; mirage m. ||°-**spiel** n. (s, e) fantasmagorie f. ; féerie f. ||°-**welt** f. (-, en) monde (m.) imaginaire, chimérique.

Trauma ['trauma] n. (s, men). MÉD. traumatisme m. ; lésion f. ; choc m.

Traumatologe ['traumato"lo:gə] m. (n, n), **Traumatologin** ['traumato"lo:gin] f. (-, nen). MÉD. traumatologue s. ; traumatologiste s.

Traumatologie [traumatolo'gi:] f. MÉD. traumatologie f.

träumen ['trɔymən] v. tr. et v. intr. **1.** [Traum haben] rêver. | *träumen Sie süß*, faites de beaux rêves.
2. [im Traum sehen] *von etwas träumen*, rêver qch. | *das hast du nur geträumt*, tu as dû le rêver. | *einen Traum haben*, faire un rêve. | *es träumte mir, mir träumte, daß*, j'ai rêvé que. || FIG. *das hätte ich mir nicht träumen lassen*, je n'osais même pas y songer ; j'étais loin de m'y attendre.
3. [versonnen, zerstreut sein] rêver ; songer ; PÉJOR. rêvasser. | *mit offenen Augen, am hellen Tage träumen*, être perdu dans ses rêveries ; être dans la lune. || FIG. *du träumst wohl !*, tu rêves ! ; tu n'y songes pas !

Träumer [-mər] m. (s, -) rêveur m. ; visionnaire m. ; esprit (m.) chimérique ; songe-creux m.

Träumerei [trɔymə'rai] f. (-, en) rêverie f. ; songerie f. ; billevesée f.

träumerisch ['trɔyməriʃ] adj. rêveur ; songeur ; chimérique.

traumhaft ['traumhaft] adj. fantastique ; irréel ; comme en rêve. | *traumhaft schön*, merveilleux.

traurig ['trauriç] adj. [betrübt] triste ; attristé ; contristé ; affligé ; désolé. | *traurige Augen*, yeux tristes. | *traurig werden*, s'attrister. | *traurig machen*, attrister ; affliger ; contrister. || [schmerzbringend] triste ; affligeant ; désolant. | *in traurigem Zustand*, dans un état déplorable. | *das ist ein trauriger Fall*, c'est une affaire lamentable. | *traurige Zeiten*, tristes temps m. pl. | *ein trauriges Ende nehmen*, finir mal. || [betrüblich ; unerfreulich] *in recht traurigen Verhältnissen leben*, vivre bien misérablement. | *ein trauriger Kerl*, un triste sire. || LITTÉR. *der Ritter von der traurigen Gestalt*, le chevalier de la Triste Figure.

Traurigkeit [-kait] f. tristesse f. ; affliction f. ; désolation f.

traut [traut] adj. intime. | *ein trautes Heim*, un foyer confortable. | *in trautem Kreise*, dans l'intimité. || PROV. *Trautes Heim, Glück allein*, pour vivre heureux, vivons cachés.

Trauung ['trauuŋ] f. (-, en) épousailles f. pl. ; célébration (f.) du mariage. | *kirchliche Trauung*, bénédiction nuptiale.

Traverse [tra'vɛrsə] f. (-, n). TECHN. entretoise f. ; traverse f.

Travestie [travɛs'ti:] f. (-, n). LITTÉR. pastiche m. ; parodie f.

travestieren [-'ti:rən] v. tr. pasticher ; parodier ; FIG. travestir.

Trawler ['trowlər] m. (s, -). MAR. chalutier m. | *das Trawlnetz*, le chalut.

Treber ['tre:bər] pl. marc m. | *Weintreber*, marc de raisin. | *Biertreber*, drague (f.) de la bière. | *der Treberbranntwein*, (l'eau de vie [f.] de) marc m.

Treck [trɛk] m. (s, s). [Zug] convoi m. ; [Flüchtlinge] exode m.

trecken ['trɛkən] v. tr. MAR. haler. | *das Treckseil*, la corde de halage. | *die Treckschute*, la péniche. || DIAL. aller en voiture.

Trecker [-kər] m. (s, -). AUTOM. tracteur m.

Treff [trɛf] n. (s, s). [Kartenspiel] trèfle m. | *der Treffkönig*, le roi de trèfle.

Treff [trɛf] m. (s, e). PR. et FIG. coup droit, au but. || POP. *er hat einen Treff*, il a un grain.

Treff [trɛf] m. (s, s). FAM. [Treffen] rencontre f. ; [Treffpunkt] lieu (m.) de rendez-vous.

treffen ['trɛfən] (i, a, o).

> **I.** v. tr.
> **1.** [mit Schlag, Stoß, Schuß erreichen] toucher ; atteindre ; frapper.
> **2.** [es richtig machen] toucher juste.
> **3.** [begegnen] rencontrer.
> **4.** PAR EXT.
> **II.** v. intr.
> **1.** porter juste.
> **2.** *auf jn, auf etwas treffen*, tomber sur.
> **III.** part. prés. **treffend,** juste.

I. v. tr. **1.** [mit Schlag, Stoß, Schuß erreichen] toucher ; atteindre ; frapper. | *das Ziel, das Schwarze treffen*, toucher la cible, le but. | *die Kugel traf den Hirsch im, in den Nacken*, la balle toucha le cerf au garrot. | *er wurde getroffen*, il fut atteint. | *vom Blitz getroffen*, foudroyé. || PAR ANAL. *der Schlag hat ihn getroffen*, il a eu une attaque d'apoplexie. || FIG. *diese Nachricht traf uns überraschend*, cette nouvelle nous a surpris. |

einen an seiner schwachen Stelle treffen, toucher le point sensible de qn. | *das hat mich tief getroffen*, cela m'affecte profondément. | *schweres Unglück trifft ihn*, il a de grands malheurs. | *dieser Vorwurf trifft mich nicht*, ce reproche ne me touche, ne me concerne pas. | *der Fluch soll ihn treffen !*, qu'il soit maudit ! | *die Verantwortung trifft ihn*, c'est sur lui que (re)tombe la responsabilité. | *wen trifft die Schuld ?*, à qui la faute ? || Loc. *den Nagel auf den Kopf treffen*, frapper juste.

2. [es richtig machen] toucher juste. | *das Richtige treffen*, toucher, tomber, rencontrer juste. | *den (richtigen) Ton treffen*, trouver le ton juste ; être dans la note. | *der Maler hat dich glänzend getroffen*, le peintre t'a brillamment réussi. | *jedes Wort traf richtig*, chaque mot a porté. || Mus. attaquer juste. || (avec objet impersonnel) *du triffst es*, tu touches juste. | *(Sie haben es) getroffen !*, tout juste ! ; c'est cela ! ; vous y êtes ! | *du triffst es heute gut*, tu tombes bien ; tu arrives à point nommé. | *du triffst es heute schlecht*, tu tombes mal. || (avec sujet impersonnel) *es trifft sich gut (daß)*, cela tombe bien (que). | *es trifft sich schlecht, daß*, cela tombe mal que. | *wie sich das trifft !*, quelle coïncidence (heureuse) ! ; FAM. quelle veine ! | *es traf sich, daß*, le hasard voulut que.

3. [begegnen] rencontrer. | *raten Sie, wen ich auf der Straße getroffen habe*, devinez qui j'ai rencontré dans la rue. | *sich treffen ; einander treffen*, se rencontrer ; avoir rendez-vous. | *wann sind Sie zu treffen ?*, quand peut-on vous trouver ?

4. Par ext. *Maßnahmen, Maßregeln treffen*, prendre des mesures. | *eine (Aus)wahl treffen*, faire, opérer un choix. | *eine Entscheidung treffen*, prendre une décision. | *mit jm ein Übereinkommen, Abkommen (über etwas) treffen*, convenir avec qn (de qch.).

II. v. intr. **1.** porter juste. | *die Flinte trifft*, la carabine porte juste. || Pr. et FIG. *ins Schwarze treffen*, faire mouche ; FAM. taper dans le mille. || Par ext. *dein Witz traf*, ton mot était bien envoyé. || Loc., FAM. *wie's trifft ; trifft's*, ça tombe comme ça tombe. || Prov. *wer einmal trifft, ist noch kein Schütze*, une hirondelle ne fait pas le printemps.

2. *auf jn, auf etwas treffen*, tomber (par hasard) sur qn, sur qch. | *wir trafen auf unüberwindliche Hindernisse*, nous avons rencontré des obstacles insurmontables. | *ich bin gestern auf ihn getroffen*, je suis tombé sur lui par hasard.

III. part. prés. **treffend,** juste ; exact ; qui convient. || [Wort] propre ; pertinent ; qui porte. || [Bild] frappant (de ressemblance).

Treffen [-fən] n. (s). rencontre f. ; réunion f. || Mil. combat m. || Fig. controverse f. | *(ein Argument) ins Treffen führen*, arguer (de).

Treff|genauigkeit [″trɛfgə'nauiçkait] f. précision (f.) du tir (dans l'impact). ||°**-punkt** m. (s, e) (lieu de) rendez-vous m. ||°**-schuß** m. (es, ¨e) coup (m.) au but. ||**-sicher** adj. Mil. et FIG. qui a l'œil juste, la main sûre. ||°**-sicherheit** f. justesse (f.), précision (f.) du tir.

Treffer [-fər] m. (s, -). Mil. coup (m.) au but ; projectile bien placé, bien logé. | *einen Treffer machen, erzielen*, toucher le but ; amener, mettre au but ; Sport. marquer un but. || Fig. coup heureux ; (coup de) chance f. ; rencontre heureuse. || [Gewinnlos] billet gagnant. | *Haupttreffer*, gros lot. || [Basketball] panier m.

trefflich ['trɛfliç] adj. excellent ; parfait.

Trefflichkeit [-kait] f. excellence f.

Treib|anker [″traip'aŋkər] m. (s, -) ancre flottante. ||°**-beet** n. (s, e). Agric. couche f. ; châssis m. ||°**-eis** n. (es) glaces flottantes en dérive. ||°**-gas** n. (es, e). [Aerosole] gaz propulseur. ||°**-gut** n. (s). Mar. épaves f. pl. ||°**-hammer** m. (s, ¨). Techn. emboutissoir m. ||°**-haus** n. (es, ¨er) serre chaude ; forcerie f. ||°**-haus|effekt** m. (s, e) effet (m.) de serre. ||°**-herd** m. (s, e), °**-ofen** m. (s, ¨). Métall. coupelle f. ||°**-holz** n. (es). Mar. bois flottant. ||°**-jagd** f. (-, en) battue f. ||°**-kraft** f. (-, ¨e). Phys. force propulsive, d'impulsion. ||°**-mine** f. (-, n). Mil. mine flottante, dérivante. ||°**-netz** n. (es, e) tramail m. ; traille f. ||°**-öl** n. (s, e) mazout m. ||°**-rad** n. (s, ¨er). Techn. roue motrice, d'entraînement ; barbotin m. ||°**-riemen** m. (s, -). Techn. courroie (f.) de transmission. ||°**-sand** m. (s) sables mouvants. ||°**-stange** f. (-, n). Techn. bielle f. ||°**-stoff** m. (s, e) carburant m. ; combustible m. || Aéron. ergol m. | *flüssiger Treibstoff*, propergol m. ||°**-stoff|rest** m. (s, e). Aéron. *unverbrannter Treibstoffrest*, imbrûlés m. pl. ||°**-welle** f. (-, n). Techn. arbre moteur.

treiben ['traibən] (ie, ie).

> **I.** v. intr.
> **1.** être poussé ; aller à la dérive ; flotter.
> **2.** pousser ; être en végétation ; fermenter.
> **II.** v. tr.
> **1.** [vor sich herjagen] pousser, chasser devant soi ; conduire.
> **2.** [tun] s'occuper de ; se livrer à.
> **3.** Techn. enfoncer.
> **4.** Métall. emboutir.
> **5.** Phys. faire mouvoir ; actionner.
> **6.** Agric. (faire) pousser.

I. v. intr. **1.** aller à la dérive ; dériver. || [Schnee ; Wolken] chasser. || [Boot vor dem Wind, auf den Wellen] flotter au gré du vent, des flots. | *das Eis treibt, Eisschollen treiben auf dem Fluß*, la rivière charrie des glaçons. | *das Wrack trieb (steuerlos) auf dem Meere*, l'épave allait à la dérive. | *das Schiff treibt ans Land*, le navire dérive vers, est jeté à la côte. || Pr. et FIG. *sich treiben lassen von*, être porté, poussé, entraîné par ; [Schwimmen] faire la planche. || Par anal. *sich vom Straßengewühl treiben lassen*, se laisser porter par la foule. || Fig. *wir treiben im Strom des Lebens*, le courant de la vie nous emporte. | *wir treiben dem Abgrund zu*, nous courons à la catastrophe. || Mar. *vor Anker treiben*, chasser sur les ancres.

2. [Pflanzen] pousser ; être en (pleine) végétation. || [Saft der Pflanzen] monter. || [Teig ; Bier] lever ; fermenter.

II. v. tr. **1.** [vor sich herjagen] pousser, chasser devant soi ; conduire. | *Vieh auf die Weide treiben*, mener paître le bétail. | *Wild treiben*, traquer, rabattre le gibier. | *jn aus dem Hause treiben*, chasser qn de chez soi. || Par anal. *der Wind treibt Staub, welkes Laub durch die Straßen*, le vent balaye la poussière, les feuilles mortes à travers les rues. || Par ext. *die Preise in die Höhe treiben*, faire monter, surfaire les prix ; provoquer la hausse (des prix). | *das trieb ihm die Schamröte ins Gesicht*, cela lui fit monter le rouge de la honte au front. || Méd. *Schweiß treiben*, faire transpirer ; provoquer la transpiration. | *schweißtreibendes Mittel*, remède sudorifique. || Fig. [drängen] pousser (à). | *jn in die Enge treiben*, pousser qn dans ses derniers retranchements ; FAM. coincer qn. | *jn in den Tod treiben*, pousser qn à la mort. | *jn zur Verzweiflung treiben*, pousser qn au désespoir. | *jn zur Eile treiben*, presser qn ; FAM. bousculer qn. | *jn an die Arbeit treiben*, pousser qn au travail ; PAR EXT. faire trimer qn. | *die Dinge bis zum Äussersten treiben*, pousser les choses à l'extrême. | *etwas auf die Spitze treiben*, pousser qch. à l'extrême. | *die Frechheit zu weit treiben*, pousser l'effronterie trop loin. | *Not treibt zum Verbrechen*, la misère pousse, incite au crime.

2. [tun] s'occuper de ; se livrer à ; s'adonner à. | *ein Handwerk treiben*, exercer, pratiquer un métier. | *Sport, Politik treiben*, faire du sport, de la politique. | *Spionage treiben*, faire de l'espionnage. | *sein Spiel, seinen Spott mit jm, mit etwas treiben*, exercer sa verve aux dépens de qn. de qch. ; persifler qn, qch. || Pop. *er treibt es arg, toll, bunt*, il (y) va fort. | *sein Unwesen treiben*, faire des siennes. | *was treibst du denn ?*, que fais-tu donc ? | *was treibt er denn hier ?*, qu'est-ce qu'il vient faire ici ? | *er wird es nicht mehr lange treiben*, il n'en a plus pour longtemps. || (auxiliaire) *Unsinn, Unfug, dummes Zeug treiben*, faire des sottises ; FAM. faire l'imbécile. | *Aufwand, Luxus treiben*, faire des dépenses ; gaspiller. | *Mißbrauch, Unzucht treiben*, se livrer à des abus, à la luxure. || Prov. *wie man's treibt, so geht's*, on récolte ce qu'on a semé.

3. Techn. enfoncer. | *Nägel (ins Holz) treiben*, enfoncer des clous (dans le bois). | *einen Tunnel treiben*, creuser, percer un tunnel. || Mines. *einen Stollen treiben*, percer une galerie.

4. Métall. [kalt bearbeiten] emboutir. | *Metall, Blech (mit dem Hammer) treiben*, repousser, bosseler du métal, emboutir de la tôle (au marteau). | *getriebene Arbeit ; Treibarbeit*, métal repoussé ; travail (m.) en bosse. || [im Tiegel schmelzen] coupeller.

5. Phys. [antreiben] faire mouvoir ; actionner ; entraîner. | *das Wasser treibt das Mühlrad*, l'eau fait tourner le moulin. | *das Treib-, Triebrad treibt die Maschine*, la roue motrice actionne, entraîne, commande la machine. || Pr. et FIG. *die treibende Kraft*, la force motrice ; l'impulsion f.

6. Agric. faire pousser. | *der Baum treibt Blüten*, l'arbre donne des fleurs. || [im Treibhaus] faire pousser, venir ; forcer. | *Frühgemüse (im Mist-, Treibbeet) treiben*, forcer des primeurs (sous châssis).

Treiben [-bən] n. (s) occupation f. ; activité f. ;

activités f. pl. | *das Treiben auf der Straße*, l'agitation, le mouvement de la rue. || PÉJOR. menées f. pl. ; agissements m. pl. ; manigances f. pl. | *sein Tun und Treiben*, ses faits et gestes. || [Jagd] battue f.

Treiber [-bər] m. (s, -) conducteur (m.) de bêtes ; gardien (m.) de troupeau. || [auf der Jagd] piqueux m. ; rabatteur m. || FIG. [Hetzer] meneur m. ; fomenteur m. || [Ausbeuter] oppresseur m. ; FAM. négrier m. || TECHN. chasse-pointe m. ; chassoir m.

Treiberei [traibə'rai] f. (-, en) menées f. pl. ; manigances f. pl. || [Ausbeutung] exploitation inhumaine ; corvée f. ; FIG. bagne m.

Treidel ['traidəl] m. (s, -) corde (f.) de halage.

Treidel|weg ["traidəl've:k] m. (s, e) chemin (m.) de halage.

treideln [-dəln] v. tr. haler.

Trema ['tre:ma] n. (s, s). GRAMM. tréma m.

Tremolo ['tre:molo] n. (s, s). MUS. trémolo m.

tremolieren [-mo'li:rən] v. intr. trembler. || MUS. faire des trémolos ; chevroter.

Trend [trɛnt] m. (s, s) tendance f. || FIG. *im Trend liegen*, avoir le vent en poupe.

Trend|indikator ["trɛntindi'kɑ:tɔr] m. (s, en). FIN. indicateur (m.) de tendance.

trendeln ['trɛndəln] v. intr. lambiner.

trennbar ['trɛnbɑ:r] adj. séparable. || GRAMM. *trennbare Partikel*, particule (f.) séparable.

Trenn|mittel ["trɛn'mitəl] n. (s, -). CHIM. agent séparateur. ||°**-röhre** f. (-, n). RADIO. (lampe) séparatrice f. ||°**-schalter** m. (s, -) disjoncteur m. ||**-scharf** adj. RADIO. sélectif. ||°**-schärfe** f. sélectivité f. ; pouvoir sélectif. ||°**-wand** f. (-, ¨e) cloison f., paroi (f.) de séparation.

trennen ['trɛnən] v. tr. séparer ; détacher ; disjoindre ; couper ; rompre. | *den Kopf vom Rumpfe trennen*, détacher la tête du tronc ; décapiter. | *eine Naht (auf)-trennen*, défaire (une couture). | *ein Wort trennen*, couper un mot. | *ihre Ehe ist getrennt worden*, leur mariage a été dissous. | *wir müssen uns trennen*, il faut nous séparer, nous quitter. | *nichts soll uns trennen*, que rien ne nous sépare. || FIG. distinguer ; dissocier ; décomposer. | *die Form nicht vom Inhalt trennen*, ne pas séparer, ne pas dissocier la forme du contenu. | *Freunde trennen*, désunir des amis. || TÉLÉPH. *wir sind getrennt worden*, on nous a coupés. || RADIO. *gut trennen*, être sélectif.

◇ v. pr. **sich trennen,** se séparer ; se quitter. | *sie trennten sich als gute Freunde*, ils se sont séparés bons amis. | *sie hat sich von ihrem Mann getrennt*, elle a quitté son mari ; elle a divorcé. | *der Weg trennt sich hier*, ici le chemin se partage (en deux), bifurque.

Trennung [-nuŋ] f. (-, en) séparation f. ; dissociation f. ; rupture f. || JUR. *Trennung einer Ehe*, dissolution (f.) d'un mariage. | *Trennung von Tisch und Bett*, séparation de corps et de biens. || PHYS. séparation f. | *elektrostatische Trennung*, séparation électrostatique. || POL. *Trennung der Gewalten*, séparation (f.) des pouvoirs. | *Trennung von Kirche und Staat*, séparation (f.) de l'Église et de l'État.

Trennungs|schmerz ["trɛnuŋs'ʃmɛrts] m. (en, en) douleur (f.) de la séparation. ||°**-strich** m. (s, e), °**-zeichen** n. (s, -) tiret m. ; trait (m.) d'union. || TYPOGR. division f.

Trense ['trɛnzə] f. (-, n) bridon m.

Trepan [tre'pɑ:n] m. (s, e) trépan m.

Trepanation [-pana'tsio:n] f. (-, en). [Schädelöffnung] trépanation f.

trepanieren [-pa'ni:rən] v. tr. MÉD. trépaner.

Treponema [trepo'ne:ma] n. (s, men). MÉD. tréponème m.

trepp|ab [trɛp'ap] adv. en descendant (l'escalier). ||**-auf** adv. en montant (l'escalier). | *treppauf, treppab laufen*, ne cesser de monter et descendre l'escalier.

Treppchen ['trɛpçən] n. (s, -). SPORT. podium m.

Treppe ['trɛpə] f. (-, n) escalier m. | *Freitreppe*, perron m. | *einarmige Treppe*, escalier droit. | *drei Treppen hoch*, au troisième étage. || *Wendeltreppe*, escalier en colimaçon. | *Rolltreppe*, escalier roulant, mécanique ; Escalator m. (Wz.).

Treppen|absatz ["trɛpən'apzats] m. (es, ¨e) palier m. ||**-artig** adj. en escalier, en gradins. ||°**-automat** m. (s, e). ÉLECTR. minuterie f. ||°**-geländer** n. (s, -) rampe (f.) d'escalier. ||°**-giebel** m. (s, -) pignon (m.) en escalier. ||°**-haus** n. (es, ¨er) cage (f.) d'escalier. ||°**-lauf** m. (s, ¨e). ARCHIT. volée (f.) d'escalier. ||°**-läufer** m. (s, -) tapis (m.) d'escalier. ||°**-leiter** f. (-, n) échelle (f.) double. ||°**-luke** f. (-, n). MAR. écoutille f. ||°**-podest** m. (es, e) palier m. ||°**-stufe** f. (-, n) marche f. ; degré m. (d'escalier). ||°**-stuhl** m. (s, ¨e) escabeau m. ||°**-wange** f. (-, n) limon m. ||°**-witz** m. (es) esprit (m.) de l'escalier.

Tresor [tre'zo:r] m. (s, e) coffre-fort m.

Trespe ['trɛspə] f. (-, n). BOT. brome m.

Tresse ['trɛsə] f. (-, n) galon m. ; soutache f. | *mit Tressen besetzen*, galonner.

Tressen|streifen ["trɛsən'ʃtraifən] m. pl. MIL. galons m. pl. ||°**-winkel** m. (s, -) chevron m.

Trester ['trɛstər] m. (s, -) marc (m.) de raisin. || AGRIC. tourteaux m. pl.

Trester|wein ["trɛstər'vain] m. (s, e) piquette f.

treten ['tre:tən] (i, a, e).

> **I.** v. intr. (absolument) faire des pas ; poser le pied.
> **II.** v. intr. (avec prép.) se mettre ; se placer ; se poser.
> **1. an :** s'approcher de.
> **2. auf :** marcher sur.
> **3. aus :** sortir de.
> **4. hinter :** disparaître derrière.
> **5. in :** entrer dans.
> **6. über.**
> **7. unter.**
> **8. vor :** se présenter devant.
> **9. zu :** s'avancer vers.
> **III.** v. tr. mettre les pieds sur.
> **1.** faire marcher.
> **2.** piétiner ; fouler.

I. v. intr. (absolument) poser le pied ; faire un, des pas. | *bitte treten Sie näher*, approchez, s'il vous plaît. | *treten Sie vor !*, avancez. | *treten Sie zurück !*, reculez. | *leise treten*, marcher doucement ; FIG. dissimuler. | *treten Sie hierher*, venez ici ; mettez-vous par ici. | *vor Ungeduld von einem Fuß auf den anderen treten*, piétiner d'impatience. | *auf der Stelle treten*, marquer le pas ; [Pferde] piaffer. || FIG. *ich will ihm nicht zu nahe treten*, je ne veux pas aller sur ses brisées.

II. v. intr. (avec prép.) se mettre ; se placer ; se poser.

1. an : s'approcher de. | *ans, an das Fenster treten*, s'approcher de, se mettre à la fenêtre. | *an die Spitze der Aufständischen treten*, se mettre à la tête des insurgés. | *an js Stelle, an Stelle einer Sache treten*, remplacer qn, qch. ; prendre la place de qn, de qch. || FIG. *ans Licht treten*, paraître au jour.

2. auf : marcher ; monter sur. | *auf den Balkon treten*, sortir sur le balcon. | *er ist mir auf den Fuß getreten*, il m'a marché sur le pied. | *auf der Stelle treten*, marquer le pas ; piétiner sur place. | *auf die Bremse treten*, appuyer sur le frein. | *der Schweiß trat ihm auf die Stirn*, la sueur perlait sur son front. || FIG. *auf js Seite treten*, se ranger du côté de qn ; prendre le parti de qn.

3. aus : sortir de. | *aus der Tür, aus dem Haus treten*, sortir dans la rue. | *aus der Reihe treten*, sortir des rangs. | *aus den Ufern treten*, déborder.

4. hinter : disparaître derrière. | *hinter den Vorhang treten*, passer derrière le rideau. | *der Mond trat hinter die Wolken*, la lune se cacha, disparut derrière les nuages.

5. in : entrer dans. | *ins Haus treten*, entrer dans la maison. | *in sein 20. Jahr treten*, atteindre sa vingtième année. | *die Wache trat ins Gewehr*, la garde présenta les armes. | *die Tränen traten ihm in die Augen*, il avait la larme à l'œil, les larmes aux yeux. || PR. et FIG. *in den Vordergrund treten*, passer au premier plan. || FIG. *in Verbindung mit jm treten*, entrer en contact avec qn. | *in Verhandlungen treten*, entrer en négociations. | *in Beziehung treten*, entrer en rapport. | *in Erscheinung treten*, se manifester ; apparaître. | *in die Ehe treten*, contracter mariage. | *in ein Amt, einen Dienst treten*, entrer en fonctions, en service. | *in den Ruhestand treten*, prendre sa retraite. | *in den Streik treten*, se mettre en grève. || PR. et FIG. *jm in den Weg treten*, barrer le chemin à qn. | *ins Leben treten*, voir le jour ; naître (à la vie). || JUR. *in Kraft treten*, prendre effet ; entrer en vigueur.

6. über : *der Fluß tritt über die Ufer*, le fleuve sort de son lit, inonde les berges.

7. unter : *mitten unter die Leute treten*, se mêler à la foule, à la réunion. | *unter das Vordach treten*, se mettre sous l'auvent. | *ich wage nicht, ihm unter die Augen zu treten*, je n'ose pas me présenter devant ses yeux. | *unter die Waffen treten*, prendre les armes.

8. vor : se présenter devant. | *vor jn, jm vor die Augen treten*, se présenter devant qn ; affronter qn. | *vor den Spiegel treten*, se mettre devant la glace ; se mirer.

9. zu : s'avancer vers. | *alle sollen zu mir treten*, que tous s'approchent ; mettez-vous tous autour de moi. | *zur Seite treten*, s'écarter.

III. v. tr. mettre les pieds sur. — **1.** actionner ; faire marcher (avec les pieds). | *(in) die Pedale treten*, faire marcher les pédales ; pédaler. | *die Bälge treten*, souffler (l'orgue). | *den Takt treten*, marquer la mesure (du pied). **2.** piétiner ; fouler ; écraser du pied. | *etwas mit Füßen, unter die Füße treten*, fouler qch. aux pieds ; piétiner qch. | *Trauben treten*, fouler le raisin, la vendange. | *er hat ihm in den Bauch getreten*, il lui a donné un coup de pied dans le ventre. | *einen Weg treten*, frayer un chemin. | *das Pflaster treten*, battre le pavé. | *sich einen Splitter in den Fuß treten*, s'enfoncer une écharde dans le pied. | *sich wund treten*, se blesser en marchant. | *seine Schuhe schief treten*, éculer ses souliers. || Fig. *eine Sache breit treten*, délayer un sujet. | *js Namen in den Schmutz treten*, couvrir qn de boue.

Treter [-tər] m. (s, -) fouleur m. || [Blasebalgtreter] souffleur m. || Fam. [Schuh] grolle f. ; godasse f.

Tret|boot [″tre:t'bo:t] n. (s, e) pédalo m. || **°-hebel** m. (s, -) levier (m.) à pédale ; pédale f. ||**°-kufe** f. (-, n) cuve (f.) à fouler le raisin. ||**°-kurbel** f. (-, n). [an Fahrrädern] manivelle (f.) de la pédale. ||**°-kurbellager** n. (s, -) pédalier m. ||**°-maschine** f. (-, n). Fam. vélo m. ; bécane f. ||**°-mine** f. (-, n) fougasse f. ||**°-mühle** f. (-, n) treuil (m.) à tambour. || Fig. bagne m. ; travail (m.) monotone. ||**°-rad** n. (s, ¨er). Techn. tympan m. ||**°-werk** n. (s, e) treuil (m.) à tambour ; pédalier m.

treu [trɔy] adj. fidèle ; loyal ; sûr ; dévoué. | *treue Liebe*, amour fidèle, constant. | *jm treu sein*, être fidèle à qn. | *seinem Eide treu*, fidèle à son serment. | *der Wahrheit nicht treu bleiben*, trahir la vérité. | *eine treue Seele*, un homme dévoué. || Par ext. sincère ; véridique ; exact. | *treue Wiedergabe*, réplique, reproduction fidèle, exacte. || Jur. *zu treuen Händen*, à titre fiduciaire.

Treu|bruch ['trɔybru:x] m. (s) félonie f. || Par ext. parjure m. ; perfidie f. ; trahison f. ||**-brüchig** adj. félon. || Par ext. parjure ; perfide ; traître. ||**-gesinnt** adj. loyal. ||**°-hand** f. Jur. fiducie f. ||**°-hand...** (en compos.) fiduciaire. ||**°-händer** m. (s, -) administrateur (m.) fiduciaire ; dépositaire m. ; mandataire m. ; syndic m. ; curateur m. ||**-händerisch** adj. fiduciaire. ||**°-handgesellschaft** f. (-, en) société (f.) fiduciaire. ||**-herzig** adj. cordial ; confiant ; franc ; de bonne foi. || Par ext. naïf ; ingénu. ||**°-herzigkeit** f. confiance f. ; bonne foi. || Par ext. naïveté f. ; ingénuité f. ||**-los** adj. sans foi ; infidèle ; déloyal ; perfide. ||**°-losigkeit** f. mauvaise foi ; infidélité f. ; déloyauté f. ; perfidie f.

Treue ['trɔyə] f. fidélité f. ; loyauté f. ; bonne foi ; dévouement m. | *(jm) die Treue halten*, rester fidèle, garder sa foi (à qn) ; ne pas trahir (qn). | *(jm) die Treue brechen*, trahir (qn). | *die Treue der Wiedergabe*, la fidélité, l'exactitude (f.) de la reproduction. || Loc. *meiner Treu !*, par ma foi ! ; sur ma foi ! | *in aller Treue ; auf Treu und Glauben*, en toute bonne foi ; en toute confiance.

Treue|gelöbnis [″trɔyəgə'lø:bnis] n. (es, e) serment (m.) de fidélité. ||**°-rabatt** m. (s, e). Comm. rabais (m.) de fidélité.

treulich ['trɔyliç] adv. (Vx.) fidèlement ; loyalement ; avec fidélité.

Triangel ['triaŋəl] m. (s, -). Mus., Math. triangle m.

triangulieren [triaŋgu'li:rən] v. tr. Math. [trigonometrisch vermessen] trianguler.

Triangulierung [-'li:ruŋ] f. triangulation f.

Triarier [tri'ɑ:riər] m. (s, -). Hist. triaire m.

Trias ['tri:as] f. triade f. || Géol. trias m. | *das Triasgebirge*, la formation triasique.

tribulieren [tribu'li:rən] v. tr. (Vx.) vexer ; importuner ; tracasser ; fam. chiner.

Tribun [tri'bu:n] m. (s, e). Hist. tribun m.

Tribunal [-bu'nɑ:l] n. (s, e) tribunal m. ; cour (f.) de justice.

Tribunat [-bu'nɑ:t] n. (s, e) tribunat m.

Tribüne [tri'by:nə] f. (-, n) estrade f. ; tribune f.

Tribut [tri'bu:t] m. (s, e) tribut m.

tributär [tribu'tɛ:r], **tribut|pflichtig** [tri″bu:t-'pfliçtiç] adj. tributaire.

Trichine [tri'çi:nə] f. (-, n). Méd. trichine f.

Trichter ['triçtər] m. (s, -) entonnoir m. | *Granattrichter*, trou (m.) d'obus. || Par anal. [Vulkan] cratère m. || [Schallrohr] cornet m. ; pavillon m. || Loc. *auf den Trichter kommen*, trouver la bonne solution. || Iron. *der Nürnberger Trichter*, méthode pédagogique qui prétend inculquer le savoir dans les têtes peu douées.

Trichter|mündung [″triçtər'myndʊŋ] f. (-, en). Géogr. estuaire m. ||**°-öffnung** f. (-, en) cratère m. ||**°-winde** f. (-, n). Bot. ipomée f.

trichtern ['triçtərn] v. tr. entonner ; transvaser (avec un entonnoir).

Trick [trik] m. (s, e ou s) artifice m. ; truc m. ; ficelle f.

Trick|aufnahme [″trik'aufnɑ:mə] f. (-, n) truquage (m.) cinématographique. ||**°-diebstahl** m. (s, ¨e) vol (m.) par ruse, par substitution. ||**°-film** m. (s, e) film truqué, à trucage. ||**°-kiste** f. (-, n) *ein Griff in die Trickkiste*, un tour de passe-passe. ||**-reich** adj. rusé ; plein d'astuce. ||**°-taste** f. (-, n) [Tonbandgerät] touche (f.) de surimpression. ||**°-track** n. (s) jeu (m.) de trictrac.

Tridentinum [-dɛn'ti:num] n. (s). Relig. le concile de Trente.

trieb [tri:p] prétérit de **treiben.**

Trieb [tri:p] m. (s, e) instinct m. ; penchant m. ; tendance f. || [Psychoanalyse] pulsion f. | *Geschlechtstrieb*, libido f. | *Selbsterhaltungstrieb*, instinct de conservation. | *aus eigenem Trieb*, de sa propre impulsion. | *seinen Trieben nachgeben*, céder à ses instincts. || *Viehtrieb*, passage (m.) de troupeaux. || Par ext. troupeau m. || Bot. pousse f. ; rejeton m. ; par ext. force végétative.

Trieb|feder [″tri:p'fe:dər] f. (-, n). Pr. et fig. ressort m. || Fig. mobile m. ||**°-handlung** f. conduite instinctive. ||**°-kraft** f. force motrice. ||**°-leben** n. (s). [Psychologie] vie (f.) des instincts. ||**°-sand** m. (es) sable mouvant. ||**°-schraube** f. (-, n) hélice f. ||**°-stange** f. (-, n) bielle f. ||**°-stoff** m. (s, e) carburant m. ||**°-verbrecher** m. (s, -) maniaque sexuel. ||**°-wagen** m. (s, -). Transp. autorail m. ; automotrice f. ||**°-wagen|zug** m. (s, ¨e). Transp. rame automotrice. ||**°-welle** f. (-, n) arbre (m.) de couche. ||**°-werk** n. rouages m. pl. ; mécanisme m. ; mécanique f. ; engrenages m. pl. (de transmission). || Aéron. [Flugzeug] réacteur m. ; [Rakete] groupe propulseur ; propulseur m. ||**°-werks|ausfall** m. (s, ¨e). Aéron. panne (f.) de réacteur. ||**°-werks|-gondel** f. (-, n). Aéron. nacelle f. ||**°-werks|lager** n. (s, -). Techn. palier (m.) de réacteur. ||**°-werks|-schub** m. (s, ¨e). Aéron. poussée (f.) du réacteur.

Triebel ['tri:bəl] m. (s, -). Techn. chassoir m.

triebhaft ['tri:phaft] adj. instinctif. | *Triebhaftigkeit*, caractère instinctif, impulsif.

Trief|auge [″tri:f'augə] n. (s, n) œil chassieux. ||**-äugig** adj. chassieux. ||**°-nase** f. (-, n) nez morveux, qui coule. ||**-nasig** adj. morveux. ||**-naß** adj. ruisselant ; fam. dégoulinant.

triefen ['tri:fən] (troff, getroffen, et conjug. faible) v. intr. tomber goutte à goutte ; goutter. | *das Regenwasser troff vom Dach*, la pluie ruisselait du toit. | *seine Kleider trieften, waren triefend vor Wasser*, ses habits étaient ruisselants d'eau, ruisselaient d'eau. | *vor Schweiß triefen*, être tout en nage. | *die Augen triefen mir*, j'ai les yeux qui pleurent. | *die Nase trieft ihm*, son nez coule, goutte. | *von Regen triefend*, dégouttant de pluie. || Fig., iron. *vor Weisheit triefend*, débordant de sagesse.

triefig ['tri:fiç] adj. dégouttant ; ruisselant.

Triennium [tri'ɛnium] n. (s, nien) période (f.) de trois ans.

Trient [tri'ɛnt] n. pr. n. Géogr. Trente f. ; le Trentin.

Trier [tri:r] n. pr. n. Géogr. Trèves f.

Triere [tri'e:rə] f. (-, n). Mar. trière f. ; trirème f.

triezen ['tri:tsən] v. tr. Fam. chiner ; vexer.

Trifolium [tri'fo:lium] n. (s, lien). Bot. trèfle m.

Trift [trift] f. (-, en). [Weidewiese] pacage m. ; pâturage m. | *die Triftgerechtigkeit*, le droit de pacage. || [Viehweg] piste f. || Mar. [Triftströmung] dérive f. ; courant (marin).

triften ['triftən] v. intr. Mar. aller à la dérive. || [Holz] flotter.

triftig ['triftiç] adj. [de **treffen**] qui porte ; pertinent ; plausible ; fondé ; concluant. | *ein triftiger Grund*, une raison valable. || [de **triften**]. Mar. flottant ; à la dérive.

Triftigkeit [-kait] f. bien-fondé m. ; caractère concluant.

Trigonometrie [trigonome'tri:] f. Math. trigonométrie f.

trigonometrisch adj. Math. trigonométrique.

Trikolore [triko'lo:rə] f. (-, n) drapeau (m.) tricolore.
Trikot [tri'ko:] m. et n. (s, s) tricot m. ; maillot m. || SPORT. *gelbes Trikot*, maillot (m.) jaune.
Trikotage [-kɔ'tɑ:ʒə] f. (-, n) linge (m.) en tricot, en jersey.
Triller ['trilər] m. (s, -) trille m. | *die Trillerpfeife*, le sifflet à roulette.
trillern [-lərn] v. intr. faire des trilles. || [Vögel] gazouiller. || [Lerche] grisoller. | *das Trillern*, les trilles.
Trilogie [trilo'gi:] f. (-, n) trilogie f.
Trimaran [trima'rɑ:n] m. (s, e). MAR. trimaran m.
Trimester [tri'mɛstər] n. (s, -) trimestre m.
Trimeter ["tri:'metər] m. (s, -). POÉS. trimètre m.
Trimm [trim] n. (s). MAR. assiette (f.) d'un navire.
trimmen ['trimən] v. tr. AÉRON., MAR. équilibrer (par arrimage). || [Hund] tondre. || FIG., FAM. *sich trimmen*, se donner de l'exercice.
Trimmer [-mər] m. (s, -). MAR. soutier m.
Trimm|ruder ["trim'ru:dər] n. (s, -). AÉRON. volet compensateur. ||°**-tank** m. (s, e). MAR. caisse (f.) d'assiette ; réservoir (m.) de centrage.
Trimmung ['trimuŋ] f. (-, en). AÉRON., MAR. compensation f.
Trine ['tri:nə] f. *dumme Trine*, petite sotte.
Trinität [trini'tɛ:t] f. trinité f.
Trinitatis [-'tɑ:tis]. RELIG. *Sonntag Trinitatis*, dimanche (m.) de la Trinité.
Trinitrotoluol [trinitrotolu'o:l] n. (s) trinitrotoluène m.
trinkbar ['triŋkbɑ:r] adj. potable ; buvable.
trinken [-kən] (a, u) v. tr. et intr. boire ; prendre (une boisson). | *aus einem Glas trinken*, boire dans un verre. | *aus der Flasche trinken*, boire à la bouteille, à même la bouteille. | *das Glas leer trinken, austrinken*, vider son verre. | *eine Tasse Kaffee trinken*, prendre une tasse de café. | *wollen Sie was zu trinken ?*, prenez-vous quelque chose ? | *der Säugling trinkt*, le nourrisson tète, prend le sein. || [alkoholische Getränke] (aimer) boire ; s'adonner à la boisson. | *er trinkt gern, stark*, c'est un grand buveur ; il boit beaucoup. | *einen trinken*, prendre un verre, un pot. | *über den Durst trinken*, boire plus que de raison. | *sich einen Rausch trinken*, se griser ; s'enivrer. | *sich voll trinken*, se soûler. | *jn unter den Tisch trinken*, faire rouler qn sous la table. | *sich Mut antrinken*, boire pour se donner du courage. | *trinken wir auf dein Wohl !*, buvons à ta santé. || POÉT. absorber. | *die Erde trinkt Wasser*, la terre absorbe l'eau. || FIG. *die Schönheit der Gegend in vollen Zügen trinken*, se pénétrer de la beauté du paysage.
Trinken [-kən] n. (s) [fait de] boire ; ivrognerie f.
Trinker [-kər] m. (s, -) buveur m. ; ivrogne m.
Trink|becher ["triŋk'beçər] m. (s, -) gobelet m. ; timbale f. ||**-fest** adj. qui supporte la boisson. ||°**-gast** m. (es, ¨e) buveur m. ||°**-gefäß** n. (es, e) récipient (m.) pour boire. ||°**-gelage** n. (s, -) beuverie f. ||°**-geld** n. (s, e) pourboire m. ||°**-glas** n. (es, ¨er) verre (m.) à boire. ||°**-halle** f. (-, n) buvette f. (de station thermale). ||°**-halm** m. (s, e) paille f. ; chalumeau m. (SYN. : *Trinkröhrchen*.) ||°**-lied** n. (s, er) chanson (f.) à boire. ||°**-milch** f. lait (m.) de consommation. ||°**-schale** f. (-, n) coupe f. ||°**-spruch** m. (s, e) toast m. ||°**-stube** f. (-, n) buvette f. ; cabaret m. ||°**-wasser** n. (s) eau (f.) potable. | *kein Trinkwasser !*, eau non potable.
Trio ['tri:o] n. (s, s) trio m.
Triode [tri'o:də] f. (-, n). RADIO. (lampe f.) triode f.
Triole [tri'o:lə] f. (-, n). MUS. triolet m.
Triolett [trio'lɛt] n. (s, s). POÉS. triolet m.
Trip [trip] m. (s, s) voyage m. || POP. [Drogen] trip m.
tripel... ['tripəl]. (en compos.) triple ; à trois.
Trip(p)el ['tripəl] m. (s). MINÉRAL. tripoli m.
Tripolitanien [tripɔli'tɑ:niən] n. pr. n. GÉOGR. Tripolitaine f.
trippeln ['tripəln] v. intr. faire de tout petits pas ; trottiner.
◇ v. impers. *es trippelt*, FAM. il tombe des gouttes.
Tripper ['tripər] m. (s) blennorragie f. ; gonorrhée f. ; POP. chaude-pisse.
Triptychon ['triptyçɔn] n. (s, cha). ARTS. triptyque m.
Triptyk [-tyk] n. (s, s). AUTOM. triptyque m.
Trireme [tri're:mə] f. (-, n). HIST. trirème f.
trist [trist] adj. déplaisant ; pitoyable.
Tritium ['tritsium] n. (s). CHIM. tritium m.
Triton ['tri:tɔn] m. (s, en). MYTH. triton m.
Tritt [trit] m. (s, e). **1.** pas m. ; marche f. | *mit leisen Tritten*, d'un pas léger. | *mit festen Tritten*, d'un pas ferme. | *einen falschen Tritt tun*, faire un faux pas. || PAR EXT. pas m. ; démarche f. | *einen leichten Tritt haben*, marcher d'un pas léger ; avoir une démarche légère. | *einen festen Tritt haben*, marcher d'un pas ferme ; avoir la démarche lourde. || [Fußtritt] coup (m.) de pied. | *jm einen Tritt geben, versetzen*, donner ; FAM. envoyer un coup de pied à qn. || LOC. *auf Schritt und Tritt*, sans quitter (qn) d'une semelle ; sans cesse.
2. MIL. pas (cadencé). | *Tritt fassen*, se mettre au pas. | *Tritt halten*, marcher au pas ; garder le pas. | *im Tritt !*, au pas ! | *ohne Tritt marschieren*, rompre le pas.
3. [Spur] trace f. ; empreinte f. (du pas).
4. TECHN. [Trethebel] pédale f. || [Stufe] marche f. ; pas m. ; banquette f. || [Trittbrett] marchepied m .
Tritt|leiter ["trit'laitər] f. (-, n) escabeau m.
Triumph [tri'umf] m. (s, e) triomphe m. | *im Triumphe feiern*, FIG. être porté en triomphe. | *im Triumph*, en triomphe ; triomphalement.
Triumph|bogen [tri"umf'bo:gən] m. (s, ¨) arc (m.) de triomphe. ||°**-zug** m. (s, ¨e) entrée triomphale. | *einen Triumphzug halten*, triompher.
Triumphator [trium'fɑ:tɔr] m. (s, en) triomphateur m.
triumphieren [-'fi:rən] v. intr. triompher.
trivial [trivi'ɑ:l] adj. banal ; plat ; FAM. quelconque.
Trivialität [-viali'tɛ:t] f. (-, en) banalité f. ; platitude f.
trochäisch [trɔ'xɛ:iʃ] adj. POÉS. trochaïque.
Trochäus [trɔ'xɛ:us] m. (-, äen). POÉS. trochée m.
trocken ['trɔkən] adj. sec ; desséché. | *trockenes Brot*, du pain sec. | *trocken werden*, sécher ; se dessécher. | *trockenen Fußes*, à pied sec. | *diese Kuh steht trocken*, cette vache ne donne plus de lait. || IRON. *mit trockenem Munde sitzen lassen*, laisser mourir de soif. || TECHN. *trocken bearbeiten*, travailler à sec, par voie sèche. | *trocken laufen*, tourner à sec, sans lubrifiant. || CULIN. *trockenes Gedeck*, repas (m.) sans vin. | *trockener Wein*, vin sec. || FIG. sec ; aride. | *trockener Bericht*, rapport sobre, sec. | *in trocknem Tone*, d'un ton neutre, froid. | *ein trockner Mensch*, un homme insipide, fastidieux. | *dieses Thema gilt als trocken*, ce sujet passe pour être aride. | *trockner Witz*, plaisanterie (f.) de pince-sans-rire. | *trockner Humor*, humour (m.) caustique. || LOC. *im trocknen sitzen*, être à couvert ; être tiré d'affaire. | *auf dem trocknen sitzen*, ne plus avoir d'argent ; être à sec. | *sein Schäfchen ins trockne bringen*, mettre du foin dans ses bottes ; faire sa pelote. | *er ist noch nicht trocken hinter den Ohren*, c'est un blanc-bec.
Trocken|apparat ["trɔkənapa'rɑ:t] m. (s, e). [Gerät] séchoir m. ||°**-boden** m. (s, ¨). [Raum] séchoir m. ||°**-dock** n. (s, s). MAR. cale sèche. ||°**-eis** n. (es) neige (f.) carbonique. ||°**-element** n. (s, e) pile sèche. ||°**-farben** f. pl. *mit Trockenfarben malen*, peindre au pastel. ||°**-gewicht** n. (s, e) poids net. ||°**-haube** f. (-, n). [beim Friseur] casque m. ||**-legen** v. tr. assécher ; drainer. | *ein Kind trockenlegen*, changer les couches d'un bébé. || IRON. instaurer le régime sec. | *trockengelegtes Land*, pays (m.) où l'alcool est prohibé. ||°**-leine** f. (-, n) corde (f.) à linge. ||°**-milch** f. lait (m.) en poudre. ||°**-obst** n. (es) fruits secs. ||°**-öl** n. (s, e) siccatif m. ||°**-rasierer** m. (s, -) rasoir (m.) électrique. ||°**-reinigung** f. nettoyage à sec. ||°**-schleuder** f. (-, n) essoreuse f. ||°**-ständer** m. (s, -) séchoir m. ||°**-verfahren** n. (s) procédé (m.) de dessiccation. ||°**-vorgang** m. (s). TECHN. dessiccation f. ||**-wohnen** v. tr. FIG. *eine Wohnung trockenwohnen*, essuyer les plâtres d'un appartement. ||°**-wohner** m. (s, -). FIG. habitant (m.) d'un logement neuf. ||°**-zeit** f. (-, en) saison sèche. ||°**-zuckerung** f. chaptalisation f.
trocknen ['trɔknən] v. tr. sécher ; faire sécher ; dessécher. || FIG. *Tränen trocknen*, sécher les larmes ; consoler.
◇ v. intr. sécher ; se dessécher. | *getrocknete Feigen*, figues sèches.
Trocknen n. (s, -). TECHN. dessiccation f.
Trockner [-nər] m. (s, -). TECHN. sécheur m. ; séchoir m. ; déshydrateur m.
Trocknung ['trɔknuŋ] f. (-, en). TECHN. déshydratation f.
Troddel ['trɔdəl] f. (-, n) gland m. ; houppe f.
Trödel ['trø:dəl] m. (s) friperie f. ; vieilles hardes ;

vieux habits ; bric-à-brac m. || [Trödelmarkt] marché (m.) aux puces. || Pop. chahut m. ; rigolade f.

Trödel|bude ["trø:dəl'bu:də] f. (-, n), °**-laden** m. (s, ¨) boutique (f.) de fripier, de brocanteur. ||°**-händler** m. (s, -) brocanteur m. ; FAM. chineur m. ||°**-kram** m. (s) bric-à-brac m. ; friperie f. ; brocante f. ||°**-mann** m. (s, ¨er) fripier m. ||°**-markt** m. (s). Fam. marché (m.) aux puces. ||°**-ware** f. (-, n) bric-à-brac m. ; objets (m. pl.) d'occasion.

Trödelei [trødə'lai] f. (-, en). [Vx.] friperie f. || Pop. musarderie f. ; travail (m.) qui n'en finit pas.

trödeln ['trø:dəln] v. intr. brocanter ; faire de la brocante. || Pop. traînasser ; lambiner ; baguenauder.

Trödler ['trø:dlər] m. (s, -) fripier m. ; brocanteur m. || Pop. lambin m. ; traînard m.

Troer ['tro:ər] m. (s, -). V. Trojaner.

trog [tro:k] prétérit de **trügen.**

Trog [tro:k] m. (s, ¨e) auge f. ; baquet m.

Trog|tal ["tro:k'tɑ:l] n. (s, ¨er). Géol. auge (f.) glaciaire.

Troja ['trɔja] n. (s) Antiq. Troie f. ; la Troade.

Trojaner [trɔ'jɑ:nər] m. (s, -). Antiq. Troyen m.

trojanisch [-niʃ], **troisch** ['trɔ:iʃ] adj. troyen.

Trokar [trɔ'kɑ:r] m. (s, e). Méd. trocart m.

Troll [trɔl] m. (s, e) lutin m.

trollen (sich) [ziç'trɔlən] v. pr. décamper ; détaler ; déguerpir.

Trombe ['trɔmbə] f. (-, n). [Luftwirbel] trombe f.

Trommel ['trɔməl] f. (-, n) tambour m. | *große Trommel*, grosse caisse. | *die Trommel schlagen, rühren*, battre le tambour. | *die Trommel wird gerührt*, on bat le tambour. || Techn. *(Lade)trommel*, barillet m. (de revolver). | *Botanisiertrommel*, boîte (f.) à herboriser.

Trommel|bremse ["trɔməl'brɛmzə] f. (-, n) frein (m.) à tambour. ||°**-fell** n. (s, e). Mus. peau (f.) de tambour. || Anat. tympan m. ||**-fellerschütternd** adj. tonitruant ; à vous crever le tympan. ||°**-feuer** n. (s, -). Mil. feu roulant ; (tir de) barrage m. ||°**-schlag** m. (s, ¨e) son (m.), battement (m.) du tambour. | *unter Trommelschlag*, tambour battant. ||°**-schläger** m. (s, -). [Trommler] tambour m. ; tambourinaire m. ||°**-schlegel** m. (s, -), °**-stock** m. (s, ¨e) baguette (f.) de tambour. ||°**-sucht** f. Zool., Méd. météorisme m. ||°**-wirbel** m. (s, -) roulement (m.) de tambour.

trommeln ['trɔməln] v. intr. battre du tambour. || Par anal. taper. || [mit den Fingern] tambouriner. || *jn aus dem Schlaf trommeln*, réveiller qn en fanfare. || Fig., fam. *ich lasse nicht auf mir trommeln*, je ne me laisse pas marcher sur les pieds.

Trommler [-mlər] m. (s, -) [joueur de] tambour m.

Trompete [trɔm'pe:tə] f. (-, n) trompette f. ; clairon m. | *auf der Trompete, die Trompete blasen*, jouer de la trompette. | *laut in die Trompete stoßen*, sonner de la trompette ; fig. publier à son de trompe. || Anat. *Ohrtrompete*, trompe (f.) d'Eustache.

Trompeten|bläser [trɔm"pe:tən'blɛ:zər] m. (s, -). Mil. trompette m. || [Konzert] trompettiste m. ||°**-blume** f. (-, n). Bot. narcisse (m.) jaune. ||°**-gold** n. (s). Iron. laiton m. ||°**-schall** m. (s) son (m.) de trompette, de trompe. | *unter Trompetenschall bekanntmachen*, publier à son de trompe. ||°**-schnecke** f. (-, n). Zool. buccin m. ||°**-signal** n. (s, e). Mil. sonnerie f. ||°**-stoß** m. (es, ¨e) coup (m.) de trompette. ||°**-tusch** m. (es, e) fanfare f.

trompeten [-tən] v. intr. jouer, sonner de la trompette. || [Elefant] barrir.

Trompeter [trɔm'pe:tər] m. (s, -). Mil. trompette m. ; clairon m.

Trope ['tro:pə] f. (-, n). Gramm. trope m. ; figure f.

Tropen ['tro:pən] pl. tropiques m. pl. ; pays tropicaux. | *in den Tropen*, sous les tropiques.

Tropen|ausrüstung ["tro:pən'ausrystuŋ] f. (-, en) équipement tropical. ||**-fest** adj. tropicalisé. ||°**-fieber** n. (s, -). Méd. malaria f. ||°**-helm** m. (s, e) casque tropical. || (Vx.) casque colonial. ||°**-klima** n. (s) climat tropical, torride. ||°**-koller** m. (s). Méd. folie (f.) des tropiques ; coup (m.) de cafard. ||°**-land** n. (s, ¨er) pays tropical. *in den Tropenländern*, sous les tropiques. ||°**-medizin** f. médecine tropicale. || **-tauglich** adj. apte à vivre sous les tropiques.

Tropf [trɔpf] m. (s, ¨e) sot m. ; benêt m. ; nigaud m. | *armseliger Tropf*, pauvre hère m. ; pop. pauvre type m. | *armer Tropf*, pauvret m. ; pauvre petit.

Tropf m. (s, e). Méd. goutte-à-goutte m. | *am Tropf hängen*, être au goutte-à-goutte.

Tropf|brett ["trɔpf'brɛt] n. (s, er) égouttoir m. ||°**-röhrchen** n. (s, -) compte-gouttes m. ||°**-sieb** n. (s, e) tamis (m.) d'égouttage. ||°**-stein** m. (s, e). Géol. concrétion (f.) calcaire. | *Zapfentropfstein*, stalactite f. | *Säulentropfstein*, stalagmite f. ||°**-stein|höhle** f. (-, n) grotte f.

Tröpfchen ['trøpfçən] n. (s, -) gouttelette f. | *ein Tröpfchen Wein*, une larme de vin. || Fam. petit sot ; bêta m. ; bêtasse f.

tröpfeln [-pfəln] v. tr. verser goutte à goutte (qch.) ; verser des gouttes (de qch.). || Méd. instiller.
◇ v. impers. *es tröpfelt*, il pleuvote ; il tombe des gouttes.
◇ v. intr. tomber en (petites) gouttes ; former des (petites) gouttes.

tropfen ['trɔpfən] v. tr. verser goutte à goutte (qch.) ; verser des gouttes (de qch.).
◇ v. intr. goutter ; dégoutter ; s'égoutter ; tomber goutte à goutte. | *Schweiß tropft*, la sueur perle, goutte. | *Tränen tropfen*, les larmes coulent. | *tropfen lassen*, égoutter. | *der Wasserhahn tropft*, le robinet goutte.

Tropfen [-pfən] m. (s, -) goutte f. | *nur einen Tropfen*, rien qu'une goutte. | *dicke Tropfen schwitzen*, suer à grosses gouttes. || Fig. *ein guter Tropfen*, un bon cru. | *wir wollen noch einen Tropfen trinken*, buvons encore un verre. || Méd. gouttes (médicamenteuses). | *Tropfen einnehmen*, prendre des gouttes. || Loc. *ein Tropfen auf den heißen Stein*, une goutte d'eau dans la mer. || Prov. *viele Tropfen machen einen Bach*, les petits ruisseaux font les grandes rivières.

Tropfen|flasche ["trɔpfən'flaʃə] f. (-, n) flacon (m.) compte-gouttes. ||**-weise** adv. goutte à goutte ; par goutte. ||°**-zähler** m. (s, -) compte-gouttes m.

Trophäe [tro'fɛ:ə] f. (-, n) trophée m.

tropisch ['tro:piʃ] adj. tropical. | *fast tropisch*, subtropical. || Astron. tropique.

Tropismus [tro'pismus] m. (-, men). Biol. tropisme m.

Tropus ['tro:pus] m. (-, pen). V. Trope.

Troß [trɔs] m. (es, e). Mil. train (m.) des équipages. || Par ext. gros bagages m. pl. || Par anal. suite f. ; domesticité f. | *einen großen Troß hinter sich haben*, traîner après soi un grand attirail.

Troß|knecht ["trɔs'knɛçt] m. (s, e). Hist. valet (m.) d'armée. || Mil. soldat (m.) du train. ||°**-wagen** m. (s, -). Mil. fourgon m.

Trosse ['trɔsə] f. (-, n). Mar. haussière f. ; aussière f.

Trost [tro:st] m. (s) consolation f. ; réconfort m. | *Trost gewähren*, consoler ; être consolant. | *jm Trost zusprechen*, réconforter qn. || Loc. *das ist ein schlechter Trost*, c'est une maigre consolation ; fam. ça me fait une belle jambe. | *zum Troste sei gesagt, daß*, il est réconfortant de voir que. | *du bist nicht recht bei Troste*, tu t'égares ; fam. tu dérailles.

trost|bedürftig ["tro:stbə'dyrftiç] adj. désemparé. ||**-bringend** adj. consolant ; réconfortant. ||**-los** adj. désolant ; désespérant. ||°**-losigkeit** f. désolation f. ; désespoir m. ||°**-preis** m. (es, e) prix (m.) de consolation. ||**-reich** adj. réconfortant. ||°**-wort** n. (s, e) parole (f.) de réconfort.

trösten ['trø:stən] v. tr. consoler ; réconforter. | *jn über, wegen etwas trösten*, consoler qn de qch. | *Gott tröste ihn !*, que Dieu ait son âme.
◇ v. pr. **sich trösten,** se consoler ; reprendre espoir. | *sich über einen Verlust schnell trösten*, se consoler vite d'une perte. | *tröste dich !*, pop. ne t'en fais pas.

Tröster [-tər] m. (s, -) consolateur m. || Fig., iron. vieux bouquin ; alcool m.

tröstlich [-tliç] adj. consolant ; rassurant.

Tröstung [-tuŋ] f. (-, en) consolations f. pl. ; réconfort m.

Trott [trɔt] m. (s, e) trot m. || Fig., fam. train-train m.

Trottel ['trɔtəl] m. (s, -) crétin m. ; ganache f. | *alter Trottel*, vieille baderne.

Trottellumme ["trɔtəl'lumə] f. (-, n). Zool. guillemot (m.) d'Europe.

trotten ['trɔtən], **trotteln** [-təln] v. intr. trotter ; aller son petit train.

Trotz [trɔts] m. (es) bravade f. ; indocilité f. ; obstination f. | *jm Trotz bieten*, défier, braver, affronter qn. | *jm, etwas zum Trotz*, en dépit de qn, de qch. ; à la barbe de qn ; pour braver, narguer qn. | *der Gefahr zum Trotz*, en dépit du danger.
— Syn. : *Stolz*, fierté ; *Hochmut*, orgueil ; *Eigensinn*, entêtement, indocilité ; *Dünkel*, morgue.

Trotz|kopf ["trɔts'kɔpf] m. (s, ¨e) mauvaise tête ;

boudeur m. ; FAM. crâneur m. ||**-köpfig** adj. entêté ; buté ; indocile. ||°**-winkel** m. (s, -) boudoir m.

trotz [trɔts] prép. (gén. ou dat.) malgré ; en dépit de. | *trotz der Gefahr*, au mépris du danger. | *trotz des Verbotes*, nonobstant l'interdiction.

trotzdem [trɔts'de:m] adv. malgré cela ; tout de même ; quand même ; toujours est-il que. | *trotzalledem*, en dépit de tout cela.
◇ conj. bien que ; quoique.

trotzen ['trɔtsən] v. intr. se rebeller ; regimber ; faire la mauvaise tête ; FAM. se rebiffer ; crâner. | *jm trotzen*, braver, narguer, défier qn ; tenir tête à qn.

trotzig [-tsiç] adj. rétif ; récalcitrant ; entêté ; boudeur.

trüb(e) [try:b(ə)] adj. trouble ; opaque ; terne. | *trübes Wasser*, eau trouble, impure. | *der Spiegel ist trüb*, le miroir est terni, embué. | *das Licht brennt trüb*, cette lumière manque d'éclat. || PR. et FIG. *im trüben fischen*, pêcher en eau trouble. || [wolkenverhüllt] gris ; couvert. || FIG. [betrübend] maussade ; morose. | *trübes Gesicht*, visage chagrin. | *in trüber Stimmung sein*, broyer du noir. | *trübe Zukunftsaussichten*, perspectives sombres, peu encourageantes.

trüb|selig ["try:p'ze:liç] adj. [kummervoll] affligé ; misérable. || [kümmerlich] affligeant ; piteux ; lamentable. ||°**-sinn** m. (s) humeur (f.) sombre ; esprit chagrin. ||**-sinnig** adj. sombre ; morose ; chagrin ; mélancolique.

Trübe ['try:bə] f. (-) aspect (m.) trouble ; trouble m. ; opacité f. || CHIM. louche m.

Trubel ['tru:bəl] m. (s) brouhaha m. ; tohubohu m. ; tourbillon m. ; charivari m.

trüben ['try:bən] v. tr. troubler ; brouiller ; ternir. | *js Ruhm trüben*, ternir la gloire de qn. || LOC. *er kann kein Wässerchen trüben*, on lui donnerait le bon Dieu sans confession.
◇ v. pr. **sich trüben.** | *der Himmel trübt sich*, le ciel se couvre ; le temps se gâte.

Trübsal ['try:pza:l] f. (-, e). [Vx. : n. (s, e)] affliction f. ; chagrin m. ; adversité f. | *Trübsal blasen*, broyer du noir.

Trübungs|grad ["try:buŋs'gra:t] m. (s, e). GÉOL. turbidité f.

Truchseß ['truxzɛs] m. (en, en). HIST. écuyer tranchant.

trudeln ['tru:dəln] v. intr. AÉRON. faire la vrille.

Trudeln n. (s). AÉRON. vrille f.

Trüffel ['tryfəl] f. (-, n). BOT. truffe f.

trüffeln [-fəln] v. tr. truffer ; garnir de truffes.

Trug [tru:k] m. (s) tromperie f. ; imposture f. ; fourberie f.

Trug|bild ["tru:k'bilt] n. (s, er) mirage m. ; image trompeuse ; apparence mensongère ; illusion f. (des sens) ; phantasme m. ||°**-dolde** f. (-, n). BOT. cyme f. ||°**-gestalt** f. (-, en) fantôme m. ||°**-grund** m. (s, ¨e) argument spécieux ; sophisme m. ||°**-schluß** m. (es, ¨e) conclusion erronée ; sophisme m. ; paralogisme m. ||°**-werk** n. (s) tromperie f. ; illusion f.

trügen ['try:gən] (o, o) v. tr. et v. intr. faire illusion ; induire en erreur. | *der Schein trügt*, il ne faut pas se fier aux apparences.

trügerisch [-gəriʃ], **trüglich** ['try:kliç] adj. trompeur ; mensonger ; illusoire ; fallacieux.

Truhe ['tru:ə] f. (-, n) bahut m. ; coffre m. | *Musiktruhe*, combiné (m.) radio-électrophone.

Trulle ['trulə] f. (-, n). PÉJOR. maritorne f.

Trum [trum] m. ou n. (s). TECHN. brin m. (d'une courroie). || MINES. fendue f. ; compartiment (m.) du puits.

Trumm [trum] m. ou n. (s, e). [Oberdeutsch] bout m. ; fragment m. || LOC. *in einem Trumm*, sans arrêt.

Trümmer ['trymər] n. pl. décombres m. pl. ; débris m. pl. ; ruines f. pl. | *in Trümmer gehen*, s'effondrer. | *zu Trümmern schlagen*, casser en (mille) morceaux.

Trümmer|gestein ["trymərgə'ʃtain] n. (s, e). GÉOL. roche (f.) détritique ; agglomérat m. ||°**-haufen** m. (s, -) amas (m.) de ruines. ||°**-stätte** f. (-, n) ruines f. pl.

Trumpf [trumpf] m. (s, ¨e) atout m. || LOC. FIG. *seinen letzten Trumpf ausspielen*, jouer ses derniers atouts ; abattre sa dernière carte. | *einen Trumpf auf etwas setzen*, miser sur qch. ; soutenir qch. à fond. | *das ist jetzt Trumpf*, cela fait prime.

trumpfen ['trumpfən] v. intr. jouer atout ; couper.

Trunk [truŋk] m. (s, ¨e). [Getränk] potion f. || [Trunksucht] ivrognerie f. ; habitude (f.) de boire. | *dem Trunk ergeben*, adonné à la boisson. || coup (m.) à boire ; gorgée (f.) de liquide. | *einen tiefen Trunk Wasser tun*, boire une grande gorgée d'eau.

Trunk|sucht ["truŋk'zu:xt] f. ivrognerie f. || MÉD. dipsomanie f. ||**-süchtig** adj. ivrogne ; alcoolique. || MÉD. dipsomane.

trunken ['truŋkən] adj. POÉT. ivre. || FIG. ivre (de) ; enivré (par). | *vor, von Freude trunken*, ivre de joie.

Trunkenbold ["truŋkən'bɔlt] m. (s, e) ivrogne m. ; alcoolique m. ; POP. pochard m. ; poivrot m. ; VULG. soûlard m. ; soûlaud m.

Trunkenheit ['truŋkənhait] f. PR. et FIG. ivresse f. || JUR., AUTOM. *Trunkenheit am Steuer*, conduite (f.) en état d'ivresse. || FIG. enivrement m.

Trupp [trup] m. (s, s) détachement m. ; peloton m. ; équipe f. ; escouade f.

trupp|weise ["trup'vaizə] adv. en troupe ; par bandes.

Truppe ['trupə] f. (-, n). PR. et THÉÂTRE. troupe f. ; compagnie f. || FIG., FAM. *er ist von der schnellen Truppe*, c'est un rapide.

Truppen|arzt ["trupən'artst] m. (es, ¨e). MIL. médecin (m.) militaire. ||°**-aushebung** f. MIL. levée (f.) de troupes ; recrutement m. ||°**-gattung** f. (-, en). MIL. arme f. ||°**-offizier** m. (s, e) officier (m.) du cadre actif. ||°**-schau** f. revue (f.) militaire. ||°**-teil** m. (s, e). MIL. unité f. ; formation f. ||°**-übung** f. (-, en). MIL. manœuvre f. ||°**-verpflegung** f. MIL. ordinaire m.

Trust [trust] m. (s, s). ÉCON. trust m.

Trut|hahn ['tru:tha:n] m. (s, ¨e) coq (m.) d'Inde ; dindon m. ||°**-henne** f. (-, n) dinde f. ||°**-hühner** n. pl. dindons m. pl. (en tant qu'espèce).

Trutz [truts] m. (es). [Vx.] V. TROTZ. | *zu Schutz und Trutz*, offensif et défensif. | *Trutzwaffen*, armes offensives.

Tschako ['tʃako] m. (s, s) shako m.

Tscheche ['tʃɛçə] m. (n, n) Tchèque m.

tschechisch [-çiʃ] adj. tchèque.
◇ **das Tschechische,** la langue tchèque ; le tchèque.

Tschechoslowakei [tʃɛkoslova'kai] n. pr. f. Tchécoslovaquie.

tschechoslowakisch [-'va:kiʃ] adj. tchécoslovaque.

Tscherkesse [tʃɛr'kɛsə] m. (n, n) Circassien m.

Tschinellen [tʃi'nɛlən] f. pl. [Oberdeutsch] cymbales f. pl.

Tuba ['tu:ba] f. (-, ben). MUS. basse (f.) d'harmonie ; tuba m.

Tube ['tu:bə] f. (-, n) tube m. | *Farbentube*, tube de peinture. || ANAT. trompe utérine. || AUTOM., FAM. *auf die Tube drücken*, appuyer sur le champignon.

Tuben|ligatur ["tu:bənliga'tu:r] f. (-, en). MÉD. ligature (f.) des trompes.

Tuberkel [tu'bɛrkəl] m. (s, -), f. (-, n). MÉD. tubercule m.

Tuberkel|bazillus [tu"bɛrkəlba'tsilus] m. (s, llen) bacille (m.) de Koch ; bacille tuberculeux.

Tuberkulin [tubɛrku'li:n] n. (s). MÉD. tuberculine f.

tuberkulös [-'lø:s] adj. tuberculeux.

Tuberkulose [-'lo:zə] f. tuberculose f.

tuberkulose|krank [tubɛrku"lo:sə'krank] adj. tuberculeux. ||°**-kranke(r)** f. (m.) tuberculeux m., tuberculeuse f.

Tuberose [tubə'ro:zə] f. (-, n). BOT. tubéreuse f.

Tubulus ['tu:bulus] m. (-, li). ANAT. tube (m.) urinifère.

Tubus ['tu:bus] m. (ses, se). OPT. tube m.

Tuch [tu:x] n. (s, e) drap m. ; étoffe f. (de laine). | *Anzug aus Tuch*, costume (m.) en drap, en draperie (de laine). || FIG. *auf jn wie das rote Tuch wirken*, faire voir rouge à qn. || [Billard] *das grüne Tuch*, le tapis vert.

Tuch [tu:x] n. (s, ¨er) pièce (f.) de toile. || linge m. ; serviette f. ; torchon m. | *Kopftuch*, fichu m. | *Taschentuch*, mouchoir (m.) de poche.

Tuch|fühlung ["tu:x'fy:luŋ] f. coude à coude. | *in Tuchfühlung bleiben*, rester au coude à coude. ||°**-geschäft** n. (s, e), °**-handel** m. (s) commerce (m.) de draps ; draperie f. ||°**-händler** m. (s, -) drapier m. ||°**-handlung** f. (-, en) draperie f. ; magasin (m.) de tissus. ||°**-macher** m. (s, -), °**-weber** m. (s, -) drapier m. ||°**-macherei** f. (-, en), °**-weberei** f. (-, en) draperie f. ; fabrique (f.) de draps. ||°**-rest** m. (es, e) chute f. ; coupon m. ||°**-walker** m. (s, -) foulerie f. ; foulon m. ||°**-waren** f. pl. draps m. pl.

Tüchelchen ['ty:çəlçən] n. (s, -) diminutif de **Tuch.**

tuchen ['tu:xən] adj. de, en drap.

tüchtig ['tyçtiç] adj. et adv. [tauglich] capable ; de mérite. | *zu etwas tüchtig*, apte à qch. | *in etwas tüchtig*, passé maître en qch. ; versé, FAM. calé en qch. ; qui s'y connaît (en qch.). | *zu nichts tüchtig sein*, n'être bon à rien. | *tüchtiger Schläger*, fine lame. | *tüchtig essen*, manger comme quatre. | *tüchtiger Arbeiter*, rude travailleur. | *tüchtige Hausfrau*, bonne ménagère. | *tüchtiger Schneefall*, énorme chute (f.) de neige. || [wertvoll] de valeur ; bon. | *tüchtiges Stück Arbeit*, du travail solide, sérieux. || [sehr viel] *ich habe mich tüchtig geärgert*, j'en étais très fâché. | *eine tüchtige Portion*, une quantité respectable.

Tüchtigkeit [-kait] f. valeur f. ; mérite m. ; capacités f. pl. | *ein Mann von seiner Tüchtigkeit*, un homme de sa trempe.

Tucke ['tukə] f. (-, n) *eine alte Tucke*, une vieille chipie.

Tücke ['tykə] f. (-, n) sournoiserie f. ; méchanceté f. ; malice f. | *Tücke des Schicksals*, ironie (f.) du sort. | *seine Tücken und Nücken*, toutes ses petites perfidies, FAM. saletés. || IRON. *Tücke des Objekts*, malignité (apparente) des choses.

tückisch [-kiʃ] adj. sournois ; méchant. || [Tier] rétif ; vicieux. | *tückischer Blick*, œil torve. | *tückisch dreinblicken*, regarder en dessous.

Tuerei [tuə'rai] f. (-, en). (Vx.) FAM. manières f. pl. ; chichis m. pl.

Tuff [tuf] m. (s, e). MINÉRAL. tuf m.

Tüftelei [tyftə'lai] f. (-, en) travail (m.) pénible. || FAM. subtilités f. pl. ; chinoiseries f. pl.

tüfteln ['tyftəln] v. intr. bricoler. || FAM. couper les cheveux en quatre ; se perdre dans des subtilités.

Tugend ['tu:gənt] f. (-, en) vertu f. || PROV. *aus der Not eine Tugend machen*, faire de nécessité vertu. | *Jugend hat keine Tugend*, il faut bien que jeunesse se passe.

Tugend|bild ["tu:gənt'bilt] n. (s, er) modèle (m.) de vertu. ||°**-bold** m. (s, e), °**-held** m. (en, en). IRON. parangon (m.) de vertu. || PÉJOR. tartufe m. ||°**-heuchler** m. (s, -) tartufe m. ||°**-lehre** f. morale f. ||°**-lehrer** m. (s, -) moraliste m.

tugendhaft ['tu:gənthaft] adj. vertueux.

Tugendhaftigkeit [-haftiçkait] f. caractère vertueux ; vie vertueuse.

tugendsam ['tu:gəntzɑ:m] adj. POÉT. vertueux.

Tüll [tyl] m. (s, e). TEXT. tulle m.

Tülle ['tylə] f. (-, n) bec (verseur) ; douille f. ; bobèche f. (du chandelier).

Tulpe ['tulpə] f. (-, n). BOT. tulipe f. || PAR ANAL. [Glas] bock m.

Tulpen|baum ["tulpən'baum] m. (s, ¨e). BOT. tulipier m.

tummeln (sich) [ziç'tuməln] v. pr. s'ébattre ; s'ébrouer ; se donner du mouvement. || PAR EXT. se dépêcher ; se presser.
◇ v. tr. *ein Pferd tummeln*, faire caracoler, presser son cheval.

Tummel|platz ["tuməl'plats] m. (es, ¨e) lieu (m.) des ébats. || [Schule] préau m. || FIG. scène f. (d'une activité) ; théâtre m. (d'une lutte) ; lice f. ; arène f.

Tümmler ['tymlər] m. (s, -). ZOOL. [Delphin] marsouin m. ; [Haustaube] pigeon culbutant.

Tumor [tu'mo:r] m. (s, en). MÉD. tumeur f.

Tumor|marker [tu"mo:r'markər] m. (s, -). MÉD. marqueur (m.) de tumeur.

Tümpel ['tympəl] m. (s, -) flaque f. ; mare f.

Tumult [tu'mult] m. (s, e) tumulte m. ; échauffourée f. ; émeute f. ; vacarme m.

Tumultuant [-multu'ant] m. (en, en) émeutier m. ; mutin m. ; tapageur m. ; chahuteur m.

tumultuarisch [-multu'ɑ:riʃ] adj. tumultueux.
◇ adv. en tumulte.

tumultuieren [-multu'i:rən] v. intr. (Vx.) faire du tapage ; FAM. chahuter.

tun [tu:n] (tat, getan).

> **I.** v. tr.
> **1.** [machen] faire ; agir.
> **2.** [handeln ; verrichten] accomplir ; exécuter.
> **3.** [bewirken] produire un effet.
> **4.** LOC. [Beziehungen ausdrückend] **(es) zu tun haben, bekommen mit.**
> **5.** FAM. [setzen ; stecken] mettre.
> **6.** [zufügen ; bereiten] faire (qch. à qn).
> **II.** v. intr.
> **1.** [in einer Weise tun].
> **2.** [handeln als ob] faire comme si.
> **III.** auxil. explétif.
> **IV.** FAM. v. pr. se passer ; avoir lieu.

I. v. tr. **1.** [machen] faire ; agir. | *was tust du (jetzt) ?*, que fais-tu (en ce moment) ? | *was (ist zu) tun ?*, que faire ? | *was soll ich tun ?*, que voulez-vous que je fasse ? ; qu'est-ce que je peux faire ? | *tu es nicht wieder !*, ne recommence pas ! | *Gutes tun*, faire le bien. | *Böses tun*, faire le mal. | *da muß etwas getan werden*, il faut (absolument) faire qch. | *man muß (et)was tun*, il faut agir. | *das wäre getan !*, enfin c'est fait ! || PROV. *tue recht und scheue niemand*, fais ce que dois, advienne que pourra. || LOC. FIG. *seine Schuldigkeit, sein Möglichstes, sein Bestes, das Seinige tun*, faire de son mieux ; faire tout son possible. | *Buße tun*, faire pénitence. | *jm seinen Willen tun*, faire les quatre volontés de qn. | *tu mir den Gefallen*, fais-moi ce plaisir. | *du kannst tun und lassen, was du willst*, tu peux agir à ta guise. | *einen Zug (aus der Flasche) tun*, boire un coup (à la bouteille). | *einer Sache Erwähnung tun*, faire mention de qch. || [begehen] *was hat er denn getan ?*, qu'a-t-il donc fait ?

2. [schaffen ; verrichten] accomplir ; exécuter. | *was tust du denn da ?*, que fais-tu donc là ? | *ich habe viel zu tun*, j'ai beaucoup à faire. | *ich habe nichts zu tun*, je n'ai rien à faire. | *hat er etwas für Sie getan ?*, a-t-il fait la moindre chose pour vous ? | *etwas von sich aus tun*, faire qch. de soi-même, spontanément, de plein gré. | *etwas dazu, zur Sache tun*, s'en mêler ; y contribuer. | *ich kann nichts dazu tun*, je n'y peux rien. | *alle Hände voll zu tun haben*, ne savoir où donner de la tête. || PROV. *tu was du nicht lassen kannst*, va où le destin t'appelle. | *was du tun willst, tue bald*, ne remets pas à demain ce que tu peux faire aujourd'hui. || LOC. *getan ist getan*, ce qui est fait est fait.

3. [bewirken] produire un effet. | *das Mittel tat seine Wirkung*, le remède a agi, a fait de l'effet. | *das tut Wunder*, cela fait merveille. | *Worte tun's nicht*, ce n'est pas le moment de faire des discours. | *das allein tut es nicht*, cela ne suffit pas. | *was tut's ?*, quelle importance ? | *was tut das (zur Sache) ?*, à quoi bon ? ; FAM. pour quoi faire ? ; à quoi cela avance-t-il ? | *das tut nichts (zur Sache)*, cela n'y fait rien ; cela ne change rien à l'affaire.

4. LOC. [Beziehungen ausdrückend] **zu tun haben mit,** avoir qch. à faire, à voir avec ; avoir affaire avec. | *mit ihm will ich nichts zu tun haben*, je n'ai rien à voir avec lui. | *damit habe ich nichts zu tun*, ce n'est pas mon affaire, FAM. je n'ai rien à voir là-dedans. — **es zu tun haben mit,** avoir affaire à. | *wir haben es mit einem harten Gegner zu tun*, nous avons affaire à forte partie. — **es zu tun bekommen mit,** avoir des ennuis, des démêlés avec. | *es mit der Angst zu tun bekommen*, commencer à avoir peur.

5. FAM. [setzen ; stecken] mettre. | *Geld auf die Bank tun*, mettre de l'argent à la banque. | *Salz ins Essen tun*, mettre du sel dans la nourriture. | *sein Kind in die Schule tun*, mettre son enfant à l'école. | *beiseite tun*, mettre de côté.

6. [zufügen ; bereiten] faire (qch. à qn). | *der Hund tut dir nichts*, le chien ne te fera rien. | *niemand tut dir was !*, personne ne te fait rien ! | *jm Böses tun*, faire du mal à qn. | *jm Gutes tun*, faire du bien à qn. | *jm Unrecht tun*, faire tort à qn. || PROV. *was du nicht willst, daß man dir tu, das füg auch keinem andern zu*, ne fais pas a autrui ce que tu ne veux pas qu'on te fasse à toi-même.

II. v. intr. **1.** [in einer Weise tun] *das tut mir gut*, cela me fait du bien. | *das tut mir weh*, cela me fait mal. | *das tut mir sehr leid*, je le regrette vivement. | *er tut uns leid*, nous le plaignons. | *jm schön tun*, flatter qn. | *er tut gut daran, zu...*, il fait bien de... | *da tust du übel daran*, tu as tort (de).

2. [handeln, sich stellen als ob] faire comme si ; faire semblant de. | *tun Sie, als ob Sie zu Hause wären*, faites comme chez vous. | *er tat, als ob er es nicht wüßte*, il fit semblant de l'ignorer ; il fit comme s'il ne savait pas. | *spröde tun*, faire la prude. | *grob tun*, se donner

des airs bourrus. | *tu nicht so empfindlich*, ne fais pas le susceptible. | *er tut nur so*, il fait semblant. | *er tut immer so wichtig*, il fait l'important.
III. auxiliaire explétif. *er tut nichts als schimpfen*, il ne fait que maugréer, que grogner. | *was tust du ? lachen tu' ich !*, qu'est-ce que tu fais ? eh bien, je ris ! | *Peter geht auf Reisen und Paul tut es auch*, Pierre part en voyage et Paul fera de même.
IV. FAM. v. pr. **sich tun,** se passer ; avoir lieu ; progresser. | *das tut sich leicht ; man tut sich leicht daran*, c'est facile à faire. | *es tut sich was in Paris*, il se passe quelque chose à Paris. || LOC. *sich (an etwas) gütlich tun*, se régaler de qch.

Tun [tu:n] n. (s) conduite f. ; occupations f. pl. ; façons (f. pl.) de faire ; manière (f.) d'agir. | *Sagen und Tun ist zweierlei*, promettre et tenir sont deux. | *all sein Tun und Treiben, Tun und Lassen mißfällt mir*, tous ses faits et gestes me déplaisent ; toute sa conduite me déplaît.

Tünche ['tynçə] f. (-, n) badigeon m. ; lait (m.) de chaux.

tünchen [-çən] v. tr. badigeonner ; blanchir (à la chaux).

Tüncher [-çər] m. (s, -) peintre m. (en bâtiment).

Tuner ['tju:nər] m. (s, -). ÉLECTR. tuner m.

Tunesier(in) [tu'ne:ziər(in)] m. (s, -), f. (-, nen) Tunisien(ne) m. (f.).

Tunesien [tu'ne:ziən] n. (s). GÉOGR. Tunisie f.

Tunichtgut ["tu:niçt'gu:t] m. (s, e) vaurien m. ; fainéant m.
— SYN. : *Taugenichts*.

Tunika ['tu:nika] f. (-, ken). ANTIQ. tunique f.

Tunke ['tuŋkə] f. (-, n) sauce f.

tunken [-kən] v. tr. saucer ; tremper (dans une sauce, un liquide).

tunlich ['tu:nliç] adj. (Vx.) faisable ; praticable. | *so bald als tunlich*, aussitôt que possible. || PAR EXT. opportun ; indiqué. | *tunlichst*, si possible. || ADM. *tunlichst bald*, le plus tôt possible ; de toute urgence.

Tunlichkeit [-kait] f. (Vx.) possibilité f. ; opportunité f.

Tunnel ['tunəl] m. (s, -) tunnel m. ; souterrain m.

Tunte ['tuntə] f. (-, n) FAM. bonne femme.

tuntig [-tiç] adj. FAM. efféminé.

Tupf [tupf] m. (s, e), **Tupfen** ['tupfən] m. (s, -), **Tüpfel** ['typfəl] n. ou m. (s, -) petite tache ; point m. ; moucheture f. | *Stoff mit blauen Tupfen*, tissu (m.) à pois bleus. || FIG. *auf den Tüpfel genau*, d'une façon pointilleuse. | *das Tüpfelchen auf dem i*, la dernière main, touche.

Tupf|bällchen ["tupf'bɛlçən] n. (s, -) tampon m.

Tüpfelfarn ["typfəl'tarn] m. (s). BOT. polypode m.

tüpfeln ['typfəln] v. tr. tacheter ; moucheter ; pointiller.

tupfen ['tupfən] v. tr. effleurer (du bout des doigts) ; tamponner (avec de la ouate).

Tupfer ['tupfər] m. (s, -) tampon m.

Tür [ty:r] f. (-, en) porte f. || AUTOM. portière f. | *Schiebetür*, porte coulissante, à glissière. | *durch die Tür kommen*, entrer, passer par la porte. | *zur Tür hineingehen*, pénétrer par la porte. | *jm die Tür weisen ; jn vor die Tür setzen*, mettre qn à la porte. | *jm die Tür vor der Nase zuschlagen*, fermer la porte au nez de qn. | *zur Tür hinaus fliegen*, POP. être fichu, flanqué à la porte. | *zwischen Tür und Angel*, au moment de sortir ; entre deux portes. | *hinter verschlossenen Türen*, JUR. à huis clos ; THÉÂTRE. à bureaux fermés. || PR. et FIG. *an der unrechten Tür klopfen*, se tromper de porte ; se tromper d'adresse. || FIG. *ihm stehen alle Türen offen*, toutes les portes lui sont ouvertes. | *vor verschlossenen Türen stehen*, trouver partout porte close. | *offene Türen einrennen*, enfoncer des portes ouvertes. | *jm Tür und Tor öffnen*, donner libre accès à qn. | *Tag der offenen Tür*, journée porte(s) ouverte(s). | *jm den Stuhl vor die Tür setzen*, rompre avec qn. | *mit der Tür ins Haus fallen*, mettre les pieds dans le plat. | *vor der Tür stehen, sein*, être imminent. || PROV. *jeder kehre vor seiner Tür*, que chacun balaie devant sa porte.

Tür|angel ["ty:r'aŋəl] f. (-, n) gond m. ||°**-band** n. (s, ¨er) penture f. ||°**-drücker** m. (s, -) loquet m. ; bec-de-cane m. || AUTOM. poignée f. (de porte). ||°**-einfassung** f. (-, en) huisserie f. ||°**-fenster** n. (s, -) œil-de-bœuf m. ||°**-flügel** m. (s, -) battant m. ||°**-füllung** f. (-, en) panneau m. (de porte). ||°**-gebälk** n. (s, e) chambranle m. ||°**-griff** m. (s, e) bouton (m.), poignée f. (de porte). ||°**-hand** f., °**-klinke** f. (-, n) loquet m. ; bec-de-cane m. ||°**-hüter** m. (s, -) portier m. ; concierge m. ||°**-öffner** m. (s, -) serrure (f.) électrique. ||°**-öffnung** f. (-, en) baie f. ||°**-pfosten** m. (s, -) montant m. (de porte). ||°**-rahmen** m. (s, -) huisserie f. ; encadrement (m.) de porte. ||°**-schild** n. (s, er) plaque f. (sur la porte). ||°**-schließer** m. (s, -) fermeture (f.) automatique. ||°**-schließer(in)** m. (s, -), f. (-, nen). FILM., THÉÂTRE. ouvreur m., ouvreuse f. ||°**-schwelle** f. (-, n) pas (m.) de la porte ; seuil m. ||°**-spion** m. (s, e) judas m. ||°**-steher** m. (s, -). [Vx.] huissier m. ||°**-sturz** m. (es, ¨e) linteau m. ||°**-verkleidung** f. (-, en) chambranle m. ||°**-vorhang** m. (s, ¨e) portière f.

Turban ['turban] m. (s, e) turban m.

Turbine [tur'bi:nə] f. (-, n) turbine f. | *Wasserturbine*, turbine hydraulique.

Turbinen|satz [tur"bi:nən'zats] m. (es,¨e). TECHN. turboalternateur m.

Turbo|generator ["turbogene'ra:tɔr] m. (s, en). ÉLECTR. turboalternateur m. ||°**-motor** m. (s, en). TECHN. moteur (m.) turbo. ||°**-reaktor** m. (s, en). AÉRON. turboréacteur m. ||°**-sphäre** f. (-, n). turbosphère f. ||°**-zug** m. (s, ¨e) turbotrain m.

Türchen ['ty:rçən] n. (s, -) petite porte ; guichet m.

Türke ['tyrkə] m. (n, n) Turc m.

Türkei [tyr'kai] n. pr. f. GÉOGR. Turquie f.

Türken|bund ["tyrkən'bunt] m. (s, e). (Vx.) turban m. || BOT. martagon m. ||°**-säbel** m. (s, -) cimeterre m.

Türkin ['tyrkin] f. (-, nen) Turque f.

türkis [tyr'ki:s] adj. [Farbe] turquoise.

Türkis m. (ses, se) turquoise f.

türkisch ['tyrkiʃ] adj. turc ; turque. | *Türkischrot*, rouge (m.) d'Andrinople.

Turm [turm] m. (s, ¨e) tour f. | *Kirchturm*, clocher m. | *Festungsturm*, donjon m. || MIL. *Panzerturm*, tourelle f. || SPORT. *Sprungturm*, plongeoir (m.) à étages. || HIST. *jn in den Turm werfen*, mettre qn au cachot. || MAR. [U-Boot] tourelle f. ; kiosque m. || [Schachfigur] tour f.

Turm|bau ["turm'bau] m. (s) construction (f.) d'une tour. | *der Turmbau zu Babel*, la tour de Babel. ||°**-fahne** f. (-, n) girouette f. ||°**-falke** m. (n, n). ZOOL. crécerelle f. ||°**-hahn** m. (s, ¨e) girouette f. (en forme de coq) ; coq m. (du clocher). ||°**-helm** m. (s, e). ARCHIT. flèche f. ||**-hoch** adj. haut comme une tour ; FIG. gigantesque. ||°**-hüter** m. (s, -) gardien (m.) d'une tour ; PAR EXT. geôlier m. ||°**-kopf** m. (s, ¨e) boule (f.) de clocher. ||°**-panzer** m. (s, -). MIL. char (m.) à tourelle. ||°**-schwalbe** f. (-, n). ZOOL. martinet m. ||°**-spitze** f. (-, n) aiguille (f.), flèche (f.) de clocher. ||°**-springer(in)** m. (s, -), f. (-, nen). SPORT. plongeur m., plongeuse f. (acrobatique). ||°**-uhr** f. (-, en) horloge f. ||°**-wagen** m. (s, -). AUTOM. plate-forme f. ; voiture-échelle f.

Turmalin [turma'li:n] m. (s, e) tourmaline f.

Türmchen ['tyrmçən] n. (s, -) clocheton m. ; tourelle f.

türmen ['tyrmən] v. tr. et v. pr. (s')entasser ; (s')amonceler ; FIG. (se) dresser (jusqu'aux nues).
◇ v. intr. POP. s'enfuir ; faire le mur.

Türmer [-mər] m. (s, -) veilleur m. ; guetteur m.

Turn [tə:rn] m. (s.). AÉRON. immelmann m.

Turn... [turn] (en compos.) gymnastique ; de gymnastique.

Turn|anstalt ["turn'anʃtalt] f. (-, en), °**-platz** [-plats] m. (es, ¨e) gymnase m. ; stade m. ||°**-gerät** n. (s) agrès m. pl. ||°**-gerüst** n. (s, e) portique m. ||°**-halle** f. (-, n), °**-saal** m. (s, säle) gymnase (couvert) ; salle (f.) de gymnastique. ||°**-kunst** f. gymnastique f. ; gymnique f. ||°**-schuh** m. (s, e) chaussure (f.) de sport ; basket m. ||°**-übung** f. (-, en) exercice (m.) physique. ||°**-verein** m. (s, e) club (m.) de gymnastique. ||°**-wart** m. (s, e) moniteur (m.) de gymnastique.

turnen ['turnən] v. intr. faire de la gymnastique, des exercices physiques.

Turnen [-nən] n. (s) gymnastique f.

Turner(in) [-nər(in)] m. (s, -), f. (-, nen) gymnaste s.

turnerisch [-nəriʃ] adj. de gymnaste.

Turnier [tur'ni:r] n. (s, e). HIST. tournoi m. || PR. et FIG. joute f. || SPORT. championnat m. ; compétition f.

Turnier|bahn [tur"ni:r'ba:n] f. (-, en) °**-platz** [-'plats] m. (es, ¨e). HIST. lice f. ; champ clos.

turnieren [tur'ni:rən] v. intr. HIST. jouter.

Turnus ['turnus] m. tour m. ; roulement m. (de service). | *im Turnus*, à tour de rôle ; par roulement.
Turtel|taube ["turtəl'taubə] f. (-, n). ZOOL. tourterelle f. | *junge Turteltaube ; Turteltäubchen*, tourtereau m.
Tusch [tuʃ] m. (es, e). MUS. fanfare f. || (Vx.) UNIV. [Beschimpfung] offense f. ; affront m.
Tusche ['tuʃə] f. (-, n) encre (f.) de Chine.
tuscheln ['tuʃəln] v. intr. chuchoter.
tuschen ['tuʃən] v. tr. dessiner à l'encre de Chine ; faire un lavis. | *sich die Wimpern tuschen*, mettre du mascara.
Tuschen ['tuʃən] n. (s, -) lavis m.
Tusch|farben ["tuʃ'farbən] f. pl. couleurs (f. pl.) à l'eau, à l'aquarelle. ||°-**kasten** m. (s, -) boîte (f.) à couleurs. ||°-**napf** m. (s, ¨e) godet (m.) à couleurs. ||°-**zeichnung** f. (-, en) lavis m.
Tute ['tu:tə] f. (-, n) trompe f. ; corne f. (à corner) ; Klaxon m. (Wz.).
Tüte ['ty:tə] f. (-, n) cornet m. ; sac m. (en papier). || FAM. *Tütendreher*, épicier m. | *Tüten kleben*, être en prison. || *Wundertüte*, pochette-surprise.
Tutel [tu'te:l] f. (-, n). (Vx.) tutelle f.
tuten ['tu:tən] v. intr. corner ; klaxonner. || FAM. jouer (mal) d'un instrument à vent.
Tuten n. LOC. *von Tuten und Blasen keine Ahnung haben*, n'y rien entendre ; FAM. n'y entendre que couic.
Tut|horn ["tu:t'hɔrn] n. (s, ¨er). MUS. cornet m.
Tutor ['tu:tɔr] m. (s, en). JUR. tuteur m.
Tüttelchen ['tytəlçən] n. (s, -) petit point ; iota m.
Twist [tvist] m. (es, e). TEXT. fil (m.) de coton.
Twist [tvist] m. (s, s). [Tanz] twist m.
Tympanon ['tympanɔn] n. (s, na). ARCHIT. tympan m. || MUS. petite timbale.
Typ [ty:p] m. (s, en), **Typus** ['ty:pus] m. (-, pen) type m. ; modèle m. ; prototype m. || *Typenschild*, plaque (f.) de constructeur.
Type ['ty:pə] f. (-, n). TYPOGR. type m. ; caractère m. (d'imprimerie). || PHOT. photographie f. ; FAM. photo f. ; cliché m. || FIG. type m. ; personnage (m.) caractéristique ; original m.
Typen|rad ["ty:pən'ra:t] n. (s, ¨er). [Schreibmaschine] marguerite f. ||°-**rad|drucker** m. (s, -) imprimante (f.) à marguerite.
typhös [ty'fø:s] adj. MÉD. typhique ; typhoïdique.
Typhus ['ty:fus] m. MÉD. fièvre (f.) typhoïde ; FAM. typhoïde f. | *der Typhuskranke*, le typhique. || *(Fleck)-typhus*, typhus m. (exanthématique).
Typhus|impfung ["ty:fus'impfuŋ] f. (-, en) vaccination (f.) antityphique, contre la typhoïde.
typisch ['ty:piʃ] adj. typique ; caractéristique.
typisieren [typi'zi:rən] v. tr. standardiser ; normaliser.
Typisierung [-ruŋ]° f., **Typung** ['ty:puŋ] f. standardisation f. ; normalisation f.
Typograph [typo'gra:f] m. (en, en) typographe m. ; FAM. typo m.
typographisch [-fiʃ] adj. typographique.
Typologie [typolo'gi:] f. (-, n) typologie f.
typologisch [-'lo:giʃ] adj. typologique.
Tyrann [ty'ran] m. (en, en) tyran m.
Tyrannen|herrschaft [ty"ranən'hɛrʃaft] f. tyrannie f. ; despotisme m. ; pouvoir (m.) despotique. ||°-**mord** m. (s, e) tyrannicide m.
Tyrannei [tyra'nai] f. (-, en) tyrannie f. ; despotisme m.
tyrannisch [ty'raniʃ] adj. tyrannique ; despotique.
tyrannisieren [tyrani'zi:rən] v. tr. tyranniser ; faire le tyran.
Tyrrhenische(s) Meer [ty"re:niʃə(s)'me:r] n. pr. n. GÉOGR. la mer Tyrrhénienne.
Tyrus ['ty:rus] n. pr. n. HIST. Tyr m.
tz, Tz [te:'tsɛt] n. le tz (allemand). || FAM. *etwas bis ins Tz kennen*, connaître qch. par le menu, de A jusqu'à Z.

U

U, u [u:] n. U m. || LOC. *jm ein X für ein U machen*, tromper, mystifier qn. || *u. (und)*, et. | *u. a. (unter anderem)*, entre autres. | *u. a. m. (und andere[s] mehr)*, et autres. | *usw.*, et ainsi de suite. | *u. A. w. g. (um Antwort wird gebeten)*, R.S.V.P. (répondez, s'il vous plaît).
U-Bahn ['u:ba:n] f. (-, en) [abrév. de **Untergrundbahn**] chemin de fer souterrain ; métropolitain ; FAM. métro m. | *mit der U-Bahn fahren*, prendre le métro.
übel ['y:bəl] adj. mauvais ; fâcheux ; désagréable. | *das ist nicht übel*, ce n'est pas mauvais. | *in übler Lage*, dans une fâcheuse situation. | *übles Aussehen*, mauvaise mine. | *üble Nachricht*, mauvaise nouvelle. | *er ist sehr übel dran*, il est dans une situation très pénible. | *es steht übel mit seiner Gesundheit*, il est en mauvaise santé. | *mir wird übel*, je me sens mal. | *mir ist übel*, j'ai mal au cœur.
◇ adv. LOC. *jm übel wollen*, en vouloir à qn. | *übel angebracht*, déplacé. | *etwas übel nehmen*, prendre qch. en mauvaise part ; se fâcher de qch. | *jm etwas übel nehmen*, en vouloir à qn de qch. ; tenir rigueur de qch. à qn. | *wohl oder übel*, bon gré mal gré.
— SYN. : *schlecht*, mauvais ; *schädlich*, nuisible ; *unangenehm*, désagréable ; *krank*, malade.
Übel ['y:bəl] n. (s, -) mal m. ; malheur m. ; maladie f. ; malaise m. ; accident m. | *unheilbares Übel*, mal incurable. || RELIG. *erlöse uns von dem Übel !*, délivreznous du mal. || PROV. *von zwei Übeln muß man das kleinere wählen*, de deux maux il faut choisir le moindre.
Übel|befinden ["y:bəlbə'findən] n. (s) indisposition f. ; malaise m. ; nausée f. ||-**berüchtigt** adj. mal famé ; qui a mauvaise réputation. ||-**gelaunt** adj. FAM. mal luné ; mal viré. ||°-**klang** m. (s, ¨e) dissonance f. ||-**klingend** adj. dissonant. ||-**nehmen** (i, a, o) v. tr. *jm etwas übelnehmen*, en vouloir à qn de qch. | *etwas übelnehmen*, se formaliser, se fâcher de qch. ||-**nehmerisch** adj. susceptible ; qui prend tout mal ; qui se fâche pour peu. ||-**riechend** adj. puant ; malodorant ; fétide. ||°-**stand** m. (s, ¨e) inconvénient m. ||°-**tat** f. (-, en) méfait m. ; mauvaise action ; délit m. ||°-**täter** m. (s, -) malfaiteur m. ||-**tätig** adj. malfaisant. || ASTROL. maléfique. ||-**wollen** v. intr. *jm übelwollen*, vouloir du mal à qn ; avoir des intentions malveillantes envers qn. ||°-**wollen** n. (s) malveillance f. ||-**wollend** adj. malveillant.
Übelkeit ['y:bəlkait] f. (-, en) malaise m. ; nausée f. ; envie (f.) de vomir. | *Übelkeit erregend*, qui lève le cœur ; nauséabond.
üben ['y:bən] v. tr. **1.** exercer ; appliquer ; pratiquer ; mettre en œuvre. | *Geduld üben*, faire preuve de patience. | *Verrat üben*, commettre une trahison. | *Gastfreundschaft üben*, se montrer hospitalier. | *Nachsicht üben*, être indulgent.
2. exercer ; entraîner. | *eine Truppe üben*, exercer une troupe. | *sich üben*, s'entraîner. | *Klavier üben*, s'exercer au piano. | *mit geübten Händen*, avec des mains expertes. | *übende Truppen*, troupes (f. pl.) de manœuvre. | *geübt*, exercé, expert, rompu à. | *geübt in*, versé dans.

über ['y:bər]

> **I.** prép.
> **1.** [räumlich] **a)** au-dessus de ; **b)** sur ; par-dessus ; **c)** au-delà de.
> **2.** [zeitlich] **a)** durant ; pendant ; **b)** au-delà de.
> **3.** (acc.) au sujet de ; sur.
> **4.** (dat.) à cause de ; du fait de.
> **II.** adv.
> **1.** en haut.
> **2.** de reste.
> **3.** assez.
> **4.** passé.
> **5. über und über.**
> **III.** préfixe.
> **IV.** particule verbale.
> **1.** séparable.
> **2.** inséparable.

I. prép. **1.** [räumlich] (dat. [question *wo ?*] ou acc. [question *wohin ?*]) : **a)** au-dessus de. | *ein Leuchter hängt über dem Tisch*, un lustre est suspendu au-dessus de la table. | *der Elektriker hängt einen Leuchter über den Tisch*, l'électricien installe un lustre au-dessus de la table. | *der Mann, der über uns wohnt*, l'homme qui habite à l'étage au-dessus. | *Wolken schweben über der Stadt*, des nuages planent au-dessus de la ville. | *Fluch über dich !*, malheur à toi ! — **b)** sur ; par-dessus. | *der Nebel liegt über dem Tal*, le brouillard recouvre la vallée. | *der Nebel breitet sich über das Tal*, le brouillard s'étend sur la vallée. | *einen Teppich über den Boden breiten*, étendre un tapis sur le sol. | *Tränen rollten über seine Wangen*, des larmes roulèrent sur ses joues. | *das Wasser reicht ihm über das Knie*, l'eau lui monte au-dessus du genou. | *ihr Rock reicht ihr über das Knie herab*, sa robe lui descend au-dessous du genou. || PAR EXT. *er sitzt über seinen Büchern*, il est penché sur ses livres. | *er ist über der Arbeit eingeschlafen*, il s'est endormi sur son travail. || FIG. au-dessus de ; placé à un degré, à un rang supérieur à. | *er steht über mir*, il m'est supérieur ; il est mon supérieur. | *er hat keinen über sich*, il n'a personne au-dessus de lui. | *über ein Volk herrschen*, régner sur un peuple. — **c)** [acc.] au-delà de (idée de traverser). | *über die Straße gehen*, traverser la rue. | *die Brücke führt über den Fluß*, le pont traverse la rivière. | *über die Grenze gehen*, franchir la frontière. || PAR EXT. en passant par ; via. | *von Paris nach Köln über Aachen*, de Paris à Cologne via Aix-la-Chapelle. || FIG. par l'intermédiaire de. || *das geht über meine Kräfte*, c'est au-dessus de mes forces. | *das geht über alle Maßen*, cela passe toute mesure. | *über den Rundfunk sprechen*, parler à la radio.

2. [zeitlich] (acc.) : **a)** [Dauerangabe] durant ; pendant. | *er blieb über Nacht bei uns*, il a passé la nuit chez nous. | *den ganzen Tag über*, tout le jour. || PROV. *über Nacht kommt Rat*, la nuit porte conseil. — **b)** [Datum] au-delà de ; plus tard que. | *er ist über das vorausgesehene Datum geblieben*, il est resté au-delà de la date prévue. | *morgen über acht Tage*, demain en huit. | *einen Tag über den anderen*, jour après jour. || PAR EXT. *Fehler über Fehler machen*, faire faute sur faute.

3. (acc.) au sujet de ; à propos de ; sur. | *er sprach über die Abrüstung*, il parla du désarmement. | *eine Rede, eine Abhandlung über das gegenwärtige Theater*, un discours, un traité sur le théâtre contemporain. | *sich über etwas freuen, wundern*, se réjouir, s'étonner de qch. | *über etwas klagen*, se plaindre de qch. | *über jn lachen*, rire de qn. | *über etwas traurig sein*, être attristé par qch.

4. (dat.) à cause de ; du fait de. | *er konnte über dem Lärm nicht arbeiten*, le bruit l'empêchait de travailler. | *über seinen Sorgen verlor er jeden Appetit*, ses soucis lui ont fait perdre tout appétit.

II. adv. **1.** en haut ; par-dessus ; au-dessus. | *eine Klasse von über fünfzig Schülern*, une classe de plus de cinquante élèves. || MIL. *Gewehr über !*, arme sur l'épaule !

2. FAM. [übrig] de reste ; restant. | *er hatte nur zehn Mark über*, il ne lui restait que dix marks.

3. [satt] assez. | *ich habe es über*, j'en ai assez. FAM. j'en ai par-dessus la tête.

4. FAM. [vorüber] passé. | *die Krise ist (vor)über*, la crise est passée.

5. über und über, complètement ; totalement ; intégralement. | *über und über naß*, entièrement trempé.

III. préf. (en compos. avec des adj., idée de superl. et quelquefois d'excès). Ex. : *übergroß*, immense ; démesuré.

IV. particule verbale. **1.** sépar. dans le sens de : **a)** v. intr. traverser ; passer de l'autre côté ; changer. | *sie sind nach Paris übergesiedelt*, ils sont allés s'établir à Paris. | *der Soldat lief zum Feind über*, le soldat est passé à l'ennemi. | *es geht vom Vater auf den Sohn über*, cela se transmet de père en fils. — **b)** verbes transitifs lorsque cette particule a le sens de la préposition **über** et qu'il est facile de sous-entendre le complément de celle-ci. | *der Fährmann setzt uns über*, le passeur nous fait franchir le fleuve. — **c)** combinée avec **hin** ou **her.**

2. insépar. dans le sens transitif de : couvrir ; survoler ; dominer. | *eine Stadt überfliegen*, survoler une ville. | *eine Frage überblicken*, faire le tour d'une question. || et dans les sens figurés : *übernachten*, passer la nuit. | *überlegen*, réfléchir. | *übersetzen*, traduire. | *übersehen*, ne pas voir ; négliger.

über|all ["y:bər'al] adv. partout ; en tout lieu.

überall|her ["y:bəral'he:r] adv. *von überallher*, venant de partout ; de tous les côtés. ||**-hin** adv. allant partout ; en tous sens. ||°**-sein** n. (s) ubiquité f.

über|altert ["y:bər'altərt] adj. suranné. ||°**-alterung** f. (-, en) vieillissement m. ; caractère démodé ; obsolescence f.

Über|angebot ["y:bər'angəbo:t] n. (s, e) surplus m. ; excédent m. ; surproduction f. ; profusion f. | *Überangebot von Arbeitskräften*, excédent de main-d'œuvre.

über|anstrengen ['y:bər"anʃtrɛŋən] v. tr. insépar. surmener. | *sich überanstrengen*, se surmener ; trop présumer de ses forces. ||°**-anstrengung** f. (-, en) surmenage m. ; excès (m.) de travail, de fatigue.

über|antworten ['y:bər"antvɔrtən] v. tr. insépar. JUR. remettre ; transmettre ; livrer. | *dem Gericht überantworten*, remettre entre les mains de la justice.

Über|anzug ["y:bər'antsu:k] m. (s, ¨e) survêtement m. ; bleu (m.) de travail.

über|arbeiten ['y:bər"arbaitən, "y:bər'arbaitən] v. tr. et v. pr. insépar. surmener. | *sich überarbeiten*, se surmener ; travailler avec excès. | *überarbeitet*, surmené. || retoucher ; arranger.
◇ v. intr. sépar. faire du travail supplémentaire.

Über|arbeitung ['y:bər"arbaituŋ] f. (-, en) surmenage m. ; fatigue f. || retouche f. ; remaniement m.

Über|ärmel ["y:bər'ɛrməl] m. (s, -) fausse manche.

überaus ['y:bəraus, y:bər'aus] adv. très ; extrêmement ; outre mesure. | *überaus schön*, on ne peut plus joli.

Über|bau ["y:bər'bau] m. (s) superstructure f. ; bâtiment surélevé. || POL. (Marx) superstructure f.

über|bauen ['y:bər"bauən, "y:bər'bauən] v. tr. insépar. *ein Haus überbauen*, surélever une maison.

Über|bauung [-"bauuŋ] f. (-, en) exhaussement m.

über|beanspruchen ['y:bərbə"anʃpru:xən] v. tr. insépar. trop demander à ; soumettre à un effort excessif.

Über|bein ["y:bər'bain] n. (s). MÉD. exostose f.

über|belasten ['y:bərbə"lastən] v. tr. insépar. surcharger.

über|belichten ['y:bərbe"liçtən] v. tr. insépar. PHOT. surexposer. ||°**-belichtung** f. (-, en) surexposition f.

Über|beschäftigung ["y:bərbə'ʃɛftiguŋ] f. ÉCON. suremploi m.

über|besetzt ["y:bərbə'zɛtst] adj. *überbesetzt sein*, être plus que complet ; avoir trop de personnel.

Über|bestand ["y:bərbə'ʃtant] m. (s, ¨e) excédent m.

über|besteuern ['y:bərbə"ʃtɔyərn] v. tr. insépar. surimposer. ||°**-besteuerung** f. (-, en) surimposition f.

Über|bett ["y:bər'bɛt] n. (s, en) dessus-de-lit m.

Über|bevölkerung ["y:bərbə'følkəruŋ] f. surpopulation f.

über|bewerten ['y:bərbə"ve:rtən] v. tr. insépar. surévaluer. ||°**-bewertung** f. (-, en) surestimation f. ; surévaluation f.

über|bieten ["y:bər'bi:tən, 'y:bər"bi:tən] v. tr. sépar. [Versteigerung] renchérir sur ; couvrir l'enchère. | *jn um hundert Mark überbieten*, offrir cent marks de plus que qn.
◇ v. tr. insépar. FIG. dépasser. | *der Rekord wird überboten*, le record est battu. | *sie überbieten sich in*

Höflichkeiten, ils font assaut de politesse. | *sich überbieten*, se surpasser ; battre son propre record.
Über|bietung ["y:bər'bi:tuŋ] f. (-, en) surenchère f. ; surenchérissement m. || [Spiele] renvoi m.
über|bleiben ["y:bər'blaibən] (ie, ie) v. intr. sépar. rester ; être de reste. | *der Überbliebene*, le survivant, le rescapé. ||°**-bleibsel** n. (s, -) reste m. ; restant m. ; reliquat m. ; débris m. pl. | *Überbleibsel der Vergangenheit*, vestiges (m. pl.) du passé.
über|blenden ['y:bər"blɛndən] v. tr. insépar. PHOT. surexposer. ||°**-blendung** f. surexposition f.
Über|blick ["y:bər'blik] m. (s, e) coup (m.) d'œil rapide ; vue (f.) d'ensemble ; aperçu m. ; tour (m.) d'horizon ; exposé (m.) sommaire. | *geschichtlicher Überblick*, historique m. | *sich einen Überblick verschaffen ; einen Überblick erlangen*, se faire une vue d'ensemble.
über|blicken ['y:bər"blikən] v. tr. insépar. embrasser d'un coup d'œil ; avoir une vue d'ensemble ; parcourir des yeux.
über|bringen ['y:bər"briŋən] (brachte, gebracht) v. tr. insépar. remettre. | *jm einen Brief überbringen*, remettre une lettre à qn. ||°**-bringer** m. (s, -) porteur m. || FIN. *zahlbar an den Überbringer*, payable au porteur. ||°**-bringerscheck** m. (s, e) chèque (m.) au porteur. ||°**-bringung** f. (-, en) remise f.
über|brücken ['y:bər"brykən] v. tr. insépar. *einen Fluß überbrücken*, bâtir un pont sur un fleuve. || FIG. *die Gegensätze überbrücken*, concilier les contraires. ||°**-brückung** f. (-, en) construction (f.) d'un pont sur. ||°**-brückungs|kredit** n. (s, e). FIN. crédit-relais m. ||°**-brückungs|vorrat** m. (s, ¨e) volant (m.) de réserve.
über|bürden ['y:bər"byrdən] v. tr. insépar. imposer une charge trop forte ; surcharger. || FIG. surmener. ||°**-bürdung** f. (-, en) surcharge f. ; surmenage m.
Über|dach ["y:bər'dax] n. (s, ¨er) auvent m. ||**-dachen** ['-"--] v. tr. insépar. couvrir d'un toit ; abriter.
über|dauern ['y:bər"dauərn] v. tr. insépar. survivre à ; durer plus longtemps que. || PAR EXT., FIG. surmonter. | *nichts hatte die Zerstörung überdauert*, rien n'avait survécu à la destruction.
Über|decke ["y:bər'dɛkə] f. (-, n) couverture f.
über|decken ['y:bər"dɛkən, "y:bər'dɛkən] v. tr. insépar. recouvrir ; couvrir.
◇ v. tr. sépar. étendre qch. sur.
über|denken ['y:bər"dɛŋkən] (dachte, gedacht) v. tr. insépar. méditer sur ; réfléchir sur.
über|dies ['y:bər"di:s], **-dem** [-"de:m], **-das** [-"das] adv. en outre ; encore ; de plus ; d'ailleurs ; au surplus ; de surcroît.
Über|dosis ["y:bər'do:zis] f. (-, sen) overdose f.
über|drehen ['y:bər"dre:ən] v. tr. insépar. fausser en tournant. | *ein Schloß überdrehen*, fausser une serrure. || FIG. faire tourner la tête ; rendre fou.
Über|druck ["y:bər'druk] m. (s, e) pression f. || PHYS. surcompression f. ; surtension f. || [Briefmarke] surcharge f.
Überdruck|anzug ["y:bərdruk'antsu:k] m. (s, ¨e) scaphandre (m.) d'altitude. ||°**-kabine** f. (-, n) cabine pressurisée. ||°**-sicherung** f. (-, en). TECHN. station (f.) de compression.
Über|druß ["y:bər'drus] m. (es) dégoût m. ; satiété f. | *etwas zum Überdruß gehört haben*, avoir les oreilles rebattues de qch. ||**-drüssig** adj. dégoûté. | *einer Sache überdrüssig werden*, se dégoûter de qch. ; FAM. en avoir par-dessus la tête de qch.
über|durchschnittlich ["y:bər'durçʃnitliç] adj. qui dépasse la moyenne.
über|eck ["y:bər'ɛk, 'y:bər"ɛk] adv. diagonalement.
Über|eifer ["y:bər'aifər] n. (s) zèle excessif.
über|eignen ['y:bər"aignən] v. tr. insépar. transmettre une propriété. ||°**-eignung** f. (-, en). JUR. transmission (f.) de propriété.
Über|eile ["y:bər'ailə] f., °**-eilung** ["y:bər'ailuŋ] f. précipitation f.
über|eilen ['y:bər"ailən] v. tr. insépar. précipiter ; trop presser ; brusquer. || FIG. précipiter. | *übereilte Handlung*, action inconsidérée, prématurée.
über|ein ['y:bər"ain] adv. d'accord ; de concert ; conformément.
überein|denken [y:bər"ain'dɛŋkən] (dachte, gedacht) v. intr. penser de la même manière ; être d'accord. ||**-klingen** (a, u) v. intr. être à l'unisson. ||**-kommen** (a, o) v. intr. convenir de ; se mettre d'accord sur. ||°**-kommen** n. (s), °**-kunft** f. (-, ¨e) convention f. ; accord m. ; arrangement m. | *Pariser Übereinkommen*, Convention (f.) de Paris. | *nach Übereinkommen*, de gré à gré. | *stillschweigende Übereinkunft*, accord tacite. ||**-stimmen** v. intr. être d'accord. | *übereinstimmen mit*, être d'accord avec ; concorder avec ; cadrer ; être en harmonie avec. | *alle stimmen darin überein*, tout le monde s'accorde à dire. ||**-stimmend** adj. correspondant ; concordant ; conforme ; unanime. ||°**-stimmung** f. (-, en) accord m. ; concordance f. ; unisson m. ; conformité f. ; unanimité f. | *Übereinstimmung der Zeugenaussagen*, concordance des témoignages. | *in Übereinstimmung bringen*, accorder ; faire accorder. | *in Übereinstimmung mit*, conformément à ; en conformité avec. || **-treffen** (i, a, o) v. intr. s'accorder ; tomber d'accord ; concorder ; être en harmonie.
über|einander ['y:bərain"andər] adv. l'un sur l'autre.
übereinander|greifen [y:bərain"andər'graifən] (griff, gegriffen) v. intr. chevaucher ; être imbriqué. ||**-legen** v. tr. superposer ; mettre l'un sur l'autre. ||**-liegen** (a, e) v. intr. être superposé. ||**-schlagen** (ä, u, a) v. tr. *die Beine übereinanderschlagen*, croiser les jambes. ||**-setzen, -stellen** v. tr. superposer.
über|empfindlich ["y:bərɛmp'fintliç] adj. hyperémotif. | *er ist überempfindlich*, c'est un hyperémotif.
Über|empfindlichkeit [-liçkait] f. MÉD. hyperémotivité f.
Über|erregbarkeit ["y:bərɛr're:kba:rkait] f. MÉD. hyperesthésie f.
Über|erzeugung ["y:bərɛr'tsɔyguŋ] f. (-, en) surproduction f.
über|fahren ['y:bər"fa:rən] v. tr. insépar. renverser, écraser avec une voiture. || PAR EXT. *ein Signal überfahren*, brûler un signal.
◇ ["--/'--] v. intr. sépar. traverser ; passer de l'autre côté.
◇ v. tr. sépar. conduire sur la rive opposée, de l'autre côté ; faire passer.
Über|fahrt ["y:bər'fa:rt] f. (-, en) traversée f. ; passage m. ; trajet m. ; transfert m.
Über|fall ["y:bər'fal] m. (s, ¨e) attaque (f.) par surprise ; coup (m.) de main ; agression f. | *nächtlicher Überfall*, agression nocturne. | *Überfallhose*, culotte bouffante. | *Überfallkommando*, police-secours.
über|fallen ['y:bər"falən, "y:bər'falən] (ä, ie, a) v. tr. insépar. attaquer par surprise ; envahir. | *ein Land überfallen*, envahir un pays par surprise. | *die Nacht hat den Reisenden überfallen*, la nuit a surpris le voyageur. | *von Fragen überfallen werden*, être assailli de questions.
◇ ["--/'--] v. intr. sépar. tomber de l'autre côté.
über|fällig ["y:bər'fɛliç] adj. en retard ; en souffrance.
Über|fang ["y:bər'faŋ] m. (s) *Überfang auf Glas*, incrustation (f.) en cristal. | *Überfangglas*, verre doublé.
über|fein ["y:bər'fain] adj. très, trop raffiné ; subtil ; par trop délicat ; par trop subtil.
über|fliegen ['y:bər"fli:gən] (o, o) v. tr. insépar.
1. survoler ; franchir en volant. | *den Ozean überfliegen*, survoler l'océan.
2. [flüchtig lesen] parcourir ; lire à la hâte.
3. FIG. se répandre sur. | *ein roter Schein überflog seine Wangen*, le rouge colora (fugitivement) ses joues.
◇ ["--/'--] v. intr. sépar. voler au-dessus de.
Über|fliegen [-gən] n. (s) survol m.
über|fließen ['y:bər"fli:sən] (o, o) v. tr. insépar. couvrir ; baigner ; inonder. | *der Strom hat das Tal überflossen*, le fleuve a inondé la vallée. | *mit Tränen überflossenes Gesicht*, visage baigné de larmes.
◇ ["--/'--] v. intr. sépar. déborder ; se répandre ; couler par-dessus. | *das Wasser fließt über*, l'eau déborde. | *das Glas fließt über*, le verre déborde. | *seine Augen fließen von Tränen über*, ses yeux débordent de larmes. || FIG. *vor Freude überfließen*, déborder de joie. | *von etwas überfließen*, regorger de qch.
Über|flug ['y:bər"flu:k] m. (s, ¨e) survol m.
Überflug|recht ["y:bərflu:k'rɛçt] n. (s, e). AÉRON. droit (m.) de survol.
über|flügeln ['y:bər"fly:gəln] v. tr. insépar. surpasser. | *seinen Lehrmeister überflügeln*, surpasser son maître. || MIL. déborder.
Über|fluß ["y:bər'flus] m. (es, ¨e) abondance (f.) extrême ; surabondance f. ; pléthore f. ; superflu m. ; opulence f. | *im Überfluß vorhanden sein*, être abondant ; foisonner. | *Überfluß haben an*, abonder en. | *Überfluß*

an Worten, prolixité f. ; GRAMM. redondance f. ; pléonasme m. ||°-**fluß|gesellschaft** f. (-, en) société (f.) d'abondance. ||-**flüssig** adj. surabondant ; superflu ; inutile ; qui est de trop. | *ich komme mir überflüssig vor*, j'ai l'impression d'être de trop. | *das Überflüssige*, le superflu ; le trop-plein. | *überflüssigerweise*, inutilement. ||°-**flüssigkeit** f. superfluité f.

über|fluten ['y:bər"flu:tən] v. tr. insépar. inonder ; envahir de ses flots ; submerger. | *der Strom hat die Gegend überflutet*, le fleuve a inondé la région. | *der Feind hat das Land überflutet*, l'ennemi a submergé le pays. || COMM. *den Markt überfluten*, submerger le marché. || [U-Boot] naviguer à fleur d'eau.
◇ ["-'-] v. intr. sépar. couler par-dessus. | *der Strom flutet über*, le fleuve déborde.

Über|flutung ['y:bər"flu:tuŋ] f. (-, en) inondation f.

über|fordern ['y:bər"fɔrdərn] v. tr. insépar. demander trop ; exiger trop. | *damit bin ich überfordert*, cette question est au-dessus de mes forces. | *Preise überfordern*, surfaire des prix. || PAR EXT. surmener. ||°-**forderung** f. (-, en) prétention, demande exagérée.

Über|fracht ["y:bər'fraxt] f. (-, en) surcharge f. ; excédent (m.) de bagages. ||-**frachten** ['-"-] v. tr. insépar. surcharger.

über|fragen ['y:bər"fra:gən] v. tr. insépar. *da bin ich überfragt*, vous m'en demandez trop.

über|fressen (sich) [ziç'y:bər"frɛsən] (i, a, e). FAM. v. pr. insépar. se gaver ; manger avec excès.

über|fromm ["y:bər'frɔm] adj. bigot.

über|froren ['y:bər"fro:rən] adj. couvert d'une couche de glace ; givré.

über|führen ['y:bər"fy:rən] v. tr. insépar. convaincre ; confondre. | *er wurde des Verbrechens überführt*, il a été convaincu d'avoir commis ce crime. || COMM. *mit Waren überführter Markt*, marché encombré de denrées.
◇ ["-/'-] v. tr. sépar. transférer ; transporter. | *er wurde ins Krankenhaus übergeführt*, il a été transporté à l'hôpital.

Über|führung ['y:bər"fy:ruŋ] f. (-, en). **1.** preuve convaincante ; conviction f.
2. transport m. ; transfert m. ; transfèrement m. || AÉRON. convoyage m.
3. [brückenartige Anlage] passage (m.) par-dessus ; passage supérieur.

Über|fülle ["y:bər'fylə] f. profusion f. ; surabondance f. ; excès m.

über|füllen ['y:bər"fylən] v. tr. insépar. remplir trop ; surcharger ; gorger ; bourrer ; bonder. | *sich den Magen überfüllen*, se gaver l'estomac. | *ein mit Zuschauern überfüllter Saal*, une salle comble. | *der Markt ist überfüllt*, le marché est encombré.

Über|füllung ['y:bər"fyluŋ] f. (-, en) surabondance f. ; surcharge f., encombrement m.

über|füttern ['y:bər"fytərn] v. tr. insépar. gaver.

Über|gabe ["y:bər'ga:bə] f. (-, n) remise f. ; livraison f. ; délivrance f. || JUR. dation f. || MIL. reddition f. || POLIT., ADM. *Übergabe der Befugnisse*, passation (f.) des pouvoirs.

Über|gang ["y:bər'gaŋ] m. (s, ¨e). **1.** passage m. ; franchissement m. | *Übergang über die Alpen*, passage des Alpes.
2. FIG. passage m. ; changement (m.) d'état. | *Übergang in eine höhere Wagenklasse*, surclassement m. || transition f. ; état (m.) intermédiaire ; nuance f. || [Farben] gradation f. || FIN. soudure f.

Übergangs|beihilfe ["y:bərgaŋs'baihilfə] f. (-, n) indemnité (f.) temporaire. ||°-**bestimmungen** f. pl. dispositions (f. pl.) transitoires. ||°-**form** f. (-, en) forme (f.) intermédiaire. ||°-**jahre** n. pl. années (f. pl.) de transition ; retour (m.) d'âge. ||°-**mantel** m. (s, ¨) manteau (m.) de demi-saison. ||°-**periode** f. (-, n). °-**zeit** f. (-, en) période (f.) de transition. ||°-**rohr** n. (s, e). TECHN. raccord m. ||°-**stadium** n. (s, dien) état (m.) transitoire. ||°-**verkleidung** f. (-, en). AÉRON. raccordement (m.) d'aile.

über|gar ["y:bər'ga:r] adj. trop cuit.

über|geben ['y:bər"ge:bən] (i, a, e) v. tr. insépar. remettre ; livrer ; délivrer ; transmettre. | *dem Gericht übergeben*, livrer à la justice.
◇ v. pr. **sich übergeben,** se rendre. || [sich erbrechen] vomir.

Über|geben [-bən] n. (s). [Übergabe] remise f. ; reddition f. || [Erbrechen] vomissement m. || °-**gebung** f. (-, en) reddition f. ; capitulation f.

Über|gebot ["y:bərgə'bo:t] n. (s, e) surenchère f.

über|gehen ["y:bər'ge:ən] (ging, gegangen) v. intr. sépar. **1.** passer de l'autre côté ; changer de côté, de camp ; se convertir. | *in andere Hände übergehen*, passer en d'autres mains. | *zum Feind übergehen*, passer à l'ennemi. | *zu einer anderen Religion übergehen*, se convertir à une autre religion. | *zum Angriff übergehen*, passer à l'attaque. | *zu einem anderen Thema übergehen*, passer à un autre sujet.
2. se changer, se transformer en. | *in Fäulnis übergehen*, se putréfier ; se décomposer.
3. passer de l'un à l'autre ; se transmettre. | *es geht vom Vater auf den Sohn über*, cela se transmet de père en fils.
4. passer ; cesser ; se calmer. | *seine Zahnschmerzen gingen (vor)über, vorbei*, ses maux de dents se calmèrent.
5. [überfließen] déborder. | *die Augen gingen ihm über* (GOETHE), il avait les larmes aux yeux.
◇ ['-/"-] v. tr. insépar. **1.** parcourir. | *ein Feld übergehen*, parcourir un champ.
2. [auslassen] omettre ; laisser passer ; négliger. | *Fehler übergehen*, sauter des fautes. | *ein Gesetz übergehen*, ne pas respecter une loi. | *mit Stillschweigen übergehen*, passer sous silence.
◇ v. pr. insépar. **sich übergehen,** se fatiguer en marchant.

Über|gehen ['y:bər"ge:ən] n. (s), °-**gehung** [-uŋ] f. (-, en) oubli m. ; omission f. || GRAMM. prétérition f.

über|genug ["y:bərgə'nuk] adv. à l'excès ; de trop ; plus qu'il ne faut.

über|geordnet ["y:bərgə'ɔrdnət] adj. supérieur ; d'un rang hiérarchique supérieur. | *übergeordnete Behörde*, autorité supérieure.

Über|gepäck ["y:bərgə'pɛk] n. (s) excédent (m.) de bagages.

Über|gewalt ["y:bərgə'valt] f. prépondérance f. ; prédominance f.

Über|gewicht ["y:bərgə'viçt] n. (s) poids (m.) en trop ; excédent (m.) de poids. | *der Brief hat Übergewicht*, cette lettre est trop lourde. || FIG. prépondérance f. ; suprématie f. ; supériorité f. | *das Übergewicht bekommen über*, l'emporter sur.

über|gießen ['y:bər"gi:sən] (o, o) v. tr. insépar. arroser ; verser ; répandre sur ; enduire de. | *Blumen übergießen*, arroser des fleurs. || CULIN. *mit Zucker übergießen*, glacer.
◇ ["-/'-] v. tr. sépar. répandre ; verser ; transvaser.

Über|gießen ["y:bər'gi:sən] n. (s) arrosage m. ; douche f. || transvasement m.

über|glücklich ["y:bər'glykliç] adj. comblé de bonheur ; extrêmement heureux.

über|golden ['y:bər"gɔldən] v. tr. insépar. dorer.

über|greifen ["y:bər'graifən] (i, i) v. intr. sépar. se propager ; se répandre. | *in ein fremdes Gebiet übergreifen*, empiéter sur un domaine étranger. ||°-**griff** m. (s, e) empiètement m. ; usurpation f. | *polizeilicher Übergriff*, bavure policière. ||-**greifend** adj. global ; général.

über|groß ["y:bər'gro:s] adj. trop grand ; démesuré ; excessif ; énorme ; de dimensions exagérées.

Über|guß ["y:bər'gus] m. (es, ¨e) enduit m.

Überhand|nahme ['y:bər"hant'na:mə] f. (-, n) envahissement m. ; accroissement m. ; extension f. ; progrès m. pl.

überhand|nehmen [-'ne:mən] (i, a, o) v. intr. sépar. prendre le dessus ; l'emporter ; prendre de l'extension ; augmenter ; s'accroître ; pulluler ; se multiplier. | *die Unsicherheit hat überhandgenommen*, l'insécurité n'a cessé de croître.

Über|hang ["y:bər'haŋ] m. (s, ¨e) saillie f. ; ce qui surplombe. | *Fensterüberhang*, lambrequin m. || FIN. *Kapitalüberhang*, capital non investi.

über|hangen [-'haŋən] (ä, i, a) v. intr. sépar. être suspendu (au-dessus de). || [Baulichkeiten] surplomber ; s'avancer ; être en surplomb. || PAR EXT. être incliné. | *der Turm hängt um zehn Grad über*, la tour a une inclinaison de dix degrés.
◇ part. pass. **überhangen,** tendu de. | *ein mit Flor überhangener Sarg*, un cercueil tendu de crêpe. | *ein mit Teppichen überhangenes Fenster*, une fenêtre à laquelle pendent des tapis.

über|hängen ["y:bər'hɛŋən] v. tr. sépar. pendre sur ; suspendre par-dessus. | *mit übergehängtem Mantel*, un manteau jeté sur les épaules.
◇ v. intr. sépar. [überhangen] être en surplomb.
◇ part. prés. **überhängend,** en surplomb ; en porte

à faux. | *überhängendes Dach*, toit débordant ; toit en auvent.
◇ ['--/"--] v. tr. insépar. couvrir (de). | *mit einem Schleier überhängen*, couvrir d'un voile.
über|hängig [-'hɛŋiç] adj. en surplomb.
über|hasten ['y:bər"hastən] v. tr. insépar. précipiter.
◇ v. pr. **sich überhasten,** se précipiter.
über|häufen ['y:bər"hɔyfən] v. tr. insépar. combler ; accabler ; surcharger. | *mit Geschenken überhäuft*, comblé de cadeaux. ||°**-häufung** f. (-, en) accumulation f. ; surcharge f. || FIG. avalanche f.
über|haupt ['y:bər"haupt] adv. en somme ; somme toute ; après tout ; de toute façon ; en général. | *überhaupt nicht*, pas du tout. | *überhaupt nie*, jamais de la vie. | *wenn überhaupt*, si tant est que.
über|heben (sich) [ziç'y:bər"he:bən] (o, o) v. pr. insépar. **1.** libérer ; exempter ; dispenser. | *sich einer Mühe überheben*, s'épargner une peine.
2. tirer vanité de ; se prévaloir de. | *sich eines Erfolges überheben*, se prévaloir d'un succès.
3. sich überheben, se faire du mal en soulevant qch.
über|heblich [-"he:pliç] adj. présomptueux ; outrecuidant ; orgueilleux.
Über|heblichkeit [-"he:pliçkait] f. présomption f.
Über|hebung [-"he:buŋ] f. (-, en). **1.** dispense f. ; exemption f.
2. outrecuidance f. ; orgueil m. ; présomption f.
über|heizen ['y:bər"haitsən], **-hitzen** [-"hitsən] v. tr. insépar. surchauffer.
über|hin ['y:bər"hin] adv. par-dessus. || [oberflächlich] superficiellement.
Über|hitzung f. TECHN., ÉCON. surchauffe f.
über|holen ['y:bər"ho:lən] v. tr. insépar. **1.** AUTOM. doubler ; dépasser. | *Überholen verboten !*, défense de doubler. || FIG. *jn überholen*, prendre les devants sur qn ; devancer qn.
2. [erneuern] *eine Maschine überholen*, réviser une machine.
3. MAR. [Schiffe] se coucher sur le côté.
◇ ["--/'--] v. tr. sépar. passer (qn) sur l'autre rive. || MAR. *die Segel überholen*, changer les voiles.
Über|holung ['y:bər"ho:luŋ] f. (-, en) dépassement m. || révision f. ; réparation f.
über|hören ['y:bər"hø:rən] v. tr. insépar. **1.** ne pas vouloir entendre ; faire semblant de ne pas entendre ; faire la sourde oreille ; rester sourd à ; ne pas faire attention à.
2. [Schüler] *sich seine Aufgaben überhören*, repasser ses leçons. | *jm seine Aufgaben überhören*, faire réciter ses leçons à qn.
Über|hose ["y:bər'ho:zə] f. (-, n) salopette f. ; bleu m.
Über-Ich ["y:bər'iç] n. surmoi m.
über|irdisch ["y:bər'irdiʃ] adj. supraterrestre ; surnaturel ; céleste ; éthéré ; divin.
über|jagen ['y:bər"ja:gən] v. tr. insépar. faire avec précipitation ; précipiter. || [Pferde] forcer.
Über|jahres... ["y:bər'ja:rəs] (en compos.) pluriannuel.
über|jährig ["y:bər'jɛ:riç] adj. âgé de plus d'un an.
Über|kapazität ["y:bərkapatsi'tɛ:t] f. (-, en). ÉCON. surcapacité f.
über|kaufen ['y:bər"kaufən] v. tr. insépar. acheter trop cher. | *sich überkaufen*, se ruiner par des achats.
über|kippen ["y:bər'kipən] v. intr. sépar. basculer.
◇ v. tr. sépar. faire basculer.
Über|kleid ["y:bər'klait] n. (s, er) vêtement (m.) de dessus ; surtout m. ||**-kleiden** ['--/"--] v. tr. insépar. revêtir.
über|klettern ["y:bər'klɛtərn] v. tr. sépar. grimper par-dessus.
◇ ['--/"--] v. tr. insépar. escalader.
über|klug ["y:bər'klu:k] adj. présomptueux ; qui veut en savoir plus que les autres.
über|kochen ["y:bər'kɔxən] v. intr. sépar. déborder en bouillant ; FAM. se sauver. || FIG. sortir de ses gonds.
über|kommen ['y:bər"kɔmən] (a, o) v. tr. insépar. [bekommen] obtenir ; recevoir. || s'emparer de ; se rendre maître de. | *ein Gefühl der Traurigkeit überkam ihn*, un sentiment de tristesse s'empara de lui.
Über|kopfprojektor ["y:bərkɔpfpro'jɛktɔr] m. (s, en) rétroprojecteur m.
über|kritisch ["y:bər'kri:tiʃ] adj. NUCL. surcritique.
über|laden ['y:bə"la:dən] (ä, u, a) v. tr. insép. surcharger. | *sich den Magen überladen*, se surcharger l'estomac.
◇ part. pass. **überladen.** *überladener Stil*, style surchargé.
◇ ["--/'--] v. tr. sépar. transborder.
Über|ladung ["y:bər'la:duŋ] f. (-, en) transbordement m. || ['--/"--] surcharge f.
Über|lager ["y:bər'la:gər] n. (s, -). RADIO. hétérodyne f.
über|lagern ['y:bər"la:gərn] v. tr. insépar. superposer.
Überlagerung ['y:bər"la:gəruŋ] f. (-, en) superposition f. || RADIO. interférence f.
über|lang ["y:bər'laŋ] adj. beaucoup trop long.
über|lassen ["y:bər'lasən] (ä, ie, a) v. tr. sépar. laisser passer de l'autre côté ; (en) laisser. | *er hat nichts übergelassen*, il n'a rien laissé.
◇ ['--/"--] v. tr. insépar. laisser ; céder ; abandonner ; transmettre ; livrer. | *jn seinem Schicksal überlassen*, abandonner qn à son sort. | *das überlasse ich Ihnen*, je m'en remets à vous sur ce point. || JUR. se désister de.
◇ v. pr. insépar. **sich überlassen,** s'abandonner ; se laisser aller à. | *sich der Verzweiflung überlassen*, se laisser aller au désespoir. | *sich selbst überlassen*, abandonné à soi-même.
Über|lassung [-"lasuŋ] f. (-, en) cession f. ; transmission f. ; abandon m. || JUR. *Überlassung von Rechten*, transfert (m.) de droits.
Über|last ["y:bər'last] f. (-, en) surcharge f. || FIG. importunité f.
über|lasten ['y:bər"lastən] v. tr. insépar. surcharger. | *mit Arbeit überlastet*, débordé de travail. ||°**-lastung** f. (-, en) surcharge f. || TECHN. alourdissement m.
über|lästig ["y:bər'lɛstiç] adj. trop lourd. || FIG. écrasant ; accablant.
Über|lauf ["y:bər'lauf] m. (s, ¨e) trop-plein m. ; déversoir m. || [Österreich] averse f. ; ondée f.
über|laufen ["y:bər'laufən] (ä, ie, a) v. intr. sépar. déborder ; se sauver. || MIL. déserter. | *zum Feind überlaufen*, passer à l'ennemi.
◇ ['--/"--] v. tr. insépar. inonder ; envahir. | *es überlief mich kalt*, cela me fit frissonner. || FIG. importuner ; envahir.
Über|läufer ["y:bər'lɔyfər] m. (s, -) transfuge m. ; déserteur m.
über|laut ["y:bər'laut] adj. très, trop bruyant.
über|leben ['y:bər"le:bən] v. tr. insépar. survivre. | *jn überleben*, survivre à qn. || PAR EXT. *sich überleben*, durer trop longtemps ; avoir fait son temps ; être périmé. | *überlebte Sitten*, mœurs périmées. ||°**-leben** n. (s) survie f. ||°**-lebens|ausrüstung** f. (-, en) équipement (m.) de survie. ||**-lebens|fähig** adj. [Frühgeborener] viable. ||**-lebens|groß** adj. plus grand que nature. ||°**-lebens|training** n. (s, s) stage (m.) de survie.
Über|lebsel ['y:bər"le:psəl] n. (s, -) survivance f.
über|legen ['y:bər"le:gən] v. tr. insépar. **1.** recouvrir ; garnir (de qch.)
2. FIG. réfléchir ; délibérer ; considérer ; peser. | *ich habe mir alles überlegt*, j'ai bien tout pesé. | *ich habe mir die Sache zweimal überlegt*, j'y ai regardé à deux fois. | *nach reiflichem Überlegen*, après mûre réflexion.
◇ ["--/'--] v. tr. sépar. mettre sur, dessus ; superposer.
über|legen ['y:bər"le:gən] adj. supérieur. | *jm in etwas überlegen sein*, l'emporter sur qn en qch. | *er ist uns allen überlegen*, il est plus fort que nous tous. | *mit überlegener Ruhe*, avec un calme souverain.
Überlegenheit [-hait] f. (-, en) supériorité f. ; maîtrise f. ; prépondérance f.
über|legsam [-"le:kza:m] adj. réfléchi ; avisé ; circonspect.
Über|legtheit ['y:bər"le:kthait] f. précaution f. ; circonspection f.
Über|legung [-"le:guŋ] f. (-, en) réflexion f. ; délibération f. ; considération f. | *ohne Überlegung*, inconsidérément ; à tort et à travers. | *mit Überlegung*, de propos délibéré ; avec préméditation.
über|leiten ["y:bər'laitən] v. tr. sépar. faire passer. || FIG. faire une transition. || MÉD. [Blut] transfuser.
Über|leitung [-tuŋ] f. (-, en) passage m. ; transition f. ; transfusion f.

über|lesen ['y:bər"le:zən] (ie, a, e) v. tr. insépar. parcourir ; lire rapidement. || PAR EXT. ne pas remarquer à la lecture ; FAM. sauter. | *eine Zeile überlesen*, sauter une ligne en lisant.

über|liefern ['y:bər"li:fərn] v. tr. insépar. remettre ; livrer ; transmettre. | *von den Ahnen her überliefert*, légué par les ancêtres. | *überliefert*, traditionnel. ||°**-lieferung** f. (-, en) transmission f. ; legs m. || PAR EXT. tradition f. || MAR. *Überlieferungstage*, surestarie f.

über|liegen ["y:bər'li:gən] v. intr. sépar. MAR. donner de la bande.

über|listen ['y:bər"listən] v. tr. insépar. duper ; dépasser (qn) en ruse. | *einander zu überlisten suchen*, jouer au plus fin. ||°**-listung** f. (-, en) ruse f. ; supercherie f.

über|machen ['y:bər"maxən] v. tr. insépar. [Geld] transmettre ; faire parvenir ; remettre ; envoyer.
◇ ["--/'--] v. tr. sépar. mettre par-dessus.

Über|macht ["y:bər'maxt] f. maîtrise f. ; supériorité f. ; prépondérance f. ||**-mächtig** adj. qui a la supériorité ; trop puissant.

Über|machung ['y:bər"maxuŋ] f. (-, en). FIN. remise (f.) de fonds.

über|malen ['y:bər"ma:lən] v. tr. insépar. recouvrir de peinture. || [Bildnis] retoucher. ||°**-malung** f. (-, en) retouche f.

über|mannen ['y:bər"manən] v. tr. insépar. vaincre ; maîtriser ; terrasser. | *der Schlaf übermannte mich*, le sommeil a eu raison de moi.

Über|maß ["y:bər'ma:s] n. (es) démesure f. ; excès m. ; surabondance f. | *im Übermaß*, à l'excès. ||**-mäßig** adj. et adv. excessif ; démesuré ; outre mesure ; à l'excès.

Über|mensch ["y:bər'mɛnʃ] m. (en, en) surhomme m. ; génie m. ||**-menschlich** adj. surhumain.

über|mitteln ['y:bər"mitəln] v. tr. insépar. transmettre ; faire parvenir. || RADIO. *Nachrichten übermitteln*, transmettre des nouvelles. ||°**-mittlung** f. (-, en) transmission f. || RADIO. retransmission f.

über|morgen ["y:bər'mɔrgən] adv. après-demain. ||**-morgig** adj. d'après-demain.

über|müden (sich) [ziç'y:bər"my:dən] v. pr. insépar. se surmener. | *übermüdet* adj. surmené. ||°**-müdung** f. (-, en) surmenage m. ; harassement m.

Über|mut ["y:bər'mu:t] m. (s) orgueil m. ; arrogance f. ; insolence f. ; outrecuidance f. || [Mutwille] joie folle ; exubérance f. | *aus Übermut springen*, sauter de joie. ||**-mütig** adj. [frech] orgueilleux ; insolent ; impertinent ; cavalier. || [mutwillig] pétulant.

über|nachten ['y:bər"naxtən] v. intr. insépar. passer la nuit.

über|nächtigt ['y:bər"nɛçtigt] adj. fatigué de ne pas avoir dormi ; qui a les yeux battus, la mine défaite. ||°**-nachtung** f. (-, en) nuitée f. ; nuit f. (d'hôtel) ; logement m. | *Flug und Übernachtung*, billet d'avion et nuit d'hôtel. | *Übernachtungskosten*, frais (m. pl.) d'hôtel.

über|nähen ['y:bər"nɛ:ən] v. tr. insépar. faufiler.
◇ ["--/'--] v. tr. sépar. coudre par-dessus.

Über|nahme ["y:bər'na:mə] f. (-, n) prise (f.) en charge ; prise (f.) de possession. || [Erbschaften] acceptation f. | *Übernahme eines Amtes*, entrée (f.) en fonction. | *Übernahme des Mobiliars*, reprise (f.) du mobilier. | *Übernahmebedingungen*, cahier (m.) des charges. || ADM. *Amtsübernahme*, passation des pouvoirs. || ÉCON. prise (f.) de contrôle.

Über|naht ["y:bər'na:t] f. (-, ¨e) surjet m.

über|natürlich ["y:bərna'ty:rliç] adj. surnaturel.

über|nehmen ['y:bər"ne:mən] (i, a, o) v. tr. insépar. prendre livraison de ; recevoir ; accepter ; réceptionner ; prendre en charge ; entreprendre. | *die oberste Regierungsgewalt übernehmen*, assumer l'autorité suprême. | *einen Prozeß übernehmen*, se charger d'une cause. | *js Verteidigung übernehmen*, prendre la défense de qn. | *die Garantie übernehmen*, garantir. | *etwas auf eigene Gefahr übernehmen*, entreprendre qch. à ses risques et périls. | *die Kosten übernehmen*, se charger des frais. | *die Verantwortung übernehmen*, prendre la responsabilité. || RADIO. *ein Fernsehprogramm übernehmen*, relayer un programme de télévision.
◇ ["--/'--] v. tr. sépar. jeter sur ses épaules. || MIL. [Gewehr] épauler.
◇ v. pr. insépar. **sich übernehmen,** trop présumer de ses forces.

Über|nehmer ['y:bər"ne:mər] m. (s, -) celui qui prend possession de ; adjudicataire m. ; entrepreneur m.

über|ordnen ["y:bər'ɔrdnən] v. tr. sépar. mettre au-dessus ; donner comme chef ; préposer.

Über|oxyd ["y:bərɔ'ksy:t] n. (s, e). CHIM. peroxyde m.

über|parteiisch ["y:bərpar'taiiʃ], **-parteilich** [-par'tailiç] adj. au-dessus des partis ; neutre.

über|pflanzen ['y:bər"pflantsən] v. tr. insépar. transplanter. ||°**-pflanzung** f. (-, en) transplantation f.

Über|produktion ["y:bərprɔduk'tsio:n] f. (-, en) surproduction f.

über|prüfen ['y:bər"pry:fən] v. tr. insépar. examiner ; contrôler ; vérifier. ||°**-prüfung** f. (-, en) révision f. ; contrôle f. ; recolement m. | *Überprüfung der Personalien*, vérification d'identité.

über|quellen ['y:bər"kvɛlən] v. intr. insépar. déborder.

über|quer ['y:bər"kve:r] adv. en travers. || **-queren** v. tr. insépar. traverser ; franchir. || °**-querung** f. (-, en) traversée f.

über|ragen ['y:bər"ra:gən] v. tr. insépar. PR. et FIG. dépasser ; dominer ; surpasser ; surplomber ; surmonter.
◇ part. prés. et adj. **überragend,** éminent ; primordial. | *von überragender Bedeutung*, d'une importance primordiale.

über|raschen ['y:bər"raʃən] v. tr. insépar. surprendre ; prendre à l'improviste.
◇ part. prés. **überraschend,** surprenant ; inattendu ; inopiné.

Über|raschung [-"raʃuŋ] f. (-, en) surprise f.

über|rechnen ['y:bər"rɛçnən] v. tr. insépar. faire le compte ; calculer. || FIG. supputer.

über|reden ['y:bər"re:dən] v. tr. insépar. persuader. ||**-redend** part. prés. persuasif ; convaincant. ||°**-redung** f. (-, en) persuasion f.

über|reich ["y:bər'raiç] adj. très, trop riche ; excessivement riche. ||**-reichern** v. tr. insépar. enrichir. ||**-reichlich** adv. à profusion.

über|reichen ['y:bər"raiçən] v. tr. insépar. présenter ; remettre. ||°**-reichung** f. (-, en) remise f. || POLIT. *Überreichung des Beglaubigungsschreibens*, remise des lettres de créance.

über|reif ["y:bər'raif] adj. trop mûr ; trop avancé ; parvenu à un stade trop avancé ; trop fait. || FIG. décadent.

über|reift ['y:bər"raift] adj. couvert de givre, de gelée blanche.

über|reiten ['y:bər"raitən] (i, i) v. tr. insépar. renverser avec un cheval. || dépasser à cheval. || forcer un cheval.

Über|reiz ["y:bər'raits] m. (es), °**-reiztheit** ["y:bər'raitsthait] f., °**-reizung** [-'raitsuŋ] f. (-, en) surexcitation f.

über|reizen ['y:bər"raitsən] v. tr. insépar. surexciter ; exacerber.

über|rennen ['y:bər"rɛnən] (überrannte, überrannt) v. tr. insépar. renverser en courant ; dépasser en courant.

Über|rest ["y:bər'rɛst] m. (es, e) reste m. ; débris m. pl. ; ruines f. pl. ; détritus m. pl.

über|rheinisch ["y:bər'rainiʃ] adj. transrhénan ; d'outre-Rhin.

über|rieseln ['y:bər"ri:zəln] v. tr. insépar. irriguer.

Über|rock ["y:bər'rɔk] m. (s, ¨e) redingote f. ; capote f. ; pardessus m.

Über|rollbügel ["y:bərɔl'by:gəl] m. (s, -). AUTOM. arceau (m.) de sécurité.

über|rollen ['y:bər"rɔlən] v. tr. insépar. dépasser.

über|rumpeln ['y:bər"rumpəln] v. tr. insépar. surprendre à l'improviste ; prendre au dépourvu. || MIL. enlever d'un coup de main. ||°**-rumpelung** f. (-, en) surprise f. ; supercherie f. || MIL. [Handstreich] coup (m.) de main.

übers ['y:bərs] contraction de **über das.**

über|salzen ['y:bər"zaltsən] v. tr. insépar. mettre trop de sel. || saupoudrer de sel.

über|sät ['y:bər"zɛ:t] adj. parsemé ; constellé.

über|satt ["y:bər'zat] adj. rassasié à l'excès ; qui n'a plus besoin de rien. || PAR EXT. dégoûté ; blasé. ||**-sättigen** ['--/"---] v. tr. insépar. rassasier ; sursaturer ; gorger ; gaver. || CHIM. sursaturer. ||°**-sättigung** ['--/"---] f. (-, en) sursaturation f. ; satiété f. ; dégoût m.

Über|säuerung ['y:bər"zɔy(ə)ruŋ] f. [Umwelt] acidification f.

über|schallen ['y:bər"ʃalən] v. tr. insépar. couvrir de son bruit ; dominer (le bruit, la voix).

Über|schallflug ["y:bərʃal'fluk] m. (s,¨e) vol (m.) supersonique. ||°**-schall|flugzeug** n. (s, e) avion (m.) supersonique. ||°**-schall|geschwindigkeit** f. (-, n) vitesse (f.) supersonique.

über|schatten ['y:bər"ʃatən] v. tr. insépar. ombrager. || FIG. surveiller, couver (qn).

über|schätzen ['y:bər"ʃɛtsən] v. tr. insépar. surévaluer ; surestimer ; surtaxer. | *seine Kräfte überschätzen,* (trop) présumer de ses forces. ||°**-schätzung** f. (-, en) surévaluation f. ; surestimation f. || FIG. présomption f.

Über|schau ["y:bər'ʃau] f. vue (f.) d'ensemble.

über|schauen ['y:bər"ʃauən] v. tr. insépar. parcourir des yeux. || laisser échapper ; ne pas voir.

über|schieben ['y:bər"ʃi:bən] (o, o) v. tr. insépar. insérer l'un dans l'autre ; chevaucher. ||°**-schiebung** f. (-, en). GÉOL. faille (f.) inverse.

über|schicken ['y:bər"ʃikən] v. tr. insép... dier.

über|schießen ['y:bər"ʃi:sən] (o, o) v. tr. insépar. dépasser ; excéder. | *überschießender Betrag,* excédent m. | *ein Blatt überschießen,* sauter une page. || MIL. tirer par-dessus. || [frierendes Wasser] commencer à prendre, à geler.
◇ v. pr. insépar. **sich überschießen,** faire la culbute.
◇ ["--/'--] v. intr. sépar. faire la culbute. | *nach hinten überschießen,* tomber à la renverse.

über|schiffen ['y:bər"ʃifən] v. tr. insépar. conduire sur l'autre rive ; transborder.
◇ ["--/'--] v. intr. sépar. passer sur l'autre rive ; faire la traversée ; franchir.

über|schlafen ['y:bər"ʃla:fən] v. intr. insépar. laisser passer en dormant.

Über|schlag ["y:bər'ʃla:k] m. (s,¨e). **1.** [ungefähre Berechnung] estimation f. ; calcul approximatif ; devis m. ; prévision (f.) sommaire. | *Überschlagsrechnung,* compte approximatif.
2. [Waage] mouvement (m.) de la balance, de l'aiguille.
3. mouvement (m.) de bascule ; culbute f. || AÉRON. looping m.
4. MÉD. cataplasme m. ; enveloppement m.
5. [Kleid] revers m. ; rabat m.
6. ÉLECTR. *Funkenüberschlag,* décharge (f.) électrique.
— SYN. : (de 1.) : *Schätzung,* estimation ; *Kostenanschlag,* devis ; *Berechnung,* calcul.

über|schlagen ['y:bər"ʃla:gən] (ä, u, a) v. tr. insépar. **1.** passer ; sauter ; négliger. | *beim Lesen hat er diese Stelle überschlagen,* il a sauté ce passage à la lecture. | *eine Mahlzeit überschlagen,* sauter un repas.
2. garnir. | *mit Gold überschlagen,* recouvrir d'or.
3. [erwägen] supputer ; calculer ; évaluer approximativement.
◇ v. pr. insépar. **sich überschlagen,** se renverser ; culbuter ; capoter ; [Fahrzeug] faire plusieurs tonneaux. || FIG. *seine Stimme überschlägt sich,* sa voix se brise.
◇ ["--/'--] v. intr. sépar. **1.** passer par-dessus ; jaillir. | *die Funken schlagen über,* les étincelles jaillissent. | *die See schlägt über,* la mer saute par-dessus (le pont, la digue).
2. se renverser ; basculer, chavirer. | *der Stuhl schlug über,* la chaise bascula. | *das Zünglein der Waage schlägt über,* l'aiguille de la balance penche.
3. FIG. *das schlägt in mein Fach über,* cela est de mon ressort.
4. se changer ; se transformer. | *es schlug in sein Gegenteil über,* les choses se sont inversées.
◇ v. tr. sépar. **1.** [überlegen] mettre, jeter sur. | *einen Schal überschlagen,* jeter un châle sur ses épaules.
2. PAR EXT. relever ; retrousser ; plier. | *die Beine überschlagen,* croiser les jambes.
◇ part. pass. **überschlagen.** *überschlagenes Wasser,* eau dégourdie, tiédie.

über|schläglich ['y:bər"ʃlɛ:kliç] adv. approximativement ; de façon sommaire.

über|schleichen ['y:bər"ʃlaiçən] (i, i) v. tr. insépar. [beschleichen] surprendre.

über|schleiern ['y:bər"ʃlaiərn] v. tr. insépar. masquer ; voiler.

über|schnappen ["y:bər'ʃnapən] v. intr. sépar. [Stimme] faire un couac ; se fausser. || [Feder] se débander ; sauter.
◇ part. pass. **übergeschnappt.** FIG., FAM. fou ; toqué.

über|schneiden (sich) [ziç'y:bər"ʃnaidən] (schnitt, geschnitten) v. pr. insépar. se croiser ; s'entrecouper ; se chevaucher ; se recouper.

Über|schneidung ['y:bər"ʃnaiduŋ] f. (-, en) intersection f. ; chevauchement m. ; recoupement m.

über|schneit ['y:bər"ʃnait] adj. enneigé ; couvert de neige.

über|schreiben ['y:bər"ʃraibən] (ie, ie) v. tr. insépar. couvrir de texte ; intituler. | *einen Text überschreiben,* donner un titre à un texte. | *einen Umschlag überschreiben,* écrire, mettre l'adresse sur une enveloppe. || [Waren] étiqueter. || FIN. endosser. | *überschriebener Wechsel,* traite endossée. | *jm etwas überschreiben,* mander qch. à qn.
◇ ["--/'--] v. tr. sépar. écrire au-dessus de qch. ; surcharger. | *übergeschriebene Zeile,* ligne surchargée. || [übertragen] transcrire ; reporter ; porter au crédit.

Über|schreibung ["y:bər'ʃraibuŋ] f. (-, en) report m. ; transcription f. || surcharge f.

über|schreien ['y:bər"ʃraiən] (ie, ie) v. tr. insépar. couvrir la voix (de qn). | *sich überschreien,* s'égosiller.

über|schreiten ['y:bər"ʃraitən] (i, i) v. tr. insépar. franchir ; traverser ; enjamber. | *die Grenze überschreiten,* franchir la frontière. || FIG. franchir ; dépasser ; outrepasser. | *ein Gesetz überschreiten,* enfreindre une loi. | *das Maß überschreiten,* dépasser la mesure.

Über|schreitung [-tuŋ] f. (-, en) franchissement m. || FIG. dépassement m. ; violation f. ; transgression f. ; excès m. | *Überschreitung der Amtsgewalt,* abus (m.) de pouvoir. || FIN. *Überschreitung eines Kredits,* dépassement (m.) de crédit. || LITTÉR. enjambement m.

Über|schrift ["y:bər'ʃrift] f. (-, en) titre m. ; suscription f. ; adresse f. ; épigraphe f. || [Gebäude] inscription f.

Über|schuhe ["y:bər'ʃu:ə] m. pl. snow-boots m.

über|schuldet ['y:bər"ʃuldət] adj. criblé de dettes. ||°**-schuldung** f. endettement m. ; passif m.

Über|schuß ["y:bər'ʃus] m. (es, ¨e) surplus m. ; surcroît m. ; excédent m. ; reste m. ; bénéfice m. ; boni m. ||**-schüssig** adj. excédentaire ; qui est en plus.

Überschuß|reserven ["y:bərʃusre'zɛrvən] f. pl. FIN. réserves (f. pl.) libres de liquidités.

über|schütten ['y:bər"ʃytən] v. tr. insépar. couvrir de ; combler ; déverser en abondance sur. | *jn mit Geschenken überschütten,* combler qn de cadeaux. | *jn mit Fragen überschütten,* presser qn de questions.
◇ ["--/'--] v. tr. sépar. verser ; répandre sur.

Über|schwall ["y:bər'ʃval] m. (s, ¨e), **Über|-schwang** [-'ʃvaŋ] m. (s) surabondance f. ; exubérance f. || FIG. débordement m. (d'enthousiasme).

über|schwemmen ['y:bər"ʃvɛmən] v. tr. insépar. inonder ; submerger ; noyer. ||°**-schwemmung** f. (-, en) inondation f.

über|schwenglich ["y:bər'ʃvɛŋliç et 'y:bər"ʃvɛŋliç] adj. surabondant ; exubérant ; débordant d'enthousiasme ; exalté. ||°**-schwenglichkeit** f. surabondance f. ; exaltation f. ; exubérance f.

über|schwimmen ["y:bər'ʃvimən] (a, o) v. tr. sépar. passer, franchir à la nage.

Über|see ["y:bər'ze:] f. outre-mer m. | *aus Übersee kommen,* venir d'outre-mer. || (en compos.) transatlantique. | *Überseedampfer,* transatlantique m. ; paquebot m.

über|seeisch [-'ze:iʃ] adj. d'outre-mer. || PAR EXT. colonial.

über|sehbar ['y:bər"ze:ba:r] adj. que l'on peut embrasser du regard. || FIG. prévisible.

über|sehen ['y:bər"ze:ən] (ie, a, e) v. tr. insépar. **1.** embrasser du regard ; dominer ; promener ses yeux sur. || FIG. saisir tout le sens, toute la portée de. || [mustern] examiner ; vérifier.
2. ne pas voir ; omettre ; laisser passer ; négliger. | *einen Fehler übersehen,* passer, sauter une faute. | *leicht zu übersehen,* qu'on ne remarque pas. | *er hat es übersehen,* cela lui a échappé.

über|selig ["y:bər'ze:liç] adj. très heureux ; comblé de joie.

über|senden ['y:bər"zɛndən] v. tr. insépar. envoyer ; expédier ; transmettre. || °**-sender** m. (s, -) expéditeur m. ||°**-sendung** f. (-, en) expédition f. ; envoi m.

über|setzbar ['y:bər"zɛtsba:r] adj. traduisible.

über|setzen ['y:bər"zɛtsən] v. tr. insépar.

1. traduire. | *ins Französische übersetzen*, traduire en français. || PAR EXT. transcrire ; interpréter. || TECHN. *eine Bewegung übersetzen*, transmettre un mouvement.
2. encombrer ; surcharger. | *übersetzter Beruf*, profession encombrée. || PAR EXT. majorer ; forcer. | *übersetzte Preise*, prix majorés, exagérés.
3. surélever. | *ein Haus übersetzen*, ajouter un étage à une maison.
◇ ["--/'--] v. intr. sépar. passer de l'autre coté ; franchir.
◇ ["--/'--] v. tr. sépar. conduire sur l'autre rive, de l'autre côté. | *der Fährmann hat uns übergesetzt*, le passeur nous a fait franchir le fleuve.

Über|setzer(in) ['y:bər"zɛtser(in)] m. (s, -), f. (-, nen) traducteur m., traductrice f.

Über|setzung [-"zɛtsuŋ] f. (-, en). **1.** traduction f. ; version f. ; thème m. | *Übersetzungsfehler*, faux-sens. || TECHN. *maschinelle, maschinengestützte Übersetzung*, traduction automatique, assistée par ordinateur.
2. ["y:bər'zɛtsuŋ] (Überfüllung) encombrement m. || TECHN. transmission f. | *Übersetzungsverhältnis*, rapport (m.) de transmission ; démultiplication f.

Über|sicht ["y:bər'ziçt] f. (-, en) vue (f.) d'ensemble ; aperçu m. ; résumé m. ; panorama m. ; abrégé m. ; sommaire m.

Übersichts|plan ["y:bərziçts'plɑ:n] m. (s, ¨e) plan (m.) d'ensemble. ||°**-tafel** f. (-, n) tableau (m.) synoptique.

über|sichtig [-tiç] adj. presbyte. ||°**-sichtigkeit** f. presbytie f. ||**-sichtlich** adj. clair ; bien disposé ; qu'on peut embrasser d'un seul coup d'œil. || °**-sichtlichkeit** f. clarté f. ; netteté f.

über|siedeln ["y:bər'zi:dəln et 'y:bər"zi:dəln] v. intr. sépar. et insépar. émigrer. | *nach Amerika übersiedeln*, aller s'établir en Amérique. ||°**-siedlung** f. (-, en) émigration f.

über|silbern ['y:bər"zilbərn] v. tr. insépar. argenter.

über|sinnlich ["y:bər'zinliç] adj. suprasensible ; transcendant ; immatériel ; surnaturel ; métaphysique. ||°**-sinnlichkeit** f. caractère suprasensible, immatériel ; transcendance.

über|spannen ['y:bər"ʃpanən] v. tr. insépar. **1.** tendre sur, par-dessus. | *mit Stoff überspannen*, recouvrir, tendre d'étoffe.
2. tendre exagérément. || FIG. exagérer ; surexciter. | *den Bogen überspannen*, trop tirer sur la corde.
◇ part. pass. **überspannt,** surtendu ; surexcité ; exalté ; survolté ; excentrique. | *überspannte Einfälle*, idées (f. pl.) excentriques.
◇ ["--/'--] v. tr. sépar. tendre sur, au-dessus de.

Über|spannung [-nuŋ] f. (-, en). ÉLECTR. surtension f. || [Überspanntheit] surexcitation f. ; exagération f. ; exaltation f.

über|spielen ['y:bər"spi:lən] v. tr. insépar. [Schallplatte] reproduire ; FAM. repiquer. | *eine Schallplatte auf eine Kassette überspielen*, repiquer un disque sur une cassette.

über|spitzen ['y:bər"ʃpitsən] v. tr. insépar. exagérer.
◇ part. pass. **überspitzt,** exagéré.

über|sprechen ['y:bər"ʃprɛçən] (i, a, o) v. tr. insépar. *einen Film übersprechen*, synchroniser un film. | *deutsch übersprochen*, doublé en allemand.

über|springen ['y:bər"ʃpriŋən] (a, u) v. tr. insépar. franchir ; sauter. | *einen Graben überspringen*, sauter par-dessus un fossé. | *eine Klasse überspringen*, sauter une classe. || [auslassen] omettre ; sauter. | *eine Mahlzeit überspringen*, sauter un repas. | *ich habe diese Stelle übersprungen*, j'ai sauté ce passage.
◇ ["--/'--] v. intr. sépar. franchir ; sauter par-dessus. || FIG. *von einem Gegenstand zum anderen überspringen*, passer d'un sujet à un autre. || MÉD. *auf etwas überspringen*, se communiquer à qch. ; contaminer qch. || ÉLECTR. jaillir.

über|sprudeln ["y:bər'ʃpru:dəln] v. intr. sépar. déborder ; bouillonner. | *von Witz übersprudeln*, pétiller d'esprit. | *seine Augen sprudelten vor Freude über*, ses yeux pétillaient de joie.

über|staatlich ["y:bər'ʃtɑ:tliç] adj. supranational.

Über|stand ["y:bər'ʃtant] m. (s, ¨e) dépassement m. ; avancée f. ; saillie f.

über|ständig [-'ʃtɛndiç] adj. trop mûr. || FIG. périmé ; démodé.

über|stehen ["y:bər'ʃte:ən] (stand, gestanden) v. intr. sépar. être au-dessus de ; faire saillie ; avancer.
◇ ['--/"--] v. tr. insépar. surmonter. | *eine Krise überstehen*, surmonter une crise. || FIG., FAM. *er hat es überstanden*, il est mort.

über|steigen ['y:bər"ʃtaigən] (ie, ie) v. tr. insépar. monter sur, par-dessus ; franchir. || FIG. surmonter ; dépasser. | *das übersteigt meine Kräfte*, c'est au-dessus de mes forces. | *das übersteigt meine Hoffnungen*, cela passe mes espérances.
◇ part. pass. **überstiegen,** forcé ; exagéré.
◇ ["--/'--] v. intr. sépar. passer ; monter par-dessus. || [Flüssigkeiten] déborder.

über|steigern ['y:bər"ʃtaigərn] v. tr. insépar. exagérer. | *die Preise übersteigern*, faire monter les prix. ||°**-steigerung** f. (-, en) surenchère f.

Über|steigung ['y:bər"ʃtaiguŋ] f. (-, en) passage m. ; escalade f.

über|stimmen ['y:bər"ʃtimən] v. tr. insépar. l'emporter sur ; avoir plus de voix que. | *überstimmt werden*, être mis en minorité.

über|streichen ['y:bər"ʃtraiçən] (i, i) v. tr. insépar. enduire ; badigeonner.

über|streifen ["y:bər'ʃtraifən] v. tr. [Kleid] enfiler (un vêtement).

Über|strom ["y:bər'ʃtro:m] m. (s, ¨e). ÉLECTR. surintensité f.

über|strömen ["y:bər'ʃtrø:mən] v. intr. sépar. déborder. || FIG. se répandre en. | *mit überströmender Herzlichkeit*, très cordialement.
◇ v. tr. ['--/"--] insépar. submerger ; inonder.

Über|strumpf ["y:bər'ʃtrumpf] m. (s, ¨e) guêtre f.

Über|stunde ["y:bər'ʃtundə] f. (-, n) heure (f.) supplémentaire.

über|stürzen ['y:bər"ʃtyrtsən] v. tr. et v. pr. insépar. (se) précipiter. | *die Ereignisse überstürzen sich*, les événements se précipitent. | *überstürzte Flucht*, fuite éperdue.
◇ ["--/'--] v. tr. sépar. mettre dessus.
◇ ["--/'--] v. intr. sépar. faire la culbute. || [Kraftwagen ; Flugzeuge] capoter.

Über|stürzung ['y:bər"ʃtyrtsuŋ] f. (-, en) précipitation f.

über|täfeln ['y:bər"tɛ:fəln] v. tr. insépar. lambrisser.

Übertage|bau [y:bər"tɑ:gə'bau] m. (s, -ten). NUCL. installation (f.) du jour.

über|täuben ['y:bər"tɔybən] v. tr. insépar. assourdir ; étourdir. ||°**-täubung** f. assourdissement m.

über|teuern ['y:bər"tɔyərn] v. tr. insépar. *die Preise überteuern*, surfaire les prix.

über|tölpeln ['y:bər"tølpəln] v. tr. insépar. tromper ; FAM. rouler.

über|tönen ['y:bər"tø:nən] v. tr. insépar. couvrir la voix, le bruit de.

Über|trag ["y:bər'trɑ:k] m. (s, ¨e). COMM. report m.

über|tragbar ['y:bər"trɑ:kbɑ:r] adj. transmissible ; cessible ; transférable ; négociable. | *durch Giro übertragbar*, transmissible par voie d'endossement. || INF. portable. || MÉD. *übertragbare Krankheit*, maladie contagieuse. | *sexuell übertragbare Krankheit*, maladie (f.) sexuellement transmissible (M.S.T.). ||°**-tragbarkeit** f. transmissibilité f. ; négociabilité f.

über|tragen ['y:bər"trɑ:gən] (ä, u, a) v. tr. insépar. **1.** transporter ; transférer ; transmettre. | *ein Amt übertragen*, déléguer des fonctions. | *eine Geldsumme übertragen*, virer, reporter une somme. | *durch Indossament übertragen*, endosser.
2. FIG. transcrire ; traduire. | *ins Französische übertragen*, traduire en français. || *übertragene Bedeutung*, sens figuré.
3. *übertragen werden*, se transmettre ; passer à. | *dieses Wort wurde bald in die Umgangssprache übertragen*, ce mot ne tarda pas à passer dans le langage courant. || MÉD. se transmettre.
4. RADIO. retransmettre ; diffuser.
◇ ["--/'--] v. tr. sépar. transporter ; transférer à un autre endroit.

Über|tragung ['y:bər"trɑ:guŋ] f. (-, en). **1.** transposition f. ; transfert m. ; translation f. | *Übertragung der Amtsgewalt*, délégation (f.) de pouvoir.
2. [Übersetzung] transcription f. ; traduction f.
3. LITTÉR. image f. ; métaphore f.
4. COMM. virement m. | *Übertragungsvermerk*, endossement m.
5. JUR. dation f.
6. ÉLECTR. transport m. || RADIO. retransmission f. ; relais m. | *Übertragungswagen*, voiture (f.) de reportage.

Übertragungs|weg ['y:bər"trɑ:guŋs've:k] m. (s, e). MÉD. mode (m.) de transmission.

über|treffen ['y:bər"trɛfən] (i, a, o) v. tr. insépar. surpasser ; dépasser ; dominer ; l'emporter sur ; être supérieur à ; surclasser. | *jn an Talent übertreffen*, avoir plus de talent que qn.

über|treiben ['y:bər"traibən] (ie, ie) v. tr. insépar. exagérer ; outrer ; passer toute mesure. | *er übertreibt seine Ansprüche*, il émet des prétentions exagérées. || PAR EXT. forcer la note ; FAM. y aller fort.

Über|treibung ['y:bər"traibuŋ] f. (-, en) exagération f. ; outrance f.

über|treten ["y:bər'tre:tən] (i, a, e) v. intr. sépar. passer de l'autre côté. | *zum Feinde übertreten*, passer à l'ennemi. | *zu einer anderen Religion übertreten*, se convertir. || PAR EXT. [Flüssigkeit] déborder.
◇ ['--/"--] v. tr. insépar. franchir ; transgresser ; violer ; enfreindre ; outrepasser. | *eine Vorschrift übertreten*, contrevenir à un règlement.
◇ v. pr. insépar. **sich übertreten.** *sich den Fuß übertreten*, se fouler le pied.

Über|tretung [-tuŋ] f. (-, en) passage m. ; traversée f. || infraction f. ; contravention f. || PAR EXT. conversion f.

über|trieben ['y:bər"tri:bən] adj. exagéré ; outré ; forcé ; extrême.

Über|tritt ["y:bər'trit] m. (s, e). FIG. passage m. ; conversion (f.) à. | *Übertritt zu einer Religion*, conversion à une religion.

über|trumpfen ['y:bər"trumpfən] v. tr. insépar. [Kartenspiel] surcouper. || FIG. surpasser.

über|tünchen ['y:bər"tynçən] v. tr. insépar. badigeonner ; blanchir à la chaux.

über|völkern ['y:bər"fø:klərn] v. tr. insépar. surpeupler. ||°**-völkerung** f. (-, en) surpopulation f. ; surpeuplement m.

über|voll ["y:bər'fɔl] adj. trop plein ; archicomble.

über|vorteilen ['y:bər"fo:rtailən] v. tr. insépar. *jn übervorteilen*, exploiter, léser qn. | *um eine große Summe übervorteilt*, lésé d'une somme importante. ||°**-vorteilung** f. (-, en) exploitation f. ; lésion f. ; tromperie f.

über|wach ["y:bər'vax] adj. extrêmement vif.

über|wachen ['y:bər"vaxən] v. tr. insépar. surveiller ; contrôler. | *polizeilich überwachen*, surveiller ; POP. fliquer. | *scharf überwachen*, surveiller de près. | *sich überwachen*, veiller trop longtemps. | *überwacht*, qui ne dort pas assez. ||°**-wachung** f. (-, en) surveillance f. ; contrôle m. | *polizeiliche Überwachung*, surveillance f. ; POP. flicage m. | *Funküberwachung*, écoute (f.) des transmissions. ||°**-wachungs|bereich** m. (s, e) zone surveillée.

über|wachsen ['y:bər"vaksən] (ä, u, a) v. tr. insépar. recouvrir de végétation.
◇ ["--/'--] v. intr. sépar. croître ; pousser par-delà, par-dessus.

über|wältigen ['y:bər"vɛltigən] v. tr. insépar. dompter ; vaincre ; subjuguer ; maîtriser. | *vom Schlaf überwältigt*, qui tombe de sommeil. | *überwältigend*, accablant ; PAR EXT. grandiose. | *überwältigend komisch*, d'un comique irrésistible. ||°**-wältiger** m. (s, -) vainqueur m. ||°**-wältigung** f. (-, en) victoire f.

Überwasser|fahrt ["ybərvasər'fɑ:rt] f. (-, en) marche (f.) d'un sous-marin en surface. ||°**-kriegsschiff** n. (s, e) bâtiment (m.) de surface.

über|weisen ['y:bər"vaizən] (ie, ie) v. tr. insépar. transmettre ; déléguer ; céder. || COMM. virer. | *auf js Konto überweisen*, virer au compte de qn. | *an einen Ausschuß überweisen*, renvoyer à une commission. || DIAL. [überführen] *jn einer Schuld überweisen*, convaincre qn d'une faute. || MIL. affecter à une unité. ||°**-weisung** f. (-, en) transmission f. ; renvoi m. ; transfert m. ; assignation f. ; affectation f. ; virement m. ; mandat m. | *telegrafische Überweisung*, mandat télégraphique. | *Überweisungsscheck*, chèque (m.) de virement. | *Überweisungstelegramm*, mandat (m.) télégraphique. || FIN. *Überweisung an Zahlungs Statt*, dation (f.) en paiement.

über|wendlich ['y:bər"vɛntliç] adj. et adv. *überwendlich nähen*, surjeter. | *überwendliche Naht*, surjet m.

über|werfen ["y:bər'vɛrfən] (i, a, o) v. tr. sépar. jeter par-dessus. | *ein Kleid überwerfen*, jeter un vêtement sur ses épaules.
◇ v. pr. insépar. **sich überwerfen.** [--'/"--] *sich mit jm überwerfen*, se brouiller avec qn.

Über|wert ["y:bər've:rt] m. (s, e). FIN. plus-value f. ||**-werten** ['--/"--] v. tr. surestimer. ||°**-wertung** f. (-, en) surestimation f.

über|wichtig ["y:bər'viçtiç] adj. qui pèse trop ; qui a plus que le poids. || FIG. de la plus grande importance.

über|wiegen ['y:bər"vi:gən] (o, o) v. tr. insépar. être plus lourd que ; l'emporter sur ; avoir la prépondérance, la majorité ; être déterminant.
◇ part. prés. **überwiegend,** prépondérant. — adv. principalement.

über|winden ['y:bər"vindən] (a, u) v. tr. insépar. vaincre ; surmonter ; l'emporter sur. | *einen Standpunkt überwinden*, dépasser, abandonner un point de vue. | *sich überwinden*, se faire violence. ||°**-winder** m. (s, -) vainqueur m. ; triomphateur m. ||**-windlich** adj. surmontable. ||°**-windung** f. (-, en) victoire f. ; triomphe m. (sur qch., qn). | *das hat mich viel Überwindung gekostet*, cela m'a coûté.

über|wintern ['y:bər"vintərn] v. intr. insépar. hiverner. || ZOOL. hiberner.
◇ v. tr. insépar. entretenir pendant l'hiver.

Über|winterung [-ruŋ] f. (-, en) hivernage m. ; séjour (m.) d'hiver. || ZOOL. hibernation f.

über|wölben ['y:bər"vœlbən] v. tr. insépar. couvrir d'une voûte.

über|wölken ['y:bər"vœlkən] v. tr. et v. pr. insépar. (se) couvrir de nuages.

über|wuchern ["y:bər'vuxərn] v. intr. sépar. pulluler.
◇ ['--/"--] v. tr. insépar. envahir d'herbes folles.

Über|wurf ["y:bər'vurf] m. (s, ¨e) crépi m. || [Gewand] manteau m. ; surtout m.

Über|zahl ["y:bər'tsɑ:l] f. surnombre m. ; surplus m. ; excédent m. | *in der Überzahl sein*, être supérieur en nombre. | *in Überzahl sein*, être en surnombre.

über|zählen ['y:bər"tsɛ:lən] v. tr. insépar. faire le compte de.
◇ v. pr. insépar. **sich überzählen,** se tromper en comptant.

über|zählig ["y:bər'tsɛ:liç] adj. excédent ; excédentaire ; surnuméraire ; en surplus.

Über|zahlung ["y:bər'tsɑ:luŋ] f. (-, en) excédent (m.) de paiement.

über|zeichnen ['y:bər"tsaiçnən] v. tr. insépar. *eine Anleihe überzeichnen*, surpasser le montant de la souscription d'un emprunt.

über|zeugen ['y:bər"tsɔygən] v. tr. insépar. convaincre ; persuader. | *ich habe ihn von seinem Irrtum überzeugt*, je l'ai convaincu de son erreur. | *sich von etwas überzeugen*, se convaincre de qch. | *überzeugend*, convaincant ; persuasif. | *überzeugend sprechen*, parler de façon persuasive ; convaincante. | *überzeugt*, convaincu ; persuadé ; qui a la conviction, la certitude. ||°**-zeugung** f. (-, en) persuasion f. || [fester Glaube] conviction f. ; ferme certitude f. | *Überzeugungskraft*, force (f.) de persuasion.

über|ziehen ["y:bər'tsi:ən] (zog, gezogen) v. intr. sépar. passer de l'autre côté. || PAR EXT. aller ailleurs. | *aus einer Stadt nach einer anderen überziehen*, quitter une ville pour aller s'établir dans une autre.
◇ v. tr. sépar. [Kleider] mettre, passer par-dessus. | *ziehen Sie Ihren Mantel über !*, mettez votre manteau.
◇ v. pr. sépar. **sich überziehen,** [Österreich] changer d'habits.
◇ ['--/"--] v. tr. insépar. **1.** couvrir ; garnir ; recouvrir. | *einen Sessel mit Leder überziehen*, recouvrir un fauteuil de cuir. | *neu überziehen*, rhabiller. | *überzogener Himmel*, ciel couvert. || CULIN. glacer. || [Bauwesen] enduire ; crépir. || FIG. *ein Land mit Krieg überziehen*, porter la guerre dans un pays.
2. COMM. *ein Konto überziehen*, laisser un compte à découvert. | *überzogenes Konto*, compte (m.) à découvert.

Über|zieher ["y:bər'tsi:ər] m. (s, -) pardessus m. ; manteau m. ; paletot m.

über|zinken ['y:bər"tsiŋkən] v. tr. insépar. zinguer ; galvaniser.

über|zinnen ['y:bər"tsinən] v. tr. insépar. étamer.

über|zuckern ['y:bər"tsukərn] v. tr. insépar. saupoudrer de sucre ; glacer ; candir ; praliner. || FIG. *jm die Pille überzuckern*, dorer la pilule à qn.

Über|zug ["y:bər'tsu:k] m. (s, ¨e) revêtement m. ; couche f. ; enduit m. ; crépi m. || [Möbel] housse f. | *Kissenüberzug*, taie (f.) d'oreiller. | *blauer Überzug*, bleu (m.) de travail. || étui m.

über|zwerch ['y:bər"tsvɛrç] adj. et adv. de biais ; de travers ; transversal. || FIG. hostile.

übler ['y:blər] (compar. de **übel**) pire.
üble(s) ['y:blə(s)]. V. ÜBEL et ÜBEL.
üblich ['y:bliç] adj. usuel ; d'usage ; usité. | *nicht mehr üblich sein*, être hors d'usage, désuet. || PAR EXT. consacré ; reçu. | *üblicher Gebrauch*, usage reçu.
Üblichkeit [-kait] f. usage m.
U-Bogen ["u:'bo:gən] m. (s, ¨) accent (m.) sur le ŭ.
U-Boot ['u:bo:t] n. (s, e). MAR. abrév. de **Unterseeboot,** sous-marin m. ; submersible m.
U-Boot|-Begleitschiff ["u:bo:tbə'glaitʃif] n. (s, e). MAR. ravitailleur (m.) de sous-marins. || °**-Bunker** m. (s, -) abri bétonné pour sous-marins. ||°**-Hafen** m. (s, ¨) base (f.) de sous-marins. || °**-Horchdienst** m. (es, e) service (m.) de détection des sous-marins. ||°**-Jäger** m. (s, -) chasseur (m.) de sous-marins. ||°**-Krieg** m. (s, e) guerre sous-marine. ||°**-Mann** m. (s, ¨er) sous-marinier m. ||°**-Stützpunkt** m. (s, e) base (f.) de sous-marins.
übrig ['y:briç] adj. restant ; de reste ; qui reste. | *übrig bleiben*, être de reste. | *nichts übrig lassen*, tout manger ; ne rien laisser ; faire place nette. | *im übrigen*, au reste ; du reste. | *ein übriges tun*, faire davantage. | *für jn etwas übrig haben*, avoir un faible pour qn. | *die übrigen*, les autres. | *übrig sein*, être de reste.
übrig|behalten ["y:briçbə'haltən] (ä, ie, a) v. tr. garder ; conserver. ||**-bleiben** (ie, ie) v. intr. rester ; subsister. ||**-haben** v. tr. avoir de reste. ||**-lassen** (ä, ie, a) v. tr. laisser de reste ; laisser un reste. | *das läßt zu wünschen übrig*, cela laisse à désirer.
übrigens ['y:brigəns] adv. du reste ; au reste ; d'ailleurs ; au demeurant.
Übung ['y:buŋ] f. (-, en) exercice m. ; étude f. ; entraînement m. | *in (der) Übung bleiben*, s'entretenir la main. | *aus der Übung kommen*, perdre l'habitude. | *wieder in Übung kommen*, se refaire la main. | *Übung des Glaubens*, acte (m.) de foi. || MUS. étude f. || PROV. *Übung macht den Meister*, c'est en forgeant qu'on devient forgeron.
Übungs|behandlung ["y:buŋsbə'handluŋ] f. (-, en) rééducation f. ||°**-beispiel** n. (s, e) exercice m. ||°**-buch** n. (s, ¨er) livre (m.) d'exercices. ||°**-flug** m. (s, ¨e) vol (m.) d'entraînement. ||°**-gelände** n. (s, -). MIL. terrain (m.) d'instruction. ||°**-lager** n. (s, -) camp (m.) de manœuvres. ||°**-munition** f. (-, en) munition (f.) d'exercice. | *mit Übungsmunition schießen*, tirer à blanc. ||°**-partner** m. (s, -) entraîneur m. ||°**-platz** m. (es, ¨e) place (f.) d'armes ; champ (m.) de manœuvres ; polygone (m.) d'artillerie. ||°**-stück** n. (s, e) exercice m. || MUS. étude f.
u. dgl. m., abrév. de **und dergleichen mehr,** et cætera (etc.) ; et ainsi de suite.
U-Eisen ["u:'aizən] n. (s, -) fer (m.) en U.
Ufer ['u:fər] n. (s, -) rive f. ; rivage m. ; bord m. ; littoral m. ; côte f. | *rechtes, linkes Ufer*, rive droite, rive gauche. | *zum Ufer gehörig*, littoral. | *am Ufer entlangfahren*, longer la rive, la côte. | *der Fluß tritt über die Ufer*, le fleuve sort de son lit.
— SYN. : *Strand*, rivage ; *Küste*, côte ; *Gestade*, littoral.
Ufer|balken ["u:fər'balkən] m. (s, -). MAR. corps mort. ||°**-bau** m. (s) endiguement m. ||°**-bewohner** m. (s, -) riverain m. ; personne (f.) qui habite sur le littoral. ||°**-bezirk** m. (s, e) littoral m. ||°**-böschung** f. (-, en), °**-hang** m. (s, ¨e) berge f. ||**-los** adj. et adv. sans rivage. || FIG. sans fin ; interminable. ||°**-moräne** f. (-, n). GÉOGR. moraine latérale. ||°**-schutzbauten** pl. digues f. pl. ; endiguement m. ||°**-seite** f. (-, n) rive f. ||°**-straße** f. (-, n) voie (f.) sur berge.
UFO, Ufo ['u:fo] n. (s, s) ovni m.
Uhr [u:r] f. (-, en). **1.** (pl. Uhren) horloge f. ; pendule f. ; montre f. | *Armbanduhr*, montre-bracelet f. | *Turmuhr*, horloge f. | *die Uhr schlägt*, l'horloge sonne. | *die Uhr geht genau*, l'horloge va juste. | *die Uhr steht*, l'horloge est arrêtée. | *die Uhr geht zehn Minuten vor*, l'horloge avance de dix minutes. | *die Uhr geht zehn Minuten nach*, l'horloge retarde de dix minutes. | *eine Uhr vorstellen, zurückstellen*, avancer, retarder une horloge. | *eine Uhr nach der genauen Zeit stellen*, mettre une horloge à l'heure. || PAR EXT. compteur m. | *Gasuhr*, compteur à gaz.
2. (sans pl.) heure f. (qu'il est). | *wieviel Uhr ist es ?*, quelle heure est-il ? | *es ist drei Uhr*, il est trois heures. | *es ist halb vier (Uhr)*, il est trois heures et demie. | *nach der Uhr fragen*, demander l'heure. | *nach der Uhr sehen*, regarder l'heure ; consulter sa montre. | *nach der Uhr sein*, être ponctuel. | *seine Uhr ist abgelaufen*, son heure est venue ; il va mourir.
Uhr|armband ["u:r'armbant] n. (s, ¨er) bracelet-montre m. ||°**-gehänge** n. (s) breloques f. pl. ||°**-gehäuse** n. (s, -) boîtier (m.) de montre. ||°**-gewicht** n. (s, e) contrepoids (m.) d'horloge. ||°**-glas** n. (es, ¨er) verre (m.) de montre. ||°**-kapsel** f. (-, n) cuvette (f.) de montre. ||°**-macher** m. (s, -) horloger m. ||°**-macherei** f., °**-macherkunst** f. horlogerie f. ||°**-tasche** f. (-, n) gousset m. ||°**-werk** n. (s) rouages m. pl. ; mouvement (m.) d'horlogerie. ||°**-zeiger** m. (s, -) aiguille (f.) de montre. || °**-zeigersinn** m. sens (m.) des aiguilles d'une montre.
Uhren|fabrik ["u:rənfa'brik] f. (-, en) horlogerie f. ||°**-fabrikant** m. (en, en) horloger m. ||°**-geschäft** n. (s, e) horlogerie f. ||°**-handel** m. (s) horlogerie f. ||°**-vergleich** m. (s, e) réglage (m.) des montres, des horloges.
Uhu [u'hu:] m. (s, e). ZOOL. grand duc m.
Ukas ['u:kas] m. (es, e) ukase m. ; décret m.
Ukelei ['u:kəlai] m. (s, e). ZOOL. ablette f.
UKW, abrév. de **Ultrakurzwelle.** RADIO. ondes ultracourtes ; modulation (f.) de fréquence. | *UKW-Sender*, émetteur (m.) à modulation de fréquence.
Ulan [u'lɑ:n] m. (en, en). MIL. uhlan m.
Ulk [ulk] m. (s, e) plaisanterie f. ; blague f. | *Ulk treiben*, FAM. rigoler.
ulken ['ulkən] v. intr. plaisanter ; badiner.
ulkig [-kiç] adj. amusant ; FAM. rigolo.
Ulme ['ulmə] f. (-, n). BOT. orme m.
Ultimatum [ulti'mɑ:tum] n. (s, s ou ta) ultimatum m.
Ultimo ['ultimo] m. (s, s) dernier jour d'un délai, du mois. | *ultimo Oktober*, fin octobre. | *ultimo dieses*, à la fin de ce mois ; fin courant. | *Ultimofälligkeiten*, échéances (f. pl.) de fin de mois.
ultra... (en compos.) ultra ; extrême.
Ultra m. (s, s). POLIT. ultra m.
Ultra|filter ["ultra'filtər] m. ou n. (s, -). PHYS. ultrafiltre m. ||°**-kurzwelle** f. (-, n) (en abr. UKW). RADIO. ondes ultracourtes ; modulation (f.) de fréquence. ||°**-marin** n. (s) bleu (m.) d'outremer. ||**-montan** adj. ultramontain. ||**-rot** adj. infrarouge. ||°**-schall** m. (s, ¨e) ultrason m. ||°**-schall|-diagnostik** f. (-, en). MÉD. échographie f. ||°**-schall|gerät** n. (s, e). MÉD. échographe m. ||°**-violett|bestrahlung** f. rayons ultraviolets. || °**-virus** n. (-, ren). MÉD. ultravirus m.
Ulysses [u'lysəs] n. pr. m. MYTH. Ulysse m.
um [um].

I. prép.
  1. SENS SPATIAL : autour de.
  2. SENS TEMPOREL : à.
  3. SENS CIRCONSTANCIELS DIVERS : **a)** idée de succession. — **b)** au sujet, à propos de. — **c)** pour ; à cause de ; en raison de. — **d)** idée d'enjeu ; pour. — **e)** de (différence). — **f)** [Vx.] sens explétif.
II. LOC.
  1. um... willen.
  2. um... zu.
  3. um so (comparatif).
III. adv.
  1. SENS LOCAL.
  2. SENS TEMPOREL.
IV. particule verbale.
  1. insépar.
  2. sépar.

I. prép. (acc.). — **1.** SENS SPATIAL : autour de. | *die Erde dreht sich um die Sonne*, la Terre tourne autour du Soleil. | *um das Haus liegt ein Garten*, un jardin entoure la maison. | *um sich greifen*, se propager ; s'étendre ; gagner du terrain. | *mir ist schwer ums Herz*, j'en ai gros sur le cœur. | *jm um den Hals fallen*, se jeter au cou de qn.
— OBSERV. Au sens local propre, « um » est souvent renforcé par « herum » : *die Leute standen um ihn herum*, les gens se tenaient autour de lui.
2. SENS TEMPOREL : à. | *um zehn Uhr*, à dix heures. || [gegen] à (approximativement) ; autour de ; aux environs de ; vers. | *um diese Zeit*, à cette époque ; vers ce temps-là. | *um die Mitte des sechzehnten Jahrhunderts*, vers le milieu du seizième siècle.
3. SENS CIRCONSTANCIELS DIVERS : **a)** [Folge] idée de succession. | *eine Katastrophe kam um die andere*, les catastrophes se succédaient. | *einen Tag um den anderen*,

un jour sur deux. | *Tag um Tag*, jour après jour. — **b)** [über] au sujet de ; à propos de ; pour ce qui est de ; en ce qui concerne ; de. | *ich weiß schon darum Bescheid*, je suis déjà au courant de cette affaire. | *schade um Sie !*, dommage pour vous. | *es tut mir leid um ihn*, cela me fait de la peine pour lui. | *es handelt sich um eine wichtige Sache*, il s'agit d'une chose importante. | *es ist ihm gewöhnlich ernst um sein Wort*, il n'a pas l'habitude de parler à la légère. | *wie steht es um Ihre Gesundheit ?*, qu'en est-il de votre santé ? | *um etwas fürchten*, craindre pour qch. | *es ist um ihn geschehen*, c'en est fait de lui. | *um sein Geld gekommen sein*, en être pour son argent. | *um etwas kommen*, perdre qch. | *jn um sein Vermögen bringen*, faire perdre à qn sa fortune. — **c)** [Ursache] pour ; à cause de ; en raison de. | *jn um seines Charakters willen lieben*, aimer qn pour son caractère. | *ihm ist nur um Geld zu tun*, il ne s'intéresse qu'à l'argent. — **d)** idée d'enjeu : pour ; au prix de. | *um jeden Preis*, à tout prix. | *um keinen Preis*, à aucun prix. | *um alles in der Welt*, pour tout au monde. | *Auge um Auge*, œil pour œil. | *um zehn Mark wetten*, parier dix marks. | *um die Freiheit kämpfen*, lutter pour la liberté. — **e)** de (différence). | *(um) drei Jahre älter als sein Bruder*, de trois ans plus âgé que son frère. | *um die Hälfte zu lang*, trop long de moitié. | *er hat sich um zehn Mark verrechnet*, il s'est trompé de dix marks dans son calcul. — **f)** [Vx.] explétif : *es ist eine schöne Tugend um den Mut*, c'est une belle vertu que le courage.

II. Loc. — **1. um... willen,** pour l'amour de. | *um Gottes willen*, pour l'amour de Dieu. || Par ext. au nom de ; par égard à ; dans l'intérêt de. | *um meinetwillen*, par égard pour moi.

2. um... zu (infin.) pour ; afin de. | *um nichts zu vergessen*, pour ne rien oublier. | *zu dumm, um es zu verstehen*, trop bête pour comprendre cela.

3. um so (compar.) *um so mehr*, d'autant plus ; *um so weniger*, d'autant moins. | *es ist um so teurer*, c'est d'autant plus cher. | *er ist mir um so lieber*, il m'est d'autant plus cher ; je l'aime d'autant plus. | *je mehr..., um so mehr*, plus..., plus. | *um so besser*, tant mieux. | *um so schlimmer*, tant pis.

— Observ. *desto* est synonyme de *um so*.

III. adv. — **1.** Sens local : *um und um*, tout autour ; à la ronde. | *Feinde waren um und um*, il était entouré d'ennemis de tous côtés. || Mil. *rechts um !*, demi-tour à droite !

2. Sens temporel : *diese Zeit ist um*, ce temps-là n'est plus ; cette époque est révolue. | *das Jahr ist um*, l'année est finie. | *die Frist ist um*, le délai est expiré.

IV. particule verbale mixte. — **1.** insépar. dans le sens de entourer. | *umgeben*, entourer. | *umarmen*, embrasser. | *umschiffen*, doubler. | *umfassen*, contenir ; comprendre ; englober.

2. sépar. et accentuée : **a)** renverser : *umfahren*, renverser avec une voiture ; tuer. | *umbringen*, tuer, faire mourir. | *umfallen*, tomber à la renverse. | *umkommen*, périr. | *umgraben*, retourner la terre. — **b)** détourner ; dévier ; changer. | *umgeleitete Straße*, route déviée. | *umziehen*, déménager. | *umsteigen*, changer (de train). | *umkehren*, changer de sens. | *umfüllen*, transvaser. — **c)** transformer ; modifier ; changer. | *umgearbeitete Ausgabe*, édition remaniée. | *sich umziehen*, changer de vêtements. | *umgekehrt*, vice versa.

um|ackern [ʺum'akərn] v. tr. sépar. labourer ; retourner avec la charrue.

Um|adressierung [ʺumadrɛ'si:ruŋ] f. (-, en). Postes. changement (m.) d'adresse.

um|ändern [ʺum'ɛndərn] v. tr. sépar. transformer ; changer ; modifier ; remanier. ||°**-änderung** f. (-, en) modification f. ; changement m. ; remaniement m.

um|arbeiten [ʺum'arbaitən] v. tr. sépar. refaire ; refondre ; remanier. | *umgearbeitete Ausgabe*, édition remaniée. || [Erde] remuer ; retourner. ||°**-arbeitung** f. (-, en) refonte f. ; remaniement m. ; remise (f.) sur le chantier. || Par ext. travail, ouvrage refondu.

um|armen ['umʺarmən] v. tr. insépar. embrasser ; enlacer ; passer ses bras autour de. | *sich umarmen*, s'embrasser. ||°**-armung** f. (-, en) embrassement m. ; accolade f. ; étreinte f.

Um|bau ['umbau] m. (s, e). **1.** (de **umbauen** sépar.) transformation (f.), reconstruction (f.) d'un bâtiment. || Par ext. nouveau bâtiment.

2. (de **umbauen** insépar.) bâtiment (m.) qui entoure ; baldaquin m.

um|bauen [ʺum'bauən] v. tr. sépar. transformer une construction. || Fig. remanier ; refondre.

◇ ['-/ʺ--] v. tr. insépar. entourer de bâtiments.

um|behalten [ʺumbə'haltən] (ä, ie, a) v. tr. sépar. [Kleider] garder sur soi.

Umber ['umbər] m. (s, -). Zool. ombre m.

um|beschrieben ['umbəʺʃri:bən] adj. Math. circonscrit.

um|besetzen [ʺumbə'zɛtsən] v. tr. sépar. changer la distribution des rôles, la disposition.

um|bestellen [ʺumbə'ʃtɛlən] v. tr. sépar. changer, modifier une commande ; donner un autre ordre.

um|betten [ʺum'bɛtən] v. tr. sépar. changer de lit. || Géogr. *einen Fluß umbetten*, changer le lit d'une rivière ; détourner le cours d'une rivière.

um|biegen [ʺum'bi:gən] (o, o) v. tr. sépar. courber ; recourber.

um|bilden [ʺum'bildən] v. tr. sépar. transformer ; changer. ||°**-bildung** f. (-, en) transformation f. ; remaniement m.

um|binden [ʺum'bindən] (a, u) v. tr. sépar. lier, mettre ; nouer autour. | *eine Krawatte, eine Schürze umbinden*, mettre une cravate, un tablier. | *das Schwert umbinden*, ceindre l'épée. | *ein Buch umbinden*, changer la reliure d'un livre.

◇ ['-/ʺ--] v. tr. insépar. entourer. | *mit etwas umbinden*, entourer de qch. | *mit Stricken umbunden*, cordé ; ficelé.

um|blasen [ʺum'bla:zən] (ä, ie, a) v. tr. sépar. renverser en soufflant.

◇ ['-/ʺ--] v. tr. insépar. *von den Winden umblasen*, exposé à tous les vents.

um|blättern [ʺum'blɛtərn] v. tr. sépar. tourner les feuilles, les pages ; feuilleter.

Um|blick ['umblik] m. (s, e) coup (m.) d'œil à la ronde ; vue générale.

um|blicken (sich) [ziçʺum'blikən] v. pr. sépar. regarder autour de soi.

Umbra ['umbra] f. Géol. terre (f.) d'ombre.

um|brausen ['umʺbrauzən] v. tr. insépar. mugir autour de ; entourer de mugissements.

um|brechen [ʺum'brɛçən] (i, a, o) v. tr. sépar. défoncer ; défricher. | *den Boden umbrechen*, défricher la terre.

◇ v. intr. sépar. se briser sous le poids.

◇ ['-/ʺ--] v. tr. insépar. Typogr. mettre en pages.

Um|brechung [ʺum'brɛçuŋ] f. (-, en) rupture f. ; défrichement m.

Umbrien ['umbriən] n. pr. n. (s). Géogr. Ombrie f.

um|bringen [ʺum'briŋən] (brachte, gebracht) v. tr. sépar. assassiner ; tuer ; mettre à mort. | *sich umbringen*, se suicider.

Um|bruch ['umbrux] m. (s, ¨e). Agric. terre défrichée. || Typogr. mise (f.) en pages. || Mines. galerie (f.) de détour. || Fig. révolution f. ; bouleversement m.

um|buchen [ʺum'bu:xən] v. tr. sépar. modifier une réservation. || Comm. transférer, virer une somme. ||°**-buchung** f. (-, en) modification (f.) de réservation. || Comm. transfert m. ; virement m.

um|decken [ʺum'dɛkən] v. tr. sépar. **1.** *ein Haus umdecken*, refaire le toit d'une maison.

2. *einen Tisch umdecken*, changer le couvert d'une table.

um|denken [ʺum'dɛnkən] v. intr. sépar. réviser ses conceptions.

Um|denken n. (s) révision f. (des conceptions) ; réorientation f. (d'une action).

um|deuten [ʺum'dɔytən] v. tr. sépar. interpréter de façon différente. ||°**-deutung** f. (-, en) interprétation différente.

um|dichten [ʺum'diçtən] v. tr. sépar. *ein Gedicht umdichten*, remanier un poème. ||°**-dichtung** f. (-, en) transposition (f.) poétique.

um|drängen ['umʺdrɛŋən] v. tr. insépar. assiéger.

um|drehen [ʺum'dre:ən] v. tr. sépar. tourner ; faire tourner ; retourner ; faire pivoter. | *einen Hahn umdrehen*, tourner un robinet. | *jm den Hals umdrehen*, tordre le cou à qn. || Fig. *den Spieß umdrehen*, retourner l'argument ; rétorquer.

◇ v. pr. sépar. **sich umdrehen**, se retourner. | *der Wind dreht sich um*, le vent tourne. | *die Räder drehen sich um*, les roues tournent. | *sich um eine Angel umdrehen*, pivoter.

Um|drehung [-'dre:uŋ] f. (-, en) rotation f. ; révolution f. ; tour m. ; retournement m. | *fünfhundert Umdrehungen in der Minute*, cinq cents tours par minute. | *Umdrehungszähler*, compte-tours m.

Um|druck ['umdruk] m. (s, e) réimpression f.

um|dunkeln ['umʺduŋkəln], **-düstern** [-ʺdystərn] v. tr. insépar. obscurcir ; assombrir.

um|einander ['umain"andər] adv. l'un autour de l'autre. || Par ext. l'un après l'autre.

um|fahren ["um'fɑ:rən] (ä, u, a) v. tr. sépar. renverser avec une voiture.
◇ v. intr. sépar. faire des détours.
◇ ['-/"--] v. tr. insépar. faire le tour de. || Mar. doubler.

Um|fahrt ['umfɑ:rt] f. (-, en) tournée f. (en voiture). || [Umweg] détour m.

um|fallen ["um'falən] (ä, ie, a) v. intr. sépar. tomber à la renverse ; verser ; chavirer. || Fig. péricliter. || [Vieh] mourir. || Polit. changer subitement d'avis ; tourner casaque.

Um|fang ['umfaŋ] m. (s, ¨e) circonférence f. ; périmètre m. ; tour m. ; pourtour m. || Par ext. volume m. ; étendue f. | *Umfang eines Buches*, taille (f.) d'un livre. | *Umfang eines Geschäfts*, importance (f.), étendue d'une affaire. | *Umfang des Schadens*, étendue du dommage. || Philos. extension f. | *Umfang eines Begriffes*, extension (f.), acception (f.) d'un concept. || [Stimme] étendue f. ; volume m.

um|fangen ['um"faŋən] (ä, i, a) v. tr. insépar. entourer ; embrasser ; enlacer.

Umfangs|mauer ["um'faŋs'mauər] f. (-, n) mur (m.) d'enceinte. ||°**-winkel** m. (s, -). Math. angle inscrit.

um|fänglich ["um'fɛŋliç], **umfang|reich** ["umfaŋ'raiç] adj. très étendu ; grand ; gros ; volumineux ; spacieux.

um|färben ["um'fɛrbən] v. tr. sépar. reteindre.

um|fassen ['um"fasən] v. tr. insépar. embrasser ; entourer ; enserrer ; contenir. || Fig. embrasser ; dominer ; comprendre ; cerner. | *das Programm umfaßt diese Frage*, le programme comprend, comporte cette question. || Mil. encercler ; cerner. | *umfassend*, vaste ; étendu ; ample ; large. ||°**-fassung** f. (-, en) clôture f. ; entourage m. ; enceinte f. | *Umfassungsmauer*, mur (m.) d'enceinte. || Mil. encerclement m. ; mouvement tournant, enveloppant.

um|flechten ['um"flɛçtən] (i, o, o) v. tr. insépar. tresser autour de ; entrelacer. | *mit Lorbeer umflochtenes Haupt*, tête ceinte de laurier. | *umflochtene Flasche*, bouteille clissée. ||°**-flechtung** f. (-, en) clissage m.

um|fliegen ['um"fli:gən] (o, o) v. tr. insépar. voler autour de ; contourner en volant.

um|fließen ['um"fli:sən] (o, o) v. tr. insépar. entourer de ses eaux ; baigner. || Par ext. nimber.

um|floren ['um"flo:rən] v. tr. insépar. voiler.

um|fluten ['um"flu:tən] v. tr. insépar. environner, entourer de ses flots. || [bespülen] baigner.

um|formen ["um'fɔrmən] v. tr. sépar. transformer ; modifier ; convertir. ||°**-former** m. (s, -). Électr. convertisseur m. ||°**-formung** f. transformation f.

Um|frage ["um'frɑ:gə] f. (-, n) enquête f. ; sondage m. | *eine Umfrage durchführen*, faire une enquête. ||**-fragen** v. intr. sépar. faire une enquête ; poser des questions à la ronde.

um|frieden ['um"fri:dən] v. tr. insépar. clôturer ; clore ; entourer. ||°**-friedung** f. (-, en) clôture f. ; enceinte f.

um|füllen ["um'fylən] v. tr. sépar. transvaser. ||°**-füllung** f. (-, en) transvasement m.

um|funktionieren ["umfunktsio'ni:rən] v. tr. sépar. détourner de sa destination première ; transformer.

Um|gang ['umgaŋ] m. (s, ¨e). **1.** tour m. ; tournée f. ; ronde f. || Archit. galerie f.
2. Fig. relations f. pl. ; fréquentations f. pl. ; commerce m.

um|gänglich ["um'gɛŋliç] adj. [gesellig] sociable ; d'un commerce agréable.

Um|gänglichkeit [-kait] f. (-) sociabilité f.

Umgangs|formen ["umgaŋs'fɔrmən] f. pl. usages m. pl. ; civilité f. ; savoir-vivre m. ||°**-sprache** f. (-, n) langue (f.) de la conversation courante.

um|garnen ['um"garnən] v. tr. insépar. entourer de fils, de filets ; capturer à l'aide de filets. || Fig. enjôler ; séduire ; circonvenir.

um|geben ['um"ge:bən] (i, a, e) v. tr. insépar. entourer ; environner ; ceindre. ||°**-gebung** f. (-, en) environs m. pl. ; alentours m. pl. || [Umwelt] milieu m. ; entourage m.

Um|gegend ["um'ge:gənt] f. environs m. pl. ; alentours m. pl.

um|gehen ['um"ge:ən] (ging, gegangen) v. tr. insépar. faire le tour de ; contourner. || Mil. *den Feind umgehen*, tourner l'ennemi. || Fig. tourner ; éluder. | *eine Vorschrift umgehen*, tourner un règlement. | *eine Schwierigkeit umgehen*, éluder une difficulté.
◇ ["-/'--] v. intr. sépar. **1.** faire un détour ; faire le tour ; rôder ; circuler. | *in diesem Schloß geht es um*, ce château est hanté. | *die Nachricht geht um*, la nouvelle circule.
2. fréquenter ; avoir des relations avec. | *mit jm umgehen*, fréquenter qn. || Prov. *sage mir, mit wem du umgehst, so will ich dir sagen, wer du bist*, dis-moi qui tu hantes, je te dirai qui tu es.
3. traiter ; manier. | *mit Kindern umgehen*, s'occuper d'enfants. | *mit dem Gewehr umzugehen wissen*, savoir manier un fusil. | *mit etwas sparsam umgehen*, ménager qch.
◇ part. pass. **umgehend.** *mit umgehender Post*, par retour du courrier.

Um|gehen ["um'ge:ən] n. (s) action de tourner, d'éviter.

Um|gehung ['um"ge:uŋ] f. (-, en) fraude (f.) à l'égard d'une loi ; contravention f.

Umgehungs|bewegung ['um"ge:uŋsbə've:guŋ] f. (-, en). Mil. mouvement tournant. ||°**-straße** f. (-, n) rocade f.

um|gekehrt ["umgə'ke:rt] adj. retourné ; renversé ; inversé. | *in umgekehrter Richtung*, en sens inverse. | *umgekehrte Seite*, envers m. | *umgekehrte Hand*, revers (m.) de la main. | *in umgekehrtem Verhältnis*, en raison inverse. | *das Umgekehrte*, l'inverse m.
◇ adv. réciproquement ; inversement ; à l'inverse ; vice versa.

um|gestalten ["umgə'ʃtaltən] v. tr. sépar. transformer ; modifier la forme ; refondre ; remanier. ||°**-gestaltung** f. (-, en) transformation f. ; changement m. ; refonte f. ; remaniement m.

um|gießen ["um'gi:sən] (o, o) v. tr. sépar. transvaser. || Métall. refondre.
◇ ['-/"--] v. tr. insépar. baigner ; entourer de.

Um|gießung ["um'gi:suŋ] f. (-, en) transvasement m. || Métall. refonte f.

um|gleisen ["um'glaizən] v. tr. sépar. changer de voie.

um|graben ["um'grɑ:bən] (ä, u, a) v. tr. sépar. retourner ; bêcher | *einen Acker umgraben*, retourner un champ. | *Bäume umgraben*, arracher, déchausser des arbres.
◇ ['-/"--] v. tr. insépar. creuser un fossé autour ; entourer d'un fossé.

Um|grabung ["um'grɑ:buŋ] f. (-, en) bêchage m. ; labour m. ; fouilles f. pl.

um|grenzen ['um"grɛntsən] v. tr. insépar. entourer d'une frontière ; borner ; circonscrire ; délimiter. ||°**-grenzung** f. (-, en) enceinte f. ; délimitation f. ; circonscription f.

um|gruppieren ["umgru'pi:rən] v. tr. sépar. regrouper.

um|gürten ['um"gyrtən] v. tr. insépar. ceindre. | *seine Lenden umgürten*, ceindre ses reins.
◇ ["-/'--] v. tr. sépar. *ein Schwert umgürten*, ceindre une épée.

um|haben ["um'hɑ:bən] v. tr. sépar. porter un vêtement.

um|hacken ["um'hakən] v. tr. sépar. retourner à la pioche ; biner ; abattre à la pioche.

um|halsen ['um"halzən] v. tr. insépar. *jn umhalsen*, sauter au cou de qn ; embrasser qn. ||°**-halsung** f. (-, en) embrassement m. ; accolade f.

Um|hang ['umhaŋ] m. (s, ¨e) cape f. ; pèlerine f.

um|hängen ["um'hɛŋən] v. tr. sépar. suspendre.
◇ ['-/"--] v. tr. insépar. mettre, jeter sur les épaules.

Umhänge|riemen ["umhɛŋə'ri:mən] m. (s, -) bandoulière f. ||°**-tasche** f. (-, n) sacoche f. ; [Beutel] musette f.

um|hauen ["um'hauən] (hieb, gehauen) v. tr. sépar. abattre à coups de hache.

um|hegen ['um"he:gən] v. tr. insépar. enclore ; entourer d'une haie. || Fig. dorloter ; soigner.

um|her [um'he:r] adv. autour ; alentour ; en tous sens ; çà et là. | *rings umher*, tout autour.

umher|blicken [um"he:r'blikən] v. intr. regarder tout autour de soi. ||**-fahren** (ä, u, a) v. tr. et v. intr. (se) promener en voiture. ||**-flattern** v. intr. voltiger çà et là ; fig. papillonner. ||**-fliegen** (o, o) v. intr. voler ; s'envoler au gré du vent. ||**-führen** v. tr. guider un promeneur. ||**-gehen** (ging, gegangen) v. intr. aller çà et là ; déambuler. ||**-irren** v. intr. vagabonder. ||**-laufen** (ä, ie, a) v. intr. courir de tous côtés ;

divaguer. ||**-liegen** (a, e) v. intr. traîner. ||**-schleichen** (i, i) v. intr. rôder. ||**-schweifen** v. intr. errer. ||**-sehen** (ie, a, e) v. intr. regarder autour de soi. ||**-springen** (a, u) v. intr. gambader. ||**-streichen** (i, i) v. intr. vagabonder. ||**-treiben (sich)** [ie, ie] v. pr. mener une vie vagabonde. ||**-wandeln** v. intr. déambuler. ||**-werfen** (i, a, o) v. tr. jeter pêle-mêle ; éparpiller. ||**-ziehen** (zog, gezogen) v. intr. vagabonder. | *umherziehendes Volk*, peuple errant, nomade.

um|hin [um'hin] adv. *ich konnte nicht umhin, zu sagen...*, je ne pus m'empêcher de dire...

um|hören (sich) [ziç"um'hø:rən] v. pr. sépar. *sich nach etwas umhören*, questionner à la ronde ; faire une enquête au sujet de qch. ; se renseigner sur qch.

um|hüllen ['um"hylən] v. tr. insépar. envelopper ; recouvrir ; protéger. || FIG. [verschleiern] voiler ; cacher. ||°**-hüllung** f. (-, en) enveloppe f. ; voile m. || TECHN. chemise f. || [Kabel] armature f.

um|kapseln ['um"kapsəln] v. tr. insépar. MÉD. enkyster.

Um|kehr ['um"ke:r] f. retour m. ; renversement m. ; conversion f. || ÉLECTR. conversion f. | *Umkehrschalter*, inverseur m.

um|kehrbar ["um'ke:rba:r] adj. qu'on peut retourner ; réversible. ||°**-kehrbarkeit** f. réversibilité f.

um|kehren ["um'ke:rən] v. tr. sépar. tourner ; retourner ; renverser ; inverser. | *alles umkehren*, tout remuer ; mettre tout sens dessus dessous. | *wie man eine Hand umkehrt*, en un tour de main. || FIG. *den Spieß umkehren*, riposter de la même manière ; retourner un argument. || GRAMM. intervertir. | *umgekehrter Satz*, proposition (f.) inverse. || MATH. *einen Bruch umkehren*, renverser une fraction. || ÉLECTR. inverser.

◇ v. intr. sépar. faire demi-tour ; revenir sur son chemin, sur ses pas ; retourner en arrière. || PAR EXT. opérer une conversion ; changer (de position, d'avis).

◇ v. pr. sépar. **sich umkehren,** se retourner.

Um|kehrer ["um'ke:rər] m. (s, -). AÉRON. inverseur m.

Um|kehrung [-'ke:ruŋ] f. (-, en) retournement m. ; renversement m. ; intervertissement m. ; bouleversement m. || GRAMM. inversion f. || MUS. renversement m.

um|kippen ["um'kipən] v. intr. sépar. se retourner ; capoter ; verser ; perdre l'équilibre ; chavirer ; basculer ; culbuter.

◇ v. tr. sépar. renverser ; faire basculer. | *einen Topf umkippen*, renverser un pot.

um|klammern ['um"klamərn] v. tr. insépar. embrasser ; étreindre ; s'accrocher, se cramponner à. ||°**-klammerung** f. étreinte.

um|klappen ["um'klapən] v. tr. sépar. *einen Deckel umklappen*, rabattre un couvercle.

um|kleiden ['um"klaidən] v. tr. insépar. revêtir. | *schwarz umkleidet*, tendu de noir.

◇ ["-/'--] v. tr. et v. pr. sépar. **sich umkleiden,** changer de vêtements.

Umkleide|kabine ["umklaidəka'bi:nə] f. (-, n) cabine (f) d'essayage. ||°**-raum** m. (es, ¨e) vestiaire m.

Um|kleidung ['um"klaiduŋ] f. (-, en) revêtement m.

um|kommen ["um'kɔmən] v. intr. sépar. périr ; mourir ; succomber. || PAR EXT. se gâter.

um|kränzen ['um"krɛntsən] v. tr. insépar. couronner.

Um|kreis ["um'krais] m. (es, e) cercle m. ; pourtour m. ; périmètre m. | *in einem Umkreis von zehn Kilometern*, dans un rayon de dix kilomètres. | *im ganzen Umkreis*, tout à la ronde.

um|kreisen ['um"kraizən] v. tr. insépar. voler autour de ; entourer ; encercler.

Um|kreisung [-zuŋ] f. (-, en) encerclement m.

um|krempeln ["um'krɛmpəln] v. tr. sépar. retrousser.

um|laden ["um'la:dən] (ä, u, a) v. tr. sépar. transborder. ||°**-ladung** f. (-, en) transbordement m.

Um|lage ["um'la:gə] f. (-, n) répartition (f.) des impôts. | *Kostenumlage*, répartition des frais. || PAR EXT. [Österreich] impôt m.

um|lagern ['um"la:gərn] v. tr. insépar. assiéger ; faire le siège de ; cerner ; obséder. ||°**-lagerung** f. (-, en) siège m.

Um|land ['umlant] n. (s) environs m. pl.

Um|lauf ['umlauf] m. (s, ¨e) circulation f. ; révolution f. ; tour m. ; rotation f. || FIG. cours m. ; circulation f. | *in Umlauf bringen*, mettre en circulation.

Umlauf|bahn ["umlauf'ba:n] f. (-, en). ASTRON. orbite (f.) de révolution. ||°**-geschwindigkeit** f. (-, en). ÉCON. [Geld] vitesse (f.) de circulation (de la monnaie). || TECHN. vitesse (f.) de rotation. || °**-kühlung** f. (-, en) réfrigération (f.) en circuit fermé. ||°**-mittel** n. pl., °**-vermögen** n. (s, -). FIN. fonds (m.) de roulement. ||°**-rad** n. (s, ¨er). TECHN. planétaire m. ||°**-zahl** f. (-, en). [Motor] nombre (m.) de tours par minute. ||°**-zeit** f. (-, en). ASTRON. période (f.) de révolution.

um|laufen ["um'laufən] (ä, ie, a) v. intr. sépar. tourner en rond ; faire des détours. || FIG. circuler. | *ein Gerücht läuft um*, un bruit circule, court. | *umgelaufene Periode*, période révolue.

◇ v. tr. sépar. renverser en courant.

◇ ['-/"--] v. tr. insépar. faire le tour de... en courant.

Um|laut ["um'laut] m. (s, e) métaphonie f. ; inflexion f. ; voyelle infléchie. ||**-lauten** v. tr. sépar. GRAMM. infléchir.

um|legbar ["um'le:kba:r] adj. réversible.

Umlege|kragen ["umle:gə'kra:gən] m. (s, -) col rabattu.

um|legen ['um"le:gən] v. tr. insépar. entourer ; envelopper ; garnir.

◇ ["-/'--] v. tr. sépar. mettre, poser autour. || FIN. *die Steuern umlegen*, répartir les impôts. || renverser ; rabattre. | *einen Kragen umlegen*, rabattre un col. || MAR. changer de route. | *das Schiff umlegen*, virer de bord. || POP. descendre.

Um|legung ["um'le:guŋ] f. (-, en) remaniement m. ; renversement m. || FIG. répartition (f.) des impôts. | *Umlegung von Grundstücken*, remembrement m.

um|leiten ["um'laitən] v. tr. sépar. dévier ; détourner ; dériver ; dérouter. ||°**-leitung** f. (-, en) déviation f. ; dérivation f. ; déroutement m. ; détournement m.

um|lenken ["um'lɛŋkən] v. intr. sépar. tourner ; virer ; changer de direction, FIG. d'opinion.

◇ v. tr. sépar. faire tourner ; faire virer ; modifier la direction.

um|lernen ["um'lɛrnən] v. tr. sépar. [den Beruf wechseln] se recycler ; [umdenken] réviser ses conceptions.

um|liegend ["um'li:gənt] adj. environnant ; d'alentour.

um|lodern ['um"lo:dərn] v. tr. insépar. entourer, environner de flammes.

um|manteln ['um"mantəln] v. tr. insépar. enrober ; envelopper ; gainer. ||°**-mantelung** f. (-, en) gaine f. ; enrobage m. || ÉLECTR. blindage m.

um|mauern ['um"mauərn] v. tr. insépar. entourer de murs ; emmurer.

um|münzen ["um'myntsən] v. tr. sépar. refondre la monnaie.

um|nachten ['um"naxtən] v. tr. insépar. envelopper de ténèbres. || FIG. *umnachtet*, fou ; aliéné. ||°**-nachtung** f. aliénation mentale.

um|nähen ['um"nɛ:ən] v. tr. insépar. border ; ourler.

um|nebeln ['um"ne:bəln] v. tr. insépar. envelopper de brouillard. | *umnebelter Geist*, esprit troublé.

um|nennen ["um'nɛnən] (nannte, genannt) v. tr. sépar. donner un autre nom à ; changer l'appellation de. ||°**-nennung** f. (-, en) modification (f.) d'appellation.

um|packen ["um'pakən] v. tr. sépar. refaire ses bagages ; changer d'emballage.

um|pflanzen ["um'pflantsən] v. tr. sépar. transplanter.

◇ ['-/"--] v. tr. insépar. entourer de plantes, d'arbres.

um|pflastern ["um'pflastərn] v. tr. sépar. changer les pavés ; repaver.

um|pflügen ["um'pfly:gən] v. tr. sépar. retourner un champ à la charrue.

um|polen ["um'po:lən] v. tr. sépar. ÉLECTR. inverser les pôles.

um|prägen ["um'prɛ:gən] v. tr. sépar. refondre la monnaie.

um|pusten ["um'pustən] v. tr. sépar. renverser en soufflant dessus. || FAM. *er ist zum Umpusten*, il ne tient pas debout.

um|quartieren ["umkvar'ti:rən] v. tr. sépar. déloger ; envoyer dans une autre garnison.

um|rahmen ["um'ra:mən] v. tr. sépar. changer de cadre.

◇ v. tr. insépar. encadrer.

um|rändeln ['um"rɛndəln], **-randen** [-"randən], **-rändern** [-"rɛndərn] v. tr. insépar. border.

um|rangieren ["umraŋʒi:rən] v. tr. sépar. *einen Zug umrangieren*, faire passer un train sur une autre voie.

um|ranken ['um"raŋkən] v. tr. insépar. recouvrir (plantes grimpantes).

um|rechnen ["um'rɛçnən] v. tr. sépar. FIN. convertir ; changer. ||°**-rechnung** f. (-, en) conversion f. ; change m. || MATH. réduction f.

Umrechnungs|faktor ["umrɛçnuŋs'faktɔr] m. (s, en) coefficient m. ||°**-kurs** m. (es, e) taux (m.) de conversion ; cours m. ||°**-verhältnis** n. (ses, se) taux (m.) du change.

um|reißen ["um'raisən] (i, i) v. tr. sépar. renverser ; abattre.

◇ ['-/"--] v. tr. insépar. tracer les contours ; esquisser ; ébaucher.

um|reiten ['um"raitən] (i, i) v. tr. insépar. faire le tour de... à cheval.

◇ ["-/'--] v. tr. sépar. renverser qch. avec son cheval.

um|rennen ['um"rɛnən] (umrannte, umrannt) v. tr. insépar. faire le tour de... en courant.

◇ ["-/'--] v. tr. sépar. renverser en courant.

Um|richter ["um'riçtər] m. (s, -). ÉLECTR. mutateur m.

Umrichter|anlage ["umriçtər'anla:gə] f. (-, n). ÉLECTR. convertisseur m.

um|ringen ['um"riŋən] v. tr. insépar. entourer. | *umringt von*, environné de.

Um|riß ['umris] m. (es, e) contour m. ; silhouette f. ; tracé m. ; profil m.

Um|ritt ['umrit] m. (s, e) cavalcade f. ; tournée (f.) à cheval.

um|rühren ["um'ry:rən] v. tr. sépar. agiter ; remuer.

um|rütteln ["um'rytəln] v. tr. sépar. secouer.

ums [ums] contraction de **um das.**

um|sacken ["um'zakən] v. tr. sépar. *eine Ware umsacken*, changer une marchandise de sac ; mettre une marchandise dans un autre sac.

um|satteln ["um'zatəln] v. intr. sépar. changer de selle, de cheval. || FIG. changer de métier, d'opinion.

◇ v. tr. sépar. *ein Pferd umsatteln*, changer la selle d'un cheval.

Um|sattelung [-təluŋ] f. (-, en) changement (m.) de selle. || FIG. changement (m.) de métier, d'opinion.

Um|satz ['umzats] m. (es, ¨e) transactions f. pl. ; vente f. ; échanges m. pl. ; chiffre (m.) d'affaires. || [Absatz] débit m.

Umsatz|besteuerung ["umzatsbe'ʃtɔyəruŋ] f. ÉCON. imposition (f.) sur le chiffre d'affaires. ||°**-betrag** m. (s, ¨e) chiffre (m.) d'affaires. ||°**-erlös** m. (es, e) produit (m.) des transactions. ||°**-steuer** f. (-, n) taxe (f.), impôt (m.) sur le chiffre d'affaires.

um|schalten ["um'ʃaltən] v. tr. sépar. AUTOM. changer de vitesse. || RADIO. changer de longueur d'ondes. ||°**-schalter** m. (s, -). ÉLECTR. permutateur m. ||°**-schalthebel** m. (s, -) levier (m.) de changement de vitesse, de commande. ||°**-schalttaste** f. (-, n). [Schreibmaschine] touche (f.) de transposition ; fixe-majuscules m. ||°**-schaltung** f. (-, en). ÉLECTR. commutation f. ; permutation f. || AUTOM. changement (m.) de vitesse ; passage (m.) des vitesses. || RADIO. changement (m.) de longueur d'onde.

um|schanzen ['um"ʃantsən] v. tr. insépar. entourer de retranchements.

um|schatten ['um"ʃatən] v. tr. insépar. ombrager.

Um|schau ['umʃau] f. tour (m.) d'horizon ; revue f. | *Umschau halten*, passer en revue.

um|schauen (sich) [ziç"um'ʃauən] v. pr. sépar. se retourner pour voir.

um|schaufeln ["um'ʃaufəln] v. tr. sépar. retourner à la pelle.

um|schichten ["um'ʃiçtən] v. tr. sépar. regrouper ; modifier l'ordre, la disposition. ||**-schichtig** adj. et adv. alternatif ; à tour de rôle.

um|schießen ["um'ʃi:sən] (o, o) v. intr. sépar. *der Wind schießt um*, le vent tourne subitement.

◇ v. tr. sépar. abattre d'un coup de fusil, d'arme à feu. || TYPOGR. *einen Bogen umschießen*, réimposer une feuille.

um|schiffen ['um"ʃifən] v. tr. insépar. MAR. passer au large de ; doubler ; tourner.

◇ ["-/'--] v. tr. sépar. transborder.

Um|schiffen ["um'ʃifən] n. (s) transbordement m. || ['-/"--] [Umsegelung] périple m.

Um|schlag ['umʃla:k] m. (s, ¨e). **1.** [Hülle] enveloppe f. ; couverture f. || [Zeitungen] bande f.

2. [Kleider] bord m. ; parement m. ; rabat m.

3. MÉD. enveloppement m. ; compresses f. pl.

4. [plötzlicher Wechsel] changement m. ; revirement m.

5. MAR. *Umschlag von Schiff zu Schiff*, transbordement m.

Umschlag|depot ["umʃla:kde'po:] n. (s, e). MAR. dépôt (m.) de transit. ||°**-eisen** n. (s, -) fer (m.) à rabattre ; tranche f. ||°**-hafen** m. (s, ¨) port (m.) de transbordement. ||°**-manschette** f. (-, n) poignet (m.) mousquetaire. ||°**-papier** n. (s, e) papier (m.) d'emballage. ||°**-winkel** m. (s, -) angle (m.) de pliage.

Umschlage|kragen ["umʃla:gə'kra:gən] m. (s, -) col rabattu. ||°**-tuch** n. (s, ¨er) châle m.

um|schlagen ["um'ʃla:gən] (ä, u, a) v. intr. sépar. tomber à la renverse ; verser ; capoter. | *ein Boot schlägt um*, un bateau chavire, se retourne. || PAR EXT. tourner, changer brusquement. | *der Wind schlägt um*, le vent change brusquement de direction. || FIG. changer soudainement ; faire volte-face ; évoluer brusquement ; prendre un tour inattendu. | *der Erfolg schlug in eine Niederlage um*, le succès se transforma soudain en défaite. || CULIN. tourner ; aigrir. | *die Milch ist in der Nacht umgeschlagen*, le lait a tourné dans la nuit.

◇ v. tr. sépar. [umhauen] renverser. | *Bäume umschlagen*, abattre des arbres. || [umwenden] retourner ; tourner. | *eine Seite umschlagen*, tourner une page. || [umprägen] *Münzen umschlagen*, refondre des pièces de monnaie. || [umlegen] mettre autour ; appliquer sur. | *ein Tuch umschlagen*, mettre un fichu. || [hochstellen] retrousser. | *den Kragen umschlagen*, rabattre son col. | *einen Nagel umschlagen*, rabattre un clou. || COMM. transborder. | *Waren umschlagen*, transborder des marchandises.

◇ ['-/"--] v. tr. insépar. envelopper ; emballer.

Um|schlagen ["um'ʃla:gən] n. (s) renversement m. ; retournement m. ; revirement m. | *Umschlagen des Glücks*, revers (m. pl.) de fortune. || [Schiffen] chavirement m. || [Wagen] capotage m. || COMM. transbordement m.

um|schleichen ["um'ʃlaiçən] (i, i) v. intr. sépar. rôder çà et là.

◇ ['-/"--] v. tr. insépar. rôder autour de. || PAR EXT. épier ; guetter.

um|schleiern ['um"ʃlaiərn] v. tr. insépar. couvrir d'un voile ; voiler.

um|schließen ['um"ʃli:sən] (o, o) v. tr. insépar. entourer ; enclore, cerner. || MIL. investir. | *das Umschließen*, l'investissement. | *die Umschließung*, l'investissement ; l'enceinte.

um|schlingen ['um"ʃliŋən] (a, u) v. tr. insépar. enlacer.

◇ ["-/'--] v. tr. sépar. entortiller.

um|schmeicheln ['um"ʃmaiçəln] v. tr. insépar. flatter avec servilité.

um|schmeißen ["um'ʃmaisən] (i, i) v. tr. sépar. renverser ; jeter à terre. || FIG. *einen Plan umschmeißen*, mettre un projet par terre.

um|schmelzen ["um'ʃmɛltsən] v. tr. sépar. refondre. ||°**-schmelzung** f. (-, en) refonte f. ; refusion f.

um|schnallen ["um'ʃnalən] v. tr. sépar. *den Degen umschnallen*, ceindre l'épée.

um|schreiben ["um'ʃraibən] (ie, ie) v. tr. sépar. modifier un texte ; récrire. || COMM. *auf jn umschreiben*, transférer au nom de qn.

◇ ['-/"--] v. tr. insépar. paraphraser. || délimiter ; localiser. | *diese Rechte sind genau umschrieben*, ces droits sont strictement délimités. || MATH. circonscrire.

Um|schreibung ["um'ʃraibuŋ] f. (-, en) périphrase f. ; circonlocution f. || ['-/"-] JUR. mutation f. ; transfert m.

Um|schrift ['umʃrift] f. (-, en). **1.** copie f. ; transcription f. | *Umschrift eines Textes in Lautschrift*, transcription d'un texte en écriture phonétique.

2. [Münzen] inscription f. ; légende f.

Um|schuldung ["um'ʃulduŋ] f. FIN. conversion f.

um|schulen ["um'ʃu:lən] v. tr. sépar. recycler. ||°**-schulung** f. (-, en) rééducation (scolaire, professionnelle) ; reconversion f. ; recyclage m.

um|schütten ["um'ʃytən] v. tr. sépar. renverser ; transvaser.

Um|schweif ["um'ʃvaif] m. (s, e) détour m. ; digression f. | *etwas ohne Umschweife sagen*, dire qch. sans détours, sans ambages.

um|schwenken ["um'ʃvɛŋkən] v. intr. sépar. faire des culbutes, des pirouettes. || FIG. changer d'avis.

Um|schwung ['umʃvuŋ] m. (s, ¨e). **1.** rotation f. ; révolution f.

2. FIG. revirement m. ; changement (m.) brusque. | *Umschwung der öffentlichen Meinung*, revirement de l'opinion publique.

um|segeln ['um"ze:gəln] v. tr. insépar. doubler ; faire le tour de... en bateau. ||°**-segelung** f. (-, en) périple m. ; circumnavigation f.

um|sehen (sich) [ziç"um'ze:ən] (ie, a, e) v. tr. sépar. **1.** regarder autour de soi ; se tourner ; se retourner. | *sich nach jm umsehen*, se retourner pour voir qn ; chercher qn des yeux. || FIG. chercher ; rechercher. | *sich nach Arbeit umsehen*, chercher du travail. || FAM. *er kann sich lange umsehen*, il peut courir.

2. chercher à s'orienter ; se reconnaître. | *ehe man sich umgesehen hat*, avant d'avoir eu le temps de se retourner ; en un clin d'œil. | *sich in der Welt umgesehen haben*, avoir vu du pays.

Um|sehen [-'ze:ən] n. (s) *im Umsehen*, en un clin d'œil.

um|seitig ["um'zaitiç] adv. au verso ; de l'autre côté de la page.

um|setzbar ["um'zɛtsbɑ:r] adj. convertible. || FIN. *in bares Geld umsetzbar*, réalisable.

um|setzen ["um'zɛtsən] v. tr. sépar. **1.** placer ; mettre autour.

2. déplacer ; déplanter.

3. convertir ; réaliser ; négocier.

4. transposer ; traduire.

5. COMM. convertir ; réaliser ; négocier ; débiter.

6. *einen Zug umsetzen*, faire passer un train d'une voie sur une autre.

Um|setzen n. (s, -). SPORT. [Gewichtheben] épaulé m.

Um|sich|greifen ['umziç"graifən] n. (s) propagation f. ; envahissement m. ; (action de) se répandre.

Um|sicht ['umziçt] f. circonspection f. ; précaution f. ; prudence f. ||**-sichtig** adj. prudent ; circonspect. ||°**-sichtigkeit** f. circonspection f.

um|siedeln ["um'zi:dəln] v. tr. sépar. installer ailleurs ; transplanter. ||°**-siedler** m. (s, -) émigrant m. ; personne déplacée.

um|sonst [um'zɔnst] adv. gratuitement ; pour rien ; sans raison. || [vergebens] inutilement ; en vain. | *ganz umsonst*, en pure perte.

um|spannen ["um'ʃpanən] v. tr. sépar. tendre autour. || TRANSP. changer de chevaux. || ÉLECTR. transformer (la tension).

◇ ['-/"--] v. tr. insépar. entourer ; embrasser. | *Taille zum Umspannen*, taille (f.) de guêpe. || FIG. embrasser. | *sein Geist umspannte viele Gebiete*, son intelligence embrassait de multiples domaines.

Umspann|werk ["umʃpan'vɛrk] n. (s, e). ÉLECTR. poste (m.) de transformation.

um|springen ["um'ʃpriŋən] (a, u) v. intr. sépar. **1.** [Wind] sauter ; changer brusquement de direction. | *der Wind ist nach Norden umgesprungen*, le vent a tourné au nord.

2. FIG. *mit jm rücksichtslos umspringen*, traiter qn sans égards ; se jouer de qn.

◇ v. tr. sépar. renverser en sautant.

◇ ['-/"--] v. tr. insépar. sauter autour de.

um|spulen ["um'ʃpu:lən] v. tr. sépar. PHOT. réembobiner ; faire passer un film sur une autre bobine.

um|spülen ['um"ʃpy:lən] v. tr. insépar. baigner ; arroser.

Um|stand ['umʃtant] m. (s, ¨e) circonstance f. | *unter diesen Umständen*, dans ces circonstances. | *unter keinen Umständen*, en aucun cas ; sous aucun prétexte. | *unter Umständen*, le cas échéant ; éventuellement. | *die näheren Umstände beachten*, prêter attention à tous les détails. || JUR. *mildernde Umstände*, circonstances atténuantes. || FIG. *Umstände machen*, faire des façons, des cérémonies.

◇ m. pl. **Umstände,** situation f. ; position f. | *in guten Umständen*, dans une bonne situation (de fortune). | *in anderen, gesegneten Umständen sein*, être enceinte.

Umstands|bestimmung ["umʃtantsbə'ʃtimuŋ] f. (-, en) adverbe m. ||**-halber** adv. à cause de la situation ; étant donné la situation. ||°**-kleid** n. (s, er) robe (f.) de grossesse. ||°**-krämer** m. (s, -). FIG. pédant m. ; homme pointilleux, vétilleux. ||°**-satz** m. (es, ¨e). GRAMM. proposition circonstancielle. ||°**-wort** n. (s, ¨er) adverbe m.

um|ständlich ["um'ʃtɛntliç] adj. **1.** trop minutieux. | *umständlicher Bericht*, compte rendu trop minutieux. || PAR EXT. [weitschweifig] prolixe.

2. qui fait des façons, des manières ; cérémonieux.

3. difficultueux ; incommode.

Um|ständlichkeit [-kait] f. (-, en).**1.** prolixité f.

2. caractère cérémonieux ; cérémonies f. pl.

um|stauen ["um'ʃtauən] v. tr. sépar. désarrimer.

um|stechen ["um'ʃtɛçən] (i, a, o) v. intr. sépar. bêcher, retourner la terre.

um|stecken ["um'ʃtɛkən] v. tr. sépar. refaire ; transplanter.

◇ ['-/"--] v. tr. insépar. entourer de jalons.

um|stehen ['um"ʃte:ən] (umstand, umstanden) v. tr. insépar. entourer.

◇ ["-/'--] part. prés. **umstehend.** *die Umstehenden*, les assistants m. pl. ; l'assistance f. || *umstehend*, au verso ; à la page suivante.

Umsteige|karte ["umʃtaigə'kartə] f. (-, n) ticket (m.), billet (m.) de correspondance.

um|steigen ["um'ʃtaigən] (ie, ie) v. intr. sépar. changer de train.

Umstell|bahnhof ["umʃtɛl'bɑ:nho:f] m. (s, ¨e) gare (f.) de triage.

um|stellen ["um'ʃtɛlən] v. tr. sépar. changer de place ; transformer. || [Wörter] transposer. || FIG. *einen Betrieb auf eine neue Herstellung umstellen*, adapter une entreprise à une fabrication nouvelle. || INF. *(einen Betrieb) auf EDV umstellen*, informatiser (une entreprise). || FAM. *sich umstellen*, changer son fusil d'épaule.

◇ ['-/"--] v. tr. insépar. entourer ; cerner.

Um|stellung ["um'ʃtɛluŋ] f. (-, en) déplacement m. ; transposition f. ; réadaptation f. || FIG., FAM. changement (m.) d'opinions.

um|steuern ["um'ʃtɔyərn] v. tr. sépar. TECHN. renverser (le courant, la marche). || MAR. virer de bord. ||°**-steuerung** f. (-, en) changement (m.) de marche, de mouvement ; inversion f.

um|stimmen ["um'ʃtimən] v. tr. sépar. MUS. changer de ton ; accorder sur un autre ton. || FIG. faire changer d'avis ; retourner l'opinion.

um|stoßen ["um'ʃto:sən] (ö, ie, o) v. tr. sépar. renverser. | *einen Eimer umstoßen*, renverser un seau. | *alles umstoßen*, tout bouleverser. || FIG. renverser ; abolir. | *einen Kauf umstoßen*, rompre un marché. | *ein Testament umstoßen*, invalider un testament. | *ein Urteil umstoßen*, casser un jugement. | *umstoßend*, péremptoire. ||**-stößlich** adj. révocable ; annulable. ||°**-stoßung** f. (-, en) annulation f. ; cassation f.

um|streiten ['um"ʃtraitən] (i, i) v. tr. insépar. disputer ; controverser. | *umstrittene Frage*, question controversée.

um|strukturieren ["umʃtruktu'ri:rən] v. tr. restructurer. ||°**-strukturierung** f. (-, en) restructuration f.

um|stülpen ["um'ʃtylpən] v. tr. sépar. retrousser.

Um|sturz ['umʃturts] m. (es, ¨e) révolution f. ; bouleversement m.

Umsturz|bewegung ["umʃturtsbə've:guŋ] f. (-, en) mouvement (m.) révolutionnaire. ||°**-gedanken** m. pl. idées subversives.

um|stürzen ["um'ʃtyrtsən] v. tr. sépar. retourner ; renverser. || FIG. bouleverser ; renverser ; faire œuvre de subversion.

◇ v. intr. sépar. tomber à la renverse ; s'écrouler ; capoter.

Um|stürzler ["um'ʃtyrtslər] m. (s, -) révolutionnaire m. ; esprit subversif.

um|stürzlerisch [-iʃ] adj. révolutionnaire ; subversif.

um|taufen ["um'taufən] v. tr. sépar. débaptiser.

Um|tausch ['umtauʃ] m. (es, e) échange m. ; troc m. | *Umtausch zum Nennwert*, échange au pair. || FIN. arbitrage m. ||**-tauschbar** adj. [Währung] convertible. ||°**-tauschbarkeit** f. convertibilité f. ||**-tauschen** v. tr. sépar. troquer ; échanger.

Um|topfen ["um'tɔpfən] n. (s, -) dépotage m.

Um|trieb ['umtri:p] m. (s, e) rotation f. || BOT. cycle (m.) de la vie d'une plante.

◇ m. pl. **Umtriebe,** intrigues f. pl. ; menées f. pl. ; machinations f. pl.

Umtrunk ['umtruŋk] m. (s) *Umtrunk halten*, boire en compagnie ; trinquer.

um|tun ['umtu:n] (tat, getan) v. tr. sépar. [umle-

gen] *einen Mantel umtun*, jeter un manteau sur ses épaules.
◇ v. pr. sépar. **sich umtun,** se renseigner au sujet de ; s'informer de ; faire des recherches sur. | *er tut sich nach einer neuen Stellung um*, il recherche un nouvel emploi.

um|wachsen ['um"vaksən] (ä, u, a) v. intr. insépar. croître, pousser autour de. | *mit Weiden umwachsene Weide*, pâturage entouré de saules.

um|wallen ['um"valən] v. tr. insépar. flotter autour de. || [umgeben] entourer de remparts. ||°**-wallung** f. (-, en) enceinte f. ; remparts m. pl.

um|wälzen ["um'vɛltsən] v. intr. sépar. rouler. || bouleverser ; renverser ; révolutionner. ||°**-wälzung** f. (-, en) révolution f. ; bouleversement m.

Umwälz|pumpe ["umvɛlts'pumpə] f. (-, n). TECHN. pompe (f.) de recirculation.

um|wandelbar ["um'vandəlbɑ:r] adj. commuable ; [Wertpapier] convertible.

um|wandeln ["um'vandəln] v. tr. et v. pr. sépar. **1.** transformer ; (se) changer ; (se) métamorphoser. | *sich in sein Gegenteil umwandeln*, se transformer en son contraire.
2. rôder autour (de).

Um|wandlung [-dluŋ] f. (-, en) transformation f. ; changement m. | *Umwandlungsprozeß*, métamorphose f. | *in Umwandlung begriffen*, en cours de transformation. || FIN. conversion f. | *Umwandlung von Reserven*, incorporation (f.) de réserves. || CHIM. transmutation f.

Um|wandler [-dlər] m. (s, -) transformateur m.

um|wechseln ["um'vɛksəln] v. tr. sépar. changer. | *eine Banknote gegen Gold umwechseln*, changer un billet pour de l'or. | *die Felder umwechseln*, alterner les cultures.
◇ v. intr. sépar. [abwechseln] alterner.

Um|wechselung [-səluŋ] f. (-, en) alternance f.

Um|weg ['umve:k] m. (s, e) détour m. || FIG. biais m. ; moyen détourné. | *auf Umwegen*, par des moyens détournés.

um|wehen ["um've:ən] v. tr. sépar. renverser par son souffle.
◇ ['-/"--] v. tr. insépar. souffler autour de.

Um|welt ['umvɛlt] f. environnement m. ; milieu m. ; ambiance f. | *umweltbedingt*, conditionné par le milieu.

Umwelt|belastung ["umvɛltbə'lastuŋ] f. (-, en) nuisance f. ; pollution f. ||**-freundlich** adj. biodégradable ; non polluant. | *umweltfreundliches Papier*, papier recyclé. ||°**-papier** n. (s, e) papier recyclé. ||°**-schäden** m. pl. nuisances f. pl. ||°**-schutz** m. (es) protection (f.) de l'environnement. ||°**-schützer(in)** m. (s, -), f. (-, nen) défenseur (m.) de l'environnement, écologiste s. ||°**-schutz|maßnahme** f. (-, n) mesure(s) f. (pl.) de dépollution. ||°**-sünder** m. (s, -) pollueur m. ||°**-verschmutzung** f. (-) pollution f. (de l'environnement).

um|wenden ["um'vɛndən] (wandte, gewandt et conjug. faible) v. tr. sépar. tourner ; retourner. | *die Seiten eines Buches umwenden*, tourner les pages d'un livre. | *bitte umzuwenden*, t.s.v.p. (tournez, s'il vous plaît). | *wie man eine Hand umwendet*, en un tour de main.
◇ v. intr. sépar. retourner (sur ses pas) ; virer.
◇ v. pr. sépar. **sich umwenden,** se retourner.

um|werben ['um"vɛrbən] (i, a, o) v. tr. insépar. courtiser ; s'empresser autour de.

um|werfen ["um'vɛrfən] (i, a, o) v. tr. sépar. **1.** jeter sur ses épaules. | *einen Mantel umwerfen*, jeter un manteau sur ses épaules.
2. [umstoßen] retourner ; renverser. | *Kegel umwerfen*, abattre des quilles. | *diese Nachricht hat uns umgeworfen*, cette nouvelle nous a bouleversés.
◇ v. intr. sépar. se renverser ; verser ; chavirer. || FIG. faire faillite ; rater ; avorter.

um|werten ["um'vɛrtən] v. tr. sépar. donner une autre valeur à ; transvaluer ; réévaluer. ||°**-wertung** f. (-, en) renversement (m.) des valeurs ; transvaluation f. ; réévaluation f.

um|wickeln ["um'vikəln, 'um"vikəln] v. tr. sépar. et insépar. envelopper ; entortiller.

um|winden ["um'vindən] (a, u) v. tr. sépar. mettre autour.
◇ ['-/"--] v. tr. insépar. ceindre de guirlandes, de couronnes.

um|wittert ['um"vitərt] adj. enveloppé ; entouré. | *von Gefahren umwittert*, environné de dangers.

um|wohnend ["um'vo:nənt] adj. voisin ; des alentours. ||°**-wohner** m. pl. voisins m. pl.

um|wölken ['um"vølkən] v. tr. et v. pr. insépar. *der Himmel hat sich umwölkt*, le ciel s'est couvert de nuages.

um|wühlen ["um'vy:lən] v. tr. sépar. fouiller ; retourner.

um|zäunen ['um"tsɔynən] v. tr. insépar. clôturer ; enclore. ||°**-zäunung** f. (-, en) clôture f. ; enclos m.

um|ziehen ['um"tsi:ən] (umzog, umzogen) v. tr. insépar. faire le tour de ; entourer. || FIG. *der Himmel umzieht (bezieht) sich*, le ciel se couvre.
◇ ["-/'--] v. tr. sépar. mettre d'autres vêtements à.
◇ ["-/'--] v. pr. sépar. **sich umziehen,** se changer.
◇ ["-/'--] v. intr. sépar. déménager. | *in eine andere Wohnung umziehen*, changer d'appartement.

um|zingeln ['um"tsiŋəln] v. tr. insépar. cerner ; encercler ; investir.

Um|zug ['umtsu:k] m. (s, ¨e) déménagement m. || cortège m. ; procession f.

un [un] préfixe, accentué, de valeur négative. Il correspond aux préfixes français « in », « dis », « dé », « mé », « mal ». Dans les mots en *-bar*, *-lich*, *-sam*, il perd généralement l'accent. Allié à un mot désignant une quantité, il marque la quantité excessive ; dans ce cas, il n'est pas accentué.

un|abänderlich ['unap"ɛndərliç] adj. invariable ; immuable ; inaltérable. ||°**-abänderlichkeit** f. invariabilité f. ; immutabilité f.

un|abbüßlich ['unap"bysliç] adj. inexpiable.

un|abdingbar ['unap"diŋbɑ:r] adj. JUR. inéluctable.

un|abhängig ["unap'hɛŋiç] adj. indépendant ; autonome. ||°**-abhängigkeit** f. indépendance f. ; autonomie f. ||°**-abhängigkeits|bewegung** f. (-, en). POLIT. mouvement (m.) indépendantiste.

un|abkömmlich ['unap"kømliç] adj. indisponible. || MIL. *jn unabkömmlich stellen*, mettre qn en sursis d'appel.

un|ablässig ["unap'lɛsiç, 'unap"lɛsiç] adj. continuel ; perpétuel.

un|ablöslich ['unap"lø:sliç] adj. FIN. non amortissable. | *unablösliche Anleihe*, emprunt consolidé.

un|absehbar ['unap"ze:bɑ:r] adj. qui s'étend à l'infini. || FIG. imprévisible.

un|absetzbar ['unap"zɛtsbɑ:r] adj. inamovible. ||°**-absetzbarkeit** f. inamovibilité f.

un|absichtlich ['unap"ziçtliç] adj. non intentionnel ; non prémédité.

un|abtretbar ['unap"tre:tbɑ:r] adj. incessible.

un|abweisbar ['unap"vaisbɑ:r], **un|abweislich** [-liç] adj. qu'on ne peut refuser ; impérieux.

un|abwendbar ['unap"vɛntbɑ:r] adj. inévitable ; inéluctable ; imparable.

un|achtsam ["un'axtzɑ:m] adj. inattentif ; imprudent. ||°**-achtsamkeit** f. inattention f. ; imprudence f. ; inadvertance f. ; étourderie f.

un|adelig ["un'ɑ:dəliç] adj. roturier.

un|ähnlich ["un'ɛ:nliç] adj. dissemblable. ||°**-ähnlichkeit** f. dissemblance f.

un|anfechtbar ['unan"fɛçtbɑ:r] adj. inattaquable ; hors de tout reproche.

un|angebracht ["un'angəbraxt] adj. déplacé, incongru.

un|angemeldet ["unangə'mɛldət] adj. à l'impro viste ; sans avoir prévenu.

un|angemessen ["unangə'mɛsən] adj. impropre ; inconvenant ; inadéquat.

un|angenehm ["un'angəne:m] adj. désagréable.

un|angetastet ["unangə'tastət] adj. intact ; auquel on ne touche pas.

un|angreifbar ['unan"graifbɑ:r] adj. inattaquable.

un|annehmbar ['unan"ne:mbɑ:r] adj. inacceptable ; intolérable ; irrecevable.

Un|annehmlichkeit [-'ne:mliçkait] f. (-, en) désagrément m. ; contrariété f. ; ennui m.

un|ansehnlich ['unan"ze:nliç] adj. insignifiant.

un|anständig ["unan'ʃtɛndiç] adj. indécent ; inconvenant ; malhonnête ; malséant. ||°**-anständigkeit** f. (-, en) inconvenance f. ; malhonnêteté f. ; incorrection f. ; indécence f.

un|antastbar ['unan"tastbɑ:r] adj. inviolable ; intangible ; inattaquable.

Un|antastbarkeit [-kait] f. intangibilité f.

un|anwendbar ['unan"vɛntbɑ:r] adj. inapplicable.

un|appetitlich ['unapə"ti:tliç] adj. peu appétissant ; dégoûtant.

Un|art ['unɑ:rt] f. (-, en) mauvaises manières ; mauvaise éducation ; mauvaise habitude.
◇ m. (s, e) petit garnement.

un|artig ["un'ɑ:rtiç] adj. méchant ; mal élevé.

Un|artigkeit [-kait] f. (-, en). V. UNART.

un|artikuliert ["unartiku'li:rt] adj. inarticulé.

un|ästhetisch ["unɛs'te:tiʃ] adj. peu esthétique.

un|atembar ['un"ɑ:təmbɑ:r] adj. irrespirable.

un|auffällig ["un'auffɛliç] adj. modeste ; réservé ; qui passe inaperçu.

un|auffindbar ['unauf"fintbɑ:r] adj. introuvable.

un|aufgefordert ["unaufgə'fɔrdərt] adj. qui n'a pas été invité ; spontanément ; de soi.

un|aufhaltbar ['unauf"haltbɑ:r], **unaufhaltsam** [-zɑ:m] adj. et adv. irrésistible. | *unaufhaltsam verfolgt*, poursuivi sans relâche.

un|aufhörlich ['unauf"hø:rliç] adj. qui ne cesse pas ; continuel.
◇ adv. sans cesse ; sans arrêt ; sans relâche ; sans discontinuer.

un|auflösbar ['unauf"lø:sbɑ:r], **un|auflöslich** [-"lø:sliç] adj. indissoluble. | *unauflösliche Freundschaft*, amitié (f.) indissoluble. || CHIM., MATH. insoluble ; irréductible.

Un|auflöslichkeit [-"lø:sliçkait] f. indissolubilité f. || CHIM., MATH. insolubilité f.

un|aufmerksam ['unauf"mɛrkzɑ:m] adj. inattentif ; distrait. ||°**-aufmerksamkeit** f. distraction f. ; inattention f.

un|aufrichtig ["unauf'riçtiç] adj. insincère. || °**-aufrichtigkeit** f. manque (m.) de sincérité.

un|aufschiebbar ['unauf"ʃi:pbɑ:r] adj. qui ne peut être renvoyé, différé ; urgent ; pressant. ||°**-aufschiebbarkeit** f. urgence f.

un|ausbleiblich ['unaus"blaipliç] adj. inévitable ; infaillible ; immanquable.

un|ausdehnbar ['unaus"de:nbɑ:r] adj. non extensible ; non expansible.

un|ausführbar ['unaus"fy:rbɑ:r] adj. irréalisable ; inexécutable ; impraticable.

un|ausgefüllt ["unausgə'fylt] adj. non rempli. | *unausgefüllte Quittung*, quittance (f.) en blanc. || °**-ausgefülltheit** f. ennui m. ; vide m.

un|ausgesetzt ["unausgə'zɛtst] adj. sans arrêt ; ininterrompu ; sans relâche ; continuel ; incessant.

un|auslöschbar ['unaus"lœʃbɑ:r], **un|auslöschlich** [-"lœʃliç] adj. ineffaçable ; indélébile ; inextinguible.

un|ausmeßbar ['unaus"mɛsbɑ:r] adj. incommensurable.

un|aussprechbar ['unaus"ʃprɛçbɑ:r] adj. impossible à prononcer. | *unaussprechbarer Satz*, phrase impossible à prononcer. ||**-aussprechlich** adj. inexprimable ; indicible ; ineffable.

un|ausstehlich ['unaus"ʃte:liç] adj. insupportable ; intolérable.

un|austilgbar ['unaus"tilkbɑ:r] adj. indéracinable.

un|ausweichlich ['unaus"vaiçliç] adj. inéluctable ; inévitable.

Un|band ['unbant] m. (s, ¨ou e) petit garnement.

un|bändig ["un'bɛndiç] adj. **1.** indomptable ; indocile. | *unbändiges Kind*, enfant (m. et f.) difficile. **2.** effréné ; incoercible. | *unbändig lachen*, avoir le fou rire. ||°**-bändigkeit** f. caractère (m.) indomptable.

un|barmherzig ["unbarm'hɛrtsiç] adj. impitoyable ; sans pitié. ||°**-barmherzigkeit** f. inflexibilité f. ; dureté (f.) de cœur.

un|bärtig ["un'bɛrtiç] adj. imberbe.

un|beabsichtigt ["unbə'apziçtiçt] adj. non intentionnel.

un|beachtet ["unbə'axtət] adj. inaperçu. | *etwas unbeachtet lassen*, ne pas accorder attention à qch.

un|beanstandet ['unbə"anʃtandət] adj. sans contredit ; sans opposition.

un|beantwortet ['unbə"antvɔrtət] adj. demeuré sans réponse.

un|bearbeitet ['unbə"arbaitət] adj. non travaillé ; non usiné ; resté à l'état brut.

un|bebaut ["unbə'baut] adj. [Feld] inculte. || [Bauplatz] non bâti. | *unbebauter Boden*, terrain vague.

un|bedacht(sam) ["unbə'daxt, 'unbə"daxtz:ɑm] adj. irréfléchi ; étourdi ; inconsidéré. | *unbedachtsame Worte*, propos inconsidérés. ||°**-bedachtsamkeit** f. étourderie f. ; irréflexion f. ; légèreté f.

un|bedarft ["unbə'darft] adj. DIAL. naïf ; inexpérimenté ; insignifiant.

un|bedeckt ["unbə'dɛkt] adj. découvert ; nu.

un|bedenklich ['unbə"dɛŋkliç] adj. qui n'offre aucune difficulté, aucun inconvénient.
◇ adv. sans hésiter.

un|bedeutend ["unbə'dɔytənt] adj. insignifiant ; sans valeur ; négligeable ; sans grande valeur. ||°**-bedeutendheit** f. insignifiance f. ; futilité f.

un|bedingt ["unbə'diŋt] adj. et adv. sans condition ; sans réserve ; absolu ; absolument. | *unbedingter Gehorsam*, obéissance inconditionnelle.

un|beendigt ["unbə'ɛndiçt] adj. inachevé.

un|beerbt ["unbə'ɛrpt] adj. sans héritiers.

un|beerdigt ["unbə'e:rdiçt] adj. non enterré ; laissé sans sépulture.

un|befahrbar ['unbə"fɑ:rbɑ:r] adj. non viable ; non praticable ; non navigable.

un|befangen ["unbə'faŋən] adj. **1.** [unvoreingenommen] objectif ; non prévenu ; sans préjugé ; impartial.
2. [ungekünstelt] naturel ; spontané.
3. [treuherzig] candide ; ingénu.

Un|befangenheit [-hait] f. impartialité f. ; objectivité f. || ingénuité f. ; candeur f.

un|befestigt ["unbə'fɛstiçt] adj. non fortifié. || MIL. *unbefestigte Stadt*, ville ouverte. || [Straße] non consolidé ; non macadamisé.

un|befiedert ["unbə'fi:dərt] adj. sans plumes.

un|befleckt ["unbə'flɛkt] adj. immaculé ; vierge ; sans tache. || RELIG. *Unbefleckte Empfängnis*, Immaculée Conception. ||°**-beflecktheit** f. pureté f.

un|befriedigend ["unbə'fri:digənt] adj. non satisfaisant ; insuffisant. ||**-befriedigt** adj. insatisfait ; inassouvi ; déçu ; mécontent. ||°**-befriedigtheit** f. mécontentement m. ; insatisfaction f.

un|befugt ["unbə'fu:kt] adj. non autorisé ; qui n'a pas qualité pour ; incompétent. | *Unbefugten ist der Zutritt verboten*, entrée interdite aux personnes étrangères au service.

Unbefugtheit [-hait] f. JUR. incompétence f.

un|begabt ["unbə'gɑ:pt] adj. peu doué.

un|begreiflich ['unbə"graifliç] adj. inconcevable ; incompréhensible.

un|begrenzt ["unbə'grɛntst] adj. sans limites ; illimité ; sans bornes.

un|begründet ["unbə'gryndət] adj. non fondé ; non justifié ; dénué de tout fondement. ||°**-begründetheit** f. caractère non justifié. | *die Unbegründetheit solcher Behauptungen*, la vanité de telles affirmations.

un|begütert ["unbə'gy:tərt] adj. qui n'a pas de biens ; sans fortune.

Un|behagen ["unbə'hɑ:gən] n. (s) gêne f. ; malaise m.

un|behaglich ["unbə'hɑ:kliç] adj. mal à l'aise ; gêné. || [unbequem] incommode ; inconfortable. ||°**-behaglichkeit** f. sentiment (m.) de malaise ; inconfort m.

un|behauen ["unbə'hauən] adj. [Holz] brut.

un|behaust ["unbə'haust] adj. sans logis.

un|behelligt ["unbə'hɛliçt] adj. [ungestört] sans être inquiété.

un|behilflich ["unbə'hilfliç] adj. maladroit ; gauche ; embarrassé. ||°**-behilflichkeit** f. gaucherie f. ; maladresse f.

un|behindert ["unbə'hindərt] adj. sans être empêché, arrêté ; sans obstacles. | *unbehinderte Sicht*, vue parfaite.

un|beholfen ["unbə'hɔlfən] adj. maladroit ; gauche ; lourd. ||°**-beholfenheit** f. gaucherie f. ; maladresse f.

un|behutsam ["unbe'hu:tzɑ:m] adj. imprudent.

un|beirrt ["unbə'irt] adv. tout droit ; sans détour. || FIG. sans se troubler ; d'un pas ferme.
— SYN. : *unbeirrbar*.

un|bekannt ["unbə'kant] adj. **1.** inconnu ; ignoré. | *es ist Ihnen nicht unbekannt, daß*, vous n'ignorez pas, vous n'êtes pas sans savoir que. | *ich bin in dieser Stadt unbekannt*, je ne suis pas connu dans cette ville ; je ne connais pas cette ville. || *unbekannter Soldat*, soldat inconnu. || JUR. *Anzeige gegen Unbekannt*, plainte contre X.

2. MATH. *unbekannte Größe*, inconnue f.
3. [anonym] anonyme. | *unbekannterweise*, incognito.
Un|bekannte [-'kantə] f. (n). MATH. inconnue f. ||°**-bekanntheit** f. obscurité f.
un|bekehrbar ['unbə"ke:rbɑ:r] adj. que l'on ne peut faire changer d'avis ; incorrigible ; invétéré.
un|bekömmlich ["unbə'kømliç] adj. 1° indigeste ; 2° qui ne convient pas.
un|bekümmert ["unbə'kymərt] adj. insouciant ; indifférent. | *seien Sie unbekümmert*, ne vous mettez pas en peine. ||°**-bekümmertheit** f. insouciance f.
un|beladen ["unbə'lɑ:dən] adj. non chargé ; à vide. || MAR. sur lest.
un|belastet ["unbə'lastət] adj. non chargé. || JUR. *unbelastetes Grundstück*, terrain non grevé d'hypothèques.
un|belästigt ["unbə'lɛstiçt] adj. qui n'est pas importuné ; qu'on laisse tranquille.
un|belebt ["unbə'le:pt] adj. sans vie ; inanimé.
un|belehrbar ['unbə"le:rbɑ:r] adj. impossible à convaincre ; incorrigible.
un|belesen ["unbə'le:zən] adj. qui a peu lu ; peu cultivé.
un|belichtet ["unbə'liçtət] adj. PHOT. non exposé ; non impressionné.
un|beliebt ["unbə'li:pt] adj. peu aimé ; impopulaire. ||°**-beliebtheit** f. impopularité f.
un|belohnt ["unbə'lo:nt] adj. sans récompense.
un|bemannt ["unbə'mant] adj. sans pilote. | *unbemannte Rakete*, fusée sans pilote.
un|bemerkbar ['unbə"mɛrkbɑ:r] adj. imperceptible. ||**-bemerkt** adj. inaperçu ; sans être aperçu.
un|bemittelt ["unbə'mitəlt] adj. qui n'a pas de moyens ; sans fortune.
un|benannt ["unbə'nant] adj. sans nom ; anonyme. || MATH. [Zahlen] abstrait.
un|benommen ["unbə'nɔmən] adj. permis. | *es bleibt Ihnen unbenommen*, vous êtes libre de.
un|benutzt ["unbə'nutst] adj. inutilisé ; dont on ne profite pas. | *unbenutzes Vermögen*, fortune (f.) qui dort. ||**-benutzbar** adj. inutilisable.
un|beobachtet ["unbə'o:paxtət] adj. qui n'est pas observé ; à quoi on ne prête pas attention.
un|berechenbar ['unbə"reçənbɑ:r] adj. incalculable ; impondérable ; déconcertant. || FIG. fantasque.
un|berechtigt ["unbə'rɛçtiçt] adj. injustifié ; non fondé ; injuste ; non autorisé. ||**-berechtigterweise** adv. sans autorisation.
un|beritten ["unbə'ritən] adj. à pied ; démonté.
un|berücksichtigt ["unbə'rykziçtiçt] adj. dont on n'a pas tenu compte ; à quoi l'on n'a pas pris garde.
un|berufen ['unbə"ru:fən] adj. et adv. non qualifié ; sans autorisation ; de son propre chef.
◇ interj. **unberufen !**, touchons du bois.
un|berühmt ["unbə'ry:mt] adj. peu renommé ; peu connu ; sans gloire.
un|berührbar ['unbə"ry:rbɑ:r] adj. intangible.
un|berührt ["unbə'ry:rt] adj. intact ; pur ; vierge. || FIG. *unberührt lassen*, passer sous silence.
un|beschadet ["unbə'ʃɑ:dət] prép. (gén.) sans préjudice de ; sans faire tort à. | *unbeschadet meiner Rechte*, sans préjudice de mes droits. ||**-beschädigt** adj. intact ; indemne ; sain et sauf.
un|beschäftigt ["unbə'ʃɛftiçt] adj. inoccupé ; désœuvré.
un|bescheiden ["unbe'ʃaidən] adj. immodeste ; indiscret ; prétentieux. | *unbescheidene Frage*, question indiscrète. | *unbescheidene Forderungen*, prétentions exagérées. ||°**-bescheidenheit** f. immodestie f. ; indiscrétion f.
un|(be)schiffbar ['un(bə)"ʃifbɑ:r] adj. non navigable ; non accessible à la navigation.
un|beschnitten ["unbə'ʃnitən] adj. non circoncis. || [Bücher ; Münzen] non rogné.
un|bescholten ["unbə'ʃɔltən] adj. irréprochable ; intègre ; qui n'a jamais été puni. ||°**-bescholtenheitszeugnis** n. (ses, se) certificat (m.) de bonne vie et mœurs.
un|beschrankt ["unbə'ʃraŋkt] adj. [ohne Schranken] non muni de barrière. | *unbeschrankter Bahnübergang*, passage à niveau non gardé. ||**-beschränkt** adj. illimité ; absolu. | *mit unbeschränkter Haftung*, à responsabilité illimitée. || JUR. discrétionnaire. || °**-beschränktheit** f. caractère illimité, absolu.
un|beschreiblich ['unbə"ʃraipliç] adj. indescriptible ; indicible. ||**-beschrieben** adj. non écrit ; en blanc. | *unbeschriebenes Blatt*, page blanche. || FIG. [Mensch] dont on ne peut rien dire. || [nicht erläutert] sans commentaire ; non décrit.
un|beschwert ["unbə'ʃve:rt] adj. sans souci. | *unbeschwertes Gewissen*, conscience légère.
un|besehen ["unbə'ze:ən] adj. qui n'a pas été examiné ; tel quel.
un|besetzt ["unbə'zɛtst] adj. inoccupé ; vacant ; libre. | *unbesetzte Stelle*, emploi vacant.
un|besiegbar ['unbə"zi:kbɑ:r], **un|besieglich** [-"zi:kliç] adj. invincible. ||**-besiegt** adj. invaincu.
un|besoldet ["unbə'zɔldət] adj. non rétribué. | *unbesoldetes Amt*, charge (f.) honorifique.
un|besonnen ["unbə'zɔnən] adj. étourdi ; léger ; irréfléchi ; écervelé. | *unbesonnener Streich*, étourderie f. ; incartade f. ||°**-besonnenheit** f. légèreté (f.) d'esprit ; étourderie f.
un|besorgt ["unbə'zɔrkt] adj. **1.** sans souci ; sans inquiétude ; tranquille. | *nicht ganz unbesorgt um jn sein*, éprouver quelque inquiétude au sujet de qn. | *seien Sie unbesorgt*, FAM. ne vous en faites pas .
2. *ein Geschäft unbesorgt lassen*, ne pas s'occuper d'une affaire.
Un|bestand ["unbə'ʃtant] m. (s). POÉT. (Vx.) instabilité f. ; inconstance f. ||**-beständig** adj. instable ; inconstant. | *unbeständiges Wetter*, temps (m.) variable. | *unbeständiger Charakter*, caractère (m.) instable. ||°**-beständigkeit** f. inconstance f. ; instabilité f. ; versatilité f.
un|bestätigt ["unbə'ʃtɛ:tiçt] adj. non confirmé.
un|bestechbar ['unbə"ʃtɛçbɑ:r], **un|bestechlich** [-"ʃtɛçliç] adj. incorruptible ; intègre. ||°**-bestechlichkeit** f. incorruptibilité f. ; intégrité f.
un|besteigbar ['unbə"ʃtaikbɑ:r] adj. inaccessible.
un|bestellbar ['unbə"ʃtɛlbɑ:r] adj. **1.** AGRIC. non labourable.
2. [Briefe] qui ne peut pas être remis au destinataire. | *unbestellbar (unzustellbar) zurückgelegter Brief*, lettre tombée au rebut.
un|bestellt ["unbə'ʃtɛlt] adj. **1.** AGRIC. *unbestellte Felder*, champs (m. pl.) qui n'ont pas été labourés.
2. COMM. non commandé ; sans ordre.
3. [Post] non distribué ; non remis.
un|besteuert ["unbə'ʃtɔyərt] adj. non imposé ; non soumis à l'impôt.
un|bestimmbar ['unbə"ʃtimbɑ:r] adj. indéterminable ; indéfinissable. || PAR EXT. vague.
un|bestimmt ["unbə'ʃtimt] adj. **1.** indéfini ; indéterminé. | *auf unbestimmte Zeit*, pour un temps indéterminé. || GRAMM. *unbestimmter Artikel*, article indéfini.
2. [unklar] incertain ; vague ; confus. | *unbestimmte Worte*, termes (m. pl.) vagues.
3. [unentschieden] indécis.
un|bestochen ["unbə'ʃtɔxən] adj. non corrompu ; intègre. ||°**-bestochenheit** f. intégrité f.
un|bestraft ["unbə'ʃtrɑ:ft] adj. impuni ; qui n'a jamais été puni ; qui a un casier judiciaire vierge. ◇ adv. impunément.
un|bestreitbar ['unbə"ʃtraitbɑ:r] adj. incontestable ; indiscutable.
un|bestrichen ['unbə"ʃtriçən] adj. MIL. *unbestrichenes Gelände*, terrain non battu par le feu.
un|bestritten ["unbə'ʃtritən] adj. [feststehend] incontesté ; établi. || PAR EXT. authentique.
un|beteiligt ["unbə'tailiçt] adj. qui ne participe pas ; qui n'a point part à ; étranger à. | *bei einer Sache unbeteiligt sein*, être étranger à une affaire ; FAM. n'y être pour rien. || PAR EXT. désintéressé ; indifférent.
un|betont ["unbə'to:nt] adj. non accentué ; atone.
un|betretbar ['unbə"tre:tbɑ:r] adj. inaccessible. ||**-betreten** adj. *unbetretener Weg*, chemin non frayé.
un|beugbar ['un"bɔykbɑ:r] adj. indéclinable.
un|beugsam ['un"bɔykzɑ:m] adj. inflexible ; inébranlable ; opiniâtre ; fier. ||°**-beugsamkeit** f. inflexibilité f. ; opiniâtreté f. ; fierté f.
un|bewacht ["unbə'vaxt] adj. non gardé ; laissé sans surveillance. | *unbewachter Bahnübergang*, passage (m.) à niveau non gardé. || FIG. *unbewachter Augenblick*, moment (m.) de faiblesse.
un|bewaffnet ["unbə'vafnət] adj. sans armes ; désarmé. || FIG. *mit unbewaffnetem Auge*, à l'œil nu. || BOT., ZOOL. inerme.
un|bewegbar ['unbə"ve:kbɑ:r et "unbə've:kbɑ:r], **un|beweglich** ['unbə"ve:kliç et "unbə've:kliç]

adj. immobile ; qui ne bouge pas ; qui reste à la même place. | *unbeweglich machen*, immobiliser. | *unbeweglicher Stern*, étoile (f.) fixe. | *unbeweglicher Punkt*, point (m.) fixe. || FIG. [unbeugsam] insensible ; inflexible ; inébranlable ; intransigeant. || JUR. immobilier. | *unbewegliche Habe*, biens immobiliers ; immeubles m. pl. | *unbewegliches Gut*, immeuble m.

Un|beweglichkeit ['unbə"ve:kliçkait] f. immobilité f. ; fixité f. || FIG. [Unbeugsamkeit] inflexibilité f.

un|bewegt ["unbə've:kt] adj. immobile. || FIG. impassible ; insensible. | *er blieb bei diesen Worten unbewegt*, ces paroles furent sans effet sur lui. ||°**-bewegtheit** f. impassibilité f.

un|bewehrt ["unbə've:rt] adj. [unbewaffnet] non armé ; sans protection. || TECHN. *unbewehrtes Kabel*, câble non armé.

un|beweibt ["unbə'vaipt] adj. non marié ; célibataire.

un|beweint ["unbə'vaint] adj. qu'on ne pleure pas ; qu'on ne regrette pas.

un|beweisbar ['unbə"vaisba:r] adj. indémontrable ; qu'on ne peut prouver.

un|bewertet ["unbə've:rtət] adj. COMM. non évalué.

un|bewiesen ["unbə'vi:zən] adj. qui n'est pas prouvé ; non démontré.

un|bewohnbar ['unbə"vo:nba:r et "unbə'vo:nba:r] adj. inhabitable. ||**-bewohnt** adj. inhabité ; inoccupé ; vide.

un|bewölkt ["unbə'vølkt] adj. sans nuages ; serein.

un|bewußt ["unbə'vust et 'unbə"vust] adj. **1.** inconscient. | *der Gefahr unbewußt sein*, être inconscient du danger. || PAR EXT. [unwillkürlich] involontaire ; inconscient. || PHILOS. *das Unbewußte*, l'inconscient m. **2.** [nicht bekannt] inconnu ; qu'on ignore. | *das war mir unbewußt*, je n'en savais rien. | *mir unbewußt*, à mon insu.
◇ adv. [ohne es zu wissen] sans le savoir ; involontairement.

un|bezahlbar ['unbə"tsa:lba:r] adj. (PR. seulement) impayable. || PAR EXT. sans prix ; merveilleux. ||**-bezahlt** adj. non payé ; impayé.

un|bezähmbar [-"tsɛ:mba:r] adj. indomptable.

un|bezeugt ["unbə'tsɔykt] adj. non attesté.

un|bezweifelt ["unbə'tsvaifəlt] adj. indubitable.

un|bezwingbar ['unbə"tsviŋba:r], **un|bezwinglich** [-"tsviŋliç] adj. invincible ; insurmontable. | *unbezwingbare Schwierigkeiten*, difficultés (f. pl.) insurmontables. || MIL. imprenable.
— SYN. : *unübersteiglich*, insurmontable ; *uneinnehmbar*, imprenable.

un|biegsam ['un"bi:kza:m] adj. inflexible ; raide ; indocile. ||°**-biegsamkeit** f. raideur f. ; inflexibilité f.

Un|bilde ['unbildə] f. (-, n). [Unrecht] injustice f. ; iniquité f. ; préjudice m. — f. pl. **Unbilden,** avanies f. pl. ; intempéries f. pl. | *Unbilden der Witterung*, intempéries. ||**-bildsam** adj. qu'on ne peut façonner ; peu souple ; indocile. ||°**-bildung** f. manque (m.) de culture, d'éducation ; mauvaise éducation.

Un|bill ['unbil] f. (-, bilden). [Unbild] injustice f. | *Unbill erleiden*, supporter des injustices. ||**-billig** adj. injuste ; peu équitable. | *Unbilliges erleiden*, supporter des injustices ; souffrir l'injustice. || PAR EXT. *unbillige Forderung*, demande non justifiée. ||°**-billigkeit** f. JUR. injustice f. ; iniquité f.

un|blutig ["un'blu:tiç] adj. non sanglant. | *unblutig errungener Sieg*, victoire acquise sans effusion de sang.

un|botmäßig ["unbo:t'mɛ:siç] adj. insubordonné ; indiscipliné. ||°**-botmäßigkeit** f. insubordination f.

un|brauchbar ['un"brauxba:r] adj. inutilisable. | *unbrauchbar machen*, mettre hors d'usage. || inapte ; inutile. ||°**-brauchbarkeit** f. inutilité f. || inaptitude f.

un|brennbar ['un"brɛnba:r et "un'brɛnba:r] adj. incombustible ; ininflammable.

un|bußfertig ["unbu:s'fɛrtiç] adj. impénitent ; sans remords.

Un|christ ['unkrist] m. (en, en) infidèle m. ; mécréant m. ||**-christlich** adj. peu chrétien.

und [unt] conj. de coordin. et. | *du und ich*, toi et moi. | *keine Familie und keine Freunde haben*, n'avoir ni famille ni amis. | *und so weiter*, et cætera. | *zu zwei und zwei gehen*, aller deux par deux. | *und (nun) ?*, et alors ? | *gehen Sie und sagen Sie ihm*, allez lui dire. | *seien Sie so gut und sagen Sie ihm*, soyez assez bon de lui dire. || (entre deux compar.) *der Himmel wird schwärzer und schwärzer*, le ciel devient de plus en plus noir | *mehr und mehr*, de plus en plus. || FAM. *na und ?*, et alors ? || *und wenn die Welt voll Teufel wäre* (LUTHER), même si le monde était plein de diables.

Un|dank ['undaŋk] m. (s) ingratitude f. || **-dankbar** adj. ingrat. | *undankbar gegen jn sein*, faire preuve d'ingratitude envers qn. || PAR EXT. *eine undankbare Aufgabe*, un travail ingrat. ||°**-dankbarkeit** f. ingratitude f.

un|datiert ["unda'ti:rt] adj. non daté ; sans date.

un|denkbar ['un"dɛŋkba:r] adj. impensable ; inconcevable ; inimaginable. ||**-denklich** adj. immémorial ; dont nul n'a plus souvenir. | *seit undenklichen Zeiten*, depuis des temps immémoriaux.

un|deutlich ["un'dɔytliç et 'un"dɔytliç] adj. indistinct ; obscur. | *undeutliche Schrift*, écriture (f.) peu lisible. | *undeutliches Bild*, image floue. | *undeutliche Stimme*, voix (f.) inintelligible. ||°**-deutlichkeit** f. manque (m.) de netteté ; confusion f.

un|deutsch ['undɔytʃ] adj. qui n'est pas allemand ; qui n'est pas conforme aux habitudes allemandes. | *undeutsche Wendung*, tournure peu allemande.

un|dicht ['undiçt] adj. non étanche ; perméable ; qui joint mal ; qui fuit.

un|dienlich ['un"di:nliç] adj. inopportun ; peu convenable.

Undine [un'di:nə] f. (-, n). MYTH. ondine f.

Un|ding ['undiŋ] n. (s, e) absurdité f. ; non-sens m.

un|diskutabel ["undisku'ta:bəl] adj. inadmissible.

un|diszipliniert ["undistsipli'ni:rt] adj. indiscipliné.

Undulation [undula'tsio:n] f. (-, en) ondulation f.

undulatorisch [-'to:riʃ] adj. ondulatoire.

un|duldsam ['un"duldza:m] adj. intolérant ; intransigeant. ||°**-duldsamkeit** f. intolérance f. ; intransigeance f.

undulieren [undu'li:rən] v. intr. et v. tr. onduler.

un|durchdringlich ['un"durçdriŋliç] adj. impénétrable ; imperméable. | *undurchdringliches Gesicht*, visage fermé. ||**-durchführbar** adj. inexécutable ; infaisable. | *undurchführbarer Plan*, plan (m.) inexécutable. ||**-durchlässig** adj. imperméable. ||**-durchsichtig** adj. opaque ; sans transparence. | *undurchsichtiges Glas*, verre (m.) opaque. || FIG. *undurchsichtige Person*, personnage (m.) louche. | *völlig undurchsichtige Lage*, situation très confuse. ||°**-durchsichtigkeit** f. opacité f. || FIG. impossibilité (f.) de voir clair (dans).

un|eben ["un'e:bən] adj. inégal ; raboteux. | *unebenes Gelände*, terrain inégal, accidenté. || FIG. *nicht uneben*, plutôt joli. | *das ist gar nicht so uneben*, ce n'est pas si mal que ça. | *nicht unebenes Wort*, mot assez bien venu. ||**-ebenbürtig** adj. inférieur par la naissance. ||**-ebenmäßig** adj. dissymétrique ; asymétrique. ||°**-ebenheit** f. (-, en) inégalité f. ; aspérité f. ; caractère accidenté. || FIG. *Unebenheiten im Stile*, fautes (f. pl.) de style.

un|echt ['unɛçt] adj. inauthentique ; faux ; imité ; contrefait ; falsifié ; en simili. | *unechte Steine*, pierres fausses. | *unechter Bart*, barbe (f.) postiche. || MATH. *unechter Bruch*, nombre (m.) fractionnaire. ||°**-echtheit** f. fausseté f. ; inauthenticité f.

un|edel ["un'e:dəl] adj. qui n'est pas noble ; commun ; vulgaire. | *unedles Metall*, métal commun.

un|ehelich ['un"e:əliç] adj. *uneheliches Kind*, enfant illégitime, naturel. ||**-ehig** adj. BOT. cryptogamique.

Un|ehre ["un'e:rə] f. déshonneur m. | *jm zur Unehre gereichen*, ne pas faire honneur à qn. ||**-ehrbar** adj. déshonnête ; indécent. ||**-ehrlich** adj. malhonnête ; déloyal. ||°**-ehrlichkeit** f. malhonnêteté f. ; mauvaise foi ; déloyauté f. ; acte déloyal.

un|eigennützig ["unaigən'nytsiç] adj. désintéressé ; avec désintéressement. ||°**-eigennützigkeit** f. [Selbstlosigkeit] désintéressement m. ||**-eigentlich** adj. impropre ; figuré. | *im uneigentlichen Sinn*, au sens figuré.

un|einbringlich ['unain"briŋliç] adj. COMM., JUR. non recouvrable ; qu'on ne peut encaisser. | *uneinbringliche Forderungen*, créances (f. pl.) irrécouvrables. ||°**-einbringlichkeit** f. FIN. irrécouvrabilité f.

un|eingebunden ["un'aingəbundən] adj. non relié ; broché.

un|eingedenk ["un'aingədɛŋk] adj. (gén.) oublieux de ; qui ne se souvient pas.

un|eingenommen ["unaingə'nɔmən] adj. [unvoreingenommen] impartial ; sans prévention.

un|eingeschränkt ["un'aingəʃrεŋkt] adj. illimité ; absolu. | *uneingeschränkte Herrschaft*, absolutisme m.

un|einig ["un'ainiç] adj. désuni ; divisé ; brouillé. | *mit jm uneinig werden*, se brouiller avec qn. | *mit sich selbst uneinig*, en contradiction avec soi-même ; irrésolu. ||°**-einigkeit** f. désunion f. ; division f. ; dissension f. ; désaccord m. ; brouille f.

un|einnehmbar ['unain"ne:mba:r] adj. imprenable ; inexpugnable.

un|eins ['unains] adj. [uneinig] *sie sind uneins*, ils sont en désaccord. | *mit sich selbst uneins*, irrésolu.

un|eintragbar ["unain'tra:kbar] adj. Fin. irrécouvrable. | *uneintragbare Forderung*, créance (f.) irrécouvrable.

un|einträglich ['unain"trε:kliç] adj. peu lucratif ; qui ne rapporte pas.

un|empfänglich ['unεm"pfεŋliç] adj. non accessible à ; peu réceptif à. | *für die Musik unempfänglich*, fermé à la musique.

un|empfindbar ['unεm"pfintba:r] adj. imperceptible.

un|empfindlich ['unεm"pfintliç] adj. insensible ; froid. | *für Haß unempfindlich*, inaccessible à la haine. || Méd. *unempfindlich machen*, insensibiliser. | *unempfindlich machend*, analgésique. ||°**-empfindlichkeit** f. insensibilité f. ; indifférence f. ; apathie f. || Méd. anesthésie f.

un|endlich ['un"εntliç] adj. infini ; sans fin. | *das Unendliche*, l'infini m. || Fig. *ich bin Ihnen unendlich dankbar*, je vous suis infiniment reconnaissant. || Math. *unendlich klein*, infiniment petit ; infinitésimal. ||°**-endlichkeit** f. infinité f. ; immensité f. ; éternité f.

un|entbehrlich ['unεnt"be:rliç] adj. indispensable ; de première nécessité. ||°**-entbehrlichkeit** f. nécessité absolue. || caractère (m.) irremplaçable.

un|entgeltlich ['unεnt"gεltliç] adj. gratuit ; bénévole ; gratis ; gratuitement. ||°**-entgeltlichkeit** f. gratuité f.

un|enthaltsam ['unεnt"haltza:m] adj. intempérant. ||°**-enthaltsamkeit** f. intempérance f.

un|entrinnbar ['unεnt"rinba:r] adj. inévitable.

un|entschieden ["unεnt'ʃi:dən] adj. [Sachen] indécis ; douteux ; non encore tranché ; pendant ; en suspens. | *unentschieden spielen*, faire match nul. | *das Spiel ist unentschieden*, la partie est remise. || [Person] indécis ; irrésolu. ||°**-entschiedenheit** f. indécision f.

un|entschlossen ["unεnt'ʃlɔsən] adj. indécis. | *er ist noch unentschlossen*, il hésite encore ; il n'a pas encore pris de décision. || Par ext. irrésolu ; hésitant. ||°**-entschlossenheit** f. indécision f. ; irrésolution f.

un|entsetzbar ['unεnt"tsεtsba:r] adj. inamovible.

un|entwegt ["unεnt've:kt] adj. ferme ; inébranlable. | *unentwegt auf etwas bestehen*, ne pas démordre de qch. || Par ext. [unbeirrbar] que rien ne déconcerte, ne détourne de son chemin.

un|entwickelt ["unεnt'vikəlt] adj. non (encore) développé. || Phot. *unentwickeltes Bild*, image latente. || Fig. incomplet. ||°**-entwickeltheit** f. [Psychologie] immaturité f.

un|entwirrbar ['unεnt"virba:r] adj. inextricable.

un|entzifferbar ['unεn"tsifərba:r] adj. indéchiffrable.

un|entzündbar ['unεn"tsyntba:r] adj. ininflammable ; non inflammable.

un|erachtet ["unεr'axtət] prép. (gén.) sans tenir compte de ; nonobstant ; malgré.
— Syn. : *trotz*, malgré ; *ohne Rücksicht auf*, sans tenir compte de, sans égard à ; *ungeachtet*, au mépris de.

un|erbeten ["unεr'be:tən et 'unεr"be:tən] adj. importun ; mal venu.

un|erbittlich ['unεr"bitliç] adj. inexorable ; inflexible ; impitoyable. ||°**-erbittlichkeit** f. inflexibilité f. ; rigueur f.

un|erfahren ["unεr'fa:rən] adj. sans expérience ; inexpérimenté. ||°**-erfahrenheit** f. manque (m.) d'expérience ; inexpérience f. ; impéritie f.

un|erfindlich ["unεr'fintliç et 'unεr"fintliç] adj. introuvable. || [unfaßbar] inconcevable ; inimaginable.

un|erforschbar ['unεr"fɔrʃba:r] adj. inexplorable. ||**-erforschlich** adj. impénétrable ; insondable ; inconnaissable. ||**-erforscht** adj. inexploré.

un|erfreulich ['unεr"frɔyliç] adj. désagréable ; pénible. | *unerfreulicher Anblick*, spectacle peu réjouissant.

un|erfüllbar ['unεr"fylba:r] adj. irréalisable. | *unerfüllbare Wünsche*, désirs (m. pl.) chimériques. ||**-erfüllt** adj. non rempli ; non accompli ; irréalisé ; inassouvi.

un|ergiebig ['unεr"gi:biç] adj. improductif ; stérile ; d'un rendement médiocre. ||°**-ergiebigkeit** f. stérilité f. ; pauvreté f.

un|ergründbar ['unεr"gryntba:r], **un|ergründlich** [-"gryntliç] adj. insondable ; impénétrable.

un|erheblich ['unεr"he:pliç] adj. peu important ; insignifiant ; mince ; léger.

un|erhört ['unεr"hø:rt] adj. **1.** inouï ; fabuleux ; formidable. | *unerhörte Preise*, prix exorbitants.
2. [nicht erfüllt] non exaucé ; resté sans réponse ; sans suite.

un|erkannt ["unεr'kant] adj. sans être reconnu ; incognito. ||°**-erkanntheit** f. incognito m. | *die Unerkanntheit wahren*, garder l'incognito.

un|erkennbar ['unεr"kεnba:r] adj. qui n'est pas reconnaissable ; méconnaissable. ||**-erkenntlich** adj. ingrat. ||°**-erkenntlichkeit** f. ingratitude f.

un|erklärbar ['unεr"klε:rba:r], **un|erklärlich** [-"klε:rliç] adj. inexplicable. ||**-erklärt** adj. inexpliqué ; obscur.

un|erläßlich ['unεr"lεsliç] adj. indispensable ; de rigueur. | *unerläßliche Bedingung*, condition (f.) sine qua non.

un|erlaubt ["unεr'laupt et 'unεr"laupt] adj. illicite ; défendu ; illégal.

un|erledigt ["unεr'le:diçt] adj. non terminé ; en suspens ; en souffrance ; inachevé. | *unerledigte Rechnung*, note non réglée.

un|ermeßlich ['unεr"mεsliç] adj. immense ; incommensurable ; énorme ; formidable. ||°**-ermeßlichkeit** f. immensité f.

un|ermüdet ["unεr'my:dət] adj. et adv. qui ne se lasse pas ; sans lasser. ||**-ermüdlich** adj. infatigable ; inlassable. — adv. inlassablement. ||°**-ermüdlichkeit** f. caractère (m.) infatigable ; inlassable ardeur f.

un|erörtert ["unεr'ørtərt] adj. non discuté. | *eine Frage unerörtert lassen*, ne pas discuter une question ; laisser une question pendante.

un|erquicklich ['unεr"kvikliç] adj. désagréable ; fâcheux ; déplaisant.

un|erreichbar ['unεr"raiçba:r] adj. inaccessible ; hors d'atteinte. ||**-erreicht** adj. inégalé ; de qualité supérieure.

un|ersättlich ['unεr"zεtliç] adj. insatiable ; vorace ; avide. ||°**-ersättlichkeit** f. avidité (f.) insatiable.

un|erschlossen ["unεr'ʃlɔsən] adj. pas encore ouvert à l'accès, à la circulation.

un|erschöpflich ['unεr"ʃøpfliç] adj. Pr. et Fig. inépuisable ; intarissable.

un|erschrocken ["unεr'ʃrɔkən] adj. intrépide. || °**-erschrockenheit** f. intrépidité f.

un|erschütterlich ['unεr"ʃytərliç] adj. inébranlable ; imperturbable. ||°**-erschütterlichkeit** f. caractère (m.) inébranlable.

un|erschwinglich ['unεr"ʃviŋliç] adj. [Preise] trop élevé ; exorbitant ; hors de prix ; inabordable.

un|ersetzbar ['unεr"zεtsba:r] adj. irremplaçable ; irréparable.

un|ersprießlich ['unεr"ʃpri:sliç] adj. infructueux ; peu avantageux.

un|ersteigbar ['unεr"ʃtaikba:r], **un|ersteiglich** [-"ʃtaikliç] adj. inaccessible.

un|erträglich ['unεr"trε:kliç] adj. insupportable ; intolérable ; intenable.

un|erwachsen ["unεr'vaksən] adj. qui n'a pas encore atteint l'âge adulte. || Par ext. jeune.

un|erwähnt ["unεr'vε:nt] adj. dont on n'a pas fait mention ; omis. | *unerwähnt lassen*, omettre ; passer sous silence.

un|erwartet ["unεr'vartət] adj. inattendu ; imprévu ; subit ; inespéré.
◇ adv. *das kam ganz unerwartet*, nul ne s'y attendait ; cela se produisit à l'improviste.
— Syn. : *unvermutet*, inopiné ; *unverhofft*, inespéré.

un|erweisbar ['unεr"vaisba:r] adj. [unbeweisbar] qui ne peut être prouvé.

un|erwidert ['unεr"vi:dərt] adj. sans réponse ; sans réplique. | *unerwiderter Brief*, lettre restée sans réponse. | *unerwiderte Leidenschaft*, passion non partagée. | *mein Besuch blieb unerwidert*, on ne m'a pas rendu ma visite.

un|erwiesen ["unεr'vi:zən] adj. non prouvé.

un|erwogen [″unɛr′vo:gən] adj. qui n'a pas été pesé, considéré.

un|erwünscht [″unɛr′vynʃt] adj. non souhaité ; importun ; fâcheux ; indésirable. | *unerwünschter Besuch*, visite (f.) dont on se serait bien passé.

un|erzählbar [′unɛr″tsɛ:lbɑ:r] adj. qui ne peut se raconter ; inénarrable.

un|erzogen [″unɛr′tso:gən] adj. pas encore élevé ; dont l'éducation n'est pas encore achevée.

un|fähig [″un′fɛ:iç] adj. incapable ; inapte. | *unfähig zu zahlen*, insolvable ; hors d'état de payer. || JUR. inhabile. ||°**-fähigkeit** f. incapacité f. ; inaptitude f. | *Zahlungsunfähigkeit*, insolvabilité f. || JUR. inhabilité f.

un|fahrbar [′un″fɑ:rbɑ:r] adj. impraticable ; inutilisable par les voitures.

unfair [′unfɛ:r] adj. et adv. déloyal.

Un|fall [′unfal] m. (s, ¨e) accident m. | *tödlicher Unfall*, accident mortel.

Unfall|hilfsstelle [″unfal′hilfsʃtɛlə] f. (-, n) poste (m.) de secours. ||°**-schutz** m. (es) protection (f.) contre les accidents. ||**-sicher** adj. sans risque d'accident. ||°**-tod** m. (s, e) mort accidentelle. ||°**-verhütung** f. prévention (f.) des accidents. ||°**-versicherung** f. (-, en) assurance (f.) accidents. | *gewerbliche Unfallversicherung*, assurance contre les accidents du travail. ||°**-wagen** m. (s, -) ambulance f.

un|faßbar [′un″fasbɑ:r] adj. insaisissable. || FIG. incompréhensible ; inconcevable.

un|fehlbar [′un″fe:lbɑ:r et ″un′fe:lbɑ:r] adj. infaillible. | *ein unfehlbares Mittel*, un moyen infaillible. | *kein Mensch ist unfehlbar*, nul n'est infaillible ; tout le monde peut se tromper. — adv. infailliblement ; immanquablement ; inévitablement ; à coup sûr. ||°**-fehlbarkeit** f. infaillibilité f. || RELIG. *Dogma der Unfehlbarkeit des Papstes*, dogme (m.) de l'infaillibilité du pape.

un|fein [′unfain] adj. peu délicat ; peu raffiné ; inélégant ; inconvenant. ||°**-feinheit** f. indélicatesse f. ; mauvaises manières.

un|fern [′unfɛrn] adv. et prép. (gén. ou « von ») non loin de ; à peu de distance de.

un|fertig [″un′fɛrtiç] adj. inachevé ; non encore terminé. | *unfertiger Charakter*, caractère (m.) manquant de maturité. | *unfertiges Benehmen*, conduite (f.) frivole. ||°**-fertigkeit** f. inachèvement m. ; imperfection f. ; manque (m.) de maturité.

Un|flat [′unflat] m. (s) ordures f. pl. ; immondices f. pl. ||**-flätig** adj. sale ; ordurier ; obscène. || °**-flätigkeit** f. saleté f. ; obscénité f.

Un|fleiß [′unflais] m. (es) manque (m.) d'application, d'ardeur au travail ; paresse f. ||**-fleißig** adj. paresseux ; mou ; inappliqué.

un|flektierbar [′unflɛk″ti:rbɑ:r] adj. GRAMM. qui ne peut être fléchi ; qui ne peut subir l'inflexion.

un|folgsam [′un″fɔlkzɑ:m] adj. indocile ; désobéissant ; rétif.

un|förmig [″un′førmiç], **un|förmlich** [″un′førmliç] adj. **1.** informe ; difforme ; gros ; balourd. | *unförmige Masse*, masse (f.) informe.
2. [ohne Beachtung der Formen] contraire aux formes ; peu conventionnel.

Un|förmigkeit [″un′førmiçkait] f. difformité. || °**-förmlichkeit** f. manque (m.) de courtoisie ; caractère peu conventionnel. — f. pl. **Unförmlichkeiten**. JUR. vices (m. pl.) de forme.

un|frankiert [″un′fraŋki:rt] adj. non affranchi ; en port dû.

un|frei [′unfrai] adj. qui n'est pas libre ; dépendant ; non affranchi. || HIST. serf.

un|freiwillig [″unfrai′viliç] adj. et adv. involontaire ; involontairement ; malgré soi.

un|freundlich [′un″frɔyntliç] adj. inamical ; peu aimable ; peu accueillant ; désobligeant. || [Wetter] gris ; maussade ; inclément. ||°**-freundlichkeit** f. mauvaise grâce ; inclémence f. ||**-freundschaftlich** adj. désobligeant ; hostile ; peu amical.

Un|friede [″un′fri:də] m. (ns) querelle f. ; discorde f. | *Unfrieden säen*, semer la discorde. || PAR EXT. discussion f. ; brouille f. ||**-friedlich** adj. querelleur.

UN-Friedenstruppe [u′ɛn″fri:dənstrupə] f. (-, n) casques bleus.

un|fruchtbar [′un″fruxtbɑ:r] adj. stérile ; infertile ; infécond ; ingrat. ||°**-fruchtbarkeit** f. infécondité f. ; stérilité f.

Un|fug [′unfu:k] m. (s) désordre m. ; bêtises f. pl. | *Unfug treiben*, faire du scandale. || JUR. *grober Unfug*, délit (m.) grave. ||**-fügsam** adj. indocile ; indiscipliné ; rétif.

un|fühlbar [′un″fy:lbɑ:r] adj. impalpable ; insensible.

un|fundiert [″unfun′di:rt] adj. FIN. *unfundierte Schuld*, dette flottante.

un|gangbar [′un″gaŋbɑ:r] adj. **1.** impraticable. | *ungangbarer Weg*, chemin (m.) inutilisable par les piétons.
2. [wenig betreten] peu fréquenté.
3. [ungewöhnlich] inhabituel ; inusité.
4. COMM. qui n'est plus en vente ; hors commerce.
5. [Münzen] qui n'a plus cours.

un|gar [′ungɑ:r] adj. (VX.) CULIN. pas cuit à point ; pas assez cuit ; trop saignant.

Ungar(in) [′uŋgar(in)] m. (n, n), f. (-, nen) Hongrois(e) m. (f.).

Ungar|land [′uŋgarlant], **Ungarn** [′uŋgarn] n. pr. n. GÉOGR. Hongrie f. ||°**-wein** m. (s, e) vin (m.) de Hongrie.

ungarisch [′uŋgɑ:riʃ] adj. hongrois.

un|gastlich [′un″gastliç] adj. inhospitalier.

un|geachtet [″ungə′axtət] adj. peu estimé ; méprisé.
◇ prép. (gén.) malgré ; en dépit de ; nonobstant. | *dessen ungeachtet*, en dépit de cela.
◇ conj. bien que ; quoique.

un|geahndet [″ungə′ɑ:ndət] adj. et adv. impuni ; impunément.

un|geahnt [″ungə′ɑ:nt] adj. non soupçonné ; inattendu ; inespéré ; dont on ne se doutait pas. | *ungeahnte Möglichkeiten*, possibilités insoupçonnées. | *ungeahnter Erfolg*, succès inespéré.

un|gebahnt [″ungə′bɑ:nt] adj. non frayé ; impraticable.

un|gebändigt [″ungə′bɛndiçt] adj. indompté.

un|gebärdig [″ungə′bɛrdiç] adj. sauvage ; récalcitrant ; mutin. | *sich ungebärdig stellen*, regimber ; se montrer récalcitrant.

un|gebeten [″ungə′betən] adj. et adv. [aufdringlich] sans être invité ; mal à propos. | *ungebetener Gast*, intrus m. ; indésirable m.

un|gebeugt [″ungə′bɔykt] adj. indompté ; fier ; qui ne se laisse pas abattre. || GRAMM. non fléchi.

un|gebildet [″ungə′bildət] adj. inculte ; sans culture ; sans éducation ; illettré ; grossier.

un|gebleicht [″ungə′blaiçt] adj. non blanchi ; écru.

un|geboren [″ungə′bo:rən] adj. *noch ungeboren*, encore à naître ; embryonnaire. | *ungeborenes Leben*, vie (f.) embryonnaire.

un|gebräuchlich [′ungə″brɔyçliç] adj. inusité ; rare ; insolite. ||**-gebraucht** adj. non (encore) utilisé ; neuf.

Un|gebühr [″ungə′by:r] f. abus m. ; injustice f. ; inconvenance f. | *zur Ungebühr*, abusivement. || **-gebührend, -gebührlich** adj. inconvenant ; indécent ; incongru. — adv. indûment ; abusivement.

un|gebunden [″ungə′bundən] adj. qui n'est pas lié. || [Buch] non relié ; broché. || FIG. *ungebundener Ton*, ton (m.) libre. | *in ungebundener Rede*, en prose. || [locker] libre ; libertin ; dissolu. | *ungebundenes Leben*, vie dissolue. || [nicht verheiratet] célibataire ; libre de tous liens. || COMM. *ungebundene Preise*, prix libres, non réglementés. ||°**-gebundenheit** f. liberté f. ; licence f. ; laisser-aller m. ; dissolution f.

un|gedämpft [″ungə′dɛmpft] adj. TECHN. entretenu ; non amorti.

un|gedeckt [″ungə′dɛkt et ′ungə″dɛkt] adj. non couvert. | *ungedeckter Tisch*, table non dressée ; table dont le couvert n'est pas mis. || PAR EXT., MIL. découvert ; sans protection. || FIN. découvert. | *ungedeckter Scheck*, chèque (m.) sans provision. | *ungedeckte Ausgaben*, découvert m.

un|gedeihlich [′ungə″dailiç] adj. peu profitable.

un|gedient [″ungə′di:nt] adj. qui n'a pas fait son service militaire ; non instruit. | *ungedienter Jahrgang*, classe qui n'a pas été appelée.

un|gedruckt [″ungə′drukt] adj. inédit.

Un|geduld [″ungə′dult] f. impatience f. ||**-geduldig** adj. impatient. | *ungeduldig werden*, s'impatienter. | *jn ungeduldig machen*, impatienter, agacer qn.

un|geeignet [″ungə′aignət] adj. non approprié ; impropre ; incapable. | *jn für ungeeignet erklären*, disqualifier qn. | *im ungeeignetsten Augenblick*, au moment qui convient le moins.

un|gefähr ["ungə'fɛ:r] adj. [zufällig] fortuit. || Loc. *er kam so von ungefähr*, il vint par hasard. || [annähernd] approchant ; approximatif.
◇ adv. à peu près ; environ. | *ungefähr dreißig*, une trentaine.

un|gefährdet ["ungə'fɛ:rdət] adj. en sécurité ; qui n'a rien à craindre. ||**-gefährlich** adj. sans danger ; inoffensif.

un|gefällig ["ungə'fɛliç] adj. peu complaisant ; désobligeant. ||°**-gefälligkeit** f. manque (m.) de complaisance ; caractère désobligeant, désagréable.

un|gefälscht ["ungə'fɛlʃt] adj. non falsifié ; pur.

un|gefärbt ["ungə'fɛrpt] adj. non teint ; écru. || Fig. sincère ; naturel ; sans fard.

un|gefragt ["ungə'frɑ:kt] adj. sans avoir été questionné ; sans avoir demandé la permission.

un|gefüge ["ungə'fy:gə] adj. mal équarri.

un|gefügig [-gə'fy:giç] adj. peu docile.

un|gegliedert ["ungə'gli:dərt] adj. inarticulé ; sans structure.

un|gehalten ["ungə'haltən] adj. **1.** qui n'a pas été tenu. | *ungehaltenes Versprechen*, promesse non tenue. **2.** (avec « über » et l'acc.) fâché de ; mécontent de. | *ungehalten werden*, se fâcher ; s'indigner.

un|geheißen ["ungə'haisən] adv. sans ordre ; sans mandat ; de sa propre initiative.

un|gehemmt ["ungə'hɛmt] adj. sans entraves ; librement.

un|geheuer ["ungə'hɔyər] adj. monstrueux ; énorme ; effrayant ; immense. ||°**-geheuer** n. (s, -) monstre m. ||**-geheuerlich** adj. monstrueux ; abominable. ||°**-geheuerlichkeit** f. monstruosité f. ; énormité f.

un|gehindert ["ungə'hindərt] adj. sans obstacles ; sans entraves ; librement. | *ungehinderten Zutritt* (zu, dat.) *haben*, avoir libre accès à.

un|gehobelt ["ungə'ho:bəlt] adj. [Holz] non raboté ; brut. || Fig. grossier ; mal élevé.

un|gehörig ["ungə'hø:riç] adj. incongru ; déplacé ; indu ; inconvenant. | *zu einer ungehörigen Stunde*, à une heure indue. ||°**-gehörigkeit** f. inconvenance f. ; incongruité f.

un|gehorsam ['ungə"ho:rzɑ:m] adj. désobéissant. || Mil. insoumis. ||°**-gehorsam** m. (s) désobéissance f. ; indiscipline f. || Mil. insubordination f.

Un|geist ['ungaist] m. (s, e). Pr. et fig. esprit malfaisant. ||**-geistlich** adj. laïque ; profane.

un|geklärt ["ungə'klɛ:rt] adj. peu clair ; obscur. | *ungeklärte Lage*, situation confuse.

un|gekünstelt ["ungə'kynstəlt] adj. sans artifice ; sans affectation ; naturel ; naïf ; franc. ||°**-gekünsteltheit** f. simplicité f. ; naturel m. ; franchise f.

un|gekürzt ["ungə'kyrtst] adj. non abrégé ; entier ; complet. | *ungekürzte Ausgabe*, édition intégrale.

un|geladen ["ungə'lɑ:dən] adj. [Gewehr] non chargé. || [nicht eingeladen] sans être invité ; malvenu.

un|geläutert ["ungə'lɔytərt] adj. non raffiné ; brut.

un|geleckt ["ungə'lɛkt] adj. *ungeleckter Bär*, ours mal léché.

Un|geld ['ungɛlt] n. (es) *das kostet ein Ungeld*, cela coûte des sommes folles.

un|gelegen ["ungə'le:gən] adj. inopportun ; fâcheux ; intempestif. | *das kommt mir ganz ungelegen*, cela me dérange beaucoup. ||°**-gelegenheit** f. inopportunité f. ; embarras m. ; ennui m. | *jm Ungelegenheiten machen*, déranger qn.

un|gelehrig ["ungə'le:riç] adj. peu apte à l'étude ; peu doué. ||**-gelehrt** adj. ignorant ; illettré.

un|gelenk(ig) ["ungə'lɛŋk(iç)] adj. peu souple ; raide ; maladroit. ||°**-gelenkigkeit** f. manque (m.) de souplesse ; maladresse f. ; gaucherie f.

un|gelernt ["ungə'lɛrnt] adj. qui n'a pas fait d'apprentissage. | *ungelernter Arbeiter*, ouvrier spécialisé (O.S.).

un|gelöst ["ungə'lø:st] adj. non résolu. | *das Problem bleibt ungelöst*, le problème reste entier.

Un|gemach ["ungə'mɑ:x] n. (s) inconvénient m. ; incommodité f. ; mal m. ; désagrément m. || **-gemächlich** adj. incommode ; malaisé ; mal à l'aise.

un|gemäß ["ungə'mɛs] adj. (dat.) non conforme à.

un|gemein ["ungə'main et 'ungə"main] adj. et adv. peu commun ; extraordinaire ; singulier. | *das ist ungemein interessant*, cela présente un intérêt peu commun. | *ungemein besser*, infiniment mieux.

un|gemessen ["ungə'mɛsən] adj. démesuré ; illimité ; sans bornes.
◇ adv. à l'excès.

un|gemütlich ["ungə'my:tliç] adj. où l'on ne se sent pas à l'aise ; peu confortable ; peu engageant. | *ungemütlicher Mensch*, homme (m.) peu sympathique. | *ungemütliche Lage*, situation (f.) inconfortable. || °**-gemütlichkeit** f. manque (m.) de confort. || Fig. impression désagréable ; froideur f.

un|genannt ["ungə'nant] adj. anonyme ; innommé.

un|genau ["ungə'nau] adj. inexact ; imprécis. || °**-genauigkeit** f. inexactitude f. ; imprécision f.

un|geneigt ["ungə'naikt] adj. peu enclin ; peu disposé ; peu favorable. | *jm nicht ungeneigt sein*, avoir de la bienveillance envers qn. | *ich bin nicht ungeneigt zu glauben...*, j'aurais tendance à croire que...

un|geniert ["unʒe'ni:rt] adj. sans gêne ; libre. ||°**-geniertheit** f. sans-gêne m.

un|genießbar ['ungə"ni:sbɑ:r] adj. immangeable ; imbuvable. | *ungenießbar machen*, dénaturer. || Par ext. fade ; insipide ; fam. imbuvable.

un|genötigt ["ungə'nø:tiçt] adv. sans y être obligé ; de son plein gré.

Un|genügen ["ungə'ny:gən] n. (s) insuffisance f. ||**-genügend** adj. insuffisant ; peu satisfaisant. || **-genügsam** adj. exigeant ; insatiable ; difficile à satisfaire. ||°**-genügsamkeit** f. insatiabilité f.

un|genützt ["ungə'nytst] adj. non utilisé ; qui n'a pas servi ; dont on n'a pas profité. | *die Zeit ungenützt verstreichen lassen*, laisser passer le temps sans en profiter.

un|geordnet ["ungə'ɔrtnət] adj. non rangé ; en désordre ; sans ordre.

un|gepflegt ["ungə'pfle:kt] adj. négligé.

un|gepflügt ["ungə'pfly:kt] adj. non labouré ; en friche.

un|geprüft ["ungə'pry:ft] adj. non examiné ; sans examen.

un|gerächt ["ungə'rɛ:çt] adj. impuni ; non vengé. | *das soll nicht ungerächt bleiben*, cela ne restera pas impuni ; je me vengerai.

un|gerade ["ungə'rɑ:də] adj. qui n'est pas droit. || [Zahl] impair.

un|geraten ["ungə'rɑ:tən] adj. qui n'a pas réussi ; qui a mal tourné ; dépravé.

un|gerechnet ["ungə'rɛçnət] adj. non compris ; non inclus ; non compté.

un|gerecht ["ungə'rɛçt] adj. injuste ; inique. || **-gerechtfertigt** adj. non justifié. ||°**-gerechtigkeit** f. injustice f. ; iniquité f.

un|geregelt ["ungə're:gəlt] adj. qui n'a pas (encore) été réglé. || Fin. *ungeregelter Freiverkehr*, marché (m.) hors-cote.

un|gereimt ["ungə'raimt] adj. **1.** [Verse] non rimé. | *ungereimte Verse*, vers blancs.
2. Par ext. [albern] extravagant ; sans rime ni raison. | *ungereimtes Zeug reden*, débiter des balivernes.

un|gerichtet ["ungə'riçtət] adj. Techn. omnidirectionnel.

un|gern ['ungɛrn] adv. sans plaisir ; à contrecœur ; à son corps défendant ; malgré soi. | *gern oder ungern*, bon gré mal gré. | *das tue ich ungern*, je le fais à regret.

un|gerufen ["ungə'ru:fən] adj. non appelé. || Par ext. indiscret.

un|gerügt ["ungə'ry:kt] adj. non blâmé ; non puni. | *das kann nicht ungerügt bleiben*, on ne peut pas laisser passer cela.

un|gerührt ["ungə'ry:rt] adj. intact ; qu'on n'a pas touché. || Fig. impassible.

un|gesagt ["ungə'zɑ:kt] adj. qui n'est pas dit. | *das darf nicht ungesagt bleiben*, il faut le faire savoir.

un|gesalzen ["ungə'zaltsən] adj. non salé ; sans sel. || Par ext. fade.

un|gesättigt ["ungə'zɛtiçt] adj. non rassasié ; qui reste sur sa faim. || Chim. *ungesättigte Lösung*, solution non saturée.

un|gesäuert ["ungə'zɔyərt] adj. sans levain. || Relig. *ungesäuertes Brot*, pain (m.) azyme.

un|gesäumt ["ungə'zɔymt] adj. sans ourlet ; non ourlé.
◇ adv. sans tarder ; sans délai.

un|geschehen ["ungə'ʃe:ən] adj. qui n'a pas eu

lieu. | *das ist nicht mehr ungeschehen zu machen*, c'est irréparable.

un|gescheut ["ungə'ʃɔyt] adv. sans crainte ; avec témérité ; hardiment.

Un|geschick ["ungə'ʃik] n. (s) maladresse f. ; gaucherie f. ||**-geschicklich** adj. maladroit. || °**-geschicklichkeit,** °**-geschicktheit** h. (-, en) maladresse f. ; gaucherie f. ||**-geschickt** adj. maladroit ; malhabile ; gauche.

un|geschlacht ["ungə'ʃlaxt] adj. mal dégrossi ; fruste. ||°**-geschlachtheit** f. rudesse f. ; aspect fruste.

un|geschliffen ["ungə'ʃlifən] adj. non aiguisé. || [Diamanten] non taillé. || FIG. impoli ; fruste. ||°**-geschliffenheit** f. rudesse f. ; grossièreté f. ; incivilité f.

un|geschmälert ["ungə'ʃmɛ:lərt] adj. sans diminution ; sans restrictions ; entier ; intégral.

un|geschminkt ["ungə'ʃmiŋkt] adj. et adv. sans fard ; non fardé. || FIG. sincère ; crûment. | *die ungeschminkte Wahrheit*, la vérité toute nue.

un|geschmückt ["ungə'ʃmykt] adj. sans ornement ; simple ; nu.

un|geschoren ["ungə'ʃo:rən] adj. qui n'est pas tondu. || FIG. *jn ungeschoren lassen*, laisser qn tranquille.

un|geschrieben ["ungə'ʃri:bən] adj. non écrit. || JUR. *ungeschriebenes Recht*, droit coutumier.

un|geschützt ["ungə'ʃytst] adj. non protégé ; sans abri ; exposé. | *vor Ansteckung ungeschützt*, exposé à la contagion.

un|geschwächt ["ungə'ʃvɛçt] adj. qui n'est pas affaibli ; dans toute sa force. | *mit ungeschwächten Kräften*, de plus belle.

un|geschworen ["ungə'ʃvo:rən] adj. sans serment. | *ich glaube es Ihnen ungeschworen*, je vous crois sur parole.

un|gesehen ["ungə'ze:ən] adj. et adv. sans voir ; sans être vu ; inaperçu ; les yeux fermés. | *die Ware ungesehen kaufen*, acheter chat en poche.

un|gesellig ["ungə'zɛliç] adj. insociable ; qui ne se lie pas facilement.

un|gesetzlich ["ungə'zɛtsliç] adj. illégal ; illégitime ; contraire aux lois. ||°**-gesetzlichkeit** f. illégalité f. ; illégitimité f.

un|gesittet ["ungə'zitət] adj. mal élevé ; non civilisé ; sauvage.

un|gestalt ["ungə'ʃtalt] adj. difforme ; disgracié. ||°**-gestalt(heit)** f. difformité f. ; déformation f.

un|gestempelt ["ungə'ʃtɛmpəlt] adj. non timbré. | *ungestempeltes Papier*, papier (m.) libre.

un|gestielt ["ungə'ti:lt] adj. sans tige. || BOT. acaule.

un|gestillt ["ungə'ʃtilt] adj. non apaisé ; inassouvi.

un|gestört [-gə'ʃtørt] adj. serein ; paisible ; tranquille.

un|gestraft ["ungə'ʃtrɑ:ft] adj. et adv. impuni ; impunément. ||°**-gestraftheit** f. impunité f.

un|gestüm ["ungə'ʃty:m] adj. impétueux ; brusque ; violent ; fougueux ; tumultueux. ||°**-gestüm** n. (s) impétuosité f. ; violence f. ; emportement m. | *mit Ungestüm*, à corps perdu. | *mit Ungestüm fordern*, réclamer à cor et à cri.

un|gesucht ["ungə'zuxt] adj. non cherché ; non recherché. || FIG. naturel ; spontané ; involontaire.

un|gesund ["ungə'zunt] adj. **1.** malade ; maladif ; en mauvaise santé.

2. [der Gesundheit schädlich] malsain ; mauvais pour la santé. | *ungesunde Wohnung*, habitation (f.) insalubre. || FIG. malsain ; morbide.

— SYN. : 1° *kränklich*, maladif ; *schwächlich*, débile ; 2° *krankhaft*, pathologique.

un|getan ["ungə'tɑ:n] adj. qui n'est pas fait | *nichts ungetan lassen, um*, faire de son mieux pour.

un|geteilt ["ungə'tailt] adj. non divisé ; indivis ; sans partage ; unanime. ||°**-geteiltheit** f. intégrité f. ; indivision f. ; unanimité f.

Un|getier ["ungə'ti:r] n. (s, e) monstre m.

un|getreu ["ungə'trɔy] adj. infidèle ; déloyal.

un|getrübt ["ungə'try:pt] adj. qui n'est pas troublé ; sans mélange ; pur ; serein. | *ungetrübter Himmel*, ciel serein. | *ungetrübte Freude*, joie (f.) sans mélange.

Un|getüm ["ungə'ty:m] n. (s, e) monstre m. ||**-getüm(lich)** adj. [ungeheuerlich] monstrueux.

un|geübt ["ungə'y:pt] adj. inhabile ; maladroit ; peu entraîné ; inexpérimenté. ||°**-geübtheit** f. manque (m.) d'expérience ; inexpérience f. ; maladresse f.

un|gewaschen ["ungə'vaʃən] adj. non lavé ; sale. || FIG. *ungewaschene Zunge*, langue impertinente. || TEXT. *ungewaschene Wolle*, laine (f.) en suint.

un|gewiß ["ungə'vis] adj. incertain ; qui n'est pas sûr ; douteux ; indécis ; précaire. | *es ist noch ungewiß, ob er kommen wird*, on ne sait encore s'il viendra. ◇ **das Ungewisse,** l'incertain m. ; l'incertitude f.

Un|gewißheit ["ungə'vishait] f. incertitude f. ; doute m.

Un|gewitter ["ungə'vitər] n. (s, -) tempête f. ; orage m.

un|gewöhnlich ["ungə'vø:nliç] adj. inhabituel ; inaccoutumé ; inusité ; insolite. ||°**-gewöhnlichkeit** f. caractère (m.) insolite. ||**-gewohnt** adj. inaccoutumé ; inhabituel.

un|gewollt ["ungə'vɔlt] adj. involontaire.

un|gezählt ["ungə'tsɛ:lt] adj. et adv. sans compter ; sans nombre. | *ungezählte Menschenmenge*, foule innombrable.

Un|geziefer ["ungə'tsi:fər] n. (s) vermine f. ; insectes (m. pl.) nuisibles.

un|geziemend ["ungə'tsi:mənt] adj. inconvenant ; peu convenable.

un|geziert ["ungə'tsi:rt] adj. sans ornement ; simple ; modeste ; sans affectation ; naturel.

un|gezogen ["ungə'tso:gən] adj. mal élevé ; malappris ; insolent. ||°**-gezogenheit** f. mauvaise conduite ; insolence f. ; manque (m.) d'éducation. ◇ f. pl. **Ungezogenheiten,** insolences f. pl.

un|gezügelt ["ungə'tsy:gəlt] adj. effréné ; sans frein. | *ein ungezügeltes Leben führen*, mener une vie débauchée.

un|gezwungen ["ungə'tsvuŋən] adj. franc ; naturel ; libre ; non guindé ; sans contrainte ; dégagé ; aisé. | *ungezwungene Schreibweise*, style aisé. || °**-gezwungenheit** f. aisance f. ; naturel m.

Un|glaube ["un'glaubə] m. (ns) incrédulité f. ; incroyance f. ||**-glaubhaft** adj. incroyable ; invraisemblable ; peu digne de foi ; douteux. | *unglaubhafter Zeuge*, témoin douteux.

un|gläubig ["un'glɔybiç] adj. incrédule ; incroyant ; sceptique ; mécréant ; athée. | *die Ungläubigen*, les infidèles m. pl. || PAR EXT. qui ne croit à rien ; qui doute de tout. || LOC. *er ist ein ungläubiger Thomas*, c'est un mécréant. | *ungläubig lächeln*, avoir un sourire sceptique. ||°**-gläubigkeit** f. incrédulité f. ||**-glaublich** adj. incroyable ; invraisemblable ; inouï ; peu plausible. ||**-glaubwürdig** adj. peu digne de foi ; sujet à caution. | *unglaubwürdige Nachricht*, information sujette à caution. | *einen Zeugen als unglaubwürdig zurückweisen*, récuser un témoin.

un|gleich ['unglaiç] adj. inégal. | *ungleiche Teile*, parts inégales. || PAR EXT. différent ; disparate ; dissemblable. | *Personen ungleicher Überzeugung*, personnes (f. pl.) de convictions différentes. || [Boden] inégal ; accidenté. || mal assorti ; déparié. | *ungleiches Paar*, couple mal assorti.
◇ adv. inégalement. || beaucoup ; infiniment ; incomparablement. | *ungleich größer*, beaucoup plus grand.

ungleich|artig ["unglaiç'ɑ:rtiç] adj. hétérogène ; de nature différente. ||°**-artigkeit** f. hétérogénéité f. ||**-förmig** adj. dissemblable ; irrégulier ; inégal ; asymétrique. ||°**-förmigkeit** f. irrégularité f. ; dissemblance f. ; asymétrie f. ||**-mäßig** adj. disproportionné. ||°**-mäßigkeit** f. disproportion f. ; asymétrie f. ||**-seitig** adj. MATH. qui a des côtés inégaux. | *ungleichseitiges Dreieck*, triangle (m.) scalène. ||**-silbig** adj. GRAMM. imparisyllabique. ||**-stoffig** adj. non homogène.

Ungleichheit ["un'glaiçhait] f. (-, en) inégalité f. ; dissemblance f. ; disparité f. | *Ungleichheit des Bodens*, accidents (m. pl.) du terrain.

Un|gleichung ["un'glaiçuŋ] f. (-, en). MATH. inégalité f.

Un|glimpf ['unglimpf] m. (s) injure f. ; manque (m.) d'égards. ||**-glimpflich** adj. et adv. sans égards ; injurieux.

Un|glück ["un'glyk] n. (s) malheur m. || POÉT. infortune f. | *Unglück haben*, avoir de la malchance ; essuyer des revers, des déboires. | *jn ins Unglück stürzen*, précipiter qn dans le malheur. | *jm Unglück bringen*, porter malheur. | *vom Unglück verfolgt*, poursuivi par le mauvais sort. | *zu allem Unglück*, un malheur ne venant jamais seul. || [Unglücksfall] accident m. ; sinistre m. ; désastre m. | *Eisenbahnunglück*, accident de chemin de fer. | *großes, furchtbares Unglück*, calamité

f. ; désastre m. | *ein Unglück kommt selten allein*, un malheur ne vient jamais seul.

Unglücks|bote ["unglyks'bo:tə] m. (n, n) messager (m.) de malheur. ||°**-fall** m. (s, ¨e) accident m. ; sinistre m. ; revers m. | *im Unglücksfall*, en cas d'accident. ||°**-gefährte** m. (n, n), °**-genosse** m. (n, n) compagnon (m.) d'infortune. ||°**-kind** n. (s, er) enfant né sous une mauvaise étoile. ||°**-prophet** m. (en, en) prophète (m.) de malheur. ||°**-stifter** m. (s, -) porte-malheur m. ||°**-tag** m. (s, e) jour (m.) néfaste, funeste. ||°**-vogel** m. (s, ¨), °**-rabe** m. (n, n) oiseau (m.) de malheur ; homme malchanceux.

un|glücklich ["un'glykliç] adj. malheureux ; infortuné. | *unglücklicher Zwischenfall*, incident malencontreux. | *eine unglückliche Hand haben*, avoir la main malheureuse.

unglücklicher|weise ["unglykliçər'vaizə] adv. par malheur ; malheureusement.

un|glückselig ["unglyk'ze:liç] adj. malheureux. || [Person] infortuné. || [Sache] funeste.

Un|gnade ["un'gna:də] f. disgrâce f. ; défaveur f.

un|gnädig ["un'gnɛ:diç] adj. irrité ; défavorable ; mal disposé (envers qn).
◇ adv. de mauvaise grâce.

un|greifbar ['un"graifba:r] adj. insaisissable.

un|gültig ["un'gyltiç] adj. non valable ; nul. || [Ausweis] périmé. | *für ungültig erklären*, infirmer ; annuler ; Jur. casser (un jugement). | *ungültig machen*, invalider ; annuler ; rendre caduc. ||°**-gültigkeit** f. nullité f. ; invalidité f. ; caducité f.

Un|gunst ['ungunst] f. défaveur f. ; discrédit m. | *in Ungunst geraten*, tomber en discrédit ; être discrédité. | *zu js Ungunsten*, au désavantage de qn. ||**-günstig** adj. défavorable ; désavantageux.

un|gut ['ungu:t] adj. *nichts für ungut !*, soit dit sans vous offenser ; ne m'en veuillez pas. | *ich habe so ein ungutes Gefühl*, cela ne me dit rien qui vaille. ||**-gütig** adj. désobligeant ; sans bienveillance.

un|haltbar ['un"haltba:r] adj. indéfendable. || [Behauptung] insoutenable. || Mil. [Stellung] intenable. ||°**-haltbarkeit** f. fragilité f. (d'un argument) ; caractère (m.) intenable d'une position.

un|handlich [un"hantliç] adj. lourd ; peu maniable ; incommode.

un|harmonisch ["un'harmo:niʃ] adj. discordant ; inharmonieux.

Un|heil ['unhail] n. (s) mal m. ; malheur m. ; calamité f. | *Unheil anrichten, stiften*, causer des malheurs.

unheil|bringend ["unhail'briŋənt] adj. fatal ; funeste. ||**-schwanger** adj. gros de malheurs ; de sinistre augure. ||°**-stifter** m. (s, -) être (m.) néfaste ; artisan (m.) de malheur. ||**-voll** adj. sinistre ; néfaste.

un|heilbar ['un"hailba:r] adj. inguérissable. || Méd. incurable. || Fig. irrémédiable ; sans remède. ||°**-heilbarkeit** f. incurabilité f.

un|heilig ["un'hailiç] adj. impie ; profane.

un|heimlich ['un"haimliç] adj. [grausig] étrange et inquiétant ; qui donne le frisson. | *es wurde mir unheimlich (zumute)*, je sentais l'angoisse me gagner. | *hier ist es unheimlich*, c'est un endroit funèbre, lugubre. | *unheimliche Entdeckung*, découverte (f.) macabre.

un|höflich ["un'hø:fliç] adj. impoli ; discourtois. ||°**-höflichkeit** f. impolitesse f. ; discourtoisie f.

un|hold ['unhɔlt] adj. malgracieux ; acrimonieux.

Un|hold ['unhɔlt] m. (s, e) démon m. ; lutin m. (malveillant). || Fig. monstre m. ; épouvantail m. ; mégère f.

un|hörbar ['un"hø:rba:r] adj. imperceptible ; inaudible. || Phys. infrasonore.

Uniform [uni'fɔrm] f. (-, en) uniforme m. ; tenue f. (militaire). || (Vx.) habit (m.) militaire.

uniformieren [-fɔr'mi:rən] v. tr. faire revêtir l'uniforme, la tenue militaire. | *uniformiert*, en uniforme. || Fig. uniformiser.

Unikum ['u:nikum] n. (s, ka) chose (f.) unique ; rareté f. ; oiseau (m.) rare. || [Sonderling] original m. ; être singulier.

un|interessant ["unintere'sant] adj. peu intéressant ; sans intérêt ; dépourvu d'intérêt.

un|interessiert [-'si:rt] adj. [unbeteiligt] qui ne s'intéresse pas (à), ne montre aucun intérêt (pour). || [nicht auf sein Vorteil bedacht] désintéressé. ||°**-interessiertheit** f. manque (m.) d'intérêt.

Union [uni'o:n] f. (-, en). Polit. union f. | *Union der Sozialistischen Sowjetrepubliken (UdSSR)*, Union des Républiques socialistes soviétiques (U.R.S.S.). | *Südafrikanische Union*, Union sud-africaine (aujourd'hui : République sud-africaine).

Uni|sono [uni'zo:no] n. (s, s). Mus. [Einklang] unisson m.
◇ adv. **unisono.** Mus. à l'unisson.

Unitarier [uni'ta:riər] m. (s, -). Relig. unitaire m. || Polit. unitaire m.

unitarisch [uni'ta:riʃ] adj. unitaire.

Unität [-'tɛ:t] f. (-, en) unité f.

universal [univɛr'za:l], **universell** [-'zɛl] adj. universel.

universal... (en compos.) universel.

Universal|empfänger [univɛr"za:lɛmp'fɛŋər] m. (s, -). Méd. receveur universel. ||°**-erbe** m. (n, n). Jur. légataire universel. ||°**-mittel** n. (s, -). [Allheilmittel] remède universel ; panacée f. ||°**-schraubenschlüssel** m. (s, -) clé universelle.

Universalität [univɛrzali'tɛ:t] f. universalité f.

Universität [-zi'tɛ:t] f. (-, en). [Hochschule] université f. | *auf der Universität*, à l'université.

Universitäts|bibliothek [univɛrzi"tɛ:tsbiblio'te:k] f. (-, en) bibliothèque (f.) universitaire. ||°**-klinik** f. (-, en) centre (m.) hospitalo-universitaire (C.H.U.). ||°**-laufbahn** f. carrière (f.) universitaire. ||°**-lehrer** m. (s, -), °**-professor** m. (s, en) professeur (m.) de faculté, de l'enseignement supérieur. ||°**-studien** n. pl. études (f. pl.) universitaires, à la faculté. ||°**-unterricht** m. (s), °**-wesen** n. (s) enseignement supérieur.

Universum [uni'vɛrzum] n. (s). [Weltall] univers m.

Unke ['uŋkə] f. (-, n). Zool. crapaud m. || Fig., fam. pessimiste m.

unken [-kən] v. intr. Fam. jouer les Cassandre.

un|keusch ['unkɔyʃ] adj. impudique ; impur ; luxurieux. ||°**-keuschheit** f. impudicité f. ; impureté f. ; luxure f.

un|kindlich ["un'kintliç] adj. qui ne convient pas à un enfant.

un|klar ['unkla:r] adj. peu clair ; trouble. | *das Wetter ist unklar*, le temps est brumeux. || Fig. embrouillé ; confus ; fumeux. | *unklare Angelegenheit*, affaire (f.) louche. | *unklarer Text*, texte obscur. | *etwas im unklaren lassen*, ne pas tirer au clair qch. ; ne pas se prononcer clairement sur qch. | *ob ich komme, ist noch unklar*, il n'est pas encore sûr que je vienne. ||°**-klarheit** f. (-, en) manque (m.) de clarté ; obscurité f. ; confusion f.

un|klug ['unklu:k] adj. inintelligent ; peu avisé ; déraisonnable ; imprudent. ||°**-klugheit** f. inintelligence f. ; déraison f. || [Handlung] maladresse f. ; imprudence f. ; étourderie f.

un|kollegial ["unkɔlegi'a:l] adj. qui ne se fait pas entre collègues ; inamical.

un|kontrollierbar ['unkɔntro"li:rba:r] adj. incontrôlable.

un|körperlich ["un'kørpərliç] adj. immatériel.

Un|kosten ["un'kɔstən] pl. frais m. pl. ; dépenses f. pl. ; débours m. pl. | *die Unkosten tragen, bestreiten*, supporter les frais ; faire face aux dépenses. | *auf Unkosten andrer*, aux dépens d'autrui. | *nach Abzug aller Unkosten*, tous frais déduits.

Un|kraut ['unkraut] n. (s, ¨er) mauvaise herbe. || Loc. *Unkraut verdirbt nicht*, mauvaise herbe pousse toujours.

Unkraut|vernichtungsmittel ["unkrautfɛrniçtuŋs'mitəl] n. (s, -). [Umwelt] désherbant m.

un|kritisch ["un'kri:tiʃ] adj. qui n'a pas de sens critique.

un|kultiviert ["unkulti'vi:rt] adj. inculte ; barbare ; qui manque de culture. || °**-kultiviertheit** f. grossièreté f. ; manque (m.) de culture.

un|kündbar ['un"kyntba:r] adj. Fin. non résiliable ; non remboursable. | *unkündbares Konto*, compte bloqué. | *unkündbare Rente*, rente consolidée, perpétuelle.

un|kundig ["un'kundiç] adj. non informé de. | *einer Sprache unkundig sein*, ne pas posséder une langue.

un|längst ['unlɛŋst] adv. naguère ; dernièrement ; il y a peu (de temps) ; depuis peu.

un|lauter ["un'lautər] adj. non limpide ; impur. || Fig. déloyal ; louche ; fam. pas propre ; pas franc. | *unlauteres Geschäft*, affaire véreuse, malpropre. | *unlauterer Wettbewerb*, concurrence déloyale, illicite. ||°**-lauterkeit** f. déloyauté f. ; malhonnêteté f.

un|leidlich ['un"laidliç] adj. fâcheux ; insupportable ; déplaisant.

un|lenkbar ['un"lɛŋkbɑ:r], **un|lenksam** [-"lɛŋkzɑ:m] adj. difficile à mener, à conduire. || FIG. indocile ; intraitable

un|lesbar ['un"le:sbɑ:r], **un|leserlich** [-"le:zərliç] adj. indéchiffrable ; illisible.

un|leugbar ['un"lɔykbɑ:r] adj. indéniable ; irréfutable. ||°**-leugbarkeit** f. évidence f.

un|lieb ['unli:p] adj. désagréable. | *das ist ihm gar nicht unlieb*, il n'en est nullement fâché. ||**-liebenswürdig** adj. peu aimable ; peu serviable ; désagréable. ||**-liebsam** adj. désagréable ; déplaisant.

un|limitiert ["unlimi'ti:rt] adj. [Börse] au mieux. | *unlimitierter Auftrag*, ordre (m.) au mieux.

un|löblich ["un'lø:pliç] adj. peu louable ; peu recommandable.

un|logisch ["un'lo:giʃ] adj. illogique.

un|lösbar ['un"lø:sbɑ:r] adj. insoluble ; inextricable. || TECHN. non détachable ; non amovible. ||°**-lösbarkeit** f. caractère (m.) insoluble ; indissolubilité f. ; insolubilité f. ||**-löslich** adj. indissoluble. || CHIM. insoluble. ||°**-löslichkeit** f. CHIM. insolubilité f.

un|löschbar ['un"løʃbɑ:r] adj. inextinguible.

Un|lust ['unlust] f. déplaisir m. ; aversion f. | *Unlust zu etwas verspüren*, éprouver de l'aversion envers qch. ; répugner à faire qch. ||**-lustig** adj. qui n'a pas envie. | *er tut es nur unlustig*, il le fait à contrecœur.

un|manierlich ['unma"ni:rliç] adj. malappris ; sans éducation.

un|männlich ['un"mɛnliç] adj. qui n'est pas digne d'un homme ; efféminé.

Un|maß ['unmɑ:s] n. (es) démesure f. ; excès m. | *im Unmaß*, avec excès ; excessivement ; démesurément. ||**-maßgeblich** adj. *nach meiner unmaßgeblichen Meinung*, à mon humble avis. ||**-mäßig** adj. immodéré ; démesuré ; intempérant. — adv. outre mesure. ||°**-mäßigkeit** f. démesure f. ; immodération f. ; excès m. ; intempérance f.

Un|masse ["un'masə] f. (-, n) masse (f.) énorme. | *eine Unmasse (von)*, énormément (de) ; FAM. des tas (de).

Un|menge ["un'mɛŋə] f. (-, n) quantité (f.) énorme.

Un|mensch ['unmɛnʃ] m. (en, en) être inhumain ; monstre m. ; brute f. ||**-menschlich** adj. inhumain ; dénaturé ; bestial. || FIG. surhumain ; épouvantable. ||°**-menschlichkeit** f. inhumanité f. ; barbarie f. ; monstruosité f.

un|merklich ['un"mɛrkliç] adj. insensible ; imperceptible ; sans qu'il y paraisse.

un|mißverständlich ["unmisfɛr'ʃtɛntliç] adj. qui ne laisse pas le moindre doute ; catégorique ; formel.

un|mittelbar ["un'mitəlbɑ:r] adj. immédiat ; direct ; sans intermédiaire. ||°**-mittelbarkeit** f. caractère immédiat.

un|möbliert ["unmø'bli:rt] adj. non meublé.

un|modern ["unmo'dɛrn] adj. qui n'est pas, qui n'est plus moderne ; désuet. | *unmodern werden*, se démoder.

un|modisch ["un'mo:diʃ] adj. démodé ; vieillot ; passé de mode.

un|möglich ["un'mø:kliç et 'un"mø:kliç] adj. impossible. | *ganz, rein, durchaus unmöglich*, absolument impossible. | *das kann ich unmöglich tun*, il m'est impossible de le faire. | *sich unmöglich benehmen*, FAM. avoir une conduite impossible. | *sich unmöglich machen*, se rendre impossible. | *Unmögliches leisten*, faire l'impossible. ||°**-möglichkeit** f. (-, en) impossibilité f. ; chose (f.) impossible.

un|moralisch ["unmo'rɑ:liʃ] adj. immoral.

un|mündig ["un'myndiç] adj. JUR. mineur. || °**-mündigkeit** f. JUR. minorité f.

un|musikalisch ["unmuzi'kɑ:liʃ] adj. qui n'est pas musicien ; qui n'a pas le sens de la musique. ||°**-musikalität** f. manque (m.) de sens musical.

Un|mut ['unmu:t] m. (s) maussaderie f. ; mauvaise humeur. ||**-mutig** adj. maussade ; renfrogné ; mal disposé.

un|nachahmlich ["unnɑ:x'ɑ:mliç] adj. inimitable.

un|nachgiebig ["unnɑ:x'gi:biç] adj. intraitable ; inflexible.

un|nachsichtig ["unnɑ:x'ziçtiç] adj. et adv. sans indulgence ; rigoriste.

un|nahbar ['un"nɑ:bɑ:r] adj. inabordable ; inaccessible ; hautain. ||°**-nahbarkeit** f. inaccessibilité f. ; hauteur f.

Un|natur ["unna'tu:r] f. chose (f.) contre, hors nature. || [Geziertheit] manque (m.) de naturel. ||**-natürlich** adj. contre nature ; dénaturé. || [geziert] affecté.

un|nennbar ['un"nɛnbɑ:r] adj. indicible ; inexprimable ; qu'on ne peut nommer.

un|nötig ["un'nø:tiç] adj. inutile ; superflu. || **-nötigerweise** adv. inutilement ; sans nécessité. ||°**-nötigkeit** f. inutilité f. ; superfluité f.

un|nütz ['unnyts] adj. inutile ; vain. | *das ist ganz unnütz*, cela ne sert à rien, ne vaut rien. | *unnütze Arbeit*, du travail perdu. | *unnützes Begehren*, vaine demande ; prétention (f.) futile. ||**-nützerweise** adv. inutilement ; pour rien.

un|ordentlich ['un"ɔrdəntliç] adj. [Menschen] désordonné ; brouillon. || [Aussehen] débraillé. || [Sachen] sans ordre ; en désordre ; pêle-mêle. || [Lebensführung] déréglé ; irrégulier. ||°**-ordentlichkeit** f. manque (m.) d'ordre ; débraillé m.

Un|ordnung ['un'ɔrdnuŋ] f. désordre m. ; confusion f. | *in Unordnung bringen*, mettre en désordre ; déranger ; désorganiser. | *in Unordnung kommen, geraten*, se désorganiser ; se détraquer. || POLIT. anarchie f. || FAM. (em) brouillamini m.

un|organisch ["unɔr'gɑ:niʃ] adj. inorganique.

un|paar ['unpɑ:r] adj. impair. ||**-paarig** adj. en nombre impair. ||°**-paarigkeit** f. imparité f.

un|pädagogisch ["unpɛda'go:giʃ] adj. antipédagogique.

un|parteiisch ["unpar'taiiʃ], **un|parteilich** ['unpar"tailiç] adj. impartial ; désintéressé. ||°**-parteilichkeit** f. impartialité f.

un|paß ['unpas] adj. indisposé ; souffrant.

un|passend ["un'pasənt] adj. impropre ; mal choisi ; qui ne convient pas. || FIG. inconvenant ; déplacé. || [Zeitpunkt] inopportun ; mal à propos ; hors de saison.

un|passierbar ['unpa"si:rbɑ:r] adj. [Weg] impraticable.

un|päßlich ['un"pɛsliç] adj. indisposé ; souffrant ; incommodé. ||°**-päßlichkeit** f. indisposition f.

un|persönlich ['unpɛr"zø:nliç] adj. impersonnel. || FIG. froid ; distant. ||°**-persönlichkeit** f. GRAMM. caractère impersonnel.

un|poliert ["unpo'li:rt] adj. non poli. || FIG. impoli.

un|politisch ["unpo'li:tiʃ] adj. apolitique.

un|populär ["unpopu'lɛ:r] adj. impopulaire.

un|praktisch ["un'praktiʃ] adj. peu pratique ; irréalisable.

un|produktiv ["unprɔduk'ti:f] adj. [unergiebig] improductif.

un|proportioniert ["unprɔpɔrtsio'ni:rt] adj. mal proportionné ; disproportionné.

un|pünktlich ['un"pyŋktliç] adj. inexact ; non ponctuel. ||°**-pünktlichkeit** f. inexactitude f. ; retards m. pl.

un|qualifizierbar ['unkvalifi"tsi:rbɑ:r] adj. [Benehmen] inqualifiable.

un|rasiert ["unra'zi:rt] adj. non, mal rasé.

Un|rast ['unrast] f. agitation f. (fébrile) ; inquiétude f.

Un|rat ['unrɑ:t] m. (s) immondices f. pl. ; ordures f. pl. ; vidanges f. pl. || FIG. *Unrat wittern*, flairer le pot aux roses.

un|rationell ["unratsio'nɛl] adj. irrationnel.

un|rätlich ["un'rɛ:tliç], **un|ratsam** ["un'rɑ:tzɑ:m] adj. à déconseiller ; inopportun. ||°**-ratsamkeit** f. inopportunité f.

un|recht ['unrɛçt] adj. **1.** [unrichtig] impropre ; mauvais ; faux. | *den unrechten Schlüssel nehmen*, ne pas prendre la bonne clef. | *in unrechte Hände fallen*, tomber en de mauvaises mains. | *etwas ist ihm in die unrechte Kehle gekommen*, il a avalé qch. de travers. | *das hast du am unrechten Ort angebracht*, ce n'était pas l'endroit de dire cela. | *an den Unrechten kommen, geraten*, se tromper d'adresse.

2. [unzeitig] inopportun. | *zur unrechten Stunde*, à une heure indue. | *komme ich unrecht ?*, est-ce que je vous dérange ? | *Sie kommen unrecht*, vous arrivez mal à propos.

3. [ungerecht] injuste. | *da hast du unrecht (daran) getan*, tu as eu tort ; tu as mal fait (de). | *das ist unrecht*, c'est mal. || PROV. *unrecht Gut gedeihet nicht*, bien mal acquis ne profite jamais.

Un|recht [-rɛçt] n. (s) injustice f. ; tort m. | *Unrecht leiden*, souffrir une injustice. | *unrecht haben*, avoir tort. | *im Unrecht sein*, être dans son tort. | *mit Unrecht*, à tort. | *nicht mit Unrecht*, non sans raison. | *es geschieht mir Unrecht*, on me fait tort ; on n'est pas juste envers moi. | *jm Unrecht tun*, faire (du) tort à qn. || PROV. *besser Unrecht leiden als Unrecht tun*, il vaut mieux souffrir l'injustice que la commettre.

un|rechtlich [″un'rɛçtliç] adj. injuste ; illicite ; illégal ; malhonnête. ||°**-rechtlichkeit** f. injustice f. ; illégalité f. ; malhonnêteté f. ||**-rechtmäßig** adj. illégitime ; illégal. ||°**-rechtmäßigkeit** f. illégitimité f.

un|redlich [″un're:tliç] adj. de mauvaise foi ; malhonnête. ||°**-redlichkeit** f. mauvaise foi ; malhonnêteté f. ; improbité f.

un|reell [″unre'ɛl] adj. COMM. sans valeur réelle, certaine.

un|regelmäßig [″unregəl'mɛ:siç] adj. irrégulier ; déréglé. ||°**-regelmäßigkeit** f. irrégularité f. ; dérèglement m.

un|regierbar ['unre″gi:rbɑ:r] adj. ingouvernable.

un|reif ['unraif] adj. pas mûr ; vert. || FIG. [Mensch] trop jeune ; qui n'a pas l'âge ; [Psychologie] immature. || [Frage ; Entscheid] prématuré. || MÉD. impubère.

Un|reife [″un'raifə] f. immaturité f. ; impuberté f.

un|rein ['unrain] adj. impur ; malpropre ; souillé. | *ins Unreine schreiben*, écrire au brouillon. ||°**-reinheit** f. impureté f. ; malpropreté f. ; souillure f.

un|reinlich [″un'rainliç] adj. malpropre ; FAM. dégoûtant. ||°**-reinlichkeit** f. malpropreté f.

un|rentabel [″unrɛn'tɑ:bəl] adj. non rentable.

un|rettbar ['un″rɛtbɑ:r] adj. et adv. *unrettbar verloren*, perdu sans remède, sans ressource.

un|richtig [″un'riçtiç] adj. inexact ; incorrect ; erroné ; fautif. ||°**-richtigkeit** f. inexactitude f. ; incorrection f. ; caractère erroné.

un|ritterlich ['un″ritərliç] adj. peu galant ; peu chevaleresque.

Un|ruh ['unru:] f. (-, en). [Uhrwerk] balancier m.

Un|ruhe [″un'ru:ə] f. (-, n) inquiétude f. ; agitation f. ; nervosité f. | *in Unruhe sein, geraten*, être inquiet ; être pris d'inquiétude. | *Unruhestifter*, fauteur (m.) de troubles.

◇ f. pl. **Unruhen.** POLIT. troubles m. pl. ; désordres m. pl.

un|ruhig [″un'ru:iç] adj. sans repos ; inquiet ; nerveux ; turbulent. | *das Meer ist unruhig*, la mer est houleuse, agitée. | *unruhig schlafen*, avoir un sommeil agité. | *unruhiges Kind*, enfant remuant, turbulent. | *ich fange an, unruhig zu werden*, je commence à m'inquiéter.

un|rühmlich [″un'ry:mliç] adj. sans gloire ; peu glorieux.

uns [uns] pron. pers. (dat. et acc. de **wir**) à nous ; nous. | *das gehört uns*, c'est à nous. | *er gehört zu uns*, il est des nôtres. | *bei uns (zu Hause)*, chez nous. | *ein Freund von uns*, un ami à nous ; un de nos amis. | *grüßen Sie ihn von uns*, saluez-le de notre part.

un|sachgemäß [″unzaxgə'mɛ:s] adj. non pertinent ; incorrect ; impropre. | *etwas unsachgemäß behandeln*, traiter une chose sans compétence, de façon incompétente, inexperte. ||**-sachlich** adj. non conforme aux faits ; irréaliste ; subjectif. ||°**-sachlichkeit** f. irréalisme m. ; subjectivité f.

un|sacht ['unzaxt] adj. rude ; sans douceur.

un|sagbar ['un″zɑ:kbɑ:r] adj. indicible ; inexprimable ; POÉT. ineffable. ||**-säglich** adj. indicible ; FIG. excessif.

un|sanft ['unzanft] adj. rude ; brutal ; sans douceur.

un|sauber [″un'zaubər] adj. malpropre ; FIG. vilain ; malhonnête. ||°**-sauberkeit** f. malpropreté f.

un|schädlich [″un'ʃɛ:dliç] adj. anodin ; inoffensif. | *jn unschädlich machen*, mettre qn hors d'état de nuire ; neutraliser qn. || MIL. *(Sprengkörper) unschädlich machen*, désamorcer (des engins explosifs). ||°**-schädlichkeit** f. innocuité f. ; caractère inoffensif.

un|scharf ['unʃarf] adj. OPT. flou ; imprécis. ||°**-schärfe** f. OPT. flou m. ; imprécision f. || PHYS. *Unschärferelation*, relation (f.) d'indétermination.

un|schätzbar ['un″ʃɛtsbɑ:r] adj. inappréciable ; inestimable ; sans prix. ||°**-schätzbarkeit** f. prix (m.) inestimable.

un|scheinbar ['un″ʃainbɑ:r] adj. de peu d'apparence ; discret ; sobre ; terne. ||°**-scheinbarkeit** f. discrétion f.

un|schicklich [″un'ʃikliç] adj. inconvenant ; déplacé ; malséant. ||°**-schicklichkeit** f. inconvenance f. ; incongruité f.

un|schiffbar ['un″ʃifbɑ:r] adj. non navigable ; impropre à la navigation.

Un|schlitt ['unʃlit] n. (s). (Vx.) suif m.

un|schlüssig [″un'ʃlysiç] adj. irrésolu ; perplexe. ||°**-schlüssigkeit** f. irrésolution f. ; perplexité f.

un|schmackhaft [un'ʃmakhaft] adj. sans saveur ; sans goût ; fade ; insipide. ||°**-schmackhaftigkeit** f. insipidité f. ; fadeur f.

un|schmelzbar ['un″ʃmɛltsbɑ:r] adj. CHIM. infusible ; réfractaire.

un|schön ['unʃø:n] adj. pas beau ; vilain ; disgracieux.

Un|schuld ['unʃult] f. innocence f. ; candeur f. ; virginité f. || LOC. *ich wasche meine Hände in Unschuld*, je m'en lave les mains. || [naiver Mensch] ingénu(e) m. (f.) ; innocent(e) m. (f.). || IRON. *eine Unschuld vom Lande*, une bécassine ; une oie blanche. || JUR. non-culpabilité f.

un|schuldig [″un'ʃuldiç] adj. innocent ; candide ; ingénu ; naïf. || [unberührt] vierge ; FAM. puceau ; pucelle. || [harmlos] inoffensif. || JUR. non coupable.

Unschulds|lamm [″unʃulds'lam] n. (s, ¨er). FIG., IRON. sainte nitouche f.

un|schwer ['unʃve:r] adj. sans difficulté ; sans peine ; facile ; aisé.

Un|segen [″un'ze:gən] m. (s) malédiction f. ; mauvais sort ; malchance f.

un|selbständig [″unzɛlp'ʃtɛndiç] adj. dépendant ; sans initiative. || [Arbeit] fait avec l'aide d'autrui. ||°**-selbständigkeit** f. dépendance f. ; manque (m.) d'initiative, de personnalité.

un|selig [″un'ze:liç] adj. funeste ; infortuné ; fatal.

unser ['unzər] pron. pers. (gén. de **wir**) de nous. | *wir waren unser drei*, nous étions trois (en tout). || RELIG. *Vater unser*, notre Père.

◇ adj. et pron. poss. **unser, unsere, unser,** notre ; à nous. | *unser Haus*, notre maison. | *das Haus ist unser*, la maison est à nous.

◇ pron. poss. **unserer, unsere, unseres,** le, la nôtre. | *es ist nicht euer Haus, sondern unseres*, ce n'est pas votre maison, mais la nôtre.

◇ **der, die, das Unsere,** le, la nôtre. | *die Unseren*, les nôtres. | *wir wollen das Unsere behalten*, nous voulons garder notre bien. | *wir haben das Unsere getan*, nous avons fait notre possible, ce qui était en notre pouvoir.

unser|einer [″unzər'ainər], **unser|eins** [-'ains] pron. FAM. nous autres ; les gens comme nous.

unser(er)|seits [″unzər(ər)'zaits] adv. de notre côté ; pour notre part ; à notre tour.

uns(e)res|gleichen [″unz(ə)rəs'glaiçən] pron. les gens comme nous ; nos pareils. ||**-teils** adv. pour notre part ; quant à nous.

uns(e)rig ['unsriç et 'unzəriç] pron. poss. [unser] nôtre.

unser(e)t|halben [″unsər(ə)t'halbən], **-wegen** [-'ve:gən] adv. à cause de nous ; pour nous. ||**-willen (um)** adv. pour l'amour de nous.

un|seriös [″unzeri'ø:s] adj. peu sérieux ; pas sérieux.

un|sicher [″un'ziçər] adj. incertain ; qui n'est pas sûr ; douteux. | *meine Meinung darüber ist noch unsicher*, mon opinion là-dessus n'est pas encore fixée, arrêtée. | *unsichere Forderung*, créance douteuse. | *unsicherer Blick*, regard fuyant. | *er war in seinen Antworten unsicher*, ses réponses étaient hésitantes, mal assurées. || PAR EXT. précaire ; risqué ; dangereux. | *unsicheres Gebiet*, zone (f.) d'insécurité. | *unsichere Lage*, situation précaire, épineuse. ||°**-sicherheit** f. incertitude f. ; manque (m.) de sûreté, d'assurance. || PAR EXT. précarité f. ; insécurité f. ; péril m.

un|sichtbar ['un″ziçtbɑ:r] adj. invisible ; imperceptible à l'œil. ||°**-sichtbarkeit** f. invisibilité f.

un|sinkbar ['un″ziŋkbɑ:r] adj. insubmersible.

Un|sinn ['unzin] m. (s) non-sens m. ; déraison f. ; absurdité(s) f. (pl.) ; extravagance(s) f. (pl.) | *das ist Unsinn*, c'est absurde ; cela n'a pas le sens commun ; FAM. ça n'a ni queue ni tête. || FAM. *Unsinn schwatzen*, déraisonner ; dire des bêtises. | *mach keinen Unsinn !*, ne fais pas de sottises !

un|sinnig ["un'ziniç] adj. insensé ; qui n'a pas de sens, pas le sens commun ; déraisonnable ; absurde. ||°**-sinnigkeit** f. absurdité f. ; déraison f. ; extravagance f. ||**-sinnlich** adj. immatériel. || [Liebe] spirituel ; spiritualisé ; platonique.

Un|sitte ["un'zitə] f. (-, n) mauvaise habitude ; abus m. pl. ||**-sittlich** adj. immoral ; licencieux. ||°**-sittlichkeit** f. immoralité f. ; licence (f.) des mœurs.

un|soldatisch ["unzɔl'dɑ:tiʃ] adj. non conforme à l'idéal du soldat ; peu militaire.

un|solide ["unzo'li:də] adj. [Möbel, usw.] peu robuste ; [Mensch] instable ; peu fiable.

un|sorgsam [un"zɔrkzɑ:m] adj. insoucieux ; nonchalant.

un|sozial ["unzɔtsi'ɑ:l] adj. PSYCHOL. asocial.

un|sportlich ["un'ʃpɔrtliç] adj. [Mensch] non sportif ; [Verhalten] déloyal.

un|stät ['unʃtɛ:t]. V. UNSTET.

un|statthaft ["un'ʃtathaft] adj. inadmissible ; non recevable.

un|sterblich ['un"ʃtɛrpliç] adj. immortel. | *unsterblich machen*, immortaliser. || MYTH. *die Unsterblichen*, les immortels. ||°**-sterblichkeit** f. immortalité f.

Un|stern ['unʃtɛrn] m. (s) mauvaise étoile ; fatalité f.

un|stet ['unʃte:t] adj. instable ; inconstant ; changeant ; variable ; versatile. || errant ; vagabond ; nomade. | *ein unstetes Leben führen*, mener une vie errante, de bohème ; vagabonder. || MATH. discontinu. ||**-stetig** adj. V. UNSTET. ||°**-stetigkeit** f. instabilité f. ; inconstance f. ; variabilité f. ; versatilité f. ; humeur changeante. || MATH. discontinuité f.

un|stillbar ['un"ʃtilbɑ:r] adj. qu'on ne peut assouvir ; inextinguible.

un|stimmig ["un'ʃtimiç] adj. en désaccord. || °**-stimmigkeit** f. (-, en) désaccord m.

un|strafbar ['un"ʃtrɑ:fbɑ:r], **-sträflich** adj. qui n'est pas passible d'une peine ; irréprochable ; non répréhensible.

un|streitig ["un'ʃtraitiç] adj. incontestable ; indubitable.
◇ adv. sans contredit.

un|studiert ["unʃtu'di:rt] adj. [ungebildet] sans instruction ; n'ayant pas fait d'études. || [aus dem Stegreif] improvisé ; sans étude préalable. || [ungeziert] sans affectation.

un|sühnbar ['un"zy:nbɑ:r] adj. inexpiable.

Un|summe ["un'zumə] f. (-, n) somme (f.) énorme.

un|symmetrisch ["unzy'me:triʃ] adj. asymétrique ; dissymétrique.

un|sympatisch ["unzym'pɑ:tiʃ] adj. antipathique.

un|systematisch ["unzystə'mɑ:tiʃ] adj. non systématique.

un|tadelhaft ['un"tɑ:dəlhaft], **un|tadelig** [-'tɑ:dəliç] adj. impeccable ; irréprochable.

Un|tat ["un'tɑ:t] f. (-, en) méfait m. ; forfait m. ; crime monstrueux.

un|tätig [-'tɛ:tiç] adj. inactif ; inerte ; passif ; désœuvré. ||°**-tätigkeit** f. inaction f. ; inactivité f. ; désœuvrement m.

un|tauglich ['un"taukliç] adj. inapte ; impropre ; bon à rien. ||°**-tauglichkeit** f. inaptitude f. ; incapacité f. || MIL. invalidité f.

un|teilbar ['un"tailbɑ:r] adj. indivisible ; insécable. ||°**-teilbarkeit** f. indivisibilité f.

unten ['untən] adv. dessous ; au-dessous ; en dessous ; en bas. | *von unten*, d'en bas. | *nach unten*, en bas ; vers le bas. | *dort unten*, en bas. | *von oben bis unten*, de haut en bas ; FIG. complètement. | *von unten auf*, de bas en haut ; en partant du bas ; d'en bas. | *von unten her*, par-dessous. | *weiter unten*, plus bas. | *unten am Berge*, au pied de la montagne. | *unten am Kleid*, en bas de la robe. | *unten im Tal*, au fond de la vallée. || LOC. *siehe unten*, voir ci-dessous, plus bas. | *unten liegen*, être dessous ; FIG. avoir le dessous.

unten|an ["untən'an] adv. au bas. ||**-her** adv. d'en bas ; par en bas ; par-dessous. ||**-hin** adv. vers le bas ; en bas. ||**-stehend** adj. ci-dessous mentionné.

unter ['untər]

> **I.** prép. (acc. et dat.).
> **1.** SENS LOCAL : **a)** [tiefer als] sous ; au-dessous de ; plus bas que ; dans.
> **b)** [zwischen mehreren] parmi.
> **2.** SENS TEMPOREL : [während] pendant.
> **3.** RAPPORT DE SUBORDINATION : sous.
> **4.** RAPPORTS ABSTRAITS : sous ; à ; dans.
> **II.** adj. — **1.** bas ; inférieur.
> **2.** superl. **unterst,** le plus bas.
> **III.** — **1.** en compos. adverbiale.
> **2.** partic. verbale.

I. prép. (acc. ou dat.).

1. SENS LOCAL : **a)** [tiefer als] sous ; au-dessous de ; plus bas que ; dans. | *unter Wasser stehen*, être sous l'eau ; être inondé. | *unter Wasser schwimmen*, nager sous l'eau ; nager entre deux eaux. | *unter der Erde*, sous terre. || MINES. *unter Tage*, au fond. || *unter freiem Himmel*, en plein air ; à la belle étoile. | *unter dem 48. Grad nördlicher Breite*, par 48 degrés de latitude nord. || PR. et FIG. *etwas unter die Füße treten*, fouler qch. aux pieds. | *unter demselben Dach wohnen*, habiter sous le même toit. || PAR EXT. [weniger als] *etwas unter hundert*, un peu moins de cent ; quelque cent (personnes, etc.). | *15° unter Null*, 15° au-dessous de zéro. | *unter achtzehn Jahren*, au-dessous de dix-huit ans. | *unter dem Preis verkaufen*, vendre au-dessous du prix. | *das bekommst du nicht unter zwanzig Mark*, tu ne l'auras pas à moins de vingt marks. || FIG. *das ist unter meiner Würde*, je ne m'abaisse pas à ce point ; c'est indigne de moi. | *unter aller Kritik*, au-dessous de tout. | *eine Arbeit unter den Händen haben*, avoir un travail sur le métier. | *unter der Hand*, en sous-main. || FAM. *einem etwas unter die Nase reiben*, ne pas l'envoyer dire à qn. | *alle unter einen Hut bringen*, les mettre tous dans le même sac. || *unter dem Deckmantel der Freundschaft*, sous le couvert de l'amitié. | *unter falschem Namen*, sous un faux nom ; sous un nom d'emprunt. — **b)** [zwischen mehreren] entre ; parmi ; d'entre ; au milieu de. | *einige unter uns*, certains d'entre nous, parmi nous. | *unter uns gesagt*, entre nous soit dit. | *das bleibt unter uns*, que cela reste entre nous. | *unter Freunden*, entre amis. | *sich unter die Zuschauer mischen*, se mêler aux spectateurs. | *er war unter ihnen*, il était du nombre. | *Hölderlin gehört unter die Klassiker*, Hölderlin doit être rangé parmi les classiques. | *schreiben Sie das unter die Unkosten*, portez cela aux frais généraux. || FIG. *unter Schmerzen sterben*, mourir dans de grandes souffrances. || LOC. *unter vier Augen*, seul à seul. | *unter anderem* ; *unter anderen Dingen*, entre autres.

2. SENS TEMPOREL : [während] pendant ; durant. | *unter dem heutigen Datum*, à la date d'aujourd'hui. | *unter der Arbeit*, pendant, au cours du travail. | *unter dem Essen*, durant le repas. || LOC. *unter Tags*, durant le jour ; pendant la journée. | *unterwegs* ; VX. *unter Weges*, en chemin. | *unterdessen*, pendant ce temps.

3. RAPPORT DE SUBORDINATION : sous ; au-dessous de. | *unter jm stehen*, venir après qn (dans le rang). | *unter jm dienen*, servir sous qn. | *unter sich haben*, avoir sous ses ordres. | *unter Wilhelm II.*, sous (le règne de) Guillaume II. || PAR EXT. *unter den Gesetzen stehen*, être soumis aux lois. | *unter Aufsicht stehen*, être sous surveillance. | *unter dem Schutze von*, sous la protection de. | *unter etwas leiden*, souffrir de qch.

4. RAPPORTS ABSTRAITS : sous ; à ; dans. | *was verstehst du unter diesem Ausdruck ?*, qu'entends-tu par là, par ce terme ? | *unter diesen Umständen*, dans ces conditions ; dans ces circonstances ; cela étant. | *unter der (einen) Bedingung, daß*, sous, à la (seule) condition que. | *unter dem Vorwand*, sous le prétexte. | *unter dem Vorbehalt, daß*, sous réserve que. || JUR. *unter Ausschluß der Öffentlichkeit*, à huis clos.

II. adj. — **1.** bas ; d'en bas ; de dessous ; inférieur. | *der untere Teil*, la partie inférieure ; le bas. | *die untere Stadt*, la ville basse. | *die unteren Klassen*, les basses classes ; les classes inférieures. | *die Unteren*, les inférieurs. || [Kartenspiel] *der Unter*, le valet.

2. superl. **unterst,** le plus bas ; le dernier. | *auf der untersten Stufe stehen*, être à l'échelon le plus bas, au dernier échelon. | *der unterste Knopf*, le bouton du bas ; le dernier bouton. || LOC. *zu unterst*, tout en bas ; (tout) au fond ; au dernier rang. | *das Unterste zu oberst kehren*, mettre tout sens dessus dessous.

III. — 1. en compos. adverbiale : *hierunter*, là-dessous ; *hinunter*, en descendant ; *mitunter*, parfois.

2. partic. sépar. et insépar. (idée d'infériorité, d'interruption, de contingence, de soutien). *er ging unter*, il s'enfonça. | *er unterbrach mich*, il m'interrompit. | *er* *unterstützte sie*, il l'aida. | *es unterlief mir ein Fehler*, une erreur s'est glissée (dans mon travail).

Unter|abschnitt ["untər'apʃnit] m. (es, e) sous-section f.

Unter|abteilung ["untərap'tailuŋ] f. (-, en) subdivision f. ; sous-section f.

Unter|arm ["untər'arm] m. (s, e) avant-bras m.

Unter|art ["untər'ɑ:rt] f. (-, en). Biol. sous-espèce f. ; variété f.

Unter|arzt ["untər'artst] m. (es, ¨e) [médecin] assistant m. || Mil. aide-major m. ; médecin auxiliaire.

Unter|ausschuß ["untər'ausʃus] m. (es, ¨e) sous-commission f.

Unter|bau ["untər'bau] m. (s, ten) fondation f. ; infrastructure f. ; soubassement m. ; sous-œuvre m. ||**-bauen** v. tr. insépar. Archit. reprendre en sous-œuvre ; étayer.

Unter|begriff ["untərbə'grif] m. (s, e). [Documentation] descripteur m. ; terme (m.) spécifique.

unter|belichten ['untərbə"liçtən] v. tr. insépar. Phot. sous-exposer. ||°**-belichtung** f. (-, en) sous-exposition f.

unter|beschäftigt ["untərbə'ʃɛftiçt] adj. sous-employé. ||°**-beschäftigung** f. sous-emploi m.

Unter|beteiligung ["untərbə'tailiguŋ] f. (-, en). Fin. convention (f.) de croupier.

unter|bewerten ['untərbə"ve:rtən] v. tr. insépar. sous-évaluer ; minorer. ||°**-bewertung** f. sous-évaluation f. ; sous-estimation f. ; minoration f. ; [Börse] décote f.

unter|bewußt ["untərbə'vust] adj. subconscient. ||°**-bewußtsein** n. (s) subconscient m.

unter|bieten ['untər"bi:tən] (o, o) v. tr. insépar. sous-enchérir ; offrir au rabais. || Sport. *er hat den Rekord unterboten*, il a abaissé, il a battu le record.

Unter|bilanz ["untərbi'lants] f. (-, en) bilan (m.) déficitaire ; déficit m.

unter|binden ["untər'bindən] (a, u) v. tr. sépar. attacher par-dessous.
◇ ['--/"--] v. tr. insépar. ligaturer ; faire une ligature ; lier (une veine). || Fig. arrêter ; entraver. | *einen Mißbrauch unterbinden*, faire cesser un abus. | *den Verkehr unterbinden*, arrêter, bloquer le trafic. || Biol. inhiber ; bloquer.

Unter|bindung ['untər"binduŋ] f. (-, en). Méd. ligature f. || Fig. arrêt m. ; entraves f. pl.

unter|bleiben ['untər"blaibən] (ie, ie) v. intr. insépar. ne pas avoir lieu ; ne pas se produire, se reproduire. | *das soll hinfort unterbleiben*, que cela ne se reproduise plus. | *das unterbleibt nicht*, cela ne manquera pas de se produire.

Unter|bleiben [-"blaibən] n. (s) cessation f. ; inexistence f.

unter|brechen ['untər"brɛçən] (i, a, o) v. tr. insépar. [zum Schweigen bringen] interrompre. | *jn (in seiner Rede) unterbrechen*, couper la parole à qn ; interrompre qn. || [zum Halten bringen] suspendre ; arrêter. | *die Vorlesung wird unterbrochen*, le cours est suspendu. | *der Verkehr ist unterbrochen*, le trafic est interrompu, arrêté. || Téléph., Électr. couper ; déconnecter. ||°**-brecher** m. (s, -). Électr. interrupteur m. ; disjoncteur m. || Autom. rupteur m. ||°**-brechung** f. (-, en) interruption f. ; suspension f. ; cessation f. | *mit Unterbrechungen*, par intermittence.

unter|breiten ['untər"braitən] v. tr. insépar. soumettre ; présenter ; émettre. | *jm eine Bittschrift unterbreiten*, présenter une requête à qn. | *er unterbreitete uns ein Angebot*, il nous a fait une offre. ||°**-breitung** f. (-, en) soumission f. (d'une offre, d'une requête).

unter|bringen ["untər'briŋən] (brachte, gebracht) v. tr. sépar. mettre à couvert, à l'abri, en sûreté. || Par ext. placer ; caser. | *sein Kind bei einer Tante unterbringen*, placer, mettre son enfant chez une tante. | *seine Töchter unterbringen*, établir, fam. caser ses filles. | *seine Sachen im Koffer unterbringen*, caser, arriver à ranger ses affaires dans sa valise. || Fin. *eine Anleihe unterbringen*, placer un emprunt. || loger. | *jn anderswo unterbringen*, reloger qn. | *Truppen unterbringen*, cantonner des troupes.

Unter|bringen [-'briŋən] n. (s), °**-bringung** [-'briŋuŋ] f. (-, en) placement m. (de personnes, d'argent) ; logement m. || [Kranke] hospitalisation f. || Mil. cantonnement m.

unter|buttern ["untər'butərn] v. tr. sépar. Fam. brimer. | *sich nicht unterbuttern lassen*, tenir bon.

Unter|deck ["untər'dɛk] n. (s, e). Mar. premier pont.

unter|des ['untər"dɛs], **unter|dessen** [-"dɛsən] adv. entre-temps ; sur ces entrefaites ; cependant.

Unter|druck ["untər'druk] m. (s). Phys. dépression f.

Unterdruck|pumpe ["untərdruk'pumpə] f. (-, n). Techn. pompe (f.) à vide.

unter|drücken ['untər"drykən] v. tr. insépar. [Menschen] opprimer. || [Sachen] réprimer ; supprimer. | *seine Tränen unterdrücken*, réprimer, retenir ses larmes. | *einen Aufstand unterdrücken*, étouffer, réprimer une révolte. ||°**-drücker** m. (s, -) oppresseur m. ; tyran m. ||°**-drückung** f. [Menschen] oppression f. || [Dinge] répression f. ; suppression f. ; action de contenir (un sentiment).

unter|einander ['untərain"andər] adv. **1.** entre eux (nous, vous, soi) ; les uns les autres ; mutuellement ; réciproquement. | *sie tauschen untereinander*, ils échangent mutuellement. | *sich untereinander helfen*, s'entraider ; s'aider les uns les autres. || Fig. [durcheinander] pêle-mêle. | *alles untereinander werfen*, mettre tout sens dessus dessous.
2. ["--/'--] l'un au-dessous de l'autre.

Unter|einteilung ["untər'aintailuŋ] f. (-, en) subdivision f.

unter|entwickelt ["untərɛnt'vikəlt] adj. sous-développé. ||°**-entwicklung** f. sous-développement m. || Anat. atrophie f.

unter|ernährt ["untərɛr'nɛ:rt] adj. sous-alimenté. ||°**-ernährung** f. sous-alimentation f. ; dénutrition f.

unter|exponieren ['untərɛkspo"ni:rən] v. tr. insépar. Phot. sous-exposer.

unter|fangen (sich) [ziç'untər"faŋən] (ä, i, a) v. tr. insépar. (gén.). [sich unterstehen ; wagen] avoir l'audace, le front, fam. le toupet de. | *sich einer Sache unterfangen*, oser faire qch. ; avoir le front de faire qch. | *sich unterfangen, etwas zu tun*, s'aviser de faire qch. ; oser.

Unter|fangen [-"faŋən] n. (s) tentative audacieuse, périlleuse ; coup (m.) d'audace.

unter|fassen ["untər'fasən] v. tr. sépar. prendre (par-dessous). | *einen Kranken unterfassen*, soutenir un malade. | *sich unterfassen*, se donner le bras. | *untergefaßt*, bras dessus bras dessous.

unter|fertigen ['untər"fɛrtigən] v. tr. insépar. signer ; parapher. | *der Unterfertigte*, le soussigné.

unter|führen ['untər"fy:rən] v. tr. insépar. faire passer en dessous, par-dessous. ||°**-führung** f. (-, en). Transp. passage au-dessous, inférieur ; souterrain, tunnel (routier).

Unter|futter ["untər'futər] n. (s) doublure f.

unter|füttern ['untər"fytərn] v. tr. insépar. doubler (un vêtement).

Unter|gang ["untər'gaŋ] m. (s). Astron. coucher m. | *Sonnenuntergang*, coucher du soleil ; couchant m. || Arts. coucher de soleil. || Mar. naufrage m. ; perte f. (d'un navire). || Fig. déclin m. ; décadence f. | *der Untergang eines Reiches*, la chute d'un empire. | *der Untergang einer Familie*, le déclin d'une famille. | *seinem Untergang entgegengehen*, courir à sa ruine, à sa perte.

Unter|gebene(r) ['untər"ge:bənə(r)] f. (m.) subordonné(e) m. (f.) ; inférieur(e) m. (f.) ; subalterne s. ; administré(e) m. (f.).

unter|gehen ["untər'ge:ən] (ging, gegangen) v. intr. sépar. se coucher ; disparaître à l'horizon. | *die untergehende Sonne*, le (soleil) couchant. | *das Gestirn geht unter*, l'astre décline. || [im Wasser] s'enfoncer ; être englouti, immergé ; couler. || Mar. faire naufrage ; couler (à pic) ; aller au, par le fond. | *das Schiff geht unter*, le navire coule, sombre, fait naufrage. || Fig. décliner ; se ruiner ; sombrer ; périr. | *die Worte des Redners gingen im Lärm der Versammlung unter*, les paroles de l'orateur étaient couvertes par le bruit de l'assemblée.

unter|geordnet ["untərgə'ɔrdnət] adj. [Bedeutung, Rolle] subalterne. || Gramm. subordonné.

Unter|geschoß ["untərgə'ʃɔs] n. (es, e) sous-sol m.

Unter|gestell ["untərgə'ʃtɛl] n. (s, e) châssis m. ; base f. ; socle m.

Unter|gewicht ["untərgə'viçt] n. (s, e) poids (m.) déficitaire ; manque (m.) de poids.

unter|graben ['untər"grɑ:bən] (ä, u, a) v. tr. insépar. Pr. et fig. miner ; saper. | *js Ansehen, Ruf untergraben*, porter atteinte à la renommée de qn. | *er hat seine Gesundheit untergraben*, il a ruiné sa santé.
◇ ["--/'--] v. tr. sépar. enfoncer. | *er hat das Unkraut*

untergegraben, il a enfoui les mauvaises herbes (à la bêche).

Unter|grabung ['untər"grɑ:buŋ] f. (-, en) minage m. || PR. et FIG. sape f. ; détérioration f.

Unter|grund ["untər'grunt] m. (s, ¨e) sous-sol m. || FIG. fond m. ; base f.

Untergrund|bahn ["untərgrunt'bɑ:n] (FAM. **U-Bahn**) f. (-, en) [chemin de fer] métropolitain m. ; FAM. métro m. ||°**-bewegung** f. (-, en). POLIT. mouvement clandestin.

unter|halb ["untər'halp] prép. (gén.) au-dessous de ; en bas de. || [Fluß] en aval de.

Unter|halt ["untər'halt] m. (s) entretien m. ; subsistance f. | *seinen Unterhalt bestreiten*, subvenir à ses besoins. | *Unterhalt leisten*, payer une pension alimentaire.

Unterhalts|anspruch ["untərhalts'anʃpru:x] m. (s, ¨e) droit (m.) à la subsistance, à l'entretien. ||°**-beitrag** m. (s, ¨e), °**-rente** f. (-, n) contribution (f.) alimentaire ; pension f. ||°**-berechtigte(r)** f. (m.) personne (f.) à charge. ||°**-klage** f. (-, en). JUR. demande (f.) de pension alimentaire. ||°**-kosten** f. pl. ÉCON. impenses f. pl. ||°**-verpflichtungen** f. pl. charges familiales.

unter|halten ['untər"haltən] (ä, ie, a) v. tr. insépar. [Unterhalt zahlen] entretenir, défrayer (qn) ; subvenir aux besoins (de qn). || [instandhalten] entretenir ; tenir en bon état. || [Vergnügen machen] divertir ; distraire. | *unterhaltend*, amusant ; récréatif. ◇ v. pr. insépar. **sich unterhalten,** [Gespräch führen] *sich mit jm von etwas unterhalten*, s'entretenir, causer, converser avec qn de qch. || [sich Zeit vertreiben] *sich mit etwas unterhalten*, s'amuser, se distraire, se divertir avec qch.
◇ ["--/'--] v. tr. sépar. tenir dessous.

unter|haltsam ['untər"haltzɑ:m] adj. divertissant ; distrayant.

Unter|haltung ['untər"haltuŋ] f. (-, en). [Instandhaltung] entretien m. || [Gespräch] entretien m. ; conversation f. ; causerie f. || [Vergnügen] divertissement m. ; distraction f.

Unterhaltungs|elektronik [untər"haltuŋselɛk-'tro:nik] f. électronique (f.) grand public. ||°**-informatik** f. informatique (f.) grand public. ||°**-kosten** f. pl. frais (m. pl.) d'entretien. ||°**-musik** f. musique légère. ||°**-roman** m. (s, e) roman récréatif. ||°**-stoff** m. (s, e) sujet (m.) de conversation.

unter|handeln ['untər"handəln] v. intr. insépar. (mit) être en, engager des pourparlers (avec) ; poursuivre des négociations (avec). || MIL. parlementer. ||°**-händler** m. (s, -) négociateur m. ; intermédiaire m. || COMM. courtier m. || MIL. parlementaire m. ||°**-handlung** f. (-, en) négociations f. pl. ; pourparlers m. pl. ; conférence f. (diplomatique). | *in Unterhandlung treten ; sich in Unterhandlungen einlassen (mit)*, entrer en négociations, en pourparlers (avec).

Unter|haus ["untər'haus] n. (es). POLIT. chambre basse ; Chambre (f.) des communes.

Unter|hauts... ["untər'hauts] (en compos.). MÉD. hypodermique.

Unter|hemd ["untər'hɛmt] n. (s, en) tricot (m.) de corps, de peau ; maillot (m.) de corps.

unter|höhlen ['untər"hø:lən] v. tr. insépar. creuser ; miner ; saper.

Unter|holz ["untər'hɔlts] n. (es) sous-bois m. ; fourré m.

Unter|hose ["untər'ho:zə] f. (-, n) caleçon m. ; slip m.

unter|irdisch ["untər'irdiʃ] adj. souterrain. | *unterirdischer Bau*, souterrain m. | *unterirdische Festungsanlage*, casemate f. || MYTH. infernal ; des Enfers. || FIG. clandestin ; occulte.

Unter|jacke ["untər'jakə] f. (-, n) camisole f. ; gilet m.

unter|jochen ['untər"jɔxən] v. tr. insépar. subjuguer ; assujettir ; asservir ; réduire en esclavage ; opprimer. ||°**-jochung** f. asservissement m. ; oppression f.

unter|kellert ["untər'kɛlərt] adj. muni d'une cave ; avec cave.

Unter|kiefer ["untər'ki:fər] m. (s, -) mâchoire inférieure ; maxillaire inférieur.

Unter|klasse ["untər'klasə] f. (-, n). ZOOL. sous-classe f.

unter|kommen ["untər'kɔmən] (a, o) v. intr. sépar. trouver un abri, un logis. || FIG. trouver une place, une situation ; FAM. se caser.

Unter|kommen [-'kɔmən] n. (s) abri m. ; logis m. ; place f.

Unter|körper ["untər'kørpər] m. (s, -). ANAT. partie inférieure du corps, du tronc.

unter|kritisch ["untər'kri:tiʃ] adj. PHYS. sous-critique.

unter|kühlen ['untər"ky:lən] v. tr. insépar. refroidir à l'excès. || PHYS. produire la surfusion.

Unter|kunft ["untər'kunft] f. (-, ¨e) abri m. ; logis m.

Unter|lage ["untər'lɑ:gə] f. (-, n) base f. ; fondement m. ; support m. ; soubassement m. | *Schreibunterlage*, sous-main m. | *Maschinenunterlage*, socle (m.) d'une machine. | *Sandunterlage*, lit (m.) de sable. | *Säulenunterlage*, piédestal (m.) d'une colonne. || FIG. document m. ; justification f. ; fondement m. | *Belegunterlage*, pièce justificative. | *statistische Unterlagen*, données (f. pl.) statistiques. | *Unterlagen beibringen*, fournir des justifications, des références, des documents.

Unter|land ["untər'lant] n. (s) bas pays.

Unter|laß ["untər'las] m. *ohne Unterlaß*, sans relâche ; sans cesse ; FAM. sans arrêt.

unter|lassen ['untər"lasən] (ä, ie, a) v. tr. insépar. omettre ; se dispenser, s'abstenir de. | *ich werde nicht unterlassen, es zu tun*, je ne manquerai pas de le faire. || JUR. *unterlassene Pflichtleistung*, non-assistance (f.) à personne en danger. ||°**-lassung** f. (-, en) omission f. ; abstention f. | *bei Unterlassung* (gén.), en omettant...

Unterlassungs|fall ['untər"lasuŋsfal] m. *im Unterlassungsfall*, en cas d'omission. ||°**-klage** f. (-, n). JUR. action (f.) en cessation (de qch.). ||°**-sünde** f. (-, n). RELIG. péché (m.) par omission.

unter|laufen ['untər"laufən] (ä, ie, a) v. intr. insépar. se glisser dans le nombre ; passer avec le reste. | *ein Fehler ist ihm unterlaufen*, une faute lui a échappé. || MÉD. [Blut] s'extravaser ; faire apparaître des ecchymoses. | *blutunterlaufen*, injecté de sang. | *blau unterlaufen*, bleu ; [Auge] poché ; FAM. au beurre noir.

unter|legen ["untər'le:gən] v. tr. sépar. mettre (dessous). | *einer Melodie einen Text unterlegen*, mettre des paroles sur un air. || FIG. prêter (une intention). | *jm böse Absichten unterlegen*, prêter, attribuer de mauvaises intentions à qn.

unter|legen ['untər"le:gən] adj. (dat.). FIG. inférieur (à) ; vaincu. | *er ist ihm an Wissen unterlegen*, il est moins savant que lui.

Unter|legenheit [-hait] f. infériorité f. | *zahlenmäßige Unterlegenheit*, infériorité numérique.

Unter|leib ["untər'laip] m. (s) ventre m. ; bas-ventre m. || ANAT. abdomen m. | *Unterleibsbinde*, ceinture abdominale.

Unter|lieferant ["untərli:fə'rant] m. (en, en) sous-traitant m.

unter|liegen ['untər"li:gən] (a, e) v. intr. insépar. (dat.) succomber ; avoir le dessous ; être inférieur à. | *er ist ihm unterlegen*, il a succombé devant lui ; il a été battu par lui. || FIG. être susceptible de. | *es unterliegt keinem Zweifel*, il n'y a aucun doute. | *dem Wechsel unterliegen*, sujet à changement. || JUR. *der Berufung unterliegen*, susceptible d'appel.

unter|liegen ["untər'li:gən] (a, e) v. intr. sépar. servir de base, de support.

Unter|lippe ["untər'lipə] f. (-, n) lèvre inférieure.

unter|malen ['untər"mɑ:lən] v. tr. insépar. préparer (la toile) ; ébaucher. || FIG. souligner ; faire ressortir (par un fond, un arrière-plan). ||°**-malung** f. (-, en). [Gemälde] dessous m. pl. ; fond m. ; ébauche f. || FIG. arrière-plan m.

unter|mauern ['untər"mauərn] v. tr. insépar. reprendre en sous-œuvre ; maçonner un soutènement à. || FIG. étayer ; consolider. ||°**-mauerung** f. (-, en) reprise (f.) en sous-œuvre ; soutènement m. ; consolidation f.

Unter|menge ["untər'mɛŋə] f. (-, n). MATH. sous-ensemble m.

unter|mengen ['untər"mɛŋən] v. tr. insépar. (mit) mélanger (avec) ; entremêler (de).

Unter|miete ["untər'mi:tə] f. (-, n) sous-location f. ||**-mieten** v. tr. insépar. prendre en sous-location ; sous-louer. ||°**-mieter** m. (s, -) sous-locataire m.

unter|minieren ['untərmi"ni:rən] v. tr. insépar. miner ; saper.

unter|mischen ['untər"miʃən] v. tr. insépar. (mit) mêler (à) ; mélanger (de).

unter|nehmen ['untər"ne:mən] (i, a, o) v. tr. insépar. entreprendre ; se charger de ; tenter. | *etwas*

Großes unternehmen, entreprendre de grandes choses. ||°**-nehmen** n. (s, -) entreprise f. ; fonds (m.) de commerce. ||**-nehmend** adj. entreprenant ; résolu ; hardi ; remuant. ||°**-nehmens|berater** m. (s, -) organisateur-conseil m. ||°**-nehmens|spiel** n. (s, e) jeu (m.) d'entreprise. ||°**-nehmer** m. (s, -) entrepreneur m. ; chef (m.) d'entreprise ; industriel m. ; FAM. patron m. | *Unternehmerverband*, syndicat patronal. ||**-nehmerisch** adj. de l'entreprise. | *unternehmerisch denken*, avoir le sens des affaires. ||°**-nehmertum** n. (s) les chefs (m. pl.) d'entreprise ; patronat m. ||°**-nehmung** f. (-, en) entreprise f. ; tentative f. ; opération f.

Unternehmungs|geist [untər"ne:muŋs'gaist] m. (s) [esprit (m.) d']initiative f. ||°**-lust** f. initiative f. ||**-lustig** adj. plein d'initiative ; entreprenant.

Unter|offizier ["untərɔfi'tsi:r] m. (s, e) sous-officier m. ; sergent m. || [Artillerie] maréchal (m.) des logis.

unter|ordnen ["untər'ɔrdnən] v. tr. sépar. placer sous les ordres (de qn). || FIG. subordonner ; soumettre à. | *untergeordnet*, en sous-ordre ; subordonné. | *untergeordnete Funktionen*, fonctions (f. pl.) subalternes. ||°**-ordnung** f. subordination f. || [Unterabteilung] subdivision f. ; branche f.

Unter|pfand ["untər'pfant] n. (s, ¨er) nantissement m. || PR. et FIG. gage m.

Unter|pfarrer ["untər'pfarər] m. (s, -) vicaire m.

unter|pflügen ["untər'pfly:gən] v. tr. sépar. enterrer, enfouir à la charrue.

Unter|prima ["untər'pri:ma] f. UNIV. classe (f.) de première. || (Vx.) rhétorique f. ||°**-primaner** m. (s, -). UNIV. élève (m.) de première, VX. de rhétorique.

Unter|programm ["untərprɔ'gram] n. (s, e). INF. sous-programme m.

unter|reden (sich) [ziç'untər"re:dən] v. pr. inséparr. s'entretenir. | *sich mit jm über etwas unterreden*, s'entretenir, conférer avec qn de qch. ||°**-redung** f. (-, en) entretien m. ; conversation f. ; conférence f.

Unterricht ["untər'riçt] m. (s) enseignement m. ; instruction f. | *jm Unterricht geben*, FAM. faire la classe à qn. | *jm Unterricht in Sprachen, Sprachunterricht geben*, enseigner des langues à qn. | *Privatunterricht*, leçons particulières.

Unterrichts|anstalt ["untərriçts'anʃtalt] f. (-, en) institution (f.) scolaire ; établissement (m.) d'enseignement. ||°**-buch** n. (s, ¨er) manuel (m.) scolaire. || MIL. manuel (m.) d'instruction. ||°**-fach** n. (s, ¨er) discipline f. ; matière f. (scolaire). ||°**-gegenstand** m. (s, ¨e) matière f. (d'enseignement). ||°**-minister** m. (s, -). [Kultusminister] ministre (m.) de l'Éducation nationale. ||°**-wesen** n. (s) éducation nationale. || (Vx.) instruction publique.

unterrichten ['untər"riçtən] v. tr. insépar. enseigner ; instruire ; donner des leçons. | *jn in etwas unterrichten*, faire apprendre, enseigner qch. à qn. || PAR EXT. instruire ; mettre au courant de ; informer. | *jn von etwas unterrichten*, avertir, instruire qn de qch. ; mettre qn au courant de qch. | *jn über etwas unterrichten*, renseigner qn sur qch. | *ich war nicht davon unterrichtet*, je n'en étais pas informé. | *in gut unterrichteten Kreisen*, dans les milieux bien informés.

unterrichtlich ['untər"riçtliç] adj. scolaire ; pédagogique.

Unterrichtung ['untər"riçtuŋ] f. (-, en) instruction f. ; formation f. ; expérience f.

Unter|rock ["untər'rɔk] m. (s, ¨e) jupon m.

unter|sagen ['untər"zɑ:gən] v. tr. insépar. interdire ; prohiber. ||°**-sagung** f. (-, en) interdiction (formelle) ; prohibition f.

Unter|satz ["untər'zats] m. (es, ¨e) appui m. ; base f. ; socle m. || [Unterteller] soucoupe f. ; plateau m. ; dessous m. (de pot, de verre, etc.). || [Logik] mineure f.

Unter|schale ["untər'ʃɑ:lə] f. (-, n) soucoupe f.

Unter|schall... ["untər'ʃal] (en compos.) subsonique ; infrasonore. | *Unterschallflugzeug*, avion (m.) subsonique.

unter|schätzen ['untər"ʃɛtsən] v. tr. insépar. sous-estimer ; estimer au-dessous de sa valeur.

Unter|schätzung [-"ʃɛtsuŋ] f. (-, en) sous-estimation f. ; appréciation insuffisante.

unter|scheidbar ['untər"ʃaitbɑ:r] adj. discernable ; qu'on peut distinguer.

unter|scheiden [-"ʃaidən] (ie, ie) v. tr. insépar. distinguer ; discerner ; faire une différence ; différencier.

◇ part. prés. **unterscheidend,** distinctif.

◇ v. pr. insépar. **sich unterscheiden,** se différencier ; différer (de).

Unter|scheidung [-"ʃaiduŋ] f. (-, en) distinction f. ; discrimination f.

Unterscheidungs|gabe [untər"ʃaiduŋs'gɑ:bə] f. discernement m. ||°**-merkmal** n. (s, e) caractère distinctif ; signe (m.) caractéristique ; caractéristique f. ||°**-vermögen** n. (s) discernement m. ; faculté discriminative. ||°**-zeichen** n. (s, -) signe distinctif. || GRAMM. signe (m.) de ponctuation. || AUTOM. indicatif (m.) d'origine. || PHILOS. critère m. ; critérium m. ||°**-zoll** m. (s, ¨e). FIN. droit (de douane) différentiel.

Unter|schenkel ["untər'ʃɛŋkəl] m. (s, -) jambe f. (entre genou et pied).

Unter|schicht ["untər'ʃiçt] f. (-, en) couche inférieure.

unter|schieben ["untər'ʃi:bən] (o, o) v. tr. sépar. glisser ; pousser ; fourrer dessous ; insérer (sous qch.). || FIG. (sépar. ou insépar.) substituer ; attribuer faussement. | *man unterschiebt mir unedle Beweggründe, man schiebt mir unedle Beweggründe unter*, on m'attribue, on me prête des motifs sordides. | *untergeschobenes Kind*, enfant substitué à un autre ; enfant supposé. | *untergeschobener Text*, texte interpolé.

Unter|schiebung [-'ʃi:buŋ] f. substitution f. ; fausse attribution.

Unter|schied ["untər'ʃi:t] m. (s, e) différence f. ; distinction f. | *ein feiner Unterschied*, une nuance. | *ohne Unterschied*, indistinctement ; indifféremment ; sans distinction. | *im Unterschied zu*, à la différence de. | *es ist ein großer Unterschied zwischen ihnen*, il y a une grande différence entre eux ; ils sont très différents. | *das macht keinen Unterschied*, cela ne fait aucune différence. ||**-schieden** adj. (von) différent (de) ; distinct ; divers. ||**-schiedlich** adj. divers ; différent. ||**-schiedslos** adv. sans distinction ; sans exception ; indistinctement.

unter|schlagen ['untər"ʃlɑ:gən] (ä, u, a) v. tr. insépar. soustraire. || [Gelder] détourner. || [Belegstücke] faire disparaître. || [Briefe] intercepter. || [Gegenstände] s'approprier (indûment) ; FAM. subtiliser.

◇ ["--/'--] v. tr. sépar. [Arme, Beine] croiser. | *mit untergeschlagenen Armen*, les bras croisés.

Unter|schlagung ['untər"ʃlɑ:guŋ] f. (-, en) soustraction f. ; détournement m. || [in Amt] malversation f. || JUR. *Unterschlagung öffentlicher Gelder*, détournement (m.) de fonds publics. || [von Briefen] interception f.

Unter|schleif ["untər'ʃlaif] m. (s, e) détournement m. ; concussion f. ; malversation f. ; fraude f.

Unter|schlupf ["untər'ʃlupf] m. (s, ¨e) retraite f. ; abri m. | *jm Unterschlupf gewahren*, abriter (cacher) qn. ||**-schlüpfen** v. intr. sépar. trouver un abri (passager).

unter|schreiben ['untər"ʃraibən] (ie, ie) v. tr. insépar. | *(sich) unterschreiben*, signer (au bas d'un document) ; mettre son paraphe. || FIG. souscrire (à qch.). | *das kann ich unterschreiben*, je peux y souscrire. ||°**-schreiber** m. (s, -) signataire m. ; souscripteur m.

unter|schreiten ['untər"ʃraitən] (i, i) v. tr. insépar. FIG. dépasser vers le bas, la limite inférieure ; tomber au-dessous de. | *den Voranschlag unterschreiten*, être inférieur aux prévisions.

Unter|schrift ["untər'ʃrift] f. (-, en) signature f. ; paraphe m. | *eigenhändige Unterschrift*, signature autographe. | *eine Unterschrift bescheinigen, beglaubigen*, légaliser une signature. | *unterschriftsberechtigt*, qui a pouvoir de signer. | *unterschriftslos*, non signé.

Unterschriften|mappe ["untərʃriftən'mapə] f. (-, n) parapheur m. ||°**-probe** f. (-, n) spécimen (m.) de signature.

Untersee|boot ["untərze:'bo:t] n. (s, e) [en abr. **U-Boot**]. MAR. sous-marin m. ; submersible m. ||°**-kabel** n. (s, -) câble sous-marin.

unter|seeisch ["untər'ze:iʃ] adj. sous-marin.

Unter|seite ["untər'zaitə] f. (-, n) dessous m. ; revers m. ; bas m.

unter|setzen ["untər'zɛtsən] v. tr. sépar. mettre dessous, au-dessous ; mettre (son nom) au bas.

◇ ['--/"--] v. tr. insépar. TECHN. étayer ; renforcer.

Unter|setzer ["untər'zɛtsər] m. (s, -) dessous m. (de plat, de verre, usw.) ; soucoupe f.

unter|setzt ['untər"zɛtst] adj. trapu ; râblé ; courtaud. ||°**-setztheit** f. taille, stature trapue.

Unter|setzung [-"zɛtsuŋ] f. (-, en). TECHN. démultiplication f.

unter|siegeln ['untər"zi:gəln] v. tr. insépar. apposer son sceau, son cachet sur ; revêtir de son sceau.

unter|sinken ["untər'ziŋkən] (a, u) v. intr. sépar. couler (bas, à pic) ; aller au fond.

unter|spülen ['untər"ʃpy:lən] v. tr. insépar. ronger, creuser (par les eaux) ; affouiller.

Unter|spülung [-"ʃpy:luŋ] f. (-, en) affouillement m. ; érosion latérale.

Unter|staatssekretär ["untərʃtɑ:tssekrə'tɛ:r] m. (s, e) sous-secrétaire (m.) d'État.

Unter|stadt ["untər'ʃtat] f. ville basse.

Unter|stamm ["untər'ʃtam] m. (es, ¨e). ZOOL. sous-embranchement m.

Unter|stand ["untər'ʃtant] m. (s,¨e). PR., MIL. abri m. | *ausgebauter Unterstand*, abri bétonné.

unter|stecken ["untər'ʃtɛkən] v. tr. sépar. fourrer ; mettre dessous.

unter|stehen ["untər'ʃte:ən] (stand, gestanden) v. intr. sépar. être dessous.

◇ ['--/"--] v. intr. insépar. être sous (les ordres de) ; être subordonné à. || JUR. relever de ; être assujetti à. | *dem deutschen Recht unterstehen*, relever des lois allemandes. || FIG. *das untersteht keinem Zweifel*, cela ne souffre pas de doute.

◇ v. pr. insépar. **sich unterstehen,** avoir le front, l'audace de. | *untersteh dich nicht, das zu tun*, ne t'avise pas de faire cela.

unter|stellen ["untər'ʃtɛlən] v. tr. sépar. mettre à couvert, à l'abri. |*Möbel unterstellen*, mettre des meubles en garde. | *er stellte den Wagen unter*, il a remisé, garé sa voiture. | *sich vor dem Regen unterstellen*, se mettre à l'abri de la pluie. | *Unterstellraum*, garage m. ; hangar m.

◇ ['--/"--] v. tr. insépar. soumettre à ; subordonner à. |*jm unterstellt sein*, relever de qn ; être sous l'autorité de qn. |*den Gesetzen unterstellt*, relevant des lois. || FIG. [unterschieben] attribuer à tort ; imputer. | *jm eine Ansicht (fälschlich) unterstellen*, imputer (faussement) une opinion à qn ; attribuer à tort une opinion à qn ; faire un procès d'intention à qn.

Unter|stellung ['untər"ʃtɛluŋ] f. (-, en). MIL. affectation f. ; subordination f. || FIG. procès (m.) d'intention. | *üble Unterstellung*, supposition malveillante ; médisance f.

unter|streichen ['untər"ʃtraiçən] (i, i) v. tr. insépar. PR. et FIG. souligner. || FIG. mettre en valeur, en vedette.

Unter|strömung ["untər'ʃtrø:muŋ] f. (-, en) courant de fond, sous-marin. || FIG. mouvement clandestin ; tendance secrète, occulte.

Unter|stufe ["untər'ʃtu:fə] f. (-, n) degré inférieur. || [enseignement] cycle (m.) d'observation.

unter|stützen ['untər"ʃtytsən] v. tr. insépar. PR. et FIG. soutenir ; appuyer. || FIG. secourir ; assister ; seconder. |*jn mit Geld unterstützen*, subventionner qn ; aider qn de ses deniers.

Unter|stützung [-"ʃtytsuŋ] f. (-, en). PR. et FIG. soutien m. ; appui m. || FIG. assistance f. ; secours m. | *technische Unterstützung*, assistance (f.) technique. | *Geldunterstützung*, subvention f. ; subside m. ; assistance financière. | *Arbeitslosenunterstützung*, allocation (f.) de chômage. || ARCHIT. étayement m. ; soutènement m. || MIL. réserves f. pl. ; renfort m.

Unterstützungs|anstalt [untər"ʃtytsuŋs'anʃtalt] f. (-, en) bureau (m.) de secours ; service (m.) d'assistance. ||**-bedürftig** adj. ayant besoin de secours. ||°**-empfänger** m. (s, -) allocataire m. ||°**-gelder** n. pl. subsides m. pl. ||°**-kasse** f. (-, n) caisse (f.) de secours. ||°**-verein** m. (s, e) société (f.) de secours mutuels ; mutuelle f.

unter|suchen ['untər"zu:xən] v. tr. insépar. examiner ; explorer ; faire des recherches (dans). | *genau untersuchen*, scruter. | *der Zollbeamte untersucht das Gepäck*, le douanier visite les bagages. | *js Kleider untersuchen*, fouiller qn. || FIG. *einen Vorfall untersuchen*, enquêter (au sujet d'un incident). || MÉD. examiner ; ausculter. || [Wunde] sonder. || JUR. instruire ; enquêter.

Unter|suchung [-"zu:xuŋ] f. (-, en) examen (approfondi) ; exploration f. ; recherche f. || FIG. *eine Untersuchung (über etwas) anstellen*, ouvrir une enquête (au sujet de qch). | *Sachverständigenuntersuchung*, expertise f. | *physikalische Untersuchung*, essai (m.) physique. | *chemische Untersuchung*, analyse (f.) chimique. || MÉD. examen m. ; auscultation f. | *ärztliche Untersuchung*, examen (m.) de santé ; visite médicale. || JUR. *gerichtliche Untersuchung*, information (f.) judiciaire ; instruction f.

Untersuchungs|akten [untər"zu:xuŋs'aktən] f. pl. JUR. (pièces [f. pl.] du) dossier m. ||°**-anstalt** f. (-, en) laboratoire (m.) d'analyses. ||°**-ausschuß** m. (es, ¨e) commission (f.) d'enquête. ||°**-gefangene(r)** f. (m.) prévenu(e) m. (f.). ||°**-haft** f. détention, prison préventive ; FAM. préventive f. || JUR. prévention f. ||°**-richter** m. (s, -) juge (m.) d'instruction.

Untertage|arbeiter [untər"tɑ:gə'arbaitər] m. (s, -) mineur (m.) de fond. ||°**-betrieb** m. (s, e). MINES. exploitation (f.) au fond ; fond m.

unter|tan ["untər'tɑ:n] adj. (dat.) soumis (à) ; sujet (de). | *sich jn untertan machen*, assujettir qn (à sa volonté, à son autorité). || FIG. *jm untertan sein*, suivre aveuglément qn.

◇ m. (en ou s, en) **Untertan** sujet m. (d'un prince). — OBSERV. Le fém. *die Untertanin* est peu usité.

unter|tänig ["untər'tɛ:niç] adj. humble ; soumis. | *untertänig tun*, être obséquieux. || (Vx.) *Ihr untertänigster Diener*, votre très humble et très obéissant serviteur. ||°**-tänigkeit** f. sujétion f. ; soumission f. ; humble obéissance f.

Unter|tasse ["untər'tasə] f. (-, n) soucoupe f. | *fliegende Untertasse*, soucoupe volante.

unter|tauchen ["untər'tauxən] v. intr. sépar. plonger ; faire un plongeon ; se tremper (dans l'eau). || FIG. disparaître. | *er ist in der Stadt untergetaucht*, il a réussi à disparaître dans la ville.

◇ v. tr. sépar. plonger ; immerger.

unter|tauchen ['untər"tauxən] v. tr. insépar. *das U-Boot untertauchte das Packeis*, le sous-marin franchit le pack en plongée.

Unter|tauchen ["untər'tauxən] n. (s) plongée f. ; immersion f. || FIG. disparition f.

Unter|teil ["untər'tail] m. ou n. (s, e) bas m. ; dessous m. ; partie inférieure. || TECHN. embase f.

unter|teilen ['untər"tailən] v. tr. insépar. subdiviser ; classifier. ||°**-teilung** f. (-, en) subdivision f. ; classification f.

Unter|temperatur ["untərtɛmpera'tu:r] f. (-, en). PHYS. basse température. || BIOL. hypothermie f.

Unter|titel ["untər'titəl] m. (s, -) sous-titre m. || JUR. sous-article m.

Unter|ton ["untər'to:n] m. (s, ¨e). MUS. harmonique inférieur. || FIG. *ein Unterton von Spott*, une pointe d'ironie ; un rien de causticité.

Unter|tuch ["untər'tu:x] n. (s, ¨er) alèse f.

unter|tunneln ['untər"tunəln] v. tr. insépar. percer un tunnel sous.

unter|vermieten ['untərfɛr"mi:tən] v. tr. insépar. sous-louer ; donner en sous-location. ||°**-vermieter** m. (s, -) loueur m. (d'un sous-locataire). || °**-vermietung** f. (-, en) sous-location f.

unter|versorgt ["untərfɛr'zɔrkt] adj. *medizinisch unterversorgt*, sous-médicalisé.

unter|wachsen ['untər"vaksən] (ä, u, a) v. intr. insépar. pousser entre. || CULIN. *mit Fett unterwachsenes Fleisch*, viande entrelardée.

Unter|wald ["untər'valt] m. (s,¨er) sous-bois m. ; fourré m. ; taillis m.

unter|wandern ['urtər"vandərn] v. tr. insépar. POLIT. noyauter. ||°**-wanderung** f. (-, en). POLIT. noyautage m.

unter|wärts ["untər'vɛrts] adv. [unten] en dessous ; en bas. || [abwärts] vers le bas ; en aval.

Unter|wäsche ["untər'vɛʃə] f. sous-vêtements m. pl. | *Damenunterwäsche*, lingerie (f.) de dame ; dessous m. pl.

unter|waschen ['untər"vaʃən] v. tr. insépar. affouiller ; éroder les rives. ||°**-waschung** f. érosion (f.) des rives.

Unter|wasser ["untər'vasər] n. (s) [Gegenteil : Oberwasser] bief (m.) d'aval. || ÉLECTR. eau (f.) d'aval.

Unterwasser|bombe ["untərvasər'bɔmbə] f. (-, n) grenade sous-marine. ||°**-fahrt** f. (-, en). MAR. marche (f.) en plongée. ||°**-pipeline** f. (-, s) pipeline immergé. ||°**-setzen** n. (s) inondation f. ; noyage m. ||°**-teil** m. (s). MAR. œuvres vives.

unter|wegs ['untər"ve:ks] adv. chemin faisant ; en chemin. | *unterwegs nach*, en route vers, pour. | *unterwegs liegenbleiben*, rester en panne.

unter|weilen ['untər"vailən] adv. parfois.

unter|weisen ['untər"vaizən] (ie, ie) v. tr. insépar. instruire ; montrer (comment faire qch.). | *jn in einer Fertigung unterweisen*, initier qn à une fabrication.

||°-**weisung** f. (-, en) instruction(s) f. (pl.) ; orientation f. ; directives f. pl. ; initiation f.

Unter|welt ["untər'vɛlt] f. MYTH. enfers m. pl. || FIG. bas-fonds m. pl. ; pègre f. ; ARG. milieu m.

unter|werfen ['untər"vɛrfən] (i, a, o) v. tr. insépar. soumettre ; assujettir ; subjuguer. | *ein Volk unterwerfen*, asservir un peuple. | *sich* (dat.) *ein Volk unterwerfen*, soumettre un peuple à sa loi.
◇ part. pass. **unterworfen,** soumis à. || FIG. sujet à. | *einem Gericht unterworfen*, justiciable, ressortissant d'un tribunal. | *Wechselfällen unterworfen*, exposé à des vicissitudes.
◇ v. pr. insépar. **sich (jm) unterwerfen,** se soumettre (à qn) ; faire sa soumission (à qn). | *sich einem Urteil unterwerfen*, déférer à un jugement.

Unter|werfung [-"vɛrfuŋ] f. soumission f. ; assujettissement m. ; sujétion f.

unter|wölben ['untər"vølbən] v. tr. insépar. construire sur voûte. || (Vx.) casemater.

unter|wühlen ['untər"vy:lən] v. tr. insépar. PR. et FIG. creuser ; saper ; miner.

unter|würfig ['untər"vyrfiç] adj. soumis ; humble. || PAR EXT. servile ; obséquieux ; FAM. plat. ||°-**würfigkeit** f. soumission f. ; humilité f. || PAR EXT. servilité f. ; obséquiosité f.

Unter|zahn ["untər'tsɑ:n] m. (s, ¨e) dent (f.) du bas.

unter|zeichnen ['untər"tsaiçnən] v. tr. insépar. signer ; souscrire. | *sich unterzeichnen*, souscrire ; signer (au bas d'un acte). ||°-**zeichner** m. (s, -) signataire m. ||°-**zeichnung** f. (-, en) signature f. | *zur Unterzeichnung vorlegen*, soumettre à la signature.

unter|ziehen (sich) [ziç'untər"tsi:ən] (unterzog, unterzogen) v. pr. insépar. se soumettre (à) ; accepter (de bon gré). | *sich einer Operation unterziehen*, subir une opération (chirurgicale).
◇ v. tr. soumettre à. | *einer Prüfung unterziehen*, soumettre à un examen.

Unter|zug ["untər'tsu:k] m. (s, ¨e) poutre f. ; longeron m.

un|tief ['unti:f] adj. peu profond. || [durchwatbar] guéable. ||°-**tiefe** f. (-, n). MAR. haut-fond m. || GÉOGR. abysse m.

Un|tier ['unti:r] n. (s, e) monstre m.

un|tilgbar ['un"tilkbɑ:r] adj. ineffaçable ; indélébile. || FIN. non amortissable.

un|tragbar ['un"trɑ:kbɑ:r] adj. [Kleidungsstück] qui n'est plus mettable. || FIG. insoutenable.

un|trainiert ["untrɛ'ni:rt] adj. SPORT. à court d'entraînement.

un|trennbar ['un"trɛnbɑ:r] adj. inséparable. || FIG. indissoluble. ||°-**trennbarkeit** f. inséparabilité f. || FIG. indissolubilité f.

un|treu ['untrɔy] adj. infidèle ; perfide. | *jm untreu werden*, tromper qn. | *einem Versprechen untreu werden*, manquer à sa promesse, à sa foi. | *einer Sache untreu werden*, renier une cause. | *sich selbst untreu*, qui se renie. | *seiner Pflicht untreu machen*, détourner de son devoir.

Un|treue ["un'trɔyə] f. infidélité f. ; perfidie f. || PAR EXT. parjure m. ; reniement m. || ADM. *Untreue im Amt*, prévarication f.

un|trinkbar ['un"triŋkbɑ:r] adj. non potable ; imbuvable.

un|tröstlich ['un"trø:stliç] adj. inconsolable ; désolé. ||°-**tröstlichkeit** f. désolation f.

un|trüglich ['un"try:kliç] adj. qui ne saurait tromper. || [Erkenntnis] infaillible. ||°-**trüglichkeit** f. certitude (absolue) ; infaillibilité f.

un|tüchtig ["un'tyçtiç] adj. incapable ; inhabile. ||°-**tüchtigkeit** f. incapacité f. ; nullité f.

Un|tugend ["un'tu:gənt] f. (-, en) défaut (m.) de caractère. || [üble Gewohnheit] mauvaise habitude.

un|tunlich ["un'tu:nliç] adj. infaisable.

un|überdacht ["uny:bər'daxt], **un|überlegt** ["uny:bər'le:kt] adj. irréfléchi ; inconsidéré ; étourdi. ||°-**überlegtheit** f. irréflexion ; étourderie f.

un|übersehbar ['uny:bər"ze:bɑ:r] adj. [unüberblickbar] à perte de vue ; immense. || FIG. incalculable. || [auffallend] qui saute aux yeux ; flagrant. || °-**übersehbarkeit** f. immensité f. || [Offenkundigkeit] flagrance f. ; évidence f.

un|übersetzbar ['uny:bər"zɛtsbɑ:r] adj. intraduisible.

un|übersichtlich ['uny:bər"ziçtliç] adj. qui manque de visibilité. || FIG. confus ; embrouillé.

un|übersteigbar ['uny:bər"ʃtaikbɑ:r], **un|übersteiglich** [-"ʃtaikliç] adj. insurmontable.

un|übertragbar ['uny:bər"trɑ:kbɑ:r] adj. incessible ; non transférable.

un|übertreffbar ['uny:bər"trɛfbɑ:r], **un|übertrefflich** [-"trɛfliç] adj. insurpassable ; inégalable. ||-**übertroffen** adj. inégalé.

un|überwindlich ['uny:bər"vintliç] adj. insurmontable ; invincible ; inexpugnable. ||-**überwunden** adj. invaincu ; indompté.

un|üblich ["un'ybliç] adj. inusuel ; rare.

un|umgänglich ['unum"gɛŋliç] adj. inévitable ; incontournable ; indispensable ; de toute nécessité. ||°-**umgänglichkeit** f. nécessité (f.) inéluctable.

un|umschränkt ['unum"ʃrɛŋkt] adj. sans limites ; illimité ; absolu. ||°-**umschränktheit** f. caractère illimité, absolu (d'un pouvoir).

un|umstößlich ['unum"ʃtø:sliç] adj. sans réplique ; irréfutable ; irrévocable ; péremptoire.

un|umwunden ['unum"vundən] adj. et adv. net ; cru ; catégorique. | *unumwunden zugeben*, reconnaître carrément, sans la moindre réserve.

un|unterbrochen ['ununtər"brɔxən] adj. et adv. ininterrompu ; sans interruption ; incessant.
— SYN. : *beständig*, continuel ; *andauernd*, continu, permanent ; *dauernd*, incessant ; *unaufhörlich*, sans cesse.

un|unterscheidbar ['ununtər"ʃaitbɑ:r] adj. indiscernable.

un|veränderlich ['unfɛr"ɛndərliç] adj. invariable ; inaltérable ; immuable ; stable. ||°-**veränderlichkeit** f. invariabilité f. ; inaltérabilité f. ; immutabilité f. ||-**verändert** adj. inchangé ; toujours le même.

un|verantwortlich ['unfɛr"antvɔrtliç] adj. irresponsable. || PAR EXT. inexcusable ; impardonnable ; inqualifiable. ||°-**verantwortlichkeit** f. irresponsabilité f.

un|verarbeitet ["unfɛr'arbaitət] adj. TECHN. brut ; cru ; non travaillé, transformé. || FIG. [Wissen] mal assimilé ; mal digéré.

un|veräußerlich ['unfɛr"ɔysərliç] adj. JUR. inaliénable. ||°-**veräußerlichkeit** f. JUR. inaliénabilité f.

un|verbesserlich ['unfɛr"bɛsərliç] adj. incorrigible ; impénitent.

un|verbindlich ['unfɛr"bintliç] adj. sans engagement ; qui n'engage à rien ; facultatif. | *unverbindliche Richtpreise*, prix indicatifs, donnés sans engagement. ||°-**verbindlichkeit** f. caractère non obligatoire, facultatif.

un|verblümt ["unfɛr'bly:mt] adj. sans fard ; sans ambages ; sans mâcher les mots ; tout rond. || °-**verblümtheit** f. franchise brutale ; crudité f.

un|verbrannt ["unfɛr'brant] adj. TECHN. imbrûlé.

un|verbrennlich ['unfɛr"brɛnliç] adj. incombustible ; ignifugé. ||°-**verbrennlichkeit** f. incombustibilité f.

un|verbrieft ["unfɛr'bri:ft] adj. (Vx.) non garanti par écrit.

un|verbrüchlich ['unfɛr"bry:çliç] adj. inviolable ; sacré. | *unverbrüchliche Treue*, fidélité (f.) à toute épreuve.

un|verbürgt ["unfɛr'byrkt] adj. non garanti ; non confirmé ; sujet à caution.

un|verdächtig ["unfɛr'dɛçtiç] adj. non suspect ; pur ; limpide ; authentique. ||°-**verdächtigkeit** f. authenticité f. ; innocence f.

un|verdaulich ['unfɛr"dauliç] adj. indigeste.

un|verdaut ['unfɛr"daut] adj. non digéré ; non assimilé.

un|verderblich ['unfɛr"dɛrpliç] adj. incorruptible ; inaltérable ; non périssable. ||°-**verderblichkeit** f. inaltérabilité f. ; incorruptibilité f.

un|verdient ["unfɛr'di:nt] adj. immérité.

un|verdorben ["unfɛr'dɔrbən] adj. qui n'est pas corrompu, gâté. || FIG. pur ; intègre ; non dépravé ; candide. ||°-**verdorbenheit** f. FIG. pureté f. ; fraîcheur f. ; candeur f.

un|verdrossen ['unfɛr"drɔsən] adj. infatigable.
◇ adv. sans se rebuter. ||°-**verdrossenheit** f. persévérance f. ; patience (f.) à toute épreuve.

un|verehelicht ["unfɛr'e:əliçt] adj. non marié ; célibataire.

un|vereinbar ['unfɛr"ainbɑ:r] adj. incompatible ; inconciliable. ||°-**vereinbarkeit** f. incompatibilité f. ; désaccord complet.

un|verfälscht ["unfɛr'fɛlʃt] adj. non frelaté ; non falsifié ; pur ; naturel. ||°-**verfälschtheit** f. naturel m. ; naïveté f. ; authenticité f.

un|verfänglich ['unfɛr"fɛŋliç] adj. anodin ; sans arrière-pensée.

un|verfaulbar ["unfɛr'faulbɑ:r] adj. imputrescible.

un|verfroren ["unfɛr'fro:rən] adj. effronté ; impudent ; sans gêne ; FAM. qui a du toupet ; qui n'a pas froid aux yeux. ||°-**verfrorenheit** f. sans-gêne m. ; effronterie f. ; impudence f. ; FAM. toupet m.

un|vergänglich ['unfɛr"gɛŋliç] adj. impérissable ; immortel. ||°-**vergänglichkeit** f. immortalité f. ; pérennité f.

un|vergessen ["unfɛr'gɛsən] adj. inoublié ; dont le souvenir demeure.

un|vergeßlich ['unfɛr"gɛsliç] adj. inoubliable ; ineffaçable.

un|vergleichbar ['unfɛr"glaiçbɑ:r], **unvergleichlich** adj. incomparable ; sans pareil ; unique.

un|vergnüglich ['unfɛr"gny:kliç] adj. déplaisant.

un|vergolten ["unfɛr'gɔltən] adj. sans sanction.

un|verhältnismäßig ["unfɛrhɛltnis'mɛsiç] adj. disproportionné ; hors de proportion. ||°-**verhältnismäßigkeit** f. disproportion f. ; discordance f.

un|verheiratet ["unfɛr'hairɑ:tət] adj. non marié ; célibataire. | *unverheiratete Mutter*, mère (f.) célibataire.

un|verhofft ['unfɛr"hɔft] adj. inespéré ; inopiné ; à l'improviste. || PROV. *unverhofft kommt oft*, les choses arrivent quand on s'y attend le moins ; PAR EXT. il ne faut jamais désespérer.

un|verhohlen ["unfɛr'ho:lən] adj. non déguisé ; sans artifice ; net ; ouvert.

un|verjährbar ['unfɛr"jɛ:rbɑ:r] adj. JUR. imprescriptible. ||°-**verjährbarkeit** f. JUR. imprescriptibilité f.

un|verkäuflich ['unfɛr"kɔyfliç] adj. invendable. || non négociable ; incessible.

un|verkennbar ['unfɛr"kɛnbɑ:r] adj. non méconnaissable ; indéniable ; à quoi on ne saurait se méprendre.

un|verkürzt ["unfɛr'kyrtst] adj. entier ; dans son entier ; complet. || FIG. intégral.

un|verletzbar ['unfɛr"lɛtsbɑ:r], **un|verletzlich** [-"lɛtsliç] adj. invulnérable. || FIG. inviolable. || °-**verletzbarkeit** f., °-**verletzlichkeit** f. invulnérabilité f. || FIG. inviolabilité f. || POLIT. immunité f. ||-**verletzt** ['-/--] adj. indemne ; intact ; sain et sauf.

un|vermählt ["unfɛr'mɛ:lt] adj. non marié ; célibataire.

un|vermeidlich ['unfɛr"maitliç] adj. inévitable ; inéluctable ; fatal ; FAM. forcé. ||°-**vermeidlichkeit** f. inéluctabilité f. ; nécessité (f.) inévitable.

un|vermerkt ["unfɛr'mɛrkt] adj. inaperçu. || PAR EXT. soudain ; subit.

un|vermietet ["unfɛr'mi:tət] adj. non loué ; vacant ; libre.

un|vermindert ["unfɛr'mindərt] adj. en son entier ; non entamé.

un|vermischt ["unfɛr'miʃt] adj. sans mélange ; pur.

un|vermittelt ["unfɛr'mitəlt] adj. immédiat ; brusque.
◇ adv. tout à coup ; FAM. tout de go.

Un|vermögen ["unfɛr'mø:gən] n. (s) incapacité f. ; impuissance f. | *Zahlungsunvermögen*, insolvabilité f. | *im Unvermögensfall*, en cas d'insolvabilité. || -**vermögend** adj. [machtlos] incapable (de) ; impuissant (à). || [ohne Vermögen] sans fortune ; sans moyens (financiers). ||°-**vermögenheit** f. (-, en) incapacité f. ; impuissance f. || manque (m.) de fortune.

un|vermutet ["unfɛr'mu:tət] adj. inattendu ; inopiné ; imprévu.
◇ adv. inopinément ; à l'improviste.

un|vernehmbar ['unfɛr"ne:mbɑ:r] adj. imperceptible ; indistinct ; inintelligible.

Un|vernunft ["unfɛr'nunft] f. déraison f. ; manque (m.) de raison ; insanité f. ||-**vernünftig** adj. déraisonnable ; privé de raison ; qui n'a pas le sens commun. | *das war unvernünftig von dir*, là tu as manqué de bon sens. | *unvernünftiges Zeug reden* déraisonner ; dire des insanités.

un|veröffentlicht ["unfɛr'øfəntliçt] adj. inédit ; non (encore) publié.

un|verpackt ["unfɛr'pakt] adj. non emballé ; sans emballage ; en vrac.

un|verpfändet ["unfɛr'pfɛndət] adj. JUR. franc d'hypothèques.

un|verrichtet ["unfɛr'riçtət] adj. non exécuté. || LOC. *unverrichteterdinge abziehen*, s'en retourner bredouille ; s'en aller comme on est venu.

un|verrückbar ['unfɛr"rykbɑ:r], **un|verrückt** [-"rykt] adj. immobile ; fixe ; immuable. | *unser Ziel bleibt unverrückt*, notre but reste inchangé, toujours le même. | *jn unverrückten Auges, mit unverrücktem Auge ansehen*, regarder qn fixement ; fixer qn. | *das steht unverrückbar fest*, cela est absolument sûr, définitif.

un|verschämt ["unfɛr'ʃɛ:mt] adj. impudent ; éhonté ; sans vergogne. | *unverschämter Mensch*, impudent m. | *unverschämte Preise*, prix exorbitants. ||°-**verschämtheit** f. impudence f. ; insolence f. ; FAM. culot m.

un|verschuldet ["unfɛr'ʃuldət et 'unfɛr"ʃuldət] adj. [ohne Schuld] immérité ; sans l'avoir mérité. || [ohne Schulden] qui n'est pas endetté ; sans dettes.

un|versehens ['unfɛr"ze:əns] adv. par mégarde. || PAR EXT. au dépourvu ; à l'improviste.

un|versehrt ['unfɛr"ze:rt] adj. sans dommage ; sain et sauf ; indemne. ||°-**versehrtheit** f. intégrité f. | *Unversehrtheit eines Staatsgebietes*, intégrité territoriale.

un|versiegbar ['unfɛr"zi:kbɑ:r] adj. intarissable.

un|versöhnbar ['unfɛr"zø:nbɑ:r] adj. irréconciliable ; implacable. ||-**versöhnlich** adj. rancunier ; intransigeant. ||°-**versöhnlichkeit** f. caractère rancunier, implacable ; intransigeance f.

un|versorgt ["unfɛr'zɔrkt] adj. sans situation ; qui n'est pas encore pourvu, établi.

Un|verstand ["unfɛr'ʃtant] m. (s) déraison f. ; inintelligence f. ; stupidité f. ||-**verstanden** adj. méconnu ; incompris. ||-**verständig** adj. déraisonnable ; inintelligent ; peu compréhensif ; malavisé. ||-**verständlich** adj. incompréhensible ; inintelligible ; obscur. ||°-**verständlichkeit** f. inintelligibilité f. ; obscurité f. ||°-**verständnis** n. (ses) manque (m.) de compréhension ; manque d'intelligence.

un|versteuert ["unfɛr'ʃtɔyərt] adj. exempt de droits ; en franchise. || FIN. [Einnahme] non déclaré.

un|versucht ["unfɛr'zu:xt] adj. *nichts unversucht lassen*, ne rien négliger (pour) ; tenter l'impossible (pour).

un|vertilgbar ['unfɛr"tilkbɑ:r] adj. indéracinable ; indestructible.

un|verträglich ['unfɛr"trɛ:kliç] adj. [unvereinbar] incompatible. || PAR EXT. [streitsüchtig] intraitable ; insociable ; d'humeur difficile ; FAM. mauvais coucheur. ||°-**verträglichkeit** f. incompatibilité f. || PAR EXT. humeur difficile ; insociabilité f. ; FAM. mauvais caractère. ||°-**verträglichkeits|prüfung** f. (-, en), °-**studie** f. (-, n) étude (f.) d'impact.

un|verwahrt ["unfɛr'vɑ:rt] adj. à l'abandon.

un|verwandt ["unfɛr'vant] adj. [nicht verwandt] non apparenté ; sans parenté. || [starr] fixe. | *jn unverwandt ansehen*, ne pas quitter qn des yeux.

un|verwehrt ["unfɛr've:rt] adj. permis ; licite. | *es ist Ihnen unverwehrt zu*, il vous est loisible de ; libre à vous de ; rien ne vous interdit de.

un|verweilt ["unfɛr'vailt] adv. sur-le-champ ; incontinent.

un|verwelklich ['unfɛr"vɛlkliç] adj. impérissable ; inflétrissable ; immarcescible.

un|verwerflich ['unfɛr"vɛrfliç] adj. irrécusable.

un|verwertbar ['unfɛr"ve:rtbɑ:r] adj. inexploitable ; non récupérable.

un|verweslich ['unfɛr"ve:sliç] adj. imputrescible.

un|verwischbar ['unfɛr"viʃbɑ:r] adj. ineffaçable ; indélébile.

un|verwundbar ['unfɛr"vuntbɑ:r] adj. invulnérable. ||°-**verwundbarkeit** f. invulnérabilité f.

un|verwüstlich ['unfɛr"vystliç] adj. inusable ; inaltérable. | *unverwüstlich gute Laune*, bonne humeur imperturbable. | *unverwüstliche Gesundheit*, santé (f.) à toute épreuve ; santé (f.) de fer. | *unverwüstlicher Mensch*, FAM. homme increvable.

un|verzagt ["unfɛr'tsɑ:kt] adj. intrépide ; brave. ||°-**verzagtheit** f. intrépidité f. ; ténacité f.

un|verzeihlich ['unfɛr"tsailiç] adj. impardonnable.

un|verzinslich ['unfɛr"tsinsliç] adj. FIN. sans intérêts ; non productif d'intérêts.

un|verzollt ["unfɛr'tsɔlt] adj. [zollfrei] en franchise (de douane). || [noch nicht verzollt] non dédouané ; douane due.

un|verzüglich ['unfɛr"tsy:kliç] adj. immédiat ; sans retard.
◇ adv. sans désemparer ; sans délai ; FAM. illico.

un|vollendet ["unfɔl'ɛndət] adj. inachevé ; non terminé.

un|vollkommen ["unfɔl'kɔmən et 'unfɔl"kɔmən] adj. imparfait ; défectueux. ||°**-vollkommenheit** f. imperfection f. ; défaut m. ; défectuosité f.

un|vollständig ["unfɔl'ʃtɛndiç] adj. incomplet. || GRAMM. défectif. ||°**-vollständigkeit** f. lacune(s) f. (pl.) ; caractère incomplet (de qch.).

un|voraussehbar ['unfo:raus"ze:bɑr] adj. imprévisible.

un|vorbereitet ["unfo:rbə'raitət] adj. non préparé ; sans préparation ; improvisé. | *unvorbereitet reden*, improviser ; parler impromptu. | *Diese Nachricht traf uns unvorbereitet*, cette nouvelle nous a pris au dépourvu.

un|vordenklich ['unfo:r"dɛŋkliç] adj. immémorial. | *seit unvordenklichen Zeiten*, depuis des temps immémoriaux.

un|voreingenommen ["unfo:raingə'nɔmən] adj. exempt de préjugés ; sans idées préconçues ; impartial ; neutre. ||°**-voreingenommenheit** f. impartialité f. ; absence (f.) de préjugés ; neutralité f.

un|vorhergesehen ["unfo:rhe:rgə'ze:ən] adj. imprévu.
◇ adv. à l'improviste.

un|vorsichtig ["unfo:r'ziçtiç] adj. imprévoyant ; imprudent ; inconsidéré. ||°**-vorsichtigkeit** f. imprévoyance f. ; imprudence f. ; étourderie f. | *aus Unvorsichtigkeit*, par inadvertance ; par mégarde.

un|vorteilhaft ["un'fo:rtailhaft] adj. désavantageux.

un|wägbar ['un"vɛ:gbɑ:r] adj. impondérable.

un|wählbar ['un"vɛ:lbɑ:r] adj. inéligible. || °**-wählbarkeit** f. inéligibilité f.

un|wahr ["un'vɑ:r] adj. qui n'est pas conforme, qui est contraire à la vérité. | *unwahrer Bericht*, récit mensonger, falsifié. | *unwahrer Mensch*, homme faux, insincère, FAM. pas franc.

un|wahrhaftig ["un'vɑ:rhaftiç] adj. insincère ; faux ||°**-wahrhaftigkeit** f. manque (m.) de véracité ; insincérité f. ; fausseté f. ||°**-wahrheit** f. (-, en) contrevérité f.

un|wahrnehmbar ['un"vɑ:rne:mbɑ:r] adj. imperceptible.

un|wahrscheinlich ['unvɑ:r"ʃainliç] adj. invraisemblable ; improbable. ||°**-wahrscheinlichkeit** f. invraisemblance f. ; improbabilité f.

un|wandelbar ['un"vandəlbɑ:r] adj. inaltérable ; constant ; invariable. ||°**-wandelbarkeit** f. inaltérabilité f. ; constance f. ; invariabilité f.

un|wegsam ["un've:kza:m] adj. [Weg] impraticable ; de viabilité incertaine. ||°**-wegsamkeit** f. [Weg] impraticabilité f.

un|weiblich ['un"vaipliç] adj. peu féminin.

un|weigerlich ['un"vaigərliç] adj. inévitable ; inéluctable.

un|weit ["un'vait] adv. et prép. (gén. ou *von*) non loin (de) ; à proximité (de).

un|wert ["un've:rt] adj. (gén.) indigne (de).

Un|wert [-'ve:rt] m. (s) non-valeur f. ; futilité f.

Un|wesen ["un've:zən] n. (s). [böses Wesen] monstre m. ; monstruosité f. || [Unfug] abus m. pl. ; désordre(s) m. (pl.). || LOC. *sein Unwesen treiben*, infester (un lieu) ; faire du désordre ; causer des troubles.

un|wesenhaft [-haft] adj. immatériel ; impalpable.

un|wesentlich ["un've:zəntliç et 'un"ve:zəntliç] adj. inessentiel ; accessoire ; secondaire.

Un|wetter ["un'vɛtər] n. (s, -) gros temps ; orage m. ; tourmente f. ; intempéries f. pl.

un|wichtig ["un'viçtiç] adj. peu important ; insignifiant ; futile. ||°**-wichtigkeit** f. peu (m.) d'importance ; insignifiance f. ; futilité f.

un|widerlegbar ['unvi:dər"le:kbɑ:r], **-widerleglich** [-"le:kliç] adj. irréfutable ; irréfragable. | *unwiderleglich beweisen*, prouver sans conteste possible, en toute rigueur.

un|widerruflich ['unvi:dər"ru:fliç] adj. irrévocable. ||°**-widerruflichkeit** f. irrévocabilité f. || ADM. inamovibilité f.

un|widersetzlich ['unvi:dər"zɛtsliç] adj. irrésistible.

un|widersprechlich ['unvi:dər"ʃprɛçliç] adj. incontestable.
◇ adv. sans conteste ; sans contredit.

un|widerstehlich ['unvi:dər"ʃte:liç] adj. irrésistible.

un|wiederbringlich ['unvi:dər"briŋliç] adj. irréparable ; perdu à jamais, sans retour.

Un|wille(n) ["un'vilə(n)] m. (ns) dépit m. ; mécontentement m. ; irritation f. | *er hat es nur mit Unwillen getan*, il l'a fait à contrecœur, de mauvaise grâce. | *die Tat rief allgemeinen Unwillen hervor*, cet acte provoqua la réprobation générale.

un|willig ["un'viliç] adj. [gegen den Willen] qui y met de la mauvaise volonté ; récalcitrant. || PAR EXT. [mit Unwillen] dépité ; mécontent ; irrité ; agacé. | *nur unwillig tun*, faire à contrecœur, de mauvaise grâce.

un|willkommen ["unvil'kɔmən] adj. qui vient mal à propos ; indésirable.

un|willkürlich ['unvil"ky:rliç] adj. involontaire. || PSYCHOL. automatique ; stéréotypé.

un|wirklich ["un'virkliç] adj. irréel ; fictif.

un|wirksam ['un"virkzɑ:m] adj. inefficace ; inopérant ; inactif. ||°**-wirksamkeit** f. inefficacité f.

un|wirsch ["un'virʃ] adj. réprobatif ; bourru ; renfrogné ; brusque. | *jn unwirsch abweisen*, rebuter qn ; FAM. envoyer promener qn.

un|wirtlich ['un"virtliç] adj. inhospitalier ; peu accueillant.

un|wirtschaftlich ['un"virtʃaftliç] adj. [unergiebig] improductif ; de mauvais rendement ; non rentable. ||°**-wirtschaftlichkeit** f. improductivité f. ; mauvais rendement ; non-rentabilité f.

un|wissend ["un'visənt] adj. ignorant. | *sehr unwissend*, ignare. ||°**-wissenheit** f. ignorance f. || **-wissentlich** ['-/"--] adv. et adj. sans le savoir ; sans s'en rendre compte ; par ignorance ; à son insu.

un|wohl ["un'vo:l] adj. souffrant ; indisposé. | *er, ihm ist unwohl*, il n'est pas bien ; il est souffrant. ||°**-wohlsein** n. (s) indisposition f. ; malaise m.

un|wohnlich ["un'vo:nliç] adj. inhabitable. || [Wohnung] inconfortable.

Un|wucht ["un'vuxt] f. TECHN. balourd m.

un|würdig ["un'vyrdiç] adj. indigne. ||°**-würdigkeit** f. indignité f.

Un|zahl ["un'tsɑ:l] f. nombre (m.) énorme ; infinité f. || FAM. légion f.

un|zählbar ['un"tsɛ:lbɑ:r], **un|zählig** ["un'tsɛ:liç] adj. innombrable ; sans nombre ; en nombre infini. | *unzählige Male*, un nombre incalculable de fois.

un|zähmbar ['un"tsɛ:mbɑ:r] adj. qui ne se laisse pas apprivoiser.

un|zart ["un'tsɑ:rt] adj. indélicat ; sans tact ; rude. ||°**-zartheit** f. indélicatesse f. ; rudesse f.

Unze ['untsə] f. (-, n) once f. | *deutsche Unze*, once allemande (31,25 g). | *englische Unze*, once anglaise (28,35 g).

Un|zeit ["un'tsait] f. contretemps m. | *zur Unzeit*, à contretemps ; hors de saison. ||**-zeitgemäß** adj. inactuel ; démodé ; hors de saison ; intempestif. ||**-zeitig** adj. intempestif ; inopportun ; prématuré. || BOT. non (encore) mûr. || [Frucht] vert. ||°**-zeitigkeit** f. inopportunité f. ; défaut (m.) de maturité.

un|zerbrechlich ['untsər"brɛçliç] adj. incassable.

un|zerlegbar ['untsɛr"le:kbɑ:r] adj. CHIM. indécomposable.

un|zerstörbar ['untsɛr"ʃtø:rbɑ:r] adj. indestructible ; infrangible.

un|zerteilbar ['untsɛr"tailbɑ:r] adj. indivisible. ||**-zerteilt** ["-/-'-] adj. JUR. indivis.

un|zertrennbar ['untsɛr"trɛnbɑ:r], **un|zertrennlich** [-"trɛnliç] adj. inséparable ; indissoluble. ||°**-zertrennlichkeit** f. indissolubilité f. ; indivisibilité f.

Unzial|schrift [untsi"a:l'ʃrift] f. TYPOGR. (écriture f.) onciale f.

un|ziemend ["un'tsi:mənt], **un|ziemlich** ['un-"tsi:mliç] adj. inconvenant ; incongru ; déplacé. || °**-ziemlichkeit** f. inconvenance f. ; incongruité f.

Un|zier(de) ["un'tsi:r(də)] f. chose (f.) qui dépare, qui choque ; manque (m.) d'élégance. | *das gereicht ihm zur Unzier*, cela choque, cela détonne chez lui. ||**-zierlich** ['-/"--] adj. disgracieux ; inélégant ; sans grâce.

un|zivilisiert ["untsivili'zi:rt] adj. non civilisé ; barbare.

Un|zucht ["un'tsuxt] f. luxure f. ; impureté f. (de mœurs). | *Unzucht treiben*, vivre dans la débauche, dans la crapule ; RELIG. forniquer. | [widernatürliche Neigung] penchant (m.) contre nature. || JUR. attentat (m.) aux mœurs. || RELIG. fornication f. ||**-züchtig** adj. luxurieux ; impudique. | *unzüchtige Sitten*, mœurs licencieuses. | *Vornahme unzüchtiger Handlungen*, attentat (m.) à la pudeur. ||°**-züchtigkeit** f. impudicité f. ; lubricité f. ; obscénité f.

un|zufrieden ["untsu'fri:dən] adj. (mit) mécontent (de) ; malcontent ; insatisfait. ||°**-zufriedenheit** f. mécontentement m. ; insatisfaction f. ; déplaisir m.

un|zugänglich ["untsu'gɛŋliç] adj. [Ort] inaccessible. || [Mensch] inabordable ; intraitable.

un|zulänglich ["untsu'lɛŋliç] adj. insuffisant. || °**-zulänglichkeit** f. insuffisance f.

un|zulässig ["untsu'lɛsiç] adj. inadmissible. || JUR. non recevable. ||°**-zulässigkeit** f. inadmissibilité f.

un|zumutbar ["untsu'mu:tba:r] adj. inadmissible.

un|zurechnungsfähig ["untsurɛçnuŋs'fɛ:iç] adj. irresponsable ; inconscient.

un|zureichend ["untsu'raiçənt] adj. insuffisant.

un|zusammenhängend ["untsu'zamənhɛŋɛnt] adj. décousu ; incohérent ; à bâtons rompus.

un|zuständig ["untsu'ʃtɛndiç] adj. incompétent. ||°**-zuständigkeit** f. incompétence f.

un|zuträglich ["untsu'trɛ:kliç] adj. désavantageux ; malsain. ||°**-zuträglichkeit** f. (-, en) inconvénient m. ; mauvais effet.

un|zutreffend ["untsu'trɛfənt] adj. inexact ; non pertinent.

un|zuverlässig ["untsufɛr'lɛsiç] adj. peu sûr ; incertain. | *er ist unzuverlässig*, on ne peut compter sur lui, se fier à lui. | *unzuverlässige Nachrichtenquelle*, source (d'information) peu autorisée. ||°**-zuverlässigkeit** f. incertitude f. (de qch. ou de qn) ; manque (m.) de sérieux.

un|zweckmäßig ["untsvɛk'mɛ:siç] adj. mal approprié ; impropre ; inopportun. ||°**-zweckmäßigkeit** f. impropriété f. ; inopportunité f. ; inadaptation f.

un|zweideutig ["untsvai'dɔytiç] adj. et adv. non équivoque ; sans équivoque ; clair (comme le jour). || PHILOS. univoque.

un|zweifelhaft ['un"tsvaifəlhaft] adj. et adv. indubitable. | *das ist unzweifelhaft günstig für Sie*, cela vous est favorable, à n'en pas douter.

Uppercut ['apəkat] m. (s, s). [Boxen] uppercut m.

üppig ['ypiç] adj. **1.** [wuchernd] luxuriant ; exubérant. | *üppiger Pflanzenwuchs*, végétation luxuriante. | *üppiger Haarwuchs*, chevelure abondante. || FIG. [schwellend] plantureux. | *üppiger Busen*, poitrine opulente. | *ein üppiges Mahl*, un repas plantureux. **2.** [schwelgerisch] voluptueux ; somptueux. | *ein üppiges Leben führen*, mener une vie fastueuse. **3.** FAM. [dreist ; übermütig] *er wird zu üppig*, il ne se gêne plus.

Üppigkeit [-kait] f. **1.** [Überreichtum] exubérance f. ; luxuriance f. | *Üppigkeit des Wachstums*, croissance exubérante. || FIG. [Vollschlankheit] *Üppigkeit der Formen*, opulence (f.), richesse (f.) des formes. **2.** [Schwelgerei] volupté f. ; somptuosité f. ; luxe m. | *er lebt in Üppigkeit*, il vit fastueusement.

Ur [u:r] m. (s, e). ZOOL. aurochs m. ; ure m. ; urus m.

ur... [u:r] préf. **1.** [Ältestes ; Erstes] premier ; primitif ; primaire ; proto. || LITTÉR. *der Urfaust*, la version primitive de *Faust*. **2.** [ursprünglich ; echt] originel ; arché. || PAR EXT. foncièrement. **3.** [steigernd] archi ; primordial ; primitif ; natif ; authentique. **4.** [zeitlich vorhergehend] arrière. | *Urgroßvater*, arrière-grand-père m.

Ur|abstimmung ["u:rap'ʃtimuŋ] f. (-, en). POLIT. consultation (f.) à la base.

Ur|adel ["u:r'a:dəl] m. (s) noblesse immémoriale, de vieille souche.

Ur|ahn(e) ["u:r'a:n(ə)] m. (s, en, en) ancêtre m. ; aïeul m. | *die Urahnen*, les ancêtres ; les aïeux ; nos pères. || [Urgroßvater] bisaïeul m.

Ural [u'ra:l] n. pr. m. (s). GÉOGR. Oural m.

ur|alt ["u:r'alt] adj. ancien ; antique ; très vieux. | *uralter Greis*, vieillard sans âge, chenu. | *uraltes Monument*, monument (m.) qui remonte à la plus haute antiquité. | *uralter Baum*, arbre (m.) séculaire. | *seit uralten Zeiten*, depuis les temps les plus reculés.

Urämie [urɛ'mi:] f. MÉD. urémie f.

Uran [u'ra:n] n. (s). CHIM. uranium m. | *angereichertes Uran*, uranium enrichi.

Uran|anreicherung [u"ra:n'anraiçəruŋ] f. enrichissement (m.) de l'uranium. ||°**-brenner** m. (s, -) pile (f.) atomique. ||°**-erz** n. (es, e) minerai (m.) d'uranium. ||**-haltig** adj. uranifère. ||°**-hexafluorid** n. (s, e) hexafluorure (m.) d'uranium. ||°**-isotope** n. pl. isotopes (m. pl.) de l'uranium. ||°**-oxyd** n. (s, e). CHIM. urane m. ||°**-vorkommen** n. (s, -) gisement (m.) d'uranium.

Ur|anfang ["u:r'anfaŋ] m. (s, ¨e) principe m. ; origine première. ||**-anfänglich** adj. originel ; primitif. — adv. à l'origine ; dès le principe.

Urania [u'ra:nia] n. pr. f. MYTH. Uranie f.

Urari [u'ra:ri] n. (s) curare m.

Urat [u'ra:t] n. (s, e). MÉD. urée f. || CHIM. urate m.

ur|aufführen ["u:rauf'fy:rən] v. tr. THÉÂTRE. créer (une pièce). ||°**-aufführung** f. (-, en). THÉÂTRE. première (représentation) ; création f.

Urban [ur'ba:n] n. pr. m. Urbain m.

urban [-'ba:n] adj. [umgänglich] plein d'urbanité. || [städtisch] urbain.

Urbanität [-bani'tɛ:t] f. urbanité f. ; civilité f.

urbar ['u:rba:r] adj. labourable ; arable. | *urbar machen*, défricher ; mettre en culture. | *die Urbarmachung*, la mise en culture, le défrichement (d'une terre).

Urbarium [ur'ba:rium] n. (s, rien) cadastre m.

Ur|bedeutung ["u:rbə'dɔytuŋ] f. (-, en) acception première, originelle.

Ur|beginn ["u:rbə'gin] m. (s) origine (lointaine).

Ur|bewohner ["u:rbə'vo:nər] m. (s, -). [Ureinwohner] aborigène m. ; autochtone m.

Ur|bild ['u:rbilt] n. (s, er) original m. ; photo f. (type) ; modèle m. || PHILOS. archétype m. ; idéal m.

Ur|christentum ["u:r'kristəntu:m] n. (s) christianisme primitif. | *die Urchristen*, les premiers chrétiens. ||**-christlich** adj. paléochrétien.

ur|deutsch ['u:rdɔytʃ] adj. foncièrement, typiquement allemand ; FAM. allemand jusqu'à la moelle ; allemand cent pour cent.

Ur|druck ["u:r'druk] m. (s, e) première édition ; édition (f.) princeps.

ur|eigen ["u:r'aigən] adj. absolument original, personnel.

Ur|eltern ["u:r'ɛltərn] pl. RELIG. nos premiers parents. || aïeux m. pl.

Ur|enkel ["u:r'ɛŋkəl] m. (s, -) arrière-petit-fils m. || PAR EXT. arrière-neveu m.

Ur|enkelin [-lin] f. (-, nen) arrière-petite-fille f. || PAR EXT. arrière-nièce f.

Ureter [u're:tər] m. (s, en). ANAT. uretère m.

Urethra [u're:tra] f. (-, s). ANAT. urètre m.

Ur|fassung ["ur'fasuŋ] f. (-, en) première version ; version originale.

Ur|fehde ["u:r'fe:də] f. (-, n). HIST. *Urfehde schwören*, renoncer par serment à toute guerre privée.

Ur|form ['u:rfɔrm] f. (-, en) forme originelle ; prototype m. ; archétype m.

Ur|gebirge ["u:rgə'birgə] n. (s). GÉOL. terrain (m.) primaire.

Ur|geist ['u:rgaist] m. (s) esprit universel, cosmique.

ur|gemütlich ["u:rgə'my:tliç] adj. très confortable ; où il y a beaucoup d'ambiance.

Ur|germane ["u:rgɛr'ma:nə] m. (n, n) ancien Germain. ||**-germanisch** adj. de la Germanie ancienne. || FIG. très germanique. || [Sprache] *das Urgermanische*, le germanique commun.

Ur|geschichte ["u:rgə'ʃiçtə] f. préhistoire f. || **-geschichtlich** adj. préhistorique.

Ur|gestein ["u:rgə'ʃtain] n. (s) roche primitive.

urgieren [ur'gi:rən] v. tr. ADM. accélérer (une procédure) ; solliciter (par voie administrative).

Ur|großeltern ["u:r'grosɛltərn] pl. arrière-grands-parents m. pl. ; bisaïeux m. pl. ||°**-großmutter** f. (-, ¨) arrière-grand-mère f. ; bisaïeule f. ||°**-großvater** m. (s, ¨) arrière-grand-père m. ; bisaïeul m.

Ur|heber ["u:r'he:bər] m. (s, -) instigateur m. ; artisan m. || auteur m. (littéraire) ; [artiste] créateur m.

Urheber|recht ["urhe:bər'rɛçt] n. (s, e) droit (m.) d'auteur ; propriété (f.) littéraire, artistique. ||**-recht-**

lich adj., adv. JUR. *urheberrechtlich geschützt*, tous droits de reproduction réservés. ||°**-schaft** f. paternité (f.) d'une chose ; qualité (f.) d'auteur, de créateur.

Urian ['u:rɑ:n] m. (s) le Diable ; le malin. || PAR EXT. hôte (m.) indésirable ; fâcheux m.

Urias|brief [u"ri:as'bri:f] m. (s). RELIG. lettre (f.) d'Urie. || PAR EXT. lettre (f.) fatale au porteur.

Urin [u'ri:n] m. (s) [Harn] urine f. | *urintreibend*, diurétique. | *Uringlas*, urinal m.

urinieren [uri'ni:rən] v. intr. uriner.

Ur|kanton ["u:rkan'to:n] m. (s, e). HIST. canton primitif (de la Suisse).

Ur|kirche ["u:r'kirçə] f. Église primitive.

Ur|knall ["u:r'knal] m. (s, e). ASTRON. explosion originelle ; FAM. big bang m.

ur|komisch ["ur'ko:miʃ] adj. extrêmement comique ; FAM. à se tordre.

Ur|kraft ['u:rkraft] f. (-, ¨e) force (f.) élémentaire de la nature ; force (f.) énorme. ||**-kräftig** adj. d'une force irrésistible, invincible.

Ur|kunde ["u:r'kundə] f. (-, n) document m. ; acte m. ; titre m. | *Zeugnisurkunde*, diplôme m. | *notarielle Urkunde*, acte notarié ; acte passé devant notaire. | *amtliche Urkunde*, pièce officielle ; acte, titre authentique. | *eine Urkunde aufsetzen, abfassen*, établir un document ; JUR. passer un acte ; instrumenter. | *Errichtung, Aufsetzung einer Urkunde*, passation (f.) d'un acte. | *Urkunden vorlegen*, produire des pièces. | *etwas mit Urkunden belegen*, documenter qch. || LOC., JUR. *zu Urkund dessen*, en foi de quoi ; dont acte.

Urkunden|beweis ["u:rkundənbə'vais] m. (es, e) documentation f. ; preuve (f.) documentaire. ||°**-buch** n. (s, ¨er) cartulaire m. ||°**-fälscher** m. (s, -) faussaire m. ||°**-fälschung** f. (-, en) falsification (f.) d'un document. || JUR. faux (m.) en écriture. ||°**-material** n. (s) documentation f.

ur|kundlich ["u:r'kuntliç] adj. documentaire ; authentique ; faisant foi (par un document). | *urkundlich beweisen*, prouver par titres authentiques.

Urlaub ['u:rlaup] m. (s, e) congé m. ; vacances f. pl. | *auf Urlaub gehen*, partir en vacances. || MIL. permission f. | *Urlaub haben*, avoir congé. | *auf, in Urlaub sein*, être en congé, en vacances ; MIL. en permission. | *Urlaub nehmen*, prendre un congé. || FIG. [sich verabschieden] prendre congé.

Urlauber(in) ["u:r'laubər(in)] m. (s, -), f. (-, nen) vacancier m., vacancière f.

Urlauber|siedlung ["u:rlaubər'zi:dluŋ] f. (-, en) village (m.) de vacances.

Urlaubs|schein ["u:rlaups'ʃaın] m. (s, e) titre (m.) de permission. ||°**-sperre** f. MIL. suppression (f.) des permissions. ||°**-zettel** m. (s, -). MIL. feuille (f.) de route.

Ur|maß ["u:r'mɑ:s] n. (es, e) étalon m.

Ur|mensch ["u:r'mɛnʃ] m. (en, en) homme primitif, préhistorique ; premier homme.

Ur|meter ["u:r'me:tər] n. et m. (s) mètre (m.) étalon.

Ur|mutter ["u:r'mutər] f. notre mère à tous : Ève f.

Urne ['urnə] f. (-, n) urne f. || POLIT. *zur Urne gehen*, aller aux urnes ; aller voter.

Urnen|friedhof ["urnən'fri:tho:f] m. (s, ¨e) columbarium m.

Urner ['urnər] m. (s, -). GÉOGR. habitant (m.) d'Uri ; Uranais m.

Ur|ochs ['u:rɔks] m. (en, en). V. UR.

uro|genital ["urogeni'tɑ:l] adj. MÉD. génito-urinaire.

Urologe [urɔ'lo:gə] m. (n, n), **Urologin** [-'lo:gin] f. (-, nen). MÉD. urologue s.

Urologie [urɔlo'gi:] f. MÉD. urologie f.

ur|plötzlich ["u:r'pløtsliç] adj. et adv. subit ; brusque ; d'une soudaineté renversante ; FAM. sans crier gare.

Ur|produktion ["u:rproduk'tsio:n] f. ÉCON. production (f.) des matières premières ; secteur (m.) primaire.

Ur|quell ['u:rkvɛl] m. (s) source première ; principe m.

Ur|sache ["u:r'zaxə] f. (-, n) cause f. ; raison f. ; motif m. | *alles hat seine Ursache*, il n'y a pas d'effet sans cause. | *nach der Ursache fragen*, chercher la raison. | *aus welcher Ursache ?*, pour quelle raison ? ; pour quel motif ? | *man hat alle Ursache anzunehmen*, il y a tout lieu de croire. | *Ursache geben zu*, donner lieu à. || LOC. *keine Ursache*, il n'y a pas de quoi ; je vous en prie.

ur|sächlich [ur'zɛçliç] adj. causal. || GRAMM. causatif. ||°**-sächlichkeit** f. causalité f. || MÉD. étiologie f.

Ur|schleim ["u:r'ʃlaim] m. (s, e). BIOL. protoplasme m.

Ur|schrei ["ur'ʃrai] m. (s, e). MÉD. cri primal.

Ur|schrift ['u:rʃrift] f. (-, en) original m. ; manuscrit original, autographe. || JUR. pièce originale ; minute f. (d'un acte). || HIST. écriture primitive, archaïque. ||**-schriftlich** adj. autographe. || JUR. en original.

Ur|sprache ["u:r'ʃpraxə] f. (-, n) langue mère ; langue primitive.

Ur|sprung ['u:rʃpruŋ] m. (s, ¨e) origine f. ; principe m. ; naissance f. ; provenance f. | *seinen Ursprung nehmen von*, tirer son origine, son principe de ; prendre sa source en. | *seinen Ursprung haben in*, provenir de ; avoir pris naissance à. || COMM. *Ursprungsnachweis ; Ursprungszeugnis*, certificat (m.) d'origine. ||**-sprünglich** adj. [im ersten Zustand] originel ; primitif. || [erstmalig] original. || [unverbildet ; frisch] naturel ; spontané ; primesautier. — adv. à l'origine.

Ur|sprünglichkeit ["u:r'ʃpryŋliçkait] f. originalité f. || [Natürlichkeit] naturel m. ; spontanéité f.

Ur|stand ['u:rʃtant] m. (s). RELIG. état (m.) de l'homme avant la chute.

Ur|stoff ['u:rʃtɔf] m. (s, e) matière première. || CHIM. principe m. ; élément m.

Urstrom|tal ["u:rʃtro:m'tɑ:l] n. (s, ¨er). GÉOL. vallée (f.) fluvio-glaciaire.

Ursula ['urzu:la], **Ursel** ['urzəl] n. pr. f. Ursule f.

Ursulinerin [urzu'li:nərin] f. (-, nen). RELIG. ursuline f.

Urteil ['urtail] n. (s, e). **1.** JUR. [Richterspruch] jugement m. ; décision f. (de justice). | *vollstreckbares Urteil*, jugement (m.) exécutoire. | *Gerichtsurteil*, arrêt (m.) du tribunal. | *ein Urteil fällen, (aus)sprechen*, rendre un jugement ; prononcer un arrêt. | *ein Urteil verkünden*, faire le prononcé d'un jugement. | *ein Urteil in Strafsachen fällen*, rendre, prononcer une sentence. || FIG. *darüber will ich kein Urteil fällen*, je ne veux pas me prononcer là-dessus. | *über jn das Urteil sprechen*, juger qn. | *sich selbst sein Urteil sprechen*, prononcer sa propre condamnation.

2. [feste Meinung] avis m. ; opinion f. | *sich ein Urteil bilden*, se faire une opinion, une idée (sur). | *sein Urteil über etwas abgeben*, donner son avis sur qch. | *darüber habe ich kein Urteil*, je n'ai pas d'opinion à ce sujet, FAM. là-dessus. | *darüber enthalte ich mich des Urteils, maße ich mir kein Urteil an*, je ne prétends pas juger cette affaire ; je m'abstiens de toute opinion à ce sujet. | *auf sein Urteil kann man etwas geben*, son opinion vaut qch. || PAR EXT. *kein Urteil haben*, manquer de jugement. || LOC. *meinem Urteil(e) nach*, à mon avis ; selon moi ; à mon sens. | *nach dem Urteile von*, au dire de.

3. PSYCHOL. jugement m. | *bejahendes Urteil*, jugement affirmatif. | *verneinendes Urteil*, jugement négatif.

Urteils|eröffnung ["u:rtailsɛr'øfnuŋ] f. JUR. publication (f.) de l'arrêt. ||**-fähig** adj. capable de juger ; compétent. ||°**-fähigkeit** f. jugement m. ; capacité (f.) de juger ; compétence f. ||°**-kraft** f., °**-vermögen** n. (s). PHILOS. faculté (f.) de juger. ||°**-spruch** m. (s, ¨e) jugement m. ; arrêt m. ; verdict m. ; sentence f. ||°**-verkündung** f. (-, en) prononcé (m.) du jugement.

urteilen ['u:rtailən] v. intr. (« über », acc.) juger (de qch.) ; porter un jugement (sur qch.). | *wie urteilst du über sein Können ?*, comment juges-tu son savoir-faire ? | *nach seinen Reden zu urteilen*, à l'en croire. | *nach dem Schein urteilen*, juger d'après les apparences. | *nach dem Erfolg urteilen*, juger sur l'effet. | *über den Erfolg urteilen*, juger du succès.

Ur|text ['u:rtɛkst] m. (es, e) texte original.

Ur|tier ['u:rti:r] n. (s, e) animal primitif. || BIOL. protozoaire m. ; protiste m.

Ur|trieb ['u:rtri:p] m. (s, e) pulsion instinctive.

ur|tümlich ["u:r'ty:mliç] adj. originel ; primitif ; archaïque ; qui remonte aux origines.

Ur|typ ['u:rty:p] m. (s, en) type primitif ; prototype m.

Urur|ahn(e) ["ur'urɑ:n(ə)] m. (s et en, en) trisaïeul m. ||°**-enkel** m. (s, -) descendant (m.) à la quatrième génération ; FAM. arrière-arrière-petit-fils m. ||°**-großmutter** f. (-, ¨) trisaïeule f. ; FAM. arrière-

arrière-grand-mère f. ||°-**großvater** m. (s, ¨) trisaïeul m. ; FAM. arrière-arrière-grand-père.

Ur|vater ["u:r'fa:tər] m. (s, ¨) ancêtre m. ; (premier) père. ||-**väterlich** adj. du temps des ancêtres ; du bon vieux temps. ||°-**väterzeit** f. époques primitives.

Ur|verwandtschaft ["u:rfɛr'vantʃaft] f. (-, en) communauté (f.) d'origine.

Ur|volk ['u:rfɔlk] n. (s, ¨er) peuple primitif, archaïque.

Ur|wahl ['u:rva:l] f. (-, en) élection (f.) au premier degré.

Ur|wahrheit ["u:r'va:rhait] f. (-, en) vérité fondamentale.

Ur|wald ['u:rvalt] m. (s, ¨er) forêt (f.) vierge ; jungle f.

Ur|welt ['u:rvɛlt] f. monde primitif, préhistorique. ||-**weltlich** adj. des ères primitives, archaïques.

Ur|wesen ["u:r've:zən] n. (s, -) être primitif. || PHILOS. principe fondamental. ||-**wesenhaft** adj. fondamental ; primordial.

Ur|wort ['u:rvɔrt] n. (s, ¨er) mot-origine m. ; souche f. ; racine f. ; radical m.

ur|wüchsig ["u:r'vyksiç] adj. d'une robustesse native, primitive ; naïf ; naturel. ||°-**wüchsigkeit** f. robustesse native ; naïveté f. ; naturel m.

Ur|zeit ['u:rtsait] f. (-, en) époque, ère primitive, archaïque.

Ur|zeugung ["u:r'tsɔygʊŋ] f. génération spontanée.

Ur|zustand ["u:r'tsu:ʃtant] m. (s, ¨e) état initial, originel.

Ur|zweck ['u:rtsvɛk] m. (s, e) but primitif, premier ; destination naturelle.

Usance [u'zansə] f. (-, n). COMM. usage commercial. | *usancemäßig*, comme d'ordinaire.

Usurpation [uzurpa'tsio:n] f. (-, en) usurpation f.

Usurpator [-'pa:tor] m. (s, en). [Thronräuber] usurpateur m.

usurpieren [-'pi:rən] v. tr. usurper.

Usus ['u:zus] m. usage m. ; habitude f. | *das ist hier so Usus*, c'est l'usage, l'habitude ici.

Utensilien [utɛn'zi:liən] pl. ustensiles m. pl. ; attirail m.

Uterus ['u:terus] m. ANAT. utérus m. ; matrice f.

Utilitarier [utili'ta:riər] m. (s, -). PHILOS. partisan (m.) de l'utilitarisme.

Utilitarismus [-ta'rismus] m. PHILOS. utilitarisme m.

Utopie [uto'pi:] f. (-, n). [Schwärmerei ; Hirngespinst] utopie f. ; château (m.) en Espagne.

utopisch [u'to:piʃ] adj. utopique.

Utopist [uto'pist] m. (en, en) utopiste m.

Uwe [u:və] n. pr. m. Uwe m.

Uz [u:ts] m. (es, e), **Uzerei** [utsə'rai] f. (-, en). FAM. canular m. ; mise (f.) en boîte ; brimade (plaisante).

uzen ['u:tsən] v. tr. FAM. mettre en boîte ; se payer la tête (de qn) ; faire marcher (qn).

V

V, v [fau] n. V m. | *das große V*, le *V* majuscule. || *v.*, abrév. de *von.* | *V.*, abrév. de *Volt* et de *Volumen.* || MIL. *V1, V2*, abrév. de *Vergeltungswaffe 1, 2* [Seconde Guerre mondiale].

va banque-spielen [va"baŋk'ʃpi:lən] v. intr. risquer tout.

Vademekum [vade'me:kum] n. (s, s) vademecum m. ; agenda (m.) de poche.

Vagabund [vaga'bunt] m. (en, en) [Strolch ; Müßiggänger] vagabond m.

vagabundieren [-bun'di:rən] v. intr. vagabonder.

Vagant [va'gant] m. (en, en) étudiant voyageur ; rôdeur m.

vage ['va:gə] adj. [verschwommen ; undeutlich] vague. | *von etwas eine vage Vorstellung haben*, n'avoir qu'une idée très vague de qch.

vagieren [va'gi:rən] v. intr. vagabonder.

Vagina [va'gi:na] f. (-, nen). ANAT. vagin m.

vaginal [-gi'na:l] adj. ANAT. vaginal.

vakant [va'kant] adj. vacant.

Vakanz [-'kants] f. (-, en) vacance f.

Vakuum ['va:kuum] n. (s, kua). PHYS. [Leere ; Nichts] vide m.

Vakuum|behälter ["va:kuumbə'hɛltər] m (s, -) bassin (m.) à vide. ||°-**bremse** f. (-, n) frein (m.) à vide, à dépression. ||°-**destillation** f. (-, en). TECHN. distillation (f.) sous vide. ||-**dicht** adj. étanche au vide. ||°-**leitung** f. (-, en) conduite (f.) sous vide. ||°-**pumpe** f. (-, n) pompe (f.) à faire le vide ; machine (f.) pneumatique. ||-**verpackt** adj. emballé sous vide.

Vakzin [vak'tsi:n] n. (s, e) vaccin m.

Valenz [va'lɛnts] f. (-, en). CHIM. valence f.

Valet [va'le:t] n. (s, s) *Valet sagen*, prendre congé ; dire adieu.

validieren [vali'di:rən] v. tr. valider.

Valorisierung [valori'zi:ruŋ] f. (-, en) valorisation f.

Valuta [va'lu:ta] f. (-, ten). FIN. valeur f. || (cours du) change m. || devise étrangère.

valutieren [valu'ti:rən] v. tr. évaluer.

Valvation [valva'tsio:n] f. FIN. évaluation f.

Vampir ['vampir] m. (s, e) vampire m.

Vanadin [vana'di:n] n. (s), **Vanadium** [va'na:dium] n. (s). CHIM. vanadium m.

Vandale [van'da:lə] m. (n, n). HIST. Vandale m. || FIG. vandale m.

Vandalismus [-da'lismus] m. vandalisme m.

Vanille [va'niliə] f. vanille f. | *Vanillenpflanze*, vanillier m.

variabel [vari'a:bəl] adj. variable.

Variable [vari'a:blə] f. (-, n). MATH. variable f. | *endogene, exogene Variable*, variable endogène, exogène.

Variante [-'antə] f. (-, n) variante f.

Varianz [va'riants] f. [Statistik] variance f.

Variation [-a'tsio:n] f. (-, en) variation f. | *variationsfähig*, variable.

Variator [vari'a:tɔr] m. (s, en). TECHN. variateur m.

Varietät [variə'tɛ:t] f. (-, en) variété f.

Varieté [-'te:] n. (s, s), **Varieté|theater** [variə"te:te'a:tər] n. (s) music-hall m.

variieren [vari'i:rən] v. intr. et v. tr. varier.

Vario|meter [vario'me:tər] m. (s, -). TECHN. variomètre m.

Vasall [va'zal] m. (en, en) vassal m.

Vasallen|dienst [va"zalən'di:nst] m. (es, e) vasselage m. ||°-**eid** m. (s, e), °-**huldigung** f. (-, en) hommage féodal. ||°-**staat** m. (s, en) État (m.) satellite.

Vasallentum [va'zaləntu:m] n. (s), **Vasallität** [-zali'tɛ:t] f. [Lehnswesen] vasselage m. ; les vassaux m. pl.

Vase ['va:zə] f. (-, n) vase m. | *Blumenvase*, vase à fleurs.

Vasektomie [vazɛktɔ'mi:] f. (-, n). MÉD. vasectomie f.

Vaseline [vaze'li:nə] f. (-), **Vaselin** [vaze'li:n] n. (s). CHIM. vaseline f.

Vater ['fa:tər] m. (s, ¨) père m. | *er ist ganz der Vater*, c'est tout le portrait de son père ; c'est tout à fait son père. | *nach dem Vater arten, schlagen ; dem Vater nacharten*, ressembler à son père. | *Ihr Herr Vater*, Monsieur votre père. | *die Stadtväter*, les notables (m. pl.) de la ville. || PAR EXT. *die Väter*, les ancêtres m. pl. ; les aïeux m. pl. || RELIG. *Heiliger Vater*, Saint-Père ; pape m. | *himmlischer Vater ; Gott Vater*, Dieu le Père.

Vater|auge ["fa:tər'augə] n. (s) regard paternel ; prévoyance paternelle. ||°**-erbe** n. (s) patrimoine m. ||°**-freuden** f. pl. joies (f. pl.) de la paternité. ||°**-gut** n. (s), °**-teil** n. (s). JUR. patrimoine m. ||°**-haus** n. (es, ¨er) maison paternelle. ||°**-land** n. (s, ¨er) patrie f. ||**-ländisch** adj. patriotique. ||°**-landsliebe** f. patriotisme m. ||**-landslos** adj. sans patrie ; apatride. ||**-los** adj. orphelin de père. ||°**-mord** m. (s, e) parricide m. ||°**-mörder** m. (s, -) parricide m. || FIG., IRON. faux col empesé. ||°**-name** m. (ns, n) nom (m.) patronymique. ||°**-recht** n. (s, e) droit (m.) de père ; patriarchat m. ||°**-schwester** f. (-, n) tante (f.) du côté paternel. ||°**-stadt** f. (-, ¨e) ville natale. ||°**-stelle** f. *bei jm Vaterstelle vertreten*, tenir lieu de père à qn. ||°**-unser** n. (s) notre Père m. ; Pater (noster) ; patenôtre m. | *das Vaterunser beten*, dire le Notre-Père. — OBSERV. On trouve aussi *Vatersname* et *Vatersschwester*.

Väter|art ["fɛ:tər'a:rt] f., **Väter|sitte** [-'zitə] f. (-, n) tradition ancestrale.

väterlich ['fɛ:tərliç] adj. paternel. | *väterliche Gewalt*, puissance paternelle. | *väterlicherseits*, du côté paternel.

Vaterschaft ["fa:tərʃaft] f. JUR. paternité f. | *Feststellung der Vaterschaft*, recherche (f.) de la paternité. | *Vaterschaftsklage*, action (f.) en recherche de paternité.

Vati ['fa:ti] m. (s, s). FAM. papa m.

Vatikan [vati'ka:n] n. pr. m. (s) Vatican m.

Vegetabilien [vegeta'bi:liən] pl. végétaux m. pl.

vegetabilisch [-ta'bi:liʃ] adj. végétal.

Vegetarier [-'ta:riər] m. (s, -) végétarien m.

vegetarisch [-'ta:riʃ] adj. végétarien.

Vegetation [-ta'tsio:n] f. (-, en) végétation f.

vegetativ [-ta'ti:f] adj. végétatif. | *vegetatives Nervensystem*, système nerveux végétatif.

vegetieren [-'ti:rən] v. intr. FIG. végéter ; vivoter.

Vehemenz [vehe'mɛnts] f. véhémence f.

Vehikel [ve'hikəl] n. (s, -). IRON. véhicule m. || [Arzneimittel] excipient m.

Veilchen ['failçən] n. (s, -). BOT. violette f. | *veilchenblau*, violet ; violacé.

Veit [fait] n. pr. m. Guy m.

Veits|bohne ["faits'bo:nə] f. (-, n). BOT. faséole f. ||°**-tanz** m. (es). [Fallsucht] danse (f.) de Saint-Guy.

Vektor ['vɛktor] m. (s, en). MATH. vecteur m.

Veloziped [velotsi'pe:t] n. (s, e) vélocipède m.

Velten ['vɛltən] n. pr. m. Valentin m. | *Potz Velten !*, diable !

Veltlin [vɛlt'li:n] n. pr. n. GÉOGR. *das Veltlin*, la Valteline.

Vene ['ve:nə] f. (-, n). ANAT. veine f. | *Venenentzündung*, phlébite f.

Venedig [ve'ne:dig] n. pr. n. Venise f.

Venerabile [vene'ra:bilə] n. RELIG. le saint sacrement.

venerisch [ve'ne:riʃ] adj. [geschlechtskrank] vénérien.

Venezianer(in) [venetsi'a:nər(in)] m. (s, -), f. (-, nen) Vénitien(ne) m. (f.).

venezianisch [-niʃ] adj. vénitien.

venös [ve'nø:s] adj. veineux.

Ventil [vɛn'ti:l] n. (s, e). TECHN. soupape f. ; clapet m. | *einfaches Ventil*, valve f. | *Absperrventil*, soupape (f.) d'arrêt. || RADIO. *elektrisches Ventil*, valve f.

Ventil|hebel [vɛn"ti:l'he:bəl] m. (s, -) culbuteur m. ||°**-klappe** f. (-, n) clapet m.

Ventilation [vɛntila'tsio:n] f. (-, en) ventilation f. ; aération f.

Ventilator [-ti'la:tor] m. (s, en). [Lüfter] ventilateur m.

Venus ['ve:nus] n. pr. f. MYTH., ASTRON. Vénus f.

Venus|berg ["ve:nus'bɛrk] m. (s) montagne enchantée (de Vénus). || ANAT. mont (m.) de Vénus. ||°**-haar** n. (s). BOT. cheveux (m. pl.) de Vénus ; adiante m. ||°**-muschel** f. (-, n). ZOOL. clovisse f.

ver [fɛr] préf. de compos. et partic. verb. insépar. non accentuée. Exprime : **1.** l'idée de transformer ou de détériorer ; d'altérer. Ex. : *verderben*, tourner de travers ; *verachten*, mépriser.

2. la perte, la disparition. Ex. : *vertrinken*, dépenser en buvant ; *verspielen*, dépenser en jouant ; *verschwinden*, disparaître.

3. l'arrêt ; l'empêchement. Ex. : *versperren*, barrer ; *verdecken*, cacher ; *vergraben*, enterrer.

4. une action plus intense. Ex. : *verlassen*, quitter ; *versuchen*, tenter.

5. un simple changement d'état. Ex. : *vergolden*, dorer ; *versteinern*, pétrifier.

ver|abfolgen [fɛr'apfɔlgən] v. tr. donner ; livrer ; fournir ; faire tenir. ||°**-abfolgung** f. (-, en) remise f. ; livraison f. ; fourniture f.

ver|abreden [fɛr'apre:dən] v. tr. et v. pr. convenir ; stipuler ; concerter ; prendre rendez-vous. | *sich verabreden*, se donner un rendez-vous. | *wie verabredet ; verabredetermaßen*, comme convenu. ||°**-abredung** f. (-, en) convention f. ; accord m. | *eine Verabredung treffen*, prendre rendez-vous.

ver|abreichen [fɛr'apraiçən] v. tr. donner ; fournir ; administrer. | *eine Arznei verabreichen*, administrer un remède. ||°**-abreichung** f. administration f. (d'un remède).

ver|absäumen [fɛr'apzɔymən] v. tr. négliger ; omettre ; oublier.

ver|abscheuen [fɛr'apʃɔyən] v. tr. abhorrer ; avoir en horreur ; exécrer ; abominer. ||**-abscheuenswert** adj. détestable ; exécrable ; abominable. ||°**-abscheuung** f. aversion f. ; horreur f.

ver|abschieden [fɛr'apʃi:dən] v. tr. **1.** congédier ; mettre en congé, à la retraite ; remercier ; licencier ; renvoyer. | *einen Offizier verabschieden*, réformer un officier. | *einen Beamten verabschieden*, limoger un fonctionnaire.

2. arrêter ; prendre un décret. | *ein Gesetz verabschieden*, adopter, voter une loi.

◇ v. pr. **sich verabschieden,** prendre congé.

Ver|abschiedung [-duŋ] f. (-, en) mise (f.) en congé ; mise (f.) à la retraite ; licenciement m. || MIL. réforme f. || POLIT. *Verabschiedung eines Gesetzes*, adoption (f.), publication (f.) d'une loi.

ver|achten [fɛr'axtən] v. tr. mépriser ; dédaigner. | *einen guten Ratschlag verachten*, négliger un bon conseil. | *das Essen verachten*, ne pas toucher au repas. ||**-ächtlich** adj. dédaigneux ; méprisant. | *mit verächtlicher Miene*, d'un air dédaigneux. || [nichtsbedeutend] peu considérable. | *verächtlich wenig*, fort peu. ||°**-ächtlichkeit** f. bassesse f. ; air méprisant. ||°**-achtung** f. dédain m. ; mépris m. | *jn mit Verachtung strafen*, accabler qn de son mépris. | *verachtungsvoll*, plein de mépris ; méprisant.

ver|allgemeinern [fɛr'algə"mainərn] v. tr. généraliser. ||°**-allgemeinerung** f. (-, en) généralisation f.

ver|alten [fɛr'altən] v. intr. vieillir ; passer de mode ; tomber en désuétude.

◇ part. pass. **veraltet,** périmé ; vieilli. | *veraltetes Gesetz*, loi périmée. | *veraltete Bedeutung eines Wortes*, sens vieilli d'un mot. | *veralteter Ausdruck*, expression vieillie.

Veranda [ve'randa] f. (-, den) véranda f.

ver|änderbar [fɛr'ɛndərba:r] adj. réglable ; changeable. ||**-änderlich** adj. variable ; instable ; versatile ; capricieux. | *veränderlicher Charakter*, caractère (m.) mobile. ||**-ändern** v. tr. changer ; transformer ; modifier ; altérer ; varier. ||°**-änderung** f. (-, en) changement m. ; modification f. ; variation f. ; transformation f. ; altération f. ; mutation f. | *eine Veränderung erfahren*, subir un changement.

ver|ankern [fɛr'aŋkərn] v. tr. ancrer ; amarrer. || FIG. *eine fest verankerte Überzeugung*, une conviction bien ancrée. ||°**-ankerung** f. MAR., TECHN. amarrage m. ; ancrage m.

ver|anlagen [fɛr'anla:gən] v. tr. arranger ; disposer. || FIN. *Steuern veranlagen*, répartir les impôts ; établir l'assiette de l'impôt. — part. pass. **veranlagt.** *er ist gut veranlagt*, il est bien doué. ||°**-anlagung** f. don naturel ; disposition (f.) d'esprit ; capacités f. pl. || FIN. répartition f. (de l'impôt). | *Veranlagungsbescheid*, avis (m.) d'imposition.

ver|anlassen [fɛr'anlasən] v. tr. donner lieu à ; provoquer ; causer. | *ich sehe mich veranlaßt*, je me vois obligé de. | *jn zum Handeln veranlassen*, déterminer qn à agir. ||°**-anlassung** f. (-, en) sujet m. ; motif m. ;

cause f. ; matière f. | *das gab Veranlassung zu*, cela donna lieu à. | *ohne Veranlassung*, sans raison (valable). | *zur weiteren Veranlassung*, à toutes fins utiles. || impulsion f. ; instigation f. | *auf seine Veranlassung (hin)*, à son instigation.

ver|anschaulichen [fɛr'anʃauliçən] v. tr. représenter ; rendre sensible ; illustrer ; concrétiser ; donner une idée de. ||°**-anschaulichung** f. concrétisation f.

ver|anschlagen [fɛr'anʃla:gən] v. tr. taxer ; estimer ; évaluer ; faire un devis. | *die Kosten veranschlagen*, évaluer les frais. | *zu hoch veranschlagen*, surfaire ; surestimer. | *zu niedrig veranschlagen*, sous-estimer. ||°**-anschlagung** f. (-, en) estimation f. ; évaluation f. || [Kostenanschlag] devis m.

— Observ. *veranschlagen* suit la conjug. faible.

ver|anstalten [fɛr'anʃtaltən] v. tr. organiser ; arranger ; préparer ; faire en sorte que. | *ein Fest veranstalten*, donner une fête. ||°**-anstalter** m. (s, -) organisateur m. ||°**-anstaltung** f. (-, en) organisation f. ; arrangement m. ; fête f. ; manifestation f.

ver|antworten [fɛr'antvɔrtən] v. tr. répondre de ; être responsable de. | *das kann ich nicht verantworten*, je ne peux pas en répondre. | *sich vor dem Gericht verantworten*, se justifier devant le tribunal. ||**-antwortlich** adj. responsable. | *er ist mir dafür verantwortlich*, il m'en répond. | *gegenseitig verantwortlich*, solidairement responsables. ||°**-antwortlichkeit** f. responsabilité f. ||°**-antwortung** f. (-, en) responsabilité f. | *die Verantwortung ablehnen*, décliner toute responsabilité. | *die Verantwortung übernehmen*, endosser la responsabilité. | *auf meine Verantwortung*, sous ma responsabilité. | *jn zu Verantwortung ziehen*, demander compte à qn. | *er ist sich seiner Verantwortung bewußt*, il est conscient de ses responsabilités. ||**-antwortungslos** adj. [unverantwortlich] irresponsable. ||°**-antwortungslosigkeit** f. irresponsabilité f. ; légèreté f.

ver|äppeln [fɛr'ɛpəln] v. tr. Pop., fam. blaguer ; taquiner.

ver|arbeiten [fɛr'arbaitən] v. tr. **1.** usiner ; façonner ; traiter ; travailler ; manufacturer. | *Eisenerz verarbeiten*, traiter du minerai de fer. || Biol. *der Magen verarbeitet die Nahrung*, l'estomac digère les aliments. || Chim. traiter.

2. utiliser en travaillant. | *der Schneider hat den ganzen Stoff verarbeitet*, le tailleur a utilisé toute la pièce d'étoffe.

3. Fig. *Eindrücke verarbeiten*, assimiler, faire siennes des impressions.

◇ part. prés. **verarbeitend,** *verarbeitende Metallindustrie*, métallurgie (f.) de transformation.

◇ part. pass. **verarbeitet,** travaillé ; ouvragé. | *verarbeitetes Gold*, or ouvré.

Ver|arbeitung [-tuŋ] f. (-, en) transformation f. ; traitement m. ; usinage m. ; façonnage m. | *Verarbeitungsindustrie*, industrie (f.) de transformation. || Inf. traitement m. || Physiol. élaboration f. ; assimilation f.

Verarbeitungs|einheit [fɛr"arbaituŋs'ainhait] (-, en). Inf. organe (m.) de traitement.

ver|argen [fɛr'argən] v. tr. prendre en mauvaise part ; blâmer. | *man kann es ihm nicht verargen*, on ne peut pas lui en vouloir pour cela.

ver|ärgern [fɛr'ɛrgərn] v. tr. fâcher ; irriter ; dépiter. ||°**-ärgerung** f. (-, en). [Ärger] irritation f. || contretemps m.

ver|armen [fɛr'armən] v. tr. et v. intr. appauvrir ; s'appauvrir. ||°**-armung** f. appauvrissement m.

ver|aschen [fɛr'aʃən] v. tr. réduire en cendres ; incinérer. ||°**-aschung** f. incinération f.

ver|ästeln (sich) [ziçfɛr'ɛstəln] v. pr. se ramifier. ||°**-ästelung** f. (-, en) ramification f.

ver|auktionieren [fɛrauktsio'ni:rən] v. tr. mettre, vendre aux enchères.

ver|ausgaben [fɛr'ausga:bən] v. tr. dépenser.

ver|äußerlich [fɛr'ɔysərliç] adj. aliénable ; cessible. ||°**-äußerlichkeit** f. aliénabilité f. ||**-äußern** v. tr. aliéner ; vendre ; se défaire (d'un bien). || °**-äußerung** f. (-, en) aliénation f. ; vente f.

Verb [vɛrp] n. (s, en), **Verbum** ['vɛrbum] n. (s, ba). Gramm. verbe m.

Verbal... (en compos.) oral, verbal.

verballhornen [fɛr'balhɔrnən] v. tr. déformer ; galvauder. || Fam. gâter en voulant corriger.

Verballhornung [-nuŋ] f. déformation.

Verband [fɛr'bant] m. (s, ¨e). **1.** association f. ; fédération f. ; groupement m. ; syndicat m.

2. Mil. formation f. ; unité f. || Aéron. *im Verband fliegen*, voler en formation. || Mar. *im Verband fahren*, naviguer en escadre, de conserve.

3. Méd. bandage m. ; pansement m. | *einen Verband anlegen*, appliquer un pansement.

4. Archit. assemblage m. ; imbrication f.

Verband|gaze [fɛr"bant'ga:zə] f., °**-mull** [-'mul] m. (s) gaze (f.) à pansement. ||°**-kasten** m. (s, -) boîte (f.) de pansement ; [im Auto] trousse (f.) de secours. ||°**-platz** m. (s, ¨e), °**-stelle** f. (-, n) poste (m.) de secours. ||°**-zeug** n. (s, e) pansements m. pl.

ver|bannen [fɛr'banən] v. tr. exclure ; bannir ; proscrire. | *ein Verbannter*, un proscrit. ||°**-bannung** f. bannissement m. ; exil m. ; proscription f. | *zeitweilige Verbannung*, relégation f.

ver|barrikadieren [fɛrbarika'di:rən] v. tr. barricader.

ver|bauen [fɛr'bauən] v. tr. **1.** obstruer. | *die Aussicht verbauen*, boucher la vue (par une construction).

2. mal bâtir. | *das Haus ist verbaut*, la maison a été mal construite.

3. utiliser en construisant. | *viele Ziegelsteine verbauen*, utiliser beaucoup de briques.

ver|bauern [fɛr'bauərn] v. intr. devenir paysan, rustre. || Fig. prendre des habitudes grossières.

Ver|bauung [fɛr'bauuŋ] f. obstruction f. || malfaçon f. (d'une construction). || Mines. boisage m. ; soutènement m.

ver|beißen [fɛr'baisən] (i, i) v. tr. réprimer ; contenir. | *sich das Lachen verbeißen*, se mordre les lèvres pour ne pas rire. | *seinen Schmerz verbeißen*, étouffer sa douleur. | *seinen Ärger verbeißen*, cacher son dépit.

◇ part. pass. **verbissen,** *in verbissener Wut*, dans une fureur contenue. || acharné. | *verbissen kämpfen*, se battre avec acharnement.

◇ v. pr. **sich verbeißen,** s'acharner ; ne pas démordre de.

Verbene [vɛr'be:nə] f. (-, n). Bot. verveine f.

ver|bergen [fɛr'bɛrgən] (a, o) v. tr. cacher ; dissimuler ; recéler. | *sich hinter einer falschen Identität verbergen*, se dissimuler derrière une fausse identité. | *sich vor jm verbergen*, se cacher de qn.

Ver|besserer [fɛr'bɛsərər] m. (s, -) réformateur m. (surtout dans *Weltverbesserer*). ||**-bessern** v. tr. corriger ; améliorer ; perfectionner ; rectifier ; rendre meilleur. | *verbesserte Auflage*, édition corrigée. — v. pr. **sich verbessern,** s'amender. ||°**-besserung** f. (-, en) amélioration f. ; réforme f. ; perfectionnement m. | *Verbesserung der Schulaufgaben*, correction (f.) des devoirs.

ver|beten [fɛr'be:tən] part. pass. de **verbitten.**

ver|beugen (sich) [ziçfɛr'bɔygən] v. pr. s'incliner ; faire sa révérence. ||°**-beugung** f. (-, en) révérence f. ; courbette f.

ver|beulen [fɛr'bɔylən] v. tr. bosseler ; cabosser ; boursoufler.

ver|biegen [fɛr'bi:gən] (o, o) v. tr. tordre ; plier ; déformer. || Fig. fausser. ||°**-biegung** f. (-, en) gauchissement m. ; déformation f. ; voilure f.

ver|bieten [fɛr'bi:tən] (o, o) v. tr. [wehren ; untersagen] défendre ; interdire ; prohiber. | *Eintritt verboten !*, défense d'entrer ; entrée interdite.

ver|bilden [fɛr'bildən] v. tr. déformer ; donner une mauvaise éducation. ||°**-bildung** f. (-, en) déformation f. ; défiguration f. ; gauchissement m.

ver|bildlichen [fɛr'biltliçən] v. tr. figurer ; représenter par une image ; symboliser.

ver|billigen [fɛr'biligən] v. tr. diminuer le prix (de) ; vendre meilleur marché. | *zu verbilligten Preisen*, à prix réduits. ||°**-billigung** f. baisse (f.) des prix.

ver|binden [fɛr'bindən] (a, u) v. tr. **1.** joindre ; relier ; associer ; coordonner ; attacher. | *das Angenehme mit dem Nützlichen verbinden*, joindre l'utile à l'agréable. | *sich geschäftlich mit jm verbinden*, s'associer avec qn. | *damit verbindet sich eine schöne Vorstellung*, cela rappelle un beau souvenir.

2. Fig. *jm zu Dank verbunden sein*, avoir une dette de reconnaissance envers qn. | *ich wäre Ihnen sehr verbunden, wenn...*, je vous serais très obligé de... ; vous m'obligeriez en...

3. Archit. assembler. | *mit Mörtel verbinden*, joindre au mortier. || Chim. combiner.

4. Téléph. établir la communication. | *falsch verbunden sein*, avoir un faux numéro.

5. Méd. *eine Wunde verbinden*, panser une plaie.

◇ part. pass. **verbunden,** relié. || Phys. *verbundene Gefäße*, vases communicants.

ver|bindlich [-'bintliç] adj. obligeant. | *verbindliche Worte*, paroles (f. pl.) de courtoisie ; compliments m. pl. | *ich danke verbindlichst*, tous mes remerciements. || COMM. *verbindliches Angebot*, offre (f.) ferme. || JUR. obligatoire. || *sich verbindlich machen, zu...*, s'engager à...

Ver|bindlichkeit [-'bintliçkait] f. **1.** caractère (m.) obligatoire. | *Verbindlichkeit der Verträge*, foi (f.) des contrats. | *Verbindlichkeit eines Gesetzes*, force (f.) obligatoire d'une loi. || COMM. *sofort fällige Verbindlichkeit*, exigibilité (f.) à vue. || FIN. engagement m. | *Verbindlichkeiten*, exigibilités f. pl.
2. engagement m. | *eine Verbindlichkeit eingehen*, contracter un engagement.
3. obligeance f.

Ver|bindung [fɛr'binduŋ] f. (-, en). **1.** liaison f. ; jonction f. ; union f. ; alliance f. ; réunion f. ; mariage m. ; rattachement m. | *in Verbindung mit*, en rapport avec ; en relation avec. | *Verbindung von Umständen*, ensemble (m.) de circonstances. || MIL. *Verbindung halten mit*, assurer la liaison avec.
2. rapport m. ; relation f. | *in Verbindung stehen mit*, correspondre, entretenir commerce avec. | *Verbindung aufnehmen mit*, entrer en relation avec. | *ein Mann mit guten Verbindungen*, un homme ayant de bonnes relations.
3. [Verband] association f. ; société f. ; corporation f. (d'étudiants). | *schlagende Verbindung*, corporation d'étudiants où l'on pratique le duel.
4. communication f. | *Eisenbahnverbindung*, correspondance (f.) de chemin de fer.
5. TECHN. assemblage m.
6. TÉLÉPH. communication f.
7. CHIM. combinaison f. ; corps composé.

Verbindungs|bahn [fɛr"binduŋs'ba:n] f. (-, en) ligne (f.) de raccordement. ||°**-brücke** f. (-, n) passerelle f. ||°**-gang** m. (s, ¨e) couloir m. ||°**-glied** n. (s, er) maillon m. ; élément (m.) de jonction ; raccord m. ||°**-graben** m. (s, ¨). MIL. boyau m. ||°**-linie** f. (-, n) ligne (f.) de communication. ||°**-mann** m. (s, ¨er) agent (m.) de liaison ; IRON. honorable correspondant m. ||°**-mittel** n. (s, -) moyen (m.) de communication. || CULIN. liaison f. ||°**-muffe** f. (-, n). TECHN. manchon (m.) d'accouplement. ||°**-offizier** m. (s, e) officier (m.) de liaison. ||°**-stab** m. (s, ¨e). MIL. détachement (m.) de liaison. ||°**-stelle** f. (-, n). TECHN. point (m.) de jonction. ||°**-straße** f. (-, n) route (f.) de raccordement ; bretelle f. ||°**-strich** m. (s, e) trait (m.) d'union. ||°**-stück** n. (s, e). TECHN. lien m. ; moise f. ||°**-wort** n. (s, ¨er). GRAMM. copule f. ; conjonction f.

ver|bissen [fɛr'bisən] part. pass. de **verbeißen.** ||°**-bissenheit** f. acharnement m. ; opiniâtreté f.

ver|bitten (sich) [ziçfɛr'bitən] v. pr. *sich etwas verbitten*, ne pas tolérer, ne pas laisser passer qch. | *ich verbitte mir die Bemerkung*, je n'admets pas cette remarque.

ver|bittern [fɛr'bitərn] v. tr. rendre amer ; aigrir. | *jm das Leben verbittern*, gâter l'existence à qn. — part. pass. **verbittert,** aigri. ||°**-bitterung** f. amertume f. ; aigreur f.

ver|blasen [fɛr'bla:zən] (ä, ie, a) v. tr. dissiper ; semer à tous vents.

ver|blassen [fɛr'blasən] v. intr. pâlir ; blêmir. || [Stoff] se défraîchir ; passer. || FIG. *sein Ruhm verblaßt*, son étoile pâlit.

ver|bläuen [fɛr'blɔyən] v. tr. bleuir.

Ver|bleib [fɛr'blaip] m. (s) séjour m. | *hier ist kein Verbleib !*, partons ! ; sortons d'ici. || ADM. *Akten zum Verbleib*, dossiers (m. pl.) à classer, à ranger. ||**-bleiben** (ie, ie) v. intr. rester ; demeurer ; persister. | *alles verbleibt dabei*, c'est comme avant. || [Höflichkeitsformel] *ich verbleibe Ihr ergebener Müller*, votre dévoué Muller.

ver|bleichen [fɛr'blaiçən] (i, i) v. intr. pâlir ; blêmir ; se décolorer. || POÉS. expirer.
◇ part. pass. **verblichen,** passé ; pâli. || POÉT. défunt.

ver|bleien [fɛr'blaiən] v. tr. plomber.

ver|blenden [fɛr'blɛndən] v. tr. aveugler ; éblouir. | *mit verblendeten Lichtern*, tous feux éteints. || FIG. *durch seinen Fanatismus verblendet*, aveuglé par son fanatisme. || TECHN. *eine Mauer verblenden*, revêtir un mur ; aveugler les ouvertures. ||°**-blendung** f. FIG. aveuglement m. ; orgueil m.

ver|bleuen [fɛr'blɔyən] v. tr. POP. rosser.

ver|blöden [fɛr'blø:dən] v. tr. abêtir.
◇ v. intr. devenir stupide.

ver|blüffen [fɛr'blyfən] v. tr. ébahir ; FAM. épater ; époustoufler. | *er steht ganz verblüfft da*, il en est tout ébahi, tout ébaubi. ||°**-blüfftheit** f., °**-blüffung** f. ébahissement m. ; ahurissement m.

ver|blühen [fɛr'bly:ən] v. intr. défleurir ; (se) faner.

ver|blümen [fɛr'bly:mən] v. tr. PR. et FIG. couvrir de fleurs. | *eine verblümte Sprache*, un langage voilé. | *verblümt*, à demi-mot.

ver|bluten [fɛr'blu:tən] v. intr. perdre tout son sang ; mourir d'hémorragie. || FIG. perdre son énergie. ||°**-blutung** f. (-, en) perte (f.) de sang ; hémorragie f.

ver|bockt [fɛr'bɔkt] adj. buté.

ver|bohren (sich) [ziçfɛr'bo:rən] v. pr. FIG. *sich in etwas verbohren*, se consacrer entièrement à qch. ; ne pas démordre de qch. | *er ist verbohrt*, il a des œillères.

ver|bolzen [fɛr'bɔltsən] v. tr. cheviller ; river ; boulonner.

ver|borgen [fɛr'bɔrgən] v. tr. prêter.

ver|borgen [fɛr'bɔrgən] part. pass. de **verbergen,** caché. | *im verborgenen*, en cachette ; à la dérobée. | *verborgenerweise*, en cachette. ||°**-borgenheit** f. état de ce qui est caché, dissimulé ; clandestinité f. | *in der Verborgenheit leben*, vivre caché.

Ver|bot [fɛr'bo:t] n. (s, e) interdiction f. ; défense f. ; prohibition f. | *Rauchverbot*, interdiction (f.) de fumer. | *Verbotstafel*, panneau (m.) d'interdiction.

ver|brämen [fɛr'brɛ:mən] v. tr. garnir de fourrure ; chamarrer. | *Pelzverbrämung*, garniture (f.) de fourrure. || PAR EXT. enjoliver.

Ver|brauch [fɛr'braux] m. (s) consommation f. | *Verbrauch der Haushalte*, consommation (f.) des ménages. | *Benzinverbrauch*, consommation (f.) d'essence. ||**-brauchbar** adj. JUR. *verbrauchbares Gut*, bien (m.) consomptible. ||**-brauchen** v. tr. consommer ; user ; employer. ||°**-braucher(in)** m. (s, -), f. (-, nen) consommateur m., consommatrice f. | *Verbrauchergenossenschaft*, coopérative (f.) de consommation. ||°**-braucher|markt** m. (s, ¨e). COMM. hypermarché m. ||°**-braucher|preis** m. (es, e) prix (m.) à la consommation. || °**-braucher|preisindex** m. (-) indice (m.) des prix à la consommation. ||°**-braucher|schutz** m. (es, e) consumérisme m.

Verbrauchs|artikel [fɛr"brauxsar'ti:kəl] m. (s, -) article (m.) de consommation courante. ||°**-güter** n. pl. ÉCON. biens (m. pl.) de consommation. || °**-güter|industrie** f. (-, n) industrie (f.) des biens de consommation.

ver|brechen [fɛr'brɛçən] (i, a, o) v. tr. commettre un délit. | *was hat er verbrochen ?*, quel est son crime ?

Ver|brechen [-çən] n. (s, -) crime m. ; attentat m. ; délit m. ; méfait m. | *ein Verbrechen begehen*, commettre un crime. | *schweres Verbrechen*, crime capital.

Ver|brecher [-çər] m. (s, -) criminel m. ; malfaiteur m. ; coupable m. ; délinquant m. | *Kriegsverbrecher*, criminel de guerre.

Verbrecher|bande [fɛr"brɛçər'bandə] f. (-, n) gang m. ||°**-gesicht** n. (s, er) mine (f.) patibulaire. ||°**-kolonie** f. (-, n) colonie (f.) pénitentiaire. ||°**-sprache** f. argot (m.) du milieu.

ver|brecherisch [fɛr'brɛçəriʃ] adj. criminel ; délictueux. | *in verbrecherischer Absicht*, avec intention criminelle.

Ver|brechertum [-çərtu:m] n. (s) pègre f.

ver|breiten [fɛr'braitən] v. tr. et v. pr. étendre ; répandre. | *ein Gerücht verbreiten*, propager un bruit. | *sich über einen Gegenstand verbreiten*, s'étendre sur un sujet. | *ein weit verbreitetes Netz von Firmenniederlassungen*, un vaste réseau de succursales. ||°**-breitung** f. diffusion f. ; propagation f. ; extension f.

ver|breitern [-tərn] v. tr. élargir. ||°**-breiterung** f. (-, en) élargissement m.

ver|brennbar [fɛr'brɛnba:r] adj. combustible. || **-brennen** (verbrannte, verbrannt) v. tr. brûler ; consumer. | *zu Asche verbrennen*, réduire en cendres. || FIG. *sich die Finger verbrennen*, se brûler les doigts. ||°**-brennen** n. (s), °**-brennung** f. combustion f. ; crémation f. | *Verbrennungskammer*, chambre (f.) de combustion. | *Verbrennungskraftwerk*, centrale (f.) thermique classique. | *Verbrennungsmotor*, moteur (m.) à combustion interne. | *Verbrennungsofen*, four (m.) crématoire ; incinérateur m. | *Verbrennungsrückstände*, calamine f.

ver|briefen [fɛr'bri:fən] v. tr. assurer ; garantir

(par écrit). | *verbriefte Forderung*, créance (écrite). | *wohl verbrieftes Recht*, droit dûment garanti.

ver|bringen [fɛrˈbrɪŋən] (verbrachte, verbracht) v. tr. [Zeit] passer. | *seine Ferien am Meer verbringen*, passer ses vacances au bord de la mer. | *seine Zeit verbringen*, tuer le temps. || [verschwenden] gaspiller. || °**-bringung** f. translation f. ; transport m.

ver|brüdern [fɛrˈbry:dərn] v. tr. et v. pr. *ein gemeinsames Ziel hat sie verbrüdert*, un but commun les a rapprochés. | *sich mit jm verbrüdern*, fraterniser avec qn. ||°**-brüderung** f. fraternisation f.

ver|brühen [fɛrˈbry:ən] v. tr. et v. pr. échauder.

ver|buchen [fɛrˈbu:xən] v. tr. COMM. porter en compte ; comptabiliser ; passer écriture de. ||°**-buchung** f. comptabilisation f. ; enregistrement m.

ver|buhlt [fɛrˈbu:lt] adj. débauché ; perdu par la débauche.

Verbum [ˈvɛrbum] n. (s, ben ou ba) verbe m.

ver|bummeln [fɛrˈbuməln] v. tr. dissiper ; gaspiller. | *ein verbummeltes Genie*, un raté.

Ver|bund [fɛrˈbunt] m. (s). TECHN. jonction f. ; raccordement m.

Verbund|glas [fɛrʺbuntˈglɑ:s] n. (es, ¨er) verre feuilleté. ||°**-lokomotive** f. (-, n) locomotive (f.) compound. ||°**-maschine** f. (-, n) machine (f.) compound. ||°**-wirtschaft** f. ÉCON. économie (f.) de production liée.

ver|bünden (sich) [ziçfɛrˈbyndən] v. pr. s'allier ; se liguer ; se fédérer. | *sich mit jm verbünden*, s'allier à qn. | *die Verbündeten*, les Alliés. ||°**-bündung** f. coalition f.

ver|bürgen [fɛrˈbyrgən] v. tr. garantir ; se porter garant de. | *er verbürgt sich für ihre Ehrlichkeit*, il se porte garant de leur honnêteté. | *verbürgte Nachricht*, nouvelle confirmée. ||°**-bürgung** f. (-, en) cautionnement m. ; garantie f.

ver|bürgerlichen [fɛrˈbyrgərliçən] v. tr. embourgeoiser. ||°**-bürgerlichung** f. embourgeoisement m.

ver|büßen [fɛrˈby:sən] v. tr. subir (sa peine) ; purger (une condamnation). ||°**-büßung** f. purge f. (d'une condamnation).

ver|chromen [fɛrˈkro:mən] v. tr. chromer. || °**-chromung** f. chromage m.

Ver|dacht [fɛrˈdaxt] m. (s, e) soupçon m. ; suspicion f. | *Verdacht erregen*, éveiller des soupçons. | *jn in Verdacht bringen*, rendre qn suspect. | *in Verdacht kommen*, tomber en suspicion. | *in Verdacht stehen*, être soupçonné de. | *außer allem Verdacht*, au-dessus de tout soupçon. | *jn im Verdacht haben, daß*, soupçonner qn de.

ver|dächtig [-ˈdɛçtiç] adj. suspect ; douteux ; sujet à caution ; équivoque ; louche. | *eines Verbrechens verdächtig sein*, être soupçonné d'un crime, suspect d'un délit. | *verdächtige Anzeichen*, indices suspects. ||**-dächtigen** v. tr. soupçonner. ||°**-dächtigkeit** f. caractère suspect. ||°**-dächtigung** f. (-, en) suspicion f.

ver|dammen [fɛrˈdamən] v. tr. maudire ; damner ; réprouver. | *in alle Ewigkeit verdammt*, maudit pour l'éternité. | *eine verdammte Seele*, un damné. || LOC. POP. *Gott verdamm (mich) !*, que le diable m'emporte. || FAM. *verdammt !*, diantre ! | *eine verdammt heikle Lage*, une fichue situation. ||**-dammenswert, -dammenswürdig** adj. condamnable. ||°**-dammnis** f. réprobation f. ; damnation f. | *ewige Verdammnis*, damnation éternelle. ||°**-dammung** f. (-, en) damnation f. ; condamnation f.

Ver|dämmung [fɛrˈdɛmuŋ] f. TECHN. bourrage m. ; damage m. ; empierrement m.

ver|dampfen [fɛrˈdampfən] v. tr. et v. intr. faire évaporer ; s'évaporer ; (se) vaporiser. ||°**-dampfung** f. évaporation f. ; vaporisation f. || NUCL. évaporation.

ver|danken [fɛrˈdaŋkən] v. tr. devoir ; être redevable de. | *ich verdanke ihm viel*, je lui dois beaucoup.

ver|dattert [fɛrˈdatərt] adj. FAM. ahuri.

ver|dauen [fɛrˈdauən] v. tr. digérer. ||**-daulich** adj. digeste. | *schwer verdaulich*, indigeste ; FAM. bourratif. ||°**-daulichkeit** f. digestibilité f.

Ver|dauung [-ˈdauuŋ] f. (-, en) digestion f.

Verdauungs|beschwerden [fɛrʺdauuŋsbəˈʃve:rdən] f. pl. troubles (m. pl.) de la digestion. ||°**-geschäft** n. (s) fonctions digestives. ||°**-kanal** m. (s, ¨e) tube digestif. ||°**-saft** m. (s, ¨e) suc (m.) gastrique. ||°**-schnaps** m. (es, e) pousse-café m. ||°**-schwäche** f. dyspepsie f. ||°**-stoff** m. (s, e) pepsine f. ||°**-störung** f. (-, en) embarras (m.) gastrique. ||°**-werkzeuge** n. pl. organes (m. pl.) de la digestion.

Ver|deck [fɛrˈdɛk] n. (s, e). MAR. pont supérieur. || AUTOM. capote f. ||**-decken** v. tr. couvrir ; cacher ; voiler ; envelopper ; dissimuler. || MIL. camoufler. ||°**-deckung** f. (-, en). MIL. défilement m. ; couvert m.

ver|denken [fɛrˈdɛŋkən] (verdachte, verdacht) v. tr. *das kann ich ihm nicht verdenken*, je ne peux pas lui en tenir rigueur.

Ver|derb [fɛrˈdɛrp] m. (s) perte f. ; ruine f. | *auf Gedeih und Verderb*, pour le meilleur et pour le pire.

ver|derben [-ˈdɛrbən] (i, a, o) v. intr. se gâter ; se corrompre ; se détériorer ; s'avarier ; pourrir. | *die Ware verdirbt*, la marchandise se gâte. || LOC. *Unkraut verdirbt nicht*, mauvaise graine pousse toujours.

◇ v. tr. gâter ; corrompre ; abîmer. | *jm die Freude an etwas verderben*, ôter à qn l'envie de faire qch. ; gâter le plaisir de qn. | *sich die Augen verderben*, s'abîmer la vue. || LOC. *es mit jm verderben*, gâter ses rapports avec qn. | *es mit niemandem verderben*, ménager la chèvre et le chou.

◇ part. pass. V. VERDORBEN.

— OBSERV. La forme faible du participe subsiste. Ex. : *ein verderbter Mensch*, un homme dépravé.

Ver|derben [-bən] n. (s) corruption f. ; détérioration f. || FIG. dépravation f. ; perversion f. | *jn ins Verderben führen*, entraîner qn à sa perte. | *ins Verderben rennen*, courir à sa perte. | *verderbenbringend*, fatal ; destructeur.

Ver|derber [-bər] m. (s, -) corrupteur m. ; diable m. ||**-derblich** adj. périssable. || FIG. délétère ; pernicieux. ||°**-derblichkeit** f. corruptibilité f. || FIG. corruption f. ||°**-derbnis** f. (-, se) corruption f. ; perversion f.

ver|derbt [fɛrˈdɛrpt] adj. corrompu ; vicieux.

Ver|derbtheit [-hait] f. immoralité f. ; dépravation f. ; vice m. ; perversité f.

ver|deutlichen [fɛrˈdɔytliçən] v. tr. rendre clair ; élucider ; préciser. ||°**-deutlichung** f. (-, en) élucidation f.

ver|deutschen [fɛrˈdɔytʃən] v. tr. traduire en allemand ; germaniser. ||°**-deutschung** f. (-, en) traduction (f.) en allemand.

ver|dichtbar [fɛrˈdiçtbɑ:r] adj. compressible ; condensable ; coercible. ||**-dichten** v. tr. condenser ; comprimer. || CHIM. concentrer. ||°**-dichter** m. (s, -) surpresseur m. ; compresseur m. ||°**-dichtung** f. compression f. ; condensation f. ; serrage m. | *Verdichtungsgrad*, taux (m.) de compression.

ver|dicken [fɛrˈdikən] v. tr. et v. pr. (s')épaissir ; (se) coaguler ; conglutiner. | *die Milch verdickt sich*, le lait caille. ||°**-dickung** f. épaississement m. ; coagulation f. ; renflement m. ; tumeur f.

ver|dienen [fɛrˈdi:nən] v. intr. et v. tr. **1.** gagner. | *er verdient seinen Lebensunterhalt*, il gagne sa vie ; il subvient à ses besoins. | *er verdient gut*, il a un bon salaire ; il gagne bien sa vie.

2. mériter ; être digne de. | *Lob verdienen*, mériter des éloges. | *sich um das Vaterland verdient machen*, bien mériter de la patrie. | *verdientenweise*, selon son mérite.

Ver|dienst [-ˈdi:nst] m. (es, e) gain m. ; profit m. ; bénéfice m. ; prix (m.) du travail, de la peine. | *einen kargen Verdienst haben*, avoir un maigre salaire.

Ver|dienst [-ˈdi:nst] n. (es, e) mérite m. ; services rendus. | *sich Verdienste um den Staat erwerben*, bien mériter de l'État. | *sich das Verdienst zuschreiben*, s'attribuer le mérite.

Verdienst|ausfall [fɛrʺdi:nstˈausfal] m. (s) manque (m.) à gagner. ||**-los** adj. qui ne gagne rien. || sans mérite. ||°**-möglichkeit** f. (-, en) possibilité (f.) de gain. ||**-voll** adj. méritant ; méritoire.

verdienstlich [fɛrˈdi:nstliç] adj. méritoire.

ver|dient [fɛrˈdi:nt] adj. méritant ; méritoire.

Verdikt [fɛrˈdikt] n. (s, e) verdict m.

Ver|ding [fɛrˈdiŋ] m. (s, e). adj. soumission f.

ver|dingen [-ŋən] (a, u et conjug. faible) v. tr. et v. pr. s'engager chez qn. | *sich bei jm verdingen*, s'engager au service de qn. || ADM. soumissionner ; traiter à forfait.

Ver|dinger [-ŋər] m. (s, -) soumissionnaire m. ||°**-dingung** f. (-, en) marché m. ; soumission f. ; forfait m. ; engagement m. | *Verdingungsordnung*, cahier (m.) des charges.

Ver|dinglichung [fɛrˈdiŋliçuŋ] f. PHILOS. réification f.

ver|dolmetschen [fɛrˈdɔlmɛtʃən] v. tr. traduire ;

interpréter. ||°-**dolmetschung** f. (-, en) traduction orale ; interprétation f.

ver|donnern [fɛr'dɔnərn] v. tr. FAM. gronder.

ver|doppeln [fɛr'dɔpəln] v. tr. doubler. || °-**dopp(e)lung** f. (-, en) (re)doublement m. || BOT., MATH. duplication f. || GÉOL. recoutelage m.

ver|dorben [fɛr'dɔrbən] part. pass. de **verderben,** gâté ; corrompu ; pourri ; taré. | *einen verdorbenen Magen haben*, avoir une indigestion. | *durch und durch verdorben*, pourri jusqu'aux moelles. | *verdorbene Jugend*, jeunesse corrompue. ||°-**dorbenheit** f. corruption f. ; dépravation f.

ver|dorren [fɛr'dɔrən] v. intr. se dessécher ; brûler au soleil.

Ver|dorrung [-'dɔruŋ] f. dessèchement m. ; dessiccation f.

ver|drahten [fɛr'drɑ:tən] v. tr. câbler. ||°-**drahtung** f. (-, en). TECHN. câblage m. ||°-**drahtungs|plan** m. (es, ¨e). TECHN. schéma (m.) de câblage m.

ver|drängen [fɛr'drɛŋən] v. tr. déplacer ; repousser ; chasser ; évincer ; supplanter ; refouler. | *jn aus seiner Stellung verdrängen*, chasser qn de son poste. | *jn aus der Wohnung verdrängen*, chasser qn de chez lui ; déloger qn. ||°-**drängung** f. (-, en) refoulement m. ; déplacement m. ; dépression f. || MÉD., PHILOS. refoulement m. ; complexe m. || MAR. [Verdrang, Wasserverdrängung] volume déplacé.

ver|drehen [fɛr'dre:ən] v. tr. tordre ; distordre ; fausser ; gauchir. | *sich den Arm verdrehen*, se donner une entorse au bras. | *ein Schloß verdrehen*, fausser, forcer une serrure. | *das Gesicht verdrehen*, faire la grimace. | *die Augen verdrehen*, rouler les yeux. | *er verdrehte ihr den Kopf*, il lui a tourné la tête. || FIG. forcer ; altérer ; dénaturer. | *jm die Worte im Munde verdrehen*, faire dire à qn ce qu'il n'a pas dit. | *das Recht verdrehen*, tourner la loi. — part. pass. **verdreht,** tordu ; faussé ; qui a la tête à l'envers. ||°-**drehtheit** f. absurdité f. ; esprit contourné. ||°-**drehung** f. (-, en) torsion f. ; contorsion f. || FIG. altération f.

ver|dreifachen [fɛr'draifaxən] v. tr. tripler.

ver|dreschen [fɛr'drɛʃən] v. tr. FAM. rosser ; tabasser.

ver|drießen [fɛr'dri:sən] (o, o) v. tr. chagriner ; contrarier. | *das verdrießt mich*, cela m'ennuie. | *er läßt sich's nicht verdrießen*, il ne se laisse pas rebuter par la tâche. ||-**drießlich** adj. chagrin ; renfrogné ; de mauvaise humeur ; dépité. | *verdrießlich aussehen*, faire grise mine. || [ärgerlich] contrariant ; fastidieux ; ennuyeux. ||°-**drießlichkeit** f. (-, en) mauvaise humeur ; contrariété f. ; déboire m. | *jm Verdrießlichkeiten bereiten*, causer des ennuis à qn.

ver|drossen [fɛr'drɔsən] part. pass. de **verdrießen,** las ; excédé ; contrarié. ||°-**drossenheit** f. mauvaise humeur ; lassitude f. ; déplaisir m.

ver|drücken [fɛr'drykən] v. tr. écraser. | *ein verdrückter Stollen*, une galerie (de mine) affaissée. || POP. *sich verdrücken*, s'esquiver ; disparaître.

Ver|druß [fɛr'drus] m. (es) ennui m. ; contrariété f. ; déplaisir m.

ver|duften [fɛr'duftən] v. intr. s'évaporer. || POP. s'éclipser. ||°-**duftung** f. (-, en) vaporisation f. ; évaporation f. ; volatilisation f.

ver|dummen [fɛr'dumən] v. tr. et v. intr. abêtir ; s'abêtir. ||°-**dummung** f. abêtissement m.

ver|dunkeln [fɛr'duŋkəln] v. tr. obscurcir ; assombrir. ||°-**dunklung** f. extinction (f.) des lumières ; black-out m. | *Verdunklung der Sonne*, éclipse (f.) de soleil.

ver|dünnen [fɛr'dynən] v. tr. et v. pr. amincir ; réduire ; délayer. | *Wein mit Wasser verdünnen*, baptiser le vin. || CHIM. étendre. | *Gas verdünnen*, raréfier du gaz. ||°-**dünner** m. (s, -). TECHN. diluant m. ||°-**dünnung** f. CHIM. dilution f. ; raréfaction f.

ver|dunsten [fɛr'dunstən] v. intr. se volatiliser ; s'évaporer. ||-**dunstbar** adj. évaporable. ||°-**dunstung** f., °-**dünstung** f. évaporation f. ; volatilisation f. ; vaporisation f. | *die Verdunstung fördernd*, évaporatif. | *Verdunstungskühlung*, refroidissement (m.) par évaporation. || BOT. transpiration f.

ver|dursten [fɛr'durstən] v. intr. mourir de soif.

ver|düstern [fɛr'dystərn] v. tr. et v. pr. (s')assombrir ; (s')obscurcir. | *der Himmel verdüstert sich*, le ciel s'assombrit. || FIG. *verdüsterter Verstand*, esprit qui a sombré dans la folie. ||°-**düsterung** f. assombrissement m.

ver|dutzen [fɛr'dutsən] v. tr. déconcerter. || FAM. épater. ||-**dutzt** adj. déconcerté ; décontenancé ; interloqué ; ébahi ; stupéfait. ||°-**dutztheit** f. stupéfaction f. ; ébahissement m.

ver|ebben [fɛr'ɛbən] v. intr. baisser ; diminuer. | *die Flut verebbt*, la mer descend. || FIG. *sein Zorn verebbt*, il se calme.

ver|edeln [fɛr'e:dəln] v. tr. ennoblir ; perfectionner ; améliorer. | *Stahl veredeln*, affiner l'acier. | *die Sitten veredeln*, améliorer la moralité. || AGRIC. greffer ; améliorer. ||°-**edelung** f. (-, en) ennoblissement m. || TECHN. affinage m. | *Vered(e)lungsprodukte*, produits ouvrés. | *Veredlungsindustrie*, industrie (f.) de finissage.

ver|ehelichen [fɛr'e:əliçən] v. tr. et v. pr. épouser ; marier. | *Gudrun Müller, verehelichte Meier*, Gudrun Müller, épouse Meier. ||°-**ehelichung** f. (-, en) mariage m.

ver|ehren [fɛr'e:rən] v. tr. honorer ; respecter ; révérer ; vénérer. | *verehrter Herr !*, monsieur. | *jm etwas verehren*, faire présent de qch. à qn. ||°-**ehrer** m. (s, -) admirateur m. ; soupirant m. ||°-**ehrung** f. (-, en) respect m. ; vénération f. ; culte m. | *verehrungswert ; verehrungswürdig*, digne de respect ; respectable.

ver|eidigen [fɛr'aidigən] v. tr. assermenter ; faire prêter serment à qn. | *vereidigter Übersetzer*, traducteur juré. ||°-**eidigte(r)** f. (m.) juré m. ||°-**eidigung** f. (-, en) prestation (f.) de serment.

Verein [fɛr'ain] m. (s, e). **1.** association f. ; société f. ; groupement m. ; ligue f. ; cercle m. ; club m. | *der Sportverein*, l'association sportive.

2. union f. | *im Verein mit*, avec le concours de.

Vereins|gesetz [fɛr"ainsgə'zɛts] n. (es, e) loi (f.) sur les associations. ||°-**lokal** n. (s, e) siège (m.) d'une association. ||°-**meierei** f. FAM. manie (f.) de créer des associations. ||°-**recht** n. (s, e) droit (m.) de réunion. ||°-**vermögen** n. (s) patrimoine (m.) d'une association ; avoir social.

ver|einbar [fɛr'ainbɑ:r] adj. compatible ; conciliable. | *das ist mit dieser Lehre nicht vereinbar*, cela n'est pas compatible avec cette doctrine. ||-**einbaren** v. tr. convenir (de qch.) ; tomber d'accord ; s'entendre. | *ein Treffen vereinbaren*, convenir d'une rencontre. | *zum vereinbarten Zeitpunkt*, à l'heure dite. ||°-**einbarung** f. (-, en) convention f. ; accord m. ; engagement m. || JUR. *vertragliche Vereinbarung*, engagement contractuel. | *Vereinbarungen treffen*, conclure des accords. ||-**einen** v. tr. [vereinigen] *mit vereinten Kräften*, toutes forces réunies. | *brüderlich vereint*, fraternellement unis. | *die Vereinten Nationen*, les Nations unies.

ver|einfachen [fɛr'ainfaxən] v. tr. simplifier. || °-**einfachung** f. (-, en) simplification f.

ver|einheitlichen [fɛr'ainhaitliçən] v. tr. uniformiser ; unifier. ||°-**einheitlichung** f. (-, en) simplification f. ; uniformisation f. ; standardisation f.

ver|einigen [fɛr'ainigən], **ver|einen** [fɛr'ainən] v. tr. **1.** réunir ; joindre ; combiner ; associer. | *die Vereinigten Staaten*, les États-Unis. | *Aktiengesellschaften vereinigen*, fusionner des sociétés. | *Gehälter vereinigen*, cumuler des traitements. | *das läßt sich nicht vereinigen*, cela est inconciliable.

2. [verknüpfen] assembler ; raccorder.

◇ v. pr. **sich vereinigen,** se joindre. || GÉOGR. confluer. | *die Werra vereinigt sich mit der Fulda*, la Werra se jette dans la Fulda.

Ver|einigung [-guŋ] f. (-, en). **1.** union f. ; réunion f. ; fusion f.

2. [Verein] association f. ; groupement m. ; fédération f. | *kriminelle Vereinigung*, association criminelle. | *studentische Vereinigung*, association d'étudiants. || HIST. *Vereinigung der Generalstaaten*, réunion (f.) des États généraux.

3. [Vereinbarung] accord m. ; entente f.

4. CHIM. combinaison f.

Vereinigungs|freiheit [fɛr"ainiguŋs'fraihait] f. droit (m.) de coalition. ||°-**punkt** m. (s, e) point (m.) de jonction.

ver|einnahmen [fɛr'ainnɑ:mən] v. tr. encaisser ; toucher. | *Steuern vereinnahmen*, percevoir des impôts. || POLIT. récupérer. ||°-**einnahmung** f. (-, en) encaissement m. || POLIT. récupération f.

ver|einsamen [fɛr'ainzɑ:mən] v. intr. devenir solitaire. | *vereinsamt sterben*, mourir abandonné.

◇ v. tr. isoler. ||°-**einsamung** f. isolement m. ; solitude f.

Vereint|blütler [fɛr"aint'bly:tlər] m. pl. BOT. composées f. pl.

ver|einzeln [fɛr'aintsəln] v. tr. et v. pr. isoler ; séparer. — part. pass. **vereinzelt,** isolé. || COMM.

dépareillé. — adv. isolément ; un par un. || °-**einzelung** f. isolement m. ; dispersion f.

ver|eisen [fɛr'aizən] v. intr. se couvrir de glace ; geler ; être bloqué par les glaces. || AÉRON. *die Tragflächen vereisen*, les ailes givrent. | *vereiste Straße*, route verglacée. ||°-**eisung** f. givrage m. || GÉOL. glaciation f. || MÉD. congélation f. ||°-**eisungs|-schutz** m. (es) antigivrant m.

ver|eiteln [fɛr'aitəln] v. tr. empêcher ; rendre vain ; contrecarrer ; faire échec à. | *Pläne vereiteln*, contrecarrer des plans. | *ein Attentat vereiteln*, faire avorter un attentat. | *Hoffnungen vereiteln*, trahir des espérances.

ver|eitern [fɛr'aitərn] v. intr. MÉD. suppurer. ||°-**eiterung** f. suppuration f.

ver|ekeln [fɛr'e:kəln] v. intr. *jm etwas verekeln*, dégoûter qn de qch.

ver|elenden [fɛr'ɛ:lendən] v. intr. tomber dans la misère.

ver|enden [fɛr'ɛndən] v. intr. mourir ; périr.

ver|engen [fɛr'ɛŋən] v. tr. rétrécir ; resserrer. | *der Weg verengt sich*, le chemin devient plus étroit. ||°-**engung** f. (-, en) resserrement m. ; étranglement m. ; rétrécissement m.

ver|erben [fɛr'ɛrbən] v. tr. transmettre par héritage. | *sie hat ihre Schönheit auf ihre Tochter vererbt*, la fille tient sa beauté de sa mère. | *vererbtes Übel*, mal (m.) héréditaire. | *sich auf jn vererben*, passer à qn par voie de succession.

Ver|erbung [-buŋ] f. transmission (f.) à des héritiers. || BIOL. atavisme m. ; hérédité f.

Vererbungs|anlage [fɛr"ɛrbuŋs'anlɑ:gə] f. (-, n) disposition (f.) héréditaire. ||°-**lehre** f. BIOL. doctrine (f.) de l'hérédité.

ver|erzen [fɛr'ɛrtsən] v. tr. se minéraliser.

Ver|esterung [fɛr'ɛstəruŋ] f. estérification f.

ver|ewigen [fɛr'e:vigən] v. tr. éterniser ; rendre éternel. | *die Lorelei hat den Namen Heines verewigt*, par la Lorelei, Heine a éternisé son nom. | *der Verewigte*, le défunt. || JUR. pérenniser. ||°-**ewigung** f. immortalisation f.

ver|fahren [fɛr'fɑ:rən] (ä, u, a) v. intr. procéder ; agir. | *mit jm streng verfahren*, se montrer sévère à l'égard de qn.

◇ v. tr. et v. pr. **sich verfahren**, s'égarer (en voiture) ; se tromper de chemin. | *den Karren verfahren*, mener la charrette dans l'ornière. || FIG. *die Sache ist völlig verfahren*, l'affaire ne sort pas de l'ornière. || MINES. *verfahrene Schichten*, postes effectués, accomplis.

Ver|fahren [-rən] n. (s, -) procédé m. ; méthode f. ; mode (m.) d'action ; manière (f.) d'agir. | *technisches Verfahren*, procédé technique. || JUR. *ein gerichtliches Verfahren einleiten, eröffnen*, engager une procédure. | *das Verfahren einstellen*, cesser les poursuites. | *beschleunigtes Verfahren*, procédure (f.) des flagrants délits.

verfahrens|orientiert [fɛr"fɑ:rənsoriɛn'ti:rt] adj. INF. procédural. | *verfahrensorientierte Programmiersprache*, langage procédural.

Verfahrungs|weise [fɛr"fɑ:ruŋs'vaizə] f. (-, n) manière (f.) de procéder ; démarche f.

Ver|fall [fɛr'fal] m. (s) chute f. ; écroulement m. ; déchéance f. ; ruine f. ; dégradation f. ; dégénérescence f. | *Verfall der Disziplin*, dégradation de la discipline. || COMM. *zahlbar bei Verfall*, payable à terme échu. || JUR. prescription f.

Verfall|tag [fɛr"fal'tɑ:k] m. (s, e). COMM. date (f.) d'échéance.

ver|fallen [-'falən] (ä, ie, a) v. intr. **1.** tomber en ruine. | *der Bau verfällt*, la bâtisse tombe en ruine. || PAR EXT. déchoir. | *dieses Geschlecht ist im Verfallen*, cette famille est en déclin. | *der Geldwert verfällt*, la valeur de la monnaie baisse.

2. FIG. tomber (dans un travers) ; donner dans. | *in eine schwere Krankheit verfallen*, tomber gravement malade. | *in einen Fehler verfallen*, donner dans un travers. | *er ist dem Laster verfallen*, il donne dans la débauche.

3. penser à ; s'aviser de. | *wie konnte er (nur) darauf verfallen ?*, d'où a pu lui venir cette idée ?

4. COMM. venir à échéance.

◇ part. pass. **verfallen**, périmé ; caduc.

ver|fälschen [fɛr'fɛlʃən] v. tr. fausser ; falsifier ; altérer ; contrefaire. | *verfälschte Ware*, marchandise frelatée. ||°-**fälscher** m. (s, -) faussaire m. ; falsificateur m. ; fraudeur m. ||°-**fälschung** f. (-, en) falsification f. ; contrefaçon f. ; adultération f. | *Verfälschung von Banknoten*, contrefaçon de billets de banque. | *Verfälschung eines Textes*, adultération d'un texte.

ver|fangen [fɛr'faŋən] (ä, i, a) v. intr. prendre ; faire effet ; faire impression. | *das verfängt nicht*, cela ne peut pas convaincre.

◇ v. pr. **sich verfangen**, *sich in Widersprüchen verfangen*, s'embarrasser dans des contradictions.

ver|fänglich [fɛr'fɛŋliç] adj. captieux ; insidieux. | *eine verfängliche Frage*, une question insidieuse. || °-**fänglichkeit** f. caractère captieux.

ver|färben [fɛr'fɛrbən] v. tr. changer la couleur (de qch.) ; teindre.

◇ v. pr. **sich verfärben**, *bei dieser Nachricht verfärbte er sich*, cette nouvelle le fit blêmir.

ver|fassen [fɛr'fasən] v. tr. composer ; rédiger ; écrire. | *einen Aufsatz verfassen*, faire une dissertation. ||°-**fasser** m. (s, -) auteur m. | *Verfasserrecht*, droit (m.) d'auteur.

Ver|fasserschaft [fɛr'faserʃaft] f. qualité (f.) d'auteur ; paternité (intellectuelle).

Ver|fassung [fɛr'fasuŋ] f. (-, en). **1.** état m. ; disposition f. ; situation f. || [wohlbehalten] *in guter Verfassung*, bien disposé ; sain et sauf (après un accident).

2. composition f. ; rédaction f.

3. POLIT. constitution f. | *verfassunggebende Versammlung*, assemblée constituante.

Verfassungs|bruch [fɛr"fasuŋs'brux] m. (s) violation (f.) de la constitution. ||°-**gericht** n. (s, e) tribunal constitutionnel ; conseil constitutionnel. || °-**gesetz** n. (es, e) loi constitutionnelle. ||-**mäßig** adj. constitutionnel. ||°-**recht** n. (s, e) droit constitutionnel. ||°-**urkunde** f. (-, n) charte f. ; constitution f. ||-**widrig** adj. anticonstitutionnel ; inconstitutionnel.

ver|faulen [fɛr'faulən] v. intr. pourrir ; se gâter ; se putréfier. ||-**faulbar** adj. putrescible. ||°-**faulung** f. putréfaction f. ; pourriture f.

ver|fechten [fɛr'fɛçtən] (i, o, o) v. tr. se battre pour ; combattre pour ; défendre. | *eine Lehre verfechten*, se faire le champion d'une doctrine.

Ver|fechter [fɛr'fɛçtər] m. (s, -) défenseur m.

ver|fehlen [fɛrfe:lən] v. tr. manquer ; rater. | *die Kugel verfehlt das Ziel*, la balle manque le but. | *jede Wirkung verfehlen*, manquer son objet ; demeurer sans effet. | *ein verfehltes Leben*, une vie ratée.

ver|feinden [fɛr'faindən] v. tr. et v. pr. (se) brouiller. ||°-**feindung** f. hostilité f. ; brouille f.

ver|feinern [fɛr'fainərn] v. tr. affiner ; polir ; raffiner. | *sich verfeinern*, se civiliser. | *verfeinerte Sitten*, des mœurs raffinées. ||°-**feinerung** f. (-, en) raffinage m. ; affinage m. ; polissage m. || FIG. raffinement m.

ver|femen [fɛr'fe:mən] v. tr. proscrire ; ostraciser. | *verfemt*, mis au ban. ||°-**femung** f. (-, en) proscription f.

ver|fertigen [fɛr'fɛrtigən] v. tr. fabriquer ; manufacturer ; confectionner. ||°-**fertiger** m. (s, -) fabricant m. ; constructeur m. ; faiseur m. ||°-**fertigung** f. (-, en) fabrication f. ; confection f. ; façon f.

ver|festigen [fɛr'fɛstigən] v. tr. attacher ; solidifier. ||°-**festigung** f. durcissement m. ; solidification f. ; consolidation f.

ver|fetten [fɛr'fɛtən] v. intr. se changer en graisse. ||°-**fettung** f. BIOL. dégénérescence graisseuse.

ver|feuern [fɛr'fɔyərn] v. tr. brûler. || MIL. tirer. ||°-**feuerung** f. TECHN. incinération f. | *Verfeuerung von Abfallstoffen*, incinération des déchets.

ver|filmen [fɛr'filmən] v. tr. filmer. ||°-**filmung** f. (-, en) adaptation (f.) cinématographique. | *Neuverfilmung*, remake m.

ver|filzen [fɛr'filtsən] v. tr. et v. pr. feutrer. | *verfilztes Haar*, cheveux embroussaillés et collés.

ver|finstern [fɛr'finstərn] v. tr. et v. pr. (s')obscurcir ; (s')assombrir. ||°-**finsterung** f. obscurcissement m. ; éclipse f.

ver|flachen [fɛr'flaxən] v. tr. aplatir. — v. intr. s'aplatir ; devenir plat. || FIG. s'affadir. ||°-**flachung** f. (-, en) aplatissement m. || FIG. affadissement m.

ver|flackern [fɛr'flakərn] v. intr. s'éteindre (doucement).

ver|flechten [fɛr'flɛçtən] (i, o, o) v. tr. entrelacer ; enlacer. | *in etwas verflochten werden*, être mêlé à qch. ; être embarqué dans qch. ||°-**flechtung** f. (-, en) enchevêtrement m. ; entrelacs m. || ÉCON. cartellisation f. ; interdépendance (f.) d'intérêts.

ver|fliegen [fɛr'fli:gən] (o, o) v. intr. s'envoler ;

passer vite ; se dissiper. || Aéron. *sich verfliegen*, perdre le cap. ||°**-fliegen** n. (s) volatilisation f.

ver|fließen [fɛr'fli:sən] (o, o) v. intr. **1.** s'écouler ; se vider en coulant. | *die Zeit verfloß rasch*, le temps passa vite. || [vergehen] *im verflossenen Jahr*, au cours de l'année écoulée.

2. se fondre. | *verflossene Umrisse*, contours estompés. | *die ineinander verfließenden Regenbogenfarben*, les couleurs fondues de l'arc-en-ciel.

verflixt [fɛr'flikst] interj. Fam. fichtre !
◇ adj. *eine verflixte Lage*, une fichue situation.

Ver|flochtenheit [fɛr'flɔxtənhait] f. V. Verflechtung.

ver|flößen [fɛr'flø:sən] v. tr. faire flotter du bois. ||°**-flößung** f. flottage m. (des bois).

ver|fluchen [fɛr'flu:xən] v. tr. maudire ; envoyer au diable. — interj. **verflucht !,** fichtre ! ; au diable ! ||°**-fluchung** f. (-, en) exécration f. ; malédiction f.

ver|flüchtigen (sich) [ziçfɛr'flyçtigən] v. pr. se volatiliser ; s'évaporer. ||°**-flüchtigung** f. volatilisation f. ; évaporation f.

ver|flüssigen [fɛr'flysigən] v. tr. liquéfier. || °**-flüssiger** m. (s, -) liquéfacteur m. ; condenseur m. ||°**-flüssigung** f. liquéfaction f. ; condensation f.

Ver|folg [fɛr'fɔlk] m. (s) cours (m.) que suit une affaire. | *im Verfolg von*, à la suite de.

ver|folgen [-'fɔlgən] v. tr. poursuivre ; pourchasser ; persécuter ; traquer. | *jn steckbrieflich verfolgen*, lancer un mandat d'arrêt contre qn. | *etwas genau verfolgen*, suivre qch. de près. | *jn gerichtlich verfolgen*, actionner qn devant les tribunaux. || [Jagd] forcer. ||°**-folger** m. (s, -) celui qui poursuit ; persécuteur m. ||°**-folgung** f. (-, en) poursuite f. | *die Verfolgung aufnehmen*, entamer la poursuite. | *sich strafrechtlicher Verfolgung aussetzen*, être passible de poursuites pénales. || Relig., Polit. persécution f. || Méd. *Verfolgungswahn(sinn)*, manie (f.), délire (m.) de la persécution. ||°**-folgungs|jagd** f. (-, en). Fig. chasse (f.) à l'homme ; traque f.

ver|formbar [fɛr'fɔrmba:r] adj. modifiable ; malléable.

Ver|formung [-'fɔrmuŋ] f. (-, en) déformation f. | *Verformungsfestigkeit*, résistance au façonnage.

ver|frachten [fɛr'fraxtən] v. tr. expédier en fret. | *ein Schiff verfrachten*, fréter un navire. ||°**-frachter** m. (s, -) expéditeur m. ; transitaire m. | *Schiffverfrachter*, fréteur m. ||°**-frachtung** f. (-, en) frètement m. || envoi (m.) par véhicule.

ver|fressen [fɛr'frɛsən] adj. goinfre.

ver|frieren [fɛr'fri:rən] (o, o) v. intr. geler.
◇ part. pass. **verfroren,** Fig. frileux.

ver|früht [fɛr'fry:t] adj. prématuré.

ver|fügbar [fɛr'fy:kba:r] adj. disponible. | *verfügbare Gelder*, disponibilités f. pl. | *verfügbare Nutzlast*, charge (f.) utile. ||°**-fügbarkeit** f. disponibilité f.

ver|fügen [-'fy:gən] v. tr. et v. intr. décréter ; ordonner ; disposer. | *das Gesetz verfügt, daß*, la loi porte que. | *über Kapital verfügen*, disposer de capitaux. — v. pr. **sich verfügen.** *die Königin hat sich auf ihr Sommerschloß verfügt*, la reine s'est rendue à sa résidence d'été.

Ver|fügung [-'fy:guŋ] f. (-, en) décret m. ; ordonnance f. ; disposition f. ; ordre m. | *die Regierung trifft Verfügungen*, le gouvernement prend des dispositions. | *ich stehe ganz zu Ihrer Verfügung*, je suis à vos ordres. | *er stellt mir sein Auto zur Verfügung*, il met sa voiture à ma disposition. || Jur. *Verfügung unter Lebenden*, disposition entre vifs. | *einstwillige Verfügung*, ordonnance (f.) de référé. | *letztwillige Verfügung*, disposition volontaire.

Verfügungs|gewalt [fɛr'fy:guŋsgə'valt] f. pouvoir (m.) discrétionnaire. ||°**-gut** n. (s, ¨er) disponibilité f.

ver|führbar [fɛr'fy:rba:r] adj. facile à séduire. ||**-führen** v. tr. séduire ; pervertir ; corrompre ; induire en erreur. | *ein Mädchen verführen*, séduire une jeune fille. | *jn zu einem Irrtum verführen*, induire qn en erreur. ||°**-führer** m. (s, -) séducteur m. ; corrupteur m. ||°**-führerin** f. (-, nen) séductrice f. ||**-führerisch** adj. séducteur ; trompeur ; séduisant. ||°**-führung** f. séduction f. ; détournement m. | *Verführung eines Minderjährigen*, détournement (m.) de mineur.

ver|fünffachen [fɛr'fynffaxən] v. tr. quintupler. ||°**-fünffachung** f. (-, en) quintuplement m.

ver|futtern [fɛr'futərn] v. tr. Fam. manger ; dévorer.

ver|füttern [fɛr'fytərn] v. tr. Agric. consommer en fourrage.

Ver|gabe [fɛr'ga:bə] f. (-, n) adjudication f. || Fin. marché m. | *freihändige Vergabe*, marché de gré à gré. ||**-gaben** v. tr. Vx. donner ; attribuer.

ver|gaffen (sich) [ziçfɛr'gafən] v. pr. *sich in jn vergaffen*, s'enticher de qn ; se toquer de qn.

ver|gällen [fɛr'gɛlən] v. tr. répandre son fiel sur. | *jm das Leben vergällen*, rendre la vie amère à qn. || Chim. dénaturer.

vergammeln [fɛr'gaməln] v. tr. Pop. [verbummeln] gâter, détruire, faire sombrer.

ver|gangen [fɛr'gaŋən] adj. passé ; écoulé. | *vergangenes Jahr*, l'année dernière. ||°**-gangenheit** f. passé m. ; temps passé. || Gramm. prétérit m. ||**-gänglich** adj. passager ; éphémère ; périssable ; transitoire. | *vergängliches Glück*, bonheur (m.) fragile. ||°**-gänglichkeit** f. instabilité f. ; fragilité f. ; caractère passager.

ver|gären [fɛr'gɛ:rən] (o, o) v. tr. fermenter.

ver|gasen [fɛr'ga:zən] v. tr. Techn. gazéifier. || Mil. asphyxier ; gazer. ||°**-gaser** m. (s, -). Autom. carburateur m. | *Vergaserdüse*, gicleur m.

Ver|gasung [fɛr'ga:zuŋ] f. (-, en). Chim. gazéification f. || Autom. carburation f. || Mil. asphyxie (f.) par les gaz.

ver|gattern [fɛr'gatərn] v. tr. grillager. || Mil. rassembler. ||°**-gatterung** f. (-, en) grillage m. || Mil. *Vergatterung blasen*, sonner le rassemblement.

ver|geben [fɛr'ge:bən] (i, a, e) v. tr. **1.** accorder ; donner ; céder. | *einen Auftrag an jn vergeben*, passer une commande à qn. | *ein Amt vergeben*, conférer une charge. | *die Stelle ist vergeben*, la place n'est plus libre.

2. [verzeihen] pardonner. | *Sünden vergeben*, remettre des péchés.

3. [Spiel] *du hast dich vergeben*, tu as fait fausse donne ; il y a maldonne.

◇ v. pr. **sich vergeben,** se dépouiller de ; se compromettre. | *damit vergibt er sich nichts*, avec cela il ne se compromet pas.

ver|gebens [-'ge:bəns] adv. en vain ; vainement. ||**-geblich** adj. et adv. vain ; inutile. ||°**-geblichkeit** f. inutilité f. ; vanité f.

Ver|gebung [-'ge:buŋ] **1.** cession f. ; nomination f. (à un grade). | *Vergebung öffentlicher Arbeiten*, adjudication (f.) de travaux publics. | *freihändige Vergebung*, soumission (f.) de gré à gré. | *Vergebung eines Rechtes*, cession d'un droit.

2. [Verzeihung] pardon m. | *Vergebung der Sünden*, rémission (f.) des péchés. | *um Vergebung bitten*, demander pardon.

ver|gegenwärtigen [fɛr'ge:gənvɛrtigən] v. tr. et v. pr. rappeler ; remémorer. | *sich etwas vergegenwärtigen*, se représenter qch.

ver|gehen [fɛr'ge:ən] (verging, vergangen) v. intr. **1.** s'écouler ; passer ; s'effacer ; diminuer ; disparaître. | *die Zeit vergeht schnell*, le temps passe vite. | *die Lust dazu vergeht ihm*, l'envie lui en passe. | *sein Werk wird nicht vergehen*, son œuvre restera.

2. se perdre ; s'évanouir ; s'éteindre. || Fig. *vor Scham vergehen*, périr de honte. | *davon vergeht einem Hören und Sehen*, on en perd le boire et le manger.

◇ v. pr. **sich vergehen,** faillir à. | *sich gegen das Gesetz vergehen*, transgresser la loi. | *sich an fremdem Gute vergehen*, faire main basse sur le bien d'autrui. | *sich an einer Frau vergehen*, violer une femme.

Ver|gehen [-ən] n. (s, -), °**-gehung** [-uŋ] f. (-, en) délit m. ; faute f. || [Zeit] fuite f.

ver|geistigen [fɛr'gaistigən] v. tr. spiritualiser ; sublimer. ||°**-geistigung** f. spiritualisation f. ; sublimation f.

ver|gelten [fɛr'gɛltən] (i, a, o) v. tr. récompenser ; rémunérer ; payer. | *jm etwas vergelten*, rendre la pareille à qn. | *Gleiches mit Gleichem vergelten*, rendre œil pour œil, dent pour dent. | *Gutes mit Bösem vergelten*, rendre le mal pour le bien. | *Gott vergelt's*, Dieu vous le rende !

Ver|geltung [-tuŋ] f. (-, en) récompense f. ; représaille f. ; rétorsion f. ; talion m. | *Vergeltung üben ; Vergeltungsmaßnahmen ergreifen*, user de représailles ; prendre des mesures de rétorsion. | *Vergeltungswaffen*, engins (m. pl.) de représailles.

ver|gemeinschaften [fɛrgə'mainʃaftən] v. tr. Polit. collectiviser.

ver|gesellschaften [fɛrgə'zɛlʃaftən] v. tr. Écon. réunir en société ; transformer en société. || Polit. socialiser ; collectiviser.

ver|gessen [fɛr'gɛsən] (i, a, e) v. tr. oublier ;

négliger. | *seine Pflicht vergessen*, manquer à son devoir. | *er vergißt ihm das nicht*, il saura s'en souvenir. ◇ v. pr. **sich vergessen,** s'oublier ; faillir.

Ver|gessen [-'gɛsən] n. (s), °**-gessenheit** [-'gɛsənhait] f. oubli m. | *in Vergessenheit geraten*, tomber dans l'oubli.

ver|geßlich [-'gɛsliç]. [zerstreut] adj. oublieux ; distrait. ||°**-geßlichkeit** f. oubli m. ; distraction f.

ver|geuden [fɛr'gɔydən] v. tr. gaspiller ; dissiper ; dilapider. ||°**-geuder** m. (s, -) prodigue m. ; dissipateur m. ||°**-geudung** f. (-, en). [Verschwendung] gaspillage m. ; dilapidation f.

ver|gewaltigen [fɛrgə'valtigən] v. tr. violenter ; violer ; faire violence à ; tyranniser. ||°**-gewaltigung** f. (-, en) viol m. ; violation f. ; violence (faite à).

ver|gewissern (sich) [ziçfɛrgə'visərn] v. pr. (gén.) vérifier ; s'assurer de.

ver|gießen [fɛr'gi:sən] (o, o) v. tr. répandre ; verser. | *Tränen vergießen*, verser des larmes. | *Blut vergießen*, faire couler le sang. || TECHN. *mit Zement vergießen*, sceller au ciment. ||°**-gießung** f. *unter Vergießung heißer Tränen*, en pleurant à chaudes larmes. | *Blutvergießen*, effusion (f.) de sang.

ver|giften [fɛr'giftən] v. tr. empoisonner. — v. pr. **sich vergiften,** s'empoisonner ; prendre du poison. ||°**-gifter(in)** m. (s, -), f. (-, nen) empoisonneur m., empoisonneuse f. || °**-giftung** f. (-, en) empoisonnement m. ; intoxication f. || MÉD. infection f. | *Blutvergiftung*, septicémie f. | *Vergiftungserscheinung*, symptôme (m.) d'intoxication.

Vergil [vɛr'gi:l] n. pr. m. Virgile m.

ver|gilbt [fɛr'gilpt] adj. jauni.

ver|gipsen [fɛr'gipsən] v. tr. sceller au plâtre ; plâtrer.

Vergiß|meinnicht [fɛr'gismainniçt] n. (s, e). BOT. myosotis m.

ver|gittern [fɛr'gitərn] v. tr. grillager ; treillisser. ||°**-gitterung** f. (-, en) grillage m. ; treillage m.

ver|glasbar [fɛr'gla:sba:r] adj. vitrifiable. ||**-glasen** v. tr. vitrifier. || FIG. *mit verglasten Augen*, les yeux brillants (de fièvre) ; les yeux vitreux (d'un mort). ||°**-glasung** f. (-, en) vitrification f. ; garniture (f.) de vitres.

Ver|gleich [fɛr'glaiç] m. (s, e). **1.** comparaison f. ; parallèle m. | *im Vergleich zu, mit*, en comparaison de ; comparé à. | *das hält keinem Vergleich stand*, cela ne soutient pas la comparaison. | *einen Vergleich anstellen*, établir une comparaison.

2. accord m. ; compromis m. ; transaction f. ; arrangement m. | *einen Vergleich treffen*, conclure un accord. | *auf dem Wege des Vergleichs*, par voie d'accommodement. | *gütlicher Vergleich*, arrangement à l'amiable. || JUR. compromis m. ; concordat m. | *zum Vergleich vorladen*, appeler en conciliation.

Vergleichs|fall [fɛr"glaiçs'fal] m. (s, ¨e) cas (m.) de comparaison. ||°**-gruppe** f. (-, n). MÉD., STAT. groupe-témoin m. ||°**-studie** f. (-, n) étude comparative. ||°**-verfahren** n. (s) arbitrage m. | *gerichtliches Vergleichsverfahren*, concordat (m.) avec les créanciers. ||°**-versuch** m. (s, e) essai (m.) de conciliation. ||°**-vorschlag** m. (s, ¨e). COMM. proposition (f.) de concordat. ||**-weise** adv. comparativement ; relativement. ||°**-wert** m. (s, e) valeur (f.) de comparaison. ||°**-zeitraum** m. (s, ¨e) période (f.) de référence.

ver|gleichbar [fɛr'glaiçba:r] adj. comparable ; similaire.

ver|gleichen [-'glaiçən] (i, i) v. tr. comparer. | *sich mit jm vergleichen*, se comparer à qn. | *die beiden lassen sich nicht vergleichen*, il n'y a pas de comparaison entre les deux. | *vergleichende Literaturwissenschaft*, littérature comparée. | *vergleichende Werbung*, publicité comparative. || *vergleiche* (en abr. *vgl.*) voir (v.) ; se reporter à. ◇ v. pr. **sich vergleichen mit,** 1° se comparer à, avec ; 2° [im Streitfall] s'arranger.

Ver|gleichung [-glaiçuŋ] f. (-, en). **1.** comparaison f. ; rapprochement m. ; parallèle m. || [von Texten] collationnement m.

2. transaction f.

ver|glimmen [fɛr'glimən] (o, o) v. intr. brûler sans flammes ; s'éteindre peu à peu.

ver|glühen [fɛr'gly:ən] v. intr. se consumer en brûlant. || FIG. *sein Eifer verglüht*, son zèle diminue.

Ver|gnügen [fɛr'gny:gən] n. (s, -) plaisir m. ; agrément m. ; distraction f. ; amusement m. | *Vergnügen an etwas* (dat.) *finden*, trouver du plaisir à qch. | *mit Vergnügen*, avec plaisir. | *viel Vergnügen !*, je vous en souhaite ! | *etwas zum Vergnügen tun*, faire qch. pour le plaisir. | *daraus macht er sich ein Vergnügen*, il s'en fait une fête. | *vergnügenshalber*, pour le plaisir. ||**-gnügen** v. tr. et v. pr. (se) réjouir ; (s')amuser ; (se) divertir. | *der Clown vergnügt den Saal*, le clown réjouit la salle. ||**-gnüglich** adj. amusant ; réjouissant ; plaisant. ||**-gnügt** part. pass. gai ; joyeux. | *es ging vergnügt her*, on s'amusait ferme.

Ver|gnügung [-'gny:guŋ] f. (-, en) plaisir m. ; distraction f. ; amusement m.

Vergnügungs|boot [fɛr"gny:guŋs'bo:t] n. (es, e) bateau (m.) de plaisance ; yacht m. ||°**-reise** f. (-, n) voyage (m.) d'agrément. ||°**-steuer** f. (-, n) taxe (f.) sur les spectacles. ||°**-sucht** f. goût (m.) des plaisirs. ||**-süchtig** adj. avide de plaisirs.

ver|golden [fɛr'gɔldən] v. tr. dorer. ||°**-goldung** f. (-, en) dorure f.

ver|gönnen [fɛr'gønən] v. tr. permettre ; accorder.

ver|göttern [fɛr'gøtərn] v. tr. déifier ; diviniser. || FIG. idolâtrer ; porter aux nues. ||°**-götterung** f. déification f. ; adoration f. ; apothéose f.

ver|graben [fɛr'gra:bən] (ä, u, a) v. tr. enterrer ; ensevelir ; enfouir. ||°**-grabung** f. enfouissement m.

ver|grämen [fɛr'grɛ:mən] v. tr. chagriner. ◇ v. pr. **sich vergrämen,** se ronger de chagrin.

ver|greifen [fɛr'graifən] (i, i) v. tr. empoigner de travers.

◇ v. pr. **sich vergreifen,** *sich an fremdem Eigentum vergreifen*, se saisir du bien d'autrui. | *sich an jm vergreifen*, porter la main sur qn. | *sich im Ton vergreifen*, parler sur un ton déplacé.

◇ part. pass. **vergriffen,** usé à force d'être mis en mains. || [Buch] épuisé.

ver|gröbern [fɛr'grø:bərn] v. tr. rendre plus grossier. — v. pr. perdre de sa finesse. ||°**-gröberung** f. action de rendre plus grossier.

ver|größern [fɛr'grø:sərn] v. tr. et v. pr. agrandir ; accroître. | *sich vergrößern*, augmenter ; grossir. | *die Menschenmenge vergrößert sich*, la foule augmente. ||°**-größerung** f. (-, en) agrandissement m. ; grossissement m. ; élargissement m.

Vergrößerungs|apparat [fɛr"grø:seruŋsapa'ra:t] m. (s, e). PHOT. agrandisseur m. ||°**-glas** n. (es, ¨er) microscope m. ; loupe f. ||°**-linse** f. (-, n) lentille grossissante. ||°**-wort** n. (s, ¨er). GRAMM. augmentatif m.

ver|günstigen [fɛr'gynstigən] v. tr. avantager. ||°**-günstigung** f. (-, en) avantage m. ; faveur f. ; privilège m. | *Vergünstigungen genießen*, jouir de privilèges. | *Preisvergünstigung*, rabais m.

ver|gurten [fɛr'gurtən] v. tr. TECHN. entretoiser.

ver|güten [fɛr'gy:tən] v. tr. rémunérer ; rembourser ; indemniser ; dédommager. || MÉTALL. affiner (l'acier) ; traiter à chaud ; faire revenir. ||°**-gütung** f. (-, en) rémunération f. ; compensation f. ; indemnité f. ; remboursement m. | *Schadensvergütung*, dédommagement m. || MÉTALL. affinage m. (de l'acier).

Ver|hack [fɛr'hak] m. (s, e) abattis (m.) d'arbres.

ver|haften [fɛr'haftən] v. tr. arrêter ; mettre sous mandat de dépôt ; appréhender. || FIG. *der Scholle verhaftet*, attaché à la glèbe.

Ver|haftung [-'haftuŋ] f. (-, en) arrestation f. ; arrêt m. ; prise (f.) de corps.

ver|hagelt [fɛr'ha:gəlt] adj. dévasté par la grêle.

ver|hallen [fɛr'halən] v. intr. [Laut] expirer ; se perdre au loin ; se dissiper.

ver|halten [fɛr'haltən] (ä, ie, a) v. tr. retenir ; contenir ; réprimer (une émotion). | *das Lachen verhalten*, étouffer son rire.

◇ v. pr. **sich verhalten,** se conduire ; se comporter. | *ich weiß nicht, wie ich mich verhalten soll*, je ne sais quelle attitude prendre. | *wie verhält sich die Sache ?*, où en est l'affaire ? | *wenn sich das so verhält*, s'il en est ainsi.

ver|halten [-tən] adj. réservé ; retenu ; tranquille.

Ver|halten [-tən] n. (s). **1.** [Zurückhaltung] action de retenir, de contenir.

2. [Benehmen ; Verhaltung] comportement m. ; conduite f. ; attitude f.

ver|hältlich [fɛr'hɛltliç] adj. proportionnel.

Ver|hältnis [-'hɛltnis] n. (ses, se). **1.** rapport m. ; relation f. ; proportion f. ; rapports m. pl. (entre les personnes). | *in gespanntem Verhältnis zu jm stehen*, avoir des rapports tendus avec qn. | *im Verhältnis zu*, en comparaison de ; en proportion de. | *im umgekehrten Verhältnis zu*, en raison inverse de. | *nach Verhältnis*, au prorata ; toutes proportions gardées. | *die Breite steht in keinem Verhältnis zu der Länge*, la largeur n'est pas proportionnée à la longueur. | *Liebesverhältnis*, liaison amoureuse. | *dienstliches Verhältnis*, rapports de service. ◇ n. pl. **Verhältnisse,** circonstances f. pl. ; condition(s) f. (pl.) ; situation f. | *günstige Verhältnisse*, conditions favorables. | *er lebt in guten Verhältnissen*, sa situation est bonne. | *über seine Verhältnisse leben*, vivre au-dessus de ses moyens. | *unter solchen Verhältnissen*, dans ces circonstances. | *Wasserverhältnisse*, régime (m.) des eaux. | *Windverhältnisse*, régime (m.) des vents.

Verhältnis|anteil [fɛr"hɛltnis'antail] m. (s, e) quote-part f. ||**-mäßig** adj. et adv. proportionnel ; en proportion de ; par rapport à. ||°**-mäßigkeit** f. proportionnalité f. ||°**-wahl** f. (-, en) scrutin proportionnel. ||**-widrig** adj. disproportionné. ||°**-wort** n. (s, ¨er) préposition f. ||°**-zahl** f. (-, en) nombre proportionnel.

Ver|haltung [fɛr'haltuŋ] f. V. VERHALTEN.

ver|handeln [fɛr'handəln] v. tr. et intr. débattre ; négocier ; discuter (sur) ; délibérer. | *mit jm über etwas verhandeln*, débattre de qch. avec qn. || JUR. *vor Gericht verhandeln*, plaider devant un tribunal. ||°**-handeln** n. (s), °**-handlung** f. (-, en) pourparlers m. pl. ; négociations f. pl. | *Verhandlungen einleiten, wiederaufnehmen*, engager, reprendre des pourparlers. || JUR. débats m. pl.

ver|hangen [fɛr'haŋən] adj. [bewölkt] couvert.

ver|hängen [fɛr'hɛŋən] v. tr. **1.** couvrir. **2.** lâcher. | *mit verhängten Zügeln*, à bride abattue. **3.** ordonner ; prescrire. | *über jn das Todesurteil verhängen*, frapper qn de la peine de mort.

Ver|hängnis [fɛr'hɛŋnis] n. (ses, se) destin m. ; fatalité f. ; destinée f. ; sort m.

verhängnis|voll [fɛr"hɛŋnis'fɔl] adj. fatal ; funeste ; néfaste ; lourd de conséquences.

Ver|hängung [fɛr'hɛŋuŋ] f. *Verhängung einer Strafe*, infliction (f.) d'une peine.

ver|harmlosen [fɛr"harm'lo:zən] v. tr. atténuer ; minimiser.

ver|härmt [fɛr'hɛrmt] adj. soucieux ; chagrin ; triste.

ver|harren [fɛr'harən] v. intr. persister ; persévérer ; continuer. | *in Ruhe verharren*, rester en repos. || FIG. *bei seiner Meinung verharren*, persister dans son opinion.

ver|harschen [fɛr'harʃən] v. intr. [Schnee] durcir. || ANAT. se cicatriser.

ver|härten [fɛr'hɛrtən] v. tr. durcir ; tremper. — v. intr. s'endurcir. ||°**-härtung** f. (-, en) durcissement m. || FIG. endurcissement m. || ANAT. durillon m.

ver|harzen [fɛr'hartsən] v. tr. enduire de résine.

ver|haspeln [fɛr'haspəln] v. tr. et v. intr. mal enrouler le fil. | *sich verhaspeln*, s'embrouiller.

ver|haßt [fɛr'hast] adj. détesté ; haï. | *sich verhaßt machen*, se rendre odieux.

ver|hätscheln [fɛr'hɛtʃəln] v. tr. choyer ; dorloter. ||°**-hätschelung** f. (-, en) gâterie f.

Ver|hau [fɛr'hau] m. (s, e) abattis m. (d'arbres). | *Drahtverhau*, réseau (m.) de barbelés.

ver|hauen [fɛr'hauən] (verhieb et verhaute, verhauen) v. tr. *Holz verhauen*, débiter du bois. || FAM. *jn verhauen*, rosser qn.

ver|heben (sich) [ziçfɛr'he:bən] (o, o) v. pr. se donner un tour de reins.

ver|heddern (sich) v. pr. s'embrouiller.

ver|heeren [fɛr'he:rən] v. tr. dévaster ; détruire ; saccager. | *mit Feuer und Schwert verheeren*, mettre à feu et à sang. | *eine verheerende Seuche*, une épidémie dévastatrice. ||°**-heerung** f. (-, en) ravage m. ; dévastation f.

ver|hehlen [fɛr'he:lən] v. tr. dissimuler ; cacher ; celer ; taire. ||°**-hehlung** f. (-, en) recel m. ; dissimulation f.

ver|heilen [fɛr'hailən] v. intr. guérir ; se cicatriser.

ver|heimlichen [fɛr'haimliçən] v. tr. dissimuler ; déguiser ; faire mystère de. | *vor jm etwas verheimlichen*, cacher qch. à qn. ||°**-heimlichung** f. (-, en) recel m. ; dissimulation f.

ver|heiraten [fɛr'hairɑ:tən] v. tr. marier ; donner en mariage. — v. pr. **sich verheiraten (mit),** se marier (avec). | *sich wieder verheiraten*, se remarier. ||°**-heiratung** f. (-, en) mariage m.

ver|heißen [fɛr'haisən] (ie, ei) v. tr. promettre (solennellement). ||°**-heißung** f. (-, en) promesse f. | *Verheißung des Paradieses*, promesse du paradis. ||**-heißungsvoll** adj. prometteur.

ver|helfen [fɛr'hɛlfən] (i, a, o) v. intr. aider. | *jm zu seinem Recht verhelfen*, aider qn à obtenir justice.

ver|herrlichen [fɛr'hɛrliçən] v. tr. magnifier ; glorifier. ||°**-herrlichung** f. glorification f.

ver|hetzen [fɛr'hɛtsən] v. tr. exciter. ||°**-hetzung** f. (-, en) excitation f. ; incitation f.

ver|heuern [fɛr'hɔyərn] v. tr. MAR. fréter. || °**-heuerung** f. (-, en). MAR. affrètement m.

ver|hexen [fɛr'hɛksən] v. tr. ensorceler. | *das ist wie verhext*, on dirait que le diable s'en mêle. ||°**-hexung** f. (-, en) ensorcellement m. ; envoûtement m.

ver|himmeln [fɛr'himəln] v. tr. FAM. adorer ; porter aux nues.

ver|hindern [fɛr'hindərn] v. tr. empêcher ; embarrasser ; contrecarrer. | *ein Unglück verhindern*, prévenir un malheur. ||°**-hinderung** f. (-, en) empêchement m. ; contretemps m. | *im Verhinderungsfall*, en cas d'empêchement.

Ver|hoffen [fɛr'hɔfən] n. (s) *wider alles Verhoffen*, contre toute attente.

ver|hohlen [fɛr'ho:lən] adj. sournois ; secret.

ver|höhnen [fɛr'hø:nən] v. tr. railler ; bafouer. ||°**-höhnung** f. (-, en) raillerie f. ; insulte f. ; moquerie f.

ver|holen [fɛr'ho:lən] v. tr. MAR. haler ; touer. ||°**-holen** n. (s). MAR. touage m.

Verhol|spill [fɛr"ho:l'ʃpil] m. (s, e). MAR. cabestan enrouleur.

Ver|hör [fɛr'hø:r] n. (s, e) interrogatoire m. | *Verhör der Zeugen*, audition (f.) des témoins. | *jn ins Verhör nehmen*, soumettre qn à un interrogatoire.

ver|hören [-'hø:rən] v. tr. JUR. interroger. ◇ v. pr. **sich verhören,** entendre de travers.

ver|hudeln [fɛr'hu:dəln] v. tr. FAM. bâcler.

ver|hüllen [fɛr'hylən] v. tr. voiler. | *in, mit verhüllenden Worten*, à mots couverts.

ver|hundertfachen [fɛr'hundərtfaxən] v. tr. centupler.

ver|hungern [fɛr'huŋərn] v. intr. mourir de faim.

ver|hunzen [fɛr'huntsən] v. tr. FAM. gâcher ; saboter.

ver|hüten [fɛr'hy:tən] v. tr. empêcher. | *ein Unglück verhüten*, prévenir un malheur. | *das soll Gott verhüten*, à Dieu ne plaise !

ver|hütten [fɛr'hytən] v. tr. MÉTALL. traiter en usine ; fondre. ||°**-hüttung** f. MÉTALL. traitement (m.), transformation (f.) d'un minerai.

Ver|hütung [fɛr'hy:tuŋ] f. prévention f.

Verhütungs|maßnahmen [fɛr"hy:tuŋs'mɑ:sna:mən] f. pl. mesures préventives. ||°**-mittel** n. (s, -) contraceptif m.

ver|hutzelt [fɛr'hutsəlt] adj. ratatiné.

Verifikation [verifika'tsio:n] f. (-, en), **Verifizierung** ['tsi:ruŋ] f. (-, en). [Bewahrheitung ; Beglaubigung] vérification f.

verifizieren [-'tsi:rən] v. tr. vérifier.

ver|innerlichen [fɛr'inərliçən] v. tr. PHILOS. intérioriser.

ver|irren (sich) [ziçfɛr'irən] v. pr. s'égarer ; se perdre ; se fourvoyer. | *ein verirrtes Schaf*, une brebis égarée. ||**-irrt** adj. fourvoyé ; perdu. || GÉOL. *verirrter Block*, bloc (m.) erratique. ||°**-irrung** f. (-, en) égarement m. || FIG. aberration f.

veritabel [veri'tɑ:bəl] adj. véritable.

ver|jagen [fɛr'jɑ:gən] v. tr. chasser ; expulser. ||°**-jagung** f. (-, en) expulsion f.

ver|jährbar [fɛr'jɛ:rbɑ:r] adj. prescriptible. || °**-jährbarkeit** f. prescriptibilité f.

ver|jähren [fɛr'jɛ:rən] v. intr. et v. pr. se prescrire. ||**-jährt** adj. prescrit ; périmé ; aboli ; caduc. || °**-jährung** f. prescription f. ; péremption f.

ver|jubeln [fɛr'ju:bəln] v. tr. dissiper ; gaspiller (en plaisirs).

ver|jüngen [fɛr'jyŋən] v. tr. 1° rajeunir ; 2° réduire ; effiler ; rapetisser. | *in verjüngtem Maßstab*, en modèle réduit. ||**-jüngt** adj. effilé ; fuselé. || °**-jüngung** f. (-, en) rajeunissement m. || TECHN. rétrécissement m. ; conicité f. | *Verjüngungsmaßstab*, échelle (f.) de réduction.

ver|kabeln [fɛr'kɑ:bəln] v. tr. TÉLÉCOMM. câbler. ||°**-kabelung** f. câblage m.

ver|kalken [fɛr'kalkən] v. intr. et v. pr. (se) calcifier. || MÉD. (se) scléroser. || FIG. vieillir. ||°**-kalkung** f. calcification f. ; sclérose f.

ver|kalkulieren (sich) [zıçfɛrkalku'li:rən] v. pr. se tromper dans ses calculs.

ver|kappen [fɛr'kapən] v. tr. déguiser ; affubler. ||°**-kappung** f. (-, en) masque m. ; déguisement m.

ver|kapseln (sich) [zıçfɛr'kapsəln] v. pr. MÉD. s'enkyster. ||°**-kapselung** f. MÉD. enkystement m.

ver|karsten [fɛr'karstən] v. intr. devenir rocheux, infertile.

ver|käsen [fɛr'kɛ:zən] v. tr. caséifier. ||°**-käsung** f. caséification f.

Ver|kauf [fɛr'kauf] m. (s, ¨e) vente f. ; écoulement m. ; débit m. ; placement m. | *zum Verkauf anbieten*, mettre en vente. | *gerichtlicher Verkauf*, vente judiciaire. | *Verlustverkauf*, vente à perte.

Verkaufs|angebot [fɛr"kaufs'angəbo:t] n. (s, e) offre (f.) de vente. ||°**-ausstellung** f. (-, en) exposition-vente f. ||°**-bedingungen** f. pl. conditions (f. pl.) de vente. ||°**-direktor** m. (s, en) directeur commercial. ||°**-förderung** f. (-, en) promotion (f.) des ventes. ||°**-gondel** f. (-, n) gondole f. ||°**-leiter** m. (s, -) chef (m.) des ventes. ||°**-preis** m. (es, e) prix (m.) de vente. ||°**-ständer** m. (s, -) présentoir m. ||°**-stelle** f. (-, n) point (m.) de vente. ||°**-wert** m. (s, e) valeur vénale.

ver|kaufen [-'kaufən] v. tr. vendre ; débiter. || FIN. réaliser. | *nur gegen bar verkaufen*, vendre au comptant. | *auf Lieferung, auf Termin verkaufen*, vendre à terme. | *diese Ware verkauft sich schwer*, cette marchandise se vend mal.

Ver|käufer [fɛr'kɔyfər] m. (s, -) vendeur m. ||°**-käuferin** f. (-, nen) vendeuse f. || JUR. venderesse f. ||°**-käufer|merkblatt** n. (s, ¨er) argumentaire m. ||**-käuflich** adj. vendable ; négociable. | *leicht verkäuflich*, de bonne vente ; d'un débit facile. || °**-käuflichkeit** f. qualité (f.) de ce qui se vend bien. || FIG. vénalité f.

Ver|kehr [fɛr'ke:r] m. (s). **1.** circulation f. ; trafic m. ; va-et-vient m. | *reger Straßenverkehr*, circulation active. | *eine Brücke dem Verkehr übergeben*, ouvrir un pont à la circulation.

2. relations f. pl. | *mit jm in Verkehr stehen*, avoir des relations avec qn. | *keinen Verkehr haben*, vivre retiré. | *js Verkehr meiden*, éviter de fréquenter qn. | *Briefverkehr*, correspondance f.

3. COMM. *Banknoten in den Verkehr bringen*, mettre des billets en circulation. | *Banknoten aus dem Verkehr ziehen*, retirer des billets de la circulation.

Verkehrs|ablauf [fɛr"ke:rs'aplauf] m. (s) écoulement (m.) du trafic. ||°**-ader** f. (-, n) grande artère (d'une ville) ; axe routier. ||°**-ampel** f. (-, n) feux (m. pl.) tricolores. ||°**-amt** n. (s, ¨er) office (m.) de tourisme. ||°**-andrang** m. (s) pointe (f.) de circulation. ||°**-behinderung** f. embarras (m. pl.) de la circulation ; trafic perturbé. ||°**-dichte** f. intensité (f.) du trafic. ||°**-flaute** f. (-, n) accalmie (f.) dans le trafic. ||°**-flieger** m. (s, -). AÉRON. pilote (m.) de ligne. ||°**-flughafen** m. (s, ¨) aérodrome civil. ||°**-flugzeug** n. (s, e) avion (m.) de ligne. ||°**-fluß** m. (es, ¨e) *zäher Verkehrsfluß*, circulation (f.) au ralenti. ||°**-gefährdung** f. (-, en). JUR. atteinte (f.) à la sûreté de la route. ||°**-haftung** f. JUR. responsabilité civile en matière de transports. ||°**-insel** f. (-, n) refuge (m.) pour piétons. ||°**-knotenpunkt** m. (s, e). [Eisenbahn] nœud (m.) de communications. ||°**-manöver** n. (s, -). AUTOM. manœuvre f. ||°**-minister** m. (s, -) ministre (m.) des transports. ||°**-mittel** n. (s, -) moyen (m.) de communication, de transport. | *die öffentlichen Verkehrsmittel*, les transports en commun. ||°**-netz** n. (es, e) réseau (m.) de communications. ||°**-ordnung** f. (-, en), °**-regeln** f. pl. réglementation (f.) des transports ; code (m.) de la route. ||°**-polizei** f. police (f.) de la route. ||**-reich** adj. [Straße] animé. ||°**-schild** n. (s, er) panneau (m.) de signalisation. ||°**-sperre** f. (-, en) barrage m. (sur la route). ||°**-spitze** f. (-, en) pointe (f.) de circulation. ||°**-stockung** f. (-, en) embouteillage m. ; encombrement m. ||°**-störung** f. (-, en) interruption (f.) du trafic. ||°**-streife** f. (-, n) patrouille routière. ||°**-streik** m. (s, e) grève (f.) des transports. ||°**-sünder** m. (s, -) délinquant (m.) de la route. ||°**-teilnehmer** m. (s, -) usager (m.) de la route. ||°**-umleitung** f. (-, en) déviation (f.) du trafic. ||°**-unfall** m. (s, ¨e) accident (m.) de la circulation, de la route. | *einen Verkehrsunfall aufnehmen*, dresser, faire un constat. ||°**-verein** m. (s, e) syndicat d'initiative. ||°**-verstopfung** f. (-, en) embouteillage m. ||°**-weg** m. (s, e) voie (f.) de communication. ||°**-wesen** n. (s) transports m. pl. ||°**-zeichen** n. (s, -) panneau (m.) de signalisation.

ver|kehren [-'ke:rən] v. intr. aller et venir ; circuler ; fréquenter. | *in einem Café verkehren*, fréquenter un café. | *mit jm verkehren*, être en relations avec qn ; fréquenter chez qn.
◇ v. tr. retourner ; inverser. | *ein Kleid verkehren*, retourner une robe. | *js Worte verkehren*, déformer les propos de qn. | *Trauer verkehrt sich in Freude*, le rire succède aux pleurs.

ver|kehrt [fɛr'ke:rt] adj. inversé ; retourné ; interverti. | *die verkehrte Seite*, l'envers (m.) de la page. | *die verkehrte Welt*, le monde à l'envers.
◇ adv. à l'envers. | *er macht alles verkehrt*, il fait tout de travers. | *er fängt diese Sache verkehrt an*, il prend l'affaire par le mauvais bout.

Ver|kehrtheit [fɛr'ke:rthait] f. (-, en) absurdité f. ; contresens m. ||°**-kehrung** f. (-, en) inversion f. ; renversement m.

ver|keilen [fɛr'kailən] v. tr. TECHN. claveter ; caler ; coincer. || POP. rosser. ||°**-keilung** f. clavetage m.

ver|kennen [fɛr'kɛnən] (verkannte, verkannt) v. tr. méconnaître ; se tromper sur. | *ein verkanntes Genie*, un génie méconnu. ||°**-kennung** f. méconnaissance f.

ver|ketten [fɛr'kɛtən] v. tr. enchaîner. || ÉLECTR. *verkettete Spannung*, tension composée. ||°**-kettung** f. (-, en) enchaînement m. ; liaison f. || FIG. trame f. | *eine unglückliche Verkettung von Umständen*, un malencontreux concours de circonstances.

ver|ketzern [fɛr'kɛtsərn] v. tr. accuser d'hérésie. || FIG. décrier. ||°**-ketzerung** f. (-, en) accusation (f.) d'hérésie.

ver|kitten [fɛr'kitən] v. tr. TECHN. mastiquer ; FAM. cimenter.

ver|klagen [fɛr'klɑ:gən] v. tr. accuser ; incriminer. | *jn vor Gericht verklagen*, porter plainte contre qn. | *der Verklagte*, le défendeur. ||°**-kläger(in)** m. (s, -), f. (-, nen). JUR. demandeur m. ; demanderesse f. ||°**-klagung** f. (-, en) accusation f.

ver|klammern [fɛr'klamərn] v. tr. fixer avec des crampons.

Ver|klappung [fɛr'klapuŋ] f. (-). TECHN. dégazage m.

ver|klären [fɛr'klɛ:rən] v. tr. glorifier ; transfigurer. | *mit verklärter Miene*, d'un air radieux. ||°**-klärung** f. transfiguration f. ; sublimation f.

ver|klauseln [fɛr'klauzəln], **ver|klausulieren** [-klauzu'li:rən] v. tr. stipuler ; insérer des clauses. || FIG. *ein verklausulierter Stil*, un style obscur.

ver|kleben [fɛr'kle:bən] v. tr. coller ; calfeutrer. ||°**-klebung** f. action de coller ; calfeutrage m.

ver|klecksen [fɛr'klɛkzən] v. tr. barbouiller ; tacher.

ver|kleiden [fɛr'klaidən] v. tr. et v. pr. travestir. | *sich als Page verkleiden ; sich in einen Pagen verkleiden*, se déguiser en page. || revêtir ; garnir. | *mit Holz verkleidete Wand*, mur lambrissé. | *verkleidetes Motorrad*, moto (f.) à carénage intégral. || MINES. cuveler. ||°**-kleidung** f. (-, en) déguisement m. || revêtement m. || TECHN. carénage m.

ver|kleinern [fɛr'klainərn] v. tr. réduire ; rapetisser. || FIG. rabaisser ; ravaler. ||°**-kleinerung** f. (-, en) rapetissement m. ; réduction f. || FIG. *Verkleinerung seiner Verdienste*, dépréciation (f.) de ses mérites.

Verkleinerungs|glas [fɛr"klainəruŋs'glɑ:s] n. (es, ¨er) lentille concave, rapetissante. ||°**-maßstab** m. (s, ¨e) échelle (f.) de réduction. ||°**-wort** n. (s, ¨er). GRAMM. diminutif m.

ver|kleistern [fɛr'klaistərn] v. tr. coller ; boucher à la colle.

ver|klemmen [fɛr'klɛmən] v. tr. coincer ; serrer ; claveter. ||°**-klemmung** f. coincement m.

ver|klingen [fɛr'kliŋən] (a, u) v. intr. cesser de retentir. || [Laut] s'évanouir. || FIG. *längst verklungene Zeiten*, des temps lointains, légendaires.

ver|klommen [fɛr'klɔmən] adj. [klamm geworden] raidi par le froid.

ver|knallen [fɛr'knalən] v. tr. *Pulver verknallen*, tirer sa poudre aux moineaux. || FAM. *in jn verknallt sein*, avoir le béguin pour qn.

ver|knappen [fɛr'knapən] v. tr. raréfier. — v. pr. **sich verknappen**, se raréfier. ||°**-knappung** f. pénurie f. ; rareté f.

ver|knechten [fɛr'knɛçtən] v. tr. assujettir.

ver|kneifen [fɛr'knaifən] (i, i) v. tr. retenir. | *den Schmerz verkneifen*, réprimer sa douleur. | *ein verkniffenes*

Gesicht, un air pincé, rusé. || POP. *sich etwas verkneifen*, faire ceinture (pour).

ver|knöchern [fɛr'knøçərn] v. tr. ossifier. — v. intr. FIG. s'encroûter. | *ein verknöchertes Herz*, un cœur endurci. ||°**-knöcherung** f. ossification f. ; sclérose f.

ver|knorpeln [fɛr'knɔrpəln] v. intr. devenir cartilagineux.

ver|knoten [fɛr'kno:tən] v. tr. nouer.

ver|knüpfen [fɛr'knypfən] v. tr. rattacher ; relier ; unir. | *die Sache ist mit Schwierigkeiten verknüpft*, cela n'ira pas sans mal. ||°**-knüpfung** f. (-, en) liaison f. ; jonction f. ; enchaînement m.

ver|kochen [fɛr'kɔxən] v. tr. réduire en bouillie (par cuisson).

ver|kohlen [fɛr'ko:lən] v. tr. carboniser. || POP. *jn verkohlen*, se moquer de qn ; faire marcher qn. ||°**-kohlung** f. carbonisation f.

ver|kokbar [fɛr'kɔkbɑ:r] adj. cokéfiable. ||**-koken** v. tr. cokéfier.

ver|kommen [fɛr'kɔmən] (a, o) v. intr. dépérir ; mal tourner ; déchoir. — part. pass. **verkommen,** dépravé ; dévoyé ; déchu. ||°**-kommenheit** f. déchéance f. ; dépravation f.

ver|koppeln [fɛr'kɔpəln] v. tr. accoupler ; attacher.

ver|korken [fɛr'kɔrkən] v. tr. boucher avec un bouchon de liège.

ver|korkst [fɛr'kɔrkst] adj. FAM. mal engagé. | *einen verkorksten Magen haben*, avoir l'estomac barbouillé.

ver|körnen [fɛr'kørnən] v. tr. granuler. ||°**-körnung** f. granulation f.

ver|körpern [fɛr'kørpərn] v. tr. personnifier ; incarner ; représenter. ||°**-körperung** f. (-, en) incarnation f. ; personnification f.

ver|köstigen [fɛr'køstigən] v. tr. nourrir.

ver|krachen [fɛr'kraxən] v. intr. faire faillite. | FAM. *eine verkrachte Existenz*, un(e) raté(e). | *sich mit jm verkrachen*, se brouiller avec qn.

ver|kraften [fɛr'kraftən] v. tr. *etwas nicht verkraften können*, ne pas pouvoir surmonter qch. || PAR EXT. *die Straße kann den Verkehr nicht verkraften*, la route ne peut plus absorber le trafic.

ver|krampft [fɛr'krampft] adj. crispé.

ver|kriechen [fɛr'kri:çən] (o, o) v. intr. se cacher ; se terrer.

ver|krümeln [fɛr'kry:məln] v. tr. et v. pr. émietter ; s'émietter. || FIG. *sich verkrümeln*, filer à l'anglaise.

ver|krümmen [fɛr'krymən] v. tr. et v. pr. déformer ; tordre. ||°**-krümmung** f. (-, en) déformation f. ; déviation f.

ver|krüppeln [fɛr'krypəln] v. tr. et intr. estropier ; déformer ; se rabougrir. ||°**-krüppelung** f. atrophie f. ; étiolement m. ; rabougrissement m.

ver|krusten [fɛr'krustən] v. intr. et v. pr. se couvrir d'une croûte.

ver|kümmern [fɛr'kymərn] v. intr. s'affaiblir ; languir ; dépérir. — part. pass. **verkümmert,** faible ; misérable ; étiolé. | *ein noch unverkümmerter Menschenschlag*, une race vigoureuse. — v. tr. arrêter dans son développement ; amoindrir ; troubler. ||°**-kümmerung** f. dépérissement m. ; étiolement.

ver|künden [fɛr'kyndən], **ver|kündigen** [-'kyndigən] v. tr. publier ; proclamer ; annoncer. | *das Urteil verkündigen*, prononcer le jugement. | *ein Gesetz verkünden*, promulguer une loi. ||°**-kündigung** f. (-, en), °**-kündung** f. (-, en) proclamation f. ; publication f. ; promulgation f. || RELIG. *Mariae Verkündigung*, l'Annonciation f.

ver|künsteln [fɛr'kynstəln] v. tr. rendre artificiel. | *verkünstelter Stil*, style maniéré. ||°**-künstelung** f. maniérisme m.

ver|kupfern [fɛr'kupfərn] v. tr. cuivrer.

ver|kuppeln [fɛr'kupəln] v. tr. accoupler. || °**-kuppelung** f. (-, en) accouplement m.

ver|kürzen [fɛr'kyrtsən] v. tr. raccourcir ; abréger ; réduire ; diminuer. | *verkürzter Text*, texte abrégé. | *verkürzte Arbeitszeit*, durée de travail réduite. | *sich die Zeit mit Lesen verkürzen*, se distraire en lisant. ||°**-kürzung** f. (-, en) raccourcissement m. ; diminution f. ; abréviation f. || abrégé m. || GRAMM. contraction f. ; syncope f.

ver|lachen [fɛr'laxən] v. tr. se moquer.

Ver|lade... [fɛr'la:də] (en compos.) de chargement ; d'embarquement. Ex. : *Verladebrücke*, pont transbordeur. | *Verladerampe*, rampe (f.) d'embarquement. | *Verladeschein*, récépissé (m.) de chargement. || MAR. connaissement m.

ver|laden [-'la:dən] (ä, u, a) v. tr. charger ; expédier. || MAR., MIL. embarquer. ||°**-lader** m. (s, -) chargeur m. ; expéditeur m. ; consignateur m. || °**-ladung** f. (-, en) chargement m. ; expédition f. || MAR. embarquement m.

Ver|lag [fɛr'la:k] m. (s, e) maison (f.) d'édition, de librairie. | *das Buch ist im Verlag Larousse erschienen*, le livre a été édité par la Librairie Larousse. || publication f. ; édition f. | *ein Buch in Verlag nehmen*, éditer un livre. || *Bierverlag*, vente (f.) en gros de bière.

Verlags|anstalt [fɛr"la:ks'anʃtalt] f. (-, en) maison (f.) d'édition. ||°**-buchhändler** m. (s, -) libraire-éditeur m. ||°**-buchhandlung** f. (-, en) librairie (f.) de fonds. ||°**-haus** n. (es, ¨er) maison (f.) d'édition. ||°**-werk** n. (s, e) ouvrage (m.) de fonds.

ver|lagern [fɛr'la:gərn] v. tr. et v. pr. déplacer ; transférer. | *Aufträge verlagern*, transférer des commandes. || FIG. *die politische Mehrheit verlagert sich*, la majorité politique se modifie. ||°**-lagerung** f. (-, en) déplacement m. ; transfert m. (d'une entreprise).

ver|landen [fɛr'landən] v. intr. s'ensabler.

ver|langen [fɛr'laŋən] v. tr. demander ; exiger ; réclamer ; prétendre. | *er verlangt einen zu hohen Preis*, il demande un prix trop élevé. | *eine Tasse Kaffee verlangen*, commander une tasse de café. | *was verlangen Sie von mir ?*, que voulez-vous de moi ? || LOC. *es verlangt ihn nach der Heimat*, il a le mal du pays.

Ver|langen [-ŋən] n. (s) demande f. ; exigence f. ; désir m. ; vœu m. | *auf Verlangen*, à la demande. | *auf Verlangen von*, sur le vœu de.

ver|längern [fɛr'lɛŋərn] v. tr. prolonger ; allonger ; rallonger. | *den Schritt verlängern*, allonger le pas. | *seinen Aufenthalt verlängern*, prolonger son séjour. || COMM. *einen Wechsel verlängern*, prolonger une traite. || °**-längerung** f. (-, en) prolongation f. ; prolongement m. ; allongement m. || ÉLECTR. *Verlängerungsschnur*, rallonge f. || [Tisch] *Verlängerungsstück*, rallonge f. || COMM. allonge f. || JUR. prorogation f.

ver|langsamen [fɛr'laŋza:mən] v. tr. ralentir. ||°**-langsamung** f. ralentissement m. ; décélération f.

ver|läppern [fɛr'lɛpərn] v. tr. FAM. gaspiller.

ver|laschen [fɛr'laʃən] v. tr. TECHN. éclisser.

Ver|laß [fɛr'las] m. (es) certitude f. ; sûreté f. | *auf ihn ist kein Verlaß*, on ne peut pas faire fond sur lui. || JUR. [Nachlaß] succession f.

ver|lassen [fɛr'lasən] (ä, ie, a) v. tr. quitter ; abandonner ; délaisser. | *er hat das Land verlassen*, il a quitté le pays. || FIG. *von allen guten Geistern verlassen*, privé de tout bon sens. | *von Gott verlassen*, abandonné de Dieu et des hommes.

◇ v. pr. **sich verlassen,** *sich auf jn verlassen können*, pouvoir compter sur qn.

Ver|lassen [-'lasən] n. (s), °**-lassung** [-'lasuŋ] f. abandon m. ; délaissement m. ||°**-lassenheit** f. solitude f. ; abandon m. ; isolement m. ||°**-lassenschaft** f. (-, en) succession f.

ver|läßlich [fɛr'lɛsliç] adj. sûr ; sur qui on peut compter. ||°**-läßlichkeit** f. sûreté f. ; caractère sûr.

ver|lästern [fɛr'lɛstərn] v. tr. diffamer ; dénigrer. ||°**-lästerung** f. (-, en) calomnie f. ; diffamation f.

Ver|laub [fɛr'laup] m. (s) permission f. | *mit Verlaub gesagt*, avec votre permission ; ne vous déplaise.

Ver|lauf [fɛr'lauf] m. (s) déroulement m. ; développement m. ; écoulement m. ; cours m. | *nach Verlauf der Frist*, à délai écoulé. | *im Verlauf der nächsten vierzehn Tage*, dans la quinzaine qui suit. | *weiterer Verlauf*, suite f. (de l'affaire). | *das nimmt einen schlimmen Verlauf*, l'affaire tourne mal. | *je nach Verlauf der Dinge*, selon les circonstances.

ver|laufen [-'laufən] (ä, ie, a) v. intr. se dérouler ; se passer ; se développer. | *der Abend verläuft wie erwartet*, la soirée se passe comme il était prévu. | *der Unfall ist tödlich verlaufen*, l'accident a eu une issue mortelle.

◇ v. pr. **sich verlaufen, 1.** s'écouler ; couler ; se perdre. | *die Menge verlief sich*, la foule se dispersa. | *die Farben verlaufen ineinander*, les couleurs se fondent. || FIG. *die Sache hat sich im Sande verlaufen*, l'affaire est restée sans suite.

2. s'égarer. | *sich im Wald verlaufen*, s'égarer dans les bois. | *verlaufener Hund*, chien errant.

ver|laust [fɛr'laust] adj. couvert de poux.

ver|lautbaren [fɛr'lautbɑ:rən] v. tr. et intr. divulguer. | *es verlautbart, daß*, le bruit court que.

||°**-lautbarung** f. (-, en) divulgation f. ; publication f. ; bruit m.

ver|lauten [fɛr'lautən] v. intr. s'ébruiter. | *über, von etwas nichts verlauten lassen*, ne rien laisser transpirer de qch.

ver|leben [fɛr'le:bən] v. tr. vivre (une période). ||**-lebendigen** v. tr. animer ; rendre vivant. ||**-lebt** adj. usé par la vie.

ver|legen [fɛr'le:gən] v. tr. **1.** déplacer ; ne pas ranger à sa place.
2. changer ; transférer. | *seinen Wohnsitz verlegen*, transférer son domicile. | *Truppen verlegen*, déplacer des troupes.
3. [versperren] barrer. | *jm den Weg verlegen*, barrer la route à qn.
4. TECHN. installer ; poser.
5. [herausgeben] éditer ; publier.
◇ v. pr. **sich verlegen,** s'appliquer à ; se spécialiser (dans). | *er verlegt sich auf das Markensammeln*, il se consacre à la philatélie.

ver|legen [fɛr'le:gən] adj. embarrassé ; gêné. | *er war ganz verlegen*, il était tout confus. | *um Geld verlegen sein*, être (à) court d'argent. ||°**-legenheit** f. (-, en) contrainte f. ; gêne f. ; embarras m. | *jn in Verlegenheit bringen*, mettre qn dans l'embarras.

Ver|leger [fɛr'le:gər] m. (s, -) éditeur m. || (Vx.) *Bierverleger*, dépositaire (m.) de bière.

Ver|legung [fɛr'le:guŋ] f. (-, en) déplacement m. ; transfert m.

ver|leiden [fɛr'laidən] v. tr. gâter. | *jm etwas verleiden*, dégoûter qn de qch.

Ver|leih [fər'lai] m. (s, e) location f. | *Filmverleih*, location de films. ||**-leihbar** adj. concessible ; collatif. ||**-leihen** (ie, ie) v. tr. prêter ; accorder ; concéder ; louer. | *ein Buch verleihen*, prêter un livre. | *Geld auf Zinsen (ver)leihen*, prêter de l'argent à intérêt. | *einen Titel verleihen*, conférer un titre. ||°**-leiher** m. (s, -) prêteur m. ||°**-leihung** f. (-, en) prêt m. ; concession f. ; attribution f. ; nomination f. (à un grade).

ver|leimen [fɛr'laimən] v. tr. coller.

ver|leiten [fɛr'laitən] v. tr. entraîner ; séduire ; pousser à. | *er hat sich zum Diebstahl verleiten lassen*, il s'est laissé entraîner au vol. ||°**-leiter** m. (s, -) séducteur m. ; provocateur m. ||°**-leitung** f. (-, en) entraînement m. ; instigation f. (au mal).

ver|lernen [fɛr'lɛrnən] v. tr. désapprendre ; oublier (des choses qu'on savait).

ver|lesen [fɛr'le:zən] (ie, a, e) v. tr. lire en public. | *die Namen verlesen*, faire l'appel des noms ; trier. — v. pr. **sich verlesen,** lire de travers. ||°**-lesung** f. (-, en) [der Namen] appel m.

ver|letzbar [fɛr'lɛtsba:r] adj. vulnérable. || FIG. susceptible. ||°**-letzbarkeit** f. vulnérabilité f. || FIG. susceptibilité f.

ver|letzen [-'lɛtsən] v. tr. blesser ; endommager ; léser. | *leicht verletzt*, légèrement blessé. | *sich verletzen*, se blesser. || FIG. *seine Pflicht verletzen*, manquer à son devoir. | *jn mit Worten verletzen*, blesser, choquer qn par ses paroles. | *ein Gesetz verletzen*, violer, enfreindre une loi. || *ein Schwerverletzter*, un homme grièvement blessé.
◇ part. prés. **verletzend,** *verletzende Reden führen*, tenir des propos blessants.

Ver|letzung [-'lɛtsuŋ] f. (-, en) blessure f. ; lésion f. || FIG. offense f. ; atteinte f. ; violation f. | *Verletzung der Privatsphäre*, atteinte (f.) à la vie privée. | *Pflichtverletzung*, manquement (m.) au devoir.

ver|leugnen [fɛr'lɔygnən] v. tr. nier ; désavouer ; démentir. | *sich selbst verleugnen*, se renier. | *sich verleugnen lassen*, faire dire qu'on n'est pas là. | *sein Vaterland verleugnen*, renier sa patrie. || [Spiel] *Farbe verleugnen*, renoncer. ||°**-leugner** m. (s, -) renégat m. ||°**-leugnung** f. (-, en) dénégation f. ; reniement m. ; désaveu m. ; démenti m.

ver|leumden [fɛr'lɔymdən] v. tr. diffamer ; calomnier ; médire de. ||°**-leumder** m. (s, -) diffamateur m. ; calomniateur m. ||**-leumderisch** adj. diffamatoire ; calomnieux ; médisant. ||°**-leumdung** f. (-, en) diffamation f. ; calomnie f. ; dénigrement m.

ver|lieben (sich) [ziçfɛr'li:bən] v. pr. *sich in jn verlieben*, s'éprendre de qn. | *der Verliebte, die Verliebte*, l'amoureux m., l'amoureuse f. | *verliebtes Paar*, couple (m.) d'amoureux. | *er macht ihr verliebte Augen*, il lui fait les yeux doux.

ver|lieren [fɛr'li:rən] (o, o) v. tr. **1.** perdre ; égarer. | *seine Schlüssel verlieren*, perdre ses clefs. | *eine Wette verlieren*, perdre un pari. | *den Mut verlieren*, perdre courage. | *eine Schlacht verlieren*, perdre une bataille. | *den Kopf verlieren*, perdre la tête. | *jn aus den Augen verlieren*, perdre qn de vue. | *darüber brauchen wir kein Wort zu verlieren*, il est inutile de parler de cela.
2. perdre ; ne plus avoir. | *an Macht verlieren*, perdre de sa puissance. | *er verlor an ihm seinen besten Freund*, avec lui il a perdu son meilleur ami. | *der Paß verliert seine Gültigkeit*, le passeport cesse d'être valable.
◇ v. pr. **sich verlieren,** PR. et FIG. s'égarer.
◇ part. pass. V. VERLOREN.

Ver|lierer [-'li:rər] m. (s, -) perdant m.

Ver|lies [fɛr'li:s] n. (es, e) cachot m. ; oubliettes f. pl.

ver|loben [fɛr'lo:bən] v. tr. fiancer.
◇ v. pr. **sich verloben,** se fiancer.

Verlobte(r) [fɛr'lo:ptə(r)] f. (m.) fiancé(e) m. (f.). ||°**-lobung** f. (-, en), °**-löbnis** n. (ses, se) fiançailles f. pl. | *eine Verlobung aufheben*, rompre des fiançailles. | *Verlobungsanzeige*, faire-part (m.) de fiançailles. | *Verlobungsfest*, fiançailles f. pl.

ver|locken [fɛr'lɔkən] v. tr. attirer ; allécher ; séduire. | *verlockend*, tentant ; séduisant. ||°**-lockung** f. (-, en) tentation f. ; séduction f.

ver|lodern [fɛr'lo:dərn] v. intr. s'éteindre lentement.

ver|logen [fɛr'lo:gən] adj. mensonger ; menteur. ||°**-logenheit** f. caractère mensonger ; fausseté f.

verlohnen [fɛr'lo:nən] v. impers. *es verlohnt die Mühe nicht*, cela n'en vaut pas la peine.

ver|loren [fɛr'lo:rən] part. pass. et adj. perdu. | *verloren gehen*, se perdre ; s'égarer. | *verlorenes Schäflein*, brebis égarée. | *der verlorene Sohn*, le fils prodigue. || [nutzlos] *verlorene Mühe*, peine perdue. || [hoffnungslos] *das Spiel verloren geben*, abandonner la partie. | *auf verlorenem Posten stehen*, être dans une situation désespérée. || (Vx.) FIG. *ein verlorener Haufen*, une troupe d'avant-garde (d'avance sacrifiée). || CULIN. *verlorene Eier*, œufs pochés.

ver|löschen [fɛr'løʃən] (i, o, o) v. intr. (avec *sein*) s'éteindre. || FIG. mourir.
◇ v. tr. (faible, avec *haben*) éteindre.

ver|losen [fɛr'lo:zən] v. tr. tirer au sort ; mettre en loterie. ||°**-losung** f. (-, en) tirage (m.) de loterie ; tombola f.

ver|löten [fɛr'lø:tən] v. tr. souder. ||°**-lötung** f. (-, en) soudage m. ; soudure f.

ver|lottern [fɛr'lɔtərn] v. intr. mal tourner.

ver|ludern [fɛr'lu:dərn] v. intr. se dépraver.

ver|lumpen [fɛr'lumpən] v. intr. mal tourner.

Ver|lust [fɛr'lust] m. (es, e) perte f. ; déficit m. ; dommage m. ; préjudice m. | *einen Verlust erleiden*, subir un dommage. | *einen Verlust wettmachen*, réparer une perte. | *jm einen Verlust zufügen*, causer une perte à qn. || COMM. *einen Verlust decken*, couvrir une perte. | *reiner Verlust*, perte nette. | *Gewinn- und Verlustkonto*, compte (m.) de profits et pertes. || JUR. perte f. ; déchéance f. | *bei Verlust seiner Klage*, à peine de déchéance.

Verlust|abschluß [fɛr"lust'apʃlus] m. (es, ¨e) bilan passif. ||°**-anzeige** f. (-, n) déclaration (f.) de perte. ||°**-geschäft** n. (s, e) transaction (f.) à perte. ||**-reich** adj. MIL. sanglant ; coûteux. ||°**-wärme** f. TECHN. déchet (m.) thermique.

ver|lustig [fɛr'lustiç] adj. *seiner Rechte verlustig gehen*, être déchu de ses droits.

ver|machen [fɛr'maxən] v. tr. [hinterlassen] léguer ; donner par testament. ||°**-macher** m. (s, -) donateur m.

Ver|mächtnis [fɛr'mɛçtnis] n. (ses, se). PR. et FIG. legs m. ; testament m. | *Vermächtniserbe, -nehmer*, légataire m.

ver|mählbar [fɛr'mɛ:lba:r] adj. nubile. ||**-mählen** v. tr. marier. — v. pr. **sich vermählen**, se marier. ||°**-mählung** f. (-, en) mariage m.

ver|maledeien [fɛrmalə'daien] v. tr. maudire.

ver|markten [fɛr'marktən] v. tr. commercialiser. ||°**-marktung** f. commercialisation f.

vermasseln [fɛr'masəln] v. tr. FAM. gâcher.

Ver|massung [fɛr'masuŋ] f. massification f.

ver|mauern [fɛr'mauərn] v. tr. murer. ||°**-mauerung** f. murage m.

ver|mehrbar [fɛr'me:rba:r] adj. *(nicht) vermehrbare Güter*, biens [m. pl.] (non-)reproductibles.

ver|mehren [fɛr'me:rən] v. tr. augmenter ; accroître ; multiplier. | *sich rasch vermehren*, pulluler. ||°**-mehrung** f. (-, en) augmentation f. ; multiplication

f. || BIOL. propagation f. ||°**-mehrungs|faktor** m. (s, en). NUCL. facteur (m.) de multiplication.

ver|meiden [fɛr'maidən] (ie, ie) v. tr. éviter ; esquiver ; éluder. ||**-meidbar** adj. évitable. || °**-meidung** f. (-, en) *unter Vermeidung von*, en évitant de.

ver|meinen [fɛr'mainən] v. tr. présumer ; croire. | *ein vermeinter Freund*, un soi-disant ami. ||**-meintlich** adj. et adv. présumé ; supposé. || JUR. *der vermeintliche Vater*, le père putatif.

ver|melden [fɛr'mɛldən] v. tr. annoncer ; mander. | (Vx.) *mit Respekt zu vermelden !*, sauf votre respect. | *jm seinen Gruß vermelden*, envoyer ses compliments à qn.

ver|mengen [fɛr'mɛŋən] v. tr. mélanger. || °**-mengung** f. mélange m. || FIG. confusion f.

ver|menschlichen [fər'mɛnʃliçən] v. tr. humaniser ; rendre humain. ||°**-menschlichung** f. humanisation f. || BIOL. anthropomorphisme m.

Ver|merk [fɛr'mɛrk] m. (s, e) note f. ; remarque f. || marque distinctive. ||**-merken** v. tr. marquer ; remarquer. | *ich vermerke es ihm übel*, je lui en veux pour cela.

ver|messen [fɛr'mɛsən] (i, a, e) v. tr. mesurer ; arpenter.
◇ v. pr. **sich vermessen**, se tromper (en mesurant). || [sich erkühnen] oser ; avoir l'audace de. | *eine vermessene Hoffnung*, un espoir insensé.

Ver|messenheit [-hait] f. audace f. ; témérité f. ; outrecuidance f. ; présomption f.

Ver|messer [fɛr'mɛsər] m. (s, -) métreur m. ; vérificateur m. ||°**-messung** f. (-, en) arpentage m. ; relevé m. ; mensuration f. | *trigonometrische Vermessung*, triangulation f. | *Vermessungsamt*, service (m.) topographique.

ver|mieten [fɛr'mi:tən] v. tr. louer ; donner en location, à bail. ||°**-mieter(in)** m. (s, -), f. (-, nen) loueur m. ; loueuse f. ||°**-mietung** f. (-, en) location f. ; louage m.

ver|mindern [fɛr'mindərn] v. tr. diminuer ; amoindrir ; réduire ; atténuer. || JUR. *verminderte Schuldfähigkeit*, responsabilité atténuée. ||°**-minderung** f. (-, en) diminution f. ; réduction f.

ver|minen [fɛr'mi:nən] v. tr. MIL. miner.

ver|mischen [fɛr'miʃən] v. tr. mêler ; mélanger ; entremêler. | *Wein mit Wasser vermischen*, couper le vin (d'eau). | *Metalle vermischen*, allier des métaux. | *vermischte Schriften*, mélanges (m. pl.) littéraires ; miscellanées f. pl. | *vermischte Nachrichten*, faits (m. pl.) divers.

Ver|mischung [-'miʃuŋ] f. (-, en) mélange m. || MÉTALL. alliage m. || MÉD. mixture f. || FIG. confusion f.

ver|missen [fɛr'misən] v. tr. remarquer, regretter l'absence de. | *wir vermissen Sie sehr*, vous nous manquez beaucoup. | *er ist als vermißt gemeldet*, il est porté manquant, disparu. | *vermißt werden*, faire défaut ; laisser un grand vide. ||°**-mißter** m. MIL. disparu m.

ver|mitteln [fɛr'mitəln] v. tr. procurer (par son entremise). | *ich habe ihm eine Stelle vermittelt*, il a obtenu un poste par mon intermédiaire. | *eine Zusammenkunft vermitteln*, arranger, ménager une entrevue. || FIN. *eine Anleihe vermitteln*, négocier un emprunt.
◇ v. intr. intervenir ; s'entremettre (dans) ; concilier. | *vermittelnd eingreifen*, s'interposer ; intercéder. | *in einer Sache vermitteln*, s'entremettre, servir d'intermédiaire dans une affaire. | *zwischen* (dat.) *vermitteln*, faire le médiateur entre...

ver|mittels(t) [-təls(t)] prép. (gén.) par l'entremise de ; au moyen de ; moyennant. ||°**-mittler** m. (s, -) intermédiaire m. ; personne interposée ; tiers m. || RELIG. intercesseur m. || PAR EXT. conciliateur m. ; médiateur m. || FIN. courtier m. ; remisier m. || COMM. agent (m.) d'affaires ; commissionnaire m. ||°**-mittlung** f. (-, en) entremise f. ; intervention (médiatrice). || RELIG. intercession f. || PAR EXT. médiation f. ; conciliation f. | *durch js Vermittlung*, par l'intermédiaire, l'entremise, le truchement de qn. || COMM. *Vermittlungsgebühr*, commission f. || TECHN. central (m.) téléphonique.

ver|möbeln [fɛr'mø:bəln] v. tr. POP. [verhauen] tabasser. || [verschleudern] bazarder.

ver|mocht [fɛr'mɔxt] part. pass. de **vermögen.**

ver|modern [fɛr'mo:dərn] v. intr. tomber en putréfaction, en poussière. || FIG., FAM. croupir (quelque part). ||°**-moderung** f. putréfaction f. ; décomposition f.

ver|möge [fɛr'mø:gə] prép. (gén.). [kraft] en vertu de ; grâce à.

ver|mögen [fɛr'mø:gən] (vermag, vermochte, vermocht) v. tr. [fähig sein] être capable de, à même de. | *wenn ich es zu tun vermag*, si je suis à même de le faire. | *was ich vermag*, ce qui est en mon pouvoir. || FIG. *viel bei jm vermögen*, avoir un grand crédit auprès de qn.
◇ part. prés. **vermögend,** [fähig] en état de ; capable de. | *vielvermögend*, influent ; d'un grand crédit. || [begütert] aisé ; fortuné ; qui a des moyens, de la fortune.

Vermögen [-gən] n. (s). **1.** [Fähigkeit] capacité f. ; faculté f. ; pouvoir m. | *das steht nicht in meinem Vermögen*, cela n'est pas en mon pouvoir. | *nach Vermögen*, selon mes (ou autre poss.) capacités ; au mieux. || FIG. *geistiges Vermögen*, capacités (mentales). | *das geht über sein Vermögen*, FAM. cela le dépasse. **2.** [Geldbesitz] fortune f. ; biens m. pl. | *er hat Vermögen*, il a de la fortune ; il est riche. | *bewegliches Vermögen*, fortune mobilière ; biens (m. pl.) meubles. || JUR. *gebundenes Vermögen*, patrimoine (m.) inaliénable.

Vermögens|steuer [fɛr"mø:gəns'ʃtɔyər] f. (-, n) impôt (m.) sur les grandes fortunes (I.G.F.). || °**-verhältnisse** n. pl. situation (f.) de fortune.

ver|möglich [fɛr'mø:kliç] adj. fortuné ; riche.

ver|morschen [fɛr'mɔrʃən] v. intr. entrer en décomposition ; se vermouler.

ver|mottet [fɛr'mɔtət] adj. dévoré par les mites ; FAM. mangé aux mites.

ver|mummen [fɛr'mumən] v. tr. emmitoufler ; affubler (qn de qch.). || [verschleiern] déguiser ; masquer. ||°**-mummung** f. (-, en) déguisement m. ; mascarade f.

ver|muten [fɛr'mu:tən] v. tr. [ahnen ; erwarten] supposer ; présumer ; conjecturer. | *das hätte ich kaum vermutet*, je ne m'y attendais guère. | *wider alles Vermuten*, contre toute attente. ||**-mutlich** adj. probable ; vraisemblable. || JUR. présomptif. — adv. probablement ; selon toute apparence ; vraisemblablement. ||°**-mutung** f. (-, en) supposition f. ; conjecture f. || JUR. présomption f. ||**-mutungsweise** adv. à ce qu'on peut supposer ; conjecturalement.

ver|nachlässigen [fɛr'naxlɛsigən] v. tr. négliger ; ne pas prendre soin de ; abandonner. ||°**-nachlässigung** f. (-, en) négligence f. ; manque (m.) de soins ; abandon m.

ver|nageln [fɛr'nɑ:gəln] v. tr. clouer. ||**-nagelt** part. pass. FIG., FAM. borné ; buté ; POP. bouché (à l'émeri).

ver|narben [fɛr'narbən] v. intr. se cicatriser ; se fermer.

ver|narren (sich) [ziçfɛr'narən] v. pr. et v. intr. FAM. se toquer, s'enticher de. | *er hat sich ganz in sie vernarrt*, il s'est amouraché d'elle. ||°**-narrtheit** f. FAM. toquade f. ; engouement m.

ver|nebeln [fɛr'ne:bəln] v. tr. MIL. couvrir de brouillard artificiel. || PAR EXT. embrouiller ; obscurcir.

ver|nehmen [fɛr'ne:mən] (i, a, o) v. tr. percevoir ; entendre ; distinguer (un son à l'oreille). || PAR EXT. entendre dire ; apprendre ; ouïr dire. | *dem Vernehmen nach*, d'après ce qu'on dit. || JUR. interroger ; entendre. | *den Gefangenen vernehmen*, interroger le prisonnier. | *die Zeugen vernehmen*, entendre les témoins. | *eidlich vernehmen*, entendre sous la foi du serment. || LOC. *sich mit jm ins Vernehmen setzen*, entrer en relation avec qn ; se mettre en rapport avec qn. ||**-nehmbar** adj. perceptible. || JUR. en état d'être interrogé. || **-nehmlich** adj. perceptible ; intelligible ; net ; distinct. ||°**-nehmung** f. (-, en) entente f. || JUR. interrogatoire m. (de l'inculpé) ; audition f. (des témoins).

ver|neigen (sich) [ziçfɛr'naigən] v. pr. s'incliner. || faire la révérence. ||°**-neigung** f. (-, en) inclinaison f. (de la tête, du buste). || révérence f.

ver|neinen [fɛr'nainən] v. tr. dire, répondre (que) non à (une question) ; répondre par la négative. || PAR EXT. nier ; refuser ; démentir. | *verneinend*, négatif. ||°**-neinung** f. (-, en) négation f. ; réponse négative. || PAR EXT. dénégation f. | *im Verneinungsfall*, en cas de réponse négative.

ver|nichten [fɛr'niçtən] v. tr. détruire ; anéantir ; annihiler. | *meine Hoffnungen sind vernichtet*, mes espérances sont réduites à néant. | *vernichtende Kritik*, critique (f.) impitoyable. | *vernichtender Schlag*, coup écrasant. ||°**-nichtung** f. (-, en) destruction f. ; anéantissement m. ; écrasement m.

Vernichtungs|krieg [fɛr″niçtuŋs'kriːk] m. (s, e) guerre (f.) d'extermination, à outrance. ||°**-schlacht** f. (-, en) bataille (f.) d'anéantissement.

ver|nickeln [fɛr'nikəln] v. tr. nickeler.

Ver|nunft [fɛr'nunft] f. raison m. ; intellect m. | *der Vernunft gehorchen, Gehör geben*, entendre raison. | *zur Vernunft kommen* ; *Vernunft annehmen*, se rendre à la raison. | *jn zur Vernunft bringen*, mettre qn à la raison. || FAM. bon sens ; jugement m. ; discernement m. | *nicht bei Vernunft sein*, n'être pas dans son bon sens.

Vernunft|ehe [fɛr″nunft'eːə] f. (-, n), °**-heirat** f. (-, en) mariage (m.) de raison. ||°**-glaube** m. (ns). RELIG. rationalisme m. ||°**-grund** m. (s, ¨e) motif rationnel, fondé en raison. ||**-los** adj. déraisonnable ; irrationnel ; FAM. hors de tout bon sens. ||°**-losigkeit** f. manque (m.) de raison ; déraison f. ||°**-schluß** m. (es, ¨e) inférence (f.) logique ; syllogisme m. ||**-widrig** adj. déraisonnable ; absurde ; illogique. ||°**-widrigkeit** f. non-sens m. ; absurdité f. ; illogisme m.

Ver|nünftelei [fɛrnynftə'lai] f. subtilité(s) f. (pl.) ; argutie(s) f. (pl.) ; ratiocination f. ||**-nünfteln** v. intr. PÉJOR. raisonner ; se livrer à des subtilités ; ratiociner. ||**-nünftig** adj. raisonnable ; logique. || PHILOS. rationnel. || sensé ; judicieux ; sage ; réfléchi. || °**-nünftigkeit** f. bon sens ; sagesse f. ; raison f. ; réflexion f.

ver|öden [fɛr'øːdən] v. intr. devenir désert ; se dépeupler.
◇ v. tr. MÉD. scléroser.

ver|öffentlichen [fɛr'øfəntliçən] v. tr. rendre public ; publier. | *ein Buch veröffentlichen*, publier, faire paraître un livre. | *durch Anzeigen veröffentlichen*, publier par voie d'annonces. || JUR. *ein Gesetz veröffentlichen*, promulguer une loi. ||°**-öffentlichung** f. (-, en) publication f. || JUR. promulgation f.

Veronika [ve'roːnika] n. pr. f. Véronique f. | RELIG. *Schweißtuch der Veronika*, voile de Véronique.

ver|ordnen [fɛr'ɔrdnən] v. tr. ADM. décréter ; ordonner ; disposer. || MÉD. prescrire. || (Vx.) commettre, déléguer (qn à). ||°**-ordnung** f. (-, en). ADM. décret m. ; ordonnance f. ; disposition légale, officielle. || MÉD. ordonnance, prescription médicale. || (Vx.) désignation f. ; délégation f.

ver|pachten [fɛr'paxtən] v. tr. affermer ; donner à bail. || JUR. amodier. ||°**-pächter** m. (s, -) bailleur m. ||°**-pachtung** f. (-, en) affermage m. ; bail m. || JUR. amodiation f.

ver|packen [fɛr'pakən] v. tr. empaqueter ; emballer ; mettre en caisse. ||°**-packung** f. (-, en). [Verpacken] conditionnement m. ; emballage m. || [fertige Packung] emballage m.

ver|passen [fɛr'pasən] v. tr. [versäumen] manquer ; laisser échapper. | *den Zug verpassen*, manquer le train. || [anproben] ajuster. || FAM. *jm eins verpassen*, donner un coup à qn.

ver|patzen [fɛr'patsən] v. tr. FAM. bousiller.

ver|pesten [fɛr'pɛstən] v. tr. empester ; infecter.

ver|petzen [fɛr'pɛtsən] v. tr. [Schülersprache] cafarder.

ver|pfänden [fɛr'pfɛndən] v. tr. mettre, donner en gage ; engager. || JUR. hypothéquer ; donner en nantissement. ||°**-pfändung** f. (-, en) mise (f.) en gage ; engagement m. || JUR. hypothèque f. ; nantissement m.

ver|pfeifen [fɛr'pfaifən] (i, i) v. tr. ARG. moucharder.

ver|pflanzen [fɛr'pflantsən] v. tr. PR. et FIG. transplanter. ||°**-pflanzung** f. transplantation f.

ver|pflegen v. tr. nourrir ; ravitailler.

Ver|pflegung [-'pfleːguŋ] f. subsistance(s) f. (pl.) ; nourriture f. | *bei jm in Verpflegung stehen*, être en pension chez qn ; être nourri par qn. || ADM. prestations (f. pl.) alimentaires. || MIL. vivres m. pl. ; ravitaillement m. || PAR EXT. intendance f.

Verpflegungs|amt [fɛr″pfleːguŋs'amt] n. (s, ¨er). Vx. bureau (m.) de bienfaisance. || MIL. intendance f. ||°**-anstalt** f. (-, en). Vx. hospice m.

ver|pflichten [fɛr'pfliçtən] v. tr. obliger ; engager. | *jn zu etwas verpflichten*, obliger qn à qch. ; imposer à qn l'obligation de. | *sich zu etwas verpflichten*, s'engager à ; prendre l'engagement de. | *zu etwas verpflichtet sein*, être tenu de faire qch. ; être tenu à qch. | *verpflichtende Abmachung*, convention obligatoire, impérative. || PAR ANAL. obliger (par politesse). | *Sie würden mich zu (großem) Dank verpflichten*, vous m'obligeriez (beaucoup). | *jm für etwas verpflichtet sein*, être l'obligé de qn ; avoir de l'obligation à qn. ||°**-pflichtung** f. (-, en) obligation f. ; engagement m. ; charge f. | *einseitige Verpflichtung*, engagement (m.) sans contrepartie. || COMM. redevance(s) f. (pl.). | *Verpflichtungen eingehen*, prendre des engagements ; contracter des obligations. | *seinen Verpflichtungen nachkommen*, s'acquitter de ses engagements, de ses dettes, de ses redevances.

ver|pfuschen [fɛr'pfuʃən] v. tr. gâcher ; massacrer ; saboter.

ver|plaudern [fɛr'plaudərn] v. tr. passer, perdre son temps à bavarder.

ver|plempern [fɛr'plɛmpərn] v. tr. dépenser mal à propos ; gaspiller ; galvauder.

ver|pönen [fɛr'pøːnən] v. tr. (Vx.) honnir. | *das ist allgemein verpönt*, cela est unanimement réprouvé.

ver|prassen [fɛr'prasən] v. tr. dissiper (son bien) ; jeter (son argent) par les fenêtres.

ver|proviantieren [fɛrprovian'tiːrən] v. tr. approvisionner.

ver|prügeln [fɛr'pryːgəln] v. tr. rouer de coups ; bâtonner ; rosser.

ver|puffen [fɛr'pufən] v. intr. détoner ; fuser. || FIG. se perdre (en fumée).
◇ v. tr. brûler pour rien ; gaspiller.

ver|pulvern [fɛr'pulfərn] v. tr. FAM. jeter (l'argent) ; gaspiller.

ver|puppen (sich) [ziçfɛr'pupən] v. pr. ZOOL. faire son cocon ; se changer en nymphe.

Ver|putz [fɛr'puts] m. (es) enduit m. | *ungeglätteter Verputz*, crépi m. | *rauher Verputz*, hourdage m. ||**-putzen** v. tr. [Verputz anbringen] enduire ; crépir ; hourder.

ver|quellen [fɛr'kvɛlən] (i, o, o) v. intr. gonfler (à l'humidité).

ver|quer [fɛr'kveːr] adv. FAM. de travers.

ver|quicken [fɛr'kvikən] v. tr. amalgamer ; combiner. || PAR EXT. confondre.

Ver|quickung [-kuŋ] f. amalgame m. ; mélange m. || PAR EXT. confusion f.

ver|rammeln [fɛr'raməln] v. tr. barricader.

ver|ramschen [fɛr'ramʃən] v. tr. FAM. bazarder ; vendre à bas prix.

Verrat [fɛr'rɑːt] m. (s) trahison f. || HIST. félonie f. || *Hochverrat*, haute trahison.

ver|raten [-'rɑːtən] (ä, ie, a) v. tr. trahir ; livrer (traîtreusement) ; FAM. vendre. || PAR EXT. divulguer ; dévoiler. || FIG. déceler ; dénoter ; révéler. ||°**-räter** m. (s, -) traître m. || HIST. félon m. ||°**-räterei** f. trahison f. ; traîtrise f. ; perfidie f. || HIST. félonie f. ||°**-räterin** f. (-, nen) traîtresse f. ||**-räterisch** adj. traître ; perfide. || HIST. félon. || FIG. qui trahit ; qui révèle. — adv. en traître ; par traîtrise ; traîtreusement.

ver|rauchen [fɛr'rauxən] v. intr. s'en aller en fumée. || FIG. s'évaporer ; se dissiper ; passer.
◇ v. tr. dépenser à fumer.

ver|rauschen [fɛr'rauʃən] v. intr. FIG. s'écouler ; s'enfuir.

ver|rechnen [fɛr'rɛçnən] v. tr. FIN. décompter ; passer en compte. || [Bankwesen] compenser. — v. pr. **sich verrechnen,** se tromper dans son compte, dans son calcul ; FIG. être loin du compte. || °**-rechnung** f. (-, en). FIN. passation (f.) d'un article au compte. || [Bankwesen] compensation f. ; clearing m. || [Rechenfehler] erreur (f.) de compte.

Ver|rechnungs... [-'rɛçnuŋs] (en compos.). FIN. de compensation, de clearing.

Verrechnungs|einheit [fɛr″rɛçnuŋs'ainhait] f. (-, en). FIN. unité (f.) de compte. ||°**-geschäft** n. (s, e). FIN. marché (m.) de compensation. ||°**-scheck** m. (s, e) chèque barré.

ver|recken [fɛr'rɛkən] v. intr. VULG. crever.

ver|reden (sich) [ziçfɛr'reːdən] v. pr. faire un lapsus (en parlant). | *er hat sich verredet*, FAM. la langue lui a fourché.

ver|regnet [fɛr'reːknət] adj. gâté par la pluie.

ver|reisen [fɛr'raizən] v. intr. partir en voyage.

ver|renken [fɛr'rɛŋkən] v. tr. MÉD. luxer ; déboîter ; démettre. ||°**-renkung** f. (-, en) luxation f.

ver|rennen (sich) [ziçfɛr'rɛnən] (verrannte, verrannt) v. pr. FIG., FAM. *er hat sich verrannt*, il s'est fourvoyé ; il est dans l'impasse. | *er ist in diese Idee verrannt*, il s'est toqué de cette idée.

ver|richten [fɛr'riçtən] v. tr. s'acquitter de ; accomplir. | *eine Arbeit verrichten*, exécuter, faire un travail. | *seine Notdurft verrichten*, faire ses besoins. ||°**-richtung** f. (-, en) accomplissement m. (d'une tâche) ; exécution f. ; manière (f.) de faire. || PAR EXT. fonction(s) f. (pl.).

ver|riegeln [fɛr'ri:gəln] v. tr. verrouiller. ||°**-riegelung** f. (-, en) verrouillage m. | *Verriegelungstaste*, touche (f.) de verrouillage.

ver|ringern [fɛr'riŋərn] v. tr. et v. pr. diminuer ; amoindrir ; réduire. | *im Werte verringern*, déprécier ; dévaloriser. | *js Verdienste verringern*, rabaisser le mérite de qn. ||°**-ringerung** f. (-, en) diminution f. ; réduction f. ; amoindrissement m.

ver|rinnen [fɛr'rinən] (a, o) v. intr. PR. et FIG. s'écouler. || FIG. s'enfuir.

Verriß [fɛr'ris] m. (isses, isse) critique violente ; éreintage m. ; éreintement m.

ver|rohen [fɛr'ro:ən] v. intr. devenir grossier ; s'abrutir ; tourner à la brute.

ver|rotten [fɛr'rɔtən] v. intr. PR. et FIG. pourrir. || FIG. dégénérer.

ver|rucht [fɛr'ruxt] adj. scélérat ; infâme. || RELIG. impie. ||°**-ruchtheit** f. scélératesse f. ; infamie f. ; noirceur f. (d'âme). || RELIG. impiété f.

ver|rücken [fɛr'rykən] v. tr. [verlegen] déplacer ; déranger. | *Möbel verrücken*, déplacer des meubles. || FIG. *jm den Kopf verrücken*, tourner la tête, faire perdre la tête à qn.

◇ part. pass. **verrückt,** FIG. [irre ; geisteskrank] (qui a l'esprit) dérangé ; détraqué ; déséquilibré ; fou ; extravagant. | *das ist zum Verrücktwerden*, il y a de quoi vous rendre fou ; c'est à devenir fou. | *so handelt nur ein Verrückter*, il faut être fou pour agir de la sorte.

Ver|rücktheit [-'rykthait] f. dérangement (m.) d'esprit ; folie f. ; extravagance f.

Ver|ruf [fɛr'ru:f] m. (s) mauvaise réputation. | *in Verruf bringen*, discréditer ; jeter le discrédit sur ; décrier. | *in Verruf stehen*, [Mensch] avoir mauvaise réputation ; [Ort] être mal famé. ||**-rufen** adj. [Mensch] déconsidéré ; louche. || [Sache] décrié ; louche. || [Ort] mal famé ; interlope. || (Vx.). [Münze] aboli ; démonétisé.

Vers [fɛrs] m. (es, e). POÉS. vers m. | *in Verse setzen*, mettre en vers. | *Verse drechseln*, rimailler. || PAR EXT. strophe f. || LOC. *ich kann mir darauf, daraus keinen Vers machen*, je ne vois pas à quoi cela rime. || [Bibel] verset m.

Vers|art ["fɛrs'a:rt] f. (-, en) mètre m. ||°**-bau** m. (s) structure (f.) du vers ; versification f. ||°**-drechsler** m. (s, -) rimailleur m. ||°**-einschnitt** m. (s, e) césure f. ||°**-kunst** f. art (m.) des vers. ||°**-lehre** f. (-, n) métrique f. ; prosodie f. ||°**-maß** n. (es, e) mètre m. ||°**-messung** f. métrique f.

ver|sachlichen [fɛr'zaxliçən] v. tr. dépassionner.

ver|sacken [fɛr'zakən] v. intr. MAR. couler bas, à pic ; sombrer.

ver|sagen [fɛr'za:gən] v. tr. refuser ; dénier. | *sich nichts versagen*, ne rien se refuser. | *ich kann es mir nicht versagen, zu*, je ne puis me défendre de.

◇ v. intr. refuser le service. | *die Stimme versagte mir*, la voix me manqua. | *seine Kräfte versagten*, les forces lui manquèrent ; il n'en pouvait plus. | *er versagt gänzlich*, il est nul (en qch.) ; POP. il flanche. || TECHN. *der Motor versagt*, le moteur ne marche, ne fonctionne pas, est en panne.

Ver|sagen [-gən] n. (s) non-fonctionnement m. ; panne f. || FIG. défaillance f. ||°**-sager** m. (s, -) [Schußwaffe ; Motor] raté m. || [Mensch] raté m.

Versal [vɛr'za:l] m. (s, ien). TYPOGR. grande capitale ; initiale f.

ver|salzen [fɛr'zaltsən] v. tr. trop saler. || FIG. gâter, gâcher (la joie de qn).

ver|sammeln [fɛr'zaməln] v. tr. et v. pr. (s') assembler ; (se) rassembler ; (se) réunir. | *zu den Seinigen versammelt werden*, aller rejoindre les siens (dans la tombe).

Ver|sammlung [-'zamluŋ] f. (-, en) assemblée f. ; rassemblement m. ; réunion f.

Versammlungs|ort [fɛr"zamluŋs'ɔrt] m. (s, e) lieu (m.) de réunion, de rendez-vous. || MIL. point (m.) de ralliement. ||°**-recht** n. (s). POLIT. droit (m.) de réunion.

Ver|sand [fɛr'zant] m. (s). COMM. envoi m. ; expédition f.

Versand|artikel [fɛr"zantar'ti:kəl] m. (s, -). COMM. article (m.) pour l'expédition, l'exportation. ||**-bereit, -fertig** adj. prêt à l'expédition, à être expédié, emballé. ||°**-haus** n. (es, ¨er) maison (f.) d'expédition, de vente par correspondance. ||°**-haus|-katalog** m. (s, e) catalogue (m.) de vente par correspondance. ||°**-kosten** f. pl. frais (m. pl.) d'envoi ; port m. ||°**-verkauf** m. (s, ¨e) vente (f.) sur catalogue, par correspondance.

ver|sanden [fɛr'zandən] v. tr. et v. intr. (s')ensabler.

Ver|satz [fɛr'zats] m. (es). FIN. mise (f.) en gage. || MINES. remblai m. ; remblayage m.

Versatz|amt [fɛr"zats'amt] n. (es, ¨er). [Leihhaus] mont-de-piété m. ; crédit municipal. ||°**-stück** n. (s, e). FIN. gage m. || THÉÂTRE. portant m. ; décor (m.) mobile.

ver|sauern [fɛr'zauərn] v. intr. devenir aigre, acide. || FIG. s'aigrir ; s'encroûter.

ver|saufen [fɛr'zaufən] (o, o) v. tr. dépenser à boire. | *versoffener Kerl*, poivrot m.

◇ v. intr. FAM. se noyer. || MINES. *der Schacht versäuft*, le puits est noyé.

ver|säumen [fɛr'zɔymən] v. tr. laisser échapper ; laisser passer ; négliger ; omettre. | *den Zug versäumen*, manquer, FAM. rater le train. | *seine Pflicht versäumen*, manquer à son devoir. | *er versäumte nicht zu kommen*, il ne manqua pas de venir. — v. pr. **sich versäumen,** s'attarder ; se mettre en retard. ||°**-säumnis** f. (-, se) et n. (ses, se) négligence f. ; omission f. ; manquement m. || [Schule] absence f. ; FAM. retard m. || JUR. contumace f. | *ein Versäumnisurteil fällen*, juger par contumace. || °**-säumnis|geldstrafe** f. (-, n). JUR. astreinte f.

ver|schachern [fɛr'ʃaxərn] v. tr. bazarder.

ver|schachteln [fɛr'ʃaxtəln] v. tr. emboîter ; encastrer. | *ineinander verschachtelt sein*, s'imbriquer.

ver|schaffen [fər'ʃafən] v. tr. procurer ; obtenir. | *Geld verschaffen*, procurer des fonds. | *sich Achtung verschaffen*, obtenir le respect ; s'imposer.

ver|schalen [fɛr'ʃa:lən] v. tr. TECHN. coffrer ; poser un coffrage, un revêtement. ||°**-schalung** f. (-, en). TECHN. coffrage m. ; revêtement m.

ver|schallen [fɛr'ʃalən] v. intr. [Klang] expirer ; cesser (de retentir).

ver|schämt [fɛr'ʃɛ:mt] adj. honteux. || PAR EXT. timide ; effarouché ; gêné ; pudibond. ||°**-schämtheit** f. honte f. ; gêne f. ; pudibonderie f.

ver|schanzen (sich) [ziçfɛr'ʃantsən] v. pr. se retrancher ; se fortifier. || FIG. *sich hinter Ausflüchten verschanzen*, chercher des faux-fuyants.

ver|schärfen [fɛr'ʃɛrfən] v. tr. FIG. aggraver ; rendre plus rigoureux. || [Tempo] forcer. ||°**-schärfung** f. aggravation f. ; recrudescence f. || [Tempo] accélération f.

ver|scharren [fɛr'ʃarən] v. tr. enfouir ; cacher en terre.

ver|scheiden [fɛr'ʃaidən] (ie, ie) v. intr. POÉT. décéder ; expirer ; trépasser. ||°**-scheiden** n. (s) décès m. ; trépas m.

ver|schenken [fɛr'ʃɛŋkən] v. tr. [wegschenken] donner (en cadeau ; inconsidérément). || [ausschenken] débiter (des boissons).

ver|scherzen [fɛr'ʃɛrtsən] v. tr. passer (son temps) à badiner en futilités. || PAR EXT. perdre par sa faute ; gâcher. | *ich habe (mir) mein Glück verscherzt*, j'ai gâché mon bonheur.

ver|scheuchen [fɛr'ʃɔyçən] v. tr. effaroucher ; faire fuir. || PR. et FIG. chasser.

verscheuern [fɛr'ʃɔyərn] v. tr. FAM. vendre.

ver|schiebbar [fɛr'ʃi:pba:r] adj. mobile ; coulissant ; à coulisse. || TECHN. baladeur.

Verschiebe|bahnhof [fɛr"ʃi:bə'ba:nho:f] m. (s, ¨e) gare (f.) de triage, de manœuvre. ||°**-rädergetriebe** n. (s, -). TECHN. train baladeur.

ver|schieben [fɛr'ʃi:bən] (o, o) v. tr. déplacer ; décaler. || TECHN. faire coulisser. || TRANSP. manœuvrer. || FIG. [aufschieben] ajourner ; retarder ; remettre (à plus tard). ||°**-schiebung** f. (-, en) déplacement m. ; décalage m. ; dérangement m. || TRANSP. manœuvre f. || FIG. ajournement m. || MATH. translation f.

ver|schieden [fɛr'ʃi:dən] part. pass. de **verscheiden.** POÉT. décédé ; trépassé ; défunt.

verschieden [fɛr'ʃi:dən] adj. [andersartig] différent ; dissemblable ; distinct. | *sie sind verschiedener Meinung*, ils ont des opinions différentes. || divers. | *zu verschiedenen Malen*, à plusieurs, à diverses reprises. | *Verschiedenes*, diverses choses.

verschieden|artig [fɛr"ʃi:dən'a:rtiç] adj. de nature différente ; divers. || PAR EXT. hétérogène ; disparate. ||°**-artigkeit** f. (-, en) différence f. ; dissemblance f. ; diversité f.

Verschiedenheit [fɛr'ʃi:dənhait] f. (-, en) diversité f.

verschiedentlich [fɛr'ʃi:dəntliç] adv. à diverses reprises.

ver|schießen [fɛr'ʃi:sən] (o, o) v. tr. tirer (son projectile) ; décocher (sa flèche). | *seine Munition verschießen*, épuiser ses munitions. || Fig. *nicht zu früh sein Pulver verschießen*, garder de la ressource ; avoir plus d'un tour dans son sac.
◇ v. intr. [ausbleichen] se faner ; passer ; déteindre.
◇ v. pr. **sich verschießen,** manquer son coup ; tirer mal, à côté. || Fig. *er ist in sie verschossen*, il s'est amouraché d'elle ; il a le béguin pour elle.

ver|schiffen [fɛr'ʃifən] v. tr. embarquer ; charger à bord ; transporter ; expédier par eau.

ver|schimmeln [fɛr'ʃiməln] v. intr. moisir.

ver|schlacken [fɛr'ʃlakən] v. tr. et v. pr. Métall. (se) scorifier ; (s')encrasser.

ver|schlafen [fɛr'ʃlɑ:fən] (ä, ie, a) v. tr. **1.** *den Nachmittag verschlafen*, passer l'après-midi à dormir.
2. *er hat die Zeit verschlafen*, il s'est réveillé trop tard, après coup.
3. *seinen Rausch verschlafen*, cuver son vin.
◇ part. pass. **verschlafen,** mal (r)éveillé. || Fig. endormi.
◇ v. pr. **sich verschlafen,** se lever trop tard.

Ver|schlag [fɛr'ʃlɑ:k] m. (s, ¨e) cloison (lattée, planchéiée). || Par ext. réduit m. (en planches) ; cagibi m. ; débarras m. ; appentis m. | *Verschlag im Stall*, box m. ; stalle f.

ver|schlagen [-'ʃlɑ:gən] (ä, u, a). **1.** v. tr. fermer ; clore. | *mit Brettern verschlagen*, cloisonner (avec des planches). || Pop. *das verschlägt mir die Rede*, j'en reste stupéfait ; pop. ça me la coupe.
2. Mar. *der Sturm verschlägt ein Schiff*, la tempête drosse un navire. | *verschlagen werden (nach)*, être jeté (par la tempête) à, sur.
3. Sport. *den Ball verschlagen*, rater la balle.
◇ v. intr. faire de l'effet. | *die Arznei verschlägt*, le remède fait de l'effet, agit. | *nichts verschlagen*, être sans effet ; être inopérant. || Fig. *es verschlägt nichts*, peu importe ; il n'y a pas de mal. || [Wasser] *verschlagen lassen*, faire tiédir, dégourdir.
◇ part. pass. **verschlagen,** [listig] malin ; rusé ; astucieux ; roué. || [lau] tiède ; tiédi.

Ver|schlagenheit [-'ʃlɑ:gənhait] f. malice f. ; ruse f. ; astuce f. ; rouerie f.

ver|schlammen [fɛr'ʃlamən] v. intr. s'envaser.

ver|schlampen [fɛr'ʃlampən] v. tr. Fam. laisser à l'abandon. || Pop. mettre la pagaille (dans qch.).

ver|schlechtern [fɛr'ʃlɛçtərn] v. tr. rendre pire. | *die Lage verschlechtert sich*, la situation empire. || Par ext. dégrader ; altérer ; détériorer. ||°**-schlechterung** f. (-, en) détérioration f. ; altération f. ; dégradation f.

ver|schleiern [fɛr'ʃlaiərn] v. tr. Pr. et fig. voiler. || Fig. déguiser ; masquer ; dissimuler ; fam. camoufler. ||°**-schleierung** f. [action de] voiler. || Fig. dissimulation f. ; camouflage m.

ver|schleimen [fɛr'ʃlaimən] v. intr. s'engorger (de mucosités).
◇ v. tr. engorger ; empâter (la langue).

Ver|schleiß [fɛr'ʃlais] m. (es, e). [Abnutzung] usure f. || [Kleinverkauf] débit m. ||**-schleißen** (i, i) v. tr. [abnutzen] user ; abîmer. || [verkaufen] débiter. — v. intr. s'user ; s'abîmer. || [Gewand] s'effilocher.

ver|schleppen [fɛr'ʃlɛpən] v. tr. traîner ; transporter. | *eine Krankheit verschleppen*, véhiculer une épidémie. | *Personen verschleppen*, déporter. | *ein Verschleppter*, un déporté ; une personne déplacée. || [mitnehmen] détourner ; dérober. || [in die Länge ziehen] faire traîner en longueur.
◇ **sich verschleppen,** traîner en longueur. || °**-schleppung** f. [Verzögerung] retardement m. || Jur. obstruction f. || Polit. déportation f. (d'une population).

ver|schleudern [fɛr'ʃlɔydərn] v. tr. Fig. vendre à perte ; solder. || Par ext. dilapider ; dissiper.

ver|schließen [fɛr'ʃli:sən] (o, o) v. tr. fermer (à clef) ; clore. | *in verschlossenem Umschlag*, sous pli fermé. || Par ext. *eine Öffnung verschließen*, obturer un orifice. || Fig. *er verschließt sich ganz dem Mitleid*, il est inaccessible à la pitié.

ver|schlimmbessern [fɛr"ʃlim'bɛsərn] v. tr. Iron. bien arranger ; mettre dans un bel état. ||**-schlimmern** v. tr. rendre pire ; aggraver. | *sich verschlimmern*, empirer. ||°**-schlimmerung** f. aggravation f. ; détérioration f.

ver|schlingen [fɛr'ʃliŋən] (a, u) v. tr. [durcheinanderschlingen] entrelacer ; enlacer. || [hinunterschlingen] engloutir ; avaler (goulûment) ; dévorer. || Fig. *ein Buch verschlingen*, dévorer un livre. | *mit den Augen verschlingen*, dévorer des yeux.

ver|schlossen [fɛr'ʃlɔsən] part. pass. et adj. Fig. renfermé ; réservé ; taciturne ; peu ouvert. || °**-schlossenheit** f. Fig. caractère renfermé ; grande réserve.

ver|schlucken [fɛr'ʃlukən] v. tr. avaler ; absorber ; gober. || Par anal. *Worte verschlucken*, manger ses mots ; mâchonner.
◇ v. pr. **sich verschlucken,** avaler de travers.

Ver|schluß [fɛr'ʃlus] m. (es, ¨e) fermeture f. ; obturation f. | *unter Verschluß*, sous clef. | *Briefverschluß*, cachet m. | *Flaschenverschluß*, bouchon m. ; capsule f. || Opt. obturateur m.

Verschluß|laut [fɛr"ʃlus'laut] m. (s, e). Gramm. occlusive f. ||°**-schraube** f. bouchon fileté.

ver|schlüsseln [fɛr'ʃlysəln] v. tr. Mil. chiffrer. || Par ext. coder. || Inf. encoder. ||°**-schlüsselung** f. (-, en). Mil. chiffrage m. || Par ext. codage m. || Inf. codage m. ; codification f.

ver|schmachten [fɛr'ʃmaxtən] v. intr. *vor Durst verschmachten*, mourir de soif. || Fig. languir ; dépérir ; se consumer (lentement).

ver|schmähen [fɛr'ʃmɛ:ən] v. tr. dédaigner ; faire fi de. ||°**-schmähung** f. (-, en) dédain m. ; refus (hautain).

ver|schmelzen [fɛr'ʃmɛltsən] (i, o, o) v. intr. s'amalgamer ; fusionner (avec qch.). — v. tr. (conjug. faible) fondre ensemble ; (faire) fusionner. || °**-schmelzung** f. (-, en) fusion f. || Fig. amalgame m.

ver|schmerzen [fɛr'ʃmɛrtsən] v. tr. se consoler, faire son deuil (de). | *eine Niederlage verschmerzen*, prendre son parti d'une défaite.

ver|schmieren [fɛr'ʃmi:rən] v. tr. [Öffnung] boucher ; [Papier] barbouiller ; [beschmutzen] souiller.

ver|schmitzt [fɛr'ʃmitst] adj. futé ; madré ; retors. ||°**-schmitztheit** f. esprit futé, madré ; astuce f.

ver|schmutzen [fɛr'ʃmutsən] v. tr. salir ; polluer. ◇ v. intr. se salir ; se dégrader. ||°**-schmutzer** m. (s, -). [Umwelt] pollueur m. ||°**-schmutzung** f. (-) pollution f.

ver|schnappen (sich) [ziçfɛr'ʃnapən] v. pr. se trahir (en parlant).

ver|schnaufen [fɛr'ʃnaufən] v. intr. et v. pr. (se reposer pour) souffler ; reprendre haleine. || Par ext. faire une pause.

Ver|schnaufpause [fɛr"ʃnauf'pauzə] f. (-, n) pause f. | *eine Verschnaufpause einlegen*, faire une petite pause.

ver|schneiden [fɛr'ʃnaidən] (verschnitt, verschnitten) v. tr. [falsch zerschneiden] mal couper ; taillader ; charcuter. || [beschneiden] découper ; dépecer ; tailler ; rogner. | *ein Tier verschneiden*, castrer, couper une bête. | *der Verschnittene*, le castrat ; l'eunuque. || Par anal. *Wein verschneiden*, couper du vin.

Ver|schneiden n. (s, -). [Wein] coupage m.

ver|schneit [fɛr'ʃnait] adj. enneigé ; couvert de neige.

Ver|schnitt [fɛr'ʃnit] m. (s, e). [Getränk] coupage m. ; mélange m.

ver|schnitten part. pass. de **verschneiden.**

ver|schnörkeln [fɛr'ʃnørkəln] v. tr. orner de fioritures. | *verschnörkelt*, contourné ; tarabiscoté.

ver|schnupfen [fɛr'ʃnupfən] v. tr. donner le rhume. | *verschnupft sein*, être enrhumé. || Fig. *verschnupft*, mal tourné ; mal luné.

ver|schnüren [fɛr'ʃny:rən] v. tr. ficeler ; lier. || lacer (un corset).

ver|schollen [fɛr'ʃɔlən] adj. [Person] disparu ; qui ne donne plus signe de vie. || Jur. absent. || Par ext. depuis longtemps passé.

ver|schonen [fɛr'ʃo:nən] v. tr. épargner ; ménager. || Fam. *verschone mich damit*, fais-moi grâce de cela.

ver|schönen [fɛr'ʃø:nən] v. tr. rendre beau.

ver|schönern [-'ʃø:nərn] v. tr. et v. pr. rendre plus beau ; embellir. ||°**-schönerung** f. (-, en) embellissement m. ; enjolivure f.

ver|schränken [fɛr'ʃrɛŋkən] v. tr. croiser (les bras, les jambes) ; entrecroiser ; entrelacer. ||°**-schränkung** f. (-, en) [entre]croisement m. ; entrelacs m.

ver|schrauben [fɛr'ʃraubən] v. tr. fermer à vis ;

visser ; boulonner. ||°**-schraubung** f. (-, en) vissage m. ; boulonnage m. || fermeture (f.) à vis.

ver|schreiben [fɛr'ʃraibən] (ie, ie) v. tr. **1.** MÉD. prescrire ; ordonner.

2. [auf js Namen schreiben] s'engager par écrit ; transférer (une propriété) par écrit. | *ich habe ihm mein Haus verschrieben*, j'ai mis ma maison à son nom. | *dem Teufel seine Seele, sich dem Teufel verschreiben*, vendre son âme au diable.

3. [falsch schreiben] mal orthographier.

4. [schreibend verbrauchen] *ich habe mein Papier, meine ganze Tinte verschrieben*, j'ai usé tout mon papier, toute mon encre.

◇ v. pr. **sich verschreiben,** faire une erreur d'écriture ; commettre un lapsus (calami). | *sich einer Sache verschreiben*, se vouer à une cause.

Ver|schreibung [-'ʃraibuŋ] f. (-, en). MÉD. prescription (médicale) ; ordonnance f. || FIN. *Schuldverschreibung*, reconnaissance (f.) de dette.

ver|schreien [fɛr'ʃraiən] (ie, ie) v. tr. décrier ; dénigrer.

◇ v. pr. **sich verschreien,** s'érailler (la voix).

ver|schroben [fɛr'ʃro:bən] adj. saugrenu ; biscornu ; POP. tordu. || [Stil] ampoulé. ||°**-schrobenheit** f. fausseté f. (d'esprit) ; excentricité f. ; bizarrerie f.

ver|schrotten [fɛr'ʃrɔtən] v. tr. MÉTALL. mettre à la ferraille.

ver|schrumpfen [fɛr'ʃrumpfən], **ver|schrumpeln** [-pəln] v. intr. se ratatiner ; se racornir.

ver|schüchtert [fɛr'ʃyçtərt] adj. effarouché ; farouche ; timide.

ver|schulden [fɛr'ʃuldən] v. tr. grever de dettes ; obérer. | *sein Anwesen verschulden*, hypothéquer sa propriété, son bien. | *verschuldet sein*, être couvert, criblé de dettes. || FIG. se rendre coupable, être responsable de ; commettre. | *wer hat das verschuldet ?*, à qui la faute ? | *ich habe nichts verschuldet*, ce n'est pas ma faute.

◇ v. pr. **sich verschulden,** s'endetter. || FIG. être coupable ; démériter.

Ver|schulden [-'ʃuldən] n. (s) culpabilité f. ; faute f. | *ohne mein Verschulden*, sans qu'il y ait de ma faute. ||°**-schuldung** f. endettement m.

ver|schütten [fɛr'ʃytən] v. tr. verser ; répandre. | *Milch verschütten*, renverser du lait. || [zuschütten] couvrir, ensevelir (sous un éboulement). ||°**-schüttung** f. (-, en) ensevelissement m. ; éboulement m.

ver|schwägert [fɛr'ʃvɛ:gərt] adj. (être) parent par alliance, allié. ||°**-schwägerung** f. (parenté [f.] par) alliance f.

ver|schweigen [fɛr'ʃvaigən] (ie, ie) v. tr. taire qch. ; omettre (de parler de) qch. , passer sous silence. ||°**-schweigen** n. (s) silence (gardé sur) ; omission f. ; réticence f. ; discrétion f. (au sujet de).

ver|schwenden [fɛr'ʃvɛndən] v. tr. gaspiller ; dissiper ; dilapider, prodiguer. ||°**-schwender** m. (s, -) dissipateur m. ; dilapidateur m. ; prodigue m. || **-schwenderisch** adj. dépensier ; dissipateur. | *mit etwas verschwenderisch umgehen*, être prodigue de qch. | *ein verschwenderisches Leben führen*, mener grand train. — adv. à profusion ; avec prodigalité. ||°**-schwendung** f. (-, en) gaspillage m. ; dissipation f. ; dilapidation f.

ver|schwiegen [fɛr'ʃvi:gən] adj. [zuverlässig] discret ; réservé ; secret. || [still und verborgen] *verschwiegenes Plätzchen*, endroit (m.) à l'abri des indiscrets. ||°**-schwiegenheit** f. discrétion f. ; réserve f.

ver|schwimmen [fɛr'ʃvimən] (a, o) v. intr. FIG. se fondre ; se noyer ; s'estomper ; devenir flou.

ver|schwinden [fɛr'ʃvindən] (a, u) v. intr. disparaître ; s'éteindre ; s'évanouir. | *verschwindend (klein)*, infime ; minime. || FIG., FAM. disparaître ; s'éclipser. ||°**-schwinden** n. (s) disparition f. ; extinction f. ; évanouissement m. || FIG. éclipse f.

ver|schwistert [fɛr'ʃvistərt] adj. (être) enfants du même père, de la même mère. || FIG. lié, uni fraternellement, intimement.

ver|schwitzen [fɛr'ʃvitsən] v. tr. tremper de sueur. || FIG., FAM. oublier ce qu'on a appris.

ver|schwommen [fɛr'ʃvɔmən] adj. estompé ; nébuleux ; vague ; indécis. || PHOT. flou. ||°**-schwommenheit** f. vague m. ; flou m. ; fondu m. (des contours) ; imprécision f.

ver|schwören [fɛr'ʃvø:rən] (o, o) v. tr. [schwören] faire serment de ; affirmer solennellement. — v. pr. **sich verschwören,** [schwören] *sich hoch und teuer verschwören, daß*, jurer ses grands dieux que. || [Verschwörung anzetteln] se conjurer ; conspirer ; comploter. || FIG. *alles hat sich gegen uns verschworen*, tout semble ligué contre nous. ||°**-schworener** m., °**-schwörer** m. (s, -) conjuré m. ; conspirateur m. ||°**-schwörung** f. (-, en) conjuration f. ; conspiration f.

ver|sehen [fɛr'ze:ən] (ie, a, e) v. tr. **1.** [falsch machen] se méprendre (au sujet de qch.) ; négliger (par inadvertance). | *hierbei ist manches versehen worden*, à cette occasion on a commis diverses négligences. | *ich habe mich versehen*, j'ai commis une bévue ; je me suis mépris.

2. [verwalten] exercer. | *ein Amt, einen Dienst versehen*, remplir une fonction ; exercer une charge.

3. [ausrüsten mit] *jn mit etwas versehen*, munir, pourvoir qn de qch. | *sich mit etwas versehen*, se munir de qch. ; faire provision de qch. || RELIG. *der Geistliche hat ihn soeben versehen*, le prêtre vient de lui administrer les derniers sacrements.

◇ v. pr. **sich versehen, 1.** (gén.) *ehe man sich's versieht*, sans qu'on s'y attende le moins du monde ; en un clin d'œil. | *wer hätte sich dessen versehen ?*, qui l'eût cru ?

2. *eine schwangere Frau versieht sich an etwas*, une femme enceinte éprouve un choc (défavorable à l'enfant) à la vue de qch.

Ver|sehen [-'ze:ən] n. (s, -) bévue f. ; méprise f. ; (petite) erreur ; négligence f. | *aus Versehen*, par mégarde ; par inadvertance.

ver|sehentlich [-'ze:əntliç] adj., adv. par inadvertance ; par mégarde.

ver|sehren [fɛr'ze:rən] v. tr. (Vx.) blesser ; endommager. || ADM. *versehrt*, invalide ; estropié. | *der Kriegsversehrte*, le mutilé de guerre. ||°**-sehrtenrente** f. (-, en). ADM. pension (f.) d'invalidité.

ver|seifen [fɛr'zaifən] v. tr. CHIM. saponifier.

ver|seilen [fɛr'zailən] v. tr. TECHN. tordre (ensemble) ; câbler ; toroner.

ver|selbständigen (sich) [ziçfɛr'zɛlpʃtɛndigən] v. tr. se rendre indépendant ; s'émanciper.

ver|senden [fɛr'zɛndən] (versandte, versandt ou conj. faible) v. tr. envoyer ; expédier. ||°**-sender** m. (s, -) expéditeur m. || PAR EXT. expéditionnaire m. ; exportateur m. ||°**-sendung** f. (-, en) envoi m. ; expédition f.

ver|sengen [fɛr'zɛŋən] v. tr. flamber ; roussir ; griller (légèrement).

ver|senkbar [fɛr'zɛŋkbɑ:r] adj. escamotable.

ver|senken [-'zɛŋkən] v. tr. enfoncer ; descendre ; plonger ; jeter au fond. || MAR. *ein Schiff versenken*, envoyer un navire par le fond ; couler un navire. | *sein eigenes Schiff versenken*, saborder son bateau ; se saborder. || TECHN. fraiser. | *versenkte Schraube*, vis noyée. || THÉÂTRE. *Versenkbühne*, plateau (m.) escamotable.

◇ v. pr. **sich versenken.** FIG. *sich in ein Buch versenken*, se plonger dans un livre ; s'absorber dans sa lecture.

Ver|senkung [-kuŋ] f. descente f. ; immersion f. ; enfoncement m. || THÉÂTRE. trappe f.

ver|sessen [fɛr'zɛsən] adj. engoué (de) ; acharné (à). | *er ist ganz darauf versessen*, il ferait des folies pour cela ; il en est fou. ||°**-sessenheit** f. engouement m. ; acharnement m.

ver|setzen [fɛr'zɛtsən] v. tr. **1.** [woandershin setzen] changer de place ; déplacer ; transporter (ailleurs) ; transférer. | *Bäume versetzen*, transplanter des arbres. || PAR ANAL. *einen Beamten versetzen*, changer d'affectation, muter un fonctionnaire. | *in den Ruhestand versetzen*, mettre à la retraite. | *einen Schüler versetzen*, faire passer un élève dans la classe supérieure. || PAR EXT. *jn in eine unangenehme Lage versetzen*, mettre qn dans l'embarras, dans une situation délicate. || FIG. *jn in Furcht, Freude, Begeisterung versetzen*, effrayer, réjouir, enthousiasmer qn. || FIN. *Wertgegenstände versetzen*, mettre des objets précieux en gage, au mont-de-piété, au crédit municipal, FAM. au clou. || ARCHIT. contrarier (les joints). || MUS. altérer (une note) ; transposer (un morceau). || MATH. permuter.

2. [mischen] mélanger. | *Wein mit Wasser versetzen*, couper le vin d'eau. | *das Rot mit etwas Gelb versetzen*, mélanger le rouge d'un peu de jaune. | *Metalle versetzen*, allier des métaux.

3. [versperren] barrer ; couper. | *den Eingang mit Steinen versetzen*, barrer, obstruer l'entrée avec des pierres.

4. [beibringen] donner, appliquer (avec force). | *jm einen Hieb versetzen*, assener un coup à qn. || FIG. *das*

hat ihm einen harten Schlag versetzt, cela lui a porté un rude coup.
5. [erwidern] repartir ; répliquer.
6. [nicht kommen] *jn versetzen*, FAM. poser un lapin à qn.
Ver|setzung [-'zɛtsuŋ] f. (-, en), **Ver|setzen** [-'zɛtsən] n. (s) changement (m.) de place ; déplacement m. ; transfert m. || [Pflanzen] transplantation f. || [Beamten] mutation f. | *Versetzung in den Ruhestand*, mise (f.) à la retraite. || FIN. mise (f.) en gage. || MUS. altération f. (d'une note) ; transposition f. (d'un morceau). || MATH. permutation f.
ver|seuchen [fɛr'zɔyçən] v. tr. infecter ; contaminer. || FIG. infester. ||°**-seuchung** f. infection f. ; contamination f. ; état (m.) endémique (d'une maladie). | *radioaktive Verseuchung der Umwelt*, pollution radioactive de l'environnement.
ver|sicherbar [fɛr'ziçərbɑ:r] adj. FIN. pouvant faire l'objet d'une assurance ; assurable. ||°**-sicherer** [-çərər] m. (s, -). FIN. agent (m.) d'assurances ; assureur m.
ver|sichern [-'ziçərn] v. tr. **1.** FIN. [durch Versicherungsvertrag] assurer. | *ein Haus gegen Feuer, Einbruch versichern*, assurer une maison contre l'incendie, le vol. | *der Versicherte, die Versicherte*, l'assuré(e) m. (f.).
2. [sicher zusagen] *jn seiner Freundschaft versichern*, assurer qn de son amitié. | *er versichert mich seiner Ergebenheit*, il m'assure de son dévouement. || PAR EXT. être sûr, assuré (de qch.). | *seien Sie (dessen) versichert*, soyez-en assuré ; comptez-y ; je vous assure.
3. FIG. [als sicher hinstellen, beteuern] assurer ; garantir ; affirmer ; prétendre. | *ich kann dir versichern, daß*, je peux te donner l'assurance que.
◇ v. pr. **sich versichern, 1.** [sich Sicherheit verschaffen] s'assurer de ; vérifier. | *versichere dich, ob die Tür geschlossen ist*, assure-toi que la porte est bien fermée. | *versichere dich vorher seiner Zustimmung*, assure-toi auparavant de son accord.
2. [sicher stellen] s'assurer de. | *man mußte sich seiner Person versichern*, on a dû s'assurer, se saisir de sa personne.
Ver|sicherung [-'ziçəruŋ] f. (-, en). **1.** FIN. assurance f. (contre). | *eine Versicherung abschließen*, prendre, contracter une assurance. | *Versicherung auf Gegenseitigkeit*, assurance mutuelle. | *Lebensversicherung*, assurance sur la vie ; assurance-vie. | *Versicherungspflicht*, assurance obligatoire.
2. [Zusage ; Beteuerung] assurance f. | *jm die Versicherung geben, daß*, donner à qn l'assurance que ; assurer qn que.
Versicherungs|berater [fɛr"ziçəruŋsbə'rɑ:tər] m. (s, -) assureur-conseil m. ||°**-betrag** m. (s, ¨e) somme assurée. ||°**-fall** m. (s, ¨e) sinistre m. ||°**-gesellschaft** f. (-, en) compagnie (f.) d'assurances. ||°**-makler** m. (s, -) courtier (m.) d'assurances. ||°**-nehmer** m. (s, -) assuré m. ||°**-pflicht|grenze** f. (-, n) plafond (m.) d'affiliation. ||°**-police** f. (-, n). [Versicherungsschein] police (f.) d'assurance. || °**-prämie** f. (-, n) prime (f.) d'assurance. ||°**-vertreter** m. (s, -) agent (m.) d'assurances. ||°**-wert** m. (s, e) valeur assurée. ||°**-zwang** m. (s) assurance (f.) obligatoire.
ver|sickern [fɛr'zikərn] v. intr. s'écouler en suintant.
ver|siegeln [fɛr'zi:gəln] v. tr. cacheter ; sceller. || [Parkett] vitrifier.
ver|siegen [fɛr'zi:gən] v. intr. tarir ; s'épuiser.
versiert [fɛr'zi:rt] adj. COMM. versé (dans) ; expert (dans).
ver|silbern [fɛr'zilbərn] v. tr. MÉTALL. argenter. || FIG., FAM. réaliser ; faire argent de. ||°**-silberung** f. argenture f.
ver|simpeln [fɛr'zimpəln] v. intr. s'abêtir ; s'abrutir. || FIG. simplifier (abusivement).
ver|sinken [fɛr'ziŋkən] (a, u) v. intr. (s')enfoncer ; couler (à fond). | *in den Wellen versinken*, être englouti, submergé par les flots. || FIG. se perdre, s'abîmer dans. | *versunken sein (in)*, être absorbé, saisi par ; s'abandonner à.
ver|sinnbildlichen [fɛr'zinbiltliçən] v. tr. symboliser ; représenter (symboliquement). ||**-sinnlichen** v. tr. matérialiser ; rendre sensible, palpable.
ver|sippen [fɛr'zipən] v. tr. allier (par mariage).
ver|sittlichen [fɛr'zitliçən] v. tr. élever moralement ; civiliser.
ver|sitzen [fɛr'zitsən] (versaß, versessen) v. tr. *seine Zeit versitzen*, perdre son temps à attendre.
ver|sklaven [fɛr'sklɑ:fən] v. tr. asservir ; réduire en esclavage.
ver|soffen [fɛr'zɔfən] part. pass. de **versaufen.**
ver|sohlen [fɛr'zo:lən] v. tr. ressemeler. || FIG., POP. *jm das Fell versohlen*, tanner le cuir (à qn).
ver|söhnen [fɛr'zø:nən] v. tr. réconcilier ; FAM. raccommoder. | *sich mit jm versöhnen*, se réconcilier, faire la paix avec qn. ||**-söhnlich** adj. conciliant ; accommodant. ||°**-söhnung** f. (-, en) réconciliation f. || RELIG. expiation f. ; propitiation f. | *Versöhnungsopfer*, sacrifice (m.) expiatoire.
ver|sonnen [fɛr'zɔnən] adj. songeur ; pensif ; méditatif. ||°**-sonnenheit** f. esprit pensif ; humeur rêveuse.
ver|sorgen [fɛr'zɔrgən] v. tr. prendre soin de ; s'occuper de. | *die Küche versorgen*, s'occuper de, vaquer aux soins de la cuisine. || PAR EXT. alimenter ; approvisionner ; fournir. | *mit Strom versorgen*, alimenter en courant électrique. | *jn mit etwas versorgen*, fournir qn de qch. || FIG. assurer l'avenir (de qn) ; établir, FAM. caser (qn). | *meine Kinder sind versorgt*, mes enfants ont une situation, sont casés. ||°**-sorger** m. (s, -) ravitailleur m. ||°**-sorgung** f. approvisionnement m. || MIL. ravitaillement m. ; logistique f. || MAR. soutien (m.) logistique. || ÉLECTR. *Stromversorgung*, alimentation (f.) en courant électrique. || [Ausübung] (prise [f.] en) charge f. || FIG. prévoyance f. ; assistance (sociale). | *Altersversorgung*, régime (m.) de retraite. | *Versorgungsheim*, hospice m.
ver|spannen [fɛr'ʃpanən] v. tr. TECHN. haubaner ; entretoiser. ||°**-spannung** f. AÉRON. haubanage m.
ver|sparen [fɛr'ʃpɑ:rən] v. tr. V. AUFSPAREN.
ver|späten [fɛr'ʃpɛ:tən] v. tr. retarder ; mettre en retard. — v. pr. **sich verspäten,** s'attarder ; être, se mettre en retard. ||°**-spätung** f. (-, en) retard m.
ver|speisen [fɛr'ʃpaizən] v. tr. consommer ; manger.
ver|spekulieren (sich) [ziçfɛr'ʃpeku'li:rən] v. pr. faire un faux calcul ; manquer une spéculation.
ver|sperren [fɛr'ʃpɛrən] v. tr. barrer ; encombrer ; obstruer. | *den Weg versperren*, couper le chemin.
ver|spielen [fɛr'ʃpi:lən] v. tr. perdre (au jeu). | *seine Zeit verspielen*, perdre son temps au jeu.
◇ v. intr. perdre (un jeu, une partie).
◇ part. pass. **verspielt.** FIG. badin ; frivole.
ver|spillern [fɛr'ʃpilərn] v. intr. BOT. s'étioler.
ver|sponnen [fɛr'ʃpɔnən] adj. enfermé (comme dans un cocon). || FIG. plongé, absorbé (dans).
ver|spotten [fɛr'ʃpɔtən] v. tr. railler ; persifler ; se moquer de. ||°**-spottung** f. (-, en) raillerie f. ; persiflage m. ; moquerie f.
ver|sprechen [fɛr'ʃprɛçən] (i, a, o) v. tr. promettre ; s'engager à ; donner sa parole. | *jm seine Hilfe versprechen*, promettre son aide à qn. | *ich bin für heute abend versprochen*, je suis retenu pour ce soir (par une invitation). || FIG. *ich verspreche mir viel davon*, je compte beaucoup là-dessus ; j'en attends de bons résultats.
◇ v. pr. **sich versprechen.** FIG. [sich verloben] promettre sa main. || [im Sprechen] se tromper en parlant ; commettre un lapsus (linguae). | *ich habe mich versprochen*, la langue m'a fourché.
Ver|sprechen [-'ʃprɛçən] n. (s, -), **Ver|sprechung** [-'ʃprɛçuŋ] f. (-, en) promesse f. ; engagement m. | *jm ein Versprechen abnehmen*, faire promettre qch. à qn. | *ein Versprechen halten, einlösen*, tenir une promesse.
Ver|sprecher [fɛr'ʃprɛçər] m. (s, -) lapsus m.
ver|sprengen [fɛr'ʃprɛŋən] v. tr. disperser.
◇ part. pass. **versprengt,** isolé ; égaré.
Ver|springen [fɛr'ʃpriŋən] n. (s, -). SPORT. faux rebond.
verspritzen [fɛr'ʃpritsən] v. tr. faire jaillir.
versprochener|maßen [fɛr"ʃprɔxənər'mɑ:sən] adv. comme promis.
Ver|spruch [fɛr'ʃprux] m. (s, ¨e) promesse f.
ver|spüren [fɛr'ʃpy:rən] v. tr. (res)sentir ; éprouver. | *Durst verspüren*, avoir soif.
ver|staatlichen [fɛr'ʃtɑ:tliçən] v. tr. étatiser ; nationaliser. || RELIG. laïciser. ||°**-staatlichung** f. étatisation f. ; nationalisation f.
ver|städtern [fɛr'ʃtɛtərn] v. tr. urbaniser. | *sich verstädtern*, devenir citadin.
Ver|stand [fɛr'ʃtant] m. (s). **1.** [Fassungskraft] entendement m. ; raison f. ; intelligence f. || PHILOS. intellect m. | *der gesunde (Menschen)verstand*, le bon sens. | *ein Mann von Verstand*, un homme sensé. | *etwas mit Verstand tun*, faire qch. intelligemment. | *bei Verstand sein*, avoir toute sa raison, toute sa lucidité. | *den Verstand verlieren*, perdre la raison ; n'avoir plus toute sa tête, son bon sens. | *zu Verstand kommen*, devenir

raisonnable ; atteindre l'âge de raison. | *es liegt kein Sinn und Verstand darin*, cela n'a ni rime ni raison. | *das geht mir über den Verstand*, cela me dépasse ; je m'y perds. || FAM. *er ist nicht ganz bei Verstande*, il n'a pas toute sa tête. | *der Verstand steht mir still*, les bras m'en tombent ; j'en suis pantois. || LOC. *er hat mehr Glück als Verstand*, il a une chance imméritée.
2. [Verständnis ; Sinn] compréhension f. ; sens m. ; acception f. | *viel Verstand für etwas haben*, avoir le sens d'une chose. | *im eigentlichen Verstand des Wortes*, au sens propre du mot.

ver|standen [-'ʃtandən] part. pass. de **verstehen** et interj. *verstanden !*, compris ! ; entendu !

verstandes|gemäß [fɛr"ʃtandəsge'mɛ:s], **-mäßig** [-'mɛ:siç] adj. logique ; rationnel. ||°**-mensch** m. (en, en) homme, esprit positif ; cérébral m. ||°**-schärfe** f. perspicacité f. ; sagacité f. ; clairvoyance f.

ver|ständig [fɛr'ʃtɛndiç] adj. raisonnable ; sensé ; intelligent ; compréhensif. ||**-ständigen** v. tr. *jn über, von etwas verständigen*, prévenir, informer qn de qch. — v. pr. **sich verständigen.** *sich mit jm verständigen*, s'entendre, s'arranger avec qn. ||°**-ständigkeit** f. sagesse f. ; compréhension f. ; bon sens. ||°**-ständigung** f. (-, en) avis m. ; information f. || [Aussprache] entente f. ; arrangement m. ; accord m. ||**-ständlich** adj. intelligible ; compréhensible. | *laut und verständlich*, à haute et intelligible voix. | *(sich) verständlich machen*, (se) faire comprendre. | *leicht verständlich*, facile à comprendre, à concevoir. | *allgemeinverständlich*, à la portée de tout le monde. ||°**-ständlichkeit** f. intelligibilité f. ; clarté f.

Ver|ständnis [fɛr'ʃtɛntnis] n. (ses) compréhension f. (pour qch.) ; intelligence f. | *viel Verständnis für etwas haben*, bien comprendre une chose ; avoir le sens de qch. | *zum besseren Verständnis*, pour mieux vous faire comprendre.

verständnis|voll [-'ʃtɛntnisfɔl] adj. entendu ; avisé ; compréhensif.

ver|stänkern [fɛr'ʃtɛŋkərn] v. tr. empuantir ; empester.

ver|stärken [fɛr'ʃtɛrkən] v. tr. renforcer ; fortifier ; rendre plus fort ; augmenter. || PHOT. renforcer (un négatif). || RADIO. amplifier. ||°**-stärker** m. (s, -). RADIO. amplificateur m. ||°**-stärkung** f. (-, en) renforcement m. ; augmentation f. ; accroissement m. || RADIO. amplification f. | *Verstärkungsprofil*, profil (m.) d'amplification. || MIL. renfort m.

ver|statten [fɛr'ʃtatən] v. tr. (Vx.) V. GESTATTEN.

ver|stäuben [fɛr'ʃtɔybən] v. tr. pulvériser ; répandre (une poudre, un liquide). ||°**-stäuber** m. (s, -). TECHN. pulvérisateur m. ; vaporisateur m.

ver|staubt [fɛr'ʃtaubt] part. pass. et adj. couvert de poussière.

ver|stauchen [fɛr'ʃtauxən] v. tr. et v. pr. (se) fouler ; (se) donner une entorse. | *er hat sich den Daumen verstaucht*, il s'est démis le pouce. || °**-stauchung** f. (-, en) foulure f. ; entorse f. ; luxation f.

ver|stauen [fɛr'ʃtauən] v. tr. MAR. arrimer.

Ver|steck [fɛr'ʃtɛk] n. (s, e) cachette f. ; cache f. ; réduit m. | *Versteck spielen*, jouer à cache-cache. ||**-stecken** v. tr. cacher ; dissimuler.
◇ part. pass. **versteckt,** caché, dissimulé. | *(sich) versteckt halten*, (se) tenir caché ; (se) dissimuler. || FIG. secret ; occulte, en dessous ; voilé.

ver|stehen [fɛr'ʃte:ən] (verstand, verstanden) v. tr. **1.** [hören] entendre ; comprendre (un mot prononcé). | *ich verstehe Sie schlecht*, je vous entends mal. | *ich habe kein Wort verstanden*, je n'en ai pas compris un mot.
2. [begreifen] comprendre ; saisir ; concevoir. | *ich verstehe sein Verhalten nicht*, je ne comprends rien à son attitude. | *zu verstehen geben*, donner à entendre. || LOC. *darunter verstehe ich*, j'entends par là.
3. [gelernt haben] entendre ; s'entendre à (qch.) ; savoir. | *sein Handwerk verstehen*, entendre, connaître, savoir son métier. | *er versteht zu schreiben*, il sait écrire. | *er versteht deutsch*, il comprend, il sait l'allemand. | *nichts von Musik verstehen*, ne rien entendre à la musique. | *ich verstehe nichts davon*, je n'y entends rien ; je ne m'y connais pas.
◇ v. pr. **sich verstehen. 1. zu etwas,** se prêter à qch. ; acquiescer ; condescendre à.
2. auf etwas, s'entendre à qch. ; se connaître en qch. | *sich auf sein Handwerk verstehen*, connaître son métier. | *er versteht sich aufs Schreiben*, il sait écrire.
3. mit jm, s'entendre avec qn ; avoir des points communs avec qn. | *sie verstehen sich gut (miteinander)*, ils s'entendent bien ; ils vivent en bonne intelligence. | *verstehen wir uns recht !*, entendez-moi bien ; ne vous méprenez pas.
4. s'entendre. | *die Preise verstehen sich frei Haus*, les prix s'entendent franco domicile. | *das versteht sich von selbst*, cela va de soi ; cela va sans dire ; cela tombe sous le sens.
◇ v. pr. impers. **das versteht sich,** cela va de soi.

Ver|stehen [-'ʃte:ən] n. (s) compréhension f. ; intelligence f. || [gegenseitiges] entente f.

ver|steifen [fɛr'ʃtaifən] v. tr. raidir. || TECHN. renforcer ; nervurer ; entretoiser. — v. pr. FIG. *sich auf etwas versteifen*, s'obstiner à. ||°**-steifung** f. (-, en) raidissement m. || TECHN. renforcement m. ; nervure f. ; entretoise f. || FIG. obstination f. || FIN. *Versteifung des Marktes*, resserrement (m.), alourdissement (m.) du marché.

ver|steigen (sich) [ziçfɛr'ʃtaigən] (ie, ie) v. pr. se perdre en grimpant ; monter trop haut. || FIG. *er hat sich bis zu der Behauptung verstiegen, daß*, il est allé jusqu'à prétendre que. | *verstiegen*, prétentieux ; extravagant ; guindé.

ver|steigern [fɛr'ʃtaigərn] v. tr. vendre à l'encan ; vendre aux enchères. || JUR. vendre sur licitation. ||°**-steigerer** m. (s, -) commissaire-priseur m. || °**-steigerung** f. (-, en) vente (f.) aux enchères. | *Versteigerungshalle*, criée f. || JUR. licitation f.

ver|steinern [fɛr'ʃtainərn] v. tr. pétrifier. || GÉOL. *versteinert*, fossilisé. || FIG. *er stand wie versteinert*, il était muet d'étonnement. ||°**-steinerung** f. (-, en). GÉOL. pétrification f. ; fossile m.

ver|stellbar [fɛr'ʃtɛlba:r] adj. mobile ; articulé ; ajustable ; réglable. | *in der Länge verstellbar*, extensible. | *verstellbare Lehne*, dossier inclinable. | *verstellbare Lampe*, lampe orientable.

ver|stellen [-lən] v. tr. **1.** ajuster ; régler ; faire coulisser. | *Verstellpropeller*, hélice (f.) à pas variable.
2. [woanders hinstellen] déplacer (à tort) ; déranger. | *die Bücher sind auf dem Regal verstellt worden*, on a dérangé les livres sur le rayon.
3. [versperren] barrer. | *er verstellte mir den Eingang*, il m'a barré l'entrée.
4. [verhehlen] dissimuler ; rendre méconnaissable. | *seine Stimme verstellen*, déguiser sa voix. | *sich verstellen*, se rendre méconnaissable. || PAR EXT. déguiser sa pensée ; feindre ; faire semblant (de).

Ver|stellung [fɛr'ʃtɛluŋ] f. déplacement m. ; dérangement m. || TECHN. réglage m. || FIG. [Vorspiegelung] (dis)simulation f. ; feinte f. ; faux-semblant m. | *Verstellungskunst*, art (m.) de la dissimulation ; hypocrisie f.

ver|steppen [fɛr'ʃtɛpən] v. intr. GÉOGR. se transformer en steppe. ||°**-steppung** f. (-, en) désertification f.

ver|steuern [fɛr'ʃtɔyərn] v. tr. déclarer (au fisc).

Ver|stiftung [fɛr'ʃtiftuŋ] f. (-, en). TECHN. piétage m.

ver|stimmen [fɛr'ʃtimən] v. tr. MUS. désaccorder (un instrument). || FIG. indisposer ; donner de l'humeur ; contrarier. | *verstimmt sein*, être de mauvaise humeur ; avoir de l'humeur. ||°**-stimmung** f. (-, en). MUS. désaccord m. || FIG. mauvaise humeur ; bouderie f.

ver|stockt [fɛr'ʃtɔkt] adj. moisi. || FIG. entêté ; endurci ; buté. ||°**-stocktheit** f. FIG. entêtement m. ; endurcissement m. ; insensibilité f.

ver|stohlen [fɛr'ʃto:lən] adj. furtif ; subreptice. | *verstohlener Blick*, regard dérobé, en coulisse.
◇ adv. à la dérobée ; en tapinois. | *verstohlen nach etwas hinsehen*, loucher vers qch. ; regarder qch. du coin de l'œil.

ver|stopfen [fɛr'ʃtɔpfən] v. tr. boucher ; tamponner. || TRANSP. [Straße] embouteiller. || MÉD. constiper. ||°**-stopfung** f. bouchage m. || TRANSP. embouteillage m. || MÉD. constipation f.

ver|storben [fɛr'ʃtɔrbən] adj. décédé. | *meine verstorbene Mutter*, feu ma mère ; ma mère défunte. | *die Verstorbenen*, les morts ; les personnes décédées.

ver|stört [fɛr'ʃtø:rt] adj. troublé ; effaré ; hagard. ||°**-störtheit** f. trouble m. (de l'âme) ; effarement m. ; air hagard.

Ver|stoß [fɛr'ʃto:s] m. (es, ¨e) manquement m. ; infraction f. ; dérogation f. ; faute f. ; bévue f. ||**-stoßen** (ö, ie, o) v. tr. chasser ; repousser (méchamment). | *seine Frau verstoßen*, répudier sa femme. | *von allen verstoßen*, réprouvé. — v. intr. contrevenir ; déroger à. | *gegen das Gesetz verstoßen*, violer la loi ; agir contrairement à la loi. | *gegen die guten Sitten* *verstoßen*, enfreindre les bonnes mœurs. | *gegen die Disziplin verstoßen*, manquer à la discipline. ||°-**stoßung** f. répudiation f. ; abandon m.

ver|streben [fɛr'ʃtre:bən] v. tr. TECHN. entretoiser ; contre-ficher. ||°-**strebung** f. (-, en). TECHN. entretoise f. ; entretoisement m.

ver|streichen [fɛr'ʃtraiçən] (i, i) v. intr. *die Zeit verstreicht*, le temps passe, s'écoule.
◇ v. tr. enduire.

ver|streuen [fɛr'ʃtrɔyən] v. tr. disperser ; éparpiller. ||°-**streuung** f. (-, en) dispersion f. ; éparpillement m.

ver|stricken [fɛr'ʃtrikən] v. tr. prendre dans ses filets ; empêtrer ; impliquer (dans une affaire).

ver|stümmeln [fɛr'ʃtyməln] v. tr. mutiler ; estropier. || ZOOL. châtrer. || FIG. tronquer ; défigurer. ||°-**stümmelung** f. (-, en) mutilation f. || FIG. détérioration f.

ver|stummen [fɛr'ʃtumən] v. intr. devenir muet ; demeurer interdit. || PAR EXT. [Lärm] cesser. | *nach und nach verstummte das Geschrei der Kinder*, les cris des enfants se calmèrent peu à peu. | *zum Verstummen bringen*, faire taire. ||°-**stummung** f. perte subite de la parole. || PAR EXT. silence soudain.

Ver|such [fɛr'zu:x] m. (s, e) essai m. ; tentative f. | *erster Versuch*, coup (m.) d'essai. | *strafbarer Versuch*, tentative criminelle. | *Versuche machen, anstellen*, faire des essais ; expérimenter. | *einen Versuch mit jm machen*, prendre qn à l'essai ; mettre qn à l'épreuve.

ver|suchen [-'zu:xən] v. tr. essayer ; tenter. | *sein Glück versuchen*, tenter sa chance. | *Speisen versuchen*, goûter des mets. | *seine Kräfte an einem Werk versuchen*, essayer ses forces à une œuvre. | *es mit jm versuchen*, tenter un essai avec qn. | *es mit Güte versuchen*, recourir, pour changer, à l'indulgence. | *es mit dem, sich im Schwimmen versuchen*, s'essayer à nager ; FAM. tâter de la natation. || FIG. tenter ; séduire. | *ich bin versucht, es zu tun*, je suis tenté de le faire. ||°-**sucher** m. (s, -) séducteur m. ; tentateur m. || RELIG. le tentateur ; le démon.

Versuchs|anstalt [fɛr"zu:xs'anʃtalt] f. (-, en) centre (m.) d'essai. ||°-**ballon** m. (s, e) ballon m. (d'essai). ||°-**feld** n. (s, e), °-**gelände** n. (s, -) champ (m.) d'expériences. ||°-**kaninchen** n. (s, -). BIOL. et FIG., IRON. cobaye m. ||°-**modell** n. (s, e). TECHN. maquette (f.) d'essais. ||°-**raum** m. (s, ¨e) laboratoire m. ||°-**reaktor** m. (s, en). NUCL. réacteur expérimental. ||°-**stand** m. (s, ¨e) banc (m.) d'essai. ||-**strecke** f. (-, n). TRANSP. ligne expérimentale. ||°-**tier** n. (s, e) animal (m.) de laboratoire. ||-**weise** adv. à titre d'essai.

Ver|suchung [fɛr'zu:xuŋ] f. (-, en) tentation f. ; séduction f. | *in Versuchung führen*, induire en tentation. | *in Versuchung geraten*, être tenté.

ver|sudeln [fɛr'zu:dəln] v. tr. salir ; souiller ; barbouiller.

ver|sühnen [fɛr'zy:nən] v. tr. [versöhnen] réconcilier.

ver|sumpfen [fɛr'zumpfən] v. intr. se transformer en marais. | *versumpftes Gelände*, terrain marécageux. || FIG. se corrompre. ||°-**sumpfung** f. paludification f.

ver|sündigen (sich) [ziçfɛr'zyndigən] v. pr. *sich an Gott versündigen*, pécher contre Dieu ; offenser Dieu. ||°-**sündigung** f. (-, en) péché m. ; offense f.

ver|sunken [fɛr'zuŋkən] adj. englouti ; plongé. || FIG. *in seine Lektüre versunken*, plongé dans sa lecture. | *in Gedanken versunken*, pensif.

ver|süßen [fɛr'zy:sən] v. tr. adoucir ; dulcifier ; sucrer. || FIG. embellir ; édulcorer. | *jm die Pille versüßen*, dorer la pilule à qn.

ver|täfeln [fɛr'tɛ:fəln] v. tr. lambrisser.

ver|tagen [fɛr'tɑ:gən] v. tr. ajourner ; proroger. ||°-**tagung** f. (-, en) ajournement m. ; prorogation f.

ver|tändeln [fɛr'tɛndəln] v. tr. gaspiller ; galvauder. | *seine Zeit vertändeln*, passer son temps à des niaiseries.

ver|täuen [fɛr'tɔyən] v. tr. MAR. amarrer.

ver|tauschen [fɛr'tauʃən] v. tr. échanger ; troquer ; permuter. | *Rollen vertauschen*, intervertir des rôles. || PAR EXT. confondre. ||-**tauschbar** adj. échangeable ; permutable. ||°-**tauschung** f. (-, en) échange m. ; permutation f. ; substitution f.

ver|tausendfachen [fɛr'tauzəntfaxən] v. tr. augmenter mille fois ; multiplier par mille.

Vertebra ['vɛrtebra] f. ANAT. vertèbre f.

Vertebrat [vɛrte'brɑ:t] n. (s, en). ZOOL. [Wirbeltier] vertébré m.

ver|teidigen [fɛr'taidigən] v. tr. défendre ; prendre la défense de ; soutenir ; protéger. | *jn vor Gericht verteidigen*, plaider pour qn. | *sich verteidigen*, se défendre. || UNIV. *eine Dissertation, eine Habilitationsschrift verteidigen*, soutenir une thèse.

Ver|teidiger [-gər] m. (s, -) défenseur m. || JUR. avocat m. | *amtlich bestellter Verteidiger*, avocat (désigné) d'office. || SPORT. arrière m. ||°-**teidigung** f. (-, en) défense f. || JUR. [vor Gericht] plaidoyer m. | *js Verteidigung übernehmen*, prendre, assurer la défense de qn.

Verteidigungs|initiative [fɛr"taidiguŋsinitsia-'ti:və] f. (-, n). MIL. *strategische Verteidigungsinitiative*, initiative (f.) de défense stratégique (I.D.S.). ||°-**krieg** m. (s, e) guerre défensive. ||°-**minister** m. (s, -) ministre (m.) de la Défense nationale. ||°-**rede** f. (-, n). JUR. plaidoyer m. ||°-**schrift** f. (-, en) écrit (m.) apologétique.

ver|teilen [fɛr'tailən] v. tr. distribuer ; répartir ; partager. | *sich verteilen*, se partager ; se disperser. || INF. *verteilte Datenverarbeitung*, informatique distribuée. ||-**teilbar** adj. distribuable ; qui peut être réparti. ||°-**teiler** m. (s, -). TECHN. répartiteur m. ; distributeur m. || AUTOM. allumeur m. || [routes] échangeur m.

Verteiler|bahnhof [fɛr"tailər'bɑ:nho:f] m. (s, ¨e) gare (f.) de triage.

Ver|teilung [fɛr'tailuŋ] f. (-, en) distribution f. ; répartition f. ; partage m. ; diffusion f. || PAR EXT. dispersion f. | *gleichmäßige Verteilung der Steuerlasten*, péréquation (f.) des charges fiscales. || MIL. *räumliche Verteilung von Truppen*, implantation territoriale de troupes. || *Verteilung der Regenfälle*, régime (m.) des pluies. || [Post] tri m.

ver|teuern [fɛr'tɔyərn] v. tr. enchérir ; renchérir ; rendre plus cher. ||°-**teuerung** f. (-, en) (r)enchérissement m. ; hausse (f.) des prix.

ver|teufelt [fɛr'tɔyfəlt] adj. endiablé ; satané ; infernal ; diabolique. | *verteufelter Kerl*, diable (m.) d'homme.
◇ adv. diablement.

ver|tiefen [fɛr'ti:fən] v. tr. rendre plus profond ; approfondir. || FIG. *in die Lektüre vertieft*, absorbé par sa lecture ; plongé dans sa lecture. | *sich in ein Problem vertiefen*, se plonger dans un problème. ||°-**tiefung** f. (-, en) approfondissement m. ; creusement m. || PAR EXT. creux m. ; cavité f. | *ausgehöhlte Vertiefung*, excavation f.

ver|tieren [fɛr'ti:rən] v. tr. [zu Tier machen] abrutir.
◇ v. intr. [zu Tier werden] s'abrutir.

vertikal [vɛrti'kɑ:l] adj. [senkrecht] vertical.

Vertiko ['vɛrtiko:] m. et n. (s, s). [Möbel] bonheur-du-jour m.

ver|tilgen [fɛr'tilgən] v. tr. extirper ; exterminer ; anéantir.
— SYN. : *zerstören*, détruire ; *vernichten*, anéantir ; *ausrotten*, extirper.

Ver|tilgung [-guŋ] f. (-, en) anéantissement m. ; extirpation f. ; extermination f.

ver|tippen [fɛr'tipən] v. pr. FAM. faire une faute en tapant à la machine.

ver|tonen [fɛr'to:nən] v. tr. mettre en musique. ||°-**tonung** f. (-, en) mise (f.) en musique ; adaptation musicale. || FILM. sonorisation f.

ver|tönen [fɛr'tø:nən] v. intr. cesser de résonner ; s'éteindre ; se perdre.

ver|trackt [fɛr'trakt] adj. embrouillé ; emmêlé ; complexe. || PAR EXT. désagréable ; fâcheux.
— SYN. : *verzwickt*, embrouillé.

Ver|trag [fɛr'trɑ:k] m. (s, ¨e) contrat m. ; traité m. ; pacte m. ; convention f. ; accord m. | *Versailler Vertrag*, traité de Versailles. | *einen Vertrag ausfertigen*, passer un contrat. | *einen Vertrag eingehen, schließen*, passer, conclure un traité, un contrat. | *einen Vertrag kündigen*, résilier un contrat. | *die Vertragschließenden*, les contractants ; les parties contractantes.
— SYN. : *Abkommen*, convention ; *Bündnis*, alliance ; *Pakt*, pacte.

ver|tragen [fɛr'trɑ:gən] (ä, u, a) v. tr. **1.** supporter ; endurer ; tolérer. | *er verträgt keinen Spaß*, il ne supporte pas, il n'entend pas la plaisanterie.
2. [anderswohin bringen] porter ailleurs.
◇ v. pr. **sich vertragen,** se supporter, s'accorder. | *sie vertragen sich gut*, ils vivent en bonne intelligence. | *sie vertragen sich wieder*, ils se sont réconciliés. | *die beiden Farben vertragen sich nicht*, ces deux couleurs jurent ensemble, sont incompatibles.

ver|traglich [fɛr'trɑ:kliç] adj. contractuel. | *vertraglich verpflichtet sein*, être tenu par contrat.

ver|träglich [fɛr'trɛ:kliç] adj. [Personen] conciliant ; accommodant ; traitable. | *einen verträglichen Charakter haben*, être d'un caractère facile. || [Dinge] compatible ; conciliable.

Vertrags|angestellte(r) [fɛr"trɑ:ks'angəʃtɛltə(r)] f. (m.) employé(e) [m. (f.)], fonctionnaire (s.) contractuel(le). ||°**-bedingungen** f. pl., °**-bestimmungen** f. pl. stipulations f. pl. ; clauses f. pl. ||°**-bruch** m. (s, ¨e) rupture (f.) d'un contrat ; violation (f.) d'un traité. ||°**-erfüllung** f. (-, en) exécution (f.) d'un contrat. ||°**-haftung** f. (-, en) responsabilité contractuelle. ||°**-händler(in)** m. (s, -), f. (-, nen). COMM. concessionnaire s. ||**-mäßig** adj. et adv. conforme au contrat. ||°**-partei** f. (-, en) partie contractante. ||°**-punkt** m. (s, e) article (m.) d'un contrat. | *Vertragspunkte*, stipulations f. pl. ||°**-recht** n. (s, e) droit (m.) de conclure un traité. || droit (m.) résultant d'un traité, d'un contrat. ||**-schließend** adj. *vertragsschließende Mächte*, puissances contractantes. || °**-schließer** m. (s, -) contractant m. ||°**-schließung** f. (-, en) conclusion (f.) d'un traité. ||°**-staaten** m. pl. POLIT. parties contractantes. ||°**-verletzung** f. (-, en) violation (f.) d'un traité, d'un contrat. ||**-widrig** adj. contraire au contrat, aux clauses d'un traité.

Ver|trauen [fɛr'trauən] n. (s) confiance f. | *js Vertrauen genießen*, avoir la confiance de qn. | *jm sein Vertrauen schenken*, accorder sa confiance à qn. | *ich habe kein Vertrauen zu ihm*, je n'ai aucune confiance en lui ; je ne me fie pas à lui. | *Vertrauen erwecken*, inspirer confiance. || POLIT. *der Regierung das Vertrauen aussprechen*, voter la confiance au gouvernement. || PAR EXT. confidence f. | *im Vertrauen gesagt*, cela dit entre nous, confidentiellement. | *jn ins Vertrauen ziehen*, mettre qn dans la confidence.

ver|trauen [-'trauən] v. intr. avoir confiance ; se fier à. | *ich vertraue ihm, auf ihn*, j'ai confiance en lui. | *ich kann ihm nicht vertrauen*, je me méfie de lui. | *zu sehr auf seine Kräfte vertrauen*, (trop) présumer de ses forces.
— SYN. : *sich verlassen auf*, faire confiance à.

vertrauen|erweckend [fɛr"trauənɛr'vɛkənt] adj. qui fait naître la confiance ; sûr ; éprouvé.

Vertrauens|arzt [fɛr"trauəns'artst] m. (es, ¨e) médecin-conseil m. ||**-bildend** adj. *vertrauensbildende Maßnahmen*, mesures (f. pl.) de confiance. ||°**-bruch** m. (s, ¨e) abus (m.) de confiance ; indiscrétion f. ||°**-frage** f. (-, n). POLIT. *die Vertrauensfrage stellen*, poser la question de confiance. ||°**-mann** m. (s, ¨er) homme (m.) de confiance ; FIG. bras droit. ||°**-mißbrauch** m. (s, ¨e) abus (m.) de confiance. ||°**-person** f. (-, en) personne (f.) de confiance. ||**-selig** adj. facilement confiant ; crédule. ||°**-seligkeit** f. crédulité f. || °**-stellung** f. (-, en) poste (m.) de confiance. ||**-voll** adj. confiant. ||°**-votum** n. (s, ten). POLIT. vote (m.) de confiance. ||**-würdig** adj. digne de confiance ; sûr. ||°**-würdigkeit** f. loyauté f. ; sûreté f.

ver|trauern [fɛr'trauərn] v. tr. *sein Leben vertrauern*, passer sa vie dans le deuil, dans l'affliction.

ver|traulich [fɛr'trauliç] adj. familier ; intime ; confidentiel. | *vertrauliche Mitteilung*, confidence. | *höchst vertraulich*, très confidentiel. ||°**-traulichkeit** f. familiarité f. ; intimité f. ; caractère confidentiel. — f. pl. **Vertraulichkeiten,** privautés f. pl.

ver|träumen [fɛr'trɔymən] v. tr. *seine Zeit verträumen*, passer son temps à rêver.
◇ part. pass. **verträumt,** rêveur ; plongé dans ses rêveries.

ver|traut [fɛr'traut] adj. intime ; familier. | *vertrauter Freund*, ami (m.) intime. | *ich bin damit vertraut geworden*, je me suis familiarisé avec cela. | *vertrauter Umgang*, intimité f. | *der Vertraute*, le familier ; le confident. || [zuverlässig] *vertrauter Mann*, homme (m.) de confiance. ||°**-trautheit** f. intimité f. ; familiarité f. ; connaissance profonde (de qch.).

ver|treiben [fɛr'traibən] (ie, ie) v. tr. chasser ; expulser ; déloger ; débusquer. | *den Feind aus dem Land vertreiben*, chasser l'ennemi hors du pays. | *jn aus seiner Wohnung vertreiben*, déloger, expulser qn. | *jn aus seinem Besitz vertreiben*, déposséder qn. | *seine Zeit mit Spielen vertreiben*, passer son temps à jouer. || MÉD. guérir ; faire passer une maladie. || COMM. [absetzen] débiter ; vendre. || [Farben] fondre ; noyer. | *nicht genug vertriebene Farben*, couleurs trop heurtées. | *Umrisse vertreiben*, adoucir, estomper des contours. ||°**-treibung** f. (-, en) expulsion f. ; bannissement m. ; proscription f.

ver|treten [fɛr'tre:tən] (i, a, e) v. tr. **1.** remplacer ; suppléer ; pallier l'absence de ; tenir lieu de ; représenter. | *eine Firma vertreten*, représenter une maison. | *einen abwesenden Lehrer vertreten*, remplacer un professeur absent. | *an einem Kind Vaterstelle vertreten*, tenir lieu de père à un enfant.
2. [verteidigen] défendre ; prendre fait et cause pour ; justifier. | *js Sache vor Gericht vertreten*, plaider la cause de qn devant les tribunaux. | *eine Meinung vertreten*, soutenir une opinion ; avoir le courage de son opinion.
3. [den Weg sperren] *er vertrat ihm den Weg*, il lui barra le chemin.
4. *sich den Fuß vertreten*, se fouler le pied. || FAM. *sich die Beine vertreten*, se dégourdir les jambes.

Ver|treter [-'tre:tər] m. (s, -) représentant m. ; remplaçant m. ; défenseur m. || COMM. *Geschäftsvertreter*, agent m.

Vertreter|besuch [fɛr"tre:tərbə'zu:x] m. (s, e). COMM. démarchage m.

Ver|tretung [-'tre:tuŋ] f. COMM. représentation f.

Vertretungs|personal [fɛr"tre:tuŋspɛrzɔ'nɑ:l] n. (s) personnel (m.) intérimaire, temporaire.

Ver|trieb [fɛr'tri:p] m. (s, e). COMM. écoulement m. ; débit m. ; vente f.

Vertriebs|fachmann [fɛr"tri:ps'faxman] m. (s, -leute), °**-ingenieur** m. (s, e) ingénieur technico-commercial. ||°**-flaute** f. (-, n) période creuse pour la vente. ||°**-leiter** m. (s, -) chef (m.) de vente. ||°**-stelle** f. (-, n) comptoir m. ; point (m.) de vente.

ver|trieben [fɛr'tri:bən] adj. expulsé ; chassé ; banni ; proscrit.

ver|trinken [fɛr'triŋkən] (a, u) v. tr. *sein Geld vertrinken*, dépenser son argent à boire. | *seinen Kummer vertrinken*, noyer son chagrin.

ver|trocknen [fɛr'trɔknən] v. intr. sécher ; se dessécher. — v. tr. faire sécher. ||°**-trocknung** f. dessèchement m. ; dessiccation f.

ver|trödeln [fɛr'trø:dəln] v. tr. [trödelnd verkaufen] vendre au marché aux puces. || PAR EXT. vendre à vil prix. || FIG. *seine Zeit vertrödeln*, passer son temps dans l'inaction.

ver|trösten [fɛr'trø:stən] v. tr. consoler ; faire prendre patience à | *jn auf eine Hoffnung vertrösten*, faire entrevoir une espérance à qn. | *jn auf später vertrösten*, renvoyer qn à plus tard. ||°**-tröstung** f. (-, en) promesse vague et lointaine.

ver|trotteln [fɛr'trɔtəln] v. intr. FAM. devenir gâteux ; s'abrutir.

ver|trusten [fɛr'trustən] v. tr. truster.

ver|tun [fɛr'tu:n] (vertat, vertan) v. tr. gaspiller ; galvauder ; dépenser inutilement. | *die Zeit vertun*, tuer le temps.

ver|tuschen [fɛr'tuʃən] v. tr. cacher ; dissimuler ; camoufler ; masquer ; tenir secret.

ver|übeln [fɛr'y:bəln] v. tr. en vouloir à qn de qch. | *die Leute würden es mir verübeln*, les gens m'en tiendraient rigueur.

ver|üben [fɛr'y:bən] v. tr. commettre ; exercer ; accomplir. | *ein Verbrechen verüben*, perpétrer un crime. ||°**-übung** f. accomplissement m. ; perpétration f.

ver|ulken [fɛr'ulkən] v. tr. se moquer de.

ver|uneinigen [fɛr"un'ainigən] v. tr. désunir ; brouiller.

ver|unglimpfen [fɛr'unglimpfən] v. tr. injurier ; calomnier ; diffamer ; dénigrer. ||°**-unglimpfer** m. (s, -) calomniateur m. ||°**-unglimpfung** f. (-, en) calomnie f. ; diffamation f. ; atteinte portée à l'honneur.

ver|unglücken [fɛr'unglykən] v. intr. avoir un accident ; subir un sinistre ; être victime d'un sinistre. | *tödlich verunglücken*, périr dans un accident. | *die Verunglückten*, les accidentés ; les sinistrés. || [Schiff] échouer ; faire naufrage. || PAR EXT. *das Unternehmen verunglückte*, l'entreprise avorta. ||°**-unglückung** f. (-, en) accident m. ; perte f. ; naufrage m. ; échec m.

ver|unreinigen [fɛr'unrainigən] v. tr. et pr. salir ; souiller ; infecter. | *die Luft verunreinigen*, polluer l'air. | *geweihte Stätten verunreinigen*, profaner des lieux saints. ||°**-unreinigung** f. souillure f. ; pollution f. ; profanation f. | *radioaktive Verunreinigungen*, impuretés radioactives.

ver|unstalten [fɛr'unʃtaltən] v. tr. défigurer ; enlaidir ; déformer.

ver|untreuen [fɛr'untrɔyən] v. tr. soustraire ; détourner ; divertir. ||°**-untreuer** m. (s, -) déprédateur m. ; spéculateur m. ||°**-untreuung** f. (-, en) détournement m. ; déprédation f. ; malversation f. | *Veruntreuung öffentlicher Gelder*, concussion f. | *Veruntreuung von Gesellschaftsvermögen*, abus (m.) de biens sociaux.

ver|unzieren [fɛr'untsi:rən] v. tr. déparer ; défigurer.

ver|ursachen [fɛr'u:rzaxən] v. tr. causer ; occasionner ; donner lieu à ; produire ; provoquer ; engendrer ; faire naître. | *jm Sorgen verursachen*, donner des soucis à qn. ||°**-ursacher** m. (s, -) auteur m. | *Verursacherprinzip*, principe (m.) pollueur-payeur.

ver|urteilen [fɛr'u:rtailən] v. tr. condamner. | *jn zu fünf Jahren Gefängnis verurteilen*, condamner qn à cinq ans de prison. | *zur Zahlung der Kosten verurteilt*, condamné aux dépens. || PAR EXT. condamner ; désapprouver. ||°**-urteilung** f. (-, en) condamnation f. ; sentence f. | *Verurteilung zum Tode*, condamnation à mort. | *Verurteilung in Abwesenheit*, condamnation par contumace.

Verve ['vɛrvə] f. verve f.

ver|vielfachen [fɛr'fi:lfaxən] v. tr. multiplier. | *vervielfachend*, multiplicatif.

ver|vielfältigen [-fɛltigən] v. tr. TYPOGR. multiplier. | *mit der Maschine vervielfältigen*, polycopier ; ronéotyper. ||°**-vielfältigung** f. (-, en) multiplication f. ; reproduction f. ; tirage m. || *Vervielfältigungsapparat, -gerät*, machine (f.) à polycopier ; FAM. ronéo f.

ver|vierfachen [fɛr'fi:rfaxən] v. tr. quadrupler.

ver|vollkommnen [fɛr'fɔlkɔmnən] v. tr. perfectionner. ||°**-vollkommnung** f. (-, en) perfectionnement. | *vervollkommnungsfähig*, perfectible.

ver|vollständigen [fɛr'fɔlʃtɛndigən] v. tr. compléter.

ver|wachsen [fɛr'vaksən] (ä, u, a) v. tr. [auswachsen] *das Kind hat seine Kleider verwachsen*, cet enfant est devenu trop grand pour ses vêtements.
◇ v. intr. pousser de travers ; se déformer ; dévier ; se rabougrir. || [Wunde] se fermer ; se cicatriser. | *seine Wunden sind verwachsen*, ses blessures sont cicatrisées. || *der Weg ist mit Gras verwachsen*, ce sentier est envahi par l'herbe. || BOT. s'enlacer ; s'entregreffer. || FIG. *mit etwas verwachsen sein*, ne faire qu'un avec qch.
◇ part. pass. **verwachsen,** tordu ; rabougri ; contrefait. || ANAT. adhérent à. || BOT. adelphe.

Ver|wachsenheit [-'vaksənhait] f. difformité f.

Ver|wachsung [-'vaksuŋ] f. (-, en) difformité f. ; rachitisme m. || [Wunde] cicatrisation f. || [Zusammenwachsen] entrelacement m. ; adhérence f.

Ver|wahr [fɛr'va:r] m. (s, e). V. VERWAHRUNG.

ver|wahren [-'va:rən] v. tr. et v. pr. garder ; tenir en lieu sûr, en sûreté ; mettre à l'abri. | *sich gegen js Anschuldigungen verwahren*, protester, s'inscrire en faux contre les accusations de qn. | *sein Recht verwahren*, préserver ses droits. ||°**-wahrer** m. (s, -) dépositaire m. ; gardien m.

verwahr|losen [fɛr'va:rlo:zən] v. tr. négliger ; délaisser. | *verwahrlost*, laissé à l'abandon. — v. intr. être laissé à l'abandon. ||°**-losung** f. négligence f. ; abandon m. ; incurie f. ; manque (m.) de soins.

Ver|wahrung [fɛr'va:ruŋ] f. garde f. ; dépôt m. | *in Verwahrung geben*, donner en garde. | *in Verwahrung nehmen*, prendre en garde. || JUR. *unter Verwahrung meiner Rechte*, sans préjudice de mes droits. | *Verwahrung gegen etwas einlegen*, protester contre qch ; former opposition. | *Verwahrungsgelaß*, dépôt m.

ver|waisen [fɛr'vaizən] v. intr. devenir orphelin.
◇ part. pass. **verwaist,** orphelin. || FIG. délaissé ; abandonné ; seul.

ver|walten [fɛr'valtən] v. tr. administrer ; gérer. | *ein Amt verwalten*, exercer une fonction. ||°**-walter** m. (s, -) administrateur m. ; gérant m. ; régisseur m. ; intendant m. ||°**-waltung** f. (-, en) administration f. ; gestion f. || [Behörde] administration f. ; autorités administratives.

Ver|waltungs... [-'valtuŋs] (en compos.) administratif ; d'administration.

Verwaltungs|behörde [fɛr"valtuŋsbə'hø:rdə] f. (-, n) autorité administrative ; administration f. ||°**-jahr** n. (s, e) exercice m. ||**-mäßig** adj. administratif. ||°**-offizier** m. (s, e) officier (m.) d'administration. || MAR. commissaire m. ||°**-rat** m. (s) conseil (m.) d'administration. ||°**-weg** m. (s, e) voie administrative ; circuit administratif. | *auf dem Verwaltungsweg*, par la voie administrative. ||°**-wesen** n. administration f.

ver|wandeln [fɛr'vandəln] v. tr. changer ; transformer ; convertir. | *in Asche verwandeln*, réduire en cendres. || JUR. commuer. || ZOOL. *sich in einen Schmetterling verwandeln*, se métamorphoser en papillon. || MATH. *einen Bruch verwandeln*, réduire une fraction. ||**-wandelbar** adj. transformable ; convertible. || FIN. convertible. || JUR. commuable. || MATH. [Brüche] réductible. ||°**-wandlung** f. (-, en) changement m. ; modification f. ; transformation f. ; conversion f. ; commutation f. || PAR EXT. prestidigitation f. | *Verwandlungskünstler*, illusionniste m. ; prestidigitateur m. || ZOOL. métamorphose f. || BIOL. transmutation f. || RELIG. transsubstantiation f.

ver|wandt [fɛr'vant] adj. **1.** de la même famille ; parent ; allié ; apparenté. | *entfernte Verwandte*, parents éloignés. | *die Verwandten*, la parenté. | *Verwandte in auf- und absteigender Linie*, ascendants et descendants. | *Verwandte in Seitenlinie*, collatéraux m. pl.
2. FIG. apparenté ; voisin ; analogue ; entre lesquels il existe une affinité. | *verwandte Gesichtspunkte*, points (m. pl.) de vue analogues.

Ver|wandtschaft [-ʃaft] f. (-, en) parenté f. ; affinité f. ; sympathie f. | *die Wahlverwandtschaften*, les affinités électives. | *Verwandtschaftsgrad*, degré (m.) de parenté.

ver|warnen [fɛr'varnən] v. tr. avertir ; admonester. ||°**-warnung** f. (-, en) avertissement m.

ver|waschen [fɛr'vaʃən] (ä, u, a) v. tr. faire partir en lavant ; délaver.
◇ part. pass. **verwaschen,** fondu ; imprécis ; vague ; indécis.

ver|wässern [fɛr'vɛsərn] v. tr. délayer ; diluer. || FIG. rendre fade. | *verwässerte Rede*, délayage m.

ver|weben [fɛr've:bən] (o, o) v. tr. entrelacer ; entremêler ; fondre.
◇ v. pr. **sich verweben,** se confondre.

ver|wechseln [fɛr'vɛksəln] v. tr. confondre ; prendre l'un pour l'autre. | *zum Verwechseln ähnlich*, à s'y méprendre. ||°**-wechs(e)lung** f. (-, en) confusion f. ; erreur f. ; méprise f.

ver|wegen [fɛr've:gən] adj. téméraire ; audacieux. ||°**-wegenheit** f. audace f. ; témérité f. ; hardiesse f.

ver|wehen [fɛr've:ən] v. tr. emporter en soufflant ; dissiper ; effacer. ||°**-wehung** f. (-, en) *Schneeverwehung*, tas (m.) de neige amassée par le vent.

ver|wehren [fɛr've:rən] v. tr. *jm etwas verwehren*, défendre à qn de faire qch. ; empêcher qn de faire qch. ||°**-wehrung** f. (-, en) empêchement m. ; défense f.

ver|weichlichen [fɛr'vaiçliçən] v. tr. amollir ; efféminer. — v. intr. s'amollir. ||°**-weichlichung** f. (-, en) amollissement m. ; effémination f. ; affaiblissement m.

ver|weigern [fɛr'vaigərn] v. tr. refuser ; dénier. | *jm ein Recht verweigern*, dénier un droit à qn. ||°**-weigerung** f. (-, en) refus m. ; rejet m. ; déni m.

ver|weilen [fɛr'vailən] v. intr. séjourner ; demeurer ; rester ; s'attarder.

ver|weinen [fɛr'vainən] v. tr. *die Zeit verweinen*, passer son temps à pleurer.
◇ part. pass. **verweint,** *verweinte Augen*, yeux gonflés de larmes.

Ver|weis [fɛr'vais] m. (es, e). **1.** réprimande f. ; remontrance f. ; rappel (m.) à l'ordre ; blâme m. | *einen derben Verweis geben*, tancer vertement.
2. [Hinweis] *ein Verweis auf eine Buchstelle*, renvoi (m.), référence (f.) à un passage d'un livre.

ver|weisen [-'vaizən] (ie, ie) v. tr. **1.** réprimander ; tancer ; rappeler à l'ordre.
2. [ausweisen] exiler ; bannir ; proscrire. | *jn des Landes, aus dem Lande verweisen*, expulser qn d'un pays. | *einen Schüler aus der Schule verweisen*, renvoyer un élève de l'école. || JUR. renvoyer. | *an das Schwurgericht verweisen*, renvoyer devant les assises.
3. [hinweisen] *jn auf etwas verweisen*, attirer l'attention de qn sur qch. | *auf eine Stelle verweisen*, renvoyer à un passage (d'un livre).

Ver|weisung [-'vaizuŋ] f. (-, en). [Tadel] reproche m. ; réprimande f. ; blâme m. ; rappel (m.) à l'ordre. || [Verbannung] bannissement m. ; exil m. ; relégation f. ; renvoi m. ; expulsion f. ; proscription f. ; interdiction (f.) de séjour. || [Hinweis] renvoi (m.) à qch.

ver|welken [fɛr'vɛlkən] v. intr. se faner ; se flétrir.

ver|weltlichen [fɛr'vɛltliçən] v. tr. séculariser ; laïciser.
◇ v. intr. prendre un caractère profane, laïque.

Ver|weltlichung [-'vɛltliçuŋ] f. (-, en) sécularisation f. ; laïcisation f.

ver|wenden [fɛr'vɛndən] (verwandte, verwandt et conjug. faible) v. tr. employer ; utiliser. | *viel Sorgfalt* *auf seine Toilette verwenden*, mettre beaucoup de soin à sa toilette. | *sich für jn verwenden*, intervenir, intercéder en faveur de qn. ||**-wendbar** adj. utilisable. || °**-wendung** f. (-, en) emploi m. ; utilisation f. ; application f. | *wir haben keine Verwendung dafür*, nous n'en avons pas l'emploi. | *auf meine Verwendung hin*, sur mon intervention. | *jn um seine Verwendung ersuchen*, recourir aux bons offices de qn.

ver|werfen [fɛr'vɛrfən] (i, a, o) v. tr. **1.** rejeter ; repousser ; écarter ; décliner ; désavouer. | *Zeugen verwerfen*, récuser des témoins. | *ein Urteil verwerfen* casser un jugement.
2. [zerstreuen] jeter de-ci de-là ; disperser.
3. Zool. [eine Fehlgeburt haben] avorter.
◇ part. pass. **verworfen,** réprouvé ; dépravé.
◇ v. pr. **sich verwerfen,** se déjeter. | *das Holz verwirft sich*, le bois gauchit.

ver|werflich [-'vɛrfliç] adj. condamnable ; répréhensible. || Jur. récusable.

Ver|werfung [-'vɛrfuŋ] f. (-, en). **1.** [Ablehnung] rejet m. ; réprobation f. ; condamnation f. ; récusation f.
2. [sich verwerfen] gauchissement m.
3. Zool. [Fehlgeburt] avortement m.
4. Géol. faille f.

ver|werten [fɛr've:rtən] v. tr. utiliser ; exploiter ; faire valoir ; mettre à profit. || Fin. réaliser. ||**-wertbar** adj. utilisable. ||°**-wertung** f. (-, en) utilisation f. ; exploitation f. ; mise (f.) en valeur.

ver|wesen [fɛr've:zən] v. tr. [verwalten] administrer ; gérer. ||°**-weser** m. (s, -) administrateur m. ; gérant m. ||°**-wesung** f. [Verwaltung] administration f.

ver|wesen [fɛr've:zən] v. intr. se décomposer ; se putréfier. ||**-weslich** adj. putrescible. ||°**-wesung** f. décomposition f. ; putréfaction. || Bot. *Verwesungspflanze*, saprophyte m.

ver|wetten [fɛr'vɛtən] v. tr. 1° parier ; 2° perdre un pari.

ver|wettern [fɛr'vɛtərn] v. tr. détériorer ; dégrader. || Fig. [verfluchen] envoyer au diable.

ver|wichen [fɛr'viçən] adj. (Vx.) passé. | *verwichenes Jahr*, l'an passé.

ver|wichsen [fɛr'viksən] v. tr. Pop. rosser ; donner une raclée à.

ver|wickeln [fɛr'vikəln] v. tr. et v. pr. embrouiller ; emmêler ; entortiller. | *sich in Widersprüche verwickeln*, s'embrouiller dans des contradictions. | *sich in seinen Reden verwickeln*, s'embarrasser dans ses discours. | *in einen Skandal verwickelt*, impliqué dans un scandale. — part. pass. **verwickelt,** compliqué ; complexe ; difficile. ||°**-wicklung** f. (-, en) compli cation f. || Jur. implication f. || Théâtre. intrigue f.

ver|wildern [fɛr'vildərn] v. intr. devenir sauvage. || Fig. être laissé à l'abandon ; être négligé. || °**-wilderung** f. (-, en) abandon (m.), état (m.) sauvage (d'un jardin, d'un parc).

ver|winden [fɛr'vindən] (a, u) v. tr. *den Schmerz verwinden*, surmonter, vaincre la douleur. | *einen Verlust nicht verwinden können*, ne pas se consoler d'une perte. || Techn. fausser ; gauchir. || Bot. *sich verwinden*, s'emmêler.

ver|winkelt [fɛr'vinkəlt] adj. tortueux.

ver|wirken [fɛr'virkən] v. tr. perdre son droit à ; être déchu de. | *seine Bürgerrechte verwirken*, être déchu de ses droits civiques. | *das Leben verwirken*, encourir la peine de mort. | *eine Strafe verwirkt haben*, être passible d'une peine. ||°**-wirkung** f. déchéance f. | *Verwirkung eines Rechtes*, perte (f.) d'un droit.

ver|wirklichen [fɛr'virkliçən] v. tr. réaliser ; effectuer. ||°**-wirklichung** f. (-, en) réalisation f.

ver|wirren [fɛr'virən] v. tr. embrouiller ; emmêler ; confondre ; déranger. || Fig. déconcerter ; troubler. — part. pass. **verwirrt,** confus ; décontenancé. ||°**-wirrung** f. (-, en) confusion f. ; désordre m. ; trouble m. ; désarroi m. | *in Verwirrung geraten*, être troublé ; être déconcerté.

ver|wirtschaften [fɛr'virtʃaftən] v. tr. dissiper ; gaspiller ; dépenser inconsidérément.

ver|wischen [fɛr'viʃən] v. tr. effacer. | *die Zeit hat diese Inschrift verwischt*, le temps a effacé cette inscription. | *verwischte Farben*, couleurs délavées.

ver|wittern [fɛr'vitərn] v. intr. s'effriter ; se désagréger ; être rongé par les intempéries. | *verwittertes Gesicht*, visage ravagé. ||°**-witterung** f. désagrégation f. ; érosion f. ; décomposition (f.) à l'air.

ver|witwet [fɛr'vitvət] adj. veuf ; veuve.

ver|woben [-'vo:bən] adj. mêlé ; intimement lié.

ver|wöhnen [fɛr'vø:nən] v. tr. gâter ; choyer ; dorloter. | *verwöhntes Kind*, enfant gâté. ||°**-wöhnung** f. gâterie f. ; mauvaise éducation.

ver|worfen [fɛr'vɔrfən] adj. réprouvé ; abject. || °**-worfenheit** f. dépravation f. ; bassesse f.

ver|worren [fɛr'vɔrən] adj. confus ; embrouillé ; peu clair. | *verworrene Lage*, désordre m. ||°**-worrenheit** f. confusion f. ; désordre m. ; situation confuse.

ver|wundbar [fɛr'vuntba:r] adj. vulnérable. || Par ext. sensible. ||°**-wundbarkeit** f. vulnérabilité f. ; faiblesse f. ||**-wunden** v. tr. blesser ; atteindre ; toucher. | *ein Verwundeter, eine Verwundete*, un(e) blessé(e). ||°**-wundung** f. (-, en) blessure f.

ver|wundern [fɛr'vundərn] v. tr. étonner. | *sich verwundern*, s'étonner. | *es wäre nicht zu verwundern, wenn*, on ne s'étonnerait pas si. ||**-wunderlich** adj. étonnant ; surprenant ; étrange. ||°**-wunderung** f. étonnement m. ; surprise f.

ver|wünschen [fɛr'vynʃən] v. tr. **1.** maudire ; exécrer.
2. [verzaubern] enchanter ; ensorceler.

ver|wunschen [fɛr'vunʃən] adj. enchanté. | *ein verwunschener Wald*, une forêt enchantée.

Ver|wünschung [-'vynʃuŋ] f. (-, en) malédiction f. ; imprécation f. ; ensorcellement m.

ver|wurzeln [fɛr'vurtsəln] v. intr. s'implanter ; prendre racine ; s'enraciner. || Par ext. s'acclimater ; fam. se faire. | *diese Idee ist in allen Schichten des Volkes verwurzelt*, cette idée est solidement enracinée dans toutes les couches du peuple. | *mit der Heimat verwurzelt*, profondément attaché à son sol natal. ||°**-wurzelung** f. implantation f. ; enracinement m.

ver|wüsten [fɛr'vystən] v. tr. dévaster ; ravager. ||°**-wüstung** f. (-, en) dévastation f. ; ravage m. | *Verwüstungen anrichten*, faire des ravages.

ver|zagen [fɛr'tsɑ:gən] v. intr. se décourager ; perdre courage ; désespérer. — part. pass. **verzagt,** découragé ; timoré ; faible ; craintif ; pusillanime. ||°**-zagtheit** f. découragement m. ; timidité f. ; pusillanimité f.

ver|zählen (sich) [ziçfɛr'tsɛ:lən] v. pr. se tromper en comptant. ||°**-zählung** f. (-, en) erreur (f.) de compte ; mécompte m.

ver|zahnen [fɛr'tsɑ:nən] v. tr. denter. | *ein Rad verzahnen*, endenter une roue. | *sich ineinander verzahnen*, s'engrener. ||°**-zahnung** f. (-, en) denture f. ; endenture f. ; crénelure f. ; dents f. pl. | *Verzahnungsmaschine*, machine (f.) à tailler les engrenages.

ver|zanken (sich) [ziçfɛr'tsaŋkən] v. pr. se quereller.

ver|zapfen [fɛr'tsapfən] v. tr. [ausschenken] débiter des boissons. || Fig., fam. débiter ; raconter. || [mit Zapfen verbinden] cheviller. ||°**-zapfung** f. (-, en) chevillage m. ; assemblage (m.) à tenons.

ver|zärteln [fɛr'tsɛrtəln] v. tr. dorloter ; choyer ; amollir.

ver|zaubern [fɛr'tsaubərn] v. tr. enchanter ; ensorceler. ||°**-zauberung** f. enchantement m. ; ensorcellement m.

ver|zäunen [fɛr'tsɔynən] v. tr. entourer d'une clôture.

ver|zechen [fɛr'tsɛçən] v. tr. *sein Geld verzechen*, dépenser son argent à boire. | *die ganze Nacht verzechen*, passer toute la nuit à boire.

ver|zehnfachen [fɛr'tse:nfaxən] v. tr. décupler.

Ver|zehr [fɛr'tse:r] m. (s) consommation f. || **-zehrbar** adj. consommable ; mangeable. ||**-zehren** v. tr. manger ; consommer ; dévorer ; absorber. || Fig. *sein Vermögen verzehren*, dissiper sa fortune. || Par ext. [aufzehren] consumer. | *sich in Gram verzehren*, se consumer de chagrin. ||°**-zehrung** f. consommation f.

ver|zeichnen [fɛr'tsaiçnən] **1.** dessiner mal. || Fig. mal reproduire.
2. noter ; spécifier ; inscrire. | *die Fehler verzeichnen*, faire le relevé des fautes. | *neue Todesfälle sind zu verzeichnen*, de nouveaux cas mortels ont été enregistrés.

Ver|zeichnis [-'tsaiçnis] n. (ses, se) liste f. ; inventaire m. ; état m. ; registre m. ; bordereau m. ; relevé m. ; tableau m. ; catalogue m. ; table f. ; index m. | *Namenverzeichnis*, index des noms ; nomenclature f. | *Warenverzeichnis mit Abbildungen*, catalogue illustré.

Ver|zeichnung [-'tsaiçnuŋ] f. (-, en) 1° erreur (f.) dans un dessin ; 2° relevé m. ; inscription f.

ver|zeihen [fɛr'tsaiən] (ie, ie) v. tr. pardonner ; excuser. | *die Geschmacklosigkeit ist ihm nicht zu verzeihen*, on ne peut pas lui pardonner cette faute de goût. | *verzeihen Sie !*, pardon ! ||**-zeihbar** adj. pardonnable ; excusable. ||**-zeihlich** adj. pardonnable ; excusable. ||°**-zeihung** f. pardon m. | *um Verzeihung bitten*, demander pardon. | *Verzeihung !*, pardon !

ver|zerren [fɛr'tsɛrən] v. tr. tordre ; distordre ; défigurer. | *sich verzerren*, se contorsionner. | *verzerrtes Bild*, caricature f. | *verzerrtes Ergebnis*, résultat biaisé, faussé. ||°**-zerrung** f. (-, en) contorsion f. ; déformation f. | *Gesichtsverzerrung*, grimace f. || RADIO. *Verzerrung des Tons*, distorsion (f.) du son.

ver|zetteln [fɛr'tsɛtəln] v. tr. égarer ; éparpiller ; émietter. || FIG. *seine Kräfte verzetteln*, disperser ses forces. ||°**-zettelung** f. (-, en) émiettement m. ; gaspillage m.

Ver|zicht [fɛr'tsiçt] m. (s, e) renoncement m. ; renonciation f. ; résignation f. ; désistement m. | *auf etwas Verzicht leisten*, renoncer à qch. ||**-zichten** v. intr. *auf etwas* (acc.) *verzichten*, renoncer à qch. ; se désister de qch.

Verzicht|leistung [fɛr"tsiçt'laistuŋ] f. (-, en) renonciation f. ; désistement m. ; abandon m.

ver|ziehen [fɛr'tsi:ən] (verzog, verzogen) v. tr. et v. pr. *das Gesicht verziehen*, faire une grimace ; faire la moue. | *ein verzogenes Kind*, un enfant mal élevé, gâté. | *der Stoff verzieht sich*, cette étoffe fait de faux plis. | *die Wolken haben sich verzogen*, les nuages se sont dissipés.
◇ v. intr. *er ist verzogen*, il a changé d'adresse ; il a déménagé. | *unbekannt verzogen*, parti sans laisser d'adresse.

ver|zieren [fɛr'tsi:rən] v. tr. parer ; orner ; ornementer ; décorer. ||°**-zierung** f. (-, en) décoration f. ; ornement m. ; ornementation f.

ver|zimmern [fɛr'tsimərn] v. tr. boiser. ||°**-zimmerung** f. revêtement (m.) de charpente ; coffrage m. ; cuvelage m. || MAR. radoub m.

ver|zinken [fɛr'tsiŋkən] v. tr. zinguer ; galvaniser.

ver|zinnen [fɛr'tsinən] v. tr. étamer. ||°**-zinner** m. (s, -) étameur m. ||°**-zinnung** f. (-, en) étamage m. ; étamure f.

ver|zinsen [fɛr'tsinzən] v. tr. payer des intérêts pour qch. | *sich verzinsen*, rapporter des intérêts ; rendre. ||**-zinsbar** adj. qui produit des intérêts. ||**-zinslich** adj. [verzinsbar] *verzinsliches Darlehen*, prêt (m.) à intérêt. | *Geld verzinslich anlegen*, placer de l'argent à intérêt. ||°**-zinsung** f. (-, en) paiement (m.) des intérêts ; intérêts m. pl.

ver|zögern [fɛr'tsø:gərn] v. tr. ralentir ; retarder ; freiner. | *verzögernd*, dilatoire. | *sich verzögern*, se faire attendre. || PHYS. *verzögertes Neutron*, neutron différé, retardé. ||°**-zögerung** f. (-, en) ralentissement m. ; retard m. ; retardement m. || TECHN. décélération f.

ver|zollen [fɛr'tsɔlən] v. tr. dédouaner ; payer la douane. ||**-zollbar** adj. soumis aux droits de douane. ||°**-zollung** f. (-, en) dédouanement m. ; paiement (m.) des droits de douane.

ver|zücken [fɛr'sykən] v. tr. ravir ; enchanter.
◇ part. pass. **verzückt,** extasié ; ravi ; en extase. ||°**-zückung** f. (-, en) ravissement m. ; extase f.

ver|zuckern [fɛr'tsukərn] v. tr. sucrer. || FIG. dorer la pilule.

Ver|zug [fɛr'tsu:k] m. (s) retard m. | *ohne Verzug*, immédiatement ; sans délai. | *Gefahr ist im Verzuge*, il y a péril en la demeure.

ver|zweifeln [fɛr'tsvaifəln] v. tr. désespérer ; se désespérer. | *eine verzweifelte Lage*, une situation désespérée. | *es ist zum Verzweifeln !*, c'est à désespérer ! | *verzweifelt wenig*, extrêmement peu. ||°**-zweiflung** f. désespoir m. | *in Verzweiflung geraten*, se désespérer ; perdre espoir. | *er bringt mich zur/in Verzweiflung*, il me désespère. | *verzweiflungsvoll*, désespéré.

ver|zweigen [fɛr'tsvaigən] v. tr. et v. pr. (se) ramifier ; dériver. ||°**-zweigung** f. (-, en) ramification f. ; bifurcation f. ; embranchement m. ; dérivation f.

ver|zwicken [fɛr'tsvikən] v. tr. embrouiller ; compliquer. | *eine verzwickte Frage*, une question inextricable. || recourber, rabattre (des clous). || °**-zwicktheit** f. complication f.

Vesper ['fɛspər] f. (-, n) après-midi m. ; soir m. || RELIG. vêpres f. pl.

Vesper|brot ["fɛspər'bro:t] n. (s, e) goûter m. ; collation f. ||°**-zeit** f. heure (f.) des vêpres.

vespern ['fɛspərn] v. intr. prendre son goûter.

Vestalin [vɛs'tɑ:lin] f. (-, nen) vestale f.

Vestibül [vɛsti'by:l] n. (s, e) vestibule m.

Vesuv [ve'zu:f] n. pr. m. GÉOGR. Vésuve m.

Veteran [vete'rɑ:n] m. (en, en) vétéran m. ; vieux soldat.

Veterinär [veteri'nɛ:r] m. (s, e) médecin (m.) vétérinaire.

Veto ['ve:to] n. (s, s) veto m. | *sein Veto gegen etwas einlegen*, opposer son veto à qch. | *aufschiebendes Veto*, veto suspensif. | *Vetorecht*, droit (m.) de veto.

Vettel ['fɛtəl] f. (-, n). PÉJOR. vieille femme méchante ; (vieille) garce ; gourgandine f.

Vetter ['fɛtər] m. (s, n) cousin m. | *Vetternwirtschaft*, népotisme m.

Vetternschaft ['fɛtərnʃaft] f. (-, en) parenté f. ; cousinage m.

Vexation [vɛksa'tsio:n] f. (-, en) vexation f.

Vexier|bild [vɛ"ksi:r'bilt] n. (s, er) attrape f. ||°**-schloß** n. (es, ¨er) serrure (f.) à secret. ||°**-spiegel** m. (s, -) miroir (m.) à surprises.

vexieren [vɛ'ksi:rən] v. tr. vexer ; taquiner ; mystifier.

Viadukt [via'dukt] m. (s, e) viaduc m.

Viatikum [vi'ɑ:tikum] n. (s, ken). RELIG. et FIG. viatique m.

Vibration [vibra'tsio:n] (-, en) f. vibration f.
— SYN. : *Schwingung*, oscillation f.

Vibrations|gerät [vibra"tsio:nsgə'rɛ:t] n. (s, e) vibromasseur m.

Vibrator [-'brɑ:tɔr] m. (s, en). TECHN. vibrateur m. | *Vibratorsieb*, crible (m.) vibratoire.

vibrieren [-'bri:rən] v. intr. vibrer ; osciller.

Vibrieren [-'bri:rən] n. (s) vibration(s) f. (pl.) ; trépidation f.

Vice ['vi:tsə] V. VIZE.

Video|kassette ["vi:deoka'sɛtə] f. (-, n) vidéocassette f. ||°**-konferenz** f. (-, en) vidéoconférence f. ||°**-platte** f. (-, n) vidéodisque m. ||°**-recorder** m. (s, -) magnétoscope m. ||°**-spiel** n. (s, e) jeu (m.) vidéo. ||°**-thek** f. (-, en) vidéothèque f.

vidimieren [vidi'mi:rən] v. tr. JUR. vidimer ; légaliser. || TYPOGR. donner le bon à tirer.

Viech [fi:ç] n. (-, er). POP. brute f. || (pl. humoristique de **Vieh**) animaux m. pl.

Vieh [fi:] n. (s) bétail m. ; bestiaux m. pl. ; bêtes (f. pl.) d'élevage. | *das Großvieh*, le gros bétail. | *das Kleinvieh*, le menu bétail. | *er hält Vieh*, il élève, il nourrit du bétail. | *das Vieh auf die Weide treiben*, conduire le bétail au pâturage ; mener paître le bétail. || LOC. *dumm wie das Vieh*, bête à manger du foin.

Vieh|arznei ["fi:arts'nai] f. médecine (f.) vétérinaire. || FAM. remède (m.) de cheval. ||°**-arzt** m. (es, ¨e). IRON. vétérinaire m. ||°**-bestand** m. (s, ¨e) cheptel m. ||°**-bremse** f. (-, n) taon m. ||°**-futter** n. (s, -) fourrage m. ||°**-handel** m. (s) commerce (m.) de bétail. ||°**-händler** m. (s, -) marchand (m.) de bestiaux. ||°**-herde** f. (-, n) troupeau m. ||°**-hirt(e)** m. (en, en) pâtre m. ; vacher m. ||°**-magd** f. (-, ¨e) vachère f. ||°**-markt** m. (es, ¨e) marché (m.) aux bestiaux. ||°**-mast** f. engraissement (m.) des bestiaux. ||°**-schaden** m. (s, ¨) dégâts causés par le bétail. ||°**-seuche** f. (-, n) épizootie f. ||°**-stall** m. (s, ¨e) étable f. ||°**-stand** m. (s, ¨e) cheptel m. ||°**-tränke** f. (-, n) abreuvoir m. ||°**-treiber** m. (s, -) bouvier m. ||°**-trift** f. droit (m.) de pacage. ||°**-wagen** m. (s, -) wagon (m.) à bestiaux. ||°**-zucht** f. élevage m. (de bestiaux). | *Viehzucht treiben*, faire de l'élevage ; élever du bétail. ||°**-züchter** m. (s, -) éleveur m.

viehisch ['fi:iʃ] adj. brutal ; bestial. || FAM. *sich viehisch wohl fühlen*, se sentir fichtrement bien, bigrement bien.

viel [fi:l] adj. et adv. **1.** pris absolument (sing. d'un ancien substantif) beaucoup (de). | *viel geben, nehmen, fordern*, donner, prendre, exiger beaucoup. | *es fehlte nicht viel*, il s'en fallut de peu. | *allzuviel ist ungesund*, il ne faut abuser de rien. | *ein bißchen zuviel*, un peu trop (de qch.). | *das will viel (be)sagen*, ce n'est pas rien ; cela en dit long. | *gar viel*, vraiment beaucoup. | *so viel als*, autant que. | *so viel ist gewiß*, cela au moins est sûr. | *alle, so viel(e) wir sind*, tous autant que nous sommes. | *das ist zuviel*, c'est trop. | *ziemlich viel*, passablement. | *gleichviel*, autant l'un que l'autre. | *wieviel ?*, combien ?
2. substantivé. *das gebe ich nicht um vieles*, je ne donnerai cela pour rien au monde. | *viele waren auf den Beinen*, beaucoup de gens étaient sur pied.
◇ adj. nombreux. | *viele Leute sagen, daß*, beaucoup de gens disent que. | *die vielen Stimmen der Presse*, les nombreuses opinions de presse. | *vielen Dank !*, merci beaucoup. || FAM. *viel Vergnügen !*, je vous en souhaite !

| *um viel(es) Geld*, pour beaucoup d'argent. | *viel Volk*, beaucoup de gens.

— OBSERV. Le comparatif de *viel* est *mehr*, le superlatif *meist*.

◇ adv. beaucoup ; très. **1.** (devant les comparatifs) *viel besser*, bien meilleur ; *viel schöner*, bien plus beau ; *viel schlimmer*, bien pire ; *viel mehr*, beaucoup plus. || LOC. *viel zu einfach*, bien trop simple. | *viel zu viel*, beaucoup trop.

— OBSERV. Au Moyen Âge, *viel* s'employait devant un adjectif épithète ; cet emploi n'est plus correct. Dans certains adjectifs composés, on le rencontre encore, ainsi : *vielgeliebt*, chéri ; *vielversprechend*, prometteur.

2. (sens temporel) *er ist viel (oft) bei uns*, il vient beaucoup chez nous ; il est souvent chez nous.

3. (degré) *er hat viel gelacht*, il a beaucoup ri. | *er kommt viel herum*, il circule beaucoup. | *er tut des Guten zuviel*, il en fait trop ; il veut trop en faire. | *soviel ich weiß*, autant que je sache.

viel|ästig ["fi:l'ɛstiç] adj. branchu ; touffu. || **-beschäftigt** adj. très occupé ; affairé. ||**-besprochen** adj. commenté assidûment ; dont tout le monde parle. ||**-blumig** adj. multiflore. ||**-deutig** adj. équivoque ; ambigu. ||°**-deutigkeit** f. (-, en) ambiguïté f. ||°**-eck** n. (s, e) polygone m. ; polyèdre m. ||**-eckig** adj. polygonal ; à plusieurs angles. ||°**-ehe** f. polygamie f. ; polyandrie f. ||**-erfahren** adj. qui a beaucoup d'expérience. ||°**-esserei** f. goinfrerie f. ; gloutonnerie f. ||**-fach** adj. et adv. multiple ; de diverses manières ; maintes fois ; sous plus d'un rapport. | *vielfacher Milliardär*, multimilliardaire m. || MATH. *ein gemeinsames Vielfaches*, un commun multiple. ||°**-falt** f., °**-fältigkeit** f. diversité f. ; multiplicité f. ; fréquence f. ; abondance f. ||**-farbig** adj. multicolore ; bigarré ; aux mille couleurs. ||°**-farbigkeit** f. bigarrure f. ; diaprure f. ; polychromie f. ||°**-flach** n. (s), °**-flächner** m. (s, -) polyèdre m. ||**-flächig** adj. polyédrique. ||**-förmig** adj. multiforme ; polymorphe. ||°**-fraß** m. (es, e) glouton m. ; goinfre m. ||°**-fresser** m. (s, -) goinfre m. ||**-füßig** adj. BOT. polypode. ||**-geliebt** adj. bien-aimé ; chéri. ||**-gestaltig** adj. protéiforme ; multiforme. ||°**-gestaltigkeit** f. complexité f. ; caractère (m.) multiforme. ||**-gliedrig** adj. à membres, à parties multiples. || MATH. *vielgliedrige Größe*, polynôme m. ||°**-götterei** f. polythéisme m. ||**-jährig** adj. ancien ; de longue date. ||**-köpfig** adj. à têtes multiples ; (réunion) nombreuse. ||°**-liebchen** n. (s, -) bien-aimée f. ; philippine f. | *Vielliebchen wetten*, faire philippine. ||**-löcherig** adj. criblé de trous. ||**-malig** adj. réitéré ; fréquent ; souvent répété. ||**-mals** adj. souvent ; bien des fois. | *danke vielmals !*, merci beaucoup ! || °**-männerei** f. polyandrie f. ||**-mehr** adv. plutôt ; bien plus ; au contraire. | *wir wandern nicht flußabwärts, vielmehr flußaufwärts*, nous ne descendrons pas le fleuve, mais (au contraire) nous le remonterons. ||**-phasig** adj. ÉLECTR. polyphasé. | *Vielphasenstrom*, courant polyphasé. ||**-polig** adj. multipolaire. || °**-redner** m. (s), °**-sprecher** m. (s, -) grand parleur ; bavard m. ||**-sagend** adj. qui en dit long ; significatif ; expressif ; évocateur. | *ein vielsagender Blick*, un regard éloquent. ||°**-schreiber** m. (s, -) polygraphe m. ||**-seitig** adj. à plusieurs faces ; varié ; complexe. | *ein vielseitiger Handwerker*, un artisan aux talents multiples. | *von vielseitigem Wissen*, d'un savoir étendu ; très cultivé. || MATH. polygonal. ||°**-seitigkeit** f. FIG. étendue f. ; variété f. ; complexité f. ||**-silbig** adj. GRAMM. polysyllabique. ||**-sprachig** adj. en plusieurs langues ; polyglotte. ||**-stellig** adj. *vielstellige Zahl*, nombre (m.) de plusieurs chiffres. ||**-stimmig** adj. à plusieurs voix. | *vielstimmiger Beifall*, tonnerre (m.) d'applaudissements. ||**-teilig** adj. à plusieurs parties. ||**-tönig** adj. polyphone. ||**-verheißend** adj. prometteur. ||**-vermögend** adj. très puissant. ||**-versprechend** adj. qui promet beaucoup ; prometteur. ||°**-weiberei** f. polygamie f. ||°**-wisser** m. (s, -). FAM. un je-sais-tout. ||°**-wisserei** f. savoir (m.) encyclopédique. ||°**-zeller** m. (s, -). ZOOL. métazoaire m.

vielerlei [fi:lər'lai] adj. toutes sortes de ; de diverses sortes ; d'espèces variées ; toutes sortes de choses. | *auf vielerlei Weise*, de diverses manières.

Vielheit ['fi:lhait] f. multitude f. ; multiplicité f. ; pluralité f.

vielleicht [fil'laiçt] adv. peut-être. | *er kommt vielleicht*, peut-être viendra-t-il. | *vielleicht kommt er noch*, il viendra peut-être, quand même. || sans doute. | *das glauben Sie vielleicht ?*, le croiriez-vous, par hasard ?

vier [fi:r] adj. num. card. quatre. | *zu vieren, zu viert*, à quatre. | *unter vier Augen*, entre quatre yeux ; en tête à tête. || FIG. *mit Vieren* [vier Pferden] *fahren*, mener grand train. || [Analogie mit Tieren] *auf allen vieren kriechen*, ramper, marcher à quatre pattes. | *alle viere von sich strecken*, s'écrouler épuisé. || LOC. *in meinen vier Wänden*, entre mes quatre murs.

◇ **die Vier** (FAM. **Viere**), le chiffre quatre ; le quatre.

vier... (en compos.) à quatre ; quadruple.

vier|beinig ["fi:r'bainiç] adj. à quatre pieds, pattes. ||**-blätterig** adj. à quatre feuilles. || BOT. quadrifolié. ||°**-eck** n. (s, e) carré m. ; quadrilatère m. ||**-eckig** adj. carré ; quadrangulaire. ||°**-farbendruck** m. (s). TYPOGR. quadrichromie f. ||°**-flach** n. (s), °**-flächner** m. (s, -). MATH. tétraèdre m. ||**-flächig** adj. tétraèdre. ||°**-fürst** m. (en, en) tétrarque m. ||°**-füßer** (s, -), °**-füßler** m. (s, -) quadrupède m. ||**-füßig** adj. quadrupède. ||°**-ganggetriebe** n. (s, -). TECHN. boîte (f.) à quatre vitesses. ||°**-gespann** n. (s, e) attelage (m.) de quatre chevaux. || HIST. quadrige m. ||**-gestrichen** adj. MUS. *viergestrichene Note*, note barrée. ||°**-händer** m. (s, -) quadrumane m. ||**-händig** adj. à quatre mains. | *vierhändig spielen*, jouer à quatre mains. ||°**-herrschaft** f. tétrarcat m. ||**-hundert** adj. num. card. quatre cents. ||°**-kant** m. (s, e). [Vierbalken] goujon (m.) à quatre pans. | *Vierkantfeile*, lime carrée. | *Vierkantmutter*, écrou carré. ||**-kantig** adj. quadrangulaire ; à quatre pans. | *vierkantig zerschneiden*, équarrir. ||°**-master** m. (s, -). MAR. voilier (m.) à quatre mâts. ||**-motorig** adj. AÉRON. quadrimoteur. ||°**-radantrieb** m. (s, e) traction (f.) sur les quatre roues. ||**-schrötig** adj. taillé à coups de hache ; trapu ; robuste ; carré. ||°**-schrötigkeit** f. carrure robuste, massive. ||**-seitig** adj. à quatre côtés. || MATH. quadrilatère. ||°**-spänner** m. (s, -) voiture attelée de quatre chevaux. ||°**-stab** m. (s, ¨e). ARCHIT. quart-de-rond m. ||**-tägig** adj. de quatre jours. || °**-taktmotor** m. (s, en) moteur (m.) à quatre temps. ||**-tausend** adj. num. card. quatre mille. ||**-teilen** (part. pass. *gevierteilt*) v. tr. diviser par quatre ; (Vx.) écarteler. ||**-teilig** adj. quadripartite. ||°**-undsechzigstelnote** f. (-, n). MUS. quadruple croche f. ||°**-undsechzigstelpause** f. (-, n). MUS. seizième (m.) de soupir. ||°**-vierteltakt** m. (s, e) mesure (f.) à quatre temps. ||°**-waldstätter See** n. pr. m. GÉOGR. lac (m.) des Quatre-Cantons. ||**-zehn** adj. num. card. quatorze. ||**-zehnte** adj. num. ord. quatorzième. | *Ludwig XIV. (der Vierzehnte)*, Louis XIV. | *der 14. Juli*, le 14-Juillet. ||**-zeilig** adj. de quatre lignes. | *vierzeilige Strophe*, strophe (f.) de quatre vers. ||°**-zeiler** m. (s, -). POÉS. quatrain m.

Vierer ['fi:rər] m. (s, -). [Zahl] quatre. || quadrille m. | *Viererzug*, quadrige m.

viert ['fi:t] (er, e, es) adj. num. ord. quatrième.

Viertel ['firtəl] n. (s, -). **1.** [Zeit] quart m. | *viertel nach zwei, viertel drei*, deux heures un quart. | *viertel vor vier, dreiviertel vier*, quatre heures moins le quart.

2. quartier m. | *Stadtviertel*, quartier (d'une ville). | *Mondviertel*, quartier de lune.

3. [Wein] quartaut m. ; quart m.

4. [Viertelpfund] quart m. [125 g].

Viertel|drehung ["firtəl'dre:uŋ] f. (-, en) quart (m.) de tour. ||°**-hundert** n. quarteron m. ||°**-jahr** n. (s, e) trimestre m. ||°**-jahresschrift** f. (-, en) publication trimestrielle. ||**-jährlich** adj. trimestriel ; par trimestre. ||°**-note** f. (-, n). MUS. noire f. ||°**-pause** f. (-, n). MUS. pause f. ; soupir m. ||°**-stunde** f. (-, n) quart (m.) d'heure. ||**-stündig** adj. durant un quart d'heure. ||**-stündlich** adj. tous les quarts d'heure. ||°**-takt** m. (s, e). MUS. mesure (f.) à quatre temps. ||°**-ton** m. (s, ¨e). MUS. quart (m.) de ton.

vierteln ['firtəln] v. tr. partager en quatre. || HÉRALD. *geviertelt*, écartelé.

viertens [-təns] adv. quatrièmement.

Vierung ['fi:ruŋ] f. (-, en). ARCHIT. croisée (f.) de transept.

vierzig ['firtsiç] adj. num. card. quarante. | *er ist nahe an die Vierzig*, il approche de la quarantaine. | *in den vierziger Jahren*, dans les années quarante. | *vierzigtägige Probezeit*, quarantaine f.

Vierziger [-tsigər] m. (s, -) quadragénaire m.

Vierzigstel [-tsikstəl] n. (s, -) [la] quarantième partie ; (le) quarantième.

vigilant [vigi'lant] adj. vigilant.

Vigilanz [-'lants] f. vigilance f.

Vigilie [vi'gi:liə] f. (-, n). RELIG. vigile f. || POÉS. veille f.

Vignette [vin'jɛtə] f. (-, n) vignette f.

Vigogne [vi'gɔnjə] f. (-, n). ZOOL. vigogne f.

Vikar [vi'kɑ:r] m. (s, e). Relig. vicaire m.
Vikariat [-kari'ɑ:t] n. (s, e) vicariat m.
Viktoria [vik'to:ria] n. *Viktoria rufen*, crier victoire. | *Viktoria schießen*, tirer les salves pour fêter une victoire.
Viktualien [viktu'ɑ:liən] f. pl. victuailles f. pl. ; vivres m. pl. ; comestibles m. pl.
Villa ['vila] f. (-, len) villa f. ; cottage m.
Vindikation [vindika'tsio:n] f. (-, en). Jur. revendication f. || *vindizieren*, revendiquer.
Vinyl [vi'ny:l] n. (s) vinyle m.
Vinyl|lack [vi"ny:l'lak] m. (s, e) peinture (f.) vinylique.
Viola [vi'o:la] f. (-, len), **Viole** [vi'o:lə] f. (-, n). Mus. viole f. ; alto m. || Bot. violette f.
Violenz [vio'lɛnts] f. (-, en) véhémence f. ; violence f.
violett [vio'lɛt] adj. violet ; violacé.
Violin|bogen [vio"li:n'bo:gən] m. (s, ¨) archet m. ||°**-hals** m. (es, ¨e) manche (m.) de violon. || °**-konzert** n. (s, e) récital (m.) de violon. || °**-schlüssel** m. (s, -) clef (m.) de sol.
Violine [vio'li:nə] f. (-, n). [Geige] violon m. | *Violine spielen*, jouer du violon. | *erste Violine*, premier violon. || *Violinist*, violoniste.
Violoncello [violon'tʃɛlo] n. (s, s). [Cello, Kniegeige] violoncelle m.
Viper ['vi:pər] f. (-, n). [Giftschlange] vipère f.
virgilisch [vir'gi:liʃ] adj. virgilien.
Virgil(ius) [vir'gi:l(ius)] n. pr. m. Virgile m.
viril [vi'ri:l] adj. viril.
virtuell [virtu'ɛl] adj. virtuel. || Inf. *virtuelle Adresse*, adresse virtuelle. | *virtueller Speicher*, mémoire virtuelle.
virtuos [virtu'o:s] adj. qui fait preuve de virtuosité ; très adroit.
Virtuose [-'o:zə] m. (n, n) virtuose m.
virtuosenhaft [-'o:zənhaft] adj. en virtuose.
virulent [viru'lɛnt] adj. virulent.
Virulenz [-'lɛnts] f. virulence f.
Virus ['vi:rus] n. (-, ren) virus m.
Virus... (en compos.) viral.
Virus|erkrankung ["vi:rusɛr'kraŋkuŋ] f. (-, en) maladie virale. ||°**-forschung** f. (-, en) virologie f. ||°**-hepatitis** f. (-, hepatitiden) hépatite virale. || °**-hülle** f. (-, n) enveloppe virale. ||°**-replikation** f. (-, en) réplication virale. ||°**-träger** m. (s, -) *gesunder Virusträger*, porteur sain.
Visbreaking ['visbreikiŋ] n. (s,). Techn. viscoréduction f.
Visier [vi'zi:r] n. (s, e). [Helm] visière (f.). || [Schießwaffe] hausse f. | *das Visier stellen*, mettre la hausse.
Visier|bereich [vi"zi:rbə'raiç] m. (s, e) zone (f.) de visée. ||°**-fernrohr** n. (s, e) lunette (f.) de tir, de visée. ||°**-kimme** f. (-, n) cran (m.) de mire. ||°**-korn** n. (s, ¨er) guidon m. ||°**-linie** f. (-, n) ligne (f.) de mire. ||°**-schlitz** m. (es, e). Mil. créneau (m.) de visée. ||°**-winkel** m. (s, -) angle (m.) de mire.
Vision [vi'zio:n] f. (-, en) vision f.
Visionär [-zio'nɛ:r] m. (s, e) visionnaire m.
Visitation [vizita'tsio:n] f. (-, en). [Zoll] visite (f.) des bagages. || inspection f.
Visitator [vizi'tɑ:tɔr] m. (s, en). (Vx.) inspecteur m.
Visite [-'zitə] f. (-, n) visite f. | *ärztliche Visite*, visite médicale. | *Visitenkarte*, carte (f.) de visite.
visitieren [vizi'ti:rən] v. tr. [Zoll] fouiller, contrôler (les bagages).
viskos [vis'ko:s] adj. visqueux.
Viskosi|meter ["viskozi'mɛ:tər] m. (s, -). Techn. viscosimètre m.
Viskosität [viskozi'tɛ:t] f. viscosité f.
Vista|wechsel ["vista'vɛksəl] m. (s, -). Comm. lettre (f.) de change à vue.
visuell [vizu'ɛl] adj. visuel.
Visum ['vi:zum] n. (s, sa) visa m. | *Einreisevisum*, visa d'entrée. | *Ausreisevisum*, visa de sortie. | *Durchgangsvisum*, visa de transit.
vital [vi'tɑ:l] adj. vital.
Vitalität [-tali'tɛ:t] f. vitalité f.
Vital|kapazität [vi"tɑ:lkapatsi'tɛ:t] f. (-, en). Méd. capacité (f.) thoracique.
Vitamin [vita'mi:n] n. (s, e) vitamine f. || Fam. *Vitamin B*, copinage m. ; piston m. || Biol. *Vitaminarmut*, avitaminose f.
Vitrine [vi'tri:nə] f. (-, n) vitrine f.
Vitriol [vitri'o:l] n. (s) vitriol m. | *Kupfervitriol*, sulfate (m.) de cuivre. | *Vitriolsäure*, acide (m.) sulfurique.
Vivat ['vi:vat] n. (s, s) vivat m. | *ein Vivat auf jn ausbringen*, lever son verre en l'honneur de qn ; faire applaudir qn.
Vivisektion [vivizɛk'tsio:n] f. vivisection f.
Vize ['vi:tsə] (partic. de compos.) adjoint ; vice.
Vize|admiral ["vi:tsəadmi'rɑ:l] m. (s, e) vice-amiral m. ||°**-feldwebel** m. (s, -) sergent fourrier. ||°**-kanzler** m. (s, -) vice-chancelier m. ||°**-präsident** m. (en, en) m. vice-président m.
Vizinal|weg [vitsi"nɑ:l've:k] m. (s, e) chemin vicinal.
Viztum ['vitstu:m] m. (s, e). Hist. vidame m. ; lieutenant m. (d'un prince).
Vlies, Vließ [fli:s] n. (es, e) toison f. || Hist. *das Goldene Vlies*, la Toison d'or.
Vogel ['fo:gəl] m. (s, ¨) oiseau m. | *zahmer Vogel*, oiseau apprivoisé. || Fig. *ein lustiger Vogel*, un bon vivant. | *lockerer, loser Vogel*, luron m. ; gaillard déluré. | *ein seltener Vogel*, un oiseau rare ; un homme étrange. || Loc. *den Vogel abschießen*, décrocher la timbale. || Fam. *einen Vogel im Kopf haben*, être un peu fou ; avoir une araignée au plafond. || Prov. *den Vogel erkennt man am Gesang*, on juge l'arbre à ses fruits.
Vogel|ansicht ["fo:gəl'anziçt] f. (-, en) vue (f.) à vol d'oiseau. ||°**-art** f. (-, en) espèce (f.) d'oiseaux. ||°**-aufprall** m. (s, e). Aéron. impact (m.) d'oiseau. ||°**-bauer** n. (s, -) cage f. ; volière f. ||°**-beerbaum** m. (s, ¨e). Bot. sorbier m. ||°**-beere** f. (-, n). Bot. sorbe f. ||°**-beize** f. (-, n) chasse (f.) à l'oiseau ; fauconnerie f. ||°**-deuter** m. (s, -), °**-schauer** m. (s, -). Antiq. augure m. ||°**-dünger** m. (s) guano m. ||°**-dunst** m. (es) cendrée f. ||°**-ei** n. (s, er) œuf (m.) d'oiseau. ||°**-fang** m. (s) chasse (f.) aux oiseaux ; oisellerie f. | *auf Vogelfang ausgehen*, oiseler. ||°**-fänger** m. (s, -) oiseleur m. ||°**-flug** m. (s, ¨e) vol (m.) d'oiseaux ; volée f. ||**-frei** adv. (Vx.) hors la loi. | *Luther war (für) vogelfrei erklärt worden*, Luther a été déclaré de bonne prise. ||°**-garn** n. (s, e) filet m. (à oiseau). || Loc. fam., fig. *jn ins Vogelgarn locken*, attirer qn dans ses filets. ||°**-gesang** m. (s) chant (m.) des oiseaux ; ramage m. ||°**-händler** m. (s, -) marchand (m.) d'oiseaux ; oiseleur m. ||°**-haus** n. (es, ¨er) volière f. ||°**-hecke** f. (-, n) nichoir m. ; volière f. ||°**-herd** m. (s, e) aire f. ; nid (m.) d'oiseau de proie. ||°**-kenner** m. (s, -) ornithologiste m. ; ornithologue m. || °**-kirschbaum** m. (s, ¨e) merisier m. ||°**-kirsche** f. (-, n) merise f. ||°**-kunde** f. ornithologie f. ||°**-leim** m. (s). [Jagd] glu f. ||°**-miere** f. Bot. mouron m. ; morgeline f. ||°**-mist** m. (es, e) fiente m. ||°**-nest** n. (es, er) nid (m.) d'oiseau. ||°**-orgel** f. (-, n) serinette f. ||°**-perspektive** f. vue (f.) à vol d'oiseau. ||°**-pfeife** f. (-, n) appeau m. ||°**-schau** f. vue (f.) à vol d'oiseau. | *aus der Vogelschau (gesehen)*, (plan) levé à vol d'oiseau. ||°**-scheuche** f. (-, n) épouvantail m. ||°**-stange** f. (-, n). [Jagd] gluau m. ||°**-stellerei** f. oisellerie f. ; chasse (f.) aux oiseaux. ||°**-strauß** m. (es, e) autruche f. || Fig. *Vogelstraußpolitik*, politique (f.) de l'autruche. ||°**-zucht** f. oisellerie f. ; aviculture f. ||°**-zug** m. (s, ¨e) passage (m.) des oiseaux ; volée f. ; bande (f.) d'oiseaux.
Vogesen [vo'ge:zən] n. pr. f. pl. Géogr. Vosges f. pl.
Vöglein [fø:glain] n. (s, -) petit oiseau.
Vogler ['fo:glər] m. (s, -) oiseleur m. || Hist. *Heinrich der Vogler*, Henri l'Oiseleur (919-936).
Vogt [fo:kt] m. (s, ¨e) bailli m. ; prévôt m. || Hist. *Landvogt*, gouverneur (m.) d'un pays. | *Schloßvogt*, intendant (m.) d'un château.
Vogtei [fo:k'tai] f. (-, en). Hist. bailliage m. ; prévôté f. ; conciergerie f. ; intendance f.
Vokabel [vo'kɑ:bəl] f. (-, n) vocable m. ; mot m.
Vokabular [vokabu'lɑ:r] n. (s, e), **Vokabularium** [-'lɑ:rium] n. (s, rien) vocabulaire m. ; lexique m.
Vokal [vo'kɑ:l] m. (s, e) voyelle f. | *Vokalanlaut*, voyelle initiale. | *Vokalauslaut*, voyelle finale.
vokal [vo'kɑ:l] adj. vocal.
Vokal|konzert [vo"kɑ:lkɔn'tsɛrt] n. (es, e) concert vocal. ||°**-musik** f. musique vocale.
Vokalisation [vokaliza'tsio:n] f. (-, en) vocalisation f.
vokalisch [-'kɑ:liʃ] adj. vocal.
vokalisieren [-kali'zi:rən]. Mus. solfier ; vocaliser.
Vokalismus [-ka'lismus] m. vocalisme m.

Vokativ [voka'ti:f] m. (s). GRAMM. vocatif m.
Volk [fɔlk] n. (s, ¨er). **1.** peuple m. ; nation f. | *das deutsche Volk*, le peuple allemand.
2. [sozial] *das einfache Volk*, les petites gens ; le menu peuple. | *das gemeine Volk*, le vulgaire ; la masse ; le commun. | *das niedere Volk*, la plèbe ; la populace ; FAM., POP. le populo. | *beim Volke beliebt*, populaire. || PROV. *Volkes Stimme, Gottes Stimme*, « vox populi, vox Dei ».
3. [Menge] foule f. | *viel Volk*, beaucoup de monde.
4. gens m. pl. | *Kriegsvolk*, troupe f. || MAR. équipage m. || [Jagd] volée f. | *ein Volk Rebhühner*, une compagnie de perdreaux.
volk|arm ['fɔlkarm] adj. peu peuplé. ||**-leer** adj. désert ; inhabité. ||**-reich** adj. très peuplé.
Völkchen ['følkçən] n. (s, -) gens m. pl. || tribu f. ; peuplade f.
Völker|ball ["følkər'bal] m. (s). SPORT. ballon prisonnier. ||°**-bund** m. (s). POLIT. Société (f.) des Nations (à Genève). ||°**-lehre** f., °**-kunde** f. ethnologie f. ; ethnographie f. ||°**-recht** n. (s) droit (m.) des gens ; droit international. ||**-rechtlich** adj. conforme au droit international. ||°**-schlacht** f. HIST. bataille (f.) des Nations (Leipzig, 1813). ||°**-stamm** m. (s, ¨e) tribu f. ; peuplade f. ||°**-wanderung** f. HIST. grandes invasions (des barbares).
Völkerschaft ['følkərʃaft] f. (-, en) peuplade f.
völkisch ['følkiʃ] adj. HIST. national.
— OBSERV. Vocable utilisé sous le régime de Hitler pour marquer l'appartenance à la race germanique.
Volks|abstimmung ["folks'apʃtimuŋ] f. (-, en) référendum m. ; plébiscite m. ||°**-angelegenheit** f. (-, en) affaire (f.) publique. ||°**-ausgabe** f. (-, n) édition (f.) populaire. ||°**-bad** n. (s, ¨er) bain public. ||°**-bank** f. (-, en) banque (f.) populaire. ||°**-befragung** f. (-, en) référendum m. ||°**-begehren** n. (s) plébiscite m. ||°**-belustigung** f. (-, en) foire f. ; kermesse f. ||°**-bewegung** f. (-, en) mouvement populaire, insurrectionnel. ||°**-bibliothek** f. (-, en) bibliothèque (f.) populaire. ||°**-buch** n. (s, ¨er) recueil (m.) de contes populaires. ||°**-demokratie** f. (-, n) démocratie (f.) populaire. ||°**-dichte** f. densité (f.) démographique. ||**-eigen** adj. nationalisé. | *volkseigener Betrieb (VEB)*, entreprise nationalisée. ||°**-entscheid** m. (s, e) référendum m. ; plébiscite m. ||°**-erhebung** f. (-, en) soulèvement national. ||°**-geist** m. (es) sentiment national. ||°**-genosse** m. (n, n) concitoyen m. ; compatriote m. ||°**-glaube** m. (ns) croyance (f.) populaire. ||°**-gunst** f. popularité f. ||°**-heer** n. (s, e) armée nationale. ||°**-herrschaft** f. souveraineté (f.) du peuple ; démocratie f. ||°**-hochschule** f. (-, n) université (f.) populaire. ||°**-kunst** f. art (m.) populaire. ||°**-lied** n. (s, er) chanson (f.) populaire. ||°**-märchen** n. (s, -) conte (m.) populaire. ||**-mäßig** adj. *volksmäßig machen*, populariser. ||°**-menge** f. (-, n) masse f. ; foule f. ||°**-mund** m. (s) langage (m.) du peuple. | *im Volksmund*, dans la bouche du peuple. ||°**-musik** f. musique (f.) populaire. ||°**-partei** f. (-, en) parti (m.) populaire. ||°**-rat** m. (s, ¨e) conseil (m.) du peuple. ||°**-redner** m. (s, -) tribun m. || °**-regierung** f. (-, en) gouvernement (m.) populaire, démocratique. ||°**-schicht** f. (-, en) couche sociale. ||°**-schule** f. (-, n) école (f.) primaire. | *Volksschulunterricht*, enseignement (m.) primaire. ||°**-schüler** m. (s, -) élève (m.) de l'école primaire. || °**-schullehrer** m. (s, -) instituteur m. ||°**-schullehrerin** f. (-, nen) institutrice f. ||°**-sitte** f. (-, n) coutume populaire, nationale. ||°**-sprache** f. (-, n). [Volksmund] langage (m.) du peuple. ||°**-stamm** m. (s, ¨e) ethnie f. ; peuplade f. ; tribu f. ||°**-sturm** m. (s). HIST. milice (f.) populaire (levée par Hitler à la fin de la guerre 1939-1945). ||°**-tanz** m. (es, ¨e) danse (f.) folklorique. ||°**-tracht** f. (-, en) costume régional. ||°**-tribun** m. (s, e) tribun populaire. ||°**-vermögen** n. (s) capital national. ||°**-versammlung** f. (-, en) assemblée nationale. ||°**-vertreter** m. (s, -) représentant (m.) du peuple ; député m. ||°**-vertretung** f. (-, en) représentation nationale ; parlement m. ||°**-wirt(in)** m. (s, e), f. (-, nen) économiste s. ||°**-wirtschaft** f., °**-wirtschaftslehre** f. économie (f.) politique. ||°**-zählung** f. (-, en) recensement (m.) de la population.
Volkstum ['folkstu:m] n. (s) nation f. ; nationalité f. ; ce qui fait le propre d'un peuple.
volkstümlich [-ty:mliç] adj. populaire ; folklorique.
Volkstümlichkeit [-ty:mliçkait] f. popularité f.
voll [fɔl] adj. plein ; rempli ; comble ; entier ; complet. **1.** [gefüllt] *ein volles Glas*, un verre plein. | *ein volles Gesicht*, un visage rempli ; une figure ronde. | *ein voller Arm*, un bras bien en chair. | *mit vollen Händen*, à pleines mains. | *volle Töne*, des sons pleins. | *die volle Zahl ist erreicht*, le compte y est. | *der volle Mond*, la pleine lune. | *ein volles Jahr lang*, durant toute une année. | *mit vollen Segeln*, à pleines voiles. | *volle acht Tage*, huit jours pleins. | *ein volles Dutzend*, une bonne douzaine. | *die Turmuhr schlägt nur die vollen Stunden*, l'horloge du clocher ne sonne que les heures. || THÉÂTRE. *ein volles Haus haben*, faire salle comble.
2. [gänzlich] *in voller Größe*, grandeur (f.) nature ; de toute sa taille. | *in voller Arbeit*, en plein travail. | *die Wahlkampagne ist in vollem Gange*, la campagne électorale bat son plein. | *in vollem Laufe*, en pleine course. | *in voller Kraft*, en pleine force. | *in vollen Zügen trinken*, boire à longs traits. | *aus voller Kehle singen*, chanter à gorge déployée. | *mit vollem Recht behaupten*, soutenir à bon droit. | *volles Vertrauen*, confiance entière. | *die volle Wahrheit*, toute la vérité. | *in vollem Ernst*, très sérieusement. | *in voller Rüstung*, en armes. | *um das Unglück voll zu machen*, pour comble de malheur. || ARCHIT. *eine volle Mauer*, un mur plein.
3. (attribut) *das Maß ist voll*, la mesure est pleine. | *voll bis an den Rand ; gestrichen voll*, plein à ras bords. | *der Saal ist gestopft voll*, la salle est pleine à craquer. | *der Platz ist voll von Zuschauern*, la place est remplie de badauds. | *halbvoll*, à moitié plein. | *drei viertel voll*, aux trois quarts plein. || PROV. *wes das Herz voll ist, des geht der Mund über* (LUTHER), la bouche parle de l'abondance du cœur.
4. (adj. substantivé) *im vollen leben*, vivre largement. | *aus dem vollen wirtschaften, schöpfen*, dépenser à pleines mains.
◇ adv. *die Wege liegen voll Schnee*, les chemins sont pleins de neige. | *einen Bogen (Papier) voll schreiben*, remplir une feuille (de papier). || PR. et FIG. *den Mund voll nehmen*, en avoir la bouche pleine. | *jn nicht für voll nehmen*, ne pas prendre qn au sérieux. | *die Hände voll zu tun haben*, avoir beaucoup de besogne sur les bras. | *etwas, jn voll würdigen*, rendre pleinement justice à qch., à qn. | *er kommt hier voll zur Geltung*, il peut ici donner toute sa mesure. | *voll und ganz*, entièrement ; pleinement. | *eine Handvoll*, une poignée. || LOC. (ancien comparatif) *voller Angst und Sorgen*, plein d'inquiétude. | *ein Leben voller Not*, une vie de soucis.
voll... les composés verbaux dans lesquels *voll* est inséparable *(vollbringen, vollenden, vollführen, vollstrecken, vollziehen)*, se trouvent, avec leurs dérivés éventuels, classés à leur ordre alphabétique.
Voll|aktie ["fɔl'aktsiə] f. (-, n). FIN. action entièrement libérée. ||**-auf** adv. en abondance. ||°**-bad** n. (s) grand bain. ||°**-bart** m. (s, e) grande barbe. ||**-berechtigt** adj. qui jouit de l'intégralité de ses droits. ||**-beschäftigt** adj. pleinement employé. ||°**-beschäftigung** f. plein (-) emploi m. ||**-besetzt** adj. complet. ||°**-besitz** m. (es) *im Vollbesitz seiner geistigen Kräfte*, en pleine possession de ses facultés intellectuelles. ||°**-bier** n. (s) bière forte. ||°**-blut** n. (s, e). [Pferd] pur-sang m. | *Vollbluthengst*, étalon (m.) pur sang. ||**-blütig** adj. MÉD. pléthorique ; sanguin. ||°**-blütigkeit** f. MÉD. pléthore f. ||°**-dampf** m. (s) *Volldampf voraus !*, en avant toute ! ||°**-dünger** m. (s) engrais complet. ||**-fressen (sich)** [i, a, e] v. pr. se gorger de nourriture. ||**-füllen** v. tr. remplir. ||°**-gas** n. AUTOM. *Vollgas geben*, accélérer à fond. ||°**-gefühl** n. (s) sentiment (m.) de plénitude. ||°**-gehalt** m. (s) bon aloi. ||°**-genuß** m. (s, ¨e) pleine jouissance. ||**-gepfropft, -gestopft** adj. bourré ; bondé. || °**-gewalt** f. pleins pouvoirs ; pouvoir total. || °**-gewicht** n. (s) bon poids. ||**-gießen** (o, o) v. tr. remplir. ||**-gültig** adj. pleinement valable ; irrécusable. || °**-gültigkeit** f. parfaite validité. ||°**-gummireifen** m. (s, -) bandage plein. ||**-inhaltlich** adj. intégral. ||**-jährig** adj. JUR. majeur. | *jn für volljährig erklären*, émanciper qn. ||°**-jährigkeit** f. (âge [m.] de la) majorité f. | *Volljährigkeitserklärung*, émancipation f. ||**-kantig** adj. équarri. ||°**-kasko|versicherung** f. (-, en) assurance (f.) tous risques. ||°**-klang** m. (s) son plein. ||°**-kornbrot** n. (s) pain complet. ||°**-last (Vollast)** f. pleine charge. ||**-laufen (vollaufen)** (ä, ie, a) se remplir d'un liquide. ||**-lautend (vollautend)** adj. qui rend un son plein ; sonore. ||**-leibig (volleibig)** adj. replet. ||°**-leibigkeit (Volleibigkeit)** f. embonpoint m. ||°**-macht** f. procuration f. ; pleins pouvoirs. | *jm Vollmacht erteilen*, donner procuration à qn ; habiliter qn. | *die Vollmacht übertragen*, déléguer le pouvoir. | *kraft Vollmacht*, par délégation. ||°**-machtgeber** m. (s, -). JUR. mandant m. ||**-messen** (i, a, e) v. tr. faire bonne mesure.

||°-**milch** f. lait non écrémé. ||°-**mond** m. (s) pleine lune. | *es ist Vollmond; wir haben Vollmond*, la lune est dans son plein. || IRON. *Vollmondgesicht*, visage (m.) de pleine lune. ||°-**narkose** f. (-, n). MÉD. anesthésie générale. ||°-**rausch** m. (es, ¨e) ivresse totale. ||-**saftig** adj. plein de sève ; succulent. ||-**schenken** v. tr. remplir les verres jusqu'au bord. ||°-**spurbahn** f. (-, en) chemin (m.) de fer à voie normale. || -**ständig** adj. complet ; total ; intégral ; entier. | *der Satz ist nicht vollständig*, la phrase n'est pas complète. | *vollständig machen*, compléter. — adv. complètement ; entièrement ; en entier. | *vollständig besetzt*, au complet. ||°-**ständigkeit** f. (-) intégrité f. ; intégralité f. ; complet m. ||-**stimmig** adj. MUS. pour tous instruments ; à toutes voix. ||-**stopfen, -pfropfen** v. tr. bourrer. ||-**tanken** v. tr. AUTOM. faire le plein. ||-**tönend** adj. sonore ; au son plein, riche, harmonieux. ||°-**treffer** m. (s, -) coup (m.) qui fait mouche ; coup (m.) au but. ||-**trinken (sich)** [a, u] v. pr. se saouler. ||°-**trunkenheit** f. (-) ivresse totale. ||°-**versammlung** f. (-, en) assemblée plénière. ||°-**waise** f. (-, n) orphelin, orpheline de père et de mère. ||-**wertig** adj. pleinement valable. ||-**wichtig** adj. FIN. qui est de poids légal, trébuchant. | *vollwichtige Münze*, monnaie droite, intrinsèque. ||-**wüchsig** adj. qui a terminé sa croissance. ||-**zählig** adj. au complet. ||°-**zähligkeit** f. état complet. ||°-**zeit|beschäftigung** f. (-, en) plein-temps m.

voll|bringen [fɔl'briŋən] (vollbrachte, vollbracht) v. tr. accomplir ; exécuter ; venir à bout de ; achever. | *ein großes Werk vollbringen*, accomplir une grande œuvre. ||°-**bringer** m. (s, -) exécuteur m. ; auteur m. ||°-**bringung** f. accomplissement m. ; achèvement m. ; consommation f. ; exécution f.

vollenden [fɔl'ɛndən] v. tr. et v. pr. accomplir ; achever ; finir ; parfaire ; mener à bonne fin ; consommer.

Vollender [-dər] m. (s, -) celui qui achève.

vollendet [-dət] adj. accompli ; fini ; terminé. | *eine vollendete Schönheit*, une beauté parfaite. | *jn vor eine vollendete Tatsache stellen*, placer qn devant le fait accompli. || FIG. défunt. || ASTRON. révolu.

vollends [fɔ'lɛnts] adv. **1.** entièrement ; totalement ; tout à fait.
2. en outre ; encore.

Vollendung [fɔl'ɛnduŋ] f. (-, en) accomplissement m. ; parfaite exécution ; perfection f. ; fini m.

Völlerei [følə'rai] f. (-, en) débauche f. ; ivrognerie f.

voll|führen [fɔl'fy:rən] v. tr. exécuter ; accomplir ; s'acquitter de. | *er hat seinen Auftrag vollführt*, il a rempli sa mission.

Vollheit ['fɔlhait] f. ce qui est complet ; plénitude f.

völlig ['føliç] adj. entier ; complet. | *völlige Gleichheit*, égalité absolue. || RELIG. *völliger Ablaß*, indulgence plénière.
◇ adv. pleinement ; parfaitement ; complètement ; tout à fait.

voll|kommen [fɔl'kɔmən] adj. accompli ; parfait ; entier. | *ein vollkommener Athlet*, un athlète complet. || MATH. *vollkommene Zahl*, nombre parfait.
◇ adv. parfaitement ; complètement. | *er hat vollkommen recht*, il a parfaitement raison.

Voll|kommenheit [-hait] f. perfection f.

voll|streckbar [fɔl'ʃtrɛkba:r] adj. JUR. exécutoire. | *vollstreckbares Urteil*, jugement (m.) exécutoire. ||°-**streckbarkeit** f. caractère (m.) exécutoire.

voll|strecken [-'ʃtrɛkən] v. tr. JUR. exécuter. | *das Todesurteil an jm vollstrecken*, exécuter qn.

Voll|strecker [-'ʃtrɛkər] m. (s, -). JUR. exécuteur m. | *Testamentsvollstrecker*, exécuteur testamentaire.

Voll|streckung [-ʃtrɛkuŋ] f. JUR. exécution f.

voll|ziehen [fɔl'tsi:ən] (vollzog, vollzogen) v. tr. et v. pr. mettre à exécution ; exécuter ; accomplir. | *die vollziehende Gewalt*, le pouvoir exécutif. | *ein Abkommen vollziehen*, ratifier un traité. || JUR. *eine Ehe vollziehen*, consommer le mariage.

Voll|zieher [-'tsi:ər] m. (s, -) exécuteur m.

Voll|ziehung [-'tsi:uŋ] f., **Voll|zug** [-tsuk] m. (s) exécution f. ; accomplissement m. ; consommation f. | *Vollziehungsbeamte*, agent (m.) d'exécution. | *Vollzugsrat*, conseil exécutif. | *Vollzugsgewalt*, pouvoir exécutif.

Volontär [volɔn'tɛ:r] m. (s, e). COMM. volontaire m.

Volt [vɔlt] n. (s, s). ÉLECTR. volt m. | *Voltmeter*, voltmètre m.

voltaisch [vɔl'tɑ:iʃ] adj. *voltaische Säule*, pile (f.), batterie (f.) de Volta ; pile (f.) voltaïque.

Volta|meter ['vɔlta"me:tər] n. (s, -). ÉLECTR. voltamètre m.

voltigieren [vɔlti'gi:rən] v. intr. faire de la voltige.

Volubilität [volubili'tɛ:t] f. volubilité f.

Volumen [vɔ'lu:mən] n. (s, mina) volume m.

Volum|gewicht [vɔ"lu:mgə'viçt] n. (s) poids (m.) atomique.

voluminös [vɔlumi'nø:s] adj. volumineux.

Volute [vo'lu:tə] f. (-, n). ARCHIT. et FIG. volute f.

vom [fɔm] V. VON.

von [fɔn] prép. de.

> **I.** prép. (avec le dat.).
> **1.** SENS LOCAL.
> **2.** SUCCESSION.
> **3.** CAUSE ; PROVENANCE.
> **4.** NOTION QUALITATIVE.
> **5.** À LA PLACE DU GÉN.
> **6.** EMPLOI PARTITIF.
> **7.** LOC.
> **II.** prép. composées avec **von.**

I. prép. avec le dat. (**von dem,** contracté en **vom**).
1. SENS LOCAL : **von** répond à la question : *woher?* lorsque la position d'origine était désignée par **an, auf, bei.** (Noter que **in** a pour équivalent **aus** et non **von.**) | *die Blätter fallen von den Bäumen*, les feuilles tombent des arbres. | *das Schiff stößt vom Ufer ab*, le bateau quitte la rive. | *sie kommt vom Bahnhof*, elle vient de la gare. | *er steigt vom Pferd*, il descend de cheval. | *er stammt vom Lande*, il est originaire de la campagne. | *von oben bis unten*, de haut en bas. | *von, vom Anfang bis, zum Ende*, du début à la fin. | *Straßburg liegt fünfhundert Kilometer von Paris entfernt*, Strasbourg est situé à cinq cent kilomètres de Paris. | *von vorn*, de devant | *von hinten*, de derrière. | *von nahem*, de près. | *von weitem*, de loin. | *von der Seite*, de côté. | *von beiden Seiten*, des deux côtés.
2. SUCCESSION (le substantif qui suit **von** ne prend pas l'art.) : *der Hausierer zieht von Tür zu Tür*, le colporteur fait le porte-à-porte, va de porte en porte. | *von Ort zu Ort*, d'un lieu à l'autre. | *von Land zu Land*, de pays en pays. | *jm von Angesicht zu Angesicht sprechen wollen*, vouloir parler personnellement à qn. | *von Fall zu Fall entscheiden*, trancher séparément chaque cas. | *die Gefahr wächst von Stunde zu Stunde*, le danger augmente d'heure en heure. | *von Zeit zu Zeit*, de temps en temps.
3. CAUSE ; PROVENANCE : *er ist müde von dem weiten Weg*, le long chemin l'a fatigué. | *ungeduldig vom langen Warten*, rendu impatient par une longue attente. | *ein Gedicht von Heine*, une poésie de Heine. | *ein Gruß von meinem Onkel*, le bonjour de mon oncle. | *von jm abhängen*, dépendre de qn. | *er läßt sich von ihm viel gefallen*, il lui passe beaucoup de choses. | *von Gottes Gnaden*, par la grâce de Dieu.
4. NOTION QUALITATIVE : *klein von Gestalt*, de petite taille. | *ein Mann von großer Intelligenz*, un homme d'une grande intelligence. | *er ist ein Mann von Grundsätzen*, c'est un homme à principes. | *ein Mann vom Fach*, un spécialiste. | *ein Mann von Welt*, un homme du monde. | *ein Buch von Rang*, un livre de qualité. | *ein Athlet von Format*, un athlète de classe. | *ein Kind von zehn Jahren*, un enfant de dix ans. | *das ist von Nutzen*, cela est utile. | *was sind Sie von Beruf?*, quelle est votre profession ? | *nicht von Dauer*, peu durable. | *ein Ring von Gold*, une bague en or. || LOC. *dieser Schuft von einem Wirt*, ce coquin d'aubergiste. | *ein Prachtstück von einem Adler*, un aigle magnifique.
5. À LA PLACE DU GÉN. : *das Haus von Herrn Meier* (pour *Herrn Meiers Haus*), la maison de M. Meier. — L'usage est que **von** peut remplacer le gén. si celui-ci n'apparaît pas à première vue. C'est le cas notamment des gén. pl. indéfinis : *das Schicksal von Millionen Menschen*, le sort de millions d'hommes (mais : *das Schicksal vieler Millionen*). || LOC. *das Ende vom Lied*, le fin mot de l'histoire. — Le langage châtié emploie également **von** pour marquer le gén. des noms propres : *die Königin von England*, la reine d'Angleterre. | *die Umgebung von London*, les environs (m. pl.) de Londres. | *die Anwendung von Penicillin*, l'emploi (m.) de la pénicilline. — **von** est obligatoire pour des noms se terminant par s ou z : *das Rathaus von Florenz*, l'hôtel de ville de Florence ; *die Brücken von Paris*, les ponts de Paris.

6. Emploi partitif : *ein Freund von mir,* un de mes amis ; un ami à moi. | *jeder von uns,* chacun de nous. | *von zehn Stimmen acht bekommen,* recevoir huit sur dix des suffrages. | *das Beste von allem,* la meilleure qualité. || Loc. *sind Sie auch von der Partie ?,* en serez-vous ? ◇ particule nobiliaire : *Graf von Moltke,* le comte de Moltke. | *er schreibt sich « von »,* son nom prend la particule.
7. Loc. *laß die Finger davon !,* n'y touche pas ! | *sich etwas vom Halse schaffen,* se débarrasser de qch. | *wie vom Blitz getroffen,* comme frappé de la foudre. | *von (ganzem) Herzen,* de tout cœur. | *von Sinnen sein,* perdre son sang-froid. | *vom Leder ziehen,* dégainer.
II. prép. composées avec **von.** — **a) von... an (ab) :** *von heute an (ab),* à partir d'aujourd'hui. | *von Anfang an,* dès le début ; dès le départ. | *von nun an,* désormais ; dorénavant.
b) von... auf ne se rencontre que dans des locutions figées : *wir sind es von Kind auf so gewöhnt,* nous y sommes habitués depuis l'enfance. | *von klein auf war er ein guter Musiker,* enfant il était déjà bon musicien. | *von Grund auf,* de fond en comble ; radicalement.
c) von... aus : *von diesem Fenster aus hat man eine schöne Aussicht,* on a une belle vue de cette fenêtre. | *er ist von Natur aus kränklich,* il a toujours été maladif. | *er ist von Hause aus Pädagoge,* c'est un pédagogue né. | *von mir aus können wir spazierengehen,* je ne m'oppose pas à cette promenade.
d) von... her : *von alters her ; von jeher,* de tout temps.
e) von... wegen (Vx.) au sens de *wegen.* Emplois actuels, v. wegen.
— Observ. Les verbes qui gouvernent **von** sont nombreux et peuvent se classer en plusieurs catégories ; verbes exprimant : **1.** la distance ou la séparation : *trennen, lösen von ; abreisen von ; unterscheiden von ; sich verabschieden von ;* — **2.** la libération : *befreien, erlösen von ; säubern von ; entbinden von ;* — **3.** la provenance, l'origine : *abstammen von ; herrühren von ; erfahren von ; verlangen, erwarten von ;* — **4.** nuance partitive : *essen, trinken, probieren von ; reden, sprechen von ; wissen, hören von ; leben, sich ernähren von.* Il n'y a pas de verbes composés avec **von.** Les particules **ab, los, weg** en tiennent lieu.

von|einander [fɔnain'andər] adv. l'un de l'autre. | *voneinander lernen,* apprendre l'un de l'autre. | *voneinander gehen,* se séparer ; se quitter. | *voneinander lassen,* se séparer ; lâcher prise.

von|nöten [fɔn'nø:tən] adv. nécessaire. | *das ist vonnöten,* cela est d'une nécessité urgente.

von|statten [fɔn'ʃtatən] adv. *die Arbeit geht gut vonstatten,* le travail avance bien.

vor [fo:r] prép., partic. et adv.

I. prép. (dat. et acc.) devant ; avant.
1. Sens local.
2. Sens temporel.
3. Sens causal.
II. adv.
III. partic. de compos.

I. prép. (dat. et acc. **vorm,** contraction de **vor dem ; vors,** contraction de **vor das**). **1.** Sens local : **a)** avec le datif : *vor dem Hause stehen,* se trouver devant la maison. | *vor jm hergehen,* marcher devant qn. | *vor sich selber,* à ses propres yeux. | *vor der Welt,* à la face du monde. || Par ext. *er hat vor ihm den Mut voraus,* il a sur lui le privilège du courage. | *Gewalt geht vor Recht,* la force prime le droit. | *vor allen Dingen ; vor allem,* avant toute autre chose ; avant tout ; plus que tout ; surtout. — **b)** avec l'accusatif : *vor den Richter treten,* paraître devant le juge. | *ein Schiff vor Anker legen,* mettre un navire à l'ancre. | *sich eine Kugel vor den Kopf schießen,* se brûler la cervelle. | *ich begleite ihn bis vor die Stadt,* je l'accompagne jusque devant la ville. | *vor sich hin reden,* se parler à soi-même.
2. Sens temporel : avant. | *vor zehn Jahren,* il y a dix ans. | *vor der Versammlung,* avant la réunion. | *vor Tage,* avant le jour. | *vordem,* auparavant. | *vorderhand* (contraction de *vor der Hand*), pour le moment. || Loc. (avec forme apparente au gén.) *vortags,* avant le jour. | *vor morgens,* avant le matin. | *vor nachts,* avant la nuit. | *vor winters,* avant l'hiver. | *vor alters,* il y a bien longtemps. || *vor sich gehen,* se dérouler.
3. Sens causal : *vor Hunger sterben,* mourir de faim. | *er zittert vor Kälte,* il tremble de froid. | *vor lauter Lesen,* à force de lire. || Par ext. *sich vor jm hüten,* se garder de qn. | *vor der Gefahr zittern,* trembler devant le danger. | *Schutz vor dem Regen suchen,* chercher un abri contre la pluie.
II. adv. (en formes composées, v. davor, hiervor, wovor). Loc. *nach wie vor,* après comme avant, comme devant. || (Vx.) *da sei Gott vor !,* que Dieu nous en garde !
III. partic. de compos. **1.** Sens local : *vorbringen,* présenter ; *vorladen,* citer ; *vortreten,* sortir du rang. || (avec de nombreuses extensions) *Vorbild,* modèle ; *vorspiegeln,* miroiter ; *vorschlagen,* proposer ; *vorwerfen,* reprocher.
2. Sens temporel : *voreilen,* se précipiter.

vor|ab [fo:r'ap] adv. d'abord ; en attendant.

Vor|abend ["fo:r'ɑbənt] m. (s, e) veille f. | *am Vorabend der Schlacht,* la veille de la bataille.

vor|ahnen ["fo:r'ɑ:nən] v. tr. pressentir. || °**-ahnung** f. (-, en) pressentiment m.

Vor|alpen ["fo:r'alpən] f. pl. Géogr. Préalpes f. pl.

vor|an [for'an] adv. en tête ; en avant ; devant.

voran|gehen [for"an'ge:ən] (ging, gegangen) v. intr. marcher en tête. || Fig. *mit gutem Beispiel vorangehen,* donner le bon exemple. || [fortschreiten] *die Arbeit geht gut voran,* le travail avance bien. ||**-kommen** (a, o) v. intr. avancer. ||**-laufen** (ä, ie, a) v. intr. courir en tête. ||**-stellen** v. tr. mettre en tête ; placer en premier.

Vor|anmeldung ["fo:r'anmɛlduŋ] f. (-, en). Téléph. préavis m.

Vor|anschlag ["fo:ran'ʃlɑ:k] m. (s, ¨e) devis m. ; projet m. | *Kostenvoranschlag,* évaluation (f.) des frais ; devis estimatif.

Vor|anzeige ["fo:ran'tsaigə] f. (-, n) avis (m.) préalable.

Vor|arbeit ["fo:r'arbeit] f. (-, en) travail (m.) préalable ; ébauche f. ||**-arbeiten** v. intr. préparer les voies (à qn) ; montrer à qn comment travailler. ||°**-arbeiter** m. (s, -) contremaître m.

vor|auf [for'auf] adv. **1.** V. voran. || **2.** d'avance.

vorauf|gegangen [for"aufgə'gaŋən] part. pass. *das voraufgegangene Ereignis,* l'événement précédent.

Vor|aufführung ["fo:r'auffy:ruŋ] f. (-, en). Théâtre. répétition générale ; générale f.

voraus [for'aus] adv. **1.** en tête ; devant. | *jm vorauseilen,* précéder qn. || Fig. *er war seiner Zeit um eine Generation voraus,* il était en avance d'une génération sur son temps. | *er hat viel vor uns voraus,* il nous dépasse de loin.
2. ['--] par avance. | *etwas voraus, im voraus wissen,* savoir qch. d'avance. | *sich im voraus freuen,* se réjouir d'avance.

Voraus ['foraus et -'-] m. (-). Jur. préciput m. ; avant-part f. | *zum Voraus,* par préciput.

voraus|bestellen [for"ausbə'ʃtɛlən] v. tr. Comm. commander d'avance ; retenir. ||**-bezahlen** v. tr. payer d'avance. ||**-datieren** v. tr. antidater. ||**-gehen** (ging, gegangen) v. intr. marcher en tête ; précéder (sens local et temporel). ||°**-leistung** f. (-, en) prestation (f.) préalable. ||°**-nahme** f. anticipation f. ||**-nehmen** (i, a, o) v. tr. anticiper. ||**-planen** v. tr. et v. intr. faire des projets d'avenir. ||°**-sage** f. (-, n) prédiction f. ; pronostic m. ||**-sagen** v. tr. prédire. ||°**-schau** f. Écon. prospective f. ||**-schauend** adj. prévoyant. ||**-schicken** v. tr. envoyer en avant. || Fig. *seiner Rede schickte er einige Bemerkungen voraus,* il fit précéder son discours de quelques remarques. ||**-sehen** v. tr. prévoir. ||**-setzen** v. tr. présumer ; supposer. | *vorausgesetzt, daß er kommt,* à condition qu'il vienne. ||°**-setzung** f. (-, en) supposition f. ; hypothèse f. ; condition f. | *unter der Voraussetzung, daß,* à condition que. | *alle Voraussetzungen erfüllen,* satisfaire à toutes les conditions. | *voraussetzungslos,* inconditionnel. ||°**-sicht** f. (-, en) prévision f. ||**-sichtlich** adj. et adv. [vermutlich] probable ; probablement. ||°**-wahl** f. (-, en) présélection f. ||°**-zahlung** f. (-, en) acompte m.

Vor|bau ["fo:r'bau] m. (s, e et ten). Archit. avant-corps m. ; partie avancée ; encorbellement m.

vor|bauen ["fo:r'bauən] v. tr. bâtir devant. ◇ v. intr. Fig. prévenir. | *einer Kabale vorbauen,* prévenir une cabale.

Vor|bedacht ["fo:rbə'daxt] m. (s). [Absicht ; Überlegung] préméditation f. | *mit gutem Vorbedacht,* à bon escient.

Vor|bedeutung ["fo:rbə'dɔytuŋ] f. (-, en) présage m. ; augure m.

Vor|bedingung ["fo:rbə'diŋuŋ] f. (-, en) condition (f.) préalable, préliminaire.

Vor|behalt ["fo:rbə'halt] m. (s, e) restriction f. ; réserve f. | *mit Vorbehalt,* sous réserve ; sous toutes réserves. | *unter dem Vorbehalt,* sous réserve ; sauf à.

| *ohne Vorbehalt*, purement et simplement. | *heimlicher, stiller Vorbehalt*, restriction mentale. || JUR. *unter Vorbehalt meiner Rechte*, sans préjudice de mes droits ; réserve faite de mes droits. | *Vorbehaltsklausel*, clause restrictive.

vor|behalten (sich) [ziç"fo:rbe'haltən] (ä, ie, a) v. pr. *sich etwas vorbehalten*, se réserver le droit de faire qch. | *alle Rechte vorbehalten*, tous droits réservés. | *Irrtum vorbehalten*, sauf erreur. ||**-behaltlich** prép. (gén.). [mit Vorbehalt] sauf ; sous la réserve de. ||°**-behalts|klausel** f. (-, n). JUR. clause (f.) de sauvegarde. ||**-behaltslos** adj. et adv. sans restriction ; sans réserve.

vor|bei [for'bai] adv. et partic. **1.** [räumlich] devant. | *er geht unter meinem Fenster vorbei*, il passe sous ma fenêtre. | *er geht an den schönsten Auslagen vorbei*, il passe, sans prêter attention, devant les plus belles vitrines. | *lassen Sie mich vorbei !*, laissez-moi passer. **2.** [zeitlich] passé ; fini ; écoulé. | *vorbei ist die Jugend !*, adieu jeunesse ! | *die Gefahr ist vorbei*, le danger est passé. | *vorbei ist vorbei*, ce qui est fait est fait. || POP. *mit ihm ist es vorbei*, c'est un homme fini.

vorbei|fahren [for"bai'fa:rən] (ä, u, a) v. intr. passer (en voiture) devant, près de. ||°**-fließen** (o, o) v. intr. couler devant, à côté. | *der Rhein fließt am Kaiserstuhl vorbei*, le Rhin coule au pied du Kaiserstuhl. ||**-gehen** (ging, gegangen) v. intr. passer sans s'arrêter. || FIG. ne pas voir ; laisser échapper. | *im Vorbeigehen*, en passant. ||**-kommen** (a, o) v. intr. *bei jm vorbeikommen*, passer chez qqn. || FIG. *an etwas vorbeikommen*, négliger, ne pas voir qqch. ||°**-marsch** m. (es). MIL. défilé m. ||**-marschieren** v. intr. défiler. ||**-reden** v. intr. sépar. *aneinander vorbeireden*, ne pas se comprendre. | *sie reden aneinander vorbei*, c'est un dialogue de sourds. ||°**-schießen** (o, o) v. intr. manquer le but, la cible. || passer comme une flèche. ||**-schlagen** (ä, u, a) v. intr. taper à côté. ||**-ziehen** v. intr. passer devant.

Vor|bemerkung ["fo:rbə'mɛrkuŋ] f. (-, en) remarque (f.) préliminaire ; avant-propos m.

vor|benannt ["fo:rbə'nant] adj. précité ; mentionné ci-dessus.

vor|bereiten ["fo:rbə'raitən] v. tr. et v. pr. (se) préparer. | *sich auf eine Prüfung vorbereiten*, se préparer à un examen. | *er war darauf nicht vorbereitet*, il ne s'y attendait pas. | *vorbereitend*, préparatoire.

Vor|bereitung [-tuŋ] f. (-, en) préparation f. ; préparatif m. | *Vorbereitungen treffen* (« zu », dat.), faire des préparatifs. | *Vorbereitungsarbeiten*, préparatifs m. pl.

Vor|berge ["fo:r'bɛrgə] m. pl. GÉOGR. contreforts m. pl.

Vor|bericht ["fo:rbə'riçt] m. (s, e) rapport préliminaire, introductif.

Vor|bescheid ["fo:rbə'ʃait] m. (s, e). JUR. décision (f.) préliminaire.

vor|bestellen ["fo:rbə'ʃtɛlən] v. tr. commander d'avance ; réserver ; louer d'avance.

vor|bestraft ["fo:rbə'ʃtra:ft] adj. JUR. *ein vorbestrafter Verbrecher*, un repris de justice. | *nicht vorbestraft*, sans antécédents judiciaires.

Vor|beugehaft ["fo:rbɔygə'haft] f. JUR. détention préventive.

vor|beugen [-'bɔygən] v. tr. pencher en avant. ◇ v. intr. parer à qch. ; prévenir. | *einer Krankheit vorbeugen*, prévenir une maladie. | *einem Übel vorbeugen*, prendre des précautions contre un mal. | *vorbeugendes Heilmittel*, remède prophylactique, préventif. ◇ v. pr. **sich vorbeugen,** se pencher en avant.

Vor|beugung [-guŋ] f. (-, en) précaution f. | *Vorbeugungsmaßnahmen treffen*, prendre des mesures préventives.

Vor|bild ["fo:r'bilt] n. (s, er) modèle m. ; exemple m. | *sich jn zum Vorbild nehmen*, prendre exemple sur qn. || type m. ; original m. ||**-bilden** v. tr. préfigurer. ||**-bildlich** adj. exemplaire. ||°**-bildlichkeit** f. caractère (m.) exemplaire. ||°**-bildung** f. (-, en) préparation f. ; apprentissage m.

Vor|bote ["fo:r'bo:tə] m. (n, n) précurseur m. || [Anzeichen] signe précurseur ; prodrome m.

vor|bringen ["fo:rbriŋən] (brachte, gebracht) v. tr. mettre en avant ; présenter ; produire. | *einen Vorschlag vorbringen*, faire une proposition. | *Beweise vorbringen*, produire, fournir des preuves.

Vor|bühne ["fo:r'by:nə] f. avant-scène f.

vor|christlich ["fo:r'kristliç] adj. avant l'ère chrétienne.

Vor|dach ["fo:r'dax] n. (s, ¨er) avant-toit m. ; auvent m.

vor|datieren ["fo:rda'ti:rən] v. tr. antidater.

Vor|deck ["fo:r'dɛk] n. (s, e). MAR. plage (f.) avant ; gaillard (m.) d'avant.

vor|dem ['fo:rde:m et fo:r'de:m] adv. autrefois. || précédemment.

vorder ['fɔrdər] adj. [räumlich] de devant ; antérieur. | *das vordere Zimmer*, la chambre de devant. | *die Vordersten*, les premiers.

Vorder|achse ["fɔrdər'aksə] f. (-, n) essieu (m.) avant. ||°**-ansicht** f. (-, en) vue (f.) de face. ||°**-arm** m. (s, e) avant-bras m. ||°**-asien** n. pr. n. GÉOGR. Asie Mineure. ||°**-bein** n. (s, e). ZOOL. patte (f.) de devant. ||°**-flagge** f. (-, n). MAR. pavillon (m.) de beaupré. ||°**-front** f. (-, en) façade f. ||°**-fuß** m. (es, ¨e). ANAT. métatarse m. ||°**-gaumenlaut** m. (s, e). GRAMM. palatale f. ||°**-glied** n. (s, er). ANAT. membre antérieur. || MATH. antécédent m. ||°**-grund** m. (s, ¨e) premier plan. | *in den Vordergrund stellen*, mettre au premier plan. | *sich in den Vordergrund rücken*, se mettre en évidence. ||**-gründig** adj. visible ; apparent. ||**-hand** adv. en attendant ; sur le moment ; d'abord. ||°**-lader** m. (s, -). MIL. (Vx.) arme (f.) se chargeant par la bouche. ||°**-läufe** pl. ZOOL. pattes (f. pl.) de devant. ||°**-mann** m. (s, ¨er ou leute) homme (m.) de devant ; chef (m.) de file. ||°**-mast** m. (es, e) mât (m.) de misaine. ||°**-rad** n. (s, ¨er) roue (f.) avant. || AUTOM. *Vorderradantrieb*, traction (f.) avant. ||°**-reihe** f. premier rang. ||°**-satz** m. (es, ¨e). GRAMM. premier membre de la phrase. || PHILOS. prémisse f. ; majeure f. ||°**-seite** f. (-, n) façade f. || TYPOGR. recto m. || [Münze] avers m. ||°**-sitz** m. (es, e) siège (m.) de devant. ||°**-steven** m. (s, -). MAR. étrave f. ||°**-teil** m. (s, e) partie (f.) avant. ||°**-zähne** m. pl. ZOOL. dents (f. pl.) de devant.

vor|drängen ["fo:r'drɛŋən] v. tr. et v. pr. (se) pousser en avant. || FIG. (se) mettre en avant, en vedette.

vor|drehen ["fo:r'dre:ən] v. tr. TECHN. dégrossir. | *seine Uhr vordrehen*, avancer sa montre.

vor|dringen ["fo:r'driŋən] (a, u) v. intr. avancer ; gagner du terrain ; progresser. ||°**-dringen** n. (s) progression f. ; avance f. ||**-dringlich** adj. très urgent.

Vor|druck ["fo:r'druk] m. (s, e) formulaire m. ; formule imprimée. || TYPOGR. impression (f.) avant la lettre.

vor|ehelich ["fo:r'e:əliç] adj. prénuptial ; avant le mariage. | *vorehelicher Geschlechtsverkehr*, relations sexuelles avant le mariage.

vor|eilen ["fo:r'ailən] v. intr. courir ; se hâter ; prendre la tête. | *jm voreilen*, devancer qn. ||**-eilig** adj. précipité ; prématuré ; précoce ; anticipé. | *ein voreiliger Schritt*, une démarche inconsidérée. — adv. précipitamment ; inconsidérément ; à la légère. ||°**-eiligkeit** f. précipitation f. ; étourderie f.

vor|einander ['fo:rain"andər] adv. l'un devant l'autre. | *sie haben keine Geheimnisse voreinander*, ils n'ont pas de secrets l'un pour l'autre.

vor|eingenommen ["fo:r'aingənɔmən] adj. prévenu ; plein de préjugés ; qui a du parti pris. ||°**-eingenommenheit** f. (-, en) parti pris ; idée préconçue.

Vor|einstellung ["fo:r'ainʃtɛluŋ] f. (-, en). TECHN. préréglage m.

Vor|eltern ["fo:r'ɛltərn] pl. ancêtres m. pl. ; aïeux m. pl. ; ascendants m. pl.

vor|enthalten ["fo:rɛnt'haltən] (ä, ie, a) v. tr. retenir ; détenir injustement ; cacher. | *jm etwas vorenthalten*, priver qn de qch.

Vor|entscheid ["fo:rɛnt'ʃait] m. (s, e). JUR. référé m.

Vor|entscheidung ["fo:rɛnt'ʃaiduŋ] f. (-, en) décision (f.) préliminaire. || SPORT. demi-finale f.

Vorentscheidungs|kampf ["fo:rɛntʃaiduŋs-'kampf] m. (s, ¨e). SPORT. match (m.) de qualification.

Vor|erbe ["fo:r'ɛrbə] n. (s). JUR. préciput m. ◇ m. (n, n) héritier (m.) par préciput.

vor|erst ['fo:re:rst et fo:r'e:rst] adv. d'abord ; premièrement ; auparavant ; en premier lieu ; au préalable ; en attendant.

Vor|fahr ["fo:r'fa:r] m. (en, en) ancêtre m. ; prédécesseur m. ◇ m. pl. **Vorfahren,** aïeux m. pl. ; ascendants m. pl. ; pères m. pl.

vor|fahren ["fo:r'fa:rən] (ä, u, a) v. intr. et v. tr. devancer en voiture ; doubler. | *den Wagen vorfahren* *lassen*, faire avancer la voiture. | *vor dem Schloß vorfahren*, arrêter sa voiture devant le château.

Vor|fahrt ["fo:rfa:rt] f. AUTOM. priorité f. | *Vorfahrt für den Bergaufkommenden*, priorité à la voiture montante. | *Vorfahrt gewähren, haben*, laisser, avoir la priorité.

Vorfahrts|recht ["fo:rfa:rts'rɛçt] n. (s). AUTOM. priorité f. ||°**-straße** f. (-, n) route (f.) prioritaire.

Vor|fall ["fo:r'fal] m. (s, ¨e) événement m. ; accident m. ; incident m. ; cas m. ; aventure f. || MÉD. prolapsus m.

vor|fallen ["fo:r'falən] (ä, ie, a) v. intr. arriver ; se passer ; se produire. | *heute ist nichts Besonderes vorgefallen*, aujourd'hui il ne s'est rien passé de particulier. || [nach vorn fallen] tomber en avant. || MÉD. se déplacer.

Vor|feld ["fo:r'fɛlt] n. (s). MIL. terrain avancé ; glacis m. || AÉRON. aire (f.) de stationnement.

Vor|finanzierung ["fo:rfinan'tsi:ruŋ] f. ÉCON. préfinancement m.

vor|finden ["fo:r'findən] (a, u) v. tr. trouver en arrivant. | *er fand den Geldschrank aufgebrochen vor*, il trouva son coffre-fort éventré.

Vor|flut ["fo:r'flu:t] montant (m.) de la marée.

vor|fordern ["fo:r'fɔrdərn] v. tr. assigner ; citer ; sommer de comparaître. ||°**-forderung** f. (-, en) citation f. ; assignation f. ; sommation f.

Vor|frage ["fo:r'fra:gə] f. (-, n) question (f.) préalable.

vor|fragen [-gən] v. intr. s'informer. | *bei jm (nach etwas) vorfragen*, aller prendre des nouvelles auprès de qn.

Vor|freude ["fo:r'frɔydə] f. joie anticipée.

Vor|frühling ["fo:r'fry:liŋ] m. (s) début (m.) du printemps.

vor|fühlen ["fo:r'fy:lən] v. tr. pressentir. | *bei jm vorfühlen*, sonder qn ; FAM. tâter qn.

vor|führen ["fo:r'fy:rən] v. tr. amener ; présenter ; produire ; faire paraître. | *einen Film vorführen*, présenter un film. | *Vorführdame*, mannequin m. ||°**-führung** f. (-, en) présentation f. || FILM. projection f.

Vor|führwagen ["fo:rfy:r'va:gən] m. (s, -) voiture (f.) de démonstration.

Vor|gabe ["fo:r'ga:bə] f. (-, n) assertion f. || [Vorteil] avantage m. (accordé à qn). || SPORT. handicap m.

Vor|gang ["fo:r'gaŋ] m. (s, ¨e). **1.** événement m. ; incident m. ; processus m. | *er hat dem ganzen Vorgang beigewohnt*, il a été spectateur de toute l'affaire.
2. priorité f. ; préséance f. | *jm den Vorgang lassen*, laisser à qn la préséance.
3. CHIM. *chemischer Vorgang*, réaction (f.) chimique. || TECHN. procédé m.

Vor|gänger ["fo:r'gɛŋər] m. (s, -) prédécesseur m. ; devancier m.

vor|gängig [-'gɛŋiç] adj. préliminaire, préalable ; provisoire.

vor|gaukeln ["fo:r'gaukəln] v. tr. *jm schöne Hoffnungen vorgaukeln*, faire miroiter de grands espoirs aux yeux de qn.

vor|geben ["fo:r'ge:bən] (i, a, e) v. tr. prétexter ; donner pour excuse ; alléguer. || SPORT. donner un handicap.

Vor|gebirge ["fo:rgə'birgə] n. (s, -). GÉOGR. promontoire m. ; cap m. ; contrefort m.

vor|geblich ["fo:r'ge:bliç] adj. prétendu ; soi-disant ; supposé.
◇ adv. à ce que l'on prétend.

vor|gefaßt ["fo:rgə'fast] adj. préconçu. | *eine vorgefaßte Meinung*, une opinion préconçue ; un parti pris.

Vor|gefühl ["fo:rgə'fy:l] n. (s, e) pressentiment m.

vor|gehen ["fo:r'ge:ən] (ging, gegangen) v. intr. **1.** avancer ; prendre les devants. | *jm vorgehen*, passer devant qn. | *diese Arbeit geht vor*, ce travail a la priorité. | *die Uhr geht vor*, la montre avance.
2. procéder. | *gegen jn gerichtlich vorgehen*, intenter une action en justice contre qn. | *gegen einen Schuldner vorgehen*, agir contre un débiteur. | *er ist in dieser Sache streng vorgegangen*, il s'est montré rigoureux dans cette affaire.

Vor|gehen [-'ge:ən] n. (s) avance f. ; progression f. || [Vorrang] préséance f. || [Verfahren] manière (f.) d'agir ; procédé m.

Vor|gericht ["fo:rgə'riçt] n. (s, e). CULIN. entrée f.

Vor|geschichte ["fo:rgə'ʃiçtə] f. [Menschheit] préhistoire f. ; [Einzelner] antécédents m. pl. ||**-geschichtlich** adj. préhistorique.

Vor|geschmack ["fo:rgə'ʃmak] m. (s) avant-goût m.

vor|geschritten ["fo:rgə'ʃritən] adj. [zeitlich] *zu vorgeschrittener Stunde*, à une heure avancée.

vor|gesehen ["fo:rgə'ze:ən] adj. réservé ; prévu. || LOC. *vorgesehen !*, prenez garde !

Vor|gesetzte(r) ["fo:rgə'zɛtstə(r)] f. (m.) supérieur(e) m. (f.).

vor|gestern ["fo:r'gɛstərn] adv. avant-hier. ||**-gestrig** adj. d'avant-hier ; de l'avant-veille. || FIG. démodé.

vor|greifen ["fo:r'graifən] (i, i) v. intr. anticiper. | *den Ereignissen vorgreifen*, anticiper sur les événements. | *einer Frage vorgreifen*, préjuger une question. | *jm vorgreifen*, devancer les intentions de qn. || PAR EXT. empiéter sur les droits de qn.

Vor|greifen [-fən] n. (s) anticipation f. || JUR. prévention f.

vor|haben ["fo:r'ha:bən] v. tr. **1.** projeter ; avoir l'intention. | *er hat große Dinge vor*, il a de grands projets, des desseins ambitieux. | *er hat Böses vor*, il a de mauvaises intentions. || FAM. *heute abend habe ich nichts vor*, je n'ai rien prévu pour ce soir.
2. porter. | *der Schmied hat einen Lederschurz vor*, le forgeron porte un tablier de cuir.

Vor|haben [-bən] n. (s, -) projet m. ; dessein m. ; plan m. ; propos m.

Vor|hafen ["fo:r'ha:fən] m. (s, ¨) avant-port m.

Vor|halle ["fo:r'halə] f. (-, n) vestibule m. ; porche m. ; narthex m. ; propylée m.

vor|halten ["fo:r'haltən] (ä, ie, a) v. tr. tenir devant. || FIG. reprocher à ; admonester. | *jm seine Nachlässigkeit vorhalten*, reprocher à qn sa négligence.
◇ v. intr. MIL. viser en avant du but. || LOC. FAM. *lange vorhalten*, durer longtemps.

Vor|haltung [-'haltuŋ] f. (-, en) remontrance f.

Vor|hand ["fo:r'hant] f. [Spiele] *Vorhand haben*, avoir la main. || SPORT. [Tennis] coup droit.

vor|handen [fo:r'handən] adj. disponible ; existant ; présent. | *vorhanden sein*, exister. | *die vorhandenen Mittel*, les moyens du bord. | *sich mit dem Vorhandenen begnügen*, faire avec les moyens du bord. | *das Vorhandensein*, l'existence (f.), la présence de qch.

Vor|hang ["fo:r'haŋ] m. (s, ¨e) rideau m. | *den Vorhang aufziehen*, lever le rideau. | *den Vorhang fallen lassen*, baisser le rideau. | *die Vorhänge zuziehen*, fermer les rideaux.

vor|hangen ['fo:r'haŋən] (ä, i, a) v. intr. pendre devant. || être en surplomb, en saillie.

vor|hängen [-'hɛŋən] v. tr. pendre, suspendre devant. | *Vorhängeschloß*, cadenas m.

Vor|haut ["fo:r'haut] f. ANAT. prépuce m.

Vor|hemd ["fo:r'hɛmt] n. (es, en) devant (m.) de chemise ; plastron m.

vorher ['fo:rhe:r et fo:r'he:r] adv. avant ; auparavant ; antérieurement ; précédemment ; à l'avance ; préalablement. | *am Tag, den Tag vorher*, la veille. | *am Abend vorher*, la veille au soir.

vorher|bestimmen [fo:r"he:rbə'ʃtimən] v. tr. prédestiner ; déterminer à l'avance. ||°**-bestimmung** f. prédestination f. ||**-gehend** adj. mentionné ci-dessus ; antécédent. ||°**-sage** f. (-, n), °**-sagung** f. (-, en) prédiction f. ; prévision f. ; pronostic m. | *Wettervorhersage*, prévisions météorologiques. ||**-sagen** v. tr. prédire.

vorherig ['fo:r"he:riç] adj. précédent ; antérieur. | *vorherige Warnung*, avertissement (m.) préalable.

Vor|herrschaft ["fo:r'hɛrʃaft] f. prédominance f. ; prépondérance f. ; suprématie f.

vor|herrschen ["fo:r'hɛrʃən] v. intr. prédominer ; être prédominant, prépondérant.

vor|heucheln ["fo:r'hɔyçəln] v. tr. simuler. | *Liebe vorheucheln*, feindre d'aimer.

Vor|himmel ["fo:r'himəl] m. (s) limbes m. pl.

vor|hin ['fo:rhin et fo:r'hin] adv. à l'instant ; tantôt ; naguère. | *vorhin hast du das Gegenteil behauptet*, tu affirmais le contraire à l'instant.

vorhin|ein ["fo:rhin'ain] adv. [Österreich] *im vorhinein*, dès l'abord.

Vor|hof ["fo:r'ho:f] m. (s, ¨e) entrée f. ; vestibule f. ; parvis m. ; atrium m. || ANAT. vestibule m. (de l'oreille).

Vor|hölle ["fo:r'hølə] f. limbes m. pl.

Vor|hut ["fo:r'hu:t] f. (-, en). MIL. avant-garde m.

vorig ['fo:riç] adj. précédent ; antérieur. | *das vorige*

Mal, la dernière fois. | *voriges Jahr*, l'an passé. | *vorige Zeiten*, temps révolus.

vor|industriell ["fo:rindustri'ɛl] adj. préindustriel.

Vor|instanz ["fo:rins'tants] f. (-, en). JUR. première instance.

Vor|jahr ["fo:r'ja:r] n. (s) année précédente. ||**-jährig** adj. de l'année précédente.

Vor|kammer ["fo:r'kamər] f. (-, n) antichambre f. || ANAT. oreillette f. (du cœur). || TECHN. [Dieselmotor] chambre (f.) de précombustion.

Vor|kampf ["fo:r'kampf] m. (s, ¨e). SPORT. éliminatoire f. ||°**-kämpfer** m. (s, -) pionnier m. ; champion m. (d'une cause).

vor|kauen ["fo:r'kauən] v. tr. FIG. mâcher (la besogne).

Vor|kauf ["fo:r'kauf] m. (s, ¨e) préemption f. | *Vorkaufsrecht*, droit (m.) de préemption ; option f.

Vor|kehrung ["fo:r'ke:ruŋ] f. (-, en) disposition f. ; préparatif m. ; mesure f. | *die nötigen Vorkehrungen treffen*, prendre les mesures nécessaires.

Vor|kenntnisse ["fo:r'kɛntnisə] f. pl. connaissances (f. pl.) préalables.

Vor|kirche ["fo:r'kirçə] f. (-, n). ARCHIT. antéglise f.

vor|klassisch ["fo:r'klasiʃ] adj. préclassique.

vor|kommen ["fo:r'kɔmən] (a, o) v. intr. **1.** arriver en tête.

2. avancer ; sortir de.

3. se produire ; se présenter ; arriver ; se passer ; se voir ; se trouver. | *so etwas ist noch nicht vorgekommen*, cela ne s'est encore jamais vu. | *diese Pflanze kommt nur im Gebirge vor*, cette plante ne se trouve qu'en montagne.

4. sembler ; paraître. | *sein Gesicht kommt mir bekannt vor*, son visage ne m'est pas inconnu. || FAM. *das kommt mir spanisch vor*, je n'y comprends rien.
— v. pr. **sich vorkommen.** *er kommt sich gescheit vor*, il se croit intelligent.

Vor|kommen [-mən] n. (s), **Vorkommnis** n. (ses, se) événement m. || GÉOL. gisement m.

Vorkriegs|zeit ["fo:rkri:ks'tsait] f. (-, en) avant-guerre m.

vor|laden ["fo:r'la:dən] (ä, u, a) v. tr. JUR. citer ; assigner. ||°**-ladung** f. (-, en). JUR. citation f. ; assignation f.

Vor|lage ["fo:r'la:gə] f. (-, n). **1.** modèle m. | *nach Vorlage zeichnen*, dessiner d'après un modèle.

2. projet m. | *Gesetzesvorlage*, projet de loi.

3. présentation f.

4. SPORT. position penchée en avant.

5. *Bettvorlage*, descente (f.) de lit.

vor|lassen ["fo:r'lasən] (ä, ie, a) v. tr. laisser passer (qn). | *beim Präsidenten vorgelassen werden*, être reçu chez le président ; obtenir une audience du président.

Vor|lauf ["fo:r'lauf] m. (s, ¨e). [Film, Magnetband] amorce f. || SPORT. éliminatoire f. ; série f. || [Weinbrennerei] première eau-de-vie.

Vor|läufer ["fo:r'lɔyfər] m. (s, -) précurseur m. || [Ski] ouvreur m.

vor|läufig [-'lɔyfiç] adj. provisoire ; temporaire. ◇ adv. provisoirement ; pour l'instant ; en attendant.

vor|laut ["fo:r'laut] adj. qui parle trop ; qui a le verbe haut ; infatué ; impertinent.

Vor|leben ["fo:r'le:bən] n. (s) antécédents m. pl. || PHILOS. vie antérieure.

vor|legen ["fo:r'le:gən] v. tr. **1.** présenter ; offrir ; servir ; montrer. | *Briefe zur Unterschrift vorlegen*, présenter des lettres à la signature. | *gute Zeugnisse vorlegen*, présenter de bons certificats. || *Vorlegemesser*, couteau (m.) à découper.

2. [vorschlagen] soumettre ; proposer. | *dem Parlament einen Gesetzentwurf vorlegen*, saisir le Parlement d'un projet de loi.
◇ v. pr. **sich vorlegen,** se pencher en avant.

Vor|leger [-'le:gər] m. (s, -) carpette f. ; descente (f.) de lit.

Vor|legung [-'le:guŋ] f. présentation f. ; proposition f.

vor|lehnen (sich) [ziç"fo:r'le:nən] v. pr. s'incliner ; se pencher en avant.

vor|lesen ["fo:r'le:zən] (ie, a, e) v. tr. lire à haute voix.

Vor|lesung [-zuŋ] f. (-, en) conférence f. ; cours (m.) d'université. | *Vorlesungen halten*, faire un cours. | *Vorlesungen hören*, suivre des cours. | *eine Vorlesung bei Prof. Walter belegen*, s'inscrire au cours du professeur Walter.

vor|letzt ["fo:r'lɛtst] adj. avant-dernier.

Vor|liebe ["fo:r'li:bə] f. préférence f. ; prédilection f. | *er hat eine Vorliebe für Musik*, il aime beaucoup la musique.

vorlieb|nehmen [fo:r"li:p'ne:mən] v. intr. (mit) se contenter (de).

vor|liegen ["fo:r'li:gən] (a, e) v. intr. **1.** être situé devant.

2. exister ; être présent. | *es liegt nichts gegen ihn vor*, on n'a rien à lui reprocher. | *es liegen Gründe zum Verdacht vor*, on a des raisons de soupçonner (que). | *die Bilanz liegt zur Prüfung vor*, le bilan est à l'examen. ◇ part. prés. **vorliegend,** dont il s'agit. | *im vorliegenden Fall*, dans le cas présent ; en l'occurrence.

vorm [fɔrm] forme contractée de **vor dem.**

vor|machen ["fo:r'maxən] v. tr. montrer (à qn). comment s'y prendre. || [vorlügen] en faire accroire (à qn).

Vor|macht ["fo:r'maxt] f. prédominance f. ; puissance prédominante. | *Vormachtstellung*, prépondérance f. ; position dominante ; hégémonie f.

Vor|magen ["fo:r'ma:gən] m. (s, -). ZOOL. jabot m.

vor|malen ["fo:r'ma:lən] v. tr. dépeindre.

vor|malig ["fo:r'ma:liç] adj. précédent ; de jadis ; ci-devant. ||**-mals** adv. autrefois ; jadis ; auparavant.

Vor|mann ["fo:r'man] m. (s, ¨er) chef (m.) de file.

Vor|marsch ["fo:r'marʃ] m. (s, ¨e) offensive f. ||**-marschieren** v. intr. avancer.

Vor|märz ["fo:r'mɛrts] m. HIST. période (f.) d'avant la révolution de 1848.

vor|merken ["fo:r'mɛrkən] v. tr. prendre note (de) ; noter.

Vor|mittag ["fo:r'mita:k] m. (s, e) matinée f. ||**-mittags** adv. le matin ; dans la matinée.

Vor|mund ["fo:r'munt] m. (s, e et ¨er) tuteur m. ; curateur m. ||°**-mundschaft** f. tutelle f. ; curatelle f. | *unter Vormundschaft stehen*, être en tutelle. ||**-mundschaftlich** adj. tutélaire.

vorn [fɔrn] adv. V. VORNE.

Vor|name ["fo:r'na:mə] m. (ns, n) prénom m.

vorn|an ['fɔrnan] adv. *er sitzt am Tisch vornan*, il est assis à la place d'honneur. | *er reitet vornan*, il chevauche en tête. ||**-herein** adv. *von vornherein*, sans plus attendre ; dès le début ; a priori. ||**-über** adv. *er fällt vornüber*, il tombe la tête la première. ||**-weg** adv. du premier coup ; du premier mouvement.

vorne ['fɔrnə] adv. devant ; à l'avant ; en tête. | *nach vorne gehen*, se porter en avant. | *die Zimmer gehen nach vorne heraus*, les chambres donnent sur le devant. | *von vorne gesehen*, vu de face. | *von vorne angreifen*, attaquer de front. | *wieder von vorne anfangen*, recommencer par le début ; reprendre (une chose) du début à la fin. | *von vorne bis hinten*, de bout en bout.

vor|nehm ['fo:rne:m] adj. **1.** distingué ; élégant. | *ein vornehmes Benehmen*, un air distingué. | *die vornehmen Stadtteile*, les quartiers élégants, aristocratiques (de la ville). | *vornehm tun*, prendre des airs de distinction ; se donner de grands airs. | *Vornehmtuerei*, grands airs ; airs (m. pl.) de grandeur. | *die vornehme Welt*, le monde. | *das Vornehmste*, le meilleur ; ce qu'il y a de mieux.

2. noble. | *eine vornehme Gesinnung*, des sentiments nobles.

vor|nehmen ["fo:r'ne:mən] (i, a, o) v. tr. s'occuper de ; examiner ; entreprendre. | *seine Rechenaufgabe vornehmen*, attaquer son devoir de calcul. | *jn vornehmen*, admonester qn.
◇ v. pr. **sich vornehmen.** *sich etwas vornehmen*, se promettre de faire qch.

Vor|nehmheit [-'ne:mhait] f. distinction f. ; manières distinguées ; noblesse f. ||**-nehmlich** adv. principalement ; particulièrement ; avant tout.

vor|neigen ["fo:r'naigən] v. intr. se pencher en avant.

Vor|ort ["fo:r'ɔrt] m. (s, e). 1° banlieue f. ; faubourg m. ; 2° [Schweiz] chef-lieu m. ||°**-ort|-bewohner(in)** m. (s, -), f. (-, nen) banlieusard(e) m. (f.). ||°**-ort|zug** m. (s, ¨e) train (m.) de banlieue.

Vor|platz ["fo:r'plats] m. (es, ¨e) esplanade f. ; parvis m.

Vor|posten ["fo:r'pɔstən] m. (s, -) avant-poste m. || PR. et FIG. *auf Vorposten stehen*, être aux avant-postes.

vor|preschen ["fo:r'prɛʃən] v. intr. se ruer en avant. || SPORT. se porter en tête.

Vor|rang ["fo:r'raŋ] m. (s) préséance f. ; prééminence

nence f. | *den Vorrang vor jm haben*, avoir le pas sur qn. | *jm den Vorrang lassen*, céder le pas à qn.

Vor|rat ["fo:r'ra:t] m. (s, ¨e) provision f. ; stock m. ; réserve f. ; fonds m. | *ein großer Vorrat an Schuhen*, un gros stock de chaussures. | *auf Vorrat kaufen*, stocker. ||**-rätig** adj. en stock. | *etwas vorrätig halten*, tenir qch. en réserve. || COMM. *das haben wir immer vorrätig*, nous suivons cet article. | *das haben wir nicht mehr vorrätig*, nous sommes en rupture de stock.

Vorrats|kammer ["fo:rra:ts'kamər] f. (-, n) office m. ; cellier m. ||°**-schrank** m. (s, ¨e) garde-manger m.

Vor|raum ["fo:r'raum] m. (s, ¨e) antichambre m.

vor|rechnen ["fo:r'rɛçnən] v. tr. faire le compte (de) ; énumérer ; détailler.

Vor|recht ["fo:r'rɛçt] n. (s, e) privilège m. ; prérogative f. | *ein Vorrecht genießen*, jouir d'un privilège.

Vor|rede ["fo:r're:də] f. (-, n). [Vorwort ; Einleitung] préface f. ; avant-propos m.

vor|reden [-'re:dən] v. tr. *jm etwas vorreden*, en conter, en faire accroire à qn.

Vor|redner ["fo:r'rednər] m. (s, -) orateur précédent ; celui qui vient de parler.

vor|richten ["fo:r'riçtən] v. tr. préparer ; apprêter. ||°**-richtung** f. (-, en) dispositif m. ; mécanisme m. || préparation f. | *Vorrichtungen treffen*, faire des préparatifs ; prendre des mesures.

vor|rücken ["fo:r'rykən] v. intr. avancer. | *in vorgerücktem Alter*, à un âge avancé. || monter en grade ; avoir de l'avancement.

Vor|ruhestand ["fo:r'ru:əʃtant] m. (s) préretraite f.

Vorruhestands|entschädigung ["fo:rru:əʃtants-ɛnt'ʃɛ:diguŋ] f. (-, en), °**-regelung** [-'re:gəluŋ] f. (-, en) allocation (f.) de préretraite.

Vor|runde ["fo:r'rundə] f. (-, n). SPORT. premier tour ; tour (m.) éliminatoire.

vors [fo:rs] forme contractée de **vor das.**

Vor|saal ["fo:r'za:l] m. (s, -säle) salle (f.) des pas perdus ; salle (f.) d'attente.

vor|sagen ["fo:r'za:gən] v. tr. *jm etwas vorsagen*, souffler qch. à qn.

Vor|sänger ["fo:r'zɛŋər] m. (s, -) chef (m.) de chœur.

Vor|satz ["fo:r'zats] m. (es, ¨e) projet m. ; dessein m. ; intention f. | *gute Vorsätze fassen*, prendre de bonnes résolutions. | *mit Vorsatz*, de propos délibérés ; à dessein ; exprès. ||**-sätzlich** adj. volontaire ; délibéré. | *vorsätzliche Tötung*, meurtre (m.) avec préméditation. — adv. exprès ; intentionnellement ; à dessein.

Vorsatz|blatt ["fo:rzats'blat] n. (s, ¨er) page (f.) de garde. ||°**-gerät** n. (s, e) adaptateur m. ||°**-linse** f. (-, n). TECHN. lentille (f.) acoustique.

Vor|schau ["fo:r'ʃau] f. aperçu m. || [Film] bande-annonce f.

Vor|schein ["fo:r'ʃain] m. (s) *zum Vorschein kommen*, apparaître. | *zum Vorschein bringen*, faire paraître ; mettre au jour.

vor|schieben ["fo:r'ʃi:bən] (o, o) v. tr. pousser. | *den Riegel vorschieben*, pousser le verrou. || FIG. *Gründe vorschieben*, invoquer des prétextes. || MIL. *vorgeschobener Posten*, poste avancé.

vor|schießen ["fo:r'ʃi:sən] (o, o) v. tr. FAM. *Geld vorschießen*, avancer de l'argent (à qn).

Vor|schiff ["fo:r'ʃif] n. (s, e). MAR. avant m. ; proue f. || ARCHIT. avant-nef f. (d'une église).

Vor|schlag ["fo:r'ʃla:k] m. (s, ¨e) proposition f. | *verschiedene Vorschläge unterbreiten*, faire des propositions diverses. | *in Vorschlag bringen*, proposer. | *Vorschlag zur Güte*, proposition de conciliation. || MUS. appogiature f. ; note (f.) d'ornement. || TECHN. *Vorschlageisen*, poinçon m.

vor|schlagen ["fo:r'ʃla:gən] (ä, u, a) v. tr. proposer. | *er ist zum Präsidenten vorgeschlagen worden*, il a été proposé pour être président.

vor|schnell ["fo:r'ʃnɛl] adj. [übereilt] précipité. ◇ adv. trop vite ; sans réfléchir. | *vorschnell antworten*, répondre sans réfléchir. | *vorschnell urteilen*, juger à la légère.

vor|schreiben ["fo:r'ʃraibən] (ie, ie) v. tr. prescrire ; ordonner. | *er läßt sich nichts vorschreiben*, il n'en fait qu'à sa tête. | *Smoking vorgeschrieben*, smoking (m.) de rigueur.

Vor|schrift ["fo:r'ʃrift] f. (-, en) prescription f. ; ordre m. ; instruction f. | *ärztliche Vorschrift*, ordonnance médicale. | *militärische Vorschrift*, règlement (m.) militaire. | *an keinerlei Vorschrift gebunden sein*, être libre de ses actes. | *vorschriftsmäßig*, conforme au règlement.

Vor|schub ["fo:r'ʃu:p] m. (s) assistance f. ; aide f. ; secours m. | *jm Vorschub leisten*, aider qn ; prêter main-forte à qn ; favoriser un projet. || TECHN. avance f. ; avancement m.

Vor|schuh ["fo:r'ʃu:] m. (s, e) empeigne f.

Vor|schule ["fo:r'ʃulə] f. (-, n) école (f.) préparatoire ; enseignement (m.) préscolaire.

Vor|schuß ["fo:r'ʃus] m. (es, ¨e) avance (f.) d'argent. | *auf Vorschuß leben*, vivre de crédit. | *Vorschüsse gewähren*, accorder des avances.

vor|schützen ["fo:r'ʃytsən] v. tr. prétexter ; alléguer ; invoquer. | *eine Krankheit vorschützen*, prétexter une maladie.

vor|schweben ["fo:r'ʃve:bən] v. intr. *es schweben ihm kühne Pläne vor*, il rêve à de grands projets.

vor|sehen ["fo:r'ze:ən] (ie, a, e) v. tr. prévoir. | *dieser Fall ist im Gesetz nicht vorgesehen*, ce cas n'est pas prévu par la loi.
◇ v. pr. **sich vorsehen,** prendre des précautions ; se tenir sur ses gardes. | *sieh dich vor!*, sois vigilant, prudent !

Vor|sehung [-'ze:uŋ] f. Providence (divine).

vor|setzen ["fo:r'zɛtsən] v. tr. mettre devant ; servir (un mets). | *er ist uns vorgesetzt worden*, il a été placé à notre tête. || GRAMM. *vorgesetzte Silbe*, préfixe m. || [Schachspiel] *eine Figur vorsetzen*, faire avancer une pièce.

Vor|setzer [-tsər] m. (s, -) écran (m.) de cheminée.

Vorsetz|fenster ["fo:rzɛts'fɛnstər] n. (s, -) double fenêtre f. ||°**-partikel** f. (-, n) particule f.

Vorsetzungs|zeichen ["fo:rzətsuŋs'tsaiçən] n. (s, -). MUS. signe (m.) à la clef.

Vor|sicht ["fo:r'ziçt] f. prudence f. ; prévoyance f. ; précaution f. ; circonspection f. | *Vorsicht ist besser als Nachsicht*, prudence est mère de sûreté. | *Vorsicht*, attention ! ||**-sichtig** adj. prudent. — adv. avec circonspection ; prudemment. ||°**-sichtigkeit** f. précaution f. ; prudence f. ; discrétion f.

vorsichts|halber ["fo:rziçts'halbər] adv. par prudence ; par mesure de précaution.

Vor|silbe ["fo:r'zilbə] f. (-, n) préfixe m.

vor|singen ["fo:r'ziŋən] (a, u) v. tr. chanter (devant qn).

vor|sintflutlich ["fo:r'zintflu:tliç] adj. antédiluvien. || PAR EXT. très ancien ; démodé.

Vor|sitz ["fo:r'zits] m. (es) présidence f. | *den Vorsitz führen*, présider. ||**-sitzen** (saß, gesessen) v. intr. exercer la présidence | *der Vorsitzende, die Vorsitzende*, le président, la présidente.

Vor|sommer ["fo:r'zɔmər] m. (s) début (m.) de l'été.

Vor|sorge ["fo:r'zɔrgə] f. prévoyance f. ; précaution f. | *Vorsorge für etwas tragen*, prendre soin que qch. se fasse. ||°**-sorge|untersuchung** f. (-, en). MÉD. (examen [m.] de) dépistage m. ||**-sorglich** adj. prévoyant. — adv. par précaution.

Vor|spann ["fo:r'ʃpan] m. (s, e) attelage (m.) de renfort. || FILM. générique m. ||**-spannen** v. tr. atteler.

Vor|speise ["fo:r'ʃpaizə] f. (-, n). CULIN. entrée f. ; hors-d'œuvre m.

vor|spiegeln ["fo:r'ʃpi:gəln] v. tr. FIG. *jm etwas vorspiegeln*, faire miroiter qch. aux yeux de qn ; donner des illusions à qn. ||°**-spiegelung** f. *Vorspiegelung falscher Tatsachen*, récit, propos mensonger ; altération (f.) des faits.

Vor|spiel ["fo:r'ʃpi:l] n. (s, e) prologue m. || SPORT. match (m.) en lever de rideau. ||**-spielen** v. tr. MUS. jouer (devant qn).

vor|sprechen ["fo:r'ʃprɛçən] (i, a, o) v. intr. *bei jm vorsprechen*, faire une démarche auprès de qn ; passer chez qn.

vor|springen ["fo:r'ʃpriŋən] (a, u) v. intr. s'élancer en avant. || déborder ; avancer ; faire saillie. ||**-springend** adj. en saillie. ||°**-sprung** m. (s, ¨e) 1° avance f. ; avantage m. | *er hat einen großen Vorsprung vor ihm*, il a une grande avance sur lui ; 2° saillie f. ; ressaut m. ; rebord m.

Vor|stadt ["fo:r'ʃtat] f. (-, ¨e) faubourg m. ; proche banlieue f. ||°**-städter** m. (s, -) habitant (m.) d'un faubourg ; banlieusard m. ||**-städtisch** adj. des faubourgs ; faubourien.

Vor|stand ["fo:r'ʃtant] m. (s, ¨e) président m. || comité directeur ; conseil (m.) d'administration.

Vorstands|dame ["fo:rʃtants'da:mə] f. (-, n)

dame patronnesse. ||°**-mitglied** n. (s, er) membre (m.) du comité directeur.

vor|stecken ["fo:r'ʃtɛkən] v. tr. fixer ; mettre devant. || *Vorsteckblume*, fleur (f.) à la boutonnière. | *Vorstecknadel*, épingle (f.) à cravate.

vor|stehen ["fo:r'ʃte:ən] (stand, gestanden) v. intr. **1.** être à la tête de ; présider à ; diriger ; gouverner. | *er steht einer Bank vor*, il dirige une banque.
2. avancer ; déborder ; dépasser ; être en saillie. | *dieser Stein steht vor*, cette pierre sort du mur.
◇ part. prés. **vorstehend,** précédent ; susmentionné. | *im vorstehenden*, dans ce qui précède.

Vorsteh|hund ["fo:rʃte:'hunt] m. (s, e) chien (m.) d'arrêt. | *deutscher Vorstehhund*, braque allemand.

Vor|steher [-'ʃte:ər] m. (s, -) directeur m. ; président m. | *Vereinsvorsteher*, président de club. | *Stationsvorsteher*, chef (m.) de gare. | *Schulvorsteher*, directeur d'école. | *Vorsteher eines Postamtes*, receveur (m.) des postes.
— SYN. : *Vorstand.*

Vorsteher|drüse ["fo:rʃte:ər'dry:zə] f. (-, n). ANAT. prostate f.

vor|stellbar ["fo:r'ʃtɛlba:r] adj. que l'on est à même de se représenter. | *kaum vorstellbar*, à peine imaginable.

vor|stellen [-'ʃtɛlən] v. tr. et v. pr. **1.** (se) présenter. | *darf ich Ihnen Herrn Meier vorstellen ?*, permettez-moi de vous présenter M. Meier. | *sich jm vorstellen*, se présenter à qn.
2. représenter ; imaginer ; se figurer ; concevoir. | *er kann sich ihre Freude gut vorstellen*, il se représente, il imagine facilement sa joie. | *das hätte ich mir so nicht vorgestellt*, je m'attendais à autre chose. | *was soll das vorstellen ?*, qu'est-ce que cela veut dire ? ; qu'est-ce que cela signifie ?
3. THÉÂTRE. représenter ; jouer un rôle. | *er stellt Hamlet vor*, il joue Hamlet. || FIG. *er stellt etwas vor*, il a de la prestance.
4. [nach vorn schieben] mettre en avant. | *stellen Sie den Stuhl bitte vor*, veuillez avancer votre chaise. | *eine Uhr vorstellen*, avancer une montre.

vor|stellig [-'ʃtɛliç] adj. *bei jm vorstellig werden*, adresser une pétition à qn. | *auf diplomatischem Wege vorstellig werden*, adresser une requête par la voie diplomatique.

Vor|stellung [-'ʃtɛluŋ] f. (-, en). **1.** présentation f. ; représentation f. | *über alle Vorstellung schön*, beau au-delà de ce que l'on peut imaginer. | *das geht über alle Vorstellung*, cela (dé)passe l'imagination.
2. THÉÂTRE., FILM. spectacle m. | *heute findet keine Vorstellung statt*, aujourd'hui on fait relâche.
3. remontrance f. | *jm Vorstellungen machen* (über, acc.) faire des représentations à qn (au sujet de).

Vorstellungs|kraft ["fo:rʃtɛluŋs'kraft] f., °**-vermögen** [-fɛr'mø :gən] n. (s) imagination f. ; puissance (f.), faculté (f.) d'imagination. ||°**-weise** f. manière (f.) de représenter. ||°**-welt** f. [Psychologie] imaginaire m. | *die kollektive Vorstellungswelt*, l'imaginaire collectif.

Vor|stenge ["fo:r'ʃtɛŋə] f. MAR. mât (m.) de hune d'avant.

Vor|stoß ["fo:r'ʃto:s] m. (es, ¨e). 1° attaque f. ; brusque poussée (f.) en avant ; raid m. || MIL. *einen Vorstoß unternehmen*, lancer une attaque ; FIG. se risquer dans un terrain non encore exploré ; 2° saillie f. ; avance f. ; 3° liséré m. ||**-stoßen** (ö, ie, o) v. intr. MIL. attaquer ; pousser rapidement en avant. || PAR EXT. pénétrer.

Vor|strafe ["fo:r'ʃtra:fə] f. (-, n). JUR. condamnation antérieure ; antécédents m. pl. | *Vorstrafenverzeichnis*, extrait (m.) de casier judiciaire.

vor|strecken ["fo:r'ʃtrɛkən] v. tr. avancer ; tendre en avant. | *den Arm vorstrecken*, tendre, jeter le bras en avant. | *die Brust vorstrecken*, gonfler la poitrine. || [Geld] prêter ; débourser ; avancer.

Vor|stufe ["fo:r'ʃtu:fə] f. (-, n) premier degré.

vor|stürzen ["fo:r'ʃtyrtsən] v. intr. se précipiter, se jeter en avant.

Vor|tag ["fo:r'ta:k] m. (s, e) veille f. | *am Vortag*, la veille.

Vor|tänzer ["fo:r'tɛntsər] m. (s, -) premier danseur.

vor|tasten (sich) [ziç"fo:r'tastən] v. pr. s'avancer prudemment ; tâter, sonder le terrain.

vor|täuschen ["fo:r'tɔyʃən] v. tr. simuler ; feindre.

Vor|teil ["fo:r'tail] m. (s, e) avantage m. ; profit m. ; intérêt m. | *im Vorteil sein (gegenüber jm)*, avoir l'avantage (sur qn). | *seinen Vorteil ausnutzen*, profiter de son avantage. | *Vorteil aus etwas ziehen*, tirer profit, tirer parti de qch. | *sich auf seinen Vorteil verstehen*, bien défendre ses intérêts. | *nur auf seinen Vorteil bedacht sein*, ne considérer que ses (propres) intérêts ; ne voir que son intérêt. || LOC. *er hat sich zu seinem Vorteil verändert*, il a changé à son avantage. | *das gereicht ihm zum Vorteil*, cela servira ses intérêts ; cela sera avantageux pour lui.

vor|teilhaft [-haft] adj. avantageux ; profitable. ◇ adv. avec profit ; avantageusement.

Vor|trab ["fo:r'tra:p] m. (s, e). MIL. avant-garde f. (de cavalerie).

Vor|trag ["fo:r'tra:k] m. (s, ¨e). **1.** exposé m. ; conférence f. ; rapport m. | *einen Vortrag halten*, faire, donner une conférence. | *den Vortrag haben*, être chargé du rapport.
2. récitation f. ; diction f. ; élocution f. ; débit m.
3. COMM. *Vortrag auf neue Rechnung*, report (m.), solde (m.) à nouveau.

vor|tragen ["fo:r'tra:gən] (ä, u, a) v. tr. **1.** lire à haute voix devant qn ; réciter ; déclamer.
2. *jm etwas vortragen*, exposer qch. à qn. | *der Vortragende*, le conférencier ; le rapporteur.
3. [vornhin tragen] porter qch. devant qn.
4. COMM. reporter. | *eine Summe aus dem alten Geschäftsjahr vortragen*, reporter une somme de l'exercice précédent.

Vortrage|kreuz ["fo:rtra:ge'krɔyts] n. (es, e). RELIG. croix (f.) de procession.

Vortrags|folge ["fo:rtra:ks'fɔlgə] f. programme (musical). ||°**-raum** m. (s, ¨e), °**-saal** (s, -säle) salle (f.) de conférences.

vor|trefflich ['fo:r"trɛfliç] adj. excellent ; parfait. ◇ adv. parfaitement ; à la perfection.

Vor|trefflichkeit [-kait] f. excellence f. ; qualité supérieure.

vor|treiben ["fo:r'traibən] (ie, ie) v. tr. pousser en avant. || MINES. *einen Stollen vortreiben*, mener une galerie.

Vor|treppe ["fo:r'trɛpə] f. (-, n) perron m.

vor|treten ["fo:r'tre:tən] (i, a, e) v. intr. PR. et FIG. faire un pas en avant ; s'avancer ; sortir des rangs. || ARCHIT. faire saillie.

Vor|tritt ["fo:r'trit] m. (s) préséance f. | *den Vortritt vor jm haben*, avoir le pas sur qn. || FIG. *jm den Vortritt lassen*, s'effacer devant qn ; céder le pas à qn.

Vor|trupp ["fo:r'trup] m. (s, s). MIL. tête (f.) d'avant-garde.

Vor|turner ["fo:r'turnər] m. (s, -). SPORT. moniteur m. | *Vorturnerriege*, équipe (f.) de bons gymnastes.

vor|üben ["fo:r'y:bən] v. tr. exercer préalablement ; préparer. ||°**-übung** f. (-, en) exercice (m.) préparatoire.

vor|über [for'y:bər] adv. **1.** [zeitlich] passé. | *die Jugend ist vorüber*, la jeunesse est passée. | *das Gewitter ist vorüber*, l'orage a cessé.
2. [örtlich] *die Truppen ziehen vorüber*, les troupes défilent devant nous. | *das Heer zog an der Stadt vorüber*, l'armée passa devant la ville.

vorüber|fliegen [for"y:bər'fli:gən] (o, o) v. intr. passer (en volant). ||**-fließen** (o, o) v. intr. passer (en coulant). ||**-gehen** (ging, gegangen) v. intr. passer. | *an jm, an etwas vorübergehen*, passer devant qn, devant qch. | *der Schmerz wird vorübergehen*, la douleur passera. | *im Vorübergehen*, en passant. — part. prés. **vorübergehend,** passager ; transitoire ; provisoire ; temporaire ; momentané. | *die Vorübergehenden*, les passants m. pl. | *das Geschäft ist vorübergehend geschlossen*, le magasin restera fermé un certain temps. | *vorübergehende Berufsunfähigkeit*, incapacité (f.) temporaire. ||**-schießen** (o, o) v. intr. passer à grande vitesse. ||**-ziehen** (zog, gezogen) v. intr. [Vögel ; Truppen] passer.

Vor|urteil ["fo:r'u:rtail] n. (s, e) préjugé m., prévention f. ; opinion préconçue. | *in Vorurteilen befangen sein*, être plein de préjugés.

vorurteils|los ["fo:ru:rtails'lo:s], **-frei** [-'frai] adj. sans préjugés ; objectif. ||°**-losigkeit** f. objectivité f. ||**-voll** adj. plein de préjugés.

Vor|väter ["fo:r'fɛ:tər] m. pl. ancêtres m. pl.

Vor|verbrennung ["fo:rfɛr'brɛnuŋ] f. TECHN. précombustion f.

Vor|vergangenheit ["fo:rfɛr'gaŋənhait] f. GRAMM. plus-que-parfait m.

Vor|verkauf ["fo:rfɛr'kauf] m. (s). THÉÂTRE. *Kartenvorverkauf*, location (f.) des places.

vor|verlegen ["fo:rfɛr'le:gən] v. tr. MIL. allonger (le tir).

Vor|verstärker ["fo:rfɛr'ʃtɛrkər] m. (s, -). ÉLECTR. préamplificateur m. ; FAM. préampli m.

Vor|vertrag ["fo:rfɛr'tra:k] m. (s, ¨e). COMM. promesse (f.) de vente.

vor|vorletzt ["fo:r'fo:rlɛtst] adj. avant l'avant-dernier. || GRAMM. antépénultième.

vor|wagen (sich) [ziç"fo:r'va:gən] v. pr. avancer courageusement. | *er wagt sich nicht vor,* il n'ose pas avancer.

Vor|wahl ["fo:r'va:l] f. (-, en). POLIT. élection primaire ; FAM. primaire f.

Vorwahl|nummer ["fo:rva:l'numər] f. (-, n). TÉLÉPH. indicatif m.

vor|walten ["fo:r'valtən] v. intr. prédominer ; prévaloir. | *die vorwaltende Meinung,* l'opinion générale.

Vor|wand ["fo:r'vant] m. (s, ¨e) prétexte m. ; subterfuge m. ; allégation f. | *unter dem Vorwand, daß,* sous prétexte que.

vor|wärmen ["fo:r'vɛrmən] v. tr. chauffer à l'avance. || TECHN. préchauffer. ||°**-wärmer** m. (s, -) préchauffeur m. ; économiseur m.

Vor|wärmen n. (s, -). TECHN. préchauffage m.

vor|wärts ["fo:rvɛrts] adv. et interj. en avant. | *vorwärts gehen,* aller, marcher en avant ; avancer. | *vorwärts kommen,* (surtout FIG.) progresser ; faire son chemin ; monter en grade. || FAM. *machen Sie, daß Sie vorwärts kommen !,* dépêchez-vous ! | *vorwärts !,* en avant ! ; allons ! ; partons !

Vorwärts|gang ["fo:rvɛrts'gaŋ] m. (s). TECHN. marche (f.) en avant. ||**-kommen** (a, o) v. intr. avancer ; progresser. | *die Arbeit kommt nicht vorwärts,* ce travail n'avance pas. ||**-stürmen** v. intr. foncer ; aller de l'avant. ||**-treiben** (ie, ie) v. tr. propulser.

Vor|wäsche ["fo:r'vɛʃe] f. prélavage m.

vor|weg ["fo:r've:k] adv. d'avance ; à l'avance ; par anticipation ; a priori.

Vorweg|nahme ["fo:rve:k'na:mə] f. anticipation f. || JUR. préciput m. ||**-nehmen** (i, a, o) v. tr. anticiper ; aller au-devant d'une pensée, d'un acte.

vor|weisen ["fo:r'vaizən] (ie, ie) v. tr. [Zeugnisse] montrer ; faire voir ; produire. | *seine Papiere vorweisen,* montrer ses papiers.

Vor|welt ["fo:r'vɛlt] f. monde primitif ; origines f. pl. (du monde) ; temps lointains.

vor|weltlich [-'vɛltliç] adj. préhistorique.

vor|wenden ["fo:r'vɛndən] (wandte, gewandt) v. tr. alléguer ; prétexter.

vor|werfen ["fo:r'vɛrfən] (i, a, o) v. tr. **1.** reprocher ; faire des reproches. | *er wirft ihm seine Nachlässigkeit vor,* il lui reproche sa négligence.
2. jeter, envoyer en avant. | *der General wirft seine Truppen vor,* le général lance ses troupes en avant.

Vor|werk ["fo:r'vɛrk] n. (s, e). MIL. ouvrage avancé. || AGRIC. dépendance (f.) d'un domaine.

vor|wiegen ["fo:r'vi:gən] (o, o) v. intr. prévaloir ; dominer ; primer ; l'emporter.
◇ v. tr. [wiegen] *jm etwas vorwiegen,* peser qch. en présence de qn.

vor|wiegend [-gənt] adj. et adv. prépondérant ; prédominant ; en majorité.

Vor|wind ["fo:r'vint] m. (s) MAR. vent (m.) en poupe.

Vor|wissen ["fo:r'visən] n. (s) *das geschah ohne mein Vorwissen,* cela s'est passé à mon insu, sans mon aveu.

Vor|witz ["fo:r'vits] m. (es) indiscrétion f. ; curiosité (f.) blâmable. ||**-witzig** adj. trop curieux ; indiscret ; impertinent ; fâcheux.

Vor|wort ["fo:r'vɔrt] n. (s, e) avant-propos m. ; préface f. || (s, ¨er). GRAMM. préposition f.

Vor|wurf ["fo:r'vurf] m. (s, ¨e). **1.** reproche m. ; réprobation f. ; blâme m. | *jm einen Vorwurf machen,* reprocher qch. à qn ; faire un reproche à qn. | *sich Vorwürfen aussetzen,* s'exposer à des reproches.
2. [Entwurf] projet m. ; ébauche f. ; sujet m. (d'un tableau).

vor|zählen ["fo:r'tsɛ:lən] v. tr. énumérer. || [Geld] compter.

Vor|zeichen ["fo:r'tsaiçən] n. (s, -) indice m. ; signe avant-coureur. | *böses Vorzeichen,* mauvais présage. || MATH. signe m. | *mit anderem Vorzeichen,* en inversant le signe. || MUS. signe m.

vor|zeichnen [-'tsaiçnən] v. tr. tracer ; jalonner ; marquer ; indiquer ; faire un modèle (à qn). ||°**-zeichnung** f. (-, en) ébauche f. ; tracé m.

vor|zeigen ["fo:r'tsaigən] v. tr. faire voir ; montrer ; présenter. | *seinen Paß vorzeigen,* présenter son passeport. | *Urkunden vorzeigen,* produire des documents.

Vor|zeigen [-gən] n. (s), **Vor|zeigung** [-guŋ] f. présentation f. ; production (f.) de pièces.

Vor|zeit ["fo:r'tsait] f. (-, en) temps lointains ; nuit (f.) des temps. | *in grauer Vorzeit,* dans la plus haute antiquité ; dans les temps les plus reculés.

vor|zeiten [for'tsaitən] adv. jadis ; autrefois.

vor|zeitig ["fo:r'tsaitiç] adj. et adv. avant l'heure ; prématuré ; anticipé.

vor|zeitlich [-'tsaitliç] adj. préhistorique.

Vorzieh|bank ["fo:r'tsi:bank] f. (-, ¨e). TECHN. banc (m.) de dégrossissage.

vor|ziehen ["fo:r'tsi:ən] (zog, gezogen) v. tr. **1.** préférer ; donner la préférence. | *das ist vorzuziehen,* c'est préférable. | *vorziehbar,* préférable.
2. tirer devant. | *die Vorhänge vorziehen,* tirer les rideaux. || MIL. *Truppen vorziehen,* faire avancer les troupes.

Vor|zimmer ["fo:r'tsimər] n. (s, -) antichambre f. ; vestibule m.

Vor|zug ["fo:r'tsu:k] m. (s, ¨e). **1.** priorité f. ; préférence f. ; supériorité f. | *jm den Vorzug geben,* accorder la préférence à qn ; préférer qn. | *den Vorzug vor jm haben,* l'emporter sur qn.
2. avantage m. ; qualité f. ; privilège m. | *er hat viele Vorzüge,* il a d'éminentes qualités. | *Vorzüge verleihen, gewähren,* départir des avantages. || LOC. *ich habe nicht den Vorzug, Sie zu kennen,* je n'ai pas l'avantage, le plaisir de vous connaître.
3. [Entlastungszug] TRANSP. train bis ; train supplémentaire.

Vorzugs|aktie ["fo:rtsu:ks'aktsiə] f. (-, n). FIN. action privilégiée. ||°**-bedingung** f. (-, en) condition (f.) de faveur ; condition préférentielle. ||°**-behandlung** f. traitement (m.) de faveur. ||°**-kind** n. (s, er). FAM. chouchou m. ||°**-kredit** m. (s, e). FIN. prêt bonifié. ||°**-preis** m. (es, e) prix (m.) de faveur ; prix (m.) d'ami. ||°**-recht** n. (s, e) privilège m. ||°**-satz** (es, ¨e). FIN. taux préférentiel. ||°**-tarif** m. (s, e) tarif préférentiel. ||**-weise** adv. de préférence.

vor|züglich ['fo:r"tsy:kliç] adj. [ausgezeichnet] excellent ; remarquable ; supérieur ; exquis ; insigne. | *von vorzüglicher Qualität,* de première qualité. | *mit vorzüglicher Hochachtung,* avec l'expression de mes sentiments distingués.
◇ adv. excellemment ; supérieurement ; en premier lieu.

Vor|züglichkeit [-kait] f. excellence f. ; supériorité f. ; qualité f.

Vor|zündung ["fo:r'tsynduŋ] f. allumage prématuré. || AUTOM. avance (f.) à l'allumage.

votieren [vo'ti:rən] v. intr. voter. | *die Votierenden,* les votants.

Votiv|bild [vo"ti:f'bilt] n. (s, er) tableau votif ; ex-voto m.

Votum ['vo:tum] n. (s, ten) vote m. ; suffrage m. | *sein Votum abgeben,* voter.

vulgär [vul'gɛ:r] adj. vulgaire.

Vulgata [vul'ga:ta] f. RELIG. *die Vulgata,* la Vulgate.

Vulkan [vul'ka:n] n. pr. m. MYTH. Vulcain m.
◇ m. (s, e). GÉOGR. volcan m.

Vulkan|ausbruch [vul"ka:naus'brux] m. (s, ¨e) éruption (f.) volcanique. ||°**-fiber** f. (-, n) fibre vulcanisée.

vulkanisch [vul'ka:niʃ] adj. volcanique.

vulkanisieren [vulkani'zi:rən] v. tr. TECHN. vulcaniser.

Vulkanisierung [-zi:ruŋ] f. vulcanisation f.

Vulkanismus [vulka'nismus] m. vulcanisme m.

Vulkanit [vulka'ni:t] m. (s, e). GÉOL. roche éruptive.

Vulkano|loge [vulkano'lo:gə] m. (n, n), °**-login** [-'lo:gin] f. (-, nen) volcanologue s. ||°**-logie** f. volcanologie f.

Vulva ['vulva] f. (-, ven). ANAT. vulve f.

W

W, w [ve:] n. double v. || CHIM. *W*, abrév. de *Wolfram*, tungstène m. ; wolfram m. || ÉLECTR. *W*, abrév. de *Watt*, watt m. || GÉOGR. *W*, abrév. de *Westen*, ouest m.

Waadt [vɑ:t] n. pr. f., **Waadt|land** [″vɑ:t′lant] n. pr. n. canton (m.) de Vaud.

Waadt|länder(in) [″vɑ:t′lɛndər(in)] m. (s, -), f. (-, nen) Vaudois(e) m. (f.). ||**-ländisch** adj. vaudois.

Waage [′vɑ:gə] f. (-, n) balance f. || *(Brücken)waage*, bascule f. | *öffentliche Waage*, poids publics ; bascule publique. || PAR ANAL. *(Blei)waage*, niveau (m.) de maçon. || [Waagscheit] palonnier (m.) d'attelage. || ASTRON. Balance f. || SPORT. équilibre horizontal. || FIG. *etwas auf die Waage legen*, peser qch. | *einer Sache die Waage halten*, contrebalancer qch. ; faire équilibre à qch. | *sich gegenseitig die Waage halten*, se contrebalancer.

Waage|amt [″vɑ:gə′amt] n. (s, ¨er) poids publics. ||°**-balken** m. (s, -) fléau (m.) de la balance. ||°**-geld** n. (s, er) droit (m.) de pesage. ||°**-geschwindigkeit** f. (-, en) vitesse (f.) en palier. ||°**-meister** m. (s, -) vérificateur (m.) des poids et mesures. ||**-recht** adj. horizontal ; de niveau. ||°**-zeiger** m. (s, -) aiguille (f.) de la balance.

Waag|schale [″vɑ:k′ʃɑ:lə] f. (-, n) plateau (m.) de la balance. || FIG. *etwas in die Waagschale legen*, peser qch. | *etwas in die Waagschale werfen*, jeter qch. dans la balance. | *schwer in die Waagschale fallen*, peser lourd dans la balance. ||°**-scheit** n. (s, e) palonnier m. (d'attelage).

wabbelig [′vabəliç] adj. mou ; flasque ; gélatineux.

wabbeln [-bəln] v. intr. FAM. trembloter.

Wabe [′vɑ:bə] f. (-, n) rayon m., gâteau (m.) de miel.

Waben|bauweise [″vɑ:bən′bauvaizə] f. (-, n), °**-muster** [-′mustər] n. (s, -). ARCHIT. construction (f.) en nid d'abeilles. ||°**-honig** m. (s) miel (m.) en rayons. ||°**-korb** m. (s, ¨e). [Bienenkorb] ruche f. ||°**-kühler** m. (s, -). AUTOM. radiateur (m.) en nid d'abeilles.

wabern [′vɑ:bərn] v. intr. POÉT. *die Flamme wabert*, la flamme danse, vacille. | *Waberlohe*, brasier m.

wach [vax] adj. éveillé ; réveillé. | *wach werden*, s'éveiller ; se réveiller. | *wach liegen*, ne pas trouver le sommeil. | *wache Nächte*, nuits blanches. || PAR EXT. éveillé ; vif. | *wache Sinne haben*, avoir des sens aiguisés.

Wach|ablösung [″vax′aplø:zuŋ] f. (-, en) relève (f.) de la garde. ||°**-dienst** m. (es, e). MIL. service m. ; garde f. || MAR. quart m. ||°**-feuer** n. (s, -) feu (m.) de bivouac. ||°**-frau** f. (-, en) garde-malade f. ||°**-gebäude** n. (s, -) corps (m.) de garde ; poste (m.) de police. ||**-habend** adj. MIL. de service ; de garde ; MAR. de quart. | *der Wachhabende*, MIL. l'homme de garde ; MAR. l'homme de quart. ||°**-häuschen** n. (s, -) guérite f. ||°**-hund** m. (s, e) chien (m.) de garde. ||°**-lokal** n. (s, e) corps (m.) de garde ; poste m. (de police). ||°**-mannschaft** f. (-, en) garde f. ||°**-offizier** m. (s, e). MIL. officier (m.) de garde ; MAR. officier (m.) de quart. ||°**-posten** m. (s, -) poste m. || [Wachstehender] factionnaire m. | *Wachposten ohne Gewehr*, planton m. | *Wachposten vor Gewehr*, sentinelle f. ||**-rufen** (ie, u) v. tr. [Gefühle] susciter ; [Wünsche] faire naître ; [Erinnerungen] rappeler. ||**-rütteln** v. tr. réveiller brutalement ; arracher à son sommeil. ||°**-schiff** n. (s, e). MAR. patrouilleur m. ||°**-station** f. (-, en). MÉD. salle (f.), service (m.) de réanimation. ||°**-stube** f. (-, n) corps (m.) de garde ; poste m. ||°**-traum** m. (s, ¨e) rêve éveillé. ||°**- und Schließgesellschaft** f. (-, en) société (f.) de gardiennage. ||°**-zustand** m. (s) état (m.) de veille.

Wache [′vaxə] f. (-, n). **1.** MIL. [Wachtdienst] garde f. ; faction f. | *auf Wache ziehen*, prendre la garde. | *auf Wache sein ; Wache haben*, monter la garde. | *von der Wache abziehen*, être relevé. || MAR. quart m. | *Wache gehen*, faire le quart.

2. PAR EXT. garde f. ; veille f. ; guet m. | *Wache halten*, être sur ses gardes ; être vigilant. | *bei einem Kranken Wache halten*, veiller un malade.

3. [Wachtposten] factionnaire m. ; sentinelle f. | *Wachen aufstellen*, poster des sentinelles. || [Wachtmannschaft] garde f. ; poste m. | *die aufziehende Wache*, la garde montante. | *die abziehende Wache*, la garde descendante. | *die Wache ablösen*, relever la garde.

4. [Wachtlokal] corps (m.) de garde ; poste de police. | *jn auf die Wache bringen*, conduire qn au poste.

wachen [-xən] v. intr. [nicht schlafen] veiller ; ne pas dormir. || [hüten] *über jn, über etwas wachen*, surveiller qn, qch. ; veiller sur qn, sur qch. | *bei einem Kranken wachen*, veiller un malade.

— SYN. : *aufpassen auf*, faire attention à ; *beaufsichtigen*, surveiller.

Wacholder [va′xɔldər] m. (s, -), **Wacholder|-baum** [va″xoldər′baum] m. (s, ¨e) genévrier m.

Wacholder|beere [va″xɔldər′be:rə] f. (-, n) baie (f.) de genévrier, genièvre m. ||°**-branntwein** m. (s, e) genièvre m. ; gin m. ||°**-strauch** m. (s, ¨e) genévrier m.

Wachs [vaks] n. (es, e) cire f. ; [Ski] fart m. || *(Bohner)wachs*, encaustique f. ; cire (f.) à parquet. | *mit Wachs reiben*, cirer. || FIG. *sie ist Wachs in seinen Händen*, il fait d'elle ce qu'il veut.

wachs|artig [″vaks′ɑ:rtiç] adj. cérumineux. ||°**-bild** n. (s, er) figurine (f.) de cire. ||°**-bildnerei** f. céroplastique f. ||**-bleich** adj. cireux. ||°**-blume** f. (-, n) cérinthe f. ||°**-bohne** f. (-, n) haricot (m.) jaune ; haricot (m.) beurre. ||°**-drossel** f. (-, n). ZOOL. litorne f. ||**-farben, -gelb** adj. cireux. ||°**-figur** f. (-, en) figurine (f.) de cire. ||°**-figurenkabinett** n. (s, e) collection (f.) de figures de cire ; musée (m.) Grévin. ||°**-händler** m. (s, -) cirier m. ||°**-hut** m. (s, ¨e). MAR. suroît m. ||°**-kerze** f. (-, n), °**-licht** n. (s, er) bougie (f.) de cire ; [in der Kirche] cierge m. ||°**-leinen** n. (s, -), °**-leinwand** f. (-, ¨e) toile cirée. ||°**-mal|stift** m. (s, e) crayon gras. ||°**-matrize** f. (-, n) stencil m. ||°**-salbe** f. (-, n) cérat m. ||°**-stock** m. (s, ¨e) rat (m.) de cave. ||°**-streichholz** n. (es, ¨er) allumette-bougie f. ||°**-tuch** n. (s, ¨er) toile cirée. ||°**-zieher** m. (s, -) fabricant (m.) de bougies.

wachsam [′vaxzɑ:m] adj. vigilant ; attentif ; sur ses gardes. | *ein wachsamer Hund*, un bon chien de garde. | *ein wachsames Auge auf jn haben*, tenir qn à l'œil ; avoir qn à l'œil.

Wachsamkeit [-kait] f. vigilance f. ; attention f.

wachsen [′vaksən] v. tr. cirer ; encaustiquer. | *frisch gewachst*, encaustiqué de frais. || farter. | *Skier wachsen*, farter des skis.

wachsen [′vaksən] (ä, u, a) v. intr. **1.** croître ; grandir ; pousser. | *in die Breite wachsen*, prendre de l'ampleur. | *krumm gewachsen*, tordu. | *hoch gewachsen*, de haute stature. | *schlank gewachsen*, élancé.

2. [gedeihen] bien pousser ; bien venir ; réussir. || [Kind] se développer ; FAM. profiter.

3. [zunehmen] croître ; s'accroître ; augmenter. | *mit wachsender Geschwindigkeit*, en prenant de la vitesse ; de plus en plus vite. | *die Gefahr wächst*, le péril s'accroît.

4. [Wasser] monter.

5. FIG. *das Kind ist der Mutter ans Herz gewachsen*, la mère est très attachée à l'enfant. | *die Arbeit wächst mir über den Kopf*, je ne sais plus où donner de la tête. | *er hört das Gras wachsen*, c'est un malin. | *er ist seinem*

Gegner nicht gewachsen, son adversaire est trop fort pour lui. | *er ist der Lage gewachsen*, il est à la hauteur de la situation.

Wachsen ['vaksən] n. (s) cirage m. || [Ski] fartage m.

Wachsen ['vaksən] n. (s) croissance f.

wächsern ['vɛksərn] adj. [aus Wachs] en, de cire. || [wachsbleich] cireux.

Wachstum ['vakstu:m] n. (s). [Größerwerden] croissance f. ; développement m. || BOT. pousse f. végétation f. || [Wein] cru. || BIOL. *Jahre des Wachstums*, puberté f. || [Zunahme] accroissement m. ; augmentation f. ; développement m.

Wachstums|hormon ["vakstu:mshɔr'mo:n] n. (s, e). MÉD. hormone (f.) de croissance. ||°**-rate** f. (-, n). ÉCON. taux (m.) de croissance. ||°**-rückgang** m. (s, ¨e). ÉCON. ralentissement (m.) de la croissance.

Wacht [vaxt] f. (-, en). MIL. garde f. ; faction f. || MAR. quart m. || PAR EXT. *auf der Wacht sein*, être sur ses gardes.

Wacht|dienst ["vaxt'di:nst] V. WACHDIENST. ||°**-hund.** V. WACHHUND. ||°**-mann** m. V. WACHMANN. || [Wächter] gardien m. ||°**-meister** m. (s, -). MIL. maréchal (m.) des logis-chef ; brigadier-chef. | *wie ein Wachtmeister fluchen*, jurer comme un sapeur. ||°**-posten.** V. WACHPOSTEN. ||°**-turm** m. (s, ¨e) tour (f.) de garde, de guet ; [aus Holz] mirador m.

Wächte ['vɛçtə] f. (-, n) amas (m.) de neige en surplomb ; congère f.

Wachtel ['vaxtəl] f. (-, n) caille f. | *junge Wachtel*, cailleteau m. | *die Wachtel ruft, schlägt*, la caille carcaille, margotte, margaude.

Wachtel|hund ["vaxtəl'hunt] m. (s, e) épagneul m. ||°**-könig** m. (s, e). ZOOL. râle (m.) des genêts. ||°**-ruf** m. (s). °**-schlag** m. (s) chant (m.) de la caille ; carcaillat m. ||°**-weizen** m. (s). BOT. mélampyre (m.) des champs.

Wächter ['vɛçtər] m. (s, -) gardien m. ; veilleur m.

Wacke ['vakə] f. (-, n). GÉOL. *(Grau)wacke*, grauwacke f. || [zersetztes Gestein] pierraille f. ; cailloutis m.

Wackel|kontakt ["vakəl'kontakt] m. (s, e). ÉLECTR. faux contact. ||°**-kopf** m. (s, ¨e) tête branlante.

wack(e)lig ['vak(ə)liç] adj. vacillant ; branlant. | *wackelig auf den Beinen sein*, flageoler.

wackeln [-kəln] v. intr. [nicht feststehen] : (Dinge) branler ; (Menschen) chanceler. || [torkeln] aller d'un pas chancelant. | *mit dem Kopf wackeln*, dodeliner de la tête. || FIG. *er schreit, daß die Wände wackeln*, il hurle à faire trembler les vitres.

SYN. : *wanken*, chanceler ; *schwanken*, vaciller.

wacker ['vakər] adj. [tapfer] courageux ; brave ; vaillant. | *sich wacker halten*, se conduire en brave. || PAR EXT. *wacker zechen*, boire sec. | *das ist ein wackeres Stück Arbeit*, c'est du beau, du bon travail. || [bieder] honnête ; loyal. | *ein wackerer Mann*, un brave homme.

Wade ['va:də] f. (-, n) mollet m.

Waden|bein ["va:dən'bain] n. (s, e). MÉD. péroné m. ||°**-binde** f. (-, n) bande molletière. ||°**-stecher** m. (s, -). ZOOL. stomoxe m. ; mouche piqueuse. ||°**-strumpf** m. (s, ¨e) chaussette (f.) mi-bas.

Wadi ['va:di] n. (s, s). GÉOGR. oued m.

Waffe ['vafə] f. (-, n). [Gerät] arme f. | *mit blanker Waffe*, à l'arme blanche. | *zu den Waffen rufen*, appeler aux armes. | *zu den Waffen greifen*, prendre les armes. | *unter (den) Waffen stehen*, être sous les drapeaux ; être mobilisé. | *jm mit der Waffe in der Hand entgegentreten*, s'opposer à qn les armes à la main. | *die Waffen strecken*, mettre bas les armes ; se rendre ; capituler. | *jm die Waffen abnehmen*, désarmer qn. || [Waffengattung] arme f. || FIG. *jn mit seinen eigenen Waffen schlagen*, battre qn avec ses propres armes. | *dem Gegner Waffen in die Hand geben*, donner des armes à son adversaire.

Waffen|besitz ["vafən'bɛzits] m. (es) *unbefugter, unerlaubter Waffenbesitz*, détention illégale d'armes. ||°**-bruder** m. (s, ¨) compagnon (m.), frère (m.) d'armes. ||°**-brüderschaft** f. fraternité (f.) d'armes. ||°**-dienst** m. (es, e). [Kriegsdienst] service (m.) militaire. ||**-dienstfähig** adj. bon pour le service armé. ||°**-fabrik** f. (-, en) armurerie f. ||°**-fabrikant** m. (en, en) armurier m. ||**-fähig** adj. en état de porter les armes. ||°**-gang** m. (s, ¨e) passe (f.) d'armes. ||°**-gattung** f. (-, en) arme f. ||°**-gestell** n. (s, e) râtelier m. ||°**-gewalt** f. *mit Waffengewalt*, par la force des armes. ||°**-glück** n. (s) fortune (f.) des armes. ||°**-handwerk** n. (s) métier (m.), carrière (f.) des armes. ||°**-haus** n. (es, ¨er) arsenal m. ||°**-herold** m. (s, e). HIST. héraut (m.) d'armes. ||°**-hilfe** f. assistance (f.) militaire. ||°**-kammer** f. (-, n) magasin (m.) d'armes. ||**-los** adj. désarmé ; sans armes. ||°**-meister** m. (s, -) chef armurier. ||°**-prüfgelände** n. (s, -) polygone (m.) de tir. ||°**-rock** m. (s, ¨e) tunique f. ||°**-ruhe** f. (-, n) trêve f. ; suspension (f.) d'armes. ||°**-schein** m. (s, e) autorisation (f.) de port d'armes. ||°**-schmied** m. (s, e) armurier m. ||°**-schmiede** f. (-, n) armurerie f. ||°**-schmiedekunst** f. armurerie f. ||°**-stillstand** m. (s) armistice m. ||°**-streckung** f. capitulation f. ||°**-tanz** m. (es, ¨e) danse guerrière. || HIST. pyrrhique f. ||°**-tragen** n. (s) port (m.) d'armes. ||°**-übung** f. (-, en) maniement (m.) d'armes.

Waffel ['vafəl] f. (-, n) gaufre f.

Waffel|blech ["vafəl'blɛç] n. (s, e) tôle gaufrée. ||°**-eisen** n. (s, -) gaufrier m. ; moule (m.) à gaufres.

waffnen ['vafnən] v. tr. et v. pr. (s')armer. | *mit gewaffneter Hand*, à main armée. || FIG. *sich mit Geduld waffnen*, s'armer de patience.

— SYN. : *bewaffnen* ; POÉT. *wappnen*.

Wag|hals ["va:k'hals]. **-halsig,** °**-stück.** V. composés en **Wage.**

wägbar ['vɛ:kba:r] adj. PHYS. pondérable.

Wage|drang ["va:gə'draŋ] m. (s) goût (m.) du risque ; esprit (m.) d'aventure. ||°**-hals** m. (es, ¨e) casse-cou m. ; risque-tout m. ; tête brûlée. ||**-halsig** adj. téméraire ; aventureux. ||°**-mut** m. (s) audace f. ; témérité f. ; goût (m.) du risque ; esprit (m.) d'entreprise. ||**-mutig** adj. audacieux. ||°**-stück** n. (s, e) entreprise risquée, hasardeuse ; FAM. coup osé.

Wägelchen ['vɛ:gəlçən] n. (s, -), **Wägelein** [-lain] n. (s, -) voiturette f. ; petite voiture.

wagen ['va:gən] v. tr. et v. pr. **1.** oser ; avoir l'audace de ; se permettre de ; se risquer à. | *eine Bitte wagen*, oser formuler un vœu. | *wagen Sie mal!*, osez donc ! ; FAM. chiche ! | *ich würde es nicht wagen*, je ne m'y risquerais pas. | *frisch gewagt ist halb gewonnen*, la fortune sourit aux audacieux.

2. risquer ; exposer ; mettre en jeu. | *alles wagen*, risquer le tout pour le tout. | *sich wagen*, se risquer ; s'aventurer ; se hasarder. | *sich nicht aus dem Haus wagen*, ne pas se risquer hors de chez soi. | *sich an jn wagen*, oser s'en prendre à qn.

◇ part. pass. **gewagt,** risqué ; hasardeux. || [unanständig] osé. | *gewagter Scherz*, plaisanterie osée.

Wagen ['va:gən] m. (s, -) véhicule m. ; voiture f. | *Kraftwagen*, voiture automobile. | *(Personen)wagen*, voiture f. ; wagon m. || PAR ANAL. [Schreibmaschine] chariot m. || FIG. *das fünfte Rad am Wagen sein*, être la cinquième roue du carrosse. | *das Pferd hinter den Wagen spannen*, mettre la charrue avant les bœufs. || ASTRON. *der Wagen*, la Grande Ourse ; *der kleine Wagen*, la Petite Ourse.

Wagen|abteil ["va:gən'aptail] n. (s, e). [Eisenbahn] compartiment m. ||°**-achse** f. (-, n) essieu m. ||°**-aufbau** m. (s) carrosserie f. ||°**-bau** m. (s). [Pferdewagenbau] charronnage m. || [Kraftwagenbau] construction (f.) automobile. || [Eisenbahn] construction (f.) de wagons. ||°**-bauer** m. (s, n). [Stellmacher ; Wagner] charron m. ||°**-baum** m. (s, ¨e) flèche f. ||°**-begleiter** m. (s, -) convoyeur m. ||°**-burg** f. (-, en). HIST. barricade (f.) de chariots. ||°**-decke** f. (-, n) [Güterwagen] bâche f. ; banne f. || [Personenwagen] capote f. ||°**-deichsel** f. (-, n) timon m. ||°**-fähre** f. (-, n) bac (m.) pour voitures. ||°**-gestell** n. (s, e) châssis m. ||°**-heber** m. (s, -). AUTOM. cric m. ||°**-kasten** m. (s, -) caisse f. ||°**-kupplung** f. (-, en) attelage m. ||°**-leiter** f. (-, n) ridelle f. ||°**-lenker** m. (s, -) conducteur m. || HIST. automédon m. ||°**-meister** m. (s, -). MIL. conducteur m. || [Eisenbahn] visiteur m. ||°**-park** m. (s, e ou s). MIL. parc (m.) du train. || [Eisenbahn] parc (m.) de wagons. || AUTOM. parc (m.) auto ; [Parkplatz] parc (m.) de stationnement ; parking m. ||°**-pferd** [Zugpferd] n. (s, e) cheval (m.) de trait. ||°**-pflege** f. entretien (m.) des voitures. ||°**-plane** f. (-, n) banne f. ; bâche f. ||°**-runge** f. (-, n) montant m. ||°**-schlag** m. (s, ¨e) portière f. ||°**-schmiere** f. (-, n). [frische] graisse f. ; [verschmutzte] cambouis m. ||°**-schuppen** m. (s, -) garage m. ; remise f. ||°**-spur** f. (-, en) ornière f. ||°**-standgeld** n. (s, er) taxe (f.) de stationnement. ||°**-tritt** m. (s, e) marchepied m. ||°**-übergang** m. (s, ¨e). [Eisenbahn] intercommunication f. ; soufflet m. ||°**-winde** f. (-, n). AUTOM. cric m. ||°**-zug** m. (s, ¨e) rame (f.) de wagons.

wägen ['vɛ:gən] v. tr. (o, o et conjug. faible) peser || FIG. peser ; soupeser ; mesurer. | *seine Worte wägen*, peser ses mots.

Waggon [va'gɔ̃] m. (s, s) wagon m.

Wagner ['va:knər] m. (s, -). [Stellmacher] charron m. | *Wagnerarbeit*, charronnage m.

Wagnerianer [va:knəri'a:nər] m. (s, -) amateur (m.) de la musique de Wagner ; wagnérien m.

Wagnis ['va:knis] n. (ses, se) entreprise hasardeuse, aventureuse, risquée ; aventure f. | *sich in Wagnisse stürzen*, se jeter dans les aventures.

Wägung ['vɛ:guŋ] f. (-, en) pesée f.

Wahl [va:l] f. (-, en). **1.** choix m. ; sélection f. ; option f. | *Wahl zwischen zwei Möglichkeiten*, alternative f. | *seine Wahl treffen*, faire son choix. | *jn vor die Wahl stellen*, obliger qn à choisir. | *keine Wahl haben*, ne pas avoir le choix. | *nach Wahl*, au choix. | *das Mädchen seiner Wahl*, l'élue de son cœur. || Loc. *wer die Wahl hat, hat die Qual*, il est pénible de choisir ; on a l'embarras du choix.

2. Comm. [Güte] *Waren erster Wahl*, denrée de premier choix.

3. Polit. [Abstimmung] vote m. ; scrutin m. ; suffrage m. ; [eines Vertreters] élection f. | *geheime Wahl*, scrutin secret. | *Verhältniswahl*, proportionnelle f. | *Wahl durch Handaufheben*, vote à main levée. | *indirekte Wahl*, élection à deux degrés. | *engere Wahl*, second tour. | *in die engere Wahl kommen*, être en ballottage. | *sich zur Wahl stellen*, poser sa candidature ; se porter candidat.

Wahl|agent ["va:la'gɛnt] m. (en, en) agent électoral. ||°**-aufruf** m. (s, e) manifeste électoral. ||**-berechtigt** adj. ayant le droit de vote. ||°**-berechtigung** f. droit (m.) de vote. ||°**-beteiligung** f. participation (f.) au vote. ||°**-betrug** m. (s) fraude électorale. ||°**-bezirk** m. (s, e) circonscription électorale. ||°**-bezirks|einteilung** f. (-, en) découpage électoral. ||°**-eltern** pl. parents adoptifs. ||°**-fach** n. (s, ¨er). Univ. matière facultative. ||**-fähig** adj. ayant le droit de vote. | *passiv wahlfähig*, éligible. ||°**-fähigkeit** f. droit (m.) de vote. || [passive] éligibilité f. ||**-frei** adj. facultatif. ||°**-gang** m. (s, ¨e) tour (m.) de scrutin. ||°**-gesetz** n. (es, e) loi électorale. ||°**-kabine** f. (-, n) isoloir m. ||°**-kampf** m. (s, ¨e) campagne électorale. ||°**-kapitulation** f. (-, en). Hist. capitulation impériale. ||°**-kind** n. (s, er) enfant adoptif. ||°**-kreis** m. (es, e) circonscription électorale. ||°**-lokal** n. (s, e) bureau (m.) de vote. ||**-los** adj. et adv. sans discernement. ||°**-mann** m. (s, ¨er) grand électeur. ||°**-monarchie** f. (-, n) monarchie élective. ||°**-pflicht** f. devoir électoral. ||°**-prüfer** m. (s, -) scrutateur m. ||°**-raum** m. (s, ¨e) bureau (m.) de vote. ||°**-recht** n. (s, e). [Berechtigung] droit (m.) de vote. | *aktives Wahlrecht*, droit de vote. | *passives Wahlrecht*, éligibilité f. || [Ordnung] mode (m.) de scrutin. | *allgemeines Wahlrecht*, suffrage universel. || °**-schwindel** m. (s, -) fraude électorale. ||°**-spruch** m. (s, ¨e) devise f. ||°**-taste** f. (-, n) touche (f.) de sélection. ||°**-umtriebe** m. pl. manœuvres électorales. ||°**-vergehen** n. (s, -) fraude électorale. ||°**-versammlung** f. (-, en) réunion électorale. ||°**-verwandtschaft** f. (-, en). Hist., Chim. affinité f. || Littér. *die Wahlverwandtschaften* (Goethe), « les Affinités électives ». ||°**-zettel** m. (s, -). [Stimmzettel] bulletin (m.) de vote. || [Bestellungszettel] bulletin (m.) de commande.

wählbar ['vɛ:lba:r] adj. éligible.

Wählbarkeit [-kait] f. éligibilité f.

wählen ['vɛlən] v. tr. **1.** choisir ; opter pour. | *den rechten Augenblick wählen*, choisir le bon moment. || Jur. *einen bleibenden Wohnsitz wählen*, élire domicile ; se fixer.

2. [sorgfältig aussuchen] choisir. | *die Worte wählen*, s'exprimer en termes choisis. | *gewählt*, choisi ; élégant ; distingué. | *ein gewähltes Deutsch sprechen*, parler un allemand châtié.

3. [jm seine Stimme geben] élire. | *jn wählen*, voter pour qn ; [zu einem Amt, einer Würde] élire qn. | *jn zum Anführer wählen*, prendre qn pour chef. | *jn in den Bundestag wählen*, élire, porter qn au Bundestag. | *jn einstimmig wählen*, élire qn à l'unanimité. | *nicht wählen*, s'abstenir.

4. Téléph. *eine Nummer wählen*, former, composer un numéro.

Wähler [-lər] m. (s, -) électeur m. || Téléph. [Wählscheibe] cadran m.

Wähler|fang ["vɛ:lər'faŋ] m. (s, ¨e) clientélisme électoral. ||°**-karte** f. (-, n) carte (f.) d'électeur. ||°**-liste** f. (-, n) liste électorale.

Wählerin ['vɛ:lərin] f. (-, nen) électrice f.

wählerisch ['vɛ:lariʃ] adj. difficile (à contenter).

Wählerschaft ['vɛ:lərʃaft] f. corps électoral ; électorat m.

Wähl|scheibe ["vɛ:l'ʃaibə] f. (-, n). Téléph. cadran m.

Wahn [va:n] m. (s) illusion f. ; chimère f. ; folie f. ; idée fausse ; égarement m. | *in einem Wahn befangen sein*, vivre dans l'illusion. || Psychol. délire m.

Wahn|bild ["va:n'bilt] n. (s, er) illusion f. ; mirage m. ; hallucination f. | *sich Wahnbildern hingeben*, se bercer d'illusions. ||°**-glaube** m. (ns) croyance (f.) chimérique ; superstition f. ||°**-idee** f. (-, n) illusion f. ; idée délirante. ||°**-kante** f. (-, n). Techn. rive f. ||**-schaffen** adj. Dial. mal bâti ; contrefait. ||°**-sinn** m. (s). [Geisteskrankheit] folie f. ; démence f. ; aliénation mentale ; dérangement cérébral. | *vom Wahnsinn befallen sein*, perdre la raison. || [unvernünftiger Gedanke] folie f. ; démence f. | *das ist heller Wahnsinn*, c'est de la folie pure. ||**-sinnig** adj. [geisteskrank ; irrsinnig] fou ; dément ; aliéné ; insensé. | *wahnsinnig werden*, perdre la raison ; fig., fam. devenir chèvre. || [maßlos] énorme ; effroyable. | *wahnsinnige Schmerzen*, douleurs (f. pl.) effroyables. ||°**-vorstellung** f. (-, en) hallucination f. ; vision f. ; phantasme m. ||°**-witz** m. (es). [Wahnsinn] folie f. ; démence f. ; aliénation f. || [Unsinn] absurdité f. ; non-sens m. ||**-witzig** adj. insensé ; absurde ; fou. | *wahnwitziges Unterfangen*, folle aventure. | *wahnwitziger Dünkel*, fol orgueil.

wähnen ['vɛ:nən] v. intr. et v. pr. s'imaginer, croire à tort ; se figurer.

wahr [va:r] adj. **1.** [tatsächlich] vrai ; véritable ; authentique. | *etwas wahr machen*, réaliser qch. | *wahr werden*, se réaliser. | *es ist ein wahres Vergnügen*, c'est un vrai plaisir. | *sich als wahr herausstellen*, s'avérer. | *sein wahres Gesicht zeigen*, jeter le masque.

2. [ungelogen] vrai ; exact ; véridique. | *von dem ganzen Bericht ist kein Wort wahr*, il n'y a pas un mot de vrai dans ce récit. | *so wahr mir Gott helfe !*, que je sois damné si je mens ! | *wahr bleibt wahr*, il faut dire ce qui est. | *nicht wahr ?*, n'est-ce pas ? | *etwas Wahres wird schon an der Geschichte sein*, il y a du vrai là-dedans.

3. [aufrichtig] vrai ; véritable. | *ein wahrer Freund*, un ami véritable. | *wahre Freunde*, de vrais amis.

◇ **das Wahre,** vrai m. ; vérité f.

wahren ['va:rən] v. tr. et pr. conserver ; garder ; maintenir ; défendre. | *seine Interessen wahren*, défendre ses intérêts. | *ein Geheimnis wahren*, garder un secret. | *den Anschein wahren*, sauver, sauvegarder les apparences. | *den Anstand wahren*, respecter les convenances.

währen ['vɛ:rən] v. intr. durer ; se prolonger ; persister.

während [-rənt] part. prés. de **währen.** | *ewigwährend*, perpétuel ; éternel.

◇ prép. (gén.) pendant ; durant. | *während des Essens sagte er kein Wort*, il ne dit pas un mot de tout le repas.

◇ conj. [zeitlich] pendant que ; tandis que. || [im Gegensatz zu] alors que ; tandis que ; cependant que.

während|dem ['vɛ:rənt"de:m], **-des, -dessen** adv. durant ce temps ; pendant ce temps.

wahr|haben ["va:r'ha:bən] v. tr. admettre ; convenir de. | *er will es nicht wahrhaben, daß er sich geirrt hat*, il ne veut pas admettre qu'il s'est trompé ; il ne veut pas convenir de son erreur.

wahrhaft ['va:rhaft] adj. [wirklich] vrai ; véritable. || [aufrichtig] honnête ; de bonne foi.

◇ adv. [wirklich] vraiment ; véritablement ; réellement. || [aufrichtig] honnêtement ; de bonne foi.

wahrhaftig [-haftiç] adj. vrai ; véritable.

◇ adv. vraiment ; véritablement.

Wahrhaftigkeit [-kait] f. [eines Menschen] sincérité f. ; bonne foi ; [einer Aussage] véracité f.

Wahrheit ['va:rhait] f. (-, en) vérité f. | *die nackte Wahrheit*, la vérité toute nue. | *die ungeschminkte Wahrheit*, la vérité sans fard. | *jm die Wahrheit ins Gesicht sagen*, dire ses quatre vérités à qn. | *hinter die Wahrheit kommen*, découvrir la vérité. | *um die Wahrheit zu sagen*, à vrai dire. | *von der Wahrheit abweichen*, s'écarter de la vérité. | *der Wahrheit die Ehre geben*, rendre hommage à la vérité. | *er ist die Wahrheit selbst*, il ne sait pas mentir.

Wahrheits|beweis ["va:rhaitsbə'vais] m. (es, e) preuve f. | *den Wahrheitsbeweis führen*, prouver ; faire la preuve. ||**-gemäß, -getreu** adj. véridique ; fidèle. — adv. fidèlement ; objectivement. ||**-liebend** adj. attaché à la vérité.

wahrlich ['va:rliç] adv. en vérité.

wahr|nehmbar ["va:r'ne:mba:r] adj. perceptible. || [sichtbar] visible. || [hörbar] audible. || Astron. observable. | *ein mit unbewaffnetem Auge wahrnehmbarer Komet*, une comète visible à l'œil nu. ||**-nehmen** (i, a, o) v. tr. [beobachten] percevoir ; remarquer ; observer. | *ich habe nichts wahrgenommen*, je n'ai rien remarqué. || [ausnutzen] mettre à profit. | *den günstigen Augenblick wahrnehmen*, saisir le moment favorable. || [sorgen für] défendre. | *die Interessen einer Firma wahrnehmen*, défendre les intérêts d'une maison. ||°**-nehmung** f. [Beobachtung] perception f. | *Wahrnehmungsvermögen*, perception. || [Sorge für] charge f. ; défense f. ; sauvegarde f. ||**-sagen** v. intr. insépar. prédire l'avenir ; dire la bonne aventure. | *aus den Karten wahrsagen*, tirer les cartes. | *aus den Händen wahrsagen*, lire les lignes de la main. | *aus dem Kaffeesatz wahrsagen*, lire l'avenir dans le marc de café. — v. tr. prédire ; prophétiser. ||°**-sager** m. (s, -) devin m. ; diseur (m.) de bonne aventure. || ANTIQ. augure m. ; aruspice m. ||°**-sagerin** f. (-, nen) devineresse f. ; voyante f. (extra-lucide) ; diseuse (f.) de bonne aventure. || ANTIQ. pythonisse f. ; sibylle f. ||°**-sagerei** f. divination f. ; art (m.) divinatoire. ||**-sagerisch** adj. divinatoire ; prophétique. ||°**-sagung** f. (-, en) prédiction f. ||**-schau !** interj. MAR. attention ! ||**-scheinlich** adj. vraisemblable ; probable. ||°**-scheinlichkeit** f. vraisemblance f. ; probabilité f. | *Wahrscheinlichkeitsrechnung*, calcul (m.) des probabilités. ||°**-spruch** m. (s, ¨e). JUR. verdict m. ||°**-zeichen** n. (s, -) signe distinctif ; emblème m. ; symbole m.

Wahrung ['vɑ:ruŋ] f. défense f. ; sauvegarde f.

Währung ['vɛ:ruŋ] f. (-, en) monnaie f. ; étalon (m.) monétaire. || [ausländische] devise f. | *harte Währung*, devise forte.

Währungs... (en compos.) monétaire.

Währungs|abkommen ["vɛ:ruŋs'apkɔmən] n. (s, -) accord (m.) monétaire. ||°**-abwertung** f. (-, en) dévaluation f. ||°**-bank** f. (-, en) banque (f.) d'émission. ||°**-fonds** m. fonds (m.) monétaire. | *Internationaler Währungsfonds (I W F)*, Fonds monétaire international (F.M.I.) ||°**-gebiet** n. (s, e) zone (f.) monétaire. ||°**-politik** f. politique (f.) monétaire. ||°**-reform** f. (-, en) réforme (f.) monétaire. ||°**-reserven** f. pl. réserves (f. pl.) de change. ||°**-schlange** f. (-, n) *europäische Währungsschlange*, serpent monétaire européen (S.M.E.). ||**-schwach** adj. *währungsschwaches Land*, pays (m.) à monnaie faible. ||°**-standard** m. (s, s) étalon (m.) monétaire. ||**-stark** adj. *währungsstarkes Land*, pays (m.) à monnaie forte. ||°**-verhältnis** n. (ses, se) rapport (m.), taux (m.) du change.

Waiblinger ['vaipliŋər] m. (s, -). HIST. gibelin m.

Waid [vait] m. (s, e). BOT. pastel m.

Waid... [vait]. V. WEID...

Waise ['vaizə] f. (-, n). [Waisenkind] orphelin(e) m. (f.). | *vater- und mutterlose Waise*, orphelin(e) de père et de mère. || (Vx.) vers (m.) sans rime ; vers blanc.

Waisen|anstalt ["vaizən'anʃtalt] f. (-, en), °**-haus** n. (es, ¨er) orphelinat m. ||°**-kind** n. (s, er) orphelin m. ; orpheline f. ||°**-knabe** m. (n, n) orphelin m. || FAM. *ein reiner Waisenknabe sein*, n'avoir aucune expérience. ||°**-mädchen** n. (s, -) orpheline f. ||°**-mutter** f. (-, ¨) éducatrice (f.) d'orphelins. ||°**-rente** f. (-, n). [Waisengeld] pension servie aux orphelins. ||°**-vater** m. (s, ¨), °**-vogt** m. (s, ¨e) éducateur (m.) d'orphelins.

Wake ['vɑ:kə] f. (-, n) trou (m.) dans la glace.

Wal [vɑ:l] m. (s, e). ZOOL. cétacé m. | *(Barten)wal*, baleine f.

Wal|fang ["val'faŋ] m. (s) pêche (f.) à la baleine. ||°**-fangboot** n. (s, e), °**-fänger** m. (s, -) navire baleinier ; baleinier m. ||°**-fangmutterschiff** n. (s, e) navire-usine m. ||°**-fisch** m. (es, e) baleine f. ||°**-öl** n. (s, e) huile (f.) de baleine. ||°**-rat** m. ou n. (s) blanc (m.) de baleine ; spermaceti m. ||°**-roß** n. (es, e). ZOOL. morse m. ||°**-tier** n. (s, e). ZOOL. cétacé m.

Walache [va'laxə] m. (n, n) Valaque m.

Walachei [vala'xai] n. pr. f. Valachie f.

Wald [valt] m. (s, ¨er) bois m. || [ausgedehnter Wald] forêt f. ; POÉS. sylve f. | *durch Wald und Feld*, par monts et par vaux. || LOC. *er sieht den Wald vor lauter Bäumen nicht*, les arbres lui cachent la forêt. || PROV. *wie man in den Wald ruft, so schallt es heraus*, on récolte ce qu'on a semé.

Wald|ameise ["valta'maizə] f. (-, n). ZOOL. fourmi (f.) rouge. ||°**-ammer** f. (-, n). ZOOL. bruant m. ||**-aus** adv. *waldaus gehen*, sortir de la forêt. ||°**-beere** f. (-, n). BOT. myrtille f. ||**-bestanden, -bewachsen** adj. boisé. ||°**-brand** m. (s, ¨e) incendie (m.) de forêt. ||°**-bruder** m. (s, ¨) ermite m. ; solitaire m. ||**-ein(wärts)** adv. *waldein gehen*, s'enfoncer dans la forêt. ||°**-erdbeere** f. (-, n) fraise (f.) des bois. ||°**-esel** m. (s, -). ZOOL. onagre m. ||°**-frevel** m. (s, -) délit forestier. ||°**-geier** m. (s, -). ZOOL. buse f. ||°**-geist** m. (es, er) sylvain m. ; faune m. ; satyre m. ||°**-gott** m. (s, ¨er) divinité (f.) sylvestre ; sylvain m. ||°**-haar** n. (s, e). BOT. laiche f. ||°**-horn** n. (s, ¨er) cor (m.), trompe (f.) de chasse. ||°**-hornist** m. (en, en) sonneur m. (de trompe). ||°**-huhn** n. (s, ¨er). ZOOL. coq (m.) de bruyère ; tétras m. ||°**-hüter** m. (s, -) garde forestier. ||°**-kiefer** f. (-, n). BOT. pin (m.) sylvestre. ||°**-kirsche** f. (-, n). BOT. merise f. ||°**-laubsänger** m. (s, -). ZOOL. pouillot siffleur. ||°**-lichtung** f. (-, en) clairière f. ||°**-maus** f. (-, ¨e). ZOOL. mulot m. ||°**-meister** m. (s, -). [Forstmeister] inspecteur (m.) des Eaux et Forêts. || BOT. petit muguet ; aspérule odorante. ||°**-mensch** m. (en, en) homme (m.) des bois. || ZOOL. orang-outang m. ||°**-nutzungsrecht** n. (s, e). JUR. afforestage m. ||°**-nymphe** f. (-, n) dryade f. ||°**-ohreule** f. (-, n) hibou (m.) des forêts ; moyen duc. ||°**-pflanze** f. (-, n) plante (f.) sylvestre. ||°**-rand** m. (s, ¨er) orée (f.), lisière (f.) du bois. ||°**-rauch** m. (s, ¨e). BOT. fumeterre f. ||°**-rebe** f. (-, n). BOT. clématite f. | *gemeine Waldrebe*, viorne f. ||**-reich** adj. boisé. ||°**-schneise** f. (-, n) laie f. ; allée f. ; ligne f. ||°**-schnepfe** f. (-, n). ZOOL. bécasse commune. ||°**-schrat** m. (s, e) faune m. ||°**-spitzmaus** f. (-, ¨e). ZOOL. musaraigne f. ||°**-stätte** n. pr. f. pl. HIST. les Quatre-Cantons m. pl. ||°**-sterben** n. (s). [Umwelt] mort (f.) des forêts. ||°**-streu** f. (-, en). AGRIC. litière (f.) de feuilles. ||°**-strich** m. (s, e) étendue (f.) de forêt. ||°**-taube** f. (-, n) palombe f. ; ramier m. ||°**-teufel** m. (s, -). [Waldgeist] faune m. || ZOOL. mandrill m. || [Spielzeug] diable m. (à ressort). ||°**-weg** m. (s, e) chemin (m.) en forêt. ||°**-wiesel** n. (s, -). ZOOL. furet m. ||°**-windblume** f. (-, n) anémone (f.) sauvage. ||°**-wirtschaft** f. économie forestière.

Wäldchen ['vɛltçən] n. (s, -) petit bois ; boqueteau m.

Waldenser [val'dɛnzər] n. pr. m. (s, -). HIST. Vaudois m. || RELIG. vaudois m.

waldig ['valdiç] adj. boisé.

Waldung [-duŋ] f. (-, en) forêt f. ; bois m.

Waler ['vɑ:lər] m. (s, -). MAR. baleinier m.

Wales [wɛ:ls] n. pr. n. GÉOGR. pays (m.) de Galles.

Walhall ['valhal], **Walhalla** ["val'hala] n. pr. f. MYTH. Walhalla m.

Waliserium [vali'ze:rium] n. (s). CHIM. valdisium m.

Walk|erde ["valk'e:rdə] f. terre (f.) à foulon. ||°**-mühle** f. (-, n) moulin (m.) à foulon ; foulon m. (Syn. *Walkerei*.)

Walke ['valkə] f. (-, n). [Walken] foulage m. || [Walkmaschine] moulin (m.) à foulon.

walken ['valkən] v. tr. fouler. || CULIN. rouler (la pâte). || PAR ANAL. rosser ; rouer de coups.

Walker [-kər] m. (s, -). [Walkmüller] fouleur m. || [Kuchenrolle] rouleau (m.) à pâte. || ZOOL. [Käferart] foulon m.

Walkman ['vɔkman] m. (s, men) baladeur m. ; Walkman m. (Wz.).

Walküre [val'ky:rə] n. pr. f. (-, n). MYTH. Walkyrie f.

Wall [val] m. (s, ¨e) **1.** [Mauer] rempart m. ; fortifications f. pl. | *Wallbruch*, brèche f. || [Erdaufschüttung] remblai m. ; levée (f.) de terre. || FIG. rempart m. ; protection f. || MAR. côte f. ; rivage m. **2.** COMM. *ein Wall Heringe*, quatre-vingts harengs m. pl.

Wallach ['valax] m. (s, e) cheval (m.) hongre.

wallachen [-xən] v. tr. hongrer.

wallen ['valən] v. intr. **1.** [kochen] bouillonner ; bouillir. || [wogen] flotter ; onduler. | *wallend*, agité. || FIG. bouillir. | *das Blut wallt in seinen Adern*, il bout. **2.** [wallfahren] *nach Lourdes wallen*, aller en pèlerinage à Lourdes.

wällen ['vɛlən] v. tr. faire bouillir.

Waller ['valər] m. (s, -). [Pilger] pèlerin m. || ZOOL. silure m.

wall|fahren ["val'fɑ:rən] v. intr. (ich wallfahre, gewallfahrt) faire un pèlerinage. | *nach Rom wallfahren*, se rendre en pèlerinage à Rome ; faire le pèlerinage de Rome. ||°**-fahrer** m. (s, -) pèlerin m. ||°**-fahrt** f. (-, en). [Pilgerzug] pèlerinage m. | *eine Wallfahrt machen*, faire un pèlerinage. | *Wallfahrtsort*, lieu (m.) de pèlerinage. ||**-fahrten** v. intr. V. WALLFAHREN.

Wallis ['valis] n. pr. n. GÉOGR. Valais m.

Walliser(in) [va'li:zər(in)] n. pr. m. (s, -), n. pr. f. (-, nen) Valaisan(e) m. (f.).

Wallone [va'lo:nə] n. pr. m. (n, n) Wallon m.
Wallonien [va'lo:niən] n. pr. n. Wallonie f.
Wallonin [va'lo:nin] n. pr. f. (-, nen) Wallonne f.
wallonisch [-niʃ] adj. wallon.
Wallung ['valuŋ] f. (-, en). [Kochen] bouillonnement m. ; ébullition f. || [wogende Bewegung] ondulation f. || FIG. bouillonnement m. ; agitation f. | *in Wallung geraten*, s'échauffer. | *in Wallung bringen*, mettre en effervescence ; agiter.
Walm [valm] m. (s, e) croupe (f.) de comble. | *Walmdach*, combles (m. pl.) en croupe.
Wal|nuß ['valnus] f. (-, ¨e). BOT. noix f.
Walnuß|baum ["valnus'baum] m. (s, ¨e). BOT. noyer m.
Wal|platz ["va:l'plats] m. (es, ¨e), °**-statt** ['-ʃtat] (Vx.) champ (m.) de bataille.
Walpurgis|nacht [val"purgis'naxt] f. nuit (f.) de Walpurgis ; sabat (m.) des sorcières.
walten ['valtən] v. intr. [herrschen] régner. | *der Frieden waltet*, la paix règne. | *unter den waltenden Umständen*, dans les circonstances présentes. | *Gerechtigkeit walten lassen*, être juste. | *Gnade walten lassen*, se montrer indulgent. | *über jn, über etwas walten*, régner sur ; commander à ; avoir le gouvernement de. | *mit etwas schalten und walten*, disposer à sa guise de qch. | *seines Amtes walten*, remplir son office. | *das walte Gott !*, à la grâce de Dieu ; à Dieu vat !
Walz|gerüst ["valtsgə'ryst] n. (s, e). TECHN. cage (f.) de laminoir. ||°**-gut** n. (s) pièce (f.) à laminer. ||°**-stahl** m. (s, ¨e) acier laminé. ||°**-straße** f. (-, n) train (m.) de laminoirs. ||°**-vorgang** m. (s, ¨e) laminage m. ||°**-werk** n. (s, e) laminoir m. | *kontinuierliches Walzwerk*, train continu. ||°**-werkerzeugnis** n. (ses, se) produit laminé.
Walze ['valtsə] f. (-, n) cylindre m. | *(Straßen-), (Acker-), (Farben)walze*, rouleau m. | *auf die Walze gehen*, HIST. faire le tour de son pays (pour se perfectionner). || FIG. *unter die Walze geraten*, être écrasé.
walzen [-tsən] v. tr. passer au rouleau ; cylindrer. || [Metall] laminer. || [Erde ; Teig] rouler.
◇ v. intr. (avec « haben ») valser. || (avec « sein ») se déplacer ; FAM. rouler sa bosse.
Walzen [-tsən] n. (s) cylindrage m. ; laminage m. ; roulage m.
wälzen ['vɛltsən] v. tr. rouler. | *Fische in Mehl wälzen*, rouler des poissons dans la farine. || [Bücher usw.] compulser. || FIG. *den Verdacht auf jn wälzen*, faire tomber les soupçons sur qn. | *Gedanken wälzen*, ruminer des pensées.
◇ v. pr. **sich wälzen,** se rouler. | *sich im Schmutz wälzen*, se vautrer dans la boue.
Walzen|druckmaschine ["valtsən'drukmaʃi:nə] f. (-, n). TYPOGR. rotative f. ||**-förmig** adj. cylindrique. ||°**-mangel** f. (-, n) calandre f.
Walzer ['valtsər] m. (s, -) valse f.
Walzer|musik ["valtsərmu'zi:k] f. valse f. ; air (m.) de valse. ||°**-takt** m. (s, e) rythme (m.) de valse. ||°**-tänzer** m. (s, -) valseur m.
Wälzer ['vɛltsər] m. (s, -). ZOOL. corophie m. || FAM. [Buch] gros bouquin.
Wamme ['vamə], **Wampe** ['vampə] f. (-, n) ventre m. ; panse f. || ZOOL. fanon m.
Wams [vams] n. ou m. (es, ¨er ou e). HIST. pourpoint m. || [kurze Jacke] casaque f. || [ärmellos] gilet m.
wamsen ['vamzən] v. tr. FAM. rouer de coups.
Wand [vant] f. (-, ¨e) mur m. || [dicke Wand] muraille f. | *(Scheide)wand*, cloison f. || [Wandfläche] paroi f. ; panneau m. | *spanische Wand*, paravent m. | *(Fels)wand*, paroi, muraille rocheuse. || ANAT. paroi f. || MAR. [Want] hauban m. || MINES. paroi f. ; roche f. || LOC. *Wand an Wand leben*, être voisins. | *in den eigenen vier Wänden*, dans sa propre maison. | *mit dem Kopf durch die Wand wollen*, vouloir l'impossible. | *jn an die Wand drücken*, 1° mettre qn au pied du mur ; 2° passer sur le corps de qn. | *jn an die Wand stellen*, coller qn au mur. | *mal den Teufel nicht an die Wand !*, ne parle pas de malheur !
Wand|anschluß ["vant'anʃlus] m. (es, ¨e). ÉLECTR. prise (de courant) murale. ||°**-behang** m. (s, ¨e) revêtement m. || [Tapete, Teppich] tapisserie f. ||°**-bein** n. (s, e). ANAT. pariétal m. ||°**-bekleidung** f. (-, en) revêtement m. ; lambris m. pl. ||°**-bewurf** m. (s) crépi m. ; enduit m. ||°**-brett** n. (s, er) étagère f. ||°**-gestell** n. (s, e) console f. ||°**-karte** f. (-, n) carte murale. ||°**-klapptisch** m. (es, e) table abattante. ||°**-leuchter** m. (s, -) applique f. ||°**-malerei** f. (-, en) peinture murale. ||°**-pfeiler** m. (s, -), °**-säule** f. (-, n) pilastre m. ||°**-schirm** m. (s, e) paravent m. ||°**-schrank** m. (s, ¨e) placard m. ||°**-spiegel** m. (s, -) trumeau m. ||°**-tafel** f. (-, n) tableau noir. ||°**-täfelung** f. lambris m. pl. ||°**-teppich** m. (s, e) tapisserie f. ; tenture f. ||°**-uhr** f. (-, en) pendule f. ; cartel m. ||°**-verkleidung** f. (-, en) revêtement m. | *schallschluckende Wandverkleidung*, revêtement insonorisant.
Wandale [van'da:lə] n. pr. m. (n, n) Vandale m. || FIG. [Verwüster] vandale m.
wandalisch [-'da:liʃ] adj. vandale.
◇ adv. comme un, comme des vandales.
Wandalismus [-da'lismus] m. vandalisme m.
Wandel ['vandəl] m. (s). [Änderung] changement m. ; modification f. | *dem Wandel unterliegen*, ne pas être immuable. | *Wandel schaffen*, amener du changement. || [Benehmen] conduite f. ; comportement m. ; vie f. | *untadelig in seinem Wandel*, qui a une vie irréprochable. | *Handel und Wandel*, les affaires f. pl. || [Gang] marche f. ; course f.
Wandel... (en compos.). COMM., FIN. convertible.
Wandel|anleihe ["vandəl'anlaiə] f. (-, n). FIN. emprunt (m.) convertible. ||°**-gang** m. (s, ¨e) promenoir m. ||°**-halle** f. (-, n) salle (f.) des pas perdus. || THÉÂTRE. foyer m. ||°**-monat** m. (s, e) avril m. ||°**-schuld|verschreibung** f. (-, en). FIN. obligation (f.) convertible. ||°**-stern** m. (s, e). ASTRON. planète f. ||°**-weg** m. (s, e) promenade f.
wandelbar ['vandəlba:r] adj. changeant ; variable ; instable. | *wandelbarer Charakter*, humeur changeante ; caractère (m.) versatile.
Wandelbarkeit [-kait] f. instabilité f. | versatilité f. ; humeur changeante.
wandeln ['vandeln] v. tr. et v. pr. [ändern] transformer ; changer. | *sich wandeln*, changer ; évoluer. | *handeln und wandeln*, faire des affaires.
◇ v. intr. (avec « sein »). [dahinschreiten] cheminer ; aller son chemin. | *die Sonne wandelt ihre Bahn*, le soleil poursuit sa course. || FIG. *in den Wolken wandeln*, n'avoir pas les pieds sur terre. | *auf dem Pfad der Tugend wandeln*, suivre le chemin de la vertu.
Wander|arbeiter ["vandər'arbaitər] m. (s, -) travailleur migrant. ||°**-ausstellung** f. (-, en) exposition itinérante. ||°**-block** m. (s, ¨e). GÉOL. bloc (m.) erratique. ||°**-bühne** f. (-, n) théâtre ambulant. ||°**-bursch(e)** m. (n, n). HIST. compagnon (m.) faisant le tour de son pays. ||°**-düne** f. (-, n). GÉOGR. dune mouvante. ||°**-falke** m. (n, n). ZOOL. faucon pèlerin. ||°**-feldröhre** f. (-, n) (abrév. **WFR**). PHYS. tube (m.) à ondes progressives (T.O.P.). ||°**-gewerbe** n. (s, -) profession foraine. ||°**-heuschrecke** f. (-, n). ZOOL. criquet m. ||°**-jahre** n. pl. années (f. pl.) de voyage. ||°**-leben** n. (s, -) vie nomade, errante. ||°**-lied** n. (s, er) chant (m.), chanson (f.) de marche, de route. ||°**-lust** f. goût (m.) du voyage ; humeur vagabonde. ||**-lustig** adj. d'humeur vagabonde. ||°**-niere** f. (-, n). MÉD. rein flottant. ||°**-preis** m. (es, e). SPORT. challenge m. ||°**-ratte** f. (-, n). ZOOL. surmulot m. ||°**-raupe** f. (-, n) chenille processionnaire. ||°**-stab** m. (s, ¨e) bâton m. || FIG. *den Wanderstab ergreifen*, prendre le bâton du voyageur. ||°**-trieb** m. (s). ZOOL. instinct migrateur. ||°**-truppe** f. (-, n) troupe (f.) de comédiens ambulants. ||°**-vogel** m. (s, ¨). [Zugvogel] oiseau migrateur. || HIST. [Wanderer] membre (m.) d'un mouvement de jeunesse. ||°**-volk** n. (s, ¨er) peuple nomade.
Wanderer ['vandərər] m. (s, -) voyageur m. ; touriste m. ; excursionniste m.
wandern [-dərn] v. intr. [zu Fuß reisen] aller à pied ; marcher ; cheminer ; voyager. | *durch Deutschland wandern*, parcourir l'Allemagne à pied. || LOC. *mit jm durchs Leben wandern*, partager la vie de qn. | *in die Fremde wandern*, s'expatrier ; émigrer. || [Vögel] émigrer. | *wandernde Vögel*, oiseaux migrateurs. || [Schafe ; Rinder] transhumer.
Wanderschaft [-dərʃaft] f. voyage m. || HIST. *auf (die) Wanderschaft gehen*, faire le tour de son pays.
Wanders|mann ["vandərs'man] m. (s, -leute). POÉS. voyageur m.
Wanderung ['vandəruŋ] f. (-, en) voyage m. (à pied). || [Ausflug] marche f. ; course f. || [Völker, Tiere] migration f. | *die Zeit der Völkerwanderung*, l'époque (f.) des grandes invasions.
Wandler ['vandlər] m. (s, -). ÉLECTR. transducteur m.
Wandlung ['vandluŋ] f. (-, en) transformation f. ; changement m. | *eine Wandlung erfahren*, subir un changement. | *wandlungsfähig*, transformable. || RELIG.

[Transsubstantiation] transsubstantiation f. || [Liturgie] élévation f. || COMM. rédhibition f.
wandte ['vantə] prét. de **wenden.**
Wandung ['vanduŋ] f. (-, en) paroi f.
Wange ['vaŋə] f. (-, n). [Backe] joue f. | *Wange an Wange*, joue contre joue. | *mit glühenden Wangen*, le feu aux joues. || [Seitenteil] partie, pièce latérale ; joue f. || ARCHIT. [Treppe] limon m. || MIL. [Lafette] flasque m. ◇ f. pl. **Wangen.** MAR. jumelles (f. pl.) de mât.
Wangen|bein [″vaŋən'bain] n. (s, e). ANAT. os (m.) malaire ; zygoma m. ||°**-grube** f. (-, n), °**-grübchen** n. (s, -) fossette f. ||°**-muskel** m. (s, n). ANAT. muscle (m.) zygomatique.
wankel|herzig [″vaŋkəl'hεrtsiç]. V. WANKELMÜTIG. ||°**-mut** m. (s). [Unentschlossenheit] indécision f. ; irrésolution f. ||**-mütig** adj. [unentschlossen] indécis ; irrésolu ; flottant. ||°**-mütigkeit** f., °**-sinn** m. (s). V. WANKELMUT.
wanken ['vaŋkən] v. intr. [schwanken] vaciller ; être ébranlé ; chanceler. | *die Knie wanken ihm*, les jambes lui manquent. | *der Boden wankt unter seinen Füßen*, le sol se dérobe sous lui. || FIG. *ins Wanken geraten* ; *wankend werden*, être ébranlé. | *zum Wanken bringen*, ébranler. | *nicht wanken und nicht weichen*, ne pas fléchir.
wann [van] adv. interrog. *wann ?*, quand ? ; à quel moment ? ; à quelle heure ? | *bis wann ?*, jusqu'à quand ? | *seit wann ?*, depuis quand ? | *dann und wann*, de temps à autre.
◇ conj. quand. | *ich weiß nicht, wann er kommt*, je ne sais pas quand il viendra. | *es sei, wann es wolle*, n'importe quand.
Wanne ['vanə] f. (-, n) cuve f. | *(Wasch)wanne*, baquet m. | *(Bade)wanne*, baignoire f. | *Wannenbad*, bain (dans une baignoire). || [Sieb] van m.
wannen ['vanən] adv. *von wannen ?*, d'où ?
Wanst [vanst] m. (es, ¨e). ZOOL. panse f. || [Dickbauch] panse f. ; bedaine f.
wanstig ['vanstiç] adj. bedonnant ; ventripotent.
Want [vant] f. (-, en). MAR. hauban m.
Wanze ['vantsə] f. (-, n). ZOOL. punaise f.
wanzig [-tsiç] adj. infesté de punaises.
Wapiti [va'pi:ti] m. (s, s). ZOOL. wapiti m.
Wappen ['vapən] n. (s, -) armoiries f. pl. ; armes f. pl. ; blason m. | *einen Falken im Wappen führen*, porter un faucon dans ses armes.
Wappen|bild [″vapən'bilt] n. (s, er). HÉRALD. symbole m. ||°**-buch** n. (s, ¨er) armorial m. ||°**-dichtung** f. (-, en). POÉT. blason m. ||°**-feld** n. (s, er). HÉRALD. quartier m. ||°**-halter** m. (s, -) écuyer m. ||°**-herold** m. (s, e) héraut (m.) d'armes. ||°**-kunde** f. science (f.) héraldique. ||°**-schild** n. (s, er) écu m. ; armes f. pl. ; blason m. ||°**-spruch** m. (s, ¨e) devise f.
wappnen ['vapnən] v. tr. et v. pr. POÉT. armer. || FIG. *sich gegen etwas wappnen*, se cuirasser contre qch.
war [var] prét. de **sein.**
warb [varp] prét. de **werben.**
ward [vart]. POÉS. prét. de **werden.**
Wardein [var'dain] m. (s, e). HIST. contrôleur (m.) des monnaies.
Ware ['vɑ:rə] f. (-, n) marchandise f. ; article m. || *(Eß)ware*, denrée f. | *gängige Ware*, article courant. | *wertlose Ware*, article (m.) de pacotille. | *leicht verderbliche Ware*, denrée périssable. | *wollene Ware*, bonneterie f. | *irdene Ware*, poterie f. | *eine Ware führen*, tenir un article.
Waren|absatz [″vɑ:rən'apzats] m. (es, ¨e) ventes f. pl. ; débit m. ||°**-akkreditiv** n. (s, e) crédit (m.) documentaire. ||°**-aufzug** m. (s, ¨e) monte-charge m. ||°**-ausstattung** f. (-, en) présentation f. ; conditionnement (m.) d'un article. ||°**-bestand** m. (s, ¨e) stock m. ||°**-haus** n. (es, ¨er) grand magasin. ||°**-kredit|-betrug** m. (s) carambouillage m. ; carambouille f. ||°**-kredit|brief** m. (s, e) warrant m. ||°**-lager** n. (s, -) dépôt (m.) de marchandises ; entrepôt m. ||°**-preis** m. (es, e) prix courant. ||°**-probe** f. (-, n) échantillon m. ||°**-schein** m. (s, e) warrant m. ||°**-stand** m. (s, ¨e). [im Geschäft] gondole f. ||°**-stempel** m. (s, -) marque (f.) de fabrique. ||°**-verpackung** f. (-, en) conditionnement (m.) d'une marchandise. ||°**-verzeichnis** n. (ses, se) catalogue m. ||°**-zeichen** n. (s, -) marque déposée.
Warf [varf] f. (-, en), **Warft** [varft] f. (-, en) [Niederdeutsch : Wohnhügel] butte f. (portant les maisons dans les terres inondables).
warm [varm] adj. **1.** chaud. | *warme Kleidung*, vêtements chauds. | *warme Speise*, plat chaud. | *warm essen*, faire un repas chaud. | *etwas warm stellen*, mettre qch. à chauffer. | *mir ist warm*, j'ai chaud. | *warme Hände haben*, avoir chaud aux mains. | *warm sitzen*, être au chaud. | *sich warm laufen*, s'échauffer en courant.
2. [voll herzlichen Gefühls] chaleureux ; ardent. | *warmer Empfang*, accueil chaleureux. | *warmes Gefühl*, chaleur f. | *mit jm warm werden*, sympathiser avec qn : | *jn warm halten*, cultiver les bonnes grâces de qn. | *warm werden*, s'animer ; s'enflammer. || [Farbe] chaud.
Warm|beet [″varm'be:t] n. (s, e). AGRIC. châssis m. ||°**-blüter** m. (s, -) animal (m.) à sang chaud. ||°**-brunnen** m. (s, -) source chaude. ||**-dehnbar** adj. TECHN. thermodilatable. ||**-formbar** adj. TECHN. thermoformable. ||°**-haus** n. (es, ¨er) serre f. ||**-herzig** adj. chaleureux ; enthousiaste. ||°**-herzigkeit** f. chaleur f. ; enthousiasme m. ||**-laufen** (ä, ie, a) v. intr. | *den Motor warmlaufen lassen*, laisser chauffer le moteur. ||°**-luft** f. (-, ¨e). [Wetterkunde] air chaud. ||°**-wasser|bereiter** m. (s, -) chauffe-eau m.
Wärm|flasche [″vεrm'flaʃə] f. (-, n) bouillotte f. ||°**-pfanne** f. (-, n) bassinoire f. (pour le lit). ||°**-platte** f. (-, n) chauffe-plats m. ||°**-stein** m. (s, e) brique f. (pour se chauffer les pieds).
Wärme ['vεrmə] f. [Warmsein] chaleur f. | *milde Wärme*, douce chaleur. | *Wärme abgeben*, dégager de la chaleur. | *Wärme aufnehmen*, absorber de la chaleur. | *zehn Grad Wärme*, dix (degrés) au-dessus (de zéro). || PHYS. *spezifische Wärme*, chaleur spécifique. || FIG. [Innigkeit] chaleur f. ; ardeur f. ; flamme f. ; feu m. | *mit Wärme*, chaleureusement.
Wärme|abgabe [″vεrmə'apgɑ:bə] f. dégagement (m.) de chaleur. ||°**-äquivalent** n. (s) *mechanisches Wärmeäquivalent*, équivalent (m.) mécanique de la chaleur. ||°**-aufnahme** f. absorption (f.) de chaleur. ||°**-ausdehnung** f. (-, en). TECHN. dilatation (f.) thermique. ||**-beständig** adj. calorifuge. ||°**-dehnungs|fuge** f., °**-lücke** f. (-, n) joint (m.) de dilatation. ||°**-einheit** f. (-, en) calorie f. ||**-elektrisch** adj. thermoélectrique. ||°**-energie** f. (-, n) énergie (f.) calorifique. ||°**-energie|maschine** f. (-, n) machine (f.) thermique. ||°**-entziehung** f., °**-entzug** m. (s) absorption (f.) de chaleur. ||°**-erzeugung** f. (-, en) *heliothermische Wärmeerzeugung*, héliothermie f. ||°**-isolierung** f. isolation (f.) thermique. ||°**-kraftwerk** n. (s, e) centrale thermique. ||°**-lehre** f. thermodynamique f. ||°**-leitung** f. conductibilité (f.) calorifique. ||°**-mengen|messung** f. (-, en) calorimétrie f. ||°**-messer** m. (s, -) calorimètre m. ||°**-pumpe** f. (-, n) pompe (f.) à chaleur. ||°**-pumpen|anlage** f. (-, n) installation (f.) de pompe à chaleur. ||°**-regler** m. (s, -) thermostat m. ||°**-regulation** f. thermorégulation f. ||°**-saugheber** m. (s, -) thermosiphon m. ||°**-schutz|masse** f. (-, n) calorifuge m. ||°**-strahlung** f. rayonnement (m.) calorifique. ||°**-strom** m. (s, ¨e) caléfaction f. | *Wärmestromdichte*, flux (m.) de caléfaction. ||°**-tauscher** m. (s, -) échangeur (m.) de chaleur. ||°**-techniker** m. (s, -) thermicien m. ||°**-träger** m. (s, -) caloporteur m. ||°**-träger|medium** n. (s, ien), °**-transport|medium** n. (s, ien) fluide (m.) caloporteur.
wärmen ['vεrmən] v. tr. réchauffer ; chauffer.
Wärmung [-muŋ] f. (-, en) réchauffement m.
Warn|anlage [″varn'anlɑ:gə] f. (-, n) dispositif (m.) d'alarme. ||°**-blink|anlage** f. (-, n) signal (m.) de détresse. ||°**-blink|lichter** n. pl. feux (m. pl.) de détresse. ||°**-dreieck** n. (s, e) triangle (m.) de signalisation. ||°**-licht** n. (s, er) signal lumineux d'avertissement. ||°**-netz** n. (es, e) réseau (m.) de détection. ||°**-ruf** m. (s, e) cri (m.) d'alarme. ||°**-schild** n. (s, er) écriteau (m.), inscription (f.) signalant un danger. ||°**-schrei** m. (s, e). V. WARNRUF. ||°**-tafel** f. (-, n) écriteau, panneau avertisseur. ||°**-traum** m. (s, ¨e) songe (m.) prémonitoire. ||°**-zeichen** n. (s, -) avertissement m. | *ein Warnzeichen geben*, alerter.
warnen ['varnən] v. tr. avertir ; prévenir ; mettre en garde. | *vor etwas* (dat.) *warnen*, avertir de ; prévenir de ; mettre en garde contre. | *seine warnende Stimme erheben*, lancer un avertissement.
Warner [-nər] m. (s, -) avertisseur m.
Warnung [-nuŋ] f. (-, en) avertissement m. ; mise (f.) en garde. || RELIG. monition f. | *jm eine Warnung erteilen, geben*, adresser un avertissement à qn. | *auf die Warnung hören*, entendre l'avertissement. | *eine Warnung in den Wind schlagen*, faire fi d'un avertissement. | *lassen Sie sich das zur Warnung dienen*, tenez-le-vous pour dit ; que cela vous serve de leçon !

Warp [varp] m. (s, e). TEXT. fil (m.) de chaîne. || MAR. filin (m.) de touage.

warpen ['varpən] v. tr. MAR. touer.

Warrant [va'rant] m. (s, s). COMM. warrant m.

Warschau ['varʃau] n. pr. n. Varsovie f.

...wart [vart] (en compos.) gardien (de). | *Hauswart*, concierge m.

Wart|turm ["vart'turm] m. (s, ¨e) tour (f.) de guet. || [Hauptturm] donjon m.

Warte ['vartə] f. (-, n) poste (m.) d'observation. || ASTRON. observatoire m. || FIG. *von hoher Warte*, d'un point de vue élevé ; du point de vue de Sirius.

Warte|frau ["vartə'frau] f. (-, en) garde-malade f. ||°**-geld** n. (s, er) traitement (m.) de disponibilité. | *auf Wartegeld setzen*, mettre en disponibilité ; HIST., MIL. mettre en demi-solde. ||°**-gleis** n. (es, e). [Eisenbahn] voie (f.) de garage. ||°**-häuschen** n. (s, -) Abribus m. (Wz.). ||°**-liste** f. (-, n) liste (f.) d'attente. ||°**-raum** m. (s, ¨e), °**-saal** m. (s, säle) salle (f.) d'attente. ||°**-schleife** f. (-, n). AÉRON. circuit (m.) d'attente. | *eine Warteschleife ziehen*, faire un tour d'attente. ||°**-stand** m. (s), °**-stellung** f. position (f.) d'attente ; disponibilité f. ||°**-zeit** f. (-, en) temps (m.), période (f.) d'attente. ||°**-zimmer** n. (s, -) antichambre f. ; salon (m.) d'attente.

warten ['vartən] v. intr. attendre. | *auf jn, auf etwas warten*, attendre qn, qch. | *auf sich warten lassen*, se faire attendre. | *jn warten lassen*, faire attendre qn. | *mit etwas warten*, remettre, repousser qch. | *da kannst du lange warten*, FAM. tu peux toujours attendre. | *warte nur !*, attends un peu !
◇ v. tr. s'occuper de ; prendre soin de. | *ein Kind warten*, s'occuper d'un enfant.

Wärter ['vɛrtər] m. (s, -) garde m. ; surveillant m. || [Krankenpfleger] infirmier m.

Wärterin [-rin] f. (-, nen) garde f. ; surveillante f. || [Krankenschwester] infirmière f.

...wärts [vɛrts] suffixe indiquant une direction. | *aufwärts*, vers le haut. | *seitwärts*, de côté.

Wartung ['vartuŋ] f. [Menschen und Tiere] soins m. pl. ; entretien m. || [Maschinen] entretien m. ; maintenance f.

Wartungs|handbuch ["vartuŋs'handbu:x] n. (s, ¨er). TECHN. manuel (m.) d'entretien.

warum [va'rum] adv. interrog. pourquoi ? ; pour quelle cause ? ; pour quelle raison ? | *warum nicht ?*, pourquoi pas ? | *warum bist du nicht früher gekommen ?*, que n'es-tu venu plus tôt ! | *warum nicht gar ?*, FAM. il ne manquerait plus que cela !

Wärzchen ['vɛrtsçən] n. (s, -). ANAT. papille f.

Warze ['vartsə] f. (-, n). [krankhafter Auswuchs] verrue f. || *(Brust)warze*, mamelon m. ; téton m.

warzen|artig ["vartsən'ɑ:rtiç] adj. verruqueux. ||°**-schwein** n. (s, e). ZOOL. phacochère m.

was [vas] pron. interrogatif. **1.** (isolé) quoi ? | *was denn ?*, quoi donc ? | *ach was !*, pensez-vous !
2. (objet d'un v. actif ; attribut d'un v. d'état) que ; qu'est-ce que. | *was machen Sie ?*, que faites-vous ? ; qu'est-ce que vous faites ? | *was sagen Sie ?*, que dites-vous ? ; plaît-il ? | *was ist das ?*, qu'est-ce ? ; qu'est-ce que c'est ? | *was ist los ?*, qu'y a-t-il ? | *was soll ich dazu sagen*, que dire ? | *was Sie nicht sagen*, que me dites-vous là ? | *was geschah ?*, qu'arriva-t-il ? ; qu'est-ce qui est arrivé ? | *was stört dich ?*, qu'est-ce qui te gêne ? | *was ist Ihr Beruf ?*, quelle est votre profession ?
3. (dans les interrogations indirectes) ce qui ; ce que. | *er fragt, was geschehen ist*, il demande ce qui est arrivé. | *er fragt, was er tun soll*, il demande ce qu'il doit faire.
◇ pron. relat. **1.** (se rapporte à une proposition entière) ce qui ; ce que. | *was man nicht versteht, besitzt man nicht* (GOETHE), on ne possède pas ce qu'on ne comprend pas. | *es geht ihm besser, was mich sehr erfreut*, il va mieux, ce qui me fait grand plaisir. || MATH. *was zu beweisen war*, ce qu'il fallait démontrer (C.Q.F.D.).
2. (avec pour antécédent un adj. indéf.) *alles, was*, tout ce qui ; tout ce que. | *nichts, was*, rien qui, que. | *manches, was*, bien des choses qui, que. | *das wenige, was*, le peu qui, que. | *das einzige, was*, la seule chose qui, que.
3. (avec pour antécédent un superl.) qui ; que. | *das schlimmste, was*, le pire qui, que.
4. was... auch (immer), quoi que. | *was er auch (immer) sagen mag*, quoi qu'il dise ; il a, il aura beau dire.
◇ abrév. de **etwas,** quelque chose. | *ich habe dir was zu sagen*, j'ai quelque chose à te dire. | *was anderes*, quelque chose d'autre. | *na, so was !*, c'est incroyable.
◇ (tenant lieu d'autres mots). **1.** [wieviel] combien ? | *was kostet das ?*, combien cela coûte-t-il ?
2. [wie] comme. || FAM. *was haben wir gelacht !*, comme nous avons ri !
3. [soviel] tant que. | *er läuft, was er kann*, il court tant qu'il peut.
4. [warum] pourquoi ? | *was birgst du so bang dein Gesicht ?* (GOETHE), pourquoi caches-tu si peureusement ton visage ?
◇ **was für — 1. was für ein ?** quel ; quelle ? ; quel genre de ? ; quelle espèce de ? ; quelle sorte de ? | *was für ein Hemd möchten Sie ?*, quelle sorte de chemise désirez-vous ? | *mit was für einem Werkzeug arbeitet er ?*, avec quel genre d'outil travaille-t-il ?
2. was für ein... ! quel ! ; quelle ! | *was für ein Künstler !*, quel artiste ! — **was auch für,** quel que ; quelle que. | *was für ein Buch er auch lesen mag*, quel que soit l'ouvrage qu'il lise.

Wasch|anstalt ["vaʃ'anʃtalt] f. (-, en) blanchisserie f. ||°**-automat** m. (en, en) lave-linge m. ||°**-bär** m. (en, en). ZOOL. raton laveur. ||°**-becken** n. (s, -) [cuvette (f.) de] lavabo m. ||°**-blau** n. (s) bleu (m.) à linge. ||°**-bock** m. (s, ¨e) bidet m. ||°**-bottich** m. (s, e). V. WASCHBÜTTE. ||°**-brett** n. (s, er) planche (f.) à laver. ||°**-bütte**, °**-butte** f. (-, n) baquet m. ; cuveau m. ||**-echt** adj. résistant au lavage ; grand teint. || FIG. *ein waschechter Berliner*, un Berlinois cent pour cent, pur sang. ||°**-frau** f. (-, en) blanchisseuse f. ; laveuse f. ||°**-handschuh** m. (s, e). [Waschlappen] gant (m.) de toilette ; main f. || [aus Waschleder] gant (m.) de peau lavable. ||°**-haus** n. (es, ¨er) buanderie f. ||°**-kessel** m. (s, -) lessiveuse f. ||°**-kohle** f. (-, n). TECHN. charbon lavé. ||°**-küche** f. (-, n) buanderie f. ||°**-lappen** m. (s, -) gant (m.) de toilette ; main f. || FIG. [Schwächling] chiffe molle ; FAM. moule f. ; POP. dégonflé m. ||°**-leder** n. (s, -) peau (f.) de chamois. ||°**-leine** f. (-, n) corde (f.) à linge. ||°**-maschine** f. (-, n) machine (f.) à laver. ||°**-maul** n. (s, ¨er) bavard m. ; bavarde f. ; FAM. pipelet m. ; pipelette f. ||°**-mittel** n. (s, -) détersif m. ; lessive f. ||°**-mittel|trommel** f. (-, n) baril (m.) de lessive. ||°**-platz** m. (es, ¨e) lavoir m. ||°**-pulver** n. (s, -) détersif m. ; lessive f. ||°**-raum** m. (s, ¨e) cabinet (m.) de toilette ; lavabos m. pl. ; toilettes f. pl. ||°**-salon** m. (s, s) laverie f. ||°**-schale** f. (-, n), °**-schüssel** f. (-, n) cuvette f. ||°**-stuhl** m. (s, ¨e) bidet m. ||°**-tisch** m. (s, e), °**-toilette** f. (-, n) table (f.) de toilette f. ||°**-weib** n. (s, er). [Waschfrau] blanchisseuse f. ; laveuse f. || [Waschmaul] bavard m. ; bavarde f. ||°**-zettel** m. (s, -). [Wäscheverzeichnis] liste (f.) du linge donné au blanchissage. || [Klappentext] prière (f.) d'insérer. ||°**-zeug** n. (s) objets (m. pl.) de toilette.

waschbar ['vaʃbɑ:r] adj. lavable.

Wäsche ['vɛʃə] f. (-, n). **1.** lavage m. ; lessive f. ; blanchissage m. | *in die Wäsche geben*, faire laver. || MINES. lavage m.
2. [Leinenzeug] linge m. | *weiße Wäsche*, blanc m. || [Frauenwäsche] lingerie f. | *die Wäsche wechseln*, changer de linge.

Wäsche|beutel ["vɛʃə'bɔytəl] m. (s, -) sac (m.) à linge (sale). ||°**-kammer** f. (-, n) lingerie f. ||°**-klammer** f. (-, n) pince (f.) à linge. ||°**-leine** f. (-, n) corde (f.) à linge. ||°**-mangel** f. (-, n) machine (f.) à repasser ; calandre f. ||°**-schleuder** f. (-, n) essoreuse (f.) centrifuge. ||°**-schrank** m. (s, ¨e) armoire (f.) à linge. ||°**-ständer** m. (s, -) séchoir m. ||°**-trockenmaschine** f. (-, n), °**-trockner** m. (s, -) sèche-linge m. ||°**-zeichen** n. (s, -) marque f. (sur le linge).

waschen ['vaʃən] (ä, u, a) v. tr. et v. pr. laver. | *mit Seife waschen*, savonner. | *mit Lauge waschen*, lessiver. | *sich waschen*, se laver ; faire sa toilette. | *das Geschirr waschen*, faire la vaisselle. || FIG. *seine Hände in Unschuld waschen*, s'en laver les mains. | *eine Hand wäscht die andere*, les loups ne se mangent pas entre eux. | *jm den Kopf waschen*, passer un savon à qn. || MINES. [ausschwemmen] laver.
◇ v. intr. [schwatzen]. FAM. bavarder ; papoter.

Wäscher(in) ['vɛʃər(in)] m. (s, -), f. (-, nen) laveur m. ; laveuse f. ; blanchisseur m. ; blanchisseuse f. || [Schwätzer(in)] bavard m. ; bavarde f.

Wäscherei [vɛʃə'rai] f. (-, en) laverie f. ; blanchisserie f. || [Geschwätz] papotage m.

Waschung ['vaʃuŋ] f. (-, en) lavage m. ; blanchissage m. || RELIG. ablutions f. pl. | *Fußwaschung*, lavement (m.) des pieds.

Wasen ['va:zən] m. (s, -). [Rasen] gazon m. || [Abdeckerei] équarrissoir m. | *Wasenmeister*, équarrisseur m. || DIAL. [Dunst] brume f. ; vapeur f.

Was|gau ['vasgau] n. pr. m., **Wasgen|wald** ["vasgən'valt] n. pr. m. GÉOGR. Vosges f. pl.

Wasser ['vasər] n. (s, - et'). **1.** [eigentlich] eau f. (H_2O). | *fließendes Wasser*, eau courante. | *stehendes Wasser*, eau dormante. | *hartes Wasser*, eau dure. | *weiches Wasser*, eau non calcaire. | *Süßwasser*, eau douce. | *salziges Wasser*, eau salée. | *zu Wasser und Brot verurteilen*, mettre au pain sec et à l'eau. || MAR. *Wasser einlassen*, faire eau. || RELIG. *geweihtes Wasser*, eau bénite. || PHYS. *schweres Wasser*, eau lourde. || FIG. *zu Wasser werden*, tomber à l'eau ; ne pas réaliser. | *jm das Wasser nicht reichen können*, ne pas arriver à la cheville de qn. | *jm das Wasser abgraben*, saper, miner la position de qn. | *jm Wasser in den Wein gießen*, en faire rabattre à qn. | *Wasser mit einem Sieb schöpfen*, perdre son temps. | *das ist Wasser auf seine Mühle*, cela apporte de l'eau à son moulin.
2. [Gewässer] eau f. ; eaux f. pl. || POÉT. onde f. ; ondes f. pl. | *flaches Wasser*, eau peu profonde. | *ins Wasser springen*, se jeter à l'eau. | *ins Wasser gehen*, se jeter à l'eau (pour se suicider). | *übers große Wasser fahren*, franchir l'océan. || MIL. *zu Wasser und zu Lande*, sur terre et sur mer. | *Wasser- und Landfahrzeug*, véhicule (m.) amphibie. || FIG. *er ist mit allen Wassern gewaschen*, c'est un vieux renard ; FAM. on ne la lui fait pas. | *das Wasser geht ihm bis an den Hals*, il est en mauvaise posture. | *jn über Wasser halten*, sauver qn du naufrage. | *sich über Wasser halten*, surnager. || PROV. *stille Wasser gründen tief*, il n'est pire eau que l'eau qui dort.
3. [andere Flüssigkeit] *das Wasser in die Augen treiben*, faire monter les larmes aux yeux. | *das Wasser tritt ihm in die Augen*, les larmes lui montent aux yeux. | *das Wasser läuft ihm von der Stirn*, il sue à grosses gouttes. | *das Wasser läuft ihm im Mund zusammen*, il en a l'eau à la bouche. | *Wasser lassen, abschlagen*, uriner.
4. [Glanz] eau f. ; pureté f. | *vom reinsten Wasser*, de la plus belle eau.

wasser|abweisend ["vasər'apvaizənt] adj. hydrofuge. ||°**-ader** f. (-, n) filet (m.) d'eau souterraine ; veine f. ||°**-amsel** f. (-, n). ZOOL. merle (m.) d'eau. ||°**-arm** m. (s, e) bras m. (d'un cours d'eau, de mer). ||**-arm** adj. manquant d'eau ; aride. ||**-aufsaugend** adj. hydrophile. ||°**-aufzug** m. (s, ¨e) ascenseur (m.) hydraulique. ||°**-bad** n. (s, ¨er) bain-marie m. ||°**-ball** m. (s, ¨e) ballon (m.) de water-polo. ||°**-bau** m. (s, ten) ouvrage (m.) d'hydraulique. ||°**-bauingenieur** m. (s, e) hydraulicien m. ||°**-baukunst** f. architecture (f.) hydraulique. ||°**-becken** n. (s, -) bassin m. ; cuve f. ; aquarium m. ||°**-behälter** m. (s, -) réservoir (m.) d'eau. ||°**-beschreibung** f. hydrographie f. ||°**-bett** n. (s, en) lit (m.) aquatique. ||°**-blase** f. (-, n) cloque f. ; ampoule f. ||°**-bombe** f. (-, n). MAR. grenade sous-marine. ||°**-burg** f. (-, en) château entouré d'eau ||°**-dampf** m. (s) vapeur (f.) d'eau. ||**-dicht** adj. étanche ; [Stoff] imperméable. | *wasserdicht machen*, rendre étanche ; imperméabiliser. ||°**-dichtheit** f. étanchéité f. ; imperméabilité f. ||°**-druck** m. (s) pression (f.) de l'eau. ||**-durchlässig** adj. perméable. ||°**-enthärtung** f. adoucissement (m.) de l'eau. ||**-entziehend** adj. déshydratant. ||°**-entzug** m. (s) déshydratation f. ||°**-erhitzer** m. (s, -) chauffe-eau m. ||°**-fahrrad** n. (s, ¨er) pédalo m. ||°**-fahrt** f. (-, en) promenade (f.) sur l'eau ; voyage (m.) par eau. ||°**-fall** m. (s, ¨e) chute f. (d'eau) ; cascade f. || [eines Flusses] cataracte f. ; saut m. ||°**-farbe** f. (-, n) peinture (f.) à l'eau. || [Wandanstrich] badigeon m. || ARTS. aquarelle f. ; gouache f. ||°**-farbenbild** n. (s, er), °**-farbengemälde** n. (s, -) aquarelle f. ; gouache f. ||°**-farbenmaler** m. (s, -) aquarelliste m. ||°**-farbenmalerei** f. (-, en) aquarelle f. ; gouache f. ||°**-fläche** f. (-, n) plan (m.), nappe (f.) d'eau. || [Oberfläche] surface (f.) de l'eau. ||°**-flasche** f. (-, n) carafe f. ||°**-floh** m. (s, ¨e). ZOOL. daphnie f. ; daphnia f. ||°**-flugzeug** n. (s, e) hydravion m. ||°**-frau** f. (-, en). MYTH. ondine f. ; naïade f. ||**-frei** adj. CHIM. anhydre. ||°**-frosch** m. (s, ¨e). ZOOL. grenouille verte. ||**-führend** adj. aquifère. ||°**-furche** f. (-, n) rigole f. ||°**-gang** m. (s, ¨e) canal m. ||°**-gehalt** m. (s) teneur (f.) en eau ; humidité f. ||°**-geist** m. (s, er) génie (m.) des eaux ; ondin m. ; ondine f. ||°**-geschwulst** f. (-, ¨e). MÉD. œdème m. ||°**-glas** n. (es, ¨er) verre (m.) à eau. || FIG. *ein Sturm im Wasserglas*, une tempête dans un verre d'eau. || CHIM. verre (m.) soluble ; verre liquide. ||°**-glätte** f. aquaplaning m. ; aquaplanage m. ||**-gleich** adj. [wasserhaft] aqueux. || [waagrecht] horizontal ; de niveau. ||°**-gleiche** f. horizontale f. ; plan horizontal. ||°**-graben** m. (s, ¨) fossé rempli d'eau. ||°**-grube** f. (-, n) citerne f. ||°**-hahn** m. (s, ¨e) robinet (m.) d'eau. ||°**-hahnenfuß** m. (es, ¨e). BOT. renoncule (f.) aquatique. ||**-haltig** adj. humide ; aqueux ; aquifère. || ANAT. séreux. ||°**-haltung** f. (-, en) niveau m. || [Staustufe] bief m. | *obere Wasserhaltung*, bief amont. || MIN. exhaure f. || °**-heilkunde** f., °**-verfahren** n. (s) hydrothérapie f. ||°**-hochbehälter** m. (s, -), °**-kasten** m. (s, -). TECHN. bâche f. ; bac (m.) à eau. ||°**-höhe** f. niveau (m.) de l'eau. ||°**-holen** n. (s). MIL. corvée (f.) d'eau. ||°**-hose** f. (-, n) trombe f. ||°**-huhn** n. (s, ¨er). ZOOL. poule (f.) d'eau. ||°**-jungfer** f. (-, n). ZOOL. libellule f. || [Wassernixe] ondine f. ; naïade f. ||°**-kalk** m. (s, e) chaux (f.) hydraulique. ||°**-kanne** f. (-, n), °**-krug** m. (s, ¨e) pot (m.) à eau ; broc m. ||°**-kante** f. région côtière ; côte f. ||°**-karte** f. (-, n) carte (f.) hydrographique. ||°**-kessel** m. (s, -) bouilloire f. ||°**-klappe** f. (-, n). MAR. vanne f. ||°**-klosett** n. (s, e) water-closet m. ||°**-kopf** m. (s, ¨e) hydrocéphale m. et f. ; hydrocéphalie f. ||**-köpfig** adj. hydrocéphale. ||°**-kraft** f. énergie (f.) hydraulique ; houille blanche. ||°**-kraftlehre** f. hydrodynamique f. ||°**-kraftwerk** n. (s, e) centrale (f.) hydro-électrique. ||°**-kühlung** f. refroidissement (m.) par eau. ||°**-kunst** f. (-, ¨e) fontaine jaillissante. | *Wasserkünste*, jeux (m. pl.) d'eau. || MINES. pompe (f.) d'épuisement. ||°**-kur** f. (-, en) traitement (m.) hydrothérapique. ||°**-landung** f. (-, en). AÉRON. amérissage m. ||°**-lauf** m. (s, ¨e) cours (m.) d'eau ; ruisseau m. ||°**-läufer** m. (s, -). ZOOL. [Vogel] bécasseau m. || [Käfer] gerris m. ||°**-leitung** f. (-, en) conduite (f.), canalisation (f.) d'eau. ||°**-lilie** f. (-, n). BOT. nénuphar m. ||°**-linie** f. (-, n). MAR. ligne (f.) de flottaison. ||°**-linse** f. (-, n). BOT. lentille (f.) d'eau ; lenticule f. ||**-los** adj. à sec. ||**-löslich** adj. soluble dans l'eau. ||°**-malerei** f. (-, en) peinture (f.) à l'eau, à la détrempe ; aquarelle f. ||°**-mann** m. (s, -leute). MYTH. ondin m. || ASTRON. Verseau m. ||°**-melone** f. (-, n). BOT. pastèque f. ||°**-messer** m. (s, -) compteur (m.) à eau. || PHYS. hydromètre m. ||°**-mühle** f. (-, n) moulin (m.) à eau. ||°**-not** f. manque (m.) d'eau. ||°**-nuß** f. (-, ¨e). BOT. macre f. ; châtaigne (f.) d'eau. ||°**-pfeife** f. (-, n) narghilé m. ||°**-pocken** f. pl. MÉD. varicelle f. ||°**-probe** f. (-, n). HIST. ordalie (f.) de l'eau. ||°**-pumpe** f. (-, n) pompe (f.) à eau. ||°**-rad** n. (s, ¨er) roue (f.) hydraulique. ||°**-ratte** f. (-, n). ZOOL. rat (m.) d'eau. || FIG., FAM. *eine alte Wasserratte*, un vieux loup de mer. ||°**-rose** f. (-, n). BOT. nénuphar m. ||°**-schacht** m. (s, ¨e). MINES. puisard m. ||°**-schaden** m. (s, ¨) dégâts (m. pl.) des eaux. ||°**-schaufel** f. (-, n). MAR. écope f. ||°**-scheide** f. GÉOGR. ligne (f.) de partage des eaux. ||**-scheu** adj. *wasserscheu sein*, avoir peur de l'eau. || MÉD. hydrophobe. ||°**-scheu** f. [Hundswut, Tollwut] rage f. ; hydrophobie f. ||°**-schlag** m. (s, ¨e). PHYS. coup (m.) de bélier. ||°**-schlauch** m. (s, ¨e) tuyau (m.) d'arrosage. || BOT. utriculaire (f.) vulgaire. ||°**-schwertlilie** f. (-, n). BOT. iris (m.) des marais. ||°**-ski** m. (s, er) ski (m.) nautique. ||°**-speicher** m. (s, -) réservoir (m.) d'eau. ||°**-speier** m. (s, -) gargouille f. ||°**-spiegel** m. (s, -). [Wasserfläche] nappe (f.) d'eau ; plan (m.) d'eau. || [Wasseroberfläche] surface (f.) de l'eau ; niveau (m.) de l'eau. ||°**-spinne** f. (-, n). ZOOL. argyronète (f.) aquatique. ||°**-sport** m. (s) sport (m.) nautique ; nautisme m. ||°**-spülung** f. (-, en) chasse (f.) d'eau. ||°**-stand** m. (s) hauteur (f.) d'eau. | *niedrigster Wasserstand*, étiage m. ||°**-standsanzeiger** m. (s, -) indicateur (m.) de niveau d'eau. ||°**-stein** m. (s, e) évier m. ||°**-stelle** f. (-, n) point (m.) d'eau. ||°**-stoff** m. (s). CHIM. hydrogène m. | *schwerer Wasserstoff*, hydrogène lourd ; deutérium m. | *Wasserstoffbombe*, bombe (f.) à hydrogène ; bombe H. | *Wasserstoffsuperoxyd*, eau oxygénée. ||°**-strahl** m. (s, en) jet (m.) d'eau. | *wie ein kalter Wasserstrahl wirken*, faire l'effet d'une douche froide. ||°**-strahlpumpe** f. (-, n) trompe (f.) à eau. ||°**-straße** f. (-, n) voie (f.) navigable. ||°**-sucht** f. MÉD. hydropisie f. ||**-süchtig** adj. hydropique. ||°**-tank** m. (s, e) réservoir (m.) d'eau ; citerne f. ||°**-tiefe** f. (-, n) profondeur f. ; fond m. ||°**-tier** n. (s, e) animal (m.) aquatique. ||°**-tonne** f. (-, n). MAR. bouée f. ||**-treibend** adj. MÉD. diurétique. ||°**-treten** n. (s) nage (f.) sur place. ||°**-trog** m. (s, ¨e) abreuvoir m. ; auge f. ||°**-turbine** f. (-, n) turbine (f.) hydraulique. ||°**-turm** m. (s, ¨e) château (m.) d'eau. (SYN. : *Wasserhochreservoir*.) ||°**-uhr** f. (-, en). HIST. clepsydre f. || [Wassermesser] compteur (m.) à eau. ||°**-verdrängung** f. MAR. déplacement m. ||°**-versorgung** f. alimentation (f.) en eau. || °**-verunreinigung** f. pollution (f.) de l'eau. ||

-verunreinigend part. prés. qui pollue l'eau. | *wasserverunreinigende Stoffe*, polluants (m. pl.) des eaux. ||°**-waage** f. (-, n) niveau (m.) à bulle d'air. ||°**-wagen** m. (s, -) citerne f. ||°**-weg** m. (s, e) voie (f.) navigable. | *auf dem Wasserweg*, par eau. ||°**-weib** n. (s, er) ondine f. ; naïade f. ||°**-welle** f. (-, n). [Haare] mise (f.) en plis. ||°**-werk** n. (s, e) usine (f.) des eaux. || [Wasserkunst] jeux (m. pl.) d'eau. ||°**-zeichen** n. (s, -) filigrane m. ||°**-zuführung** f. (-, en) adduction (f.) d'eau.

Wässerchen ['vɛsərçən] n. (s, -) filet (m.) d'eau. | *er tut, als ob er kein Wässerchen trüben könnte*, on lui donnerait le bon Dieu sans confession

wässerig [-səriç] adj. humide ; aqueux ; aquifère. || Anat. séreux. || Fig. *den Mund wässerig machen*, faire venir l'eau à la bouche. || [mit Wasser verdünnt] coupé d'eau. || Fig. insipide ; fade.

Wässerigkeit [-seriçkait] f. humidité f. || Fig. fadeur f. ; insipidité f.

wassern ['vasərn] v. intr. Aéron. amerrir. || *das Wassern*, l'amerrissage m.

wässern ['vɛsərn] v. tr. [befeuchten] mouiller ; humecter. || [bewässern] arroser. || [ins Wasser legen] faire tremper. || [verdünnen] (Wein) couper ; (Milch) mouiller. || Phot. laver. || Text. moirer.

◇ v. intr. Fig. *mir wässert der Mund danach*, j'en ai l'eau à la bouche.

Wassers|not ["vasərs'no:t] f. inondation f.

Wässerung ['vɛsəruŋ] f. (-, en). [Bewässerung] arrosage m. ; irrigation f. || [Befeuchten] mouillage m. || [Eintauchen] trempage m. || [Verdünnen] coupage m. ; mouillage m. || Phot. lavage m. || Text. moirage m.

waten ['va:tən] v. intr. patauger ; barboter. | *durch einen Fluß waten*, passer une rivière à gué. || *Watvögel*, oiseaux (m. pl.) des marais.

Water|kant ["va:tər'kant] f. Dial. littoral allemand de la mer du Nord.

Watsche ['va:tʃə] f. (-, n). Fam. gifle f. ; claque f.

watscheln [va:'tʃəln] v. intr. se dandiner ; marcher comme un canard.

Watt [vat] n. (s, en ou e). Géogr. hauts-fonds m. pl. ; bancs de terre découverts à marée basse. | *Wattenküste*, côte très plate.

Watt [wat] n. (s, -). Électr. watt m.

Watt|leistung ["wat'laistuŋ] f. (-, en) puissance (exprimée) en watts. ||°**-messer** m. (s, -) wattmètre m. ||°**-stunde** f. (-, n) watt-heure m.

Watte ['vatə] f. ouate f. ; coton (m.) hydrophile.

Watte|bausch ["vatə'bauʃ] m. (es, ¨e) tampon (m.) d'ouate. ||°**-stäbchen** n. (s, -) Coton-Tige m. (Wz.).

wattieren [va'ti:rən] v. tr. ouater. || [Kleid] ouatiner. | *wattierte Schulter*, épaulette f. | *Wattierung*, rembourrage.

wau [vau] adj. Mar. calme ; sans vent.

Wau [vau] m. (s). Bot. gaude f. ; réséda m.

Wauwau [vau'vau] m. (s, s). Fam. toutou m.

Web|kante ["ve:p'kantə] f. (-, n), °**-rand** m. (s, ¨er). Text. lisière f. ||°**-schütze** f. (-, n). Text. navette f. ||°**-stuhl** m. (s, e) métier (m.) à tisser. ||°**-ware** f. (-, n) textile m. ; tissu m. ||°**-warenindustrie** f. industrie (f.) textile.

Webe|faser ["ve:bə'fa:zər] f. (-, n) fibre (f.) textile. ||°**-leine** f. (-, n). Mar. enfléchure f. ||°**-maschine** f. (-, n). Text. métier (m.) mécanique.

weben ['ve:bən] (webte, gewebt ; litt. wob, gewoben) v. tr. et v. pr. tisser. | *damastartig gewebt*, damassé. | *atlasartig gewebt*, satiné. || Fig. combiner ; organiser. | *wie alles sich zum Ganzen webt* (Goethe), comme tout s'organise en un tout.

◇ v. intr. être en mouvement, s'agiter ; bouger. | *alles lebt und webt*, tout vit, tout bouge.

Weben [-bən] n. (s) tissage m. || [Bewegung] animation f. ; mouvement m.

Weber [-bər] m. (s, -) tisserand m.

Weber|baum ["ve:bər'baum] m. (s, ¨e). Text. ensouple f. ||°**-distel** f. (-, n). Bot. chardon (m.) à foulon. ||°**-glas** n. es, ¨er) compte-fils m. ||°**-knecht** m. (s, e). Zool. faucheur m. ; faucheux m. ||°**-knoten** m. (s, -) nœud (m.) de tisserand. ||°**-kunst** f. tissage m. ||°**-schiffchen** n. (s, -). Text. navette f. ||°**-vogel** m. (s, ¨). Zool. tisserin m.

Weberei [vebə'rai] f. (-, en) tissage m. ; tisseranderie f. || [Fabrik] tissage m. ; fabrique (f.) de tissus. || [Webware] tissu m.

Wechsel ['vɛksəl] m. (s, -). **1.** [Änderung] (pl. Wechselfälle) changement m. ; renversement m. ; retournement m. | *Wechselfälle des Glücks*, vicissitudes (f. pl.) du sort. || [Lautwechsel] mutation f.

2. [Wiederkehr] alternance f. | *der Wechsel von Tag und Nacht*, l'alternance du jour et de la nuit. | *Wechsel der Jahreszeiten*, retour (m.) des saisons. | *Wechsel des Mondes*, phases (f. pl.) de la lune.

3. [Tausch] échange m. | *Wechsel der Ringe*, échange des anneaux. | *im Wechsel gegen*, en échange de.

4. [Geldwechsel] change m.

5. [Wechselbrief] effet m. (de commerce) ; lettre (f.) de change. | *ungedeckter Wechsel*, effet non provisionné. | *begebbarer Wechsel*, traite (f.) négociable. | *einen Wechsel auf jn ziehen, ausstellen*, tirer une traite sur qn. | *einen Wechsel begeben*, négocier un effet. | *einen Wechsel einlösen*, payer un effet. | *einen Wechsel zahlbar stellen*, domicilier un effet. || Par ext. mandat m.

6. [Pfad des Wildes] passée f. ; passage m.

7. Techn. jointure f. || [Wechselbalken] chevêtre m.

Wechsel|achse ["vɛksəl'aksə] f. (-, n). Techn. [axe (m.)] changeur (m.) de disques. ||°**-aussteller** m. (s, -). Comm. tireur m. ; souscripteur m. || °**-ausstellung** f. (-, en) émission (f.) d'effets. || °**-automat** m. (en, en) distributeur (m.) de monnaie. ||°**-bad** n. (s, ¨er) douche écossaise. ||°**-balg** m. (s, ¨e) enfant (m.) d'incube. || enfant supposé. || Fig. petit monstre ; petit démon. ||°**-beziehung** f. (-, en) rapports mutuels ; corrélation f. ||°**-brief** m. (s, e) effet m. (de commerce) ; lettre (f.) de change. || °**-bürgschaft** f. Comm. aval m. ||°**-fälle** m. pl. vicissitudes f. pl. ||°**-fieber** n. (s, -). Méd. malaria f. ; fièvre intermittente. ||°**-folge** f. (-, n) alternance f. ||°**-geld** n. (s, er) monnaie f. ||°**-gesang** m. (s, ¨e) chant alterné. ||°**-getriebe** n. (s, -). Techn. boîte (f.) de vitesse. ||°**-inhaber** m. (s, -). Comm. porteur m. ||°**-jahre** n. pl. Méd. ménopause f. ; retour (m.) d'âge ; âge (m.) critique. ||°**-kurs** m. (es, e) cours m. (du change). ||°**-kurs|freigabe** f. (-, n) flottement (m.) des monnaies ; libération (f.) des cours de change. ||°**-makler** m. (s, -) courtier m. ; cambiste m. ||°**-nehmer** m. (s, -). Comm. preneur m. ; bénéficiaire m. ||°**-optik** f. Phot. objectif (m.) interchangeable. ||°**-räder** n. pl. engrenage réducteur. ||°**-reim** m. (s, e) rime croisée. ||°**-reiterei** f. émission (f.) d'effets de complaisance ; fam. cavalerie f. ||°**-schuld** f. (-, en) effets (m. pl.) à payer ; dette (f.) par acceptation. ||**-seitig** adj. mutuel ; réciproque. | *wechselseitiger Vertrag*, accord bilatéral. ||°**-seitigkeit** f. réciprocité f. ||°**-spiel** n. (s, e) alternance f. ||°**-sprechanlage** f. (-, n) interphone m. ||**-ständig** adj. en quinconce. || Bot. alterne. ||°**-strom** m. (s) courant alternatif. | *einphasiger Wechselstrom*, courant (alternatif) monophasé. | *mehrphasiger Wechselstrom*, courant (alternatif) polyphasé. ||°**-stube** f. (-, n) bureau (m.) de change. ||°**-tierchen** n. (s, -). Zool. [Amöbe] amibe f. ||°**-verhältnis** n. (ses, se) réciprocité f. | *im Wechselverhältnis*, réciproquement. ||**-voll** adj. riche en péripéties ; mouvementé. ||°**-wähler** m. (s, -) électeur indécis, flottant. | *die Wechselwähler*, l'électorat flottant. ||**-weise** adv. [abwechselnd] alternativement ; tour à tour. ||°**-winkel** m. (s, -). Math. angle (m.) alterne. ||°**-wirkung** f. (-, en) interaction f. ||°**-wirtschaft** f. rotation (f.) des cultures ; assolement m. ||°**-zahlung** f. (-, en) paiement (m.) par effet.

wechselbar ['vɛksəlba:r] adj. interchangeable.

wechselhaft [-səlhaft] adj. variable ; changeant.

wechseln [-səln] (ich wechs[e]le) v. intr. **1.** [sich verändern] changer ; se modifier. | *das Wetter wechselt*, le temps change.

2. [wechseln mit] alterner avec. | *Glück und Unglück wechseln miteinander*, les jours se suivent et ne se ressemblent pas.

3. [sich fortbewegen] passer. | *der Hirsch wechselt über den Weg*, le cerf traverse le chemin.

◇ v. tr. **1.** [auswechseln] changer. | *seine Gesinnung wechseln*, changer d'opinion. | *die Farbe wechseln*, changer de couleur. | *den Namen wechseln*, changer de nom. | *die Kleider, die Wäsche wechseln*, se changer. | *die Wohnung wechseln*, déménager. *den Besitzer wechseln*, passer en d'autres mains. || Autom. *den Gang wechseln*, changer de vitesse. || Méd. *die Zähne wechseln*, perdre ses dents de lait ; faire sa seconde dentition. || Mil. *den Tritt wechseln*, changer de pas.

2. [austauschen] échanger. | *mit jm Briefe wechseln*, être en correspondance avec qn. | *mit jm Worte wechseln*, échanger des paroles avec qn ; avoir des mots, une altercation avec qn.

3. [Geld wechseln] changer ; faire de la monnaie. ◇ part. prés. **wechselnd,** variable ; changeant. | *mit wechselndem Erfolg*, avec des fortunes diverses.

Wechseln [-səln] n. (s) changement m. ; échange m. ; alternance f. | *Wäsche zum Wechseln*, linge (m.) de rechange.

Wechsler [-slər] m. (s, -) changeur m. ; cambiste m.

Weck [vɛk] m. (s, e), **Wecke** ['vɛkə] f. (-, n), **Wecken** ['vɛkən] m. (s, -). [Brötchen, Semmel] petit pain. || FAM. *das geht ab wie warme Wecken*, cela s'enlève comme des petits pains.

Weck|glas ["vɛk'gla:s] n. [du nom du fabricant] (es, ¨er) bocal (m.), verre (m.) à conserves.

Weck|glocke ["vɛk'glɔkə] f. (-, n) cloche (f.), sonnerie (f.) du réveil. ||°**-ruf** m. (s, e). MIL. réveil m.

wecken ['vɛkən] v. tr. réveiller. || FIG. éveiller. | *bei jm Hoffnungen wecken*, susciter des espoirs chez qn.

Wecken [-kən] n. (s) réveil m. || MIL. *zum Wecken blasen*, sonner le réveil.

Wecker [-kər] m. (s, -). [Weckuhr] réveille-matin m. ; réveil m.

Weda ['ve:da] m. (s, s ou den). RELIG. Véda m.

Wedel ['ve:dəl] m. (s, -) éventail m. ; chasse-mouches m. ; plumeau m. || [Weihwedel] goupillon m. || [Reisigbündel] fagot m. || BOT. palme f. || ZOOL. queue f.

wedeln ['ve:dəln] v. tr. et v. intr. *mit dem Fächer wedeln*, jouer de l'éventail. | *der Hund wedelt mit dem Schwanz*, le chien agite la queue, frétille. || [Ski] godiller. || FIG. *um jn herum wedeln*, s'aplatir devant qn.

Wedeln ['ve:dəln] n. (s). [Ski] godille f.

weder ['ve:dər] conj. *weder..., noch*, ni..., ni. | *weder das eine noch das andere*, ni l'un ni l'autre.

wedisch ['ve:diʃ] adj. védique.

Weekend ['wi:kɛnd] n. (s, s). [Wochenende] week-end m.

Weg [ve:k] m. (s, e)

I. [Bahn] chemin m. ; route f. ; voie f.
II. [Mittel] moyen m. ; voie f.
III. [Fahrt] trajet m. ; chemin m.
IV. [Karriere] carrière f. ; chemin m.
V. LOC. avec prép.

I. [Bahn] **1.** chemin m. ; route f. ; voie f. | *der Weg von Ulm nach München führt über Augsburg*, le chemin d'Ulm à Munich passe par Augsbourg. | *dieser Weg führt zum Bahnhof*, ce chemin conduit à la gare. | *ein Stück Weges*, un bout de chemin. || FIG. *der mittlere Weg*, la voie moyenne. | *der Weg des Ruhms*, le chemin, les sentiers (m. pl.) de la gloire. | *der Weg zum Erfolg*, le chemin, la route du succès. | *Gottes Wege*, les voies du Seigneur. || JUR. *der Weg der Instanzen*, la voie hiérarchique.

2. *einen Weg betreten, einschlagen*, s'engager dans un chemin, FIG. dans une voie. | *seines Weges gehen*, aller son chemin. | *einen geraden Weg gehen*, suivre le droit chemin. | *den kürzesten Weg gehen*, prendre, couper au plus court. | *jm den Weg weisen*, montrer le chemin à qn ; FIG. montrer la voie à qn. | *jm den Weg bahnen, bereiten, ebnen*, frayer la voie à qn. | *damit hat es gute Wege*, rien ne presse ; IRON. ce n'est pas pour tout de suite.

II. [Mittel] moyen m. ; voie f. | *Weg zum Ziel*, moyen m. | *Mittel und Wege*, moyens m. pl. | *alle Mittel und Wege versuchen*, tout tenter. | *Mittel und Wege finden*, trouver un moyen. | *auf diesem Wege*, par ce moyen ; de la sorte. | *auf friedlichem Wege*, par des moyens pacifiques. | *auf diplomatischem Wege*, par la voie diplomatique. | *auf gütlichem Wege*, à l'amiable. || CHIM. *auf nassem Weg*, par voie humide.

III. [Fahrt] trajet m. ; chemin m. | *auf dem Weg*, durant le trajet ; en chemin. | *auf dem Weg nach*, en allant à ; sur le trajet, le chemin de. | *sich auf den Weg machen*, se mettre en route.

IV. [Karriere] carrière f. ; chemin m.

V. LOC. avec prép. — **auf :** *jm etwas auf den Weg geben*, donner qch. à qn en viatique. | *auf den falschen Weg geraten*, se fourvoyer ; faire fausse route. | *auf halbem Weg*, à mi-chemin. | *jm auf halbem Wege entgegenkommen*, faire la moitié du chemin. — **aus :** *jm aus dem Wege gehen*, éviter qn. | *einer Frage aus dem Wege gehen*, éluder une question. — **bei :** *er ist gut bei Wege*, il a bon pied, bon œil. — **in :** *etwas in die Wege leiten*, mettre qch. en route. | *jm Schwierigkeiten in den Weg legen*, créer des difficultés à qn. | *jm im Wege stehen*, faire obstacle à qn. — **von :** *vom rechten Wege abkommen*, sortir du droit chemin. — **zu :** *etwas zu Wege, zuwege bringen*, mener qch. à bonne fin.

Weg..., Wege... [ve:k, 've:gə]. Les composés de *Weg* sont formés les uns sur la forme du sing., les autres sur la forme du pl.

Weg|bereiter ["ve:kbə'raitər] m. (s, -) précurseur m. ; pionnier m. ||°**-eisen** n. (s, -) binette f. ||°**-genosse** m. (n, n) compagnon (m.) de route. ||°**-kreuzung** f. (-, en) croisement m. ; carrefour m. ||°**-krümmung** f. (-, en) tournant m. ||°**-malve** f. (-, n). BOT. mauve (f.) vulgaire. ||°**-scheid** m. (s, e), °**-scheide** f. (-, n) bifurcation f. ; croisée (f.) des chemins. ||°**-schnecke** f. (-, n). ZOOL. limace f. ||°**-sperre** f. (-, n) barrage routier. ||°**-strecke** f. (-, n) bout (m.) de chemin. | *jn eine kurze Wegstrecke begleiten*, faire un bout de chemin avec qn. ||°**-wart** m. (s, e) cantonnier m. ||°**-warte** f. (-, n). BOT. chicorée (f.) sauvage. ||°**-weiser** m. (s, -). [Führer] guide m. || [Tafel] poteau indicateur ; panneau indicateur. ||°**-zehrung** f. (-, en) provisions (f. pl.) de voyage. || RELIG. viatique m.

Wege|amt ["ve:gə'amt] n. (s, ¨er) [service (m.) de la] voirie f. ||°**-aufseher** m. (s, -) agent voyer ; ingénieur (m.) du service vicinal. ||°**-bauamt** n. (s, ¨er) [service (m.) des] ponts (m. pl.) et chaussées f. pl. ||°**-gabelung** f. (-, en) bifurcation f. | *dreifache Wegegabelung*, patte-d'oie f. ||°**-geld** n. (s, er) péage m. ||°**-lagerer** m. (s, -) brigand (m.), voleur (m.) de grands chemins. ||**-los** adj. sans chemin ; FIG. sans issue. ||°**-netz** n. (es, e) réseau routier. ||°**-recht** n. (s, e) droit (m.) de passage. ||°**-unfall** m. (s, ¨e) accident (m.) de trajet. ||°**-verhältnisse** n. pl. état (m.) des routes.

weg [vɛk] partic. sépar. exprimant l'éloignement ; la disparition ; la suppression. EX. : *wegnehmen*, enlever ; *wegeilen*, s'éloigner en hâte ; *wegpeitschen*, chasser à coups de fouet.

◇ adv. loin ; au loin. | *weg sein*, ne pas, ne plus être là. | *weit weg von*, à l'écart de ; loin de. | *über etwas (hin)weg sein*, être indifférent à qch. ; être au-dessus de qch. | *über jn hinweg*, par-dessus la tête de qn. || POP. *(ganz) weg sein*, être emballé, enthousiasmé. | *etwas weg haben*, avoir compris ; savoir faire qch. | *frei weg*, franchement.

◇ tournures elliptiques : *weg !*, pars ; partez ; va-t'en ; allez-vous-en ; POP. fiche, fichez(-moi) le camp. | *weg damit !*, enlève, enlevez cela ; fais, faites disparaître cela. | *Hände weg !*, bas les pattes !

weg|ätzen ["vɛk'ɛtsən] v. tr. faire disparaître à l'aide d'un acide. || MÉD. cautériser. ||**-blasen** (ä, ie, a) v. tr. souffler. | *der Wind bläst die Blätter weg*, le vent chasse les feuilles. ||**-bleiben** (ie, ie) v. intr. [nicht erscheinen] manquer. | *von einer Versammlung wegbleiben*, ne pas assister à une réunion. || TYPOGR. *eine Zeile ist weggeblieben*, une ligne a sauté. ||**-blicken** v. intr. détourner les yeux. ||**-bringen** (brachte, gebracht) v. tr. enlever ; emmener. ||**-denken** (dachte, gedacht) v. tr. écarter par la pensée. ||**-drängen** v. tr. écarter ; repousser ; FIG. évincer. ||**-eilen** v. intr. partir précipitamment. || FIG. *über etwas wegeilen*, passer rapidement sur qch. ||**-fahren** (ä, u, a) v. intr. s'en aller ; partir (en voiture). ||**-fallen** (ä, ie, a) v. intr. [ausfallen] tomber ; se détacher. || FIG. ne pas avoir lieu ; être supprimé ; FAM. tomber à l'eau. ||**-fangen** (ä, i, a) v. tr. intercepter. | *jm etwas wegfangen*, souffler qch. à qn. ||**-fliegen** (o, o) v. intr. s'envoler ; partir. ||**-führen** v. tr. emmener. ||°**-gang** m. (s) départ m. ; sortie f. | *beim Weggang*, en partant. ||**-geben** (i, a, e) v. tr. se défaire de ; se débarrasser de. ||**-gehen** (ging, gegangen) v. intr. s'en aller ; partir. | *geh weg !*, va-t'en ! ||**-halten** (ä, ie, a) v. tr. tenir écarté de. ||**-helfen** (i, a, o) v. intr. *jm weghelfen*, aider qn à s'enfuir. ||**-holen** v. tr. emmener ; venir chercher. ||**-jagen** v. tr. chasser. ||**-kehren** v. tr. [fegen] balayer. || [wenden] détourner. ||**-kommen** (a, o) v. intr. partir ; s'en aller. | *von einem Ort wegkommen*, quitter un lieu. ||**-können** (a, o, o) v. intr. [entlassen] laisser partir (qn) ; rendre sa liberté (à qn). || [übergehen] omettre. || GRAMM. élider. || MATH. négliger. || [durchstreichen] supprimer ; retrancher. ||°**-lassung** f. (-, en) omission f. || GRAMM. élision f. ; suppression f. ||**-laufen** (ä, ie, a) v. intr. se sauver. ||**-legen** v. tr. mettre de côté. || PAR EXT. égarer. ||**-marschieren** v. intr. MIL. se mettre en marche. ||**-mögen** (mag, mochte, gemocht) v. intr. avoir envie de partir. ||**-müssen** (u, u) v. intr. être obligé de partir ; de s'en aller. ||°**-nahme** f. enlèvement m. ; soustraction f. ||

MIL., JUR. confiscation f. ; saisie f. ||**-nehmen** (i, a, o) v. tr. enlever. || JUR. confisquer ; saisir. ||**-radieren** v. tr. effacer ; [mit Gummi] gommer ; [mit einem Federmesser] gratter. ||**-raffen** v. tr. enlever ; emporter. | *vom Tod hinweggerafft*, enlevé par la mort. ||°**-räumen** v. tr. [wegschaffen] enlever ; ôter ; faire disparaître. | *das Geschirr wegräumen*, desservir (la table). | *Schutt wegräumen*, déblayer. | *ein Hindernis wegräumen*, faire disparaître un obstacle. || [ordnen] ranger. ||**-schaffen** v. tr. enlever ; éliminer ; supprimer. ||°**-schaffung** f. enlèvement m. ||**-schicken** v. tr. [versenden] expédier ; envoyer. || [entlassen] renvoyer ; donner congé à. ||**-schleichen** (i, i) v. intr. s'esquiver ; partir à la dérobée. ||**-schleifen** (i, i) v. tr. meuler. ||**-scheuchen** v. tr. effaroucher ; mettre en fuite. ||**-schnappen** v. tr. happer. || FIG. *jm etwas vor der Nase wegschnappen*, s'approprier qch. au nez, à la barbe de qn. ||**-schneiden** (i, i) v. tr. couper ; retrancher. || MÉD. amputer. ||**-schnellen** v. intr. partir comme un trait, comme une flèche. ||**-sehen** (ie, a, e) v. intr. détourner les yeux. | *über etwas wegsehen*, fermer les yeux sur qch. ; passer sur qch. ||**-sehnen (sich)** v. pr. souhaiter partir. ||**-setzen** v. tr. mettre de côté. — v. intr. *über einen Graben wegsetzen*, sauter par-dessus un fossé. ||**-spielen** v. intr. et v. tr. MUS. *vom Blatt wegspielen*, jouer à première vue. ||**-springen** (a, u) v. intr. s'écarter d'un bond ; s'enfuir en bondissant. ||**-stehlen** (ie, a, o) v. tr. dérober. — v. pr. **sich wegstehlen,** s'esquiver ; s'éclipser. ||**-tragen** (ä, u, a) v. tr. emporter ; enlever. ||**-treiben** (ie, ie) v. tr. chasser. | *von den Wellen weggetrieben werden*, être emporté par les vagues. ||**-treten** (i, a, e) v. intr. s'écarter ; se retirer. || MIL. *wegtreten lassen*, faire rompre les rangs. | *weggetreten !*, rompez ! ||**-tun** (tat, getan) v. tr. enlever. ||**-waschen** (ä, u, a) v. tr. *einen Fleck wegwaschen*, laver une tache. ||**-weisen** (ie, ie) v. tr. repousser ; rejeter. ||**-wenden** v. tr. détourner. ||°**-werf|beutel** m. (s, -) sac (m.) jetable. ||**-werfen** (i, a, o) v. tr. jeter ; se défaire de ; se débarrasser de. | *Geld wegwerfen*, gaspiller son argent. — v. pr. **sich wegwerfen,** déchoir ; déroger. ||**-werfend** adj. [verächtlich] dédaigneux ; méprisant. | *eine wegwerfende Handbewegung*, un geste de dédain. — adv. avec dédain ; avec mépris. ||**-wünschen** v. tr. *jn wegwünschen*, souhaiter le départ de qn. — v. pr. **sich wegwünschen,** souhaiter partir. ||**-zerren** v. tr. arracher. ||**-ziehen** (zog, gezogen) v. tr. enlever ; arracher. || FIG. *jm das Laken unter dem Leibe wegziehen*, prendre à qn son dernier sou ; FAM. mettre qn sur la paille. — v. intr. s'en aller ; partir. | *nach Amerika wegziehen*, partir pour l'Amérique. || [ausziehen] déménager. ||°**-zug** m. (s) départ m.

wegen ['ve:gən] prép. (gén. ; dat. dans la langue parlée courante) à cause de ; en raison de ; étant donné. | *wegen schlechten Wetters*, en raison du mauvais temps. || **von... wegen :** *von Amts wegen*, par décision du pouvoir. | *von Rechts wegen*, légalement ; selon le droit.

— OBSERV. *wegen* (gén.) se place avant ou après le substantif qu'il rattache à la phrase : *wegen seiner Krankheit* ou *seiner Krankheit wegen*. Il se place après le pronom personnel au génitif, qui prend une forme particulière et se soude à lui. (V. MEINETWEGEN, DEINETWEGEN, SEINETWEGEN, IHRETWEGEN, UNSERTWEGEN, EURETWEGEN, IHRETWEGEN.)

Wegerich ['ve:gəriç] m. (s, e). BOT. plantain m.

weh(e) ['ve:(ə)] adj. douloureux. | *einen wehen Finger haben*, avoir mal à un doigt.
◇ adv. *weh tun*, faire mal ; FIG. faire de la peine. | *mir ist weh (ums Herz)*, j'ai de la peine.
◇ interj. *wehe !, o weh !*, hélas ! ; FAM. misère ! ; aïe ! | *weh mir !*, pauvre de moi ! | *weh dir !, weh über dich !*, malheur à toi.

Weh(e) ['ve:(e)] n. (s). [Schmerz] douleur f. | *seelisches Weh*, douleur morale. | *körperliches Weh*, douleur physique. || [Unglück] malheur m. | *über js Wohl und Wehe entscheiden*, faire le bonheur ou le malheur de qn. | *Ach und Weh schreien*, se lamenter.

Weh|gefühl ["ve:gə'fy:l] n. (s) sentiment douloureux ; peine f. ||°**-geschrei** n. (s) lamentations f. pl. ||°**-klage** f. (-, n) plainte f. ; lamentations f. pl. ||**-klagen** v. intr. (ich wehklage, gewehklagt) se lamenter. ||°**-laut** m. (s, e) plainte f. ||**-leidig** adj. [wimmernd] dolent ; FAM. geignard. || [quengelig] chagrin ; morose ; maussade. ||°**-leidigkeit** f. tendance (f.) à se plaindre ; humeur maussade. ||°**-mut** f. mélancolie f. | *voller Wehmut*, mélancolique. ||**-mütig, -mutsvoll** adj. mélancolique. ||°**-ruf** m. (s, e) cri m.

Wehe ['ve:ə]. V. WEH(E).

Wehe ['ve:ə] f. (-, n) amoncellement m. || *(Schnee)wehe*, congère f. | *(Sand)wehe*, dune f. | *(Gras)wehe*, andain m.

Wehen ['ve:ən] f. pl. MÉD. douleurs (f. pl.) de l'accouchement, de l'enfantement. | *in den Wehen liegen*, être dans les douleurs.

wehen ['ve:ən] v. intr. [blasen] souffler. | *der Wind weht kalt*, il souffle un vent froid. || FIG. *ein neuer Geist weht im Werk*, un esprit nouveau souffle dans l'entreprise. | *er weiß, woher der Wind weht*, il sait prendre le vent. || [flattern] flotter au vent. | *mit wehenden Fahnen*, drapeaux déployés.
◇ v. tr. [Wind] emporter ; chasser.

Wehr [ve:r] n. (s, e) barrage m. ; digue f.

Wehr [ve:r] f. (-, en) défense f. | *sich zur Wehr setzen*, se mettre sur la défensive. || défenses f. pl. ; fortifications f. pl. ; remparts m. pl. || FIG. rempart m. ; protection f. | *in Wehr und Waffen*, en armes ; sur pied de guerre.

Wehr|bezirk ["ve:rbə'tsirk] m. (s, e) région (f.) militaire. ||°**-dienst** m. (es) service (m.) militaire. ||**-dienstverweigerer** m. (s, -) objecteur (m.) de conscience. ||°**-dienstverweigerung** f. objection (f.) de conscience. ||°**-etat** m. (s, s) budget (m.) de la défense nationale. ||°**-gang** m. (s, ¨e) chemin (m.) de ronde. ||°**-gehänge** n. (s, -), °**-gehenk** n. (s, e) baudrier m. ; ceinturon m. ||°**-hoheit** f. souveraineté f. ; indépendance (f.) en matière de défense nationale. ||°**-kraft** f. potentiel (m.) militaire. ||°**-kreis** m. (es, e) subdivision (f.) de région militaire. ||**-los** adj. [ohne Widerstand] sans défense ; désarmé. | *jn wehrlos machen*, désarmer qn. ||°**-losigkeit** f. faiblesse f. ; vulnérabilité f. ||°**-macht** f. armée f. ; forces armées. || HIST. armée allemande. ||°**-mittel** n. (s, -) moyen (m.) de défense. || MIL. matériel (m.) militaire. ||°**-paß** m. (es, ¨e) livret (m.) militaire. ||°**-pflicht** f. obligations (f. pl.) militaires. | *allgemeine Wehrpflicht*, service (m.) militaire obligatoire. | *seine Wehrpflicht erfüllen*, faire son service militaire. ||**-pflichtig** adj. astreint au service militaire ; mobilisable. ||°**-stand** m. (s). [Beruf] carrière (f.) des armes ; état (m.) militaire. || [Gemeinschaft] les militaires m. pl. ; l'armée f. ||**-tauglich** adj. en état de porter les armes ; bon pour le service. ||°**-tauglichkeit** f. aptitude (f.) au service armé. ||**-tüchtig** adj. V. WEHRTAUGLICH. ||°**-übung** f. (-, en) période (f.) militaire. ||**-unfähig, -untauglich** adj. inapte au service militaire.

wehren ['ve:rən] v. intr. s'opposer à ; faire obstacle à ; lutter contre. | *einem Angriff wehren*, repousser un assaut.
◇ v. tr. *jm etwas wehren*, interdire qch. à qn.
◇ v. pr. **sich wehren,** *sich gegen jn wehren*, se défendre contre qn ; lutter contre qn. | *sich seiner Haut wehren*, défendre sa peau.

wehrhaft ['ve:rhaft] adj. en état de se défendre. || MIL. apte au service militaire. | *wehrhaft machen*, mettre sur pied de guerre.

Weib [vaip] n. (s, er). **1.** POÉT. [Bibel] femme f. **2.** (Vx.) [Ehefrau] femme f. ; épouse f. | *ein Weib nehmen*, prendre femme. | *jn zum Weibe nehmen*, prendre qn pour femme. | *Weib und Kind haben*, être chargé de famille.
3. PÉJOR. commère f. | *die lustigen Weiber von Windsor*, les joyeuses commères de Windsor.

Weiber|art ["vaibər'a:rt] f. PÉJOR. manières (f. pl.) de femme. ||°**-feind** m. (s, e). PÉJOR. misogyne m. ||°**-geschwätz** n. (es). PÉJOR. commérages m. pl. ||°**-gezänk** n. PÉJOR. querelle (f.) de femmes. ||°**-hasser** m. (s, -). PÉJOR. misogyne m. ||°**-held** m. (en, en). PÉJOR. homme (m.) à femmes ; bourreau (m.) des cœurs. ||°**-laune** f. (-, n). PÉJOR. caprice (m.) de femme. ||°**-regiment** n. (s). PÉJOR. gouvernement (m.) des femmes. ||°**-treue** f. PÉJOR. fidélité féminine. ||°**-volk** n. (s). PÉJOR. les femmes. ||°**-zimmer** n. (s, -). HIST. gynécée m.

Weibchen ['vaipçən] n. (s, -) petite femme. || ZOOL. femelle f.

Weibel ['vaibəl] m. (s, -). HIST. sergent m.

weibisch ['vaibiʃ] adj. PÉJOR. [verweichlicht] efféminé.

weiblich ['vaipliç] adj. féminin. || BOT., ZOOL. femelle. | *weibliches Geschlecht*, sexe féminin. | *weibliches Tier*, femelle f. || JUR. *an die weibliche Linie fallen*, tomber en quenouille. || GRAMM. féminin. | *weiblicher Reim*, rime féminine.

Weiblichkeit [-kait] f. [weibliches Wesen] nature féminine ; féminité f.

Weibling ['vaipliŋ] m. (s, e) homme efféminé.

Weibs|bild ["vaips'bılt] n. (s, er). PÉJOR. créature f. ||°**-leute** pl. PÉJOR. les femmes f. pl. ||°**-stück** n. (s, e). PÉJOR. créature f.

Weibsen ['vaipsən] n. (s, -). [Vx.] femme f.

weich [vaiç] adj. **1.** mou ; tendre. | *weicher Käse*, fromage mou. | *weich gekochtes Ei*, œuf (m.) à la coque. || [was sich weich anfühlt] doux ; moelleux. | *weiches Kissen*, coussin moelleux. || ANAT. *weicher Gaumen*, voile (m.) du palais. || PHYS. *weiches Wasser*, eau douce. || FIG. *weiche Stelle*, point (m.) faible. | *jn weich machen*, amener qn à céder. | *weich werden*, céder. | *es wird ihm ganz weich ums Herz*, il s'attendrit.
2. [von sanftem Klang] doux ; suave. | *weiche Töne*, musique (f.) suave. | *weiche Tonart*, mode mineur. || GRAMM. *weicher Laut*, douce f.

Weich|eisen ["vaiç'aizən] n. (s) fer doux. ||**-herzig** adj. sensible. || [nachsichtig] faible ; compatissant. ||°**-herzigkeit** f. sensibilité f. || [Nachsicht] faiblesse f. ||°**-lot** n. (s, e) soudure (f.) à l'étain. ||**-löten** v. tr. souder à l'étain. ||°**-metall** n. (s, e) métal mou. ||**-mütig** adj. [empfindsam] sensible. || [nachsichtig] faible. ||°**-spüler** m. (s, -) assouplisseur m. ||°**-teile** m. et n. pl. ANAT. parties molles. ||°**-tier** n. (s, e). ZOOL. mollusque m.

Weich|bild ["vaiç'bilt] n. (s, er). [Ortsgebiet] territoire (m.) de la ville, de la cité. || PAR EXT. banlieue f. ; environs immédiats d'une ville.

Weiche ['vaiçə] f. (-, n). **1.** [Weichheit] mollesse f. ; douceur f. || FIG. mollesse f. || ANAT. flanc m. || AUTOM., MAR. [Ausweichstelle] point (m.) d'évitement ; évitement m.
2. [Eisenbahn] aiguille f. ; aiguillage m.

Weichen|steller ["vaiçən'ʃtɛlər] m. (s, -) aiguilleur m. ||°**-stellwerk** n. (s, e) poste (m.) d'aiguillage. ||°**-zunge** f. (-, n). [Eisenbahn] lame (f.) d'aiguille.

weichen ['vaiçən] (weichte, geweicht) v. tr. amollir ; ramollir ; faire tremper.
◇ v. intr. s'amollir ; se ramollir ; se détremper.
◇ v. intr. (wich, gewichen) céder ; fléchir. | *zum Weichen bringen*, faire céder. | *nicht wanken noch weichen*, ne pas reculer d'un pouce. | *jm weichen*, faire place à qn ; se retirer devant qn. | *vor dem Feind weichen*, reculer devant l'ennemi. || FIG. *er weicht der Gewalt*, il cède à la violence. | *nicht von js Seite weichen*, ne pas quitter qn d'une semelle.

Weichheit ['vaiçhait] f. mollesse f. ; douceur f. ; moelleux m. || [Fleisch] tendreté f. || [Kraftlosigkeit] mollesse f. ; faiblesse f.

weichlich ['vaiçliç] adj. [kraftlos] mou. || [verzärtelt] délicat ; efféminé.

Weichlichkeit [-liçkait] f. mollesse f.

Weichling [-liŋ] m. (s, e) jouisseur m. ; sybarite m.

Weichsel ['vaiksəl] f. GÉOGR. Vistule f.

Weichsel|kirsche ["vaiksəl'kirʃə] f. (-, n). BOT. cerise (f.) aigre ; griotte f. ||°**-rohr** n. (s, e) pipe (f.) en merisier.

Weid [vait] f. HIST. [Jagd] chasse f. ; vénerie f.

weid|gerecht ["vaitgə'rɛçt] adv. selon les règles de la chasse. ||°**-mann** m. (s, ¨er) chasseur m. | *Weidmanns Heil !*, bonjour (à la chasse). | *Weidmannssprache*, termes (m. pl.) de la vénerie. ||**-männisch** adj. de chasseur ; cynégétique. | *weidmännischer Brauch*, usages (m. pl.) de la chasse. ||°**-messer** n. (s, -). [Hirschfänger. Jagdmesser] couteau (m.) de chasse. ||°**-sack** m. (s, ¨e) gibecière f. ; carnier m. || [Jagd] estomac m. (de la bête). ||°**-werk** n. (s). [Jagd] chasse f. ; vénerie f. ||**-wund** adj. [totwund] blessé à mort.

Weide ['vaidə] f. (-, n). [Futterplatz] pâturage m. ; pâture f. ; pacage m. || AGRIC. herbage m. | *das Vieh auf die Weide treiben*, mener paître le bétail. || FIG. régal m. ; plaisir m.

Weide|gang ["vaidə'gaŋ] m. AGRIC. mise (f.) en pâture. ||°**-land** n. (s) pâturages m. pl. || AGRIC. herbages m. pl. ||°**-platz** m. (es, ¨e) pâturage m. ; pacage m. || AGRIC. herbage m. ||°**-recht** n. (s). JUR. droit (m.) de vaine pâturage.

weiden ['vaidən] v. intr. paître ; pâturer.
◇ v. tr. *das Vieh weiden*, mener paître les bêtes ; garder les bêtes dans les prés.
◇ v. pr. **sich weiden**. FIG. *sich an etwas* (dat.) *weiden*, se repaître de qch. ; se délecter de qch. | *sich die Augen an etwas weiden*, se repaître du spectacle de.

Weide ['vaidə] f. (-, n). BOT. saule m. || [Korbweide] osier m.

Weiden|baum ["vaidən'baum] m. (s, ¨e). BOT. saule m. ||°**-gebüsch** n. (es, e), °**-gehölz** n. (es, e) oseraie f. ||°**-gewächs** n. (es, e). BOT. salicacée f. ||°**-kätzchen** n. (s, -) chaton (m.) de saule. ||°**-korb** m. (s, ¨e) panier (m.) d'osier.

Weiderich ['vaidəriç] m. (s, e). BOT. salicaire f.

Weidicht ['vaidiçt] n. (s, e) saussaie f. ; saulaie f. || [von Korbweiden] oseraie f.

weidlich ['vaitliç] adv. largement ; beaucoup.

Weidling ['vaitliŋ] m. (s, e). BOT. agaric m.

Weife ['vaifə] f. (-, n). [Haspel] dévidoir m. || [Sägegatter] châssis (m.) de scie.

weifen [-fən] v. tr. dévider.

Weigand [vai'gant] m. (s, e). HIST. guerrier valeureux.

weigern ['vaigərn] v. tr. refuser. | *jm etwas weigern*, refuser qch. à qn.
◇ v. pr. **sich weigern**, *sich weigern, etwas zu tun*, se refuser à faire qch.

Weigerung [-gəruŋ] f. refus m.

Weih(e) ['vai(ə)] m. (en ou es, en ou e). ZOOL. milan m.

Weih|becken ["vai'bɛkən] n. (s, -) bénitier m. ||°**-bischof** m. (s, ¨e) [évêque] coadjuteur m. ||°**-brot** n. (s) hostie f. ||°**-gesang** m. (s, ¨e). V. WEIHEGESANG. ||°**-geschenk** n. (s, e) offrande f. ||°**-kessel** m. (s, -) bénitier m. ||°**-nacht** f., °**-nachten** f. Noël m. | *zu Weihnachten*, à Noël. | *fröhliche Weihnacht !*, joyeux Noël ! [Voir plus loin composés de WEIHNACHT]. ||**-nachtlich** adj. de Noël ; propre à Noël. ||°**-öl** n. (s) saint chrême m. ||°**-rauch** m. (s) encens m. | *jm Weihrauch streuen*, encenser qn ; FIG. [loben] encenser qn ; donner des coups d'encensoir à qn. ||**-räuchern** v. intr. répandre l'encens. || IRON. manier l'encensoir. ||°**-rauchfaß** n. (es, ¨er), °**-rauchkessel** m. (s, -) encensoir m. ||°**-tafel** f. (-, n) ex-voto m. ||°**-wasser** n. (s) eau bénite. | *etwas mit Weihwasser besprengen*, asperger qch. d'eau bénite. ||°**-wasserbecken** n. (s, -), °**-wasserkessel** m. (s, -) bénitier m. ||°**-wedel** m. (s, -) goupillon m.

Weihe ['vaiə] f. (-, n) **1.** [Heiligung] bénédiction f. || [Kirche] consécration f. ; dédicace f. || [Priester] ordination f.
2. PAR EXT. caractère solennel ; solennité f.
◇ f. pl. **Weihen.** RELIG. ordres m. pl. | *die Weihen erhalten, empfangen*, être ordonné prêtre. | *jm die Weihen erteilen*, ordonner qn ; conférer les ordres à qn. | *die niederen Weihen*, les ordres mineurs.

Weihe|gesang ["vaiəgə'zaŋ] m. (s, ¨e) cantique m. ; psaume m. ||°**-rede** f. (-, n) discours inaugural. ||°**-stunde** f. (-, n) solennité f. ; cérémonie f. ||**-voll** adj. solennel.

weihen ['vaiən] v. tr. [Gegenstand] bénir. || [Kirche] consacrer. || [Priester] ordonner ; conférer les ordres à. | *jn zum Priester weihen*, ordonner qn. | *jn zum Bischof weihen*, sacrer qn évêque.
◇ v. pr. **sich weihen,** se consacrer, se vouer à...

Weiher ['vaiər] m. (s, -) étang m.

Weihnachts|abend ["vainaxts'a:bənt] m. (s, e). [Heiliger Abend] veille (f.), veillée (f.) de Noël. ||°**-baum** m. (s, ¨e). [Christbaum] arbre (m.), sapin (m.) de Noël. ||°**-bescherung** f. (-, n) distribution (f.) de cadeaux de Noël ; arbre (m.) de Noël. ||°**-kind** n. (s). [Christkind] enfant (m.) Jésus. ||°**-krippe** f. (-, n) crèche (f.) de Noël. ||°**-lied** n. (s, er) noël m. ||°**-mann** m. (s, ¨er) père (m.) Noël. ||°**-messe** f. (-, n). [Mitternachtsmesse] messe (f.) de minuit. || [Weihnachtsmarkt] foire (f.) de Noël.

Weihung ['vaiuŋ] f. (-, en). [Gegenstand] bénédiction f. || [Kirche] consécration f. ; dédicace f. || [Priester] ordination f.

weil [vail] conj. parce que. | *er fährt in die Alpen, weil er Höhenluft braucht*, il va dans les Alpes, parce qu'il a besoin de l'air de la montagne. | *er hat sich den Magen verdorben, weil er zu viel gegessen hat*, il est malade pour avoir trop mangé.

Weilchen ['vailçən] n. (s, -) petit moment.

Weile ['vailə] f. [Zeitspanne] moment m. ; laps (m.) de temps. | *geraume Weile*, long moment. | *über eine kleine Weile* ; *nach einer kleinen Weile*, un peu plus tard ; peu après. || LOC. *das hat gute Weile* ; *damit hat es gute Weile*, cela ne presse pas ; ce n'est pas urgent. | *eile mit Weile !*, hâte-toi lentement. || PROV. *gut Ding will Weile haben*, il ne faut rien précipiter.

weilen ['vailən] v. intr. [sich aufhalten] séjourner. | *er weilt nicht mehr unter uns*, il nous a quittés. || [zögern] s'attarder ; muser. | *weile nicht !*, hâte-toi ; fais vite.

Weiler [-lər] m. (s, -). [Gehöft] ferme isolée. || [kleines Dorf] hameau m. ; écart m. || HIST. ménil m.

Weimar ['vaimar] n. pr. n. GÉOGR. Weimar m.
Weimarer [-marər] adj. HIST. *Weimarer Republik*, république (f.) de Weimar.
Wein [vain] m. (s, e). **1.** vin m. | *Rotwein*, vin rouge. | *Weißwein*, vin blanc. | *junger Wein*, vin nouveau. | *spritziger Wein*, vin pétillant. | *schwerer Wein*, vin capiteux. | *Wein in Flaschen*, vin bouché. | *offener Wein*, vin en carafe. | *Wein vom Faß*, vin à la tireuse. | *der Wein steigt ihm in den Kopf, zu Kopf*, le vin lui monte à la tête. || FIG. *Wasser in seinen Wein gießen*, mettre de l'eau dans son vin. | *jm reinen Wein einschenken*, dire son fait à qn.
2. [Rebe] vigne f. | *Wein bauen*, cultiver la vigne. || BOT. *wilder Wein*, vigne vierge.
Wein|bau ['vainbau] m. (s) viticulture f. | *Weinbau treiben*, cultiver la vigne. ||°**-bauer** m. (s, - ou n) vigneron m. ; viticulteur m. ||°**-baukunde** f. (-, n) œnologie f. ||°**-beere** f. (-, n) grain (m.) de raisin. ||°**-bereitung** f. vinification f. ||°**-berg** m. (s, e) vignoble m. ; vigne f. ; vignes f. pl. || RELIG. *der Weinberg des Herrn*, les vignes du Seigneur. ||°**-bergschnecke** f. (-, n). ZOOL. escargot m. ||°**-blatt** n. (s, ¨er) feuille (f.) de vigne. ||°**-blume** f. (-, n). [Bukett] bouquet m. ||°**-brand** m. (s, ¨e). [Branntwein] eau-de-vie (m.) de vin ; imitation (f.) de cognac. ||°**-brennerei** f. (-, en) distillerie f. ||°**-ernte** f. (-, n) vendanges f. pl. ||°**-essig** m. (s, e) vinaigre (m.) de vin. ||°**-faß** n. (es, ¨er) tonneau (m.) de vin ; FAM. sac (m.) à vin. ||°**-garten** m. (s, ¨) vigne f. ||°**-gärtner** m. (s, -) vigneron m. ||°**-gegend** f. (-, en) région (f.) viticole, vinicole. ||°**-geist** m. (es) esprit-de-vin m. ||°**-geländer** n. (s, -) treille f. ||°**-gelee** n. (s, s) raisiné m. ||°**-glas** n. (es, ¨er) verre (m.) à vin. ||°**-gott** m. (s). MYTH. Bacchus m. ||°**-gut** m. (s, ¨er) domaine (m.) viticole. ||°**-händler** m. (s, -) négociant (m.) en vins ; marchand (m.) de vins. ||°**-handlung** f. (-, en) commerce (m.) de vins. ||°**-heber** m. (s, -) pipette f. ||°**-hefe** f. (-, n) lie (f.) de vin. ||°**-jahr** n. (s, e) *gutes Weinjahr*, année (f.) de bon vin ; bonne année pour le vin. ||°**-karaffe** f. (-, n) carafon m. ||°**-karte** f. (-, n) carte (f.) des vins. ||°**-kellner** m. (s, -) sommelier m. ||°**-kenner** m. (s, -) connaisseur m. ; gourmet m. ||°**-kühler** m. (s, -) seau (m.) à champagne. ||°**-laub** n. (s) pampres m. pl. ||°**-laube** f. (-, n) treille f. ||°**-laune** f. *in Weinlaune*, gris ; FAM. éméché. ||°**-lese** f. vendanges f. pl. ||°**-lokal** n. (s, e) bar (m.) à vin. ||°**-monat** m. (s, e). °**-mond** m. (s, e) octobre m. || HIST. vendémiaire m. ||°**-nebel** m. (s, -) fumées (f. pl.) de l'alcool. ||°**-panscherei** f. falsification (f.) des vins. ; [mit Wasser] mouillage m. ||°**-pfahl** m. (s, ¨e) échalas m. ||°**-probe** f. (-, n) dégustation f. ||°**-prüfer** m. (s, -) dégustateur m. ||°**-ranke** f. (-, n) vrille (f.) de la vigne. ||°**-rebe** f. (-, n) vigne f. ||**-reich** adj. viticole ; vinicole. ||°**-rose** f. (-, n) églantine f. ||**-rot** adj. vineux ; (couleur) lie-de-vin ; bordeaux. ||°**-säure** f. (-, n). CHIM. acide (m.) tartrique. ||°**-schenke** f. (-, n) débit (m.) de boissons. ||°**-schlauch** m. (s, ¨e). FIG. [Trinker] sac (m.) à vin. ||°**-schröter** m. (s, -) encaveur m. ||**-selig** adj. gris ; FAM. éméché ; dans les vignes du Seigneur. ||°**-seligkeit** f. ivresse f. ||°**-stein** m. (s, e). CHIM. tartre m. ||°**-stock** m. (s, ¨e) vigne f. ; cep (m.) de vigne ; pied (m.) de vigne. ||°**-straße** f. (-, n) route (f.) des vins. ||°**-stube** f. (-, n) taverne f. ||°**-traube** f. (-, n) grappe (f.) de raisin. ||°**-traubenkur** f. (-, en) cure uvale. ||°**-treber** pl., °**-trester** pl. marc (m.) de raisin. ||°**-waage** f. (-, n) œnomètre m.
weinen ['vainən] v. intr. pleurer ; verser des larmes. | *bitterlich weinen*, pleurer à chaudes larmes. | *zum Steinerweichen weinen*, sangloter à fendre l'âme. | *über etwas weinen*, pleurer qch., sur qch. | *über jn weinen*, pleurer sur le sort de qn. | *um jn weinen*, pleurer qn. | *es ist zum Weinen*, c'est lamentable. | *jn zum Weinen bringen*, arracher des larmes à qn. | *das Weinen kaum unterdrücken können*, être au bord des larmes. | *Weinkrampf*, crise (f.) de larmes. || LOC. *sich blind weinen* ; *sich die Augen aus dem Kopfe weinen*, s'abîmer les yeux à force de pleurer. | *mit rotgeweinten Augen*, les yeux rougis par les larmes.
weinerlich [-nərliç] adj. [zum Weinen geneigt] qui a la larme facile ; pleurard ; pleurnicheur. || [rührend] larmoyant. | *weinerlicher Ton*, ton larmoyant. || THÉÂTRE. *weinerliches Lustspiel*, comédie larmoyante.
Weinerlichkeit [-kait] f. pleurnicheries f. pl. ; larmoiements m. pl.
weinig ['vainiç] adj. vineux.
Weinling [-liŋ] m. (s, e). BOT. [Berberitze] épine vinette f.
weis|machen ["vais'maxən] v. tr. (ich mache weis, weisgemacht) *jm etwas weismachen*, faire croire qch. à qn. ||**-sagen** (ich weissage, geweissagt) v. intr. prédire l'avenir ; faire des prédictions. ||°**-sager(in)** m. (s, -), f. (-, nen) devin m. ; devineresse f. ||°**-sagung** f. (-, en) divination f. ; prédiction f.
weise ['vaizə] adj. sage ; avisé. | *weise Ratschläge*, conseils (m. pl.) de sagesse.
Weise(r) [-zə(r)] f. (m.) sage s. || HIST. *die sieben Weisen Griechenlands*, les sept sages de la Grèce. | *die drei Weisen aus dem Morgenland*, les rois mages. | *Stein der Weisen*, pierre philosophale.
Weise [-zə] f. (-, n). **1.** [Art] manière f. ; façon f. | *auf diese Weise* ; *in dieser Weise*, de cette façon ; de cette manière ; de la sorte. | *auf alle Weise*, *in jeder Weise*, de toute manière ; de toute façon. | *in keiner Weise* ; *auf keine Weise* ; *auf keine Art und Weise*, en aucune manière ; nullement. | *in alter Weise*, comme autrefois. | *in gewohnter Weise*, comme d'habitude ; comme à l'accoutumée. | *jeder auf seine Weise*, chacun à sa façon. | *die Art und Weise wie*, la façon de.
2. [Melodie] mélodie f. ; air m. | *volkstümliche Weise*, mélodie populaire. | *lustige Weise*, air gai.
...weise [-zə] suffixe servant à former des adv. **1.** à partir de noms d'unités de mesure. Ex. : *zentnerweise*, par cinquante kilos ; *paarweise*, par couples, par paires. **2.** à partir d'autres noms. Ex. : *scherzweise*, pour rire, en manière de plaisanterie ; *glücklicherweise*, par bonheur, par chance ; *zwangsweise*, de force.
Weisel ['vaizəl] m. (s, -). ZOOL. reine f. (d'un essaim).
weisen ['vaizən] (ie, ie) v. tr. montrer ; indiquer. | *den Weg weisen*, montrer le chemin. | *jm die Tür weisen*, mettre qn à la porte ; montrer la porte à qn. | *etwas von sich, von der Hand weisen*, repousser, rejeter qch. | *jn aus der Schule weisen*, renvoyer qn de l'école. | *mit dem Finger auf jn weisen*, montrer qn du doigt. || SPORT. *jn vom Spielfeld weisen*, expulser qn du terrain. || FIG. *jn in die Schranken weisen*, remettre qn à sa place.
Weiser [-zər] m. (s, -) indicateur m. ; aiguille f.
Weisheit ['vaishait] f. [Klugheit] sagesse f. || [Wissen] savoir m. ; science f. | *die sieben Säulen der Weisheit*, les sept piliers (m. pl.) de la sagesse. || IRON. *er hat die Weisheit nicht mit dem Löffel gegessen*, il n'a pas inventé le fil à couper le beurre.
Weisheits|lehre ["vaishaits'le:rə] f. sagesse f. ; philosophie f. ||°**-spruch** m. (s, ¨e) maxime f. ||**-voll** adj. sage. ||°**-zahn** m. (s, ¨e). ANAT. dent (f.) de sagesse.
weislich ['vaisliç] adv. sagement ; avec sagesse. | *weislich handeln*, bien faire.
weiß [vais] adj. blanc. | *weiß wie Schnee*, blanc comme neige. | *weiß wie eine Wand*, blanc comme un linge. | *ganz weiß im Gesicht sein*, être tout pâle. | *weiße Wäsche*, lingerie f. ; blanc m. || [Gespenst] *Weiße Frau*, la Dame blanche. || FIG. *weiße Kohle*, houille blanche. | *weiße Magie*, magie blanche. | *weißer Rabe*, oiseau (m.) rare ; merle blanc. || FIG. *eine weiße Weste haben*, avoir une réputation intacte. | *sich weiß waschen*, se disculper. | *schwarz auf weiß*, noir sur blanc ; par écrit. || RELIG. *Weißer Sonntag*, dimanche (m.) de Quasimodo.
Weiß [vais] n. (es) blanc m. | *Weiß tragen*, porter du blanc ; être en blanc.
Weiß|bier ["vais'bi:r] n. (s, e) bière blanche (à Berlin). ||°**-birke** f. (-, n). BOT. bouleau blanc. ||°**-blech** n. (s, e) fer-blanc m. ||°**-blechwaren** f. pl. ferblanterie f. ||°**-bleierz** n. (es, e). MINÉRAL. cérusite f. ||°**-brot** n. (s, e) pain blanc. ||°**-buch** n. (es, ¨er). POLIT. livre blanc. ||°**-buche** f. (-, n). [Hagebuche ; Hainbuche]. BOT. charme m. ||°**-dorn** m. (s, en). BOT. [Hagedorn] aubépine f. ||°**-fisch** m. (es, e) poisson blanc. ||°**-fluß** m. (es). MÉD. pertes blanches ; leucorrhée f. ||°**-gerber** m. (s, -) mégissier m. ||°**-gerberei** f. [Verfahren] mégie f. ||**-glühend** adj. incandescent. ||°**-glut** f. incandescence f. || FIG. *zur Weißglut bringen*, chauffer à blanc. ||°**-gold** n. (s). MÉTALL. platine m. ; or blanc. ||°**-guß** m. (es). MÉTALL. simili-bronze m. ||**-haarig** adj. aux cheveux blancs ; chenu. ||°**-käse** m. (s, -). [Quark] fromage blanc. ||°**-kirsche** f. (-, n) bigarreau m. ||°**-klee** m. (s). BOT. trèfle rampant. ||°**-kohl** m. (s), °**-kraut** n. (s) chou pommé ; cabus m. ||°**-lot** n. (s, e) soudure (f.) à l'étain. ||°**-metall** n. (s) alliage blanc. ||°**-moos** n. (es, e). BOT. leucobryum m. ||°**-näherin** f. (-, nen) lingère f. ||°**-rußland** n. pr. n. GÉOGR. Russie blanche ; Biélorussie f. ||°**-sauer** n. (s) viande (f.) en gelée. ||°**-sucht** f. MÉD. albinisme m. ||°**-wal** m. (s, e). ZOOL. béluga m. ||°**-wandreifen** m. (s, -). AUTOM. pneu (m.) à flanc blanc. ||°**-ware** f. (-, n) lingerie f. ; blanc m. ||**-waschen** (ä, u, a) v. tr. et v. pr. sépar. *eine Wand*

weißwaschen, blanchir un mur à la chaux. || FIG. *sich weiß waschen*, se disculper. ||°**-wein** m. (s, e) vin blanc. ||°**-wurst** f. (-, ¨e) boudin blanc. ||°**-wurz** f. BOT. sceau-de-Salomon m. ||°**-zeug** n. (s) linge m.

Weiße(r) ['vaisə(r)] f. (m.) [Mann] Blanc m. ; [Frau] Blanche f.

Weiße ['vaisə] f. blancheur f.

weißen [-sən] v. tr. blanchir.

Weißen [-sən] n. (s) blanchiment m.

weißlich ['vaisliç] adj. blanchâtre.

Weißling [-liŋ] m. (s, e). [Schmetterling] papillon blanc. || [Weißfisch] poisson blanc ; [Wittling] merlan m.

Weistum ['vaistu:m] n. (s, ¨er). JUR., HIST. coutume f. ; sentence (f.) de droit coutumier.

Weisung ['vaizuŋ] f. (-, en) ordre m. ; consigne f. | *Weisungen erteilen*, donner des instructions.

weit [vait] adj. **1.** [ausgedehnt] large ; étendu ; vaste ; spacieux. | *weite Fläche*, large étendue. | *weite Straße*, rue (f.) large. | *weiter Saal*, salle spacieuse ; grande salle. | *die weite Welt*, le vaste monde. | *weites Kleid*, vêtement ample. | *weiter Ärmel*, manche large. | *weiter Weg*, long chemin. | *weite Reise*, grand voyage. || FIG. *weiter Unterschied*, grande différence. | *weiter Begriff*, concept (m.) lâche. | *im weitesten Sinne des Wortes*, au sens le plus large du terme. | *ein weites Gewissen haben*, avoir la conscience élastique. | *das ist ein weites Feld* [FONTANE], il y aurait beaucoup à dire.
2. [entfernt] lointain ; éloigné. | *in weiter Ferne*, tout au loin. | *gleich weit von*, à égale distance de.
◇ adv. **1.** [breit] largement. | *die Tür steht weit offen*, la porte est grande ouverte. | *weit verbreitet*, répandu ; courant.
2. [entfernt] *es liegt zwei Stunden weit von hier*, c'est à deux heures d'ici. | *weit und breit*, à la ronde ; tout alentour. || FIG. *weit vom Schuß bleiben*, être loin de compte. | *weit gefehlt !*, ce n'est pas ça du tout. | *ich bin weit entfernt zu*, loin de moi l'idée de. | *weit auseinandergehen*, diverger radicalement. | *es weit bringen*, aller loin ; faire son chemin. | *so weit ist es mit ihm gekommen*, voilà où il en est. | *das geht zu weit*, cela passe les bornes. | *etwas zu weit treiben*, exagérer qch. ; pousser qch. trop loin. | *weit ausholen*, remonter au déluge. | *das ist weit hergeholt*, c'est tiré par les cheveux.
3. [um vieles] largement ; beaucoup. | *weit über die Dreißig sein*, avoir largement dépassé la trentaine. | *jn weit übertreffen*, dépasser largement qn.
◇ loc. adv. *von weitem*, de loin. | *bei weitem*, de beaucoup ; de loin. | *er ist bei weitem nicht so tüchtig wie*, il n'est pas aussi capable que... ; il s'en faut de beaucoup. | *bei weitem nicht*, tant s'en faut.

weit|ab [vait'ap] adv. au loin ; loin d'ici. || **-ärm(e)lig** adj. [Kleid] à manches amples. ||**-aus** ['-·] adv. [bei weitem] de loin ; de beaucoup. ||**-berühmt** adj. de grand renom ; renommé. ||°**-blick** m. (s) clairvoyance f. || [Vorausschau] prévoyance f. ||**-blickend** adj. [klug] clairvoyant. || [vorausschauend] prévoyant. ||**-gehend** adj. (compar. *weitgehender*, *weitergehend*, superl. *weitestgehend*) large ; étendu ; important. | *weitgehende Beschränkung*, restriction (f.) notable. | *weitgehendes Verständnis*, grande compréhension. — adv. largement ; de façon importante. ||**-gereist** adj. qui a beaucoup voyagé. ||**-her** adv. de loin. ||**-herzig** adj. compréhensif ; tolérant ; libéral. ||**-hin** adv. [in weitem Umkreis] sur une grande distance ; tout alentour. || [lange Zeit] durablement ; pour longtemps. ||**-läufig** adj. et adv. [von großem Umfang] étendu ; important. || [umständlich] compliqué ; interminable. | *weitläufige Erklärung*, discours-fleuve m. || [entfernt] *weitläufig miteinander verwandt sein*, être parents éloignés. ||°**-läufigkeit** f. étendue f. ; importance f. ; trop grande longueur. ||**-reichend** adj. important ; considérable. ||**-schweifig** adj. trop long ; diffus. ||°**-schweifigkeit** f. redondance f. ; trop grande longueur. ||**-sichtig** adj. clairvoyant ; perspicace ; prévoyant. || MÉD. presbyte. ||°**-sichtigkeit** f. MÉD. presbytie f. ||°**-springen** n. (s). SPORT. saut (m.) en longueur. ||°**-sprung** m. (s, ¨e) saut (m.) en longueur. ||**-tragend** adj. MIL. à longue portée. || FIG. de grande portée. ||**-verbreitet** adj. répandu ; courant ; commun. ||**-verzweigt** adj. très ramifié. ||°**-winkel|objektiv** n. (s, e). PHOT. grand-angle m. ; grand-angulaire m.
— OBSERV. Parmi les composés de *weit*, seul *weitab* est accentué sur la seconde syllabe ; tous les autres le sont sur *weit*.

Weite (das) ['vaitə] (n) lointain m. | *sich ins Weite verlieren*, se perdre dans le lointain. | *das Weite suchen*, prendre le large ; prendre la clef des champs.

Weite ['vaitə] f. (-, n) étendue f. ; ampleur f. || [Abmessung] *Weite des Weges*, longueur (f.) du chemin. || [Ferne] lointain m. | *in die Weite ziehen*, partir au loin. || *Weite des Raums*, volume (m.), cubage (m.) de la pièce. | *lichte Weite*, diamètre intérieur (d'une ouverture). || TECHN. calibre m. || [Tragweite] portée f.

weiten [-tən] v. tr. et v. pr. étendre ; élargir ; évaser. || *sein Blickfeld weitet sich*, son horizon s'élargit.

weiter [-tər] adj. **1.** (compar. de **weit**). [breiter] plus vaste ; plus étendu. || [entfernter] plus éloigné.
2. FIG. [ander] autre ; nouveau ; ultérieur. | *weitere Tatsachen*, faits nouveaux. | *weitere Nachforschungen*, recherches ultérieures. | *ohne weitere Umstände*, sans plus de manières. | *das Weitere*, le reste. | *das Weitere besorgen*, se charger du reste. | *alles Weiteren überhoben sein*, n'avoir à s'occuper de rien d'autre. | *ein Weiteres demnächst*, les détails suivront. | *Weiteres ist in... nachzulesen*, pour plus de détails, reportez-vous à... | *alles Weitere findet sich*, pour le reste, on verra bien. | *des weiteren*, au reste ; en outre. | *im weiteren*, par la suite. | *bis auf weiteres*, jusqu'à nouvel ordre. | *ohne weiteres*, tout simplement.
◇ adv. **1.** (compar de **weit**) plus loin. | *weiter oben*, plus loin vers le haut. | *weiter vorn*, plus loin vers l'avant. | *siehe weiter unten*, voir ci-dessous.
2. FIG. [fort] plus loin ; en continuant. | *weiter !*, continuez ! | *und so weiter*, et ainsi de suite ; et cætera. | *weiter kommen*, progresser ; avancer. | *nicht weiter können*, ne pas pouvoir aller plus loin. | *hören Sie weiter*, ce n'est pas tout.
3. [sonst] encore ; en plus ; en outre. | *weiter nichts*, rien d'autre ; rien de plus. | *wenn weiter nichts ist*, si ce n'est que cela. | *das ist weiter kein Unglück*, ce n'est pas grave ; IRON. la belle affaire ! | *das hat weiter nichts auf sich*, cela ne tire pas à conséquence.

weiter|arbeiten ["vaitər'arbaitən] v. intr. continuer le travail. ||**-befördern** v. tr. réexpédier. ||°**-beförderung** f. (-, en) réexpédition f. ||**-bestehen** v. intr. subsister ; persister. ||°**-bildung** f. (-, en) formation (f.) complémentaire. || PAR EXT. formation continue, permanente. ||**-entwickeln** v. tr. et v. pr. développer ; perfectionner. | *sich weiterentwickeln*, évoluer. ||°**-erzählen** v. tr. *ein Gerücht weitererzählen*, répéter un bruit ; se faire l'écho d'un bruit. ||**-fahren** (ä, u, a) v. intr. continuer sa route. || FIG. *in seiner Rede weiterfahren*, suivre le fil de son discours. ||**-fort** adv. sans cesse ; à l'infini. ||**-führen** v. tr. *die laufenden Geschäfte weiterführen*, continuer à expédier les affaires courantes. ||°**-gabe** f. RADIO. retransmission f. | *Weitergabestelle*, relais m. ||**-geben** (i, a, e) v. tr. transmettre. || COMM. *einen Wechsel weitergeben*, endosser un effet. ||**-gehen** (ging, gegangen) v. intr. continuer ; se poursuivre. | *so geht es nicht weiter*, ça ne peut plus durer ainsi. ||**-hin** adv. [künftig] à l'avenir. || [außerdem] en outre ; de plus. || JUR. *das Gesetz bleibt weiterhin in Kraft*, la loi reste en vigueur. ||**-kommen** (a, o) v. intr. avancer ; progresser. | *er ist gut weitergekommen*, il a fait son chemin. ||**-leben** v. intr. subsister ; survivre. || **-leiten** v. tr. transmettre. | *seine Post weiterleiten lassen*, faire suivre son courrier. || RADIO. retransmettre. ||**-sagen** v. tr. répéter. ||**-vermieten** v. tr. sous-louer.

Weiterung ['vaitəruŋ] f. (-, en) complication f. | *Weiterungen verhüten*, prévenir les complications.

Weitung ['vaituŋ] f. (-, en) élargissement m. ; évasement m. | *Weitung eines Rohrs*, évasure (f.) d'un tube. || ARCHIT. échappée (f.) d'escalier.

Weizen ['vaitsən] m. (s) blé m. ; froment m. || FIG. *sein Weizen blüht*, ses affaires marchent bien. | *die Spreu vom Weizen sondern*, séparer le bon grain de l'ivraie.

Weizen|brand ["vaitsən'brant] m. (s). BOT. charbon m. ||°**-brot** n. (s, e) pain (m.) de froment. ||°**-mehl** n. (s) farine (f.) de blé. | *feinstes Weizenmehl*, fleur (f.) de farine. ||°**-schrot** m. (s, e) semoule f. (de blé). ||°**-züchtung** f. sélection (f.) du blé.

welcher ['vɛlçər], **welches** [-çəs], **welche** [-çə] adj. interr. quel ? ; quelle ? | *welches Buch lesen Sie ?*, quel livre lisez-vous ? | *um welche Zeit ?*, à quel moment ? | *mit welchem Recht ?*, de quel droit ? | *aus welchem Grund ?*, pour quelle raison ? | *welcher Art ?*, de quelle sorte ?
◇ adj. interr. attribut invar. *welches ist der Unterschied zwischen ?*, quelle différence y a-t-il entre ? | *welches sind seine Gründe ?*, quelles sont ses raisons ?
◇ adj. exclam. *welcher Künstler ! ; welch ein Künstler !*, quel artiste ! | *welch schöner Tag !*, quel beau jour !

◇ pron. interr. lequel ? ; laquelle ? | *welches wählst du ?*, lequel prends-tu ? | *welcher von euch ?*, lequel, qui d'entre vous ?
◇ pron. relat. qui ; que ; lequel ; laquelle. | *der Mann, welcher das sagt*, l'homme qui dit cela. | *ein Freund, auf welchen (den) ich mich verlassen kann*, un ami sur lequel je peux compter.
◇ adj. indéf. [etwas ; einige] en. | *ich möchte Brot, hast du welches ?*, je voudrais du pain, en as-tu ? | *es sind welche hier, die nicht bezahlt haben*, il y en a ici qui n'ont pas payé.
◇ **welch auch,** quel que ; quelle que. | *welches auch seine Gründe sein mögen*, quelles que soient ses raisons.

welcher|gestalt ["vɛlçɐrgə'ʃtalt], **-weise** ['vaizə] adv. comment ; de quelle façon. ||**-lei** adv. de quelle manière ; quel. | *welcherlei Gründe er auch vorbringen mag*, quels que soient les arguments qu'il avance.

Welf [vɛlf] m. (s, e) ou n. (s, er). [Hund] chiot m. || [Wolf] louveteau m. || [Fuchs] renardeau m.

Welfe ['vɛlfə] m. (n, n). HIST. guelfe m.

welfen ['vɛlfən] v. intr. mettre bas.

welfisch ['vɛlfiʃ] adj. HIST. guelfe.

welk [vɛlk] adj. [verblüht] fané ; flasque. | *welk werden*, se faner ; se flétrir. || FIG. [alt] fané.

welken ['vɛlkən] v. intr. se faner ; se flétrir.
◇ v. tr. faner ; flétrir.

Well|baum ["vɛl'baum] m. (s, ¨e). TECHN. arbre m. ||°**-blech** n. (s, e) tôle ondulée. ||°**-blechhütte** f. (-, n) baraque (f.) au toit en tôle ondulée. ||°**-blechhütten|stadt** f. (-, ¨e) bidonville f. ||°**-fleisch** n. (s, e). CULIN. bouilli m. ||°**-holz** n. (es, ¨er) rouleau (m.) à pâte. ||°**-pappe** f. (-, n) carton ondulé. ||°**-rad** n. (s, ¨er). TECHN. [Winde] treuil m.

Welle ['vɛlə] f. (-, n). **1.** vague f. ; lame f. || [Wellen] houle f. | *die See wirft hohe Wellen*, la mer est agitée, grosse. | *die Wellen brechen sich*, les lames déferlent. | *von den Wellen verschlungen werden*, être englouti par les flots. || PAR ANAL. [Haarwelle] ondulation f. || GÉOGR. [Bodenwelle] ondulation f. || MIL. vague f. || SPORT. *Welle am Reck*, soleil m. || TRANSP. *grüne Welle*, système coordonné de feux.
2. FIG. agitation f. ; élan m. ; transports m. pl. | *Welle der Begeisterung*, élan d'enthousiasme. | *die Begeisterung schlug hohe Wellen*, c'était du délire. | *Wellen des Gefühls*, élans du cœur. || FAM. *eine dicke Welle angeben*, se donner de l'importance ; FAM. déplacer de l'air.
3. PHYS. onde f. | *Schallwellen*, ondes sonores. | *gedämpfte Welle*, onde amortie. || RADIO. onde f. | *kurze Wellen*, ondes courtes. | *lange Wellen*, grandes ondes. | *ultrakurze Wellen*, ondes ultracourtes ; fréquence modulée.
4. [Bündel] fagot m. || PAR ANAL., TECHN. arbre m. || [Kurbelwelle] vilebrequin m.

wellen [-lən] v. tr. **1.** onduler. | *gewellt*, ondulé. | *gewelltes Gelände*, terrain vallonné.
2. CULIN. rouler. || faire bouillir.

Wellen|ausbreitung ["vɛlən'ausbraitʊŋ] f. propagation (f.) des ondes. ||°**-bauch** m. (s, ¨e). PHYS. ventre (m.) de l'onde. ||°**-bereich** m. ou n. (s, e). RADIO. gamme (f.) d'ondes. ||°**-berg** m. (s, e) masse (f.) de la vague. ||°**-bewegung** f. (-, en) mouvement (m.) ondulatoire ; ondulation f. ||°**-brecher** m. (s, -) brise-lames m. ||°**-erreger** m. (s, -). PHYS. oscillateur m. ||**-förmig** adj. onduleux. || PHYS. ondulatoire. | *wellenförmige Bewegung*, mouvement (m.) ondulatoire ; ondulation f. ||°**-hals** m. (es, ¨e). TECHN. fusée f. ||°**-kamm** m. (s, ¨e) crête (f.) de la lame. ||°**-länge** f. (-, n). PHYS., RADIO. longueur (f.) d'onde. ||°**-leistung** f. (-, en). TECHN. puissance (f.) en bout d'arbre. ||°**-linie** f. (-, n) ligne ondulée. || PHYS., MATH. sinusoïde f. ||°**-mechanik** f. PHYS. mécanique (f.) ondulatoire. ||°**-reiten** n. (s). SPORT. surf m. ||°**-reiter** m. (s, -) surfeur m. ||°**-schlag** m. (s) choc (m.) des vagues ; ressac m. ||°**-schliff** m. crantage m. | *ein Messer mit Wellenschliff versehen*, cranter un couteau. ||°**-sittich** m. (s, e). ZOOL. perruche f. ||°**-tal** n. (s, ¨er) creux (m.) de la vague. ||°**-theorie** f. PHYS. théorie (f.) ondulatoire.

wellenhaft ['vɛlənhaft] adj. onduleux ; ondulant.

Weller ['vɛlər] m. (s, -) torchis m. || ZOOL. silure m.

wellern ['vɛlərn] v. tr. construire en torchis.

wellig ['vɛliç] adj. onduleux ; ondulant. | *welliges Gelände*, terrain vallonné. | *welliges Haar*, cheveux (m. pl.) qui ondulent.

Welpe ['vɛlpə] m. (n, n) chiot m.

Wels [vɛls] m. (es, e). ZOOL. [Weller] silure m. | FAM. poisson-chat m.

welsch [vɛlʃ] adj. latin ; roman ; français ; italien (tout étranger du Midi). | *welsche Schweiz*, Suisse romande. | *die Welschen*, les peuples romans (avec nuance péjorative).

Welsch|huhn ["vɛlʃ'hu:n] n. (s, ¨er) dinde f. ||°**-kohl** m. (s, e), °**-kraut** n. (s, ¨er). BOT. chou frisé. ||°**-korn** n. (s, ¨er). BOT. maïs m. ||°**-land** n. (s). HIST. pays latin ; France f., Italie f. || [welsche Schweiz] Romandie f. ; Suisse romande. ||°**-tirol** n. (s) Tyrol italien.

Welt [vɛlt] f. (-, en). **1.** [Inbegriff alles Bestehenden] monde m. | *das Licht der Welt erblicken* ; *zur Welt kommen*, venir au monde. | *zur Welt bringen* ; *in die Welt setzen*, mettre au monde ; donner naissance à. | *aus der Welt scheiden*, quitter ce (bas) monde. | *aus der Welt schaffen*, faire disparaître. | *die Sache muß aus der Welt geschafft werden*, il faut en finir avec cette affaire. | *nicht um die Welt* ; *nicht um alles in der Welt*, pour rien au monde.
2. [Weltbild] monde m. ; univers m. | *Welt im kleinen*, microcosme m. | *Welt im großen*, macrocosme m. | *Welt des Dichters*, univers poétique. | *Welt der Träume*, monde du rêve. | *Welt des Scheins*, monde des apparences. | *sinnliche Welt*, monde sensible. | *übersinnliche Welt*, monde suprasensible. | *die verkehrte Welt*, le monde à l'envers. | *das ist der Lauf der Welt* ; *so geht es in der Welt*, ainsi va le monde.
3. [Erde] monde m. ; terre f. | *eine Reise um die Welt machen*, faire le tour du monde. | *die weite Welt*, le vaste monde. | *durch die weite Welt ziehen*, parcourir le vaste monde. | *nirgends in der Welt*, nulle part au monde. | *das Ende der Welt*, le bout du monde. | *das ist nicht aus der Welt*, ce n'est pas au bout du monde.
4. [Erdteil] monde m. ; partie (f.) du monde. | *Alte Welt*, Ancien Monde. | *Neue Welt*, Nouveau Monde. | *westliche Welt*, monde occidental ; Occident m. | *dritte Welt*, tiers monde.
5. [Reich der Menschen (par opposition à *Reich Gottes*)] monde m. ; siècle m. | *Güter dieser Welt*, biens (m. pl.) de ce monde. | *in der Welt leben*, vivre dans le siècle. | *der Welt entsagen* ; *sich von der Welt lossagen*, renoncer au monde.
6. [Gesamtheit der Menschen] monde m. ; gens m. pl. | *alle Welt*, tout le monde. | *von aller Welt verlassen*, abandonné de tous. | *im Urteil der Welt*, aux yeux de tout le monde.
7. [große Welt] (grand) monde ; (bonne) société. | *ein Mann von Welt*, un homme du monde. | *in die Welt eingeführt werden*, faire son entrée dans le monde.
8. [Lebenskreis] monde m. ; milieux m. pl. | *gelehrte Welt*, monde savant ; milieux scientifiques. | *die vornehme Welt*, le grand monde.
9. [Menge] *eine Welt von Feinden*, une foule d'ennemis.

welt|abgeschieden ["vɛlt'apgəʃi:dən] adj. retranché, retiré du monde. ||°**-abgeschiedenheit** f. isolement (m.) du monde. ||°**-achse** f. GÉOGR., ASTRON. axe (m.) des pôles. ||°**-all** n. (s) univers m. ||**-anschaulich** adj. philosophique ; idéologique. ||°**-anschauung** f. (-, en) conception (f.), vision (f.) du monde ; philosophie f. ; idéologie f. ||**-bekannt** adj. de renommée universelle. ||**-berühmt** adj. célèbre dans le monde entier. ||°**-beschreibung** f. cosmographie f. ||°**-beste(r)** f. (m.). SPORT. athlète (s.) ayant accompli la meilleure performance mondiale. ||°**-bild** n. (s) vision (f.) du monde. ||°**-bürger** m. (s, -) citoyen (m.) du monde ; cosmopolite m. ||**-bürgerlich** adj. cosmopolite. ||°**-bürgertum** n. (s) cosmopolitisme m. ||°**-dame** f. (-, n) femme (f.) du monde. ||°**-ende** n. (s) fin (f.) du monde. ||**-entrückt** adj. [einsam] isolé, retranché du monde. || [zerstreut] rêveur ; FAM. dans les nuages. ||°**-entstehung** f. origines (f. pl.) du monde. ||°**-entstehungslehre** f. cosmogonie f. ||**-erfahren** adj. qui a l'expérience du monde, de la vie. ||°**-erfolg** m. (s, e) succès mondial. ||**-erschütternd** adj. qui change la face du monde. ||**-fremd** adj. sans expérience du monde ; ingénu. ||°**-fremdheit** f. inexpérience f. ; ingénuité f. ||°**-friede** m. (ns) paix (f.) du monde. ||°**-gebäude** n. univers m. ; cosmos m. ||°**-geistlicher** m. prêtre séculier. ||°**-gericht** n. (s). RELIG. [Jüngstes Gericht] jugement dernier. ||°**-geschichte** f. histoire universelle. ||**-gewandt, -kundig** adj. qui a l'usage du monde. | *weltgewandt sein*, avoir de l'entregent. ||°**-gewandtheit** f., °**-kenntnis** f., °**-klugheit** f. connaissance (f.), usage (m.) du monde. ||°**-handel** m. (s) commerce mondial. ||°**-herrschaft** f. empire (m.) du monde. ||°**-hilfssprache** f. (-, n) langue internationale. ||°-**karte** f. (-, n) planisphère m. ||°-**kind** n. (s, er) homme (m.) qui aime la vie ; bon vivant. ||°-**körper** m. (s, -) astre m. ; corps (m.) céleste. ||°-**krieg** m. (s, e) guerre mondiale. ||°-**kugel** f. globe m. ||°-**lauf** m. (s) cours (m.) des choses. ||-**läufig** adj. qui connaît le monde ; mondain. ||°-**literatur** f. littérature mondiale. ||°-**macht** f. (-,¨e) grande puissance. ||°-**mann** m. (s, ¨er) homme (m.) du monde. ||-**männisch** adj. mondain. | *weltmännisches Wesen*, aisance mondaine. ||°-**markt** m. (s) marché mondial. ||°-**marktpreis** m. (es, e). COMM. cours mondial. ||°-**meer** n. (s, e) océan m. ||°-**meister** m. (s, -). SPORT. champion (m.) du monde. ||°-**meisterschaften** f. pl. championnats (m. pl.) du monde. ||°-**postverein** m. (s) Union postale universelle. ||°-**priester** m. (s, -) prêtre séculier. ||°-**rätsel** n. (s) mystère (m.) de la création. ||°-**raum** m. (s) espace (m.) cosmique. ||°-**reise** f. (-, n) tour (m.) du monde. ||°-**rekord** m. (s, e) record (m.) du monde. ||°-**rekordler** m. (s, -) recordman (m.) du monde. ||°-**ruf** m. (s) réputation, renommée universelle. ||°-**ruhm** m. (s) célébrité mondiale. || °-**schmerz** m. (es) pessimisme m. || LITTÉR. mal (m.) du siècle. ||°-**schöpfer** m. (s). RELIG. Créateur m. ||°-**seele** f. PHILOS. âme (f.) de l'univers. ||°-**sprache** f. (-, n) langue internationale. ||°-**stadt** f. (-, ¨e) métropole f. ; très grande ville. ||-**städtisch** adj. d'une très grande ville. ||°-**teil** m. (s, e) partie (f.) du monde. ||-**umfassend** adj. mondial ; à l'échelle du monde. ||°-**umsegelung** f. (-, en) circumnavigation f. ||°-**untergang** m. (s) fin (f.) du monde. ||°-**verbesserer** m. redresseur (m.) de torts. ||°-**verkehr** m. (s) relations internationales. ||-**verloren** adj. V. WELTENTRÜCKT. ||°-**weisheit** f. philosophie f. ||-**weit** adj. mondial ; à l'échelle du monde ; universel. ||°-**wirtschaft** f. économie mondiale. ||°-**wunder** n. (s, -) *die sieben Weltwunder*, les Sept Merveilles (f. pl.) du monde. ||°-**zeituhr** f. (-, en) horloge (f.) indiquant l'heure des différents fuseaux horaires.

Weltraum|bahnhof [″vɛltraum'ba:nho:f] m. (s,¨e) station orbitale. ||°-**fahrer(in)** m. (s, -), f. (-, nen) astronaute s. ||°-**fahrt** f. (-, en), °-**flug** m. (s, ¨e) vol spatial. ||°-**forschung** f. (-, en) recherches spatiales, astronautiques. ||°-**kapsel** f. (-, n) capsule f. (spatiale). ||°-**labor** n. (s, e) laboratoire spatial. ||°-**schiff** n. (s, e) vaisseau spatial. ||°-**sonde** f. (-, n) sonde spatiale. ||°-**station** f. (-, en) station orbitale. ||°-**strahlen** m. pl. rayons (m. pl.) cosmiques.

weltlich ['vɛltliç] adj. [opposé à *kirchlich*] laïc ; laïque ; séculier ; temporel. | *weltliche Macht*, pouvoir temporel. | *weltliche Musik*, musique (f.) profane. | *weltlich machen*, séculariser ; laïciser. || [opposé à *geistig*] matériel ; de ce monde ; terrestre. | *dem Weltlichen zugewandt sein*, être attaché aux biens de ce monde.

Welter|gewicht [″vɛltər'gəviçt] n. (s). SPORT. mi-moyen m.

wem [ve:m] dat. de **wer.**

Wem|fall [″ve:m'fal] m. (s, ¨er). [Dativ] datif m.

wen [ve:n] acc. de **wer.**

Wen|fall [″ve:n'fal] m. (s,¨e). GRAMM. [Akkusativ] accusatif m.

Wende ['vɛndə] n. pr. m. (n, n). HIST. Vende m. ; Wende m.

Wende ['vɛndə] f. (-, n). [Richtungsänderung] virage m. ; changement (m.) de direction. || [Wendepunkt] tournant m. || FIG. [Wechsel] changement m. ; évolution f. ; phase nouvelle. | *um die Wende des XIX. Jahrhunderts*, aux alentours de 1800. | *es wird eine Wende eintreten*, les choses vont changer. | *wir stehen an der Wende einer neuen Zeit*, nous allons entrer dans une ère nouvelle.

Wende|getriebe [″vɛndəgə'tri:bə] n. (s). TECHN. inverseur m. ||°-**halbmesser** m. (s, -). AUTOM. rayon (m.) de braquage. ||°-**hals** m. (es, ¨e) ZOOL. torcol m. ||°-**kreis** m. (es, e). GÉOGR. tropique m. | *nördlicher Wendekreis*, tropique du Cancer. | *südlicher Wendekreis*, tropique du Capricorne. || AUTOM. rayon (m.) de braquage. ||°-**maschine** f. (-, n). AGRIC. faneuse f. ||°-**punkt** m. (s, e) tournant m. || FIG. tournant m. ; début (m.) d'une phase nouvelle. || MATH. point (m.) d'inflexion.

Wendel ['vɛndəl] f. (-, n). MATH. [Schraubenlinie] hélice f.

Wendel|feder [″vɛndəl'fe:dər] f. (-, n). TECHN. ressort hélicoïdal ; ressort (m.) à boudin. ||°-**stein** m. (s, e), °-**stiege** f. (-, n), °-**treppe** f. (-, n) escalier (m.) en colimaçon ; escalier tournant.

wenden ['vɛndən] (wandte, gewandt et conjug. faible) v. intr. tourner ; virer ; changer de direction. | *der Wagen wendet*, la voiture fait demi-tour. | *mit wendender Post*, par retour du courrier. || FIG. changer ; tourner. || MAR. changer de cap.
◇ v. tr. tourner ; retourner. | *das Heu wenden*, faner. | *den Braten wenden*, tourner la broche. | *bitte wenden !*, tournez (la page), s'il vous plaît (T.S.V.P.). | *den Blick zur Seite wenden*, détourner le regard. | *kein Auge von jm wenden*, ne pas quitter qn des yeux. | *seine Schritte nach... wenden*, diriger ses pas vers. | *die Waffe gegen sich selbst wenden*, retourner son arme contre soi. || FIG. *Mühe an, auf etwas* (acc.) *wenden*, se donner du mal pour qch.
◇ part. pass. **gewandt,** adroit. — **gewendet,** retourné. | *gewendeter Anzug*, costume retourné.
◇ v. pr. **sich wenden. 1.** [sich umdrehen] se tourner. | *der Wind wendet sich*, le vent tourne. | *sich zu jn wenden*, se tourner vers qn. || FIG. *sich gegen jn wenden*, s'attaquer à qn ; prendre qn à partie ; s'en prendre à qn. | *sich zu drehen und zu wenden wissen*, FAM. savoir se débrouiller. | *man mag es drehen und wenden wie man will*, qu'on prenne la chose comme on voudra.
2. [jn angehen] *sich an jn wenden*, s'adresser à qn. | *sich mit etwas an jn wenden*, avoir recours à qn pour qch., à propos de qch.
3. [anders werden] changer. | *das Wetter wendet sich*, le temps change. || FIG. *sich zum Guten wenden*, bien tourner. | *das Blättchen hat sich gewendet*, les choses ont changé. | *das Glück wendet sich*, la chance tourne.

Wender ['vɛndər] m. (s, -). ÉLECTR., TECHN. inverseur m.

wendig ['vɛndiç] adj. [geschickt] qui a une grande facilité d'adaptation. | *wendiger Bursche*, débrouillard m. || MÉCAN. maniable.

Wendigkeit [-kait] f. faculté (f.) d'adaptation. || FAM. débrouillardise f. || TECHN. maniabilité f.

Wendin ['vɛndin] n. pr. f. (-, nen) Wende f.

Wendung ['vɛnduŋ] f. (-, en). **1.** virage m. ; changement (m.) de direction. | *Wendung um neunzig Grad*, virage à angle droit. | *scharfe Wendung*, virage serré. | *eine Wendung vollführen*, virer ; changer de direction. || MAR. changement (m.) de cap. || MIL. conversion f. || [Fechtkunst] volte f.
2. FIG. changement m. ; évolution f. | *Wendung zum Besseren*, amélioration f. | *eine unerwartete Wendung nehmen*, prendre un tour inattendu. | *eine schlimme Wendung nehmen*, prendre une mauvaise tournure. | *eine tragische Wendung nehmen*, tourner à la tragédie.
3. [Ausdrucksform] expression f. ; tournure f. ; tour m. | *stehende Wendung*, expression toute faite ; tournure figée.

wenig ['ve:niç] (compar. **weniger ;** superl. **wenigst**) adv. peu ; pas beaucoup ; médiocrement ; guère. | *er hat sich nicht wenig gefreut*, il ne s'est pas peu réjoui. | *sich um etwas wenig kümmern*, ne guère se soucier de qch. | *wenig glückliche Wahl*, choix peu heureux.
◇ adj. indéf. peu de ; un petit nombre de. | *wenige Augenblicke*, peu d'instants. | *in wenigen Worten*, en quelques mots. | *wenig Zeit haben*, disposer de peu de temps. | *mit wenig Mühe*, sans grande peine. | *das wenige Geld*, le peu d'argent. | *die wenigen Menschen*, les rares personnes. | *zum Leben zu wenig, zum Sterben zuviel*, juste de quoi ne pas mourir de faim. | *mag es noch so wenig sein*, si peu que ce soit.
◇ **das wenige,** le peu. | *dies wenige*, ce peu. | *das wenige, was*, le peu que. | *mit wenigem auskommen*, se tirer d'affaire avec des moyens réduits. | *es fehlte nur wenig und*, il s'en est fallu de peu que.
◇ **ein wenig,** un peu. | *wart ein wenig*, attends un peu. | *ein wenig schneller*, un peu plus vite. | *ein klein wenig*, un petit peu de. | *ein ganz klein wenig*, un tout petit peu. | *um ein weniges*, pour peu de choses, bon marché.
◇ adv. compar. **weniger,** moins ; pas tant. | *weniger werden*, diminuer. | *mehr oder weniger*, plus ou moins. | *viel weniger*, bien moins ; [geschweige denn] encore moins. | *immer weniger*, de moins en moins. | *weniger als nichts*, moins que rien. | *nicht weniger als*, pas moins de. | *er war nichts weniger als arbeitsam*, il n'était rien moins que travailleur. | *um so weniger als*, d'autant moins que. | *je weniger er arbeitet, desto weniger will er arbeiten*, moins il en fait et moins il veut en faire. || MATH. *zehn weniger vier*, dix moins quatre.
◇ adv. superl. **wenigst,** *am wenigsten*, le moins. | *darum kümmert er sich am wenigsten*, c'est le cadet de ses soucis. | *zum wenigsten*, au moins ; tout au moins ;

à tout le moins. | *wenigstens*, au moins. || [immerhin] (tout) au moins ; à tout le moins.

◇ **das wenigste,** le minimum. | *die wenigsten wissen das*, très rares sont ceux qui le savent.

Wenigkeit [-kait] f. (-, en). [Kleinigkeit] bagatelle f. ; rien m. | *das kostete nur die Wenigkeit von*, cela a coûté la bagatelle de. || *meine Wenigkeit*, ma modeste personne ; votre serviteur.

wenigstens [-niçstəns] adv. V. WENIG.

wenn [vɛn] conj. **1.** [sens temporel] quand ; lorsque ; chaque fois que ; toutes les fois que. | *wenn er kam*, quand il venait ; toutes les fois qu'il venait. | *jedesmal wenn* ; *immer wenn*, chaque fois que ; toutes les fois que. || **wenn... einmal,** une fois que. | *wenn ich es einmal gelesen habe*, une fois que je l'aurai lu. **2.** [sens conditionnel] *wenn ich das wüßte*, si je le savais. || **selbst wenn ; und wenn,** même si ; quand bien même. | *und wenn es mein Tod ist* (TH. MANN), même si cela doit me coûter la vie. || **wenn nicht,** à moins que. | *wenn man kein Narr ist*, à moins d'être fou. || **außer wenn,** sauf si. || **wie wenn,** comme si. || **wenn... doch,** si seulement. | *wenn er doch käme*, si seulement il pouvait venir. || **wenn nur,** pour peu que. || FAM. *na wenn schon !*, et alors ? ; et après ? | *wenn schon, denn schon !*, à tant faire que.
3. [sens concessif] **wenn... gleich ; wenn... schon ; wenn... auch,** même si ; quand bien même. | *wenn er auch wollte*, quand bien même il le voudrait ; le voudrait-il que. | *wenn er auch noch so müde war*, si fatigué qu'il ait été ; quelque fatigué qu'il eût été.
— OBSERV. *wenn*, avec le verbe au présent, peut se rendre par « à » avec l'infinitif : *wenn er zu viel trinkt, wird er krank*, à trop boire il se rend malade.

Wenn [vɛn] n. *das Wenn und Aber*, les objections f. pl. ; les si et les mais.

wenn|gleich [vɛn'glaiç], **wenn|schon** [-'ʃo:n] conj. même si ; quand bien même.

Wenzel ['vɛntsəl] n. pr. m. Venceslas m. || [Karten] valet m. (jeu de cartes allemand).

wer [ve:r] pron. interr. qui ? ; qu'est-ce qui ? | *wer ist da ?*, qui est-ce ? | *wer noch ?*, qui encore ? | *wer anders als du*, qui d'autre que toi. | *wer von uns*, qui d'entre nous ; lequel d'entre nous. || MIL. *wer da ?*, qui vive ? || (formes déclinées) *wen suchen Sie*, qui cherchez-vous ? | *an wen denkst du ?*, à qui penses-tu ? | *wem gehört das ?*, à qui est-ce ? | *von wem ist das Buch ?*, de qui est ce livre ? || **wessen ?,** de qui ? | *wessen Vater ist gestorben ?* qui a perdu son père ? | *wessen Buch ist das ?*, à qui appartient ce livre ?
◇ pron. indéf. quelqu'un. || FAM., DIAL. *ist wer gekommen ?*, quelqu'un est-il venu ? | *ich höre wen kommen*, j'entends venir qn.
◇ pron. relat. indéf. qui ; celui qui ; quiconque. | *mag kommen, wer will*, vienne qui voudra. | *wer Ohren hat zu hören, der höre*, que ceux qui ont des oreilles entendent. || PROV. *wer will, der kann*, vouloir, c'est pouvoir. | *wer wagt, der gewinnt*, la fortune sourit aux audacieux. | *wer einmal lügt, dem glaubt man nicht*, qui crie « Au loup ! », on ne le croit pas. | *wer andern eine Grube gräbt, fällt selbst hinein*, tel est pris qui croyait prendre. || *wer auch immer*, celui qui, quel qu'il soit. | *wer auch immer es sein mag*, qui que ce soit.

Werbe|abteilung ["vɛrbə'aptailuŋ] f. (-, en) service (m.) de la publicité. ||°**-aktion** f. (-, en) campagne (f.) publicitaire. ||°**-beilage** f. (-, n) encart (m.) publicitaire. ||°**-blatt** n. (s, ¨er) prospectus m. ||°**-büro** n. (s, s). COMM. bureau (m.) d'embauche. || office (m.) d'annonces. ||°**-chef** m. (s, s), °**-leiter** m. (s, -) chef (m.) de publicité. ||°**-film** m. (s, e) film (m.) publicitaire. ||°**-fläche** f. (-, n) espace (m.) publicitaire. ||°**-geschenk** n. (s, e) cadeau (m.) d'entreprise. ||°**-graphiker(in)** m. (s, -), f. (-, nen) dessinateur (m.), dessinatrice (f.) publicitaire. ||°**-kraft** f. COMM. valeur (f.) publicitaire. ||°**-plakat** n. (s, e) affiche (f.) publicitaire. ||°**-schreiben** n. (s, -), °**-schrift** f. (-, en) prospectus (m.), brochure (f.) publicitaire. ||°**-spot** m. (s, s) spot (m.) publicitaire. ||°**-spruch** m. (s, ¨e) slogan m. ||°**-texter** m. (s, -) rédacteur (m.) publicitaire. ||°**-trommel** f. *die Werbetrommel rühren*, faire une campagne publicitaire, battre la grosse caisse.

werben ['vɛrbən] (i, a, o, subj. würbe) v. intr. *um etwas werben*, rechercher, briguer qch. | *um ein Mädchen werben*, rechercher une jeune fille en mariage. | *um die Hand eines Mädchens werben*, demander la main d'une jeune fille. | *(für etwas) werben*, COMM. faire de la publicité (pour qch.), de la réclame (pour qch.) ; POLIT. faire de la propagande (pour qch.).
◇ v. tr. *Arbeiter werben*, embaucher des ouvriers. | *Diener werben*, engager des domestiques. || MIL. *Soldaten werben*, enrôler, recruter, HIST. racoler des hommes. | *Truppen werben*, lever des troupes. || COMM. *Käufer werben*, chercher des clients. | *werbende Kapitalien*, capitaux productifs.

Werber [-bər] m. (s, -). [Freier] prétendant m. ; soupirant m. || [Propagandist] propagandiste m. || [Arbeiterwerber] embaucheur m. || [Werbeagent] agent (m.) de publicité. || MIL. recruteur m. || HIST. racoleur m.

werberisch [-bəriʃ] adj. publicitaire.

Werbung [-buŋ] f. (-, en) recherche f. ; demande f. (en mariage). || [Arbeiter] embauche f. ; embauchage m. || [Soldaten] recrutement m. ; enrôlement m. ; HIST. racolage m. || COMM. publicité f. ; réclame f. | *irreführende Werbung*, publicité mensongère. | *vergleichende Werbung*, publicité comparative. || POLIT. propagande f.

Werde|gang ["ve:rdə'gaŋ] m. (s). [Entwicklung] évolution f. ; étapes successives. || [Laufbahn] carrière f.

werden ['ve:rdən] (wirst, wird, wurde [LITT. ward], geworden) v. intr.

I. sans sujet personnel.
  1. pris absolument ;
  2. avec un nom attribut ;
  3. avec un adj. attribut.
II. avec sujet personnel.
  1. pris absolument ;
  2. avec un adj. attribut ;
  3. avec un nom attribut ;
  4. part. prés. **werdend ;**
  5. part. pass. **geworden.**
III. v. auxiliaire.
  1. de mode (probabilité) ;
  2. du futur ;
  3. du passif.

I. sans sujet personnel. — **1.** [pris absolument] sens général : progresser ; avancer. | *aus nichts wird nichts*, on ne fait rien avec rien. | *was soll daraus werden ?*, qu'en adviendra-t-il ? | *daraus wird nichts*, il n'en sortira rien ; cela n'aboutira à rien. | *aus ihm wird etwas*, il fera son chemin dans la vie. || FAM. *wird es bald ?*, c'est pour bientôt ? ; il y en a encore pour longtemps ? | *es wird*, ça vient ; ça va y être.
2. avec un nom attribut : naître ; apparaître. | *es wird Tag*, le jour se lève. | *es wird Nacht*, la nuit vient, tombe. | *es wird Winter*, c'est le début de l'hiver. | *es werde Licht*, que la lumière soit. | *es wird hell*, il commence à faire jour. | *es wird morgen ein Jahr, daß*, il y aura demain un an que. | *es ist Mode geworden, daß*, c'est maintenant la mode de.
3. avec un adj. attribut : commencer à être. | *es wird hell*, il commence à faire jour. | *es wird dunkel*, il commence à faire sombre. | *mir wird angst* ; *mir wird bang*, j'ai peur tout à coup. | *mir wird schlecht*, je ne me sens pas bien.
II. avec un sujet personnel. — **1.** pris absolument : évoluer ; faire des progrès. | *wie wird... ?*, où en est... ? | *das Bild wird*, le tableau prend tournure. | *das Kind wird*, l'enfant se développe bien. | *der Kranke wird wieder (gesund)*, le malade se remet.
2. avec un adj. attribut : devenir ; commencer à être. | *sich einer Sache bewußt werden*, prendre conscience de qch. | *böse werden*, se fâcher. | *mit etwas fertig werden*, venir à bout de qch. | *handgemein werden*, en venir aux mains. | *an jm irre werden*, ne plus savoir que penser de qn. | *gegen jn klagbar werden*, porter plainte contre qn. | *krank werden*, tomber malade. | *persönlich werden*, devenir blessant. | *seekrank werden*, avoir le mal de mer. | *selten werden*, se faire rare. | *straffällig werden*, commettre un délit. | *ungebräuchlich werden*, tomber en désuétude. | *wortbrüchig werden*, manquer à sa parole.
— OBSERV. Le groupe *werden* accompagné d'un adj. se rend souvent par un verbe simple : *alt werden*, vieillir ; *rot werden*, rougir ; *dick werden*, s'épaissir ; *fett werden*, engraisser.
3. avec un nom attribut : (sans **zu**) devenir. | *Gewohnheit werden*, devenir une habitude. | *Priester werden*, se faire prêtre. | *Soldat werden*, entrer dans l'armée. | *Offizier werden*, [diesen Beruf wählen] se faire officier ; [befördert werden] passer officier. || (avec **zu**) *zum Gespött werden*, devenir un objet de risée. | *zu Staub werden*, tomber en poussière. | *jm zur Last werden*, peser à qn. | *jm zur Strafe werden*, être la punition de qn.
4. part. prés. **werdend,** naissant ; en formation. | *werdende Mutter*, future maman. | *mit dem werdenden Tag*, au point du jour.

5. part. pass. **geworden,** devenu. | *ein Gewordenes,* le produit d'une évolution.
III. v. auxiliaire de mode. — **1.** Sert à exprimer la probabilité ; se traduit en général par « sans doute ». | *Sie werden das Buch gelesen haben,* vous avez sans doute lu ce livre. | *Sie werden es wissen,* vous le savez sans doute.
2. auxiliaire du futur : *wird er kommen ?,* viendra-t-il ? | *er sagte, er werde bald kommen,* il dit qu'il viendra bientôt.
3. auxiliaire du passif (part. pass. **worden**) : *dieses Schloß ist im XVII. Jahrhundert gebaut worden,* ce château a été construit au XVIIe siècle. | *ein neues Haus wird gebaut,* on construit une nouvelle maison.

Werden [-dən] n. (s) évolution f. ; étapes successives. || PHILOS. devenir m. | *noch im Werden,* encore en formation ; en devenir.

Werder ['ve:rdər] m. (s, -) île f. (d'un fleuve).

werfen ['vɛrfən] (i, a, o, subj. würfe) v. tr. **1.** [schleudern] jeter ; lancer. | *etwas ins Feuer werfen,* jeter qch. dans le feu, au feu. | *etwas aus dem Fenster werfen,* jeter qch. par la fenêtre. | *jn zu Boden werfen,* jeter qn à terre. | *etwas von sich werfen,* se débarrasser de qch. | *die Tür ins Schloß werfen,* claquer la porte. | *einen Brief in den Kasten werfen,* mettre une lettre à la boîte. || [Würfelspiel] *sechs Augen werfen,* amener un six.
2. FIG. *jm Beleidigungen an den Kopf werfen,* jeter des injures à la face de qn. | *einen Gedanken aufs Papier werfen,* jeter une idée sur le papier. | *ein Auge auf etwas werfen,* jeter son dévolu sur qch. | *jn aus dem Hause werfen,* mettre qn à la porte. | *etwas in die Waagschale werfen,* jeter qch. dans la balance. | *den Kopf in den Nacken werfen,* se rengorger. | *alles in einen Topf werfen,* tout mettre, mettre tout le monde dans le même sac. | *über Bord werfen,* jeter par-dessus bord. | *alle Pläne über den Haufen werfen,* bouleverser tous les plans. || MAR. *Anker werfen,* jeter l'ancre. || SPORT. *den Speer werfen,* lancer le javelot. | *den Diskus werfen,* lancer le disque.
3. [hervorbringen] faire ; produire ; donner. | *Wellen werfen,* faire des vagues. | *Schatten werfen,* donner de l'ombre. | *Falten werfen,* faire des plis. | *die Sonne wirft Strahlen,* le soleil darde ses rayons. || ZOOL. *Junge werfen,* avoir des petits ; FAM. faire des petits.
◇ v. intr. FIG. *mit etwas um sich werfen,* faire étalage de. | *mit Geld um sich werfen,* dépenser sans compter. || ZOOL. mettre bas.
◇ v. pr. **sich werfen,** se jeter ; s'élancer. | *sich jm an den Hals werfen,* se jeter au cou de qn. | *sich auf die Knie werfen,* se jeter à genoux. | *sich in die Brust werfen,* se rengorger. | *sich in die Kleider werfen,* s'habiller à la hâte. || TECHN. *das Holz wirft sich,* le bois travaille, joue.

Werfen [-fən] n. (s). [Schleudern] lancement m. ; jet m. || TECHN. [Verziehung] jeu m. ; travail m. || ZOOL. [Gebären] mise (f.) bas.

Werfer [-fər] m. (s, -) lanceur m.

...werfer (en compos.) lance-. | *Granatwerfer,* lance-grenades m.

Werft [vɛrft] m. (s, e). TEXT. [Kette] chaîne f.

Werft [vɛrft] f. (-, en). [Schiffsbauplatz] chantier m. (de construction navale). || [Warf] butte f. ; levée f.

Werg [vɛrk] n. (s) étoupe f.

Wergeld ['ve:rgəlt] n. (s). HIST., JUR. wergeld m.

Werk [vɛrk] n. (s, e). **1.** [Arbeit] travail m. ; ouvrage m. ; besogne f. | *ans Werk gehen ; zu Werke gehen ; sich ans Werk machen,* se mettre au travail, à l'ouvrage. | *klug zu Werke gehen,* s'y prendre habilement. | *am Werk sein,* être à l'œuvre. | *Hand ans Werk legen,* mettre la main à la pâte. | *etwas ins Werk setzen,* mettre qch. en chantier ; mettre qch. en œuvre. | *alles ins Werk setzen,* mettre tout en œuvre. | *es ist etwas im Werke,* qch. se prépare ; PÉJOR. qch. se trame.
2. [Schöpfung] œuvre f. ; ouvrage m. | *das Werk krönen,* être le couronnement de l'œuvre. | *das Werk weniger Augenblicke,* l'œuvre d'un instant. || LITTÉR. *sämtliche Werke,* œuvres complètes. | *ausgewählte Werke,* œuvres choisies. || PROV. *das Werk lobt den Meister,* à l'œuvre on connaît l'artisan.
3. [Handlung]. RELIG. action f. ; acte m. ; œuvre m. | *Werke der Barmherzigkeit,* œuvres (f. pl.) de miséricorde. | *ein frommes Werk tun,* faire œuvre pie. | *in Worten und Werken sündigen,* pécher en paroles et en actions.
4. [Fabrik] usine f. | *Werke,* établissements m. pl.
5. [Bau] ouvrage (m.) d'art. || TECHN. mécanisme m. | *Räderwerk,* engrenages m. pl. || MIL. ouvrage m. | *vorgeschobenes Werk,* ouvrage avancé. || MUS. [Orgelwerk] jeu (m.) d'orgue.

Werk|bank ["vɛrk'baŋk] f. (-, ¨e) établi m. ||°**-halle** f. (-, n) atelier m. ||°**-holz** n. (es, ¨er) bois (m.) d'œuvre. ||°**-meister** m. (s, -) contremaître m. ||°**-platz** m. (es, ¨e) chantier m. ||°**-schule** f. (-, n) centre (m.) d'apprentissage (de l'usine). ||°**-spionage** f. espionnage industriel. ||°**-statt** f., °**-stätte** f. (-, n) atelier m. ||°**-stoff** m. (s, e). [Arbeitsmaterial] matériau m. || [Ersatzstoff] matière artificielle. ||°**-stück** n. (s, e). TECHN. pièce (f.) en cours d'usinage. ||°**-student** m. (en, en) étudiant (m.) qui travaille pour gagner sa vie. ||°**-tag** m. (s, e) jour (m.) ouvrable. ||**-tags** adv. en semaine ; les jours ouvrables. ||**-tätig** adj. actif. | *die Werktätigen,* les travailleurs (manuels). || FIG. actif ; agissant. | *werktätige Nächstenliebe,* charité agissante. ||°**-unterricht** m. (s) [Schule] travail manuel. ||°**-zeug** n. (s, e) outil m. ; PR. et FIG. instrument m. | *ein willenloses Werkzeug sein,* être un instrument docile.

werkeln ['vɛrkəln], **werken** ['vɛrkən] v. intr. bricoler.

Werks|arzt ["vɛrks'artst] m. (es, ¨e), °**-ärztin** [-'ɛrtstin] f. (-, nen) médecin (m.) du travail. ||°**-gelände** n. (s, -) enceinte (f.), périmètre (m.) de l'usine. ||°**-spionage** f. espionnage industriel.

Werkzeug|ausstattung ["vɛrktsɔyk'ausʃtatuŋ] f. outillage m. ||°**-kasten** m. (s, ¨) caisse (f.) à outils. ||°**-maschine** f. (-, n) machine-outil f. | *numerisch gesteuerte Werkzeugmaschine,* machine-outil (f.) à commande numérisée. ||°**-tasche** f. (-, n) trousse (f.) à outils. || [Fahrrad] sacoche (f.) à outils.

Wermut ['ve:rmu:t] m. (s). BOT. absinthe f. || [Wermutwein] vermouth m.

Werre ['vɛrə] f. (-, n). MÉD. orgelet m. ; compère-loriot m. || ZOOL. courtilière f. ; taupe-grillon f.

Werst [vɛrst] f. (-, en) verste f.

Wert [ve:rt] m. et n. (s, e). [Werder, Wörth] île f. ; îlot m.

wert [ve:rt] adj. **1.** d'une valeur de. | *hundert Mark wert sein,* valoir cent marks. || FIG. précieux. | *das ist mir viel wert,* j'y tiens beaucoup ; cela m'est très précieux. | *das ist nicht viel wert,* cela ne vaut pas grand-chose. || FAM. *er ist keinen Schuß Pulver wert,* il ne vaut pas la corde pour le pendre.
2. digne de ; qui mérite de ; qui vaut de. | *das ist nicht der Mühe wert,* cela n'en vaut pas la peine. | *das ist nicht der Rede wert,* ce n'est pas la peine d'en parler. | *jn wert achten,* estimer qn. | *er ist es nicht wert,* il ne le mérite pas ; il n'en est pas digne.
3. cher ; précieux. | *werter Freund,* cher ami. | *wie ist der werte Name ?,* à qui ai-je l'honneur de parler ? || COMM. *Ihr wertes Schreiben vom,* votre honorée du.

Wert [ve:rt] m. (s, e). **1.** valeur f. ; prix m. ; importance f. | *Wert haben,* avoir de la valeur. | *von großem Wert,* de grande valeur. | *von geringem Wert,* de peu de valeur. | *auf etwas Wert legen,* accorder de l'importance, du prix à qch. ; faire grand cas de qch. | *auf etwas keinen Wert legen,* n'accorder aucune valeur, aucun prix à qch. ; ne faire aucun cas de qch. | *nach seinem wahren Wert beurteilen,* juger à sa juste valeur. | *innerer Wert,* valeur morale.
2. COMM. valeur f. | *im Werte sinken ; an Wert verlieren,* perdre de sa valeur ; se déprécier ; se dévaluer. | *im Werte steigen ; an Wert gewinnen,* valoir plus. | *im Werte von,* d'une valeur de. | *gleicher Wert,* pair m. || FIN. *bewegliche Werte,* valeurs mobilières. || MATH. *größter Wert,* maximum m. | *kleinster Wert,* minimum m.
3. PHILOS. valeur f. | *geistiger Wert,* valeur spirituelle. | *Umwertung aller Werte* (NIETZSCHE), transvaluation (f.) des valeurs.

wert|achten ["ve:rt'axtən] v. tr. sépar. estimer ; apprécier ; faire cas de. ||°**-achtung** f. estime f. ||°**-angabe** f. (-, n) valeur déclarée. ||**-beständig** adj. à valeur fixe. ||°**-beständigkeit** f. FIN. stabilité f. ||°**-bestimmung** f. (-, en) estimation f. ; évaluation f. ||°**-brief** m. (s, e) lettre chargée. ||°**-gegenstand** m. (s, ¨e) objet (m.) de valeur. ||**-halten** v. tr. sépar. estimer ; apprécier ; faire cas de. ||°**-karte** f. (-, n) carte (f.) à mémoire. ||°**-karten|telefon** n. (s, e) téléphone public à carte à mémoire. ||**-los** adj. sans valeur. | *es ist für mich wertlos,* cela ne me sert à rien. ||°**-marke** f. (-, n). FIN. bon m. ||°**-messer** m. (s, -) étalon m. ; mesure f. ||°**-minderung** f. (-, en) dépréciation f. ; dévalorisation f. ||°**-papier** n. (s, e) titre m. ; valeur f. | *festverzinsliches Papier,* valeur à revenu fixe. ||°**-papier|sammelbank** f. (-, en). [*etwa*] Caisse (f.) des dépôts et consignations. ||°**-sachen** f. pl. objets (m. pl.) de valeur. ||**-schätzen** v. tr. sépar. estimer ; apprécier ; faire cas de ; priser. ||°**-schätzung** f.

estime f. ; considération f. ; bonne opinion. ||°-**schöpfung** f. (-, en). ÉCON. valeur ajoutée nette. ||°-**urteil** n. (s, e) jugement (m.) de valeur. ||-**voll** adj. précieux ; de prix. ||°-**zeichen** n. (s, -). COMM. bon m. ||°-**zuwachs** m. (es) plus-value f.

werten ['ve:rtən] v. tr. juger ; apprécier ; estimer.

...wertig [-tiç] (en compos.) de telle ou telle valeur. || MINES. *hochwertig*, à forte teneur ; riche. || CHIM. ...valent. | *zweiwertig*, bivalent ; divalent.

Wertigkeit [-tiçkait] f. (-, en). CHIM. valence f.

Wertung ['ve:rtuŋ] f. (-, en) évaluation f. ; appréciation f. ; jugement m. || SPORT. classement m.

Werwolf ['ve:rvɔlf] m. (s, ¨e) loup-garou m.

wes [vɛs] pron. interr. (ancienne forme de **wessen**). V. WER. | *damit zeigt er, wes Geistes Kind er ist*, il se montre ainsi sous son vrai jour.

Wes|fall ['vɛsfal] m. (s, ¨e). GRAMM. génitif m. ||-**wegen** adv. et conj. pourquoi ; pour quelle raison ; pour quelle cause.

Wesen ['ve:zən] n. (s, -). **1.** [Eigenart] nature f. ; naturel m. ; caractère m. | *das liegt in meinem Wesen*, c'est dans ma nature. | *ein hochfahrendes Wesen haben*, être hautain, arrogant. | *ein mürrisches Wesen*, un naturel chagrin.

2. [Tun und Treiben] conduite f. ; façons f. pl. ; agissements m. pl. ; PÉJOR. manège m. | *sein Wesen treiben*, faire des siennes. | *viel Wesen um etwas machen*, faire grand tapage autour de qch. ; FAM. faire beaucoup d'histoires pour qch.

3. [Lebewesen] être m. ; créature f. | *lebendes Wesen*, être vivant. | *menschliches Wesen*, être humain. | *höheres Wesen*, être supérieur. | *das Höchste Wesen*, l'Être suprême.

4. [Essenz] essence f. ; nature f. | *Wesen der Dinge*, nature des choses. | *seinem innersten Wesen nach*, dans son essence. || (par opposition à *Schein*) réalité f.

5. POLIT. [Angelegenheit] affaires f. pl. | *das gemeine Wesen*, les affaires publiques.

...wesen (en compos.) organisme chargé de ; service (m.) de. | *Bauwesen*, construction f. | *Rettungswesen*, service (m.) de sauvetage.

wesen ['ve:zən] v. intr. LITTÉR. (Vx.) être.
— OBSERV. Cette forme ne se rencontre que dans quelques tournures figées : *wer west dort ?*, qui passe par là ? ; qui va là ?

Wesen|lehre ["ve:zən'le:rə] f. (-, n). PHILOS. ontologie f. ||-**los** adj. irréel ; inexistant. | *das Wesenlose*, le néant. ||°-**losigkeit** f. irréalité f. ; inexistence f.

wesenhaft ['ve:zənhaft] adj. réel ; essentiel ; déterminant.

Wesenhaftigkeit [-haftiçkait] f. [Wirklichkeit] réalité f. || [das Bestimmende] caractère essentiel, déterminant.

Wesenheit ['ve:zənhait] f. [das Bestimmende] essence f. || [körperloses Seiende] entité f. ; être (m.) de raison.

Wesens|art ["ve:zəns'a:rt] f. (-, en) nature f. ; caractère m. ||-**eigen** adj. spécifique ; caractéristique ; typique. ||°-**eigentümlichkeit** f. caractère (m.) propre, spécifique. ||°-**einheit** f. consubstantialité f. ||-**gleich** adj. de même nature. ||-**verwandt** adj. semblable ; analogue ; similaire. ||°-**zug** m. (s, ¨e) caractéristique f. ; caractère propre, distinctif.

wesentlich ['ve:zəntliç] adj. essentiel ; fondamental ; capital. | *wesentliche Voraussetzung*, condition première. | *das Wesentliche*, l'essentiel m. | *im Wesentlichen*, pour l'essentiel.
◇ adv. très ; beaucoup ; bien. | *wesentlich billiger*, bien meilleur marché.

weshalb ['vɛshalp] adv. et conj. pourquoi ; pour quelle raison ; pour quelle cause. | *das ist der Grund, weshalb*, c'est pour cette raison que ; voilà pourquoi.

Wesir [ve'zi:r] m. (s, e) vizir m.

Wespe ['vɛspə] f. (-, n). ZOOL. guêpe f.

Wespen|nest ["vɛspən'nɛst] n. (es, er) nid (m.) de guêpe ; guêpier m. || FIG. guêpier m. ||°-**stich** m. (s, e) piqûre (f.) de guêpe. ||°-**taille** f. (-, n). FIG. taille (f.) de guêpe.

wessen ['vɛsən] pron. gén. de **wer.**

wesse(n)t|halben ["vɛsə(n)t'halbən], **wessent|-wegen** adv. V. WESHALB, WESWEGEN.

West [vɛst] m. (s). [Westwind] vent (m.) d'ouest. || PAR EXT., MAR. ouest m. ; couchant m.

west... (en compos.) occidental.

west|deutsch ["vɛst'dɔytʃ] adj. ouest-allemand. ||°-**europa** n. pr. n. (s) Europe occidentale. ||-**europäisch** adj. d'Europe occidentale. ||-**germanisch** adj. HIST. germanique occidental. ||°-**gote** n. pr. m. (n, n). HIST. Visigoth m. ; Wisigoth m. ||°-**indien** n. pr. n. (s) Indes occidentales. ||°-**mächte** f. pl. POLIT. puissances occidentales. ||-**wärts** adv. vers l'ouest. ||°-**werk** n. (s, e). ARCHIT. massif occidental ; antéglise f. ||°-**wind** m. (s, e) vent (m.) d'ouest.

Weste ['vɛstə] f. (-, n) gilet m. | *kugelsichere Weste*, gilet (m.) pare-balles. || FIG. *eine weiße Weste haben*, n'avoir rien à se reprocher ; FAM. être blanc comme neige.

Westen ['vɛstən] m. (s) Ouest m. ; Occident m.

Westfale [vɛst'fa:lə] n. pr. m. (n, n) Westphalien m.

Westfalen [-'fa:lən] n. pr. n. (s). Westphalie f.

Westfälin [-'fɛ:lin] n. pr. f. (-, nen) Westphalienne f.

westfälisch [-'fɛ:liʃ] adj. westphalien.

westlich ['vɛstliç] adj. occidental ; de l'ouest. | *westlich von*, à l'ouest de.

wett [vɛt] adj. quitte. | *eine Schuld wettmachen*, s'acquitter d'une dette. || FIG. *etwas wettmachen*, réparer, compenser qch.

Wett|bewerb ["vɛtbə'vɛrp] m. (s, e) compétition f. ; concours m. ; concurrence f. ; rivalité f. | *in Wettbewerb mit jm treten*, entrer en compétition avec qn. || COMM. concurrence f. | *unlauterer Wettbewerb*, concurrence déloyale. | *außer Wettbewerb*, hors concours. ||°-**bewerber** m. (s, -) concurrent m. ; rival m. ||-**bewerbsfähig** adj. compétitif ; concurrentiel. ||°-**bewerbsfähigkeit** f. compétitivité f. ||°-**eifer** m. (s) émulation f. esprit (m.) de compétition. ||-**eifern** v. intr. *mit jm wetteifern*, rivaliser avec qn ; chercher à surpasser qn. | *in Höflichkeiten wetteifern*, faire assaut de politesses. ||°-**kampf** m. (s, ¨e) compétition f. ; lutte f. ||°-**kämpfer** m. (s, -) concurrent m. ||°-**lauf** m. (s, ¨e) course f. ||°-**läufer** m. (s, -) coureur m. ; concurrent m. ||°-**rennen** n. (s) course f. ||°-**rüsten** n. (s) course (f.) aux armements. ||°-**segeln** n. (s) régates f. pl. ||°-**streit** m. (s, e) concours m. ; lutte f.

Wette ['vɛtə] f. (-, n) pari m. | *eine Wette eingehen*, parier ; faire un pari. | *eine Wette halten*, tenir un pari. | *was gilt die Wette ?*, que pariez-vous ? | *um die Wette arbeiten*, rivaliser d'ardeur au travail.

wetten [-tən] v. intr. parier ; gager. | *zehn gegen eins wetten*, parier dix contre un. | *auf ein Pferd wetten*, miser sur un cheval. | *darauf wette ich*, j'en fais le pari. | *ich wollte wetten, daß*, je parierais bien que.

Wetter ['vɛtər] n. (s) temps m. ; conditions (f. pl.) atmosphériques, météorologiques. | *veränderliches Wetter*, temps variable. || MAR. *schweres Wetter*, gros temps. || [Unwetter] orage m. | *ein Wetter bricht los*, un orage éclate. | *bei Wind und Wetter*, dans la tourmente. || FIG. *alle Wetter !*, tonnerre de Brest ! || MINES. *schlagende Wetter*, grisou m. | *Wetterführung*, aération f.

Wetter|anzeiger ["vɛtər'antsaigər] m. (s, -). MINES. détecteur (m.) de grisou. ||°-**aussichten** f. pl. temps (m.) probable. ||°-**beobachtung** f. (-, en) météorologie f. ; observation (f.) météorologique. ||°-**beobachtungsstelle** f. (-, n) station (f.) météorologique. ||°-**bericht** m. (s, e) bulletin (m.) météorologique. ||°-**dach** n. (s, ¨er) auvent m. ||°-**dienst** m. (s) [service (m.) de la] météorologie f. ; FAM. météo f. ||°-**ecke** f. coin (m.) où il pleut beaucoup. || FIG. *jm um die Wetterecke helfen*, aider qn à franchir un mauvais pas. ||°-**fahne** f. (-, n) girouette f. || FIG. *er dreht sich wie eine Wetterfahne*, c'est une vraie girouette. ||-**fest** adj. endurant ; rustique. ||°-**forschung** f. météorologie f. ||°-**frosch** m. (s, ¨e) grenouille (f.) de la météorologie. ||°-**hahn** m. (s, ¨e) girouette f. (en forme de coq). ||-**hart** adj. endurant. ||°-**karte** f. (-, n) carte (f.) météorologique. ||°-**kunde** f. météorologie f. ||-**kundig** adj. qui sait prévoir le temps. ||°-**lage** f. situation (f.) du temps. ||-**leuchten** v. intr. impers. *es wetterleuchtet*, il y a des éclairs de chaleur. ||°-**leuchten** n. (s) éclairs (m. pl.) de chaleur. ||°-**macherei** f. pratiques de sorcellerie destinées à influencer le temps. ||°-**mantel** m. (s, ¨) manteau (m.) de pluie. ||°-**satellit** m. (en, en) satellite (m.) météorologique. ||°-**schacht** m. (s, ¨e). MINES. puits (m.) d'aérage. ||°-**schießen** n. (s) tir (m.) au canon paragrêle. ||°-**schlag** m. (s, ¨e). MINES. coup (m.) de grisou. ||°-**seite** f. (-, n). ARCHIT. côté exposé aux intempéries. ||°-**sturz** m. (es) chute brutale du baromètre ; venue soudaine du mauvais temps. ||°-**vogel** m. (s, ¨). ZOOL. pluvier m. ||°-**vorhersage** f. prévisions (f. pl.) météorologiques. ||°-**warte** f. (-, n) station (f.) météorologique. ||-**wendisch** adj. changeant ; inconstant ; lunatique ; versatile. ||°-**wolke** f. (-, n) nuage (m.) d'orage ; nuage noir.

wettern ['vɛtərn] v. intr. FIG. *gegen jn wettern*, pester, tonner contre qn.

wetzen ['vɛtsən] v. tr. aiguiser ; affûter. || FIG. *den Säbel wetzen*, fourbir ses armes.

Wetz|stahl [''vɛts'ʃtɑ:l] m. (s, ¨e) fusil m. (de boucher) ; affiloir m. ||°-**stein** m. (s, e) pierre (f.) à aiguiser.

Wichs [viks] m. (es, e). UNIV. tenue (f.) des étudiants appartenant à une corporation. | *in vollem Wichs*, en grande tenue. || PAR EXT., FAM. *sich in Wichs werfen*, se mettre sur son trente-et-un.

Wichs|bürste [''viks'byrstə] f. (-, n) brosse (f.) à reluire.

Wichse ['viksə] f. (-, n). [Schuhwachs] cirage m. || [Bartwachs] cosmétique m. || FAM. [Prügel] dégelée f. ; rossée f. ; frottée f.

wichsen [-sən] v. tr. [Schuhe] cirer. || [Boden] cirer ; encaustiquer.

Wichser [-sər] m. (s, -) cireur m.

Wicht [viçt] m. (s, e). [Kobold] lutin m. ; petit nain. || [Kind] petit diable ; diablotin m. || [verächtlicher Mensch] *elender Wicht*, pauvre hère m.

Wichte ['viçtə] f. (-, n). PHYS. densité f. ; [spezifisches Gewicht] poids (m.) spécifique.

Wichtel|männchen [''viçtəl'mɛnçən] n. (s, -), °-**männlein** [-'mɛnlain] n. (s, -) lutin m. ; petit nain.

wichtig ['viçtiç] adj. [bedeutend] important. | *gleich wichtig*, d'égale importance. | *höchst wichtig*, de la plus haute importance. | *mit wichtiger Miene*, d'un air important. | *wichtig tun ; sich wichtig machen*, faire l'important. || [folgenschwer] grave. | *wichtige Entscheidungen*, graves décisions f. pl. | *das Wichtigste*, l'essentiel.

Wichtig|macher [''viçtiç'maxər] m. (s, -), °-**tuer** [-'tu:ər] m. (s, -) homme (m.) qui fait l'important. ||°-**macherei** f., °-**tuerei** f. airs (m. pl.) d'importance. || [Rede] grandiloquent.

Wichtigkeit ['viçtiçkait] f. importance f. | *von großer Wichtigkeit*, d'une grande importance. | *einer Sache Wichtigkeit beimessen*, accorder de l'importance à une chose.

Wicke ['vikə] f. (-, n). BOT. vesce f. | *wohlriechende Wicke*, pois (m.) de senteur.

Wickel ['vikəl] m. (s, -). [Knäuel] pelote f. ; peloton m. || [Haar] toupet m. || MÉD. enveloppement m.

Wickel|band [''vikəl'bant] n. (s, ¨er) bande f. ; bandage m. ||°-**gamasche** f. (-, n) bande molletière. ||°-**kind** n. (s, er) nouveau-né m. ; nourrisson m. ; FAM. poupon m. ||°-**kommode** f. (-, n), °-**tisch** m. (s, e) table (f.) à langer. ||°-**tuch** n. (s, ¨er) lange m.

wickeln ['vikəln] v. tr. **1.** rouler ; enrouler. | *Draht wickeln*, enrouler, bobiner du fil. | *Haare wickeln*, faire des papillotes. | *ein Knäuel wickeln*, faire une pelote. || FAM. *schief gewickelt sein*, se tromper ; faire erreur. || LOC. *jn um den Finger wickeln*, mener qn par le bout du nez.

2. envelopper. | *ein Buch in Papier wickeln*, emballer un livre dans du papier. | *ein Kind in Windeln wickeln*, langer, emmailloter un enfant.

◇ v. pr. **sich wickeln.** *sich in eine Decke wickeln*, se rouler dans une couverture.

Wicklung ['vikluŋ] f. (-, en). ÉLECTR. enroulement m. ; bobinage m. || MÉD. bandage m. ; enveloppement m.

Widder ['vidər] m. (s, -). ZOOL. [Schafbock] bélier m. || HIST., MIL. [Sturmbock] bélier m.

wider [vi:dər] prép. (acc.) contre. | *wider alles Erwarten*, contre toute attente.

◇ n. **Wider,** *das Für und Wider erwägen*, peser le pour et le contre.

◇ partic. en général insépar. exprimant l'opposition, l'action en sens contraire.

wider|borstig [''vi:dər'bɔrstiç] adj. [widerhaarig] rétif ; récalcitrant ; hargneux. ||-**fahren** ('--/''--) v. intr. insépar. arriver à qn ; advenir à qn. | *ihm ist eine Ungerechtigkeit widerfahren*, il a subi une injustice. ||°-**haken** m. (s, -) crochet m. ; barbe f. (d'une flèche). ||°-**hall** m. (s, e) écho m. || FIG. écho m. ; résonance f. | *keinen Widerhall finden*, ne pas trouver d'écho. ||-**hallen** v. intr. résonner ; répondre en écho. ||°-**halt** m. (s, e) appui m. ||°-**klage** f. (-, n). JUR. demande reconventionnelle. ||°-**kläger** m. (s, -). JUR. demandeur reconventionnel. ||°-**lager** n. (s, -). ARCHIT. pied-droit m. ; piédroit m. ||-**legbar** adj. réfutable. ||-**legen** v. tr. réfuter ; réduire à néant. ||°-**legung** f. (-, en) réfutation f. ||-**natürlich** adj. contre nature ; monstrueux. ||°-**part** m. (s, e) adversaire m. | *jm Widerpart bieten*, tenir tête à qn. ||-**raten** ('--/''--) v. tr. déconseiller. ||-**rechtlich** adj. illégal ; inique. — adv. illégalement ; de façon inique ; au mépris de la loi. ||°-**rede** f. contradiction f. ; discussion f. | *ohne Widerrede*, sans discussion ; sans opposition. ||°-**rist** m. (s, e). ZOOL. garrot m. ||°-**ruf** m. (s, e) annulation f. || [Anordnung] révocation f. ; abrogation f. || [Behauptung] rétractation f. | *bis auf Widerruf*, jusqu'à nouvel ordre. ||-**rufen** (ie, u) v. tr. insépar. annuler ; abroger ; désavouer ; démentir. | *sich widerrufen*, se rétracter ; se dédire. ||-**ruflich** adj. résiliable. ||°-**rufung** f. (-, en). V. WIDERRUF. ||°-**sacher** m. (s, -) adversaire m. || JUR. partie (f.) adverse. ||°-**schein** m. (s, e) reflet m. ; [starkes Licht] réverbération f. ||-**setzen (sich)** v. pr. insépar. résister ; regimber ; se rebeller ; se révolter. | *sich einer Sache widersetzen*, s'opposer à qch. ||-**setzlich** adj. récalcitrant ; indocile. ||°-**setzlichkeit** f. indocilité f. ; révolte f. ; rébellion f. ||°-**sinn** m. (s) absurdité f. ; non-sens m. || [Widerspruch] contradiction f. ||-**sinnig** adj. absurde. ||-**spenstig** adj. récalcitrant ; indocile ; rebelle ; rétif ; insubordonné. ||°-**spenstigkeit** f. indocilité f. ; insubordination f. ; mauvais esprit. ||-**spiegeln** v. tr. sépar. refléter ; réfléchir. ||°-**spiel** n. (s) contraire m. ; opposé m. ||-**sprechen** (i, a, o) v. intr. insépar. contredire ; démentir. | *jm widersprechen*, contredire, démentir qn. | *einander widersprechen*, être en contradiction ; se contredire. || contredire ; être contraire à ; être incompatible avec. | *das widerspricht meinen Grundsätzen*, c'est contraire à mes principes. | *einanderwidersprechende Gefühle*, sentiments contradictoires. ||°-**spruch** m. (s, ¨e) contradiction f. ; opposition f. ; discussion f. | *ohne Widerspruch*, sans discussion ; sans opposition. | *mit etwas im Widerspruch stehen*, être en contradiction avec qch. | *sich in Widersprüche verwickeln*, s'empêtrer dans des contradictions. || PHILOS. antinomie f. ||-**sprüchlich** adj. contradictoire. || PHILOS. antinomique. ||-**spruchsvoll** adj. contradictoire. || PHILOS. antinomique.

Wider|stand [''vi:dər'ʃtant] m. (s, ¨e) résistance f. | *Widerstand leisten*, résister. | *Widerstand entgegensetzen*, opposer de la résistance. | *erbitterter Widerstand*, résistance acharnée. || AÉRON., AUTOM. [Luftwiderstand] traînée f. ; résistance f. || ÉLECTR. résistance f. | *spezifischer Widerstand*, résistivité f. ; résistance spécifique. || JUR. *Widerstand gegen die Staatsgewalt*, résistance (f.) à l'autorité publique.

Widerstands|bewegung [''vi:dərʃtantsbə've:guŋ] f. (-, en) mouvement (m.) de résistance. || HIST. résistance f. ||-**fähig** adj. résistant. ||°-**fähigkeit** f., °-**kraft** f. capacité (f.) de résistance. ||°-**kämpfer** m. (s, -) HIST. résistant m. ||-**los** adj. passif ; soumis. — adv. sans résistance ; sans opposition. ||°-**losigkeit** f. passivité f. ; soumission f. ||°-**messer** m. (s, -). ÉLECTR. ohmmètre m.

wider|stehen ['vi:dər''ʃte:ən] (widerstand, widerstanden) v. intr. [standhalten] résister à. | *einem Angriff widerstehen*, soutenir une attaque. | *jm widerstehen*, résister à qn ; ne pas céder à qn. | [zuwider sein] *es widersteht mir*, cela me répugne, m'écœure. ||°-**strahlung** f. réverbération f. ||-**streben** v. intr. [entgegenstreben] *jm widerstreben*, résister à qn ; lutter contre qn. || [zuwider sein] *es widerstrebt mir*, cela me répugne. | *es widerstrebt mir, zu*, je répugne à. ||°-**streben** n. (s) résistance f. ; opposition f. || répugnance f. ; aversion f. | *mit Widerstreben*, à contrecœur ; de mauvais gré. ||-**strebend** adv. à contrecœur. ||°-**streit** m. (s, e) opposition f. ; conflit m. ; antagonisme m. | *mit jm im Widerstreit liegen*, être en conflit avec qn. ||-**streiten** (i, i) v. intr. s'opposer à ; être en opposition avec ; être en conflit avec. ||-**wärtig** adj. [ärgerlich] désagréable ; fâcheux ; contrariant. || [ekelhaft] répugnant ; repoussant. ||°-**wärtigkeit** f. (-, en) caractère désagréable, fâcheux. || [widrige Begebenheit] désagrément m. ; ennui m. ; contrariété f. ; déboire m. || [widriges Wesen] caractère, aspect répugnant. ||°-**wille** m. (ns) dégoût m. ; répugnance f. ; aversion f. ; antipathie f. | *mit Widerwillen*, à contrecœur ; de mauvais gré. ||-**willig** adv. à contrecœur.

widerlich ['vi:dərliç] adj. dégoûtant ; répugnant ; écœurant ; repoussant.

Widerlichkeit [-kait] f. aspect répugnant.

widmen ['vitmən] v. tr. dédier ; consacrer. || [zueignen] *ein Buch widmen*, dédicacer un livre.

◇ v. pr. **sich widmen,** *sich einer Sache widmen*, se consacrer, se vouer à qch.

Widmung [-muŋ] f. (-, en). [Zueignung] dédicace f.

widrig ['vi:driç] adj. [entgegenwirkend] contraire ; opposé ; défavorable ; hostile. | *widriges Geschick*, sort (m.) contraire. | *widrige Umstände*, circonstances fâcheuses. || [widerlich] dégoûtant ; répugnant. || (en compos.) contraire à. | *gesetzwidrig*, illégal.

widrigen|falls ["vi:drigən'fals] adv. dans le cas contraire ; sinon ; autrement.

Widrigkeit ['vi:driçkait] f. (-, en) hostilité f. ; caractère répugnant. || [widrige Begebenheit] contrariété f. ; ennui m. ; déboire m.

wie [vi:]

> **I.** adv.
> **1.** Interrogatif : comment ? ; de quelle manière ?
> **2.** Exclamatif : que ; comme ; combien.
> **II.** conj.
> **1.** Comparaison : comme.
> **2.** Temps : comme ; au moment où.
> **3.** Circonstance : comme.
> **4.** locutions conjonctives.

I. adv. — **1.** Interrogatif : comment ? de quelle manière ? de quelle façon ? | *wie heißen Sie ?*, comment vous appelez-vous ? | *wie ist Ihr Name ?*, quel est votre nom ? | *wie geht es Ihnen ?*, comment allez-vous ? | *wie meinen Sie das ?*, qu'entendez-vous par là ? | *wie bitte ?*, plaît-il ? ; que dites-vous ? | *wie kommt es, daß ?*, comment se fait-il que ? || **wie** et adj. ; *wie alt ist er ?*, quel âge a-t-il ? | *wie breit ist der Fluß ?*, quelle est la largeur de la rivière ? | *wie weit ist es von hier bis ?*, combien y a-t-il d'ici à... ? | *wie spät ist es ?*, quelle heure est-il ? | *wie viele ?*, combien ? || **wie** et adv. : *wie lange ?*, combien de temps ? | *wie oft ?*, combien de fois ?
2. Exclamatif : que ; comme ; combien. | *wie schön !*, que c'est beau ! | *wie oft !*, que de fois ! | *wie mancher !*, combien ! | *und wie !*, et comment !
II. conj. — **1.** Comparaison : comme ; tel que ; de même que ; de la même façon que. | *stumm wie ein Fisch*, muet comme une carpe. | *ein Mann wie er*, un homme comme lui, tel que lui. | *Physiker wie Planck, Heisenberg*, des physiciens tels que Planck, Heisenberg. | *ich singe, wie der Vogel singt* (Goethe), je chante comme chante l'oiseau. | *Lenz, Klinger, und wie sie alle hießen*, Lenz, Klinger, qui sais-je encore ? | *wie es sich gehört*, comme il faut. | *wie man es nimmt*, selon le point de vue. | *wie du siehst*, comme tu le vois. | *wie gesagt*, comme je l'ai déjà dit. || Prov. *wie man in den Wald ruft, so schallt es heraus*, on récolte ce qu'on a semé. | *wie gewonnen, so zerronnen*, ce qui vient de la flûte s'en va par le tambour. | *wie du mir, so ich dir*, à bon chat, bon rat. || **so... wie,** aussi... que. | *er ist so groß wie ich*, il est aussi grand que moi. | *er ist nicht so groß wie ich*, il est moins grand que moi. | *soviel wie*, autant que. | *sie sind so gut wie verlobt*, on peut dire qu'ils sont fiancés.
2. Temps : comme ; au moment où. | *wie er eintrat*, comme il entrait ; en entrant.
3. Circonstance : comme. | *ich sah, wie er über die Straße ging*, je le vis traverser la rue.
4. locutions conjonctives : **wie... auch,** si... que ; quelque... que (subj.). | *wie schlecht das Wetter auch war*, si mauvais que fût le temps. | *wie dem auch sein mag*, quoi qu'il en soit. — **wie wenn,** comme si (indic.). | *er tat, wie wenn er mich nicht gesehen hätte*, il fit comme s'il ne m'avait pas vu.

Wie [vi:] n. manière f. ; façon f. | *auf das Wie kommt es an*, tout est dans la manière.

wie|fern ['vi:"fɛrn] adv. [inwiefern, wieweit] dans quelle mesure ? ; jusqu'à quel point ? ||**-so** adv. comment cela ? ; pourquoi ? ||**-viel** adv. combien ? | *wieviel Einwohner zählt die Stadt ?*, combien la ville compte-t-elle d'habitants ? | *wieviel einfacher wäre es !*, comme, que ce serait plus simple. | *wieviel Uhr ist es ?*, quelle heure est-il ? | *den wievielten haben wir heute ?*, quel jour sommes-nous ? ||**-vielmal** adv. combien de fois ? ||**-weit** adv. dans quelle mesure ? ; jusqu'à quel point ? ||**-wohl** conj. quoique.

Wiebel ['vi:bəl] m. (s, -). Zool. charançon m.

wiebeln ['vi:bəln] v. intr. [wimmeln] grouiller ; fourmiller.

Wiede ['vi:də] f. (-, n), **Wiedel** [-dəl] m. ou n. (s, -). Dial. lien (m.) d'osier ; hart f.

Wiede|hopf ["vi:də'hɔpf] m. (s, e). Zool. huppe f.

wieder ['vi:dər] adv. encore (une fois) ; une nouvelle fois ; à nouveau ; de nouveau. | *sind Sie schon wieder da ?*, encore vous ? | *nie wieder*, jamais plus. | *immer wieder* ; *wieder und wieder*, sans fin ; continuellement. | *für nichts und wieder nichts*, absolument pour rien. | *hin und wieder*, de temps à autre ; de temps en temps.
◇ partic. sépar. (sauf dans le v. *wiederholen* au sens de répéter).
— Observ. Il faut distinguer à l'infin. et au part. l'association *wieder* (partic.) - verbe, écrite en un mot, et l'association *wieder* (adv.) - verbe, écrite en deux mots. Un même verbe peut entrer dans les deux associations.

Wieder|abdruck ["vi:dər'apdruk] m. (s, e). Typogr. réimpression f. ||**-abtreten** (i, a, e) v. tr. Jur. rétrocéder. ||°**-abtretung** f. (-, en) rétrocession f. ||**-anfangen** (ä, i, a) v. intr. et v. tr. recommencer. ||**-anknüpfen** v. tr. rattacher, renouer. || Fig. reprendre. ||°**-ankurbelung** f. relance f. | *Wiederankurbelung der Wirtschaft*, relance économique. ||°**-aufbau** m. (s) reconstruction f. ; relèvement m. ||**-aufbauen** v. tr. reconstruire ; rebâtir ; restaurer ; relever. ||**-aufbereiten** v. tr. Nucl. retraiter. ||°**-aufbereitung** f. Nucl. retraitement m. ; régénération f. ||°**-aufbereitungs|anlage** f. (-, n). Nucl. usine (f.) de retraitement. ||**-aufblühen** v. intr. Fig. renaître. ||**-aufforsten** v. tr. reboiser. ||°**-aufführung** f. (-, en). Théâtre. reprise f. ||**-aufkommen** (a, o) v. intr. [genesen] se remettre ; se rétablir. || Fig. se redresser ; se relever. || [wieder Mode werden] renaître ; reparaître ; connaître un regain de faveur. ||°**-aufleben** n. (s) renaissance f. ; résurrection f. °**-aufnahme** f. reprise f. | *Wiederaufnahme der diplomatischen Beziehungen*, reprise, rétablissement (m.) des relations diplomatiques. || Jur. revision f. ||**-aufnehmen** (i, a, o) v. tr. reprendre ; réintégrer. || Jur. réviser. ||**-aufrichten** v. tr. relever ; remettre d'aplomb, sur pied. ||**-auftreten** (i, a, e) v. intr. Théâtre. faire sa rentrée. ||°**-auftreten** n. (s). Théâtre. rentrée f. ||°**-ausfuhr** f. (-, en) réexportation f. ||°**-begegnung** f. (-, en) nouvelle rencontre. ||°**-beginn** m. (s, e) recommencement m. ; reprise f. | *Wiederbeginn der Schule*, rentrée (f.) des classes. ||**-beginnen** (a, o) v. intr. recommencer ; reprendre. ||**-bekommen** (a, o) v. tr. rentrer en possession de ; récupérer ; recouvrer. ||**-beleben** v. tr. ranimer ; rappeler ; ramener à la vie ; donner une nouvelle vie à. ||°**-belebung** f. (-, en) réanimation f. ||**-bevölkern** v. tr. repeupler. ||**-bezahlen** v. tr. rembourser. ||**-bringen** (brachte, gebracht) v. tr. [wiederbringen] rapporter ; ramener. || [wieder bringen] apporter une nouvelle fois ; rapporter. ||**-einführen** v. tr. réintroduire ; remettre en usage ; rétablir ; restaurer. || Comm. réimporter. ||°**-einführung** f. (-, en) réintroduction f. ; remise (f.) en usage. ||**-eingliedern** v. tr. réinsérer. ||°**-eingliederung** f. (-, en) réinsertion f. ||**-einrenken** v. tr. Méd. remboîter ; réduire ; remettre en place. ||**-einschiffen** v. tr. et v. pr. rembarquer. ||**-einsetzen** v. tr. *(in ein Amt) wiedereinsetzen*, réintégrer, rétablir (dans un emploi). ||°**-einsetzung** f. (-, en) réintégration f. ; restauration f. || Jur. réhabilitation f. ||**-erhalten** (ä, ie, a) v. tr. recouvrer. ||**-erinnern (sich)** v. pr. *sich an etwas wiedererinnern*, se ressouvenir de qch. ||°**-erinnerung** f. (-, en) réminiscence f. ||**-erkennen** (erkannte, erkannt) v. tr. reconnaître. | *er ist nicht wiederzuerkennen*, il est méconnaissable. ||°**-erkennung** f. (-, en) reconnaissance f. || Philos. recognition f. ||**-erlangen** v. tr. rentrer en possession de ; récupérer ; recouvrer ; retrouver. | *das Bewußtsein wiedererlangen*, reprendre conscience ; revenir à soi ; fig. reprendre ses esprits. ||°**-erlangung** f. (-, en) récupération f. ; reprise f. ||**-erobern** v. tr. reconquérir ; reprendre. ||°**-eroberung** f. (-, en) reconquête f. ; reprise f. ||°**-eröffnung** f. (-, en) réouverture f. ||**-erscheinen** (ie, ie) v. intr. reparaître. ||°**-erstattung** f. (-, en) remboursement m. (des frais). ||**-erwecken** v. tr. réveiller. | *jn vom Tode wiedererwecken*, réanimer qn ; redonner vie à qn. ||**-erwerben** (i, a, o) v. tr. racheter. ||**-erzählen** v. tr. répéter ; se faire l'écho de. ||°**-erzeugung** f. (-, en) régénération f. ||**-finden** (a, u) v. tr. et v. pr. retrouver. | *sich wiederfinden*, se reprendre ; se ressaisir. ||**-flottmachen** v. tr. Mar. remettre à flot ; renflouer. ||°**-gabe** f. (-, n) restitution f. ; remboursement m. ; reproduction f. | *naturgetreue Wiedergabe*, reproduction fidèle. | *wörtliche Wiedergabe eines Textes*, traduction littérale d'un texte. || Mus. interprétation f. ; exécution f. ||°**-gabetreue** f. [Akustik] fidélité f. ||**-geben** (i, a, e) v. tr. restituer ; rendre. | *jm die Freiheit wiedergeben*, rendre la liberté à qn. || Arts. reproduire ; interpréter.

den Sinn wiedergeben, rendre le sens. ||°-**geburt** ["--/'-] f. (-, en). FIG. renaissance f. ; renouveau m. ||-**genesen** (a, e) guérir ; se rétablir. ||°-**genesung** f. rétablissement m. ||-**gewinnen** (a, o) v. tr. regagner ; récupérer. ||-**gutmachen** [--/"-'--] v. tr. réparer ; compenser. | *nicht wiedergutzumachender Schaden*, dommage (m.) irréparable. ||°-**gutmachung** f. (-, en) réparation f. ; compensation f. ||-**herstellen** v. tr. remettre en état ; réparer. || [auffrischen] restaurer ; rénover. || FIG. restaurer ; rétablir. | *das Gleichgewicht wiederherstellen*, rétablir l'équilibre. ||°-**hersteller** m. (s, -) restaurateur m. ; rénovateur m. ||°-**herstellung** f. (-, en). [Ausbesserung] remise (f.) en état ; réparation f. | *Wiederherstellung einer Fassade*, restauration (f.) d'une façade. || FIG. restauration f. ; rétablissement m. ||-**holen** v. tr. insépar. répéter. | *eine Lektion wiederholen*, réviser une leçon. | *eine Klasse wiederholen*, redoubler une classe. — v. pr. **sich wiederholen,** se répéter. ||-**holt** adj. répété ; réitéré. ||°-**holung** f. (-, en) répétition f. ; réitération f. | *Wiederholung einer Lektion*, révision (f.) d'une leçon. | *kurze Wiederholung*, récapitulation f. || MUS. reprise f. || JUR. *im Wiederholungsfalle*, en cas de récidive. ||°-**hören** n. (s). RADIO., TÉLÉPH. *auf Wiederhören !*, au revoir ! ; à la prochaine fois. ||°-**inbetriebnahme** f. remise (f.) en activité, en service. ||-**ingangsetzen** v. tr. remettre en marche, en route. ||°-**instandsetzung** f. (-, en) remise (f.) en état. ||-**käuen** v. intr. et v. tr. ruminer. || FIG. ruminer ; remâcher. ||°-**käuer** m. (s, -). ZOOL. ruminant m. ||°-**kauf** m. (s, ¨e) rachat m. ||°-**kehr** f. retour m. ||-**kehren** v. intr. revenir ; se reproduire ; se répéter. | *die Gelegenheit kehrt nicht wieder*, l'occasion ne se présentera plus. ||-**kommen** (a, o) v. intr. [wiederkommen] revenir. | *ich komme gleich wieder*, je reviens tout de suite, à l'instant. || [wieder kommen] *das kommt nie wieder*, on ne reverra plus jamais cela. ||°-**kunft** f. retour m. ||-**sagen** v. tr. répéter ; redire. ||-**sehen** (ie, a, e) v. tr. revoir. | *wann sehen wir uns wieder ?*, quand nous reverrons-nous ? ||°-**sehen** n. (s) *auf Wiedersehen !*, au revoir ! | *auf baldiges Wiedersehen*, à bientôt. ||°-**täufer** m. (s, -). HIST. anabaptiste m. ||-**um** adv. [nochmals] de nouveau ; derechef. || [dagegen] d'un autre côté ; par contre ; en revanche. ||°-**vereinigung** f. (-, en) réunion f. ; réunification f. ||-**verheiraten (sich)** v. pr. se remarier. ||°-**verkauf** m. (s, ¨e) revente f. ||°-**verkäufer** m. (s, -) revendeur m. ||-**verpflichten (sich)** v. pr. MIL. se rengager ; FAM. rempiler. ||°-**verwendung** f. (-, en) récupération f. ; réutilisation f. ; réemploi m. ||-**verwerten** v. tr. recycler. | *wiederverwertetes Glas*, verre recyclé. ||°-**wahl** f. (-, en) réélection f.

Wiege ['vi:gə] f. (-, n) berceau m. | *in der Wiege liegen*, être au berceau. | *Goethes Wiege stand in Frankfurt*, Goethe est né à Francfort. || ARTS. berceau m. (du graveur).

Wiege|messer ["vi:gə'mɛsər] n. (s, -) hachoir m.

wiegen ['vi:gən] v. tr. [schaukeln] bercer. | *ein Kind in den Armen wiegen*, bercer un enfant dans ses bras. | *ein Kind in den Schlaf wiegen*, bercer un enfant jusqu'à ce qu'il s'endorme. || PAR EXT. balancer. | *den Kopf hin und her wiegen*, dodeliner de la tête. | *die Wellen wiegen das Boot*, la barque se balance sur les vagues.

◇ part. pass. **gewiegt,** expérimenté ; averti ; adroit ; habile.

◇ v. pr. **sich wiegen,** se balancer. | *sich in den Hüften wiegen*, se déhancher. || FIG. *sich in Hoffnungen wiegen*, se bercer d'espoirs.

wiegen ['vi:gən] (o, o) v. tr. et v. intr. peser ; avoir un poids de. | *er wiegt hundert Kilo*, il pèse cent kilos. | *der Fleischer wiegt knapp*, le boucher pèse juste. || FIG. peser, avoir du poids. | *nicht schwer wiegen*, être de peu de poids.

Wiegen|druck ["vi:gən'druk] m. (s, e). [Inkunabel] incunable m. ||°-**kind** n. (s, er) bébé m. ||°-**korb** m. (s, ¨e) moïse m. ||°-**lied** n. (s, er) berceuse f.

wiehern ['vi:ərn] v. intr. hennir. || PAR EXT. rire bruyamment.

Wiek [vi:k] f. (-, en) baie f. (sur la côte balte).

Wiem [vi:m] m. (s, e), **Wieme** ['vi:mə] f. (-, n), **Wiemen** ['vi:mən] m. (s, -) perchoir m.

Wien [vi:n] n. pr. n. GÉOGR. Vienne f.

Wiener ['vi:nər] adj. viennois. | *Wiener Schnitzel*, escalope viennoise. || *Wiener Walzer*, valse viennoise.

wienerisch [-riʃ] adj. viennois.

wienern ['vi:nərn] v. tr. astiquer.

Wiese ['vi:zə] f. (-, n) pré m. ; prairie f. | *Wiese und Wald*, les bois et les prés.

Wiesel ['vi:zəl] n. (s, -). ZOOL. belette f.

Wiesen|blume ["vi:zən'blu:mə] f. (-, n) fleur (f.) des prés. ||°-**grund** m. (s, ¨e) vallon herbeux. ||°-**monat** m. (s, e). HIST. prairial m. ||°-**moor** n. (s, e) marais vert. ||°-**pieper** m. (s, -). ZOOL. farlouse f. ||°-**salbei** ["-/-'] m. (s) BOT. sauge (f.) des prés. ||°-**schaumkraut** n. (s). BOT. cresson m. ||°-**tal** n. (s, ¨er) vallée herbeuse. ||°-**wachs** m. (es) produit (m.) de la fenaison. ||°-**wirt** m. (s, e). AGRIC. herbager m.

wieten ['vi:tən] v. tr. sarcler.

Wiking ['vi:kiŋ] m. (s, er). HIST. Viking m.

Wikinger|boot ["vi:kiŋər'bo:t] n. (s, e), °-**schiff** n. (s, e). HIST. drakkar m.

wild [vilt] adj. **1.** [im Naturzustand] sauvage ; à l'état sauvage. | *wildes Tier*, animal (m.) sauvage. | *wilde Gegend*, contrée (f.) sauvage. | *wilde Völker*, peuples primitifs.

2. [ungezähmt] déchaîné ; débridé ; effréné ; indompté. | *wildes Kind*, enfant (m.) terrible. | *wilder Trieb*, instinct déchaîné. | *wildes Meer*, mer déchaînée ; fureur (f.) des flots. | *wilde Einbildungskraft*, imagination débridée. | *wilder Kampf*, combat acharné. | *wilde Flucht*, fuite éperdue.

3. [ungepflegt] inculte ; peu soigné. | *wildes Haar*, cheveux (m. pl.) hirsutes.

4. [zornig] furieux ; en colère. | *das Pferd wird wild*, le cheval s'emballe. | *ein Pferd wild machen*, effaroucher un cheval. || FIG. *wilde Miene*, air (m.) farouche.

5. [ordnungswidrig] anarchique. | *wilde Ehe*, union (f.) libre. | *wilder Streik*, grève spontanée, sauvage. | *ein wildes Leben führen*, mener une vie désordonnée.

6. Sens particuliers divers. BOT. *wilde Rose*, églantine f. | *wilder Wein*, vigne (f.) vierge. || MÉD. *wildes Fleisch*, excroissance (f.) de chair. || MINÉRAL. *wildes Gestein*, roche (f.) stérile. || MYTH. *der wilde Jäger*, Odin m. ; Wotan m. | *die wilde Jagd*, la chasse infernale.

◇ adv. [im Naturzustand] à l'état sauvage. | *wild wachsen*, pousser à l'état sauvage. | *wild um sich schlagen*, distribuer les coups à l'aveuglette.

Wild [vilt] n. (s) gibier m. | *Rotwild*, cerfs et chevreuils. | *Schwarzwild*, sangliers.

Wild|bach ["vilt'bax] m. (s, ¨e) torrent m. ||°-**bret** n. (s) gibier m. ; venaison f. ||°-**dieb** m. (s, e) braconnier m. ||°-**dieberei** f., °-**diebstahl** m. (s, ¨e) braconnage m. ||°-**ente** f. (-, n). ZOOL. canard (m.) sauvage. ||°-**esel** m. (s, -). ZOOL. onagre m. ||°-**fang** m. (s, ¨e). FIG. petit diable ; jeune diablesse. ||-**fremd** adj. tout à fait étranger ; parfaitement inconnu. | *hier bin ich wildfremd*, je ne connais personne ici. ||°-**frevler** m. (s, -) braconnier m. ||°-**gans** f. (-, ¨e). ZOOL. oie (f.) sauvage. ||°-**gehege** n. (s, -) parc m. ; réserve f. ; varenne f. ||°-**geschmack** m. (s) goût (m.) de faisandé. ||°-**grube** f. (-, n) chausse-trape f. ||°-**hafer** m. (s). BOT. folle avoine f. ||°-**heger** m. (s, -), °-**hüter** m. (s, -) garde-chasse m. ||°-**kaninchen** n. (s, -) lapin (m.) de garenne. ||°-**katze** f. (-, n) chat (m.) sauvage. ||°-**leder** n. (s) [peau (f.) de] daim m. ; peau (f.) de chamois ; cuir (m.) chamoisé. ||-**reich** adj. giboyeux. ||°-**sau** f. (-, ¨e). ZOOL. laie f. ||°-**schaden** m. (s, ¨) dégâts du gibier. ||°-**schütz** m. (en, en). [Jäger] chasseur m. ; [Wilddieb] braconnier m. ||°-**schwein** n. (s, e). ZOOL. sanglier m. | *junges Wildschwein*, marcassin m. ||°-**taube** f. (-, n). ZOOL. ramier m. ||°-**tier** n. (s, e) bête (f.) sauvage. ||°-**wechsel** m. (s, -). [Jagd] passée f. ||°-**west** m. (s), °-**westen** m. (s) Far West m. ||-**wüchsig** adj. BOT. (poussant à l'état) sauvage.

Wilde(r) ['vildə(r)] f. (m.) sauvage s.

Wilde ['vildə] f. (-, n) désert m. ; contrée (f.) sauvage.

Wilderei [vildə'rai] f. braconnage m.

Wilderer ['vildərər] m. (s, -) braconnier m.

wildern [-dərn] v. intr. braconner. || PAR EXT. marauder.

Wildheit ['vilthait] f. sauvagerie f. ; brutalité f. ; violence f. ; force f.

Wildling ['viltliŋ] m. (s, e) animal (m.) sauvage. || BOT. sauvageon m. || FIG. homme (m.) sauvage.

Wildnis ['viltnis] f. (-, se) désert m. ; contrée (f.) désertique, sauvage, désolée.

Wilhelm ['vilhɛlm] n. pr. m. Guillaume m.

will [vil] 3e pers. du prés. de **wollen.**

Wille ['vilə] m. (ns), **Willen** ['vilən] m. (s) volonté f. ; vouloir m. ; dessein m. ; intention f. | *etwas mit Willen tun*, faire qch. exprès, délibérément. | *etwas wider Willen tun*, faire qch. malgré soi. | *nach js Willen*, selon, suivant la volonté de qn. | *gegen js Willen*, contre la volonté de qn. | *js Willen ausführen*, accomplir la volonté de qn. | *seinen eigenen Willen haben*, agir à sa guise. | *auf seinem Willen bestehen, beharren*, s'obstiner ; s'entêter. | *seinen Willen durchsetzen*, imposer sa volonté ; parvenir à ses fins. | *unbändiger Wille*, volonté inflexible. | *voll guten Willens*, plein de bonne volonté. | *beim besten Willen ; trotz besten Willens*, avec la meilleure volonté (du monde). | *freier Wille*, libre arbitre m. | *aus freiem Willen*, de son propre chef ; de plein gré. | *jm zu Willen sein*, accéder à la volonté de qn. | *böser Willen*, mauvaise volonté. | *letzter Wille*, dernières volontés. || FAM. *du sollst deinen Willen haben*, ce sera comme tu voudras. || HIST. *also ist unser königlicher Wille*, tel est notre bon plaisir. || RELIG. *Dein Wille geschehe*, que votre volonté soit faite. || PROV. *wo ein Wille ist, ist auch ein Weg*, vouloir, c'est pouvoir.

Willen ['vilən] m. (s). V. WILLE.

willen [-lən] *um einer Sache willen*, à cause de qch. | *um Gottes willen ! ; um Himmels willen !*, pour l'amour du Ciel ! ; de grâce !

willen|los ["vilən'lo:s] adj. sans volonté ; passif ; docile. | *jm willenlos gegenüberstehen*, être un jouet entre les mains de qn. ||°**-losigkeit** f. manque (m.) de volonté ; docilité f. ; passivité f.

willens ['viləns] adv. *willens sein, zu*, avoir l'intention de ; être disposé à.

Willens|akt ["viləns'akt] m. (s, e), °**-äußerung** [-'ɔysəruŋ] f. (-, en) [manifestation (f.) de la] volonté f. || PHILOS. volition f. | *letzte Willensäußerung*, dernières volontés. ||°**-erklärung** f. (-, en). JUR. disposition f. ; stipulation f. ||°**-freiheit** f. PHILOS., RELIG. libre arbitre m. ||°**-kraft** f. énergie (f.) volontaire ; force (f.) de caractère. ||°**-lähmung** f. inhibition (f.) de la volonté. ||°**-lenkung** f. (-, en) suggestion f. ||°**-schwäche** f. manque (m.) de volonté ; faiblesse (f.) de caractère. ||**-stark** adj. énergique ; volontaire.

willentlich ['viləntliç] adv. volontairement ; exprès. | *wissentlich und willentlich*, en pleine connaissance de cause.

will|fahren [vil'fɑ:rən] v. intr. acquiescer à. | *dem Wunsch seines Gastes willfahren*, déférer au désir de son invité. ||**-fährig** adj. obligeant ; complaisant ; docile. — adv. obligeamment ; docilement. ||°**-fährigkeit** f. obligeance f. ; docilité f.

willig ['viliç] adj. docile ; obéissant ; de bonne volonté. | *willig sein, zu*, consentir à. || [Bibel] *der Geist ist willig, das Fleisch ist schwach*, l'esprit est prompt mais la chair est faible.
◇ adv. de bonne grâce ; docilement.

Willigkeit [-kait] f. docilité f.

Willkomm ['vilkɔm] m. (s), **Willkommen** [vil'kɔmən] n. (s) bienvenue f. | *jm ein Willkommen zurufen*, saluer l'arrivée de qn. | *Willkommensgruß*, souhaits (m. pl.) de bienvenue.

willkommen [vil'kɔmən] adj. bienvenu. | *ein willkommener Gast*, un hôte bienvenu. | *jn willkommen heißen*, souhaiter la bienvenue à qn. || PAR EXT. *willkommen sein*, arriver à propos ; venir à point.

Willkür ['vilky:r] f. arbitraire m. ; bon plaisir ; volonté (f.) despotique.

willkürlich [-liç] adj. arbitraire ; injustifié. | *willkürliche Maßnahme*, mesure (f.) arbitraire.
◇ adv. arbitrairement ; sans motif. | *willkürlich verteilen*, randomiser.

wimmeln ['viməln] v. intr. grouiller ; fourmiller ; pulluler. | *der Platz wimmelt von Menschen*, la place est noire de monde.

Wimmeln [-məln] n. (s) grouillement m. ; fourmillement m.

Wimmer ['vimər] m. (s, -). [Knorren] nœud m. || [Winzer] vigneron m.

wimmern ['vimərn] v. intr. gémir ; geindre ; se plaindre doucement.

Wimpel ['vimpəl] m. (s, -) fanion m. || MAR. flamme f. ; guidon m.

Wimper ['vimpər] f. (-, n). ANAT. cil m. | *falsche Wimpern*, faux cils m. pl. | *ohne mit der Wimper zu zucken*, sans sourciller.

Wimper|schlag ["vimpər'ʃlɑ:k] m. (s, ¨e) clin (m.) d'œil. ||°**-tierchen** n. (s, -). ZOOL. infusoire (cilié). ||°**-tusche** f. (-, n) mascara m. ; Rimmel m. (Wz.).

Wimperg ['vimpɛrk] m. (s, e), **Wimperge** [-pɛrgə] f. (-, n). ARCHIT. gable m.

Wind [vint] m. (s, e). **1.** vent m. | *der Wind weht*, le vent souffle. | *der Wind springt um*, le vent tourne. | *der Wind legt sich*, le vent tombe. | *linder Wind*, zéphyr m. | *in Wind und Wetter*, par tous les temps. | *Lehre vom Wind*, anémographie f.

2. MAR. *günstiger Wind*, vent favorable. | *widriger Wind*, vent contraire. | *vorm Wind segeln*, aller, courir vent arrière ; FIG. avoir le vent en poupe. | *mit vollem Wind segeln*, aller, courir grand largue. | *hart am Wind segeln*, naviguer au plus près. | *gegen den Wind segeln*, louvoyer. | *zwischen Wind und Wasser*, à fleur d'eau.

3. FIG. *jm den Wind aus den Segeln nehmen*, couper l'herbe sous le pied à qn. | *das ist Wind in seine Segel*, cela apporte de l'eau à son moulin. | *er weiß, woher der Wind weht*, il sait prendre le vent. | *sich nach dem Wind drehen ; das Mäntelchen nach dem Wind hängen*, retourner sa veste ; tourner casaque. | *in den Wind reden*, prêcher dans le désert. | *etwas in den Wind schlagen*, faire fi de qch. | *vom Winde verweht*, autant en emporte le vent. | *Wind machen*, se donner de l'importance ; FAM. déplacer de l'air. | *wie der Wind*, comme l'éclair. | *die Nachricht verbreitet sich in Windeseile*, la nouvelle se propage comme une traînée de poudre.

4. [Jagd] vent m. | *der Hirsch hat den Jäger im Wind*, le cerf a le vent du chasseur. || FIG. *von etwas Wind bekommen*, avoir vent de qch.

5. MÉD. vent m. ; flatulence f.

Wind|anker ["vint'aŋkər] m. (s, -). MAR. amarre (f.) fixe. ||°**-ball** m. (s, ¨e) ballon m. ||°**-baum** m. (s, ¨e). MAR. anspect m. ||°**-beschreibung** f. anémographie f. ||°**-beutel** m. (s, -). FIG. tête (f.) en l'air ; écervelé m. ; hâbleur m. || CULIN. chou (m.) à la crème. ||°**-beutelei** f. hâblerie f. ||°**-blume** f. (-, n). BOT. anémone f. ||°**-büchse** f. (-, n) carabine (f.) à air comprimé. ||°**-dämon** m. (s, en) esprit (m.) des vents ; harpie f. ||°**-ei** n. (s, er) œuf (m.) sans coquille. ||°**-energie** f. (-, n) énergie éolienne. ||°**-fahne** f. (-, n). PR. et FIG. girouette f. ||°**-fang** m. (s, ¨e). [Tür] tambour m. || [Nase] mufle m. ||°**-form** f. (-, en). TECHN. tuyère f. ||°**-gebläse** n. (s). TECHN. soufflante f. ||°**-harfe** f. (-, n) harpe éolienne. ||°**-haube** f. (-, n) passe-montagne m. ||°**-hose** f. (-, n) trombe f. ; tourbillon m. ||°**-hund** m. (s, e). ZOOL. lévrier m. || FIG. tête (f.) en l'air ; écervelé m. ||°**-hündin** f. (-, nen) levrette f. ||°**-jacke** f. (-, n) anorak m. ||°**-kanal** m. (s, ¨e). TECHN. soufflerie f. ||°**-kraftwerk** n. (s, e) aérogénérateur m. ||°**-licht** n. (s, er) lampe (f.) tempête. ||°**-loch** n. (s, ¨er) soupirail m. ||°**-macherei** f. hâblerie f. ; poudre (f.) aux yeux ; charlatanerie f. ||°**-messer** m. (s, -) anémomètre m. ||°**-monat** m. (s, e), °**-mond** m. (s, e). HIST. ventôse m. ||°**-motor** m. (s, en) éolienne f. ||°**-mühle** f. (-, n) moulin (m.) à vent. ||°**-pocken** f. pl. MÉD. varicelle f. ||°**-rad** n. (s, ¨er). TECHN. éolienne f. ||°**-rose** f. (-, n) rose (f.) des vents. ||°**-röschen** n. (s, -). BOT. anémone f. ||°**-sack** m. (s, ¨e) manche (f.) à air. ||°**-schatten** m. (s, -) endroit, côté abrité du vent. ||**-schief** adj. déjeté ; tordu ; voilé. ||°**-schirm** m. (s, e) palissade f. ; paravent m. ||°**-schliff** m. (s, e). GÉOGR. érosion éolienne. ||°**-schutz** m. (es) abrivent m. ||°**-schutzscheibe** f. (-, n). AUTOM. pare-brise m. ||°**-seite** f. (-, n) côté exposé au vent. || MAR. [Luvseite] lof m. ||°**-spiel** n. (s, e). ZOOL. levrette f. ; levron m. ||**-still** adj. sans vent ; calme. ||°**-stille** f. calme m. | *völlige Windstille*, calme plat. | *bei Windstille*, par vent nul. ||°**-stoß** m. (es, ¨e) coup (m.) de vent ; rafale f. ||°**-surfbrett** n. (s, er) planche (f.) à voile. ||°**-surfer(in)** m. (s, -), f. (-, nen) véliplanchiste s. ||**-treibend** adj. MÉD. carminatif. ||°**-verhältnisse** n. pl. régime (m.) des vents. ||**-wärts** adv. MAR. au lof. ||°**-zug** m. (s, ¨e) courant (m.) d'air.

Winde ['vində] f. (-, n). BOT. liseron m. || TECHN. [Hebegerät] treuil m. ; cric m. | *Wind(e)eisen* ; n. tourne-à-gauche m. || MAR. guindeau m. ; cabestan m.

Windel ['vindəl] f. (-, n) couche f.

Windel|bohrer ["vindəl'bo:rər] m. (s, -). TECHN. vilebrequin m. ||°**-höschen** n. (s, -) couche-culotte f. ||°**-kind** n. (s, er) poupon m. ||**-weich** adj. *jn windelweich schlagen*, battre qn comme plâtre.

windeln ['vindəln] v. tr. langer ; emmailloter.

winden ['vindən] (windete, gewindet) v. intr. *es windet*, il y a du vent.
◇ v. tr. [vom Wild] flairer ; éventer.

winden ['vindən] (a, u) v. tr. **1.** [wickeln] enrouler ; rouler ; envelopper. | *in ein Tuch winden*, envelopper d'un linge.

2. [flechten] tresser. | *Blumen zu einem Kranz winden*, tresser une couronne de fleurs.

3. [pressen] tordre. | *die Wäsche winden*, tordre le linge.

4. [heben] hisser ; lever ; faire monter.

◇ part. pass. **gewunden,** tordu ; en lacets. | *gewundene Säule,* colonne torse. || FIG. compliqué ; obscur ; embrouillé.
◇ v. pr. **sich winden,** se tordre ; se tortiller. | *sich wie ein Wurm winden,* se tortiller comme un ver. | *der Pfad windet sich aufwärts,* le chemin monte en lacets, serpente au flanc de la colline. || FIG. *er mag sich winden und drehen,* il a beau faire.

Winden [-dən] n. (s). [Wickeln] enroulement m. || [Sichwinden] contorsions f. pl.

Winden|gewächs [ʺvindəngəˈvɛks] n. (es, e). BOT. convolvulacée f.

Windes|eile [ʺvindəsˈailə] f. vitesse (f.) du vent. | *mit Windeseile fahren,* aller comme le vent.

windig [ˈvindiç] adj. [voll Wind] venteux ; éventé ; battu par les vents. | *windiger Tag,* jour (m.) de grand vent. | *es ist windig,* il y a du vent. || [leer] creux ; plein de vent. || FIG. écervelé ; évaporé.

Winds|braut [ʺvindsˈbraut] f. bourrasque f.

Windung [ˈvinduŋ] f. (-, en). [Krümmung] sinuosité f. ; méandre m. ; détour m. || [Schlange] anneau m.

Wingert [ˈviŋɛrt] m. (s, e) vignoble m.

Wink [viŋk] m. (s, e) signe m. ; geste m. | *ein Wink mit den Augen,* un signe du regard. | *einen Wink geben,* faire un signe. | *auf den Wink gehorchen,* obéir au doigt et à l'œil. | *jedes Winkes gewärtig,* attentif au moindre signe, au moindre désir (de qn). || FIG. indication f. ; avis m. ; avertissement m. | *jm einen Wink geben,* avertir qn. | *ein zarter Wink ; ein leiser Wink,* une allusion, une indication discrète. | *praktische Winke,* des indications pratiques. || [Augenblick] clin (m.) d'œil ; instant m. | *in einem Wink,* en un clin d'œil.
— SYN. : *Zeichen,* signe ; *Weisung,* indication ; *Warnung,* avertissement ; *Rat,* conseil.

Winkel [ˈviŋkəl] m. (s, -). **1.** [Ecke] angle m. || MATH. *gestreckter Winkel,* angle plat. | *rechter Winkel,* angle droit. | *stumpfer Winkel,* angle obtus. | *spitzer Winkel,* angle aigu. || AUTOM. *toter Winkel,* angle mort. || MIL. *einspringender Winkel,* angle rentrant. | *ausspringender Winkel,* angle saillant. || [Abzeichen] chevron m.
2. [Maßwerkzeug] coude m. ; triangle m. ; équerre f. | *den Winkel anlegen,* mesurer à l'équerre. | *in den Winkel bringen,* équerrer.
3. [enger Raum] coin m. ; recoin m. ; réduit m. | *ein entlegener Winkel,* un coin retiré ; un coin perdu. || FIG. *das Glück im Winkel,* bonheur petit-bourgeois. | *alle Winkel und Ecken,* les coins et les recoins. | *im Winkel sitzen,* être délaissé, être mis au rancart.

Winkel... (en compos.) d'angle ; angulaire. || FIG., POP. illégal ; clandestin ; secret ; louche.

Winkel|abweichung [ʺvinkəlˈapvaiçuŋ] f. (-, en) écart (m.) angulaire. ||°-**advokat** m. (en, en) avocat (m.) sans causes. ||°-**blatt** n. (s, ¨er) journal local. ||°-**bogen** m. (s, - ou ¨). MATH. arc (m.) d'angle. ||°-**ehe** f. (-, n) mariage clandestin. ||°-**eisen** n. (s, -) équerre (f.) de fer ; cornière f. ; fer (m.) en équerre. ||°-**funktion** f. (-, en). MATH. fonction (f.) trigonométrique. ||°-**gasse** f. (-, n) ruelle tortueuse, mal famée ; impasse f. ||°-**geschwindigkeit** f. (-, en) vitesse (f.) angulaire. ||°-**haken** m. (s, -) composteur m. ||°-**halbierende** f. (-, n). MATH. bissectrice f. ||°-**kneipe** f. (-, n) cabaret mal famé ; caboulot m. ||°-**maß** n. (es, e). TECHN. triangle f. ; équerre f. ||°-**messer** m. (s, -). MATH. rapporteur m. ; goniomètre m. ; cadran (m.) de pointage. ||°-**meßkunst** f. goniométrie f. ||°-**rad** n. (s, ¨er). TECHN. roue (f.) conique. ||-**recht** adj. à angle droit. ||°-**scheibe** f. (-, n). MAR. astrolabe m. ||°-**schnur** f. (-, en). [Schmuckform] *griechische Winkelschnur,* grecque f. ||°-**spiel** n. (s, e) jeu (m.) des quatre coins. ||°-**treppe** f. (-, n) escalier dérobé. ||°-**zug** m. (s, ¨e) détours m. pl. ; prétexte m. ; biais m. ; faux-fuyant m.

wink(e)lig [ˈviŋk(ə)liç] adj. à angl ; angulaire ; anguleux ; tortueux ; brisé.
— SYN. : *krumm ; reich an Winkeln.*

winken [ˈviŋkən] v. intr. et v. tr. faire des signes, des signaux ; faire signe. | *jm winken,* faire des signes à qn ; faire signe à qn. | *mit der Hand winken,* faire un signe de la main. | *mit den Augen winken,* faire signe du regard. | *jn zu sich, näher winken,* faire signe à qn de s'approcher. || FIG., FAM. *jm mit dem Zaunpfahl, mit dem Laternenpfahl, mit dem Scheunentor winken,* faire ostensiblement signe à qn ; donner un grand coup de coude à qn. | *der Erfolg winkt ihm,* le succès l'attend ; il va au-devant du succès.
— SYN. : *Zeichen geben,* donner des signes, faire signe ; *deuten,* indiquer ; *warnen,* avertir.

Winker [-kər] m. (s, -). MIL. signaleur m. || AUTOM. indicateur (m.) de changement de direction ; flèche (f.) mobile ; clignotant m.

Winker|krabbe [ʺviŋkərˈkrabə] f. (-, n). ZOOL. crabe (m.) à signaux ; crabe (m.) violoniste.

Winselei [vinzəˈlai] f. (-, en) jérémiades f. pl. ; pleurnicheries f. pl.

winseln [ˈvinzəln] v. intr. pleurnicher ; geindre.

Winter [ˈvintər] m. (s, -) hiver m. | *ein strenger Winter,* un hiver rigoureux. | *im Winter,* en hiver. | *mitten im Winter,* en plein hiver. | *den Winter über,* durant l'hiver.

Winter|aster [ʺvintərˈastər] f. (-, n). BOT. chrysanthème m. ||°-**bedarf** m. (s) provisions (f. pl.) d'hiver. | *seinen Winterbedarf an Kohlen decken,* faire provision de charbon pour l'hiver. ||°-**fahrplan** m. (s, ¨e) horaire (m.) d'hiver. ||°-**früchte** f. pl. fruits (m. pl.) de garde. ||°-**garten** m. (s, ¨) jardin (m.) d'hiver ; serre f. ||°-**gast** m. (s, ¨e) hivernant m. ||°-**gerste** f. (-, n). AGRIC. escourgeon m. ||°-**grün** n. (s). BOT. pervenche f. ; pyrole f. ||°-**halbjahr** n. (s, e) semestre (m.) d'hiver. ||°-**haus** n. (es, ¨er) maison (f.) d'hiver ; orangerie f. ; serre chaude. ||°-**könig** m. (s, e). ZOOL. roitelet m. ||°-**kurort** m. (s, e) station (f.) d'hiver. ||°-**lerche** f. (-, n). ZOOL. [Goldammer] bruant m. ||°-**mantel** m. (s, ¨) manteau (m.) d'hiver. ||°-**mond** m. (s, e). POÉT. (Vx.) décembre m. ; janvier m. ||°-**obst** n. (s) fruits (m. pl.) de garde. ||°-**quartier** n. (s, e). MIL. quartiers (m. pl.) d'hiver. | *das Winterquartier beziehen,* prendre ses quartiers d'hiver. ||°-**saat** f. (-, en) semailles (f. pl.) d'automne. ||°-**schlaf** m. (s, e) sommeil hivernal, hibernal ; hibernation f. | *den Winterschlaf halten,* hiberner. ||°-**schläfer** m. (s, -). ZOOL. animal (m.) hibernant. ||°-**(sonnen)wende** f. solstice (m.) d'hiver. ||°-**sport** m. (s, e) sport (m.) d'hiver. ||°-**zeug** n. (s) vêtements (m. pl.) d'hiver.

winterhaft [ˈvintərhaft] adj. d'hiver ; comme en hiver ; hivernal.

winterlich [ˈvintərliç] adj. d'hiver ; hivernal ; hibernal.

wintern [-tərn] v. impers. et v. intr. *es wintert,* l'hiver vient ; c'est l'hiver. || hiverner.

Winterung [-təruŋ] f. (-, en) hivernage m.

Winzer [ˈvintsər] m. (s, -). [Weinbauer] vigneron m.

Winzer|fest [ʺvintsərˈfɛst] n. (s, e) fête (f.) des vendanges. ||°-**genossenschaft** f. (-, en) coopérative (f.) viticole. ||°-**messer** n. (s, -) serpette (f.) de vigneron.

winzig [ˈvintsiç] adj. très petit ; minuscule ; infime. || PAR EXT. insignifiant.

Winzigkeit [-kait] f. (-, en) taille (f.) minuscule, infime. || FIG. bagatelle f.

Wipfel [ˈvipfəl] m. (s, -). [Baum] cime f.

Wippchen [ˈvipçən] n. (s, -) tour (m.) de passe-passe ; feinte f.

Wippe [ˈvipə] f. (-, n) balançoire f. ; bascule f. ; balancement m. || LOC. *auf der Wippe sein,* être en équilibre instable. || HIST. estrapade f.

wippen [-pən] v. tr., v. intr. et v. pr. balancer ; faire basculer. | *sich wippen,* se balancer. | *mit den Füßen wippen,* balancer les jambes. | *jn wippen,* faire trébucher qn ; HIST. donner l'estrapade.
— SYN. : *schaukeln,* balancer ; *kippen,* faire basculer.

Wipper [-pər] m. (s, -). TECHN. [Kipper] culbuteur m. || HIST. *die Wipper und Kipper,* les faux-monnayeurs du Moyen Âge.

Wipp|galgen [ʺvipˈgalgən] m. (s, -). HIST. estrapade f. ||°-**kran** m. (s, e ou ¨e). TECHN. grue (f.) à volée variable. ||°-**tisch** m. (s, e) table basculante. ||°-**sterz** m. (es, e). ZOOL. bergeronnette f.

wir [viːr] pron. pers. nous. | *wir beide,* nous deux. | *das werden wir sehen,* nous verrons ; on verra. | *wir Deutsche ; wir Deutschen,* nous autres Allemands. || [Majestätsform] *Wir,* nous. | *Wir, Ludwig, König von Gottes Gnaden,* Nous, Louis, roi par la grâce de Dieu.

Wirbel [ˈvirbəl] m. (s, -). **1.** tourbillon m. ; remous m. ; tourbillonnement m. | *die Wirbel des Wassers,* les remous de l'eau. || FIG. *im Wirbel der Leidenschaft,* dans le trouble de la passion.
2. [Haarwirbel] sommet (m.) de la tête ; épi (m.) de cheveux. | *vom Wirbel bis zur Zehe,* des pieds à la tête. || ANAT. [Knochen] vertex m. ; vertèbre f. || MUS. [Streich- und Zupfinstrument] cheville f. ; [Schlag-

instrument] roulement (m.) de tambour. || TECHN. vortex m. || [Fenster] tourniquet m.

— SYN. : de **1.** : *Strudel*, remous ; *Gestöber*, tourbillon.

Wirbel|bein ["virbəl'bain] n. (s, e) vertèbre f. ||°**-bewegung** f. (-, en) mouvement tourbillonnant. ||°**-knochen** m. (s, -). ANAT. vertèbre f. ||**-los** adj. invertébré. || ZOOL. *wirbellose Tiere*, invertébrés. ||°**-säule** f. (-, n). ANAT. [Rückgrat] colonne vertébrale. ||°**-strom** m. (s, ¨e) remous m. ; tourbillons m. pl. ||°**-sturm** m. (s, ¨e) tempête f. ; cyclone m. ||°**-tier** n. (s, e). ZOOL. vertébré m. ||°**-tierchen** n. (s, -). ZOOL. vorticelle f. ||°**-wind** m. (s, e) tourbillon m. ; rafale f.

wirbelig ['virbəliç], **wirbelhaft** [-bəlhaft] adj. tourbillonnant ; vertigineux. || FIG. turbulent ; enragé.

wirbeln [-bəln] v. tr. et v. intr. faire tournoyer ; faire tourbillonner ; tourbillonner ; tournoyer. | *der Rauch wirbelt*, la fumée fait des tourbillons. | *das Wasser wirbelt*, l'eau fait des remous, des tourbillons. || MUS. *die Trommeln wirbeln*, les tambours grondent.

Wirbeln [-bəln] n. (s) tournoiement m. ; tourbillonnement m. || MUS. [Trommeln] roulement (m.) de tambour.

wirken ['virkən] v. tr. et v. intr. **1.** [tätig sein ; einen Beruf ausüben] exercer un métier, une fonction. | *als Professor an einer Universität wirken*, être professeur dans une université.

2. [Einfluß haben, schaffen] avoir de l'effet ; faire de l'effet ; être efficace ; agir ; opérer. | *die Arznei wirkt*, le remède agit. | *schädlich wirken*, avoir des effets nuisibles. | *aus der Ferne wirken*, agir à distance. | *durch gutes Beispiel wirken*, donner l'exemple. | *das hat auf ihn gewirkt*, cela a fait impression sur lui. | *für jn wirken*, agir en faveur de qn ; s'entremettre en faveur de qn. || FIG. faire l'effet de ; donner l'impression de. | *das wirkt wie abgekartet*, on dirait un coup monté.

3. [tun ; machen] *das wirkt Wunder*, cela fait merveille. | *Gutes wirken*, faire du bien ; avoir une bonne influence.

4. [Stoffe herstellen] *handgewirkte Tapeten*, des tapisseries tissées à la main.

Wirken [-kən] n. (s) action f. ; activité f. ; effet m. || TECHN. tissage m.

wirkend [-kənt] part. prés. *langsam wirkend*, qui agit lentement. | *einfach wirkend*, à simple effet. || RELIG. *wirkende Gnade*, grâce (f.) efficace.

Wirker [-kər] m. (s, -) auteur (m.) de l'action ; qui agit. || TECHN. tisseur m.

Wirkerei [virkə'rai] f. tissage m.

Wirk|leistung ["virk'laistuŋ] f. ÉLECTR. puissance réelle, effective. ||°**-leistungs|messer** m. (s, -). ÉLECTR. wattmètre m.

wirklich ['virkliç] adj. vrai ; effectif ; authentique ; réel. | *der wirkliche Wert*, la valeur réelle.

◇ adv. vraiment ; effectivement ; de fait ; en effet. | *es ist wirklich so*, il en est vraiment ainsi. | *ist das wirklich wahr ?*, est-ce bien vrai ?

Wirklichkeit [-kait] f. (-, en) réalité f. ; caractère effectif. | *in Wirklichkeit*, en réalité ; de fait. | *die rauhe, die harte Wirklichkeit*, la dure réalité.

— SYN. : *Wahrheit*, vérité ; *Tatsache*, réalités.

Wirklichkeits|form ["virkliçkaits'fɔrm] f. (-, en). GRAMM. indicatif m. ||**-fremd** adj. qui n'a pas le sens des réalités ; inadapté. ||**-nah** adj. proche de la réalité ; réaliste. ||°**-sinn** m. (s) sens (m.) des réalités ; réalisme m.

wirksam ['virkza:m] adj. en vigueur. || actif ; efficace ; agissant. || bénéfique.

— SYN. : *erfolgreich*, qui a du succès ; *kräftig*, énergique.

Wirksamkeit [-kait] f. efficacité f. ; effet m. | *Wirksamkeit eines Heilmittels*, efficacité, vertu (f.) d'un remède. || activité f. ; vigueur f. | *eine rege Wirksamkeit*, une intense activité. | *in Wirksamkeit treten*, entrer en vigueur ; entrer en fonctions.

Wirk|stoff ['virkʃtɔf] m. (s, e). [Sache] agent m. || MÉD. substance active. ||°**-stuhl** m. (s, ¨e). TEXT. métier m. ||°**-teppich** m. tapisserie f. ||°**-ware** f. (-, n) tissu m. ||°**-zeit** f. délai (m.) de réaction.

Wirkung ['virkuŋ] f. (-, en) effet m. ; influence f. ; résultat m. ; impression f. | *eine Wirkung ausüben*, exercer une action, un effet. | *das hat seine Wirkung getan*, cela a produit son effet. | *seine Worte haben ihre Wirkung verfehlt*, ses paroles ont manqué leur effet. | *die Wirkung verlieren*, devenir inopérant. | *Wirkung und Gegenwirkung*, action (f.) et réaction. | *in Wirkung setzen*, faire entrer en vigueur ; mettre en application. | *mit sofortiger Wirkung*, à effet immédiat. || PHYS. effet m. *lichtelektrische Wirkung*, effet photo-électrique. | *ohne chemische Wirkung*, inactinique.

Wirkungs|bereich ["virkuŋsbə'raiç] m. (s, e), °**-kreis** m. (es, e) zone (f.) d'action ; sphère (f.) d'influence ; rayon (m.) d'action. ||°**-dauer** f. durée (f.) de l'effet. ||°**-grad** m. (s, e) degré (m.) d'efficacité. || TECHN. force (f.) d'un acide. ||°**-kraft** f. efficacité f. ; force f. ; vertu f. ; virtualité f. ||**-los** adj. inefficace ; sans effet ; inopérant ; inutile. ||°**-losigkeit** f. inefficacité f. ||**-voll** adj. efficace. ||°**-weise** f. mode (m.) d'action. ||°**-weite** f. MIL. portée (f.) efficace.

wirr [vir] désordonné ; confus ; troublé ; sens dessus dessous. | *ein wirres Durcheinander*, une confusion totale. | *wirres Zeug reden*, dire des choses sans queue ni tête. || [geistesgestört] *er ist wirr im Kopf*, il est détraqué.

— SYN. : *ungeordnet*, désordonné ; *verworren*, confus.

Wirr|garn ["vir'garn] n. (s, e) fil emmêlé. ||°**-haar** n. (s, e) cheveux (m. pl.) en désordre. ||°**-kopf** m. (s, ¨e) esprit confus. ||°**-seide** f. bourre (f.) de soie. ||°**-stroh** n. (s) menue paille.

Wirre ['virə] f. (-, n) confusion f. ; désordre m. ; chaos m. ; pêle-mêle m. | *Kriegswirren*, les malheurs (m. pl.) de la guerre.

wirren [-rən] v. tr. *auseinander wirren*, démêler.

Wirrnis ['virnis] f. (-, se) confusion f. ; trouble m.

Wirrsal [-za:l] n. (s, e) confusion f. ; désordre m. ; imbroglio m. ; chaos m.

— SYN. : *Verwirrung*, confusion, désordre ; *Verwicklung*, imbroglio.

Wirrwarr [-var] m. (s). [Durcheinander] chaos m. ; tohu-bohu m. ; gâchis m. ; remue-ménage m.

Wirsing ['virziŋ] m. (s, e). °**-kohl** ["virziŋ'ko:l] m. (s, e) chou frisé.

Wirt [virt] m. (s, e) **1.** [Inhaber eines Gasthauses] aubergiste m. ; hôtelier m. ; patron (m.) d'un hôtel, d'un restaurant, d'un café ; cafetier m. | *der Wirt zum Roten Hirsch*, l'hôtelier du Cerf rouge. || PROV. *die Rechnung ohne den Wirt machen*, faire un faux calcul ; compter sans son hôte.

2. [Gastgeber] hôte m. (qui reçoit). | *den Wirt machen*, faire les honneurs de la maison. || [Wirtschafter] intendant m. ; régisseur m. || [Hauswirt] logeur m.

— SYN. : *Gastwirt*, aubergiste, hôtelier ; *Hauswirt*, propriétaire.

Wirts|haus ["virts'haus] n. (es, ¨er) auberge f. ; café m. | *ständig im Wirtshaus sitzen*, être un pilier de cabaret. ||°**-leute** pl. logeurs m. pl. ; propriétaires m. pl. ||°**-stube** f. (-, n) salle (f.) d'auberge, de café.

Wirtel ['virtəl] m. (s, -). BOT. verticille m.

Wirtin ['virtin] f. (-, nen) aubergiste f. ; hôtelière f. ; patronne (f.) d'auberge, de café ; tenancière f. ; hôtesse f. ; maîtresse (f.) de maison ; propriétaire f. ; logeuse f.

wirtlich ['virtliç] adj. habitable ; agréable ; accueillant.

Wirtlichkeit [-kait] f. caractère accueillant, hospitalier ; hospitalité f.

Wirtschaft ['virtʃaft] f. (-, en). **1.** *(Welt)wirtschaft, (Volks)wirtschaft*, économie f. ; activité (f.) économique. | *ausgeglichene Wirtschaft*, économie équilibrée. | *freie Wirtschaft*, économie libérale. | *gelenkte Wirtschaft*, économie dirigée.

2. *(Haus)wirtschaft*, administration f. (d'un bien, d'un domaine) ; exploitation f. ; régie f. ; ménage m. | *die Wirtschaft führen*, gouverner la maison. | *eine gute Wirtschaft*, une bonne gestion. || FAM. *das ist eine schöne, eine saubere Wirtschaft*, c'est du propre.

3. *(Gast)wirtschaft*, auberge f. ; hôtellerie f. ; café m. ; buffet m.

4. [Landwirtschaftsbetrieb] exploitation (f.) agricole.

wirtschaften [-tən] v. intr. travailler ; administrer ; gérer ; tenir un ménage ; s'occuper du ménage. | *gut, schlecht wirtschaften*, bien, mal gérer ses affaires. | *aus dem vollen wirtschaften*, mener grand train. | *drauflos wirtschaften*, gaspiller ; ne pas faire attention à la dépense. || [Lärmen] FAM. mener un train du diable ; faire du chahut. || [Gastwirtschaft] tenir un hôtel, une auberge, un café.

Wirtschafter [-tər] m. (s, -) gérant m. ; régisseur m. ; intendant m.

Wirtschafterin [-tərin] f. (-, nen) gouvernante f. ; personne (f.) qui tient un ménage.

Wirtschaftler [-tlər] m. (s, -) économiste m.

wirtschaftlich [-tliç] adj. qui concerne l'économie ; économique. | *das wirtschaftliche Leben*, la vie économique. | [geldlich] pécuniaire ; financier ;

commercial. || [sparsam] économe. | *eine wirtschaftliche Haushälterin*, une ménagère économe. || [lohnend] rentable.

Wirtschaftlichkeit [-tliçkait] f. rentabilité f. ; rendement (m.) économique.

Wirtschafts|amt ["virtʃafts'amt] n. (s, ¨er) office (m.) des affaires économiques. ||°**-aufschwung** m. (s, ¨e) essor (m.) économique. ||°**-belebung** f. (-, en) reprise (f.) économique. ||°**-bezirk** m. (s, e) région (f.) économique. ||°**-führung** f. (-, en) exploitation f. ; gestion f. ||°**-gebäude** n. (s) communs m. pl. ||°**-gemeinschaft** f. communauté (f.) économique. | *Europäische Wirtschaftsgemeinschaft (EWG)*, Communauté économique européenne (C.E.E.). ||°**-indikatoren** m. pl. ÉCON. tableau (m.) de bord. ||°**-jahr** n. (s, e) année (f.) économique ; exercice m. ||°**-krise** f. (-, n) crise (f.) économique. ||°**-lenkung** f. économie dirigée ; dirigisme m. ||°**-planung** f. planification f. (économique). ||°**-prüfer** m. (s, -) commissaire (m.) aux comptes ; expert (m.) comptable. ||°**-verwalter** m. (s, -) intendant m. ||°**-wunder** n. (s, -) miracle (m.) économique. ||°**-zweig** n. (s, e) branche (f.) d'activité.

Wisch [viʃ] m. (es, e). [Wischer] torchon m. ; chiffon m. || FAM. [Brief] bafouille f. || PÉJOR. *das ist nur ein Wisch Papier*, ce n'est qu'un chiffon de papier.

wischen ['viʃən] v. tr. passer légèrement (sur qch.) ; essuyer ; effacer ; frotter. | *den Staub von den Möbeln wischen*, enlever la poussière des meubles. | *sich mit der Hand über die Stirn wischen*, se passer la main sur le front. || [Zeichnung] estomper. || MIL. écouvillonner.
◇ v. intr. FAM. filer ; passer rapidement.

Wischer [-ʃər] m. (s, -) qui essuie ; instrument (m.) pour essuyer ; torchon m. || FIG., FAM. réprimande f. ; savon m. | *einen Wischer bekommen*, recevoir un savon.

Wischiwaschi ['viʃi"vaʃi] n. (s). FAM. verbiage m. ; balivernes f. pl.

Wisch|kolben ["viʃ'kɔlbən] m. (s, -). MIL. brosse (f.), tête (f.) d'écouvillon. ||°**-lappen** m. (s, -), °**-tuch** n. (s, ¨er) torchon m.

Wisent ['vi:zɛnt] m. (s, e). ZOOL. bison m.

Wismut ['vismu:t] m. ou n. (s) bismuth m.

Wispel ['vispəl] m. (s, -). HIST. mesure f. (pour les céréales).

wispeln [-pəln], **wispern** [-pərn] v. intr. [flüstern ; lispeln] parler tout bas ; murmurer ; susurrer.

Wiß|begierde ["visbə'gi:rdə], **Wiß|begier** [-'gi:r] f. désir (m.) de savoir ; soif (f.) de s'instruire. ||**-begierig** adj. désireux de savoir ; assoiffé de connaissances ; d'esprit curieux.

wissen ['visən] (weiß, wußte, gewußt) v. tr. **1.** savoir ; connaître ; être au courant ; être informé. | *ich weiß*, je sais ; je suis au courant. | *ich weiß es nicht*, je ne (le) sais pas. | *Bescheid wissen*, être au courant. | *auswendig wissen*, savoir par cœur. | *jn glücklich wissen*, savoir que qn est heureux. | *ich weiß mir kein größeres Glück*, je ne connais pas de plus grand bonheur. | *keinen Rat, keinen Ausweg wissen*, ne (pas) savoir que faire ; ne pas voir d'issue. | *jn etwas wissen lassen*, informer qn de qch. | *soviel ich weiß*, autant que je sache. | *ich wüßte nicht ; nicht daß ich wüßte*, je ne sache pas ; pas que je sache. | *wie man weiß*, comme chacun sait. | *Sie müssen wissen, daß*, sachez que. | *weißt du noch ?*, te souviens-tu ?. || FAM. *(ich) weiß schon*, je sais bien.
2. (avec des prépositions). **von :** *von etwas wissen*, avoir connaissance de qch. | *von etwas nichts wissen*, tout ignorer d'une chose. | *er will nichts davon wissen*, il ne veut pas en entendre parler ; il prétend ne rien en savoir. — **um :** *um etwas wissen*, savoir qch. (par expérience, par sagesse) ; être instruit de. — **über :** *er weiß darüber Bescheid*, il est au courant de l'affaire.
3. (avec **zu** et l'infin.) savoir faire qch. | *sich zu benehmen wissen*, savoir se conduire. | *zu leben wissen*, savoir vivre ; savoir se rendre la vie agréable. | *etwas zu schätzen wissen*, savoir apprécier qch. | *sich nicht zu helfen wissen*, ne pas savoir s'y prendre ; ne pas pouvoir s'en tirer.
4. LOC. *er weiß, wo der Schuh ihn drückt*, il sait où le bât le blesse. | *er weiß weder ein noch aus*, il ne sait plus comment s'en tirer. | *wer weiß !*, qui sait ! | *Gott weiß*, Dieu seul le sait. | *weiß Gott*, Dieu sait ! | *er erzählte, weiß Gott, welche Geschichten*, il raconta Dieu sait quelles histoires. | *ich weiß nicht recht*, peut-être ; je ne sais pas au juste. | *ich weiß nicht was*, (un) je ne sais quoi. | *was weiß ich !*, qu'est-ce que j'en sais !

Wissen [-sən] n. (s) savoir m. ; connaissance f. ; conscience f. | *ein großes Wissen*, un savoir étendu. | *unverdautes Wissen*, savoir mal digéré. | *meines Wissens*, à ma connaissance ; autant que je sache. | *ohne sein Wissen*, à son insu. | *mit Wissen und Willen*, délibérément. | *nach bestem Wissen und Gewissen*, en toute conscience ; en toute honnêteté. | *mit js Wissen*, au vu et au su de qn. | *wider besseres Wissen*, contre sa conviction intime ; avec mauvaise foi.
— SYN. : *Kenntnis*, connaissance.

Wissende(r) ['visəndə(r)] f. (m.) celui, celle qui sait ; initié(e) m. (f.).

Wissenschaft [-sənʃaft] f. (-, en) science f. ; savoir m. ; connaissance f. (qu'on a d'une chose). | *reine Wissenschaft*, science pure. | *angewandte Wissenschaft*, science appliquée. | *Naturwissenschaft*, sciences naturelles. | *Geisteswissenschaft*, sciences humaines. | *Sprachwissenschaft*, linguistique f. | *Kunstwissenschaft*, histoire (f.) de l'art. || (Vx.) *die schönen Wissenschaften*, les belles-lettres.

Wissenschaftler [-sənʃaftlər] m. (s, -). UNIV. savant m. ; scientifique m.
— SYN. : *Gelehrter*, savant ; *Forscher*, chercheur.

wissenschaftlich [-sənʃaftliç] adj. scientifique. | *wissenschaftlich gebildet, geschult*, formé aux méthodes de la science.

Wissenschaftlichkeit [-kait] f. caractère (m.), esprit (m.) scientifique.

Wissens|drang ["visəns'draŋ] m. (s), °**-durst** [-'durst] m. (s), °**-trieb** [-'tri:p] m. (s) soif (f.) de savoir ; amour (m.) de la science. ||°**-dünkel** m. (s) vanité (f.) qu'inspire la science, le savoir. ||°**-lücke** f. (-, n). UNIV. lacune f. ||**-wert, -würdig** adj. digne d'être su, d'être connu ; curieux. ||°**-zweig** m. (s, e) branche (f.) du savoir ; science particulière.

wissentlich ['visəntliç] adj. et adv. sciemment ; délibérément ; en connaissance de cause.

Wisser ['visər] m. (s, -) celui qui sait. | *Besserwisser*, celui qui prétend tout savoir.

Wit|frau ["vit'frau] f. (-, en), **Wit(t)ib** ['vitip] f. (-, e). POÉT. veuve f. ||°**-mann** m. (s, ¨er). POÉT. veuf m.

wittern ['vitərn] v. tr. et v. intr. flairer ; éventer ; avoir vent. | *das Wild wittert*, le gibier sent, prend le vent. | *der Hund wittert Wild*, le chien flaire le gibier. || FIG. *Unheil wittern*, flairer un malheur. | *Morgenluft wittern*, sentir un vent favorable.
◇ v. impers. **es wittert,** il fait de l'orage ; il fait mauvais temps.

Witterung [-ruŋ] f. (-, en). [Wetter] temps m. (qu'il fait). | *die Witterung schlägt um*, le temps va changer. || [Geruchsinn] flair m. || FIG. *eine feine Witterung haben*, avoir du flair ; avoir le nez fin. || [Geruch] odeur f. || [Jagd] vent m. | *der Hund nimmt Witterung*, le chien prend le vent.

Witterungs|beobachtung ["vitəruŋsbə'o:paxtuŋ] f. (-, en) observation (f.) météorologique. ||°**-einfluß** m. (es, ¨e) influence (f.) atmosphérique. ||°**-umschlag** m. (s, ¨e) changement (m.) de temps. ||°**-unbilden** pl. intempéries f. pl.

Wittling ['vitliŋ] m. (s, e). ZOOL. merlan m.

Wittum ['vitum] n. (s, ¨er). JUR., HIST. douaire m. | *ein Wittum aussetzen*, assigner un douaire.

Witwe ['vitvə] f. (-, n) veuve f. || JUR., HIST. douairière f.

Witwen|gehalt ["vitvəngə'halt] n. (s, ¨er), °**-geld** [-'gɛlt] n. (s, er) pension (f.) de veuve. ||°**-stand** m. (s) veuvage m.

Witwenschaft ['vitvənʃaft], **Witwerschaft** [-vərʃaft] f. (en) veuvage m.

Witwer ['vitvər] m. (s, -) veuf m.

Witz [vits] m. (es, e). [Scherz] plaisanterie f. ; mot (m.) d'esprit ; bon mot. | *Witze machen, reißen*, faire des plaisanteries ; faire de l'esprit. | *ein schlechter, fauler Witz*, une mauvaise plaisanterie. || FIG., FAM. *die Sache ist ein Witz !*, c'est ridicule ! | *mach keine Witze !*, non, ne raconte pas d'histoires ! || [Geist] esprit f. ; vivacité (f.) d'esprit. | *voller Witz*, plein d'esprit. | *vor Witz sprudeln*, pétiller d'esprit. || [Findigkeit] astuce f. ; ingéniosité f. | *dazu reicht sein Witz nicht aus*, il n'est pas assez malin pour cela. || FIG. *der Witz der Sache*, l'intérêt de la chose.

Witz|blatt ["vits'blat] n. (s, ¨er) journal (m.) satirique ; journal (m.) humoristique. ||°**-bold** m. (s, e) plaisantin m. ; farceur m. ; amuseur m. ||**-los** adj. peu spirituel ; sans intérêt. ||°**-wort** n. (s, ¨er) mot (m.) d'esprit.

Witzelei [vitsə'lai] f. (-, en) manie (f.) de faire des plaisanteries ; mauvaise plaisanterie ; raillerie (f.) fade.

witzeln ['vitsəln] v. intr. faire de l'esprit ; faire des plaisanteries. | *über etwas witzeln*, faire de l'esprit à propos de qch.

witzig [-tsiç] adj. plein d'esprit ; spirituel ; ingénieux. | *witziger Einfall*, trait (m.) d'esprit.
— SYN. : *geistreich*, spirituel.

wo [vo:] adv. [Ort] (valeur interrogative et relative) où ? ; en quel endroit ? | *wo liegt München ?*, où se trouve Munich ? | *ich weiß nicht, wo er ist*, je ne sais (pas) où il est. || [irgendwo] quelque part.
◇ adv. [Zeit] (relatif seulement) *zur Zeit, wo das geschah*, à l'époque où cela s'est passé.
◇ conj. [wenn] **wo nicht,** sinon ; autrement | **womöglich,** si possible ; peut-être. | *wo irgend möglich*, si faire se peut.

wo|anders [vo:'andərs] adv. ailleurs. ||**-bei** conj. à l'occasion de quoi. ||**-durch** adv. par quoi ; par où ; le moyen par lequel ; par quel moyen ? ||**-fern** conj. pourvu que ; si tant est que ; si toutefois. ||**-für** adv. pour quoi ; pour qui ; en échange de quoi. ||**-gegen** adv. contre quoi ; contre lequel ; en échange de quoi. ||**-her** adv. d'où ; de l'endroit où ; de quel endroit ? | *woher kommt er ?*, d'où vient-il ? | *woher soll ich das wissen ?*, comment le saurais-je ? ||**-hin** adv. où ; vers où ; la direction vers laquelle ; dans quelle direction ? | *wohin gehst du ?*, où vas-tu ? ||**-hinaus** adv. vers où ; à quoi ; vers quelle issue ? | *ich weiß nicht, wohinaus er will*, je ne sais pas où il veut en venir. ||**-hingegen** conj. tandis que. ||**-mit** adv. avec quoi ; avec lequel. | *womit ich nicht sagen will*, par là je ne veux pas dire. ||**-möglich** adv. si possible ; peut-être. ||**-nach** adv. après que ; selon quoi ; d'après quoi. | *wonach schmeckt das ?*, quel goût cela a-t-il ? | *wonach ich zu ihm ging*, après quoi je suis allé chez lui. ||**-ran** adv. à quoi ; auquel. | *bei ihm weiß man nie, woran man ist*, avec lui on ne sait jamais à quoi s'en tenir. ||**-rauf** adv. sur quoi ; après quoi. | *worauf er sich verabschiedete*, après quoi il prit congé. ||**-raus** adv. d'où ; hors de quoi ; en quoi (matière) ; de quoi. | *woraus man schließen kann*, d'où l'on peut déduire. | *woraus ist diese Statue*, en quoi est cette statue ? ||**-rein** adv. dans quoi (mouvement) ; où. | *worein mischst du dich ?*, de quoi te mêles-tu ? | *worein soll ich es legen ?*, dans quoi dois-je le mettre ? ||**-rin** adv. dans quoi ; en quoi ; où. | *worin besteht der Unterschied ?*, qu'est-ce qui fait la différence ? ||**-rüber** adv. au sujet de quoi ; par quel intermédiaire. | *worüber redet er ?*, de quoi parle-t-il ? | *worüber fahren Sie ?*, par où passez-vous ? ||**-rum** adv. de quoi. | *worum handelt es sich ?*, de quoi s'agit-il ? ||**-runter** adv. sous quoi ; parmi lesquels. ||**-selbst** adv. JUR. où. ||**-von** adv. de quoi ; dont. | *wovon sprach er ?*, de quoi a-t-il parlé ? ||**-vor** adv. devant quoi ; de quoi. | *wovor hast du Angst ?*, de quoi as-tu peur ? ||**-wider** adv. contre quoi. ||**-zu** adv. à quoi ; pourquoi ; dans quel but ? à quelle fin ? ; à quoi bon ? | *wozu dient das ?*, à quoi cela sert-il ?

Woche ['vɔxə] f. (-, n) semaine f. | *diese Woche*, cette semaine. | *vergangene Woche*, la semaine passée. | *nächste, kommende Woche*, la semaine prochaine. | *heute vor sieben Wochen*, il y a sept semaines. | *heute in sechs Wochen*, dans six semaines. | *zweimal die Woche ; jede Woche zweimal*, deux fois par semaine. | *jede zweite Woche*, toutes les deux semaines ; tous les quinze jours. | *Woche für Woche*, à la petite semaine. || [die sechs Werktage] les jours ouvrables. | *die Woche haben*, être de semaine. || RELIG. *die stille Woche ; die Karwoche*, la semaine sainte.
◇ f. pl. **Wochen,** [Wochenbett] couches f. pl. | *in die Wochen kommen*, accoucher. | *in den Wochen sein*, être en couches.

Wochen... (en compos.) hebdomadaire ; de la semaine.

Wochen|ausweis ["vɔxən'ausvais] m. (es, e) bilan (m.) hebdomadaire d'une banque. ||°**-bett** n. (s, en) couches f. pl. | *im Wochenbett liegen*, être en couches. ||°**-bettfieber** n. (s) fièvre puerpérale. ||°**-blatt** n. (s, ¨er), °**-zeitung** f. (-, en) journal (m.) hebdomadaire ; hebdomadaire m. ||°**-dienst** m. (s, e). MIL. service (m.) de semaine. | *Wochendienst haben*, être de semaine. ||°**-ende** n. (s, n) week-end m. ||°**-endhaus** n. (es, ¨er) résidence (f.) secondaire. ||°**-karte** f. (-, n) carte (f.) (d'abonnement) hebdomadaire. ||°**-kind** n. (s, er) nouveau-né m. ||**-lang** adv. à longueur de semaines. ||°**-lohn** m. (s, ¨e) salaire (m.) hebdomadaire. ||°**-markt** m. (s, ¨e) marché m. ||°**-schau** f. (-, en). FILM. actualités f. pl. ||°**-schrift** f. (-, en) revue (f.) hebdomadaire. ||°**-tag** m. (s, e) un des sept jours de la semaine. || [Werktag] jour (m.) ouvrable. ||**-tags** adv. les jours ouvrables ; en semaine. ||°**-zinsen** m. pl. *auf Wochenzinsen leihen*, prêter à la petite semaine.

wöchentlich ['vœçəntliç] adj. par semaine ; chaque semaine. | *der Markt findet wöchentlich statt*, le marché se tient chaque semaine. | *dreiwöchentlich*, (qui a lieu) toutes les semaines.

...wochig ['vɔxiç], **...wöchig** ['vœçiç] (en compos.) qui dure... semaines. | *dreiwöchiger Aufenthalt*, séjour de trois semaines.

Wöchnerin ['vœçnərin] f. (-, nen) femme (f.) en couches ; accouchée f. | *Wöchnerinnenheim*, maternité f. ; clinique (f.) d'accouchement.

Wocken ['vɔkən] m. (s, -). [Spinnwocken] quenouille f.

Wodka ['vɔtka] m. (s, s) vodka f.

Woge ['vo:gə] f. (-, n). [Welle] vague f. ; grosse vague ; lame f. | *wilde Wogen*, mer déchaînée. || FIG. *Wogen der Begeisterung*, (les flots de l')enthousiasme m. | *Öl auf die Wogen gießen*, calmer ; apaiser.

wogen [-gən] v. intr. [Wellen schlagen] rouler des vagues ; ondoyer ; onduler. | *das Meer wogt*, la mer est agitée, houleuse ; la mer déferle. | *das Korn wogt*, les blés ondulent. | *die Straßen wogen von Menschen*, les rues sont remplies d'une foule agitée, houleuse. || FIG. [aufbrausen] entrer en effervescence ; bouillonner. || [schwanken] osciller ; subir des fluctuations.

Wogen|prall ["vo:gən'pral] m. (s) ressac m. ||°**-schwall** m. (s, e) grosse lame ; paquet (m.) de mer.

wogig ['vo:giç], **wogend** [-gənt] adj. mouvementé ; agité ; houleux.

wohl [vo:l] adv. **1.** [gut] bien ; agréable. | *mir ist wohl*, je me sens bien. | *mir ist jetzt wohler*, je me sens mieux maintenant. | *sich wohl befinden*, se sentir en bonne santé ; être en bonne santé. | *sich nicht wohl fühlen*, ne pas se sentir à l'aise. | *das tut mir wohl*, cela me fait du bien. | *es sich wohl sein lassen*, prendre ses aises ; se donner du bon temps. | *sich wohl gehaben*, vivre à l'aise ; avoir ce qu'il faut. | *gehab dich wohl*, adieu ; porte-toi bien. | *wohl oder übel*, bon gré mal gré. | *ich weiß das wohl*, je le sais très bien. | *das lasse ich wohl bleiben*, je m'en garderai bien. | *leben Sie wohl !*, adieu ! | *wohl dem, der*, bienheureux celui qui.
2. [vermutlich] sans doute ; peut-être ; probablement. | *das ist wohl möglich*, c'est bien possible.
3. [zwar] certes ; il est vrai ; sans doute ; bien sûr. | *wohl schön gesagt, doch nichts dahinter*, voilà qui est bien dit, mais il n'y a rien derrière. | *ihr könnt wohl lachen*, vous pouvez bien rire !
4. [Ausrufung] eh bien ! ; allons ! ; soit ! | *nun wohl !*, eh bien !
5. [ja] oui ; volontiers. | *jawohl*, oui ; bien sûr. | *sehr wohl*, bien volontiers.

Wohl [vo:l] n. (s) bien m. ; salut m. ; santé f. ; prospérité f. | *das öffentliche Wohl*, le bien public ; le bien commun. | *unser Wohl und Wehe liegt in seinen Händen*, notre sort est remis entre ses mains. | *auf js Wohl trinken*, boire à la santé de qn. | *zu js Wohl*, pour le bien de qn. | *auf Ihr Wohl ! ; zum Wohl !*, à votre santé !
— SYN. : *Gedeihen*, prospérité ; *Gesundheit*, santé.

wohl|an ! [vo:l'an] interj. allons ! ||**-anständig** adj. bienséant ; décent. ||**-auf** adv. *er ist wohlauf*, il se porte bien. | *wohlauf !*, allons ! ||**-bedacht** adj. réfléchi. | *alles wohlbedacht*, tout bien pesé ; tout bien considéré. | *mit Wohlbedacht*, après mûre réflexion. ||°**-befinden** n. (s) bien-être m. ; bonne santé. ||**-begründet** adj. bien fondé. ||°**-begründetheit** f. bien-fondé m. ||°**-behagen** n. (s) bien-être m. ; euphorie f. ||**-behalten** adj. en bon état ; sain et sauf. ||**-beleibt** adj. corpulent. ||°**-beleibtheit** f. corpulence f. ; embonpoint m. ||**-bestallt** adj. en titre ; dûment installé. ||**-bestellt** adj. bien monté ; bien installé en ménage. ||°**-ergehen** n. (s) prospérité f. ; santé f. ||**-erhalten** adj. bien conservé. ||**-erzogen** adj. bien élevé. ||°**-fahrt** f. prospérité f. ; prévoyance sociale ; salut public. || HIST. *Wohlfahrtsausschuß*, Comité (m.) de salut public. ||°**-fahrts|fürsorge** f., °**-fahrts|-pflege** f. assistance publique. | *freie Wohlfahrtspflege*, bienfaisance f. ||°**-fahrts|staat** m. (s, en) État (m.) providence. ||°**-fahrts|verband** m. (s, ¨e) organisation caritative. ||**-feil** adj. bon marché ; à bon compte. ||**-geartet** adj. bien né ; bien élevé. ||**-geboren** adj. HIST. bien né ; honoré. | *Euer Hochwohlgeboren*, Monsieur. ||°**-gefallen** n. (s) plaisir m. ; complaisance f. ; satisfaction f. | *sein Wohlgefallen an etwas finden*, trouver son plaisir à qch. | *sich in Wohlgefallen auflösen*, se terminer à la satisfaction générale. ; FIG. filer à l'anglaise. ||**-gefällig** adj. qui plaît ; qui satisfait.

||°-**gefühl** n. (s) plaisir m. ; joie f. ; sentiment (m.) de bien-être. ||-**gemeint** adj. bien intentionné. ||-**gemerkt** adj. *wohlgemerkt !*, attention ! ||-**gemut** adj. gai, de bonne humeur ; optimiste. ||-**geraten** adj. qui a bien réussi ; bien fait. ||°-**geruch** m. (s, ¨e) odeur (f.) agréable ; parfum m. ||-**gesetzt** adj. *in wohlgesetzten Worten*, en termes choisis. ||-**gesinnt** adj. bien intentionné ; bien pensant. ||-**gestalt(et)** adj. bien fait ; bien proportionné. ||-**gewogen** adj. bienveillant. ||-**habend** adj. qui vit dans l'aisance ; aisé. ||°-**habenheit** f. aisance f. ||-**häbig** adj. à son aise ; satisfait. ||°-**klang** m. (s) son harmonieux ; harmonie f. ; euphonie f. ||-**klingend** adj. harmonieux ; mélodieux. ||°-**laut** m. (s). GRAMM. euphonie f. ||°-**leben** n. (s) bonne chère. | *ein Wohlleben führen*, mener joyeuse vie. ||-**meinend** adj. bienveillant ; bien intentionné. ||-**redend** adj. disert. ||-**schmeckend** adj. savoureux. ||°-**sein** n. (s) santé f. ; prospérité f. ; bien-être m. | *zum Wohlsein !*, à votre santé ! ||°-**stand** m. (s) prospérité f. ; aisance f. ; opulence f. ||°-**stands|gesellschaft** f. (-, en) société (f.) d'abondance. ||°-**stands|land** n. (s, ¨er) pays (m.) riche. ||°-**tat** f. (-, en) bienfait m. | *eine Wohltat erweisen*, faire du bien. ||°-**täter** m. (s, -) bienfaiteur m. ||°-**täterin** f. (-, nen) bienfaitrice f. ||-**tätig** adj. bienfaisant ; salutaire ; charitable. ||°-**tätigkeit** f. bienfaisance f. ; charité f. | *öffentliche Wohltätigkeit*, charité publique. | *Wohltätigkeitsbazar*, vente (f.) de charité. | *Wohltätigkeitskonzert*, concert (m.) de bienfaisance. | *Wohltätigkeitsverein*, société (f.) de bienfaisance. ||-**tuend** adj. bienfaisant ; agréable. ||-**tun** (tat, getan) v. intr. et v. tr. faire du bien ; être bénéfique ; bien faire. ||-**verdient** adj. bien mérité. ||°-**verleih** m. (s, e). BOT. arnica f. ||-**weislich** adv. sagement. | *er hat sich wohlweislich davor gehütet*, il s'en est bien gardé. ||-**wollen** v. intr. vouloir du bien. | *jm wohlwollen*, vouloir du bien à qn. ||°-**wollen** n. (s) bienveillance f. ; faveur f. | *jm Wohlwollen erzeigen*, témoigner de la bienveillance à qn. ||-**wollend** part. prés. bienveillant ; favorable. | *wohlwollende Neutralität*, neutralité bienveillante.

wohlig ['vo:liç] adj. qui est à son aise ; satisfait. | *ein wohliges Gefühl*, un sentiment de bien-être. || agréable. | *eine wohlige Stille*, un calme bienfaisant. | *ein wohliges Heim*, une maison agréable.

Wohn|bau ["vo:n'bau] m. (s, ten) maison (f.) d'habitation. ||°-**bezirk** m. (s, e) quartier m. ; zone (f.) d'habitation. ||°-**block** m. (s, ¨e) grand immeuble d'habitation ||°-**gebäude** n. (s, -) immeuble m. ||°-**haus** n. (es, e) maison (f.) d'habitation ; logement m. ||°-**heim** n. (s, e) foyer m. (d'étudiants, de jeunes filles, etc.). ||°-**küche** f. (-, n) cuisine (f.) faisant salle de séjour. ||°-**kultur** f. (-, en) aménagement (m.) de la maison. ||°-**lage** f. (-, n) site m. | *Haus in günstiger Wohnlage*, maison bien située. ||°-**mobil** n. (s, e) camping-car m. ||°-**ort** m. (s, e) domicile m. ; résidence f. ||°-**raum** m. (s, ¨e) local m. ; pièce (f.) habitable. ||°-**raum|steuer** f. (-, n) taxe (f.) d'habitation. ||°-**sitz** m. (es, e) domicile m. ; résidence f. | *gesetzlicher Wohnsitz*, domicile légal. | *wirklicher Wohnsitz*, domicile réel. | *dienstlicher Wohnsitz*, résidence officielle. ||°-**sitzwechsel** m. (s) changement (m.) de résidence. ||°-**stätte** f. (-, n) demeure f. ||°-**steuer** f. (-, n) taxe (f.) d'habitation. ||°-**stube** f. (-, n) salle (f.) de séjour ; living-room m. ||°-**viertel** n. (s, -) quartier résidentiel. ||°-**wagen** m. (s, -) roulotte f. ; voiture-camping f. ; caravane f. ||°-**zimmer** n. (s, -) living-room m. ; salle (f.) de séjour. ||°-**zins** m. (es, e) loyer m.

wohnbar ['vo:nba:r] adj. habitable.

wohnen ['vo:nən] v. intr. habiter ; résider ; loger ; être logé ; demeurer. | *in der Stadt wohnen*, habiter en ville. | *auf dem Land wohnen*, habiter (à) la campagne. | *im Hotel wohnen*, loger à l'hôtel. | *möbliert wohnen*, loger en meublé.

wohnhaft ['vo:nhaft] adj. [ansässig] domicilié ; résidant. | *in Mainz wohnhaft*, résidant à Mayence.

wohnlich ['vo:nliç] adj. agréable à habiter ; confortable.

Wohnung ['vo:nuŋ] f. (-, en) habitation f. ; logement m. ; demeure f. ; logis m. ; appartement m. | *jm Kost und Wohnung geben*, fournir le toit et la nourriture à qn. | *eine Wohnung vermieten*, louer, donner en location un appartement. | *eine Wohnung mieten*, louer, prendre un appartement. | *Wohnung mit allen Bequemlichkeiten*, appartement (avec) tout (le) confort. | *eine Wohnung abnehmen*, faire l'état des lieux. | *eine Wohnung aufgeben, räumen*, quitter un appartement ; déménager. | *eine Wohnung beziehen*, emménager.

Wohnungs|amt ["vo:nuŋs'amt] n. (s, ¨er) office (m.) du logement. ||°-**beschaffung** f. recherche (f.) de logement (pour qn) ; facilités (f. pl.) de logement. ||°-**geldzulage** f. (-, n), °-**geldzuschuß** m. (es, ¨e) allocation-logement (f.) ||°-**inhaber** m. (s, -) propriétaire (m.) d'appartement. ||-**los** adj. sans demeure ; sans domicile. ||°-**mangel** m. (s), °-**not** f. crise (f.) du logement. ||°-**nachweis** m. (es, e) bureau (m.) du logement ||°-**tausch** m. (s, e) échange (m.) d'appartements. ||°-**wechsel** m. (s) changement (m.) de résidence.

Woilach ['vɔjlax] m. (s, e). MIL. couverture (f.) de selle.

Woiwode ["vɔj'vo:də] m. (n, n). [polnischer Heerführer] voïvode m. ; voïévode m.

Wölb|brücke ["vølp'brykə] f. (-, n) pont (m.) à arches. ||°-**fläche** f. (-, n). ARCHIT. extrados m.

wölben ['vølbən] v. tr. et v. pr. voûter ; cintrer. | *sich wölben*, former une voûte ; s'arrondir. | *gewölbte Straße*, route bombée, TECHN. convexe.

Wölbe|stein ["vølbə'ʃtain] m. (s, e). ARCHIT. voussoir m. ||°-**stütze** f. (-, n) cintre m.

Wölbung ['vølbuŋ] f. (-, en) arrondi m. ; bombement m. ; voûte f. ; cintre m. ; convexité f. || [Straße] profil m.

Wolf [vɔlf] m. (s, ¨e) loup m. | *der Wolf im Schafspelz*, le loup devenu berger. || PROV. *die Wölfe fressen einander nicht auf*, les loups ne se mangent pas entre eux. | *wenn man den Wolf nennt, kommt er gerennt*, quand on parle du loup, il sort du bois. || [Hautentzündung] écorchure f. ; excoriation f. | *sich einen Wolf laufen*, s'écorcher en marchant. || TECHN. [Fleischergerät] hachoir m.

Wölfin ['vølfin] f. (-, nen) louve f.

wölfisch [-fiʃ] adj. à la manière d'un loup.

Wölflein ['vølflain] n. (s, -) louveteau m.

Wolfram ['vɔlfram] n. (s). MÉTALL. tungstène m. | *Wolframerze*, tungstides m. pl.

Wolfs|angel ["vɔlfs'aŋəl] f. (-, n), °-**eisen** [-'aizən] n. (s, -) piège (m.) à loup. ||°-**barsch** m. (es, e). ZOOL. bar m. ||°-**bohne** f. (-, n). BOT. lupin m. ||°-**falle** f. (-, n), °-**grube** f. [Jagd] louvière f., piège (m.) à loup. || MIL. saut-de-loup m. ||°-**hund** m. (s, e) chien-loup m. ||°-**hunger** m. (s) faim (f.) de loup. ||°-**jäger** m. (s, -). [Jagd] louvetier m. ||°-**kirsche** f. (-, n). BOT. belladone f. ||°-**magen** m. (s) estomac affamé. ||°-**milch** f. BOT. euphorbe m. ||°-**rachen** m. (s, -). MÉD. gueule-de-loup f. ||°-**rauch** m. (s). BOT. vesse-de-loup f. ||°-**sucht** f. MÉD. lycanthropie f. ||°-**tiger** m. (s, -) guépard m.

Wolga ['vɔlga] n. pr. f. GÉOGR. Volga f.

Wolhynien [vo'ly:niən] n. pr. n. Volhynie f.

wolhynisch [-niʃ] adj. volhynien. || MÉD. *wolhynisches Fieber*, fièvre (f.) des marais.

Wölkchen ['vølkçən] n. (s, -) petit nuage. | *weiße Wölkchen ; Schäfchenwölkchen*, moutons m. pl. ; cirrus m.

Wolke ['vɔlkə] f. (-, n) nuage m. ; nuée f. | *Wolken türmen sich, ballen sich*, des nuages s'amassent. | *Wolken ziehen, jagen (am Himmel)*, les nuages passent (dans le ciel). | *Staubwolken*, des nuées de poussière. || FIG., FAM. *er schwebt in den Wolken*, il est dans les nuages. | *wie aus den Wolken gefallen*, tombé des nues. || FIG. [drohende Gefahr] nuages m. pl. ; menaces f. pl. ; horizon (m.) sombre. || [Flüssigkeiten] flocons m. pl.

wölken ['vølkən] v. intr. et v. pr. former des flocons (liquide). | *sich wölken*, se couvrir (ciel).

wolken|an ['vɔlkən"an] adv. jusqu'aux nues. ||°-**bruch** m. (s, ¨e) averse f. ; pluie torrentielle. ||°-**himmel** m. (s, -) ciel brumeux ; ciel couvert. ||°-**kratzer** m. (s, -). ARCHIT. gratte-ciel m. ||°-**kuckucksheim** n. (s). FIG. pays (m.) des nuages ; châteaux (m. pl.) en Espagne. ||-**los, -leer** adj. sans nuages ; dégagé ; pur ; serein. || FIG. *wolkenlose Kindheit*, enfance heureuse. ||°-**stürmer** m. (s, -) rêveur utopique. ||°-**wand** f. (-, ¨e) barre (f.) de nuages.

wolkenhaft ['vɔlkənhaft] adj. nuageux.

wolkig ['vɔlkiç] adj. nuageux ; couvert. || [Stoff] vaporeux.

woll|artig ["vɔl'a:rtiç] adj. laineux. ||°-**baum** m. (s, ¨e). BOT. arbre (m.) lanigère ; fromager m. ||°-**fett** n. (s, e) suint m. ||°-**garn** n. (s, e) fil (m.), filé (m.) de laine. ||°-**gras** n. (es). BOT. linaigrette f. ; ériphore

m. ||°-**haar** n. (s. e) brin (m.) de laine. || cheveux cotonneux, crépus. ||°-**händler** m. (s, -) lainier m. ||°-**hase** m. (n, n). Zool. viscache f. ||°-**industrie** f. industrie lainière. ||°-**kamm** m. (s, ¨e) carde f. ||°-**kämmer** m. (s, -) cardeur m. ||°-**knäuel** m. (s, -) pelote (f.) de laine. ||°-**kratze** f. (-, n) carde f. ; pilette f. ||°-**kraut** n. (s). Bot. molène f. ||°-**krempel** f. (-, n) trieuse f. ||°-**maus** f. (-, ¨e). Zool. chinchilla f. ||°-**sack** m. (s, ¨e) sac (m.) de laine. || Fig., fam. richard m. ||°-**schere** f. (-, n), °-**schur** f. (-, n) tonte f. (des moutons). ||°-**schweiß** m. (es, e) suint m. ||°-**stoff** m. (s) lainage m. ||-**tragend** adj. Bot., Zool. lanifère ; lanigère. ||°-**waren** f. pl. articles (m. pl.) de laine ; lainages m. pl. ||°-**wäsche** f. lavage (m.) des toisons. ||°-**zeug** n. (s) lainage m. ; tissu (m.) de laine.
— Observ. Certains de ces composés se rencontrent indifféremment avec la forme *wollen*.

Wolle ['vɔlə] f. (-, n) laine f. ; lainage m. ; tissu (m.) de laine. | *reine Wolle*, pure laine. || Techn. *in der Wolle gefärbt*, grand teint. || Zool. toison f. ; poils m. pl. (de lièvre, etc.). || Fig. *in der Wolle sitzen*, être comme un coq en pâte.

wollen [-lən] adj. laineux ; en laine ; de laine.

wollen ['vɔlən] (will, wollte, gewollt) v. tr., v. intr. et auxiliaire de mode. **1.** [den Willen, die Absicht, den Plan haben] vouloir ; avoir la volonté ; avoir l'intention. | *wer will, der kann*, vouloir, c'est pouvoir. | *wo willst du hin(gehen) ?*, où veux-tu aller ?, | *von etwas nichts hören wollen*, ne pas vouloir entendre parler de qch. | *dagegen ist nichts zu wollen*, il n'y a rien à faire. | *meine Kräfte wollen nicht mehr*, mes forces m'abandonnent. | *so Gott will ; will's Gott !*, si Dieu le veut. || (Vx.) *wollte Gott !*, plût à Dieu ! | *das wolle Gott verhüten !*, Dieu m'en garde ! || Par ext. *das will mir nicht gefallen*, je vois cela d'un mauvais œil. | *dem sei, wie ihm wolle*, quoi qu'il en soit. | *aus der Sache will nichts werden*, il n'en sort rien.
2. [wünschen] vouloir ; désirer ; chercher à. | *wie du willst*, c'est comme tu veux. | *was wollen Sie von mir ?*, qu'attendez-vous de moi ? | *jm übel wollen*, en vouloir à qn. | *jm zu Leibe wollen*, en vouloir à la vie de qn. | *hoch hinaus wollen*, avoir des ambitions. | *er will die Sterne vom Himmel holen*, il veut décrocher la lune.
3. [verlangen ; fordern] exiger ; réclamer. | *das will mit Vorsicht getan sein*, cela demande à être fait avec prudence. | *das will überlegt sein*, cela demande réflexion.
4. auxiliaire du futur proche, de l'impératif et du conditionnel. | *es will regnen*, il va pleuvoir. | *morgen wollen wir abreisen*, nous partirons demain. | *ich wollte, es wäre schon Sonntag*, je voudrais que ce soit, que ce fût déjà dimanche. | *man wolle die Vorschriften aufmerksam lesen*, on est prié de lire attentivement les instructions.
5. [mögen (Abschwächung)] *es will mir scheinen*, j'ai l'impression, je suis tenté de croire. | *was will das bedeuten, heißen ?*, qu'est-ce que cela peut bien vouloir dire ? | *das will ich mal sehen !*, je voudrais bien voir ! | *das will ich hoffen !*, j'espère bien ! | *ich will glauben, daß*, j'ose espérer que.
6. [behaupten] prétendre. | *er will ein Künstler sein*, il prétend être un artiste. | *nichts gehört, gesehen haben wollen*, prétendre n'avoir rien entendu, rien vu.

Wollen ['vɔlən] n. (s) vouloir m. ; volonté f. || Philos. volition f.

wollig ['vɔliç] adj. en laine ; laineux ; cotonneux ; en peluche. || Anat. crépu ; laineux. || Zool., Bot. lanifère ; velu.

Wollust ['vɔllust] f. (-, ¨e). [Genuß] plaisir m. (des sens) ; volupté f. ; luxure f. || [Entzückung] plaisir m. ; ravissement m. ; délices f. pl.

wollüstig [-lystiç] adj. voluptueux ; sensuel ; luxurieux.

Wollüstling [-lystliŋ] m. (s, e) jouisseur m. ; homme (m.) de plaisir ; débauché m. ; libertin m.

Wombat ['vɔmbat] m. (s, s). Zool. wombat m.

Wonne ['vɔnə] f. (-, n) délice m. ; joie f. ; bonheur m. ; ravissement m. ; ivresse f. (de la joie, du plaisir). | *in Wonne schwimmen*, nager dans la joie.

Wonne|gefühl [″vɔnəgə'fy:l] n. (s) [sentiment de] ravissement m. ||°-**monat** m. (s, e) mai m. ||°-**rausch** m. (es) transport m. ; ivresse f. ; ravissement m. ; extase f. ||°-**schauer** m. (s, -) doux frisson. ||-**selig** adj. ravi ; bienheureux. ||-**trunken** adj. ivre de joie ; en extase. ||-**voll** adj. délicieux. | *ein wonnevoller Augenblick*, un instant de félicité.

wonnig(lich) ['vɔniç(liç)] adj. délicieux ; exquis.

Wort [vɔrt] n. (s, ¨er et e).

> **I.** [einzelner Bedeutungsträger] (pl. Wörter) mot m. ; vocable m. ; terme m.
> **II.** [Ausdruck von Gedanken] (pl. Worte) parole(s) f. (pl.) ; mot(s) m. (pl.) ; propos m. pl.
> **III.** Loc.
> **IV.** Loc. avec prép.
> **V.** [Versprechung] parole donnée.
> **VI.** [Spruch] mot m. ; dicton m. ; sentence f.
> **VII.** [Text].

I. [einzelner Bedeutungsträger] (pl. Wörter) mot m. ; vocable m. ; terme m. | *neues Wort*, néologisme m. | *veraltetes Wort*, archaïsme m. | *zusammengerücktes, zusammengesetztes Wort*, mot composé. | *in des Wortes wahrster Bedeutung*, au sens plein du mot. | *Wörter im Lexikon nachschlagen*, chercher des mots dans le dictionnaire.
II. [Ausdruck von Gedanken] (pl. Worte) parole f. ; mot m. ; mots pl. ; paroles pl. ; propos m. pl. | *das passende Wort*, le mot juste. | *ein offenes Wort*, des propos francs ; un langage direct. | *klare Worte sprechen*, parler un langage clair. | *abgerissene Worte*, des propos décousus. | *große Worte*, de grands mots. | *leere Worte !*, des mots !, rien que des mots ! | *genug der Worte !*, assez discuté ! | *die Magie des Wortes*, la magie du verbe. | *das letzte Wort*, le fin mot. || Relig. *das Wort Gottes*, la parole de Dieu. || [Bibel] *im Anfang war das Wort*, au commencement était le verbe.
III. Loc. *das Wort ergreifen*, prendre la parole. | *das Wort haben*, avoir la parole. | *ein paar Worte sprechen*, prononcer quelques mots. | *das Wort führen*, porter la parole. | *das große Wort führen*, avoir le verbe haut. | *auch ein Wort drein reden wollen*, avoir aussi son mot à dire. | *ein Wort über etwas fallen lassen*, toucher un mot de qch. | *das letzte Wort haben*, avoir le dernier mot ; avoir raison. | *des Wortes mächtig sein*, avoir le don de la parole ; s'exprimer avec maîtrise. | *ein Wort einwerfen*, intervenir ; lancer un mot dans la conversation. | *jm das Wort entziehen*, retirer la parole à qn. | *jm das Wort abschneiden*, couper la parole à qn. | *jm das Wort im Munde umdrehen*, déformer les paroles de qn. | *er hat mir das Wort aus dem Munde genommen*, c'est ce que j'allais dire. | *ein deutliches Wort sprechen*, parler net. | *ein Wörtchen mit jm sprechen*, s'expliquer avec qn ; dire deux mots à qn. | *jm gute Worte geben*, supplier qn ; donner de bonnes paroles à qn. | *ein gutes Wort für jn einlegen*, intervenir en faveur de qn. | *einer Sache das Wort reden*, défendre une cause. | *er läßt sich jedes Wort abkaufen*, il faut lui arracher chaque mot. | *das Wort ist mir entschlüpft*, le mot m'a échappé. | *jedes Wort auf die Goldwaage legen*, tourner sept fois sa langue dans sa bouche. | *die Worte abwägen*, peser ses mots. | *das Wort liegt mir auf der Zunge*, j'ai le mot sur le bout de la langue. | *er hat das Wort nicht haben wollen*, il n'a pas voulu en convenir. | *ein Wort gibt das andere*, un mot entraîne l'autre ; le ton monte. | *Worte machen*, faire des phrases. | *kein Wort über etwas verlieren*, ne pas perdre son temps à discuter au sujet de qch. | *kein Wort vom Gespräch verlieren*, ne pas perdre un mot de la conversation. | *kein Wort von etwas verstehen*, n'y comprendre goutte. | *nicht viele Worte machen*, être bref ; ne pas faire de grands discours. | *nicht das leiseste Wort fallen lassen*, ne pas souffler mot. | *in dem Getöse hört man sein eigenes Wort nicht mehr*, dans ce vacarme on ne s'entend plus.
IV. Loc. avec prép. *auf ein Wort !*, j'aurais un mot à vous dire ! | *auf js Wort hören, etwas geben*, tenir compte des paroles de qn ; faire grand cas des paroles de qn. | *aufs Wort hören*, obéir à la lettre. | *aufs halbe Wort verstehen*, comprendre à demi-mot, à mots couverts. | *bei diesen Worten*, à ces mots. | *Wort für Wort*, mot pour mot ; mot à mot. | *in gewählten Worten*, en termes choisis. | *jm ins Wort fallen, ins Wort fahren*, interrompre qn ; couper la parole à qn. | *in Wort und Schrift*, par la parole et par la plume. | *mit einem Wort*, en un mot ; bref. | *mit anderen Worten*, en d'autres termes. | *jn mit leeren Worten abspeisen*, payer qn de mots. | *es war mit keinem Wort davon die Rede*, il n'en a absolument pas été question. | *mit Worten spielen*, jouer sur les mots. | *den Worten nach verstehen*, comprendre littéralement. | *ohne ein Wort zu sagen*, sans dire mot. | *ums Wort bitten ; sich zu Wort melden*, demander la parole. | *nicht zu Worte kommen können*, ne pas arriver à placer un mot.
V. [Versprechung] parole (donnée) ; parole (f.) d'honneur. | *sein Wort halten, einlösen ; zu seinem Wort stehen*, tenir parole. | *jm sein Wort geben*, donner sa parole à qn. | *js Wort haben*, avoir la parole de qn | *jn beim*

Wort ergreifen, nehmen, prendre qn au mot. | *auf mein Wort !*, ma parole ! ; parole d'honneur ! | *auf sein Wort hin*, sur la foi de sa parole. | *jm aufs Wort glauben*, croire qn sur parole. | *ein Mann von Wort*, un homme de parole ; un homme d'honneur. | *sein Wort brechen*, manquer à sa parole. | *sein Wort zurücknehmen, zurückziehen*, retirer sa parole ; revenir sur ses engagements ; se dédire.

VI. [Spruch] mot m. ; dicton m. ; sentence f. ; proverbe m. ; adage m. | *geflügelte Worte*, locutions, citations courantes. | *das Wort des Rätsels*, le mot de l'énigme. || [Witz] mot (m.) d'esprit ; bon mot. || MIL. [Losung] mot (m.) de passe.

VII. [Text] *in Wort und Bild*, avec texte et illustrations. | *die Worte zu einer Musik*, les paroles (f. pl.) d'un air, d'une mélodie. | *Wort und Weise*, texte et mélodie. || COMM. *hundert Mark in Worten*, cent marks en toutes lettres.

Wort|ableitung ["vɔrt'aplaituŋ] f. (-, en) dérivation (f.) de mots ; étymologie f. ||°**-ähnlichkeit** f. (-, en) paronymie f. ||°**-art** f. (-, en). GRAMM. partie (f.) du discours ; classe (f.) de mots. ||°**-aufwand** m. (s) *mit großem Wortaufwand*, à grand renfort de mots. ||°**-bedeutungslehre** f. sémantique f. ||°**-beugung** f. (-, en) flexion f. ||°**-bildungslehre** f. morphologie f. ||°**-bruch** m. (s, ¨e) parjure m. ; manquement (m.) à la parole donnée. ||**-brüchig** adj. parjure ; qui manque à sa parole. ||°**-fechterei** f. (-, en) querelle (f.) de mots. ||°**-forschung** f. (-, en) recherche (f.) étymologique. ||°**-fügung** f. structure (f.) de la phrase. ||°**-führer** m. (s, -) porte-parole m. ; chef (m.) d'une délégation. || FIG. organe m. ||°**-fülle** f. abondance (f.) de paroles ; verbosité f. ||°**-gebühr** f. (-, en) taxe (f.) télégraphique. ||°**-gefecht** n. (s, e) joute (f.) oratoire. ||°**-geklingel** n. (s) verbiage m. ; grands mots. ||**-getreu** adj. littéral. | *wortgetreue Wiedergabe*, reproduction littérale, fidèle. ||**-gläubig** adj. qui croit sur parole. ||**-karg** adj. laconique ; taciturne. ||°**-klauber** m. (s, -) ergoteur m. ; pédant m. ||°**-kram** m. (s) verbiage m. ; phraséologie f. ||°**-kunst** f. poésie. ||°**-künstelei** f. préciosité f. ; afféterie f. ||°**-laut** m. (s) texte m. ; contenu m. ; teneur f. (d'un texte). | *der Wortlaut des Urteils*, le libellé (m.) du jugement. ||°**-lehre** f. lexicologie f. ||**-los** adj. muet ; interloqué. — adv. sans mot dire. ||°**-macher** m. (s, -) phraseur m. ; beau parleur m. ||°**-prägung** f. création de mots nouveaux. ||°**-rätsel** n. (s, -) logogriphe m. ||°**-register** n. (s, -) index m. ; nomenclature f. ||**-reich** adj. verbeux ; redondant. ||°**-schatz** m. (es, ¨e) vocabulaire m. ||°**-schwall** m. (s) verbosité f. ; flot (m.) de paroles. ||°**-sinn** m. (s) sens littéral. ||°**-spiel** n. (s, e) jeu (m.) de mots ; calembour m. ||°**-stamm** m. (s, ¨e) radical m. ||°**-streit** m. (s, e) querelle (f.) de mots ; discussion f. ||°**-verdrehung** f. (-, en) déformation (f.) des propos (de qn). ||°**-versetzung** f. (-, en) inversion f. ||°**-verwechs(e)lung** f. (-, en) métonymie f. ; quiproquo m. ||°**-wahl** f. choix des mots. ||°**-wechsel** m. (s, -) échange (m.) de propos ; altercation f. ||**-wörtlich** adv. mot pour mot.

Wörtchen ['vørtçən] n. (s, -) petit mot. | *bitte, auf ein Wörtchen !*, un instant, s'il vous plaît !

Wörter|buch ["vørtər'bu:x] n. (s, ¨er) dictionnaire m. ; lexique m. ; glossaire m. ||°**-verzeichnis** (ses, se) index m. ; nomenclature f.

Wörtlein ['vørtlain] n. (s, -) petit mot. | *ein Wörtlein dreinzureden haben*, avoir aussi son mot à dire.

wörtlich [-liç] adj. et adv. textuel ; littéral ; au pied de la lettre ; en toutes lettres. | *wörtlich abschreiben*, recopier mot à mot. | *wörtliche Übersetzung*, traduction littérale. | *wörtlich schreiben*, écrire en toutes lettres. | *er nimmt das wörtlich*, il prend cela au pied de la lettre.

Wotan ['vo:tan] n. pr. m. MYTH. Wotan m. ; Odin m.

Wrack [vrak] n. (s, e). MAR. [Wrackgut] épave f. || AUTOM. carcasse f.

wrack [vrak] adj. à l'état d'épave ; inutilisable.

wricken ['vrikən], **wriggen** ['vrigən] v. intr. MAR. godiller.

wringen ['vriŋən] (a, u) v. tr. tordre ; essorer. | *die Wäsche wringen*, essorer le linge. | *Wringmaschine*, essoreuse f.

Wucher ['vuxər] m. (s) usure f. ; taux (m.) usuraire. | *Wucherpreis*, prix exorbitant. | *Wucher treiben*, se livrer à l'usure. || (Vx.) gain m. || FIG. *mit Wucher vergelten*, rendre avec usure.

Wucher|blume ["vu:xər'blu:mə] f. (-, n) chrysanthème m. ; marguerite f. ||°**-darlehen** n. (s) prêt (m.) usuraire. ||°**-pflanze** f. (-, n). BOT. plante luxuriante ; mauvaise herbe. ||°**-sätze** m. pl. taux (m.) usuraire. ||°**-zins** (es, en ou e) intérêts usuraires m. pl.

Wucherer ['vu:xərər] m. (s, -) usurier m.

wucherisch ['vu:xəriʃ] adj. [wucherhaft] usuraire.

wuchern [-xərn] v. intr. [Wucher treiben] faire l'usure ; se livrer à l'usure. | *mit Geld wuchern*, se livrer à l'agiotage ; pratiquer l'usure avec son argent. || [Ertrag bringen] rapporter, donner des intérêts ; être de bon rapport. || [Bibel] *mit seinem Pfund wuchern*, faire valoir son talent. || [üppig wachsen] foisonner ; proliférer ; se répandre ; se propager. | *wucherndes Unkraut*, un fouillis de mauvaises herbes. || MÉD. former des excroissances, des végétations, des tumeurs.

Wuchern [-xərn] n. (s) pratique (f.) de l'usure. || foisonnement m. ; prolifération f.

wuchernd [-xərnt] adj. luxuriant.

Wucherung ['vu:kəruŋ] f. (-, en). MÉD. végétations f. pl.

Wuchs [vuks] m. (es, ¨e). [Wachstum] croissance f. ; accroissement m. ; développement m. || [Gestalt] taille f. | *von hohem Wuchs*, de haute taille. || [Wald] recrû m. ; bois (m.) taillis.

Wucht [vuxt] f. masse f. ; poids m. ; force f. ; pression f. | *mit voller Wucht*, de tout son poids ; de toute sa force. || PHYS. énergie (f.) cinétique.

wuchten ['vuxtən] v. tr. soulever avec peine ; arracher (du sol).
◇ v. intr. faire poids ; peser de tout son poids.

wuchtig [-tiç] adj. massif ; pesant ; violent ; imposant. | *mit wuchtigen Pinselstrichen*, à grands coups de pinceau.

Wühl|arbeit ["vy:l'arbait] f. (-, en). FIG. agitation (f.) politique. ||°**-maus** f. (-, ¨e). ZOOL. rat fouisseur ; campagnol m.

wühlen ['vy:lən] v. intr. (parfois v. pr. ou v. tr.).
1. [in etwas graben] creuser (dans le sol) ; fouiller (la terre) ; miner. | *in der Erde wühlen*, fouiller la terre. | *nach Trüffeln wühlen*, chercher des truffes. | *sich in die Erde wühlen*, s'enfouir dans le sol. || FIG. *in einer Wunde wühlen*, retourner le fer dans la plaie. | *ein wühlender Schmerz*, une douleur déchirante.
2. [in etwas Unordnung bringen] retourner ; mettre sens dessus dessous ; bouleverser.
3. [aufwiegeln] exciter les esprits ; faire de l'agitation subversive. | *gegen die Regierung wühlen*, monter les esprits contre le gouvernement.

Wühler [-lər] m. (s, -) agitateur (m.) politique. || ZOOL. fouisseur m.

Wühlerei [vy:lə'rai] f. (-, en). POLIT. menées subversives. || (action de) fouiller, creuser.

wühlerisch ['vy:ləriʃ] adj. subversif ; séditieux.

Wuhne ['vu:nə] f. (-, n) trou (m.) dans la glace.

Wulst [vulst] m. (es, ¨e) ou f. (-, ¨e) renflement m. ; bourrelet m. ; boursouflure f. || ARCHIT. échine f. ; ove f. ; tore m. || TECHN. boudin m. ; coussinet m.

Wulst|haar ["vulst'ha:r] n. (s, e) cheveux bouffants. ||°**-haut** f. (-, ¨e). BOT. volve (f.) de champignon. ||°**-reifen** m. (s, -) pneu (m.) à talon. ||°**-schiene** f. (-, n) rail (m.) à champignon.

wulsten ['vulstən] v. intr. être bouffant ; former un bourrelet ; boudiner.

wulstig [-tiç] adj. bouffant ; renflé ; boursouflé. | *wulstige Lippen*, lèvres épaisses ; bouche lippue.

wummern v. intr. frapper des coups sourds.

wund [vunt] adj. blessé ; écorché. | *(sich) wund reiben*, (s')écorcher. | *sich die Füße wund laufen*, s'écorcher les pieds en marchant. | *ein Tier wund schießen*, blesser une bête. | *eine wunde Stelle*, une blessure ; une écorchure. || FIG. *der wunde Punkt*, le point sensible.

Wund|arzt ["vunt'artst] m. (es, ¨e). [Vx.] chirurgien m. ||°**-brand** m. (s, ¨e). MÉD. gangrène f. ||°**-eisen** n. (s, -). MÉD. sonde f. ||°**-fieber** n. (s) fièvre (f.) traumatique. ||**-gelaufen** adj. éclopé. ||°**-klee** (s). BOT. anthillyde f. ||°**-liegen** n. (s). MÉD. escarres f. pl. ||°**-mal** n. (s, e) cicatrice f. | *die Wundmale Christi*, les stigmates m. pl. ||°**-naht** f. (-, ¨e) suture f. ||°**-pflaster** n. (s). MÉD. taffetas anglais. ||°**-rand** m. (s, ¨er). MÉD. lèvre (f.) d'une plaie. ||°**-röhrchen** n. (s, -). MÉD. drain m. ||°**-rose** f. MÉD. roséole f. ; érysipèle m.

Wunde ['vundə] f. (-, n) plaie f. ; blessure f. ; meurtrissure f. | *eine schwere Wunde*, une blessure grave. | *jm Wunden schlagen*, infliger des blessures à qn. | *die*

Wunde heilt, vernarbt, la blessure se cicatrise, se ferme. | *eine Wunde behandeln,* soigner une plaie. | *an seinen Wunden sterben ; seinen Wunden erliegen,* succomber à ses blessures.

Wunder ['vundər] n. (s, -). **1.** [übernatürliches Geschehen] miracle m. ; prodige m. ; phénomène m. | *Wunder tun, wirken,* faire merveille. | *kein Wunder daß,* il ne faut pas s'étonner que.
2. [Bewundernswertes ; Staunenswertes] merveille f. | *Wunder der Natur,* merveille de la nature. | *ein Wunder an Schönheit,* une beauté extraordinaire. | *das ist ein wahres Wunder,* c'est une merveille ! | *du wirst dein blaues Wunder erleben,* tu vas en voir de belles ; tu n'en croiras pas tes yeux.
3. (employé adverbialement) *wunder (was) denken, glauben, meinen,* s'imaginer des choses extraordinaires. | *er glaubt, wunder was getan zu haben,* il s'imagine avoir fait quelque chose d'extraordinaire. | *es nimmt nicht wunder, daß,* ce n'est pas étonnant que.

Wunder|baum ["vundər'baum] m. (s, ¨e). Bot. ricin m. ; faux acacia. ||°**-bild** n. (s, er) image miraculeuse. ||°**-blume** f. (-, n). Bot. belle-de-nuit f. ||°**-ding** n. (s, e) chose (f.) extraordinaire. | *Wunderdinge berichten,* raconter des histoires extraordinaires. ||°**-doktor** m. (s, en). Péjor. guérisseur m. ; charlatan m. ||°**-erscheinung** f. (-, en) apparition miraculeuse. ||°**-geschöpf** n. (es, e) prodige m. ; phénomène m. ||°**-glaube** m. (ns) croyance (f.) aux miracles, au surnaturel. ||**-gläubig** adj. qui croit au miracle, au surnaturel ||°**-horn** n. (s, ¨er). Poét. cor enchanté. ||**-hübsch** adj. ravissant ; merveilleusement joli. ||°**-kind** n. (s, er) enfant (m.) prodige. ||°**-kur** f. (-, en) cure (f.) aux effets miraculeux. ||°**-lampe** f. (-, n) lanterne (f.) magique. ||°**-land** n. (s, ¨er) pays (m.) des merveilles. ||°**-mann** m. (s, ¨er) homme (m.) prodige ; faiseur (m.) de miracles. ||°**-märchen** n. (s, -) conte merveilleux. ||°**-mittel** n. (s, -) panacée f. ; remède miraculeux ; orviétan m. ||**-nehmen** (i, a, o) v. tr. étonner. ||°**-öl** n. (s). Méd. huile (f.) de ricin. ||°**-salz** n. (es, e) sel (m.) de Glauber. ||**-schön** adj. d'une beauté merveilleuse ; merveilleux ; admirable. ||°**-tat** f. (-, en) miracle m. ; exploit prodigieux. ||**-tätig** adj. qui opère des miracles. ||**-voll** adj. merveilleux ; prodigieux. ||°**-werk** n. (s, e) merveille f. ; miracle m. ; prodige m. ||**-wirkend** adj. qui a des effets miraculeux. ||°**-zeichen** n. (s, -) signe miraculeux.

wunderbar ['vundərbɑ:r] adj. miraculeux ; prodigieux ; splendide ; magnifique.
◇ **das Wunderbare,** le merveilleux.

wunderlich [-liç] adj. [merkwürdig] étonnant ; étrange ; bizarre. | *eine wunderliche Geschichte,* une histoire étrange. || [launisch] qui a des sautes d'humeur ; drôle. | *ein wunderlicher Kauz,* un drôle de bonhomme ; un drôle de corps.

Wunderlichkeit [-liçkait] f. (-, en) étrangeté f. ; bizarrerie f.

wundern ['vundərn] v. tr. étonner ; surprendre. | *das wundert mich gar nicht,* cela ne m'étonne pas le moins du monde. | *das sollte mich wundern,* cela m'étonnerait. | *lassen Sie sich das nicht wundern,* ne vous en étonnez pas.
◇ v. pr. **sich wundern,** s'étonner. | *sich über etwas wundern,* s'étonner de qch ; être surpris de qch. | *ich kann mich nicht genug darüber wundern,* je n'en reviens pas.
— Syn. : *(er)staunen,* (s')étonner ; *befremden,* intriguer ; *überraschen,* surprendre.

wundersam [-dərzɑ:m] adj. étrange ; étonnant ; curieux ; surprenant.

Wunsch [vunʃ] m. (es, ¨e) désir m. ; souhait m. ; vœu m. | *mein sehnlichster, innigster Wunsch,* mon désir le plus ardent. | *...den Wunsch haben, hegen,* éprouver le désir de... | *einen Wunsch aussprechen, äußern,* formuler un vœu. | *einen Wunsch erfüllen, erhören,* exaucer un souhait. | *js Wünschen entgegenkommen,* aller au-devant des désirs de qn. | *alles geht nach Wunsch,* tout marche à souhait. | *auf Wunsch,* à la demande. | *sich nach js Wünschen richten,* se conformer aux désirs de qn. || [für Glückwunsch] *beste Wünsche,* meilleurs vœux.

Wunsch|bild ["vunʃ'bilt] n. (s, er) idéal m. ||°**-form** f. (-, en). Gramm. optatif m. ||**-gemäß** adv. selon votre désir. ||°**-kind** n. (s, er) enfant désiré. ||°**-konzert** n. (s, e). Radio. concert (m.) à la demande des auditeurs. ||°**-ring** m. (s, e) anneau (m.) magique. ||°**-traum** m. (s, ¨e) beau rêve ; chimère f. ||°**-ziel** n. (s, e) idéal m. ; but lointain.

wünschbar ['vynʃbɑ:r] adj. souhaitable ; désirable.

Wünschel|hut ["vynʃəl'hu:t] m. (s, ¨e), °**-hütchen** [-'hy:tçən] n. (s, -) cape (f.) magique. ||°**-rute** f. (-, n) baguette (f.) de sourcier. | *mit der Wünschelrute gehen,* chercher une source.

wünschen ['vynʃən] v. tr. désirer ; souhaiter. | *jm alles Gute wünschen,* former des vœux pour la prospérité de qn. | *jm Glück wünschen,* former des vœux pour le bonheur de qn. | *jn zum Teufel wünschen,* envoyer qn au diable. | *sich etwas wünschen,* désirer avoir, posséder qch. | *wünsche wohl zu ruhen,* dormez bien ! | *es wäre zu wünschen, daß,* il serait souhaitable que. | *das läßt zu wünschen übrig,* cela laisse à désirer.

wünschens|wert ["vynʃəns've:rt], **-würdig** [-'vyrdiç] adj. souhaitable ; désirable.

wupp ! [vup], **wuppdich** ['vupdiç] interj. vlan ! ; hop !

Würde ['vyrdə] f. (-, n). **1.** dignité f. ; noblesse f. ; majesté f. | *die Würde des Menschen,* la dignité de l'homme. | *etwas mit Würde tragen,* subir qch. avec dignité. | *Würde bewahren,* garder sa dignité. | *seiner Würde etwas vergeben,* compromettre sa dignité. | *etwas unter seiner Würde halten,* considérer qch. comme indigne de soi. | *mit gemessener Würde,* avec majesté.
2. [Rangstufe] dignité f. ; rang m. ; honneurs m. pl. ; charge f. | *die Doktorwürde,* le grade de docteur. | *die Würde eines Hofrats,* la dignité de conseiller aulique. | *jn mit einer Würde bekleiden,* conférer une dignité à qn ; revêtir qn d'une dignité. | *in Amt und Würden stehen,* occuper de hautes fonctions.

würde|los ["vyrdə'lo:s] adj. sans dignité ; dépourvu de dignité. ||**-voll** adj. et adv. plein de dignité ; majestueux ; noble.

Würden|träger ["vyrdən'trɛ:gər] m. (s, -) dignitaire m. | *geistlicher Würdenträger,* dignitaire ecclésiastique.

würdig ['vyrdiç] adj. digne ; grave ; vénérable ; respectable. | *eine würdige Antwort,* une réponse digne. | *des Lobes würdig,* digne de louanges.

würdigen [-digən] v. tr. estimer ; apprécier ; reconnaître à sa juste valeur ; honorer ; estimer digne de. | *js Verdienste würdigen,* reconnaître les mérites de qn. | *nach seinem Werte würdigen,* estimer à sa juste valeur. | *js Gründe würdigen,* respecter les raisons de qn. | *jn keines Wortes würdigen,* ne pas daigner adresser la parole à qn.

Würdigkeit [-diçkait] f. (-, en) dignité f. ; noblesse f. ; mérite m. | *nach Verdienst und Würdigkeit,* selon les mérites.

Würdigung [-diguŋ] f. (-, en) appréciation f. ; estimation f. ; estime f.

Wurf [vurf] m. (s, ¨e). **1.** jet m. ; lancement m. ; projection f. || Sport. *Speerwurf,* lancer (m.) du javelot. | *Wurf aus dem Stand heraus,* lancer de pied ferme. | *zum Wurf ausholen,* prendre son élan pour le lancer. | *im Wurf auffangen,* saisir au vol. || *Wurfbude,* jeu (m.) de massacre.
2. [Glücksspiel] Pr. et fig. coup m. | *einen großen Wurf tun,* réussir un coup de maître. | *alles auf einen Wurf setzen,* tout miser sur un coup ; fam. mettre tous ses œufs dans le même panier.
3. [Kunst ; Dichtung] élan m. ; ampleur f. (de la conception). | *auf den ersten Wurf,* de premier jet. | *das Werk hat einen großen Wurf,* l'œuvre a de l'élan, de la force. | *Faltenwurf,* drapé m. (mouvement des plis).
4. Zool. mise (f.) bas ; portée f. | *ein Wurf Kätzchen,* une portée de chatons.

Wurf|angel ["vurf'aŋəl] f. (-, n) ligne (f.) de lancer. ||°**-anker** m. (s, -) Mar. ancre (f.) de toue. ||°**-bahn** f. (-, en) trajectoire f. ||°**-beil** n. (s, e) hache (f.) de guerre ; tomahawk m. ||°**-blei** n. (s). Mar. plomb m. ; sonde f. ||°**-erde** f. déblais m. pl. ||°**-feuer** n. (s). Mil. tir (m.) courbe. ||°**-garn** n. (s, e), °**-netz** n. (es, e) épervier (m.) de pêcheur. ||°**-haken** m. (s, -). Mar. grappin (m.) d'abordage. ||°**-hammer** m. (s, ¨). Sport. marteau m. ||°**-holz** n. (es, ¨er) boomerang m. ||°**-kreis** m. (es, e). Sport. cercle m. (pour les lancers). ||°**-lehre** f. balistique f. ||°**-leine** f. (-, n) lasso m. ||°**-maschine** f. (-, n). Agric. van m. ; tarare f. || Mil. catapulte f. ||°**-rahmen** m. (s, -). Mil. dispositif (m.) lance-fusées. ||°**-rute** f. (-, n) ligne f. (pour la pêche au lancer). ||°**-scheibe** f. (-, n). Sport. disque m. ||°**-schlinge** f. (-, n) lasso m. ||°**-sendung** f. (-, en) envoi postal collectif. ||°**-sieb** n. (s, e) tamis (m.) de maçon. ||°**-speer** m. (s, e), °**-spieß** m. (es, e) javelot m. ||°**-spiel** n. (s, e) jeu (m.) de massacre. ||°**-taube** f. (-, n). Sport. pigeon m. (pour le tir aux pigeons). ||**-weise** adv. par jets. ||°**-weite** f. (-, n). Mil. portée (f.) de tir. || distance (f.) d'un jet de pierre.

Würfel ['vyrfəl] m. (s, -) dé m. ; cube m. | *in Würfel schneiden*, couper en dés. | *Würfelspiel*, jeu (m.) de dés. | *falsche Würfel*, dés pipés. || FIG. *die Würfel sind gefallen*, les dés sont jetés ; le sort en est jeté. || MATH. cube m. ; hexaèdre m.

Würfel|becher ["vyrfəl'bɛçər] m. (s, -) cornet (m.) à dés. ||°**-brett** n. (s, er) damier m. ; échiquier m. ||**-förmig** adj. cubique. ||°**-gewebe** n. (s, -). BOT. parenchyme m. ||°**-kapitell** n. (s, e). ARCHIT. chapiteau (m.) cubique. ||°**-kohle** f. (-, n) gailletin m. ||°**-muster** n. (s, -) dessin (m.) en damier, à carreaux. ||°**-spiel** n. (s, e) jeu (m.) de dés. ||°**-zahl** f. (-, en). MATH. cube (m.) d'un nombre. ||°**-zucker** m. (s) sucre (m.) en morceaux.

würf(e)lig ['vyrf(ə)liç] adj. cubique ; en forme de cube ; à carreaux ; en damier ; quadrillé.

würfeln ['vyrfəln] v. intr. jouer aux dés. | *um Geld würfeln*, jouer aux dés pour de l'argent. | *sechs Augen würfeln*, jouer le six.
◇ v. tr. disposer en carreaux ; couper en petits cubes. | *ein gewürfelter Stoff*, une étoffe à carreaux.

Würg|birne ["vyrk'birnə] f. (-, n). HIST. poire (f.) d'angoisse. ||°**-engel** m. (s, -). [Bibel] ange exterminateur. ||°**-falke** m. (n, n). ZOOL. laneret m. ||°**-knebel** m. (s, -) garrot m. ||°**-schwert** n. (s, er) glaive exterminateur.

Würge ['vyrgə] f. (-, n). MAR. cabestan m.

würgen ['vyrgən] v. intr., v. tr. et v. pr. [mühsam schlucken] s'étouffer en avalant. | *an seiner Suppe würgen*, avoir du mal à manger sa soupe. | *sich würgen*, avaler de travers ; s'étrangler. | *sich an etwas würgen*, s'éreinter à qch. || [ersticken] étrangler ; serrer à la gorge. | *jn am Halse würgen*, saisir, prendre qn à la gorge. || POÉT. [Bibel] égorger ; massacrer.

Würger [-gər] m. (s, -) étrangleur m. ; assassin m. || ZOOL. pie-grièche f.

Würgerei [vyrgə'rai] f. (-, en) massacre m. ; carnage m.

würgerisch ['vyrgəriʃ] adj. comme un assassin ; meurtrier.

Wurm [vurm] m. (s, ¨er) ver m. | *der Wurm windet sich, krümmt sich*, le ver se tord. | *der Apfel hat den Wurm*, la pomme est véreuse. | *der Wurm sitzt im Holz*, le bois est vermoulu. || PAR EXT. (souvent Vx.) serpent m. ; [Lindwurm] dragon m. || FIG. *der Wurm nagt in ihm, an ihm*, il est rongé par le chagrin, par le remords. | *jm die Würmer aus der Nase ziehen*, tirer les vers du nez à qn. | *das arme Wurm*, le pauvre petit (bébé). || MÉD. [Fingerwurm] panaris m. ; dartre rongeante ; farcin m. (des chevaux).

wurm|abtreibend ["vurm'aptraibənt] adj. vermifuge. ||°**-arznei** f. (-, en) vermifuge m. ||**-förmig** adj. vermiculaire. ||°**-fortsatz** m. (es, ¨e). [Blinddarm] appendice m. ||°**-fraß** m. (es) vermoulure f. ||**-fräßig** adj. rongé par les vers. ||°**-haken** m. (s, -) hameçon m. ||°**-kraut** n. (s, ¨er). BOT. herbe (f.) vermifuge. ||°**-mehl** n. (s) vermoulure f. ||°**-mittel** n. (s, -) vermifuge m. ||°**-stich** m. (s, e) piqûre (f.) de ver ; vermoulure f. ||**-stichig** adj. vermoulu ; véreux. ||°**-tod** m. (es). BOT. absinthe f. ||°**-züngler** m. (s, -). ZOOL. caméléon m.

Würmchen ['vyrmçən] n. (s, -) vermisseau m. | *das arme Würmchen*, le pauvre petit (enfant).

wurmen ['vurmən] v. intr. et v. tr. se piquer ; être attaqué par les vers. || FIG., FAM. *das wurmt ihn*, cela le tarabuste.

wurmig [-miç] adj. rongé, piqué des vers ; véreux. || FIG. qui a des lubies.

Wurst [vurst] f. (-, ¨e) saucisse f. ; saucisson m. | *Bratwurst*, saucisse grillée. | *Blutwurst*, boudin m. || FIG., FAM. *das ist mir Wurst*, ça m'est égal ; je m'en fiche. | *er will immer eine Extrawurst haben*, il lui faut toujours autre chose qu'aux autres. | *mit der Wurst nach der Speckseite werfen*, donner un œuf pour avoir un bœuf.

Wurst|blatt ["vurst'blat] n. (s, ¨er). FIG., IRON. [Käseblatt] feuille (f.) de chou. ||°**-brot** n. (s, e) sandwich m. ||°**-handlung** f. (-, en) charcuterie f. ||°**-kraut** n. (s, ¨er) marjolaine f. ||°**-laden** m. (s, ¨) charcuterie f. ||°**-wagen** m. (s, -). [Vx.] voiture étroite et longue. ||°**-waren** f. pl. charcuterie f.

wursteln ['vurstəln] v. intr. FAM. bricoler.
◇ v. tr. FAM. bâcler ; bousiller.

Wurt(e) ['vurt(ə)] f. (-, n). GÉOGR. levée de terrain.

Württemberg ['vyrtɛmbɛrk] n. pr. n. GÉOGR. Wurtemberg m.

Wurz [vurts] f. (-, en). [Vx.]. DIAL. herbe f. ; plante f. ; racine f.

Würz|branntwein ["vyrts'brantvain] m. (s, e) ratafia m. ||°**-brühe** f. (-, n) saupiquet m. ||°**-duft** m. (s, ¨e) odeur (f.) aromatique. ||°**-fleisch** n. (es, e) ragoût m. ||**-los** adj. PR. et FIG. insipide ; fade. ||°**-stoff** m. (s, e) condiment m.

Würze ['vyrtsə] f. (-, n) assaisonnement m. ; épice f. ; condiment m. ; arome m. ; saveur f. ; goût m. | *Würze haben*, être bien assaisonné ; avoir du goût, de la saveur. || FIG. goût m. ; saveur f. ; sel m. ; piquant m. || PROV. *in der Kürze liegt die Würze*, les plaisanteries les plus courtes sont les meilleures.

Wurzel ['vurtsəl] f. (-, n). BOT. racine f. | *gelbe Wurzel*, carotte f. | *Wurzel fassen, treiben, schlagen*, donner des racines ; FIG. prendre racine ; s'enraciner. || [Ursprung] racine f. ; origine f. ; source f. ; cause f. | *die Wurzel des Fußes*, le tarse. || FIG. *das Übel an der Wurzel fassen*, prendre le mal à la racine. | *mit der Wurzel ausrotten, ausreißen*, extirper. || MATH. racine (f.) d'un nombre. | *die zweite Wurzel*, la racine carrée. | *die Wurzel aus einer Zahl ziehen*, extraire la racine d'un nombre. || GRAMM. racine (f.) d'un mot ; radical m.

wurzel|artig ["vurtsəl'ɑːrtiç] adj. radiciforme. ||°**-auge** n. (s, n). BOT. turion m. ||°**-ausziehen** n. (s). MATH. extraction (f.) d'une racine. ||°**-baum** m. (s, ¨e). BOT. rhizophore m. ; manglier m. ; palétuvier m. ||°**-bildung** f. (-, en) BOT. radication f. ||°**-bürste** f. (-, en) brosse (f.) de chiendent. ||**-echt** adj. BOT. franc de pied. ||°**-exponent** m. (s, e). MATH. exposant m. ||°**-faser** f. (-, n), °**-fäserchen** n. (s, -), °**-haar** n. (s, e). BOT. radicule f. ; fibrille f. ||**-förmig** adj. radiciforme. ||°**-füß(l)er** m. (s, -). ZOOL. rhizopode m. ||°**-keim** m. (s, e). BOT. rudiment (m.) de racine ; radicule f. ||°**-knolle** f. (-, n), °**-knollen** m. (s, -) racine tubéreuse ; tubercule m. ||**-los** adj. sans racines ; FIG. déraciné ; sans attaches. ||°**-mann** m. (s, ¨er), °**-männchen** n. (s, -). [Alraun] mandragore f. ||°**-pech** n. (s, e) résine (f.) de pin. ||°**-reis** n. (es, er) surgeon m. ||°**-schößling** m. (s, e) pousse radicale ; drageon m. ; bouture f. ||°**-stand** m. (s, ¨e). BOT. radication f. ||°**-stock** m. (s, ¨e) support m. ; rhizome m. ||°**-werk** n. (s) [ensemble des] racines f. pl. ||°**-wert** m. (s, e), °**-zahl** f. (-, en). MATH. racine (f.) d'un nombre. ||°**-wort** n. (s, ¨er). GRAMM. racine f. ; radical m. ||°**-zeichen** n. (s, -). MATH. radical m. ||°**-zwiebel** f. (-, n) bulbe (m.) d'oignon.

Würzelchen ['vyrtsəlçən] n. (s, -) petite racine.

würz(e)lig [-ts(ə)liç] adj. plein de racines. || en forme de racine.

wurzeln ['vurtsəln] v. intr. avoir des racines ; faire des racines ; s'enraciner. | *tief in seiner Heimat wurzeln*, être enraciné dans son sol natal.

würzen ['vyrtsən] v. tr. assaisonner ; épicer ; relever (un mets). | *stark, scharf gewürzt*, épicé ; relevé ; piquant. || FIG. donner de la saveur ; du sel, du piquant. | *eine Rede mit Humor würzen*, truffer un discours de mots d'esprit.

würzig [-tsiç] adj. [schmackhaft] assaisonné ; épicé ; aromatique ; qui a du sel, du piquant.

Würzung [-tsuŋ] f. (-, en) assaisonnement m.

Wuschel|haar ["vuʃəl'hɑːr] n. (s, e). [Kraushaar] cheveux frisés, crépus. ||°**-kopf** m. (s, ¨e) tête mal coiffée.

wuselig ['vuːzəliç] adj. remuant ; agité.

Wust [vuːst] m. (es) fatras m. ; désordre m. ; chaos m. ; amas m.

wüst [vyːst] adj. [öde] vide ; désert ; inculte. | *wüst liegen*, être en friche. | *das wüste Arabien*, l'Arabie Pétrée. || [in Unordnung] en désordre ; confus ; dans un fouillis inextricable. | *wüste Haare*, des cheveux (m. pl.) en bataille. || FIG., FAM. *der Kopf ist mir wüst*, j'ai la tête brouillée. || [unsauber] malpropre ; laid ; débauché. | *ein wüstes Leben*, une vie de débauche. | *wüstes Treiben*, vie dépravée, désordonnée.

Wüste ['vyːstə] f. (-, n) désert m. ; solitude f. | *etwas zur Wüste machen*, dévaster. || FIG. *in der Wüste predigen*, prêcher dans le désert.

wüsten ['vyːstən] v. intr. *mit etwas wüsten*, gaspiller qch. || PAR EXT. mener une vie de débauche.

Wüstenei [vyːstə'nai] f. (-, en) contrée (f.) désertique, sauvage.

Wüsten|fuchs ["vyːstən'fuks] m. (es, ¨e). ZOOL. fennec m.

Wüstheit ['vyːsthait] f. aspect (m.) désertique,

sauvage. || désordre m. ; fouillis m. || FIG. 1° état (m.) de débauche ; 2° caractère sauvage, brutal.
Wüstling ['vy:stlıŋ] m. (s, e) débauché m. ; noceur m. ; libertin m. || ZOOL. fauvette f.
Wut [vu:t] f. fureur f. ; furie f. ; rage f. ; colère f. | *in Wut geraten, ausbrechen, entbrennen,* se mettre en fureur ; éclater ; se déchaîner. | *jn in Wut bringen,* mettre qn en fureur. | *vor Wut zittern, beben,* trembler de rage. | *vor Wut schäumen,* écumer de rage. || FAM. *vor Wut platzen,* crever de rage. | *eine Wut auf jn haben,* être en rage contre qn. | *seine Wut an jm auslassen,* passer sa fureur sur qn. || [Leidenschaft] passion f. ; manie f. ; rage f. (de faire qch.). | *die Spielwut,* la passion du jeu. || MÉD. *(Toll)wut,* rage f.
Wut|anfall ["vu:t'anfal] m. (s, ¨e), °**-ausbruch** [-'ausbru:x] m. (s, ¨e) accès (m.) de rage, de fureur. ||**-entbrannt** adj. enflammé de colère. ||**-schäumend, -schnaubend** adj. écumant de rage.
wüten ['vy:tən] v. intr. être en fureur, en furie ; être déchaîné ; se déchaîner ; faire rage ; sévir. | *der Sturm wütet,* la tempête fait rage. | *die Seuche wütet,* l'épidémie sévit, exerce ses ravages.
wütend [-tənt] adj. furieux ; en fureur ; en furie ; déchaîné. | *wütend werden,* entrer en fureur. | *wütender Kampf,* combat furieux. | *wütende Zahnschmerzen,* rage (f.) de dents. || MÉD. qui a la rage.
Wüterich [-təriç] m. (s, e) homme (m.) en fureur ; fou furieux ; tyran (m.) sanguinaire.
wutsch ! [vutʃ] interj. vlan ! ; hop !
Wwe (abrév. de **Witwe**) Vve (abrév. de veuve).

X Y

X [iks] n. X m. *ein großes* X, un *X* majuscule. | *ein kleines* x, un *x* minuscule. || *X* [Zahlenbuchstabe] X (dix). || *X (P)* [griechische Schreibweise] le Christ ; Jésus-Christ. || [Telegramm] *XP,* mis pour *Bote bezahlt,* porteur payé. || MATH. *die Größe* x, la valeur *x* ; l'inconnue. || *Herr X,* monsieur X. || LOC. *jm ein X für ein U vormachen,* faire accroire qch. à qn ; faire prendre à qn des vessies pour des lanternes. | *zum x-ten Mal,* pour la énième, n^ième^ fois.
X-Achse ["iks'aksə] f. (-, n). MATH. axe (m.) des abscisses. ||°**-Beine** n. pl. jambes (f. pl.) en X ; jambes cagneuses. ||**-beliebig** adj. quelconque ; n'importe qui. | *zur x-beliebigen Stunde,* à n'importe quelle heure ; à l'heure qui vous plaira. ||**-fach** adj. multiple ; bien souvent. ||**-förmig** adj. en (forme de) x. ||°**-koordinate** f. (-, n). MATH. abscisse f. ||**-mal** adv. je ne sais combien de fois ; des centaines de fois. ||°**-strahlen** m. pl. [Röntgenstrahlen] rayons (m. pl.) X.
Xanthen [ksan'te:n] n. (s). CHIM. xanthine f.
Xenie ['kse:niə] f. (-, n). LITTÉR. [Sinngedicht] xénie f. ; épigramme f.
Xenon ['kse:nɔn] n. (s). CHIM. xénon m.
Xerographie [kse:rogra'fi:] f. (-, n). PHYS. (Wz.) Xérographie f.
xerophil [ksero'fi:l] adj. BOT. xérophile.
Xerophyt [ksero'fy:t] (en, en). BOT. xérophyte f.
Xylographie [ksylogra'fi:] f. xylographie f. ; gravure (f.) sur bois.
Xylol [ksy'lo:l] n. (s). CHIM. xylène m.
Xylophon [ksylo'fo:n] n. (s, e). MUS. xylophone m.
Xylose [ksy'lo:zə] f. xylose f. ; sucre (m.) de bois.
Xylyl|säure [ksy"ly:l'zɔyrə] f. (-, n) acide (m.) oxalique.

Y

Y ['ypzilɔn] n. Y [igrɛk] m. | *das große* Y, l'Y majuscule. | *das kleine* y, l'y minuscule.
Yacht [jaxt] f. (-, en), **Jacht** f. (-, en). MAR. yacht m.
Yak [jak] m. (s, s). ZOOL. [Grunzochs] yak m.
Yam [y'am] n. (s). BOT. yam m. ; igname f. ; dioscorée f.
Yard [ja:rd] n. (s, s) yard m.
Yggdrasil ['ygdrasil] MYTH. *die Esche Yggdrasil,* le frêne Yggdrasil.
Yoga ['joga] m. ou n. (s) yoga m. ; yogisme m.
Yperit [ypə'ri:t] n. (s). [Senfgas] ypérite f.
Ypern ['y:pərn] n. pr. n. GÉOGR. [Stadt] Ypres f.
Ypsilon ['ypzilɔn] n. (s). [Buchstabe] upsilon m.
Ysop ['y:zɔp] m. (s, e). BOT. hysope f.
Yttrium ['ytrium] n. (s). CHIM. yttrium m.

Z

Z [tsɛt] n. Z m. || [Abkürzungen] *z. B. (zum Beispiel),* par exemple. | *z.b.V. (zur besonderen Verwendung),* pour mission spéciale. | *z.D. (zur Disposition),* à la disposition (de). | *z.Z. (zur Zeit),* en ce moment. | *Z. (Zeile),* ligne f. | *Ztr. (Zentner),* quintal m. || LOC. *von A bis Z,* entièrement ; depuis A jusqu'à Z ; du commencement à la fin.
Zabel ['tsa:bəl] m. (s, -) damier m. ; échiquier m.
Zabern ['tsa:bərn] n. pr. n. GÉOGR. Saverne f. | *Zaberner Steige,* col (m.) de Saverne.
zach [tsax] adj. V. ZÄH.
Zacharias [tsaka'ri:as] n. pr. m. HIST. Zacharie m.
Zacke ['tsakə] f. (-, n). **Zacken** [-kən] m. (s, -)

dent f. ; pointe f. ; dentelure f. ; feston m. | *Zacken eines Sternes*, pointes d'une étoile. | *Zacken des Rechens*, dents du râteau. || [Horn] *Zacken eines Berges*, pointe, dent d'une montagne. | *Mauerzacken*, créneaux m. pl. | *Radarzacken*, raie (f.) de radar.

Zacken|band ["tsakən'bant] n. (s, ¨er) bande crantée. ||°**-blatt** n. (s, ¨er) feuille dentelée. ||°**-bogen** m. (s, ¨) arc dentelé. ||°**-linie** f. (-, n) ligne (f.) en zigzag. ||°**-meißel** m. (s, -) boucharde f. ||°**-schnitt** m. (s, e) dentelure f. ||°**-werk** n. (s) dentelure f. || MIL. redan m. ||°**-wolle** f. laine (f.) de rebut.

zacken ['tsakən] v. tr. denteler ; déchiqueter ; armer de pointes.

zackig ['tsakiç] adj. dentelé ; déchiqueté ; garni de pointes ; crénelé. | *fünfzackiger Stern*, étoile (f.) à cinq branches. || FAM. [schneidig] décidé ; qui a de l'allant.

zag [tsɑ:k] adj. V. ZAGHAFT.

zagen ['tsɑ:gən] v. intr. manquer de cœur ; être découragé ; avoir peur ; hésiter ; tergiverser.

zaghaft ['tsɑ:khaft] adj. peureux ; craintif ; timide ; timoré ; pusillanime ; tremblant.

— SYN. : *zögernd*, hésitant ; *schüchtern*, timide.

Zaghaftigkeit [-tiçkait] f., **Zagheit** ['tsɑ:ghait] f., **Zagen** ['tsɑ:gən] n. (s) découragement m. ; timidité f., pusillanimité f. ; indécision f. | *mit Zittern und Zagen*, après beaucoup d'hésitations et de lamentations.

zäh(e) ['tsɛ:(ə)] adj. coriace ; dur ; tenace. || épais ; visqueux ; gluant. || FIG. *ein zäher Gegner*, un adversaire opiniâtre. | *die Katze hat ein zähes Leben*, le chat a la vie dure. | *zäh an einer Ansicht festhalten*, tenir à une opinion dur comme fer. | *eine zähe Flüssigkeit*, un liquide visqueux, épais.

— SYN. : *beharrlich*, persévérant ; *ausdauernd*, endurant, résistant ; *hartnäckig*, opiniâtre.

zäh|flüssig ["tsɛ:'flysiç] adj. visqueux ; gluant. ||°**-flüssigkeit** f. viscosité f. ||**-lebig** adj. qui a la vie dure ; coriace ; endurant.

Zähigkeit ['tsɛ:içkait] f. ténacité f. ; nature (f.) coriace ; viscosité f.

Zahl [tsɑ:l] f. (-, en). **1.** nombre. | *eine fünfstellige Zahl*, un nombre de cinq chiffres. | *gerade Zahl*, nombre pair. | *ungerade Zahl*, nombre impair. | *ganze Zahl*, nombre entier. | *gebrochene Zahl*, fraction f. | *gemischte Zahl*, nombre fractionnaire. | *runde Zahl*, nombre rond. | *goldene Zahl*, nombre d'or. | *Grundzahl*, nombre cardinal. | *Ordnungszahl*, nombre ordinal. | *Bruchzahl*, fraction f. | *fünfzig an der Zahl*, au nombre de cinquante.

2. chiffre m. | *römische Zahl*, chiffre romain. | *arabische Zahl*, chiffre arabe. | *eine hohe Zahl*, un chiffre élevé. | *die Zahlen beweisen es*, les chiffres le prouvent, sont éloquents. || ÉCON. *in die roten Zahlen kommen*, être dans le rouge. | *aus den roten Zahlen kommen*, sortir du rouge.

3. quantité f. | *in großer Zahl*, en grand nombre. | *überlegen an Zahl*, supérieur en nombre. | *Unzahl*, nombre infini ; infinité f. | *Überzahl*, supériorité (f.) numérique.

4. GRAMM. nombre m. | *Einzahl*, singulier m. | *Mehrzahl*, pluriel m.

Zahl|adverb ["tsɑ:lad'vɛrp] n. (s, en) adverbe numéral. ||°**-amt** n. (s, ¨er) trésorerie f. ; caisse f. ||°**-bruch** m. (s, ¨e) fraction (f.) numérique. ||**-fähig** adj. solvable. ||°**-karte** f. (-, n) mandat-carte m. ||**-los** adj. innombrable ; infini. ||°**-meister** m. (s, -) payeur m. ; trésorier m. || MIL. officier payeur. || MAR. commissaire m. ||°**-mittel** n. (s, -) moyen (m.) de paiement. ||**-reich** adj. en grand nombre ; nombreux. | *in zahlreichen Städten*, dans (un grand) nombre de villes. ||°**-tag** m. (s, e) jour (m.) de paie. ||°**-wert** m. (s, e) valeur (f.) numéraire. ||°**-wort** n. (s, ¨er) nom (m.) de nombre ; adjectif numéral.

Zähl|apparat ["tsɛ:lapa'rɑ:t] m. (s, e), °**-gerät** [-gə'rɛ:t] n. (s, e) [appareil m.] compteur m. ||°**-karte** f. (-, n) carte (f.) de recensement ; fiche f. ||°**-rohr** n. (s, e) compteur m. ||°**-rohr|gerät** n. (s, e) compteur (m.) Geiger. ||°**-uhr** f. (-, en), °**-werk** n. (s, e) horlogerie f. ; minuterie (f.) de compteur.

Zahlen|angabe ["tsɑlən'angɑ:bə] f. (-, n) indication (f.) numérique. ||°**-geber** m. (s, -). ÉLECTR. émetteur (m.) d'impulsions. ||°**-gedächtnis** n. (ses) mémoire (f.) des chiffres. ||°**-lehre** f. théorie (f.) des nombres ; arithmétique f. ||°**-leiter** f. (-, n) échelle (f.) numérique. ||**-mäßig** adj. numérique. | *zahlenmäßige Erfassung*, statistique f. | *zahlenmäßiges Ergebnis*, résultat (m.) numérique. ||°**-schloß** n. (es, ¨er) serrure (f.) à combinaisons. ||°**-system** m. (s, e) système (m.) arithmétique. || INF. système (m.) de numérotation. ||°**-tafel** f. (-, n) tableau (m.) numérique ; barème m. ; tables (f. pl.) numériques. ||°**-verhältnis** n. (ses, se) proportion (f.) arithmétique. ||°**-wert** m. (s, e) valeur (f.) numérique d'une quantité.

zahlbar ['tsɑ:lbɑ:r] adj. payable ; acquittable. | *zahlbar in einem Monat*, payable à un mois. | *zahlbar bei Fälligkeit*, payable à (l')échéance. | *zahlbar bei Lieferung*, payable à la livraison. | *zahlbar bei Sicht*, payable à vue. | *zahlbar an Vorzeiger, an Inhaber*, payable au porteur. | *zahlbar an (die Order von) Herrn Müller*, payable à l'ordre de M. Muller.

Zahlbarkeit [-kait] f. solvabilité f.

zählbar ['tsɛ:lbɑ:r] adj. dénombrable.

zahlen ['tsɑ:lən] v. tr. et v. intr. payer ; verser ; acquitter ; solder ; régler ; rembourser. | *bar zahlen*, payer comptant, en espèces, en numéraire. | *in Raten zahlen*, payer par mensualités. | *einen Beitrag zahlen*, verser sa cotisation ; cotiser. | *Herr Ober, bitte zahlen !*, (garçon) l'addition, s'il vous plaît !

Zahlen [-lən] n. (s) paiement m.

zählen ['tsɛ:lən] v. tr. et v. intr. compter ; énumérer ; dénombrer ; compter parmi ; appartenir. | *sein Geld zählen*, compter son argent. | *an den fünf Fingern (ab)zählen*, compter sur les doigts (de la main). | *er zählt schon achtzig Jahre*, il a déjà ses quatre-vingts ans. | *das Dorf zählt noch zweihundert Einwohner*, le village compte encore deux cents habitants. || FIG. *er kann nicht bis drei zählen*, il n'est pas très malin. | *jn zu seinen Freunden zählen*, compter qn parmi ses amis. | *seine Tage sind gezählt*, ses jours sont comptés. | *auf jn zählen*, compter, faire fond sur qn.

Zahler ['tsɑ:lər] m. (s, -) payeur m. | *säumiger Zahler*, mauvais payeur.

Zähler ['tsɛ:lər] m. (s, -) celui qui compte ; compteur m. ; marqueur m. || TECHN. compteur m. | *elektrischer Zähler*, compteur électrique. | *Touren-, Umdrehungszähler*, compte-tours m. | *Gesprächszähler*, compteur de communications (téléphoniques). || MATH. numérateur (m.) d'une fraction.

Zahlung ['tsɑ:luŋ] f. (-, en) paiement m. ; versement m. ; acquittement m. | *seine Zahlungen einstellen*, suspendre ses paiements. | *eine Zahlung leisten*, effectuer un versement ; payer. | *gegen Zahlung*, contre paiement. | *eine Zahlung eintreiben*, recouvrer un paiement. | *Zahlung erhalten*, pour acquit. | *Teilzahlung*, paiement partiel.

Zahlungs|abkommen ["tsɑ:luŋs'apkɔmən] n. (s, -) accord (m.) de paiement. ||°**-anweisung** f. (-, en) mandat (m.) de paiement. ||°**-art** f. (-, en) mode (m.) de paiement. ||°**-aufschub** m. (s, e) moratoire m. ||°**-auftrag** m. (s, ¨e), °**-befehl** m. (s, e) ordre (m.) de paiement. ||°**-bedingung** f. (-, en) *günstige Zahlungsbedingungen*, facilités (f. pl.) de paiement. ||°**-beleg** m. (s, e) récépissé (m.) de paiement. ||°**-bescheinigung** f. (-, en), °**-bestätigung** f. (-, en) attestation (f.) de paiement ; quittance f. ; reçu m. ||°**-bilanz** f. (-, en) balance (f.) des paiements. ||°**-empfänger** m. (s, -) bénéficiaire (m.) d'un paiement. ||**-fähig** adj. solvable. ||°**-fähigkeit** f. solvabilité f. ||°**-frist** f. (-, en) délai (m.) de paiement. ||°**-mittel** n. (s, -) moyen (m.) de paiement ; monnaie f. ||°**-rückstand** m. (s, ¨e) arriéré m. ||**-unfähig** adj. insolvable. ||°**-verbindlichkeit** f. (-, en), °**-verpflichtung** f. (-, en) obligation (f.) de paiement. ||°**-verbot** n. (s, e) opposition (f.) au paiement. ||°**-verzug** m. (s, ¨e) retard (m.) dans le paiement.

Zählung ['tsɛ:luŋ] f. (-, en) dénombrement m. ; recensement m. ; dépouillement m. ; compte m. | *Volkszählung*, recensement de la population.

zahm [tsɑ:m] adj. apprivoisé ; doux ; domestique. | *ein zahmes Pferd*, un cheval docile. || FIG. souple ; docile ; traitable. | *zahm werden*, s'apprivoiser.

zähmbar ['tsɛ:mbɑ:r] adj. domptable ; qu'on peut apprivoiser.

zähmen [-mən] v. tr. dompter ; dresser ; apprivoiser ; domestiquer.

— SYN. : *bezwingen*, *bändigen*, *unterwerfen*, dompter ; *abrichten*, *dressieren*, dresser ; *bezähmen*, *beherrschen*, *überwinden*, dominer.

Zähmer [-mər] m. (s, -) dompteur m.

Zahmheit ['tsɑ:mhait] f. docilité f. ; douceur f. ; (état de ce qui est) apprivoisé.

Zähmung ['tsɛ:muŋ] f., **Zähmen** [-mən] n. (s) apprivoisement m. ; domptage m. ; domestication f. ; dressage m. || FIG. refrènement m.

— SYN. : *Abrichtung*, dressage ; *Bändigung*, domptage.

Zahn [tsɑ:n] m. (s, ¨e). **1.** [Kauwerkzeug] dent f.

| *Zähne bekommen*, faire ses dents. | *ein hohler Zahn*, dent creuse. | *Milchzähne*, dents de lait. | *Vorderzahn*, dent de devant. | *Augenzahn* ; *Eckzahn*, canine f. | *Back(en)-zahn*, molaire f. | *Mahlzahn*, grosse molaire. | *Schneidezahn*, incisive f. | *Weisheitszahn*, dent de sagesse. | *Stiftzahn*, dent à pivot. | *mit den Zähnen klappern*, claquer des dents ; grelotter. | *(sich) die Zähne putzen*, se brosser, se laver les dents. | *die Zähne zusammenbeißen*, serrer les dents ; FIG. supporter vaillamment une douleur. || FIG. *jm lange Zähne machen*, faire venir l'eau à la bouche à qn. | *jm die Zähne zeigen*, menacer qn ; montrer les dents à qn. | *bis an die Zähne gerüstet, bewaffnet*, armé jusqu'aux dents. | *jm auf den Zahn fühlen*, sonder qn ; tâter le pouls à qn. | *Haare auf den Zähnen haben*, savoir se défendre ; avoir bec et ongles. | *sich mit Zähnen und Klauen wehren*, se défendre vivement ; sortir bec et ongles. | *Auge um Auge, Zahn um Zahn*, œil pour œil, dent pour dent. | *der Zahn der Zeit*, les outrages (m. pl.) du temps. **2.** [spitz zulaufender Teil]. TECHN. dent f. ; came f. ; alluchon m. | *Sägezähne*, dents de la scie. | *Zähne eines Kammes*, dents d'un peigne.

zahn|artig ["tsa:n'a:rtiç] adj. dentelé ; dentiforme. ||°**-arzt** m. (es, ¨e), °**-ärztin** f. (-, nen) dentiste m. et f. ||**-ärztlich** adj. du dentiste ; dentaire. | *zahnärztliche Behandlung*, soins (m. pl.) dentaires. ||°**-auszieher** m. (s, -) arracheur (m.) de dents. ||°**-behandlung** f. soins (m. pl.) dentaires. ||°**-bein** n. (s, e). ANAT. dentine f. ; ivoire m. ||°**-bett** n. (s, en). ANAT. parodonte m. ||°**-bogen** m. (s, - ou ¨). TECHN. secteur denté. ||°**-brücke** f. (-, n) bridge m. ||°**-bürste** f. (-, n) brosse (f.) à dents. ||°**-ersatz** m. (es) prothèse (f.) dentaire. ||°**-fach** n. (s, ¨er) alvéole (m.) dentaire. ||°**-fäule** f., °**-karies** f., carie (f.) dentaire. ||°**-fleisch** n. (s, e) gencives f. pl. ||°**-fleisch|reaktion** f. (-, en) récession gingivale. ||°**-fleisch|schwellung** f. (-, en) parodontis f. ; gonflement douloureux des gencives ; gingivite. ||°**-fleisch|schwund** m. (s) déchaussement (m.) des dents. ||**-förmig** adj. en forme de dent ; dentiforme ; odontoïde. ||°**-hals** m. (es, ¨e) collet m. (de la dent). ||°**-heilkunde** f. chirurgie (f.) dentaire ; odontologie f. ||°**-höhle** f. (-, n) alvéole (m.) dentaire. ||°**-kitt** m. (s) cément m. ||°**-kranz** m. (es, ¨e). TECHN. couronne dentée. ||°**-krone** f. (-, n) couronne (f.) dentaire. ||°**-laut** m. (s, e). GRAMM. dentale f. ; son dental. ||°**-lehre** f. odontologie f. ||**-los** adj. édenté. ||°**-mark** n. (s) pulpe (f.) dentaire. ||°**-medizin** f. dentisterie f. ; art (m.) dentaire. ||°**-pasta** f. (-, ten) pâte (f.) dentifrice ; dentifrice m. ||°**-pasta|lächeln** n. (s). FAM. sourire (m.) à 4,95. ||°**-pflege** f. (-, n). *Mund- und Zahnpflege*, hygiène (f.) dentaire. ||°**-plombe** f. (-, n) plombage m. ||°**-prothese** f. (-, n) appareil (m.), prothèse (f.) dentaire. ||°**-rad** n. (s, ¨er) roue dentée ; roue d'engrenage. ||°**-rad|antrieb** m. (s, e) commande (f.) par engrenages. ||°**-rad|bahn** f. (-, en) chemin (m.) de fer à crémaillère. ||°**-räderwerk** n. (s, e) engrenage m. ||°**-schmelz** m. (es, e) émail dentaire. ||°**-schmerz** m. (es ou ens, en) maux (m. pl.) de dents ; odontalgie f. ||°**-seide** f. (-, n) fil (m.) dentaire. ||°**-stange** f. (-, n) crémaillère f. ||°**-stein** m. (s, e) odontolithe f. ; tartre m. ||°**-stift** m. (s, e) pivot m. ||°**-stocher** m. (s, -) cure-dents m. ||°**-stummel** m. (s), °**-stumpf** m. (s, e) chicot (m.) de dent. ||°**-techniker** m. (s, -) mécanicien-dentiste m. ||°**-wal** m. (s, e). ZOOL. odontocète m. ||°**-wechsel** m. (s, -) seconde dentition. ||°**-weh** n. (s) maux (m. pl.) de dents. ||°**-wurzel** f. (-, n) racine (f.) de dents. ||°**-(wurzel)zange** f. (-, n) davier m. ||°**-ziehen** n. (s) extraction (f.) d'une dent.

zähneln ['tsɛ:nəln], **zähnen** ['tsɛ:nən] v. tr. denter ; créneler.

zahnen ['tsa:nən] v. intr. [Kinder] faire ses dents. ◇ part. pass. **gezahnt, gezähnt,** denté.

zahnig ['tsa:niç] adj. denté ; pourvu de dents.

Zahnung [-nuŋ] f. (-, en). TECHN. denture f.

Zähre ['tsɛ:rə] f. (-, n). POÉT. larme f. ; pleur m.

Zain [tsain] m. (s, e). MÉTALL. lingot m. ; barre f.

Zander ['tsandər] m. (s, -). ZOOL. sandre f.

Zange ['tsaŋə] f. (-, n) pince f. ; tenaille f. ; tenailles f. pl. ; pincettes f. pl. | *Nagelzange*, pince à ongles. || *Beißzange* ; *Kneifzange*, pince coupante. || MÉD. forceps. | *Zangengeburt*, accouchement (m.) aux fers. || ZOOL. pinces f. pl. ; mâchoires f. pl.

zängen ['tsɛŋən] v. tr. cingler (un métal).

Zank [tsaŋk] m. (s, ¨e) querelle f. ; dispute f. ; discorde f. ; démêlé m. | *mit jm Zank suchen*, chercher querelle à qn. | *in diesem Haus gibt es nur Zank und Streit*, on ne cesse de se disputer dans cette maison. | *einen Zank schlichten*, aplanir un différend.
— SYN. : *Streit*, dispute, querelle ; *Wortwechsel, Wortstreit, Auseinandersetzung*, altercation, dispute ; *Händel*, démêlés.

Zank|apfel ["tsaŋk'apfəl] m. (s, ¨) pomme (f.) de discorde. ||°**-drache** m. (n, n) mégère f. ; dragon m. ||°**-geist** m. (es, er) esprit querelleur. ||°**-schrift** f. (-, en) diatribe f. ; écrit (m.) polémique. ||°**-sucht** f. envie (f.), manie (f.) de quereller. ||**-süchtig** adj. querelleur ; hargneux ; chicaneur.

zanken ['tsaŋkən] v. tr., v. intr. et v. pr. quereller ; chicaner ; se disputer ; se quereller ; FAM. se chamailler. | *jn zanken*, gronder qn. | *sich mit jm über, um etwas zanken*, se disputer avec qn au sujet de qch. | *mit jm herumzanken*, se disputer constamment avec qn. | *er zankt gern*, il aime se quereller. | *um des Kaisers Bart zanken*, se disputer pour des vétilles, FAM. pour des queues de cerises.

Zänker ['tsɛŋkər] m. (s, -). [Streithahn ; Friedenstörer] querelleur m. ; chicaneur m. ; FAM. ergoteur m.

Zänkerei [tsɛŋkə'rai] f. (-, en) querelles f. pl. ; disputes f. pl. ; chicanes f. pl.

zankhaft ['tsaŋkhaft], **zänkisch** ['tsɛŋkiʃ] adj. querelleur ; chicaneur ; acariâtre ; tracassier.

Zapf [tsapf] m. (s). V. ZAPFEN.

Zapf|hahn ["tsapf'ha:n] m. (s, ¨e) robinet (m.) de prise. ||°**-junge** m. (n, n) apprenti (m.) sommelier. ||°**-loch** n. (s, ¨er) trou (m.) de bonde. ||°**-säule** f. (-, n), °**-stelle** f. (-, n) distributeur (m.) d'essence.

Zäpfchen ['tsɛpfçən] n. (s, -). **1.** TECHN. petit tenon ; petite bonde.
2. ANAT. luette (f.) du palais ; staphyle f. || (en compos.) adj. uvulaire.
3. MÉD. suppositoire m.

Zapfen ['tsapfən] m. (s, -). **1.** [Verschlußstöpsel] bonde f. ; bondon m. (d'un tonneau) ; tampon m. ; bouchon m. | *Bier vom Zapfen schenken*, débiter de la bière à la pression.
2. TECHN. [Bolzen ; Stift] tenon m. ; pivot m. ; tourillon m. ; cheville f. | *Holzzapfen*, cheville en bois. | *Zapfenbohrer*, tarière f.
3. BOT. (Frucht) cône m. | *Tannenzapfen*, pomme (f.) de pin.
4. GÉOGR. stalactite f.

Zapfen|kupplung ["tsapfən'kupluŋ] f. (-, en) accouplement (m.) à broches. ||°**-lager** n. (s, -) palier m. ; coussinet m. ; support (m.) de tourillon. ||°**-loch** n. (s, ¨er) trou (m.) de bonde. || TECHN. mortaise f. ||°**-säge** f. (-, n) scie (f.) à araser. ||°**-streich** m. (es, e). MIL. retraite f. ; retraite (f.) aux flambeaux. | *Zapfenstreich blasen, schlagen*, sonner la retraite, le couvre-feu (du soir). ||°**-träger** m. (s, -). BOT. conifère m.

zapfen ['tsapfən] v. tr. tirer au tonneau. || MÉD. faire une ponction ; ponctionner.

zappelig ['tsapəliç] adj. frétillant ; remuant.

Zappel|mann ["tsapəl'man] m. (s, ¨er) pantin m. ||°**-philipp** m. (s). FAM. enfant qui gigote sans cesse.

zappeln ['tsapəln] v. intr. frétiller ; s'agiter ; se débattre ; FAM. gigoter. | *jn zappeln lassen*, faire languir qn.

Zar(in) ['tsa:r(in)] m. (en, en), f. (-, nen) tsar(ine) m. (f.).

Zarentum [-rəntu:m] n. (s) tsarisme m.

Zarathustra [tsara'tustra], **Zoroaster** [tsoro'astər] n. pr. m. (s) Zarathoustra m. ; Zoroastre m.

Zarge ['tsargə] f. (-, n) [am Fenster] cadre m. ; encadrement m. ; bord m. ; châssis m.

zart [tsa:rt] adj. délicat ; tendre ; fragile ; frêle ; sensible ; doux ; léger ; fin. | *zartes Fleisch*, viande (f.) tendre. | *zartes Herz*, cœur (m.) sensible. | *zarte Stimme*, voix (f.) tendre. | *zarte Worte*, des mots (m. pl.) tendres. | *zarte Melodie*, mélodie douce. | *zartes Gefühl*, sentiment (m.) de tendresse. | *von zarter Gesundheit*, de santé délicate. | *zarter Pinsel*, pinceau délicat. | *von zartem Kindesalter an*, dès l'âge le plus tendre.

zart|fühlend ["tsa:rt'fy:lənt] adj. délicat ; sensible ; qui a du tact. ||°**-gefühl** n. (s) délicatesse (f.) de sentiment ; tendresse f. ; tact m. ||**-gliederig** adj. qui a les membres délicats, déliés. ||**-herzig** adj. compatissant ; au cœur tendre. ||°**-sinn** m. (s) délicatesse f. ; tact m.

Zärte ['tsɛ:rtə] f. tendresse f. ; délicatesse f.

Zärtelei [tsɛ:rtə'lai] f. sensiblerie f.

zärteln ['tsɛ:rtəln] v. tr. caresser ; câliner.

Zartheit ['tsɑ:rthait] f. (-, en) délicatesse f. ; douceur f. ; finesse f. || [Fleisch] tendreté f.

zärtlich ['tsɛ:rtliç] adj. délicat ; tendre ; affectueux ; doux. | *er blickte sie zärtlich an*, il la regarda tendrement.

Zärtlichkeit [-kait] f. tendresse f. ; sensibilité f. ◇ f. pl. **Zärtlichkeiten,** caresses f. pl. ; tendresses f. pl.

Zärtling ['tsɛ:rtliŋ] m. (s, e) homme douillet, efféminé.

zaseln ['tsazəln] v. intr. [fasern] s'effiler ; s'effilocher.

Zäsium ['tsɛ:zium] m. (s). CHIM. cæsium, césium m.

Zaspel ['tsaspəl] f. (-, n) écheveau m.

Zaster ['tsastər] m. (s). FAM. blé m. ; fric m.

Zäsur [tsɛ'zu:r] f. (-, en). POÉS. césure f.

Zauber ['tsaubər] m. (s, -) enchantement m. ; charme m. ; magie f. ; envoûtement m. ; séduction f. ; sortilège m. ; attrait m. ; prestige m. | *einen Zauber lösen*, rompre un charme. | *unter js Zauber stehen*, subir le charme de qn. | *wie durch Zauber entstanden*, comme par enchantement.

— SYN. : *Reiz*, charme, attrait ; *Verzauberung*, enchantement, envoûtement ; *Verzückung*, ravissement.

Zauber|blick ["tsaubər'blik] m. (s, e) regard fascinateur. ||°**-buch** n. (s, ¨er) livre (m.) de magie ; grimoire m. ||°**-flöte** f. MUS. *die Zauberflöte*, la Flûte enchantée. ||°**-gehänge** n. (s, -), °**-gehenk** n. (s, e) amulette f. ||°**-kunst** f. (-, ¨e) magie f. || *Zauberkünste*, tours (m. pl.) de magicien ; sortilèges m. pl. ||°**-künstler** m. (s, -) prestidigitateur m. ; bateleur m. ; jongleur m. ||°**-land** n. (s, ¨er) pays enchanté ; royaume (m.) des fées ; pays (m.) des merveilles. ||°**-laterne** f. (-, n) lanterne magique. ||°**-lehrling** m. (s, e) apprenti sorcier. ||°**-märchen** n. (s, -) conte (m.) de fées. ||°**-mittel** n. (s, -) sortilège m. ||**-reich** adj. plein de merveilles, d'enchantements. ||°**-ring** m. (s, e) anneau (m.) magique ; talisman m. ||°**-rute** f. (-, n), °**-stab** m. (s, ¨e) baguette (f.) magique. ||°**-schlag** m. (s, ¨e) *wie mit einem Zauberschlag*, comme par enchantement. ||°**-siegel** n. (s, -) talisman m. ||°**-spiegelung** f. (-, en) mirage m. ||°**-spiel** n. (s, e) sorcellerie f. ||°**-spruch** m. (s, ¨e) parole (f.) magique ; formule (f.) d'incantation. ||°**-stimme** f. (-, n) voix enchanteresse. ||°**-tinte** f. (-, n) encre (f.) sympathique. ||°**-trank** m. (s, ¨e) breuvage (m.) magique ; philtre m. ||°**-trick** m. (s, s) tour (m.) de magie. ||°**-welt** f. (-, en) monde enchanté. ||°**-wesen** n. (s) magie f. ; sorcellerie f. ||°**-wort** n. (s, e) parole (f.) magique. ||°**-wurzel** f. (-, n) mandragore f.

Zauberei [tsaubə'rai] f. (-, en) magie f. ; sorcellerie f., enchantement m. | *Zauberei treiben*, recourir à des sortilèges ; pratiquer la magie.

Zauberer ['tsaubərər] m. (s, -) magicien m. ; enchanteur m. ; sorcier m.

zauberhaft [-bərhaft] adj. magique, enchanté, étonnant ; merveilleux ; ravissant ; féerique. | *zauberhaftes Gemälde*, tableau (m.) féerique.
◇ adv. *zauberhaft schön*, beau à ravir.

— SYN. : *wunderbar*, merveilleux ; *entzückend*, ravissant ; *hinreißend*, irrésistible.

Zauberin [-bərin] (-, nen) magicienne f. ; charmeuse f. ; enchanteresse f.

zauberisch [-bəriʃ] adj. magique ; enchanteur.

zaubern [-bərn] v. tr. et v. intr. exercer la magie ; user de sortilèges ; transporter par enchantement ; métamorphoser.

Zauderei [tsaudə'rai] f. (-, en) hésitation f. ; temporisation f. ; irrésolution f.

Zauderer ['tsaudərər] m. (s, -) homme indécis, irrésolu ; FAM. lambin m.

zauderhaft [-dərhaft] adj. hésitant ; indécis ; irrésolu ; lent.

Zauderhaftigkeit [-dərhaftiçkait] f. indécision f. ; irrésolution f. ; lenteur f.

zaudern [-dərn] v. intr. hésiter ; tergiverser. | *nicht gezaudert !*, pas d'hésitation. | *ohne zu zaudern*, sans tergiverser. | *da darf nicht gezaudert werden*, il n'y a pas à hésiter.

— SYN. : *zögern*, *säumen*, hésiter ; tarder.

Zaudern [-dərn] n. (s) hésitation f. ; lenteurs f. pl. ; indécision f.

Zaum [tsaum] m. (s, ¨e) bride f. | *ein Pferd am Zaum(e) führen*, mener un cheval par la bride. | *einem Pferd den Zaum anlegen*, brider un cheval. || FIG. frein m. | *seine Zunge im Zaume halten*, tenir sa langue. | *seine Leidenschaften im Zaume halten*, dominer ses passions.

Zaum|geld ["tsaum'gɛlt] n. (s, er) argent (m.) pour la bride ; PAR EXT. pourboire m. ||°**-zeug** n. (s, e) garniture (f.) de fête ; PAR EXT. harnais m. ; harnachement m.

zäumen ['tsɔymən] v. tr. brider. || FIG. refréner ; dominer ; dompter.

Zaun [tsaun] m. (s, ¨e) clôture f. ; enclos m. ; enceinte f. ; palissade f. | *Bretterzaun*, palissade f. | *Drahtzaun*, (clôture de) grillage m. | *Lattenzaun*, clôture en lattis. | *lebender Zaun*, haie vive. | *geflochtener Zaun*, clayonnage m. || LOC. *einen Streit vom Zaun brechen*, chercher une querelle d'Allemand.

Zaun|blume ["tsaun'blu:mə] f. (-, n). BOT. phalangère f. ||°**-buche** f. (-, n). BOT. charme m. ||**-dürr** adj. FAM. sec comme un hareng. ||°**-gast** m. (s, ¨e) badaud m. ; FAM. resquilleur m. ||°**-könig** m. (s, e) roitelet m. ; troglodyte m. ||°**-recht** n. (s) droit (m.) de clôture. ||°**-rose** f. (-, n) églantier m. ; rosier (m.) sauvage. ||°**-schlüpfer** m. (s, -) roitelet m. ||°**-weide** f. (-, n). BOT. troène m. ||°**-winde** f. BOT. liseron (m.) des haies.

zäunen ['tsɔynən] v. tr. entourer d'une haie, d'une clôture ; fermer ; enclore ; clore.

Zäunling ['tsɔynliŋ] m. (s, e). BOT. chèvrefeuille m.

Zaupe ['tsaupə] f. (-, n) chienne f. ; biche f. || POP. garce f. ; putain f.

zausen ['tsauzən] v. tr. tirailler. || FIG. houspiller. | *jn bei den Haaren zausen*, tirer les cheveux à qn.

Zebra ['tse:bra] n. (s, s). ZOOL. zèbre m.

Zebra|streifen ["tse:bra'ʃtraifən] m. pl. zébrure f. || FIG. [Übergang für Fußgänger] passage (m.) pour piétons.

Zebu ['tse:bu] m. (s, s). ZOOL. zébu m.

zech|frei ['tsɛçfrai] adj. *jn zechfrei halten*, régaler qn. ||°**-gast** m. (s, ¨e) convive m. ||°**-gelage** n. (s, -) bacchanale f. ; beuverie f. ||°**-geselle** m. (n, n), °**-bruder** m. (s, ¨) buveur m. ; compagnon (m.) de beuverie. ||°**-gesellschaft** f. (-, en) compagnie (f.) de buveurs. ||°**-prellerei** f. grivèlerie f. ||°**-stein** m. (s). GÉOL. permien supérieur.

Zeche ['tsɛçə] f. (-, n). **1.** écot m. ; quote-part f. ; addition f. ; note (f.) de restaurant. || PAR EXT. consommation f. ; repas m. | *die Zeche bezahlen*, payer l'addition ; FIG., FAM. payer les pots cassés.

2. [Zunft] société f. ; corporation f.

3. mine (f.) de charbon ; charbonnage m. | *Kohlenzeche*, houillère f.

Zechen|bau ["tsɛçən'bau] m. (s) exploitation minière. ||°**-holz** n. (es, ¨er) bois (m.) de mine. ||°**-koks** m. (es, e) coke (m.) métallurgique. ||°**-platz** m. (es, ¨e), °**-hof** m. (s, ¨e) carreau (m.) de la mine.

zechen ['tsɛçən] v. intr. consommer au cabaret ; boire copieusement ; FAM. picoler. | *er hat schwer gezecht*, il a trop bu.

Zecher [-çər] m. (s, -) (gros) buveur.

Zecherei [tsɛçə'rai] f. (-, en) beuverie f.

Zec(c)hine [tsɛ'çi:nə] f. (-, n). [VX.] FIN. sequin m.

Zecke ['tsɛkə] f. (-, n). ZOOL. tique f.

Zedent [tse'dɛnt] m. (en, en). JUR. cédant m.

Zeder ['tse:dər] f. (-, n). [Zederbaum ; Zederfichte] cèdre m. | *Zedernholz*, bois (m.) de cèdre.

zedieren [tse'di:rən] v. céder ; renoncer à ; se désister ; faire cession de.

Zedierung [-ruŋ] f. (-, en) cession f.

Zeh [tse:] m. (s, e ou en, en). V. ZEHE.

Zehe ['tse:ə] f. (-, n). **1.** doigt (m.) de pied. | *Fußzehe*, orteil m. | *die große Zehe*, le gros orteil. | *auf den Zehen*, sur la pointe des pieds. || FIG. *jm auf die Zehen treten*, vexer qn. | *vom Wirbel bis zur Zehe*, de la tête aux pieds ; de pied en cap.

2. gousse f. | *Knoblauchzehe*, gousse d'ail.

Zehen|gänger ["tse:ən'gɛŋər] m. (s, -) digitigrade m. ||°**-glied** n. (s, er), °**-knochen** m. (s, -) phalange (f.) de l'orteil. ||°**-spitze** f. (-, n) pointe (f.) des pieds. ||°**-stand** m. (s). SPORT. élévation (f.) sur la pointe des pieds.

Zehent ['tse:ənt] m. (s), **Zehnt** [tse:nt] m. (en, en), **Zehnte** f. (-, en) dîme f.

zehn [tse:n] adj. num. card. dix. | *die zehn Finger*, les dix doigts. | *die zehn Gebote*, le Décalogue ; les dix Commandements. | *etwa zehn*, environ une dizaine. | *es waren unser zehn*, nous étions dix.
◇ **die Zehn,** le dix ; le chiffre dix. | *eine römische Zehn*, un dix en chiffres romains.

Zehn|eck ["tse:n'ɛk] n. (s, e) décagone m. ; décaèdre m. ||**-eckig** adj. décagonal. ||°**-ender** m.

(s, -) cerf (m.) dix-cors. ||**-fach, fältig** adj. décuple ; dix fois autant. ||°**-füßler** m. (s, -) décapode m. ||°**-herrschaft** f. décemvirat m. ||**-jährig** adj. de dix ans ; décennal ; âgé de dix ans. ||**-jährlich** adj. qui revient tous les dix ans ; décennal. ||°**-kampf** m. (s, ¨e) décathlon m. ||°**-kämpfer** m. (s, -) décathlonien m. ||**-mal** adv. dix fois. ||°**-seit** n. (s, e). MATH. décagone m. ||**-seitig** adj. décagonal. ||°**-silber** m. (s, -e). POÉS. décasyllable m. ||**-silbig** adj. décasyllab(iqu)e. ||**-stündig** adj. de dix heures. ||**-tägig** adj. de dix jours. ||**-tausend** adj. num. card. dix mille. || FAM. *die oberen Zehntausend*, les deux cents familles. ||°**-teilung** f. système décimal.

Zehner ['tse:nər] m. (s, -) dizain m. ; quantité (f.) de dix. || MATH. dizaine f. || FIN. billet (m.) de dix DM. || FAM. pièce de dix pfennigs.

zehner|lei ["tse:nər'lai] adv. de dix espèces. ||°**-reihe** f. (-, n). MATH. colonne (f.) des dizaines. ||°**-system** n. (s) système décimal.

zehnt ['tse:nt] (er, e, es) adj. num. ord. dixième. | *der zehnte September*, le dix septembre. | *Karl der Zehnte*, Charles X.

Zehnte [-tə] m. (n, n) dîme f. | *den Zehnten abgeben*, payer la dîme.

Zehntel [-təl] n. (s, -) le dixième ; la dixième partie.

Zehntel|gramm ["tse:ntəl'gram] n. (s, e) décigramme m. ||°**-liter** n. (s, -) décilitre m. ||°**-meter** n. (s, -) décimètre m.

zehntens ['tse:ntəns] adv. dixièmement ; en dixième lieu.

Zehr|fieber ["tse:r'fi:bər] n. (s, -) fièvre (f.) hectique ; consomption f. ||°**-pfennig** m. (s, e) frais (m. pl.) de voyage ; viatique m.

zehren ['tse:rən] v. intr. **1.** [sich ernähren] se nourrir de ; manger ; consommer ; vivre de. | *von seinen Vorräten zehren*, vivre sur ses provisions. || FIG., FAM. *von seinem Ruhm zehren*, se reposer sur ses lauriers.
2. [nagen] miner ; ronger ; consumer ; faire maigrir. | *das Fieber zehrt an ihm*, la fièvre le mine. | *zehrend*, hectique. | *der Kummer zehrt an ihm*, il est miné par le chagrin.
3. [ausdunsten] s'évaporer (dans la futaille).

Zehrung [-ruŋ] f. (-, en) frais (m. pl.) de subsistance ; consommation f. ; provisions f. pl. || MÉD. consomption f. || RELIG. *heilige (Weg)zehrung*, viatique m. ; extrême-onction f.

Zeichen ['tsaiçən] n. (s, -). **1.** [Wink] signe m. ; marque f. ; indice m. ; caractère m. ; référence f. | *ein Zeichen mit der Hand machen*, faire un signe de la main. | *das Zeichen zum Aufbruch geben*, donner le signal du départ. | *Abfahrtszeichen*, signal (m.) du départ. | *Verkehrszeichen*, signalisation routière. || FIG. *ein Zeichen des Himmels*, un avertissement du ciel.
2. [Kennzeichen] signe distinctif. | *er ist seines Zeichens Maurer*, il est maçon de son état. || COMM. *Ihr (Brief)-zeichen*, votre référence. | *Warenzeichen*, label m. | *Lesezeichen*, signet m.
3. [Sinnbild ; Abbild] symbole m. ; signe m. ; emblème m. | *das Zeichen des Kreuzes*, le signe de la croix. | *chemisches Zeichen*, symbole chimique. || ASTROL. *das Zeichen des Widders*, le signe du Bélier. | *unter einem guten Zeichen*, sous une bonne étoile. | *im Zeichen* (gén.), sous le signe (de). | *zum Zeichen*, en signe (de).
4. [Erscheinung ; Vorzeichen] symptôme m. ; prodrome m. ; augure m. ; présage m. ; preuve f. | *das ist kein gutes Zeichen*, c'est de mauvais augure. | *ein Zeichen der Zeit*, un signe des temps.

Zeichen|block ["tsaiçən'blɔk] m. (s, ¨e) bloc (m.) à dessin. ||°**-brett** n. (s, er) planche (f.) à dessin. ||°**-deuter** m. (s, -) devin m. ||°**-deuterei** f., °**-deutung** f. interprétation (f.) des signes ; divination f. ||°**-dreieck** n. (s, e) équerre f. ||°**-feder** f. (-, n) plume (f.) à dessin. ||°**-gebung** f. (-, en) signalisation f. ||°**-lehrer** m. (s, -) professeur (m.) de dessin. ||°**-kohle** f. (-, n) fusain m. ||°**-kunst** f. art (m.) du dessin. ||°**-mappe** f. (-, n) carton (m.) à dessin. ||°**-papier** n. (s, e) papier (m.) à dessin. ||°**-setzung** f. (-, en). GRAMM. ponctuation f. ||°**-sprache** f. (-, n) langage (m.) par gestes. ||°**-trickfilm** m. (s, e) dessin animé. ||°**-unterricht** m. (s) cours (m.) de dessin. ||°**-vorlage** f. (-, n) modèle m. (de dessin).

zeichnen ['tsaiçnən] v. tr. **1.** dessiner ; tracer. | *nach der Natur, nach dem Leben zeichnen*, esquisser ; faire un croquis ; croquer.
2. [mit Zeichen versehen] marquer. | *die Wäsche zeichnen*, marquer le linge. || FIG. *vom Schicksal gezeichnet*, marqué par le destin.
3. [unterzeichnen ; unterschreiben] signer ; souscrire. | *einen Brief (unter)zeichnen*, signer une lettre. || COMM. *per Prokura zeichnen*, signer par procuration. | *eine Anleihe zeichnen*, souscrire à un emprunt.
4. [Jagd] *das Wildschwein zeichnet*, le sanglier marque le coup.

Zeichnen [-nən] n. (s) [action de] dessiner ; dessin m. ; marque f. ; souscription f. ; signature f. | *Freihandzeichnen*, dessin à main levée.

Zeichner [-ner] m. (s, -) dessinateur m. ; souscripteur m. | *Zeichnerin*, dessinatrice.

zeichnerisch [-nəriʃ] adj. par dessin ; graphique.

Zeichnung [-nuŋ] f. (-, en). **1.** [Skizze] dessin m. ; croquis m. ; tracé m. | *Bleistift-, Feder-, Kohlezeichnung*, dessin au crayon, à la plume, au fusain. || MATH. *Maßzeichnung*, dessin coté. | *geometrische Zeichnung*, épure f.
2. [Darstellung] description f.
3. [Anleihe] souscription f.
4. [Unterschrift] signature f.

Zeichnungs|schein ["tsaiçnuŋs'ʃain] m. (s, e) bon (m.) de réduction.

zeigbar ['tsaikba:r] adj. qu'on peut montrer.

Zeige|finger ["tsaigə'fiŋər] m. (s, -) index m. ||°**-fürwort** n. (s, ¨er) adjectif démonstratif. ||°**-stock** m. (s, ¨e) baguette f.

zeigen ['tsaigən] v. tr. et v. intr. **1.** [weisen] montrer ; indiquer ; désigner. | *den Weg zeigen*, indiquer le chemin. | *mit dem Finger zeigen*, montrer du doigt. | *das Thermometer zeigt fünf (Grad) unter Null*, le thermomètre marque moins cinq (degrés).
2. [merken lassen] faire voir ; manifester ; témoigner ; laisser paraître ; faire preuve de. | *seine Freude zeigen*, manifester sa joie. | *er zeigt, was er kann*, il donne sa mesure.
◇ v. pr. **sich zeigen,** se faire voir ; se manifester ; faire acte de présence ; se produire. | *sich feige zeigen*, faire preuve de lâcheté. || FIG. *er kann sich überall zeigen*, il peut se montrer partout tête haute.
◇ v. impers. et v. pr. [offenkundig werden] faire ses preuves. | *es hat sich gezeigt, daß*, il est prouvé que ; on voit maintenant que.

Zeiger [-gər] m. (s, -) indicateur m. ; aiguille f. ; index m. | *Stundenzeiger*, aiguille des heures ; petite aiguille. | *der große Zeiger ; der Minutenzeiger*, la grande aiguille ; l'aiguille des minutes.

Zeiger|ausschlag ["tsaigər'ausʃla:k] m. (s, ¨e) déviation (f.) de l'aiguille. ||°**-barometer** m. (s, -) baromètre (m.) à cadran. ||°**-waage** f. (-, n) peson m.

zeihen ['tsaiən] (ie, ie) v. tr. accuser de ; convaincre de. | *jn einer Lüge zeihen*, convaincre qn de mensonge. | *jn des Verrates zeihen*, accuser qn de trahison.

Zeile ['tsailə] f. (-, n) ligne f. ; rangée f. ; file f. | *in der vierten Zeile*, à la quatrième ligne. | *neue Zeile !*, à la ligne ! | *Häuserzeile*, série (f.), rangée (f.) de maisons ; rue f. | *in Zeilen pflanzen, setzen*, planter en lignes, en rangées. || FIG. *zwischen den Zeilen*, en filigrane. | *zwischen den Zeilen lesen*, lire entre les lignes.

Zeilen|abstand ["tsailən'apʃtant] m. (s, ¨e) espacement m. ; interligne m. ||°**-frequenz** f. TÉLÉV. fréquence (f.) de lignes. ||°**-honorar** n. (s, e) rémunération (f.) à la pige. ||°**-länge** f. TYPOGR. justification f. ||°**-sprung** m. (s, ¨e) POÉS. enjambement m. ||**-weise** adv. ligne par ligne.

Zeisig ['tsaiziç] m. (s, ¨e). ZOOL. serin m. ; tarin m.

Zeit ['tsait] f. (-, en).

I. [Dauer] temps m. ; durée f.
II. [Zeitalter] époque f. ; période f. ; ère f. ; saison f. ; siècle m.
III. [Jahreszeit] saison f.
IV. — **1.** [Zeitpunkt] moment m. ; durée limitée.
— **2.** [Zeitangabe] heure f. ; date f.
V. [Termin ; Frist] délai m. ; échéance f.
VI. GRAMM. [Tempus] temps (du verbe).

I. [Dauer] temps m. ; durée f. | *die Zeit vergeht, verstreicht*, le temps passe, s'écoule. | *die Zeit verbringen, vertreiben*, passer le temps. | *seine Zeit vertrinken, verschlafen*, passer son temps à boire, à dormir. | *die Zeit wird ihm lang*, il trouve le temps long ; il s'ennuie. | *der Zahn der Zeit*, les ravages (m. pl.), les outrages (m. pl.) du temps. | *das hat Zeit*, ce n'est pas urgent ; ça ne presse pas. | *ich habe keine Zeit*, je n'ai pas le temps. | *sich Zeit nehmen*, prendre son temps ; ne pas se presser. | *Zeit gewinnen*, gagner du temps. | *im Laufe der Zeit*, dans la suite des temps. | *mit der Zeit*, avec le temps ; à la longue. | *das ging nur eine Zeit, eine*

Zeitlang, cela n'a duré qu'un temps. | *von Zeit zu Zeit*, de temps en temps ; de temps à autre. | *vor einiger Zeit*, il y a quelque temps. | *vor kurzer Zeit*, il y a peu de temps. | *in kurzer Zeit*, en peu de temps. | *auf kurze Zeit verreisen*, entreprendre un voyage de courte durée. | *einige Zeit später*, quelque temps après. | *für alle Zeiten*, pour toujours. | *(du) meine Zeit ! ; (du) liebe Zeit !*, ah ! mon Dieu ! || PROV. *wer nicht kommt zu rechter Zeit, muß essen was da übrig bleibt*, qui va à la chasse perd sa place. | *kommt Zeit, kommt Rat*, la nuit porte conseil.
II. [Zeitalter] époque f. ; période f. ; siècle m. | *die Urzeit*, les temps primitifs. | *die Vorzeit*, la nuit des temps. | *die gute, alte Zeit*, le bon vieux temps. | *die neuere Zeit*, les temps modernes. | *die Zeit der Renaissance*, l'époque de la Renaissance. | *die Goethezeit*, l'époque de Goethe. | *die Neuzeit*, l'époque moderne. | *zu Zeiten der Römer*, au temps des Romains. | *in unserer Zeit*, de nos jours. | *zu meiner Zeit*, de mon temps. | *zu seinen Lebzeiten ; zeit seines Lebens*, de son vivant. | *mit seiner Zeit mitgehen*, être de son temps. | *in Friedenszeiten*, en temps de paix. | *um diese Zeit*, à cette époque environ. | *das ist nicht mehr an der Zeit*, cela est hors de saison. || (Vx.) *zu der Zeit, da*, à l'époque où.
III. [Jahreszeit] saison f. | *Herbstzeit*, automne m. | *Sommerzeit*, été. | *Erntezeit*, temps de la moisson. | *Fastenzeit*, carême m. || [Jagd] *Schonzeit*, temps prohibé.
IV. — **1.** [Zeitpunkt] moment m. ; durée limitée. | *es wird Zeit aufzubrechen*, il est temps, c'est le moment de partir. | *es ist höchste Zeit*, il est grand temps. | *alles zu seiner Zeit*, chaque chose en son temps ; il y a temps pour tout. | *zur bestimmten Zeit*, au moment prévu, fixé. | *zu gelegener Zeit*, en temps opportun, utile. | *zur rechten Zeit*, au bon moment. | *jetzt ist keine Zeit dazu*, ce n'est pas le moment de. | *zur gleichen Zeit*, à la même époque ; au même moment. | *Hauptverkehrszeit*, heures (f. pl.) de pointe.
2. [Zeitangabe] heure f. ; date f. | *zu jeder Zeit*, à toute heure. | *um welche Zeit ?*, à quelle heure ? | *morgen um dieselbe Zeit*, demain, à la même heure. | *mitteleuropäische Zeit (MEZ)*, heure de l'Europe centrale. | *Ortszeit*, heure locale.
V. [Frist ; Termin] délai m. ; échéance f. | *eine Zeit festsetzen*, fixer un délai. | *auf Zeit kaufen*, acheter à crédit, à tempérament.
VI. GRAMM. [Tempus] temps m. (d'un verbe).

Zeit|abschnitt ["tsaɪt'apʃnɪt] m. (s, e) époque f. ; période f. ; ère f. ||°**-abstand** m. (s, ¨e) intervalle (m.) de temps. ||°**-alter** n. (s, -) âge m. ; siècle m. ||°**-angabe** f. (-, n) indication (f.) de date ; date f. ||°**-ansage** f. (-, n) *telephonische Zeitansage*, horloge parlante. ||°**-arbeit** f. travail (m.) intérimaire, temporaire. ||°**-aufnahme** f. (-, n). PHOT. pose f. ||°**-aufwand** m. (s) sacrifice (m.) de temps ; perte (f.) de temps. ||°**-ausgleich** m. (s) compensation (f.) horaire. ||°**-auslöser** m. (s, -) déclencheur (m.) automatique. ||°**-basis** f. INF. horloge f. ||°**-berechnung** f., °**-bestimmung** f. calcul (m.) du temps ; chronologie f. ||°**-bild** n. (s, er) tableau (m.) des mœurs (d'une époque). ||°**-dauer** f. (-, n) durée f. ; laps (m.) de temps. ||°**-einteilung** f. (-, en) emploi (m.) du temps ; minutage m. ||°**-erscheinung** f. (-, en) fait (m.) de société. ||°**-esparnis** n. (ses, se) économie (f.) de temps. ||°**-folge** f. chronologie f. ; GRAMM. concordance (f.) des temps. ||°**-form** f. (-, en). GRAMM. temps m. ||°**-frage** f. (-, en) question (f.) d'actualité. ||**-gebunden** adj. caractéristique d'une époque ; lié au temps. ||°**-geist** m. (es, er) esprit (m.) du siècle. ||**-gemäß** adj. moderne ; actuel. ||°**-genosse** m. (n, n) contemporain m. ||°**-geschäft** n. (s, e). FIN. opération (f.) à terme. ||°**-geschehen** n. (s) actualité f. ||°**-geschichte** f. histoire contemporaine. ||°**-gewinn** m. (s, e) économie (f.) de temps. ||°**-kauf** m. (s). FIN. marché (m.) à terme. ||°**-kunde** f. chronologie f. ||°**-lang** f. *eine Zeitlang*, pendant un certain temps. ||**-lauf** m. (s, ¨e) cours (m.) du temps. — pl. **Zeitläufte**, circonstances f. pl. ; conjoncture f. ||**-lebens** adv. durant toute la vie ; la vie durant. ||**-los** adj. intemporel. || PAR EXT. immortel. ||°**-lupe** f. FILM. ralenti m. ||°**-mangel** m. (s) manque (m.) de temps. | *aus Zeitmangel*, faute de temps. ||°**-maß** n. (es, e). MUS. mesure f. || MATH. quantité f. ||°**-messer** m. (s, -) chronomètre m. ||°**-nehmer** m. (s, -). SPORT. chronométreur m. ||°**-not** f. *in Zeitnot sein*, être pressé par le temps. || [Schachspiel] crise (f.) de temps. ||°**-ordnung** f. ordre (m.) chronologique. ||°**-personal** n. (s) personnel (m.) intérimaire, temporaire. ||°**-punkt** m. (s, e) époque f. ; moment m. ||°**-raffer** m. (s, -). FILM. accéléré m. | *im Zeitraffer*, en accéléré. ||°**-raum** m. (s, ¨e) laps (m.) de temps ; période f. ||°**-rechnung** f. chronologie f. ; ère f. ||°**-schalter** m. (s, -) interrupteur (m.) à minuterie ; minuterie f. ||°**-schrift** f. (-, en) périodique m. ; revue f. ||°**-spanne** f. (-, n) laps (m.) de temps. ||°**-stechen** n. (s). SPORT., FAM. contre-la-montre m. ||°**-tafel** f. (-, n) table (f.) chronologique. ||°**-umstände** m. pl., °**-verhältnisse** n. pl. circonstances f. pl. ; conjoncture f. ||°**-unterschied** m. (s, e), °**-verschiebung** f. (-, en) décalage (m.) horaire. ||°**-verlust** m. (s, e) perte (f.) de temps. ||°**-verschluß** m. (es, ¨e). PHOT. obturateur m. ||°**-vertrag** m. (s, ¨e) contrat (m.) à durée déterminée. ||°**-vertreib** m. (s, e) passe-temps m. ; amusement m. ; divertissement m. ||°**-verwechslung** f. (-, en) anachronisme m. ||**-weilig** adj. temporaire ; intermittent ; provisoire. ||**-weise** adj. intermittent ; périodique ; temporaire. — adv. par moments ; périodiquement ; temporairement. ||°**-wind** m. (s, e) vent (m.) périodique ; alizé m. ||°**-wort** n. (s, ¨er). GRAMM. verbe m. ||°**-zünder** m. (s, -) détonateur (m.) à retardement. ||°**-zone** f. (-, n) fuseau (m.) horaire.

Zeiten|folge ["tsaitən'fɔlgə] f. GRAMM. concordance (f.) des temps.

zeithaft ['tsaithaft] adj. temporel.

zeitig ['tsaitiç] adj. actuel ; qui arrive à temps. || BOT. hâtif.
◇ adv. tôt ; de bonne heure (souvent *rechtzeitig*, à temps). | *er kam zeitig an*, il arriva tôt.

zeitigen [-tigən] v. intr. et v. tr. mûrir ; porter à maturité.

Zeitigung [-tiguŋ] f. maturation f.

zeitlich [-tliç] adj. temporel ; séculier ; périssable. | *das Zeitliche segnen*, rendre son âme à Dieu ; mourir.
— SYN. : *irdisch*, terrestre ; *vergänglich*, périssable.

Zeitung [-tuŋ] f. (-, en) journal m. ; gazette f. | *Sportzeitung*, journal de sports. | *Fachzeitung*, journal technique. | *Wochenzeitung*, hebdomadaire m. | *Tageszeitung*, quotidien m.

Zeitungs|abnehmer ["tsaituŋs'apne:mər] m. (s, -) abonné (m.) d'un journal. ||°**-artikel** m. (s, -) article (m.) de journal. ||°**-ausrufer** m. (s, -) crieur (m.) de journaux. ||°**-ausschnitt** m. (s, e) coupure f. (de journal) ; extrait (m.) de presse. ||°**-austräger** m. (s, -) porteur (m.) de journaux. ||°**-ente** f. (-, n) fausse nouvelle ; FAM. canard m. ; bobard m. ||°**-frau** f. (-, en) marchande de journaux. ||°**-halter** m. (s, -) porte-journaux m. ||°**-händler** m. (s, -) dépositaire (m.) de journaux. ||°**-inserat** n. (s, e) annonce f. (dans un journal). ||°**-kiosk** m. (s, e), °**-stand** m. (s, ¨e) kiosque (m.) à journaux. ||°**-korrespondent** m. (en, en) correspondant (m.) d'un journal. ||°**-leser** m. (s, -) lecteur (m.) de journaux. ||°**-nachricht** f. (-, en) nouvelle f. ||°**-papier** n. (s, e) papier (m.) journal. ||°**-roman** m. (s, e) roman feuilleton m. ||°**-schreiber** m. (s, -). PÉJOR. journaliste m. ||°**-vertrieb** m. (s) distribution (f.) de journaux. ||°**-wesen** n. (s) journalisme m. ||°**-wissenschaft** f. science (f.) du journalisme.

zelebrieren [tsele'bri:rən] v. tr. célébrer. | *das Hochamt zelebrieren*, chanter, célébrer la grand-messe.

Zelebrität [-bri'tɛ:t] f. célébrité f.

Zell|bruder ["tsɛl'bru:dər] m. (s, ¨) cénobite m. ; moine m. ; reclus m. ||°**-faser** f. (-, n) cellulose f. ||°**-gewebe** n. (s, -) tissu cellulaire, conjonctif. ||°**-glas** n. (es). CHIM. Cellophane f. ||°**-haut** f. (-, ¨e). BIOL. membrane (f.) cellulaire. ||°**-horn** n. (s). CHIM. Celluloïd m. ||°**-kern** m. (s, e). BIOL. noyau m. ; nucléus m. ||°**-knoten** m. (s, -) nœud (m.) cellulaire. ||°**-körper** m. (s, -) corps (m.) cellulaire. ||°**-stoff** m. (s, e). ANAT. cellulose f. || ZOOL. protoplasme m. ||°**-wolle** f. laine artificielle, cellulosique ; fibranne f.

Zelle ['tsɛlə] f. (-, n) cellule f. ; cabine f. ; alvéole m. | *Telefonzelle*, cabine téléphonique. | *lichtelektrische Zelle*, cellule photoélectrique. || ÉLECTR. élément m.

zellen|förmig ["tsɛlən'førmiç] adj. alvéolé ; alvéoliforme ; cellulaire. ||°**-gang** m. (s, ¨e). ANAT. conduit (m.) cellulaire. ||°**-gewölbe** n. (s, -). ARCHIT. voûte réticulée. ||°**-haft** f. détention (f.) en cellule. ||°**-lehre** f. cytologie f. ||°**-wagen** m. (s, -) voiture (f.) cellulaire.

zellig ['tsɛliç] adj. cellulé ; cellulaire.

Zellophan [tsɛlo'fa:n] n. (s). [Wz.] Cellophane f.

zellular [tsɛlu'la:r] adj. formé de cellules.

Zelluloid [tsɛlulo'i:d] n. (s). [Wz.] Celluloïd m.

Zellulose [tsɛlu'lo:zə] f. CHIM. cellulose f.

Zelot [tse'lo:t] m. (en, en) zélateur m. ; fanatique m.

Zelt [tsɛlt] n. (s, e) tente f. | *ein Zelt aufschlagen*, dresser une tente. | *im Zelt schlafen*, coucher sous la tente. | *das Zelt abbauen*, défaire la tente. | *Himmelszelt*, voûte (f.) céleste.

Zelt|bahn ["tsɛlt'bɑ:n] f. (-, en) toile (f.) de tente. ||°**-bett** n. (s, en) lit (m.) de camp. ||°**-boden** m. (s, ¨) tapis (m.) de sol. ||°**-bude** f. (-, n) tente (f.) de forain. ||°**-dach** n. (s, ¨er) toile (f.) de tente. || ARCHIT. toit (m.) en pavillon. ||°**-dorf** n. (s, ¨er) village (m.) de toile. ||°**-lager** n. (s, -) camp (m.) de tentes. ||°**-plane** f. (-, n) bâche (f.) imperméable. ||°**-platz** m. (es, ¨e) terrain (m.) de camping. ||°**-wagen** m. (s, -) voiture bâchée.

zelten ['tsɛltən] v. intr. camper.

Zelter ['tsɛltər] m. (s, -) haquenée f. ; palefroi m. | *Zelterschritt*, amble m.

Zeltler ['tsɛltlər] m. (s, -) campeur m.

Zement [tse'mɛnt] m. (s, e) ciment m. | *schnell bindender Zement*, ciment à prise rapide. | *Schlackenzement*, ciment de laitier. | *Zement anrühren*, gâcher du ciment. || ANAT. [Zahn] cément m.

Zement|arbeiter [tse"mɛnt'arbaitər] m. (s, -) cimentier m. ||°**-fabrik** f. (-, en) cimenterie f. ||°**-faserplatte** f. (-, n) dalle (f.), plaque (f.) en fibrociment. ||°**-stahl** m. (s) acier cémenté.

zementieren [tsemɛn'ti:rən] v. tr. et v. intr. cimenter ; cémenter.

Zementierung [-ruŋ] f. TECHN. cémentation f.

Zenit(h) [tse'ni:t] m. et n. (s). [Scheitelpunkt ; Höhepunkt] zénith m. ; point vertical. || FIG. apogée m. | *die Sonne steht im Zenith*, le soleil est au zénith.

zensieren [tsɛn'zi:rən] v. tr. juger ; apprécier ; critiquer ; censurer. | *einen Schüler zensieren*, donner une note à un élève.

Zensor ['tsɛnzor] m. (s, en) censeur m.

Zensur [tsɛn'zu:r] f. (-, en). [Schule] note (f.) d'écolier ; bulletin (m.) de notes. || censure f. ; critique f. | *Theaterzensur*, critique théâtrale.

Zent [tsɛnt] m. (s) cent m. | *Prozent*, pourcentage m. || (Vx.) justice criminelle.

Zentaur [tsɛn'taur] m. (en, en). MYTH. centaure m.

Zentenar|feier [tsɛntə"nɑ:r'faiər] f. (-, n) fête (f.) du centenaire ; centenaire m.

zentesimal [tsɛntezi'mɑ:l] adj. centésimal.

Zenti|gramm [tsɛnti'gram] n. (s, e) centigramme m. ||°**-liter** n. ou m. (s, -) centilitre m. ||°**-meter** n. ou m. (s, -) centimètre m.

Zentner ['tsɛntnər] m. (s, -) quintal m. (100 livres). | *Doppelzentner*, cent kilos. | *zentnerschwer*, très lourd. | *eine Zentnerlast*, une charge écrasante.

zentral [tsɛn'trɑ:l] adj. central.

Zentral|bau [tsɛn"trɑ:l'bau] m. (s, ten) édifice (m.) à plan central. ||°**-einheit** f. (-, en). INF. unité centrale. ||°**-gewalt** f. (-, en). POLIT. pouvoir central. ||°**-heizung** f. chauffage central. ||°**-körperchen** n. (s, -). BIOL. centrosome m. ||°**-kraft** f. (-, ¨e). TECHN. force centripète. ||°**-verriegelung** f. (-, en) *Zentralverriegelung der Türen*, verrouillage central des portes. ||°**-verwaltung** f. administration centrale.

Zentrale [tsɛn'trɑ:lə] f. (-, n) station centrale ; centrale f. || TÉLÉPH. central m.

Zentralisation [-traliza'tsio:n] f., **Zentralisierung** [-trɑ:li'zi:ruŋ] f. centralisation f.

zentralisieren [-trali'zi:rən] v. tr. centraliser.

zentrieren [-tri:rən] v. tr. centrer.

zentrifugal [-trifu'gɑ:l] adj. centrifuge.

Zentrifugal|kraft [tsɛntrifu"gɑ:l'kraft] f. [Flieh-, Schwungkraft] force (f.) centrifuge.

Zentrifuge [tsɛntri'fu:gə] f. (-, n) centrifugeuse f. || écrémeuse f. || essoreuse f.

zentripetal [-pe'tɑ:l] adj. centripète. | *Zentripetalkraft*, force (f.) centripète.

Zentri|winkel ["tsɛntri'viŋkəl] m. (s, -). MATH. angle (m.) au centre.

Zentrum ['tsɛntrum] n. (s, tren). [Mittelpunkt ; Mitte] centre m. || POLIT. *Zentrumspartei*, parti (m.) du centre. || TECHN. *aus dem Zentrum bringen*, excentrer. || FIG. *intellektuelles Zentrum*, tête pensante.

Zenturie [tsɛn'tu:riə] f. (-, n). ANTIQ. centurie f.

Zenturio [-'tu:rio] m. (s, nen) centurion m.

Zephyr ['tse:fy:r] m. (s, e). MYTH. Zéphire m. || GÉOGR. zéphyr m. (vent doux).

Zeppelin [tsɛpe'li:n] m. zeppelin m. ; dirigeable m.

Zepter ['tsɛptər] n. ou m. (s, -) sceptre m.

Zer [tsɛr] n. (s). CHIM. cérium m.

zer [tsɛr] partic. (préf.) insépar. exprimant : **1.** [Auflösung ; Trennung] dissolution ; désagrégation : *zerlegen, zerspalten.*
2. [Beschädigung] endommagement : *zerschießen* ; *zerstechen.*
3. [Vernichtung] destruction : *zerstören.*

zer|beißen [tsɛr'baisən] (i, i) v. tr. briser avec les dents ; casser en mordant.

zer|bersten [tsɛr'bɛrstən] (a, o) v. intr. crever ; se rompre.

zer|beulen [tsɛr'bɔylən] v. tr. bosseler ; FAM. cabosser.

zer|brechbar [tsɛr'brɛçbɑ:r] adj. fragile ; qui se casse. ||**-brechen** (i, a, o) v. tr. casser ; briser ; mettre en morceaux. || FIG. *sich den Kopf zerbrechen*, se creuser la tête. — v. intr. se rompre ; se casser ; se briser. | *Glas zerbricht leicht*, le verre se brise facilement. ||**-brechlich** adj. [brüchig ; bröckelig] qui se casse, se brise ; cassant ; fragile ; FIG. frêle. ||°**-brechlichkeit** f. fragilité f.

zer|bröckeln [tsɛr'brøkəln] v. tr. réduire en miettes ; émietter. — v. intr. s'émietter ; s'effriter. ||°**-bröckelung** f. émiettement m.

zer|drücken [tsɛr'drykən] v. tr. réduire ; écraser (en pressant, froissant) ; fracasser ; chiffonner.

Zerealien [tsere'ɑ:liən] f. pl. céréales f. pl.

zerebral [tsere'brɑ:l] adj. cérébral.

Zeremoniell [tseremoni'ɛl] n. (s, e) cérémonial m.

Zeremonie [-mo'ni:] f. (-, n) cérémonie f.

Zeremonien|kleid [tseremo"ni:ən'klait] n. (s, er) habit (m.) de cérémonie. ||°**-meister** m. (s, -) maître (m.) de cérémonie.

zeremoniös [tseremoni'ø:s] adj. cérémonieux.

zer|fahren [tsɛr'fɑ:rən] adj. FIG. décousu ; incohérent. | *ein zerfahrenes Leben führen*, mener une vie dissipée. ||°**-fahrenheit** f. FIG. décousu m. ; incohérence f. ; dissipation f.

Zer|fall [tsɛr'fal] m. (s). [Auflösung ; Zerstückelung] décadence f. ; ruine f. ; désintégration f. ; décomposition f. | *Zerfall eines Reiches*, décadence d'un empire. || PHYS. désintégration f. | *Atomzerfall*, désintégration de l'atome. ||**-fallen** (ä, ie, a) v. intr. se briser en tombant. || tomber en ruine ; se décomposer ; se délabrer ; FIG. tomber en décadence. || FIG. [sich teilen lassen] se diviser. | *der Vortrag zerfällt in zwei Teile*, l'exposé se divise en deux parties.
◇ part. pass. **zerfallen.** *er ist mit ihm zerfallen*, il s'est brouillé avec lui. | *mit der Welt zerfallen sein*, avoir rompu avec le monde.

zer|fasern [tsɛr'fɑ:zərn] v. tr. et v. pr. effiler ; s'effilocher.

zer|fetzen [tsɛr'fɛtsən] v. tr. mettre en pièces, en lambeaux ; déchirer ; déchiqueter ; lacérer.

zer|flattern [tsɛr'flatərn] v. intr. se disperser au vent.

zer|fleischen [tsɛr'flaiʃən] v. tr. (di)lacérer ; déchirer ; hacher.

zer|fließen [tsɛr'fli:sən] (o, o) v. intr. s'écouler. || [flüssig werden] se liquéfier ; tomber en déliquescence. || FIG. *in Tränen zerfließen*, fondre en larmes.

zer|fressen [tsɛr'frɛsən] (i, a, e) v. tr. ronger ; corroder. | *zerfressend*, corrosif ; septique.

zer|frieren [tsɛr'fri:rən] (o, o) v. intr. éclater (sous l'effet de la gelée).

zer|furcht [tsɛr'furçt] adj. *ein zerfurchtes Gesicht*, un visage ridé.

zer|gehen [tsɛr'ge:ən] (zerging, zergangen) v. intr. fondre ; se liquéfier.

zer|gliedern [tsɛr'gli:dərn] v. tr. décomposer ; analyser. || ANAT. disséquer. ||°**-gliederung** f. (-, en) analyse f. ; décomposition f. || ANAT. dissection f. ; vivisection f. | *Zergliederungsmesser*, scalpel m.

zer|hacken [tsɛr'hakən] v. tr. couper (en morceaux) ; hacher.

zer|hauen [tsɛr'hauən] (ie, au) v. tr. couper en morceaux ; dépecer ; hacher.

Zerium ['tse:rium] n. (s). CHIM. cérium m. | *Zeriumeisen*, ferrocérium m.

zer|kauen [tsɛr'kauən] v. tr. broyer (avec les dents) ; mâcher.

Zer|kleinerer [tsɛr'klainərər] m. (s, -). TECHN. déchiqueteur m.

zer|kleinern [tsɛr'klainərn] v. tr. réduire en petits morceaux ; broyer ; briser ; concasser. ||°**-kleinerung** f. (-, en) réduction f. ; broyage m. ; concassage m. | *Zerkleinerungsmaschine*, concasseur m. ; broyeur m.

zer|klopfen [tsɛr'klɔpfən] v. tr. casser (en frappant).

zer|klüftet [tsɛr'klyftət] adj. fissuré ; crevassé.

zer|knirscht [tsɛr'knirʃt] adj. contrit ; désolé ; abattu. ||°**-knirschtheit** f., °**-knirschung** f. contrition f. ; déchirement m.

zer|knittern [tsɛr'knitərn] v. tr. froisser ; chiffonner ; friper.

zer|knüllen [tsɛr'knylən] v. tr. froisser ; chiffonner ; rouler en boule.

zer|kochen [tsɛr'kɔxən] v. intr. et v. tr. se réduire en bouillie ; faire trop cuire.

zer|kratzen [tsɛr'kratsən] v. tr. écorcher ; égratigner.

zer|krümeln [tsɛr'krymәln] v. tr., intr. et v. pr. émietter.

zer|lassen [tsɛr'lasən] (ä, ie, a) v. tr. faire fondre. | *Butter zerlassen*, faire fondre du beurre.

zer|legbar [tsɛr'le:kbɑ:r] adj. démontable. | *zerlegbare Maschine*, machine (f.) démontable. || CHIM. décomposable. ||**-legen** v. tr. décomposer ; analyser ; démonter. ||°**-legung** f. (-, en) décomposition f. ; démontage m. ; analyse f. ; division f.

zer|lesen [tsɛr'le:zən] part. pass. et adj. usé (à force d'être lu) ; fatigué.

zer|lumpt [tsɛr'lumpt] adj. déguenillé ; en guenilles ; en loques.

zer|mahlen [tsɛr'mɑ:lən] v. tr. moudre ; broyer.

zer|malmen [tsɛr'malmən] v. tr. broyer ; écraser ; pulvériser ; anéantir.

zer|mürben [tsɛr'myrbən] v. tr. briser ; désagréger ; user. | *Zermürbungskrieg*, guerre (f.) d'usure.
◇ **zermürbt** adj. épuisé ; fatigué ; affaibli ; à bout de résistance.

zernieren [tsɛr'ni:rən] v. tr. MIL. cerner ; encercler.

zer|pflücken [tsɛr'pflykən] v. tr. déchirer ; effeuiller. || FIG. *einen Text zerpflücken*, disséquer un texte.

zer|platzen [tsɛr'platsən] v. intr. crever ; éclater ; faire explosion. | *der Luftballon ist zerplatzt*, le ballon (en baudruche) a crevé.

zer|quetschen [tsɛr'kvɛtʃən] v. tr. broyer ; meurtrir ; écraser. ||°**-quetschung** f. (-, en) écrasement m.

zer|raufen [tsɛr'raufən] v. tr. déchirer en arrachant. | *mit zerrauftem Haar*, échevelé.

zer|reiben [tsɛr'raibən] (ie, ie) v. tr. broyer ; pulvériser. ||°**-reibung** f. (-, en) broyage m.

zer|reißen [tsɛr'raisən] (i, i) v. tr. et v. pr. déchirer ; casser ; rompre ; déchiqueter ; écorcher. | *ein Blatt Papier zerreißen*, déchirer une feuille de papier. | *die Fesseln zerreißen*, rompre ses liens. | *der Tiger zerreißt seine Beute*, le tigre déchire sa proie. || FIG. *das zerreißt mir das Herz*, cela me déchire le cœur. | *diese Musik zerreißt mir die Ohren*, cette musique m'écorche les oreilles.
◇ v. intr. se déchirer ; se briser ; casser. | *der Faden zerreißt*, le fil casse.

Zer|reißung [-suŋ] f. déchirement m. ; lacération f. ; rupture f.

Zerreiß|festigkeit [tsɛr"rais'fɛstiçkait] f. résistance (f.) à la rupture. ||°**-grenze** f. (-, n) limite (f.) de rupture.

zerren ['tsɛrən] v. tr. et v. intr. tirer avec violence ; tirailler ; arracher. | *am Ärmel zerren*, tirer par la manche. | *jn aus dem Bett, aus dem Schlafe zerren*, arracher qn de son lit. || FIG. *jn in den Kot zerren*, traîner qn dans la boue.

Zerr|bild ['tsɛrbilt] n. (s, er) caricature f. ; charge f. ||°**-gestalt** f. (-, en) figure (f.) grotesque. ||°**-spiegel** m. (s, -) glace déformante.

zer|rinnen [tsɛr'rinən] (a, o) v. intr. s'écouler ; se fondre. || FIG. s'évanouir ; se dissiper. | *das Geld zerrinnt ihm zwischen den Fingern*, il gaspille tout son argent. | *seine Träume zerrinnen*, ses rêves s'envolent. || PROV. *wie gewonnen, so zerronnen*, ce qui vient de la flûte s'en va par le tambour.

zer|rissen [tsɛr'risən] adj. déchiré. ||°**-rissenheit** f. déchirement m. ; division f. ; discorde f.

zer|rühren [tsɛr'ry:rən] v. tr. délayer ; brouiller (en remuant).

Zerrung ['tsɛruŋ] f. (-, en) tiraillements m. pl. || FIG. taquinerie f. ; désunion f. || MÉD. *Muskelzerrung*, froissement (m.) d'un muscle. || SPORT. claquage m.

zer|rütten [tsɛr'rytən] v. tr. ruiner ; désorganiser ; disloquer ; détraquer ; délabrer. | *sich die Gesundheit zerrütten*, se ruiner la santé. | *die Finanzen zerrütten*, ruiner, désorganiser les finances. | *zerrüttete Ehe*, ménage désuni. | *in zerrütteten Verhältnissen leben*, mener une vie désordonnée. ||°**-rüttung** f. dislocation f. ; désordre m. ; désunion f. ; désorganisation f.

zer|sägen [tsɛr'zɛ:gən] v. tr. couper (en sciant) ; scier ; débiter à la scie.

zer|schellen [tsɛr'ʃɛlən] v. tr. briser ; faire voler en éclats.
◇ v. intr. se briser ; voler en éclats ; déferler. | *das Flugzeug zerschellte am Boden*, l'avion s'écrasa au sol. | *die Wellen zerschellen an der Küste*, les vagues déferlent, se brisent contre la falaise.

zer|schießen [tsɛr'ʃi:sən] (o, o) v. tr. trouer ; percer ; cribler (de balles) ; pilonner. | *eine Kugel zerschoß ihm den Arm*, une balle lui déchiqueta le bras. | *zerschossene Wand*, mur criblé de balles.

zer|schlagen [tsɛr'ʃlɑ:gən] (ä, u, a) v. tr. mettre en pièces ; fracasser. | *der Hagel hat das Korn zerschlagen*, la grêle a haché le blé. | *jn zerschlagen*, rouer qn de coups. || FIG. *ganz zerschlagen sein*, être éreinté. || MIL. *einen Angriff zerschlagen*, briser une attaque.
◇ v. pr. **sich zerschlagen,** FIG. échouer ; être réduit à néant.

Zer|schlagenheit [tsɛr'ʃlɑ:gənhait] f. courbatures f. pl.

Zer|schlagung [-'ʃlɑ:guŋ] f. (-, en) destruction f.

zer|schlissen [tsɛr'ʃlisən] adj. [Kleid] usé ; râpé.

zer|schlitzen [tsɛr'ʃlitsən] v. tr. taillader ; lacérer.

zer|schmelzen [tsɛr'ʃmɛltsən] (i, o, o) v. intr. fondre.

zer|schmettern [tsɛr'ʃmɛtərn] v. tr. et v. intr. fracasser ; écraser ; s'écraser ; être fracassé.

zer|schneiden [tsɛr'ʃnaidən] (zerschnitt, zerschnitten) v. tr. couper en morceaux ; découper. || FIG. *das zerschneidet mir das Herz*, cela me fend le cœur. ||°**-schneidung** f. (-, en) découpage m. ; débitage m. ; dépeçage m.

zer|setzen [tsɛr'zɛtsən] v. tr. décomposer ; dissoudre ; analyser. | *durch Elektrolyse zersetzen*, électrolyser. || FIG. *die Moral zersetzen*, démoraliser. — v. pr. **sich zersetzen,** se décomposer. ||**-setzbar** adj. décomposable ; réductible ; soluble. ||°**-setzung** f. décomposition f. ; électrolyse f. ; désagrégation f. || PAR EXT. corruption f.
— SYN. : *Auflösung*, dissolution ; *Zerlegung*, décomposition ; *Spaltung*, désintégration ; *Zerfall*, dissociation.

Zer|siedlung [tsɛr'zi:dluŋ] f. (-, en) mitage m.

zer|spalten [tsɛr'ʃpaltən] v. tr. et v. pr. fendre. V. SPALTEN. ||°**-spaltung** f. (-, en) division f. ; scission f.

zer|splittern [tsɛr'ʃplitərn] v. tr. fendre ; faire voler en éclats. | *seine Kräfte zersplittern*, disperser ses efforts ; se disperser. — v. intr. et v. pr. voler en éclats ; se briser en éclats ; éclater. || FIG. *die Volkspartei zersplitterte (sich)*, le parti populiste a éclaté. ||°**-splitterung** f. (-, en) éclatement m. ; fragmentation f. || MÉD. fracture comminutive. || FIG. dispersion f. ; éparpillement m.

zer|sprengen [tsɛr'ʃprɛŋən] v. tr. faire éclater ; faire sauter ; faire exploser. || FIG. disperser. | *eine Menschensammlung zersprengen*, disperser un attroupement. || MIL. *Truppen zersprengen*, mettre des troupes en déroute. ||°**-sprengung** f. (-, en) dispersion f. ; éparpillement m.

zer|springen [tsɛr'ʃpriŋən] (a, u) v. intr. crever ; exploser ; voler en éclats ; se briser ; se rompre. | *die Granate zerspringt*, la grenade éclate. | *die Fensterscheibe zersprang*, la vitre vola en éclats. | *es friert, daß die Steine zerspringen*, il gèle à pierre fendre. || FIG. *das Herz will mir zerspringen*, mon cœur se fend.

zer|stampfen [tsɛr'ʃtampfən] v. tr. broyer ; concasser ; piler. | *unter, mit den Füßen zerstampfen*, fouler aux pieds ; piétiner. | *zu Pulver zerstampfen*, réduire en poudre ; pulvériser.

zer|stäuben [tsɛr'ʃtɔybən] v. tr. réduire en poussière ; pulvériser ; atomiser ; FIG. disperser. || MÉD. nébuliser. — v. intr. tomber en poussière. ||°**-stäuber** m. (s, -) pulvérisateur m. ; atomiseur m. ; vaporisateur m. || MÉD. nébuliseur m. ||°**-stäubung** f. pulvérisation f. ; désintégration f. || AUTOM. *Zerstäubungsdüse*, gicleur m.

zer|stieben [tsɛr'ʃti:bən] (o, o) v. intr. tomber en poussière ; se pulvériser. || FIG. se disperser. | *die Menge zerstob in alle Winde*, la foule se dispersa dans toutes les directions.

zer|stören [tsɛr'ʃtø:rən] v. tr. [vernichten] détruire ; démolir ; ravager ; dévaster ; anéantir ; raser. || [niederwerfen] abattre ; renverser ; briser. || FIG. *die Zeit zerstört alles*, le temps détruit tout. ||**-störbar** adj. destructible. ||**-störend** adj. destructeur ; destructif ; FIG. subversif. | *von zerstörender Wirkung sein*, avoir un effet destructeur. ||°**-störer** m. (s, -) destructeur m. ;

dévastateur m. || MAR. destroyer m. ; contre-torpilleur m. ||**-störerisch** adj. destructeur ; dévastateur ; subversif.

Zer|störung [tsɛr'ʃtø:ruŋ] f. (-, en) destruction f. ; démolition f. ; ruine f. ; anéantissement m. ; dévastation f.

Zerstörungs|geist [tsɛr"ʃtø:ruŋs'gaist] m. (s, er) esprit destructeur, subversif. ||°**-kraft** f. (-, ¨e) force (f.) de destruction. ||°**-wut** f. folie (f.) de la destruction ; vandalisme m.

zer|stoßen [tsər'ʃto:sən] (ö, ie, o) v. tr. piler ; concasser ; broyer. | *Salz zerstoßen*, piler du sel. ||°**-stoßung** f. (-, en) pilage m. ; broyage m.

zer|streuen [tsɛr'ʃtrɔyən] v. tr. **1.** disperser ; éparpiller ; disséminer ; dissiper. | *der Wind hat die Blätter zerstreut*, le vent a dispersé les feuilles. || FIG. *js Zweifel zerstreuen*, dissiper les doutes de qn. || TECHN. disperser ; diffuser. | *Licht zerstreuen*, diffuser de la lumière. **2.** FIG. distraire ; divertir ; amuser. | *einen Kranken zerstreuen*, divertir un malade.
◇ v. pr. **sich zerstreuen,** se disperser. || FIG. se distraire ; se divertir ; s'amuser.

zer|streut [-'ʃtrɔyt] part. pass. et adj. **1.** [auseinanderliegend] dispersé ; éparpillé ; disséminé.
2. [unaufmerksam] dissipé ; distrait.
3. TECHN. diffus ; dispersé.

Zer|streutheit [-'ʃtrɔythait] f. [Unaufmerksamkeit] distraction f. ; inattention f.

Zer|streuung [-'ʃtrɔyuŋ] f. (-, en). **1.** distraction f. ; diversion f. ; divertissement m. | *Zerstreuung suchen*, chercher de la distraction.
2. éparpillement m. ; dispersion f.
3. PHYS. diffusion f. (de la lumière) ; divergence f.

Zerstreuungs|linse [tsɛr"ʃtrɔyuŋs'linzə] f. (-, n). PHYS. lentille divergente. ||°**-punkt** m. (s, e). PHYS. point (m.) de divergence ; foyer virtuel.

zer|stückeln [tsɛr'ʃtykəln] v. tr. et v. pr. mettre en morceaux ; couper ; dépecer ; diviser ; morceler. ||°**-stückelung** f. (-, en) division f. ; morcellement m.

zer|teilbar [tsɛr'tailbɑ:r] adj. divisible. ||°**-teilbarkeit** f. divisibilité f. ||**-teilen** v. tr. diviser ; partager ; fractionner ; décomposer. | *in Brüche zerteilen*, fractionner. | *die Wogen zerteilen*, fendre les flots. || CHIM. *in seine Bestandteile zerteilen*, décomposer. || MÉD. *eine Geschwulst zerteilen*, résoudre une tumeur. — v. pr. **sich zerteilen,** se diviser ; se partager. | *sich in Äste zerteilen*, se ramifier. ||**-teilend** adj. dissolvant ; résolvant. ||°**-teilung** f. (-, en) division f. ; fractionnement m. || MÉD. résolution f.

Zertifikat [tsɛrtifi'kɑ:t] n. (s, e). [Zeugnis] certificat m.

zer|tragen [tsɛr'trɑ:gən] (ä, u, a) v. tr. user, abîmer en portant.

zer|trampeln [tsɛr'trampəln] v. tr. écraser ; piétiner.

zer|trennen [tsɛr'trɛnən] v. tr. et v. pr. (se) séparer ; (se) disloquer ; (se) découdre. || FIG. désunir ; séparer. ||°**-trennung** f. (-, en) séparation f. ; disjonction f.

zer|treten [tsɛr'tre:tən] (i, a, e) v. tr. écraser (du pied) ; fouler (aux pieds) ; piétiner. | *eine Blume zertreten*, écraser une fleur.

zer|trümmern [tsɛr'trymərn] v. tr. démolir ; ruiner ; anéantir. ||°**-trümmerung** f. (-, en) démolition f. ; destruction f. ; dévastation f. ; anéantissement m. | *Atomzertrümmerung*, désintégration (f.), fission (f.) atomique.

Zervelat|wurst [tsɛrvə"lɑ:t'vurst] f. (-, ¨e) cervelas m.

zer|wehen [tsɛr've:ən] v. tr. disperser (en soufflant).

zer|wühlen [tsɛr'vy:lən] v. tr. fouiller ; mettre en désordre ; bouleverser.

Zer|würfnis [tsɛr'vyrfnis] n. (ses, se) discorde f. ; désaccord m. ; brouille f. | *eheliches Zerwürfnis*, désunion (f.) des époux.

zer|zausen [tsɛr'tsauzən] v. tr. ébouriffer ; tirailler. | *jm das Haar zerzausen*, décoiffer ; ébouriffer qn. || FIG. *jn zerzausen*, casser du sucre sur le dos de qn.

zer|zupfen [tsɛr'tsupfən] v. tr. effilocher.

zessieren [tsɛ'si:rən] v. tr. céder.

Zession [-'sio:n] f. (-, en) cession f. | *Zessionsurkunde*, acte (m.) de cession.

Zessionär [-sio'nɛ:r] m. (en, en) cessionnaire m. ; cédant m.

Zeter ['tse:tər] m. ou n. (s). *Zeter und Mordio*, *Zetermordio schreien*, jeter les hauts cris ; FAM. glapir ; brailler. | *Zetergeschrei*, cris stridents ; tollé m.

zetern [-tərn] v. intr. jeter les hauts cris.

Zettel ['tsɛtəl] m. (s, -). [Notizblatt] fiche f. ; billet m. | *(Anschlage)zettel*, papillon m. ; prospectus m. ; étiquette f. ; bulletin m. | *Stimmzettel*, bulletin (m.) de vote. | *Steuerzettel*, feuille (f.) d'impôt. | *Bücherzettel*, bulletin (m.) de prêt ; bulletin (m.) de commande (de livres). | *Waschzettel*, prière (m.) d'insérer. | *Theaterzettel*, programme (m.) des théâtres. || TEXT. chaîne f.

Zettel|ankleber ["tsɛtəl'ankle:bər] m. (s, -) colleur (m.) d'affiches. ||°**-bank** f. FIN. banque (f.) d'émission. ||°**-baum** m. (s, ¨e). TEXT. (VX.). [Kettbaum] ensouple f. ||°**-kartei** f. (-, en), °**-kasten** m. (s, -) fichier m. ; boîte (f.) à fiches. ||°**-maschine** f. (-, n) ourdisseuse f. ||°**-spießer** m. (s, -) pique-notes m.

zetteln ['tsɛtəln] v. tr. TEXT. ourdir.

Zeug [tsɔyk] n. (s, e) [souvent deuxième terme dans les noms composés désignant des outils ou ayant valeur de collectifs]. **1.** [Gerät] outil(s) m. (pl.) ; instruments m. pl. ; équipement m. ; matériel m. ; ustensiles m. pl. | *Nähzeug*, nécessaire (m.) de couture. | *Schuhzeug*, nécessaire (m.) à chaussures. | *Fahrzeug*, véhicule m. | *Grünzeug*, légumes m. pl. || FIG. *sich ins Zeug legen*, *werfen*, faire de gros efforts ; payer de sa personne. | *scharf ins Zeug gehen*, procéder de façon radicale, sans égards.
2. [Stoff ; Gewebe] étoffe f. ; tissu m. | *Wollzeug*, étoffe de laine ; lainage m. | *Leinenzeug*, linge m. | *Bettzeug*, linge (m.) de lit ; literie f. || FIG. *das Zeug zu etwas haben*, avoir l'étoffe de. | *jm am Zeuge flicken*, faire des reproches à qn ; faire du tort, nuire à qn. | *was das Zeug hält*, à tout rompre ; à bride abattue ; tant et plus.
3. LOC. *allerhand Zeug(s)*, toutes sortes de choses. | *ungereimtes Zeug zusammenschwatzen*, dire des balivernes. | *dummes Zeug*, bêtises f. pl.

Zeug|baum ["tsɔyk'baum] m. (s, ¨e). TEXT. [Warenbaum] ensouple f. (tissu) ; déchargeoir m. ||°**-druckerei** f. impression (f.) des tissus ; gaufrage (m.) sur étoffes. ||°**-haus** n. (es, ¨er) arsenal m. ||°**-meister** m. (s, -). MIL. chef (m.) du matériel. ||°**-pressen** n. (s) catissage m. ||°**-schmied** m. (s, e) taillandier m.

Zeuge ['tsɔygə] m. (n, n), **Zeugin** [-gin] f. (-, nen) témoin m. | *Zeuge eines Unfalls sein*, être témoin d'un accident. | *als Zeuge auftreten*, servir de témoin ; porter témoignage. | *als Zeuge aussagen*, témoigner. | *als Zeuge (vor)laden*, citer comme témoin. | *Zeugen stellen*, produire des témoins. | *einen Zeugen ablehnen*, récuser un témoin. | *vor Zeugen*, devant témoins. | *Haupt-*, *Kronzeuge*, témoin principal ; témoin numéro un. | *falscher Zeuge*, faux témoin. | *Trauzeuge*, témoin (des mariés). | *Zeugen der Vergangenheit*, témoins du passé. || LOC. *den Himmel zum Zeugen anrufen*, prendre le ciel à témoin.

Zeugen|aussage ["tsɔygən'auszɑ:gə] f. (-, n) déposition (f.) des témoins. | *falsche Zeugenaussage*, faux témoignage. ||°**-beeinflussung** f. subornation (f.) de témoins. ||°**-berg** m. (s, e). GÉOGR. butte-témoin f. ||°**-berichte** m. pl. témoignages m. pl. | *wie die Zeugenberichte besagen*, d'après les témoignages. ||°**-beweis** m. (es, e) preuve testimoniale. ||°**-verhör** n. (s, e), °**-vernehmung** f. (-, en) audition (f.) de témoins.

zeugen ['tsɔy:gən] v. tr. engendrer ; procréer ; produire. | *Kinder zeugen*, engendrer des enfants. | *Zeugekraft*, puissance créatrice. || MATH. engendrer.
◇ v. intr. témoigner, déposer ; donner la preuve de. | *das zeugt von seiner Kraft*, c'est une preuve de sa force.

Zeugma ['tsɔykma] n. (s). GRAMM. zeugma m.

Zeugnis ['tsɔyknis] n. (ses, se). **1.** [Zeugenaussage] témoignage m. ; déposition f. | *Zeugnis ablegen*, témoigner ; porter témoignage. | *falsch(es) Zeugnis ablegen*, faire un faux témoignage.
2. [Bescheinigung] certificat m. ; attestation f. ; bulletin m. | *jm ein Zeugnis ausstellen*, délivrer à qn un certificat. | *ärztliches Zeugnis*, certificat médical. | *Reifezeugnis*, certificat de maturité ; baccalauréat m.

Zeugung ['tsɔyguŋ] f. (-, en) génération f. ; procréation f. ; engendrement m.

Zeugungs|akt ["tsɔyguŋs'akt] m. (s, e) acte (m.) de procréation. ||**-fähig** adj. apte à procréer ; prolifique. ||°**-kraft** f. pouvoir (m.), puissance (f.) de procréation. ||°**-reife** f. puberté f. ||°**-trieb** m. (s) instinct (m.) de reproduction. ||**-unfähig** adj. impuissant ; stérile.

Zeus [tsɔys] n. pr. m. MYTH. Zeus m. ; Jupiter m.

z. H. abrév. de **zu Händen,** en mains propres ; personnellement.

Zibeben [tsi'be:bən] f. pl. DIAL. raisins secs.

Zibet ['tsi:bɛt] m. (s) civette f.

Ziborium [tsi'bo:rium] n. (s, rien) ciboire m.

Zichorie [tsi'ço:riə] f. (-, n). BOT. [Wegwarte] chicorée (f.) sauvage. || CULIN. [Kaffeezusatz] chicorée f.

Zicke ['tsikə] f. (-, n). [Geiß] chèvre f. ; femelle (f.) du chevreuil ; FAM. bique f. || FIG., FAM. *Zicken machen*, jouer des tours ; faire des siennes.

Zicklein ['tsiklain] n. (s, -). ZOOL. chevreau m. ; cabri m.

Zickzack ['tsiktsak] m. (s, e) zigzag m. || MAR. *Zickzackkurs*, route (f.) en zigzag. | *Zickzacklinie*, ligne (f.) en zigzag.

Ziege ['tsi:gə] f. (-, n) chèvre f. || FIG., FAM. *eine dumme Ziege*, une sotte.

Ziegen|bart ["tsi:gən'ba:rt] m. (s, ¨e) barbe (f.) de chèvre. || [Kinnbärtchen] impériale f. ; barbichette f. ; FAM. bouc m. || BOT. clavaire f. ||°**-bock** m. (s, ¨e). ZOOL. bouc m. ||°**-fuß** m. (es, ¨e) pied (m.) de chèvre. || TECHN. pied-de-biche m. || BOT. polypore m. ||°**-füßler** m. (s, -). MYTH. chèvre-pied(s) m. ; satyre m. ||°**-haar** n. (s, e) poil (m.) de chèvre. ||°**-hainer** m. (s, -) bâton noueux (de Ziegenhain, près d'Iéna). ||°**-hirt** m. (en, en) chevrier m. ||°**-käse** m. (s) fromage (m.) de chèvre. ||°**-leder** n. (s) [cuir de] chevreau m. ||°**-melker** m. (s, -). ZOOL. engoulevent m. ||°**-milch** f. lait (m.) de chèvre. ||°**-peter** m. (s). MÉD. [Mumps] oreillons m. pl. ; parotidite f. ||°**-pilz** m. (es, e). BOT. clavaire f.

Ziegel ['tsi:gəl] m. (s, -). **1.** brique f. | *feuerfester Ziegel*, brique réfractaire.
2. *(Dach)ziegel*, tuile f.

Ziegel|bau ["tsi:gəl'bau] m. (s, ten) construction (f.) en briques. ||°**-bedachung** f. couverture (f.), toiture (f.) en tuiles. ||°**-brenner** m. (s, -) briquetier m. ; tuilier m. ||°**-brennerei** f. (-, en) briqueterie f. ; tuilerie f. ||°**-dach** n. (s, ¨er) toit couvert en tuiles. ||°**-erde** f., °**-ton** m. (s) terre (f.) à briques ; terre glaise. ||°**-farbe** f. couleur (f.) rouge brique. ||°**-ofen** m. (s, ¨) four (m.) à briques. ||°**-rohbau** m. (s, ten) construction (f.) en briques brutes. ||°**-stein** m. (s, e) brique f.

Ziegelei [tsi:gə'lai] f. (-, en) briqueterie f. ; tuilerie f.

Zieh|bank ['tsi:bank] f. (-, ¨e) banc (m.) de tréfilerie. ||**-bar** adj. ductile. ||°**-barkeit** f. ductilité f. ||°**-brücke** f. (-, n) pont-levis m. ||°**-brunnen** m. (s, -) puits (m.) à chaîne, à poulie. ||°**-eisen** n. (s, -). TECHN. filière (f.) à tirer. ||°**-eltern** m. pl. parents adoptifs. ||°**-feder** f. (-, n) tire-ligne m. ||°**-harmonika** f. (-, s ou ken) accordéon m. ||°**-kind** n. (s, er). [Pflegekind] enfant adoptif. ||°**-kraft** f. puissance (f.) de traction ; force (f.) d'attraction. ||°**-leine** f. (-, n), °**-seil** n. (s, e), °**-tau** n. (s, e) câble (m.) de remorque. ||°**-leute** pl [Umziehleute] déménageurs m. pl. ||°**-messer** n. (s, -). TECHN. plane f. ||°**-pflaster** n. (s, -). MÉD. vésicatoire m. ||°**-presse** f. (-, n) presse (f.) à emboutir. ||°**-säge** f. (-, n). TECHN. passe-partout m. ||°**-wagen** m. (s, -) charrette (f.) à bras.

Ziehe ['tsi:ə] f. DIAL. soins (m. pl.), entretien (m.) d'un nourrisson, d'un enfant adoptif. | *ein Kind in Ziehe geben*, mettre un enfant en nourrice.

ziehen ['tsi:ən] (zog, gezogen).

> **I.** v. tr. **1.** [fortbewegen] tirer ; traîner ; entraîner.
> **2.** [in eine bestimmte Richtung bewegen] tirer ; entraîner ; amener ; attirer.
> **3.** [dehnen ; strecken] étirer ; (é)tendre ; allonger.
> **4.** [herausziehen ; fördern ; erlangen] tirer ; retirer ; enlever ; extraire ; gagner.
> **5.** [zeichnen ; entwerfen] tirer ; tracer.
> **6.** [erziehen ; züchten] élever ; cultiver.
> **II.** v. intr. **1.** [sich fortbewegen] aller ; passer ; partir.
> **2.** [mit Ziel] aller ; se rendre ; se diriger.
> **3.** [umziehen] s'établir ailleurs ; changer de résidence.
> **4.** [anziehen] opérer ; faire effet ; faire impression.
> **5.** LOC.
> **III.** v. pr. **sich ziehen. 1.** [sich wegbewegen] s'en aller ; se tirer de.
> **2.** [sich erstrecken] s'étendre ; se prolonger.
> **IV.** v. impers.

I. v. tr. **1.** [fortbewegen] tirer ; traîner ; entraîner. | *einen Wagen ziehen*, tirer une voiture. | *den Pflug ziehen*, tirer la charrue. | *jn an den Haaren ziehen*, tirer les cheveux à qn. | *jn am Rock ziehen*, tirer qn par le pan de son habit. | *jn vor Gericht ziehen*, traîner qn devant les tribunaux. | *das zieht schlimme Folgen nach sich*, cela aura des conséquences fâcheuses. | *alle Register ziehen*, tirer, sortir tous les registres (de l'orgue) ; FIG. utiliser tous les moyens.

2. [in eine bestimmte Richtung bewegen] tirer ; entraîner ; amener ; attirer. | *jn zu Boden ziehen*, faire tomber qn. | *etwas in die Höhe ziehen*, tirer qch. vers le haut ; hisser qch. | *jn auf die Seite ziehen*, prendre qn à l'écart, à part. || FIG. *jn in, durch den Schmutz ziehen*, traîner qn dans la boue. | *jn ins Verderben ziehen*, entraîner qn dans le malheur. | *jn in ein Geheimnis ziehen*, mettre qn dans le secret. | *die Blicke auf sich ziehen*, attirer les regards sur soi. | *js Zorn auf sich ziehen*, s'attirer la colère de qn. | *etwas ins Lächerliche ziehen*, tourner qch. en ridicule. | *etwas in Betracht ziehen*, prendre qch. en considération. | *in Erwägung ziehen*, envisager ; prendre en considération. | *die Bettdecke an sich ziehen*, tirer la couverture à soi. | *jn zur Rechenschaft, zur Verantwortung ziehen*, demander, faire rendre compte à qn. | *jn zu Rate ziehen*, demander conseil à qn.

3. [dehnen ; strecken] étirer ; (é)tendre ; allonger. *eine Rede in die Länge ziehen*, tirer un discours en longueur. | *die Endsilben ziehen*, allonger les finales. | *Spinnen ziehen Fäden*, les araignées tissent des fils. || TECHN. *Draht ziehen*, tréfiler. | [mit Rinnen versehen] *ein Gewehr mit gezogenem Lauf*, un fusil à canon rayé.

4. [herausziehen ; fördern ; erlangen] tirer ; retirer ; enlever ; extraire ; gagner. | *einen Zahn ziehen*, extraire une dent. | *den Degen ziehen*, tirer l'épée ; dégainer. | *einen Holzsplitter aus dem Finger ziehen*, retirer, enlever une écharde du doigt. | *einen Nagel aus einem Brett ziehen*, retirer un clou d'une planche. | *Wasser ziehen*, tirer, puiser de l'eau. | *meine Schuhe ziehen Wasser*, mes chaussures prennent l'eau. | *Wein auf Flaschen ziehen*, mettre du vin en bouteilles. | *das große Los ziehen*, gagner le gros lot. | *eine gute Nummer ziehen*, tirer un bon numéro. || MATH. *die Wurzel aus einer Zahl ziehen*, extraire la racine d'un nombre. || FIG. *den kürzeren ziehen*, avoir le dessous. | *den Kopf aus der Schlinge ziehen*, se tirer d'affaire. | *die Lehre (aus etwas) ziehen*, dégager la leçon (de qch.). | *Nutzen aus etwas ziehen*, tirer profit de qch. | *einen Vorteil aus etwas ziehen*, tirer avantage de qch. | *die Konsequenzen, die Folgerungen ziehen*, tirer les conséquences. | *jn aus der Verlegenheit ziehen*, tirer qn d'embarras.

5. [zeichnen ; entwerfen] tirer ; tracer. | *einen Strich, einen Kreis ziehen*, tirer un trait ; tracer un cercle. | *eine Furche ziehen*, tracer un sillon. | *einen Graben ziehen*, creuser un fossé. | *eine Mauer um ein Grundstück ziehen*, élever un mur autour d'une propriété. || FIG. *einen Vergleich ziehen*, établir une comparaison. | *Gesichter, Fratzen ziehen*, faire des grimaces. | *ein schiefes Gesicht ziehen*, faire la moue. || MATH. *eine Senkrechte ziehen*, élever une perpendiculaire. || COMM. *einen Wechsel auf jn ziehen*, tirer une traite sur qn. | *eine Bilanz ziehen*, dresser un bilan.

6. [erziehen ; züchten] élever ; cultiver. | *Kinder großziehen*, élever des enfants. | *Kaninchen ziehen*, élever des lapins. | *Pfirsiche ziehen*, cultiver des pêchers.

II. v. intr. **1.** [sich fortbewegen] aller ; passer ; partir. | *Wolken ziehen am Himmel*, des nuages passent dans le ciel. | *über die Brücke ziehen*, traverser le pont. | *laßt ihn ziehen!*, laissez-le partir ; qu'il s'en aille ! | *seines Weges ziehen*, aller son chemin. | *weiterziehen*, continuer son chemin. | *losziehen*, partir ; s'en aller. | *fortziehen*, partir. | *er kam gezogen*, il arriva.

2. [mit Ziel] aller ; se rendre ; se diriger. | *die Schwalben ziehen in wärmere Länder*, les hirondelles partent pour des pays plus chauds. | *in die weite Welt ziehen*, partir dans le vaste monde. | *in die Fremde ziehen*, partir pour l'étranger. | *in den Krieg, ins Feld ziehen*, partir pour la guerre. | *durch das Land ziehen*, traverser le pays. | *auf Wache, auf Posten ziehen*, (aller) prendre la garde. || FIG. *gegen jn zu Felde ziehen*, partir en campagne contre qn. | *diese Farbe zieht ins Grüne*, cette couleur tire sur le vert.

3. [umziehen] s'établir ailleurs ; changer de résidence. | *in die Stadt ziehen*, aller s'établir en ville. | *zu den Kindern ziehen*, aller demeurer chez ses enfants. | *aus dem Haus ziehen*, déménager.

4. [anziehen] opérer ; faire effet ; faire impression. | *dieses Buch zieht*, ce livre plaît, a du succès. | *die neue Wintermode zieht*, la nouvelle mode d'hiver a du succès. | *dieser Trick zieht nicht mehr*, c'est un truc usé ; FAM. ça ne prend plus.

5. LOC. *der Ofen zieht*, le poêle tire bien, a du tirage.

| *den Tee ziehen lassen*, laisser infuser le thé. | *in Lake ziehen*, mariner. || [Spiel] *er ist am Ziehen*, c'est à lui de jouer. || [Schach] *mit dem Springer ziehen*, jouer le cavalier.

III. v. pr. **sich ziehen. 1.** [sich wegbewegen] s'en aller. | *das Gewitter zieht sich nach Norden*, l'orage s'en va vers le nord. | *sich rechtzeitig aus einer heiklen Affäre ziehen*, se tirer à temps d'une affaire fâcheuse.

2. [sich erstrecken] s'étendre ; se prolonger. | *die Ebene zieht sich bis zum Fluß*, la plaine s'étend jusqu'à la rivière. | *die Vorstellung zog sich (in die Länge)*, la représentation traînait en longueur. | *der Stoff zieht sich*, cette étoffe prête. | *das Brett hat sich gezogen*, cette planche s'est gondolée.

IV. v. impers. *es zieht ihn nach Süden*, il est attiré par le Midi ; il garde la nostalgie du Midi. | *es zieht hier*, il y a un courant d'air (ici). | *es zieht mir im rechten Arm*, j'ai des douleurs, des tiraillements dans le bras droit. | *ziehender Schmerz*, douleur lancinante.

Ziehen ['tsi:ən] n. (s) tirage m. ; traction f. || [Zug] passage m. ; marche f. || [Zucht] élevage m.

Zieher [-ər] m. (s, -) celui qui tire, qui traîne. | *Korkenzieher*, tire-bouchon m. | *Stiefelzieher*, tire-botte m. | *Nagelzieher*, tire-clou m. || Fin. tireur (m.) d'une traite. || [Billard] effet (donné à une boule).

Ziehung [-uŋ] f. (-, en) tirage m. (au sort). | *Ziehung der Lotterie*, tirage de la loterie.

Ziel [tsi:l] n. (s, e). **1.** but m. | *Ziel(punkt)*, but m. ; cible f. ; objectif m. | *das Ziel treffen*, toucher, atteindre le but. | *mitten ins Ziel treffen*, faire mouche. | *das Ziel verfehlen*, manquer, rater le but. || Fig. *übers Ziel schießen*, exagérer ; dépasser les bornes.

2. [Zweck] but m. ; fin f. ; visées f. pl. | *das Ziel einer Reise*, le but d'un voyage. | *am Ziel ankommen, angelangen*, arriver, toucher au but. | *sich ein Ziel setzen*, se fixer un but. | *ein Ziel verfolgen*, poursuivre un but. | *das Ziel im Auge behalten*, ne pas perdre de vue son but. | *auf sein Ziel lossteuern*, aller droit au but ; fig. aller droit au fait. | *ohne Zweck und Ziel*, sans but ; au hasard. | *zu seinem Ziel gelangen ; sein Ziel erreichen*, arriver, parvenir à ses fins. | *ein hohes Ziel haben*, nourrir de grands desseins. || Sport. *als erster durchs Ziel gehen*, arriver le premier ; franchir le premier la ligne d'arrivée.

3. [Frist ; Termin] terme m. ; échéance f. | *auf Ziel verkaufen*, vendre à terme. | *mit kurzem Ziel*, à courte, à brève échéance. | *auf drei Monate Ziel*, à trois mois (d'échéance). || Fig. *seinem Leben wurde ein frühes Ziel gesetzt*, sa vie a été brève.

Ziel|angabe [″tsi:l'angɑ:bə] f. indication (f.) de l'objectif. ||°-**bahnhof** m. (s, ¨e) gare (f.) d'arrivée. ||-**bewußt** adj. qui sait ce qu'il veut ; conscient du but à atteindre ; énergique. ||°-**deckung** f. Mil. alignement visuel. ||°-**fernrohr** n. (s, e) lunette (f.) de visée. ||°-**gruppe** f. (-, n). Comm. groupe ciblé. | *eine Zielgruppe ansprechen*, cibler un groupe. ||°-**kugel** f. (-, n) [jeu de boule] cochonnet m. ||°-**linie** f. (-, n). Mil. ligne (f.) de mire. || Sport. ligne (f.) d'arrivée. ||-**los** adj. sans but. ||°-**punkt** m. (s, e) point (m.) de mire ; objectif m. ||°-**richter** m. (s, -). Sport. juge (m.) à l'arrivée. ||°-**scheibe** f. (-, n) cible f. || Fig. *die Zielscheibe des Spottes sein*, être en butte aux railleries ; fam. être le plastron (des moqueries). ||°-**schiff** n. (s, e) bateau-cible m. ||-**strebig** adj. qui connaît son but ; qui poursuit son but avec zèle. ||°-**strebigkeit** f. ambition soutenue. ||-**suchend** adj. *zielsuchende Rakete*, fusée (f.) à tête chercheuse. ||°-**suchkopf** m. (s, ¨e) tête chercheuse (de fusée). ||°-**vorrichtung** f. (-, en) dispositif (m.) de pointage.

zielen ['tsi:lən] v. intr. **1.** viser ; pointer. | *auf jn zielen*, mettre qn en joue. | *nach einem Vogel zielen*, viser un oiseau.

2. Fig. aspirer, viser (à qch) ; fam. viser (qn). | *das war auf mich gezielt*, c'est à moi que cela s'adresse ; fig. c'est une pierre dans mon jardin. | *worauf zielt er (hinaus) ?*, où veut-il en venir ?

Zieler [-lər] m. (s, -) celui qui vise ; pointeur m.

ziemen ['tsi:mən] v. impers. et v. pr. [geziemen] convenir ; être convenable ; être de mise. | *es ziemt sich, daß*, il convient de.

Ziemer ['tsi:mər] m. (s, -) *(Ochsen)ziemer*, nerf (m.) de bœuf. || Zool. [Rücken] cimier (m.) de cerf ; selle (f.) de chevreuil.

ziemlich ['tsi:mliç] adj. passable ; assez important. | *ein ziemliches Vermögen*, une fortune assez considérable. || [angemessen] convenable.

◇ adv. [nicht wenig ; beinahe ; fast] assez ; passablement ; à peu près. | *ziemlich groß*, assez grand. | *ziemlich viel Geld*, passablement d'argent. | *ziemlich gut*, assez bien. | *ziemlich oft*, assez souvent.

Zier [tsi:r] f. [Zierde] ornement m.

Zier|affe [″tsi:r'afə] m. (n, n). Fam. fat m. ; pimbêche f. ||°-**baum** m. (s, ¨e) arbre (m.) d'agrément. ||°-**buchstabe** m. (n, n) lettre ornée. ||°-**fisch** m. (es, e) poisson (m.) d'agrément. ||°-**garten** m. (s, ¨) jardin (m.) d'agrément. ||°-**giebel** m. (s, -) fronton m. ||°-**kappe** f. (-, n). Autom. enjoliveur m. ||°-**leiste** f. (-, n) moulure f. ; baguette f. || Typogr. fleuron m. ||°-**pflanze** f. (-, n) plante (f.) d'agrément, d'ornement. ||°-**puppe** f. (-, n) mijaurée f. ; minaudière f. ||°-**schrift** f. lettres historiées. ||°-**stück** n. (s, e) ornement m. || Typogr. vignette f. ||°-**werk** n. (s) ornementation f.

Zierat ['tsi:rɑ:t] m. (s, e) ornement m. ; décoration f. ; enjolivure f.

Zierde ['tsi:rdə] f. (-, n) ornement m. ; parure f. ; décoration f. || Fig. *die Zierde ihres Geschlechts*, l'honneur (m.) de son sexe. | *zur Zierde dienen*, orner.

zieren ['tsi:rən] v. tr. orner ; décorer ; parer ; enjoliver ; agrémenter.

◇ v. pr. **sich zieren,** faire des manières ; minauder ; faire la précieuse.

Ziererei [tsi:rə'rai] f. (-, en). [Vornehmtuerei] affectation f. ; préciosité f. ; simagrées f. pl.

zierlich ['tsi:rliç] adj. élégant ; gracieux ; gentil ; mignon.

Zierlichkeit [-kait] f. (-, en) élégance f. ; grâce f. ; gentillesse f.

Ziesel ['tsi:zəl] m. ou n. (s, -), **Ziesel|maus** [″tsi:zel'maus] f. (-, ¨e). [Bilch ; Siebenschläfer] Zool. loir m.

Ziest [tsi:st] m. (s, e). Bot. épiaire m. ; stachyde m.

Ziffer ['tsifər] f. (-, n). **1.** [Zahlzeichen] chiffre m. ; nombre m. | *eine Zahl mit drei Ziffern*, un nombre de trois chiffres. | *arabische, römische Ziffer*, chiffre arabe ; chiffre romain.

2. [Geheimschrift] code m. ; chiffre m.

Ziffer|blatt [″tsifər'blat] n. (s, ¨er) cadran (m.) d'une montre, d'une pendule. ||°-**schlüssel** m. (s) clef (f.) du chiffre. ||°-**schrift** f. écriture chiffrée.

Zigarette [tsiga'rɛtə] f. (-, n) cigarette f. | *eine Zigarette drehen*, rouler une cigarette.

Zigaretten|automat [tsiga″rɛtənauto'mɑ:t] m. (en, en) distributeur (m.) (automatique) de cigarettes. ||°-**papier** n. (s, e) papier (m.) à cigarettes. ||°-**schachtel** f. (-, n) paquet (m.) de cigarettes. ||°-**spitze** f. (-, n) fume-cigarettes m. ||°-**stummel** m. (s, -) bout (m.) de cigarette ; pop. mégot m. ||°-**töter** m. (s, -) extincteur (m.) de cigarettes ; pilon m.

Zigarre [tsi'garə] f. (-, n) cigare m. | *Zigarrenkiste*, boîte (f.) de cigares. || Fam. *eine Zigarre bekommen*, recevoir un savon.

Zigeuner(in) [tsi'gɔynər(in)] m. (s, -), f. (-, nen) bohémien(ne) m. (f.) ; romanichel(le) m. (f.) ; gitan(e) m. (f.) ; tzigane m. et f.

zigeunerhaft [-nərhaft] adj. en bohémien ; en romanichel ; bohème.

Zigeunertum [-nərtum] n. (s) bohème f.

Zikade [tsi'kɑ:də] f. (-, n) cigale f.

Zilie ['tsi:ljə] f. (-, n). Zool. cil (m.) vibratile.

Zille ['tsilə] f. (-, n) péniche f. ; chaland m.

Zimbel ['tsimbəl] f. (-, n). Mus. cymbale f.

Zimbern ['tsimbərn] n. pr. m. pl. Hist. [Kimbern] Cimbres m. pl.

Zimmer ['tsimər] n. (s, -) chambre f. ; pièce f. | *eine Vierzimmerwohnung*, un appartement de quatre pièces. | *Badezimmer*, salle (f.) de bains. | *Wohnzimmer*, salle (f.) de séjour. | *Eßzimmer*, salle (f.) à manger. | *Einzelzimmer*, chambre à un lit. | *möbliertes Zimmer*, chambre meublée. | *das Zimmer hüten*, garder la chambre.

Zimmer|antenne [″tsimər an'tɛnə] f. (-, n). Radio. antenne intérieure. ||°-**decke** f. (-, n) plafond m. ||°-**flucht** f. (-, en) enfilade (f.) de chambres. ||°-**handwerk** n. (s, e) métier (m.) de charpentier. ||°-**hauer** m. (s, -). Mines. boiseur m. ||°-**herr** m. (n, en) locataire (m.) de chambre meublée ; sous-locataire m. ||°-**hof** m. (s, ¨e) chantier (m.) de construction. ||°-**holz** n. (es, ¨er) bois (m.) de construction. ||°-**mädchen** n. (s, -) femme (f.) de chambre. ||°-**mann** m. (s, -leute) charpentier m. ||°-**meister** m. (s, -) maître (m.) charpentier. ||°-**pflanze** f. (-, n) plante (f.) d'intérieur, d'appartement. ||°-**reihe** f. (-, n). V. Zimmerflucht.

||°-**theater** n. (s, -) théâtre (m.) de poche. ||°-**vermieter** m. (s, -) logeur m. ||°-**werk** n. (s) charpente f.

Zimmerei [tsimə'rai] f. charpenterie f.

Zimmerer ['tsimərər] m. (s, -) charpentier m.

zimmern [-mərn] v. tr. charpenter ; tailler ; façonner à la hache. || Par ext. construire. || Mines. boiser. | *die Zimmerung*, le boisage.

Zimmet ['tsimət] m. (s, e). V. Zimt.

zimperlich ['tsimpərliç] adj. affecté ; mignard ; minaudier ; doucereux. || Fam. *zimperlich tun*, minauder ; faire des façons ; faire la pimbêche.

Zimperlichkeit [-kait] f. [Äfferei ; Ziererei] mignardise f. ; préciosité f.

zimpern ['tsimpərn] v. intr. faire la précieuse, la renchérie. || Fam. *Zimperliese*, mijaurée f.

Zimt [tsimt] m. cannelle f. |*Zimtbaum*, cannelier m. || Fam. bagatelles f. pl.

Zinerarie [tsinə'rɑ:riə] f. (-, n). Bot. cinéraire f.

Zingel ['tsiŋəl] m. (s, -) mur (m.) d'enceinte.

Zingulum ['tsiŋgulum] n. (s, s). Relig. cingulum m. ; ceinture f.

Zink [tsiŋk] m. ou n. (s) zinc m. | *mit Zink überziehen*, zinguer.

Zink|arbeiter ["tsiŋk'arbaitər] m. (s, -) ouvrier zingueur. ||°-**ätzung** f. (-, en) gravure (f.) sur zinc. ||°-**blech** n. (s, e) feuille (f.) de zinc ; tôle galvanisée. ||°-**blume** f. (-, n) fleurs (f. pl.), oxyde (m.) de zinc. ||°-**druck** m. (s, e), °-**druckerei** f. (-, en) zincographie f. ||°-**hütte** f. (-, n) zinguerie f. ||°-**kieselerz** n. (es, e). Géol. calamine f. ||°-**salbe** f. (-, n) pommade (f.) à l'oxyde de zinc. ||°-**weiß** n. (es) blanc (m.) de zinc.

Zinke ['tsiŋkə] f. (-, n), **Zinken** [-kən] m. (s, -). **1.** [Zacke ; Zacken ; Spitze] fourchon m. ; pointe f. ; tenon m. | *Gabelzinke*, dent (f.) d'une fourche.
2. Techn. [Schwalbenschwanz] (assemblage [m.] en) queue (f.) d'aronde. |*gezinkte Karten*, cartes truquées.
3. Mus. [Horn] clairon m. ; bugle m. ; cornet m.
4. [Zinken]. Fam. pif m.

Zinkenist [tsiŋkə'nist] m. (en, en) joueur (m.) de clairon ; cornettiste m.

zinkig ['tsiŋkiç] adj. muni de pointes, de dents.

Zinn [tsin] n. (s) étain m.

Zinn|asche ["tsin'aʃe] f. (-, n). Chim. potée (f.) d'étain. ||°-**blech** n. (s, e), °-**folie** f. (-, n) feuille (f.) d'étain. ||-**führend, -haltig** adj. stannifère. ||°-**geschirr** n. (s, e) vaisselle (f.) d'étain. ||°-**lot** n. (s) soudure (f.) tendre. ||°-**säure** f. (-, n) acide (m.) stannique, d'étain. ||°-**stein** m. (s, e) cassitérite f.

Zinne ['tsinə] f. (-, n). [Zacke(n)] créneau m. ; dent f. |*Mauerzinne*, créneau m. |*mit Zinnen versehen*, crénelé.

zinnern ['tsinərn] adj. en étain, d'étain.

Zinnie ['tsiniə] f. (-, n). Bot. zinnia m.

Zinnober [tsi'no:bər] m. (s). Chim. cinabre m. | *Zinnoberrot*, vermillon m. || Fig. *Red' keinen Zinnober !*, ne raconte pas de balivernes. |*der ganze Zinnober*, tout le fourbi.

Zins [tsins] m. (es, en et e). **1.** intérêt m. ; rente f. | *das Kapital trägt Zinsen*, le capital porte intérêt. | *Geld auf Zinsen, gegen Zinsen leihen*, prêter de l'argent à intérêt. | *zu hohen Zinsen*, à gros intérêts ; à intérêts élevés. | *Zinsen abheben*, toucher les intérêts. | *Zinsen zum Kapital schlagen*, joindre les intérêts au capital. | *Grundzins*, redevance f. | *Zinseszins*, intérêt composé. || Fig. *er zahlt ihm das mit Zins und Zinseszins heim*, il le lui rend avec usure.
2. [Miete] (pl. e) loyer m. ; fermage m. | *Hauszins, Mietzins*, loyer m. ; location f. | *Pachtzins*, fermage m.
3. Par ext. [Steuer ; Abgabe] impôt m. ; tribut m.

Zins|abzug ["tsins'aptsu:k] m. (s, ¨e) escompte m. ||°-**bauer** m. (n, n). Hist. manant m. ; censier m. ||°-**ertrag** m. (s, ¨e) rapport (m.) en intérêts. ||°-**fuß** m. (es, ¨e) taux (m.) de l'intérêt. ||°-**groschen** m. (s, -) redevance f. ; denier m. ; somme (f.) à payer au seigneur censier. ||°-**gut** n. (s, ¨er) terre (f.) qui doit le cens. ||°-**haus** n. (es, ¨er) maison (f.) de rapport. ||°-**herr** m. (n, en) seigneur censier. ||-**pflichtig** adj. soumis au cens ; à intérêts. ||°-**rechnung** f. (-, en). Math. calcul (m.), règle (f.) des intérêts. ||°-**schein** m. (s, e) coupon m. ; talon m.

zinsbar ['tsinsbɑ:r] adj. soumis au cens ; à intérêts.

Zinses|zins ["tsinsəs'tsins] m. (es, e) intérêt composé.

Zion ['tsi:on] n. pr. m. (s) Sion f. || Par ext. [Bibel] Jérusalem f. ; peuple élu.

Zionismus [tsio'nismus] m. sionisme m.

Zionist [-'nist] m. (en, en) sioniste m.

Zipfel ['tsipfəl] m. (s, -) pointe f. ; bout m. ; coin m. ; pan m. | *Taschentuchzipfel*, coin, pointe du mouchoir. |*die Zipfel des Leichentuches*, les cordons (m. pl.) du poêle. |*Landzipfel*, pointe de terre ; promontoire m. || Fig. *etwas beim rechten Zipfel anfassen*, prendre qch. par le bon bout.
— Syn. : *Ende*, bout ; *Spitze*, pointe ; *Schoß*, pan, basque.

Zipfel|mütze ["tsipfəl'mytsə] f. (-, n) bonnet (m.) à pointe ; bonnet (m.) de meunier ; bonnet (m.) de coton. ||°-**tuch** n. (s, ¨er) fichu m.

zipfelig ['tsipfəliç] adj. qui a des bouts, des coins. || Bot. lacinié.

Zipperlein ['tsipərlain] n. (s). Méd. goutte f.

Zirbe ['tsirbə] f. (-, n), **Zirbel** [-bəl] f. (-, n). Bot. pignon m. ; pin (m.) parasol.

Zirbel|drüse ["tsirbəl'dry:zə] f. (-, n) épiphyse f. ; glande pinéale. ||°-**kiefer** f. (-, n) cimbre m. ; arole f. ||°-**nuß** f. (-, ¨e) pignon m.

zirka ['tsirka] adv. [circa] environ.
— Syn. : *etwa*, environ ; *ungefähr*, à peu près.

Zirkel ['tsirkəl] m. (s, -). **1.** compas m. | *Stechzirkel*, compas à pointes sèches. | *einen Kreis mit dem Zirkel ziehen*, tracer un cercle au compas.
2. Math. [Kreis] cercle m. ; circonférence f.
3. [kleine Gesellschaft ; Klub] cercle m. ; société f. | *Lesezirkel*, cercle de lecture.

zirkel|förmig ["tsirkəl'førmiç], -**rund** [-'runt] adj. circulaire. ||°-**kasten** m. (s, -) boîte (f.) à compas. ||°-**linie** f. (-, n) ligne (f.) circulaire. ||°-**schluß** m. (es, ¨e). [Trugschluß] cercle vicieux.

zirkeln ['tsirkəln] v. tr. et v. intr. mesurer au compas. || Par ext. *die beiden Großmächte zirkeln ihren Einflußbereich ab*, les deux grands États délimitent leur sphère d'influence.

Zirkon [tsir'kon] m. (s). Minéral. zirconium m. | *Zirkonerde*, arséniate (m.) de zirconium. || [Edelstein] zircon m.

Zirkular [tsirku'lɑ:r] n. (s, e). [Rundschreiben] circulaire f. ; lettre (f.) circulaire.

Zirkulation [-la'tsio:n] f. (-, en). [Umlauf] circulation f. | *Blutzirkulation*, circulation du sang. | *falsche Banknoten in Zirkulation setzen, bringen*, mettre en circulation de faux billets de banque.

zirkulieren [-'li:rən] v. intr. [in Umlauf sein] circuler.

Zirkumflex [tsirkum'flɛks] m. (es, e). Gramm. accent (m.) circonflexe.

Zirkus ['tsirkus] m. (-, se) cirque m.

Zirkus|nummer ["tsirkus'numər] f. (-, n) numéro (m.) de cirque. ||°-**pferd** n. (s, e) cheval (m.) de cirque ; cheval dressé. ||°-**zelt** n. (s, e) chapiteau m.

Zirpe ['tsirpə] f. (-, n). [Zikade ; Grille] cigale f.

zirpen [-pən] v. intr. chanter ; grésiller ; pépier. | *das Zirpen der Grille*, le chant du grillon.

Zirrhose [tsi'ro:zə] f. (-, n). Méd. cirrhose f.

Zirrus ['tsirus] m. (-, en), **Zirrus|wolke** ["tsirus'vɔlkə] f. (-, n). [Federwolke] cirrus m.

zisalpinisch [tsizal'pi:niʃ] adj. cisalpin.

Zisch|hahn ["tsiʃ'ha:n] m. (s, ¨e). Techn. décompresseur m. ; soupape (f.) de sûreté. ||°-**laut** m. (s, e). Gramm. (consonne) sifflante f. ; chuintante f.

zischeln ['tsiʃəln] v. intr. [wispern ; tuscheln ; flüstern] chuchoter.

zischen ['tsiʃəln] v. intr. siffler ; grésiller ; bouillonner ; susurrer. |*die Schlange zischt*, le serpent siffle. || Théâtre. siffler ; huer.

zischend [-ʃənt] part. prés. sifflant. || Fig. strident. |*der Dampf strömt zischend aus*, la vapeur sort, se dégage en sifflant.

ziselieren [tsizə'li:rən] v. tr. ciseler ; repousser. || Fig. ciseler. || Fam. fignoler.

Ziselier|punze [tsizə"li:r'puntsə] f. (-, n) ciselet m. ; poinçon m. (à ciseler).

Ziselierer [tsizə'li:rər] m. (s, -) ciseleur m.

Ziselierung [-ruŋ] f. (-, en) ciselage m.

Zisterne [tsis'tɛrnə] f. (-, n). [Behälter ; Tank] citerne f. ; réservoir m. |*Zisternenwagen*, wagon-citerne m.

Zisterzienser [tsistɛr'tsiɛnzər] m. (s, -). Relig. cistercien m. |*Zisterzienserorden*, ordre (m.) de Cîteaux.

Zitadelle [tsita'dɛlə] f. (-, n). [Stadtfeste] citadelle f.

Zitat [tsi'tɑ:t] n. (s, e) citation f. ; passage cité.

Zither ['tsitər] f. (-, n) cithare f. | *Zitherschläger*, cithariste m.

zitieren [tsi'ti:rən] v. tr. **1.** [anführen] citer. | *eine Stelle aus Goethe zitieren*, citer un passage de Goethe. **2.** JUR. [vorladen] citer; assigner; mander. | *jn vor Gericht zitieren*, citer, assigner qn en justice.

Zitrone [tsi'tro:nə] f. (-, n) citron m.

zitronen|artig [tsi"tro:nən'ɑ:rtiç] adj. citronné. ||°**-baum** m. (s, ¨e) citronnier m. ||°**-falter** m. (s, -). ZOOL. papillon citrin. ||°**-farbe** f. couleur (f.) citron. ||**-gelb** adj. jaune citron. ||°**-limonade** f. (-, n) citronnade f. ||°**-presse** f. (-, n) presse-citron m. ||°**-saft** m. (s, ¨e) citron pressé. ||°**-säure** f. (-, n) acide (m.) citrique. ||°**-schale** f. (-, n) écorce (f.) de citron. ||°**-scheibe** f. (-, n) rondelle (f.) de citron. ||°**-wasser** n. (s, -) citronnade f.

Zitrusfrüchte ["tsi:trus'fryçtə] f. pl. agrumes m. pl.

Zitter|aal ["tsitər'ɑ:l] m. (s, e). ZOOL. gymnote m. ||°**-esche** f. (-, n), °**-espe** f. (-, n). BOT. tremble m. ||°**-fisch** m. (s, e). ZOOL. poisson-torpille m. ||°**-gold** n. (s) oripeau m.; clinquant m. ||°**-gras** n. (es, ¨er). BOT. amourette f.; brize f. ||°**-pappel** f. (-, n). BOT. tremble m. ||°**-rochen** m. (s, -). ZOOL. torpille f. ||°**-stimme** f. (-, n) voix tremblante.

zitt(e)rig ['tsit(ə)riç] adj. tremblant; tremblotant. | *eine zitt(e)rige Schrift*, une écriture tremblée.

zittern ['tsitərn] v. intr. trembler; frissonner; frémir. | *vor Angst zittern*, trembler de peur. | *vor Kälte zittern*, trembler de froid; grelotter. | *am ganzen Leib, an allen Gliedern zittern*, trembler de tous ses membres. | *die Fensterscheiben zittern*, les vitres vibrent. || PAR EXT. avoir peur. | *vor jm zittern*, avoir peur de qn. | *um js Leben zittern*, trembler pour la vie de qn.
◇ part. prés. **zitternd,** *mit zitternder Stimme*, d'une voix tremblotante, chevrotante. | *ein zitterndes Licht*, une lumière tremblotante.
— SYN.: *beben*, trembler, frémir.

Zitwer ['tsitvər] m. (s, -). BOT., PHARM. zédoaire f.

Zitze ['tsitsə] f. (-, n). [Brustwarze] téton m.; tétin m. || [Kuh] trayon m. || *zitzenförmig*, mammiforme.

zivil [tsi'vi:l] adj. [bürgerlich] civil. || [höflich] courtois; poli. || PAR EXT. *zivile Preise*, des prix (m. pl.) raisonnables.

Zivil [-'vi:l] n. (s) tenue civile.

Zivil|autostreife [tsi"vi:l'autoʃtraifə] f. (-, n). [Polizei] voiture banalisée. ||°**-courage** f. courage (m.) civique; courage (m.) de ses opinions. ||°**-ehe** f. (-, n) mariage civil. ||°**-gesetzbuch** n. (s) Code civil. ||°**-kammer** f. (-, n). JUR. chambre civile. ||°**-klage** f. (-, n). JUR. action civile. ||°**-kleidung** f. habits civils; tenue civile. ||°**-liste** f. (-, n) liste civile. ||°**-luftfahrt** f. (-, en) aviation civile, commerciale. ||°**-person** f. (-, en) personne civile; civil m. ||°**-prozeßordnung** f. (-, en) Code (m.). de procédure civile. ||°**-recht** n. (s) droit civil. ||°**-sachen** f. pl. affaires civiles. | *in Zivilsachen*, en matière civile.

Zivilisation [tsiviliza'tsio:n] f. (-, en) civilisation (matérielle).

zivilisatorisch [-za'to:riʃ] adj. civilisateur.

zivilisieren [-'zi:rən] v. tr. [verfeinern; bilden] civiliser; policer.

Zivilist [tsivi'list] m. (en, en) civil m.; bourgeois m.; FAM. pékin m.

Zobel ['tso:bəl] m. (s, -). ZOOL. zibeline f. | *Zobelpelz*, zibeline. || HÉRALD. sable m.

Zodiakus [tso'di:akus] m. [Tierkreis] zodiaque m.

Zofe ['tso:fə] f. (-, n) femme (f.) de chambre; servante f.; soubrette f.

zog [tso:k] prét. de **ziehen.**

Zögerer ['tsø:gərər] m. (s, -) indécis m.

zögern [-gərn] v. intr. [zaudern; säumen] hésiter; tarder à; tergiverser; balancer. | *mit seiner Antwort zögern*, tarder, hésiter à répondre. | *er zögerte nicht lange*, il n'hésita pas longtemps. | *ohne Zögern*, sans hésiter; sans la moindre hésitation.

zögernd [-gərnt] part. prés. hésitant; indécis; irrésolu. | *mit zögerndem Schritt(e); zögernden Schrittes*, d'un pas hésitant.

Zögerung [-gəruŋ] f. (-, en) hésitation f.; indécision f.; tergiversation f.; retard m.; lenteurs f. pl.

Zögling ['tsø:kliŋ] m. (s, e) élève m. || PAR EXT. interne m.; pensionnaire m.

Zölibat [tsøli'bɑ:t] m. ou n. (s) célibat m.

Zoll [tsɔl] m. (s, -). [Längenmaß] pouce m. | *drei Zoll dick*, épais de trois pouces. | *jeder Zoll ein Soldat*, soldat dans l'âme.

zoll|breit ['tsɔlbrait] adj. large d'un pouce. || SUBSTANTIV. *keinen Zollbreit Landes abtreten*, ne pas céder un pouce de terrain. ||°**-stab** m. (s, ¨e), °**-stock** m. (s, ¨e) jauge f.; mètre pliant, fixe.

Zoll [tsɔl] m. (s, ¨e) droit (m.) de douane; péage m.; bureau (m.) de douane; administration douanière. | *Stadtzoll*, octroi m. | *Straßenzoll*, péage m. | *Binnenzölle*, douanes intérieures. | *Schutzzoll*, droit protecteur. | *beim Zoll angeben*, déclarer à la douane. | *Zoll zahlen*, payer les droits de douane. || FIG. tribut m. | *die Natur verlangt ihren Zoll*, la nature réclame son tribut.

Zoll|abfertigung ["tsɔl'apfɛrtiguŋ] f. (-, en) dédouanement m.; formalités (f. pl.) de douane; dédouanage m. ||°**-amt** n. (s, ¨er) bureau (m.) de douane. ||°**-beamter** m. fonctionnaire (m.) des douanes; douanier m. ||°**-begleitschein** m. (s, e) acquit (m.) à caution. ||°**-brücke** f. (-, n) pont (m.) à péage. ||°**-einnehmer** m. (s, -) receveur (m.) des douanes. ||°**-erklärung** f. (-, en) déclaration (f.) en douane. ||**-frei** adj. exempt de douane, de droit d'entrée. | *zollfreier Einkauf*, boutique franche, hors taxe. ||°**-freiheit** f. franchise (f.) en douane. ||°**-freischein** m. (s, e) certificat (m.) de franchise; passavant m. ||°**-gebühr** f. (-, en) taxe douanière, droits (m. pl.) de douane. ||°**-grenze** f. (-, n) frontière douanière; douane f. ||°**-haus** n. (es, ¨er) bureau (m.) de douane. ||°**-kontrolle** f. (-, n) contrôle douanier. ||**-pflichtig** adj. passible de droits d'entrée. ||°**-rück|vergütung** f. (-, en). ÉCON. rembours m. ||°**-schranke** f. (-, n) barrière douanière. ||°**-sperre** f. (-, n) barrage douanier. ||°**-tarif** m. (s, e) tarif douanier. ||°**-union** f. (-, en) union douanière. ||°**-verein** m. (s, e) union douanière. ||°**-vergehen** n. (s, -) délit (m.) de douane. ||°**-verwaltung** f. (-, en) administration (f.) des douanes. ||°**-wert** m. (s, e) valeur (f.) en douane.

zollen ['tsɔlən] v. tr. **1.** [Zoll bezahlen] payer des droits de douane.
2. [erweisen] manifester; témoigner; FIG. payer le tribut. | *jm Dank zollen*, témoigner de la reconnaissance à qn. | *Beifall zollen*, applaudir. | *jm Achtung zollen*, avoir, montrer du respect à qn, à l'égard de qn; respecter qn.

Zöllner ['tsølnər] m. (s, -) douanier m. || [Bibel] publicain m.

Zone ['tso:nə] f. (-, n). **1.** [Gebiet; Gegend; Bereich] zone f.; contrée f.; région f. | *Gefahrenzone* zone dangereuse. | *Übergangszone*, zone de transition. | *Sperrzone*, zone interdite. | *Grenzzone*, zone frontière. | *Industriezone*, zone industrielle. | *Lohnzone*, zone de salaire. | *Freizone*, zone franche.
2. GÉOGR. zone f. | *Erdzone*, zone (climatique); latitude f. | *gemäßigte Zone*, zone tempérée. | *Polarzone*, zone polaire. | *Tropenzone*, zone tropicale. | *nördliche Zone*, zone septentrionale. || GÉOL. *Fließzone*, pyrosphère f. || MATH. *Kugelzone*, zone sphérique.

Zonen|einteilung ["tso:nən'aintailuŋ] f. (-, en) division (f.) en zones. ||°**-grenze** f. (-, n) frontière (f.) entre l'Allemagne de l'Ouest et l'Allemagne de l'Est. ||°**-tarif** m. (s, e). TRANSP. tarif (m.) par tranches, par paliers.

Zönobit [tsøno'bi:t] m. (en, en). RELIG. cénobite m.

Zoo [tso:] m. (s, s) abrév. de **Zoologischer Garten** m. jardin (m.) zoologique; zoo m.

Zoolith ['tso:lit] m. (en, en) zoolithe m.

Zoologe [tso'lo:gə] m. (n, n) zoologue, zoologiste m.

Zoologie [-lo'gi:] f. zoologie f.

zoologisch [-'lo:giʃ] adj. zoologique.

Zoom [tsu:m] n. (s, s). PHOT. zoom m.

Zoom|objektiv ["tsu:mɔpjɛk'ti:f] n. (s, e). PHOT. objectif (m.) à focale variable; zoom m.

Zopf [tsɔpf] m. (s, ¨e). [Haargeflecht] tresse f.; natte f.; queue f.; [im Nacken] catogan m. | *das Haar in Zöpfe flechten*, tresser, natter les cheveux. || FIG. vieillerie f. | *das ist alter Zopf*, cela est suranné; cela date du temps des perruques. || PAR EXT. [Feingebäck] tresse f.; brioche nattée.

Zopf|halter ["tsɔpf'haltər] m. (s, -) barrette f. ||°**-lerche** f. (-, n). ZOOL. alouette huppée. ||°**-stärke** f. diamètre (m.) d'un arbre à sa cime. ||°**-stil** m. (s) style rococo; style suranné. ||°**-träger** m. (s, -) homme (m.) à perruque; FIG. personne routinière; FAM. vieille perruque.

zopfig ['tsɔpfiç] adj. démodé; suranné.

Zorn [tsɔrn] m. (s, pl. Zornausbrüche) colère f.; emportement m.; courroux m.; irritation f. | *in Zorn*

geraten, ausbrechen, se mettre en colère. | *jn in Zorn bringen*, mettre qn en colère. | *seinen Zorn an jm auslassen*, passer sa colère sur qn. | *den Zorn herunterwürgen*, avaler sa colère. | *etwas aus Zorn tun*, faire qch., agir sous l'effet de la colère. | *blaß vor Zorn*, pâle de colère. | *er glüht vor Zorn*, il est rouge de colère. | *sich in Zorn reden*, se monter la tête en parlant. | *Jähzorn*, colère subite ; caractère emporté.
— Syn. : *Wut*, rage ; *Groll*, ressentiment ; *Grimm*, fureur, rage ; *Ärger*, humeur.

Zorn|ader [ˈ'tsɔrn'ɑ:dər] f. (-, n) artère (f.) du front. | *seine Zornader schwillt*, il devient furieux ; fam. la moutarde lui monte au nez. ||**-entbrannt** adj. courroucé. ||**-glühend** adj. bouillant de colère. ||**-rot** adj. rouge de colère.

zornig ['tsɔrniç] adj. en colère ; fâché ; courroucé ; irrité ; furieux. | *zornig werden*, se mettre en colère.
— Syn. : *wütend*, furieux ; *erzürnt*, irrité ; *aufgebracht*, furibond ; *böse*, fâché ; *verdrießlich*, contrarié.

Zoroaster [tsoro'astər] n. pr. m. Zoroastre m.

Zote ['tso:tə] f. (-, n). [unanständiger Witz] grivoiserie f. ; obscénité f. | *Zoten reißen*, raconter des obscénités ; tenir des propos graveleux.

zotenhaft ['tso:tənhaft] adj. grivois ; graveleux ; obscène.

Zoten|reißer [ˈ'tso:tən'raisər] m. (s, -) homme ordurier, paillard.

zotig ['tso:tiç] adj. ordurier ; sale ; obscène ; grivois ; indécent.

Zotte(l) ['tsɔtə(l)] f. (-, n). [Haarbüschel] touffe (f.) de cheveux ; houppe f.

Zottel|bär [ˈ'tsɔtəl'bɛr] m. (en, en) ours velu. ||°**-bart** m. (s, ¨e) barbe (f.) hirsute. ||°**-mähne** f. (-, n) crinière (f.) en touffes.

zottelig ['tsɔtəliç] adj. touffu ; velu.

zotteln ['tsɔtəln] v. intr. traîner ; lambiner. || Par ext. flâner.

zottig ['tsɔtiç] adj. velu ; hirsute ; embroussaillé ; emmêlé.

Zottigkeit [-kait] f. Anat. villosité f.

Zötus ['tsø:tus] m. (-, ten). [Schülerschaft] corporation (f.) d'élèves.

Ztr abrév. de **Zentner,** demi-quintal m. (50 kg).

zu [tsu].

I. préposition (dat.).
- **1.** Sens local : **a)** direction vers un lieu (question : **wohin ?**) : à ; vers ; dans ; par ext. : avec ; en plus de. — **b)** direction vers des êtres animés (question : **zu wem ?**) : vers ; chez. — **c)** Sens intralocal (question : **wo ?**) : à ; dans ; sur.
- **2.** Sens temporel : à ; de ; pour ; à l'occasion de.
- **3.** Transformation ; résultat : en.
- **4.** Quantité ; rapport ; prix : par rapport à ; à.
- **5.** Manière : à ; par.
- **6.** Sens final ; destination : à ; pour ; jusqu'à.
- **7.** Loc.
- **8. zu** avec infinitif ou part. prés.

II. adverbe.
- **1.** Sens local : vers ; du côté de.
- **2.** Sens temporel.
- **3.** Idée de fermer.
- **4.** Quantité : trop (forme renforcée : **allzu**).

III. particule verbale (séparable).

I. préposition (dat.) [formes contractées : **zum** *(zu dem)* ; **zur** *(zu der)*] — **1.** Sens local : **a)** direction vers un lieu (question **wohin ?**) : à ; vers ; dans ; par ext. avec ; en plus de. | *zur Schule gehen*, aller à l'école. | *der Weg zur Stadt*, le chemin de la ville. | *der Weg zum Erfolg*, le chemin du succès. | *der Wein steigt ihm zu Kopfe*, le vin lui monte à la tête. | *zu Boden fallen*, tomber à terre. | *zum Gipfel hinaufsteigen*, monter vers le sommet. | *zu Tal fließen*, couler vers la vallée. | *zum Fenster hinauswerfen*, jeter par la fenêtre. | *zur Tür hineinschauen*, entrouvrir la porte et jeter un coup d'œil à l'intérieur. | *von Haus zu Haus*, de maison en maison. | *zu Grabe tragen*, porter en terre. | *sich jm zu Füßen werfen*, se jeter aux pieds de qn. | *die Tür zum Garten*, la porte donnant sur le jardin. | *der Krug geht so lange zum Brunnen, bis er bricht*, tant va la cruche à l'eau qu'à la fin elle se casse. || Par ext. *Weißwein zum Fisch trinken*, boire du vin blanc avec le poisson. | *zum Klavier singen*, chanter en s'accompagnant au piano. | *zu allem Übel*, par-dessus le marché ; pour comble de malheur. — **b)** direction vers des êtres animés (répond généralement à la question : **zu wem ?**) vers ; chez. | *wann kommst du zu mir ?*, quand viens-tu chez moi ? | *zu seinen Eltern fahren*, se rendre chez ses parents. | *der Kranke nimmt nichts mehr zu sich*, le malade n'absorbe plus rien. | *sich zu jm setzen*, s'asseoir à côté de qn. | *zu Gott beten*, invoquer Dieu. | *scher dich zum Teufel !*, va-t-en au diable ! | *zum Henker mit ihm !*, foin de lui. || Par ext. *wieder zu sich kommen*, reprendre ses sens. — **c)** Sens intralocal (question : **wo ?**) : à ; dans ; sur ; chez ; auprès de. | *zu Haus(e) sein, bleiben*, être, rester à la maison, chez soi. | *zu ebener Erde*, au ras du sol ; de plain-pied. | *zu Wasser, zu Lande und in der Luft*, sur mer, sur terre et dans les airs. | *zu beiden Seiten des Rheins*, des deux côtés du Rhin ; sur les deux rives du Rhin. | *zur Rechten ; zur rechten Seite*, à droite ; du côté droit. | *nicht zur Hand sein*, n'être pas à portée de la main. || Par ext. *(bei jm) zu Besuch sein*, être en visite (chez qn). | *zu jm halten*, rester fidèle à qn. || Loc. *Karl der Große wurde zu Rom gekrönt*, Charlemagne a été couronné à Rome. | *der Dom zu Köln*, la cathédrale de Cologne. | *der Gasthof zum Hirschen*, l'auberge du Cerf.

2. Sens temporel : à ; de ; pour ; à l'occasion de. | *zu Anfang*, au début. | *zum Schluß*, finalement ; en conclusion. | *zu Ende gehen*, toucher à sa fin. | *zu Mitternacht*, à minuit. | *zu Mittag essen*, déjeuner. | *zu Abend essen*, dîner. | *von Stunde zu Stunde*, d'heure en heure. | *von Zeit zu Zeit*, de temps en temps ; de temps à autre. | *zur Zeit ; zurzeit*, en ce moment ; actuellement. | *zur Zeit Karls des Großen*, à l'époque de Charlemagne. | *zur Stunde*, en ce moment ; à cette heure. | *zu seinen Lebzeiten*, de son vivant. | *zu meiner Zeit*, de mon temps. | *zur rechten Zeit*, à temps ; à l'heure. | *zu Weihnachten*, à Noël. | *zu Ostern*, à Pâques. | *zum erstenmal*, pour la première fois. | *bis zu seinem Tode*, jusqu'à sa mort.

3. Transformation ; résultat : en. | *zu Staub werden*, tomber en poussière. | *zu Pulver zerstoßen*, réduire en poudre ; pulvériser. | *zu Eis werden*, se transformer en glace. | *zum Offizier befördert werden*, être promu officier. | *jn zum Sieger erklären*, déclarer qn vainqueur. | *sich zum Jüngling entwickeln*, devenir un jeune homme. | *sich jn zum Feind, zum Freund machen*, se faire un ennemi, un ami de qn. | *jn zum Narren haben*, se moquer de qn.

4. Quantité ; rapport ; prix : par rapport à ; à. | *zu zweit ; zu viert*, à deux ; à quatre. | *zu Dutzenden*, par douzaines. | *(bis) zur Hälfte leer*, à moitié vide. | *im Verhältnis eins zu zehn*, dans la proportion de un à dix. | *ein Fußballspiel 4 zu 2 gewinnen*, gagner un match de football par 4 à 2. | *im Vergleich zu*, en comparaison de. | *im Gegensatz zu*, par opposition à.

5. Manière : à ; par. | *zu Fuß*, à pied. | *zu Pferd*, à cheval. | *Kapitän zur See*, capitaine (m.) de vaisseau

6. Sens final ; destination : à ; pour ; jusqu'à. | *er ist zum Priester bestimmt worden*, il a été destiné à la prêtrise. | *er taugt zum Militärdienst*, il est bon pour le service. | *jn zu einem Verbrechen veranlassen*, inciter qn au crime. | *zur Größe seines Landes beitragen*, contribuer à la grandeur de son pays. | *zu diesem Zweck*, à cette fin. | *jn zu Rat(e) ziehen*, demander conseil à qn. | *zur Einsicht*, en communication. | *zur Information*, pour information. | *zum Verwechseln ähnlich*, ressemblants à s'y méprendre. | *sich zu Tode ärgern*, mourir de dépit, de colère. | *jn zu fünf Monaten Gefängnis verurteilen*, condamner qn à cinq mois de prison. | *zum Künstler geboren*, artiste né. | *zum Tanz aufspielen*, jouer des airs de danse. | *zu Fall bringen*, faire tomber. || Loc. *er war zum Schießen*, il a été très drôle, très comique. | *es ist zum Verzweifeln*, c'est à désespérer. | *viel Glück zum neuen Jahr !*, meilleurs vœux pour la nouvelle année !

7. Loc. *zum Spaß*, pour rire ; par plaisanterie. | *zum Zeitvertreib*, en guise de passe-temps. | *zum Dank*, en reconnaissance. | *zum Teil*, en partie. | *zum mindesten*, au moins. | *zur Freude aller*, à la joie de tous. | *bis zum Überdruß*, à satiété. | *zum Trotz*, en, par dépit. | *zur Not*, à la rigueur. | *zu Befehl !*; à vos ordres ! | *zum Wohl !*, à votre santé ! | *zum Glück !*, par bonheur ; heureusement.

8. zu avec infinitif ou part. prés. *er braucht nicht mehr zu kommen*, il n'a plus besoin de venir. | *Haus zu verkaufen*, maison (f.) à vendre. | *Zimmer zu vermieten*, chambre (f.) à louer. | *um Geld zu verdienen*, pour gagner de l'argent. | *ohne mit der Wimper zu zucken*, sans sourciller. | *anstatt zu arbeiten*, au lieu de travailler. | *ein kaum zu erfüllender Wunsch*, un souhait à peine, difficilement réalisable. | *ist Herr X. zu sprechen ?*, peut-on voir M. X ?

II. adverbe. — **1.** Sens local : vers ; du côté de. | *der Heimat zu*, vers le pays natal. | *dem Westen zu*, vers l'ouest. | *auf die Küste zu*, vers le rivage. | *nach der Straße*

zu, du côté de la rue. | *auf mich zu*, vers moi ; dans ma direction. || (en compos.) *zuoberst*, tout en haut. | *zuunterst*, tout en bas. | *bei uns zulande*, chez nous ; dans notre région.
2. SENS TEMPOREL : *ab und zu*, de temps en temps. | *(nur) immer zu !*, allez-y ! ; vite !
3. IDÉE DE FERMER : *die Tür ist zu*, la porte est fermée || FAM. *er bekommt das Fenster nicht zu*, il ne parvient pas à fermer la fenêtre.
4. QUANTITÉ : trop (souvent forme renforcée : **allzu**). | *zu groß*, trop grand. | *zu klein*, trop petit. | *zu wenig*, trop peu. | *viel zu viel*, beaucoup trop ; par trop. | *der Wagen ist zu teuer, als daß er ihn kaufen könnte*, la voiture est trop chère pour qu'il puisse l'acheter. | *es ist zu kalt zum Baden*, il fait trop froid pour se baigner.
III. particule verbale (séparable). En tant que particule séparable, **zu** détermine de nombreux verbes que l'on peut classer en cinq catégories : **1.** DIRECTION : *(auf jn) zugehen*, aller vers qn. | *jm zusehen*, regarder faire qn. | *jm zuhören*, écouter qn. (Ces verbes régissent le dat.).
2. ACCROISSEMENT : *zunehmen*, augmenter.
3. ATTRIBUTION ; CONCESSION : *zueignen*, attribuer ; *zugeben*, accorder ; concéder ; *zusagen*, acquiescer.
4. ARRANGEMENT : *zubereiten*, préparer ; *zuschneiden*, couper (des habits).
5. IDÉE DE FERMER : *zumachen*, fermer.

zu|arbeiten ["tsu:'arbaitən] v. intr. préparer le travail.

Zu|arbeiterin ["tsu:'arbaitərin] f. (-, nen). [Hilfskraft] petite main.

zuallererst [tsu"alər'ɛ:rst] adv. en tout premier lieu ; avant tout.

zuäußerst [tsu'ɔysərst] adv. tout à fait en dehors.

Zuave [tsu'ɑ:və] m. (n, n) zouave m.

zu|bauen ["tsu:'bauən] v. tr. construire une aile. || obstruer, fermer (par des constructions).

Zu|behör ["tsu:bə'hø:r] m. ou n. (s) accessoires m. pl. ; garniture f. ; fournitures f. pl. (d'une couturière). | *Arbeit und Zubehör*, façon (f.) et fournitures. | *mit allem Zubehör*, avec tous les accessoires.

zu|beißen ["tsu:'baisən] (i, i) v. intr. mordre ; happer. | *beiß zu !*, mords !, allons ! || POP. *wacker, tüchtig zubeißen*, manger de bon appétit.

zu|benannt ["tsu:bə'nant] adj. surnommé.

Zuber ['tsu:bər] m. (s, -). [Bottich] cuve f. ; cuveau m. ; baquet m. ; PAR EXT. tub m. | *ein Zubervoll*, une cuvée. | *Waschzuber*, baquet ; cuvier m. | *Melkzuber*, baquet à traire.
— SYN. : *Kübel*, cuveau ; *Trog*, auge.

zu|bereiten ["tsu:bə'raitən] v. tr. préparer ; apprêter. || CULIN. accommoder. ||°**-bereiter** m. (s, -) apprêteur m. ||°**-bereitung** f. (-, en) préparation f. ; apprêt m.

zu|billigen ["tsu:'biligən] v. tr. accorder ; concéder. || JUR. *mildernde Umstände zubilligen*, accorder les circonstances atténuantes. ||°**-billigung** f. approbation f.

zu|binden ["tsu:'bindən] (a, u) v. tr. lier ; fermer. | *einen Sack zubinden*, fermer un sac.

zu|bringen ["tsu:'briŋən] (brachte, gebracht) v. tr. **1.** [hinzufügen ; mitbringen] apporter. || TECHN. alimenter. || JUR. *das zugebrachte Vermögen*, les apports.
2. PÉJOR. rapporter ; médire.
3. [verbringen] *den Abend mit Lesen zubringen*, passer la soirée à lire. | *die Nacht im Freien zubringen*, passer la nuit à la belle étoile.

Zu|bringer [-'briŋər] m. (s, -). **1.** TECHN. pourvoyeur m. ; appareil (m.), couloir (m.) d'alimentation. | *Zubringerbus*, navette f. | *Zubringerstraße*, [Autobahn] voie (f.) d'accès.
2. PÉJOR. délateur m.

Zu|brot ["tsu:'bro:t] n. (s). FAM. *sich ein Zubrot verdienen*, arrondir ses fins de mois ; mettre du beurre dans les épinards.

Zu|buße ["tsu:'bu:sə] f. (-, n). [Draufgeld] arrhes f. pl. ; supplément m. ; surtaxe f. ; contribution f.

Zucht [tsuxt] f. **1.** [Erziehung] éducation f. ; discipline f. ; coercition f. | *strenge Zucht*, discipline sévère. | *Zucht halten*, maintenir la discipline. | *in Zucht und Ordnung*, bien discipliné. | *sich selbst in Zucht nehmen*, s'imposer une discipline rigoureuse. | *Manneszucht*, discipline (militaire).
2. VX. [Sittlichkeit] pudeur f. ; chasteté f. | *in Zucht und Ehren*, en tout bien tout honneur. | *mit Züchten*, en tout honneur ; avec modestie. || *Unzucht*, immoralité f.
3. [Heranziehen von Tieren und Pflanzen] culture f. ; élevage m. | *Pferdezucht*, élevage de chevaux. | *Viehzucht treiben*, faire de l'élevage. | *Bienenzucht*, apiculture f. || PAR EXT. race f.

Zucht|bulle ["tsuxt'bulə] m. (n, n), °**-stier** [-'ʃti :r] m. (s, e) taureau reproducteur. ||°**-eber** m. (s, -) verrat m. ||**-fähig** adj. bon pour la reproduction ; disciplinable. ||°**-gestüt** n. (s, e) haras m. ||°**-haus** n. (es, ¨er) maison (f.) de réclusion ; pénitencier m. ||°**-häusler** m. (s, -) détenu m. ; bagnard m. ; forçat m. ||°**-hausstrafe** f. (-, n) peine (f.) de réclusion criminelle ; travaux forcés. ||°**-hengst** m. (s, e) étalon m. ||**-los** adj. indiscipliné. ||°**-losigkeit** f. indiscipline f. ; insubordination f. ||°**-meister** m. (s, -). FAM., PÉJOR. culotte (f.) de peau. ||°**-perle** f. (-, n) perle (f.) de culture. ||°**-rute** f. (-, n) férule f. ; verge f. ||°**-stute** f. (-, n) jument poulinière. ||°**-vieh** n. (s) animaux reproducteurs. ||°**-wahl** f. sélection f.

züchten ['tsyçtən] v. tr. élever ; cultiver. || [Tiere] élever ; dresser.

Züchter [-tər] m. (s, -) éleveur m. ; producteur m. | *Bienenzüchter*, apiculteur m. | *Blumenzüchter*, horticulteur m.

züchtig ['tsyçtiç] adj. modeste ; décent ; pudique ; vertueux.
— SYN. : *tugendhaft*, vertueux ; *sittsam*, décent.

züchtigen ['tsyçtigən] v. tr. punir ; châtier.

Züchtigkeit ['tsyçtiçkait] f. modestie f. ; décence f. ; chasteté f.

Züchtigung ['tsyçtiguŋ] f. (-, en) punition f. ; correction f. ; châtiment m. | *körperliche Züchtigung*, châtiment corporel.

Züchtung ['tsyçtuŋ] f. élevage m. ; reproduction f. ; culture f.

zuckeln ['tsukəln] v. intr. aller au petit trop ; trottiner. | *Zuckeltrab*, petit trot.

zucken ['tsukən] v. intr. et v. tr. tressaillir ; sursauter ; frissonner ; clignoter. | *ohne mit der Wimper zu zucken*, sans sourciller ; sans perdre son calme. | *der Blitz zuckt*, l'éclair jaillit. | *der Schmerz zuckt ihm durch die Glieder*, il a des douleurs dans les membres. | *die Achseln, mit den Achseln zucken*, hausser les épaules.

Zucken [-kən] n. (s) papillotement m. ; soubresaut m. ; mouvement (m.) brusque ; tic m. ; spasme m. | *nervöses Zucken*, tic nerveux.

Zuck|krampf ["tsuk'krampf] m. (s, ¨e). MÉD. convulsions f. pl. ; coliques f. pl.

zücken ['tsykən] v. tr. tirer ; brandir. | *den Dolch zücken*, brandir son poignard.

Zucker ['tsukər] m. (s) sucre m. | *Würfelzucker*, sucre en morceaux. | *gebrannter Zucker*, sucre caramélisé. | *mit Zucker bestreuen*, saupoudrer de sucre.

Zucker|bäcker ["tsukər'bɛkər] m. (s, -) confiseur m. ||°**-bäckerei** f. (-, en) confiserie f. ||°**-bäcker|stil** m. (s, e). FAM. style (m.) pâtisserie. ||°**-bildung** f. CHIM. saccharification f. ; glycogénie f. ||°**-dose** f. (-, n) boîte (f.) à sucre ; sucrier m. ||°**-erbse** f. (-, n). BOT. pois (m.) mange-tout ; dragée f. ||°**-fabrik** f. (-, en) raffinerie (f.) de sucre. ||°**-gehalt** m. (s) teneur (f.) en sucre. ||°**-guß** m. (es, ¨e) glaçage m. ||**-haltig** adj. qui contient du sucre ; saccharifère. ||°**-hut** m. (s, ¨e) pain (m.) de sucre. ||°**-industrie** ["--/-'-] f. industrie sucrière. ||**-krank** adj. diabétique. ||°**-krankheit** f. diabète m. ; glycosurie f. ||°**-mehl** n. (s) sucre (m.) en poudre. ||°**-mund** m. (s) bouche (f.) de miel. ||°**-plätzchen** n. (s, -) bonbon m. ; pastille f. ||°**-rohr** n. (s, e) canne (f.) à sucre. ||°**-rübe** f. (-, n) betterave sucrière. ||°**-saft** m. (s, ¨e) suc (m.) de canne. ||°**-säure** f. (-, n). CHIM. acide (m.) saccharique. ||°**-sirup** m. (s, e) mélasse f. ||°**-streuer** m. (s, -), °**-streubüchse** f. (-, n) sucrier (m.) à saupoudrer. ||**-süß** adj. sucré ; mielleux. ||°**-waren** f. pl. sucreries f. pl. ; confiserie f. ; ||°**-werk** n. (s) sucreries f. pl. ; confiserie f. ||°**-zange** f. (-, n) pince (f.) à sucre.

zuckerig ['tsukəriç] adj. sucré ; saccharin.

zuckern [-kərn] v. tr. sucrer.

Zuckung ['tsukuŋ] f. (-, en) tressaillement m. ; convulsions f. pl. ; crampe f.

zu|decken ["tsu:'dɛkən] v. tr. et v. pr. couvrir ; recouvrir. | *sich zudecken*, se couvrir.

zudem [tsu'de:m] adv. [ferner ; im übrigen] en outre ; de plus.

Zu|drang ['tsu:draŋ] m. (s) affluence f. ; foule f. ; presse f. || MÉD. afflux m.

zu|drehen ["tsu:'dre:ən] v. tr. fermer en tournant ; visser. | *den Gashahn zudrehen*, fermer le (robinet à) gaz.

zu|dringlich ["tsu:'driŋliç] adj. [aufdringlich ;

frech] importun ; pressant ; indiscret ; fâcheux. ||°-**dringlichkeit** f. importunité f. ; indiscrétion f.

zu|drücken ["tsu:'drykən] v. tr. fermer (en serrant, en pressant). | *jm die Augen zudrücken*, fermer les yeux à qn (après sa mort) ; FIG. assister qn dans ses derniers moments. || FIG. *bei etwas ein Auge zudrücken*, fermer les yeux sur qch. ; se montrer indulgent.

zu|eignen ["tsu:'aignən] v. tr. dédier ; attribuer. | *jm ein Gedicht zueignen*, dédicacer un poème à qn. | *sich ein Recht zueignen*, s'arroger un droit.

Zu|eignung [-nuŋ] f. (-, en). [Widmung] dédicace f. || [Aneignung] appropriation f.

zueinander ['tsuain"andər] adv. l'un vers l'autre ; mutuellement. | *seid gut zueinander*, soyez bons les uns pour les autres. | *sie passen nicht zueinander*, ils ne vont pas ensemble.

zu|erkennen ["tsu:ɛr'kɛnən] (erkannte, erkannt) v. tr. conférer ; décerner ; adjuger ; déférer. | *jm ein Recht zuerkennen*, consentir un droit à qn. ||°-**erkennung** f. reconnaissance f. ; collation (f.) d'un grade. | *Zuerkennung des öffentlichen Interesses*, déclaration (f.) d'utilité publique.

zuerst [tsu'ɛ:rst] adv. d'abord ; en premier lieu ; premièrement.

Zu|erwerb ["tsu:ɛr'wɛrb] m. (s, e) revenu (m.) annexe.

Zu|fahrt ['tsu:fɑ:rt] f. (-, en). [Ein-, Auffahrt] accès m. | *Zufahrtsrampe*, rampe (f.) d'accès. | *Zufahrtstraße*, route (f.) d'accès.

Zu|fall ['tsu:fal] m. (s, ¨e) hasard m. ; sort m. ; fortune f. ; effet (m.) du hasard. | *ein glücklicher Zufall*, un heureux hasard ; une chance. | *durch Zufall*, par hasard. | *etwas dem Zufall überlassen*, laisser qch. au hasard ; s'en remettre au hasard pour qch.

zu|fallen ["tsu'falən] (ä, ie, a) v. intr. **1.** se fermer (brusquement). | *die Augen fallen mir vor Müdigkeit zu*, je tombe de sommeil.
2. revenir à ; échoir à. | *der Hof fällt dem ältesten Sohn zu*, la ferme revient au fils aîné.

zu|fällig ["tsu:'fɛliç] adj. accidentel ; fortuit ; occasionnel. | *zufällige Begegnung*, rencontre occasionnelle.
◇ adv. [zufälligerweise] par hasard ; accidentellement.

Zu|fälligkeit [-kait] f. (-, en) hasard m. ; fortune f. ; éventualité f.

Zufalls|variable ["tsu:falsvari'ɑ:blə] f. (-, n). MATH. variable (f.) aléatoire.

zu|fassen ["tsu:'fasən] v. tr. saisir ; empoigner. || se mettre à l'œuvre. || FAM., POP. mettre la main à la pâte ; donner un coup de collier. | *zugefaßt !*, allons !, au travail !

zu|fliegen ["tsu:'fli:gən] (o, o) v. intr. FIG. *dieses Vermögen ist ihm zugeflogen*, la fortune lui est tombée du ciel.

zu|fließen ["tsu:'fli:sən] (o, o) v. intr. venir sans peine ; couler vers. || FIG. affluer.

Zu|flucht ['tsu:fluxt] f. (-, en) refuge m. ; asile m. | *Zuflucht nehmen zu*, recourir à ; avoir recours à.

Zufluchts|ort ["tsu:fluxts'ɔrt] m. (s, e), **-stätte** [-'ʃtɛtə] f. (-, n) lieu (m.) de refuge.

Zu|fluß ['tsu:flus] m. (es, ¨e). [Zustrom] affluence f. ; arrivée f. | *Wasserzufluß*, amenée (f.) d'eau. || MÉD. afflux m.

zu|flüstern ["tsu:'flystərn] v. tr. chuchoter (qch. à qn).

zufolge [tsu'fɔlgə] prép. (gén.) d'après ; en vertu de ; par suite de.
— OBSERV. Si la préposition *zufolge* est postposée, elle régit le datif. Ex. *Ihrer Order zufolge*, conformément à votre ordre.

zufrieden [tsu'fri:dən] adj. satisfait ; content. | *ich bin mit seiner Wahl zufrieden*, je suis satisfait du choix qu'il a fait. | *einen Gläubiger zufriedenstellen*, satisfaire un créancier. | *sich mit etwas zufrieden geben*, se contenter de qch. | *ich bin's zufrieden*, soit, j'y consens !

Zufriedenheit [-hait] f. contentement m. ; satisfaction f.

zufrieden|stellend [tsu"fri:dən'ʃtɛlənt] adj. satisfaisant.

zu|frieren ["tsu:'fri:rən] (o, o) v. intr. geler ; se couvrir (de glace). | *der Teich ist zugefroren*, l'étang est complètement gelé.

zu|fügen ["tsu:'fy:gən] v. tr. infliger ; faire. | *jm Böses zufügen*, faire du tort à qn.

Zu|fuhr ['tsu:fu:r] f. (-, en) approvisionnement m. ; ravitaillement m. ; arrivage m. | *die Zufuhr abschneiden*, couper l'arrivée (de qch.). || CHIM. apport m. || TECHN. amenée f. ; arrivée f. | *Stromzufuhr*, arrivée de courant.

zu|führen ["tsu:'fy:rən] v. tr. amener à ; conduire à ; alimenter ; transporter. | *Wasser zuführen*, alimenter en eau. || MIL. *Nachschub zuführen*, ravitailler. || [Umwelt] *zugeführtes Produkt*, produit (m.) de récupération. ||°-**führung** f. (-, en) approvisionnement ; alimentation f. ; amenée f. ; adduction f.

Zug [tsu:k] m. (s, ¨e).

> **I.** [Ziehen] (action de) tirer ; traction f. ; trait m. ; coup m.
> **II.** [Fortbewegung ; Marsch] passage m. ; défilé m. ; cours m.
> **III.** [Gruppe von Ziehenden] colonne f. ; convoi m. ; cortège m. ; bande f. ; vol m.
> **IV.** [Zugwind] courant (m.) d'air ; vent (m.) coulis ; tirage m.
> **V.** [Schluck ; Atemzug] coup m. ; trait m.
> **VI.** [Linie ; Strich] tracé m. ; trait m. || FIG. trait (de caractère).
> **VII.** [Eisenbahn] train m.

I. [Ziehen] **1.** (action de) tirer ; traction f. ; trait m. ; coup m. | *Seilzug*, traction par câble. || TECHN. *Drahtzug*, étirage m. || [Spiel] *Schachzug*, coup (au jeu d'échecs). | *einen Zug mit dem Läufer tun*, déplacer le fou. | *du bist am Zug !*, à toi de jouer. | *den ersten Zug haben*, avoir le trait. || FIG. *nicht zum Zuge kommen*, ne pas pouvoir se manifester. || FAM. *die Gesellschaft kommt in Zug*, la société commence à s'amuser.
2. PAR EXT. dispositif (m.) de traction. | *Klingelzug*, cordon (m.) de sonnette. | *Flaschenzug*, palan m. ; moufle m. | *Aufzug*, monte-charge m. || [Gespann] *ein Zug Ochsen*, *Pferde*, une paire de bœufs ; un attelage de chevaux. || MUS. registre m. ; jeu m. | *Orgelzug*, registre d'orgue.
II. [Fortbewegung ; Marsch] passage m. ; défilé m. ; cours m. | *Zug der Wolken*, passage des nuages. | *der Zug der Vögel*, le passage, la migration des oiseaux. | *die Arbeit ist gut im Zuge*, le travail avance bien. || MIL. *Kriegszug*, expédition f. | *Feldzug*, campagne (f.) militaire. | *Raubzug*, expédition (f.) de voleurs ; razzia f. | *Streifzug*, raid m. ; incursion f. | *Kreuzzug*, croisade f. | *Rückzug*, retraite f. ; repli m. || LOC. *Zug für Zug* ; *Zug um Zug*, immédiatement ; du tac au tac ; donnant donnant. | *im Zuge der Neugestaltung*, au cours de la modernisation, de la réorganisation. || *Einzug*, entrée f. | *Auszug*, sortie f.
III. [Gruppe von Ziehenden] colonne f. ; convoi m. ; cortège m. ; bande f. ; vol m. | *Festzug*, cortège solennel. | *Fackelzug*, retraite (f.) aux flambeaux. | *Maskenzug*, mascarade f. ; cavalcade f. | *Trauerzug* ; *Leichenzug*, cortège funèbre. | *einen Umzug halten*, former un cortège. | *ein Zug Wildenten*, un vol de canards sauvages. || MIL. *Infanteriezug*, section (f.) d'infanterie. || MAR. *Geleitzug*, convoi m.
IV. [Zugwind] courant (m.) d'air ; vent (m.) coulis ; tirage m. | *Luftzug*, courant d'air. | *im (Durch)zug stehen*, être en plein courant d'air. | *der Ofen hat nicht genug Zug*, le fourneau n'a pas assez de tirage.
V. [Schluck ; Atemzug] coup m. ; trait m. | *einen tüchtigen Zug aus der Flasche tun*, boire un bon coup au goulot. | *auf, in einem Zug*, d'un (seul) trait. | *in langen Zügen trinken*, boire à longs traits. || FIG. *das Leben in vollen Zügen genießen*, jouir pleinement de la vie. | *Atemzug*, souffle m. | *in vollen Zügen einatmen*, respirer à pleins poumons. | *in den letzten Zügen liegen*, être à l'agonie.
VI. [Linie ; Strich] tracé m. ; trait m. | *Federzug*, trait de plume. || FIG. *Grundzug*, caractéristique f. ; trait fondamental. | *Charakterzug*, trait de caractère. | *ein schöner Zug von ihm*, un beau trait de sa part. | *in großen Zügen schildern*, décrire à grands traits. | PAR EXT. traits (m. pl.) du visage. | *seine Züge haben sich kaum verändert*, son visage n'a guère changé. || MIL. *Züge des Gewehrlaufes*, rayures (f. pl.) du canon d'un fusil. || GÉOGR. *Gebirgszug*, chaîne (f.) de montagne.
VII. [Eisenbahn] train m. | *den Zug nehmen*, prendre le train. | *der Zug nach Hamburg*, le train de Hambourg. | *Personenzug*, train omnibus ; FAM. *Bummelzug*, tortillard m. | *Eilzug*, train semi-direct, accéléré. | *Hochgeschwindigkeitszug*, T.G.V. | *Schnellzug*, express m. | *Güterzug*, train de marchandises. | *Sonderzug*, train spécial.

Zug|abfertigung ["tsu:k'apfɛrtiguŋ] f. (-, en) préparatifs (m. pl.) en vue du départ du train. ||°-**angel** f. (-, n) ligne (f.) de fond. ||°-**anker** m. (s, -). TECHN.

tirant m. ||°-**begleitung** f. personnel (m.) du train. ||°-**belastung** f. (-, en) charge (f.) de traction, de tension. ||°-**brücke** f. (-, n) pont-levis m. ||°-**eisen** n. (s) tirant m. ||°-**feder** f. (-, n) ressort (m.) de traction. ||°-**festigkeit** f. résistance (f.) à la traction. ||°-**führer** m. (s, -) chef (m.) de train ; conducteur m. || MIL. chef (m.) de section. ||°-**kraft** f. force (f.) de traction. ||-**kräftig** adj. en vogue ; qui attire le public. | *ein zugkräftiger Artikel*, un article qui se vend bien. ||°-**leine** f. (-, n) câble (m.) de remorque. ||°-**luft** f. (-) courant (m.) d'air ; vent (m.) coulis. ||°-**maschine** f. (-, n) tracteur m. ||°-**mittel** n. (s, -) moyen (m.) d'attirer la foule ; attraction foraine. || MÉD. vésicatoire m. ||°-**netz** (es, e) filet (m.) de pêche. ||°-**nummer** f. (-, n). FIG., FAM. (grande) attraction. ||°-**pferd** n. (s, e) cheval (m.) de trait. ||°-**pflaster** n. (s, -). MÉD. vésicatoire m. ||°-**posaune** f. (-, n) trombone (m.) à coulisse. ||°-**regler** m. (s, -) régulateur (m.) de tirage. ||°-**riemen** m. (s, -) courroie (f.) de transmission. ||°-**rolle** f. (-, n) poulie f. ||°-**säge** f. (-, n) scie (f.) à deux mains. ||°-**seil** n. (s, e) câble tracteur ; bricole f. ||°-**stange** f. (-, n) barre (f.) d'attelage. ||°-**tier** n. (s, e) bête (f.) de trait, de somme. ||°-**verbindung** f. (-, en) communications (f. pl.) ferroviaires. ||°-**verkehr** m. (s) circulation (f.) ferroviaire. ||°-**vieh** n. (s) bêtes (f. pl.) de trait, de labour, de somme. ||°-**vogel** m. (s, ¨) oiseau migrateur. ||-**weise** adv. par groupes ; par sections. ||°-**wind** m. (s, e) vent (m.) coulis ; courant (m.) d'air. ||°-**winde** f. (-, n) palan m. ; cabestan m. ||°-**zwang** m. (s, ¨e). FIG. *unter Zugzwang stehen*, avoir la balle dans son camp.

Zu|gabe [″tsu:'gɑ:bə] f. (-, n) supplément m. ; extra m. ; bonne mesure. | *als Zugabe*, en supplément ; hors programme.

Zu|gang ['tsu:gaŋ] m. (s, ¨e). **1.** [Zutritt] accès m. ; approche f. ; entrée f. | *Zugang verboten !*, accès interdit. | *den Zugang kontrollieren*, filtrer l'accès. | *man findet schwer Zugang zu ihm*, il est d'un abord difficile.
2. [Anwachs] apport m. ; augmentation f. | *Warenzugang*, arrivée (f.) de marchandises.

zu|gänglich [″tsu:'geŋliç] adj. [erreichbar] accessible ; abordable. | *die Burg ist leicht zugänglich*, le château est d'un accès facile. | *dem Publikum zugänglich*, ouvert au public. | *ein für jedermann zugängliches Buch*, un ouvrage accessible. || FIG. [gesellig] *er ist leicht zugänglich*, il est d'un abord facile. | *einem Rate zugänglich sein*, accepter volontiers un conseil. ||°-**gänglichkeit** f. accessibilité f. ; abord (m.) facile.

zu|geben [″tsu:'ge:bən] (i, a, e) v. tr. **1.** [dazu geben] ajouter ; donner en plus.
2. [einräumen] accorder ; admettre ; concéder. | *das gebe ich gerne zu*, je vous l'accorde volontiers. | *zugegeben, daß*, en admettant que.
3. [zugestehen] avouer.

zu|gedacht [″tsu:gə'daxt] part. pass. *dieses Buch ist dir zugedacht*, ce livre t'est destiné.

zugegen [tsu'ge:gən] adv. présent. | *bei einer Feier zugegen sein*, assister, être présent à une cérémonie.

zu|gehen [″tsu:'ge:ən] (ging, gegangen) v. intr. **1.** aller vers ; s'avancer vers ; parvenir. | *auf den Wald zugehen*, se diriger vers la forêt. | *auf jn zugehen*, aller vers qn. | *es geht dem Ende zu*, la fin s'approche.
2. se fermer. | *die Tür geht nicht zu*, la porte ne se ferme pas.
3. [geschehen] se passer ; arriver. | *wie ist das zugegangen ?*, comment cela est-il arrivé ? comment cela s'est-il passé ? | *das geht nicht mit rechten Dingen zu*, ce n'est pas normal ; il se passe des choses étranges.

Zu|geherin [-'ge:ərin] f. (-, nen). [Aufwartefrau] femme (f.) de ménage.

zu|gehören [″tsu:gə'hø:rən] v. intr. faire partie de ; aller avec. ||-**gehörig** adj. qui va avec ; qui fait partie de ; appartenant. ||°-**gehörigkeit** f. appartenance f. | *Zugehörigkeit zu einer Gesellschaft*, appartenance à une société. ||°-**gehörigkeits|gefühl** n. (s, e) sentiment (m.) de solidarité.

Zügel ['tsy:gəl] m. (s, -) bride f. ; rêne f. ; guides f. pl. | *am Zügel führen*, mener par la bride. | *mit verhängten Zügeln*, à bride abattue. | *die Zügel schießen lassen*, lâcher la bride ; mettre la bride sur le cou. | *die Zügel kurz halten*, tenir la bride haute. | *ein Pferd wieder an den Zügel bringen*, reprendre un cheval en main. || FIG. *sich in die Zügel legen*, donner un coup de collier. | *jm in die Zügel fallen*, arrêter net qn.

zügel|los [″tsy:gəl'lo:s] adj. déchaîné ; sans frein.

zügeln ['tsygəln] v. tr. tenir en bride ; brider. || FIG. refréner ; maîtriser.

Zügelung [-gəluŋ] f. domination f. ; répression f.

Zu|gemüse [″tsu:gə'my:zə] n. (s). CULIN. garniture f.

zu|geneigt [″tsu:gə'naikt] adj. *jm zugeneigt sein*, éprouver de la sympathie pour qn.

Zu|gereiste(r) [″tsu:gə'raistə(r)] f. (m.) nouveau venu, nouvelle venue ; étranger m., étrangère f.

zu|geschneit [″tsu:gə'ʃnait] adj. couvert de neige.

zu|gesellen [″tsu:gə'zɛlən] v. tr. et v. pr. (s')associer ; (se) joindre à.

zu|gespitzt [″tsu:gə'ʃpitst] adj. en pointe ; pointu. || FIG. aiguisé ; acéré.

Zu|geständnis [″tsu:gə'ʃtɛntnis] n. (ses, se) concession f. ; aveu m. | *gegenseitige Zugeständnisse*, concessions réciproques. || [Erlaubnis] permission f. | *mit Ihrem Zugeständnis*, avec votre permission.

zu|gestehen [″tsu:gə'ʃte:ən] (gestand, gestanden) v. tr. avouer ; convenir de. || accorder ; concéder. | *jm eine Zahlungsfrist zugestehen*, accorder à qn un moratoire (de paiement).
◇ SYN. : *einräumen, zubilligen*, concéder ; *bewilligen*, accorder.

zu|getan [″tsu:gə'tɑ:n] adj. attaché ; dévoué. | *jm zugetan sein*, avoir de l'affection pour qn.

zugig ['tsu:giç] adj. exposé aux courants d'air.

zügig ['tsy:giç] adj. et adv. qui va vite. | *die Arbeit schreitet zügig fort*, le travail avance bien.

zugleich [tsu'glaiç] adv. en même temps ; ensemble ; à la fois. | *sie kommen zugleich am Ziel an*, ils arrivent ensemble au but. | *er betreibt zehnerlei zugleich*, il s'occupe de cent choses à la fois.

zu|greifen [″tsu:'graifən] (i, i) v. intr. prendre ; mettre la main à la besogne. || FAM. *bitte, greifen Sie zu*, servez-vous !

Zu|griff ['tsu:grif] m. (s, e). INF. saisie f. | *wahlfreier Zugriff*, accès (m.) aléatoire.

Zugriffs|zeit [″tsu:grifs'tsait] f. (-, en). INF. temps (m.) d'accès.

zugrunde [tsu'grundə] adv. au fond ; à la base. | *einer Sache zugrunde liegen*, être à la base de qch. | *zugrunde legen* (dat.), prendre pour base (de). | *zugrunde gehen*, périr. | *zugrunde richten*, ruiner.

zugunsten [tsu'gunstən] (génit. ou « von ») prép. au profit de ; en faveur de.

zugute [tsu'gu:tə] adv. *das kommt mir zugute*, cela m'est avantageux.

zu guter Letzt [tsu'gu:tər″lɛtst] loc. adv. enfin ; finalement ; pour terminer ; en fin de compte.

Zu|hälter [″tsu:'hɛltər] m. (s, -) souteneur m. ; proxénète m. ||°-**hälterei** f. proxénétisme m.

zu|hängen [″tsu:'hɛŋən] v. tr. fermer à l'aide d'un rideau ; couvrir.

Zuhause [tsu'hauzə] n. (s) chez-soi m. ; intérieur m. | *ein nettes Zuhause*, un chez-soi, un intérieur coquet. | *sein Zuhause*, son chez-soi ; son home. | *mein Zuhause*, mon chez-moi. | *ihr Zuhause*, son chez-elle.

zu|heilen [″tsu:'hailən] v. intr. se cicatriser ; guérir. | *die Wunde heilt zu*, la plaie se cicatrise.

zuhinterst [tsu'hintərst] adv. tout au bout ; le tout dernier.

zu|hören [″tsu:'hø:rən] v. intr. écouter. | *jm zuhören*, écouter qn. ||°-**hörer(in)** m. (s, -), f. (-, nen) auditeur m. ; auditrice f. ||°-**hörerschaft** f. auditeurs m. pl. ; auditoire m.

zuinnerst [tsu'inərst] adv. tout à l'intérieur. | *zuinnerst bewegt sein*, être profondément ému.

zu|jubeln [″tsu:'ju:bəln] v. intr. accueillir avec des cris de joie.

zu|kehren [″tsu:'ke:rən] v. tr. tourner vers. | *jm den Rücken zukehren*, tourner le dos à qn.

zu|kitten [″tsu:'kitən] v. tr. boucher, obturer avec du mastic ; mastiquer.

zu|klappen [″tsu:'klapən] v. tr. fermer (en faisant claquer). | *einen Deckel zuklappen*, rabattre, fermer le couvercle. | *die Wagentür zuklappen*, claquer la portière.

zu|kleben [″tsu:'kle:bən] v. tr. fermer avec de la colle ; coller ; cacheter.

zu|knallen [″tsu:'knalən] v. tr. claquer. || FAM. *die Tür zuknallen*, claquer la porte.

zu|knöpfen [″tsu:'knøpfən] v. tr. fermer ; boutonner. || FIG. *zugeknöpft*, réservé.

zu|kommen [″tsu:'kɔmən] (a, o) v. intr. **1.** aller, venir vers. | *zukommen lassen*, faire parvenir.
2. [gebühren] revenir à ; être dû à. | *ihm kommt diese Ehre zu*, c'est à lui que revient cet honneur.

Zu|kost ['tsu:kɔst] f. Culin. garniture f.

Zu|kunft ['tsu:kunft] f. avenir m. | *in Zukunft*, à l'avenir ; désormais. | *das hat Zukunft*, cela a de l'avenir. | *in naher Zukunft*, dans un avenir proche. | *eine glänzende Zukunft vor sich haben*, avoir un brillant avenir. | *Beruf mit Zukunft*, métier (m.) d'avenir. || Gramm. futur m.

zu|künftig ["tsu:'kynftiç] adj. futur ; à venir.

Zukunfts... (en compos.) d'avenir ; de l'avenir ; futur.

Zukunfts|aussichten ["tsu:kunfts'auszіçtən] f. pl. perspectives (f. pl.) d'avenir. ||°**-beruf** m. (s, e) métier (m.) d'avenir. ||°**-forschung** f. futurologie f. ||°**-musik** f. Fam. promesses (f. pl.) chimériques. ||°**-perspektive** f. (-, n) perspective (f.) d'avenir. ||°**-pläne** m. pl. projets (m. pl.) d'avenir. ||**-reich, -voll** adj. prometteur. ||**-trächtig** adj. plein de promesses d'avenir.

zu|lächeln ["tsu:'lɛçəln] v. intr. adresser un sourire à.

Zu|lage ["tsu:'lɑ:gə] f. (-, n) supplément m. ; augmentation f. ; allocation f. | *Kinderzulage*, allocations familiales.

zulande [tsu'landə] adv. *bei uns zulande*, chez nous. | *hierzulande*, dans ce pays-ci.

zu|langen ["tsu:'laŋən] v. intr. [hinreichen] suffire ; être assez long. || Fam. [zugreifen] se servir à table ; prendre.

zu|länglich [-'lɛŋliç] adj. et adv. suffisant ; suffisamment.

Zu|laß ['tsu:las] m. (es, ¨e) accès m.

zu|lassen ["tsu:'lasən] (ä, ie, a) v. tr. admettre ; permettre ; autoriser ; tolérer ; agréer. | *das kann man nicht zulassen*, on ne peut tolérer cela. ||**-lässig** adj. admissible ; permis ; autorisé. ||°**-lässigkeit** f. admissibilité f. ; recevabilité f. ||**-lassung** f. (-, en) admission f. ; autorisation f. ; permission f. | *Zulassung zur Prüfung*, admission à l'examen. | *Zulassung als Anwalt*, autorisation de plaider. || Autom. *(amtliche) Zulassung*, immatriculation f.

Zulassungs|karte ["tsu:lasuŋs'kartə] f. (-, n) permis (m.) de circulation. ||°**-nummer** f. (-, n) numéro (m.) d'immatriculation. ||°**-prüfung** f. (-, en) examen (m.) d'admission ; examen (m.) probatoire. ||°**-schild** n. (s, er) plaque (f.) d'immatriculation.

Zu|lauf ['tsu:lauf] m. (s) affluence f. ; concours m. ; foule f. | *dieser Redner hat großen Zulauf*, cet orateur est très couru. | *dieses Geschäft hat guten Zulauf*, ce magasin est bien achalandé.

zu|legen ["tsu:'le:gən] v. tr. couvrir de qch. || ajouter ; joindre à ; mettre en plus. || Fam. [sich etwas anschaffen, spendieren] *er hat sich ein Pseudonym zugelegt*, maintenant, il s'est offert un pseudonyme.

zuleibe [tsu'laibə] adv. *jm zuleibe rücken*, s'en prendre à qn.

zuleide [tsu'laidə] adv. au préjudice de. | *jm etwas zuleide tun*, faire du mal à qn.

zu|leiten ["tsu:'laitən] v. tr. diriger vers ; amener ; transmettre ; adresser. ||°**-leiter** m. (s, -). Électr. électrode positive. ||°**-leitung** f. (-, en) conduite (f.) d'amenée ; adduction f. | *Zuleitungsrohr*, conduit (m.) d'amenée.

zuletzt [tsu'lɛtst] adv. enfin ; en fin de compte ; en dernier lieu.

zuliebe [tsu'li:bə] adv. pour l'amour de. | *jm zuliebe*, pour l'amour de qn.

Zu|lieferant ["tsu:'li:fərant] m. (en, en), °**-lieferer** [-'li:fərər] m. (s, -) sous-traitant m.

Zulu ['tsu:lu] m. (s, s). Géogr. Zoulou m.

zum [tsum] prép. contr. de **zu dem.**

zu|machen ["tsu:'maxən] v. tr. fermer ; boucher ; cacheter.

zumal [tsu'mɑ:l] adv. particulièrement ; surtout ; principalement.
◇ conj. d'autant que.

zu|mauern ["tsu:'mauərn] v. tr. murer ; maçonner. | *eine Tür zumauern*, condamner une porte.

zumeist [tsu'maist] adv. en grande partie ; pour la plupart.

zu|messen ["tsu:'mɛsən] (i, a, e) v. tr. mesurer ; attribuer (qch. à qn). | *das Geld wird ihm knapp zugemessen*, l'argent lui est mesuré.

zumindest [tsu'mindəst] adv. au moins ; pour le moins.

zumute [tsu'mu:tə] adv. dans tel état d'esprit ; dans telle disposition. | *wie ist Ihnen zumute ?*, comment vous sentez-vous ?

zu|muten ["tsu:'mu:tən] v. tr. exiger (qch. de qn). | *sich zu viel zumuten*, présumer de ses forces. | *das kann man ihm nicht zumuten*, on ne peut pas lui demander cela. ||°**-mutung** f. (-, en) prétention f. ; exigence exagérée. || Péjor. proposition impudente.

zunächst [tsu'nɛ:kst] adv. en premier lieu ; tout d'abord. | *das Zunächstliegende*, la première chose à faire, qui se présente à l'esprit.
◇ prép. (dat.) tout près de.

Zu|nahme ["tsu:'nɑ:mə] f. (-, n) accroissement m. ; extension f. ; augmentation f. ; intensification f. | *Gewichtzunahme*, augmentation de poids.

Zu|name ["tsu:'nɑ:mə] m. (ns, n) nom (m.) de famille. || Par ext. sobriquet m. ; surnom m.

zünden ['tsyndən] v. intr. s'enflammer ; s'embraser. | *das Holz zündet nicht*, le bois ne prend pas (feu). || Fig. *eine zündende Rede*, un discours enflammé, enthousiasmant.
◇ v. tr. mettre le feu à ; allumer.

Zünd|einstellung ["tsynt'ainʃtɛluŋ] f. (-, en). Autom. calage (m.) de l'allumage. ||°**-holz** n. (es, ¨er), °**-hölzchen** n. (s, -) allumette f. | *Zündholzschachtel*, boîte (f.) d'allumettes. | *Zündholzheftchen*, pochette (f.) d'allumettes. ||°**-hütchen** n. (s, -) amorce f. ; capsule f. ||°**-kerze** f. (-, n). Autom. bougie (f.) d'allumage. ||°**-schlüssel** m. (s, -). Autom. clef (f.) de contact. ||°**-schnur** f. (-, ¨e) mèche f. ||°**-stift** m. (s, e) percuteur m. ||°**-verteiler** m. (s, -). Autom. distributeur (m.) d'allumage ; (Wz.) Delco m.

zündbar ['tsyntbɑ:r] adj. inflammable.

Zünder ['tsyndər] m. (s, -) détonateur m. | *Zeitzünder*, fusée (f.) à retardement.

Zunder ['tsundər] m. (s, -) amadou m. ; mèche f.

Zunder|schwamm ["tsundər'ʃvam] m. (s, ¨e) amadou m.

Zündung ['tsynduŋ] f. (-, en) allumage m. ; amorçage m. | *Fehlzündung*, raté (m.) d'allumage. | *Frühzündung*, avance (f.) à l'allumage. | *Spätzündung*, retard (m.) à l'allumage. | *die Zündung auschalten*, couper le contact.

zu|nehmen ["tsu:'ne:mən] (i, a, o) v. intr. s'accroître ; croître ; augmenter ; s'agrandir. | *die Tage nehmen zu*, les jours augmentent. | *das Fieber nimmt zu*, la fièvre monte. | *an Gewicht zunehmen*, prendre du poids. | *zunehmender Mond*, phase croissante de la lune. | *mit zunehmendem Alter*, en vieillissant. | *in zunehmendem Maße*, toujours davantage.

zu|neigen ["tsu:'naigən] v. intr. incliner ; pencher vers. | *er neigt dem Trunk zu*, il a un penchant pour la bouteille. ||°**-neigung** f. (-, en) penchant m. ; inclination f. ; sympathie f.

Zunft [tsunft] f. (-, ¨e). [Innung ; Körperschaft] corps (m.) de métier ; corporation f. ; confrérie f. ; jurande f. | *jn in eine Zunft aufnehmen*, admettre qn dans une corporation. | *Weberzunft*, corporation des tisserands. | *von der Zunft sein*, être du métier, du bâtiment.

Zunft|brauch ["tsunft'braux] m. (s, ¨e) usages (m. pl.) d'une corporation. ||°**-geist** m. (s) esprit (m.) de caste, de corps. ||**-gemäß** adj. conforme aux statuts d'une corporation. ||°**-genosse** m. (n, n) membre (m.), confrère (m.) d'une corporation. ||°**-haus** n. (es, ¨er) siège (m.) d'une corporation. ||°**-meister** m. (s, -) maître juré d'une corporation. ||°**-wesen** n. (s) régime (m.) des corporations ; corporations f. pl.

zünftig ['tsynftiç] adj. qui fait partie d'une corporation. || Fam. [vortrefflich] excellent.

Zünftler ['tsynftlər] m. (s, -) membre (m.) d'un corps de métier.

Zunge ['tsuŋə] f. (-, n) langue f. ; languette f. | *mit der Zunge schnalzen*, faire claquer la langue. | *jm die Zunge herausstrecken*, tirer la langue à qn. | *er stößt mit der Zunge an*, il zézaye. || Fig. *eine spitze Zunge haben*, avoir une méchante langue. | *feine Zunge*, fin bec ; fin gourmet. | *das Herz auf der Zunge haben*, avoir le cœur sur les lèvres. | *das Wort schwebt mir auf der Zunge*, j'ai le mot sur le bout de la langue. | *seine Zunge im Zaum halten*, savoir tenir sa langue. | *jm die Zunge lösen*, faire parler qn. || Géogr. *Landzunge*, isthme m. || Par ext. [Sprache] *Länder deutscher Zunge*, des pays (m. pl.) de langue allemande.

Zungen|band ["tsuŋən'bant] n. (s, ¨er) filet (m.) de la langue. ||°**-bein** n. (s, e) os (m.) hyoïde. ||°**-belag** m. (s) dépôt (m.) sur la langue. ||°**-brecher** m. (s, -). Gramm. exercices (m. pl.) d'assouplissement de la langue. ||°**-drescherei** f. (-, en) fanfaronnade

f. ||°-**fehler** m. (s, -) défaut (m.) d'élocution. ||-**fertig** adj. [schlagfertig] disert ; qui a la langue bien pendue ; qui a la réplique facile. ||°-**fertigkeit** f. volubilité f. ; faconde f. ||-**gewandt** adj. volubile. ||°-**häutchen** n. (s). MÉD. épithélium (m.) de la langue. ||°-**held** m. (en, en) hâbleur m. ; fanfaron m. ; matamore m. ||°-**laut** m. (s, e). GRAMM. sifflante f. ||°-**pfeife** f. (-, n). MUS. instrument (m.) à anche. ||°-**reden** n. (s). [Psychologie] glossolalie f. ||°-**schlag** m. (s) bredouillements m. pl. (d'ivrogne). ||°-**spitze** f. (-, n) pointe (f.), bout (m.) de la langue.

züngeln ['tsy:ŋəln] v. intr. darder la langue. | *die Schlange züngelt*, le serpent siffle. | *die Flammen züngeln*, le feu serpente.

Zünglein ['tsyŋlain] n. (s, -) petite langue ; languette f. | *das Zünglein an der Waage*, l'aiguille (f.) de la balance.

zunichte [tsu'niçtə] adv. *zunichte machen*, détruire ; anéantir. | *Pläne zunichte machen*, faire échouer des projets ; déjouer des projets. | *zunichte werden*, se réduire à néant ; s'écrouler.

zu|nicken ["tsu:'nikən] v. intr. faire un signe de tête (à qn). | *jm freundlich zunicken*, faire un signe de tête amical à qn.

zunutze [tsu'nutsə] adv. *sich etwas zunutze machen*, profiter, tirer profit de qch.

zuoberst [tsu'o:bərst] adv. tout en haut.

zu|ordnen ["tsu:'ɔrdnən] v. tr. attribuer ; adjoindre ; coordonner ; composer. ||°-**ordnung** f. (-, en) attribution f.

zu|packen ["tsu:'pakən] v. tr. chercher à saisir ; saisir ; empoigner ; emballer. || FAM. mettre la main à la pâte.

zupaß [tsu'pas] adv. à propos. | *es kommt mir zupaß*, cela tombe bien ; cela m'arrange bien.

Zupf|geige ["tsupf'gaigə] f. (-, n). [Gitarre] guitare f. ||°-**leinwand** f. charpie f. ||°-**seide** f. soie effilée. ||°-**wolle** f. parfilure f.

zupfen ['tsupfən] v. tr. **1.** tirailler. | *jn am Ärmel zupfen*, tirer qn par la manche. | *Hopfen zupfen*, cueillir du houblon. || MUS. *auf der Geige zupfen*, faire des pizzicati.
2. [auseinanderziehen] effilocher ; mettre en charpie. | *Watte zupfen*, faire de la charpie.

zur [tsu:r] prép. contract. de **zu der.**

zu|raunen ["tsu:'raunən] v. tr. dire, chuchoter à l'oreille de qn.

Zu|rechenbarkeit ["tsu:'rɛçənbɑ:rkait] f. JUR. responsabilité f. (de ses actes).

zu|rechnen ["tsu:'rɛçnən] v. tr. ajouter. || FIG. imputer, attribuer (qch. à qn).

Zu|rechnung [-nuŋ] f. (-, en) **1.** adjonction f. | *unter Zurechnung aller Kosten*, en y ajoutant tous les frais.
2. FIG. attribution f. ; imputation f.

zurechnungs|fähig ["tsu:rɛçnuŋs'fɛ:iç] adj. responsable ; capable de discerner. || PAR EXT. majeur. | *nicht mehr zurechnungsfähig sein*, ne plus avoir l'usage de ses facultés mentales. ||°-**fähigkeit** f. responsabilité (f.) de ses actes ; pleine jouissance de ses facultés mentales.

zurecht [tsu'rɛçt] adv. en règle ; en ordre ; convenablement.

zurecht|bringen [tsu"rɛçt'briŋən] (brachte, gebracht) v. tr. mettre en ordre. ||-**finden (sich)** [a, u] v. pr. s'orienter ; trouver son chemin. | *ich finde mich hier nicht zurecht*, je suis perdu ; FAM. je m'y perds. ||-**kommen** (a, o) v. intr. parvenir à s'arranger ; réussir à faire qch. | *mit jm zurechtkommen*, s'entendre avec qn. || venir à temps ; venir à l'heure. ||-**legen** v. tr. préparer ; tenir prêt. ||-**machen** v. tr. arranger ; apprêter. | *das Essen zurechtmachen*, préparer le repas. ||-**setzen** v. tr. ranger ; ajuster ; disposer. | *jm den Kopf zurechtsetzen*, redresser les idées à qn ; faire entendre raison à qn. ||-**weisen** (ie, ie) v. tr. indiquer le chemin. || FIG. faire des remontrances ; réprimander. ||°-**weisung** f. (-, en) [action d']indiquer le chemin. || FIG. remontrances f. pl. ; mercuriale f.

zu|reden ["tsu:'re:dən] v. intr. persuader (qn de faire qch.) ; conseiller (qn). | *jm zureden*, parler à qn pour le consoler, l'encourager. | *er läßt sich nicht zureden*, il ne veut pas entendre raison.

Zureden ["tsu're:dən] n. (s) conseils m. pl. ; exhortations f. pl. ; encouragements m. pl.

zu|reichend ["tsu:'raiçənt] adj. [genügend] suffisant. || FIG. *zureichender Grund*, raison suffisante.

zu|reiten ["tsu:'raitən] (i, i) v. intr. aller à cheval vers. | *wir müssen zureiten*, il faut aller vite.
◇ v. tr. [Pferd] débourrer ; dresser.

Zürich ['tsyriç] n. pr. n. GÉOGR. Zurich f. | *Züricher See*, lac (m.) de Zurich.

zu|richten ["tsu:'riçtən] v. tr. et v. pr. préparer ; apprêter ; accommoder. | *einen Stoff zurichten*, apprêter une étoffe. | *Leder zurichten*, corroyer du cuir. || CULIN. *einen Hasen zurichten*, accommoder un lièvre. || PAR EXT., FAM. *man hat ihn arg zugerichtet*, on l'a mis dans un bel état ! ||°-**richter** m. (s, -). TECHN. apprêteur m. ; corroyeur m. ||°-**richtung** f. apprêt m. ; préparation f. || TYPOGR. mise (f.) en pages.

zu|riegeln ["tsu:'ri:gəln] v. tr. verrouiller.

zürnen ['tsyrnən] v. intr. [sich ärgern] être fâché, en colère, irrité. | *jm zürnen*, en vouloir à qn. | *über etwas zürnen*, se mettre en colère contre qch.

zu|rollen ["tsu:'rɔlən] v. tr. fermer en roulant.

zurren ['tsurən] v. tr. MAR. amarrer ; serrer la corde.

zurück [tsu'ryk] adv. **1.** en arrière ; en retard. | *er ist fünfzig Meter (hinter ihm) zurück*, il est en retard de cinquante mètres (sur lui). || FIG. *das Land ist noch weit zurück*, ce pays est encore très en retard. | *das liegt um Jahre zurück*, il y a des années de cela.
2. [wieder her] *er ist noch nicht zurück*, il n'est pas encore de retour. | *zurück !*, reculez ! | *zurück zur Natur*, retour (m.) à la nature. | *ihn verlangt nach der Heimat zurück*, il a la nostalgie de son pays.
◇ partic. verb. sépar. exprimant : 1° le recul, le retour en arrière : *zurücktreten* ; 2° l'idée de parcours effectué : *zurücklegen* ; 3° la restitution : *zurückerstatten.*

Zurück [tsu'ryk] n. (s). FIG. *es gibt kein Zurück mehr*, nous avons atteint le point de non-retour.

zurück|begeben (sich) [ziçtsu"rykbə'ge:bən] (i, a, e) v. pr. s'en retourner. ||-**behalten** (ä, ie, a) v. tr. retenir ; détenir. ||-**bekommen** (a, o) v. tr. recouvrer ; rentrer en possession de. | *sein Geld zurückbekommen*, rentrer dans son argent. | *ich bekomme noch zwei Mark zurück*, vous me devez, il me revient encore deux marks. ||-**berufen** (ie, u) v. tr. rappeler ; faire revenir ; révoquer. ||-**bezahlen** v. tr. rembourser. ||-**bleiben** (ie, ie) v. intr. rester en arrière ; traîner ; être en retard. || FIG. *geistig zurückgeblieben*, arriéré, retardé mental. || [überleben] survivre. ||-**blicken** v. intr. jeter un regard en arrière ; se retourner pour regarder. ||-**bringen** (brachte, gebracht) v. tr. ramener ; rapporter ; faire reculer. ||-**datieren** v. tr. antidater. ||-**drängen** v. tr. repousser ; refouler. || FIG. réprimer ; contenir. ||-**drehen** v. tr. retourner ; remettre en arrière. | *die Uhr zurückdrehen*, retarder sa montre. ||-**eilen** v. intr. revenir en toute hâte. ||-**erhalten** (ä, ie, a) v. tr. recouvrer. ||-**erobern** v. tr. reconquérir. ||-**erstatten** v. tr. rendre ; restituer ; rembourser. ||°-**erstattung** f. (-, en) restitution f. ; remboursement m. ||-**fahren** (ä, u, a) v. intr. retourner ; faire marche arrière ; reculer. | *er fährt erschrocken zurück*, il recule épouvanté. ||-**fallen** (ä, ie, a) v. intr. retomber ; tomber en arrière. | *auf den dritten Platz zurückfallen*, rétrograder à la troisième place. || MÉD. faire une rechute, une récidive. || COMM. diminuer. ||-**finden** (a, u) v. intr. retrouver son chemin. ||-**fluten** v. intr. refluer. ||-**fordern** v. tr. réclamer ; demander la restitution de. ||-**führen** v. tr. ramener ; reconduire ; réduire (à). | *etwas auf den Ursprung zurückführen*, faire remonter qch. à son origine. | *das ganze Übel ist auf ihn zurückzuführen*, tout le mal vient de lui. ||-**geben** (i, a, e) v. tr. rendre ; restituer. ||-**gehen** (ging, gegangen) v. intr. revenir sur ses pas ; baisser ; retourner ; aller en arrière ; reculer ; diminuer. | *die Preise gehen zurück*, les prix diminuent. ||-**geleiten** v. tr. raccompagner. ||-**gestellt** adj. ajourné ; mis en sursis. ||°-**gestellter** m. sursitaire m. ||-**gewinnen** (a, o) v. tr. récupérer. ||-**gezogen** adj. et part. pass. retiré. | *zurückgezogen leben*, mener une vie solitaire. ||°-**gezogenheit** f. solitude f. ; retraite f. ; vie (f.) solitaire. ||-**greifen** (i, i) v. tr. se reporter à ; revenir à ; remonter à. ||-**halten** (ä, ie a) v. tr. retenir. || FIG. réprimer ; dissimuler ; refouler. | *mit seiner Meinung zurückhalten*, dissimuler sa pensée. | *sehr zurückhaltend*, très réservé. ||°-**haltung** f. retenue f. ; réserve f. || FIG. discrétion f. ; réticence f. ||-**holen** v. tr. aller rechercher, reprendre. ||-**kaufen** v. tr. racheter. ||-**kehren** v. intr. revenir ; retourner. | *nach Hause zurückkehren*, rentrer. ||-**kommen** (a, o) v. intr. revenir. || FIG. *auf etwas zurückkommen*, revenir à qch., sur un point. ||-**lassen** v. tr. laisser derrière soi ; abandonner. || SPORT. distancer. ||-**legen** v. tr. mettre en arrière. | *Geld zurücklegen*, mettre de l'argent de côté, en réserve. || [räumlich und zeitlich] parcourir. | *einen weiten Weg zurücklegen*, parcourir un long chemin. ||**-nehmen** (i, a, o) v. tr. reprendre ; retirer. | *eine Ware zurücknehmen*, retirer une marchandise. | *sein Versprechen zurücknehmen*, revenir sur sa promesse. | *die Schultern zurücknehmen*, effacer les épaules. || FIG. révoquer ; rétracter. | *ein Verbot zurücknehmen*, rapporter une interdiction. ||**-prallen** v. intr. rebondir ; rejaillir. | *der Ball prallt zurück*, le ballon est renvoyé. || PHYS. réverbérer. ||**-rufen** (ie, u) v. tr. rappeler. | *ins Leben zurückrufen*, rappeler à la vie. | *ins Gedächtnis zurückrufen*, remémorer ; rappeler. | *einen Gesandten zurückrufen*, rappeler un ambassadeur. ||**-schallen** v. intr. résonner ; être renvoyé en écho. ||**-schalten** v. intr. (*in den zweiten Gang*) *zurückschalten*, rétrograder en seconde. ||**-schaudern** v. intr. reculer en frémissant. ||**-schauen** v. intr. regarder en arrière. ||**-scheuen** v. intr. prendre peur devant qch. ||**-schicken** v. tr. renvoyer ; réexpédier. ||**-schlagen** (ä, u, a) v. tr. et v. intr. renvoyer ; rendre ; rendre le coup. | *den Ball mit der Faust zurückschlagen*, renvoyer le ballon du poing. | *das Verdeck zurückschlagen*, décapoter la voiture. | *den Angriff zurückschlagen*, repousser l'attaque. ||**-schnellen** v. intr. retourner brusquement ; se détendre brusquement. || **-schrecken** v. tr. intimider ; rebuter ; effaroucher. — v. intr. (a, o) reculer (d'effroi). ||**-sehnen (sich)** v. pr. aspirer au retour ; avoir le mal du pays. ||**-senden** v. tr. réexpédier ; retourner à l'expéditeur. ||**-setzen** v. tr. mettre en arrière. || FIG. mettre à l'écart ; négliger. || [verschieben] différer ; repousser ; reculer. | *das Datum zurücksetzen*, antidater. ||°**-setzung** f. (-, en) réduction f. ; baisse f. (des prix). || [Verschiebung] ajournement m. ; prolongation f. ; retardement m. || [Demütigung] humiliation f. ; manque (m.) d'égards pour. ||**-springen** (a, u) v. intr. faire un saut, un bond en arrière ; rebondir ; rejaillir. ||**-stehen** (stand, gestanden) v. intr. être en arrière, en retrait ; PR. et FIG. être en retard ; avoir du retard. || FIG. le céder à qn ; céder le pas. ||**-stellen** v. tr. mettre en arrière, de côté. || [zurücksetzen] rétrograder. || retarder. | *seine Uhr zurückstellen*, retarder sa montre. || MIL. ajourner ; accorder un sursis. ||°**-stellung** f. (-, en). MIL. ajournement m. ; sursis m. ||**-strahlen** v. intr. et v. tr. réfléchir ; réverbérer ; se refléter ; se réfléchir. ||**-taumeln** v. intr. reculer en vacillant. ||**-tragen** (ä, u, a) v. tr. reporter ; rapporter. ||**-treten** (i, a, e) v. intr. reculer ; se retirer. | *vor jm zurücktreten*, s'effacer devant qn. || [sich zurückziehen] démissionner ; se retirer. | *von einem Amt zurücktreten*, démissionner d'un poste. ||**-versetzen** v. tr. et v. pr. remettre en l'état antérieur. | *einen Schüler zurückversetzen*, renvoyer un élève dans une classe inférieure. | *sich im Geiste in seine Jugend zurückversetzen*, se remémorer sa jeunesse. ||**-weichen** v. intr. reculer ; céder ; se retirer. ||**-weisen** (ie, ie) v. tr. repousser ; rejeter ; refuser. || JUR. *einen Zeugen zurückweisen*, récuser un témoin. ||°**-weisung** f. (-, en) renvoi m. ; rejet m. ; refus m. || JUR. récusation f. ||**-werfen** (i, a, o) v. tr. rejeter ; renvoyer ; refouler ; réfléchir ; réverbérer. ||°**-werfung** f. PHYS. réflexion f. ||**-zahlen** v. tr. rembourser ; rendre. || FIG. payer de retour. ||°**-zahlung** f. (-, en) remboursement m. ||**-ziehen** (zog, gezogen) v. tr. et v. pr. retirer. | *eine Klage zurückziehen*, retirer une plainte. | *sich aus dem politischen Leben, von der Politik zurückziehen*, se retirer de la vie politique. | *das Wasser zieht sich zurück*, l'eau se retire, baisse. ||°**-ziehung** f. (-, en) retrait m. ; repli m. || FIG. rétractation f.

Zu|ruf ["tsu:'ru:f] m. (s, e) appel m. ; cri m. ; acclamation f. | *Abstimmung durch Zuruf*, vote (m.) par acclamation. || [Börse] *auf Zuruf*, à la criée. ||**-rufen** (ie, u) v. intr. crier (qch. à qn).

Zu|rüstung ["tsu:'rystuŋ] f. (-, en) préparation f. ; préparatifs m. pl.

zurzeit [tsur'tsait] adv. à l'heure qu'il est ; en ce moment ; actuellement.

Zu|sage ["tsu:'za:gə] f. (-, n) acceptation f. ; engagement m. | *mündliche Zusage*, accord verbal.

zu|sagen [-gən] v. tr. **1.** dire (à qn). | *jm die Wahrheit auf den Kopf zusagen*, dire à qn la vérité en face.

2. [bejahend antworten] accepter ; promettre ; s'engager. | *er hat anderswo zugesagt*, il s'est engagé ailleurs. | *er hat seine Teilnahme fest zugesagt*, il a promis fermement sa participation (à la réunion).

◇ v. intr. plaire ; convenir à. | *das sagt mir nicht zu*, cela ne me convient pas.

◇ part. prés. **zusagend,** *eine zusagende Antwort*, une réponse affirmative.

zusammen [tsu'zamən] adv. **1.** ensemble ; conjointement. | *sie haben zusammen ein Buch geschrieben*, ils ont écrit un livre en collaboration. | *er geht zusammen mit seinem Freunde in die Berge*, il va avec son ami dans la montagne. | *sie kommen jeden Mittwoch zusammen*, ils se réunissent tous les mercredis. | *sie halten fest zusammen*, des liens solides les unissent.

— OBSERV. : **beisammen,** plus littéraire, s'emploie s'il n'y a pas mouvement : *gemütliches Beisammensein*, réunion dans une atmosphère cordiale.

2. [im ganzen] en tout. | *das macht zusammen zehn Mark (aus)*, cela fait en tout dix marks.

◇ partic. verb. sépar. exprimant l'idée de réunion (parfois de : destruction, mise en pièces).

Zusammen|arbeit [tsu"zamən'arbait] f. coopération f. ; collaboration f. ||**-ballen** v. tr. et v. pr. (s')amonceler ; (se) mettre en boule ; (s')agglomérer. || FIG. concentrer. | *Wolken ballen sich zusammen*, des nuages s'amoncellent. ||°**-ballung** f. (-, en) concentration f. ; agglomération f. ; conglomérat m. ; entassement m. ||**-beißen** (i, i) v. tr. *vor Schmerz die Zähne zusammenbeißen*, serrer les dents de douleur. ||**-berufen** (ie, u) v. tr. convoquer. | *ein Konzil zusammenberufen*, convoquer un concile. ||°**-berufung** f. (-, en) convocation f. ||**-binden** (a, u) v. tr. lier ensemble. ||**-blasen** (ä, ie, a) v. tr. rassembler au son du clairon. ||**-brechen** (i, a, o) v. intr. s'écrouler ; s'effondrer. | *seelisch zusammengebrochen*, désespéré. ||°**-bruch** m. (s, ¨e) effondrement m. ; écroulement m. ; débâcle f. || HIST. *nach dem Zusammenbruch des dritten Reiches*, après l'effondrement du IIIe Reich. ||**-drängen** v. tr. et v. pr. presser ; serrer. || FIG. condenser ; résumer. | *sich zusammendrängen*, se serrer les uns contre les autres. | *zusammengedrängt*, serré ; dru ; compact ; FIG. concis ; dense. ||**-drücken** v. tr. comprimer ; serrer. ||**-eilen** v. intr. se réunir en toute hâte. ||**-fahren** (ä, u, a) v. intr. FIG. [auffahren] sursauter de frayeur. ||°**-fall** m. (s, ¨e) écroulement m. ; ruine f. || [Übereinstimmung] *zeitlicher Zusammenfall*, coïncidence f. ||**-fallen** (ä, ie, a) v. intr. s'écrouler ; tomber en ruine. || [räumlich] converger. || [zeitlich] coïncider ; concorder (dans le temps). ||**-falten** v. tr. plier. ||**-fassen** v. tr. réunir ; serrer ensemble. | *er hat seine Aufsätze in einem Band zusammengefaßt*, il a réuni ses articles en volume. || FIG. résumer ; récapituler. | *seine Gedanken zusammenfassen*, rassembler ses pensées ; se concentrer. — v. pr. **sich zusammenfassen**, se résumer ; se ressaisir. ||°**-fassung** f. (-, en) réunion f. ; concentration f. ; rassemblement m. || résumé m. ; récapitulation f. ||**-finden (sich)** (a, u) v. pr. se réunir ; se retrouver. ||**-flicken** v. tr. rapiécer ; ravauder. || FIG., PÉJOR. compiler. ||**-fließen** (o, o) v. intr. confluer ; se réunir. || FIG. se fondre ; se confondre. ||°**-fluß** m. (es, ¨e) confluent m. ; jonction f. ; fusion f. ||**-fügen** v. tr. assembler ; joindre ; réunir. || TECHN. accoupler. ||°**-fügung** f. (-, en) assemblage m. ; réunion f. ; jonction f. ; montage m. ; raccord m. ||**-führen** v. tr. réunir ; faire converger. ||**-gehen** (ging, gegangen) v. intr. aller ensemble. || [schrumpfen ; schmelzen] se rétrécir ; fondre. ||**-gehören** v. intr. aller ensemble ; s'apparier ; faire la paire. ||**-gehörig** adj. connexe ; homogène ; allant de pair. ||°**-gehörigkeit** f. affinité f. ; solidarité f. ; cohésion f. ||**-geraten** (ä, ie, a) v. intr. en venir aux mains. ||**-gesellen (sich)** v. pr. s'associer ; former un groupe. ||**-gesetzt** adj. composé. ||**-gewürfelt** adj. bigarré ; hétéroclite. ||°**-halt** m. (s, e) cohésion f. ; cohérence f. ; solidarité f. ||**-halten** (ä, ie, a) v. intr. tenir ensemble. || FIG. être unis ; se soutenir mutuellement ; faire corps — v. tr. maintenir ensemble ; mettre en regard ; confronter. || économiser. ||°**-hang** m. (s, ¨e) cohérence f. ; cohésion f. ; rapport m. ; relation f. ; connexion f. | *ohne Zusammenhang mit*, sans relation, sans rapport avec. | *aus dem Zusammenhang gerissen*, isolé du contexte. || FIG. *den Zusammenhang verlieren*, perdre le fil. ||**-hängen, -hangen** (i, a) v. intr. être lié ; être en rapport avec ; être cohérent. | *das hängt mit seiner Krankheit zusammen*, c'est une conséquence de sa maladie. ||**-hängend** adj. cohérent ; lié ; continu. ||**-hanglos** adj. sans suite ; incohérent ; décousu. ||°**-hanglosigkeit** f. incohérence f. ||**-hauen** (hieb, gehauen) v. tr. tailler en pièces ; sabrer ; FAM. bâcler. ||**-häufen** v. tr. accumuler ; entasser. ||°**-häufung** f. accumulation f. ; agglomération f. ; entassement m. ||**-heften** v. tr. brocher. ||**-holen** v. tr. rassembler ; aller chercher (de toutes parts). ||**-kauern (sich)** v. pr. s'accroupir. ||°**-kauf** m. (s, ¨e) achat en quantité ; accaparement m. ||**-kaufen** v. tr. acheter en bloc ; accaparer.

||**-klammern** v. tr. cramponner. ||°**-klang** m. (s, ¨e) accord m. ; harmonie f. ||**-klappbar** adj. pliable ; pliant. ||**-klappen** v. tr. replier. — v. intr. Fam. tomber d'épuisement ; être claqué. ||**-kleben** v. tr. et v. intr. coller ensemble ; être collé ensemble. ||**-klingen** (a, u) v. intr. s'accorder. | *das klingt gut zusammen*, cela s'accorde, s'harmonise bien. ||**-knüpfen** v. tr. nouer ; attacher. ||**-kommen** (a, o) v. intr. se réunir ; s'assembler ; se rencontrer. ||**-koppeln** v. tr. accoupler ; atteler ensemble. ||**-krümmen (sich)** v. pr. se recroqueviller. ||°**-kunft** f. (-, ¨e) entrevue f. ; réunion f. ; assemblée f. | *eine Zusammenkunft vereinbaren*, se donner rendez-vous. ||°**-lauf** m. (s) attroupement m. || Par ext. confluent m. ; jonction f. ||**-laufen** (ä, ie, a) v. intr. converger ; se joindre ; se rencontrer. | *das Wasser läuft mir im Munde zusammen*, l'eau me vient à la bouche. || [gerinnen] se coaguler. | *die Milch läuft zusammen*, le lait se caille. || [schrumpfen] rétrécir. | *beim Waschen zusammenlaufen*, rétrécir au lavage. ||**-leben (sich)** v. pr. apprendre à vivre ensemble. ||**-legbar** adj. pliant ; pliable. ||**-legen** v. tr. (re)plier. || mettre ensemble ; réunir ; grouper. | *Geld zusammenlegen*, se cotiser. ||°**-legung** f. (-, en) [re]groupement m. ; fusion f. | *Zusammenlegung von Firmen*, fusion de firmes. ||**-lesen** (ie, a, e) v. tr. ramasser ; glaner. ||**-nehmen** (a, o) v. tr. réunir ; rassembler. || Fig. *seine Gedanken zusammennehmen*, rassembler ses idées ; fixer son attention. — v. pr. **sich zusammennehmen**, se reprendre ; se concentrer ; faire un effort d'attention. ||**-packen** v. tr. mettre (tout) en un paquet ; empaqueter. ||**-passen** v. intr. et v. tr. s'accorder ; s'harmoniser ; adapter ; ajuster. ||**-pferchen** v. tr. entasser ; fam. empiler ; parquer. ||°**-prall** m. (s, e) choc m. ; heurt m. ; collision f. ||**-prallen** v. intr. se heurter ; s'entrechoquer. || Fig. entrer en conflit. ||**-pressen** v. tr. comprimer ; presser. || Techn. compacter. ||°**-pressen** n. (s) compression f. || Techn. compactage m. ||**-raffen** v. tr. ramasser (rapidement) ; rafler. — v. pr. **sich zusammenraffen,** se ressaisir ; se reprendre ; rassembler ses forces. ||**-rechnen** v. tr. additionner ; faire la somme ; totaliser. ||**-rollen** v. tr. et v. pr. (s')enrouler. ||**-rotten (sich)** v. pr. s'attrouper. ||**-rücken** v. intr. se serrer ; se rapprocher. || Par ext. faire de la place. ||**-rufen** (ie, u) v. tr. convoquer. ||**-scharen (sich)** v. pr. s'assembler ; s'attrouper. ||**-schaudern** v. intr. tressaillir d'horreur. ||**-schauern** v. intr. frissonner ; avoir des frissons. ||**-schießen** (o, o) v. tr. fusiller ; massacrer. ||**-schlagen** (ä, u, a) v. tr. abattre ; démolir ; fam. tabasser. ||°**-schlagen** n. (s) *brutales Zusammenschlagen*, fam. tabassage m. ||**-schleppen** v. tr. ramasser. ||**-schließen (sich)** (o, o) v. pr. s'associer ; fusionner. ||°**-schluß** m. (es, ¨e) association f. ; fusion f. ; union f. ||**-schmelzen** v. tr. faire fondre ; fusionner. — v. intr. (i, o, o) se fondre. ||**-schmieden** v. tr. souder en forgeant. || **-schrauben** v. tr. assembler par boulons. ||**-schrumpfen** v. intr. se rétrécir ; fam. se ratatiner. ||**-schweißen** v. tr. souder ; joindre par soudage. ||°**-sein** n. (s) réunion f. ||**-setzbar** adj. composable. ||**-setzen** v. tr. et v. pr. monter ; assembler ; joindre. | *zusammengesetztes Hauptwort*, nom composé. | *dies setzt sich aus drei Teilen zusammen*, cela se compose de trois parties. ||°**-setzung** f. (-, en) assemblage m. ; montage m. ; composition f. ; combinaison f. ; constitution f. ||**-sinken** (a, u) v. intr. tomber à la renverse, par terre ; s'affaisser. ||°**-spiel** n. (s, e) ensemble m. ; jeu (m.) d'équipe. ||**-stecken** v. tr. fourrer ensemble. || Fig. *die Köpfe zusammenstecken*, chuchoter. ||**-stehen** (stand, gestanden) v. tr. être ensemble. || Fig. faire cause commune. ||**-stellbar** adj. composable. ||**-stellen** v. tr. assembler ; coordonner ; assortir ; agencer ; établir. | *ein Programm zusammenstellen*, établir un programme. | *ein Essen zusammenstellen*, établir un menu. ||°**-stellung** f. (-, en) réunion f. ; composition f. ; assemblage m. | *Zusammenstellung eines Zuges*, composition d'un train. ||°**-stoß** m. (es, ¨e) heurt m. ; collision f. ; accrochage m. ; télescopage m. || Fig. conflit m. ||**-stoßen** (ö, ie, o) v. intr. entrer en collision ; se heurter. — v. tr. piler ; concasser. ||**-strömen** v. intr. confluer ; se joindre ; affluer. ||**-stückeln** v. tr. rapiécer. ||°**-sturz** m. (es, ¨e) écroulement m. ; ruine f. ; effondrement m. ; affaissement m. || Fig. débâcle f. ||**-stürzen** v. intr. s'effondrer ; s'écrouler ; s'affaisser. ||**-tragen** (ä, u, a) v. tr. transporter ; amasser en un lieu ; réunir. || Fig. compiler. ||**-treffen** (i, a, o) v. intr. se rencontrer. || [gleichzeitig geschehen] coïncider ; concorder. ||°**-tritt** m. (s, e) réunion f. ||**-trommeln** v. tr. rallier au son du tambour. ||**-tun** (tat, getan) v. tr. et v. pr. (se) mettre ensemble ; (s')associer ; (se) réunir. ||**-wachsen** (ä, u, a) v. intr. se joindre ; se souder. ||**-werfen** (i, a, o) v. tr. jeter pêle-mêle ; confondre ; renverser. ||**-wirken** v. intr. agir ensemble ; coopérer ; concourir à un but commun. ||**-zählen** v. tr. additionner. ||**-ziehbar** adj. contractile. ||**-ziehen** (zog, gezogen) v. tr. et v. pr. (se) resserrer ; (se) réduire ; (se) contracter. || Jur. *Strafen zusammenziehen*, confondre des peines. | *es zieht sich ein Gewitter zusammen*, un orage se prépare. || Méd. *zusammenziehendes Mittel*, astringent m. ||°**-ziehung** f. (-, en) réunion f. ; concentration f. | *Truppenzusammenziehung*, concentration de troupes.

zusamt [tsu'zamt] prép. (dat.) avec ; inclus.
— Syn. : *samt*, *mit*, avec ; *einschließlich*, inclus.

Zu|satz ["tsu:'zats] m. (es, ¨e) additif m. ; supplément m. ; annexe f. ; adjonction f. | *Zusatz zu einem Brief*, post-scriptum m. | *Zusatz zu einem Gesetz*, codicille m.

Zusatz... (en compos.) additionnel ; supplémentaire ; auxiliaire.

Zusatz|aktie ["tsu:zats'aktsiə] f. (-, n). Fin. action gratuite. ||°**-heizung** f. (-, en) chauffage (m.) d'appoint. ||°**-steuer** f. (-, n) taxe additionnelle. ||°**-versicherung** f. (-, en) assurance (f.) complémentaire. ||°**-vertrag** m. (s, ¨e). Jur. avenant m. ||°**-wärme** f. Techn. chaleur gratuite.

zu|sätzlich ["tsu:'zɛtsliç] adj. additionnel ; supplémentaire.
◇ adv. en outre ; en plus.

zuschanden ["tsu:'ʃandən] adv. détruit ; abîmé. | *er hat meine Hoffnungen zuschanden gemacht*, il a déçu mes espoirs.

zu|schauen ["tsu:'ʃauən] v. intr. regarder ; être spectateur.

Zu|schauer(in) [-'ʃauər(in)] m. (s, -), f. (-, nen) spectateur m. ; spectatrice f. ; témoin m. | *Zuschauerraum*, salle f. (de spectacle).

zu|schaufeln ["tsu:'ʃaufəln] v. tr. recouvrir, combler à la pelle.

zu|schicken ["tsu:'ʃikən] v. tr. faire parvenir ; expédier.

zu|schieben ["tsu:'ʃi:bən] (o, o) v. tr. pousser ; fermer. || Fig. attribuer ; imputer ; rejeter sur. | *jm die Schuld zuschieben*, rejeter la faute sur qn.

zu|schießen ["tsu:'ʃi:sən] (o, o) v. intr. *er kam auf uns zugeschossen*, il se précipita sur nous.
◇ v. tr. jeter ; lancer. || Fam. *jm wilde Blicke zuschießen*, lancer des regards furieux à qn. || *Geld zuschießen*, ajouter de l'argent ; verser en supplément.

Zu|schlag ["tsu:'ʃla:k] m. (s, ¨e) **1.** [Zusatz ; Aufschlag] supplément m. ; augmentation f. | *D-Zug-Zuschlag*, supplément pour train rapide. | *mit Zuschlag der Kosten*, les frais en sus.
2. [bei einer Versteigerung] adjudication f.

zuschlags|frei ["tsu:ʃla:ks'frai] adj. sans supplément. ||°**-frist** f. (-, en) délai d'adjudication. ||°**-gebühr** f. (-, en) surtaxe f. ||°**-karte** f. (-, n). Transp. (billet [m.] de) supplément m. ||**-pflichtig** adj. à supplément.

zu|schlagen ["tsu:'ʃla:gən] (ä, u, a) v. intr. frapper. | *gleich zuschlagen*, avoir la main leste.
◇ v. tr. **1.** [heftig zumachen] refermer brusquement. | *die Tür zuschlagen*, claquer la porte.
2. [in Richtung auf jn schlagen] fig. *jm den Ball zuschlagen*, renvoyer la balle à qn.
3. [bei einer Versteigerung] adjuger. | *zugeschlagen !*, adjugé !
4. [den Preis erhöhen] majorer ; augmenter.
5. Métall. ajouter un fondant.

zu|schließen ["tsu:'ʃli:sən] (o, o) v. tr. fermer à clef. | *die Augen zuschließen*, fermer les paupières, les yeux.

zu|schnallen ["tsu:'ʃnalən] v. tr. boucler ; fermer.

Zuschneide|messer ["tsu:ʃnaidə'mɛsər] n. (s, -) couteau (m.) à découper. || Techn. tranchet m. ||°**-schere** f. (-, n) ciseaux (m. pl.) de tailleur. ||°**-tisch** m. (s, e) établi m.

zu|schneiden ["tsu:'ʃnaidən] (schnitt, geschnitten) v. tr. découper ; tailler. | *einen Anzug zuschneiden*, tailler, couper un complet. ||°**-schneider** m. (s, -) coupeur m. ||°**-schnitt** m. (s, e) coupe f. ; façon f. ; forme f.

zu|schnüren ["tsu:'ʃny:rən] v. tr. ficeler ; lacer ; serrer. | *die Angst schnürt ihm die Kehle zu*, l'angoisse lui noue la gorge.

zu|schrauben ["tsu:'ʃraubən] v. tr. fermer ; visser.

zu|schreiben ["tsu:'ʃraibən] (ie, ie) v. tr. attribuer ; mettre sur le compte de ; imputer ; dédier. | *jm böse Absichten zuschreiben*, prêter à qn de mauvaises intentions. || COMM. porter au compte de.

zu|schreiten ["tsu:'ʃraitən] (i, i) v. intr. se diriger, s'avancer vers. | *wacker zuschreiten*, avancer, marcher à grands pas.

Zu|schrift ["tsu:'ʃrift] f. (-, en) lettre f. ; communication f. ; dédicace f.

zuschulden [tsu'ʃuldən] adv. *sich etwas zuschulden kommen lassen*, se rendre coupable de qch.

Zu|schuß ["tsu:'ʃus] m. (es, ¨e) versement (m.) supplémentaire ; supplément m. ; allocation f. | *staatliche Zuschüsse (für die Industrie)*, aides publiques (à l'industrie).

zu|schütten ["tsu:'ʃytən] v. tr. combler ; remblayer.

zu|sehen ["tsu:'ze:ən] (ie, a, e) v. intr. regarder ; assister à ; être spectateur de. || PAR EXT. veiller à ; faire attention à. | *sieh zu, daß*, fais en sorte que.

zu|sehends ["tsu:'ze:ənts] adv. à vue d'œil ; visiblement.

zu|senden ["tsu:'zɛndən] (sandte, gesandt) v. tr. envoyer ; faire parvenir.

zu|setzen ["tsu:'zɛtsən] v. tr. [hinzufügen] ajouter ; augmenter. | *dabei zusetzen*, y mettre du sien ; y être de sa poche.
◇ v. intr. [bedrängen] obséder ; presser. | *jm mit Fragen zusetzen*, presser qn de questions. || PAR EXT. *jm hart zusetzen*, éprouver qn.

zu|sichern ["tsu:'ziçərn] v. tr. assurer ; garantir. ||°**-sicherung** f. (-, en) assurance f. ; promesse f.

Zu|speise ["tsu:'ʃpaizə] f. (-, n). CULIN. garniture f.

zu|sperren ["tsu:'ʃpɛrən] v. tr. barrer ; barricader.

zu|spielen ["tsu:'ʃpi:lən] v. tr. lancer, servir la balle. | *jm den Ball zuspielen*, faire une passe à qn. || [Nachrichten] laisser filtrer.

zu|spitzen ["tsu:'ʃpitsən] v. tr. et v. pr. tailler en pointe ; effiler ; aiguiser. || FIG. s'aggraver ; s'envenimer. | *die Lage spitzt sich zu*, la situation empire. ||°**-spitzung** f. taille (f.) en forme de pointe. || FIG. aggravation f.

zu|sprechen ["tsu:'ʃprɛçən] (i, a, o) v. tr. attribuer. | *jm etwas zusprechen*, attribuer qch. à qn. | *jm Mut zusprechen*, encourager qn.
◇ v. intr. adresser la parole à qn. | *jm freundlich zusprechen*, avoir des paroles aimables pour qn.

Zu|sprechung [-çuŋ] f. (-, en) attribution f. ; adjudication f.

Zu|spruch ["tsu:'ʃpru:x] m. (s, ¨e) encouragement m. ; consolation f. ; exhortation f. | *großen Zuspruch haben*, être très fréquenté ; être en vogue.

Zu|stand ['tsu:ʃtant] m. (s, ¨e) état m. ; condition f. ; situation f. | *seelischer Zustand*, état d'âme. | *in gutem Zustand*, en bon état. | *Gesundheitszustand*, état de santé. | *Ausnahmezustand*, état d'exception. | *Kriegszustand*, état de guerre.
◇ m. pl. **Zustände,** circonstances f. pl. || FAM. *das sind (mir) Zustände !*, quelle pagaïe !

zustande ['tsu:"ʃtandə] adv. *zustande bringen*, réaliser ; exécuter ; arriver au bout de. | *zustande kommen*, avoir lieu ; réussir.

zu|ständig [-'ʃtɛndiç] adj. compétent ; qualifié. | *zuständiges Gericht*, tribunal compétent. || POLIT. *zuständiger Minister*, ministre (m.) de tutelle.

Zu|ständigkeit [-kait] f. compétence f. ; ressort m. | *örtliche Zuständigkeit*, compétence territoriale. || JUR. *Zuständigkeitsbereich*, ressort m. | *zuständigkeitshalber*, pour raisons de compétence.

zu|ständlich ["tsu:'ʃtɛntliç] adj. conforme à un état.

zustatten [tsu'ʃtatən] adv. *zustatten kommen*, venir à propos, à point. | *das kommt mir zustatten*, cela me sert.

zu|stecken ["tsu:'ʃtɛkən] v. tr. fermer avec une épingle. || FIG. donner en cachette ; glisser.

zu|stehen ["tsu:'ʃte:ən] (stand, gestanden) v. intr. [zukommen] revenir, appartenir (à qn). | *das steht ihm nicht zu*, il n'y a pas droit. || PAR EXT., JUR. être de la compétence de.

zu|steigen ["tsu:'ʃtaigən] (ie, ie) v. intr. monter en cours de voyage. | *(ist) noch jemand zugestiegen ?*, quelqu'un est-il monté en cours de route ?

zu|stellen ["tsu:'ʃtɛlən] v. tr. [übergeben] *Post zustellen*, remettre, distribuer le courrier. | *eigenhändig zustellen*, remettre en main propre. ||°**-stellung** f. (-, en) remise (f.) à domicile ; factage m. ; livraison f. | *gerichtliche Zustellung*, signification (f.) par tribunal. | *Zustellung der Post*, distribution (f.) du courrier. | *Zustellungsurkunde*, avis (m.) de réception.

Zustell|gebühr ["tsu:ʃtɛlgə'by:r] f. (-, en) frais (m. pl.) de livraison, de remise à domicile.

zu|steuern ["tsu:'ʃtɔyərn] v. intr. faire route sur ; prendre la direction de. | *der Küste zusteuern*, mettre le cap sur la côte.
◇ v. tr. et v. intr. [beisteuern] contribuer à.

zu|stimmen ["tsu:'ʃtimən] v. intr. donner son accord à, son assentiment à ; consentir. | *dem Plan zustimmen*, approuver le plan. ||°**-stimmung** f. (-, en). [Einwilligung ; Einverständnis] accord m. ; assentiment m. ; consentement m. ; approbation f. ; agrément m. | *mit seiner Zustimmung*, avec son assentiment. | *seine Zustimmung geben*, donner son accord. | *Zustimmungserklärung*, ratification f.

zu|stopfen ["tsu:'ʃtɔpfən] v. tr. boucher.

zu|stoßen ["tsu:'ʃto:sən] (ö, ie, o) v. intr. **1.** [einen Stoß geben] donner, allonger un coup (à qn).
2. [geschehen ; vorkommen] arriver ; survenir. | *ein Unglück ist ihm zugestoßen*, il lui est arrivé malheur.
◇ v. tr. fermer en poussant.

zu|streben ["tsu:'ʃtre:bən] v. intr. tendre vers un but ; vouloir atteindre un but.

Zu|strom ["tsu:'ʃtro:m] m. (s). [Zulauf ; Andrang] afflux m. ; affluence f. ||**-strömen** v. intr. affluer ; arriver en masse.

zutage [tsu:'tɑ:gə] adv. LOC. *zutage fördern*, mettre au jour ; extraire. | *zutage kommen, treten*, se montrer, paraître au grand jour.

Zu|tat ["tsu:'tɑ:t] f. (-, en). CULIN. garniture f.
◇ f. pl. **Zutaten,** fournitures f. pl. ; accessoires m. pl. || CULIN. [Gewürze] ingrédients m. pl.

zuteil [tsu'tail] adv. en partage. | *jm zuteil werden*, revenir, échoir à qn.

zu|teilen ["tsu:'tailən] v. tr. attribuer ; assigner ; répartir ; adjuger. | *einen Preis zuteilen*, décerner un prix. | *ein Amt zuteilen*, conférer une fonction. ||°**-teilung** f. (-, en) répartition f. ; attribution f. ; contingentement m.

zutiefst [tsu'ti:fst] adv. au plus profond ; profondément.

zu|tragen ["tsu:'trɑ:gən] (ä, u, a) v. tr. porter vers ; apporter ; produire. || FIG. rapporter. || FAM. moucharder.
◇ v. pr. **sich zutragen,** [sich ereignen] se passer ; arriver ; se produire. | *was hat sich zugetragen*, que s'est-il passé ?

Zu|träger [-'trɛ:gər] m. (s, -) rapporteur m. ; colporteur m. ; délateur m. ; mouchard m. ||°**-trägerei** f. (-, en) dénonciation f. ; FAM. mouchardage m. ||°**-trägerin** f. (-, nen) commère f. ||**-träglich** adj. profitable ; avantageux. | *der Gesundheit zuträglich*, salutaire.

zu|trauen ["tsu:'trauən] v. tr. *jm etwas zutrauen*, croire qn capable de qch. | *sich zuviel zutrauen*, présumer de son talent, de ses forces. | *das traue ich mir nicht zu*, je n'ai pas le courage d'entreprendre cela. ||°**-trauen** n. (s) confiance f. | *Zutrauen zu jm haben*, avoir confiance en qn. | *zutrauenerweckend*, qui inspire confiance. ||**-traulich** adj. confiant ; intime ; familier. ||°**-traulichkeit** f. (-, en) confiance f. ; familiarité f.

zu|treffen ["tsu:'trɛfən] (i, a, o) v. intr. **1.** [gemäß sein] concorder avec ; être exact, juste. | *das trifft durchaus zu*, c'est absolument exact.
2. [sich verwirklichen] se réaliser. | *das könnte zutreffen*, ce serait possible. || PAR EXT. *das trifft für alle Schüler zu*, c'est valable pour tous les élèves. ||**-treffend** part. prés. juste ; exact ; pertinent. | *in zutreffendem Falle* ; *zutreffendenfalls*, le cas échéant. | *eine zutreffende Bemerkung*, une observation pertinente.

zu|trinken ["tsu:'triŋkən] (a, u) v. intr. *jm zutrinken*, boire à la santé de qn ; inviter qn à lever son verre.

Zu|tritt ["tsu:'trit] m. (s) accès m. ; entrée f. | *Zutritt verboten*, défense d'entrer. | *bei jm freien Zutritt haben*, être reçu chez qn ; avoir ses entrées chez qn. | *jm keinen Zutritt gewähren*, refuser sa porte à qn.

zu|tulich ["tsu:'tu:liç] adj. empressé ; complaisant ; insinuant.

zu|tun ["tsu:'tu:n] (tat, getan) v. tr. **1.** [hinzufügen] ajouter ; joindre. || PAR EXT. aider. | *jm zugetan sein*, être dévoué à la cause de qn.

2. [schließen] fermer. | *die Augen für immer zutun*, fermer les yeux à jamais.

Zu|tun [-'tu:n] n. (s) aide f. ; intervention f. ; entremise f. | *ohne sein Zutun*, sans son entremise ; sans qu'il y soit pour qch. | *durch js Zutun*, par l'entremise de qn. ||**-tunlich** adj. V. ZUTULICH. ||°**-tu(n)lichkeit** f. amabilité f. ; empressement m.

zuunterst [tsu'untərst] adv. tout en bas ; au fond.

zu|verlässig ["tsu:fɛr'lɛsiç] adj. sûr ; fidèle ; constant ; éprouvé. | *zuverlässiger Arbeiter*, ouvrier consciencieux. | *ein zuverlässiger Fahrer*, un chauffeur sûr, éprouvé. | *aus zuverlässiger Quelle*, de source sûre. | *zuverlässige Zeugen*, des témoins (m. pl.) de bonne foi. ||°**-verlässigkeit** f. solidité f. ; fidélité f. ; sûreté f. ; fiabilité f. | *Zuverlässigkeitsprüfung*, épreuve (f.) de résistance.

Zu|versicht ["tsu:fɛr'ziçt] f. confiance f. ; espoir m. | *die feste Zuversicht haben, daß*, avoir le ferme espoir que, de. | *voller Zuversicht*, plein d'espoir. ||**-versichtlich** adj. confiant ; adv. avec confiance. ||°**-versichtlichkeit** f. V. ZUVERSICHT.

zuviel [tsu'fi:l] adv. trop. | *zuviel wissen*, en savoir trop. | *das ist des Guten zuviel !*, c'en est trop ! | *sich zuviel zumuten*, présumer de ses forces.

Zuviel [tsu'fi:l] n. (s) *ein Zuviel an*, un excès de. | *Zuvielerzeugung*, surproduction f.

zuvor [tsu'fo:r] adv. de temps. [früher] autrefois ; jadis. || [vorher] auparavant ; d'abord ; en premier lieu ; préalablement ; d'avance.
◇ adv. de lieu. [an der Spitze] en tête ; devant.

zuvor|kommen [tsu"fo:r'kɔmən] (a, o) v. intr. *jm zuvorkommen*, devancer qn. | *einem Wunsch zuvorkommen*, prévenir un souhait. ||**-kommend** part. prés. prévenant ; complaisant ; obligeant. ||°**-kommenheit** f. prévenance f. ; complaisance f. ; obligeance f.

zuvörderst [tsu'fœrdərst] adv. en tout premier lieu ; avant tout.

Zu|wachs ['tsu:vaks] m. (es). [Vermehrung ; Zunahme] augmentation f. ; accroissement m. ; surcroît m. || FAM. *die Familie Müller hat Zuwachs bekommen*, il y a une naissance chez les Muller. | *Bevölkerungszuwachs*, accroissement démographique. || *Zuwachsrate*, taux (m.) d'accroissement, de croissance.

zu|wachsen ["tsu:'vaksən] (ä, u, a) v. intr. **1.** s'accroître ; augmenter ; grandir.
2. [sich zumachen] se fermer. | *die Wunde wächst zu*, la plaie se referme.

Zu|wahl ["tsu:'vɑ:l] f. (-, en). POLIT. [Nachwahl] élection (f.) complémentaire.

Zu|wanderer ["tsu:'vandərər] m. (s, -). [Einwanderer] immigrant m. ||**-wandern** v. intr. s'acheminer vers ; immigrer. ||°**-wanderung** f. (-, en) afflux (m.) de population. || immigration f.

zuwege|bringen [tsu"ve:gə'briŋən] (brachte, gebracht) v. tr. mener à bonne fin ; venir à bout de. ||**-kommen** (a, o) v. intr. avoir lieu ; se réaliser.

zuweilen [tsu'vailən] adv. parfois ; de temps en temps.

zu|weisen ["tsu:'vaizən] (ie, ie) v. tr. affecter ; attribuer ; allouer. | *jm einen Platz zuweisen*, assigner une place à qn. ||°**-weisung** f. (-, en) attribution f. ; allocation f. ; attestation f. ; indication f. || JUR. *Zuweisung des Aufenthaltsorts*, assignation (f.) à résidence.

zu|wenden ["tsu:'vɛndən] (wandte, gewandt) v. tr. et v. pr. [zudrehen] tourner vers. | *jm den Rücken zuwenden*, tourner le dos à qn. | *sich dem Studium zuwenden*, se consacrer aux études. || FIG. consacrer à ; reporter sur. | *einem Kind seine ganze Liebe zuwenden*, reporter toute son affection sur un enfant. ||°**-wendung** f. (-, en) secours m. ; don m. ; attribution f. ; subvention f.

zu|werfen ["tsu:'vɛrfən] (i, a, o) v. tr. jeter vers. | *jm den Ball zuwerfen*, lancer la balle à qn. || FIG. *jm einen Blick zuwerfen*, jeter, lancer un regard à qn.

zuwider [tsu'vi:dər] adv. en contradiction, en opposition avec. | *das Glück war uns zuwider*, la fortune nous a été contraire. || PAR EXT. *das ist mir zuwider*, cela me répugne.
◇ prép. (dat.) contrairement à ; à l'encontre de. | *dem Befehl zuwider*, contre l'ordre.

zuwider|handeln [tsu"vi:dər'handəln] v. intr. désobéir à ; contrevenir à. ||°**-handelnde(r)** f. (m.) contrevenant(e) m. (f.). ||°**-handlung** f. (-, en) infraction f. ; contravention f.

zu|winken ["tsu:'viŋkən] v. intr. faire signe (à qn).

Zu|wuchs ["tsu:'vuks] m. (es). V. ZUWACHS.

zuzeiten [tsu'tsaitən] adv. parfois ; à certaines époques.

zu|ziehen ["tsu:'tsi:ən] (zog, gezogen) v. tr. **1.** fermer en tirant. | *die Fensterläden zuziehen*, tirer les volets. | *die Schlinge zuziehen*, serrer le nœud.
2. entraîner ; attirer vers. || FIG. contracter. | *sich eine Krankheit zuziehen*, contracter une maladie. | *sich Unannehmlichkeiten zuziehen*, s'attirer des ennuis.
3. appeler en consultation. | *einen Facharzt (hin)zuziehen*, faire appel à un spécialiste.
◇ v. intr. aller s'établir. | *er ist vor kurzem zugezogen*, il vient de s'établir ici.
◇ part. pass. **zugezogen,** *ein Zugezogener*, un nouveau venu ; un immigré.
◇ v. pr. *die Wunde zieht sich zu*, la plaie se referme, guérit.

Zu|ziehung [-'tsi:uŋ] f. [action de] fermer ; adjonction f. ; consultation f. | *unter Zuziehung eines Fachmanns*, après avoir consulté un spécialiste. ||°**-zug** m. (s, ¨e) afflux m. ; augmentation f. ; immigration f. ; renfort m. | *Zuzugsgenehmigung*, autorisation (f.) de résidence. ||**-züglich** adv. en plus ; en sus.

zwacken ['tsvakən] v. tr. pincer. | *vom Neid gezwackt*, tenaillé par la jalousie.

Zwang [tsvaŋ] m. (s) contrainte f. ; coercition f. ; force f. ; violence f. | *jm Zwang antun*, faire pression sur qn. | *sich Zwang antun*, se faire violence. | *ohne Zwang*, sans gêne. || JUR. *gerichtlicher Zwang*, contrainte par corps.

zwang... [tsvaŋ], **zwangs...** [tsvaŋs] (en compos.) forcé ; obligatoire.

zwang|los ["tsvaŋ'lo:s] adj. sans contrainte. ||°**-losigkeit** f. absence (f.) de contrainte.

Zwangs|anleihe ["tsvaŋs'anlaiə] f. (-, n). FIN. emprunt forcé. ||°**-arbeit** f. (-, en) travaux forcés. ||°**-auflösung** f. (-, en). JUR. dissolution (f.) judiciaire. ||°**-enteignung** f. (-, en) expropriation forcée. ||°**-erziehungsanstalt** f. (-, en) maison (f.) de correction. ||°**-fenster** n. (s, -) jour (m.) de souffrance. ||°**-gesetz** n. (es, e) loi coercitive. ||°**-haft** f. contrainte (f.) par corps. ||°**-herrschaft** f. tyrannie f. ; despotisme m. ||°**-hypothek** f. (-, en) hypothèque (f.) judiciaire. ||°**-jacke** f. (-, n) camisole (f.) de force. ||°**-lage** f. (-, n) état (m.) de contrainte ; nécessité f. ; cas (m.) de force majeure. ||**-läufig** adj. obligatoire. — adv. obligatoirement ; forcément ; par la force des choses ; par nécessité. ||°**-läufigkeit** f. nécessité. ||°**-maßnahme** f. (-, n), °**-maßregel** f. (-, n) mesure coercitive. ||°**-recht** n. (s) droit coercitif. ||°**-veräußerung** f. (-, en) vente forcée. ||°**-verfahren** n. (s, -) procédure coercitive ; coercition f. ||°**-verschleppung** f. (-, en) déportation f. ||°**-versteigerung** f. (-, en) vente (f.) par licitation. ||°**-verwalter** m. (s, -) séquestre m. ||°**-verwaltung** f. (-, en) mise (f.) sous séquestre. ||°**-vollstreckung** f. (-, en) exécution (f.) par contrainte. ||°**-vorstellung** f. (-, en) idée (f.) fixe ; obsession f. ||**-weise** adv. par contrainte. ||°**-wirtschaft** f. économie dirigée.

zwängen ['tsvɛŋən] v. tr. comprimer ; presser ; faire entrer de force.

zwanzig ['tsvantsiç] adj. num. card. vingt. | *etwa zwanzig*, une vingtaine.
◇ **die Zwanzig,** le vingt ; le nombre vingt.

Zwanziger [-tsigər] m. (s, -) jeune homme âgé de vingt ans.
◇ adj. **zwanziger.** *in den zwanziger Jahren*, dans les années 1920 à 1930.

zwanzigst [-tsiçst] adj. num. ord. vingtième.

Zwanzigstel [-tsiçstəl] n. (s, -) vingtième m. | *drei Zwanzigstel*, trois vingtièmes.

zwar [tsvɑ:r] adv. **1.** en effet ; à la vérité ; certes. | *er ist zwar alt, aber noch recht kräftig*, certes il est âgé, mais encore vigoureux.
2. und zwar, *er kommt doch, und zwar morgen*, il viendra quand même, demain. | *er hat Schulden, und zwar so viele, daß*, il a des dettes, et même tellement que.

Zweck [tsvɛk] m. (s, e) but m. ; fin f. ; vue f. ; dessein m. | *zu welchem Zweck ?*, dans quel but ? | *das hat keinen Zweck*, c'est inutile. | *zu diesem Zweck*, à cet effet. | *es hat wenig Zweck hinzugehen*, y aller n'a guère de sens. | *einen Zweck verfolgen*, poursuivre un dessein. | *das hat seinen Zweck erfüllt*, cela a produit son effet. | *das hat seinen Zweck verfehlt*, cela a manqué son but. || LOC. *das ist der Zweck der Übung*, voilà pourquoi on le fait. | *der Zweck heiligt die Mittel*, la fin justifie les moyens.

zweck|dienlich ["tsvɛk'di:nliç] adj. pratique ; utile ; convenable. ||°**-dienlichkeit** f. utilité f. ; efficacité f. ||°**-lehre** f. (-, en) téléologie f. ||**-los** adj. sans but ; inutile. ||°**-losigkeit** f. inutilité f. ||**-mäßig** adj. conforme au but ; convenable ; adéquat ; approprié. ||°**-mäßigkeit** f. convenance f. ; utilité f. ; opportunité f. ||**-voll** adj. qui a un but ; pratique. ||**-widrig** adj. inopportun. ||°**-widrigkeit** f. inopportunité f.

Zwecke ['tsvɛkə] f. (-, n) pointe f. ; semence f. ; punaise f. || BOT. chiendent m.

zwecks [tsvɛks] prép. (gén.) en vue de ; pour.

zwei [tsvai] adj. num. card. deux. | *zu zweien*, deux à deux. | *das Los zweier Menschen*, le sort de deux hommes.

◇ **die Zwei,** le deux ; le chiffre deux.

zwei... (en compos.) binaire ; géminé ; en deux parties ; double.

zwei|beinig ["tsvai'bainiç] adj. à deux jambes ; à deux pattes. ||°**-brücken** n. pr. n. GÉOGR. Deux-Ponts m. pl. ||°**-decker** m. (s, -). AÉRON. biplan m. ||**-deutig** adj. équivoque ; ambigu. ||°**-deutigkeit** f. ambiguïté f. ; équivoque f. || PAR EXT. parole (f.) à double sens ; grivoiserie f. ||**-drähtig** adj. ÉLECTR. bifilaire. ||**-fach** adj. double. ||**-farbig** adj. bicolore. ||°**-felderwirtschaft** f. AGRIC. assolement m. ||°**-flügler** m. (s, -). ZOOL. diptère m. ||°**-füßler** m. (s, -) bipède m. ||**-geschlechtig** adj. hermaphrodite. ||°**-gestaltigkeit** f. dimorphie f. ||**-gleisig** adj. [Eisenbahn] à deux voies. ||**-gliederig** adj. ZOOL. biarticulé. || MATH. binôme. ||°**-herrschaft** f. duumvirat m. ||°**-hufer** m. (s, -). ZOOL. fissipède m. ||**-hundert** adj. num. card. deux cents. ||°**-kammersystem** n. (s, e). POLIT. bicamérisme m. ||°**-kampf** m. (s, ¨e) duel m. ||**-köpfig** adj. bicéphale. ||**-lebig** adj. amphibie. ||**-mal** adv. deux fois. ||**-malig** adj. deux fois répété. ||°**-master** m. (s, -). MAR. brick m. ; deux-mâts m. ||**-monatlich** adj. tous les deux mois ; bimestriel. ||**-motorig** adj. à deux moteurs ; bimoteur. | *zweimotoriges Flugzeug*, bimoteur m. ||°**-parteiensystem** n. (s, e). POLIT. bipartisme m. ; bipolarisation f. ||°**-phasenstrom** m. (s, ¨e). ÉLECTR. courant diphasé, alternatif. ||**-polig** adj. bipolaire. ||°**-reiher** m. (s, -) veston (m.) croisé. ||**-schneidig** adj. à double tranchant. ||**-seitig** adj. bilatéral. ||°**-sitzer** m. (s, -) voiture (f.) à deux places. || AÉRON. biplace m. ||°**-spänner** m. (s, -) voiture (f.) à deux chevaux. ||**-sprachig** adj. bilingue. ||°**-sprachigkeit** f. bilinguisme m. ||**-stündig** adj. qui dure deux heures. ||**-stündlich** adj. toutes les deux heures, de deux heures en deux heures. ||°**-taktmotor** m. (s, en) moteur (m.) à deux temps. ||**-tausend** adj. num. card. deux mille. ||**-unddreißigstelnote** [-/-"---'--] f. (-, n). MUS. triple croche f. ||°**-undreißigstelpause** f. (-, n). MUS. huitième (m.) de soupir. ||°**-vierteltakt** m. (es, e). MUS. mesure (f.) à deux-quatre. ||°**-weiberei** f. bigamie f. ||**-wertig** adj. INF. *zweiwertiges Element*, élément (m.) binaire. ||**-zählig** adj. binaire. ||°**-zeiler** m. (s, -). LITTÉR. distique m.

Zweier ['tsvaiər] m. (s, -) chiffre (m.) deux ; deux m. || SPORT. [Rudern] double scull m.

zweierlei [tsvaiər'lai] adv. de deux sortes. | *auf zweierlei Art*, de deux manières.

Zweifel ['tsvaifəl] m. (s, -) doute m. ; hésitation f. ; incertitude f. | *ohne (jeden) Zweifel*, sans aucun doute ; incontestablement ; sans conteste. | *außer Zweifel*, hors de doute. | *Zweifel hegen*, avoir des doutes. | *das unterliegt keinem Zweifel*, cela est hors de doute. | *darüber kann kein Zweifel bestehen*, là-dessus il n'y a pas de doute. | *seine Ehrlichkeit ist über jeden Zweifel erhaben*, son honnêteté ne peut être mise en doute. | *etwas in Zweifel stellen, ziehen*, concevoir des doutes au sujet de qch.

Zweifel|fall ["tsvaifəl'fal], **Zweifels|fall** ["tsvaifəls'fal] m. (s, ¨e) cas douteux. ||**-los** adj. et adv. hors de doute ; indubitablement. ||°**-mut** m. (s) esprit indécis, sceptique. ||**-mütig** adj. indécis ; irrésolu. ||**-(s)ohne** adv. indubitablement ; sans aucun doute.

Zweifelei [tsvaifə'lai] f. manie (f.) de douter.

zweifelhaft ['tsvaifəlhaft] adj. douteux ; problématique ; incertain. || PÉJOR. suspect ; à double face. | *ein zweifelhaftes Unterfangen*, une entreprise douteuse. || [unentschlossen] qui est dans le doute ; irrésolu.

Zweifelhaftigkeit [-tiçkait] f. incertitude f. ; indécision. || caractère douteux (d'une affaire).

zweifeln ['tsvaifəln] v. intr. douter. | *an jm, an etwas zweifeln*, douter de qn, de qch.

◇ part. prés. **zweifelnd**, dubitatif.

Zweifler [-flər] m. (s, -) incrédule m. ; sceptique m.

Zweig [tsvaik] m. (s, e) rameau m. ; branche f. ; ramification f. || FIG. ligne f. ; branche f. ; rejeton m. || TECHN. embranchement m. ; branchement m. || FIG. *auf keinen grünen Zweig kommen*, ne pas réussir ; ne pas faire fortune.

Zweig|anstalt ["tsvaik'anʃtalt] f. (-, en), °**-geschäft** [-gə'ʃɛft] n. (s, e), °**-stelle** [-'ʃtɛlə] f. (-, n) filiale f. ; succursale f. ||°**-leitung** f. (-, en). ÉLECTR. branchement m. ||°**-strom** m. (s, ¨e). ÉLECTR. courant (m.) de dérivation.

Zweiheit ['tsvaihait] f. PHYS. dualité f.

zweit [tsvait] adj. num. ord. deuxième ; second. | *der, die, das zweite*, le second ; la seconde. | *an zweiter Stelle*, en second lieu. | *eine Fahrkarte zweiter Klasse*, un billet de seconde (classe). | *aus zweiter Hand*, de seconde main. | *zweites Gesicht*, don (m.) de double vue. | *Ludwig der Zweite*, Louis II. | *zum zweiten*, deuxièmement. | *zum zweiten Mal*, pour la seconde fois. || FIG. *ein zweiter Goethe*, un autre Goethe.

zweit [tsvait] adv. *zu zweit*, à deux.

zweit... (en compos.) secondaire.

Zweit|anzeiger ["tsvait'antsaigər] m. (s, -). TECHN. répétiteur m. ||°**-ausfertigung** f. (-, en) duplicata m. ; double m. ||**-best** adj. second. ||**-geboren** adj. puîné. ||**-jüngst, -letzt** adj. avant-dernier. ||**-klassig** adj. de second ordre. ||°**-schrift** f. (-, en) copie f. ; ampliation f. ||°**-wohnung** f. (-, en) résidence (f.) secondaire.

zweitens ['tsvaitəns] adv. deuxièmement ; en second lieu.

Zwerch|fell ["tsvɛrç'fɛl] n. (s, e) diaphragme m. || FIG. *ein zwerchfellerschütterndes Lachen*, un rire désopilant.

Zwerg(in) ['tsvɛrk(in)] m. (s, e), f. (-, nen) nain(e) m. (f.) ; pygmée m.

Zwerg|apfel ["tsvɛrk'apfəl] m. (s, ¨) pomme (f.) de paradis. ||°**-baum** m. (s, ¨e), °**-bäumchen** n. (s, -) arbuste nain. ||°**-falke** m. (n, n). ZOOL. émouchet m. ||°**-huhn** n. (s, ¨er) poulet nain ; poulet (m.) de Bantam. ||°**-kiefer** f. (-, n) pin (m.) des montagnes. ||°**-maus** f. (-, ¨e) musaraigne f. ||°**-pudel** m. (s, -). ZOOL. caniche nain. ||°**-stern** m. (s, e). ASTRON. étoile naine.

zwerghaft ['tsvɛrkhaft], **zwergig** ['tsvɛrgiç] adj. nain.

Zwetsche ['tsvɛtʃə], **Zwetschge** ['tsvɛtʃgə], **Zwetschke** ['tsvɛtʃkə] f. (-, n) quetsche f. ; prune f.

Zwetsch(g)en|baum ["tsvɛtʃ(g)ən'baum] m. (s, ¨e) prunier m. ||°**-wasser** n. (s) eau-de-vie (f.) de prunes.

Zwick|bohrer ["tsvik'bo:rər] m. (s, -) vrille f. ||°**-mühle** f. (-, n). [Spielzeug] double-moulin m. || FIG. *in eine Zwickmühle geraten*, se trouver mis dans une situation embarrassante. ||°**-nagel** m. (s, ¨) pointe f. ; punaise f. ||°**-zange** f. (-, n) pince coupante.

Zwicke ['tsvikə] f. (-, n) pince f. ; punaise f. ; cheville f.

Zwickel ['tsvikəl] m. (s, -). ARCHIT. pendentif m. ; écoinçon m.

Zwickel|bart ["tsvikəl'ba:rt] m. (s, ¨e) impériale f.

zwicken ['tsvikən] v. tr. [kneifen ; zwacken] pincer ; tenailler.

Zwicker [-kər] m. (s, -) pince-nez m. ; lorgnon m.

zwie... [tsvi] autre forme de **zwei,** employée en composition.

Zwie|back ["tsvi:'bak] m. (s, e) biscuit m. ; biscotte f. ||°**-brache** f. (-, n). AGRIC. binage m. ||**-fach** adj. double. ||**-fältig** adj. double. ||°**-gespräch** n. (s, e) dialogue m. ||°**-laut** m. (s, e) diphtongue f. ||°**-licht** n. (s) demi-jour m. ||**-lichtig** adj. incertain ; vague. ||°**-spalt** m. (s, e) désunion f. ; discorde f. ; brouille f. ||**-spältig** adj. désuni ; brouillé. ||°**-spältigkeit** f. ambiguïté f. ||°**-sprache** f. (-, n) dialogue m. ||°**-tracht** f. discorde f. ; désunion f. ||°**-trachtstifter** m. (s, -) brandon (m.) de discorde.

Zwiebel ['tsvi:bəl] f. (-, n) oignon m. ; bulbe m.

zwiebel|artig ["tsvi:bəl'a:rtiç] adj. bulbeux. ||°**-blume** f. (-, n) caïeu m. ||°**-flöte** f. (-, n) mirliton m. ||**-förmig** adj. en forme d'oignon, de bulbe. ||°**-knollen** m. (s, -) bulbe m. ||°**-kuppel** f. (-, n) coupole (f.) à bulbe. ||°**-marmor** m. (s, -) cipolin m. ||°**-turm** m. (s, ¨e) clocher (m.) à bulbe. ||°**-zopf** m. (s, ¨e) chaîne (f.) d'oignons.

zwiebeln ['tsvi:bəln] v. tr. assaisonner (avec des oignons). || FAM., POP. brimer.

Zwilch [tsvilç] m. (s, e), **Zwillich** [tsviliç] m. (s, e) coutil m.

Zwille [tsvilə] f. (-, n) lance-pierres m.

Zwilling ['tsviliŋ] m. (s, e) jumeau m. ; jumelle f. || [Jagd] fusil (m.) à deux coups.
◇ m. pl. **Zwillinge.** ASTRON. Gémeaux m. pl.

Zwillings|bogen ["tsviliŋs'bo:gən] m. (s, -). ARCHIT. arc géminé. ||°-**bruder** m. (s, ¨) frère jumeau. ||°-**geschwister** f. pl. jumeaux m. pl. ; jumelles f. pl. ||°-**schwester** f. (-, n) sœur jumelle.

Zwing|burg ["tsviŋ'burk] f. (-, en) château fort ; citadelle f. ||°-**herr** m. (n, en) despote m. ; tyran m. ||°-**herrschaft** f. tyrannie f.

Zwinge ['tsviŋə] f. (-, n). TECHN. bride (f.) de fixation ; virole f. ; serre-joint m. | *Messerzwinge*, virole de couteau. | *Schraubzwinge*, happe f. || PAR EXT. étau m.

zwingen ['tsviŋən] (a, u) v. tr. et v. pr. (se) contraindre ; (se) forcer ; (s')astreindre à ; (se) faire violence. || PAR EXT. dompter ; vaincre ; discipliner. | *den Gegner in, auf die Knie zwingen*, faire plier l'adversaire. | *jn zum Gehorsam zwingen*, imposer l'obéissance à qn ; réduire qn à l'obéissance. | *ich sehe mich gezwungen*, je me vois contraint de.
◇ part. prés. **zwingend,** pressant ; contraignant. | *zwingende Gründe*, raisons impérieuses ; impératifs m. pl. | *zwingender Beweis*, preuve convaincante. | *zwingende Umstände*, circonstances contraignantes ; cas (m.) de force majeure.
◇ part. pass. **gezwungen,** *ich tue es nur gezwungen*, je le fais à mon corps défendant. | *gezwungen lächeln*, rire du bout des lèvres. | *gezwungenes Lächeln*, rire contraint. | *eine gezwungene Miene*, un air guindé.

Zwinger [-ŋər] m. (s, -) **1.** [Ringsmauer] enceinte f. || [Turm] donjon m. ; tour fortifiée.
2. [Gefängnis] geôle f. ; cage f. ; chenil m. | *Bärenzwinger*, fosse (f.) aux ours. | *Löwenzwinger*, cage aux lions.
3. [Kampfplatz ; Festplatz] arène f. ; lices f. pl. | *Dresdner Zwinger*, château (m.) de Dresde.

Zwinglianer [tsviŋli'ɑ:nər] m. (s, -) zwinglien m.

zwinkern ['tsviŋkərn] v. intr. *mit den Augen zwinkern*, cligner des yeux.

zwirbeln ['tsvirbəln] v. tr. tordre ; tortiller. | *den Schnurrbart zwirbeln*, friser sa moustache.

Zwirn [tsvirn] m. (s, e) fil m.

Zwirn|faden ["tsvirn'fɑ:dən] m. (s,¨) brin (m.) de fil ; aiguillée (f.) de fil. ||°-**händler** m. (s, -) filotier m. ||°-**haspel** m. (s, -) dévidoir (m.) de fil.

zwirnen ['tsvirnən] v. tr. retordre. || PAR EXT. *die Katze zwirnt*, le chat ronronne.

zwischen ['tsviʃən] prép. (dat. ou acc.) entre ; parmi ; au milieu de. **1.** [räumlich] *Bonn liegt zwischen Koblenz und Köln*, Bonn se trouve entre Coblence et Cologne. || FIG. *zwischen den Zeilen lesen*, lire entre les lignes. | *sich zwischen zwei Stühle setzen*, être assis entre deux chaises.
2. [zeitlich] *ein Mann zwischen vierzig und fünfzig*, un homme de quarante à cinquante ans. | *zwischen zwei Zügen*, entre deux trains. | *zwischen zehn und elf*, entre dix et onze heures.
3. [begrifflich] *zwischen ihm und seinem Freund besteht ein großer Unterschied*, il y a une grande différence entre lui et son ami.
◇ adv. (en compos.) **inzwischen,** en attendant ; entre-temps. — **dazwischen,** entre les deux.

zwischen... (en compos.) intermédiaire.

Zwischen|akt ["tsviʃən'akt] m. (s, e) entracte m. ||°-**artikel** m. (s, -) entrefilet m. ||°-**bemerkung** f. (-, en) parenthèse f. ; digression f. ; interruption f. ||°-**bescheid** ["--/-'-] m. (s, e) réponse (f.) provisoire. || JUR. sentence (f.) interlocutoire. ||°-**deck** n. (s, e) entrepont m. ; faux pont. ||°-**ding** n. (s, e) intermédiaire m. ||-**durch** [--/'-] adv. au travers ; entre-temps ; quelquefois. ||°-**fall** m. (s, ¨e) incident m. ||°-**feld** n. (s, er). ARCHIT. métope f. ||°-**fieber** n. (s, -). MÉD. fièvre intercurrente. ||°-**form** f. (-, en) forme (f.) de transition. ||°-**geräusche** n. pl. RADIO. parasites m. pl. ||°-**gericht** n. (s, e) entremets m. ||°-**gesang** m. (s, ¨e) intermède vocal. ||°-**geschoß** n. (es, e) entresol m. ||°-**glied** n. (s, er) membre (m.) intermédiaire ; chaînon m. ||°-**hafen** m. (s, ¨) entrepôt (m.) maritime ; relâche f. ||°-**händler** m. (s, -) entrepositaire m. ||°-**handlung** f. (-, en) incident m. ; épisode m. ||-**her** [-/'-] adv. entre-temps. ||°-**kiefer** m. (s, -). ANAT. os (m.) intermaxillaire. ||°-**lager** n. (s, -). NUCL. aire (f.) de stockage intermédiaire, provisoire. ||°-**lagerung** f. (-, en). NUCL. stockage (m.) intermédiaire, provisoire. ||°-**landung** f. (-, en) escale f. ||°-**lösung** f. (-, en) solution (f.) provisoire. ||°-**mauer** f. (-, n) mur mitoyen ; mur (m.) de refend. ||°-**person** f. (-, en) tierce personne ; intermédiaire m. ||°-**raum** m. (s, ¨e) intervalle m. ; interstice m. ||°-**rede** f. (-, n) interruption f. ||°-**redner** m. (s, -) interrupteur m. ||°-**regierung** f. (-, en) règne (m.) transitoire ; gouvernement (m.) de transition. ||°-**ruf** m. (s, e) interpellation f. ; interruption f. ; exclamation f. ||°-**runde** f. (-, n). SPORT. demi-finale f. ||°-**satz** m. (es, ¨e). GRAMM. proposition incise. ||-**schalten** v. tr. intercaler ; interpoler. ||°-**schicht** f. (-, en) couche (f.) intermédiaire, isolante. ||°-**sender** m. (s, -) émetteur-relais m. ||°-**stück** n. (s, e). THÉÂTRE. intermède m. ; intermezzo m. ||°-**stufe** f. (-, n) état (m.) intermédiaire. ||°-**stunde** f. (-, n) récréation f. ||°-**zeile** f. (-, n). TYPOGR. interligne f. ||°-**zeit** f. (-, en) intervalle m. ; intérim m. | *in der Zwischenzeit*, dans l'intervalle ; entre-temps ; pendant ce temps.

Zwist [tsvist] m. (s, e) discorde f. ; dissension f. ; querelle f. ; différend m. ; dispute f.
— SYN. : *Streit*, querelle, dispute ; *Hader*, querelle ; *Zerwürfnis*, brouille.

zwistig ['tsvistiç] adj. discordant ; désuni ; contesté.

Zwistigkeit [-kait] f. (-, en) dissension f. ; discorde f.

zwitschern ['tsvitʃərn] v. intr. gazouiller ; chanter.

Zwitter ['tsvitər] m. (s, -) hybride m. ; hermaphrodite m. || ZOOL. bâtard m. ; métis m.

Zwitter|art ["tsvitər'ɑ:rt] f. (-, en) espèce f. ; variété (f.) hybride. ||-**artig** adj. hybride. ||°-**bildung** f. (-, en) hermaphrodisme m. ; androgynie f. ||°-**ding** n. (s, e) chose bâtarde. ||°-**geschlecht** n. (s, er) race dégénérée, abâtardie. ||°-**wesen** n. (s, -) être (m.) hybride ; nature (f.) hybride.

zwitt(e)rig ['tsvit(ə)riç] adj. hybride ; amphibie.

zwo [tsvo:] adj. num. card. (VX.) FAM. deux.

zwölf [tsvølf] adj. num. card. douze. | *es ist zwölf Uhr mittags*, il est midi. | *zwölf Uhr nachts*, à minuit.
◇ **die Zwölf.** le nombre douze ; le douze.

Zwölf|apostellehre ["tsvølfapɔstəl'le:rə] f. RELIG. Actes (m. pl.) des Apôtres. ||°-**eck** n. (s, e) dodécagone m. ||°-**ender** m. (s, -) cerf (m.) à douze cors. ||°-**fingerdarm** ['-/"--] m. (s, e). ANAT. duodénum m. ||°-**flächner** m. (s, -) dodécaèdre m. ||-**mal** adv. douze fois. ||°-**tonmusik** f. dodécaphonisme m.

zwölft [tsvølft] adj. num. ord. douzième. | *am zwölften dieses Monates*, le douze de ce mois.

Zwölftel [-təl] n. (s, -) douzième m.

zwölftens ['tsvølftəns] adv. douzièmement.

Zyan [tsy'ɑ:n] n. (s). CHIM. cyanogène m.

Zyan|eisen [tsy"ɑ:n'aizən] n. (s). CHIM. cyanure (m.) de fer. ||°-**kali** n. (s). CHIM. cyanure (m.) de potassium. ||°-**säure** f. (-, n) acide (m.) cyanique.

Zyane [tsy'ɑ:nə] f. (-, n). BOT. bluet m.

Zyanid [tsya'ni:t] n. (s), **Zyanür** [tsya'ny:r] n. (s). CHIM. cyanure m. ; (VX.) prussiate m.

Zyanose [tsya'no:zə] f. (-, n). MÉD. cyanose f.

Zykladen [tsy'klɑ:dən] n. pr. f. pl. GÉOGR. îles (f. pl.) Cyclades.

Zyklamen [tsy'klɑ:mən] n. (s, -). BOT. cyclamen m.

zyklisch ['tsy:kliʃ] adj. cyclique.

Zyklon [tsy'klo:n] m. (s, e) cyclone m.
— SYN. : *Wirbelsturm*.

Zyklone [-nə] f. (-, n). [Wetterkunde] zone (f.) de basse pression.

Zyklop [tsy'klo:p] m. (en, en). MYTH. Cyclope m.

zyklopisch [-piʃ] adj. cyclopéen.

Zyklosporin [tsyklospo'ri:n] n. (s). MÉD. cyclosporine f.

Zyklothymie [tsykloty'mi:] f. MÉD. cyclothymie f.

Zyklotron [tsyklo'tro:n] n. (s, e). TECHN. cyclotron m.

Zyklus ['tsy:klus] m. (-, klen) cycle m. ; série f. || ASTRON. cercle m.

Zylinder [tsy'lindər] m. (s, -) cylindre m. | *Lampenzylinder*, verre (m.) de lampe. | *Meßzylinder*, éprouvette graduée. || PAR EXT. (chapeau m.) haut de forme ; gibus m.

Zylinder|block [tsy"lindər'blɔk] m. (s, ¨e) bloc-cylindres m. ; bloc (m.) de culasse. ||°-**hut** m. (s, ¨e) haut-de-forme m. ||°-**inhalt** m. (s, e). AUTOM. [Hubraum] cylindrée f. ||°-**kopf|dichtung** f. (-, en).

AUTOM. joint (m.) de culasse. ||°-**mantel** m. (s, ¨e) corps (m.), chemise (f.) de cylindre.
zylindrisch [tsy'lindriʃ] adj. cylindrique.
zymisch ['tsy:miʃ] adj. CHIM. fermenté.
Zyniker ['tsy:nikər] m. (s, -) cynique m.
zynisch [-niʃ] adj. cynique.
Zynismus [tsy'nismus] m. cynisme m.
Zyper|gras ["tsy:pər'gra:s] n. (es, ¨er). BOT. souchet m. ; laîche f. ; linaigrette f.
Zypern ['tsy:pərn] n. pr. n. (s). GÉOGR. (île [f.] de) Chypre.
Zyprer ['tsy:prər] m. (s, -), **Zypriot** [tsypri'o:t] m. (en, en) Cypriote m.
Zypresse [tsy'prɛsə] f. (-, n). BOT. cyprès m.
zyprisch ['tsy:priʃ] adj. cypriote ; de Chypre.
zyrillisch [tsy'riliʃ] adj. cyrillique. |*zyrillische Schrift*, écriture (f.) cyrillique.
Zyste ['tsystə] f. (-, n). MÉD. cloque f. ; tumeur f.
Zystitis [tsys'ti:tis] f. MÉD. cystite f.
Zythera ['tsy:tera] f. GÉOGR. Cythère f.
zyto|gen [tsyto'ge:n] adj. cytogène ; qui forme des cellules. ||°-**logie** f. MÉD. cytologie f. ; étude (f.) de la cellule. ||°-**lyse** f. MÉD. décomposition (f.) des cellules par le sang. ||°-**plasma** n. (s, men) cytoplasme m. ; plasma (m.) cellulaire.
z. Z., z. Zt. abrév. de **zur Zeit,** en ce moment ; actuellement.

LOCUTIONS ET PROVERBES ALLEMANDS — LOCUTIONS ET PROVERBES FRANÇAIS ÉQUIVALENTS

A

Abendrot, Gutwetterbot	Rouge au soir, clair au matin, c'est la journée du pèlerin
Alle Wege führen nach Rom	Tous les chemins mènent à Rome
Aller Anfang ist schwer	Il n'y a que le premier pas qui coûte
Aller guten Dinge sind drei	Jamais deux sans trois
Alles geht in der Welt : der eine steigt, der andere fällt	Le monde est rond, qui nage mal va au fond
Alles hat einmal ein Ende	Tout a une fin
Alles in einen Topf werfen	Mettre tout dans le même sac
Alles zu seiner Zeit	Chaque chose en son temps
Alte Häute brauchen viel Gerbens	Vieux pécheur rarement se convertit
Alte Liebe rostet nicht	On revient toujours à ses premières amours
Alter schützt vor Torheit nicht	On fait des sottises à tout âge
Am rollenden Stein wächst kein Moos	Pierre qui roule n'amasse pas mousse
Am Werke erkennt man den Meister	À l'œuvre on connaît l'artisan
An allen Gliedern zittern	Trembler de tous ses membres
An die falsche Adresse geraten	Frapper à la mauvaise porte
Andere Länder, andere Sitten	Vérité en deçà des Pyrénées, erreur au-delà
Appetit kommt beim Essen	L'appétit vient en mangeant
Arm oder reich, der Tod macht alle gleich	Tous sont égaux devant la mort
Armut ist ein schlimmer Gast	Quand il n'y a plus d'avoine à l'auge, les chevaux se battent
Armut schändet nicht	Pauvreté n'est pas vice
Auf Biegen oder Brechen	De gré ou de force
Auf den Dreh kommen	Trouver le truc
Auf den Sanktnimmerleinstag verschieben	Remettre aux calendes grecques
Auf eigenen Füßen stehen	Voler de ses propres ailes
Auf einen Schelmen anderthalbe	À malin, malin et demi
Auf einen groben Klotz gehört ein grober Keil	À vilain, vilain et demi
Auf großem Fuße leben	Mener grand train
Auf jeden Topf gehört ein Deckel	Il n'est si méchant pot qui ne trouve son couvercle
Auf Regen folgt Sonnenschein	Après la pluie le beau temps
Aufgeschoben ist nicht aufgehoben	Ce n'est que partie remise
Aufs falsche Pferd setzen	Miser sur le mauvais cheval
Aus den Augen, aus dem Sinn	Loin des yeux, loin du cœur
Aus der Haut fahren	Sortir de ses gonds
Aus seinem Herzen keine Mördergrube machen	Parler à cœur ouvert
Aus vollem Halse lachen	Rire aux éclats

B

Bargeld lacht	Argent comptant fait content
Beharrlichkeit führt zum Ziel	Avec de la persévérance on arrive à tout
Bei jemandem Gnade finden	Trouver grâce aux yeux de quelqu'un
Bei Nacht sind alle Katzen grau	La nuit tous les chats sont gris
Beispiele beweisen nichts	Comparaison n'est pas raison
Besser allein als in böser Gemeind	Mieux vaut être seul qu'en mauvaise compagnie
Besser ein lebender Esel als ein totes Pferd	Un chien vivant vaut mieux qu'un lion mort
Besser ein magerer Vergleich als ein fetter Prozeß	Un mauvais arrangement vaut mieux qu'un bon procès
Besser spät als nie	Mieux vaut tard que jamais
Betteln ist besser als stehlen	Mieux vaut tendre la main que le cou
Bleibe im Land und nähre dich redlich	Là où la chèvre est attachée, il faut qu'elle broute
Blinder Eifer schadet nur	Trop de zèle nuit
Böses mit Gutem vergelten	Rendre le bien pour le mal

D

Da liegt der Hase im Pfeffer	Voilà le hic !
Da stehen wie bestellt und nicht abgeholt	Rester en carafe
Daran kann man sich die Finger verbrennen	Qui s'y frotte s'y pique
Das Bessere ist des Guten Feind	Le mieux est l'ennemi du bien
Das Blaue vom Himmel herunterlügen	Mentir comme un arracheur de dents
Das Blut verleugnet sich nicht	Bon sang ne peut mentir
Das Ei will klüger sein als die Henne	Gros-Jean qui en remontre à son curé !
Das Faß riecht nach dem ersten Wein	La caque sent toujours le hareng
Das geht über meinen Satz	C'est au-dessus de mes moyens
Das Geld sitzt bei ihm locker	L'argent lui file entre les doigts
Das Gras wachsen hören	Se croire plus malin que les autres
Das hat weder Salz noch Schmalz	Cela manque de piquant
Das ist der Tropfen, der das Faß zum Überlaufen bringt	C'est la goutte d'eau qui fait déborder le vase
Das ist Jacke wie Hose	C'est bonnet blanc et blanc bonnet
Das ist Schnee von gestern	Ce sont de vieilles lunes
Das ist verpfuschte Arbeit	C'est fait en dépit du bon sens
Das Kind beim rechten Namen nennen	Appeler un chat un chat
Das kommt davon !	Voilà ce que c'est !
Das lohnt sich nicht	Le jeu n'en vaut pas la chandelle
Das Maß ist gerüttelt voll	La mesure est comble
Das paßt wie die Faust aufs Auge	Cela vient comme un cheveu sur la soupe
Das Pferd vom Schwanz her aufzäumen	Mettre la charrue avant les bœufs
Das Übel an der Wurzel packen	Attaquer le mal à la racine
Davor werde ich mich hüten	Je m'en garderai bien !
Dem Kater die Schelle anhängen	Attacher le grelot
Dem Mutigen gehört die Welt	À cœur vaillant rien d'impossible
Den äußeren Schein wahren	Sauver la face
Den Bock zum Gärtner machen	Donner au loup la brebis à garder
Den Haushalt versorgen	Vaquer aux soins du ménage
Den Kelch bis zur Neige leeren	Boire le calice jusqu'à la lie
Den Kopf wird's nicht kosten	Ce n'est pas la mort d'un homme
Den Schlaf der Gerechten schlafen	Dormir du sommeil du juste
Den Teufel mit dem Beelzebub austreiben	Choisir un remède pire que le mal
Den Vogel erkennt man am Gesang	On juge l'arbre à son fruit
Den wunden Punkt treffen	Mettre le doigt sur quelque chose
Der Abwesende muß Haare lassen	Les absents ont toujours tort
Der Apfel fällt nicht weit vom Stamm	Bon chien chasse de race
Der erste beste	Le premier venu
Der Geist ist willig, doch das Fleisch ist schwach	L'esprit est prompt, la chair est faible
Der Hunger treibt den Fuchs aus dem Bau	La faim chasse le loup du bois
Der Katzen Spiel ist der Mäuse Tod	Le malheur des uns fait le bonheur des autres
Der Krug geht so lange zum Wasser, bis er bricht	Tant va la cruche à l'eau qu'à la fin elle se casse
Der Lage gewachsen sein	Se montrer à la hauteur de la situation
Der Mensch denkt, Gott lenkt	L'homme propose et Dieu dispose
Der Mensch ist ein Gewohnheitstier	L'habitude est une seconde nature
Der Schein trügt	L'habit ne fait pas le moine
Der Weg zur Hölle ist mit guten Vorsätzen gepflastert	L'enfer est pavé de bonnes intentions
Der Zweck heiligt die Mittel	Qui veut la fin veut les moyens
Die Äpfel aus Nachbars Garten schmecken am besten	Pain d'autrui réveille l'appétit
Die Ausnahme bestätigt die Rcgel	L'exception confirme la règle
Die Axt im Hause erspart den Zimmermann	On n'est jamais si bien servi que par soi-même
Die dümmsten Bauern haben die dicksten Kartoffeln	Aux innocents les mains pleines
Die Flinte ins Korn werfen	Jeter le manche après la cognée
Die großen Fische fressen die kleinen	Les gros poissons mangent les petits
Die Hose ist einem mäher als der Rock	Charité bien ordonnée commence par soi-même
Die Jugend muß sich austoben	Il faut bien que jeunesse se passe
Die Kastanien aus dem Feuer holen	Tirer les marrons du feu
Die Katze aus dem Sack lassen	Dévoiler ses batteries
Die Katze im Sack kaufen	Acheter chat en poche
Die Katze läßt das Mausen nicht	Chassez le naturel, il revient au galop
Die Lösung des Rätsels	Le mot de l'énigme
Die Nürnberger hängen keinen, es sei denn sie hätten ihn	Il ne faut pas vendre la peau de l'ours avant de l'avoir tué
Die Rechnung geht auf	Le compte est bon
Die Schule schwänzen	Faire l'école buissonnière

Die Sonne scheint für alle	Le soleil luit pour tout le monde
Die Trauben sind ihm zu sauer	Il trouve les raisins trop verts
Die Würfel sind gefallen	Le sort en est jeté
Doppelt genäht hält besser	Deux précautions valent mieux qu'une
Doppelt gibt, wer schnell gibt	La façon de donner vaut mieux que ce qu'on donne
Du bist wohl nicht recht gescheit !	Tu es tombé sur la tête !
Du kannst dich getrost auf sie verlassen	Tu peux avoir toute confiance en elle
Du wirst noch von mir hören !	Tu auras de mes nouvelles !
Dummheit und Stolz wachsen aus einem Holz	L'orgueil est frère de l'ignorance
Durch Schaden klug werden	Apprendre à ses dépens

E

Ehestand, Wehestand	Il n'y a pas de mariage en paradis
Ehre, wem Ehre gebührt	À tout seigneur tout honneur
Ehrlich währt am längsten	Probité est gage de durée
Eigener Herd ist Goldes wert	Rien ne vaut son chez-soi
Eile allein tut es nicht	Rien ne sert de courir, il faut partir à temps
Ein anderes ist scheinen, ein anderes ist sein	Être et paraître sont deux
Ein faules Ei verdirbt den ganzen Brei	Un peu de fiel gâte beaucoup de miel
Ein gutes Gewissen ist ein sanftes Ruhekissen	Une bonne conscience est un mol oreiller
Ein gutmütiges Schaf sein	Se faire manger la laine sur le dos
Ein Keil treibt den anderen	Un clou chasse l'autre
Ein Mordshunger	Une faim de loup
Ein Prophet gilt nichts im eigenen Lande	Nul n'est prophète en son pays
Ein Schelm, der Schlechtes dabei denkt !	Honni soit qui mal y pense !
Ein Spatz in der Hand ist besser als eine Taube auf dem Dach	Il ne faut pas lâcher la proie pour l'ombre Un tiens vaut mieux que deux tu l'auras
Ein Tropfen Wasser auf einen heißen Stein	Un cautère sur une jambe de bois
Ein Unglück kommt selten allein	Un malheur ne vient jamais seul
Ein voller Bauch studiert nicht gern	Estomac plein, tête vide
Eine Hundekälte	Un froid de canard
Eine Krähe hackt der anderen kein Auge aus	Les loups ne se mangent pas entre eux
Eine Schwalbe macht noch keinen Sommer	Une hirondelle ne fait pas le printemps
Einem hungrigen Magen ist nicht gut predigen	Ventre affamé n'a pas d'oreilles
Einen kühlen Kopf bewahren	Ne pas s'emballer
Einmal ist keinmal	Une fois n'est pas coutume
Ende gut, alles gut	Tout est bien qui finit bien
Entweder... oder	Il faut qu'une porte soit ouverte ou fermée
Er ist auch nur ein Mann	Le roi est nu
Er ist ein alter Hase	Il n'est pas né de la dernière pluie
Er ist keinen Pfifferling wert	Il ne vaut pas la corde pour le pendre
Er wartet, daß ihm die gebratenen Tauben ins Maul fliegen	Il attend que les alouettes lui tombent toutes rôties dans le bec
Es friert Stein und Bein	Il gèle à pierre fendre
Es geht mit dir bergab	Tu files un mauvais coton
Es hieße tauben Ohren predigen	Autant vaudrait parler à un sourd
Es ist nicht alles Gold, was glänzt	Tout ce qui brille n'est pas d'or
Es ist nichts so fein gesponnen, es kommt endlich an die Sonnen	Rien de si caché qui ne vienne au jour
Es ist noch kein Meister vom Himmel gefallen	Apprenti n'est pas maître
Es ist noch nicht aller Tage Abend	Il ne faut jurer de rien
Es schwebt auf des Messers Schneide	Cela tient à un fil
Eulen nach Athen tragen	Porter de l'eau à la rivière

F

Fassen Sie sich kurz !	Soyez bref !
Frauenwille, Gottes Wille	Ce que femme veut, Dieu le veut
Freunde in der Not geh'n hundert auf ein Lot	On connaît ses amis dans le besoin
Freundschaft geht über Verwandtschaft	On choisit ses amis, pas sa famille
Friede ernährt, Unfriede verzehrt	Concorde construit, discorde détruit
Frisch begonnen ist halb gewonnen	La fortune sourit aux audacieux
Frisch von der Leber weg reden	Ne pas mâcher ses mots

G H

Gebranntes Kind scheut das Feuer	Chat échaudé craint l'eau froide
Gebt dem Kaiser, was des Kaisers ist	Rendez à César ce qui est à César
Gegen den Tod ist kein Kraut gewachsen	Il y a remède à tout, fors la mort
Gegen Kanonen gilt kein Recht	La raison du plus fort est toujours la meilleure
Geld regiert die Welt	L'argent mène le monde
Gelegenheit macht Diebe	L'occasion fait le larron
Geschehen Ding ist nicht zu ändern	Ce qui est fait est fait
Geschenktem Gaul schaut man nicht ins Maul	À cheval donné on ne regarde pas la bride
Geteilte Freude ist doppelte Freude	Plaisir partagé, plaisir doublé
Gibt man dem Teufel den kleinen Finger, so nimmt er gleich die ganze Hand	Si on lui tend le petit doigt, il prend tout le bras
Gift und Galle speien	Vomir son fiel
Glatt ablehnen	Refuser tout net
Gleich an die oberste Stelle sich wenden ist der beste Weg	Il vaut mieux avoir affaire à Dieu qu'à ses saints
Gleich den Kopf verlieren	Se noyer dans un verre d'eau
Gleich und gleich gesellt sich gern	Qui se ressemble s'assemble
Glück im Spiel, Pech in der Liebe	Heureux au jeu, malheureux en amour
Glück und Glas, wie leicht zerbricht das !	Bien de fortune passe comme la lune
Gold wert sein	Valoir son pesant d'or
Goldene Berge versprechen	Promettre monts et merveilles
Gott legt niemandem mehr auf, als er ertragen kann	À brebis tondue Dieu mesure le vent
Gott lenkt alles zum Guten	Dieu pourvoit à tout
Großen Übeln muß man tatkräftig zu Leibe rücken	Aux grands maux les grands remèdes
Großspurig auftreten	Se donner de grands airs
Grüne Weihnachten, weiße Ostern	Noël au balcon, Pâques aux tisons
Gut Ding will Weile haben	Paris ne s'est pas fait en un jour
Gute Miene zum bösen Spiel machen	Faire contre mauvaise fortune bon cœur
Gute Ware lobt sich selbst	À bon vin point d'enseigne
Guter Ruf geht über Reichtum	Bonne renommée vaut mieux que ceinture dorée
Haare auf den Zähnen haben	Ne pas avoir froid aux yeux
Handwerk hat goldenen Boden	Il n'est si menu métier qui ne nourrisse son homme
Heute rot, morgen tot	Aujourd'hui en vie, demain en terre
Himmel und Hölle in Bewegung setzen	Remuer ciel et terre
Hochmut kommt vor dem Fall	Il n'y a pas loin du Capitole à la roche Tarpéienne
Hol' mich der Teufel, wenn...	Que le diable m'emporte si...
Hunde, die bellen, beißen nicht	Chien qui aboie ne mord pas
Hunger ist der beste Koch	Il n'est sauce que d'appétit

I

Ich bin wie vor den Kopf gestoßen	Les bras m'en tombent
Im Geld schwimmen	Rouler sur l'or
Im guten auseinandergehen	Se quitter bons amis
Im Haus des Gehängten sprich nicht vom Strick	Il ne faut pas parler de corde dans la maison d'un pendu
Im Zweifelsfall laß die Finger davon	Dans le doute abstiens-toi
In den sauren Apfel beißen müssen	Avaler la pilule
In der Kürze liegt die Würze	Les plaisanteries les plus courtes sont les meilleures
In der Not frißt der Teufel Fliegen	Faute de grives on mange des merles
In Saus und Braus leben	Vivre sur un grand pied
In Schutt und Asche legen	Mettre à feu et à sang
Ist die Gefahr vorbei, lacht man den Heiligen aus	Fleuve passé, saint moqué

J

Je eher, desto besser	Le plus tôt sera le mieux
Je schöner die Wirtin, desto besser der Wein	Où l'hôtesse est belle, le vin est bon
Jedem das Seine	À chacun son dû
Jeder Arbeiter ist seines Lohnes wert	Toute peine mérite salaire
Jeder Hahn ist König auf seinem Mist	Chacun est maître chez soi
Jeder ist Herr im eigenen Hause	Charbonnier est maître chez lui

Jeder ist seines Glückes Schmied	Chacun est l'artisan de son bonheur
Jeder ist sich selbst der Nächste	Chacun tire l'eau à son moulin
Jeder kehre vor seiner Tür !	Que chacun balaye devant sa porte !
Jeder Vogel singt, wie ihm der Schnabel gewachsen ist	À chacun sa chanson
Jedes Ding hat zwei Seiten	Toute médaille a son revers
Jemandem auf den Leim gehen	Tomber dans le panneau
Jemandem den Kopf waschen	Passer un savon à quelqu'un
Jemandem aus der Patsche helfen	Tirer quelqu'un d'embarras
Jemandem den roten Hahn aufs Dach setzen	Mettre le feu à la maison
Jemandem die Hölle heiß machen	Rendre la vie impossible à quelqu'un
Jemandem die Leviten lesen	Faire tout un sermon à quelqu'un
Jemandem Gewalt antun	User de violences envers quelqu'un
Jemanden im Stich lassen	Laisser quelqu'un en plan
Jemanden mit gleicher Münze heimzahlen	Rendre à quelqu'un la monnaie de sa pièce
Jemanden über den grünen Klee loben	Couvrir quelqu'un d'éloges
Jemanden übers Ohr hauen	Rouler quelqu'un dans la farine
Jugend weiß nicht, Alter kann nicht	Si jeunesse savait, si vieillesse pouvait

K

Kein Freud ohne Leid	Il n'y a pas de rose sans épines
Kein Handwerk ist schlecht, doch viele treiben's unrecht	Il n'y a pas de sot métier, il n'y a que de sottes gens
Kein Rauch ohne Feuer	Il n'y a pas de fumée sans feu
Kein Unglück ist so groß, es hat nicht ein Glück im Schoß	À quelque chose malheur est bon
Keine Antwort ist auch eine Antwort	Le silence vaut une réponse
Keine Kosten scheuen	Ne pas regarder à la dépense
Keine Nachricht, gute Nachricht	Pas de nouvelles, bonnes nouvelles
Keiner kann die Sterne vom Himmel holen	Il ne faut pas vouloir décrocher la lune
Keiner kann mehr geben, als er hat	La plus belle fille du monde ne peut donner que ce qu'elle a
Kinder und Narren sagen die Wahrheit	La vérité sort de la bouche des enfants
Kleider machen Leute	La belle plume fait le bel oiseau
Kleine Geschenke erhalten die Freundschaft	Les petits cadeaux entretiennent l'amitié
Kleiner Funken, großes Feuer	Petite pluie abat grand vent
Kleinvieh macht auch Mist	Les petits ruisseaux font les grandes rivières
Komme was wolle !	Advienne que pourra
Koste es, was es wolle	Coûte que coûte
Kräht das Huhn und schweigt der Hahn, ist das Haus gar übel dran	La poule ne doit pas chanter avant le coq

L

Lange geborgt ist nicht geschenkt	Tu ne perds rien pour attendre
Lassen Sie fünfe gerade sein	N'y regardez pas de trop près
Lassen Sie sich das eine Lehre sein !	Que cela vous serve de leçon !
Lassen wir es gut sein !	Restons-en là !
Letzte Hand an etwas legen	Mettre la dernière main à quelque chose
Lieber biegen als brechen	Mieux vaut plier que rompre
Lieber ein Quentlein Glück als ein Pfund Weisheit	Mieux vaut une once de fortune qu'une livre de sagesse
Lieber Vorbeugen als Heilen	Mieux vaut prévenir que guérir
Lieber zum Wirt als zum Apotheker	Mieux vaut aller au moulin qu'au médecin
Lieber zuviel als zuwenig	Abondance de biens ne nuit pas

M

Macht geht vor Recht	La force prime le droit
Mal' den Teufel nicht an die Wand	Il ne faut pas jouer avec le feu
Man darf die Finger nicht zwischen Tür und Angel stecken	Entre l'arbre et l'écorce il ne faut pas mettre le doigt
Man darf nicht alles auf eine Karte setzen	Il ne faut pas mettre tous ses œufs dans le même panier
Man kann nicht alles Holz zu Bolzen drehen	Tout bois n'est pas bon à faire flèche
Man kann nicht zwei Herren dienen	Il ne faut pas courir deux lièvres à la fois

Man kann von niemandem Unmögliches verlangen	À l'impossible nul n'est tenu
Man muß aufhören, wenn es am besten schmeckt	Il faut rester sur la bonne bouche
Man muß aus der Not eine Tugend machen	Il faut faire de nécessité vertu
Man muß das Eisen schmieden, solange es heiß ist	Il faut battre le fer tant qu'il est chaud
Man muß die Feste feiern, wie sie fallen	Il faut prendre les choses comme elles viennent
Man muß die Gelegenheit beim Schopfe fassen	Il faut saisir l'occasion par les cheveux
Man muß die Sache überschlafen	La nuit porte conseil
Man muß Heu machen, solange die Sonne scheint	Il faut puiser tant que la corde est au puits
Man muß sich nach der Decke strecken	Il faut vivre selon ses moyens
Man soll keine schlafenden Hunde wecken	Il ne faut pas éveiller le chat qui dort
Mein Feld ist die Welt	Je sème à tout vent
Mit dem Hut in der Hand kommt man durch das ganze Land	Humilité toute porte franchit
Mit der Tür ins Haus fallen	Mettre les pieds dans le plat
Mit einem blauen Auge davonkommen	S'en tirer à bon compte
Mit Geduld und Zeit kommt man weit	Patience et longueur de temps font plus que force ni que rage
Mit großen Herren ist nicht gut Kirschen essen	Il ne fait pas bon être familier des grands
Mit jemandem einen Streit vom Zaune brechen	Chercher querelle à quelqu'un
Mit jemandem Katz und Maus spielen	Jouer au chat et à la souris avec quelqu'un
Mit knapper Not davonkommen	L'échapper belle
Mit Sang und Klang	Tambour battant
Mit Speck fängt man Mäuse	On n'attrape pas les mouches avec du vinaigre
Morgen ist auch noch ein Tag	À chaque jour suffit sa peine Demain il fera jour
Morgenstunde hat Gold im Munde	À qui se lève matin, Dieu donne la main
Müßiggang ist aller Laster Anfang	L'oisiveté est la mère de tous les vices

NO

Nach dem Regen kommt Sonnenschein	La pluie du matin n'arrête pas le pèlerin
Neue Besen kehren gut	Tout nouveau tout beau
Nicht ganz klar im Kopf sein	N'avoir pas toute sa tête
Nicht viel Federlesens machen	Ne pas prendre de gants
Nicht zum Scherzen aufgelegt sein	Ne pas être d'humeur à plaisanter
Niemand kann zwei Herren dienen	Nul ne peut servir deux maîtres à la fois
Not kennt kein Gebot	Nécessité fait loi
Ohne Fleiß kein Preis	À vaincre sans péril on triomphe sans gloire

RS

Raten ist wohlfeil	Les conseilleurs ne sont pas les payeurs
Reden ist Silber, Schweigen ist Gold	La parole est d'argent, mais le silence est d'or
Sag mir, wer deine Freunde sind, dann sage ich dir, wer du bist	Dis-moi qui tu hantes, je te dirai qui tu es
Salb den Schelm, so sticht er ; stich ihn, so salbt er	Oignez vilain, il vous poindra ; poignez vilain, il vous oindra
Sang- und klanglos	Sans tambour ni trompette
Scher' dich zum Teufel !	Va-t'en au diable !
Schuster, bleid bei deinem Leisten	À chacun son métier, les vaches en sont mieux gardées
Sein Versprechen muß man halten	Chose promise chose due
Seine Fühler ausstrecken	Tâter le terrain
Seine Haut zu Markte tragen	Risquer sa peau
Sich (vor Verzweiflung) die Haare raufen	S'arracher les cheveux (de désespoir)
Sich aufs Haar gleichen	Se ressembler comme deux gouttes d'eau
Sich aufs hohe Roß setzen	Monter sur ses grands chevaux
Sich aus der Affäre ziehen	Tirer son épingle du jeu
Sich den Braten nicht entgehen lassen	Profiter de l'aubaine
Sich die Hände in Unschuld waschen	S'en laver les mains
Sich ein Herz fassen	Prendre son courage à deux mains
Sich im Grabe umdrehen	Se retourner dans sa tombe
Sich ins Fäustchen lachen	Rire sous cape
Sich mit Grillen schlagen	Se battre contre des moulins à vent
Sich nichts Böses dabei denken	Ne pas penser à mal
Sich wie Hund und Katze vertragen	S'accorder comme chien et chat
Sie geht herum wie die Katze um den heißen Brei	Elle tourne autour du pot

Siedet der Topf, so blüht die Freundschaft	Qui peut donner a maints voisins
So gut es eben geht	Vaille que vaille
So wie die Dinge einmal liegen	Les choses étant ce qu'elles sont
Spinne am Morgen bringt Kummer und Sorgen ; Spinne am Abend, erquickend und labend	Araignée du matin : chagrin ; araignée du soir : espoir
Stille Wasser gründen tief	Il n'est pire eau que l'eau qui dort

TU

Tu' nichts Böses, so widerfährt dir nichts Böses	Qui mal fera, mal trouvera
Tu', was du nicht lassen kannst	Va où le destin t'appelle
Tue recht und scheue niemand	Bien faire et laisser dire
Über Geschmack läßt sich nicht streiten	Des goûts et des couleurs on ne discute pas
Übung macht den Meister	C'est en forgeant qu'on devient forgeron
Undank ist der Welt Lohn	Le monde paie d'ingratitude
Unkraut vergeht nicht	Mauvaise herbe pousse toujours
Unrecht Gut gedeihet nicht	Bien mal acquis ne profite jamais
Unter den Blinden ist der Einäugige König	Au royaume des aveugles les borgnes sont rois
Unter einer Decke stecken	S'entendre comme larrons en foire
Unverhofft kommt oft	L'imprévu souvent arrive
Unverrichteter Dinge zurückkommen	Rentrer bredouille

V

Verbotene Früchte schmecken am besten	Le fruit défendu a le plus de saveur
Versprechen und Halten ist zweierlei	Promettre et tenir sont deux
Viel Geschrei um nichts	Beaucoup de bruit pour rien
Viele Federn machen ein Bett	Petit à petit l'oiseau fait son nid
Viele Köche verderben den Brei	Trop de cuisiniers gâtent la sauce
Viele Köpfe kommen schwer unter einen Hut	Autant de têtes, autant d'avis
Vier Augen sehen besser als zwei	Deux yeux valent mieux qu'un
Volkes Stimme, Gottes Stimme	La voix du peuple est la voix de Dieu
Vom Regen in die Traufe kommen	Tomber de Charybde en Scylla
Vom Ruhm wird man nicht satt	Gloire vaine ne porte graine
Vom Winde verweht	Autant en emporte le vent
Von der Hand in den Mund leben	Vivre au jour le jour
Von der Hand zum Mund verschüttet mancher die Suppe	Il y a loin de la coupe aux lèvres
Von Luft und Liebe leben	Vivre d'amour et d'eau fraîche
Von sich auf andere schließen	Mesurer les autres à son aune
Von zwei Übeln muß man das kleinere wählen	De deux maux il faut choisir le moindre
Vor dem Öffnen des Mundwerks Gehirn einschalten	Il faut tourner sa langue sept fois dans sa bouche avant de parler
Vorsicht ist besser als Nachsicht	Prudence est mère de sûreté

W

Wände haben Ohren	Les murs ont des oreilles
Was du heute kannst besorgen, das verschiebe nicht auf morgen	Ne remets pas au lendemain ce que tu peux faire le jour même
Was du nicht willst, daß man dir tu', das füg' auch keinem anderen zu	Ne fais pas à autrui ce que tu ne voudrais pas qu'on te fît
Was ich nicht weiß, macht mich nicht heiß	Peu me chaut ce que j'ignore
Was lange währt, wird endlich gut	Tout vient à point à qui sait attendre
Was man nicht im Kopf hat, muß man in den Beinen haben	Quand on n'a pas de tête, il faut avoir des jambes
Was man wünscht, das glaubt man gern	Chacun croit voir ce qu'il espère
Was nicht ist, kann noch werden	Qui vivra verra
Weder Tod noch Teufel fürchten	Ne craindre ni Dieu ni Diable
Weibergunst ist wie Aprilwetter	Souvent femme varie, bien fol est qui s'y fie
Wem nicht zu raten ist, dem ist auch nicht zu helfen	À parti pris point de conseil
Wen Gott liebhat, den züchtigt er	Qui aime bien châtie bien
Wenn das Wörtlein « wenn » nicht wär', wär' mein Vater Millionär	Avec des « si » on mettrait Paris en bouteille
Wenn der Brunnen trocken ist, schätzt man erst das Wasser	Quand le puits est à sec, on connaît le prix de l'eau
Wenn der Fuchs predigt, hütet die Gänse !	Quand le renard prêche, gardez les poules !

Wenn die Katze aus dem Haus ist, tanzen die Mäuse	Quand le chat n'est pas là, les souris dansent
Wenn einer nicht hören will, ist alles Reden umsonst	Il n'est pire sourd que celui qui ne veut pas entendre
Wenn es dem Esel zu wohl wird, geht er aufs Eis	Ce qui va trop bien va trop loin
Wenn man den Bogen zu stark spannt, bricht er	Ne tirez pas trop sur la corde
Wenn man jemanden hängen will, findet man auch einen Strick dazu	Qui veut noyer son chien l'accuse de la rage
Wenn man vom Teufel spricht, hommt er gerannt	Quand on parle du loup, on en voit la queue
Wer A sagt, muß auch B sagen	Quand le vin est tiré, il faut le boire
Wer alles tun will, tut nichts recht	Qui trop embrasse mal étreint
Wer am Morgen lacht, den holt am Abend die Katze	Tel qui rit vendredi dimanche pleurera
Wer am Weg baut, hat viele Meister	Est bien fou du cerveau qui prétend contenter tout le monde et son père
Wer andern eine Grube gräbt, fällt selbst hinein	Tel est pris qui croyait prendre
Wer angebissen hat, tut nimmer gut	Qui vole un œuf vole un bœuf
Wer hat, dem wird gegeben	On ne prête qu'aux riches
Wer lange schläft, den Gott ernährt	Qui dort dîne
Wer nicht kommt zur rechten Zeit, der muß essen, was übrigbleibt	Qui va à la chasse perd sa place
Wer Ohren hat, der höre !	À bon entendeur, salut !
Wer schweigt, der bejaht	Qui ne dit mot consent
Wer sich entschuldigt, klagt sich an	Qui s'excuse s'accuse
Wer wagt, gewinnt	La chance sourit aux audacieux
Wer will, der kann	Vouloir c'est pouvoir
Wer zuletzt lacht, lacht am besten	Rira bien qui rira le dernier
Wes Brot ich eß', des Lied ich sing'	De qui me nourrit je chante la louange
Wes das Herz voll ist, des geht der Mund über	De l'abondance du cœur la bouche parle
Wie der Herr, so's Gescherr	Tel maître, tel serviteur
Wie die Alten sungen, so zwitschern auch die Jungen	Tel père, tel fils
Wie die Saat, so die Ernte	On récolte ce qu'on a semé
Wie ein Phönix aus der Asche steigen	Renaître de ses cendres
Wie man sich bettet, so liegt man	Comme on fait son lit on se couche
Wieder ins rechte Gleis bringen	Remettre dans le droit chemin
Will man sich jemanden geneigt machen, fügt man sich seinen Wünschen	Comme on connaît ses saints on les honore
Wissen, was die Glocke geschlagen hat	Savoir à quoi s'en tenir
Wo gehobelt wird, da fallen Späne	On ne fait pas d'omelette sans casser des œufs
Wo nichts ist, hat der Kaiser sein Recht verloren	Où il n'y a rien, le roi perd ses droits
Wohltun trägt Zinsen	Qui donne aux pauvres prête à Dieu
Würde bringt Bürde	Noblesse oblige

Z

Zeit heilt Wunden	Le temps panse les plaies
Zufriedenheit geht über Reichtum	Contentement passe richesse
Zu geschehenen Dingen soll man das Beste reden	Il faut excuser ce que l'on ne peut plus corriger
Zu tief ins Glas gucken	Boire plus que de raison
Zwei Fliegen mit einer Klappe schlagen	Faire d'une pierre deux coups

Imprimerie Hérissey - 27000 Évreux
Dépôt légal : mai 1989 – N° 69494 - N° d'éditeur : 18627
Imprimé en France *(Printed in France)* – 401320 - Juin 1995

FRANCOPHONIE ET GERMANOPHONIE
FRANZÖSISCHSPRACHIGE UND DEUTSCHSPRACHIGE LÄNDER

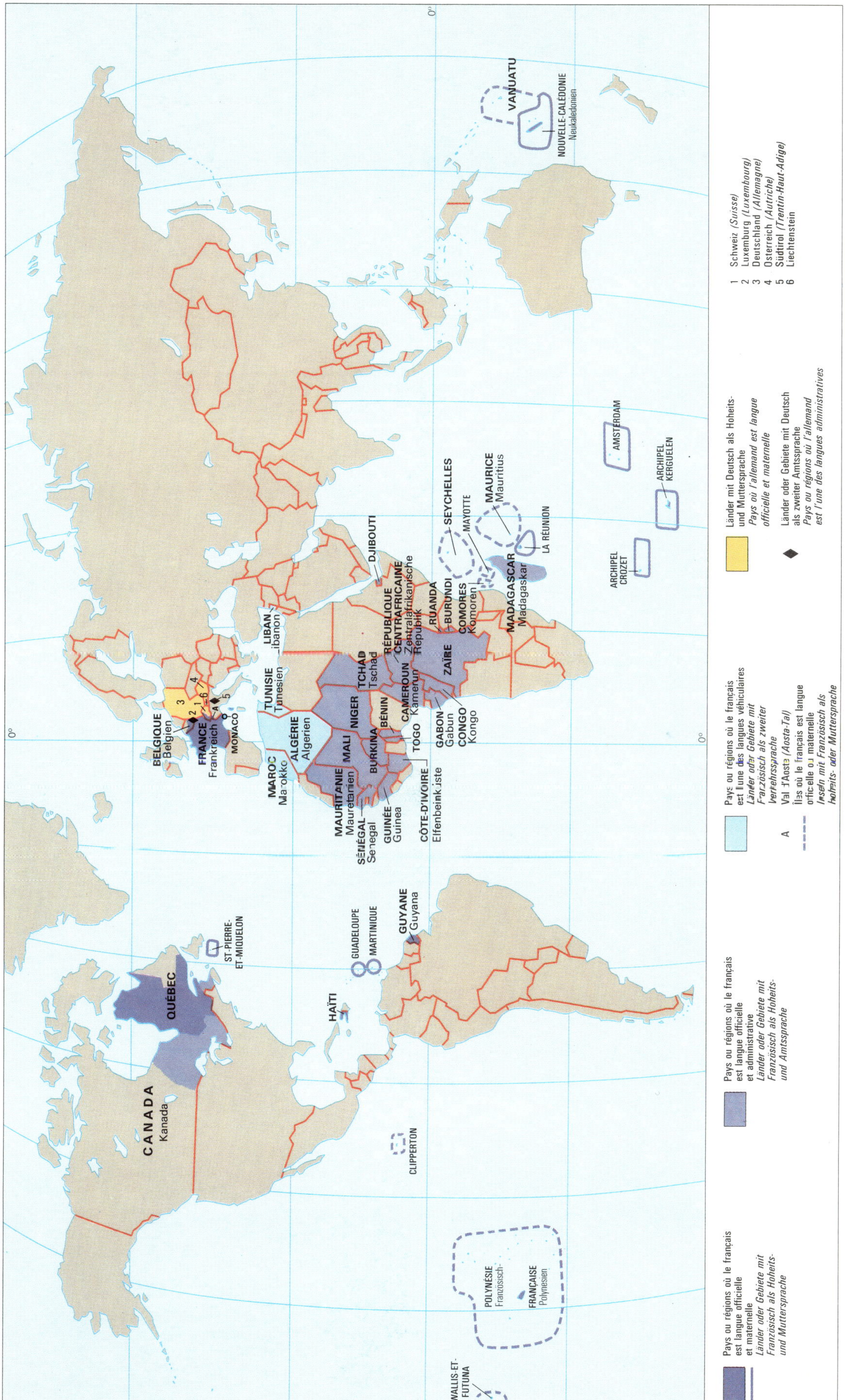

FRANCE – GÉOGRAPHIE
FRANKREICH GEOGRAPHISCH

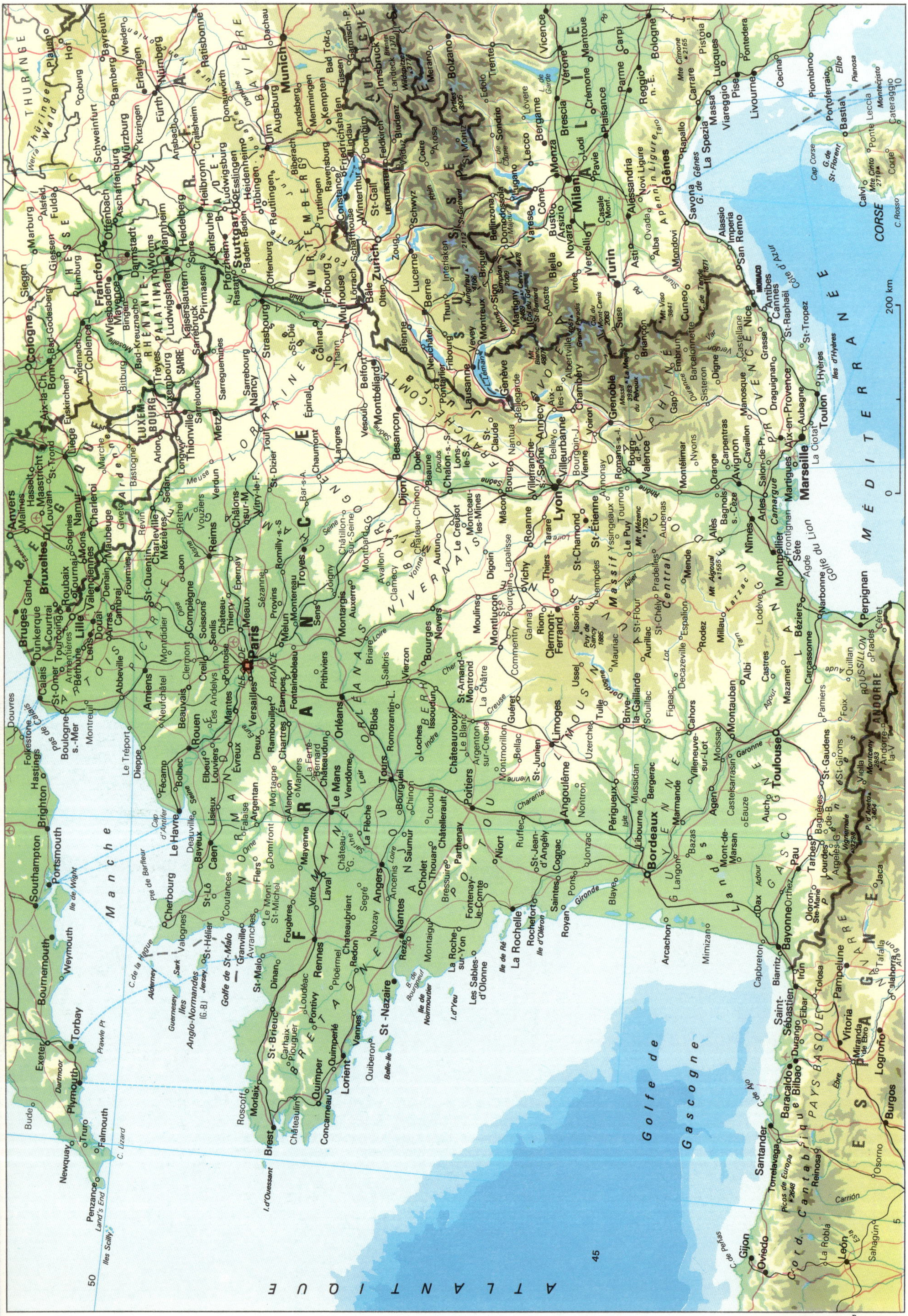

CARTOGRAPHIE : BARTHOLOMEW

PARIS

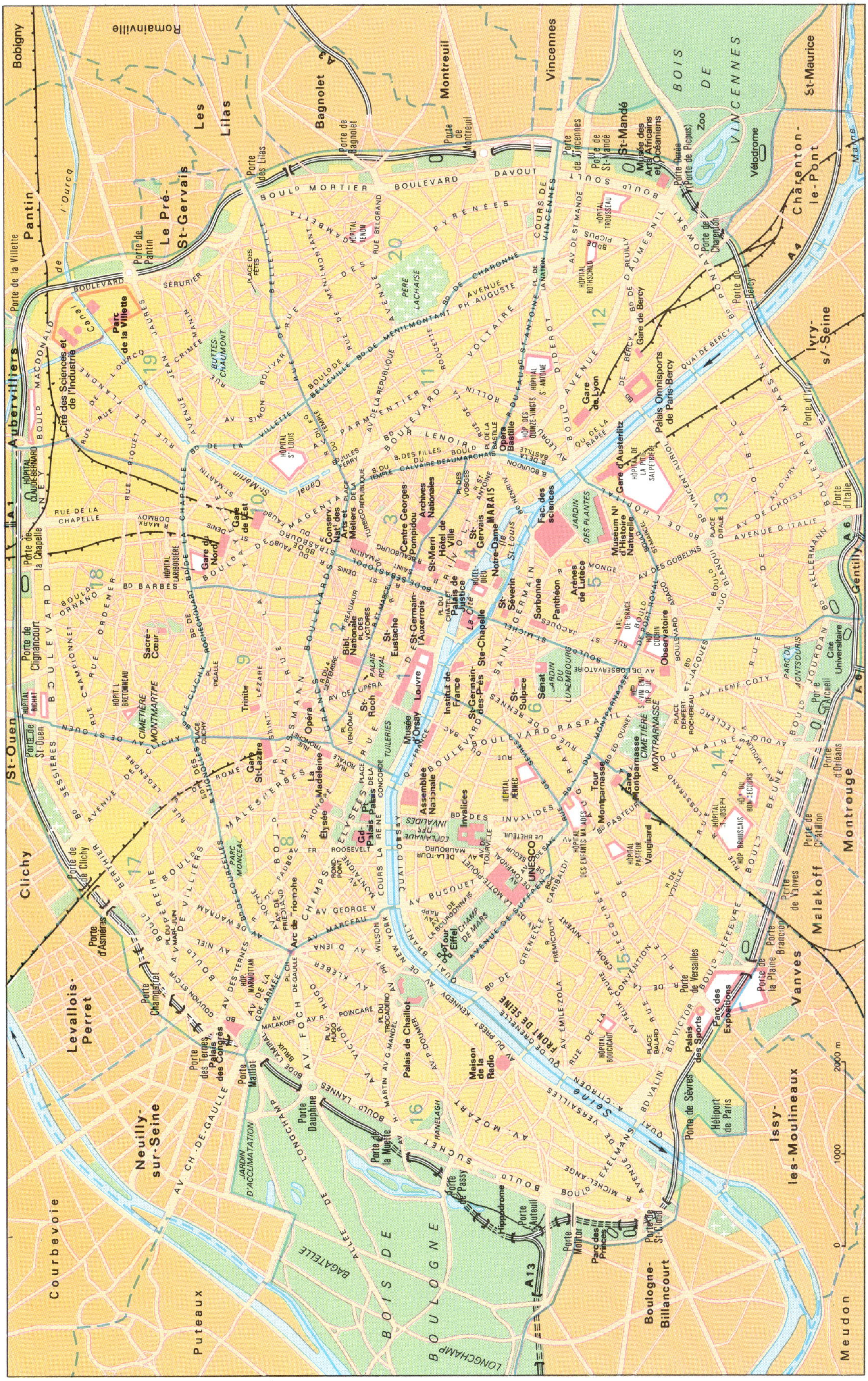

Bobigny
Romainville
Pantin
Les Lilas
Le Pré-St-Gervais
Bagnolet
Montreuil
Vincennes
St-Mandé
BOIS DE VINCENNES
Zoo
Vélodrome
St-Maurice
Charenton-le-Pont
Ivry-s/-Seine
Gentilly
Montrouge
Malakoff
Vanves
Issy-les-Moulineaux
Meudon
Boulogne-Billancourt
BOIS DE BOULOGNE
Puteaux
Courbevoie
Neuilly-sur-Seine
Levallois-Perret
Clichy
St-Ouen
Aubervilliers
Cité des Sciences et de l'Industrie
Parc de la Villette
Buttes-Chaumont
Père Lachaise
Sacré-Cœur
Cimetière Montmartre
Gare du Nord
Gare de l'Est
Gare St-Lazare
Opéra
La Madeleine
Élysée
Arc de Triomphe
Palais des Congrès
Centre Georges Pompidou
Archives Nationales
Hôtel de Ville
Notre-Dame
Ste-Chapelle
Louvre
Musée d'Orsay
Tuileries
Assemblée Nationale
Invalides
Tour Eiffel
Champ de Mars
UNESCO
Palais de Chaillot
Maison de la Radio
Sorbonne
Panthéon
Jardin du Luxembourg
Sénat
St-Sulpice
Tour Montparnasse
Gare Montparnasse
Cimetière Montparnasse
Observatoire
Jardin des Plantes
Gare d'Austerlitz
Gare de Lyon
Opéra Bastille
Gare de Bercy
Palais Omnisports de Paris-Bercy
Cité Universitaire
Parc de Montsouris
Parc des Expositions
Héliport de Paris
Palais des Sports
Parc des Princes
Hippodrome
Jardin d'Acclimatation
Seine
0 1000 2000 m

FRANCE – DÉPARTEMENTS
FRANKREICH DEPARTEMENTS

Les départements français

01	Ain	24	Dordogne	48	Lozère	72	Sarthe
02	Aisne	25	Doubs	49	Maine-et-Loire	73	Savoie
03	Allier	26	Drôme	50	Manche	74	Savoie (Haute-)
04	Alpes-de-Haute-Provence	27	Eure	51	Marne	75	Paris
05	Alpes (Hautes-)	28	Eure-et-Loir	52	Marne (Haute-)	76	Seine-Maritime
06	Alpes-Maritimes	29	Finistère	53	Mayenne	77	Seine-et-Marne
07	Ardèche	30	Gard	54	Meurthe-et-Moselle	78	Yvelines
08	Ardennes	31	Garonne (Haute-)	55	Meuse	79	Sèvres (Deux-)
09	Ariège	32	Gers	56	Morbihan	80	Somme
10	Aube	33	Gironde	57	Moselle	81	Tarn
11	Aude	34	Hérault	58	Nièvre	82	Tarn-et-Garonne
12	Aveyron	35	Ille-et-Vilaine	59	Nord	83	Var
13	Bouches-du-Rhône	36	Indre	60	Oise	84	Vaucluse
14	Calvados	37	Indre-et-Loire	61	Orne	85	Vendée
15	Cantal	38	Isère	62	Pas-de-Calais	86	Vienne
16	Charente	39	Jura	63	Puy-de-Dôme	87	Vienne (Haute-)
17	Charente-Maritime	40	Landes	64	Pyrénées-Atlantiques	88	Vosges
18	Cher	41	Loir-et-Cher	65	Pyrénées (Hautes-)	89	Yonne
19	Corrèze	42	Loire	66	Pyrénées-Orientales	90	Territoire de Belfort
2A	Corse-du-Sud	43	Loire (Haute-)	67	Rhin (Bas-)	91	Essonne
2B	Corse (Haute-)	44	Loire-Atlantique	68	Rhin (Haut-)	92	Hauts-de-Seine
21	Côte-d'or	45	Loiret	69	Rhône	93	Seine-Saint-Denis
22	Côtes-d'Armor	46	Lot	70	Saône (Haute-)	94	Val-de-Marne
23	Creuse	47	Lot-et-Garonne	71	Saône-et-Loire	95	Val-d'Oise

BELGIQUE/LUXEMBOURG – PROVINCES ET RÉGIONS LINGUISTIQUES
BELGIEN/LUXEMBURG – PROVINZEN UND SPRACHGEBIETE

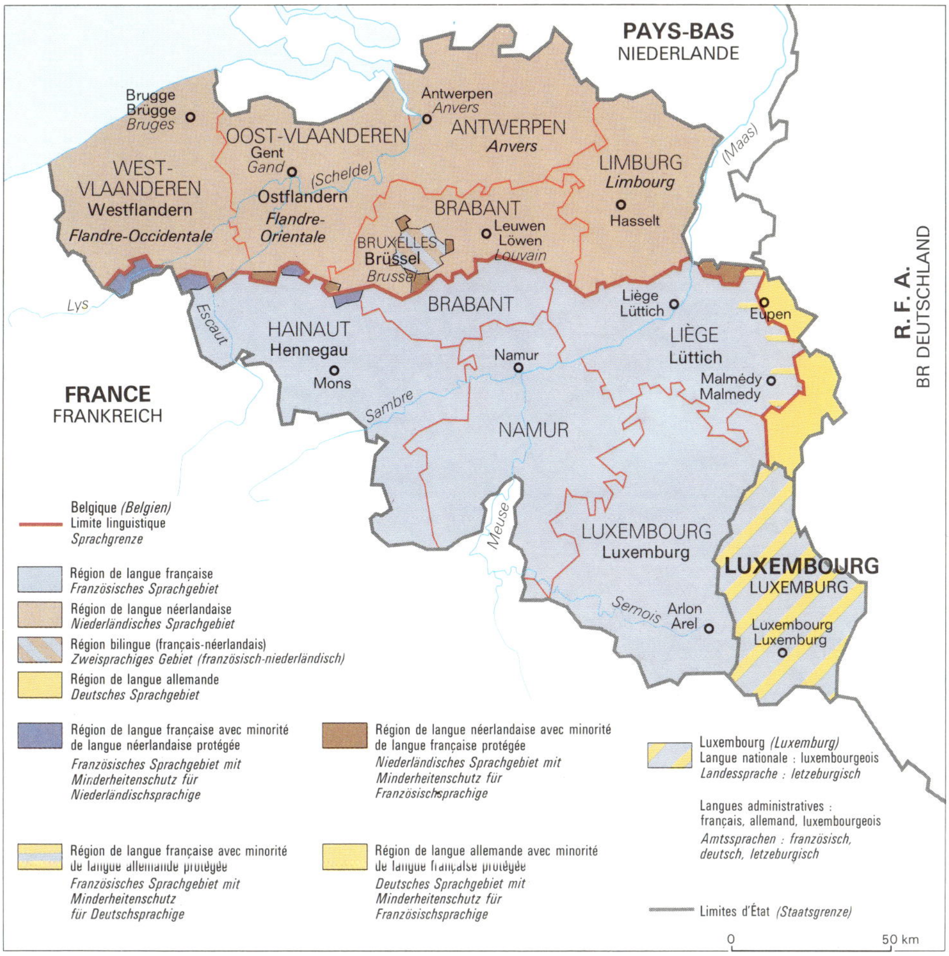

SUISSE – CANTONS ET RÉGIONS LINGUISTIQUES
SCHWEIZ – KANTONE UND SPRACHGEBIETE

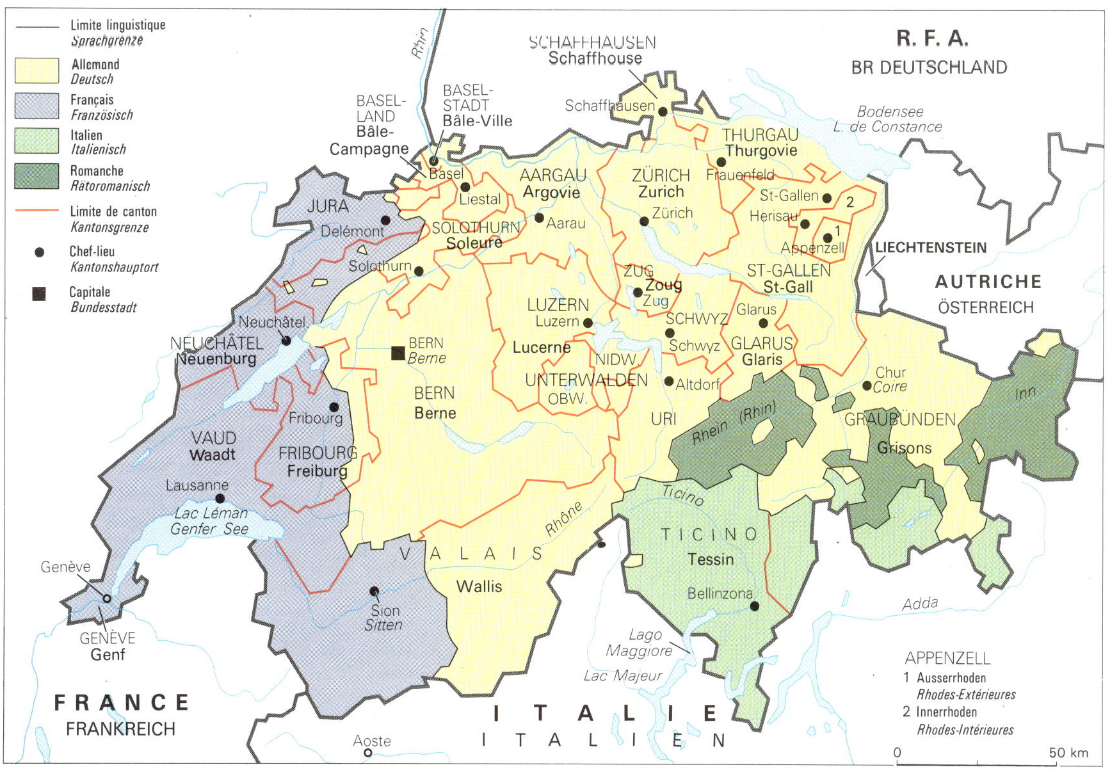

EUROPE CENTRALE – PARTIE OCCIDENTALE – GÉOGRAPHIE
MITTELEUROPA – WESTLICHER TEIL GEOGRAPHISCH

EUROPE CENTRALE – PARTIE OCCIDENTALE – ADMINISTRATION
MITTELEUROPA – WESTLICHER TEIL POLITISCH

DEUTSCHLAND
ALLEMAGNE

- Limite de Land / *Landesgrenze*
- ● Capitale de Land / *Landeshauptstadt*
- ■ Capitale fédérale / *Bundeshauptstadt*
- □ Siège du parlement et du gouvernement / *Parlaments- und Regierungssitz*
- Limite de district / *Bezirksgrenze*
- ● Chef-lieu / *Bezirkshauptstadt*
- ■ Capitale / *Hauptstadt*

ÖSTERREICH
AUTRICHE

- Limite de Land / *Landesgrenze*
- ● Capitale de Land / *Landeshauptstadt*
- ■ Capitale fédérale / *Bundeshauptstadt*

SCHWEIZ
SUISSE

- Limite de canton / *Kantonsgrenze*
- ■ Capitale fédérale / *Bundesstadt*

1 Obwalden
2 Nidwalden
3 Glarus *(Glaris)*
4 Appenzell
5 St.Gallen *(St.Gall)*
6 Thurgau *(Thurgovie)*
7 Aargau *(Argovie)*
8 Luzern *(Lucerne)*
9 Basel-Land *(Bâle-Campagne)*
10 Basel-Stadt *(Bâle-Ville)*
11 Schaffhausen *(Schaffhouse)*
12 Bern *(Berne)*

L Liechtenstein

0 — 200 km

EUROPE
EUROPA

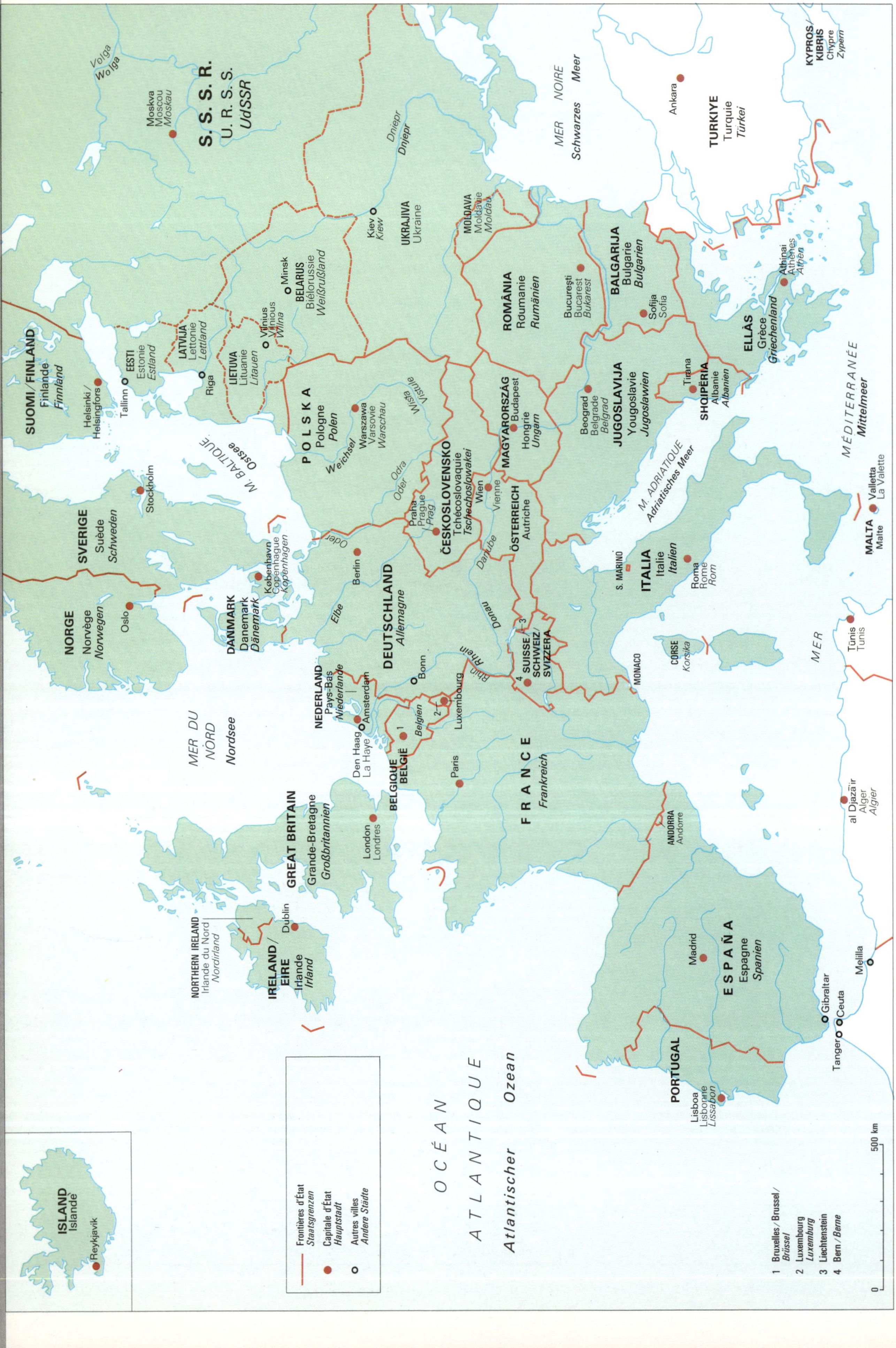